Översikt

Så här är Norstedts svensk-engelska ordbok uppställd

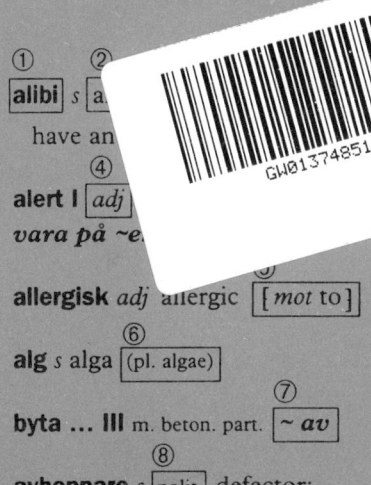

Grammatik o.d.

① uppslagsord
② översättning
③ fras, språkexempel
④ ordklass
⑤ konstruktionsuppgift
⑥ böjningsuppgift
⑦ verbfraser (löst sammansatta verb)

Etiketter o.d.

⑧ ämnesområde
⑨ svensk förklaring
⑩ amerikansk engelska
⑪ stilnivå
⑫ hänvisning

Siffror

⑬ romerska siffror (indelning i ordklasser)
⑭ arabiska siffror (indelning i delbetydelser)
⑮ homografsiffror

Explanatory

This is how Norstedts Swedish-English Dictionary is organized

Grammatik o.d.

① headword
② translation
③ phrase, example, collocation
④ part of speech
⑤ usage note
⑥ inflection
⑦ phrasal verbs

Labels etc.

⑧ subject field
⑨ Swedish sense indicator
⑩ American English
⑪ stylistic level, register
⑫ reference

Numerals

⑬ Roman numerals (division into parts of speech)
⑭ Arabic numerals (division into subsenses)
⑮ homograph numbers

NORSTEDTS
ENGELSKA ORDBOK

Norstedts Ordbok

Utarbetad av Vincent Petti
och
Norstedts ordboksredaktion
(Inger Hesslin Rider, Lillemor Swedenborg, Håkan Nygren)

Dataprogram Compulexis, Oxford (Henning Madsen)
Formgivning Ingmar Rudman
Omslag Lars E. Pettersson

Tredje upplagan, andra tryckningen

ISBN 91-7227-000-4
© 1997, Norstedts Ordbok AB

Tryckt hos Clays Ltd., England 1998

Förord

Norstedts engelska ordbok, andra upplagan, utkom i augusti 1994 i form av en box med den engelsk-svenska och den svensk-engelska separatvolymen. Denna allemansordbok har vunnit stor popularitet. Eftersom många användare har visat sig föredra en dubbelvolym erbjuder vi nu denna ordbok. Innehållet är detsamma som i boxversionen.

Norstedts engelska ordbok är utvecklad ur Norstedts stora engelsksvenska ordbok och Norstedts stora svensk-engelska ordbok (2:a uppl 1993). Den ledande principen bakom ordboken är att ge användaren största möjliga hjälp att hitta det sökta ordet och välja rätt översättning. Den ger en god täckning av det brittiska och amerikanska respektive svenska allmänspråkets ord och vändningar, liksom vardagsspråk och slang samt ett brett urval termer från olika specialområden, som t ex handel och ekonomi, teknologi, data, medicin, musik och sport.

Syftet med den engelsk-svenska delen är i första hand att hjälpa användaren att *förstå* skriven och talad engelska. Ordklassuppgifter visar ordets grammatiska egenskaper; böjnings- och konstruktionsuppgifter ger vidare information. Den tydligt numrerade uppdelningen av artiklarna och rikliga språkexempel, både översatta och oöversatta, leder användaren till rätt tolkning. Amerikansk engelska behandlas vad beträffar ordförråd, betydelseskillnader, uttal och stavning.

Den svensk-engelska delen är avsedd att vara ett redskap för att *kommunicera* med engelskspråkiga persioner. Användaren får maximal hjälp att välja rätt översättning:

- Genom att delbetydelserna visas (i liten stil) med synonymer eller annan förklarande text:

    möte *s* allm. meeting; isht oväntad samt i match o.d. encounter; avtalat appointment; vard., träff date; sammankomst äv. gathering, assembly; konferens conference

    Då det är liten skillnad i betydelse ges översättningarna i frekvensordning.

- Genom att de översättningar som ges lätt kan förstås av en engelsktalande person och genom att inexakta och ungefärliga översättningar undviks, i synnerhet då det gäller ord som saknar motsvarighet i engelskan – t ex *ackja, julotta, semla, ångervecka*. Sådana ord behöver definieras så att de kan förklaras för en engelsktalande.

- Genom en tydlig, numrerad uppdelning av artiklarna.

Norstedts engelska ordbok har utarbetats av fil dr Vincent Petti MBE och Norstedts ordboksredaktion. Bland de många verk som konsulterats märks Collins English Dictionary (3rd edition), Random House Webster's College Dictionary, Longman Pronunciation Dictionary och Norstedts stora svenska ordbok (2:a uppl 1988).

Vi vill tacka alla som på olika sätt hjälpt till med denna ordbok. Det är vår förhoppning att den ska motsvara användarens krav på en tillförlitlig, modern och innehållsrik men ändå lätthanterlig ordbok. Ingen ordbok är helt utan brister. Vi tar tacksamt emot påpekanden och förbättringsförslag inför kommande upplagor.

Stockholm i december 1997
NORSTEDTS ORDBOK

Ordboken innehåller åtskilliga inregistrerade varumärken o d. Detta får inte feltolkas så, att ordens förekomst här och sättet att förklara dem skulle ändra deras karaktär av skyddade kännetecken eller kunna anföras som giltigt skäl att beröva innehavarna deras lagligen skyddade ensamrätt till de ifrågavarande beteckningarna.

Innehållsförteckning

Ordbokstecken VI
Förkortningar VIII

ENGELSK-SVENSK DEL

Anvisningar XIV
Uttal XIX
Översikt XX
Ordbok 1–957

SVENSK-ENGELSK DEL

Anvisningar III
Översikt VII
Ordbok 1–874
Appendix 875

Ordbokstecken

Krok ~

Kroken ersätter hela uppslagsordet i oförändrad form:
ask: *don't ~ me!* *(= don't ask me!)*
abonnera: *~d (= abonnerad)*

Om begynnelsebokstaven ändras från liten till stor bokstav eller tvärtom visas detta:
abominable: *the A~ snowman (= the Abominable snowman)*

Bindestreck -

Bindestreck ersätter den orddel som står före ett föregående lodstreck:
allmos|a: *-or (= allmosor)*
bas|is: (pl. *-es*) *(= pl. bases)*

Vid uttal i böjning ersätter bindestrecket de tecken som står före lodstrecket i uttalsangivelsen till det oböjda uppslagsordet.

bas|is: ['beɪs|ɪs] (pl. *-es*) [iːz]

Pluralformen uttalas alltså ['beɪsiːz]

Avstavning förekommer i ordboken endast i sammansatta ord som normalt skrivs med bindestreck.

Lodstreck |

Angående användning av lodstreck se ovan under "Bindestreck".

Rund parentes ( )

Rund parentes används runt böjnings- eller konstruktionsuppgifter och vid ord eller ordgrupper som kan ersätta det närmast föregående:
amusement: *~ park (ground) (= amusement park, amusement ground)*

Hakparentes [ ]

Hakparentes används runt uttalsbeteckning och vid orddelar eller ord som kan utelämnas:
almanack[a]: *(= almanack, almanacka)*
answer: *for [an] answer (= for answer, for an answer)*

Piggparentes [ ]

Piggparentes används runt vissa konstruktionsuppgifter, samt i den engelsk-svenska delen

a) vid oöversatta språkexempel:

abide: ~ by stå fast vid [~ by a promise]

b) i språkexempel runt engelska ord som inte översätts till svenska, och som motsvaras av punkter i översättningen:

1 rock: [whisky] on the ~s ... med is[bitar]

Punkter ...

Punkter används

a) vid avbrutna exempel:

about: what ~... ? hur blir det med ... ?

b) i engelsk-svenska delen som motsvarighet till engelska ord som inte översätts till svenska (Jämför ovan under "Piggparentes".)

1 rock: [whisky] on the |~s ... med is [bitar]

i svensk-engelska delen som motsvarighet till svenska ord som inte översätts till engelska

allmänhet: uttala sig i [största] ~ ... in [quite] general terms

c) i översättningar av engelska ord som förekommer som efterled i sammansättningar, varvid punkterna motsvarar förleden som inte skrivs ut:

faced: vanl. i sms. med ... ansikte, ... i ansiktet [-redfaced]

d) för att markera objektets placering vid transitiva verb (i fall då objektet ska placeras mellan ord som ingår i översättningen):

aktualisera: bring ... to the fore

e) vid adjektiv för att visa det engelska uttryckets placering i förhållande till sitt huvudord:

aktningsvärd: ... worthy of respect

Förkortningar

Här följer en förteckning över förkortningar som används i ordboken, t.ex. beteckningar för ämnesområde eller stilnivå. Beteckningar för grammatiska kategorier kan förekomma både i *kursiv stil* utan punkt och i liten stil med punkt. Vissa allmänt använda, lättförståeliga förkortningar har inte tagits med i listan.

absol.	absolut	beteckn.	betecknar; beteckning
abstr.	abstrakt		
ack.	ackusativ	beton.	betonad; betoning
adj	adjektiv	betr.	beträffande
adv	adverb; adverbiell	bibl.	i Bibeln
allm.	allmän betydelse	bibliot.	biblioteksväsen
Amer.	i Amerika (USA)	bil.	biltrafik, bilteknik
amer.	amerikansk	bildl.	bildligt
	[engelska]	bilj.	biljard
anat.	anatomi	biol.	biologi
anm.	anmärkning	bokb.	bokbinderi
antik.	i antiken	bokf.	bokföring
anv.	användning; används	boktr.	boktryckeri
a p.	*a person*	bot.	botanik
a p.'s	*a person's*	boxn.	boxning
arkeol.	arkeologi	brand.	brandväxen
arkit.	arkitektur	britt.	brittisk [engelska]
art.	artikel	brottn.	brottning
astrol.	astrologi	bryggeri.	bryggeriterm
astron.	astronomi	byggn.	byggnadsterm
a th.	*a thing*	börs.	börsväsen
a th.'s	*a thing's*	dans.	dansterm
attr.	attribut; attributivt	dat.	dativ
attr adj	attributivt adjektiv	data.	databehandling
attr s	attributivt substantiv	*demonstr pron*	demonstrativt pronomen
austral.	australisk [engelska]		
avs.	avseende; avser	dep.	deponens
bakteriol.	bakteriologi	*determ pron*	determinativt pronomen
bank.	bankväsen		
barnspr.	barnspråk	dets.	detsamma
befintl.	befintlighet	dial.	dialektalt
bem.	bemärkelse	dipl.	diplomati
benämn.	benämning	d.o.	detta ord, dessa ord
bergbest.	bergsbestigning	e.d.	eller dylikt
best.	bestämd; bestämning	eg.	egentligen; i egentlig betydelse
best art	bestämd artikel		
bet.	betydelse	egenn.	egennamn

ekon.	ekonomi	*hjälpvb*	hjälpverb
elektr.	elteknik	*huvudvb*	huvudverb
ellipt.	elliptiskt	högtidl.	högtidlig stil
eng.	engelsk[a]	ibl.	ibland
Engl.	England	imper.	imperativ
etnogr.	etnografi	imperf.	imperfekt
eufem.	eufemism	ind.	indisk; i Indien
ex.	exempel	*indef pron*	indefinit pronomen
f.	för	inf.	infinitiv
fackspr.	fackspråk	*interj*	interjektion
farmakol.	farmakologi	*interr adv*	interrogativt adverb
fem.	femininum	*interr pron*	interrogativt pronomen
film.	filmkonst	irl.	irländsk; i Irland
filos.	filosofi	iron.	ironiskt
fiske.	fisketerm	isht	i synnerhet
flyg.	flygterm	it.	italiensk[a]
fonet.	fonetik	*itr*	intransitivt
fort.	fortifikation	jak.	jakande
fotb.	fotboll	jakt.	jaktterm
foto.	fotografering	jap.	japansk[a]
fr.	fransk[a]	jfr	jämför
fys.	fysik	jud.	judisk
fysiol.	fysiologi	jur.	juridik
fäktn.	fäktning	järnv.	järnvägsterm
färg.	färgeriteknik	kapplöpn.	kapplöpning
följ.	följande [ord]	katol.	katolsk
förb.	förbindelse	kelt.	keltisk[a]
fören.	förenad	kem.	kemi
förh.	förhållanden	kir.	kirurgi
förk.	förkortning	kok.	kokkonst
förstärk.	förstärkningsord	koll.	kollektivt
försäkr.	försäkringsväsen	komp.	komparativ
garv.	garveriterm	*konj*	konjunktion
gen.	genitiv	konkr.	konkret
geogr.	geografi	konst.	konstterm
geol.	geologi	konstr.	konstruktion; konstrueras
geom.	geometri		
gm	genom	kortsp.	kortspel
golf.	golfterm	kricket.	kricketterm
graf.	grafisk teknik	kyrkl.	kyrklig
gram.	grammatik	kärnfys.	kärnfysik
grek.	grekisk[a]	lantbr.	lantbruk
gruv.	gruvdrift	lantmät.	lantmäteri
gymn.	gymnastik	lat.	latin
hand.	handel	likn.	liknande
herald.	heraldik	litt.	litterär stil; litteratur
hist.	historia; företeelse som inte längre existerar	logik.	logikterm
		m.	med

mask.	maskulinum	pl.	plural
matem.	matematik	poet.	poetiskt
med.	medicin	polis.	polisväsen
mek.	mekanik	polit.	politik
meteor.	meteorologi	*poss pron*	possessivt pronomen
metrik.	metrik, verslära	post.	postväsen
mil.	militärterm	pred.	predikativt
miner.	mineralogi	*pred adj*	predikativt adjektiv
mkt	mycket	predf.	predikatsfyllnad
motor.	motorteknik	*prep*	preposition
mots.	motsats	pres.	presens
motsv.	motsvaras av	*pres p*	presens particip
mur.	mureriteknik	*pron*	pronomen
mus.	musik	prot.	protestantisk
myntv.	myntväsen	psykol.	psykologi
mytol.	mytologi	pyrotekn.	pyroteknik, fyrverkeri
mål.	måleri	®	inregistrerat varu-
n.	neutrum		märke
naturv.	naturvetenskap	radar.	radarteknik
ned.	nedan	radio.	radioteknik
neds.	nedsättande	recipr.	reciprok
nek.	nekande	reg.	regelbunden
neutr.	neutrum	*rel*	relativ
ngn[s]	någon[s]	*rel adv*	relativt adverb
ngt	något	*rel pron*	relativt pronomen
nordam.	nordamerikansk	relig.	religion
nordeng.	nordengelsk	resp.	respektive
obest art	obestämd artikel	retor.	retorik
obeton.	obetonad	*rfl*	reflexivt
obj.	objekt	*rfl pron*	reflexivt pronomen
o.d.	och dylikt	ridn.	ridning
oegentl.	i oegentlig betydelse	rodd.	roddsport
omskrivn.	omskrivning	rom.	romersk
opers.	opersonlig	rugby.	rugbyterm
optik.	optikterm	rymd.	rymdteknik
ordn.tal	ordningstal	*räkn.*	räkneord
ordspr.	ordspråk	s	substantiv
ordst.	ordstäv	samtl.	samtliga
oreg.	oregelbunden	sb.	substantiv
oövers.	oöversatt	schack	schackterm
parl.	parlamentariskt	sg.	singular
part.	partikel	simn.	simning
pass.	passiv	självst.	självständigt
ped.	pedagogik	sjö.	sjöterm
perf.	perfekt	skeppsbygg.	skeppsbyggnad
perf p	perfekt particip	skidsport.	i skidsport
pers.	person	skog.	skogsbruk
pers pron	personligt pronomen	skol.	skolväsen

skom.	skomakeri	typogr.	typografi
skotsk.,	skotsk, i Skottland	ung.	ungefär
Skottl.		univ.	universitetsväsen
skämts.	skämtsamt	urspr.	ursprungligen
sl.	slang	utt.	utal; uttalas
slakt.	slakteriterm	uttr.	uttryck; uttrycke
smeks.	smeksamt, som smek-	vanl.	vanligen
	namn	vard.	vardagligt
smndr.	sammandragning	*vb*	verb
sms.	sammansättning[ar]	*vb itr*	intransitivt verb
snick.	snickeri	*vb rfl*	reflexivt verb
sociol.	sociologi	*vb tr*	transitivt verb
sp.	spansk[a]	vetensk.	vetenskapligt
spec.	speciellt	vet. med.	veterinärmedicin
spel.	i sällskapsspel	vid.	vidare
s pl	substantiv i plural	vulg.	vulgärt, tabuord
spirit.	spiritism	vävn.	vävnadsteknik
sport.	sportterm	zool.	zoologi
språkv.	språkvetenskap	åld.	ålderdomligt
ss.	såsom	äv.	även
stark.	starkare	övers.	översättning; över
statist.	statistik		sättes
stavn.	stavning		
subj.	subjekt		
subst.	substantiv		
subst adj	substantiverat		
	adjektiv		
superl.	superlativ		
sv.	svensk[a]		
svag.	svagare		
sydafr.	sydafrikansk		
sydeng.	sydengelsk		
sälls.	sällsynt, sällan		
särsk.	särskilt		
sömnad.	sömnadsterm		
tandläk.	tandläkarterm		
teat.	teater		
tekn.	teknik		
tele.	teleteknik		
tennis.	tennisterm		
teol.	teologi		
textil.	textilteknik		
tidn.	tidningsspråk		
tr	transitivt		
trafik.	trafikväsen		
trädg.	trädgårdsskötsel		
TV.	television		
ty.	tysk[a]		

NORSTEDTS
ENGELSKA ORDBOK

ENGELSK-SVENSK DEL

Anvisningar

Urval

Denna ordbok syftar till att täcka det brittiska och amerikanska allmänspråkets vanliga ord- och frasförråd. I viss utsträckning har även ord från andra engelskspråkiga områden tagits med.

En hel del allmänt brukade facktermer finns med, liksom ord och uttryck ur vardagsspråket. Äldre och formellt språk har fått starkt begränsat utrymme.

Fraserna har i första hand valts så att de visar ordens konstruktion och vanligaste användning. Ordboken tar dessutom upp många idiomatiska (fasta) uttryck.

Geografiska namn med avledningar finns med i ett ganska rikligt urval.

Stavning

Stavningen är normalt den brittiska engelskans. I många fall anges även amerikanska former. Se vidare avsnittet "Amerikansk engelska" nedan.

Alfabetisk ordning

Uppslagsorden presenteras i strikt alfabetisk ordning oavsett om uppslagsordet består av ett eller flera ord eller innehåller bindestreck. Alltså gäller exempelvis följande ordning:

airborne, air brake, airbus, air chamber, air-conditioner

Ord med samma stavning men med olika ursprung och betydelse (homografer) är uppställda som skilda uppslagsord med fet siffra framför:

1 ball [ ] *s* bal, ...
2 ball [ ] *s* boll, ...

Sammansatta ord

Engelskan har tre olika skrivsätt för sammansatta ord:
a) sammanskrivet med bindestreck *(battle-axe)*

b) sammanskrivet utan bindestreck *(battleship)*
c) särskrivet *(battle cruiser)*

Någon enhetlig praxis finns inte, utan ett och samma ord kan vara skrivet på olika sätt i olika texter.

Uttal

Det internationella fonetiska alfabetet har använts. Uttalsbeteckningarna ansluter sig till "Longman Pronunciation Dictionary" (1990). Uttalet är i grunden den brittiska engelskans. Amerikanska varianter ges om de skiljer sig från brittiskt engelskt uttal på ett oförutsebart sätt. Se vidare följande avsnitt "Amerikansk engelska".

Amerikansk engelska

Amerikansk engelska markeras i ordboken med amer.

Stavning. I fråga om stavning skiljer sig amerikansk engelska i vissa fall från brittisk engelska. Här följer en förteckning över de vanligaste amerikanska stavningsvarianterna.

1. Den brittiska ändelsen *-our* motsvaras i amerikansk engelska av *-or*, t.ex. *color, harbor, honor, labor.*

2. Den brittiska ändelsen *-re* motsvaras i amerikansk engelska av *-er*, t.ex. *center, fiber, liter, meter, theater.*

3. Den brittiska ändelsen *-ce* stavas *-se* i vissa ord i amerikansk engelska, t.ex. *defense, license, offense, pretense.*

4. Den brittiska engelskans *-ll-* skrivs i vissa ord i amerikansk engelska med enkelt *l*, t.ex. *marvelous, traveler, labeled, quarreled.*

5. Andra stavningsvarianter av mindre förutsebar typ ges genomgående i ordboken, t.ex. *airplane, aluminum, cozy, gray, mold, mustache, plow, tire* (bildäck) etc.

Uttal. I USA finns inte något standarduttal som i Storbritannien. Men de flesta bildade amerikaners uttal innehåller flera gemensamma drag som skiljer deras uttal från det brittiska:

1. I brittisk engelska är *r* stumt före konsonant och i ordslut om det inte

följs av vokal (som i t.ex. *far away*). I amerikansk engelska uttalas *r* i dessa positioner, dvs i t.ex. *hard, more, it's far.*

2. I amerikansk engelska uttalas *t* eller *tt* mellan tonande ljud med en stark dragning åt *d*, så att t.ex. *better* för svenska öron kan låta som *bedder*, *little* som *liddle* etc.

3. I många ord uttalas den brittiska standardengelskans [ɑ:] som [æ:] i amerikansk engelska. Exempel: *half, after, example, demand, dance, aunt, pass, ask, gasp, past, path.*

4. Den brittiska engelskans [ju:] i många ord uttalas ofta med [u:]. Exempel: *duty, new, stupid.*

5. Ordboken redovisar naturligtvis amerikanskt uttal i de fall där uttalet på ett oförutsebart sätt skiljer sig från den brittiska engelskans, t.ex. *clerk, Derby, lieutenant, schedule.*

Substantiv

Böjning anges endast när den är eller kan vara oregelbunden:

cact|us [ ] (pl. *-uses* el. *-i*)

Ordklassbeteckningen *s pl* anger att substantivet både är plural till formen och konstrueras som plural:

trousers [ ] *s pl* [lång]byxor

Vid behov ges konstruktionsuppgifter:

police [ ] (konstr. ss. pl.) *s* polis

Ordet polis är alltså singular till formen men konstrueras som plural: *The police* **have** *caught him.*

Adjektiv och adverb

Adjektiv och adverb sammanförs inte utan behandlas som skilda ordklasser. Regelbundet bildade adverb har ofta inte tagits med.

Bruket av bindestreck vid engelska sammansatta adjektiv vacklar. Huvudtendensen är att använda bindestreck *(dark-blue)* i attributiv ställning, dvs. före substantiv, och särskrivning utan bindestreck *(dark blue)* i predikativ ställning.

Verb

Av tydlighetsskäl är verbartiklar ofta uppdelade i transitiva, intransitiva och reflexiva former. Varje avdelning inleds med romersk siffra.

Vid verb som kan vara både transitiva och intransitiva har språkexempel med preposition eller adverb ofta sammanförts till en särskild avdelning:

break: III *vb tr* o. *vb itr* med adv., isht med spec. övers.:
~ **away** ...
~ **back** ...

Böjning anges vid oregelbundna (starka) verb.

Räkneord

Särskilt utförlig behandling i fråga om avledningar och exempel finns vid *five, fifth, fifty* osv. De kan tjäna som mönster för hur man bildar former och uttryck med andra räkneord.

Fraser

Fraser som upptas i ordboken kan vara idiomatiska uttryck eller exempel på hur ett ord ska översättas i ett visst sammanhang. Fraserna i ordboken är i regel placerade under det första betydelsebärande ordet, eller under det ord som är speciellt intressant ur översättningssynpunkt.

Inom en artikel är fraserna sorterade i bokstavsordning efter lämpliga ingående ord, t.ex. prepositioner.

Det finns även oöversatta språkexempel. De står inom piggparenteser [ ] och i omedelbar anslutning till den eller de översättningar de närmast avser att belysa:

deposit: sätta in [~ *money in a bank*]

Momentsymboler

Momentsymboler är de siffror och bokstäver som används för indelning av ordboksartiklarna.

Romersk siffra används i huvudsak för uppdelning i ordklasser:

ache [ ] **I** *vb itr* värka, göra ont ... **II** *s* värk ...

Speciellt omfångsrika artiklar kräver ibland en momentsymbol som är överordnad de romerska siffrorna. I sådana fall används fet stor bokstav: **A, B** osv. (se t.ex. **cut, make**).

Arabisk siffra används för att ange delbetydelser:

pear [ ] *s* 1 päron 2 päronträd

Om ytterligare uppdelning behövs används **a), b)** osv. och a), b) osv.

Förkortningar

Förkortningar finns upptagna i en särskild lista på sid. VIII. De kan antingen vara av allmänt slag (anm., end.), tillhöra grammatik och konstruktionsuppgifter (demonstr., inf.) eller ange stilnivå eller ämnesområde (vard., med.).

Innebörden i en angivelse av ämnesområde växlar: data. kan exempelvis betyda både att ett ord allmänt har anknytning till datatekniken och att det är en fackterm inom dataområdet.

Uttal
(Pronunciation)

Vokaler *(Vowels)*

Långa *(Long)*		Korta *(Short)*	
[i:]	steel	[ɪ]	ring
		[e]	pen
		[æ]	back
[ɑ:]	father	[ʌ]	run
[ɔ:]	call	[ɒ]	top
[u:]	too	[ʊ]	put
[ɜ:]	girl	[ə]	about

Diftonger
(Diphthongs)

[eɪ]	name
[aɪ]	line
[ɔɪ]	boy
[əʊ]	phone
[aʊ]	now
[ɪə]	here
[eə]	there
[ʊə]	tour

Konsonanter *(Consonants)*

Tonande *(Voiced)*		Tonlösa *(Voiceless)*	
[b]	back	[p]	people
[d]	drink	[t]	too
[g]	go	[k]	call
[v]	very	[f]	fish
[ð]	there	[θ]	think
[z]	freeze	[s]	strike
[ʒ]	usual	[ʃ]	shop
[dʒ]	job	[tʃ]	check
[j]	you		
		[h]	here
		[x]	lo**ch**
[m]	my		*ach*-ljud i skotska
[n]	next		ord (som i
[ŋ]	ring		tyska *machen*)
[l]	long		
[r]	red		
[w]	win		

Huvudtryck markeras med lodrätt accenttecken *i överkant*, som placeras *före* den stavelse som uppbär huvudtrycket: **about** [ə'baʊt]

Bitryck markeras med lodrätt accenttecken *i nederkant*, som placeras *före* den stavelse som uppbär bitrycket: **academic** [ˌækə'demɪk]

Variantuttal som endast innebär *ändrade accentförhållanden* anges vanligen med accenttecken och bindestreck, varvid varje bindestreck representerar en stavelse: **benzene** ['benzi:n, -'-]

Ljud som kan utelämnas i uttalet står inom rund parentes: **change** [tʃeɪn(d)ʒ]

Översikt

Så här är Norstedts engelsk-svenska ordbok uppställd

Grammatik o.d.

① uppslagsord
② uttal
③ översättning
④ ordklass
⑤ fras, språkexempel med översättning
⑥ oöversatt språkexempel
⑦ verbfraser (partikelverb)
⑧ konstruktionsuppgifter
⑨ böjningsuppgift
⑩ verbböjning

Etiketter o.d.

⑪ ämnesområde
⑫ stilnivå
⑬ svensk förklaring, precisering
⑭ regional variant
⑮ hänvisning

Siffror

⑯ romerska siffror (indelning i ordklasser)
⑰ arabiska siffror (indelning i delbetydelser)
⑱ homografsiffror

---

① ②
airport ['eəpɔːt] *s* flygplats, flygfält
③ ④
alert [əˈlɜːt] **I** *adj* **1** vaken, beredd **2** pigg, livlig **II** *s* **1** larm [beredskap]; isht flyglarm **2** ⑤
on the ~ på utkik; på vakt **III** *vb tr* försätta i beredskap, larma [~ *the police*], varna
⑥
bring ... med adv. isht med spec. övers.
⑦ ~ **about** få till stånd
~ **along** ha med sig

allergic [əˈlɜːdʒɪk] *adj* allergisk äv. bildl. [*to* mot] ⑧

aerobics [eəˈrəʊbɪks]
⑧ (konstr. ss. sg.) *s* aerobics,

aquari | um [əˈkweərɪ | əm]
⑨ (pl. *-ums* el. *-a* [-ə]) *s* akvarium
⑩
bring [brɪŋ] (*brought brought*)

banana [bəˈnɑːnə] *s* banan; bananplanta; ~ *oil* ⑪ sl. prat, strunt; ~ *plug* ⑫ tekn. banankontakt; ~ *seat* vard. limpa
⑬ cykelsadel

badlands [ˈbædlændz] *s pl*
⑭ amer. ofruktbart land
alright se *all right* under *all III* ⑮

⑯ ⑰
alert [əˈlɜːt] **I** *adj* **1**
vaken, beredd **2** pigg, livlig
II *s* **1** larm [beredskap]; isht flyglarm **2** *on the* ~ på utkik; på vakt
⑱
1 baste [beɪst] *vb tr* tråckla [ihop]; tråckla [fast]
2 baste [beɪst] *vb tr* kok. ösa stek

Explanatory Chart

This is how Norstedts' English-Swedish Dictionary is arranged

Grammatik o.d.

① headword
② pronunciation
③ translation
④ part of speech
⑤ phrase, example with translation
⑥ untranslated exemple
⑦ phrasal verbs
⑧ usage notes
⑨ inflection
⑩ conjugation

Labels etc.

⑪ subject field
⑫ stylistic level, register
⑬ Swedish sense indicator
⑭ regional variant
⑮ reference

Numerals

⑯ Roman numerals (division into parts of speech)
⑰ Arabic numerals (division into subsenses)
⑱ homograph numbers

A

A, a [eɪ] (pl. *A's* el. *a's* [eɪz]) *s* **1** A, a; *A road* ung. riksväg, huvudväg; *he knows the subject from A to Z* han kan ämnet utan och innan **2** mus., *A flat* ass; *A major* A-dur; *A minor* A-moll; *A sharp* aiss
A [eɪ] *adj* o. *s* (förk. för *adult*) förr [film som är] olämplig för barn under 14 år
1 a el. **an** [ə resp. ən, n; beton. eɪ resp. æn] *obest art* **1** en, ett; någon, något [*this is not a hotel*] **2** samma; *they are of a size* de är av [en och] samma storlek; *two at a time* två i taget (åt gången) **3** per; *twice a day* äv. två gånger om dagen
2 @ [æt] hand. (vid prisnotering) à
A1 [eɪˈwʌn] *adj* **1** sjö. A1 beteckn. för fartyg av första klassen i Lloyd's Register **2** vard. förstklassig, prima; i toppform [*feel ~*]
AA förk. för *Automobile Association*
AB amer. = *BA* förk. för *Bachelor of Arts*
aback [əˈbæk] *adv*, *be taken ~* bildl. baxna, häpna
abandon [əˈbændən] **I** *vb tr* **1** ge upp [*~ an attempt*], avstå från [*~ one's right*] **2** överge, gå ifrån, lämna [*he has ~ed his wife; the sailors ~ed the ship*] **II** *s* otvungenhet; frigjordhet
abandoned [əˈbændənd] *adj* **1** lössläppt, otyglad; utsvävande **2** övergiven [*~ property*]
abase [əˈbeɪs] *vb tr* förnedra, förödmjuka
abashed [əˈbæʃt] *adj* generad, förlägen
abate [əˈbeɪt] **I** *vb tr* **1** minska, dämpa **2** sänka, slå av på [*~ the price*] **II** *vb itr* avta; lägga sig, mojna [av]
abbess [ˈæbes] *s* abbedissa
abbey [ˈæbɪ] *s* **1** abbotskloster, abbedisskloster **2** [före detta] kloster; klosterkyrka
abbot [ˈæbət] *s* abbot
abbreviate [əˈbriːvɪeɪt] *vb tr* förkorta, avkorta
abbreviation [əˌbriːvɪˈeɪʃ(ə)n] *s* förkortning; kortform
ABC [ˌeɪbiːˈsiː] *s* abc, alfabet; *the ~ of gardening* trädgårdsskötselns abc (grunder, elementa)
abdicate [ˈæbdɪkeɪt] **I** *vb itr* abdikera **II** *vb tr* avsäga sig [*the throne*]
abdication [ˌæbdɪˈkeɪʃ(ə)n] *s* abdikation, avsägelse
abdomen [ˈæbdəmən] *s* anat. abdomen, buk, mage; [*lower*] *~* underliv
abdominal [æbˈdɒmɪnl] *adj* anat. abdominal, buk-, underlivs-; *~ belt* maggördel; *~ region* magtrakt
abduct [æbˈdʌkt] *vb tr* röva (föra) bort, enlevera
abduction [æbˈdʌkʃ(ə)n] *s* bortrövande, bortförande, enlevering

abode

Aberdeen [ˌæbəˈdiːn] geogr. egenn.; *~ terrier* strävhårig skotsk terrier
Aberdonian [ˌæbəˈdəʊnjən] *s* aberdeenbo
aberration [ˌæbəˈreɪʃ(ə)n] *s* **1** villfarelse; avvikelse **2** [*mental*] *~* sinnesförvirring
abet [əˈbet] *vb tr* medverka till isht ngt brottsligt; [*aid and*] *~ a p.* vara ngns medhjälpare i brott
abeyance [əˈbeɪəns] *s*, *be in ~* vila, ligga nere, få anstå; *fall* (*go*) *into ~* komma ur bruk [*an old custom that has fallen into ~*]; träda ur kraft för en tid
abhor [əbˈhɔː, əˈbɔː] *vb tr* avsky, hata
abhorrence [əbˈhɒr(ə)ns, əˈbɒr-] *s* avsky [*of* för]
abhorrent [əbˈhɒr(ə)nt, əˈbɒr-] *adj* motbjudande, förhatlig [*to* för]
abidance [əˈbaɪd(ə)ns] *s*, *~ by* fasthållande vid, efterföljelse av [*~ by the rules*]
abide [əˈbaɪd] (*abode abode* el. *~d ~d*) **I** *vb itr* **1** end. regelb., *~ by* stå fast vid [*~ by a promise*]; hålla sig till [*~ by the law*]; stå för [*~ by the consequences*]; foga sig efter [*~ by a p.'s decision*] **2** poet. dröja; förbli, fortleva **II** *vb tr* **1** i nek. o. fråg. satser tåla, stå ut med [*I can't ~ him*] **2** foga sig efter [*~ a decision*]
ability [əˈbɪlətɪ] *s* **1** förmåga; skicklighet, duglighet; *to the best of my ~* efter bästa förmåga **2** begåvning; mest pl. *-ies* själsgåvor, anlag, talanger; *a man of ~* en begåvad man; *pool of ~* begåvningsreserv
abject [ˈæbdʒekt] *adj* **1** usel, eländig; *~ poverty* yttersta misär **2** ynklig, krypande, neslig [*~ surrender*]
ablaze [əˈbleɪz] *adv* o. *pred adj* **1** i brand, i lågor **2** starkt (klart) upplyst, glittrande
able [ˈeɪbl] *adj* **1** skicklig, duglig, duktig, kunnig; *be ~ to do a th.* kunna (vara i stånd att, lyckas) göra ngt **2** hand. vederhäftig **3** *~ seaman* matros
able-bodied [ˌeɪblˈbɒdɪd, attr. ˈ--ˌ--] *adj* **1** stark, arbetsför **2** *~ seaman* matros
abled [ˈeɪbld] *adj* arbetsför, ej handikappad [*~ people*]; *differently ~* ej arbetsför, handikappad
ablution [əˈbluːʃ(ə)n] *s*, vanl. pl. *~s* tvagning, tvättning; *perform one's ~s* skämts. tvätta (tvaga) sig
ably [ˈeɪblɪ] *adv* skickligt etc., jfr *able*
ABM [ˌeɪbiːˈem] förk. för *anti-ballistic missile*
abnegation [ˌæbnɪˈgeɪʃ(ə)n] *s* förnekelse, förnekande; avsägelse; försakelse
abnormal [æbˈnɔːm(ə)l] *adj* abnorm, onormal, avvikande [från det normala]
abnormality [ˌæbnɔːˈmælətɪ] *s* abnormitet av. konkr.; avvikelse [från det normala]; missbildning
aboard [əˈbɔːd] *adv* o. *prep* ombord [på] båt, flygplan, tåg; *be ~* äv. ha kommit ombord; *all ~!* alla passagerare [ombeds gå] ombord!
abode [əˈbəʊd] **I** *s* **1** litt. boning, bostad, hem

2 vistelse; hemvist; *place of* ~ jur. hemvist; *with (of) no fixed (unfixed)* ~ jur. utan stadig hemvist **II** imperf. o. perf. p. av *abide*
abolish [ə'bɒlɪʃ] *vb tr* avskaffa, upphäva, slopa; utplåna
abolition [ˌæbə(ʊ)'lɪʃ(ə)n] *s* avskaffande, upphävande, slopande
abolitionist [ˌæbə(ʊ)'lɪʃənɪst] *s* förkämpe för dödsstraffets avskaffande
A-bomb ['eɪbɒm] *s* atombomb
abominable [ə'bɒmɪnəbl] *adj* förhatlig [*to* för], avskyvärd, vederstygglig; vard. urusel, hemsk, gräslig [~ *weather (food)*]; *the A~ Snowman* snömannen i Himalaya
abominate [ə'bɒmɪneɪt] *vb tr* avsky
aboriginal [ˌæbə'rɪdʒənl] **I** *adj* **1** ursprunglig, urfolklig; ~ *tribes* urfolk **2** vanl. *A~* aboriginer-, som hör till aboriginerna **II** *s* urinvånare, isht aboriginer [äv. *A~*]
aborigin|e [ˌæbə'rɪdʒɪn|ɪ] (pl. *-es* [-iːz]) *s* **1** urinvånare, inföding; *the ~s* äv. urbefolkningen **2** vanl. *A~* aboriginer
abort [ə'bɔːt] **I** *vb itr* **1** få missfall, abortera **2** misslyckas, gå om intet, stranda **II** *vb tr* **1** nedkomma för tidigt med **2** a) framkalla missfall hos; göra abort på b) avlägsna genom abort [~ *a baby*] **3** avbryta äv. data.; hejda; komma att misslyckas
abortion [ə'bɔːʃ(ə)n] *s* **1** abort, fosterfördrivning; *criminal* ~ illegal abort; *have an* ~ göra abort **2** *spontaneous* ~ med. missfall, spontan abort **3** förkrympt (missbildad) varelse **4** misslyckande; misslyckat försök
abortionist [ə'bɔːʃ(ə)nɪst] *s* **1** abortör **2** abortförespråkare
abortive [ə'bɔːtɪv] *adj* **1** förkrympt, ofullgången, hämmad i sin utveckling; steril **2** felslagen, dödfödd [*plans that proved* ~]; misslyckad [*an* ~ *rebellion*], fruktlös **3** med. abortiv
abound [ə'baʊnd] *vb itr* **1** finnas i överflöd, överflöda **2** ~ *in* ha i överflöd, överflöda av; ~ *with* vimla (myllra) av
about [ə'baʊt] **I** *prep* **1** i rumsbet. omkring (runt) i (på) [*walk* ~ *the town*]; [runt]omkring [*the fields* ~ *Oxford*], om [*tie a rope* ~ *him*]; *somewhere* ~ *here* här någonstans **2** på sig [*I have no money* ~ *me*]; hos [*there is something* ~ *him I don't like*], med, över **3** om [*tell me all* ~ *it*], angående; i, i fråga om, med [*careless* ~ *his personal appearance* (sitt yttre)]; över; *he was very nice* ~ *it* han tog det mycket fint, han var mycket förstående; *well, what* ~ *it?* nå, än sen?; *what (how)* ~...? hur är (blir, går) det med...?; hurskulle det vara (smaka) med...? [*what (how)* ~ *a cup of tea?*]; ska vi...? [*what (how)* ~ *going to the cinema?*] **4** sysselsatt med; *while you are* ~ *it* medan du [ändå] håller på **5** i måtts- och tidsuttryck omkring [*for ~ five miles*, ~ 6 *o'clock*], jfr äv. *II 5*; *he is* ~ *your size* han är ungefär lika lång som du **II** *adv* **1** omkring [*rush* ~], runt [*go* ~ *in circles*]; runtomkring; hit och dit [*order a p.* ~]; i omkrets [*a wheel two inches* ~]; se äv. *under resp. vb*; *all* ~ på alla sidor, runtomkring **2** om åt motsatt (annat) håll; *right* ~! höger om!; *it's [quite] the other way* ~ det är precis tvärtom **3** ute, i rörelse, i farten, i omlopp; liggande framme; *be* ~ äv. finnas [att få]; *be [out and]* ~ vara uppe (igång [igen]) efter sjukdom; vara på benen **4** *take turns* ~ tura[s] om **5** ungefär, nästan [~ *as high as that tree*]; [*Are you ready to go?*] *Just* ~ ...Så gott som, ...Nästan; *that's* ~ *right (it)!* vard. ungefär så, ja!; det är lagom!; *that's* ~ *it* vard. äv. så kan man säga **6** *be* ~ *to* + inf. stå i begrepp att, ska [just] [*he was* ~ *to leave*]
about-face [ə,baʊt'feɪs] *s* o. *vb itr* isht amer., se *about-turn*
about-turn [ə,baʊt'tɜːn] **I** *s* helomvändning; bildl. äv. kovändning **II** *vb itr* göra helt om; bildl. göra en helomvändning (kovändning)
above [ə'bʌv] **I** *prep* över högre än; ovan[för]; mer än; jämte, utom; ~ *all* framför allt; *over and* ~ utöver, förutom; *it is* ~ *me* det går över mitt förstånd (min förmåga); *be* ~ *oneself* vara uppsluppen (upprymd); *he is* ~ *suspicion* han är höjd över alla misstankar; *he is* ~ *telling a lie* han håller sig för god att ljuga **II** *adv* **1** ovan [*the statement* ~]; där ovan; här ovan; ovanför; upptill; *as was mentioned* ~ såsom [här] ovan nämndes; *from* ~ uppifrån, ovanifrån; bildl. från högre ort **2** över, däröver, [*books of 100 pages*] *and* ~ ...och mer; *over and* ~ därtill, på köpet, dessutom **III** *adj* o. *s* ovanstående; *the* ~ ovannämnda [person]; [det] ovanstående
above-board [ə,bʌv'bɔːd] **I** *adv* öppet, ärligt **II** *pred adj* öppen, ärlig
above-mentioned [ə,bʌv'menʃ(ə)nd] *adj* ovannämnd, anförd
abracadabra [ˌæbrəkə'dæbrə] *s* abrakadabra, ss. trolleriformel äv. hokuspokus
Abraham ['eɪbrəhæm, -həm] mansnamn
abrasion [ə'breɪʒ(ə)n] *s* avskavning; slitning
abrasive [ə'breɪsɪv, -zɪv] **I** *s* slipmedel, slippasta **II** *adj* **1** avskrapande, avslipande, slip- [~ *paper*] **2** bildl. a) skrovlig, sträv [*an* ~ *voice*] b) påstridig, oresonlig, aggressiv [*an* ~ *personality*]
abreast [ə'brest] *adv* i bredd, sida vid sida, bredvid varandra; ~ *of (with)* i jämnhöjd med, jämsides med, inte efter i utveckling etc.; *keep* ~ *with a p.* hålla jämna steg med ngn; ~ *of the times* med sin tid
abridge [ə'brɪdʒ] *vb tr* förkorta, korta av [på]
abridg[e]ment [ə'brɪdʒmənt] *s* **1** förkortning **2** sammandrag
abroad [ə'brɔːd] *adv* **1** utomlands, utrikes, i

(till) utlandet [*live (go)* ~]; ***from*** ~ från utlandet, utifrån **2** litt. i farten [*few people were* ~]; i svang (omlopp); ***get*** ~ komma ut, sprida sig [*a rumour has got* ~]; ***there is a rumour*** ~ det går ett rykte
abrogate ['æbrə(ʊ)geɪt] *vb tr* avskaffa, upphäva lag
abrupt [əˈbrʌpt] *adj* **1** abrupt, tvär **2** ryckig isht om stil; tvär, korthuggen, brysk **3** brant, tvär
ABS [ˌeɪbiːˈes] (förk. för *antilock brake system* el. *antilock braking system*) ABS-bromsar
abscess [ˈæbses, -sɪs] *s* böld, bulnad, abscess
abscond [əbˈskɒnd] *vb itr* avvika, rymma
absence [ˈæbs(ə)ns] *s* **1** frånvaro, bortovaro, många frånvarande (fall av frånvaro) **2** brist [*of* på]; avsaknad, frånvaro [*of* av] **3** ~ *of mind* själsfrånvaro, se vid. *absent-mindedness*
absent [ss. adj. ˈæbs(ə)nt, ss. vb æbˈsent] **I** *adj* **1** frånvarande; *be* ~ *from* äv. utebli från **2** obefintlig **II** *vb rfl*, ~ *oneself* hålla sig borta
absentee [ˌæbs(ə)nˈtiː] *s* frånvarande; skolkare
absenteeism [ˌæbs(ə)nˈtiːɪz(ə)m] *s* [ogiltig] frånvaro från arbetet; skolk; frånvarofrekvens
absent-minded [ˌæbs(ə)ntˈmaɪndɪd] *adj* tankspridd, förströdd, disträ, [själs]frånvarande
absent-mindedness [ˌæbs(ə)ntˈmaɪndɪdnəs] *s* tankspriddhet, förströddhet, distraktion
absinth[e] [ˈæbsɪnθ] *s* absint likör
absolute [ˈæbs(ə)luːt, -ljuːt] *adj* **1** absolut [~ *majority*], fullständig, fullkomlig [~ *freedom*], full [~ *certainty*]; total; ren, komplett [*an* ~ *fool*], riktig [*an* ~ *genius*]; ***it's the*** ~ ***truth*** det är absolut sant **2** enväldig, oinskränkt [~ *power*], absolut [~ *monarchy*] **3** fackspr. absolut [~ *alcohol (temperature)*] **4** gram. absolut [~ *comparative*]
absolutely [ˈæbs(ə)luːtlɪ, -ljuː-, i bet. 2 ˌ-ˈ--] *adv* **1** absolut, fullständigt etc., jfr *absolute*; helt [och hållet], alldeles **2** vard., ~*!* [ja] absolut!, så klart!, alla gånger!
absolution [ˌæbsəˈluːʃ(ə)n, -ˈljuː-] *s* **1** frikännande **2** teol. absolution, [syndernas] förlåtelse, avlösning
absolutism [ˈæbsəluːtɪz(ə)m, -ljuː-] *s* envälde, absolutism
absolve [əbˈzɒlv] *vb tr* **1** frikänna, frikalla; lösa, frita[ga] [*from* från] **2** teol. ge absolution åt, avlösa
absorb [əbˈsɔːb, əbˈz-] *vb tr* **1** absorbera, suga upp, suga i (till) sig, fånga upp, tillgodogöra sig; *be* ***~ed by*** (*into*) införlivas med, uppgå i **2** uppsluka, helt uppta; *be* ***~ed in*** gå upp i, vara försjunken (helt engagerad) i
absorbent [əbˈsɔːbənt, əbˈz-] **I** *adj* absorberande, uppsugande, insugande; ~ *cotton* isht amer. bomull, vadd **II** *s* absorberande medel
absorbing [əbˈsɔːbɪŋ, əbˈz-] *adj* absorberande; bildl. allt uppslukande, fängslande

abstain [əbˈsteɪn, æb-] *vb itr* **1** avstå [*from* från]; avhålla sig [*from* från]; vara avhållsam **2** ~ [*from voting*] lägga ned sin röst
abstainer [əbˈsteɪnə, æb-] *s* **1** avhållsman; *total* ~ absolutist, helnykterist **2** valskolkare, soffligare
abstemious [əbˈstiːmjəs, æb-] *adj* återhållsam, avhållsam, måttlig isht i mat o. dryck
abstention [əbˈstenʃ(ə)n, æb-] *s* **1** ~ [*from voting*] röstnedläggelse; röstskolkning; *two* ~*s* två nedlagda röster **2** återhållsamhet, abstinens
abstinence [ˈæbstɪnəns] *s* avhållelse [*from* från]; avhållsamhet, återhållsamhet; isht med. abstinens
abstinent [ˈæbstɪnənt] *adj* avhållsam, återhållsam, måttlig
abstract [ss. adj. o. subst. ˈæbstrækt, ss. vb i bet. III 1 ˈ-ˈ-, III 2 ˈ--] **I** *adj* abstrakt i olika bet.: teoretisk; svårfattlig; ~ *mathematics* ren matematik **II** *s* **1** abstrakt begrepp; gram. abstrakt ord; *the* ~ det abstrakta; *in the* ~ teoretiskt, i princip (teorin) **2** abstrakt konstverk **3** sammandrag, utdrag, [kort] referat **III** *vb tr* **1** abstrahera; ta bort **2** sammanfatta, göra sammandrag av
abstraction [æbˈstrækʃ(ə)n] *s* **1** abstraktion; abstrakt begrepp **2** avskiljande, borttagande **3** tankspriddhet
abstruse [æbˈstruːs] *adj* svårfattlig, dunkel
absurd [əbˈsɜːd] *adj* orimlig, absurd, befängd; dum
absurdity [əbˈsɜːdətɪ] *s* o. **absurdness** [əbˈsɜːdnəs] *s* orimlighet, absurditet etc., jfr *absurd*
abundance [əˈbʌndəns] *s* **1** överflöd; [stor] mängd **2** rikedom [*an* ~ *of information*]
abundant [əˈbʌndənt] *adj* **1** överflödande, riklig **2** rik [*in* på]
abuse [ss. subst. əˈbjuːs, ss. vb əˈbjuːz] **I** *s* **1** missbruk; missförhållande; *it is open to* ~ det kan lätt missbrukas **2** utan pl. ovett, glåpord [*a stream of* ~], otidigheter; skäll **II** *vb tr* **1** missbruka **2** skymfa, smäda **3** misshandla
abusive [əˈbjuːsɪv] *adj* ovettig, smädlig
abysmal [əˈbɪzm(ə)l] *adj* avgrundsdjup, bottenlös isht bildl. [~ *ignorance*]; urusel [*the food was* ~]
abyss [əˈbɪs] *s* avgrund; ofantligt djup
Abyssinia [ˌæbɪˈsɪnjə] geogr.(hist.) Abessinien
Abyssinian [ˌæbɪˈsɪnjən] **I** *s* abessinier äv. katt o. kattras **II** *adj* abessinsk
AC [ˌeɪˈsiː] förk. för *aircraftman, alternating current*
A/C o. **a/c** hand., förk. för *account, account current*
acacia [əˈkeɪʃə] *s* akacia; *false* ~ falsk akacia
academic [ˌækəˈdemɪk] **I** *adj* akademisk; teoretisk; orealistisk; ~ *ability*

academician

studiebegåvning; ~ *year* univ. läsår **II** *s* akademiker; teoretiker
academician [əˌkædə'mɪʃ(ə)n] *s* akademimedlem
academy [ə'kædəmɪ] *s* **1** akademi; högre undervisningsanstalt med specialinriktning; [hög]skola; ~ *of music* musikhögskola; *riding* ~ ridskola **2** lärt (vittert, konstidkande) samfund, akademi [*The Royal A~* [*of Arts*]]; *A~ award* Oscar amerikanska filmakademins utmärkelse
accede [æk'siːd] *vb itr*, ~ *to* a) instämma i; biträda åsikt; gå med på; villfara [~ *to a request*] b) tillträda [~ *to a post*]; komma på [~ *to the throne*]
accelerate [ək'seləreɪt] **I** *vb itr* accelerera, öka hastigheten (takten) **II** *vb tr* påskynda, accelerera
acceleration [əkˌselə'reɪʃ(ə)n] *s* acceleration äv. astron.; påskyndande; tilltagande hastighet; ~ *lane* trafik. accelerationsfält, påfartssträcka
accelerator [ək'seləreɪtə] *s* gaspedal; fys. el. kem. accelerator
accent [ss. subst. 'æks(ə)nt, ss. vb æk'sent] **I** *s* **1** accent, tryck, betoning, tonvikt **2** tonfall; accent, brytning, uttal **3** accent[tecken] **4** vard. tonvikt; *with the ~ on* med tonvikt på **II** *vb tr* betona, accentuera
accentuate [æk'sentjʊeɪt] *vb tr* betona, framhäva [*the dress ~s her figure*], accentuera
accept [ək'sept, æk-] *vb tr* **1** anta, acceptera, motta, ta emot; ~ *an invitation* (*offer*) äv. tacka ja till en inbjudan (ett anbud) **2** godta [~ *an excuse*]; erkänna [~ *defeat*], godkänna, gå med på [~ *a p.'s terms*]; finna sig i [*I won't ~ such conditions*]; acceptera; *be widely ~ed* vinna stor anslutning **3** hand. acceptera växel; ~ [*delivery of*] *goods* erkänna mottagandet av varor
acceptability [əkˌseptə'bɪlətɪ, æk-] *s* godtagbarhet; acceptabilitet
acceptable [ək'septəbl, æk-] *adj* antagbar, godtagbar, acceptabel; välkommen [*to* för]
acceptance [ək'sept(ə)ns, æk-] *s* **1** antagande etc., jfr *accept 1* **2** godtagande; erkännande; bifall, gillande, accepterande; *gain wide* ~ accepteras i vida kretsar **3** hand. växelacceptering; accept **4** *without ~ of persons* utan anseende till person
access ['ækses] *s* **1** tillträde; tillgång; tillgänglighet; umgängesrätt [~ *to* (med) *one's children*]; ~ *card* slags kreditkort; ~ *road* tillfartsväg till motorväg; ~ *television* ung. lokal-TV; *right of common* ~ allemansrätt; *easy of* ~ lättillgänglig, lättåtkomlig **2** anfall, utbrott [*of* av]; *in a new* ~ *of strength* med nyfunnen styrka (kraft) **3** data. åtkomst, access; ~ *time* accesstid

accessibility [əkˌsesə'bɪlətɪ, æk-] *s* tillgänglighet, åtkomlighet
accessible [ək'sesəbl, æk-] *adj* tillgänglig, åtkomlig [*to* för]
accession [æk'seʃ(ə)n, ək-] *s* **1** tillträde; tillträdande av ämbete; inträdande [*to* i]; ~ [*to the throne*] tronbestigning **2** tillskott, tillökning, tillägg
accessor|y [ək'sesərɪ, æk-] **I** *adj* **1** åtföljande, som kommer till, bidragande; ~ *part* reservdel **2** (end. pred.) jur. medbrottslig, delaktig [*to* i] **II** *s* **1** mest pl. *-ies* tillbehör, bihang, bisaker, accessoarer **2** jur. medhjälpare, medbrottsling; ~ *after* (*before*) *the fact* se *fact 2b*
accidence ['æksɪd(ə)ns] *s* språkv. formlära
accident ['æksɪd(ə)nt] *s* **1** tillfällighet, slump; *by* ~ av en händelse (slump), tillfälligtvis **2** olycksfall, olyckshändelse, olycka [*to* med, som drabbat]; ~ *insurance* olycksfallsförsäkring
accidental [ˌæksɪ'dentl] **I** *adj* **1** tillfällig, oavsiktlig, olycks-, olycksfalls-; [*a verdict of*] ~ *death* ...död genom olyckshändelse **2** oväsentlig **II** *s* **1** bisak **2** mus. [tillfälligt] förtecken
accidentally [ˌæksɪ'dent(ə)lɪ] *adv* av en händelse; oavsiktligt
accident-prone ['æksɪd(ə)ntprəʊn] *adj, he is* ~ han råkar lätt ut för olyckor, han är en olycksfågel
acclaim [ə'kleɪm] **I** *vb tr* hälsa med jubel, hylla [~ *the winner*]; hälsa såsom [*they ~ed him king*] **II** *s* bifallsrop; bifall
acclamation [ˌæklə'meɪʃ(ə)n] *s* **1** vanl. pl. *~s* bifallsrop, hälsningsjubel **2** acklamation; *by* ~ med acklamation, utan votering
acclimate [ə'klaɪmət] *vb tr* o. *vb itr* isht amer., se *acclimatize*
acclimation [ˌæklaɪ'meɪʃ(ə)n] *s* isht amer., se *acclimatization*
acclimatization [əˌklaɪmətaɪ'zeɪʃ(ə)n] *s* acklimatisering; anpassning [till omgivningen]
acclimatize [ə'klaɪmətaɪz] **I** *vb tr* acklimatisera; anpassa; *become* (*get*) *~d* acklimatisera (anpassa) sig **II** *vb itr* acklimatisera (vänja) sig [*to* vid]
accolade ['ækə(ʊ)leɪd, -lɑːd] *s* **1** dubbning till riddare; riddarslag **2** hyllning, lovord [*the ~s of the literary critics*]
accommodate [ə'kɒmədeɪt] *vb tr* **1** inhysa, logera, ge husrum, inkvartera; rymma **2** a) lämpa, anpassa, passa in, jämka, rätta [*to* efter]; ställa in b) optik. ackommodera **3** sammanjämka, förena [~ *the interests of different groups*] **4** tillgodose; hjälpa med (låna ngn) pengar [*he asked the bank to* ~ *him*]; ~ *a p. with a loan* förstäcka ngn ett lån
accommodating [ə'kɒmədeɪtɪŋ] *adj*

tillmötesgående, tjänstvillig; foglig, eftergiven
accommodation [əˌkɒməˈdeɪʃ(ə)n] s
1 a) (amer. vanl. pl. ~s) bostad, [hus]rum; logi, inkvartering **b)** utrymme, plats [~ *for 30 people*] **2 a)** anpassning, avpassande [*to* efter] **b)** ögats ackommodation[sförmåga] **3** visat tillmötesgående **4** uppgörelse, sammanjämkning **5** lån
accommodation address [əˌkɒməˈdeɪʃ(ə)nəˌdres] s postadress där man tillfälligt kan nås
accommodation ladder [əˌkɒməˈdeɪʃ(ə)nˌlædə] s fallrepstrappa
accommodation train [əˌkɒməˈdeɪʃ(ə)ntreɪn] s amer. persontåg som stannar vid alla stationer
accompaniment [əˈkʌmpənɪmənt] s **1** mus. o. friare ackompanjemang [*to the* ~ *of a march*] **2** tillbehör, bihang
accompan|y [əˈkʌmp(ə)nɪ] *vb tr* **1** beledsaga, låta åtföljas [*with* av; *he -ied his words with a bang on the table*] **2** åtfölja [*-ied by his son*], följa med, göra sällskap med; *-ied with* bildl. åtföljd av, förbunden (förenad) med **3** mus. ackompanjera [~ *a p. at the piano*]
accomplice [əˈkʌmplɪs, -ˈkɒm-] s medbrottsling
accomplish [əˈkʌmplɪʃ, -ˈkɒm-] *vb tr* **1** utföra [~ *a task*], uträtta, åstadkomma, genomföra **2** fullborda, fullfölja; tillryggalägga
accomplished [əˈkʌmplɪʃt, -ˈkɒm-] *adj* fulländad; fint bildad
accomplishment [əˈkʌmplɪʃmənt, -ˈkɒm-] s **1** utförande; fullbordande; jfr f.ö. *accomplish* **2** resultat, prestation **3** fulländning, utbildning; isht pl. ~s talanger; färdigheter
accord [əˈkɔːd] **I** *vb tr* bevilja, medge **II** *vb itr* mest om saker vara i överensstämmelse, stämma överens [*with* med] **III** s **1** samstämmighet, överensstämmelse, endräkt, harmoni, samklang; *in* ~ *with* i överensstämmelse (enlighet) med; *with one* ~ enhälligt **2 a)** överenskommelse, fördrag **b)** förlikning **3** *of one's own* ~ självmant, av sig själv
accordance [əˈkɔːd(ə)ns] s överensstämmelse; *in* ~ *with* i överensstämmelse (enlighet) med, enligt
according [əˈkɔːdɪŋ] **1** ss. prep. ~ *to* enligt, i enlighet med, efter; alltefter [~ *to circumstances*], med [*the heat varies* ~ *to the latitude*]; *it went* ~ *to plan* det gick planenligt **2** ss. konj. ~ *as* i den mån som, alltefter som **3** ss. adv. *it's all* ~ vard. det beror på
accordingly [əˈkɔːdɪŋlɪ] *adv* **1** i enlighet därmed, därefter **2** således, följaktligen, därför
accordion [əˈkɔːdɪən] s dragspel, handklaver
accost [əˈkɒst] *vb tr* **1** [gå fram till och] tilltala **2** antasta

account [əˈkaʊnt] **I** *vb tr* o. *vb itr* **1** ~ *for* **a)** redovisa [för]; svara för; *everyone was* ~*ed for* ingen saknades **b)** tjäna som förklaring på; *that* ~*s for it* det förklarar saken; *there's no* ~*ing for tastes* om tycke och smak skall man inte diskutera **2** betrakta såsom, anse [såsom] **II** s **1** räknande, beräkning (jfr äv. *5* ex.); pl. ~*s* handelsräkning **2 a)** räkning, konto; pl. ~*s* räkenskaper; bokföringsavdelningen, bokföringen; ~ *book* räkenskapsbok, kontorsbok; ~ *current* kontokurant; *current* ~ löpande räkning; med checkhäfte checkkonto; *cash* ~ kassakonto; *joint* ~ gemensamt konto; *keep* ~*s* föra räkenskaper (böcker); *open an* ~ *with* öppna konto hos; *pay* (*settle*) *an* ~ betala (göra upp) en räkning; *put down to a p.'s* ~ sätta upp på ngns konto; *render* (*send in*) *an* ~ lämna räkning (redovisning); *on* ~ a conto, i avräkning (avbetalning, förskott) [*of* på]; *payment on* ~ avbetalning; *on one's own* ~ för egen räkning **b)** bildl. *settle* (*square*) ~*s with a p.* göra upp [räkningen] med ngn, ge ngn betalt för gammal ost; *on a p.'s* ~ för ngns skull; *on that* ~ för den [sakens] skull; *on no* ~ el. *not on any* ~ på inga villkor, på intet vis, i intet fall; *on* ~ *of* på grund av, med anledning av **3** fördel, nytta; *turn* (*put*) *to* ~ dra nytta av, använda till sin fördel **4** redovisning, redogörelse, uppgörelse; *call* (*bring*) *a p. to* ~ ställa ngn till svars; *give a good* ~ *of oneself* sköta (klara) sig bra, göra bra ifrån sig **5** vikt, anseende; *leave out of* ~ lämna ur räkningen, bortse ifrån; *take into* ~ ta med i beräkningen; ta hänsyn till; *of no* ~ utan betydelse; *of small* (*some*) ~ av föga (en viss) betydelse, av föga (ett visst) värde **6** berättelse, redogörelse, rapport, beskrivning; *give an* ~ *of* redogöra för; *by* (*from*) *all* ~*s* efter vad man har hört, efter vad som sägs
accountable [əˈkaʊntəbl] *adj* ansvarig [*for a th.* för ngt; *to* inför]
accountancy [əˈkaʊntənsɪ] s räkenskapsföring, bokföring
accountant [əˈkaʊntənt] s revisor, bokförare, räkenskapsförare; *chartered* (amer. *certified public*) ~ auktoriserad revisor
accounting [əˈkaʊntɪŋ] s **1** bokföring[ssystem] **2** redovisning, avläggande av räkenskap
accoutre [əˈkuːtə] *vb tr* mest i perf. p. ~*d* utrustad, utstyrd, klädd
accredit [əˈkredɪt] *vb tr* ackreditera [*to* hos, i]; befullmäktiga, auktorisera; ~*ed* äv. allmänt erkänd, officiellt godkänd
accretion [əˈkriːʃ(ə)n, æˈk-] s **1** tillväxt, tillökning; tillskott, tillsats **2** anhopning, avlagring [~*s of dirt*]
accrual [əˈkruːəl] s ekon. tillväxt av kapital o.d.

accrue [ə'kru:] *vb itr* **1** tillkomma; tillfalla [*to a p.* ngn] **2** växa till, öka isht om kapital [*from* från]; **~d interest** upplupen ränta
accumulate [ə'kju:mjʊleɪt] **I** *vb tr* hopa, samla [ihop (på hög)], ackumulera; lagra [upp] **II** *vb itr* hopa sig, ackumuleras, samlas
accumulation [əˌkju:mjʊ'leɪʃ(ə)n] *s* anhopning, ansamling, ackumulation; samlande; hop, samling
accumulative [ə'kju:mjʊlətɪv] *adj* ackumulativ, samlad; ackumulerande, ständigt växande
accumulator [ə'kju:mjʊleɪtə] *s* fys. el. data. ackumulator; **~ battery** ackumulatorbatteri
accuracy ['ækjʊrəsɪ] *s* exakthet, precision, riktighet; noggrannhet
accurate ['ækjʊrət] *adj* exakt, precis, riktig; noggrann, omsorgsfull
accursed [ə'kɜ:sɪd] *adj* **1** litt. förbannad **2** vard. fördömlig, avskyvärd
accusation [ˌækju:'zeɪʃ(ə)n] *s* anklagelse, beskyllning; **bring an ~ against** framföra (rikta) en anklagelse mot
accusative [ə'kju:zətɪv] **I** *s* o. *adj* gram. ackusativ[-]; *the* ~ [*case*] ackusativ[en]
accuse [ə'kju:z] *vb tr* **1** anklaga [*of* för; *before*, *to* inför, hos], beskylla [*of* för]; *the* **~d** den anklagade; *be* (*stand*) **~d of** vara (stå) anklagad för **2** klandra, angripa [*he ~s the system*]
accustom [ə'kʌstəm] *vb tr* vänja [sig] [*to* vid]
accustomed [ə'kʌstəmd] *adj* **1** van [*to a th.* vid ngt; *to doing a th.* vid att göra ngt] **2** [sed]vanlig
AC/DC [ˌeɪsi:'di:si:] **I** elektr. (förk. för *alternating current/direct current*) elström **II** *adj* sl. bisexuell
ace [eɪs] **I** *s* ess, äss; etta på tärning etc.; ~ *of hearts* hjärteress; *have an ~ up one's sleeve* bildl. ha trumf på hand **2** *within an ~ of* ytterst nära, en hårsmån från [*within an ~ of victory*] **3** pers. ess, stjärna **4** i tennis serveess **II** *attr adj*, ~ *reporter* stjärnreporter
acerbic [ə'sɜ:bɪk] *adj* **1** sur [~ *apples*], bitter **2** bildl. syrlig, bitter
acetate ['æsɪteɪt, -tət] *s* acetat [~ *fibre*]; ~ *silk* acetatsilke, acetatsiden
acetic [ə'si:tɪk, ə'setɪk] *adj* ättik[s]-; ~ *acid* ättiksyra
acetone ['æsɪtəʊn] *s* aceton
acetylene [ə'setɪli:n] *s* acetylen[gas]
acetylsalicylic [ˌæsɪtaɪlsælə'sɪlɪk, ˌæsɪtɪl-] *adj* kem., ~ *acid* acetylsalicylsyra
ache [eɪk] **I** *vb itr* värka, göra ont; *I'm aching all over* det värker i hela kroppen; ~ *for* (*to get*) längta [intensivt] efter (efter att få) **II** *s* värk; *have ~s and pains all over* ha ont i hela kroppen
achievable [ə'tʃi:vəbl] *adj* utförbar, görlig, uppnåelig
achieve [ə'tʃi:v] *vb tr* **1** utföra, uträtta;

åstadkomma [*he will never ~ anything*], prestera **2** [upp]nå [~ *one's aims*]
achievement [ə'tʃi:vmənt] *s* **1** utförande, verkställande **2** insats; prestation, bragd, bedrift; gärning, verk **3** ped. färdighet, prestation
Achilles [ə'kɪli:z] mytol. Akilles; ~' *heel* akilleshäl; ~' *tendon* anat. akillessena, hälsena
acid ['æsɪd] **I** *adj* sur; bitter, syrlig äv. bildl. **II** *s* **1** syra **2** sl. LSD, syra narkotika **3** vard., *come the* ~ vara snorkig (sarkastisk)
acid drop ['æsɪddrɒp] *s* slags syrlig karamell
acidification [əˌsɪdɪfɪ'keɪʃ(ə)n] *s* försurning; förvandling till syra
acidify [ə'sɪdɪfaɪ] **I** *vb tr* göra syrlig; försura; förvandla till syra **II** *vb itr* bli syrlig
acidity [ə'sɪdətɪ] *s* **1** aciditet, surhet[sgrad]; försurning; syrlighet **2** magsyra
acid-proof ['æsɪdpru:f] *adj* syrafast
acid rain [ˌæsɪd'reɪn] *s* surt regn
acid test [ˌæsɪd'test] *s* bildl. eldprov, prövosten
acidulous [ə'sɪdjʊləs] *adj* syrlig; bildl. vresig
acknowledge [ək'nɒlɪdʒ, æk-] *vb tr* **1** erkänna [~ *oneself beaten*; ~ *a child*; ~ *one's mistake*], tillstå, kännas vid **2** uttrycka sin erkänsla för [~ *a p.'s services*] **3** ~ *a p.* kännas vid ngn; genom hälsning visa att man känner [igen] ngn
acknowledg[e]ment [ək'nɒlɪdʒmənt, æk-] *s* **1** erkännande; bekräftelse **2** erkänsla; *in ~ of* [*your help*] som tack för…; **~s** tack till personer [och institutioner] som bidragit
acme ['ækmɪ] *s* höjd[punkt], kulmen; högsta grad
acne ['æknɪ] *s* med. akne
acolyte ['ækə(ʊ)laɪt] *s* medhjälpare; novis
aconite ['ækənaɪt] *s* **1** bot. stormhatt; *winter ~* vintergäck **2** farmakol. akonit
acorn ['eɪkɔ:n] *s* ekollon
acoustic [ə'ku:stɪk] *adj* o. **acoustical** [ə'ku:stɪk(ə)l] *adj* akustisk, ljud-; *acoustic feedback* akustisk återkoppling, rundgång
acoustics [ə'ku:stɪks] *s* **1** (konstr. ss. pl.) akustik, ljudförhållanden i en lokal o.d. **2** (konstr. ss. sg.) akustik läran om ljudet
acquaint [ə'kweɪnt] *vb tr* **1** ~ *oneself with* bekanta sig (göra sig bekant) med; sätta sig in i, lära känna; *be ~ed with* vara bekant med; vara insatt i, känna [till] **2** ~ *a p. with a th.* underrätta ngn om ngt
acquaintance [ə'kweɪnt(ə)ns] *s* **1** bekantskap [*with* med]; kännedom [*with* om]; *make a p.'s ~* (*the ~ of a p.*) göra bekantskap med ngn (ngns bekantskap); *a nodding* (*bowing* ['baʊɪŋ]) ~ en flyktig bekantskap **2** bekant, umgängesvän; *circle of ~s* bekantskapskrets
acquiesce [ˌækwɪ'es] *vb itr* samtycka [*in* till]; foga sig, finna sig [*in* i]
acquiescence [ˌækwɪ'esns] *s* samtycke [*in* till]; [tyst] medgivande, accepterande [*in* av]

acquiescent [ˌækwɪ'esnt] *adj* eftergiven, medgörlig, foglig, passiv
acquire [ə'kwaɪə] *vb tr* förvärva, skaffa [sig], få, komma över; vinna, uppnå; perf. p. **~d** inlärd; som man har lagt sig till med [*an ~d habit*]; **~d characteristics** (*characters*) förvärvade egenskaper; *it's an ~d taste* det är något man måste vänja sig vid
acquirement [ə'kwaɪəmənt] *s* **1** förvärvande **2** isht pl. **~s** färdigheter, talanger; kunskaper
acquisition [ˌækwɪ'zɪʃ(ə)n] *s* **1** förvärvande, tillägnande **2** förvärv, ackvisition
acquisitive [ə'kwɪzɪtɪv] *adj* förvärvslysten; hagalen; *the ~ society* ung. prylsamhället, konsumtionssamhället
acquit [ə'kwɪt] *vb tr* **1** frita, frikänna [*of* från] **2** *~ oneself well* (*ill* etc.) sköta sig (göra sin sak) bra (dåligt etc.)
acquittal [ə'kwɪtl] *s* **1** frikännande; *sentence of ~* friande dom **2** fullgörande av plikt
acre ['eɪkə] *s* ytmått 'acre' (4 047 m²); ung. tunnland
acreage ['eɪkərɪdʒ] *s* antal 'acres'; areal
acrid ['ækrɪd] *adj* bitter, skarp; kärv, frän äv. bildl.
acridity [æ'krɪdətɪ] *s* o. **acridness** ['ækrɪdnəs] *s* bitterhet; fränhet
acriflavine [ˌækrɪ'fleɪvɪn, -viːn] *s* kem. akriflavin
acrimonious [ˌækrɪ'məʊnjəs] *adj* bitter, skarp, kärv, frän [*~ dispute*]
acrimony ['ækrɪmənɪ] *s* bitterhet, skärpa, hätskhet, fränhet
acrobat ['ækrəbæt] *s* akrobat äv. bildl.
acrobatics [ˌækrə(ʊ)'bætɪks] *s* (konstr. ss. pl.) akrobatik, akrobatkonster
acronym ['ækrə(ʊ)nɪm] *s* akronym initialord som uttalas som ett 'vanligt' ord (t.ex. NATO)
acropolis [ə'krɒpəlɪs] *s* akropolis
across [ə'krɒs] (se äv. under resp. vb, t.ex. *get* o. *1 put*) **I** *adv* **1** över, tvärsöver; på tvären, tvärs; i korsord vågrätt; *~ from* amer. mittemot **2** över [*come ~ to my office tomorrow*], på (till) andra sidan [*swim ~*] **3** i kors **II** *prep* **1** över, tvärsöver, på, genom; *come* (*run*) *~* komma över ngt; stöta (råka) på ngt (ngn) **2** över, på (till) andra sidan [av] [*~ the river*]; *~ the board* bildl. allmänt, generellt, jfr *across-the-board* **3** *you can't put that ~ me* det kan du inte lura i mig
across-the-board [əˌkrɒsðə'bɔːd] *adj* allmän, generell, över hela linjen [*an ~ wage increase*]
acrylic [ə'krɪlɪk] **I** *adj*, *~ acid* akrylsyra; *~ fibre* akrylfiber; *~ resin* akrylharts **II** *s* akryl; akrylfiber
act [ækt] **I** *s* **1** handling, gärning, verk, åtgärd; *the Acts* [*of the Apostles*] bibl. Apostlagärningarna; *~ of cruelty* (*hostility*) grym (fientlig) handling; *~ of faith* troshandling, hjärtesak; *~ of God* jur. force majeure, laga hinder; *I was in the* [*very*] *~*

of doing it, when... jag var i full färd med att göra det när...; *caught in the* [*very*] *~* tagen på bar gärning; *get one's ~ together* vard. få det att funka; rycka upp sig; *get in on a p.'s ~* vard. nästla sig in hos ngn, tränga sig på ngn **2** parl. beslut [*A~ of Parliament, A~ of Congress*]; lag, laga stadga **3** teat. akt; nummer [*a circus ~*]; *put on an ~* göra sig till, spela teater **II** *vb itr* **1** handla [*towards a p.* mot ngn; *up to a principle* i enlighet med en princip]; agera, uppträda [*he's ~ing strangely*]; ingripa, göra något [*they ~ed to prevent it*]; bete sig **2** fungera, tjänstgöra [*as* som]; verka; göra tjänst; *~ for a p.* representera (företräda) ngn [äv. *~ on behalf of a p.*] **3** [in]verka, göra verkan, ha effekt [*on* (*upon*) på] **4** teat. spela, agera; bildl. spela [teater], låtsas [*she's not really crying, she's only ~ing*] **5** vard., *~ up* ställa till besvär (trassel); [*my bad leg*] *is ~ing up again* ...gör sig påmint (krånglar) igen **III** *vb tr* uppföra pjäs; uppträda som; spela [*~* [*the part of*] *Hamlet*], agera; *~ the hero* spela hjälte
acting ['æktɪŋ] **I** *adj* [för tillfället] tjänstgörande, tillförordnad [*~ consul, ~ headmaster*] **II** *s* **1** handlande, handling, agerande etc., jfr *act II* **2** teat. spel, spelsätt; *choose ~ as a career* välja teaterbanan, bli skådespelare
action ['ækʃ(ə)n] *s* **1** handling, aktion; handlande, uppträdande; agerande; *~!* film. tystnad, tagning!; *~ replay* se *replay II*; *take ~* ingripa, handla, vidta åtgärder; *take industrial ~* ta till stridsåtgärder; *a man of ~* en handlingens man (handlingsmänniska) **2** inverkan [*by the ~ of the air*]; verkan, effekt [*the ~ of the drug*] **3** funktion [*the ~ of the heart*], sätt att fungera; gång hos maskin o.d.; *call into ~* sätta i funktion; *put into ~* sätta i gång (i funktion); friare sätta i verket; *put out of ~* sätta ur funktion; mil. försätta ur stridbart skick; friare [för]sätta ur spel **4** konkr. mekanism; [piano]mekanik **5** a) handling i pjäs, roman etc. b) vard., *that's where the ~ is* det är där som saker och ting (stora saker) händer; *get a piece of the ~* vara med på ett hörn, få en släng av sleven **6** jur. rättsliga åtgärder; rättegång, process; åtal; *bring* (*enter*) *an ~ against* väcka åtal mot, åtala, stämma **7** mil. strid [*killed in ~*], aktion [*go into ~, come out of ~*]; *~ station* anvisad stridsställning; *~ stations!* klart för strid!
activate ['æktɪveɪt] *vb tr* **1** göra aktiv (verksam), aktivera; *~d carbon* aktivt kol **2** fys. göra radioaktiv
activation [ˌæktɪ'veɪʃ(ə)n] *s* aktivering
active ['æktɪv] **I** *adj* **1** aktiv äv. mil.; verksam, verkande; flitig, livlig; rörlig; *~ capital* rörligt

activist

kapital **2** gram., *the ~ voice* aktiv form, aktiv **II** *s* gram., *the ~* aktiv
activist ['æktɪvɪst] *s* aktivist, aktions- [*~ group*]
activity [æk'tɪvətɪ] *s* **1** aktivitet, verksamhet; kraftutveckling **2** energi, flit, iver, livlighet **3** pl. *activities* verksamhet, verksamhetsfält; verkande krafter; strävanden, aktiviteter [*leisure-time activities*] **4** [*trade*] ~ [affärs]omsättning
actor ['æktə] *s* skådespelare, aktör
actress ['æktrəs] *s* skådespelerska, aktris
actual ['æktʃʊəl, -tjʊəl] *adj* **1** faktisk, faktiskt befintlig, verklig; själv[a]; effektiv [~ *working-hours*]; *during the ~ ceremony* under själva ceremonin; *it is an ~ fact* det är ett faktum, det är faktiskt så; *in ~ fact* i själva verket; *~ sin* verksynd; *what were his ~ words?* vad sade han exakt (egentligen)? **2** nuvarande [*the ~ position of the moon*], nu rådande, aktuell [*the ~ situation*]
actuality [ˌæktʃʊ'ælətɪ, -tjʊ-] *s* verklighet, faktum
actually ['æktʃʊəlɪ, -tjʊəlɪ] *adv* **1** egentligen, i själva verket **2** faktiskt [*I don't know ~*], verkligen, direkt, rentav; *we ~ did it!* tänk att vi klarade det! **3** för tillfället
actuary ['æktjʊərɪ] *s* försäkringsstatistiker, försäkringstekniker, aktuarie
actuate ['æktjʊeɪt] *vb tr* **1** sätta i rörelse **2** driva [*be ~d by love of one's country*], driva på, påverka
acuity [ə'kju:ətɪ] *s* skärpa; skarpsinne
acumen ['ækjʊmən, -men,** isht amer. ə'kju:men] *s* skarpsinnighet, skarpsinne; *business ~* utpräglat sinne för affärer; *~ about* insikt[er] i
acupuncture ['ækjʊpʌŋktʃə] med. **I** *s* akupunktur **II** *vb tr* behandla med akupunktur
acupuncturist [ˌækjʊ'pʌŋktʃərɪst] *s* akupunktör
acute [ə'kju:t] *adj* **1** spetsig, skarp, fin; *~ angle* spetsig vinkel **2** skarp, häftig, intensiv **3** hög, gäll **4** skarpsinnig; [*dogs have*] *an ~ sense of smell* ...ett väl utvecklat luktsinne **5** akut [*~ disease; ~ accent*]
AD [ˌeɪ'di:, ˌænə(ʊ)'dɒmɪnaɪ] (förk. för *Anno Domini*) e. Kr.
ad [æd] *s* vard. kortform för *advertisement*
Ada ['eɪdə] kvinnonamn
ad absurdum [ˌædæb'sɛ:dəm] *adv* lat. in absurdum
adage ['ædɪdʒ] *s* ordspråk, tänkespråk
adagio [ə'dɑ:dʒɪəʊ] mus. (it.) **I** *s* (pl. *~s*) adagio **II** *adj* o. *adv* adagio[-]
Adam ['ædəm] mansnamn; *the old ~* [den] gamle Adam; *as old as ~* gammal som gatan; *~'s ale* bondvatten; *~'s apple* anat. adamsäpple; *I don't know him from ~*

a) jag har inte en aning om vem han är b) jag känner absolut inte igen honom
adamant ['ædəmənt] *adj* orubblig, benhård, obeveklig
adapt [ə'dæpt] *vb tr* (se äv. *adapted*) **1** lämpa, avpassa, anpassa [*to, for* efter, till]; adaptera, aptera; använda [*to* till]; *~ oneself to* anpassa (foga, ställa om) sig efter **2** bearbeta, omarbeta; [*the play*] *has been skilfully ~ed from the novel* ...är en skicklig omarbetning av romanen
adaptation [ˌædæp'teɪʃ(ə)n] *s* **1** anpassning, omställning; fysiol. el. biol. adaptation **2** bearbetning, omarbetning
adapted [ə'dæptɪd] *adj* **1** avpassad, lämpad; anpassad, lämplig, tjänlig [*to* för, till]; *become ~ to* bli förtrogen med, vänja sig vid **2** bearbetad [*~ for broadcasting*], omarbetad
adaptor [ə'dæptə] *s* **1** bearbetare **2** tekn. tillsats, anslutningsdon; adapter; förgreningspropp
ADC [ˌeɪdi:'si:] förk. för *aide-de-camp*
add [æd] **I** *vb tr* **1** tillägga, lägga till; tillfoga, tillsätta, blanda (hälla) i [*to* i] **2** addera, summera [*up, together* ihop]; *~ 2 and (to) 2* äv. lägga ihop 2 och 2; *~ed to* jämte, plus, tillika med **II** *vb itr* **1** addera **2** *~ to* öka, bidra till, förhöja; bygga till (på); *to ~ to it all* till råga på allt **3** *~ up* om siffror stämma; *it doesn't ~ up* vard. det stämmer inte, det går inte ihop; *it doesn't ~ up to much* vard. det är inget vidare; *~ up to* uppgå till; vard. gå ut på; *it all ~s up to this that...* summan av kardemumman är att...
added ['ædɪd] *adj* ökad, ytterligare, extra
adder ['ædə] *s* zool. huggorm; giftorm
addict [ss. vb ə'dɪkt, ss. subst. 'ædɪkt] **I** *vb tr*, *~ oneself to* ägna (hänge) sig åt, hemfalla åt; *be ~ed to* a) vara begiven på (hemfallen åt) b) missbruka t.ex. narkotika **II** *s* slav under narkotika o.d.; missbrukare; *drug* (*dope*) *~* narkoman, knarkare, narkotikamissbrukare; *morphia ~* morfinist; *be a theatre ~* vara teaterbiten; *work ~* arbetsnarkoman
addiction [ə'dɪkʃ(ə)n] *s* begivenhet [*to* på], hängivenhet, böjelse, passion [*to* för]; missbruk [*~ to* (av) *drugs* (*alcohol*)]
addictive [ə'dɪktɪv] *adj* o.d. narkotika o.d. vanebildande, beroendeframkallande
addition [ə'dɪʃ(ə)n] *s* **1** tilläggande, [till]ökning; tillsättning; tillägg, tillsats, tillskott; *an ~ to the family* tillökning i familjen; *in ~* därjämte, dessutom, därtill; *in ~ there will be...* härtill (därtill) kommer..., dessutom tillkommer...; *in ~ to* förutom, jämte **2** matem. addition; *~ sign* additionstecken
additional [ə'dɪʃənl] *adj* ytterligare; ny; förhöjd, ökad; extra, tilläggs-, mer-; återstående
additionally [ə'dɪʃnəlɪ] *adv* dessutom, därtill

additive ['ædɪtɪv] *s* tillsats[ämne] [*new chemical ~s*]; *food ~* livsmedelstillsats
addled ['ædld] *adj* **1** ~ *egg* rötägg **2** förvirrad, konfys
address [ə'dres, ss. subst. amer. äv. 'ædres] **I** *vb tr* **1** rikta, ställa [~ *words* (*a request*) *to* (till)] **2** vända sig till, tilltala; tala (hålla tal) till **3** titulera; ~ *a p. as* [*'Colonel'*] titulera ngn... **4** adressera; skriva adress på; [*the letter is*] *wrongly addressed*... feladresserat **5** golf., ~ *the ball* adressera bollen **II** *vb rfl*, ~ *oneself to* a) vända (rikta) sig till i ord b) inrikta sig på, ta itu med uppgift **III** *s* **1** på brev o.d. adress; *notify change of* ~ meddela adressändring **2** data. adress **3** offentligt tal riktat till ngn; anförande, föredrag **4** gott omdöme, takt; skicklighet
addressee [ˌædre'siː] *s* adressat, mottagare
adduce [ə'djuːs] *vb tr* anföra, andra[ga], åberopa [~ *reasons*]
Adelaide ['ædəleɪd] geogr. o. kvinnonamn
Adeline ['ædəlaɪn, -liːn] kvinnonamn; *Sweet ~s* kvinnlig barbershopgrupp
adenoids ['ædənɔɪdz] *s pl* polyper i näsa och svalg
adept ['ædept, isht ss. adj. äv. ə'dept] **I** *adj* skicklig [*at, in* i], erfaren; invigd [*in* i] **II** *s* mästare, expert [*in, at* i, på], kännare
adequacy ['ædɪkwəsɪ] *s* tillräcklighet; lämplighet
adequate ['ædɪkwət] *adj* **1** tillräcklig, nöjaktig, tillfredsställande; tillräckligt (nog) med [~ *food*]; lagom; lämplig; ~ *to* avpassad efter, passande för; *be ~ to* äv. [visa sig] motsvara; vara vuxen ngt [*be ~ to a task*]; vara i stånd till **2** fullgod, giltig [*an ~ reason*]; täckande, adekvat [*an ~ definition*]
adhere [əd'hɪə] *vb itr*, ~ *to* a) sitta (klibba) fast vid, fastna på b) hålla fast vid c) ansluta sig till
adhesion [əd'hiːʒ(ə)n] *s* **1** vidhäftning[sförmåga]; fasthållande [*to vid, av*] **2** anslutning [*to* till]
adhesive [əd'hiːsɪv] **I** *adj* som fastnar (fäster); självhäftande, häft- [~ *plaster*]; gummerad [~ *envelope*]; klibbig; ~ *tape* tejp, klisterremsa **II** *s* bindemedel; klister; lim; häftplåster
ad hoc [ˌæd'hɒk] *adj* lat. ad hoc, för ändamålet (fallet) i fråga, special-, från fall till fall; ~ *committee* ad hoc-utskott, utskott för visst uppdrag
adieu [ə'djuː] poet. **I** *s* farväl, avsked, adjö **II** *interj*, *~!* farväl!, adjö!
ad infinitum [ˌædɪnfɪ'naɪtəm] *adv* lat. i det oändliga
adipose ['ædɪpəʊs] *adj* fet; ~ *tissue* fettvävnad
adiposity [ˌædɪ'pɒsətɪ] *s* [sjuklig] fetma
Adirondack [ˌædɪ'rɒndæk] geogr. egenn.; *the ~ Mountains* pl. el. *the ~s* pl. Adirondackbergen

adj. förk. för *adjacent, adjective, adjutant*
adjacent [ə'dʒeɪs(ə)nt] *adj* angränsande, närliggande; grann- [~ *farm* (*country*)]; ~ *angle* matem. närliggande vinkel; ~ *to* belägen intill
adjective ['ædʒɪktɪv] *s* adjektiv; *possessive* (*indefinite*) ~ förenat possessivt (indefinit) pronomen
adjoin [ə'dʒɔɪn] **I** *vb tr* stöta (gränsa) till **II** *vb itr* stöta (gränsa) till varandra
adjoining [ə'dʒɔɪnɪŋ] *adj* angränsande; vidstående
adjourn [ə'dʒɜːn] **I** *vb tr* ajournera, flytta fram, skjuta upp [~ *a meeting*] **II** *vb itr* **1** ajournera sig, ajourneras [*the court ~ed*]; om parlament ta ferier **2** flytta till annan [mötes]lokal; ngt skämts. förflytta sig [*shall we ~ to the sitting-room?*]
adjournment [ə'dʒɜːnmənt] *s* ajournering etc., jfr *adjourn*
adjudge [ə'dʒʌdʒ] *vb tr* **1** tilldöma, tillerkänna [*a th. to a p.* ngn ngt]; *he was ~d the winner* han förklarades för segrare **2** döma [~ *a p. guilty*]
adjudicate [ə'dʒuːdɪkeɪt] **I** *vb tr* **1** döma, döma i [~ *a competition*] **2** tilldöma [~ *a prize to a p.*] **II** *vb itr* sitta till doms, döma; ~ [*up*]*on a matter* avkunna dom i en sak äv. jur.
adjudicator [ə'dʒuːdɪkeɪtə] *s* domare, jurymedlem i musiktävling o. dyl.
adjunct ['ædʒʌŋ(k)t] *s* **1** tillsats, bihang, tillbehör; komplement **2** gram. bestämning
adjure [ə'dʒʊə] *vb tr* besvärja; enträget uppmana
adjust [ə'dʒʌst] **I** *vb tr* **1** ordna, rätta [till] [~ *one's tie*]; sätta (lägga) till rätta; reglera; justera [~ *the brakes*]; rucka klocka; jämka på [~ *a chair*]; ställa in [~ *the TV* (*telescope*)] **2** avpassa, anpassa, lämpa [*to* efter]; bringa i samklang (överensstämmelse); ~ *oneself* anpassa (inrätta) sig **3** bilägga **4** försäkr. värdera skada **II** *vb itr* **1** anpassa sig äv. psykol. [*a child who cannot ~*] **2** vara justerbar (reglerbar, inställbar)
adjustable [ə'dʒʌstəbl] *adj* inställbar, reglerbar, justerbar, flyttbar; ~ *spanner* skiftnyckel
adjuster [ə'dʒʌstə] *s* **1** [an]ordnare, justerare **2** a) försäkr. skadevärderingsman b) *average ~* dispaschör
adjustment [ə'dʒʌs(t)mənt] *s* **1** ordnande; reglering; justering; ruckning; jämkning, inställning; [an]ordning, jfr *adjust I 1* **2** avpassning, anpassning **3** bilägganden, förlikning; uppgörelse **4** försäkr. skadevärdering **5** isht psykol. anpassning[sförmåga]
adjutant ['ædʒʊt(ə)nt] *s* adjutant
ad lib [ˌæd'lɪb] *adv* lat. förk. för *ad libitum* **1** efter behag **2** vard. improviserat, fritt, utan manuskript

ad-lib [ˌæd'lɪb] vard. **I** *vb itr* o. *vb tr* improvisera **II** *adj* improviserad [*an* ~ *speech*]
adman ['ædmæn] (pl. *admen* ['ædmen]) *s* vard. reklamman; författare av annonstext[er], copywriter
admin ['ædmɪn, əd'mɪn] *s* vard., *a lot of* ~ en massa pappersarbete
administer [əd'mɪnɪstə] **I** *vb tr* **1** sköta, administrera, förvalta, handha **2** skipa rättvisa **3** kyrkl. förrätta; utdela [~ *the sacrament*] **4** ge, räcka, erbjuda, tilldela [~ *a severe blow to the enemy*] **5** med. ge [~ *medicine to a p.*] **6** ~ *an oath to a p.* förestava en ed för ngn **II** *vb itr*, ~ *to* sörja för, bidra till, förhöja
administrate [əd'mɪnɪstreɪt] **I** *vb tr* administrera, förvalta, handha, sköta **II** *vb itr* administrera
administration [əd‚mɪnɪ'streɪʃ(ə)n] *s* **1** skötsel, administrering, förvaltning, handhavande; administrativa göromål **2** förvaltning; styrelse **3** regering [i USA *the A*~], ministär, administration **4** skipande; ~ *of justice* rättskipning **5** givande, insättande, användning av läkemedel **6** förestavande av ed
administrative [əd'mɪnɪstrətɪv, -treɪt-] *adj* förvaltnings-, administrations-; administrativ, ledande [*an* ~ *post*]
admirable ['ædm(ə)rəbl] *adj* beundransvärd
admiral ['ædm(ə)r(ə)l] *s* amiral
admiration [ˌædmə'reɪʃ(ə)n] *s* beundran
admire [əd'maɪə] *vb tr* beundra
admiring [əd'maɪərɪŋ] *adj* beundrande [~ *friends* (*glances*)], full av beundran
admissible [əd'mɪsəbl] *adj* tillåtlig, tillåten; antaglig
admission [əd'mɪʃ(ə)n] *s* **1** tillträde [*have* ~ *to*]; inträde [*apply for* (söka) ~ *into*]; intagning [*into, to* i, på], upptagning [*to* i]; ~ *fee* inträde[savgift], entré; ~ *free* fritt inträde **2** medgivande, erkännande [*of* av]; *it would be an* ~ *of defeat* (*guilt*) det vore att erkänna sig besegrad (skyldig); *by* (*on*) *his own* ~ som han själv medger
admit [əd'mɪt] **I** *vb tr* **1** släppa in, låta komma in [*he* ~*ted me into* (i) *the house*]; ta in, anta[ga], ta emot [*only one hundred boys are* ~*ted to* (vid) *the school every year*]; uppta [~ *as a partner*]; *children not* ~*ted* barn äger ej tillträde; *this ticket* ~*s two persons* biljetten gäller [för inträde] för två personer **2** erkänna, medge, godkänna, gå med på **II** *vb itr* **1** ~ *of* tillåta, medge, lämna rum för **2** ~ *to* a) om biljett gälla (berättiga) till b) erkänna [*he* ~*ted to murder*]
admittance [əd'mɪt(ə)ns] *s* inträde, tillträde; *no* ~ tillträde förbjudet, obehöriga äger ej tillträde
admittedly [əd'mɪtɪdlɪ] *adv* erkänt, medgivet, obestridligen, onekligen; visserligen
admixture [əd'mɪkstʃə] *s* blandning; tillsats

admonish [əd'mɒnɪʃ] *vb tr* förmana; förehålla; tillrättavisa
admonition [ˌædmə(ʊ)'nɪʃ(ə)n] *s* förmaning; råd; tillrättavisning
ad nauseam [æd'nɔːsɪəm] *adv* lat. [ända] till leda
ado [ə'duː] *s* ståhej, väsen, bråk, liv [*about* om, kring, för]; *much* ~ *about nothing* mycket väsen för ingenting; *without* [*any*] *more* (*without further*) ~ utan vidare spisning
adobe [ə'dəʊbɪ, ə'dəʊb] *s* soltorkat tegel, adobe
adolescence [ˌædə(ʊ)'lesns] *s* uppväxttid, uppväxtår, ungdom[stid] ungefär mellan 13 och 19 år; tonår
adolescent [ˌædə(ʊ)'lesnt] **I** *s* ung människa ungefär mellan 13 och 19 år; ungdom, tonåring, yngling **II** *adj* uppväxande, tonårs-
Adolph ['ædɒlf, amer. äv. 'eɪd-] mansnamn
adopt [ə'dɒpt] *vb tr* **1** adoptera; anta, uppta [*as* såsom]; *have a baby* ~*ed* adoptera bort ett barn **2** anta, lägga sig till med åsikt, vana; införa metod; uppta, låna in [~ *a new word into the language*] **3** ta i bruk [~ *new machinery* (*weapons*)] **4** anta, godkänna [*Congress* ~*ed the new measure*]
adopted [ə'dɒptɪd] *adj* adoptiv- [~ *child*]
adoptee [ˌædɒp'tiː] *s* adoptivbarn
adoption [ə'dɒpʃ(ə)n] *s* (jfr *adopt*) **1** adoption, adoptering; *the country of his* ~ hans nya hemland **2** antagande, omfattande; val; införande; upptagande **3** antagande, godkännande
adoptive [ə'dɒptɪv] *adj* adoptiv- [~ *father,* ~ *child*]
adorable [ə'dɔːrəbl] *adj* dyrkansvärd; vard. förtjusande, gudomlig, bedårande
adoration [ˌædə'reɪʃ(ə)n] *s* tillbedjan, dyrkan
adore [ə'dɔː] *vb tr* dyrka; vard. avguda, älska [*the baby* ~*s being tickled*]
adorn [ə'dɔːn] *vb tr* pryda, smycka, utsmycka
adornment [ə'dɔːnmənt] *s* **1** prydande, [ut]smyckande **2** prydnad, dekoration
ADP [ˌeɪdiː'piː] (förk. för *automatic data processing*) ADB
adrenal [ə'driːnl] *adj,* ~ *gland* binjure
adrenaline [ə'drenəlɪn] *s* adrenalin; ~ *secretion* adrenalinavsöndring
Adrian ['eɪdrɪən] mansnamn
Adriatic [ˌeɪdrɪ'ætɪk, ˌæd-] geogr.; *the* ~ [*Sea*] Adriatiska havet
adrift [ə'drɪft] *adv* o. *pred adj* på (i) drift; bildl. på glid (drift) [*morally* ~]; *be* ~ driva vind för våg
adroit [ə'drɔɪt] *adj* skicklig [*in* i; *at doing a th.* i att göra ngt]
adulation [ˌædjʊ'leɪʃ(ə)n] *s* [grovt] smicker
adulatory [ˌædjʊ'leɪt(ə)rɪ] *adj* smickrande
adult ['ædʌlt, isht amer. ə'dʌlt] **I** *adj* [full]vuxen, mogen, manbar; [avsedd] för

vuxna; ~ *education* vuxenundervisning **II** *s*
1 [full]vuxen människa **2** *~s only* endast för vuxna, barnförbjuden
adulterant [ə'dʌltərənt] *s* tillsatsämne
adulterate [ə'dʌltəreɪt] *vb tr* [försämra genom att] tillsätta tillsatser till livsmedel o.d.; spä[da] ut [*~ milk with water*]
adulterer [ə'dʌltərə] *s* äktenskapsbrytare
adulteress [ə'dʌltərəs] *s* äktenskapsbryterska
adulterous [ə'dʌlt(ə)rəs] *adj*
1 utomäktenskaplig [*she lived in an ~ relationship*]; som innebär äktenskapsbrott
2 som begått äktenskapsbrott
adultery [ə'dʌltərɪ] *s* äktenskapsbrott
adulthood ['ædʌlthʊd, ə'dʌlthʊd] *s* mogen ålder
adumbrate ['ædʌmbreɪt] *vb tr* **1** skissera; antyda **2** symbolisera **3** förebåda, bebåda, varsla om
adumbration [,ædʌm'breɪʃ(ə)n] *s* **1** utkast, skiss **2** symbolisk framställning **3** förebud
adv. förk. för *adverb*, *adverbial*
advance [əd'vɑːns] **I** *vb tr* **1** flytta (föra) fram[åt]; sträcka (skjuta, sätta) fram
2 befordra, [be]främja; upphöja **3** ställa upp [*~ a theory*], framställa, framkasta
4 förskottera, försträcka lån **5** tekn., *~ the ignition* höja tändningen **6** tidigarelägga
II *vb itr* **1** gå framåt (vidare), tränga (rycka) fram, avancera; närma sig; *~ on the last bidder* bjuda över det sista budet **2** göra framsteg **3** stiga, gå upp i pris **4** avancera, bli befordrad **III** *s* **1** framryckande; framryckning, frammarsch; framflyttning
2 framsteg, befordran; ökning [*on* i jämförelse med] **3** närmande; *make ~s* göra närmanden [*to* till] **4** förskott; försträckning, lån **5** höjning, stegring i pris **6** attr.: *~ booking* förhandsbeställning, förköp; *~ copy* förhandsexemplar av bok till recensent etc. före utgivande; *~ guard* (*party*) förtrupp; *~ publicity* förhandsreklam **7** *in ~* före, framför, förut; på förhand, i förväg; i förskott [*pay in ~*]; *in ~ of* framför, före
advanced [əd'vɑːnst] *adj* **1** [långt] framskriden [*at an ~ age*], långt kommen; *~ in years* ålderstigen, till åren kommen
2 framskjuten isht mil. [*~ positions*]
3 avancerad [*~ ideas*], försigkommen; långtgående, extrem; *~ instruction* kvalificerad (högre) undervisning; *~ studies* högre studier **4** tekn., *~ ignition* förtändning
advancement [əd'vɑːnsmənt] *s* **1** befordran, avancemang **2** [be]främjande
advantage [əd'vɑːntɪdʒ] *s* fördel äv. i tennis; företräde; övertag; försprång; nytta; *~ in* (*out*) i tennis fördel in (ut); *have the ~ of* ha övertaget över, ha en fördel framför; *he has the ~ of youth* (*being young*) han har fördelen att vara ung; *take ~ of* utnyttja [*take ~ of a p.*], dra fördel av, dra växlar på;

take ~ of the opportunity ta tillfället i akt; *to ~* fördelaktigt; *appear to ~* visa sig från sin bästa sida; *turn to ~* utnyttja; *to the best ~* på fördelaktigaste sätt; *be to a p.'s ~* vara till fördel för ngn
advantageous [,ædvən'teɪdʒəs, -vɑːn-] *adj* fördelaktig, förmånlig, nyttig, gynnsam [*to* för]
advent ['ædvənt, -vənt] *s* **1** *A~* advent; *A~ Sunday* första [söndagen i] advent
2 ankomst; tillkomst; *since the ~ of computers* sedan datorerna kom till
adventure [əd'ventʃə] **I** *s* äventyr äv. polit.; vågstycke; *love of ~* äventyrslust[a] **II** *vb tr* o. *vb itr* våga; riskera; äventyra
adventurer [əd'ventʃ(ə)rə] *s* äventyrare
adventuress [əd'ventʃ(ə)rəs] *s* äventyrerska, lycksökerska
adventurous [əd'ventʃ(ə)rəs] *adj*
1 äventyrslysten, djärv, dristig **2** äventyrlig [*an ~ voyage*], rik på äventyr; riskabel
adverb ['ædvɜːb] *s* adverb
adverbial [əd'vɜːbjəl] **I** *adj* adverbiell; *~ modifier* adverbial **II** *s* adverbial
adversary ['ædvəs(ə)rɪ] *s* motståndare; fiende; motspelare
adverse ['ædvɜːs] *adj* **1** fientlig [*~ forces*], fientligt inställd [*to* mot]; motståndar- [*~ party*], kritisk [*~ comments*], kritiskt inställd [*to* mot (till)] **2** mot- [*~ wind*], ogynnsam [*~ weather conditions*], skadlig, olycklig [*to* för], motig; *~ circumstances* olyckliga omständigheter; *~ effects* negativa effekter
adversity [əd'vɜːsətɪ] *s* motgång, motighet; *be cheerful in ~* bära sina motgångar med jämnmod
advert ['ædvɜːt] *s* vard. kortform för *advertisement*
advertise ['ædvətaɪz] **I** *vb tr* annonsera; göra reklam för; tillkännage; *~ a vacancy* annonsera en plats ledig; *~ one's presence* dra uppmärksamheten till sig **II** *vb itr* annonsera, göra reklam; *~ for* annonsera efter
advertisement [əd'vɜːtɪsmənt, -tɪzm-, amer. äv. ,ædvə'taɪzmənt] *s* **1** annons i en tidning o.d.
2 reklam [*~ helps to sell goods*]; annonsering; attr. annons- [*~ department* (*page*)]
advertiser ['ædvətaɪzə] *s* annonsör
advertising ['ædvətaɪzɪŋ] *s* annonsering, reklam; reklambranschen [*a career in ~*]; *agency* annonsbyrå, annonskontor, reklambyrå; *~ sign* reklamskylt; *~ space* annonsplats
advice [əd'vaɪs] *s* **1** utan pl. råd; yttrande[n]; *a piece* (*bit*, *word*) *of ~* ett [litet] råd; *some ~* ett råd; *that was good ~* det var ett gott råd; *take a p.'s ~* följa ngns råd; *take legal ~* rådfråga en advokat **2** hand. meddelande, avi
advice note [əd'vaɪsnəʊt] *s* hand. avi
advisability [əd,vaɪzə'bɪlətɪ] *s* tillrådlighet

advisable [əd'vaɪzəbl] *adj* tillrådlig; välbetänkt
advise [əd'vaɪz] *vb tr* **1** råda, tillråda [*on* angående, i], förorda [*the doctor ~d a complete rest*]; *~ against* varna för, avråda från **2** underrätta [*of* om]; hand. meddela; avisera [*as ~d*]
advisedly [əd'vaɪzɪdlɪ] *adv* överlagt, med full vetskap; avsiktligt
adviser [əd'vaɪzə] *s* rådgivare; konsulent
advisory [əd'vaɪz(ə)rɪ] *adj* rådgivande
advocacy ['ædvəkəsɪ] *s*, *~ of* äv. befrämjande av, arbete (kamp) för [*~ of reforms*]; *in ~ of* till stöd (försvar) för, för [*he spoke in ~ of the scheme*]
advocate [ss. subst. 'ædvəkət, -keɪt, ss. vb 'ædvəkeɪt] **I** *s* förespråkare, förkämpe [*of* för] **II** *vb tr* förespråka, tala (ivra) för, förorda
AE förk. för *American English*
AEA förk. för *Atomic Energy Authority* i Storbritannien
AEC förk. för *Atomic Energy Commission* i USA
Aegean [ɪ'dʒi:ən] geogr.; *the ~* [*Sea*] Egeiska havet
aegis ['i:dʒɪs] *s* [be]skydd [*under the ~ of*]; egid
aeon ['i:ən, 'i:ɒn] *s* eon, tidsålder; evighet
aerate ['eəreɪt] *vb tr* **1** [genom]lufta **2** förena (försätta) med kolsyra; *~d water* kolsyrat vatten
aerial ['eərɪəl] **I** *adj* **1** luft-, av luft; gasformig **2** luft-, i luften; flyg-; *~ camera* flygkamera; *~ combat* luftstrid; *~ ladder* amer. maskinstege; *~ map* [flyg]fotokarta; *~ photograph* flygfoto, flygbild; *~ photography* flygfotografering; *~ railway* (*ropeway*) linbana, luftbana; *~ view* flygbild **II** *s* tekn. antenn
aerie ['eərɪ, 'ɪərɪ] *s* **1** rovfågelsnäste, högt beläget bo; bildl. 'örnnäste' **2** rovfågels kull
aero ['eərəʊ] *adj* luft-, flyg-, aero-; *~ engine* flygmotor
aerobatics [,eərə(ʊ)'bætɪks] (konstr. ss. sg.) *s* konstflygning; avancerad flygning
aerobics [eə'rəʊbɪks] (konstr. ss. sg.) *s* aerobics, aerobisk gymnastik, gymping
aerodrome ['eərədrəʊm] *s* flygfält, flygplats
aerodynamic [,eərə(ʊ)daɪ'næmɪk] *adj* aerodynamisk
aerodynamics [,eərə(ʊ)daɪ'næmɪks] (konstr. ss. sg.) *s* fys. aerodynamik
aeroembolism [,eərəʊ'embəlɪzm] *s* fysiol. luftemboli
aerofoil ['eərə(ʊ)fɔɪl] *s* vinge på flygplan; bäryta; bärplan
aeromechanic [,eərə(ʊ)mɪ'kænɪk] *s* flygmekaniker
aeromechanics [,eərə(ʊ)mɪ'kænɪks] (konstr. ss. sg.) *s* fys. aeromekanik
aeronautical [,eərə'nɔ:tɪk(ə)l] *adj* flyg- [*~ term* (*journal*)]; *~ technics* flygteknik
aeronautics [,eərə'nɔ:tɪks] (konstr. ss. sg.) *s* flygkonst, flygteknik, aeronautik; attr. luftfarts-; *Civil A~ Board* amer. motsv. till sv. Luftfartsverket
aeroplane ['eərəpleɪn] *s* flygplan
Aerosol ['eərə(ʊ)sɒl] *s* ® aerosol; *~ container* aerosolförpackning, sprejförpackning
aerospace ['eərə(ʊ)speɪs] *s* rymd inom rymdtekniken; attr. rymd- [*~ medicine*]
Aesop ['i:sɒp] Aisopos [*~'s fables*]
aesthete ['i:sθi:t, 'es-] *s* estet äv. neds., estetiker
aesthetic [i:s'θetɪk] *adj* estetisk
aetiology [,i:tɪ'ɒlədʒɪ] *s* etiologi
afar [ə'fɑ:] *adv* litt. fjärran; *from ~* ur fjärran, fjärran ifrån; på långt håll; *~ off* långt borta, i fjärran
AFC 1 förk. för *Association Football Club* **2** radio. (förk. för *automatic frequency control*) automatisk fininställning av frekvensen
affability [,æfə'bɪlətɪ] *s* förbindlighet, vänlighet, tillgänglighet, älskvärdhet
affable ['æfəbl] *adj* förbindlig, vänlig, tillgänglig [*to, towards, with* mot]
affair [ə'feə] *s* **1** angelägenhet, sak, affär; göra; åliggande; pl. *~s* affärer, angelägenheter; *that's my ~* det är (blir) min sak; *as ~s stand* som sakerna nu står, som det nu är; *current ~s* aktuella frågor (problem); *economic ~s* finansärenden[a]; *foreign ~s* utrikesärenden[a]; *mind your own ~s* sköt dina egna angelägenheter; *public ~s* offentliga angelägenheter; *~s of state* statsangelägenheter; *it's an awful* (*terrible*) *state of ~s* det är verkligen illa ställt **2** händelse, sak, affär, historia; tillställning; *have an ~ with a p.* ha ett förhållande (en kärleksaffär) med ngn **3** vard. sak, grej, historia [*her dress was a décolleté ~*]
1 affect [ə'fekt] *vb tr* **1** beröra, påverka, inverka på, göra verkan på; drabba, angripa; ta på [*it ~s my health* (*nerves*)]; *some plants are ~ed by the cold* en del växter är känsliga för kyla **2** göra intryck på, röra; *be ~ed by the sight* bli rörd vid (gripen av) åsynen **3** med. angripa [*his left lung is ~ed*]
2 affect [ə'fekt] *vb tr* **1** låtsas vara (ha, känna), spela; föregå [*~ illness*] **2** låtsa[s]; lägga sig till med
affectation [,æfek'teɪʃ(ə)n] *s* **1** tillgjordhet, affekterat sätt **2** *~ of ignorance* låtsad okunnighet
1 affected [ə'fektɪd] *adj* **1** angripen, besvärad [*with* av], behäftad [*with* med] **2** upprörd, rörd, gripen [*by* av] **3** påverkad, skadad, försämrad
2 affected [ə'fektɪd] *adj* tillgjord, konstlad, affekterad [*~ manners*]; låtsad; *be ~* göra sig till
affection [ə'fekʃ(ə)n] *s* **1** ömhet, kärlek, tillgivenhet [*have ~ for* (*feel ~ towards*) *one's children*; ofta pl. *~s: gain a p.'s ~[s]*; *the object*

of his ~s] **2** affekt, sinnesrörelse, känsla, stämning **3** sjukdom, åkomma [*of* i]
affectionate [ə'fekʃ(ə)nət] *adj* tillgiven, kärleksfull, öm
affectionately [ə'fekʃ(ə)nətlɪ] *adv* tillgivet; *Yours ~* i brev Din (Er) tillgivne
affidavit [ˌæfɪ'deɪvɪt] *s* jur. edlig skriftlig försäkran, edligt intyg, affidavit
affiliate [ə'fɪlɪeɪt] **I** *vb tr* göra till filial; uppta [i en förening] [*~ a member*]; ansluta [*to, with* till], förena [*with* med]; *~ oneself* förena (ansluta) sig, stå (sättas) i samband [*with* med]; *~d company* dotterbolag; *~d society* filial[förening]; *~d union* ansluten fackförening **II** *vb itr* se *~ oneself* under *I* **III** *s* dotterbolag
affiliation [əˌfɪlɪ'eɪʃ(ə)n] *s* upptagande [som medlem], anslutning, anknytning äv. bildl.
affinity [ə'fɪnətɪ] *s* **1** släktskap; frändskap mellan djur, språk etc.; släktdrag **2** samhörighet[skänsla]; *~ group* intressegrupp; *spiritual ~* själsfrändskap **3** kem. el. matem. affinitet [*the ~ of salt for water*]
affirm [ə'fɜːm] *vb tr* o. *vb itr* **1** försäkra, bestämt påstå; intyga **2** bejaka, jaka
affirmative [ə'fɜːmətɪv] *adj* o. *s* bekräftande, [be]jakande; *answer (reply) in the ~* svara jakande, svara ja
affix [ss. vb ə'fɪks, ss. subst. 'æfɪks] **I** *vb tr* **1** fästa [*~ a stamp to (on) an envelope*] **2** tillägga, vidfoga [*to* till, vid]; *~ a seal (one's signature) to a document* sätta ett sigill (sin namnteckning) under ett dokument **II** *s* **1** bihang, tillägg **2** språkv. affix; förstavelse; ändelse
afflict [ə'flɪkt] *vb tr* drabba, hemsöka
afflicted [ə'flɪktɪd] *adj* **1** bedrövad, olycklig [*at* över; *by* genom, till följd av; *feel ~ by (at) the news*] **2** angripen, drabbad, plågad, hemsökt [*with* av], behäftad [*with* med]
affliction [ə'flɪkʃ(ə)n] *s* **1** bedrövelse, sorg; lidande, sjukdom; krämpa [*the ~s of old age*] **2** hemsökelse; olycka, plåga
affluence ['æfluəns] *s* rikedom, välstånd
affluent ['æfluənt] *adj* rik, förmögen
afford [ə'fɔːd] *vb tr* **1** *I can ~ it* a) det har jag råd med b) det kan jag tillåta (kosta på) mig; *I can't ~ the time* min tid räcker inte till, jag har inte tid; *a chance you can't ~ to miss* ett tillfälle du (man) inte får missa **2** ge, skänka [*~ shade*], bereda [*~ great pleasure*]
afforest [æ'fɒrɪst] *vb tr* göra till skog (jaktmark), plantera med skog
afforestation [æˌfɒrɪ'steɪʃ(ə)n] *s* skogsodling, skogsplantering [*~ projects*]
affray [ə'freɪ] *s* slagsmål på allmän plats; tumult
affront [ə'frʌnt] **I** *vb tr* **1** skymfa, förolämpa, förnärma, såra; *feel ~ed by the remark* känna sig (bli) förolämpad etc. av

anmärkningen **2** möta, trotsa **II** *s* skymf, förolämpning
Afghan ['æfgæn] **I** *s* **1** afghan invånare **2** afghanhund **II** *adj* afghansk
Afghanistan [æf'gænɪstæn, æfˌgænɪ'stɑːn] geogr.
aficionado [əˌfɪʃɪə'nɑːdəʊ] (pl. *~s*) *s* **1** tjurfäktningsentusiast **2** entusiast, fantast
afield [ə'fiːld] *adv, far ~* långt bort[a] [*go (travel) far ~*]; bildl. långt från ämnet; *farther (further) ~* längre bort; bildl. vidare, längre från ämnet
aflame [ə'fleɪm] *adv* o. *pred adj* i brand, i ljusan låga; [i] eld och lågor äv. bildl.; *the autumn woods were ~ with colour* skogarna flammade (lyste) i höstens färger
AFL-CIO förk. för *American Federation of Labor and Congress of Industrial Organizations* landsorganisationen i USA
afloat [ə'fləʊt] *adv* o. *pred adj* **1** flytande; flott [*get a boat ~*] **2** vattenfylld, översvämmad **3** fri från ekonomiska bekymmer, flytande [*to keep oneself ~*] **4** i [full] gång; i omlopp; *get a newspaper ~* starta en tidning; *there is a rumour ~* det går ett rykte
afoot [ə'fʊt] *adv* o. *pred adj* i rörelse; i (på) gång [*plans are ~*]; i görningen
aforementioned [ə'fɔːˌmenʃ(ə)nd] *adj* isht jur. [ovan]bemälde; förutnämnd
aforenamed [ə'fɔːneɪmd] *adj* o. **aforesaid** [ə'fɔːsed] *adj* isht jur. förutnämnd
aforethought [ə'fɔːθɔːt] *adj* överlagd, uppsåtligt; jfr *malice* 2
afraid [ə'freɪd] *pred adj* rädd [*of* för; *to* att; *that, lest* att]; *~ about (for)* orolig för; *I'm ~ I can't* äv. jag kan [nog] tyvärr inte; *I'm ~ not* tyvärr inte; *I'm ~ so!* jag är rädd för det!; *don't be ~ to* [*ask for my help*] tveka inte att...
Afrasian [æ'freɪʒ(ə)n] **I** *s* afroasiat **II** *adj* afroasiatisk
afresh [ə'freʃ] *adv* ånyo, på nytt
Africa ['æfrɪkə] geogr. Afrika
African ['æfrɪkən] **I** *s* afrikan; afrikanska **II** *adj* afrikansk; *~ lily* bot. kärlekslilja; *~ marigold* bot. sammetsblomster, tagetes; *~ violet* bot. saintpaulia
Afrikaans [ˌæfrɪ'kɑːns] *s* afrikaans
Afrikaner [ˌæfrɪ'kɑːnə] *s* afrikand infödd vit sydafrikan
Afro ['æfrəʊ] (pl. *~s*) *s* afrofrisyr [äv. *~ hairdo*]
Afro-American [ˌæfrəʊə'merɪkən] **I** *s* afroamerikan **II** *adj* afroamerikansk
Afro-Asian [ˌæfrəʊ'eɪʒ(ə)n] **I** *s* afroasiat **II** *adj* afroasiatisk
Afro-Asiatic ['æfrəʊˌeɪʃɪ'ætɪk] *adj, ~ languages* afro-asiatiska (hamito-semitiska) språk
aft [ɑːft] sjö. **I** *adv* akter ut (över); *fore and ~* från för till akter, långskepps **II** *adj* aktre, akter-
after ['ɑːftə] **I** *adv* **1** rum efter, bakom **2** tid

efter[åt], senare [*long ~, soon ~, a day ~*]; *the day* ~ dagen efter (därpå) **II** *prep* **1** rum o. tid efter; bakom, näst; amer. över [*a quarter ~ two*]; trots [*~ all the trouble I took, it was spoilt*]; ~ *all* när allt kommer omkring, ändå; egentligen; ~ *that* efter detta, därefter; sedan; ~ *you!* [var så god] du först!; ~ *you with the scissors* kan jag få saxen efter dig (när du är klar)? **2** uttr. syftemål efter; *be ~ a th.* sträva efter (söka) ngt; vara ute efter ngt; *what is he ~?* vard. äv. vad vill han?, vad menar han?; *be ~ a p.* vara efter ngn [*the police are ~ him*] **3** efter, i jämförelse med; enligt; i likhet med; ~ *a fashion* (*manner*) på sätt och vis; [*a painting*] ~ *Rubens* ...i Rubens stil, ...à la Rubens **III** *konj* sedan, efter det att; ~ *he went* (*had gone*) sedan han hade gått **IV** *adj* äv. i sms. senare, efter-, [efteråt] följande; *in ~ years* senare [i livet], längre fram
afterbirth ['ɑːftəbɜːθ] *s* efterbörd
aftercabin ['ɑːftəˌkæbɪn] *s* sjö. akterhytt
aftercare ['ɑːftəkeə] *s* med. eftervård
after-dinner ['ɑːftəˌdɪnə] *adj* middags- [*~ speech*]
after-effect ['ɑːftərɪˌfekt] *s* efterverkan, efterverkning; pl. *~s* äv. sviter [*suffer from the ~s of*]
afterglow ['ɑːftəɡləʊ] *s* aftonrodnad; kvardröjande sken; bildl. efterglans, efterklang
afterlife ['ɑːftəlaɪf] *s* **1** liv efter detta [*believe in an ~*] **2** *in* ~ senare i livet
aftermath ['ɑːftəmæθ, -mɑːθ] *s* efterdyningar, [efter]verkningar [*the ~ of war*], följder; *in the ~ of war* äv. i krigets spår, efter kriget
afternoon [ˌɑːftəˈnuːn, attr. ˈ-ˈ-] *s* **1** eftermiddag; *~!* vard. för *good ~!*, se *good I 10*; se äv. *morning* för ex. **2** attr. eftermiddags- [*~ tea*]
afterpains ['ɑːftəpeɪnz] *s pl* eftervärkar
afters ['ɑːftəz] *s pl* vard. efterrätt
aftertaste ['ɑːftəteɪst] *s* eftersmak
after-tax ['ɑːftətæks] *attr adj* efter skatt [*~ profit*]
afterthought ['ɑːftəθɔːt] *s* **1** vidare (annan) tanke **2** tanke som man kommer på efteråt, efterklokhet; *as an* ~ efteråt (i efterhand) **3** vard. sladdbarn
afterwards ['ɑːftəwədz] *adv* efteråt, sedan, sedermera
again [əˈɡen, əˈɡeɪn] *adv* **1** igen, åter, ånyo, en gång till, omigen; *don't do that ~!* äv. gör inte om det!; ~ *and* ~ el. *time and* ~ gång på gång, gång efter annan; *as much* ~ en gång till (dubbelt) så mycket; lika mycket till; *never* ~ aldrig mer[a]; *over* ~ omigen, en gång till **2** vidare, åter[igen]; å andra sidan; *then ~, I am...* men å andra sidan (däremot) är jag...
against [əˈɡenst, əˈɡeɪnst] *prep* **1** mot, emot i olika bet.; uttr. läge äv. vid, intill, mitt för [*put a cross ~ a p.'s name*]; *run up ~ a p.* stöta (råka) på ngn; *a race ~ time* en kapplöpning med tiden, se vid. under *time I 1 g* **2** för, med tanke på; uttr. tidsförh. i avvaktan på; *warn ~ his coming* till dess han kommer; *as* ~ mot, i jämförelse med
agape [əˈɡeɪp] *adv* o. *pred adj* med vidöppen mun, gapande av förvåning etc.
agaric [ˈæɡərɪk, əˈɡærɪk] *s* skivling, skivsvamp
agate [ˈæɡət] *s* miner. agat
Agatha [ˈæɡəθə] kvinnonamn
agave [əˈɡeɪvɪ, ˈæɡeɪv] *s* bot. agave
age [eɪdʒ] **I** *s* **1** ålder; *old* ~ ålderdom[en]; *what is your ~?* hur gammal är du?; *he is my* ~ han är lika gammal som jag, han är i min ålder; *we are about the same* ~ vi är ungefär jämnåriga (lika gamla); *be* (*act*) *your ~!* var inte barnslig!, visa att du är vuxen!; *be* (*come*) *of* ~ vara (bli) myndig; *he is ten years of* ~ han är tio år gammal; *over* ~ överårig, för gammal; *under* ~ a) omyndig, minderårig b) underårig **2** tid [*the Ice A~*]; tidevarv, tidsålder, period; *the atomic* ~ atomåldern; *the Middle Ages* medeltiden **3** lång tid, evighet; *quite an* ~ el. *~s* (pl.) vard. en [hel] evighet, evigheter; *it's an* ~ *since I saw him* jag har inte sett honom på evigheter; *for ~s* i (på) evigheter, i (på) många herrans år **II** *vb itr* åldras **III** *vb tr* göra gammal, komma att åldras [*such work ~s people*]
aged [i bet. *1* eɪdʒd, i bet. *2* ˈeɪdʒɪd] *adj* **1** i en ålder av; *a man ~ forty* fyrtioårig man **2** åldrig, ålderstigen; *the* ~ de gamla
age-group [ˈeɪdʒɡruːp] *s* åldersgrupp
ageing [ˈeɪdʒɪŋ] *adj* åldrande
ageism [ˈeɪdʒɪz(ə)m] *s* åldersdiskriminering
ageist [ˈeɪdʒɪst] *adj* åldersdiskriminerande
ageless [ˈeɪdʒləs] *adj* som aldrig åldras, evigt ung; tidlös
age-long [ˈeɪdʒlɒŋ] *adj* sekelgammal; evig
agency [ˈeɪdʒ(ə)nsɪ] *s* **1** agentur; byrå, kontor **2** medverkan, förmedling, försorg [*through* (*by*) *the ~ of friends*] **3** makt [*an invisible ~*] **4** verksamhet; förrättning; verkan **5** organ inom FN o.d.; instans
agenda [əˈdʒendə] *s* föredragningslista, dagordning, program
agent [ˈeɪdʒ(ə)nt] *s* **1** agent, ombud, representant; förvaltare **2** medel [*chemical ~*]; [verkande] kraft; orsak, verktyg; kem. agens **3** handlande (verksam) person; *secret* ~ hemlig agent; *he is a free* ~ han har fria händer
agent provocateur [ˌæʒɒŋprəˌvɒkəˈtɜː] (pl. *agents provocateurs* utt. som sg.) *s* fr. provokatör
agglomerate [ss. vb əˈɡlɒmərˌeɪt, ss. adj. o. subst. -ət] **I** *vb tr* gyttra [ihop], hopa, tränga samman **II** *vb itr* gyttra ihop sig **III** *adj*

hopgyttrad **IV** s **1** hopgyttring **2** isht geol. agglomerat
agglomeration [əˌglɒməˈreɪʃ(ə)n] s hopgyttring, gytter, anhopning; agglomeration
agglutination [əˌgluːtɪˈneɪʃ(ə)n] s **1** hoplimning **2** agglutination isht fysiol. samt språkv.; hopklumpning
aggrandize [əˈgrændaɪz] vb tr förstora, öka, utvidga persons el. stats makt, rang, rikedom
aggrandizement [əˈgrændɪzmənt] s förstoring etc., jfr *aggrandize*; *policy of ~* utvidgningspolitik
aggravate [ˈægrəveɪt] vb tr **1** försvåra, förvärra **2** vard. reta, förarga
aggravating [ˈægrəveɪtɪŋ] adj **1** försvårande, förvärrande [*~ circumstances*] **2** vard. retsam, förarglig
aggravation [ˌægrəˈveɪʃ(ə)n] s **1** försvårande, förvärrande **2** vard. förtret, förargelse
aggregate [ss. adj. o. subst. ˈægrɪɡ|ət, ss. vb -eɪt] **I** adj förenad[e] till ett helt; sammanlagd, total [*~ amount*]; samfälld **II** s **1** summa; *in* [*the*] *~ totalt* [sett], taget som ett helt; *on ~* sammanlagt, taget tillsammans **2** massa, samling **III** vb tr **1** hopa, samla, sammangyttra **2** vard. sammanlagt uppgå till **IV** vb itr hopas, hopa sig
aggression [əˈgreʃ(ə)n] s aggression äv. psykol.; *war of ~* anfallskrig
aggressive [əˈgresɪv] adj **1** aggressiv **2** angripande; anfalls-, offensiv- [*~ weapons*] **3** energisk, framåt
aggressiveness [əˈgresɪvnəs] s aggressivitet
aggressor [əˈgresə] s angripare, angripande part
aggrieved [əˈgriːvd] adj **1** sårad, kränkt; bedrövad [*at* över] **2** jur. förfördelad, förorättad, kränkt [*the ~ party*]
aggro [ˈægrəʊ] s vard. kortform för *aggression* o. *aggressiveness*
aghast [əˈɡɑːst] pred adj förskräckt, bestört [*at* över]
agile [ˈædʒaɪl, amer. ˈædʒəl] adj snabb, rörlig; vig
agility [əˈdʒɪlətɪ] s snabbhet, rörlighet
agin [əˈɡɪn] prep skämts. mot, emot [*~ the government*]
aging [ˈeɪdʒɪŋ] adj se *ageing*
agism [ˈeɪdʒɪz(ə)m] s se *ageism*
agist [ˈeɪdʒɪst] adj se *ageist*
agitate [ˈædʒɪteɪt] **I** vb tr **1** uppröra, oroa; uppvigla **2** röra, skaka **II** vb itr agitera [*for* för]
agitation [ˌædʒɪˈteɪʃ(ə)n] s **1** [sinnes]rörelse, upphetsning; oro **2** rörelse, skakning **3** agitation
agitator [ˈædʒɪteɪtə] s agitator; uppviglare
aglow [əˈɡləʊ] adv o. pred adj **1** glödande; *be ~* äv. glöda **2** om pers. strålande [*a face ~ with* (av) *health*], skinande

AGM [ˌeɪdʒiːˈem] förk. för *annual general meeting*
agnostic [æɡˈnɒstɪk] filos. **I** s agnostiker **II** adj agnostisk
ago [əˈɡəʊ] adv för...sedan [*long ~, two years ~*]; [*he did it*] *years ~* ...för flera (många) år sedan; *as long ~ as 1988* redan 1988; *how long ~ is it* [*that you last met her*]*?* hur länge sedan är (var) det...?
agog [əˈɡɒɡ] adv o. pred adj ivrig; i spänd förväntan; *be ~ for news* ivrigt vänta på nyheter; *the whole village was ~* det var stor uppståndelse i byn
agonize [ˈæɡənaɪz] **I** vb tr pina **II** vb itr **1** lida svåra kval; våndas [*~ over a decision*] **2** kämpa förtvivlat
agonizing [ˈæɡənaɪzɪŋ] adj hjärtslitande; *~ reappraisal* plågsam omprövning
agon|y [ˈæɡənɪ] s vånda; svåra plågor; *~ aunt* hjärtespaltsredaktör; *the ~ column* i tidning hjärtespalten; *suffer (be in) ~ (-ies) with toothache* ha en fruktansvärd tandvärk; *suffer -ies of doubt* plågas av tvivel; *pile on* (*up*) *the ~* bre på, göra det värre än det är
agoraphobia [ˌæɡərəˈfəʊbɪə] s psykol. torgskräck, agorafobi
agrarian [əˈɡreərɪən] adj jord-, agrarisk; bonde-
agree [əˈɡriː] vb itr o. vb tr **1** samtycka [*to* till]; säga 'ja'; *~ to* äv. gå med på **2** komma överens, enas, bli ense [*on, about* om; *that* om att]; *~* [*up*]*on* äv. avtala; *~* [*on*] *a verdict* enas om en dom; *they ~d to differ* de enades om att de var oense och inte kunde komma vidare **3** vara överens (ense) [*with a p.* med ngn; *on, about* om]; instämma; *you must ~ that...* håll med om att... **4** passa, stämma; *~ with* stämma [överens] med; gram. rätta sig efter, överensstämma med [*the verb ~s with the subject*]; *fish doesn't ~ with me* jag tål inte (mår inte bra av) fisk
agreeable [əˈɡrɪəbl] adj **1** angenäm, trevlig [*to* för]; älskvärd [*to* mot]; *if it's ~ to you* om det passar er **2** vard. villig, hågad; *be ~ to* med på
agreed [əˈɡriːd] adj avgjord, beslutad; *be ~* vara överens (ense); *~?* är vi överens?, kan vi enas om det?; *~!* avgjort!, kör för det!
agreement [əˈɡriːmənt] s **1** överenskommelse, avtal, kontrakt; förlikning; *make* (*come to, reach*) *an ~ with a p.* komma överens (träffa avtal) med ngn **2** överensstämmelse; enighet i åsikter; *be in ~ with* vara ense (överens) med **3** gram. kongruens
agricultural [ˌæɡrɪˈkʌltʃ(ə)r(ə)l] adj jordbrukande, jordbruks-
agriculture [ˈæɡrɪkʌltʃə] s jordbruk, agrikultur
agronomist [əˈɡrɒnəmɪst] s agronom
agronomy [əˈɡrɒnəmɪ] s lantbruksvetenskap, agronomi; lanthushållning

aground [ə'graʊnd] *adv* o. *pred adj* på grund
ah [ɑ:] *interj* ah!, o!, ack!
aha [ɑ:'hɑ:, ə'hɑ:] **I** *interj*, ~*!* aha!, åhå! **II** *s*, ~ **experience** (*reaction*) psykol. aha-upplevelse
ahead [ə'hed] *adv* o. *pred adj* före; i förväg; framåt; bildl. framför en [*trouble* ~], förestående, kommande; *full speed* ~ sjö. full fart framåt; *straight* ~ rakt fram; ~ *of* framför; före; framom; sjö. för om; *be* ~ *of* bildl. vara före (längre kommen än) [*be materially* ~ *of other countries*]; *go* ~*!* sätt i gång!; fortsätt!; *look* ~ se framåt, vara förutseende; *plan* ~ planera för framtiden (i förväg)
ahem [hm] *interj*, ~*!* hm!
ahoy [ə'hɔɪ] *interj*, ~*!* ohoj!
aid [eɪd] **I** *vb tr* hjälpa, bistå; underlätta, befordra [~ *the digestion*] **II** *s* **1** hjälp, bistånd; hjälpmedel [*visual* ~]; *by the* ~ *of* med hjälp av, medelst; *in* ~ *of* till förmån för; *what's* [*all*] *that in* ~ *of?* vard. vad ska det där vara bra för (tjäna till)?; *slimming* ~ bantningsredskap **2** biträde, medhjälpare, rådgivare
aide [eɪd] *s* **1** se-*aide-de-camp* **2** medhjälpare, rådgivare
aide-de-camp [ˌeɪddə'kɒŋ] (pl. *aides-de-camp* [ˌeɪdzdə'kɒŋ]) *s* mil. adjutant, ordonnans[officer]
Aids o. **AIDS** [eɪdz] *s* med. (förk. för *acquired immune deficiency syndrome* förvärvat immunbristsyndrom) aids
ail [eɪl] *vb itr*, *be* ~*ing* vara krasslig (sjuk)
aileron ['eɪlərɒn] *s* flyg. skev[nings]roder
ailing ['eɪlɪŋ] *adj* krasslig, sjuk; *the country's* ~ *economy* landets trassliga ekonomi
ailment ['eɪlmənt] *s* krämpa, sjukdom
aim [eɪm] **I** *vb tr* måtta, sikta med [*at* på]; ~ *a pistol at* rikta en pistol mot **II** *vb itr* sikta [*at* på]; syfta [*at* till]; sträva [*at* efter]; ~ *high* sikta (sätta målet) högt; *they were* ~*ing at me* det var mig de menade (åsyftade) **III** *s* **1** sikte; *miss one's* ~ skjuta miste, förfela målet; *take* ~ ta sikte, sikta, måtta [*at* på]; *accuracy of* ~ träffsäkerhet **2** mål [*his* ~ *in life*], målsättning; syfte[mål]; avsikt, ändamål
aimless ['eɪmləs] *adj* utan mål, planlös
ain't [eɪnt] ovårdat el. dial. för *am* (*are, is*) *not*; *have not, has not*
Aintree ['eɪntri:] berömd hästkapplöpningsbana utanför Liverpool
1 air [eə] **I** *s* **1** luft; atmosfär; ~ *cleaner* (med filter *filter*) luftrenare; ~ *pollution* luftförorening[ar]; *the open* ~ fria luften; *have some fresh* ~ el. *take the* ~ hämta frisk luft; *clear the* ~ rensa luften; *by* ~ per (med) flyg; *go by* ~ flyga; *castles in the* ~ luftslott; [*up*] *in the* ~ oviss, i vida fältet; *it was in the* ~ det låg i luften; *be* (*go*) *up in the* ~ vard. bli rasande, gå upp i limningen; *appear out of thin* ~ dyka upp ur tomma intet; *vanish into thin* ~ gå upp i rök; *go on* (*off*) *the* ~ om radio, TV börja (sluta) sända; *on the* ~ i radio (TV), i sändning **2** fläkt, drag **3** attr. ofta flyg-, luft- (jfr. äv. sms. m. *air* nedan); *the Royal A*~ *Force* (förk. *RAF*) brittiska flygvapnet; ~ *chief marshal*, ~ *marshal*, ~ *vice-marshal* grader i RAF motsv. resp. general, generallöjtnant, generalmajor; ~ *commodore* grad i RAF motsv. överste av första graden; ~ *defence* luftförsvar; ~ *defence control station* luftförsvarscentral; ~ *defence missile* luftvärnsrobot; ~ *defence warning system* luftbevakningssystem; ~ *officer* flygofficer **II** *vb tr* **1** vädra, lufta, ventilera **2** bildl. briljera (lysa) med
2 air [eə] *s* **1** utseende; prägel; [*the room*] *had an* ~ *of luxury* ...hade en luxuös prägel **2** min, åtbörd; *put on an* ~ *of innocence* ta på sig en oskyldig min, spela oskyldig **3** mest pl. ~*s* förnäm (viktig) min; *give oneself* (*put on*) ~*s* göra sig märkvärdig, spela förnäm
3 air [eə] *s* melodi, air
air- för sms. jfr äv. *1 air I 3*
air arm ['eərɑ:m] *s* flygvapen
airbag ['eəbæg] *s* krockkudde säkerhetsanordning i bil
air base ['eəbeɪs] *s* flygbas, flygstation
air bed ['eəbed] *s* luftmadrass
air bladder ['eəˌblædə] *s* luftblåsa, simblåsa
airborne ['eəbɔ:n] *adj* flygburen, luftburen; *be* ~ äv. vara [uppe] i luften, ha lämnat marken
air brake ['eəbreɪk] *s* **1** tryckluftbroms t.ex. på tåg **2** luftbroms isht på flygplan
airbrush ['eəbrʌʃ] **I** *s* sprutpistol; retuschspruta, airbrush **II** *vb tr* måla med sprutpistol etc., jfr *I*
airbus ['eəbʌs] *s* airbus stort flygplan
air chamber ['eəˌtʃeɪmbə] *s* tryckluftkammare
air-conditioned ['eəkənˌdɪʃ(ə)nd] *adj* luftkonditionerad
air-conditioning ['eəkənˌdɪʃ(ə)nɪŋ] *s* luftkonditionering
air-cooled ['eəku:ld] *adj* luftkyld
air cover ['eəˌkʌvə] *s* mil. flygstöd
aircraft ['eəkrɑ:ft] (pl. lika) *s* flygplan; ~ *carrier* hangarfartyg
aircraft|man ['eəkrɑ:ft|mən] *s* (pl. *-men* [-mən]) menig i brittiska flygvapnet (RAF)
aircraft|woman ['eəkrɑ:ft|ˌwʊmən] (pl. *-women* [-ˌwɪmɪn]) *s* kvinnlig menig i brittiska flygvapnet (RAF)
aircrew ['eəkru:] *s* flygplansbesättning
air-cushion ['eəˌkʊʃ(ə)n] *s* **1** uppblåsbar kudde **2** tekn. luftkudde; ~ *vehicle* svävare, svävfarkost
airdrome ['eədrəʊm] *s* amer., se *aerodrome*
airdrop ['eədrɒp] **I** *vb tr* släppa ned proviant o.d. [med fallskärm] från luften **II** *s* proviant (materiel o.d.) som släpps ned med fallskärm
air duct ['eədʌkt] *s* luftkanal

Airedale ['eədeɪl] geogr. egenn.; ~ [*terrier*] airedaleterrier
air ferry ['eə‚ferɪ] s flygplan för transport av motorfordon
airfield ['eəfi:ld] s flygfält
airflow ['eəfləʊ] s luftström[ning]
airfoil ['eəfɔɪl] s amer., se *aerofoil*
air force ['eəfɔ:s] s flygvapen, flygstridskrafter
air-freshener ['eə‚freʃ(ə)nə] s luftfräschare
air guitar ['eəɡɪ‚tɑ:] s mus. luftgitarr
airgun ['eəɡʌn] s **1** luftgevär, luftbössa **2** tandläk. bläster
air gunner ['eə‚ɡʌnə] s mil. flygskytt
air hostess ['eə‚həʊstɪs] s flygvärdinna
air humidifier ['eəhju‚mɪdɪfaɪə] s luftfuktare
airily ['eərəlɪ] adv luftigt etc., jfr *airy*
airing ['eərɪŋ] s **1** vädring; torkning; ~ *cupboard* torkskåp **2** promenad; åktur, ridtur
air lane ['eəleɪn] s flyg. luftled
airless ['eələs] adj **1** vindstilla **2** kvav **3** lufttom
air letter ['eə‚letə] s aerogram
airlift ['eəlɪft] s luftbro
airline ['eəlaɪn] s **1** flyglinje **2** flygbolag [i flygbolags namn vanl. ~s] **3** luftledning, telefonledning **4** isht amer., *by* ~ fågelvägen
airliner ['eə‚laɪnə] s trafik[flyg]plan
airlock ['eəlɒk] s tekn. **1** luftblåsa i en ledning o d.; luftlås **2** luftsluss
airmail ['eəmeɪl] s flygpost
air|man ['eə|mən] s (pl. *-men* [-mən]) flygare, menig (anställd) i flygvapnet
air mattress ['eə‚mætrəs] s luftmadrass
air mechanic ['eəmə‚kænɪk] s flygmekaniker
air passage ['eə‚pæsɪdʒ] s anat. luftväg
air passenger ['eə‚pæsendʒə] s flygpassagerare
airplane ['eəpleɪn] s isht amer. flygplan
air pocket ['eə‚pɒkɪt] s luftgrop
airport ['eəpɔ:t] s flygplats, flygfält
air pressure ['eə‚preʃə] s lufttryck
airproof ['eəpru:f] adj lufttät
air-raid ['eəreɪd] s flygräd, flyganfall; ~ *shelter* skyddsrum; ~ *warden* ung. hemskyddsombud i civilförsvaret; ~ *warning* flyglarm
air rifle ['eə‚raɪfl] s luftgevär
air route ['eəru:t] s flygväg, flygrutt
airscrew ['eəskru:] s [flygplans]propeller
airshaft ['eəʃɑ:ft] s lufttrumma
airship ['eəʃɪp] s luftskepp
air-sick ['eəsɪk] adj flygsjuk
air-sickness ['eə‚sɪknəs] s flygsjuka
airsock ['eəsɒk] s meteor. vindstrut
airspace ['eəspeɪs] s luftrum
airstrip ['eəstrɪp] s start- och landningsbana isht tillfällig för t.ex. militära ändamål
air terminal ['eə‚tɜ:mɪnl] s flygterminal
airtight ['eətaɪt] adj lufttät; *an* ~ *alibi* ett vattentätt alibi

air-to-air [‚eətʊ'eə] attr adj mil., ~ *missile* ung. jaktrobot
air-to-ground [‚eətə'ɡraʊnd] attr adj mil., ~ *missile* ung. attackrobot
air-to-surface [‚eətə'sɜ:fɪs] attr adj mil., ~ *missile* ung. attackrobot
air-traffic ['eə‚træfɪk] s flygtrafik; ~ *control* flygtrafikledning; ~ *controller* flygledare
airway ['eəweɪ] s **1** flyg. luftled **2** flygbolag [i flygbolags namn vanl. ~s]
air|woman ['eə|‚wʊmən] s (pl. *-women* [-‚wɪmɪn]) s **1** kvinnlig flygare **2** [kvinnlig] menig (anställd) i flygvapnet
airworthiness ['eə‚wɜ:ðɪnəs] s luftvärdighet, flygduglighet; *certificate of* ~ luftvärdighetsbevis
airworthy ['eə‚wɜ:ðɪ] adj luftvärdig, flygduglig
airy ['eərɪ] adj **1** luftig [*an* ~ *room*] **2** tunn, luftig [~ *gossamer*] **3** nonchalant [~ *manner*], lättvindig [~ *promises*], ytlig
airy-fairy [‚eərɪ'feərɪ] adj **1** som svävar i det blå, verklighetsfrämmande [~ *views*] **2** luftig, lätt
aisle [aɪl] s **1** kyrkl. a) sidoskepp b) mittgång; *walk down the* ~ vard. gifta sig **2** i flygplan, buss etc. mittgång; gång mellan bänkrader på teater (mellan diskar, hyllor i affär) **3** isht amer. korridor på tåg
aitch [eɪtʃ] s bokstaven h; *drop one's ~es* tappa h-na i uttalet (anses i engelska typiskt för obildat språk)
ajar [ə'dʒɑ:] adv på glänt
a.k.a. [‚eɪkeɪ'eɪ, 'ækə] (förk. för *also known as*) alias
akimbo [ə'kɪmbəʊ] adv, *with arms* ~ med händerna i sidan
akin [ə'kɪn] pred adj släkt, besläktad [*to* med]
Ala förk. för *Alabama*
à la [‚ɑ:lɑ:] prep fr. à la, efter, lik[t]; *a film* ~ *Hollywood* äv. en film i Hollywoodstil
Alabama [‚ælə'bæmə, -'bɑ:mə] geogr.
Alabamian [‚ælə'beɪmjən] s Alabamabo, person från Alabama
alabaster ['æləbɑ:stə, -bæs-] **I** s alabaster **II** adj alabaster-, alabasterlik [*she has* [*an*] ~ *skin*]
à la carte [‚ɑ:lɑ:'kɑ:t] adv fr. à la carte
alacrity [ə'lækrətɪ] s glad iver, beredvillighet
Aladdin [ə'lædɪn] egenn.; ~*'s lamp* Aladdins lampa
alarm [ə'lɑ:m] **I** s **1** larm[signal] [äv. ~ *signal*], alarm; *state of* ~ larmberedskap; *give the* ~ slå larm **2** oro, ängslan, bestörtning [*at* över] **3** väckarklocka; alarmapparat **II** vb tr **1** alarmera, larma **2** oroa, skrämma [upp]
alarm clock [ə'lɑ:mklɒk] s väckarklocka
alarmed [ə'lɑ:md] adj förskräckt, uppskrämd, orolig [*at*, *by* över, av]
alarming [ə'lɑ:mɪŋ] adj oroande, oroväckande, alarmerande [~ *news*]; betänklig

alarmist [ə'lɑːmɪst] **I** s panikmakare, panikspridare **II** adj som sprider panik (oro)
alas [ə'læs, ə'lɑːs] **I** interj, ~*!* ack! **II** adv tyvärr; ~ *for us if*... stackars (så mycket värre för) oss om...
Alaska [ə'læskə] geogr. egenn.; *baked* ~ kok. glace au four
Alaskan [ə'læskən] **I** s Alaskabo, person från Alaska **II** adj från Alaska
alatomist [ə'lætəmɪst] s alatomiker
Albania [æl'beɪnjə] geogr. Albanien
Albanian [æl'beɪnjən] **I** s **1** alban; albanska kvinna **2** albanska [språket] **II** adj albansk
Albany ['ɔːlbənɪ] geogr.
albatross ['ælbətrɒs] s zool. albatross
albeit [ɔːl'biːɪt] konj om än; låt vara
Alberta [æl'bɜːtə] geogr.
albinism ['ælbɪnɪz(ə)m] s albinism
albino [æl'biːnəʊ] (pl. ~s) s albino
album ['ælbəm] s **1** album [*photograph* (*stamp*) ~] **2** LP-skiva, skivalbum
albumen ['ælbjʊmɪn, isht amer. æl'bjuːmən] s **1** äggvita i ägg **2** enkelt äggviteämne **3** frövita
albuminuria [æl͵bjuːmɪ'njʊərɪə] s med. äggvita
Albuquerque ['ælbəkɜːkɪ] geogr.
alchemist ['ælkəmɪst] s alkemist, guldmakare
alchemy ['ælkəmɪ] s alkemi, guldmakeri
alcohol ['ælkəhɒl] s alkohol, sprit
alcoholic [͵ælkə'hɒlɪk] **I** adj alkoholhaltig; alkohol- **II** s alkoholist
alcoholism ['ælkəhɒlɪz(ə)m] s alkoholism
alcove ['ælkəʊv] s **1** alkov, nisch; *dining* ~ matvrå **2** lövsal, berså
alder ['ɔːldə, 'ɒldə] s bot. al
alderman ['ɔːldəmən, 'ɒl-] s 'ålderman' inom kommunfullmäktige ibl., isht i USA, med dömande funktion
Alderney ['ɔːldənɪ] geogr.
Aldous ['ɔːldəs, 'æl-] mansnamn
ale [eɪl] s öl; *pale* ~ ljust öl
Alec[k] ['ælɪk] **I** kortform för *Alexander* **II** s, *smart Aleck* (*aleck*) vard. viktigpetter, besserwisser
alert [ə'lɜːt] **I** adj **1** vaken, beredd, uppmärksam, på alerten **2** pigg, livlig; snabb i vändningarna **II** s **1** larm[beredskap]; isht flyglarm **2** *on the* ~ på utkik; på vakt, på spänn, skärpt **III** vb tr försätta i beredskap, larma [~ *the police*], varna, väcka till insikt om [~ *the people to the dangers of smoking*]
alertness [ə'lɜːtnəs] s vakenhet, pigghet, livlighet
Aleutian [ə'luːʃjən, -lju:-, -ʃ(ə)n] **I** geogr.; *the* ~ *Islands* pl. el. *the* ~*s* pl. Aleuterna **II** s aleut invånare **III** adj aleutisk
Alexandria [͵ælɪg'zɑːndrɪə, -'zæn-] geogr.
alfalfa [æl'fælfə] s bot. [blå]lusern, alfalfa
alfresco [æl'freskəʊ] adv o. adj utomhus, i det fria [~ *lunch*]; frilufts-
alga ['ælgə] (pl. *algae* ['ældʒiː]) s alg; tång

algal ['ælgəl] adj alg-, tång-; ~ *bloom* algblomning
algebra ['ældʒɪbrə] s algebra
algebraic [͵ældʒɪ'breɪɪk] adj o. **algebraical** [͵ældʒɪ'breɪɪk(ə)l] adj algebraisk
Algeria [æl'dʒɪərɪə] geogr. Algeriet
Algerian [æl'dʒɪərɪən] **I** s algerier **II** adj algerisk
Algernon ['ældʒənən] mansnamn
Algiers [æl'dʒɪəz] geogr. Alger
Algonquian [æl'gɒŋkɪən, -kwɪən] **I** s **1** algonkin indian **2** algonkinskt språk **II** adj algonkinsk
Algonquin [æl'gɒŋkwɪn, -kɪn] s algonkin indian
algorism ['ælgərɪz(ə)m] s o. **algorithm** ['ælgərɪðm] s matem. el. data. algoritm
algorithmic [͵ælgə'rɪðmɪk] adj matem. el. data. algoritmisk
Algy ['ældʒɪ] kortform för *Algernon*
alias ['eɪlɪæs] **I** adv alias, även kallad **II** s alias, [tillfälligt] antaget namn; *under an* ~ under falskt namn
Ali Baba [͵ælɪ'bɑːbə, 'ɑːl-]
alibi ['ælɪbaɪ] s alibi; vard. ursäkt, bortförklaring; *prove an* ~ bevisa sitt alibi
alien ['eɪljən] **I** adj **1** en annans, andras **2** utländsk **3** främmande, annan; olik, som skiljer sig [*to* från]; oförenlig [*to* med]; motbjudande [*to* för] **II** s **1** främling; [inte naturaliserad] utlänning; *enemy* ~ främling som tillhör fientlig nation; ~*'s passport* främlingspass **2** rymdvarelse i science fiction [~ *from another planet*]
alienate ['eɪljəneɪt] vb tr göra främmande, avlägsna, fjärma [*from* för, från; ~ *a p. from his friends*]; stöta bort; sociol. el. psykol. alienera
alienation [͵eɪljə'neɪʃ(ə)n] s främlingskap, utanförskap, likgiltighet [*from* mot, för]; sociol. el. psykol. alienation
1 alight [ə'laɪt] vb itr **1** stiga av (ned, ur); gå ner, landa, sätta sig [*the bird* ~*ed on a branch*]; ~ *from* [*a bus*] stiga av (ur, ned från)... **2** falla ner ur luften; slå ner, hamna **3** bildl., ~ *on* komma 'på, finna
2 alight [ə'laɪt] pred adj [upp]tänd; i eld och lågor; *catch* ~ ta eld
align [ə'laɪn] vb tr göra rak, ställa upp (bringa) i rät linje, rikta [*in*]; mil. rätta; *they* ~*ed themselves with us* bildl. de ställde sig på vår sida, de lierade sig med oss; ~ *the wheels* bil. justera hjulinställningen
alignment [ə'laɪnmənt] s **1** placering i [rak] linje; utstakning; rätning; inriktning; trimning; *be in* (*out of*) ~ stå (inte stå) i rät linje; *wheel* ~ bil. [justering av] hjulinställning **2** [dragande av] rät linje; rad av ordnade saker **3** mil. uppställning på linje; formationslinje i eskader; bildl. allians, gruppering [*a new* ~ *of European powers*]
alike [ə'laɪk] **I** pred adj lik[a]; *be very much* ~

vara mycket lika varandra, likna varandra mycket **II** *adv* lika[ledes], på samma sätt, i lika grad (mån); [*she helps*] *enemies and friends ~* ...fiender lika väl (såväl) som vänner
alimentary [,ælɪ'mentərɪ] *adj* **1** närande, närings-; *~ canal* matsmältningskanal **2** underhålls-
alimony ['ælɪmənɪ] *s* isht. amer. underhåll, understöd
Alison ['ælɪsn] kvinnonamn
Alistair ['ælɪstə] mansnamn
alive [ə'laɪv] *pred adj* **1** i livet, vid liv [*keep a claim ~*]; levande [*be buried ~*]; som finns; *come ~* bildl. vakna till liv, få liv [*only then did the play come ~*]; *the best actor ~* den bäste nu levande skådespelaren; *no man ~* ingen i hela världen; *it's good to be ~* det är skönt att leva; *keep a tradition ~* hålla en tradition levande **2** livlig, livad [*with* av], rask; *~ and kicking* vid full vigör; pigg och nyter; *be ~ with* myllra (vimla) av; *look ~!* vard. raska på! **3** *be ~ to* vara medveten om [*be ~ to the risks*], vara på det klara med; *become ~ to* vakna till insikt om
alkali ['ælkəlaɪ] (pl. *~[e]s*) *s* kem. alkali
alkaline ['ælkəlaɪn] *adj* kem. alkalisk
all [ɔ:l] **I** *adj* o. *pron* **1** all, allt, alla; *~ at once* alla (allt) på en gång; se äv. *III*; *~ but* a) alla utom, allt utom b) nästan, så gott som; *it's not ~ that good* vard. 'så bra är det då [verkligen] inte; *~ of us* vi (oss) alla; *that's ~ there is to it* vard. så enkelt är det; så är (var) det med den saken; *be ~ things to ~ men* vara alla till lags; *three ~* tre lika; *at ~ alls*, ens, på något sätt, över huvud; *not at ~* inte alls; *not at ~!* ss. svar på tack el. ursäkt för all del!, ingen orsak!; *for ~ I care* vad mig beträffar, se vid. under *for I 9*; *he may be dead for ~ I know* han är kanske död, vad vet jag?; *for ~ that* trots det; *once [and] for ~* en gång för alla; *in ~* inalles, allt som allt; *~ in ~* a) allt som allt, allt b) på det hela taget; *best of ~* allra bäst; *he of ~ people* han av alla människor, just (t.o.m.) han **2** hela [*~ the, ~ my* etc.] **3** hel- [*~ wool*] **II** *s* allt[ihop], allting; alla **III** *adv* alldeles, helt och hållet, bara, idel; *she has gone ~ artistic* hon har blivit sådär konstnärlig av sig; *~ about* på alla sidor, runtomkring; *~ along* a) prep. utefter (utmed) hela b) adv. hela tiden [*I knew that ~ along*]; *~ at once* plötsligen; *be ~ for a th.* vara helt för ngt; *I'm ~ for it* vard. jag är helt [och hållet] (absolut) för (med på) det; det tycker jag absolut vi ska göra; *~ out* fullt; för fullt; med full fart; *go ~ out* göra sitt yttersta, ta ut sig helt; *~ over* a) prep. över hela b) adv. över (i) hela kroppen; *that is Tom ~ over* det är typiskt Tom; *it's ~ over* (*up*) *with him* det är slut (förbi, ute) med honom; *~ right!*

klart!, kör för det!, gärna för mig!; *he'll come ~ right* det är klart att han kommer; *he is ~ right* han mår bra (är oskadd); det är ingen fara med honom; han är OK; *he is doing ~ right* han klarar sig bra; *it's* [*quite*] *~ right* a) det är (går) bra, det är helt i sin ordning b) för all del, det gör ingenting, ingen orsak; *it's ~ right with me* gärna för mig; *it will be ~ right* det ordnar sig nog; *~ the more* (*worse*) så mycket (desto) mera (värre); *~ the same* ändå, i alla fall; *it's ~ the same to me* det gör mig detsamma; jfr *same 1*; *~ there* vard. vaken, skärpt; *he's not ~ there* han är inte riktigt klok
all-absorbing [,ɔ:ləb'zɔ:bɪŋ] *adj* allt uppslukande [*~ interest*]
Allah ['ælə, 'ælɑ:]
All-American [,ɔ:lə'merɪkən] *adj* **1** allamerikansk [*an ~ relay team*] **2** helt amerikansk **3** typiskt amerikansk [*Betsy, an ~ girl*]
allay [ə'leɪ] *vb tr* **1** undertrycka, stilla, lugna **2** mildra, dämpa, lindra, minska
all clear [,ɔ:l'klɪə] *s* faran över
all-day ['ɔ:ldeɪ] *attr adj* heldags- [*~ parking*], som varar (varade) hela dagen [*~ excursion*]
allegation [,ælɪ'geɪʃ(ə)n] *s* **1** anklagelse; påstående inte utan bevis; *false ~s* falska beskyllningar **2** isht jur. utsaga (utsago) att bevisa; bestämt påstående; bestämd försäkran (förklaring) **3** jur. anklagelse[punkt], åtalspunkt
allege [ə'ledʒ] *vb tr* **1** andraga, anföra, uppge som orsak m.m. **2** påstå; *~d* påstådd, förment, utpekad; *on the day of the ~d murder* den dag mordet skulle (påstods) ha begåtts
allegedly [ə'ledʒɪdlɪ] *adv* efter vad som påstås (uppgivits)
Allegheny ['ælɪɡeɪnɪ, -ɡenɪ] geogr.; *the ~ Mountains* el. *the Alleghenies* Alleghenybergen
allegiance [ə'li:dʒ(ə)ns] *s* undersåtlig tro och lydnad; lojalitet, trohet
allegory ['ælɪɡərɪ] *s* litt. allegori
allegro [ə'leɡrəʊ] mus. (it.) **I** (pl. *~s*) *s* allegro **II** *adj* o. *adv* allegro[-]
alleluia [,ælɪ'lu:jə] *interj* o. *s* halleluja
Allen ['ælən] egenn.; *~ key* tekn. sexkantsnyckel, insexnyckel
allergenic [,ælə'dʒenɪk] *adj* med. allergiframkallande, allergen
allergic [ə'lɜ:dʒɪk] *adj* allergisk äv. bildl. [*to* mot]; *~ person* äv. allergiker
allergy ['ælədʒɪ] *s* allergi
alleviate [ə'li:vɪeɪt] *vb tr* lätta, lindra, mildra
alleviation [ə,li:vɪ'eɪʃ(ə)n] *s* lättnad, lindring, minskning
1 alley ['ælɪ] *s* **1** gränd, prång; isht amer. bakgata; *~ cat* isht amer. strykarkatt; *blind ~* återvändsgränd äv. bildl. **2** allé, gång isht i park el. trädgård **3** [*bowling*] *~* kägelbana,

alley 20

bowlingbana **4** vard., *that's* [*right*] *up my* ~ det passar mig precis, det är min specialitet, det är jag fin på
2 alley ['ælɪ] *s* stor kula för kulspel
alleyway ['ælɪweɪ] *s* gränd; isht amer. bakgata
All Fools' Day [ˌɔːlˈfuːlzdeɪ] *s* första april
All Hallows' [ˌɔːlˈhæləʊz] *s* o. **All Hallows' Day** [ˌɔːlˈhæləʊzdeɪ] *s* se *All Saints' Day*
alliance [əˈlaɪəns] *s* **1** äkta förbund; förbindelse; släktskap, frändskap **2** förbund, allians [*enter into an* ~; *the Holy A*~]
allied [əˈlaɪd, ættr. ˈælaɪd] *adj* **1** släkt, befryndad [*to, with* med] **2** förbunden, allierad [*the* ~ *armies*]
alligator [ˈælɪɡeɪtə] *s* **1** zool. alligator **2** alligatorskinn **3** bot., ~ *pear* avocado
all-important [ˌɔːlɪmˈpɔːtnt] *adj* ytterst viktig, allt överskuggande
all-in [ˌɔːlˈɪn] *adj* **1** allomfattande, fullständig, hel-; ~ *insurance* 'försäkringspaket'; ~ *price* allt-i-ett-pris; ~ *wrestling* fribrottning **2** vard. slutkörd, dödstrött
all-inclusive [ˌɔːlɪnˈkluːsɪv] *adj* allomfattande, heltäckande [~ *insurance*]; ~ *price* totalpris, pris med allt inberäknat
all-in-one [ˌɔːlɪnˈwʌn] *adj* allt-i-ett [~ *garment*]
alliteration [əˌlɪtəˈreɪʃ(ə)n] *s* allitteration
all-mains [ˌɔːlˈmeɪnz] *adj* [som drivs] med allström [~ *receiver* (*motor*)]
all-metal [ˌɔːlˈmetl] *adj* helt i metall [~ *frame*]
all-night [ˌɔːlˈnaɪt] *attr adj* **1** nattlång [~ *discussions*], som varar (varade) hela natten [~ *party*] **2** nattöppen, natt- [~ *café*]
allocate [ˈæləˈ(ʊ)keɪt] *vb tr* tilldela [~ *duties to a p.*], fördela [~ *a sum of money among several persons*], anslå [~ *a sum of money to education*], allokera
allocation [ˌæləˈ(ʊ)ˈkeɪʃ(ə)n] *s* tilldelning, fördelning, allokering; anslag
allot [əˈlɒt] *vb tr* **1** fördela [genom lottning], dela ut **2** tilldela; anvisa, anslå, bestämma; beskära
allotment [əˈlɒtmənt] *s* **1** fördelning **2** [jord]lott, koloniträdgård **3** tilldelning; andel
all-out [ˌɔːlˈaʊt] *adj* ytterlig, fullständig, total, allomfattande; *make an* ~ *effort* anstränga sig till det yttersta; ~ *offensive* angrepp på bred front
allow [əˈlaʊ] **I** *vb tr* **1** tillåta, låta; *be* ~*ed in* bli insläppt; *be* ~*ed in the room* äv. få vara (få komma in) i rummet; *be* ~*ed to do a th.* äv. få göra ngt; *no dogs* ~*ed* hundar får ej medtagas; *she is not* ~*ed out after dark* hon får inte [lov att] vara ute efter mörkrets inbrott; ~ *me!* låt mig göra det (hjälpa er)! **2** bevilja, anslå; *be* ~*ed* få, få ha [*be* ~*ed £80* (*one visitor*) *a week*] **3** godkänna [~ *a claim*]; erkänna, medge [~ *that he is a genius*] **4** anslå, sätta av [~ *an hour for* (till) *lunch*], beräkna [~ *150 grammes per person*], räkna in

(från); *we* ~ *5 per cent for cash* vi lämnar 5% kassarabatt **II** *vb rfl*, ~ *oneself* **a**) låta sig [*I* ~*ed myself to be persuaded*] **b**) tillåta sig, hänge sig åt [~ *oneself luxuries*] **III** *vb itr* **1** ~ *for* **a**) ta i betraktande, räkna med [~ *for unexpected expenses*] **b**) hand. göra avdrag för; ~ *for shrinkage* se *shrinkage*; *it will take five hours,* ~*ing for train delays* det tar fem timmar med marginal för eventuella tågförseningar **2** ~ *of* medge, tillåta [*the situation* ~*s of no delay*]
allowable [əˈlaʊəbl] *adj* **1** tillåten, tillåtlig **2** avdragsgill [*expenses* ~ *against tax*]
allowance [əˈlaʊəns] *s* **1** underhåll; lön, traktamente [*daily* ~]; anslag, bidrag, tillägg [*entertainment* ~], understöd [*unemployment* ~]; *dress* ~ klädpengar; *weekly* ~ veckopeng **2** ranson, tilldelning **3** hand. m.m. avdrag, rabatt; ersättning; [skatte]avdrag **4** *make* ~[*s*] *for* ta hänsyn till som förmildrande omständighet [*make* ~[*s*] *for his youth*] **5** ung. spelrum, mån
alloy [ˈælɔɪ, əˈlɔɪ] *s* **1** legering, [metall]blandning; ~ *rims* (*wheels*) bil. lättmetallfälgar, aluminiumfälgar **2** tillsats av sämre metall el. ngt dåligt; *without* ~ oblandad **3** gulds o.d. halt
all-party [ˌɔːlˈpɑːtɪ] *attr adj* tvärpolitisk
all-powerful [ˌɔːlˈpaʊəf(ʊ)l] *adj* allsmäktig
all-purpose [ˌɔːlˈpɜːpəs] *adj* för alla ändamål, universal- [~ *adhesive* (lim)]
all-risk [ˌɔːlˈrɪsk] *attr adj* allrisk- [~ *insurance*]
all-round [ˌɔːlˈraʊnd, attr. adj. ˈ--] **I** *adv* runt omkring **II** *adj* mångsidig, allsidig, mångkunnig; allround; över hela linjen; *have an* ~ *education* äv. vara allmänbildad
all-rounder [ˌɔːlˈraʊndə] *s* allround idrottsman (spelare etc.); mångsidig begåvning
All Saints' Day [ˌɔːlˈseɪntsdeɪ] *s* allhelgonadag[en] 1 november
all-singing all-dancing [ˌɔːlˈsɪŋɪŋˌɔːlˈdɑːnsɪŋ] *adj* vard. jättehäftig, jättefin
allsorts [ˈɔːlsɔːts] *s* blandning; *liquorice* ~ se under *liquorice* 2
allspice [ˈɔːlspaɪs] *s* kryddpeppar
all-star [ˈɔːlstɑː] *attr adj* stjärnspäckad; ~ *cast* teat. stjärnensemble
all-time [ˈɔːltaɪm] *attr adj* vard. rekord-; *reach an* ~ *high* nå högre än någonsin [förr]; *an* ~ *low* botten, ett bottenrekord; *an* ~ *record* alla tiders rekord
allude [əˈluːd, əˈljuːd] *vb itr,* ~ *to* hänsyfta (anspela, alludera) på; åsyfta; mena; nämna
allure [əˈlʊə, əˈljʊə] **I** *vb tr* **1** locka [*from* från; *to* till], fresta **2** tjusa, fängsla; snärja **II** *s* se *allurement*
allurement [əˈlʊəmənt, əˈljʊə-] *s* **1** lockelse [*the* ~*s of a big city*], dragningskraft; tjusning, behag **2** bildl. lockbete
allusion [əˈluːʒ(ə)n, əˈljuː-] *s* hänsyftning,

anspelning, allusion; *in ~ to* med hänsyftning på
alluvial [ə'lu:vjəl, ə'lju:-] geol. *adj* alluvial [*~ deposits* (*soil*)], uppsvämmad, uppslammad
alluvi|um [ə'lu:vjəm, ə'lju:-] (pl. *-ums* el. *-a* [ə]) *s* alluvialbildning, uppslamning, avlagring
all-wool [,ɔ:l'wʊl] *adj* helylle[-]
ally [ss. vb ə'laɪ, 'ælaɪ, ss. subst. 'ælaɪ] **I** *vb tr* förena, alliera [*to, with* med] **II** *s* bundsförvant, förbunden, allierad; *the Allies* a) de allierade under andra världskriget b) de allierade, ententemakterna under första världskriget
almanac ['ɔ:lmənæk] *s* almanacka, kalender, årsbok [*nautical ~*]
almighty [ɔ:l'maɪtɪ] **I** *adj* **1** allsmäktig [*A~ God*; *the A~*]; *God A~!* herregud!, du min skapare! **2** vard. allhärskande, mäktig, dominerande [*the ~ dollar*] **3** vard. väldig, enorm, jätte- [*an ~ crash*; *an ~ fool*] **II** *adv* vard. väldigt, oerhört
almond ['ɑ:mənd] *s* mandel; *~ paste* mandelmassa
almond-eyed [,ɑ:mənd'aɪd] *adj* mandelögd
almost ['ɔ:lməʊst, 'ɒl-] *adv* nästan, nära [nog], så gott som; närmare, inemot; *he ~ fell* han var nära (höll på) att falla
alms [ɑ:mz] (konstr. vanl. ss. pl.; pl. *alms*) *s* allmosa, allmosor, gåva
almshouse ['ɑ:mzhaʊs] *s* fattighus
aloe ['æləʊ] *s* bot. aloe; pl. *~s* med. aloe[saft]
aloft [ə'lɒft] *adv* o. *pred adj* **1** högt upp, i höjden **2** upp[åt], till väders
alone [ə'ləʊn] **I** *pred adj* ensam, allena, för sig själv; på egen hand; på tumanhand; *not be ~ in thinking that...* inte vara ensam om att tycka att...; *let* (*leave*) *~* se *1 let III 1* o. *1 leave I 1* **II** *adv* endast, enbart, uteslutande [*he ~ knows*]; *that ~ was enough* bara det var nog; *the journey ~ cost* [*£300*] bara resan kostade...
along [ə'lɒŋ] **I** *prep* längs, längs efter, utmed, utefter, utåt, framåt, nedåt; *~ the street* äv. gatan fram **II** *adv* **1** framåt, åstad, i väg; *far ~* amer. långt borta **2** med [sig (mig etc.)] [*he had his guitar ~*]; *come ~!* kom nu!, kom så går vi!, raska på!; *are you coming ~?* följer du med? **3** *~ with* tillsammans med, jämte **4** *all ~* hela tiden [*he knew all ~*]; *right ~* amer. oavbrutet **5** *I'll be ~ later* jag kommer [dit] senare
alongshore [ə,lɒŋ'ʃɔ:] *adv* längs kusten (land)
alongside [ss. adv. ə,lɒŋ'saɪd, ss. prep. ə'lɒŋsaɪd] **I** *adv* vid sidan; sjö. långsides; *~ of* längs, långsides med, bredvid, utefter; jämsides med, utmed **II** *prep* vid sidan av; sjö. långsides med; längs etc., jfr *~ of* under *I*
aloof [ə'lu:f] *pred adj* reserverad, otillgänglig, isolerad; *keep* (*hold*) [*oneself*] *~* hålla sig på sin kant; *buyers are holding ~* köparna

förhåller sig avvaktande; *stand* (*stay*) *~* hålla sig undan (utanför)
aloofness [ə'lu:fnəs] *s* reserverad hållning; högdragenhet
alopecia [,ælə(ʊ)'pi:ʃɪə] *s* med. alopeci, håravfall
aloud [ə'laʊd] *adv* högt, med hög röst
alp [ælp] *s* alp, högfjäll; *the Alps* Alperna
alpaca [æl'pækə] *s* alpacka zool. o. tyg
alpha ['ælfə] *s* **1** grekiska bokstaven alfa; ss. betyg, ung. väl godkänd; *A~ and Omega* A och O, det viktigaste **2** fys., *~ particle* alfapartikel; *~ radiation* alfastrålning; *~ rays* alfastrålar
alphabet ['ælfəbet] *s* alfabet; *~ book* abc-bok
alphabetic [,ælfə'betɪk] *adj* se *alphabetical*
alphabetical [,ælfə'betɪk(ə)l] *adj* alfabetisk; *~ order* bokstavsordning, alfabetisk ordning
alpine ['ælpaɪn] *adj* alpin; alpinsk, alp-, fjäll-, berg-; *A~ race* alpin ras
alpinism ['ælpɪnɪzm] *s* alpinism, bergsbestigning
alpinist ['ælpɪnɪst] *s* alpinist, bergsbestigare
already [ɔ:l'redɪ] *adv* redan
Alsace ['ælsæs] geogr. Alsace, Elsass
Alsatian [æl'seɪʃ(ə)n] **I** *adj* elsassisk **II** *s* **1** elsassare **2** schäfer[hund]
also ['ɔ:lsəʊ] *adv* också, även, likaså; dessutom [*~, he had never seen it before*]
also-ran [,ɔ:lsəʊræn] *s* **1** oplacerad häst i kapplöpning **2** vard. om pers. medelmåtta; nolla
alt. förk. för *alternate, alternating, altitude*
Altaic [æl'teɪɪk] *adj* språkv. altaisk [*~ languages*]
altar ['ɔ:ltə] *s* altare
altar boy ['ɔ:ltəbɔɪ] *s* korgosse
altarpiece ['ɔ:ltəpi:s] *s* altartavla
altar screen ['ɔ:ltəskri:n] *s* altarskåp
alter ['ɔ:ltə] **I** *vb tr* ändra, förändra [*to, into* till]; *~ed circumstances* ändrade förhållanden **II** *vb itr* förändras, ändra sig; *for the worse* isht om personer förändras till det sämre; försämras
alterable ['ɔ:lt(ə)rəbl] *adj* som går att ändra
alteration [,ɔ:ltə'reɪʃ(ə)n] *s* ändring, förändring
altercation [,ɔ:ltə'keɪʃ(ə)n] *s* gräl, ordväxling
alter ego [,æltər'i:gəʊ, -'egəʊ] *s* lat. andra jag
alternat|e [ss. adj. ,ɔ:l'tɜ:nət, ss. vb 'ɔ:ltəneɪt] **I** *adj* omväxlande, alternerande **II** *vb tr* växelvis ordna (utföra); låta växla, växla om med; *~ crops* lantbr. tillämpa växelbruk **III** *vb itr* alternera; omväxla [*wet days ~d with fine days*], växla [*~ between study and writing*], svänga; tura[s] om; *-ing current* växelström
alternately [ɔ:l'tɜ:nətlɪ] *adv* omväxlande, växelvis, ömsom
alternation [,ɔ:ltə'neɪʃ(ə)n] *s* växling; *~ of crops* lantbr. växelbruk
alternative [ɔ:l'tɜ:nətɪv] **I** *adj* alternativ [*the ~ society*; *~ energy*]; som medger val mellan två

möjligheter, annan **II** *s* alternativ, [annan] möjlighet; *I had no* [*other*] ~ äv. jag hade inget [annat] val (ingen annan utväg)
altho [ɔːlˈðəʊ] *konj* se *although*
although [ɔːlˈðəʊ] *konj* fastän, ehuru, även om
altimeter [ˈæltɪmiːtə, ælˈtɪmɪtə] *s* flyg. höjdmätare
altitude [ˈæltɪtjuːd] *s* **1** höjd över havet el. horisonten [*at an* ~ *of 10,000 feet*]; altitud; *the plane lost* ~ *rapidly* planet förlorade snabbt höjd **2** isht pl. **~s** höjd[er] [*mountain ~s*] **3** höghet, hög ställning
alto [ˈæltəʊ] mus. **I** (pl. ~*s*) *s* alt; altstämma **II** *adj* alt- [~ *clarinet* (*saxophone*)]
altogether [ˌɔːltəˈgeðə] **I** *adv* **1** helt [och hållet], alldeles, fullt **2** sammanlagt, allt som allt; på det hela taget **II** *s* vard., *in the* ~ i paradisdräkt, spritt naken, näck
altruist [ˈæltrʊɪst] *s* altruist; idealist
altruistic [ˌæltrʊˈɪstɪk] *adj* altruistisk äv. zool.; oegennyttig
alum [ˈæləm] *s* kem. aiun [äv. *potash* ~]
aluminium [ˌæləˈmɪnjəm, -jʊˈm] *s* aluminium; ~ *foil* aluminiumfolie
aluminum [əˈluːmənəm] *s* amer., se *aluminium*
alumn|us [əˈlʌmn|əs] (pl. *-i* [-aɪ]) *s* isht amer. f. d. student (elev), alumn
alveolar [ˌælvɪˈəʊlə, ælˈvɪələ, ˈælvɪələ] *adj* anat. el. fonet. alveolar, alveolär, tandhåle-; ~ *ridge* (*process*) tandvall
always [ˈɔːlweɪz, -wəz, -wɪz] *adv* alltid, jämt, ständigt; *it's* ~ *a change* vard. det är alltid lite omväxling
AM [ˌeɪˈem] **1** (förk. för *amplitude modulation*) AM **2** amer. förk. för *Master of Arts*
Am. förk. för *America, American*
am [æm, obet. əm, m] 1 pers. sg. pres. av *be*
a.m. [ˌeɪˈem] **1** (förk. för *ante meridiem*) lat. [på] förmiddagen, fm., f.m. **2** (förk. för *anno mundi*) lat. år
AMA förk. för *American Medical Association*
amalgam [əˈmælgəm] *s* **1** kem. amalgam **2** blandning, formbar massa av olikartade beståndsdelar
amalgamate [əˈmælgəmeɪt] **I** *vb tr* **1** kem. amalgamera **2** blanda; förena, slå samman (ihop) t.ex. två företag **II** *vb itr* blanda sig, blandas, smälta samman; slås (gå) samman
amanuens|is [əˌmænjʊˈens|ɪs] (pl. *-es* [-iːz]) *s* [personlig] sekreterare, handsekreterare
amaryllis [ˌæməˈrɪlɪs] *s* bot. amaryllis
amass [əˈmæs] *vb tr* hopa, lägga på hög, samla [ihop] [~ *a fortune*]
amassment [əˈmæsmənt] *s* anhopning; [hop]samlande
amateur [ˈæmətə, -tjʊə, ˌæməˈtɜː] *s* **1** amatör; amatörspelare; neds. äv. dilettant; ~ *athletics* amatöridrott **2** älskare, beundrare [*of* av]
amateurish [ˈæmət(ə)rɪʃ, ˌæməˈtɜːrɪʃ, ˌæməˈtjʊərɪʃ] *adj* amatörmässig, dilettantisk

amateurishness [ˌæməˈtɜːrɪʃnəs, -ˈtjʊər-] *s* amatörmässighet, dilettantmässighet
amateurism [ˈæmətərɪz(ə)m, -tjʊər-] *s* amatörism, amatörskap äv. sport.; neds. dilettantism
amatory [ˈæmət(ə)rɪ] *adj* kärleks-, älskogs-, erotisk [~ *poem*, ~ *affairs*]; öm, förälskad
amaze [əˈmeɪz] *vb tr* förbluffa, göra häpen (bestört); ~*d at* (*by*) förvånad (förbluffad etc.) över
amazement [əˈmeɪzmənt] *s* häpnad, bestörtning [*at* över]; *he looked at her in* ~ han såg förvånad (förvänat) på henne; *much to my* ~ till min stora förvåning
amazing [əˈmeɪzɪŋ] *adj* häpnadsväckande
Amazon [ˈæməz(ə)n] **I** *s* **1** mytol. amason **2** bildl., *a*~ amason, manhaftig kvinna **II** geogr.; *the* ~ Amazonfloden
ambassador [æmˈbæsədə] *s* ambassadör [*the British A*~ *to* (i) *Sweden*], sändebud
ambassadorial [æmˌbæsəˈdɔːrɪəl] *adj* ambassadörs- [*a conference on* ~ *level*]
ambassadress [æmˈbæsədrəs] *s* **1** [kvinnlig] ambassadör **2** ambassadris, ambassadörsfru
amber [ˈæmbə] **I** *s* **1** bärnsten, bärnstensfärg **2** trafik. gult [ljus]; *at the* ~ trafik. vid gult [ljus] **II** *adj* **1** av bärnsten, bärnstens-; bärnstensfärgad, gulaktig, ambrafärgad **2** gul om trafikljus
ambergris [ˈæmbəgrɪs] *s* österländsk gråambra
ambidextrous [ˌæmbɪˈdekstrəs] *adj* **1** ambidexter, lika skicklig med båda händerna **2** mycket skicklig **3** bildl. falsk, illistig
ambience [ˈæmbɪəns] *s* miljö [*the country provides a colourful* ~ *for this novel*], atmosfär, stämning
ambiguity [ˌæmbɪˈgjuːətɪ] *s* tvetydighet, dubbeltydighet; otydlighet
ambiguous [æmˈbɪgjʊəs] *adj* tvetydig, dubbeltydig, mångtydig, oklar, dunkel
ambition [æmˈbɪʃ(ə)n] *s* **1** ärelystnad, äregirighet **2** ambition[er]; framåtanda; strävan [*of* efter]; *achieve one's* ~[*s*] nå målet för sin strävan, nå sitt mål
ambitious [æmˈbɪʃəs] *adj* **1** ärelysten, äregirig **2** ambitiös, framåt; ~ *plans* äv. högtflygande planer
ambitiousness [æmˈbɪʃəsnəs] *s* ärelystnad, äregirighet
ambivalence [æmˈbɪvələns] *s* isht psykol. ambivalens
ambivalent [æmˈbɪvələnt] *adj* isht psykol. ambivalent
amble [ˈæmbl] **I** *vb itr* **1** gå i passgång **2** gå (rida) i sakta mak, lunka, släntra **II** *s* **1** passgång **2** maklig gång, lunk, släntrande; *at an* ~ i sakta mak
ambrosia [æmˈbrəʊzjə] *s* ambrosia, gudaspis
ambulance [ˈæmbjʊləns] *s* ambulans

ambush ['æmbʊʃ] **I** *s* bakhåll, försåt; *make (lay) an ~* lägga försåt; *be (lie) in ~* ligga i bakhåll (på lur) **II** *vb tr* locka i ett bakhåll; överfalla från bakhåll
ambushed ['æmbʊʃt] *adj* som ligger i bakhåll (på lur), gömd
AmE förk. för *American English*
ameliorate [ə'mi:ljəreɪt] **I** *vb tr* förbättra **II** *vb itr* bli bättre, förbättras
amelioration [ə,mi:ljə'reɪʃ(ə)n] *s* förbättring
amen [‚ɑ:'men, ‚eɪ'men] **I** *interj*, *~!* amen! **II** *s*, *say ~ to* säga ja och amen till
amenable [ə'mi:nəbl] *adj* mottaglig, tillgänglig [*to* för]; foglig, medgörlig; *he is ~ to* [*new ideas*] han är öppen för..., han lyssnar gärna till...; *~ to reason* mottaglig för förnuftsskäl
amend [ə'mend] **I** *vb tr* **1** rätta, emendera **2** göra en ändring (ett tillägg) i lagförslag m.m.; ändra **3** förbättra **II** *vb itr* bättra sig, förbättras
amendment [ə'men(d)mənt] *s* **1** rättelse **2** ändring, tillägg, förbättring i lagförslag m.m.; ändringsförslag; motförslag, motmotion; *the first ~* i USA första tillägget i den amerikanska konstitutionen som stadgar yttrande-, religions- o. mötesfrihet **3** [för]bättring
amends [ə'mendz] (konstr. ss. sg. el. pl.) *s* vederlag, gottgörelse, upprättelse; *make ~ for a th.* gottgöra ngt, ersätta ngt
amenit|y [ə'mi:nətɪ, -'men-] *s* **1** behag, behaglighet [*the ~ of the climate*]; *the -ies of town life* stadslivets lockelser (tjusning, behag); *a town with many -ies* en stad där det är väl sörjt för invånarnas trivsel; *cultural -ies* kulturutbud **2** bekvämlighet; *every ~* alla moderna bekvämligheter (faciliteter); *labour-saving -ies* arbetsbesparande inrättningar (anordningar) **3** tjänst, facilitet; *the -ies* [*offered by a bank*] äv. den service... **4** pl. *-ies* angenämt (trevligt) sätt; artigheter [*an exchange of -ies*]
Amerasian [ˌæmər'eɪʃən] **I** *adj* av blandat amerikanskt och asiatiskt ursprung **II** *s* avkomling av amerikan och asiat
America [ə'merɪkə] geogr. Amerika
American [ə'merɪkən] **I** *adj* amerikansk; *~ cloth* vaxduk; *the ~ dream* den amerikanska drömmen om likställdhet och materiellt välstånd; *~ English* amerikansk engelska, amerikanska [språket]; *~ Indian* indian **II** *s* amerikan[are], amerikanska kvinna
Americanism [ə'merɪkənɪz(ə)m] *s* **1** amerikanism **2** beundran (sympati) för Amerika; beundran för (imitation av) allt amerikanskt
Americanization [əˌmerɪkənaɪ'zeɪʃ(ə)n, -nɪ'z-] *s* amerikanisering
Americanize [ə'merɪkənaɪz] **I** *vb tr* amerikanisera **II** *vb itr* amerikaniseras, bli amerikaniserad

Amerind ['æmərɪnd] o. **Amerindian** [ˌæmər'ɪndjən] **I** *s* indian, eskimå medlem av Amerikas urbefolkning **II** *adj* indiansk, eskimåisk
amethyst ['æməθɪst] *s* miner. ametist
amiability [ˌeɪmjə'bɪlətɪ] *s* vänlighet, älskvärdhet
amiable ['eɪmjəbl] *adj* vänlig, älskvärd, rar, trevlig
amicability [ˌæmɪkə'bɪlətɪ] *s* vänskaplighet; vänskap, vänskapsförhållande
amicable ['æmɪkəbl] *adj* vänskaplig, vänlig; *~ settlement* uppgörelse i godo
amicably ['æmɪkəblɪ] *adv* vänskapligt, i godo
amid [ə'mɪd] *prep* **1** mitt i (uti), mitt ibland **2** under [*~ general applause*]
amidships [ə'mɪdʃɪps] *adv* midskepps, mittskepps
amidst [ə'mɪdst] *prep* se *amid*
amino-acid [əˌmi:nəʊ'æsɪd] *s* kem. aminosyra
amiss [ə'mɪs] *adv* o. *pred adj* på tok, fel, galen, galet; illa, dåligt; förfelad, orätt; *take it ~* ta illa upp
amity ['æmətɪ] *s* vänskap[lighet], vänskapligt förhållande, samförstånd; samhörighet
ammeter ['æmətə] *s* fys. amperemeter, amperemätare
ammo ['æməʊ] (pl. *~s*) *s* (kortform för *ammunition*) vard. ammunition
ammonia [ə'məʊnjə] *s* ammoniak; [*liquid*] *~* flytande ammoniak
ammonium [ə'məʊnjəm] *s* kem. ammonium
ammunition [ˌæmjʊ'nɪʃ(ə)n] *s* ammunition äv. bildl.; *~ belt* patronbälte
amnesia [æm'ni:zjə] *s* psykol. amnesi, minnesförlust
amnesty ['æmnəstɪ] *s* amnesti
amniocentesis [ˌæmnɪəʊsen'ti:sɪs] *s* med. fostervattensprov
amniotic [ˌæmnɪ'ɒtɪk] *adj*, *~ fluid* fostervatten
amoeb|a [ə'mi:b|ə] (pl. äv. *-ae* [-i:]) *s* amöba
amok [ə'mɒk] *adv*, *run ~* löpa amok
among [ə'mʌŋ] *prep* o. **amongst** [ə'mʌŋst] *prep* bland, ibland; mellan flera; *~ themselves (yourselves* etc.) sinsemellan, inbördes; *they had £100 ~ them* de hade tillsammans hundra pund; [*he divided his property*] *~ his sons* ...mellan (på) sina söner; [*I saw him*] *~ the crowd* ...i folkvimlet; [*choose one*] *from ~ these* ...bland dessa; [*peep out*] *from ~ the trees* ...mellan träden
amoral [ə'mɒrəl] *adj* amoralisk
amorous ['æmərəs] *adj* amorös, kärleksfull [*~ looks*]; älskande
amorphous [ə'mɔ:fəs] *adj* amorf äv. kem.; formlös
amortization [əˌmɔ:taɪ'zeɪʃ(ə)n] *s* amortering
amortize [ə'mɔ:taɪz, -tɪz] *vb tr* **1** amortera, inlösa **2** överlåta fast egendom åt en korporation

amount [ə'maʊnt] **I** *vb itr*, ~ *to* **a)** belöpa sig till, uppgå till **b)** vara detsamma som, vara liktydig med [*it ~s to a refusal*], innebära, betyda [*it ~s to this that…*]; [*his arguments*] *do not ~ to much* …är inte mycket värda; *you will never ~ to anything* det blir aldrig något av dig; *it ~s to the same thing* det går (kommer) på ett ut; *a probability ~ing almost to a certainty* en till visshet gränsande sannolikhet **II** *s* **1** belopp, [slut]summa; storlek **2** mängd, massa; kvantitet; *any ~ of* en hel massa [med], massvis med, i massor [*he has any ~ of money*]; [*I can sleep*] *any ~* …hur mycket (länge) som helst; *no ~ of persuasion* [*could make me change my mind*] inga övertalningsförsök i världen…; [*decide on*] *the ~ of milk to be used* …hur mycket (vilken kvantitet) mjölk som skall användas; *the ~ of trouble involved* det besvär detta medför (medförde osv.) **3** kontenta [*the ~ of his remarks was this*]; värde [*the information is of little ~*]
amour-propre [ˌæmʊə'prɒpr(ə)] *s* fr. självbelåtenhet; egenkärlek
amp [æmp] förk. för *ampere*[*s*], *amplifier*
ampere ['æmpeə] *s* ampere
ampersand ['æmpəsænd] *s* tecknet &, et-tecken
amphetamine [ˌæm'fetəmi:n] *s* med. amfetamin
amphibian [æm'fɪbɪən] **I** *adj* amfibisk **II** *s* **1** zool. amfibie **2** amfibiefordon
amphibious [æm'fɪbɪəs] *adj* amfibisk; ~ *operation* mil. amfibieoperation, landstigningsoperation; ~ *vehicle* amfibiefordon
amphitheatre ['æmfɪˌθɪətə] *s* **1** amfiteater **2** teat., *the ~* andra raden **3** bildl. arena, skådeplats
ample ['æmpl] *adj* **1** stor, rymlig; vid, vidsträckt, omfattande **2** fyllig, yppig [*~ bosom*] **3** riklig, ymnig, fyllig, utförlig [*~ description*]; väl tilltagen; *we have ~ time* vi har gott om tid; *have ~ resources* ha mycket goda resurser (tillgångar) **4** [fullt] tillräcklig, lagom [*£500 will be ~*]
amplifier ['æmplɪfaɪə] *s* elektr. förstärkare; *power ~* effektförstärkare
amplify ['æmplɪfaɪ] *vb tr* **1** utvidga, öka **2** utveckla, brodera ut [*~ a story*]; ge en utförligare framställning av, amplifiera; precisera **3** elektr. förstärka
amplitude ['æmplɪtjuːd] *s* **1** vidd, bredd, storlek, omfång, omfattning **2** riklighet, ymnighet **3** storhet, härlighet **4** fys. amplitud, svängningsvidd; ~ *modulation* amplitudmodulering
amply ['æmplɪ] *adv* rikligt, mer än nog; jfr äv. *ample*
ampoule ['æmpu:l] *s* ampull

amputate ['æmpjʊteɪt] *vb tr* amputera
amputation [ˌæmpjʊ'teɪʃ(ə)n] *s* amputering
Amsterdam [ˌæmstə'dæm, '--,-] geogr.
amuck [ə'mʌk] *adv* se *amok*
amulet ['æmjʊlət] *s* amulett
amuse [ə'mju:z] *vb tr* roa, underhålla; ~ *oneself* roa sig [[*by*] *doing a th.* med att göra ngt]; *be ~d by* vara road av; *we were ~d to learn that* det roade oss att få veta att
amusement [ə'mju:zmənt] *s* nöje; förströelse, förlustelse; förnöjelse; munterhet; ~ *arcade* spelhall med spelautomater o.d.; ~ *park* (*ground*) nöjesfält, tivoli; *places of ~* nöjeslokaler, nöjen biografer, teatrar etc.
amusing [ə'mju:zɪŋ] *adj* rolig, underhållande
Amy ['eɪmɪ] kvinnonamn
amyl ['æmɪl] *s* kem. amyl; ~ *acetate* amylacetat
A.N., ~ *Other* se *another* 4
an [ən, n, beton. æn] *obest art* se *1 a*
anabolic [ˌænə'bɒlɪk] *adj* fysiol., ~ *steroids* anabola steroider
anachronism [ə'nækrənɪz(ə)m] *s* anakronism
anachronistic [əˌnækrə'nɪstɪk] *adj* o.
anachronous [ə'nækrənəs] *adj* anakronistisk, otidsenlig
anaconda [ˌænə'kɒndə] *s* zool. anakonda
anaemia [ə'ni:mjə] *s* blodbrist, anemi; bleksot
anaemic [ə'ni:mɪk] *adj* blodfattig, anemisk; bleksiktig
anaesthesia [ˌænəs'θi:zjə] *s* **1** med. bedövning, anestesi **2** bildl. känsellöshet, anestesi
anaesthetic [ˌænəs'θetɪk] **I** *s* bedövningsmedel; bedövning; pl. *~s* bedövningsmedel, anestetika; *general ~* allmän bedövning, narkos, sövning; *local ~* lokalbedövning **II** *adj* anestetisk, bedövande; bedövnings-
anaesthetics [ˌænəs'θetɪks] (konstr. ss. sg.) *s* anestesiologi
anaesthetist [æ'ni:sθɪtɪst] *s* anestesiolog, narkosläkare
anaesthetize [æ'ni:sθɪtaɪz] *vb tr* bedöva, söva [ned]
anal ['eɪn(ə)l] *adj* anal, anal- [*~ fin*; ~ *eroticism*]; ~ *orifice* (*opening*) analöppning
analgesic [ˌænæl'dʒi:sɪk, -'dʒe-] **I** *adj* smärtstillande **II** *s* smärtstillande medel; *~s* äv. analgetika
analog ['ænəlɒg] *s* amer., se *analogue*
analogical [ˌænə'lɒdʒɪk(ə)l] *adj* analogisk, analogi-
analogous [ə'næləgəs] *adj* analog [*to* med]; jämförbar [*to, with* med]; liknande, likartad, motsvarande; *be ~ to* äv. motsvara
analogue ['ænəlɒg] *s* **1** motsvarighet [*of* till]; parallell[fall] **2** attr. analog [*~ data*]; ~ *computer* analogdator **3** *meat ~* kötterstättning vanligen framställd av sojabönor
analogue-to-digital [ˌænəlɒgtə'dɪdʒɪtl] *attr adj*

tekn., ~ *converter* analog-digitalomvandlare, A/D-omvandlare
analogy [ə'nælədʒɪ] *s* analogi äv. matem.; [viss] likhet, motsvarighet; jämförelse, parallell [*draw an* ~ *between*]; *on the* ~ *of* el. *by* ~ *with* i analogi med
analphabet [æ'nælfəbet] *s* o. **analphabete** [æ'nælfəbi:t] *s* analfabet
analysable [ænə'laɪzəbl] *adj* analyserbar
analyse ['ænəlaɪz] *vb tr* **1** analysera; noga undersöka, reda (bena) upp **2** ta ut satsdelarna i **3** psykoanalysera
analys|is [ə'næləs|ɪs] (pl. *-es* [-i:z]) *s* **1** analys; undersökning; *in the last (final)* ~ när allt kommer omkring, när det kommer till kritan **2** satslösning **3** psykoanalys
analyst ['ænəlɪst] *s* **1** analytiker **2** kemist **3** psykoanalytiker
analytic [ænə'lɪtɪk] *adj* o. **analytical** [ænə'lɪtɪk(ə)l] *adj* analytisk
analyze ['ænəlaɪz] *vb tr* amer., se *analyse*
anapaest ['ænəpest, -pi:st] *s* metrik. anapest
anarchic [æ'nɑ:kɪk] *adj* o. **anarchical** [æ'nɑ:kɪk(ə)l] *adj* anarkisk, anarkistisk
anarchism ['ænəkɪz(ə)m] *s* anarkism
anarchist ['ænəkɪst] *s* anarkist
anarchy ['ænəkɪ] *s* anarki
anathema [ə'næθəmə] *s* **1** bannlysning, anatema **2** *he was* ~ han var avskydd (hatad)
anatomical [ænə'tɒmɪk(ə)l] *adj* anatomisk
anatomist [ə'nætəmɪst] *s* anatom; dissektor
anatomy [ə'nætəmɪ] *s* anatomi
ancestor ['ænsəstə] *s* stamfader; pl. ~*s* förfäder
ancestral [æn'sestr(ə)l] *adj* som tillhört (ärvd från) förfäderna; fäderneärvd; fäderne- [~ *home*]; familje-, släkt- [~ *portraits*]; ~ *estate* stamgods
ancestry ['ænsəstrɪ] *s* **1** börd, anor **2** förfäder
anchor ['æŋkə] **I** *s* **1** ankare; *drop* (*cast*) ~ kasta ankar; *weigh* ~ lätta ankar; *ride* (*lie, be*) *at* ~ ligga för ankar; *come to* ~ ankra **2** bildl. ankare, stöd **II** *vb tr* förankra; stadigt fästa, hålla fast [*to* vid] **III** *vb itr* ankra, kasta ankar
anchorage ['æŋkərɪdʒ] *s* **1** ankring **2** ankarplats, ankargrund **3** bildl. [ankar]fäste, förankring **4** ankringsavgift
anchorman ['æŋkəmæn] *s* **1** sport. a) ankare i dragkampslag b) slutman i stafettlag **2** radio. el. TV. programledare
anchovy ['æntʃəvɪ, æn'tʃəʊvɪ] *s* sardell; zool. [äkta] ansjovis
ancient ['eɪnʃ(ə)nt] **I** *adj* **1** forntida, gammal, forn; ~ *history* forntidens historia; *that's* ~ *history now* vard. det är ingen nyhet längre, det är överspelat **2** skämts. [ur]gammal, lastgammal **II** *s*, *the* ~*s* antikens folk, greker och romare
ancillary [æn'sɪlərɪ] *adj* underordnad [*to a th.*

ngt]; bi-, sido- [~ *roads*]; extra- [~ *tent*]; hjälp- [~ *science*]; stöd- [~ *course*; ~ *troops*]
and [ənd, ən, beton. ænd] *konj* och; ~ *so on* [ən'səʊɒn] och så vidare (osv.); ~ *so forth* [ən'səʊfɔ:θ] och så vidare (osv.); ~ *others* med flera (m. fl.); *for hours* ~ *hours* i timmar, i timtal; *for miles* ~ *miles* otaliga mil, mil efter mil, milslångt, milsvitt; *there are books* ~ *books* det finns (är skillnad på) böcker och böcker; *try* ~ *learn this!* försök och lär (att lära) dig det här!; *come*, ~ *I'll show you!* kom så ska jag visa dig!; ~ *with reason* och det med all rätt; ~ *yet* men (och) ändå
Andalusia [ændə'lu:zjə, -ʒjə] geogr. Andalusien
Andalusian [ændə'lu:zjən, -ʒjən] **I** *adj* andalusisk **II** *s* andalusier
andante [æn'dæntɪ] mus. (it.) **I** *s* andante **II** *adv* o. *adj* andante[-]
Andes ['ændi:z] geogr.; *the* ~ pl. Anderna
Andorra [æn'dɒrə] geogr.
Andorran [æn'dɒrən] **I** *adj* andorransk **II** *s* andorran
Andrew ['ændru:] mansnamn; bibl. Andreas; *St.* ~ Skottlands skyddshelgon
androgen ['ændrədʒen] *s* fysiol. androgen manligt könshormon
Andy Capp [ændi'kæp] Tuffe Viktor seriefigur
anecdotal [ænek'dəʊtl] *adj* anekdotartad, anekdotisk; full av anekdoter
anecdote ['ænɪkdəʊt] *s* anekdot
anemia [ə'ni:mjə] *s* se *anaemia*
anemometer [ænɪ'mɒmɪtə] *s* vindmätare, anemometer
anemone [ə'nemənɪ] *s* **1** bot. anemon; [*wild*] ~ sippa; *wood* ~ vitsippa **2** zool., *sea* ~ havsanemon
aneroid ['ænərɔɪd] *adj* o. *s* aneroid[-]; ~ [*barometer*] aneroidbarometer
anesthesia etc., se *anaesthesia* etc.
anesthesiologist [ænɪsˌθi:zɪ'ɒlədʒɪst] *s* amer. anestesiolog, narkosläkare
anesthesiology [ænɪsˌθi:zɪ'ɒlədʒɪ] *s* amer. anestesiologi
aneurism o. **aneurysm** ['ænjʊ(ə)rɪz(ə)m] *s* med. aneurysm, artärbråck
anew [ə'nju:] *adv* ånyo, på nytt; om igen
angel ['eɪn(d)ʒ(ə)l] *s* ängel
Angela ['æn(d)ʒələ] kvinnonamn
Angeleno [ændʒə'li:nəʊ] (pl. ~*s*) *s* losangelesbo, person från Los Angeles
angelfish ['eɪn(d)ʒ(ə)lfɪʃ] *s* zool. havsängel
angelic [æn'dʒelɪk] *adj* änglalik; ängla-
angelica [æn'dʒelɪkə] *s* kok. angelika[rot]; bot. äv. kvanne
angelical [æn'dʒelɪk(ə)l] *adj* änglalik
anger ['æŋgə] **I** *s* vrede, ilska; *in* [*a moment of*] ~ i [plötsligt] vredesmod, i [ett anfall av] ilska **II** *vb tr* reta upp, förarga; hetsa upp

angina [æn'dʒaɪnə] *s* med. angina: a) halsfluss b) se *angina pectoris*
angina pectoris [æn͵dʒaɪnə'pektərɪs] *s* med. angina pectoris, hjärtkramp
angiosperm ['ændʒɪəspɜ:m] *s* bot. gömfröig växt, angiosperm
1 angle ['æŋgl] **I** *s* vinkel; hörn; synvinkel, synpunkt, sida [av saken], aspekt; tendens, inriktning [*give the story a special* ~]; *at right* ~*s to* i rät vinkel mot, vinkelrät mot; *at an* ~ på sned, snett; ~ *of elevation* höjdvinkel, elevationsvinkel; ~ *of incidence* a) fys. infallsvinkel b) flyg. anfallsvinkel; ~ *of reflection* reflexionsvinkel **II** *vb tr* vinkla, tillrättalägga [~ *the news*] **2 angle** ['æŋgl] *vb itr* meta, fiska med krok; ~ *for* bildl. fiska (vara ute) efter
angled ['æŋgld] *adj* bildl. vinklad
angle-dozer ['æŋgl͵dəʊzə] *s* väghyvel, vägskrapa
angle-iron ['æŋgl͵aɪən] *s* vinkeljärn
angle-parking ['æŋgl͵pɑ:kɪŋ] *s* snedparkering
angler ['æŋglə] *s* **1** metare, sportfiskare, fritidsfiskare **2** zool., ~ [*fish*] marulk
Anglican ['æŋglɪkən] **I** *adj* anglikansk, som tillhör anglikanska kyrkan **II** *s* medlem (anhängare) av anglikanska kyrkan
Anglicism ['æŋglɪsɪz(ə)m] *s* anglicism
anglicize ['æŋglɪsaɪz] *vb tr* anglisera, förengelska
angling ['æŋglɪŋ] *s* metning, mete, fritidsfiske
Anglo ['æŋgləʊ] (pl. ~*s*) *s* isht amer. angloamerikan
Anglo- ['æŋgləʊ] i sms. engelsk-, anglo-
Anglo-American [͵æŋgləʊə'merɪkən] **I** *s* angloamerikan **II** *adj* **1** angloamerikansk **2** engelsk-amerikansk [~ *relations*]
Anglophile ['æŋglə(ʊ)faɪl] **I** *s* anglofil, englandsvän **II** *adj* anglofil, engelskvänlig
Anglophobe ['æŋglə(ʊ)fəʊb] **I** *s* engelskhatare **II** *adj* engelskfientlig
Anglo-Saxon [͵æŋgləʊ'sæksən] **I** *adj* **1** anglosaxisk **2** fornengelsk **II** *s* **1** anglosaxare **2** anglosaxiska [språket]
Anglo-Swedish [͵æŋgləʊ'swi:dɪʃ] *adj* engelsk-svensk, svensk-engelsk
Angola [æŋ'gəʊlə] geogr.
Angolan [æŋ'gəʊlən] **I** *s* angolan **II** *adj* angolansk
angora [æŋ'gɔ:rə] *s* tyg av angoraull; *A*~ *cat* angorakatt; *A*~ *wool* angoraull
angostura [͵æŋgɒ'stjʊərə] *s*, ~ [*bark*] angosturabark; ~ *bitters* angostura bitter
angrily ['æŋgrəlɪ] *adv* argt, ilsket, vredgat
angry ['æŋgrɪ] *adj* **1** ond, arg, ilsken, förbittrad [*at* (*about*) *a th.* på (över) ngt; *with* (*at*) *a p.* på ngn] **2** ond, elak, som svider, inflammerad [*an* ~ *cut* (*wound*)]
anguish ['æŋgwɪʃ] *s* pina, vånda, kval, ångest; beklämning; *be in* ~ våndas, lida svåra kval

anguished ['æŋgwɪʃt] *adj* ångestfylld, plågad [~ *looks*]
angular ['æŋgjʊlə] *adj* vinkel-, vinklig; vinkelformad; kantig; bildl. stel, tafatt
Angus ['æŋgəs] mansnamn
aniline ['ænɪli:n] *s* anilin; ~ *dye* anilinfärg
animadversion [͵ænɪməd'vɜ:ʃ(ə)n] *s* anmärkning, klander, tillrättavisning; kritiskt uttalande, kritik
animadvert [͵ænɪməd'vɜ:t] *vb itr*, ~ [*up*]*on* anmärka på, klandra, kritisera
animal ['ænəm(ə)l, -nɪm-] **I** *s* djur äv. bildl.; levande varelse **II** *adj* **1** animal[isk], djur-; fysisk; ~ *heat* kroppsvärme; *the* ~ *kingdom* djurriket; ~ *trainer* domptör, djurtämjare **2** animalisk, djurisk, köttslig, sinnlig [~ *desires*]; ~ *spirits* livsglädje, livslust; livsandar
animalcule [͵ænɪ'mælkju:l] *s* mikroskopiskt djur
animate [ss. adj. 'ænɪmət, -meɪt, ss. vb 'ænɪmeɪt] **I** *adj* **1** levande **2** livlig **II** *vb tr* **1** ge liv åt, besjäla **2** liva upp, animera; *a smile* ~*d* [*her face*] ett leende lyste upp...; ~*d discussion* livlig (animerad) diskussion **3** påverka, driva [fram], sporra **4** ~*d cartoon* tecknad (animerad) film
animation [͵ænɪ'meɪʃ(ə)n] *s* **1** upplivande [verkan] **2** livlighet, liv **3** animation framställning av tecknad film
animosity [͵ænɪ'mɒsətɪ] *s* [personlig] ovilja, agg, förbittring, hätskhet, fientlighet, animositet [*against*, *towards* mot]; hat [*between* mellan]
anise ['ænɪs] *s* anis
aniseed ['ænɪsi:d] *s* anis, anisfrö
ankle ['æŋkl] *s* vrist, ankel, fotled, fotknöl
ankle-deep [͵æŋkl'di:p] *adj* o. *adv* ankeldjup
ankle-length [͵æŋkl'leŋθ, attr. '---] *adj* ankellång, [hel]lång
ankle sock ['æŋklsɒk] *s* [ankel]socka
anklet ['æŋklət] *s* **1** vristkedja, vristlänk **2** amer. [ankel]socka
annals ['ænlz] *s pl* **1** annaler, årsbok **2** krönika, hävder
Anne [æn] kvinnonamn; ss. drottningnamn Anna
anneal [ə'ni:l] *vb tr* **1** utglödga, mjukglödga, aducera; anlöpa **2** bildl. härda
annex [ss. vb ə'neks, ss. subst. 'æneks] **I** *vb tr* **1** tillägga; bifoga [*to* till] **2** förena [*to* med] **3** annektera, införliva [*to* med] **II** *s* **1** tillägg [~ *to a document*]; bilaga **2** isht amer., se *annexe*
annexation [͵ænek'seɪʃ(ə)n] *s* **1** tillägg; förening [*to* med] **2** annektering, införlivande [*to* med]
annexe ['æneks] *s* annex; tillbyggnad
Annie ['ænɪ] kvinnonamn; ~ *Oakley* amer. sl. fribiljett
annihilate [ə'naɪəleɪt] *vb tr* tillintetgöra, förinta

annihilation [əˌnaɪə'leɪʃ(ə)n, əˌnaɪɪ'l-] *s* tillintetgörelse, förintelse
anniversary [ˌænɪ'vɜːs(ə)rɪ] **I** *s* årsdag; årlig åminnelsedag; årsfest; [*wedding*] ~ bröllopsdag årsdag **II** *adj* års-, årlig
Anno Domini [ˌænə(ʊ)'dɒmɪnaɪ] (lat. i Herrens år) *adv* [år]...efter Kristi födelse, efter Kristus; år [~ *1984*]
annotation [ˌænə(ʊ)'teɪʃ(ə)n] *s* anteckning; [förklarande] not; kommentar
annotator ['ænə(ʊ)teɪtə] *s* kommentator, utläggare
announce [ə'naʊns] *vb tr* **1** tillkännage, kungöra, meddela **2** anmäla; annonsera, avisera [~ *one's arrival*]; bebåda **3** radio. el. TV. annonsera
announcement [ə'naʊnsmənt] *s* tillkännagivande, kungörelse; meddelande; anmälan; annons om födelse etc.; ~*s* i tidning, ung. familjesidan
announcer [ə'naʊnsə] *s* radio. el. TV. hallåman, hallåa, programannonsör
annoy [ə'nɔɪ] *vb tr* förarga, reta, förtreta, irritera; besvära, ofreda; ~*ed at a th.* (*with a p.*) förargad över ngt (på ngn); *I am ~ed that...* det retar mig att...
annoyance [ə'nɔɪəns] *s* **1** förargelse, förtret, irritation, obehag, besvär; *a look of* ~ en förargad (irriterad) blick **2** förarglighet, plåga, olägenhet
annoying [ə'nɔɪɪŋ] *adj* förarglig, retsam; besvärlig
annual ['ænjʊəl] **I** *adj* **1** årlig, årligen återkommande; ordinarie [~ *general meeting*]; ~ *report* årsberättelse, verksamhetsberättelse **2** som varar ett år; ettårig **II** *s* **1** årsbok, kalender; *boys' (girls')* ~ ung. pojkarnas (flickornas) julbok **2** ettårig växt
annually ['ænjʊəlɪ] *adv* årligen; årsvis
annuity [ə'njuːətɪ] *s* **1** årligt underhåll (anslag) **2** livränta; tidsränta
annul [ə'nʌl] *vb tr* annullera, [upp]häva [~ *a contract*], upplösa [~ *a marriage*]; återkalla
annulment [ə'nʌlmənt] *s* **1** annullering etc., jfr *annul* **2** tillintetgörelse, utplåning
annunciation [əˌnʌnsɪ'eɪʃ(ə)n] *s* **1** förkunnande **2** *the A*~ [Jungfru] Marie bebådelse; *A~* [*Day*] Marie Bebådelsedag 25 mars
anode ['ænəʊd] *s* elektr. anod
anodyne ['ænə(ʊ)daɪn] **I** *adj* smärtstillande, dövande, narkotisk; bildl. lugnande **II** *s* smärtstillande medel
anoint [ə'nɔɪnt] *vb tr* **1** smörja, helga (inviga) genom smörjning; *the ~ing of the sick* rom. katol. de sjukas smörjelse **2** fukta, gnida in
anomalous [ə'nɒmələs] *adj* oregelbunden, abnorm, anomal
anomaly [ə'nɒməlɪ] *s* avvikelse från normen; anomali, abnormitet; missförhållande
anon [ə'nɒn] *adv* vard. snart, senare

anon. [ə'nɒn] förk. för *anonymous*
anonymity [ˌænə'nɪmətɪ] *s* anonymitet
anonymous [ə'nɒnɪməs] *adj* anonym
anorak ['ænəræk] *s* anorak, vindjacka
anorexia [ˌænə'reksɪə] *s* psykol., ~ [*nervosa*] anorexia nervosa, anorexi
another [ə'nʌðə] *indef pron* **1** en annan; [*one says* ~ *thing*] *and* ~ *says* ~ ..., den andre ett annat; *one day after* ~ den ena dagen efter den andra; [*we talked of*] *one thing and* ~ ...ett och annat **2** en till, ännu en, en ny; ~ *Hitler* en ny Hitler; ~ *two days* två dagar till, ytterligare två dagar; *you're* ~ vard. du är inte bättre själv, det kan du vara själv **3** *one* ~ reciprokt varandra **4** *A.N. Other* a) N.N. b) i kricket ännu inte utsedd spelare
answer ['ɑːnsə] **I** *s* **1** svar [*to* på]; *a plain* ~ klart besked; *for* [*an*] ~ till (som) svar; *in* ~ *to* till (som) svar på; *he knows all the* ~*s* vard. han har svar på allt **2** lösning, svar, resultat; pl. ~*s* äv. facit **II** *vb tr* **1** svara; besvara, svara på [~ *a question*]; bemöta; gengälda; ~ *the bell* (*door*) gå och öppna [dörren]; ~ *the telephone* svara i (passa) telefonen **2** lyda, följa; ~ *the helm* lyda roder **3** motsvara, svara mot, uppfylla förväntningar el. syfte; stämma med; *he ~s the description* beskrivningen passar in på (stämmer på) honom **III** *vb itr* **1** svara [*to* på]; ~ *back* svara (käfta, käbbla) emot; ~*ing* [*recording*] *machine* tele. telefonsvarare; ~*ing service* amer. telefonvakt **2** lystra; ~ *to* äv. lyda; ~ *to the helm* lyda roder; ~ *to the name of...* lystra till (ha) namnet... **3** ~ *for* [an]svara för [*to* inför]; stå till svars för **4** ~ *to* motsvara, svara mot, stämma med (jfr *II 3*)
answerable ['ɑːns(ə)rəbl] *adj* ansvarig [*to* inför; *for* för en handling]
answerphone ['ɑːnsəfəʊn] *s* telefonsvarare
ant [ænt] *s* myra; *have ~s in one's pants* sl. ha myror i baken, vara rastlös
antacid [ˌænt'æsɪd] **I** *s* medel som neutraliserar (motverkar) syrlighet (syror, isht magsyra), syrabindande medel **II** *adj* syrabindande
antagonism [æn'tæɡənɪz(ə)m] *s* motstånd; fiendskap, motsättning; antagonism
antagonistic [ænˌtæɡə'nɪstɪk] *adj* antagonistisk, fientlig, fientligt stämd [*to* mot]
antagonize [æn'tæɡənaɪz] *vb tr* **1** reta (hetsa) [mot varandra], stöta bort [~ *one's friends*] **2** amer. motarbeta, motverka
antarctic [ænt'ɑːktɪk] **I** *adj* antarktisk, sydpols-; sydlig; *the A~ Circle* södra polcirkeln; *the A~ Ocean* Södra ishavet **II** geogr.; *the A~* Antarktis
ant bear ['æntbeə] *s* **1** stor myrslok **2** jordsvin
ant-eater ['æntˌiːtə] *s* myrslok
antecedence [ˌæntɪ'siːd(ə)ns] *s* prioritet; företräde

antecedent

antecedent [ˌæntɪ'si:d(ə)nt] I *adj* föregående; tidigare [*to* än] II *s* **1** föregångare [*of* till] **2** gram. korrelat **3** pl. **~s** antecedentia **4** pl. **~s** förfäder [*a person of unknown ~s*]
antechamber ['æntɪˌtʃeɪmbə] *s* förrum
antedate [ˌæntɪ'deɪt] *vb tr* **1** antedatera, fördatera **2** föregå
antediluvian [ˌæntɪdɪ'lu:vjən] *adj* antediluviansk: a) från tiden före syndafloden b) skämts. stenålders-, urmodig
antelope ['æntɪləʊp] *s* antilop
ante meridiem [ˌæntɪmə'rɪdɪəm] *adv* (lat. före middagen) [på] förmiddagen
antenatal [ˌæntɪ'neɪtl] I *adj* före födelsen (födseln); **~ *clinic*** mödravårdscentral; **~ *exercises*** mödragymnastik före förlossningen; **~ *care*** mödravård före förlossningen II *s* vard. kontroll på mödravårdscentral
antenn|a [æn'ten|ə] *s* **1** (pl. *-ae* [-i:]) zool. antenn, [känsel]spröt **2** (pl. *-as*) tekn. isht amer. antenn
antepenultimate [ˌæntɪpɪ'nʌltɪmət] språkv. I *adj* tredje från slutet [~ *syllable*] II *s* antepenultima tredje stavelsen från slutet
anterior [æn'tɪərɪə] *adj* **1** föregående, tidigare; **~ *to*** äldre än; före **2** främre
anthem ['ænθəm] *s* hymn; *national* **~** nationalsång
ant-hill ['ænthɪl] *s* myrstack
anthologist [æn'θɒlədʒɪst] *s* sammanställare (utgivare) av en antologi
anthology [æn'θɒlədʒɪ] *s* antologi
Anthony ['æntənɪ] mansnamn; ss. helgonnamn o. Shakespearefigur Antonius
anthracite ['ænθrəsaɪt] *s* antracit; **~ *coal*** antracitkol
anthrax ['ænθræks] *s* vet. med. mjältbrand
anthropoid ['ænθrə(ʊ)pɔɪd] I *adj* människoliknande, människo- II *s* människoliknande varelse (apa)
anthropologist [ˌænθrə'pɒlədʒɪst] *s* antropolog, isht kulturantropolog
anthropology [ˌænθrə'pɒlədʒɪ] *s* antropologi, isht kulturantropologi
anthropomorphic [ˌænθrəpə(ʊ)'mɔ:fɪk] *adj* antropomorfistisk
anti ['æntɪ] I *s* motståndare II *adj* oppositionell [*an ~ group*]; *be* **~** vara motståndare (fientligt stämd)
anti-abortionist [ˌæntɪə'bɔ:ʃənɪst] *s* abortmotståndare
anti-aircraft [ˌæntɪ'eəkrɑ:ft] *adj* luftvärns-; **~ *gun*** luftvärnskanon
antiballistic [ˌæntɪbə'lɪstɪk] *adj*, **~ *missile*** antirobot[robot]
antibiotic [ˌæntɪbaɪ'ɒtɪk] med. I *s* antibiotikum II *adj* antibiotisk
antibody ['æntɪˌbɒdɪ] *s* fysiol. antikropp
antic ['æntɪk] *s*, vanl. pl. **~s** upptåg; krumsprång
antichristian [ˌæntɪ'krɪstjən] *adj* stridande mot Kristi lära, antikristlig; kristendomsfientlig
anticipate [æn'tɪsɪpeɪt] *vb tr* förutse, ana; vänta sig, räkna med; se fram emot [~ *great pleasure*]; i förväg förverkliga (uppfylla, tillmötesgå) [~ *a p.'s needs* (*wishes*)]; förekomma [*be ~d by a p.*], gå ngt i förväg [~ *events*]; antecipera, föregripa
anticipation [ænˌtɪsɪ'peɪʃ(ə)n] *s* förväntan; aning, förkänsla, förkänning; antecipation, föregripande; *in* **~** a) i förväg, på förhand [*thanking you in ~*] b) i [spänd] förväntan; *in ~ of* till förekommande av
anticipatory [æn'tɪsɪpeɪt(ə)rɪ] *adj* föregripande; förväntansfull
anticlimax [ˌæntɪ'klaɪmæks] *s* **1** antiklimax **2** bakslag; rak motsats [*of, to* till]
anticlockwise [ˌæntɪ'klɒkwaɪz] *adv* moturs
anti-Communist [ˌæntɪ'kɒmjʊnɪst] I *adj* antikommunistisk II *s* antikommunist
anticorrosive [ˌæntɪkə'rəʊsɪv] *s* o. *adj* korrosionshindrande [medel]
anticyclone [ˌæntɪ'saɪkləʊn] *s* meteor. anticyklon
antidazzle [ˌæntɪ'dæzl] *adj* avbländbar [*an ~ driving mirror*], bländfri; **~ *shield*** bländskydd
antidepressant [ˌæntɪdɪ'presənt] *s* med. antidepressivt medel
antidote ['æntɪdəʊt] *s* motgift, antidot, bildl. äv. medel mot
antifeminist [ˌæntɪ'femɪnɪst] *s* kvinnosaksmotståndare, antifeminist
antifouling [ˌæntɪ'faʊlɪŋ] *adj* sjö., **~ *paint*** bottenfärg
antifreeze ['æntɪfri:z] *s* kylarvätska, frostskyddsvätska, antifrysmedel
Antigua [æn'ti:gə] geogr.
antihero [ˌæntɪ'hɪərəʊ] (pl. *~s*) litt. antihjälte
antihistamine [ˌæntɪ'hɪstəmɪn, -mi:n] *s* med. antihistamin
antiknock [ˌæntɪ'nɒk] *s* antiknack[nings]medel
Antilles [æn'tɪli:z] geogr.; *the* **~** pl. Antillerna; *the Greater* (*Lesser*) **~** pl. Stora (Små) Antillerna
antilock [ˌæntɪ'lɒk] *adj*, **~ *brake*** (*braking*) *system* (förk. *ABS*) ABS-bromsar
antilogarithm [ˌæntɪ'lɒgərɪθ(ə)m] *s* matem. antilogaritm
antimissile [ˌæntɪ'mɪsaɪl, amer. -'mɪsl] *adj*, **~ *missile*** antirobotrobot
antimony ['æntɪmənɪ] *s* kem. antimon
antinuclear [ˌæntɪ'nju:klɪə] *adj*, **~ *campaign*** kampanj mot kärnvapen
antipathy [æn'tɪpəθɪ] *s* motvilja, antipati [*to, towards, against* mot; **~** *between two persons*]
antipersonnel [ˌæntɪpɜ:sə'nel] *adj*, **~ *bomb*** sprängbomb (splitterbomb) för bekämpning av levande mål; antipersonell bomb; **~ *mine*** truppmina

antiperspirant [ˌæntɪˈpɜːspɪrənt] *adj* o. *s* antiperspirant transpirationshämmande [medel]
antipodes [ænˈtɪpədiːz] *s pl* antipoder; *the A~* isht Storbritanniens antipoder Australien, Nya Zeeland etc.
antipollution [ˌæntɪpəˈluːʃ(ə)n] *adj*, *~ campaign* miljövårdskampanj, kampanj mot föroreningar
antiquarian [ˌæntɪˈkweərɪən] **I** *adj* antikvarisk, som rör forntiden, forn- **II** *s* antikvarie, fornforskare; samlare av antikviteter
antiquary [ˈæntɪkwərɪ] *s* se *antiquarian II*
antiquated [ˈæntɪkweɪtɪd] *adj* föråldrad, antikverad
antique [ænˈtiːk] **I** *adj* **1** antik; gammal, forntida **2** gammaldags, föråldrad **3** ålderdomlig **II** *s* antikvitet; *~ dealer* antikvitetshandlare
antiquit|y [ænˈtɪkwətɪ] *s* **1** uråldrighet, ålderdomlighet **2** antiken; forntiden **3** vanl. pl. *-ies* fornlämningar, fornminnen; antikviteter [*Roman -ies*]
antiracism [ˌæntɪˈreɪsɪzm] *s* antirasism
antireflection [ˌæntɪrɪˈflekʃ(ə)n] *adj*, *~ coating* antireflexbehandling
anti-roll [ˌæntɪˈrəʊl] *adj* tekn., *~ bar* krängningshämmare
antirrhinum [ˌæntɪˈraɪnəm] *s* bot. lejongap
antirust [ˌæntɪˈrʌst] *adj* rosthindrande, rostskyddande, rostskydds-
anti-Semite [ˌæntɪˈsiːmaɪt] **I** *s* antisemit **II** *adj* antisemitisk
anti-Semitism [ˌæntɪˈsemɪtɪz(ə)m] *s* antisemitism
antiseptic [ˌæntɪˈseptɪk] med. **I** *adj* antiseptisk **II** *s* antiseptiskt medel
antisocial [ˌæntɪˈsəʊʃ(ə)l] *adj* **1** asocial, antisocial, samhällsfientlig **2** osällskaplig
antistatic [ˌæntɪˈstætɪk] *adj* antistatisk; *~ agent* antistatiskt medel
antitank [ˌæntɪˈtæŋk] *adj*, *~ gun* pansarvärnskanon; *~ missile* pansarvärnsrobot
antiterrorist [ˌæntɪˈterərɪzt] *adj* antiterrorist- [*~ laws*], [riktad] mot terrorism
antithes|is [ænˈtɪθəs|ɪs] (pl. *-es* [-iːz]) *s* **1** antites **2** motsats [*of, to* till]
antler [ˈæntlə] *s* horn på hjortdjur; tagg (gren) på dylikt horn
Antony [ˈæntənɪ] mansnamn; ss. helgonnamn Antonius
antonym [ˈæntə(ʊ)nɪm] *s* antonym motsatsord
Antwerp [ˈæntwɜːp] geogr. Antwerpen
anus [ˈeɪnəs] *s* anus, analöppning
anvil [ˈænvɪl] *s* städ
anxiety [æŋˈzaɪətɪ, -ŋgˈz-] *s* **1** ängslan, bekymmer, farhågor, oro; spänning **2** [ivrig] önskan [*for* efter; *to do a th.*]; iver [*~ to please*] **3** psykol. ångest [*~ neurosis*]
anxious [ˈæŋ(k)ʃəs] *adj* **1** ängslig, bekymrad [*an ~ glance*], orolig [*about* (för) *a p.'s health*;

~ for (för) *a p.'s safety*], rädd **2** angelägen [*for* om], ivrig; *~ to* angelägen (mån) om att, ivrig (otålig) att få [*I'm ~ to go there*] **3** bekymsam
any [ˈenɪ] **I** *fören* o. *självst indef pron* **1** någon, något, några [*have you ~ money?*; *have you got ~ brothers?*]; *not ~* äv. ingen, inget, inga [*I haven't ~ money*]; *our losses, if ~* våra eventuella förluster; *I'm not having ~* vard. jag vill inte veta av det **2** vilken (vilket, vilka) som helst [*you can have ~ of these books*], varje, varenda, vartenda [*~ child knows that*], all [*he needs ~ help he can get*], alla [*~ who wish may go*]; *~ costs that may arise* eventuella kostnader **3** *~* [*considerable*] någon nämnvärd; *for ~* [*considerable*] *length of time* för någon längre tid; *a person with ~ sense* en människa med minsta lilla förstånd **4** *~ one* vilken som helst men endast en [*you can have ~ one of these books*]; en enda; **II** *adv* **1** något el. vanl. utan svensk motsvarighet: *do you want ~ more tea?* vill du ha mera te?; *I can't stay ~ longer* jag kan inte stanna längre **2** *not ~ the* + komp. el. *not ~ too = none the* o. *none too* se *none II* **3** isht amer. vard. alls, ett dugg [*he can't help me ~*]
anybody [ˈenɪˌbɒdɪ, ˈenɪbədɪ] *självst indef pron* **1** någon; *he will never be ~* det blir aldrig något av honom **2** vem som helst [*~ can understand that*]; *~ who* den (var och en) som
anyhow [ˈenɪhaʊ] *adv* **1** på något [som helst] sätt [*I couldn't get in ~*]; på vilket sätt som helst, hur som helst **2** i alla (varje) fall, i vilket fall som helst, i alla händelser [*it's too late now, ~*]; alltnog; ändå [*I have got a lot to do ~*]; egentligen **3** lite hur som helst [*the books were placed ~*]; *I have felt a bit ~* det har varit lite si och så med hälsan
anyone [ˈenɪwʌn] *självst indef pron* se *anybody*
anyplace [ˈenɪpleɪs] *adv* amer. vard., se *anywhere*
anything [ˈenɪθɪŋ] *självst indef pron* **1** något, någonting [*I can't see ~*]; [*was it good?*] *- but!* verkligen inte!, nej minsann! **2** vad som helst; allt; *~ but pleasant* allt annat än trevligt; *not for ~* inte för allt i världen; *it's as easy as ~* det är hur lätt som helst **3** *~ like* el. *like ~* se under *1 like II 3*
anytime [ˈenɪtaɪm] *adv* amer. när som helst, närhelst
anyway [ˈenɪweɪ] *adv* se *anyhow*
anywhere [ˈenɪweə] *adv* **1** någonstans, någonstädes; *~ else* någon annanstans; *I wouldn't go ~ near the place* jag vill (skulle) inte gå i närheten av den platsen; *miles from ~* bortom all ära och redlighet **2** var som helst, överallt
AOB [ˌeɪəʊˈbiː] (förk. för *any other business*) övriga ärenden på dagordning

aorta [eɪˈɔːtə] *s* anat. aorta; *the* ~ äv. stora kroppspulsådern
AP förk. för *Associated Press*
apace [əˈpeɪs] *adv* litt. fort, snabbt, hastigt
apache [əˈpætʃɪ, i bet. 2 əˈpæʃ] *s* **1** *A~* apache [indian] **2** apache parisgangster
apart [əˈpɑːt] *adv* **1** åt sidan, avsides; *joking (jesting)* ~ skämt åsido, allvarligt talat; *set (put)* ~ anvisa, reservera, sätta (lägga) undan (av), anslå [*for* till]; *set (put)* ~ *from* skilja från, göra olik [*his skill set him* ~ *from the others*] **2** för sig [själv], var för sig; ~ *from* bortsett från, frånsett, oavsett, utom; *that* ~ bortsett från detta; *I can't tell them* ~ jag kan inte skilja på dem (hålla dem isär) **3** isär, ifrån varandra, med...mellanrum [*two metres* ~; *far* ~]; *they are poles (worlds)* ~ det är en enorm skillnad mellan dem; *take a th.* ~ ta isär ngt; *take a p.* ~ vard. ge ngn en riktig utskällning
apartheid [əˈpɑːtheɪt, -haɪt] *s* apartheid rasåtskillnad o. friare
apartment [əˈpɑːtmənt] *s* **1** enstaka rum, gemak; pl. *~s* möblerad våning **2** amer. våning, [bostads]lägenhet; *~ house* hyreshus; *~ hotel* familjehotell, kollektivhus
apathetic [ˌæpəˈθetɪk] *adj* apatisk; likgiltig; slö
apathy [ˈæpəθɪ] *s* apati; likgiltighet [*towards* inför, gentemot]; slöhet
ape [eɪp] **I** *s* stor svanslös apa; *go* ~ amer. vard. a) bli galen, löpa amok b) bli tänd entusiastisk; *play the* ~ spela apa; apa efter **II** *vb tr* apa efter
apeman [ˈeɪpmæn] *s* apmänniska
Apennines [ˈæpənaɪnz] geogr.; *the* ~ Apenninerna
aperient [əˈpɪərɪənt] med. **I** *adj* [svagt] avförande **II** *s* [svagt] avföringsmedel
aperitif [əˈperɪtɪf] *s* o. **aperitive** [əˈperɪtɪv] *s* aperitif
aperture [ˈæpətjʊə, -tʃʊə] *s* **1** öppning; glugg, lucka; hål; slits **2** foto. bländare, bländaröppning
apex [ˈeɪpeks] (pl. *~es* el. *apices* [ˈeɪpɪsiːz]) *s* spets, topp
aphasia [əˈfeɪzjə, -ʒə] *s* med. afasi
aphid [ˈeɪfɪd, ˈæfɪd] *s* o. **aphi|s** [ˈeɪfɪ|s, ˈæfɪ|s] (pl. *-des* [-diːz]) *s* bladlus
aphorism [ˈæfərɪz(ə)m] *s* aforism
aphrodisiac [ˌæfrə(ʊ)ˈdɪzɪæk] **I** *s* afrodisiakum **II** *adj* sexuellt uppeggande
Aphrodite [ˌæfrə(ʊ)ˈdaɪtɪ] mytol. Afrodite
apiary [ˈeɪpjərɪ] *s* bikupa, bihus
apices [ˈeɪpɪsiːz] *s* pl. av *apex*
apiculture [ˈeɪpɪkʌltʃə] *s* biodling
apiece [əˈpiːs] *adv* per styck, stycket [*a pound* ~]; per man; var för sig, vardera; i sänder
aplomb [əˈplɒm] *s* [själv]säkerhet, aplomb
apocalypse [əˈpɒkəlɪps] *s* **1** [profetisk] uppenbarelse, apokalyps **2** bibl., *the A~* Uppenbarelseboken, Apokalypsen
apocalyptic [əˌpɒkəˈlɪptɪk] *adj* apokalyptisk; undergångs- [~ *atmosphere*; ~ *vision*]
Apocrypha [əˈpɒkrɪfə] *s pl* apokryfiska böcker, apokryfer i Bibeln
apolitical [ˌeɪpəˈlɪtɪk(ə)l] *adj* opolitisk
Apollo [əˈpɒləʊ] mytol. Apollon
apologetic [əˌpɒləˈdʒetɪk] *adj* **1** ursäktande [*an* ~ *letter*]; urskuldande; *be* ~ vara full av ursäkter; *he was very* ~ *about it* han bad så mycket om ursäkt **2** apologetisk, försvarande
apologize [əˈpɒlədʒaɪz] *vb itr* be om ursäkt, ursäkta sig [*for* för; *for doing* (att ha gjort) *a th.*]; ~ *to a p.* be ngn om ursäkt
apology [əˈpɒlədʒɪ] *s* ursäkt, avbön; *make an* ~ (*apologies*) [*to a p.*] be [ngn] om ursäkt [*for* för]; *an* ~ *for* vard. något som skall föreställa, en dålig ersättning för **2** apologi, försvar[stal]
apophthegm [ˈæpə(ʊ)θem] *s* tänkespråk, kärnspråk, visdomsord
apoplectic [ˌæpə(ʊ)ˈplektɪk] *adj* med. **1** apoplektisk; ~ *fit* (*stroke*) slaganfall, stroke **2** hetlevrad; högröd i ansiktet
apoplexy [ˈæpə(ʊ)pleksɪ] *s* med. apoplexi, slag; *fit of* ~ slaganfall, stroke
apostate [əˈpɒstət] **I** *adj* avfällig **II** *s* avfälling, apostat
apostle [əˈpɒsl] *s* **1** apostel äv. bildl. **2** förkämpe, förespråkare
apostolic [ˌæpəˈstɒlɪk] *adj* o. **apostolical** [ˌæpəˈstɒlɪk(ə)l] *adj* **1** apostolisk; apostla- **2** påvlig; *the Apostolic See* påvestolen
apostrophe [əˈpɒstrəfɪ] *s* apostrof [tecken]
apostrophize [əˈpɒstrəfaɪz] *vb tr* retor. apostrofera; i sitt tal plötsligt vända sig till
apothegm [ˈæpə(ʊ)θem] *s* se *apophthegm*
apotheos|is [əˌpɒθɪˈəʊs|ɪs] (pl. *-es* [-iːz]) *s* **1** apoteos, förgudning; förhärligande **2** himmelsskön, hädanfärd; uppståndelse
appal [əˈpɔːl] *vb tr* förfära; perf. p. *~led* äv. bestört [*at, by* över]; *~ling* skrämmande, förfärlig
Appalachian [ˌæpəˈleɪtʃən] geogr.; *the* ~ *Mountains* pl. el. *the ~s* pl. Appalacherna
apparatus [ˌæpəˈreɪtəs, amer. äv. -ˈrætəs] (pl. *~es* el. *pieces of ~*) *s* apparat; apparatur; redskap; maskineri [*the political* ~]; anordning; *heating* ~ värmeanläggning
apparel [əˈpær(ə)l] *s* poet. el. amer. dräkt; amer. äv. kläder
apparent [əˈpær(ə)nt] *adj* **1** synbar, märkbar; uppenbar [*to* för] **2** skenbar [*more* ~ *than real*]
apparently [əˈpær(ə)ntlɪ] *adv* till synes, synbarligen, uppenbarligen
apparition [ˌæpəˈrɪʃ(ə)n] *s* syn, andesyn, spökbild, uppenbarelse; spöke
appeal [əˈpiːl] **I** *vb itr* **1** vädja [*to a p. for* (om) *a th.* (*to do a th.*)]; ~ *to* äv. appellera till, [hän]vända sig till **2 a)** jur. vädja, appellera [*to* till]; ~ *against* (*from*) överklaga, anföra

besvär mot b) parl., ~ to the country utlysa nyval **3 ~ to** tilltala [*the idea ~s to the imagination*], falla i smaken [*the book doesn't ~ to me*], locka **4 ~ to** åberopa [sig på], vädja (hänvisa) till **II** *s* **1** vädjan; upprop, uppfordran, appell [*to* till]; **the book has a wide ~** boken vänder sig till en bred läsekrets, boken har allmänt intresse **2** jur. överklagande [*against a decision* av ett utslag], besvär, appell, vad; **enter (file, lodge) an ~** överklaga, anföra besvär, besvära sig; **court of ~** appellationsdomstol **3** lockelse, attraktion; dragningskraft; **sex ~** sex appeal

appealing [ə'pi:lɪŋ] *adj* **1** lockande [*an ~ smile*], tilltalande [*an ~ dress*], sympatisk, attraktiv **2** vädjande, bönfallande [*an ~ look*]

appear [ə'pɪə] *vb itr* **1 a)** bli (vara) synlig, visa sig, uppträda, komma fram; anlända; **~ out of thin air** se *1 air I 1* **b)** framträda offentligt; uppträda, figurera [*he didn't want his name to ~ in the newspapers*] **c)** inställa sig [*~ before the (in) court*] **d)** om bok komma ut; om artikel publiceras, stå [att läsa] **2 a)** vara tydlig, framträda, framgå, kunna ses [*from* av]; **it ~s that he was ill** han lär ha varit sjuk **b)** förefalla, te sig, verka; framstå som, ge intryck av att vara [*I don't want to ~ a fool*]; **it ~s to me...** det förefaller mig..., jag tycker...; **it would ~ that...** det tycks (förefaller, verkar) som om...

appearance [ə'pɪər(ə)ns] *s* **1 a)** framträdande, uppträdande, ankomst [*the unannounced ~ of guests*]; anblick; **make one's ~** uppträda, visa sig; **put in (make) an ~** visa sig [ett slag]; infinna sig **b)** offentligt uppträdande, framträdande **c)** inställelse; **put in a personal ~** inställa sig personligen **d)** utgivning, utkommande [*the ~ of the book*] **2 a)** utseende, persons äv. apparition; yttre, sätt att te sig; isht pl. **~s** [yttre] sken; **~s are against him** han har skenet emot sig; **~s are deceptive** skenet bedrar; **give (have) the ~ of being...** se ut att (verka) vara...; **keep up ~s** bevara (uppehålla) skenet; **in ~** till utseendet, till det yttre; **for the sake of ~[s]** för syns (skams) skull; **to (by, from) all ~[s]** efter utseendet (av allt) att döma, till synes **b)** tecken [*of* till]

appease [ə'pi:z] *vb tr* stilla, dämpa [*~ a p.'s curiosity, ~ one's hunger*], lugna, blidka; isht polit. vara undfallande mot, blidka

appeasement [ə'pi:zmənt] *s* stillande, lugnande etc., jfr *appease*; **policy of ~** eftergiftspolitik

appellant [ə'pelənt] *s* jur. person som vädjar (överklagar)

appellation [ˌæpə'leɪʃ(ə)n] *s* benämning, tillnamn

append [ə'pend] *vb tr* vidhänga, fästa [*to* vid];

bifoga, tillägga [*to* till], foga [*~ a clause to a treaty*]

appendage [ə'pendɪdʒ] *s* bihang, tillbehör

appendicitis [əˌpendɪ'saɪtɪs] *s* med. blindtarmsinflammation, appendicit [*acute ~*]

append|ix [ə'pend|ɪks] (pl.: anat. o. mindre formellt *-ixes*, tekn. o. mera formellt *-ices* [-ɪsi:z]) *s* **1** bihang, bilaga, tillägg, appendix **2** anat., **the ~** maskformiga bihanget, appendix, blindtarmen

appertain [ˌæpə'teɪn] *vb itr*, **~ to** höra till, tillhöra

appetite ['æpətaɪt] *s* **1** aptit, matlust [*that gave him a good ~*] **2** lust, håg, böjelse; begär, hunger [*for* efter]

appetizer ['æpətaɪzə] *s* aptitretare

appetizing ['æpətaɪzɪŋ] *adj* aptitretande; aptitlig

applaud [ə'plɔ:d] **I** *vb tr* applådera äv. friare [*~ a decision*] **II** *vb itr* applådera, klappa [i] händerna

applause [ə'plɔ:z] *s* applåd[er], handklappningar; **loud ~** en kraftig applåd; **a round of ~** en applåd

apple ['æpl] *s* **1** äpple; **the Big A~** se *big I 1*; **he is the ~ of my eye** han är min ögonsten **2** äppelträd

apple cart ['æplkɑ:t] *s* vard., **upset the ~** ställa till trassel; **upset a p.'s ~** trassla till det för ngn

apple corer ['æplˌkɔ:rə] *s* äppelpipa köksredskap

apple dumpling [ˌæpl'dʌmplɪŋ] *s* kok. äppelknyte

applejack ['æpldʒæk] *s* slags amerikansk calvados, brännvin framställt av cider [äv. *~ brandy*]

apple-pie [ˌæpl'paɪ] *s* äppelpaj; **~ bed** 'påsbädd' resultatet av att man 'bäddar säck'; **in ~ order** vard. i perfekt ordning

apple sauce [ˌæpl'sɔ:s] *s* **1** äppelmos **2** amer. vard. smicker **3** amer. vard. strunt[prat]

appliance [ə'plaɪəns] *s* **1** anordning, apparat, redskap, hjälpmedel; **fire-fighting ~s** brandredskap; **hearing ~** hörapparat; **household ~s** hushållsapparater **2** användning, tillämpning

applicability [ˌæplɪkə'bɪlətɪ] *s* tillämplighet, lämplighet, användbarhet [*to* på, för]

applicable [ə'plɪkəbl, 'æplɪk-] *adj* tillämplig, passande [*to* på, för], användbar

applicant ['æplɪkənt] *s* sökande [*for* till]

application [ˌæplɪ'keɪʃ(ə)n] *s* **1** ansökan [*for* om], anmälan, hänvändelse; **~ form** anmälningsblankett; **make an ~ for** söka, anhålla om; **on ~** på begäran **2** anbringande, påläggning, applicering; **for external ~ only** endast för utvärtes bruk **3** tillämpning, applicering [*to* på]; tillämplighet **4** användning; **the ~s of plastics** plastens

användningsområden **5** träget arbete [*to med*]; flit **6** omslag [*hot and cold ~s*], förband
applicator ['æplɪkeɪtə] *s* applikator; påstrykare
applied [ə'plaɪd] *adj* praktisk[t använd], tillämpad [*~ linguistics (mathematics)*]
apply [ə'plaɪ] **I** *vb tr* **1** anbringa, applicera, lägga (sätta, stryka) [på] [*~ a bandage* [*to* (på) *a wound*]; *~ paint to a wall*] **2 a)** använda [*to* till, på, om] **b)** tillgripa [*~ sanctions against*] **c)** [praktiskt] tillämpa, applicera [*~ a rule to* (på)] **d)** ägna [*to* åt]; *~ one's mind to* se *~ oneself to* under *II 2* **II** *vb rfl* **1** *~ oneself* göra sitt bästa, lägga manken till **2** *~ oneself to* [ivrigt] ägna sig åt, inrikta (koncentrera) sig på [[*doing*] *a th*. [att göra] ngt] **III** *vb itr* **1** [kunna] tillämpas, vara tillämplig [*to* på], gälla **2** ansöka [*to a p*. hos ngn; *for a th*. om ngt], [hän]vända sig [*to* till; *for a th*. för att få ngt]; *~ for a post* söka en plats
appoint [ə'pɔɪnt] *vb tr* **1** bestämma, fastställa, avtala [*~ a day for the meeting*; *at the ~ed time*] **2** utnämna, förordna [*a p*. [*to be*] *governor* ngn till guvernör]; tillsätta [*~ a committee*] **3** *~ed* utrustad [*well ~ed*], möblerad, inredd [*beautifully ~ed*]
appointee [əpɔɪn'tiː] *s* utnämnd (tillsatt, förordnad) [person]
appointment [ə'pɔɪntmənt] *s* **1** [avtalat] möte, träff; *have an ~ with* (*to see*) *the doctor* ha [beställt] tid hos doktorn; *she kept* (*broke*) *the ~* hon kom (kom inte) [på utsatt tid] till mötet; *make* (*fix*) *an ~ with* stämma möte med, beställa tid hos t.ex. läkare **2** utnämning; *by ~ to HM the King* (*Queen*) om firma kunglig hovleverantör **3** tjänst, anställning, befattning; pl. *~s* äv. lediga tjänster
apportion [ə'pɔːʃ(ə)n] *vb tr* fördela [proportionellt], skifta; tilldela; utmäta
apposite ['æpə(ʊ)zɪt] *adj* träffande, lämplig [*an ~ remark*]; välfunnen, välvald; passande [*to* för]
apposition [ˌæpə(ʊ)'zɪʃ(ə)n] *s* gram. apposition; *be in ~ to* stå som apposition till
appraisal [ə'preɪz(ə)l] *s* isht officiell värdering, taxering, uppskattning; bedömning, utvärdering
appraise [ə'preɪz] *vb tr* värdera, taxera, uppskatta [*at* till]; bedöma [värdet av]
appreciable [ə'priːʃəbl, -ʃjəbl] *adj* **1** uppskattbar **2** märkbar; avsevärd, väsentlig
appreciate [ə'priːʃɪeɪt] **I** *vb tr* **1** uppskatta, värdera, sätta värde på; *I would ~ it if you...* jag skulle vara tacksam om du... **2** [fullt] inse, [riktigt] förstå, vara [fullt] medveten om, uppfatta **3** höja [i värde], höja värdet av; appreciera, skriva upp valutas värde **II** *vb itr* stiga (gå upp) [i värde]
appreciation [əˌpriːʃɪ'eɪʃ(ə)n] *s* **1** uppskattning; *as a token of my ~* som ett bevis på min uppskattning **2** uppfattning; sinne, förståelse [*of* för; *she showed no ~ of my difficulties*] **3** värdering; omdöme **4** värdestegring, ökning i värde; appreciering, uppskrivning av valutas värde
appreciative [ə'priːʃjətɪv] *adj* uppskattande
apprehend [ˌæprɪ'hend] *vb tr* **1** gripa, anhålla [*~ a thief*] **2** uppfatta, begripa **3** frukta, befara
apprehension [ˌæprɪ'henʃ(ə)n] *s* **1** gripande, anhållande **2** fattande, begripande; fattningsförmåga **3** uppfattning, mening **4** farhåga; oro; *be under some ~s about* hysa vissa farhågor beträffande
apprehensive [ˌæprɪ'hensɪv] *adj* rädd, ängslig, orolig [*of* för; *about, for* för...skull]; misstänksam; *be ~ that* misstänka (frukta) att
apprentice [ə'prentɪs] **I** *s* **1** lärling, elev; *bind as ~* sätta i lära [*to* hos] **2** nybörjare **II** *vb tr* sätta i lära [*to* hos]; *be ~d to* gå i lära hos
apprise [ə'praɪz] *vb tr* högtidl. underrätta [*of* om]
appro ['æprəʊ] (pl. *~s*) *s* vard., *on ~* på prov, till påseende
approach [ə'prəʊtʃ] **I** *vb itr* närma sig, nalkas, rycka närmare, stunda, förestå; *~ing* äv. annalkande **II** *vb tr* **1** närma sig, nalkas [*they ~ed the shore*] **2** gå upp mot, likna, mäta sig med [*few writers can ~ Tolstoy*] **3** göra vissa trevare hos [*a p*. *on a subject* ngn i en sak], söka [ta] kontakt med; få träffa, få tillträde till; söka påverka; *he is rather difficult to ~* han är rätt svårtillgänglig **4** ta itu med, ge sig i kast med [*~ a problem*] **III** *s* **1** närmande, annalkande, förestående ankomst; flyg. inflygning, anflygning; *~ ramp* uppfartsväg; *~ road* tillfartsväg, tillfart **2** tillträde [*to* till]; infart[sväg], infartsled, tillfart[sväg] **3** [tillvägagångs]sätt; taktik; *~ to [a problem]* sätt att gripa sig an med..., sätt att behandla..., grepp på...; [*angle of*] *~* bildl. infallsvinkel **4** inställning [*to* till], syn [*to* på]; *~ to* äv. sätt att se på; *his whole ~ to life* hela hans livsinställning **5** första steg (försök) [*to, towards* mot, till]; *this is the nearest ~ to the truth* det kommer sanningen närmast **6** pl. *~es* närmanden [*make ~es to a p.*]
approbation [ˌæprə(ʊ)'beɪʃ(ə)n] *s* gillande, godkännande; samtycke, bifall
appropriate [ss. adj. ə'prəʊprɪət, ss. vb ə'prəʊprɪeɪt] **I** *adj* lämplig, passande, träffande [*an ~ remark*], välvald [*an ~ name*], riktig, tillbörlig [*to, for* för, till]; *the ~ authority* vederbörande myndighet; *be ~ to* äv. passa för **II** *vb tr* **1** anslå, bevilja [*~ money for* (*to*) *a th.*], anvisa; perf. p. *~d* bestämd för visst ändamål **2** tillägna sig; lägga beslag på
appropriateness [ə'prəʊprɪətnəs] *s* lämplighet
appropriation [əˌprəʊprɪ'eɪʃ(ə)n] *s* **1** anslående etc., jfr *appropriate II 1*; bevillning;

anslag[sbelopp] **2** beslag[tagande] etc., jfr *appropriate II 2*
approval [ə'pruːv(ə)l] *s* gillande, samtycke; godkännande; *on ~* till påseende, på prov
approve [ə'pruːv] **I** *vb itr, ~ of* gilla, samtycka (ge sitt samtycke) till, uttrycka sympati för **II** *vb tr* **1** godkänna [*~ a decision*], stadfästa; tillstyrka; *~ the minutes* justera protokollet **2** gilla etc., jfr *I*
approved [ə'pruːvd] *adj* a) godkänd; på handling o.d. godkännes, tillstyrkes b) beprövad [*~ methods*]
approx. förk. för *approximate, approximately*
approximate [ss. adj. ə'prɒksɪmət, ss. vb ə'prɒksɪmeɪt] **I** *adj* **1** approximativ, ungefärlig; *what's the ~ time?* vad är klockan på ett ungefär? **2** *~ to* närmande sig **3** i stort sett riktig; likartad **II** *vb tr* ungefärligen beräkna, approximera **III** *vb itr, ~ to* närma sig, komma nära
approximately [ə'prɒksɪmətlɪ] *adv* approximativt, ungefärligen, [på ett] ungefär, cirka; tillnärmelsevis; i stort sett, i huvudsak
approximation [ə,prɒksɪ'meɪʃ(ə)n] *s* approximation, approximering
appurtenance [ə'pɜːtənəns] *s* **1** tillbehör; bihang **2** tillhörighet
Apr. förk. för *April*
après-ski [,æpreɪ'skiː] *attr adj* fr. after-ski- [*~ clothes*]
apricot ['eɪprɪkɒt] *s* aprikos
April ['eɪpr(ə)l, -rɪl] *s* april; *~ fool!* april, april!; *~ Fools' Day* 1 april då man narras april
a priori [,eɪpraɪ'ɔːraɪ, ,ɑːprɪ'ɔːrɪ] *adv* o. *adj* lat. a priori; förhands- uppfattning etc.; på förhand
apron ['eɪpr(ə)n] *s* **1** förklä[de] **2** teat. plattform framför ridån; avantscen **3** platta på flygplats
apropos [,æprə'pəʊ, '---] **I** *adv* **1** passande, lämpligt, lägligt [*they arrived very ~*] **2** *~ of* apropå, på tal om; *~ of nothing* helt apropå, apropå ingenting **II** *adj* passande, träffande [*an ~ remark*]
apt [æpt] *adj* **1** lämplig; träffande, lyckad, passande [*an ~ quotation (remark)*] **2** böjd, fallen, benägen [*to* för, för att]; *be ~ to do a th.* ha en benägenhet att göra ngt, lätt (ofta) göra ngt; *~ to break* skör; *~ to forget* glömsk **3** duktig [*an ~ pupil*], skicklig [*at* i], begåvad **4** amer. sannolik; *he is ~ to be late* han kan komma (kommer troligen) för sent
aptitude ['æptɪtjuːd] *s* fallenhet; fallenhet, begåvning, anlag [*~ for languages*]; *~ test* ped. anlagsprov, anlagsprövning; *a singular ~ for finding...* en ovanlig förmåga att finna...
aptness ['æptnəs] *s* se *aptitude*
aquacade ['ækwəkeɪd] *s* sport. vattenshow
aqualung ['ækwəlʌŋ] *s* dykapparat, tryckluftsapparat för sportdykare

aquamarine [,ækwəmə'riːn] **I** *s* akvamarin ädelsten och färg **II** *adj* blågrön
aquaplaning ['ækwə,pleɪnɪŋ] *s* **1** surfande efter motorbåt **2** bil. vattenplaning
aquari|um [ə'kweərɪ|əm] (pl. *-ums* el. *-a* [-ə]) *s* akvarium
Aquarius [ə'kweərɪəs] *s* o. *adj* astrol. Vattumannen; *he is* [*an*] *~* han är vattuman; *the Age of ~* Vattumannens tidsålder som anses kännetecknas av fred o. harmoni
aquatic [ə'kwætɪk] **I** *adj* som växer (lever) i (nära) vatten **II** *s*, pl. *~s* vattensport
aquavit ['ækwəvɪt] *s* akvavit, [kummin]brännvin
aqueduct ['ækwɪdʌkt] *s* akvedukt; vattenledning
aqueous ['eɪkwɪəs, 'æk-] *adj* **1** vattenaktig, vattnig, vatten- **2** frambragt av (i) vatten; *~ rocks* genom vatten bildade sedimentära berg[arter]
aquiline ['ækwɪlaɪn] *adj* örnlik; örn- [*~ nose*]
Arab ['ærəb] **I** *s* **1** arab äv. om häst; arabiska kvinna **2** [*street*] *~* gatpojke, gatunge; rännstensunge **II** *adj* arabisk [*an ~ child (woman)*], arab- [*the ~ world*]
arabesque [,ærə'besk] *s* konst. el. mus. arabesk
Arabia [ə'reɪbjə] geogr. Arabien
Arabian [ə'reɪbjən] **I** *s* arab **II** *adj* arabisk [*~ architecture (philosophy)*]; *~ bird* [fågel] Fenix; *the ~ desert* Arabiska öknen; *the ~ Nights* Tusen och en natt
Arabic ['ærəbɪk] **I** *adj* arabisk [*an ~ word*]; *~ numerals* arabiska siffror **II** *s* arabiska [språket]
arable ['ærəbl] **I** *adj* odlingsbar, brukbar [*~ land*]; uppodlad **II** *s* odlingsbar mark, åkerjord
Aragon ['ærəgən] geogr. Aragonien
Aramaic [,ærə'meɪɪk] **I** *s* arameiska [språket] **II** *adj* arameisk
arbiter ['ɑːbɪtə] *s* **1** domare; *~ of taste* smakdomare **2** skiljedomare, skiljeman
arbitrage [,ɑːbɪ'trɑːʒ, 'ɑːbɪtrɪdʒ] **I** *s* ekon. arbitrage, valutahandel; *~ operations* (*business*) arbitrageaffärer **II** *vb itr* arbitrera
arbitrageur [,ɑːbɪtræ'ʒɜː] *s* ekon. arbitragör, valutahandlare
arbitrariness ['ɑːbɪtrərɪnəs] *s* **1** godtycke; nyckfullhet **2** egenmäktighet
arbitrary ['ɑːbɪtrərɪ] *adj* **1** godtycklig; nyckfull **2** egenmäktig; despotisk
arbitrate ['ɑːbɪtreɪt] **I** *vb tr* avdöma (avgöra) genom skiljedom **II** *vb itr* tjänstgöra som skiljedomare, medla
arbitration [,ɑːbɪ'treɪʃ(ə)n] *s* **1** skiljedom[sförfarande], skiljemans dom; medling **2** ekon., *~ of exchange* [valuta]arbitrage
arbitrator ['ɑːbɪtreɪtə] *s* jur. skiljedomare, skiljeman, medlare, förlikningsman
arbor ['ɑːbə] *s* **1** hjulaxel **2** amer. träd; *A~ Day*

trädplanteringsdag ofta fridag **3** amer., se *arbour*
arbour ['ɑ:bə] *s* berså, lövsal, lövvalv
arc [ɑ:k] *s* **1** cirkelbåge **2** tekn. båge
arcade [ɑ:'keɪd] *s* rad av valvbågar, valvgång; arkad; passage täckt butiksgata
Arcadia [ɑ:'keɪdjə] Arkadien
Arcadian [ɑ:'keɪdjən] *adj* arkadisk; bildl. herde-, lantlig, idyllisk
arcane [ɑ:'keɪn] *adj* hemlig, mystisk [~ *rites*]; svårbegriplig
1 arch [ɑ:tʃ] **I** *s* **1** [valv]båge, böjning, valv **2** hålfot; ~ *support* hålfotsinlägg **II** *vb tr* **1** betäcka med valv **2** välva; kröka; ~ *one's back* om katt skjuta rygg **III** *vb itr* välva sig; bilda ett valv [*over* över]
2 arch [ɑ:tʃ] *adj* skälmaktig, illmarig; tjuvpojks- [*an ~ glance* (*smile*)]
arch- [ɑ:tʃ, ibl. ɑ:k] *prefix* ärke-; framstående [*arch-builder*]; förste, ursprunglig [*arch-founder*]
archaeologist [ˌɑ:kɪ'ɒlədʒɪst] *s* arkeolog
archaeology [ˌɑ:kɪ'ɒlədʒɪ] *s* arkeologi
archaic [ɑ:'keɪɪk] *adj* ålderdomlig; arkaisk; arkaiserande, arkaistisk
archangel ['ɑ:ˌkeɪn(d)ʒ(ə)l] *s* ärkeängel
archbishop [ˌɑ:tʃ'bɪʃəp] *s* ärkebiskop
archbishopric [ˌɑ:tʃ'bɪʃəprɪk] *s* ärkebiskopsvärdighet; ärkebiskopsdöme, ärkestift
archdeacon [ˌɑ:tʃ'di:k(ə)n] *s* ärkediakon näst biskop i rang
archdiocese [ˌɑ:tʃ'daɪəsɪs, -si:s] *s* ärkestift
archduchess [ˌɑ:tʃ'dʌtʃəs] *s* ärkehertiginna
archduke [ˌɑ:tʃ'dju:k, ss. titel '--] *s* ärkehertig
arched [ɑ:tʃt] *adj* välvd, valv-; bågformig
arch-enemy [ˌɑ:tʃ'enɪmɪ] *s* ärkefiende
archer ['ɑ:tʃə] *s* bågskytt
archery ['ɑ:tʃərɪ] *s* bågskytte
archetype ['ɑ:kɪtaɪp] *s* urtyp, förebild, arketyp
Archibald ['ɑ:tʃɪbɔ:ld, -b(ə)ld] mansnamn
Archie ['ɑ:tʃɪ] kortform för *Archibald*
archiepiscopate [ˌɑ:kɪɪ'pɪskəpət] *s* ärkebiskopsdöme
Archimedes [ˌɑ:kɪ'mi:di:z] Arkimedes; ~' *principle* Arkimedes princip
archipelago [ˌɑ:kɪ'peləɡəʊ] (pl. ~s el. ~es) *s* skärgård, arkipelag; ögrupp; örikt hav
architect ['ɑ:kɪtekt] *s* **1** arkitekt **2** skapare, upphovsman
architectonic [ˌɑ:kɪtek'tɒnɪk] *adj* arkitektonisk
architectonics [ˌɑ:kɪtek'tɒnɪks] (konstr. ss. sg.) *s* byggnadskonst
architectural [ˌɑ:kɪ'tektʃ(ə)r(ə)l] *adj* arkitektonisk; byggnads-
architecture ['ɑ:kɪtektʃə] *s* **1** arkitektur; byggnadskonst, byggnadssätt, byggnadsstil **2** [upp]byggnad, konstruktion
archives ['ɑ:kaɪvz] *s pl* arkiv; arkivalier
archly ['ɑ:tʃlɪ] *adv* skälmaktigt, illmarigt

archway ['ɑ:tʃweɪ] *s* valvport, valvgång
arc lamp ['ɑ:klæmp] *s* båglampa
arc light ['ɑ:klaɪt] *s* bågljus
arctic ['ɑ:ktɪk] **I** *adj* arktisk; nordpols-; nordlig; *the A~ Circle* norra polcirkeln; *A~ fox* fjällräv, polarräv; *A~ wolf* polarvarg; *the A~ Ocean* Norra ishavet **II** *s*, *the A~* Arktis, Nordpolsområdet
arc welding ['ɑ:kˌweldɪŋ] *s* bågsvetsning
Ardennes [ɑ:'den, -'denz] geogr.; *the* ~ pl. Ardennerna
ardent ['ɑ:d(ə)nt] *adj* **1** ivrig, eldig [*an ~ lover*], varm [*an ~ admirer*], brinnande [*an ~ desire, an ~ patriot*], glödande **2** brännande, glödhet
ardour ['ɑ:də] *s* **1** glöd, iver, nit **2** passion
arduous ['ɑ:djʊəs] *adj* mödosam, svår, ansträngande, krävande [*an ~ task*]
1 are [ɑ:] *s* ar ytmått
2 are [beton. ɑ:, obeton. ə] pl. o. 2 pers. sg. pres. av *be*
area ['eərɪə] *s* **1** yta, areal; ytinnehåll; area; *be 15 square metres in* ~ ha en yta av 15 kvadratmeter **2** a) område, trakt; kvarter [*shopping ~*], distrikt [*postal ~*], zon b) plats [*dining ~*], utrymme [*play ~*]; ~ *manager* distriktschef **3** gård utanför källarvåningen mellan hus och trottoar; ~ *steps* trappa [från trottoaren] ned till gården **4** bildl. område; *~s of agreement* avtalsområden
area code ['eərɪəkəʊd] *s* amer. riktnummer
arena [ə'ri:nə] *s* arena, stridsplats, skådeplats; ~ *stage* arenascen; ~ *theatre* arenateater
aren't [ɑ:nt] = *are not*; ~ *I?* vard. = *am I not?*
arf [ɑ:f] *adj* o. *adv* dial., se *half*
Argentina [ˌɑ:dʒ(ə)n'ti:nə] geogr.
Argentine ['ɑ:dʒ(ə)ntaɪn, -ti:n] **I** *adj* argentinsk **II** *s* **1** argentinare, argentinska **2** *the* ~ Argentina
Argentinian [ˌɑ:dʒ(ə)n'tɪnjən] **I** *adj* argentinsk **II** *s* argentinare; argentinska
argon ['ɑ:ɡɒn] *s* kem. argon
argot ['ɑ:ɡəʊ] *s* [yrkes]jargong; förbrytarslang
arguable ['ɑ:ɡjʊəbl] *adj* **1** som kan hävdas; *it is ~ that...* man skulle kunna påstå (hävda) att... **2** omtvistlig, diskutabel
arguably ['ɑ:ɡjʊəblɪ] *adv* ung. enligt mitt (mångas) förmenande; *it is ~* [*the best in its field*] jag vågar påstå (man kan nog hävda) att det är...
argue ['ɑ:ɡju:] **I** *vb itr* **1** anföra skäl, tala, argumentera [*for* för; *against* mot]; resonera; ~ *for* äv. plädera för, förorda **2** tvista, gräla, bråka [*with a p. about* (*over*) *a th.*] **3** döma, sluta [*from* av, efter] **II** *vb tr* **1** bevisa; visa, vittna om **2** påstå, hävda, göra gällande **3** dryfta, diskutera; framlägga [skälen för]; [*several things*] ~ *against the proposal* ...talar emot förslaget; ~ *a p. into* (*out of*) *doing a th.* övertala ngn att göra ngt (att inte göra ngt)

argument ['ɑ:gjʊmənt] *s* **1** argument, anfört skäl [*for* för; *against* mot]; *~ against* äv. invändning mot; *knock holes in an ~* slå sönder ett argument **2** bevis[föring], slutledning; resonemang **3** dispyt, gräl, meningsutbyte; diskussion **4** huvudinnehåll, handling i bok o.d.
argumentation [ˌɑ:gjʊmen'teɪʃ(ə)n] *s* **1** argumenterande, argumentation; bevisföring **2** resonemang, diskussion, dispyt
argumentative [ˌɑ:gjʊ'mentətɪv] *adj* **1** diskussionslysten; trätgirig **2** argumenterande, bevisande
argy-bargy [ˌɑ:dʒɪ'bɑ:dʒɪ] vard. **I** *s* gräl, hetsig diskussion **II** *vb itr* gräla, diskutera hetsigt
Argyll [ɑ:'gaɪl] geogr.
aria ['ɑ:rɪə] *s* mus. aria
arid ['ærɪd] *adj* **1** torr, förbränd; ofruktbar, kal **2** bildl. andefattig, torftig, torr [*~ textbook*] **3** geogr. arid [*~ climate*]
aridity [æ'rɪdətɪ] *s* **1** torrhet, torka; ofruktbarhet, kalhet **2** andefattigdom, torftighet
Aries ['eəri:z] *s* o. *adj* astrol. Väduren; *he is [an] ~* han är vädur
arise [ə'raɪz] (*arose arisen*) *vb itr* **1** uppstå [*problems have arisen*], uppkomma, framträda; *a storm of protest arose* det blev en proteststorm; *if the need should ~* vid behov; *arising out of...* i samband med..., med anledning av... **2** härröra [*from*] **3** litt. el. amer. stiga (stå) upp **4** poet. uppstå [från de döda]
arisen [ə'rɪzn] perf. p. av *arise*
aristocracy [ˌærɪ'stɒkrəsɪ] *s* aristokrati
aristocrat ['ærɪstəkræt, æ'rɪs-] *s* aristokrat
aristocratic [ˌærɪstə'krætɪk] *adj* o.
  aristocratical [ˌærɪstə'krætɪk(ə)l] *adj* aristokratisk
Aristophanes [ˌærɪ'stɒfəni:z] Aristofanes
Aristotle ['ærɪstɒtl] Aristoteles
arithmetic [ə'rɪθmətɪk] *s* räkning; aritmetik; *my ~ is poor* jag är dålig i räkning
arithmetical [ˌærɪθ'metɪk(ə)l] *adj* räkne- [*~ problem*]; aritmetisk
Ariz förk. för *Arizona*
Arizona [ˌærɪ'zəʊnə] geogr.
Arizonan [ˌærɪ'zəʊnən] *s* Arizonabo, person från Arizona
Ark förk. för *Arkansas*
ark [ɑ:k] *s* ark [*Noah's ~*]
Arkansan [ɑ:'kænzən] *s* Arkansasbo, person från Arkansas
Arkansas ['ɑ:kənsɔ:] geogr.
1 arm [ɑ:m] *s* **1** arm; *at ~'s length* a) på rak (sträckt) arm b) på en arms avstånd c) bildl. på avstånd; *within ~'s reach* inom räckhåll; *chance one's ~* göra (våga) ett försök; *put one's ~ round a p.* lägga armen om ngn; *twist a p.'s ~* utöva påtryckningar på ngn; *~ in ~* arm i arm; *children (infants) in ~s* spädbarn **2** ärm **3** karm, armstöd **4** stor [träd]gren; bildl. arm, gren **5** bildl. arm [*the ~ of the law*], makt, myndighet
2 arm [ɑ:m] **I** *s* **1** vanl. pl. *~s* vapen; i kommando gevär; *~s control* vapenkontroll; *~s deal* vapenaffär, vapentransaktion; *~s limitation* vapenbegränsning; *~s race* kapprustning; *~s reduction* nedrustning; *small ~s* handeldvapen; *in (up in, under) ~s* i (under) vapen, väpnad; *be up in ~s against (about, over)* vara på krigsstigen mot; vara upprörd över; *rise up in ~s* bildl. rusta sig till strid; *present ~s!* skyldra gevär!; *take up ~s* gripa till vapen **2** försvarsgren; truppslag; *the air ~* flygvapnet **3** herald. pl. *~s* vapen [*the ~s of a town*] **II** *vb tr* [be]väpna äv. bildl. [*~ed forces, ~ed with patience*]; [ut]rusta, armera; förse [*~ed with tools (equipment)*]; *~ed robbery* väpnat rån **III** *vb itr* väpna sig, rusta; gripa till vapen
armada [ɑ:'mɑ:də] *s* stor flotta, armada
armadillo [ˌɑ:mə'dɪləʊ] (pl. *~s*) *s* zool. bältdjur, bälta
Armageddon [ˌɑ:mə'gedn] *s* bibl. Harmagedon; bildl. världskrig; ragnarök
Armagh [ɑ:'mɑ:] geogr.
armament ['ɑ:məmənt] *s* **1** [krigs]rustning; pl. *~s* äv. krigsmateriel; *~s industry* rustningsindustri, vapenindustri; *~[s] race* kapprustning; *reduction of ~s* nedrustning **2** abstr. beväpning, utrustning äv. bildl.
armature ['ɑ:mətjʊə, -tʃʊə] *s* tekn. el. elektr. armatur, ankare; rotor
armband ['ɑ:mbænd] *s* armbindel; ärmhållare; *black ~* sorgband
armchair ['ɑ:mtʃeə, pred. äv. ˌ-'-] *s* fåtölj, länstol; *~ critic* skrivbordskritiker utan erfarenhet av det han kritiserar; *~ strategist* skrivbordsstrateg; *~ theatre* teater som upplevs i hemmet dvs. på TV el. i radio
1 armed [ɑ:md] *adj* försedd med arm[ar]; i sms. -armad
2 armed [ɑ:md] *adj* [be]väpnad etc., jfr *2 arm II*
Armenia [ɑ:'mi:njə] geogr. Armenien
Armenian [ɑ:'mi:njən] **I** *adj* armenisk **II** *s* **1** armenier; armeniska kvinna **2** armeniska [språket]
armful ['ɑ:mfʊl] (pl. *~s* el. *armsful*) *s* famn, fång
armhole ['ɑ:mhəʊl] *s* ärmhål
armistice ['ɑ:mɪstɪs] *s* vapenstillestånd
armlet ['ɑ:mlət] *s* armbindel; ärmhållare
1 armory ['ɑ:mərɪ] *s* heraldik
2 armory ['ɑ:mərɪ] *s* amer. **1** se *armoury* **2** vapenfabrik
armour ['ɑ:mə] **I** *s* **1** [vapen]rustning[ar]; pansar; armering äv. sjö. **2** dykardräkt **II** *vb tr* [be]pansra; armera; *~ed car* pansarbil; *~ed column* pansarkolonn; *~ed cruiser* pansarkryssare; *~ed forces* pansartrupper;

~ed glass pansarglas; **~ed** [*fighting*] *vehicle* pansarfordon
armour-clad ['ɑ:məklæd] *adj* pansrad, pansarklädd
armourer ['ɑ:mərə] *s* **1** vapensmed, svärdfejare **2** rustmästare vid vapenförråd
armour-plate ['ɑ:məpleɪt] **I** *s* pansarplåt **II** *vb tr* pansra
armoury ['ɑ:mərɪ] *s* vapenförråd, rustkammare; arsenal äv. bildl.
armpit ['ɑ:mpɪt] *s* armhåla
armrest ['ɑ:mrest] *s* armstöd
arm-twisting ['ɑ:m‚twɪstɪŋ] *s* starka påtryckningar
arm-wrestle ['ɑ:m‚resl] *vb itr* bryta arm
arm-wrestling ['ɑ:m‚reslɪŋ] *s* armbrytning
army ['ɑ:mɪ] *s* **1** armé, här; **~** *boots* marschkängor; **~** *chaplain* fältpräst; **~** *corps* armékår; **~** *map* generalstabskarta **2** stor hop, härskara [**~** *of officials*]
aroma [ə'rəʊmə] *s* arom, doft, vällukt
aromatic [‚ærə(ʊ)'mætɪk] *adj* aromatisk, väldoftande
arose [ə'rəʊz] imperf. av *arise*
around [ə'raʊnd] **I** *adv*, [*all*] **~** runt [omkring], omkring; överallt; åt alla håll; *be* **~** a) finnas, vara här (där) [*there weren't any girls* **~**]; finnas i närheten [*he's somewhere* **~**] b) vara med [i svängen] [*I know, I've been* **~**], vara i ropet [*some pop stars are* **~** *for only a few years*] c) komma, infinna sig [*I'll be* **~** *by nine o'clock*]; *he has been* **~** *a lot* han har sett sig omkring [i världen] i hel del; *be up and* **~** *again* isht amer. vara uppe och i farten igen; *stand* **~** stå och hänga; *he turned* **~** amer. han vände sig om **II** *prep* runtom, [runt] omkring; **~** *the clock* dygnet runt
arousal [ə'raʊz(ə)l] *s* uppväckande; bildl. uppryckning; upphetsning [*sexual* **~**]
arouse [ə'raʊz] *vb tr* [upp]väcka mest bildl. [**~** *suspicion*]; väcka till liv; liva upp, egga, rycka upp; *be* **~***d* äv. bli upphetsad
arpeggio [ɑ:'pedʒɪəʊ] (pl. **~***s*) *s* mus. (it.) arpeggio
arr. förk. för *arranged by, arrangement, arrival*
arrack ['ærək] *s* arrak
arraign [ə'reɪn] *vb tr* ställa inför rätta; stämma
arraignment [ə'reɪnmənt] *s* ställande inför rätta; stämning; anklagelse
arrange [ə'reɪn(d)ʒ] **I** *vb tr* **1** ordna, göra (ställa) i ordning; arrangera, anordna; disponera [*the book is well* **~***d*] **2** mus. arrangera, bearbeta **3** göra upp, bilägga [**~** *disputes* (*differences*)] **4** ordna med, arrangera; avtala, komma överens om [*what did you* **~** *with him?*] **II** *vb itr* göra upp [**~** *with a p.*]; **~** *for* [an]ordna, planera, ombesörja; **~** *for a car to meet a p.* ordna så att en bil möter ngn
arrangement [ə'reɪn(d)ʒmənt] *s* **1** ordnande **2** ordning; anordning; uppställning;

disposition; arrangemang **3** mus. arrangemang, bearbetning **4** åtgärd; förberedelse [**~***s for a party* (*journey*)]; *make* **~***s for somebody to meet you* ordna så att någon möter dig **5** uppgörelse [*come to an* **~**]
arrant ['ær(ə)nt] *adj* durkdriven, inpiskad [*an* **~** *liar* (*rogue*)]; **~** *nonsense* absolut nonsens
array [ə'reɪ] **I** *vb tr* **1** ställa upp i stridsordning; ordna; *they* **~***ed themselves against*... bildl. de gjorde front (reste sig) mot... **2** kläda, pryda, styra ut **II** *s* **1** stridsordning [äv. *battle* **~**] **2** uppbåd **3** samling; skara; *a fine* **~** *of* äv. en imponerande samling (uppsättning)... **4** litt. dräkt, stass
arrear [ə'rɪə] *s*, pl. **~***s* resterande skulder; restantier; rest; **~***s of work* arbete som släpar efter; *be in* **~**[*s*] vara efter (på efterkälken) isht med betalning
arrest [ə'rest] **I** *vb tr* **1** anhålla, arrestera **2** hejda, stoppa, hämma [**~** *the growth*], hindra **3** bildl. fängsla, fånga [**~** *a p.'s attention*] **II** *s* **1** anhållande, arrestering; arrest; *be under* **~** vara arresterad **2** hejdande; avbrott; hinder; *cardiac* **~** med. hjärtstillestånd
arresting [ə'restɪŋ] *adj* fängslande [*an* **~** *painting* (*personality*)], spännande
arrival [ə'raɪv(ə)l] *s* **1** ankomst, framkomst [*at, in* till]; *on* **~** vid ankomsten (framkomsten); *to await* **~** på brev eftersändes ej **2** nyanländ (nykommen) person (sak); *a new* **~** en nykomling; en ny familjemedlem **3** trafik. pl. **~***s* ankommande passagerare (flyg, tåg etc.); **~** *indicator* ankomsttavla; **~** *lounge* ankomsthall
arrive [ə'raɪv] *vb itr* anlända, ankomma, komma [fram] [*at, in* till; *at Bath, in a country, in Paris, at a decision*], inträffa [*at, in* i]
arrogance ['ærəgəns] *s* arrogans, övermod
arrogant ['ærəgənt] *adj* arrogant, övermodig
arrogate ['ærə(ʊ)geɪt] *vb tr* [övermodigt] göra anspråk på [*to* för sig själv el. andra]; förmätet tillvälla sig [isht **~** *to oneself*]
arrow ['ærəʊ] *s* pil projektil el. symbol
arrowroot ['ærəʊru:t] *s* bot. maranta; kok. arrowrot
arse [ɑ:s] vulg. **I** *s* arsle, arsel, röv, häck; *up your* **~***!* se *up* **II II** *vb itr*, **~** *about* (*around*) larva omkring
arsehole ['ɑ:shəʊl] *s* vulg. rövhål; ss. skällsord arsel
arse-licker ['ɑ:s‚lɪkə] *s* vulg. rövslickare
arsenal ['ɑ:sənl] *s* arsenal
arsenic ['ɑ:snɪk] kem. *s* arsenik
arson ['ɑ:sn] *s* mordbrand
arsonist ['ɑ:s(ə)nɪst] *s* mordbrännare
Art [ɑ:t] kortform för *Arthur*
1 art [ɑ:t] åld., 2 pers. sg. pres. av *be* [*thou* **~**]
2 art [ɑ:t] *s* **1** konst, konst- [**~** *critic* (*gallery, museum*)]; **~** *student* konststuderande; **~**

director konstnärlig ledare; *applied ~* nyttokonst, konstindustri; *the fine ~s* de sköna konsterna; *work of ~* konstverk **2** *the ~s* vissa ämnen inom humanistiska fakulteten, humaniora [*history and literature are among the ~s*]; *~s student* studerande vid humanistisk fakultet, 'humanist'; *the Faculty of Arts* humanistiska fakulteten; *Bachelor (Master) of Arts* ung. filosofie kandidat[examen] efter ungefär tre års studier (vid vissa universitet är Master of Arts en högre examen)
artefact ['ɑːtɪfækt] *s* **1** konstprodukt; arkeol. artefakt **2** tekn. el. med. artefakt
arterial [ɑːˈtɪərɪəl] *adj* hörande till pulsådrorna, pulsåders-, arteriell [*~ blood*]; *~ road* huvudtrafikled
arteriosclerosis [ɑːˌtɪərɪəʊsklɪəˈrəʊsɪs] *s* med. arterioskleros, åderförkalkning
artery ['ɑːtərɪ] *s* pulsåder
artful ['ɑːtf(ʊ)l] *adj* slug, listig
arthritic [ɑːˈθrɪtɪk] *adj* med. artritisk, led-, ledgångs-
arthritis [ɑːˈθraɪtɪs] *s* med. ledinflammation, artrit; *rheumatoid ~* ledgångsreumatism
arthropod ['ɑːθrə(ʊ)pɒd] *s* artropod, leddjur
Arthur ['ɑːθə] mansnamn; *King ~* kung Artur brittisk sagokonung
Arthurian [ɑːˈθjʊərɪən] *adj* Artur- [*~ legend*], jfr *Arthur*
artichoke ['ɑːtɪtʃəʊk] *s*, [*globe*] *~* kronärtskocka; *Jerusalem ~* jordärtskocka; *~ hearts* kronärtskockshjärtan
article ['ɑːtɪkl] **I** *s* **1** sak; hand. artikel, vara; persedel; *~ of clothing* klädesplagg, klädespersedel **2** artikel, [kortare] uppsats; *leading ~* ledare i tidning **3** gram. artikel [*the definite ~*] **4** pl. *~s* kontrakt, villkor, bestämmelser, stadgar; *serve one's ~s* gå i lära; *~s of apprenticeship* lärlingskontrakt; *~s of association* bolagsordning **II** *vb tr* anställa genom kontrakt, sätta i lära [*to hos*]
articulate [ss. adj. ɑːˈtɪkjʊlət, ss. vb -leɪt] **I** *adj* **1** tydlig [*~ speech*], klar, artikulerad **2** talför; vältalig **II** *vb tr* o. *vb itr* **1** artikulera, uttala, tala [tydligt] **2** *~d bus* ledbuss; *~d lorry* långtradare med släp; *~d trailer* semitrailer[ekipage]
articulation [ɑːˌtɪkjʊˈleɪʃ(ə)n] *s* artikulation, artikulering; tal
artifice ['ɑːtɪfɪs] *s* **1** påhitt, påfund, konstgrepp, knep **2** konst[färdighet]
artificial [ˌɑːtɪˈfɪʃ(ə)l] *adj* **1** konstgjord [*~ flowers (respiration)*], konst- [*~ silk*], artificiell [*~ light*]; konstlad; *~ insemination* [artificiell] insemination, konstgjord befruktning **2** jur., *~ person* juridisk person
artificiality [ˌɑːtɪfɪʃɪˈælətɪ] *s* o. **artificialness** [ˌɑːtɪˈfɪʃ(ə)lnəs] *s* konstgjordhet; förkonstling
artillery [ɑːˈtɪlərɪ] *s* artilleri; *light ~* fältartilleri
artilleryman [ɑːˈtɪlərɪmən] *s* artillerist

artisan [ˌɑːtɪˈzæn, 'ɑːtɪz-] *s* hantverkare
artist ['ɑːtɪst] *s* artist, konstnär; isht målare
artiste [ɑːˈtiːst] *s* **1** artist scenisk konstnär, sångare, dansare o.d. **2** skicklig yrkesutövare kock, frisör m.m.
artistic [ɑːˈtɪstɪk] *adj* konstnärlig, artistisk, konstnärligt lagd; konstnärs- [*~ talent*]
artistry ['ɑːtɪstrɪ] *s* konstnärskap, artisteri
artless ['ɑːtləs] *adj* **1** konstlös, okonstlad **2** troskyldig, naiv
arty-crafty [ˌɑːtɪˈkrɑːftɪ] *adj* vard. 'konstnärlig', artistisk på ett ytligt el. modebetonat sätt
arum ['eərəm] *s* bot., *~ lily* odlad kalla
Aryan ['eərɪən, 'ɑːr-] **I** *adj* arisk; indoeuropeisk **II** *s* arier; indoeuropé
as [æz, obeton. əz] **I** *adv* så [*this bag is twice ~ heavy*], lika [*I'm ~ tall as you*] **II** *rel adv* o. *konj* **1** jämförande **a)** som [*do ~ you like!*], liksom; *he is a hard worker, ~ you are* han arbetar hårt, [precis] som du **b)** som, på samma sätt som; [*hold the tennis racket*] *~ I do* ...som jag **c)** som, i egenskap av [*she worked ~ a journalist*]; [*Mary is pretty,*] *~ is her sister* ...och det är hennes syster också **2** såsom, till exempel, t.ex. **3** medgivande hur...än [*absurd ~ it sounds, it is true*], hur mycket...än; *try ~ he might* (*would*) hur [mycket] han än försökte **4** tid just då, [just] när (som); medan; alltefter som; *~ need arises* i mån av behov **5** orsak då, som, eftersom **6** dial. att [*he said ~ he would come*] **III** *rel pron* som [*such (the same) ~*]; såsom **IV** särskilda uttryck: *according ~* alltefter som; *~ against* mot, i jämförelse med; *~ for* vad beträffar; *~ from* (*of*) från [och med]; *~ good ~* så gott som, nästan; *~ if* [lik]som om; *~ if to* liksom för att; *~ it is* redan nu, ändå, som det [nu] är; *~ it were* så att säga, liksom; *I thought ~ much* jag kunde väl tro det; *~ regards* vad beträffar, i fråga om; *it is ~ simple ~ that* så enkelt är det; *~ to* vad beträffar, med avseende på, angående, om; *~ yet* ännu [så länge], hittills åtminstone
a.s.a.p. [ˌeɪˌesˌeɪˈpiː, ˈeɪsæp, ˈæsæp] förk. för *as soon as possible*
asbestos [æzˈbestɒs] *s* asbest
ASC förk. för *American Society of Cinematographers*
ascend [əˈsend] **I** *vb tr* bestiga [*~ the throne*], fara (gå, klättra, stiga) uppför (upp i el. på) **II** *vb itr* stiga [uppåt]; höja sig; gå uppför
ascendancy [əˈsendənsɪ] *s* överlägsenhet [*military ~*], herravälde [*~ in the air*]; övertag [*gain ~ over one's rivals*], inflytande, makt [*over över*]
ascendant [əˈsendənt] **I** *adj* **1** uppstigande **2** härskande, överlägsen **II** *s* **1** överlägsenhet, inflytande, makt; övervälde; *be in the ~* vara på väg uppåt (i stigande, i uppåtgående); ha (få) övertaget **2** astrol. ascendent
ascension [əˈsenʃ(ə)n] *s* **1** uppstigande,

ascent

uppstigning äv. flyg. **2 the A~** Kristi himmelsfärd; **A~ Day** Kristi Himmelsfärdsdag

ascent [ə'sent] s **1** bestigning; uppstigning [~ *in a balloon*]; uppfärd **2** stigande; upphöjelse **3** sluttning; stigning, [uppförs]backe, höjd **4** *in direct line of* ~ i rakt uppstigande [släkt]led

ascertain [,æsə'teɪn] *vb tr* förvissa sig om [~ *that the news is true*]; utröna, ta (få) reda på [~ *the facts*; ~ *whether it is true*]; fastställa, konstatera

ascertainable [,æsə'teɪnəbl] *adj* möjlig att utröna, fastställbar, konstaterbar

ascetic [ə'setɪk] **I** *adj* asketisk **II** *s* asket

asceticism [ə'setɪsɪz(ə)m] *s* askes

ascorbic [ə'skɔ:bɪk] *adj*, ~ *acid* askorbinsyra

Ascot ['æskət] känd engelsk kapplöpningsbana

ascribable [ə'skraɪbəbl] *adj*, *it is* ~ *to* det kan tillskrivas

ascribe [ə'skraɪb] *vb tr* tillskriva, tillräkna, tillägga, tillerkänna [*a th. to a p.* ngn ngt]

ASE förk. för *Amalgamated (Associate of the) Society of Engineers*

aseptic [ə'septɪk, eɪ's-] *adj* med. aseptisk, bakteriefri

asexual [ə'seksjʊəl, eɪ's-] *adj* könlös, asexuell

1 ash [æʃ] *s* ask[träd]; *mountain* ~ rönn

2 ash [æʃ] *s* **1** vanl. pl. *~es* aska **2** pl. *~es* stoft; *~es to ~es and dust to dust* av jord är du kommen, jord skall du åter varda

ashamed [ə'ʃeɪmd] *pred adj* skamsen, generad; *be (feel)* ~ äv. skämmas, blygas [*of* för, över]; *you ought to be ~ of yourself* du borde skämmas; vet skäms!; *make ~* skämma ut; komma att skämmas

ash-blond [,æʃ'blɒnd] **I** *adj* ljusblond, askblond **II** *s*, *she is an ~* hon är ljusblond (askblond)

ash can ['æʃkæn] *s* amer. soptunna

1 ashen ['æʃn] *adj* av askträ, ask-

2 ashen ['æʃn] *adj* askgrå, askblek; ask-, asklik

ashore [ə'ʃɔ:] *adv* i land; på land; *cast* ~ kasta upp på land, spola i land; *run (be driven)* ~ stranda

ashtray ['æʃtreɪ] *s* askkopp, askfat

Ash Wednesday [,æʃ'wenzdɪ] *s* askonsdag

Asia ['eɪʃə, 'eɪʒə] geogr. Asien; ~ *Minor* Mindre Asien

Asian ['eɪʃ(ə)n, 'eɪʒən] **I** *adj* asiatisk; ~ *flu* vard. asiat[en] slags influensa **II** *s* asiat

Asiatic [,eɪʃɪ'ætɪk, ,eɪzɪ-, ,eɪʒɪ-] *adj* o. *s* se *Asian*

aside [ə'saɪd] **I** *adv* **1** avsides, åt sidan, undan, åsido; *joking* ~ skämt åsido; *~ from* isht amer. bortsett från; [för]utom **2** i enrum **II** *s* sidoreplik; teat. avsidesreplik

asinine ['æsɪnaɪn] *adj* åsnelik; enfaldig

ask [ɑ:sk] **I** *vb tr* **1** fråga [*a th.* ngt; *a p.* about *a th.* (*a p. a th., a th. of a p.*) ngn om (efter) ngt]; höra efter, fråga efter; ~ *one's way* fråga sig fram; ~ *me another* den som det

vissste!; *don't ~ me!* vard. äv. inte vet jag!; *I ~ you!* har du sett på maken!, vad ger du mig för det!; [*he is a bit nuts,*] *if you ~ me* ...om jag får säga min mening; *be ~ed* bli tillfrågad **2** begära; be, bedja [*for* om; *to do* att [få] göra]; ~ *a p.'s advice* fråga ngn till råds; *that's ~ing a lot* det är mycket begärt; *~ed price (quotation)* börs. säljkurs **3** [in]bjuda; ~ *a p. in* bjuda ngn att (be ngn) stiga in; ~ *a p. to dance* bjuda upp ngn; *I ~ed him to dinner* jag bjöd honom på middag **II** *vb itr* **1** fråga; göra (framställa) frågor; ~ *after a p.* fråga hur det står till med ngn; ~ *for* fråga efter för att få se etc. **2** be, bedja [*for* om]; *you ~ed for it* vard. du får skylla dig själv; *you're ~ing for it* vard. du kommer att få besvär; du tigger stryk va!

askance [ə'skæns, -'skɑ:ns] *adv*, *look ~ at a p.* snegla misstänksamt på ngn

askew [ə'skju:] **I** *pred adj* sned, skev **II** *adv* snett, skevt; *have one's hat [on]* ~ ha hatten på sned

asking ['ɑ:skɪŋ] *s* **1** frågande; begäran; *I could have it for the* ~ jag kunde få det för ingenting (bara jag bad om det) **2** hand., *~ price* begärt pris

aslant [ə'slɑ:nt] *adv* på sned, på tvären

asleep [ə'sli:p] *adv* o. *pred adj* i sömn, sovande; [av]domnad; *be* ~ sova; vara domnad; *fall* ~ somna [in], falla i sömn

A/S level [eɪ'es,levl] *s* skol., se *certificate I 2*

asocial [eɪ'səʊʃ(ə)l, ə's-] *adj* asocial

asparagus [ə'spærəgəs] *s* sparris; ~ *shoot* sparrisskott, späd sparris; ~ *tip* sparrisknopp

aspect ['æspekt] *s* **1** aspekt äv. språkv.; sida [*there are different ~s of the problem*]; synpunkt **2** läge; utsikt **3** utseende, min, uppsyn [*a man of (med) fierce ~*]

aspen ['æspən] *s* asp[träd]; *tremble (shake, quiver) like an ~ leaf* darra (skälva) som ett asplöv

asperit|y [æ'sperətɪ] *s* kärvhet, skärpa; pl. *-ies* spydigheter, giftigheter

aspersion [ə'spɜ:ʃ(ə)n] *s* smädelse, förtal; *cast ~s (an ~) [up]on* förtala, baktala

asphalt ['æsfælt] **I** *s* asfalt; ~ *jungle* se *jungle* **II** *vb tr* asfaltera, belägga med asfalt

asphyxia [æs'fɪksɪə] *s* kvävning, med. asfyxi

asphyxiate [æs'fɪksɪeɪt] *vb tr* kväva

aspic ['æspɪk] *s* aladåb; *chicken in ~* hönsaladåb

aspirant ['æspərənt, ə'spaɪərənt] **I** *adj* som eftersträvar (söker) [*to (after, for) a th.* ngt] **II** *s* person som eftersträvar (söker) [*to (after, for) a th.* ngt], aspirant [*to, for* på], kandidat [*to, for* till]

aspiration [,æspə'reɪʃ(ə)n] *s* **1** [ivrig] önskan, längtan, strävan [*for, to, towards* efter], ambition [*social ~s*] **2** andning **3** fonet. aspiration

aspire [ə'spaɪə] *vb itr* längta, sträva [*to (after,*

at) a th. efter ngt; *to do a th.* efter att göra ngt]
aspirin ['æsp(ə)rɪn] *s* farmakol. aspirin
aspiring [ə'spaɪərɪŋ] *adj* uppåtsträvande, ärelysten
1 ass [æs, isht som skällsord äv. ɑ:s] **I** *s* åsna; *make an ~ of oneself* skämma ut sig, göra sig löjlig **II** *vb itr* vard., *~ about (around)* larva omkring
2 ass [æs] *s* amer. vulg. **1** arsle, arsel, röv, häck **2** *piece of ~* a) knull samlag b) sexig brud
assail [ə'seɪl] *vb tr* **1** angripa, anfalla, överfalla **2** ansätta [*be ~ed with* (av) *doubts*]
assailable [ə'seɪləbl] *adj* angriplig, angripbar
assailant [ə'seɪlənt] *s* angripare; våldsman
Assam [æ'sæm, 'æsæm]
assassin [ə'sæsɪn] *s* [lönn]mördare
assassinate [ə'sæsɪneɪt] *vb tr* **1** lönnmörda **2** bildl. svärta ned, förtala
assassination [ə͵sæsɪ'neɪʃ(ə)n] *s* **1** lönnmord **2** bildl. nedsvärtning, förtal
assault [ə'sɔ:lt, ə'sɒlt] **I** *s* **1** anfall, angrepp [[*up*]*on* mot] **2** stormning; ~ *craft* stormbåt; ~ *troops* stormtrupp[er] **3** överfall; jur. [personligt] övervåld inbegripet hotelser; olaga hot; ~ *and battery* övervåld och misshandel; *child ~* sedlighetsbrott mot minderårig; *indecent ~* våldtäktsförsök **II** *vb tr* **1** anfalla, angripa **2** storma [*~ a stronghold*] **3** överfalla, öva våld mot; [försöka] våldta; [*he was arrested*] *for ~ing a policeman* ...för våld mot polisman
assegai ['æsɪɡaɪ] *s* assegaj kort kastspjut använt i Afrika
assemblage [ə'semblɪdʒ] *s* **1** samling [*an odd ~ of people* (*things*)] **2** sammanförande, hopförande **3** montering, hopsättning
assemble [ə'sembl] **I** *vb tr* **1** församla, sammankalla; samla, dra samman [*~ troops*] **2** montera, sätta ihop **II** *vb itr* komma tillsammans, samlas
assembly [ə'semblɪ] *s* **1** sammanträde; sammankomst, möte; skol. morgonsamling; *freedom of ~* mötesfrihet; *place of ~* samlingsplats **2** [för]samling; sällskap **3** representantförsamling lagstiftande isht i vissa stater i USA [äv. *General A~*]; *consultative ~* rådgivande församling; *the UN General A~* FN:s generalförsamling **4** montering, hopsättning
assembly hall [ə'semblɪhɔ:l] *s* **1** skol. samlingssal, aula **2** tekn. monteringshall
assembly line [ə'semblɪlaɪn] *s* monteringsband, löpande band
assembly room [ə'semblɪru:m] *s* **1** festsal, gillesal; pl. *~s* äv. festvåning **2** tekn. monteringsrum
assent [ə'sent] **I** *vb itr* samtycka, instämma [*to* till resp. i] **II** *s* **1** samtycke, bifall [*to*]; *give a nod of ~* nicka bifall; *by common ~* med allas samtycke, enhälligt **2** gillande [*to* av], instämmande [*to* i]
assert [ə'sɜ:t] *vb tr* **1** hävda, påstå, försäkra; bedyra [*~ one's innocence*] **2** hävda, förfäkta; göra anspråk på, kräva; *~ oneself* göra sig gällande, hävda sig; hålla sig framme; stå på sig
assertion [ə'sɜ:ʃ(ə)n] *s* **1** [bestämt] påstående, försäkran, bedyrande **2** hävdande, förfäktande
assertive [ə'sɜ:tɪv] *adj* bestämt försäkrande (förklarande); bestämd [*an ~ tone* (*voice*)]
assess [ə'ses] *vb tr* **1** fastställa, bestämma belopp **2** beskatta, taxera **3** uppskatta, värdera [*at* till], bedöma, utvärdera; analysera
assessment [ə'sesmənt] *s* **1** beskattning, taxering **2** uttaxerad summa **3** bedömning, värdering; utvärdering; analys
assessor [ə'sesə] *s* taxeringsman
asset ['æset] *s* **1** vanl. pl. *~s* jur. el. hand. tillgångar isht i dödsbo och konkursmassa; kvarlåtenskap; *fixed ~s* fast egendom; *~s and liabilities* firmas tillgångar och skulder, aktiva och passiva **2** tillgång, fördel
asset-stripping ['æset͵strɪpɪŋ] *s* försäljning av lätt realiserbara tillgångar i uppköpt företag
asseverate [ə'sevəreɪt] *vb tr* bedyra, betyga
asseveration [ə͵sevə'reɪʃ(ə)n] *s* bedyrande
asshole ['æʃəʊl] *s* amer. vulg., se *arsehole*
assiduity [͵æsɪ'dju:ətɪ] *s* trägenhet, flit, nit
assiduous [ə'sɪdjʊəs] *adj* trägen, oförtruten, ihärdig, flitig, nitisk; outtröttlig
assign [ə'saɪn] *vb tr* **1** tilldela, anvisa, anslå [*to, for*]; *~ a p. to do a th.* ge ngn i uppdrag (sätta ngn [till]) att göra ngt; *~ a room to a p.* tilldela (anvisa) ngn ett rum; *~ work to a p.* äv. förelägga ngn ett arbete **2** avträda, överlåta egendom **3** jur. utse, förordna **4** bestämma tid, gräns **5** utpeka, ange; anföra skäl **6** *~ to* hänföra till, tillskriva
assignation [͵æsɪɡ'neɪʃ(ə)n] *s* **1** avtal om möte, rendezvous **2** tilldelning, anvisning **3** överlåtelse
assignment [ə'saɪnmənt] *s* **1** tilldelning, anvisning **2** uppgift, uppdrag; isht amer. skol. äv. beting, [lång]läxa
assimilable [ə'sɪmɪləbl] *adj* som kan assimileras
assimilate [ə'sɪmɪleɪt] *vb tr* o. *vb itr* **1** assimilera[s] äv. fonet.; införliva[s]; uppta[s] **2** *~ to* (*with*) *a th.* göra (bli) lik ngt
Assisi [ə'si:zɪ, -sɪ] geogr.
assist [ə'sɪst] **I** *vb tr* **1** hjälpa [*a p. with* (*to do*) *a th.* ngn med (att göra) ngt], assistera, bistå, biträda; *~ed area* stödområde **2** ishockey passa till **II** *vb itr* hjälpa till, assistera, medverka [*in* i, vid] **III** *s* ishockey assist, [målgivande] passning
assistance [ə'sɪstəns] *s* hjälp, assistans, bistånd; *give* (*render*) *~ to a p.* äv. hjälpa

(assistera etc.) ngn; *can I be of any ~?* kan jag vara till hjälp?
assistant [əˈsɪstənt] **I** *adj* assisterande, biträdande [*~ librarian*], extra[-]; *~ master* skol., ung. adjunkt; *~ professor* amer., ung. högskolelektor **II** *s* medhjälpare, assistent; expedit [äv. *shop ~*]
assize [əˈsaɪz] *s* domstol; förhör
associate [ss. adj. o. subst. əˈsəʊʃɪət, ss. vb əˈsəʊʃɪeɪt] **I** *adj* förbunden; associerad; åtföljande; *~ member* associerad medlem; *~ professor* amer., ung. docent **II** *s* **1** delägare, kompanjon; kollega; kamrat; [*business*] *~* affärsbekant, affärsförbindelse **2** bundsförvant **III** *vb tr* **1** förena, förbinda [*with* med]; *be ~d with* äv. stå i samband med; *Associated Press* nyhetsbyrå i USA **2** associera, förbinda i tanken **3** upptaga i sällskap, bolag etc.; *be ~d with* [*a company*] vara knuten till... **4** *~ oneself with* associera sig med, ansluta sig till **IV** *vb itr* umgås [*with* med]
association [əˌsəʊsɪˈeɪʃ(ə)n, -əʊʃɪ-] *s* **1** förenande; förening, sammanslutning; associering; förbund, sällskap, samfund; *A~ football* vanlig fotboll i motsats till rugby el. amerikansk fotboll **2** förbindelse; umgänge, samröre **3** association, tankeförbindelse; samband, anknytning
assort [əˈsɔːt] *vb itr* kunna föras till samma klass [*with* som]; överensstämma, passa ihop [*~ well* (*ill*) *with* (med)]
assorted [əˈsɔːtɪd] *adj* klassificerad; sorterad; [ut]vald; passande; *ill ~* omaka om par; *~ sweets* (*biscuits*) blandade karameller (kex)
assortment [əˈsɔːtmənt] *s* **1** sortering **2** sort, klass **3** hand. sortimente, sorterat lager [*an ~ of gloves* (*of good goods*)]; blandning t.ex. av karameller; urval **4** samling [*an odd ~ of guests*]
asst. fork. för *assistant*
assuage [əˈsweɪdʒ] *vb tr* lindra, mildra; stilla
assume [əˈsjuːm, -ˈsuːm] *vb tr* **1** anta, förutsätta, förmoda, ponera; *assuming this to be true* förutsatt att detta är sant **2** anta [*~ a new name*; *~ alarming proportions*]; inta [*~ a pose*]; anlägga, ta på sig [*~ an air of innocence*]; *~d* låtsad, spelad [*~d cheerfulness*], föregiven; *under an ~d name* under antaget namn, under täckamn **3** tillträda [*~ an office* (tjänst)]; överta, åta sig [*~ the direction of a business*]; ta på sig [*~ a responsibility*]; *~ command* [över]ta befälet **4** tillvälla (tillkansa) sig [*~ power*]
assumption [əˈsʌm(p)ʃ(ə)n] *s* **1** antagande, förutsättning; *on* (*under*) *the ~ that* under förutsättning att **2** antagande av gestalt; tillträdande av befattning etc.; övertagande **3** övermod **4** *the A~* Marie himmelsfärd
assurance [əˈʃʊər(ə)ns] *s* **1** försäkran, försäkring **2** säkerhet, visshet,

tillförsikt, [fast] övertygelse; *to make ~ doubly sure* för att vara på den säkra sidan **3** [själv]säkerhet **4** livförsäkring
assure [əˈʃʊə] *vb tr* **1** försäkra, förvissa, övertyga [*of* om] **2** säkerställa, trygga **3** livförsäkra
assured [əˈʃʊəd] *adj* **1** säker, viss; tryggad, säkrad, säkerställd **2** säker, förvissad, övertygad [*of* om] **3** trygg, förtröstansfull; dristig; självsäker
assuredly [əˈʃʊərɪdlɪ] *adv* säkert, förvisso, absolut; tryggt
assurer [əˈʃʊərə] *s* försäkringsgivare
Assyria [əˈsɪrɪə] Assyrien
Assyrian [əˈsɪrɪən] **I** *adj* assyrisk **II** *s* **1** assyrier **2** assyriska [språket]
AST fork. för *Atlantic Standard Time*
aster [ˈæstə] *s* aster
asterisk [ˈæst(ə)rɪsk] **I** *s* asterisk, stjärna (*) **II** *vb tr* utmärka med en asterisk
astern [əˈstɜːn] *adv* akter ut (över); bakåt, tillbaka; *~ of* akter om; *drop* (*fall*) *~* sacka akter ut; *go ~* backa
asteroid [ˈæstərɔɪd] astron. *s* asteroid, småplanet
asthenia [æsˈθiːnjə] *s* med. asteni, kraftlöshet
asthma [ˈæsmə, ˈæsθ-] *s* astma
asthmatic [æsˈmætɪk, æsθ-] **I** *adj* astmatisk; *be ~* äv. lida av astma **II** *s* astmatiker
astigmatic [ˌæstɪgˈmætɪk] *adj* **I** astigmatisk **II** *s* astigmatiker
astigmatism [æˈstɪgmətɪz(ə)m] *s* astigmatism
astir [əˈstɜː] *adv* o. pred *adj* i rörelse; på benen; *the whole village was ~* [*when they heard the news*] det blev allmän uppståndelse i byn...
astonish [əˈstɒnɪʃ] *vb tr* förvåna, överraska, göra häpen; *be ~ed at* äv. förvåna sig över
astonishment [əˈstɒnɪʃmənt] *s* förvåning; *he looked at her in ~* han såg förvånad (förvånat) på henne
astound [əˈstaʊnd] *vb tr* slå med häpnad, förbluffa
astounding [əˈstaʊndɪŋ] *adj* häpnadsväckande, förbluffande
astrakhan [ˌæstrəˈkæn] *s* astrakan lammskinn
astral [ˈæstr(ə)l] *adj* stjärn-, astral
astray [əˈstreɪ] *adv* vilse [*go ~*]; på avvägar; *be led ~* bli vilseledd
astride [əˈstraɪd] **I** *adv* med utspärrade ben, bredbent; grensle **II** *prep* grensle över
astringency [əˈstrɪn(d)ʒ(ə)nsɪ] *s* kärvhet, strävhet
astringent [əˈstrɪn(d)ʒ(ə)nt] **I** *adj* **1** a) adstringerande; blodstillande b) kärv, sträv [*~ taste*] **2** bildl. kärv, sträng **II** *s* adstringerande medel
astrobiology [ˌæstrəʊbaɪˈɒlədʒɪ] *s* astrobiologi
astrologer [əˈstrɒlədʒə] *s* astrolog; stjärntydare
astrology [əˈstrɒlədʒɪ] *s* astrologi

astronaut ['æstrənɔ:t] *s* astronaut
astronautics [ˌæstrə'nɔ:tɪks] (konstr. ss. sg.) *s* astronautik
astronomer [ə'strɒnəmə] *s* astronom
astronomic [ˌæstrə'nɒmɪk] *adj* se *astronomical*
astronomical [ˌæstrə'nɒmɪk(ə)l] *adj* astronomisk äv. bildl. [~ *figures*]
astronomy [ə'strɒnəmɪ] *s* astronomi
astrophysicist [ˌæstrə(ʊ)'fɪzɪsɪst] *s* astrofysiker
astrophysics [ˌæstrə(ʊ)'fɪzɪks] (konstr. ss. sg.) *s* astrofysik
astute [ə'stju:t] *adj* skarpsinnig; knipslug, listig
asunder [ə'sʌndə] *adv* **1** isär, sönder **2** ifrån varandra; *they were driven ~* äv. de blev åtskilda
asylum [ə'saɪləm] *s* **1** asyl, fristad **2** *lunatic ~* vard. dårhus
asymmetric [ˌæsɪ'metrɪk] *adj* o. **assymetrical** [ˌæsɪ'metrɪkəl] *adj* asymmetrisk; osymmetrisk
at [æt, obeton. ət] *prep* **1** uttr. befintlighet, plats på [~ *the hotel*]; vid [~ *my side*]; i [~ *Oxford*]; genom [*enter ~ the door*]; till [*arrive ~ Bath*]; *~ my aunt's* hos min faster (moster); *~ the Browns'* [hemma] hos familjen Brown; *~ a distance* på avstånd; *~ home* hemma; *~ my place* (*house*) [hemma] hos mig; *stand ~ the window* stå vid (i) fönstret; *live ~ No. 5 John Street* bo på John Street 5 **2** uttr. riktning, mål på [*look ~*]; åt [*shout ~*]; mot [*smile ~*]; *get* (*go* etc.) *~* se under resp. vb **3** uttr. tid, tillfälle vid [~ *midnight*]; på [~ *the same time*]; i [~ *the last moment*]; *~* [*the age of*] *sixty* vid sextio [års ålder]; *~ Christmas* under julen; i jul; vid jul[en], till jul; *~ five* [*o'clock*] [klockan] fem **4** uttr. sysselsättning, sätt, tillstånd i [~ *rest*, ~ *war*]; på [~ *one's own risk*]; med [~ *a speed of*]; *~ full speed* med (i, för) full fart; [*when it is*] *~ its highest* ...som högst; *be ~ a p.* vara 'på ngn, ligga efter ngn; *what is he ~?* vad håller han på med (har han för sig)?; *he has been ~ it* [*all day*] han har hållit på (varit i farten)...; *while you are ~ it* medan du [ändå] håller på **5** för, till [ett pris av]; à; *sell ~ a loss* sälja med förlust **6** uttr. anledning över [*astonished ~*]; åt [*laugh ~ a p.*]; vid [*bitter ~ the thought*] **7** *~ that* dessutom, till på köpet
atavism ['ætəvɪz(ə)m] *s* atavism
ATC förk. för *Air Traffic Control, Air Training Corps*
ate [et, isht amer. eɪt] imperf. av *eat*
A-team ['eɪti:m] *s* sport. el. bildl. A-lag, topplag [*an ~ of the most prominent scientists*]
atheism ['eɪθɪɪz(ə)m] *s* ateism
atheist ['eɪθɪɪst] *s* ateist
atheistic [ˌeɪθɪ'ɪstɪk] *adj* ateistisk
Athenian [ə'θi:njən] **I** *adj* atensk **II** *s* atenare
Athens ['æθɪnz] geogr. Aten
atherosclerosis [ˌæθərəʊsklɪə'rəʊsɪs, -sklə-] *s* med. ateroskleros

athlete ['æθli:t] *s* [fri]idrottsman; *~'s foot* med. fotsvamp; *~'s heart* med. idrottshjärta
athletic [æθ'letɪk] *adj* **1** idrotts- [*~ association*]; idrottslig **2** spänstig; atletisk
athletics [æθ'letɪks] *s* **1** (konstr. ss. pl.) friidrott **2** (konstr. ss. sg.) idrott[ande]
at-home [ət'həʊm, ə'təʊm] *s* mottagning [hemma], öppet hus
athwart [ə'θwɔ:t] **I** *prep* **1** tvärs över **2** om fartyg tvärs för **3** mot **II** *adv* **1** tvärs över, på tvären, på sned; tvärsemot **2** galet, bakvänt, oläggligt
atishoo [ə'tɪʃu:, æ'tɪ-] *interj*, *~!* atschi! vid nysning
Atlanta [ət'læntə] geogr.
Atlantic [ət'læntɪk] **I** *adj* atlantisk; atlant- [*the ~ Pact*]; *the ~ Ocean* Atlanten, Atlantiska oceanen; *~ Standard Time* normaltid (tidszon) i östra Canada **II** geogr.; *the ~* Atlanten
atlas ['ætləs] *s* atlas, kartbok
ATM [ˌeɪtɪ:'em] (förk. för *automated* el. *automatic teller machine*) bankautomat, uttagsautomat
atmosphere ['ætməˌsfɪə] *s* atmosfär, bildl. äv. stämning
atmospheric [ˌætmə'sferɪk] *adj* o.
atmospherical [ˌætmə'sferɪk(ə)l] *adj* atmosfärisk; *atmospheric pressure* lufttryck
atmospherics [ˌætmə'sferɪks] *s pl* [atmosfäriska] störningar
atoll ['ætɒl, ə'tɒl] *s* atoll; ringformig korallö
atom ['ætəm] *s* **1** atom; *~ bomb* atombomb **2** dugg, uns [*not an ~ of truth in the allegations*]
atom-bomb ['ætəmbɒm] *vb tr* atombomba
atomic [ə'tɒmɪk] *adj* atom- [*~ bomb* (*energy, weight*)]; atomisk; atomär; *A~ Energy Authority* i Storbritannien o. *A~ Energy Commission* i USA Atomenergikommissionen; *~ pile* atomreaktor; *~ radiation* radioaktiv strålning
atomic-powered [əˌtɒmɪk'paʊəd] *adj* atomdriven
atomize ['ætə(ʊ)maɪz] *vb tr* **1** förvandla till atomer **2** finfördela, mala (smula) sönder
atomizer ['ætə(ʊ)maɪzə] *s* sprej[flaska] o. rafräschissör
atonal [eɪ'təʊnl, æ't-] *adj* mus. atonal
atone [ə'təʊn] *vb itr*, *~ for* sona, lida för; gottgöra
atonement [ə'təʊnmənt] *s* gottgörelse [*for* för]; relig. försoning; *the Day of A~* försoningsdagen
atrocious [ə'trəʊʃəs] *adj* **1** ohygglig, avskyvärd **2** vard. gräslig, förfärlig
atrocity [ə'trɒsətɪ] *s* **1** ohygglighet, [fruktansvärd] grymhet, gräslighet; illdåd **2** vard., [*that painting*] *is an ~* ...är gräslig
atrophy ['ætrəfɪ] **I** *s* förtvining, atrofi **II** *vb tr*

komma att förtvina; bildl. trubba av III *vb itr* förtvina; bildl. gå tillbaka; trubbas av **attaboy** ['ætəbɔɪ] *interj* vard., *~!* bravo!, heja!; så ska det låta!
attach [ə'tætʃ] I *vb tr* **1** fästa, sätta fast (på) [*to* på, vid]; bifoga, vidfoga [*to* till]; *~ed* äv. vidfäst, fastsittande, vidhängande, tillhörande; byggn. hopbyggd; *~ed you will find...* el. *~ed please find...* hand. (i brev) bifogat finner Ni..., ...bifogas **2** fästa [*~ conditions to* (vid)], foga; *~ credit to* sätta tro till; *be ~ed to* äv. vara förenad (förknippad) med **3** *~ oneself to* ansluta sig till; åtfölja **4** bildl. binda [*to oneself* vid sig]; knyta [*to* till]; *be ~ed to* a) vara fäst vid, tycka om b) vara knuten (ansluten) till **5** mil. placera [*to* vid, i], kommendera [*to* till] **6** ta i beslag II *vb itr*, *~ to* a) vara förknippad med b) häfta vid; *the blame ~es to him* skulden vilar (faller) på honom
attaché [ə'tæʃeɪ] *s* attaché; *military ~* militärattaché
attaché case [ə'tæʃɪkeɪs] *s* attachéväska
attachment [ə'tætʃmənt] *s* **1** fastsättning, fästande **2** fästanordning, fäste **3** tillsats, bihang [*to* till] **4** tillgivenhet, tycke [*for* för] **5** beslagtagning **6** mil. placering, kommendering
attack [ə'tæk] I *s* **1** anfall [[*up*]*on* mot]; angrepp [*against, on* mot, på]; attack [*a heart ~*]; *~ is the best method of defence* anfall är bästa försvar; *a personal ~* ett personangrepp, ett påhopp; *an ~ of fever* ett feberanfall **2** mus. ansats II *vb tr* anfalla, attackera, angripa, gå till angrepp mot; ge sig i kast med, ta itu med [*~ a problem*]
attacker [ə'tækə] *s* angripare; sport. anfallsspelare
attagirl ['ætəgɜːl] *interj* vard., *~!* bravo!, heja!; så ska det låta!; duktig flicka!
attain [ə'teɪn] *vb tr* o. *vb itr*, *~* [*to*] [upp]nå [*~ one's object*]; vinna, förvärva; komma upp till
attainment [ə'teɪnmənt] *s* **1** uppnående; *easy of ~* lätt att [upp]nå **2** vanl. pl. *~s* kunskaper, färdigheter, insikter; *standard of ~* kunskapsnivå
attar ['ætə, -ɑː] *s*, *~ of roses*] rosenolja
attempt [ə'tem(p)t] I *vb tr* försöka [*to* att]; försöka att göra; försöka (ge) sig på [*~ a difficult task*]; *~ed escape* flyktförsök II *s* **1** försök; bemödande **2** angrepp; attentat; *an ~* [*up*]*on a p.'s life* ett attentat mot (mordförsök på) ngn
attend [ə'tend] I *vb tr* **1** bevista, besöka, delta i, gå på (i) [*~ school*]; *well ~ed* talrikt besökt; *the lectures were well ~ed* äv. det var [rätt] mycket folk på föreläsningarna **2** vårda, sköta; om läkare behandla; betjäna kunder o.d. **3** ledsaga, åtfölja; *be ~ed by* ngn medföra...; *~ed with* [*difficulties*] förenad (förknippad) med... **4** uppvakta [*~ed by bridesmaids*] II *vb itr* **1** vara med, närvara, delta **2** vara uppmärksam, lyssna, följa med [*Bill, you're not ~ing!*]; *~ to* ge akt på, uppmärksamma, lyssna till; ägna sig åt, sköta; se till, passa [på]; sköta om, ombesörja **3** expediera [*~ to a customer*]; *are you being ~ed to?* i affär är (var) det tillsagt? **4** *~* [*up*]*on* passa upp på; uppvakta; stå i beredskap för **5** *~* [*up*]*on* åtfölja, vara en följd av
attendance [ə'tendəns] *s* **1** närvaro [*at, on* vid, på], deltagande [*at, on* i]; *~* [*at school*] skolgång, deltagande i undervisningen; *~ centre* dagcenter för ungdomsbrottslingar, med närvaroplikt i stället för fängelse; *~ register* närvarolista **2** antal närvarande (deltagare); publik; *there was a good (large) ~ at the concert* det var mycket folk (stor publik) på konserten **3** betjäning, uppassning; uppvaktning; skötsel; vård, tillsyn; *medical ~* läkarvård; *in ~* tjänstgörande, uppvaktande [*upon* hos]
attendant [ə'tendənt] I *s* **1** vaktmästare [*~ in* (på) *a theatre*]; uppsyningsman, vakt [*park ~*]; serviceman; skötare **2** följeslagare, tjänare [*on* hos, åt] II *adj* åtföljande; närvarande
attention [ə'tenʃ(ə)n] I *s* **1** uppmärksamhet äv. psykol.; kännedom [*bring a th. to a p.'s ~*]; omtanke, omsorg, vård, tillsyn, passning; *attract ~* tilldra sig uppmärksamhet, väcka uppseende; *call (direct, draw) a p.'s ~ to* fästa (rikta) ngns uppmärksamhet på, göra ngn uppmärksam på; *pay ~ to* a) ägna uppmärksamhet åt, vara uppmärksam på b) lägga märke till, uppmärksamma c) ta hänsyn till; *I am all ~* jag är idel uppmärksamhet; *~ A. Smith* på handling el. kuvert att. (attention) A. Smith A. Smith tillhanda **2** mil. givakt; *stand at ~* stå i givakt II *interj* **1** mil. givakt! **2** *~, please!* i högtalare o.d. hallå, hallå!
attentive [ə'tentɪv] *adj* uppmärksam [*to* mot, på]; omsorgsfull [*to* i, beträffande]; påpasslig
attenuate [ə'tenjʊeɪt] *vb tr* **1** göra smal **2** förtunna **3** [för]minska i kraft el. värde; försvaga; dämpa
attest [ə'test] I *vb tr* **1** vittna om, visa; intyga; bevittna [*~ a signature*]; attestera, vidimera; *~ed copy* bevittnad (attesterad, bestyrkt) avskrift; *this is ~ed by facts* fakta ger bevis på (bevisar) detta **2** språkv. belägga **3** gå ed (svära) på II *vb itr*, *~ to* vittna om; bekräfta
attestation [ˌæte'steɪʃ(ə)n] *s* bevittnande, attestering, vidimering; intyg, attest
attic ['ætɪk] *s* vind, vindsvåning, vindsrum
attire [ə'taɪə] I *vb tr* kläda, skruda II *s* klädsel, kläder, dräkt, skrud
attitude ['ætɪtjuːd] *s* **1** ställning, hållning; *strike an ~* inta en pose, posera **2** bildl. [in]ställning, hållning, attityd [*towards* till,

mot, gentemot]; *if that's your* ~ om du tar det på det viset, om det är så du vill ha det
attitudinize [ˌætɪ'tjuːdɪnaɪz] *vb itr* posera, göra sig till
attorney [ə'tɜːnɪ] *s* **1** [befullmäktigat] ombud **2** amer. advokat; *district (prosecuting)* ~ allmän åklagare; *district* ~*'s office* åklagarämbete[t] **3** *power of* ~ fullmakt befogenhet
Attorney-General [əˌtɜːnɪ'dʒen(ə)r(ə)l] (pl. *Attorneys-General* el. *Attorney-Generals*) *s* **1** kronjurist engelska kronans förnämste rådgivare, motsv. ung. justitiekansler **2** amer. justitieminister; i delstat ung. statsåklagare
attract [ə'trækt] *vb tr* dra till sig, attrahera, locka; väcka [~ *attention*]; *light* ~ *moths* nattfjärilar dras till ljus; *feel* ~*ed to* känna sig dragen till
attraction [ə'trækʃ(ə)n] *s* **1** dragning[skraft], attraktion, bildl. äv. lockelse, behag, charm **2** attraktion, nummer, dragplåster; pl. ~*s* äv. nöjen, sevärdheter; *the chief* ~ huvudattraktionen
attractive [ə'træktɪv] *adj* attraktiv, tilldragande; lockande, tilltalande [*an* ~ *proposal*]; attraktions-, dragnings- [~ *force (power)*]
attributable [ə'trɪbjʊtəbl] *adj, it is* ~ *to* det kan tillskrivas (anses bero på)
attribute [ss. subst. 'ætrɪbjuːt, ss. vb ə'trɪbjuːt] **I** *s* attribut; gram. äv. bestämning; utmärkande drag [*of* hos]; kännetecken; tillhörighet **II** *vb tr* tillskriva, tillräkna [*a th. to a p.* ngn ngt]
attributive [ə'trɪbjʊtɪv] gram. **I** *adj* attributiv **II** *s* attribut, bestämning
attrition [ə'trɪʃ(ə)n] *s* **1** nötning, förslitning; skavning; *war of* ~ utnötningskrig **2** naturlig avgång av arbetskraft
attune [ə'tjuːn] *vb tr* stämma, ställa in [*to* efter], anpassa, avpassa [*to* efter, till]
ATV [ˌeɪtiː'viː] förk. för *Associated Television*
atypical [ə'tɪpɪkəl] *adj* atypisk, avvikande
aubergine ['əʊbəʒiːn] *s* aubergine, äggplanta
auburn ['ɔːbən] *adj* kastanjebrun, rödbrun [~ *hair*]
Auckland ['ɔːklənd] geogr.
auction ['ɔːkʃ(ə)n] **I** *s* **1** auktion; *sell by* ~ el. *put up for (to)* ~ sälja på auktion **2** kortsp., ~ [*bridge*] auktionsbridge **II** *vb tr*, ~ [*off*] auktionera bort
auctioneer [ˌɔːkʃə'nɪə] *s* auktionsförrättare
audacious [ɔː'deɪʃəs] *adj* **1** djärv, dristig, oförvägen **2** fräck, oförskämd
audacity [ɔː'dæsətɪ] *s* **1** djärvhet, dristighet, oförvägenhet **2** fräckhet, oförskämdhet
Auden ['ɔːd(ə)n]
Audi ['ɔːdɪ, 'aʊdɪ] bilmärke
audibility [ˌɔːdə'bɪlətɪ] *s* hörbarhet
audible ['ɔːdəbl, 'ɔːdɪbl] *adj* hörbar
audience ['ɔːdjəns] *s* **1** publik; auditorium,

åhörare, åhörarskara [*address large* ~*s*]; i radio äv. lyssnare, lyssnarkrets; i TV äv. tittare, tittarskara; författares äv. läsare, läsekrets; ~ *measurement (rating)* radio. el. TV. publikmätning; ~ *research* (konkr. ~ *research poll*) radio. el. TV. publikundersökning; *there was a large* ~ *at the theatre* det var mycket folk på teatern **2** audiens; *obtain an* ~ *with* [*the King*] få audiens hos...
audio ['ɔːdɪəʊ] *adj* ljud- [~ *effects*]
audio frequency [ˌɔːdɪəʊ'friːkwənsɪ] *s* tonfrekvens
audiovisual [ˌɔːdɪəʊ'vɪzjʊəl, -ʒʊəl] *adj* audivisuell; ~ *aids* audivisuella hjälpmedel
audit ['ɔːdɪt] **I** *s* revision, granskning av räkenskaper **II** *vb tr* **1** revidera, granska **2** amer. univ. följa undervisning som åhörare
audition [ɔː'dɪʃ(ə)n] *s* provsjungning, provspelning, prov för engagemang o.d.
auditor ['ɔːdɪtə] *s* **1** revisor; ~*'s report* revisionsberättelse **2** amer. univ. åhörare
auditorium [ˌɔːdɪ'tɔːrɪəm] *s* **1** hörsal, föreläsningssal; [teater]salong; åskådarplatser, åhörarplatser **2** teaterbyggnad, konserthus
auditory ['ɔːdɪt(ə)rɪ] *adj* hörsel- [~ *nerve*]; ~ *sensation* hörselförnimmelse; auditiv
Aug. förk. för *August*
auger ['ɔːgə] *s* navare; större borr
aught [ɔːt] *s* o. *pron* **1** *for* ~ *I care* gärna för mig; *for* ~ *I know* såvitt jag vet **2** vard. noll, nolla
augment [ɔːg'ment] **I** *vb tr* öka ['på], förstora, förstärka, utvidga **II** *vb itr* öka[s], tillta
augmentation [ˌɔːgmen'teɪʃ(ə)n] *s* ökning, höjning, förstärkning; tillskott
augur ['ɔːgə] **I** *s* augur, teckentydare **II** *vb tr* o. *vb itr* **1** varsla [om], [före]båda, lova **2** förespå; ~ *a th.* [*of a p.*] förespå [ngn] ngt, vänta sig ngt [av ngn]
augury ['ɔːgjʊrɪ] *s* **1** [jär]tecken, omen **2** teckentydning
August ['ɔːgəst] *s* augusti
august [ɔː'gʌst] *adj* upphöjd, hög, majestätisk; vördnadsvärd [~ *personage*]
auk [ɔːk] *s* zool. alka, tordmule; *little* ~ alkekung
auld [ɔːld] *adj* skotsk. gammal; ~ *lang syne* [ˌɔːldlæŋ'zaɪn, '-saɪn] = *old long since* forna (framfarna) dar
aunt [ɑːnt] *s* faster, moster; barns tilltal till kvinnlig vän till familjen tant; *my* ~*!* ngt åld. vard. kors!, du store!; *A*~ *Sally* a) trädocka på nöjesfält o.d. att kasta till måls på b) bildl. skottavla, driftkucku
auntie o. **aunty** ['ɑːntɪ] *s* smeks. för *aunt*; *May* tant May
au pair [ˌəʊ'peə] **I** *adj* o. *s* au pair[flicka] **II** *adv* som au pair
aura ['ɔːrə] *s* aura, utstrålning

aural ['ɔːr(ə)l] *adj* öron- [~ *disease*]; hörsel-, hör- [~ *apparatus*]
aurally ['ɔːrəlɪ] *adv* via hörseln [*learn a th.* ~]
au revoir [ˌəʊrə'vwɑː] *interj* o. *s* fr. adjö, farväl
aurora [ɔː'rɔːrə] *s* **1** mytol., *A*~ Aurora **2** ~ *borealis* norrsken
auscultate ['ɔːsk(ə)lteɪt] *vb tr* o. *vb itr* med. auskultera
auscultation [ˌɔːsk(ə)l'teɪʃ(ə)n] *s* med. auskultation
auspice ['ɔːspɪs, 'ɒs-] *s*, pl. ~*s* auspicier: a) beskydd, egid [*under the* ~*s of*] b) förebud, tecken; omständigheter [*under favourable* ~*s*]
auspicious [ɔː'spɪʃəs, ɒs-] *adj* **1** gynnsam, lovande [*an* ~ *beginning*] **2** lycklig, glädjande [*on this* ~ *occasion*], lyckosam
Aussie ['ɒzɪ] vard. **I** *s* australier **II** *adj* australisk
austere [ɒ'stɪə, ɔːs-] *adj* **1** sträng, allvarlig, bister **2** spartansk **3** sober, stram
austerity [ɒ'sterətɪ, ɔːs-] *s* **1** stränghet, allvar, bisterhet **2** attr. spar-, åtstramnings- [~ *policy* (*programme*)]; enkel, spartansk
Australasia [ˌɒstrə'leɪʒə, ˌɔːs-]
Australasian [ˌɒstrə'leɪʒən, ˌɔːs-] **I** *adj* australasiatisk **II** *s* australasier, person från Australasien
Australia [ɒ'streɪljə, ɔː'st-] geogr. Australien
Australian [ɒ'streɪljən, ɔː'st-] **I** *adj* australisk **II** *s* australier, australiensare
Austria ['ɒstrɪə, 'ɔːs-] geogr. Österrike
Austrian ['ɒstrɪən, 'ɔːs-] **I** *adj* österrikisk **II** *s* österrikare
autarchy ['ɔːtɑːkɪ] *s* envälde, despotism
authentic [ɔː'θentɪk] *adj* **1** tillförlitlig **2** autentisk, äkta
authenticate [ɔː'θentɪkeɪt] *vb tr* bevisa äktheten av; bestyrka, verifiera
authentication [ɔːˌθentɪ'keɪʃ(ə)n] *s* äkthetsbevisning; bestyrkande, verifiering
authenticity [ˌɔːθen'tɪsətɪ] *s* tillförlitlighet; äkthet, autenticitet
author ['ɔːθə] *s* **1** författare [*of* till]; skriftställare **2** upphov; upphovsman
authoress ['ɔːθərəs] *s* författarinna, kvinnlig författare
authoritarian [ˌɔːθɒrɪ'teərɪən] *adj* auktoritär
authoritative [ɔː'θɒrɪtətɪv] *adj* **1** auktoritativ **2** officiell **3** befallande, myndig, diktatorisk
authority [ɔː'θɒrətɪ] *s* **1** myndighet, [laga] makt, [bestämmande]rätt, maktbefogenhet [*over* över]; *be in* ~ ha befälet (ledningen); *those in* ~ de makthavande; *on one's own* ~ på eget bevåg **2** bemyndigande, befogenhet [*have* ~ *to do a th.*]; fullmakt **3** myndighet, instans; styrelse [*the port* ~]; *the authorities* vanl. myndigheterna, de styrande **4** auktoritet; pondus; *carry* ~ väga tungt, vara av stor betydelse **5** stöd, belägg [*what is your* ~ *for that statement?*]; källa [*you should quote your authorities*]; sagesman; [*I have it*] *on good* ~ ...från säker källa; *on the* ~ *of* äv.

med stöd av **6** auktoritet, fackman [*on* i], expert [*on* på]; *she's an* ~ *on*... hon är expert på (en auktoritet i fråga om)...
authorization [ˌɔːθ(ə)raɪ'zeɪʃ(ə)n, -rɪ'z-] *s* **1** bemyndigande, berättigande, tillåtelse **2** attest
authorize ['ɔːθəraɪz] *vb tr* **1** auktorisera, ge fullmakt åt, bemyndiga **2** godkänna, tillåta, sanktionera; ~*d* stadfäst; *Authorized Version* se *version 3*; ~ *a sum for payment* attestera ett belopp **3** rättfärdiga; berättiga [till]
authorship ['ɔːθəʃɪp] *s* författarskap
autistic [ɔː'tɪstɪk] *adj* psykol. autistisk [~ *children*]
auto ['ɔːtəʊ] amer. vard. **I** *s* bil; ~ *parts* bildelar **II** *vb itr* bila
autobiographer [ˌɔːtə(ʊ)baɪ'ɒgrəfə] *s* självbiografisk författare
autobiographical ['ɔːtə(ʊ)ˌbaɪə(ʊ)'græfɪk(ə)l] *adj* självbiografisk
autobiography [ˌɔːtə(ʊ)baɪ'ɒgrəfɪ] *s* självbiografi
autocade [ˌɔːtə(ʊ)'keɪd] *s* bilkortege
autocracy [ɔː'tɒkrəsɪ] *s* envälde, autokrati
autocratic [ˌɔːtə(ʊ)'krætɪk] *adj* o. **autocratical** [ˌɔːtə(ʊ)'krætɪk(ə)l] *adj* enväldig, autokratisk
autocross ['ɔːtə(ʊ)krɒs] *s* sport. rallycross
Autocue ['ɔːtəʊkjuː] *s* ® TV. prompter
auto-dealer ['ɔːtəʊˌdiːlə] *s* bilhandlare
autodidact ['ɔːtə(ʊ)dɪdækt, -daɪdækt] *s* självlärd [person], autodidakt
autograph ['ɔːtəgrɑːf, -græf] **I** *s* autograf, egenhändig namnteckning; ~ *hunter* autografjägare **II** *vb tr* skriva sin autograf i (på), signera
autohypnosis [ˌɔːtəʊhɪp'nəʊsɪs] *s* självhypnos
automat ['ɔːtəmæt] *s* **1** automatrestaurang café o.d. där förtäring köps i automater **2** [varu]automat
automata [ɔː'tɒmətə] *s* pl. av *automaton*
automate ['ɔːtəmeɪt] *vb tr* automatisera
automatic [ˌɔːtə'mætɪk] **I** *adj* **1** automatisk [~ *data processing*; ~ *reflex*]; automat- [~ *weapon*]; självgående, självreglerande, självverkande; själv- [~ *steering*]; ~ [*vending*] *machine* [varu]automat; ~ *transmission* bil. automatlåda, automatisk växellåda; ~ *pilot* se *autopilot* **2** automatisk, mekanisk, maskinmässig **II** *s* automat; bil med automatlåda, automatvapen
automatically [ˌɔːtə'mætɪk(ə)lɪ] *adv* automatiskt; av sig själv
automation [ˌɔːtə'meɪʃ(ə)n] *s* automation; automatisering; automatik
automatization [ɔːˌtɒmətaɪ'zeɪʃ(ə)n] *s* automatisering, automatisering
automatize [ɔː'tɒmətaɪz] *vb tr* automatisera
automa|ton [ɔː'tɒmə|t(ə)n] (pl. -*tons* el. -*ta* [-tə]) *s* robot äv. om pers.

automobile ['ɔ:təmə(ʊ)bi:l, ˌ---'-] **I** *s* isht amer. bil **II** *vb itr* amer. åka (köra) bil, bila
autonomous [ɔ:'tɒnəməs] *adj* autonom, självstyrande
autonomy [ɔ:'tɒnəmɪ] *s* **1** autonomi, självstyre; självbestämmanderätt **2** självstyrande samhälle
auto-parts ['ɔ:təʊpɑ:ts] *s pl* bildelar
autopilot ['ɔ:tə(ʊ)ˌpaɪlət] *s* tekn. autopilot, styrautomat
autopsy ['ɔ:təpsɪ, ɔ:'tɒp-] *s* obduktion, autopsi
autosuggestion [ˌɔ:tə(ʊ)sə'dʒestʃ(ə)n] *s* självsuggestion
autumn ['ɔ:təm] *s* höst, för ex. jfr *summer*
autumnal [ɔ:'tʌmnəl] *adj* höst-, höstlig; höstlik
auxiliar|y [ɔ:g'zɪljərɪ, ɔ:k'sɪl-] **I** *adj* hjälp- [~ *verb* (*troops*)]; ~ *branch* filial **II** *s* **1** hjälpare **2** pl. *-ies* hjälptrupper **3** hjälpverb
AV förk. för *audiovisual*
Av. förk. för *Avenue*
av. förk. för *average*
avail [ə'veɪl] **I** *vb tr* o. *vb itr* **1** ~ *oneself of* begagna sig av, använda, utnyttja **2** gagna, nytta, hjälpa **II** *s* nytta; [*working*] *to no* ~ ...förgäves
availability [əˌveɪlə'bɪlətɪ] *s* **1** tillgång [*of* på, till], tillgänglighet; anträffbarhet **2** biljetts giltighet
available [ə'veɪləbl] *adj* **1** tillgänglig, ledig, disponibel; anträffbar; till buds stående; användbar; *be* ~ äv. stå till förfogande, finnas till hands; finnas [att få] **2** giltig; *the ticket is* ~ *for a month* äv. biljetten gäller en månad
avalanche ['ævəlɑ:nʃ] *s* lavin, bildl. äv. störtskur
avant-garde [əˌvɑ:ŋ'gɑ:d] *s* avantgarde
avarice ['ævərɪs] *s* girighet; snikenhet
avaricious [ˌævə'rɪʃəs] *adj* girig; sniken [*of* efter]
Ave. förk. för *avenue*
Ave Maria [ˌɑ:veɪmə'rɪə, ˌɑ:vɪ-] *s* ave, Ave Maria katolsk bön
avenge [ə'ven(d)ʒ] *vb tr* hämnas, ta rättvis hämnd för; ~ *oneself* (*be ~d*) *on* hämnas (ta hämnd) på
avenger [ə'ven(d)ʒə] *s* hämnare
avenue ['ævənju:] *s* **1** allé; trädkantad uppfartsväg; bred gata, aveny **2** bildl. väg [~ *to success*]
aver [ə'vɜ:] *vb tr* försäkra, bedyra
average ['ævərɪdʒ] **I** *s* **1** genomsnitt, snitt, medeltal, medelvärde; *above* [*the*] ~ över genomsnittet (det normala); *at an* ~ *of* [*2 per cent a year*] med i medeltal...; *on* [*an* (*the*)] ~ i [genom]snitt, i medeltal **2** hand. el. sjö. haveri; sjöskada; ~ *adjuster* dispaschör **II** *adj* **1** genomsnittlig, genomsnitts-, medel- **2** ordinär, vanlig **III** *vb tr* **1** beräkna medeltalet av **2** i genomsnitt (medeltal)

uppgå till (göra, väga, kosta, hålla o.d.) **3** fördela **IV** *vb itr*, ~ *out* jämna ut sig, fördela sig jämnt
averse [ə'vɜ:s] *adj*, *be* ~ *to* ogilla, tycka illa om [*be* ~ *to hard work*], vara avogt inställd till; *be* ~ *to doing a th.* äv. vara ovillig (obenägen) att göra ngt, ogärna (inte gärna) göra ngt
aversion [ə'vɜ:ʃ(ə)n] *s* motvilja, olust, avsmak, aversion; *take an* ~ *to* få motvilja (aversion) mot, få avsmak för
avert [ə'vɜ:t] *vb tr* **1** vända bort; avleda [~ *suspicion*] **2** avvärja, avstyra, förhindra [~ *a revolt*]
aviary ['eɪvjərɪ] *s* voljär, aviarium
aviation [ˌeɪvɪ'eɪʃ(ə)n] *s* **1** flygning, flygkonst, flygteknik; flygsport; flygväsen **2** attr. flyg-
aviator ['eɪvɪeɪtə] *s* flygare; pilot
avid ['ævɪd] *adj* **1** ivrig, entusiastisk [*an* ~ *reader*] **2** glupsk; ~ *for* (*of*) lysten efter
avidity [ə'vɪdətɪ] *s* **1** iver, entusiasm, begeistring **2** glupskhet; lystnad; vinningslystnad
avionic [ˌeɪvɪ'ɒnɪk] *adj* flygelektronisk
avionics [ˌeɪvɪ'ɒnɪks] (konstr. ss. sg.) *s* flygelektronik
avocado [ˌævə(ʊ)'kɑ:dəʊ] (pl. ~*s*) *s*, ~ [*pear*] avocado
avocet ['ævə(ʊ)set] *s* zool. skärfläcka
avoid [ə'vɔɪd] *vb tr* undvika, hålla sig ifrån; undgå [*doing a th.* att göra ngt]
avoidable [ə'vɔɪdəbl] *adj* som kan undvikas, möjlig att undvika; *it was* ~ det hade kunnat undvikas
avoidance [ə'vɔɪd(ə)ns] *s* undvikande; *tax* ~ skattesmitning, skatteplanering
avoirdupois [ˌævədə'pɔɪz] *s*, ~ [*weight*] 'avoirdupois' handelsviktsystem i engelskspråkiga länder [*one* ~ *pound* = *16 ounces*]
Avon ['eɪv(ə)n] flod i Stratford-on-Avon, Shakespeares födelsestad
avow [ə'vaʊ] *vb tr* öppet tillstå, erkänna
avowal [ə'vaʊəl] *s* öppen bekännelse; erkännande
avuncular [ə'vʌŋkjʊlə] *adj* farbroderlig
aw [ɔ:] *interj* vard., ~*!* åh!, oh!
await [ə'weɪt] *vb tr* **1** invänta, vänta [på], avvakta, emotse; ~*ing your reply* i avvaktan på Ert svar **2** vara i beredskap för, vänta [*death* ~*s us all*]
awake [ə'weɪk] **I** (*awoke awoke*[*n*], ibl. *awaked awaked*) *vb itr* **1** vakna isht bildl. **2** ~ *to* bli medveten om; ~ *to the fact that* äv. få klart för sig att **II** (för tema se *I*) *vb tr* väcka äv. bildl. **III** *pred adj* vaken; *be* ~ *to* vara medveten om
awaken [ə'weɪk(ə)n] **I** *vb tr* väcka isht bildl.; ~ *to* väcka till medvetande (insikt) om **II** *vb itr* vakna
awakening [ə'weɪknɪŋ] **I** *adj* väckande ibl. bildl.; vaknande **II** *s* [upp]vaknande äv. bildl.; *a rude* ~ se *rude 2*

award [ə'wɔ:d] **I** vb tr tilldela, tillerkänna, tilldöma; belöna med [*the film was ~ed an Oscar*]; ge; bevilja **II** s **1** [tillerkänt] pris; belöning; stipendium **2** [skilje]dom, utslag **3** [tilldömt] skadestånd
aware [ə'weə] adj medveten [*of* om; *that* om att]; uppmärksam [*of* på]; *be* ~ [*that*] äv. känna till..., inse (märka)...; *as far as I am* ~ så vitt jag vet
awareness [ə'weənəs] s medvetenhet; uppmärksamhet
away [ə'weɪ] **I** adv **1** bort, i väg, sin väg [*run* ~]; undan, ifrån sig, åt sidan [*put a th.* ~]; ur vägen; ~ [*with*]*!* bort [med]! **2** bort[a] [*far* ~]; *the sea is* [*two miles*] ~ det är...till havet, havet ligger...bort (härifrån) **3** borta, sport. äv. på bortaplan; ute, frånvarande, inte här (där) **4** vidare, 'på [*work* ~; *scrub* ~]; se vid. under vb ss. *fire, peg, work* m.fl. **5** långt [~ *back* (*down, up*)] **6** *straight* (*right*) ~ med detsamma, genast; *far and* ~ långt, vida **II** adj sport. borta- [~ *match* (*ground*)] **III** s sport. bortamatch
awe [ɔ:] **I** s vördnad, djup respekt; fruktan **II** vb tr inge vördnad (djup respekt; fruktan)
awe-inspiring ['ɔ:ɪnˌspaɪərɪŋ] adj respektinjagande, vördnadsbjudande
awesome ['ɔ:səm] adj **1** skräckinjagande, hemsk **2** formidabel, väldig [*an* ~ *problem*] **3** vard. toppen, jättefin
awe-stricken ['ɔ:ˌstrɪk(ə)n] adj o. **awe-struck** ['ɔ:strʌk] adj vördnadsfull; fylld av vördnad (djup respekt); överväldigad
awful ['ɔ:fʊl, 'ɔ:fl] adj **1** ohygglig, fruktansvärd **2** vard. hemsk, förfärlig, förstärk. äv. väldig [*an* ~ *lot*]
awfully ['ɔ:fʊlɪ, förstärk. 'ɔ:flɪ] adv ohyggligt, hemskt etc., jfr *awful*; *thanks* ~ vard. tack så hemskt mycket
awhile [ə'waɪl] adv en stund; en tid [bortåt]
awkward ['ɔ:kwəd] adj **1** tafatt, klumpig, valhänt [*an* ~ *fellow*; ~ *efforts*]; fumlig, avig, bakvänd; *the* ~ *age* slyngelåldern, slynåldern **2** generad; osäker, bortkommen [*feel* ~] **3** svårhanterlig, krånglig; obekväm, opraktisk [*an* ~ *size*] **4** besvärlig, känslig [*an* ~ *problem*], kinkig; obehaglig [*an* ~ *situation*], pinsam [*an* ~ *pause*]; *he is an* ~ *customer* han är inte lätt att tas med; *he decided to be* ~ [*and refused to co-operate*] han satte sig på tvären...
awl [ɔ:l] s syl, pryl, ål verktyg
awning ['ɔ:nɪŋ] s solsegel, soltält; markis
awoke [ə'wəʊk] imperf. o. perf. p. av *awake*
awoken [ə'wəʊk(ə)n] perf. p. av *awake*
AWOL ['eɪwɒl] (förk. för *absent without* [*official*] *leave*); se under *1 leave III 2*
awry [ə'raɪ] **I** pred adj sned, på sned, vriden **II** adv **1** snett, på sned, vridet **2** galet, på tok; *our plans have gone* ~ våra planer har slagit fel (slint)

ax [æks] s isht amer., se *axe*
axe [æks] **I** s **1** yxa, bila; *broad* ~ bila; *he has an* ~ *to grind* han har egna intressen att bevaka, han talar i egen sak **2** vard., *apply the* ~ [*to*] låta yxan gå [över], göra kraftiga nedskärningar [i]; *get the* ~ få sparken **II** vb tr vard. skära ned [~ *expenditure*]; dra in [*200 posts were* ~*d*]; avskeda; [*200 employees*] *were* ~*d* äv. ...fick sparken, ...fick gå
1 axes ['æksɪz] s pl. av *ax* o. *axe*
2 axes ['æksi:z] s pl. av *axis*
axial ['æksɪəl] adj tekn. axel-, axial, axiell
axiom ['æksɪəm] s axiom
axiomatic [ˌæksɪə(ʊ)'mætɪk] adj axiomatisk
ax|is ['æks|ɪs] (pl. *-es* [-i:z]) s matem., fys. el. polit. axel; *the A~* [*Powers*] hist. axelmakterna
axle ['æksl] s [hjul]axel
Axminster ['æksmɪnstə] **I** geogr. egenn. **II** s, ~ [*carpet*] axminstermatta
1 ay [aɪ] **I** adv o. interj dial. ja; ~ ~, *Sir* sjö. ska ske, kapten (styrman o.d.) **II** s jaröst; jaröstare; *the* ~*es have it* jarösterna är i majoritet
2 ay [aɪ] interj, ~ *me!* poet. ack!, ve mig!
ayatollah [ˌaɪə'tɒlə] s relig. ayatolla
1 aye [aɪ] adv, interj o. s se *1 ay*
2 aye [eɪ] adv skotsk. el. nordeng., i övrigt poet., alltid, ständigt; *for* ~ för alltid
Ayr [eə] geogr.
Ayrshire ['eəʃɪə, -ʃə] geogr.
azalea [ə'zeɪlɪə] s bot. azalea
Azerbaijan [ˌæzəbaɪ'dʒɑ:n] **I** geogr. Azerbajdzjan **II** adj azerbajdzjansk, azerisk **III** s azerbajdzjaner invånare
Azerbaijani [ˌæzəbaɪ'dʒɑ:nɪ] s azerbajdzjaner invånare
azimuth ['æzɪməθ] s astron. el. lantmät. azimut
Azores [ə'zɔ:z] geogr.; *the* ~ pl. Azorerna
Azov ['eɪzɒv, 'ɑ:z-] geogr.; *the Sea of* ~ Azovska sjön
Aztec ['æztek] **I** s aztek **II** adj aztekisk, aztek-
azure ['æʒə, 'eɪʒə] **I** s azur, azurblått **II** adj azurblå [äv. *azure-blue*]

B

B, b [bi:] (pl. *B's* el. *b's* [bi:z]) *s* **1** B, b; *B road* ung. länsväg **2** mus., *B* h; *B flat* b; *B major* H-dur; *B minor* H-moll; *B sharp* hiss
BA [ˌbiːˈeɪ] förk. för *Bachelor of Arts, British Academy, British Airways*
baa [bɑː] **I** *s* bräkande **II** *vb itr* bräka **III** *interj*, *~!* bää!
babble ['bæbl] **I** *vb itr* **1** babbla, pladdra **2** om spädbarn jollra **3** sorla, porla [*the stream ~d*] **II** *s* **1** babbel, pladder **2** spädbarns joller **3** sorlande, porlande
babe [beɪb] *s* **1** litt. spenabarn, [späd]barn, barnunge äv. bildl. **2** *~ in arms (in the wood)* bildl. aningslöst offer **3** isht amer. sl. tjej, brud; i tilltal sötnos **4** isht amer. sl., se *baby 4 a)*
babel ['beɪb(ə)l] *s* **1** *B~* Babel; *the Tower of B~* Babels torn **2** förbistring; villervalla, virrvarr [*a ~ of voices*]; *a ~ of tongues* språkförbistring
baboon [bəˈbuːn] *s* zool. babian
baby ['beɪbɪ] *s* **1** [litet] barn, barnunge, spädbarn, baby; familjens yngsta [medlem]; *~ rabbit* kaninunge; *~ sister* lillasyster; *hold the ~* vard. stå där med allt besväret (hela ansvaret); *leave a p. holding (to hold) the ~* vard. lämna ngn i sticket; *throw the ~ out (away) with the bathwater (bath)* bildl. kasta ut barnet med badvattnet **2** liten sak; attr. liten; *~ car* minibil, småbil **3** sl. tjej, brud; i tilltal sötnos **4** isht amer. vard. **a)** [hårdkokt] typ (kille); *listen ~!* hörru pysen! **b)** favoritgrej, älskling [*this car is my ~*]
baby-battering ['beɪbɪˌbætərɪŋ] *s* barnmisshandel
baby bond ['beɪbɪbɒnd] *s* amer. lågvärdig obligation
baby boom ['beɪbɪbuːm] *s* babyboom uppsving av antalet födslar; *the ~ of the late sixties* det sena sexiotalets stora barnkullar
Baby-bouncer ['beɪbɪˌbaʊnsə] *s* ® gungsele till barn
baby boy [ˌbeɪbɪˈbɔɪ] *s* gossebarn
baby buggy ['beɪbɪˌbʌgɪ] *s* paraplyvagn; amer. barnvagn
baby carriage ['beɪbɪˌkærɪdʒ] *s* barnvagn
Babycham ['beɪbɪʃæm] *s* ® slags mousserande cider
baby girl [ˌbeɪbɪˈgɜːl] *s* flickebarn
baby grand [ˌbeɪbɪˈgrænd] *s* mus. miniflygel
babyhood ['beɪbɪhʊd] *s* [späd] barndom, spädbarnsålder
babyish ['beɪbɪɪʃ] *adj* barnslig
Babylon ['bæbɪlən] Babel, Babylon äv. bildl.
baby-minder ['beɪbɪˌmaɪndə] *s* dagmamma
baby pantie [ˌbeɪbɪˈpæntɪ] *s* blöjbyxa
baby shower ['beɪbɪˌʃaʊə] *s* amer. uppvaktning med presenter för blivande mor (mödrar)
baby-sit ['beɪbɪsɪt] (*baby-sat baby-sat*) *vb itr* sitta barnvakt
baby-sitter ['beɪbɪˌsɪtə] *s* barnvakt
baby-snatcher ['beɪbɪˌsnætʃə] *s* **1** kidnappare av barn **2** person som begår 'rena barnarovet' gifter sig el. har ett förhållande med mycket yngre man el. kvinna
baby-walker ['beɪbɪˌwɔːkə] *s* gåstol
baccy ['bækɪ] *s* vard. tobak
Bach [tonsättaren bɑːk, bɑːx]
1 bach [bætʃ] sl. **I** *s* ungkarl **II** *vb itr* o. *vb tr*, *~ [it]* leva ungkarlsliv
2 bach [bɑːk, bɑːx] *s* walesiska (i tilltal, isht efter namn) min vän, du [*how are you, John ~?*]
bachelor ['bætʃ(ə)lə] *s* **1** ungkarl; *~ flat* (vard. *den, pad*) ungkarlsvåning, vard. ungkarlslya; *~ girl* ungkarlsflicka **2** univ., ung. kandidat; *B~ of Arts (Science)* se 2 art 2 o. *science 1*
bacill|us [bəˈsɪl|əs] (pl. *-i* [-aɪ]) *s* bacill
back [bæk] **I** *s* **1** rygg; *break a p.'s ~* bildl. ta knäcken på ngn; *break the ~ of* se *break I 7*; *put one's ~ into it* lägga manken till; *put (get) a p.'s ~ up* vard. reta upp ngn; *be glad to see the ~ of a p. (a th.)* vara glad att bli kvitt (av med) ngn (ngt); *turn one's ~ [up]on* se under *turn I 1*; *go (do things) behind a p.'s ~* gå bakom ryggen på ngn; *get off my ~!* vard. äv. lägg av!; *with one's ~ to the wall* bildl. ställd mot väggen, hårt ansatt **2** baksida; bakre del (ända), ryggstöd; *~ of the head* nacke, bakhuvud; *[at] the ~ of* bakom äv. bildl.; *know a th. like the ~ of one's hand* kunna ngt på sina fem fingrar; *[put a th.] ~ to front* ...bakfram (bak och fram) **3** sport. back **II** *adj* **1** på baksidan, bak- [*~ street*]; *~ page* sista sida av tidning; *~ seat* baksäte; plats baktill, jfr äv. *back-seat; take a ~ seat* bildl. hålla sig i bakgrunden **2** omvänd, gående bakåt, bak- [*~ current*], tillbaka **3** resterande; *~ pay* retroaktiv lön; *~ tax[es]* kvarskatt **III** *adv* **1** bakåt; tillbaka; *~ and forth* fram och tillbaka **2** tillbaka; åter, igen; i gengäld; om tid tillbaka, för...sedan; *go ~ [up]on one's word* bryta sitt ord; jfr vid. *go A II 3* avsides, bort **4** efter, i efterhand **5** *~ of* amer. bakom **IV** *vb tr* **1** dra (skjuta o.d.) tillbaka; backa bil, båt etc. **2** *~ up*
a) underbygga, styrka [*~ up a statement*] **b)** backa upp, stödja, gynna **c)** backa fram [*~ up a car in front of the garage*] **V** *vb itr* **1** *~ [away]* röra sig bakåt, gå (träda) tillbaka; backa; rygga **2** *~ down* stiga ned bakländes; bildl. retirera, backa ur; *~ off* **a)** rygga för, dra sig undan **b)** amer., se *~ down*; *~ out* gå baklänges ut [*of* ur]; dra sig tillbaka (ur spelet), backa ur, hoppa av
backache ['bækeɪk] *s* ryggsmärtor, ont i ryggen, ryggont

backbench [ˌbækˈbentʃ] *s* parl. bakre bänk för ledamöter som inte är ministrar
backbencher [ˌbækˈbentʃə] *s* parl. icke-minister
backbite [ˈbækbaɪt] (*backbit backbitten*) *vb itr* tala illa om folk
backbiting [ˈbækˌbaɪtɪŋ] *s* förtal
backbone [ˈbækbəʊn] *s* **1** ryggrad; *to the ~* helt igenom, ut i fingerspetsarna [*British to the ~*] **2** bildl. grundstomme, ryggrad [*the ~ of the nation*] **3** bildl. styrka, [karaktärs]fasthet, ryggrad [*he has no ~*]
backbreaker [ˈbækˌbreɪkə] *s* vard. hårt jobb, riktig pärs
backbreaking [ˈbækˌbreɪkɪŋ] *adj* hård, slitsam [*a ~ job*]
backburner [ˈbækˌbɜːnə] *s* **1** attr. andrahands-, [som är] av låg prioritet [*a ~ issue*] **2** *put* (*keep*) *a th. on the ~* hålla ngt på sparlåga
backchat [ˈbæk-tʃæt] *s* vard. skämtsam replikväxling; näsvishet, uppkäftighet
backcloth [ˈbækklɒθ] *s* teat. fond[kuliss]
backcomb [ˈbækkəʊm] *vb tr* tupera
back-crawl [ˈbækˌkrɒːl] *s* simn. ryggsim, baklängescrawl; ryggsims-
backdate [ˌbækˈdeɪt] *vb tr* **1** ge retroaktiv verkan perf. p.: *~d* retroaktiv **2** antedatera
backdoor [ˌbækˈdɔː] **I** *s* **1** bakdörr, köksdörr, köksingång **2** bildl. smygväg; *by the ~* bakvägen **II** *adj* lönnlig, smyg- [*~ influence*]; indirekt
backdrop [ˈbækdrɒp] *s* **1** teat. fond[kuliss] **2** bildl. bakgrund [*the hills form a ~ to the town*]
backer [ˈbækə] *s* **1** hjälpare, stöd[jare]; gynnare, uppbackare [*financial ~*] **2** vadhållare isht på häst
backer-up [ˌbækərˈʌp] (pl. *backers-up* [ˌbækəzˈʌp]) *s se backer 1*
backfire [ˌbækˈfaɪə, '--] **I** *s* bil. baktändning **II** *vb itr* **1** bil. baktända **2** bildl. slå slint, misslyckas
backgammon [ˈbækˌgæmən, ˌbækˈg-] *s* backgammon, bräde, brädspel
background [ˈbækgraʊnd] *s* **1** bakgrund, fond; miljö i film o.d.; *~ effects* ljudeffekter; *~ music* bakgrundsmusik; *~ noise* a) bakgrundsljud b) störningar [i bakgrunden]; [*white spots*] *on a blue ~* …på [en] blå botten **2** bildl. bakgrund, miljö; erfarenhet[er] [*she has a ~ in computers*]
backhand [ˈbækhænd] **I** *s* backhand i tennis o.d. **II** *adj se backhanded*
backhanded [ˌbækˈhændɪd] *adj* **1** med handryggen; backhand- **2** bildl. oväntad; tvetydig, spydig [*~ compliment*]
backhander [ˈbækˌhændə] *s* **1** slag med handryggen, sport. backhand[slag] **2** bildl. sidohugg; tillrättavisning **3** sl. muta
backheel [ˈbækhiːl] fotb. **I** *s* klackspark **II** *vb tr* klacksparka

backing [ˈbækɪŋ] *s* **1** bil. backning; *~ light* backljus **2** [under]stödjande; stöd, hjälp, uppbackning [*financial ~*] **3** mus. ackompanjemang, komp **4** rygg, baksida, bakstycke; foder **5** hand. a) endossering b) täckning, reserv
backlash [ˈbæklæʃ] *s* **1** bakslag; [häftig] motreaktion [*the white ~*] **2** tekn. spelrum, dödgång
backless [ˈbækləs] *adj* **1** utan rygg [*a ~ chair*] **2** djupt ringad i ryggen, rygglös [*a ~ dress*]
backlighting [ˈbækˌlaɪtɪŋ] *s* foto. bakgrundsbelysning; motljus
backlog [ˈbæklɒg] *s* **1** hand.: inte effektuerade inneliggande order, orderstock, orderanhopning **2** eftersläpande arbete (betalning); eftersläpning
back number [ˌbækˈnʌmbə] *s* **1** gammalt nummer av tidning **2** vard. [hopplöst] gammalmodig person (metod); *he is a ~* äv. han har spelat ut sin roll
backpack [ˈbækpæk] *s* ryggsäck
back passage [ˌbækˈpæsɪdʒ] *s* **1** anat. ändtarm **2** korridor (gång) till baksidan av ett hus
back payments [ˌbækˈpeɪmənts] *s pl* försenade inbetalningar
back-pedal [ˌbækˈpedl] *vb itr* **1** trampa bakåt, bromsa på cykel **2** bildl. bromsa, dra sig ur, backa ur **3** boxn. retirera, backa
back projection [ˈbækprə(ʊ)ˌdʒekʃ(ə)n] *s* film. backprojektion
backrest [ˈbækrest] *s* ryggstöd
backroom [ˈbækruːm] *adj* **1** [som ligger] åt gården (baksidan) [*a ~ flat*] **2** vard. [som sker] bakom kulisserna [*~ work*]; *~ boy* forskare (expert) som arbetar bakom kulisserna
back-scratcher [ˈbækˌskrætʃə] *s* **1** klipinne **2** vard. lismare, tallriksslickare
back-scratching [ˈbækˌskrætʃɪŋ] *s* vard. **1** kryperi, inställsamt svansande **2** inbördes smicker och utbyte av tjänster och favörer
back-seat [ˈbæksiːt] *attr adj*, *~ driver* a) 'baksätesförare' person som från baksätet i en bil ger föraren råd hur han skall köra b) person som lägger sig i saker han inte har med att göra; jfr äv. *back seat* under *back II 1*
backside [ˌbækˈsaɪd] *s* **1** baksida **2** vard. ända, rumpa
backsight [ˈbæksaɪt] *s* sikte; siktskåra
backslapping [ˈbækˌslæpɪŋ] *s* ryggdunkande, överdriven hjärtlighet
backslide [ˈbækslaɪd] (*backslid backslid*) *vb itr* [gradvis] återfalla till (i) [*~ into dishonesty* (*sin*)]
backspace [ˈbækspeɪs] **I** *s*, *~ key* backstegstangent **II** *vb itr* backa på skrivmaskin
backspacer [ˈbækˌspeɪsə] *s se backspace I*
backstage [ˌbækˈsteɪdʒ] **I** *adv* bakom scenen; i kulisserna **II** *adj* [som sker] bakom kulisserna

backstair [ˌbæk'steə] *adj* förtäckt, smyg-, bakvägs- [~ *gossip*]; ~ *revolution* palatsrevolution
backstairs [ˌbæk'steəz] *s pl* baktrappa; köksuppgång
backstreet ['bækstri:t] *s* bakgata
backstroke ['bækstrəʊk] *s* simn. ryggsim
back talk ['bæktɔ:k] amer., *se backchat*
backtrack ['bæktræk] *vb itr* gå tillbaka [*to till*]; bildl. äv. backa ur [~ *out of a deal*]
backup ['bækʌp] *s* **1** backning; ~ *light* isht amer. backljus **2** stöd; förstärkning **3** isht amer. reserv, ersättare; ersättning; attr. reserv- [~ *supplies*]
backward ['bækwəd] **I** *adj* **1** bakåtriktad, bak[åt]vänd, baklänges-; *a ~ glance* en blick tillbaka **2** underutvecklad, som är på efterkälken, sent utvecklad [*a ~ child*] **II** *adv se backwards*
backwards ['bækwədz] *adv* bakåt, bakut, baklänges, tillbaka; ~ *and forwards* fram och tillbaka, hit och dit; *know a th.* ~ kunna ngt utan och innan; *fall over* ~ bildl. stå på näsan av iver; *lean* (*bend*) *over* ~ bildl. gå till överdrift [åt andra hållet]
backwash ['bækwɒʃ] *s* **1** svallvåg[or] **2** bildl. följder, efterverkningar, efterdyningar [*the ~ of the crisis*]
backwater ['bækˌwɔ:tə] *s* **1** bakvatten **2** uppdämt flodvatten; stillastående vatten isht av bakström från flod; av vattenhjul tillbakakastat vatten **3** bildl. avkrok, håla; dödvatten; intellektuell torka
backwoods ['bækwʊdz] *s pl* **1** isht amer. avlägsna skogstrakter, obygd[er] **2** *se backwater 3*
backyard [ˌbæk'jɑ:d] *s* bakgård; amer. trädgård på baksidan av huset
bacon ['beɪk(ə)n] *s* bacon; *bring home the ~* vard. tjäna till brödfödan; klara skivan; *save one's* ~ vard. rädda sitt skinn
bacteria [bæk'tɪərɪə] *s pl. av bacterium*; *colony* (*nucleus*) *of* ~ bakteriehärd
bacterial [bæk'tɪərɪəl] *adj* bakterie- [~ *flora* (*content*)]
bacteriological [bækˌtɪərɪə'lɒdʒɪk(ə)l] *adj* bakteriologisk [~ *warfare*]
bacteriologist [bækˌtɪərɪ'ɒlədʒɪst] *s* bakteriolog
bacteriology [bækˌtɪərɪ'ɒlədʒɪ] *s* bakteriologi
bacteri|um [bæk'tɪərɪ|əm] (pl. *-a* [-ə]) *s* bakterie
bad [bæd] **I** (*worse worst*) *adj* **1** dålig, usel; *not half* ~ el. *not* [*so*] ~ vard. inte så illa, inte så tokig; riktigt skaplig **2** a) onyttig, osund [*smoking is ~ for you*], skadlig [*it's ~ for one's eyes*] b) rutten, skämd [*these eggs are ~*] **3** a) svag, obegåvad [*at* i; *he's ~ at mathematics*], dålig [*a ~ painter*] b) sjuk, krasslig [*feel ~*], svag; skadad [*my ~ hand*], svår [*a ~ cold* (*headache*)] **4** tråkig, sorglig [~ *news*], oangenäm; *that's too ~!* vard. vad tråkigt!, så synd!; *it's too ~* [*that this goes on year after year*] äv. det är en skam (synd och skam)... **5** ångerfull, illa till mods [*feel ~ about a th.*] **6 a)** omoralisk, fördärvad, lastbar **b)** elak, stygg; busig [*a ~ boy*] **c)** ~ *language* svordomar, grovt språk **7** felaktig [*a ~ pronunciation*] **8** a) oäkta, falsk [*a ~ coin*] b) dålig, ogiltig [*a ~ cheque; a ~ excuse*] c) oindrivbar [*a ~ debt* (fordran)] **9** isht amer. sl. jättebra, grym, häftig **10** i vissa fraser: ~ *luck* otur; ~ *news* sl. olycka, pest om person; *he's ~ news around here* det blir bara trubbel när han dyker upp; *have a ~ time of it* ha det jobbigt (marigt); ~ *trip* sl. snedtändning negativ effekt vid narkotikarus; *go ~* ruttna, bli skämd; *go from ~ to worse* bli allt sämre (värre och värre); *be taken ~* vard. bli sjuk (dålig) **II** *s* **1** *take the ~ with the good* ta det onda med det goda; *go to the ~* gå ner sig, spåra ur om person **2** *I'm £90 to the ~* jag har förlorat (har en brist på) 90 pund
baddie ['bædɪ] *s* vard. bov i motsats till hjälte i film o.d.
baddy ['bædɪ] *se baddie*
bade [bæd, beɪd] *imperf. o. perf. p. av bid*
badge [bædʒ] *s* **1** märke, emblem; hederstecken, utmärkelsetecken, ordenstecken; *policeman's ~* polisbricka **2** bildl. [känne]tecken, kännemärke
badger ['bædʒə] **I** *s* **1** grävling **2** pensel av grävlingshår **II** *vb tr* plåga; tjata på; trakassera; ~ *a p.* [*for a th.*] tjata på ngn [om att få ngt]
badlands ['bædlændz] *s pl* amer. ofruktbart land
badly ['bædlɪ] (*worse worst*) *adv* **1** dåligt, illa [*behave* (*treat*) ~]; svårt; *be ~ beaten at* [*football*] bli grundligt slagen i...; *be ~ off* ha det dåligt ställt; *be ~ off for* ha [mycket] ont om **2** *want* (*need*) ~ behöva i högsta grad
badminton ['bædmɪntən] *s* sport. badminton
badmouth ['bædmaʊθ, -maʊð] *vb tr* isht amer. sl. racka ner på, svärta ner
badness ['bædnəs] *s* dålighet etc., jfr *bad*; dålig beskaffenhet
bad-tempered [ˌbæd'tempəd] *adj* [som är] på dåligt humör, vresig, sur
baffle ['bæfl] **I** *vb tr* **1** förvirra, förbrylla **2** trotsa [*it ~s description*] **II** *s* radio. baffel
baffling ['bæflɪŋ] *adj* förvirrande, förbryllande, oförklarlig [*a ~ noise*]; svårlöst [*a ~ problem*]
bag [bæg] **I** *s* **1** påse; säck; bag; väska; ~ *of bones* vard. benget; *he's got ~s under his eyes* vard. han har påsar under ögonen; *in the* ~ vard. klar, säker [*his promotion is in the ~*], som i en liten ask [*we've got it in the ~*] **2** a) jaktväska b) jaktbyte, fångst; *make a*

good ~ få bra jaktbyte, ha jaktlycka **3** pl. **~s** sl. massor [**~s** *of money (room)*] **4** *a mixed ~* vard., se *mixed 1*; *the whole ~ of tricks* se *trick I 1* **5** pl. **~s** åld. vard. brallor **6** sl. käring, slampa [*that old ~*] **7** isht amer. lynne, [sinnes]stämning **II** *vb tr* **1** fånga; fälla, skjuta **2** vard. knycka, lägga beslag på; *~s I (~s)* [*that chair*]*!* pass (pax, tjing) för…!
bagatelle [ˌbægə'tel] *s* **1** bagatell **2** fortuna[spel]
Bagdad [ˌbæg'dæd, '--] se *Baghdad*
baggage ['bægɪdʒ] *s* **1** bagage, resgods vid flyg- el. sjöresa **2** skämts. stycke, snärta [*saucy ~*]
baggage car ['bægɪdʒkɑː] *s* amer. resgodsvagn
baggage check ['bægɪdʒtʃek] *s* amer. polletteringsbiljett, polletteringsmärke
baggageman ['bægɪdʒmæn] *s* o.
baggagemaster ['bægɪdʒˌmɑːstə] *s* amer. bagagekonduktör
baggy ['bægɪ] *adj* påsig, säckig, bylsig
Baghdad [ˌbæg'dæd, '--] geogr. Bagdad
bag lady ['bægˌleɪdɪ] *s* uteliggare, hemlös kvinna
bag people ['bægˌpiːpl] *s pl* isht amer. uteliggare, hemlösa
bagpipe ['bægpaɪp] *s*, ofta pl. *~s* säckpipa
bagsnatcher ['bægˌsnætʃə] *s* vard. väskryckare
Bahama [bə'hɑːmə] geogr.; *the ~ Islands* el. *the ~s* Bahamas
Bahamian [bə'heɪmɪən, -'hɑː-] **I** *adj* bahamansk **II** *s* bahaman
Bahraini [bɑː'reɪnɪ] **I** *adj* bahrainsk **II** *s* bahrainare
1 bail [beɪl] **I** *vb tr*, *~* [*out*] ösa [ut] [*~ water* [*out*]]; ösa [läns], länsa [*~* [*out*] *a boat*] **II** *vb itr* **1** *~* [*out*] ösa **2** *~ out* flyg. isht amer., se *2 bale*
2 bail [beɪl] jur. **I** *s* borgen för anhållens inställelse inför rätta; *admit to ~* el. *let out on ~* försätta på fri fot mot borgen; *be* (*go, stand*) *~* gå i (ställa) borgen; *refuse ~* vägra frisläppande mot borgen **II** *vb tr*, *~* [*out*] utverka frihet åt anhållen genom att ställa borgen för honom
bailey ['beɪlɪ] *s* **1** yttre slottsmur **2** *the Old B~* Centralbrottmålsdomstolen i London
bailiff ['beɪlɪf] *s* exekutionsbiträde, utmätningsman; delgivningsman
bailout ['beɪlaʊt] *s* **1** [räddning genom] fallskärmshopp **2** bildl. räddningsaktion
bairn [beən] *s* isht skotsk. el. nordeng. barn
bait [beɪt] **I** *vb tr* **1** hetsa djur **2** reta, plåga; mobba **3** agna krok; sätta [ut] bete (lockmat) på (i); locka **II** *s* agn, bete, lockmat; *rise to* (*swallow*) *the ~* nappa på kroken äv. bildl.
baize [beɪz] *s* **1** boj, filt tyg **2** attr. klädd med boj, filtklädd [*~ door*]
bake [beɪk] **I** *vb tr* ugnssteka, ugnsbaka; baka, grädda; bränna tegel; *~d beans* vita bönor i tomatsås; *~d egg* äggstanning; *~d potatoes*

ugnsbakad potatis; *~d wind* amer. tomt skryt **II** *vb itr* stekas, bakas, gräddas; torka, hårdna, baka ihop sig; *be baking in the sun* [ligga och] steka sig i solen **III** *s* utomhusfest där ugnsstekt mat serveras
Bakelite ['beɪkəlaɪt] *s* ® bakelit
baker ['beɪkə] *s* bagare; *~'s dozen* tretton [stycken]
Baker Street ['beɪkəstriːt] gata i London, där Sherlock Holmes bodde
bakery ['beɪkərɪ] *s* bageri
baking ['beɪkɪŋ] **I** *pres p* o. *adj* ugnsstekande, ugnsbakande etc., jfr *bake*; stekhet, gassig [*a ~ day*] **II** *s* ugnsstekning, ugnsbakning **III** *adv*, *~ hot* stekhet, gassig
baking board ['beɪkɪŋbɔːd] *s* bakbord
baking plate ['beɪkɪŋpleɪt] *s* bakplåt
baking powder ['beɪkɪŋˌpaʊdə] *s* bakpulver
baking sheet ['beɪkɪŋʃiːt] *s* bakplåt
baking soda ['beɪkɪŋˌsəʊdə] *s* natriumbikarbonat
baking tin ['beɪkɪŋtɪn] *s* bakform, kakform
baking tray ['beɪkɪŋtreɪ] *s* bakplåt
baksheesh o. **bakshish** [ˌbæk'ʃiːʃ, '--] *s* i Orienten drickspengar; allmosa, slant åt tiggare
Balaclava [ˌbælə'klɑːvə] geogr. egenn.; *~ helmet* mil. yllekapuschong, vindskyddshuva
balalaika [ˌbælə'laɪkə] *s* mus. balalajka
balance ['bæləns] **I** *s* **1** våg, balansvåg; vågskål; *hang* (*be*) *in the ~* hänga på en tråd, stå och väga **2** motvikt **3** balans äv. bildl. [*lose one's ~*]; jämvikt; jämviktsläge; avvägning [*a delicate ~ between the two*]; *throw a p. off his ~* få ngn att tappa balansen, få ngn ur balans; *~ of power* maktbalans; *hold the ~ of power* parl. ha vågmästarrollen **4** *the ~* det mesta, den övervägande delen; *hold the ~* ha avgörandet i sin hand; vara tungan på vågen **5** hand. balans, bokslut; saldo, behållning, överskott; tillgodohavande [*bank ~*]; återstod, rest; *~ brought forward* ingående saldo; *~* [*to be*] *carried forward* utgående saldo; *~ of payments* betalningsbalans; *~ of trade* handelsbalans; *~ in hand* kassabehållning; *on ~* på det hela taget; *strike a ~* bildl. göra en avvägning, gå (finna) en medelväg **6** vard., *the ~* resten **7** oro i ur **II** *vb tr* **1** [av]väga [mot varandra]; jämföra, överväga **2** balansera; bringa (hålla) i jämvikt; *~ oneself* balansera; gå balansgång; *they ~ each other out* de tar ut varandra **3** motväga, uppväga; utjämna **4** hand. avsluta böcker; balansera; *the books* göra bokslut **III** *vb itr* balansera; vara i jämvikt; jämna ut sig
balanced ['bælənst] *adj* balanserad, i jämvikt, stadig, stabil; *~ diet* allsidig kost
balance sheet ['bælənsʃiːt] *s* **1** balans[räkning] **2** budgetsammandrag **3** bokslut

balcony ['bælkənɪ] s **1** balkong; altan **2** *the* ~ a) teat., vanl. andra raden; amer. första raden b) på biograf balkongen
bald [bɔːld] **I** *adj* **1** [flint]skallig [*go* ~]; kal, bar; zool. äv. vitfläckig; ~ *as a coot* kal (slät) som en biljardboll; ~ *coot* sothöna **2** bildl. torr [*a* ~ *statement of the facts*]; torftig, slät **II** *vb itr* bli skallig
baldachin o. **baldaquin** ['bɔːldəkɪn] s baldakin
balderdash ['bɔːldədæʃ] s vard. gallimatias
baldhead ['bɔːldhed] s flintskalle, skallig person
baldheaded [ˌbɔːld'hedɪd] *adj* [flint]skallig; *go at (for) it* ~ vard. rusa på blint (vilt), kasta sig huvudstupa in i det (uppgiften, arbetet etc.)
balding ['bɔːldɪŋ] *adj* som håller på att bli flintskallig, tunnhårig
baldly ['bɔːldlɪ] *adv* rakt på sak, utan omsvep
baldness ['bɔːldnəs] s [flint]skallighet etc., jfr *bald*
1 bale [beɪl] **I** s bal, packe **II** *vb tr* packa i balar, bala
2 bale [beɪl] *vb itr*, ~ *out* hoppa med (rädda sig i) fallskärm
Balearic [ˌbælɪ'ærɪk] *adj*, *the* ~ *Islands* Balearerna
baleful ['beɪlf(ʊ)l] *adj* fördärvlig [*a* ~ *influence*]; ondskefull [*a* ~ *stare*]
Bali ['bɑːlɪ] geogr.
Balinese [ˌbɑːlɪ'niːz] **I** *adj* balinesisk **II** (pl. lika) s balines
balk [bɔːk, bɔːlk] **I** s **1** balk, bjälke **2** hinder **II** *vb tr* **1** blunda för; dra sig för, undvika [~ *a topic*]; försumma [~ *an opportunity*] **2** hejda, hindra, korsa ngns planer; gäcka, svika [*his hopes were* ~*ed*] **III** *vb itr* om häst tvärstanna, vägra att hoppa; bildl. stegra sig [*at* inför], dra sig [*at* för]
Balkan ['bɔːlkən] **I** *adj* Balkan- [*the* ~ *Peninsula*], balkan- [*the* ~ *countries*] **II** geogr.; *the* ~s pl. Balkan
Balkanization [ˌbɔːlkənaɪ'zeɪʃən] s polit. balkanisering
1 ball [bɔːl] s **1** bal, dans[tillställning] **2** sl., *have* [*oneself*] *a* ~ ha kul (skoj)
2 ball [bɔːl] **I** s **1** boll; klot; ~ *control* (*sense*) bollkontroll, bollbehandling, bollsinne; ~ *of energy* (*fire*) energiknippe; ~ *of the* (*one's*) *foot* tåvalk vid stortåns bas; trampdyna; *three* [*golden*] ~*s* a) pantlånarskylt b) pantbank; *the* ~ *is with him* (*is in his court*) bildl. han har bollen, bollen är (ligger) hos honom; *have the* ~ *at one's feet* bildl. ha chansen; *keep* (*set, start*) *the* ~ *rolling* bildl. hålla (få, sätta) ngt i gång; *play* ~ vard. samarbeta, vara 'med, ställa upp; *be* (*have a lot*) *on the* ~ vard. vara på alerten (med på noterna); *have one's eye on the* ~ vard. vara påpasslig (på alerten) **2** kula; ~ *joint* tekn. el. anat. kulled **3** nystan [~ *of wool*] **4** amer. vulg., ~ *up*

se *balls-up* **II** *vb tr* **1** vulg. knulla **2** amer. vulg., ~ *up* se *balls III*
ballad ['bæləd] s ballad, [folk]visa
ball-and-socket joint [ˌbɔːlən(d)'sɒkɪtdʒɔɪnt] s tekn. el. anat. kulled
ballast ['bæləst] **I** s barlast, ballast **II** *vb tr* barlasta, ballasta
ball bearing [ˌbɔːl'beərɪŋ] s kullager
ball boy ['bɔːlbɔɪ] s bollpojke, bollkalle
ball cock ['bɔːlkɒk] s flottörventil
ballerina [ˌbælə'riːnə] s ballerina
ballet ['bæleɪ, -'-] s balett
ballet-dancer ['bæleɪˌdɑːnsə, -lɪˌd-] s balettdansör, balettdansös
balletomane ['bælɪtə(ʊ)meɪn] s balettentusiast
ball game ['bɔːlgeɪm] s **1** amer. match; isht basebollmatch **2** vard. situation, tillstånd
ballistic [bə'lɪstɪk] *adj* ballistisk; ~ *missile* ballistisk robot
ballistics [bə'lɪstɪks] (konstr. ss. sg.) s ballistik
balloon [bə'luːn] **I** s **1** ballong; ~ *barrage* mil. ballongspärr; ~ *glass* konjakskupa, aromglas; ~ *sail* ballongsegel; ~ *sleeve* fårbogsärm; ~ *tyre* (amer. *tire*) bil. ballongdäck; *now the* ~ *goes up!* vard. nu brakar det löst **2** pratbubbla **II** *vb itr* stiga i höjden [*costs* ~*ed*] **III** *vb tr* **1** trissa upp [~ *prices*] **2** ~ *a ball* [*into the air*] sparka en boll högt upp i luften
ballot ['bælət] **I** s **1** röstsedel, valsedel **2** sluten omröstning; omröstningsresultat; *take a* ~ företa en sluten omröstning **II** *vb itr* **1** företa en sluten omröstning **2** dra lott [*for* om]
ballot box ['bælətbɒks] s valurna
ballot paper ['bælətˌpeɪpə] s röstsedel, valsedel
ballpark ['bɔːlpɑːk] s **1** amer. idrottsplats; baseballarena, baseballstadion **2** isht amer. vard., *in the* ~ *of* ungefär, omkring; *in the* [*right*] ~ rätt på ett ungefär, någotsånär korrekt
ball pen ['bɔːlpen] s kulpenna
ballpoint ['bɔːlpɔɪnt] s, ~ [*pen*] kul[spets]penna
ballroom ['bɔːlruːm] s balsal; danssalong; ~ *dance* (*dancing*) sällskapsdans
balls [bɔːlz] vulg. **I** s pl **1** ballar; *have a p. by the* ~ ha ngn i sin hand, ha satt ngn på det hala **2** skit[snack], smörja; *that's a load of* ~ det är bara skitsnack **3** mod, fräckhet [*it took a lot of* ~ *to do that*] **II** *interj*, ~! skitsnack!, ta dig i brasan! **III** *vb tr*, ~ *up* strula till, göra en jävla soppa av
balls-up ['bɔːlzʌp] s sl. jävla soppa (röra), strul
bally ['bælɪ] *adj* o. *adv* vard. sabla, jäkla
ballyhoo [ˌbælɪ'huː] **I** s vard. **1** braskande reklam; jippon; skryt, bluff, humbug **2** ståhej, uppståndelse **II** *vb tr* uppreklamera
balm [bɑːm] s **1** balsam **2** bildl. tröst, lindring

Balmoral

Balmoral [bæl'mɒr(ə)l] **I** ~ [*castle*] kungligt slott i Skottland **II** *s* (äv. *b*~) skotsk mössa
balmy ['bɑːmɪ] *adj* **1** balsamisk; doftande **2** lindrande, vederkvickande; mild om väder
balsa ['bɔːlsə, 'bælsə] *s* **1** balsaträd; balsaträ **2** balsa flotte
balsam ['bɔːlsəm] *s* **1** balsam **2** balsamin; *garden* ~ vanlig balsamin
Balt [bɔːlt] *s* balt
Baltic ['bɔːltɪk] **I** *adj* baltisk; östersjö-; ~ *herring* strömming; *the* ~ *Sea* Östersjön; *the* ~ *States* Baltikum **II** geogr.; *the* ~ Östersjön
Baltimore ['bɔːltɪmɔː]
Balto- ['bɔːltəʊ] *adj* baltisk-, balto- [*Balto-Slavonic*]
Baluchi [bə'luːtʃɪ] **I** *adj* baluchisk **II** *s* balucher folk
Baluchistan [bə'luːtʃɪstɑːn] Baluchistan
balustrade [ˌbæləˈstreɪd] *s* balustrad
bamboo [ˌbæmˈbuː] (pl. ~*s*) *s* bambu; bamburör; attr. bambu-; ~ *shoots* bot. el. kok. bambuskott
bamboozle [bæmˈbuːzl] *vb tr* vard. lura, locka [*into* till]; ~ *a p. out of a th.* lura av ngn ngt
ban [bæn] **I** *s* officiellt förbud [*travel* ~]; kyrkl. bann; *driving* ~ körförbud; *nuclear-test* ~ kärnvapenprovstopp; *lift the* ~ [upp]häva förbudet; *put under a* ~ el. *put a* ~ *on* förbjuda; bannlysa **II** *vb tr* förbjuda; bannlysa
banal [bəˈnɑːl] *adj* banal
banality [bəˈnælətɪ] *s* banalitet
banana [bəˈnɑːnə] *s* banan; bananplanta; ~ *oil* sl. prat, strunt; ~ *plug* tekn. banankontakt; ~ *republic* neds. bananrepublik; ~ *seat* vard. limpa cykelsadel
bananas [bəˈnɑːnəz] **I** *s* pl. av *banana* **II** *adj* sl., *go* ~ bli galen (tokig)
Banbury ['bænb(ə)rɪ] geogr. egenn.; *ride a cock-horse to* ~ *Cross* ung. rida, rida, ranka
1 band [bænd] **I** *s* **1** band, snöre, snodd; bindel; bildl.: förenande band **2** skärp, bälte; på cigarr maggördel **3** remsa; bård; linning **4** radio. band [*19-metre* ~] **5** mek. [drag]rem [äv. *endless* ~]; ~ *conveyor* el. *feeder* ~ transportband **6** platt ring, hjulring **7** pl. ~*s* prästkrage; advokats ämbetskrage **II** *vb tr* sätta band (etc., jfr *I 1-3*) på
2 band [bænd] **I** *s* **1** trupp, skara; band [~ *of robbers*], gäng, följe **2** mindre orkester, musikkapell, musikkår; *brass* ~ mässingsorkester; *jazz* ~ jazzband **II** *vb tr* o. *vb itr*, ~ [*oneself*] *together* förena sig, sluta sig samman, gadda ihop sig
bandage ['bændɪdʒ] **I** *s* bandage, förband [sartikel], binda, bindel; *triangular* ~ mitella **II** *vb tr* lägga bandage om, förbinda; binda för; ~*d* för'bunden, i bandage; ~*d eyes* 'förbundna ögon
Band-Aid ['bændeɪd] *s* ® amer. plåster, snabbförband

bandanna [bænˈdænə] *s* slags stor kulört näsduk, snusnäsduk
bandbox ['bæn(d)bɒks] *s* dams hattask
banderole ['bændərəʊl] *s* banderoll
bandicoot ['bændɪkuːt] *s* zool. **1** stor indisk råtta **2** punggrävling, bandikut
bandit ['bændɪt] *s* bandit, bov
bandmaster ['bæn(d)ˌmɑːstə] *s* kapellmästare
bandsaw ['bændsɔː] *s* bandsåg
bandsman ['bæn(d)zmən] *s* medlem av musikkapell, [militär]musikant
bandstand ['bæn(d)stænd] *s* musikestrad
bandwagon ['bændˌwægən] *s*, *climb* (*jump*, *get*) *on to the* ~ polit. ansluta sig till de framgångsrika (vinnarsidan)
bandwidth ['bændwɪdθ] *s* radio. bandbredd, frekvensområde
bandy ['bændɪ] **I** *vb tr* **1** kasta fram och tillbaka, bolla med [*ofta* ~ *about*]; *his name was bandied about* det pratades om honom **2** dryfta **3** växla ord, hugg; ~ *words* äv. gräla, munhuggas **II** *s* sport. **1** bandy **2** bandyklubba **III** *adj* om ben krokig; hjulbent; *have* ~ *legs* vara hjulbent
bandy-legged ['bændɪlegd, -ˌlegɪd, ˌ--'-] *adj* hjulbent
bane [beɪn] *s* fördärv, undergång; förbannelse; *he is the* ~ *of my life* han är mitt plågoris, jag tål honom inte
baneful ['beɪnf(ʊ)l] *adj* fördärvlig, skadlig [*to* för]
bang [bæŋ] **I** *vb tr* o. *vb itr* **1** banka, smälla, slå; knalla; dunka; dänga **2** sl. slå, klå **3** vard. göra av med, låta slantarna rulla **4** vulg. knulla **II** *s* **1** slag, smäll, knall, skräll, duns; brak; *sonic* ~ bang, överljudsknall; *go off* (*over*) *with a* ~ vard. bli en pangsuccé **2** amer. vard. fart, kläm, ruter [*there's no* ~ *in him*]; *with a* ~ bums, tvärt [*he fell for her with a* ~] **3** amer. sl. spänning; *I get a* ~ *out of it* jag tycker det är jäkla spännande (kul) **4** vulg. knull, ligg **III** *interj* o. *adv* bom, pang; tvärt, bums, vips; ~ *in the middle* precis i mitten (mitt i); mitt i prick; ~ *off* vard. på fläcken; ~ *on time* vard. precis, punktligt; *be* ~ *on course* vara precis på rätt väg; *it's* ~ *on* vard. det är precis som det ska vara; *come* ~ *up against a problem* stöta på ett problem; *go* ~ smälla till
banger ['bæŋə] *s* **1** vard. korv; ~*s and mash* korv och mos **2** pyrotekn. rysk smällare
Bangkok [bæŋˈkɒk, amer. vanl. '--]
Bangladesh [ˌbæŋgləˈdeʃ]
Bangladeshi ['bæŋləˈdeʃɪ] **I** *adj* bangladeshisk **II** *s* bangladeshare
bangle ['bæŋgl] *s* armring; ankelring
bang-on [ˌbæŋˈɒn] vard. **I** *adv* mitt i prick **II** *adj* jättefin, prima
banish ['bænɪʃ] *vb tr* **1** landsförvisa, förvisa **2** slå ur tankarna, slå bort [~ *cares*]; avlägsna
banishment ['bænɪʃmənt] *s* [lands]förvisning; *go into* ~ gå i landsflykt

banister ['bænɪstə] *s* **1** ledstångsstolpe, baluster, balustradpelare **2** vanl. **~s** (konstr. ss. sg. el. pl.; pl. **~s**) trappräcke, ledstång
banjo ['bændʒəʊ] (pl. **~s** el. **~es**) *s* banjo
1 bank [bæŋk] **I** *s* **1** strand[sluttning] vid flod el. kanal **2** [sand]bank, rev, grund **3** bank [~ *of clouds*], vall; driva; [dikes]ren; sluttning **4** flyg. bankning, skevning **5** dosering av kurva **II** *vb tr* **1** ~ [*up*] dämma för [~ *up a river*]; dämma upp **2** lägga upp i en vall [~ *earth*]; ~ [*up*] packa ihop, torna upp i drivor (vallar) [~ [*up*] *snow*]; ~ [*up*] *the fire* skyffla aska över elden **3** dosera en kurva **III** *vb itr* **1** flyg. banka, skeva; om bil luta i doserad kurva **2** ~ *up* hopa sig, packa ihop sig [*the snow has ~ed up*]
2 bank [bæŋk] *s* rad av t.ex. tangenter på tangentbord; ~ *of cylinders* cylinderrad i motor
3 bank [bæŋk] **I** *s* **1** bank[inrättning]; *the B~* [*of England*] Englands [riks]bank (centralbank); ~ *account* bankkonto, bankräkning; ~ *card*, se *banker's card* under *banker 1*; ~ *manager* bankkamrer vid filial; ibl. bankdirektör; ~ *statement* [bank]kontoutdrag; [banks] balansräkning **2** spel. [spel]bank; *break the* ~ spränga banken **3** förråd, bank [*blood* ~; *sperm* ~] **II** *vb itr* **1** ~ *with* ha bankkonto hos **2** ~ [*up*]*on* vard. lita (räkna) på **III** *vb tr* sätta in pengar [på banken]
banker ['bæŋkə] *s* **1** bankir; bankdirektör; *~'s card* checklegitimation utfärdad av bank för täckning av check **2** spel. bankör **3** på tipskupong säker match
bank giro ['bæŋkˌdʒaɪrəʊ] (pl. **~s**) *s* bankgiro
bank holiday [ˌbæŋk'hɒlədeɪ, -dɪ] *s* bankfridag, allmän helgdag
banking ['bæŋkɪŋ] *s* bankrörelse, bankväsen
banking house ['bæŋkɪŋhaʊs] *s* bankirfirma; bank
banknote ['bæŋknəʊt] *s* sedel
bankrate ['bæŋkreɪt] *s* förr diskonto, ränta centralbanks räntefot
bankrupt ['bæŋkrʌpt] **I** *s* person som har gjort konkurs **II** *adj* **1** bankrutt, konkursmässig; *go* ~ göra konkurs **2** bildl. ~ *of* [*ideas*] i total avsaknad av... **III** *vb tr* försätta i konkurs
bankruptcy ['bæŋkrəp(t)sɪ] *s* konkurs; bankrutt; *be on the verge of* ~ vara konkursmässig
banner ['bænə] *s* baner, fana isht bildl. [*the ~ of freedom*]
banns [bænz] *s pl* lysning; *publish* (*read, put up*) *the* ~ lysa till äktenskap
banquet ['bæŋkwɪt] **I** *s* bankett; festmåltid, kalas **II** *vb tr* ge en bankett för **III** *vb itr* delta i en bankett; kalasa, festa
bantam ['bæntəm] *s* **1** zool. dvärghöns, prydnadshöns, bantamhöns **2** bildl. (om pers.) liten stridstupp **3** sport., se *bantamweight*

bantamweight ['bæntəmweɪt] *s* sport.
1 bantam[vikt] **2** bantamviktare
banter ['bæntə] **I** *s* skämt; godmodig drift **II** *vb itr* skämta, raljera
Bantu [ˌbæn'tu:] *s* **1** bantuspråk **2** medlem av ett bantufolk; *the* **~s** bantufolk[et]
baptism ['bæptɪz(ə)m] *s* dop, döpelse; ~ *of fire* elddop
baptismal [bæp'tɪzm(ə)l] *adj* dop- [~ *certificate* (*name*)], döpelse-
Baptist ['bæptɪst] *s* **1** baptist **2** *John the* ~ Johannes Döparen
baptistery ['bæptɪst(ə)rɪ] *s* o. **baptistry** ['bæptɪstrɪ] *s* dopkapell; dopkyrka, baptisterium
baptize [bæp'taɪz] *vb tr* döpa
1 bar [bɑ:] **I** *s* **1 a**) stång, spak; ribba; tacka, barr [*gold* ~]; bjälke, stolpe; ~ *of chocolate* chokladkaka; *a* ~ *of soap* en avlång tvål; *parallel ~s* gymn. barr **b**) bom, tvärslå; regel; pl. **~s** äv. galler; *behind* [*prison*] **~s** bakom lås och bom **2** sandbank, sandrev **3** hinder [*to* för; *a* ~ *to happiness*], spärr **4 a**) bar [*I had a drink at the* ~], [bar]disk **b**) avdelning på en pub [*the saloon* ~] **5** mus. taktstreck; takt [*the opening* (inledande) *~s of the sonata*] **6** i juridiska sammanhang **a**) skrank i rättssal; domstol; *be tried* (*appear*) *at the* ~ [för]höras (inställa sig) inför domstol; *the prisoner at the* ~ den anklagade **b**) *the B~* advokaterna, 'advokatsamfundet'; advokatyrket (jfr *barrister 1*); *study* (*read*) *for the B~* utbilda sig till advokat, studera juridik **II** *vb tr* **1 a**) bomma till (för, igen), regla **b**) stänga in[ne] (ute), spärra in **c**) spärra [av], stänga [av], blockera [~ *the way*]; *~red to the public* avstängd (inte tillgänglig) för allmänheten **2** bildl. **a**) [för]hindra [*this ~red his chances of success*], utesluta **b**) avstänga [~ *a p. from a race*] **c**) förbjuda [*she ~s smoking in her house*] **3** förse med stänger etc., jfr *I* **III** *prep* vard. utom [~ *one*]; ~ *one* äv. en undantagen; ~ *none* ingen undantagen
2 bar [bɑ:] *s* meteor. bar
Barabbas [bə'ræbəs] bibl.
barb [bɑ:b] **I** *s* **1** hulling **2** bot. el. zool. skägg; skäggtoppen på fisk **3** zool. barb **4** bildl. gliring **II** *vb tr* förse med en hulling; *~ed wire* taggtråd
Barbadian [bɑ:'beɪdɪən] **I** *s* barbadier **II** *adj* barbadisk
Barbados [bɑ:'beɪdɒs, -əʊz]
barbarian [bɑ:'beərɪən] **I** *s* barbar **II** *adj* barbarisk, barbar- [~ *peoples*]
barbaric [bɑ:'bærɪk] *adj* barbarisk [~ *customs*]
barbarism ['bɑ:bərɪz(ə)m] *s* **1** barbari **2** barbarisk handling [äv. *act of* ~]
barbarity [bɑ:'bærətɪ] *s* [vild] grymhet, omänsklighet; barbarisk (rå, grym) handling

barbarous ['bɑ:b(ə)rəs] *adj* barbarisk, vild [~ *customs* (seder)]
barbecue ['bɑ:bɪkju:] **I** *s* **1** utomhusgrill; stekspett **2** helstekt djur (isht oxe, gris) **3** grillfest, barbecue **II** *vb tr* grilla [på en utomhusgrill]; helsteka
barber ['bɑ:bə] **I** *s* barberare, [hår]frisör; **~'s shop** frisersalong **II** *vb tr* raka; klippa, frisera
barbershop ['bɑ:bəʃɒp] **I** *s* isht amer. frisersalong **II** *attr adj* mus. barbershop- [~ *quartet* (*harmony*)]
barbiturate [bɑ:'bɪtjʊrət] *s* farmakol. barbiturat
barbwire [,bɑ:b'waɪə] *s* amer. taggtråd
Barcelona [,bɑ:sɪ'ləʊnə] **I** geogr. egenn. **II** *s*, ~ [*nut*] spansk hasselnöt
bar chart ['bɑ:tʃɑ:t] *s* stapeldiagram
Barclay ['bɑ:klɪ]
bar-code ['bɑ:kəʊd] **I** *s* streckkod **II** *vb tr* streckkoda
bard [bɑ:d] *s* kelt. bard, skald; *the* ~ *of Avon* benämning på Shakespeare, se *Avon*
bare [beə] **I** *adj* **1** bar [*fight with* ~ *hands*], naken; kal **2** fattig, utblottad, tom [*of* på]; ~ *of* äv. utan **3** blott och bar, blott[a] [*not enough for* ~ *subsistence*; *the* ~ *idea*]; knapp [*a* ~ *majority*]; *the* ~*st chance* den minsta lilla chans; *the* ~ *necessities of life* livets absoluta nödtorft **4** luggsliten **II** *vb tr* göra bar (kal); blotta; ~ *one's heart* öppna sitt hjärta; ~ *one's teeth* visa tänderna
bareback ['beəbæk] **I** *adv* barbacka **II** *adj*, *a* ~ *rider* en barbackaryttare
barebacked ['beəbækt] **I** *adj* utan sadel, osadlad **II** *adv* barbacka
barefaced ['beəfeɪst] *adj* skamlös, fräck [*a* ~ *lie*]
barefoot ['beəfʊt] o. **barefooted** [,beə'fʊtɪd] *adj* o. *adv* barfota
barehanded [,beə'hændɪd] *adj* o. *adv* **1** barhänt; med bara händer **2** bildl. med två tomma händer
bareheaded [,beə'hedɪd] *adj* barhuvad
barelegged [,beə'legd] *adj* barbent
barely ['beəlɪ] *adv* **1** nätt och jämnt, knappt, med nöd och näppe [*I had* ~ *time to have breakfast*] **2** sparsamt, torftigt [*a* ~ *furnished room*]
barf [bɑ:f] *vb itr* sl. spy, kräkas
barfly ['bɑ:flaɪ] *s* vard. barlejon, ständig kroggäst
bargain ['bɑ:gɪn] **I** *s* **1** köp, [förmånlig] affär; uppgörelse; *a ~'s a* ~ sagt är sagt; *that's a* ~*!* [då är det] avgjort!; *drive a good* ~ göra en god affär; *drive a hard* ~ inte låta pruta med sig, vara hård i affärer; *make the best of a bad* ~ göra det bästa möjliga av situationen; *strike* (*conclude*) *a* ~ *with a p.* träffa avtal med ngn; *into* (*in*) *the* ~ [till] på köpet **2** bra köp; kap, fynd; vrakpris **3** attr., ~ *price* reapris, fyndpris, vrakpris **II 1** köpslå, ackordera, pruta **2** förhandla, göra upp [*for*

om; *with* med]; ~*ing counter* (*chip*) förhandlingsobjekt; ~*ing power* [stark] förhandlingsposition **3** vard., ~ *for* räkna med (på), vänta [sig]; *he got more than he* ~*ed for* äv. han fick så han teg **III** *vb tr* förhandla sig till; ~ *away* schackra bort, göra sig av med
bargain basement ['bɑ:gɪn,beɪsmənt] *s* fyndhörna
bargain counter ['bɑ:gɪn,kaʊntə] *s* realisationsdisk, fynddisk
bargain hunter ['bɑ:gɪn,hʌntə] *s* fyndjägare
bargain sale ['bɑ:gɪnseɪl] *s* utförsäljning [till vrakpriser]
barge [bɑ:dʒ] **I** *s* [kanal]pråm; skuta **II** *vb itr* vard. **1** stöta, törna [*into* mot], rusa [*into* in i, på, mot] **2** ~ *in* tränga sig på, avbryta
bargepole ['bɑ:dʒpəʊl] *s* sjö. stake; *I wouldn't touch it with a* ~ jag skulle inte vilja ta i den med tång
bar graph ['bɑ:grɑ:f, -græf] *s* stapeldiagram
baritone ['bærɪtəʊn] mus. **I** *s* baryton **II** *adj* baryton-
barium ['beərɪəm] *s* kem. barium; ~ *meal* bariumgröt kontrastmedel vid röntgen
1 bark [bɑ:k] **I** *s* bark **II** *vb tr* **1** barka [av] **2** skrapa [skinnet av]
2 bark [bɑ:k] **I** *vb itr* **1** om djur skälla [*at* på], ge skall; *you're* ~*ing up the wrong tree* vard. du är inne på fel spår (villospår) **2** om person ryta, skrika [*at* åt], skälla [*at* på] **3** hosta [skrällande]; knalla [*the big guns* ~*ed*] **II** *vb tr*, ~ [*out*] ryta [~ [*out*] *one's orders*] **III** *s* **1** skall, skällande **2** rytande, kommandoton, kommandoröst; *his* ~ *is worse than his bite* han är inte så farlig som han låter **3** knall[ande] [*the* ~ *of a gun*]
barker ['bɑ:kə] *s* vard. kundfångare utanför butik
barley ['bɑ:lɪ] *s* korn sädesslag; *pearl* ~ pärlgryn; *pot* ~ korngryn
barley sugar ['bɑ:lɪ,ʃʊgə] *s* bröstsocker
barmaid ['bɑ:meɪd] *s* barflicka, kvinnlig bartender
bar|man ['bɑ:|mən] (pl. -*men* [-mən]) *s* bartender
bar mitzvah [,bɑ:'mɪtsvə] *s* jud. relig. bar mitzvah motsv. konfirmation för pojkar
barmy ['bɑ:mɪ] *adj* sl. knasig, knäpp, vrickad; *be* ~ *about a p.* vara tokig i ngn
barn [bɑ:n] *s* lada, loge; amer. a) ladugård, stall b) spårvagnsstall; sl. lokstall; ~ *dance* logdans; ~ *owl* se *owl*; ~ *swallow* amer. ladusvala
barnacle ['bɑ:nəkl] *s* **1** zool., ~ *goose* vitkindad gås **2** zool. långhals fastsittande kräftdjur **3** bildl. (om pers.) igel, kardborre
barney ['bɑ:nɪ] *s* sl. gräl [*they were having a* [*bit of*] ~], slagsmål
barnstorm ['bɑ:nstɔ:m] *vb itr* vard. **1** isht amer.

vara ute på turné på landsbygden **2** isht amer. **valtala på landsbygden**
barnyard ['bɑːnjɑːd] *s* plats kring en lada (loge), loggård, stallplan
barometer [bə'rɒmɪtə] *s* barometer; bildl. äv. mätare [~ *of opinion*]; *the* ~ *is falling* (*rising*) barometern faller (stiger)
barometric [ˌbærə(ʊ)'metrɪk] *adj* o. **barometrical** [ˌbærə(ʊ)'metrɪk(ə)l] *adj* barometer- [~ *pressure*], barometrisk
baron ['bær(ə)n] *s* **1** baron; friherre **2** vard. baron, magnat [*newspaper* (*film*) ~]
baroness ['bærənəs] *s* baronessa; friherrinna
baronet ['bærənət] *s* baronet adelsman av lägsta ärftliga rang
baronial [bə'rəʊnjəl] *adj* baron-; friherrlig
baroque [bə'rɒk, -'rəʊk] **I** *s* barock **II** *adj* barock-, [som är] i barockstil; bildl. barock, bisarr
1 barrack ['bærək] **I** *s*, ofta *~s* (konstr. vanl. ss. sg.; pl. *~s*) kasern; barrack; hyreskasern; ~ *room* logement; ~ *square* kaserngård **II** *vb tr* inkvartera (förlägga) i en kasern (barack), kasernera
2 barrack ['bærək] *vb itr* o. *vb tr* sport. bua (vissla) ut
barracks ['bærəks] *s pl* se *1 barrack*
barracuda [ˌbærə'kjuːdə] *s* zool. barracuda
barrage ['bærɑːʒ, bæ'rɑːʒ] *s* mil. spärreld; ~ *balloon* spärrballong
barred [bɑːd] *adj* tillbommad etc., jfr *1 bar II*; randig, [tvär]strimmig; gallerförsedd, galler-
barrel ['bær(ə)l] *s* **1** fat, tunna; *scrape* [*the bottom of*] *the* ~ isht bildl. göra en bottenskrapning **2** tekn. a) trumma, cylinder b) [bläck]behållare i reservoarpenna c) [gevärs]pipa **3** vard., *a* ~ *of* en massa [*a* ~ *of fun*] **4** vard., *over a* ~ i knipa, i underläge
barrel-chested ['bærəlˌtʃestɪd] *adj* bredbröstad
barrel organ ['bær(ə)lˌɔːgən] *s* mus. positiv
barren ['bær(ə)n] *adj* **1** ofruktbar [~ *soil* (*land*); ~ *speculations*], karg; ofruktsam; steril **2** torftig, fattig, blottad [*of* på]; tom, naken **3** andefattig, [andligt] torftig **4** resultatlös [*a* ~ *effort*]
barricade [ˌbærɪ'keɪd] **I** *s* barrikad **II** *vb tr* barrikadera; ~ *oneself in* barrikadera sig
barrier ['bærɪə] *s* **1** barriär; skrank, bom; avspärrning; spärr; tullbom **2** bildl. gräns, barriär, spärr; hinder [*a* ~ *to progress*]
barrier cream ['bærɪəkriːm] *s* skyddande hudkräm
barrier reef ['bærɪəriːf] *s* barriärrev
barring ['bɑːrɪŋ] *prep* utom, med uteslutande av; bortsett från; ~ *accidents* [*we should arrive at 9 a.m.*] om inga olyckor inträffar...
barrister ['bærɪstə] *s* **1** [överrätts]advokat medlem av engelska advokatsamfundet med rätt att föra parters talan vid överrätt **2** amer. vard. advokat
barrister-at-law [ˌbærɪstə(r)ət'lɔː] (pl.

barristers-at-law) *s* officiell titel för en överrättsadvokat, jfr *barrister 1*
1 barrow ['bærəʊ] *s* **1** skottkärra **2** handkärra, dragkärra
2 barrow ['bærəʊ] *s* [grav]kummel, gravhög, ättehög
barrow boy ['bærəʊbɔɪ] *s* gatuförsäljare [med kärra]
Bart. [bɑːt] förk. för *Baronet*
bartender ['bɑːˌtendə] *s* bartender
barter ['bɑːtə] **I** *vb itr* **1** idka (driva) byteshandel **2** [försöka] pruta, köpslå **II** *vb tr* byta, byta ut (bort) [*for* mot]; ~ [*away*] schackra bort [~ *away one's freedom*] **III** *s* byteshandel; byte
Bartholomew [bɑː'θɒləmjuː] mansnamn; bibl. Bartolomeus
basal ['beɪsl] *adj* bas-, grundläggande, basal; ~ *metabolism* (förk. *BMB*) el. ~ *metabolic rate* (förk. *BMR*) basalmetabolism, grundomsättning
basalt ['bæsɔːlt, bə'sɔːlt] *s* **1** miner. basalt **2** basaltgods svart stengods
bascule ['bæskjuːl] *s* **1** broklaff **2** ~ [*bridge*] klaffbro
1 base [beɪs] *adj* **1** moraliskt låg, simpel, tarvlig **2** usel [~ *imitation*]; tarvlig; ~ *metals* oädla metaller **3** med låg halt av ädla metaller [~ *coin*]
2 base [beɪs] **I** *s* **1** bas i olika bet.; äv. kem., matem. el. mil. [*naval* ~]; grundval; sockel, fot, fundament; ~ [*lending*] *rate* bank. basränta **2** sport. startlinje, mållinje; mål i vissa spel; i baseball bas, mål, bo; ~ *hit* slag genom vilket en spelare når första basen; *get to first* ~ amer. a) nå (hinna till) första basen i baseball b) bildl. komma ett stycke på väg **II** *vb tr* **1** basera, grunda, stödja; bygga [~ *one's hopes on a th.*] **2** mil. basera, stationera
baseball ['beɪsbɔːl] *s* baseball, baseboll
baseboard ['beɪsbɔːd] *s* amer., se *skirting-board*
Basel ['bɑːzl] geogr.
baseless ['beɪsləs] *adj* grundlös, ogrundad
baseline ['beɪslaɪn] *s* sport. el. lantmät. baslinje
basement ['beɪsmənt] *s* källarvåning, källare, suterrängvåning bottenplan, nedre plan i t.ex. varuhus
1 bases ['beɪsɪz] *s* pl. av *2 base I*
2 bases ['beɪsiːz] *s* pl. av *basis*
bash [bæʃ] **I** *vb tr* vard. slå, drämma [till]; klå upp; ~ [*in*] slå in (sönder) **II** *s* **1** vard. våldsamt slag **2** sl. försök; *have a* ~ [*at a th.*] försöka [sig på ngt]
bashful ['bæʃf(ʊ)l] *adj* blyg, skygg; försagd
bashfulness ['bæʃf(ʊ)lnəs] *s* blyghet etc., jfr *bashful*
bashing ['bæʃɪŋ] *s* vard. kok stryk, omgång
basic ['beɪsɪk] **I** *adj* grund-, bas-, grundläggande, fundamental; ~ *capital* begynnelsekapital; ~ *industries* basindustrier, stapelindustrier; ~ *needs*

elementära behov; ~ **unit** grundenhet **ll** *s* vanl. pl. **get back to ~s** ta ngt från grunden
basically ['beɪsɪk(ə)lɪ] *adv* i grund och botten, i verkligheten; i stort sett; vard. egentligen
Basil ['bæzl], amer. 'beɪsl, 'bæzl] mansnamn
basil ['bæzl], amer. 'beɪsl, 'bæzl] *s* bot. el. kok. basilika[ört]
basilica [bə'zɪlɪkə, -'sɪl-] *s* basilika kyrka
basilisk ['bæzɪlɪsk] *s* zool. el. mytol. basilisk
basin ['beɪsn] *s* **1** fat, handfat; skål **2** hamnbassäng, docka **3** flodområde
bas|is ['beɪs|ɪs] (pl. *-es* [-i:z]) *s* bas; basis, grundval, grund; hållpunkt; utgångspunkt; förutsättning
bask [bɑ:sk] *vb itr* värma (gassa) sig; ~ **in the sun** (**sunshine**) sola [sig], gassa sig i solen, lapa sol
basket ['bɑ:skɪt] *s* **1** korg; på ballong äv. gondol; i sms. korg-, flät-, flätverks-; bildl. paket[-], samling[s-] [~ *purchase*]; ~ *of currencies* valutakorg **2** korg för fritering
basketball ['bɑ:skɪtbɔ:l] *s* sport. basket[boll]
basket case ['bɑ:skɪtkeɪs] *s* isht amer. sl. **1** invalid utan vare sig armar el. ben; kolli **2** nervvrak
basket clause ['bɑ:skɪtklɔ:z] *s* generalklausul
basketful ['bɑ:skɪtful] (pl. *~s* el. *basketsful*) *s* korg ss. mått; *a ~ of* [*apples*] en korg [med]...
basking shark ['bɑ:skɪŋʃɑ:k] *s* zool. brugd
Basle [bɑ:l] geogr. Basel
Basque [bæsk, bɑ:sk] **I** *adj* baskisk **ll** *s* **1** bask; baskiska person **2** baskiska [språket]
1 bass [bæs] *s* zool. bass; havsabborre
2 bass [beɪs] mus. **I** *s* bas [*play ~*]; basröst, basstämma, bassångare **ll** *adj* bas-; låg, djup
bass baritone [ˌbeɪs'bærɪtəʊn] *s* basbaryton
bass drum [ˌbeɪs'drʌm] *s* bastrumma, stor trumma
basset ['bæsɪt] *s*, ~ [*hound*] basset hundras
bass guitar [ˌbeɪsgɪ'tɑ:] *s* basgitarr
bassinet[te] [ˌbæsɪ'net] *s* babykorg [med fast sufflett], korgflätad barnvagn [med sufflett]
bassist ['beɪsɪst] *s* mus. [kontra]basist isht i jazzband
bassoon [bə'su:n] *s* mus. fagott
bass player ['beɪsˌpleɪə] *s* mus. basist
bass singer ['beɪsˌsɪŋə] *s* bassångare, basist
bast [bæst] *s* **1** bast **2** bastföremål
bastard ['bɑ:stəd, 'bæs-] **I** *s* **1** utomäktenskapligt (oäkta) barn; ss. skällsord bastard **2** sl. knöl, skitstövel; jäkel äv. skämts. [*you lucky ~*] **3** sl. fanskap om sak, handling o.d.; [*this job's*] *a real ~* ...ett jäkla slitgöra **ll** *adj* **1** oäkta, falsk äv. t.ex. bot.; bastard-; ~ *file* grovfil **2** sl. förbannad, jävla
1 baste [beɪst] *vb itr* tråckla [ihop]; tråckla [fast]
2 baste [beɪst] *vb tr* kok. ösa stek
bastion ['bæstɪən] *s* bastion
1 bat [bæt] *s* **1** fladdermus; läderlapp; *as*

blind as a ~ blind som en nyfödd kattunge; **have ~s in the belfry** vard. ha tomtar på loftet **2** sl. käring [*old ~*]
2 bat [bæt] **I** *s* **1** slagträ, bollträ; racket; *off one's own ~* a) på eget bevåg b) på egen hand; [*right*] *off the ~* amer. på stående fot, omedelbart **2** sl. fart; *at a fair* (*rare*) *~* med en himla fart **ll** *vb itr* i kricket o.d. vara inne [som slagman], slå
3 bat [bæt] *vb tr* vard., *without ~ting an eyelid* utan att blinka (förändra en min); ~ *the eyes* isht amer. blinka [med ögonen]
batata [bə'tɑ:tə] *s* sötpotatis, batat
batch [bætʃ] *s* **1** bak av samma deg; sats [*baked in ~es of twenty*] **2** hop, omgång, hög [*a ~ of letters*]; portion, parti; *the whole ~* hela bunten (högen); *in ~es* högvis, buntvis
bate [beɪt] *vb tr* **1** minska, dämpa; *with ~d breath* med återhållen andedräkt; med dämpad röst **2** dra av; slå av på
bath [bɑ:θ; i pl. (ss. subst.) bɑ:ðz] **I** *s* **1** bad; *have* (*take*) *a ~* ta sig ett bad, bada inomhus el. vid badanstalt; ~ *attendant* badmästare, baderska; ~ *crystals* (*salts*) badsalt; *oil ~* tekn. oljebad **2** badkar, badbalja **3** badrum **4** *~s* a) badhus, badinrättning [*there is a* [*public*] *~s over there*; *those ~s are...*]; bad [*Turkish ~s*] b) kuranstalt, kurort; *swimming ~s* simhall **ll** *vb tr* bada **lll** *vb itr* bada, ta ett bad
bath chair ['bɑ:θtʃeə, ˌ-'-] *s* [trehjulig] rullstol
bath cube ['bɑ:θkju:b] *s* badsaltstärning
bathe [beɪð] **I** *vb tr* o. *vb itr* **1** bada; placera (blöta) i vatten **2** badda [på] [*~ one's eyes*] **ll** *s* bad i det fria; *go for a ~* gå och bada; *have a ~* ta ett bad i det fria
bather ['beɪðə] *s* badare, badande [person]; badgäst
bathing ['beɪðɪŋ] *s* badning, bad; ~ *accident* drunkningsolycka; ~ *season* badsäsong
bathing beauty ['beɪðɪŋˌbju:tɪ] *s* badflicka
bathing cap ['beɪðɪŋkæp] *s* badmössa
bathing costume ['beɪðɪŋˌkɒstju:m] *s* baddräkt
bathing hut ['beɪðɪŋhʌt] *s* badhytt, omklädningshytt; badhus vid strand
bathing pool ['beɪðɪŋpu:l] *s* badbassäng
bathing trunks ['beɪðɪŋtrʌŋks] *s pl* badbyxor
bathing wrap ['beɪðɪŋræp] *s* badkappa, badrock
bathrobe ['bɑ:θrəʊb] *s* badkappa, badrock; amer. äv. morgonrock
bathroom ['bɑ:θru:m, -rʊm] *s* badrum; amer. äv. toalett; ~ *cabinet* badrumsskåp; ~ *scale[s]* badrumsvåg
bath towel ['bɑ:θˌtaʊəl] *s* större badhandduk, badlakan
bathtub ['bɑ:θtʌb] *s* badkar; badbalja
bathysphere ['bæθɪsfɪə] *s* batysfär
batik [bə'ti:k] *s* batik metod o. tyg
batiste [bæ'ti:st] *s* batist tyg

Batman ['bætmæn] Läderlappen seriefigur
batman ['bætmən] s mil. uppassare, kalfaktor
bat mitzvah [,bæt'mɪtsvə] s jud. relig. bat mitzvah motsv. konfirmation för flickor
baton ['bætɒn] s **1** [polis]batong **2** taktpinne **3** kommandostav, stav [*marshal's ~*] **4** stafett[pinne]
bats [bæts] *pred adj* vard. tokig, knäpp [*he's ~*]
batsman ['bætsmən] s slagman i kricket o. baseball
battalion [bə'tæljən] s bataljon; [artilleri]division
batten ['bætn] **I** s **1** smalare planka, ribba, list **2** sjö. latta **II** *vb tr* **1** beslå (förstärka) med plank etc., jfr *I* **2** sjö., *~ down* skalka [*~ down the hatches*]
1 batter ['bætə] **I** *vb tr* **1** slå [kraftigt]; slå [in (ned)], krossa [äv. *~ down (in)*]; gå lös (bulta, hamra) på; bildl. krossa, slå ned på **2** misshandla, illa tilltyga, ramponera; knöla till, stuka, buckla; nöta ut **II** *vb itr* hamra, bulta [*~ at the door*]
2 batter ['bætə] s kok., vispad smet; *~ pudding* ung. ugnspannkaka
3 batter ['bætə] s slagman i kricket o. baseball
battered ['bætəd] *adj* sönderslagen, illa medfaren, bucklig [*a ~ old hat*]; skamfilad; som har utsatts för misshandel [*a ~ baby (wife)*]; *~ baby syndrome* barnmisshandelssyndrom
battering ['bætərɪŋ] s ss. efterled i sms misshandel [*baby-battering*]; *get a ~* få rejält med stryk
battering ram ['bæt(ə)rɪŋræm] s mil. (hist.) murbräcka
battery ['bætərɪ] s **1** mil. el. fys. batteri **2** uppsättning av kärl o.d.; servis; samling, batteri [*a ~ of press cameras*] **3** jur., [*assault and*] *~* övervåld och misshandel **4** mus. batteri, slagverk
battery-charger ['bætərɪ,tʃɑːdʒə] s batteriladdare
battle ['bætl] **I** s strid, drabbning, batalj, [fält]slag [*the ~ of Waterloo*]; *give ~* leverera batalj, angripa; *fight a losing ~* kämpa förgäves; *~ fatigue* mil. psykol. stridströtthet; krigsneuros; *a good beginning is half the ~* en god början är halva segern **II** *vb tr* kämpa **III** *vb tr*, *one's way* kämpa sig fram
battle-axe ['bætl-æks] s **1** hist. stridsyxa **2** vard. ragata, harpa
battle cruiser ['bætl,kruːzə] s slagkryssare, linjekryssare
battle cry ['bætlkraɪ] s stridsrop; bildl. äv. [kamp]paroll
battledress ['bætldres] s fältuniform
battlefield ['bætlfiːld] s slagfält; litt. valplats
battlement ['bætlmənt] s, mest pl. *~s* mur (bröstvärn) med tinnar; tinnar; krenelerat tak
battleship ['bætlʃɪp] s slagskepp

battleworn ['bætlwɔːn] *adj* stridstrött [*~ troops*]
batty ['bætɪ] *adj* vard. knasig, knäpp, tokig
bauble ['bɔːbl] s grannlåt; struntsak; leksak
bauxite ['bɔːksaɪt] s miner. bauxit
Bavaria [bə'veərɪə] geogr. Bayern
Bavarian [bə'veərɪən] **I** *adj* bayersk **II** s bayrare
bawdy ['bɔːdɪ] **I** *adj* oanständig [*~ song (story)*] **II** s obscenitet, oanständigheter
bawl [bɔːl] **I** *vb itr* **1** vråla, hojta **2** storgråta, tjuta **II** *vb tr* **1** ryta, vråla [*~ commands*] **2** *~ a p. out* vard. skälla ut ngn **III** s vrål, rytande; tjutande
bawling-out [,bɔːlɪŋ'aʊt] s vard. utskällning
1 bay [beɪ] s lagerträd; pl. *~s* lager[krans]
2 bay [beɪ] s [havs]vik, bukt [*the B~ of Biscay*]
3 bay [beɪ] s **1** avdelning, utrymme; avbalkning, bås **2** arkit. skepp, alkov, nisch; burspråk; *~ window* burspråksfönster **3** flyg. stagfält; bombrum
4 bay [beɪ] **I** s **1** jakt. skall; ståndskall **2** nödställt läge; *keep (hold) at ~* hålla stånd mot, hålla stången **II** *vb itr* skälla, yla **III** *vb tr* skälla på
5 bay [beɪ] **I** *adj* brun om häst **II** s brun häst
bay leaf ['beɪliːf] (pl. *-ves* [-vz]) s lagerbärsblad, lagerblad
bayonet ['beɪənət, 'beən-, -nɪt] **I** s bajonett; *~ socket* bajonettsockel **II** *vb tr* sticka med bajonett
bazaar [bə'zɑː] s basar
bazooka [bə'zuːkə] s mil. bazooka, raketgevär
BBC [,biːbiː'siː] (förk. för *British Broadcasting Corporation*) BBC
BC [,biː'siː] **1** (förk. för *before Christ*) f. Kr. **2** förk. för *British Columbia*
BCG (förk. för *bacille Calmette-Guérin*); *~ vaccination* calmettevaccination
BE förk. för *British English*
be [biː, bɪ] (imperf. ind. *was*, 2 pers. sg. samt pl. *were*; imperf. konj. *were*; perf. p. *been*; pres. ind. *am, are, is*, pl. *are*) *vb itr* **I** *huvudvb* **1 a)** vara; bli [*the answer was...*]; *my wife [that is] to ~* min blivande hustru; jfr äv. kombinationer som *to-be* m.fl. **b)** *there is, there are* ss. formellt subjekt det är, det finns; *there was a pause* det blev en paus **2** vara: **a)** vara (finnas) till, existera **b)** äga rum, ske [*when is the wedding to ~?*] **c)** kosta [*the fare is £2*] **d)** må, känna sig, befinna sig [*how is the patient today?*] **e)** ligga [*the book is on the table*], sitta [*he is in prison*] **f)** vara lika med, göra [*three threes are nine*]; *he is dead, isn't he?* han är död, eller hur?; *he is wrong* han har fel; *here you are!* vard. a) här har du!, var så god! b) [jaså,] här är du!; *how are you?* hur mår du?, hur står det till?; *well, if it isn't [my old pal Bill]!* men ser man på, är det inte...!; *that is* äv. det vill säga; *as it were* så att säga **3** gå [*we were at school together*]; stå [*the verb is in the singular*]

beach

4 med prep. o. adv. isht med spec. betydelse (se äv. under resp. huvudord)
~ **about** a) handla om b) hålla på med; *there are a lot of rumours about* det går en massa rykten; *he was about to...* han skulle just...; se äv. *about I* o. *II*
~ **at** a) ha för sig b) sätta åt ngn; vara på ngn ~ **for** förorda, vara för [*I am all for that method*]; *now you are* [*in*] *for it!* det kommer du att få för!, nu smäller det!; se vid. *in II 3*
~ **in on** *a th.* vara med om ngt
~ **into** *a th.* vard. vara intresserad av ngt, syssla med ngt; gilla (digga) ngt
~ **off** ge sig i väg (av); se vid. *off I 3, III 3*
~ **on** *at a p.* ligga efter ngn, tjata på ngn
II *hjälpvb* **1** tillsammans med perf. p.: a) passivbildande: bli, bliva b) vara; *he was saved* han räddades, han blev räddad; *when were you born?* när är du född?
2 tillsammans med pres. p., bildande progressiv form: *they are building a house* de håller på och bygger ett hus; *the house is being built* huset håller på att byggas; *he is leaving tomorrow* han reser i morgon **3** tillsammans med inf.: **a)** *am (are, is) to* ska, skall [*when am I to come back?*] **b)** *was (were) to* skulle [*he was never to come back again*; *if I (he) were to tell you...*]; kunde [*the book was not to ~ found*]
beach [biːtʃ] **I** *s* strand; havsstrand, sandstrand; badstrand, beach, plage; ~ *ball* badboll **II** *vb tr* sätta (jaga) på land; dra upp [~ *a boat*]
beach buggy ['biːtʃˌbʌɡɪ] *s* strandjeep
beach bunny ['biːtʃˌbʌnɪ] vard. badflicka, bikinibrud
beachcomber ['biːtʃˌkəʊmə] *s* strandgodssökare, vrakplundrare
beachhead ['biːtʃhed] *s* mil. brohuvud
beachwear ['biːtʃweə] *s* bad- och strandkläder
beacon ['biːk(ə)n] *s* **1** mindre fyr; sjömärke, båk; prick; flygfyr **2** signaleld, vårdkas **3** [globformigt] trafikmärke, trafikljus som markerar övergångsställe [*flashing* ~]
bead [biːd] *s* **1** pärla av glas, trä etc.; pl. ~*s* äv. pärlhalsband **2** pl. ~*s* radband; *tell one's* ~*s* läsa sina böner **3** droppe; ~*s of sweat* svettpärlor **4** korn på gevär; *draw a* ~ *on* sikta (ta sikte) på
beading ['biːdɪŋ] *s* pärlliknande kant (bård); pärlstavslist
beadle ['biːdl] *s* univ. vaktmästare, pedell
beady ['biːdɪ] *adj* pärlformig; om ögon små [och] lysande
beagle ['biːɡl] *s* beagle hundras
beak [biːk] *s* **1** näbb **2** sl. kran näsa **3** sl. polisdomare
beaked [biːkt] *adj* försedd med näbb; näbbformig; ~ *whale* näbbval

beaker ['biːkə] *s* **1** mugg **2** glasbägare för laboratorieändamål
be-all ['biːɔːl] *s, the* ~ huvudsaken; *the* ~ *and end-all* A och O, allt, det som det först och främst gäller
beam [biːm] **I** *s* **1** bjälke, balk, bom **2** sjö. däcksbalk; *on the starboard (port)* ~ tvärs om styrbord (babord) **3** stråle, ljusstråle, strålknippe; riktad radiosignal; radiokurs; ~ *transmission* riktad sändning; *low* ~ bil. halvljus **II** *vb tr* utstråla, sända [ut] strålar, radiovågor o.d. **III** *vb itr* stråla, skina [~ *with happiness*]
beam-ends [ˌbiːm'endz] *s pl* balkändar; *on her* ~ om fartyg med ena relingen i vattnet; *be on one's* ~ bildl. vara pank, stå på bar backe
bean [biːn] *s* **1** böna; *in the* ~ omalet om kaffe; *full of* ~*s* vard. a) jättepigg, i högform, uppåt b) amer. dum, korkad; *give a p.* ~*s* vard. ge ngn på pälsen; *he doesn't know (doesn't care)* ~ *s about it* amer. vard. han vet (bryr sig) inte ett förbaskat dugg om det **2** åld. vard. gosse [*old* ~*!*] **3** vard. rött öre [*I haven't a* ~; *not worth a* ~] **4** vard. skalle
beanery ['biːnərɪ] *s* amer. vard. billig restaurang
beanfeast ['biːnfiːst] *s* kalas, hippa
bean goose ['biːnɡuːs] *s* zool. sädgås
beano ['biːnəʊ] (pl. ~*s*) *s* sl. kalas, hippa
beanpole ['biːnpəʊl] *s* **1** bönstör **2** vard. lång räkel
bean sprout ['biːnspraʊt] *s* bot. el. kok. böngrodd
beanstalk ['biːnstɔːk] *s* bönstjälk
1 bear [beə] **I** *s* **1** björn; ~ *hug* björnkram, väldig kram **2** bildl. brumbjörn [*a good-natured* ~ *of a man*]; *be like a* ~ *with a sore head* vara vresig (butter) **3** astron., *the Great (Lesser* el. *Little) B*~ Stora (Lilla) björn[en] **4** börs. baissespekulant; ~ *market* baisse; ~ *operation* baissespekulation **II** *vb itr* börs. spekulera i kursfall (baisse) **III** *vb tr* börs. försöka pressa ned kursen (priset) på
2 bear [beə] (*bore borne* äv. *born*; se d.o.) **I** *vb tr* (se äv. under *III*) **1 a)** högtidl. el. poet. bära, föra **b)** bildl. i en del uttr.: ~ *testimony* (*witness*) vittna; ~ *in mind* komma ihåg **2** bildl. bära [~ *arms*; ~ *a name*]; äga, ha [~ *some resemblance to*]; inneha [~ *a title*] **3** ~ *oneself* [upp]föra sig, uppträda [~ *oneself with dignity*] **4** bära på, hysa [~ *a grudge against a p.*; *the love she bore him*] **5** bära [upp] [~ *the weight of the roof*; ~ *the responsibility*] **6** uthärda; tåla, tolerera så ut med **7** bära [~ *fruit*]; frambringa; föda [~ *a child*]; ~ *5 per cent interest* ge 5% ränta **II** *vb itr* (se äv. under *III*) **1** bära, hålla [*the ice doesn't* ~ *yet*] **2** tynga, trycka, stödja, vila [*on, upon, against* mot, på] **3** *bring to* ~ sätta i gång; göra gällande [*bring one's influence to* ~]; applicera, tillämpa, utöva [*bring pressure*

to ~] **4** bana sig fram; föra, gå, ta av [~ *to the right*]; isht sjö. bära, segla, ligga, styra, stäva [~ *west*] **5** bära [frukt] **6** ~ *with a p.* fördra (tåla, ha tålamod med) ngn **III** *vb tr* o. *vb itr* med adv. isht i specialbet.:
~ **down**: tynga (trycka) ned; slå ner, tillintetgöra, besegra [~ *down all resistance*], överväldiga; ~ *down* [*up*]*on* a) styra [ned] mot, närma sig [med full fart] b) störta (kasta) sig över
~ **out** [under]stödja; bekräfta; *you will ~ me out that...* du kan intyga att...; *be borne out by events* a) vara (bli) sannspådd b) besannas genom händelsernas utveckling
~ **up** hålla uppe, upprätthålla; hålla modet uppe; ~ *up!* tappa inte modet!
bearable ['beərəbl] *adj* uthärdlig, dräglig
beard [bɪəd] **I** *s* **1** skägg **2** bot. agn **3** sl. skägg, skäggprydd person **II** *vb tr* djärvt möta, trotsa; ~ *the lion in his den* bildl. uppsöka lejonet i dess kula
bearded ['bɪədɪd] *adj* skäggig, med skägg
bearer ['beərə] *s* **1** bärare **2** bud, överbringare **3** innehavare; ~ *bonds* innehavarpapper; *payable (made out) to* ~ betalbar till (utställd på) innehavaren
bear garden ['beə,gɑ:dn] *s* bildl. polsk riksdag
bearing ['beərɪŋ] *s* **1** hållning, uppträdande **2** betydelse [[*up*]*on* för]; förhållande, sammanhang; syftning; *have* ~ [*up*]*on* äv. stå i samband med; *it has not much (no)* ~ *on the subject* det har inte mycket (inte, ingenting) med saken att göra **3** bärande; hysande; uthärdande etc., jfr *2 bear* **4** riktning i vilken plats ligger; läge; orientering; sjö. pejling, bäring; *take a* ~ (*one's ~s*) a) ta reda på var man befinner sig b) bildl. orientera sig; se hur landet ligger; *have lost one's ~s* inte veta var man är, ha tappat orienteringen; *find (get) one's ~s* orientera sig **5** tekn. lager **6** figur på vapensköld, sköldemärke; pl. ~*s* vapen[sköld]
Béarnaise [,beɪə'neɪz] *adj*, ~ *sauce* kok. bearnaisesås
bearskin ['beəskɪn] *s* björnskinn; björnskinnsmössa
beast [bi:st] *s* **1** djur; isht fyrfota djur; best **2** ~ [*of burden*] lastdjur, dragdjur **3** [nöt]kreatur, göddjur **4** bildl. a) odjur, kräk, svin b) skämts. usling, rackare [*you ~!*]
beastly ['bi:s(t)lɪ] **I** *adj* djurisk, rå; snuskig; vard. avskyvärd, gräslig; *what ~ weather!* vilket busväder! **II** *adv* vard. förfärligt, gräsligt
beat [bi:t] **I** (*beat beaten* el. ibl. *beat*) *vb tr* **1** slå; piska; bulta, hamra, smida; driva; slå med; *the attack was ~en off* anfallet slogs tillbaka; ~ *one's breast* slita sitt hår; ~ *a retreat* slå till reträtt; ~ *time* slå takten **2** vispa [~ *eggs*], vispa ihop, vispa upp **3** slå [~ *a record*], besegra, övervinna, överträffa; amer. sl. lura; *that ~s the band* sl. det slår

alla rekord; *can you* ~ *it* (*that*)*?* vard. har du hört på maken?; *he always ~s me to it* han kommer alltid före [mig]; *there is nothing to* ~ *it* ingenting går upp mot det; *it ~s me how* vard. jag fattar inte hur **4** trampa, gå upp väg; ~ *a way* (*path*) bana [sig] väg **5** slå i buskar o.d. efter vilt; avdriva [~ *the woods* (*bush*)] **6** ~ *it* sl. kila, sticka; ~ *it!* sl. stick! **7** med adv. isht i specialbet.:
~ **down** *the price* pruta ned priset; ~ *a p. down* pruta med ngn
~ **out** a) smida, hamra ut b) trampa upp [~ *out a path*]
~ **up** vispa [~ *up cream*], vispa upp, röra till; driva upp villebråd; ~ *a p. up* vard. klå upp (misshandla) ngn
II (*beat beaten* el. ibl. *beat*) *vb itr* **1** slå, piska; om regn äv. trumma [*on, against* mot] **2** slå, klappa [*his heart was still ~ing*] **3** ~ [*down*] gassa om solen
III *s* **1** [taktfast (regelbundet)] slag (ljud); takt, taktslag; trumning, bultande etc., jfr *I* o. *II* **2** rond; pass; polismans patrulleringsområde; *that's off* (*out of*) *my* ~ bildl. det ligger utanför mitt område **3** fys. svävning; radio. svängning [~ *frequency*]
IV *adj* vard. utmattad, slagen
beaten ['bi:tn] *adj* o. *perf p* (av *beat*) **1** slagen; piskad; hamrad; vispad **2** besegrad; vard. utmattad, uttröttad **3** tilltrampad, utnött; *the ~ track* de gamla hjulspåren
beater ['bi:tə] *s* **1** slagverktyg ss. klubba, stöt; [matt]piskare **2** visp **3** drevkarl
beatific [,bi:ə'tɪfɪk] *adj* **1** glädjestrålande **2** relig. saliggörande
beatify [bɪ'ætɪfaɪ] *vb tr* **1** göra lycklig **2** relig. beatificera, saligförklara
beating ['bi:tɪŋ] *s* **1** slående, piskande, klappande etc., jfr *beat I* o. *II*; slag **2** a) stryk, smörj; bildl. äv. nederlag b) misshandel; *get a* ~ få stryk; *take a* ~ få smörj (stryk); *take some* ~ vara svåröverträffad
Beatles ['bi:tlz], *the* ~ popgrupp på 1960-talet
Beatrice ['bɪətrɪs] kvinnonamn
beau [bəʊ] (pl. ~*x* [-z]) *s* **1** sprätt **2** beundrare, friare; älskare
Beaufort ['bəʊfət] egenn.; *the* ~ *scale* meteor. beaufortskalan
Beaujolais ['bəʊʒəleɪ] *s* Beaujolais vin
beaut [bju:t] *s* sl. (förk. för *beauty*) pärla, jfr *beauty 3* [*it's a ~*]
beauteous ['bju:tjəs] *adj* poet. skön, fager
beautician [bju:'tɪʃ(ə)n] *s* kosmetolog, skönhetsexpert
beautiful ['bju:təf(ə)l, -tɪf-] *adj* skön, vacker
beautify ['bju:tɪfaɪ] *vb tr* försköna, pryda
beauty ['bju:tɪ] *s* **1** skönhet; förträfflighet; ~ *queen* skönhetsdrottning; ~ *treatment* skönhetsbehandling **2** skönhet [*she is a ~*]; *B~ and the Beast* ung. prinsessan och trollet, skönheten och odjuret **3** pärla,

praktexemplar äv. iron. [*isn't it a ~!*]; ***that's the ~ of it*** det är just det som är bra (det fina) **4** pl. ***beauties*** attraktioner, sevärdheter [*the beauties of Rome*]
beauty parlour ['bju:tɪˌpɑ:lə] *s* skönhetssalong, skönhetsinstitut
beauty spot ['bju:tɪspɒt] *s* **1** musch **2** naturskön plats
beaux [bəʊz] *s pl* av *beau*
beaver ['bi:və] **I** *s* bäver; bäverskinn; ***as busy as*** (***work like***) ***a ~*** flitig (arbeta flitigt) som en myra **II** *vb itr*, ***~ away*** arbeta (jobba) flitigt [*at* med]
bebop ['bi:bɒp] *s* bebop jazzstil
became [bɪ'keɪm] imperf. av *become*
because [bɪ'kɒz, bə'kɒz, vard. äv. kɒz, kəz] **I** *konj* därför att, eftersom, emedan, för att **II** *adv*, ***~ of*** för...skull, på grund av
béchamel ['beʃəmel] *s*, ***~*** [*sauce*] kok. béchamelsås
beck [bek] *s*, ***be at a p.'s ~ and call*** lyda ngns minsta vink
beckon ['bek(ə)n] **I** *vb itr* göra tecken, vinka [*to* åt] **II** *vb tr* göra tecken åt; vinka till sig
become [bɪ'kʌm] (*became become*) **I** *vb itr* **1** bli, bliva; ***~ a habit*** bli [till] en vana **2** ***what has ~ of it?*** vart har det tagit vägen?; ***what has ~ of him?*** vad har det blivit av honom? **II** *vb tr* passa, anstå, klä
becoming [bɪ'kʌmɪŋ] *adj* passande, tillbörlig; klädsam [*to* för]; ***a ~ dress*** en klädsam klänning
becquerel [ˌbekə'rel] *s* fys. becquerel enhet
bed [bed] **I** *s* **1** bädd; säng; bolster [*feather ~*]; strö; ***~ and board*** kost och logi; ***~ and breakfast*** rum inklusive frukost; ***~ of nails*** a) eg. spikmatta b) bildl. ingen dans på rosor, hårda bud; ***~ of roses*** se *2 rose I 1*; ***twin ~s*** två [likadana] sängar; ***make the ~*[*s*]** bädda; ***you've made*** (***as you make***) ***your ~ so you must lie on it*** som man bäddar får man ligga; ***be in ~ with*** [*the*] ***flu*** ligga [sjuk] i influensa; ***stay in ~*** ligga (stanna) kvar i sängen; ***get out of ~ on the wrong side*** vard. vakna på fel sida; ***get to ~*** komma i säng; ***go to ~*** [gå och] lägga sig, gå till sängs; ***go to ~ with*** vard. gå i säng med; ***keep to one's ~*** hålla sig i säng[en]; ***put to ~*** lägga, stoppa i säng **2** [trädgårds]säng, rabatt **3** [flod]bädd **II** *vb tr* **1** plantera [*~ out*] **2** bädda in (ned) fixera **III** *vb itr*, ***~ down*** gå till sängs
bedbug ['bedbʌg] *s* vägglus
bedclothes ['bedkləʊðz] *s pl* sängkläder
bedding ['bedɪŋ] *s* **1** sängkläder **2** strö
beddy-byes ['bedɪbaɪz] *s*, ***go to ~*** barnspr. gå och sussa
bedeck [bɪ'dek] *vb tr* pryda, smycka
bedevil [bɪ'devl] *vb tr* **1** komplicera, trassla till, förvärra [*problems that ~ racial relations*], försvåra **2** pina, plåga

bedfellow ['bedˌfeləʊ] *s* **1** sängkamrat **2** kamrat, medhjälpare
Bedfordshire ['bedfədʃɪə, -ʃə] geogr.
bedlam ['bedləm] *s* tumult, kaos, kalabalik
bed linen ['bedˌlɪnɪn] *s* sänglinne
bedmaking ['bedˌmeɪkɪŋ] *s* bäddning [av sängar]
Bedouin ['beduɪn] (pl. *~s* el. *lika*) *s* beduin
bedpan ['bedpæn] *s* [stick]bäcken
bedpost ['bedpəʊst] *s* sängstolpe; ***between you, me and the ~*** vard. i förtroende (oss emellan) [sagt]
bedraggle [bɪ'drægl] *vb tr* smutsa ner klänning o.d.
bedridden ['bedˌrɪdn] *adj* fjättrad vid sängen, sängliggande
bedrock ['bedrɒk] *s* **1** berggrund **2** bildl. grundval, hörnsten; ***get down to ~*** bildl. (ung.) gå till botten
bedroom ['bedru:m, -rʊm] *s* sängkammare, sovrum; ***~ suburb*** (***town***) amer. sovstad
Beds. [bedz] förk. för *Bedfordshire*
bed-settee [ˌbedse'ti:] *s* bäddsoffa
bedside ['bedsaɪd] *s*, ***at the ~*** vid sängkanten; ***at*** (***by***) ***a p.'s ~*** vid ngns sjukbädd; ***~ book*** sänglektyr; ***~ lamp*** sänglampa; ***~ manner*** läkares [lugnande] sätt mot patienter; ***~ table*** nattduksbord
bedsitter [ˌbed'sɪtə] *s* [möblerad] enrummare, hyresrum
bed-sitting room [ˌbed'sɪtɪŋru:m] *s* se *bedsitter*
bedsock ['bedsɒk] *s* bäddsocka, nattsocka
bedsore ['bedsɔ:] *s* liggsår
bedspread ['bedspred] *s* sängöverkast
bedstead ['bedsted] *s* sängstomme, säng själva möbeln
bedtime ['bedtaɪm] *s* sängdags, läggdags [*it's ~ now!*]; ***~ story*** godnattsaga
bed-wetter ['bedˌwetə] *s* sängvätare
bedworthy ['bedˌwɜ:ðɪ] *adj* vard., ***she is ~*** hon är bra i sängen
1 bee [bi:] *s* bi; ***have a ~ in one's bonnet*** ha en fix idé; ***put a ~ in a p.'s bonnet*** sätta myror i huvudet på ngn; ***put the ~ on a p.*** amer. vard. försöka klämma ngn på pengar; ***it's the ~'s knees*** sl. det är toppen (alla tiders); ***he thinks he's the ~'s knees*** sl. han tror att han 'är nåt
2 bee [bi:] *s* **1** isht amer. träff [för gemensamt arbete (nöje)]; syförening; ***sewing ~*** amer. syjunta, syförening **2** ***spelling ~*** stavningstävling
Beeb [bi:b] *s*, ***the ~*** vard. för *BBC*
beech [bi:tʃ] *s* bot. bok; ***~ nut*** bokollon
beef [bi:f] **I** *s* **1** oxkött, nötkött; ***~ cube*** buljongtärning **2** (pl. *beeves* el. isht amer. äv. *~s*) oxe isht gödd; biffdjur, slaktdjur; ***~ cattle*** biffdjur **3** sl. styrka, kraft; muskler **4** (pl. *~s*) sl. klagomål, bråk **II** *vb itr* sl. gnälla, knota [*about* över] **III** *vb tr* sl. förstärka
beefburger ['bi:fˌbɜ:gə] *s* se *hamburger*

beefcake ['bi:fkeɪk] s isht amer. sl. [bilder av] muskelknuttar
beefeater ['bi:f‚i:tə] s populär benämning på a) livgardist b) vaktare i Towern
beefsteak ['bi:fsteɪk] s biff[stek]; ~ *tomato* bifftomat
beef tea [‚bi:f'ti:] s [klar] buljong
beefy ['bi:fɪ] adj **1** [som är] lik oxkött **2** fast, muskulös, kraftig, stark **3** trög; fet
beehive ['bi:haɪv] s bikupa
bee-keeper ['bi:‚ki:pə] s biodlare
bee-keeping ['bi:‚ki:pɪŋ] s biodling
beeline ['bi:laɪn] s, *make a ~ for* ta närmaste (raka) vägen till, gå raka spåret fram till
Beelzebub [bi:'elzɪbʌb] Belsebub
been [bi:n, bɪn] perf. p. av *be*
beep [bi:p] **I** s tut, pip äv. signal **II** vb itr tuta, pipa
beeper ['bi:pə] s **1** personsökare **2** ljusfläck på radarskärm o.d.
beer [bɪə] s öl; maltdryck; *small ~* se *small I 2*
beer garden ['bɪə‚gɑ:dn] s uteservering för öl m.m.
beerhouse ['bɪəhaʊs] s ölstuga
beery ['bɪərɪ] adj öldoftande; påstruken
beeswax ['bi:zwæks] s bivax; bonvax
beet [bi:t] s bot. beta; amer. äv. rödbeta; *red ~* rödbeta; *white ~* sockerbeta
Beethoven [tonsättaren 'beɪt(h)əʊvn]
beetle ['bi:tl] **I** s skalbagge; vard. kackerlacka **II** vb itr sl. rusa, kila [*~ out*]
beetle-browed ['bi:tlbraʊd] adj med buskiga (sänkta) ögonbryn
beetroot ['bi:tru:t] s rödbeta
beeves [bi:vz] pl. av *beef I 2*
befall [bɪ'fɔ:l] (*befell befallen*) litt. **I** vb tr hända, ske, drabba; *what has ~en him?* vad har hänt med (har det blivit av) honom? **II** vb itr hända, ske
before [bɪ'fɔ:] **I** prep framför, [in]för; före; *~ long* inom kort; *be* (*sail*) *~ the mast* sjö. vara vanlig sjöman av manskapsgrad; segla för om masten; *~ the wind* sjö. för vinden; [*he said he would die*] *~ surrendering* ...hellre än ge sig **II** adv framför, före; förut; förr **III** konj innan, förrän
beforehand [bɪ'fɔ:hænd] adv på förhand; i förväg
befriend [bɪ'frend] vb tr bli vän med; vara vänlig mot, hjälpa
beg [beg] **I** vb tr **1** tigga **2** be (tigga) om [*~ a cigarette*]; [tigga och] be [*~ a p. to do*]; *~ a favour of a p.* be ngn om en tjänst; *~ to* be att få [*~ to do a th.*], få be att; *I ~ to inform you* jag får [härmed] meddela **3** *~ the question* svara undvikande, kringgå [sak]frågan **II** vb itr **1** tigga [*~ of a p.*]; *~ for* (om) *alms*]; om hund sitta vackert; *go ~ging* a) gå och tigga b) vara ledig [*there is a job going ~ging*] **2** [tigga och] be, anhålla
began [bɪ'gæn] imperf. av *begin*

beget [bɪ'get] (imperf.: *begot*; perf. p.: *begotten*) vb tr litt. **1** avla, föda; *only begotten* enfödd **2** ge upphov till; förorsaka
begetter [bɪ'getə] s **1** fader, avlare **2** upphov
beggar ['begə] **I** s **1** tiggare; fattig stackare; *~s cannot* (*can't*) *be choosers* man får ta vad man kan få **2** vard. kanalje, rackare; gynnare; *the little* (*young*) *~* skämts. den lille rackaren; *poor little ~!* stackare!, stackars liten!; *you lucky ~!* [din] lyckans ost! **II** vb tr **1** göra till tiggare **2** *~ description* trotsa all beskrivning
beggary ['begərɪ] s armod; *reduce a p. to ~* bringa ngn till tiggarstaven
begin [bɪ'gɪn] (*began begun*) **I** vb itr börja [*by doing* med att göra; *with a th.* med ngt], begynna; *to ~ with* a) för det första b) till att börja med, först **II** vb tr börja [med] [*when did you ~ English?*]; börja på [*he has begun a new book*]; *~ to do a th.* el. *~ doing a th.* börja [att] göra ngt
beginner [bɪ'gɪnə] s nybörjare; person som börjar
beginning [bɪ'gɪnɪŋ] s **1** början, begynnelse; ursprung; *now we can see the ~ of the end* nu kan vi äntligen skönja slutet; *at* (ibl. *in*) *the ~* i början **2** pl. *~s* första början, begynnelsestadium; upprinnelse
begonia [bɪ'gəʊnɪə] s bot. begonia
begot [bɪ'gɒt] imperf. av *beget*
begotten [bɪ'gɒtn] perf. p. av *beget*
begrudge [bɪ'grʌdʒ] vb tr se *grudge 1*
beguile [bɪ'gaɪl] vb tr **1** lura, narra [*~ a p. into* (till) *doing a th.*], bedra[ga]; *~ a p.* [*out*] *of a th.* lura av ngn ngt; lura (bedra) ngn på ngt **2** roa, tjusa **3** fördriva, få tid o.d. att gå
begun [bɪ'gʌn] perf. p. av *begin*
behalf [bɪ'hɑ:f] s, *on* (amer. äv. *in*) *a p.'s ~* i ngns ställe, för ngns skull (räkning), å (på) ngns vägnar; *act on* (amer. äv. *in*) *~ of* vara ombud för
behave [bɪ'heɪv] **I** vb itr **1** uppföra sig, bete sig [*~ well* (*badly*)]; bära sig åt; fungera; *~ towards* (*to*) handla [gent]emot, behandla **2** uppföra sig ordentligt (väl), sköta sig **II** vb rfl, *~ oneself* a) uppföra sig ordentligt (väl), vara snäll isht om o. till barn [*~ yourself!*] b) uppföra (bete) sig
behaviour [bɪ'heɪvjə] s **1** uppförande; beteende äv. psykol.; sätt, skick, hållning; uppträdande; sätt att reagera; *be on one's best ~* uppföra (sköta) sig så väl som möjligt; om barn vara riktigt snäll **2** sätt att arbeta (fungera)
behavioural [bɪ'heɪvjər(ə)l] adj beteende-; *~ pattern* beteendemönster
behaviourism [bɪ'heɪvjərɪz(ə)m] s psykol. behaviorism[en], beteendepsykologi
behead [bɪ'hed] vb tr halshugga
beheld [bɪ'held] imperf. o. perf. p. av *behold*
behind [bɪ'haɪnd] **I** prep bakom, efter; *his*

behindhand 62

hands ~ *his back* [med] händerna på ryggen; *be ~ the times* vara efter sin tid (gammalmodig); *I'm ~ you* bildl. jag står bakom dig; *try to put it ~ you!* försök att glömma det! **II** *adv* bakom; bakpå, baktill; bakåt, tillbaka; efter sig; efter; kvar [*stay (remain)* ~]; *be ~ with (in) one's payments (work)* ligga efter (ha kommit på efterkälken) med betalningarna (arbetet) **III** *s* vard. bak, stuss
behindhand [bɪ'haɪndhænd] *adv* o. *pred adj* efter, på efterkälken [~ *with (in) one's work*]; efterbliven, efter sin tid; sen; för sen[t]
behold [bɪ'həʊld] (*beheld beheld*) *vb tr* litt. skåda, se; ~*!* si!
beholden [bɪ'həʊld(ə)n] *pred adj* högtidl., *be ~ to a p.* vara ngn tack skyldig
beholder [bɪ'həʊldə] *s* åskådare
beige [beɪʒ] *s* o. *adj* beige [färg]
Beijing [ˌbeɪ'dʒɪŋ] geogr.
being ['biːɪŋ] **I** *adj, for the time ~* för närvarande (tillfället); tillsvidare **II** *s* **1** tillvaro, existens; liv; *bring (call) a th. into* ~ framkalla (skapa) ngt; *come into* ~ bli till, skapas **2** [innersta] väsen **3** väsen[de], ande; varelse [*man is a rational* ~] **4** människa [äv. *human* ~]
Beirut [ˌbeɪ'ruːt] geogr.
bejewelled [bɪ'dʒuːəld] *adj* juvelprydd
belated [bɪ'leɪtɪd] *adj* försenad; uppehållen; senkommen; förlegad
belch [beltʃ] **I** *vb itr* rapa **II** *vb tr* spy ut eld o.d. **III** *s* rap[ning], uppstötning
beleaguer [bɪ'liːgə] *vb tr* belägra äv. bildl.
Belfast [ˌbel'fɑːst, 'belfɑːst]
belfry ['belfrɪ] *s* **1** klocktorn, klockstapel **2** vard., *have bats in the* ~ ha tomtar på loftet
Belgian ['beldʒ(ə)n] **I** *adj* belgisk **II** *s* belgare, belgier
Belgium ['beldʒəm] Belgien
Belgrade [bel'greɪd] Belgrad
belie [bɪ'laɪ] *vb tr* motsäga, strida mot; handla i strid mot
belief [bɪ'liːf] *s* tro [*in* på]; övertygelse; tilltro [*in* till]; *a man of strong* ~*s* en man med bestämda åsikter; *beyond (past)* ~ otrolig[t], obegriplig[t]
believable [bɪ'liːvəbl] *adj* trolig, trovärdig
believe [bɪ'liːv] **I** *vb itr* tro; ~ *in* tro på [~ *in God (a doctrine)*], ha förtroende för, ha tilltro till, tro på [nyttan av] **II** *vb tr* tro; tro på, sätta tro till; *would you ~ it!* kan man tänka sig!; *he is ~d to be...* han tros (anses) vara...; *make a p.* ~ *that* inbilla ngn att; *make* ~ låtsas
believer [bɪ'liːvə] *s* **1** troende [person] **2** *a* ~ *in* en som tror på, en anhängare av; *I'm a* ~ *in* [*discipline*] jag tror på...
Belisha [bɪ'liːʃə] egenn.; ~ *beacon* trafikfyr med blinkande gult sken vid övergångsställe för fotgängare
belittle [bɪ'lɪtl] *vb tr* minska; förringa, nedsätta
bell [bel] *s* **1** [ring]klocka; bjällra, skälla; sjö. glas halvtimme; boxn. gonggong; *clear as a* ~ klockren; *does that ring a* ~? vard. säger det dig något? **2** [blom]klocka **3** klockstycke på blåsinstrument
bell-bottom ['belˌbɒtəm] *adj* o. **bell-bottomed** ['belˌbɒtəmd] *adj* utsvängd nertill, utställd [~ *trousers*]
bellbottoms ['belˌbɒtəmz] *s pl* utsvängda byxor
belle [bel] *s* skönhet, vacker kvinna; *the* ~ *of the ball* balens drottning
belles-lettres [ˌbel'letr] (konstr. ss. sg.) *s* skönlitteratur, vitterhet
bellhop ['belhɒp] *s* amer. vard. piccolo
bellicose ['belɪkəʊs] *adj* krigisk; stridslysten
belligerence [bə'lɪdʒər(ə)ns] *s* stridslystnad
belligerent [bə'lɪdʒər(ə)nt] **I** *adj* **1** krigförande **2** stridslysten **II** *s* krigförande makt; *the* ~*s* äv. de stridande
bellman ['belmən] *s* amer. hotellvaktmästare, piccolo
bellow ['beləʊ] **I** *vb itr* **1** böla, råma; skrika, vråla **2** ryta; dåna, dundra **II** *vb tr*, ~ [*out*] ryta
bellows ['beləʊz] (konstr. ss. sg. el. pl.; pl. *bellows*) *s* [blås]bälg; *a pair of* ~ en [blås]bälg
bell pull ['belpʊl] *s* klocksträng
belly ['belɪ] **I** *s* buk; mage [*with an empty* ~]; underliv **II** *vb itr*, ~ [*out*] bukta sig, svälla [ut] om t.ex. segel
belly-ache ['belɪeɪk] **I** *s* magknip; *have a* ~ äv. ha ont i magen **II** *vb itr* vard. gnälla, knota
belly button ['belɪˌbʌtn] *s* vard. navel
belly-dancer ['belɪˌdɑːnsə] *s* magdansös
belly-flop ['belɪflɒp] **I** *s* magplask **II** *vb itr* göra ett magplask
belly-land ['belɪlænd] *vb itr* buklanda
belly laugh ['belɪlɑːf] *s* bullrande skratt
belly-warmer ['belɪˌwɔːmə] *s* vard. jättebred slips
belong [bɪ'lɒŋ] *vb itr* **1** ha sin plats, höra hemma; ~ *among* räknas bland (till); ~ *under* höra under, höra till; ~ *here* höra hit **2** ~ *to* tillhöra; höra till; passa [sig för]; höra hemma i; vara medlem av (i) **3** passa in [i miljön]; *he felt he didn't* ~ han kände sig utanför
belonging [bɪ'lɒŋɪŋ] *s* **1** pl. ~*s* tillhörigheter; grejer, saker **2** samhörighet
Belorussia [ˌbeləʊ'rʌʃə] Vitryssland
Belorussian [ˌbeləʊ'rʌʃ(ə)n] **I** *s* vitryss **II** *adj* vitrysk
beloved [bɪ'lʌvd, attr. o. ss. subst. äv. -vɪd] **I** *adj* älskad [*by, of* av] **II** *s* älskling; *my* ~ äv. min älskade

below [bɪ'ləʊ] *prep* o. *adv* nedanför, under; nedan; inunder [*in the rooms* ~]; sjö. under däck; *it is* ~ *me* bildl. det är under min värdighet; *from* ~ nerifrån
belt [belt] **I** *s* **1** bälte i olika bet.; zon, distrikt [*wheat* ~]; skärp, livrem, svångrem; *green* ~ grönbälte; *hit below the* ~ ge ett slag under bältet äv. bildl. **2** mil. ammunitionsgördel; gehäng **3** [driv]rem; ~ *pulley* remskiva **II** *vb tr* **1** förse (fästa) med bälte etc.; omgjorda; ~*ed tyre* bältdäck **2** prygla med rem **3** ~ *out* vard. sjunga med hög hes röst, vråla **III** *vb itr* sl. **1** kuta; ~ *along* flänga (susa) i väg **2** ~ *up!* håll klaffen!
belt bag ['beltbæg] *s* midjeväska, magväska
belt conveyor ['beltkən‚veɪə] *s* bandtransportör
beltway ['beltweɪ] *s* amer. kringfartsled, ringled
bemoan [bɪ'məʊn] *vb tr* begråta, klaga över
bemuse [bɪ'mju:z] *vb tr* förvirra; omtöckna
Ben [ben] kortform för *Benjamin*; *Big* ~ vard., klockan, uret o. klocktornet på parlamentshuset i London
bench [ben(t)ʃ] *s* **1** bänk äv. sport.; säte **2** *the* ~ domarkåren, domarna; *the King's* (*Queen's*) *B*~ [*Division*] överrätten en avdelning av *High Court of Justice* **3** arbetsbord, arbetsbänk, hyvelbänk
bend [bend] **I** (*bent bent*, dock ~*ed* i *on* ~*ed knees*) *vb tr* **1** böja, kröka; tekn. äv. bocka, vika; *on* ~*ed knees* på sina bara knän, bönfallande **2** luta [ner] **II** (*bent bent*) *vb itr* **1** böja (kröka) sig, böjas; svikta, bågna **2** luta (böja) sig [*down* (*forward*)]; stå (sitta) nedlutad; ~ *over backwards* bildl., se *backwards*; *catch a p.* ~*ing* vard. överrumpla ngn, ta ngn på sängen **3** böja av, kröka **4** böja sig, [ge] vika [*to*, *before* för] **III** *s* **1** böjning; böjd del, böj; krök, krok, bukt; kurva; *Bends* [*for One Mile*] trafik. kurvig väg...; *he drives me round the* ~ vard. han gör mig galen **2** *the* ~*s* (konstr. ss. sg. el. pl.) dykarsjuka **3** sl., *go* (*be*) *on the* ~ vara ute och festa (slå runt)
bender ['bendə] *s* sl. våt fest, sjöslag; *be* (*go out*) *on a* ~ gå krogrond; *be on a* ~ äv. gå på fyllan
beneath [bɪ'ni:θ] *adv* o. *prep* nedanför, under; nedan; *he is* ~ *contempt* han är under all kritik; *it is* ~ *him* det är under hans värdighet; *marry* ~ *one* gifta sig under sitt stånd, gifta ned sig
Benedictine [‚benɪ'dɪktɪn, i bet. *2* -ti:n el. -dɪk'ti:n] *s* **1** benediktiner[munk] **2** benediktinerlikör, munk[likör]
benediction [‚benɪ'dɪkʃ(ə)n] *s* välsignelse
benefaction [‚benɪ'fækʃ(ə)n] *s* **1** välgärning **2** gåva, donation
benefactor ['benɪfæktə] *s* välgörare, gynnare, donator

benefice ['benɪfɪs] *s* pastorat
beneficence [bɪ'nefɪs(ə)ns] *s* välgörenhet
beneficent [bɪ'nefɪs(ə)nt] *adj* välgörande
beneficial [‚benɪ'fɪʃ(ə)l] *adj* välgörande, fördelaktig, nyttig, hälsosam [*to* för]
beneficiary [‚benɪ'fɪʃərɪ] *s* förmånstagare; testamentstagare; betalningsmottagare
benefit ['benɪfɪt] **I** *s* **1** förmån, fördel, nytta, behållning, utbyte; understöd; *for the* ~ *of a p.* till förmån (gagn) för ngn; för ngns skull; *give a p. the* ~ *of* låta ngn dra nytta av; *give a p. the* ~ *of the doubt* [i tveksamt fall] hellre fria än fälla ngn; ~ *club* el. ~ *society* amer. [privat] sjukkassa (pensionskassa) **2** ~ *performance* välgörenhetsföreställning; ~ [*match*] recettmatch **II** *vb tr* göra ngn gott (nytta), vara till nytta för, gagna **III** *vb itr*, ~ *by* (*from*) ha (dra) nytta av, ha behållning (utbyte) av, fara väl av, vinna på
Benelux ['benɪlʌks] geogr. Benelux [*the* ~ *countries*]
benevolence [bɪ'nevələns] *s* välvilja, godhet
benevolent [bɪ'nevələnt] *adj* **1** välvillig, generös **2** välgörenhets- [~ *society*]; ~ *fund* understödsfond
Bengal [beŋ'gɔ:l, attr. '--] **I** geogr. Bengalen **II** *attr adj* bengalisk [~ *tiger*]; ~ *light* bengalisk eld
Bengalese [‚beŋgə'li:z] (pl. lika) *s* bengal[ier]
Bengali [beŋ'gɔ:lɪ] **I** *adj* bengalisk **II** *s* **1** bengal[ier] person **2** bengali språk
benighted [bɪ'naɪtɪd] *adj* litt. oupplyst; *a* ~ *sinner* en förstockad syndare
benign [bɪ'naɪn] *adj* **1** välvillig, godhjärtad **2** gynnsam [~ *climate*]; välgörande **3** med. godartad, benign [~ *tumour*]; lindrig
Ben Nevis [ben'nevɪs] geogr.
bent [bent] **I** *s* **1** böjelse, håg, lust [*follow one's* ~]; anlag, fallenhet [*have a* ~ *for painting*], inriktning **2** *to the top of one's* ~ så mycket man kan (orkar), till det yttersta **II** imperf. av *bend* **III** *perf p* o. *adj* **1** böjd, krokig, krökt etc., jfr *bend I*; rynkad [~ *brow*] **2** *be* ~ [*up*]*on* ha föresatt sig [*doing a th.* att göra ngt]; *be* ~ *on mischief* ha ont i sinnet **3** vard. korrumperad
Bentley ['bentlɪ] bilmärke
benumb [bɪ'nʌm] *vb tr* **1** göra stel (känsellös); ~*ed with cold* stel av köld **2** bildl. förlama
benzene ['benzi:n, -'-] *s* bensen
benzine ['benzi:n, -'-] *s* tvättbensin
benzocaine ['benzə(ʊ)keɪn] *s* kem. bensokain
benzol[**e**] ['benzɒl] *s* kem. bensol
benzpyrene [‚benz'paɪri:n] *s* benspyren
bequeath [bɪ'kwi:ð, -kwi:θ] *vb tr* testamentera lösegendom; efterlämna, lämna i arv
bequest [bɪ'kwest] *s* **1** testamente **2** testamentarisk gåva, legat
berate [bɪ'reɪt] *vb tr* läxa upp; amer. äv. kritisera
bereave [bɪ'ri:v] (*bereft bereft* el. ~*d* ~*d*) *vb tr*

beröva, frånta[ga] [*a p. of a th.* ngn ngt]; perf. p. ~*d* lämnad ensam; ss. attr. äv. efterlämnad, sörjande [*the* ~*d husband*]; *be bereft of* [*hope*] ha förlorat (mist)...; [*illness*] ~*d her of her mother* ...ryckte (tog) ifrån henne modern
bereavement [bɪˈriːvmənt] *s* smärtsam förlust [genom dödsfall], sorg; dödsfall [*a* ~ *in the family*]
bereft [bɪˈreft] imperf. o. perf. p. av *bereave*
beret [ˈbereɪ, ˈberɪ] *s* basker[mössa]
bergamot [ˈbɜːgəmɒt] *s* **1** bergamott[citron]; bergamottolja [äv. *oil of* ~] **2** bergamott[päron]
beriberi [ˌberɪˈberɪ] *s* med. beriberi
Bering [ˈbeərɪŋ, ˈber-] egenn.; ~ *strait* Berings sund
Berkeley [ˈbɑːklɪ, amer. ˈbɜːklɪ] geogr.
Berks. [bɑːks] förk. för *Berkshire*
Berkshire [ˈbɑːkʃɪə, -ʃə]
Berlin [stad i Tyskland o. tonsättare bɜːˈlɪn, attr. äv. '--] **I** Berlin **II** *attr adj* berlinsk, berliner-
Berliner [bɜːˈlɪnə] *s* berlinare
Bermuda [bəˈmjuːdə] geogr. Bermuda; *the* ~*s* Bermudaöarna
Bermudan [bəˈmjuːdən] **I** *adj* från Bermuda[öarna] **II** *s* person från Bermuda[öarna]
Bernard [ˈbɜːnəd, amer. äv. bəˈnɑːd] **I** mansnamn **II** *s, St.* ~ el. *St.* ~ *dog* [s(ə)n(t)ˌbɜːnədˈdɒg, amer. ˌseɪntbəˈnɑːdɒg] sanktbernhardshund
Berne [bɜːn] geogr. Bern
berry [ˈberɪ] **I** *s* **1** bär **2** [*coffee*] ~ kaffeböna; *brown as a* ~ chokladbrun, brunbränd **II** *vb itr* **1** om buske o.d. få bär **2** plocka bär [*go* ~*ing*]
berserk [bəˈsɜːk] **I** *s* bärsärk **II** *adj, go* (*run*) ~ gå bärsärkagång; ~ *fury* bärsärkaraseri
berth [bɜːθ] *s* **1** koj[plats], sovplats; hytt; *lower* ~ underkoj, underbädd; *upper* ~ överkoj, överbädd **2** kajplats; ankarplats **3** sjörum, svängrum för båt; *give* [*a p.* (*a th.*)] *a wide* ~ hålla sig på avstånd från..., undvika...
Bertrand [ˈbɜːtrənd] mansnamn
Berwick [ˈberɪk] geogr.
Beryl [ˈberəl] kvinnonamn
beryl [ˈberəl] *s* miner. beryll
beryllium [beˈrɪlɪəm] *s* kem. beryllium
beseech [bɪˈsiːtʃ] (*besought besought*) *vb tr* litt. bönfalla, besvärja, be enträget [*a p. for* ngn om]
beset [bɪˈset] (*beset beset*) *vb tr* **1** belägra **2** bildl. ansätta, anfäkta; *be* ~ *with* vara förenad med (full av) [*be* ~ *with difficulties*]
besetting [bɪˈsetɪŋ] *adj* outrotlig, inrotad; ~ *sin* skötesynd
beside [bɪˈsaɪd] *prep* **1** bredvid, vid sidan av (om); nära, intill **2** ~ *oneself* utom (ifrån) sig [*with* av]

besides [bɪˈsaɪdz] **I** *adv* dessutom; för resten, för övrigt **II** *prep* [för]utom, jämte; *no one* ~ *you* ingen utom (mer än, annan än) du
besiege [bɪˈsiːdʒ] *vb tr* **1** belägra **2** bildl. bestorma
besmirch [bɪˈsmɜːtʃ] *vb tr* smutsa ner; besudla
besotted [bɪˈsɒtɪd] *adj* **1** bedårad; betagen [*about, with* i] **2** omtöcknad; berusad
besought [bɪˈsɔːt] imperf. o. perf. p. av *beseech*
bespeak [bɪˈspiːk] (*bespoke bespoken*) *vb tr* litt. **1** beställa, tinga på **2** vittna om
bespectacled [bɪˈspektəkld] *adj* klädd i (med) glasögon, glasögonprydd
bespoke [bɪˈspəʊk] *adj* [mått]beställd [*a* ~ *suit*]; beställnings- [~ *tailoring*]
Bess [bes] kortform för *Elizabeth*; *Good Queen* ~ smeknamn för Elizabeth I av England
Bessarabia [ˌbesəˈreɪbɪə] geogr. Bessarabien
best [best] **I** *adj* o. *adv* (superl. av *good* o. **2** *well*) bäst; ss. adv. äv. mest; helst; ~ *boy* film. el. TV. passarassistent, elektrikerassistent; ~ *man* bäst man brudgummens marskalk; *the* ~ *part of* äv. största delen (det mesta) av; *the* ~ *part of an hour* nära nog en timme; ~ *room* finrum; *put one's* ~ *leg* (*foot*) *foremost* (*forward*) sätta (ta) det långa benet före; lägga manken till; *as* ~ *he could* så gott han [någonsin] kunde; *I love him* ~ jag älskar honom högst (mest); *had* ~ se *had better* under *1 better I* **II** *s* **1** det, den, de bästa; fördel; *all the* ~ ha det så bra!, lycka till!; *look one's* ~ vara [som mest] till sin fördel; *the* ~ *of it* [*was that*...] det bästa (roligaste) [i saken (i det hela)]...; *we are the* ~ *of friends* vi är de bästa vänner; *get* (*have*) *the* ~ *of it* avgå med segern, få (ha) övertaget; *make the* ~ *of* göra det bästa möjliga av; få ut det mesta möjliga av; *make the* ~ *of it* (*of things*) göra så gott man kan; ta det som det är; *make the* ~ *of a bad job* göra det bästa möjliga av situationen; ta skeden i vacker hand; *at* ~ i bästa fall, på sin höjd; *at one's* ~ som bäst, som mest till sin fördel; i [hög]form; *even at the* ~ *of times he is*... även när han är som bäst är han...; [*I did it*] *all for the* ~ ...i bästa välmening; *it is all for the* ~ det är bäst så (som sker); *be in the* ~ *of health* vara vid bästa hälsa; *to the* ~ *of one's knowledge* såvitt man vet; *to the* ~ *of one's power* (*ability*) efter bästa förmåga, så gott man kan **2** bästa kläder, finkläder; *dressed in one's Sunday* ~ klädd i söndagskläder, söndagskläd **3** vard., *get six of the* ~ få sex rapp, få stryk **4** vard., *he is one of the* ~ han är en hygglig karl (en reko kille) **III** *vb tr* vard.; få övertaget över, slå
best-before [ˌbestbɪˈfɔː] *adj,* ~ *date* bäst-före-datum
bestial [ˈbestjəl] *adj* djurisk, bestialisk, rå
bestiality [ˌbestɪˈælətɪ] *s* **1** djurskhet, bestialitet, råhet **2** jur. tidelag

bestow [bɪ'stəʊ] *vb tr* **1** skänka, ge, tilldela [*a th.* [*up*]*on a p.* ngn ngt] **2** använda, lägga ned [*on* på]
bestride [bɪ'straɪd] (imperf.: *bestrode*; perf p.: *bestridden*, *bestrid*, *bestrode*) *vb tr* sitta (stå, sätta sig, ställa sig) grensle över; grensla; rida på
best-seller [ˌbes(t)'selə] *s* bestseller, bästsäljare
best-selling ['bes(t)ˌselɪŋ] *adj* bestseller-, succé- [~ *author* (*novel*)]
bet [bet] **I** *s* vad; *a heavy* ~ ett högt vad; *make* (*lay*) *a* ~ slå (hålla) vad; *the best* ~ *would be to...* bildl. det säkraste (klokaste) vore att...; *my* ~ *is that...* jag tror säkert att..., jag slår vad [om] att...; *he is a good* ~ [*for the post*] han har alla chanser [att få platsen]; *he* (*it*) *is a safe* ~ han (det) är ett säkert kort **II** (*bet bet* ibl. *~ted ~ted*) *vb tr* o. *vb itr* **1** slå vad [om]; *I* ~ *you a fiver that...* jag slår vad om fem pund [med dig] att...; ~ *on* [*a horse*] hålla (satsa, sätta) på... **2** vard., *you* ~*!* var så säker!, det kan du skriva upp!, bergis!; *you* ~ [*we had*] du kan vara säker (ge dig) på att..., om...!; *you* ~ *your life* (*boots*)*!* det kan du ge dig katten (sjutton) på!
beta ['biːtə, amer. vanl. 'beɪ-] *s* grekiska bokstaven beta; betyg: ung. godkänd; ~ *particle* betapartikel; ~ *rays* betastrålar
beta-blocker ['biːtəˌblɒkə, amer. vanl. 'beɪ-] *s* med. betablockerare
betel ['biːt(ə)l] *s* betel; betel- [~ *nut*]
Bethlehem ['beθlɪhem] bibl. Betlehem
betide [bɪ'taɪd] (end. 3 pers. sg. pres. konj.) *vb tr* o. *vb itr* hända, vederfaras; *woe* ~ *him* (*you*)*!* ve honom (dig)!
betray [bɪ'treɪ] *vb tr* **1** förråda [~ *one's country*], svika [~ *one's ideals*; ~ *a p.'s confidence*]; bedra **2** röja [~ *a secret*], avslöja, yppa **3** förleda [*into* till]
betrayal [bɪ'treɪəl] *s* **1** förrådande; förräderi, svek [*of mot*] **2** avslöjande, röjande
betroth [bɪ'trəʊð] *vb tr* högtidl. trolova [*to med*]
betrothed [bɪ'trəʊðd] *adj* o. *s* högtidl. trolovad
1 better ['betə] **I** *adj* o. *adv* (komp. av *good* o. *2 well*) bättre; ss. adv. äv. mera; hellre; *his* ~ *half* hans äkta (bättre) hälft; *the* ~ *part of* äv. större delen (det mesta) av; *the* ~ *part of an hour* nära nog en timme; *his* ~ *self* (*feelings*) hans bättre jag; *be* ~ *off* ha det bättre ställt; ha det (klara sig) bättre [*we'd be* ~ *off without this computer system*]; *go one* ~ *than* övertrumfa; *think* ~ *of it* komma på bättre (andra) tankar; *you had* ~ *try* det är bäst att du försöker, du borde försöka **II** *s*, *one's* ~*s* folk som är förmer [än man själv]; *he is all the* ~ *for* [*his holiday*] ...har gjort honom [mycket] gott; *so much the* ~ el. *all the* ~ så mycket (desto) bättre; *the sooner the* ~ ju förr dess hellre (bättre); *for the* ~ till det bättre; *for* ~, *for worse* i med- och motgång; i vigselformulär i nöd och lust; *for* ~, [*or*] *for worse* vad som än händer; *get the* ~ *of* få övertaget över, få (ta) överhand över, bli ngn övermäktig; [lyckas] få sista ordet i [*she always gets the* ~ *of these quarrels*] **III** *vb tr* **1** förbättra; bättra på, putsa [~ *a record*]; överträffa **2** ~ *oneself* få det bättre ställt, komma fram (sig upp)
2 better ['betə] *s* vadhållare
betterment ['betəmənt] *s* förbättring, reform[er]
betting ['betɪŋ] *s* vadhållning; ~ *office* (*shop*) vadhållningsbyrå; ~ *slip* vadhållningskvitto
bettor ['betə] *s* vadhållare
between [bɪ'twiːn] **I** *prep* **1** [e]mellan; *something* ~ [*a sofa and a bed*] någonting mitt emellan..., ett mellanting mellan...; ~ *now and then* under tiden, tills dess; ~ *you and me* el. ~ *ourselves* oss emellan [sagt] **2 a)** ~ *us* (*you, them*) tillsammans, gemensamt; med förenade krafter **b)** ~ *writing and lecturing* [*my time is fully taken up*] eftersom jag både skriver och föreläser... **II** *adv* emellan, däremellan; *in* ~ dessemellan, däremellan
betwixt [bɪ'twɪkst] *prep* o. *adv* mest poet., se *between*
bevel ['bev(ə)l] **I** *s* **1** smygvinkel; kon **2** fas, snedslipad kant **II** *vb tr* snedhugga, snedslipa; snedda; fasa [av], slipa av
bevel-edged ['bev(ə)ledʒd] *adj* fasad, med snedkant
beverage ['bevərɪdʒ] *s* dryck isht tillagad, ss. te, kaffe etc.
Beverley ['bevəlɪ] kvinnonamn o. ibl. mansnamn
Beverly Hills [ˌbevəlɪ'hɪlz] villaområde nära Los Angeles där många Hollywoodskådespelare bor
bevy ['bevɪ] *s* flock; hop; *a* ~ *of beauties* en samling skönheter
bewail [bɪ'weɪl] **I** *vb tr* klaga (sörja) över [~ *one's lot*] **II** *vb itr* klaga, sörja
beware [bɪ'weə] *vb itr*, ~ *of* akta sig för, ta sig till vara för; ~ *of pickpockets!* varning för ficktjuvar!
bewilder [bɪ'wɪldə] *vb tr* förvirra, förvilla, förbrylla
bewilderment [bɪ'wɪldəmənt] *s* förvirring, häpenhet; virrvarr
bewitch [bɪ'wɪtʃ] *vb tr* **1** förhäxa **2** förtrolla, tjusa
beyond [bɪ'jɒnd, bɪ'ɒnd] **I** *prep* (se äv. under resp. huvudord, t.ex. *hope, joke* o. *measure I 4*) **1** bortom, på andra sidan [om] [~ *the bridge*]; längre än till **2** senare än, efter [~ *the usual hour*] **3** utom, utöver, mer än [*he has nothing* ~ *his pension*], med undantag av; över [*live* ~ *one's means*]; *it's* ~ *belief* det är otroligt (obegripligt); *it is* ~ *my comprehension* det går över min horisont;

~ criticism höjd över all kritik; **~ danger** utom all fara; *it is ~ description* det trotsar all beskrivning; [*it had changed*] **~ recognition** vard. ...till oigenkännlighet; *it is ~ me* a) det går över mitt förstånd b) det är mer än jag förmår (kan, orkar) c) det är mer än jag vet; **~ that** därutöver; för övrigt; *I would not put it ~ him* vard. det skulle jag gott kunna tro om honom **II** *adv* **1** bortom, på andra sidan [*what is ~?*]; längre [*not a step ~*] **2** därutöver, mera [*nothing ~*] **3** [*prepare for the changes of the next five years*] *and ~* ...och framöver **III** *s* **1** *the ~* det okända, livet efter detta **2** [*at*] *the back of ~* bortom all ära och redlighet
bezel ['bezl] *s* **1** snedslipad egg **2** sned[a] fasett[er] på slipad ädelsten **3** tekn. ram; ring
b.h.p. förk. för *brake horsepower*
bi [baɪ] *s* o. *adj* vard. bisexuell [person]
bi- [baɪ] *prefix* bi-, två- [*bisexual*]
Biafra [bɪ'æfrə] geogr.
biannual [baɪ'ænjʊəl] *adj* **1** halvårs-; inträffande två gånger om året [*a ~ journal (review)*] **2** se *biennial 1*
bias ['baɪəs] **I** *s* **1 a)** förutfattad mening; fördom[ar] [*he has a ~ against foreigners*]; partiskhet; *he is without ~* han är fördomsfri (objektiv) **b)** benägenhet, böjelse [*towards* för] **2** på tyg diagonal; *cut on the ~* klippt på snedden, snedskuren **3** ensidig belastning på bowlsklot **4** på t.ex. kassettdäck bias, förmagnetisering **II** (*biased biased*) el. *biassed biassed*) *vb tr* **1** göra partisk (fördomsfull); inge fördomar [*against* mot]; inge förkärlek [*to, towards* för] **2** förse med sidotyngd
biased o. **biassed** ['baɪəst] *adj* partisk; fördomsfull; *be ~* äv. ha fördomar, ha en förutfattad mening
biathlon [baɪ'æθlən] *s* sport. skidskytte
bib [bɪb] *s* haklapp, dregellapp; bröstlapp på förkläde; *best ~ and tucker* finkläder, stass
bib-and-brace [ˌbɪbən(d)'breɪs] *s*, *~ overalls* snickarbyxor
bible ['baɪbl] *s* bibel; *the* [*Holy*] *B~* Bibeln
biblical ['bɪblɪk(ə)l] *adj* biblisk; bibel- [*~ quotation*]; **~ *style*** bibliskt språkbruk
bibliography [ˌbɪblɪ'ɒgrəfɪ] *s* bibliografi, litteraturförteckning
bibliophile ['bɪblɪə(ʊ)faɪl] *s* bibliofil, bokälskare
bicarbonate [baɪ'kɑːbənət] *s*, *~ [of soda]* bikarbonat
bicentenary [ˌbaɪsen'tiːnərɪ, baɪ'sentɪn-] *s* tvåhundraårsdag, tvåhundraårsjubileum
biceps ['baɪseps] (pl. lika el. ibl. *~es*) *s* anat. biceps
bicker ['bɪkə] *vb itr* gnabbas, kivas, munhuggas, käbbla, [små]träta [*over, about* om]
bicky ['bɪkɪ] *s* barnspr., se *biscuit 1*

bicycle ['baɪsɪkl] **I** *s* cykel **II** *vb itr* cykla
bicycle clip ['baɪsɪklklɪp] *s* cykelklämma
bicyclist ['baɪsɪklɪst] *s* cyklist
bid [bɪd] **I** (*bid bid*; i bet. 2-4: imperf. *bade, bid*; perf. p. *bidden, bid, bade*) *vb tr* **1** bjuda på auktion o. i kortspel; [*two hundred*] *~!* ...bjudet! **2** i högre stil befalla, bjuda; *do as you are ~* gör som du är tillsagd **3** *~ defiance to* litt. utmana, trotsa **4** säga [*~ farewell to a p.*], hälsa [*~ a p. good morning*]; *~ a p. welcome* hälsa ngn (be ngn vara) välkommen **II** (*bid bid*) *vb itr* **1** bjuda på auktion [*for a th.* på ngt]; *~ against a p.* bjuda över ngn; tävla med ngn [*for* om]; *~ for* [*popularity*] vara ute efter... **2** *~ fair to* ha goda utsikter att, se ut (arta sig till) att **III** *s* **1** bud på auktion o. i kortspel; försök, satsning; *no ~* kortsp. pass; *make a ~ for* vara ute efter; *a ~ for votes* röstfiske, valfiske **2** isht amer. anbud, offert **3** amer. vard. inbjudan
bidden ['bɪdn] perf. p. av *bid*
bidder ['bɪdə] *s* person som bjuder på auktion o. i kortspel; anbudsgivare; *the highest* (*best*) *~* den högstbjudande
bidding ['bɪdɪŋ] *s* **1** bud på auktion; anbud; budgivning i kortspel; *~ was slow* buden var tröga **3** befallning, påbud, kommando [*at his ~*]; *do* (*follow*) *a p.'s ~* lyda ngn
bide [baɪd] *vb tr*, *~ one's time* bida sin tid
bidet ['biːdeɪ, amer. bɪ'deɪ] *s* bidé
biennial [baɪ'enɪəl] **I** *adj* **1** tvåårig, tvåårs-; bot. bienn **2** inträffande [en gång] vartannat år **II** *s* tvåårig (bienn) växt
bier [bɪə] *s* likbår, likvagn; bildl. grav
biff [bɪf] sl. **I** *vb tr*, *~ a p.* [*one*] smocka till ngn, ge ngn en snyting **II** *s* smocka, snyting
bifocals [ˌbaɪ'fəʊk(ə)lz] *s pl* bifokalglasögon, dubbelslipade glasögon
bifurcate ['baɪfəkeɪt] **I** *vb tr* o. *vb itr* dela [sig] i två grenar, klyva [sig] **II** *adj* grenad, kluven, tvådelad
bifurcation [ˌbaɪfə'keɪʃ(ə)n] *s* delning, klyvning; bifurkation
big [bɪg] **I** *adj* **1** stor [*a ~ horse*; *the ~ issue* (frågan); *when I am ~*], storväxt, kraftig; stor- [*~ toe*]; **great *~*** vard. jättestor [*a great ~ bear*], stor stark [*a great ~ man*]; *the B~ Apple* vard., beteckn. för *New York*; **the *~ bang theory*** big-bang-teorin enligt vilken universum uppstått genom en gigantisk explosion; *~ brother* storebror; *B~ Brother* Storebror efter diktatorn i Orwells roman '1984'; *~ business* storfinansen; *football has become ~ business* fotboll handlar numera om stora pengar; *~ deal* se *2 deal I 2*; *B~ Dipper* berg-och-dal-bana [äv. *~ dipper*]; *the B~ Dipper* amer. vard. (astron.) Karlavagnen; *~ end* tekn. vevlager, storända; *~ game* storvilt; *~ gun* sl., se *gun I 4*; [*great*] *~ headlines* [stora] feta rubriker; *what's the ~ idea?* vad

är meningen med det här egentligen?; ~ *money* stora (grova) pengar; ~ *noise* (*shot, cheese*) sl. a) storpamp, höjdare b) bas, boss; *the B~ Smoke* vard., beteckn. för London; ~ *time* se *big-time*; *do things in a ~ way* slå på stort; *go over in a ~ way* slå an kolossalt, göra enorm succé; *too ~ for one's boots* (*breeches*) vard. stöddig, mallig; *that's ~ of you!* det var storsint av dig! **2** litt. full [*with* av]; ~ *with child* i grossess **ll** *adv* vard. malligt, stöddigt [*act* ~]; *talk ~* vara stor i orden (mun), ta mun full; *think ~* tänka stort
bigamist ['bɪgəmɪst] *s* bigamist
bigamous ['bɪgəməs] *adj* skyldig till (innebärande) bigami; ~ *marriage* bigami, tvegifte
bigamy ['bɪgəmɪ] *s* bigami, tvegifte
bigarreau [ˌbɪgəˈrəʊ, ˈbɪgərəʊ] *s* bigarrå
big-boned [ˌbɪgˈbəʊnd] *adj* grovlemmad
biggish ['bɪgɪʃ] *adj* ganska stor etc., jfr *big*
bighead ['bɪghed] *s* vard. viktigpetter, stropp
bigheaded [ˌbɪgˈhedɪd] *adj* vard. uppblåst, inbilsk
bighearted [ˌbɪgˈhɑːtɪd] *adj* generös, storsint
bight [baɪt] *s* bukt rundad vik
bigmouth ['bɪgmaʊθ] *s* vard. gaphals; storskrävlare
bigot ['bɪgət] *s* bigott person; *he's a ~* han är bigott
bigoted ['bɪgətɪd] *adj* bigott; trångsynt
bigotry ['bɪgətrɪ] *s* bigotteri; trångsynthet
big-time ['bɪgtaɪm] *s* vard., *get into the ~* komma upp bland topparna (höjdarna), komma upp sig
bigwig ['bɪgwɪg] *s* sl. högdjur, höjdare, pamp
bike [baɪk] vard. förk. för *bicycle* **l** *s* cykel; *on your ~!* sl. stick! **ll** *vb itr* cykla
biker ['baɪkə] *s* cyklist
bikini [bɪˈkiːnɪ] *s* bikini
bilabial [baɪˈleɪbɪəl] *s* o. *adj* fonet. bilabial
bilateral [baɪˈlæt(ə)r(ə)l] *adj* bilateral, ömsesidig [*a ~ agreement*]
bilberry ['bɪlb(ə)rɪ] *s* blåbär
bile [baɪl] *s* fysiol. galla; bildl. äv. ilska; ~ *acid* gallsyra; ~ *duct* gallgång; ~ *stone* gallsten
bilge [bɪldʒ] *s* **1** sjö. slag fartygsskrovs rundning; ~ [*water*] slagvatten **2** sl. smörja, nonsens
bilingual [baɪˈlɪŋgw(ə)l] *adj* tvåspråkig
bilious ['bɪlɪəs] *adj* med. a) gall- b) som lider av gallsten c) full av galla; ~ *attack* gallstensanfall; ~ *headache* huvudvärk och illamående
bilk [bɪlk] *vb tr* smita från [utan att betala]; ~ *a p.* [*out*] *of a th.* lura (bedra) ngn på ngt
1 bill [bɪl] **l** *s* näbb **ll** *vb itr*, ~ [*and coo*] näbbas isht om duvor; ~ *and coo* kyssas och smekas
2 bill [bɪl] **l** *s* **1** lagförslag; bill; proposition [eg. *Government B~*]; motion; *bring in* (*introduce*) *a ~* framlägga en proposition,

väcka motion **2** räkning, nota [*for* på; *put it down in* (*on*) *the ~*; *the ~, please!*]; *foot the ~* vard. betala kalaset (räkningen) **3** anslag, affisch, program; *post a ~* sätta upp en affisch (ett anslag); [*post* (*stick*)] *no ~s! affischering förbjuden!* **4** bank. växel [äv. ~ *of exchange*; *for* £100 på...]; ~ *at sight* avistaväxel **5** amer. sedel [*a ten-dollar ~*] **6** i vissa uttryck: förteckning, lista, intyg; ~ *of fare* matsedel; teat. o.d. vard. program; *get a clean ~ of health* bli friskförklarad; ~ *of sale* köpebrev; pantförskrivning [av lösöre] **ll** *vb tr* **1** affischera, sätta upp på affisch[er] (anslag) **2** ~ *a p. for a th.* debitera ngn för ngt
billboard ['bɪlbɔːd] *s* amer. affischtavla
billet ['bɪlɪt] isht mil. **l** *s* **1** [civil] inkvartering; *be* (*live*) *in ~s* vara civilt inkvarterad **2** vard. jobb, plats **ll** *vb tr* inkvartera [i det civila] [*on, with, at* hos, i]
billet-doux [ˌbɪleɪˈduː, -lɪ-] (pl. *billets-doux* [ˌbɪleɪˈduːz, -lɪ-]) *s* skämts. kärleksbrev
billfold ['bɪlfəʊld] *s* amer. plånbok
billiard ball ['bɪljədbɔːl] *s* biljardboll
billiards ['bɪljədz] (konstr. ss. sg.) *s* biljard [*play ~*]; biljardspel
billion ['bɪljən] *s* miljard
billionaire [ˌbɪljəˈneə] *s* miljardär
billow ['bɪləʊ] **l** *s* litt. stor våg, bölja **ll** *vb itr* bölja, svalla; ~ *out* välla ut
billowy ['bɪləʊɪ] *adj* böljande
billposter ['bɪlˌpəʊstə] *s* o. **billsticker** ['bɪlˌstɪkə] *s* affischör
billy ['bɪlɪ] *s* amer. klubba; [polis]batong
billy goat ['bɪlɪgəʊt] *s* getabock
billy-o o. **billy-oh** ['bɪlɪəʊ] *s, like ~* vard. som sjutton, som bara den, som besatt
bimbo ['bɪmbəʊ] *s* (pl. ~s el. ~es) sl. **1** kille; dumsnut, tönt **2** brutta ytlig o. attraktiv kvinna **3** fnask
bimetallic [ˌbaɪmeˈtælɪk] *adj* **1** tekn. bimetallisk **2** ekon. med dubbel myntfot [~ *country*]
bimonthly [ˌbaɪˈmʌnθlɪ] **l** *adj* o. *adv* **1** [inträffande (utkommande)] varannan månad **2** [inträffande (utkommande)] två gånger i månaden **ll** *s* tidskrift som utkommer varannan månad
bin [bɪn] *s* **1** lår, binge; låda, kista; [bröd]skrin, [bröd]burk; fack **2** [vin]fack; vin från visst fack
binary ['baɪnərɪ] *adj* binär [~ *system*]; dubbel- [~ *star*]; ~ *digit* binär siffra; ~ *form* mus. tvådelad form
bind [baɪnd] **l** (*bound bound*; se äv. *1 bound*) *vb tr* **1** binda [fast], fästa [*to* vid]; binda ihop; fjättra, kok. reda; ~ *together* binda ihop (bildl. förena) [med varandra]; ~ *up* förena [*with* med] **2** binda om [*with* med]; ~ [*up*] förbinda, binda (linda) om sår **3** binda [in] [~ *books*] **4** förbinda, förplikta, ålägga; ~

oneself to förbinda (förplikta) sig att; ~ *a p. to secrecy* ålägga ngn tystnad, ta tysthetslöfte av ngn; ~ *a p. over to appear* jur. ålägga ngn att inställa sig vid laga påföljd; *be bound over* jur. få villkorlig dom **5** [*some kinds of food*] ~ *the bowels* ...förstoppar **6** sl. tråka ut **II** (*bound bound*) *vb itr* **1** hålla (sitta) ihop **2** fastna, hänga upp sig **3** vara bindande [*a contract ~s*] **4** sl. kvirra, grumsa **III** *s* sl. tråkmåns; gnällspik; *it's a ~* det är dötrist
binder ['baɪndə] *s* **1** binda, band **2** [lösblads]pärm, mapp **3** tekn. förbindning; bindemedel **4** bokbindare
binding ['baɪndɪŋ] **I** *s* **1** bindning, bindande etc., jfr *bind I* o. *II* **2** förband; binda **3** boktr. [bok]band **II** *adj* bindande [[*up*]*on* för]
binge [bɪndʒ] vard. **I** *s* supkalas, [sprit]fest; *be* (*go*) *on a ~* vara ute och svira (rumla) **II** *vb tr* festa, rumla om
bingo ['bɪŋgəʊ] *s* o. *interj* bingo
bin-liner ['bɪnˌlaɪnə] *s* soppåse
binnacle ['bɪnəkl] *s* sjö. nakterhus; kompasshus
binocular [bɪ'nɒkjʊlə] **I** *adj* binokulär [*~ vision* (seende)] **II** *s*, pl. *~s* [teater]kikare, fältkikare; *a pair of ~s* en kikare
binomial [baɪ'nəʊmɪəl] matem. **I** *s* binom **II** *adj* binomial- [*~ coefficient* (*series*)]
bint [bɪnt] *s* sl. tjej
biochemistry [ˌbaɪə(ʊ)'keməstrɪ] *s* biokemi
biodegradable [ˌbaɪə(ʊ)dɪ'greɪdəbl] *adj* biol. biologiskt nedbrytbar
biodynamic [ˌbaɪəʊdaɪ'næmɪk] *adj* biodynamisk
bioecological [ˌbaɪəʊɪ'kɒlədʒɪ] *s* bioekologi
biofuel ['baɪəʊˌfjʊəl] *s* biobränsle
biographer [baɪ'ɒgrəfə] *s* levnadstecknare, biograf
biography [baɪ'ɒgrəfɪ] *s* biografi, levnadsteckning
biological [ˌbaɪə(ʊ)'lɒdʒɪk(ə)l] *adj* biologisk; *~ clock* biologisk klocka; *~ control* biologisk bekämpning; *~ warfare* biologisk krigföring
biologist [baɪ'ɒlədʒɪst] *s* biolog
biology [baɪ'ɒlədʒɪ] *s* biologi
biometrics [ˌbaɪə(ʊ)'metrɪks] (konstr. ss. sg.) *s* o. **biometry** [baɪ'ɒmətrɪ] *s* biometri
bionic [baɪ'ɒnɪk] *adj* **1** bionisk, bionik- **2** vard. övermänsklig, robot-
bionics [baɪ'ɒnɪks] (konstr. ss. sg.) *s* bionik
bionomics [ˌbaɪə(ʊ)'nɒmɪks] (konstr. ss. sg.) *s* bionomi
biophysics [ˌbaɪə(ʊ)'fɪzɪks] (konstr. ss. sg.) *s* biofysik
biorhythm ['baɪə(ʊ)ˌrɪðm] *s* biorytm
biotechnics [ˌbaɪə(ʊ)'teknɪks] *s* bioteknik, genteknik
biotechnology [ˌbaɪə(ʊ)tek'nɒlədʒɪ] *s* bioteknik

bipartisan [ˌbaɪpɑː'tɪzæn] *adj* polit. stödd (bestående) av två partier, tvåparti-
bipartite [baɪ'pɑːtaɪt] *adj* **1** tvådelad **2** om kontrakt o.d. bestående av (avfattad i) två likalydande exemplar **3** ömsesidig [*~ pact*]
biped ['baɪped] **I** *s* tvåfotat djur **II** *adj* tvåfotad
biplane ['baɪpleɪn] *s* flyg. biplan, dubbeldäckare
biquadratic [ˌbaɪkwɒ'drætɪk] *adj* o. *s* matem., *~ [equation]* fjärdegradsekvation
birch [bɜːtʃ] *s* **1** björk **2** [björk]ris
bird [bɜːd] *s* **1** fågel; *~ of paradise* paradisfågel; *~ of passage* flyttfågel; *~ of prey* rovfågel; *early ~* se *early II 1*; *a little ~ told me* en [liten] fågel viskade i mitt öra; *a ~ in the hand* ett faktum, en realitet; *a ~ in the hand is worth two in the bush* en fågel i handen är bättre än tio i skogen; *~s of a feather flock together* lika barn leka bäst, kaka söker maka; *they are ~s of a feather* de är av samma skrot och korn; *the ~ has flown* vard. fågeln har flugit sin kos; *get the ~* sl. a) bli utvisslad b) få sparken; avspisas; *give a p. the ~* sl. a) vissla ut ngn b) avspisa (håna) ngn; *kill two ~s with one stone* slå två flugor i en smäll; [*know all about*] *the ~s and the bees* vard. ...blommor och bin, ...hur barn kommer till **2** vard. typ, snubbe, fågel, prick [*a queer ~*]; *an old ~* en gammal räv **3** sl. brud, tjej
birdcage ['bɜːdkeɪdʒ] *s* fågelbur
bird cherry ['bɜːdˌtʃerɪ] *s* bot. hägg
birdie ['bɜːdɪ] *s* **1** golf. birdie ett slag under par **2** barnspr. pippi[fågel]; *watch the ~!* vid fotografering titta mot kameran!, se hit!
birdlime ['bɜːdlaɪm] *s* fågellim
bird nest ['bɜːdnest] *s* o. *vb itr* se *bird's-nest*
birdseed ['bɜːdsiːd] *s* koll. fågelfrö
bird's-eye view [ˌbɜːdzaɪ'vjuː] *s* **1** fågelperspektiv **2** överblick, översikt
bird's-nest ['bɜːdznest] **I** *s* fågelbo **II** *vb itr* leta [efter] (plundra) fågelbon
bird-watcher ['bɜːdˌwɒtʃə] *s* fågelskådare
biretta [bɪ'retə] *s* katolsk prästs birett, barett
Birman ['bɜːmən] *s* birma[katt]
Birmingham ['bɜːmɪŋəm] geogr.
Biro ['baɪərəʊ] (pl. *~s*) ® kul[spets]penna
birth [bɜːθ] *s* **1** födelse; bildl. äv. uppkomst, tillkomst, tillblivelse; födsel; *~ pill* P-piller; *it was a difficult ~* det var en svår förlossning; *give ~ to* föda, nedkomma med; bildl. ge upphov till; *at ~* vid födelsen **2** ursprung; börd, härkomst; *by ~* till börden; född [*Swedish by ~*]
birth certificate ['bɜːθəsəˌtɪfɪkət] *s* födelseattest
birth control ['bɜːθkənˌtrəʊl] *s* födelsekontroll
birthday ['bɜːθdeɪ] *s* födelsedag; *~ honours* ordensutnämningar på kungens (drottningens) officiella födelsedag; *in one's ~ suit* i paradisdräkt; *happy ~* [*to you*]*!* har den äran [att gratulera] på födelsedagen!

birthmark ['bɜːθmɑːk] s födelsemärke
birthplace ['bɜːθpleɪs] s födelseort
birthrate ['bɜːθreɪt] s nativitet, födelsetal
birthright ['bɜːθraɪt] s förstfödslorätt; bördsrätt, medfödd rätt
birthroom ['bɜːθruːm] s förlossningsrum på sjukhus, med avspänd atmosfär
birthstone ['bɜːθstəʊn] s månadssten
Biscay ['bɪskeɪ, -kɪ] Biscaya; *the Bay of* ~ Biscayabukten
biscuit ['bɪskɪt] s **1** kex; skorpa; amer. slät bulle; *fancy* ~ [små]kaka; *take the* ~ vard. ta priset, vara höjden av fräckhet **2** biskvi oglaserat porslin
bisect [baɪ'sekt] *vb tr* dela i två [lika] delar, tudela
bisexual [ˌbaɪ'seksjʊəl] **I** *adj* bisexuell; tvåkönad **II** *s* bisexuell person
bisexuality [baɪˌseksjʊ'ælətɪ] s bisexualitet
bishop ['bɪʃəp] s **1** biskop **2** schack. löpare
bishopric ['bɪʃəprɪk] s biskopsämbete, biskopsstol, biskopsstift
Bismarck ['bɪzmɑːk] egenn.; ~ *herring* inlagd sill[filé], kryddfilé
bismuth ['bɪzməθ] s kem. vismut
bison ['baɪsn] (pl. lika) s **1** bison[oxe] **2** visent
bisque [bɪsk] s **1** kraftig redd soppa på skaldjur el. fågel **2** amer., slags glass med nötter el. mandelbiskvier
bistro ['biːstrəʊ] (pl. ~s) s kafé, krog, bistro
bisulphate [ˌbaɪ'sʌlfeɪt] s kem. vätesulfat
1 bit [bɪt] s **1** borrande el. skärande del av verktyg: egg, skär; borr[järn], borrskär; hyveljärn e.d. **2** bett på betsel; *take the* ~ *between one's teeth* a) ta i, bita ihop tänderna b) sätta sig på bakhasorna
2 bit [bɪt] s **1** bit i allm.; stycke; *a* ~ vard. litet, något, en smula (aning) [*a* ~ *tired, a* ~ *too small*]; ett tag (slag) [*wait a* ~]; *not a* ~ vard. inte ett dugg [*not care a* ~ *for; not a* ~ *afraid*]; *it's a* ~ *much!* det var väl magstarkt!; *a* ~ *of an artist* något av en konstnär; *a* ~ *of advice* ett [litet] råd; *a* ~ *of crumpet* (*skirt, tail*) sl. en pangbrud (snygging); *a* [*little*] ~ *of fluff* vard. en riktig [liten] goding; *a* ~ *of all right* sl. alla tiders; kalas; *not a* ~ *of it* vard. inte ett dugg; visst inte; ~*s of girls* flicksnärtor, barnrumpor; *every* ~ vartenda dugg; *every* ~ *as* [*good*] fullt ut (precis) lika...; *a* [*little*] ~ [*jealous*] lite [grand]...; *not the least little* ~ inte det allra ringaste; *quite a* ~ en hel del; *for a* ~ ett [litet] tag; ~ *by* ~ bit för bit; undan för undan; *do one's* ~ vard. göra sitt (sin plikt), dra sitt strå till stacken; *pull a th. to* ~*s* vard. plocka sönder ngt [i småbitar]; *go* (*come*) *to* ~*s* gå i [små]bitar; ~*s and pieces* småsaker, [små]prylar **2** litet mynt, slant; *two* (*four*) ~*s* amer. vard. 25 (50) cent
3 bit [bɪt] imperf. av *bite*
4 bit [bɪt] s data. bit

bitch [bɪtʃ] **I** *s* **1** hynda, tik; rävhona [äv. ~ *fox*], varghona **2** sl. satkäring; slyna **II** *vb itr* sl. **1** gnälla, tjata, klanka **2** vara spydig
bitchy ['bɪtʃɪ] *adj* giftig, [små]elak, spydig
bite [baɪt] **I** (*bit bitten*; se äv. *bitten*) *vb tr* **1** bita; bita i (på); bita sig i [~ *one's lip*]; sticka; ~ *the dust* vard. bita i gräset, [få] stryka på foten; *he bit the hand that fed him* ung. han var otacksam mot sin välgörare; ~ *off* bita av; ~ *off more than one can chew* ta sig vatten över huvudet; ~ *a p.'s head off* bita (snäsa) av ngn; *what is biting you?* vad är det med dig? **2** svida (sticka, bränna, bita) i (på) **3** fräta på (in i) **4** om hjul o.d. få grepp i **II** (*bit bitten*) *vb itr* **1** bita [*at* efter]; bitas; sticka[s]; *get something to* ~ *on* få någonting att bita i **2** sticka, svida **3** nappa, hugga [*at* på]; nappa på kroken **4** fräta; bita sig in **III** *s* **1** bett; stick, sting **2** napp, hugg **3** munsbit, tugga; bit [mat], matbit **4** bett, tandställning **5** sting, snärt
biter ['baɪtə] *s, the* ~ *bit* (*bitten*) bildl. svinhugg går igen, den som gräver en grop åt andra faller själv däri
biting ['baɪtɪŋ] *adj* bitande, stickande; om vind äv. snål; om svar o.d. äv. svidande, skarp, sarkastisk
bitten ['bɪtn] *adj* o. *perf p* (av *bite*) **1** biten; ~ *with* biten (besatt) av **2** *be* ~ bli lurad; *once* ~ *twice shy* av skadan blir man vis, bränt barn skyr elden
bitter ['bɪtə] **I** *adj* **1** bitter, besk äv. bildl.; ~ *almond* bittermandel; *to the* ~ *end* till the bittra slutet, in i det sista; ~ *orange* pomerans **2** bitter, förbittrad, hätsk [*against, to;* ~ *words*] **3** skarp, bitande, hård [*a* ~ *wind;* ~ *criticism*]; bitande kall **II** *s* **1** bitterhet **2** slags beskt öl [äv. ~ *beer*] **3** pl. ~*s* bitter alkoholhaltig dryck [*gin and* ~*s*]; besk; bitter medicin **III** *adv* bitande [*it was* ~ *cold*]
bittern ['bɪtən] *s* zool. rördrom
bitterness ['bɪtənəs] *s* bitterhet; förbittring
bitter-sweet ['bɪtəswiːt] *adj* bitterljuv, bittersöt
bitty ['bɪtɪ] *adj* plockig, [små]plottrig; osammanhängande, virrig
bitumen ['bɪtjʊmɪn, bɪ'tjuː-] *s* miner. bitumen
bituminous [bɪ'tjuːmɪnəs] *adj* miner. bituminös [~ *coal*]
bivalent [ˌbaɪ'veɪlənt] *adj* kem. el. biol. bivalent, tvåvärd[ig]
bivouac ['bɪvʊæk] **I** *s* bivack **II** *vb itr* o. *vb tr* bivackera, gå (ligga) i bivack
bizarre [bɪ'zɑː] *adj* bisarr
B/L sjö. (förk. för *bill of lading*) konossement
blab [blæb] **I** *vb itr* sladdra, skvallra; babbla, pladdra **II** *vb tr,* ~ [*out*] sladdra om, babbla om
blabber ['blæbə] *s* skvallerbytta; pratmakare
black [blæk] **I** *adj* svart; mörk båda äv. bildl.; ~ *art* svartkonst, svart magi; ~ *belt* svart bälte i

blackball

judo o. karate; *the ~ belt* område i södra USA med övervägande svart befolkning och med fruktbar svart jord; *~ book* vard. anmärkningsbok; *be in a p.'s ~ books* se *book I 1* ex.; *~ box* tekn. svart låda förseglad registreringsapparat, isht flyg. äv. färdskrivare; *~ bread* mörkt bröd, rågbröd; *~ cap* svart huva (hist.) som bars av domare då han avkunnade dödsdom; *~ coffee* kaffe utan grädde (mjölk); *~ comedy* svart (makaber) komedi; *the B~ Country* 'svarta (sotiga) landet' Englands viktigaste järn- o. kolindustriområde i landets centrala del; *the B~ Death* svarta döden, digerdöden på 1300-talet; *~ economy* [ekonomisk] gråzon; *~ eye* blått öga, blåtira; *the B~ Forest* Schwarzwald; *B~ Forest gâteau (cake)* schwarzwaldtårta; *B~ Friar* svartbroder dominikan; *~ frost* barfrost; *~ grapes* blå druvor; *~ hole* a) astron. svart hål b) hist. mörk arrest, fängelse[håla]; *~ humour* svart humor; *~ ice* tunn is[beläggning] [*~ ice made the roads dangerous*]; *~ list* svart lista; *a ~ look* en mörk blick; *~ magic* svart magi, svartkonst; *[the] B~ Maria* vard. Svarta Maja polisens piketbil; *the ~ market* svarta börsen; *B~ Monday* vard. olycksdag; *~ pudding* blodkorv; *the B~ Sea* Svarta havet; *~ sheep* svart får äv. bildl.; *~ spot* a) farligt (krisdrabbat) område b) olycksdrabbad (farlig) vägsträcka; *~ tie* a) svart rosett (fluga) b) se *black-tie*; *~ velvet* beteckn. för drink av champagne och porter; *[beat] a p. ~ and blue* [slå] ngn gul och blå; *have a th. down in ~ and white* ha svart på vitt (ha papper, ha skriftligt) på ngt; *see everything in ~ and white* bildl. se allting i svart och vitt; *he is not as ~ as he is painted* han är bättre än sitt rykte; *things look ~* bildl. det ser mörkt ut; *everything went ~* det svartnade för ögonen på mig (honom etc.) **II** *s* **1** svart, svart färg **2** svart; *the B~s* de svarta den svarta befolkningen **3** vard., *in the ~* med överskott (vinst); *be in the ~* vara skuldfri, stå på plus **III** *vb tr* o. *vb itr* **1** svärta; blanka **2** *~ a p.'s eye* ge ngn ett blått öga **3** *~ out* a) stryka [ut], utplåna b) mörklägga, genomföra mörkläggning
blackball ['blækbɔ:l] *vb tr* **1** rösta [med svart kula] mot, rösta ut; utesluta **2** vard. svartlista, bojkotta, frysa ut
blackberry ['blækb(ə)rɪ] *s* björnbär
blackbird ['blækbɜ:d] *s* koltrast
blackboard ['blækbɔ:d] *s* svart tavla; *~ jungle* skola med stora ordningsproblem
blackcurrant [ˌblæk'kʌr(ə)nt] *s* svart vinbär; *~ jam* svartvinbärssylt, svartvinbärsmarmelad
blacken ['blæk(ə)n] **I** *vb tr* **1** svärta **2** svärta ned [*a p.'s character* ngn] **II** *vb itr* svartna
black-eyed ['blækaɪd] *adj*, *~ Susan* bot. rudbeckia

blackguard ['blægɑ:d] *s* skurk, buse, slyngel
blackguardly ['blægɑ:dlɪ] *adj* rå, gemen, skurkaktig
blackhead ['blækhed] *s* pormask
blackie ['blækɪ] *s* neds. svarting
blacking ['blækɪŋ] *s* [sko]svärta
blackish ['blækɪʃ] *adj* svartaktig
blacklead [ˌblæk'led, '--] **I** *s* **1** grafit **2** [ugns]svärta **II** *vb tr* blanka [med ugnssvärta]
blackleg ['blækleg] **I** *s* svartfot, strejkbrytare **II** *vb itr* vara strejkbrytare
black-letter ['blækˌletə] *adj*, *~ day* tykobrahedag, olycksdag
blacklist ['blæklɪst] *vb tr* svartlista
blackmail ['blækmeɪl] **I** *s* utpressning **II** *vb tr* utöva utpressning mot
blackmailer ['blækˌmeɪlə] *s* utpressare
black-marketeer ['blækˌmɑ:kɪ'tɪə] *s* svartabörshaj
blackness ['blæknəs] *s* svarthet; svärta; mörker
blackout ['blækaʊt] *s* **1** mörkläggning äv. bildl. [*news ~*] **2** strömavbrott **3** med. blackout, tillfällig medvetslöshet; *mental ~* känslomässig kortslutning
Blackpool ['blækpu:l] geogr.
blacksmith ['blæksmɪθ] *s* [grov]smed; hovslagare
blackthorn ['blækθɔ:n] *s* bot. slån
black-tie ['blæktaɪ] *attr adj* smoking- [*~ dinner*]
bladder ['blædə] *s* blåsa; anat. [urin]blåsa
blade [bleɪd] *s* **1** blad på kniv, åra, propeller, såg, till rakhyvel m.m.; klinga; [skridsko]skena **2** skulderblad **3** bot.: smalt blad, [gräs]strå **4** vard. karl, [lustig] kurre
blah [blɑ:] *s* o. **blah-blah** [ˌblɑ:'blɑ:] *s* vard. blaha [blaha], [strunt]prat, snack; skryt
Blake [bleɪk]
blame [bleɪm] **I** *vb tr* klandra, tadla; förebrå [*~ oneself [for]*]; lägga skulden på; *~ a p. for a th.* el. *~ a th.* [*up*]*on a p.* lägga skulden på ngn för ngt; *I have myself to ~* jag får skylla mig själv; *I am not to ~* det är inte mitt fel, jag rår inte för det **II** *s* skuld [*of* för, till]; *lay* (*fix, put, throw, cast*) *the ~* [*up*]*on a p.* lägga skulden på ngn, ge ngn skulden; *bear* (*take*) *the ~* bära (ta på sig) skulden; *no ~ attaches to him* han är utan skuld
blameless ['bleɪmləs] *adj* oskyldig, skuldfri
blameworthy ['bleɪmˌwɜ:ðɪ] *adj* klandervärd
blanch [blɑ:n(t)ʃ] **I** *vb tr* göra vit (blek); bleka; kok. blanchera; *~ almonds* skålla mandel; *~ed celery* blekselleri **II** *vb itr* vitna, blekna [*with* av]
blancmange [blə'mɒn(d)ʒ, -'mɑ:n(d)ʒ] *s* [majsena]pudding; blancmangé gjord på mjölk; *~ powder* puddingpulver
bland [blænd] *adj* **1** förbindlig, förekommande; blid; lugn och behärskad

2 mild [~ *air*], skonsam [*a ~ medicine*], len, ljuv, smekande
blandishment ['blændɪʃmənt] *s*, mest pl.: **~s** a) smicker, inställsamhet b) lockelse[r]; locktoner
blank [blæŋk] **I** *adj* **1 a)** ren, tom, blank, oskriven; *a ~ cheque* (amer. *check*) en blankocheck; *~ signature* underskrift in blanko **b)** *~ cartridge* lös patron **2** tom, uttryckslös; *look ~* se oförstående (frågande) ut; *my mind went ~* det stod [plötsligt] alldeles stilla i huvudet på mig **3** pur, ren [*~ despair*] **4** orimmad; *~ verse* blankvers **II** *s* **1** tomrum äv. bildl.; tom yta, lucka; oskrivet ställe på papper; händelselös tid [*a ~ in our history*]; *his mind (memory) was a complete ~* det stod alldeles stilla i huvudet på honom **2** rent (oskrivet) blad; amer. blankett, formulär **3** nit i lotteri; *draw a ~* dra en nit, bildl. äv. kamma noll **4** lös patron; *fire ~s* skjuta med lös ammunition
blanket ['blæŋkɪt] *s* **1** filt; hästtäcke; *toss a p. in a ~* ung. hissa ngn **2** *~ of clouds* molntäcke, molnbank; *~ of snow* snötäcke **3** *wet ~* vard. glädjedödare, döddansare **4** amer. kok. garnering **5** *~ stitch* langettstyng
blankly ['blæŋklɪ] *adv* **1** tomt, meningslöst, uttryckslöst **2** blankt [*deny ~*], rent, totalt
blare [bleə] **I** *vb itr* smattra [som en trumpet], larma, tuta, skrälla, skräna [äv. *~ forth*]; *the band was blaring away* orkestern brassade (skrällde) på för fullt **II** *vb tr* **1** tuta våldsamt med [*~ the car horn*] **2** *~ [out]* a) skrälla fram, brassa på med [*the band ~d out a march*] b) ropa, skrika [*he ~d out a warning*] **III** *s* [trumpet]stöt; smatter, smattrande
blarney ['blɑ:nɪ] *s* vard. fagert tal, smicker; skrävel
blasé ['blɑ:zeɪ] *adj* blasé, blaserad, uttråkad
blaspheme [blæs'fi:m] *vb itr* o. *vb tr* häda, smäda
blasphemous ['blæsfəməs] *adj* hädisk, blasfemisk
blasphemy ['blæsfəmɪ] *s* hädelse, blasfemi
blast [blɑ:st] **I** *s* **1** [stark] vindstöt; [starkt] luftdrag; *a ~ of hot air* en het luftström **2** a) tryckvåg[or], lufttryck vid explosion b) explosion, sprängskott c) sprängsats, sprängladdning; *~ effect* sprängkraft, sprängverkan, verkan av tryckvågor[na]; *~ wave* tryckvåg; *in (at) full ~* vard. i full gång (fart), för fullt **3** [trumpet]stöt, signal från t.ex. fartygssiren, bilhorn; tjut, oljud; *the ref gave a ~ on his whistle* domaren blåste i pipan **II** *vb tr* **1** spränga **2** skövla, förinta; krossa [*my hopes were ~ed*] **3** vard. skälla ut [*be ~ed by one's boss*]; *~ it (him)!* etc., se *damn I 1*
blasted ['blɑ:stɪd] *attr adj* vard. förbaskad, sabla, jäkla
blast furnace [ˌblɑ:st'fɜ:nəs] *s* masugn

blat [blæt] *s* amer. sl. blaska tidning
blatant ['bleɪt(ə)nt] *adj* **1** skränig, skrikig **2** skriande [*~ poverty*]; flagrant [*a ~ mistake*]; uppenbar, grov [*a ~ lie*]
blather ['blæðə] *s* o. *vb itr* se *blether*
blaze [bleɪz] **I** *s* **1** [stark] låga; flammande eld; *in a ~* i ljusan låga; *burst into a ~* slå ut i full låga **2** brand, eldsvåda **3** vard., *go to ~s!* dra åt helskota (skogen)!; *it went to ~s* det gick åt skogen (pipan); [*he ran*] *like ~s* ...som bara den; *what the ~s!* vad tusan! **4** starkt sken (ljus), skarp (full) belysning; *a ~ of light[s]* ett ljushav; *a ~ of colour* ett hav av glödande färger **II** *vb itr* **1** flamma, blossa, låga, brinna, stå i ljusan låga; *~ up* slå ut i full låga, flamma upp, blossa upp [äv. bildl. *the old conflict ~d up again*] **2** vara klart upplyst; skina klart (starkt), stråla; lysa, glänsa äv. bildl.; *~ with colour* spraka av färg, vara färgsprakande **3** *~ away* vard. brassa på [*at* mot]; gå på [*at* med]
blazer ['bleɪzə] *s* [klubb]jacka; blazer
blazing ['bleɪzɪŋ] *adj* **1** flammande etc., jfr *blaze II* **2** vard. våldsam [*~ rows*]; flagrant, uppenbar [*~ indiscretion*] **3** vard. förbaskad, jäkla
bleach [bli:tʃ] **I** *vb tr* bleka, blondera **II** *vb itr* blekas, vitna, blekna **III** *s* blekmedel
bleacher ['bli:tʃə] *s* **1 a)** blekare, blekerska **b)** blekmedel **2** vanl. pl. *~s* amer. sittplatser (åskådarläktare) utan tak på idrottsplats
bleaching powder ['bli:tʃɪŋˌpaʊdə] *s* klorkalk, blekkalk
1 bleak [bli:k] *adj* **1** kal [*a ~ landscape*] **2** kylig, kulen; råkall **3** trist, dyster [*~ prospects*]
2 bleak [bli:k] *s* löja
blear-eyed ['blɪəraɪd] *adj* surögd, skumögd, med rinnande ögon
bleary ['blɪərɪ] *adj* om ögon rinnande, röd; om blick skum, beslöjad [av tårar]
bleary-eyed ['blɪərɪaɪd] *adj* se *blear-eyed*
bleat [bli:t] **I** *vb itr* bräka, böla **II** *vb tr*, *~ [out]* bildl. klämma (få) fram; bräka **III** *s* bräkning, bräkande
bled [bled] imperf. o. perf. p. av *bleed*
bleed [bli:d] **I** (*bled bled*) *vb itr* blöda; *~ at the nose* blöda (ha) näsblod; *~ to death* förblöda; *my heart ~s to see it* mitt hjärta blöder när jag ser det **II** (*bled bled*) *vb tr* **1** åderlåta **2** vard. pungslå, plocka, skinna, klå [*for money* på pengar]; *~ a p. white* pungslå ngn inpå bara benen, suga ut ngn **3** tekn. lufta [*~ brakes*] **III** *s* blödning; *nose ~* näsblod
bleeder ['bli:də] *s* **1** sl. jäkel; *that silly ~!* den tokfan! **2** vard. blödare som lider av blödarsjuka
bleeding ['bli:dɪŋ] **I** *adj* **1** blödande; *~ heart* bot. löjtnantshjärta[n] **2** sl. jäkla, sabla **II** *adv* jäkligt, jävligt; *I don't ~ care!* det ger jag fan i! **III** *s* blödning; *nose ~* näsblod

bleep [bli:p] **I** s pip signal **II** vb itr pipa
bleeper ['bli:pə] s personsökare elektr. mottagaranordning
blemish ['blemɪʃ] **I** vb tr vanställa, fläcka **II** s fläck, fel, skönhetsfläck, skavank, brist; *without [a]* ~ äv. felfri, fläckfri
1 blench [blen(t)ʃ] vb itr rygga tillbaka
2 blench [blen(t)ʃ] **I** vb tr göra vit (blek) **II** vb itr vitna, blekna
blend [blend] **I** vb tr blanda [~ *tea*]; förena; blanda samman **II** vb itr blanda sig [med varandra], blandas, smälta samman; *these two colours* ~ *perfectly* dessa två färger går (passar) utmärkt ihop **III** s **1** blandning [~ *of tea* (*tobacco*, *whisky*)] **2** språkv. teleskopord sammandraget ord [t.ex. *motel* av *motorists' hotel*; *smog* av *smoke* o. *fog*]
blender ['blendə] s mixer hushållsapparat
bless [bles] (*blessed blessed*); (jfr *blessed*) vb tr **1** välsigna; [*God*] ~ *you!* a) Gud bevare (välsigne, vare med) dig! b) prosit!; *~ed with* begåvad (utrustad) med; ~ *me!* el. [*God*] ~ *my soul!* el. *well, I'm ~ed!* o, du store tid!, kors i alla mina dar!; [*I'm*] *~ed if I will* så ta mig tusan (förbaske mig) jag gör det; *I'm ~ed if I know* det vete katten (gudarna)! **2** prisa [och lova] **3** ~ *oneself* korsa sig, göra korstecknet; *he hasn't a penny to* ~ *himself with* han har inte ett korvöre
blessed [ss. adj. 'blesɪd, ss. perf. p. blest] **I** adj **1** välsignad **2** lycklig; säll, salig [~ *are the poor*; *the B~*] **3** helig [*the B~ Virgin* (*Sacrament*)] **4** vard. förbaskad, välsignad; *every* ~ *day* vareviga dag; *the whole* ~ *lot* hela jäkla rasket **II** perf p se *bless*
blessing ['blesɪŋ] s **1** välsignelse **2** nåd, gudagåva; välsignelse [*it was a* ~ *he didn't come*]; *a mixed* ~ ett blandat nöje; *it's a mixed* ~ äv. det är på både gott och ont; *a* ~ *in disguise* ung. tur i oturen; *it turned out to be a* ~ *in disguise* äv. det visade sig så småningom vara till välsignelse; *count one's ~s* vara tacksam över det man har
blether ['bleðə] **I** s munväder **II** vb itr prata dumheter, pladdra
blew [blu:] imperf. av *1 blow*
blight [blaɪt] **I** s **1** bot. mjöldagg, rost, brand, sot **2** bildl. pest, fördärv; *be a* ~ *on a p.'s hopes* gäcka ngns förhoppningar **II** vb tr skada, fördärva, spoliera, härja
blighter ['blaɪtə] s sl. rackare [*you ~!*], typ; [*you*] *lucky ~!* lyckans ost!
Blighty ['blaɪtɪ] s mil. sl., under första världskriget hemlandet England
blimey ['blaɪmɪ] *interj* sl., *~!* jösses!
blimp [blɪmp] s vard. stockkonservativ (reaktionär) typ
blimpish ['blɪmpɪʃ] adj stockkonservativ, reaktionär
blind [blaɪnd] **I** adj **1** blind [~ *in* (ibl. *of*) *one eye* (på ena ögat)]; ~ *as a bat* se *1 bat*; ~ *date* 'blindträff' träff med obekant person, ordnad av en tredje person; ~ *school* blindskola; ~ *spot* **a**) dödvinkel **b**) bildl. *he has a* ~ *spot there* han är som blind på den punkten **2** bildl. blind [~ *to* (för) *a p.'s faults*; ~ *faith*; ~ *forces*]; besinningslös [~ *haste*]; *turn a* ~ *eye to a th.* blunda för ngt, inte låtsas se ngt **3** dunkel, otydlig **4** dold, hemlig; osynlig [*a* ~ *ditch*]; undangömd; ~ *curve* kurva med skymd sikt **5** utan öppning[ar] (fönster, utgång), slät vägg; ~ *alley* återvändsgränd äv. bildl.; ~ *door* blinddörr; ~ *window* blindfönster **6** *he did not take a* ~ *bit of notice of it* han brydde sig inte ett dugg om det; *not say a* ~ *word* inte säga flaska **7** vard., ~ [*to the world*] döfull, stupfull, plakat **II** adv, ~ *drunk* vard. döfull **III** s **1** rullgardin; markis; *Venetian* ~ persienn, spjäljalusi **2** svepskäl, förevändning; täckmantel **IV** vb tr **1** göra blind; blända; *be ~ed* äv. bli blind, förlora synen **2** bildl. förblinda, blända; bedra; ~ *a p. to* göra ngn blind för; ~ *oneself to* blunda för
blinder ['blaɪndə] s **1** *play a* ~ sport. vard. spela bländande (suveränt) **2** *go on a* ~ vard. slå runt, ta en krogsväng **3** amer., se *blinker 2*
blindfold ['blaɪn(d)fəʊld] **I** vb tr binda för ögonen på **II** adj o. adv **1** med förbundna ögon; ~ *chess* blindschack; ~ *test* blindtest **2** besinningslös[t], i blindo **III** s ögonbindel
blindman's buff [,blaɪn(d)mænz'bʌf] s blindbock [*play* ~]
blindness ['blaɪndnəs] s blindhet; förblindelse
blink [blɪŋk] **I** vb itr **1** blinka; plira [*at* mot]; blinka förvånat **2** blänka till, glimta, skimra **3** ~ *at* bildl. sluta ögonen (blunda) för **II** vb tr **1** blinka med [~ *the eyes*] **2** blunda för, låtsas om [~ *the fact*] **III** s **1** glimt **2** blink **3** *be on the* ~ sl. vara trasig, ha pajat [*the fridge is on the ~*]
blinker ['blɪŋkə] s **1** blinkljus, blinksignal; blinker på bil; ~ *beacon* blänkfyr, blinkfyr **2** pl. *~s* skygglappar äv. bildl.
blinking ['blɪŋkɪŋ] adj sl. förbaskad
blip [blɪp] **I** s **1** [ljus]fläck på radarskärm **2** pip ljud; dropp **II** vb itr pipa; droppa
bliss [blɪs] s lycksalighet, sällhet [*heavenly ~*]; lycka [*married* (*matrimonial*) ~]; [*the holiday*] *was sheer ~* ...var helt underbar
blissful ['blɪsf(ə)l] adj lycksalig, säll; lycklig; *be in* ~ *ignorance of* sväva i lycklig okunnighet om
blister ['blɪstə] **I** s blåsa, blemma **II** vb tr åstadkomma (bilda, få) blåsor på (i, under) [~ *one's hands* (*feet*)] **III** vb itr få (bli täckt av) blåsor; *my hands* ~ *easily* jag får lätt blåsor i händerna
blistering ['blɪst(ə)rɪŋ] adj **1** våldsam [~ *pace*]; ~ *criticism* svidande kritik **2** glödhet, brännande

blister pack ['blɪstəpæk] s blisterförpackning
blithe [blaɪð] adj **1** mest poet. glad, munter, glättig **2** bekymmerslös, tanklös [~ *disregard*]
blithering ['blɪð(ə)rɪŋ] adj vard. jäkla, jädrans [*that* ~ *idiot (radio)*]
blitz [blɪts] vard. **I** s blixtanfall, blixtkrig; bombräd[er]; *the B~* blitzen flygoffensiven mot Storbritannien 1940-1941 **II** vb tr rikta blixtanfall mot; bomba
blizzard ['blɪzəd] s [häftig] snöstorm
bloated ['bləʊtɪd] adj uppsvälld, pussig, plufsig; uppblåst äv. bildl. [~ *with* (av) *pride*]; däst
bloater ['bləʊtə] s lätt saltad rökt sill
blob [blɒb] s droppe; klick [*a* ~ *of paint*]; liten klump; plump
bloc [blɒk] s polit. block, sammanslutning
block [blɒk] **I** s **1** kloss, kubbe, stock, block av sten, trä; [slakt]bänk **2** stock, block, form för hatt; *barber's* ~ perukstock **3** [lyft]block; ~ *and tackle* talja **4** stock för träsnitt; kliché; ~ *printing* illustrationstryck **5** bunt; post av aktier; [skriv]block **6** sektion i teatersalong o.d. **7** [byggnads]komplex, [hus]block; kvarter; *tower* ~ punkthus, höghus; ~ *of flats* hyreshus; *it's just around the* ~ det är bara runt hörnet (kvarteret); *walk round the* ~ gå (ta en promenad) runt kvarteret **8** [motor]block **9** hinder; stopp; blockering; [väg]spärr; *traffic* ~ trafikstockning **10** vard. skalle; *knock a p.'s* ~ *off* klippa till ngn **11** attr., ~ *calendar* blockalmanacka, väggalmanacka; ~ *grant* statligt bidrag (anslag) i form av en klumpsumma till lokal myndighet; ~ *letter* tryckbokstav; *write in* ~ *letters* skriva med tryckbokstäver (stora bokstäver), texta; ~ *vote* proportionell röst röst som är i proportionell storlek till antalet medlemmar i visst fackförbund **II** vb tr **1** blockera äv. sport.; spärra [av], täppa till, stänga av [äv. ~ *up*], hindra; stoppa; skymma [äv. ~ *out*]; ~ *up* (*in*) stänga inne; ~ *out the light* stänga ute ljuset; ~ *the way for* spärra vägen för, hindra, mota; *that pipe is ~ed up* det är stopp i det där röret **2** ~ *out* (*in*) göra utkast till, skissera **3** stötta [under]; ~ *up* palla upp **4** ekon. blockera, spärra; *~ed account* spärrat konto
blockade [blɒ'keɪd] **I** s blockad; *raise* (*run*) *a* ~ häva (bryta) en blockad **II** vb tr **1** blockera **2** stänga för; stänga in[ne]; stoppa, hindra
blockade-runner [blɒ'keɪd,rʌnə] s blockadbrytare
blockage ['blɒkɪdʒ] s stopp; blockering
blockbuster ['blɒk,bʌstə] s vard. **1** kraftig bomb, kvartersbomb **2** knallsuccé, dundersuccé
blockhead ['blɒkhed] s vard. dumhuvud, pundhuvud, pappskalle
blockhouse ['blɒkhaʊs] s blockhus; bunker
bloke [bləʊk] s vard. karl, kille, snubbe

blond [blɒnd] **I** adj blond, ljuslagd **II** s blond (ljuslagd) person; *he's a* ~ han är blond
blonde [blɒnd] **I** adj blond, ljuslagd [*a* ~ *girl*] **II** s blondin
blood [blʌd] **I** s blod i div. bet.: **a**) mera eg. *give* ~ lämna blod; *let* ~ åderlåta, avtappa blod **b**) symboliserande blodig död o.d. ~ *sport* blodig (våldsam) sport ss. jakt, tuppfäktning o.d.; *they are out for his* ~ de törstar efter hans blod, de är ute efter hans skalp **c**) symboliserande livet, olika sinnestillstånd o.d. *flesh and* ~ se *flesh*; *stir up bad* ~ väcka ont blod; *make bad* ~ *between* skapa bitterhet (illvilja) mellan; *new* (*young*) ~ nytt (fräscht) blod, nya (unga) förmågor; *he has* ~ *on his hands* hans händer är besudlade med blod; *his* ~ *is up* hans blod har råkat i svallning, han kokar av vrede (upphetsning); *his* ~ *ran cold* [*when he heard it*] blodet isades i hans ådror...; *you can't get* ~ *out of a stone* man kan inte få (ta) något där inget finns; *it makes my* ~ *boil* [*when I think of it*] det får mig att koka...; *in cold* ~ [helt] kallblodigt, med berått mod, överlagt **d**) symboliserande börd, släktförhållanden o.d. [*blue ~*; ~ *is thicker than water*]; *run in the* ~ ligga i blodet (släkten); *related by* ~ [*to*] släkt genom blodsband [med] **II** vb tr **1** ge hundar smak på blod; *he has been ~ed* ung. han har gjort sina första lärospån **2** åderlåta
blood-and-thunder [,blʌdən(d)'θʌndə] adj bloddrypande [*a* ~ *novel*]
blood bank ['blʌdbæŋk] s blodbank
blood brother ['blʌd,brʌðə] s [köttslig] bror; blodsfrände
blood cell ['blʌdsel] s fysiol. blodcell, blodkropp
blood corpuscle ['blʌdkɔː,pʌsl] s fysiol. blodkropp
blood count ['blʌdkaʊnt] s **1** blodkroppsräkning **2** blodvärde
blood-curdling ['blʌd,kɜːdlɪŋ] adj bloddrypande; hårresande [*a* ~ *sight*]
blood-donor ['blʌd,dəʊnə] s blodgivare
blood-doping ['blʌd,dəʊpɪŋ] s bloddoping
blood group ['blʌdgruːp] s blodgrupp
blood heat ['blʌdhiːt] s normal kroppstemperatur
bloodhound ['blʌdhaʊnd] s blodhund; bildl. äv. spårhund
bloodless ['blʌdləs] adj **1** blodlös; blodfattig, [mycket] blek **2** oblodig [*a* ~ *victory*] **3** bildl. a) blodlös, livlös, matt b) känslolös, hjärtlös
blood-letting ['blʌd,letɪŋ] s **1** blodavtappning; åderlåtning äv. bildl. **2** blodsutgjutelse
blood money ['blʌd,mʌnɪ] s blodspengar
blood orange ['blʌd,ɒrɪn(d)ʒ] s blodapelsin
blood-poisoning ['blʌd,pɔɪznɪŋ] s blodförgiftning
blood pressure ['blʌd,preʃə] s blodtryck [*have high* (*low*) ~]; ~ *gauge* blodtrycksmätare

bloodshed ['blʌdʃed] s o. **bloodshedding** ['blʌdˌʃedɪŋ] s blodsutgjutelse
bloodshot ['blʌdʃɒt] adj blodsprängd
bloodstain ['blʌdsteɪn] s blodfläck
bloodstained ['blʌdsteɪnd] adj
1 blodbefläckad, blodig **2** bildl. blodbesudlad [~ *hands*]
bloodstream ['blʌdstriːm] s blodomlopp; *he has got it in his* ~ bildl. han har det i blodet
bloodsucker ['blʌdˌsʌkə] s blodsugande djur; isht blodigel; blodsugare äv. bildl.
blood test ['blʌdtest] s blodprov
bloodthirsty ['blʌdˌθɜːstɪ] adj blodtörstig
blood transfusion ['blʌdtrænsˌfjuːʒ(ə)n] s blodtransfusion
blood vessel ['blʌdˌvesl] s blodkärl
bloody ['blʌdɪ] **I** adj **1** blodig [*a ~ handkerchief*; *~ battles*]; *get oneself [all]* ~ bloda ner sig **2** om pers. mordisk, blodtörstig **3** sl. förbannad, satans, helvetes, jävla [*~ fool*]; *it's a ~ miracle [we weren't killed]* det var ett jävla under... **II** adv sl. förbannat, satans, jävligt [*he does it ~ fast*]; *~ good* jävla bra; *no ~ good* jävla dålig; *not ~ likely!* i helvete heller!, jag gör så fan heller!; *it's ~ terrible* det är för jävligt; *what do you ~ well think you're doing?* vad fan tror du att du gör?; *he'd ~ well better be there* det är bäst att han är där annars får han se på fan; *you're ~ well right* du har ta mig fan rätt **III** vb tr blodbefläcka, bloda ner
bloody-minded [ˌblʌdɪˈmaɪndɪd] adj vard. trilsk, motsträvig, tvär; *he did it just to be ~* han gjorde det bara för att jäklas
bloody-mindedness [ˌblʌdɪˈmaɪndɪdnəs] s vard. trilskenhet; *he did it out of sheer ~* han gjorde det på rent djävulskap (bara för att jäklas)
blooey ['bluːɪ] adj amer. sl. som det är vaj på, paj[ad] [*a ~ television set*]; *go ~* paja, klicka, strejka
bloom [bluːm] **I** s **1 a)** blomma; blomning; koll. blom[mor]; *be in ~* stå i blom **b)** bildl. blomstring[stid], flor; *in the ~ of youth* i blomman av sin ungdom **2 a)** [fint] stoft, tunn beläggning på plommon, druvor o.d.; dagg, fjun **b)** bildl. friskhet, fägring; blomstrande (varm) färg, glöd **3** om vin bouquet, doft **II** vb itr **1** blomma, stå (slå ut) i full blom **2** bildl. blomstra; se strålande ut
bloomer ['bluːmə] s vard. tabbe, blunder, misstag
bloomers ['bluːməz] s pl slags påsiga underbyxor (mamelucker)
blooming ['bluːmɪŋ] **I** adj **1** blommande **2** vard. sabla, jäkla **II** adv vard. sabla, jäkla; *not ~ likely!* i helsicke heller!
Bloomingdale ['bluːmɪŋdeɪl] egenn.; *~'s* stort varuhus i New York
blooper ['bluːpə] s vard. tabbe, tavla
blossom ['blɒsəm] **I** s blomma isht på fruktträd;

koll. blom[mor]; blomning; *be in ~* stå i blom **II** vb itr **1** slå ut i blom, blomma **2** bildl. *~ forth (out)* blomma upp; *~ into* el. *~ out as* utveckla sig till [*she has ~ed into a fine singer*]
blot [blɒt] **I** s **1** plump, bläckfläck **2** fläck; skamfläck; skönhetsfläck; *be a ~ on* äv. vanpryda, skämma; *it's a ~ on the landscape* det förstör (skämmer) utsikten **3** fel, brist, skavank **II** vb tr **1** bläcka (plumpa) ner [i]; *~ one's copybook* vard. få en prick på sig, fördärva sitt goda rykte, göra bort sig **2** läska, torka med läskpapper **3** *~ out* **a)** stryka ut (över), sudda över **b)** dölja, fördunkla, skymma **c)** utplåna, utrota fiender etc.; *~ out the memory of a th.* utplåna ngt ur minnet
blotch [blɒtʃ] s större, oregelbunden fläck, plump
blotter ['blɒtə] s läskblock, läskpress, läskpapper
blotting-pad ['blɒtɪŋpæd] s läskblock; skrivunderlägg
blotting-paper ['blɒtɪŋˌpeɪpə] s läskpapper
blotto ['blɒtəʊ] adj sl. plakat, helknall berusad
blouse [blaʊz, amer. vanl. blaʊs] s **1** blus; jacka **2** uniformsjacka, vapenrock
1 blow [bləʊ] **I** (*blew blown*, i bet. 5 a: *blowed*) vb itr o. vb tr **1** blåsa; blåsa i [*~ one's whistle*]; *~ kisses* kasta slängkyssar; *~ one's nose* snyta sig; *~ one's own trumpet* (amer. *horn*) bildl. slå på [stora] trumman för sig själv; *he ~s hot and cold* han velar hit och dit **2 a)** spränga [i luften]; *~ sky-high* spränga i luften; bildl. fullständigt vederlägga, skjuta i sank; *~ one's top* el. *~ a fuse* vard. explodera av ilska; *~ a fuse* äv. få en kortslutning **b)** elektr., *the fuse has ~n* proppen har gått **3 a)** flåsa, flämta; om valar blåsa, spruta; *puff and ~* pusta **b)** göra andfådd; spränga [*~ a horse*] **4** ljuda [*the whistle ~s at noon*] **5** sl. **a)** *~ it (him)!* etc., se *damn I 1* **b)** slänga ut, sätta sprätt på [*~ £100 on a dinner*] **c)** sumpa, missa [*~ a chance*] **d)** sticka, kila, dunsta **6** med adv. isht i spec. bet.
~ away blåsa bort; om t.ex. moln äv. dra bort
~ in vard. komma in[susande], dyka upp [*look who's ~n in!*], titta in
~ off: **a)** *~ off steam* släppa ut ånga; bildl. ge luft åt sina känslor, avreagera sig **b)** *he had two fingers ~n off* han fick två fingrar avskjutna (bortsprängda)
~ out: **a)** rfl. slockna [*the fire blew itself out*], bedarra om vind **b)** släcka, blåsa ut [*~ out a candle*] **c)** itr. explodera om däck **d)** *~ one's brains out* skjuta sig för pannan
~ over: **a)** blåsa omkull **b)** bildl. om t.ex. oväder dra förbi, gå över, lägga sig
~ up: **a)** blåsa upp, pumpa upp [*~ up a tyre*] **b)** explodera äv. bildl., flyga i luften **c)** spränga i luften **d)** vard. brusa upp, tappa

blunder

tålamodet; skälla ut **e)** vard. foto. förstora [upp] [~ *up a photograph*] **f)** blåsa upp, göra ett stort nummer av **g)** *a storm is ~ing up* det drar ihop sig till oväder
II *s* blåsande, blåsning
2 blow [bləʊ] *s* **1** slag, stöt; *at a* ~ i ett slag; *come to ~s* råka i slagsmål; *get a ~ in* få in ett slag; *without* [*striking*] *a* ~ utan strid **2** bildl. [hårt] slag, motgång [*to* för]; *strike a ~ for* slå ett slag för
blow-by-blow [ˌbləʊbaɪˈbləʊ] *s* [som berättas] steg för steg, mycket detaljerad [*a ~ account*]
blow-drier [ˈbləʊˌdraɪə] *s* fön
blow-dry [ˈbləʊdraɪ] *vb tr* föna håret
blower [ˈbləʊə] *s* **1** blåsare **2** bläster fläkt, bälg o.d.; ventilator **3** sl. telefon; talrör **4** sl. kompressor
blowfly [ˈbləʊflaɪ] *s* spyfluga
blowgun [ˈbləʊɡʌn] *s* blåsrör
blowhole [ˈbləʊhəʊl] *s* **1** lufthål; ventil **2** blåshål, spruthål på valar
blowing-up [ˌbləʊɪŋˈʌp] *s* vard. utskällning [*get a ~*]
blowjob [ˈbləʊdʒɒb] *s* vulg., *give a p. a ~* suga av ngn
blowlamp [ˈbləʊlæmp] *s* blåslampa
1 blown [bləʊn] perf. p. av *1 blow*
blowout [ˈbləʊaʊt] *s* **1** explosion **2** punktering **3** elektr., propps smältning; *there's been a ~* en propp har gått **4** sl. skiva, partaj, hippa
blowpipe [ˈbləʊpaɪp] *s* **1** blåsrör **2** glasblåsarpipa
blowtorch [ˈbləʊtɔːtʃ] *s* amer. blåslampa
blow-up [ˈbləʊʌp] *s* **1** explosion; [vredes]utbrott **2** foto. (vard.) förstoring
blow-wave [ˈbləʊweɪv] *vb tr* föna håret
blowy [ˈbləʊɪ] *adj* blåsig
blowzy [ˈblaʊzɪ] *adj* vanl. om kvinna **1** sjaskig, slafsig, rufsig **2** rödmosig, rödbrusig
blub [blʌb] *vb itr* vard. lipa
blubber [ˈblʌbə] **I** *s* **1** späck hos valdjur o.d. **2** vard. böl, lipande, gråt **II** *vb itr* vard. [stor]gråta, böla
bludgeon [ˈblʌdʒ(ə)n] **I** *s* [knöl]påk **II** *vb tr* **1** slå, slå ned, klubba till **2** bildl. [med våld] tvinga [*into doing a th.* att göra ngt]
blue [bluː] **I** *adj* **1** blå; *~ baby* med. blue baby spädbarn med blåaktig hud p.g.a. hjärtfel; *~* [*mould*] *cheese* grönmögelost, ädelost; *~ chip* a) blå [spel]mark av högt värde b) bildl. värdefull tillgång c) säkert [värde]papper; jfr *blue-chip*; *once in a ~ moon* sällan eller aldrig, en gång på hundra år; *~ pencil* blåpenna; för redigering o.d. äv. rödpenna [*he went over it with his ~ pencil*]; *B~ Peter* sjö. Blue Peter benämning på signalflaggan P, blå med vit fyrkant i mitten; avgångsflagga; *talk a ~ streak* vard. prata i ett kör (som en kvarn); *~ vitriol* kopparsulfat, kopparvitriol; [*you can talk to him*] *till you're ~ in the face* ...tills du blir blå i ansiktet, ...tills du blir alldeles matt **2** vard. deppig; dyster, nedslående; *~ funk* se *funk*; *look ~* se deppig ut **3** amer. sträng, puritansk [*~ laws*] **4** blå, konservativ **5** vard. oanständig, porr- [*a ~ movie* (*story*)]; *~ joke* äv. fräckis **II** *s* **1** blått, blå färg **2** blåa kläder, blått [*dressed in ~*] **3** blåelse **4** *the ~* poet. a) [den blå] himlen b) [det blå] havet; *a gift from the ~* en gåva från ovan; *appear* (*come*) *out of the ~* komma helt oväntat, komma nerdimpande som från himlen; *disappear* (*vanish*) *into the ~* a) förlora sig i det blå b) gå upp i rök **5** sport. isht i Oxford o. Cambridge: **a)** rätt att bära blått ss. tecken på att man har representerat sitt universitet i idrott **b)** representant för sitt universitet i idrott; *dark ~s* mörkblå representanter för Oxford; *light ~s* ljusblå representanter för Cambridge **6** konservativ [*a true ~*], blå **7** [*the*] *~s* mus. o. vard., se *blues* III *vb tr* **1** göra (färga) blå **2** sl. slösa, bränna [*~ one's money*]
Bluebeard [ˈbluːbɪəd] *s* [riddar] Blåskägg
bluebell [ˈbluːbel] *s* **1** engelsk klockhyacint **2** skotsk. liten blåklocka
blueberry [ˈbluːb(ə)rɪ], isht amer. -ˌberɪ] *s* amerikanskt blåbär
bluebird [ˈbluːbɜːd] *s* blåsångare
blue-blooded [ˌbluːˈblʌdɪd, attr. ˈ-ˌ--] *adj* bildl. blåblodig
bluebottle [ˈbluːˌbɒtl] *s* **1** spyfluga **2** blåklint
blue-chip [ˈbluːtʃɪp] *adj* ledande [*~ organizations*], jfr *blue chip* under *blue I 1*
blue-collar [ˈbluːˌkɒlə] *attr adj*, *~ worker* industriarbetare, ibl. kroppsarbetare
blue-eyed [ˈbluːaɪd, pred. ˌ-ˈ-] *adj* **1** blåögd äv. bildl. **2** *~ boy* [ˌ--ˈ-] vard. gullgosse, kelgris
blueprint [ˈbluːprɪnt] **I** *s* **1** blåkopia **2** plan, utkast; planritning, planskiss; *at the ~ stage* på skrivbordsstadiet **II** *vb tr* **1** göra en blåkopia av, blåkopiera **2** göra upp en plan till, skissera
blue-rinse [ˌbluːˈrɪns] *s* silvergrått [hårfärgningsmedel]
blues [bluːz] (konstr. ss. sg. el. pl.) *s pl* **1** mus. blues; attr. blues- [*a ~ singer*] **2** vard., *be in* (*have*) *the ~* vara deppig (låg, nere)
bluestocking [ˈbluːˌstɒkɪŋ] *s* bildl. blåstrumpa
blue tit [ˈbluːtɪt] *s* zool. blåmes
blue-veined [ˈbluːveɪnd] *adj*, *~ cheese* ädelost
1 bluff [blʌf] **I** *vb tr* o. *vb itr* bluffa; *~ one's way through* bluffa sig igenom; *make one's way by ~ing* bluffa sig fram **II** *s* **1** bluff; *call a p.'s ~* få ngn att visa sina kort, testa (avslöja) om ngn bluffar **2** bluff[makare]
2 bluff [blʌf] **I** *adj* **1** tvärbrant **2** burdus, rättfram **II** *s* [bred och] brant udde (klippa)
bluffer [ˈblʌfə] *s* bluff[makare]
bluffness [ˈblʌfnəs] *s* burdust sätt
bluish [ˈbluːɪʃ] *adj* blåaktig
blunder [ˈblʌndə] **I** *vb itr* **1** drumla, drulla, törna [*against*, *into* mot, in i], traska, stappla

blunderbuss

[*on, along* fram]; ~ [*up*]*on* råka stöta på 2 dabba sig, göra en tabbe **II** *vb tr* vansköta, missköta **III** *s* blunder, tabbe
blunderbuss ['blʌndəbʌs] *s* muskedunder
blunderer ['blʌndərə] *s* klåpare, klant; drummel
blunt [blʌnt] **I** *adj* **1** slö, trubbig **2** trög, slö; okänslig; avtrubbad **3** rättfram, rakt på sak, burdus **II** *vb tr* göra slö, trubba av äv. bildl.
bluntly ['blʌntlɪ] *adv* **1** trubbigt **2** rent ut, rakt på sak, burdust; helt kort
blur [blɜ:] **I** *s* **1** sudd[ighet]; suddiga konturer; *a* ~ äv. något suddigt; ~ *of voices* surr av röster; *my mind was a* ~ mina tankar var dimmiga (höljda i ett töcken) **2** [bläck]fläck, plump; smutsfläck **II** *vb tr* **1** göra suddig (otydlig, dimmig) [~ *one's sight*]; sudda ut [~ [*out*] *distinctions*] **2** bläcka (smeta, fläcka) ner **3** besudla, [be]fläcka [~ *one's reputation*] **III** *vb itr* bli suddig (otydlig); gå i varandra, flyta ihop [*the colours* ~]
blurb [blɜ:b] *s*, [*publisher's*] ~ reklamtext på bokomslag; baksidestext
blurred [blɜ:d] *adj* o. **blurry** ['blɜ:rɪ] *adj* suddig, otydlig, oskarp, dimmig; *become blurred* äv. flyta ihop
blurt [blɜ:t] *vb tr*, ~ *out* låta undfalla sig, slänga (vräka) ur sig; *I ~ed it out* äv. det for ur mig
blush [blʌʃ] **I** *vb itr* rodna; blygas [*with, for* av; *at the thought of*]; vara (bli) röd **II** *s* **1** rodnad, rodnande; *put a p. to the* ~ få ngn att rodna; *without a* ~ utan att rodna, ogenerat **2** rosenskimmer; skär (rosig) färg **3** *at first* ~ vid första påseendet
bluster ['blʌstə] **I** *vb itr* **1** om vind o.d. brusa, storma, rasa **2** domdera **3** gorma och svära, skräna; skrävla **II** *s* **1** om vind o.d. raseri, larm **2** gormande, skrän; skrävel
blustering ['blʌst(ə)rɪŋ] *adj* o. **blusterous** ['blʌstərəs] *adj* o. **blustery** ['blʌstərɪ] *adj* **1** stormig, bullersam **2** skränig; skrävlande **3** hotfull; kaxig
BM [ˌbi:'em] **1** (förk. för *Bachelor of Medicine*) ung. med. kand. **2** förk. för *British Museum*
BMA [ˌbi:em'eɪ] förk. för *British Medical Association*
BMC [ˌbi:em'si:] förk. för *British Motor Corporation*
BMR (förk. för *basal metabolic rate*) BMB
BO [ˌbi:'əʊ] vard. (förk. för *body odour*) kroppslukt
B/O (förk. för *brought over*) hand. transport
boa ['bəʊə] *s* **1** boa[orm] **2** [dam]boa
boar [bɔ:] *s* galt, fargalt; *wild* ~ vildsvin
board [bɔ:d] **I** *s* **1** bräde, bräda; [golv]tilja **2** anslagstavla, [svart] tavla **3** kost [*free* ~]; [*full*] ~ *and lodging* kost och logi, mat och husrum, [hel]inackordering; *full* ~ helpension **4** råd, styrelse, direktion; nämnd; departement; ~ *of appeal* ung. besvärsnämnd; *the B~ of Customs and Excise* [brittiska] tullverket; ~ *of directors* styrelse, direktion för t.ex. bolag; ~ *of governors* styrelse, direktion för t.ex. institution; ~ *of trade* amer. handelskammare; *be on the* ~ sitta [med] i styrelsen **5** sjö. o.d. bord[läggning]; *go by the* ~ gå över bord; bildl. gå över styr, gå om intet, överges; *on* ~ ombord [på fartyg, flygplan; amer. äv. tåg]; *all on* ~ alla ombordvarande **6** pl.: *the ~s* tiljan, teatern; *on the ~s* vid teatern; *go on the ~s* om pjäs uppföras **7** [pärm]papp, kartong; *in ~s* i styva pärmar, kartonnerad, i pappband **8** bildl., *across the* ~ över hela linjen; *sweep the* ~ kamma hem potten, göra rent bord **II** *vb tr* **1** brädfodra, boasera, [be]klä med bräder; ~ [*over*] täcka med bräder; ~ *up* sätta bräder för (kring) **2** ~ *a p.* ha ngn i maten, ha ngn [hel]inackorderad; ~ [*out*] *a p.* ackordera ut (bort) ngn **3** sjö. o.d. borda; gå ombord på; stiga på; lägga till långsides med; äntra fartyg **III** *vb itr*, ~ *with a p.* (*at a p.'s place*) ha kost [och logi] hos ngn, vara inneboende (inackorderad hos ngn); ~ *out* regelbundet äta ute
boarder ['bɔ:də] *s* **1** inackordering, inneboende; pensionatsgäst; matgäst **2** skol. o.d. intern, elev som bor på internat **3** sjö. äntergast
boarding ['bɔ:dɪŋ] *s* **1** brädfodring, boasering, brädvägg; bräder **2** [hel]inackordering **3** bordning; påstigning; äntring av fartyg
boarding card ['bɔ:dɪŋkɑ:d] *s* ombordstigningskort, boardingcard
boarding house ['bɔ:dɪŋhaʊs] *s* pensionat, inackorderingsställe
boarding school ['bɔ:dɪŋsku:l] *s* internat, internatskola
boardroom ['bɔ:drʊm] *s* styrelserum
boast [bəʊst] **I** *s* skryt; stolthet [*the* ~ *of the town*]; *it was his* ~ *that* han skröt med att **II** *vb itr* skryta, yvas, bravera [*of, about* med, över]; ~ *of* äv. berömma sig av **III** *vb tr* kunna skryta med [att ha], [kunna] ståta med
boaster ['bəʊstə] *s* [stor]skrytare, skrytmåns
boastful ['bəʊstf(ʊ)l] *adj* skrytsam
boat [bəʊt] **I** *s* **1** båt; *be* [*all*] *in the same* ~ bildl. sitta (vara) i samma båt; *take to the ~s* gå i båtarna **2** skål, snipa för sås **II** *vb itr* åka båt, fara i båt, ro, segla; *go ~ing* fara ut och ro (segla), ta (göra) en båttur (isht roddtur)
boat drill ['bəʊtdrɪl] *s* livbåtsövning
boatel [bəʊ'tel] *s* **1** båtell hotell för båtägare i småbåtshamn **2** flotell fartyg som tjänstgör som hotell
boater ['bəʊtə] *s* **1** roddare, seglare **2** styv platt halmhatt
boathook ['bəʊthʊk] *s* båtshake
boating ['bəʊtɪŋ] *s* rodd, segling
boat|man ['bəʊt|mən] (pl. -*men* [-mən]) *s* båtkarl; båtuthyrare; roddare, seglare

boat race ['bəʊtreɪs] s kapprodd
boatswain ['bəʊsn] s båtsman; på örlogsfartyg däcksunderofficer; **~'s mate** vakthavande däcksunderofficer
boat train ['bəʊttreɪn] s båttåg tåg med anslutning till fartyg[slinje]
Bob [bɒb] **1** kortform för *Robert* **2** *and ~'s your uncle* vard. så är allting fixat (kirrat), så är saken klar
1 bob [bɒb] **I** *s* **1** bobbat hår; **~ *pin*** hårklämma **2** isht sport. bob; amer. äv. [timmer]kälke **II** *vb tr* bobba hår; **~*bed hair*** bobbat hår
2 bob [bɒb] **I** *s* **1** knyck, ryck, knuff **2** knix, bockning **II** *vb itr* **1** guppa, hoppa, studsa, dingla **2** bocka; knixa [*to a p.* för ngn]; *~ and curtsy* niga och knixa **3** *~ up* dyka upp [äv. vard.: *that question often ~s up*], sticka upp **III** *vb tr* **1** smälla (stöta) [till] **2** knycka på [*~ the head*]; hastigt stoppa, sticka [*he ~bed his head into the room*] **3** *~ a curtsy* knixa
3 bob [bɒb] (pl. lika) *s* åld. vard. = shilling
bobbin ['bɒbɪn] *s* **1** spole, spolstomme, bobin; [tråd]rulle **2** [knyppel]pinne
bobble ['bɒbl] *s* **1** knyck, ryck **2** tofs
Bobby ['bɒbɪ] **I** kortform för *Robert* **II** *s* vard., *b~* 'bobby', polis[man]
bobby-dazzler ['bɒbɪˌdæzlə] *s* vard. pangsak, panggrunka; riktig snygging
bobby pin ['bɒbɪpɪn] *s* amer. hårklämma
bobcat ['bɒbkæt] *s* amer. rödlo
bobsled ['bɒbsled] *s* o. **bobsleigh** ['bɒbsleɪ] *s* isht sport. bob, bobsleigh; amer. äv. timmerkälke
bobtail ['bɒbteɪl] **I** *s* **1** stubbsvans; hund (häst) med stubbsvans **2** *the ragtag* (*tagrag*) *and ~* [hela] patrasket (byket) **II** *adj* stubbsvansad
bod [bɒd] *s* vard. snubbe, kille
bode [bəʊd] **I** *vb tr* [före]båda **II** *vb itr* båda, varsla; *~ ill for* äv. inte båda (lova) gott för, vara illavarslande för
bodice ['bɒdɪs] *s* **1** [klännings]liv, blusliv, livstycke till folkdräkt **2** slags midjekorsett
bodily ['bɒdəlɪ] **I** *adj* kroppslig, fysisk; *grievous ~ harm* jur. grov misshandel; *~ needs* fysiska behov **II** *adv* **1** kroppsligen **2** helt och hållet, i sin helhet; *the audience rose ~* åhörarna reste sig som en man
bodkin ['bɒdkɪn] *s* **1** trädnål **2** lång hårnål
body ['bɒdɪ] **I** *s* **1** kropp; lekamen; [*he earns scarcely*] *enough to keep ~ and soul together* ...tillräckligt för att klara livhanken; *belong to a p. ~ and soul* vara starkt bunden till ngn; *throw oneself ~ and soul into a th.* kasta sig in i ngt med kropp och själ (liv och lust) **2** lik, [död] kropp; *over my dead ~* över min döda kropp **3** kroppens bål **4** [klännings]liv; body plagg **5** huvuddel, viktigaste del; av bok inlaga; *the ~ of a concert hall* salongen i ett konserthus **6** koll.

massa, majoritet [*the ~ of the people*]; *the ~ of public opinion* den övervägande folkmeningen **7 a)** organ, organisation [*a legislative ~*]; *governing ~* styrande organ, direktion, styrelse; *the student ~* studenterna koll. **b)** huvudstyrka [*the main ~ of the troops*], avdelning; skara, skock, hop, grupp; *in a ~* i sluten (samlad) trupp, mangrant **8** [befintlig] samling; *a large ~ of evidence* ett stort bevismaterial; *a ~ of facts* en mängd fakta **9** *~ of water* vattenmassa **10** kropp; ämne [*a compound ~*]; *foreign ~* med. främmande föremål; *heavenly* (*celestial*) *~* himlakropp **11** styrka, fasthet; must, fyllighet [*wine of good ~*; *want of ~*]; kärna **12 a)** ngt åld. vard. människa, person **b)** jur., *heir of the ~* bröstarvinge **II** *vb tr*, *~ forth* förkroppsliga; gestalta, utforma
body bag ['bɒdɪbæg] *s* liksäck
body belt ['bɒdɪbelt] *s* njurbälte för t.ex. mc-förare
body blow ['bɒdɪbləʊ] *s* **1** boxn. kroppsslag **2** bildl. avgörande (hårt) slag
body-builder ['bɒdɪˌbɪldə] *s* **1** bodybuilder, kroppsbyggare **2** muskelstärkare **3** närande föda **4** karosseritillverkare
bodycheck ['bɒdɪtʃek] *s* i ishockey bodycheck, kroppstackling
bodyguard ['bɒdɪgɑːd] *s* livvakt
body-hugging ['bɒdɪˌhʌgɪŋ] *adj* kroppsnära [*~ dress*]
body language ['bɒdɪˌlæŋgwɪdʒ] *s* kroppsspråk
body mike ['bɒdɪmaɪk] *s* halsmikrofon, 'mygga'
body odour ['bɒdɪˌəʊdə] *s* kroppslukt
body shop ['bɒdɪʃɒp] *s* **1** karosserifabrik; bilplåtslageri **2** amer. sl. bordell
body stocking ['bɒdɪˌstɒkɪŋ] *s* body, kroppsstrumpa
bodysuit ['bɒdɪsuːt] *s* body plagg
body type ['bɒdɪtaɪp] *s* typogr. brödstil
bodywork ['bɒdɪwɜːk] *s* kaross, karosseri
Boer ['bəʊə] *s* boer; *the ~ War* boerkriget
boffin ['bɒfɪn] *s* sl. vetenskapare, teknisk expert, toppforskare isht inkopplad på militära projekt
Bofors ['bəʊfəz] geogr. egenn.; *~ gun* luftvärnsautomatkanon av Bofors tillverkning
bog [bɒg] **I** *s* **1** mosse, moras, myr, kärr, träsk **2** kloakbrunn **3** sl. dass, mugg [*go to the ~*] **II** *vb tr* **1** sänka ned i ett kärr (i dy) **2** *be* (*get*) *~ged down* vard. ha kört (köra) fast **III** *vb itr*, *~ down* vard. köra fast, stranda
1 bogey ['bəʊgɪ] *s se 2 bogie*
2 bogey ['bəʊgɪ] *s* **1** se *1 bogy* **2** golf. bogey, par det antal slag som på förhand har fastställts som standard för en fingerad god spelare, kallad *Colonel B~*
boggle ['bɒgl] *vb itr* **1** haja till [*at, over* inför];

the mind ~*s* [*at it*] tanken svindlar **2** tveka; *he* ~*s at it* han drar sig för det
boggy ['bɒgɪ] *adj* sumpig, sank, träskartad
1 bogie ['bəʊgɪ] *s se 2 bogey*
2 bogie ['bəʊgɪ] *s* järnv. **1** boggi **2** tralla
bog moss ['bɒgmɒs] *s* vitmossa, torvmossa
bog myrtle ['bɒg͵mɜːtl] *s* bot. pors
bog peat ['bɒgpiːt] *s* moss[e]torv
bogus ['bəʊgəs] *adj* fingerad, falsk, oäkta, sken- [~ *marriage*], bluff-
1 bogy ['bəʊgɪ] *s* **1** ond ande, spöke; bildl. hjärnspöke [äv. ~ *man*] **2** attr., ~ *team* sport. fruktat lag som man har svårt att vinna mot
2 bogy ['bəʊgɪ] *s se 2 bogie*
Bohemia [bə(ʊ)'hiːmjə] **I** geogr. Böhmen **II** *s* bohem[kretsar]; bohemliv
Bohemian [bə(ʊ)'hiːmjən] **I** *s* bohem **II** *adj* bohemisk, bohem-
bohunk ['bəʊhʌŋk] *s* amer. sl. (neds.) [utländsk] grovarbetare, rallare isht från centraleuropa
1 boil [bɔɪl] *s* böld, varböld, spikböld
2 boil [bɔɪl] **I** *vb itr* koka, sjuda båda äv. bildl. **II** *vb tr* koka i vätska; hetta upp till kokpunkten; ~*ed beef* kokt [ox]kött, 'pepparrotskött'; ~*ed shirt* vard. a) stärkskjorta b) bildl. torrboll, torris; ~*ed sweets* slags hårda karameller **III** *vb tr* o. *vb itr* med adv.
~ *away* a) koka bort (torrt) b) hålla på att koka, koka för fullt
~ *down* a) koka ihop b) koka av c) bildl. dra ihop; [kunna] dras ihop; *it all* ~*s down to...* det hela inskränker sig till (går i korthet ut på)...
~ *over* koka över äv. bildl.
IV *s* kokning; kokpunkt; *be off the* ~ ha slutat koka; *be on* (*at*) *the* ~ stå och koka; *bring a th. to the* ~ låta ngt koka upp
boiler ['bɔɪlə] *s* **1** kokkärl, kokare **2** [ång]panna; ~ *room* pannrum; ~ *suit* overall **3** varmvattensberedare **4** bykkittel **5** kokhöns
boilerman ['bɔɪləmæn] *s* maskinist, pannskötare
boiling ['bɔɪlɪŋ] **I** *s* kok[ning], sjudning **II** *adv*, ~ *hot* kokhet, brännhet; *a* ~ *hot day* en stekhet dag
boiling point ['bɔɪlɪŋpɔɪnt] *s* kokpunkt äv. bildl.
boisterous ['bɔɪst(ə)rəs] *adj* **1** bullrande [~ *laughter*], bullersam **2** stormig, hård [~ *winds*]
bold [bəʊld] *adj* **1** djärv, dristig, modig; vågad; *make* ~ (*so* ~ *as*) *to* tillåta sig att, drista sig [till] att **2** framfusig, fräck, oförskämd; *as* ~ *as brass* fräck som bara den **3** bildl. djärv, kraftigt markerad **4** typogr. halvfet; *extra* ~ *type* fetstil
boldface ['bəʊldfeɪs] *s* typogr., ~ [*type*] halvfet [stil]
bole [bəʊl] *s* trädstam

bolero [i bet. *1*: bə'leərəʊ, i bet. *2*: vanl. 'bɒlərəʊ] (pl. ~*s*) *s* **1** bolero spansk dans **2** bolero kort damjacka
Boleyn [drottningen bə'lɪn, 'bʊlɪn]
Bolivia [bə'lɪvɪə]
Bolivian [bə'lɪvɪən] **I** *s* bolivian **II** *adj* boliviansk
bollard ['bɒlɑːd] *s* **1** sjö. pollare **2** trafik. låg stolpe, trafikkon
bollock ['bɒlək] vulg. **I** *s pl*, ~*s* ballar testiklar **II** *interj*, ~*s!* skitprat!, dynga!
boloney [bə'ləʊnɪ] *s* **1** slags rökt korv **2** sl. [skit]snack, dynga, [strunt]prat; humbug
Bolshevik ['bɒlʃəvɪk] **I** *s* bolsjevik **II** *adj* bolsjevikisk, bolsjevistisk
Bolshevism ['bɒlʃəvɪz(ə)m] *s* bolsjevism
Bolshie o. **Bolshy** ['bɒlʃɪ] sl. **I** *s* bolsjevik **II** *adj* **1** bolsjevistisk **2** *b*~ vänstervriden **3** tvär; *he was just being b*~ han ville bara jäklas
bolster ['bəʊlstə] **I** *s* **1** lång underkudde, pöl; dyna **2** tekn. underlag, stöd, fäste **II** *vb tr*, ~ [*up*] **1** stödja, understödja [~ [*up*] *a theory*]; öka, hjälpa upp, stärka [~ *morale* (*confidence*)] **2** komplettera [~ *one's supplies*] **3** stötta (proppa) upp [med dynor etc.] [~*ed up in bed*] **4** stoppa [~ [*up*] *a mattress*]
1 bolt [bəʊlt] **I** *s* **1** bult; nagel; stor spik; stor skruv **2** låskolv, regel; slutstycke i skjutvapen **3** skäkta, [armborst]pil med bred spets; *have shot one's* [*last*] ~ vard. ha uttömt sina [sista] krafter, ha förbrukat allt sitt krut **4** åskvigg; *a* ~ *from the blue* en blixt från klar himmel **5** rulle tyg, tygpacke, tygbunt **6** *make a* ~ *for* rusa mot, störta i väg till; *make a* ~ *for it* sjappa, sticka **II** *vb itr* **1** rusa [i väg]; skena, durka; vard. kila i väg, smita, sticka, sjappa **2** reglas [*the door* ~*s on the inside*] **III** *vb tr* **1** vard. svälja utan att tugga; kasta i sig, sluka **2** fästa med bult[ar] **3** regla; ~ *in* (*out*) stänga (låsa) in (ute) **IV** *adv*, ~ *upright*, kapprak, käpprak
2 bolt [bəʊlt] *vb tr* sikta, skräda mjöl
bomb [bɒm] **I** *s* bomb; [*my car*] *goes like a* ~ vard. ...går fort som sjutton; [*the party*] *went* [*down*] *like* (*went down, was*) *a* ~ vard. ...blev en jättesuccé (fullträff); *it cost a* ~ vard. det kostade skjortan **II** *vb tr* bomba, bombardera, kasta bomber på, fälla bomber mot; ~ *out* bomba ut [*they were* ~*ed out during the war*] **III** *vb itr* **1** bomba, fälla bomber **2** sl., ~ [*out*] gå i stöpet, göra fiasko; paja; ~*ed* [*out*] påtänd; plakat **3** vard., ~ *along* (*down*) komma kutande; köra i hög fart
bombard [bɒm'bɑːd] *vb tr* bombardera
bombardier [͵bɒmbə'dɪə] *s* furir vid artilleriet
bombardment [bɒm'bɑːdmənt] *s* bombardemang
bombast ['bɒmbæst] *s* bombasm[er], svulstigheter

bombastic [bɒm'bæstɪk] *adj* bombastisk, svulstig
Bombay [ˌbɒm'beɪ] geogr.
bomb bay ['bɒmbeɪ] *s* bombrum i flygplan
bomb-disposal ['bɒmdɪsˌpəʊz(ə)l] *s* desarmering (omhändertagande) av blindgångare; ~ *squad* desarmeringsgrupp
bombe [bɒm, bɒmb] *s* kok. bomb
bomber ['bɒmə] *s* **1** bombare, bombplan **2** bombfällare, bombkastare
bombing ['bɒmɪŋ] *s* **1** bombning, bombräd **2** bombattentat [*pub ~s*]
bombing plane ['bɒmɪŋpleɪn] *s* bomb[flyg]plan
bombload ['bɒmləʊd] *s* bomblast
bombproof ['bɒmpruːf] *adj* bombsäker [*~ shelter*], bombskyddad
bombshell ['bɒmʃel] *s* **1** granat **2** vard. a) knalleffekt; *it came like (as) a ~* det slog ner som en bomb b) *a blonde ~* ett blont bombnedslag
bombsight ['bɒmsaɪt] *s* bombsikte
bomb site ['bɒmsaɪt] *s* [sönder]bombat område (kvarter)
bona fide [ˌbəʊnə'faɪdɪ] *adj* o. *adv* (lat.) bona fide, [som handlar] i god tro, ärlig[t]; verklig, äkta
bonanza [bə'nænzə] *s* **1** guldgruva, fynd; lyckträff **2** attr. rikt givande, lukrativ; *a ~ year* ett mycket framgångsrikt (lyckosamt) år
bonbon ['bɒnbɒn] *s* konfektbit
bond [bɒnd] **I** *s* **1** band [*~[s] of friendship*]; pl. *~s* äv. bojor, förpliktelser; *burst one's ~s* spränga sina bojor; [*common tastes*] *form a ~ between the two* ...förenar de två **2** förbindelse; [bindande] överenskommelse; borgen, säkerhet; *his word is as good as his ~* ung. han står vid sitt ord **3** obligation [*~ loan*]; skuldsedel, revers [*for på*] **4** tullnederlag, *in ~* [liggande] i tullnederlag **5** mur. förband **6** litt., pl. *~s* bojor [*in ~s*] **II** *vb tr* **1** fästa (limma) ihop; binda; länka (foga) samman **2** lägga upp i tullnederlag **III** *vb itr*, *~ together* sitta (hålla) ihop [*these two substances won't ~ together*]
bondage ['bɒndɪdʒ] *s* träldom, slaveri
bone [bəʊn] **I** *s* **1** ben; [ben]knota; *~ china* benporslin; *~ of contention* tvistefrö, stridsäpple; *the bare ~s of a th.* ngts byggstenar (grundval); *feel a th. in one's ~s* känna på sig (ana) ngt, känna ngt i märgen; *be chilled (frozen) to the ~* frysa ända in i märgen; *work a p. to the ~* låta ngn arbeta som en slav; *work one's fingers (oneself) to the ~* arbeta som en slav, slita ihjäl sig; *have a ~ to pick with a p.* vard. ha en gås oplockad med ngn; *make no ~s about a th.* vard. a) inte hysa några betänkligheter mot ngt b) inte sticka under stol med ngt **2** pl.: *~s* a) kastanjetter b) vard. tärningar c) dominobrickor **II** *vb tr* **1** bena fisk; bena ur **2** sl. knycka, sno **III** *vb itr* sl., ~ [*up*] plugga; ~ *up on* [*a subject*] plugga in...
boned [bəʊnd] *adj* benad om fisk; urbenad, benfri
bone-dry [ˌbəʊn'draɪ] *adj* vard. snustorr, uttorkad
bonehead ['bəʊnhed] *s* sl. träskalle
bone-idle [ˌbəʊn'aɪdl] *adj* o. **bone-lazy** [ˌbəʊn'leɪzɪ] *adj* genomlat, urlat
bone meal ['bəʊnmiːl] *s* benmjöl
boner ['bəʊnə] *s* sl. blunder, jättetabbe
boneshaker ['bəʊnˌʃeɪkə] *s* vard. skrammelverk, skrälle om gammal skakig cykel (vagn, bil)
bone-tired [ˌbəʊn'taɪəd] *adj* o. **bone-weary** [ˌbəʊn'wɪərɪ] *adj* dödstrött
bonfire ['bɒnˌfaɪə] *s* bål, brasa; lusteld; *~ night* firas den 5 november till minne av Guy Fawkes, jfr *2 guy I 1*
bongo ['bɒŋgəʊ] (pl. *~s* el. *~es*) *s* mus. bongotrumma
bonhomie ['bɒnəmiː] *s* gemyt[lighet]
bonk [bɒŋk] **I** *s* vard. dunk, duns **II** *vb tr* vard. dunka, slå
bonkers ['bɒŋkəz] *adj* sl. [hel]galen, snurrig
bon mot [ˌbɒn'məʊ] (pl. *bons mots* [ˌbɒn'məʊz]) *s* fr. bonmot
bonnet ['bɒnɪt] *s* **1** hätta för barn; huva; förr bahytt; skotsk mössa **2** skyddshuv, rökhuv **3** motorhuv
bonny ['bɒnɪ] *adj* **1** söt, fager [*a ~ lass*] **2** isht om barn blomstrande, duktig; knubbig, bamsig **3** god, bra, fin [*a ~ fighter*] **4** ofta iron. *my ~ lad* min lilla vän
bonus ['bəʊnəs] *s* bonus, extrabetalning, premie; gratifikation; till aktieägare bonus, extra utdelning; till försäkringstagare [premie]återbäring
bonus issue [ˌbəʊnəs'ɪʃuː] *s* fondemission
bonus share [ˌbəʊnəs'ʃeə] *s* fondaktie, gratisaktie
bonus stock [ˌbəʊnə'stɒk] *s* amer., se *bonus share*
bon vivant [ˌbɒnvɪ'vɑː] *s* fr. livsnjutare; gourmet
bony ['bəʊnɪ] *adj* **1** benig, full av ben; ben- **2** benig, bara skinn och ben
boo [buː] **I** *interj*, *~!* bu!, uh!, fy!, pytt!; *he wouldn't say ~ to a goose* han gör inte en fluga för när **II** *s* bu[rop], fy[rop] **III** *vb itr* o. *vb tr* bua [*a p. (a th.)*] åt ngn (åt ngt)], bua ut, skräna
1 boob [buːb] sl. **I** *s* **1** åsna, idiot; drummel **2** tabbe, blunder **II** *vb itr* klanta (dabba, dumma) sig
2 boob [buːb] *s* sl., pl. *~s* tuttar bröst
boob tube ['buːbtjuːb, amer. -tuːb] *s* **1** amer. vard., *the ~* dumburken TV **2** sl., åtsmitande top
1 booby ['buːbɪ] *s* **1** åsna, idiot; drummel,

tölp **2** *the* ~ den sämste i t.ex. klassen; jumbo **3** zool. havssula
2 booby ['bu:bɪ] *s* sl., pl. *boobies* tuttar bröst
booby hatch ['bu:bɪhætʃ] *s* sjö. akterlucka
booby prize ['bu:bɪpraɪz] *s* jumbopris
booby trap ['bu:bɪtræp] *s* **1** fälla, försåt **2** mil. minförsåt, minfälla, försåtligt dold bomb
boogie ['bu:gɪ] *vb itr* sl. dansa till rockmusik
boohoo [ˌbʊ'hu:] **I** *vb itr* böla, tjuta, storgråta **II** *s* (pl. ~*s*) böl[ande], tjut[ande]
book [bʊk] **I** *s* **1** bok; häfte; ~ *review* bokrecension, bokanmälan, litteraturanmälan; ~ *of stamps* frimärkshäfte; ~ *of words* se *word I 7*; *throw the* ~ *at a p.* ge ngn en riktig utskällning; anklaga ngn för alla upptänkliga brott; sätta dit ngn; *nothing went (worked) according to the* ~ inget gick efter ritningarna; *by the* ~ efter reglerna, på föreskrivet sätt; *in my* ~ bildl. enligt min mening; *be in a p.'s good (bad, black)* ~*s* ligga bra (dåligt) till hos ngn; *I can read you like a* ~ jag känner dig utan och innan; *speak like a* ~ tala som en bok; *take a p.'s name off the* ~*s* avföra ngn ur [medlems]matrikeln, utesluta ngn [ur föreningen o.d.]; *on the* ~*s* inskriven som medlem; *swear on the B*~ svära vid bibeln; *take a leaf out of a p.'s* ~ följa ngns exempel; *bring (call) a p. to* ~ ställa ngn till ansvar, avfordra ngn en förklaring; *work to the* ~ maska, bedriva maskning **2** telefonkatalog [*he is* (står) *in the* ~] **3** libretto, text **4** [lista över] ingångna vad; *make a* ~ vara (fungera som) bookmaker; *that won't (doesn't) suit my* ~ vard. det passar mig inte **II** *vb tr* **1 a)** notera, bokföra, boka, anteckna **b)** föra in i register o.d.; skriva upp [*be ~ed for an offence*] **c)** sport., *be ~ed* få en varning **2** (äv. *itr*) boka, [förhands]beställa, reservera biljett, plats, rum; *the hotel is fully ~ed up* hotellet är fullbokat **3** vard. engagera, lägga beslag på; *he is ~ed* vard. han är upptagen [äv. *he is ~ed up*]
bookable ['bʊkəbl] *adj*, *seats* ~ plats[erna] kan reserveras; *tables* ~ bordsbeställning mottages
bookbinder ['bʊkˌbaɪndə] *s* bokbindare
bookcase ['bʊkkeɪs] *s* bokhylla, bokskåp
book end ['bʊkend] *s* bokstöd
bookie ['bʊkɪ] *s* vard., se *bookmaker*
booking ['bʊkɪŋ] *s* **1** [förhands]beställning; bokning [*hotel* ~*s*]; förköp; biljettförsäljning; pollettering; jfr f.ö. *book II* **2** sport. varning [*get a* ~]
booking-clerk ['bʊkɪŋklɑ:k] *s* biljettförsäljare
booking-office ['bʊkɪŋˌɒfɪs] *s* biljettkontor, biljettlucka
bookish ['bʊkɪʃ] *adj* boklärd, kammarlärd, boklig
bookkeeper ['bʊkˌki:pə] *s* bokhållare
bookkeeping ['bʊkˌki:pɪŋ] *s* bokföring

booklet ['bʊklət] *s* liten bok, häfte, broschyr
bookmaker ['bʊkˌmeɪkə] *s* bookmaker vadförmedlare vid kapplöpningar
bookmark ['bʊkmɑ:k] *s* o. **bookmarker** ['bʊkˌmɑ:kə] *s* bokmärke
bookmobile ['bʊkməʊˌbi:l] *s* amer. bokbuss, mobilbibliotek
bookpost ['bʊkpəʊst] *s*, *by* ~ som trycksak[er] beträffande böcker
bookrest ['bʊkrest] *s* bokställ, läspulpet
bookseller ['bʊkˌselə] *s* bokhandlare; ~*'s* [*shop*] bokhandel
bookshelf ['bʊkʃelf] *s* bokhylla enstaka hylla
bookshop ['bʊkʃɒp] *s* bokhandel
bookstall ['bʊkstɔ:l] *s* bokstånd; tidningskiosk
bookstore ['bʊkstɔ:] *s* bokhandel
book token [ˌbʊktəʊk(ə)n] *s* presentkort på böcker
bookworm ['bʊkwɜ:m] *s* bokmal; person äv. bokälskare
1 boom [bu:m] *s* **1** sjö. bom; ~ *sail* bomsegel **2** [*derrick*~] kranarm **3** vid flottning bom
2 boom [bu:m] **I** *vb itr* dåna, dundra, brusa **II** *vb tr*, ~ [*out*] låta dåna etc. fram, uttala med dånande röst **III** *s* dån, dunder, brus; [djup] klang av klocka o.d.; *sonic* ~ [ljud]bang överljudsknall
3 boom [bu:m] **I** *s* **1** [kraftig] hausse, boom; högkonjunktur; uppsving; *a* ~ *town* en stad i snabb utveckling **2** [våldsam] reklam **II** *vb tr* göra reklam för, haussa upp **III** *vb itr* häftigt stiga; blomstra [*business is ~ing*], få ett uppsving, uppleva en högkonjunktur
boomerang ['bu:məræŋ] **I** *s* bumerang äv. bildl. **II** *vb itr* bildl. slå tillbaka, få motsatt effekt
1 boon [bu:n] *s* **1** välsignelse [*this dictionary is a great* ~], förmån, fördel **2** litt. ynnest
2 boon [bu:n] *adj*, ~ *companion* glad broder, stallbroder
boondocks ['bu:ndɒks] *s pl*, *the* ~ bondvischan, bushen, bonnlandet [*out in the* ~]
boor [bʊə] *s* **1** bonde **2** tölp, [bond]lurk
boorish ['bʊərɪʃ] *adj* bondsk, tölpaktig, bufflig
boost [bu:st] **I** *vb tr* **1** hjälpa upp (fram), skjuta fram, knuffa upp [äv. ~ *up*] **2** höja, öka [äv. ~ *up*]; ~ *morale* stärka moralen **3** reklamera upp, haussa upp, propagera för, puffa för **II** *s* **1** höjning, ökning; uppsving, lyft **2** reklam, lovord; puff (knuff) uppåt
booster ['bu:stə] *s* **1** reklamman; gynnare, främjare, förespråkare **2** tekn. **a)** hjälpmotor, servomotor, hjälpanordning, servoanordning **b)** startraket [äv. ~ *rocket*] **3** radio. booster, förstärkare **4** ~ [*injection* (*shot*)] omvaccinering för att stärka immunitetsskyddet
1 boot [bu:t] *s*, *to* ~ dessutom, [till] på köpet
2 boot [bu:t] **I** *s* **1** känga, [läder]stövel; pl. ~*s* äv. boots; *high* ~ hög stövel; *skiing* ~ [skid]pjäxa; *the* ~ *is on the other foot* (*leg*)

vard. det är alldeles tvärtom, rollerna är ombytta; *get* (*give a p.*) *the* ~ vard. få (ge ngn) sparken; *too big for one's* ~*s* vard. stöddig, mallig 2 bagagelucka, bagageutrymme i bil **II** *vb tr* **1** förse med kängor (stövlar) 2 sparka; ~ *out* a) eg. sparka ut b) vard. ge sparken, sparka
bootee ['bu:ti:] *s* **1** stövlett; halvkänga 2 barnsocka
booth [bu:ð, bu:θ] *s* **1** [salu]stånd, [marknads]tält, bod; skjul 2 bås avskärmad plats; på t.ex. restaurang alkov; hytt [*telephone* ~]
bootjack ['bu:tdʒæk] *s* stövelknekt
bootlace ['bu:tleɪs] *s* kängsnöre, skosnöre
bootleg ['bu:tleg] **I** *vb tr* o. *vb itr* **1** smuggla isht sprit; langa; bränna [hemma] 2 tillverka illegalt (svart) **II** *adj* **1** isht om sprit smuggel-; langar-; hembränd [~ *whisky*] 2 illegal, svart, pirat-
bootlegger ['bu:t‚legə] *s* **1** [sprit]smugglare; langare; hembrännare 2 illegal tillverkare
bootlick ['bu:tlɪk] *vb tr* fjäska för
Boots [bu:ts] namn på apotekskedja
bootstrap ['bu:tstræp] *s* stövelstropp; *pull* (*haul*) *oneself up by one's own* ~*s* bildl. rycka upp sig, ta sig själv i kragen
booty ['bu:tɪ] *s* byte, rov
booze [bu:z] vard. **I** *vb itr* supa, dricka, kröka **II** *s* **1** sprit, kröken 2 fylla; fylleskiva, supkalas; *have a* ~ få (ta) sig en fylla; *be on the* ~ = *I*
boozer ['bu:zə] *s* vard. **1** fyllbult, fylltratt, suput 2 pub, krog
booze-up ['bu:zʌp] *s* vard. supkalas, fylleskiva
boozy ['bu:zɪ] *adj* vard. **1** full, berusad, på snusen 2 supig; sup-, fylle- [*a* ~ *party*]
bophanostic [‚bəʊfæ'nɒstɪk] *adj* relig. bofanostisk
boracic [bə'ræsɪk] *adj* kem. boraxhaltig, bor-; ~ *acid* borsyra
borage ['bɒrɪdʒ] *s* bot. gurkört
Bordeaux [bɔ:'dəʊ] **I** geogr. egenn. **II** *s*, *b*~ (pl. *bordeaux* [-z]) bordeaux[vin]
bordello [bɔ:'deləʊ] (pl. ~*s*) *s* bordell
border ['bɔ:də] **I** *s* **1** kant; av t.ex. fält utkant; rand, brädd 2 gräns, gränsområde, gränsland; ~ *state* randstat 3 bård, bräm; list, ram, infattning; kantrabatt **II** *vb tr* **1** kanta, begränsa, infatta 2 gränsa till [*an airport* ~*s the town*] **III** *vb itr*, ~ *on* (*upon*) gränsa till äv. bildl.; stå på gränsen till, närma sig [*it* ~*s on the ridiculous*]
borderer ['bɔ:dərə] *s* gränsbo
borderland ['bɔ:dəlænd] *s* gränsland, gränsområde äv. bildl.
borderline ['bɔ:dəlaɪn] *s* gränslinje; ~ *case* gränsfall äv. psykol.
1 bore [bɔ:] *imperf.* av *2 bear*
2 bore [bɔ:] **I** *s* **1** borrhål 2 rör; kaliber, [gevärs]lopp; cylinderdiameter **II** *vb tr* borra,

borra igenom; holka ur; tränga igenom **III** *vb itr* **1** borra [~ *for* (efter) *oil*] 2 tränga (knuffa, armbåga) sig fram [*we* ~*d through the crowds*] **3 bore** [bɔ:] **I** *s* **1** *he* (*the film*) *is a* ~ han (filmen) är urtråkig (urtrist); *what a* ~*!* vad tråkigt (trist)!; *it's an awful* ~ *to have to go there* det är förfärligt tråkigt att behöva gå dit 2 tråkmåns, träbock **II** *vb tr* tråka ut; *be* ~*d* ledas [*with* vid (åt)], ha [lång]tråkigt; *be* ~*d stiff* (*to death, to tears*) ledas ihjäl, ha dödstråkigt, jfr *bored*
borecole ['bɔ:kəʊl] *s* bot. el. kok. grönkål, kruskål
boredom ['bɔ:dəm] *s* **1** [lång]tråkighet 2 leda
boric ['bɔ:rɪk, 'bɒrɪk] *adj* kem. bor-; ~ *acid* borsyra
boring ['bɔ:rɪŋ] *adj* [ur]tråkig, långtråkig, ledsam
born [bɔ:n] *adj* o. *perf p* (av *2 bear*) **1** född; *boren* [*a* ~ *poet*]; ss. efterled i sms. -född [*American-born*; *new-born*]; *be a* ~ *loser* vara född till förlorare; *he is a* ~ [*teacher*] han är som skapt till...; *a* ~ *liar* en oförbätterlig lögnare; *an Englishman* ~ *and bred* en äkta (sann, riktig) engelsman; *he was* ~ *with it* det är medfött hos honom; ~ *of* a) född av [~ *of good parents*] b) som är resultatet av, som har sitt ursprung i [*misfortunes* ~ *of the war*] **2** *never in* [*all*] *my* ~ *days* aldrig i livet
born-again ['bɔ:nəgen] *adj* pånyttfödd äv. teol.; återuppståndeen
borne [bɔ:n] *perf p* (av *2 bear*) **1** buren etc.; burit etc. 2 född [endast före agent; ~ *by Eve*]; fött [*she has* ~ *him two sons*]
Borneo ['bɔ:nɪəʊ]
boron ['bɔ:rɒn] *s* kem. bor; ~ *carbide* borkarbid
borough ['bʌrə] *s* **1** stad (ibl. stadsdel) som administrativt begrepp; ~ *council* kommunfullmäktige, stadsfullmäktige 2 *parliamentary* ~ stadsvalkrets
borrow ['bɒrəʊ] *vb tr* o. *vb itr* låna [*from, of,* vard. *off av*]
borrower ['bɒrəʊə] *s* låntagare; *neither a* ~ *nor a lender be* ordst. man skall varken låna eller låna ut
borsch [bɔ:ʃ, bɔ:ʃtʃ] *s* o. **borscht** [bɔ:ʃt] *s* kok., ~ [*soup*] borsjtj slags rysk rödbetssoppa
Borstal ['bɔ:stl] **I** geogr. egenn.; ~ *Institution* se **II** **II** *s*, *b*~ ung. ungdomsvårdsskola, ungdomsfängelse
bortsch ['bɔ:ʃtʃ] *s* se *borsch*
borzoi ['bɔ:zɔɪ] *s* borzoi, rysk vinthund
bosh [bɒʃ] vard. **I** *s* strunt[prat], dumheter, trams **II** *interj, ~!* [strunt]prat!, nonsens!, sånt prat!
bo's'n ['bəʊsn] *s* se *boatswain*
Bosnia ['bɒznɪə] geogr. Bosnien
Bosnian ['bɒznɪən] **I** *adj* bosnisk **II** *s* bosnier
bosom ['bʊzəm] *s* **1** barm, bröst; famn; sköte

bildl. [*in the* ~ *of one's family*]; bildl. hjärta, själ; ~ *friend* (*pal*) hjärtevän, intim[aste] vän; *clasp a p. to one's* ~ trycka ngn till sitt bröst (hjärta) **2** amer. skjortbröst
bosomy ['bʊzəmɪ] *adj* vard. barmig, högbarmad
Bosphorus ['bɒsp(ə)rəs, 'bɒsf(ə)r-] o.
Bosporus ['bɒsp(ə)rəs] geogr.; *the* ~ Bosporen
1 boss [bɒs] vard. **I** *s* **1** boss, bas, chef, förman; pamp **2** amer. partistrateg, valstrateg **II** *vb tr* leda [~ *a job*], dirigera, sköta, ordna; kommendera, basa (bossa, chefa) över [~ *a p.*]; ~ *a p. about* köra med ngn **III** *vb itr,* ~ *about* domdera, köra med folk
2 boss [bɒs] *s* **1** buckla utbuktning, äv. på sköld; knöl; knopp, knapp för prydnad **2** nav på propeller
boss-eyed ['bɒsaɪd] *adj* vard. **1** skelögd, vindögd **2** sned, vind **3** tokig, galen
bossiness ['bɒsɪnəs] *s* domderande; kaxighet
bossy ['bɒsɪ] *adj* vard. dominerande; kaxig; *be* ~ äv. domdera, köra med folk
Boston ['bɒst(ə)n] geogr. egenn.; ~ *terrier* bostonterrier
Bostonian [bɒ'stəʊnjən] *adj* Boston-
bosun o. **bo'sun** ['bəʊsn] *s* se *boatswain*
botanic [bə'tænɪk] *adj* se *botanical*
botanical [bə'tænɪk(ə)l] *adj* botanisk
botanist ['bɒtənɪst] *s* botaniker, botanist
botany ['bɒtənɪ] *s* **1** botanik **2** ~ *wool* fin australisk ull från Botany Bay
botch [bɒtʃ] **I** *vb tr* **1** sabba, schabbla bort, klanta till; *a ~ed piece of work* ett fuskverk **2** laga (reparera) dåligt; lappa ihop **II** *vb itr* fuska, klåpa, strula **III** *s* fuskverk, hafsverk, schabbelverk, klåperi; mischmasch, röra
botfly ['bɒtflaɪ] *s* styng[fluga]; isht häststyng
both [bəʊθ] **I** *pron* båda [två], bägge [två]; ~ [*the*] *books* båda (bägge) böckerna; ~ *of us* både du och jag (dig och mig), oss båda, [oss] bägge två; *for* ~ *our sakes* för bådas vår skull **II** *adv,* ~...*and* både...och, såväl...som
bother ['bɒðə] **I** *vb tr* **1** plåga, besvära, oroa, störa, tjafsa med; *don't* ~ *me!* låt mig [få] vara i fred!; ~ *oneself* (*one's head*) *about* bry sin hjärna (sitt huvud) med; *I can't be ~ed* [*to do it*] a) jag orkar (gitter) inte [göra det] b) jag ska be att få slippa [göra det] **2** ~ [*it*]*!* jäklar!, tusan också!; ~ *the flies!* förbaskade flugor! **II** *vb itr* **1** göra sig besvär, besvära sig [*about* med]; oroa sig [*about* för]; *not* ~ *about* strunta i; *don't* ~ *to* [*lock the door*] bry dig inte om att... **2** vara besvärlig, ställa till bråk, bråka **III** *s* **1** besvär, omak; tjafs; bråk [*they were looking for ~*]; *a spot of* ~ lite trassel (bråk) **2** plåga, irritationsmoment; *isn't it a ~?* är det inte förargligt?
bothersome ['bɒðəsəm] *adj* besvärlig

Bothnia ['bɒθnɪə] geogr.; *the Gulf of* ~ Bottniska viken
Botswana [bɒt'swɑ:nə] geogr.
Botswanan [bɒt'swɑ:nən] o. **Botswanian** [bɒt'swɑ:nɪən] **I** *adj* botswansk **II** *s* botswanier
bottle ['bɒtl] **I** *s* **1** butelj, flaska; bibl. o. bildl. lägel; *empty* ~ tombutelj, tomflaska, tomglas; *lose one's* ~ förlora självbehärskningen; *go on* (*hit*) *the* ~ vard. ta till flaskan; *a slave to the* ~ slav under flaskan (sitt spritbegär) **2** sl. kurage, mod; fräckhet, käckhet **II** *vb tr* **1** buteljera, tappa på flaska; *~d beer* flasköl; *~d gas* gasol **2** lägga (koka) in på glas; konservera **3** ~ *up* a) spärra av, stänga av; stänga inne b) hålla tillbaka, undertrycka [~ *up one's anger*]
bottle baby ['bɒtl‚beɪbɪ] *s* flaskbarn
bottle bank ['bɒtlbæŋk] *s* [glas]igloo för glasavfall
bottle brush ['bɒtlbrʌʃ] *s* flaskborste
bottle-fed ['bɒtlfed] *adj* uppfödd på flaska [~ *baby*]
bottle-green ['bɒtlgri:n] *adj* buteljgrön
bottleneck ['bɒtlnek] *s* flaskhals isht bildl.
bottlenose ['bɒtlnəʊz] *adj,* ~ *dolphin* zool. flasknosdelfin, öresvin
bottle-opener ['bɒtl‚əʊp(ə)nə] *s* kapsylöppnare
bottle party ['bɒtl‚pɑ:tɪ] *s* ung. knytkalas till vilket varje gäst tar med en flaska vin el. sprit
bottom ['bɒtəm] **I** *s* **1** botten, fot, undre (nedre) del [~ *of a glass* (*a hill*)]; underdel; [stol]sits; *at the* ~ *of* nederst (nedtill) på [*at the* ~ *of the page* (*drawer*)]; *the tenth line from the* ~ tionde raden nerifrån; *~s up!* botten upp!, drick i botten! **2** botten av hav m.m.; djup; *touch* ~ se *touch I 3* **3** flodbassäng, sänka **4** bortända, innerända, nederända, slut; *the* ~ *of the table* nedre ändan av bordet; *at the* ~ *of the garden* i bortre ändan av trädgården **5** vard. ända, stjärt, stuss **6** sjö. skrov, botten, köl **7** grundval; *at* ~ i grund och botten, i själ och hjärta; *be at the* ~ *of* ligga bakom; stå bakom; *from the* ~ *of my heart* av hela mitt hjärta, innerligt; *get to the* ~ *of* gå till botten med, komma till klarhet i (om) **II** *attr adj* **1** lägsta, sista, nedersta, understa; *the* ~ *boy of the class* den sämste pojken i klassen; *bet one's* ~ *dollar* satsa sitt sista öre; *the* ~ *drawer* bildl. ung. brudkista; utstyrsel; ~ *gear* växeln; *the* ~ *line* a) ekon. slutsumman, slutresultatet b) bildl. kärnpunkten; slutsatsen; summan av kardemumman [*the* ~ *line is that he wants to introduce advertising in broadcasting*] **2** grund- **III** *vb tr* **1** förse med botten etc., jfr *I 1* **2** stödja [*upon* på] **3** nå botten på; gå till botten med
bottomless ['bɒtəmləs] *adj* **1** utan botten;

bottenlös; *the B~ Pit* avgrunden **2** outgrundlig [*a ~ mystery*] **3** outtömlig, outsinlig [*his wealth seemed ~*]
botulism ['bɒtjʊlɪz(ə)m] *s* med. botulism slags svår matförgiftning
bouclé ['bu:kleɪ, isht amer. -'-] *s* bouclé tyg
boudoir ['bu:dwɑ:] *s* budoar
bough [baʊ] *s* isht större trädgren; lövruska
bought [bɔ:t] imperf. o. perf. p. av *buy*
bouillon ['bu:jɒn, 'bwi:-] *s* buljong
boulder ['bəʊldə] *s* [sten]block, rullstensblock; *erratic ~* flyttblock; *~ clay* moränlera
boulevard ['bu:l(ə)vɑ:d] *s* fr. boulevard, esplanad
bounce [baʊns] **I** *vb itr* **1** studsa; hoppa; *~ about* a) hoppa upp och ned b) hoppa (fara) omkring isht om barn; *~ back* vard. komma igen, repa sig **2** störta, komma inrusande (utrusande) [*into* in i; *out of* ut (upp) ur] **3** vard. avvisas, nobbas om check utan täckning **II** *vb tr* **1** knuffa, stöta, kasta; studsa [*~ a ball*] **2** vard. ej godkänna, nobba om check utan täckning **3** vard. kasta ut **III** *s* **1** duns, stöt, [tungt] slag **2** studs[ning], hopp **3** gåpåaranda; fart, kläm **4** vard. skryt, skrävel
bouncer ['baʊnsə] *s* vard. **1** hejare, baddare **2** utkastare **3** ej godkänd (nobbad) check
bouncing ['baʊnsɪŋ] *adj* **1** stor och kraftig, frisk och frodig [*a ~ girl*], bamsig, stöddig **2** studsande; fjädrande; *~ cradle* babysitter stol
bouncy ['baʊnsɪ] *adj* **1** som studsar, med studs; guppig **2** hurtfrisk; sprudlande
1 bound [baʊnd] **I** imperf. av *bind* **II** *perf p* o. *adj* bunden etc., jfr *bind I*; [in]bunden [*~ books*]; *~ up in* upptagen av; *~ up with* nära lierad (förbunden, förenad) med; *be ~ up with* äv. hänga (höra) ihop med; *be ~ to* vara skyldig (tvungen) att; *he is ~ to* han måste [nödvändigt]; *he is ~ to win* han kommer säkert att vinna; *be in duty ~ to* vara förpliktad att; [*as*] *in duty ~* pliktskyldigast; *I'll be ~* vard. jag slår mig i backen på det, det vill jag lova; *you are ~ to notice it* du kan inte undgå att märka det
2 bound [baʊnd] *adj* destinerad, på väg [*for* till]; *homeward ~* på hemgående, på väg hem; *where are you ~ for?* vart är du på väg?
3 bound [baʊnd] **I** *vb itr* studsa; skutta; hoppa [med långa skutt]; spritta; *his heart ~ed with joy* hjärtat hoppade av glädje **II** *s* skutt, hopp, språng; *at one* (*a*) *~* a) i ett språng b) med ens
4 bound [baʊnd] **I** *s,* vanl. pl. *~s* gräns[er]; skrankor; *out of ~s* isht skol. el. mil. [på] förbjudet område, förbjudet; *out of* (*beyond*) *all ~s* bortom alla gränser, gränslöst, utan gräns[er]; *beyond the ~s of human knowledge* bortom gränsen för det mänskliga vetandet; *keep within ~s* hålla måttan, begränsa sig; *keep a th. within ~s* begränsa ngt, hålla ngt inom vissa gränser **II** *vb tr* **1** begränsa; *be ~ed by* äv. gränsa till **2** utgöra gräns för
boundary ['baʊnd(ə)rɪ] *s* **1** gräns[linje] **2** i kricket 'gränsboll' boll som når el. passerar över gränslinjen o. ger 4 resp. 6 poäng [*hit a ~*]
boundless ['baʊndləs] *adj* gränslös
bounteous ['baʊntɪəs] *adj* mest poet., se *bountiful*
bountiful ['baʊntɪf(ʊ)l] *adj* **1** givmild, frikostig [*of* med, på] **2** riklig, ymnig
bounty ['baʊntɪ] *s* **1** välgörenhet, frikostighet **2** gåva; pl. *bounties* rika håvor **3** ekon. premie [*export ~*]
bouquet [bʊ'keɪ, 'bu:keɪ, bəʊ'keɪ] *s* **1** bukett **2** om vin bouquet, doft
bourbon ['bɜ:bən, 'bʊə-] *s* bourbon amerikansk whisky
bourgeois ['bʊəʒwɑ:] **I** (pl. lika) *s* medelklassare, borgare; [*petty*] *~* småborgare, kälkborgare **II** *adj* medelklass-, medelklassig, borgerlig; [*petty*] *~* småborgerlig, kälkborgerlig
bourgeoisie [,bʊəʒwɑ:'zi:] *s* bourgeoisie, borgarklass, medelklass; *the petty ~* småborgerligheten
Bournemouth ['bɔ:nməθ] geogr.
bout [baʊt] *s* **1** dust, kamp [*wrestling ~*] **2** ryck, anfall [*~ of activity*], släng [*~ of influenza*]; *~ of coughing* hostattack **3** se *drinking-bout*
boutique [bu:'ti:k] *s* boutique
bovine ['bəʊvaɪn] **I** *adj* **1** nötkreaturs-, ox-; oxlik **2** bildl. dum [som en ko], trög [som en oxe]; *~ stupidity* ung. enfald **II** *s* nötkreatur
Bovril ['bɒvr(ə)l] *s* ® slags köttextrakt, buljong
bovver ['bɒvə] sl. **I** *s* [gatu]slagsmål; *~ boots* ung. järnbeslagna skor som bärs av skinheads o.d. **II** *vb itr* slåss
1 bow [baʊ] **I** *vb tr* **1** böja [*~ one's head*]; kröka; *be ~ed down with* a) vara nertyngd av b) digna av **2** nicka [*he ~ed his assent*] **3** *~ a p. in* (*out*) under bugningar visa ngn in (följa ngn ut); *he ~ed himself out* han gick bugande ut **II** *vb itr* **1** buga [sig] [*to* för]; hälsa med en böjning på huvudet; *~ and scrape* se *scrape II 4* **2** böja sig [*~ to* (för) *a p.'s opinion*]; underkasta sig [*to a th.* ngt]; *~ down before* böja knä för **III** *s* bugning, nickning; *make one's ~* a) göra sin entré b) debutera c) göra sin sorti; *take a ~* ta emot (tacka för) applåderna; buga och tacka
2 bow [baʊ] *s* **1** sjö.; ofta pl. *~s* bog; för, stäv; *on the port* (*starboard*) *~* på babords (styrbords) bog **2** rodd. a) etta, bogman, bowman roddare närmast fören b) bogmansåra
3 bow [baʊ] **I** *s* **1** rundning, krökning; båge **2** [pil]båge **3** stråke; stråkdrag **4** knut, rosett

5 sadelbom **6** amer. [glasögon]båge; [glasögon]skalm **II** vb tr spela med stråke på
Bow Bells [ˌbəʊ'belz] s pl klockorna i *Bow Church*; **be born within the sound of** ~ vara ett äkta londonbarn, vara cockney
Bow Church [ˌbəʊ'tʃɜːtʃ] kyrka i Londons City
bowdlerize ['baʊdləraɪz] vb tr censurera bok m.m., efter T. Bowdler som gav ut en censurerad Shakespeareutgåva
bowel ['baʊəl] s **1** med. tarm **2** mest pl. **~s:** a) inälvor, innanmäte; mage; *keep one's ~s open* hålla magen i gång b) innandöme, inre [*the ~s of the earth*]
bower ['baʊə] s **1** berså, lövsal; lusthus **2** poet. boning; gemak
bowery ['baʊərɪ] s amer. slumkvarter; *the B~* gata och område i New York, uppehållsort för de hemlösa och utblottade
bowhead ['bəʊhed] s, ~ [*whale*] grönlandsval
bowie ['bəʊɪ] s, ~ [*knife*] bowiekniv slags lång jaktkniv
1 bowing ['baʊɪŋ] s bugande, nickande; ~ *acquaintance* se *acquaintance*
2 bowing ['bəʊɪŋ] s mus. stråkföring
1 bowl [bəʊl] s **1** skål, bunke, spilkum **2** bål dryck och skål **3** [sked]blad **4** [pip]huvud **5** amer., skålformat stadion, utomhusarena
2 bowl [bəʊl] **I** s **1** klot; boll **2** ~s (konstr. ss. sg.) bowls spel **3** sport. kast **II** vb itr o. vb tr **1** spela bowls; spela bowling, bowla **2** kasta (rulla) längs marken; rulla; ~ *along* rulla fram; gå undan **3** a) i kricket kasta; ~ [*out*] slå ut slagmannen genom att bollen träffar grinden [*Smith b. Jones = Smith was ~ed* [*out*] *by Jones*] b) ~ *out* vard. slå ut; ~ *over* vard. a) slå [ned], slå omkull b) göra häpen
bow-legged ['bəʊlegd, -ˌlegɪd] adj hjulbent
bow legs ['bəʊlegz] s pl, *have* ~ vara hjulbent
1 bowler ['bəʊlə] s sport. bowlare; isht i kricket kastare
2 bowler ['bəʊlə] s, ~ [*hat*] kubb, plommonstop
bowline ['bəʊlɪn] s sjö. **1** bolin **2** ~ [*knot*] pålstek
bowling ['bəʊlɪŋ] s **1** bowling **2** bowls (se *2 bowl I 2*) isht attr. [*the English B~ Association*] **3** i kricket sätt att kasta [bollen], kastande
bowling alley ['bəʊlɪŋˌælɪ] s bowlingbana; bowlinghall
bowling green ['bəʊlɪŋgriːn] s gräsplan för bowls, bowlsplan
bowser ['baʊzə] s tankbil på flygplats
bowsprit ['baʊsprɪt] s bogspröt
bow tie [ˌbəʊ'taɪ] s rosett, fluga
bow window [ˌbəʊ'wɪndəʊ] s utbyggt rundat fönster; rundat burspråksfönster
bow-wow [ss. interj. o. vb ˌbaʊ'waʊ, ss. subst. '--] barnspr. **I** *interj*, ~! vov [vov]! **II** s vovve **III** vb itr skälla
1 box [bɒks] s buxbom träslag och träd
2 box [bɒks] **I** s **1** låda, kista, ask, skrin, schatull;

ask, dosa, box; bössa för pengar; kartong; koffert; gymn. plint [äv. ~ *horse*]; ~ *of bricks* byggläda; ~ *of tricks* trolleriläda; *be* (*find oneself*) *in the wrong* ~ hamna i galen tunna **2** avbalkning, bås; fack, box; spilta; *loose* ~ lös spilta, box för obunden häst; kätte **3** post. fack, box **4** jur. vittnesbås; *be in the* ~ äv. höras som vittne; *put a p. in the* ~ höra ngn som vittne **5** loge på teater **6** tekn. hylsa, låda, box, bössa, fodral **7** ruta i bok, tidning o.d. **8** vard., *the* ~ burken tv:n **9** sport. vard., *the* ~ straffområdet **II** vb tr **1** lägga (stoppa, gömma) i (förse med) en låda etc.; ~ *in* klämma (stänga) in om bil; klä in om t.ex. badkar; ~ [*up*] a) packa in b) klämma ihop (in) **2** ~ *the compass* a) sjö. repa (läsa) upp kompassens streck b) bildl. röra sig i en cirkel i diskussion etc.
3 box [bɒks] **I** s slag med handen; ~ *on the ear*[*s*] örfil **II** vb tr o. vb itr boxa[s]; ~ *a p.'s ears* ge ngn en örfil
box calf [ˌbɒks'kɑːf] s boxkalv
box camera ['bɒksˌkæmərə] s lådkamera
boxcar ['bɒkskɑː] s amer. täckt (sluten) godsvagn
box coupling ['bɒksˌkʌplɪŋ] s tekn. muffkoppling
1 boxer ['bɒksə] s boxare
2 boxer ['bɒksə] s boxer hundras
boxful ['bɒksfʊl] (pl. ~s el. *boxesful*) s ss. mått låda, kista etc., jfr *2 box I 1*; *a* ~ *of* en låda etc. [med]
boxing ['bɒksɪŋ] s boxning
Boxing Day ['bɒksɪŋdeɪ] s annandag jul; om annandag jul infaller på en söndag följande dag, d.v.s. tredjedag jul
boxing glove ['bɒksɪŋglʌv] s boxhandske
boxing match ['bɒksɪŋmætʃ] s boxningsmatch
box junction ['bɒksˌdʒʌŋkʃ(ə)n] s trafikmarkering rutat område [i vägkors]
box kite ['bɒkskaɪt] s lådformig drake
box lunch ['bɒkslʌn(t)ʃ] s amer. matsäck
box office ['bɒksˌɒfɪs] s biljettkontor, biljettlucka för teater o.d.; *be a* ~ *success* (*draw*) el. *have* ~ *appeal* vara en kassapjäs (en publikmagnet)
box pleat ['bɒkspliːt] s motveck
boxroom ['bɒksruːm, -rʊm] s skrubb, vindskontor
box spanner ['bɒksˌspænə] s hylsnyckel
box tree ['bɒkstriː] s bot. buxbom träd
boxwood ['bɒkswʊd] s buxbom träslag
boy [bɔɪ] s pojke, gosse, grabb; pojkvän, kille; ~! jösses!, å (för) sjutton!; ~, *isn't it hot!* himmel vad det är varmt!; *old* ~ se under *old*; ~*s will be* ~*s* pojkar är [nu en gång] pojkar; *from a* ~ alltifrån pojkåren (barndomen), redan som pojke; *jobs for the* ~*s* ung. rena svågerpolitiken (myglet)
boycott ['bɔɪkɒt, -kət] **I** vb tr bojkotta **II** s

bojkott; *put a p.* (*a th.*) *under a* ~ förklara ngn (ngt) i bojkott
boyfriend ['bɔɪfrend] *s* pojkvän, kille
boyhood ['bɔɪhʊd] *s* **1** pojkår, barndom; *in his* ~ [redan] som pojke **2** pojkar [*the nation's* ~]
boyish ['bɔɪɪʃ] *adj* **1** pojkaktig; pojk- **2** barnslig
boy-meets-girl [,bɔɪmi:ts'ɡɜ:l] *attr adj* pojke möter flicka-, vanlig (banal) kärleks- [*a* ~ *story*]
boyo ['bɔɪəʊ] (pl. ~*s*) *s* vard. gosse, kille; ~*!* min gosse!, du!
boy scout [,bɔɪ'skaʊt] *s* [pojk]scout
boysenberry ['bɔɪzənb(ə)rɪ] *s* boysenbär en korsningsprodukt av flera björnbärs- och hallonarter
bozo ['bəʊzəʊ] (pl. ~*s*) *s* amer. sl. kille; tönt
BP förk. för *British Petroleum, British Pharmacopoeia*; skämts. *British Public*
Bp. förk. för *bishop*
BR förk. för *British Rail*
Br. förk. för *British, Brother*
bra [brɑ:] *s* vard. (kortform för *brassiere*) bh, behå
brace [breɪs] **I** *s* **1 a)** spänne; krampa; band **b)** pl. ~*s* hängslen [*a pair of* ~*s*] **c)** hängrem, fjäderrem **d)** sträva, snedstötta; stag; stöd **e)** tandläk. tandställning **2** borrsväng; ~ *and bit* borrsväng med tillhörande borr **3** sjö. brass **4** (pl. lika) par isht av djur som jagas [*a* ~ *of ducks*]; *a* ~ *of dogs* ett koppel (två) hundar; *a* ~ *of pistols* ett par pistoler **II** *vb tr* **1** binda om (ihop); dra till (åt), spänna [fast]; [för]stärka; stötta **2** bildl. **a)** ~ *oneself* [*up*] samla krafter, ta sig samman, stärka (bereda) sig **b)** ~ [*up*] stärka, pigga upp **c)** ~ [*up*] moraliskt stödja **3** sjö. brassa **III** *vb itr* **1** sjö. brassa; ~ *up* brassa bidevind **2** ~ *up* vard. rycka upp sig
bracelet ['breɪslət] *s* **1** armband, armring; klockarmband **2** sl. handboja
bracer ['breɪsə] *s* vard. styrketår
bracken ['bræk(ə)n] *s* bot. bräken; ormbunke
bracket ['brækɪt] **I** *s* **1** konsol, vinkeljärn; konsolhylla; ~ *lamp* lampett **2 a)** parentes[tecken] [äv. *round* ~*s*]; *square* ~ hakparentes; *in* ~*s* inom parentes **b)** klammer, sammanfattningstecken **3** grupp, klass [*income* ~]; *the 20 to 30 age* ~ gruppen mellan 20 och 30 år **II** *vb tr* **1 a)** sätta inom parentes; ~*ed* som står (är satt) inom parentes **b)** förena med klammer **2** ~ [*together*] jämställa
brackish ['brækɪʃ] *adj* bräckt om vatten
brad [bræd] *s* dyckert
bradawl ['brædɔ:l] *s* tekn. spetsborr; syl
brae [breɪ] *s* skotsk. stup, sluttning
brag [bræɡ] **I** *vb itr* skryta, skrävla, bravera [*about, of* över, med] **II** *s* skryt, skrävel
braggart ['bræɡət, -ɡɑ:t] **I** *s* skrävlare **II** *adj* skrävlande, skrytsam

Brahms [brɑ:mz]
braid [breɪd] **I** *s* **1** [hår]fläta **2** hårband **3** garneringsband, kantband **II** *vb tr* **1** fläta isht hår; sno **2** sätta upp hår med hårband **3** [band]kanta
braiding ['breɪdɪŋ] *s* garneringsband, gans
braille [breɪl] *s* brailleskrift, punktskrift
brain [breɪn] **I** *s* **1** anat. hjärna; pl. ~*s* hjärnmassa, hjärnsubstans; *beat a p.'s* ~*s out* slå in skallen på ngn; *blow one's* ~*s out* skjuta sig [en kula] för pannan; ~ *damage* hjärnskador **2** mest pl. ~*s* hjärna, förstånd, vett, huvud, begåvning; *cudgel* (*beat, rack*) *one's* ~*s* bry (bråka) sin hjärna; *have a good* ~ ha gott huvud; *he has got* ~*s* han är intelligent (skärpt); *pick* (*suck*) *a p.'s* ~*s* utnyttja ngns vetande; stjäla (hugga) ngns idéer; *have* [*got*] *a th. on the* ~ ha fått ngt på hjärnan; ~ *power* intelligens; *the* ~*s of the family* familjens ljus[huvud]; *the* ~*s of the organization* hjärnan bakom organisationen **II** *vb tr* slå in skallen på
brain|child ['breɪn|tʃaɪld] (pl. -*children* [-,tʃɪldrən]) *s* idé; *that's his* ~ det är han som har kläckt idén [till det]
brain death ['breɪndeθ] *s* hjärndöd
brain drain ['breɪndreɪn] *s* vard. forskarflykt, begåvningsflykt
brainless ['breɪnləs] *adj* obegåvad, enfaldig
brainpan ['breɪnpæn] *s* hjärnskål
brainstorm ['breɪnstɔ:m] *s* **1** vard. våldsamt [känslo]utbrott; plötslig sinnesförvirring **2** idékläckning
brainstorming ['breɪn,stɔ:mɪŋ] *s* idékläckning, brainstorming
brains trust ['breɪnztrʌst] *s* hjärntrust, expertkommitté
brainteaser ['breɪn,ti:zə] *s* hård nöt [att knäcka]
brain trust ['breɪntrʌst] *s* amer., se *brains trust*
brainwash ['breɪnwɒʃ] **I** *s* hjärntvätt **II** *vb tr* hjärntvätta
brainwashing ['breɪn,wɒʃɪŋ] *s* hjärntvätt
brainwave ['breɪnweɪv] *s* snilleblixt, ljus idé
brainy ['breɪnɪ] *adj* vard. begåvad, klyftig, snillrik
braise [breɪz] *vb tr* kok. bräsera
1 brake [breɪk] **I** *s* broms, broms- [~ *pedal*]; *apply* (*put on*) *the* ~ bromsa; *put a* ~ *on* [*inflation*] bromsa (hejda)... **II** *vb tr* o. *vb itr* bromsa [in]; *braking distance* bromssträcka; ~ *system* bromssystem
2 brake [breɪk] *s* busksnår, buskage
brake block ['breɪkblɒk] *s* bromskloss
brake disc ['breɪkdɪsk] *s* bromsskiva
brake drum ['breɪkdrʌm] *s* bromstrumma
brake fluid ['breɪkflu:ɪd] *s* bromsvätska, bromsolja
brake horsepower [,breɪk'hɔ:spaʊə] *s* bromsad hästkraft, bromsade hästkrafter
brake light ['breɪklaɪt] *s* bromsljus

brake lining ['breɪkˌlaɪnɪŋ] *s* bromsbelägg, bromsband
brake shoe ['breɪkʃuː] *s* bromsback
braless ['brɑːləs] *adj* behålös, utan behå (bh)
bramble ['bræmbl] *s* **1** taggig buske; isht björnbärsbuske **2** björnbär
brambling ['bræmblɪŋ] *s* zool. bergfink
bran [bræn] *s* kli
branch [brɑːn(t)ʃ] **I** *s* **1** gren, kvist **2 a)** förgrening, utgrening; gren [~ *of industry*]; arm [~ *of a river*] **b)** bildl. avdelning, del; område, fack **3** filial; avdelningskontor; ~ *bank* bankfilial; ~ *library* biblioteksfilial; ~ *line* järnv. bibana, sidolinje; ~ *post office* postexpedition, [mindre] postkontor **II** *vb itr* skjuta (sända ut) grenar [äv. ~ *out*]; ~ [*off*] el. ~ *out* [för]grena (grena ut, dela) sig; ~ *off* äv. ta (vika) av; ~ *out* äv. utvidga sin verksamhet, expandera; ~ *out upon* utbreda sig över
brand [brænd] **I** *s* **1** sort, slag[s] [~ *of coffee; a new ~ of politics*], märke [~ *of cigarettes*]; ~ *image* visst märkes image; bildl. egen profil **2** bildl. stämpel; skamfläck; *the ~ of Cain* kainsmärket **3** brännjärn; brännmärke **II** *vb tr* **1** bränna in [ett märke på], märka med brännjärn [~ *cattle*] **2** bildl. **a)** brännmärka, stämpla [~ *as an aggressor*] **b)** ~*ed upon a p.'s memory* outplånligt inristad i ngns minne
branded ['brændɪd] *adj*, ~ *goods* märkesvaror
branding-iron ['brændɪŋˌaɪən] *s* brännjärn, märkjärn
brandish ['brændɪʃ] *vb tr* svänga, svinga vapen o.d.
brand-new [ˌbræn(d)'njuː] *adj* splitt[er] ny
brandy ['brændɪ] *s* konjak
brandy snap ['brændɪsnæp] *s* ung. ingefärsflarn
brant goose [ˌbrænt'guːs] (pl. *brant geese* [ˌbrænt'giːs]) *s* zool. isht amer. prutgås
brash [bræʃ] *adj* **1** framfusig, påflugen, fräck **2** prålig, skrikig [*a ~ suit*] **3** förhastad
brass [brɑːs] *s* **1** mässing, mässingsföremål; litt. brons; *sounding ~* bibl. ljudande malm; *the top ~* mil. vard. höjdarna; *not a ~ farthing* inte ett rött öre, se vid. *farthing*; *get down to ~ tacks* komma till saken (kalla fakta) **2** minnesplåt, minnestavla av mässing i kyrka **3** *the ~* mus. a) mässingsinstrumenten, bleckblåsinstrumenten i en orkester b) om orkestermedlemmarna blecket, bleckblåsarna; ~ *band* mässingsorkester **4** vard. kosing, stålar **5** vard. fräckhet
brasserie ['bræsərɪ] *s* brasserie restaurang
brass hat [ˌbrɑːs'hæt] *s* mil. vard. höjdare hög officerare
brassie ['brɑːsɪ] *s* brassie mässingsbeslagen golfklubba
brassiere o. **brassière** ['bræsɪə, -sɪeə, 'bræzɪə, amer. brə'zɪə] *s* bysthållare, bh, behå

brass-rubbing ['brɑːsˌrʌbɪŋ] *s* konst. frottage [gjord] på mässingsföremål
brat [bræt] *s* barnunge, snorvalp, skitunge
bravado [brə'vɑːdəʊ] *s* skryt, trots, övermod
brave [breɪv] **I** *adj* **1** modig, djärv, tapper, duktig **2** litt. fin, grann; *it made a ~ show* det var en grann syn **II** *s* krigare i nordamerikanska indianstammar **III** *vb tr* trotsa, tappert möta; ~ *it out* inte låta sig bekomma
bravery ['breɪv(ə)rɪ] *s* mod, tapperhet
bravo [ˌbrɑː'vəʊ, i bet. *II* '--] **I** *interj*, ~*!* bravo! **II** (pl. ~*s*, i bet. 2 äv. ~*es*) *s* **1** bravo[rop] **2** lejd mördare; bandit
bravura [brə'vjʊərə, -'vʊər-] *s* bravur, bravur- [~ *aria (passage)*]
brawl [brɔːl] **I** *vb itr* bråka, gruffa, gräla högljutt **II** *s* bråk, gruff, högljutt gräl
brawn [brɔːn] *s* **1** [välutvecklade] muskler; muskelstyrka **2** kok. sylta
brawny ['brɔːnɪ] *adj* muskulös, stark
bray [breɪ] **I** *vb itr* om åsna skria **II** *vb tr*, ~ [*out*] skalla, skrika ut **III** *s* **1** åsnas skri[ande] **2** skri, skall
brazen ['breɪzn] **I** *adj* **1** av mässing (brons, malm) **2** skränig [*a ~ voice*]; fräck, skamlös [*a ~ lie*] **II** *vb tr*, ~ *it out* skamlöst (fräckt) sätta sig över, klara sig med fräckhet
brazen-faced ['breɪznfeɪst] *adj* fräck, skamlös
1 brazier ['breɪzjə, -ʒjə] *s* mässingsslagare, kopparslagare
2 brazier ['breɪzjə, -ʒjə] *s* **1** fyrfat, glödpanna **2** amer. [liten] utomhusgrill
Brazil [brə'zɪl] **I** geogr. egenn. Brasilien **II** *s*, *b~* se *brazil nut*
Brazilian [brə'zɪljən] **I** *adj* brasiliansk; ~ *rosewood* palisander **II** *s* brasilian[are]
brazil nut [brə'zɪlnʌt] *s* paranöt
BRCS förk. för *British Red Cross Society*
BrE förk. för *British English*
breach [briːtʃ] **I** *s* **1** brytning; brytande; brott; överträdelse; ~ *of contract* kontraktsbrott; ~ *of discipline* disciplinbrott, brott mot ordningen; ~ *of duty* tjänstefel; ~ *of faith* löftesbrott; trolöshet; ~ *of the peace* jur. brott mot (störande av) den allmänna ordningen; ~ *of promise* [*of marriage*] jur. (hist.) brutet äktenskapslöfte **2** bräsch; hål, lucka; rämna, bräcka; bildl. klyfta; *step into (fill) the ~* bildl. rycka in [och hjälpa till]; *throw (fling) oneself into the ~* bildl. a) rycka till undsättning b) kasta sig in i striden **3** brottsjö **II** *vb tr* göra (slå) en bräsch i; bryta [sig] igenom
bread [bred] **I** *s* **1** bröd; matbröd; ~ *and butter* **a)** smör och bröd b) smörgås[ar] c) brödföda, jfr 2; *a slice (piece) of ~ and butter* en smörgås utan pålägg; se vid. *bread-and-butter*; [*live on*] ~ *and water* ...vatten och bröd; *his ~ is buttered on both sides* han har det mycket väl förspänt; *he knows [on] which side his ~ is buttered*

ung. han vet var hans intressen ligger (sitt eget bästa), han vet att hålla sig framme 2 bröd [*one's daily* ~], levebröd, föda, uppehälle; *make (earn) one's* ~ förtjäna sitt [leve]bröd (uppehälle); *take the* ~ *out of a p.'s mouth* ta brödet ur mun på ngn, ta ifrån ngn hans levebröd 3 sl. stålar, kosing
II *vb tr* bröa, panera
bread-and-butter [ˌbredən(d)'bʌtə] *adj* 1 som täcker (rör) basbehoven [*a* ~ *job (issue)*], levebröds- 2 ~ *letter* tackbrev brev med tack för visad gästfrihet 3 vard. saklig, praktisk
breadbasket ['bredˌbɑːskɪt] *s* 1 brödkorg 2 sl. kista mage
breadbin ['bredbɪn] *s* brödburk, brödskrin
breadboard ['bredbɔːd] *s* skärbräda; bakbord
breadcrumb ['bredkrʌm] I *s* 1 [bröd]inkråm 2 isht pl. ~*s* rivebröd, brödsmulor, ströbröd
II *vb tr* bröa, panera
breadfruit ['bredfruːt] *s* bot. brödfrukt
breadline ['bredlaɪn] *s* 1 utspisningskö 2 existensminimum, svältgräns [*live below (on) the* ~]
breadpan ['bredpæn] *s* brödburk, brödskrin
breadth [bredθ] *s* 1 bredd, vidd; utrymme 2 ~ *of mind* vidsynthet, tolerans 3 konst. o.d. bredd, helhetsverkan
breadthways ['bredθweɪz] *adv* o. **breadthwise** ['bredθwaɪz] *adv* på bredden
breadwinner ['bredˌwɪnə] *s* familjeförsörjare
break [breɪk] I *vb tr* (*broke broken;* se äv. *III*) 1 bryta [av], bryta sönder, bräcka, knäcka; ha (slå) sönder [~ *a vase*]; spränga [~ *a blood vessel*]; ~ *open* bryta upp, spränga [~ *open a door*] 2 krossa [~ *a p.'s heart*], bryta [~ *a p.'s will*]; knäcka, ruinera; bryta ner 3 bryta mot, överträda [~ *the law*] 4 avbryta; bryta [~ *the silence*], göra slut på; dämpa [~ *the force of a blow*]; ~ *a journey* göra uppehåll i en resa 5 dressera, tämja; ~ *a horse* rida in en häst 6 ~ *a p. of* vänja ngn av med, få ngn att lägga bort; ~ *oneself of* vänja sig av med, lägga bort, sluta [med] 7 i spec. förb.: ~ *the back of the work* göra undan det värsta av arbetet; ~ *the bank* spel. spränga banken; ~ *bounds* lämna det tillåtna området; ~ *a cipher (code)* forcera ett chiffer; ~ *the ice* bildl. bryta isen; ~ *new ground* se 2 *ground I 1*; *the ship broke its moorings* fartyget slet sina förtöjningar; ~ *the news to a p.* meddela ngn nyheten; ~ *prison (jail)* bryta sig ut ur fängelset; ~ *and enter* [*a house*] bryta sig in i...
II *vb itr* (*broke broken;* se äv. *III*) 1 gå sönder, spricka [*the glass broke*], brytas (slås) sönder; brista; gå av [*the rope broke*], bräckas, knäckas; sprängas [*a blood vessel broke*]; *her waters have broken* vattnet har gått vid födsel 2 om röst **a**) brytas; *her voice broke* hennes röst bröts **b**) *his voice is beginning to* ~ han börjar komma i målbrottet 3 bryta sig lös (fri); ~! boxn. bryt!; *the ship broke from its moorings* fartyget slet sina förtöjningar; ~ *loose* om t.ex. djur slita sig 4 *the storm broke* ovädret bröt lös[t]; *the weather broke* vädret slog om 5 gry; *dawn is* ~*ing* det gryr 6 om knoppar o.d. spricka ut 7 om våg o.d. bryta [sig], gå hög 8 ljuda [*a cry broke from her lips*]; bryta fram, plötsligt framträda [*upon* för] 9 ~ *even* vard. få det att gå ihop 10 ~ *into* **a**) bryta ut i, brista [ut] i [~ *into laughter*] **b**) börja begagna, [börja] tära på [~ *into one's capital*] **c**) gå över till, falla [in] i [~ *into a gallop*] **d**) ~ *into a house* bryta sig in i ett hus; ~ *through* bryta sig igenom 11 ~ *with* bryta med [*a p.* ngn]
III *vb tr* o. *vb itr* med adv. isht med spec. övers.: ~ *away* slita sig lös (loss); göra sig fri [*from* från]; ~ *away from* äv. bryta med
~ *back* i tennis o.d. bryta tillbaka
~ *down*: **a**) bryta ner; knäcka ngns hälsa **b**) bryta ihop (samman), kollapsa; få ett sammanbrott **c**) dela (lösa) upp **d**) slå in t.ex. dörr; störta samman, falla ihop **e**) gå sönder [och stanna], strejka **f**) komma av sig; stranda, bryta samman [*the negotiations broke down*] **g**) svikta, svika, brytas ned [*his health broke down*]; bli nedbruten (förkrossad)
~ *in*: **a**) träna upp; tämja, rida in [~ *in a horse*] **b**) röka in [~ *in a pipe*] **c**) bryta [sig] in **d**) avbryta, falla in; ~ *in [up]on* plötsligt störa (avbryta)
~ *off*: **a**) [plötsligt] avbryta; ~ *off an engagement* slå upp (bryta) en förlovning **b**) brytas av; lösgöra sig **c**) avbryta sig
~ *out*: **a**) utbryta, bryta ut (fram) [*war (a fire) has broken out*] **b**) rymma [~ *out of jail*], frigöra sig från **c**) brista ut; ~ *out laughing* brista ut i skratt **d**) ~ *out in spots* få utslag på huden; ~ *out into a sweat* börja svettas
~ *up*: **a**) bryta upp [~ *up a lock*]; bryta (hugga, slå) sönder **b**) upplösa, skingra [*the police broke up the crowd*] **c**) dela upp [~ *up a word into syllables*], lösa upp; stycka **d**) sluta [*school* ~ *up today*] **e**) gå skilda vägar [*she and her boyfriend broke up after a year*]
IV *s* 1 brytande, brytning; brott 2 spricka, bräcka; avbrott; paus, rast; omslag i t.ex. vädret; *it makes a* ~ det är ett [välkommet] avbrott; *without a* ~ utan avbrott, i ett kör 3 *at* ~ *of day* vid dagens inbrott, i gryningen 4 sport., *on the* ~ i fotb. o.d. på en kontring 5 vard., *a bad* ~ otur; *a lucky* ~ tur 6 vard. chans; *give me a* ~! ge mig en chans!, lägg av! 7 utbrytning ur t.ex. fängelse; rymning; *make a* ~ *for it* vard. försöka fly (rymma)
breakable ['breɪkəbl] I *adj* brytbar, bräcklig
II *s*, pl. ~*s* sköra saker
breakage ['breɪkɪdʒ] *s* 1 sönderbrytning, krossande 2 pl. ~*s* [ersättning för] sönderslaget gods
breakaway ['breɪkəweɪ] *s* brytande, brytning

[*from* med]; utbrytning äv. sport. [*from* ur]; sport. kontring; ~ **group** utbrytargrupp
break-dancer ['breɪkdɑːnsə] *s* breakdansare, breakare
breakdown ['breɪkdaʊn] *s* **1** sammanbrott, kollaps [*the* ~ *of the negotiations*]; sammanstörtande; fall, misslyckande; nedbrytning av hälsa; ~ *of a (the) marriage* ung. djup och varaktig söndring; *a nervous* ~ ett nervsammanbrott **2** stopp [på grund av maskinskada], maskinhaveri; motorstopp; ~ *car (lorry, van)* bärgningsbil; ~ *gang* hjälpmanskap vid t.ex. tågolycka; ~ *train* hjälptåg vid tågolycka **3** sönderdelning, analys [*a* ~ *of the figures (report)*]; klassificering; uppdelning i mindre enheter
breaker ['breɪkə] *s* **1** bränning, brottsjö, störtsjö; ~*s ahead* bildl. fara å färde **2** elektr. strömbrytare; ~ *point* i strömfördelare [av]brytarspets **3** bilskrotare; ~*'s yard* bilskrotningfirma
breakeven [ˌbreɪk'iːv(ə)n] *s* utjämning, balans; ekon. kritisk punkt
breakfast ['brekfəst] **I** *s* frukost, morgonmål, morgonkaffe; ~ *food (cereals)* flingor o.d.; ~ *things* frukostservis; *I could eat him for* ~ han är ingen match för mig **II** *vb itr* äta frukost, frukostera
break-in ['breɪkɪn] *s* inbrott
breaking-limit ['breɪkɪŋˌlɪmɪt] *s* o.
breaking-point ['breɪkɪŋpɔɪnt] *s* bristningsgräns
breakneck ['breɪknek] *adj* halsbrytande [~ *speed*]
break-out ['breɪkaʊt] *s* **1** utbrytning, flykt, rymning [*a* ~ *from prison*] **2** mil. genombrott
breakthrough ['breɪkθruː] *s* genombrott äv. bildl.
break-up ['breɪkʌp] *s* **1** upplösning [*the* ~ *of a marriage*]; brytning [*a* ~ *between Charles and Diana*]; splittring [*the* ~ *of a political party*]; förfall [*the* ~ *of an empire*]; slut; sammanbrott **2** avslutning t.ex. i skolan; uppbrott **3** uppdelning [*the* ~ *of large estates*]
breakwater ['breɪkˌwɔːtə] *s* vågbrytare, pir
bream [briːm] *s* zool. braxen; *sea* ~ havsbraxen; *white (silver)* ~ björkna
breast [brest] **I** *s* bröst äv. bildl.; barm; bringa; *make a clean* ~ *of it* lätta sitt samvete, bekänna alltsammans **II** *vb tr*, ~ *the tape* sport. spränga målsnöret
breastbone ['brestbəʊn] *s* anat. bröstben
breast-deep [ˌbrest'diːp, attr. adj. '--] *adj o. adv* [nedsjunken] till bröstet, upp (ända) till bröstet [*he stood* ~ *in the water*]; [*the water*] *is* ~ ...når upp till bröstet
breast-fed ['brestfed] *adj* uppfödd på bröstmjölk; ~ *baby* bröstbarn
breast-feed ['brestfiːd] (*breast-fed breast-fed*) *vb tr* amma
breast-high [ˌbrest'haɪ, attr. adj. '--] *adj o. adv* [som når upp] till bröstet [~ *waves*], i brösthöjd; jfr *breast-deep*
breastplate ['bres(t)pleɪt] *s* bröstharnesk; bröstplåt
breaststroke ['bres(t)strəʊk] *s* bröstsim
breath [breθ] *s* **1** andedräkt; anda; andning; *catch one's* ~ kippa efter andan; hämta andan; *draw* ~ hämta (dra) andan, andas [in]; *hold one's* ~ hålla andan; *keep (save) one's* ~ *to cool one's porridge* hålla inne med vad man har att säga; *save your* ~*!* var (håll) tyst!; *recover (get) one's* ~ [*again*] hämta andan, pusta (andas) ut; *take a p.'s* ~ *away* få ngn att tappa andan; *waste one's* ~ tala förgäves, tala för döva öron; *waste one's* ~ *on* spilla ord på; *out of* ~ andfådd; *be short of* ~ vara andfådd (andtäppt); *speak (say a th.) under (below) one's* ~ tala (säga ngt) i viskande ton (lågmält) **2** andetag, andedrag; pust, fläkt; *a* ~ *of fresh air* a) en nypa frisk luft b) en frisk fläkt; *take a deep* ~ ta ett djupt andetag, andas djupt
breathalyser o. **breathalyzer** ['breθəlaɪzə] *s* alkotestapparat; ~ *test* alkotest
breathe [briːð] **I** *vb itr* **1** andas; leva; ~ *down a p.'s neck* bildl. hänga över ngns axel, vara på (ligga efter) ngn; ~ *over a p.'s shoulder* hålla efter ngn **2** andas ut, hämta andan, vila litet; ~ *again (freely)* andas (pusta) ut **II** *vb tr* **1** andas, andas ut (in); ~ *fire* om drake spruta eld; ~ *one's last* andas ut (dra) sin sista suck; ~ *new life into* blåsa nytt liv i; ~ *out* utandas, utdunsta **2** bildl. andas [~ *joy*, ~ *simplicity*]; ~ *a word of* knysta om; ~ *vengeance* andas hämnd[lystnad] **3** låta andas (pusta) ut, låta häst rasta **4** *he was* ~*d* han hade tappat andan
breather ['briːðə] *s* **1** vilopaus, andhämtningspaus; avkoppling; *take a* ~ äv. pusta ut ett slag **2** *a* ~ en stunds motion
breathing ['briːðɪŋ] *s* andning, andhämtning
breathing-space ['briːðɪŋspeɪs] *s* andningspaus, andrum båda äv. bildl.
breathless ['breθləs] *adj* andfådd; andlös äv. bildl.
breathtaking ['breθˌteɪkɪŋ] *adj* nervkittlande, nervpirrande; hisnande
breath-test ['breθtest] **I** *s* utandningsprov vid t.ex. alkotest **II** *vb tr* ta utandningsprov på
bred [bred] *imperf. o. perf. p.* av *breed*
breech [briːtʃ] *s* **1 a)** bak, bakdel; ~ *presentation (delivery, birth)* med. sätesbjudning **b)** bakstycke; byxbak **2** på vapen bakstycke, kammarstycke; ~ *mechanism* bakladdningsmekanism
breeches ['brɪtʃɪz] *s pl* knäbyxor; ibl. byxor; *she wears the* ~ det är hon som bestämmer var skåpet ska stå
breeches buoy ['brɪtʃɪzbɔɪ] *s* livräddningsstol
breech-loader ['briːtʃˌləʊdə] *s* bakladdare kanon, gevär

breed [bri:d] I (*bred bred*) *vb tr* **1** föda upp djur; [odla och] förädla; odla; avla **2** bildl. frambringa, alstra; väcka [~ *bad blood*], leda till, orsaka, föda [*war* ~*s misery*] **3** [upp]fostra, utbilda, öva [*to* ~, *för*] II (*bred bred*) *vb itr* **1** få (föda) ungar; föröka sig; fortplanta sig; häcka **2** uppstå, uppkomma, sprida sig III *s* **1** ras, avel; ~ *of cattle* kreatursstam **2** sort, slag [*men of the same* ~], släkte; [*artists*] *are an odd* ~ ...är ett släkte för sig **3** amer. neds. halvblodsindian, halvblod

breeder ['bri:də] *s* **1** djur (växt) som förökar sig; *rabbits are rapid* ~*s* kaniner förökar sig snabbt **2** uppfödare [*horse* ~]; förädlare [*plant* ~] **3** avelsdjur **4** tekn., ~ [*reactor*] bridreaktor

breeding ['bri:dɪŋ] *s* **1** alstring; uppfödande, uppfödning, avel; förädling av djur o. växter **2** fostran; fostrande **3** fortplantning; häckning **4** god uppfostran, hyfs, levnadsvett; *he is a man of* [*good*] ~ han har ett belevat sätt

breeding-ground ['bri:dɪŋgraʊnd] *s* **1** häckningsplats, boplats för fåglar o.d. **2** bildl. grogrund, härd

breeze [bri:z] I *s* **1** a) bris, fläkt, [lätt] vind b) sjö. bris 2-6 grader Beaufort; *light* (*slight*) ~ lätt bris; *gentle* (*moderate*) ~ god (frisk) bris; *fresh* (*strong*) ~ styv (hård) bris **2** vard. bråk; gräl **3** vard. lätt match [*the test was a* ~] **4** sl., *get* (*have*) *the* ~ *up* bli (vara) skraj (byxis); *put the* ~ *up a p.* göra ngn skraj (byxis) **5** isht amer. sl., *take* (*hit*, *split*) *the* ~ sticka, dra, smita **6** isht amer. sl., *shoot the* ~ snacka II *vb itr* vard., ~ *along* susa (rusa) iväg; ~ *in* (*out*) komma insusande (utrusande)

breeze block ['bri:zblɒk] *s* byggn. slaggbetongblock

breezy ['bri:zɪ] *adj* **1** blåsig, luftig; sval, frisk **2** glad[lynt], gemytlig, munter, livad

brekker ['brekə] *s* o. **brekkie** ['brekɪ] *s* o. **brekky** ['brekɪ] *s* vard. för *breakfast*

Bren gun ['brenɡʌn] *s* kulsprutegevär

brent goose [,brent'gu:s] (pl. *brent geese* [,brent'gi:s]) *s* zool. prutgås

brethren ['breðrən] *s pl* se *brother*

Breton ['bret(ə)n] I *adj* bretonsk, bretagnisk II *s* breton, bretagnare

breve [bri:v] *s* mus. brevis

breviary ['bri:vjərɪ] *s* breviarium katolsk o. grekisk-ortodox bönbok

brevity ['brevətɪ] *s* korthet; koncishet; ~ *is the soul of wit* ung. det korta är det mest träffande; i begränsningen visar sig mästaren

brew [bru:] I *vb tr* **1** brygga [~ *beer*]; ~ [*up*] *coffee* brygga kaffe; ~ [*up*] *tea* koka (laga) te **2** bildl. koka ihop [*the boys are* ~*ing mischief*] II *vb itr* **1** bryggas; stå och dra [*let the tea* ~] **2** vard., ~ *up* koka te **3** bildl. vara i görningen (faggorna) [*there is something* ~*ing*]; *a storm is* ~*ing* det drar ihop sig till oväder; *there is mischief* ~*ing* det är (jag anar) ugglor i mossen III *s* brygd; *a strong* ~ [*of tea*] starkt te

brewer ['bru:ə] *s* bryggare; ~'*s yeast* öljäst

brewery ['bru:ərɪ] *s* bryggeri

brew-up ['bru:ʌp] *s* vard. tekokning

1 briar ['braɪə] *s* **1** bot. briar, ljungträ vars rot används till pipor **2** briarpipa

2 briar ['braɪə] *s* se *2 brier*

bribe [braɪb] I *s*, *a* ~ el. pl. ~*s* mutor, en muta II *vb tr* muta, besticka III *vb itr* ge (använda sig av) mutor

bribery ['braɪbərɪ] *s* bestickning, mutande; tagande av mutor (muta); *be open to* ~ vara mutbar

bric-a-brac ['brɪkəbræk] *s* mindre värdefulla antikviteter, kuriosa, kitsch, prydnadssaker

brick [brɪk] I *s* **1** tegel[sten]; ~ *wall* tegelmur, tegelvägg; se äv. ex. under *wall I*; [*as*] *hard as a* ~ stenhård; *drop a* ~ vard. trampa i klaveret, göra bort sig; *make* ~*s without straw* koka soppa på en spik, göra underverk; *like a ton of* ~*s* vard. med förkrossande tyngd **2** tegelstensformat stycke, bit [~ *of soap*], block [~ *of frozen fish*]; brikett **3** byggkloss; *box of* ~*s* bygglåda **4** vard. hederssprick, bussig människa; *be a* ~ äv. vara bussig II *vb tr* **1** mura (bekläda) med tegel **2** ~ *up* (*in*) mura igen (till); ~ *in* äv. mura in

brickbat ['brɪkbæt] *s* **1** tegelstensbit isht använd som kastvapen **2** bildl., pl. ~*s* skarp kritik; *throw* ~*s at* kasta sten på, sabla ned

bricklayer ['brɪk,leɪə] *s* murare

brickyard ['brɪkjɑ:d] *s* tegelbruk

bridal ['braɪdl] *adj* brud- [~ *gown*], bröllops- [~ *preparations*]; ~ *train* brudfölje

bride [braɪd] *s* brud; nygift (ung) fru

bridegroom ['braɪdgru:m, -grʊm] *s* brudgum

bridesmaid ['braɪdzmeɪd] *s* brudtärna

1 bridge [brɪdʒ] *s* kortsp. bridge [*auction* ~; *contract* ~]

2 bridge [brɪdʒ] I *s* **1** bro; brygga äv. tandläk. el. brottn.; övergång över järnväg etc.; vägöverfart; [kommando]brygga; ~ *passage* mus. överledning, passageverk; ~ *roll* ung. avlångt kuvertbröd; *burn one's* ~*s* bränna sina skepp; *we'll cross that* ~ *when we come to it* ung. den dagen (tiden) den sorgen; *never cross your* ~*s till you come to them* man ska inte oroa sig i förväg **2** ~ *of the nose* näsrygg **3** stall på stråkinstrument II *vb tr* slå en bro över, förena [som] med en bro; bildl. överbrygga [~ *the gap*]; ~ *over difficulties* övervinna (bemästra) svårigheter; *bridging loan* övergångslån

bridgehead ['brɪdʒhed] *s* mil. brohuvud

Bridget ['brɪdʒɪt] kvinnonamn

bridle ['braɪdl] I *s* **1** betsel, remtyg; *give a horse the* ~ ge en häst fria tyglar **2** bildl.

tygel, tvång, band, hämsko **II** *vb tr* **1** betsla **2** bildl. tygla, hålla i schack; lägga band på [äv. ~ *in*; ~ *one's temper*] **III** *vb itr*, ~ [*up*] knycka på nacken
bridle path ['braɪdlpɑ:θ] ridväg, ridstig
Brie [bri:] *s* brie[ost]
brief [bri:f] **I** *s* **1** sammandrag, [kort] referat; *I hold no ~ for him* jag har ingenting till övers för honom, jag försvarar honom inte; *hold a watching ~* ha i uppdrag att följa en process (händelsernas gång) **2** jur. resumé (föredragning) av fakta etc. i ett mål [görs av en *solicitor* till ledning för den *barrister* som skall sköta målet inför rätta] **3** pl. *~s* [dam]trosor; [herr]kalsonger **II** *adj* kort, kortfattad, kortvarig; *be ~* fatta sig kort; *in ~* kort sagt; i korthet; *the news in ~* nyheterna i sammandrag **III** *vb tr* **1** sammanfatta, ge en resumé (sammanfattning) av **2** jur. informera, ge en resumé av (föredra) fakta i målet, friare anlita [*~ a barrister*] **3** orientera, instruera, briefa, ge direktiv [*the pilots were ~ed about the operation*]; informera; preparera; *~ a p. about the work* sätta ngn in i arbetet
briefcase ['bri:fkeɪs] *s* portfölj
briefing ['bri:fɪŋ] *s* orientering, genomgång, instruktion[er], briefing
1 brier ['braɪə] *s* se *1 briar*
2 brier ['braɪə] *s* törnbuske; isht nyponbuske
brier-rose ['braɪərəʊz] *s* nyponbuske; nyponblomma
Brig. förk. för *Brigadier*
brig [brɪg] *s* brigg
brigade [brɪ'geɪd] *s* **1** mil. brigad **2** kår
brigadier [ˌbrɪgə'dɪə] *s* brigadgeneral; motsv. överste av första graden inom armén; brigadör inom frälsningsarmén
brigadier-general [ˌbrɪgədɪə'dʒen(ə)r(ə)l] *s* hist. el. amer. brigadgeneral, motsv. överste av första graden
brigand ['brɪgənd] *s* stråtrövare, bandit
bright [braɪt] **I** *adj* **1** klar, ljus, lysande; blank, spegelblank, glänsande, skinande; *~ intervals* meteor. tidvis uppklarnande [väder]; *~ red* högröd (klarröd) färg **2** glad, glädjestrålande [*a ~ face*], lycklig [*feel ~*], ljus [*~ prospects*]; *look on the ~ side* [*of things*] se det från den ljusa sidan; *things are looking ~er* det börjar se ljusare (hoppfullare) ut **3** vaken, skärpt, begåvad [*a ~ child*]; *a ~ idea* en ljus idé, ett kvickt infall; iron. [just] ett fint påhitt; *he is not on the ~ side* något större ljus är han inte; *a ~ spark* a) ett ljushuvud b) en lustigkurre; en glad lax; *you're a ~ specimen!* iron. du är verkligen begåvad! **II** *adv* klart [*shine ~*]
brighten ['braɪtn] **I** *vb tr* **1** göra ljus[are], göra klar[are]; lysa upp, förgylla, förljuva [*~ a p.'s life*] **2** muntra upp, liva [upp], pigga upp [äv. *~ up*] **II** *vb itr*, *~* [*up*] bli ljus[are] etc., jfr *I 1*;

klarna [upp], skina upp, ljusna; lysa upp [*his face ~ed up*], livas upp
1 brill [brɪl] *s* zool. slätvar
2 brill [brɪl] *adj* vard. förk. för *brilliant I 2*
brilliance ['brɪljəns] *s* o. **brilliancy** ['brɪljənsɪ] *s* **1** glans, prakt; lysande sken **2** briljans, talang[fullhet], begåvning
brilliant ['brɪljənt] **I** *adj* **1** strålande [*~ sunshine*], glänsande, gnistrande [*~ jewels*] **2** briljant; strålande [*a ~ idea*]; lysande [*a ~ career*]; genialisk, högt begåvad; mästerlig **II** *s* briljant
brilliantine [ˌbrɪljən'ti:n] **I** *s* briljantin, pomada **II** *vb tr* pomadera
brim [brɪm] **I** *s* **1** brädd, kant, rand [*the ~ of a cup*] **2** brätte **II** *vb tr* fylla till brädden, brädda, råga **III** *vb itr* vara bräddad (bräddfull, fylld till brädden); *~ over* rinna över, flöda över äv. bildl. [*with* av]; *~ming eyes* tårfyllda ögon
brimful[l] [ˌbrɪm'fʊl, 'brɪmfʊl] *adj* bräddfull, rågad; bildl. sprängfylld [*~ of ideas*]
brine [braɪn] **I** *s* saltvatten, saltlake; saltlösning; attr. salt- **II** *vb tr* lägga i (behandla med) saltlake; salta [in]
bring [brɪŋ] (*brought brought*) **I** *vb tr* (se äv. fraser med *bring* under bl.a. *2 bear, home, sense*) **1** komma med, ha (föra) med sig; hämta; [för]sätta [*into* i]; inbringa [*his writings ~ him £30,000 a year*]; [för]skaffa; *~ me...* ta hit (hämta)...; *~* [*down*] *upon oneself* ådra sig **2 a)** frambringa, framkalla; medföra; orsaka **b)** förmå, bringa, få [*to* till att] **3** lägga fram, dra fram; *~ an action against a p.* väcka åtal mot ngn **4** med adv. isht med spec. övers.:
~ about få till stånd, förorsaka, framkalla [*~ about a crisis*]
~ along ha med sig, ta med [sig]
~ back ta (ha) med sig tillbaka; väcka [*~ back many memories*]; återinföra; *~ a p. back to health* återge ngn hälsan; *~ a p. back to life* återuppliva ngn
~ down skjuta ner [*~ down a plane*]; störta [*~ down a tyrant*]; få ner, sänka [*~ down prices*]; föra fram, fortsätta [*~ down a history to modern times*]; *~ one's fist down on the table* slå näven i bordet; *~ down the house* väcka (riva ner) stormande applåder; *~ down upon* dra [ner] över, jfr *~* [*down*] *upon oneself* under *I 1*
~ forth frambringa, framföda; lägga fram [*~ forth a proposal*]; *~ forth young* få ungar
~ forward: **a)** föra fram; flytta fram, tidigarelägga [*~ forward a meeting*]; anföra, lägga fram [*~ forward proof*] **b)** bokf. transportera; *amount brought forward* transport från ngt; *balance brought forward* ingående saldo
~ in föra in, bära in, ta in; inbringa [*~ in money*]; väcka [*~ in a bill*]; införa; kalla in [*~*

in experts]; **the jury brought in a verdict of guilty** juryns utslag löd på 'skyldig'
~ **off** klara av [*it was difficult, but they brought it off*]
~ **on** förorsaka [*an illness brought on by*...], medföra, framkalla
~ **out** framhäva [~ *out a contrast*], bringa i dagen; uppföra [~ *out a play*], ge ut [~ *out a new book*]; ~ **out the best in a p.** få fram det bästa hos ngn
~ **round** få att kvickna till, återställa; ta med [sig]; ~ **a p. round to one's point of view** omvända ngn till sin åsikt
~ **to** väcka till medvetande [igen]
~ **up** a) uppfostra, utbilda, föda upp
b) kasta upp [~ *up one's dinner*] c) ta (dra) upp [~ *up a question*], föra (bringa) på tal; föra (lyfta, hämta) upp; föra fram till en viss tidpunkt
II *vb itr*, ~ **to** sjö. dreja (lägga) bi
brink [brɪŋk] *s* rand, kant, brant, brädd; **be on the ~ of** [**a great discovery** (**a war**)] stå inför...; **be on the ~ of doing a th.** vara nära (på vippen) att göra ngt; **he's on the ~ of the grave** han står på gravens rand; **on the ~ of ruin** på ruinens brant
briny ['braɪnɪ] **I** *adj* salt **II** *s* vard., **the ~** [det salta] havet
briquet[te] [brɪ'ket] *s* **1** brikett **2** litet block (stycke); tegelstensformad liten bit
Brisbane ['brɪzbən, -beɪn] geogr.
brisk [brɪsk] **I** *adj* **1** livlig [*a ~ demand for cotton goods*], rask [*at a ~ pace*]
2 uppiggande, frisk [~ *air, a ~ wind*]; munter [*a ~ fire*] **II** *vb tr*, ~ [**up**] liva upp, pigga upp; påskynda
brisket ['brɪskɪt] *s* isht kok. bringa
brisling ['brɪzlɪŋ, -s-] *s* zool. skarpsill, brissling
bristle ['brɪsl] **I** *s* borst[hår]; skäggstrå [*his face was covered with ~s*], styvt hår[strå]; vanl. pl.: **~s** koll. borst [*a toothbrush with stiff ~s*]; **hog's ~** svinborst **II** *vb itr* **1 ~** [**up**] resa sig, stå på ända [*his hair ~d* [*up*]] **2 ~** [**up**] resa borst (ragg, kam); ~ [**with anger**] bli tvärarg **3 ~ with** bildl. vimla av [~ *with difficulties*]
III *vb tr* **1** resa [*the cock ~d its crest*] **2** sätta borst i
bristly ['brɪslɪ] *adj* borstig [*a ~ moustache*], borstlik, full av borst; sträv [*a ~ chin*]
Bristol ['brɪstl] **I** geogr. egenn.; ~ *fashion* se *shipshape 2* **II** *s* sl., pl. **b~s** tuttar rimslang för *Bristol Cities* = *titties*
Brit [brɪt] *s* vard. britt, engelsk, engelsman
Brit. förk. för *Britain, Britannia, British*
Britain ['brɪtn] **1** [*Great*] **~** Storbritannien; ibl. England; **North ~** (**N.B.** i adresser o.d.) Skottland **2** hist. Britannien
Britannia [brɪ'tænjə] Britannien isht personifierat; ~ *metal* britanniametall
Britannic [brɪ'tænɪk] *adj* brittisk [*His* (*Her*) ~ *Majesty*]

Briticism ['brɪtɪsɪz(ə)m] *s* britticism, brittisk form (vändning)
British ['brɪtɪʃ] **I** *adj* brittisk; engelsk **II** *s*, **the ~** britterna, engelsmännen
Britisher ['brɪtɪʃə] *s* mest amer. vard. britt, engelsman
Briton ['brɪtn] *s* britt äv. hist.
Brittany ['brɪtənɪ] geogr. Bretagne
brittle ['brɪtl] *adj* spröd, skör, bräcklig
broach [brəʊtʃ] **I** *s* **1** [stek]spett **2** tekn. syl; skärborr **II** *vb tr* **1** slå upp vinfat, ölfat **2** komma fram med, framkasta, bringa på tapeten (tal), börja dryfta [~ *a subject*] **3** tekn. borra med skärborr; brotscha
broad [brɔːd] **I** *adj* **1** bred; vid[sträckt]; ~ **beans** bondbönor; **it's as ~ as it's long** det kommer på ett ut **2** full, klar; **in ~ daylight** mitt på ljusa dagen **3** öppen, tydlig, klar [*a ~ hint*] **4** grov, huvudsaklig, stor [*the ~ features of a th.*, ~ *outline*[*s*]]; allmän, generell [*a ~ rule*, ~ *principles*]; **in a ~ sense** i stort sett, i stora (grova) drag **II** *s* isht amer. sl. fruntimmer, brud; fnask
broad-based ['brɔːdbeɪst] *adj* på bred basis
broad-brimmed ['brɔːdbrɪmd] *adj* bredbrättad
broadcast ['brɔːdkɑːst] **I** (*broadcast broadcast* ibl. *~ed ~ed*) *vb tr* **1** sända [i radio (TV)] [~ *a concert*] **2** lantbr. så för hand, bredså **3** basunera ut **II** (för tema se *I*) *vb itr* uppträda (tala) i radio, uppträda i TV **III** *s*
1 [radio]utsändning, [TV-]sändning
2 lantbr., ~ [*sowing*] bredsåning, bredsådd **IV** *adj* radio-, TV-; radio- och TV- [~ *news*]
broadcasting ['brɔːdˌkɑːstɪŋ] *s* radio[utsändning], TV[-sändning]; **the British B~ Corporation** brittiska icke-kommersiella radion och televisionsbolaget, BBC; ~ **station** radiostation
broadcloth ['brɔːdklɒθ] *s* **1** svart kläde av dubbelbredd **2** amer. [merceriserad] poplin
broaden ['brɔːdn] **I** *vb tr* göra bred[are] (vid[are]); vidga [ut] [äv. ~ *out*]; ~ **one's mind** vidga sin horisont (synkrets) **II** *vb itr* bli bred[are], vidga [ut] sig
broadly ['brɔːdlɪ] *adv* brett etc., jfr *broad I*; i största allmänhet, i stora drag, i stort sett; [i] friare [betydelse]; ~ **speaking** i stort sett
broad-minded [ˌbrɔːd'maɪndɪd] *adj* vidsynt, tolerant, fördomsfri
Broadmoor ['brɔːdmɔː] interneringsanstalt i Berkshire för kriminella psykopater
broadsheet ['brɔːdʃiːt] *s* **1** a) plakat, blad b) skillingtryck **2** häftad broschyr, häfte
broad-shouldered [ˌbrɔːd'ʃəʊldəd] *adj* bredaxlad
broadside ['brɔːdsaɪd] **I** *s* sjö., mil. o. bildl. bredsida; ~ **on** [med] bredsidan till **II** *vb tr* sport. ställa upp motorcykeln i kurva; lägga upp en sladd

broadsword ['brɔ:dsɔ:d] *s* bredsvärd; huggsabel
Broadway ['brɔ:dweɪ] gata, teater- och nöjescentrum i New York
brocade [brə(ʊ)'keɪd] *s* brokad
broccoli ['brɒkəlɪ] *s* broccoli
brochure ['brəʊʃə, -ʃʊə] *s* broschyr; prospekt över resor o.d.
1 brogue [brəʊg] *s* broguesko; sportsko, golfsko
2 brogue [brəʊg] *s* dialekt[uttal]; isht irländskt uttal
broil [brɔɪl] **I** *vb tr* steka, halstra, grilla **II** *vb itr* stekas, halstras, grillas; steka sig [*sit ~ing in the sun*]
broiler ['brɔɪlə] *s* **1** halster, rost, grill **2** broiler gödkyckling **3** vard. stekhet dag
broiling ['brɔɪlɪŋ] *adj* brännhet, glödhet, stekhet, gassande; *it's ~* [*hot*] äv. det gassar (steker)
broke [brəʊk] **I** imperf. o. perf. p. av *break* **II** *adj* vard. pank, barskrapad; *go for ~* satsa allt man har
broken ['brəʊk(ə)n] *perf p* o. *adj* **1** bruten, bräckt etc., jfr *break*; sönder, sönderslagen, söndrig, trasig [*a ~ marriage*], splittrad [*a ~ home*], förfallen **2** [ned]bruten [*a ~ man*]; förkrossad; ruinerad **3** tämjd, inriden, dresserad [*ofta ~ in*]; amer. inkörd; disciplinerad **4** [ofta] avbruten, störd [*~ sleep*] **5** i vissa uttr.: *~ chord* mus. brutet ackord; *~ English* bruten engelska; *in ~ tones* med osäker stämma, stammande
broken-down [ˌbrəʊkən'daʊn] *attr adj* **1** utnött, förfallen **2** trasig, som har gått sönder **3** nedbruten; i [fysiskt] förfall, avtynad
broken-hearted [ˌbrəʊk(ə)n'hɑ:tɪd] *adj* nedbruten av sorg, med brustet hjärta
broker ['brəʊkə] *s* **1** mäklare; agent, mellanhand **2** utmätningsman; *put in the ~s* göra utmätning
brokerage ['brəʊkərɪdʒ] *s* **1** mäkleri, mäklarsyssla **2** mäklararvode, courtage
brolly ['brɒlɪ] *s* vard. paraply
brome [brəʊm] *s* bot., *~* [*grass*] losta
bromide ['brəʊmaɪd] *s* **1** kem. bromid, bromförening; *~ paper* foto. bromsilverpapper, bromidpapper; *potassium ~* bromkalium **2** vard. a) banalitet b) tråkmåns, döddansare
bromine ['brəʊmi:n, -mɪn] *s* kem. brom
bronchi ['brɒŋkaɪ] *s pl* o. **bronchia** ['brɒŋkɪə] *s pl* anat. bronker
bronchial ['brɒŋkjəl] *adj* anat. bronkial, luftrörs-; *~ tubes* bronker
bronchitic [brɒŋ'kɪtɪk] *adj* bronkitisk, luftrörs-
bronchitis [brɒŋ'kaɪtɪs] *s* bronkit, luftrörskatarr

bronco ['brɒŋkəʊ] (pl. *~s*) *s* otämjd (halvtämjd) häst i västra USA
broncobuster ['brɒŋkəʊˌbʌstə] *s* vildhästtämjare
Brontë ['brɒntɪ] egenn.; *the ~s* litt. hist. systrarna Brontë
brontosaur ['brɒntəsɔ:] *s* o. **brontosaurus** [ˌbrɒntə'sɔ:rəs] *s* brontosaurus
Bronx [brɒŋks] geogr. egenn.; *the ~* Bronx stadsdel i New York; *the ~ cheer* amer. sl. buande, utvissling
bronze [brɒnz] **I** *s* **1** brons; *the B~ Age* bronsåldern **2** bronsfärg **3** brons[föremål] **II** *vb tr* **1** bronsera **2** göra brun (solbränd); *~d* solbränd **III** *vb itr* bli brun (solbränd)
brooch [brəʊtʃ] *s* brosch; bröstnål
brood [bru:d] **I** *s* **1** kull **2** yngel, avkomma, avföda **II** *vb itr* **1** ligga på ägg, ruva **2** vila, hänga, ruva [*on* (*over*) över; *the night ~ed over the town*] **3** bildl. grubbla, ruva [*on* (*over*) på] **III** *vb tr* **1** ruva (fram), kläcka **2** bildl. ruva (grubbla) på (över)
brood-hen ['bru:dhen] *s* ligghöna
brood-mare ['bru:dmeə] *s* avelssto
broody ['bru:dɪ] *adj* **1** liggsjuk om höna **2** grubblande, fundersam; missmodig
1 brook [brʊk] *s* bäck
2 brook [brʊk] *vb tr* tåla, fördraga; medge; *they will ~ no interference* de tål inte någon inblandning
Brooklyn ['brʊklɪn] stadsdel i New York
broom [bru:m, brʊm] *s* **1** kvast; [långskaftad] sopborste; *a new ~ sweeps clean* nya kvastar sopar bäst **2** bot. ginst
broomstick ['bru:mstɪk] *s* kvastskaft
Bros. ['brʌðəz] (förk. för *Brothers*); *Smith ~* Bröderna Smith firmanamn
broth [brɒθ] *s* **1** [kött]spad, buljong; köttsoppa; *too many cooks spoil the ~* ju flera kockar, dess sämre soppa **2** med. buljong för bakterieodling
brothel ['brɒθl] *s* bordell
brother ['brʌðə] (pl. *~s*, i bet. *3* ofta *brethren*) *s* **1** bror, broder; *Smith Brothers* Bröderna Smith firmanamn; *they are ~[s] and sister[s]* de är syskon **2** medbroder; ämbetsbroder, yrkesbroder; *~s in arms* vapenbröder; *~ officer* officerskamrat **3** relig. [tros]broder **4** isht amer. sl. [med]broder; kompis, polare; *~, can you spare a dime?* ung. hörru, har du en krona [till en kopp kaffe]?
brotherhood ['brʌðəhʊd] *s* broderskap; brödraskap, samfund; *the ~ of man* den mänskliga gemenskapen
brother-in-law ['brʌð(ə)rɪnlɔ:] (pl. *brothers-in-law* ['brʌðəzɪnlɔ:]) *s* svåger
brotherly ['brʌðəlɪ] *adj* broderlig
brougham ['bru:əm] *s* hist. [enspänd] kupé (täckvagn)
brought [brɔ:t] imperf. o. perf. p. av *bring*
brouhaha ['bru:hɑ:hɑ:] *s* vard. ståhej, kalabalik

brow [braʊ] *s* **1** ögonbryn; *knit one's ~s* rynka pannan (ögonbrynen) **2** panna; bildl. min **3** utsprång, rand, kant av bråddjup; krön; *~ of a hill* backkrön
browbeat ['braʊbi:t] (*browbeat browbeaten*) *vb tr* spela översittare mot, domdera, hunsa [med]
brown [braʊn] **I** *adj* **1** brun; *~ bread* ung. mörkt bröd, fullkornsbröd; *~ paper* omslagspapper, karduspapper; *~ rice* råris; *~ shirt* hist. brunskjorta nazist; *in a ~ study* försjunken i grubbel (funderingar, drömmerier); *~ sugar* rårörsocker; farinsocker; *have a ~ thumb* sakna gröna fingrar; *~ trout* bäcköring, insjööring **2** mörkhyad; brun, solbränd **II** *s* **1** brunt; brun färg **2** flygande svärm (flock) av fågelvilt **III** *vb tr* **1** brunsteka, bryna **2** *be ~ed off* sl. vara utled på allting, vara uttråkad (deppig) **IV** *vb itr* bli brun
brownie ['braʊni] *s* **1** tomte **2** *B~* [*guide*] miniorscout; tidigare benämning blåvinge **3** amer., slags fyrkantig [små]kaka med choklad och nötter
Browning ['braʊnɪŋ] **I** egenn. **II** *s* browning[pistol]
brownish ['braʊnɪʃ] *adj* brunaktig
brownstone ['braʊnstəʊn] *s* amer. **1** byggn. rödbrun sandsten **2** *~* [*house*] hus med sandstensfasad vilket indikerar ett välbärgat hem
browse [braʊz] **I** *s* **1** löv, skott o.d. som foder; magert bete **2** betande; *have a ~ among (through)* [*a p.'s books*] botanisera bland... **II** *vb tr* beta av **III** *vb itr* **1** beta; *~ on* [*leaves*] leva på (av)... **2** bildl. gå (strosa) runt och titta; *~ among (through)* [*a p.'s books*] botanisera bland...
Bruges [bru:ʒ] geogr. Brügge
Bruin ['bru:ɪn] *s* Nalle; *b~* björn, nalle
bruise [bru:z] **I** *s* blåmärke, blånad; stöt, fläck på frukt o.d. **II** *vb tr* **1** ge blåmärken (krossår), slå gul och blå; stöta frukt; *he fell and ~d his leg* han ramlade och fick blåmärken på benet; *I'm ~d all over* jag har blåmärken överallt **2** mala (stöta) sönder, krossa **III** *vb itr*, *~ easily* lätt få blåmärken
bruiser ['bru:zə] *s* vard. **1** boxare **2** bjässe
bruit [bru:t] *vb tr* litt. omtala; *~* [*abroad (about)*] sprida ut t.ex. ett rykte
brunch [brʌn(t)ʃ] *s* (bildat av *breakfast* o. *lunch*) brunch, frukost-lunch
brunette [bru:'net] *s* o. *adj* brunett
Brunswick ['brʌnzwɪk] Braunschweig
brunt [brʌnt] *s* [våldsamt] angrepp; *bear the ~* bildl. stå i skottgluggen, klä skott, få ta emot stöten (stötarna); *bear the ~ of the blame* bära (ha) största skulden
brush [brʌʃ] **I** *s* **1** borste; kvast; pensel **2** [av]borstning; *give a p. a ~* borsta av ngn **3** [räv]svans **4** elektr. [kol]borste; strålknippe **5** sammandrabbning; nappatag **6** småskog,

snårskog, snår; ris **II** *vb tr* **1** borsta [*~ one's hair (teeth)*], borsta av [*~ one's coat*]; sopa; skrubba; stryka [*~ back one's hair*]; *~ed nylon* borstad nylon; *~ away* stryka bort [*~ away a tear*]; *~ aside (away)* bildl. avvisa, avfärda, slå bort; *~ off* a) borsta av (bort) b) vard. nobba, avspisa; *~ up* borsta upp; piffa upp, snygga till; friska (fräscha) upp [sina kunskaper i] [*~ up one's English*] **2** snudda vid; stryka förbi **III** *vb itr* **1** *~ against (by, past)* snudda vid; stryka förbi; *~ past* äv. svepa (slinka) förbi **2** *~ off* gå att borsta bort [*the mud will ~ off when it dries*]; *~ off on* bildl. smitta av sig på **3** *~ up on* amer. friska upp [sina kunskaper i]
brush-off ['brʌʃɒf] *s* vard. avspisning; *give a p. the ~* nobba (avspisa) ngn
brush-up ['brʌʃʌp] *s* uppsnyggning; uppfriskning; *give one's English a ~* friska upp sin engelska; *have a wash and ~* fräscha upp sig, snygga till sig
brushwood ['brʌʃwʊd] *s* småskog, snårskog, snår; ris, kvistar ss. bränsle
brushwork ['brʌʃwɜ:k] *s* penselföring, måleri
brusque [brʊsk, bru:sk, brʌsk] *adj* tvär, burdus, brysk, snäsig
Brussels ['brʌslz] geogr. Bryssel; attr. bryssel- [*~ lace*]
Brussels sprouts [ˌbrʌslz'spraʊts] *s pl* brysselkål
brutal ['bru:tl] *adj* brutal, rå; djurisk; grov, ohyfsad
brutality [bru:'tæləti] *s* brutalitet, råhet
brutalize ['bru:təlaɪz] *vb tr* förråa, förfäa; göra brutal, brutalisera
brute [bru:t] **I** *adj* **1** om djur oskälig **2** djurisk; rå; brutal **3** om saker själlös, rå; *~ force* rå styrka **II** *s* **1** oskäligt djur **2** brutal (rå) människa; vard. odjur, få, kräk
brutish ['bru:tɪʃ] *adj* djurisk, rå
Brutus ['bru:təs]
bryony ['braɪənɪ] *s* bot. hundrova
B/S förk. för *bill of sale*
B.Sc. [ˌbi:es'si:] förk. för *Bachelor of Science*
BSI förk. för *British Standards Institution*
BST förk. för *British Standard Time*, *British Summer Time*
BT förk. för *British Telecom*
Bt. förk. för *Baronet*
BTA förk. för *British Tourist Authority*
bubble ['bʌbl] **I** *s* **1** bubbla; bubblande; *blow ~s* blåsa såpbubblor **2** bildl. [luft]bubbla [*the ~ burst at last*]; humbug, svindel; attr. humbugs-, svindel- **3** pratbubbla **II** *vb itr* bubbla, porla; sprudla; *~ over* bildl. sprudla [*with* av]
bubble-and-squeak [ˌbʌblən'skwi:k] *s* kok. uppstekt potatismos med kål och ibland kött
bubble bath ['bʌblbɑ:θ] *s* skumbad
bubble car ['bʌblkɑ:] *s* gammal typ av minibil [med plexiglashuv]

bubble gum ['bʌblgʌm] *s* bubbelgum
bubble memory ['bʌbl͵memərɪ] *s* data. bubbelminne
bubble pack ['bʌblpæk] *s* blisterförpackning
bubbly ['bʌblɪ] *s* vard. champis, skumpa
bubonic [bjʊ'bɒnɪk] *adj*, *~ plague* bubonpest, böldpest
buccaneer [͵bʌkə'nɪə] *s* sjörövare; äventyrare
Bucharest [͵bu:kə'rest, ͵bju:-, '---] Bukarest
1 buck [bʌk] **I** *s* **1** bock, hanne av dovhjort, ren, stenbock, antilop, hare, kanin m. fl.; *~ teeth* utstående framtänder i överkäken; 'häsständer' **2** åld. sprätt, 'lejon' **3** amer. sl. (neds.) ung neger (indian) **4** isht amer. [såg]bock; gymn. bock **II** *vb itr* o. *vb tr* **1** om häst hoppa med krökt rygg [och slå (sparka) bakut] för att kasta av ryttare; stånga **2** *~ up* vard. raska på; pigga (gaska) upp [sig]
2 buck [bʌk] *s* sl., föremål som betecknar given plats i poker; *pass the ~* [*to*] vältra över ansvaret [på]
3 buck [bʌk] *s* amer. sl. dollar; *a fast ~* snabba pengar (stålar)
bucket ['bʌkɪt] **I** *s* **1** pyts, ämbar, spann, hink; *a drop in the ~* en droppe i havet; *kick the ~* sl. kola av; *in ~s* spannvis; *the rain was coming down in ~s* el. *it was raining ~s* regnet öste ner **2** mudderskopa, hisskopa **II** *vb itr*, *~* [*down*] a) ösregna, hällregna [*it is ~ing* [*down*]] b) ösa ner [*the rain is ~ing down*]
bucket chain ['bʌkɪtt͡ʃeɪn] *s* skopkedja, paternoster
bucketful ['bʌkɪtfʊl] (pl. *~s* el. *bucketsful*) *s* ss. mått spann, hink [*of* med]
bucket seat ['bʌkɪtsi:t] *s* bil. urskålat säte
bucket shop ['bʌkɪt͡ʃɒp] *s* **1** inofficiell börs, jobbarbörs för spekulationsaffärer **2** [skum] resebyrå
Buck House [͵bʌk'haʊs] *s* skämts. för *Buckingham Palace*
Buckingham Palace [͵bʌkɪŋəm'pælɪs] den brittiska monarkens officiella residens i London
Buckinghamshire ['bʌkɪŋəmʃɪə, -ʃə]
buckle ['bʌkl] **I** *s* spänne; buckla **II** *vb tr* **1** fästa med spänne, spänna, knäppa [*on* på; *up* ihop]; *~ on* äv. spänna på (om) sig **2** *~* [*up*] buckla [till], böja **III** *vb itr* **1** *~ to* (*down*) hugga i, lägga manken till; *~* [*down*] *to work* ta itu med arbetet **2** *~* [*up*] böja (kröka, vika) sig, bågna, ge vika
Bucks. [bʌks] förk. för *Buckinghamshire*
bucksaw ['bʌksɔ:] *s* ramsåg
buckshee [͵bʌk'ʃi:, attr. adj. '--] sl. **I** *s* mil. extraranson[er] **II** *adj* o. *adv* gratis [*get a th. ~*]
buckshot ['bʌkʃɒt] *s* rådjurshagel, grova hagel
buckskin ['bʌkskɪn] *s* **1** läder av hjort (får); pl. *~s* hjortskinnsbyxor **2** tyg buckskin
buckthorn ['bʌkθɔ:n] *s* bot. getapel, vägtorn
buckwheat ['bʌkwi:t] *s* bovete

bucolic [bjʊ'kɒlɪk] **I** *adj* idyllisk, pastoral [*a ~ scene*]; bukolisk, herde- [*~ poetry*] **II** *s* herdedikt
1 bud [bʌd] **I** *s* knopp; öga på växt; *nip* [*a plot*] *in the ~* kväva...i sin linda **II** *vb itr* knoppas, slå ut, börja växa **III** *vb tr* trädg. okulera
2 bud [bʌd] *s* isht amer. sl., se *buddy*
Budapest [͵bju:də'pest, ͵bu:-]
budded ['bʌdɪd] *adj* knoppbärande; i knopp
Buddha ['bʊdə, amer. 'bu:-]
Buddhism ['bʊdɪz(ə)m, amer. 'bu:-] *s* buddism
budding ['bʌdɪŋ] *adj* knoppande; bildl. spirande, blivande
buddy ['bʌdɪ] *s* isht amer. sl. kompis, polare, kamrat; i tilltal hörru [kompis (polarn)] [*listen, ~!*]
budge [bʌd͡ʒ] vanl. med negation **I** *vb itr* röra sig ur fläcken, flytta sig, vika äv. bildl. [*he wouldn't ~ an inch*]; *he won't ~ on that point* han är orubblig på den punkten **II** *vb tr* röra ur fläcken, flytta på
budgerigar ['bʌd͡ʒərɪgɑ:] *s* undulat
budget ['bʌd͡ʒɪt] **I** *s* budget; statsbudget; attr. lågpris- [*~ travel*; *~ meal*]; *~ deficit* budgetunderskott; *~ plan* avbetalningssystem, avbetalningsplan; *~ price* lågpris **II** *vb itr* göra upp en budget [*~ for the coming year*] **III** *vb tr* budgetera [*~ed cost*]; planera [*~ one's time*]
budgetary ['bʌd͡ʒɪt(ə)rɪ] *adj* budget[s]-, budgetär, statsfinansiell
budgie ['bʌd͡ʒɪ] *s* vard., se *budgerigar*
budo ['bju:dəʊ] *s* sport. budo
Buenos Aires [͵bwenɒs'aɪ(ə)rɪz, ͵bweɪn-]
buff [bʌf] **I** *s* **1** buffelläder; sämskskinn **2** [skinnklätt] polerverktyg; nagelpolerare **3** mattgul färg **4** vard. entusiast, fantast [*film (theatre, history) ~*] **5** vard., *in the ~* el. *stripped to the ~* spritt naken, i bara mässingen **II** *adj* mattgul, brungul **III** *vb tr* polera med sämskskinn
buffalo ['bʌfələʊ] (pl. *~es* el. koll. lika) *s* buffel, buffel- [*~ calf* (*hide*)]; bisonoxe
1 buffer ['bʌfə] *s* buffert; *~ state* buffertstat
2 buffer ['bʌfə] *s* sl. (neds.) karl; *old ~* gammal stofil
3 buffer ['bʌfə] *s* polerverktyg; nagelpolerare
1 buffet ['bʌfɪt] **I** *s* knuff, stöt, knytnävsslag; bildl. slag, törn **II** *vb tr* **1** slå [till] isht med handen; knuffa [omkring] **2** brottas med, kämpa mot vågorna
2 buffet ['bʊfeɪ, amer. bə'feɪ, ͵bʊ'feɪ] *s* **1** möbel buffé, skänk **2** [serverings]disk; buffé restaurang; *~ car* järnv. buffévagn, cafévagn **3** mål buffé [*cold ~*]; *~ supper* gående supé
buffoon [bə'fu:n] **I** *s* pajas, gycklare; *play the ~* spela pajas **II** *vb itr* spela pajas
bug [bʌg] **I** *s* **1** vägglus **2** isht amer. [liten] insekt, skalbagge **3** vard. bacill, bacillusk **4** sl., *big ~* pamp, högdjur **5** isht amer. sl. fix idé,

fluga, dille **6** amer. vard. entusiast, fantast, dåre [*a hi-fi* ~] **7** vard. dold mikrofon **8** vard. [fabrikations]fel, defekt; data. lus programfel **II** *vb tr* **1** vard. bugga, placera dolda mikrofoner i **2** isht amer. sl. reta, tråka, irritera
bugbear ['bʌgbeə] *s* **1** orosmoment **2** [hjärn]spöke, fasa; buse
bugger ['bʌgə] **I** *s* **1** jur. sodomit **2** sl. jävel, knöl, sate **3** sl. jäkel, fan [äv. smeksamt: *that sweet little* ~] **4** sl., *it's a* ~ det är för jävligt; *I don't give* (*care*) *a* ~ *if*... jag ger fan i om... **II** *vb tr* sl. **1** ha tidelag med, begå sodomi med; ~ *about* se *muck about* under *muck II*; *now you've ~ed it up!* nu javlar har du fördärvat (klantat till) det! **2** ~ *it!* fan [också]!; ge fan i det!; ~ *that!* det skiter jag i! **3** *I'm ~ed if I know* ta mig fan om jag vet!, det vete fan! **III** *vb itr* sl., ~ *about* se *muck about* under *muck III*; ~ *off* dra [åt helvete]
bugger-all [,bʌgər'ɔ:l] *s* sl., [*sweet*] ~ inte ett jävla dugg
buggery ['bʌgərɪ] *s* **1** jur. tidelag; sodomi; analt samlag **2** sl., *like* ~ som bara fan (tusan) [*run down the road like* ~]; *will I? - like ~!* jag ska så fan (tusan) heller!
bugging ['bʌgɪŋ] *s* vard. buggning, utplacering av dolda mikrofoner; ~ *device* avlyssningsapparat
buggy ['bʌgɪ] *s* **1** lätt enspännare **2 a**) [*baby*] ~ paraplyvagn **b**) amer. barnvagn
bugle ['bju:gl] **I** *s* [jakt]horn; mil. signalhorn **II** *vb itr* blåsa i horn **III** *vb tr* blåsa
bugler ['bju:glə] *s* hornblåsare; mil. spel
bugloss ['bju:glɒs] *s* bot. (isht) fårtunga; *viper's* ~ blåeld
Buick [bilmärke 'bju:ɪk]
build [bɪld] **I** (*built built*) *vb tr* bygga; förfärdiga; uppföra; anlägga väg; friare forma, skapa; bildl. bygga, grunda; ~ *a fire* göra upp en brasa; ~ *one's hopes on* (*upon*) *a th.* bygga sitt hopp på (sätta sitt hopp till) ngt; *be built that way* vard. vara skapt så, vara så konstruerad (funtad); *he is heavily built* han är kraftigt byggd; ~ *up* a) bygga upp, uppföra, uppresa, upprätta; gradvis samla, öka; bebygga b) lansera [~ *up an actress*]; ~ *up a business* bygga (arbeta) upp ett företag; *he needs something to ~ him up* han behöver någonting stärkande; ~ *up one's hopes* ha stora förhoppningar (förväntningar); *don't ~ up your hopes too much* skruva inte upp förväntningarna för högt; ~ *up one's muscles* stärka sina muskler; ~ *up a reputation* gradvis skapa (bygga upp) ett [gott] namn **II** (för tema se *I*) *vb itr* **1** bygga **2** ~ *up* ökas, hopa sig; stegras; byggas upp **3** bildl. lita, förlita sig [*don't ~ upon his promises*] **III** *s* [kropps]byggnad; konstruktion; struktur; snitt på kläder
builder ['bɪldə] *s* byggare; byggmästare; ~*'s estimate* byggnadskalkyl

building ['bɪldɪŋ] *s* **1** byggande, byggnation, byggnadsverksamhet **2** byggnad, hus **3** ~ *and loan association* amer. hypotekskassa; ~ *licence* byggnadstillstånd
building bricks ['bɪldɪŋbrɪks] *s pl* byggklossar
building contractor ['bɪldɪŋkən,træktə] *s* byggnadsentreprenör
building estate ['bɪldɪŋe,steɪt] *s* byggområde
building society ['bɪldɪŋsə,saɪətɪ] *s* hypotekskassa
build-up ['bɪldʌp] *s* **1** utbyggnad, utveckling [*the* ~ *of the nation's heavy industry*] **2** uppbyggande, förarbete, förspel; omsorgsfull bearbetning; gradvis intensifiering, stegring [*the* ~ *of suspense in the film*] **3** uppmuntran, [psykologiskt] stöd **4** förhandsreklam; *give a p. a* ~ ung. lansera ngn **5** mil. gradvis koncentration, uppladdning [*a* ~ *of forces*]
built [bɪlt] imperf. o. perf. p. av *build*
built-in [,bɪlt'ɪn] *adj* inbyggd [~ *aerial*]; äv. friare ~ *difficulties*]; bildl. inneboende [*a* ~ *sense of humour*]; ~ *wardrobe* [inbyggd] garderob
built-up ['bɪltʌp] *attr adj* [tät]bebyggd [~ *area*]
bulb [bʌlb] *s* **1** [blom]lök; knopplök; ~ *plants* lökväxter **2** elektrisk [glöd]lampa; kula på termometer o.d.
bulbous ['bʌlbəs] *adj* lök-; lökformig[t uppsvälld]; tjock, uppsvälld
Bulgaria [bʌl'geərɪə, bʊl-] Bulgarien
Bulgarian [bʌl'geərɪən, bʊl-] **I** *s* **1** bulgar **2** bulgariska [språket] **II** *adj* bulgarisk
bulg|e [bʌldʒ] **I** *s* **1** bula, buckla; utbuktning; rundning; ansvällning **2** [temporär] ökning, uppgång i priser o.d.; puckel i t.ex. åldersfördelning; *the* [*birthrate*] ~ vard., ung. de stora årskullarna **II** *vb itr* bukta (svälla) ut, vara bukig, stå (puta) ut; digna; *-ing* äv. bukig, kupig; *-ing eyes* utstående ögon; *-ing pockets* putande fickor
bulimia [bju'lɪmɪə, bʊ-] *s* med. bulimi, hetsätning
bulk [bʌlk] *s* **1** volym; omfång, storlek, [stor] massa; fyllnad; om papper m.m. grovlek i förhållande till vikt **2** skeppslast, bulklast; helt parti; ~ *buying* (*orders*) uppköp av (order på) stora (hela) partier; ~ *cargo* bulklast; *in* ~ i stora partier [*sell in* ~], i lös last (vikt), lös[t], oförpackad; *by the* ~ i klump **3** *the* ~ det mesta, huvuddelen; de flesta, huvudstyrkan [*of* av] **4** växtfibrer, kostfibrer, bulkmedel
bulk food ['bʌlkfu:d] *s* fiberrik kost, bulkmedel
bulkhead ['bʌlkhed] *s* **1** sjö. skott [*watertight* ~]; ~ *deck* skottdäck **2** skiljevägg
bulky ['bʌlkɪ] *adj* skrymmande, klumpig
1 bull [bʊl] *s* [påve]bulla
2 bull [bʊl] **I** *s* **1** tjur [*take the* ~ *by the horns*]; *like a* ~ *at a* [*five-barred*] *gate* burdust, hetsigt; buffligt; *like a* ~ *in a china shop*

som en elefant i en porslinsbutik, klumpig[t] **2** hanne av elefant, val m. fl. stora djur; attr. han-; ~ *elephant* elefanthanne **3** börs. haussespekulant; ~ *market* hausse; ~ *operation* spekulation i hausse **4** amer. sl. snut **5** sl. mil. överdriven nit **6** sl. skitsnack, nonsens, båg; *shoot the* ~ a) prata skit b) skrävla, överdriva **II** *vb tr* börs. försöka pressa upp kursen (priset) på; ~ *the market* spekulera i hausse (kurshöjningar) **III** *vb itr* börs. spekulera i hausse
bullace ['bʊləs] *s* bot. krikon
bull-at-a-gate [ˌbʊlætə'geɪt] *attr adj* burdus, hetsig; bufflig; ~ *tactics* överrumplingstaktik
bull calf [ˌbʊl'kɑ:f, '--] (pl. *bull calves*) *s* tjurkalv
bulldog ['bʊldɒg] *s* **1** bulldogg; *with* ~ *tenacity* med en bulldoggs envishet; ~ *clip* slags stark pappersklämma; *the* ~ *breed* engelsmännen **2** britt. univ. sl. 'bulldogg' ordningsvakt som åtföljer *the proctor*, se d.o.
bulldoze ['bʊldəʊz] *vb tr* **1** schakta **2** vard. tyrannisera, skrämma, tvinga [~ *a p. into doing* (att göra) *a th.*]
bulldozer ['bʊlˌdəʊzə] *s* **1** bulldozer, bandschaktare **2** vard. översittare, despot, tyrann
bullet ['bʊlɪt] *s* kula till gevär o.d.; *get the* ~ sl. få sparken; *bite* [*on*] *the* ~ vard. visa mod, kämpa; bita ihop tänderna; *give the* ~ sl. ge sparken, sparka
bulletin ['bʊlətɪn] *s* bulletin; rapport [*weather* ~]; ~ *board* amer. anslagstavla
bulletproof ['bʊlɪtpru:f] *adj* skottsäker, skottfri
bullfight ['bʊlfaɪt] *s* tjurfäktning
bullfighting ['bʊlˌfaɪtɪŋ] *s* tjurfäktning
bullfinch ['bʊlfɪn(t)ʃ] *s* zool. domherre
bullfrog ['bʊlfrɒg] *s* zool. oxgroda
bullheaded ['bʊlˌhedɪd] *adj* **1** bredhövdad **2** vard. dum; trilsk, envis
bullion ['bʊljən] *s* omyntat (oförarbetat) guld (silver); guldtacka, silvertacka
bullish ['bʊlɪʃ] *adj* **1** tjurlik; envis, trilsk **2** börs. upphaussad, stigande
bull market ['bʊlˌmɑ:kɪt] *s* börs. hausse
bullock ['bʊlək] *s* stut, oxe
bull pup ['bʊlpʌp] *s* bulldoggsvalp
bullring ['bʊlrɪŋ] *s* tjurfäktningsarena
bull session ['bʊlˌseʃ(ə)n] *s* amer. vard. otvungen pratstund män emellan
bull's-eye ['bʊlzaɪ] *s* **1** skottavlas prick; centrum; fullträff äv. bildl.; ~*!* mitt i prick! **2** runt glas, rund lins i lykta o.d.; blindlykta
bullshit ['bʊlʃɪt] vard. **I** *s* **1** skitsnack, nonsens, båg **2** mil. överdriven nit, ordningsnoja, skitspänst **II** *vb tr* o. *vb itr* **1** prata skit (svamla) [*om*] **2** mil. hålla strikt ordning [på]
bull terrier [ˌbʊl'terɪə] *s* bullterrier
bully ['bʊlɪ] **I** *s* översittare, tyrann, kaxe, mobbare **II** *vb tr* spela översittare mot, trakassera, mobba; med hot tvinga, skrämma [*into* till] **III** *vb itr* domdera, spela översittare

IV *adj* o. *interj* isht amer. vard. finfin, utmärkt; jättekul; ~ *for you!* bravo!, det var fint!; din lyckans ost!
bullying ['bʊlɪɪŋ] *s* pennalism, översitteri, mobbning
bulrush ['bʊlrʌʃ] *s* bot. **1** säv **2** kaveldun
bulwark ['bʊlwək, -wɜ:k] *s* **1** bålverk äv. bildl.; [skyddande] vall (mur) **2** vågbrytare **3** sjö., ~[*s*] brädgång, reling
bum [bʌm] **I** *s* **1** vulg. rumpa, häck, bak **2** amer. vard. luffare, A-lagare, lodis; odåga, nolla [*he called the umpire a* ~]; *be on the* ~ a) vard. gå på luffen b) sl. vara på dekis; gå på bommen, snylta sig fram c) sl., *om sak* vara kaputt, ha gått åt fanders **II** *adj* vard. [ur]dålig, [ur]usel; trasig [*a* ~ *fuse* (*screw*)]; falsk; ~'*s rush* amer. sl. a) handgripligt utkastande (bortkörande) b) snabbt avfärdande, nobben; ~ *steer* a) dåligt råd b) blindspår **III** *vb itr* amer. vard. **1** ~ [*around*] stryka (luffa) omkring **2** snylta, parasitera **IV** *vb tr* amer. vard. bomma, tigga [~ *a cigarette*]
bum bag ['bʌmbæg] *s* vard. midjeväska, magsäck
bumbershoot ['bʌmbəʃu:t] *s* amer. vard. paraply
bumble ['bʌmbl] **I** *vb itr* **1** krångla (fumla) sig fram **2** mumla; dabba sig **II** *vb tr* fumla med; förfuska
bumble-bee ['bʌmblbi:] *s* humla
bumf [bʌmf] *s* sl. **1** toapapper, dasspapper **2** tråkiga officiella papper o.d.: 'skit', 'smörja'
bump [bʌmp] **I** *s* **1** törn, stöt, duns, dunk **2** bula, kula; svulst, knöl ofta i frenologi **3** ojämnhet på väg; [litet] gupp, vägbula **4** flyg. luftgrop; vindstöt; studs, stöt **5** amer. sl. a) befordran; [löne]förhöjning b) degradering **6** sl. juckande, knyckande med höfterna, se äv. *III* **2** nedan **II** *vb tr* **1** stöta, dunka, törna, köra [~ *one's head on the ceiling*]; ~ *a p. off* sl. fixa mörda ngn **2** amer., ~ *up* höja (driva upp) pris o.d. **III** *vb itr* **1** stöta, dunsa, törna, köra på [*against, into, on* mot]; *I* ~*ed into him* äv. jag stötte ihop med (råkade) honom **2** sl. jucka, knycka med höfterna; ~ *and grind* jucka och rotera med höfterna
bumper ['bʌmpə] *s* **1** stötfångare, kofångare på bil; fender; amer. buffert **2** attr. riklig, jätte-, rekord- [~ *crop*, ~ *year*]; *a* ~ *week of films* en bra (fin) filmvecka **3** bräddfullt glas, bräddad bägare
bumper car ['bʌmpəkɑ:] *s* radiobil på nöjesfält
bumper sticker [ˌbʌmpə'stɪkə] *s* bildekal
bumper-to-bumper [ˌbʌmpətə'bʌmpə] *adv* stötfångare mot stötfångare, tätt i led om bilar
bumpkin ['bʌm(p)kɪn] *s* tölp, bondlurk
bumptious ['bʌm(p)ʃəs] *adj* viktig, dryg
bumpy ['bʌmpɪ] *adj* om väg o.d. ojämn, guppig, skakig; om luft gropig

bumsucker ['bʌmˌsʌkə] s sl. rövslickare
bun [bʌn] s **1** bulle; *hot cross* ~ bulle med kors på som äts varm på långfredagen; *take the* ~ vard. ta priset, vara först (värst); *have a* ~ *in the oven* sl. vara på smällen **2** [hår]knut
bunch [bʌn(t)ʃ] **I** s **1** klase [~ *of grapes*]; bukett [~ *of flowers*], knippa [~ *of keys*], bunt [~ *of papers*]; tofs, tott [~ *of hair (grass)*] **2** vard. samling, grupp, hop, klunga; massa; *the best of the* ~ den bästa av hela bunten **II** *vb tr*, ~ [*up*] göra en knippa av; samla (bunta) ihop; vecka, drapera **III** *vb itr*, ~ [*up*] fastna (sitta) ihop; dra ihop sig; skocka sig
bundle ['bʌndl] **I** s **1** bunt, knyte, bylte, packe, knippe; *a* ~ *of energy* ett energiknippe **2** sl. jättesumma [pengar]; *do (go) a* ~ *on* vara (bli) tokig i **II** *vb tr* **1** stuva, vräka, proppa [*into* in (ner) i]; ~ *up* a) bunta ihop b) bylta på **2** fösa, köra [~ *a p. away (off, out)*] **III** *vb itr*, ~ *away (off, out)* packa sig i väg; ~ *into* [*a car*] stuva in sig i...
bun fight ['bʌnfaɪt] s vard. tebjudning; barnkalas
bung [bʌŋ] **I** s propp; tapp **II** *vb tr* **1** sätta tappen i, täppa igen [ofta ~ *up*]; ~ *up a p.'s eyes* sl. mura igen ögonen på ngn; *my nose is ~ed up* jag är täppt i näsan **2** sl. slänga, kasta [~ *stones*]; slå, dänga
bungalow ['bʌŋɡələʊ] s bungalow; enplansvilla, enplanshus; småstuga till uthyrning
bungee ['bʌndʒɪ] s, ~ *jumping* bungyjumping
bunghole ['bʌŋhəʊl] s tapphål, sprund
bungle ['bʌŋɡl] **I** *vb tr* förfuska, schabbla bort, göra pannkaka av **II** *vb itr* fumla, klåpa **III** s fuskverk; schabbel; röra
bungling ['bʌŋɡlɪŋ] *adj* fumlig, dålig i sitt arbete; klumpig, tafatt försök o.d.; fuskig, illa gjord
bungy ['bʌndʒɪ] s, ~ *jumping* bungyjumping
bunion ['bʌnjən] s öm inflammerad knöl på stortån
1 bunk [bʌŋk] s sl., kortform för *bunkum*
2 bunk [bʌŋk] **I** s koj, brits; sovhytt; ~ *bed* våningssäng **II** *vb itr* gå till kojs; sova
3 bunk [bʌŋk] sl. **I** *vb itr* smita, sjappa; skolka **II** s, *do a* ~ smita, sjappa
bunker ['bʌŋkə] **I** s **1** fartygs kolbox, oljetank **2** mil. bunker **3** golf. bunker; bildl. hinder **II** *vb itr* bunkra; *~ing station* bunkringsstation
bunkhouse ['bʌŋkhaʊs] s [sov]barack
bunkum ['bʌŋkəm] s prat, floskler; humbug
bunny ['bʌnɪ] s **1** barnspr. kanin **2** sl. pangbrud; ~ [*girl*] bunny nattklubbsvärdinna med kanindräkt
Bunsen ['bʌnsn] egenn.; ~ (*b~*) *burner* bunsenbrännare
1 bunting ['bʌntɪŋ] s sparv; *corn* ~ kornsparv; *Lappland* ~ lappsparv; *little* ~ dvärgsparv;

reed ~ sävsparv; *rock* ~ klippsparv; *rustic* ~ videsparv
2 bunting ['bʌntɪŋ] s koll. flaggor, flaggdekorationer
buoy [bɔɪ] **I** s sjö. **1** boj; prick **2** se *lifebuoy* **II** *vb tr* **1** sjö. pricka ut med boj[ar] [~ *a channel (wreck)*] **2** ~ *up* hålla flott (uppe) **3** bildl. ~ [*up*] hålla uppe, bära upp; inge mod
buoyancy ['bɔɪənsɪ] s **1** flytförmåga; bärkraft, bärighet; attr. flyt- [~ *garments*] **2** viktförlust genom nedsänkning i vätska **3** om pers. glatt lynne; spänst **4** om pris o.d. tendens att stiga [igen]
buoyant ['bɔɪənt] *adj* **1** som lätt flyter (stiger, håller sig uppe), med flytförmåga, flyt-, flytande **2** om vätska bärande, i stånd att hålla saker flytande **3** elastisk, spänstig [*with a* ~ *step*]; om pers. livlig, glad[lynt], hoppfull **4** börs. stigande
BUP [ˌbiːjuːˈpiː] förk. för *British United Press*
bur [bɜː] s taggfrukt i allm.; taggigt blomhuvud; isht kardborre äv. bildl. om pers.
burble ['bɜːbl] *vb itr* **1** klucka, porla, gurgla **2** vard. babbla, pladdra, bubbla
burbot ['bɜːbət] s zool. lake
1 burden ['bɜːdn] **I** s börda [*to, on* för], last; ansvar [*the main* ~]; *be a* ~ *to* [*the State*] ligga...till last; *the* ~ *of proof* jur. bevisbördan; ~ *of taxation* skattebörda, skattetryck; *beast of* ~ lastdjur, ök **II** *vb tr* belasta, belamra; tynga [ner], betunga
2 burden ['bɜːdn] s **1** litt. omkväde, refräng; kör **2** huvudtema, röd tråd i dikt, tal, bok o.d.
burdensome ['bɜːdnsəm] *adj* betungande, tryckande, besvärlig [*to* för]
burdock ['bɜːdɒk] s bot. kardborre
bureau ['bjʊərəʊ, bjʊəˈrəʊ] (pl. ~*x* [-z] el. ~*s* [-z]) s **1** sekretär; skrivbord **2** ämbetsverk; byrå [*information (tourist)* ~] **3** amer. byrå möbel
bureaucracy [bjʊ(ə)ˈrɒkrəsɪ] s byråkrati
bureaucrat ['bjʊərə(ʊ)kræt] s byråkrat
bureaucratic [ˌbjʊərə(ʊ)ˈkrætɪk] *adj* byråkratisk
bureaucratize [bjʊ(ə)ˈrɒkrətaɪz] *vb tr* byråkratisera
burg [bɜːɡ] s amer. vard. [små]stad
burgeon ['bɜːdʒ(ə)n] poet. **I** s knopp **II** *vb itr* knoppas, spira
burger ['bɜːɡə] s kok. vard. hamburgare; ss. efterled i sms. -burgare
Burgess ['bɜːdʒɪs, -dʒəs]
burgess ['bɜːdʒəs, -dʒɪs] s borgare, invånare i stadskommun
burglar ['bɜːɡlə] s inbrottstjuv; ~ *alarm* tjuvlarm
burglarize ['bɜːɡləraɪz] *vb itr* o. *vb tr* isht amer., se *burgle*
burglar-proof ['bɜːɡləpruːf] *adj* stöldsäker, dyrkfri
burglary ['bɜːɡlərɪ] s inbrott, inbrottsstöld

burgle ['bɜ:gl] *vb itr* o. *vb tr* föröva (göra) inbrott [i]; ~ *a p.'s house* äv. bryta sig in hos ngn
Burgundy ['bɜ:g(ə)ndɪ] **I** Bourgogne; hist. Burgund **II** *s*, *b*~ bourgogne[vin]
burial ['berɪəl] *s* begravning
burial ground ['berɪəlgraʊnd] *s* begravningsplats, kyrkogård
burk [bɜ:k] *s* sl. idiot, fårskalle, pappskalle
Burke [bɜ:k] **I** egenn.; ~*'s Peerage* Burkes adelskalender **II** *s* = ~*'s Peerage*
burke [bɜ:k] *vb tr* undvika, kringgå [~ *an issue*]
Burkina Faso [bɜ:ˌki:nəˈfæsəʊ, -ˈfɑ:səʊ] geogr.
Burkinan [bɜ:ˈki:nən] o. **Burkinese** [ˌbɜ:kɪˈni:z] **I** *s* burkinsk **II** *s* burkinier
burl [bɜ:l] *s* knut, noppa på tyg
burlesque [bɜ:ˈlesk] **I** *adj* burlesk, farsartad, parodisk; amer. äv. varieté- **II** *s* burlesk pjäs, fars, spex, buskteater **III** *vb tr* parodiera, travestera
burley ['bɜ:lɪ] *s* burley tobakssort från Kentucky o. Ohio
burly ['bɜ:lɪ] *adj* **1** stor och kraftig, kraftigt byggd [*a* ~ *man*] **2** rakt på sak, burdus [~ *manner*]
Burma ['bɜ:mə] geogr. (hist.)
Burmese [ˌbɜ:ˈmi:z] **I** (pl. lika) *s* **1** burman, burmes; burmanska kvinna; burmanska [språket] **2** burma[katt] **II** *adj* burmansk, burmesisk
burn [bɜ:n] **I** (*burnt burnt*, äv. isht bildl. *burned burned*) *vb tr* bränna, förbränna; sveda, bränna vid; bränna (elda) upp; elda med [~ *oil*]; ~ *one's boats* (*bridges*) bränna sina skepp; ~ *the candle at both ends* bildl. bränna sitt ljus i båda ändarna; ~ *one's fingers* bränna fingrarna äv. bildl.; *money ~s a hole in his pocket* pengarna bränner i fickan på honom; *have money to* ~ vard. ha pengar som gräs; ~ *down* bränna upp (ner); ~ *off* a) svedja b) bränna (elda) upp; ~ *out* bränna upp allt i; bränna ner huset för; smälta ner med elektrisk ström; *be ~t out* a) bli utbränd b) bli hemlös genom brand; ~ *oneself out* bli fullständigt utbränd; *the candle had ~t itself out* ljuset hade brunnit ner (ut); ~ *up* a) bränna (elda) upp b) amer. sl. reta upp (gallfeber på) **II** (för tema se *I*) *vb itr* **1** brinna, brinna upp; lysa, glöda äv. bildl.; hetta, svida; bli bränd; *her skin ~s easily* hon blir lätt bränd av solen; ~ *away* a) brinna [*the fire was ~ing away cheerfully*] b) brinna ner (upp) [*half the candle had ~t away*]; ~ *down* brinna ner [till grunden]; ~ *into* bränna sig in i; ~ *low* brinna ner, slockna; ~ *out* brinna ut (slut); bildl. ta slut, ebba ut; *the bulb has ~t out* lampan är utbränd (trasig); ~ *up* a) brinna upp b) flamma upp, ta sig c) amer. sl. brusa upp, bli förbannad **2** ~ *for* bildl. längta efter; ~ *to* bildl. längta [efter] att **3** brännas vid [äv. ~ *to*] **4** brännas **III** *s* **1** brännskada [*first-degree* (*second-degree*, *third-degree*) ~], brännsår **2** vard., *do a slow* ~ långsamt ilskna till
burner ['bɜ:nə] *s* brännare; låga på gasspis
burning ['bɜ:nɪŋ] **I** *adj* brännande; brinnande, glödande; *a* ~ *question* en brännande (aktuell) fråga; *a* ~ *shame* en evig (stor) skam **II** *s* [för]bränning; *there is a smell of* ~ det luktar bränt
burning-glass ['bɜ:nɪŋglɑ:s] *s* brännglas, solglas
burnish ['bɜ:nɪʃ] **I** *vb tr* göra blank, blankskura, polera **II** *vb itr* bli blank, skina **III** *s* glans; polering
Burnley ['bɜ:nlɪ] geogr.
burnous[e] [bɜ:ˈnu:s] *s* burnus arabisk kapuschongmantel; äv. slags damcape med kapuschong
burnout ['bɜ:naʊt] *s* **1** elektr. utbränning, kortslutning **2** raketstegs brinnslut **3** utmattning, nervkollaps, sammanbrott
Burns [bɜ:nz] skotsk poet; ~*' Night* 25 januari då man firar Robert Burns' födelsedag
burnsides ['bɜ:nsaɪdz] *s pl* amer. vard. polisonger
burnt [bɜ:nt] **I** imperf. o. perf. p. av *burn* **II** *adj* bränd [~ *almonds*]; ~ *lime* bränd (osläckt) kalk; ~ *offering* (*sacrifice*) brännoffer
burnt-out [ˌbɜ:ntˈaʊt, attr. '--] *adj* **1** utbränd äv. bildl. **2** botad om leprasjuk
burn-up ['bɜ:nʌp] *s* **1** utbränning i atomreaktor **2** sl. körning i vild fart, kappkörning med motorcykel el. bil
burp [bɜ:p] vard. **I** *s* rapning, rap; ~ *gun* amer. kulsprutepistol **II** *vb tr* o. *vb itr* [få att] rapa
1 burr [bɜ:] *s* se *bur*
2 burr [bɜ:] **I** *vb tr* o. *vb itr* skorra; skorra på [~ *one's r's*]; tala otydligt **II** *s* **1** fonet. skorrning; skorrande 'r' **2** surr **3** kvist, ådring i trä
burrow ['bʌrəʊ] **I** *s* kanins m. fl. djurs håla, lya **II** *vb itr* **1** göra (bo i) en håla (hålor) **2** gräva sig fram (ner); gräva ner sig **III** *vb tr* grava; ~ *one's way* gräva sig fram (ner)
bursar ['bɜ:sə] *s* skattmästare isht univ.
burst [bɜ:st] **I** (*burst burst*) *vb itr* **1** brista, rämna, spricka; springa sönder; explodera, krevera; om knopp slå ut; om moln upplösa sig i regn; *he was ~ing* [*to tell us the news*] han höll på att spricka av iver...; ~ *with laughing* skratta sig fördärvad; *sacks ~ing with grain* säckar proppfulla med säd; *be ~ing with health* stråla av hälsa **2** ~ *open* flyga upp [*the door ~ open*] **3** störta, komma störtande [*he ~ into the room*]; bryta fram [*the sun ~ through the clouds*]; välla [*the oil ~ out of* (fram ur) *the ground*]; ~ *in* a) störta [sig] in b) avbryta; ~ *in* [*up*]*on* [plötsligt] komma (falla, ramla) över, överraska [*he'll be ~ing in on us at any moment*]; ~ *in* [*up*]*on a conversation* avbryta (blanda sig i) ett

samtal; ~ *out* a) störta [sig] ut, bryta sig ut b) bryta ut (fram) c) brista [ut]; ~ *out laughing* brista i skratt; ~ *[out] into bloom* (*blossom*) spricka (slå) ut [i blom]; ~ *into flames* flamma upp, ta eld; *the horse* ~ *into a gallop* hästen föll [in] i galopp; ~ *into laughter* (*tears*) brista i skratt (gråt); ~ *into view* plötsligt uppenbara sig; ~ *upon* kasta sig över
II (*burst burst*) *vb tr* spränga [~ *a balloon*], spräcka, slita sönder; ~ *a tyre* få en ringexplosion; ~ *open* spränga, bryta upp
III *s* **1** bristning **2** explosion; krevad; salva; ~ *of gunfire* skottsalva, eldskur **3** plötsligt utbrott, anfall [*a* ~ *of energy*]; storm [*a* ~ *of applause*]; ström [*a* ~ *of tears*]; *a* ~ *of laughter* en skrattsalva; *a* ~ *of speed* [en] spurt; ~ *of thunder* åskslag, åskknall; *work in sudden* ~*s* arbeta ryckvis
burstproof ['bɜːstpruːf] *adj* krocksäker [~ *locks*]
Burton ['bɜːtn] **I** eng. stad känd för sin öltillverkning **II** *s* slags mörkt öl; *go for a b*~ sl. a) kola av, lämna in dö b) dunsta, försvinna
Burundi [bʊˈrʊndɪ] geogr.
Burundian [bʊˈrʊndɪən] **I** *adj* burundisk **II** *s* burundier
Bury ['berɪ] geogr.
bur|y ['berɪ] *vb tr* **1** begrava [~ *alive*], jorda; *she has -ied three husbands* hon har blivit änka tre gånger **2** begrava, gräva ner [~ *oneself in the country* (*in one's books*)]; gömma, dölja; perf. p. *-ied* äv. försjunken, försänkt [~ *in thoughts*]
burying-ground ['berɪŋɡraʊnd] *s* kyrkogård, begravningsplats
bus [bʌs] **I** (pl. ~*es* el. ~*ses*) *s* **1** buss britt. endast stadsbuss, amer. äv. långfärdsbuss; *miss the* ~ se under *2 miss I 1 2* åld. sl., om bil o. flygplan kärra **3** data. buss **II** *vb itr* **1** åka buss **2** amer. arbeta som diskplockare **III** *vb tr* vard. **1** transportera i buss; amer. skol. bussa **2** ~ *it* åka buss
busbar ['bʌsbɑː] *s* data. buss
bus boy ['bʌsbɔɪ] *s* amer. diskplockare
busby ['bʌzbɪ] *s* mil. **1** husars paradmössa av skinn **2** björnskinnsmössa
bus girl ['bʌsɡɜːl] *s* amer., kvinnlig diskplockare, diskplockerska
1 bush [bʊʃ] *s* **1** buske; busksnår; *the* ~ *telegraph* djungeltelegrafen; *beat about* (*around*) *the* ~ gå som katten kring het gröt **2** ~ [*of hair*] [hår]buske, kalufs **3** murgrönskvist gammal vinhandlarskylt; *good wine needs no* ~ god sak talar för sig själv **4** [räv]svans **5** skogsland, bush; urskog, djungel; vildmark; *the* ~ äv. bushen, vischan; *take to the* ~ dra till skogs, bli stråtrövare
2 bush [bʊʃ] tekn. **I** *s* hylsa; [hjul]bössa; lagerpanna; bussning **II** *vb tr* bussa; förse med lagerpanna

bushbaby ['bʊʃˌbeɪbɪ] *s* zool. öronmaki
bushel ['bʊʃl] *s* bushel rymdmått för spannmål o.d. = 8 *gallons* a) britt. = 36,368 l. b) amer. = 35,238 l., ung. skäppa; *hide one's light under a* ~ sätta sitt ljus under en skäppa
bushfire ['bʊʃˌfaɪə] *s* skogsbrand
bushman ['bʊʃmən] *s* **1** i Afrika bushman **2** i Australien obygdsbo, nybyggare; lantbo
bushy ['bʊʃɪ] *adj* buskrik; buskig [~ *eyebrows*]; yvig [~ *tail*]
business ['bɪznəs] *s* **1** (utan pl.) affär[er], affärsliv[et], affärsverksamhet; *a piece of* ~ en affär; ~ *hours* affärstid, kontorstid; ~ *management* (*administration*) a) [företags]administration b) företagsledning; ~ *partner* kompanjon; ~ *reply card* postkort med betalt svar; ~ *as usual* verksamheten pågår som vanligt, öppet som vanligt; *do* ~ göra affärer; *do a good stroke of* ~ göra en god affär; *he is in* ~ *for himself* han är egen företagare; *go into* ~ bli affärsman; *on* ~ i affärer; *put on* ~ öka affärsverksamheten **2** (med pl. ~*es*) affär, [affärs]företag, firma, affärshus; butik; *open a* ~ *of one's own* öppna egen affär **3** (med pl. ~*es*) bransch [*he is in the oil* ~ (*in show* ~)] **4** (utan pl.) uppgift, sak; syssla; ärende [*I asked him his* ~]; [verkligt] arbete [~ *before pleasure*]; [*any*] *other* ~ (förk. *AOB*) övriga ärenden på dagordningen; *the* ~ *of the day* dagordningen; *combine* ~ *with pleasure* förena nytta med nöje; *I made it my* ~ *to* jag gjorde det till min uppgift (åtog mig) att; *he means* ~ vard. han menar allvar [*about* med]; *come on* ~ ha ett verkligt ärende; *no admittance except on* ~ ung. obehöriga äger ej tillträde; *get down to* ~ ta itu med uppgiften o.d.; komma till saken **5** (utan pl.) angelägenhet[er], sak; vard. svår sak [*he did not know what a* ~ *it was*]; *a bad* (*queer*) ~ en sorglig (underlig) historia; *it's no* ~ *of yours* el. *it's none of your* ~ det angår dig inte; *have no* ~ *to* inte ha någon rätt (anledning) att; *you have no* ~ [*to come*] *here* du har ingenting här att göra; *make a great* (*big*) ~ *out of* göra stor affär (stort väsen) av; *mind your own* ~ *!* vard. sköt du ditt!, lägg dig inte i det här!; *send a p. about his* ~ köra bort (avfärda) ngn; *sick of the whole* ~ led på alltsammans (hela historien); *attend to* (*go about*) *one's* ~ sköta sina [egna] angelägenheter; *like nobody's* ~ vard. som bara den
business economics ['bɪznɪsˌiːkəˈnɒmɪks] *s* företagsekonomi
business end ['bɪznɪsend] *s* vard. udd, spets av verktyg o.d.
businesslike ['bɪznɪslaɪk] *adj* affärsmässig; systematisk, metodisk; rutinerad
business|man ['bɪznɪs|mæn] (pl. *-men* [-mən]) *s* affärsman; näringsidkare

business|woman ['bɪznɪsˌwʊmən] (pl. *-women* [-ˌwɪmɪn]) *s* affärskvinna
busker ['bʌskə] *s* gatumusikant, [kringvandrande] artist isht en som underhåller kö utanför teater
bus lane ['bʌsleɪn] *s* bussfil, kollektivfält
busman ['bʌsmən] *s* busschaufför; *~'s holiday* 'arbetssemester' ingen verklig ledighet
bus-ride ['bʌsraɪd] *s* busstur; *it's only a five-minute ~* det tar bara fem minuter med buss
bus shelter ['bʌsˌʃeltə] *s* busskur
bussing ['bʌsɪŋ] *s* busstransport; amer. skol. bussning
bus stop ['bʌsstɒp] *s* busshållplats
1 bust [bʌst] *s* **1** byst skulptur **2** byst, barm **3** bystmått
2 bust [bʌst] vard. **I** (*bust bust* el. *~ed ~ed*) *vb tr* **1** spränga [*~ a safe*; *~ a gang*], spräcka, få att brista, bryta [*~ an arm*]; bryta upp [*~ [open] a door (lock)*]; slå sönder [*~ one's watch*]; *I nearly ~ myself laughing* jag höll på att spricka av skratt **2** *~ up* slå sönder, spränga; upplösa [*~ up a meeting*] **3** klippa till, slå; *~ a p. on the nose* äv. ge ngn en smocka **4** göra en razzia i [*the police ~ed the place*], haffa [*he was ~ed for possession of drugs*] **5** göra bankrutt **II** (*bust bust* el. *~ed ~ed*) *vb itr* **1** sprängas, spräckas, krevera; gå sönder [*my watch bust*]; *I laughed fit to ~* jag höll på att spricka av skratt **2** *~ up* falla ihop, spricka **III** *s* **1** slag, smocka [*a ~ on the nose*] **2** razzia **3** bankrutt, krasch **4** röjarskiva; *go on the (have a) ~* festa, dricka (supa) till **IV** *adj* bankrutt; *go ~* a) gå sönder, spricka b) göra bankrutt (fiasko)
bustard ['bʌstəd] *s* trapp fågel
buster ['bʌstə] *s* isht amer. **1** sl. jättegrej; sensation, sensationsnummer **2** sl. fest, skiva **3** vard.: i tilltal din rackare, din drummel; *look, ~* [, *you are sitting on my hat*] hörru, pysen...
1 bustle ['bʌsl] *s* hist. turnyr
2 bustle ['bʌsl] **I** *vb itr* gno, jäkta, flänga [*~ about*]; skynda sig, få (ha) bråttom **II** *vb tr* sätta fart i, jaga, jäkta **III** *s* brådska, fläng, jäkt, liv, larm; *be in a ~* ha bråttom, flänga omkring
bustling ['bʌslɪŋ] *adj* livlig, ivrig; jäktig, bråd
bust-up ['bʌstʌp] *s* vard. **1** stormgräl; sammanbrott; separation; krasch **2** röjarskiva
busty ['bʌstɪ] *adj* vard. storbystad
busway ['bʌsweɪ] *s* bussfil, busskörfält
busy ['bɪzɪ] **I** *adj* **1** sysselsatt, upptagen [*with, over, at, about* med]; *be ~* äv. ha fullt upp att göra; *be ~ packing* hålla på att packa; *get ~* sätta i gång; *the line is ~* tele. upptaget **2** flitig, verksam; *~ as a bee* (*beaver*) flitig som en myra **3** ivrig, beskäftig, ständigt i farten, som är med överallt (i allt) **4** bråd [*~ season*], livlig, rörlig; *~ street* livligt

trafikerad gata **II** *vb tr* sysselsätta, hålla sysselsatt; *~ oneself with* (*in, about*) sysselsätta sig med **III** *s* sl. snok[are], deckare
busybody ['bɪzɪˌbɒdɪ] *s* beskäftig människa; *he is such a ~* han lägger sig i allting
busy Lizzie [ˌbɪzɪ'lɪzɪ] *s* bot. flitiga Lisa
but [bʌt, obeton. bət] **I** *konj* **1** men, utan; dock, men i alla fall; vard., ofta efter utrop: *God! ~ I am tired!* Gud, vad jag är trött!; *~ of course!* ja naturligtvis!; *not only...~* [*also*] inte bara...utan också; *~ then* men så...också, jfr vid. *then* **2** (äv. *prep*) utom [*all* (*no one*) *~ he*]; mer än, annat än [att] [*I cannot ~ regret*]; om inte [*whom should he meet ~ me?*]; *all ~* [*unknown*] nästan...; *he is anything ~ a fool* han är allt annat än (allt utom) dum; *he is nothing ~ a fool* han är en riktig dumbom; *nothing ~ disaster would come from this* detta skulle bara leda till katastrof **b**) *~ for* [*that*] bortsett från...; *~ for you* om det inte vore för dig **c**) *~* [*that* (*what* vard.)] utan att [*never a week passes ~* [*that* (*what*)] *she comes to see me*]; som inte [*not a man ~ what likes her*]; *not ~ that* (*what* vard.) *he...* inte för att han inte..., nog för att han...; *no man is so old ~ that he may learn* ingen är för gammal för att lära; *I don't doubt* (*deny*) *~ that* jag tvivlar inte på (förnekar inte) att **d**) *first ~ one* (*two*) [som] tvåa (resp. trea), [som] den andra (resp. tredje) i ordningen; *the last ~ one* (*two*) den näst sista (resp. den näst näst sista, den tredje från slutet); *the next ~ one* (*two*) den andra (resp. tredje) härifrån (i ordningen, uppifrån osv.) **3** än [*nothing else ~ laziness*] **4** litt., fungerande ss. rel. pron. (efter satser med nek. el. fråg. innebörd) som inte [*there is none of them ~ would lay down his life for her*]
II *adv* bara [*he is ~ a child*; *if I had ~ known*], blott, endast; först; *~ now* alldeles nyss
III *s* men; aber
butane ['bjuːteɪn, -'-] *s* kem. butan[gas]
butanol ['bjuːtənɒl] *s* kem. butanol
butch [bʊtʃ] *s* sl. karlaktig kvinna; lesbisk kvinna som är karlaktig
butcher ['bʊtʃə] **I** *s* **1** slaktare; bildl. äv. bödel; *~'s meat* färskt slaktkött utom vilt, fågel o.d.; *the ~'s* [*shop*] köttaffären, slakteriaffären **2** amer. försäljare av godt, tidningar m.m. bland publik, på tåg o.d. [*candy ~*] **II** *vb tr* **1** slakta, mörda urskillningslöst **2** bildl. förstöra, misshandla, 'mörda' [*the pianist ~ed the piece*]
butchery ['bʊtʃərɪ] *s* **1** slakteri; slaktaryrke **2** attr. slakt-, slaktar-, slakteri- [*~ business*] **3** slakt, blodbad, massaker **4** slakthus isht i fält
butler ['bʌtlə] *s* hovmästare, förste betjänt i privatfamilj

Butlin ['bʌtlɪn] egenn.; ~'s [*holiday camp*] slags semesterby
1 butt [bʌt] *s* tunna för regnvatten o.d.
2 butt [bʌt] I *s* **1** tjockända; rotända på trädstam; handtag; bas; [gevärs]kolv **2** rest, stump; cigarrstump; fimp; isht amer. sl. cigarett **3** isht amer. sl. häck, ända, bak II *vb tr* isht amer. fimpa [~ *a cigarette*]
3 butt [bʌt] *s* bildl. skottavla, driftkucku
4 butt [bʌt] I *vb tr* o. *vb itr* **1** stöta [till] med huvud el. horn; knuffa, stånga[s] [*at*, *against* på, mot]; boxn. skalla[s]; ~ *one's head into a stone wall* bildl. köra huvudet i väggen **2** skjuta ut (fram) **3** ~ *in* vard. tränga sig på; ~ *into a conversation* blanda sig i (avbryta) ett samtal II *s* puff, stångning
butter ['bʌtə] I *s* smör; *melted* (*drawn*) ~ skirat smör; *look as if* ~ *would not melt in one's mouth* se beskedlig (oskyldig) ut II *vb tr* **1** bre[da] smör på; steka i (laga med) smör; smöra **2** ~ *up* vard. smickra, fjäska för
butter bean ['bʌtəbiːn] *s* stor [torkad] limaböna
buttercup ['bʌtəkʌp] *s* bot. smörblomma; ranunkel
butterfingered ['bʌtəˌfɪŋɡəd] *adj* fumlig, klumpig, som lätt tappar saker (i sport bollar)
butterfingers ['bʌtəˌfɪŋɡəz] (konstr. ss. sg.; pl. *butterfingers*) *s* fumlig (klumpig) person, person som lätt tappar saker (i sport bollar); ~! vad du är klumpig!, din klumpeduns!
butterfly ['bʌtəflaɪ] *s* **1** fjäril; ~ [*stroke*] *s* [*bow*] butterfly, fluga rosett; ~ [*stroke*] fjärilsim; *I have butterflies* [*in my stomach*] vard. det pirrar i magen på mig, jag har fjärilar i magen **2** nöjeslysten person; rastlös person
butterfly nut ['bʌtəflaɪnʌt] *s* tekn. vingmutter
buttermilk ['bʌtəmɪlk] *s* kärnmjölk
butterscotch ['bʌtəskɒtʃ] *s* slags knäck
1 buttery ['bʌtərɪ] *adj* smör-; smörig, smörliknande
2 buttery ['bʌtərɪ] *s* **1** förrådsrum i vissa college där mat och dryck kan köpas **2** restaurang, terum i varuhus o.d. **3** amer. vinkällare; proviantrum
buttinsky [bə'tɪnskɪ] *s* isht amer. sl. påflugen person, inkräktare
buttock ['bʌtək] *s* anat. skinka; pl. ~*s* äv. bak[del], ända
button ['bʌtn] I *s* knapp II *vb tr* **1** förse med knappar **2** knäppa; ~ *up* knäppa ihop (igen, till om sig) III *vb itr* knäppas [med knappar]; *it* ~*s at the side* (*down the back*) den knäpps i sidan (i ryggen); *my collar won't* ~ jag kan inte knäppa kragen
buttonhole ['bʌtnhəʊl] I *s* **1** knapphål **2** vard. knapphålsblomma, knapphålsbukett II *vb tr* bildl. [hejda och] uppehålla med prat
buttonmould ['bʌtnməʊld] *s* knappform
buttress ['bʌtrəs] I *s* arkit. strävpelare, stöd II *vb tr* förse med strävpelare

butyl ['bjuːtaɪl, -tɪl] *s* kem. butyl
buxom ['bʌksəm] *adj* mest om kvinna frodig, mullig, yppig, fyllig [och präktig]
buy [baɪ] I (*bought bought*) *vb tr* o. *vb itr* köpa äv. bildl. = gå med på; ~ *a p. a drink* bjuda ngn på en drink; ~ *time* vinna tid; *he bought it* vard. han blev lurad (gick 'på det); *he won't* ~ *it* vard. a) han tror inte på det b) han går inte med på det; *I'll* ~ *it* vard. kläm fram med det!; det går jag med på; *victory was dearly bought* segern var dyrköpt; ~ *off* friköpa, lösa ut; mot betalning bli kvitt, köpa sig fri från; ~ *out* lösa (köpa) ut; ~ *over* muta; ~ *up* köpa upp II *s* vard. köp; *it's a good* ~ äv. det är billigt
buyer ['baɪə] *s* köpare, spekulant; firmas inköpare, uppköpare; ~'*s* (~*s*') *market* köparens marknad; ~*s*' *resistance* köpmotstånd
buzz [bʌz] I *s* **1** surr[ande] av insekt el. maskin **2** sorl, ivrigt pratande, mummel; tissel och tassel, prat, rykte **3** vard. [telefon]påringning; *give a p. a* ~ slå en signal till ngn II *vb itr* **1** surra; ~ *about* (*around*) flyga (snurra) omkring; *my ears are* ~*ing* det susar i öronen på mig **2** sl., ~ [*off*] kila [iväg], sticka, dunsta, ge sig iväg; ~ *off!* stick!
buzzard ['bʌzəd] *s* **1** zool. vråk; isht ormvråk **2** [*old*] ~ vard. gubbstrutt
buzzer ['bʌzə] *s* **1** ångvissla **2** elektr. o.d. summer; vard. a) ringklocka b) telefon **3** signal **4** vard. signalist
buzz saw ['bʌzsɔː] *s* cirkelsåg
buzz word ['bʌzwɜːd] *s* vard. slagord, modeord
by [baɪ] I *prep* (se äv. resp. huvudord) **1** uttr. befintlighet: vid, bredvid, vid sidan av, hos [*come and sit* ~ *me*]; i adress per; ~ *land and sea* till lands och sjöss; *North* ~ *East* nord till ost, mellan N och NNO; ~ *itself* ensamt, jfr *3* nedan; ~ *oneself* ensam, för sig själv, jfr *3* nedan; *it's nice to have it* ~ *you* det är skönt att ha det till hands **2** uttr. riktning el. rörelse: **a**) till, intill [*come here* ~ *me*] **b**) längs, utmed, utefter; förbi [*he went* ~ *me*]; genom [*enter* ~ *a side door*]; över, via [~ *Paris*]; *travel* ~ *land* resa till lands; ~ *the way* el. ~ *the by* (*bye*) i förbigående [sagt], apropå; förresten **3** uttr. medel el. orsak: med [*send* ~ *post*; *he had two sons* ~ *her*], genom; vid, i [*lead* ~ *the hand*]; på [*live* ~ *one's pen*]; ~ *itself* av sig själv; ~ *oneself* själv, på egen hand, utan hjälp; *multiply* ~ *six* multiplicera med sex **4** i tidsuttryck: **a**) till, senast klockan, senast [om], strax före [*I must be home* ~ *six*]; vid, mot, i [~ *the end of the day*]; ~ *this time tomorrow* i morgon så här dags **b**) om, under; ~ *night* om natten, nattetid **c**) per; ~ *the hour* i timmen, per timme **d**) *day* ~ *day* dag för dag **e**) *miss the train* ~ *two minutes* komma två minuter för sent till tåget **5** i agenten: av [*a portrait* ~ *Zorn*] **6** i

måttsuttryck: **a)** *longer* ~ *two metres* två meter längre; *the price rose* ~ *ten per cent* priset steg [med] 10% **b)** i, per, efter; *sell* ~ *retail* sälja i minut; ~ *weight* efter vikt **c)** *three metres long* ~ *four metres broad* tre meter lång och fyra meter bred **d)** efter, för, och; *bit* ~ *bit* bit för bit; *little* ~ *little* så småningom; *one* ~ *one* en och (efter) en **7** uttr. överensstämmelse: enligt, efter, [att döma] av [~ *his accent*; ~ *my watch*]; *it's OK* ~ *me* gärna för mig; ~ *request* på begäran; ~ *rights* med rätta **8** uttr. förhållande: **a)** mot, gentemot [*he did his duty* ~ *his parents*] **b)** till [*a lawyer* ~ *profession*], genom; *Brown* ~ *name* vid namn Brown; *go* ~ *the name of* gå under namnet; *know* ~ *sight* känna till utseendet **II** *adv* (se äv. resp. huvudord)) **1** i närheten, bredvid, intill [*close* (*hard*, *near*) ~] **2** förbi [*pass* ~]; *the years went* ~ åren gick **3** undan, av, i reserv [*put* (*lay*) *money* ~]; åt sidan, ifrån sig [*he put his tools* ~] **4** ~ *and* ~ så småningom, längre fram, [litet] senare **5** ~ *and large* i stort sett, på det hela taget **III** *s*, *by the* ~ i förbigående [sagt], apropå
by- [baɪ] o. **bye-** [baɪ] *prefix* **1** nära [intill] [*bystander*] **2** bi-, sido- [*by-road*]; underordnad **3** hemlig, smyg- [*by-way*]; se f.ö. sms. nedan
1 bye [baɪ] *adj* bi-, sido- [~ *effects*]; underordnad; som går vid sidan om saken [*a* ~ *consideration*]
2 bye [baɪ] *interj* vard., ~*!* ajö!, hej!
1 bye-bye [ˌbaɪˈbaɪ] *interj* vard., ~*!* hejdå!, ajö, ajö!
2 bye-bye [ˈbaɪbaɪ] *s* barnkammarord för sömn, sängdags, säng; *now you are going to* ~[*s*] nu ska du sussa (nanna)
bye-law se *by-law*
by-election [ˈbaɪɪˌlekʃ(ə)n] *s* fyllnadsval
Byelorussia [bɪˌeləʊˈrʌʃə] geogr. Vitryssland
Byelorussian [bɪˌeləʊˈrʌʃ(ə)n] **I** *s* vitryss **II** *adj* vitrysk
bygone [ˈbaɪɡɒn] **I** *adj* [för]gången, forfluten, svunnen **II** *s*, isht pl. ~*s* det förflutna; isht gamla oförrätter; *let* ~*s be* ~*s* låta det skedda vara glömt; glömma och förlåta
by-law [ˈbaɪlɔː] *s* lokal myndighets, bolags o.d. reglemente, förordning, stadga
bypass [ˈbaɪpɑːs] **I** *s* **1** ~ [*road*] förbifartsled **2** elektr. o.d. shuntledning, förbikoppling; ~ *valve* shuntventil **3** kir. bypass **II** *vb tr* gå (leda) förbi; avleda; undvika, kringgå
bypath [ˈbaɪpɑːθ] *s* biväg, avsides liggande väg
by-product [ˈbaɪˌprɒdʌkt] *s* biprodukt; sidoeffekt
by-road [ˈbaɪrəʊd] *s* biväg, sidoväg
Byron [ˈbaɪər(ə)n] en av romantikens främsta diktare
Byronic [baɪˈrɒnɪk] *adj* byronsk, i Byrons' stil rebellisk, stolt, cynisk, demonisk och tyngd av sorg
bystander [ˈbaɪˌstændə] *s* person som står vid sidan om; åskådare; *the* ~*s* äv. de kringstående
byte [baɪt] *s* data. bitgrupp, byte
by-way [ˈbaɪweɪ] *s* **1** biväg, bakväg; stig; genväg **2** bildl. outforskat område [~*s of history*]
byword [ˈbaɪwɜːd] *s* **1** visa; *the place was a* ~ *for iniquity* platsen var ökänd för sin syndfullhet **2** ordstäv; favorituttryck
Byzantine [bɪˈzæntaɪn, baɪˈz-, ˈbɪzəntaɪn, -tiːn] **I** *s* bysantin **II** *adj* bysantinsk äv. bildl.
Byzantium [bɪˈzæntɪəm, baɪˈz-, -nʃɪəm] geogr. Bysans

C

C, c [si:] (pl. *C's* el. *c's* [si:z]) *s* **1** C, c **2** mus., *C flat* cess; *C major* C-dur; *C minor* C-moll; *C sharp* ciss
C förk. för *Celsius, Centigrade, Centum* (romersk siffra = 100), *century, Conservative, coulomb*
c. förk. för *cent*[s], *circa, cubic*
CA förk. för *California, Central America*
ca. förk. för *circa*
CAA (förk. för *Civil Aviation Authority*) britt. motsv. t. sv. Luftfartsverket
CAB (förk. för *Civil Aeronautics Board*) amer. motsv. till sv. Luftfartsverket
cab [kæb] *s* **1** taxi[bil] **2** förarhytt i lok, buss o.d.
cabaret ['kæbəreɪ] *s*, ~ [*show*] kabaré
cabbage ['kæbɪdʒ] *s* **1** kål, isht vitkål; kålhuvud **2** vard. a) hösäck slö o. hållningslös person b) kolli, paket genom sjukdom o.d. helt hjälplös person
cabbage butterfly ['kæbɪdʒˌbʌtəflaɪ] *s* zool. kålfjäril
cabby ['kæbɪ] *s* vard. [taxi]chaufför
cab-driver ['kæbˌdraɪvə] *s* [taxi]chaufför
cabin ['kæbɪn] *s* **1** stuga, koja; hytt **2** sjö. hytt; kajuta; [akter]salong; ~ *luggage* (*baggage*) handbagage **3** flyg. kabin, kabin- [~ *crew*] **4** bil. kupéutrymme
cabin class ['kæbɪnklɑːs] *s* sjö. andra klass
cabinet ['kæbɪnət] *s* **1** skåp med lådor el. hyllor; skrin med fack för värdesaker; [naturalie]kabinett; låda, hölje på TV el. radio; *filing* ~ dokumentskåp **2** polit. kabinett; ~ *crisis* regeringskris; ~ *meeting* kabinettssammanträde; ~ *minister* kabinettsminister, statsråd
cabinet-maker ['kæbɪnətˌmeɪkə] *s* möbelsnickare, finsnickare
cable ['keɪbl] I *s* **1** kabel; vajer; ~ *suspension bridge* kabelbro **2** ankartåg, ankarkätting; *slip one's* ~ sl. kola [av] dö **3** längdmått kabellängd **4** [undervattens-, jord]kabel, ledning, ledningstråd; ~ *breakdown* (*fault*) kabelbrott, kabelfel **5** [kabel]telegram [~ *address*] II *vb tr* **1** fästa (förse) med kabel **2** telegrafera [till], kabla III *vb itr* telegrafera [*to* till], stå i kabelförbindelse (telegramförbindelse) [*to* med]
cable car ['keɪblkɑː] *s* **1** linbanevagn **2** linbana
cablecast ['keɪblkɑːst] I (*cablecast cablecast*) *vb tr* sända i (via) kabel-TV II *s* sändning i (via) kabel-TV
cable drum ['keɪbldrʌm] *s* kabeltrumma
cablegram ['keɪblgræm] *s* kabeltelegram
cable railway ['keɪblˌreɪlweɪ] *s* linbana; bergbana
cable stitch ['keɪblstɪtʃ] *s* sömnad. flätstickning
cable television [ˌkeɪblˈtelɪˌvɪʒ(ə)n] *s* kabel-TV
cable terminal [ˌkeɪblˈtɜːmɪn(ə)l] *s* kabelsko
cablevision ['keɪblˌvɪʒ(ə)n] *s* kabel-TV
cableway ['keɪblweɪ] *s* linbana, kabinbana
caboodle [kəˈbuːdl] *s* sl., *the whole* ~ hela faderullan (klabbet, rasket)
caboose [kəˈbuːs] *s* **1** sjö. kabyss **2** amer. järnv. tågbetjäningsvagn i godståg; bromsvagn **3** amer. vard., se *calaboose*
cab rank ['kæbræŋk] *s* taxihållplats; rad väntande taxibilar
cab stand ['kæbstænd] *s* isht amer., se *cab rank*
cacao [kəˈkɑːəʊ, -ˈkeɪəʊ] *s* kakao[träd], kakaoböna
cachalot ['kæʃəlɒt] *s* zool. kaskelot[t] slags val
cache [kæʃ] *s* **1** gömställe för proviant, vapen m.m.; *arms* ~ vapengömma **2** gömd proviant, hemligt lager (förråd) av vapen m.m.
cachet ['kæʃeɪ] *s* **1** officiellt sigill **2** [äkthets]stämpel, prägel; [*being a member of that club*] *carries a certain* ~ ...ger en viss status
cack-handed [ˌkækˈhændɪd, attr. '---] *adj* sl. **1** vänsterhänt **2** tafatt, fumlig, drullig
cackle ['kækl] I *vb itr* **1** kackla **2** pladdra, kackla, babbla **3** skrocka, skratta högt och skrockande II *s* **1** kackel, kacklande **2** pladder, kacklande, babblande; *cut the* ~! vard. håll babblan! **3** flatskratt, gapskratt
cackler ['kæklə] *s* vard. pratmakare, pratkvarn
cacophony [kəˈkɒfənɪ] *s* kakofoni, missljud
cact|us ['kæktəs] (pl. *-uses* el. *-i* [-aɪ]) *s* kaktus
cad [kæd] *s* ngt åld. vard. bracka; knöl
cadaver [kəˈdævə, -ˈdeɪv-] *s* lik, kadaver
cadaverous [kəˈdæv(ə)rəs] *adj* lik-; likblek
caddie ['kædɪ] *s* golf. caddie; ~ *car* (*cart*) golfvagn
caddish ['kædɪʃ] *adj* ngt åld. vard. tarvlig, simpel; brackig; lymmelaktig, knölaktig
1 caddy ['kædɪ] *s* teburk
2 caddy ['kædɪ] *s* se *caddie*
cadence ['keɪd(ə)ns] *s* **1** rytm; takt [*mark the* ~] **2** röstsänkning vid slut av sats; tonfall i allm. **3** mus. kadens, slutvändning
cadenza [kəˈdenzə] *s* mus. kadens improvisation
cadet [kəˈdet] *s* kadett; officersaspirant
cadge [kædʒ] I *vb itr* **1** snylta; ~ *on* snylta på, vara snyltgäst hos **2** [gå och] tigga II *vb tr* snylta till sig, tigga sig till
cadger ['kædʒə] *s* snyltare, snyltgäst; tiggare
Cadillac [bil 'kædɪlæk]
cadmium ['kædmɪəm] *s* kem. kadmium, kadmium- [~ *red* (*yellow*)]; ~ *cell* elektr. kadmiumelement
cadre ['kɑːdə, 'keɪdə; amer. vanl. 'kædrɪ] *s* **1** mil. el. polit. kader **2** kadermedlem, medlem av kader

Caerphilly [kəˈfɪlɪ, keəˈf-] **I** geogr. egenn. **II** s slags mjukost
Caesar [ˈsiːzə] **I** egenn. **II** s kejsare; *render unto ~ the things which are ~'s* bibl. giv kejsaren vad kejsaren tillhör
Caesarean o. **Caesarian** [sɪˈzeərɪən] **I** adj cesarisk, kejserlig; *~ section* (*operation*) med. kejsarsnitt **II** s med. kejsarsnitt; [*a baby*] *born by ~* ...förlöst med kejsarsnitt
caesium [ˈsiːzjəm] s kem. cesium
caesura [sɪˈzjʊərə] s metrik. cesur
c.a.f. förk. för *cost and freight*
café [ˈkæfeɪ, ˈkæfɪ] s kafé; [liten] restaurang; *~ proprietor* kaféidkare, kaféinnehavare
café-au-lait [ˌkæfeɪəʊˈleɪ, ˌkæfɪ-] fr. s café au lait, kaffe med mjölk
cafeteria [ˌkæfəˈtɪərɪə] s cafeteria
caff [kæf] s sl. fik, kafé
caffeine [ˈkæfiːn, amer. äv. -ˈ-] s koffein
caftan [ˈkæftən, -tæn] s österländsk kaftan
cage [keɪdʒ] **I** s **1** bur **2** huv, hylsa, foder; förtimring **3** hisskorg; gruv. uppfordringskorg, hiss **4** sport. korg, nät; [mål]bur **II** vb tr sätta i bur; spärra in; *a ~d bird* en fågel i bur
cagey [ˈkeɪdʒɪ] adj vard. **1** förtegen, förbehållsam **2** på sin vakt, misstänksam; slug
cahoots [kəˈhuːts] s pl sl., *be in ~ with* vara i maskopi med, spela under täcke med; *go in ~* slå sig ihop
Cain [keɪn] bibl. Kain
cairn [keən] s **1** arkeol. stenkummel, röse **2** *~ [terrier]* cairnterrier hund
Cairo [ort i Egypten ˈkaɪərəʊ, ort i USA ˈkeərəʊ]
caisson [ˈkeɪs(ə)n, kəˈsuːn] s **1** kassun, sänkkista för murningsarbete under vatten; brokista, stenkista; *~ disease* slags dykarsjuka, kassunsjuka **2** sätt[port] ponton använd som dockport **3** [bärgnings]ponton **4** mil. ammunitionsvagn; ammunitionskista
cajole [kəˈdʒəʊl] vb tr lirka med, försöka övertala; *~ a p. into* (*out of*) *doing a th.* lirka med ngn för att få honom att (att inte) göra ngt
cajolement [kəˈdʒəʊlmənt] s lirkande; *~s* lämpor, mild övertalning
cajolery [kəˈdʒəʊlərɪ] s lirkande, lämpor
Cajun [ˈkeɪdʒən] **I** s kajun invånare i Louisiana med franskt ursprung **II** adj Kajun- [*~ food* (*music*)]
cake [keɪk] **I** s **1** tårta; mjuk kaka t.ex. sockerkaka; finare, ofta mjuk småkaka, bakelse; *~s and ale* gammaldags festande; *sell like hot ~s* gå åt som smör [i solsken]; *a piece of ~* vard. en enkel match; *demand one's slice* (*share*) *of the ~* bildl. kräva sin del av kakan; *take the ~* vard. ta priset; vara nummer ett; *you cannot have your ~ and eat it* (*eat your ~ and have it*) ordspr. man kan inte både äta kakan och ha den kvar **2** kok. plätt; krokett [*fish ~, potato ~*] **3** kaka kakformig sak; *a ~ of soap* en tvål[bit] **II** vb itr baka ihop sig **III** vb tr forma till en kaka (kakor); bilda skorpa på; perf. p.: *~d* hopbakad, hårdnad, tät; *~d breast* med. mjölkstockning [i bröstet]
cake mix [ˈkeɪkmɪks] s kok. kakmix
cake slice [ˈkeɪkslaɪs] s tårtspade
cake tin [ˈkeɪktɪn] s kok. **1** kakform **2** kakburk
Cal förk. för *California*
calabash [ˈkæləbæʃ] s **1** kalebass[pumpa], flaskkurbits **2** kalebass, kalebasspipa
caleboose [ˈkæləbuːs, ˌkæləˈbuːs] s amer. vard. kurra, finka, fängelse
Calabria [kəˈlæbrɪə, -ˈlɑːb-] geogr. Kalabrien
calamine [ˈkæləmaɪn] s miner. galmeja, zinkspat; *~ lotion* calamineliniment
calamitous [kəˈlæmətəs] adj olycklig, olycksbringande; olycks- [*~ prophecy*]
calamity [kəˈlæmətɪ] s katastrof, stor olycka, elände; *~ howler ~ Jane* om kvinna) isht amer. vard. olyckskorp, olycksprofet
calcify [ˈkælsɪfaɪ] kem. **I** vb tr förkalka **II** vb itr förkalkas
calcium [ˈkælsɪəm] s kalcium; *~ chloride* kalciumklorid, klorkalcium; *~ phosphate* kalciumfosfat
calculable [ˈkælkjʊləbl] adj beräkningsbar, som kan beräknas
calculate [ˈkælkjʊleɪt] **I** vb tr beräkna, kalkylera, räkna ut **II** vb itr **1** räkna sin på maskin; göra beräkningar **2** *~ [up]on* räkna med, lita på **3** amer. dial. tro, förmoda; tänka, ämna
calculated [ˈkælkjʊleɪtɪd] perf p o. adj beräknad, avsedd [*for* för]; ägnad [*a circumstance ~ to* (att) *arouse suspicion*]; *a ~ insult* en avsiktlig förolämpning; *a ~ risk* en risk som man räknat med, en kalkylerad risk
calculating [ˈkælkjʊleɪtɪŋ] adj beräknande, kalkylerande; *~ machine* räknemaskin
calculation [ˌkælkjʊˈleɪʃ(ə)n] s beräkning, uträkning, kalkylering, kalkyl, *I'm out in my ~s* jag har räknat fel
calculator [ˈkælkjʊleɪtə] s **1** räknare, räknemaskin, kalkylator; *desk ~* bordsräknare; *pocket ~* miniräknare, fickräknare **2** räknetabell
calculi [ˈkælkjʊlaɪ] s pl. av *calculus*
calcul|us [ˈkælkjʊl|əs] (pl. *-uses* el. *-i* [-aɪ]) s **1** med. sten, grus; *biliary ~* gallsten; *renal ~* njursten **2** matem. kalkyl [*differential* (*integral*) *~*]
Calcutta [kælˈkʌtə] geogr.
caldron [ˈkɔːldr(ə)n] s amer., se *cauldron*
Caledonia [ˌkælɪˈdəʊnjə] poet. Kaledonien Skottland
calendar [ˈkæləndə] s **1** kalender, tidräkning **2** almanack[a]; kalender [*~ month, ~ year*] **3** datumvisare på klocka **4** univ. katalog
calender [ˈkæləndə] **I** s **1** mangel

2 satineringsmaskin för papper **II** *vb tr* **1** mangla **2** satinera, glätta [*~ed paper*]
1 calf [kɑːf] (pl. *calves*) *s* **1** kalv; **~'s foot jelly** se *calves-foot* **2** unge av elefant, säl, val m.fl. **3** kalvskinn, kalvläder; **bound in ~** [bunden] i kalvskinn (franskt band)
2 calf [kɑːf] (pl. *calves*) *s* vad kroppsdel
calf-binding ['kɑːfˌbaɪndɪŋ] *s* franskt band
calf-bound ['kɑːfbaʊnd] *adj* bunden i kalvskinn (franskt band)
calf love ['kɑːflʌv] *s* ungdomsförälskelse, pubertetsförälskelse
calfskin ['kɑːfskɪn] *s* kalvskinn, kalvläder
caliber ['kælɪbə] *s* isht amer., se *calibre*
calibrate ['kælɪbreɪt] *vb tr* kalibrera
calibration [ˌkælɪ'breɪʃ(ə)n] *s* **1** kalibrering; justering **2** koll., uppsättning av gradstreck på skala
calibre ['kælɪbə] *s* **1** kaliber **2** bildl. värde; förmåga; format; kvalitet
calico ['kælɪkəʊ] (pl. *~es* el. *~s*) *s* kalikå; kattun
Calif förk. för *California*
California [ˌkælɪ'fɔːnjə] geogr. egenn. Kalifornien; **~ poppy** bot. sömntuta
Californian [ˌkælɪ'fɔːnjən] **I** *adj* kalifornisk **II** *s* kalifornier
Caligula [kə'lɪɡjʊlə]
caliper isht amer., se *calliper*
caliph ['kælɪf, 'keɪl-] *s* kalif
calisthenic isht amer., se *callisthenic*
calk [kɔːk] *vb tr* sjö. dikta, driva [och becka]
call [kɔːl] **I** *vb tr* (med adv. se *III*) **1** kalla [för], benämna; uppkalla [*after*]; *~ a p.* **names** kasta glåpord efter ngn; *be ~ed* heta, kallas [för]; *we'll ~ it five pounds* vard. låt gå för (vi säger väl) fem pund **2** kalla [på], ropa på, ropa in, kalla in, tillkalla; ringa efter [*~ the police* (*a taxi*)]; larma [*~ the police*]; anropa; isht amer. telefonera, ringa [till]; *don't ~ us, we'll ~ you* Vi hör av oss vanl. iron. (vid provfilmning o.d.); *~ attention to* fästa uppmärksamheten på **3** utropa, ropa upp; *~ a general election* utlysa nyval; *~ a strike* utlysa strejk **4** väcka **5** om Gud, plikt o.d. bjuda, kalla **6** kortsp. a) bjuda b) syna
II *vb itr* (med adv. se *III*) **1** ropa [*to* åt]; *~ for* a) ropa på (efter), ropa in teat. b) be om; efterlysa c) mana till; påkalla, kräva, [er]fordra; *this ~s for a celebration* det här måste firas; *~ upon* (*on*) påkalla, ta i anspråk; vända sig till, uppfordra, uppmana, anmoda [*~ upon a p. to do a th.*]; *feel ~ed upon to* känna sig manad (uppfordrad) att **2** göra visit, komma på besök, hälsa 'på; *~ at* besöka, titta in på (till); om tåg o.d. stanna vid; *~ for* [komma och] hämta, fråga efter; *~ on* (*upon*) hälsa 'på, besöka **3** ringa, telefonera [*for* efter] **4** kortsp. a) bjuda b) syna
III *vb tr* o. *vb itr* med adv.:

~ **back**: a) ropa tillbaka b) återkalla c) tele. ringa upp igen (senare)
~ **forth**: a) framkalla, locka (mana) fram b) uppbjuda, samla [*~ forth all your energy*]
~ **in**: a) kalla (ropa) in b) inkalla, tillkalla, anlita c) dra in [*~ in banknotes*] d) titta in till ngn
~ **off**: a) dra bort, avleda [*~ off a p.'s attention*] b) inställa, avlysa [*~ off a meeting*], avblåsa, avbryta [*~ off a strike*] c) bryta [*the engagement has been ~ed off*] d) ropa tillbaka [*~ your dog off!*]
~ **out**: a) kalla ut b) kalla in, uppbåda, kommendera ut [*~ out a large force of police*], larma c) framkalla, ta fram [*~ out the best in* (hos) *a p.*] d) ropa ut, ropa upp [*~ out the winners*] e) beordra att strejka, ta ut i strejk [*~ out the metalworkers*] f) [ut]ropa, skrika 'till
~ **over** ropa upp
~ **up**: a) kalla fram (upp) b) frammana, framkalla; återkalla [i minnet], väcka [till liv] [*~ up scenes of childhood*] c) tele. ringa upp [*my brother ~ed me up*] d) mil. inkalla
IV *s* **1** rop; *~ for help* rop på hjälp **2** läte, lockton, lockrop **3** anrop äv. radio.; signal; påringning; telefonsamtal; [*can you*] *give me a ~ at 6?* på hotell o.d. ...väcka mig klockan 6? **4** upprop; mil. appell **5** kallelse äv. inre; maning, uppfordran, bud; inkallelse; teat. inropning; bildl. röst; *he feels the ~ of the sea* han känner sig dragen till sjön; *on ~* i beredskap; *be on ~* ha bakjour om läkare o.d.; *within ~* inom hörhåll (räckhåll) **6** krav, fordran, anspråk [*for* på], rätt; *have the first ~ on* ha företrädesrätt till **7** skäl, anledning [*there is no ~ for you to worry*] **8** hand. efterfrågan [*for* på] **9** besök, visit; *port* (*place*) *of ~* anlöpningshamn **10** kortsp. a) bud b) syn
calla ['kælə] *s* bot., *~* [*lily*] odlad kalla
call alarm ['kɔːləˌlɑːm] *s* trygghetslarm för t.ex. handikappade
callback ['kɔːlbæk] *s*, *~ signal* namngivare på telex
callbox ['kɔːlbɒks] *s* **1** [*telephone*] *~* telefonhytt, telefonkiosk **2** [polis]larmskåp; brandskåp
callboy ['kɔːlbɔɪ] *s* **1** ung. inspicient som förvarnar aktörer om scenentré **2** amer. pickolo, hotellpojke
call girl ['kɔːlɡɜːl] *s* callgirl prostituerad som kontaktas per telefon
calligraphy [kə'lɪɡrəfɪ] *s* **1** kalligrafi, skönskrift, skönskrivningskonst **2** vacker [hand]stil
call-in ['kɔːlɪn] *s* amer., se *phone-in*
calling ['kɔːlɪŋ] *s* **1** [levnads]kall, yrke **2** skrå, klass
calling card ['kɔːlɪŋkɑːd] *s* amer. visitkort
calling-up [ˌkɔːlɪŋ'ʌp] *s*, *~ notice* mil. inkallelseorder

calliper ['kælɪpə] I *s*, ~ *compasses* el. *~s* krumcirkel, krumpassare; *a pair of ~s* en krumpassare II *vb tr* mäta med passare
calliper square ['kælɪpəskweə] *s* skjutmått
callisthenics [ˌkælɪs'θenɪks] (konstr. ss. sg. el. pl.) *s* slags plastisk gymnastik, plastik
call loan ['kɔːlləʊn] *s* o. **call money** ['kɔːlˌmʌnɪ] *s* dagslån, lån att betalas vid anfordran
callmaker ['kɔːlˌmeɪkə] *s* tele. telefon med kortnummer
call note ['kɔːlnəʊt] *s* fågels lockton
call office ['kɔːlˌɒfɪs] *s* telestation
callosity [kə'lɒsətɪ] *s* förhårdnad, valk
callous ['kæləs] I *adj* **1** valkig, hård om hud **2** känslolös, okänslig [*to* för]; [känslo]kall II *s* se *callus* III *vb tr* göra valkig (hård); *~ed hands* valkiga händer
call-over ['kɔːlˌəʊvə] *s* **1** [namn]upprop **2** kapplöpn. upprop [av startnummer och odds] vid vadhållning
callow ['kæləʊ] *adj* **1** fjäderlös, ofjädrad **2** bildl. omogen, oerfaren, grön [*a ~ youth*]
call-up ['kɔːlʌp] *s* mil. inkallelse; *notice of* ~ inkallelseorder
callus ['kæləs] I *s* med. kallus, valk, [ben]förhårdnad II *vb tr* göra valkig (hård)
calm [kɑːm] I *adj* **1** lugn, stilla, ostörd **2** vard. ogenerad, fräck II *s* lugn, stillhet; vindstilla, stiltje III *vb tr* lugna, stilla, mildra; *~ a p. down* lugna [ner] ngn IV *vb itr*, *~ down* lugna sig, bli lugn; bedarra, stilla [av]
calmness ['kɑːmnəs] *s* stillhet; ro, lugn
Calor gas ['kæləgæs] *s* ® gasol
calorie ['kælərɪ] *s* kalori; *large* ~ kilokalori; *small* ~ kalori
calorific [ˌkælə'rɪfɪk] *adj* värmealstrande, uppvärmande; värme-
calotte [kə'lɒt] *s* kyrkl. kalott huvudbonad
calque [kælk] *s* språkv. översättningslån
calumniate [kə'lʌmnɪeɪt] *vb tr* förtala, baktala, smäda
Calvados ['kælvədɒs] calvados äppelbrännvin
Calvary ['kælvərɪ] Golgata, huvudskalleplatsen
calve [kɑːv] *vb itr* o. *vb tr* kalva äv. om isberg
1 calves [kɑːvz] *s* pl. av *1 calf*
2 calves [kɑːvz] *s* pl. av *2 calf*
calves-foot ['kɑːvzfʊt] *s*, *~ jelly* 'kalvgelé' slags dietmat gjord av kalvbuljong, vin och kryddor
Calvin ['kælvɪn]
Calvinism ['kælvɪnɪz(ə)m] *s* relig. kalvinism
Calvinist ['kælvɪnɪst] relig. I *s* kalvinist II *adj* kalvinist-, kalvinistisk
calyces ['keɪlɪsiːz, 'kæl-] *s* pl. av *calyx*
calypso [kə'lɪpsəʊ] (pl. *~s*) *s* mus. calypso
caly|x ['keɪlɪks, 'kæl-] (pl. *-ces* [-siːz] el. *-xes*) *s* bot. blomfoder
cam [kæm] *s* mek. [excenter]kam
camaraderie [ˌkæmə'rɑːdərɪ] *s* kamratskap, kamratanda

Camb. förk. för *Cambridge*
camber ['kæmbə] I *s* lätt välvning, rundning, dosering av väg o.d.; krökning, buktning, böjning; bil. camber, hjullutning II *vb tr* göra krum; lätt svänga uppåt; dosera
Camberwell ['kæmbəw(ə)l] geogr. egenn.; *~ Beauty* sorgmantel fjärilsart
Cambodia [kæm'bəʊdjə] geogr. Cambodja
Cambodian [kæm'bəʊdjən] I *adj* cambodjansk II *s* cambodjan
Cambria ['kæmbrɪə] poet. Cambria Wales
cambric ['keɪmbrɪk] *s* textil. kambrik, batist, kammarduk
Cambridge ['keɪmbrɪdʒ] **1** geogr. egenn.; *~* [*University*] det ena av Englands två äldsta universitet **2** kortform för *Cambridgeshire*
Cambridgeshire ['keɪmbrɪdʒʃɪə, -ʃə]
Cambs. [kæm(b)z] förk. för *Cambridgeshire*
camcorder ['kæmˌkɔːdə] *s* videokamera med inbyggd bandspelare
1 came [keɪm] imperf. av *come*
2 came [keɪm] *s* blyspröjs för infattning av fönsterglas
camel ['kæm(ə)l] *s* kamel
camel-hair ['kæm(ə)lheə] *s* kamelhår [*a ~ coat*]
camellia [kə'miːljə, -'mel-] *s* bot. kamelia
Camelot ['kæmɪlɒt] sagostad där kung Arturs borg var belägen
Camembert ['kæməmbeə] *s* camembert[ost]
cameo ['kæmɪəʊ] (pl. *~s*) *s* **1** kamé **2** litterär el. dramatisk karaktärsstudie, porträtt
camera ['kæm(ə)rə] *s* kamera
cameraman ['kæm(ə)rəmæn] *s* kameraman, fotograf
Cameroon [ˌkæmə'ruːn] geogr. Kamerun republiken
Cameroonian [ˌkæmə'ruːnjən] I *adj* kamerunsk II *s* kamerunare
Cameroons [ˌkæmə'ruːnz] geogr.; *the ~* pl. Kamerun området
camiknickers ['kæmɪˌnɪkəz] *s pl* o.
camiknicks ['kæmɪnɪks] *s pl* combination underplagg
camisole ['kæmɪsəʊl] *s* blusskyddare; vanl. broderat linne; urringat, ärmlöst klänningsliv
camomile ['kæmə(ʊ)maɪl] *s* bot. kamomill [*~ tea*]
camouflage ['kæməflɑːʒ] I *s* kamouflage, maskering II *vb tr* kamouflera, maskera
1 camp [kæmp] I *s* läger äv. bildl.; förläggning; koloni [*summer ~*]; *pitch a* (*make*) *~* slå läger; *strike ~* el. *break* [*up*] *~* bryta upp från ett läger; bildl. rycka upp sina bopålar II *vb itr* **1** slå läger; ligga i läger; tälta, campa; *~ out* bo i tält (i det fria), campa; *go ~ing* tälta, åka ut och campa **2** vard. kampera; slå sig ned
2 camp [kæmp] I *s* 'camp' ngt föråldrat och komiskt överdrivet som ändå uppfattas som moderiktigt och tilltalande II *adj* 'camp', jfr *I*

campaign [kæm'peɪn] **I** s kampanj [*an advertising* ~; *the* ~ *against smoking*], kamp; fälttåg [*plan of* ~] **II** vb itr delta i (organisera) en kampanj
campaigner [kæm'peɪnə] s **1** förkämpe **2** *old* ~ veteran
campanile [ˌkæmpə'niːlɪ] s kampanil, klockstapel
campanula [kəm'pænjʊlə] s bot. klockblomma, campanula
camp bed [ˌkæmp'bed] s fältsäng, tältsäng
camp chair [ˌkæmp'tʃeə] s lätt fällstol
camper ['kæmpə] s **1** campare, tältare **2** campingbuss, husbil av enklare typ
campfire ['kæmpˌfaɪə] s lägereld
camp follower [ˌkæmp'fɒləʊə] s **1** medlöpare, anhängare, sympatisör **2** person som följer med en här, ofta prostituerad
camphor ['kæmfə] s kamfer; ~ *ball* malkula
camping ['kæmpɪŋ] s camping, lägerliv; *go on a* ~ *trip* åka ut och campa (tälta)
camping ground ['kæmpɪŋɡraʊnd] s o.
camping site ['kæmpɪŋsaɪt] s campingplats, tältplats
campion ['kæmpjən] s bot. glim; klätt; *corn* ~ åkerklätt; *meadow* ~ gökblomster
camp meeting ['kæmpˌmiːtɪŋ] s isht amer., religiöst friluftsmöte vanl. ett som pågår i flera dagar
camp site ['kæmpsaɪt] s se *camping ground*
camp stool ['kæmpstuːl] s liten fällstol
campus ['kæmpəs] s **1** univ. universitetsområde, collegeområde, campus **2** college, universitet; *live on* ~ amer. bo på studenthem på universitetsområdet **3** universitetsvärld
campylobacter [ˌkæmpɪləʊ'bæktə] s med. campylobacter
camshaft ['kæmʃɑːft] s mek. kamaxel
Can förk. för *Canada, Canadian*
1 can [kæn, kən] (nek. *cannot, can't*; imperf. *could*, jfr d.o.) hjälpvb pres. **1** kan; orkar; ~ *do* vard. det går [att göra], det är möjligt; *no* ~ *do* vard. det går inte, det är omöjligt **2** kan [få], får [*you* ~ *take my key*]
2 can [kæn] **I** s **1** kanna; burk [*a* ~ *of beer* (*peaches*)]; dunk [*petrol* (*gasolene*) ~]; *carry the* ~ el. *take the* ~ *back* vard. bära hundhuvudet, få (ta på sig) skulden, rädda situationen åt ngn; *be in the* ~ om film o.d. vara inspelad och klar **2** amer. [sop]tunna **3** isht amer. sl., *the* ~ buren, finkan fängelse **4** amer. sl., *the* ~ muggen, toa toalett **5** amer. sl. ända, rumpa **6** ~*s* sl. hörlurar **II** vb tr (se äv. *canned*) **1** lägga in, konservera **2** amer. sl. sparka avskeda **3** amer. sl. lägga av med; ~ *it!* lägg av!, håll käften! **4** amer. sl. slänga (hyva) ut
Canada ['kænədə] geogr. egenn.; ~ *Day* Kanadensiska Nationaldagen 1 juli; ~ *goose* zool. kanadagås

Canadian [kə'neɪdjən] **I** adj kanadensisk **II** s kanadensare; kanadensiska
canal [kə'næl] s anlagd kanal [*the Suez C*~]; *the alimentary* ~ matsmältningskanalen
canalize ['kænəlaɪz] vb tr kanalisera
canapé ['kænəpeɪ] s **1** stekt el. rostat bröd med pålägg kanapé, sandwich **2** amer. kanapé slags soffa
canard ['kænɑːd, kæ'nɑːd] s [tidnings]anka
canary [kə'neərɪ] **I** adj kanarie-; kanariegul, ljusgul [äv. ~ *yellow*] **II** s **1** *the Canary Islands* el. *the Canaries* Kanarieöarna **2** kanariefågel **3** amer. sl. tjallare
canasta [kə'næstə] s kortsp. canasta
can bank ['kænbæŋk] s behållare där man slänger burkar för återvinning
Canberra ['kænb(ə)rə] geogr.
cancan ['kænkæn] s cancan dans
cancel ['kæns(ə)l] **I** vb tr **1** stryka ut (över), korsa över; stämpla [över] [~ *stamps*] **2** annullera; upphäva, göra slut på; inställa [*the meeting was* ~*led*]; avbeställa [~ *an order*; ~ *a reservation*], säga upp ett abonnemang; lämna återbud till [~ *an engagement*]; makulera tryck **3** matem. eliminera **4** neutralisera, motverka, uppväga; *they* ~ *each other out* de tar ut varandra **II** vb itr, ~ *out* upphäva (ta ut) varandra
cancellation [ˌkænsə'leɪʃ(ə)n] s **1** överstrykning etc., jfr *cancel I 1* **2** annullering etc., jfr *cancel I 2 3* försäkr. ristorno, annullering
Cancer ['kænsə] **I** s **1** astrol. Kräftan; *he is a* ~ han är Kräfta **2** *the Tropic of* ~ Kräftans vändkrets **II** adj astrol., *he is cancer* han är Kräfta
cancer ['kænsə] s med. cancer; bildl. kräftsvulst; ~ *stick* sl. giftpinne cigarett; ~ *of the liver* levercancer
cancerous ['kæns(ə)rəs] adj cancer- [~ *ulcer*], cancerartad; bildl. kräft- [*a* ~ *growth* (svulst)]
candela [kæn'diːlə, -'delə, -'deɪlə] s fys. candela, cd måttenhet för ljusstyrka
candelabra [ˌkændɪ'lɑːbrə, -'læb-] s kandelaber
candid ['kændɪd] adj öppen, uppriktig [*to* (*with*) mot]; frispråkig; ~ *camera* dold kamera; *to be quite* ~ om jag ska vara riktigt ärlig, sanningen att säga
candidacy ['kændɪdəsɪ] s se *candidature*
candidate ['kændɪdət] s kandidat, sökande [*for* till]; ~ *for confirmation* konfirmand; ~ *for examination* examinand
candidature ['kændɪdətʃə] s kandidatur
candied ['kændɪd] adj kanderad [~ *fruit*]; ~ *peel* kok. suckat
candle ['kændl] s ljus av stearin, talg, vax o.d.; levande ljus; *burn the* ~ *at both ends* bränna sitt ljus i båda ändar; *he can't* (*is not fit to*) *hold a* ~ *to* han kan inte på långt när mäta sig med; *the game is not worth the* ~ det är inte värt krutet (mödan)

candlegrease ['kændlgri:s] *s* stearin
candlelight ['kændllaɪt] *s* levande ljus; eldsljus [*by* (vid) ~]; ~ *dinner* middag med levande ljus
candlepower ['kændlˌpaʊə] *s* normalljus måttenhet
candle-snuffer ['kændlˌsnʌfə] *s* ljussläckare
candlestick ['kændlstɪk] *s* ljusstake vanl. för ett ljus
candlewick ['kændlwɪk] **I** *s* **1** veke **2** ljusvekegarn; löst, tvinnat bomullsgarn **3** textil. sniljefrotté **II** *adj* av sniljefrotté
candour ['kændə] *s* uppriktighet, öppenhet, öppenhjärtighet, frispråkighet
C-and-W o. **C & W** förk. för *country-and-western*
candy ['kændɪ] **I** *s* kandisocker; kanderad frukt; amer. äv. karamell[er], sötsak[er], konfekt, godis; ~ *store* amer. godisaffär **II** *vb tr* koka in med socker, kandera, kristallisera; jfr äv. *candied* **III** *vb itr* kristallisera[s]; sockra sig
candy floss ['kændɪflɒs] *s* sockervadd
candy pull ['kændɪpʊl] *s* amer., ungdomars karamellkokningsträff
candy-striped ['kændɪstraɪpt] *adj* polkagrisrandig
candytuft ['kændɪtʌft] *s* bot. iberis
cane [keɪn] **I** *s* **1** rör; sockerrör **2** [spatser]käpp, spanskrör **3** rotting [~ *furniture*] **II** *vb tr* **1** prygla, klå upp, ge stryk, aga **2** sätta rör (rotting) i
cane chair ['keɪntʃeə] *s* rottingstol
cane sugar ['keɪnˌʃʊɡə] *s* rörsocker
canful ['kænfʊl] (pl. ~s el. *cansful*) *s* burk [*a* ~ *of beer* (*peaches*)]
canine ['keɪnaɪn, 'kænaɪn] **I** *adj* **1** hund-, hundaktig **2** ~ *teeth* hörntänder, ögontänder **II** *s* **1** hörntand, ögontand **2** hunddjur; skämts. hund
caning ['keɪnɪŋ] *s* prygel, stryk; *get a sound* ~ få smaka rottingen, få ett ordentligt kok stryk
Canis ['keɪnɪs] astron., ~ *major* Stora hunden; ~ *minor* Lilla hunden
canister ['kænɪstə] *s* kanister; bleckdosa
canker ['kæŋkə] *s* **1** munsår; vet. med., hos häst strålröta **2** bot. [lövträds]kräfta; rost, brand **3** bildl. kräftsvulst
cannabis ['kænəbɪs] *s* bot. o. narkotika cannabis
canned [kænd] *adj* **1** konserverad [~ *beef*, ~ *fruit*], på burk [~ *peas*]; ~ *food* burkmat; ~ *goods* konserver; ~ *meat* konserverat kött, köttkonserv[er]; ~ *laughter* TV., i förväg pålagt skratt; ~ *music* vard. burkad inspelad musik **2** sl. packad berusad
cannelloni [ˌkænəˈləʊnɪ] *s pl* kok. (it.) cannelloni
cannery ['kænərɪ] *s* konservfabrik
cannibal ['kænɪb(ə)l] **I** *s* kannibal, människoätare **II** *adj* kannibalsk

cannibalize ['kænɪbəlaɪz] *vb tr* bildl. slakta, plocka sönder [~ *a car*]
canning ['kænɪŋ] *s* konservering
cannon ['kænən] **I** *s* **1** (pl. ~s el. lika) kanon; koll. artilleri[pjäser] **2** (pl. vanl. lika) automatkanon i flygplan **3** bilj. karambolage **II** *vb itr* **1** bilj. karambolera **2** ~ *into* törna (köra) emot (rakt på, in i) **3** skjuta med kanon[er]
cannonade [ˌkænəˈneɪd] **I** *s* kanonad **II** *vb tr* [häftigt] beskjuta med kanoner, bombardera **III** *vb itr* skjuta med kanoner
cannonball ['kænənbɔ:l] *s* **1** kanonkula **2** i tennis o.d. ~ [*service*] kanon[serve]
cannon fodder ['kænənˌfɒdə] *s* vard. kanonmat
cannot ['kænɒt] kan etc. inte, jfr *1 can*
canny ['kænɪ] *adj* försiktig [i affärer], förståndig, som vet vad han gör; slug; illmarig
canoe [kəˈnu:] **I** *s* kanot **II** *vb itr* kanota, paddla [kanot]
canoeing [kəˈnu:ɪŋ] *s* [kanot]paddling, kanotsport
1 canon ['kænən] *s* **1** kyrkligt påbud; ~ *law* kanonisk lag **2** 'kanon, regel, rättesnöre, norm **3** mus. kanon
2 canon ['kænən] *s* kanik, kanonikus; domkyrkopräst och ledamot av domkapitlet
canonical [kəˈnɒnɪk(ə)l] *s*, pl.: ~*s* prästs ämbetsskrud, mässkrud
canonize ['kænənaɪz] *vb tr* kanonisera, helgonförklara
can-opener ['kænˌəʊp(ə)nə] *s* konservöppnare, burköppnare
canopy ['kænəpɪ] **I** *s* baldakin, tronhimmel, sänghimmel; ~ *bed* himmelssäng **II** *vb tr* förse med baldakin etc., jfr *I*; tjäna som baldakin etc. över
Canossa [kəˈnɒsə] geogr. egenn.; *go to* ~ bildl. gå till Canossa
canst [kænst] åld., 2 pers. sg. pres. av *1 can* [*thou* ~]
1 cant [kænt] **I** *s* **1** förbrytarspråk, tjuvspråk [äv. *thieves'* ~]; slang, rotvälska **2** [fack-, grupp]jargong; *a* ~ *phrase* en kliché **II** *vb itr* **1** hyckla, skrymta **2** använda jargong (floskler)
2 cant [kænt] **I** *s* **1** snedslipad kant **2** sluttning **II** *vb tr* **1** snedslipa, snedda [av] [*ofta* ~ *off*] **2** ställa på kant (sned), lägga på sidan [~ *a boat for repairs*]; ~ *over* vända upp och ned på, stjälpa omkull **III** *vb itr* **1** stjälpa, välta, kantra [äv. ~ *over*]; luta [*a* ~*ing deck*], hälla, kränga, slira **2** sjö. vända, svänga (runt)
can't [kɑ:nt] se *cannot*
Cantab[.] ['kæntæb] *adj* (förk. för *Cantabrigian* lat.) från universitetet i Cambridge [*MA* ~]
cantabile [kænˈtɑ:bɪleɪ] *adj* mus. sångbar, sång-
Cantabrigian [ˌkæntəˈbrɪdʒɪən]
cantaloup[e] ['kæntəlu:p] *s* cantaloupmelon

cantankerous [kæn'tæŋk(ə)rəs] *adj* grälsjuk, sur
cantata [kæn'tɑːtə] *s* mus. kantat
canteen [kæn'tiːn] *s* **1** marketenteri; kantin; lunchrum, matsal, servering **2** fältkök **3** fältflaska **4** schatull [med bordssilver] **5** kantin mat- o. servislåda i fält; soldats matkärl
canter ['kæntə] **I** *s* samlad (kort) galopp; [*he was running*] *at a* ~ ...i galopp; *win in* (*at*) *a* ~ vinna lätt [och ledigt] **II** *vb itr* rida i kort galopp, galoppera lätt
Canterbury ['kæntəb(ə)rɪ] geogr. egenn.; ~ *bell* stor blåklocka; vanl. mariaklocka; ~ *lamb* kvalitetslamm som importeras från Nya Zeeland
cantilever ['kæntɪliːvə] *s* byggn. kantilever, utskjutande stöd, konsol; ~ *bridge* konsolbro
canting ['kæntɪŋ] *adj* hycklande, skenhelig
canto ['kæntəʊ] (pl. ~*s*) *s* sång del av diktverk
canton ['kæntɒn] *s* kanton, distrikt
cantor ['kæntə] *s* kyrkl. kantor
Canuck [kə'nʌk] sl. **I** *s* kanadick kanadensare (isht fransk kanadensare) **II** *adj* kanadick-franskkanadensisk
Canute [kə'njuːt] Knut [den Store]
canvas ['kænvəs] *s* **1** a) [segel-, tält-, pack]duk b) kanvas; [grovt] linne; brandsegel; ~ [*for needlework*] stramalj **2** koll. segel; *under* [*full*] ~ för [fulla] segel **3** tält; *under* ~ i tält **4** målning, tavla; [målar]duk **5** boxn. ringgolv, matta; *be on the* ~ vara golvad
canvass ['kænvəs] **I** *vb tr* **a)** [gå runt och] bearbeta [~ *a district* (*people*) *for* (för att få) *votes*], värva röster i (av) **b)** ~ *support* [*for*] värva (skaffa) röster [för] **II** *vb itr* **1** agitera; ~ [*for votes*] värva röster **2** ~ *for* [*a newspaper*] vara ackvisitör för...; ~ *for* [*a firm*] vara försäljare för... **III** *s* **1** röstvärvning; personlig agitation **2** ackvisition
canvasser ['kænvəsə] *s* **1** röstvärvare, valarbetare **2** ackvisitör; agent, försäljare
canvassing ['kænvəsɪŋ] *s* se *canvass III*
canyon ['kænjən] *s* kanjon djup trång floddal
1 cap [kæp] **I** *s* **1** mössa; keps; barett; ~ *and bells* narrmössa, narrkåpa; ~ *and gown* akademisk [ämbets]dräkt; ~ *in hand* med mössan i hand[en]; bildl. äv. underdånigt; *if the* ~ *fits* [*wear it!*] om du känner dig träffad så ta åt dig!; *set one's* ~ *at* (*for* amer.) vard., om kvinna lägga sina krokar för, lägga an på **2** kapsyl, lock, kapsel; hylsa, hätta, huv, hatt äv. på svamp **3** [*percussion*] ~ tändhatt; knallhatt; pl. ~*s* äv. knallpulver[remsa]; ~ *pistol* knallpulverpistol **4** hatt på svamp **5** [*Dutch*] ~ med. pessar **6** sport. lagmössa ss. utmärkelse; *obtain* (*win*) *a* ~ bli uttagen till landslaget **II** *vb tr* **1** a) sätta mössa (kapsyl, lock etc.) på b) sport. ge ngn lagets mössa ss. utmärkelse; *be* ~*ped* [*for England*] bli uttagen till [engelska] landslaget **2** sätta tak för skatt **3** [be]täcka, skydda **4** kröna, ligga ovanpå **5** slå, bräcka, överglänsa, överträffa [~ *a story*]; ~ *it all* gå utanpå allt, slå alla rekord; *to* ~ *it all* till råga på allt **6** tandläk., ~ *a tooth* sätta en jacketkrona på en tand
2 cap [kæp] *s* (kortform för *1 capital II 2*) stor bokstav, versal [*this should be written in* ~*s*]; *small* ~*s* kapitäler
cap. förk. för *captain*; *caput* (lat. = *chapter*)
capability [ˌkeɪpə'bɪlətɪ] *s* **1** förmåga; duglighet, skicklighet; möjlighet **2** isht pl. -*ies* [utvecklings]möjligheter, anlag
capable ['keɪpəbl] *adj* **1** duglig, skicklig; duktig, begåvad **2** ~ *of* i stånd (kapabel) till; mäktig t.ex. en känsla; *be* ~ *of* äv. kunna, duga till [*show what you are* ~ *of*]; förmå, orka; [*the situation*] *is* ~ *of improvement* ...går att förbättra
capacious [kə'peɪʃəs] *adj* **1** rymlig [*a* ~ *bag*]; omfattande **2** vidsynt, öppen [*a* ~ *mind*]
capacitance [kə'pæsɪt(ə)ns] *s* elektr. kapacitans
capacity [kə'pæsətɪ] *s* **1** [möjlighet att bereda] plats (utrymme) [*of* för], kapacitet; *the hotel has a large* ~ (*a* ~ *of 200 people*) hotellet kan ta emot mycket folk (har plats för 200 personer); [*the hall*] *has a seating* ~ *of 500* ...har (rymmer) 500 sittplatser; *filled to* ~ fylld till sista plats, fullsatt; fylld till brädden **2** kapacitet: **a)** fys. rymd, volym; *measure of* ~ rymdmått **b)** förmåga, möjlighet [*to do, of doing*]; kraft, prestationsförmåga; effekt; effektivitet; *carrying* ~ last[nings]förmåga, bärkraft; ~ *for work* arbetskapacitet, arbetsförmåga; *work to* ~ arbeta med fullt pådrag (för fullt) **c)** förmåga, duglighet [ofta pl. -*ies*]; *he is a man of great* ~ han är en stor kapacitet **3** jur. bemyndigande, kompetens, befogenhet **4** egenskap, ställning; *in the* ~ *of* i egenskap av, såsom varande; *in my* ~ *as* i min egenskap av (ställning som) **5** ss. attr., ~ *house* (*audience*) fullsatt (fullt) hus; ~ *production* toppproduktion, högsta produktion; *there was a* ~ *crowd* det var fullt till sista plats
1 cape [keɪp] *s* **1** udde, kap **2** *the C*~ **a)** Godahoppsudden **b)** Kapprovinsen; *the C*~ *Coloureds* el. *the C*~ *Coloured People* den färgade befolkningsgruppen i Kapprovinsen sydafrikaner av blandras; *C*~ *Dutch* kapholländska [språket] sydafrikansk holländska; *the C*~ *Province* Kapprovinsen; *the C*~ *of Good Hope* Godahoppsudden
2 cape [keɪp] *s* cape, krage
Cape Canaveral [ˌkeɪpkə'nævər(ə)l] geogr.
1 caper ['keɪpə] *s* kaprisbuske; pl. ~*s* kapris krydda
2 caper ['keɪpə] **I** *s* glädjesprång, krumsprång,

capercaillie

kapriol; påhitt, tilltag; *cut ~s* el. *cut a ~*
a) göra [ett] glädjesprång, hoppa högt
b) hitta på upptåg (rackartyg) **II** *vb itr* göra glädjesprång, hoppa och skutta
capercaillie [ˌkæpəˈkeɪlɪ, -ljɪ] *s* o. **capercailzie** [ˌkæpəˈkeɪlzɪ] *s* tjäder
Cape Town o. **Capetown** [ˈkeɪptaʊn] geogr. Kapstaden
capillary [kəˈpɪlərɪ] **I** *adj* **1** hår-; hårfin **2** fys. el. anat. hårrörs-, kapillär; *~ attraction* kapillärkraft; *~ tube* hårrör, kapillärrör **II** *s* hårrörskärl, kapillär; hårrör
1 capital [ˈkæpɪtl] **I** *adj* **1** jur. belagd med dödsstraff [*~ crime (offence)*]; döds- [*~ sentence*]; *~ punishment* dödsstraff; *on a ~ charge* anklagad för brott som medför dödsstraff **2** ödesdiger [*a ~ error*] **3** huvudsaklig; förnämst; störst [*of ~ importance*]; *~ city* huvudstad **4** utmärkt, ypperlig, förträfflig, överdådig **5** stor [*~ letter, ~ S*] **II** *s* **1** huvudstad **2** stor bokstav, versal; *small ~* kapitäl **3** kapital; förmögenhet; attr. kapital- [*~ investments*]; *C~ and Labour* storfinansen och arbetarna; *fixed ~* fast kapital; *circulating (floating) ~* rörligt (flytande) kapital; *~ account* kapitalräkning; *~ assets* fast egendom; *~ gains* realisationsvinst
2 capital [ˈkæpɪtl] *s* byggn. kapitäl
capital-intensive [ˌkæpɪtlɪnˈtensɪv] *adj* ekon. kapitalintensiv, kapitalkrävande
capitalism [ˈkæpɪtəlɪz(ə)m] *s* kapitalism
capitalistic [ˌkæpɪtəˈlɪstɪk] *adj* kapitalistisk
capitalize [ˈkæpɪtəlaɪz] **I** *vb tr* **1** kapitalisera **2** använda [som kapital], omsätta; förvandla till kapital **3** finansiera, förse med kapital **4** bildl. utnyttja, dra fördel av **5** skriva med stor [begynnelse]bokstav **II** *vb itr, ~ on* utnyttja, dra fördel av
capitation [ˌkæpɪˈteɪʃ(ə)n] *s* lika betalning per person [*on a ~ basis*]; *~ [tax]* standardskatt per person, kapitationsskatt; *~ fee* standardarvode per person, enhetstaxa; *~ grant* anslag per person
Capitol [ˈkæpɪtl, -ɪtɒl] *s* **a)** *the ~* Kapitolium, Capitolium fästning i Rom **b)** *the ~* el. *~ Hill* Capitolium kongressbyggnaden i Washington
capitulate [kəˈpɪtjʊleɪt] *vb itr* kapitulera
capitulation [kəˌpɪtjʊˈleɪʃ(ə)n] *s* kapitulation
capo [ˈkɑːpəʊ] (pl. *~s*) *s* it. maffialedare
capon [ˈkeɪpən] *s* kapun
caporal [ˌkæpəˈrɑːl] *s* caporal tobak, cigarett
Capri [kəˈpriː, ˈkæprɪ, ˈkɑːpɹ-] geogr. egenn.; *~ pants* el. *~s* piratbyxor damplagg
caprice [kəˈpriːs] *s* nyck, infall; nyckfullhet
capricious [kəˈprɪʃəs] *adj* nyckfull, lynnig
Capricorn [ˈkæprɪkɔːn] *s* o. *adj* **1** astrol. Stenbocken **2** *he is [a] ~* han är Stenbock; *the Tropic of ~* Stenbockens vändkrets

capsicum [ˈkæpsɪkəm] *s* paprika, spansk peppar
capsize [kæpˈsaɪz] **I** *vb itr* kapsejsa, kantra **II** *vb tr* komma att kantra
capstan [ˈkæpstən] *s* **1** sjö. ankarspel, gångspel **2** drivrulle, kapstan på bandspelare **3** *~ lathe* supportsvarv
capsule [ˈkæpsjuːl] *s* **1** kapsel i olika bet.: t.ex. rymd., med. el. bot.; hölje **2** kapsyl, hylsa
Capt. förk. för *Captain*
captain [ˈkæptɪn] **I** *s* **1 a)** kapten inom armén (amer. äv. inom flyget) **b)** inom flottan kommendör; *C~ of the Fleet* flaggadjutant, flaggkapten **2 a)** [sjö]kapten, befälhavare **b)** [flyg]kapten **3** anförare, ledare, chef; sport. [lag]kapten **4** amer. a) poliskommissarie b) [brand]kapten **5** amer. hovmästare; [*bell*] *~* portier, övervaktmästare på hotell **II** *vb tr* leda, anföra
captaincy [ˈkæpt(ə)nsɪ] *s* kaptensbefattning, kaptensgrad etc., jfr *captain I*
caption [ˈkæpʃ(ə)n] **I** *s* rubrik, överskrift; [film]titel; bildtext, filmtext **II** *vb tr* rubricera
captious [ˈkæpʃəs] *adj* klandersjuk, småaktig
captivate [ˈkæptɪveɪt] *vb tr* fängsla, tjusa
captive [ˈkæptɪv] **I** *adj* fången, fängslad [*hold a p. ~*]; *~ market* marknad där kunden inte har någon valmöjlighet; *be taken ~* bli tagen till fånga; [*people watching TV*] *are often a ~ audience for advertisers* …utsätts ofta ofrivilligt för reklam; *~ balloon* fast (förtöjd) ballong **II** *s* **1** fånge **2** slav [*to under*]
captivity [kæpˈtɪvətɪ] *s* fångenskap
captor [ˈkæptə] *s* tillfångatagare, erövrare
capture [ˈkæptʃə] **I** *s* **1** tillfångatagande; gripande; erövring, intagande [*the ~ of the town*]; uppbringande, kapande av fartyg **2** fångst, byte **3** *data ~* data. datafångst **II** *vb tr* **1** ta till fånga; gripa; ta, erövra, inta, ta pjäs i schack; ta som byte; uppbringa, kapa **2** bildl. fånga [*it ~d my imagination*]
car [kɑː] *s* **1** bil; poet. vagn **2** spårvagn [äv. *tramcar*]; *front ~* motorvagn **3** isht amer. järnvägsvagn; godsfinka **4** [last]kärra **5** flyg. gondol, [ballong]korg **6** amer. hisskorg
caracal [ˈkærəkæl] *s* zool. karakal, ökenlo
carafe [kəˈræf, -ˈrɑːf] *s* karaff[in]
carambola [ˌkærəmˈbəʊlə] *s* bot. carambola, stjärnfrukt
caramel [ˈkærəməl] *s* **1** bränt socker, karamell; *~ custard* brylépudding **2** kola **3** ljusbrun färg
carat [ˈkærət] *s* karat [*18 ~ gold*]
caravan [ˈkærəvæn, ˌkærəˈv-] **I** *s* **1** husvagn; *~ site* campingplats [för husvagnar] **2** karavan **II** *vb itr* bo i (resa omkring med) husvagn
caravel [ˈkærəvel] *s* sjö. karavell
caraway [ˈkærəweɪ] *s* kummin[ört]
caraway seeds [ˈkærəweɪsɪdz] *s pl* kummin[frön]
carbide [ˈkɑːbaɪd] *s* kem. karbid

carbine ['kɑ:baɪn] s mil. karbin
carbohydrate [ˌkɑ:bə(ʊ)'haɪdreɪt] s kolhydrat
carbolic [kɑ:'bɒlɪk] adj karbol-; ~ **acid** karbol[syra]
car bomb ['kɑ:bɒm] s bilbomb
car bombing ['kɑ:ˌbɒmɪŋ] s bilbombsattentat
carbon ['kɑ:bən] s **1** kem. kol; ~ *dioxide* koldioxid, kolsyra; ~ *monoxide* koloxid **2** se *carbon paper*; ~ [*copy*] [genomslags]kopia **3** elektr. kolspets **4** tekn. sot; ~ *black* kimrök
carbonate [ss. subst. 'kɑ:bənət, ss. vb -neɪt] **I** s kem. karbonat **II** vb tr behandla med kolsyra; perf. p.: ~*d* kolsyrad, kolsyrebehandlad, kolsyrehaltig
carboniferous [ˌkɑ:bə'nɪf(ə)rəs] adj geol. kolförande, kolhaltig; *the C~* [*period*] karbonperioden
carbonize ['kɑ:bənaɪz] vb tr tekn. karbonisera; förvandla till kol
carbon paper ['kɑ:bənˌpeɪpə] s karbonpapper, kopiepapper
carborne ['kɑ:bɔ:n] adj bilburen
carborundum [ˌkɑ:bə'rʌndəm] s tekn. karborundum
carboy ['kɑ:bɔɪ] s damejeanne, stor korgflaska
carbuncle ['kɑ:bʌŋkl] s med. karbunkel böld
carbureter o. **carburetor** ['kɑ:bəˌreɪtə] s amer., se *carburettor*
carburettor [ˌkɑ:bjʊ'retə] s förgasare, karburator
carcase ['kɑ:kəs] s se *carcass*
carcass ['kɑ:kəs] s **1** kadaver, as **2** djurkropp, [slakt]kropp utan huvud, ben o. inälvor; ~ *meat* färskt (inte konserverat) kött **3** vard. lekamen; liv[hank] [*save one's ~*] **4** bildl. [tomt] skal
carcinogen [kɑ:'sɪnədʒən] s med. karcinogent (cancerframkallande) ämne
carcinogenic [ˌkɑ:sɪnə'dʒenɪk] adj med. karcinogen, cancerframkallande
carcinoma [ˌkɑ:sɪ'nəʊmə] (pl. ~*ta* [-tə] el. ~*s*) s med. karcinom, cancer[svulst]
1 card [kɑ:d] **I** s karda, ullkam **II** vb tr karda
2 card [kɑ:d] s **1** kort av olika slag, ss. spel-, visit-, bjudnings-, inträdes-, julkort; ~*s* äv. kortspel [*win at* (i) ~*s*]; ~ *vote* fullmaktsröstning i fackförening; *get one's ~s* vard. få sparken; *have a ~ up one's sleeve* ha något i bakfickan (i reserv); *hold strong ~s* bildl. ha (sitta med) starka kort på hand; *make a ~* ta ett stick; *play one's best ~* bildl. spela ut sitt bästa kort; *play one's ~s well* bildl. sköta (spela) sina kort väl; *put* (*lay*) *one's ~s on the table* lägga korten (papperen) på bordet; *show one's ~s* bekänna färg (kort); *lucky at ~s, unlucky in love* tur i spel, otur i kärlek; *it's on* (amer. *in*) *the ~s* det är mycket möjligt; *it's off the ~s* det är inte troligt **2** vard. företag, satsning [*a dubious ~*]; *it's a safe* (*sure*) *~* det är verkligen någonting att satsa på, det är ett

säkert kort **3** program; lista **4** amer. skylt, affisch **5** karta med knappar, spännen o.d. **6** vard. original, lustig typ; *queer* ~ konstig prick
cardamom o. **cardamum** ['kɑ:dəməm] s bot. el. kok. kardemumma
cardan ['kɑ:dn, -dæn] adj tekn. kardan-, kardansk; ~ *joint* kardanknut; ~ *shaft* kardanaxel
cardboard ['kɑ:dbɔ:d] s papp, kartong; ~ *box* [papp]kartong
card-carrying ['kɑ:dˌkærɪɪŋ] adj, ~ *member* [in]registrerad medlem av politiskt parti o.d.
car-dealer ['kɑ:ˌdi:lə] s bilhandlare
carder ['kɑ:də] s kardare; kardmaskin
card game ['kɑ:dgeɪm] s kortspel
cardia ['kɑ:dɪə] s anat. övre magmun, kardia
cardiac ['kɑ:dɪæk] med. **I** adj hjärt- [~ *patient*]; ~ *arrest* hjärtstillestånd; ~ *depressant drug* hjärtlugnande medel; ~ *insufficiency* hjärtinsufficiens **II** s **1** hjärtpatient **2** hjärtstärkande medicin
cardie ['kɑ:dɪ] vard. förk. för *cardigan*
Cardiff ['kɑ:dɪf] geogr.
cardigan ['kɑ:dɪgən] s cardigan, kofta
cardinal ['kɑ:dɪnl] **I** adj **1** huvud-, huvudsaklig, främst, kardinal-; avgörande, väsentlig [*of* ~ *importance*]; ~ *number* grundtal, kardinaltal; *the* ~ *points* [*of the compass*] de fyra väderstrecken; ~ *virtues* kardinaldygder; ~ *vowel* kardinalvokal **2** högröd, purpurröd; ~ *red* högröd (purpurröd) färg, högrött, purpurrött **II** s kardinal
card-index [ˌkɑ:d'ɪndeks] **I** s kortregister, kartotek; ~ *file* kortlåda **II** vb tr föra upp på kort
carding-machine ['kɑ:dɪŋməˌʃi:n] s kardmaskin
cardiogram ['kɑ:dɪə(ʊ)græm] s med. kardiogram
cardiograph ['kɑ:dɪə(ʊ)græf, -grɑ:f] s med. kardiograf
cardiologist [ˌkɑ:dɪ'ɒlədʒɪst] s kardiolog, hjärtspecialist
cardiology [ˌkɑ:dɪ'ɒlədʒɪ] s kardiologi
cardiovascular [ˌkɑ:dɪəʊ'væskjʊlə] adj med. kardiovaskulär, hjärtkärl- [~ *diseases* (*system*)]
cardphone ['kɑ:dfəʊn] s korttelefon
card-playing ['kɑ:dˌpleɪɪŋ] s kortspel, att spela kort
car-driver ['kɑ:ˌdraɪvə] s bilförare
cardsharp ['kɑ:dʃɑ:p] s o. **cardsharper** ['kɑ:dˌʃɑ:pə] s falskspelare; bondfångare
card table ['kɑ:dˌteɪbl] s spelbord
card trick ['kɑ:dtrɪk] s kortkonst
cardy ['kɑ:dɪ] vard. förk. för *cardigan*
care [keə] **I** s **1** bekymmer **2** omsorg, omtänksamhet, omtanke [*for* om]; noggrannhet; ~ *instructions* på plagg

skötselanvisningar, skötselråd; *take* ~ akta sig, vara försiktig; se opp; *take* ~ *to* vara noga med (angelägen) att; *take* ~ *not to* akta sig för att; [*handle*] *with* ~ på paket o.d. aktas [för stötar], varsamt 3 vård, omvårdnad [*have the* ~ *of*; *be under* (*in*) *the* ~ *of*]; ~ *attendant* hemvårdare; *it is under his* ~ han har hand om det; *take* ~ *of* ta vård (hand) om; ta vara på; akta, vara rädd om; *I'll take* ~ *of that* det ska jag ordna (klara av, ta hand om); *that takes* ~ *of that* så var den saken avklarad (ur världen); *take* ~ [*of yourself*]! sköt om dig!, ha det så bra!; ~ *of* (förk. *c/o*) på brev adress, c/o [*c/o Smith*] **II** *vb itr* **1** bry sig om [det] [*he doesn't seem to* ~]; ~ *about* bry sig om, intressera sig för, bekymra sig om; ~ *for* a) bry sig om, vara intresserad (road) av, ha lust med [*I shouldn't* ~ *for that*] b) sörja för, sköta om c) tycka om, hålla av; gilla; *would you* ~ *for an ice cream?* vill du ha en glass?; *for all I* ~ vad mig beträffar; *I don't* ~ det gör mig detsamma; det struntar jag i; jag bryr mig inte om det; *what do I* ~*?* vad bryr jag mig om det?; *I couldn't* ~ *less* vard. det struntar jag i; *who* ~*s?* vad spelar det för roll?, vem bryr sig om det? **2** ~ *to* ha lust att, [gärna] vilja [*would you* ~ *to go for a walk?*]
careen [kəˈriːn] sjö. **I** *vb tr* kölhala; [komma att] kränga **II** *vb itr* kränga, ligga över
career [kəˈrɪə] **I** *s* **1** [levnads]bana, yrke [*choose a* ~]; karriär; utveckling; *choose a commercial* (*military*) ~ välja ett yrke inom handel (välja den militära banan) **2** [full] fart, karriär **II** *vb itr* ila, rusa [*about, along, past*]
career girl [kəˈrɪəgɜːl] *s* karriärkvinna
careerist [kəˈrɪərɪst] *s* karriärmänniska, karriärist, streber
careers guidance [kəˈrɪəzˌgaɪd(ə)ns] *s* yrkesrådgivning
careers master [kəˈrɪəzˌmɑːstə] *s* yrkesvalslärare
careers mistress [kəˈrɪəzˌmɪstrəs] *s* kvinnlig yrkesvalslärare
careers officer [kəˈrɪəzˌɒfɪsə] *s* yrkesvägledare
career woman [kəˈrɪəˌwʊmən] *s* karriärkvinna; yrkeskvinna
carefree [ˈkeəfriː] *adj* **1** bekymmerslös, sorgfri **2** lättsinnig, sorglös
careful [ˈkeəf(ʊ)l] *adj* **1** försiktig [*with* med]; aktsam [*of* om, med]; omtänksam; sparsam; *be* ~ äv. akta sig [*not to do a th.* för att göra ngt]; *be* ~ *with* äv. akta, vara aktsam (rädd) om; *be* ~ *what you do* tänk på vad du gör **2** omsorgsfull, noggrann; om arbete o.d. äv. noggrant utförd, grundlig; noga [*about, with* med; *to, that* [med] att]; *he was* ~ *to explain* han var noga med att förklara
care label [ˈkeəˌleɪbl] *s* skötselråd etikett

care-laden [ˈkeəˌleɪdn] *s* poet. full av bekymmer
careless [ˈkeələs] *adj* **1** slarvig, vårdslös, oaktsam [*about, as to* med, i fråga om]; obetänksam, oförsiktig [*with* med] **2** obekymrad [*of* om], likgiltig [*of* för] **3** sorglös
carer [ˈkeərə] *s* ung. anhörigvårdare
caress [kəˈres] **I** *vb tr* smeka **II** *s* smekning
caressing [kəˈresɪŋ] *adj* smeksam, öm
caretaker [ˈkeəˌteɪkə] *s* **1** vaktmästare, uppsyningsman; fastighetsskötare, portvakt **2** ~ *government* expeditionsministär, övergångsregering **3** tillsynsman, förvaltare
careworn [ˈkeəwɔːn] *adj* tärd (trött) av bekymmer; förgrämd
car ferry [ˈkɑːˌferɪ] *s* bilfärja; biltransportplan
cargo [ˈkɑːgəʊ] (pl. ~*es*) *s* [skepps]last; ~ *steamer* lastångare
car-hire [ˈkɑːˌhaɪə] *s*, ~ *service* biluthyrning
carhop [ˈkɑːhɒp] *s* amer. vard. servitör (servitris) vid drive-in-servering
Carib [ˈkærɪb] *s* karib sydamerikansk indian
Caribbean [ˌkærɪˈbiːən] **I** *adj* karibisk [*the* ~ *Sea*] **II** *s* **1** *the* ~ Karibiska havet **2** a) = *Carib* b) västindier **3** *the* ~ Västindien [*the arts of the* ~]
caribou [ˈkærɪbuː] *s* zool. karibu, amerikansk ren
caricature [ˈkærɪkəˌtjʊə] **I** *s* karikatyr; parodi **II** *vb tr* karikera, förlöjliga
caricaturist [ˈkærɪkəˌtjʊərɪst] *s* karikatyrtecknare; parodiförfattare
caries [ˈkeərɪz, -iːz] *s* **1** tandläk., [*dental*] ~ karies, tandröta **2** med. karies, benröta
carillon [kəˈrɪljən] *s* klockspel
caring [ˈkeərɪŋ] *adj* som visar omtanke, som bryr sig om [*a* ~ *society*]
Carinthia [kəˈrɪnθɪə] geogr. Kärnten
Carlisle [kɑːˈlaɪl] geogr.
Carmarthen [kəˈmɑːð(ə)n] geogr.
Carmelite [ˈkɑːməlaɪt] **I** *s* karmelit[er], karmelit[er]munk **II** *adj* karmelit[er]- [*the* ~ *Order*]
Carmen [ˈkɑːmen]
carmine [ˈkɑːmaɪn] **I** *s* karmin **II** *adj* karminröd
Carnaby [ˈkɑːnəbɪ] egenn.; ~ *Street* i London, först känd som tonåringarnas modegata på 1960-talet
carnage [ˈkɑːnɪdʒ] *s* blodbad, massmord, slakt
carnal [ˈkɑːnl] *adj* sinnlig, köttslig [~ *desires* (*pleasures*)]; *have* ~ *knowledge of* ha sexuellt umgänge med
Carnarvon [kəˈnɑːv(ə)n] geogr.
carnation [kɑːˈneɪʃ(ə)n] **I** *s* **1** [trädgårds]nejlika **2** ljusröd (skär) färg **II** *adj* ljusröd, skär
Carnegie [kɑːˈnegɪ, -ˈniːgɪ, Andrew ~ kɑːˈneɪgɪ, ~ *Hall* ˈkɑːnəgɪ]

carnelian [kɑː'niːljən] *s* miner. karneol
carnival ['kɑːnɪv(ə)l] *s* **1** karneval[stid] **2** amer. [kringresande] tivoli, nöjesfält
carnivorous [kɑː'nɪv(ə)rəs] *adj* köttätande; ~ *animal* äv. karnivor, köttätare
carny ['kɑːnɪ] *s* amer. vard. **1** [kringresande] tivoli, nöjesfält **2** arbetare vid tivoli
carob ['kærəb] *s* bot. johannesbröd[träd], karobe
carol ['kær(ə)l] **I** *s* lovsång, jubelsång; [*Christmas*] ~ julsång **II** *vb itr* **1** jubla, sjunga; drilla **2** gå från hus till hus och sjunga julsånger
Carolina [ˌkærə'laɪnə] geogr.
Caroline ['kærəlaɪn] **I** kvinnonamn; ss. drottningnamn Karolina **II** *adj* karolinsk från (på) Karl I:s o. Karl II:s tid i England
carom ['kærəm] bilj. **I** *s* isht amer. karambolage; ~ *billiards* karamboll **II** *vb itr* karambolera
carotene ['kærətiːn] *s* kem. karotin
carotid [kə'rɒtɪd] *s* anat. halspulsåder [äv. ~ *artery*]
carotin ['kærətɪn] *s* kem. karotin
carouse [kə'raʊz] **I** *vb itr* rumla, festa, pokulera **II** *s* rumlande, festande; dryckeslag
carousel [ˌkærə'sel, -zel] *s* **1** foto. karusellmagasin **2** bagageband på flygplats **3** isht amer. karusell
1 carp [kɑːp] (pl. lika) *s* zool. karp
2 carp [kɑːp] *vb itr* gnata; ~ *at* hacka (klanka) på, häckla; ~*ing criticism* småaktig kritik
car park ['kɑːpɑːk] *s* bilparkering, parkeringsplats
Carpathian [kɑː'peɪθjən] *adj* karpatisk; *the ~ Mountains* Karpaterna
Carpathians [kɑː'peɪθjənz] geogr.; *the ~* pl. Karpaterna
carpel ['kɑːpel] *s* bot. fruktblad
carpenter ['kɑːpəntə] **I** *s* [byggnads-, grov]snickare, timmerman; ~*'s bench* hyvelbänk **II** *vb itr* o. *vb tr* snickra, timra
carpentry ['kɑːpəntrɪ] *s* **1** snickaryrke, timmermansyrke; träslöjd **2** snickeri[arbete]
carpet ['kɑːpɪt] **I** *s* större mjuk matta äv. bildl.; *be on the ~* a) vara på tapeten b) bli åthutad; *have a p. on the ~* ge ngn en skrapa; *pull the ~ from under a p.* bildl. rycka undan marken under ngns fötter; *sweep a th. under the ~* bildl. sopa ngt under mattan; *the red ~* bildl., se *red I* **II** *vb tr* mattbelägga, täcka [liksom] med en matta
carpet bag ['kɑːpɪtbæg] *s* stor kappsäck
carpet-bagger ['kɑːpɪtˌbægə] *s* politisk lycksökare, opportunist
carpet-beater ['kɑːpɪtˌbiːtə] *s* mattpiskare redskap
carpet beetle ['kɑːpɪtˌbiːtl] *s* zool. pälsänger
carpet-bomb ['kɑːpɪtbɒm] *vb tr* mil. lägga ut en bombmatta över
carpeting ['kɑːpɪtɪŋ] *s* **1** mattläggning **2** mattor; mattväv **3** vard. skrapa, uppläxning

carpet slipper ['kɑːpɪtˌslɪpə] *s* filttoffel
carpet-sweeper ['kɑːpɪtˌswiːpə] *s* mattsopare redskap
car phone ['kɑːfəʊn] *s* biltelefon
car-pool ['kɑːpuːl] **I** *s* samåkningsgrupp, samåkningsorganisation **II** *vb itr* samåka
car-racing ['kɑːˌreɪsɪŋ] *s* bilsport, biltävling
carrel o. **carrell** ['kær(ə)l] *s* univ. forskarcell
carriage ['kærɪdʒ] *s* **1** transport, forsling, frakt, fraktande, fraktning; fraktfart; *water ~* sjötransport **2** frakt[kostnad] isht på järnväg; *~ forward* frakten ej betald (betalas vid framkomsten); *~ free* fraktfritt; *~ paid* fraktfritt **3** hållning, sätt att föra sig **4** antagande av motion o.d. **5** järnv. [person]vagn **6** ekipage, vagn **7** på skrivmaskin m.m. vagn; *~ release* vagnfrigörare
carriage clock ['kærɪdʒklɒk] *s* franskt reseur
carriageway ['kærɪdʒweɪ] *s* körbana, körväg; *dual ~* tvåfilig väg med skilda körbanor
carrick bend [ˌkærɪk'bend] *s* sjö. kabelstek
carrier ['kærɪə] *s* **1** a) bärare; [stads]bud; åkare b) transportföretag, fraktförare; *road ~s* åkeri **2** amer., [*mail*] *~* brevbärare, postiljon **3** transportfordon, transportmedel; *~ cycle* paketcykel, transportcykel; *~ plane* transport[flyg]plan **4** [*aircraft*] *~* hangarfartyg **5** pakethållare, bagagehållare **6** se *carrier pigeon* **7** smittbärare, bacillbärare **8** fackspr. bärare; *~ wave* radio. bärvåg
carrier bag ['kærɪəbæg] *s* [bär]kasse
carrier-based ['kærɪəbeɪst] *adj*, *~ aircraft* [hangar]fartygsbaserat flyg
carrier frequency ['kærɪəˌfriːkwənsɪ] *s* radio. bär[vågs]frekvens
carrier pigeon ['kærɪəˌpɪdʒɪn] *s* brevduva
carrion ['kærɪən] *s* kadaver, as
carrion-crow [ˌkærɪən'krəʊ] *s* zool. svartkråka
carrot ['kærət] *s* morot
carry ['kærɪ] **I** *vb tr* (se äv. *III*; för *carry* i förbindelser ss. *~ conviction* 2, *~ into effect*, *~ into execution* se resp. subst.) **1** allm. bära; bära på; ha med (på) sig, medföra; gå [omkring] med, ha; *~ the sense of* ha betydelsen [av] **2** frambära, komma med brev, nyhet o.d.; om tidning innehålla, publicera, ha **3** forsla, frakta, transportera **4** föra äv. bildl. [*that would ~ us too far*]; driva [*~ the joke too far*]; om vind driva [fram]; leda t.ex. vatten, ljud **5** ha plats för, rymma, [kunna] ta; ~*ing capacity* lastförmåga, lastkapacitet **6** erövra, inta; hemföra, vinna pris o.d.; driva (få) igenom åtgärd, kandidat o.d.; segra i, vinna val; *~ everything* (*all*) *before one* genomdriva allt; ha en oerhörd framgång; *be carried* om motion o.d. gå igenom, bli antagen **7** hålla, föra kropp, huvud; *she carries her clothes well* hon bär upp sina kläder väl **8** medföra, innebära [*~ responsibility*] **9** föra (flytta) över; bokf. överföra, transportera [ofta *~ forward*]

carryall

II *vb itr* (se äv. *III*) **1** utföra transporter **2** om ljud äv. [kunna] höras
III *vb tr* o. *vb itr* i spec. förb. med adv.
~ **along** [lyckas] övertyga; *he carried [the audience] along with him* han fick...med sig (på sin sida)
~ **away**: a) bära (föra) bort b) bildl. hänföra, rycka med sig; *be carried away by* ryckas med av; bli upptänd av c) sjö., om vind, vågor bryta, rycka bort
~ **back** föra tillbaka [i tiden] [*the music carried him back to his childhood*]
~ **forward** bokf. transportera; [*amount*] *carried forward* transport till ngt; *balance [to be] carried forward* utgående saldo
~ **off**: a) bära (föra) bort b) hemföra, vinna [~ *off a prize*] c) bära upp, [kunna] uppträda i d) uppväga; släta över e) klara av, behärska [~ *off a situation*]; ~ *it off* [*well*] sköta (klara) sig bra
~ **on**: a) föra [~ *on a conversation*], [be]driva, sköta, utöva b) fortsätta, gå vidare; ~ *on* [*with*] fortsätta [med], fullfölja; [*here's £50*] *to* ~ *on with* ...så länge c) vard. bära sig [illa] åt, bråka
~ **out** utföra; genomföra, fullfölja, verkställa; tillämpa; uppfylla [~ *out a promise*]
~ **over**: a) bära (föra, ta) över b) hand. överföra; bokf. transportera; [*amount*] *carried over* transport c) föra vidare; *that will* ~ *you over* på det kan du klara dig
~ **through**: a) genomföra; driva igenom b) klara (föra) igenom

carryall ['kærɔ:l] *s* amer. **1** slags enspänd landå **2** bil (buss) med två mot varandra vända sidosäten **3** rymlig bag (väska)
carrycot ['kærɪkɒt] *s* babylift bärkasse för spädbarn
carryings-on [ˌkærɪŋz'ɒn] *s pl* dumma tilltag (påhitt), galenskaper, historier; uppträden
carry-on ['kærɪɒn] I *adj* flyg., ~ *baggage* handbagage; ~ *case* (*bag*) kabinväska II *s* vard. ståhej, dumma tilltag; bråk
carsick ['kɑ:sɪk] *adj* bilsjuk
cart [kɑ:t] I *s* **1** tvåhjulig kärra; [arbets]vagn; skrinda; *be in the* ~ vard. vara i knipa, sitta i klistret; *put the* ~ *before the horse* bära sig bakvänt åt, börja i galen ända **2** lätt tvåhjulig enspännare II *vb tr* **1** köra, forsla **2** släpa [på], kånka på
carte blanche [ˌkɑ:t'blɑ:nʃ] *s* fr.
1 blankofullmakt **2** carte blanche, oinskränkt fullmakt
cartel [kɑ:'tel] *s* ekon. el. polit. kartell
carter ['kɑ:tə] *s* åkare, körare
cartful ['kɑ:tfʊl] *s* vagnslass, kärra [*of* med]
Carthage ['kɑ:θɪdʒ] geogr. (hist.) Kartago
cart-horse ['kɑ:thɔ:s] *s* arbetshäst, draghäst
cartilage ['kɑ:təlɪdʒ] *s* anat. brosk

cartload ['kɑ:tləʊd] *s* vagnslass, kärrlass [*of* med]; bildl. helt lass
cartographer [kɑ:'tɒgrəfə] *s* kartograf, kartritare
cartography [kɑ:'tɒgrəfɪ] *s* kartografi
carton ['kɑ:t(ə)n] *s* kartong, pappask; *a* ~ *of* [*cornflakes*] ett paket...; *a* ~ *of* [*cigarettes*] en limpa...
cartoon [kɑ:'tu:n] *s* **1** [skämt]teckning; [politisk] karikatyr **2** [tecknad] serie **3** [*animated*] ~ tecknad (animerad) film **4** konst. kartong utkast på styvt papper till målning o.d.
cartoonist [kɑ:'tu:nɪst] *s* skämttecknare; karikatyrtecknare, kartonist
cartridge ['kɑ:trɪdʒ] *s* **1** patron i olika bet. [*film* ~; *ink* ~] **2** pickup, nålmikrofon **3** kassett
cartridge case ['kɑ:trɪdʒkeɪs] *s* patronhylsa
cartridge paper ['kɑ:trɪdʒˌpeɪpə] *s*
1 karduspapper **2** slags grovt rit- och kuvertpapper
cartwheel ['kɑ:twi:l] I *s* **1** vagnshjul, kärrhjul **2** amer. sl. stort mynt, isht silverdollar **3** varv i hjulning; *turn* ~*s* hjula; *he turned four* ~*s* han hjulade fyra varv II *vb itr* hjula
cartwright ['kɑ:traɪt] *s* vagnmakare
carve [kɑ:v] (imperf. ~*d*; perf. p. ~*d*, poet. ~*n*) I *vb tr* **1** skära, snida; skära (rista) in [*on* i]; skära ut [*out of, in* i]; hugga [in (ut)]; skulptera; sticka, gravera **2** skära för (upp), tranchera kött **3** ~ *out* a) hugga (skära) ut b) tillkämpa sig; vinna, förvärva, skapa sig [~ *out a fortune*]; ~ *out a career for oneself* skapa sig en karriär **4** ~ *up* a) vard. dela [upp] [~ *up the booty*] b) sl. knivskära II *vb itr* **1** skära i trä, snida; skulptera; hugga i marmor **2** skära för [steken]
carved [kɑ:vd] *adj* utskuren, snidad; uthuggen, skulpterad; graverad
carven ['kɑ:v(ə)n] poet., perf. p. av *carve*
carver ['kɑ:və] *s* **1** [trä]snidare; bildhuggare, skulptör; gravör **2** förskärare, tranchör **3** förskärarkniv, trancherkniv; [*pair of*] ~*s* förskärarbestick, trancherbestick
carvery ['kɑ:vərɪ] *s* stekavdelning, stekrestaurang [avdelning av] restaurang som specialiserar sig på stekar
carve-up ['kɑ:vʌp] *s sl*. **1** uppdelning av byte (arv etc.) **2** ngt fixat på förhand **3** slagsmål, råkurr
carving ['kɑ:vɪŋ] *s* **1** [ut]skärande, snidande etc., jfr *carve I 1* **2** tranchering, förskärande; ~ *set* förskärarbestick, trancherbestick **3** [trä]snideri, utskärning, träskulptur
carving-fork ['kɑ:vɪŋfɔ:k] *s* stekgaffel, tranchergaffel
carving-knife ['kɑ:vɪŋnaɪf] *s* förskärare, förskärarkniv, trancherkniv
Casanova [ˌkæzə'nəʊvə] I egenn. II *s* Casanova, kvinnotjusare
cascade [kæ'skeɪd] I *s* **1** kaskad; ~ *of*

applause applådåska, storm av applåder **2** lös drapering, svall [*a* ~ *of lace*] **II** *vb itr* falla som en kaskad
1 case [keɪs] *s* **1** fall; förhållande; händelse; sak, fråga; läge; *this* (*such*) *being the* ~ eftersom det förhåller sig så; *as the* ~ *may be* alltefter omständigheterna; [*just*] *in* ~ *I forget* ifall jag skulle glömma; [*take it*] *just in* ~ ...för säkerhets skull, ...för alla eventualiteter; *in* ~ *of* i händelse av, vid [*in* ~ *of fire*]; *in the* ~ *of* i fråga om, när det gäller (rör sig om), för; *in any* ~ i varje fall, i vilket fall som helst, i alla händelser; *in that* ~ i så fall; *in this* ~ i det här fallet **2 a)** jur. [rätts]fall; mål; process [*lose a* ~], ärende, sak; affär **b)** jur. o. friare bevis[material]; argument, skäl; *the* ~ *for the defendant* (*prosecution*) försvarets (åklagarsidans) sakframställning; *he has a good* (*strong*) ~ han har starka bevis att stödja sig på, hans sak ligger väl till; *establish* (*prove*) *one's* ~ bevisa [riktigheten av] sitt påstående, bevisa att man har rätt; *there is a good* ~ *for*... el. *a good* ~ *can be made* [*out*] *for*... det finns starka argument för..., det är mycket som talar för...; *put a p.'s* ~ föra ngns talan; *state one's* ~ framlägga fakta [i målet], framlägga sin sak **3** [sjukdoms]fall **4** gram. kasus **5** vard. original, lustig typ
2 case [keɪs] **I** *s* **1** låda; ask; skrin; fodral, etui; [pack]lår **2** väska, portfölj **3** hölje, hylsa; form; [kudd]var, överdrag; boett **4** [glas]monter **5** fack **6** boktr. [stil]kast; *lower* (*upper*) ~, se *lower-case, upper-case* **II** *vb tr* lägga (packa) in [i en låda (ask etc., jfr *I*)] [äv. ~ *up* (*over*)]
case book ['keɪsbʊk] *s* journal
case history [,keɪs'hɪst(ə)rɪ] med. sjukdomshistoria, anamnes
casein ['keɪsɪɪn, -siːn] *s* kasein, ostämne
casement ['keɪsmənt] *s* [sidohängt] fönster
case report [,keɪsrɪ'pɔːt] *s* fallbeskrivning, sjukjournal
case sheet ['keɪsʃiːt] *s* med. sjukjournal
cash [kæʃ] **I** *s* kontanter, reda pengar [äv. *hard* ~, *ready* ~]; pengar [*be rolling in* ~]; kassa; ss. attr. äv. kontant [~ *payment*]; ~ *purchase* kontantköp; ~ *down* mot kontant betalning; ~ *in hand* kassabehållning; ~ *on delivery* se *delivery 1*; *pay* [*in*] ~ betala kontant; *be in* ~ vara [stadd] vid kassa; *out of* ~ utan kontanter (pengar); *on a* ~ *basis* enligt kontantprincipen **II** *vb tr* lösa in [~ *a cheque*], lösa (kvittera, ta) ut [~ *a money order*], få pengar på, förvandla (omsätta) i kontanter; ~ *in* amer. kassera in **III** *vb itr*, ~ *in on* dra växlar på, slå mynt av
cash account [,kæʃə'kaʊnt, '--,-] *s* kassakonto
cash-and-carry [,kæʃən(d)'kærɪ] **I** *adj* hämtköps- [~ *depots*]; ~ *prices* hämtpriser

II *s*, ~ [*store*] hämtköp; [storköps]cash
III *adv* på hämtköp
cashbox ['kæʃbɒks] *s* kassaskrin, kassalåda
cash card ['kæʃkɑːd] *s* ung. bankomatkort
cash cow ['kæʃkaʊ] ekon. vard. kassako[ssa]
cash crop ['kæʃkrɒp] *s* lantbr. avsalugröda
cashdesk ['kæʃdesk] *s* kassa där man betalar
cash discount [,kæʃ'dɪskaʊnt] *s* kassarabatt
cash dispenser ['kæʃdɪs,pensə] *s* bankautomat, uttagsautomat
cashew nut ['kæʃuːnʌt] *s* cashewnöt, acajounöt, kasjunöt
cash flow ['kæʃfləʊ] *s* ekon., ung. kassaflöde, betalningsflöde, cashflow företagets vinst efter avskrivningar eller investeringar
1 cashier [kæ'ʃɪə] *s* kassör, kassörska
2 cashier [kə'ʃɪə] *vb tr* **1** mil. avskeda **2** kassera
cash machine ['kæʃməˌʃiːn] *s* se *cash dispenser*
cashmere ['kæʃmɪə] *s* cashmere, kaschmir
cashpoint ['kæʃpɔɪnt] *s* **1** kassa i snabbköp, varuhus **2** se *cash dispenser*
cash price [,kæʃ'praɪs] *s* kontantpris
cash receipt [,kæʃrɪ'siːt] *s* kassakvitto
cash register ['kæʃˌredʒɪstə] *s* kassaapparat
casing ['keɪsɪŋ] *s* **1** beklädnad, hölje; hylsa **2** ram, infattning på dörr, fönster
casino [kə'siːnəʊ, -'ziː-] (pl. ~*s*) *s* **1** kasino, spelhall **2** kortsp. kasino
cask [kɑːsk] *s* **1** fat, tunna, laggkärl **2** [smör]drittel
casket ['kɑːskɪt] *s* **1** skrin, schatull; [ask]urna **2** amer. [lik]kista
Caspian ['kæspɪən] *adj, the* ~ *Sea* Kaspiska havet
cassata [kə'sɑːtə] *s* cassata[glass]
cassava [kə'sɑːvə] *s* bot. kassava[buske]
casserole ['kæsərəʊl] *s* **1** eldfast form (gryta) som maten tillagas och serveras i **2** gryta maträtt [*chicken* ~]
cassette [kə'set] **I** *s* kassett för bandspelare, video, film; ~ *deck* kassettdäck; ~ *recorder* kassettbandspelare **II** *vb tr* spela in på kassett [~ *a film*]
cassock ['kæsək] *s* lång prästrock, kaftan
cassowary ['kæsəweərɪ, -wər-] zool. kasuar
cast [kɑːst] **I** (*cast cast*) *vb tr* **1** kasta isht bildl. [~ *a glance* (*a shadow*); ~ *new light on* (över) *a problem*]; ~ *lots* kasta (dra) lott; ~ *a net* kasta (lägga) ut ett nät; ~ *one's vote* avge sin röst; ~ *into prison* kasta i fängelse; ~ *into the shade* bildl. ställa i skuggan **2** kasta omkull (ner); brottn. kasta **3** kasta av; fälla fjädrar, löv o.d.; ömsa skinn om orm **4** gjuta, stöpa, forma äv. bildl. **5** räkna [ner (ut)], addera [ihop]; ~ *figures* addera **6** teat. tilldela [*a part to a p.* ngn en roll]; utse [*a p. for* ngn till]; fördela, besätta [~ *the parts*]; besätta (fördela) rollerna i [~ *a play*] **7** astrol. beräkna, ställa [~ *a p.'s horoscope*] **8** med adv.: ~ *aside* kasta bort, kassera; lägga av (bort)

~ away kasta (slänga) bort, slösa bort, förspilla; *be ~ away* sjö. lida skeppsbrott **~ in** *one's lot with* göra gemensam sak med **~ off**: kasta bort (av), kassera; lägga av kläder o.d.; lämna **~ out** fördriva, driva ut; köra bort **II** *(cast cast) vb itr* **1** räkna; addera **2** kasta, fiska med kastspö **3** med adv.: **~ about** söka, leta, se sig om [*for* efter]; fundera på [*how* hur]; **~ about for** äv. försöka hitta (komma) på [**~** *about for an answer (an excuse)*] **~ off**: sjö. göra (kasta) loss **III** *s* **1** kast[ande]; *a ~ of the dice* ett tärningskast **2** a) avgjutning, avtryck b) gjutform; [*plaster*] ~ med. gipsförband **3** teat. a) rollfördelning, rollbesättning b) ensemble; *the ~* äv. personerna, de medverkande; *an all-star ~* en stjärnensemble **4** anstrykning, skiftning, inslag **5** *have a ~ in one's eye* skela [på ena ögat]
castanets [ˌkæstə'nets] *s pl* mus. kastanjetter
castaway ['kɑːstəweɪ] *s* **1** skeppsbruten [person] **2** utstött varelse
caste [kɑːst] *s* **1** kast; bildl. äv. ståndsklass; *lose (renounce) ~* sjunka socialt; förlora sin position **2** kastväsen
castigate ['kæstɪgeɪt] *vb tr* **1** tukta; skarpt kritisera; gissla, hudflänga **2** korrigera, emendera
Castile [kæ'stiːl] geogr. Kastilien
Castilian [kæ'stɪlɪən] **I** *s* **1** kastilian **2** kastilianska [språket] **II** *adj* kastiliansk
casting net ['kɑːstɪŋnet] *s* fisknot, sänkhåv
casting rod ['kɑːstɪŋrɒd] *s* kastspö
casting vote [ˌkɑːstɪŋ'vəʊt] *s* utslagsröst
cast-iron [ˌkɑːst'aɪən, attr. '-,--] *s* **1** gjutjärn **2** attr. gjutjärns-; bildl. järn- [*~ will*], järnhård, benhård; säker, vattentät [*~ alibi*]
castle ['kɑːsl] **I** *s* **1** slott, borg, kastell; *~s in the air* (*in Spain*) luftslott **2** schack. torn **3** *~ nut* tekn. kronmutter **II** *vb tr* o. *vb itr* schack. rockera
cast-off ['kɑːstɒf] **I** *adj* kasserad, avlagd, bortkastad **II** *s* **1** kasserad sak, avlagd persedel; pl. *~s* avlagda kläder (skor etc.) **2** ratad (försmådd) person
castor ['kɑːstə] *s* **1** [svängbart] hjul, trissa på rullbord o.d. **2** ströare [*sugar ~*]; *~ sugar* [fint] strösocker
castor oil [ˌkɑːstər'ɔɪl] *s* ricinolja
castrate [kæ'streɪt, '--] *vb tr* kastrera
castration [kæ'streɪʃ(ə)n] *s* kastrering; *~ complex* psykol. kastrationskomplex
casual ['kæʒjʊəl, -ʒʊəl] **I** *adj* **1** tillfällig; flyktig; *~ customer* strökund; *~ labourer* tillfällighetsarbetare; *a ~ remark* en anmärkning i förbigående, en ströanmärkning; *~ sex* tillfälliga sexuella förbindelser **2** planlös, lättvindig **3** nonchalant, ogenerad; otvungen, obesvärad, ledig; *~ dress* ledig klädsel; *fritidskläder* **II** *s* **1** tillfällighetsarbetare, tillfälligt anställd **2** strökund **3** lätt bekväm sko, fritidssko **4** pl. *~s* fritidskläder
casually ['kæʒjʊəlɪ, -ʒjʊəl-] *adv* tillfälligt osv., jfr *casual I*; tillfälligtvis, en slump, händelsevis, i förbigående, [helt] apropå
casualt|y ['kæʒjʊəltɪ, -ʒjʊəl-] *s* **1** olycksfall; *~ insurance* olycksfalls- och skadeförsäkring; *~ ward* (*department*) olycksfallsavdelning, akutmottagning på sjukhus **2** offer i krig, olyckshändelse o.d.; pl. *-ies* äv. [förluster i] döda och sårade, förolyckade; *~ list* förlustlista
casuistry ['kæzjʊɪstrɪ, 'kæʒjʊ-] *s* kasuistik; sofisteri, advokatyr
CAT [kæt] med. (förk. för *computer-assisted* el. *computerised axial tomography*) CT, datortomografi; *~ scanner* CAT-scanner, datortomograf; *~ scanning* datortomografi
1 cat [kæt] *s* **1** katt; katta; *it's raining* (*coming down*) *~s and dogs* regnet står som spön i backen, det regnar småspik; *~ and mouse* katt och råtta (se äv. *cat-and-mouse*); *when the ~'s away the mice will play* när katten är borta dansar råttorna på bordet; *the ~ is out of the bag* det (hemligheten) har sipprat (kommit) ut; *let the ~ out of the bag* prata bredvid mun[nen], försäga sig; *look like something the ~ brought in* vard. se urvissen ut; *has the ~ got your tongue?* har du inte mål i mun?; *see which way the ~ jumps* el. *wait for the ~ to jump* känna efter varifrån vinden blåser; *it's enough to make a ~ laugh* vard. det är så man kan skratta ihjäl sig; *no* (*not enough*) *room to swing a ~* [*in*] se *room I 2*; *put the ~ among the pigeons* ställa till bråk (oro i lägret); *not a ~ in hell's chance* vard. inte skuggan av en chans; *be like a ~ on hot bricks* (amer. *on a hot tin roof*) vard. inte ha någon ro i kroppen, sitta som på nålar; *it's the ~'s pyjamas* (*whiskers*) vard. det är toppen (kalas, alla tiders) **2** kattdjur **3** neds. om kvinna apa, markatta **4** isht amer. kille, snubbe
2 cat [kæt] *s* (vard. kortform för *catalytic converter*) kat [*~ car*]
cataclysm ['kætəklɪz(ə)m] *s* naturkatastrof, kataklysm; syndaflod
catacomb ['kætəkuːm, -kəʊm] *s* katakomb
Catalan ['kætələn, -læn] **I** *s* **1** katalan **2** katalanska [språket] **II** *adj* katalansk
catalog ['kætəlɒg] *s* o. *vb tr* amer., se *catalogue*
catalogue ['kætəlɒg] **I** *s* katalog, förteckning, register; lista, uppräkning **II** *vb tr* katalogisera; göra upp en förteckning över
Catalonia [ˌkætə'ləʊnjə] geogr. Katalonien
Catalonian [ˌkætə'ləʊnjən] **I** *s* katalan **II** *adj* katalansk

catalysis [kə'tælısıs] *s* kem. katalys
catalyst ['kætəlıst] *s* kem. katalysator äv. bildl.
catalytic [ˌkætə'lıtık] *adj* kem. katalytisk; ~ *converter* katalytisk avgasrenare, katalysator
catamaran [ˌkætəmə'ræn] *s* sjö. katamaran
cat-and-dog [ˌkæt(ə)n'dɒg] *adj* vild, våldsam [~ *fight*]; *lead a* ~ *life* (*existence*) leva som hund och katt
cat-and-mouse [ˌkæt(ə)n'maʊs] *adj, play a* ~ *game* (*play* ~) *with a p.* leka med ngn som katten med råttan
catapult ['kætəpʌlt] **I** *s* **1** katapult; ~ *take-off* katapultstart **2** slangbåge **II** *vb tr* **1** flyg. starta (skjuta ut) med katapult **2** skjuta (slunga) iväg som med en katapult **3** skjuta [iväg] med slangbåge
cataract ['kætərækt] *s* **1** katarakt, vattenfall; fors äv. bildl. **2** med. grå starr
catarrh [kə'tɑː] *s* katarr
catastrophe [kə'tæstrəfi] *s* katastrof
catatonic [ˌkætə'tɒnık] *adj* psykol. kataton, katatonisk
cat burglar ['kætˌbɜːglə] *s* fasadklättrare, inbrottstjuv
catcall ['kætkɔːl] **I** *s* **1** protestvissling **2** slags visselpipa **II** *vb itr* vissla [till protest]
catch [kætʃ] **I** (*caught caught*) *vb tr* **1** fånga; fånga in (upp), få tag i; ta (få) fast, gripa, ta fatt, ta; om eld antända, fatta [tag] i; ~ *hold of* ta (fatta, gripa) tag i, ta fast i **2** hinna [i tid] till, komma med [~ *the train*]; ~ *the post* hinna lägga posten på lådan **3** ertappa, komma på [*a p. stealing* ngn med att stjäla]; ~ *a p. out* avslöja (ertappa) ngn; [*you wouldn't*] ~ *me doing that!* det skulle inte falla mig in att göra det! **4** träffa [*I caught him on the nose*]; slå **5** få, ådra sig; smittas av; ~ [*a*] *cold* bli förkyld, förkyla sig; *you'll* ~ *it from me* a) du kommer att bli smittad av mig b) vard. du ska få med mig att göra **6** uppfånga, uppfatta; fatta, begripa; träffa, fånga [~ *the right atmosphere*]; ~ *sight of* få syn på, få se **7** fånga [~ *a p.'s attention*]; fängsla; hejda; ~ *one's breath* flämta till, kippa efter andan; *it caught my eye* det fångade min blick **8** fastna med [*she caught her dress in the door*]; haka i [*the nail caught her dress*]; *get caught* fastna, komma i kläm **9** lura; snärja **10** ~ *up* hinna ifatt, hinna upp [*he caught me up*]; *caught up in* a) inblandad i b) fångad (gripen, medryckt) av **II** (*caught caught*) *vb itr* **1** fastna, haka (häkta, hänga) upp sig **2** fatta (ta) eld, tända; ta sig [*the fire took a long time to* ~] **3** smitta, vara smittsam **4** ~ *at* gripa [efter] **5** ~ *on* vard. a) slå [an (igenom)], göra lycka [*the play never caught on*] b) fatta galoppen, vara med på noterna **6** ~ *up* ta igen vad man försummat; ~ *up on* a) ta igen [~ *up on arrears in work*] b) klämma åt, sätta fast; ~ *up with* hinna ifatt, komma ikapp med **III** *s* **1** [fångad] lyra;

that was a good ~ det var snyggt taget (fångat) **2** fångst; notvarp **3** kap, byte, fynd **4** ~ *question* kuggfråga; *there is a* ~ *in it somewhere* det är något skumt med det, det finns en hake någonstans **5** *there was a* ~ *in her voice* hennes röst stockade sig **6** spärr[anordning], [spärr]hake; klinka; knäppe, lås
catch-all ['kætʃ-ɔːl] *s* **1** [upp]samlingsplats bildl. **2** attr. allomfattande, övergripande [~ *term* (begrepp)]
catch-as-catch-can ['kætʃəzˌkætʃ'kæn] *s* fribrottning, 'catch-as-catch-can'
catcher ['kætʃə] *s* i baseball stoppare
catchfly ['kætʃflaɪ] *s* bot. **1** tjärblomster **2** klibbglim
catching ['kætʃɪŋ] *adj* **1** smittande, smittsam äv. bildl. **2** anslående; tilldragande, lockande
catchment ['kætʃmənt] *s*, ~ *area* (*basin*) flodområde, nederbördsområde
catchpenny ['kætʃˌpenɪ] **I** *adj* gjord för att locka kunder; publikfriande [~ *lyrics*] **II** *s* lockbete, lockvara
catchphrase ['kætʃfreɪz] *s* slagord, klyscha
Catch-22 ['kætʃˌtwentɪ'tuː] *s* Moment 22; *it's a* ~ *situation* det är en omöjlig situation (en situation man inte kan komma ur)
catchword ['kætʃwɜːd] *s* **1** slagord **2** rubrikord
catchy ['kætʃɪ] *adj* klatschig, effektfull, slående, som slår [*a* ~ *title*]
cat cracker ['kætˌkrækə] *s* katalytisk kracker
catechism ['kætəkız(ə)m] *s* **1** relig. katekes äv. bildl. **2** [katekes]förhör; *put a p. through his* ~ korsförhöra ngn
categorical [ˌkætə'gɒrık(ə)l] *adj* **1** kategorisk; bestämd **2** [indelad] i kategorier
categorize ['kætəgəraɪz] *vb tr* kategorisera, indela i kategorier (klasser)
category ['kætəg(ə)rɪ] *s* kategori; klass
catenate ['kætəneɪt] *vb tr* sammanlänka, förena
cater ['keɪtə] **I** *vb itr* **1** leverera mat (måltider) [*for parties* till bjudningar]; ~ *for* [*parties*] äv. arrangera (ordna)... **2** a) ~ *for* servera [mat till], hålla med mat b) ~ *for* (*to*) sörja för [underhållning åt], underhålla; sköta om, ordna för; leverera till **II** *vb tr* amer. leverera mat (måltider) till, arrangera [~ *parties*]
cater-corner ['kætəˌkɔːnə] *adj* o. *adv* o.
cater-cornered ['kætəˌkɔːnəd] *adj* o. *adv* isht amer. diagonal[t]
catering ['keɪt(ə)rıŋ] *s* **1** servering (tillhandahållande) av måltider (mat), catering; förplägnad **2** ss. attr., ~ *business* restaurangrörelse; ~ *company* a) firma som arrangerar måltider, cateringföretag b) uthyrningsfirma för möbler, dukar, glas och porslin m.m.
caterpillar ['kætəpılə] *s* **1** bot. [fjärils]larv; kålmask, lövmask **2** tekn. [driv]band, larvband **3** ~ [*tank*] stridsvagn, tank; ~

[*tractor*] bandtraktor, caterpillar; ~ *treads* larvfötter

caterwaul ['kætəwɔ:l] I *vb itr* jama; föra oväsen, väsnas II *s* kattskrik; oväsen

catfish ['kætfɪʃ] *s* zool. **1** havskatt; kok. kotlettfisk **2** mal; *armoured* ~ pansarmal akvariefisk

catgut ['kætgʌt, -gət] *s* catgut, tarmsträng

cathedral [kə'θi:dr(ə)l] *s* katedral, domkyrka

Catherine ['kæθ(ə)rɪn] kvinnonamn; ss. kejsarinne- o. helgonnamn Katarina

Catherine wheel ['kæθ(ə)rɪnwi:l] *s* **1** pyrotekn. sol, [eld]hjul **2** varv i hjulning; *turn ~s* hjula

catheter ['kæθɪtə] *s* med. kateter

cathode ['kæθəʊd] *s* fys. katod; ~ *ray* katodstråle

catholic ['kæθəlɪk] I *adj* **1** universell, allmän **2** [all]omfattande; vidsynt **3** kyrkl., *C~* katolsk [*the Roman C~ Church*] II *s*, *C~* katolik [*a Roman C~*]

Catholicism [kə'θɒlɪsɪz(ə)m] *s* katolicism[en]

catkin ['kætkɪn] *s* bot. hänge

catlick ['kætlɪk] I *s* vard. slarvig [av]tvättning II *vb itr* tvätta av sig hastigt (slarvigt)

cat litter ['kæt,lɪtə] *s* kattsand

catmint ['kætmɪnt] *s* bot. kattmynta

catnap ['kætnæp] *s* vard. tupplur

catnip ['kætnɪp] *s* bot. kattmynta

cat's-eye ['kætsaɪ] *s* kattöga reflexanordning

catsup ['kætsəp, 'kætʃəp] *s* isht amer., se *ketchup*

Cattegat ['kætɪgæt] geogr.; *the* ~ Kattegatt

cattery ['kætərɪ] *s* **1** kattpensionat **2** ställe där katter föds upp

cattiness ['kætɪnəs] *s* kattlikhet etc., jfr *catty*

cattle ['kætl] *s pl* **1** nötkreatur [*twenty head of* ~], boskap **2** vard. fähundar, kreatur

cattle cake ['kætlkeɪk] *s* foderkaka

cattle egret [,kætl'i:grət] *s* zool. kohäger

cattle grid ['kætlgrɪd] *s* färist galler i vägbana som hindrar klövdjur att passera

cattle guard ['kætlgɑ:d] *s* amer., se *cattle grid*

cattle|man ['kætl|mən] (pl. *-men* [-mən]) *s* boskapsuppfödare

cattle-rustler ['kætl,rʌslə] *s* amer. boskapstjuv

cattle show ['kætlʃəʊ] *s* kreatursutställning

cattle truck ['kætltrʌk] *s* järnv. boskapsvagn

catty ['kætɪ] *adj* vard. spydig, [små]elak

catty-corner ['kætɪ,kɔ:nə] o. **catty-cornered** ['kætɪ,kɔ:nəd] *adj* o. *adv* se *cater-corner* o. *cater-cornered*

CATV (förk. för *Community Antenna Television*) kabel-TV

catwalk ['kætwɔ:k] *s* **1** gångbro, [gång]brygga kring byggnad, maskinanläggning o.d. **2** podium vid modevisning o.d.

Caucasian [kɔ:'keɪzjən, -keɪʒ-] I *adj* kaukasisk; *the ~ race* den europida (kaukasiska, vita) rasen II *s* kaukasier, vit

Caucasus ['kɔ:kəsəs] geogr.; *the* ~ Kaukasus

caucus ['kɔ:kəs] *s* **1** i USA förberedande valmöte; nomineringsmöte **2** i Storbritannien inflytelserik lokal politisk valorganisation, valkommitté; *the* ~ ofta neds. [den politiska] organisationen ss. makt; partiapparaten

caudal ['kɔ:dl] *adj* anat. el. zool. svans-, stjärt-

caught [kɔ:t] imperf. o. perf. p. av *catch*

caul [kɔ:l] *s* **1** anat. fosterhinna; *born with a ~* född med segerhuva **2** hårnät isht bak på mössa; [nät]huva

cauldron ['kɔ:ldr(ə)n] *s* stor kittel

cauliflower ['kɒlɪflaʊə] *s* blomkål; *~ cheese* kok. [kokt] blomkål med ostsås; *~ ear* blomkålsöra

caulk [kɔ:k] *vb tr* dikta, driva [och becka] fartyg; *~ the seams* dikta (driva) fogarna

causal ['kɔ:z(ə)l] *adj* orsaksmässig; orsaks- [*~ relation*]; gram. kausal [*~ clause*]

cause [kɔ:z] I *s* **1** orsak, grund [*of* till], anledning [*of* (*for*) till]; *the ~ of fire*; *there is no ~ for complaint*]; *~ and effect* orsak och verkan; *efficient ~* verkande orsak, grund **2** jur. o. friare sak [*make common ~ with a p.*], jur. äv. rättsfråga; ideal, sak att kämpa för [*pacifism as a political ~*; *the ~ of freedom*; *work for* (*in*) *a good ~*] II *vb tr* [för]orsaka, åstadkomma, föranleda, framkalla, vålla [*~ trouble to a p.*]; *this has ~d us a lot of trouble*]; få, komma [*~ a p.'s resolution to waver*]; förmå, göra så att; låta

'cause [kɒz, obeton. kəz] vard., se *because*

cause list ['kɔ:zlɪst] *s* jur. uppropslista

causerie ['kəʊzəri:] *s* **1** isht litterärt kåseri **2** pratstund, samtal

causeway ['kɔ:zweɪ] *s* **1** [väg på] vägbank, broväg över sankmark **2** upphöjd gångbana bredvid väg

caustic ['kɔ:stɪk, 'kɒs-] I *adj* **1** brännande, frätande; kaustik [*~ soda*]; *~ lime* bränd kalk; *~ potash* se *potash* **2** skarp; bitande, sarkastisk [*~ remarks*] II *s* frätmedel; med. kaustikum

cauterize ['kɔ:təraɪz] *vb tr* med. kauterisera: a) bränna med brännjärn o.d. b) etsa med frätmedel

caution ['kɔ:ʃ(ə)n] I *s* **1** försiktighet, varsamhet; *use ~* iaktta försiktighet **2** varning; tillrättavisning [*dismissed with a ~*] **3** stocks. el. amer. kaution, borgen, säkerhet; *~ money* borgen pengar som deponeras som säkerhet för uppfyllande av ett åtagande **4** sl., *you're a ~!* du är en rolig en du! II *vb tr* varna [*against* för; *not to* för att + inf.]; råda, förmana [*to* att]

cautionary ['kɔ:ʃ(ə)nərɪ] *adj* varnande, varnings-; *a ~ tale* en sedelärande berättelse

cautious ['kɔ:ʃəs] *adj* försiktig, varsam

cavalcade [,kæv(ə)l'keɪd] *s* kavalkad äv. bildl.; procession

cavalier [,kævə'lɪə] I *s* hist. **1** ryttare **2** riddare **3** kavaljer i olika bet.; *the C~ poets* diktargrupp på 1600-talet vid Karl I:s hov i England II *adj*

1 kavaljers-; fri, ledig; flott **2** stolt, övermodig, överlägsen [~ *attitude*]; självrådig, nonchalant [~ *treatment*]
cavalry ['kæv(ə)lrɪ] (konstr. vanl. ss. pl.) *s* kavalleri
cavalryman ['kævəlrɪmən] *s* kavallerist
cave [keɪv] **I** *s* håla, grotta; källare **II** *vb itr*, ~ *in* a) störta in, rasa, falla ihop b) ge efter, ge vika; ge sig c) vard. säcka ihop
caveat ['kæviæt, 'keɪv-] *s* lat. **1** jur. protest mot rättegångs fortsättande; *enter (put in) a ~* inlägga protest; *~ emptor* ['emtɔ:] caveat emptor köparens undersökningsplikt av en vara o.d. för eventuella brister **2** varning **3** amer. interimspatent
cave-dweller ['keɪvˌdwelə] *s* grottmänniska
caveman ['keɪvmən] *s* **1** grottmänniska **2** grobian; driftmänniska
Cavendish ['kæv(ə)ndɪʃ] **I** egenn. **II** *s*, *c~* cavendish slags sötad tobak pressad i kakor
cavern ['kævən] *s* håla, jordkula; grotta
cavernous ['kævənəs] *adj* full av hålor, hålig; ihålig; *~ eyes* djupt liggande ögon
caves[s]on ['kævɪsn] *s* kapson på häst
caviar[e] ['kævɪɑ:, ˌkævɪ'ɑ:] *s* kaviar; *~ to the general* pärlor för svin, kaviar för bönder
cavil ['kævl] *vb itr* anmärka kitsligt (småaktigt), klanka [*at (about)* på (över)], kritisera
cavity ['kævətɪ] *s* hålighet, håla; tandläk. kavitet, hål; *oral ~* munhåla; *~ wall* hålmur
cavort [kə'vɔ:t] *vb itr* vard. hoppa (flyga) omkring, göra krumsprång, rasa
caw [kɔ:] **I** *vb itr* o. *vb tr* kraxa; *~ out* kraxa fram **II** *s* kraxande, krax **III** *interj*, *~!* kra kra!
cayenne [keɪ'en, attr. 'keɪen] *s* kajennpeppar [äv. *C~ pepper*]
cayman ['keɪmən] *s* zool. kajman
CB [ˌsi:'bi:] förk. för *Citizens' Band*, *Companion of the* [*Order of the*] *Bath*
CBC förk. för *Canadian Broadcasting Corporation*
CBE [ˌsi:bi:'i:] förk. för *Commander of* [*the Order of*] *the British Empire*
CBer [ˌsi:'bi:ə] *s* privatradioanvändare
CBI (förk. för *Confederation of British Industry*) Brittiska arbetsgivarföreningen
CBS förk. för *Columbia Broadcasting System*
CBW förk. för *chemical and biological warfare*
CC förk. för *Consular Corps*, *Cricket* (*Cycling*) *Club*
c.c. [ˌsi:'si:] förk. för *cubic centimetre*[*s*], *cubic contents*
CCTV förk. för *closed-circuit television*
1 CD [ˌsi:'di:] *s* (förk. för *compact disc*) CD-skiva; *~ player* CD-spelare
2 CD förk. för *Civil Defence*, *Corps Diplomatique*
cd förk. för *candela*
Cdr. förk. för *Commander*
CD-ROM [ˌsi:di:'rɒm] *s* (förk. för *compact disc read-only memory*) CD-ROM

CD-video [ˌsi:di:'vɪdɪəʊ] (pl. *~s*) *s* CD-video
CE förk. för *Church of England*, *Civil Engineer*
cease [si:s] **I** *vb itr* upphöra, sluta upp [*from med*] **II** *vb tr* sluta, upphöra med; *~ fire!* mil. eld upphör!; *~ work* lägga ned arbetet **III** *s*, *without ~* oupphörligt, oavbrutet
cease-fire [ˌsi:s'faɪə] *s* eldupphör[order]; kort vapenvila
ceaseless ['si:sləs] *adj* oupphörlig, ändlös
Cecil ['sesl, amer. 'si:sl] mansnamn
Cecilia [sə'si:ljə, -'sɪl-] kvinnonamn
Cecily ['sɪsəlɪ, 'sesəlɪ] kvinnonamn
cedar ['si:də] *s* ceder; cederträ
cede [si:d] *vb tr* avträda, avstå [*~ territory*], överlåta[s] [*to* åt (till)]
cedilla [sə'dɪlə] *s* språkv. cedilj
Cedric ['sedrɪk, 'si:drɪk] mansnamn
Ceefax ['si:fæks] *s* ® BBC:s text-TV
ceiling ['si:lɪŋ] *s* **1** innertak, tak i rum **2** flygv. maximihöjd **3** bildl. högsta gräns (nivå), tak [*price ~*], topp; *the glass ~* glastaket den osynliga övre gränsen för en kvinnas karriärmöjligheter
celandine ['seləndaɪn, -di:n] *s* bot. **1** *greater ~* skelört **2** *lesser ~* svalört
celeb ['seleb] *s* vard. kändis
celebrant ['seləbr(ə)nt] *s* officiant isht vid nattvard; celebrant
celebrate ['seləbreɪt] **I** *vb tr* **1** fira, högtidlighålla **2** lovsjunga **II** *vb itr* **1** fira en [minnes]högtid **2** vard. festa, roa sig
celebrated ['seləbreɪtɪd] *adj* berömd, frejdad; ryktbar, celeber
celebration [ˌselə'breɪʃ(ə)n] *s* **1** firande, högtidlighållande, celebrerande **2** fest
celebrity [sə'lebrətɪ] *s* berömdhet, ryktbarhet, celebritet äv. konkr.; kändis
celeriac [sə'lerɪæk, 'selərɪæk] *s* rotselleri
celerity [sə'lerətɪ] *s* snabbhet, hastighet
celery ['selərɪ] *s* bot. selleri; [*blanched*] *~* blekselleri
celeste [sə'lest] *s* mus. **1** celest orgelstämma **2** celesta
celestial [sə'lestjəl] *adj* himmelsk, himla-
Celia ['si:ljə] kvinnonamn
celibacy ['selɪbəsɪ] *s* celibat, ogift stånd
celibate ['selɪbət] **I** *adj* ogift; *he leads (lives) a ~ life* se **II** **II** *s*, *he is a ~* han lever i celibat
cell [sel] *s* **1** biol. o.d. cell; *~ biology* cellbiologi; *~ division* celldelning **2** cell i t.ex. kloster, fängelse **3** elektr. element, cell **4** polit. [propaganda]cell **5** *~ radio* se *cellular 3*
cellar ['selə] **I** *s* källare; vinkällare **II** *vb tr* förvara (lagra) i källare
cellist ['tʃelɪst] *s* [violon]cellist
cello ['tʃeləʊ] (pl. *~s*) *s* cello
Cellophane ['seləʊfeɪn] *s* ® cellofan
cellphone ['selfəʊn] *s* tele. mobiltelefon
cellular ['seljʊlə] *adj* **1** cell- [*~ tissue*]; cellformig; cellulär, bestående av (indelad i)

cellulite

celler 2 porös [~ *material*], [som är] gles i strukturen, glesvävd [~ *shirt*] 3 tele., ~ *radio* mobil radio; ~ *telephone* mobiltelefon
cellulite ['seljʊlaɪt] *s* fysiol. cellulit substans
celluloid ['seljʊlɔɪd] *s* 1 celluloid 2 film; *on* ~ på film, filmad
cellulose ['seljʊləʊs] *s* cellulosa; ~ *acetate* cellulosaacetat; textil. acetat
Celsius ['selsjəs] egenn.; ~ *thermometer* celsiustermometer
Celt [kelt] *s* kelt
Celtic ['keltɪk, fotbollslag 'seltɪk] I *adj* keltisk; ~ *cross* latinskt kors med bred ring kring skärningspunkten; *the* ~ *fringe* neds. befolkningen i Skottland, Wales, Cornwall och Irland II *s* 1 keltiska språket 2 namn på skotskt fotbollslag
cement [sɪ'ment] I *s* 1 cement; kitt, bindemedel; ~ *mixer* cementblandare 2 bildl. föreningsband II *vb tr* 1 cementera; kitta, sammanfoga 2 bildl. fast förena, stärka, befästa [~ *a friendship*] III *vb itr* sammanfogas; hänga samman
cemetery ['semətrɪ] *s* kyrkogård som ej ligger vid kyrka; begravningsplats
censer ['sensə] *s* rökelsekar
censor ['sensə] I *s* 1 censor [*film* ~]; granskare 2 kritiker; häcklare 3 psykol. censur II *vb tr* censurera äv. psykol., stryka; förbjuda pjäs o.d.
censorious [sen'sɔːrɪəs] *adj* [hyper]kritisk, sträng, fördömande
censorship ['sensəʃɪp] *s* censur
censure ['senʃə] I *s* 1 omild kritik, ogillande, klander, tadel; *pass* ~ *on* rikta kritik mot, kritisera; *vote of* ~ se *vote I 7* 2 censur II *vb tr* kritisera, rikta kritik mot, fördöma
census ['sensəs] *s* folkräkning, ung. mantalsskrivning; *traffic* ~ trafikräkning
census-taker ['sensəs,teɪkə] *s* insamlare av uppgifter för statistik; trafikräknare; 'folkräknare'
cent [sent] *s* 1 *per* ~ procent, jfr *per* 2 cent mynt
cent. förk. för *centigrade, central, century*
centaur ['sentɔː] *s* mytol. centaur, kentaur
centenarian [ˌsentɪ'neərɪən] I *adj* hundraårig II *s* hundraåring
centenary [sen'tiːnərɪ, -'ten-] I *s* 1 hundraårsperiod 2 hundraårsdag, hundraårsfest, hundraårsjubileum II *adj* hundraårs-, hundraårig
centennial [sen'tenjəl] *s* se *centenary I 2*
center ['sentə] *s* isht amer., se *centre* o. sms.
centerfold *s* amer. mittuppslag
centigrade ['sentɪɡreɪd] *adj* hundragradig; celsius- [~ *thermometer*]; *20 degrees* ~ 20 grader Celsius
centigram[me] ['sentɪɡræm] *s* centigram
centilitre ['sentɪˌliːtə] *s* centiliter
centimetre ['sentɪˌmiːtə] *s* centimeter

centipede ['sentɪpiːd] *s* mångfoting, tusenfoting insekt
central ['sentr(ə)l] I *adj* central i olika bet.; central- [~ *station; the* ~ *government*], huvud- [*the* ~ *figures in a novel*]; center-, mitt-; mellerst; *C*~ *Africa* Centralafrika; *C*~ *America* Centralamerika, Mellanamerika; ~ *heating* centralvärme, centraluppvärmning; *C*~ *Intelligence Agency* federala underrättelsetjänsten i USA, CIA; ~ *locking device* bil. centrallåsning; ~ *processing unit* data. centralenhet; ~ *reserve* (*reservation*) mittremsa på väg; *C*~ [*Standard*] *Time* normaltid (tidszon) i centralzonen i USA; [*my house*] *is very* ~ …ligger mycket centralt II *s* amer. telefonstation
centralization [ˌsentrəlaɪ'zeɪʃ(ə)n, -trəlɪ'z-] *s* centralisering
centre ['sentə] I *s* 1 centrum, center äv. mil., sport. el. polit.; mitt[punkt], medelpunkt; central för verksamhet; sport. äv. inlägg; om pers. organisatör, ledare; *arts* ~ konstmuseum; [*business and shopping*] ~ [affärs]centrum, city; ~ *forward* center[forward]; ~ *parting* mittbena; ~ *of attraction* bildl. centrum för intresset; ~ *of gravity* tyngdpunkt; *the* ~ *of the stage* a) scenens centrum b) bildl. centrum för uppmärksamheten; *the* ~ *of things* bildl. händelsernas centrum 2 i choklad o.d. fyllning; *chocolates with hard* (*soft*) ~*s* choklad med hård (mjuk) fyllning, fylld choklad II *vb tr* 1 ställa (samla) i mittpunkten 2 centrera 3 koncentrera; *our thoughts are* ~*d* [*up*]*on one idea* våra tankar kretsar kring en [enda] idé 4 fotb. spela (lägga) in mot mitten III *vb itr* 1 ha sin medelpunkt (tyngdpunkt, styrka) [*on, upon* i]; koncentreras [*on, upon,* [*a*]*round* till, kring] 2 fotb. göra inlägg mot mitten
centre court ['sentəkɔːt] *s* tennis. centercourt
centrefold ['sentəfəʊld] *s* mittuppslag
centrepiece ['sentəpiːs] *s* 1 bordsuppsats 2 mittpunkt; huvudattraktion, höjdpunkt
centrespread ['sentəspred] *s* mittuppslag
centrifugal [ˌsentrɪ'fjuːɡ(ə)l] *adj* tekn. centrifugal[-] [~ *force*]; ~ *machine* centrifug
centrifuge ['sentrɪfjuːdʒ] *s* tekn. centrifug
centripetal [sen'trɪpɪtl, ˌsentrɪ'piːt-] *adj* tekn. centripetal[-] [~ *force*]
centrism ['sentrɪzm] *s* polit. centrism, mittenpolitik
century [sen(t)ʃ(ə)rɪ] *s* 1 århundrade, sekel; *in the 20th* ~ på 1900-talet, i tjugonde århundradet (seklet) 2 hundra[tal]; i kricket hundra 'runs' poäng [*make* (*score*) *a* ~]
cep [sep] *s* bot. stensopp, karljohanssvamp
ceramic [sə'ræmɪk, kə'r-] *adj* keramisk; ~ *hob* keramikhäll på spis
ceramics [sə'ræmɪks, kə'r-] *s* 1 (konstr. ss. sg.)

keramik hantverk **2** (konstr. ss. pl.) keramik, lergods
cereal ['sɪərɪəl] **I** *adj* säd[es]-, hörande till sädesslagen **II** *s* sädesslag; pl. *~s* äv. a) spannmål; isht brödsäd b) flingor, rostat ris o.d. isht som morgonmål [*breakfast ~s*]; amer. äv. gröt
cerebell|um [ˌserə'bel|əm] (pl. *-a* [-ə] el. *-ums*) *s*, [*the*] ~ anat. lilla hjärnan, lillhjärnan; vetensk. cerebellum
cerebral ['serəbr(ə)l] *adj* fysiol. hjärn-, hjärnans, cerebral; ~ *haemorrhage* hjärnblödning
cerebr|um [sə'ri:br|əm, 'serɪbr|əm] (pl. *-a* [-ə] el. *-ums*) *s*, *the* ~ stora hjärnan; vetensk. cerebrum
ceremonial [ˌserə'məʊnjəl] **I** *adj* ceremoniell, högtidlig, högtids- [~ *dress*] **II** *s* ceremoniel
ceremonious [ˌserə'məʊnjəs] *adj* **1** se *ceremonial I* **2** ceremoniös; kruserlig, avmätt; omständlig
ceremony ['serəmənɪ] *s* **1** ceremoni; högtidlighet; akt [~ *of baptism*]; *Master of Ceremonies* ceremonimästare, klubbmästare; isht amer. programledare, programvärd **2** utan pl. ceremonier, ceremoniväsen, ceremoniel; formalitet[er]; krusande
cerise [sə'ri:z, -'ri:s] **I** *adj* körsbärsröd, cerise[röd], ljusröd **II** *s* körsbärsrött, cerise[rött], ljusrött
ceritium [se'rɪtɪəm, -zɪəm] *s* geol. cerit
1 cert [sɜ:t] *s* vard. **1** *a* [*dead*] ~ [något] absolut säkert, en given sak; *his victory is a* ~ hans seger är given; *he's a* ~ *to win* han kommer bergis att vinna; *we knew it for a* ~ vi var bergsäkra på det **2** kapplöpn. säker vinnare [*bet on a* ~]
2 cert [sɜ:t] *s* vard. betyg [*get one's school* ~]; jfr *certificate I 2*
cert. förk. för *certificate, certify*
certain ['sɜ:t(ə)n] *adj* **1** säker [*this much* (så mycket) *is* ~ *that...*]; *face a* ~ *death* gå en säker död till mötes; *be* ~ *of* (*about*) vara säker på; *be* ~ *that* vara säker på att; *he is* ~ *to do it* han kommer säkert att göra det; *make* ~ *of* förvissa (försäkra) sig om; *for* ~ [alldeles] säkert (bestämt), med säkerhet [*I don't know for* ~]; *find out for* ~ [*whether...*] förvissa sig om... **2** viss ej närmare bestämd [*feel a* ~ *reluctance*; *on* ~ *conditions*]; *a* ~ *Mr. Jones* en viss herr (en herre vid namn) Jones
certainly ['sɜ:t(ə)nlɪ] *adv* **1** säkert, med visshet (säkerhet), bestämt **2** säkerligen, förvisso; nog **3** visserligen, nog [för att] **4** som svar ja visst, ja då, [jo] gärna [det]; ~ *not!* absolut inte!, nej visst inte!, nej för all del!
certainty ['sɜ:t(ə)ntɪ] *s* säkerhet, visshet; *a* ~ någonting säkert, en given sak; [*prices have* *gone up* ~] *that's a* ~ ...det är säkert; *we can have no* ~ *of success* vi kan inte vara säkra på framgång (att lyckas); *bet on a* ~ slå vad utan risk; *for a* ~ med säkerhet, säkert; *I can't say with any* ~ [*where...*] jag kan inte med säkerhet säga...
certifiable [ˌsɜ:tɪ'faɪəbl] *adj*, *a* ~ *lunatic* en [person som kan förklaras] sinnessjuk
certificate [ss. subst. sə'tɪfɪkət, ss. vb -keɪt] **I** *s* **1** skriftligt intyg, bevis, attest [*of* (*to*) om, på, över]; kvitto; certifikat; *health* ~ friskintyg; *savings ~s* slags sparobligationer; *share* ~ aktiebrev; andelsbevis; ~ *of origin* ursprungscertifikat, ursprungsintyg **2** betyg; diplom; *General C~ of Education* (*GCE*) *Advanced Supplementary Level* (*A/S level*) avgångsexamen från *Secondary School* införd 1989 i syfte att bredda elevernas ämnesval; *General C~ of Secondary Education* (*GCSE*) avgångsexamen (med sjugradig skala A-G) från *Secondary School* efter fem års utbildning **II** *vb tr* förse med (tilldela) intyg etc., jfr *I*, utfärda intyg etc. åt; perf. p.: *~d* äv. examinerad; formellt behörig [*~d nurse, ~d teacher*]
certification [ˌsɜ:tɪfɪ'keɪʃ(ə)n] *s* intygande, vitsordande, attestering, intyg
certif|y ['sɜ:tɪfaɪ] *vb tr* **1** attestera handling; intyga, betyga, bestyrka; auktorisera [*-ied translator*]; garantera; bekräfta, konstatera dödsfall o.d.; *this is to* ~ *that* härmed intygas att; *-ied cheque* bekräftad check; *-ied mail* amer., ung. rekommenderade försändelser **2** ~ [*as insane*] sinnessjukförklara; *he ought to be -ied* vard. han är ju färdig för dårhuset
certitude ['sɜ:tɪtju:d] *s* [känsla av] visshet, övertygelse; subjektiv säkerhet
Cervantes [sɜ:'væntɪz]
cervical ['sɜ:vɪk(ə)l] *adj* anat. el. fysiol. cervikal, hals-; livmoderhals-; ~ *smear* cytologprov (cellprov) från livmoderhalsen
cervices [sɜ:'vɪsi:z] *s* pl. av *cervix*
cervi|x ['sɜ:vɪ|ks] (pl. *-ces* [-si:z] el. *-xes*) *s* anat. cervix, hals; livmoderhals
cesium ['si:zjəm] *s* amer., se *caesium*
cessation [se'seɪʃ(ə)n] *s* upphörande, avbrott
cession ['seʃ(ə)n] *s* överlåtande, avträdande
cesspit ['sespɪt] *s* **1** latringrop, kloakbrunn **2** bildl. dypöl, kloak
cesspool ['sespu:l] *s* **1** avloppsbrunn, kloak[brunn] **2** bildl. dypöl [~ *of iniquity*], kloak
cetacean [sɪ'teɪʃən] zool. **I** *adj* val- **II** *s* val[djur]
Ceylon [sɪ'lɒn]
Ceylonese [ˌselə'ni:z, ˌsi:l-] **I** *adj* ceylonesisk **II** *s* (pl. lika) ceylones
cf. [kəm'peə; kən'fɜ:; ˌsi:'ef] (förk. för *confer* lat. imper. = *compare*) jfr, jämför
c.f. förk. för *cost and freight*
c/f (förk. för *carried forward*) bokf. transport

CFC (förk. för *chlorofluorocarbon*) klorfluorkolförening, freon
c.f.i. förk. för *cost, freight and insurance*
CGT förk. för *capital gains tax*
Ch. förk. för *chapter, church*
Chad [tʃæd] geogr. Tchad
Chadian ['tʃædjən] I *adj* tchadisk II *s* tchadier
chafe [tʃeɪf] I *vb tr* **1** gnida (gnugga) [varm] **2** gnida sönder (på); skrapa, skava, skrubba **3** bildl. reta II *vb itr* **1** gnida sig, skrapa [*on (against)* mot] **2** bildl. bli irriterad, reta upp sig, rasa [*at (under)* över; ~ *at the delay*; ~ *under insults*] III *s* **1** skavsår **2** irritation
chafer ['tʃeɪfə] *s* skalbagge, isht ollonborre
1 chaff [tʃɑ:f] I *s* **1** agnar **2** hackelse djurföda **3** skräp, bosch II *vb tr* skära hackelse av
2 chaff [tʃɑ:f] vard. I *s* drift; skoj, gyckel II *vb itr* skoja, retas III *vb tr* skoja (retas) med
chaffinch ['tʃæfɪn(t)ʃ] *s* zool. bofink
chafing-dish ['tʃeɪfɪŋdɪʃ] *s* värmeplatta, spritlampa o.d. att hålla mat varm på vid bordet
chagrin ['ʃægrɪn, ss. vb äv. ʃə'gri:n] I *s* förtret, harm II *vb tr* förtreta, förarga, göra harmsen
chain [tʃeɪn] I *s* **1** kedja; kätting **2** pl. ~*s* bojor **3** bildl. kedja; följd, rad [~ *of events*]; ~ *of mountains* bergskedja; ~ *of thoughts* tankekedja **4** lantmätarkedja; ss. mått = 22 *yards* 20,1 m (motsv. i Sverige av mätarband) II *vb tr* **1** kedja fast [*to* vid]; fjättra; lägga bojor (kedjor) på; ~ *up* kedja fast, binda **2** mäta med [lantmätar]kedja (i Sverige mätarband)
chain armour [,tʃeɪn'ɑ:mə] *s* ringbrynja
chain cable ['tʃeɪn,keɪbl] *s* sjö. ankarkätting
chain gang ['tʃeɪngæŋ] *s* arbetslag av hopkedjade straffångar
chain gear ['tʃeɪngɪə] *s* o. **chain-gearing** ['tʃeɪn,gɪərɪŋ] *s* tekn. kedjeväxling
chain letter ['tʃeɪn,letə] *s* kedjebrev
chain mail ['tʃeɪnmeɪl] *s* ringbrynja
chain reaction [,tʃeɪnrɪ'ækʃ(ə)n] *s* kedjereaktion
chain saw ['tʃeɪnsɔ:] *s* kedjesåg, motorsåg
chain-smoker ['tʃeɪn,sməʊkə] *s* kedjerökare
chain store ['tʃeɪnstɔ:] *s* filial[affär], kedjebutik; pl. ~*s* butikskedja
chair [tʃeə] I *s* **1** stol; *take a* ~*!* var så god och sitt ner!, tag plats! **2** lärostol, kateder; professor; *C~ of Philosophy* professur i filosofi **3** ordförandestol, talmansstol; ordförandeskap, ordförande; presidium vid festmiddag o.d.; ~*! ~!* till ordningen! protest mot oordning under debatt o.d.; *be in (hold) the* ~ sitta [som] (vara) ordförande; *hand the* ~ *over to* överlämna ordet till; *take the* ~ inta ordförandeplatsen **4** *the* ~ amer. elektriska stolen II *vb tr* **1** vara ordförande i [~ *a committee*], vara (sitta som) ordförande (presidera) vid, leda [~ *a meeting*] **2** bära i [gull]stol (triumf)
chair lift ['tʃeəlɪft] *s* sittlift, stollift

chairman ['tʃeəmən] (pl. -*men* [-mən]) *s* ordförande; styrelseordförande; ~'*s report* verksamhetsberättelse
chairmanship ['tʃeəmənʃɪp] *s* ordförandeskap, ordförandepost
chairperson ['tʃeə,pɜ:sn] *s* ordförande; styrelseordförande
chairwoman ['tʃeə,wʊmən] (pl. -*women* [-,wɪmɪn]) *s* [kvinnlig] ordförande
chaise longue [ʃeɪz'lɒŋ] (pl. *chaise*[*s*] *longues* [utt. som sg. el. -z]) *s* schäslong
chalcedony [kæl'sedənɪ] *s* miner. kalcedon
chalet ['ʃæleɪ, -lɪ] *s* **1** chalet, schweizerhydda äv. om chaletliknande villa **2** stuga, hydda i stugby o.d.
chalice ['tʃælɪs] *s* **1** bägare **2** [nattvards]kalk **3** [blom]kalk
chalk [tʃɔ:k] I *s* **1** krita; *a piece of* ~ en krita (kritbit, bit krita); *white as* ~ kritvit; *as like (different) as* ~ *and cheese* olika som natt och dag **2** kritstreck; spel. äv. poäng; *not by a long* ~ vard. inte på långa vägar II *vb tr* **1** krita, bestryka med krita, krita ner **2** skriva (rita, märka) med krita **3** ~ *out* staka ut, göra (skissera) upp **4** ~ *up* skriva upp [*against a p.* på ngns räkning]; ~ *up a record* sätta rekord; ~ *up to* bildl. tillskriva
chalk-and-talk [,tʃɔ:kən(d)'tɔ:k] *s* vard. [vanlig] klassrumsundervisning, katederundervisning
chalkboard ['tʃɔ:kbɔ:d] *s* amer., se *blackboard*
chalkpit ['tʃɔ:kpɪt] *s* kritbrott
chalk stripe ['tʃɔ:kstraɪp] *s* kritstrecksrand mönster på tyg
chalk talk ['tʃɔ:ktɔ:k] *s* amer. [ledigt] föredrag (anförande) med diagram, stordior m.m.
chalky ['tʃɔ:kɪ] *adj* kritig, kritvit; krit-, krithaltig
challenge ['tʃælən(d)ʒ] I *s* **1** utmaning; sporrande (stimulerande) uppgift, stimulans **2** anrop av vaktpost o.d.; anropssignal II *vb tr* **1** utmana [~ *a p. to a duel*]; trotsa [~ *a p.'s power*]; *I ~ you to do it* försök att göra (med) det om du kan **2** uppfordra, uppmana [~ *a p. to fight (to try)*] **3** om vaktpost o.d. anropa **4** jur. jäva, anföra jäv mot [~ *a witness*] **5** bestrida [~ *a p.'s right to a th.*]
challenge cup ['tʃælən(d)ʒkʌp] *s* sport. vandringspokal, vandringspris
challenged ['tʃælən(d)ʒd] *adj* isht amer. handikappad [*the physically* ~]
challenging ['tʃælən(d)ʒɪŋ] *adj* utmanande etc., jfr *challenge* II; manande; tankeväckande, stimulerande, fängslande
chamber ['tʃeɪmbə] *s* **1** poet. kammare, sovrum, sovgemak **2** pl. ~*s* juristkontor, juristbyrå i *Inn of Court* **3** pl. ~*s* ungkarlslägenhet **4** parl. kammare; *the Lower C~* a) andra kammaren b) i USA representanthuset; *the Upper C~* a) första kammaren b) senaten i USA

chamberlain ['tʃeɪmbəlɪn] s kammarherre; *Lord High C~* ung. riksmarskalk
chambermaid ['tʃeɪmbəmeɪd] s städerska på hotell; husa
chamber music ['tʃeɪmbə,mjuːzɪk] s kammarmusik
chamber of commerce [,tʃeɪmbərəv'kɒmɜːs] s handelskammare
chamber of horrors [,tʃeɪmbərəv'hɒrəz] s skräckkammare, skräckkabinett
chamber pot ['tʃeɪmbəpɒt] s nattkärl
Chambers ['tʃeɪmbəz]
chameleon [kə'miːljən] s zool. kameleont; äv. bildl.
chamfer ['tʃæmfə] I *vb tr* **1** fasa av, snedda **2** räffla, fåra, kannelera II s **1** avfasning, sned avskärning av kant; fas **2** räffla, fåra, kannelyr
chamois ['ʃæmwɑː] (pl. *chamois* [utt. -z el. som sg.]) s **1** stenget, gems **2** ['ʃæmɪ, pl. -z] se *chamois leather*
chamois leather ['ʃæmɪleðə] s sämskskinn
1 champ [tʃæmp] *vb tr* o. *vb itr* tugga [på] foder, betsel; bita [i]; *be ~ing [at] the bit* bildl. brinna av iver (otålighet)
2 champ [tʃæmp] s vard., se *champion I 1*
champagne [,ʃæm'peɪn] s champagne
champers ['ʃæmpəz] s vard. skumpa, champis champagne
champignon [tʃæm'pɪnjən, ʃæm-] s bot. champinjon
champion ['tʃæmpjən] I s **1** mästare [*tennis (world) ~*] **2** förkämpe [*of* för]; försvarare II *adj* **1** rekord-, förnämst; premierad; *the ~ team* mästarlaget, segrarlaget **2** vard. el. skämts. första klassens, jubel- [*~ idiot*]; *~ liar* storljugare; *that's ~!* det är toppen (alla tiders)! III *vb tr* kämpa för, förfäkta
championship ['tʃæmpjənʃɪp] s **1** mästerskap, titel i idrott o.d.; mästerskapstävling; *win a world swimming ~* vinna ett världsmästerskap (VM) i simning **2** försvar [*of* för], strid som förkämpe [*of* för]
chance [tʃɑːns] I s **1** tillfällighet; slump, lyckträff [äv. *lucky ~*]; *by ~* händelsevis, av en slump; *do you know him by any ~?* du känner honom händelsevis inte?; *game of ~* hasardspel **2** chans; gynnsamt tillfälle, möjlighet, utsikt[er] [*of* till]; *main ~* se *main I 1*; *run the ~ of getting lost* löpa risk att komma bort; *stand a [good (fair)] ~* ha [goda] utsikter; *he doesn't stand a ~* han har inte en chans; *take a ~ [on]* chansa [på]; *take ~s* ta chanser (risker); *take one's ~* ta chansen, våga försöket; *is there a ~ of a wash here?* kan man få tvätta sig här?; *on the ~ that* i hopp om att; *on the off ~* se *off-chance* **3** isht pl. *~s, the ~s are that* allting talar för att; *the ~s are a hundred to one* chanserna är hundra mot ett; *the ~s are against it* allting talar mot det II *adj* tillfällig [*~ likeness*], oförutsedd, opåräknad; förlupen [*~ bullet*]; *~ customer* strökund, tillfällig kund; *a ~ remark* en anmärkning i förbigående III *vb itr* hända (slumpa) sig; råka [*I ~d to be out when...*]; *~ [up]on* råka (träffa) på, ramla över, råka finna [*~ upon a solution*] IV *vb tr* vard. riskera; *~ it* chansa, ta chansen (risken); *~ one's arm* göra (våga) ett försök, ta risken
chancel ['tʃɑːns(ə)l] s kyrkl. [hög]kor
chancellery ['tʃɑːns(ə)ləri] s **1** kanslersämbete; kansli **2** ambassadkansli, konsulatkansli
chancellor ['tʃɑːns(ə)lə] s kansler äv. vid universitet; i Tyskland förbundskansler; *Lord [High] C~* el. *C~ of England* lordkansler justitieminister, högste ämbetsman inom rättsväsendet o. talman i överhuset; *C~ of the Exchequer* i Storbritannien finansminister; *C~ of the Duchy of Lancaster* i Storbritannien kansler för hertigdömet Lancaster, ung. motsv. minister utan portfölj
chancellorship ['tʃɑːns(ə)ləʃɪp] s kanslersämbete, kanslerspost
chancery ['tʃɑːns(ə)rɪ] s, *the C~ [Division]* lordkanslerns domstol, kanslersrätten en delning av *High Court of Justice* bl.a. förmyndarkammare
chancre ['ʃæŋkə] s med. veneriskt sår; schanker [*soft (hard) ~*]
chancy ['tʃɑːnsɪ] *adj* vard. chansartad, riskabel
chandelier [,ʃændə'lɪə] s ljuskrona
change [tʃeɪn(d)ʒ] I *vb tr* **1** ändra, förändra [*into* till]; ändra på [*~ the rules*]; lägga om [*~ the system*]; förvandla, omvända; *~ front (face)* bildl. göra en helomvändning; *~ one's mind* ändra sig **2** byta; byta ut [*for* mot]; skifta [*~ colour*]; *~ one's clothes* byta [kläder], byta om; *~ places* byta plats; *~ sides* a) byta sida (parti) b) ändra ståndpunkt; *~ trains* byta tåg **3** växla pengar II *vb itr* **1** byta [kläder], byta om, klä om [sig] **2** byta [tåg (båt, plan)] **3** ändras, förändras, förvandlas, ändra sig, växla, kasta (slå) om [*the wind has ~d*] **4** bil. växla [*~ down (up)*] III s **1** [för]ändring [*~ for (till) the better*]; omkastning; svängning [*a sudden ~*]; växling; skifte, omvälvning; *~ of life* klimakterium **2** ombyte, utbyte, byte; omväxling; *~ of address* adress[för]ändring; *~ of air* luftombyte; *for a ~* för omväxlings skull; iron. för en gångs skull **3** ombyte [*a ~ of clothes*] **4** pl. *~s* växlingar vid växelringning; *ring the ~s* a) ringa alla växlingar b) bildl. vrida och vända **5** *C~* börsen [*on C~*] **6** växel, småpengar [äv. *small ~*]; pengar tillbaka [*I didn't get any ~*]; *exact ~* jämna pengar; *can you give me ~ for a pound?* kan du växla ett pund [åt mig]?; *you won't get much ~ out of him* vard. med honom kommer du ingenstans; *keep the ~!* det är jämna pengar!

changeable ['tʃeɪn(d)ʒəbl] *adj* **1** föränderlig, ombytlig, ostadig **2** som kan ändras (bytas)
change-over ['tʃeɪn(d)ʒˌəʊvə] *s* **1** omkoppling; ~ *switch* omkopplare **2** bildl. övergång; omställning; omslag **3** sport. sidbyte vid halvtid
change-ringing ['tʃeɪn(d)ʒˌrɪŋɪŋ] *s* **1** växelringning **2** försök att vrida och vända; variationer på ett tema
changing ['tʃeɪndʒɪŋ] *adj* växlande, föränderlig [*a* ~ *world*]; se vid. *change*
changing-room ['tʃeɪn(d)ʒɪŋruːm, -rʊm] *s* omklädningsrum
channel ['tʃænl] I *s* **1** kanal, brett sund, gatt; *the* [*English*] *C~ Islands* Kanalöarna **2** flodbädd **3** strömfåra; segelränna [*navigable* ~] **4** ränna, kanal för vätskor, gaser o.d.; rännsten **5** radio. el. TV. kanal; *C~ four* TV **4** namn på engelsk tv-kanal med seriöst innehåll; ~ *selector* kanalväljare **6** fåra, riktning; medium, kanal; väg; instans; *secret ~s of information* hemliga informationskanaler; *through* [*the*] *official ~s* tjänstevägen; *through the usual ~s* genom de vanliga kanalerna II *vb tr* **1** göra kanaler i, gräva ut **2** leda genom kanal o.d.; kanalisera
chant [tʃɑːnt] *vb tr* o. *vb itr* **1** poet. sjunga; besjunga; ~ *a p.'s praises* sjunga ngns lov **2** kyrkl. sjunga liturgiskt; mässa **3** skandera, ropa taktfast [*they kept ~ing 'We want Bobby'*]; rabbla [upp]; mässa
chanterelle [ˌʃɑːntəˈrel] *s* bot. kantarell
chanting ['tʃɑːntɪŋ] *s* sång, mässande, jfr *chant*
chaos ['keɪɒs] *s* kaos, virrvarr
chaotic [keɪˈɒtɪk] *adj* kaotisk, förvirrad
1 chap [tʃæp] I *vb tr* göra narig II *vb itr* bli narig III *s* spricka isht i huden
2 chap [tʃæp] *s* vard. karl; kille, grabb [*a nice little* ~]; kurre; *old ~!* gamle gosse (vän)!
3 chap [tʃæp] *s*, pl. ~*s* käft; käkar; se vid. *2 chop*
chap. förk. för *chapter*
chaparajos *s* o. **chaparejos** [ˌʃæpəˈreɪhəʊs] *s pl* amer. läderbyxor cowboys överdragsbyxor
chaparral [ˌʃæpəˈræl, ˌtʃæp-] *s* amer. snår av stenek; [taggigt] snår
chapel ['tʃæp(ə)l] *s* **1** kapell; kyrka; gudstjänstlokal, bönhus, bönsal; *are you church or ~?* tillhör ni statskyrkan eller någon frikyrka?; ~ *of ease* annexkyrka **2** gudstjänst [i kapellet etc.] [*attend ~*]
chapelgoer ['tʃæp(ə)lˌgəʊə] *s* frikyrklig [person]
chapelry ['tʃæp(ə)lrɪ] *s* kapellförsamling
chaperon ['ʃæpərəʊn] I *s* bildl. förkläde II *vb tr* vara förkläde åt
chaplain ['tʃæplɪn] *s* [hus]kaplan; präst, pastor ofta regements-, sjömans- o.d.
chaplaincy ['tʃæplənsɪ] *s* kaplansbefattning etc., jfr *chaplain*

chaplet ['tʃæplət] *s* krans att bära på huvudet
Chaplin ['tʃæplɪn]
chapped [tʃæpt] *adj* sprucken, narig [~ *hands*]
chappie ['tʃæpɪ] *s* vard., se *2 chap*
chaps [tʃæps] *s pl* vard., se *chaparajos*
chapter ['tʃæptə] *s* **1** kapitel; *a ~ of accidents* en rad olyckor (olyckliga omständigheter); ~ *and verse* kapitel och vers i Bibeln; *be able to quote ~ and verse* bildl. kunna ge exakt källa (stöd) [*for* för], kunna ge detaljerade upplysningar [*for om*] **2** domkapitel; ordenskapitel
1 char [tʃɑː] I *vb itr* städa, arbeta som städhjälp II *s* **1** vard., se *charwoman* **2** se *chore 1*
2 char [tʃɑː] I *vb tr* bränna till kol, kola; komma att förkolna II *vb itr* förkolna, förkolas
3 char [tʃɑː] *s* vard. te [*a cup of* ~]
4 char [tʃɑː] *s* röding; bäckröding
character ['kærəktə] *s* **1** karaktär; natur; egenart; beskaffenhet, egenskap; *distinctive* ~ särprägel, egenart; *judge of* ~ människokännare **2** [god (fast)] karaktär [*a man of* (med) ~], karaktärsfasthet; *strength of* ~ karaktärsstyrka **3** person[lighet] [*public* ~]; natur; vard. individ, original, typ [för sig]; underlig (lustig) kurre; *quite a* ~ något av ett original **4** a) [diktad] person, gestalt, figur; roll; typ b) karaktärsskildring; *in* ~ rollenligt, i stil; karakteristiskt; naturligt; *be out of* ~ inte passa ihop med rollen; falla ur ramen; vara okarakteristisk; *act out of* ~ falla ur rollen **5** [skrift]tecken [*Chinese* ~s], bokstav [*Greek* ~s]; data. tecken
character building ['kærəktəˌbɪldɪŋ] *s* karaktärsdaning
characteristic [ˌkærəktəˈrɪstɪk] I *adj* karakteristisk, kännetecknande, betecknande, egendomlig [*of* för] II *s* kännemärke, kännetecken, karaktärsdrag, särdrag, utmärkande egenskap (drag) [*of* för, på, hos]; pl. ~*s* äv. karakteristika
characterize ['kærəktəraɪz] *vb tr* karakterisera, beteckna [*as* såsom]; känneteckna, utmärka
characterless ['kærəktələs] *adj* utan [särskild] karaktär, helt vanlig
character reader ['kærəktəˌriːdə] *s* data. skriftläsare, teckenläsare
character recognition ['kærəktəˌrekəgˈnɪʃ(ə)n] *s* data. skriftläsning, teckenläsning
character sketch ['kærəktəsketʃ] *s* karaktärsskildring, karakteristik
character test ['kærəktətest] *s* lämplighetsprov
charade [ʃəˈrɑːd] *s* **1** charad; ~*s* (konstr. ss. sg.) [levande] charad lek **2** bildl. parodi, fars
charcoal ['tʃɑːkəʊl] *s* **1** träkol; benkol; ~ *drawing* kolteckning **2** grillkol
charcoal-burner ['tʃɑːkəʊlˌbɜːnə] *s* **1** kolare **2** träkolseldad kamin o.d.

chard [tʃɑːd] s bot., [*Swiss*] ~ mangold
charge [tʃɑːdʒ] **I** vb tr **1** anklaga; framföra anklagelsen [*that* att]; ~ *a p. with a th.* beskylla (anklaga) ngn för ngt **2** ta [betalt] [*how much do you ~ for it?*]; notera; *they ~ high (stiff) prices* [*at that hotel*] de tar bra betalt (håller höga priser)...; *he ~d me two pounds for it* han tog två pund för den **3** hand. debitera, belasta ett konto [*with* för, med]; ~ *a th. to a p.'s account* (*against a p., up to a p.*) debitera (belasta) ngns konto med ngt **4** ladda [~ *a gun* (*an accumulator*)]; fylla [i (på)]; mätta, genomdränka; gruv. uppsätta; *the atmosphere was ~d* atmosfären var laddad **5** ~ *a p. with doing a th.* ge ngn i uppdrag att göra ngt **6** mil. o.d. anfalla, storma fram (göra chock) mot; rusa (gå) 'på; fotb. tackla
II vb itr **1** storma (rusa) fram [*at* mot], rusa [in] [äv. *~ in*]; *he ~d in* han kom inrusande (instörtande) **2** ta betalt [~ *extra for a seat*]; vard. ta bra betalt
III s **1** anklagelse, beskyllning; *on a ~ of* [såsom] anklagad för; *bring a ~ against* rikta en anklagelse mot; väcka åtal mot; *face a ~* [*of a th.*] stå åtalad [för ngt]; *he faces serious ~s* han står åtalad för grova brott; *lay to a p.'s ~* lägga ngn till last; anklaga ngn för; *make* (*prefer, press*) *a ~ against a p.* komma med en beskyllning (anklagelse) mot ngn; göra polisanmälan mot ngn **2** pris, avgift, taxa; skatt; debitering; konto; *what is your ~ for...?* vad tar ni för...?; *no ~ is made for* [*this service*] ...kostar ingenting, ...är gratis; *~ account* amer. kundkonto i t.ex. varuhus; *free of ~* gratis, avgiftsfri **3** fast utgift, kostnad; bekostnad [*at his own ~*]; ersättning; pl. *~s* ofta omkostnader **4** elektr. laddning **5** uppdrag; befattning, ämbete **6** vård; uppsikt [*put* (ställa) *under a p.'s ~*]; [*man*] *in ~* vakthavande, jourhavande, t.f. [chef]; *be in ~* ha hand om (stå för) det hela, ha ansvaret (vakten); *be in ~ of* leda, ha hand om, stå för, ha ansvaret för, ha vården om [*Mary was in ~ of the child*]; *the child was in ~ of* [*her aunt*] barnet stod under uppsikt av..., barnet vårdades av...; *give in ~ to a p.* ge åt ngn i förvar, anförtro åt ngn; *take ~* ta hand om det hela, ta (överta) ansvaret; *take ~ of a th.* el. *take a th. in ~* ta hand om ngt, ta ngt i sin vård, ta sig an ngt **7** anförtrodd sak; skyddsling; prästs hjord, församling **8** [fängsligt] förvar; *give a p. in ~* låta arrestera ngn; *take in ~* arrestera **9** mil. o.d. anfall [*The C~ of the Light Brigade*], chock; anfallssignal [*a trumpet ~*]; fotb. tackling
chargeable ['tʃɑːdʒəbl] adj **1** ansvarig, åtalbar [*with* för] **2** som kan (skall) debiteras; som kan avgiftsbeläggas

chargé d'affaires [ʃɑːʒeɪdæ'feə] (pl. *chargés d'affaires* [utt. som sg.]) s chargé d'affaires
charger ['tʃɑːdʒə] s **1** stridshäst; isht officershäst **2** laddningsapparat **3** patronram på gevär; löst magasin till maskingevär
charge sheet ['tʃɑːdʒʃiːt] s lista över [dagens] polismål (arresteringar)
chariness ['tʃeərɪnəs] s varsamhet, rädsla etc., jfr *chary*
Charing Cross [ˌtʃærɪŋ'krɒs] plats o. station nära Trafalgar Square i London
chariot ['tʃærɪət] s poet. o. hist. stridsvagn, triumfvagn, galavagn
charioteer [ˌtʃærɪə'tɪə] s körsven
charisma [kə'rɪzmə] s karisma, utstrålning
charismatic [ˌkærɪz'mætɪk] adj karismatisk
charitable ['tʃærɪtəbl] adj **1** medmänsklig, barmhärtig; välgörande, välgörenhets- [~ *institution*] **2** mild, välvillig [*a ~ interpretation of...*]
charity ['tʃærɪtɪ] s **1** människokärlek, [kristlig] kärlek [*faith, hope and ~*], kärlek till nästan, medmänsklighet; tillgivenhet, godhet, vänlighet; pl. *-ies* bevis på kärlek o.d.; *~ begins at home* ung. man bör först hjälpa sina närmaste **2** mildhet [i omdömet], överseende **3** barmhärtighet; välgörenhet, välgörenhets- [*~ bazaar* (*concert*)]; allmosor; *sister of ~* barmhärtighetssyster; *out of ~* av barmhärtighet (nåd); *live on ~* leva av allmosor; *live on a p.'s ~* leva på nåder hos ngn **4** välgörenhetsinrättning, stiftelse
charlady ['tʃɑːˌleɪdɪ] s se *charwoman*
charlatan ['ʃɑːlət(ə)n] s charlatan, kvacksalvare, bluff[are]
Charlemagne ['ʃɑːləmeɪn] Karl den store
Charles [tʃɑːlz] mansnamn; ss. kunganamn o. kejsarnamn Karl; *Charles's Wain* [ˌtʃɑːlzɪz'weɪn] Karlavagnen
Charleston ['tʃɑːlstən] **I** geogr. egenn. **II** s charleston dans
Charley o. **Charlie** ['tʃɑːlɪ] **1** vard. för *Charles* **2** vard. idiot, dumbom [*a proper ~*] **3** sl. kokain
charlock ['tʃɑːlɒk] s bot. åkersenap
Charlotte ['tʃɑːlət] kvinnonamn
charlotte ['ʃɑːlət] s kok. äppelcharlotte [äv. *apple ~*]; *charlotte russe* [ʃɑːlət'ruːs] charlotte russe
charm [tʃɑːm] **I** s **1** charm, tjuskraft, dragningskraft, behag; förtrollning; tjusning; pl. *~s* behag, skönhet [*her ~s*]; *her ~ of manner* hennes charmerande sätt (väsen); *bundle of ~* charmtroll **2** trollformel; trollmedel; trolldom, förtrollning; *it worked like a ~* det hade en mirakulös verkan; det gick som smort **3** amulett **4** berlock **II** vb tr **1** charmera, charma, tjusa, förtrolla; fängsla, hänföra, hänrycka **2** trolla [*~ away*], förtrolla; *~ed circle* trollkrets; *bear* (*have*) *a*

~ed life som genom trolldom vara osårbar **3 ~ a th. out of a p.** locka av ngn ngt
charming ['tʃɑ:mɪŋ] *adj* förtjusande, bedårande; charmfull, charmig, intagande
charred [tʃɑ:d] *adj* kolad, förkolnad
chart [tʃɑ:t] **I** *s* **1** tabell; grafisk framställning; diagram, kurva; karta [*weather* ~] **2** väggplansch, undervisningsplansch [äv. *wall* ~] **3** sjökort **4** popmusik o.d. *the* **~s** topplistorna; *top of the* **~** etta på topplistan **II** *vb tr* **1** kartlägga; bildl. äv. dra upp linjerna för **2** visa med en tabell o.d. **3** lägga (sätta) ut en kurs o.d. *på ett* [sjö]kort
charter ['tʃɑ:tə] **I** *s* **1 a)** kungligt brev, frihetsbrev, privilegiebrev; urkund, kontrakt; *the Great C~* Magna Charta **b)** stiftelseurkund, oktroj, koncession **c)** privilegium, privilegier, rättighet[er] **2** *the Atlantic C~* Atlantdeklarationen; *the C~ of the United Nations* Förenta Nationernas stadga **3 a)** charter; *a ~ flight* en charterresa, en chartrad flygning; *~ flights* el. *air ~ charterflyg* **b)** certeparti; befraktning, chartring [*~s of oil tankers*] **II** *vb tr* **1** bevilja (ge) ngn rättigheter (privilegier, oktroj, koncession) **2** chartra, befrakta
chartered ['tʃɑ:təd] *adj* **1** upprättad genom ett kungligt brev etc., jfr *charter I 1*; auktoriserad [*~ accountant*]; med särskilda privilegier **2** chartrad [*~ aircraft*]
charterer ['tʃɑ:tərə] *s* befraktare
chart room ['tʃɑ:trʊm] *s* navigationshytt
char|woman ['tʃɑ:ˌwʊmən] (pl. *-women* [-ˌwɪmɪn]) *s* städerska, städhjälp
chary ['tʃeərɪ] *adj* **1** varsam, försiktig; skygg; *be ~ of* a) akta sig för [*be ~ of catching cold*] b) vara rädd (mån) om [*be ~ of one's reputation*] **2** sparsam, snål, njugg [*of* på, med; *~ of praise*] **3** kräsen, nogräknad [*she is ~ about her friends*]
Charybdis [kə'rɪbdɪs] mytol. Karybdis, Charybdis
Chas. [tʃɑ:lz] förk. för *Charles* [*~ Baker & Sons*]
1 chase [tʃeɪs] **I** *vb tr* jaga; förfölja; springa efter [*~ girls*] **II** *vb itr* vard. springa [*a girl who ~s after boys*], rusa [*~ about*]; *~ off* rusa iväg **III** *s* **1** jakt; förföljande; *the ~* jakt[en] ss. sport el. yrke; *in ~ of* på jakt efter **2** jagat djur; villebråd
2 chase [tʃeɪs] *vb tr* **1** ciselera, driva **2** gänga **3** infatta i guld o.d.
1 chaser ['tʃeɪsə] *s* **1** jägare; förföljare **2** hinderhoppare häst **3** vard. eftersläckare, fösare öl o.d. att skölja ner sprit med
2 chaser ['tʃeɪsə] *s* **1** ciselerare, ciselör **2** gängstål
chasm ['kæz(ə)m] *s* **1** [gapande] klyfta, svalg, avgrund **2** bildl. [bred] klyfta, svalg; lucka
chassis ['ʃæsɪ] (pl. *chassis* ['ʃæsɪz]) *s* bil., flyg., radio. m.m. chassi; underrede

chaste [tʃeɪst] *adj* kysk, ren
chasten ['tʃeɪsn] *vb tr* tukta, straffa
chastise [tʃæ'staɪz] *vb tr* **1** skälla ut **2** litt. tukta, aga
chastity ['tʃæstətɪ] *s* kyskhet, renhet äv. bildl.; *~ belt* kyskhetsbälte
chasuble ['tʃæzjʊbl] *s* mässhake
chat [tʃæt] **I** *vb itr* prata **II** *vb tr* sl., *~ up* snacka med, snacka in sig hos; flirta med **III** *s* **1** prat, pratande, småprat, kallprat; pratstund [*have a nice (cosy) ~*]; *~ show* radio. el. TV. pratshow intervju med kändisar **2** zool. stenskvätta
château ['ʃætəʊ] (pl. *~x* [-z]) *s* fr. slott; herrgård utanför England; *~ wine* slottsvin
château-bottled ['ʃætəʊˌbɒtld] *adj* slottstappad [*~ wine*]
chattel ['tʃætl] *s*, vanl. pl. *~s* lösöre, lösegendom, tillhörigheter [äv. *goods and ~s*]
chatter ['tʃætə] **I** *vb itr* **1** pladdra, prata **2** skallra, skramla, klappra, smattra [*the typewriter keys ~*]; *his teeth ~ed with cold* hans tänder skallrade av köld **3** om apor o. fåglar snattra, tjattra; om skator skratta **II** *s* pladder, prat, snatter, snattrande etc.
chatterbox ['tʃætəbɒks] *s* o. **chatterer** ['tʃætərə] *s* pratkvarn, pratmakare
chattering ['tʃætərɪŋ] *adj*, *the ~ classes* vard. de intellektuella som gärna diskuterar
chatty ['tʃætɪ] *adj* **1** pratsam, pratig **2** kåserande
Chaucer ['tʃɔ:sə]
chauffeur ['ʃəʊfə, ʃə(ʊ)'fɜ:] *s* [privat]chaufför
chauvinism ['ʃəʊvɪnɪz(ə)m] *s* chauvinism; *male ~* manschauvinism
chauvinist ['ʃəʊvɪnɪst] *s* chauvinist; *male ~* manschauvinist; *male ~ pig* vard. [mullig] mansgris
Ch.B. (förk. för *Chirurgiae Baccalaureus* lat. = *Bachelor of Surgery*) ung. med. kand. med kirurgi
cheap [tʃi:p] **I** *adj* **1** billig; billighets- [*~ edition*]; gottköps- [*~ articles*]; *it's ~ at the price* det är billigt för vad man får **2** lättköpt; värdelös; tarvlig, vulgär; billig [*~ jokes*]; amer. äv. snål; *feel ~* vard. känna sig billig; *make oneself ~* skämma ut sig, bära sig tarvligt åt **II** *adv* billigt [*get (sell) ~*] **III** *s*, *on the ~* vard. [för] billigt [pris]
cheapen ['tʃi:p(ə)n] **I** *vb tr* **1** göra billig[are], förbilliga **2** bildl. klassa ner; göra tarvlig; *you mustn't ~ yourself* du får inte skämma ut dig (bära dig tarvligt åt) **II** *vb itr* bli billig[are]
cheapjack ['tʃi:pdʒæk] *s* [gatu]försäljare, nasare
cheapo ['tʃi:pəʊ] *adj* vard. billig ofta neds. [*~ home furniture; the style is ~*]
cheapskate ['tʃi:pskeɪt] *s* sl. **1** snåljåp **2** ynkligt kräk
cheat [tʃi:t] **I** *vb tr* lura äv. friare [*~ death*]; narra, bedra; *~ a p. out of a th.* lura av ngn

ngt, bedra ngn på ngt **II** *vb itr* **1** fuska [*~ in an examination*]; fiffla; *~ at cards* fuska i kortspel **2** *~ on a p.* vard. vara otrogen mot, bedra [*he was ~ing on his wife*] **III** *s* svindlare, skojare, bedragare; fuskare
cheater ['tʃi:tə] *s* **1** se *cheat III* **2** pl. *~s* amer. sl. a) [hornbågade] brillor b) lösbehag lösbröst
check [tʃek] **I** *s* **1** stopp, avbrott; spärr, hinder; broms; bakslag [*meet with a ~*], motgång; *act as a ~ on* verka som broms på; *give a ~ to* sätta [tillfälligt] stopp för **2** tygel bildl.; *keep* (*hold*) *in ~* hålla i schack (styr), tygla; *keep* (*hold*) *the enemy in ~* hålla fienden stången; *keep* (*put*) *a ~ on* lägga band på; hålla i schack (styr) **3** kontroll, koll [*make a ~*], prov; *keep a ~ on* kontrollera, ha koll på **4** a) kontramärke, bricka, pollett b) amer. polletteringsmärke **5** [restaurang]nota, räkning **6** amer. check, jfr *cheque* **7** spelmark; *cash* [*in*] (*hand in, pass in*) *one's ~s* sl. lämna in, kola av dö **8** rutigt mönster; rutigt tyg; attr. rutig; *~ pattern* rutmönster, rutigt mönster **9** schack. schack **II** *interj, ~!* schack!
III *vb tr* **1** hejda, hämma, stävja, bromsa; sport. hindra, blockera **2** tygla, hålla i styr, lägga band på, hålla tillbaka, hejda [*he ~ed himself*] **3** kontrollera, kolla, checka; undersöka, gå igenom; *~ out* amer. a) kvittera ut b) kontrollera; *~ up* kontrollera, kolla upp **4** amer. a) pollettera b) lämna i garderoben t.ex. på teatern [*have you ~ed your coat?*] **5** amer. a) ställa ut en check på b) lyfta (ta ut) på check [äv. *~ out*] **6** ruta, göra rutig **7** schack. schacka
IV *vb itr* **1** om hund, häst hejda sig, stanna **2** amer., *~* [*up*] stämma [*with*] **3** amer. lyfta (ta ut) pengar på check **4** *~ in* isht amer. a) boka in sig [*~ in at a hotel*], checka in b) anmäla (infinna) sig, stämpla [in] på arbetsplats; *~ into a hotel* isht amer. ta in på ett hotell; *~ out* a) isht amer. betala sin hotellräkning, lämna hotellet, checka ut b) isht amer. stämpla [ut] på arbetsplats c) amer. sl. lämna in, kola av dö **5** kontrollera, kolla [äv. *~ up*]; *~ up on a p.* (*a th.*) kontrollera (göra en undersökning om) ngn (ngt); *~ into the matter* amer. kontrollera (undersöka) saken
checkbook ['tʃekbʊk] *s* amer. checkhäfte
checked [tʃekt] *adj* rutig [*~ material*]
checker ['tʃekə] **I** *s* **1** isht amer., se *chequer I* **2** amer. bricka i damspel; *~s* (konstr. ss. sg.) dam[spel] **3** kontrollör, kontrollant **4** *put a ~ on* lägga band (kapson) på **II** *vb tr* amer., se *chequer II*
checkerboard ['tʃekəbɔ:d] *s* amer. schackbräde, dambräde
checklist ['tʃeklɪst] *s* kontrollista; minneslista
checkmate ['tʃekmeɪt, tʃek'm-] **I** *s* **1** schack och matt, schackmatt **2** avgörande nederlag **II** *interj, ~!* schack och matt!, schackmatt!
III *vb tr* **1** göra [schack och] matt (schackmatt) **2** bildl. schacka, omintetgöra, gäcka, besegra
check-out ['tʃekaʊt] *s* **1** slutkontroll, leveranskontroll **2** [utgångs]kassa, snabbköpskassa [äv. *~ counter* (*point*)]; *express ~* snabbkassa **3** instämpling av varor i utgångskassa **4** utcheckning från hotell; *~ is at 12 noon* motsv. gästen ombeds lämna rummet senast kl. 12 avresedagen
checkpoint ['tʃekpɔɪnt] *s* kontroll[ställe], kontrollstation; vägspärr
checkroom ['tʃekru:m, -rʊm] *s* amer. resgodsförvaring, effektförvaring
check-up ['tʃekʌp] *s* kontroll, undersökning
Cheddar ['tʃedə] **I** geogr. egenn. **II** *s* cheddar[ost]
cheek [tʃi:k] **I** *s* **1** kind; *dance ~ to ~* dansa kind mot kind **2** bildl., vard. fräckhet; *what ~!* vad fräckt!, vilken fräckhet!; *he had the ~ to...* han hade mage att...; *I like your ~* iron. du är inte lite fräck du!; *no more* (*none*) *of your ~!* var inte fräck nu! **II** *vb tr* vard. vara fräck mot
cheekbone ['tʃi:kbəʊn] *s* kindben, kindknota
cheeky ['tʃi:kɪ] *adj* vard. fräck, uppkäftig, uppnosig
cheep [tʃi:p] **I** *vb itr* o. *vb tr* om små fåglar pipa **II** *s* pip
cheer [tʃɪə] **I** *s* **1** bifallsrop, bravorop, hurra[rop]; hejaramsa; *give a p. a ~* utbringa ett leve för ngn, hurra för ngn; *three ~s for* ett [trefaldigt (sv. motsv. fyrfaldigt)] leve för **2** *~s!* vard. a) skål! b) hej då! **3** *words of ~* litt. uppmuntrande ord **4** *be of good ~* litt. vara vid gott mod (hoppfull) **5** litt. undfägnad, förplägnad, mat **II** *vb tr* **1** muntra upp, trösta [*I felt a bit ~ed*], glädja; *~ up* pigga (liva) upp **2** *~* [*on*] heja på, uppmuntra med tillrop **3** hurra för, jubla bifall åt, ropa bravo åt **III** *vb itr* **1** *~ up* bli gladare (lättare) till sinnes, lysa upp, gaska upp sig **2** hurra, heja
cheerful ['tʃɪəf(ʊ)l] *adj* **1** glad [av sig], gladlynt, glättig, munter [*a ~ smile*]; villig [*~ workers*]; *a ~ giver* en glad givare **2** glädjande; ljus och glad [*a ~ room*]
cheerfully ['tʃɪəf(ʊ)lɪ] *adv* **1** glatt etc., jfr *cheerful* **2** villigt, gärna, gladeligen
cheeriness ['tʃɪərɪnəs] *s* munterhet, glättighet etc., jfr *cheery*
cheering ['tʃɪərɪŋ] **I** *s* hurrarop, bifall; hejarop; *~ section* sport. hejaklack **II** *adj* uppmuntrande, glädjande [*that's ~ news*]
cheerio [,tʃɪərɪ'əʊ] *interj* **1** vard., *~!* hej [då]!, ajö! **2** ngt åld., *~!* skål!
cheerleader ['tʃɪə,li:də] *s* isht amer. sport. o.d. klackanförare, hejaklacksledare
cheerless ['tʃɪələs] *adj* glädjelös, dyster, bedrövlig

cheery ['tʃɪərɪ] *adj* **1** glad, munter [*a* ~ *smile*], glättig, livlig, gemytlig **2** upplivande
1 cheese [tʃi:z] *s* **1** ost; ostlik massa; ~ *spread* smältost, bredbar ost; *say* ~*!* säg omelett! vid fotografering **2** sl., *big* ~ se *big I 1*; *hard* ~ ngt åld. otur
2 cheese [tʃi:z] *vb tr*, *be ~d off* sl. vara utled på allting, vara deppig
cheeseboard ['tʃi:zbɔ:d] *s* ostbricka
cheeseburger ['tʃi:z‚bɜ:gə] *s* ostburgare
cheesecake ['tʃi:zkeɪk] *s* **1 a**) ung. ostkaka **b**) ostpaj mördegsform med fyllning av ostmassa, ägg m.m. **2** sl. [sexiga bilder av] pinuppor
cheesecutter ['tʃi:z‚kʌtə] *s* ostskärare med metalltråd; bred ostkniv
cheesemite ['tʃi:zmaɪt] *s* zool. ostor
cheesemonger ['tʃi:z‚mʌŋgə] *s* osthandlare
cheeseparing ['tʃi:z‚peərɪŋ] **I** *s* **1** småsnålhet **2** bortskuren ostkant; pl. ~*s* bildl. småsmulor, struntsaker **II** *adj* småsnål, gnidig; ~ *economy* småsnålt sparande
cheese straws ['tʃi:zstrɔ:z] *s pl* kok. oststänger
cheesy ['tʃi:zɪ] *adj* **1** ostlik, ostaktig **2** sl. illaluktande **3** amer. sl. urdålig, urusel
cheetah ['tʃi:tə] *s* zool. gepard, jaktleopard
chef [ʃef] *s* köksmästare på restaurang; kock i privathus
chef-d'œuvre [ʃeɪ'dɜ:vr(ə)] (pl. *chefs-d'œuvre* [utt. som sg.]) *s* fr. mästerverk
Chelsea ['tʃelsɪ] stadsdel i London; ~ *pensioner* krigsinvalid el. veteran boende på Chelsea Royal Hospital
chemical ['kemɪk(ə)l] **I** *adj* kemisk; ~ *engineering* kemiteknik; ~ *warfare* kemisk krigföring **II** *s* kemikalie
chemise [ʃə'mi:z] *s* damlinne
chemisette [‚ʃemɪ'zet] *s* chemisett, slags blusliv, isättning i klänningsurringning
chemist ['kemɪst] *s* **1** kemist **2** apotekare; ~*'s* [*shop*] ung. apotek som äv. säljer kosmetika, film m.m.
chemistry ['kemɪstrɪ] *s* kemi
chemotherapist [‚keməʊ'θerəpɪst] *s* kemoterapist
chemotherapy [‚kemə(ʊ)'θerəpɪ] *s* kemoterapi
chemurgy ['kemɜ:dʒɪ] *s* kemurgi
chenille [ʃə'ni:l] *s* textil. chenilj, snilj[eflossa] tyg
cheque [tʃek] *s* check [*a* ~ *for* (på) £*90*]; ~ *account* checkkonto; ~ *forgery* checkbedrägeri; *crossed* ~ korsad check; *pay by* ~ betala med [en] check
cheque book ['tʃekbʊk] *s* checkhäfte
chequer ['tʃekə] **I** *s* **1** fyrkant, ruta; attr. rutig **2** ofta pl. ~*s* rutmönster, schackmönster **II** *vb tr* dela (måla, märka) i rutor, ruta in
chequered ['tʃekəd] *adj* **1** rutig **2** brokig, skiftande, växlande, skiftesrik [*a* ~ *career*]
Chequers ['tʃekəz] brittiske premiärministerns lantresidens

chequerwork ['tʃekəwɜ:k] *s* rutmönster, rutverk
cherimoya [‚tʃerɪ'mɔɪə] *s* bot. cherimoya frukt
cherish ['tʃerɪʃ] **1** hysa [~ *a hope*; ~ *illusions*], nära en känsla; omhulda, troget hålla fast vid **2** vårda
Chernobyl [tʃɜ:'nəʊbl] geogr. Tjernobyl
Cherokee [‚tʃerə'ki:, '---] **I** egenn. **II** *s* **1** (pl. lika el. ~*s*) cherokes indian[stam] **2** cherokesiska språket **III** *adj* cherokesisk
cheroot [ʃə'ru:t] *s* cigarill
cherry ['tʃerɪ] **I** *s* **1 a**) körsbär; bigarrå **b**) körsbärsträd; bigarråträd **c**) körsbärsträ; *take two bites at the* ~ göra ett nytt försök; lyckas först efter andra försöket **2** körsbärsrött **3** sl. mödis mödom **II** *adj* [körsbärs]röd
cherry brandy [‚tʃerɪ'brændɪ] *s* cherry brandy körsbärslikör
cherry-picker ['tʃerɪ‚pɪkə] *s* tekn. skylift
cherry plum ['tʃerɪplʌm] *s* bot. körsbärsplommon
cherry tomato [‚tʃerɪtə'mɑ:təʊ, amer. vanl. -'meɪ-] (pl. ~*s*) *s* bot. körsbärstomat, cocktailtomat
Chertsey ['tʃɜ:tsɪ] geogr.
cherub ['tʃerəb] *s* **1** (pl. ~*im* [-ɪm]) relig. kerub **2** konst. o. bildl. kerub
cherubic [tʃə'ru:bɪk] *adj* kerubisk; änglalik
cherubim ['tʃerəbɪm, 'ker-] *s* pl. av *cherub 1*
chervil ['tʃɜ:vɪl] *s* bot. körvel; *wild* ~ hundkäx, hundloka
Cheryl ['tʃer(ə)l, 'ʃer-] kvinnonamn
Ches. förk. för *Cheshire*
Chesapeake ['tʃesəpi:k] geogr.
Cheshire ['tʃeʃə] geogr. egenn.; ~ *cheese* cheshireost, chesterost; *grin like a* ~ *cat* grina som en solvarg
chess [tʃes] *s* schack[spel]
chessboard ['tʃesbɔ:d] *s* schackbräde
chess|man ['tʃes|mæn] (pl. -*men* [-men]) *s* schackpjäs
chesspiece ['tʃespi:s] *s* [schack]pjäs ej bonde
chest [tʃest] **I** *s* **1** kista, låda; ~ *of drawers* byrå **2** bröst[korg]; bringa; *a weak* ~ klent bröst, känsliga luftrör (lungor); *get a th. off one's* ~ vard. lätta sitt hjärta genom att tala om ngt, prata av sig om ngt; *keep* (*play, hold*) *one's cards close to one's* ~ vard. hålla tand för tunga, hålla inne med vad man vet **II** *vb tr*, ~ *a ball* [*down*] sport. brösta [ned] en boll
Chester ['tʃestə] geogr.
Chesterfield ['tʃestəfi:ld] **I** geogr. egenn. **II** *s* **1** *c*~ chesterfield slags överrock **2** *c*~ chesterfieldsoffa
chest-expander ['tʃestɪk‚spændə] *s* expander, muskelstärkare
chestnut ['tʃesnʌt] **I** *s* **1 a**) kastanj **b**) kastanj[eträd] **2** kastanjebrunt **3** fux häst; *liver* ~ svettfux **4** vard. [gammal] anekdot

(historia) II *adj* kastanjebrun; om häst fuxfärgad
chesty ['tʃestɪ] *adj* **1** vard. bredbröstad; om kvinna storbystad, högbarmad **2** vard. a) som kommer från bröstet [*a ~ cough*] b) bröstklen
cheval glass [ʃəˈvælglɑːs] *s* stor svängbar toalettspegel
chevalier [ʃevəˈlɪə] *s* riddare av en orden
Cheviot ['tʃevɪət] **I** geogr.; *the ~s* pl. el. *the ~ Hills* pl. Cheviotbergen **II** *s* **1** cheviotfår **2** *c~* cheviot tyg
Chevrolet [bil ˈʃevrə(ʊ)leɪ, ˌ-ˈ-]
chevron ['ʃevr(ə)n] *s* **1** herald. sparre **2** ärmvinkel på uniform
Chevy ['ʃevɪ] *s* vard. Cheva Chevrolet (bil)
chew [tʃuː] **I** *vb tr* **1** tugga; *~ the fat* (*rag*) vard. snacka (babbla) [i det oändliga]; gnata, knorra **2** bildl. grubbla (fundera) på **II** *vb itr* **1** tugga **2** tugga tobak (tuggummi) **III** *s* **1** tuggning **2** buss; tugga
chewing-gum ['tʃuːɪŋɡʌm] *s* tuggummi
Cheyenne [ʃaɪˈæn, -ˈen, äv. amer. stad] **I** geogr. egenn. **II** (pl. lika el. *~s*) *s* **1** cheyenne [indian]; cheyenner indianstam **2** cheyenne [språket]
chiaroscuro [kɪˌɑːrəˈskʊərəʊ] (pl. *~s*) *s* konst. (it.) klärobskyr, ljusdunkel
chic [ʃiːk, ʃɪk] **I** *s* stil, elegans; schvung **II** *adj* chic, stilfull, smakfull, elegant, fin; korrekt
Chicago [ʃɪˈkɑːɡəʊ] geogr.
chicane [ʃɪˈkeɪn, tʃɪ-] **I** *s* **1** se *chicanery* **2** kortsp. chikan **II** *vb itr* vränga lagen, bruka spetsfundigheter; begagna knep **III** *vb tr* lura [*into* till]; *~ a p. out of a th.* lura ngn på ngt
chicanery [ʃɪˈkeɪnərɪ] *s* lagvrängning, [advokat]knep, spetsfundigheter, konster
Chicano [tʃɪˈkɑːnəʊ, ʃɪ-] (pl. *~s*) *s* chikano, mexiko-amerikan
Chichester ['tʃɪtʃɪstə] geogr.
chichi ['ʃiːʃiː, 'tʃiːtʃiː] *adj* vard. **1** pretentiös, tillgjord **2** överlastad [med pynt o.d.]
chick [tʃɪk] *s* **1** [nykläckt] kyckling **2** fågelunge **3** sl. tjej, brud
chickabiddy ['tʃɪkəˌbɪdɪ] *s* till barn, smeks. lilla vän, hjärtegryn
chickadee ['tʃɪkədiː, ˌ-ˈ-] *s* amer. zool. mes
chickaree ['tʃɪkəriː] *s* amer. röd ekorre
chicken ['tʃɪkɪn] **I** *s* **1** kyckling; isht amer. äv. höna; höns; *count one's ~s before they are hatched* ung. sälja skinnet innan björnen är skjuten; *she's no* [*spring*] *~* hon är ingen ungdom (ingen duvunge) [precis] **2** sl. feg stackare, fegis **II** *adj* **1** kyckling-, höns- **2** vard. feg, skraj **III** *vb itr* vard. bli rädd; *~ out* backa (dra sig) ur
chickenfeed ['tʃɪkɪnfiːd] *s* **1** vard. struntsummor, småpotatis [*it's just ~*] **2** kycklingfoder, hönsfoder
chicken-hearted ['tʃɪkɪnˌhɑːtɪd] *adj* o.
chicken-livered ['tʃɪkɪnˌlɪvəd] *adj* harhjärtad, feg

chicken pox ['tʃɪkɪnpɒks] *s* med. vatt[en]koppor
chicken run ['tʃɪkɪnrʌn] *s* hönsgård
chicken wire ['tʃɪkɪnˌwaɪə] *s* hönsnät
chickpea ['tʃɪkpiː] *s* kikärt
chickweed ['tʃɪkwiːd] *s* bot. våtarv, nate
chicory ['tʃɪkərɪ] *s* **1** endiv; amer. chicorée frisée, frisésallat **2** cikoria; cikoriarot
chid [tʃɪd] imperf. o. perf. p. av *chide*
chidden ['tʃɪdn] perf. p. av *chide*
chide [tʃaɪd] (imperf.: *chided* el. *chid*; perf. p.: *chided*, *chid* el. *chidden*) *vb tr* mest litt. banna, gräla på, tillrättavisa; klandra
chief [tʃiːf] **I** *s* **1** chef, ledare; huvudman [*the ~ of a clan*], hövding; styresman; *~ of staff* stabschef; i USA äv. försvarsgrenschef; *~ of state* statsöverhuvud **2** *in ~* ss. efterled i sms. [*-in-chief*; t.ex. *commander-in-chief*], över-, chef[s]-, huvud-, förste, överste **II** *adj* **1** i titlar chef[s]-, huvud- [*~ editor*], över-, förste; *~ executive* se *executive II 2* **2** huvud-, förnämst, viktigast; [mest] framstående, ledande; *~ friends* närmaste vänner; *~ justice* överdomare, president i rätt; *C~ Justice of the United States* president (ordförande) i USA:s högsta domstol; *Lord C~ Justice* president i Högsta domstolen; *~ petty officer* sjö. fanjunkare; amer. sergeant; *~ priest* överstepräst
chiefly ['tʃiːflɪ] *adv* framför allt, först och främst; huvudsakligen, företrädesvis, i synnerhet
chieftain ['tʃiːftən] *s* **1** ledare **2** hövding, huvudman
chieftaincy ['tʃiːftənsɪ] *s* ledarskap, anförarskap; hövdingavärdighet; hövdingavälde
chiffon ['ʃɪfɒn] *s* chiffong
chiffonier [ˌʃɪfəˈnɪə] *s* serveringsbord, låg buffé; isht amer. chiffonjé
chignon ['ʃiːnjɒn] *s* chinjong, hårpung
chilblain ['tʃɪlbleɪn] *s* frostknöl, kylskada
child [tʃaɪld] (pl. *children* ['tʃɪldr(ə)n]) *s* **1** barn äv. bildl.; *it's ~'s play* det är en barnlek (en enkel match); *children's party* barnkalas; *children's* [*swimming*] *pool* barnbassäng; *from a ~* från barndomen (barnsben), redan som barn; *he is a ~ at heart* han har barnasinnet kvar; *when* [*quite*] *a ~* [redan] som barn, i barndomen; *with ~* gravid, havande **2** idé; skapelse, produkt [*the ~ of his imagination*]
child abuse ['tʃaɪldəˌbjuːs] *s* barnmisshandel
child allowance ['tʃaɪldəˌlaʊəns] *s* **1** barnavdrag vid skatt **2** se *child benefit*
child-battering ['tʃaɪldˌbætərɪŋ] *s* [svår] barnmisshandel
childbearing ['tʃaɪldˌbeərɪŋ] *s* **1** barnafödande **2** amer. havandeskap
childbed ['tʃaɪldbed] *s* barnsäng; *woman in ~* barnaföderska

child benefit ['tʃaɪldˌbenɪfɪt] *s* barnbidrag
childbirth ['tʃaɪldbɜ:θ] *s* förlossning, barnfödsel, barnsbörd; barnsäng [*die in* ~]
child-care ['tʃaɪldkeə] *s* barnavård; ~ *worker* barnvårdare
child-guidance ['tʃaɪldˌgaɪd(ə)ns] *s*, ~ *clinic* barnpsykologisk rådgivningsbyrå
child-health ['tʃaɪldhelθ] *s*, ~ *clinic* (*centre*, amer. *station*) barnavårdscentral
childhood ['tʃaɪldhʊd] *s* barndom; *be in one's second* ~ vara barn på nytt, gå i barndom
childish ['tʃaɪldɪʃ] *adj* barnslig, enfaldig
childless ['tʃaɪldləs] *adj* barnlös, utan barn
childlike ['tʃaɪldlaɪk] *adj* barnslig [~ *innocence*], lik ett barn, barnasinnad; ~ *mind* barnasinne
childminder ['tʃaɪldˌmaɪndə] *s* dagmamma, [dag]barnvårdare
childminding ['tʃaɪldˌmaɪndɪŋ] *s* barntillsyn; barnpassning
childproof ['tʃaɪldpru:f] *adj* barnsäker [~ *locks*]
children ['tʃɪldr(ə)n] pl. av *child*
child-welfare ['tʃaɪldˌwelfeə] *s* barnavård; ~ *centre* barnavårdscentral; ~ *officer* ung. socialsekreterare, barnavårdsman
Chile ['tʃɪlɪ] geogr.
Chilean ['tʃɪlɪən] **I** *s* chilen, chilenare **II** *adj* chilensk
chili ['tʃɪlɪ] **I** *s* se *chili*
chill [tʃɪl] **I** *s* kyla äv. bildl.; köld; köldrysning, frossbrytning; *there is a* ~ *in the air* det är kyligt i luften; *cast* (*throw*) *a* ~ *over* lägga sordin på; *catch a* ~ förkyla sig; *take the* ~ *off* ljumma upp; *take the* ~ *off the wine* temperera vinet **II** *vb tr* kyla [av]; bildl. kyla av, dämpa; *~ed beef* nedkylt kött ej fryst; *be ~ed to the bone* (*marrow*) frysa ända in i märgen, vara genomfrusen
chiller ['tʃɪlə] *s* **1** vard. rysare **2** ~ [*cupboard*] sval i kök
chilli ['tʃɪlɪ] *s* chili spansk peppar; ~ *con carne* [kɒn'kɑ:nɪ] kok. chile con carne
chilly ['tʃɪlɪ] *adj* **1** kylig äv. bildl.; kall, kulen **2** frusen [av sig], känslig för kyla
chimaera [kaɪ'mɪərə, kɪ'm-] *s* se *chimera*
1 chime [tʃaɪm] *s* snick. kant, fals på laggkärl; ibl. kim
2 chime [tʃaɪm] **I** *s* **1** klockspel [äv. ~ *of bells*]; klockor slaginstrument **2** [klockspels]ringning [ofta pl. *~s*] **II** *vb itr* **1** a) ringa [*the bells are chiming*]; klinga harmoniskt b) ringa [klockspel] **2** ~ *in* infalla ['*of course,' he ~d in*], inflicka; instämma, samtycka; *he's always chiming in* han blandar sig alltid i samtalet **3** ~ [*in*] *with* harmoniera med, stå i samklang med; stämma [överens] med **III** *vb tr* **1** ringa i [~ *the bells*]; kalla med ringning; *the clock ~d midnight* klockan slog tolv på natten **2** [fram]sjunga entonigt; läsa rytmiskt (i talkör)

chimera [kaɪ'mɪərə, kɪ'm-] *s* **1** hjärnspöke; fantasifoster; chimär **2** mytol. chimaira
chimney ['tʃɪmnɪ] *s* skorsten; rökfång, rökgång
chimneypiece ['tʃɪmnɪpi:s] *s* **1** spiselkrans, spiselram som dekoration omkring och över eldstad **2** spiselhylla
chimney pot ['tʃɪmnɪpɒt] *s* **1** skorsten, skorstenspipa ovanpå taket **2** vard. cylinderhatt
chimney stack ['tʃɪmnɪstæk] *s* skorstensgrupp av sammanbyggda pipor; skorsten
chimney-sweep ['tʃɪmnɪswi:p] *s* o.
chimney-sweeper ['tʃɪmnɪˌswi:pə] *s* skorstensfejare, sotare
chimp [tʃɪmp] *s* vard. schimpans
chimpanzee [ˌtʃɪmpæn'zi:, -pən-] *s* schimpans
chin [tʃɪn] **I** *s* **1** haka; *double* ~ dubbelhaka, isterhaka; *keep one's* ~ *up* vard. hålla humöret uppe; *stick one's* ~ *out* vara trotsig (trilsk); *take it on the* ~ vard. ta det med jämnmod **2** sl. snack **II** *vb itr* sl. prata, snacka **III** *vb tr* sl. klippa till
China ['tʃaɪnə] Kina; ~ *tea* kinesiskt te
china ['tʃaɪnə] *s* porslin; *like a bull in a* ~ *shop* se *2 bull I 1*
china clay [ˌtʃaɪnə'kleɪ] *s* porslinslera, kaolin
China|man ['tʃaɪnə|mən] (pl. *-men* [-mən]) *s* **1** neds. kinaman, kines **2** sjö. kinafarare
Chinatown ['tʃaɪnətaʊn] *s* kineskvarter[et], kineskvarteren
chinaware ['tʃaɪnəweə] *s* porslin
chinchilla [tʃɪn'tʃɪlə] *s* zool. chinchilla äv. skinn, päls
chin-chin [ˌtʃɪn'tʃɪn] *interj* vard., *~!* a) hej [svejs]!, hejsan [svejsan]! b) skål!, botten upp!
chin-deep [ˌtʃɪn'di:p] *adj* o. *adv*, *be* (*stand*) ~ *in water* stå till hakan i vatten
chine [tʃaɪn] *s* **1** zool. ryggrad **2** kok. rygg[stycke] av slaktat djur **3** ås, [bergs]kam
Chinese [ˌtʃaɪ'ni:z] **I** *s* **1** (pl. lika) kines **2** kinesiska [språket] **II** *adj* kinesisk; ~ *chequers* (*checkers* amer.) kinaschack; ~ *lantern* kulört lykta
Chinesy [tʃaɪ'ni:zɪ] *adj* vard. kinesaktig, kines-
Chink [tʃɪŋk] *s* sl. (neds.) kines, guling
1 chink [tʃɪŋk] *s* **1** spricka, rämna; *a* ~ *in one's armour* bildl. en svag (sårbar) punkt **2** springa; titthål; *a* ~ *of light* ljusstrimma
2 chink [tʃɪŋk] **I** *s* klirrande, klang, klingande av mynt o.d. **II** *vb itr* om mynt o.d. klirra, klinga, skramla **III** *vb tr* klirra (klinga) med, skramla med
chinless ['tʃɪnləs] *adj* **1** utan haka **2** svag om person; ~ *wonder* vard. mes, [överklass]fjant
Chinook [tʃɪ'nʊk, -nu:k] *s* **1** chinook indian[stam] **2** meteor., *c~* chinook varm torr fallvind i västra USA
chin rest ['tʃɪnrest] *s* hakstöd på fiol
chintz [tʃɪnts] *s* chintz, kretong

chintzy ['tʃɪntsɪ] adj **1** klädd med chintz **2** vard. gammalmodig; billig enkel **3** amer. snål
chinwag ['tʃɪnwæg] s vard. pratstund
chip [tʃɪp] **I** s **1 a)** flisa, spån; skärva; bit, stycke; pl. ~**s** äv. avfall, spånor, träflis **b)** se *chip basket*; *he is a ~ off (of) the old block* vard. han är sin far upp i dagen, han brås på släkten; *he has a ~ on his shoulder* vard. han är snarstucken; han har komplex **2** tunn skiva frukt, potatis o.d.; pl. ~**s a)** pommes frites [*fish and* ~*s*] **b)** amer. [potatis]chips **3** hack i t.ex. porslinsyta **4** sl. **a)** spelmark; *hand (pass, cash) in one's* ~*s* lämna in, kola av dö; *he's had his* ~*s* det är slut (ute) med honom; han har missat chansen; *when the* ~*s are down* när det kommer till kritan; *the* ~*s are down for him* nu är det klippt för honom; *blue ~* se *blue I 1* **b)** pl. ~**s** flis, stålar pengar [*buy* (placera) ~*s*]; *be in the* ~*s* amer. ha [gott om] flis, vara [stadd] vid kassa **5** data. chip, halvledarbricka **II** vb tr **1** spänta, tälja, flisa, spåna, hugga [sönder]; ~*ped potatoes* pommes frites **2** slå sönder (en flisa ur, ett hack i); slå (hugga, bryta) av (ur) en bit (flisa, skärva) [*from (off)* på (ur)]; skava av (sönder); ~*ped* äv. kantstött **3** vard. reta, retas (driva) med **III** vb itr **1** gå [sönder] i flisor (små stycken); om porslin o.d. [lätt] bli kantstött; ~ *away at a th.* nagga ngt i kanten **2** ~ *in* vard. **a)** sticka emellan med en anmärkning o.d.; göra ett inpass (inlägg) **b)** satsa i spel **c)** ge ett bidrag till en fond o.d.
chip basket ['tʃɪpˌbɑːskɪt] s **1** spånkorg **2** korg för fritering av pommes frites
chipboard ['tʃɪpbɔːd] s slags träflismaterial, fibermaterial; *a sheet of ~* en spånskiva
chipmunk ['tʃɪpmʌŋk] s nordamerikansk jordekorre
chipolata [ˌtʃɪpə'lɑːtə] s **1** slags [liten] kryddad prinskorv **2** chipolata slags ragu
Chippendale ['tʃɪp(ə)ndeɪl] **I** egenn. **II** s chippendale[stil] **III** adj chippendale[-] [*~ chairs*]
chipper ['tʃɪpə] adj amer. vard. glad, pigg; käck
chippie ['tʃɪpɪ] s se *chippy II*
chipping ['tʃɪpɪŋ] s, pl. ~**s** spånor, flis; *loose* ~**s** trafik. lös vägbeläggning; stenskott ss. skylt
chippy ['tʃɪpɪ] **I** adj vard. **1** torr, tråkig **2** ruggig, dagen efter, dålig [*feel* [*a bit*] ~] **3** retlig **II** s **1** vard. snickare **2** vard. för *fish-and-chip shop*
Chips [tʃɪps] s sjö. sl. trägubbe[n] timmerman
chiromancy ['kaɪərə(ʊ)mænsɪ] s kiromanti
chiropodist [kɪ'rɒpədɪst] s fotvårdsspecialist
chiropractor [ˌkaɪərə(ʊ)'præktə] s med. kiropraktor; vard. kotknackare
chirp [tʃɜːp] **I** vb itr o. vb tr kvittra, pipa; knarra **II** s kvitter, kvittrande, pip; knarr
chirpy ['tʃɜːpɪ] adj glad, livad; livlig
chirrup ['tʃɪrʌp] **I** vb itr kvittra **II** s kvitter

chirrupy ['tʃɪrəpɪ] adj vard. **1** glad, livad **2** pratsam
chisel ['tʃɪzl] **I** s mejsel; stämjärn, huggjärn **II** vb tr **1** mejsla, hugga ut **2** sl. skörta upp; *he ~led me out of* [£*50*] han lurade mig på...
chiseller ['tʃɪzlə] s sl. lurendrejare, skojare
Chiswick ['tʃɪzɪk] geogr.
1 chit [tʃɪt] s barnunge; jänta; ~ *of a girl* flicksnärta, jäntunge
2 chit [tʃɪt] s **1** skuldsedel; påskriven [restaurang]nota (räkning) **2** kvitto; intyg **3** lapp, biljett, kort meddelande
chit-chat ['tʃɪttʃæt] **I** s [små]prat; snack, småskvaller **II** vb itr småprata; småskvallra
chitterlings ['tʃɪtəlɪŋz] s pl inälvor [*~ of pig*]; krås; kok.: hackmat, stekt el. i sås, ung. pölsa
chivalrous ['ʃɪv(ə)lrəs] adj hövisk, chevaleresk
chivalry ['ʃɪv(ə)lrɪ] s **1** höviskhet, chevalereskhet **2** ridderskap; riddarväsen[de]; *the age of ~* riddartiden
chive [tʃaɪv] s **1** bot. gräslök **2** kok. pl. ~**s** gräslök
chivvy o. **chivy** ['tʃɪvɪ] vb tr **1** plåga, köra med, gnata på, [små]retas med **2** jaga
chlamydia [klə'mɪdɪə] s med. klamydia
chlorhexidine [ˌklɔː'heksədaɪn] s farmakol. klorhexidin
chloric ['klɔːrɪk, 'klɒr-] adj kem. innehållande klor, klor- [*~ acid*]
chloride ['klɔːraɪd] s kem. klorid; *~ of lime* klorkalk
chlorinate ['klɔːrɪneɪt] vb tr klorera
chlorination [ˌklɔːrɪ'neɪʃ(ə)n] s klorering
chlorine ['klɔːriːn] s kem. klor; klorgas
chlorofluorocarbon ['klɔːrəʊˌflɔːrə(ʊ)'kɑːb(ə)n] s kem. klorfluorkolförening, freon
chloroform ['klɒrəfɔːm] kem. **I** s kloroform **II** vb tr kloroformera
chlorophyll ['klɒrəfɪl, 'klɔː-] s kem. klorofyll
choc [tʃɒk] s vard. choklad; fylld chokladbit
choc-ice ['tʃɒkaɪs] s chokladglass isht chokladdoppad
chock [tʃɒk] **I** s kil, kloss att stötta med; sjö. [båt]klamp **II** vb tr stötta [med klossar]; sjö. ställa en båt på klamparna; *~ up* **a)** kila fast **b)** vard. belamra [*a room ~ed up with furniture*]
chock-a-block [ˌtʃɒkə'blɒk] adj **1** fullpackad, proppfull **2** sjö. block mot block, dikt an
chock-full [ˌtʃɒk'fʊl] adj fullpackad, proppfull [*with* med, av]
chocolate ['tʃɒk(ə)lət] s **1** choklad; *a ~* en fylld chokladbit, en chokladpralin; *a bar of ~* en chokladkaka; *a box of ~s* en chokladask, en ask chokladpraliner; *a cup of hot ~* en kopp varm choklad **2** chokladbrunt
chocolate box ['tʃɒk(ə)lətbɒks] **I** s tom chokladask **II** adj sött, sockersöt
chocolate cream [ˌtʃɒk(ə)lət'kriːm] s chokladpralin, [kräm]fylld choklad

chocolaty ['tʃɒk(ə)ləti] *adj* choklad- [~ *taste*], chokladliknande
choice [tʃɔɪs] **I** *s* **1** val; *take (make) one's ~* göra (träffa) sitt val, välja; *take your ~* äv. välj själv, valet är fritt; *by ~* helst; *of ~* som man först (helst) väljer, som är att föredra **2** [fritt] val, alternativ; *he is a possible ~* han är ett möjligt alternativ, han kan komma i fråga; *he gave me little ~* han gav mig knappast något val; *I haven't much ~* jag har knappast något val (inte mycket att välja på); *I have no ~ [in the matter]* jag har inget annat val; *I have no ~ but to* äv. jag har ingenting annat att göra än att; *at ~* efter behag **3** urval, sortiment **II** *adj* utsökt, utvald; prima [*~ apples*]
choiceness ['tʃɔɪsnəs] *s* utsökthet, förträfflighet
choir ['kwaɪə] *s* **1** [sång-, kyrko]kör **2** kor i kyrka
choirboy ['kwaɪəbɔɪ] *s* korgosse
choirmaster ['kwaɪəˌmɑːstə] *s* kördirigent, körledare
choir screen ['kwaɪəskriːn] *s* kyrkl. korskrank
chok|e [tʃəʊk] **I** *vb tr* **1** kväva; hålla på att kväva; strypa; *~ the life out of a p.* strypa (kväva) ngn; *the garden is ~d with weeds* trädgården är igenvuxen med ogräs **2** bildl. kväva, förkväva, undertrycka, hålla tillbaka [äv. *~ back (down)*; *~ back one's tears*] **3** täppa (stoppa) till; spärra [av] [äv. *~ up*]; bil. choka **4** stoppa (proppa) full [äv. *~ up*] **5** *~ off* vard. få att avstå, avskräcka; täppa till munnen på, få att tiga **II** *vb itr* [hålla på att] kvävas [*~ with (av) rage*]; storkna; *~ on a th.* sätta ngt i halsen, få ngt i vrångstrupen; *-ing voice* kvävd röst **III** *s* **1** kvävning, kvävningsanfall **2** bil. choke; tekn. [luft]spjäll
chokedamp ['tʃəʊkdæmp] *s* koldioxidhaltig ej brännbar gruvgas
choker ['tʃəʊkə] *s* **1** scarf; plastrong **2** [tättsittande] halsband (pärlkrage)
chok[e]y ['tʃəʊkɪ] *s* sl. finka, arrest
cholera ['kɒlərə] *s* kolera
choleric ['kɒlərɪk, kɒ'lerɪk] *adj* kolerisk, hetlevrad
cholesterol [kə'lestərɒl] *s* kem. el. fysiol. kolesterol
choose [tʃuːz] (*chose chosen*) **I** *vb tr* **1** välja [*for* för, åt; till; *from [among]* bland], välja ut, utkora; *they chose him as (to be) their leader* de valde honom till [sin] ledare **2** föredra **3** vilja, behaga, finna för gott; gitta [*I don't ~ to work*] **II** *vb itr* **1** välja; *we cannot ~ but* vi kan inte [göra] annat än; *there is nothing (little, not much) to ~ between them* det är inte stor skillnad på dem **2** ha lust, vilja [*do just as you ~*], behaga
choos[e]y ['tʃuːzɪ] *adj* vard. kinkig, kräsen, fordrande
1 chop [tʃɒp] **I** *vb tr* hugga [*~ off (away,*

down)]; hugga (hacka) [sönder] [äv. *~ small*]; *~ a ball* sport. skära en boll; *~ wood* hugga ved; *~ up* hugga i småbitar, hacka sönder **II** *s* **1** hugg; sport. skärande slag **2** avhugget stycke **3** kotlett med ben **4** sjö. krabb sjö **5** vard., *get the ~* få sparken; *give a p. the ~* spola ngn; ge ngn sparken; *give a th. the ~* spola ngt
2 chop [tʃɒp] *s*, pl. *~s* käft; käkar; *lick one's ~s* slicka sig om mun; *a smack on the ~s* sl. ett slag på käften
3 chop [tʃɒp] **I** *vb tr* o. *vb itr* **1** *~ logic* använda spetsfundigheter, ägna sig åt ordklyverier **2** *~ and change* a) tr. ideligen ändra (byta) b) itr. vara fram och tillbaka, ideligen ändra sig **II** *s*, *~s and changes* tvära kast, ständiga ändringar
chop-house ['tʃɒphaʊs] *s* matställe, restaurang som serverar isht grillade o. stekta kötträtter
Chopin ['ʃɒpæ(ŋ), 'ʃəʊp-, -pæŋ]
chopper ['tʃɒpə] *s* **1** huggare [*wood ~*] **2** köttyxa, hackkniv; *get the ~* sl. a) kola vippen dö b) bli inställd, läggas ned **3** elektr. hackare, [automatisk] avbrytare **4** vard. helikopter **5** chopper motorcykel med högt styre o. lång framgaffel **6** cykel med högt styre **7** amer. sl. maskingevär **8** sl. kuk penis
chopping-block ['tʃɒpɪŋblɒk] *s* huggkubbe
chopping-board ['tʃɒpɪŋbɔːd] *s* skärbräde
choppy ['tʃɒpɪ] *adj* **1** sjö. krabb [*a ~ sea*] **2** om vind växlande, ostadig
chopstick ['tʃɒpstɪk] *s* **1** vanl. pl. *~s* kinesiska matpinnar, ätpinnar **2** *~s* (konstr. ss. sg.) vard. pekfingervalsen; fyrhändig taktfast vals
chop suey [ˌtʃɒp'suːɪ] *s* chop suey kinesisk rätt
choral ['kɔːr(ə)l] *adj* sjungen i kör, kör-; sång-, sångar-; med körsång; kor-; *~ speaking (speech)* deklamation i kör, talkör; *Beethoven's C~ symphony* Beethovens nionde symfoni med slutkör
chorale [kɒ'rɑːl] *s* koral, psalm
1 chord [kɔːd] *s* **1** poet. sträng; *strike a ~* väcka ett minne, jfr *2 chord*; *touch the right ~* slå an den rätta strängen **2** geom. korda
2 chord [kɔːd] *s* mus. ackord; *common ~* treklang; *strike a ~* slå [an] ett ackord, jfr *1 chord 1*
chore [tʃɔː] *s* **1** tillfälligt arbete, syssla; pl. *~s* [husliga] småsysslor, hushållsbestyr, daglig rutin **2** svårt (obehagligt) jobb; grovgöra
chorea [kɒ'rɪə, kɔː-] *s* med. danssjuka, chorea
choreographic [ˌkɒrɪə'græfɪk] *adj* koreografisk
choreography [ˌkɒrɪ'ɒɡrəfɪ] *s* koreografi
chorister ['kɒrɪstə] *s* **1** korgosse, korsångare **2** amer. körledare, korist
chortle ['tʃɔːtl] **I** *s* [kluckande] skratt, skrockande **II** *vb itr* skratta kluckande, skrocka
chorus ['kɔːrəs] **I** *s* **1** korus, kor, kör; körsång; *a ~ of protest* en kör av protester; *in ~* i kör

(korus), unisont **2** teat. o.d. kör, [revy]balett **3** refräng; litt. omkväde **II** *vb tr* o. *vb itr* sjunga (ropa, säga) i kör
chorus girl [ˈkɔːrəsgɜːl] *s* balettflicka; flicka i kören i revy o.d.
chose [tʃəʊz] imperf. av *choose*
chosen [ˈtʃəʊzn] perf. p. av *choose*
chough [tʃʌf] *s* zool. alpkråka; *alpine ~* alpkaja
choux [ʃuː] *s*, *~ pastry* kok. petit-chou deg
chow [tʃaʊ] *s* vard., se *chow-chow*
chow-chow [ˈtʃaʊtʃaʊ] *s* chow-chow hundras
chowder [ˈtʃaʊdə] *s* chowder tjock soppa av musslor, fisk, skinka, grönsaker
chow mein [ˌtʃaʊˈmeɪn] *s* kok. chow mein kinesisk rätt
Chris [krɪs] kortform för *Christina, Christine* o. *Christopher*
Chrissake [ˈkraɪseɪk] *s* sl., *for ~!* för helvete!
Chrissie o. **Chrissy** [ˈkrɪsɪ] kortform för *Christina, Christine* o. *Christopher*
Christ [kraɪst] Kristus; *~!* Herre Gud!, jösses!; *for ~'s sake!* för helvete!; *before (after) ~* före (efter) Kristi födelse
Christchurch [ˈkraɪs(t)tʃɜːtʃ] geogr.
christen [ˈkrɪsn] *vb tr* o. *vb itr* **1** döpa **2** döpa (kristna) till [*they ~ed her Mary*]; kalla
Christendom [ˈkrɪsndəm] *s* kristenhet[en]
christening [ˈkrɪsnɪŋ] *s* dop; *~ robe* dopklänning
Christian [ˈkrɪstʃ(ə)n, -tʃən] **I** *adj* kristen, kristlig; *~ burial* kyrklig begravning; *~ name* förnamn, dopnamn; *~ Science* relig. rörelse Kristen Vetenskap; *~ Scientist* scientist **II** *s* kristen
Christianity [ˌkrɪstɪˈænətɪ] *s* **1** kristendom[en], den kristna läran **2** kristenhet[en] **3** kristlighet
christianize [ˈkrɪstʃənaɪz, -tʃən-] *vb tr* omvända till den kristna läran, kristna
Christie [ˈkrɪstɪ] egenn.; *~'s* brittisk auktionsfirma med representation i många länder
Christina [krɪˈstiːnə] kvinnonamn; ss. svenskt drottningnamn Kristina
Christine [ˈkrɪstiːn, krɪˈstiːn]
Christlike [ˈkraɪs(t)laɪk] *adj* lik Kristus; kristlig
Christmas [ˈkrɪs(t)məs] **I** *s* jul[en]; juldagen; *~ box* julpengar, julklapp till brevbärare m.fl.; *~ Day* juldag[en]; *~ Eve* julafton[en]; *~ cactus* julkaktus; *~ decoration* julpynt; *~ card* julkort; *~ carol* julsång; *~ club* 'julsparklubb'; *~ present* julklapp; *~ pudding* plumpudding; *~ rose* julros; *~ stocking* julklappsstrumpa strumpa i vilken man stoppar små julklappar; *~ time* jultid[en], jul[en]; *~ tree* julgran **II** *vb itr* vard. jula, fira jul
Christmassy [ˈkrɪsməsɪ] *adj* vard. jullik, jul-
Christmas-tide [ˈkrɪsməstaɪd] *s* litt. jul[en]; juletid
Christopher [ˈkrɪstəfə] mansnamn

chromate [ˈkrəʊmeɪt] *s* kem. kromat
chromatic [krə(ʊ)ˈmætɪk] *adj* färg- [*~ printing*]; fys. el. mus. kromatisk [*~ scale*]
chrome [krəʊm] *s* krom; kromgult [äv. *~ yellow*]; *~ steel* kromstål
chromium [ˈkrəʊmjəm] *s* kem. krom metall
chromium-plated [ˌkrəʊmjəmˈpleɪtɪd] *adj* förkromad
chromosome [ˈkrəʊməsəʊm] *s* kromosom
Chron. förk. för [*the*] *Chronicles* bibl.
chronic [ˈkrɒnɪk] *adj* **1** kronisk; inrotad; ständig **2** vard. hemsk, hopplös; *he swore something ~* han svor [något] alldeles förskräckligt
chronicle [ˈkrɒnɪkl] **I** *s* krönika; [*the*] *Chronicles* bibl. Krönikeböckerna; *~ play* krönikespel **II** *vb tr* uppteckna, skildra, skriva en krönika över
chronicler [ˈkrɒnɪklə] *s* krönikör, krönikeskrivare
chronograph [ˈkrɒnə(ʊ)grɑːf, ˈkrəʊnə(ʊ)-, -græf] *s* kronograf
chronological [ˌkrɒnəˈlɒdʒɪk(ə)l, ˌkrəʊnə-] *adj* kronologisk [*in ~ order*]
chronology [krəˈnɒlədʒɪ] *s* kronologi, tideräkning; kronologisk översikt
chronometer [krəˈnɒmɪtə] *s* kronometer
chrysalis [ˈkrɪsəlɪs] (pl. *~es* el. *chrysalides* [krɪˈsælɪdiːz]) *s* puppa
chrysant [krɪˈsænt] *s* o. **chrysanth** [krɪˈsænθ] *s* vard. krysantem, kryss
chrysanthemum [krɪˈsænθ(ə)məm] *s* krysantemum
Chrysler [bil ˈkraɪzlə, -s-]
chub [tʃʌb] *s* zool. färna
Chubb [tʃʌb] *s* ®, *~* [*lock*] chubblås, tillhållarlås
chubby [ˈtʃʌbɪ] **I** *adj* knubbig [*a ~ child*]; trind, rund [*~ cheeks*] **II** *s* vard. kortskaftat paraply
1 chuck [tʃʌk] **I** *vb tr* **1** klappa [*~ under the chin*] **2** vard. slänga, hiva, kasta; kassera [*~ an old suit*]; strunta i, skippa, spola; *~ one's money about* strö pengar omkring sig; *~ away* kasta bort [*~ away rubbish*]; *~ out* kasta ut, avvisa; ta bort, stryka [*~ out a sentence*]; *~ up* ge på båten; spola, fimpa; *~ up one's job* säga upp sig, sluta **II** *s* **1** klapp under hakan **2** vard. kast; knyck
2 chuck [tʃʌk] *s* **1** tekn. chuck **2** kok., *~* [*steak*] halsrev; grytkött
chucker-out [ˌtʃʌkərˈaʊt] (pl. *chuckers-out* [ˌtʃʌkəzˈaʊt]) *s* vard. utkastare
chuckle [ˈtʃʌkl] **I** *vb itr* skrocka; [små]skratta, sitta och ha roligt [*over a th.* åt ngt] **II** *s* skrockande [skratt]; kluckande skratt
chucklehead [ˈtʃʌklhed] *s* vard. fårskalle, dumbom
1 chuff [tʃʌf] *vb itr* tuffa **II** *s* tuffande
2 chuff [tʃʌf] *vb tr* vard. göra jätteglad (helförtjust)

chug [tʃʌg] I *vb itr* puttra, dunka; tuffa II *s* puttrande, dunkande; tuffande
chukka o. **chukker** ['tʃʌkə] *s* spelperiod i polo
chum [tʃʌm] *vard.* I *vb itr* hålla ihop; ~ *up with* bli god vän med II *s* kamrat, kompis, [god] vän [*they are great ~s*]
chummy ['tʃʌmɪ] *adj vard.* gemytlig; sällskaplig
chump [tʃʌmp] *s* **1** *vard.*, *off one's* ~ alldeles knäpp (vrickad) **2** *vard.* knäppskalle, dumbom
chunk [tʃʌŋk] *s* [tjockt (stort)] stycke, stor bit [~ *of bread* (*cheese*); *a* ~ *of the profit*]
chunky ['tʃʌŋkɪ] *adj* **1** om person satt och kraftig **2** bylsig [*a* ~ *sweater*] **3** i (med) stora bitar [~ *dog food*]
Chunnel ['tʃʌnl] *s vard.* kanaltunnel tunnel mellan England o. Frankrike under Engelska kanalen
church [tʃɜːtʃ] I *s* kyrka; attr. kyrk[o]-; *the C~ of England* el. *the English* (*Anglican*) *C~* engelska statskyrkan, anglikanska kyrkan; *as poor as a* ~ *mouse* fattig som en kyrkråtta; *are you* ~ *or chapel?* se *chapel 1*; *go into* (*enter*) *the C~* bli präst; *go to* ~ gå i kyrkan II *vb tr* kyrktaga
churchgoer ['tʃɜːtʃˌgəʊə] *s* kyrkobesökare; kyrksam person; pl. *~s* äv. kyrkfolk
churchgoing ['tʃɜːtʃˌgəʊɪŋ] I *s* kyrkobesök, kyrkogång II *adj* kyrksam
Churchill ['tʃɜːtʃɪl]
church service [ˌtʃɜːtʃˈsɜːvɪs] *s* gudstjänst
churchyard ['tʃɜːtʃjɑːd] *s* kyrkogård kring kyrka
churl [tʃɜːl] *s* **1** tölp, drummel **2** gnidare
churlish ['tʃɜːlɪʃ] *adj* ohyfsad, drumlig, rå
churn [tʃɜːn] I *s* **1** [smör]kärna **2** mjölkkanna, mjölkflaska för transport av mjölk II *vb tr* **1** kärna **2** ~ [*up*] piska (röra, skvalpa) upp **3** ~ *out* spotta fram (ur sig) [*he ~s out a dozen articles a week*] III *vb itr* **1** kärna [smör] **2** kärna sig **3** snurra [*the propeller ~ed round*]; *his stomach was ~ing* hans mage var i uppror **4** skumma, fräsa
chut [tʃt, ʃt] *interj,* ~! asch!
chute [ʃuːt] *s* **1** tekn. rutschbana; störtränna, glidbana **2** rutschkana på lekplats o.d. **3** [*refuse* (*rubbish,* amer. *garbage*)] ~ sopnedkast **4** rutschduk, rutschsegel för snabb utrymning **5** kälkbacke **6** vattenfall **7** *vard.* (kortform för *parachute*) fallskärm
chutney ['tʃʌtnɪ] *s* chutney slags indisk pickles
chutzpa[h] ['hʊtspə, -pɑː] *s vard.* fräckhet
CI förk. för *Channel Islands, Chief Inspector, Counter Intelligence*
CIA [ˌsiːaɪˈeɪ] (förk. för *Central Intelligence Agency*) CIA den federala underrättelsetjänsten i USA
cicada [sɪˈkɑːdə] *s* o. **cicala** [sɪˈkɑːlə] *s* zool. cikada, sångstrit
cicatrice ['sɪkətrɪs] *s* ärr
cicatrix ['sɪkətrɪks] (pl. *cicatrices* [ˌsɪkəˈtraɪsiːz]) *s* ärr

Cicely ['sɪsɪlɪ] kvinnonamn
Cicero ['sɪsərəʊ]
ciceron|e [ˌtʃɪtʃəˈrəʊnɪ, ˌsɪsəˈr-] (pl. *-i* [-iː] el. *-es*) *s* ciceron, vägvisare
cichlid ['sɪklɪd] *s* zool. ciklid
CID [ˌsiːaɪˈdiː] förk. för *Criminal Investigation Department*
cider ['saɪdə] *s* **1** [amer. *hard*] ~ cider, äppelvin **2** amer., ojäst äppeljuice, äppelmust [äv. *sweet* ~]
c.i.f. [ˌsiːaɪˈef] hand. (förk. för *cost, insurance,* [*and*] *freight*) cif
cig [sɪg] *s vard.* cig[g] cigarett; cigarr
cigar [sɪˈgɑː] *s* cigarr
cigar-cutter [sɪˈgɑːˌkʌtə] *s* cigarrsnoppare
cigarette [ˌsɪgəˈret, '---] *s* cigarett
cigarette end [ˌsɪgəˈretend] *s* cigarettstump, fimp
cigarette holder [ˌsɪgəˈretˌhəʊldə] *s* cigarettmunstycke
cigarette lighter [ˌsɪgəˈretˌlaɪtə] *s* cigarettändare
cigarette machine [ˌsɪgəˈretməˌʃiːn] *s* **1** cigarrtrullare apparat **2** cigarettautomat
cigarette paper [ˌsɪgəˈretˌpeɪpə] *s* cigarettpapper
cigarillo [sɪgəˈrɪləʊ] (pl. *~s*) *s* cigarill
cigar-shaped [sɪˈgɑːʃeɪpt] *adj* cigarrformig
ciggy ['sɪgɪ] *s vard.* cig[g] cigarett
C.-in-C. förk. för *Commander-in-Chief*
cinch [sɪntʃ] *s* **1** sadelgjord **2** amer. vard. fast grepp (tag) **3** sl., *it's a* ~ a) det är en enkel match b) det är bergsäkert; *he is a* ~ *to win* han vinner bergis
cinchona [sɪŋˈkəʊnə] *s* bot. kinaträd; ~ [*bark*] kinabark
Cincinnati [ˌsɪnsɪˈnætɪ, -səˈn-] geogr.
cinder ['sɪndə] *s* **1** slagg; sinder; *the* ~*s* sport. kolstybben **2** pl. *~s* isht aska; *be burnt to a* ~ förbrännas till aska; bli alldeles uppbränd
cinder block ['sɪndəblɒk] *s* amer., se *breeze block*
Cinderella [ˌsɪndəˈrelə] Askungen
cinder path ['sɪndəpɑːθ] *s* o. **cinder track** ['sɪndətræk] *s* sport. kolstybbsbana
cineast o. **cinéaste** ['sɪnɪæst] *s* cineast, filmkännare, filmfantast
cinecamera ['sɪnɪˌkæm(ə)rə] *s* filmkamera, smalfilmskamera
cinefilm ['sɪnɪfɪlm] *s* film för smalfilmskamera
cineloop ['sɪnɪluːp] *s* film. bildslinga
cinema ['sɪnəmə, -mɑː] *s* bio, biograf[lokal]; *go to the* ~ gå på bio; *the* ~ äv. a) filmkonsten b) filmindustrin c) filmen
cinemagoing ['sɪnəməˌgəʊɪŋ] I *s* biobesök; [*I love*] ~ ...att gå på bio II *adj, the* ~ *public* biopubliken
Cinemascope ['sɪnəməskəʊp] *s* ®
cinematic [ˌsɪnəˈmætɪk] *adj* film-; filmisk
cinephile ['sɪnəfaɪl] *s* filmentusiast, filmfantast

cine-projector ['sɪnɪprə‚dʒektə] *s* filmprojektor
Cinerama [‚sɪnə'rɑ:mə] *s* ® cinerama
cinerary ['sɪnərərɪ] *adj* ask-; ~ *urn* askurna, gravurna
cinnabar ['sɪnəbɑ:] *s* miner. el. kem. cinnober
cinnamon ['sɪnəmən] *s* **1** kanel **2** kanelträd
cinquefoil ['sɪŋkfɔɪl] *s* bot. fingerört
cipher ['saɪfə] **I** *s* **1** siffra **2** chiffer[skrift] [*in ~*]; ~ [*key*] chiffernyckel; *break a* ~ forcera ett chiffer **3** monogram, namnchiffer; firmamärke **4** nolla äv. neds. om pers. **II** *vb tr* chiffrera
circa ['sɜ:kə] *prep* o. *adv* lat. cirka, omkring
Circassian [sɜ:'kæsɪən] **I** *s* **1** tjerkess; tjerkessiska **2** tjerkessiska [språket] **II** *adj* tjerkessisk
Circe ['sɜ:sɪ] mytol. Kirke
circle ['sɜ:kl] **I** *s* **1** cirkel i olika bet.; ring; krets, omkrets; [*traffic*] ~ amer. cirkulationsplats, rondell; *we're going round in ~s* vi rör oss i cirkel, vi kommer ingen vart **2** [full] serie (omgång); period; *come full* ~ gå varvet runt, sluta där man börjat, se äv. *wheel I 1*; *reason in a* ~ göra ett cirkelbevis felslut **3** krets [*family* ~]; *in business* ~*s* i affärskretsar; ~ *of friends* vänkrets; ~ *of readers* läsekrets **4** teat. rad, galleri; *the dress* ~ se *dress circle*; *the upper* ~ andra raden **II** *vb tr* **1** omge **2** gå (fara, svänga) omkring (runt); kretsa (cirkla) runt (över) [*the aircraft ~d the landing-field*] **3** ringa [in], göra en ring runt **III** *vb itr* kretsa [*the aircraft ~d over the landing-field*], cirkla; cirkulera
circotherm ['sɜ:kə(ʊ)θɜ:m] *adj*, ~ *oven* varmluftsugn
circs [sɜ:ks] *s pl* vard. för *circumstances*
circuit ['sɜ:kɪt] **I** *s* **1** kretsgång, omlopp, varv, rond; rutt; *make a* ~ *of* gå runt, göra en rond kring **2** omkrets **3** jur., ung. a) domsaga, domstolsdistrikt b) tingsresa domares resa i domsaga **4** elektr. [ström]krets, strömbana; *short* ~ kortslutning; *printed* ~ *card* (*board*) kretskort; ~ *diagram* kretsschema **5** a) kedja av teatrar, biografer o.d. under samma regim b) turnéväg, turnérutt **6** sport. a) racerbana b) mästerskap, turnering [*golf* ~]; ~ *training* sport. cirkelträning **II** *vb tr* gå runt [omkring]
circuit-breaker ['sɜ:kɪt‚breɪkə] *s* elektr. överströmsskydd, relä; strömbrytare
circuitous [sə'kju:ɪtəs] *adj* **1** kringgående, på omvägar; ~ *road* (*route*) omväg **2** omständlig
circular ['sɜ:kjʊlə] **I** *adj* cirkelrund; cirkel-, rund-; kretsformig, cirkulär; roterande; kringgående; ~ *letter* cirkulär; ~ *road* kringfartsled, ringväg; ~ *saw* cirkelsåg; ~ *ticket* rundresebiljett; ~ *tour* rundresa **II** *s* cirkulär [skrivelse], rundskrivelse
circularize ['sɜ:kjʊləraɪz] *vb tr* skicka cirkulär till

circulate ['sɜ:kjʊleɪt] **I** *vb tr* låta cirkulera, sätta i omlopp, sprida [omkring]; skicka omkring; låta gå runt; dela ut **II** *vb itr* cirkulera, gå runt, vara i omlopp; vara utbredd (gångbar, gängse)
circulating ['sɜ:kjʊleɪtɪŋ] *adj* cirkulerande
circulation [‚sɜ:kjʊ'leɪʃ(ə)n] *s* **1** cirkulation; omlopp; *the* ~ *of the blood* blodomloppet; *have a poor* ~ ha dålig [blod]cirkulation; *withdraw from* ~ dra in, ta ur cirkulation[en]; *be back in* ~ vard. vara i farten igen; *be in* ~ vara i omlopp (cirkulation) **2** avsättning; omsättning, spridning [~ *of books*]; upplaga av tidning
circulatory [‚sɜ:kjʊ'leɪt(ə)rɪ, 'sɜ:kjʊlət(ə)rɪ] *adj* cirkulations-; cirkulerande; ~ *disorder* med. cirkulationsrubbning; *the* ~ *system* blodomloppet
circumcise ['sɜ:kəmsaɪz] *vb tr* omskära
circumcision [‚sɜ:kəm'sɪʒ(ə)n] *s* omskärelse
circumference [sə'kʌmf(ə)r(ə)ns] *s* omkrets äv. geom.; periferi
circumflex ['sɜ:k(ə)mfleks] *adj* o. *s* språkv., ~ [*accent*] cirkumflex [accent]
circumlocution [‚sɜ:kəmlə'kju:ʃ(ə)n] *s* omskrivning; omsvep
circumnavigate [‚sɜ:kəm'nævɪgeɪt] *vb tr* segla omkring (runt[om])
circumnavigation ['sɜ:kəm‚nævɪ'geɪʃ(ə)n] *s* världsomsegling
circumscribe ['sɜ:kəmskraɪb, ‚sɜ:kəm'skraɪb] *vb tr* **1** begränsa; kringskära, kringgärda **2** rita en ring (cirkel) kring; geom. omskriva
circumspect ['sɜ:kəmspekt] *adj* försiktig; förtänksam; varsam
circumspection [‚sɜ:kəm'spekʃ(ə)n] *s* försiktighet; förtänksamhet; varsamhet
circumstance ['sɜ:kəmstəns, -stæns] *s* **1** omständighet; [faktiskt] förhållande, faktum, detalj; *in* (*under*) *the* ~*s* under sådana (dessa) omständigheter (förhållanden) **2** pl. ~*s* [ekonomiska] förhållanden, omständigheter, villkor; *in reduced* (*straitened*) ~*s* i knappa omständigheter **3** krus, omständigheter, ceremonier [*without* ~], ståt [*pomp and* ~] **4** amer., *not a* ~ *to* vard. ingenting jämfört med
circumstantial [‚sɜ:kəm'stænʃ(ə)l] *adj* **1** beroende på omständigheterna; ~ *evidence* jur. indicier **2** utförlig, detaljerad [*a* ~ *account*]; omständlig
circumvent [‚sɜ:kəm'vent, '---] *vb tr* **1** omringa [~*ed by the enemy*] **2** kringgå [~ *the rules* (*law*)], undvika [~ *a difficulty*]; omintetgöra, hindra
circumvention [‚sɜ:kəm'venʃ(ə)n] *s* **1** omringning etc., jfr *circumvent* **2** bedrägeri, svek, överlistande
circus ['sɜ:kəs] *s* **1** cirkus; ~ *performer* cirkusartist; *bread and* ~*es* bröd och

skådespel **2** [runt] torg, [rund] plan, rund öppen plats [isht i namn: *Piccadilly C~*]; rundel **3** bråkig tillställning, cirkus [*a proper ~*]
Cirencester ['saɪər(ə)nsestə, ibl. 'sɪsɪtə, 'sɪsɪstə]
cirrhosis [sɪ'rəʊsɪs] *s* med. cirrhos; *~ of the liver* levercirrhos, skrumplever
cirrocumul|us [ˌsɪrə(ʊ)'kju:mjʊl|əs] (pl. *-i* [-aɪ]) *s* meteor. cirrocumulus, makrillmoln
cirrostrat|us [ˌsɪrə(ʊ)'streɪt|əs] (pl. *-i* [-aɪ]) *s* meteor. cirrostratus, slöjmoln
cirr|us ['sɪr|əs] (pl. *-i* [-aɪ]) *s* **1** bot. klänge **2** zool. trådliknande utskott, rankfot; på fisk skäggtöm **3** meteor. cirrus, fjädermoln
CIS (förk. för *Commonwealth of Independent States*), *the ~* OSS
cissy ['sɪsɪ] *s* o. *adj* vard., se *sissy*
Cistercian [sɪ'stɜ:ʃjən, -ʃ(ə)n] relig. **I** *adj* cisterciensisk **II** *s* cisterciens[er]munk [äv. *~ monk* (*friar*)]
cistern ['sɪstən] *s* cistern; behållare, tank; reservoar
cit. förk. för *citation, cited, citizen*
citadel ['sɪtədl, -del] *s* citadell
citation [saɪ'teɪʃ(ə)n, sɪ't-] *s* **1** åberopande, citering; citat **2** jur. stämning, kallelse **3** hedersomnämnande
cite [saɪt] *vb tr* **1** åberopa; anföra, citera; *in the place ~d* på anfört ställe **2** jur. [in]stämma; kalla; *be ~d to appear in court* instämmas till domstol **3** isht mil. ge hedersomnämnande; *~d in dispatches* omnämnd i dagordern
citizen ['sɪtɪzn] *s* **1** medborgare; invånare; *~ of the world* världsmedborgare; *Citizens' Advice Bureau* ung. [social] rådgivningsbyrå **2** borgare i stad; stadsbo **3** amer. civilperson **4** *C~s' band* privatradio
citizenship ['sɪtɪznʃɪp] *s* [med]borgarrätt, [med]borgarskap; medborgaranda [*good ~*]
citrate ['sɪtreɪt, 'saɪt-, -trət] *s* kem. citrat
citric ['sɪtrɪk] *adj* kem. citron- [*~ acid*]
Citroën [bil 'sɪtrəʊən]
citrous ['sɪtrəs] *adj* se *citrus II*
citrus ['sɪtrəs] **I** *s* citrus[träd] **II** *adj* citrus- [*~ fruits*]
city ['sɪtɪ] *s* stor stad, eg. stad med vissa privilegier, isht stiftsstad; *the C~* City Londons finans- och bankcentrum; *~ centre* [stads] centrum, stadskärna, city; *freedom of the ~* borgarrätt; *in the C~* a) i Londons City b) i affärsvärlden
city desk ['sɪtɪdesk] *s* **1** ekonomiredaktion på en tidning **2** amer. redaktion ansvarig för lokala nyheter
city editor [ˌsɪtɪ'edɪtə] *s* **1** redaktör för ekonomisidorna i tidning **2** amer. ung. ansvarig för lokala nyheter i tidning
city hall [ˌsɪtɪ'hɔ:l] *s* stadshus, rådhus
city page ['sɪtɪpeɪdʒ] *s* ekonomisida (finanssida) i tidning

cityscape ['sɪtɪskeɪp] *s* stadsbild
city slicker [ˌsɪtɪ'slɪkə] *s* vard. **1** storstadssnobb **2** skojare, smart figur
city state [ˌsɪtɪ'steɪt] *s* hist. fri riksstad, stadsstat
civ. förk. för *civil, civilian*
civet ['sɪvɪt] *s* **1** zool. civett, sibetkatt **2** sibet[olja] i parfym
civic ['sɪvɪk] *adj* medborgerlig, medborgar-; kommunal; *~ centre* kommunalhus, kommunalt centrum; kulturhus
civic-minded ['sɪvɪkˌmaɪndɪd] *adj* samhällstillvänd
civics ['sɪvɪks] (konstr. ss. sg.) *s* samhällslära, medborgarkunskap, samhällsorienterande ämnen
civil ['sɪvl] *adj* **1** medborgerlig, medborgar- [*~ spirit*]; *~ rights* medborgerliga rättigheter, medborgarrätt; *~ unrest* inre (inrikespolitiska) oroligheter; *~ war* inbördeskrig **2** hövlig, artig **3** civil; *~ aviation* civilflyg; *~ disobedience* civilmotstånd; *~ disturbances* oroligheter, upplopp, kravaller; *~ engineer* väg- och vattenbyggare, väg- och vattenbyggnadsingenjör; *~ engineering* väg- och vattenbyggnad; *~ marriage* a) vigsel b) borgerligt äktenskap, civiläktenskap; *~ pilot* civilflygare; *~ servant* statstjänsteman, tjänsteman inom civilförvaltningen; *the C~ Service* civilförvaltningen statsförvaltningen utom den militära o. kyrkliga **4** civiliserad **5** jur. a) civil[rättslig]; *~ action* (*case*) civilmål; *~ law* a) civilrätt, privaträtt b) romersk rätt; *~ suit* civilprocess b) juridik mots. naturlig **6** parl., *~ list* civillista, hovstat[en]
civilian [sɪ'vɪljən] **I** *s* civil[ist], civilperson **II** *adj* civil [*~ life*]; *in ~ life* i det civila
civility [sɪ'vɪlətɪ] *s* hövlighet, artighet [*to* mot]
civilization [ˌsɪvəlaɪ'zeɪʃ(ə)n, -vəlɪ'z-] *s* **1** civiliserande, civilisering **2** civilisation, kultur [*the Egyptian ~*] **3** den civiliserade världen
civilize ['sɪvəlaɪz] *vb tr* civilisera; bilda, hyfsa, förfina, göra [mera] kultiverad
civvies ['sɪvɪz] *s pl* vard. civila kläder, civildräkt, civilklädsel; *in ~* civilklädd, civil
civvy ['sɪvɪ] *s* vard. civilist; *~ street* det civila [livet]
cl. förk. för *centilitre*[*s*], *class*
clack [klæk] *vb itr* **1** pladdra **2** smattra, knattra [*~ing typewriters*]
clad [klæd] **I** poet. imperf. o. perf. p. av *clothe* **II** *adj* klädd; *poorly ~* fattigt klädd; *well ~* välklädd
claim [kleɪm] **I** *vb tr* **1** fordra, kräva [*the accident ~ed many victims*], påkalla [*this matter ~s our attention*]; kräva **2** göra anspråk på [att få (ha)]; *~ to* göra anspråk på att, påstå sig [*~ to be the owner*] **3** [vilja] göra

gällande; hävda, påstå; försäkra **4** avhämta, begära att få utlämnad **5** ~*ing race* amer. försäljningslöpning där hästarna säljs till avtalade priser efter löpningen **II** *s* **1** fordran, krav; begäran; yrkande; [rätts]anspråk [*to (on, for)* på]; påstående; *substantial* ~ grundat anspråk; *lay* ~ *to* göra anspråk på; *make good a* ~ bevisa giltigheten av ett anspråk; bevisa ett påstående; *put in* (*enter, make*) *a* ~ *for* resa krav på **2** försäkr. skadeståndskrav; ~*s adjuster* (*agent*) skadereglerare; ~*s department* avdelning för skaderegleringar **3** rätt [*to a th*. till ngt]; *there are many* ~*s on my time* jag är mycket upptagen **4** *baggage* ~ flyg. o.d. bagageutlämning **5** jur. tillgodohavande, fordran **6** jordlott, inmutning, gruvlott
claimant ['kleɪmənt] *s* person som gör anspråk [*to* (*for*) på], pretendent; fordringsägare; ~ *to the throne* tronpretendent
clairvoyance [kleə'vɔɪəns] *s* **1** klärvoajans, synskhet **2** intuition, klarsynthet
clairvoyant [kleə'vɔɪənt] **I** *adj* klärvoajant, synsk **II** *s* klärvoajant (synsk) person
clam [klæm] *s* **1** ätlig mussla; vard. mussla tillknäppt person **2** amer. sl. dollar
clambake ['klæmbeɪk] *s* amer. **1** grillfest (strandparty) isht med skaldjur **2** vard. stojig sammankomst, uppsluppen tillställning (skiva)
clamber ['klæmbə] *vb itr* klättra, kravla, klänga
clammy ['klæmɪ] *adj* fuktig (kall) och klibbig
clamour ['klæmə] **I** *s* rop, skrik; larm, buller; ~ *for* rop på [~ *for revenge*], högljudda krav på **II** *vb itr* larma, ropa; protestera [*against* mot]; högljutt klaga [*against* över]; ~ *for* ropa på [~ *for revenge*], kräva [högljutt]
1 clamp [klæmp] **I** *s* **1** krampa; klämma; kloss till förstärkning **2** skruvtving **3** se *wheel clamp* **II** *vb itr* **1** spänna (klämma) fast, klämma (trycka) ihop, foga samman; förstärka **2** ~ *controls on* införa kontroll över (på) **III** *vb itr* vard., ~ *down on* slå ner på, klämma åt
2 clamp [klæmp] **I** *s* klamp, tramp **II** *vb itr* klampa, trampa
clampdown ['klæmpdaʊn] *s* vard. skärpt kontroll [*on* över], hårdare tag [*on* mot]
clan [klæn] *s* **1** skotsk. klan; stam **2** bildl. klan, enig släkt (familj) **3** kotteri, klick
clandestine [klæn'destɪn] *adj* hemlig[hållen] [~ *marriage*], som sker i smyg
clang [klæŋ] **I** *s* skarp metallisk klang, klämtande, skrällande [*the* ~ *of an alarm-bell*], skrammel; skri av trana m. fl. **II** *vb itr* o. *vb tr* klinga, skalla; *the door* ~*ed* dörren slog igen med en skräll
clanger ['klæŋə] *s* sl. klavertramp; fadäs; *drop* (*make*) *a* ~ trampa i klaveret; göra en dundertabbe

clank [klæŋk] **I** *s* rassel, skrammel med kedjor, pytsar o.d. **II** *vb itr* o. *vb tr* rassla (skramla) [med]
clannish ['klænɪʃ] *adj* klanartad, klan-; med stark släktkänsla; med benägenhet att hålla samman
clannishness ['klænɪʃnəs] *s* klananda, släktkänsla; benägenhet att hålla samman; kotterianda
clans|man ['klænz|mən] (pl. -*men* [-mən]) *s* klanmedlem
1 clap [klæp] **I** *vb tr* **1** slå ihop, klappa [i] [~ *one's hands*]; slå med [~ *one's wings*]; smälla [med]; ~ *one's hands* äv. klappa händer, applådera **2** applådera **3** klappa [~ *a p. on the shoulder*], dunka [~ *a p. on* (i) *the back*] **4** vard., hastigt el. kraftigt sätta, lägga, slå, sticka, köra, stoppa [~ *a piece of chocolate in*[*to*] *one's mouth*]; ~ *a p. in*[*to*] *prison* sätta ngn i finkan, bura in ngn; ~ *a duty on* lägga tull på; ~ *eyes on* få syn på, se **II** *vb itr* **1** klappa [i händerna], applådera **2** braka, smälla; *the door* ~*ped shut* (*to*) dörren smällde igen **3** ~ *out* paja, gå sönder **III** *s* **1** skräll, knall [~ *of thunder*], smäll **2** handklappning, applåd **3** klapp [*a* ~ *on the shoulder*], dunk [*a* ~ *on* (i) *the back*]
2 clap [klæp] *s* sl., *the* ~ dröppel, gonorré
clapboard ['klæpbɔːd] *s* **1** tunnstav, lagg i tunna **2** amer., se *weatherboard I 1* **3** pl. ~*s* se *clapperboard*
clapped-out ['klæptaʊt] *adj* vard. **1** utsliten, utkörd, utsjasad **2** risig, skrotfärdig [*a* ~ *old car*]
clapper ['klæpə] *s* **1** [klock]kläpp **2** [skramlande] fågelskrämma **3** vard. tunga **4** pl. ~*s* slags platta långsmala kastanjetter; *like the* ~*s* sl. [fort] som bara sjutton **5** [har]skramla; träbjällra **6** pl. ~*s* se *clapperboard*
clapperboard ['klæpəbɔːd] *s*, ~[*s* pl.] film. [synkron]klappa
clapping ['klæpɪŋ] *s* handklappning[ar], applåd[er]
clapstick ['klæpstɪk] *s*, pl. ~*s* film. [synkron]klappa
claptrap ['klæptræp] *s* [publikfriande] klyschor, tomma fraser
claret ['klærət] *s* **1** rödvin av bordeauxtyp **2** vinrött, bordeauxrött
claret cup ['klærətkʌp] *s* rödvinsbål
Claridge ['klærɪdʒ], ~'s berömt lyxhotell i London
clarification [ˌklærɪfɪ'keɪʃ(ə)n] *s* **1** klargörande, klarläggande **2** klarning, renande; skirning
clarify ['klærɪfaɪ] **I** *vb tr* **1** klargöra, klarlägga **2** göra klar, klara; rena, skira **II** *vb itr* klarna
clarinet [ˌklærɪ'net] *s* mus. klarinett
clarinetist [ˌklærɪ'netɪst] *s* mus. isht amer., se *clarinettist*
clarinettist [ˌklærɪ'netɪst] *s* mus. klarinettist

clarion ['klærɪən] **I** s **1** klarin; gäll trumpet **2** trumpetstöt **II** adj, ~ *call* stridssignal
clarity ['klærətɪ] s klarhet; skärpa [*the* ~ *of the picture*]
clash [klæʃ] **I** vb itr **1** slå ihop med en skräll; skrälla, skramla **2** kollidera, vara oförenlig [*with* med]; strida [*with* mot]; *the colours* ~ färgerna skär sig [mot varandra]; [*the two concerts*] ~ ...krockar, ...kolliderar; *our times* ~ våra tider passar inte ihop **3** drabba (braka) samman [äv. ~ *together*], komma ihop sig [*with* med] **4** rusa, störta [*against, into, upon*] **II** vb tr skramla med; ställa (sätta, slå) med en skräll **III** s **1** skräll, smäll, brak **2** sammanstötning; sammandrabbning, strid, konflikt; disharmoni; *cultural* ~ kulturkrock; ~ *of interests* intressekonflikt
clasp [klɑ:sp] **I** s **1** knäppe, spänne; lås [~ *of a handbag*] **2** omfamning; handslag, handtryckning; grepp **II** vb tr **1** knäppa [fast], häkta (haka) ihop, låsa **2** omfamna, omsluta; trycka, sluta, krama; hålla [i ett fast (hårt) grepp]
clasp knife ['klɑ:spnaɪf] s fällkniv
class [klɑ:s] **I** s **1** klass i samhället; klassväsende; kastväsende; ~ *struggle* (*warfare*) klasskamp **2** klass äv. biol.; grupp, kategori **3** skol. klass; lektion, [läs]timme; [läro]kurs; *evening ~es* kvällskurs[er]; *take a* ~ om lärare ha (undervisa i) en klass; *in* ~ på lektionen (lektionerna) **4** univ., *he got a first* (*second, third*) ~ se under *first* etc. **5** klass, kvalitet; attr. första rangens (klassens), av [hög] klass, utmärkt [*he is a* ~ *tennis player*], kvalitets-; *it has no* ~ vard. den har ingen stil; *this hotel certainly has* ~ vard. det är verkligen klass på det här hotellet; *they are not in the same* ~ de håller inte samma klass, de går inte att jämföra [på samma dag] **6** amer. årgång, årsklass; *the* ~ *of 1993* skol. årgång (avgångsklassen) 1993; *he is a Harvard man,* ~ *of 93* han tog examen vid (gick ut från) Harvard 1993 **II** vb tr klassa; inordna; klassificera; ~ *among* räkna bland (till), hänföra till; ~ *with* sätta i samma klass som, jämställa med
class-conscious [,klɑ:s'kɒnʃəs] adj klassmedveten
class distinction [,klɑ:sdɪ'stɪŋ(k)ʃ(ə)n] s klasskillnad
class feeling ['klɑ:s,fi:lɪŋ] s klassavund, klasskänsla
classic ['klæsɪk] **I** adj klassisk [~ *style,* ~ *taste*], ren, mönstergill, tidlös **II** s **1** klassiker i olika bet.; pl. *~s* klassiska språk (studier, författare); *the Classics* a) den klassiska litteraturen, klassikerna b) klassisk musik **2** klassiskt evenemang, isht klassisk hästkapplöpning
classical ['klæsɪk(ə)l] adj klassisk [~ *art*

(*literature, style*)]; traditionell [~ *scientific ideas*]; ~ *education* klassisk bildning; ~ *music* klassisk musik
classicism ['klæsɪsɪz(ə)m] s klassicism
classicist ['klæsɪsɪst] s klassicist
classifiable [,klæsɪ'faɪəbl, '-----] adj klassificerbar
classification [,klæsɪfɪ'keɪʃ(ə)n] s klassifikation, klassificering
classified ['klæsɪfaɪd] adj **1** klassificerad, systematisk; ~ *advertisement* (*ad* vard.) rubrikannons; ~ *results* sport. fullständiga [match]resultat; ~ *telephone directory* yrkesregister [i telefonkatalogen] **2** hemligstämplad [~ *information*]
classify ['klæsɪfaɪ] vb tr (jfr äv. *classified*) **1** klassificera, indela [i klasser]; rubricera, systematisera **2** hemligstämpla
classless ['klɑ:sləs] adj klasslös [~ *society*]
classmate ['klɑ:smeɪt] s klasskamrat
classroom ['klɑ:sru:m, -rʊm] s klassrum, lektionssal
classy ['klɑ:sɪ] adj vard. flott, stilig; högklassig
clatter ['klætə] **I** vb itr slamra, skramla **II** vb tr slamra (skramla) med **III** s **1** slammer [~ *of cutlery*], klapprande, klapper [~ *of hoofs*], smattrande **2** oväsen; larm
Claud[**e**] [klɔ:d] mansnamn
claudication [,klɔ:dɪ'keɪʃ(ə)n] s, [*intermittent*] ~ med. claudicatio intermittens, vard. fönstertittarsjuka
Claudius ['klɔ:dɪəs]
clause [klɔ:z] s **1** gram. sats; [*subordinate* (*dependent*)] ~ bisats; *main* ~ huvudsats **2** klausul, bestämmelse; moment i paragraf; artikel, paragraf
claustrophobia [,klɔ:strə'fəʊbjə, ,klɒs-] s psykol. klaustrofobi, cellskräck
clavichord ['klævɪkɔ:d] s mus. klavikord
clavicle ['klævɪkl] s anat. nyckelben
claw [klɔ:] **I** s klo i olika bet.; tass, ram; *show one's ~s* bildl. visa klorna **II** vb tr **1** klösa, riva **2** riva (rycka) till sig, gripa [tag i] **III** vb itr klösa, riva
clay [kleɪ] s **1** lera, lerjord [äv. ~ *soil*]; ~ *court* tennis. grusbana; *on* ~ tennis. på grus **2** om människan stoft [och aska]
clay pigeon ['kleɪ,pɪdʒɪn] s **1** lerduva; ~ *shooting* sport. lerduveskytte **2** amer. sl. lätt byte, måltavla
clay pipe ['kleɪpaɪp] s kritpipa, lerpipa
clean [kli:n] **I** adj **1** ren [~ *hands,* ~ *air;* ej radioaktiv ~ *bomb*]; renlig [~ *animal*] **2 a**) ren, fläckfri; anständig; *keep the party* ~ vard. hålla det hela på ett anständigt plan; *a* ~ *record* ett fläckfritt förflutet; *Mr. C~* se Mr. **b**) grön, godkänd, rentvådd **3** ren, tom; klar; *show a* ~ *pair of heels* lägga benen på ryggen; *come ~!* vard. ut med sanningen! **4** slät, glatt; jämn [*a* ~ *edge*] **5** ren [*a ship with* ~ *lines*], nätt **6** skickligt; ren; *a* ~ *stroke* i

tennis o.d. ett rent slag **7** fullständig [*a ~ break with the past*]; **make a ~ sweep** göra rent hus [*of* med] **8** amer. sl. **pank II** *adv* alldeles, totalt [*I ~ forgot*], rent, rakt, tvärt **III** *vb tr* **1** rengöra, göra ren (snygg); snygga upp; putsa; borsta [*~ shoes*]; [kem]tvätta; städa [i]; rensa; rensa upp **2** tömma, länsa [*~ one's plate*] **3** med adv.:
~ **away** (**off**) rensa (putsa) bort
~ **down** borsta (torka, tvätta) av [grundligt]
~ **out**: a) rensa [upp], tömma; städa [i] b) vard. pungslå, renraka c) länsa [*the tourists ~ed out the shops*]
~ **up**: a) rensa upp [i], städa undan [i]; göra rent [i] b) länsa [*~ up one's plate*] **IV** *vb itr* **1** rengöras; bli ren **2** *~ up* a) städa, göra rent [efter sig] b) snygga till sig **V** *s* vard. rengöring, städning etc., jfr *III*
clean-cut [‚kli:n'kʌt, attr. '--] *adj* skarpt skuren (tecknad); bildl. klar, väl avgränsad; *~ features* rena drag
cleaner ['kli:nə] *s* **1** städare, städerska, rengörare, tvättare **2** rensare [*pipe-cleaner*], renare **3** *send one's clothes to the* [*dry*] *~s* skicka kläderna på kemtvätt **4** rengöringsmedel, tvättmedel, fläckborttagningsmedel **5** *take* (*send*) *a p. to the ~s* sl. a) barskrapa ngn b) ge ngn en bakläxa
cleaning ['kli:nɪŋ] *s* rengöring, renhållning, städning; tvätt; *~ firm* städfirma; *~ woman* (*lady*) städhjälp; [kvinnlig] lokalvårdare; *dry ~* kemtvätt
cleanliness ['klenlɪnəs] *s* renlighet, snygghet; renhet; *~ is next to godliness* ung. renlighet är en dygd
cleanly [adv. 'kli:nlɪ, ss. adj. 'klenlɪ] **I** *adv* rent etc., jfr *clean I* **II** *adj* ren [av sig], renlig, snygg
cleanse [klenz] *vb tr* **1** rengöra; befria; rensa; *cleansing lotion* ansiktsvatten; *cleansing tissue* ansiktsservett **2** mest bildl. rena, rentvå
cleanser ['klenzə] *s* rengöringsmedel, putsmedel; rengörare; *skin ~* ansiktsvatten, ansiktstvätt
clean-shaven [‚kli:n'ʃeɪvn, attr. '-‚--] *adj* slätrakad
clean-up ['kli:nʌp] *s* **1** [grundlig] rengöring, upprojning; sanering; *give a th. a good ~* göra ren ngt ordentligt **2** bildl. [upp]rensning, utrensning
clear [klɪə] **I** *adj* **1** klar, ljus; ren, frisk *~ complexion*] **2** klar, tydlig; make *~* klargöra; *as ~ as daylight* solklar **3** redig, klar [*a ~ head*] **4** säker; *I want to be quite ~ on this point* äv. jag vill inte att det ska bli något missförstånd på den punkten; [*I don't want any problems,*] *is that ~?* ..., uppfattat? **5** fläckfri; oskyldig; *with a ~ conscience* med rent samvete **6** fri [*of* från; *~ of snow*]; klar, öppen [*~ for traffic*]; tom; frigjord, lös;

all ~! faran över! **7** hand. ren, netto- [*~ loss* (*profit*)] **8** hel, full [*six ~ days*]
II *s, in the ~* a) frikänd, rentvådd b) utom fara c) skuldfri
III *adv* **1** klart [*shine ~*], ljust; tydligt **2** alldeles, fullständigt **3** *get ~ of* komma lös från, bli fri från; *keep* (*stay*) *~ of* hålla sig ifrån; *stand ~ of* gå ur vägen för
IV *vb tr* **1** göra klar; klara; *~ the air* rensa luften; *~ one's throat* klara strupen, harkla sig **2** frita [från skuld], förklara oskyldig [*of* till]; *~ oneself of suspicion* rentvå sig från misstankar **3** befria [*of* från]; göra (ta) loss; reda ut; röja, rensa, tömma [*~ your pockets*]; röja av [*~ a desk*]; utrymma, lämna; *~ the decks* [*for action*] sjö. göra klart till drabbning (klart skepp); bildl. göra sig klar (redo); *~ the table* duka av [bordet]; *~ the way* bana väg **4** klara komma förbi (över) [*can your horse ~ that hedge?*] **5** sjö. klarera fartyg, varor i tullen; *~ through the customs* förtulla, [låta] tullbehandla **6** hand. o.d.: a) betala, göra sig kvitt [*~ one's debts*]; klara, täcka [*~ expenses*] b) förtjäna netto c) utförsälja d) cleara **7** förelägga för godkännande [*with* hos]; godkänna [*the article was ~ed for publication*]; *~ a p.* säkerhetskontrollera ngn; *~ a plane for landing* ge ett flygplan tillstånd att landa **8** klargöra, förklara, klara ut **9** med adv.:
~ **away** röja undan, få undan, ta (röja, rensa) bort; duka av (ut) [*~ away the tea things*]
~ **off** göra sig kvitt (av med); klara av, betala [*~ off a debt*]
~ **out**: rensa ut (bort), få undan, tömma, rensa [*the police ~ed out the streets*], länsa; röja ur; slutförsälja; köra (jaga) ut [*~ them out of the country*]
~ **up**: a) ordna, få ordning i [*~ up the mess*], städa, göra rent i (på) b) klargöra, klara upp [*~ up a mystery*], reda upp (ut)
V *vb itr* **1** klarna, bli klar, ljusna **2** skingra sig [*the clouds* (*the crowd*) *~ed*], lätta, försvinna, ge med sig **3** med adv.:
~ **away**: a) duka av b) dra bort, skingra sig [*the clouds have ~ed away*], lätta [*the fog has ~ed away*], försvinna
~ **off** (**out**) vard. sticka, dunsta; *~ off* (*out*)*!* stick!
~ **up** klarna
clearance ['klɪər(ə)ns] *s* **1** undanröjande; sanering, rensning; tömning t.ex. brevlåda; röjning; hygge [*a ~ in the wood*]; *~ area* saneringsområde; *slum ~* slumsanering **2** [tull]klarering, tullklareringssedel **3** *~* [*sale*] utförsäljning, lagerrensning; utskottsförsäljning **4** starttillstånd, landningstillstånd **5** tillstånd, godkännande, grönt ljus; [*security*] *~* intyg om verkställd

clear-cut

säkerhetskontroll **6** spelrum, frigående; säkerhetsmarginal, fri höjd [*a ~ of two feet*]
clear-cut [ˌklɪə'kʌt, attr. '--] *adj* skarpt skuren, ren [*~ features*]; klar, entydig [*~ decision*]
clear-fell ['klɪəfel] *vb tr* skog. kalhugga
clear-headed [ˌklɪə'hedɪd, attr. '-,--] *adj* klar[tänkt], som är klar i huvudet, med klart huvud
clearing ['klɪərɪŋ] *s* **1** klarnande; klargörande; förklaring; fritagande etc., jfr *clear IV* o. *V* **2** undanröjande; röjning; röjt land, hygge, uthuggning **3** glänta **4** clearing, klarerande
clearing-bank ['klɪərɪŋbæŋk] *s* clearingbank
clearing-house ['klɪərɪŋhaʊs] *s* **1** clearingcentral för banker **2** bildl. ung. central för information m.m.
clearly ['klɪəlɪ] *adv* **1** klart, tydligt **2** tydligen, påtagligen; säkert
clearness ['klɪənəs] *s* **1** klarhet, genomskinlighet **2** klarhet, tydlighet, skärpa
clear-sighted [ˌklɪə'saɪtɪd, attr. '-,--] *adj* klarsynt, skarpsynt
clearway ['klɪəweɪ] *s* **1** trafik. väg med stoppförbud **2** flyg. clearway hinderfritt område i anslutning till en startbana
cleavage ['kli:vɪdʒ] *s* **1** klyvning; spaltning; splittring; klyfta [*a growing ~ between the two groups*] **2** springa mellan brösten, djup urringning
1 cleave [kli:v] *vb itr*, *~ to* a) klibba fast (låda) vid b) hålla (hänga) fast vid
2 cleave [kli:v] (imperf. *cleft, cleaved* el. *clove*; perf. p. *cleft*, ss. adj. äv. *cloven*) *vb tr* **1** klyva [sönder] [ofta *~ asunder* (*in two*)]; bildl. splittra [sönder]; *cleft chin* kluven haka; *in a cleft stick* bildl. i valet och kvalet **2** bilda en klyfta mellan (i), skilja åt **3** ta sig fram genom [äv. *~ one's way through*]; hugga [*~ a path through the jungle*]
cleaver ['kli:və] *s* hackkniv, köttyxa
clef [klef] *s* mus. klav; *C ~* c-klav
cleft [kleft] **I** imperf. o. perf. p. av *2 cleave* **II** *s* klyfta, spricka
clematis ['klemətɪs, klɪ'meɪtɪs] *s* bot. klematis
clemency ['klemənsɪ] *s* mildhet, förbarmande, nåd
clementine ['klemənta ɪn, -ti:n] *s* clementin frukt
clench [klen(t)ʃ] **I** *vb tr* bita ihop (om), pressa hårt samman; gripa hårt om, hålla hårt fast; spänna [*~ the body*]; *~ one's fist* knyta näven; *~ed fist* knytnäve; *with ~ed teeth* med hopbitna tänder **II** *s* tag, hårt grepp
Cleopatra [klɪə'pætrə, -'pɑ:t-] ss. drottningnamn Kleopatra
clerestory ['klɪəstɔ:rɪ, -stər-] *s* arkit. klerestorium
clergy ['klɜ:dʒɪ] (konstr. ss. pl.) *s* prästerskap, präster
clergy|man ['klɜ:dʒɪ|mən] (pl. *-men* [-mən]) *s* präst isht inom engelska statskyrkan

cleric ['klerɪk] *s* präst[man]
clerical ['klerɪk(ə)l] *adj* **1** klerikal; prästerlig [*~ duties*]; *~ collar* prästs rundkrage **2** kontors-; skriv-; *~ error* skrivfel; *~ staff* kontorspersonal
clerihew ['klerɪhju:] *s* fyrradig humoristisk strof, ofta om person
clerk [klɑ:k, amer. klɜ:k] *s* **1** kontorist; tjänsteman; bokhållare [äv. *commercial ~*], sekreterare, kanslist; [post]expeditör; *bank ~* banktjänsteman **2** jur. o.d. sekreterare, notarie [äv. *recording ~*]; *town ~* ung. stadsjurist; *C~ of the Court* rättens sekreterare **3** amer. a) expedit, [butiks]biträde b) portier
Clerkenwell ['klɑ:k(ə)nw(ə)l] stadsdel i London
Cleveland ['kli:vlənd] geogr.
clever ['klevə] *adj* **1** begåvad, intelligent, klyftig **2** slipad, smart **3** skicklig, duktig [*at* (*in*) i] **4** behändig, fiffig [*a ~ device*]
clever-clever [ˌklevə'klevə] *adj* vard. smart, besserwisseraktig
clever-dick ['klevədɪk] *s* vard. besserwisser
cleverness ['klevənəs] *s* begåvning, intelligens, skicklighet m.m., jfr *clever*
cliché ['kli:ʃeɪ] *s* **1** typogr. kliché **2** klyscha, kliché
click [klɪk] **I** *vb itr* **1** knäppa [till], klicka [till] **2** vard. a) lyckas b) gå hem [*that film really ~s with* (hos) *young people*], bli (vara) en succé **3** vard. klaffa, funka [som det ska]; *~ with* klaffa (stämma) med **4** vard. a) passa (funka) ihop b) tända [på varandra] [*they ~ed at their first meeting*] **5** vard. säga klick, förefalla bekant [*something ~s*] **II** *vb tr* knäppa med, klappra med; *~ one's heels* slå ihop klackarna; *~ one's tongue* ung. smacka med tungan **III** *s* **1** knäppning etc., jfr *I* **2** smackande; fonet. smackljud, klickljud
client ['klaɪənt] *s* klient; kund
clientele [ˌkli:ɒn'tel] *s* klientel; kundkrets
cliff [klɪf] *s* [brant] klippa; stup, bergvägg isht vid havsstrand
cliffhanger ['klɪfˌhæŋə] *s* vard. rysare, spännande serie (följetong); nervpirrande historia
cliffhanging ['klɪfˌhæŋɪŋ] *adj* vard. nervpirrande, som håller en på sträckbänken (i spänning)
climacteric [klaɪ'mæktərɪk, ˌklaɪmæk'terɪk] **I** *adj* **1** klimakterisk, övergångs- **2** kritisk, avgörande **II** *s* klimakterium, övergångsålder
climate ['klaɪmət] *s* **1** klimat, luftstreck; *change of ~* klimatombyte **2** bildl. klimat [*intellectual* (*political*) *~*], atmosfär; *the ~ of opinion* opinionsklimatet
climatic [klaɪ'mætɪk] *adj* klimatisk, klimat-
climatology [ˌklaɪmə'tɒlədʒɪ] *s* klimatologi
climax ['klaɪmæks] **I** *s* klimax, höjdpunkt, kulmen **II** *vb tr* **1** stegra **2** bringa till en

höjdpunkt III vb itr **1** stegras **2** nå en (sin) höjdpunkt, kulminera
climb [klaɪm] **I** vb itr **1** klättra; bildl. äv. arbeta sig upp; klänga; kliva; ~ *down* a) kliva (stiga) ner; bildl. stämma ner tonen, slå till reträtt b) klättra (kliva) nedför (ned från) [~ *down a ladder (a tree)*]; ~ *up* klättra (etc.) upp **2** höja sig, stiga [*the aircraft ~ed suddenly*; *prices have ~ed a little*] **3** slutta uppåt, stiga **II** vb tr klättra (klänga, kliva, komma, gå) uppför (upp på, upp i) [~ *a ladder (hill, tree)*], bestiga **III** s klättring; stigning; *rate of ~* flyg. stighastighet
climb-down ['klaɪmdaʊn] s bildl. reträtt
climber ['klaɪmə] s **1** klättrare, bestigare [*mountain ~*] **2** zool. klätterfågel **3** bot. klängväxt, klätterväxt **4** vard. streber [äv. *social ~*]
climbing-fish [‚klaɪmɪŋ'fɪʃ] s zool. klätterfisk
climbing-frame ['klaɪmɪŋfreɪm] s klätterställning för barn
climbing-irons ['klaɪmɪŋ‚aɪənz] s pl, bergbest. klätterjärn; stegjärn; broddar
clime [klaɪm] s poet. nejd, luftstreck, trakt
clinch [klɪn(t)ʃ] **I** s **1** nitning, klinkning; krampa **2** boxn. clinch; vard. våldsam omfamning; *go (fall) into a ~* gå i clinch boxn. o. vard., se äv. *II 1* **3** sjö. ankarstek **II** vb itr **1** a) boxn. gå i clinch b) vard. kramas och kyssas våldsamt, 'gå i clinch' **2** om stukad nit o.d. fästa, sitta fast **III** vb tr **1** nita, klinka; stuka [~ *a nail*] **2** avgöra [slutgiltigt] [~ *an argument*], göra definitiv, fastslå; klara upp, lösa tvist o.d.; bekräfta, styrka [*that ~ed his suspicions*]; göra upp [~ *a sale*]; vinna slutgiltigt [~ *a basketball title*]; *that ~ed the matter (thing)* det avgjorde saken **3** boxn. blockera låsa genom clinch **4** sjö. fästa [med ankarstek]
clincher ['klɪn(t)ʃə] s **1** krampa, hållhake **2** vard. avgörande faktor, ovedersägligt argument
cling [klɪŋ] (*clung clung*) vb itr klänga sig [fast], klamra sig fast [[*on*] *to* vid, intill]; ~ [*on*] *to one's possessions*]; hålla sig [tätt] [*to* intill]; fastna, sitta [fast], klibba [*to* i, vid]; om kläder o.d. smita åt [*round* kring; *to* efter]; ~ *to a doctrine* hålla fast vid en lära; *the children ~ to their mother's skirts* barnen hänger mamma i kjolarna, barnen är mammiga; ~ *together* hålla ihop, inte gå isär
clingfilm ['klɪŋfɪlm] s plastfolie
clinging ['klɪŋɪŋ] adj **1** klängande etc., jfr *cling*; om kläder tätt åtsittande, åtsmitande **2** efterhängsen; ~ *vine* bot. klängväxt; bildl. klängranka
clingwrap ['klɪŋræp] s plastfolie
clinic ['klɪnɪk] s klinik
clinical ['klɪnɪk(ə)l] adj **1** klinisk; ~ *thermometer* febertermometer **2** [strängt]

objektiv [~ *analysis (examination) of a problem*]
1 clink [klɪŋk] **I** vb itr o. vb tr klirra (klinga, skramla, pingla) [med]; ~ *glasses* skåla, klinga med glasen **II** s klirr, klingande, klang, skrammel
2 clink [klɪŋk] s sl. finka, kurra fängelse; *be put in ~* bli satt i finkan
clinker ['klɪŋkə] s **1** klinker[tegel] **2** tegelklump, slaggklump, lavaklump; pl. *~s* slagg
clinker-built ['klɪŋkəbɪlt] adj om båt klinkbyggd, byggd på klink
Clio ['klaɪəʊ] mytol. Klio
1 clip [klɪp] **I** vb tr ~ [*together*] fästa (klämma, hålla) ihop [med gem etc., jfr *II 1*]; ~ *on* fästa, sätta fast (på sig) [~ *on one's earrings*] **II** s **1** gem, hållare, klämma; clip[s]; spänne; *trouser ~* cykelklämma för byxben **2** mil. patronknippe
2 clip [klɪp] **I** vb tr **1** klippa [~ *tickets*]; ~ *a bird's (a p.'s) wings* vingklippa en fågel (ngn) **2** stympa, klippa av **3** *~ed form* språkv. ellips, elliptisk ordform **4** sl. slå till, klippa till **II** s **1** klippning, klipp **2** klatsch, rapp, slag **3** amer. fart, takt [*going at quite a ~*]
clipboard ['klɪpbɔːd] s skrivskiva
clipjoint ['klɪpdʒɔɪnt] s sl. skojarhåla där man tar överpriser; skum nattklubb
clip-on ['klɪpɒn] **I** adj, ~ *earrings* öronclips; ~ *sunglasses* förhängare **II** s, *~s* förhängare
clipper ['klɪpə] s **1** klippare; fårklippare; trädgårdssax **2** biljettång; pl. *~s* äv. sax; hårklippningsmaskin **3** a) sjö. klipper[skepp] b) om häst klippare, snabbgångare c) klipper stort snabbt flygplan
clippie ['klɪpɪ] s vard. kvinnlig [buss]konduktör
clique [kliːk] s klick, kotteri
cliquishness ['kliːkɪʃnəs] o. **cliquism** ['kliːkɪz(ə)m] s kotteriväsen
clit [klɪt] s sl. klitta klitoris
clitoral ['klɪtər(ə)l] adj klitoris-
clitoris ['klɪtərɪs] s anat. klitoris, kittlare
Clive [klaɪv] mansnamn
cloak [kləʊk] **I** s **1** [släng]kappa, mantel **2** bildl. täckmantel, mask; täcke, hölje, slöja; *under the ~ of darkness* i skydd av mörkret **II** vb tr **1** svepa in, hölja **2** bildl. dölja, överskyla, hölja, bemantla
cloak-and-dagger [‚kləʊk(ə)n'dægə] adj vard. romantisk bov- (spion-, agent-) [~ *novel*]
cloakroom ['kləʊkruːm, -rʊm] s **1** a) kappum, garderob b) effektförvaring, resgodsinlämning; ~ *attendant* rockvaktmästare, garderobiär **2** toalett
1 clobber ['klɒbə] vard. **I** s kläder **II** vb itr, ~ [*up*] klä (rigga) upp sig
2 clobber ['klɒbə] vb tr sl. **1** slå sönder och samman, mosa; bildl. pungslå, skinna [~ *the taxpayer*] **2** utklassa, ge på nöten **3** sabla ned

clock [klɒk] **I** s **1** klocka, [vägg-, torn]ur; *beat the ~* bildl. bli färdig före [utsatt tid]; *turn (put) back the ~* el. *turn (put) the ~ back* bildl. vrida tillbaka klockan (tiden, utvecklingen); *work against the ~* arbeta i kapp med klockan (tiden); *by the ~* efter klockan; *round (around) the ~* dygnet runt; utan uppehåll; 12 (24) timmar i sträck; jfr äv. *o'clock* **2** vard. mätare, hastighetsmätare, vägmätare; taxameter **3** sl. nylle, fejs ansikte **II** *vb tr* **1** sport. ta tid på, klocka **2** vard., *~ [up]* a) klockas för, få noterat en tid på b) uppnå, komma upp i [*we ~ed 100 m.p.h.*], registrera **3** sl. klippa till, slå till **III** *vb itr*, *~ in (on)* stämpla in på stämpelur; *~ out (off)* stämpla ut

clocking-in [ˌklɒkɪŋ'ɪn] *adj*, *~ card* stämpelkort

clock radio [ˌklɒk'reɪdɪəʊ] *s* klockradio

clock tower ['klɒkˌtaʊə] *s* klocktorn

clockwise ['klɒkwaɪz] *adv* medurs

clockwork ['klɒkwɜːk] **I** *s* urverk; *like ~* bildl. som ett urverk, som smort; *~ toys* mekaniska (uppvridbara) leksaker drivna med fjäder **II** *adj* som ett urverk, mekanisk, regelbunden

clod [klɒd] *s* **1** jordklump, klump **2** jord, mull, materia **3** vard. bondlurk, tölp; tjockskalle

clodhopper ['klɒdˌhɒpə] *s* vard. **1** bondlurk, tölp; buffel, klumpeduns **2** stor sko (känga)

clog [klɒɡ] **I** *s* **1** trätoffel, träsko **2** klamp, black på djur **3** bildl. hämsko, hinder **II** *vb tr* **1** fjättra; hindra, hämma, besvära; klibba fast vid, fastna på [*snow ~ged my ski boots*] **2** täppa till, stoppa [till]; spärra, belamra; *my nose is ~ged* jag är täppt i näsan **III** *vb itr* **1** klibba fast, stocka sig; täppas till; klumpas ihop; *my fountain pen ~s* min reservoarpenna har torkat ihop **2** *~ along* klampa i väg

cloister ['klɔɪstə] **I** *s* **1** kloster **2** arkit. klostergång, pelargång, korsgång **II** *vb tr* sätta (stänga in) i kloster; bildl. spärra in, stänga in

clone [kləʊn] **I** *s* **1** biol. klon **2** vard. dubbelgångare, exakt kopia **3** vard. robot om person **II** *vb tr* **1** biol. klona **2** vard. göra en exakt kopia av

cloning ['kləʊnɪŋ] *s* biol. kloning, könlös fortplantning

clonk [klɒŋk] vard. **I** *vb tr* drämma till, slå till **II** *vb itr* klampa; dunka **III** *s* klampande; dunk[ande]

clop [klɒp] **I** *s* klapprande av hästhovar o.d. **II** *vb itr* klappra

1 close [kləʊz] **I** *vb tr* **1** stänga [*~ the door*]; slå igen [*~ a book*]; sluta [till (ihop)]; stänga av; lägga ner [*~ a factory*]; *~ one's eyes to* bildl. blunda för; *~ the ranks (files)* mil. sluta leden; *~ down* stänga, lägga ner; *~ up* sluta till; fylla; bomma igen **2** sluta, avsluta, slutföra [*~ a deal* (en affär)] **3** sjö. komma nära (inpå) **4** minska [*~ the distance*] **II** *vb itr* **1** stängas, slutas [till] [*on* om (efter)]; sluta sig [*certain flowers ~ at night*]; gå att stänga [*this box doesn't ~ properly*]; minskas [*the distance between us ~d*]; *~ [up]on* gripa om, sluta sig om, omsluta **2** sluta [*he ~d with this remark*]; avslutas, ta slut; läggas ned [*the play ~d after two weeks*]; stänga **3** förenas; närma sig; *~ about (round)* omringa; sluta sig kring **4** drabba samman **5** med adv.: *~ down* om affär o.d. stänga[s], upphöra, slå igen, läggas ner; radio. o.d. sluta sända (sändningen)
~ in komma närmare, falla [på]; om dagarna bli kortare; *~ in [up]on* sluta sig omkring; omringa; kasta sig över **III** *s* (jfr *2 close III*) **1** slut [*the ~ of day*], avslutning; *draw (bring) a th. to a ~* föra ngt till ett slut **2** mus. kadens

2 close [kləʊs] **I** *adj* **1** nära, närstående [*a ~ relative*]; intim, förtrolig; omedelbar; *~ combat* närstrid, handgemäng; *at ~ quarters (range)* på nära håll; i närstrid; *run a p. a ~ second* ligga hack i häl på ngn; *it was a ~ shave (thing, call)* vard. det var nära ögat **2** kort [*a ~ haircut*], slät, ordentlig [*a ~ shave*] **3** tät [*~ thicket*]; fast [*~ texture*]; hopträngd [*~ handwriting*] **4** ingående, grundlig [*~ investigation*]; noggrann [*~ analysis*]; nära [*a ~ resemblance*], trogen [*a ~ translation*]; följdriktig [*~ reasoning*]; uppmärksam [*a ~ observer*]; *~ attention* stor (spänd) uppmärksamhet; *keep a ~ watch on a p.* hålla noggrann uppsikt över ngn; *on [a] ~r examination (inspection)* vid närmare granskning **5** strängt bevakad [*a ~ prisoner*]; strängt bevarad [*a ~ secret*]; *~ arrest* rumsarrest; mil. vaktarrest **6** inte öppen för alla [*~ scholarship*] **7 a)** gömd, dold; *keep (lie) ~* hålla sig (ligga) gömd **b)** hemlig; hemlighetsfull, förtegen **8** kvav, kvalmig [*~ air*] **9** snål, knusslig **10** mycket jämn [*~ contest (finish)*] **11** fonet. sluten [*a ~ vowel*] **II** *adv* tätt, nära, strax [*by (to)* intill (bredvid); *upon* efter, inpå]; tätt ihop, nära tillsammans [ofta *~ together*]; *~ at hand* strax i närheten (intill); nära förestående; *on a p.'s heels* tätt i hälarna på ngn; *~ [up]on* prep. inemot, uppemot [*~ on 100*] **III** *s* (jfr *1 close III*) **1** [återvänds]gränd **2** domkyrkoplats, område kring domkyrka

close-clipped [ˌkləʊs'klɪpt, attr. '--] *adj* o.

close-cut [ˌkləʊs'kʌt, attr. '--] *adj* kortklippt, snaggad

closed [kləʊzd] *perf p* o. *adj* (jfr äv. *1 close I*), stängd; spärrad, avstängd [*~ to* (för) *traffic*]; sluten [*a ~ circle, a ~ society*]; *a ~ car* en täckt bil; *~ circuit* elektr. sluten [ström]krets, jfr äv. *closed-circuit television*; *~ shop* **a)** företag (yrke) öppet endast för fackligt

organiserad arbetskraft
b) fackföreningstvång; *he is a ~ book* han är svår att lära känna (att förstå)
closed-circuit television ['kləʊzd,sɜːkɪt'telɪvɪʒ(ə)n] *s* intern-TV
close-down ['kləʊzdaʊn] *s* **1** stängning, nedläggning [*~ of a factory*], upphörande **2** radio. o.d. slut på sändningen
close-fisted [,kləʊs'fɪstɪd, attr. '-,--] *adj* snål, knusslig
close-fitting [,kləʊs'fɪtɪŋ, attr. '-,--] *adj* tätt åtsittande, snäv [*~ skirt*]
close-knit [,kləʊs'nɪt, attr. '--] *adj* bildl. fast sammanhållen (sammansvetsad) [*~ family*]
closely ['kləʊslɪ] *adv* **1** nära [*~ related*], intimt **2** tätt [*~ packed*] **3** ingående [*question a p. ~*], grundligt etc., jfr *2 close I 4*
closeness ['kləʊsnəs] *s* **1** närhet; förtrolighet **2** täthet, fasthet [*the ~ of the texture*] **3** grundlighet, noggrannhet m.m., jfr *2 close I 4 4* kvalmighet, instängdhet **5** snålhet **6** obetydlig skillnad [*the ~ of the vote* (i röstetal)]; nära likhet
close-range ['kləʊsreɪndʒ] *adj*, *~ weapons* närstridsvapen
close season ['kləʊs,siːzn, ,-'--] *s*, *the ~* förbjuden (olaga) tid för jakt o. fiske; fridlysningstiden
close-set [,kləʊs'set, attr. '--] *adj*, *~ eyes* tättsittande ögon
close-shaven [,kləʊs'ʃeɪvn, attr. '-,--] *adj* slätrakad
closet ['klɒzɪt] **I** *s* **1 a)** åld. [litet] enskilt rum, [hemlig] kammare, krypin **b)** *~ play (drama)* läsdrama; *~ strategist* kammarstrateg **c)** *come out of the ~* vard. komma ut, börja uppträda öppet som homosexuell **2** amer. garderob **3** isht amer. skåp **4** klosett, toalett **II** *adj* hemlig, smyg- [*~ homosexual (racist)*] **III** *vb tr* **1** *be ~ed together* [*with*] vara (tala) i enrum [med] **2** stänga in
close-up ['kləʊsʌp] *s* film. o. bildl. närbild
closing ['kləʊzɪŋ] **I** *pres p* o. *adj* stängande, stängning etc., se *1 close I 1*; avslutnings-, slut-; *the ~ date for applications is April 1* 1 april är sista ansökningsdagen; *~ prices* börs. slutkurser; *the ~ years of the century* slutet av århundradet **II** *s* **1** stängning [*Sunday ~*]; *~ time* isht stängningsdags för pubar **2** slut, avslutning
closure ['kləʊʒə] *s* **1** tillslutning, stängning; nedläggning [*the ~ of a factory*] **2** avslutning, slut **3** closure, tvångsavslutning av debatt för att hindra obstruktion
clot [klɒt] **I** *s* **1** klimp, klump, kluns; klunga av personer **2** *~* [*of blood*] klump levrat blod, blodkoagel, [blod]propp **3** sl. idiot, tjockskalle **II** *vb itr* bilda klimpar etc., jfr *I 1* o. *2*; klumpa [ihop], (klimpa) sig; tova ihop sig; löpna; skära sig, levra sig; om sås m.m. stelna

III *vb tr* (se äv. *clotted*) [låta] koagulera; komma (få) att klumpa sig (tova sig); klibba ned (ihop); sitta i klumpar på
cloth [klɒθ] *s* **1** tyg; kläde **2** trasa för putsning, skurning o.d. **3** duk; *lay the ~* lägga 'på duken; duka **4** bokb. klot [*~ binding*]; *in ~* i klotband
clothe [kləʊð] (*clothed clothed*, poet. *clad clad*) *vb tr* klä, bekläda; täcka, hölja
clothes [kləʊðz, kləʊz] *s pl* **1** kläder; *long ~* bärklänning för småbarn **2** tvätt[kläder], linne
clothes brush ['kləʊðzbrʌʃ] *s* klädborste
clothes-conscious ['kləʊðz,kɒnʃəs] *adj* klädmedveten
clothes hanger ['kləʊðz,hæŋə] *s* klädgalge
clothes horse ['kləʊðzhɔːs] *s* **1** torkställning för kläder **2** vard. klädsnobb
clothes line ['kləʊðzlaɪn] *s* klädstreck, klädlina
clothes peg ['kləʊðzpeg] *s* **1** klädnypa **2** klädhängare
clothespin ['kləʊðzpɪn] *s* amer., se *clothes peg 1*
clothes press ['kləʊðzpres] *s* klädskåp, linneskåp
clothing ['kləʊðɪŋ] *s* beklädnad; kläder; *men's ~* herrkonfektion; *~ store* amer. herrekipering
clotted ['klɒtɪd] *adj* full av klumpar; levrad etc., jfr *clot II* o. *III*; *~ cream* slags tjock grädde
cloud [klaʊd] **I** *s* **1** moln, sky båda äv. bildl.; *be* [*up*] (*have one's head*) *in the ~s* vara helt i det blå, sväva bland molnen; *on ~ nine (seven)* vard. i sjunde himlen **2** bildl. svärm [*a ~ of insects (arrows)*], moln [*a ~ of dust*]; skugga, fläck [*a ~ on a p.'s reputation*]; *under a ~* i onåd; *be under a ~* [*of suspicion*] ha [alla] misstankar riktade mot sig **II** *vb tr* **1** hölja i (täcka med) moln **2** bildl. fördunkla; skymma; ställa i skuggan; grumla; göra oklar **III** *vb itr* höljas i moln, mulna [ofta *~ up (over)*]; fördunklas; bli oklar (ogenomskinlig); *the sky ~ed over* det mulnade [på]
cloudberry ['klaʊdb(ə)rɪ, -,berɪ] *s* hjortron
cloudburst ['klaʊdbɜːst] *s* skyfall
cloud-capped ['klaʊdkæpt] *adj* molnhöljd; skyhög
cloud-cuckoo-land [,klaʊd'kʊkuːlænd] *s* sagolandet; drömvärlden
cloudless ['klaʊdləs] *adj* molnfri
cloudy ['klaʊdɪ] *adj* **1** molnig, molntäckt; mulen **2** grumlig [*~ liquid*] **3** bildl. oklar, dunkel [*~ ideas*]
clout [klaʊt] **I** *s* **1** vard. [kraftigt] slag **2** trasa, lapp, [tyg]bit **3** vard. inflytande [*carry* (ha) *a lot of ~*], slagkraft **II** *vb tr* vard. slå till, klå
1 clove [kləʊv] *s* klyfta av vitlök o.d.
2 clove [kləʊv] *s* kryddnejlika; *~ pink* nejlika; *oil of ~s* nejlikolja
3 clove [kləʊv] imperf. av *2 cleave*
clove hitch ['kləʊvhɪtʃ] *s* sjö. dubbelt halvslag

cloven ['kləʊvn] *adj* (eg. perf. p. av *2 cleave*) kluven; ~ *foot* (*hoof*) klöv; *show the* ~ *foot* visa bockfoten
cloven-footed [ˌkləʊvn'fʊtɪd, 'kləʊvnˌf-] *adj* klövfotad; om djävulen bockfotad
clover ['kləʊvə] *s* klöver; *be in* ~ leva i överflöd, vara på grön kvist, ha goda dagar
clown [klaʊn] I *s* clown, pajas II *vb itr*, ~ [*about* (*around*)] spela pajas, spexa
clownish ['klaʊnɪʃ] *adj* clownaktig, pajas-
cloy [klɔɪ] I *vb tr* göra övermätt, överlasta, äckla; ~ *the appetite* förstöra aptiten II *vb itr* vara övermättande; vara sliskig (äckligt söt)
cloying ['klɔɪɪŋ] *adj* sliskig, äckligt söt [~ *taste*]
club [klʌb] I *s* **1** klubba; grov påk **2** kortsp. klöverkort; pl. ~*s* klöver; *a* ~ äv. en klöver; *the ten of* ~*s* klövertian **3 a)** klubb; klubbhus **b)** *be in the* [*pudding*] ~ sl. vara på smällen gravid **c)** *join the* ~ vard. det är du inte ensam om!; kom med i gänget! II *vb tr* **1** klubba [till (ned)] **2** använda som klubba (tillhygge) [~ *a rifle*] **3** samla [ihop] till en klump; slå samman [ofta ~ *together*] **4** skjuta samman [äv. ~ *up* (*together*)] III *vb itr*, ~ *together* slå sig ihop; dela kostnaderna lika; lägga ihop, sala [*for* till]
clubbed [klʌbd] *adj* **1** klubbformig, klubblik **2** klump- [~ *feet*] **3** nedklubbad; hopgyttrad
club foot [ˌklʌb'fʊt, '--] *s* klumpfot
clubhouse ['klʌbhaʊs] klubblokal[er], klubbhus, societetshus
club sandwich [ˌklʌb'sændwɪdʒ] *s* clubsandwich rostade brödskivor med kyckling, sallad etc. mellan
club steak ['klʌbsteɪk] *s* clubstek, enkelbiff
cluck [klʌk] I *vb itr* skrocka, klucka II *s* **1** skrockande, kluckande **2** vard. dumskalle [äv. *dumb* ~]
clue [klu:] I *s* ledtråd, spår, uppslagsända, nyckel; [röd] tråd i berättelse; ~*s across* (*down*) i korsord vågräta (lodräta) [nyckel]ord; *I haven't a* ~ vard. det har jag ingen aning om; *he* (*she* etc.) *hasn't a* ~ äv. han (hon etc.) är korkad (dum) II *vb tr* sl., ~ *a p. in* (*up*) ge ngn en ledtråd; informera ngn
clueless ['klu:ləs] *adj* vard. **1** korkad, dum [*he is quite* ~] **2** *I'm* ~ det har jag ingen aning om
clump [klʌmp] I *s* **1** klunga; tät [träd]grupp **2** klump, tjock bit **3** klamp, tramp II *vb tr* klumpa ihop III *vb itr* **1** klampa; ~ *about* klampa omkring **2** klumpa ihop sig
clumsiness ['klʌmzɪnəs] *s* klumpighet etc., jfr *clumsy*
clumsy ['klʌmzɪ] *adj* klumpig, otymplig; tafatt, drumlig, drullig
clung [klʌŋ] imperf. o. perf. p. av *cling*
clunk [klʌŋk] I *vb itr* klinga [dovt] II *s* [dov] klang
cluster ['klʌstə] I *s* **1** klunga; **a)** klase, knippa **b)** skock, hop, anhopning; svärm; *a* ~ *of curls* ung. tjocka hårslingor **2** språkv. kluster, grupp [*consonant* ~] II *vb tr* samla i en klunga III *vb itr* växa i (samlas i, bilda) en klunga (klungor etc.)
cluster-bomb ['klʌstəbɒm] I *s* multipelbomb II *vb tr* bomba med multipelbomb
1 clutch [klʌtʃ] I *vb tr* gripa tag i (om), gripa [om]; hålla fast [omsluten]; sluta, trycka [*she* ~*ed her doll to her breast*] II *vb itr* gripa [*at efter*] III *s* **1** [hårt] grepp, tag; *make a* ~ *at* [ivrigt] gripa efter **2** tekn. **a)** koppling [*the* ~ *is in* (*out*)]; kopplingspedal; ~ *plate* kopplingslamell; *let* (*slip*) *in* (*engage*) *the* ~ på t.ex. bil släppa upp kopplingen; *let out* (*disengage*) *the* ~ trampa ur [kopplingen] **b)** kona **c)** klo **3** pl. ~*es* bildl. klor [*get into a p. 's* ~*es*]
2 clutch [klʌtʃ] *s* **1** äggrede **2** [kyckling]kull
clutch bag ['klʌtʃbæg] *s* kuvertväska; handledsväska
clutter ['klʌtə] I *vb tr*, ~ [*up*] belamra, skräpa ned i (på) II *vb itr* slamra, väsnas III *s* **1** virrvarr, röra **2** slammer, oväsen
Clwyd ['klu:ɪd] geogr.
Clyde [klaɪd] geogr.
Clydesdale ['klaɪdzdeɪl] I geogr. egenn. II *s*, ~ [*terrier*] clydesdaleterrier
cm. förk. för *centimetre*[*s*]
Cmdr. förk. för *Commander*
CND förk. för *Campaign for Nuclear Disarmament*
CO förk. för *Commanding Officer, conscientious objector*
Co. 1 [kəʊ, ˌkʌmp(ə)nɪ] förk. för *Company* [*Smith & Co.*] **2** förk. för *County*
co- [kəʊ] *prefix* med- [*co-belligerent*], sam- [*co-education*], ko- [*coaxial*]; andre- [*co-driver*]; tillsammans, ömsesidig
c/o 1 (förk. för *care of*) på brev c/o, adress [*c/o Smith*] **2** förk. för *carried over*
coach [kəʊtʃ] I *s* **1 a)** turistbuss [långfärds]buss **b)** järnv. personvagn; amer., ung. andraklassvagn, andraklasskupé; *travel* ~ amer., ung. åka andraklass; flyg. åka turistklass **c)** [gala]vagn, kaross [*the Lord Mayor's* ~]; ~ *and four* vagn [förspänd] med fyra hästar, fyrspann **2 a)** [privat]lärare, handledare **b)** sport. tränare, instruktör, coach; ibl. lagledare II *vb itr* **a)** arbeta som privatlärare (handledare); ge [privat]lektioner **b)** arbeta som tränare (instruktör, coach) III *vb tr* **1** plugga i ngn en examenskurs, ge [privat]lektioner, preparera [*for* till examen; *in* i ämne] **2** träna, vara tränare (instruktör, coach) för
coachbuilder ['kəʊtʃˌbɪldə] *s* karosseritillverkare
coaching ['kəʊtʃɪŋ] *s* handledning, instruktion; träning

coach|man ['kəʊtʃ|mən] (pl. *-men* [-mən]) s [liv]kusk, körsven
coachwork ['kəʊtʃwɜːk] s karosseri[utformning]
coagulant [kəʊ'ægjʊlənt] s med. koagulantium, koagulerande medel
coagulate [kəʊ'ægjʊleɪt] **I** vb tr få att koagulera (levra sig) **II** vb itr koagulera, levra sig
coagulation [kəʊˌægjʊ'leɪʃ(ə)n] s koagulering
coal [kəʊl] s kol; isht stenkol; *a live ~* ett glödande kol[stycke], ett glöd; *carry ~s to Newcastle* bjuda bagarbarn på bröd, bära ugglor till Aten; *haul (drag, call, rake) a p. over the ~s* ge ngn en överhalning (skarp läxa, skrapa), läxa upp ngn
coalbin ['kəʊlbɪn] s o. **coalbox** ['kəʊlbɒks] s kolbox
coalbunker ['kəʊlˌbʌŋkə] s kolbunker
coaldust ['kəʊldʌst] s koldamm
coalesce [ˌkəʊə'les] vb itr **1** växa samman, smälta samman (ihop) **2** sluta sig samman, förena sig
coalescence [ˌkəʊə'lesns] s **1** sammanväxande, sammansmältning **2** förening
coalface ['kəʊlfeɪs] s kolfront; *the ~* friare kolgruvorna
coalfield ['kəʊlfiːld] s kolfält
coalfish ['kəʊlfɪʃ] s zool. gråsej
coal gas ['kəʊlgæs] s kolgas; lysgas, stadsgas
coaling-station ['kəʊlɪŋˌsteɪʃ(ə)n] s bunkringsstation, kol[nings]station
coalition [ˌkəʊə'lɪʃ(ə)n] s koalition, samling; *~ government* koalitionsregering, samlingsregering
coalmine ['kəʊlmaɪn] s kolgruva
coalmining ['kəʊlˌmaɪnɪŋ] s kolbrytning
coalpit ['kəʊlpɪt] s **1** kolgruva **2** amer. kolmila
coalscuttle ['kəʊlˌskʌtl] s kolhink, kolhämtare
coal tar ['kəʊltɑː] s stenkolstjära
coal tit ['kəʊltɪt] s zool. svartmes
coarse [kɔːs] adj **1** grov [*~ cloth (sand)*] **2** grovkornig [*~ jokes*], grov [*~ language*], rå, ohyfsad, opolerad; plump
coarse-grained ['kɔːsgreɪnd, -'-] adj grov [*~ salt*]; foto. grovkornig [*~ film*]; bildl. äv. ohyfsad
coarse-grind ['kɔːsgraɪnd] adj, *~ coffee* kokmalet kaffe
coarsen ['kɔːsn] **I** vb tr förgrova, förråa **II** vb itr förgrovas, förråas
coast [kəʊst] **I** s **1** kust; *the ~ is clear* bildl. kusten är klar **2** amer. kälkbacke; kälkbacksåkning **II** vb tr segla längs (utmed) **III** vb itr **1** segla längs (utmed) kusten **2** gå i kustfart, idka kusthandel **3 a)** på cykel: åka (rulla) nedför utan att trampas; åka (rulla) på frihjul **b)** i bil: rulla (åka) [nedför] med kopplingen ur **c)** *~ [along]* bildl. driva (låta allt gå) vind för våg **d)** sport. leda överlägset **e)** amer. åka i kälkbacke, åka kälke
coastal ['kəʊstl] adj kust-; *~ waters* kustfarvatten
coaster ['kəʊstə] s **1** kustfarare; isht kustfartyg **2** [silver]bricka ibl. på hjul; underlägg för vinglas o.d. **3** amer., slags kälke **4** amer., se *roller-coaster*
coastguard ['kəʊs(t)gɑːd] s **1** medlem av sjöräddningen (kustbevakningen) **2** *the ~* sjöräddningen, kustbevakningen
coastline ['kəʊs(t)laɪn] s kustlinje
coastward ['kəʊstwəd] adv o. **coastwards** ['kəʊstwədz] adv [i riktning] mot kusten
coastwise ['kəʊstwaɪz] adj o. adv kust-, utefter (längs) kusten; kustvägen, kustledes
coat [kəʊt] **I** s **1 a)** rock; kappa **b)** kavaj; [dräkt]jacka; *~ of arms* vapensköld, vapen; *~ of mail* brynja, pansarskjorta; *cut one's ~ according to one's cloth* rätta mun[nen] efter matsäcken **2** på djur päls, hårbeklädnad, fjäderbeklädnad **3** [yttre] lager, skikt; beläggning t.ex. på tungan; *apply a ~ of paint to* ge en strykning [med färg] **II** vb tr **a)** täcka med [skyddande] lager; belägga, bestryka, dra över; dragera [*~ pills with sugar*]; [be]kläda, klä; *~ the pill* bildl. sockra det beska pillret **b)** täcka som [skyddande] lager
coated ['kəʊtɪd] adj täckt, belagd [*~ tongue*] etc., jfr *coat II*; antireflexbehandlad, reflexfri [*~ lens*]
coat hanger ['kəʊtˌhæŋə] s rockhängare, galge
coati [kəʊ'ɑːtɪ] s zool. näsbjörn
coating ['kəʊtɪŋ] s **1** beläggning, beslag; hinna; bestrykning; lager; överdrag **2** rocktyg, kapptyg
coat rack ['kəʊtræk] s rockhängare list eller hylla med krokar
coat-tail ['kəʊtteɪl] s rockskört, frackskört; *trail one's ~s* se *trail II 1*
co-author [ˌkəʊ'ɔːθə] s medförfattare
coax [kəʊks] **I** vb tr lirka med; narra, lura, locka; truga; *~ a p. into a th.* använda [list och] lämpor för att få (locka) ngn till ngt; *~ a th. out of a p.* lirka (lura) av ngn ngt; *~ a smile from a p.* locka fram ett leende hos ngn **II** vb itr använda lämpor, lirka
coaxial [ˌkəʊ'æksɪəl] adj koaxial; *~ cable* koaxialkabel
cob [kɒb] s **1** svanhane [äv. *~ swan*] **2** [lågbent kraftig] häst, klippare **3** se *cobnut* **4** majskolv
cobalt ['kəʊbɔːlt] s kobolt
cobber ['kɒbə] s austral. vard. kompis, kamrat
1 cobble ['kɒbl] **I** s **1** kullersten; otuktad gatsten **2** pl. *~s* stora rundade kol, styckekol **II** vb tr stensätta med kullersten; *~d street* kullerstensgata
2 cobble ['kɒbl] vb tr lappa (flicka) [ihop], laga isht skor [ofta *~ up*]

cobbler ['kɒblə] *s* **1** skomakare, skoflickare **2** amer. kobbel, cobbler drink **3** sl., *a load of* [*old*] *~s* skit[prat], smörja cockney rimslang för *~'s awls = balls*, se *balls I* 2 o. *II* **4** åld. klåpare, stympare
cobblestone ['kɒblstəʊn] *s* se *1 cobble I 1*
co-belligerent [ˌkəʊbə'lɪdʒər(ə)nt] *s* medkrigförande makt
cobnut ['kɒbnʌt] *s* [spansk] hasselnöt
cobra ['kəʊbrə, 'kɒ-] *s* kobra; *Indian ~* glasögonorm; *King ~* kungskobra
cobweb ['kɒbweb] *s* spindelnät, spindelväv, spindelvävstråd; *blow away the ~s* bildl. få lite (sig en nypa) frisk luft
Coca-Cola [ˌkəʊkə'kəʊlə] *s* ® coca-cola
cocaine [kəʊ'keɪn] *s* kokain
cocainist [kəʊ'keɪnɪst] *s* kokainist
co-chair [ˌkəʊ'tʃeə] *vb tr*, *~ a meeting* dela ordförandeskapet vid ett möte
cochineal ['kɒtʃɪniːl] *s* koschenill färgämne
cock [kɒk] **I** *s* **1** tupp; *fighting ~* se *fighting cock* **2** isht i sms. han[n]e av fåglar **3** morkulla **4** överkucku; *the ~ of the school* skolans stjärna i idrott o.d.; *the ~ of the walk* (*roost*) högsta hönset [i korgen], herre på täppan; *hallo, old ~!* vard. tjänare, gamle gosse! **5** kran, pip, tapp; *turn the ~* öppna (vrida på) kranen **6** hane på gevär; *at full ~* [med hanen] på helspänn; *at half ~* [med hanen] på halvspänn; *go off at half ~* bildl. starta[s] i förtid **7** sl. skitsnack, nonsens; *a load of old ~* [en] massa skitsnack **8** vulg. kuk **9** *it's all to ~!* sl. det är åt helsicke! **II** *vb tr* **1** sätta (ställa, sticka) rätt upp, resa; sätta (sticka) t.ex. näsan i vädret; *~* [*up*] *one's ears* spetsa öronen; *~ one's eyebrow* höja på ögonbrynet; *~ one's hat* a) sätta hatten på sned b) vika upp brättet på hatten, se äv. *cocked*; *~ one's head* lägga huvudet på sned; *~ one's leg* lyfta på benet **2** spänna hanen på, osäkra [*~ the gun*]; *~ the trigger* spänna hanen, osäkra vapnet (geväret m.m.) **3** sl., *~ up* soppa (trassla) till
cockade [kɒ'keɪd] *s* kokard
cock-a-doodle-doo ['kɒkəˌduː'dluː] (pl. *~s*) **I** *s* o. *interj* kuckeliku **II** *vb itr* säga kuckeliku, gala
cock-a-hoop [ˌkɒkə'huːp] *adj* mallig, morsk, stursk; överlycklig
cock-and-bull [ˌkɒkən(d)'bʊl] *adj*, *~ story* rövarhistoria, lögnhistoria, amsaga
cockatoo [ˌkɒkə'tuː] (pl. *~s*) *s* zool. kakadu[a]
cockchafer ['kɒkˌtʃeɪfə] *s* zool. ollonborre
cockcrow ['kɒkkrəʊ] *s* hanegäll, gryning [*at ~*]
cocked [kɒkt] *adj*, *~ hat* trekantig hatt; *knock a p. into a ~ hat* a) göra slarvsylta av ngn b) göra ngn alldeles paff
cocker ['kɒkə] *s*, *~* [*spaniel*] cockerspaniel
cockerel ['kɒk(ə)r(ə)l] *s* tuppkyckling, ungtupp

cock-eyed ['kɒkaɪd] *adj* **1** skelögd, vindögd **2** sl. sned, vind; på sniskan [*the picture is* (hänger) *~*] **3** sl. knäpp, knasig; *it's all ~* det är uppåt väggarna [galet] **4** sl. dragen, på lyran berusad
cockfight ['kɒkfaɪt] *s* tuppfäktning
cockhorse [ˌkɒk'hɔːs] **I** *s*, *ride a ~* rida, rida ranka **II** *adv* grensle [äv. *a-cockhorse*]
cockle ['kɒkl] *s* **1** a) hjärtmussla; isht ätlig vanlig hjärtmussla b) musselskal **2** nötskal liten bräcklig båt **3** *it warmed the ~s of my heart* det gjorde mig varm ända in i själen
cockleshell ['kɒklʃel] *s* **1** musselskal **2** nötskal liten bräcklig båt
cockney ['kɒknɪ] **I** *s* **1** cockney infödd londonbo som talar den speciella londondialekten **2** cockney londondialekten **II** *adj* cockney-; *~ accent* cockneyuttal
cockpit ['kɒkpɪt] *s* cockpit, förarkabin
cockroach ['kɒkrəʊtʃ] *s* zool. kackerlacka
cockscomb ['kɒkskəʊm] *s* tuppkam
cock sparrow [ˌkɒk'spærəʊ] *s* sparvhane
cocksucker ['kɒkˌsʌkə] *s* vulg. rövslickare
cocksure [ˌkɒk'ʃʊə] *adj* tvärsäker [*about* (*of*) på]; självsäker
cocktail ['kɒkteɪl] *s* cocktail; *~ cabinet* barskåp; *~ lounge* cocktailbar; *~ party* cocktailparty; *~ stick* cocktailpinne; *prawn ~* räkcocktail
cockteaser ['kɒkˌtiːzə] *s* vulg. brud (tjej) som [bara] kåtar upp killar[na]
cock-up ['kɒkʌp] *s* sl. a) grov miss (tabbe) [*make a ~*] b) jävla soppa (röra)
cocky ['kɒkɪ] *adj* vard. mallig, stöddig, kaxig
cocoa ['kəʊkəʊ] *s* kakao; choklad som dryck
cocoa bean ['kəʊkəʊbiːn] *s* kakaoböna
cocoa butter ['kəʊkəʊˌbʌtə] *s* kakaofett
coconut ['kəʊkənʌt] *s* **1** kokosnöt **2** kokospalm
coconut butter ['kəʊkənʌtˌbʌtə] *s* kokosfett
coconut palm ['kəʊkənʌtpɑːm] *s* kokospalm
coconut shy ['kəʊkənʌtʃaɪ] *s* stånd på tivoli där man vinner kokosnötter genom att pricka dem
cocoon [kə'kuːn] **I** *s* zool. kokong **II** *vb tr* täcka med en plasthinna, bespruta med rostskyddsmedel
coco palm ['kəʊkəʊpɑːm] *s* kokospalm
cocotte [kə(ʊ)'kɒt] *s* kok. o. prostituerad kokott
COD [ˌsiːəʊ'diː] **1** (förk. för *cash on delivery*) [mot] efterkrav, [mot] postförskott **2** förk. för *Concise Oxford Dictionary*
cod [kɒd] *s* torsk; *dried ~* kabeljo
coda ['kəʊdə] *s* mus. coda
coddle ['kɒdl] *vb tr* klema bort; klema med
code [kəʊd] **I** *s* **1** kodex; lagsamling, lag[bok], balk; allmänna regler, oskrivna lagar; *~ of honour* hederskodex **2** kod [*~ name*]; chiffer, chifferskrift, chifferspråk; data. programmeringskod; *the Morse ~* morsekoden; *break a ~* knäcka en kod

3 dialling (amer. **area**) ~ riktnummer **II** vb tr **1** koda, kryptera, chiffrera **2** kodifiera
codeine ['kəʊdi:n] s kem. el. med. kodein
codfish ['kɒdfɪʃ] s se *cod*
codger ['kɒdʒə] s vard., *old* ~ gubbstrutt
codicil ['kəʊdɪsɪl, 'kɒd-] s jur. kodicill tillägg till testamente m.m.
codification [ˌkəʊdɪfɪ'keɪʃ(ə)n, ˌkɒd-] s kodifikation, kodifiering
codify ['kəʊdɪfaɪ, 'kɒd-] vb tr kodifiera, koda
cod-liver oil [ˌkɒdlɪvər'ɔɪl] s fiskleverolja
codpiece ['kɒdpi:s] s hist. blygdkapsel
co-driver ['kəʊˌdraɪvə] s andreförare, co-driver
co-ed ['kəʊed, -'-] isht amer. vard. **I** s **1** kvinnlig samskoleelev, studentska [vid samundervisningsanstalt] **2** samskola, samundervisningsanstalt **II** adj samskole-, samundervisnings-; ~ *school* samskola
co-edit [kəʊ'edɪt] vb tr redigera (ge ut) tillsammans
co-editor [kəʊ'edɪtə] s medredaktör
coeducation ['kəʊˌedjʊ'keɪʃ(ə)n] s samundervisning
coeducational ['kəʊˌedjʊ'keɪʃənl] adj samskole-, samundervisnings-; ~ *school* samskola
coefficient [ˌkəʊɪ'fɪʃ(ə)nt] s koefficient matem. el. fys.; grad; ~ *of expansion* utvidgningskoefficient
coerce [kəʊ'ɜ:s] vb tr **1** [med våld] betvinga **2** tvinga [*into* till, *into doing*]
coercion [kəʊ'ɜ:ʃ(ə)n] s tvång, betvingande
coercive [kəʊ'ɜ:sɪv] adj tvångs-, vålds-, tvingande
coexist [ˌkəʊɪg'zɪst] vb itr finnas till samtidigt [*with* som]; leva sida vid sida, leva tillsammans
coexistence [ˌkəʊɪg'zɪst(ə)ns] s samtidig förekomst; samlevnad [*peaceful* ~]
C. of E. [ˌsi:əv'i:] förk. för *Church of England*
coffee ['kɒfɪ] s kaffe; ~ *substitute* kaffesurrogat; *black* ~ kaffe utan grädde (mjölk); *white* ~ kaffe med grädde (mjölk); *two* ~*s please!* två kaffe, tack!; *make* ~ koka kaffe
coffee-and [ˌkɒfɪ'ænd] s amer. vard., ung. kaffe med dopp
coffee bar ['kɒfɪbɑ:] s cafeteria
coffee break ['kɒfɪbreɪk] s kafferast, kaffepaus
coffee-grinder ['kɒfɪˌgraɪndə] s kaffekvarn
coffee grounds ['kɒfɪgraʊndz] s pl [kaffe]sump
coffee house ['kɒfɪhaʊs] s enklare restaurang, kafé
coffee klatch o. **coffee klatsch** ['kɒfɪklætʃ] s amer. kafferep
coffee machine ['kɒfɪməˌʃi:n] s o. **coffee maker** ['kɒfɪˌmeɪkə] s kaffebryggare
coffee mill ['kɒfɪmɪl] s kaffekvarn
coffee pot ['kɒfɪpɒt] s kaffekanna; kaffepanna

coffee room ['kɒfɪru:m, -rʊm] s frukostrum, kafé, matsal på hotell
coffee shop ['kɒfɪʃɒp] s **1** isht amer. enklare restaurang, kafé **2** kaffeaffär
coffee spoon ['kɒfɪspu:n] s kaffesked
coffee stall ['kɒfɪstɔ:l] s transportabelt kaffestånd
coffee-table ['kɒfɪˌteɪbl] s soffbord
coffer ['kɒfə] s **1** kista; isht penningkista, kassaskrin; kassafack **2** pl. ~*s* skattkammare, fonder
coffin ['kɒfɪn] s likkista; *a nail in a p.'s* ~ bildl. en spik i ngns likkista
coffin nail ['kɒfɪnneɪl] s sl. giftpinne cigarett
cog [kɒg] **I** s kugge; *a* [*small*] ~ *in a big wheel* bildl. en [liten] kugge i det hela **II** vb tr förse med kuggar
cogency ['kəʊdʒ(ə)nsɪ] s bindande kraft, övertygande styrka, slagkraft
cogent ['kəʊdʒ(ə)nt] adj bindande, tvingande, övertygande, kraftig, stark [*a* ~ *reason*]
cogitate ['kɒdʒɪteɪt] **I** vb itr tänka, fundera **II** vb tr **1** tänka ut, fundera ut **2** filos. tänka sig [till]
cogitation [ˌkɒdʒɪ'teɪʃ(ə)n] s **1** begrundan[de], funderande, tänkande **2** tanke, reflexion; pl. ~*s* äv. funderingar, tankegångar
cognac ['kɒnjæk, 'kəʊn-] s cognac, konjak
cognate ['kɒgneɪt] adj besläktad [~ *languages*], härstammande från samma förfäder; ~ *matters* därmed sammanhängande frågor, dylikt
cognition [kɒg'nɪʃ(ə)n] s kognition, uppfattning[sförmåga], förstånd; förnimmelse
cognizance ['kɒgnɪz(ə)ns, 'kɒn-] s kännedom, vetskap; *take* ~ *of* lägga märke till; ta ad notam
cogwheel ['kɒgwi:l] s kugghjul
cohab ['kəʊhæb] s vard. sambo
cohabit [kəʊ'hæbɪt] vb itr sammanbo, bo ihop
cohabitant [kəʊ'hæbɪt(ə)nt] s se *cohabitee*
cohabitation [ˌkəʊhæbɪ'teɪʃ(ə)n] s samboende (sammanboende) isht utan vigsel; sammanlevnad
cohabitee [kəʊˌhæbɪ'ti:] s o. **cohabiter** [kəʊ'hæbɪtə] s isht jur. sambo
cohere [kə(ʊ)'hɪə] vb itr **1** hänga (hålla, sitta) ihop, hänga samman; vara förenad **2** ha sammanhang, gå ihop; stämma överens
coherence [kə(ʊ)'hɪər(ə)ns] s o. **coherency** [kə(ʊ)'hɪər(ə)nsɪ] s sammanhang, koherens
coherent [kə(ʊ)'hɪər(ə)nt] adj sammanhängande, koherent; med sammanhang i; följdriktig
cohesion [kə(ʊ)'hi:ʒ(ə)n] s kohesion[skraft]; sammanhang
cohesive [kə(ʊ)'hi:sɪv] adj kohesions-; sammanhängande

coiffeur [kwɑːˈfɜː] *s* frisör
coiffure [kwɑːˈfjʊə] *s* frisyr, koaffyr, håruppsättning
coil [kɔɪl] **I** *vb tr* lägga i ringlar; rulla (ringla) ihop [*ofta* ~ *up*] **II** *vb itr* ringla (slingra) sig; ~ *up* rulla (ringla) ihop sig **III** *s* **1** rulle; ~ *of rope* tågrulle **2** rörspiral; elektr. induktionsrulle, trådspiral, spole; ~ *spring* spiralfjäder **3** spiral livmoderinlägg **4** slinga
coin [kɔɪn] **I** *s* slant, mynt, peng; koll. pengar; *pay a p. back in his own* (*the same*) ~ betala ngn med samma mynt; *the other side of the* ~ medaljens baksida, saken sedd från andra sidan **II** *vb tr* **1** mynta, prägla; ~ *money* (*it*) vard. tjäna pengar som gräs **2** prägla, hitta på, mynta, [ny]bilda, skapa [~ *a word*]; [*it takes all sorts to make a world,*] *to* ~ *a phrase* ...för att använda en klyscha (uttrycka sig banalt)
coinage [ˈkɔɪnɪdʒ] *s* **1** myntning, [mynt]prägling **2** koll. mynt **3** myntsystem, myntsort; *decimal* ~ decimalmyntsystem **4** prägling, bildning isht av ord; nybildat ord, nybildning
coincide [ˌkəʊɪnˈsaɪd] *vb itr* **1** sammanfalla, sammanträffa [*with* med]; bildl. äv. kollidera [*programmes which* ~] **2** stämma överens [*with* med]
coincidence [kəʊˈɪnsɪd(ə)ns] *s* **1** sammanträffande, slump, tillfällighet [*what a* ~*!*] **2** sammanfallande **3** överensstämmelse
coincident [kəʊˈɪnsɪd(ə)nt] *adj* **1** sammanfallande, sammanträffande **2** överensstämmande
coincidental [kəʊˌɪnsɪˈdentl] *adj* **1** tillfällig **2** samtidig
coincidentally [kəʊˌɪnsɪˈdent(ə)lɪ] *adv* av en tillfällighet, tillfälligtvis
coin-operated [ˈkɔɪnˌɒpəreɪtɪd] *adj* mynt- [~ *TV*]; ~ *laundrette* tvättomat; ~ *telephone* telefonautomat
coir [kɔɪə] *s* coir, kokosbast; kokosfiber; sjö. grästross; ~ *mat* kokosmatta
coitus [ˈkəʊɪtəs] *s* lat. med. coitus, samlag; ~ *interruptus* [ɪntəˈrʌptəs] lat. avbrutet samlag preventivmetod
1 Coke [kəʊk] *s* ® vard. förk. för *Coca-Cola*
2 coke [kəʊk] *s* sl. kokain
3 coke [kəʊk] *s* koks; *go and eat* ~*!* vard. dra åt skogen!
cokey [ˈkəʊkɪ] *s* sl. kokainist
Col förk. för *Colorado*
Col. förk. för *Colonel, Colossians*
col. förk. för *column*
cola [ˈkəʊlə] *s* kolaträd; kolanöt
colander [ˈkʌləndə, ˈkɒl-] *s* durkslag grov sil
cola nut [ˈkəʊlənʌt] *s* kolanöt
Colchester [ˈkəʊltʃɪstə] geogr.
cold [kəʊld] **I** *adj* kall, frusen; bildl. kallsinnig, kylig, likgiltig, oberörd, opersonlig, okänslig, känslolös; ~ *buffet* kallskänk, kallskuret; ~

comfort [en] klen tröst; *have* (*get*) ~ *feet* a) vara (bli) kall om fötterna, frysa om fötterna, ha kalla fötter b) vard. ha (få) kalla fötter, dra öronen åt sig; *give a p. the* ~ *shoulder* se *cold-shoulder*; ~ *snap* köldknäpp; ~ *sweat* kallsvett, ångestsvett; ~ *turkey* sl., se *turkey 2*; *throw* (*pour*) ~ *water on* [*a proposal*] behandla...kallsinnigt, ställa sig avvisande till...; *feel* (*be*) ~ frysa; *I knocked him* ~ jag slog honom medvetslös; *it leaves me* ~ det lämnar mig kall (helt oberörd) **II** *s* **1** köld, kyla äv. bildl.; *come in from the* ~ bildl. komma in från kylan, bryta sin isolering; komma till heders igen; *leave out in the* ~ bildl. överge, lämna (ställa) utanför **2** förkylning; ~ *in the head* snuva; *catch* [*a*] ~ el. *get a* ~ förkyla sig, bli förkyld **III** *adv* amer. vard. helt, fullständigt
cold-blooded [ˌkəʊldˈblʌdɪd, attr. ˈ-ˌ--] *adj* kallblodig; bildl. äv. grym
cold-drawn [ˈkəʊlddrɔːn] *adj* tekn. kalldragen
cold front [ˌkəʊldˈfrʌnt] *s* meteor. kallfront
coldish [ˈkəʊldɪʃ] *adj* kylig, sval
coldness [ˈkəʊldnəs] *s* kyla, köld; bildl. kallsinnighet
cold-shoulder [ˌkəʊldˈʃəʊldə] *vb tr* behandla som luft, ignorera
cold storage [ˌkəʊldˈstɔːrɪdʒ] *s* **1** [förvaring i] kylrum (kylskåp, kylhus); attr. kyl- **2** bildl. *put a th. into* ~ lägga ngt på is
cold store [ˌkəʊldˈstɔː] *s* kylrum, kylhus
cold-water [ˌkəʊldˈwɔːtə] *adj*, ~ *flat* amer. omodern lägenhet
Coleridge [ˈkəʊl(ə)rɪdʒ]
coleslaw [ˈkəʊlslɔː] *s* vitkålssallad med majonnäsdressing
colewort [ˈkəʊlwɜːt] *s* bladkål
Colgate [ˈkɒlɡeɪt, ˈkəʊl-, -ɡət]
colibri [ˈkɒlɪbrɪ] *s* kolibri
colic [ˈkɒlɪk] *s* kolik
colicky [ˈkɒlɪkɪ] *adj* kolikartad, kolik-
Colin [ˈkɒlɪn, amer. äv. ˈkəʊ-] mansnamn
coliseum [ˌkɒlɪˈsɪəm] *s* amfiteater; sportpalats
colitis [kɒˈlaɪtɪs, kə(ʊ)ˈl-] *s* med. kolit, inflammation i grovtarmen
coll. förk. för *college, colloquial*
collaborate [kəˈlæbəreɪt] *vb itr* **1** samarbeta, medarbeta; ~ *on a book with a p.* arbeta på en bok tillsammans med ngn **2** isht polit. neds. samarbeta, kollaborera; ~ *with* äv. ha samröre med
collaborator [kəˈlæbəreɪtə] *s* **1** medarbetare **2** polit. (neds.) samarbetsman, kollaboratör
collage [kɒˈlɑːʒ, ˈ--] *s* konst. collage
collapse [kəˈlæps] **I** *s* **1** med. kollaps **2** hopfallande, sammanstörtande, instörtning, ras **3** bildl. sammanbrott, krasch, fall; ruin; fiasko; *the* ~ *of the plans* det totala misslyckandet med planerna **II** *vb itr* **1** kollapsa, klappa ihop, bryta samman; ~ *with laughter* förgås av skratt **2** falla (ramla)

ihop [*the table ~d*], braka samman, störta in; rasa [*the price of steel ~d*] **3** 'spricka', gå om intet [*our plans ~d*] **4** vara hopfällbar
collapsible [kə'læpsəbl] *adj* hopfällbar [*~ boat*]; *~ chair* äv. fällstol
collar ['kɒlə] **I** *s* **1** krage; *hot under the ~* se *hot I 1* **2** halsband t.ex. på hund; halsring **3** tekn. stoppring, ring; förenande hylsa; fläns, krans, krage **II** *vb tr* **1** ta (fatta) i kragen; gripa, hugga [*~ a thief*] **2** vard. knycka, hugga
collar bone ['kɒləbəʊn] *s* nyckelben
collar button ['kɒlə̩bʌtn] *s* amer. kragknapp
collar stud ['kɒləstʌd] *s* kragknapp
collateral [kə'læt(ə)r(ə)l, kɒ'l-] **I** *adj* **1** belägen (löpande) sida vid sida, parallell; kollateral **2** indirekt, bidragande, bi- [*~ circumstance*], sido-, underordnad [*to a th.* ngt]; *~ security* realsäkerhet, kompletterande säkerhet, säkerhet för belåning **3** på sidolinjen, i sidled; *~ branch* sidolinje **II** *s* **1** släkting på sidolinjen **2** se *~ security* under *I 2*
colleague ['kɒli:g] *s* kollega, arbetskamrat
1 collect ['kɒlekt] *s* kyrkl. kollekta, kollektbön
2 collect [kə'lekt] **I** *vb tr* **1** samla, samla ihop, plocka ihop, samla in, samla upp; samla på **2** kassera in, uppbära, indriva; ta upp, få in, få ihop **3** *~ oneself* hämta sig från t.ex. överraskning; samla sig, ta sig samman; *~ one's wits* samla sig, ta sig samman **4** avhämta, hämta [*~ a child from school*] **II** *vb itr* **1** samlas, samla sig; hopas, hopa sig **2** samla [böcker, frimärken, mynt m.m.] **III** *adj* isht amer. som betalas av mottagaren [*a ~ telegram*]; *a ~ call* ett ba-samtal telefonsamtal som betalas av mottagaren **IV** *adv* isht amer. mot efterkrav, mot postförskott [*send a parcel ~*]; [*a telegram*] *sent ~* ...som betalas av mottagaren
collection [kə'lekʃ(ə)n] *s* **1** samlande, hopsamling, uppsamling **2** a) insamling, insamlings- [*~ box*]; avhämtning [*ready for ~*] b) post. [brevlåds]tömning, tur [*2nd ~*] **3** kyrkl. kollekt; *make a ~* ta upp kollekt **4** inkassering, uppbörd, indrivning; *~ order* inkassouppdrag **5** samling [*~ of books (coins)*], kollektion; anhopning; hop
collection box [kə'lekʃ(ə)nbɒks] *s* kollektbössa
collective [kə'lektɪv] **I** *adj* **1** samlad, sammanlagd **2** kollektiv äv. gram. [*~ noun*]; sammanfattande; gemensam, samfälld; *~ agreement* kollektivavtal; *~ bargaining* kollektivförhandlingar; *~ farm* kollektiv[jordbruk] **II** *s* **1** kollektiv[t substantiv] **2** kollektiv[jordbruk] **3** kollektiv, grupp
collectivization [kəˌlektɪvaɪ'zeɪʃ(ə)n] *s* kollektivisering
collectivize [kə'lektɪvaɪz] *vb tr* kollektivisera
collector [kə'lektə] *s* samlare; *~'s item* samlarobjekt

college ['kɒlɪdʒ] *s* **1** college: a) läroanstalt som är knuten till ett universitet b) internatskola [*Eton C~, Winchester C~*] c) amer. slags [internat]högskola d) collegebyggnad **2** [fack]högskola; *~ of education* lärarhögskola; *~ of advanced technology* ung. teknisk högskola **3** skola, institut; *~ of further education* skola för vidareutbildning, yrkesskola, fackskola på alla nivåer; *the Royal Naval C~* sjökrigsskolan **4** kollegium; *the C~ of Cardinals* el. *the Sacred C~* kardinal[s]kollegiet
college try ['kɒlɪdʒtraɪ] *s* amer. vard., *give it (make) the old ~* ge allt, ta ut sina sista krafter
collide [kə'laɪd] *vb itr* kollidera, stöta ihop, krocka [*with* med]; vara oförenlig [*with* med]; *~ with* äv. a) stöta emot b) stå i strid med, strida mot
collie ['kɒlɪ] *s* collie hundras
collier ['kɒlɪə] *s* **1** kolgruv[e]arbetare **2** sjö. kolfartyg, kolångare
colliery ['kɒljərɪ] *s* kolgruva
collision [kə'lɪʒ(ə)n] *s* kollision äv. bildl.; sammanstötning, krock; *come into ~ with* kollidera (krocka) med; *be on* [*a*] *~ course with* ha råkat på kollisionskurs med
collocation [ˌkɒlə(ʊ)'keɪʃ(ə)n] *s* sammanställning; [ord]förbindelse
collodion [kə'ləʊdjən] *s* kem. el. tekn. kollodium
collop ['kɒləp] *s* liten köttskiva
colloquial [kə'ləʊkwɪəl] *adj* vardags-, talspråks- [*~ expression*]; talspråklig, vardaglig
colloquialism [kə'ləʊkwɪəlɪz(ə)m] *s* talspråksuttryck, vardagsuttryck
colloquially [kə'ləʊkwɪəlɪ] *adv* vardagligt, i vardagsspråket, i dagligt tal, i samtalsspråket
colloquy ['kɒləkwɪ] *s* samtal; dialog; diskussion
collude [kə'lu:d, -'lju:d] *vb itr* stå i maskopi med varandra; *~ with* stå i maskopi med, spela under täcke[t] med
collusion [kə'lu:ʒ(ə)n, -'lju:-] *s* jur. maskopi; bedrägligt hemligt samförstånd [*act in ~ with*]; hemlig överenskommelse
collywobbles ['kɒlɪˌwɒblz] *s pl* vard. **1** kurrande i magen **2** magknip **3** stora darren nervositet
Colman ['kəʊlmən]
Colo förk. för *Colorado*
colocynth ['kɒləsɪnθ] *s* bot. kolokvint
Cologne [kə'ləʊn] **I** Köln **II** *s, c~* [eau-de-]cologne
Colombia [kə'lɒmbɪə]
Colombian [kə'lɒmbɪən] **I** *s* colombian **II** *adj* colombiansk
1 colon ['kəʊlən] *s* grovtarm, kolon
2 colon ['kəʊlən] *s* kolon skiljetecken
colonel ['kɜ:nl] *s* överste

colonial [kə'ləʊnjəl] **I** *adj* **1** kolonial, koloni[al]-, från kolonierna; kolonialvaru-; *~ empire* kolonialvälde **2** amer. från [den brittiska] kolonialtiden, i [brittisk] kolonialstil [*a ~ house*] **II** *s* **1** koloniinvånare, kolonisoldat **2** kolonialvara
colonialism [kə'ləʊnjəlɪz(ə)m] *s* kolonialism
colonist ['kɒlənɪst] *s* kolonist, nybyggare
colonization [ˌkɒlənaɪ'zeɪʃ(ə)n] *s* kolonisation, kolonisering
colonize ['kɒlənaɪz] **I** *vb tr* **1** kolonisera **2** placera i kolonierna (i en koloni) **3** amer. polit. plantera ut väljare i **II** *vb itr* anlägga nybyggen, bli nybyggare, bilda en koloni; slå sig ned i en koloni
colonizer ['kɒlənaɪzə] *s* kolonisatör
colonnade [ˌkɒlə'neɪd] *s* arkit. kolonnad
colony ['kɒlənɪ] *s* **1** koloni; nybygge **2** zool. samhälle
coloquintida [ˌkɒlə'kwɪntɪdə] *s* bot. kolokvint
color amer., se *colour*; *~ line* se *colour bar*
Coloradan [ˌkɒlə'rɑːdən] *s* coloradobo, person från Colorado
Colorado [ˌkɒlə'rɑːdəʊ] geogr. egennamn.; *~ beetle* koloradoskalbagge
coloration [ˌkʌlə'reɪʃ(ə)n] *s* färgteckning, färgsättning, färg[giv]ning; färg[er]; kolorit
coloratura [ˌkɒlərə'tʊərə] *s* mus. (it.) koloratur
colossal [kə'lɒsl] *adj* kolossal, jättelik
Colosseum [ˌkɒlə'sɪəm] **I** egennamn.; *the ~ Colosseum* i Rom **II** *s*, *c~* amfiteater; sportpalats
Colossians [kə'lɒʃ(ə)nz, -'lɒs-] *s pl* bibl. kolosser; [*the Epistle to the*] *~* (konstr. ss. sg.) Kolosserbrevet
coloss|us [kə'lɒs|əs] (pl. *-i* [-aɪ] el. *-uses*) *s* **1** koloss[alstaty] **2** koloss
colostrum [kə'lɒstrəm] *s* fysiol. kolostrum, råmjölk
colour ['kʌlə] **I** *s* **1 a)** färg, kulör båda äv. bildl.; kolorit **b)** attr. färg- [*~ film, ~ filter, ~ television*]; *the ~ magazines* ung. den kolorerade [vecko]pressen; *~ saturation control* TV. färgmättnadskontroll **2** [ansikts]färg, hy; frisk färg, rodnad; *change ~* skifta (ändra) färg, bli blek (röd); *get (gain) a ~* få färg bli solbränd; *have a high ~* ha hög [ansikts]färg; *lose ~* bli blek; *off ~* se *off-colour* **3** pl. *~s* spec. betydelser: **a)** sport.: band, dräkt o.d. i t.ex. ett lags färger; klubbdräkt; *get (win) one's ~s* komma med i [idrotts]laget **b)** flagg[a], fana; *desert one's ~s* rymma från sitt regemente, desertera; *join the ~s* ta värvning, bli soldat; *lower one's ~s* stryka flagg bildl.; *nail one's ~s to the mast* framhärda, stå fast; *serve the ~s* tjäna sitt land; *under false ~s* under falsk flagg; *come off with flying ~s* klara sig med glans; *serve with the ~s* stå (ställa sig) under fanorna **c)** *show one's ~s* visa (bekänna) färg; *show (come out in) one's true ~s* visa sitt rätta ansikte, visa sitt verkliga jag; *paint a th. in bright (dark) ~s* skildra (framställa, utmåla) ngt i ljusa (mörka) färger; *see a th. in its true ~s* se ngt i dess rätta ljus **4** utseende; viss dager; sken av rätt o.d.; svepskäl, förevändning; *give (lend) ~ to a th.* ge ngt ett visst sken av sannolikhet; *give a false ~ to* framställa i falsk dager; *the story has some ~ of truth* historien bär en viss prägel av att vara sann; *let's see the ~ of your money!* vard. lägg pengarna på bordet!; *not see the ~ of a p.'s money* vard. inte se röken av ngns pengar **5** mus. klangfärg **6** färg[ning], ton, betydelsenyans **7** ton, karaktär, prägel **II** *vb tr* **1** färga, färglägga, måla, kolorera; ge färg åt **2** bildl. färga, färglägga; framställa i falsk dager; prägla **III** *vb itr* få färg; skifta färg; rodna [äv. *~ up*]
colour bar ['kʌləbɑː] *s* rasdiskriminering på grund av hudfärg; rasbarriär, rasskrankor
colour-blind ['kʌləblaɪnd] *adj* färgblind
coloured ['kʌləd] **I** *adj* **1** färgad, kulört **2** färgad av inte vit härkomst; jfr äv. *1 cape 2 b* ex. **3** bildl. färgad, färglagd [*~ account (description)*] **4** ss. efterled i sms. -färgad [*cream-coloured*]; med...färg (hy) [*fresh-coloured*] **II** *s* **1** pl. *~s* färgade [människor]; jfr äv. *1 cape 2 b* ex. **2** *the ~s* kulörtvätten
colour-fast ['kʌləfɑːst] *adj* färgäkta, färgbeständig
colourful ['kʌləf(ʊ)l] *adj* färgrik, färgstark [*~ style*], brokig [*~ life*]
colouring ['kʌlərɪŋ] *s* **1** färg[lägg]ning **2** om ansikte o.d. färg[er] **3** falskt sken **4** färgbehandling; kolorit **5** ton, karaktär, prägel **6** färgmedel; *~ matter* färgämne
colourist ['kʌlərɪst] *s* konst. kolorist
colourize ['kʌləraɪz] *vb tr* digitalt färglägga svartvit film
colourless ['kʌlələs] *adj* färglös äv. bildl.
colour scheme ['kʌləskiːm] *s* färg[samman]sättning, färgschema
colour supplement ['kʌləˌsʌplɪmənt] *s* söndagsbilaga i veckotidningsformat
colour transparency ['kʌlətrænsˌpær(ə)nsɪ] *s* färgdia, färgbild
1 colt [kəʊlt] *s* **1** föl, fåle, unghäst **2** novis, nybörjare isht sport.; reservlagsspelare
2 colt [kəʊlt] *s* (äv. *C~*) Colt[-revolver]
coltish ['kəʊltɪʃ] *adj* yster, vild, yr
coltsfoot ['kəʊltsfʊt] (pl. *~s*) *s* bot. hästhov, hästhovsört
Columbia [kə'lʌmbɪə] geogr.
columbine ['kɒləmbaɪn] **I** *adj* duvlik **II** *s* bot. akleja
Columbus [kə'lʌmbəs] egennamn.; *~ Day* Columbusdagen 12 okt., helgdag i flera amerikanska stater
column ['kɒləm] *s* **1** kolonn byggn. el. mil.;

pelare äv. bildl.; stod; ~ *of smoke* rökpelare; *spinal* ~ anat. ryggrad **2** kolumn; spalt; ~ *of figures* lodrät sifferrad **3 a)** rattstång; ~ *shift* rattväxel **b)** *control* ~ [flyg]spak
columnist ['kɒləmnɪst] *s* [ofta politisk] kåsör, kolumnist, kommentator, krönikör
Com. förk. för *Commander, Commodore, Communist*
com. förk. för *comedy, commerce, committee*
coma ['kəʊmə] *s* med. koma medvetslöshet
comatose ['kəʊmətəʊs] *adj* **1** med. komatös, medvetslös **2** vard. sömnig, dåsig
comb [kəʊm] **I** *s* **1** kam **2** karda **II** *vb tr* **1** kamma; rykta; ~ [*out*] bildl. finkamma [*for* för att få tag i]; ~ *out* företa en utrensning i [~ *out a government department*] **2** karda, häckla
combat ['kɒmbæt, 'kʌm-] **I** *s* kamp, strid, drabbning; *single* ~ tvekamp, envig; ~ *fatigue* mil. psykol. stridströtthet; krigsneuros **II** *vb tr* bekämpa, kämpa mot, strida mot **III** *vb itr* kämpa
combatant ['kɒmbət(ə)nt, 'kʌm-] **I** *adj* stridande **II** *s* stridande, [front]soldat, kämpe, kombattant
combative ['kɒmbətɪv, 'kʌm-] *adj* stridslysten
combination [ˌkɒmbɪ'neɪʃ(ə)n] *s* **1** kombination, sammanställning, sammansättning; serie, rad **2** sammanslutning; förening äv. kem. **3** förbindelse, association; kombinationsförmåga **4** [*motorcycle*] ~ motorcykel med sidvagn **5** kombination i ett kombinationslås
combination lock [ˌkɒmbɪ'neɪʃ(ə)nlɒk] *s* kombinationslås
combinatory [ˌkɒmbɪ'neɪtərɪ] *adj* kombinatorisk
combine [ss. vb kəm'baɪn, ss. subst. 'kɒmbaɪn] **I** *vb tr* ställa samman; förena [~ *business with pleasure*]; slå ihop; kombinera, sätta ihop; sammanfatta; ~*d operations* mil. kombinerade operationer **II** *vb itr* **1** förena sig; sluta sig samman; samverka; *everything* ~*d against him* allting sammangaddade sig mot honom **2** ingå kemisk förening **III** *s* **1** sammanslutning i polit. ekon. syfte, syndikat **2** ~ [*harvester*] skördetröska
comb-out ['kəʊmaʊt] *s* finkamning; utrensning
combustible [kəm'bʌstəbl] **I** *adj* brännbar **II** *s* brännbart ämne; bränsle
combustion [kəm'bʌstʃ(ə)n] *s* förbränning; ~ *chamber* brännkammare; ~ *engine* förbränningsmotor; *spontaneous* ~ självantändning, självförbränning
Comdr förk. för *Commander*
come [kʌm] **A** (*came come*) *vb* **I** *itr* **1** komma; komma hit (dit); resa; ~ *apart* (*to pieces*) gå sönder; ~ *and get it!* käket är klart! **2** sträcka sig, gå **3** ske; ~ *what may* hända vad som

hända vill, vad som än händer; *I could see it* ~*ing* det gick som jag trodde, jag visste hur det skulle gå **4** kunna fås, finnas att få [*it* ~*s in packets*] **5** sl., *he* (*she*) *came* det gick för honom (henne), han (hon) kom fick orgasm **6** spec. användningar av vissa former av 'come': **a)** imper. ~ *again?* vard. va [sa]?, vadå?; ~ [~]*!* el. ~ *now!* a) så ja [, så ja]! b) försök inte! c) raska på! **b)** inf. *to* ~ kommande, blivande, framtida; *in days to* ~ under kommande dagar **c)** pres. konj.: ~ vard. nästkommande; om; ~ *Xmas* till julen **7** ~ *to* + inf. a) komma för att [*he has* ~ *here to work*] b) [småningom] komma att [*I've* ~ *to hate this*], ha hunnit; ~ (*when one* ~*s*) *to think of it* när man tänker efter (på saken) **8** *how* ~*?* hur kommer det sig? **9 a)** med adj. bli, visa sig; ~ *easy to a p.* gå (falla sig) lätt för ngn; ~ *expensive* bli (ställa sig) dyr; ~ *loose* lossna **b)** med perf. p. el. adj. med förstavelsen 'un-' ~ *undone* (*untied* etc.) gå upp, lossna
II med adv. o. prep. isht i spec. betydelser:
~ *about* inträffa, ske, hända [sig], gå till
~ *across:* a) komma över äv. bildl; hitta, få tag i [*I came across it in Rome*]; råka på b) ~ *across as* ge intryck av [att vara] [*it* ~*s across as a good film, but mustn't be taken too seriously*]
~ *again!* vard. va [sa]?, vadå?
~ *along:* a) komma (följa, gå) med; ~ *along!* kom nu!, skynda på!; försök igen! b) visa sig, komma hit (dit, fram) c) klara sig [*you are coming along fine*]; ta sig [*the garden is coming along nicely*], arta sig
~ *at:* a) komma åt, få tag i b) gå lös på
~ *back:* a) komma tillbaka; *it* ~*s back to me now* nu minns jag b) ~ *back at a p.* ge ngn svar på tal
~ *by:* a) komma förbi b) få tag i, komma över [*he did not* ~ *by it honestly*]
~ *down:* a) komma (gå) ner b) sträcka sig (gå) [ner] c) störta samman (ner) d) *they have* ~ *down in the world* det har gått utför med dem e) lämnas i arv f) ~ *down handsome*[*ly*] vard. vara verkligt flott g) ~ *down on* sin här på, fara ut mot h) ~ *down to* kunna reduceras till [*it all* ~*s down to this*]; se äv. ex. under ~ *to g*) o. *h*) nedan **i**) ~ *down in favour of* gå in för, ta ställning för
~ *forth* träda fram
~ *forward* träda fram, stiga fram; anmäla sig, erbjuda sig; ~ *forward with a proposal* lägga fram ett förslag
~ *from:* a) komma (vara) från; *coming from you* [*that's a compliment*] för att komma från dig... b) komma [sig] av [*that* ~*s from your being so impatient*]
~ *in:* a) komma in, inträda; komma i mål b) komma till makten c) komma på modet (i bruk) d) infalla, börja e) ~ *in handy* (*useful*)

komma väl (bra) till pass **f)** *where do I ~ in?* var kommer jag in [i bilden]? **g)** *~ in for* få del av, få [sig]
~ **into**: **a)** få ärva [*~ into a fortune*], tillträda **b)** *~ into blossom* gå i blom; *~ into fashion* komma på modet; *~ into play* träda i funktion; spela in; *~ into power* komma till makten; *~ into the world* komma till världen
~ **of**: **a)** komma sig av [*this ~s of carelessness*]; *no good will ~ of it* det kommer inte att leda till något gott; *that's what ~s of your lying!* där har du för att du ljuger! **b)** härstamma från; *he ~s of a good family* han är av god familj
~ **off**: **a)** gå ur, lossna [från]; gå bort (ur) om fläck; [*this lipstick*] *doesn't ~ off* ...smetar inte **b)** ramla av (ner) [från] **c)** *~ off it!* försök inte!; lägg av! **d)** äga rum, bli av [*the party won't ~ off*] **e)** lyckas [*if my plan ~s off*]; avlöpa, gå [*did everything ~ off all right?*] **f)** klara sig [*he came off best*] **g)** sl. få orgasm
~ **on**: **a)** komma [efter], närma sig **b)** träda fram [på scenen] **c)** bryta in, falla på [*night came on*]; *autumn is coming on* det börjar bli höst **d)** ta sig, utveckla sig; repa sig; *how are you coming on?* hur går det för dig?; *I feel a cold coming on* jag känner att jag börjar bli förkyld **e)** *~ on!* kom nu!, skynda på!; kom om du törs!
~ **out**: **a)** komma ut äv. om bok o.d. **b)** *~ out* [*on strike*] gå i strejk **c)** gå ur [*these stains won't ~ out*] **d)** *he came out third* han kom trea; *~ out badly* klara sig dåligt; *~ out the winner* sluta som segrare **e)** komma fram; bli synlig, visa sig; om blomma slå ut; *he always ~s out well in photographs* han blir (gör sig) alltid bra på kort **f)** komma i dagen, komma fram, komma ut [*when the news came out*] **g)** visa sig [vara] [*~ out all right*] **h)** debutera, komma ut i sällskapslivet **i)** rycka ut [*~ out in defence of a p.*] **j)** *~ out at* bli, uppgå till [*the total ~s out at 200*] **k)** *~ out in spots* få utslag
~ **over**: **a)** komma över **b)** vard. känna sig, bli [*she came over queer*] **c)** *what had ~ over her?* vad gick (kom) det åt henne?
~ **round**: **a)** komma över, titta in [på besök]; *~ round and see a p.* komma och hälsa på ngn **b)** *Christmas will soon ~ round* snart är det jul igen **c)** kvickna till; hämta sig **d)** komma på andra tankar, omvända sig; gå (komma) över [*he will never ~ round to our way of thinking*]; *~ round to a p.* bli vänligare stämd mot ngn
~ **through**: **a)** klara sig, undkomma; klara sig igenom **b)** komma [in] [*a report has just ~ through*]
~ **to**: **a)** komma till, nå; *whatever are we coming to?* vad ska det bli av oss?, var ska det sluta?; *you'll have to take what's coming to you* du får ta konsekvenserna; *I hope he gets what's coming to him* jag hoppas han får vad han förtjänar; *he had it coming to him* vard. han hade sig själv att skylla; *you've got it coming to you* du får skylla dig själv **b)** kvickna till **c)** drabba; *no harm will ~ to you* det ska inte hända dig något ont **d)** ärva; tillfalla genom arv o.d.; *~ to the throne* komma på tronen **e)** belöpa sig till, komma (gå) på; *how much does it ~ to?* äv. hur mycket blir det? **f)** leda till; *~ to nothing* gå om intet; *it ~s to the same thing* det kommer på ett ut **g)** gälla, bli tal om; *when it ~s* [*down*] *to it* när det kommer till kritan, när allt kommer omkring **h)** betyda, innebära; *it ~s* [*down*] *to this - if we are to...* saken är helt enkelt den - om vi ska... **i)** *~ to that* för den delen, för resten **j)** sjö. stanna, ankra upp **k)** sjö. lova
~ **under** komma (höra) under
~ **up**: **a)** komma upp; komma fram; dyka upp; [*two meat pies*] *coming up!* t.ex. på restaurang ...klara! **b)** komma på tapeten, komma på tal **c)** *my lottery ticket came up* jag vann (har vunnit) på lotteri **d)** *the shirt ~s up white with...* skjortan blir vit [när den tvättas] med... **e)** *~ up against* kollidera med; råka ut för [*~ up against a difficulty*] **f)** *~ up to* nå (räcka) upp till; uppgå till; motsvara, uppfylla **g)** *~ up with* komma med [*~ up with a new suggestion*]
III *tr* **1** vard. spela, agera; *~ the great lady* spela fin dam; *~ it over* spela herre över, topprida; *don't try to ~ it with* (*over*) *me!* försök inte med mig! **2** *~ a cropper* se *cropper* **3** *~ it strong* se *strong II*
B *s* sl. sats sädesvätska

comeback ['kʌmbæk] *s* **1** [lyckad] comeback; återkomst, återinträde **2** vard. svar [på tal] **3** amer. anledning att klaga (till klagomål)
comedian [kə'mi:djən] *s* **1** komiker; komediskådespelare **2** komediförfattare
comedienne [kə͵mi:dɪ'en] *s* komedienn, [kvinnlig] komiker
come-down ['kʌmdaʊn] *s* steg nedåt isht socialt
comedy ['kɒmədɪ] *s* **1** komedi, lustspel; *low ~* fars, slapstick; *~ of manners* sedekomedi **2** komik
come-hither [͵kʌm'hɪðə] vard. **I** *adj* inviterande [*a ~ look*], lockande **II** *s* invitation, lockelse
comely ['kʌmlɪ] *adj* med behagligt utseende, täck, fin, [rätt] vacker
come-on ['kʌmɒn] *s* vard. **1** lockmedel, lockbete **2** inbjudande blick (gest); invit
comer ['kʌmə] *s* **1** *all ~s* alla som ställer upp, alla som kommer, vem som helst; *the first ~* den som kommer (kom) först, den först anlände; jfr *goer 2* **2** isht amer. kommande (lovande) man (politiker m.m.), uppåtgående stjärna

comestible [kə'mestɪbl] s, vanl. pl. ~s matvaror
comet ['kɒmɪt] s komet
come-uppance [ˌkʌm'ʌpəns] s vard., *get one's* ~ få vad man förtjänar, få sitt straff
comfort ['kʌmfət] **I** s **1** tröst [*a few words of* ~; *he was a great* ~ *to me*]; lättnad; *it's a* ~ *to know that...* det känns skönt att veta att...; *take* ~ a) låta trösta sig b) fatta mod **2 a)** ~ el. pl. **~s** komfort, bekvämligheter **b)** komfort, välbefinnande; trevnad, hemtrevnad; välstånd; *live in* ~ äv. leva ett bekymmerslöst liv **c)** *too close for* ~ alltför nära för att kännas bra **II** *vb tr* trösta; *be ~ed* låta trösta sig; *that's ~ing* [*to know*] det är en tröst...
comfortable ['kʌmf(ə)təbl] *adj* **1** bekväm, komfortabel, behaglig, angenäm; *be* ~ ha det [lugnt och] skönt, sitta etc. bekvämt (bra), trivas; *be* ~ äv. befinna sig väl; *make oneself* ~ göra det bekvämt för sig, slå sig till ro **2** som har det bra; *be in* ~ *circumstances* ha det bra ställt, vara i goda omständigheter **3** tillräcklig, trygg [*a* ~ *income*]; *with a* ~ *margin* med god marginal **4** väl till mods, nöjd och belåten
comfortably ['kʌmf(ə)təblɪ] *adv* bekvämt etc., jfr *comfortable*; *be* ~ *off* ha det bra ställt
comforter ['kʌmfətə] s **1** tröstare **2** yllehalsduk **3** napp, tröst[napp]
comfort station ['kʌmfətˌsteɪʃ(ə)n] s amer. bekvämlighetsinrättning, offentlig toalett
comfy ['kʌmfɪ] *adj* vard., se *comfortable 1*
comic ['kɒmɪk] **I** *adj* komisk, rolig, lustig; komedi-; ~ *author* [klassisk] komediförfattare; ~ *opera* komisk opera, operett; ~ *paper* skämttidning, serietidning, seriemagasin; ~ *relief* teat. ett komiskt inslag; *it provided* ~ *relief* allm. äv. det kom som ett befriande inslag [i det hela]; ~ *song* kuplett; ~ *strip* skämtserie, tecknad serie **II** s **1** vard. skämttidning, serietidning, seriemagasin; *the* ~*s* serierna, seriesidan, seriesidorna i tidning **2** komiker på varieté
comical ['kɒmɪk(ə)l] *adj* komisk, festlig
comicality [ˌkɒmɪ'kælətɪ] s komiskhet, lustighet
comic-opera [ˌkɒmɪk'ɒp(ə)rə] *adj* operettartad, operett-
coming ['kʌmɪŋ] **I** *adj* **1** kommande, stundande, förestående; annalkande **2** kommande, lovande, framtids-; ~ *man* framtidsman, påläggskalv **II** s **1** ankomst; annalkande; bibl. tillkommelse; *at the* ~ *of night* vid nattens inbrott **2** pl. ~*s and goings* a) spring ut och in, folk som kommer och går b) saker som händer
coming-of-age [ˌkʌmɪŋəv'eɪdʒ] s uppnående av myndig ålder
coming-out [ˌkʌmɪŋ'aʊt] s debut i sällskapslivet; *a* ~ *ball* en debutantbal

comma ['kɒmə] s komma[tecken]; *inverted* ~*s* anföringstecken, citationstecken
command [kə'mɑːnd] **I** *vb tr* **1** befalla [*a p. to do; that...*]; bjuda, kräva, anbefalla, påbjuda [~ *silence*] **2** föra befälet (ha befäl) över (på, i), kommendera; ~ *a vessel* äv. föra ett fartyg **3** vara herre över, behärska **4** förfoga över, disponera [över] [~ *vast sums of money*], uppbringa **5** inge, förtjäna [*he* ~*s our respect* (*our sympathy*)]; ~ *respect* ha respekt med sig **6** isht mil. behärska [*the castle* ~*s the town*], erbjuda (ha) utsikt över **7** inbringa; betinga ett pris **II** *vb itr* befalla; härska; föra befäl[et], kommendera **III** s **1** befallning; bud; mil. order, kommando [*at his* ~]; *word of* ~ kommando[ord]; *at the word of* ~ på kommando, på given signal; *do a th. at (by) a p.'s* ~ göra ngt på order av ngn **2 a)** mil. befäl [*under the* ~ *of*], kommendering; *take* ~ *of* ta befäl över; *in* ~ kommenderande, befälhavande; *be in* ~ föra befäl[et] [*of* över, på, i]; *he is first (second) in* ~ han är högste chef (närmast under chefen) **b)** herravälde, kontroll; *he has complete* ~ *of the situation* han behärskar fullständigt situationen **c)** behärskande av språk etc.; *have a good* ~ *of a language* behärska ett språk bra **3** förfogande, disposition; *all the money at his* ~ alla pengar som står till hans förfogande (disposition) **4** mil. kommando, truppavdelning; befälsområde; *Bomber C~* bombflyget; *Coastal C~* kustflyget; *Fighter C~* jaktflyget **5** data. kommando, kommando- [~ *file* (*language*)]
commandant ['kɒməndænt, -dɑːnt, ˌ--'-] s kommendant; befälhavare
commandeer [ˌkɒmən'dɪə] *vb tr* ta ut ([tvångs]utskriva, kommendera) till militärtjänst; rekvirera, beslagta, lägga beslag på för militärt bruk eller för statliga ändamål, äv. friare
commander [kə'mɑːndə] s **1** befälhavare, anförare, ledare, chef; härförare **2** inom flottan kommendörkapten **3** polis., ung. polisintendent **4** i orden ung. kommendör av andra klassen; *knight* ~ ung. kommendör av första klassen
commander-in-chief [kəˌmɑːnd(ə)rɪn'tʃiːf] (pl. *commanders-in-chief* [-dəzɪn-]) s överbefälhavare, högsta befälhavare
commanding [kə'mɑːndɪŋ] *adj* **1** befälhavande, kommenderande; ~ *officer* el. *officer* ~ mil. chef, befälhavare lägre än generalsperson **2** vördnadsbjudande, imponerande [~ *appearance*]; befallande; överlägsen; ~ *presence* ung. pondus **3** med dominerande läge, dominerande; omfattande; ~ *position* dominerande läge; *a* ~ *view of* [en] fri och öppen utsikt över
commandment [kə'mɑː(n)dmənt] s bud[ord]; *the ten* ~*s* tio Guds bud; *the second* ~

command module

motsv. slutorden i tio Guds bud; *the third* (*fourth* etc.) motsv. andra (tredje etc.) budet; *the tenth* ~ motsv. nionde och tionde budet; *the eleventh* ~ skämts. elfte budet vanl. = 'thou shalt not be found out'
command module [kə'mɑ:nd‚mɒdju:l] *s* mil. kommandomodul, kommandokapsel
commando [kə'mɑ:ndəʊ] (pl. ~*s*) *s* a) kommandotrupp [äv. ~ *unit*] b) kommandosoldat
command performance [kə'mɑ:ndpə‚fɔ:məns] *s* teat. o.d. föreställning som ges på kunglig befallning
commemorate [kə'meməreɪt] *vb tr* **1** fira (hedra) minnet av, fira **2** bevara minnet av, firas till minnet av [*Christmas* ~*s the birth of Christ*]
commemoration [kə‚memə'reɪʃ(ə)n] *s* åminnelse, firande [*in* (till) ~ *of*]; minnesfest, åminnelsegudstjänst; årshögtid
commemorative [kə'memərətɪv] *adj* minnes- [~ *exhibition*], åminnelse-; jubileums- [~ *stamp*]; ~ *of* till minnet av
commence [kə'mens] **I** *vb itr* börja, begynna, ta sin början, inledas **II** *vb tr* [på]börja, inleda
commencement [kə'mensmənt] *s* **1** början, begynnelse, inledning **2** a) univ. (isht Cambridge, Dublin o. i USA) ung. promotion[sfest] b) skol. amer. avslutning
commend [kə'mend] *vb tr* **1** lovorda, prisa, berömma [*upon a th.* för ngt; *to a p.* för ngn], rosa **2** anbefalla, rekommendera; *it* ~*ed itself to him* det tilltalade honom **3** anförtro, överantvarda; ~ *one's soul to God* relig. anbefalla sin själ åt Gud
commendable [kə'mendəbl] *adj* lovvärd, berömvärd
commendation [‚kɒmen'deɪʃ(ə)n] *s* rekommendation, lovord[ande]
commensurate [kə'menʃ(ə)rət] *adj* sammanfallande [*with* med]; proportionell, proportionerlig [*to* mot]; *be* ~ *with* a) stå i [rimlig] proportion till, motsvara b) vara samma som
comment ['kɒment] **I** *s* kommentar[er] [*on*, *upon* till, om; *about* om], [förklarande (kritiserande)] anmärkning, yttrande, förklarande not [*on* till]; kritik [*on* av]; utläggning [*on* över]; förklaring, belysning [*on* av]; *no* ~*!* inga kommentarer!; *make* ~*s on* (*upon*, *about*) äv. kommentera **II** *vb itr*, ~ *on* (*upon*, *about*) kommentera; uttala sig om, yttra sig i en fråga; kritisera
commentary ['kɒmənt(ə)rɪ] *s* **1** kommentar [*on* till], redogörelse; uttalande; anmärkningar [*on* till, över] **2** referat, reportage [*on* från]
commentate ['kɒmənteɪt] *vb itr*, ~ *on* kommentera; referera
commentator ['kɒmənteɪtə] *s* kommentator
commerce ['kɒməs] *s* **1** handel[n], varuutbyte; *Secretary of C*~ amer. handelsminister **2** umgänge
commercial [kə'mɜ:ʃ(ə)l] **I** *adj* kommersiell, handels-, affärs-, merkantil; affärsmässig; lönande; ~ *artist* reklamtecknare; ~ *hotel* enklare hotell; ~ *law* handelsrätt; ~ *pilot* trafikflygare; ~ *television* reklam-TV, kommersiell (reklamfinansierad) TV; ~ *traffic* nyttotrafik, yrkestrafik; ~ *traveller* ngt åld. handelsresande; ~ *vehicles* fordon som går i yrkestrafik **II** *s* i radio o. TV reklaminslag, reklamfilm
commercialese [kə‚mɜ:ʃə'li:z] *s* uppstyltat affärsspråk
commercialize [kə'mɜ:ʃəlaɪz] *vb tr* kommersialisera; *everything has become* ~*d* äv. det har gått business (pengar) i allting
Commie ['kɒmɪ] *s* vard. (neds.), se *Communist*
commis ['kɒmɪ] (pl. *commis* ['kɒmɪ el. -mɪz]) *s* ung. smörgåsnisse, biträdande kypare [äv. ~ *waiter*]
commiserate [kə'mɪzəreɪt] **I** *vb tr* hysa (ha) medlidande med, ömka, beklaga **II** *vb itr*, ~ *with a p.* kondolera ngn, visa ngn sitt deltagande
commiseration [kə‚mɪzə'reɪʃ(ə)n] *s* medömkan, medlidande
commissar [‚kɒmɪ'sɑ:] *s* hist. kommissarie i Sovjet
commissariat [‚kɒmɪ'seərɪət, -'sær-, -'sɑ:r-, -rɪæt] *s* **1** isht mil. intendentur **2** hist. kommissariat i Sovjet
commission [kə'mɪʃ(ə)n] **I** *s* **1** a) uppdrag, order; ärende; beställning [*written on* ~] b) bemyndigande, förordnande; anförtroende, överlämnande av befogenhet etc.; befogenhet; *in* ~ a) sjö., om fartyg i beredskap, i [aktiv] tjänst b) vard. i tjänst, i gång [*be in* ~]; *put in*[*to*] ~ se *II 2*; *out of* ~ a) sjö., om fartyg i reserv, ur (inte i) [aktiv] tjänst b) vard. ur tjänst, ur funktion **2** kommission; [offentlig] kommitté, utredning; nämnd; ~ *of inquiry* undersökningskommission, haverikommission **3** fullmakt; isht mil. officersfullmakt; befälsbefattning; *get one's* ~ få officersfullmakt, bli officer **4** hand. a) kommission b) provision, kommissionsarvode; ~ *on profit* tantiem; *on* ~ i kommission **II** *vb tr* **1** bemyndiga, befullmäktiga, ge befogenhet; förordna; ge fullmakt (isht officersfullmakt); ~*ed officer* officer **2** sjö. **a)** tilldela fartygsbefäl **b)** överta befälet på; försätta fartyg i beredskap, utrusta, bemanna **3 a)** uppdra åt [~ *an artist to paint a portrait*]; *be* ~*ed to* få i uppdrag att **b)** ge beställning på, beställa [~ *a portrait*]; ~*ed work* beställningsarbete
commission agent [kə'mɪʃ(ə)n‚eɪdʒ(ə)nt] *s* hand. kommissionär

commissionaire [kə͵mɪʃəˈneə] *s* vaktmästare, dörrvakt på t.ex. biograf, varuhus
commissioner [kəˈmɪʃ(ə)nə] *s* **1** kommitterad, delegerad, ombud [med speciellt offentligt uppdrag], ombudsman **2** kommissionsmedlem; medlem av en statlig o.d. styrelse (nämnd); pl. **~s** äv. styrelse **3** chef för viss förvaltningsgren; [general]kommissarie; **~** *of police* el. *police* **~** polismästare, polischef **4** *High C~* överkommissarie ung. ambassadör inom Brittiska samväldet **5** guvernör i brittiskt protektorat o.d. **6** kommendör i Frälsningsarmén
commit [kəˈmɪt] *vb tr* (se äv. *committed*) **1** föröva [**~** *a crime*], begå, göra [**~** *an error*]; **~** *arson* anstifta mordbrand; **~** *murder* mörda, begå mord **2** anförtro [*to* åt], överlämna [*to* åt, till]; **~** *to memory* lägga på minnet, lära sig utantill; **~** *to paper* (*to writing*) skriva ned, fästa på papperet **3** jur., **~** *to prison* skicka i fängelse; **~** *a p. for trial* [efter prövning] hänskjuta målet mot ngn till högre rätt **4** binda, förplikt[ig]a [**~** *a p. to do a th.*]; *be ~ed to* vara uppbunden av **5 ~** *oneself* a) kompromettera sig, blottställa sig b) ta ställning, fatta ståndpunkt; binda sig [*to* för, vid], engagera sig [*to* i, för]; förbinda sig [*to do a th.*]; *he never ~s himself* äv. han vill inte binda sig
commitment [kəˈmɪtmənt] *s* **1** åtagande, förpliktelse, plikt, förbindelse, utfästelse, engagemang **2** polit. o.d. engagemang [*to* i] **3** överlämnande, anförtroende **4** förövande [*the* **~** *of a crime*]
committed [kəˈmɪtɪd] *perf p* o. *adj* **1** engagerad [**~** *writers,* **~** *literature*], övertygad [*a* **~** *Marxist*] **2** som har tagit ställning (fattat ståndpunkt)
committee [kəˈmɪtɪ] *s* **1** utskott; kommitté, utredning; *joint* **~** sammansatt utskott; *parliamentary* **~** parlamentsutskott; *select* **~** särskilt (tillfälligt) utskott; *standing* **~** ständigt utskott; *be* (*sit*) *on a* **~** sitta i ett utskott (en kommitté) **2** styrelse i en förening o.d.
commodious [kəˈməʊdjəs] *adj* rymlig [och bekväm]
commodit|y [kəˈmɒdətɪ] *s* [handels]vara, artikel; *household -ies* hushållsartiklar, husgeråd
commodore [ˈkɒmədɔː] *s* **1** sjö. kommendör av 1. graden **2** kommendör
common [ˈkɒmən] **I** *adj* **1** gemensam, samfälld; *make* **~** *cause* göra gemensam sak; *highest* **~** *factor* största gemensamma faktor; **~** *gender* gram. maskulinum eller femininum, realgenus; *find a* **~** *ground* [*for further negotiations*] finna en gemensam plattform…; *we are on* **~** *ground* bildl. vi är [inne] på samma linje; *the C~ Market* gemensamma marknaden, EG; **~** *noun* gram. artnamn, appellativ; **~** *room* se *common room* **2** allmän, offentlig; *it is* **~** *knowledge that* det är en [allmänt] känd sak att, det är allmänt känt att; **~** *law* jur., den del av anglosaxisk rätt som skapas och utvecklas genom rättspraxis, se äv. *common-law* nedan; *the Book of C~ Prayer* se *prayer 1*; **~** *school* amer. offentlig skola, folkskola **3** a) vanlig, allmän, gängse b) vanlig [enkel], ordinär; *the* **~** *man* den enkle medborgaren; *the* **~** *people* gemene (menige) man, den stora massan; **~** *sense* sunt förnuft, [det] sunda förnuftet, bondförstånd, se äv. *commonsense* nedan; **~** *stock* amer. stamaktier; *he has the* **~** *touch* han har förmågan att umgås med vanligt enkelt folk; **~** *or garden* vard. vanlig enkel, helt vanlig [*a* **~** *or garden business man*], banal; **~** *or garden snake* vanlig snok **4** sämre, enklare [*a* **~** *made of goods*]; vulgär, tarvlig [**~** *manners; the girl looks* **~**], billig **5** mus., **~** *chord* treklang; **~** *time* (*measure*) vanl. 4/4-takt **II** *s* **1** allmänning **2** *in* **~** gemensamt, tillsammans; *have a th. in* **~** ha (äga) ngt gemensamt (tillsammans), dela ngt; *have interests in* **~** ha gemensamma intressen; *point in* **~** beröringspunkt; *they have nothing in* **~** [*with one another*] de har ingenting gemensamt; *in* **~** *with* [*most educated people*] i likhet med…, liksom…
commoner [ˈkɒmənə] *s* icke adlig (ofrälse) person
common-law [ˈkɒmənlɔː] *attr adj,* **~** *husband* (*wife*) sambo; **~** *marriage* samvetsäktenskap
commonly [ˈkɒmənlɪ] *adv* **1** vanligen, vanligtvis, allmänt, i allmänhet; *very* **~** mycket ofta **2** vanligt, torftigt **3** vanligt, på vanligt sätt
commonplace [ˈkɒmənpleɪs] **I** *s* **1** banalitet, banal (allmän) fras, plattityd; pl. **~s** äv. trivialiteter; *we exchanged* **~s** vi utbytte några allmänna fraser **2** vardaglig företeelse; [*air travel is now*] *a* **~** …vardagsmat **II** *adj* alldaglig [*a* **~** *man*], vardaglig, banal, trivial
common room [ˈkɒmənrʊm] *s* kollegierum, lärarrum; samlingsrum, sällskapsrum t.ex. för lärare o. studenter vid college
commons [ˈkɒmənz] *s* **1** *the C~* (konstr. ss. pl.) el. *the House of C~* underhuset **2** *short* **~** klen kost, ransonering; *be on short* **~** ha det knappt (knalt), leva på svältgränsen
commonsense [͵kɒmənˈsens] *adj* förnuftig, nykter
commonsensical [͵kɒmənˈsensɪk(ə)l] *adj* förnuftig
commonwealth [ˈkɒmənwelθ] *s, the British C~* [*of Nations*] el. *the C~* Brittiska samväldet; *the C~ of Independent States* (förk. *CIS*) Oberoende Staters Samvälde (förk. *OSS*); *C~ Day* samväldesdagen högtidsdag 14 mars

commotion [kəˈməʊʃ(ə)n] *s* tumult, rabalder, oväsen, väsen [*a great ~ about nothing*], uppståndelse, ståhej; oordning
communal [ˈkɒmjʊnl, kəˈmjuːnl] *adj* **1** gemensam, gemensamhets-, kollektiv, grupp-; *~ aerial* (amer. *antenna*) centralantenn; *~ family* storfamilj; *~ kitchen* soppkök, kollektiv utspisning; *~ land* samfälld mark; *~ life* samlevnad, samliv inom en grupp; grupptillvaro **2** som rör en folkgrupp (folkgrupper); *~ disturbances* inre oroligheter mellan olika folkgrupper **3** kommunal, kommun-, jfr *commune I 1*
commune [ss. subst. ˈkɒmjuːn, ss. vb kəˈmjuːn, ˈkɒmjuːn] **I** *s* **1** kommun i vissa länder utanför den engelsktalande världen **2** kollektiv, storfamilj **II** *vb itr* litt. umgås förtroligt [*with* med]
communicable [kəˈmjuːnɪkəbl] *adj* **1** som lätt kan meddelas **2** smittsam [*~ disease*]
communicant [kəˈmjuːnɪkənt] *s* nattvardsgäst
communicate [kəˈmjuːnɪkeɪt] **I** *vb tr* **1** meddela, delge, vidarebefordra [*~ the news to a p.*]; tillställa [*~ a document to a p.*] **2** överföra [*~ a disease to a p.*] **3** utdela nattvarden till **II** *vb itr* **1** meddela sig [med varandra]; *~ with* sätta sig i förbindelse med, kommunicera med **2** stå i förbindelse med varandra, hänga samman (ihop); *~ with* stå i förbindelse med; *communicating rooms* [angränsande] rum med dörr emellan
communication [kəˌmjuːnɪˈkeɪʃ(ə)n] *s* **1** meddelande [*this ~ is confidential*] **2** överförande [*the ~ of a disease*] **3** kommunikation[er] i olika bet.; förbindelse[r] [*telegraphic ~*[*s*]; *be in ~ with*], förbindelseled; umgänge [*~ with neighbours*]; pl. *~s* äv. samfärdsel; *means of ~* a) transportmedel b) kommunikationsmedel; *~ cord* nödbromslina; *~s satellite* kommunikationssatellit, telesatellit
communicative [kəˈmjuːnɪkətɪv] *adj* **1** meddelsam, öppenhjärtig **2** kommunikativ
communion [kəˈmjuːnjən] *s* **1** gemenskap; inbördes samband **2** [*Holy*] *C~* nattvard, nattvardsgång; *go to C~* gå till (begå) nattvarden
communion rail [kəˈmjuːnjənreɪl] *s* altardisk
communiqué [kəˈmjuːnɪkeɪ] *s* kommuniké
Communism [ˈkɒmjʊnɪz(ə)m] *s* kommunism[en]
Communist [ˈkɒmjʊnɪst] **I** *s* kommunist **II** *adj* kommunistisk [*the ~ Party*]
communistic [ˌkɒmjʊˈnɪstɪk] *adj* kommunistisk
community [kəˈmjuːnətɪ] *s* **1** *the ~* det allmänna, staten, samhället [*the interests of the ~*]; samhälle [*a civilized ~*]; samfund [*a religious ~*]; koloni [*the Jewish ~ in London*]; gemenskap; brödraskap [*a ~ of monks*]; [folk]grupp; *the C~* se under *European I*; *the international ~* världssamfundet **3** gemenskap [*~ of property*]; gemensam besittning [*~ of goods*]; *~ of interests* intressegemenskap; *sense of ~* gemensamhetskänsla **4** umgänge **5** attr., *~ aerial* (*antenna*) centralantenn för ett område; *~ centre* ung. allaktivitetshus; kulturcentrum; *~ charge* se *poll tax*; *~ chest* a) amer. [privat] välgörenhetskassa, välfärdsfond b) spel. allmänning i Monopol; *~ home* ungdomsvårdsskola; *~ radio* närradio; *~ service* a) samhällstjänst b) slags frivillig volontärverksamhet; *~ singing* ung. allsång; *~ spirit* samhällsanda
commutation [ˌkɒmjʊˈteɪʃ(ə)n] *s* **1** utbyte, utväxling; ersättning; omändring; förvandling **2** elektr. kommutering **3** trafik. pendling; *~ ticket* amer. [period]kort, rabattkort
commute [kəˈmjuːt] **I** *vb tr* byta ut; förvandla [*~ the death sentence to imprisonment for life*] **II** *vb itr* trafik. pendla
commuter [kəˈmjuːtə] *s* trafik. pendlare; *~ belt* bälte av förorter [som betjänas av pendeltrafik]
Commy [ˈkɒmɪ] *s* vard. (neds.), se *Communist*
Comoros [ˈkɒmərəʊz] geogr.; *the ~* Comorerna
comp [kɒmp] mus. **I** *s* vard. (förk. för *accompaniment*) komp **II** *vb itr* vard. (förk. för *accompany*) kompa
comp. förk. för *comparative*, *compare*
1 compact [ss. subst. ˈkɒmpækt, ss. adj. o. vb kəmˈpækt] **I** *s* **1** [liten] puderdosa **2** kompaktbil **II** *adj* **1** kompakt, tätt packad; fast, tät, solid **2** *~ disc* kompaktskiva, CD-skiva **III** *vb tr* fast foga (pressa) samman, förena
2 compact [ˈkɒmpækt] *s* pakt, fördrag, överenskommelse
compander [kəmˈpændə] *s* elektr. kompressionsförstärkare
1 companion [kəmˈpænjən] *s* sjö. **1** [kajut]kapp **2** [kajut]trappa, nedgång [till kajuta]
2 companion [kəmˈpænjən] *s* **1** följeslagare, följeslagerska, ledsagare; kamrat; sällskap [*he is a pleasant ~*]; *~s in arms* vapenbröder **2** motstycke, make, pendang **3** sällskapsdam [*to* hos] **4** handbok [*The Gardener's C~*] **5** riddare i orden; *knight ~* riddare i orden med endast en klass
companionable [kəmˈpænjənəbl] *adj* sällskaplig
companion piece [kəmˈpænjənpiːs] *s* motstycke, make, pendang
companionship [kəmˈpænjənʃɪp] *s* kamratskap; sällskap
companion way [kəmˈpænjənweɪ] *s* sjö. [kajut]trappa, nedgång (till kajuta)
company [ˈkʌmp(ə)nɪ] *s* **1** sällskap, teat. o.d.

äv. ensemble, trupp; umgänge; lag; *he is such good* ~ han är sådant trevligt sällskap; *keep* (*bear*) *a p.* ~ hålla (göra) ngn sällskap; *keep* ~ *with* a) vara tillsammans med b) sällskapa med, ha [fast] sällskap med; *part* ~ skiljas [*with* från]; *two's* ~, *three's a crowd* tre är en för mycket; *for* ~ för sällskaps skull; *in* ~ i sällskap, tillsammans [*with* med]; *get into bad* ~ komma i dåligt sällskap **2** främmande, gäster, besök [*expect* ~]; *see a great deal of* ~ ha mycket främmande **3** hand. bolag; företag, firma, kompani; ~ *law* jur. bolagsrätt; ~ *store* amer., ung. personalbutik **4** mil. kompani; *A* ~ **1**. kompaniet; ~ *quartermaster sergeant* kompanikvartermästare; ~ *sergeant major* fanjunkare **5** *the ship's* ~ sjö. [fartygets] befäl och besättning

comparable ['kɒmp(ə)rəbl] *adj* jämförlig, jämförbar [*with* med]; *be* ~ *with* äv. kunna jämföras med; ~ *to* jämförlig (jämförbar) med

comparative [kəm'pærətɪv] **I** *adj* **1** komparativ äv. gram.; jämförande [~ *philology*]; *the* ~ *degree* gram. komparativ **2** relativ [*they are living in* ~ *comfort*]; *he is a* ~ *stranger* han är på sätt och vis en främling **II** *s* gram. komparativ

comparatively [kəm'pærətɪvlɪ] *adv* jämförelsevis, förhållandevis, relativt, proportionsvis

compare [kəm'peə] **I** *vb tr* **1** jämföra; ~...*with* jämföra...med; ~ *to* jämföra med, likna vid [*the heart may be* ~*d to a pump*], likställa med, jämställa med; ~ *notes* jämföra sina intryck, utbyta erfarenheter [*on* om]; *as* ~*d to* (*with*) i jämförelse med, jämförd med **2** gram. komparera **II** *vb itr* [kunna] jämföras, [kunna] jämställas; *it* ~*s favourably with* det tål en jämförelse med, det kan mäta sig med **III** *s*, *beyond* (*past*, *without*) ~ a) utan jämförelse, makalös [*her beauty is beyond* ~] b) makalöst [*she is lovely beyond* ~]

comparison [kəm'pærɪsn] *s* **1** jämförelse; *bear* (*stand*) ~ *with* tåla [en] jämförelse med, tävla med; *there is no* ~ *between them* de går inte att jämföra; *without* (*beyond all*) ~ utan [all] jämförelse, makalös; ojämförligt **2** gram. komparation

compartment [kəm'pɑːtmənt] *s* **1** avdelning, bås, fack, rum äv. sjö. [*watertight* ~] **2** järnv. kupé; *driver's* ~ förarhytt

compartmentalize [ˌkɒmpɑːt'mentəlaɪz] *vb tr* placera i olika fack (kategorier), kategorisera

compass ['kʌmpəs] **I** *s* **1** kompass; *mariner's* ~ skeppskompass, sjökompass; *point of the* ~ kompasstreck, väderstreck; *take a* ~ *bearing* ta bäring[en] **2** pl. ~*es* passare; *a pair of* ~*es* en passare **3** omkrets; område, yta, utrymme; gräns; omfång äv. mus. **II** *vb tr* **1** omge, omringa, omsluta, innesluta [äv. ~

about (*round*, *in*)] **2** gå (segla etc.) runt **3** uppnå, åstadkomma

compass card ['kʌmpəskɑːd] *s* kompasskiva

compassion [kəm'pæʃ(ə)n] *s* medlidande, medkänsla, förbarmande, deltagande; *have* ~ *on* (*for*) ha medlidande med; *take* ~ *on* gripas av medlidande med

compassionate [ss. adj. kəm'pæʃ(ə)nət, ss. vb -neɪt] *adj* medlidsam, barmhärtig; ~ *leave* tjänstledighet för personlig angelägenhet; mil. permission av särskilda skäl (i trängande fall)

compass rose ['kʌmpəsrəʊz] *s* kompassros

compass saw ['kʌmpəssɔː] *s* sticksåg

compatibility [kəmˌpætə'bɪlətɪ] *s* **1** förenlighet **2** tekn. el. data. kompatibilitet

compatible [kəm'pætəbl] *adj* **1** förenlig, överensstämmande; *they aren't* ~ de passar inte ihop **2** tekn. el. data. kompatibel

compatriot [kəm'pætrɪət] *s* landsman

compeer ['kɒmpɪə] *s* [jäm]like; kollega; kamrat

compel [kəm'pel] *vb tr* **1** tvinga, driva, förmå [*into* till; *to do* att göra] **2** framtvinga; tvinga till sig

compelling [kəm'pelɪŋ] *adj* **1** tvingande [~ *reason*] **2** auktoritativ, med pondus [~ *personality*] **3** som kräver undersökning [~ *evidence*] **4** fängslande [*a* ~ *novel*] **5** övertygande

compendious [kəm'pendɪəs] *adj* [kort och] koncis

compendi|um [kəm'pendɪ|əm] (pl. -*ums* el. -*a* [-ə]) *s* kompendium, sammandrag; handbok

compensate ['kɒmpenseɪt] **I** *vb tr* **1** ~ *a p.* [*for*] kompensera (ersätta, gottgöra) ngn [för] **2** kompensera äv. fys. el. psykol.; uppväga **II** *vb itr*, ~ *for* kompensera, uppväga, ersätta [*nothing can* ~ *for the loss of one's health*]

compensating ['kɒmpenseɪtɪŋ] *adj*, *it has many* ~ *advantages over...* det har i gengäld många fördelar framför...

compensation [ˌkɒmpen'seɪʃ(ə)n] *s* **1** kompensation, ersättning, gottgörelse; skadestånd, skadeersättning **2** kompensation äv. fys. el. psykol.; utjämning

compensatory [ˌkɒmp(ə)n'seɪt(ə)rɪ] *adj* kompensations-, ersättnings-, som kompenserar (ersätter); *compensatory damages* skadeersättning

compere ['kɒmpeə] **I** *s* konferencier; programledare **II** *vb tr* vara konferencier för (vid); vara programledare för

compete [kəm'piːt] *vb itr* **1** tävla, kämpa, konkurrera [~ *against* (*with*) *other countries in trade*], rivalisera [*for* om] **2** delta, ställa upp [~ *in a race*]

competence [ˈkɒmpət(ə)ns] *s* **1** kompetens, skicklighet [*his* ~ *in handling money*], duglighet, förmåga **2** jur. kompetens, behörighet

competent ['kɒmpət(ə)nt] *adj* **1** kompetent, skicklig [*she is very ~ in her work*], habil, duglig **2** tillräcklig [*a ~ knowledge of French*] **3** kompetent, behörig
competition [ˌkɒmpə'tɪʃ(ə)n] *s* **1** konkurrens, tävlan; *be in ~ with* konkurrera (tävla) med **2** tävling, match
competitive [kəm'petətɪv] *adj* **1** konkurrenskraftig [*~ prices*] **2** konkurrens-, konkurrensbetonad, tävlingsbetonad; tävlingslysten; *he is very ~* äv. han är en tävlingsmänniska
competitor [kəm'petɪtə] *s* [tävlings]deltagare, tävlande; medtävlare [*for* om], medsökande [*for* till], rival; konkurrent [*for* om]
compile [kəm'paɪl] *vb tr* ställa samman [*~ an anthology*], utarbeta [*~ a dictionary*], kompilera
compiler [kəm'paɪlə] *s* kompilator äv. data.
complacent [kəm'pleɪsnt] *adj* självbelåten [*a ~ smile*], egenkär; nöjd (tillfreds) [med sig själv]
complain [kəm'pleɪn] *vb itr* beklaga sig, klaga [*of, about* över; *to* för, hos]
complaint [kəm'pleɪnt] *s* **1** klagan, klagomål, anmärkning; hand. reklamation; *lodge a ~ against* klaga på; jur. inge (anföra) klagomål mot **2** åkomma, sjukdom, besvär, ont; pl. *~s* äv. krämpor
complaisance [kəm'pleɪz(ə)ns] *s* tillmötesgående, älskvärdhet; undfallenhet
complaisant [kəm'pleɪz(ə)nt] *s* tillmötesgående, älskvärd; undfallande
complement [ss. subst. 'kɒmplɪmənt, ss. vb 'kɒmplɪment, ˌkɒmplɪ'ment] **I** *s* **1** komplement **2** fullt antal, full styrka [äv. *full ~*]; *the ship's ~* [fartygets] befäl och besättning **3** gram. bestämning [till verbet]; isht predikatsfyllnad **II** *vb tr* komplettera [*~ each other*]; göra fulltalig, fullständiga
complementary [ˌkɒmplɪ'ment(ə)rɪ] *adj* komplement- [*~ colour, ~ angles*], fyllnads-, kompletterande; fullständigande
complete [kəm'pli:t] **I** *adj* komplett, fullständig [*~ control*], absolut, fullkomlig [*a ~ stranger*], full [*to my ~ satisfaction*], hel; avslutad, färdig [*when will the work be ~?*]; *as a ~ surprise* som en fullständig (total) överraskning **II** *vb tr* **1** avsluta, slutföra, fullfölja, fullborda, göra (få) färdig; fullgöra; perf. p.: *~d* färdig **2** komplettera, fullständiga [*this ~s my happiness*], göra fulltalig **3** fylla i [*~ a form*]
completion [kəm'pli:ʃ(ə)n] *s* **1** avslutning, slutförande etc., jfr *complete II 1* **2** komplettering, fullständigande **3** ifyllande [*~ of a form*]
complex ['kɒmpleks] **I** *adj* **1** sammansatt; *~ sentence* sammansatt sats (mening) **2** komplicerad, invecklad [*a ~ situation*] **II** *s* **1** komplex äv. psykol.; *have a ~ about* ha komplex för **2** anläggning, komplex [*a sports ~*]
complexion [kəm'plekʃ(ə)n] *s* **1** hy, ansiktsfärg, hudfärg **2** bildl. utseende; prägel, karaktär [*it changed the ~ of the war*]; *political ~* politisk färg; *put a false ~ on* ställa i [en] falsk dager; *put a new ~ on* komma att framstå i en ny dager
complexity [kəm'pleksətɪ] *s* komplexitet, invecklad (komplicerad) beskaffenhet
compliance [kəm'plaɪəns] *s* **1** tillmötesgående [*with* av]; *in ~ with* i enlighet (överensstämmelse) med **2** eftergivenhet, medgörlighet, undfallenhet
compliant [kəm'plaɪənt] *adj* eftergiven [*with* för, mot], medgörlig, undfallande, foglig
complicate ['kɒmplɪkeɪt] *vb tr* komplicera, trassla till
complicated ['kɒmplɪkeɪtɪd] *adj* komplicerad, invecklad, krånglig
complication [ˌkɒmplɪ'keɪʃ(ə)n] *s* komplikation äv. med.; förveckling; pl. *~s* äv. krångel
complicity [kəm'plɪsətɪ] *s* delaktighet; *~ in crime* medbrottslighet; jur. medverkan till brott
compliment [ss. subst. 'kɒmplɪmənt, ss. vb 'kɒmplɪment, ˌkɒmplɪ'ment] **I** *s* **1** komplimang, artighet; *pay a p. a ~* [*on*] ge ngn en komplimang [för]; *fish for ~s* vard. gå med håven **2** pl. *~s* hälsning[ar]; *send one's ~s to a p.* hälsa till ngn; *my ~s to your wife* hälsa din hustru; *with the ~s of the season* med önskan om en god jul och ett gott nytt år; *tell him with my ~s that* hälsa honom [och säg] att; *with the author's ~s* [med hälsning] från författaren **II** *vb tr* komplimentera [*on* för]; gratulera, lyckönska [*on* till]
complimentary [ˌkɒmplɪ'ment(ə)rɪ] *adj* **1** berömmande [*a ~ review*], smickrande [*~ remarks*], hyllnings- [*a ~ poem*], artighets-; artig; *~ close* avslutningsfras i brev **2** fri-, gratis- [*~ ticket*]; *~ copy* friexemplar, gratisexemplar
comply [kəm'plaɪ] *vb itr* ge efter, foga sig, lyda; *~ with* lyda, rätta sig efter, iaktta [*~ with* [*the*] *regulations*]; gå med på, samtycka till
component [kəm'pəʊnənt] **I** *adj* del- [*two ~ republics of the union*]; *~ part* [bestånds]del **II** *s* **1** komponent, [bestånds]del; ingrediens, inslag **2** matem. el. fys. komposant
comport [kəm'pɔ:t] *vb rfl*, *~ oneself* uppföra (bete) sig; *~ oneself with dignity* uppträda värdigt
comportment [kəm'pɔ:tmənt] *s* uppförande, beteende
compose [kəm'pəʊz] **I** *vb tr* **1** [tillsammans] bilda, utgöra; *be ~d of* bestå (utgöras) av **2** utarbeta, sätta ihop [*~ a speech*], författa;

komponera, tonsätta; [artistiskt] ordna (arrangera), komponera in [~ *the figures in a picture*]; ställa samman **3** boktr. sätta **4** bilägga [~ *a quarrel*] **5** lugna; ~ *one's thoughts* samla tankarna; ~ *oneself* lugna (samla) sig, ta sig samman **II** *vb itr* komponera; skriva, författa, dikta
composed [kəm'pəʊzd] *adj* lugn, fattad, samlad
composer [kəm'pəʊzə] *s* komponist, kompositör, tonsättare
composite ['kɒmpəzɪt, -zaɪt] **I** *adj* sammansatt **II** *s* sammansättning, blandning
composition [ˌkɒmpə'zɪʃ(ə)n] *s*
1 komposition; komponerande; utarbetande, författande; [*he played a piano piece*] *of his own* ~ ...som han själv komponerat **2** skol. uppsatsskrivning; uppsats **3** boktr. sättning **4** bildning; blandning, förening **5** hand. a) ~ [*with one's creditors*] ackord[suppgörelse] b) ackordsumma; kompensation
compositor [kəm'pɒzɪtə] *s* boktr. sättare
compost ['kɒmpɒst] **I** *s* kompost; ~ *heap* komposthög **II** *vb tr* **1** kompostera **2** gödsla med kompost
composure [kəm'pəʊʒə] *s* fattning, [sinnes]lugn; *lose one's* ~ tappa fattningen
1 compound [ss. vb kəm'paʊnd, ss. adj. o. subst. 'kɒmpaʊnd] **I** *vb tr* **1** blanda [tillsammans], blanda ihop, blanda till [~ *a medicine*] **2** bilägga, göra upp [i godo]; ~ *a quarrel* bilägga en tvist **3** göra upp om skuld **4** ordna (gottgöra) genom skadestånd (skadeersättning) **II** *vb itr* **1** träffa överenskommelse (avtal), förlikas, nå förlikning [*with* med; *for* i fråga om] **2** hand., ~ *with one's creditors* göra (ingå) ackord [med sina fordringsägare] **III** *adj* **1** sammansatt; ~ *interest* ränta på ränta; ~ *sentence* gram. satsbindning; ~ *time* mus. sammansatt taktart **2** med. komplicerad [~ *fracture*] **IV** *s* **1** sammansättning, blandning, förening; sammansatt ämne; [*chemical*] ~ [kemisk] förening **2** gram. sammansatt ord, sammansättning
2 compound ['kɒmpaʊnd] *s* inhägnat (avspärrat) område
comprehend [ˌkɒmprɪ'hend] *vb tr* **1** fatta, begripa, förstå **2** inbegripa, omfatta, innefatta
comprehensibility ['kɒmprɪˌhensə'bɪlətɪ] *s* begriplighet, förståelighet
comprehensible [ˌkɒmprɪ'hensəbl] *adj* begriplig, förståelig, fattbar
comprehension [ˌkɒmprɪ'henʃ(ə)n] *s* **1** fattningsförmåga; förstånd; *be slow of* ~ ha svårt [för] att fatta **2** [riktig] uppfattning [*of* av, om]; *reading* ~ läsförståelse **3** inbegripande; omfattning, omfång
comprehensive [ˌkɒmprɪ'hensɪv] **I** *adj* **1** [vitt]omfattande; uttömmande [*a* ~ *description*]; rikhaltig; allsidig, mångsidig; ~ *insurance* (*policy*) ung. allriskförsäkring **2** ~ *school* ung. grund- och gymnasieskola för elever över 11 år **II** *s* se *I 2*
comprehensiveness [ˌkɒmprɪ'hensɪvnəs] *s* **1** [stor] omfattning, [räck]vidd, spännvidd **2** mångsidighet
compress [ss. vb kəm'pres, ss. subst. 'kɒmpres] **I** *vb tr* **1** pressa ihop (samman), trycka ihop; komprimera; ~*ed air* tryckluft, komprimerad luft **2** bildl. tränga ihop, pressa ihop [*he* ~*ed it into one sentence*] **II** *s* kompress; [vått] omslag [*cold* (*hot*) ~]
compression [kəm'preʃ(ə)n] *s* **1** sammantryckning, sammanträngning; press, tryck; hoptryckthet; tekn. kompression **2** koncentration i uttryck m.m.
compressor [kəm'presə] *s* tekn. kompressor
comprise [kəm'praɪz] *vb tr* omfatta, innefatta, bestå av; inbegripa, inkludera
compromise ['kɒmprəmaɪz] **I** *s* kompromiss **II** *vb itr* kompromissa, dagtinga [~ *with one's conscience*] **III** *vb tr* **1** kompromettera, vara komprometterande för **2** bilägga (avgöra) genom [en] kompromiss (genom förlikning) **3** äventyra [~ *national security*]
compromising ['kɒmprəmaɪzɪŋ] *adj* komprometterande; som utgör en kompromiss
compulsion [kəm'pʌlʃ(ə)n] *s* tvång [*on* för]; *under* ~ under (av) tvång
compulsive [kəm'pʌlsɪv] *adj* **1** tvångsmässig, tvångs- [~ *action*]; tvingande; *be a* ~ *eater* ung. hetsäta; tröstäta; *he is a* ~ *gambler* ung. han är gripen av speldjävulen; *a* ~ *liar* en obotlig lögnare; ~ *personality* a) tvångsneurotisk läggning b) tvångsneurotiker **2** fängslande [*a* ~ *book*]
compulsory [kəm'pʌls(ə)rɪ] *adj* obligatorisk; tvångs-, tvångsmässig; tvingande; ~ *military service* allmän värnplikt; ~ *sale* tvångsförsäljning; ~ *school attendance* skolplikt; ~ *subject* obligatoriskt [skol]ämne
compunction [kəm'pʌŋ(k)ʃ(ə)n] *s* samvetsbetänkligheter, samvetskval; ånger
compute [kəm'pjuːt] *I vb tr* beräkna, bestämma, kalkylera, uppskatta [~ *one's losses at* (till) £*5000*] **II** *vb itr* räkna
computer [kəm'pjuːtə] *s*, [*electronic*] ~ dator; *digital* ~ digitaldator; ~ *crime* databrott; ~ *game* dataspel; ~ *run* datakörning; ~ *science* datavetenskap, datalogi; ~ *scientist* datavetare, datalog; ~ *virus* datavirus; *be* (*put*) *on* ~ ligga (lägga) på data
computer-aided [kəm'pjuːtərˌeɪdɪd] *adj* datorstödd
computer-based [kəm'pjuːtəbeɪst] *adj* datorbaserad
computerization [kəmˌpjuːtəraɪ'zeɪʃ(ə)n] *s*

1 datorisering; databehandling **2** utrustande med datorer
computerize [kəm'pju:təraɪz] *vb tr* **1** datorisera; databehandla; perf. p.: **~d** dator-, data-, datorstyrd **2** utrusta med datorer, datautrusta
computerman [kəm'pju:təmæn] *s* dataspecialist
comrade ['kɒmreɪd, 'kʌm-] *s* kamrat äv. polit. o.d.; **~s in arms** vapenbröder
comradely ['kɒmreɪdlɪ, 'kʌm-] *adj* kamratlig
comsat ['kɒmsæt] förk. för *communications satellite*
Con. förk. för *Conservative*
1 con [kɒn] *vb tr*, **~ [over]** studera, läsa på; lära sig utantill [äv. **~ by heart**]
2 con [kɒn] (förk. för *contra*); **pro and ~** se under *1 pro II*
3 con [kɒn] sl. **I** *s* kortform för *confidence* i *confidence game* m.fl. **II** *vb tr* lura [*a p. into doing a th.* ngn att göra ngt], dupera; **~ a p. out of a th.** lura av ngn ngt
4 con [kɒn] *s* (kortform för *convenience*) bekvämlighet [*all modern ~s (mod ~s)*]
Conan ['kəʊnən, 'kɒnən]
concave [ˌkɒn'keɪv, 'kɒnkeɪv] *adj* konkav, inbuktad; **~ lens** konkav lins, spridningslins
concavity [kɒn'kævətɪ] *s* konkavitet, konkav yta
conceal [kən'si:l] *vb tr* dölja, hemlighålla, gömma, förtiga [*from* för]; skymma; **~ed lighting** indirekt belysning; **~ed turning** avtagsväg med skymd sikt
concealment [kən'si:lmənt] *s* döljande, hemlighållande, förtigande
concede [kən'si:d] *vb tr* **1** medge, gå med på, bevilja [**~** *an increase in wages*]; erkänna [riktigheten av]; **~ defeat** erkänna sig besegrad; **~ a point** [*in an argument*] göra ett medgivande på en punkt... **2** erkänna förlusten av; avträda [**~** *part of one's territory*]; **~ the election** erkänna sig besegrad i valet; **~ a game** förlora (släppa) ett game i t.ex. tennis; **Arsenal ~d a goal** [*in the first minute*] Arsenal släppte in ett mål...
conceit [kən'si:t] *s* inbilskhet, [personlig] fåfänga, egenkärlek
conceited [kən'si:tɪd] *adj* inbilsk, fåfäng, egenkär
conceivable [kən'si:vəbl] *adj* **1** fattbar, begriplig, förståelig **2** tänkbar, upptänklig, möjlig
conceive [kən'si:v] **I** *vb tr* **1** tänka ut, göra upp, hitta på [**~** *a plan*], komma på [**~** *an idea*]; bilda sig en föreställning o.d. **2** tänka (föreställa) sig **3** fatta [**~** *a friendship (dislike) for* (för)] **4** avfatta, formulera [*~d in plain terms*] **5** bli gravid (dräktig) med; avla **II** *vb itr* **1** bli gravid, bli med barn; bli dräktig **2** **~ of** föreställa (tänka) sig, fatta
concentrate ['kɒns(ə)ntreɪt] **I** *vb tr* **1** koncentrera; samla; mil. dra samman; tränga samman; inrikta [**~** *all one's attention (power)* [*up*]*on*] **2** tekn. anrika **II** *vb itr* koncentreras; koncentrera sig, samla sig **III** *s* koncentrat [*orange juice* **~**]
concentration [ˌkɒns(ə)n'treɪʃ(ə)n] *s* **1** koncentration, koncentrering; **~** *camp* koncentrationsläger; uppsamlingsläger **2** tekn. anrikning; **~** *plant* anrikningsverk
concentric [kɒn'sentrɪk] *adj* koncentrisk
concept ['kɒnsept] *s* begrepp [*a new ~ in technology*]; koncept; idé, föreställning; princip [*the ~ of the balance of power*]
conception [kən'sepʃ(ə)n] *s* **1** föreställning, uppfattning; begrepp [*he had little ~ of the problems involved*] **2** tanke, idé [*a bold ~*]; vard. aning [*I had no ~ that...*] **3** konception, befruktning, avlelse; bildl. skapelse
conceptual [kən'septjʊəl] *adj* begreppsmässig
conceptualize [kən'septjʊəlaɪz] *vb tr* göra sig en föreställning om
concern [kən'sɜ:n] **I** *vb tr* (se äv. *concerned*) **1** angå, röra, beröra, gälla; **to whom it may ~** till den (dem) det vederbör, till vederbörande **2** bekymra, oroa; **~ oneself with (about)** bekymra (bry) sig om, befatta sig med **II** *s* **1 a)** angelägenhet, affär [*mind your own ~s*], sak; intresse; **it is no ~ of mine** det angår (rör) inte mig, det är inte min sak; **what ~ is it of yours?** vad har du med det att göra? **b)** *of* **~** av vikt (betydelse) **2** hand. företag, rörelse, affär, firma; koncern; pl. **~s** äv. affärsförbindelser **3** bekymmer, oro [*at (for)* för (över)]; omsorg; **with growing ~** med växande oro **4** vard. inrättning, tillställning [*the whole ~*] **5** delaktighet, del, andel [*have a ~ in the business*]
concerned [kən'sɜ:nd] *perf p* o. *adj* **1** bekymrad, ledsen, orolig [*about (at, for)* över (för)] **2** intresserad [*in* för], engagerad; inblandad, inbegripen, delaktig [*in* i]; berörd; **be ~ with** a) ha att göra med b) handla om [*the story is ~ with conditions in the slum ghettos*]; **be ~ in it** äv. ha del i det, ha [något] med det att göra; **as far as I am ~** vad mig beträffar (anbelangar), för min del; gärna för mig
concernedly [kən'sɜ:nɪdlɪ] *adv* bekymrat etc., jfr *concerned*
concerning [kən'sɜ:nɪŋ] *prep* angående, beträffande, i fråga om, med avseende på
concert ['kɒnsət, i bet. 2 o. 3 äv. 'kɒnsɜ:t] *s* **1** konsert; **~** *tour* konsertturné **2** samklang, kör, korus **3** överenskommelse, överensstämmelse, samförstånd
concerted [kən'sɜ:tɪd] *adj* **1** gemensam [*~ action*], samlad **2** flerstämmig
concertgoer ['kɒnsətˌgəʊə] *s* konsertbesökare
concert grand [ˌkɒnsət'grænd] *s* konsertflygel
concert hall ['kɒnsətˌhɔ:l] *s* konsertsal

concertina [ˌkɒnsə'ti:nə] s concertina litet dragspel
concert master ['kɒnsətˌmɑ:stə] s amer. konsertmästare
concert|o [kən'tʃeət|əʊ] (pl. äv. *-i* [-ɪ]) s konsert musikstycke för soloinstrument och orkester [*piano* ~]
concert pitch ['kɒnsətpɪtʃ] s mus., *at* ~ konsertstämd; bildl. i högform
concession [kən'seʃ(ə)n] s **1** medgivande, eftergift; beviljande **2** förmån; rabatt **3** upplåtelse av jord o.d. **4** koncession [*oil* ~s; ~ *for a railway*]
concessionaire [kənˌseʃə'neə] s o.
concessionary [kən'seʃ(ə)n(ə)rɪ] s koncessionsinnehavare; generalagent
conch [kɒntʃ, kɒŋk] s zool. trumpetsnäcka
conchie o. **conchy** ['kɒn(t)ʃɪ] s (av *conscientious objector*) sl. [värnpliktig] vapenvägrare
conciliate [kən'sɪlɪeɪt] *vb tr* **1** blidka **2** medla mellan; förena, förlika, få att stämma [överens] [~ *discrepant theories*]
conciliation [kənˌsɪlɪ'eɪʃ(ə)n] s **1** förlikning [*court of* ~], medling; förenande **2** försonlighet
conciliator [kən'sɪlɪeɪtə] s förlikningsman; medlare
conciliatory [kən'sɪlɪət(ə)rɪ] *adj* försonande, försonlig, konciliant; ~ *spirit* försonlig anda
concise [kən'saɪs] *adj* koncis, kortfattad
concision [kən'sɪʒ(ə)n] s korthet, koncentration
conclave ['kɒnkleɪv, 'kɒŋk-] s **1** kyrkl. konklav; kardinalsförsamling **2** bildl. [enskild] överläggning, konklav; *sit in* ~ hålla rådplägning
conclude [kən'klu:d, kəŋ'k-] I *vb tr* **1** avsluta, sluta, slutföra [~ *a speech*, ~ *a meeting*] **2** sluta [~ *a pact*, ~ *a treaty*]; göra upp, avgöra **3** komma fram till, dra slutsatsen [*that* att]; konkludera II *vb itr* **1** sluta; avsluta; *he ~d by saying* han slutade med att säga; *to* ~ till sist, kort sagt **2** dra en slutsats (slutsatser)
concluding [kən'klu:dɪŋ, kəŋ'k-] *adj* avslutnings-, slut-
conclusion [kən'klu:ʒ(ə)n, kəŋ'k-] s **1** slut, avslutning; *in* ~ slutligen, till sist; *bring to a* ~ slutföra **2** slutande [*the* ~ *of a peace treaty*] **3** *try ~s with* mäta sig (sin styrka) med **4** slutledning; slutresultat; *come to the* ~ *that...* komma till den slutsatsen (det resultatet) att...; *jump to ~s* dra förhastade slutsatser
conclusive [kən'klu:sɪv, kəŋ'k-] *adj* **1** slutlig, slutgiltig **2** avgörande, fullt bindande [~ *evidence*]
concoct [kən'kɒkt, kəŋ'k-] *vb tr* **1** koka ihop; blanda till [~ *a cocktail*] **2** hitta på [~ *an excuse*], koka (dikta, sätta) ihop [~ *a story*]
concoction [kən'kɒkʃ(ə)n, kəŋ'k-] s

1 tillagning; tillblandning; hopkok, brygd **2** påhitt, hopkok
concomitant [kən'kɒmɪt(ə)nt, kəŋ'k-] I *adj* beledsagande [~ *circumstances*], åtföljande II s beledsagande omständighet; [*the infirmities*] *that are the ~s of old age* ...som följer med ålderdomen
concord ['kɒŋkɔ:d, 'kɒnk-] s **1** endräkt **2** samljud, harmoni **3** överenskommelse, avtal **4** gram. kongruens, överensstämmelse [i böjning]
concordance [kən'kɔ:d(ə)ns, kəŋ'k-] s **1** överensstämmelse, samstämmighet; enighet **2** konkordans lista el. bok
concordat [kɒn'kɔ:dæt] s kyrkl. konkordat
Concorde ['kɒŋkɔ:d] s brittisk-franskt överljudsplan
concourse ['kɒŋkɔ:s, 'kɒnk-] s **1** tillströmning, tillopp **2** folkmassa **3** isht [mötes]plats där gator el. människor strålar samman
concrete ['kɒnkri:t, 'kɒŋk-] I *adj* **1** konkret; verklig; påtaglig; saklig **2** fast, kompakt; stelnad; sammanvuxen **3** av betong, betong-; ~ *jungle* se *jungle* II s betong [~ *mixer*]
concretion [kən'kri:ʃ(ə)n, kəŋ'k-] s **1** sammanväxning, sammanväxt; med. äv. konkretion **2** fast massa, gytter
concretize ['kɒŋkrətaɪz] *vb tr* konkretisera
concubine ['kɒŋkjʊbaɪn, 'kɒnk-] s konkubin, bihustru; frilla
concupiscence [kən'kju:pɪs(ə)ns, ˌkɒnkjʊ'p-] s sexuellt begär, lystnad
concur [kən'kɜ:, kəŋ'k-] *vb itr* **1** sammanfalla [*with* med], inträffa samtidigt [*with* som] **2** samverka, medverka, bidraga [*everything ~red to* (till att) *produce good results*] **3** instämma [*I* ~ *with the speaker*], vara ense
concurrence [kən'kʌr(ə)ns, kəŋ'k-] s **1** instämmande [*in* i], bifall **2** samverkan, medverkan
concurrent [kən'kʌr(ə)nt, kəŋ'k-] *adj* **1** samtidig, jämlöpande **2** samverkande **3** samstämmig, samfälld
concussion [kən'kʌʃ(ə)n, kəŋ'k-] s **1** häftig skakning; stöt **2** med., ~ [*of the brain*] hjärnskakning
condemn [kən'dem] *vb tr* **1** döma [~*ed to death*]; fördöma [*we* ~ *cruelty to* (mot) *children*], brännmärka; fälla; *the ~ed cell* dödscellen, de dödsdömdas cell **2** kassera, utdöma [*the meat was ~ed as unfit for human consumption*]; sjö. kondemnera [~ *a ship*]; vraka; *~ed houses* utdömda hus, rivningshus
condemnation [ˌkɒndem'neɪʃ(ə)n] s **1** [fällande] dom; fördömelse; förkastelsedom **2** kasserande, utdömning
condemnatory [kən'demnət(ə)rɪ] *adj* fällande; [för]dömende
condensation [ˌkɒnden'seɪʃ(ə)n] s

condense

1 kondensering, kondensation; förtätning äv. psykol.; imma **2** hopgyttring; sammanträngning isht om stil; nedskärning, förkortning
condense [kənˈdens] **I** vb tr **1** kondensera isht gas till flytande form; förtäta; **~d milk** kondenserad mjölk **2** tränga samman, hopa (samla) tätt; koncentrera; skära ned, förkorta **II** vb itr kondenseras; förtätas
condenser [kənˈdensə] s tekn. kondensator; kondensor
condescend [ˌkɒndɪˈsend] vb itr nedlåta sig, värdigas; **she did not ~ to give him a look** hon bevärdigade honom inte med en blick; **she ~s to** [**all her neighbours**] hon uppträder nedlåtande mot...
condescension [ˌkɒndɪˈsenʃ(ə)n] s nedlåtenhet
condign [kənˈdaɪn] adj välförtjänt [**~ punishment**]
condiment [ˈkɒndɪmənt] s krydda; smaktillsats
condition [kənˈdɪʃ(ə)n] **I** s **1** villkor, förutsättning, betingelse; pl. **~s** äv. förhållanden, omständigheter [**under** (**in**) [**the**] **present ~s**]; **on ~ that** på (med) villkor att, under förutsättning att; **on no ~** på inga villkor, inte under några omständigheter **2** tillstånd, skick, stånd [**in good ~**]; isht sport. kondition, form; **have a heart ~** lida av hjärtbesvär (en hjärtåkomma); **in** (**out of**) **~** i gott (dåligt) skick; i (ur) form; **he is in no ~ to travel** han är inte frisk nog att resa **3** samhällsställning, samhällsskikt [**people of every ~**] **II** vb tr (se äv. **conditioned**) **1** [upp]ställa som villkor (krav) **2** göra beroende (avhängig) [**on** (**upon**) **av**]; **be ~ed by** bero på, bestämmas av **3** betinga äv. psykol.
conditional [kənˈdɪʃ(ə)nl] **I** adj **1** villkorlig; beroende [**on** av, på], gällande under vissa förutsättningar **2** gram. konditional, villkors- [**~ clause**] **II** s **1** konditionalis **2** villkorsbisats **3** konditional konjunktion
conditioned [kənˈdɪʃ(ə)nd] adj betingad, beroende; **~ reflex** (**response**) psykol. betingad reflex (respons)
condo [ˈkɒndəʊ] (pl. **~s**) s amer. förk. för **condominium 2**
condolatory [kənˈdəʊlət(ə)rɪ] adj beklagande, deltagande, kondoleans-
condole [kənˈdəʊl] vb itr uttrycka sitt deltagande (beklagande); **~ with a p.** uttrycka sitt deltagande med ngn, kondolera ngn [**on** med anledning av]
condolence [kənˈdəʊləns] s beklagande, deltagande, sorgebetygelse, kondoleans
condom [ˈkɒndɒm, -dəm] s kondom
condominium [ˌkɒndəˈmɪnɪəm] s **1** kondominat, gemensam överhöghet **2** amer. ung. a) andelsfastighet b) andelslägenhet
condone [kənˈdəʊn] vb tr överse med, tolerera
condor [ˈkɒndɔː] s zool. kondor
conduce [kənˈdjuːs] vb itr, **~ to**[**wards**] leda (bidra, tjäna) till, [be]främja, befordra
conducive [kənˈdjuːsɪv] adj, **~ to** som bidrar till; **be ~ to** bidra till, [be]främja, befordra
conduct [ss. subst. ˈkɒndʌkt, ss. vb kənˈdʌkt] **I** s **1** uppförande, uppträdande [**towards**, **to** mot, gentemot]; hållning; vandel **2** skötsel, förvaltning **II** vb tr **1** föra, leda [äv. fys.: **~ heat**, **~ electricity**], ledsaga; **~ed party** turistgrupp, guidad grupp; **~ed tour**, se under **tour I 2** anföra, leda [**~ a business enterprise**]; handha, sköta, förvalta **3** mus. dirigera **4** förrätta, uträtta **5 ~ oneself** uppföra (sköta) sig **III** vb itr mus. dirigera
conductive [kənˈdʌktɪv] adj fys. ledande
conductivity [ˌkɒndʌkˈtɪvətɪ] s fys. ledningsförmåga; elektr. äv. specifik ledningsförmåga, konduktivitet
conductor [kənˈdʌktə] s **1** ledare, ledsagare **2** mus. dirigent **3** konduktör på buss el. spårvagn; amer. äv. konduktör på tåg; tågmästare **4** fys. a) ledare; konduktor; **~ rail** kontaktskena, strömskena b) åskledare [äv. **lightning-conductor**] **5** amer. stuprör
conductorship [kənˈdʌktəʃɪp] s ledning, ledarskap; dirigentskap
conduit [ˈkɒndɪt, ˈkɒndjʊɪt, amer. -d(j)ʊət] s [vatten-, rör]ledning, ränna; kanal; elektr. [lednings]rör, skyddsrör
cone [kəʊn] s **1** kon, kägla; **~ of rays** ljuskägla **2** kotte **3** strut [**ice-cream ~**]
Coney Island [ˌkəʊnɪˈaɪlənd] bad- o. nöjesplats i New York
confection [kənˈfekʃ(ə)n] s **1** tillagning, tillblandning **2** sötsak, godsak; konfekt, konfityr[er]
confectioner [kənˈfekʃ(ə)nə] s, **~'s** [**shop**] godsaksaffär, konfektaffär; **~s' sugar** amer. florsocker
confectionery [kənˈfekʃnərɪ] s **1** sötsaker, godsaker, konfekt **2** godsaksaffär, konfektaffär, konditori **3** godsakstillverkning, konfekttillverkning
confederacy [kənˈfed(ə)rəsɪ] s **1** allians, förbund, liga **2** sammansvärjning, maskopi **3** konfederation
confederate [ss. subst. o. adj. kənˈfed(ə)rət, ss. vb kənˈfedəreɪt] **I** s **1** förbundsmedlem, konfedererad **2** medbrottsling **II** adj förbunden, förenad, förbunds-, konfedererad **III** vb tr förena, uppta i ett förbund **IV** vb itr sluta sig samman, ingå förbund
confederation [kənˌfedəˈreɪʃ(ə)n] s statsförbund, konfederation; förbund
confer [kənˈfɜː] **I** vb tr **1** förläna, tilldela [**a th.**

[*up*]*on a p.* ngn ngt; ~ *a degree* (*a title*) *on a p.*], skänka [~ *power on a p.*], dela ut; ~ *a doctorate on a p.* promovera ngn [till doktor] **2** lat. imper. jämför, se *cf.* **II** *vb itr* konferera, överlägga, rådslå
conference ['kɒnf(ə)r(ə)ns] *s* konferens, överläggning, rådplägning, möte; *be in ~ sitta i sammanträde*
conferment [kən'fɜːmənt] *s* förlänande, tilldelande, utdelande; ~ *of a doctorate* [doktors]promotion
confess [kən'fes] **I** *vb tr* **1** bekänna, tillstå, erkänna [*she ~ed herself* [*to be*] *guilty*] **2** bikta [~ *one's sins*], skrifta [~ *oneself*] **II** *vb itr* **1** erkänna; ~ *to* vidgå, medge, erkänna [~ *to a crime*] **2** bikta sig
confession [kən'feʃ(ə)n] *s* **1** bekännelse, erkännande **2** bikt, syndabekännelse
confessional [kən'feʃ(ə)nl] **I** *adj* **1** bekännelse-; ~ *box* biktstol **2** konfessionell **II** *s* biktstol; bikt
confetti [kən'fetɪ] (it. pl.; konstr. ss. sg.) *s* konfetti
confidant [ˌkɒnfɪ'dænt] (om kvinna äv. *confidante* samma utt.) *s* förtrogen vän[inna], rådgivare
confide [kən'faɪd] **I** *vb itr* (se äv. *confiding*), ~ *in* lita (förlita sig, tro) på; ~ *in a p.* äv. anförtro sig åt ngn **II** *vb tr* anförtro [*to* åt]
confidence ['kɒnfɪd(ə)ns] *s* **1** förtroende; tillit; *in* ~ i förtroende; *have ~ in* ha (hysa) förtroende för, tro på, lita på; *take a p. into one's ~* göra ngn till sin förtrogne; *he took me into his ~ and told me that...* han berättade i förtroende [för mig] att...; *strict ~ assured* diskretion utlovas; *vote of ~* förtroendevotum; *demand a vote of ~* äv. ställa kabinettsfråga; *vote of no ~* misstroendevotum; ~ *man* (*trickster*) bondfångare; solochvårare; ~ *trick* (*game* amer.) bondfångarknep, bondfångeri **2** tillförsikt, självförtroende, självtillit
confident ['kɒnfɪd(ə)nt] *adj* **1** tillitsfull; säker [*of* på], viss [*of* om]; *be ~ that* vara säker på att, lita [helt] på att **2** säker, trygg; säker av sig, självsäker
confidential [ˌkɒnfɪ'denʃ(ə)l] *adj* förtrolig; i förtroende given (sagd, berättad), konfidentiell
confiding [kən'faɪdɪŋ] *adj* förtroendefull, tillitsfull
configuration [kənˌfɪgjʊ'reɪʃ(ə)n] *s* **1** gestalt; gestaltning, form, kontur[er] **2** astron., data. el. fys. konfiguration
confine [ss. subst. 'kɒnfaɪn, ss. vb kən'faɪn] **I** *s,* pl. ~*s* gräns[er], gränsområde; begränsningar **II** *vb tr* **1** hålla fängslad, spärra in, stänga in, sätta in; *be ~d to barracks* mil. ha (få) kasernförbud (permissionsförbud); *be ~d to bed* vara sängliggande, ligga till sängs **2** begränsa, inskränka [*I must ~ myself to a few remarks*]; *be ~d for space* vara trångbodd
confinement [kən'faɪnmənt] *s* **1** fångenskap, fängsligt förvar, fängelse; inspärrning, isolering; ~ *to barracks* mil. kasernförbud, permissionsförbud **2** barnsäng, nedkomst, förlossning **3** inskränkning, begränsning
confirm [kən'fɜːm] *vb tr* (jfr *confirmed*) **1** bekräfta [~ *a rumour* (*a p.'s suspicions*)], ge stöd åt; stadfästa [~ *a treaty*], ratificera; konfirmera; godkänna; ~ *the minutes of the last meeting* justera protokollet från föregående möte **2** befästa, stärka, styrka, bestyrka **3** kyrkl. konfirmera
confirmation [ˌkɒnfə'meɪʃ(ə)n] *s* **1** bekräftelse; stadfästelse **2** befästande, stärkande, styrkande **3** kyrkl. konfirmation
confirmed [kən'fɜːmd] *perf p* o. *adj* **1** bekräftad etc., jfr *confirm;* konstaterad [*25 ~ cases of polio*] **2** inbiten [~ *bachelor*]; inrotad; obotlig [~ *invalid*]; ohjälplig, oförbätterlig [~ *drunkard*]
confiscable [kən'fɪskəbl] *adj* konfiskerbar
confiscate ['kɒnfɪskeɪt] *vb tr* konfiskera, beslagta
confiscation [ˌkɒnfɪ'skeɪʃ(ə)n] *s* konfiskering, konfiskation, beslag, indragning [av egendom]
confiscatory [kən'fɪskətrɪ] *adj* konfiskatorisk
conflagration [ˌkɒnflə'greɪʃ(ə)n] *s* storbrand, brandkatastrof; *world ~* världsbrand
conflate [kən'fleɪt] *vb tr* sammanfläta
conflation [kən'fleɪʃ(ə)n] *s* sammanflätning
conflict [ss. subst. 'kɒnflɪkt, ss. vb kən'flɪkt] **I** *s* konflikt; sammanstötning, strid, kamp; motsats; motsättning, motsägelse, motstridighet; pl. ~*s* äv. stridigheter; ~ *of opinion* meningsskiljaktighet, motsättning; *there is a ~ of evidence* ung. uppgift står mot uppgift **II** *vb itr* **1** drabba samman, strida, kämpa **2** bildl. gå isär, vara oförenlig [*the two versions of the story ~*]; råka i strid (konflikt) [*with* med]; ~ *with* äv. strida mot
conflicting [kən'flɪktɪŋ] *adj* motstridande, motstridig, motsägande [~ *evidence*]; motsatt [~ *views*]; stridande
confluence ['kɒnfluəns] *s* **1** sammanflöde [*the ~ of the two rivers*] **2** tillopp, samling; folksamling
conform [kən'fɔːm] **I** *vb tr* anpassa [*to* till, efter], foga [*to* efter]; få att överensstämma [*to* med] **II** *vb itr* **1** rätta sig [*to* efter], anpassa sig [*to* till, efter] **2** vara förenlig, överensstämma [*to, with* med]
conformation [ˌkɒnfɔː'meɪʃ(ə)n] *s* **1** form, gestaltning, struktur **2** anpassning [*to* till, efter]
conformism [ˌkɒn'fɔːmɪzm] *s* konformism äv. relig.
conformity [kən'fɔːmətɪ] *s* **1** överensstämmelse, likhet, likformighet;

confound

konformitet; likriktning; *in ~ with* i överensstämmelse (enlighet) med **2** anpassning [*to* till, efter]
confound [kən'faʊnd] *vb tr* **1** förvirra; förbrylla **2** röra ihop, ställa till oreda i **3** vard., *~ it!* jäklar!, tusan också!
confounded [kən'faʊndɪd] *perf p* o. *adj* **1** förvirrad etc., jfr *confound* **2** vard. förbaskad [*~ nuisance*]
confront [kən'frʌnt] *vb tr* **1** konfrontera [*with* med]; *~ with* äv. ställa inför [*they ~ed him with evidence of his crime*] **2** möta [*the difficulties that ~ us seem insuperable*]; *be ~ed by* (*with*) *a new problem* ställas (bli ställd, stå) inför ett nytt problem **3** [modigt] möta [*~ danger*]; stå ansikte mot ansikte med [*the two men ~ed each other angrily*]
confrontation [ˌkɒnfrʌn'teɪʃ(ə)n] *s* konfrontation
Confucianism [kən'fjuːʃənɪz(ə)m] *s* relig. konfucianism[en]
Confucius [kən'fjuːʃəs] relig. Konfucius, Konfutse
confuse [kən'fjuːz] *vb tr* **1** förvirra, förvilla, göra konfys **2** röra ihop (till); förväxla, blanda ihop
confused [kən'fjuːzd] (adv. *confusedly* [kən'fjuːzɪdlɪ]) *adj* **1** förvirrad, förbryllad [*at* över]; konfunderad, konfys; *the ~ elderly* förvirrade åldringar i behov av vård **2** oordnad, rörig, virrig, oredig
confusion [kən'fjuːʒ(ə)n] *s* **1** förvirring, oreda; *it made ~ worse confounded* det trasslade till (förvirrade) begreppen ännu mer; *~ of tongues* språkförbistring **2** förväxling **3** förvirring; förlägenhet
confute [kən'fjuːt] *vb tr* vederlägga
conga ['kɒŋgə] *s* conga dans
congeal [kən'dʒiːl] *vb itr* o. *vb tr* stelna, koagulera, komma (få) att stelna; isa[s], frysa [till is]
congenial [kən'dʒiːnjəl] *adj* **1** sympatisk, tilltalande, trevlig [*~ surroundings*], behaglig [*to* för]; *~ task* arbete som passar en **2** [natur]besläktad, [själs]befryndad [*with* med]; kongenial; samstämd **3** lämplig, passande [*to* för]
congenital [kən'dʒenɪtl] *adj* medfödd, kongenital [*~ defect*]; *be a ~ liar* vara en obotlig lögnare
conger ['kɒŋgə] *s* o. **conger eel** [ˌkɒŋgər'iːl] *s* zool. havsål
congest [kən'dʒest] *vb tr* förorsaka stockning i (på), blockera
congested [kən'dʒestɪd] *adj* o. *perf p* **1** med. blodöverfylld; täppt **2** fylld till trängsel, tätt packad; överbefolkad; *~ areas* överbefolkade områden
congestion [kən'dʒestʃ(ə)n] *s* **1** med. blodstockning, kongestion; *nasal ~* nästäppa **2** stockning i trafik o.d.; överbelastning; överbefolkning
conglomerate [ss. adj. o. subst. kən'glɒmərət, ss. vb kən'glɒməreɪt] **I** *adj* hopgyttrad **II** *s* **1** hopgyttring, gytter, massa; konglomerat **2** ekon. el. geol. konglomerat **III** *vb itr* gyttra ihop sig, samlas
conglomeration [kənˌglɒmə'reɪʃ(ə)n] *s* gytter, hopgyttring, samling, anhopning, konglomerat
Congo ['kɒŋgəʊ] geogr.; *the ~* Kongo
Congolese [ˌkɒŋgə(ʊ)'liːz] **I** (pl. lika) *s* kongoles **II** *adj* kongolesisk
congratulate [kən'grætjʊleɪt] *vb tr* gratulera, lyckönska [*~ a p.* [*up*]*on* (till) *his success*]; *~ oneself on* lyckönska sig till, skatta sig lycklig över
congratulation [kənˌgrætjʊ'leɪʃ(ə)n] *s* gratulation, lyckönskning, lyckönskan; *Congratulations!* [jag (vi)] gratulerar!, har den äran [att gratulera]!
congratulatory [kənˌgrætjʊ'leɪt(ə)rɪ] *adj* lyckönsknings-, gratulations-
congregate ['kɒŋgrɪgeɪt] *vb itr* samlas, [för]samla sig, skockas
congregation [ˌkɒŋgrɪ'geɪʃ(ə)n] *s* **1** samling **2** församling äv. kyrkl.; menighet
congregational [ˌkɒŋgrɪ'geɪʃənl] *adj* **1** församlings- **2** *C~* kongregationalistisk som hyllar kyrklig självstyrelse
congress ['kɒŋgres] *s* **1** kongress **2** [ibl. *the*] *C~* kongressens lagstiftande församlingen i USA
congressional [kɒŋ'greʃənl] *adj* kongress-; *C~ district* amer. valkrets för val till representanthuset
Congress|man ['kɒŋgres|mən] (pl. *-men* [-mən]) *s* amer. medlem av kongressens representanthus
Congress|woman ['kɒŋgres|wʊmən] (pl. *-women* [-ˌwɪmɪn]) *s* amer. [kvinnlig] medlem av kongressens representanthus
congruence ['kɒŋgrʊəns] *s* o. **congruency** ['kɒŋgrʊənsɪ] *s* **1** [inbördes] överensstämmelse **2** geom. el. språkv. kongruens
congruent ['kɒŋgrʊənt] *adj* **1** överensstämmande [*with* med], passande [*with* till] **2** kongruent äv. geom. el. språkv.
congruity [kɒŋ'gruːətɪ, kən-] *s* **1** kongruens, överensstämmelse, förenlighet **2** följdriktighet
conic ['kɒnɪk] *adj* o. **conical** ['kɒnɪk(ə)l] *adj* konisk, konformig, kägelformig
conifer ['kɒnɪfə, 'kəʊn-] *s* barrträd
coniferous [kə(ʊ)'nɪfərəs, kɒ-] *adj* kottbärande, barrträds-, barr- [*~ tree*]
conjectural [kən'dʒektʃ(ə)r(ə)l] *adj* grundad på gissningar; föreslagen lösning; hypotetisk
conjecture [kən'dʒektʃə] **I** *s* gissning[ar], förmodan; hypotes **II** *vb itr* gissa

conjoin [kən'dʒɔɪn] I *vb tr* [nära] förena, förbinda II *vb itr* förena sig, ingå förbindelse
conjoint [kən'dʒɔɪnt] *adj* förenad; förbunden; gemensam
conjointly [kən'dʒɔɪntlɪ] *adv* i förening, tillsammans, förenat
conjugal ['kɒn(d)ʒʊg(ə)l] *adj* äktenskaplig [*~ happiness*]
conjugate ['kɒn(d)ʒʊgeɪt] I *vb tr* gram. konjugera, böja II *vb itr* para sig
conjugation [ˌkɒn(d)ʒʊ'geɪʃ(ə)n] *s* gram. konjugation; böjning, böjningsklass
conjunction [kən'dʒʌŋ(k)ʃ(ə)n] *s* **1** förening, förbindelse; kombination; sammanträffande [*~ of events*]; *in ~* tillsammans; *in ~ with* i samverkan (tillsammans) med **2** astron. el. gram. konjunktion
conjunctivitis [kənˌdʒʌŋ(k)tɪ'vaɪtɪs] *s* med. konjunktivit, bindhinneinflammation
conjuncture [kən'dʒʌŋ(k)tʃə] *s* sammanträffande av händelser el. omständigheter; [kritiskt] ögonblick
conjure ['kʌn(d)ʒə, i bet. *I 2* kən'dʒʊə] I *vb tr* **1** trolla fram [*~ a rabbit out of* (ur) *a hat*]; *~ up* a) trolla fram [*~ up a meal*] b) frambesvärja [*~ up the spirits of the dead*], frammana [*~ up visions of the past*] **2** besvärja, bönfalla, uppfordra II *vb itr* **1** trolla; *a name to ~ with* ett namn med fin klang **2** frambesvärja andar
conjurer ['kʌn(d)ʒ(ə)rə] *s* trollkarl, taskspelare
conjuring ['kʌn(d)ʒ(ə)rɪŋ] *s* trolldom, trolleri, taskspeleri; *~ tricks* trollkonster
1 conk [kɒŋk] sl. I *s* **1** kran, snok näsa **2** skalle; slag på nöten II *vb tr* **1** slå på nöten (i skallen) **2** amer. göra krulligt hår rakt, rakpermanenta
2 conk [kɒŋk] *vb itr* vard., *~ out* a) klicka, strejka, paja b) tuppa av
conker ['kɒŋkə] *s* vard. **1** [häst]kastanj frukten **2** *~s* (konstr. ss. sg.) slags lek med kastanjer
Conn förk. för *Connecticut*
Connacht ['kɒnɔːt, -nət] geogr.
Connaught ['kɒnɔːt] geogr. = *Connacht*
connect [kə'nekt] I *vb tr* förbinda, förena, anknyta, ansluta [*with* (*to*) med (till)]; foga (länka, koppla) samman; förknippa, associera [*with* med]; tekn. koppla [ihop (in, om, till)]; *~ up* isht tekn. ansluta, sammanbinda, förena; *be ~ed with* äv. stå i samband med; vara lierad med; *you are ~ed with Rome!* tele. klart Rom!; *~ing link* förbindelselänk II *vb itr* hänga ihop; stå i samband (förbindelse); ha anknytning, ha anslutning [*with* till; *the train ~s with another at B.*]
connected [kə'nektɪd] *adj* o. *perf p* **1** sammanhängande [*~ rooms*] **2** besläktad; lierad, förbunden; *be well* (*influentially*) *~* ha försänkningar
Connecticut [kə'netɪkət] geogr.
connecting-rod [kə'nektɪŋrɒd] *s* tekn. vevstake
connection [kə'nekʃ(ə)n] *s* **1** förbindelse, förening; sammanhang; förknippning; anslutning, anknytning, samband; *miss one's ~* inte hinna med anslutande båt (flyg m.m.); *have a ~ with* stå i förbindelse med; *in this ~* i detta sammanhang **2** personlig förbindelse; umgänge med ngn; befattning med ngt; *have good ~s* ha försänkningar **3** [släkt]förbindelse; släktskap; släkt; släkting **4** krets, kundkrets; klientel; praktik **5** tekn. koppling; kontakt; ledning; skarv
connective [kə'nektɪv] *adj* bindande, förenande; *~ tissue* bindväv
connexion [kə'nekʃ(ə)n] *s* se *connection*
conning-tower ['kɒnɪŋˌtaʊə] *s* sjö. stridstorn, manövertorn på ubåt
connivance [kə'naɪv(ə)ns] *s* tyst medgivande [*it was done with his ~*]
connive [kə'naɪv] *vb itr*, *~ at* se genom fingrarna med, blunda för, överse med; *~ with* spela under täcket med, vara i maskopi med
connoisseur [ˌkɒnə'sɜː, -'sjʊə] *s* kännare [*of, in* av], konnässör [*of, in* av, på]
connotation [ˌkɒnə(ʊ)'teɪʃ(ə)n] *s* bibetydelse; konnotation
connote [kə'nəʊt] *vb tr* ha bibetydelsen [av], beteckna; konnotera
connubial [kə'njuːbjəl] *adj* äktenskaplig
conquer ['kɒŋkə] I *vb tr* erövra; vinna; besegra II *vb itr* segra; *~ing* äv. segerrik
conqueror ['kɒŋk(ə)rə] *s* erövrare; segrare, besegrare; [*William*] *the C~* Vilhelm Erövraren
conquest ['kɒŋkwest] *s* erövring; seger; *make a ~ of* bildl. erövra; vinna; *the* [*Norman*] *C~* normandernas erövring av England 1066
Conrad [författare o. mansnamn 'kɒnræd]
Cons. förk. för *Conservative, Consul*
consanguineous [ˌkɒnsæŋ'gwɪnɪəs] *adj* besläktad [genom blodsband], befryndad
consanguinity [ˌkɒnsæŋ'gwɪnətɪ] *s* blodsband, blodsfrändskap; *ties of ~* släktskapsband, blodsband
conscience ['kɒnʃ(ə)ns] *s* samvete [*a good* (*clear, bad, guilty*) *~*]; *~ money* samvetspengar t.ex. i efterhand inbetalade av skattebedragare; *freedom* (*liberty*) *of ~* samvetsfrihet, religionsfrihet
conscience-smitten ['kɒnʃ(ə)nsˌsmɪtn] *adj* o.
conscience-stricken ['kɒnʃ(ə)nsˌstrɪk(ə)n] *adj* drabbad av samvetskval; djupt ångerfull; *be* (*feel*) *~* äv. ha samvetskval
conscientious [ˌkɒnʃɪ'enʃəs] *adj* samvetsgrann; plikttrogen; hederlig; *~ objector* vapenvägrare
conscientiously [ˌkɒnʃɪ'enʃəslɪ] *adv* samvetsgrant, skrupulöst; plikttroget
conscious ['kɒnʃəs] *adj* **1** medveten [*of* om];

be ~ of äv. veta [med sig], märka, känna **2** vid medvetande (sans) [*he was ~ to the last*] **consciousness** ['kɒnʃəsnəs] *s* medvetande; medvetenhet
conscript [ss. adj. o. subst. 'kɒnskrɪpt, ss. vb kən'skrɪpt] **I** *adj* värnpliktig **II** *s* värnpliktig (inskriven) [soldat], rekryt **III** *vb tr* ta ut till militärtjänst (värnplikt), kalla in, rekrytera
conscription [kən'skrɪpʃ(ə)n] *s* värnplikt, uttagning (rekrytering) till militärtjänst
consecrate ['kɒnsɪkreɪt] *vb tr* inviga; helga; ägna, viga [*to* åt]; **~d earth** vigd jord
consecration [ˌkɒnsɪ'kreɪʃ(ə)n] *s* invigning; helgande; ägnande [*to* åt]
consecutive [kən'sekjʊtɪv] *adj* på varandra följande, efter varandra, i rad, i följd, i sträck [*several ~ days*]; fortlöpande
consecutively [kən'sekjʊtɪvlɪ] *adv* efter varandra, i rad, i följd, i sträck
consensus [kən'sensəs] *s* samstämmighet, consensus, överensstämmelse, samförstånd
consent [kən'sent] **I** *s* samtycke, bifall, medgivande; *by common (general)* ~ enhälligt, enstämmigt; *by common ~ he is* alla är eniga om att han är **II** *vb itr* samtycka, ge sitt samtycke [*to* till]; gå med på det; ~ *to* [*the proposal*] gå med på...; ~*ing adult* jur. person som är i stånd att ta ansvar för egna handlingar isht sexuella; vard. homosexuell
consequence ['kɒnsɪkwəns] *s* **1** följd, konsekvens; slutsats; *in* ~ som en följd av detta, följaktligen; *play ~s* lek kallad långkatekes; *take the ~s* ta konsekvenserna, stå sitt kast **2** vikt, betydelse [*a th. of ~*]; *it is of no ~* det har ingen betydelse, det spelar ingen roll
consequent ['kɒnsɪkwənt] *adj* följande, som följer [[*up*]*on* på]; *be ~* [*up*]*on* vara en följd av
consequential [ˌkɒnsɪ'kwenʃ(ə)l] *adj* **1** därav följande; ~ [*up*]*on* som följer på (av) **2** betydande, betydelsefull
consequently ['kɒnsɪkwəntlɪ] *adv* följaktligen
conservancy [kən'sɜ:v(ə)nsɪ] *s* **1** hamnstyrelse, flodstyrelse med domsrätt i fiskeri- o. sjöfartsfrågor inom visst område [*the Thames C~*] **2** bevarande av träd, skog o.d.; *Nature ~* naturvård, naturskydd
conservation [ˌkɒnsə'veɪʃ(ə)n] *s* **1** bibehållande; bevarande; konservering **2** skydd, beskydd; vård av naturtillgångar; naturvård; miljövård; ~ *area* naturvårdsområde
conservationist [ˌkɒnsə'veɪʃənɪst] *s* naturvårdare, miljövårdare
conservatism [kən'sɜ:vətɪz(ə)m] *s* konservatism
conservative [kən'sɜ:vətɪv] **I** *adj* **1** konservativ [*~ tendencies*; *the C~ Party*] **2** vard. försiktig; *at a ~ estimate* enligt (vid) en försiktig beräkning, lågt räknat **3** bevarande,

bibehållande, skyddande **II** *s* konservativ person; *C~* konservativ, högerman
conservatoire [kən'sɜ:vətwɑ:] *s* [musik]konservatorium
conservatory [kən'sɜ:vətrɪ] *s* **1** drivhus; orangeri; vinterträdgård **2** [musik]konservatorium
conserve [kən'sɜ:v] **I** *vb tr* **1** bevara; vidmakthålla; förvara; spara på **2** koka in frukt **II** *s*, vanl. pl. *~s* inlagd frukt, sylt; fruktkonserv[er]
consider [kən'sɪdə] **I** *vb tr* (jfr *considered* o. *considering*) **1** tänka (fundera, reflektera) på, överväga, betrakta; betänka; ~*ing that he is...* med tanke på (med hänsyn till) att han är...; *all things ~ed* när allt kommer omkring, till slut **2** ta hänsyn till, beakta, tänka på [*~ the feelings of other people*] **3** [hög]akta; uppskatta [*not highly ~ed*] **4** anse, tycka [*I ~ it* [*to be*] *best*], anse som (för) **II** *vb itr* tänka, tänka efter; betänka sig
considerable [kən'sɪd(ə)rəbl] *adj* betydande; betydlig, ansenlig, avsevärd, större [*a ~ sum of money*]; *~ trouble* åtskilligt besvär
considerably [kən'sɪd(ə)rəblɪ] *adv* betydligt [*~ worse*], väsentligt, åtskilligt, avsevärt
considerate [kən'sɪd(ə)rət] *adj* hänsynsfull [*towards* mot], omtänksam
consideration [kənˌsɪdə'reɪʃ(ə)n] *s* **1** övervägande, betraktande; hänsynstagande, beaktande, avseende; *give a th. ~* ta ngt under övervägande (behandling); *take a th. into ~* ta ngt i betraktande; ta hänsyn till ngt; *on* [*further*] ~ vid närmare eftertanke **2** hänsyn, skäl; faktor [*time is an important ~ in this case*]; *a ~* äv. något som man får ta hänsyn till; *the expense is no ~* vid kostnaden fästes inget avseende **3** ersättning, betalning; *for a ~* mot ersättning, mot kontant vederlag **4** hänsyn, omtanke, omtänksamhet
considered [kən'sɪdəd] *adj* väl övervägd; *in our ~ opinion* enligt vår grundade mening
considering [kən'sɪd(ə)rɪŋ] **I** *prep* med tanke på, med hänsyn till [*~ the circumstances*] **II** *konj* med tanke på, med hänsyn till **III** *adv* vard. efter omständigheterna, när allt kommer omkring [*that's not so bad, ~*]
consign [kən'saɪn] *vb tr* **1** överlämna [*~ to the flames*], överantvarda [*~ one's soul to God*] **2** hand. avsända, översända varor med båt, tåg o.d.; konsignera
consignee [ˌkɒnsaɪ'ni:, -sɪ'ni:] *s* [varu]mottagare
consignment [kən'saɪnmənt] *s* **1** utlämnande, överlämnande **2** hand. avsändning av varor, isht till agent **3** varusändning, varuparti, försändelse
consignment note [kən'saɪnməntnəʊt] *s* fraktsedel

consignor [kən'saɪnə] s [varu]avsändare, leverantör
consist [kən'sɪst] vb itr bestå [*of* av; *in* i]
consistence [kən'sɪst(ə)ns] s se *consistency 1* o. *2*
consistency [kən'sɪst(ə)nsɪ] s **1** konsistens **2** fasthet, soliditet; stadga **3** konsekvens; följdriktighet; överensstämmelse
consistent [kən'sɪst(ə)nt] *adj* **1** överensstämmande, förenlig [*with* med]; *be ~ with* äv. stämma [överens] med **2** konsekvent; följdriktig **3** fast; jämn [*the team has been very ~*]
consistently [kən'sɪst(ə)ntlɪ] *adv* **1** konsekvent, genomgående **2** *~ with* i enlighet med
consolation [ˌkɒnsə'leɪʃ(ə)n] s tröst; *~ prize* tröstpris; *a poor ~* en klen tröst
1 console [kən'səʊl] *vb tr* trösta
2 console ['kɒnsəʊl] s **1** konsol **2** manöverbord, kontrollbord äv. data. **3** spelbord till orgel **4** *~ [model]* golvmodell av radio, TV o.d.
consolidate [kən'sɒlɪdeɪt] **I** *vb tr* **1** konsolidera, befästa, stärka **2** slå samman, sammanföra bolag, områden etc. **3** konsolidera en skuld; fondera; *~d annuities* consols slags statsobligationer **II** *vb itr* **1** konsolideras; om betong sätta sig **2** gå samman [*the two companies have ~d*]
consolidation [kənˌsɒlɪ'deɪʃ(ə)n] s konsolidering; befästande etc., jfr *consolidate*; fondering
consols ['kɒnsəlz] s pl se *consolidated annuities* under *consolidate I 3*
consommé [kən'sɒmeɪ, 'kɒnsəmeɪ] s kok. (fr.), klar [kött]buljong, consommé
consonance ['kɒnsənəns] s konsonans, samklang äv. fys. el. mus.; harmoni
consonant ['kɒnsənənt] **I** *adj* harmonisk, överensstämmande [*with* (*to*) med] **II** s konsonant
consort [ss. subst. 'kɒnsɔ:t, ss. vb kən'sɔ:t] **I** s **1** make, maka, gemål; *prince ~* prinsgemål; *queen ~* drottning regerande kungs gemål **2** sjö. konvojfartyg **II** *vb itr* **1** förena sig, sällskapa, umgås [*with* med]; *~ with* äv. hålla till hos (bland) **2** stämma överens, harmoniera; passa
consortium [kən'sɔ:tjəm] s konsortium av företag
conspectus [kən'spektəs] s [sammanfattande] översikt [*of* över]
conspicuous [kən'spɪkjʊəs] *adj* **1** iögonfallande, slående, tydlig; lätt att se, synlig [vida omkring] **2** framstående, framträdande; *make oneself ~* ådra sig uppmärksamhet, göra sig bemärkt; *be ~ by one's absence* lysa med sin frånvaro
conspicuously [kən'spɪkjʊəslɪ] *adv* på ett iögonfallande sätt, demonstrativt

conspicuousness [kən'spɪkjʊəsnəs] s **1** synlighet; tydlighet **2** bemärkthet
conspiracy [kən'spɪrəsɪ] s konspiration, sammansvärjning, komplott
conspirator [kən'spɪrətə] s konspiratör, sammansvuren
conspiratorial [kənˌspɪrə'tɔ:rɪəl] *adj* konspiratorisk
conspire [kən'spaɪə] *vb itr* **1** konspirera, sammansvärja sig **2** om händelse samverka; bidra [*to* till [att]]
Constable [konstnären 'kʌnstəbl]
constable ['kʌnstəbl, 'kɒn-] s polis, polisman, [polis]konstapel; *Chief C~* polismästare för stad el. grevskap; *special ~* extrapolis som kallas in vid speciella tillfällen
constabulary [kən'stæbjʊlərɪ] **I** s poliskår, polisstyrka; gendarmeri **II** *adj* polis- [*~ force*]
Constance ['kɒnst(ə)ns] **1** kvinnonamn **2** staden Konstanz; *the Lake of ~* el. *Lake ~* Bodensjön
constancy ['kɒnst(ə)nsɪ] s **1** beständighet, varaktighet **2** ståndaktighet, fasthet; *~ of purpose* målmedvetenhet
constant ['kɒnst(ə)nt] **I** *adj* **1** ständig, oavbruten; beständig, konstant, oföränderlig **2** stadig; fast, ståndaktig; trofast, trogen [*to* mot] **II** s matem. el. fys. konstant
constantly ['kɒnst(ə)ntlɪ] *adv* [jämt och] ständigt, stadigt, konstant
constellation [ˌkɒnstə'leɪʃ(ə)n] s konstellation äv. bildl.; stjärnbild
consternation [ˌkɒnstə'neɪʃ(ə)n] s bestörtning, häpnad; *flee in ~* fly i panik (förfäran)
constipat|e ['kɒnstɪpeɪt] *vb tr* o. *vb itr* vålla förstoppning [hos]; *be -ed* ha förstoppning, vara hård i magen; *milk is -ing* mjölk verkar förstoppande
constipation [ˌkɒnstɪ'peɪʃ(ə)n] s förstoppning, trög mage; med. konstipation, obstipation
constituency [kən'stɪtjʊənsɪ] s valkrets; valmanskår
constituent [kən'stɪtjʊənt] **I** *adj* **1** beståndsdel-, integrerande [*~ part*] **2** konstituerande [*~ assembly*] **3** väljande, val-, valmans-; *~ body* valkorporation **II** s **1** beståndsdel **2** valman, väljare
constitute ['kɒnstɪtju:t] *vb tr* **1** utgöra [*it ~s the only method that...*], bilda; *what ~s the difference?* vad består skillnaden i? **2** konstituera, inrätta, grunda, instifta; upprätta, bilda [*~ a provisional government*]; tillsätta [*~ a committee*] **3** utse ngn till [*the meeting ~d him chairman*]
constitution [ˌkɒnstɪ'tju:ʃ(ə)n] s **1** [stats]författning, konstitution; grundlag; *written ~* skriven författning; *Great Britain has an unwritten ~* Storbritannien saknar författning (har en oskriven författning) **2** a) [kropps]konstitution, fysik

constitutional 168

b) sinnesförfattning; temperament **3** sammansättning [*the ~ of the council*]; struktur [*the ~ of the solar spectrum*], beskaffenhet **4** konstituerande, inrättande etc., jfr *constitute 2* **5** utseende, jfr *constitute 3*
constitutional [ˌkɒnstɪ'tju:ʃənl] **I** *adj* konstitutionell; medfödd; grundlagsenlig, författningsenlig **II** *s* vard., stärkande promenad [*take a ~*]
constitutionally [ˌkɒnstɪ'tju:ʃnəlɪ] *adv* **1** till sin sammansättning **2** av naturen **3** författningsenligt, grundlagsenligt, konstitutionellt
constrain [kən'streɪn] *vb tr* **1** tvinga; *be ~ed to* vara (bli) tvungen att, nödgas **2** fängsla, lägga band på **3** begränsa; inskränka, hindra rörelse
constrained [kən'streɪnd] *adj* **1** tvungen, konstlad; ofri, inte ledig **2** avtvingad, framtvingad
constraint [kən'streɪnt] *s* **1** tvång; tvångsmedel; bundenhet, ofrihet; *under ~* a) under tvång b) internerad, inspärrad **2** känsla av tvång, tvungenhet; tvunget sätt **3** restriktion
constrict [kən'strɪkt] *vb tr* dra samman, pressa samman, dra ihop; få att dra ihop sig
constriction [kən'strɪkʃ(ə)n] *s* sammandragning, hopsnörning; insnörning; förträngning
constrictor [kən'strɪktə] *s* **1** sammandragande muskel, slutmuskel **2** [*boa*] *~* boa[orm], kungsorm
construct [ss. vb kən'strʌkt, ss. subst 'kɒnstrʌkt] **I** *vb tr* konstruera [fram (upp)]; uppföra, bygga, anlägga; bygga upp **II** *s* **1** tankeskapelse, [hypotetisk] konstruktion, begrepp isht som del av teori **2** språkv. konstruktion
construction [kən'strʌkʃ(ə)n] *s* **1** konstruktion; uppförande, [upp]byggande, anläggande, byggnad [*the new railway is under ~*]; tillverkning; *~ kit* byggsats; *~ worker* byggnadsarbetare; *in course of ~* under uppförande (byggnad) **2** byggnad, konstruktion; uppbyggnad **3** gram. el. matem. konstruktion **4** tolkning, tydning, utläggning; [*the sentence*] *does not bear such a ~* ...kan inte tolkas så; *put a good ~ on* tolka (tyda) välvilligt
constructive [kən'strʌktɪv] *adj* konstruktiv
constructor [kən'strʌktə] *s* konstruktör
construe [kən'stru:, 'kɒnst-] **I** *vb tr* **1** tolka [*his remarks were wrongly ~d*], tyda, förklara, lägga ut **2** gram. konstruera [*with* med] **3** analysera en sats o.d.; översätta ordagrant [*~ a passage from Homer*] **II** *vb itr* **1** gå att översätta; *this sentence doesn't ~* äv. meningen är felkonstruerad **2** göra en [sats]analys, ta ut satsdelar
consul ['kɒns(ə)l] *s* konsul

consular ['kɒnsjʊlə] *adj* konsulär; konsuls-, konsulat-
consulate ['kɒnsjʊlət] *s* konsulat
consul-general [ˌkɒns(ə)l'dʒen(ə)r(ə)l] (pl. *consuls-general*) *s* generalkonsul
consulship ['kɒns(ə)lʃɪp] *s* konsulsbefattning; konsulat
consult [kən'sʌlt] **I** *vb tr* rådfråga, konsultera; se efter i (på) [*~ a map*], slå upp i [*~ a dictionary*]; *~ a p.* äv. rådgöra med ngn; *~ a doctor* konsultera en (söka) läkare; *~ one's watch* se på klockan **II** *vb itr* överlägga, rådslå, rådgöra, konferera [*with* med]
consultant [kən'sʌltənt] *s* **1** konsulterande läkare **2** konsulent, konsult; *special ~* ämnesspecialist
consultation [ˌkɒns(ə)l'teɪʃ(ə)n] *s* **1** överläggning, rådplägning; samråd [*in ~ with*]; *be in ~ over* konferera om **2** konsultation
consultative [kən'sʌltətɪv] *adj* rådgivande, konsultativ
consulting [kən'sʌltɪŋ] *adj* **1** rådfrågande **2** rådgivande [*~ architect* (*lawyer*)], konsulterande [*~ physician*]
consulting-room [kən'sʌltɪŋru:m, -rʊm] *s* mottagningsrum
consume [kən'sju:m, -'su:m] *vb tr* **1** a) om eld m.m. förtära b) bildl. *~d with* förtärd av, brinnande av [*~d with desire*], uppfylld av; *be ~d with curiosity* vara nära att förgås av nyfikenhet **2** a) förbruka; isht hand. konsumera b) förtära, dricka [upp]; *the time ~d in reading the proofs* den tid som gått åt för att läsa korrektur
consumer [kən'sju:mə, -'su:-] *s* konsument, förbrukare; *~ guidance* konsumentupplysning; *~[s'] goods* konsumtionsvaror; *~ price index* amer. konsumentprisindex; *~s' resistance* köpmotstånd
consumerism [kən'sju:mərɪz(ə)m, -'su:-] *s* **1** konsumentpolitik, tillvaratagande av konsumenternas intressen **2** hög konsumtion i samhället som grund för en sund ekonomi **3** köpgalenskap [*mindless ~*]
consummate [ss. adj. kən'sʌmət, ss. vb 'kɒnsəmeɪt] **I** *adj* fulländad, utsökt, fullständig, raffinerad **II** *vb tr* **1** fullkomna, fullända **2** fullborda [*the marriage was never ~d*]
consummation [ˌkɒnsə'meɪʃ(ə)n] *s* **1** fullbordande; avslutning, fullbordan **2** fulländning; fullbordad sak; slutmål; *a ~ devoutly to be wished* citat ur Hamlet 'en nåd att stilla bedja om'
consumption [kən'sʌm(p)ʃ(ə)n] *s* **1** förtäring; *unfit for human ~* otjänlig som människoföda **2** konsumtion, förbrukning, åtgång; *petrol (gasoline) ~*

bensinförbrukning 3 åld. lungsot [äv. ~ *of the lungs*]
contact ['kɒntækt, ss. vb äv. kən'tækt] **I** *s*
1 kontakt, beröring, förbindelse [*come in (into)* ~ *with*]; känning; bekantskap; ~ [*man*] kontakt[man]; *make* (*break*) ~ elektr. sluta (bryta) strömmen; *make* ~ *with* få kontakt med; *make a lot of useful* ~*s* knyta många värdefulla kontakter **2** med. eventuell smittbärare **II** *vb tr* komma (stå) i kontakt med, kontakta
contact breaker ['kɒntækt‚breɪkə] *s* elektr. brytkontakt, avbrytare; ~ *points* bil. brytarspetsar
contact dermatitis ['kɒntækt‚dɜːmə'taɪtɪs] *s* med. kontakteksem
contact lenses ['kɒntækt‚lenzɪz] *s pl* kontaktlinser
contact print ['kɒntæktprɪnt] *s* foto. kontaktkopia
contagion [kən'teɪdʒ(ə)n] *s* **1** smitta [genom beröring] **2** smittsam sjukdom
contagious [kən'teɪdʒəs] *adj* smittsam; smittoförande, kontagiös; [*her laughter (enthusiasm)*] *is* ~ äv. ...smittar av sig
contain [kən'teɪn] *vb tr* **1** innehålla, innefatta, rymma **2** behärska, tygla, hålla [tillbaka]; ~ *oneself* behärska sig, tiga **3** mil. hålla, hindra, binda en fientlig styrka
container [kən'teɪnə] *s* **1** behållare, kärl **2** container
containment [kən'teɪnmənt] *s*, ~ *policy* 'uppdämningspolitik' ett lands defensiva åtgärder för att hejda territoriell expansion
contaminant [kən'tæmɪnənt] *s* med. smittämne; radioaktiv kontamination
contaminate [kən'tæmɪneɪt] *vb tr* [för]orena, smutsa ner; smitta ner; kontaminera belägga med radioaktivt stoft; bildl. besmitta, fördärva; ~*d clothing* kontaminerade kläder, kläder med radioaktiv beläggning
contamination [kən‚tæmɪ'neɪʃ(ə)n] *s* **1** förorening äv. konkr.; nedsmutsning; nedsmittning; radioaktiv kontamination **2** språkv. kontamination
contemplate ['kɒntəmpleɪt] **I** *vb tr* **1** betrakta, beskåda **2** fundera över (på) [~ *a problem*], begrunda **3** räkna med [såsom möjligt] [*I do not* ~ *any opposition from him*] **4** ha för avsikt, fundera på [~ *buying a new car*], överväga, planera; perf. p.: ~*d* äv. tilltänkt, eventuell **II** *vb itr* fundera, meditera
contemplation [‚kɒntəm'pleɪʃ(ə)n] *s* **1** betraktande, beskådande; begrundande; kontemplation **2** avsikt; avvaktan [*in* ~ *of*]; *be in* ~ vara under övervägande; *have in* ~ avse, planera
contemplative ['kɒntəm‚pleɪtɪv; kən'templətɪv] *adj* **1** tankfull, begrundande, eftersinnande **2** relig. o.d. kontemplativ

contemporaneity [kən‚temp(ə)rə'niːətɪ] *s* samtidighet
contemporaneous [kən‚tempə'reɪnjəs] *adj* samtidig [*with* med]; samtida; av samma ålder
contemporar|**y** [kən'temp(ə)rərɪ] **I** *adj* samtidig [*with* med]; jämnårig; samtida; nutida; modern [~ *art (style)*]; aktuell [~ *events*] **II** *s* samtida [*of* till]; *we were* -*ies at college* vi gick på college ungefär samtidigt
contempt [kən'tem(p)t] *s* förakt, ringaktning [*of (for)* för]; *hold in* ~ hysa förakt för, förakta; ~ *of court* ohörsamhet inför rätta; lagtrots
contemptible [kən'tem(p)təbl] *adj* föraktlig; usel
contemptuous [kən'tem(p)tjʊəs] *adj* föraktfull
contend [kən'tend] **I** *vb itr* **1** strida, kämpa, brottas [*against (with)* mot (med); *about* om; *for* för (om); ~ *with difficulties*]; *the* ~*ing parties* de stridande parterna **2** sträva; tävla [~ *for* (om) *a prize*] **3** tvista, disputera, strida **II** *vb tr* [vilja] hävda, påstå
contender [kən'tendə] *s* **1** sport. tävlande; utmanare [~ *for the heavyweight title*] **2** sökande, kandidat [~ *for the post (job)*]
1 content ['kɒntent] *s* **1** innehåll ofta i motsats mot form [*the* ~ *of the essay*]; innebörd; halt; jfr *contents* **2** rymlighet, volym; *cubic* ~ kubikinnehåll
2 content [kən'tent] **I** *s* belåtenhet; *to one's heart's* ~ av hjärtans lust; så mycket man vill **II** *adj* nöjd, belåten **III** *vb tr* tillfredsställa; ~ *oneself* nöja sig [*with* med]
contented [kən'tentɪd] *adj* nöjd, belåten, förnöjsam
contention [kən'tenʃ(ə)n] *s* **1** strid, stridighet; tvist, ordstrid; tävlan **2** påstående; åsikt, argument [*his* ~ *was that...*]
contentious [kən'tenʃəs] *adj* **1** stridslysten, grälsjuk **2** tvistig; omtvistad [*a* ~ *clause in a treaty*]; tviste-; ~ *issue* stridsfråga, tvistefråga
contentment [kən'tentmənt] *s* belåtenhet
contents ['kɒntents] *s pl* innehåll [*the* ~ *of a glass (book)*]; *table of* ~ innehållsförteckning
contest [ss. subst. 'kɒntest, ss. vb kən'test] **I** *s* **1** strid, kamp **2** tävling [*a speed* ~], tävlan, match **II** *vb itr* strida, kämpa, tävla [*for* om] **III** *vb tr* **1** bekämpa; bestrida [~ *a point (will)*] **2** kämpa om, försvara [~ *every inch of ground*]; tävla om [~ *a prize*]; ~ *the election* parl. ställa upp som motkandidat, jfr *contested*; ~ *a seat* kandidera (ställa upp) i en valkrets
contestant [kən'testənt] *s* stridande [part]; tävlande; konkurrent
contested [kən'testɪd] *adj* omtvistad; ~ *election* val med motkandidater
context ['kɒntekst] *s* **1** sammanhang;

kontext; *quotations out of* ~ lösryckta citat 2 omgivning[ar], miljö; ram
contextual [kɒn'tekstjʊəl, kən-] *adj* som beror på (hör till, framgår av) sammanhanget (kontexten)
contiguity [ˌkɒntɪ'gjuːətɪ] *s* beröring, omedelbar närhet; nära grannskap; kontiguitet
contiguous [kən'tɪgjʊəs] *adj* 1 angränsande, intilliggande; ~ *to* som gränsar till; *be* ~ gränsa till varandra, ha gemensam gräns [*Sweden and Norway are* ~]; *be* ~ *to* gränsa till 2 omedelbart föregående (efterföljande)
continence ['kɒntɪnəns] *s* återhållsamhet; måttlighet; avhållsamhet
continent ['kɒntɪnənt] I *adj* återhållsam; måttlig; avhållsam II *s* 1 kontinent, fastland; *the C*~ kontinenten Europas fastland 2 världsdel
continental [ˌkɒntɪ'nentl] I *adj* 1 kontinental, kontinental-; fastlands-; ~ *breakfast* kontinental frukost (kaffefrukost) med bröd, smör och marmelad; ~ *shelf* geol. kontinentalsockel; ~ *shift* geol. kontinentalförskjutning; ~ *quilt* duntäcke 2 amer. på (tillhörande) det nordamerikanska fastlandet [*the* ~ *United States does not include Hawaii*] II *s* fastlandseuropé i motsats mot britt
contingenc|y [kən'tɪn(d)ʒ(ə)nsɪ] *s* 1 a) eventualitet [*be prepared for all -ies*] b) oförutsedd händelse [*supplies for every* ~]; *should a* ~ *arise* om något oförutsett inträffar 2 tillfällighet [*a result that depends upon -ies*] 3 a) pl. *-ies* oförutsedda utgifter; extra omkostnader b) ~ *fund* fond för oförutsedda utgifter 4 ~ *plan* beredskapsplan
contingent [kən'tɪn(d)ʒ(ə)nt] I *adj* 1 eventuell 2 villkorlig inte nödvändig i och för sig; betingad [[*up*]*on* av]; oväsentlig 3 tillfällig 4 ~ *to* medföljande, som hör till (är en följd av) II *s* kontingent isht av trupper; grupp
continual [kən'tɪnjʊəl] *adj* ständig, ständigt återkommande; ihållande [~ *rain*]; idelig
continuance [kən'tɪnjʊəns] *s* varaktighet [*of some (short, long)* ~]; fortsättning; *during the* ~ *of the war* så länge kriget varar (varade)
continuation [kənˌtɪnjʊ'eɪʃ(ə)n] *s* fortsättning, fortsättande, återupptagande; förlängning; ~ *classes* fortsättningskurser; ~ *school* fortsättningsskola; fackskola
continue [kən'tɪnjuː] I *vb tr* 1 fortsätta [~ *doing* (*to do*) *a th.*]; [*to be*] ~*d* fortsättning [följer] 2 förlänga; låta bestå 3 [bi]behålla, låta kvarstå [*in* vid, i ämbete o.d.] II *vb itr* 1 fortsätta, fortfara 2 förbli, stanna [kvar], kvarstå [~ *in office*]; fortfarande vara [~ *ill*] 3 fortleva, leva vidare
continued [kən'tɪnjʊd] *perf p* o. *adj* 1 fortsatt etc., jfr *continue* 2 oavbruten, ständig
continuity [ˌkɒntɪ'njuːətɪ] *s* 1 kontinuitet 2 film.: a) ung. scenario; scenföljd, kontinuitet b) i för- el. eftertexter scripta; ~ *girl* (isht amer. *clerk*) scripta 3 radio. el. TV. programmanuskript; sammanbindande kommentar, text
continuous [kən'tɪnjʊəs] *adj* kontinuerlig, oavbruten, fortlöpande, fortskridande; ständig; ~ *performance* nonstopföreställning[ar]; ~ *stationery* papper i löpande bana; ~ *tense* progressiv (pågående) form
continuously [kən'tɪnjʊəslɪ] *adv* kontinuerligt etc.; oavbrutet, ihållande; fortlöpande
contort [kən'tɔːt] *vb tr* förvrida; förvränga
contortion [kən'tɔːʃ(ə)n] *s* förvridning av ansikte el. kropp; grimas; förvrängning
contortionist [kən'tɔːʃənɪst] *s* ormmänniska
contour ['kɒntʊə] I *s* kontur; ytterlinje, gränslinje isht mellan olikfärgade delar av bild o.d.; omkrets; grunddrag; ~ *line* nivåkurva på karta; ~ *map* höjdkarta II *vb tr* visa (dra upp) konturerna av, konturera
contra ['kɒntrə] I *prep* mot II *s* motskäl; motsida
contraband ['kɒntrəbænd] I *s* kontraband [~ *of war*]; smuggelgods; kontrabandstrafik, smuggling II *adj* kontrabands-, smuggel-
contrabass [ˌkɒntrə'beɪs] *s* mus. kontrabas, basfiol
contraception [ˌkɒntrə'sepʃ(ə)n] *s* [användning av] preventivmedel, födelsekontroll
contraceptive [ˌkɒntrə'septɪv] I *adj* preventiv[-] II *s* preventivmedel
contract [ss. subst. 'kɒntrækt, ss. vb kən'trækt] I *s* 1 avtal, överenskommelse, fördrag; kontrakt äv. kortsp. 2 hand. kontrakt [*that is not in the* ~]; entreprenad [äv. ~ *by tender*]; ackord, beting [*by* (på) ~]; *place a* ~ *for* lämna på entreprenad II *vb tr* 1 avtala, avsluta genom kontrakt; teckna avtal (kontrakt) om, förbinda sig [*to do*]; ~ *oneself out of* [genom överenskommelse] göra sig fri från 2 ingå [~ *a marriage*], sluta [~ *an alliance with another country*], knyta [~ *a friendship* (vänskapsband) *with*], ådra sig [~ *a disease*], åsamka sig [~ *debts*] 3 dra samman (ihop) äv. gram.; kontrahera; rynka [~ *the brows*] III *vb itr* 1 dra ihop sig, dras samman, minskas, krympa 2 ~ *out* dra sig ur spelet; hoppa av [*of a th.* från ngt]; anmäla sitt utträde [*of a th.* ur ngt]; ~ *out of a th.* äv. dra sig ur ngt
contract bridge ['kɒntræktbrɪdʒ] *s* kortsp. kontraktsbridge
contraction [kən'trækʃ(ə)n] *s* 1 sammandragning; hopdragning; kontraktion; förkortning; minskning; krympning 2 *the* ~ *of debts* (*an infection*) att ådra sig skulder (en infektion)
contract killer ['kɒntræktˌkɪlə] *s* lejd mördare

contractor [kən'træktə] *s* leverantör; entreprenör; *builder and* ~ byggnadsentreprenör
contractual [kən'træktʃʊəl, -tj-] *adj* kontrakts-, kontraktsenlig, av kontraktsnatur
contradict [ˌkɒntrə'dɪkt] I *vb tr* säga emot, motsäga; bestrida II *vb itr* säga emot
contradiction [ˌkɒntrə'dɪkʃ(ə)n] *s* motsägelse; bestridande; ~ *in terms* självmotsägelse; *be in* ~ *with* stå i strid med
contradictory [ˌkɒntrə'dɪkt(ə)rɪ] *adj* motsägande, [mot]stridig; rakt motsatt [*to* mot]; motsägelsefull, kontradiktorisk
contradistinction [ˌkɒntrədɪ'stɪŋ(k)ʃ(ə)n] *s, in* ~ *to* i motsats till, till skillnad från
contra-indication [ˌkɒntrəɪndɪ'keɪʃ(ə)n] *s* med. kontraindikation
contralto [kən'træltəʊ] (pl. ~*s*) *s* mus. **1** alt; altstämma **2** kontraalt; kontraaltstämma
contraption [kən'træpʃ(ə)n] *s* vard. apparat, anordning, grej, manick
contrapuntal [ˌkɒntrə'pʌntl] *adj* mus. kontrapunktisk
contrariwise ['kɒntrərɪwaɪz, i bet. *3* kən'treərɪ-] *adv* **1** tvärtom; däremot **2** omvänt; på motsatt sätt **3** vard. motsträvigt etc., jfr *contrary I 3*
contrar|y ['kɒntrərɪ, i bet. *I 3* kən'treərɪ] I *adj* **1** motsatt; stridande [*to* mot]; ~ *to* äv. [tvärt]emot, i strid mot (med) **2** motig; ogynnsam [~ *weather*], mot- [~ *winds*] **3** vard. motsträvig, motspänstig, enveten II *adv*, ~ *to* [tvärt]emot, i strid mot (med) [*act* ~ *to the rules*] III *s* motsats [*the direct* ~ *of* (till) *a th.*]; *rather the* ~ snarare tvärtom; *on the* ~ tvärtom; däremot; [*unless I hear*] *anything to the* ~ ...någonting i motsatt riktning, ...något annat; *proof to the* ~ bevis på motsatsen; motbevis; *all reports to the* ~ trots alla rykten
contrast [ss. subst. 'kɒntrɑːst, ss. vb kən'trɑːst] I *s* kontrast, motsättning, motsats; *in* ~ däremot, å andra sidan; *in* ~ *to* (*with*) el. *by* ~ *with* i motsats till (mot), i olikhet med; *be in glaring* ~ *to* sticka bjärt av mot II *vb tr* ställa [upp] som motsats [*with* mot, till], jämföra [*with* med]; *as* ~*ed with* i motsats mot, i jämförelse med III *vb itr* kontrastera, sticka av, bilda en motsats (kontrast) [*with* mot, till]; ~*ing colours* kontrastfärger, kontrasterande färger
contrastive [kən'trɑːstɪv] *adj* kontrastiv, kontrast-, kontrasterande
contrasty [kən'trɑːstɪ] *adj* foto. kontrastrik
contravene [ˌkɒntrə'viːn] *vb tr* **1** kränka, överträda; handla mot **2** strida mot, stå i strid mot
contravention [ˌkɒntrə'venʃ(ə)n] *s* överträdelse, kränkning; *in* ~ *of* i strid (motsats) mot
contretemps ['kɒntrətɑː, -tɒŋ] (pl. lika [utt.

som sg.]) *s fr.* **1** oförmodat hinder, motighet, hake **2** gnabb, meningsskiljaktighet
contribute [kən'trɪbjuːt, 'kɒntrɪbjuːt] I *vb tr* **1** bidra med, skjuta till, ge (lämna) [som bidrag] [~ *money*] **2** ~ *articles to* [*a paper*] medarbeta (medverka) i..., bidra med artiklar i... II *vb itr* **1** ge (lämna) bidrag **2** ~ *to a paper* medverka (vara medarbetare) i en tidning **3** bidra, medverka [*to*[*wards*] till; *to do*[*ing*] till att göra]
contribution [ˌkɒntrɪ'bjuːʃ(ə)n] *s* bidrag [*to* till; *the smallest* ~*s will be thankfully received*]; inlägg i diskussion o.d.; insats; tillskott
contributor [kən'trɪbjʊtə] *s* bidragsgivare; medarbetare i tidskrift o.d. [*to* i]
contributory [kən'trɪbjʊt(ə)rɪ] *adj* bidragande, medverkande [~ *factors*]; som finansieras genom ömsesidiga bidrag [*a* ~ *pension scheme*]
contrite ['kɒntraɪt] *adj* ångerfull, botfärdig
contrition [kən'trɪʃ(ə)n] *s* ånger, botfärdighet
contrivance [kən'traɪv(ə)ns] *s* anordning, inrättning, apparat, mekanism
contrive [kən'traɪv] *vb tr* **1** tänka ut, hitta på, uppfinna; planera **2** finna medel (utvägar) till [äv. ~ *a means of*], finna på ett sätt [*to* att], ordna till med, [lyckas] åstadkomma
contrived [kən'traɪvd] *perf p* o. *adj* **1** planerad m.m., jfr *contrive* **2** konstlad, utstuderad [*the dress had a look of* ~ *simplicity*; *the plot was rather* ~]
control [kən'trəʊl] I *s* **1** kontroll, herravälde [*he lost* ~ *of* (över) *his car*], makt, myndighet [*of* över]; övervakning; uppsikt, tillsyn [*parental* ~]; reglering [*import* ~]; behärskning; *arms* ~ vapenkontroll; *passport* ~ passkontroll; *circumstances beyond one's* ~ omständigheter som man inte råder över; *be in* ~ [*of*] ha makten (ledningen, tillsynen) [över]; *be in the* ~ *of* kontrolleras (övervakas) av; *be out of* ~; vara omöjlig att bemästra; vara manöveroduglig; *the situation was getting out of* ~ man började tappa kontrollen över situationen; *get* (*bring*) *under* ~ få under kontroll, få bukt med; *keep within one's* ~ behålla herravälde t (kontrollen) över **2** ~ [*group*] kontroll[grupp] **3** kontrollanordning, styranordning, manöverorgan, kontroll; regulator; styrning; pl. ~*s* kontrollinstrument, reglage; flyg. roder, styrorgan, kontroller; *at the* ~*s* flyg. vid spakarna; ~ *board* (*panel*) kontrollbord II *vb tr* kontrollera, behärska, bestämma över; övervaka, revidera [~ *the accounts*]; dirigera; sköta; reglera; bemästra; hålla ordning (styr) på [~ *a class*]; styra, tygla [~ *one's temper*; ~ *a horse*]; ~ *oneself* behärska sig, hålla sig i styr; ~*ling interest* aktiemajoritet
control column [kən'trəʊlˌkɒləm] *s* o. **control lever** [kən'trəʊlˌliːvə] *s* flyg. styrspak

controller [kənˈtrəʊlə] s kontrollant, kontrollör, övervakare; *air-traffic* ~ flygledare
control stick [kənˈtrəʊlstɪk] s flyg. vard. styrspak
control tower [kənˈtrəʊlˌtaʊə] s flyg. trafiktorn, kontrolltorn
control unit [kənˈtrəʊlˌjuːnɪt] s data. styrenhet, kontrollenhet
controversial [ˌkɒntrəˈvɜːʃ(ə)l] adj **1** omtvistad, omstridd, kontroversiell, tviste- [*a* ~ *issue* (fråga)] **2** polemisk, strids- [~ *pamphlet*] **3** stridslysten
controversy [kənˈtrɒvəsɪ, ˈkɒntrəvɜːsɪ] s **1** kontrovers, strid, tvist, polemik; [tidnings]debatt; *beyond* (*without*) ~ obestridlig[t] **2** amer. jur. tvistemål
controvert [ˈkɒntrəvɜːt] vb tr bestrida
contuse [kənˈtjuːz] vb tr ge blåmärken (krossår)
contusion [kənˈtjuːʒ(ə)n] s kontusion, blåmärke, krossår
conundrum [kəˈnʌndrəm] s gåta som bygger på ordlek
conurbation [ˌkɒnɜːˈbeɪʃ(ə)n] s konurbation; storstadsregion
convalesce [ˌkɒnvəˈles] vb itr tillfriskna
convalescence [ˌkɒnvəˈlesns] s tillfrisknande, konvalescens
convalescent [ˌkɒnvəˈlesnt] **I** adj **1** som håller på att tillfriskna **2** konvalescent-; ~ *home* konvalescenthem **II** s konvalescent
convection [kənˈvekʃ(ə)n] s fys. el. meteor. konvektion värmeströmning
convene [kənˈviːn] **I** vb itr komma samman, sammanträda, samlas **II** vb tr **1** sammankalla **2** instämma, inkalla [~ *a p. before a tribunal*]
convener [kənˈviːnə] s sammankallande [ledamot]
convenience [kənˈviːnjəns] s **1** lämplighet; bekvämlighet; *flag of* ~ bekvämlighetsflagg; *marriage of* ~ konvenansparti; *I await your* ~ jag väntar tills det passar dig; [*I can come*] *when it suits your* ~ ...när det passar dig; *do it at your* [*own*] ~ gör det när det passar dig; *at your earliest* ~ hand. (i brev) snarast möjligt, så snart det är möjligt för Er; *for* ~' *sake* el. *for* [*the sake of*] ~ för bekvämlighets skull **2** förmån, fördel; *a great* ~ en stor fördel, mycket förmånligt (bekvämt) **3** bekväm sak (inrättning, anordning), bekvämlighet; [*public*] ~ bekvämlighetsinrättning, offentlig toalett; *all modern* ~*s* el. *every modern* ~ alla moderna bekvämligheter **4** *make a* ~ *of a p.* utnyttja ngn
convenience food [kənˈviːnjənsfuːd] s snabbmat, snabblagad mat
convenience store [kənˈviːnjənsstɔː] s närbutik
convenient [kənˈviːnjənt] adj lämplig, läglig;

bekväm; praktisk, behändig [*a* ~ *tool*]; välbelägen, lättillgänglig, central; *if it is* ~ *to* (*for*) *you* om det passar (lämpar sig för) dig; *be* ~ *to* [*the bus-stop*] ligga nära till (på bekvämt avstånd från)...
conveniently [kənˈviːnjəntlɪ] adv bekvämt; lämpligen, utan olägenhet; *be* ~ *near* [*the bus-stop*] ligga nära till (på bekvämt avstånd från)...
convent [ˈkɒnv(ə)nt] s [nunne]kloster; ~ *school* klosterskola
convention [kənˈvenʃ(ə)n] s **1 a)** konvent [*national* ~]; sammankomst **b)** amer. polit. [parti]konvent **2** överenskommelse, konvention [*the Geneva C~*]; uppgörelse, avtal; fördrag **3** konvention[en] [*a slave to* (under) ~ (*social* ~*s*)] **4** konventionalism; konvenans[en]
conventional [kənˈvenʃ(ə)nl] adj konventionell [~ *clothing*; ~ *weapons*]; sedvanlig
conventionality [kənˌvenʃəˈnælətɪ] s traditionsbundenhet; det konventionella
conventionalize [kənˈvenʃ(ə)nəlaɪz] vb tr göra konventionell, behandla konventionellt; stilisera
converge [kənˈvɜːdʒ] vb itr löpa (stråla) samman, konvergera; sträva mot (mötas i) samma punkt
convergence [kənˈvɜːdʒ(ə)ns] s o.
convergency [kənˈvɜːdʒ(ə)nsɪ] s **1** sammanfallande, sammanlöpande, sammanstrålande **2** matem. el. fys. m.m. konvergens
convergent [kənˈvɜːdʒ(ə)nt] adj **1** konvergerande, sammanlöpande **2** matem. el. fys. m.m. konvergent
conversant [kənˈvɜːs(ə)nt] adj, ~ *with* insatt (hemmastadd) i, förtrogen med
conversation [ˌkɒnvəˈseɪʃ(ə)n] s konversation, samtal; *make* ~ kallprata, konversera
conversational [ˌkɒnvəˈseɪʃ(ə)nl] adj samtals- [*in a* ~ *tone*]; kåserande [~ *style*]
conversationalist [ˌkɒnvəˈseɪʃ(ə)nəlɪst] s [riktig] konversatör; *he is a good* ~ han är bra på att konversera
1 converse [kənˈvɜːs] vb itr konversera, samtala [*on* om (över); *about* om (kring)]
2 converse [ˈkɒnvɜːs] **I** adj omvänd, motsatt **II** s omvänt förhållande; motsats
conversely [ˌkɒnˈvɜːslɪ] adv omvänt
conversion [kənˈvɜːʃ(ə)n] s **1** omvandling, förvandling, ombyggnad [*into* (*to*) till]; omställning, omläggning [~ *to war production*]; ~ *of flats into offices* kontorisering av lägenheter **2** teol. el. psykol. m.m. omvändelse, konvertering; övergång [*to* till] **3** ekon. el. data. m.m. konvertering; omräkning; omsättning till andra värden; ~ *table* förvandlingstabell, omräkningstabell

4 jur. förskingring [äv. *fraudulent* ~] **5** rugby. el. amer. fotb. mål efter 'försök'
convert [ss. subst. ˈkɒnvɜːt, ss. vb kənˈvɜːt] **I** *s* omvänd; proselyt; konvertit; *be a* ~ *to* [*Catholicism*] ha gått över (konverterat) till... **II** *vb tr* **1** omvandla, förvandla, göra (bygga) om [*into* till]; ställa (lägga) om; omsätta [~ *ideas into* (i) *deeds*]; *the building was* ~*ed into a hotel* huset gjordes (byggdes) om till hotell **2** relig. m.m. omvända [*to* till] **3** ekon. el. data. m.m. konvertera; omsätta [~ *into cash*]; räkna om **4** jur., ~ *to one's own use* använda (tillägna sig) för eget bruk **5** rugby. el. amer. fotb., ~ *a try* göra mål efter ett 'försök' **III** *vb itr* **1** [kunna] förvandlas [*a sofa that* ~*s into a bed*] **2** ställa (lägga) om [*the factory is* ~*ing to car production*] **3** relig. m.m. omvändas, konvertera **4** rugby. el. amer. fotb. göra mål [efter ett 'försök']
converter [kənˈvɜːtə] *s* **1** omvandlare **2** tekn. konverter, omformare **3** elektr. frekvensomvandlare, omformare **4** proselytmakare **5** se *catalytic* ~ under *catalytic*
convertibility [kənˌvɜːtəˈbɪlətɪ] *s* isht ekon. konvertibilitet
convertible [kənˈvɜːtəbl] **I** *adj* **1** som kan omvandlas (förvandlas, göras om, omvändas, omsättas etc., jfr *convert II*) [*into* till (i)]; omsättlig **2** bil. med fällbart tak, med sufflett **3** utbytbar; isht ekon. konvertibel [*to* mot] **II** *s* **1** cabriolet bil **2** båt med kapell
convex [ˈkɒnveks, isht attr. ˈkɒnv-] *adj* konvex, välvd utåt; ~ *lens* konvex lins, samlingslins
convexity [kənˈveksətɪ] *s* konvexitet, utbuktning
convey [kənˈveɪ] *vb tr* **1** föra, befordra, transportera, forsla; medföra [*this train* ~*s both passengers and goods*]; överbringa [~ *a message to a p.*]; framföra hälsning o.d. **2** leda vatten o.d.; förmedla sinnesintryck **3** meddela, ge; uttrycka [*I can't* ~ *my feelings in words*], låta förstå; innebära; *it* ~*s nothing* (*no meaning*) *to me* det säger mig ingenting **4** jur. överlåta [*to* på]
conveyance [kənˈveɪəns] *s* **1** befordran, transport; överförande, ledning **2** fortskaffningsmedel, åkdon **3** jur. överlåtelse[handling]
conveyancer [kənˈveɪənsə] *s* jurist som sätter upp överlåtelsehandlingar
conveyer o. **conveyor** [kənˈveɪə] *s* **1** överbringare **2** tekn. [band]transportör, transportband [äv. ~ *band* (*belt*)]; ~ *belt* äv. löpande band; *on the* ~ *principle* enligt löpandebandsprincipen
convict [ss. vb kənˈvɪkt, ss. subst. ˈkɒnvɪkt] **I** *vb tr* fälla [*of* för], förklara (döma) skyldig [*of* till]; överbevisa [*of* om]; *the evidence* ~*ed him* bevismaterialet fällde honom;

formerly ~*ed* tidigare straffad **II** *s* straffånge; förbrytare; ~ *colony* straffkoloni
conviction [kənˈvɪkʃ(ə)n] *s* **1** brottslings fällande; [fällande] dom [*of* mot]; överbevisande; *he had three* (*no*) *previous* ~*s* han var straffad tre gånger (var inte straffad) tidigare; ~ *for drunkenness* [dom för] fylleriförseelse **2** övertygande; övertygelse; *carry* ~ verka övertygande; övertyga [*to a p.* ngn]; *act up to one's* ~*s* handla efter sin övertygelse; *a man of* (*with*) *strong* ~*s* en man med mycket bestämda åsikter
convince [kənˈvɪns] *vb tr* övertyga, överbevisa [*of* om]; isht amer. äv. övertala
convivial [kənˈvɪvɪəl] *adj* **1** festlig, fest-, glad [~ *evening*] **2** sällskaplig, jovialisk, gemytlig
convocation [ˌkɒnvə(ʊ)ˈkeɪʃ(ə)n] *s* **1** sammankallande, kallelse **2** möte, församling **3** *C*~ vid vissa britt. univ. universitetssenat[en] rådsförsamling vanl. sammansatt av graduerade
convoke [kənˈvəʊk] *vb tr* inkalla, sammankalla
convoluted [ˈkɒnvəluːtɪd, -ljuːt-] *adj* **1** full av vindlingar, veckad; spiralformig **2** bildl. invecklad [~ *reasoning*], snirklad
convolution [ˌkɒnvəˈluːʃ(ə)n, -ˈljuː-] *s* **1** hoprullning, [hop]slingring **2** invecklad beskaffenhet **3** veck, virvel, varv av ngt rullat; härva; buktighet; anat. vindling, hjärnvindling
convolvul|us [kənˈvɒlvjʊl|əs] (pl. äv. -*i* [-aɪ]) *s* bot. konvolvulus, vinda
convoy [ˈkɒnvɔɪ] **I** *vb tr* konvojera; eskortera **II** *s* konvoj; eskort [*the ships sailed under* ~]; eskortfartyg; kolonn av fordon
convulse [kənˈvʌls] *vb tr* **1** [våldsamt] skaka (uppröra), sätta i skakning **2** framkalla krampryckning[ar] (paroxysmer) hos; få att vrida sig
convulsion [kənˈvʌlʃ(ə)n] *s* **1** mest pl. ~*s* konvulsion[er], kramp, krampanfall, krampryckning[ar]; paroxysm[er] [~*s of laughter*]; [*the story was so funny that we*] *were all in* ~*s* ...vred oss av skratt allihop **2** isht polit. el. sociol. omvälvning [*social* (*political*) ~*s*]
convulsive [kənˈvʌlsɪv] *adj* konvulsiv[isk], krampartad, krampaktig; ~ *fit* krampanfall
cony [ˈkəʊnɪ] *s* **1** åld. el. amer. kanin **2** hand. kaninskinn
1 coo [kuː] **I** *vb itr* o. *vb tr* kuttra äv. bildl., se äv. *1 bill II* **II** *s* kuttrande
2 coo [kuː] *interj* vard. el. dial., ~*!* oh!, åh!, oj! [~, *isn't it lovely!*; ~, *what an evening!*]
cook [kʊk] **I** *s* kock; kokerska, köksa; *she is a good* ~ hon lagar god mat, hon är duktig i matlagning **II** *vb tr* **1** laga till, laga mat; koka, steka; ~ *a p.'s goose* se *goose 1* **2** vard., ~ *up* koka ihop, hitta på [~ *up a story*] **3** vard.

förfalska [~ed accounts (figures)], fiffla med, stuva om; ~ the books fiffla med (förfalska) böckerna (bokföringen) 4 sl. spoliera, fördärva; ~ed utmattad, slut 5 sl. koka upp narkotika III vb itr 1 laga mat 2 koka[s] [the potatoes must ~ longer], steka[s]; tillagas; [these apples] ~ well ...är lämpliga som matfrukt 3 vard. stå på, vara i görningen; what's ~ing? vad står på?
cookbook ['kʊkbʊk] s kokbok
cook-chill ['kʊktʃɪl] I adj färdiglagad och snabbkyld om mat II s färdiglagad och snabbkyld mat
cooker ['kʊkə] s 1 [kok]spis; kokkärl; kokare 2 matäpple; pl. ~s äv. matfrukt
cookery ['kʊkərɪ] s kokkonst, matlagning
cookery book ['kʊkərɪbʊk] s kokbok
cookhouse ['kʊkhaʊs] s mil. fältkök; sjö. kabyss
cookie ['kʊkɪ] s 1 amer. [små]kaka; kex; pl. ~s äv. småbröd; ~ sheet bakplåt; that's the way the ~ crumbles vard. så är det, så kan det gå 2 amer. vard. sötnos; pangbrud 3 amer. sl. kille, grabb [a smart (tough) ~] 4 amer. sl., toss one's ~s kasta upp, spy
cooking ['kʊkɪŋ] s 1 tillagning, matlagning; kokning, stekning; do the ~ laga maten, sköta matlagningen 2 vard. fiffel [the ~ of (med) the books]
cooking apple ['kʊkɪŋˌæpl] s matäpple
cooking chocolate ['kʊkɪŋˌtʃɒk(ə)lət] s blockchoklad
cooking oil ['kʊkɪŋɔɪl] s matolja
cooking range ['kʊkɪŋreɪndʒ] s o. **cooking stove** ['kʊkɪŋstəʊv] s [kok]spis
cookstove ['kʊkstəʊv] s amer., se cooking stove
cool [ku:l] I adj 1 sval, kylig, svalkande; ~ cupboard (larder) sval i t.ex. kök 2 kylig; kallsinnig 3 kallblodig, lugn, fattad, kall; keep ~! ta det lugnt!; keep a ~ head el. keep ~ hålla huvudet kallt, ta saken kallt; ~, calm and collected lugn och sansad 4 oberörd, ogenerad, fräck; a ~ customer en fräck en (typ) 5 vard., a ~ thousand hela (sina modiga) tusen pund e.d. 6 isht amer. sl. jättebra, skön, toppen[fin], häftig; jättesnygg; it's not ~ det är inget vidare; it's ~ with me det går bra för min del, inte mig emot 7 isht amer. sl., ~ jazz cool jazz avspänd o. intellektualiserad, ej utpräglat rytmisk jazz II adv vard., play it ~ ta det lugnt, ha is i magen III s 1 svalka [in the ~ of the evening]; sval luft 2 sval plats 3 vard., lose one's ~ tappa huvudet; keep one's ~ hålla huvudet kallt, behålla fattningen IV vb tr 1 göra sval[are] [the rain has ~ed the air]; svala av, kyla äv. bildl.; lugna ner [äv. ~ down; I tried to ~ her down]; svalka; ~ing system kylsystem 2 sl., ~ it! ta det lugnt! V vb itr svalna, kylas av äv. bildl.; ~ down (off) a) svalna [her friendship for me has ~ed down (off)]; kylas av b) vard. lugna ner sig
coolant ['ku:lənt] s tekn. kylmedel; kylvätska
cooler ['ku:lə] s 1 kylare [wine ~, butter ~]; kylrum; kylmedel 2 stor kall drink (dryck) 3 sl., the ~ finkan fängelse[cell] 4 vard., put a ~ on [his optimism] dämpa ner (kyla av) ...
Coolidge ['ku:lɪdʒ]
coolie ['ku:lɪ] s (neds.) kuli asiatisk daglönare; ~ hat kulihatt
cooling-off [ˌku:lɪŋ'ɒf] adj, ~ period a) avkylningsperiod, betänketid b) ung. ångervecka
coolness ['ku:lnəs] s 1 svalka, kylighet 2 lugn 3 kallsinnighet, kyla
cooltainer ['ku:lˌteɪnə] s kylbehållare vid transport
coolth [ku:lθ] s vard. kyla, svalka
coomb[e] [ku:m] s trång dal på sluttning av kulle el. upp från kusten; klyfta
coon [ku:n] s (kortform för raccoon) 1 zool. isht amer. tvättbjörn, sjubb äv. ss. pälsverk 2 sl. (neds.) neger; for (in) a ~'s age amer. på evigheter, på många herrans år 3 amer. sl. bondlurk; filur
coop [ku:p] I s 1 bur för ligghöns, gödhöns o.d. el. för transport av smådjur 2 amer. sl. finka, kurra II vb tr sätta i bur; stänga in, bura in [äv. ~ up (in)]
co-op ['kəʊɒp] s vard. 1 (kortform för co-operative society el. shop el. store) konsum 2 amer., se co-operative apartment under co-operative I 2
cooper ['ku:pə] s tunnbindare
co-operate [kəʊ'ɒpəreɪt] vb itr samarbeta; samverka, bidra
co-operation [kəʊˌɒpə'reɪʃ(ə)n] s 1 samarbete; samverkan 2 kooperation
co-operative [kəʊ'ɒp(ə)rətɪv] I adj 1 samverkande; samarbetsvillig 2 kooperativ, konsumtions-, andels- [~ society]; ~ apartment amer. ung. bostadsrätt[slägenhet], insatslägenhet; ~ bank amer., se building society; ~ shop (store) äv. konsumbutik; the C~ Wholesale Society ung. Kooperativa förbundet II s kooperativ förening, kooperativt företag
co-operator [kəʊ'ɒpəreɪtə] s 1 medarbetare 2 kooperatör
co-opt [kəʊ'ɒpt] vb tr 1 välja in [on to i] 2 absorbera, uppta 3 utnämna 4 amer. ta över verksamhet o.d.
co-ordinate [ss. adj. o. subst. kəʊ'ɔ:dənət, ss. vb kəʊ'ɔ:dɪneɪt] I adj likställd; samordnad äv. gram. [~ clause]; koordinerad; matem. koordinat- II s 1 likställd person (myndighet e. d.) 2 matem. m.m. koordinat[a] III vb tr koordinera, samordna
co-ordination [kəʊˌɔ:dɪ'neɪʃ(ə)n] s 1 samordning, koordination 2 fysiol. samverkan, koordination

coot [ku:t] *s* zool. sothöna [äv. *bald ~*]; *bald as a ~* vard. kal (slät) som en biljardboll
cop [kɒp] **I** *s* **1** vard. snut, polis; *~s and robbers* lek tjuv och polis **2** sl. kap; byte; *it's a fair ~* a) jag ger mig! b) han etc. har tagits på bar gärning; *no [great] (not much) ~* inte mycket att hurra för **II** *vb tr* sl. haffa, gripa brottsling; *be ~ped* äv. åka dit, åka fast; *~ it* få på pälsen
copartner [ˌkəʊˈpɑːtnə] *s* medintressent, [med]delägare, kompanjon, partner
1 cope [kəʊp] *s* **1** kyrkl. korkåpa **2** valv, kupol
2 cope [kəʊp] *vb itr* klara det, orka; vard. stå pall, palla; *~ with* klara [*~ with difficulties*], gå i land med, orka med; vard. palla för
Copenhagen [ˌkəʊpnˈheɪɡ(ə)n] Köpenhamn
copestone [ˈkəʊpstəʊn] *s* **1** bred sten i murkappa, översta sten i mur **2** bildl. krön; slutsten
copier [ˈkɒpɪə] *s* **1** kopieringsapparat, kopiator **2** efterapare
co-pilot [ˌkəʊˈpaɪlət] *s* flyg. andrepilot
coping [ˈkəʊpɪŋ] *s* byggn. krönlist, tröskellist; murkappa vanl. sluttande
coping stone [ˈkəʊpɪŋstəʊn] *s* se *copestone*
copious [ˈkəʊpjəs] *adj* riklig, kopiös [*~ amounts*]
1 copper [ˈkɒpə] *s* sl. snut polis
2 copper [ˈkɒpə] **I** *s* **1** koppar **2** [koppar]slant **3** stor kopparkittel, bykkittel **4** koppar[rött] **5** sl., *hot ~s* dageneftertörst **II** *vb tr* förkoppra, kopparförhyda
copper beech [ˈkɒpəbiːtʃ] *s* bot. blodbok
copper-bottomed [ˌkɒpəˈbɒtəmd, attr. ˈkɒpəˌb-] *adj* **1** kopparförhydd; med kopparbotten [*~ saucepan*] **2** bildl. pålitlig, säker [*a ~ investment*]
copperhead [ˈkɒpəhed] *s* **1** zool. kopparhuvud, landmockasin **2** amer. a) hist. sydstatssympatisör under inbördeskriget b) medlöpare
copperplate [ˈkɒpəpleɪt] **I** *s* **1** kopparplåt isht för gravering **2** kopparstick [äv. *~ engraving*]; *~ printing* djuptryck **3** välvårdad och liksom präntad stil [äv. *~ writing*] **II** *vb tr* förkoppra
coppice [ˈkɒpɪs] *s* småskog som periodiskt hugges till bränsle m.m.; slyskog; skogsdunge
copra [ˈkɒprə] *s* kopra torkad frövita av kokosnöt
co-president [ˌkəʊˈprezɪd(ə)nt] *s* amer. vice verkställande direktör, vice VD
copse [kɒps] *s* se *coppice*
Copt [kɒpt] *s* kopt[er]
copter [ˈkɒptə] *s* isht amer. vard. helikopter
Coptic [ˈkɒptɪk] **I** *adj* koptisk **II** *s* koptiska [språket]
copul|a [ˈkɒpjʊl|ə] (pl. *-ae* [-iː] el. *-as*) *s* språkv. kopula
copulate [ˈkɒpjʊleɪt] *vb itr* kopulera, para sig; ha samlag
copulation [ˌkɒpjʊˈleɪʃ(ə)n] *s* kopulation, parning; samlag

cop|y [ˈkɒpɪ] **I** *s* **1** kopia, avbild **2** kopia, reproduktion, avskrift, genomslagskopia; *fair (clean) ~* renskrift, renskrivet exemplar; *make a fair ~ of a th.* skriva rent ngt; *rough (foul) ~* koncept, kladd; *top ~* original maskinskrivet huvudexemplar; *true ~ [certified]* kopians överensstämmelse med originalet intygas, rätt avskrivet intygas **3** exemplar, nummer av bok, tidning o.d.; *single ~* lösnummer **4 a)** manuskript till sättning [*supply the press with ~*] **b)** copy, annonstext, [reklam]text **c)** stoff, material för journalister o.d.; *make good ~* vara bra nyhetsmaterial (tidningsstoff) **II** *vb tr* kopiera, efterbilda; ta [en] kopia av; *~ [down]* skriva av; *~ out* skriva ut (ren), efterlikna, ta efter, imitera; apa efter, härma **III** *vb itr* skol. skriva av [*from a p.* efter ngn], fuska
copybook [ˈkɒpɪbʊk] *s* **1** förskriftsbok, välskrivningsbok; jfr *blot II* ex. **2** attr. mönstergill, exemplarisk, perfekt [*a ~ answer*]
copycat [ˈkɒpɪkæt] **I** *s* vard. härmapa, efterapare; attr. liknande, efter samma mönster som tidigare [*~ revolts (strikes)*; *~ murders*] **II** *vb tr* efterapa, härma
copydesk [ˈkɒpɪdesk] *s* amer. redaktionsbord
copyist [ˈkɒpɪɪst] *s* kopist, avskrivare
copyreader [ˈkɒpɪˌriːdə] *s* amer. textredigerare, redaktör
copyright [ˈkɒpɪraɪt] **I** *s* copyright, upphovs[manna]rätt; *~ reserved* eftertryck förbjudes; *the law of ~* lagen om upphovsrätt; *infringement of ~* intrång i upphovsrätten **II** *vb tr* förvärva (få) copyright på
copy typist [ˈkɒpɪˌtaɪpɪst] *s* kontorist som gör utskrifter
copywriter [ˈkɒpɪˌraɪtə] *s* copywriter, [reklam]textförfattare
coquet [kɒˈket, kə(ʊ)ˈk-] **I** *adj* kokett **II** *vb itr* **1** kokettera; flörta [*with* med] **2** bildl. *~ with* leka med
coquetry [ˈkɒkətrɪ, ˈkəʊk-] *s* koketteri
coquettish [kɒˈketɪʃ, kə(ʊ)ˈk-] *adj* kokett
Cor. förk. för *Corinthians*
cor [kɔː] *interj* sl. dial., *~!* jösses!; *~ [blimey]!* kors i jösse namn!
coracle [ˈkɒrəkl] *s* fiskarbåt rund läderklädd videbåt på Irland o. i Wales
coral [ˈkɒr(ə)l] **I** *s* **1** korall; *~ island* korallö; *~ reef* korallrev **2** korallrött **II** *adj* korallröd
cor anglais [ˌkɔːrˈɒŋɡleɪ, -ɑːŋ-] *s* mus. engelskt horn
corbel [ˈkɔːb(ə)l] byggn. *s* kragsten; konsol; bjälkhuvud
cord [kɔːd] **I** *s* **1** rep, snöre, lina, streck, snodd, stropp; amer. elektr. sladd **2** anat. sträng; *spinal ~* ryggmärg; *vocal ~s* stämband, stämläppar **3** tyg med upphöjda ränder; isht cord, manchester; pl. *~s*

manchesterbyxor **II** *vb tr* binda [om] med rep (snöre); binda fast
cordial ['kɔ:djəl] **I** *adj* **1** hjärtlig, varm [*a* ~ *smile*] **2** hjärtstärkande, stimulerande **II** *s* **1** hjärtstärkande (stimulerande) preparat; styrkedryck, tonikum **2** fruktvin; [frukt]saft
cordiality [ˌkɔ:dɪ'ælətɪ] *s* hjärtlighet, värme; älskvärdhet, hjärtligt ord
cordite ['kɔ:daɪt] *s* kordit röksvagt krut
cordless ['kɔ:dləs] *adj* elektr. sladdlös [~ *shaver*]
cordon ['kɔ:dn] **I** *s* **1** kordong, [avspärrnings]kedja; *police* ~ poliskedja, polisspärr; *form a* ~ äv. bilda häck **2** a) ordensband b) kordong, [prydnads]band, snodd, snöre med tofs **3** byggn. murkrans **4** kordong spaljéträd **II** *vb tr*, ~ [*off*] spärra av
cordon bleu [ˌkɔ:dɒn'blɜ:] kok. (fr.) **I** *adj* cordon bleu; av högsta klass [~ *cooking*] **II** *s* **1** mästerkock **2** utmärkelse för matlagningskonst av högsta klass
corduroy ['kɔ:dərɔɪ] *s* **1** manchester[sammet]; attr. manchester- [~ *jacket*]; pl. ~*s* manchesterbyxor **2** ~ *road* kavelbro väg över träsk o.d.
CORE [kɔ:] (förk. för [*the*] *Congress of Racial Equality*) kongressen för rasjämlikhet i USA
core [kɔ:] **I** *s* **1** kärnhus **2** bildl. kärna [*a* ~ *of resistance*], kärnpunkt; ~ *storage* data. kärnminne; ~ *time* (*hours*) fixtid; *the* ~ *of* äv. det innersta (centrala) i; *to the* ~ helt och hållet, alltigenom [*English to the* ~], hundraprocentigt, genom-; [ända] in i själen [*touched to the* ~]; *rotten to the* ~ bildl. genomrutten, korrumperad **3** tekn. kärna, innersta del; *the* ~ äv. det inre, stommen **4** fys. härd, reaktorhärd **II** *vb tr* ta ut kärnhuset ur, kärna ur
corer ['kɔ:rə] *s* äppelpipa köksredskap
co-respondent [ˌkəʊrɪ'spɒndənt] *s* medsvarande i ett skilsmässomål
corgi ['kɔ:gɪ] *s*, [*Welsh*] ~ Welsh Corgi hund
coriander [ˌkɒrɪ'ændə] *s* bot. koriander
Corinthian [kə'rɪnθɪən] **I** *adj* korintisk **II** *s* korintier; *the First Epistle to the* ~*s* Första Korintierbrevet
Coriolanus [Shakespeares pjäs ˌkɒrɪə(ʊ)'leɪnəs]
cork [kɔ:k] **I** *s* **1** kork ämne; ~ *jacket* a) korkbälte b) flytväst [av kork] **2** kork propp **3** korkflöte **II** *vb tr* korka; ~ *up* a) sätta en kork (korken) i, korka igen b) bildl. undertrycka, hålla tillbaka [~ *up one's feelings*]
corkage ['kɔ:kɪdʒ] *s* **1** a) tillkorkning b) uppkorkning **2** korkpengar avgift för förtäring av medhavt vin på restaurang
corked [kɔ:kt] *adj* **1** om vin med korksmak **2** vard. packad berusad
corker ['kɔ:kə] *s* vard. praktexemplar; pangsak
corkscrew ['kɔ:kskru:] **I** *s* korkskruv; ~

staircase spiraltrappa **II** *vb tr* vard. vrida (sno) i spiral; lirka [*out of* ur] **III** *vb itr* vard. slingra (skruva) sig
corkwing ['kɔ:kwɪŋ] *s*, ~ [*wrasse*] zool. skärsnultra
corky ['kɔ:kɪ] *adj* korkartad; ~ *taste* korksmak
corm [kɔ:m] *s* rotknöl; [blomster]lök
cormorant ['kɔ:m(ə)r(ə)nt] *s* zool. a) skarv, kormoran b) storskarv, ålkråka
Corn. förk. för *Cornwall*
1 corn [kɔ:n] **I** *s* **1** säd äv. växande; spannmål **2** a) i större delen av Storbritannien isht vete b) skotsk. el. irl. havre c) amer. el. austral., [*Indian*] ~ majs; ~ *on the cob* [kokta] majskolvar ss. maträtt **3** [sädes]korn; pepparkorn **4** sl. banal (sentimental) smörja, trams **II** *vb tr* salta, konservera [~*ed beef*]
2 corn [kɔ:n] *s* liktorn; jfr *tread I* ex.
cornball ['kɔ:nbɔ:l] *s* isht amer. vard. tönt; lantis
cornbread ['kɔ:nbred] *s* amer. majsbröd, majskaka
corncob ['kɔ:nkɒb] *s* majskolv; ~ [*pipe*] majskolvspipa
corncrake ['kɔ:nkreɪk] *s* zool. kornknarr, ängsknarr
cornea ['kɔ:nɪə, kɔ:'ni:ə] *s* anat. hornhinna
cornel ['kɔ:nl, -nel] *s* bot. kornell
cornelian [kɔ:'ni:ljən] *s* miner. karneol
Cornell [amer. universitet kɔ:'nel]
corner ['kɔ:nə] **I** *s* **1** a) hörn [*in a* ~ *of the room*], hörna; ~ *seat* hörnplats b) [gat]hörn [*there is a shop on* (*at*) *the* ~] c) flik, snibb; *cut* [*off*] *a* ~ ta en genväg; inte ta ut svängen kring ett hörn (i en kurva); *cut* ~*s* bildl. ta genvägar; rationalisera; *turn the* ~ vika (vända) om hörnet; bildl. komma över (klara) det värsta; *he has turned the* ~ bildl. äv. han har det värsta bakom sig; [*just*] *round the* ~ [alldeles] om hörnet (knuten), strax intill; bildl. omedelbart förestående, inom räckhåll; *be round the* ~ bildl. äv. ha klarat sig, vara utom fara; *be in a hurry* ~ se *tight I 1*; *drive a p. into a* ~ försätta ngn i trångmål, sätta ngn i knipa **2** vinkel; *the* ~*s of her mouth* hennes mungipor; *look at a p. out of the* ~ *of one's eye* snegla på ngn **3** friare: a) hörn [*the four* ~*s of the earth*] b) vrå, krypin, skrymsle c) skamvrå [*put a boy in the* ~] d) kantighet [*knock* (*rub*) *off a p.'s* ~*s*] **4** sport.: a) fotb. hörna; *take a* ~ lägga en hörna b) boxn. hörna; *be in a p.'s* ~ vara ngns sekond **5** börs. corner; *make a* ~ *in* köpa upp i spekulationssyfte **II** *vb tr* **1** perf. p.: ~*ed* i sms. -vinklig, -kantig [*three-cornered*] **2** tränga in i ett hörn; bildl. sätta i knipa, sätta fast; göra ställd (förlägen) [*the question* ~*ed me*] **3** börs. [genom en corner] behärska [~ *the market*] **III** *vb itr* **1** ta kurvor[na] [*the car can* ~ *very fast*] **2** börs. bilda en corner
corner flag ['kɔ:nəflæg] *s* sport. hörnflagga

corner kick ['kɔ:nəkɪk] *s* fotb. hörnspark, hörna
corner shop ['kɔ:nəʃɒp] *s* närbutik
cornerstone ['kɔ:nəstəʊn] *s* hörnsten, bildl. äv. grundval
cornet ['kɔ:nɪt] *s* **1** mus. kornett **2** a) [pappers]strut b) glasstrut
cornfield ['kɔ:nfi:ld] *s* sädesfält; amer. majsfält
cornflakes ['kɔ:nfleɪks] *s pl* cornflakes, majsflingor
cornflour ['kɔ:nflaʊə] *s* **1** majsmjöl, majsena **2** finsiktat mjöl
cornflower ['kɔ:nflaʊə] *s* bot. **1** blåklint **2** [åker]klätt
cornice ['kɔ:nɪs] *s* kornisch; taklist
Cornish ['kɔ:nɪʃ] **I** *adj* från (i) Cornwall; cornisk; ~ *pasty* se *pasty I* **II** *s* corniska [språket] nu utdött
corn oil ['kɔ:nɔɪl] *s* majsolja
cornpicker ['kɔ:n,pɪkə] *s* amer., slags majsplockningsmaskin
corn pone ['kɔ:npəʊn] *s* amer., slags majsbröd
corn row ['kɔ:n rəʊ] *s* slags karibisk frisyr med små hårda flätor i parallella rader
cornstalk ['kɔ:nstɔ:k] *s* **1** sädesstrå, halmstrå; amer. äv. majsstängel **2** vard. humlestör, lång drasut
cornstarch ['kɔ:nstɑ:tʃ] *s* amer. majsena, majsmjöl
cornucopia [,kɔ:njʊ'kəʊpjə] *s* **1** ymnighetshorn **2** överflöd
Cornwall ['kɔ:nw(ə)l] geogr.
corny ['kɔ:nɪ] *adj* vard. **1** banal och sentimental, tårdrypande [~ *music*] **2** fånig, larvig, töntig [~ *jokes*]
corolla [kə'rɒlə] *s* bot. [blom]krona
corollary [kə'rɒlərɪ, amer. 'kɒrə,lerɪ] *s* **1** filos. följdsats, korollarium **2** naturlig följd, resultat
coron|a [kə'rəʊn|ə] (pl. -*ae* [-i:] el. -*as*) *s* korona, krans; [sol]korona
coronary ['kɒrən(ə)rɪ] **I** *adj*, ~ *artery* kransartär; ~ *thrombosis* koronartrombos **II** *s* vard. hjärtinfarkt
coronation [,kɒrə'neɪʃ(ə)n] *s* kröning
coroner ['kɒrənə] *s* jur. coroner ämbetsman som utreder orsaken till dödsfall vid misstanke om mord o.d.; ~*'s inquest* [av coroner och jury anställt] förhör om dödsorsaken; ~*'s jury* jury som biträder coroner
coronet ['kɒrənət] *s* [furstlig el. adlig] krona
corp. förk. för *1 corporal, corporation*
corpora ['kɔ:pərə] *s* pl. av *corpus*
1 corporal ['kɔ:p(ə)r(ə)l] *s* mil. **1** britt. furir gruppbefäl inom armén o. flyget; yngre: korpral gruppbefäl inom flyget **2** amer. korpral gruppbefäl inom armén
2 corporal ['kɔ:p(ə)r(ə)l] *adj* kroppslig, kropps-; lekamlig; personlig [~ *possession*]; ~ *punishment* kroppsaga, kroppsstraff
corporate ['kɔ:p(ə)rət] *adj* **1** gemensam,

kollektiv, samfälld [~ *responsibility*]; kår- [~ *spirit*] **2** korporativ [~ *state*]; tillhörande en korporation; ~ *body* korporation; jur. äv. juridisk person; ~ *town* stadskommun
corporation [,kɔ:pə'reɪʃ(ə)n] *s* **1** korporation, kår; samfund **2** a) [statligt] bolag [*British Broadcasting C~*] b) amer. [aktie]bolag c) attr. bolags- [~ *taxes*] **3 a)** styrelse; [*municipal*] ~ kommunstyrelse **b)** attr. kommunal [~ *tramways*]; ~ *houses* kommunala bostadshus **4** vard. kalaskula
corporatism ['kɔ:pərətɪzm] *s* polit. korporatism
corporative ['kɔ:pərətɪv] *adj* korporativ
corporeal [kɔ:'pɔ:rɪəl] *adj* kroppslig, lekamlig [~ *needs*], fysisk; materiell [~ *property*]
corps [kɔ:] (pl. *corps* [kɔ:z]) *s* kår; *army* ~ armékår; *diplomatic* ~ diplomatisk kår
corps de ballet [,kɔ:də'bæleɪ] *s* fr. balett[kår]
Corps Diplomatique [,kɔ:dɪplə(ʊ)mæ'ti:k] *s* fr. diplomatisk kår
corpse [kɔ:ps] *s* lik
corpulence ['kɔ:pjʊləns] *s* korpulens, fetma
corpulent ['kɔ:pjʊlənt] *adj* korpulent, fet
corp|us ['kɔ:p|əs] (pl. -*ora* [-ərə]) *s* **1** [skrift]samling; samlad produktion [*the Dickens* ~] **2** språkv. korpus ordmassa, textmassa
corpuscle ['kɔ:pʌsl, kɔ:'pʌsl] *s* **1** anat. kropp; [*blood*] ~ blodkropp **2** korpuskel, partikel; fys. elektron
corral [kə'rɑ:l] isht amer. **I** *s* fålla, inhägnad för djur **II** *vb tr* **1** stänga (driva) in i en fålla **2** vard. få tag i, lägga beslag på, hugga
correct [kə'rekt] **I** *vb tr* **1** rätta till, korrigera, justera; ändra; ~ *proofs* läsa korrektur; ~ *one's watch by* [*the time signal*] ställa klockan rätt efter...; *I stand* ~*ed* jag erkänner mitt misstag; ~*ing fluid* korrekturlack **2** tillrättavisa; tukta, bestraffa **3** avhjälpa, råda bot på; hjälpa upp **II** *adj* **1** rätt, riktig, felfri, korrekt; exakt; sann; *be* ~ a) vara rätt (riktig), stämma b) ha rätt; *that's* ~! äv. det stämmer!; *the* ~ *amount* [*of money*] rätt summa, jämna pengar **2** korrekt [till sättet]; regelrätt; passande, riktig; *be* ~ *for* passa (lämpa sig) för; *the* ~ *thing* det riktiga (passande)
correction [kə'rekʃ(ə)n] *s* **1** rättning, rättelse; korrigering, justering; ändring; förbättring; ~! Fel [av mig]!, Mittåt!; ~ [*of the press*] korrekturläsning; ~ *fluid* korrekturlack **2** tillrättavisning; bestraffning
correctional [kə'rekʃ(ə)nl] *adj* korrektions-; jur. kriminalvårds-; ~ *treatment* kriminalvård
corrective [kə'rektɪv] **I** *adj* förbättrande, rättande, förbättrings-, korrigerings- [~ *lenses*]; ~ *training* jur., ung. skyddsuppfostran, förbättringsarbete **II** *s* korrektiv, botemedel [*of, to* mot]

correlate ['kɒrəleɪt] **I** s korrelat, motsvarighet [*height and depth are* ~s] **II** vb tr o. vb itr sätta (stå) i [växel]förhållande (relation) [*with, to* till], korrelera [*with, to* med]
correlation [ˌkɒrə'leɪʃ(ə)n] s korrelation
correlative [kɒ'relətɪv] **I** adj korrelativ, motsvarande **II** s korrelat ord (begrepp)
correspond [ˌkɒrɪ'spɒnd] vb itr **1** motsvara varandra; stämma överens; ~ *to* (*with*) motsvara, svara mot, utgöra motsvarighet till [*the American Congress* ~s *to the British Parliament*], vara likvärdig med **2** brevväxla, korrespondera [*with* med]
correspondence [ˌkɒrɪ'spɒndəns] s **1** motsvarighet [*to*]; överensstämmelse [*with*] **2** brevväxling, korrespondens [*do* (sköta) *the* ~; *carry on* (*keep up*) *a* ~ *with*]; ~ *clerk* hand. korrespondent; ~ *column* insändarspalt; ~ *school* korrespondensinstitut, brevskola
correspondent [ˌkɒrɪ'spɒndənt] **I** s **1** brevskrivare **2** tidn. a) korrespondent b) insändare; *our special* ~ vår utsände medarbetare **3** hand. **a**) korrespondent **b**) affärsförbindelse, kund **II** adj motsvarande, liknande; *be* ~ *with* (*to*) motsvara
corresponding [ˌkɒrɪ'spɒndɪŋ] adj **1** motsvarande **2** korresponderande [~ *member*]
correspondingly [ˌkɒrɪ'spɒndɪŋlɪ] adv på motsvarande sätt, i motsvarande grad
corridor ['kɒrɪdɔ:] s korridor
corroborate [kə'rɒbəreɪt] vb tr bestyrka, bekräfta
corroboration [kəˌrɒbə'reɪʃ(ə)n] s bekräftande; *in* ~ *of* till bestyrkande av, som bekräftelse på
corroborative [kə'rɒb(ə)rətɪv] adj o.
corroboratory [kə'rɒb(ə)rət(ə)rɪ] adj bestyrkande, bekräftande
corrode [kə'rəʊd] **I** vb tr fräta [på]; fräta bort (sönder) **II** vb itr **1** fräta [sig] [*into, through*] **2** frätas sönder (bort), korrodera
corrosion [kə'rəʊʒ(ə)n] s korrosion; frätning; sönderfrätande, bortfrätande
corrosive [kə'rəʊsɪv] **I** adj korrosions-; frätande; etsnings- **II** s frätande ämne, frätmedel
corrugate ['kɒrəgeɪt] **I** vb tr räffla; korrugera [~*d iron* (järnplåt)]; ~*d cardboard* (*paper*) wellpapp; ~*d road* guppig väg **II** vb itr rynka (vecka) sig
corrugation [ˌkɒrə'geɪʃ(ə)n] s korrugering, vågbildning; vågformig ojämnhet
corrupt [kə'rʌpt] **I** adj **1** korrumperad; korrupt [~ *system*]; ~ *practices* bedrägligt förfarande; mutor vid val; valfusk **2** [moraliskt] fördärvad, depraverad **3** förvrängd, förvanskad; språkv. korrumperad, korrupt **II** vb tr **1** [moraliskt] fördärva, göra depraverad **2** korrumpera,

muta **3** förvränga; förvanska text; språkv. korrumpera **III** vb itr **1** [moraliskt] fördärvas **2** ruttna, bli skämd **3** verka korrumperande, korrumpera
corruptible [kə'rʌptəbl] adj **1** mutbar, besticklig, fal **2** bibl. fördärvbar, förruttnelig, förgänglig
corruption [kə'rʌpʃ(ə)n] s **1** korruption, mutning; mutsystem **2** fördärvande; sedefördärv **3** förvrängning, förvanskning
corruptness [kə'rʌptnəs] s korruption, fördärv
corsair ['kɔ:seə] s hist. sjörövare, korsar
corset ['kɔ:sɪt] **I** s **1** korsett äv. med.; snörliv **2** bildl. tvångströja [*a bureaucratic* ~] **II** vb tr **1** korsettera **2** bildl. strängt kontrollera; sätta tvångströja på
Corsica ['kɔ:sɪkə] geogr. Korsika
Corsican ['kɔ:sɪkən] **I** adj korsikansk **II** s korsikan
cortège [kɔ:'teɪʒ, -'teʒ] s fr. **1** kortege, tåg; *funeral* ~ begravningståg **2** följe
cort|ex ['kɔ:t|eks] (pl. -*ices* [-ɪsi:z]) s bot. el. anat. bark; [*cerebral*] ~ hjärnbark
cortical ['kɔ:tɪk(ə)l] adj bark-, barkartad; yttre, skal-
cortices ['kɔ:tɪsi:z] s pl. av *cortex*
cortisone ['kɔ:tɪzəʊn] s farmakol. cortison
corundum [kə'rʌndəm] s miner. korund
coruscate ['kɒrəskeɪt] vb itr gnistra, blixtra [till]
corvette [kɔ:'vet] s sjö. korvett
1 cos [kɒs] s, ~ [*lettuce*] bot. el. kok. bindsallat
2 cos o. **cos.** förk. för *cosine*
'cos [kɒz] konj o. adv vard., se *because*
Cosa Nostra [ˌkəʊzə'nɒstrə] s Cosa Nostra maffiaorganisation i USA
cosh [kɒʃ] sl. **I** s [gummi]batong med inlagd blyklump **II** vb tr slå [till] med en batong
cosignatory [ˌkəʊ'sɪgnət(ə)rɪ] **I** adj medundertecknande **II** s medundertecknare
cosine ['kəʊsaɪn] s matem. kosinus
cosiness ['kəʊzɪnəs] s [hem]trevlighet etc., jfr *cosy*
cosmetic [kɒz'metɪk] **I** adj **1** kosmetisk **2** bildl. a) utan praktisk betydelse, påklistrad, ytlig b) försköning; ~ *surgery* kosmetisk kirurgi skönhetsoperation **II** s **1** skönhetsmedel; pl. ~*s* äv. kosmetika **2** bildl. [förskönande] utanverk
cosmetician [ˌkɒzmə'tɪʃ(ə)n] s kosmetolog
cosmic ['kɒzmɪk] adj kosmisk [~ *rays*]
cosmology [kɒz'mɒlədʒɪ] s kosmologi vetenskapen om universum
cosmonaut ['kɒzmənɔ:t] s kosmonaut
cosmopolitan [ˌkɒzmə'pɒlɪt(ə)n] **I** adj kosmopolitisk **II** s kosmopolit, världsmedborgare
cosmopolite [kɒz'mɒpəlaɪt] s kosmopolit
cosmos ['kɒzmɒs] s, *the* ~ kosmos, världsalltet

Cossack ['kɒsæk] *s* kosack
cosset ['kɒsɪt] *vb tr* klema med
cost [kɒst] **I** (*cost cost*, i bet. 2 *~ed ~ed*) *vb itr* o. *vb tr* **1** kosta; *~ a p. dear*[*ly*] stå ngn dyrt **2** hand. göra kostnadsberäkningar [för], kostnadsberäkna [*the job was ~ed at £850*], bestämma pris [på] **II** *s* **1** kostnad[er], pris [*of* för]; bekostnad; pl. *~s* omkostnad[er], kostnad[er]; *~ and freight* som transportklausul fraktfritt, c & f; *~, insurance,* [*and*] *freight* som transportklausul fraktfritt och assuransfritt, cif; *the ~ of living* levnadskostnaderna; *prime ~* inköpspris, tillverkningspris, självkostnadspris; *first ~* tillverkningspris; anskaffningskostnad[er]; *count the ~* beräkna kostnaderna; bildl. tänka på följderna; *at ~* [*price*] till inköpspris (självkostnadspris); *at the ~ of* bildl. på bekostnad av; till priset av; *at all ~s* el. *at any ~* till varje pris **2** jur., pl. *~s* rättegångskostnader [*he had to pay £150 fine* (i böter) *and £50 ~s*]
cost accounting ['kɒstə,kaʊntɪŋ] *s* kostnadsberäkning
co-star ['kəʊstɑ:] **I** *s* person som spelar ena huvudrollen; motspelare [*of* till] **II** *vb tr* o. *vb itr, he ~red* (*was ~red*) *with her* han spelade mot henne
Costa Rica [,kɒstə'ri:kə]
Costa Rican [,kɒstə'ri:kən] **I** *s* costarican **II** *adj* costaricansk
cost-benefit ['kɒst,benɪfɪt] *adj* lönsamhets- [*~ analysis* (*calculation*)]
cost-effective [,kɒstɪ'fektɪv] *adj* lönande, kostnadseffektiv, lönsam
costermonger ['kɒstə,mʌŋgə] *s* ngt åld. frukt- och grönsaksmånglare på gatan
costing ['kɒstɪŋ] *s* [produktions]kostnadsberäkning, kalkylering
costly ['kɒstlɪ] *adj* dyrbar; dyr, kostsam
cost-of-living [,kɒstəv'lɪvɪŋ] *adj*, *~ allowance* (*bonus*) dyrtidstillägg; *~ index* levnadskostnadsindex
cost price [,kɒst'praɪs] *s* inköpspris
cost-prohibitive [,kɒstprə'hɪbɪtɪv] *adj* för kostnadskrävande, inte ekonomiskt försvarbar
costume ['kɒstju:m] **I** *s* **1** dräkt, folkdräkt, nationaldräkt; klädedräkt; [*tailored*] *~* [promenad]dräkt; *~ ball* maskeradbal; *~ jewellery* bijouterier **2** teat. kostym; *~ piece* (*play*) kostympjäs **II** *vb tr* kostymera; leverera kostymer till
cosy ['kəʊzɪ] **I** *adj* **1** [hem]trevlig, trivsam, skön, mysig; bekväm, behaglig; gemytlig **2** självbelåten; trångsynt, enkelspårig **II** *s* a) huv; se *tea cosy* b) se *egg cosy*
cot [kɒt] *s* barnsäng, babysäng, spjälsäng; säng på barnsjukhus; *~ death* med. plötslig spädbarnsdöd
3 cot [kɒt] förk. för *cotangent*

cotangent [,kəʊ'tæn(d)ʒ(ə)nt] *s* matem. cotangens, kotangent
co-tenant [,kəʊ'tenənt] *s* medhyresgäst; medarrendator
coterie ['kəʊtərɪ] *s* kotteri
coterminous [,kəʊ'tɜ:mɪnəs] *adj* **1** som har gemensam gräns; *be ~* gränsa till varandra; *be ~ with* gränsa till **2** som sammanfaller i rum, tid el. betydelse
cotoneaster [kə,təʊnɪ'æstə] *s* bot. cotoneaster, oxbär
Cotswold ['kɒtswəʊld, -wəld] geogr.; *the ~s* pl. el. *the ~ hills* pl. Cotswolds bergstrakt i sydvästra England
cottage ['kɒtɪdʒ] *s* **1** [litet] hus; stuga, torp[stuga]; *country ~* [litet] landställe **2** attr., *~ cheese* keso®, kvark, kvarg; *~ industry* hemindustri; *~ loaf* runt matbröd med rund bulle ovanpå
cottager ['kɒtɪdʒə] *s* **1** person som bebor en stuga, stugägare **2** lantarbetare
cotton ['kɒtn] **I** *s* **1** bot. bomull **2** a) bomull tyg b) [bomulls]tråd **3** attr. bomulls-; av bomull **II** *vb itr* **1** *~* [*on*] *to* bli god vän med, fatta tycke för; vara (gå) med på, gilla, fastna för; *~ up to* göra sig [god] vän med **2** vard., *~ on* [*to it*] haja, fatta (galoppen); *~ on to a th.* fatta (begripa) ngt, snappa upp ngt
cotton bud ['kɒtnbʌd] *s* bomullspinne
cotton mill ['kɒtnmɪl] *s* bomullsväveri
cottonmouth ['kɒtnmaʊθ] *s* zool. vattenmockasin[orm]
cotton-picker ['kɒtn,pɪkə] *s*
1 bomullsplockare
2 bomullsplockningsmaskin
cottonseed ['kɒtənsi:d] *s* bot. bomullsfrö
cottontail ['kɒtnteɪl] *s* zool. bomullssvanskanin nordamerikansk art
cotton waste ['kɒtnweɪst] *s* [bomulls]trassel
cotton wool [,kɒtn'wʊl] *s* råbomull; bomull, vadd
cotyledon [,kɒtɪ'li:d(ə)n] *s* bot. hjärtblad
1 couch [kaʊtʃ] *s* bot. kvickrot
2 couch [kaʊtʃ] **I** *s* dyscha, schäslong, [bädd]soffa; bänk för massage o.d.; *~ potato* vard. TV-freak, slötittare **II** *vb tr* uttrycka, avfatta [*~ed in insolent terms*]; dölja, innefatta mening, tanke o.d. **III** *vb itr* böja (huka) sig [ned] äv. bildl.
couchant ['kaʊtʃ(ə)nt] *adj* herald. liggande med höjt huvud
couchette [ku:'ʃet] *s* fr. järnv. liggvagnsplats; *~* [*car*] liggvagn
couch grass ['kaʊtʃgrɑ:s] *s* bot. kvickrot
cougar ['ku:gə] *s* zool. puma
cough [kɒf] **I** *vb itr* o. *vb tr* hosta; *~ up* hosta upp äv. bildl. **II** *s* hosta; hostning
cough drop ['kɒfdrɒp] *s* **1** halstablett, hosttablett **2** sl. kuf, lustig kurre
cough lozenge ['kɒf,lɒzɪn(d)ʒ] *s* halstablett, hosttablett

cough mixture ['kɒfˌmɪkstʃə] s hostmedicin
could [kʊd, obeton. kəd] *hjälpvb* (imperf. av *1 can*) **1** kunde; skulle kunna; orkade [*how ~ he carry that heavy case?*]; ~ *be!* kanske det!, det är mycket möjligt; *he is as nice as ~ be* han är det snällaste som finns (man kan tänka sig) **2** kunde (skulle kunna) få [*~ I speak to Mr. Smith?*]
couldn't ['kʊdnt] = *could not*; *you ~ help me, could you?* skulle du kunna (vilja vara snäll och) hjälpa mig?; [*Have another slice of cake.*] *I really ~* Tack, jag orkar inte mer (jag är mätt)
coulomb ['ku:lɒm] s elektr. coulomb enhet för laddning
council ['kaʊnsl, -sɪl] s **1** råd; rådsförsamling; *town (city)* ~ kommunfullmäktige, stadsfullmäktige; *the British C~* institution för främjande av de kulturella förbindelserna mellan Storbritannien och andra länder; *the Security C~* säkerhetsrådet i FN; *the C~ of Europe* Europarådet; ~ *of war* krigsråd; ~ *houses* kommunala bostäder; ~ [*housing*] *estate* kommunalt bostadsområde **2** styrelse
councillor ['kaʊnsələ] s rådsmedlem; [*town (city)*] ~ kommunfullmäktig, stadsfullmäktig
counsel ['kaʊns(ə)l] **I** s **1** rådplägning, överläggning; *take* ~ rådgöra [*with* med; *together* med varandra] **2** a) råd, maning, anvisning b) rådslut c) plan, avsikt; *a piece of ~* ett råd; *keep one's own ~* behålla sina tankar (planer) för sig själv; ~ *of perfection* ouppnåeligt ideal **3** (pl. lika) advokat som biträder part vid rättegång; rättegångsbiträde; ~ *for the defence* el. *defence ~* försvarsadvokat[en], svarandesidans advokat; ~ *for the plaintiff* kärandesidans advokat; *King's (Queen's) C~* 'kunglig advokat' titel given åt äldre framstående advokater (*barristers*) **II** *vb tr* **1** råda ngn **2** tillråda, förorda; mana till [~ *patience*]
counselling ['kaʊnsəlɪŋ] s rådgivning; *study ~* studierådgivning, studievägledning
counsellor ['kaʊnsələ] s **1** rådgivare; [*student*] ~ studierådgivare, studievägledare **2** ~ [*of embassy*] ambassadråd **3** irl. el. amer. advokat (ofta i tilltal)
1 count [kaʊnt] s icke-brittisk greve
2 count [kaʊnt] **I** *vb tr* **1** a) räkna b) räkna till [~ *three*] c) räkna in (ihop, samman) d) räkna upp e) beräkna, räkna ut [~ *one's profits*]; *stand up and be ~ed* bildl. göra sin röst hörd, ta ställning **2** inberäkna, räkna med; *six*, *~ing the driver* sex, föraren medräknad (med föraren); ~ *a p. among* [*one's friends*] räkna ngn bland (till)... **3** anse (räkna) som (för) [äv. ~ *as*]; ~ *oneself fortunate (lucky)* skatta sig lycklig **4** gälla [för] [*the ace ~s 10*] **5** med adv. ~ *in* inberäkna, räkna med; ~ *me in* räkna med mig också; [*you can*] ~ *me in* äv. jag vill också vara med; ~ *off* avdela, ta ut; ~ *out* a) räkna upp t.ex. pengar b) boxn. räkna ut c) lämna ur räkningen, inte räkna med [~ *me out*]; [*you can*] ~ *me out* äv. jag vill inte vara med, jag är inte med på det; ~ *over* räkna igenom (över); ~ *up* räkna (summera) ihop **II** *vb itr* **1** räkna [~ *up to* ([ända] till) *ten*] **2** ~ [*up*]*on* räkna (lita) på, räkna med; ~ [*up*]*on a p. to do a th.* räkna med att ngn ska göra ngt **3** a) räknas, betyda något, ha betydelse, spela en roll b) räknas med, tas med i beräkningen; ~ *against a p.* vara en nackdel (ett minus) för ngn, ligga ngn i fatet; ~ *among* räknas bland, höra till **4** ~ *down* räkna ner t.ex. inför start **III** s **1** [samman]räkning; slutsumma; ~ [*of votes*] rösträkning; *keep ~ of* hålla räkning på, räkna; *lose ~* tappa [bort] räkningen **2** boxn. räkning; *take the ~* gå ner för räkning äv. bildl.; *be down for the ~* boxn. vara nere för räkning äv. bildl.; *be out for the ~* boxn. vara uträknad; bildl. vara väck (borta) **3** a) jur. anklagelsepunkt, åtalspunkt b) fall, hänseende [*on* (i) *two ~s*], punkt **4** med. värde [*blood ~*] **5** ~ *noun* se *countable* II
countable ['kaʊntəbl] **I** *adj* som kan räknas, räknebar; gram. äv. pluralbildande [~ *noun*] **II** s gram. räknebart (pluralbildande) substantiv
countdown ['kaʊntdaʊn] s nedräkning vid t.ex. start
countenance ['kaʊntənəns] **I** s **1** ansikte, anlete **2** ansiktsuttryck, uppsyn; min [*change ~*] **3** uppmuntran, [moraliskt] stöd **II** *vb tr* uppmuntra, understödja; tillåta, gilla, tåla, tolerera
1 counter ['kaʊntə] s **1** räknare; räkneverk **2** [spel]mark; pjäs, bricka, jetong **3** pollett **4** i butik o.d. disk [*sell under the ~*]; bardisk; kassa; *lunch ~* lunchbar **5** amer. arbetsbänk, köksbänk
2 counter ['kaʊntə] **I** *adj* mot-; kontra-; motsatt; stridig, fientlig; *be ~ to* strida mot, vara oförenlig med **II** *adv* i motsatt riktning; ~ *to* tvärt emot, stick i stäv mot [*act ~ to a p.'s wishes*]; *run (go) ~ to* bildl. gå rakt (tvärt) emot, strida mot **III** *vb tr* **1** motsätta sig, motarbeta **2** bemöta, besvara, svara på [*they ~ed our proposal with one of their own*] **3** a) schack. besvara [med motdrag], möta b) boxn., ~ *a p.* ge ngn ett kontraslag **IV** *vb itr* boxn. kontra, kontraslå **V** s **1** motsats **2** boxn. kontraslag, kontring
counteract [ˌkaʊntər'ækt] *vb tr* motverka, motarbeta, hindra, bekämpa; neutralisera; ~ [*the effects of*] *a th.* förta verkningarna av ngt
counteraction [ˌkaʊntər'ækʃ(ə)n, i bet. 2 'kaʊntərˌækʃ(ə)n] s **1** motarbetande, motverkan, motstånd **2** motverkan
counterattack ['kaʊnt(ə)rəˌtæk] **I** s motanfall

ǁ *vb tr* göra motanfall mot **ǀǀǀ** *vb itr* göra motanfall
counterattraction ['kaʊnt(ə)rə͵trækʃ(ə)n] *s* konkurrerande dragplåster (attraktion)
counterbalance ['kaʊntə͵bæləns, ss. vb ͵--'--] **ǀ** *s* motvikt **ǁ** *vb tr* motväga, uppväga
counterbid ['kaʊntəbɪd] *s* hand. motbud
counterblast ['kaʊntəblɑ:st] *s* våldsamt motangrepp, häftig protest
counterblow ['kaʊntəbləʊ] *s* boxn. kontraslag
countercharge ['kaʊntətʃɑ:dʒ] **ǀ** *s* motanklagelse, motbeskyllning **ǁ** *vb tr* framföra motanklagelser mot
counterclaim ['kaʊntəkleɪm] **ǀ** *s* motfordran, genfordran **ǁ** *vb tr* o. *vb itr* ställa motfordran [på]
counterclockwise [͵kaʊntə'klɒkwaɪz] *adv* amer. moturs
counterespionage [͵kaʊntər'espɪənɑ:ʒ] *s* kontraspionage
counterfeit ['kaʊntəfɪt, -fi:t] **ǀ** *adj* **1** förfalskad; falsk, oäkta **2** hycklad, spelad **ǁ** *s* efterapning, förfalskning **ǀǀǀ** *vb tr* förfalska
counterfeiter ['kaʊntə͵fɪtə, -͵fi:tə] *s* förfalskare; isht falskmyntare
counterfoil ['kaʊntəfɔɪl] *s* talong, stam på biljetthäfte o.d.; kupong, mottagardel
counterintelligence [͵kaʊntərɪn'telɪdʒ(ə)ns] *s* **1** kontraspionage **2** ung. säkerhetstjänst
countermand [͵kaʊntə'mɑ:nd, '---] **ǀ** *vb tr* **1** annullera, upphäva **2** ge kontraorder om **ǁ** *s* **1** annullering etc., jfr *I 1* **2** kontraorder
countermeasure ['kaʊntə͵meʒə] *s* motåtgärd
countermine ['kaʊntəmaɪn] *vb tr* stävja, motarbeta
countermotion ['kaʊntə͵məʊʃ(ə)n] *s* motförslag
counteroffensive [͵kaʊntərə'fensɪv] *s* motoffensiv
counterpane ['kaʊntəpeɪn] *s* ngt åld. sängöverkast
counterpart ['kaʊntəpɑ:t] *s* **1** motstycke, motbild, pendang **2** motsvarighet, motpart; om pers. äv. kollega [*of, to* till] **3** dubblett[exemplar], kopia [*of* av; *to* till] **4** motspelare
counterpoint ['kaʊntəpɔɪnt] *s* mus. kontrapunkt
counterproductive [͵kaʊntəprə'dʌktɪv] *adj* kontraproduktiv; *be ~* äv. motverka sitt eget syfte
counter-revolution ['kaʊntərevə͵lu:ʃ(ə)n, -və͵lju:-] *s* kontrarevolution, motrevolution
counter-revolutionary [͵kaʊntərevə'lu:ʃənərɪ, -və'lju:-] *adj* o. *s* kontrarevolutionär
countersign ['kaʊntəsaɪn] *vb tr* kontrasignera; *~ for payment* attestera
countersignature [͵kaʊntə'sɪgnətʃə] *s* kontrasignering
countertenor [͵kaʊntə'tenə, '--͵--] *s* mus. kontratenor; manlig alt[stämma]

countess ['kaʊntəs, -tes] *s* **1** icke-brittisk grevinna **2** countess earls maka el. änka
counting-frame ['kaʊntɪŋfreɪm] *s* kulram
counting-out ['kaʊntɪŋaʊt] *adj, ~ rhyme* räkneramsa
countless ['kaʊntləs] *adj* otalig, oräknelig
countrified ['kʌntrɪfaɪd] *adj* lantlig; bondsk
country ['kʌntrɪ] *s* **1** land, rike; fosterland; *all the ~* hela landet (folket); *in this ~* här i landet, i vårt land; *appeal* (*go*) *to the ~* utlysa [ny]val, vädja till folket i val **2** landsbygd; landsort; *in the ~* a) på landet b) i landsorten; *go into the ~* fara ut på landet **3** område äv. bildl. [*this is new ~ to me*]; land, trakt, nejd; terräng; *flat ~* slättland, slättbygd; *unknown ~* ett helt okänt område **4** attr. lantlig [*~ food*]; lant- [*~ shop*]; *~ gentleman* lantjunkare, godsägare; *~ life* lantliv[et], livet på landet; *~ place* sommarställe, hus på landet; *~ road* mindre landsväg; *~ town* landsortsstad, småstad
country-and-western [͵kʌntrɪən(d)'westən] *adj* o. *s, ~* [*music*] country and western[musik]
country bumpkin [͵kʌntrɪ'bʌm(p)kɪn] *s* bondlurk, bondtölp
country club [͵kʌntrɪklʌb] *s* klubbhus med idrottsanläggning
country cousin [͵kʌntrɪ'kʌzn] *s* släkting (oskuld) från landet
country dance [͵kʌntrɪ'dɑ:ns] *s* folkdans
country house [͵kʌntrɪ'haʊs] *s* **1** herrgård, [lant]gods **2** landställe, hus (villa) på landet
countryǀman ['kʌntrɪmən] (pl. *-men* [-mən]) *s* **1** landsman **2** lantman; lantbo
country music [͵kʌntrɪ'mju:zɪk] *s* se *country-and-western*
country seat [͵kʌntrɪ'si:t] *s* herresäte, herrgård, [lant]gods
countryside ['kʌntrɪsaɪd] *s* landsbygd; trakt, landskap; natur; *the ~* äv. landet; *in this ~* här i (på) trakten, här i bygden
country-wide ['kʌntrɪwaɪd] *adj* landsomfattande, riksomfattande, [som går] över hela landet
countryǀwoman ['kʌntrɪ͵wʊmən] (pl. *-women* [-͵wɪmɪn]) *s* **1** landsman[inna] **2** kvinna från landet, bondkvinna; kvinnlig lantbo
county ['kaʊntɪ] **ǀ** *s* **1** grevskap; attr. grevskaps-; motsv. läns-; *administrative ~* grevskap som förvaltningsområde; motsv. län; *the Home Counties* grevskapen närmast London; *~ college* planerad fortsättningsskola med deltidsundervisning för ungdom i åldern 15-18 **2** amer., ung. [stor]kommun i vissa delstater; *~ seat* centralort i storkommun **ǁ** *adj* ung. av godsägarfamilj [*they are ~*], [herrgårds]förnäm, ståndsmässig [*it was all very ~*]
county council [͵kaʊntɪ'kaʊnsl] *s* grevskapsråd; motsv. landsting

county councillor [ˌkaʊntɪ'kaʊnsələ] *s* medlem av grevskapsråd; motsv. landstingsman
county court [ˌkaʊntɪ'kɔːt] *s* 'grevskapsrätt' lägre civilmålsdomstol; ung. tingsrätt
county town [ˌkaʊntɪ'taʊn] *s* grevskapshuvudstad; motsv. residensstad
coup [kuː] *s* kupp; ***bring (pull) off a*** ~ göra en [lyckad] kupp
coup d'état [ˌkuːdeɪ'tɑː] (pl. *coups d'état* [utt. som sg.]) *s* fr. statskupp
coupe [kuːp] *s* [glass]coupe
coupé ['kuːpeɪ] *s* **1** kupé bil och vagn **2** järnv. halvkupé med en bänkrad i slutet av vagn
couple ['kʌpl] **I** *s* **1** par; ***a*** ~ ***of*** ett par [stycken]; ***in*** ~***s*** i par, parvis **2** par man och kvinna; ***a married*** ~ ett gift (äkta) par, två äkta makar **3** jakt. koppel två hundar **II** *vb tr* **1** koppla; koppla ihop; bildl. äv. förena, förbinda, länka samman; ~***d with*** äv. i förening med, tillsammans med **2** para **3** gifta ihop
couplet ['kʌplət] *s* rimmat verspar
coupling ['kʌplɪŋ] *s* **1** [hop]koppling **2** kopplingsanordning
coupon ['kuːpɒn] *s* kupong; på t.ex. postanvisning äv. mottagardel; börs. [ränte]kupong; rabattkupong; [*football*] ***pools*** ~ tipskupong
courage ['kʌrɪdʒ] *s* mod [*take (pluck up, muster up, summon up, lose)* ~], tapperhet; ***have the*** ~ ***of one's convictions*** [våga] stå för sin övertygelse; ***take one's*** ~ ***in both hands*** ta mod till sig
courageous [kə'reɪdʒəs] *adj* modig, tapper
courgette [kʊə'ʒet] *s* bot. el. kok. courgette, zucchini slags mindre pumpa
courier ['kʊrɪə] *s* **1** kurir äv. i tidningsnamn; ilbud **2** reseledare, researrangör
course [kɔːs] *s* **1** lopp; bana [*the planets in their* ~*s*]; ***the*** ~ ***of the river*** a) flodens lopp b) flodfåran **2** riktning; sjö. el. flyg. kurs [*hold (keep, change) one's* ~] **3** [för]lopp, gång [*the* ~ *of events*]; vederbörlig ordning; ***take a normal*** ~ få (ta) ett normalt förlopp, förlöpa normalt; ***let things take (run) their*** [***own***] ~ låta sakerna ha sin [gilla] gång; ***in the*** ~ ***of*** under (inom) [loppet av]; ***in the*** ~ ***of one's duties*** under tjänsteutövning, under utövande av sin tjänst; ***in the ordinary*** ~ ***of things*** el. ***in the natural*** ~ ***of events*** under normala förhållanden, i normala fall; ***in*** [***the***] ~ ***of time*** i sinom tid, med tiden; ***in due*** ~ [***of time***] i vederbörlig ordning, i sinom tid **4** ***of*** ~ naturligtvis, givetvis, ju [förstås], självklart; ***it is a matter of*** ~ det är en självklar (naturlig) sak **5** bildl. väg, [förfarings]sätt [*what are the* ~*s open to us?*]; ~ ***of action*** handlingssätt, tillvägagångssätt, förehavande[n]; ***your best*** ~ ***is to...*** det bästa [du kan göra] är att...; ***take a***

dangerous ~ slå in på en farlig väg; ***take one's own*** ~ gå sin egen väg, följa sitt eget huvud **6** serie; räcka, följd [*for a* ~ *of years*]; ~ ***of lectures*** föreläsningsserie; ~ ***of study*** studieplan **7** [läro]kurs, studiegång [*complete a certain* ~ *in order to graduate*] **8** med. kur; ~ ***of treatment*** [behandlings]kur; ~ ***of waters*** brunnskur **9** rätt vid en måltid [*three* ~*es*]; ***first*** ~ äv. förrätt, entrérätt; ***main*** ~ huvudrätt **10** [golf]bana, [kapplöpnings]bana; ***stay the*** ~ om häst löpa loppet till slut; bildl. vara uthållig, hålla ut **11** hand. kurs [~ *of exchange*]
coursing ['kɔːsɪŋ] *s* jakt; isht harjakt med vinthund
court [kɔːt] **I** *s* **1** kringbyggd gård, gårdsplan [*in* (*på*) *the* ~]; borggård; bildl. förgård; ***across the*** ~ över gården **2** ljusgård, hög sal [med överljus] på museum o.d. **3** liten tvärgata, återvändsgränd **4** sport. plan, bana [*tennis* ~]; ***service*** ~ serveruta i tennis **5** hov; hovstat; mottagning vid hovet, cour [*hold a* ~]; ***at*** ~ vid (på) hovet [*be presented at* ~]; ***the C*~ *of St. James's*** dipl. brittiska hovet **6** uppvaktning, hyllning, kur **7** jur. **a)** ~ [*of law* (***justice***)] domstol, rätt **b)** rättegångsförhandlingar, session [*hold a* ~; *open the* ~] **c)** rättssal, domsal; ***the*** ~ äv. domstolens (rättens) ledamöter; ***high*** ~ högre domstol; ***inferior*** ~ underrätt; ***superior*** ~ överrätt; ***people's*** ~ folkdomstol; ~ ***of appeal*** appellationsdomstol; ***the Royal Courts of Justice*** justitiepalatset i London; ***before the*** ~ inför rätten (rätta); ***in*** ~ inför rätta (rätten); i rätten [*sit in* ~]; ***in the*** ~ i rättssalen; ***in open*** ~ inför sittande rätt; ***bring (take) a th. to*** ~ dra ngt inför rätta (domstol); ***out of*** ~ a) utanför domstolen, genom förlikning [*settle a matter out of* ~] b) bildl. om argument o.d. ovidkommande, ohållbar; ***go to*** ~ dra saken inför rätta, gå till domstol
II *vb tr* **1** försöka ställa sig in hos, fjäska för **2** uppvakta, fria till **3** söka vinna [~ *a p.'s approval*]; fria till [~ *the voters*]; tigga [~ *applause*] **4** ~ ***disaster*** utmana ödet, dra olycka över sig
III *vb itr* **1** vara på friarfärd **2** ha (gå i) sällskap, hålla ihop
court card ['kɔːtkɑːd] *s* kortsp. klätt kort, målare
courteous ['kɜːtjəs, 'kɔːt-] *adj* artig, hövlig, förekommande, tillmötesgående; hövisk
courtesan [ˌkɔːtɪ'zæn] *s* kurtisan
courtesy ['kɜːtəsɪ, 'kɔːt-] *s* artighet, hövlighet; tillmötesgående; höviskhet; ***by*** ~ av artighet, som en artighet, för artighets skull; ***there was an exchange of courtesies between them*** de utbytte artigheter; ***general by*** ~ titulärgeneral; [***by***] ~ ***of*** a) med benäget tillstånd av b) på grund av, tack vare; ~ ***call***

(*visit*) artighetsvisit, hövlighetsvisit; ~ *cop* vard. trafikpolis som vänligt visar trafikant till rätta; ~ *light* bil. innerbelysning
court house ['kɔ:thaʊs] *s* domstolsbyggnad, tingshus
courtier ['kɔ:tjə] *s* hovman; pl. ~*s* äv. hovfolk
courting ['kɔ:tɪŋ] **I** *s* uppvaktning, kurtis **II** *adj* uppvaktande; ~ *couple* älskande par
court-martial [,kɔ:t'mɑ:ʃ(ə)l] **I** (pl. *courts-martial* el. *court-martials*) *s* krigsrätt **II** *vb tr* ställa inför krigsrätt
court order [,kɔ:t'ɔ:də] *s* jur. domstolsbeslut
courtroom ['kɔ:tru:m, -rʊm] *s* rättssal, domsal
courtship ['kɔ:t-ʃɪp] *s* **1** uppvaktning, kurtis; *a brief* ~ en kort tids uppvaktning **2** parningslek **3** bildl. frieri [*of* till]
court shoe ['kɔ:t-ʃu:] *s*, pl. ~*s* pumps
courtyard ['kɔ:tjɑ:d] *s* gård, gårdsplan
cousin ['kʌzn] *s* kusin [äv. ~ *german, first* ~]; *second* ~ syssling; *third* ~ brylling; *first* ~ *once removed* kusinbarn kusins barn
couturier [ku:'tjʊərɪeɪ] *s* fr. modeskapare
covalence [kəʊ'veɪləns] o. **covalency** [kəʊ'veɪlənsɪ] *s* kem. kovalens
1 cove [kəʊv] *s* **1** liten vik **2** skyddad plats, vrå, håla **3** byggn. välvning, konkav fris
2 cove [kəʊv] *s* ngt åld. sl. jeppe, prick [*a queer* ~]
covenant ['kʌvənənt] *s* avtal, kontrakt, överenskommelse; fördrag, pakt; jur. klausul
Covent Garden [,kɒvənt'gɑ:dn] **1** förr: frukt- och grönsakstorg i London (numera *New* ~ söder om Temsen) **2** ~ [*Theatre*] opera[hus] i London
Coventry ['kɒv(ə)ntrɪ] geogr. egenn.; *send a p. to* ~ bildl. frysa ut (bojkotta) ngn
cover ['kʌvə] **I** *vb tr* **1** täcka [över]; översålla; klä [över]; belägga; ~ *a book* sätta papper (omslag) om en bok; *remain ~ed* om pers. behålla hatten på; *~ed court* sport. [över]täckt bana, inomhusbana; *~ed in* (*with*) täckt av, full med **2** dölja, skyla, skydda; skyla över **3** skydda; sport. täcka; mil., om fästning o.d. behärska; ~ *oneself with...* vid tippning gardera med... **4** utgöra betäckning (skydd, reserv) för **5** ~ [*with a rifle*] ha under kontroll (hålla i schack) [med ett gevär] **6** sträcka sig (spänna) över, omfatta, omspänna [~ *a wide field* äv. bildl.]; täcka [*that ~s the meaning*]; innefatta; avse; isht hand. (om brev) innehålla; ~ *thoroughly* utförligt behandla **7** tidn., radio. o.d. bevaka, täcka; referera **8** hand. täcka behov, kostnad, förlust o.d.; ersätta, hålla skadeslös, betala; försäkra; *be ~ed* a) ha täckning för belopp o.d. b) försäkr. ha försäkringsskydd c) om lån vara fulltecknad **9** tillryggalägga, avverka [~ *a distance*]; klara av, hinna med [*that's all I could ~ today*] **10** betäcka sto **11** kortsp. ta (sticka) över **12** ~ *in* täcka (fylla) igen; täcka till; bygga tak på (till); ~ *up* hölja (täcka, bre) över) dölja, skyla över; tysta ner,

mörklägga; ~ *up one's tracks* sopa igen spåren efter sig; ~ *oneself up well* klä på sig ordentligt (varmt)
II *vb itr*, ~ *up* [försöka] släta (skyla) över, sopa igen spåren; ~ *up for a p.* skydda ngn, [försöka] skyla över vad ngn gjort
III *s* **1** täcke, överdrag, skynke; omslag; fodral; huv; hylsa; däck; sjö. kapell; *under* ~ under tak **2** lock **3** pärm[ar], omslag; *from* ~ *to* ~ från pärm till pärm **4** kuvert; *under plain* ~ [med] diskret (privat) avsändare; *under registered* ~ i rekommenderat kuvert; [*send a th.*] *under separate* ~ ...separat **5** skydd; betäckning äv. mil.; gömställe; bildl. täckmantel, förevändning; *take* ~ ta skydd (betäckning); *under* [*the*] ~ *of* a) i skydd av b) under täckmantel av **6** a) hand. täckning; likvid b) försäkring; ~ *note* försäkringsintyg **7** [bords]kuvert; ~*s were laid for six* det var dukat för sex **8** se *coverage 3*
cover address ['kʌvərə,dres] *s* täckadress
coverage ['kʌvərɪdʒ] *s* **1** hand. täckning **2** utförlig (uttömmande) behandling **3** tidn., radio. o.d. bevakning; täckning; reportage **4** spridning [*an advertisement with wide* ~]
coverall ['kʌvərɔ:l] **I** *s* isht amer., ofta pl. ~*s* overall, överdragskläder **II** *adj* sammanfattande [*a* ~ *term*], täckande
cover charge ['kʌvətʃɑ:dʒ] *s* kuvertavgift på restaurang
cover girl ['kʌvəgɜ:l] *s* omslagsflicka
covering ['kʌv(ə)rɪŋ] **I** *s* **1** klädsel; täcke etc., se *cover III 1 2* täckning, täckande etc., jfr *cover I* **II** *adj* täckande etc., jfr *cover I*; ~ *letter* följebrev
coverlet ['kʌvələt] *s* [säng]överkast, [säng]täcke
covert ['kʌvət] **I** *adj* förstulen, hemlig; förtäckt, maskerad [~ *threat*] **II** *s* **1** skydd, gömställe **2** snår ss. skydd för vilt; lya, remis **3** täckfjäder
cover-up ['kʌvərʌp] *s* mörkläggning, nedtystning
covet ['kʌvɪt, -vət] *vb tr* trakta efter, åtrå, åstunda; bibl. begära, ha begärelse (lust) till
covetous ['kʌvɪtəs, -vət-] *adj* lysten, girig [*of* efter, på]; begärlig
covey ['kʌvɪ] *s* **1** kull isht av rapphöns; flock **2** hop, grupp, skock
1 cow [kaʊ] *s* **1** a) ko b) hona av vissa större djur; ~ *elephant* elefanthona; ~ *elk* älgko; *till the ~s come home* vard. i det oändliga **2** vard. (neds.), om kvinna kossa; apa, markatta
2 cow [kaʊ] *vb tr* skrämma, kuscha, kujonera, kuva
coward ['kaʊəd] **I** *s* feg stackare, ynkrygg, fegis, kruka **II** *adj* feg, rädd
cowardice ['kaʊədɪs] *s* feghet, rädsla
cowardly ['kaʊədlɪ] **I** *adj* **1** feg, rädd **2** gemen [*a* ~ *lie*] **II** *adv* **1** fegt, räddhågat **2** gement

cowbane ['kaʊbeɪn] *s* bot. sprängört
cowbell ['kaʊbel] *s* koskälla
cowboy ['kaʊbɔɪ] *s* **1** cowboy; *play [at]* ~*s and Indians* leka indianer och vita **2** amer. sl. våghals, tuffing, i tilltal [hörru] du
cowcatcher ['kaʊˌkætʃə] *s* amer. **1** järnv. kofångare, gardjärn **2** radio. el. TV. [affärs]reklam, slagord
cow college ['kaʊˌkɒlɪdʒ] *s* amer. sl. **1** lantbruksskola, lantbrukshögskola **2** landsortshögskola, landsortsuniversitet
cower ['kaʊə] *vb itr* krypa ihop
cowgirl ['kaʊgɜːl] *s* cowboyflicka, kvinnlig boskapsskötare
cowhand ['kaʊhænd] *s* cowboy; boskapsskötare
cowherd ['kaʊhɜːd] *s* boskapsherde
cowhide ['kaʊhaɪd] *s* kohud; koläder
cowhouse ['kaʊhaʊs] *s* ladugård
cowl [kaʊl] *s* **1** munkkåpa **2** huva, kapuschong på kåpa; ~ *neck [line]* vid polokrage **3** rökhuv, ventilatorhuv **4** torped i bil
cowlick ['kaʊlɪk] *s* hårvirvel; tjusarlock
cowling ['kaʊlɪŋ] *s* flyg. motorhuv
cowman ['kaʊmən] *s* **1** ladugårdskarl, ladugårdsskötare **2** amer. ranchägare
co-worker [ˌkəʊ'wɜːkə] *s* medarbetare
cow parsley [ˌkaʊ'pɑːslɪ] *s* bot. hundloka
cow parsnip [ˌkaʊ'pɑːsnɪp] *s* bot. björnloka
cowpat ['kaʊpæt] *s* komocka, kospillning
cowpox ['kaʊpɒks] *s* med. kokoppor
cowpuncher ['kaʊˌpʌn(t)ʃə] *s* isht amer. vard., se *cowboy 1*
cowshed ['kaʊʃed] *s* ladugård
cowskin ['kaʊskɪn] *s* kohud
cowslip ['kaʊslɪp] *s* bot. gullviva
cox [kɒks] (vard. förk. för *coxswain*) **I** *s* styrman i kapproddbåt; cox **II** *vb tr* o. *vb itr* styra, vara cox [i] vid kapprodd
coxswain ['kɒkswein, sjömansuttal 'kɒksn] *s* **1** styrman i kapproddbåt; cox **2** rorsman; kapten, skeppare på mindre båt
coy [kɔɪ] *adj* **1** vanl. om kvinna blyg, pryd, sipp; chosig **2** *be* ~ *about* svara undvikande
coyote [kɔɪ'əʊtɪ, amer. vanl. kaɪ'əʊtɪ] *s* zool. koyot, prärievarg
cozy ['kəʊzɪ] *adj* o. *s* amer., se *cosy*
cp. förk. för *compare*
CPI förk. för *consumer price index*
Cpl. förk. för *1 Corporal*
c.p.s. förk. för *cycles per second*
CPU (förk. för *central processing unit*) data. CE centralenhet
Cr. förk. för *credit, creditor, crown*
1 crab [kræb] *s* **1** a) krabba b) kräftdjur **2** vard. flatlus **3** sjö., *catch a* ~ vid rodd ta ett för djupt årtag, 'fånga [en] krabba'
2 crab [kræb] *s* vildapel; vildäpple
3 crab [kræb] vard. **I** *vb itr* kvirra, gnälla **II** *s* surkart

crab apple ['kræbˌæpl] *s* vildapel; vildäpple
crabbed ['kræbɪd, kræbd] *adj* **1** knarrig, vresig, sur; retlig; butter **2** oläslig, krafsig [~ *handwriting*]
crabby ['kræbɪ] *adj* se *crabbed 1*
crab louse ['kræblaʊs] *s* flatlus
crabpot ['kræbpɒt] *s* krabbtina av vide
crack [kræk] (se äv. *cracked* o. *cracking*) **I** *vb itr* (jfr *III*) **1** knaka; braka; knalla, smälla **2** spricka, brista **3** kollapsa, knäckas [~ *under the strain*] **4** om röst brytas
II *vb tr* (jfr *III*) **1** klatscha (knäppa, smälla) med; få att knaka [~ *the joints of one's fingers*] **2** spräcka, slå (ha) sönder; knäcka [~ *nuts*] **3** knäcka [~ *a problem*], forcera [~ *a code*] **4** slå (klappa) till [~ *a p. over* (i) *the head*] **5** spränga [~ *a safe*] **6** spräcka röst **7** ~ *a bottle of wine* knäcka en flaska vin; ~ *jokes* vitsa, skämta
III *vb tr* o. *vb itr* med adv. o. adj.:
~ **down** om vard. slå ner på, klämma åt
~ **open** [*a safe*] bryta upp (spränga)...
~ **up** vard. a) klappa ihop b) krascha [med], kvadda c) *he's not all* (*not what*) *he's* ~*ed up to be* så värst bra är han inte, han är överreklamerad
IV *s* **1** knakande, brak, knall, smäll, skräll; *till the* ~ *of doom* bildl. till domedag **2** spricka, rämna **3** skavank; spricka [*a* ~ *in the façade*] **4** vard. smäll, klatsch; hårt slag [*give a p. a* ~ *on* (i) *the head*] **5** *at the* ~ *of dawn* vard. i gryningen **6** vard. spydighet, elakhet; *make a* ~ *at a p.* ge ngn en känga **7** vard., *have a* ~ *at a th.* försöka [sig på] ngt **8** vard. toppman, trumfess **9** sl. crack narkotika
V *adj* vard. förstklassig, finfin; mäster- [*a* ~ *shot*]; elit- [*a* ~ *player*], topp- [*a* ~ *team*]
crackbrained ['krækbreɪnd] *adj* vard. vrickad, tokig, förryckt, galen [*a* ~ *idea*]
crackdown ['krækdaʊn] *s* vard. kraftåtgärder, hårdare kontroll [*on* mot]; *launch a* ~ *on* [*drug pushers*] slå till mot..., slå ned på...
cracked [krækt] *perf p* o. *adj* **1** knäckt, spräckt, sprickig **2** om röst sprucken, bruten; *his voice is* ~ äv. han har kommit (är) i målbrottet **3** vard. vrickad, rubbad **4** kem. krackad [~ *petrol*]
cracker ['krækə] *s* **1** pl. ~*s* knäckare, knäppare [*nut-crackers*] **2** pyrotekn. smällare, svärmare; [*Christmas*] ~ smällkaramell **3** tunt [smörgås]kex, cracker; amer. kex i allm. **4** sl. baddare, panggrej; pangtjej, pangbrud **5** kem. tekn. kracker, krackningsanläggning
cracker-barrel ['krækəˌbær(ə)l] *adj* amer. enkel [och okomplicerad], hemmagjord [~ *philosophy*]
crackerbox ['krækəbɒks] *s* amer. **1** kexburk **2** = *cracker-barrel*
crackerjack ['krækədʒæk] amer. **I** *s* **1** sl. a) överdängare, baddare b) finfin (prima)

sak **2** rostad majs överdragen med glasyr **II** *adj* sl. prima, [ur]styv, toppen[-]
crackers ['krækəz] *pred adj* vard. knäpp, galen
cracking ['krækɪŋ] **I** *adv* vard. fantastiskt, jätte- [*a* ~ *good show*] **II** *pres p* **1** knakande etc., jfr *crack I* o. *II*; *at a* ~ *pace* i våldsam fart **2** *get* ~ sl. sätta i gång, sätta fart [*on* med] **III** *s* kem. tekn. krackning
crackle ['krækl] **I** *vb itr* knastra, spraka, frasa, fräsa, knattra **II** *s* knaster, knastrande etc., jfr *I* **crackled** ['krækld] *adj* krackelerad
crackling ['kræklɪŋ] *s* **1** knastrande etc., jfr *crackle I* **2** knaprig svål på ugnstekt skinka **3** sl. pangbrud
crackpot ['krækpɒt] vard. **I** *adj* tokig, knäpp, vansinnig [~ *ideas*] **II** *s* knäppskalle, knasboll
cracks|man ['kræks|mən] (pl. *-men* [-mən]) *s* sl. inbrottstjuv; kassaskåpstjuv
crack-up ['krækʌp] *s* **1** haveri; krock **2** vard. kollaps, sammanbrott
cradle ['kreɪdl] **I** *s* **1** vagga äv. bildl.; *rob the* ~ begå barnarov gifta sig med någon som är mycket yngre än man själv **2** tele. klyka **3** med. a) sängbåge b) benspjäla **4** ställning; rörlig plattform vid byggnadsarbete **II** *vb tr* **1** a) lägga i vagga[n] b) vagga **2** ~ *the telephone receiver* lägga på luren
cradle cap ['kreɪdlkæp] *s* med. mjölkskorv
cradle-snatcher ['kreɪdl,snætʃə] *s* se *baby-snatcher*
cradle song ['kreɪdlsɒŋ] *s* vaggvisa
craft [krɑ:ft] **I** *s* **1** skicklighet **2** hantverk, yrke, konst; slöjd [*metal* ~]; *arts and* ~*s* pl. konsthantverk **3** list, listighet, slughet **4** (pl. lika) a) fartyg, skuta, båt, farkost; *small* ~ mindre fartyg, småskutor för handel o. fiske b) se *aircraft* o. *spacecraft* **II** *vb tr* snitsa (snickra) till
craft guild ['krɑ:ftgɪld] *s* hantverksskrå
craftsman ['krɑ:ftsmən] *s* hantverkare; [skicklig] yrkesman, yrkesskicklig arbetare; konstnär
craftsmanship ['krɑ:ftsmənʃɪp] *s* hantverk; hantverksskicklighet, yrkesskicklighet; *a piece of fine* ~ ett exempel på utsökt konsthantverk (hantverksskicklighet)
crafty ['krɑ:ftɪ] *adj* listig, slug, bakslug, slipad [*a* ~ *politician*]
crag [kræg] *s* brant (skrovlig) klippa; klippspets
cragged ['krægɪd] *adj* o. **craggy** ['krægɪ] *adj* klippig; brant och skrovlig
crake [kreɪk] *s* zool. kornknarr; *spotted* ~ småfläckig sumphöna
cram [kræm] **I** *vb tr* **1** proppa (packa) [full], stoppa full [*with* med]; pressa ned, stuva (stoppa) in [*into* i]; [*a room*] ~*ed with people* ...fullproppad med folk; ~ *one's hat over one's eyes* trycka ned hatten över ögonen **2** proppa mat i; ~ *oneself with food* proppa sig full med mat **3** plugga med [~ *pupils*]; drilla [~ *a p. in a subject*]; ~ *a p. with* [*facts*] plugga (slå) i ngn...; ~ [*up*] plugga (slå) i sig, plugga in **II** *vb itr* **1** proppa i sig mat **2** plugga [*for* på, till en examen] **III** *s* plugg[ande]
cram-full [,kræm'fʊl] *adj* proppfull [*of* med]
cramming ['kræmɪŋ] *s* [tentamens]pluggande; korvstoppning
cramp [kræmp] **I** *s* **1** med. kramp; *writer's* ~ skrivkramp; *be seized with* ~ få kramp (sendrag) **2** tekn. krampa; klammer; skruvtving **II** *vb tr* (se äv. *cramped*) **1** förorsaka kramp i; knipa ihop **2** bildl. inskränka, förlama; kringskära; ~ *a p.'s style* vard. hämma ngn, platta till ngn **III** *adj* **1** krånglig, svårläst, gnetig stil o.d. **2** hopdragen, trång; stel
cramped [kræmpt] *perf p* o. *adj* **1** alltför trång, instängd; bildl. begränsad, småskuren; *be* ~ *for room* (*space*) ha trångt [om plats], vara trångbodd **2** hoptrångd, gnetig handstil
crampon ['kræmpən] *s* **1** lyftsax **2** isbrodd
cranberry ['krænb(ə)rɪ] *s* bot. tranbär
crane [kreɪn] **I** *s* **1** trana **2** [lyft]kran; *overhead* ~ travers på kran **II** *vb tr* **1** flytta med [lyft]kran **2** sträcka på [~ *one's neck*]
crane fly ['kreɪnflaɪ] *s* zool. harkrank
crania ['kreɪnɪə] *s* pl. av *cranium*
cranial ['kreɪnɪəl] *adj* kranie-, skall- [~ *fracture*]
crani|um ['kreɪnɪ|əm] (pl. -*a* [-ə] el. -*ums*) *s* kranium, skalle
crank [kræŋk] *s* **1** vev; startvev; *turn the* ~ dra veven, veva **2** vard. excentrisk individ, original; fantast [*a food* ~] **3** amer. vard. bitvarg, surkart
crankcase ['kræŋkkeɪs] *s* tekn. vevhus
crank-handle ['kræŋk,hændl] *s* vevhandtag
crankiness ['kræŋkɪnəs] *s* excentricitet
crankpin ['kræŋkpɪn] *s* vevtapp
crankshaft ['kræŋkʃɑ:ft] *s* vevaxel
cranky ['kræŋkɪ] *adj* **1** excentrisk, vriden, knäpp **2** amer. sur, vresig
cranny ['krænɪ] *s* springa, spricka, skreva; trångt hål; vrå; *every nook and* ~ alla vinklar och vrår
crap [kræp] **I** *vb itr* vulg. skita **II** *s* sl. **1** skit; *have a* ~ vulg. skita **2** smörja; skitsnack
crape [kreɪp] **I** *s* kräpp, krusflor; sorgflor, sorgband **II** *vb tr* klä (hölja) i sorgflor
crappy ['kræpɪ] *adj* sl. skitdålig, kass, urusel
craps [kræps] (konstr. vanl. ss. sg.) *s* [äv. *crap game*, *crapshooting*]; isht amer., slags tärningsspel; *shoot* ~ spela *craps*, kasta tärning
crapshooter ['kræpʃu:tə] amer. tärningsspelare
crash [kræʃ] **I** *vb itr* **1** braka, skrälla; gå i kras, braka sönder (ihop) **2** braka iväg (fram); ~ *into* [*a car*] smälla ihop (krocka) med... **3** flyg. störta **4** bildl. falla, ramla, krascha, gå

crash barrier

omkull **II** *vb tr* **1** slå i kras; kvadda, krascha [med]; flyg. äv. störta med **2** vard. tränga sig på, våldgästa [~ *a party* (jfr *gatecrash*)] **III** *s* **1** brak, krasch, skräll [*a ~ of thunder*], dunder, buller **2** olycka [*killed in a car* ~]; flyg. äv. störtning; kollision, smäll, krock; finansiell krasch **IV** *adj* forcerad, intensiv [~ *job*], snabb- [~ *course*]; ~ *programme* katastrofplan **V** *interj* o. *adv* krasch!; *go* (*fall*) ~ fara (falla) med [ett] brak
crash barrier ['kræʃˌbærɪə] *s* motor. vägräcke
crash-dive ['kræʃdaɪv] om flyg el. ubåt **I** *vb itr* snabbdyka; störtdyka **II** *s* snabbdykning; störtdykning
crash helmet ['kræʃˌhelmɪt] *s* störthjälm
crashing ['kræʃɪŋ] *adj* vard. fantastisk; *he is a ~ bore* han är en riktig tråkmåns
crash-land ['kræʃlænd] *vb itr* o. *vb tr* kraschlanda [med]
crash-landing ['kræʃˌlændɪŋ] *s* kraschlandning
crash wagon ['kræʃˌwægən] *s* flyg. bärgningsbil, räddningsbil
crass [kræs] *adj* grov [~ *ignorance*]; enorm, kolossal [~ *stupidity*]; dum
crate [kreɪt] *s* spjällåda, spjällår, bur; stor packkorg; [tom]back; ~ *of beer* back [med] öl
crater ['kreɪtə] *s* krater i olika bet.
cravat [krə'væt] *s* kravatt
crave [kreɪv] *vb tr* o. *vb itr* **1** be om, utbe sig [*of*, *from* av] **2** ~ [*for*] längta (törsta) efter, åtrå; ha behov av **3** kräva, erfordra; *craving appetite* glupande aptit
craven ['kreɪv(ə)n] **I** *adj* **1** feg, mesig **2** *cry* ~ ge sig på nåd och onåd **II** *s* feg stackare, mes
craving ['kreɪvɪŋ] *s* åtrå, längtan, sug [*for* efter]
crawfish ['krɔːfɪʃ] **I** *s* isht amer., se *crayfish* **II** *vb itr* amer. vard. dra sig tillbaka; ~ *out* [*of*] lägga av [med]
crawl [krɔːl] **I** *vb itr* **1** a) krypa, kravla äv. om barn; kräla, åla [sig]; smyga b) släpa (hasa) sig [fram] c) krypköra, köra sakta d) bildl. fjäska [*to* för] **2** myllra, krylla, vimla [*with* av]; *the ground is ~ing with ants* det kryllar av myror på marken **3** simn. crawla **II** *s* **1** krypande etc.; ~ *lane* trafik. amer. krypfil; *go at a* ~ bildl. krypa [fram] **2** crawl[sim] [äv. ~ *stroke*]; *do the* ~ crawla
crawler ['krɔːlə] *s* **1** barn i krypåldern **2** crawlare, crawlsimmare **3** bandtraktor [äv. ~ *tractor*] **4** pl. ~*s* krypbyxor **5** fjäskare
crayfish ['kreɪfɪʃ] *s* zool. el. kok. **1** kräfta **2** langust
crayon ['kreɪən, 'kreɪɒn] **I** *s* **1** [färg]krita **2** kritteckning, pastell[målning] **II** *vb tr* rita med färgkrita; bildl. skissera
craze [kreɪz] **I** *vb tr* göra [sinnes]rubbad (tokig); ~*d about* tokig i; *a* ~*d look* en förvirrad blick **II** *s* mani, dille, fluga [*for* på];

modefluga; *the latest* ~ sista skriket (modet), det allra senaste
crazy ['kreɪzɪ] *adj* **1** tokig, galen äv. bildl. [*about* i, på]; vansinnig [~ *ideas*], förryckt, [sinnes]rubbad; *it drives me* ~ det gör mig galen **2** ~ *pavement* (*paving*) [beläggning med] oregelbundet lagda plattor **3** ~ *bone* amer., se *funny-bone*
creak [kriːk] **I** *vb itr* **1** knarra, knaka, gnissla **2** bildl. knaka i fogarna **II** *s* knarr[ande], knakande, gnissel
creaky ['kriːkɪ] *adj* **1** knarrande etc., jfr *creak I* **2** amer. förfallen, fallfärdig [*a* ~ *old house*]
cream [kriːm] **I** *s* **1** grädde; ~ *ice* gräddglass; ~ *tea* eftermiddagste med scones med grädde och sylt m.m.; *double* ~ tjock grädde, vispgrädde; *single* ~ tunn grädde, kaffegrädde **2 a)** kräm som efterrätt o. tårtfyllning; *butter* ~ smörkräm; *fruit* ~ fruktblancmangé **b)** crème redd soppa; ~ *of tomato soup* redd tomatsoppa **c)** chokladpralin fylld med kräm **3** kräm för hud, skor m.m.; *furniture* ~ möbelpolityr i krämform **4** bildl. grädda [*the* ~ *of society*], elit; *the* ~ *of* äv. det bästa av (i) **5** ~ *of tartars* kem. renad vinsten, cremor tartari **6** kräm[färg] **7** cream kvalitetsbeteckning för whisky o. sherry [*C*~ *Sherry, Bristol C*~] **II** *adj* krämfärgad, gräddfärgad, gulvit **III** *vb itr* **1** gräddsättas **2** fradga sig, skumma **IV** *vb tr* **1** skumma [grädden av]; ~ [*off*] bildl. ta ut det bästa av **2** kok. tillaga med grädde, [grädd]stuva [~*ed spinach*]; ~*ed potatoes* potatispuré, finare potatismos **3** röra, vispa t.ex. smör o. socker; ~*ed butter* rört smör **4** smörja in med [hud]kräm
cream bun [ˌkriːmˈbʌn] *s* petit-chou med gräddfyllning
cream cheese [ˌkriːmˈtʃiːz] *s* mjuk gräddost; [*fresh*] ~ keso ®; kvark, kvarg
creamery ['kriːm(ə)rɪ] *s* mejeri; mjölkbutik, mejeributik
cream jug ['kriːmdʒʌg] *s* gräddkanna, gräddsnipa
cream soda [ˌkriːmˈsəʊdə] *s* läsk smaksatt med vanilj
creamy ['kriːmɪ] *adj* **1** a) gräddaktig, gräddliknande, grädd-; krämig b) gräddrik c) gräddfärgad, krämfärgad **2** rik [*with* på]
crease [kriːs] **I** *s* **1** veck, pressveck; skrynkla, rynka **2** sport. a) i kricket gränslinje; gränsområde b) i ishockey målområde **II** *vb tr* a) pressa [veck på] b) skrynkla [ned] **III** *vb itr* bli skrynklig
creased [kriːst] *adj* **1** a) skrynklig b) med pressveck, pressad **2** sl. packad berusad
creaseproof ['kriːspruːf] *adj* o.
crease-resistant ['kriːsrɪˌzɪst(ə)nt] *adj* skrynkelfri
create [krɪˈeɪt] **I** *vb tr* **1** skapa äv. data.; frambringa, åstadkomma, framkalla; inrätta,

upprätta [~ *a new post*]; göra, väcka [~ *a sensation*]; ställa till [med] [~ *a scene*]; kreera, gestalta en roll **2** utnämna [*a p. a peer* ngn till pär] **ll** *vb itr* sl. bråka [*don't* ~ *about it*]
creation [krɪ'eɪʃ(ə)n] *s* **1** skapande, frambringande etc., jfr *create I 1*; skapelse; *the story of the C*~ skapelseberättelsen **2** skapelse; verk, produkt; skapad varelse; värld **3** utnämning isht adlig **4** kreation, modell, modeskapelse
creative [krɪ'eɪtɪv] *adj* skapande [*a* ~ *artist*], kreativ; skapar- [~ *power*]; meningsfylld, konstruktiv
creativity [ˌkriːeɪ'tɪvətɪ, ˌkriːə-] *s* kreativitet, skapande förmåga (kraft)
creator [krɪ'eɪtə] *s* skapare; upphov, upphovsman; *the C*~ skaparen
creature ['kriːtʃə] *s* **1** [levande] varelse; människa [*a good* (*lovely*) ~]; neds. individ, stycke, typ [*that horrid* ~], kräk; *poor* ~ stackars krake, feg stackare; *that* ~ neds. den där typen **2** om pers. kreatur, hantlangare, redskap [*the* ~ *of his boss*] **3** djur [*dumb* ~*s*]; amer. isht [nöt]kreatur **4** skapelse, produkt **5** ~ *comforts* detta livets goda
crèche [kreʃ, kreɪʃ] *s* **1** [barn]daghem, barnkrubba **2** [jul]krubba
cred [kred] *s* vard. kortform för *credibility*
credence ['kriːd(ə)ns] *s* [till]tro, trovärdighet; *give* (*attach*) ~ *to* sätta [till]tro till; *lend* ~ *to* göra trovärdig; *letter of* ~ dipl. kreditiv[brev]
credentials [krɪ'denʃ(ə)lz] *s pl* **1** isht dipl. kreditiv[brev] **2** a) betyg, vitsord, referenser, meriter b) identitetspapper
credibility [ˌkredə'bɪlətɪ] *s* trovärdighet; ~ *gap* trovärdighetsklyfta, förtroendeklyfta
credible ['kredəbl] *adj* trovärdig; trolig
credibly ['kredəblɪ] *adv* trovärdigt; *be* ~ *informed* få höra (veta) från tillförlitligt håll
credit ['kredɪt] **I** *s* **1** tilltro; *give* ~ *to* tro [på], sätta tro till; *lend* ~ *to* bestyrka, stöda riktigheten av; *place* ~ *in* tro (lita) på **2** ära [*get* (*give a p.*) *the* ~ *for a th.*], förtjänst, erkännande; heder, beröm [*I may say to his* ~]; ~ *where* ~ *is due* el. *give* ~ *where it is due* äras den som äras bör; *be a* ~ *to* vara en heder för; *be to the* ~ *of a p.* el. *do a p.* ~ lända ngn till heder (beröm), hedra ngn, göra ngn heder; *get* ~ *for* få beröm (erkänsla, tack) för; *give a p.* ~ *for* a) tro ngn om, tilltro ngn b) hålla ngn räkning för; *take the* ~ ta åt sig ärran **3** film. el. TV., ~*s* el. ~ *titles* [lista över de] tekniska och konstnärliga medverkande **4** hand. **a)** kre'dit [*for a sum* på ett belopp; *with* hos]; *on* ~ på kredit (räkning); ~ *account* kundkonto i varuhus **b)** tillgodohavande [äv. ~ *balance*]; 'kredit; *letter of* ~ kreditiv, rembursi; *to our* ~ till vårt kredit, oss tillgodo; *on the* ~ *side* på plussidan **5** amer. skol. el. univ. poäng,

kurspoäng **ll** *vb tr* **1** tro [på]; ~ *a p. with a th.* el. ~ *a th. to a p.* a) tilltro ngn ngt, tro ngn om [att ha] ngt b) tillskriva (tillräkna) ngn ngt, ge (tillskriva) ngn äran av ngt **2** hand. kreditera [~ *an account with*]; ~ *a p. with an amount* el. ~ *an amount to a p.* kreditera (gottskriva) ngn [för] ett belopp
creditable ['kredɪtəbl] *adj* hedrande, aktningsvärd [*a* ~ *attempt*], förtjänstfull
credit card ['kredɪtkɑːd] *s* kreditkort, kontokort
creditor ['kredɪtə] *s* **1** kreditor, borgenär, fordringsägare **2** *C*~ bokföringsrubrik kredit
credit rating ['kredɪtˌreɪtɪŋ] *s* kreditvärdighet
credit squeeze ['kredɪtskwiːz] *s* kreditåtstramning
credo ['kriːdəʊ] (pl. ~*s*) *s* **1** trosbekännelse; credo **2** lärosats, trosats **3** *C*~ Credo en av mässans fasta delar
credulity [krə'djuːlətɪ] *s* lättrogenhet, godtrogenhet
credulous ['kredjʊləs] *adj* lättrogen, godtrogen
creed [kriːd] *s* trosbekännelse, konfession; troslära, tro äv. icke-religiös [*political* ~]
creek [kriːk] *s* **1** liten vik (bukt); flodarm **2** amer. å, bäck; [bi]flod **3** *up the* ~ sl. a) i knipa b) galen, tokig; [alldeles] uppåt väggarna
creel [kriːl] *s* **1** flätkorg; fiskkorg **2** mjärde; hummertina
creep [kriːp] **I** (*crept crept*) *vb itr* a) krypa amer. äv. om barn; kräla b) smyga [sig] c) krypköra, köra långsamt d) om växter klänga; *it crept out* det kröp (kom) fram; *it makes my flesh* ~ det får det att krypa i mig, det får mig att rysa **ll** *s* **1** krypande; *move at a* ~ bildl. krypa [fram] **2** kryphål; låg öppning **3** *it gives me the* ~*s* vard. det får det att krypa i mig, det får mig att rysa **4** sl. kryp, äckel[potta]
creeper ['kriːpə] *s* **1** krypväxt, klätterväxt **2** zool. trädkrypare **3** ~ *lane* trafik. (amer.) kryplfil **4** liten plattform på hjul **5** pl. ~*s* a) slags skor med mjuk sula b) amer. krypbyxor
creepy ['kriːpɪ] *adj* **1** krypande, krälande **2** vard. läskig, hemsk; skräck- [*a* ~ *film*]
creepy-crawly [ˌkriːpɪ'krɔːlɪ] **I** *s* vard. kryp insekt, mask o.d. **ll** *adj* krypande, krälande
cremate [krɪ'meɪt] *vb tr* kremera, bränna isht lik
cremation [krɪ'meɪʃ(ə)n] *s* kremering, [lik]bränning, eldbegängelse
crematori|um [ˌkremə'tɔːrɪ|əm] (pl. -*a* [-ə]) *s* o.
crematory ['kremət(ə)rɪ] *s* krematorium
crème de menthe [ˌkremdə'mɒnθ, ˌkreɪmdə'mɑːnt] *s* crème de menthe, pepparmyntslikör
crenellate ['krenəleɪt] *vb tr* krenelera, förse med tinnar (skottgluggar)
creole ['kriːəʊl] **I** *s* **1** kreol i olika bet., isht ättling

till vita invandrare i Sydamerika; ibl. äv. avkomling till vit o. färgad **2** a) kreolspråk språk som blivit modersmål för pidgintalande b) kreolfranska **ll** *adj* kreolsk
creosote ['krɪəsəʊt] **l** *s* kem. kreosot ur boktjära; [*coal-tar*] ~ kreosot [ur stenkolstjära] **ll** *vb tr* stryka (behandla) med kreosot
crepe o. **crêpe** [kreɪp] *s* **1** kräpp[tyg], crêpe **2** ~ *paper* kräppapper; hushållspapper; ~ *rubber* rågummi till skor; ~ [*rubber*] *sole* rågummisula; ~ *shoes* rågummiskor **3** kok. crêpe
crept [krept] imperf. o. perf. p. av *creep*
crescend|o [krɪˈʃend|əʊ] (pl. *-os* el. *-i* [-ɪ]) mus. (it.) **l** *s* crescendo äv. bildl. **ll** *adj* o. *adv* crescendo
crescent ['kreznt, 'kresnt] **l** *s* **1** månskära **2** månens tilltagande **3** svängd husrad (gata) **4** giffel **ll** *adj* **1** halvmånformig **2** astron., ~ *moon* månskära
cress [kres] *s* bot. krasse; [*garden*] ~ [krydd]krasse; *Indian* ~ indiankrasse
crest [krest] **l** *s* **1** kam på tupp; tofs på djurs huvud; mankam på häst **2** hjälmbuske; hjälmkam **3** ätts vapen [*family* ~] **4** krön, topp; bergskam; vågkam; övre kant; bildl. höjdpunkt; *be* [*riding*] *on the* ~ *of the wave* stå på sitt livs höjdpunkt, ha fått vind i seglen **ll** *vb tr* förse med kam etc., se *I*
crestfallen ['krest,fɔːl(ə)n] *adj* nedslagen, modfälld, slokörad, snopen, stukad
Cretan ['kriːt(ə)n] **l** *s* kretensare **ll** *adj* kretensisk, kretisk
Crete [kriːt] Kreta
cretin ['kretɪn, isht amer. 'kriːt-] *s* kretin; ss. skällsord äv. idiot
cretinous ['kretɪnəs, isht amer. 'kriːt-] *adj* kretinartad, kretin-
cretonne [kreˈtɒn, 'kretɒn] *s* kretong
crevasse [krəˈvæs] *s* spricka, rämna isht i glaciär
crevice ['krevɪs] *s* skreva, spricka, springa
1 crew [kruː] imperf. av *1 crow I 1*
2 crew [kruː] *s* **1** sjö. el. flyg. besättning; sjö. äv. manskap; *ground* ~ markpersonal **2** [arbets]lag; roddarlag; *the stage* ~ scenarbetarna **3** vard. (vanl. neds.) gäng, band; *a motley* ~ en brokig skara
crew cut ['kruːkʌt] *s* snagg[ning]; *have a* ~ vara snaggad
crewneck [ˌkruːˈnek, '--] *s* rund hals[ringning]; ~ *sweater* tröja med rund hals
crib [krɪb] **l** *s* **1** a) krubba; bås; kätte b) julkrubba **2** [baby]korg; vagga; amer. babysäng, spjälsäng; ~ *death* med. (amer.) plötslig spädbarnsdöd **3** amer. binge **4** vard. plagiat [*from*]; skol. sl. lathund; fusklapp **ll** *vb tr* **1** stänga in liksom i bås **2** vard. knycka; planka [*from* från], skriva av [*from* efter] **lll** *vb itr* vard. fuska, skriva av
cribbage ['krɪbɪdʒ] *s* cribbage slags kortspel

crib-biter ['krɪbˌbaɪtə] *s* krubbitare häst
crick [krɪk] **l** *s* sendrag [*a* ~ *in the neck*] **ll** *vb tr*, ~ *one's neck* få sendrag i nacken (ibl. nackspärr)
1 cricket ['krɪkɪt] *s* zool. syrsa
2 cricket ['krɪkɪt] sport. **l** *s* **1** kricket **2** *not* ~ ngt åld. vard. inte juste, inte rent spel **ll** *vb itr* spela kricket
cricketer ['krɪkɪtə] *s* sport. kricketspelare
crier ['kraɪə] *s* utropare; *town* ~ offentlig utropare
crikey ['kraɪkɪ] *interj* vard., ~*!* jösses!, milda makter!
crime [kraɪm] *s* brott äv. friare; förbrytelse; brottslighet, kriminalitet [*prevent* ~]; *it's a* ~ äv. det är brottsligt (oförsvarligt), det är synd och skam; *a great deal of* (*much*) ~ stor brottslighet, många brott; ~ *fiction* detektivromaner, kriminalromaner; ~ *wave* brottsvåg; ~ *writer* deckarförfattare
Crimea [kraɪˈmɪə] geogr.; *the* ~ Krim
Crimean [kraɪˈmɪən] *adj* på (från) Krim, krim-; *the* ~ *War* Krimkriget
crime-buster ['kraɪmˌbʌstə] *s* vard. brottsbekämpare
crime passionel [ˌkriːmpæsjəˈnel, -ʃəˈnel] *s* fr. svartsjukedrama
crime sheet ['kraɪmʃiːt] *s* mil. straffregister
criminal ['krɪmɪnl] **l** *adj* **1** brottslig, kriminell; straffbar; förbrytar- [~ *quarter*] **2** kriminal-; brottmåls-; brott-; *take* ~ *action against* vidtaga rättsliga åtgärder mot; ~ *case* brottmål; ~ *court* brottmålsdomstol; ~ *law* straffrätt; ~ *offender* brottsling, lagbrytare; ~ *record* straffregister; *he has a* ~ *record* han finns i straffregistret; ~ *register* straffregister; *the C~ Investigation Department* kriminalpolisen i Storbr. **ll** *s* brottsling, förbrytare, gärningsman
criminality [ˌkrɪmɪˈnælətɪ] *s* brottslighet, kriminalitet
criminalize ['krɪmɪnəlaɪz] *vb tr* kriminalisera, förklara [som] brottslig, brottsförklara
criminologist [ˌkrɪmɪˈnɒlədʒɪst] *s* kriminolog
criminology [ˌkrɪmɪˈnɒlədʒɪ] *s* kriminologi
crimson ['krɪmzn] **l** *s* karmosin[rött] **ll** *adj* karmosinröd, blodröd, knallröd [*she went* ~], karmosin- [~ *red*] **lll** *vb tr* o. *vb itr* färga (bli) högröd
cringe [krɪn(d)ʒ] *vb itr* **1** krypa ihop liksom av rädsla; huka sig [ned] **2** krypa, svansa [*to* för]
crinkle ['krɪŋkl] **l** *vb itr* vecka (rynka, krusa, skrynkla) sig **ll** *vb tr* rynka, krusa; kräppa; ~*d paper* kräppapper **lll** *s* veck, skrynkla; bukt; våg i hår
crinkly ['krɪŋklɪ] *adj* skrynklig, veckig; krusig
crinoline ['krɪnəlɪn, ˌkrɪnəˈliːn] *s* krinolin
cripple ['krɪpl] **l** *s* krympling, invalid **ll** *vb tr* **1** göra till krympling, lemlästa **2** bildl. lamslå, förlama
crippled ['krɪpld] *adj* [svårt] handikappad;

invalidiserad [*with* av]; bildl. lamslagen [*by* [på grund] av]; obrukbar (se äv. *cripple II*)
cris|is ['kraɪs|ɪs] (pl. -*es* [-i:z]) *s* kris, krisläge; vändpunkt; *bring things to a ~* bringa saken till [ett] avgörande
crisp [krɪsp] **I** *adj* **1** knaprig, frasig, mör [~ *biscuits*], spröd [~ *lettuce*] **2** frisk och kylig om luft o.d.; fräsch **3** bildl. fast; kort och koncis, bestämd [*a ~ manner of speaking*]; skarp, markerad [~ *features*] **4** vard., om sedel prasslande; ny, ovikt **5** krusig, krullig **II** *s*, [*potato*] ~*s* [potatis]chips **III** *vb tr* o. *vb itr* **1** göra (bli) knaprig etc., jfr *I 1* **2** krusa (krulla) [sig]
crispbread ['krɪspbred] *s* knäckebröd, spisbröd
crispy ['krɪspɪ] *adj* **1** krusig [~ *lettuce*] **2** frasig, knaprig, mör [~ *biscuits* (*wafers*)], spröd
Crissake ['kraɪseɪk] *s* sl., *for ~*[*s*]*!* för helvete!
criss-cross ['krɪskrɒs] **I** *adj* [löpande] i kors; korsmönstrad [~ *design*]; ~ *pattern* korsmönster **II** *adv* i kors, kors och tvärs; korsvis **III** *s* kors[mönster], nätverk **IV** *vb tr* korsa, ruta med linjer; genomkorsa, genomfara **V** *vb itr* korsa varandra
crit [krɪt] *s* (vard. kortform för *criticism* o. *critique*) kritik; kritisk avhandling
criteri|on [kraɪ'tɪərɪ|ən] (pl. vanl. -*a* [-ə]) *s* kriterium, kännetecken; måttstock, rättesnöre, norm
critic ['krɪtɪk] *s* kritiker; *music ~* äv. musikrecensent; *the ~s* äv. kritiken
critical ['krɪtɪk(ə)l] *adj* **1** kritisk [*of* mot]; kritiklysten **2** kritisk avgörande; krisartad; riskfylld, farlig; ~ *state* äv. krisläge **3** livsviktig
criticism ['krɪtɪsɪz(ə)m] *s* a) kritik, bedömning, granskning [*of* av] b) kritik, klander, [kritisk] anmärkning [*of* för, över, om]; *pass ~ on a p.* (*a th.*) kritisera (anmärka på) ngn (ngt)
criticize ['krɪtɪsaɪz] *vb tr* o. *vb itr* a) bedöma, granska, ge kritik [av] b) kritisera, klandra
critique [krɪ'tiːk] *s* kritik, kritisk avhandling
critter ['krɪtə] *s* isht amer. dial., se *creature*
croak [krəʊk] **I** *vb itr* **1** kraxa i olika bet.; bildl. äv. spå olycka; knorra; om groda kväka **2** sl. kola [av] dö **II** *vb tr* **1** kraxa fram **2** sl. ta kål på döda **III** *s* kraxande; kväkande
Croat ['krəʊæt] *s* kroat
Croatia [krəʊ'eɪʃə] Kroatien
Croatian [krəʊ'eɪʃ(ə)n] *adj* kroatisk
croc [krɒk] *s* vard. krokodil
crochet ['krəʊʃeɪ, -ʃɪ] **I** *s* **1** virkning; virkgarn **2** arkit. krabba ornament **II** *vb tr* o. *vb itr* virka
crochet hook ['krəʊʃɪhʊk, -ʃeɪ-] *s* o. **crochet needle** [ˌkrəʊʃɪ'niːdl, -ʃeɪ-] *s* virknål
1 crock [krɒk] *s* **1** vard. skrälle; vrak; *old ~* bil. bilskrälle **2** gammal hästkrake
2 crock [krɒk] *s* **1** lerkärl, lerkruka **2** lerskärva

crockery ['krɒkərɪ] *s* porslin; lerkärl, lergods [äv. *crockery ware*]
crocodile ['krɒkədaɪl] *s* **1** krokodil; krokodilskinn **2** elektr., ~ *clip* krokodilklämma
crocus ['krəʊkəs] *s* bot. krokus
Croesus-['kriːsəs] **I** hist. Krösus **II** *s* krösus rik man
croft [krɒft] *s* **1** jordlapp, täppa **2** isht skotsk. torp[ställe]
crofter ['krɒftə] *s* isht skotsk. torpare
croissant ['krwɑːsɑː(ŋ), 'krwæs-] *s* kok. (fr.) giffel
Cromwell ['krɒmw(ə)l]
crone [krəʊn] *s* gammal käring (häxa)
crony ['krəʊnɪ] *s* [gammal] god vän, polare, kompis
crook [krʊk] **I** *s* **1** krok, hake; krycka på käpp **2** herdestav, krumstav; kräkla **3** böjning, krök[ning], slingring, krok **4** vard. bedragare, skojare, svindlare, tjuv **II** *vb tr* kröka, böja; *the ~ of the* (*one's*) *arm* armvecket
crook-backed ['krʊkbækt] *adj* krokryggig
crooked ['krʊkɪd, i bet. 5 krʊkt] *adj* **1** krokig, böjd, krökt; slingrande **2** sned, skev [*a ~ smile*]; *the picture is* [*hung*] *~* tavlan hänger snett (på sned) **3** vanskapt **4** ohederlig, oärlig, skum [~ *ways*]; fördärvad; förvänd, skev; *~ dealings* äv. fiffel, mygel **5** a) med krycka (krok) [på] [*a ~ stick*] b) böjd i en krok
croon [kruːn] *vb tr* o. *vb itr* **1** nynna, gnola **2** sjunga nynnande
crooner ['kruːnə] *s* crooner refrängsångare
crop [krɒp] **I** *s* **1** a) skörd [*the potato ~*]; friare äv. årsproduktion i allm. b) gröda [*the main ~s of the country*]; *standing ~s* växande gröda, gröda på rot **2** samling, massa [*a ~ of questions* (*lies*)]; *a new ~ of students* en ny studentkull **3** zool. kräva; *neck and ~* bildl. snabbt och resolut, huvudstupa **4** a) piskskaft b) kort [rid]piska med ögla **5** a) stubbning av hår; snagg[ning]; *wear one's hair in a ~* ha håret kortklippt (stubbat, snaggat) b) *a luxuriant ~ of hair* yppig hårväxt, ett ymnigt hårsvall **II** *vb tr* skära (hugga) av [topparna (kanterna) på]; beskära; snagga, stubba, klippa kort **III** *vb itr* **1** bära (ge) skörd **2** *~ out* a) gruv. gå [upp] i dagen b) visa sig, uppträda, röjas; *~ up* a) dyka upp [*all kinds of difficulties ~ped up*], yppa (visa) sig; komma på tal b) gruv. gå [upp] i dagen
cropped [krɒpt] *adj* **1** kortklippt, snaggad **2** [upp]odlad, besådd
cropper ['krɒpə] *s* vard. fall; fiasko; *come* [*down*] *a ~* a) stå på näsan, trilla [av hästen] b) köra, spricka i examen; misslyckas, göra fiasko
crop rotation ['krɒprəʊˌteɪʃ(ə)n] *s* lantbr. växelbruk

crop-spraying ['krɒpˌspreɪɪŋ] *s* växtbesprutning
croquet ['krəʊkeɪ, -kɪ, amer. krəʊ'keɪ] **I** *s* krocket[spel]; ~ **set** krocketspel konkr. **II** *vb tr* krockera, krocka
croquette [krɒ'ket, krə(ʊ)-] *s* kok. krokett
crosier ['krəʊʒə] *s* kräkla, biskopsstav
cross [krɒs] **I** *s* **1** kors; kryss; bildl. äv. plåga; [*sign of the*] ~ korstecken **2** bomärke i form av ett kors; *make one's* ~ sätta sitt bomärke **3** korsning, korsningsprodukt äv. biol.; mellanting, blandning [*the taste is a* ~ *between strawberry and raspberry*] **4** *on the* ~ diagonalt, snett, på snedden **5** fotb. inlägg **II** *adj* **1** (isht i sms.; se äv. sms. med *cross-*), kors-, tvär-, sido-; kryss- äv. sjö.; ~ *reference* [kors]hänvisning i bok o.d. **2** vard. ond, arg, sur [*with* på]; vresig, tvär **III** *vb tr* **1** lägga i kors, korsa [~ *one's arms* (*legs*)]; korsa över; *keep one's fingers* ~*ed* hålla tummen (tummarna); *with one's legs* ~*ed* med benen i kors, med korslagda ben **2** göra korstecknet över (på); ~ *oneself* korsa sig, göra korstecknet; ~ *a p.'s hand* (*palm*) [*with silver*] ge ngn pengar; muta ngn; ~ *my heart* [*and hope to die*]! på hedersord!, jag svär! **3** sätta tvärstreck på [~ *one's t's*]; ~ *a cheque* korsa en check; ~ *one's* (*the*) *t's* [*and dot one's* (*the*) *i's*] vara ytterst noggrann **4** stryka [*off the list* från listan]; ~ *out* korsa över, stryka över (ut) **5** fara (gå) [tvärs] över (genom) [~ *the sea* (*the desert*)]; gå [tvärs] över, korsa [~ *the street*]; passera, ta sig över, överskrida [~ *the frontier*]; skära, korsa [*the streets* ~ *each other*]; komma över, överbrygga [*social barriers*]; ~ *a p.'s path* komma i (korsa) ngns väg; komma (gå) i vägen för ngn; *it* ~*ed my mind* el. *it* ~*ed me* det slog mig, det föll mig in; *it has* ~*ed my mind* tanken har föresvävat mig; *the country is* ~*ed by railways* landet är genomkorsat av järnvägar **6** gå om, korsa [*your letter* ~*ed mine*] **7** bildl. korsa, förhindra, gäcka, gå i vägen för; göra (gå) emot [*he* ~*es me in everything*] **8** biol. korsa **IV** *vb itr* **1** ligga i kors; korsa (skära) varandra **2** gå om (korsa) varandra [*the letters* ~*ed*] **3** ~ [*over*] fara (gå) över; *do not* ~*!* övergång förbjuden!; vänta! **4** biol. korsa sig **5** fotb. göra ett inlägg
crossbar ['krɒsbɑː] *s* tvärbom, tvärslå, tvärstycke; rigel; stång på herrcykel; sport. [mål]ribba
crossbeam ['krɒsbiːm] *s* tvärbjälke
crossbencher ['krɒsˌben(t)ʃə] *s* politiskt oavhängig parlamentsledamot
crossbones ['krɒsbəʊnz] *s pl*, [*skull and*] ~ [dödskalle med] korslagda benknotor dödssymbol
crossbow ['krɒsbəʊ] *s* armborst; pilbössa
crossbreed ['krɒsbriːd] **I** *s* korsning,

korsningsprodukt; blandras; hybrid, bastard **II** (*crossbred crossbred*) *vb tr* korsa
cross-Channel [ˌkrɒs'tʃænl] *adj* som går över (under) [Engelska] kanalen [~ *ferry*]
cross-check [ˌkrɒs'tʃek] **I** *vb tr* **1** dubbelkontrollera, göra en extrakontroll på **2** i ishockey crosschecka **II** *s* dubbelkontroll
cross-country [ˌkrɒs'kʌntrɪ] **I** *adj* **1** [som går] genom terrängen; terräng- [~ *race* (*runner*)]; ~ *skiing* längdåkning (längdlöpning) [på skidor] **2** [som går] över hela landet [*a* ~ *tour*] **II** *adv* genom terrängen **III** *s* terränglöpning
cross-examination ['krɒsɪgˌzæmɪ'neɪʃ(ə)n] *s* korsförhör
cross-examine [ˌkrɒsɪg'zæmɪn] *vb tr* [kors]förhöra
cross-eyed ['krɒsaɪd] *adj* vindögd, skelögd
cross-fertilize [ˌkrɒs'fɜːtɪlaɪz] *vb tr* bot. korsbefrukta
crossfire ['krɒsfaɪə] *s* korseld äv. bildl.
cross-grained ['krɒsgreɪnd] *adj* **1** snedfibrig **2** bildl. vresig, tvär; egensinnig
crosshatch ['krɒshætʃ] *vb tr* skugga med korsstreck, strecka
crossing ['krɒsɪŋ] *s* **1** överresa, överfart **2** a) korsning, korsningspunkt; gatukorsning, spårkorsning, vägkorsning b) övergång vid järnväg o.d.; [*pedestrian*] ~ övergångsställe [för fotgängare]; *level* (*grade* amer.) ~ järnvägskorsning [i plan], plankorsning **3** korsning äv. biol. o.d.; korsande etc., jfr *cross III* o. *IV*; ~ *out* [över]strykning, överkorsning
cross-legged ['krɒslegd, -'-] *adj* med benen i kors; med benen över det andra
crossover ['krɒsˌəʊvə] *s* **1** järnv. spårkorsning **2** vägbro **3** elektr., ~ [*network*] delningsfilter
crosspatch ['krɒspætʃ] *s* ngt åld. vard. tvärvigg, surkart
crossply ['krɒsplaɪ] *s* o. *adj*, ~ [*tyre*] diagonaldäck
cross-purpose [ˌkrɒs'pɜːpəs] *s*, *be at* ~*s* missförstå varandra; syfta åt olika håll; *talk at* ~*s* tala förbi varandra, tala om helt olika saker; *work at* ~*s* oavsiktligt motarbeta varandra
cross-question [ˌkrɒs'kwestʃ(ə)n] **I** *vb tr* korsförhöra **II** *s* fråga i korsförhör
cross-questioning [ˌkrɒs'kwestʃ(ə)nɪŋ] *s* korsförhör
cross-reference [ˌkrɒs'refr(ə)ns] *s* [kors]hänvisning i bok o.d.
crossroad ['krɒsrəʊd] *s* **1** korsväg; tvärväg, tvärgata; biväg **2** ~*s* (konstr. ss. sg.; pl. ~*s*) vägkorsning, korsväg [*we came to a* ~*s*]; *be at the* ~*s* bildl. stå vid skiljevägen
cross-section [ˌkrɒs'sekʃ(ə)n] *s* i genomskärning, tvärsnitt äv. bildl.
cross-stitch ['krɒsstɪtʃ] *s* sömnad. korsstygn
crosstalk ['krɒstɔːk] *s* **1** tele. el. radio.

överhörning **2** vard. snabb replikväxling, bollande med repliker
crosswalk ['krɒswɔ:k] s amer. övergångsställe
crosswind ['krɒswɪnd] s sidvind
crosswise ['krɒswaɪz] adv **1** i kors, korsvis **2** på tvären, tvärs [över]
crossword ['krɒswɜ:d] s korsord; ~ *puzzle* korsord[sgåta]
crotch [krɒtʃ] s **1** klyka [~ *of a tree*]; klykformig stötta **2** skrev, gren
crotchet ['krɒtʃɪt] s **1** mus. fjärdedelsnot **2** typogr. klammer, hake **3** [konstig] idé, fix idé; nyck
crotchety ['krɒtʃətɪ] adj vard. knarrig, vresig
crouch [kraʊtʃ] **I** vb itr **1** ~ [*down*] huka sig [ned], krypa ihop, ligga (sitta, stå) hopkrupen **2** bildl. krypa [*to* för] **II** s hopkrupen ställning
1 croup [kru:p] s med. krupp; *true* ~ äkta krupp
2 croup [kru:p] s anat. kruppa, kors isht på häst
croupier ['kru:pɪə] s croupier vid spelbank
croustade [kru:'stɑ:d, '--] s kok. krustad
croute [kru:t] s kok. krutong brödskiva el. brödtärning
crouton ['kru:tɒn, -'-] s kok. krutong brödtärning
1 crow [krəʊ] **I** vb itr **1** (imperf. äv. *crew*) gala [*the cock crew*] **2** om småbarn jollra **3** a) jubla högt, triumfera [*over*] b) stoltsera [*over, about* över]; *don't* ~ *too soon* man ska inte ropa hej förrän man är över bäcken **II** s tupps galande
2 crow [krəʊ] s kråka; *carrion* ~ svart kråka; *hooded* ~ grå kråka; *as the* ~ *flies* fågelvägen; *he had to eat* ~ amer. vard. det fick han äta upp; han fick bita i det sura äpplet; *that old* ~*!* sl. den gamla häxan!
crowbar ['krəʊbɑ:] s kofot, bräckjärn
crowd [kraʊd] **I** s **1** folkmassa, folkhop, folksamling; [folk]trängsel, vimmel [*push one's way through the* ~]; *a large* ~ [*of people*] *collected* en massa människor (folk) samlades, det blev stor folksamling; *draw a good* ~ dra mycket folk (stor publik, många åskådare); [*they came*] *in* ~*s* ...i skaror
2 *the* ~ [den stora] massan; *follow* (*move with*) *the* ~ följa med strömmen; *play to the* ~ se *play to the gallery* under *gallery 3* **3** vard. gäng; *the usual* ~ de gamla vanliga, samma personer som vanligt **II** vb itr trängas, skocka (hopa, klunga) sig [*round, about* omkring]; tränga sig [*forward, up* fram]; strömma i skaror [*to* till]; [*memories*] ~*ed in upon me* ...trängde sig på (strömmade emot) mig; *people* ~*ed round* folk strömmade till **III** vb tr (se äv. *crowded*) a) packa (proppa) [full] [~ *a bus with children*] fylla till trängsel; överlasta, överhopa [~ *the memory*] b) packa (pressa, köra) ihop [~ *children into a bus*] c) trängas i (på, kring) [*they* ~*ed the hall* (*the floor, the players*)]; trängas med [*they* ~*ed each other*]; ~ *out* tränga ut (undan)
crowded ['kraʊdɪd] *perf p* o. *adj* a) [full]packad etc., jfr *crowd III*; full [av folk], fullsatt [*a* ~ *bus*], myllrande [~ *streets*] b) överbefolkad [*a* ~ *valley*] c) späckad [*a* ~ *programme*]; [innehålls]rik [*a* ~ *life*]; *the streets were* ~ [*with people*] äv. folk trängdes (det myllrade av folk) på gatorna
crowd-puller ['kraʊd‚pʊlə] s vard. publikmagnet
crow|foot ['krəʊ|fʊt] s **1** (pl. *-foots*) bot. ranunkel **2** (pl. *-feet* [-fi:t]) sjö. hanfot
crown [kraʊn] **I** s **1** krona isht kunglig, äv. ss. emblem; *the C*~ kronan, staten **2** krans [*laurel* ~]; *martyr's* ~ martyrgloria **3** krona [*a Swedish* ~] **4** a) topp, krön; hjässa äv. av berg o. valv b) [träd]krona c) [tand]krona; *drive on the* ~ *of the road* köra mitt i körbanan **5** [hatt]kulle **6** bildl. höjdpunkt, värdig avslutning [*the* ~ *of the day*] **II** vb tr **1** a) kröna b) bekransa, bekröna; ~ *a p. king* kröna ngn till konung **2** bildl. kröna [*be* ~*ed with success*]; prisbelöna verk; ~*ed with victory* segerkrönt **3** a) bilda krönet på, kröna b) värdigt avsluta; *to* ~ [*it*] *all* som kronan på verket **4** tandläk. sätta en krona på [~ *a tooth*] **5** i damspel förvandla en bricka till dam **6** sl. slå ngn i skallen
crowning ['kraʊnɪŋ] **I** s kröning, krönande **II** *adj* krönande höjdpunkten, topp- [*a* ~ *achievement*]; *the* ~ *glory* kronan på verket, glanspunkten
crown land [‚kraʊn'lænd] s, ~ el. ~*s* pl. kronojord
crown prince [‚kraʊn'prɪns] s kronprins
crown witness [‚kraʊn'wɪtnəs] s jur. kronvittne
crow's-feet ['krəʊzfi:t] s *pl* vard. rynkor kring ögonen, kråksparr
crow's-nest ['krəʊznest] s sjö. mastkorg; utkik
crozier ['krəʊʒə] s se *crosier*
crucial ['kru:ʃ(ə)l] *adj* avgörande [*a* ~ *case; a* ~ *test*], central; kritisk; mycket svår, prövande
crucially ['kru:ʃ(ə)lɪ] *adv* synnerligen [~ *necessary*]
crucible ['kru:səbl] s **1** smältdegel **2** bildl. svårt prov, skärseld
crucifix ['kru:sɪfɪks] s krucifix
crucifixion [‚kru:sɪ'fɪkʃ(ə)n] s korsfästelse; bildl. lidande, hemsökelse
cruciform ['kru:sɪfɔ:m] *adj* korsformig
crucify ['kru:sɪfaɪ] vb tr **1** korsfästa; bildl. trakassera, förfölja, pina, plåga; ~ *oneself* plåga sig **2** undertrycka, bekämpa lidelse, begär o.d.
crud [krʌd] s sl. **1** [klibbig] smörja (smuts); förorening; avfallsprodukt **2** om person skit, knöl **3** [*the*] ~ otäck åkomma (sjukdom) ofta inbillad
crude [kru:d] **I** *adj* **1** rå, i naturligt tillstånd;

obearbetad, rå-; ~ *material* råämne, råmaterial; ~ *oil* råolja 2 grovt tillyxad [*a* ~ *log cabin*]; primitiv [~ *methods* (*ideas*)], grov, enkel [*a* ~ *mechanism*]; outvecklad, omogen 3 grov, plump [~ *jokes*] 4 gräll, rå [~ *colours*]; *the* ~ *facts* kalla fakta, den nakna (osminkade) sanningen II *s* råolja
crudit|y ['kru:dətɪ] *s* 1 råhet; pl. *-ies* råprodukter 2 grovhet etc., jfr *crude I 2-3*; förenkling
cruel [krʊəl, kru:l] *adj* grym; blodtörstig; blodig; elak [*to* mot]; vard. grässlig
cruelty ['krʊəltɪ, 'kru:ltɪ] *s* grymhet; äktenskaplig misshandel; *a* (*an act of*) ~ en grymhet, en grym handling; ~ *to animals* djurplågeri; ~ *to children* ung. barnmisshandel
cruet ['kru:ɪt] *s* 1 flaska till bordsställ 2 se *cruet stand*
cruet stand ['kru:ɪtstænd] *s* bordsställ med olja, vinäger etc.
cruise [kru:z] I *vb itr* 1 kryssa [omkring]; ligga till sjöss; vara på (delta i) kryssning 2 köra i lagom fart, [långsamt] glida fram; om taxi köra långsamt (runt) [på jakt efter körning]; ~ *at* [*70 miles an hour*] ha (köra med) en marschfart av (på)…; *cruising level* flyg. marschhöjd; *cruising range* (*radius*) aktionsradie; *cruising speed* marschfart, marschhastighet 3 sl. vara ute och ragga isht homosexuellt II *s* 1 kryssning, sjöfärd, tur 2 mil., ~ *missile* kryssningsrobot 3 bil., ~ *control* automatisk farthållare
cruiser ['kru:zə] *s* 1 kryssare 2 ~ [*weight*] boxn. a) lätt tungvikt b) lätt tungviktare 3 amer. polisbil, radiobil; ~ *light* blinkande varningsljus på utryckningsfordon
cruller ['krʌlə] *s* kok. isht amer., slags klenät
crumb [krʌm] I *s* 1 smula av bröd m.m. 2 bildl. [små]smula, gnutta; *a few ~s of comfort* en liten smula tröst 3 inkråm i bröd II *vb tr* 1 smula sönder 2 kok. beströ (blanda) med skorpmjöl, bröa, panera 3 vard. borsta bort smulor från
crumble ['krʌmbl] I *vb tr* smula sönder II *vb itr* falla sönder, smula sig; förfalla, vittra [*a crumbling edifice*] III *s* smulpaj [äv. *fruit* ~]
crumbs [krʌmz] *interj* vard., ~! kors!, himmel!
crummy ['krʌmɪ] *adj* sl. 1 [ur]kass värdelös 2 sjabbig, sjaskig
crumpet ['krʌmpɪt] *s* 1 slags mjuk tekaka som rostas och ätes varm 2 sl., *a bit of* ~ en pangbrud
crumple ['krʌmpl] I *vb tr*, ~ [*up*] krama (knöla) ihop, skrynkla, knyckla [till (ihop)]; tufsa till II *vb itr*, ~ [*up*] a) skrynkla sig, bli skrynklig; krossas [*the wings of the aircraft ~d up*] b) bildl. falla, duka under, svikta
crumpled ['krʌmpld] *perf p* o. *adj* 1 skrynklig, tillknycklad etc., jfr *crumple I 2* böjd, krökt i spiral

crumple zone ['krʌmplzəʊn] *s* bil. deformationszon
crunch [krʌn(t)ʃ] I *vb tr* 1 knapra i sig, knapra på, tugga (krasa) sönder 2 trampa på; knastra mot II *vb itr* 1 knapra 2 knastra; om snö knarra III *s* 1 knaprande; knastrande 2 vard., *that's the ~!* det är det som är kruxet; *when it comes to the* ~ när det kommer till kritan, när det verkligen gäller
crunchy ['krʌn(t)ʃɪ] *adj* knaprig, spröd; knastrande, krasande
crusade [kru:'seɪd] I *s* korståg; bildl. äv. kampanj II *vb itr* börja (delta i) ett korståg (en kampanj)
crusader [kru:'seɪdə] *s* korsfarare, korsriddare; bildl. [för]kämpe
crush [krʌʃ] I *vb tr* 1 krossa; mala (stampa, klämma) sönder, klämma illa 2 pressa, trycka [*into* i; *out of* ur]; *he ~ed his hat over his eyes* han tryckte ned hatten över ögonen 3 skrynkla till 4 bildl. krossa, kuva; *our hopes have been ~ed* våra förhoppningar har grusats (krossats); ~ *out* utplåna II *vb itr* 1 krossas, klämmas [sönder] 2 skrynkla sig III *s* 1 krossande; kläm, pressning 2 trängsel; massa folk, folkmassa 3 vard., *have a* ~ *on* svärma för 4 fruktdryck, fruktdrink
crush bar ['krʌʃbɑ:] *s* bar på teater
crush barrier ['krʌʃˌbærɪə] *s* [järn]barriär avspärrning vid folksamling o.d.; kravallstaket
crushing ['krʌʃɪŋ] *adj* förkrossande [*a* ~ *defeat*], övervälgande, dräpande [*a* ~ *reply*]
crush room ['krʌʃru:m, -rʊm] *s* foajé
Crusoe ['kru:səʊ]
crust [krʌst] I *s* 1 skorpa, kant, skalk på bröd o.d.; *the upper* ~ se *upper I 2* skorpa på sår II *vb itr* täckas av (få, bilda) [en] skorpa etc., jfr *I*
crustacean [krʌ'steɪʃjən] I *s* kräftdjur, skaldjur II *adj* kräftdjurs-, skaldjurs-
crusty ['krʌstɪ] *adj* vard. sur; vresig
crutch [krʌtʃ] *s* 1 krycka; bildl. stöd 2 sjö. stävband akterut; klyka 3 skrev, gren
crux [krʌks] *s* krux, svårighet, stötesten; *the* ~ *of the matter* den springande punkten; sakens kärna
cry [kraɪ] I *vb tr* 1 ropa, skrika; utropa 2 gråta 3 med adv. o. prep.: ~ *for* ropa på (efter), kräva; gråta efter (för att få); skrika (gråta) av [~ *for joy*]; ~ *off* ge återbud [*from* till], utebli, dra sig ur spelet; ~ *out* ropa högt, skrika till; *for ~ing out loud!* vard. för Guds skull! sluta, tig o.d.; ~ *out against* högljutt (kraftigt) protestera mot; ~ *out for* ropa på, fordra; högljutt begära; ~ *with pain* skrika (gråta) av smärta II *vb itr* 1 ropa, skrika 2 gråta [~ *oneself to sleep*] 3 med adv.: ~ *down* fördöma, göra ner; ~ *out* utropa; ~ *out a th. to a p.* skrika (ropa) ngt till ngn; ~ *one's eyes* (*heart*) *out* gråta förtvivlat (som om hjärtat skulle brista); ~ *up* prisa, höja till

skyarna III s 1 rop, skrik; ropande; *a far (long)* ~ lång väg, långt äv. bildl. [*from* ifrån]; *within* ~ *of* inom hörhåll (rophåll) för 2 gråtstund; *have a good* ~ gråta ut 3 ramaskri; [opinions]storm [*raise a* ~ *against*]; allmän opinion 4 stridsrop; lösen[ord]; slagord 5 djurs skri; skall; *in (at) full* ~ i full fart (karriär)
cry-baby ['kraɪˌbeɪbɪ] s lipsill; gnällmåns
crying ['kraɪɪŋ] *attr adj* [himmels]skriande, flagrant [~ *evil*]; uppenbar; trängande [~ *need*]; *it's a* ~ *shame* det är en evig skam (synd och skam)
crypt [krɪpt] s krypta; gravvalv
cryptic ['krɪptɪk] *adj* kryptisk; dunkel, svårtolkad
crypto-fascist [ˌkrɪptə(ʊ)'fæʃɪst] s kryptofascist
cryptogram ['krɪptə(ʊ)græm] s kryptogram; chiffer[skrift]
crystal ['krɪstl] I s 1 kristall [*salt* ~*s*] 2 ~ [*glass*] kristall, kristallglas 3 klockglas, urglas II *adj* kristall-, kristallklar; ~ *ball* kristallkula
crystal-clear [ˌkrɪst(ə)l'klɪə] *adj* kristallklar
crystalline ['krɪstəlaɪn] *adj* se *crystal II*; kristallisk; kristallinisk
crystallization [ˌkrɪstəlaɪ'zeɪʃ(ə)n] s 1 kristallisering, kristallbildning 2 bildl. utkristallisering
crystallize ['krɪstəlaɪz] I *vb tr* 1 kristallisera 2 bildl. utkristallisera, ge form åt 3 kok. kandera [~ *fruit*[*s*]] II *vb itr* kristallisera[s]; bildl. utkristallisera sig, ta fast form
c/s förk. för *cycles per second*
CSM förk. för *Company Sergeant-Major*
CST förk. för *Central Standard Time*
ct. förk. för *cent*
CTC förk. för *Cyclists' Touring Club*
cts. förk. för *cents*
CT-scanner o. **CT-scanning** se under *CAT*
cu. förk. för *cubic*
cub [kʌb] I s 1 zool. unge isht av räv, varg, björn, lejon, tiger, val 2 vard. [pojk]valp, spoling 3 gröngöling, nybörjare, oerfaren journalist [äv. ~ *reporter*] 4 ~ [*scout*] miniorscout; tidigare benämning vargunge II *vb tr* föda III *vb itr* yngla, föda ungar
Cuba ['kju:bə] Kuba
Cuban ['kju:bən] I s kuban II *adj* kubansk; ~ *heel* halvhög klack, militärklack
cubbyhole ['kʌbɪhəʊl] s 1 liten trevlig plats (vrå), krypin, 'kula' 2 fack; skåp
cube [kju:b] I s 1 kub; tärning; ~ *sugar* kubformat bitsocker 2 matem. kub; ~ *root* kubikrot; *the* ~ *of* 5 5 i kub; kuben på 5; 5 upphöjt till tre II *vb tr* 1 upphöja till tre (till tredje potensen, i kub); dra kubikroten ur 2 skära i tärningar, tärna
cubic ['kju:bɪk] *adj* kubisk; kubik-; tredimensionell; ~ *capacity* volym; bil. o.d. cylindervolym, slagvolym; ~ *equation*

tredjegradsekvation; ~ *measure* rymdmått, kubikmått; ~ *metre* kubikmeter, m³
cubical ['kju:bɪk(ə)l] *adj* kubisk, kubformig
cubicle ['kju:bɪkl] s 1 hytt, skrubb, bås, avbalkning 2 sovcell i skola o.d.
cubism ['kju:bɪz(ə)m] s konst. kubism
cubist ['kju:bɪst] konst. I s kubist II *adj* kubistisk
cuckold ['kʌkəʊld, -k(ə)ld] åld. el. skämts. I s hanrej bedragen äkta man II *vb tr* göra till hanrej
cuckoo ['kʊku:, interj. vanl. ˌkʊ'ku:] I s 1 zool. gök 2 galande; kuku 3 vard. dumskalle II *vb itr* gala, ropa III *interj* barnspr., ~*!* kuku!; tittut! IV *adj* sl. tokig, snurrig, tossig
cuckoo clock ['kʊku:klɒk] s gökur
cuckoo spit ['kʊku:spɪt] s grodspott
cucumber ['kju:kʌmbə] s gurka; *cool as a* ~ vard. lugn som en filbunke
cud [kʌd] s boll av idisslad föda; *chew the* ~ idissla; bildl. fundera länge, [gå (sitta) och] grunna
cuddle ['kʌdl] I *vb tr* omfamna, krama, kela med II *vb itr*, ~ [*up*] krypa tätt tillsammans (ihop); ligga hopkrupen, kura ihop sig; ~ *up to* smyga sig (krypa) intill III s omfamning, kram
cuddlesome ['kʌdlsəm] *adj* se *cuddly*
cuddly ['kʌdlɪ] *adj* kelig, smeksam; kramgo[d], mjuk; ~ *doll* kramdocka; ~ *bear* [mjuk] nalle, teddybjörn
cudgel ['kʌdʒ(ə)l] I s [knöl]påk; *take up the* ~*s* kraftigt ingripa [*for* till försvar för], bryta en lans [*for* för] II *vb tr* klå, prygla
1 cue [kju:] I s 1 teat. stickreplik, slutord i replik; signal; infallstecken äv. mus.; vink, fingervisning, antydning; *miss a* ~ a) missa en stickreplik (entré) b) vard. missa sitt cue (förstå?) poängen; *take one's* ~ *from a p.* rätta sig efter ngn, följa ngns exempel 2 roll, uppgift, sak, angelägenhet 3 attr., ~ *button* på bandspelare o.d. framspolningsknapp II *vb tr* tekn., ~ *in* sätta (lägga) in [~ *in a sound effect*]
2 cue [kju:] s 1 [biljard]kö 2 åld. stångpiska
1 cuff [kʌf] I *vb tr* slå till med knytnäven el. flata handen; örfila upp II s örfil
2 cuff [kʌf] s 1 ärmuppslag; amer. äv. byxuppslag 2 manschett 3 pl. ~s vard., se *handcuff* 4 *off the* ~ vard. på stående fot, på rak arm, improviserat; *on the* ~ vard. på krita (kredit); gratis
cuff link ['kʌflɪŋk] s manschettknapp
cuirass [kwɪ'ræs] s harnesk, kyrass; pansar
cuisine [kwɪ'zi:n] s kök, kokkonst
cul-de-sac [ˌkʊldə'sæk, 'kʌldəsæk] (pl. *culs-de-sac* [utt. som sg.] el. *cul-de-sacs* [-s]) s återvändsgränd, återvändsgata
culinary ['kʌlɪnərɪ, 'kju:l-] *adj* kulinarisk; köks-, matlagnings-, mat-
culminate ['kʌlmɪneɪt] *vb itr* kulminera [*in* i, med]

culmination [ˌkʌlmɪ'neɪʃ(ə)n] s kulmen, höjdpunkt; kulmination äv. astron.
culottes [kjʊ'lɒts] s pl byxkjol
culpability [ˌkʌlpə'bɪlətɪ] s skuld
culpable ['kʌlpəbl] adj straffvärd; skyldig [of till]; klandervärd
culprit ['kʌlprɪt] s missdådare, syndare; *the ~* äv. den skyldige, boven i dramat
cult [kʌlt] s **1** kult; dyrkan **2** sekt **3** modefluga; *~ word* modeord
cultivable ['kʌltɪvəbl] adj odlingsbar
cultivate ['kʌltɪveɪt] vb tr **1** bruka, bearbeta jord; odla **2** odla, bilda [*~ one's mind* (själ)], förfina; öva **3** bildl. odla, ägna sig åt, lägga an på; *~ a p.* el. *~ a p.'s acquaintance* odla ngns bekantskap
cultivated ['kʌltɪveɪtɪd] adj **1** kultiverad, bildad **2** [upp]odlad; *~ mushroom* odlad champinjon
cultivation [ˌkʌltɪ'veɪʃ(ə)n] s **1** brukning, bearbetning av jord; kultur; odling; *bring land into ~* odla upp mark **2** bildl. odling, utveckling **3** bildning, själskultur
cultivator ['kʌltɪveɪtə] s **1** odlare **2** lantbr. kultivator slags harv; [*rotary*] *~* jordfräs
cultural ['kʌltʃ(ə)r(ə)l] adj kulturell, bildnings-; *~ clash* kulturkrock, kulturkollision; *~ lag* kulturell eftersläpning; *~ revolution* kulturrevolution
culture ['kʌltʃə] **I** s **1** kultur [*Greek ~*]; bildning [*universities should be centres of ~*]; [andlig] odling; *a man of ~* en kultiverad (bildad) människa **2** biol. o.d. odling; kultur [*~ of bacteria*] **II** vb tr **1** odla, bilda, förfina [*~d taste*]; *~d people* kultiverade (bildade) människor **2** odla [*~ bacteria*, *~d pearls*]
culture gap ['kʌltʃəɡæp] s kulturklyfta
culture pearls [ˌkʌltʃə'pɜːlz] s pl odlade pärlor
culture shock ['kʌltʃəʃɒk] s kulturchock
culture vulture [ˌkʌltʃə'vʌltʃə] s vard. kultursnobb, kulturknutte
culvert ['kʌlvət] s kulvert; [väg]trumma
Cumb. förk. för *Cumberland*
Cumberland ['kʌmbələnd] geogr.
cumbersome ['kʌmbəsəm] adj hindersam, besvärlig; ohanterlig; tung; klumpig
Cumbria ['kʌmbrɪə] geogr.
Cumbrian ['kʌmbrɪən] adj cumbrisk; från Cumberland i nordvästra England
cumbrous ['kʌmbrəs] adj se *cumbersome*
cumulative ['kjuːmjʊlətɪv, -leɪt-] adj som hopar sig, [ac]kumulativ, växande; hopad, ackumulerad [*the ~ wealth of generations*], ökad, ytterligare, allt starkare; bekräftande [*~ evidence*]; upprepad [*~ offences*]
cumulus ['kjuːmjʊləs] (pl. *-i* [-aɪ]) s cumulus, stackmoln
cuneiform ['kjuːnɪfɔːm] **I** adj kilformig; kilskrift-; *~ writing* kilskrift **II** s kilskrift
cunnilingus [ˌkʌnɪ'lɪŋɡəs] s cunnilingus oral stimulering av kvinnliga genitalia

cunning ['kʌnɪŋ] **I** adj **1** slug, listig **2** amer. vard. söt, näpen, lustig **II** s slughet, list
cunt [kʌnt] s vulg. fitta
cup [kʌp] **I** s **1** kopp äv. ss. mått ung. ¹/₄ liter [*two ~s of sugar*]; bägare äv. bildl.; kalk äv. bildl. [*the ~ of a flower*; *the ~ of humiliation*]; [liten] skål äv. bot.; *the ~ was full* måttet var rågat; *my ~ of tea* se *tea I 1*; *in one's ~s* [på väg att bli] berusad (glad); *drain the ~ of bitterness* tömma den bittra kalken **2** [pris]pokal, cup; *challenge ~* vandringspokal, vandringspris **3** anat. ledskål **4** kupa på behå **5** bål dryck [*claret-cup*] **II** vb tr kupa [*~ one's hand*]; *he ~ped his ear with his hand* han höll (kupade) handen bakom örat
cupboard ['kʌbəd] s skåp; skänk
cupboard-love ['kʌbədlʌv] s matfrieri; egennyttig kärlek
cup cake ['kʌpkeɪk] s slags muffin i pappersform
cup final [ˌkʌp'faɪnl] s cupfinal
cupful ['kʌpfʊl] (pl. *~s* el. *cupsful*) s kopp ss. mått
cupholder ['kʌpˌhəʊldə] s innehavare av vandringspris, cupförsvarare
Cupid ['kjuːpɪd] **I** Cupido, Kupido; *~'s bow* amorbåge **II** s amorin
cupidity [kjʊ'pɪdətɪ] s **1** snikenhet, vinningslystnad **2** åld. lystnad, lusta
cupola ['kjuːpələ] s kupol; lanternin
cuppa ['kʌpə] s (eg. *cup of* [*tea*]) sl. kopp (slurk) [te] [*what about a ~?*]
cupro-nickel [ˌkjuːprəʊ'nɪkl] s kem. kopparnickel
cup tie ['kʌptaɪ] s fotb. cupmatch
cur [kɜː] s **1** bondhund, hundracka, byracka **2** ynkrygg, kruka; usling, knöl
curable ['kjʊərəbl] adj botlig, botbar
curacy ['kjʊərəsɪ] s [kyrko]adjunkttjänst, tjänst som pastoratsadjunkt
curate ['kjʊərət] s [kyrko]adjunkt, pastoratsadjunkt; *it's like the ~'s egg* det är varken bra eller dåligt (varken det ena eller det andra)
curative ['kjʊərətɪv] **I** adj botande, läkande, helande; med. kurativ **II** s botemedel
curator [ˌkjʊə'reɪtə] s **1** intendent vid museum o.d.; [avdelnings]chef **2** tillsyningsman; vaktmästare
curb [kɜːb] **I** s **1** kindkedja på stångbetsel **2** bildl. band, tygel, kapson, tvång; bromsande effekt; kontroll [*~ on* (över) *rising prices*]; *put* (*keep*) *a ~ on* lägga band på, hålla i schack **3** amer., se *kerb* **II** vb tr hindra, sätta stopp för, hålla i styr, lägga band på [*~ one's impatience*], tygla, kuva, hämma
curb bridle ['kɜːbˌbraɪdl] s stångbetsel, stångbett
curbstone ['kɜːbstəʊn] s amer., se *kerbstone*
curd [kɜːd] s **1** vanl. pl. *~s* ostmassa; *~*

[*cheese*] kvark, surmjölksost 2 slags smörkräm med smaktillsats, jfr *lemon curd*
curdle ['kɜ:dl] I *vb tr* ysta, komma (få) att koagulera (stelna); *~d milk* filbunke, filmjölk II *vb itr* löpna, ysta sig, koagulera; stelna; *it made my blood ~* det kom blodet att isas i ådrorna på mig
cure [kjʊə] I *s* 1 botemedel äv. bildl. [*for* mot] 2 kur [*of* mot (för)]; bot [*of* för (mot)]; botande, kurering [*of* av]; tillfrisknande 3 själavård [äv. *~ of souls*] II *vb tr* 1 bota [*of* från (för)], läka, kurera [*of* för] 2 konservera genom saltning, rökning, torkning o.d.; lägga in, salta, röka, torka kött, fisk, frukt o.d.; göra hållbar, preparera [*~ tobacco*]
cure-all ['kjʊərɔ:l] *s* universalmedel
curettage [kjʊə'retɪdʒ, kjʊərə'tɑ:ʒ] *s* med. kyrettage, skrapning
curfew ['kɜ:fju:] *s* 1 [signal för] utegångsförbud; *lift a ~* häva ett utegångsförbud; *impose a ~* införa utegångsförbud 2 hist. aftonringning
curie ['kjʊərɪ] *s* curie måttenhet för radioaktivitet
curio ['kjʊərɪəʊ] (pl. *~s*) *s* kuriositet konstsak
curiosity [ˌkjʊərɪ'ɒsətɪ] *s* 1 vetgirighet; nyfikenhet; *~ killed the cat* ordst. nyfiken i en strut 2 märkvärdighet; kuriositet, raritet, antikvitet
curious ['kjʊərɪəs] *adj* 1 vetgirig; nyfiken [*about* på; *~ to* ([på] att) *know*] 2 egendomlig, underlig, märkvärdig, besynnerlig
curl [kɜ:l] I *vb tr* krulla, ringla, lägga i lockar, locka; krusa äv. vattenyta, läppar; kröka [*he ~ed his lips in a sneer*]; sno [*~ one's moustache*; *~ one leg around the other*]; slå knorr på svansen; *~ up one's legs* dra upp benen under sig; *~ed up* äv. hopkrupen II *vb itr* 1 locka (krusa, kröka, ringla, slingra) sig; *her hair ~s naturally* hon har självlockigt hår; *~ up* a) rulla (ringla) ihop sig, vika sig [*~ up at the edges*]; sluta sig; kura ihop sig b) vard. falla ihop (till föga), ge tappt; *she ~ed up with laughter* hon vred sig (vek sig dubbel) av skratt 2 *it made my hair ~* det fick håret att resa sig [på huvudet] på mig III *s* 1 [hår]lock; *in ~* lockig, krusig; *keep the hair in ~* få håret att behålla sin lockighet 2 ring, våglinje, spiral[linje], bukt; pl. *~s* äv. ringlar 3 krusning, krökning; lockighet
curler ['kɜ:lə] *s* 1 [hår]spole 2 curlingspelare
curlew ['kɜ:lju:] *s* zool. spov; *isht* storspov; *~ sandpiper* spovsnäppa, spovvipa
curling ['kɜ:lɪŋ] *s* 1 lockande (krusande) etc., jfr *curl* II 2 sport. curling
curling-rink ['kɜ:lɪŋrɪŋk] *s* sport. curlingbana
curly ['kɜ:lɪ] *adj* lockig, krullig, krusig, knollrig
curly-headed ['kɜ:lɪˌhedɪd] *adj* krullhårig, med lockigt (krulligt) hår
curmudgeon [kɜ:'mʌdʒ(ə)n] *s* 1 gnidare, snålvarg 2 bitvarg, surkart

curmudgeonly [kɜ:'mʌdʒ(ə)nlɪ] *adj* sur, vresig
currant ['kʌr(ə)nt] *s* 1 korint 2 vinbär [*black (red) ~s*]
currency ['kʌr(ə)nsɪ] *s* 1 a) utbredning, spridning [*give ~ to* (åt) *a report*]; allmänt gehör; *words in common ~* allmänt gängse (brukade) ord b) livstid [*many slang words have short ~*], gångbarhet; giltighetstid, tid [*during the entire ~ of the lease*] 2 valuta; pengar i omlopp; sedlar [*coin and ~*], betalningsmedel; *paper ~* papperspengar
current ['kʌr(ə)nt] I *adj* 1 gångbar, som är i omlopp; bildl. gängse, allmän, allmänt utbredd (spridd) [*~ opinions*]; aktuell [*~ fashions*], rådande, nuvarande [*the ~ crisis*]; *words that are no longer ~* ord som inte används längre; *be ~* a) gälla b) vara allmänt godtagen (erkänd) 2 innevarande, löpande; dagens, denna veckas (månads osv.), senaste [*the ~ issue of the magazine*]; aktuell; [nu] gällande; *at the ~ rate of exchange* till gällande kurs, till dagskurs; *~ account* el. *account ~* se *account II 2*; *~ assets* hand. omsättningstillgångar; *~ price* gällande (gängse) pris, dagspris II *s* 1 ström; strömdrag 2 [elektrisk] ström; strömstyrka 3 strömning, tendens, riktning
currently ['kʌr(ə)ntlɪ] *adv* 1 just nu, för närvarande 2 obehindrat, flytande
curricul|um [kə'rɪkjʊl|əm] (pl. *-a* [-ə] el. *-ums*) *s* läroplan, kursplan, undervisningsplan
curriculum vitae [kəˌrɪkjʊləm'vi:taɪ, -'vaɪti:] (pl. *curricula vitae* [-lə'v-]) *s* lat., ung. kort levnadsbeskrivning, meritförteckning vid platsansökan o.d.
1 curry ['kʌrɪ] I *s* 1 curry[pulver] 2 curryrätt; *chicken ~* höns i curry[sås], currystuvat höns II *vb tr* tillaga (krydda) med curry[pulver]
2 curry ['kʌrɪ] *vb tr* 1 rykta 2 bereda, appretera läder 3 *~ favour* ställa sig in [*with* hos], fjäska [*with* för] 4 vard. klå, prygla
curse [kɜ:s] I *s* 1 förbannelse; svordom; *not worth a ~* vard. inte värd ett jäkla dugg; *lay a p. under a ~* uttala en förbannelse över ngn 2 gissel, förbannelse, syndastraff, plåga 3 kyrkans bann II *vb tr* 1 förbanna, fördöma; *~ you!* sl. tusan också! 2 hemsöka, plåga; *be ~d with* ha fått för sina synders skull, ha blivit drabbad av III *vb itr* svära [*at* över]; *~ and swear* svära och domdera (gorma)
cursed ['kɜ:sɪd] *adj* förbannad, fördömd
cursive ['kɜ:sɪv] I *adj* flytande; kursiv II *s* rundad o. sammanhängande flytande (lutande) handstil
cursor ['kɜ:sə] *s* data. markör
cursory ['kɜ:s(ə)rɪ] *adj* hastig, flyktig [*~ glance*], ytlig
curt [kɜ:t] *adj* 1 kort [till sättet], brysk, snäv [*~ answer*], tvär, barsk 2 kort[fattad]

curtail [kɜːˈteɪl] *vb tr* korta av, förkorta, knappa av (in) på; inskränka; minska
curtailment [kɜːˈteɪlmənt] *s* avkortning, förkortning, avknappning etc., jfr *curtail*
curtain [ˈkɜːtn] **I** *s* **1** gardin; draperi, förhänge; [säng]omhänge; portiär; skynke; bildl. slöja; *draw the ~s* dra för gardinerna **2** ridå [*the ~ rises (falls)*]; *~ speech* teat. tal till publiken från scenen; *~ of fire* mil. eldridå; spärreld; *safety ~* teat. o.d. järnridå; *~!* tablå! **3** mil. kurtin **4** sl., pl. *~s* slutet; *it will be ~s for us* [*if the police catch us*] äv. det är ute med oss... **II** *vb tr* sätta upp gardiner i [*~ a window*]; förse (skyla) med ett draperi (förhänge); *~ off* dela (skärma) av med ett draperi (förhänge)
curtain call [ˈkɜːtnkɔːl] *s* teat. inropning
curtain fire [ˈkɜːtnˌfaɪə] *s* mil. spärreld
curtain pole [ˈkɜːtnpəʊl] *s* gardinstång isht av trä
curtain-raiser [ˈkɜːtnˌreɪzə] *s* kort förpjäs
curtain rod [ˈkɜːtnrɒd] *s* gardinstång
curts[e]y [ˈkɜːtsɪ] **I** *s* nigning, knix; *make (drop) a ~* göra en nigning, niga **II** *vb itr* niga, knixa
curvaceous [kɜːˈveɪʃəs] *adj* vard., om kvinna kurvig
curvature [ˈkɜːvətʃə] *s* krökning, krokighet, buktning, kurva; bågform
curve [kɜːv] **I** *s* kurva äv. matem.; krok[linje], böjd linje, båglinje, båge, krök[ning], böjning; pl. *~s* äv. kvinnas runda former, kurvor **II** *vb tr* böja, kröka **III** *vb itr* böja (kröka) sig, gå i en båge, svänga
curved [kɜːvd] *adj* böjd, krökt, svängd
curvy [ˈkɜːvɪ] *adj* kurvig
cush [kʊʃ] *s* bilj. (vard.), *the ~* vallen
cushion [ˈkʊʃ(ə)n] **I** *s* **1** kudde, dyna; underlägg under matta o.d.; *~* [*sole*] mjuk inläggssula **2** valk under hår el. kjol **3** bilj. vall **4** a) tekn. luftkudde [äv. *~ of air*]; stötdämpande [ång]tryck, kompression b) bildl. buffert **II** *vb tr* **1** förse (skydda) med kuddar (dynor etc., jfr *I*); madrassera, stoppa [*~ed seats*] **2** i tysthet undertrycka, tysta ner **3** dämpa, mildra [*~ the effects of the crisis*]; utjämna; underlätta; *be ~ed against...* skyddas mot... **4** bilj. dubblera
cushion tyre [ˈkʊʃ(ə)nˌtaɪə] *s* slanglöst däck fyllt med gummiavfall
cushy [ˈkʊʃɪ] *adj* vard. lätt och välbetald, bekväm, behaglig, latmans- [*~ job*]
cuspid [ˈkʌspɪd] *s* tandläk. hörntand
cuss [kʌs] vard. **I** *s* **1** förbannelse; *I don't give (care) a ~* det skiter jag i, det bryr jag mig inte ett dugg om; *not worth a* [*tinker's*] *~* inte värd ett jäkla dugg **2** individ, typ [*a mean ~*] **II** *vb tr* o. *vb itr* förbanna; svära; *~ out* amer. svära över
cussed [ˈkʌsɪd] *adj* vard. **1** fördömd **2** envis,

omöjlig, trilsk, tvär; *be in a ~ mood* vara på trotshumör
cussedness [ˈkʌsɪdnəs] *s* vard. vrånghet; *pure ~* ren elakhet (ondska); *out of pure ~* på pin kiv
custard [ˈkʌstəd] *s* slags [ägg]kräm; vaniljsås [äv. *egg ~ sauce*]; *baked ~* slags äggkaka
custard apple [ˈkʌstədˌæpl] *s* bot. kaneläpple, slags cherimoya
custard-pie [ˌkʌstədˈpaɪ, attr. ˈ---] *s*, *~ comedy* pajkastningskomedi; *~ humour* pajkastningshumor, bondkomik
custard powder [ˈkʌstədˌpaʊdə] *s* ung. vaniljsåspulver, jfr *custard*
custodian [kʌˈstəʊdjən] *s* **1** förmyndare; vårdare **2** väktare; tillsyningsman; intendent
custody [ˈkʌstədɪ] *s* **1** förmynderskap; vård, vårdnad, uppsikt **2** [fängsligt] förvar; *take into ~* arrestera, anhålla; *in ~* i häkte, arresterad; *in safe ~* i säkert förvar
custom [ˈkʌstəm] **I** *s* **1** sed[vänja], bruk, vana [*do not be a slave to* (under) *~*]; skick och bruk, kutym, praxis; *it has become the ~ for people to...* det har blivit vanligt [bland folk] att... **2** jur. gammal hävd, sedvana, handelsbruk **3** pl. *~s* tull[ar], tullavgift[er]; *the Customs* tullväsendet; tullverket, tullkammaren, tullen; *~s duties* tull[avgifter]; *~s examination* (*inspection*) tullbehandling, tullvisitation; *~s officer* tulltjänsteman; se äv. *clear IV 5*; *~s union* tullunion **4** hand.: **a)** *give one's ~* to bli kund hos; *we should very much like to have your ~* vi skulle välkomna er som kund; *withdraw one's ~ from* sluta upp att handla hos (i) **b)** kundkrets, kunder **II** *adj* isht amer. gjord på beställning, beställnings- [*~ tailors*]; *~ clothes* skräddarsydda (måttbeställda) kläder
customary [ˈkʌstəm(ə)rɪ] *adj* vanlig, sedvanlig, bruklig; jur. hävdvunnen
custom-built [ˈkʌstəmbɪlt] *adj* specialbyggd, byggd på beställning [*~ limousine*]
customer [ˈkʌstəmə] *s* **1** kund; gäst på restaurang **2** vard. individ, typ, gynnare, figur; *he is an awkward ~* han är inte god att tas med
customer-friendly [ˈkʌstəməˌfrendlɪ] *adj* kundvänlig
custom-made [ˈkʌstəmmeɪd] *adj* gjord på beställning (efter mått), specialtillverkad, måttbeställd, skräddarsydd [*~ clothes*]
custom[s] house [ˈkʌstəmhaʊs] *s* tullhus, tullkammare; *~ clerk* kammarskrivare i tullen; *~ officer* tulltjänsteman
cut [kʌt] **A** (*cut cut*) *vb* **I** *tr* (se äv. *III* o. *B*) **1** skära [i] äv. bildl. [*it ~ me to* (i) *the heart*] **2** skära (hugga, klippa) [av (sönder)]; klippa; fälla [*~ timber*]; *have one's hair ~* [låta] klippa håret; *~ to pieces* skära (klippa) sönder (i stycken); bildl. slå i spillror;

nedgöra **3** skära [för] kött o.d.; ~ *it fine* vard. komma i sista sekunden, nätt och jämnt klara det **4** skära (bryta) igenom; gå genom, skära **5** ~ *one's teeth* få tänder; ~ *one's second teeth* byta tänder, få sina permanenta tänder **6** skära ner, knappa in på, minska, sänka; korta av, förkorta **7** bryta, klippa av filmning, del av radioprogram o.d.; stryka [~ *a scene*]; stoppa, stänga av [ofta ~ *off*]; sluta med [~ [*out*] *that noise!*]; ~ *a p. short* avbryta ngn [tvärt]; ~ *a th. short* stoppa ngt **8** tillverka genom skärning o.d.; göra [~ *a key*], skära (hugga) [till (ut, in)]; snida; gravera; slipa sten, glas; gräva (hugga) [ut] **9** göra, utföra rörelse, se under *2 caper I, dash III 5* o. *figure I 2* **10** kortsp. a) kupera [~ *the cards*] b) dra [~ *a card*] **11** vard., ~ *a p.* [*dead*] behandla ngn som luft **12** vard. ge upp, ge på båten, skolka från [~ *a lecture*], skippa; ~ *one's losses* avveckla en förlustbringande affär, dra sig ur spelet
II *itr* (se äv. *III* o. *B*) **1** skära, hugga, klippa, slå; bita, ta [*the knife ~s well*]; bryta, klippa av; *it ~s both ways* bildl. det är på både gott och ont; det verkar i bägge riktningarna; ~ *and come again!* det finns att ta av (mera att hämta)! **2** kortsp. kupera **3** vard. kila, sticka; smita; ~ *and run* sticka **4** ~ *loose* a) slita sig loss b) slå sig lös c) sjö. kapa förtöjningarna
III *tr* o. *itr* med prep. o. adv. isht med spec. övers.:
~ **across**: a) skära igenom b) bildl. skära [tvärs]över ([tvärs]igenom) [~ *across all party lines*] c) ta en genväg
~ **at**: a) slå (hugga) på, rikta ett hugg mot b) bildl. drabba hårt
~ **away** skära (hugga) bort (av)
~ **back** skära ner; bildl. skära ner [på], göra inskränkningar [i]
~ **down**: a) hugga ner, fälla, meja ner b) knappa in på, inskränka, begränsa, skära ner, minska [~ *down expenses*]
~ **in**: a) skära (hugga) in; gravera b) blanda sig i (avbryta) samtalet c) ~ *in* [*on a p.*] i dans ta ngns partner d) trafik. tränga sig in i [bil]kön, göra en snäv omkörning e) ~ *a p. in on the profit* låta ngn få vara med och dela vinsten
~ **into**: a) göra ett ingrepp i b) skära in i c) inkräkta på
~ **off**: a) hugga (skära, kapa) av (bort) b) skära av äv. bildl.; isolera, avstänga c) göra slut på, stoppa, dra in [~ *off an allowance*] d) [av]bryta, stänga (slå) av [~ *off an engine*; ~ *off the gas supply*] e) avspisa, avfärda; ~ *a p. off with a shilling* skämts. göra ngn arvlös
~ **out**: a) skära (hugga) ut, klippa ut; ~ *out a path* hugga sig en stig, hugga (bana) sig väg b) klippa (skära) till; *be ~ out for* vara som klippt och skuren för (till); *he is not ~ out for* han lämpar sig inte för (till, som) c) vard. skära bort, stryka, hoppa över [~ *out unimportant details*]; sluta upp med, låta bli [~ *out tobacco*]; slopa [~ *out afternoon tea*]; ~ *it out!* lägg av! d) tränga ut [~ *out all rivals*], peta e) elektr. koppla (slå) ifrån, bryta f) om motor koppla ur, stanna [*one of the engines ~ out*] g) ~ *out of* beröva [~ *a p. out of his share*] h) skymma [~ *out the view*]
~ **over** ta en genväg [över], kila över
~ **through** ta en genväg [över (genom)]
~ **under** hand. vard. bjuda under
~ **up**: a) skära [sönder (upp)], stycka; hugga sönder, dela, såga sönder [~ *up timber*] b) klippa (skära) till [~ *up cloth*] c) vard. såra djupt, stöta [*she was ~ up by his remark*] d) bedröva, uppröra [*she was very ~ up after the funeral*] e) ~ *up rough* (*nasty*) börja bråka, ilskna till f) ~ *up well* (*fat*) vard. lämna efter sig en vacker slant
B *adj*, ~ *flowers* lösa blommor, snittblommor; ~ *glass* slipat glas, kristall; *at ~ price* till underpris; ~ *tobacco* skuren tobak; ~ *and dried* (*dry*) fix och färdig, klappat och klart
C *s* **1** skärning; genomskärning; klippning **2** hugg, stick; rapp [*a ~ with a whip*], slag; snitt [*a ~ of the knife*], klipp [*a ~ of the scissors*]; ~ *and thrust* a) hugg och stöt, närkamp b) bildl. ordväxling, hugg och mothugg **3** skåra, skråma, snitt, rispa; *a ~ above me* vard. a) ett pinnhål högre än jag b) lite för svårt (för fint) för mig **4** nedsättning, reduktion [~ *in prices*], nedskärning [~ *in salaries*], minskning; *power* ~ se *power cut* **5** gliring [*that remark was a ~ at me*] **6** stycke; skiva, bit [*a ~ off the joint*] **7** strykning [~*s in the play*], klipp **8** snitt [*the ~ of a suit*] **9** [*short*] ~ genväg **10** kupering av kort **11** sl. andel i vinsten
cut-and-dried [ˌkʌtən'draɪd] *adj* o. **cut-and-dry** [ˌkʌtən'draɪ] *adj* se *cut and dried* (*dry*) under *cut B*
cutaway ['kʌtəweɪ] **I** *s* **1** jackett **2** genomskuren bild (modell); sprängteckning **II** *adj* **1** avskuren, [ur]ringad; ~ *coat* jackett; *with ~ shoulders* ringad över axlarna, med bara axlar **2** genomskuren så att man kan se det inre; i genomskärning [~ *model*]
cutback ['kʌtbæk] *s* **1** film. återblick upprepning av scenbild **2** minskning, nedskärning, inskränkning
cutdown ['kʌtdaʊn] *s* amer. nedgång, minskning
cute [kjuːt] *adj* vard. **1** skarp, fyndig, klipsk; fiffig, smart [*a ~ businessman*] **2** söt, rar, näpen, gullig; trevlig, mysig **3** amer. konstlad, tillgjord
cuticle ['kjuːtɪkl] *s* **1** ytterhud; hinna **2** nagelband
cutie ['kjuːtɪ] *s* vard. sötnos, söt flicka

cut-in ['kʌtɪn] *s* **1** något insatt el. inskjutet t.ex. stillbild i film; inklippt bild, text[remsa] o.d. **2** a) andel av intäkterna b) person som får sin andel av intäkterna
cutlery ['kʌtləri] *s* **1** knivsmide **2** koll. matbestick; knivar, eggverktyg
cutlet ['kʌtlət] *s* **1** kotlett; [kött]skiva **2** [pann]biff
cut-off ['kʌtɒf] **I** *s* **1** avskärning, avbrytande; avslutning **2** tekn. cylinderfyllning[sgrad]; avstängningsventil [äv. ~ *valve*] **3** ~*s* avklippta byxor vanl. jeans **II** *adj*, ~ *day* sista dag för anmälningar o.d.; ~ *point* brytpunkt
cut-out ['kʌtaʊt] *s* pappersdocka, klippdocka; utstansad (utsågad) figur o.d. för skyltning
cut-price ['kʌtpraɪs, ˌ-'-] *adj*, ~ *shop* ung. lågprisaffär
cut-rate ['kʌtreɪt] *adj* isht amer. lågpris- [~ *store*], till [starkt] nedsatt pris [~ *commodities*]
cutter ['kʌtə] *s* **1** skärare [*glass-cutter*], huggare, snidare etc., jfr *cut A I 8*; tillskärare; biträdande [film]klippare, klippassistent **2** skärmaskin; skärande verktyg[sdel], kniv, stål, fräs, skär; kapsåg; slipare; avbitartång **3** sjö. kutter; skeppsbåt på örlogsfartyg
cutthroat ['kʌtθrəʊt] **I** *s* **1** mördare, bandit **2** = *II 2* **II** *adj* **1** mordisk; bildl. mördande [~ *competition*] **2** ~ *razor* vard. rakkniv **3** ~ *bridge* trehandsbridge
cutting ['kʌtɪŋ] **I** *adj* **1** skärande, vass; ~ *angle* skärvinkel; ~ *edge* [vass] egg; skär[egg]; huvudsak på borr **2** bitande, sårande [~ *remark*], skarp **3** bitande, snål [~ *wind*] **II** *s* **1** a) skärande, skärning, huggning, klippning etc., jfr *cut A I o. II* b) vard. ignorerande av bekanta c) hand. vard. undersäljning, försäljning till underpris **2** avskuret stycke, bit; urklipp [*press* ~] **3** trädg. stickling, skott **4** ~ *flowers* snittblommor
cutting-pliers ['kʌtɪŋˌplaɪəz] *s pl* avbitartång
cutting-room ['kʌtɪŋruːm, -rʊm] *s* film. o.d. klipprum
cuttle ['kʌtl] *s* bläckfisk
cuttlefish ['kʌtlfɪʃ] *s se cuttle*
CV [ˌsiːˈviː] förk. för *curriculum vitae*
CWS förk. för *Co-operative Wholesale Society*
cwt. ['hʌndrədweɪt] (förk. för *centum* lat. *weight*) = *hundredweight* se d.o.
cyanide ['saɪənaɪd] *s* kem. cyanid; *potassium* ~ cyankalium
cybernation [ˌsaɪbəˈneɪʃ(ə)n] *s* datoriserad automatisering
cybernetic [ˌsaɪbəˈnetɪk] *adj* cybernetisk
cybernetics [ˌsaɪbəˈnetɪks] (konstr. ss. sg.) *s* cybernetik
cyclamate ['saɪkləmeɪt, -mət] *s* kem. cyklamat
cyclamen ['sɪkləmən, saɪk-] *s* bot. cyklamen; alpviol
cycle ['saɪkl] **I** *s* **1** cykel; krets[lopp], omloppstid; period; takt i förbränningsmotor; ~*s per second* svängningar per sekund **2** serie, [sago]cykel; *the Arthurian* ~ Artursagan **3** cykel; ibl. motorcykel; ~ *path* cykelväg **II** *vb itr* **1** cykla **2** kretsa
cycle car ['saɪklkɑː] *s* lätt, vanl. trehjulig bil
cycler ['saɪklə] *s* amer. cyklist
cycleway ['saɪklweɪ] *s* cykelbana
cyclic ['saɪklɪk, 'sɪk-] *adj* cyklisk; kretsande
cycling ['saɪklɪŋ] *s* cykling, cyklande, cykeläkning; cykel- [~ *holiday*]
cyclist ['saɪklɪst] *s* cyklist; *Cyclists' Touring Club* ung. Cykelförbundet
cyclone ['saɪkləʊn] *s* cyklon, virvelvind
cyclonic [saɪˈklɒnɪk] *adj* cyklon-, virvel-, virvlande
Cyclops ['saɪklɒps] (pl. lika el. *Cyclopes* [saɪˈkləʊpiːz]) *s* kyklop, cyklop
cyclorama [ˌsaɪkləˈrɑːmə] *s* teat. el. TV. rundhorisont; film., konkav vidfilmsduk
cyclostyle ['saɪklə(ʊ)staɪl] **I** *s* stencileringsapparat, dupliceringsapparat **II** *vb tr* stencilera, duplicera
cyclotron ['saɪklə(ʊ)trɒn] *s* fys. cyklotron
cygnet ['sɪɡnət] *s* ung svan, svanunge
cylinder ['sɪlɪndə] *s* **1** cylinder, vals, rulle; ~ *block* bil. cylinderblock, motorblock; ~ *head* bil. topplock, cylinderlock; ~ *head cover* bil. ventilkåpa; ~ *head gasket* bil. topplockspackning; *on all* ~*s* vard. på alla cylindrar, för full maskin **2** lopp, rör i eldvapen
cylindrical [sɪˈlɪndrɪk(ə)l] *adj* cylindrisk
cymbal ['sɪmb(ə)l] *s* mus. bäcken, cymbal; *a tinkling* ~ bibl. en klingande cymbal
Cymric ['kʌmrɪk, 'kɪm-] *adj* kymrisk, walesisk
cynic ['sɪnɪk] *s* cyniker
cynical ['sɪnɪk(ə)l] *adj* cynisk
cynicism ['sɪnɪsɪz(ə)m] *s* **1** cynism; människoförakt **2** filos. (hist.), *C*~ kynism
cynosure ['saɪnəzjʊə, 'sɪn-, -əʒjʊə] *s* bildl. ledstjärna; medelpunkt för beundran, hopp o.d.; centrum för intresset; *the* ~ *of all eyes* målet för allas blickar
Cynthia ['sɪnθɪə] kvinnonamn
cypher ['saɪfə] *s se cipher*
cypress ['saɪprəs] *s* bot. cypress
Cypriot ['sɪprɪət] **I** *adj* cypriotisk **II** *s* cypriot, invånare på Cypern
Cyprus ['saɪprəs] Cypern
Cyril ['sɪr(ə)l, -rɪl] **1** mansnamn **2** hist. Kyrillos, Cyrillus
Cyrillic [sɪˈrɪlɪk] *adj*, *the* ~ *alphabet* kyrilliska alfabetet
Cyrus ['saɪərəs] **1** mansnamn **2** hist. Kyros, Cyrus
cyst [sɪst] *s* med. **1** cysta **2** [urin]blåsa
cystitis [sɪˈstaɪtɪs] *s* med. blåskatarr, cystit
cytology [saɪˈtɒlədʒɪ] *s* biol. cytologi, cellära
cytotoxic [ˌsaɪtəʊˈtɒksɪk] *s* med., ~ *drug* cellgift
cytotoxin [ˌsaɪtəʊˈtɒksɪn] *s* med. cellgift

czar [zɑ:, tsɑ:-] s **1** hist. tsar **2** amer. magnat
czardas ['tʃɑ:dæʃ] (pl. lika) s csardas ungersk dans
czarina [zɑ:'ri:nə, tsɑ:-] s hist. tsarinna
Czech [tʃek] I s tjeck II adj tjeckisk; *the ~ Republic* Tjeckiska republiken, Tjeckien
Czechoslovak [ˌtʃekə(ʊ)'sləʊvæk] I s tjeckoslovak II adj tjeckoslovakisk
Czechoslovakia [ˌtʃekə(ʊ)slə(ʊ)'vækɪə, -'vɑ:kɪə] geogr. (hist.) Tjeckoslovakien
Czechoslovakian [ˌtʃekə(ʊ)slə(ʊ)'vækɪən, -'vɑ:kɪən] I adj tjeckoslovakisk II s tjeckoslovak

dairyman

D

D, d [di:] (pl. *D's* el. *d's* [di:z]) s **1** D, d **2** mus., *D flat* dess; *D major* D-dur; *D minor* D-moll; *D sharp* diss
d. 1 förk. för *died, dime, dollar[s]* **2** (förk. för äldre *penny, pence*, eg. lat. *denarius*) [*6d.*]; jfr *p*
'd [d] = *had*; *would, should* [*he'd = he had* el. *he would*; *I'd* äv. *= I should*; *did*; *where'd he go?*]
d– [di:] = *damn* o. *damned* ss. svordom
DA [ˌdi:'eɪ] s amer. förk. för *District Attorney*
1 dab [dæb] s zool. sandskädda; plattfisk i allm.
2 dab [dæb] I *vb tr* o. *vb itr* slå (klappa) till lätt; torka; badda [*~ a sore with disinfectant*] II s lätt slag, klapp; lätt tryckning (beröring)
dabble ['dæbl] *vb itr* **1** plaska, slaska **2** amatörmässigt syssla litet [*at, in* med], fuska [*at, in* i, med]; *~ with the idea of doing a th.* leka med tanken på att göra ngt
dabbler ['dæblə] s klåpare, fuskare; amatör
dabchick ['dæbtʃɪk] s zool. smådopping
dab hand [ˌdæb'hænd] s vard. baddare, överdängare, mästare [*at* i, på]
da capo [dɑ:'kɑ:pəʊ] *adv* o. *adj* mus. (it.) dakapo
dace [deɪs] (pl. lika) s zool. stäm mörtfisk
dachshund ['dæksənd] s zool. tax
dactyl ['dæktɪl] s metrik. daktyl
dad [dæd] s vard. pappa, farsa
daddy ['dædɪ] s vard. pappa
daddy-longlegs [ˌdædɪ'lɒŋlegz] (konstr. ss. sg. el. pl.; pl. lika) s zool. pappa långben harkrank
daffodil ['dæfədɪl] s påsklilja, gul narciss
daft [dɑ:ft] *adj* vard. tokig, fånig, dum
dagger ['dægə] s dolk; *they are at ~s drawn* de tål inte varandra
dago ['deɪgəʊ] (pl. *~s* el. *~es*) s sl. neds. dego
dahlia ['deɪljə, amer. vanl. 'dæljə] s bot. dahlia
daily ['deɪlɪ] I *adj* daglig, om dagen; *~ dozen* ung. morgongymnastik II *adv* dagligen, om dagen III s **1** daglig tidning, dagstidning **2** daglig städhjälp (hemhjälp)
Daimler [engelsk bil 'deɪmlə]
dainty ['deɪntɪ] I s läckerbit, läckerhet, godbit II *adj* **1** läcker **2** utsökt, täck, nätt, späd; skör, bräcklig, fin [*~ china*] **3** kräsen, granntyckt
daiquiri ['daɪkərɪ, 'dæk-] s daiquiri slags romcocktail
dairy ['deərɪ] s **1** mejeri **2** mjölkaffär
dairy cattle ['deərɪˌkætl] s *pl* mjölkboskap
dairy farm ['deərɪfɑ:m] s gård med mjölkdjur (mejeri[rörelse])
dairymaid ['deərɪmeɪd] s [kvinnlig] mejerist, mjölkerska
dairyman ['deərɪmən] (pl. *dairymen*) s **1** mejerist **2** mjölkhandlare

dais ['deɪɪs, deɪs] *s* podium isht för större bord, tron o.d.; estrad
daisy ['deɪzɪ] *s* **1** bot. tusensköna, bellis; *pushing up [the] daisies* sl. död och begraven; *oxeye* ~ prästkrage **2** sl. fin grej
daisy-wheel ['deɪzɪwi:l] *s* skrivhjul på skrivmaskin; ~ *printer* data. skönskrivare, typhjulsskrivare
dale [deɪl] *s* isht nordeng. [liten] dal äv. poet.; *the* [*Yorkshire*] *D~s* dalarna i Yorkshire
Dallas ['dæləs] geogr.
dally ['dælɪ] *vb itr* **1** ~ *with* leka med, inte ta på allvar [~ *with a p.'s feelings*] **2** flörta, kurtisera; smekas **3** förspilla tiden; söla [*over med*]
Dalmatia [dæl'meɪʃɪə] geogr. Dalmatien
Dalmatian [dæl'meɪʃɪən] **I** *adj* dalmatisk **II** *s* **1** dalmatier **2** dalmatiner[hund]
1 dam [dæm] *s* om djur moder
2 dam [dæm] **I** *s* damm, fördämning **II** *vb tr*, ~ [*up*] dämma av (för, till, upp) [~ [*up*] *a river*]; bildl. hålla inne med, hålla tillbaka [~ *up one's feelings* (*tears*)]
damage ['dæmɪdʒ] **I** *s* **1** (utan pl.) skada, skador, skadegörelse [*the storm did great ~ to* (på) *the crops*]; förlust **2** pl. *~s* jur. skadeersättning, skadestånd; [*he claimed £1,000*] *~s* ...i (som) skadestånd **3** vard. kostnad; *what's the ~?* vad kostar kalaset? **II** *vb tr* o. *vb itr* skada [~ *one's cause*], tillfoga skada; vara skadlig [för]; skadas [*soft wood ~s easily*]
damask ['dæməsk] **I** *s* damast [~ *silk*] **II** *adj* **1** damaskener- [~ *rose*] **2** damast- [~ *tablecloth*] **3** ljusröd, rosenröd, rosen- [~ *cheeks*]
dame [deɪm] *s* **1** poet., *D~ Fortune* fru Fortuna; *D~ Nature* moder natur[en] **2** Dame titel på [kvinnlig] riddare av vissa ordnar (motsv. *Knight* med titeln *Sir*) [*D~ Edith* [*Evans*]] **3** isht amer. sl. fruntimmer, brud
dammit ['dæmɪt] *interj* vard., *~!* tusan (jäklar, sablar) också!
damn [dæm] **I** *vb tr* **1** vard. förbanna, fördöma; ~ *it!* tusan (jäklar, sablar) också!; ~ *you* (*him*), *you've* (*he's*) *lost it again!* fan ta dig (honom), nu har du (han) tappat den igen!; *well I'll be ~ed!* det var som tusan!; *I'll be* (*I'm*) *~ed if I'll do it!* jag gör så tusan heller! **2** förkasta, döma ut [~ *a play*]; ~ *a p. with faint praise* klandra ngn genom halvhjärtat beröm **II** *vb itr* svära, använda svordomar **III** *s* vard., *I don't care* (*give*) *a ~ if...* jag ger sjutton i om...; *I don't care* (*give*) *a ~* det ger jag sjutton (tusan) i **IV** *adv* vard. förbaskat, jäkla [~ *good*] **V** *adj* vard. förbaskat, jäkla [~ *fool!*] **VI** *interj* vard., *~!* tusan (jäklar, sablar) också!
damn-all [,dæm'ɔ:l] *s* vard. inte ett förbaskat (jäkla) dugg [*he knows ~ about it*]

damnation [dæm'neɪʃ(ə)n] **I** *s* fördömelse [*eternal ~*] **II** *interj* vard., *~!* tusan också!
damned [dæmd] **I** *adj* **1** fördömd **2** vard. förbaskad, jäkla, fördömd [~ *fool*]; *I'll see you ~ first!* tusan heller! **II** *adv* vard. förbaskat, jäkla [~ *hot*]; *I should ~ well think so!* tacka fan för det!
damnedest ['dæmdɪst] vard. **I** *s*, *do one's ~* göra sitt yttersta (bästa) **II** *adj*, *it's the ~ thing I've ever heard!* det var det jävligaste jag hört!
damp [dæmp] **I** *s* fukt **II** *adj* fuktig **III** *vb tr* **1** fukta **2** dämpa ljud, vibrationer o.d. **3** bildl., ~ [*down*] dämpa, lägga sordin på, kyla av [~ *a p.'s enthusiasm*]
damp course ['dæmpkɔ:s] *s* byggn. fuktisolerande lager i vägg
dampen ['dæmp(ə)n] **I** *vb tr* se *damp III 1* o. *3* **II** *vb itr* **1** bli fuktig **2** bildl. dämpas
damper ['dæmpə] *s* dämpare äv. bildl.; mus. dämmare; sordin [~ *pedal*]; *put a* (*the*) *~ on* bildl. dämpa, lägga sordin på
damp-proof ['dæmppru:f] *adj* fukttät; vattentät
damsel ['dæmz(ə)l] *s* **1** poet. ungmö, tärna **2** skämts. fröken, ung dam, tös
damson ['dæmz(ə)n] *s* krikon plommonsort
Dan [dæn] kortform för *Daniel*
dance [dɑ:ns] **I** *vb itr* o. *vb tr* dansa [~ *to* (efter, till) *music*]; *he ~d her round the floor* han dansade runt med henne på dansgolvet; ~ *attendance* [*up*]*on* passa [upp] på, stå på pass för; fjäska för; ~ *to a p.'s tune* (*pipe*) dansa efter ngns pipa **II** *s* **1** dans; *D~ of Death* dödsdans; *join the ~* vara med och dansa; *lead a p. a* [*pretty* (*fine*)] *~* ställa till besvär för (köra med) ngn **2** dans[stycke], dansmelodi **3** dans[tillställning]
dance floor ['dɑ:nsflɔ:] *s* dansgolv; dansbana
dance hall ['dɑ:nshɔ:l] *s* dansställe, danslokal
dancer ['dɑ:nsə] *s* **1** dansande [*the ~s*] **2** dansare; dansör; dansös; *be a good ~* dansa bra
D and C [,di:ənd'si:] (förk. för *dilatation and curettage*) med. skrapning
dandelion ['dændɪlaɪən] *s* maskros
dander ['dændə] *s* vard., *get a p.'s ~ up* göra ngn arg, reta ngn; *get one's ~ up* bli förbannad
dandified ['dændɪfaɪd] *adj* vard. snobbig, sprättig
dandle ['dændl] *vb tr* **1** gunga t.ex. barn; låta rida ranka; vyssa **2** kela med
dandruff ['dændrʌf] *s* mjäll
dandy ['dændɪ] *s* dandy, [kläd]snobb, sprätt, modelejon
Dane [deɪn] *s* **1** dansk; danska kvinna **2** grand danois, dansk dogg [äv. *Great ~*]
danger ['deɪn(d)ʒə] *s* fara, risk [*of* för]; ~ *area* (*zone*) farligt område; ~ *money* risktillägg; ~ *signal* varningssignal; ~ *spot* farligt ställe,

trafikfälla; *be in ~ of losing one's life* sväva i livsfara; *he's on the ~ list* hans tillstånd är mycket kritiskt; *out of ~* utom fara
dangerous ['deɪn(d)ʒ(ə)rəs] *adj* farlig [*for, to* för], riskfull, vådlig; *~ driving* vårdslös (ovarsam) körning; *play a ~ game* spela ett högt spel
dangl|e ['dæŋgl] *vb itr* o. *vb tr* dingla [med]; *~ a th. before a p.* fresta ngn med ngt; *keep a p. -ing* hålla ngn på sträckbänken
Daniel ['dænjəl] **I** mansnamn **II** *s* klok och rättvis domare
Danish ['deɪnɪʃ] **I** *adj* dansk; *~ blue* danablu ostsort **II** *s* **1** danska [språket] **2** (pl. lika) se *Danish pastry*
Danish pastry [ˌdeɪnɪʃ'peɪstrɪ] *s* wienerbröd
dank [dæŋk] *adj* fuktig, rå, kall
Danube ['dænjuːb] geogr. egenn.; *the ~* Donau; *The Blue ~* mus. An der schönen blauen Donau namn på wienervals
dapper ['dæpə] *adj* **1** [liten och] prydlig, välvårdad; pimpinett **2** [liten och] rask (flink)
dappled ['dæpld] *adj, ~ sky* himmel med strömoln
dapple-grey [ˌdæpl'greɪ, attr. '--] *adj* apelgrå, gråspräcklig
Darby ['dɑːbɪ] egenn.; *~ and Joan* strävsamt gammalt par; *~ and Joan club* gemenskapsklubb för äldre personer
dare [deə] **I** (imperf. *dared*, ibl. *dare*; perf. p. *dared* jfr ex.) *vb itr* o. *hjälpvb* **1** våga, tordas, töras [*he ~ not (he does not ~ [to]) come*; *he did not ~ [to] (he ~[d] not) come*; *he has not ~d [to] come*]; understå sig; [*just*] *you ~!* du skulle bara våga! **2** *I ~ say you know* du vet nog (troligtvis, förmodligen); *I ~ say he is right, but...* det kan väl hända han har rätt, men...; *I ~ say* ofta iron. kanske det **II** (~*d* ~*d*) *vb tr* utmana; *I ~ you to strike me!* slå mig om du törs! **III** *s* utmaning
daredevil ['deəˌdevl] **I** *s* våghals, friskus, dumdristig person **II** *adj* våghalsig, dumdristig
daren't [deənt] = *dare not*
daresay [ˌdeə'seɪ] *vb itr* se *dare say* under *dare I* 2
daring ['deərɪŋ] **I** *adj* **1** djärv, dristig, oförskräckt **2** vågad [*a ~ book*] **II** *s* djärvhet, dristighet
Darjeeling [dɑː'dʒiːlɪŋ] geogr. egenn.; tesort från området kring staden
dark [dɑːk] **I** *adj* **1** mörk; *~ blue* a) mörkblått b) attr. *dark-blue*) mörkblå; *~ glasses* mörka glasögon, solglasögon; *~ weather* mulet väder **2** bildl. dunkel, svårbegriplig [*a ~ passage in the text*]; förtäckt [*~ threats*]; skum [*~ designs* (planer)] **3** hemlig [*keep a th. ~*]; tyst[låten]; *a ~ secret* en väl bevarad hemlighet **4** *~ horse* om pers. dark horse, oskrivet blad, okänd förmåga; otippad

segrare **II** *s* **1** mörker; *at ~* i skymningen; *before* (*after*) *~* före (efter) mörkrets inbrott **2** bildl. dunkel; okunnighet
darken ['dɑːk(ə)n] **I** *vb itr* bli mörk[are], mörkna; bildl. förmörkas **II** *vb tr* **1** förmörka; göra mörk[are] t.ex trä; mörklägga; skymma, göra skum; *~ a p.'s door* sätta foten innanför ngns dörr [*don't ever ~ my door*[*s*] *again!*] **2** bildl. fördystra; fördunkla
darkey o. **darkie** ['dɑːkɪ] *s* se *darky*
darkish ['dɑːkɪʃ] *adj* mörklagd; rätt mörk (skum, dunkel)
darkness ['dɑːknəs] *s* mörker äv. bildl.
darkroom ['dɑːkruːm] *s* foto. mörkrum
dark-skinned [ˌdɑːk'skɪnd, attr. '--] *adj* mörkhyad
darky ['dɑːkɪ] *s* vard. (neds.) svarting, nigger
darling ['dɑːlɪŋ] **I** *s* älskling [*my ~!*], raring; *do be a ~ and...* vill du vara så rar och...; *you're a ~!* vad du är rar! **II** *adj* älsklings-; gullig, söt, bedårande [*a ~ hat*]
1 darn [dɑːn] *vb tr* (eufem. för *damn*); *~ it!* förbaskat (katten) också!
2 darn [dɑːn] **I** *vb tr* stoppa [*~ socks*] **II** *s* stopp[ning]
darned [dɑːnd] vard. eufem. för *damned* **I** *adj* förbaskad **II** *adv* förbaskat
darning ['dɑːnɪŋ] *s* stoppning lagning, äv. konkr.
darning-needle ['dɑːnɪŋˌniːdl] *s* stoppnål
dart [dɑːt] **I** *s* **1** pil; ibl. kastspjut **2** *~s* (konstr. ss. sg.) lek dart, pilkastning; *play ~s* spela dart, kasta pil **3** plötslig snabb rörelse, språng; *make a sudden ~* äv. plötsligt rusa **II** *vb tr* kasta [*~ a spear, ~ a glance*]; slunga; skjuta [*~ flashes*] **III** *vb itr* pila, rusa, störta, kila, kasta (störta) sig [*at* på]
dartboard ['dɑːtbɔːd] *s* darttavla, pilkastningstavla
Dartmoor ['dɑːtmɔː, -mʊə] geogr., hed o. fängelse i Devonshire
Darwin ['dɑːwɪn]
Darwinian [dɑː'wɪnɪən] **I** *adj* darwinistisk **II** *s* darwinist
dash [dæʃ] **I** *vb tr* **1** kraftigt slå, kasta, slänga [*away, down, out*]; stöta, köra ngt mot ngt [*against; into, upon*]; *~ out a p.'s brains* slå in skallen på ngn **2** *~ a th. to pieces* slå sönder ngt, slå ngt i kras, krossa ngt **3** *~ down (off)* kasta ned, rafsa ihop [*~ down (off) a few letters*] **4** krossa, gäcka; *~ a p.'s hopes* grusa ngns förhoppningar **5** (eufem. för *damn*): *~ it!* förbaskat (katten) också! **II** *vb itr* **1** stöta, slå, törna [*against, upon* mot] **2** störta [sig] [*at* mot, på; *up* fram]; *I've got to ~!* jag måste kila! **III** *s* **1** rusning, anlopp, framstöt [*at, on* mot, på; *for* för att nå]; blixtvisit; *make a ~* äv. rusa, springa **2** sport. sprinterlopp **3** *a ~ of* en anstrykning (släng) av, en tillsats (spets) av [*a ~ of lemon juice*], en skvätt, några droppar [*a ~ of brandy*] **4** tankstreck [*within ~es*] **5** hurtighet, kläm,

fart, bravur; *cut a* ~ briljera, slå på stort, uppträda vräkigt (flott)
dashboard ['dæʃbɔ:d] *s* instrumentbräda, instrumentpanel på bil, flygplan
dashing ['dæʃɪŋ] *adj* **1** hurtig, käck, eldig, klämmig; livlig; *at a* ~ *rate* i flygande fart (fläng) **2** elegant, flott, vräkig; stilig
dastardly ['dæstədlɪ] *adj* feg [och lömsk], ömklig
DAT (förk. för *digital audio tape*) DAT
data ['deɪtə, ibl. 'dɑ:tə] (konstr. vanl. ss. sg.) *s* data, information; ~ *processing centre* datacentral; ~ *processing equipment* dataanläggning
data bank ['deɪtəbæŋk] *s* databank
data base ['deɪtəbeɪs] *s* databas
datamatics [ˌdeɪtə'mætɪks] (konstr. ss. sg.) *s* datamatik
datamation [ˌdeɪtə'meɪʃ(ə)n] *s* databehandling
data pen ['deɪtəpen] *s* läspenna
data protection ['deɪtəprəˌtekʃ(ə)n] *s* dataskydd
1 date [deɪt] *s* **1** dadel **2** dadelpalm
2 date [deɪt] **I** *s* **1** datum; årtal; tid; *at a later* ~ vid senare tidpunkt; *out of* ~ omodern, gammalmodig, föråldrad; *to* ~ hittills, [fram] till i dag; till dags dato; *up to* ~ à jour äv. bokf., med sin tid, aktuell; *be (keep) up to* ~ hålla sig à jour, följa med sin tid **2** vard. träff; avtalat möte; om pers. sällskap, flickvän, pojkvän, partner; *blind* ~ se *blind I 1*; *I have a* ~ *with* äv. jag skall träffa; *make a* ~ stämma möte, bestämma tid **II** *vb tr* **1** datera, dagteckna; *the letter is* ~*d from London, 24th May* brevet är daterat [i] London den 24 maj **2** datera, tidsbestämma [~ *old coins*] **3** vard. stämma träff med, avtala möte med; uppvakta, ha sällskap med [~ *a girl*] **III** *vb itr* **1** ~ *from* (*back to*) datera sig från (till) **2** bli (vara) gammalmodig [*his books* ~] **3** vara daterad (skriven) [*the letter* ~*s from* (i) *London*]
dated ['deɪtɪd] *adj* gammalmodig, föråldrad
dateline ['deɪtlaɪn] *s* **1** datumgräns **2** tidsgräns; *when is the* ~*?* när löper fristen ut?
datemark ['deɪtmɑ:k] *s* datumstämpel
date palm ['deɪtpɑ:m] *s* dadelpalm
date-stamp ['deɪtstæmp] **I** *s* datumstämpel **II** *vb tr* datumstämpla, datummärka
dative ['deɪtɪv] *s* o. *adj* gram. dativ[-]; *the* ~ [*case*] dativ[en]
daub [dɔ:b] **I** *vb tr* **1** bestryka, smörja; stryka, smeta [*on* på] **2** smörja (smeta, kludda) ner **3** mål. kludda ihop **II** *vb itr* mål. kludda **III** *s* **1** smet, smörja; [färg]klick **2** mål. kludd[eri]
daughter ['dɔ:tə] *s* dotter
daughter-in-law ['dɔ:t(ə)rɪnlɔ:] (pl. *daughters-in-law* ['dɔ:təzɪnlɔ:]) *s* svärdotter, sonhustru
daunt [dɔ:nt] *vb tr* skrämma, göra modlös;

nothing ~*ed* lika oförfärad, utan att låta sig bekomma
dauntless ['dɔ:ntləs] *adj* oförfärad
Dave [deɪv] kortform för *David*
David ['deɪvɪd] mansnamn; *St.* ~ Wales' skyddshelgon
Davis ['deɪvɪs] egenn.; *the* ~ *Cup* Davis Cup vandringspris i tennis
davit ['dævɪt] *s* sjö. dävert
dawdle ['dɔ:dl] *vb itr* söla, såsa, [gå och] masa
dawn [dɔ:n] **I** *vb itr* dagas, gry äv. bildl.; bryta fram; ~ [*up*]*on* a) gry (dagas) över b) bildl. gå upp för **II** *s* gryning, dagning, bildl. äv. början, inbrott [*the* ~ *of a new era*]; *at* ~ i gryningen
day [deɪ] *s* **1** dag; *the* ~ *after tomorrow* i övermorgon; *the* ~ *before yesterday* i förrgår; *he is better than you any* ~ [*of the week*] vard. han är alla gånger bättre än du; *early in the* ~ el. *early* ~*s* se *early II 1*; *the other* ~ häromdagen; *some* ~ en dag; en vacker dag; *one of these* [*fine*] ~*s* endera dagen, en vacker dag; *it's just one of those* ~*s!* det är en riktig otursdag [i dag]!, det är en sådan där dag när allt går snett!; *that'll be the* ~*!* a) det skulle jag vilja se!, det vill jag se först! b) det blir en spännande dag!; *this* ~ *week* (*fortnight*) i dag [om] åtta (fjorton) dagar; *what sort of* ~ *is it?* vad är det för väder [i dag]?; *he's fifty* [*years of age*] *if he's a* ~ han är femtio år så säkert som aldrig det; *let's call it a* ~ vard. nu räcker det för i dag, nu lägger vi av; *he's come* ~, *go* ~ han tar lätt på saker och ting; *name the* ~ bestämma dag [vanl. för bröllopet]; ~ *off* ledig dag, fridag; *at the end of the* ~ bildl. när allt kommer omkring, till slut; ~ *by* ~ dag för dag, dagligen; *pay by the* ~ betala per dag; *by* ~ om (på) dagen; *for* ~*s on end* flera dagar i rad; *live from* ~ *to* ~ leva för dagen; *it's all in the* ~*'s work* vard. det är man så van vid **2** dygn [äv. ~ *and night*] **3** ofta pl. ~*s* tid; tidsålder; [glans]period; *it has had its* ~ den har spelat ut sin roll; *those were the* ~*s!* det var tider det!; *in the old* ~*s* förr i världen (tiden); *to this* ~ än i dag
dayboy ['deɪbɔɪ] *s* ung. externatelev, extern
daybreak ['deɪbreɪk] *s* gryning, dagning [*at* ~]
daycare ['deɪkeə] *adj* dagsjukvård; daglig barntillsyn; ~ *centre* daghem
day centre ['deɪˌsentə] *s* dagcentral, dagcentrum
day coach ['deɪkəʊtʃ] *s* amer. sittvagn
daydream ['deɪdri:m] **I** *s* dagdröm **II** *vb itr* dagdrömma
day labourer ['deɪˌleɪbərə] *s* daglönare, dagsverkare
daylight ['deɪlaɪt] *s* **1** dagsljus; gryning; *in broad* ~ mitt på ljusa dagen; *see* ~ bildl. a) se en ljusning (resultat) b) komma ut, se dagens ljus; *he began to see* ~ äv. det

började klarna för honom; *it's* ~ *robbery* vard. det är rena [rama] rövarpriset 2 vard., *beat* (*knock*) *the* [*living*] ~*s out of a p.* göra mos av ngn
daylight-saving [ˌdeɪlaɪt'seɪvɪŋ] *s* o. *adj*, ~ [*time*] sommartid
day nursery ['deɪˌnɜːs(ə)rɪ] *s* **1** daghem **2** barnkammare
day release [ˌdeɪrɪ'liːs] *s* utbildning (fortbildning) på betald arbetstid
day return [ˌdeɪrɪ'tɜːn] *s* tur och returbiljett för återresa samma dag
days [deɪz] *adv* isht amer. på dagtid [*he works* ~]
day school ['deɪskuːl] *s* dagskola; externatskola
day shift ['deɪʃɪft] *s* dagskift
daytime ['deɪtaɪm] *s* dag i mots. till natt; *in* (*during*) *the* ~ på dagtid, om (på) dagen, om (på) dagarna
day-to-day [ˌdeɪtə'deɪ] *adj* daglig [*the* ~ *running of the factory*]; ~ *loan* hand. dagslån
day trip ['deɪtrɪp] *s* endagstur, dagsutflykt
daze [deɪz] **I** *vb tr* bedöva; förvirra, göra vimmelkantig (yr) **II** *s*, *in a* ~ omtumlad
dazzl|e ['dæzl] **I** *vb tr* blända [*the driver was* ~*d by the approaching headlights*]; förblinda; förvirra; *a* -*ing display* en bländande uppvisning **II** *vb itr* blända[s] **III** *s* bländande ljus, skimmer, glitter
dB o. **db** förk. för *decibel*[*s*]
DBE [ˌdiːbiː'iː] förk. för *Dame Commander of* [*the Order of*] *the British Empire*, jfr *dame* 2
DBS förk. för *direct broadcasting* [*by*] *satellite*
DC [ˌdiː'siː] förk. för *da capo*, *direct current*, *District of Columbia* [*Washington* ~]
DD (förk. för *Doctor of Divinity*) teol. dr
deacon ['diːk(ə)n] *s* diakon
deaconess ['diːkənes] *s* diakonissa
dead [ded] **I** *adj* **1** död äv. bildl., livlös; torr [~ *leaves*]; ~ *and gone* vard. död och begraven; ~ *letter* a) död bokstav om lag som ej längre efterlevs b) post. obeställbart brev; ~ *march* sorgmarsch; *the D~ Sea* Döda havet **2** dödsliknande; *in a* ~ *faint* helt avsvimmad; ~ *to the world* vard. död för omvärlden, helt borta; helberusad **3** stel, utan känsel, domnad; okänslig, oemottaglig [*to* för] **4** ~ *heat* dött (oavgjort) lopp **5** jämn, slät; *on a* ~ *level* precis på samma plan (nivå); precis jämsides **6** vard. tvär, plötslig; absolut, fullständig [~ *certainty*], ren [~ *loss*]; *he's* (*it's*) *a* ~ *loss* vard. han (den) är värdelös, han (den) är inget att ha; *he was in* ~ *earnest* han menade fullt allvar; ~ *silence* dödstystnad **II** *s* **1** *the* ~ de döda **2** *in the* (*at*) ~ *of night* mitt i natten; *in the* ~ *of winter* mitt i [den] kallaste vintern **III** *adv* **1** vard. död- [~ *certain*], döds- [~ *tired*]; ~ *drunk* vard. döfull; ~ *good* vard. döbra, skitbra; ~ *hungry* jättehungrig; ~ *lousy*

skitdålig; ~ *slow* mycket sakta **2** rakt, rätt; ~ *against* rakt emot
dead-beat [ˌded'biːt] *adj* **1** vard. dödstrött, utsjasad **2** elektr. aperiodisk
deaden ['dedn] *vb tr* **1** bedöva; döva, lindra t.ex. smärta; dämpa, försvaga; minska t.ex. fart **2** göra okänslig [*to* för]
dead end [ˌded'end] **I** *s* återvändsgränd; slutpunkt; stickspår **II** *attr adj* (*dead-end*) **1** ~ *job* arbete utan befordringsmöjligheter **2** isht amer., ~ *kid* rännstensunge; ett gatans barn
deadline ['dedlaɪn] *s* tidsgräns, frist, deadline; *when is the* ~? när löper fristen ut?, när är sista dagen (tidpunkten)?; *the* ~ *for delivery is tomorrow* sista leveransdagen är i morgon
deadlock ['dedlɒk] *s* dödläge, baklås, återvändsgränd, stopp
deadly ['dedlɪ] **I** *adj* **1** dödlig, döds-, dödsbringande; giftig; ~ *nightshade* bot. belladonna **2** dödligt förbittrad, oförsonlig, döds- [~ *enemies*] **3** dödslik **4** vard. dödtråkig, dödtrist; urdålig **II** *adv* dödligt, döds- [~ *pale*, ~ *tired*]
dead-on [ˌded'ɒn] *adj* exakt [riktig]; på pricken
deadpan ['dedpæn] vard. **I** *s* uttryckslöst ansikte, pokeransikte **II** *adj* **1** gravallvarlig **2** uttryckslös, tom, stel; ~ *face* pokeransikte
deadweight [ˌded'weɪt] *s* orörlig kropps tyngd, livlös massa; betungande börda äv. bildl.; sjö. dödvikt
deaf [def] *adj* döv äv. bildl.; ~ *and dumb* dövstum; ~ *in one ear* döv på ena örat; *my words fell on* ~ *ears* jag talade för döva öron; *turn a* ~ *ear to* slå dövörat till för
deaf aid ['defeɪd] *s* hörapparat
deaf-and-dumb [ˌdefən(d)'dʌm] *attr adj* dövstums- [~ *alphabet*]
deafen ['defn] *vb tr* **1** göra döv; bedöva; överrösta; ~*ing* öronbedövande **2** ljudisolera t.ex. vägg
deaf-mute [ˌdef'mjuːt] *s* dövstum [person]
1 deal [diːl] *s* **1** bredare granplanka, furuplanka; pl. ~*s* koll. plank **2** virke gran, furu; granträ, furuträ
2 deal [diːl] **I** *s* **1** *a great* (*good*) ~ [ganska] mycket, en hel del (mängd, hop), åtskilligt, betydligt; *a great* (*good*) ~ *of money* [ganska] mycket etc. (åtskilligt med) pengar **2** affär, affärstransaktion; spekulationsaffär; uppgörelse, överenskommelse, avtal; köpslående; politisk kohandel; *make* (*do*) *a* ~ göra [upp] en affär; göra upp, komma fram till en uppgörelse; *that's a* ~! då säger vi det!, kör till!, saken är klar!; *big* ~! vard. än sen då?; iron. fantastiskt! [*so you earn $900 a month? Big* ~!]; *no big* ~! vard. inga problem! **3** vard., *get a raw* ~ bli orättvist (hårt) behandlad; *give a p. a fair* (*square*) ~ behandla ngn

rättvist 4 kortsp. giv, givning; ***whose** ~ is it?* vem skall ge? **II** (*dealt dealt*) *vb tr* utdela, fördela [äv. *~ out*]; tilldela, ge [*~ a p. a blow*]; kortsp. dela ut, ge **III** (*dealt dealt*) *vb itr* **1** handla, göra affärer [*~ with* (hos, med) *a p.*; *~ in an article*] **2** *~ with* a) ha att göra med [*he is easy to ~ with*]; umgås med b) behandla; förfara med; handla mot, uppträda mot c) ta itu med, gripa sig an [*~ with a problem*]; handlägga, bereda ärende d) handla om, behandla [*the book ~s with new problems*] **3** kortsp. ge **4** sl. langa (sälja) narkotika (knark)
dealer ['di:lə] *s* **1** handlande [*in* med]; ofta ss. efterled i sms. -handlare [*car-dealer*] **2** kortsp. givare, giv
dealing ['di:lɪŋ] *s* **1** vanl. pl. *~s* affärer; förbindelse[r]; ***underhand** ~[s]* fiffel, mygel **2** vanl. pl. *~s* uppförande, uppträdande; handlande
dealt [delt] imperf. o. perf. p. av *2 deal II 3*
dean [di:n] *s* **1** domprost; ***rural** ~* kontraktsprost **2** univ. dekan[us]; [*college*] *~* funktionär som handhar disciplinen **3** doyen [*~ of the diplomatic corps*]
deanery ['di:nərɪ] *s* [dom]prostämbete; [dom]prostgård; kontrakt, prosteri
dear [dɪə] **I** *adj* **1** kär [*to* för]; rar, gullig; hälsningsfras i brev äv. bäste [*D~ Mr. Brown*]; ***D~ Sir** (**Madam**)* i formella brev: utan motsvarighet i sv.; *he ran for ~ life* han sprang för brinnande livet **2** dyr, kostsam i förhållande till värdet; *~ money* dyra pengar med hög ränta **II** *s* **1** isht i tilltal *~* el. *~est* kära du, käraste; *~s* kära ni; *my ~* kära du; *my ~ fellow* iron. min gode man, snälla ni; [*carry this for me,*] *there's* (*that's*) *a ~* vard. ...så är du snäll **2** raring, förtjusande person [*they are such ~s!*]; *old ~* neds. gammal tant **III** *adv* dyrt; *it cost him ~* det stod honom dyrt **IV** *interj*, *~ me!* uttr. förvåning o.d. kors!, nej men!; *oh ~!* uttr. missnöje, förvåning det var katten!; aj, aj!; oj då!; *oh ~ me!* å bevare mig väl!, Gud bevare mig!
dearie ['dɪərɪ] *s* se *deary*
dearly ['dɪəlɪ] *adv* **1** innerligt, högt [*love ~*]; ivrigt, livligt; högeligen **2** mest bildl. dyrt [*sell one's life ~*]; *he will pay ~ for this* detta kommer att stå honom dyrt
dearth [dɜ:θ] *s* **1** brist, knapphet, knapp tillgång [*of* på] **2** hungersnöd
deary ['dɪərɪ] *s* vard., i tilltal raring [*hello ~!*]
death [deθ] *s* död; frånfälle; dödsfall; pl. *~s* äv. döda [*births and ~s*]; *D~* döden, liemannen; *~ certificate* dödsattest, dödsbevis; *~ sentence* dödsdom; *it will be the ~ of me* det blir min död, det kommer att ta livet av mig; *hold on like grim ~* hålla ut (streta emot) in i det sista; *catch one's ~* [*of cold*] vard. bli genomförkyld; frysa ihjäl; *be at ~'s door* ligga för döden; vara nära döden; *be in at the ~* **a**) jakt. vara med vid villebrådets dödande **b**) bildl. vara med i slutskedet; *be frightened* (*scared*) *to ~ of a th.* (*a p.*) vara dödsrädd för ngt (ngn); *be sick* (*bored, tired*) *to ~ of a th.* (*a p.*) vara utled på ngt (ngn); *the song has been done to ~* vard. sången är uttjatad [till förbannelse]; *freeze to ~* frysa ihjäl; *look like ~ warmed up* vard. se ut som sju svåra år; *put to ~* ta livet av, avliva, avrätta; *till ~ do us part* till döden skiljer oss åt; *to the ~* till det yttersta, på liv och död
deathbed ['deθbed] *s* dödsbädd; *be on one's ~* äv. ligga för döden
deathblow ['deθbləʊ] *s* dödande slag; bildl. dödsstöt
death camp ['deθkæmp] *s* utrotningsläger
death duties ['deθˌdju:tɪz] *s pl* olika slags arvsskatt
deathless ['deθləs] *adj* odödlig
deathlike ['deθlaɪk] *adj* dödslik, dödsliknande
deathly ['deθlɪ] **I** *adj* dödlig, dödslik, döds- **II** *adv* dödligt, döds-
death mask ['deθmɑ:sk] *s* dödsmask
death rate ['deθreɪt] *s* dödstal, dödlighet, mortalitet; dödlighetsprocent
death row [ˌdeθ'rəʊ] *s* rad av dödsceller i fängelse
death squad ['deθskwɒd] *s* dödspatrull
death trap ['deθtræp] *s* dödsfälla
death warrant ['deθˌwɒr(ə)nt] *s* underskriven dödsdom äv. bildl.
death wish ['deθwɪʃ] *s* dödslängtan; dödsönskan
debacle o. **débâcle** [deɪ'bɑ:kl, de'b-, dɪ'b-] *s* **1** vild flykt; katastrof, sammanbrott, debacle; stort nederlag **2** islossning **3** geol. störtflod, översvämning
debar [dɪ'bɑ:] *vb tr* **1** utesluta, stänga ute, avstänga [*from*] **2** förhindra; förbjuda
debase [dɪ'beɪs] *vb tr* **1** försämra **2** degradera; förnedra **3** sänka silverhalten i [*~ the coinage*]
debatable [dɪ'beɪtəbl] *adj* diskutabel, omtvistlig
debat|e [dɪ'beɪt] **I** *vb itr* o. *vb tr* **1** diskutera, debattera, dryfta, avhandla [*~* [*on* (*upon*)] *a question*]; *-ing point* debattinlägg; diskussionsämne; *-ing society* diskussionsklubb **2** fundera [på], överväga [med sig själv] [äv. *~ with oneself*] **II** *s* debatt, diskussion
debater [dɪ'beɪtə] *s* debattör
debauched [dɪ'bɔ:tʃt] *adj* sedeslös, utsvävande; fördärvad, korrumperad
debauchery [dɪ'bɔ:tʃ(ə)rɪ] *s* omåttlighet, utsvävningar, liderlighet, sedeslöshet
debenture [dɪ'ben(t)ʃə] *s* debenture; slags obligation; *~ stock* obligationsfond
debilitate [dɪ'bɪlɪteɪt] *vb tr* försvaga
debility [dɪ'bɪlətɪ] *s* svaghet, kraftlöshet äv. bildl.

debit ['debɪt] **I** s debet **II** vb tr debitera; ~ *a p.'s account* debitera ngns konto
debonair [ˌdebə'neə] adj vanl. om man charmig, sympatisk; glad[lynt], sorglös
debrief [ˌdi:'bri:f] vb tr utfråga; *be ~ed* äv. rapportera, avlägga rapport
debris ['deɪbri:, 'deb-, amer. äv. də'bri:] s **1** spillror; skräp, bråte **2** geol. sönderfallna klippstycken
debt [det] s skuld; *bad ~s* osäkra fordringar; *National D~* statsskuld; *~ collector* inkasserare; *I owe you a ~ of gratitude* jag står i tacksamhetsskuld till er; *be in a p.'s ~* stå i skuld hos (till) ngn; bildl. stå i tacksamhetsskuld till ngn; *be deeply in ~* vara djupt skuldsatt, ha stora skulder; *run (get) into ~* sätta sig i skuld; *out of ~* skuldfri
debtor ['detə] s gäldenär, debitor
debug [di:'bʌg] vb tr sl. **1** data. m.m. korrigera, avlusa **2** avlägsna [dolda] mikrofoner i [*~ a room*]
debunk [di:'bʌŋk] vb tr vard. avslöja, blotta
début o. **debut** ['deɪbju:, -bu:, 'debju:] s debut; *make one's ~* göra sin debut, debutera
Dec. förk. för *December*
deca- [vanl. 'dekə] *prefix* deka-, tio-
decade ['dekeɪd, -kəd, dɪ'keɪd] s decennium
decadence ['dekəd(ə)ns] s dekadans, förfall
decadent ['dekəd(ə)nt] adj dekadent, förfallen, i (på) förfall
decaffeinate [dɪ'kæfɪneɪt] vb tr, *~d coffee* koffeinfritt kaffe
decal [dɪ'kæl, 'di:kæl] s dekal
decalitre ['dekəˌli:tə] s dekaliter
decamp [dɪ'kæmp] vb itr **1** bryta upp [från lägret], avtåga **2** plötsligt (i hemlighet) ge sig i väg
decant [dɪ'kænt] vb tr dekantera, hälla av
decanter [dɪ'kæntə] s karaff vanl. med propp
decapitate [dɪ'kæpɪteɪt] vb tr halshugga
decapitation [dɪˌkæpɪ'teɪʃ(ə)n] s halshuggning
decarbonize [di:'kɑ:bənaɪz] vb tr sota motor; tekn. befria från kol
decathlete [dɪ'kæθli:t] s sport. tiokampare
decathlon [dɪ'kæθlɒn, -ən] s sport. tiokamp
decay [dɪ'keɪ] **I** vb itr **1** förfalla; förstöras, fördärvas; försvagas, tyna av **2** multna, murkna, ruttna; vissna **3** vara angripen av karies (röta) **II** vb tr **1** fördärva, tära på **2** röta; orsaka karies (röta) i tänder **III** s **1** förfall, sönderfall, upplösning; avtynande, avtyning; *fall into ~* råka i förfall **2** förmultning, förruttnelse **3** karies[angrepp]; angripen vävnad; *~ in a tooth* karies, tandröta
decayed [dɪ'keɪd] adj **1** förfallen, förstörd; avsigkommen; fallfärdig **2** skämd, murken, maskäten; [karies]angripen [*~ tooth*]

decease [dɪ'si:s] **I** s frånfälle, död **II** vb itr avlida
deceased [dɪ'si:st] **I** adj avliden **II** s, *the ~* den avlidne (avlidna); de avlidna
deceit [dɪ'si:t] s **1** bedrägeri; svek, list **2** bedräglighet, falskhet
deceive [dɪ'si:v] vb tr o. vb itr bedra, vilseleda, föra bakom ljuset; lura, narra [*into doing a th.* att göra ngt]; *be ~d* äv. missräkna (missta) sig [*in* på]
deceiver [dɪ'si:və] s bedragare
decelerate [di:'seləreɪt] vb tr o. vb itr minska hastigheten (farten) [på], sakta farten, bromsa
deceleration [di:ˌselə'reɪʃ(ə)n] s fartminskning, hastighetsminskning; *~ lane* avfartsväg
December [dɪ'sembə] s december
decency ['di:snsɪ] s **1** anständighet; ärbarhet; det passande (tillbörliga); *observe the -ies* hålla på konvenansen; *in [common] ~* el. *in all ~* anständigtvis, för anständighetens (skams) skull **2** vard. hygglighet
decennial [dɪ'senjəl] **I** adj tioårs-, tioårig; återkommande vart tionde år **II** s tioårsdag
decennium [dɪ'senjəm] (pl. *-a* [-ə] el. *-ums*) s decennium, årtionde
decent ['di:snt] adj **1** passande, tillbörlig; anständig; städad; ordentlig; ärbar **2** vard. hygglig, snäll [*a ~ fellow; he was very ~ to me*] **3** vard. hygglig, skaplig, ganska bra (god) [*write ~ English*]
decently ['di:sntlɪ] adv passande, tillbörligt etc., jfr *decent*; anständigtvis, gärna
decentralization [di:ˌsentrəlaɪ'zeɪʃ(ə)n] s decentralisering
decentralize [di:'sentrəlaɪz] vb tr decentralisera
deception [dɪ'sepʃ(ə)n] s bedrägeri, humbug; list, knep
deceptive [dɪ'septɪv] adj bedräglig, vilseledande, illusorisk; *appearances are ~* skenet bedrar
decibel ['desɪbel] s fys. decibel
decide [dɪ'saɪd] **I** vb tr **1** avgöra; bestämma [sig för], besluta (sig för); *that ~d me* det fick mig att bestämma mig **2** inse, finna, komma till den slutsatsen [*that* att] **II** vb itr **1** bestämma sig, besluta sig [*she ~d on* (för) *the yellow hat*]; *~ on* äv. fastna för, välja; *we ~d against the trip* vi beslutade oss för att inte resa **2** välja [*between* mellan] **3** avgöra, döma
decided [dɪ'saɪdɪd] adj **1** bestämd [*~ opinion* (uppfattning)], avgjord, utpräglad, deciderad [*a ~ difference,*] **2** bestämd, resolut [*in a ~ voice*]
decidedly [dɪ'saɪdɪdlɪ] adv bestämt, avgjort etc., jfr *decided*; *most ~!* absolut!
decider [dɪ'saɪdə] s sport. omlöpning vid dött lopp; omspel; avgörande lopp (match, parti)

deciduous [dɪ'sɪdjʊəs] *adj* **1** periodvis avfallande om blad, horn o.d. **2** årligen lövfällande [~ *trees*]; **~ *forest*** lövskog
decigram[me] ['desɪgræm] *s* decigram
decile ['desaɪl, -sɪl] *s* statistik. decil
decilitre ['desɪ,liːtə] *s* deciliter
decimal ['desɪm(ə)l] **I** *adj* decimal- [~ *system*]; **~ *fraction*** decimalbråk; **~ *point*** mots. på sv. decimalkomma [*0.261* läses vanl. *point two six one*] **II** *s* decimal; decimalbråk; pl. *~s* äv. decimalräkning
decimalize ['desɪməlaɪz] *vb tr* tillämpa decimalsystemet på
decimate ['desɪmeɪt] *vb tr* decimera [~ *a population*]
decimetre ['desɪ,miːtə] *s* decimeter
decipher [dɪ'saɪfə] *vb tr* dechiffrera; tyda [ut], tolka
decision [dɪ'sɪʒ(ə)n] *s* avgörande; beslut; utslag, dom[slut] äv. sport; *make* (*come to, arrive at*) *a ~* fatta ett beslut
decision-maker [dɪ'sɪʒ(ə)n,meɪkə] *s* beslutsfattare
decisive [dɪ'saɪsɪv] *adj* **1** avgörande [*of* för]; avgjord **2** fast, bestämd; beslutsam
deck [dek] **I** *s* **1** sjö. däck [*on* ~]; *officer of the ~* vakthavande officer; *clear the ~s* se *clear IV 3* **2** våning, plan i buss o.d. **3** isht amer. kortlek; talong **4** kassettdäck [äv. *cassette ~*] **II** *vb tr* **1** mest poet. smycka, pryda, pynta [äv. *~ out*]; *~ oneself out* klä upp sig; styra ut sig **2** sjö. däcka **3** vard. däcka, golva
deckchair ['dektʃeə] *s* däcksstol; fällstol, vilstol
decker ['dekə] *s* ss. efterled i sms. -däckare [*double-decker, three-decker*]
deckhand ['dekhænd] *s* sjö. jungman; däckskarl
deckle-edged [,dekl'edʒd, attr. '---] *adj* om handgjort papper med oskurna kanter
declaim [dɪ'kleɪm] *vb itr* deklamera; orera, predika
declamatory [dɪ'klæmət(ə)rɪ] *adj* deklamatorisk; högtravande, pompös
declaration [,deklə'reɪʃ(ə)n] *s* **1** förklaring [~ *of love, ~ of war*], tillkännagivande [~ *of the poll* (valresultatet)]; *the D~ of Independence* amer. hist. oavhängighetsförklaringen av 1776 **2** deklaration, anmälan, uppgift; *customs ~* tulldeklaration; *~ of income* inkomstdeklaration
declare [dɪ'kleə] **I** *vb tr* **1** förklara, tillkännage, deklarera, förkunna, betyga [*a th. to a p.* ngt för ngn]; *~ a dividend* fastställa en utdelning; *~ the innings closed* se *III 2*; *~ a p.* [*to be*]... förklara ngn vara...; *they ~d him the winner* de förklarade honom för (som) vinnare; *~ war on* (*against*) förklara krig mot **2** deklarera, anmäla, uppge; [*have you*] *anything to ~?* i tullen ...något att förtulla? **3** kortsp. bjuda **II** *vb rfl*, *~ oneself* förklara (uttala) sig [*~ oneself for* (*against*) *a th.*] **III** *vb itr* **1** förklara (uttala) sig [~ *for* (*against*) *a th.*] **2** i kricket förklara inneomgången avslutad innan 10 slagmän är utslagna
declared [dɪ'kleəd] *adj* förklarad, uttalad [*a ~ goal* (*objective*)], öppen; svuren [~ *enemy*]
declassify [,diː'klæsɪfaɪ] *vb tr* offentliggöra, ta bort hemlighetsstämpeln på, släppa fri [~ *information*]
declension [dɪ'klenʃ(ə)n] *s* gram. deklination; [kasus]böjning
declinable [dɪ'klaɪnəbl] *adj* gram. böjlig
declination [,deklɪ'neɪʃ(ə)n] *s* nedåtböjning, lutning
decline [dɪ'klaɪn] **I** *vb itr* **1** slutta nedåt, luta; böja sig ned **2** om sol o.d. dala, sjunka **3** bildl. gå utför (tillbaka), avta, minska; *-ing birth-rate* sjunkande födelsetal; *-ing health* avtagande hälsa **4** avböja, tacka nej **II** *vb tr* **1** böja ned, luta **2** avböja, tacka nej till **3** gram. böja, deklinera **III** *s* **1** avtagande, tillbakagång, nedgång, dalande; förfall; fallande, sjunkande **2** nedgång, minskning, [pris]fall; *a ~ in* (*of*) *prices* [ett] prisfall **3** sluttning
declivity [dɪ'klɪvətɪ] *s* sluttning [nedåt], lutning
declutch [,diː'klʌtʃ] *vb itr* bil. koppla (trampa) ur
decoct [dɪ'kɒkt] *vb tr* göra en dekokt av
decoction [dɪ'kɒkʃ(ə)n] *s* dekokt, elixir; avkok[ning]
decode [,diː'kəʊd] *vb tr* dechiffrera; tolka; data. avkoda; radio. el. TV. dekoda
decoder [,diː'kəʊdə] *s* data. avkodare; radio. el. TV. dekoder
décolletage [,deɪkɒl'tɑːʒ] *s* fr. dekolletage, urringning
décolleté [deɪ'kɒlteɪ] *adj* fr. dekolleterad, urringad
decolonize [diː'kɒlənaɪz] *vb tr* avkolonisera
decomposable [,diːkəm'pəʊzəbl] *adj* nedbrytbar
decompose [,diːkəm'pəʊz] **I** *vb tr* lösa upp, sönderdela, bryta ned **II** *vb itr* lösas upp, falla sönder; vittra; ruttna
decomposition [diːkɒmpə'zɪʃ(ə)n] *s* upplösning, sönderfall; förruttnelse
decompress [,diːkəm'pres] *vb tr* tekn. dekomprimera, minska trycket på
decompression [,diːkəm'preʃ(ə)n] *s* tekn. dekompression
decongestant [,diːkən'dʒestənt] *s* med. medel mot kongestion (för slemhinneavsvällning)
decontaminate [,diːkən'tæmɪneɪt] *vb tr* sanera, avgasa
decontamination [,diːkən,tæmɪ'neɪʃ(ə)n] *s* sanering, avgasning
decontrol [,diːkən'trəʊl] *vb tr* frige vara från

[stats]kontroll; slopa kontrollen (regleringen) av
décor o. **decor** ['deɪkɔː, 'dekɔː] *s* teat. o.d. dekor; inredning; utsmyckning
decorate ['dekəreɪt] *vb tr* **1** dekorera; pryda, smycka, klä [~ *the Christmas tree*] **2** måla och tapetsera; inreda **3** dekorera tilldela en orden o.d.
decoration [ˌdekə'reɪʃ(ə)n] *s* **1** dekorering, prydande, [ut]smyckning; *interior* ~ heminredning **2** dekoration, prydnad [*Christmas* ~*s*]; pl. ~*s* äv. pynt **3** dekoration, orden
decorator ['dekəreɪtə] *s* **1** dekoratör; dekorationsmålare **2** [*painter and*] ~ målare hantverkare; *interior* ~ inredningsarkitekt
decorous ['dekərəs] *adj* anständig, värdig och passande
decorum [dɪ'kɔːrəm] *s* anständighet, värdighet, det passande (korrekta), dekorum
decoy [ss. subst. 'diːkɔɪ, ss. vb dɪ'kɔɪ] **I** *s* **1** lockfågel äv. bildl.; lockbete, lockmedel, lockelse; bulvan **2** jakt. a) vette b) andkoja **II** *vb tr* **1** fånga med lockfågel **2** bildl. locka [i fällan]; lura, narra
decrease [ss. vb vanl. dɪ'kriːs, ss. subst. 'diːkriːs, dɪ'kriːs] **I** *vb itr* o. *vb tr* [för]minska[s], avta **II** *s* [för]minskning, avtagande, nedgång; *on the* ~ i avtagande
decreasingly [dɪ'kriːsɪŋlɪ] *adv* mindre och mindre, allt mindre
decree [dɪ'kriː] **I** *s* **1** dekret, påbud; förordning, [kunglig] kungörelse **2** jur., ~ *absolute* slutgiltig äktenskapsskillnad **II** *vb tr* påbjuda, bestämma
decree nisi [dɪˌkriː'naɪsaɪ, -'niːsɪ] *s* jur. provisorisk skilsmässa, hemskillnad på ett bestämt antal veckor
decrepit [dɪ'krepɪt] *adj* orkeslös, bruten, skröplig, utlevad; fallfärdig [*a* ~ *house*]; utsliten
decrescendo [ˌdiːkrɪ'ʃendəʊ] **I** (pl. ~*s*) *s* mus. (it.) decrescendo **II** *adv* mus. decrescendo
decry [dɪ'kraɪ] *vb tr* nedvärdera, fördöma
dedicate ['dedɪkeɪt] *vb tr* **1** tillägna [*a th. to a p.* ngn ngt], dedicera **2** ägna [~ *one's time to a th.*]; ~ *oneself to* ägna (hänge) sig åt, djupt engagera sig i **3** sätta undan, avsätta [~ *money*] **4** inviga, öppna
dedicated ['dedɪkeɪtɪd] *adj* o. *perf p* hängiven, [starkt] engagerad, entusiastisk [*a* ~ *lexicographer*], målmedveten; trofast, troende; *be* ~ *to a th.* vara ngt hängiven
dedication [ˌdedɪ'keɪʃ(ə)n] *s* **1** hängivenhet [*to* för]; engagemang, entusiasm **2** tillägnan, dedikation **3** invigning; helgande
deduce [dɪ'djuːs] *vb tr* sluta sig till, dra [den] slutsatsen; härleda, deducera
deduct [dɪ'dʌkt] *vb tr* dra av, dra (räkna, ta) ifrån; *be* ~*ed from* avgå från summa

deductible [dɪ'dʌktəbl] *adj* som kan dras av (ifrån); avdragsgill isht vid självdeklaration
deduction [dɪ'dʌkʃ(ə)n] *s* **1** avdrag, avräkning **2** härledning; slutledning; deduktion; slutsats
deed [diːd] *s* **1** handling; gärning; *by* (*in*) *word and* ~ med (i) råd och dåd, i ord och gärning **2** bragd, bedrift, bravad, stordåd **3** jur. a) överlåtelsehandling, förskrivning [äv. ~ *of conveyance*] b) dokument, kontrakt, urkund, handling
deed box ['diːdbɒks] *s* dokumentskrin
deed poll ['diːdpəʊl] *s* ensidigt dokument upprättat blott av ena parten; *change one's name by* ~ ung. [officiellt] byta namn
deejay [diː'dʒeɪ] *s* vard. diskjockey, skivpratare
deem [diːm] *vb tr* litt. anse, [för]mena; tro
deep [diːp] **I** *adj* **1** djup nedåt el. inåt; bred; *go off the* ~ *end* vard. bli rasande, brusa upp; *go* (*jump*) *off the* ~ *end* amer. förhasta sig; ~ *fat* flottyr; *the D*~ *South* den djupa Södern i USA; *be in* (*get into*) ~ *water*[*s*] bildl. vara ute (komma ut) på djupt vatten, befinna sig (råka) i svårigheter **2** ~ *in* djupt invecklad i [~ *in trouble*], djupt inne (försjunken) i [~ *in a book*] **3** djupsinnig; *a* ~ *one* en djuping; en listig rackare **II** *adv* djupt äv. bildl. [*go* (*sink*) ~]; långt [~ *into* (in på) *the night*]; ~ *down* [*in his* (*her*) *heart*] innerst inne, i grund och botten; *drink* ~ dricka i djupa klunkar **III** *s* djup [plats] i hav; havsdjup; *the* ~ poet. havet, djupet
deepen ['diːp(ə)n] *vb tr* o. *vb itr* fördjupa[s]; göra (bli) djupare etc., jfr *deep*; skärpa[s]; stämma ton lägre; sänka sig; *the crisis* ~*ed* krisen förvärrades; ~*ing interest* stigande (allt större) intresse
deep-freeze [ˌdiːp'friːz] **I** (*deep-froze deep-frozen* el. ~*d* ~*d*) *vb tr* djupfrysa; *deep-frozen meat* djupfryst kött **II** *s* frys[box]
deep-fry [ˌdiːp'fraɪ] *vb tr* fritera
deep-laid [ˌdiːp'leɪd, attr. '--] *adj* noggrant (listigt) uttänkt (planerad), utstuderad, slug [*a* ~ *scheme* (*plot*)]
deep-rooted [ˌdiːp'ruːtɪd, attr. '-ˌ--] *adj* djupt [in]rotad, djuprotad [~ *hatred*]
deep-sea ['diːpsiː] *attr adj* djuphavs- [~ *fishing*], djup- [~ *diving*]; ~ *sounding* djuplodning
deep-seated [ˌdiːp'siːtɪd, attr. '-ˌ--] *adj* djupt liggande [~ *causes*]; djupt [in]rotad [~ *traditions*]
deep-set [ˌdiːp'set, attr. '--] *adj* djupt liggande [~ *eyes*]
deer [dɪə] (pl. lika) *s* hjort; rådjur; *fallow* ~ dovhjort; *red* ~ kronhjort
deer-stalker ['dɪəˌstɔːkə] *s* **1** gångskytt, hjortskytt **2** vard. jägarmössa av Sherlock Holmes-typ
de-escalate [dɪ'eskəleɪt] *vb tr* o. *vb itr* trappa[s] ned, avtrappa, deskalera

de-escalation [ˌdiːˌeskəˈleɪʃ(ə)n] s
nedtrappning, avtrappning, deskalering
deface [dɪˈfeɪs] vb tr **1** vanställa, vanpryda, fördärva, skämma **2** göra oläslig, utplåna
defacement [dɪˈfeɪsmənt] s vanställande etc., jfr *deface*; vanprydnad
de facto [ˌdiːˈfæktəʊ] lat. **I** adj faktisk **II** adv de facto, i själva verket, faktiskt
defamation [ˌdefəˈmeɪʃ(ə)n] s ärekränkning
defamatory [dɪˈfæmət(ə)rɪ] adj ärekränkande
defame [dɪˈfeɪm] vb tr ärekränka, svärta ned
default [dɪˈfɔːlt, -ˈfɒlt] **I** s **1** försummelse; uraktlåtenhet att betala; ~ *of payment* utebliven betalning **2** sport., *win (lose) a game by* ~ vinna (förlora) en match på walkover genom att motspelarna (man själv) uteblir **II** vb itr tredskas; inte fullgöra sin[a] skyldighet[er]; brista i betalning; bryta kontrakt
defaulter [dɪˈfɔːltə, -ˈfɒltə] s försumlig person; inför rätta utebliven (tredskande) part; försumlig betalare; bankruttör
defeat [dɪˈfiːt] **I** s **1** nederlag [*suffer* [a] ~], sport. äv. förlust; besegrande **2** omintetgörande [*the* ~ *of the plan*]; förkastande [*the* ~ *of the bill* (lagförslaget)] **II** vb tr **1** besegra, slå; göra ned; slå tillbaka [~ *an attack*]; *be ~ed* äv. lida nederlag, förlora **2** kullkasta, omintetgöra, tillintetgöra; ~ *a bill* förkasta ett lagförslag
defeatist [dɪˈfiːtɪst] s defaitist
defecate [ˈdefəkeɪt] vb itr med. ha avföring, vetensk. defekera
defect [ss. subst. ˈdiːfekt, dɪˈfekt, ss. vb dɪˈfekt] **I** s brist [*~s in the system*]; defekt; fel, felaktighet, lyte; *speech* ~ talfel **II** vb itr avfalla från parti o.d.; polit. äv. hoppa av
defection [dɪˈfekʃ(ə)n] s avfall från parti, religion o.d.; polit. äv. avhopp
defective [dɪˈfektɪv] adj bristfällig; defekt; ofullständig, ofullkomlig; felaktig; *the brakes are* ~ det är fel på bromsarna
defector [dɪˈfektə] s polit. avfälling; avhoppare
defence [dɪˈfens] s **1** försvar; skydd [~ *against the cold*], värn; ~ *mechanism* psykol. försvarsmekanism; *in* ~ *of* till försvar för **2** jur., *the* ~ svarandesidan; *witnesses for the* ~ försvarets vittnen **3** pl. *~s* a) mil. försvarsverk b) kroppens försvarsmekanism
defenceless [dɪˈfensləs] adj försvarslös, värnlös
defend [dɪˈfend] **I** vb tr **1** försvara; värja, värna [*against, from* mot, för] **2** jur. **a)** ~ *the suit* bestrida käromålet **b)** ~ *oneself* föra sin egen talan **c)** ~ *a p.* föra ngns talan **II** vb itr jur. försvara sig
defendant [dɪˈfendənt] s o. adj jur. svarande
defender [dɪˈfendə] s försvarare; sport. försvarsspelare
defense [dɪˈfens] s amer., se *defence*
defensible [dɪˈfensəbl] adj som går att försvara [*a* ~ *city*]; försvarbar, hållbar äv. bildl. [*a* ~ *theory*]
defensive [dɪˈfensɪv] **I** adj defensiv, försvars- [*a* ~ *war*, ~ *warfare*]; skyddande **II** s, *be* (*stand, act*) *on the* ~ hålla sig på defensiven
1 defer [dɪˈfɜː] vb tr o. vb itr skjuta upp, dröja [[*doing*] *a th.* med [att göra] ngt]; *~red payment* uppskjuten betalning
2 defer [dɪˈfɜː] vb itr, ~ *to* böja sig (falla undan) för, foga sig efter
deference [ˈdef(ə)r(ə)ns] s hänsyn, hänsynstagande; aktning, respekt
deferential [ˌdefəˈrenʃ(ə)l] adj hänsynsfull, aktningsfull, vördnadsfull, undfallande
deferment [dɪˈfɜːmənt] s uppskjutande
defiance [dɪˈfaɪəns] s utmaning; trots; *an act of* ~ en utmanande handling; *in* ~ *of* trots, i trots av; stick i stäv mot
defiant [dɪˈfaɪənt] adj utmanande; trotsig
deficiency [dɪˈfɪʃ(ə)nsɪ] s **1** bristfällighet, ofullkomlighet, ofullständighet; brist [*vitamin* ~; *of* på]; ~ *disease* bristsjukdom **2** hand. deficit, brist; *make up* (*good*) *a* ~ ersätta felande belopp
deficient [dɪˈfɪʃ(ə)nt] adj bristande, otillräcklig; bristfällig, ofullständig; underhaltig; ~ *in vitamins* vitaminfattig; *be* ~ *in* sakna
deficit [ˈdefɪsɪt] s hand. underskott, deficit, brist
defile [dɪˈfaɪl] vb tr förorena; orena; besudla
definable [dɪˈfaɪnəbl] adj definierbar
define [dɪˈfaɪn] vb tr **1** bestämma [gränserna för], begränsa, avgränsa; [klart] ange, fixera, precisera [~ *a p.'s duties*]; fastställa **2** definiera, bestämma
defined [dɪˈfaɪnd] *perf p* o. adj [klart] avgränsad; bestämd, [klart] angiven; fastställd [~ *by law*]; markerad, utpräglad; *the mountain was clearly* ~ *against the sky* berget avtecknade sig skarpt mot himlen
definite [ˈdefɪnət] adj avgränsad; fastställd; avgjord; uttrycklig [*a* ~ *answer*]; exakt, bestämd äv. gram. [*the* ~ *article*]; definitiv
definitely [ˈdefɪnətlɪ] adv absolut, avgjort, definitivt
definition [ˌdefɪˈnɪʃ(ə)n] s **1** bestämmande etc., jfr *define*; bestämning **2** definition [~ *of a word*]; skärpa på TV-bild, foto m.m.
definitive [dɪˈfɪnətɪv] adj **1** definitiv, avgörande [*a* ~ *answer*] **2** föredömlig [och auktoritativ] [*a* ~ *edition*]
deflate [dɪˈfleɪt] **I** vb tr **1** släppa luften ur [~ *a tyre*], tömma på luft **2** ekon. sänka [~ *prices*]; åstadkomma en deflation av **3** bildl. stuka [till]; gäcka **II** vb itr **1** tömmas på luft **2** ekon. åstadkomma (undergå) en deflation
deflation [dɪˈfleɪʃ(ə)n] s ekon. deflation
deflationary [dɪˈfleɪʃ(ə)rɪ] adj ekon. deflationistisk, deflations- [~ *gap*]
deflect [dɪˈflekt] **I** vb tr få ngt att böja (vika)

av, avleda II *vb itr* böja sig [åt sidan], böja (vika) av
Defoe [dɪˈfəʊ]
defog [ˌdiːˈfɒg] *vb tr* amer. ta bort imman från [~ *the windshield*]
defoliant [dɪˈfəʊlɪənt] *s* avlövningsmedel, defoliant
defoliate [diːˈfəʊlɪeɪt] *vb tr* avlöva
defoliation [diːˌfəʊlɪˈeɪʃ(ə)n] *s* lövfällning; avlövning
deforestation [diːˌfɒrɪˈsteɪʃ(ə)n] *s* skogsskövling, uthuggning, avskogning; kalhuggning
deform [dɪˈfɔːm] *vb tr* deformera, vanställa, förvränga; vanpryda
deformed [dɪˈfɔːmd] *adj* vanställd; vanskapt
deformity [dɪˈfɔːmətɪ] *s* vanskapthet; deformitet, missbildning, lyte
defraud [dɪˈfrɔːd] *vb tr* bedra [*of* på], svekligt beröva, undanhålla [*a p. of a th.* ngn ngt]
defray [dɪˈfreɪ] *vb tr* bestrida, betala, bära [~ *the costs*]
defrayal [dɪˈfreɪ(ə)l] *s* o. **defrayment** [dɪˈfreɪmənt] *s* bestridande [~ *of the costs*]
defrock [ˌdiːˈfrɒk] *vb tr* se *unfrock*
defrost [ˌdiːˈfrɒst] I *vb tr* tina upp fruset kött o.d.; frosta av t.ex. kylskåp, vindruta II *vb itr* tina om fruset kött o.d.
defroster [ˌdiːˈfrɒstə] *s* defroster
defrosting [ˌdiːˈfrɒstɪŋ] *s* avfrostning; upptining av fruset kött o.d.
deft [deft] *adj* flink, händig, skicklig, kvick
defunct [dɪˈfʌŋ(k)t] *adj* **1** avliden, död **2** inte längre förekommande (gällande)
defuse [ˌdiːˈfjuːz] *vb tr* desarmera, oskadliggöra
defy [dɪˈfaɪ] *vb tr* **1** trotsa [~ *the law*, ~ *description*]; gäcka; *the problem defied solution* problemet gick inte att lösa **2** utmana; *I ~ you to do it* gör det om du törs
degas [diːˈgæs] *vb tr* avgasa
degeneracy [dɪˈdʒen(ə)rəsɪ] *s* degeneration, urartning; förfall
degenerate [ss. adj. o. subst. dɪˈdʒen(ə)rət, ss. vb dɪˈdʒenəreɪt] I *adj* degenererad, urartad II *s* degenererad individ III *vb itr* degenerera[s]
degeneration [dɪˌdʒenəˈreɪʃ(ə)n] *s* degenerering, degeneration, urartning
degradable [dɪˈgreɪdəbl] *adj* kem. nedbrytbar [~ *detergents*]; komposterbar [~ *waste*]
degradation [ˌdegrəˈdeɪʃ(ə)n] *s* **1** degradering; avsättande **2** förnedring; försämring, förfall
degrade [dɪˈgreɪd] *vb tr* **1** degradera; avsätta **2** förnedra, förödmjuka; försämra; fördärva
degree [dɪˈgriː] *s* **1** grad; *by ~s* gradvis, stegvis, efter hand, så småningom; *to a certain* (*to some*) ~ i viss (någon) mån; *to a high ~* i hög grad **2** [släkt]led **3** rang, värdighet, ställning [*a man of high ~*]

4 matem., gram., univ. m.fl. grad; univ. äv. examen [*study for a ~*, *take the ~ of BA*]; *~ of comparison* komparationsgrad; *honours ~* se *honour I 5*; *a London ~* en examen från Londons universitet; *the third ~* jur. tredje graden hänsynslös förhörsmetod; *murder in the first ~* isht amer. mord av första graden
dehydrate [diːˈhaɪdreɪt, ˌ--ˈ-] *vb tr* **1** torka; *~d eggs* äggpulver; *~ foods* [vakuum]torkade livsmedel; *~d soup* pulversoppa **2** kem. dehydratisera; med. dehydrera, torka ut
dehydration [ˌdiːhaɪˈdreɪʃ(ə)n] *s* uttorkning; med. dehydrering; kem. dehydratisering, avvattning
de-ice [ˌdiːˈaɪs] *vb tr* förhindra isbildning på; isa av
deification [ˌdiːɪfɪˈkeɪʃ(ə)n] *s* förgudning
deify [ˈdiːɪfaɪ] *vb tr* upphöja till gud; avguda, dyrka
deign [deɪn] I *vb itr*, *~ to* nedlåta sig [till] att, värdigas, täckas, behaga II *vb tr* litt. värdigas ge [~ *an answer*]
deism [ˈdiːɪz(ə)m] *s* deism
deity [ˈdeɪətɪ, ˈdiː-] *s* gudom; gudomlighet; gud, gudinna
déjà-vu [ˌdeɪʒɑːˈvuː, -ˈvjuː] *s* psykol. (fr.) déjà vu känsla av att tidigare ha upplevt det man just upplever
dejection [dɪˈdʒekʃ(ə)n] *s* nedslagenhet, förstämning
de jure [ˌdeɪˈdʒʊərɪ, ˌdɪ-] lat. I *adj* lagenlig II *adv* enligt lagen, de jure
dekko [ˈdekəʊ] (pl. *~s*) *s* sl., *take* (*have*) *a ~ at* kolla [in] titta
Del förk. för *Delaware*
Delaware [ˈdeləweə] geogr.
delay [dɪˈleɪ] I *vb tr* **1** skjuta upp, dröja med [~ *doing* (att göra) *a th.*] **2** fördröja, försena, uppehålla, hindra; *~ing tactics* förhalningstaktik II *vb itr* dröja [*on* vid] III *s* fördröjning; dröjsmål, uppskov; försening
delayed-action [dɪˌleɪdˈækʃ(ə)n] *adj* tidsinställd- [~ *bomb* (*fuse*)]
delectable [dɪˈlektəbl] *adj* nöjsam, behaglig
delegate [ss. subst. ˈdelɪgət, -geɪt, ss. vb ˈdelɪgeɪt] I *s* delegat, fullmäktig, deputerad, delegerad, ombud, representant II *vb tr* delegera
delegation [ˌdelɪˈgeɪʃ(ə)n] *s* **1** delegering; befullmäktigande **2** delegation, deputation
delete [dɪˈliːt] *vb tr* stryka [ut], ta bort, radera
deleterious [ˌdelɪˈtɪərɪəs] *adj* fördärvlig, skadlig
deletion [dɪˈliːʃ(ə)n] *s* [ut]strykning; raderande
Delhi [ˈdelɪ] geogr.
deli [ˈdelɪ] *s* vard. kortform för *delicatessen*
deliberate [ss. adj. dɪˈlɪb(ə)rət, ss. vb dɪˈlɪbəreɪt] I *adj* **1** överlagd, avsiktlig, genomtänkt **2** försiktig, betänksam II *vb tr*

deliberately

överväga, tänka över III *vb itr* **1** överväga, betänka sig **2** rådslå, överlägga [*on* om]
deliberately [dɪ'lɪb(ə)rətlɪ] *adv* **1** avsiktligt, med berått mod, med flit, uppsåtligt, medvetet **2** betänksamt, försiktigt; sävligt
deliberateness [dɪ'lɪb(ə)rətnəs] *s* betänksamhet, försiktighet, besinning; sävlighet
deliberation [dɪˌlɪbə'reɪʃ(ə)n] *s* **1** moget övervägande, betänkande **2** överläggning, rådplägning; debatt **3** se *deliberateness*
delicacy ['delɪkəsɪ] *s* **1** finhet, skirhet i t.ex. vävnad, utförande, utseende **2** spädhet, klenhet, ömtålighet **3** finhet; känslighet **4** finess **5** finkänslighet; takt **6** delikatess, läckerhet
delicate ['delɪkət] *adj* **1** fin, utsökt [~ *features*, ~ *lace*]; mild, skir [*a* ~ *colour*] **2** späd, klen, ömtålig [*a* ~ *child*, ~ *health*], skör, spröd, vek **3** delikat, ömtålig [*a* ~ *situation*]; vansklig [*a* ~ *operation*] **4** känslig, fin [~ *instruments*] **5** finkänslig; taktfull **6** läcker [~ *food*]
delicatessen [ˌdelɪkə'tesn] *s* **1** delikatessaffär **2** (konstr. ss. pl.) färdiglagad mat, charkuterivaror; delikatesser
delicious [dɪ'lɪʃəs] *adj* **1** härlig, ljuvlig **2** läcker, delikat, utsökt [~ *fruit*]
delight [dɪ'laɪt] **I** *s* nöje, glädje, [väl]behag [*the* ~*s of country life*], fröjd; njutning; förtjusning; pl. ~*s* äv. härligheter; *take* [*a*] ~ *in* finna nöje i, vara road av; njuta av **II** *vb tr* glädja **III** *vb itr*, ~ *in* finna nöje (behag) i, njuta av [*he* ~*s in teasing me*]
delighted [dɪ'laɪtɪd] *adj* glad, förtjust [*at* (*with*) *a th.* över ngt]
delightful [dɪ'laɪtf(ʊ)l] *adj* förtjusande [trevlig], ljuvlig, härlig, charmant [*a* ~ *holiday* (*place*)]
Delilah [dɪ'laɪlə] bibl. Delila
delimitation [dɪˌlɪmɪ'teɪʃ(ə)n] *s* avgränsning; utstakning, bestämning, reglering av gräns
delineate [dɪ'lɪnɪeɪt] *vb tr* **1** teckna [konturerna av]; göra utkast till, skissera **2** beskriva, skildra
delinquency [dɪ'lɪŋkwənsɪ] *s*, *juvenile* ~ ungdomsbrottslighet
delinquent [dɪ'lɪŋkwənt] *s*, *juvenile* ~ ungdomsbrottsling
delirious [dɪ'lɪrɪəs, -'lɪər-] *adj* yrande; [tillfälligt] sinnesförvirrad; rasande, vild; yr, ifrån sig
delirium [dɪ'lɪrɪəm, -'lɪər-] *s* delirium, [tillfällig] sinnesförvirring; yra äv. bildl.
delish [dɪ'lɪʃ] *adj* vard. förk. för *delicious*
deliver [dɪ'lɪvə] *vb tr* **1** lämna av, lämna ut, lämna fram, överlämna; hand. leverera; dela ut, bära ut [~ *letters*]; framföra [~ *a message to a p.*]; *have a th.* ~*ed to one's home* få ngt hemburet **2** befria [*from*]; frälsa [~ *us from evil*] **3** framföra, hålla [~ *a speech*]; ~ *judgement* avkunna dom **4** förlösa; *be* ~*ed of a child* nedkomma med (föda) ett barn **5** överlämna, ge upp; utlämna; *stand and* ~! pengarna eller livet! **6** rikta, dela ut [~ *a blow*]; avlossa [~ *a shot*]; kasta [~ *a ball*]
deliverance [dɪ'lɪv(ə)r(ə)ns] *s* befrielse, räddning
deliverer [dɪ'lɪv(ə)rə] *s* **1** befriare, räddare **2** leverantör; [varu]bud
delivery [dɪˌlɪv(ə)rɪ] *s* **1** avlämnande, överlämnande, utlämnande, framlämnande, leverans [~ *of goods*]; utdelning, utbärning [~ *of letters*]; utsändning [*parcels'* ~]; [post]tur [*by the first* ~]; ~ *date* leveransdatum; ~ *man* varubud; ~ *note* följesedel; ~ *van* skåpbil, varubil, transportbil; *special* ~ express[befordran]; *on* ~ vid leverans; *cash* (amer. *collect*) *on* ~ [mot] efterkrav, [mot] postförskott **2** framförande [~ *of a speech*]; framställningssätt, föredrag [*he has an excellent* ~] **3** med. förlossning, nedkomst
dell [del] *s* däld, liten dal
delouse [ˌdiː'laʊs, -z] *vb tr* lusa av
delphinium [del'fɪnɪəm] *s* bot. riddarsporre
delta ['deltə] *s* **1** grekiska bokstaven delta; ~ *rays* deltastrålar; ~ *wing* flyg. deltavinge **2** delta[land] [*the Nile D*~]
delude [dɪ'luːd, -'ljuːd] *vb tr* lura, narra, förleda [*into* till], vilseleda; ~ *oneself* bedra (lura) sig själv
deluge ['deljuːdʒ] **I** *s* **1** översvämning, syndaflod; häftigt regn, skyfall **2** bildl. störtflod **II** *vb tr* översvämma äv. bildl.; dränka
delusion [dɪ'luːʒ(ə)n, -'ljuː-] *s* [själv]bedrägeri, villa, illusion, inbillning; vanföreställning; ~*s of grandeur* storhetsvansinne; *be under the* ~ *that* [*one is a great poet*] sväva i den villfarelsen att...
delusive [dɪ'luːsɪv, -'ljuː-] *adj* o. **delusory** [dɪ'luːsərɪ, -'ljuː-] *adj* bedräglig, vilseledande, illusorisk, förvillande
de luxe [dəˈlʌks, -'lʊks] *adj* luxuös, lyx- [*a* ~ *edition*]
delve [delv] *vb itr*, ~ *into* forska (gräva) i [~ *into old books* (*a p.'s past*)]
Dem [dem] förk. för *Democrat*, *Democratic* (amer. polit.)
demagnetize [ˌdiː'mæɡnɪtaɪz] *vb tr* avmagnetisera
demagog ['deməɡɒɡ] *s* amer., se *demagogue*
demagogue ['deməɡɒɡ] *s* demagog, folkuppviglare
demagoguery ['deməɡɒɡ(ə)rɪ] *s* demagogi
demagogy ['deməɡɒɡɪ, -ɡɒdʒɪ] *s* demagogi
demand [dɪ'mɑːnd] **I** *vb tr* **1** begära, fordra, kräva [~ *an apology from* (av) *a p.*] **2** begära (yrka på) att få veta; myndigt fråga efter [*the policeman* ~*ed my name and address*] **II** *s* **1** begäran [*for* om], fordran, krav [*for* på]; anspråk; *make* ~*s on a p.* ställa fordringar (anspråk) på ngn; *I have* (*there are*) *many* ~*s on my time* det är mycket som upptar

min tid; *on* ~ vid anfordran **2** efterfrågan [*for på*]; ~ *and supply* tillgång och efterfrågan; *in* ~ efterfrågad, eftersökt
demanding [dɪ'mɑ:ndɪŋ] *adj* fordrande, krävande
demand note [dɪ'mɑ:ndnəʊt] *s* hand. kravbrev
demarcation [,di:mɑ:'keɪʃ(ə)n] *s* avgränsning; *line of* ~ demarkationslinje, gränslinje
demean [dɪ'mi:n] *vb rfl*, ~ *oneself* nedlåta sig
demeanour [dɪ'mi:nə] *s* uppträdande, uppförande, hållning; *a friendly* ~ ett vänligt sätt
demented [dɪ'mentɪd] *adj* sinnessjuk, mentalsjuk; vard. heltokig, vansinnig
dementia [dɪ'menʃɪə] *s* med. demens, dementia
Demerara [,demə'rɑ:rə, i bet. *II* ,demə'reərə] **I** geogr. egenn. **II** *s*, *d~* [*sugar*] rårörssocker, demerarasocker
demerit [di:'merɪt] *s* **1** fel, brist, svaghet; *merits and ~s* se *merit I* **2** amer. (skol. el. mil.) anmärkning, prick
demi- ['demɪ] *prefix* halv-
demigod ['demɪɡɒd] *s* halvgud
demijohn ['demɪdʒɒn] *s* damejeanne
demilitarize [,di:'mɪlɪtəraɪz] *vb tr* demilitarisera
demi-pension [,demɪ'pɑ:ŋsjɔ:ŋ] *s* halvpension på hotell o.d.
demise [dɪ'maɪz] *s* **1** frånfälle, död [*the ~ of a famous newspaper*] **2** upphörande, slut; fall
demisemiquaver ['demɪsemɪ,kweɪvə] *s* mus. trettiotvåendelsnot
demist [di:'mɪst] *vb tr* ta bort imman från
demister [di:'mɪstə] *s* isht bil. defroster
demitasse ['demɪtæs] *s* **1** mockakopp **2** kopp mockakaffe
demo ['deməʊ] (pl. *~s*) *s* vard. **1** kortform för *demonstration 2* **2** demoskiva, demotape
demob [,di:'mɒb] mil. vard. **I** *vb tr*, *be* (*get*) *~bed* mucka **II** *s* muck; *get one's* ~ mucka
demobilization [di:,məʊbɪlaɪ'zeɪʃ(ə)n] *s* demobilisering; hemförlovning
demobilize [di:'məʊbɪlaɪz] *vb tr* demobilisera; hemförlova
democracy [dɪ'mɒkrəsɪ] *s* demokrati, folkvälde
democrat ['deməkræt] *s* demokrat; *D~* polit. (i USA) demokrat
democratic [,demə'krætɪk] *adj* demokratisk; *the D~ Party* polit. (i USA) demokratiska partiet; ~ *republic* äv. folkrepublik
democratization [dɪ,mɒkrətaɪ'zeɪʃ(ə)n] *s* demokratisering
demographic [,di:mə'ɡræfɪk, ,demə-] *adj* demografisk
demolish [dɪ'mɒlɪʃ] *vb tr* **1** demolera, rasera, riva [ned] **2** bildl. förstöra; kullkasta [~ *arguments*]
demolition [,demə'lɪʃ(ə)n] *s* **1** demolering, rasering, [ned]rivning **2** bildl. förstörelse; kullkastning **3** mil., ~ *squad* sprängpatrull
demon ['di:mən] *s* **1** demon äv. bildl.; ond ande; djävul [*the D~*] **2** vard. överdängare, baddare
demonic [dɪ'mɒnɪk] *adj* demonisk, djävulsk, satanisk [~ *laughter*]
demonstrable [dɪ'mɒnstrəbl, 'demən-] *adj* bevislig, bevisbar, påvisbar; uppenbar
demonstrably [dɪ'mɒnstrəblɪ, 'demən-] *adv* bevisligen
demonstrate ['demənstreɪt] **I** *vb tr* **1** bevisa; visa, uppvisa, påvisa **2** demonstrera, [öppet] visa [~ *one's gratitude*] **3** demonstrera, förevisa **II** *vb itr* demonstrera [*against* mot]
demonstration [,demən'streɪʃ(ə)n] *s* **1** bevisande, bevisning; uppvisande, bevis; *a* ~ *of affection* en ömhetsbetygelse **2** demonstration
demonstrative [dɪ'mɒnstrətɪv] **I** *adj* **1** demonstrativ, öppen[hjärtig] **2** gram. demonstrativ, utpekande **II** *s* gram. demonstrativt pronomen
demonstrator ['demənstreɪtə] *s* demonstrant
demoralization [dɪ,mɒrəlaɪ'zeɪʃ(ə)n] *s* demoralisering
demoralize [dɪ'mɒrəlaɪz] *vb tr* demoralisera
demote [dɪ'məʊt] *vb tr* degradera; flytta ned
demotic [dɪ'mɒtɪk] *adj* folklig, vanlig
demotion [dɪ'məʊʃ(ə)n] *s* degradering; nedflyttning
demur [dɪ'mɜ:] *vb itr* göra invändningar, hysa betänkligheter [*to*, *at* mot]
demure [dɪ'mjʊə] *adj* vanl. om kvinna **1** blyg[sam] **2** tillgjort allvarlig, sedesam, pryd
demurely [dɪ'mjʊəlɪ] *adv* blygt etc., jfr *demure*
den [den] *s* **1** djurs håla, lya, kula **2** tillhåll, näste [*thieves'* ~], håla [*an opium* ~]; kyffe; vard. lya, krypin
denial [dɪ'naɪ(ə)l] *s* **1** [för]nekande **2** dementi **3** avslag [~ *of* (på) *a request*], vägran; tillbakavisande **4** självförnekelse, självförsakelse
denier ['denɪə, 'denɪeɪ] *s* textil. denier
denigrate ['denɪɡreɪt] *vb tr* tala nedsättande om, racka ned på, svärta ned
denim ['denɪm] *s* **1** denim jeanstyg **2** vard., pl. *~s* jeans; snickarbyxor
denizen ['denɪzn] *s* mest poet. invånare
Denmark ['denmɑ:k] Danmark
denomination [dɪ,nɒmɪ'neɪʃ(ə)n] *s* **1** benämning, beteckning **2** valör; myntenhet **3** denomination, kyrkosamfund
denominational [dɪ,nɒmɪ'neɪʃənl, -ʃnəl] *adj* konfessionell, hörande till kyrkosamfund
denominator [dɪ'nɒmɪneɪtə] *s* matem., *lowest* (*least*) *common* ~ minsta gemensamma nämnare
denote [dɪ'nəʊt] *vb tr* beteckna; ange
denouement [deɪ'nu:mɑ:ŋ] *s* fr. upplösning i drama o.d.; utgång

denounce [dɪ'naʊns] *vb tr* **1** peka ut, stämpla [~ *a p. as a spy*]; brännmärka, fördöma, [skarpt] kritisera **2** ange, anmäla brottsling
dense [dens] *adj* **1** tät [*a ~ crowd, a ~ forest*], tjock, oigenomtränglig; kompakt **2** bildl. dum [*he's quite ~*] **3** foto. med hög svärtningsgrad
densely ['densli] *adv* tätt, tät- [~ *populated*]
densimeter [den'sɪmɪtə] *s* densometer, densimeter
density ['densəti] *s* **1** täthet etc., jfr *dense 1* **2** fys. densitet
dent [dent] **I** *s* **1** buckla **2** bildl. hål [*a ~ in the budget*] **II** *vb tr* göra märken i, buckla [till]; perf. p. *~ed* tillbucklad, bucklig
dental ['dentl] **I** *adj* **1** ~ *care* tandvård; ~ *floss* tandtråd för rengöring av tänder; ~ *hygiene* tandhygien; ~ *hygienist* tandhygienist; ~ *nurse* tandsköterska; ~ *ridge* tandvall; ~ *surgeon* tandläkare **2** fonet. dental [~ *sound*] **II** *s* fonet. dental, tandljud
denticare [,dentɪ'keə, '---] *s* tandvård
dentifrice ['dentɪfrɪs] *s* tandpulver, tandkräm
dentist ['dentɪst] *s* tandläkare
dentistry ['dentɪstrɪ] *s* tandläkekonst[en]; tandläkararbete; tandläkaryrke
denture ['den(t)ʃə] *s* tandprotes, tandgarnityr; *~s* löständer
denude [dɪ'nju:d] *vb tr* blotta [*of* på], avkläda; beröva [*a p. of a th.* ngn ngt]
denunciation [dɪ,nʌnsɪ'eɪʃ(ə)n] *s* **1** fördömande, brännmärkning [*of* av] **2** angivelse av brottsling
deny [dɪ'naɪ] *vb tr* **1** neka till, bestrida; förneka; dementera; *there is no ~ing the fact that...* det kan inte förnekas att..., man kan inte komma ifrån att... **2** neka, vägra, förvägra [*a p. a th.* el. *a th. to a p.* ngn ngt]; avvisa, tillbakavisa; avslå; *he is not to be denied* han låter inte avvisa sig **3** ~ *oneself* neka sig, försaka
deodorant [dɪ'əʊdər(ə)nt] *s* deodorant
deoxyribonucleic [di:'ɒksɪ,raɪbə(ʊ)'nju:klɪɪk] *adj* kem., ~ *acid* deoxiribonukleinsyra, DNA
depart [dɪ'pɑ:t] *vb itr* **1** avresa; avlägsna sig; om tåg o.d. avgå [*from* från; *for (to)* till] **2** ~ *from* avvika (skilja sig) från; frångå [~ *from routine*]
departed [dɪ'pɑ:tɪd] *s* högtidl., *the ~* den avlidne (avlidna), de avlidna
department [dɪ'pɑ:tmənt] *s* **1** avdelning; bildl. område; fack, gren; *the D~ of English* el. *the English D~* vid univ. o.d. engelska institutionen **2** [regerings]departement, ministerium isht amer.; britt. äv. avdelning inom departementet; *the D~ of State* el. *the State D~* i USA utrikesdepartementet
departmental [,di:pɑ:t'mentl] *adj* avdelnings-; departements-; ~ *minister* departementschef, fackminister; ~ *store* varuhus
department store [dɪ'pɑ:tməntstɔ:] *s* varuhus

departure [dɪ'pɑ:tʃə] *s* **1** avresa, avfärd, avgång [*from* från; *for (to)* till]; *point of* ~ utgångspunkt; ~ *hall (lounge)* t.ex. på flygplats avgångshall; ~ *indicator* järnv. el. flyg. avgångstavla; ~ *platform* avgångsplattform **2** avgående tåg (båt, flyg) [*arrivals and ~s*; *next ~*] **3** bildl. avvikelse; avsteg; vändning i samtal; *a new ~* en ny idé, ett nytt initiativ **4** litt. bortgång, död
depend [dɪ'pend] *vb itr* **1** bero, komma an [*on, upon* på]; vara beroende (hänvisad) [*on, upon* av, till]; *that (it [all])* ~*s* vard. det beror 'på; *it ~s whether...* det beror (hänger) på om... **2** lita [*on, upon* på]; ~ *on it* vard. det kan du lita på, var lugn för det
dependability [dɪ,pendə'bɪlɪtɪ] *s* pålitlighet; driftsäkerhet
dependable [dɪ'pendəbl] *adj* pålitlig; driftsäker
dependant [dɪ'pendənt] *s* beroende person, anhörig; *he has many ~s* det är många som är beroende av honom, han har många att försörja
dependence [dɪ'pendəns] *s* **1** beroende, avhängighet [*upon, on* av] **2** tillit, förtröstan [*upon, on* till]
dependency [dɪ'pendənsɪ] *s* besittning
dependent [dɪ'pendənt] **I** *adj* beroende [*on, upon* av]; hänvisad [*on, upon* till]; underordnad; ~ *clause* gram. bisats **II** *s* se *dependant*
depict [dɪ'pɪkt] *vb tr* **1** avbilda; teckna av **2** skildra, teckna, framställa
depilation [,depɪ'leɪʃ(ə)n] *s* hårborttagning
depilatory [dɪ'pɪlət(ə)rɪ] **I** *adj* hårborttagande, hårborttagnings- **II** *s* hårborttagningsmedel
deplete [dɪ'pli:t] *vb tr* [ut]tömma [*of* på]; åderlåta, förbruka, göra slut på
depletion [dɪ'pli:ʃ(ə)n] *s* tömmande, [ut]tömning, förbrukning, åderlåtning
deplorable [dɪ'plɔ:rəbl] *adj* beklagansvärd, beklaglig; sorglig, bedrövlig; eländig
deplore [dɪ'plɔ:] *vb tr* djupt beklaga; begråta, sörja
deploy [dɪ'plɔɪ] **I** *vb tr* **1** mil. sprida [på bred front]; gruppera; utplacera [~ *missiles*] **2** utveckla, utnyttja **II** *vb itr* mil. sprida sig; gruppera sig
deployment [dɪ'plɔɪmənt] *s* **1** mil. spridning, gruppering; uppmarsch; utplacering [*the ~ of missiles*] **2** utveckling, utnyttjande [*the ~ of resources*]; placering [*the ~ of capital*]
depoliticize [,di:pə'lɪtɪsaɪz] *vb tr* avpolitisera
deponent [dɪ'pəʊnənt] *s* o. *adj* gram., ~ [*verb*] deponens
depopulate [di:'pɒpjʊleɪt] *vb tr* avfolka
depopulation [di:,pɒpjʊ'leɪʃ(ə)n] *s* avfolkning
deport [dɪ'pɔ:t] **I** *vb tr* deportera, förvisa **II** *vb rfl*, ~ *oneself* uppföra (skicka) sig
deportation [,di:pɔ:'teɪʃ(ə)n] *s* deportation, förvisning

deportee [ˌdiːpɔː'tiː] *s* deporterad (förvisad) [person]; person som dömts till deportering
deportment [dɪ'pɔːtmənt] *s* uppförande, uppträdande, skick; sätt att föra sig; hållning
depose [dɪ'pəʊz] I *vb tr* **1** avsätta t.ex. kung **2** jur., isht skriftligt vittna [under ed] om, intyga ngt på ed II *vb itr* jur., isht skriftligt vittna [under ed] [*to* om]
deposit [dɪ'pɒzɪt] I *vb tr* **1** lägga (sätta) ned; lägga ägg **2** deponera, lämna i förvar, [låta] förvara [*with* (hos) *a p.*, *in a p.'s hands*, *in a museum*], anförtro; sätta in [~ *money in a bank*] **3** lämna som (i) säkerhet, deponera; lämna (betala) i handpenning **4** avsätta, avlagra; utfälla bottensats II *s* **1** deposition; insättning [*savings-bank's* ~*s*], insatta pengar; tillgodohavande; förvar; ~ *account* inlåningskonto; kapitalkonto; kapitalsamlingskonto **2** pant; handpenning, förskott, insats; depositionsavgift; *no* ~ på engångsflaska ingen retur **3** fällning, bottensats; avlagring; lager; fyndighet [*ore* ~]
deposition [ˌdepə'zɪʃ(ə)n, ˌdiːp-] *s* **1** avsättning av t.ex. kung **2** jur., isht skriftligt vittnesmål, edlig [skriftlig] försäkran **3** deponerande, insättning **4** [ut]fällning, avlagring äv. konkr. **5** nedläggande
depositor [dɪ'pɒzɪtə] *s* deponent, insättare; ~*'s book* sparbanksbok, bankbok
depository [dɪ'pɒzɪt(ə)rɪ] *s* förvaringsställe; nederlag; *night* ~ amer. servicebox, nattfack
depot ['depəʊ, amer. äv. 'diːpəʊ] *s* **1** depå, förråd; nederlag **2** spårvagnshall, vagnhall; bussgarage **3** bangård **4** amer. busstation; järnvägsstation; flygterminal
deprave [dɪ'preɪv] *vb tr* fördärva moraliskt, depravera
depravity [dɪ'prævətɪ] *s* depravation, [sede]fördärv, demoralisering; lastbarhet
deprecat|e ['deprəkeɪt] *vb tr* ogilla, beklaga; *a -ing gesture* en avvärjande gest
deprecatingly ['deprəkeɪtɪŋlɪ] *adv* avvärjande
depreciate [dɪ'priːʃɪeɪt] I *vb tr* **1** skriva ned, depreciera valuta **2** bildl. nedvärdera, förringa **3** hand. skriva av II *vb itr* falla (sjunka, minska) i värde
depreciation [dɪˌpriːʃɪ'eɪʃ(ə)n] *s* **1** värdeminskning, [värde]försämring, nedvärdering; depreciering av valuta **2** bildl. nedvärdering, förringande **3** hand. avskrivning för slitage o.d.
depreciative [dɪ'priːʃjətɪv] *adj* o. **depreciatory** [dɪ'priːʃjət(ə)rɪ, -ʃɪeɪt(ə)rɪ] *adj* nedsättande, förringande, förklenande
depredation [ˌdeprə'deɪʃ(ə)n] *s* plundring, skövling; härjning
depress [dɪ'pres] *vb tr* **1** trycka ned; slå an tangent **2** deprimera, göra nedslagen
depressant [dɪ'pres(ə)nt] *adj* o. *s* farmakol. lugnande [medel]; *cardiac* ~ [*drug*] hjärtlugnande medel

depressed [dɪ'prest] *adj* **1** nedstämd, nere, deprimerad [*he looked rather* ~] **2** ~ *area* krisdrabbat område där arbetslöshet råder
depressing [dɪ'presɪŋ] *adj* deprimerande, nedslående; dyster
depression [dɪ'preʃ(ə)n] *s* **1** depression; nedstämdhet **2** nedtryckning, sänkning **3** sänka, fördjupning **4** depression, lågkonjunktur **5** meteor. lågtryck; lågtryckscentrum [äv. *centre of* ~]
depressurize [diː'preʃəraɪz] *vb tr* minska trycket i
deprive [dɪ'praɪv] *vb tr* beröva, ta ifrån [*a p. of a th.* ngn ngt]; undandra [*a p. of a th.* ngn ngt]
deprived [dɪ'praɪvd] *adj* eftersatt, [socialt] sämre lottad, underprivilegierad, behövande, utslagen
dept. förk. för *department*
depth [depθ] *s* djup äv. bildl.; djuphet; bredd; djupsinnighet, djupsinne [äv. ~ *of thought*]; *the* ~*s* isht poet. djupet [*be lost in the* ~*s*; *from the* ~*s of my heart*]; ~ *of field* foto. skärpedjup, djupskärpa; [*it is 5 feet*] *in* ~ ...djup; *in* ~ ingående, grundlig, som går på djupet [*a study in* ~]; *in the* ~*s of despair* i djupaste förtvivlan; *in the* ~ *of winter* mitt i [den kallaste] vintern; *be* (*get*) *out of one's* ~ vara (komma för långt ut) på djupet; bildl. vara ute på (råka ut på) hal is
depth-bomb ['depθbɒm] *s* o. **depth-charge** ['depθtʃɑːdʒ] *s* sjunkbomb
deputation [ˌdepjʊ'teɪʃ(ə)n] *s* deputation
depute [dɪ'pjuːt] *vb tr* **1** anförtro, överlåta åt ställföreträdare **2** befullmäktiga
deputize ['depjʊtaɪz] *vb itr* vikariera, vara suppleant [*for* för]
deputy ['depjʊtɪ] *s* **1** deputerad; fullmäktig, ombud; *the Chamber of Deputies* deputeradekammaren i vissa länder **2** ställföreträdare, vikarie, suppleant, ombud; *by* ~ genom ombud **3** attr. i titlar vice-, ställföreträdande, under-, sous-, andre; ~ *landlord* vicevärd
derail [dɪ'reɪl] *vb tr* o. *vb itr* om tåg o.d. [få att] spåra ur; *the train was* ~*ed* tåget spårade ur
derange [dɪ'reɪn(d)ʒ] *vb tr* bringa i oordning, derangera; *mentally* ~*d* mentalsjuk
derangement [dɪ'reɪn(d)ʒmənt] *s* **1** [bringande i] oordning **2** sinnesrubbning; mentalsjukdom
Derby ['dɑːbɪ, amer. 'dɜːbɪ] I geogr. egenn. II *s* **1** Derby årlig hästkapplöpning i Epsom **2** sport. derby om liknande tävlingar i andra länder, t.ex. Kentucky Derby; [*local*] ~ [lokal]derby **3** amer., *d*~ plommonstop, kubb
Derbyshire ['dɑːbɪʃɪə, -ʃə] geogr.
deregulate [diː'regjʊleɪt] *vb tr* avreglera
deregulation [diːˌregjʊ'leɪʃ(ə)n] *s* avreglering
derelict ['derɪlɪkt] *adj* [övergiven och] förfallen, herrelös; öde- [*a* ~ *house*]

dereliction [ˌderɪ'lɪkʃ(ə)n] s **1** övergivande **2** ödeläggelse **3** försumlighet [äv. ~ *of duty*]
derestrict [ˌdiː.rɪ'strɪkt] vb tr slopa restriktionerna (trafik. hastighetsbegränsningen) på
deride [dɪ'raɪd] vb tr skratta åt, håna, förlöjliga
de rigueur [dəriˈɡɜː] pred adj fr. obligatorisk [*evening dress is ~*]
derision [dɪˈrɪʒ(ə)n] s hån, förlöjligande
derisive [dɪˈraɪsɪv, -ˈraɪzɪv, -ˈrɪzɪv] adj o.
  derisory [dɪˈraɪsərɪ, -ˈraɪzərɪ] adj **1** hånfull, gäckande **2** löjlig, skrattretande
derivative [dɪˈrɪvətɪv] **I** adj **1** härledd, avledd **2** föga originell, osjälvständig **II** s kem. derivat; gram. avledning
derive [dɪˈraɪv] **I** vb tr **1** dra, få, erhålla, ha [*from* från, av]; *be ~d from* äv. härleda sig från **2** derivera, avleda, härleda **II** vb itr härleda sig, härstamma [*from* från]
dermatitis [ˌdɜː.məˈtaɪtɪs] s med. dermatit
dermatologist [ˌdɜː.məˈtɒlədʒɪst] s dermatolog, hudläkare
dermatos|is [ˌdɜː.məˈtəʊs|ɪs] (pl. *-es* [iːz]) s med. dermatos
derogatory [dɪˈrɒɡət(ə)rɪ] adj **1** förklenande, förringande [*~ remarks*] **2** skadlig [*to* för]; inkräktande, inskränkande [*from* på, i]
derrick ['derɪk] s **1** slags lyftkran; sjö. hissbock, hissbom, lastbom **2** borrtorn över oljebrunn
derrière [derɪˈeə, '---] s fr. vard. stuss, stjärt, bak
derv [dɜːv] s (eg. förk. för *Diesel Engined Road Vehicle*) dieselolja
dervish ['dɜːvɪʃ] s dervisch
desalinate [diːˈsælɪneɪt] vb tr o. **desalinize** [diːˈsælɪnaɪz] vb tr o. **desalt** [diːˈsɔːlt] vb tr avsalta
desalination [ˌdiː.sælɪˈneɪʃ(ə)n] s avsaltning
descant [ss. subst. 'deskænt, ss. vb dɪˈskænt] **I** s mus. diskant **II** vb itr, *~ [up]on* breda ut sig över, tala vitt och brett om
descend [dɪˈsend] **I** vb itr **1** gå (komma, fara o.d.) ned; stiga ned; sjunka, falla, sänka sig [*upon, on* över] **2** slutta [*nedåt*] **3** gå i arv [*~ from father to son*] **4** *~ [up]on* överrumpla; slå ned på; [oväntat] titta in hos; hemsöka **5** *~ to* a) gå in [inlåta sig] på [*~ to particulars* (detaljer)] b) sänka (förnedra, nedlåta) sig till c) genom arv tillfalla; nedärvas till, övergå på **6** härstamma [*from* från] **II** vb tr **1** stiga (gå) nedför [*~ a hill, ~ the stairs*], fara utför [*~ a river*] **2** *be ~ed from* härstamma från
descendant [dɪˈsendənt] s ättling, avkomling [*of* till]
descent [dɪˈsent] s **1** nedstigande, nedstigning; nedgående; nedgång äv. konkr.; nedfärd, färd utför **2** sluttning, nedförsbacke **3** plötsligt överfall **4** bildl. sjunkande, fall, nedgång **5** härstamning [*from* från],

härkomst; *by ~* äv. till börden; *in the direct line of ~* i rakt nedstigande led
descramble [diːˈskræmbl] vb tr TV. el. radio. dekoda
descrambler [diːˈskræmblə] s TV. el. radio. dekoder
describe [dɪˈskraɪb] vb tr **1** beskriva; framställa, skildra, teckna **2** beteckna [*he ~s himself as a scientist*], benämna
description [dɪˈskrɪpʃ(ə)n] s **1** beskrivning; skildring, teckning; signalement; beteckning **2** slag, sort
descriptive [dɪˈskrɪptɪv] adj beskrivande [*a ~ catalogue*]; skildrande; deskriptiv; skildrings-, berättar- [*~ power*]
descry [dɪˈskraɪ] vb tr skönja; upptäcka
desecrate ['desɪkreɪt] vb tr vanhelga, skända
desegregate [ˌdiːˈseɡrɪɡeɪt] vb tr o. vb itr upphäva [ras]segregationen [i], desegregera
desegregation [ˌdiːseɡrɪˈɡeɪʃ(ə)n] s desegregation
desensitization [diːˌsensɪtaɪˈzeɪʃ(ə)n] s foto., med. el. psykol. desensibilisering
desensitize [ˌdiːˈsensɪtaɪz] vb tr göra okänslig (mindre känslig); foto. el. med. desensibilisera
1 desert [dɪˈzɜːt] s, vanl. pl. *~s* förtjänst; förtjänt lön, vedergällning; *get one's ~s* få vad man förtjänar
2 desert [ss. adj. o. subst. 'dezət, ss. vb dɪˈzɜːt] **I** adj öde, obebodd, ödslig, öken-; kal **II** s öken äv. bildl.; ödemark **III** vb tr överge; svika; avfalla från; desertera (rymma) från; perf. p. *~ed* äv. folktom, öde **IV** vb itr desertera, rymma
deserter [dɪˈzɜːtə] s desertör; överlöpare
desertion [dɪˈzɜːʃ(ə)n] s **1** övergivande **2** desertering, rymning
deserve [dɪˈzɜːv] vb tr förtjäna, vara (göra sig) förtjänt av, vara värd
deservedly [dɪˈzɜːvɪdlɪ] adv välförtjänt; med rätta
deserving [dɪˈzɜːvɪŋ] adj förtjänstfull, förtjänt, värd; *a ~ case* om pers. ett ömmande fall; *a ~ cause* ett behjärtansvärt ändamål
desiccate ['desɪkeɪt] vb tr torka [ut], göra torr; *~d coconut* kokosflingor; *~d fruit* torkad frukt
design [dɪˈzaɪn] **I** vb tr **1** formge, designa; teckna [konturerna av], skissera; göra en ritning till, rita [*~ a building*]; skapa, konstruera **2** planera, planlägga **3** avse [*the room was ~ed for* (för) *the children*], bestämma **II** vb itr formge; teckna; rita [mönster] **III** s **1** form[givning], design; planläggning; skiss; ritning [*a ~ for* (till) *a building*], konstruktion, utförande; typ, modell **2** mönster, motiv **3** plan; avsikt, syfte; *have ~s against a p.* hysa onda avsikter (planer) mot ngn; *she has ~s on him* hon lägger an på honom
designate [ss. vb 'dezɪɡneɪt, ss. adj. 'dezɪɡnət,

-neɪt] **I** vb tr **1** beteckna, benämna, ange **2** designera, bestämma, utse [*for, to* till]; avse **II** adj designerad, utnämnd [*minister* ~]
designation [ˌdezɪɡ'neɪʃ(ə)n] s **1** betecknande etc., jfr *designate I* **2** beteckning, benämning **3** utnämning
designedly [dɪ'zaɪnɪdlɪ] adv avsiktligt, med flit
designer [dɪ'zaɪnə] s **1** formgivare, designer; modetecknare [äv. *fashion* ~]; attr. märkes- [~ *jeans*]; gravör; *stage* ~ scenograf, dekoratör; ~ *drug* syntetiskt narkotikapreparat; ~ *of furniture* möbelarkitekt **2** planerare, planläggare
designing [dɪ'zaɪnɪŋ] **I** adj **1** slug, beräknande **2** planerande **II** s formgivning, design; planläggning
desirable [dɪ'zaɪərəbl] adj **1** önskvärd **2** åtråvärd **3** ~ *residence* i bostadsannons attraktivt objekt
desire [dɪ'zaɪə] **I** vb tr **1** önska [sig], åstunda, åtrå; *leave much (a great deal) to be ~d* lämna mycket övrigt att önska; *the room was all that could be ~d* man kunde inte önska sig ett bättre rum **2** begära, be **II** s **1** önskan; längtan, begär, lust, åtrå [*for, of* efter, till] **2** anmodan, begäran [*at* el. *by* (på) *your* ~] **3** önskning, önskemål
desirous [dɪ'zaɪərəs] adj, *be* ~ *of a th.* (*to do a th.*) önska ngt (att [få] göra ngt)
desist [dɪ'zɪst, dɪ'sɪst] vb itr avstå [*from* från]; upphöra [*from* med]; ~ *from doing a th.* äv. låta bli att göra ngt
desk [desk] s **1** [skriv]bord; [skol]bänk; pulpet; *teacher's* ~ kateder; ~ *calculator* bordskalkulator; bordsräknare; ~ *calendar* skrivbordsalmanacka **2** kassa i butik [*pay at the* ~]; reception på hotell; ~ *clerk* amer. portier, receptionist **3** *the city* ~ handelsredaktionen på tidning
desktop ['desktɒp] s skrivbords-; ~ *computer* skrivbordsdator; ~ *publishing* data. desktoppublishing, [datoriserat] sidredigeringssystem
deskwork ['deskwɜːk] s kontorsarbete, pappersarbete
desolate [ss. adj. 'desələt, ss. vb 'desəleɪt] **I** adj **1** ödslig, kal; övergiven; enslig **2** tröstlös; bedrövad **II** vb tr **1** avfolka; ödelägga **2** göra bedrövad (förtvivlad, tröstlös)
desolation [ˌdesə'leɪʃ(ə)n] s **1** ödeläggelse, förödelse **2** enslighet; ödslighet **3** övergivenhet; förtvivlan; tröstlöshet
despair [dɪ'speə] **I** s förtvivlan [*at* över], misströstan [*of* om]; hopplöshet; *be in* ~ vara förtvivlad; misströsta [*of* om] **II** vb itr förtvivla, misströsta [*of* om]
despairingly [dɪ'speərɪŋlɪ] adv med förtvivlan, förtvivlat
despatch [dɪ'spætʃ] vb tr o. s se *dispatch*
desperado [ˌdespə'rɑːdəʊ] (pl. ~*es* el. ~*s*) s desperado, vettvilling, bandit

desperate ['desp(ə)rət] adj **1** desperat, förtvivlad; hopplös; ~ *remedies* drastiska botemedel **2** vard. desperat, fruktansvärd [*a* ~ *hurry* (*need*)]
desperation [ˌdespə'reɪʃ(ə)n] s förtvivlan; desperation; *it drives me to* ~ vard. det gör mig vansinnig
despicable [dɪ'spɪkəbl] adj föraktlig, ömklig, usel
despise [dɪ'spaɪz] vb tr förakta, ringakta
despite [dɪ'spaɪt] prep trots, oaktat
despondence [dɪ'spɒndəns] s o. **despondency** [dɪ'spɒndənsɪ] s förtvivlan, misströstan, missmod, modfälldhet, nedslagenhet
despondent [dɪ'spɒndənt] adj missmodig
despot ['despɒt, -pət] s despot, tyrann
despotic [de'spɒtɪk, dɪs-] adj despotisk
despotism ['despətɪz(ə)m] s **1** despoti **2** styrelseform despotism
dessert [dɪ'zɜːt] s dessert, efterrätt i England förr ofta bestående av enbart frukt
dessert apple [dɪ'zɜːtˌæpl] s ätäpple
dessertspoon [dɪ'zɜːtspuːn] s dessertsked
dessertspoonful [dɪ'zɜːtspuːnˌfʊl] (pl. ~*s* el. *dessertspoonsful*) s dessertsked ss. mått; *two ~s of sugar* två dessertskedar socker
destabilize [diː'steɪbɪlaɪz] vb tr destabilisera
destination [ˌdestɪ'neɪʃ(ə)n] s destination; bestämmelseort, mål
destine ['destɪn] vb tr bestämma, ämna [*for* för, till]; destinera [*the ship was ~d for* (till) *Hull*]; *he was ~d never to see her again* han skulle aldrig träffa henne igen som vi nu vet
destiny ['destɪnɪ] s **1** [livs]öde; bestämmelse **2** ödesgudinna
destitute ['destɪtjuːt] adj [ut]blottad [*of* på]; utfattig, nödlidande; *be* ~ *of* äv. sakna, vara helt utan, vara tom på
destitution [ˌdestɪ'tjuːʃ(ə)n] s fattigdom, armod, nöd
destroy [dɪ'strɔɪ] vb tr förstöra; tillintetgöra, förinta, förgöra; ödelägga [*the town was completely ~ed*]; krossa; avliva [*have a cat ~ed*]
destroyer [dɪ'strɔɪə] s **1** förstörare **2** sjö. jagare
destruct [dɪ'strʌkt] **I** vb tr [avsiktligt] förstöra [~ *a robot*] **II** vb itr förstöra sig själv
destruction [dɪ'strʌkʃ(ə)n] s **1** förstörande; tillintetgörelse, förintelse; ödeläggelse; destruktion **2** fördärv, undergång
destructive [dɪ'strʌktɪv] adj destruktiv; förstörande; ~ *criticism* nedgörande kritik
desultory ['desəlt(ə)rɪ] adj ostadig, ryckig; osammanhängande, virrig; planlös, ometodisk [~ *reading*]; flyktig [~ *remarks*]
Det. fӧrk. för *Detective*
det. fӧrk. för *detached*
detach [dɪ'tætʃ] vb tr **1** lösgöra, ta loss, [av]skilja, avsöndra [*from* från] **2** mil. detachera, avdela

detachable [dɪˈtætʃəbl] *adj* löstagbar, avtagbar
detached [dɪˈtætʃt] *adj* **1** avskild, enstaka, fristående; spridd [~ *clouds*]; ~ *house* villa **2** opartisk, objektiv [*a* ~ *view* (*outlook*)]; oengagerad
detachment [dɪˈtætʃmənt] *s* **1** lösgörande, avskiljande, lossnande, avsöndring **2** avskildhet; opartiskhet; objektivitet **3** mil. detachering; detachement
detail [ˈdiːteɪl, isht amer. dɪˈteɪl] **I** *vb tr* **1** i detalj redogöra för **2** mil. ta ut, kommendera, avdela, detachera [*for* till] **II** *s* detalj[er]; enskildhet; oväsentlighet, oväsentlig sak; *give the* ~*s* förklara närmare; *go into* ~[*s*] gå in på detaljer[na]
detain [dɪˈteɪn] *vb tr* **1** uppehålla, hindra **2** hålla [kvar] i häkte; internera
detainee [ˌdiːteɪˈniː] *s* häktad (internerad) [person]
detect [dɪˈtekt] *vb tr* upptäcka; uppdaga; spåra
detection [dɪˈtekʃ(ə)n] *s* upptäckt; uppdagande, uppklarande [*the* ~ *of crime*], uppspårning
detective [dɪˈtektɪv] **I** *adj* detektiv-, kriminal- [*a* ~ *story*]; ~ *constable* kriminalare; ~ *inspector* kriminalinspektör **II** *s* detektiv, kriminalare
detector [dɪˈtektə] *s* tekn., radio. m.m. detektor; *sound* ~ ljuddetektor
détente o. **detente** [deɪˈtɑːnt, deɪˈtɒnt] *s* polit. (fr.) avspänning; *policy of* ~ avspänningspolitik
detention [dɪˈtenʃ(ə)n] *s* **1** uppehållande **2** kvarhållande [i häkte]; internering; arrest; ~ *camp* mil. fångläger, interneringsläger; ~ *centre* ung. tillsynshem slags ungdomsvårdsskola **3** kvarsittning efter skolans slut; *be kept in* ~ få sitta kvar
deter [dɪˈtɜː] *vb tr* avskräcka, avhålla, hindra [*from*]
detergent [dɪˈtɜːdʒ(ə)nt] **I** *adj* renande **II** *s* tvättmedel, diskmedel, rengöringsmedel
deteriorate [dɪˈtɪərɪəreɪt] *vb itr* försämras; urarta; falla (sjunka) i värde; förfalla
deterioration [dɪˌtɪərɪəˈreɪʃ(ə)n] *s* försämring; urartning; förfall
determent [dɪˈtɜːmənt] *s* avskräckande; avskräckningsmedel
determinate [dɪˈtɜːmɪnət] *adj* bestämd
determination [dɪˌtɜːmɪˈneɪʃ(ə)n] *s* **1** beslutsamhet, bestämdhet **2** bestämmande, bestämning; fastställande **3** beslut, fast föresats
determine [dɪˈtɜːmɪn] **I** *vb tr* **1** bestämma; fastställa; beräkna; avgöra **2** besluta (bestämma) [sig för]; föresätta sig **3** få (komma) ngn att bestämma sig, förmå **II** *vb itr* besluta [sig]; ~ *on a th.* bestämma (besluta) sig för ngt

determined [dɪˈtɜːmɪnd] *adj* **1** bestämd etc., jfr *determine* **2** bestämd, [fast] besluten; beslutsam; *be* ~ *to do a th.* vara [fast] besluten att göra ngt
deterrent [dɪˈter(ə)nt, isht amer. -ˈtɜːr-] **I** *adj* avskräckande **II** *s* avskräckningsmedel, avskräckningsvapen; *act as a* ~ verka avskräckande
detest [dɪˈtest] *vb tr* avsky
detestable [dɪˈtestəbl] *adj* avskyvärd
dethrone [dɪˈθrəʊn] *vb tr* störta från tronen, avsätta; detronisera
detonat|e [ˈdetə(ʊ)neɪt] **I** *vb tr* få att detonera (explodera); spränga **II** *vb itr* detonera, explodera; -*ing cap* knallhatt
detonation [ˌdetə(ʊ)ˈneɪʃ(ə)n] *s* detonation, explosion; knall
detonator [ˈdetə(ʊ)neɪtə] *s* detonator; sprängkapsel; tändhatt, knallhatt; tändrör
détour o. **detour** [ˈdiːtʊə, ˈdeɪ-] *s* **1** omväg; avvikelse, avstickare **2** trafik. förbifart[sled]; amer. [tillfällig] trafikomläggning **3** omsvep
detox [ˈdiːtɒks] **I** *s* vard. **1** avgiftning **2** *the* ~ torken alkoholistanstalt **II** *vb tr* vard. avgifta, lägga in ngn (sig) på torken
detoxicate [diːˈtɒksɪkeɪt] *vb tr* avgifta, avvänja
detoxication [diːˌtɒksɪˈkeɪʃ(ə)n] *s* o.
detoxification [diːˌtɒksɪfɪˈkeɪʃ(ə)n] *s* avgiftning, detoxifiering
detoxify [diːˈtɒksɪfaɪ] *vb tr* avgifta, detoxifiera
detract [dɪˈtrækt] *vb itr*, ~ *from* [vilja] förringa
detraction [dɪˈtrækʃ(ə)n] *s* förringande
detractor [dɪˈtræktə] *s* förtalare, belackare
detriment [ˈdetrɪmənt] *s* skada, förfång, men [*without* ~ *to* (för), *to the* ~ *of* (för)]; nackdel [*I know nothing to his* ~]
detrimental [ˌdetrɪˈmentl] *adj* skadlig, menlig, till förfång, förlustbringande [*to* för]
1 deuce [djuːs] *s* **1** spel. tvåa, dus **2** i tennis fyrtio lika, deuce **3** amer. sl. tvådollarsedel
2 deuce [djuːs] *s* vard. tusan, helsike; *what* (*who*) *the* ~...? vad (vem) tusan...?; *the* ~ *to pay* ett sabla liv
Deuteronomy [ˌdjuːtəˈrɒnəmɪ] *s* Femte mosebok
devaluation [ˌdiːvæljʊˈeɪʃ(ə)n] *s* devalvering, nedskrivning av valuta
devalue [ˌdiːˈvæljuː] *vb tr* devalvera, skriva ned valuta
devastating [ˈdevəsteɪtɪŋ] *adj* ödeläggande; förödande, förkrossande
devastation [ˌdevəˈsteɪʃ(ə)n] *s* ödeläggelse, förödelse, förhärjning, skövling
develop [dɪˈveləp] **I** *vb tr* **1** utveckla; utbilda, öva upp; utarbeta [~ *a theory*]; arbeta upp; bygga ut; utnyttja, exploatera [~ *an area*] **2** få [~ *a fever*, ~ *engine trouble* (motorkrångel)] **3** foto. framkalla **II** *vb itr* utveckla sig, utvecklas [*into* till]; framträda,

bli synlig, uppstå; göra framsteg; **~ing country** utvecklingsland, u-land
developer [dɪ'veləpə] *s* **1** *property* ~ ung. byggherre; neds. byggnadsspekulant, tomtjobbare **2** foto. framkallare; framkallningsvätska **3** *be a late* ~ vara sent utvecklad
development [dɪ'veləpmənt] *s* **1** utveckling, utvecklings- [~ *area*], uppövning; utarbetning; [till]växt; utbyggnad; utnyttjande, exploatering; ~ *area* lokaliseringsområde, stödområde; *await further ~s* avvakta den vidare (fortsatta) utvecklingen **2** [*housing*] ~ bostadsområde, bebyggelse **3** foto. framkallning
deviance ['di:vjəns] *s* avvikande beteende
deviant ['di:vjənt] **I** *adj* avvikande [~ *behaviour*] **II** *s* avvikande [person] [*a sexual* ~], avvikare
deviate ['di:vɪeɪt] *vb itr* avvika, göra en avvikelse
deviation [ˌdi:vɪ'eɪʃ(ə)n] *s* **1** avvikelse; avsteg; projektils avdrift; *standard* ~ statistik. standardavvikelse **2** sjö. deviation; missvisning
deviationist [ˌdi:vɪ'eɪʃ(ə)nɪst] *s* deviationist person som avviker från den fasta partilinjen; utbrytare
device [dɪ'vaɪs] *s* **1** plan; påhitt; knep [*a man full of ~s*]; konstgrepp [*a stylistic ~*] **2** anordning, apparat, uppfinning, påhitt, manick [*an ingenious ~*] **3** mönster, figur **4** emblem, märke på sköld, vapen **5** devis, valspråk **6** pl., *leave a p. to his own ~s* låta ngn sköta (klara) sig själv
devil ['devl] **I** *s* **1** djävul, satan, fan, sate ofta bildl. [*poor ~*]; *the D~* djävulen; *a (the) ~ of a...* en tusan till..., en (ett) jäkla (satans)...; *the ~ of a time* a) ett helsike b) en jäkla tid [*it took the ~ of a time*] c) förbaskat (fantastiskt) roligt [*we had the ~ of a time*]; *what (who) the ~...?* vad (vem) tusan (i helsike)...?; *why the ~...?* varför i helsike...?; *better the ~ you know, than the ~ you don't know* man vet vad man har men inte vad man får; *run (work) like the ~* springa (arbeta) som (av bara) tusan; *the ~ take the hindmost* var och en får rädda sig själv; *it's the ~* det är förbaskat (jäkligt) svårt (otrevligt); *there will be the ~ to pay* det kommer att bli ett jäkla liv; *go to the ~* deka ner sig; *go to the ~!* dra åt helsike!; *play the ~ with* ta kål på, gå illa (hårt) åt; *talk of the ~ [and he will appear]* när man talar om trollen[, så står de i farstun]; *between the ~ and the deep [blue] sea* i valet och kvalet **2** vard. sathumör, stridshumör, fart, ruter **II** *vb tr* **1** starkt krydda och grilla (steka) [*~led eggs*] **2** amer. plåga, reta, oroa
devilish ['dev(ə)lɪʃ] **I** *adj* **1** djävulsk, satanisk

2 vard. förbaskad, jäkla **II** *adv* vard. djävulskt, förbaskat
devil-may-care [ˌdevlmeɪ'keə] *adj* oförvägen, sorglös
devilment ['devlmənt] *s* jäkelskap, djävulskap
devilry ['devlrɪ] *s* **1** trolldom; djävulens verk; djävulskap; fanstyg, sattyg **2** djävulskhet, [djävulsk] grymhet (elakhet) **3** galenskap
devious ['di:vjəs] *adj* **1** slingrande; irrande; villsam; ~ *ways* (*paths*) omvägar, avvägar, smygvägar **2** bedräglig, oärlig, försåtlig
devise [dɪ'vaɪz] *vb tr* hitta på, tänka ut, uppfinna; planera
devoid [dɪ'vɔɪd] *adj*, ~ *of* blottad (tom) på, saknande, utan
devolution [ˌdi:və'lu:ʃ(ə)n, -və'lju:-] *s* överlåtande [*the ~ of property*]; delegering
devolve [dɪ'vɒlv] **I** *vb tr* överlåta, överflytta [*on, upon, to* på, till] **II** *vb itr* överlåtas; ~ [*up*]*on* tillfalla, åligga, falla på ngn (ngns lott)
Devon ['devn] geogr.
Devonshire ['devnʃɪə, -ʃə] geogr. egenn.; ~ *cream* slags tjock grädde
devote [dɪ'vəʊt] *vb tr* ägna; inviga, helga; [upp]offra; ~ *oneself to* ägna (hänge) sig åt
devoted [dɪ'vəʊtɪd] *adj* o. *perf p* **1** hängiven; tillgiven, trogen [*a ~ friend, ~ subjects* (undersåtar)]; *be ~ to a p.* vara [varmt] fäst vid (förtjust i) ngn, vara ngn hängiven (tillgiven) **2** helgad, bestämd [*to* åt]
devotee [ˌdevə(ʊ)'ti:] *s* **1** dyrkare, entusiastisk (hängiven) anhängare [*of* av]; ~ *of sport* äv. sportfantast, sportentusiast **2** varmt (fanatiskt) troende
devotion [dɪ'vəʊʃ(ə)n] *s* **1** tillgivenhet [*to, for* för]; kärlek [*to, for* till]; hängivenhet, iver [*to* för] **2** pl. *~s* andaktsövning, [förrättande av] bön
devour [dɪ'vaʊə] *vb tr* sluka äv. bildl. [~ *a p. with one's eyes*]; uppsluka
devout [dɪ'vaʊt] *adj* from, gudfruktig; innerlig
DEW förk. för *distant early warning*
dew [dju:] *s* dagg
dewberry ['dju:b(ə)rɪ] *s* bot. blåhallon
dewdrop ['dju:drɒp] *s* daggdroppe
dewlap ['dju:læp] *s* **1** zool. a) dröglapp b) slör **2** löst hängande halsskinn på t.ex. äldre personer
dewy ['dju:ɪ] *adj* daggig, daggstänkt
dexterity [dek'sterətɪ] *s* fingerfärdighet etc., jfr *dexterous*
dexterous ['dekst(ə)rəs] *adj* **1** fingerfärdig, händig, skicklig **2** högerhänt
dextrose ['dekstrəʊz] *s* druvsocker, dextros
dg. förk. för *decigram[s]*, *decigramme[s]*
DI förk. för *Defence Intelligence* underrättelsetjänsten i Storbritannien
diabetes [ˌdaɪə'bi:ti:z] *s* med. diabetes, sockersjuka
diabetic [ˌdaɪə'betɪk, -'bi:t-] **I** *s* diabetiker, sockersjuk [patient] **II** *adj* diabetisk,

diabolical

sockersjuk; diabetiker-, för diabetiker [~ *food*]
diabolical [ˌdaɪə'bɒlɪk(ə)l] *adj* vard. förfärlig [~ *weather*], avskyvärd [*his* ~ *treatment of his wife*]; starkare jäkla, jävla [*what a* ~ *nerve he's got!*]
diachronic [ˌdaɪə'krɒnɪk] *adj* språkv. diakronisk
diacritic [ˌdaɪə'krɪtɪk] **I** *s* diakritiskt tecken **II** *adj* diakritisk [~ *marks*]
diadem ['daɪədem, -dəm] *s* diadem; krona
diaeres|is [daɪ'ɪərəs|ɪs, daɪ'er-] (pl. -es [-iːz]) *s* språkv. trema
diagnose ['daɪəgnəʊz] *vb tr* med. diagnostisera, ställa diagnosen på
diagnos|is [ˌdaɪəg'nəʊs|ɪs] (pl. -es [-iːz]) *s* diagnos
diagnostic [ˌdaɪəg'nɒstɪk] **I** *adj* **1** diagnostisk **2** ~ *of* symptomatisk för **II** *s* **1** diagnos **2** symptom
diagonal [daɪ'ægənl] *adj* o. *s* diagonal
diagram ['daɪəgræm] *s* diagram; schematisk teckning; geom. figur
dial ['daɪ(ə)l] **I** *s* **1** urtavla **2** visartavla **3** radio. [inställnings]skala, stationsskala **4** tele. fingerskiva, nummerskiva; radio. el. tekn. [manöver]knapp, [manöver]ratt; ~ [*tele*]*phone* automattelefon; ~ *tone* isht amer. kopplingston, svarston **5** solur, solvisare **6** sl. nylle, fejs **II** *vb tr* **1** ringa [upp]; ta, slå telefonnummer **2** radio. ta in station **III** *vb itr* slå på fingerskivan; slå ett nummer (numret)
dial-a-meal [ˌdaɪələ'miːl] *s* telef. dagens rätt
dial-a-prayer [ˌdaɪə(ə)lə'preə] *s* tele., ung. dagens bibelord
dialect ['daɪəlekt] *s* dialekt
dialectal [ˌdaɪə'lektl] *adj* dialektal, dialekt-
dialectic [ˌdaɪə'lektɪk] **I** *adj* **1** filos. dialektisk i olika bet. **2** se *dialectal* **II** *s* filos. dialektik
dialectics [ˌdaɪə'lektɪks] (konstr. ss. sg.) *s* filos. dialektik, friare äv. disputeringskonst
dialling ['daɪəlɪŋ] *s* telefonering, ringande; ~ *code* riktnummer; ~ *tone* kopplingston, svarston
dialogue ['daɪəlɒg] *s* dialog, samtal; dialogform
dialys|is [daɪ'æləs|ɪs] (pl. -es [-iːz]) *s* kem. el. med. dialys
diameter [daɪ'æmɪtə] *s* diameter, genomskärning[slinje]; tvärsnitt
diamond ['daɪəmənd] *s* **1 a)** diamant i olika bet., ibl. briljant; *cut* (*uncut*) ~ slipad (oslipad) diamant; *rough* ~ a) oslipad (rå) diamant b) bildl. ohyfsad (barsk) men godhjärtad människa [amer. vanl. ~ *in the rough*]; ~ *cut* ~ ordspr., ung. list mot list, 'hårt mot hårt' **b)** attr. diamant- [~ *ring* (*stylus*, *wedding*)] **2** kortsp. ruterkort; pl. ~*s* ruter; *a* ~ äv. en ruter; *the ten of* ~*s* ruter tio **3** i baseball diamond, innerplan
diamond anniversary [ˌdaɪəməndænɪ'vɜːsərɪ] *s* 60- el. 75-årsdag

diamondback ['daɪəməndbæk] *s* zool. **1** ~ [*terrapin*] diamantsköldpadda, terrapin **2** ~ [*rattlesnake*] diamantskallerorm
diamond-cutter ['daɪəməndˌkʌtə] *s* diamantslipare
diamond jubilee [ˌdaɪəmənd'dʒuːbɪliː] *s* 60- el. 75-årsjubileum
Diana [daɪ'ænə] kvinnonamn
diaper ['daɪəpə] **I** *s* **1** dräll **2** isht amer. blöja **II** *vb tr* isht amer. sätta (byta) blöja på baby
diaphanous [daɪ'æfənəs] *adj* genomskinlig, diafan
diaphragm ['daɪəfræm] *s* **1** anat. mellangärde, diafragma äv. bot. el. fys.; membran **2** skiljevägg av olika slag **3** foto. bländare **4** pessar
diarrhea [ˌdaɪə'rɪə] *s* isht amer., se *diarrhoea*
diarrhoea [ˌdaɪə'rɪə] *s* diarré
diary ['daɪərɪ] *s* dagbok, diarium [*keep a* ~]; almanacka, kalender
Diaspora [daɪ'æspərə] *s* relig. diaspora, förskingring [*the* [*Jewish*] ~]
diastolic [ˌdaɪə'stɒlɪk] *adj* fysiol. diastolisk; ~ *pressure* diastoliskt blodtryck
diatonic [ˌdaɪə'tɒnɪk] *adj* mus. diatonisk
diatribe ['daɪətraɪb] *s* diatrib; häftig och bitter kritik, stridsskrift, häftigt utfall [*against* mot]
dibble ['dɪbl] **I** *s* sättpinne, planterpinne **II** *vb tr* plantera med sättpinne, sätta
dibs [dɪbz] *s pl* sl. **1** kulor, stålar **2** amer., ~ *on that!* pass (pax) för det (den)!
dice [daɪs] **I** *s pl* (av *1 die 1*) tärningar; tärning[sspel]; *play* ~ spela tärning; *no* ~ vard. inte en chans, det (den) gubben) gick inte **II** *vb itr* spela tärning **III** *vb tr* kok. skära i tärningar, tärna
dicey ['daɪsɪ] *adj* vard. knepig [*a* ~ *question*]; riskabel
dichotomy [daɪ'kɒtəmɪ] *s* delning; klyfta; filos. dikotomi
Dick [dɪk] **I** *s* kortform för *Richard* **II** *s* **1** *clever d*~ besserwisser **2** vulg., *d*~ kuk äv. som skällsord, pitt
dick [dɪk] *s* sl. deckare detektiv
Dickens ['dɪkɪnz]
dickens ['dɪkɪnz] *s* vard., *what* (*who*, *where*) *the* ~…? vad (vem, var) tusan…?
dickey se *1 dicky* o. *2 dicky*
dickey-bird se *dicky-bird*
1 dicky ['dɪkɪ] *adj* vard. dålig; ostadig; krasslig
2 dicky ['dɪkɪ] *s* vard. **1** se *dicky-bird 1* **2** på bil baklucka med säte **3** löst skjortbröst
dicky-bird ['dɪkɪbɜːd] *s* vard. pippi[fågel] **2** sl. pip, knyst [*he didn't say a* ~]
Dictaphone ['dɪktəfəʊn] *s* ® diktafon
dictate [ss. subst. 'dɪkteɪt, ss. vb dɪk'teɪt] **I** *s* diktat, [på]bud, befallning, föreskrift [*follow the* ~*s of fashion*]; maktspråk; rättesnöre; ofta [inre] röst **II** *vb tr* o. *vb itr* diktera; föreskriva; förestava; *I won't be* ~*d to* jag låter mig inte kommenderas

dictation [dɪk'teɪʃ(ə)n] s **1** diktamen [*write from (at) a p.'s ~*] **2** föreskrift, order [*at his ~*]
dictator [dɪk'teɪtə] s diktator
dictatorial [ˌdɪktə'tɔ:rɪəl] adj diktatorisk; befallande, härskar- [*~ nature*]
dictatorship [dɪk'teɪtəʃɪp] s diktatur
diction ['dɪkʃ(ə)n] s sätt att uttrycka sig; diktion
dictionary ['dɪkʃ(ə)nrɪ] s ordbok, lexikon; *a walking (living) ~* ett levande lexikon
dict|um ['dɪkt|əm] (pl. *-ums* el. *-a* [-ə]) s auktoritativt uttalande, utlåtande; utsago; gängse yttrande
did [dɪd] imperf. av *2 do*
didactic [daɪ'dæktɪk, dɪ'd-] adj didaktisk, läro- [*~ poem*]; docerande, undervisande
diddle ['dɪdl] vb tr vard. snuva, blåsa [*a p. out of a th.* ngn på ngt]
didn't ['dɪdnt] = *did not*
didst [dɪdst] åld., 2 pers. sg. imperf. av *2 do* [*thou ~*]
1 die [daɪ] s **1** (pl. *dice*, se d.o.) tärning; *as straight as a ~* a) rak som en pinne (spik) b) bildl. genomhederlig **2** (pl. *~s*) präglingsstämpel, myntstämpel; matris, form, stans, press
2 die [daɪ] vb itr **1** dö äv. bildl., avlida, omkomma [*~ from* (av) *overwork* (*a wound*); *~ of (with)* (av) *anxiety* (*curiosity, laughter* etc.); *the horse ~d on* (för) *us*]; *I'm dying for a cup of coffee* jag är [hemskt] sugen på en kopp kaffe (kaffesugen); *I'm dying to go there* åh, vad jag längtar efter att få åka (gå) dit! [*~ through* (av) *neglect*]; stupa, falla [*~ in war*]; *I could have ~d* [*of*] *laughing* jag kunde ha dött (förgåtts) av skratt; *~ of cancer* dö i (av) cancer; *~ hard* se *hard II 2*; *never say ~!* ge aldrig tappt (upp)!, man ska aldrig säga aldrig **2** dö ut, slockna **3** *~ down (away)* dö bort, slockna; *~ off* dö en efter en, dö bort; *~ out* dö ut
die-hard ['daɪhɑ:d] **I** adj seglivad [*~ optimism*]; orubblig, stockkonservativ **II** s mörkman, reaktionär
Diesel ['di:z(ə)l] egenn.; *d~ engine* dieselmotor
1 diet ['daɪət] s församling; icke-engelsk riksdag
2 diet ['daɪət] **I** s diet [*put a p. on a ~*]; föda, kost[håll]; *be on a ~* hålla diet; banta; *go on a ~* [börja] banta **II** vb tr sätta på diet; *~ oneself* hålla diet; banta **III** vb itr hålla diet; banta
dietary ['daɪət(ə)rɪ] **I** adj diet- [*~ foods, ~ habits*], dietetisk **II** s **1** diet[föreskrift] **2** mathållning, matordning, kosthåll isht på sjukhus o.d.
dietetics [ˌdaɪə'tetɪks] (konstr. ss. sg.) s dietetik, dietik, dietlära
dietician o. **dietitian** [ˌdaɪə'tɪʃ(ə)n] s dietist
diet sheet ['daɪət-ʃi:t] s dietlista

dif o. **diff** [dɪf] vard. **I** s kortform för *difference* **II** adj kortform för *different*
differ ['dɪfə] vb itr **1** vara olik[a], skilja sig åt; skilja sig, avvika [*from* från] **2** vara av olika mening, ha en annan uppfattning, tänka olika [*about* (*on*) *a th.*]; *~ from (with) a p.* inte dela ngns uppfattning, vara oense med ngn
difference ['dɪfr(ə)ns] s **1** olikhet; [åt]skillnad; mellanskillnad; avvikelse; differens; *all the ~ in the world* en oerhörd (himmelsvid) skillnad; *it makes no ~ to me* det gör mig detsamma; *it makes a great* [*deal of*] *~* det är (blir) stor skillnad; det gör (betyder) mycket; *with a ~* på annat sätt [*they do it with a ~*]; [*a car*] *with a ~* ...med det där lilla extra **2** meningsskiljaktighet [äv. *~ of opinion*]; tvist; tvistepunkt; gräl [*they have had a ~*]
different ['dɪfr(ə)nt] adj olik[a], skild, annorlunda [*everything would have been quite ~*], annorlunda beskaffad, [helt] annan, ny [*I feel a ~ man now*]; speciell; vard. ovanlig; *~ from (to,* amer. äv. *than)...* olik..., skild från..., annorlunda (annan) än...
differential [ˌdɪfə'renʃ(ə)l] **I** adj **1** differentiell, differential- *~ calculus, ~ tariffs*] **2** tekn., *~ gear* differentialväxel **3** åtskiljande, särskiljande, utmärkande **II** s **1** matem. el. tekn. differential **2** se *I 2* **3** skillnad, differens [*wage ~*]
differentiate [ˌdɪfə'renʃɪeɪt] vb tr o. vb itr **1** skilja [sig]; differentiera[s] **2** [sär]skilja; hålla i sär; skilja mellan (på)
differentiation [ˌdɪfərenʃɪ'eɪʃ(ə)n] s differentiering
differently ['dɪfr(ə)ntlɪ] adv annorlunda, på ett annat sätt, olika [*from (to)* mot, än]
difficult ['dɪfɪk(ə)lt, -fək-] adj **1** svår; *~ of access* svårtillgänglig **2** besvärlig, kinkig
difficult|y ['dɪfɪk(ə)ltɪ, -fək-] s **1** svårighet[er]; *have* [*some*] *~ in understanding* ha svårt att förstå; *~ in breathing* andnöd **2** trassel, missförstånd **3** vanl. pl. *-ies* [penning]förlägenhet, [penning]knipa **4** betänklighet, invändning [*raise (make) -ies*]
diffidence ['dɪfɪd(ə)ns] s **1** brist på självförtroende, osäkerhet **2** [överdriven] blygsamhet, blyghet, försagdhet
diffident ['dɪfɪd(ə)nt] adj **1** utan självförtroende, osäker **2** försagd, blygsam, blyg; *be ~ about doing a th.* tveka (dra sig för) att göra ngt
diffract [dɪ'frækt] vb tr o. vb itr fys. diffraktera[s]
diffraction [dɪ'frækʃ(ə)n] s fys. diffraktion, böjning
diffuse [ss. adj. dɪ'fju:s, ss. vb dɪ'fju:z] **I** adj utspridd, kringspridd; diffus äv. bildl. **II** vb tr o. vb itr sprida[s] [ut omkring)]; sprida sig; *~d lighting* indirekt belysning

diffuseness [dɪ'fju:snəs] s **1** [onödig] vidlyftighet **2** diffushet äv. bildl.; spridning utspriddhet

diffusion [dɪ'fju:ʒ(ə)n] s **1** utspridning, kringspridning; utbredning, utbredande [*~ of knowledge* o.d.] **2** fys. el. kem. diffusion

dig [dɪg] I (*dug dug*) *vb tr* **1** gräva; gräva i; böka i; gräva upp (ut, fram); leta (få) fram [*~ facts from books*]; *~ potatoes* ta upp potatis; *~ in* gräva ned; *~ one's feet* (*heels, toes*) *in* vard. spjärna emot, göra motstånd; *~ out* gräva fram äv. bildl.; gräva upp äv. bildl.; *~ up* gräva upp äv. bildl.; gräva fram **2** stöta, sticka, köra [*~ one's fork into the pie*], hugga, sätta [*~ one's spurs into one's horse*]; borra [*~ one's nails into*]; *~ a p. in the ribs* se *rib I 1* **3** sl. a) digga, spisa lyssna på [*~ modern jazz*] b) digga, gilla c) haja, fatta [*do you ~ what I'm saying?*] d) kolla [in] titta på [*~ those shoes*] II (*dug dug*) *vb itr* **1** gräva [*for* efter]; böka; gräva sig [*into* in i] **2** *~ away at* [*one's work*] jobba [på] med..., slita med...; *~* [*in*] isht amer. sl. plugga; lägga manken till, jobba; *~ into* [*one's work* (*a meal*)] hugga in på..., kasta sig över... **3** vard. bo, logera **4** mil., *~ in* gräva ned sig III *s* vard. stöt, stick, puff; bildl. pik, känga, gliring [*that remark was a ~ at* (åt) *me*]

digest [ss. subst. 'daɪdʒest, ss. vb daɪ'dʒest, dɪ'dʒ-] I *s* sammandrag II *vb tr* **1** smälta mat, kunskaper o.d.; befordra smältningen av; bildl. äv. tillägna sig **2** tänka över (igenom) plan **3** ordna, systematisera; sammanfatta **4** tåla, finna sig i; smälta **5** tekn. koka III *vb itr* smälta, smälta maten

digestible [daɪ'dʒestəbl, dɪ'dʒ-] *adj* smältbar
digestion [daɪ'dʒestʃ(ə)n, dɪ'dʒ-] *s* [mat]smältning; matspjälkning; digestion
digestive [daɪ'dʒestɪv, dɪ'dʒ-] I *adj* **1** matsmältningsbefordrande, digestiv **2** matsmältnings- [*~ complaint* (*organs*)]; *~ system* matsmältningsapparat II *s* digestivmedel
digger ['dɪgə] *s* **1** grävare **2** grävmaskin
digit ['dɪdʒɪt] *s* **1** ensiffrigt tal, siffra; *a number of three ~s* ett tresiffrigt tal **2** anat. finger; tå
digital ['dɪdʒɪtl] *adj* **1** finger- **2** digital [*~ computer*; *~ audio tape*], siffer-; *~ clock* digitalur; *go ~* datorisera[s]
digitalis [ˌdɪdʒɪ'teɪlɪs] *s* bot. el. med. digitalis
digital-to-analogue [ˌdɪdʒɪtltə'ænəlɒg] *adj* tekn., *~ converter* digital-analogomvandlare, dianomvandlare
dignified ['dɪgnɪfaɪd] *adj* värdig; förnäm; högtidlig
dignify ['dɪgnɪfaɪ] *vb tr* **1** göra värdig **2** hedra med ett finare namn
dignitary ['dɪgnɪt(ə)rɪ] *s* dignitär; hög [isht kyrklig] ämbetsman
dignity ['dɪgnətɪ] *s* värdighet; [sant] värde,

höghet; ädelhet; *stand on one's ~* hålla på sin värdighet

digress [daɪ'gres, dɪ'g-] *vb itr* avvika [*~ from the subject*], göra en utvikning [*from* från; *into* in på ämne]; komma från ämnet
digression [daɪ'greʃ(ə)n, dɪ'g-] *s* avvikelse (utvikning, digression) [från ämnet]
digs [dɪgz] *s pl* vard. [hyres]rum, lya
1 dike [daɪk] I *s* **1** dike **2** a) damm, fördämning, [strand]vall, bank b) väg anlagd på bank **3** bildl. barriär; värn; hinder II *vb tr* **1** dika **2** dämma in (för)
2 dike [daɪk] *s* sl., se *2 dyke*
diktat ['dɪktæt, -tɑ:t, dɪk'tɑ:t] *s* polit. diktat
dilapidated [dɪ'læpɪdeɪtɪd] *adj* förfallen, fallfärdig
dilapidation [dɪˌlæpɪ'deɪʃ(ə)n] *s* förfall; vanvård
dilatable [daɪ'leɪtəbl, dɪ'l-] *adj* [ut]tänjbar
dilatation [ˌdaɪleɪ'teɪʃ(ə)n, -lə't-, ˌdɪl-] *s* uttänjning, utvidgning; fys., bot. el. med. dilatation
dilate [daɪ'leɪt, dɪ'l-] I *vb tr* [ut]vidga [*~ the nostrils* (*pupils*)], tänja ut; *~d eyes* uppspärrade ögon II *vb itr* **1** [ut]vidga sig, vidgas **2** bildl. breda ut sig [[*up*]*on* över ämne]
dilation [daɪ'leɪʃ(ə)n, dɪ'l-] *s* utvidgning
dilatoriness ['dɪlət(ə)rɪnəs] *s* långsamhet, senfärdighet
dilatory ['dɪlət(ə)rɪ] *adj* **1** långsam, senfärdig, sölande, sölig **2** förhalnings- [*~ policy*], avsedd att förhala tiden
dildo ['dɪldəʊ] (pl. *~s* el. *~es*) *s* dildo, penisattrapp
dilemma [dɪ'lemə, daɪ'l-] *s* dilemma; *on the horns of a ~* i ett dilemma, i valet och kvalet
dilettant|e [ˌdɪlɪ'tæntɪ] I (pl. *-i* [-i:] el. *-es*) *s* **1** dilettant **2** konstälskare II *adj* dilettantmässig, dilettant-
dilettantism [ˌdɪlɪ'tæntɪz(ə)m] *s* dilettanteri
diligence ['dɪlɪdʒ(ə)ns] *s* flit, arbetsamhet, uthållighet
diligent ['dɪlɪdʒ(ə)nt] *adj* flitig, ihärdig; omsorgsfull [*a ~ search*]
dill [dɪl] *s* bot. dill; *~ pickle* gurka i dillag
dilly-dally ['dɪlɪˌdælɪ] *vb itr* vard. vackla, vela [hit och dit]; [gå och] söla
dilute [daɪ'lu:t, -'lju:t] *vb tr* späd [ut], blanda [ut], förtunna; bildl. försvaga; perf. p. *~d* äv. urvattnad äv. bildl.
dilution [daɪ'lu:ʃ(ə)n, -'lju:-] *s* utspädning, förtunning; urvattning äv. bildl.
dim [dɪm] I *adj* **1** dunkel [*~ memories*], matt; skum [*eyes ~ with* (av) *tears*]; svag [*his eyesight is getting ~*]; oklar, vag, otydlig; omtöcknad; mörk [*a ~ future*]; *her eyes grew ~* det svartnade för hennes ögon; *take a ~ view of* se *view I 5* **2** vard. korkad II *vb tr* **1** fördunkla äv. bildl.; skymma [bort]; dämpa [*~ the light*]; omtöckna; ställa i skuggan

2 amer. bil., ~ *the* [*head*]*lights* blända av; *drive with* ~*med* [*head*]*lights* köra på halvljus III *vb itr* fördunklas; blekna; dämpas
dim. förk. för *dimension, diminuendo, diminutive*
dime [daɪm] *s* amer. tiocentare; *not worth a* ~ vard. inte värd ett nickel (ett ruttet lingon); *they are a* ~ *a dozen* ung. det går tretton på dussinet av dem; *turn on a* ~ vard. vända på en femöring
dimension [daɪˈmenʃ(ə)n, dɪˈm-] I *s*
1 dimension; pl. ~*s* äv. storlek, omfång, vidd, mått **2** aspekt [*the ecological* ~*s of this policy*] II *vb tr* dimensionera
dimensional [daɪˈmenʃənl, dɪˈm-] *adj* dimensionell
diminish [dɪˈmɪnɪʃ] I *vb tr* [för]minska; försvaga; ~*ed fifth* mus. förminskad kvint; ~*ed responsibility* jur. förminskad tillräknelighet II *vb itr* [för]minskas; försvagas; avta
diminution [ˌdɪmɪˈnjuːʃ(ə)n] *s* [för]minskning; avtagande
diminutive [dɪˈmɪnjʊtɪv] I *adj* diminutiv äv. gram. [~ *ending*]; mycket liten II *s* gram. diminutiv[form]
dimmer [ˈdɪmə] *s* **1** dimmer; isht teat. avbländningsanordning **2** isht amer. bil. avbländare; pl. ~*s* parkeringsljus
dimple [ˈdɪmpl] I *s* smilgrop, skrattgrop II *vb tr* o. *vb itr* bilda gropar (små fördjupningar) [i]
dimwit [ˈdɪmwɪt] *s* vard. pundhuvud, dumskalle
DIN [dɪn] *s* foto. el. radio. DIN
din [dɪn] I *s* dån, brus, buller II *vb tr* **1** bedöva med larm, dåna i ngns öron **2** ~ *a th. into a p.'s head* hamra (banka) in ngt i huvudet på ngn
Dinah [ˈdaɪnə] kvinnonamn
din-din [ˈdɪndɪn] o. **din-dins** [ˈdɪndɪnz] *s* barnspr. namnam mat
dine [daɪn] I *vb itr* äta middag, dinera; ~ *out* äta middag ute (borta); vara bortbjuden på middag II *vb tr* bjuda på middag, ge middag för
diner [ˈdaɪnə] *s* **1** middagsgäst; uteätare **2** järnv. restaurangvagn **3** isht. amer. bar[servering], matställe, fik
diner-out [ˌdaɪnərˈaʊt] (pl. *diners-out*) *s* uteätare; isht person som ofta går på middagar
dinette [daɪˈnet] *s* **1** matvrå **2** matsalsmöblemang **3** liten restaurang
ding-a-ling [ˌdɪŋəˈlɪŋ] *s* plingeling
ding-dong [ˌdɪŋˈdɒŋ, *I* 2 o. ss. *adj* '--] I *s* **1** dingdång **2** storgräl [*have a* ~ *with*] II *adj* kraftig, ettrig [*a* ~ *fight* (*battle*)]
dinghy [ˈdɪŋɡɪ] *s* jolle, segeljolle; [uppblåsbar] räddningsbåt; [uppblåsbar] gummibåt
dinginess [ˈdɪn(d)ʒɪnəs] *s* smutsighet; grådaskighet; sjaskighet, sjabbighet

dingo [ˈdɪŋɡəʊ] (pl. ~*es*) *s* zool. dingo australisk vildhund
dingy [ˈdɪn(d)ʒɪ] *adj* **1** smutsig; grådaskig; sjaskig, sjabbig **2** mörk
dining-car [ˈdaɪnɪŋkɑː] *s* järnv. restaurangvagn
dining-hall [ˈdaɪnɪŋhɔːl] *s* matsal
dining-room [ˈdaɪnɪŋruːm, -rʊm] *s* matsal, matrum
dining-saloon [ˈdaɪnɪŋsəˌluːn] *s* sjö. matsalong
dining-table [ˈdaɪnɪŋˌteɪbl] *s* matbord
dinky [ˈdɪŋkɪ] *adj* **1** [liten och] nätt; vard. fin, prydlig, näpen, söt [*a* ~ *hat*] **2** amer. vard. liten, obetydlig
dinner [ˈdɪnə] *s* middag[småltid]; officiell middag, bankett [äv. *public* ~]; *be at* ~ äta middag, hålla på att äta; [*have salmon*] *for* ~ ...till middag; *sit down to* ~ sätta sig till bords; *take a lady in to* ~ föra en dam till bordet
dinner-dance [ˈdɪnədɑːns] *s* middag med dans
dinner jacket [ˈdɪnəˌdʒækɪt] *s* smoking
dinner knife [ˈdɪnənaɪf] *s* bordskniv
dinner party [ˈdɪnəˌpɑːtɪ] *s*
1 middag[sbjudning] **2** middagssällskap
dinner plate [ˈdɪnəpleɪt] *s* stor flat tallrik
dinner service [ˈdɪnəˌsɜːvɪs] *s* bordsservis, matservis
dinner table [ˈdɪnəˌteɪbl] *s* middagsbord
dinnertime [ˈdɪnətaɪm] *s* middagsdags, middagstid
dinosaur [ˈdaɪnə(ʊ)sɔː] *s* dinosaurie, skräcködla
dint [dɪnt] *s*, *by* ~ *of* i kraft av; med hjälp av, genom
diocesan [daɪˈɒsɪs(ə)n] I *adj* stifts- II *s*
1 stiftschef, biskop **2** stiftsbo
diocese [ˈdaɪəsɪs, -siːs] *s* stift, biskopsdöme
diode [ˈdaɪəʊd] *s* radio. el. elektr. diod; *light emitting* ~ lysdiod
Dionysius [ˌdaɪəˈnɪsɪəs, -nɪz-] mytol. Dionysios
Dionysus [ˌdaɪəˈnaɪsəs] mytol. Dionysos
diopter [daɪˈɒptə] *s* optik. amer., se *dioptre*
dioptre [daɪˈɒptə] *s* optik. dioptri
Dior [diːˈɔː, '--]
dioxide [daɪˈɒksaɪd] *s* kem. dioxid
dip [dɪp] I *vb tr* **1** doppa, sänka ned, sticka ned [*in* (*into*) i] **2** bil., ~ *the* [*head*]*lights* blända av; *drive with* ~*ped* [*head*]*lights* köra på halvljus II *vb itr* **1** dyka [ned], doppa sig; ~ *in!* ta för dig (er)! **2** om solen m.m. sänka sig, sjunka, dala **3** ~ *into* bläddra (titta) i, 'lukta på' [~ *into a book* (*subject*)] **4** om t.ex. terräng luta (sträcka sig, slutta) nedåt; om magnetnål o.d. peka nedåt III *s*
1 doppning, [ned]sänkning **2** vard. dopp, bad [*have you had* (*taken*) *a* ~?] **3** kok. dip, dipmix **4** titt i bok o.d. **5** lutning [*a* ~ *in the road*]; sänke; svacka, nedgång [äv. bildl. *a* ~ *in the polls*]; dalning [*the* ~ *of the horizon*]; magnetnåls inklination
diphtheria [dɪfˈθɪərɪə, dɪpˈθ-] *s* difteri

diphthong ['dɪfθɒŋ, 'dɪpθ-] s fonet. diftong
diphthongization [ˌdɪfθɒŋgaɪ'zeɪʃ(ə)n, ˌdɪpθ-] s fonet. diftongering
diploma [dɪ'pləʊmə] s diplom
diplomacy [dɪ'pləʊməsɪ] s diplomati
diplomat ['dɪpləmæt] s diplomat äv. bildl.
diplomatic [ˌdɪplə'mætɪk] adj diplomatisk äv. bildl. [*the ~ corps*; *a ~ answer*]; **break off ~ relations** avbryta de diplomatiska förbindelserna; **~ service** diplomatisk tjänst, utrikestjänst
diplomatist [dɪ'pləʊmətɪst] s diplomat mest bildl.
dipper ['dɪpə] s **1** doppare etc., jfr *dip* **2** skopa, össlev, öskar **3** bil. avbländare **4** zool. strömstare **5** *Big D~* el. *big ~* [-'--] berg-och-dal-bana **6** astron., amer. vard., *the Big D~* el. *the D~* Karlavagnen; *the Little D~* Lilla Karlavagnen
dippy ['dɪpɪ] adj sl. knasig, knäpp
dipso ['dɪpsə] (pl. *~s*) s vard. periodare
dipsomaniac [ˌdɪpsə(ʊ)'meɪnɪæk] s dipsoman, periodsupare
dipstick ['dɪpstɪk] s bil. olje[mät]sticka
dipswitch ['dɪpswɪtʃ] s bil. avbländare, ljusomkopplare
dire ['daɪə] adj **1** förfärlig, hemsk, ödesdiger [*~ consequences*] **2** *~ necessity* tvingande nödvändighet; *be in ~ need of* vara i trängande behov av
direct [dɪ'rekt, də'r-, daɪ'r-, ss. attr. adj. äv. 'daɪr-] **I** *vb tr* **1** rikta [*to, towards* mot, på; isht slag, vapen *at* mot]; vända blick; ställa, styra [*~ one's steps towards home*] **2** styra; leda, dirigera [*~ an orchestra*]; [väg]leda [*the foreman ~s the workmen*]; instruera; regissera [*~ a film*] **3** [an]visa, visa vägen [*can you ~ me to the station?*] **4** befalla, beordra, bestämma, säga till [*~ a th. to be done* (att ngt skall göras)]; föreskriva, ge anvisning [om]; anordna; *as ~ed* enligt föreskrift (order) **II** *vb itr* **1** dirigera; regissera **2** befalla, bestämma **III** *adj* **1** direkt i olika bet. [*~ tax*]; rak [*the ~ opposite*], rät; omedelbar; *~ broadcasting* [*by*] *satellite* direktsändande [med] satellit; *~ current* likström; *~ distance dialing* amer. tele. automatkoppling; *~ hit* fullträff; *~ object* gram. direkt objekt, ackusativobjekt; *~ question* gram. direkt fråga; *~ speech* (amer. *~ discourse*) gram. direkt tal (anföring) **2** rakt på sak, rättfram; tydlig, klar **3** i rakt nedstigande led [*a ~ descendant*] **IV** *adv* direkt; rakt, rätt
direction [dɪ'rekʃ(ə)n, də'r-, daɪ'r-] s **1** riktning; håll [*in* (åt) *which ~ did he go?*], led, kant; bildl. område, sfär; inriktning; *~ finder* [radio]pejlanläggning, [radio]pejlare; [*flashing*] *~ indicator* körriktningsvisare, blinker; *in every ~* åt alla håll; *på alla områden*; *in that ~* åt det hållet äv. bildl.; *in the ~ of* mot, åt...till; *sense of ~* lokalsinne **2** [väg]ledning; överinseende **3** ofta pl. *~s* anvisning[ar]; föreskrift[er], direktiv; regi; *by ~* enligt uppdrag; *~s* [*for use*] bruksanvisning
directional [dɪ'rekʃənl, də'r-, daɪ'r-] *adj* **1** ledande, lednings-, riktnings- **2** pejlings-; *~ aerial* (amer. *antenna*) riktantenn, pejlantenn
directive [dɪ'rektɪv, də'r-, daɪ'r-] s direktiv, föreskrift
directly [dɪ'rektlɪ, də'r-, daɪ'r-] **I** *adv* **1** direkt; rakt; omedelbart; precis **2** rakt på sak **3** genast, strax **II** *konj* så snart som, så fort
directness [dɪ'rektnəs, də'r-, daɪ'r-] s riktning rakt fram; omedelbarhet; rättframhet
directoire [ˌdɪrek'twɑː] *adj*, *~ knickers* mamelucker underbyxor
director [dɪ'rektə, də'r-, daɪ'r-] s **1** direktör; chef; ledare; styresman **2** film. el. teat. regissör **3** mus. dirigent **4** handledare; [andlig] rådgivare, rektor för vissa fackskolor o. institut; *~ of public prosecutions* se *prosecution 1 a*; *~ of studies* studierektor **5** styrelsemedlem; *board of ~s* [bolags]styrelse
directorate [dɪ'rekt(ə)rət, də'r-, daɪ'r-] s **1** direktörsbefattning; direktorat **2** direktion, styrelse
director-general [dɪˌrektə'dʒen(ə)r(ə)l, dəˌr-, daɪˌr-] (pl. *directors-general* el. *director-generals*) s generaldirektör
directorship [dɪ'rektəʃɪp, də'r-, daɪ'r-] s direktörsbefattning, direktörspost, direktörsperiod, chefskap; ledning, ledarskap
directory [dɪ'rekt(ə)rɪ, də'r-, daɪ'r-] **I** *s* adressförteckning; kundregister; *telephone ~* telefonkatalog; *~ inquiries* (amer. *~ assistance*) tele. nummerupplysningen, nummerbyrå[n] **II** *adj* [väg]ledande, anvisande
dirge [dɜːdʒ] s sorgesång, sorgedikt
dirigible ['dɪrɪdʒəbl, -'---] **I** *adj* styrbar **II** s styrbar ballong, styrbart luftskepp
dirndl ['dɜːndl] s dirndldräkt; *~* [*skirt*] dirndlkjol
dirt [dɜːt] s **1** smuts, smörja; snusk; vard. skit äv. bildl.; *~ bike* liten motorcykel; *they are as common as ~* de är hur vulgära ('billiga') som helst; *treat a p. like ~* behandla ngn som lort **2** vard. [lös] jord; *~ farmer* amer. vard. bonde som sköter arbetet själv; *a ~ road* amer. en obelagd väg, en grusväg **3** oanständigt tal (språk) **4** sl. skitsnack skvaller
dirt-cheap [ˌdɜːt'tʃiːp, attr. adj. '--] *adj* o. *adv* jättebillig[t], kanonbillig[t], till vrakpris
dirt track ['dɜːttræk] s sport. dirttrackbana, jordbana
dirtwagon ['dɜːtˌwægən] s amer. sopkärra, sopvagn
dirty ['dɜːtɪ] **I** *adj* **1** smutsig, oren, osnygg;

your hands are ~ du är smutsig (inte ren) om händerna; ~ ***clothes*** smutsiga kläder; smutskläder, tvätt **2** bildl. snuskig [*a* ~ *story*]; lumpen, gemen; ful, ojuste [*a* ~ *foul*]; ruskig; ~ ***dog*** vard. fähund; ***give a p. a*** ~ ***look*** ge ngn en ilsken (mördande) blick; ~ ***old man*** vard. snuskhummer; ~ ***money*** a) svarta (olagligt förtjänade) pengar b) arbetares smutstillägg; ~ ***play*** sport. ojust spel; ***a*** ~ ***trick*** ett fult spratt, ett fult trick; ~ ***word*** fult ord; ord med dålig klang; [***I have to do all***] ***the*** ~ ***work*** ...slavgörat (grovjobbet); ***do the*** ~ ***on a p.*** vard. spela ngn ett fult spratt, bära sig lumpet åt mot ngn **II** *vb tr* smutsa ner, orena; vard. skita ner; fläcka

disabilit|y [ˌdɪsəˈbɪləti, ˌdɪzə-] *s* **1** handikapp, invaliditet; ~ ***benefit*** invaliditetsersättning; ~ ***pension*** sjukpension; förtidspension **2** oduglighet, oförmåga; svaghet

disable [dɪsˈeɪbl, dɪˈzeɪ-] *vb tr* **1** handikappa, invalidisera, göra till invalid **2** göra oduglig (oförmögen) [*for* till; *from acting* att handla], sätta ur stånd

disabled [dɪsˈeɪbld, dɪˈzeɪ-] *adj* **1** handikappad, invaliderad, rörelsehindrad; ~ ***soldier*** (***ex-serviceman***) krigsinvalid **2** oduglig, obrukbar; mil. stridsoduglig; sjö., om fartyg redlös, sjöoduglig

disablement [dɪsˈeɪblmənt, dɪˈzeɪ-] *s* handikapp, invaliditet; ~ ***benefit*** invaliditetsersättning; ~ ***pension*** invaliditetspension

disadvantage [ˌdɪsədˈvɑːntɪdʒ] *s* nackdel [*I know nothing to his* ~], olägenhet; avigsida; ***be at a*** ~ el. ***labour*** (***lie***) ***under a*** ~ vara i underläge, vara i ett ofördelaktigt (ogynnsamt) läge; ***show oneself to*** ~ visa sig från sin ofördelaktiga[ste] sida

disadvantageous [ˌdɪsædvənˈteɪdʒəs, -vɑːn-] *adj* ofördelaktig, ogynnsam [*to* för]

disaffected [ˌdɪsəˈfektɪd] *adj* missnöjd [*to* med]; avogt sinnad, fientligt stämd [*to* mot]

disaffection [ˌdɪsəˈfekʃ(ə)n] *s* missnöje [*to*, *towards* med]; avog stämning, misstämning; avoghet, ovilja [*to*, *towards* mot]

disagree [ˌdɪsəˈɡriː] *vb itr* **1** inte samtycka, inte instämma, inte vara av samma mening (åsikt); ***I*** ~ äv. det håller jag inte med om, det tycker inte jag **2** inte vara (komma) överens, vara oense [*with a p.*; *about* (*on*) *a th.*], vara av olika mening; ha en annan mening (åsikt) [*with a p.* än ngn] **3** inte stämma överens, vara olika **4** ~ ***to*** inte samtycka till, inte gå med på, ogilla **5** ***garlic*** ~***s with me*** jag tål inte vitlök

disagreeable [ˌdɪsəˈɡriːəbl, -ˈɡrɪəbl] **I** *adj* obehaglig, oangenäm, otrevlig; vresig **II** *s*, isht pl. ~***s*** obehag[ligheter]

disagreement [ˌdɪsəˈɡriːmənt] *s* **1** meningsskiljaktighet, tvist **2** oenighet, misshällighet **3** bristande överensstämmelse

disallow [ˌdɪsəˈlaʊ] *vb tr* vägra att erkänna; döma bort [~ *a goal*]; tillbakavisa [~ *a claim*]

disambiguate [ˌdɪsæmˈbɪɡjʊeɪt] *vb tr* språkv. disambiguera

disappear [ˌdɪsəˈpɪə] *vb itr* försvinna

disappearance [ˌdɪsəˈpɪər(ə)ns] *s* försvinnande

disappoint [ˌdɪsəˈpɔɪnt] *vb tr* **1** göra besviken; ***be*** ~***ed*** vara (bli) besviken [*in* (*with*) *a p.* på ngn; *with a th.* på ngt] **2** svika, gäcka [~ *a p.'s expectations*]

disappointing [ˌdɪsəˈpɔɪntɪŋ] *adj* misslyckad, tråkig; [***the film***] ***was*** ~ ...var en besvikelse

disappointment [ˌdɪsəˈpɔɪntmənt] *s* besvikelse, missräkning; sviken (grusad) förhoppning; motgång; förtret

disapprobation [ˌdɪsæprə(ʊ)ˈbeɪʃ(ə)n] *s* ogillande

disapproval [ˌdɪsəˈpruːv(ə)l] *s* ogillande

disapprove [ˌdɪsəˈpruːv] *vb tr* o. *vb itr*, ~ [*of*] ogilla, förkasta, avslå, inte gå med på, inte bifalla; ***I thoroughly*** ~ jag ogillar det skarpt

disarm [dɪsˈɑːm, dɪˈzɑːm] *vb tr* o. *vb itr* **1** nedrusta, avrusta **2** oskadliggöra, desarmera [~ *a mine*] **3** mil. avväpna äv. bildl. [*a* ~*ing smile*]

disarmament [dɪsˈɑːməmənt, dɪˈzɑːm-] *s* nedrustning; ~ ***policy*** nedrustningspolitik

disarmer [dɪsˈɑːmə, dɪˈzɑːmə] *s* nedrustare; ***nuclear*** ~ anhängare av (förkämpe för) kärnvapenavrustning

disarrange [ˌdɪsəˈreɪn(d)ʒ] *vb tr* ställa till oreda (förvirring) i; rubba [~ *a p.'s plans*]; ställa (rufsa) till

disarray [ˌdɪsəˈreɪ] *s* oreda, oordning

disassociate [ˌdɪsəˈsəʊʃɪeɪt] *vb tr* **1** skilja, hålla isär [~ *two ideas*] **2** ~ ***oneself from*** ta avstånd från

disaster [dɪˈzɑːstə] *s* [svår] olycka; katastrof äv. friare; ~ ***film*** (***movie***) katastroffilm

disastrous [dɪˈzɑːstrəs] *adj* olycksbringande, ödesdiger, olycksalig, katastrofal äv. friare

disband [dɪsˈbænd] **I** *vb tr* upplösa [~ *a theatrical company*]; mil. hemförlova **II** *vb itr* upplösa sig, skingras

disbandment [dɪsˈbændmənt] *s* upplösning, hemförlovning [*the* ~ *of an army*]

disbelief [ˌdɪsbɪˈliːf] *s* betvivlande [*in* av]; misstro [*in* till], tvivel [*in* på]; [***he looked at me***] ***in*** ~ ...misstroget (med misstro)

disbelieve [ˌdɪsbɪˈliːv] *vb tr* o. *vb itr*, ~ [*in*] inte tro [på], tvivla [på]

disburden [dɪsˈbɜːdn] *vb tr* befria från börda, lasta av [~ *a horse*]; bildl. lätta [~ *one's mind* (*heart*) *to a p.*], avbörda; ~ ***a p. of a th.*** befria ngn från ngt; ~ ***oneself of a secret*** avbörda sig en hemlighet

disburse [dɪsˈbɜːs] *vb tr* o. *vb itr* betala ut; lägga ut [pengar]

disbursement [dɪsˈbɜːsmənt] *s* utbetalning, [kontant]utlägg; utgift

disc [dɪsk] *s* **1** [rund] skiva, platta; lamell;

bricka; trissa; anat. broskskiva; *parking* ~ trafik. P-skiva, parkeringsskiva; ~ *brake* skivbroms; *a slipped* ~ diskbråck **2** grammofonskiva **3** data., se *disk 2*
discard [ss. vb dɪs'kɑːd, ss. subst. '--, -'-] **I** *vb tr* **1** kasta [bort]; förkasta; lägga av (bort); överge, uppge [~ *a theory*]; kassera, utrangera, mönstra ut **2** kortsp. kasta [bort], saka **3** avskeda, skicka bort **II** *s* **1** kortsp. kastkort **2** skräp
discern [dɪ'sɜːn] *vb tr* **1** urskilja; skönja, bli varse, märka **2** särskilja [*from* från]
discernible [dɪ'sɜːnəbl] *adj* urskiljbar, märkbar
discerning [dɪ'sɜːnɪŋ] *adj* omdömesgill, insiktsfull; *a* ~ *person* äv. en person med urskillningsförmåga
discernment [dɪ'sɜːnmənt] *s* urskillningsförmåga, omdöme, insikt; urskiljande
discharge [dɪs'tʃɑːdʒ, ss. subst. äv. '--] **I** *vb tr* **1** lasta av; lossa [~ *a ship*, ~ *cargo*]; sätta av [~ *passengers*]; lyfta av [~ *a burden*] **2** [av]lossa, skjuta [av], fyra av [~ *a gun*; ~ *a shot* (*an arrow*)]; *be* ~*d* om gevär gå (brinna) av **3** elektr. ladda ur **4** tömma [ut], släppa ut [~ *polluted matter into the sea*]; med. avsöndra, utsöndra; *the river* ~*s itself into* [*the North Sea*] floden mynnar (rinner ut) i... **5** släppa [lös (ut)], frige [~ *a prisoner*]; skriva ut [~ *a patient*]; avskeda; mil. avföra (stryka) ur rullorna **6** avbörda sig, [till fullo] betala, klarera [~ *a debt*]; fullgöra, uppfylla [~ *one's duties*] **7** befria, lösa, frita [*from, of* från] **II** *vb itr* **1** lossa[s] **2** elektr. ladda ur sig **3** om böld vara sig **4** mynna (rinna) ut **III** *s* **1** avlastning; lossning [*port of* ~] **2** avlossande; skott, salva **3** elektr. el. fys. urladdning **4** a) uttömning, utströmning, utflöde; utsläpp; mynning; avlopp b) med. flytning; avgång; avsöndring, utsöndring **5** befrielse [*of* från]; ansvarsfrihet, ansvarsbefrielse, decharge; frikännande; frigivning [~ *of a prisoner*]; utskrivning [~ *of a patient*]; avsked[ande]; isht mil. hemförlovning; *conditional* ~ villkorlig frigivning; *dishonourable* ~ mil. avsked efter krigsrättsutslag; *honourable* ~ mil. avsked med goda vitsord; *obtain one's* ~ bli frigiven (utskriven); få avsked **6** betalning, klarering [*the* ~ *of a debt*] **7** fullgörande, uppfyllande [*the* ~ *of one's duties*] **8** kvitto; intyg om ansvarsbefrielse
disci ['dɪskaɪ] *s* pl. av *discus*
disciple [dɪ'saɪpl] *s* lärjunge, elev, discipel; anhängare
disciplinarian [ˌdɪsɪplɪ'neərɪən] *s* person som [upprätt]håller disciplin[en]; vard. disciplinkarl
discipline ['dɪsɪplɪn] **I** *s* **1** disciplin, tukt, lydnad, [god] ordning [*enforce* (*keep, maintain*) ~]; *breach of* ~ disciplinbrott **2** skolning; övning; fostran **3** disciplin, vetenskapsgren **II** *vb tr* disciplinera, hålla i styr
disc jockey ['dɪskˌdʒɒkɪ] *s* vard. diskjockey, skivpratare
disclaim [dɪs'kleɪm] *vb tr* frånsäga sig [~ *responsibility for a th.*]; förneka, inte erkänna, dementera; förkasta
disclaimer [dɪs'kleɪmə] *s* **1** dementi, förnekande **2** jur. avstående [från anspråk] [*of* från, på]; friskrivningsklausul
disclose [dɪs'kləʊz] *vb tr* **1** blotta, visa **2** uppenbara, avslöja [~ *a secret to* (för) *a p.*]
disclosure [dɪs'kləʊʒə] *s* avslöjande, yppande
disco ['dɪskəʊ] (pl. ~*s*) *s* vard. disco
discolour [dɪs'kʌlə] **I** *vb tr* bleka ur, avfärga; missfärga **II** *vb itr* bli urblekt (missfärgad)
discomfit [dɪs'kʌmfɪt] *vb tr* bringa (få) ur fattningen; göra snopen (modfälld, nedslagen)
discomfiture [dɪs'kʌmfɪtʃə] *s* **1** snopenhet, förvirring **2** nederlag äv. bildl.
discomfort [dɪs'kʌmfət] **I** *s* obehag, obekvämhet **II** *vb tr* [för]orsaka obehag, besvära; oroa
discompose [ˌdɪskəm'pəʊz] *vb tr* **1** bringa (få) ur jämvikt (fattningen), störa, rubba **2** bringa oreda i
discomposure [ˌdɪskəm'pəʊʒə] *s* **1** upprördhet, upprört tillstånd; oro **2** oordning, oreda
disconcert [ˌdɪskən'sɜːt] *vb tr* **1** bringa (få) ur fattningen, förvirra; perf. p. ~*ed* isht förlägen **2** bringa oordning i
disconnect [ˌdɪskə'nekt] *vb tr* avbryta förbindelsen mellan; skilja [*from, with* från]; ta (rycka) loss; koppla av (ur, loss), stänga av [~ *the telephone*]; koppla ifrån [~ *a railway carriage*]; *I must have been* ~*ed* jag måste ha blivit bortkopplad på telefonen
disconnected [ˌdɪskə'nektɪd] *adj* **1** osammanhängande, virrig [~ *speech*] **2** skild [*from, with* från], utan samband (sammanhang, förbindelse) [*from, with* med]; lösryckt; fristående
disconnection [ˌdɪskə'nekʃ(ə)n] *s* tekn. frånkoppling, urkoppling
disconsolate [dɪs'kɒnsə(ə)lət] *adj* otröstlig
discontent [ˌdɪskən'tent] **I** *s* missnöje, missbelåtenhet **II** *adj* missnöjd, missbelåten
discontented [ˌdɪskən'tentɪd] *adj* missnöjd
discontinue [ˌdɪskən'tɪnjuː] **I** *vb tr* avbryta; sluta med; inställa, lägga ned [~ *the work*]; dra in [~ *a bus line*] **II** *vb itr* sluta, upphöra
discontinuous [ˌdɪskən'tɪnjʊəs] *adj* [tidvis] avbruten, osammanhängande, diskontinuerlig
discophile ['dɪskəfaɪl] *s* diskofil, skivsamlare
discord ['dɪskɔːd] *s* **1** missämja, oenighet, split, tvedräkt **2** mus. dissonans; mus. el. bildl. missljud, disharmoni

discordant [dɪs'kɔ:d(ə)nt] *adj* **1** oenig, tvistande **2** disharmonisk; skärande; *strike a ~ note* bildl. skorra (rimma) illa
discotheque ['dɪskə(ʊ)tek] *s* diskotek
discount ['dɪskaʊnt], ss. vb äv. -'-] **I** *s* **1** rabatt, avdrag; *~ house (store)* isht amer. lågprisaffär, lågprisvaruhus; *cash ~* el. *~ for cash* kassarabatt; *trade ~* handelsrabatt, varurabatt; *allow (give, grant) a ~* lämna (ge) rabatt **2** ekon. diskontering; *~ rate* el. *rate of ~* diskonteringsränta **3** [vederbörlig] reservation [*make a ~*]; *you must take it at a ~* du skall inte tro [blint] på det **4** *at a ~* under pari, till underkurs; stående lågt i värde (kurs äv. bildl.) **II** *vb tr* **1** dra av; [något] minska värde, fördel; bortse ifrån **2** ekon. diskontera
discourage [dɪs'kʌrɪdʒ] *vb tr* **1** göra modfälld **2** inte uppmuntra [till]; avskräcka, [för]söka hindra [*~ a p. from doing a th.*]; motarbeta
discouragement [dɪs'kʌrɪdʒmənt] *s* **1** modfälldhet **2** åtgärd för att hindra [*of a th.* ngt]; motarbetande
discouraging [dɪs'kʌrɪdʒɪŋ] *adj* **1** nedslående [*a ~ result*]; avskräckande **2** motverkande
discourse [ss. subst. 'dɪskɔ:s, -'-, ss. vb -'-] **I** *s* **1** föredrag, tal **2** litt. samtal **II** *vb itr* **1** hålla tal; *~* [*up*]*on* äv. utbreda sig över **2** samtala, språka
discourteous [dɪs'kɜ:tjəs] *adj* ohövlig
discourtesy [dɪs'kɜ:təsɪ] *s* ohövlighet
discover [dɪ'skʌvə] *vb tr* upptäcka; finna
discovery [dɪ'skʌv(ə)rɪ] *s* upptäckt
discredit [dɪs'kredɪt] **I** *s* **1** vanrykte, dåligt anseende (rykte); *be a ~ to* vara en skam för; *bring (throw) ~* [*up*]*on* bringa i vanrykte, misskreditera **2** misstro, tvivel **II** *vb tr* **1** misskreditera, diskreditera **2** misstro, betvivla
discreditable [dɪs'kredɪtəbl] *adj* vanhedrande, misskrediterande, diskrediterande [*to a p.* för ngn]
discreet [dɪ'skri:t] *adj* diskret, taktfull
discrepancy [dɪs'krep(ə)nsɪ] *s* avvikelse; diskrepans; *if there is a ~* om något inte stämmer
discrepant [dɪs'krep(ə)nt] *adj* avvikande
discrete [dɪ'skri:t] *adj* [åt]skild
discretion [dɪ'skreʃ(ə)n] *s* **1** urskillning[sförmåga], omdöme[sförmåga], klokhet; diskretion, takt; *reach the age of ~* nå mogen (stadgad) ålder, bli vuxen; *~ is the better part of valour* ung. försiktighet är en dygd **2** handlingsfrihet; *at one's* [*own*] *~* efter behag, efter [eget] godtycke; *I leave it to your ~* det överlåter jag åt dig [att avgöra]
discretionary [dɪ'skreʃən(ə)rɪ] *adj* godtycklig; *~ powers* diskretionär myndighet
discriminate [dɪ'skrɪmɪneɪt] *vb tr* o. *vb itr* **1** skilja [*between* på, mellan; *from* från],

åtskilja; urskilja **2** göra skillnad [*between* på, mellan], diskriminera; *~ against* diskriminera
discriminating [dɪ'skrɪmɪneɪtɪŋ] *adj* **1** särskiljande, typisk **2** omdömesgill, klok, skarp[sinnig] [*~ judgement,* ~ *critic*]; nogräknad, kräsen [*a ~ taste*]
discrimination [dɪˌskrɪmɪ'neɪʃ(ə)n] *s* **1** diskriminering [*radical ~*], skiljande; åtskillnad [*without ~*] **2** urskillning, omdöme; skarpsinne
discriminatory [dɪ'skrɪmɪnət(ə)rɪ] *adj* **1** diskriminerande **2** urskiljande; skarp[sinnig]
discursive [dɪs'kɜ:sɪv] *adj* planlös, avvikande från ämnet; vidlyftig
discus ['dɪskəs] *s* sport. diskus; *~ throw* el. *throwing the ~* diskuskastning ss. tävlingsgren
discuss [dɪ'skʌs] *vb tr* diskutera, dryfta, debattera
discussion [dɪ'skʌʃ(ə)n] *s* diskussion, debatt [*on, about* om], dryftande; *bring a th. up for ~* ta upp ngt till diskussion
disdain [dɪs'deɪn] **I** *s* förakt, ringaktning **II** *vb tr* förakta, ringakta
disease [dɪ'zi:z] *s* sjukdom, sjuka; koll. sjukdomar; bildl. ont; *~ carrier* smittobärare
diseased [dɪ'zi:zd] *adj* **1** sjuk, sjuklig **2** fördärvad, osund
disembark [ˌdɪsɪm'bɑ:k] **I** *vb tr* landsätta **II** *vb itr* landstiga, gå i land, debarkera
disembarkation [ˌdɪsembɑ:'keɪʃ(ə)n] *s* **1** landstigning, debarkering **2** urstigning, landsättning
disembowel [ˌdɪsɪm'baʊəl] *vb tr* ta inälvorna ur
disenchant [ˌdɪsɪn'tʃɑ:nt] *vb tr* ta ur en illusion, desillusionera
disenchantment [ˌdɪsɪn'tʃɑ:ntmənt] *s* uppvaknande ur en illusion; besvikelse
disenfranchise [ˌdɪsen'fræn(t)ʃaɪz] *vb tr* se *disfranchise*
disengage [ˌdɪsɪn'geɪdʒ] **I** *vb tr* **1** lösgöra, frigöra, lossa, befria [*from* från] **2** tekn. koppla ifrån (ur); utlösa **3** mil. dra ur striden **II** *vb itr* frigöra sig; fäktn. degagera
disengagement [ˌdɪsɪn'geɪdʒmənt] *s* lösgörande, frigöring; urkoppling
disentangle [ˌdɪsɪn'tæŋgl] **I** *vb tr* **1** göra loss (fri), lösgöra, befria ur trassel, förvecklingar o.d. **2** reda ut härva o.d. **II** *vb itr* **1** bli fri, komma lös **2** reda ut sig
disentanglement [ˌdɪsɪn'tæŋglmənt] *s* **1** lösgörande, befriande, befrielse **2** utredande
disestablish [ˌdɪsɪ'stæblɪʃ] *vb tr* skilja kyrkan från staten
disestablishment [ˌdɪsɪ'stæblɪʃmənt] *s* kyrkans skiljande från staten
disfavour [ˌdɪs'feɪvə] *s* misshag [*incur (ådra*

disfigure

sig) *a p. 's ~*], motvilja; ogillande [*regard a th. with ~*]; onåd [*fall into ~*]
disfigure [dɪs'fɪgə] *vb tr* vanställa, vanpryda
disfigurement [dɪs'fɪgəmənt] *s* **1** vanställande etc., jfr *disfigure* **2** vanprydnad, missprydnad
disfranchise [dɪs'fræn(t)ʃaɪz] *vb tr* **1** beröva rösträtt **2** beröva medborgerliga rättigheter
disgorge [dɪs'gɔ:dʒ] *vb tr* **1** spy ut ofta bildl. [*the train ~d its passengers*] **2** *the river ~s itself into* [*the sea*] floden mynnar (flyter) ut i...
disgrace [dɪs'greɪs] **I** *s* **1** ogunst, onåd [*be in* (*fall into*) *~*] **2** vanära; skam[fläck] [*the slums are a ~ to* (för) *the city*]; skandal [*to* för]; *bring ~ on one's family* dra vanära över familjen (släkten); *this is a ~!* detta är [en] skandal (rena skandalen)! **II** *vb tr* vanhedra; skämma ut, vara en skam för; *be ~d* vara i onåd, ha fallit (råkat) i onåd
disgraceful [dɪs'greɪsf(ʊ)l] *adj* vanhedrande [*to* för]; skamlig [*~ behaviour*]; skandalös; *you are ~!* du borde skämmas!
disgruntled [dɪs'grʌntld] *adj* missnöjd; sur [*with* på]
disguise [dɪs'gaɪz] **I** *vb tr* **1** förkläda, klä ut, maskera; *~d as a beggar* förklädd till tiggare **2** förställa, förvända, förvränga [*~ one's voice* (*writing*)] **II** *s* **1** förklädnad; mask; kamouflage; *in ~* förklädd; *in the ~ of* förklädd till; *throw off one's ~* kasta masken **2** förställning; maskering
disgust [dɪs'gʌst] **I** *s* avsky, avsmak [*at, with* för], motvilja [*at, with* mot]; äckel, vämjelse [*for* inför, vid, över]; *much to my ~* till min stora harm (förtret) **II** *vb tr* väcka avsky (avsmak etc.) hos; *be ~ed* vara (bli) upprörd (äcklad), äcklas [*at* (över) *a p. 's behaviour*; *by* (av, över) *a sight*; *with* (över) *a p.*]
disgusting [dɪs'gʌstɪŋ] *adj* äcklig, vämjelig; otäck, vidrig, vedervärdig; motbjudande, osmaklig
dish [dɪʃ] **I** *s* **1** fat; karott; flat skål, bunke; assiett [*butter ~*]; [*dirty*] *~es* odiskad disk; *wash up* (isht amer. *do* el. *wash*) *the ~es* diska **2** [mat]rätt; *hot ~* varmrätt **3** [*satellite*] *~* parabolantenn **II** *vb tr* **1** *~ up* lägga upp [*~ out* (*up*) *the food*]; sätta fram, servera [*~ out* (*up*) *the dinner*]; *~ out* dela ut [*~ out rewards and punishments*]; *~ up* bildl. duka upp, servera [*~ up the usual arguments*] **2** vard. lura överlista; knäcka besegra [*~ one's opponents*]
dishabille [ˌdɪsə'bi:l] *s*, *in ~* i negligé
disharmony [ˌdɪs'hɑ:m(ə)nɪ] *s* disharmoni
dishcloth [ˈdɪʃklɒθ] *s* disktrasa; kökshandduk
dishcover [ˈdɪʃˌkʌvə] *s* [karott]lock; kupa för att hålla mat på fat varm
dishearten [dɪs'hɑ:tn] *vb tr* göra modfälld (modlös, nedslagen); *~ing* nedslående, beklämmande [*a ~ing sight*]
dishevelled [dɪ'ʃev(ə)ld] *adj* ovårdad [*~ hair* (*clothes*)], oordnad; rufsig [i håret], okammad
dishful [ˈdɪʃfʊl] *s*, *a ~ of* ett fat (en skål el. assiett) med
dishonest [dɪs'ɒnɪst, dɪ'zɒ-] *adj* ohederlig, oärlig
dishonesty [dɪs'ɒnɪstɪ, dɪ'zɒ-] *s* ohederlighet, oärlighet
dishonour [dɪs'ɒnə, dɪ'zɒ-] **I** *s* vanära, skam [*to* för] **II** *vb tr* **1** a) vanära, vanhedra b) behandla skymfligt, skända **2** hand. inte honorera (godkänna)
dishonourable [dɪs'ɒn(ə)rəbl, dɪ'zɒ-] *adj* vanhedrande, vanärande, skamlig; skymflig
dishpan [ˈdɪʃpæn] *s* amer. diskbalja; *~ hands* skurgumshänder, nariga händer
dishrag [ˈdɪʃræg] *s* disktrasa
dishtowel [ˈdɪʃtaʊəl] *s* amer. torkhandduk
dishwasher [ˈdɪʃˌwɒʃə] *s* diskmaskin
dishwater [ˈdɪʃˌwɔ:tə] *s* diskvatten; vard. blask; *as dull as ~* vard. urtråkig, dödtråkig
dishy [ˈdɪʃɪ] *adj* sl. läcker, snygg [*a ~ girl*]
disillusion [ˌdɪsɪ'lu:ʒ(ə)n, -'lju:-] **I** *s* desillusion[ering] **II** *vb tr* desillusionera
disinclination [ˌdɪsɪnklɪ'neɪʃ(ə)n] *s* obenägenhet, olust [*for a th.* för ngt; *to do a th.*]
disinfect [ˌdɪsɪn'fekt] *vb tr* desinficera
disinfectant [ˌdɪsɪn'fektənt] **I** *adj* desinficerande **II** *s* desinfektionsmedel
disinflationary [ˌdɪsɪn'fleɪʃ(ə)n(ə)rɪ] *adj* hand. inflationsbekämpande, inflationsbegränsande
disinform [ˌdɪsɪn'fɔ:m] *vb tr* desinformera
disinformation [ˌdɪsɪnfə'meɪʃ(ə)n] *s* desinformation, vilseledande information
disingenuous [ˌdɪsɪn'dʒenjʊəs] *adj* illistig, oärlig, ej uppriktig; lömsk
disinherit [ˌdɪsɪn'herɪt] *vb tr* göra arvlös
disintegrate [dɪs'ɪntɪgreɪt] *vb tr* o. *vb itr* lösa[s] upp i beståndsdelar; sönderdela[s], desintegrera[s]
disinter [ˌdɪsɪn'tɜ:] *vb tr* gräva upp [ur jorden]; bildl. gräva fram (upp), bringa i dagen
disinterested [dɪs'ɪntrəstɪd] *adj* **1** oegennyttig, osjälvisk; opartisk [*a ~ decision*] **2** vard. ointresserad
disinterment [ˌdɪsɪn'tɜ:mənt] *s* uppgrävning, utgrävning; gravöppning
disjointed [dɪs'dʒɔɪntɪd] *adj* osammanhängande, virrig [*~ speech*]
disk [dɪsk] *s* **1** isht amer., se *disc 1* o. *2* **2** data. [minnes]skiva, disk; *~ storage* skivminne
diskette [dɪ'sket] *s* data. diskett
dislike [dɪs'laɪk, i bet. II 2 '--] **I** *vb tr* tycka illa om, ogilla, inte tycka om; inte vilja [*I ~ showing it*] **II** *s* **1** motvilja, antipati, olust [*of, for* mot, för]; misshag; *take a ~ to* få (fatta) motvilja mot (för) **2** *likes and ~s* sympatier och antipatier
dislocate [ˈdɪslə(ʊ)keɪt] *vb tr* **1** med. vrida ur

led, vricka, sträcka **2** bildl. förrycka, rubba [~ *a p.'s plans*]; *the traffic was badly ~d* det var svåra störningar i trafiken
dislocation [ˌdɪslə(ʊ)'keɪʃ(ə)n] *s* **1** med. vrickning, sträckning, dislokation; luxation **2** bildl. förvirring, oreda; ~ *of traffic* trafikstörning
dislodge [dɪs'lɒdʒ] *vb tr* driva bort (ut), få bort, fördriva; [för]flytta, rubba; rycka (sparka) loss
disloyal [dɪs'lɔɪ(ə)l] *adj* illojal, trolös [*to* mot]; otrogen
disloyalty [dɪs'lɔɪ(ə)ltɪ] *s* illojalitet, trolöshet [*to* mot]; otrohet
dismal ['dɪzm(ə)l] *adj* dyster, trist, mörk; hemsk, förskräcklig; olycklig, sorglig; vard. usel [*a ~ effort*]
dismantle [dɪs'mæntl] *vb tr* demontera, montera ned, ta isär [~ *an engine*]; bildl. nedrusta; sjö. avrusta
dismay [dɪs'meɪ, dɪz'm-] **I** *s* bestörtning, förfäran [*fill with ~*]; *much to my ~* till min bestörtning **II** *vb tr* göra bestört (förfärad); avskräcka
dismember [dɪs'membə] *vb tr* **1** slita sönder lem för lem, stycka; lemlästa **2** stycka, dela sönder (upp) äv. bildl. [~ *a country*]
dismiss [dɪs'mɪs] **I** *vb tr* **1** avskeda, ge avsked **2** skicka (sända) bort (iväg); låta gå [*the teacher ~ed his class*]; upplösa församling etc.; avtacka, hemförlova [~ *troops*]; släppa [ut] [~ *a patient from hospital*] **3** slå bort [~ *thoughts of revenge*], slå ur tankarna (hågen), låta fara; avfärda, expediera; avföra; avslå [~ *a petition*]; lämna [~ *a subject*]; jur. avslå, ogilla, förklara ogiltig, tillbakavisa [~ *a complaint*]; ~ *the case* avskriva målet **4** i kricket slå ut [~ *a batsman*, ~ *a team*] **II** *vb itr* mil., ~*!* höger och vänster om marsch!
dismissal [dɪs'mɪs(ə)l] *s* **1** avsked[ande] **2** bortskickande; upplösning; frigivande; hemförlovning **3** bildl. avvisande; avslag; jur. ogillande
dismissive [dɪs'mɪsɪv] *adj* **1** avfärdande, avvisande [*a ~ remark*] **2** föraktfullt [*a ~ attitude*], nedlåtande
dismount [ˌdɪs'maʊnt] **I** *vb itr* stiga av (ned, ur), sitta av **II** *vb tr* **1** kasta av (ur sadeln) **2** demontera [~ *a gun*] **3** ~ *one's horse* stiga av hästen, sitta av
Disneyland ['dɪznɪlænd] *s* nöjespark nära Los Angeles grundad av Walt Disney
disobedience [ˌdɪsə'biːdjəns] *s* olydnad, ohörsamhet [*to* mot]
disobedient [ˌdɪsə'biːdjənt] *adj* olydig, ohörsam [*to* mot]
disobey [ˌdɪsə'beɪ] *vb tr* o. *vb itr* inte lyda, vara olydig [mot]; överträda [~ *the law*]
disobliging [ˌdɪsə'blaɪdʒɪŋ] *adj* ogin, inte tillmötesgående, otjänstvillig, ovänlig [*to* mot]

disorder [dɪs'ɔːdə] *s* **1** oordning, oreda; förvirring; *throw into ~* ställa till oreda (förvirring) i **2** orolighet [*political ~s*] **3** med. störning
disordered [dɪs'ɔːdəd] *adj* **1** bragt i oordning, oordnad; störd, i olag **2** med. sjuk [~ *mind*], rubbad, störd; *have a ~ stomach* ha dålig mage
disorderly [dɪs'ɔːdəlɪ] *adj* **1** oordentlig; oordnad; oredig, förvirrad **2** bråkig, oregerlig, orolig; störande [~ *behaviour*]; ~ *conduct* jur. förargelseväckande beteende
disorganization [dɪsˌɔːgənaɪ'zeɪʃ(ə)n, dɪˌz-] *s* desorganisation, upplösning [*everything was in a state of ~*]; oordning
disorganize [dɪs'ɔːgənaɪz, dɪ'z-] *vb tr* desorganisera, upplösa; ställa till oreda (förvirring) i [~ *the traffic*]
disorientation [dɪsˌɔːrɪen'teɪʃ(ə)n] *s* desorientering; förvirring
disown [dɪs'əʊn] *vb tr* inte kännas vid; ta avstånd från, förneka [~ *a statement*]; förkasta
disparage [dɪ'spærɪdʒ] *vb tr* nedvärdera; förklena, nedsätta, tala nedsättande om; ringakta; *in disparaging terms* i förklenande ordalag
disparagement [dɪ'spærɪdʒmənt] *s* nedvärdering; förklenande etc., jfr *disparage*
disparate ['dɪspərət] *adj* olikartad, olik
disparity [dɪs'pærətɪ] *s* olikhet, skillnad, divergens
dispassionate [dɪs'pæʃ(ə)nət] *adj* lidelsefri; lugn, sansad; opartisk, objektiv, saklig
dispatch [dɪ'spætʃ] **I** *vb tr* **1** [av]sända, skicka [i väg], expediera [~ *a letter*] **2** klara av, expediera [~ *a task*]; avsluta **3** göra av med, expediera **II** *s* **1** avsändning, avsändande; expediering, expedition; spedition; *by ~* med ilbud **2** undanstökande, uträttande, expediering [*the prompt ~ of a matter*] **3** dödande, expedierande **4** skyndsamhet, hast [*use all possible ~*; *with all ~*] **5** rapport, depesch; *be mentioned in ~es* mil. få hedersomnämnande i krigsrapporterna
dispatch box [dɪ'spætʃbɒks] *s* dokumentskrin
dispatch case [dɪ'spætʃkeɪs] *s* dokumentportfölj
dispatch rider [dɪ'spætʃˌraɪdə] *s* mil. [motorcykel]ordonnans
dispel [dɪ'spel] *vb tr* förjaga, fördriva, skingra [*the wind ~led the fog*; ~ *a p.'s doubts and fears*]
dispensable [dɪ'spensəbl] *adj* umbärlig
dispensary [dɪ'spens(ə)rɪ] *s* apotek på sjukhus, fartyg o.d.; officin i apotek
dispensation [ˌdɪspen'seɪʃ(ə)n] *s* **1** utdelning, fördelning [*the ~ of medicine*], tilldelning **2** skipande, skipning [*the ~ of justice*] **3** [gudomlig] ordning; *divine ~* el. ~ *of providence* försynens skickelse **4** isht kyrkl.

dispense

dispens [*obtain a ~ from fasting*]
5 undvarande [*with* av]
dispens|e [dɪ'spens] **I** *vb tr* **1** dela ut, fördela, ge [*~ alms*] **2** tillreda och lämna ut, dispensera [*~ medicines*]; **-*ing chemist*** apotekare; **-*ing chemists*** äv. apotek **3** skipa [*~ justice*] **II** *vb itr*, **~ *with* a**) avvara, undvara, [kunna] vara utan, reda (klara) sig utan [*~ with a p.'s services*] **b**) göra onödig (obehövlig, överflödig) [*the new machinery ~s with manual labour*] **c**) bortse från; underlåta att tillämpa
dispenser [dɪ'spensə] *s* **1** isht receptarie, apotekare **2** hållare; dispenser hållare för rakblad o.d.; automat; [*pill*] ~ doseringsdosa
dispersal [dɪ'spɜːs(ə)l] *s* [ut]spridning; skingring
disperse [dɪ'spɜːs] **I** *vb tr* skingra, upplösa [*the police ~d the meeting; the sun ~d the clouds*]; sprida; kem. el. tekn. dispergera **II** *vb itr* skingra sig, skingras [*the crowd ~d*]; sprida sig, spridas
dispersion [dɪ'spɜːʃ(ə)n] *s* **1** [kring]spridning, skingring; kringspriddhet; sprängning; fys. el. statistik. spridning, dispersion **2** *the D~* [den judiska] förskingringen, diasporan
dispirit [dɪ'spɪrɪt] *vb tr* göra modfälld (nedslagen)
dispirited [dɪ'spɪrɪtɪd] *adj* modfälld, nedslagen
displace [dɪs'pleɪs] *vb tr* **1** flytta [på], rubba sak ur dess läge; förskjuta äv. psykol.; undanröja **2** ersätta [*automation will ~ many workers*] **3** tränga undan (ut); **~*d person*** polit. tvångsförflyttad, flykting
displacement [dɪs'pleɪsmənt] *s* **1** omflyttning, rubbning; förskjutning äv. psykol. **2** ersättande; undanträngande **3** sjö. deplacement **4** bil., [*piston*] ~ cylindervolym, slagvolym
display [dɪ'spleɪ] **I** *vb tr* **1** förevisa, visa fram; skylta med [*~ goods in the window*] **2** visa [prov på] [*~ courage*], röja [*~ one's ignorance*] **3** veckla (bre) ut **4** stoltsera (ståta) med [*~ one's knowledge*]; demonstrera [*~ one's affection*] **II** *s* **1** förevisning, uppvisning [*a fashion ~*]; utställning; skyltning [*a ~ of goods*]; *window* ~ [fönster]skyltning; *~ sign* [ljus]reklamskylt; *~ window* skyltfönster **2** uttryck [*of* för], prov [*a fine ~ of* (på) *courage*] **3** stoltserande, ståtande [*of* med]; *be fond of* ~ vara svag för ståt [och prakt]; *make a ~ of* stoltsera (ståta, lysa, pråla) med; *make a ~ of one's affection* demonstrera sina känslor **4** tekn. a) radar. bildskärm b) data. display, bild[skärm]; *~ panel* avläsningstavla; *~ unit* visningsenhet, skärm
displease [dɪs'pliːz] *vb tr* misshaga, väcka missnöje hos; stöta, förarga, förtreta; *be ~d* vara missnöjd (missbelåten)
displeasure [dɪs'pleʒə] *s* missnöje, misshag [*with, at* med, över], ogillande [*with, at* av]; onåd; *incur a p.'s* ~ ådra sig (väcka) ngns missnöje
disport [dɪ'spɔːt] litt. *vb tr,* ~ *oneself* roa sig; leka; uppföra sig
disposable [dɪ'spəʊzəbl] *adj* **1** disponibel, [som står] till förfogande **2** slit-och-släng; engångs- [*~ paper plates*]; ~ *napkin* (*nappy*) [engångs]blöja
disposal [dɪ'spəʊz(ə)l] *s* **1** bortskaffande; undangörande, expediering; *bomb ~ squad* bombröjningsgrupp, desarmeringsgrupp; *waste ~* avfallshantering **2** avyttrande, försäljning; överlämnande, överlåtelse; placering **3** [fritt] förfogande, disposition, användning; *be at* (*be left to*) *a p.'s* ~ stå till ngns förfogande (disposition), stå ngn till buds **4** ordnande, anordning, disposition
disposal chute [dɪ'spəʊzəlˌʃuːt] *s* sopnedkast
dispose [dɪ'spəʊz] **I** *vb itr* **1** ~ *of* **a**) skaffa undan, kasta (slänga) bort, bli (göra sig) av med [*~ of rubbish*]; kassera [*~ of old clothes*]; bringa ur världen [*~ of a problem*]; klara av; skämts. sätta i sig [*~ of a meal*] **b**) avyttra, göra sig av med, [för]sälja, överlåta; finna avsättning för [*~ of one's goods*] **c**) [fritt] förfoga över, disponera [över], förordna om [*be free to ~ of one's property*]; [*they didn't know*] *how to ~ of them* ...vad de skulle göra med dem **2** bestämma; *Man proposes, God ~s* människan spår, [men] Gud rår **II** *vb tr* ordna, ställa upp [*~ troops in a long line*]; placera, arrangera
disposed [dɪ'spəʊzd] *adj* **1** böjd, benägen [*to, for* för; *to do*] **2** ~ *of* såld; upptagen
disposer [dɪ'spəʊzə] *s* avfallskvarn [äv. *waste* (*garbage*) *~*]
disposition [ˌdɪspə'zɪʃ(ə)n] *s* **1** anordning, placering, arrangemang [*the ~ of furniture in a room*]; uppställning **2** förberedelse, disposition; ordnande **3** läggning [*have a domineering ~*], sinnelag; lynne, temperament [*be of a cheerful ~*]; böjelse; [*hereditary*] ~ [ärftliga] anlag **4** benägenhet, tendens **5** förfogande[rätt], disposition[srätt] [*the ~ of* (över) *the property*]; *at a p.'s* ~ till ngns förfogande (disposition)
dispossess [ˌdɪspə'zes] *vb tr* **1** ~ *a p. of a th.* frånta (beröva, avhända) ngn ngt **2** driva bort ägare; fördriva
Disprin ['dɪsprɪn] *s* ® farmakol. Dispril
disproportion [ˌdɪsprə'pɔːʃ(ə)n] **I** *s* disproportion, brist på proportion **II** *vb tr* göra oproportionerlig
disproportionate [ˌdɪsprə'pɔːʃ(ə)nət] *adj* oproportionerlig, illa avvägd (avpassad)
disprove [ˌdɪs'pruːv] *vb tr* vederlägga; motbevisa
disputable [dɪ'spjuːtəbl, 'dɪspjʊtəbl] *adj* omtvistlig, tvistig, diskutabel, tvivelaktig

disputation [ˌdɪspjʊ'teɪʃ(ə)n] *s* **1** dispyt, [ord]strid **2** univ. disputation
dispute [dɪ'spjuːt] **I** *vb itr* disputera, diskutera, tvista [*about, on* om; *against, with* med] **II** *vb tr* **1** dryfta, diskutera, tvista om, debattera **2** bestrida [~ *a claim*]; ifrågasätta, dra (sätta) i tvivelsmål [~ *a statement*] **3** kämpa (strida, tävla) om [~ *a territory*] **III** *s* dispyt, [ord]strid, diskussion, ordväxling, meningsbyte [*about, over* om]; tvist, kontrovers; konflikt [*labour* ~]
disqualification [dɪsˌkwɒlɪfɪ'keɪʃ(ə)n] *s* diskvalifikation, diskvalificering, diskning; jur. jäv, obehörighet
disqualify [dɪs'kwɒlɪfaɪ] *vb tr* diskvalificera, diska [*for* för, till; *from* från, för]; perf. p. *-ied* jur. jävig, obehörig
disquiet [dɪs'kwaɪət] **I** *vb tr* oroa, göra orolig **II** *s* oro
disquieting [dɪs'kwaɪətɪŋ] *adj* oroande, oroväckande
disquisition [ˌdɪskwɪ'zɪʃ(ə)n] *s* föredrag, avhandling
disregard [ˌdɪsrɪ'gɑːd] **I** *vb tr* inte fästa avseende vid, ignorera, nonchalera [~ *a warning*], förbise, åsidosätta [~ *a p.'s wishes*], förbigå, lämna ur räkningen [~ *unimportant details*]; ringakta **II** *s* ignorerande, nonchalerande [~ *of a rule*]; *in* ~ *of a th.* utan att beakta (ta hänsyn till) ngt; *with a* ~ *of truth* på sanningens bekostnad
disrepair [ˌdɪsrɪ'peə] *s* dåligt skick [*the house was in bad* (mycket) ~], förfall
disreputable [dɪs'repjʊtəbl] *adj* **1** illa beryktad **2** vanhedrande [*to* för]
disrepute [ˌdɪsrɪ'pjuːt] *s* vanrykte [*fall into* ~]; vanheder, skam
disrespect [ˌdɪsrɪ'spekt] **I** *s* respektlöshet, brist på (bristande) aktning (respekt) [*for* för; *to* mot] **II** *vb tr* inte respektera, visa brist på (bristande) aktning (respekt) för, ringakta
disrespectful [ˌdɪsrɪ'spektf(ʊ)l] *adj* respektlös, vanvördig, ohövlig [*to* mot]
disrobe [dɪs'rəʊb] **I** *vb itr* o. *vb rfl*, ~ [*oneself*] ta av sig ämbetsdräkten; klä av sig **II** *vb tr* klä av äv. bildl.
disrupt [dɪs'rʌpt] *vb tr* splittra, söndra, upplösa [*the party was ~ed*]; avbryta, störa [~ *a meeting*]; *traffic was ~ed* det blev avbrott i trafiken
disruption [dɪs'rʌpʃ(ə)n] *s* **1** splittring, söndring etc., jfr *disrupt*; avbrott; rubbning[ar] **2** upplösning [*the state was in* ~]; sönderfall [*the* ~ *of an empire*]
disruptive [dɪs'rʌptɪv] *adj* splittrande, söndrande, upplösande; nedbrytande, omstörtande [~ *forces*]; ~ *elements* oroselement
diss [dɪs] *vb tr* o. *vb itr* (vard. kortform för *disrespect*) behandla[s] som luft, nonchalera[s]

dissatisfaction [ˌdɪ(s)sætɪs'fækʃ(ə)n] *s* missnöje, missbelåtenhet, otillfredsställelse
dissatisfied [ˌdɪ(s)'sætɪsfaɪd] *adj* missnöjd, missbelåten, otillfredsställd
dissatisfy [ˌdɪ(s)'sætɪsfaɪ] *vb tr* inte tillfredsställa; göra missnöjd (missbelåten)
dissect [dɪ'sekt] *vb tr* **1** anat. dissekera; *~ing table* dissektionsbord **2** bildl. dissekera, ingående analysera, noggrant granska
dissection [dɪ'sekʃ(ə)n] *s* **1** anat. dissektion, dissekering **2** bildl. dissekering, kritisk analys
dissemble [dɪ'sembl] **I** *vb tr* hyckla, låtsa[s] **II** *vb itr* förställa sig, hyckla [*to, with* [in]för]
dissembling [dɪ'semblɪŋ] **I** *adj* hycklande **II** *s* förställning, hyckleri
disseminate [dɪ'semɪneɪt] *vb tr* sprida [~ *information* (*knowledge*)], utbreda
dissemination [dɪˌsemɪ'neɪʃ(ə)n] *s* [kring]spridning, utspridning; dissemination
dissension [dɪ'senʃ(ə)n] *s* meningsskiljaktighet; missämja, oenighet, split, tvedräkt
dissent [dɪ'sent] **I** *vb itr* **1** ha en annan mening [*from* än]; avvika [*from* från]; reservera sig [*from* mot] **2** isht gå ur statskyrkan **II** *s* **1** avvikelse i åsikter, meningsskiljaktighet **2** frikyrklighet, separatism
dissenter [dɪ'sentə] *s* **1** oliktänkande [person] **2** dissenter, frikyrklig, frireligiös [äv. *D~*]
dissentient [dɪ'senʃɪənt, -ʃ(ə)nt] **I** *adj* avvikande, skiljaktig [~ *opinions*]; oliktänkande **II** *s* oliktänkande [person], avvikande; reservant
dissertation [ˌdɪsə'teɪʃ(ə)n] *s* [doktors]avhandling
disservice [ˌdɪ(s)'sɜːvɪs] *s* otjänst, björntjänst [*do a p. a* ~]; skada; *of* ~ *to* till skada för
dissidence ['dɪsɪd(ə)ns] *s* olikhet [i åsikter], [menings]skiljaktighet
dissident ['dɪsɪd(ə)nt] **I** *adj* oliktänkande; avvikande, skiljaktig [~ *opinions*] **II** *s* dissident, oliktänkande [person]
dissimilar [ˌdɪ'sɪmɪlə] *adj* olik[a]; ~ *to* (*from*) *a th.* olik ngt
dissimilarity [ˌdɪsɪmɪ'lærətɪ] *s* olikhet [*to* (ibl. *from*) *a th.* med (gentemot) ngt], skillnad
dissimulation [dɪˌsɪmjʊ'leɪʃ(ə)n] *s* förställning, hyckleri
dissipate ['dɪsɪpeɪt] *vb tr* **1** skingra, jaga bort [~ *a p.'s fears*]; upplösa **2** förslösa, slösa (plottra) bort [~ *one's fortune*]; splittra [~ *one's forces*]
dissipated ['dɪsɪpeɪtɪd] *adj* **1** utsvävande [~ *life*], lättsinnig **2** härjad, utlevad [*look* ~]
dissipation [ˌdɪsɪ'peɪʃ(ə)n] *s* **1** skingrande; upplösning **2** förslösande; ~ *of one's energy* slöseri med krafterna **3** utsvävningar
dissociate [dɪ'səʊʃɪeɪt, -sɪeɪt] *vb tr* skilja, separera; hålla isär [~ *two ideas*]; dissociera

äv. kem.; söndra; upplösa; ~ *oneself from* ta avstånd från
dissolute ['dɪsəluːt, -ljuːt] *adj* utsvävande, tygellös, liderlig, lastbar
dissolution [ˌdɪsə'luːʃ(ə)n, -'ljuː-] *s* upplösning [*the* ~ [*of Parliament*]]; upphävande; avveckling
dissolve [dɪ'zɒlv] **I** *vb tr* **1** smälta, lösa upp [*water* ~*s sugar*]; sönderdela; ~*d in tears* upplöst i tårar **2** upplösa [~ *a partnership*, ~ *Parliament*] **II** *vb itr* upplösa sig, upplösas; lösa sig, smälta; försvinna; förtona; *Parliament* ~*d* parlamentet upplöstes
dissonance ['dɪsənəns] *s* **1** mus. el. bildl. dissonans, missljud, disharmoni **2** oenighet, split, tvedräkt
dissonant ['dɪsənənt] *adj* dissonerande, missljudande, disharmonisk
dissuade [dɪ'sweɪd] *vb tr* avråda
dissuasion [dɪ'sweɪʒ(ə)n] *s* avrådan; avstyrkande
distaff ['dɪstɑːf] *s* **1** slända; spinnrockshuvud **2** *on the* ~ *side* på kvinnolinjen (spinnsidan)
distance ['dɪst(ə)ns] **I** *s* **1** avstånd; distans; sträcka, väg; stycke väg; *go the* ~ **a)** boxn. gå alla ronder **b)** hålla ut, hålla stånd; *at a* ~ på avstånd (håll); ett stycke (en bit) bort; *keep one's* ~ el. *keep at a* ~ hålla sig på [vederbörligt] avstånd; bildl. hålla distans, vara reserverad; [*the house can be seen*] *from a great* ~ ...på långt håll (avstånd); *in the* ~ i fjärran, på [långt] avstånd; *within easy* ~ *of* på bekvämt avstånd (inte långt) från; *it is within walking* ~ det är på promenadavstånd; [*he lives*] *a short* ~ *away* ...ett litet stycke härifrån, ...en liten bit bort **2** bildl. kyla [*there was a certain* ~ *in his manner*]; *keep a p. at a* ~ bildl. hålla ngn på distans, vara reserverad mot ngn **II** *vb tr* **1** lämna [långt] bakom sig, distansera **2** hålla på [visst] avstånd, distansera [~ *oneself from a th.*]
distant ['dɪst(ə)nt] *adj* **1** avlägsen, fjärran i rum o. tid **2** avlägsen i fråga om släktskap [*a* ~ *cousin*] **3** avlägsen, svag, obetydlig [*a* ~ *resemblance*] **4** reserverad, kylig [*be* ~ *with* el. *to* (mot) *a p.*], oåtkomlig
distaste [dɪs'teɪst] *s* avsmak [*for* för]; motvilja [*for* mot, för], olust
distasteful [dɪs'teɪstf(ʊ)l] *adj* osmaklig, motbjudande, oangenäm, obehaglig [*to* för]
1 distemper [dɪs'tempə] **I** *s* limfärg; tempera[färg] **II** *vb tr* limfärga; måla med (i) temperafärg
2 distemper [dɪs'tempə] *s* valpsjuka
distend [dɪ'stend] **I** *vb tr* [ut]vidga, spänna (tänja, spärra) ut; blåsa upp **II** *vb itr* svälla [ut], [ut]vidgas, spännas (spärras) ut
distension [dɪ'stenʃ(ə)n] *s* utvidgning, uttänjning, utsträckande, svällande; utspändhet

distil [dɪ'stɪl] **I** *vb tr* **1** destillera; bränna; rena äv. bildl.; *the* ~*ling industry* whiskyindustrin, spritindustrin **2** [låta] droppa, drypa **3** bildl. renodla **II** *vb itr* **1** destillera[s] **2** sippra; droppa, drypa
distillate ['dɪstɪlət, -leɪt] *s* destillat
distillation [ˌdɪstɪ'leɪʃ(ə)n] *s* **1** destillering, destillation **2** destillat
distiller [dɪ'stɪlə] *s* **1** destillator, destillatör; spritfabrikant **2** destillationsapparat
distillery [dɪ'stɪləri] *s* bränneri; spritfabrik
distinct [dɪ'stɪŋ(k)t] *adj* **1** tydlig, klar, distinkt [*a* ~ *voice*] **2** olik[a]; skild [*two* ~ *groups*]; särskild; *be* ~ *from*... vara olik..., skilja sig från...; *as* ~ *from* till skillnad från
distinction [dɪ'stɪŋ(k)ʃ(ə)n] *s* **1** [åt]skillnad [*of i, på, till*]; [sär]skiljande; distinktion; *draw a* ~ göra skillnad [*between* på, mellan]; dra en gräns; *without* ~ utan åtskillnad; *without* ~ *of persons* utan hänsyn till person **2** särmärke **3** utmärkelse, hedersbevisning, distinktion; *he passed with* ~ han fick spets [på betyget]; *passed with* ~ betyg med utmärkt beröm godkänd; *a man of* ~ en framstående (betydande) man
distinctive [dɪ'stɪŋ(k)tɪv] *adj* särskiljande, distinktiv äv. fonet.; utmärkande, karakteristisk
distinctiveness [dɪ'stɪŋ(k)tɪvnəs] *s* särprägel, egenart
distinctly [dɪ'stɪŋ(k)tlɪ] *adv* tydligt, distinkt [*speak* ~]; klart och tydligt, uttryckligen [*he told you what to do*]
distinguish [dɪ'stɪŋgwɪʃ] **I** *vb tr* **1** tydligt skilja [åt], särskilja; *be* ~*ed from* skilja sig från; *as* ~*ed from* till skillnad från **2** urskilja [~ *objects at a distance*] **3** känneteckna, utmärka, karakterisera; *be* ~*ed by* utmärka sig genom, kännas igen på **4** utmärka; ~ *oneself* äv. göra sig bemärkt; *be* ~*ed for* utmärka sig för (genom), vara berömd för (genom) **II** *vb itr* göra skillnad, skilja [*between* mellan, på]
distinguished [dɪ'stɪŋgwɪʃt] *adj* **1** framstående; berömd, ryktbar, utmärkt, utomordentlig; förnämlig, lysande [*a* ~ *career*] **2** distingerad, stilfull, förnäm
distinguishing [dɪ'stɪŋgwɪʃɪŋ] *adj* särskiljande, utmärkande, karakteristisk [~ *features*]; särskild, speciell; igenkännings- [*a* ~ *badge*], distinktions-; ~ *flag* kommandoflagga; ~ *mark* [speciellt] kännetecken
distort [dɪ'stɔːt] *vb tr* **1** förvrida [*a face* ~*ed by pain*], förvränga; ~*ing mirror* skrattspegel **2** snedvrida, förvränga, förvanska [~ *facts*; ~ *the truth*]
distortion [dɪ'stɔːʃ(ə)n] *s* **1** förvridning, förvrängning, förvanskning; tekn. el. med. distorsion **2** vrångbild
distract [dɪ'strækt] *vb tr* **1** dra bort, avvända, avleda [~ *a p.'s attention* (*mind*) *from a th.*];

distrahera 2 vara en avkoppling för **3** söndra **4** förvirra, göra ngn ifrån sig
distracted [dɪ'stræktɪd] *adj* **1** förvirrad, ifrån sig, utom sig [*with*, *by av*] **2** vansinnig, tokig [*it's enough to drive* (göra) *one ~*]
distraction [dɪ'strækʃ(ə)n] *s* **1** förvirring, oreda **2** avkoppling, distraktion, förströelse **3** vanvett, sinnesförvirring; *to ~* vanvettigt, vansinnigt
distrain [dɪ'streɪn] *jur. vb itr, ~* [*up*]*on* utmäta, göra utmätning av, ta i mät
distraint [dɪ'streɪnt] *s* utmätning, kvarstad
distraught [dɪ'strɔ:t] *adj* förvirrad; ifrån sig, utom sig [*~ with* (av) *grief*]
distress [dɪ'stres] **I** *s* **1** trångmål; nödställdhet, nödläge; nöd [*relieve* (lindra) *the ~ among the poor*]; hemsökelse; sjö. [sjö]nöd [*a ship in ~*; *signal of ~*]; *~ call* (*signal*) nödrop; sjö. nödsignal **2** smärta, kval, sorg, bedrövelse, vånda **3** utmattning **4** jur. utmätning **II** *vb tr* **1** ansätta; utmatta, uttrötta **2** plåga, pina, göra olycklig; oroa, bekymra [*don't ~ yourself about* (för, över, om) *this*]
distressed [dɪ'strest] *adj* **1** nödställd, svårt betryckt (ansatt); *~ area* krisdrabbat område, krisområde där arbetslöshet råder **2** olycklig; bedrövad
distressing [dɪ'stresɪŋ] *adj* plågsam, smärtsam; beklämmande, bedrövlig, sorglig [*a ~ case*]; oroande [*~ news*]
distress rocket [dɪ'stres,rɒkɪt] *s* nödraket
distribute [dɪ'strɪbju:t, 'dɪstrɪbju:t] *vb tr* **1** dela ut; fördela; distribuera **2** sprida [ut]; utbreda **3** dela in, fördela [*~ into* (i) *classes*]
distributer [dɪ'strɪbjʊtə, 'dɪstrɪbju:tə] *s* se *distributor*
distribution [,dɪstrɪ'bju:ʃ(ə)n] *s* **1** utdelning [*prize ~*]; fördelning äv. statistik.; distribution **2** utbredning; spridning
distributive [dɪ'strɪbjʊtɪv] *adj* **1** fördelande, fördelnings-; distributions- [*~ enterprise*]; isht gram. distributiv **2** utdelande, tilldelande
distributor [dɪ'strɪbjʊtə] *s* **1** distributör, utdelare; spridare; [ström]fördelare i t.ex. bil; *~ cap* fördelarlock; *~* [*housing*] fördelardosa **2** hand. distributör; återförsäljare
district ['dɪstrɪkt] *s* **1** område, distrikt i allm.; bygd, trakt **2** distrikt, del av grevskap el. socken; stadsdel; *~ attorney* amer., se *attorney*; *~ court* federal domstol i lägsta instans; *~ heating power plant* fjärrvärmeverk; *~ nurse* distriktssköterska; *~ visitor* socialarbetare; *urban ~ council* stadskommunfullmäktige i mindre stad **3** *The D~ of Columbia* Columbia Förenta staternas förbundsdistrikt med huvudstaden Washington
distrust [dɪs'trʌst] **I** *s* misstro, misstroende [*of* till]; tvivel [*of på*] **II** *vb tr* misstro, inte lita på
distrustful [dɪs'trʌstf(ʊ)l] *adj* misstrogen, klentrogen, skeptisk, misstänksam

disturb [dɪ'stɜ:b] *vb tr* **1** störa [*~ a p. in his work*; *~ the peace*]; *don't let me ~ you* låt inte mig störa [dig] **2** oroa, ofreda; uppröra; ställa till oreda i; rubba, förvirra; perf. p. *~ed* äv. orolig
disturbance [dɪ'stɜ:b(ə)ns] *s* **1** störande, oroande **2** upprört tillstånd, oro; störning, rubbning **3** oordning, oreda, förvirring; tumult, orolighet [*student ~s*]; bråk [*a political ~*]; *create a ~* uppträda störande; *make a ~* ställa till bråk, bråka
disulfate [daɪ'sʌlfeɪt] *s* amer., se *disulphate*
disulphate [daɪ'sʌlfeɪt] *s* kem. disulfat
disunite [,dɪsju:'naɪt] **I** *vb tr* skilja, söndra, splittra, upplösa; göra oense **II** *vb itr* skiljas, upplösas
disuse [,dɪs'ju:s] *s* obruklighet; *fall into ~* komma ur bruk, falla i glömska; [*become rusty*] *from ~* ...[på grund] av för liten användning
disused [,dɪs'ju:zd] *adj* avlagd, bortlagd, slopad; outnyttjad, oanvänd; obruklig, kasserad; nedlagd [*a ~ gravel pit*]
disyllabic [,daɪsɪ'læbɪk, ,dɪ-] *adj* tvåstavig
disyllable [,daɪ'sɪləbl, dɪ's-] *s* tvåstavigt ord
ditch [dɪtʃ] **I** *s* dike; grav; vattendrag; *the last ~* sista utvägen (chansen); *die in the last ~* kämpa till sista andetaget **II** *vb tr* **1** dika [ut] **2** omge med dike[n] [of] (grav[ar]) **3** vard. köra i diket med [*~ a car*]; isht amer. få att spåra ur [*~ a train*] **4** vard. kasta av (ut), ge respass, ge på båten; skaka av sig **5** sl. krascha (nödlanda) [på havet] med [*~ a plane*]
ditchwater ['dɪtʃ,wɔ:tə] *s* dikesvatten; [*as*] *dull as ~* vard. urtråkig, dödtråkig
dither ['dɪðə] **I** *vb itr* **1** vackla, tveka, vela **2** isht amer. vara nervös (darrig) **3** isht amer. darra **II** *s* vard. förvirring, upprördhet; *be in* (*all of*) *a ~* el. *have the ~s* ha stora skälvan, vara förvirrad
ditto ['dɪtəʊ] *adv* o. *s* hand. el. vard. dito, detsamma; *~!* jag med!
ditty ['dɪtɪ] *s* [liten] visa (sång); enkel dikt
diuretic [,daɪjʊ(ə)'retɪk] med. **I** *adj* diuretisk, urindrivande **II** *s* diuretiskt (urindrivande) medel
diva ['di:və] *s* diva
divalent ['daɪ,veɪlənt] *adj* kem. divalent
divan [dɪ'væn, daɪ'v-] *s* divan soffa
dive [daɪv] **I** (*imperf. dived*, amer. äv. *dove*; perf. p. *dived*) *vb itr* **1** dyka [*for* efter]; *~ in* hoppa 'i **2** flyg. dyka, göra brant glidflykt **3** sticka ned (dyka ned med) handen [*into* i], gräva, rota **4** försvinna, dyka [*into* in i] **II** (för tema se *I*) *vb tr* sticka (köra) ned, dyka ned med [*~ a hand into* (i) *one's pocket*] **III** *s* **1** dykning; huvudhopp; sport. [sim]hopp; flyg. äv. brant glidflykt; *make a ~ for* dyka ned efter, försöka kasta sig (komma) över **2** vard. spelhåla; sylta

dive-bomb ['daɪvbɒm] *vb tr* o. *vb itr* fälla störtbomber [på (över)]
dive-bomber ['daɪvˌbɒmə] *s* störtbombplan, störtbombare
diver ['daɪvə] *s* **1** dykare **2** zool. dykarfågel i allm.; isht lom; *black-throated ~* storlom; *red-throated ~* smålom **3** sl. ficktjuv
diverge [daɪ'vɜ:dʒ] *vb itr* gå åt olika håll, gå isär, skilja sig åt, divergera; avvika [*from* från], komma på avvägar
divergence [daɪ'vɜ:dʒ(ə)ns] *s* o. **divergency** [daɪ'vɜ:dʒ(ə)nsɪ, dɪ'v-] *s* avvikelse, skiljaktighet, skillnad, motsättning [*~ of opinion*]; divergens
divergent [daɪ'vɜ:dʒ(ə)nt] *adj* **1** avvikande, skiljaktig, skild, delad, divergerande [*~ views*]; isärgående **2** fys. el. matem. divergent
divers ['daɪvɜ:z] *adj* litt. varjehanda, diverse
diverse [daɪ'vɜ:s, '--] *adj* olik[a], olikartad; skild [*from* från]; mångfaldig, skiftande
diversification [daɪˌvɜ:sɪfɪ'keɪʃ(ə)n] *s* **1** differentiering **2** omväxling, diversifiering, mångfald av former
diversify [daɪ'vɜ:sɪfaɪ] *vb tr* göra olik; ge omväxling åt, variera, diversifiera
diversion [daɪ'vɜ:ʃ(ə)n] *s* **1** avledande [*the ~ of a river; the ~ of a p.'s attention*]; omläggning [*traffic ~*], förbifart; avstickare [*a ~ from the main road*] **2** tidsfördriv, nöje, förströelse, avkoppling **3** mil. diversion, skenmanöver
diversionary [daɪ'vɜ:ʃ(ə)n(ə)rɪ] *adj* isht mil. avledande, sken- [*a ~ attack (raid)*]
diversity [daɪ'vɜ:sətɪ] *s* mångfald; olikhet, skiljaktighet; olika slag, skild form; *~ of opinion* meningsskiljaktighet
divert [daɪ'vɜ:t] *vb tr* **1** avleda [*~ the course of a river; ~ a p.'s thoughts from a th.*]; dra, leda [bort] [*~ water from a river into the fields*]; dirigera (lägga) om [*~ the traffic*] **2** roa, underhålla
diverting [daɪ'vɜ:tɪŋ, dɪ'v-] *adj* underhållande
divest [daɪ'vest] *vb tr* avhända, beröva, frånta, ta [i]från [*a p. of a th.* ngn ngt]; *~ oneself of* avstå från, avhända sig; frigöra sig från
divide [dɪ'vaɪd] **I** *vb tr* **1** dela [upp] [*~ into* (i) *different parts*]; avstava [*~ words*] **2** matem. dividera, dela [*~ 8 by* (med) *4*] **3** dela in [*into* i] **4** [åt]skilja, dela av [*the river ~s my land from his*] **5** dela [i partier], splittra, göra oense [*~ friends*], söndra; *a country ~d against itself* ett splittrat land; *opinions are ~d on* [*this question*] det råder delade meningar om (i)... **6** fördela [äv. *~ up*]; skifta; utdela [*~ profits*] **II** *vb itr* **1** dela upp sig, upplösa sig, sönderfalla [*into* i] **2** skilja sig [*from* från] **3** vara (bli) oense, vara av (komma till) olika åsikt (mening) [[*up*]*on* om] **4** matem. gå att dividera (dela); gå jämnt upp [*3 ~s into* (i) *9*] **III** *s* **1** geol. vattendelare; *the Great D~* Klippiga bergens vattendelare; bildl. döden **2** bildl. skiljelinje; klyfta

divided [dɪ'vaɪdɪd] *adj* **1** delad; indelad, uppdelad [*into* i]; *~ highway* amer. väg med skilda körbanor; *~ skirt* byxkjol **2** bildl. delad, skild [*~ opinions*]; splittrad, söndrad [*a ~ people*]; oenig
dividend ['dɪvɪdend] *s* **1** matem. dividend **2** utdelning på aktier o.d., äv. bildl.; dividend; återbäring
divination [ˌdɪvɪ'neɪʃ(ə)n] *s* spådom
divine [dɪ'vaɪn] **I** *adj* **1** gudomlig; guds-; teologisk; *~ right* gudomlig rätt; *~ service* gudstjänst **2** vard. gudomlig, underbar, härlig [*~ weather*]; förtjusande, bedårande [*a ~ hat*] **II** *s* vard. teolog; präst[man], prelat **III** *vb tr* **1** förutsäga, sia om, spå **2** ana (gissa) sig till [*~ a p.'s intentions*] **IV** *vb itr* **1** sia, spå **2** gå (leta) med slagruta
diving ['daɪvɪŋ] *s* **1** dykning; sport. simhopp[ning]; *high ~* höga hopp **2** flyg. dykning, brant glidflykt
diving-bell ['daɪvɪŋbel] *s* dykarklocka
diving-board ['daɪvɪŋbɔ:d] *s* trampolin, svikt
diving-dress ['daɪvɪŋdres] *s* o. **diving-suit** ['daɪvɪŋsu:t, -sju:t] *s* dykardräkt
divining-rod [dɪ'vaɪnɪŋrɒd] *s* slagruta
divinity [dɪ'vɪnətɪ] *s* **1** gudom[lighet] **2** gud, gudinna; *the D~* Gud, Den Högste **3** teologi; *Bachelor of D~* ung. teologie kandidat; *Doctor of D~* ung. teologie doktor; *student of ~* teologie studerande
divisible [dɪ'vɪzəbl] *adj* delbar [*by* med; *into* i]
division [dɪ'vɪʒ(ə)n] *s* **1** delning; uppdelning, indelning [*into* i]; fördelning; *~ of labour* arbetsfördelning **2** matem. division, delning; *~ sign* divisionstecken; *long ~* division med skriftlig uträkning; *short ~* division utan skriftlig uträkning **3** a) avdelning b) krets, område; distrikt **4** a) inom armén division, motsv. sv. fördelning b) amer. (inom flottan) division c) amer. (inom flyget) eskader d) sport. division e) inom polisen rotel **5** skiljelinje, skiljevägg, skiljemur; gräns [*the ~s between various classes of society*] **6** bildl. skiljaktighet; isht pl. *~s* splittring, oenighet, söndring [*bring ~ into* (i) *a family; stir up ~s in a nation*] **7** parl. [om]röstning, votering, discessus [*on* om; *demand a ~*]
divisional [dɪ'vɪʒənl] *adj* **1** delnings-, skilje- **2** avdelnings-; divisions-; distrikts-
divisive [dɪ'vaɪsɪv] *adj* skiljande, splittrande, söndrande [*~ policy*]
divisiveness [dɪ'vaɪsɪvnəs] *s* splittring, söndring
divisor [dɪ'vaɪzə] *s* matem. divisor
divorce [dɪ'vɔ:s] **I** *s* **1** jur. skilsmässa; [dom på] äktenskapsskillnad; *a ~ suit* en skilsmässoprocess; *get* (*obtain*) *a ~* få (erhålla) skilsmässa; *start* (*institute*) *~ proceedings* söka (begära) skilsmässa; *child of ~* skilsmässobarn **2** bildl. skiljande, skilsmässa **II** *vb tr* **1** [låta] skilja sig från [*~*

one's wife]; skilja makar **2** skilja [åt] [~ *church and state*; *be ~d from reality*], skingra, avlägsna; söndra **III** *vb itr* skilja sig, skiljas
divorcee [dɪˌvɔː'siː] *s* frånskild [person]
divorcée [dɪˌvɔː'siː, dɪˌvɔː'seɪ] *s* fr. frånskild kvinna
divot ['dɪvət] *s* sport. (golf., kapplöpn. m.m.) grästorva som lossnat genom klubbslag el. hästskor etc.
divulge [daɪ'vʌldʒ, dɪ'v-] *vb tr* avslöja, röja, förråda, yppa, sprida [ut] [~ *a secret*]
divvy ['dɪvɪ] *s* vard. [an]del; utdelning; återbäring
Dixie ['dɪksɪ] **I** egenn. **II** geogr. (amer. vard.) sydstaterna
dixie ['dɪksɪ] *s* **1** mil. kokkärl, fältgryta **2** *D~ cup* ® pappersbägare, pappersmugg
Dixiecrat ['dɪksɪkræt] *s* amer. sydstatsdemokrat
Dixieland ['dɪksɪlænd] **I** geogr. (amer.) sydstaterna **II** *s* dixieland jazzstil
DIY [ˌdiːaɪ'waɪ] förk. för *do-it-yourself* [*a* ~ *shop* (*store*)]
dizziness ['dɪzɪnəs] *s* yrsel, svindel
dizzy ['dɪzɪ] *adj* **1** yr i huvudet; yr [*with av*] **2** svindlande [~ *heights*; *a ~ speed*] **3** förvirrad; virrig, snurrig
DJ förk. för *dinner jacket, disc jockey*
dl förk. för *decilitre*[*s*]
DM [ˌdiː'em] förk. för *Doctor of Medicine*
d-n se *damn*
DNA [ˌdiːen'eɪ] (förk. för *deoxyribonucleic acid*) kem. DNA [~ *technology*]
Dnieper ['(d)niːpə] geogr.; *the* ~ Dnepr
Dniester ['(d)niːstə] geogr.; *the* ~ Dnestr
1 do [dəʊ] *s* mus. do
2 do [duː] **A** (*did done*; 3 pers. sg. pres. *does*) *vb* (se äv. *done* o. *don't*) **I** *tr* (se äv. *III*) **1** göra [~ *one's duty* (*best*)]; utföra [~ *repairs*]; framställa [*we can* ~ *this lipstick in ten shades*]; *what can I ~ for you?* vad kan jag stå till tjänst med?; till kund i butik vad får det lov att vara?; *that did it* bildl. det gjorde susen; då var det klippt; *it does him credit* det hedrar honom **2** sköta [om], ha hand om [~ *the correspondence*] **3** syssla med [~ *painting*]; arbeta på (med) [*we are ~ing a dictionary*] **4** a) ordna, göra i ordning; ~ *a room* städa ett rum; ~ *the windows* tvätta fönstren b) utföra; ~ *sums* (*arithmetic*) räkna; ~ *the rumba* dansa rumba c) ta [hand om] [*I'll ~ you next*] **5** läsa, studera [~ *science at the university*]; ~ *one's homework* läsa (göra) sina läxor **6** avverka, göra: a) köra [*we did 80 miles today*] b) vard. se [*we did Spain in* (på) *a week*]; *I did a show* jag var och såg en föreställning [på teatern] **7** spela [*he did Hamlet*] **8** lösa [~ *a crossword*]; *we can't ~ the size* vi har inte storleken **9** vard. avtjäna, sitta [inne] [~ *five years in prison*] **10** anrätta, laga **11** vard. lura, snuva [*out of* på]

12 vard., *they ~ you very well at the hotel* man bor och äter mycket bra på hotellet **13** vard. vara lagom för, räcka för [*three pieces will ~ me*]; passa [*this room will ~ me*] **14** vard. ta kål på [*that game did me*]; sl. råna; överfalla, slå sönder och samman **15** vulg. dra över, sätta på [~ *a woman*]
II *itr* (se äv. *III*) **1** göra [~ *as you are told*]; handla [*you did right*]; bära sig åt; *oh, ~! gör det* [du]!; *please, ~!* var så god!, ja, gärna!; *be up and ~ing* vara uppe och i full gång **2** *there is nothing ~ing* det händer ingenting, hand. det görs inga affärer; *nothing ~ing!* vard. aldrig i livet! **3** klara (sköta) sig [*how is he ~ing at school?*]; må [*she is ~ing better now*]; ~ *or die* segra eller dö, vinna eller försvinna; *how do you ~?* hälsningsformel god dag **4** passa; gå an [*it doesn't ~ to offend him*], räcka [till], vara nog (lagom); *that'll ~* det är bra; *we'll have to make it ~* det får lov att duga (räcka)
III *tr* o. *itr* med adv. el. prep. isht med spec. övers.:
~ **away with**: a) avskaffa, slopa b) ta livet av
~ **by** behandla [~ *well by a p.*]; *hard done by* illa behandlad
~ **for**: a) duga till (som) [*the room will ~ for a kitchen*] b) vard. hushålla för; *he does for himself* han klarar sig (hushållet) själv c) klara sig med [*how will you ~ for water?*] d) ta kål på; *he is done for* han är slut; det är slut med honom
~ **in** sl.: a) fixa mörda b) ta kål på; *be done in* äv. vara utmattad (slut) c) lura
~ **out**: a) städa [upp i]; måla [och tapetsera] b) ~ *a p. out of a th.* lura ifrån ngn ngt; ~ *a p. out of his job* ta jobbet ifrån ngn
~ **over** a) snygga upp, bättra på b) vard. klå upp, ge en omgång
~ **up**: a) reparera, renovera, snygga upp b) slå (packa) in [~ *up a parcel*] c) knäppa [~ *up one's coat*]; knyta d) *be done up* vara slut (tröttkörd)
~ **with**: a) göra (ta sig till) med [*what am I to ~ with him?*] b) *have to ~ with* ha att göra med; *it has* (*is*) *nothing to ~ with you* det har ingenting med dig att göra c) *I can ~ with two* jag klarar mig med två; jag behöver två; *I could ~ with a drink* det skulle smaka bra med en drink d) *be done with* vara över (slut); *let's have done with it* låt oss få slut (komma ifrån) det; [*buy the car*] *and have done with it* …först som sist, …så är det gjort; *when you have done with the knife* när du är färdig med kniven
~ **without** klara (reda) sig utan
IV *hjälpvb* **1** ss. ersättningsverb göra; [*do you know him?*] *yes, I ~* …ja, det gör jag; *you saw it, didn't you?* du såg det, eller hur? **2** förstärkande (alltid beton.) i jak. sats, t.ex.: *I ~*

wish I could help you jag önskar verkligen att jag kunde hjälpa dig; *~ come!* kom för all del! **3** omskrivande: **a)** i frågesats t.ex.: *~ you like it?* tycker du om det?; *~ I get off here?* ska jag stiga av här?; *doesn't he know it?* vet han det inte? **b)** i nekande sats med *not* t.ex.: *I don't dance* jag dansar inte; *~ not touch!* får ej vidröras. **c)** i satser inledda med nekande adv. el dyl., t.ex.: *only (not until) then did he come* först (inte förrän) då kom han **B** *s* vard. **1** fest, kalas **2** *~'s and don'ts* regler och förbud
do. förk. för *ditto*
DOA [ˌdiːəʊˈeɪ] (förk. för *dead on arrival*) död vid ankomsten [till sjukhuset]
d.o.b. [ˌdiːəʊˈbiː] förk. för *date of birth*
Dobbin ['dɒbɪn] **I** smeknamn för *Robert* **II** *s*, *~ brunte*; arbetshäst [äv. *d~*]
Doberman[n] ['dəʊbəmən] *s*, *~* [*pinscher*] dobermann[pinscher] hundras
1 doc [dɒk] *s* vard. doktor
2 doc [dɒk] *s* vard. kortform för *document*
doch-an-doris [ˌdɒkənˈdɒrɪs] *s* skotsk. el. irl. färdknäpp
docile ['dəʊsaɪl, amer. 'dɒsl] *adj* **1** foglig, lätthanterlig **2** läraktig
docility [də(ʊ)ˈsɪlətɪ, amer. dɒˈs-] *s* **1** foglighet, lätthanterlighet **2** läraktighet
1 dock [dɒk] *vb tr* **1** kupera, stubbsvansa **2** korta av; [för]minska; dra av på [*~ a p.'s wages*], dra av [*off från*]; *get one's salary ~ed* få avdrag på lönen
2 dock [dɒk] *s* förhörsbås i rättssal; *be in the ~* sitta på de anklagades bänk
3 dock [dɒk] **I** *s* **1** [skepps]docka; hamnbassäng; *floating ~* flytdocka; *wet ~* våtdocka; *be in ~* vard. a) vara på reparation b) ligga på sjukhus **2** ofta pl. *~s* hamn, hamnanläggning; varv; kaj; *naval ~s* örlogsvarv **3** amer. lastkaj, lastningsplats **4** attr. dock- [*~ gate*], hamn- [*~ area (district)*] **II** *vb tr* o. *vb itr* docka äv. om rymdskepp; ta[s] in (gå) i docka
docker ['dɒkə] *s* hamnarbetare, dockarbetare
docket ['dɒkɪt] **I** *s* **1** adresslapp på paket o.d. **2** tullbevis på erlagd tull **II** *vb tr* **1** förse dokument o.d. med innehållsförteckning (påskrift); rubricera **2** etikettera, förse med adresslapp
Docklands statsdel i London
dockyard ['dɒkjaːd] *s* [skepps]varv; *naval ~* örlogsvarv
doctor ['dɒktə] **I** *s* **1** univ. doktor; *D~ of Philosophy* filosofie doktor **2** läkare, doktor; *family ~* husläkare; *~'s certificate* läkarintyg; *call a ~* tillkalla en läkare; *just what the ~ ordered* se *order II 3* **II** *vb tr* vard. **1** sköta (plåstra) om [*~ a child*], kurera, bota [*~ a cold*] **2** kastrera, sterilisera [*~ a cat*] **3** lappa ihop, plåstra med **4** blanda upp (i); blanda i gift (narkotika) i [*~ a drink*] **5** bättra på (upp), frisera, fiffla (manipulera) med
doctoral ['dɒkt(ə)r(ə)l] *adj* doktoral; doktors-; *~ dissertation* doktorsavhandling
doctorate ['dɒkt(ə)rət] *s* doktorsgrad, doktorat
doctrinaire [ˌdɒktrɪˈneə] **I** *s* doktrinär, principryttare **II** *adj* doktrinär, teoretiserande
doctrine ['dɒktrɪn] *s* doktrin [*the Monroe D~*], lära, tes, lärosats; trossats; dogm
document [ss. subst. 'dɒkjʊmənt, ss. vb 'dɒkjʊment] **I** *s* dokument, handling **II** *vb tr* **1** dokumentera **2** förse med dokument (bevis)
documentary [ˌdɒkjʊˈment(ə)rɪ] **I** *adj* dokumentarisk, stödd på (ingående i) dokument (urkunder); urkunds-; dokumentär-, reportage- [*a ~ film*]; *~ evidence* skriftligt bevis **II** *s* reportage i TV o. radio; dokumentärfilm, reportagefilm
documentation [ˌdɒkjʊmenˈteɪʃ(ə)n, -mən-] *s* dokumentering, dokumentation
DOD [ˌdiːəʊˈdiː] amer. förk. för *Department of Defense*
dodder ['dɒdə] *vb itr* stappla, vackla
doddering ['dɒdərɪŋ] *adj* svag, orkeslös; gaggig; *a ~ old fool* en [gaggig] gammal gubbstrutt
doddle ['dɒdl] *s* vard. enkel (lätt) match [*the test was a real ~*]
dodge [dɒdʒ] **I** *vb itr* **1** vika undan, hoppa åt sidan, ducka; smita, gömma sig [*~ behind a tree*]; kila (sno) fram och tillbaka [*~ about*] **2** göra undanflykter, slingra (sno) sig **II** *vb tr* vika (väja) undan för [*~ a blow*]; undvika, slingra (krångla) sig ifrån [*~ a question*]; kringgå [*~ the issue*]; smita från [*~ taxes*]; *~ the traffic* klara sig (hålla undan) i trafiken; undvika (slippa undan) trafiken **III 1** språng (hopp) åt sidan **2** vard. knep, fint
Dodgem ['dɒdʒ(ə)m] *s* ® (av *dodge them*) radiobil på nöjesfält
dodger ['dɒdʒə] *s* a) filur, skojare b) person som slingrar sig; *tax ~* skattesmitare
dodgy ['dɒdʒɪ] *adj* vard. knepig, kvistig; riskabel
dodo ['dəʊdəʊ] (pl. *~es* el. *~s*) *s* **1** zool. dront utdöd fågel; *as dead as a (the) ~* fullkomligt utdöd, ur världen, helt borta **2** vard. träskalle, dönick
Doe [dəʊ] se *John I*
doe [dəʊ] *s* **1** hind isht av dovhjort **2** harhona, kaninhona
does [dʌz, obeton. dəz, dz] 3 pers. sg. pres. av *do*
doesn't ['dʌznt] = *does not*
doff [dɒf] *vb tr* litt. ta av [sig]
dog [dɒɡ] **I** *s* **1** hund; hanhund; i sms. -hane [*dog-fox*]; *the ~s* vard. hundkapplöpning[en], hundkapplöpningar[na]; *be top ~* vard. vara bäst (nummer ett); vara högsta hönset; *it's a case of ~ eat ~* det är ett allas krig mot alla;

every ~ *has his day* var och en får någon gång sin chans (har någon gång tur); *give a* ~ *a bad name* [*and hang him*] ung. har man en gång fått en skamfläck på sig är man stämplad för gott; *let sleeping* ~*s lie* väck inte den björn som sover; *put on* [*the*] ~ vard. göra sig viktig, malla sig; *teach an old* ~ *new tricks* lära gamla hundar sitta; *it's a* ~*'s breakfast* (*dinner*) sl. det är en riktig röra (soppa); *lead a* ~*'s life* vard. leva ett hundliv, ha ett helvete; *take a hair of the* ~ [*that bit you*] vard. ta [sig] en återställare; *the country is going to the* ~*s* vard. det går åt pipan med landet; *he is going to the* ~*s* vard. det går utför med honom; *a* ~ *in the manger* en missunnsam person som inte ens unnar andra vad han inte själv kan ha nytta av **2** vard. karl, prick, gynnare; *dirty* ~ *fähund; gay* ~ glad (livad) lax; *lazy* ~ lathund, lätting; *you lucky* ~ din lyckans ost; *sly* ~ filur, lurifax **II** *vb tr* förfölja äv. bildl. [~*ged by misfortune*]; följa efter, jaga; ~ *a p.* (*a p.'s steps*) följa ngn i hälarna (hack i häl)
dog biscuit ['dɒgˌbɪskɪt] *s* hundbröd, hundkex
dog collar ['dɒgˌkɒlə] *s* **1** hundhalsband **2** sl. rundkrage prästkrage **3** vard. flerradigt tättsittande halsband
dog days ['dɒgdeɪz] *s pl* rötmånad [*we are in the* ~]
doge [dəʊdʒ] *s* doge i Venedig
dog-ear ['dɒgɪə] **I** *s* hundöra i bok **II** *vb tr* göra hundöron i; ~*ed* med hundöron, skamfilad, sliten [*a* ~*ed book*]
dogfight ['dɒgfaɪt] *s* **1** hundslagsmål; bildl. vilt slagsmål **2** flyg. luftduell
dogfish ['dɒgfɪʃ] *s* zool. småhaj; isht hundhaj, pigghaj
dogged ['dɒgɪd] *adj* envis, ihärdig, seg, som inte släpper taget; hårdnackad [~ *opposition*]
Dogger Bank [ˌdɒgə'bæŋk] geogr.; *the* ~ Dogger bank
doggerel ['dɒg(ə)r(ə)l] *s* enklare poesi; knittelvers
doggie ['dɒgɪ] *s* vard. vovve
doggo ['dɒgəʊ] *adv* vard. gömd, osynlig; *lie* ~ äv. [ligga och] trycka, hålla sig undan
doggone [ˌdɒg'gɒn] isht amer. **I** *adj* förbannad **II** *interj*, ~! förbannat!, tusan!
doggy ['dɒgɪ] **I** *s* vard. vovve **II** *adj* **1** hund- [~ *smell*]; ~ *bag* påse för (med) överbliven mat som en restauranggäst får med sig hem **2** hundälskande [~ *people*] **3** sl., *in the* ~ [*position*] bakifrån samlagsställning
doghouse ['dɒghaʊs] *s* **1** hundkoja **2** sl., *be in the* ~ vara i onåd
dog kennel ['dɒgˌkenl] *s* hundkoja
dog lead ['dɒgliːd] *s* hundkoppel, [led]band
dogma ['dɒgmə] (pl. ~*s* el. ~*ta* [-tə]) *s* **1** dogm; trossats, lärosats **2** dogmatik, dogmsystem
dogmatic [dɒg'mætɪk] *adj* dogmatisk
dogmatize ['dɒgmətaɪz] *vb itr* dogmatisera

do-gooder [ˌduː'gʊdə] *s* vard. välgörenhetsfantast, blåögd idealist (välgörare)
dog-paddle ['dɒgˌpædl] **I** *s* vard., *the* ~ hundsim, kattsim **II** *vb itr* simma hundsim (kattsim)
dogrose ['dɒgrəʊz] *s* bot. nyponblomma; nyponbuske
dogsbody ['dɒgzˌbɒdɪ] *s* sl. passopp
dog's-ear ['dɒgzɪə] *s* o. *vb tr* se *dog-ear*
Dog Star ['dɒgstɑː] *s* astron., *the* ~ hundstjärnan, Sirius
dog's-tooth ['dɒgstuːθ] *s*, ~ *check* hundtandsmönster
dog tag ['dɒgtæg] *s* amer. **1** hundskattemärke **2** sl. soldats ID-bricka
dog-tired [ˌdɒg'taɪəd] *adj* dödstrött
dogtrot ['dɒgtrɒt] *s* jämn lunk
dogwood ['dɒgwʊd] *s* bot. skogskornell
doh [dəʊ] *s* se **1** *do*
doily ['dɔɪlɪ] *s* tallrikunderlägg, tablett av spets, tyg o.d.
doing ['duːɪŋ] *s* **1** handling, gärning, verk, utförande; *it is all his* ~ det är helt och hållet hans verk; det är hans fel alltsammans; *it will take some* ~ det är inte gjort utan vidare **2** pl. ~*s* förehavanden; uppförande, tilltag, påhitt [*some of his* ~*s*]; *tell me about your* ~*s* berätta vad du har (hade) för dig
do-it-yourself [ˌduːɪtjə'self] *adj* gör-det-själv-, hobby-; ~ *book* praktisk handbok; ~ *kit* byggsats; ~ *store* byggmarknad
Dolby ['dɒlbɪ] egenn.; *the* ~ *System* ® radio. Dolby-systemet
doldrums ['dɒldrəmz] *s pl* **1** stiltje; *in the* ~ om skepp hindrad av vindstilla; bildl. nedstämd, dyster; utan liv, flau **2** geogr. stiltjeområden, kalmområden, stiltjebälten; *the* ~ ofta stiltjebältet
dole [dəʊl] **I** *s* **1** utdelning av mat el. pengar **2** vard., *be* (*go*) *on the* ~ leva på arbetslöshetsunderstöd, gå och stämpla **II** *vb tr*, ~ *out* dela ut [i småportioner]
doleful ['dəʊlf(ʊ)l] *adj* **1** sorglig, dyster **2** sorgsen
doll [dɒl] **I** *s* **1** docka leksak; ~*'s house* dockskåp **2** pers. a) docka b) sl. brud, snygging **II** *vb tr* o. *vb itr* vard., *all* ~*ed up* uppsnofsad, snofsigt klädd
dollar ['dɒlə] *s* dollar [*five* ~*s*]
dollop ['dɒləp] *s* vard. [stor] klick [*a* ~ *of cream*]
Dolly ['dɒlɪ] smeknamn för *Dorothy*
dolly ['dɒlɪ] *s* **1** barnspr. docka **2** sl. böna, brud **3** film. el. TV. dolly, kameravagn med rörlig kamera
dolly mixture ['dɒlɪˌmɪkstʃə] *s* slags blandad miniatyrkonfekt
dolly shot ['dɒlɪʃɒt] *s* film. el. TV. kameraåkning, tagning från en dolly
dolmen ['dɒlmen] *s* arkeol. dolmen, dös

Dolomites ['dɒləmaɪts] geogr.; *the* ~ pl. Dolomiterna
dolorous ['dɒlərəs] *adj* poet. **1** sorglig **2** sorgsen **3** smärtsam
dolour ['dɒlə, 'dəʊlə] *s* poet. sorg, smärta
dolphin ['dɒlfɪn] *s* **1** zool. delfin **2** zool. guldmakrill **3** sjö. dykdalb
dolphinarium [,dɒlfɪ'neərɪəm] *s* delfinarium
dolt [dəʊlt] *s* dumhuvud, träskalle
doltish ['dəʊltɪʃ] *adj* dum, tjockskallig; drullig
domain [də(ʊ)'meɪn] *s* **1** domän, besittning[ar] **2** bildl. område, gebit, sfär
dome [dəʊm] *s* **1** kupol, kupigt (välvt) tak **2** poet. ståtlig byggnad **3** sl. skalle
domestic [də'mestɪk] I *adj* **1** hus-, hushålls-, hem-, familje-; enskild, privat; ~ *appliances* hushållsapparater; husgeråd; ~ *drama* borgerligt familjedrama; ~ *duties* hushållsgöromål, hushållsbestyr; ~ *help* hemhjälp; ~ *industry* hemslöjd, hemindustri; ~ *life* hemliv; ~ *quarrel* familjegräl; ~ *science* hushållslära, skol. hemkunskap **2** huslig, hemkär **3** inrikes [~ *policy* (*trade*)]; inhemsk [~ *goods*]; hemgjord **4** tam; ~ *animal* husdjur; tamdjur; ~ *fowl* [tam]höns; fjäderfä II *s* **1** hembiträde, hemhjälp; tjänare **2** pl. ~*s* amer. linne [och sängkläder]
domesticate [də'mestɪkeɪt] *vb tr* **1 a)** *she is not ~d* hon är inte huslig av sig **b)** naturalisera **2** civilisera; tämja, domesticera [~*d animals*]
domestication [də,mestɪ'keɪʃ(ə)n] *s* **1** tämjande, domesticering **2** tamt tillstånd
domesticity [,dəʊme'stɪsətɪ, ,dɒm-] *s* **1** hemliv, familjeliv; hematmosfär **2** huslighet **3** tamt tillstånd [äv. *state of* ~]
domicile ['dɒmɪsaɪl, 'dəʊm-, -əsɪl] I *s* isht jur., [*place of*] ~ hemort, vistelseort, hemvist II *vb tr* **1** göra bofast; ~*d* bosatt, hemmahörande, med fast bostad **2** hand. domiciliera växel
domiciliary [,dɒmɪ'sɪljərɪ] *adj* bostads-; ~ *rights* hemortsrätt
dominance ['dɒmɪnəns] *s* herravälde, härskarställning, övermakt; dominans äv. biol.
dominant ['dɒmɪnənt] I *adj* härskande; förhärskande; dominerande [~ *position*]; dominant, mest framträdande; ~ *character* biol. dominerande egenskap II *s* mus. dominant
dominate ['dɒmɪneɪt] I *vb tr* behärska; dominera; härska (dominera) över II *vb itr* härska [*over* över], dominera; vara förhärskande
domination [,dɒmɪ'neɪʃ(ə)n] *s* herravälde, övervälde, styre
domineer [,dɒmɪ'nɪə] *vb itr* dominera, härska [tyranniskt], spela herre [*over* över]
domineering [,dɒmɪ'nɪərɪŋ] *adj* dominerande, tyrannisk, despotisk, härsklysten; *a* ~ *tone* [*of voice*] en kommenderande ton
Dominican [də'mɪnɪkən, i bet. *I 3* o. *II 3* ,dɒmɪ'ni:kən] I *adj* **1** relig. dominikan[er]- [*the* ~ *Order*] **2** dominikansk som avser Dominikanska republiken; *the* ~ *Republic* Dominikanska republiken **3** dominikisk som avser Dominica II *s* **1** relig. dominikan[ermunk] **2** dominikan person från Dominikanska republiken **3** dominiker person från Dominica
dominion [də'mɪnjən] *s* **1** herravälde, övervälde [*over* över]; makt, myndighet **2** välde, rike, besittning, område
domino ['dɒmɪnəʊ] (pl. ~*es* el. ~*s*) *s* **1** domino maskeraddräkt **2 a)** dominobricka **b)** ~*es* (konstr. ss. sg.) domino[spel] [*play* ~*es*] **3** bildl., ~ *effect* kedjereaktion
Don [dɒn] I geogr.; *the* ~ Don II kortform för *Donald*
1 don [dɒn] *vb tr* litt. ikläda sig, ta på [sig]; bildl. anlägga, anta
2 don [dɒn] *s* **1** don spansk titel före förnamn [*D*~ *Juan*]; spansk herre; spanjor **2** univ. universitetslärare, lärare vid ett college; äldre collegemedlem; akademiker
Donald ['dɒnld] mansnamn; ~ *Duck* Kalle Anka seriefigur
donate [də(ʊ)'neɪt] *vb tr* ge, skänka; donera
donation [də(ʊ)'neɪʃ(ə)n] *s* **1** [bidrags]givande **2** gåva, bidrag [*make* (ge) *a* ~ *to the Red Cross*]; donation
done [dʌn] *perf p* o. *adj* **1** gjort, gjord etc., jfr *2 do A*; *be* ~ äv. **a)** vara avslutad (färdig, fullbordad) [*the work is* ~] **b)** ske, gå till [*how was it* ~?]; ~*!* kör till!, bra!; *well* ~*!* bravo!, det gjorde du bra!; *it can't be* ~ det går inte, det låter sig inte göra[s]; *that's* ~ *it!* nu är det klippt (färdigt, förkylt)!; *I wish they would come and have* ~ om de bara ville komma nån gång!; *have you* ~ *talking?* har du pratat färdigt?; *get a th.* ~ få ngt gjort, klara av ngt, hinna med ngt; ~ *by (for* etc.) se *2 do A III* **2** vard. lurad **3** kok. [färdig]kokt, [färdig]stekt; *lightly* ~ lättstekt; *well* ~ genomstekt, välstekt **4** *it isn't* ~ det är inte passande (god ton, comme-il-faut); *it's the* ~ *thing* det är det ton (comme-il-faut)
Donegal ['dɒnɪgɔ:l, irl. utt. vanl. ,dʌnɪ'gɔ:l]
Don Giovanni [,dɒndʒɪə(ʊ)'vɑ:nɪ] Don Juan opera
Don Juan [dɒn'dʒu:ən] I egenn. II *s* donjuan, kvinnotjusare
donkey ['dɒŋkɪ] *s* åsna äv. bildl.; ~ *work* slavgöra; [*for*] ~*'s years* vard. [i, på] många herrans år, [i, på] evigheter
Donne [dɒn, poeten vanl. dʌn]
donnish ['dɒnɪʃ] *adj* [värdigt] akademisk; skolmästaraktig, pedantisk
donor ['dəʊnə, -nɔ:] *s* donator; givare [*blood* ~]

do-nothing ['du:ˌnʌθɪŋ] **I** s odåga, dagdrivare **II** adj loj, passiv, slapp
Don Quixote [dɒnˈkwɪksəʊt] Don Quijote
don't [dəʊnt, ss. vb obeton. äv. dən, dn] **I** vb = do not; spec. fraser: ~! låt bli!; no, ~ nej, gör inte det; nej, låt bli det; ~ then! slipp (låt bli) då!; ~ you believe it! tro inte på det, du! **II** s skämts. förbud [a long list of ~s]
don't-know [ˌdəʊntˈnəʊ] s vet-ej-svarare vid opinionsundersökning o.d.; the ~s äv. de tveksamma
donut ['dəʊnʌt] s isht amer., se doughnut
doodad ['du:dæd] s amer. sl., se doodah 1 o. 2
doodah ['du:dɑ:] s sl. **1** pryl, grunka, grej **2** isht pl. ~s pynt, krimskrams **3** I go (am) all of a ~ jag blir (är) alldeles till mig, det pirrar i mig
doodle ['du:dl] **I** vb itr [förstrött] klottra, rita krumelurer **II** s klotter, krumelurer
doo-doo ['du:du:] s vard. bajs; in the ~ bildl. i skiten
dook [du:k] s sl. karda, labb
doom [du:m] **I** s **1** ont öde, [olycklig] lott; undergång, död, dödsdom; högre makters dom **2** the day of ~ domens dag **II** vb tr om högre makter, ödet o.d. döma, [förut]bestämma
doomed [du:md] adj dömd [~ to die (to inactivity)]; dödsdömd äv. bildl., dömd att misslyckas, dödsmärkt; he's ~ to disappointment han kommer säkert att bli besviken; ~ to failure dömd att misslyckas
doomsayer ['du:mˌseɪə] s o. **doomster** ['du:mstə] s domedagsprofet
doomsday ['du:mzdeɪ] s domedag [till ~]
doomwatcher ['du:mˌwɒtʃə] s vard., ung. miljöaktivist; domedagsprofet
door [dɔ:] s dörr; port; ingång; lucka till ugn o.d.; dörröppning; next ~ se next I 1; three ~s away (off) tre hus härifrån (längre bort); close the ~ against (on) bildl. stänga dörren (möjligheten) för; open the (a) ~ to (for) bildl. öppna dörren (en dörr, en möjlighet) för; show a p. the ~ visa ngn på dörren; the car is at the ~ bilen är framkörd; be at death's ~ ligga för döden; vara nära döden; lay a th. at a p.'s ~ ge ngn skulden för ngt, anklaga ngn för ngt; from ~ to ~ från dörr till dörr; från hus till hus; beg from ~ to ~ gå omkring och tigga vid dörrarna (i husen); the taxi came to the ~ taxin körde fram [till porten]; out of ~s ute, utomhus; within ~s inne, inomhus
doorbell ['dɔ:bel] s ringklocka på dörr
doorchain ['dɔ:tʃeɪn] s säkerhetskedja på dörr
door chimes ['dɔ:tʃaɪmz] s pl ringklocka på dörr
doorframe ['dɔ:freɪm] s dörrkarm
doorkey ['dɔ:ki:] s dörrnyckel; ~ child nyckelbarn

doorknob ['dɔ:nɒb] s runt dörrhandtag, dörrvred
doorknocker ['dɔ:ˌnɒkə] s portklapp
door|man ['dɔ:|mən, -mæn] (pl. -men [-mən]) s dörrvakt, vaktmästare, portier på hotell, institutioner o.d.
doormat ['dɔ:mæt] s dörrmatta, bildl. äv. strykpojke
doornail ['dɔ:neɪl] s beslagsspik förr använd som prydnad; dead as a ~ vard. stendöd
doorplate ['dɔ:pleɪt] s dörrskylt, namnplåt [på dörren]
doorpost ['dɔ:pəʊst] s dörrpost; deaf as a ~ stendöv
doorstep ['dɔ:step] s **1** [dörr]tröskel; [we have them] on (at) our ~ ...inpå knutarna **2** ofta pl. ~s yttertrappa, farstutrappa **3** vard. jättetjock [bröd]skiva
door-to-door [ˌdɔ:təˈdɔ:] adj, ~ salesman dörrknackare
doorway ['dɔ:weɪ] s dörr[öppning]; port[gång]; a ~ to [success] en väg (möjlighet, nyckel) till...
dope [dəʊp] **I** s **1** vard. knark, narkotika vanl. hasch el. marijuana; dopingmedel, stimulantia; take ~ vanl. röka hasch **2** sl. [förhands]tips, stalltips [hand out (lämna) the ~]; have all the ~ on sitta inne med alla uppgifter om **3** vard. dummer, fåntratt **II** vb tr **1** vard. ge knark (narkotika); dopa; bedöva; ~d äv. knarkpåverkad, narkotikapåverkad **2** [försämra genom att] tillsätta tillsatsämne i livsmedel, späda [ut]; blanda i gift (narkotika) i [~d wine] **III** vb itr vard. knarka
dope addict ['dəʊpˌædɪkt] s o. **dope fiend** ['dəʊpfi:nd] s knarkare, narkoman
dope pedlar ['dəʊpˌpedlə] s o. **dope pusher** ['dəʊpˌpʊʃə] s knarklangare, narkotikalangare
dopey ['dəʊpɪ] adj vard. **1** omtöcknad, lummig, påverkad **2** fånig, dum, knasig
doping ['dəʊpɪŋ] s **1** doping **2** fys. el. elektr. dopning
dopy ['dəʊpɪ] adj se dopey
Doris ['dɒrɪs] kvinnonamn
dorm [dɔ:m] s vard. kortform för dormitory 1
dormant ['dɔ:mənt] adj **1** sovande, slumrande **2** bildl. slumrande, outnyttjad [~ faculties]; inaktiv, passiv [a ~ volcano]; vilande, i overksamhet **3** herald. liggande
dormer ['dɔ:mə] s, ~ [window] vindskupefönster, mansardfönster
dormitory ['dɔ:mɪtrɪ] s **1** sovsal **2** amer. studenthem **3** ~ [suburb] sovstad
Dormobile ['dɔ:məbi:l] s ® campingbuss
dor|mouse ['dɔ:|maʊs] (pl. -mice [-maɪs]) s zool. sjusovare, sovmus; hasselmus
Dorothy ['dɒrəθɪ] kvinnonamn; ~ bag damväska i påsmodell buren med handtaget kring handleden
dorsal ['dɔ:s(ə)l] adj a) anat. dorsal, rygg- [~ fin] b) fonet. dorsal, tungryggs-

Dorset ['dɔ:sɪt] geogr.
Dorsetshire ['dɔ:sɪtʃɪə, -ɪtʃə] geogr.
dory ['dɔ:rɪ] *s* zool. Sankt Pers fisk [äv. *John Dory*]
dosage ['dəʊsɪdʒ] *s* med. dosering; dos; stråldos
dose [dəʊs] **I** *s* dos, bildl. äv. dosis, portion, mått, omgång, laddning; släng [*a ~ of flu*]; *have one's ~* äv. få sin beskärda del; *give a p. a ~ of his own medicine* bildl. betala ngn med samma mynt **II** *vb tr* **1** ge medicin; *~ oneself* medicinera; *~ a p. (oneself) with [quinine]* ge ngn (ta) [en dos]... **2** dosera [*~ a medicine*] **3** blanda upp, tillsätta; förskära
doss [dɒs] sl. **I** *s* slaf [på ungkarlshotell] **II** *vb itr* slafa [på ungkarlshotell]; *~ down* gå och slagga; *~ out* slafa (slagga) utomhus
doss-house ['dɒshaʊs] *s* sl. ungkarlshotell, slafis
dossier ['dɒsɪeɪ] *s* dossier
dot [dɒt] **I** *s* punkt äv. mus.; prick [*the ~ over an i*]; bildl. äv. liten fläck, märke; *~s and dashes* punkter och streck t.ex. i morsealfabetet; *on the ~* vard. punktligt, prick, på slaget; på stubben; [*in*] *the year ~* vard. [år] nittonhundrakallt **II** *vb tr* (se äv. *dotted*) **1** pricka, punktera [*~ a line*]; markera (märka) med prick[ar]; sätta prick över [*~ one's i's*]; *~ the (one's) i's [and cross the (one's) t's]* vara ytterst noggrann **2** ligga [ut]spridd (utströdd) på (över); strö omkring (ut) **3** sl., *~ a p. one* klippa (smocka) till ngn
dotage ['dəʊtɪdʒ] *s* ålderdomsslöhet, senilitet; *be in one's ~* gå i barndom, vara barn på nytt
dote [dəʊt] *vb itr* **1** *~ [up]on* avguda, dyrka, vara mycket svag för (kär i); *a doting husband* en kärleksfull make **2** vara barn på nytt, gå i barndom
dotted ['dɒtɪd] *adj* o. *perf p* (se äv. *dot II*) **1** prickad [*~ line*]; prickig; *sign on the ~ line* a) signera, skriva under b) bildl. tiga och samtycka; *~ note* mus. punkterad not **2** översållad [*with* med (av)]; [*a landscape*] *~ with small houses* ...med små hus [ut]spridda (utströdda) överallt; *be ~ about* ligga (vara) kringströdda (utspridda)
1 dotty ['dɒtɪ] *adj* vard. fnoskig, vrickad; tokig [*about* i]
2 dotty ['dɒtɪ] *adj* prickig
double ['dʌbl] **I** *adj* dubbel, dubbel- [*~ bed*]; tvåfaldig; *~ chin* dubbelhaka; *~ entry* dubbel bokföring; *~ figures* tvåsiffriga tal; *play a ~ game* bildl. spela dubbelspel; *~ room* dubbelrum, rum med dubbelsäng; *~ vision* dubbelseende **II** *adv* dubbelt [*~ as dear; see ~*]; två gånger **III** *s* **1** *the ~* det dubbla; dubbelt så mycket (många); *win the ~* fotb. vard. vinna både cupen och ligan; *~ or quits* kvitt eller dubbelt **2** exakt kopia; avbild; dubbelgångare **3** mil. språngmarsch; *at (on) the ~* i språngmarsch; i fyrsprång; fortare än kvickt **4** i tennis o.d.: *~s* (konstr. ss. sg.) dubbel, dubbelmatch; *men's (women's) ~s* herrdubbel (damdubbel); *play ~s* spela dubbel; *win the ~s* vinna dubbelturneringen **IV** *vb tr* **1** fördubbla, dubblera **2** vika (lägga, böja) dubbel; *~ up* böja (vika) ihop; *~ oneself up* krypa (kura) ihop **3** sjö. runda, dubblera [*~ a cape*] **4** teat., *~ parts in a play* spela dubbla roller i en pjäs **V** *vb itr* **1** fördubblas, öka (stiga) till det dubbla, bli dubbel **2** *~ up* vika sig [dubbel], vrida sig [*~ up with laughter*] **3** mil. gå i hastig marsch, utföra språngmarsch; *~ up!* kommando språngmarsch!, vard. raska på!
double-barrel [,dʌbl'bær(ə)l] **I** *adj* tvåpipig **II** *s* dubbelbössa
double-barrelled [,dʌbl'bær(ə)ld, attr. '--,--] *adj* **1** tvåpipig, dubbelpipig **2** bildl. dubbel- [*a ~ attack*]; *~ name* dubbelnamn
double bass [,dʌbl'beɪs] *s* mus. kontrabas
double bassoon [,dʌblbə'su:n] *s* mus. kontrafagott
double-bedded [,dʌbl'bedɪd] *adj* med två sängar; med dubbelsäng (tvåmanssäng)
double-breasted [,dʌbl'brestɪd, attr. '--,--] *adj* om plagg dubbelknäppt
double-check [,dʌbl'tʃek] **I** *vb tr* **1** dubbelkontrollera, dubbelkolla, kontrollera två gånger (en extra gång) **2** schack. dubbelschacka **II** *s* dubbelkontroll, dubbelkoll, extra kontroll
double cream [,dʌbl'kri:m] *s* tjock grädde, vispgrädde
double-cross [,dʌbl'krɒs] vard. **I** *vb tr* spela dubbelspel med, lura **II** *s* dubbelspel, bedrägeri
double-date [,dʌbl'deɪt] **I** *s* dubbelträff två par som stämmer träff **II** *vb itr* ordna dubbelträff, jfr *I*
double-dealer [,dʌbl'di:lə] *s* person som spelar dubbelspel, skojare, bedragare
double-dealing [,dʌbl'di:lɪŋ] **I** *s* dubbelspel, falskhet **II** *adj* falsk, ohederlig
double-decker [,dʌbl'dekə] *s* **1** dubbeldäckare [om buss äv. *~ bus*]; flyg. äv. biplan **2** *~ [sandwich]* dubbeldäckare, tredubbel smörgås
double Dutch [,dʌbl'dʌtʃ] *s* vard. rotvälska
double-dyed [,dʌbl'daɪd, attr. '---] *adj* bildl. inpiskad, ärke- [*a ~ scoundrel*]
double-edged [,dʌbl'edʒd, attr. '---] *adj* tveeggad, bildl. äv. tvetydig, dubbeltydig [*a ~ compliment*]
double-exposure [,dʌblɪk'spəʊʒə] *s* dubbelexponering
double-fault [,dʌbl'fɔ:lt] *vb itr* i tennis göra dubbelfel
double flat [,dʌbl'flæt] *s* mus. dubbel-b
double-glazed [,dʌbl'gleɪzd, attr. '---] *adj*, *~ window* tvåglasfönster, dubbelfönster

double-glazing [ˌdʌblˈɡleɪzɪŋ] s koll. tvåglasfönster, dubbla fönster
double-jointed [ˌdʌblˈdʒɔɪntɪd] adj mjuk i lederna som en akrobat, lealös
double-knitted [ˌdʌblˈnɪtɪd] adj patentstickad
double-park [ˌdʌblˈpɑːk] vb tr o. vb itr dubbelparkera
double-quick [ˌdʌblˈkwɪk] **I** adj snabb, hastig; ~ *time* (*pace*) hastig marsch, snabb takt **II** adv hastigt, snabbt; vard. kvickt som tanken, fortare än kvickt, på direkten
double sharp [ˌdʌblˈʃɑːp] s mus. dubbelkors
double-spacing [ˌdʌblˈspeɪsɪŋ] s dubbelt radavstånd
double standard [ˌdʌblˈstændəd] s **1** dubbelmoral **2** dubbel myntfot
double-stop [ˌdʌblˈstɒp] vb itr mus. spela med dubbelgrepp
doublet [ˈdʌblət] s **1** hist., medeltida midjekort åtsittande [mans]jacka **2** dubblett
double take [ˌdʌblˈteɪk] s fördröjd reaktion använd som komisk effekt; *he did a* ~ [*when he saw it*] han hoppade (studsade) till...
double talk [ˈdʌbltɔːk] s **1** svammel, nonsens **2** tvetydigt ord (uttryck); slingerbult
doublethink [ˈdʌblθɪŋk] s dubbeltänkande i Orwells roman '1984'; dubbelspel
double time [ˌdʌblˈtaɪm] s **1** dubbel timpenning **2** mil. språngmarsch **3** mus. tvåtakt
doubly [ˈdʌblɪ] adv dubbelt, extra [*be ~ careful*]
doubt [daʊt] **I** s tvivel; ovisshet; tvekan; *no* ~ utan tvivel, otvivelaktigt, nog, väl [*you won, no ~*]; *there is no ~ about it* det råder ingen tvekan om det; *I have no ~ that* jag tvivlar inte på att; *I have my ~s* jag har mina dubier (misstankar) [*about, as to* om, beträffande]; *give a p. the benefit of the ~* [i tveksamt fall] hellre fria än fälla ngn; *throw ~* [*up*]*on* dra i tvivelsmål, betvivla, ifrågasätta; *beyond* (*past*) [*all*] ~ utom (höjd över) allt tvivel; *be in* ~ tveka, vara villrådig; vara osäker (oviss) [*the result is in ~*]; *when in* ~ om man är tveksam (osäker), i tveksamma fall; *without* [*a*] ~ utan tvivel (tvekan), tveklöst; otvivelaktigt **II** vb itr tvivla [*of* på]; tveka, vara oviss; *~ing Thomas* tvivlande Tomas, skeptiker **III** vb tr betvivla, tvivla på [~ *the truth of a th.*]; inte tro [~ *one's senses*], misstro; *I ~ whether* (*if*) jag tvivlar på att
doubtful [ˈdaʊtf(ʊ)l] adj **1** tvivelaktig [*a ~ case* (*pleasure*)]; oviss [*a ~ fight*], osäker [*a ~ claim*]; problematisk **2** om pers. tveksam, osäker, villrådig; *be ~ about* (*of*) tvivla på
doubtless [ˈdaʊtləs] adv utan tvivel (tvekan), [helt] säkert, med all sannolikhet
douche [duːʃ] med. **I** s **1** sköljning; *cold ~* bildl. kalldusch **2** sköljkanna **II** vb tr skölja **III** vb itr ta (få) en sköljning

dough [dəʊ] s **1** deg **2** sl. kulor, stålar pengar
doughnut [ˈdəʊnʌt] s kok., slags munk
doughy [ˈdəʊɪ] adj degig; kladdig, mjuk
Douglas [ˈdʌɡləs] mansnamn
dour [dʊə] adj sträng [~ *looks*]; envis, ihärdig [~ *silence*]; trumpen, butter; kärv, seg
douse [daʊs] vb tr **1** doppa [i vatten], blöta **2** släcka [~ *a candle*]
1 dove [dʌv] s duva ofta bildl., äv. polit. [~*s and hawks*]; ~ *of peace* fredsduva
2 dove [dəʊv] amer., imperf. av *dive*
dovecot [ˈdʌvkɒt] s o. **dovecote** [ˈdʌvkəʊt, -kɒt] s duvslag; *flutter the dovecotes* röra om i idyllen, störa friden
Dover [ˈdəʊvə] geogr.; *the Strait*[*s* pl.] *of ~* Strait of Dover, Pas de Calais
dovetail [ˈdʌvteɪl] **I** s snick. laxstjärt, sinka **II** vb tr **1** laxa (sinka) [ihop] **2** bildl. passa in [i varandra], svetsa samman, foga ihop **III** vb itr [noga] passa ihop, sammanfalla [*my plans ~ with his*]
dowager [ˈdaʊədʒə] s änkefru som ärvt titel el. egendom efter sin man; änkenåd; vard. äldre nåd (högreståndsdam); *queen ~* änkedrottning
dowdy [ˈdaʊdɪ] adj sjaskig, gammalmodig [*a ~ dress*]; sjaskigt (gammalmodigt) klädd
dowel [ˈdaʊəl] tekn. **I** s dymling; [lås]pinne; träbult **II** vb tr dymla [ihop]
Dow-Jones [ˌdaʊˈdʒəʊnz] s börs., ~ *average* (*index*) Dow Jones index aktieindex i USA
Down [daʊn] egenn.; ~*'s syndrome* med. Downs syndrom, mongolism
1 down [daʊn] s höglänt kuperat hedland; se äv. *Downs*
2 down [daʊn] s dun, ludd äv. bot.; fjun; ~ *quilt* duntäcke
3 down [daʊn] **I** adv o. pred adj **1** ned, ner, nedåt, utför; i korsord lodrätt; *go ~ south* resa söderut **2** nere [~ *in the cellar; he looks ~ today*]; *live ~ south* bo söderut **3** kontant [*pay £10 ~*]; *cash ~* kontant **4** back, minus; *be one ~* sport. ligga under med ett mål **5** *note* (*write*) ~ anteckna, skriva upp **6** specialbet. i förb. med vb (se äv. under resp. vb ss. *break, bring, come* m.fl.): *be ~* **a)** vara nere äv. bildl.; ha kommit ner från sovrummet; ha gått ner [*the moon is ~; prices are ~*] **b)** vara neddragen [*the blinds were ~*] **c)** vara urladdad [*the battery is ~*] **d)** *hit a man who is ~* slå en redan slagen **7** specialbet. i förb. med prep.: **a)** *be ~ for* ha tecknat sig för; *he is ~ for that job* [det är meningen att] han skall göra det jobbet **b)** ~ *from* [*the Middle Ages*] ända från... **c)** ~ *in the mouth* vard. nedslagen, moloken **d)** *be ~ on a p.* ogilla (vilja åt) ngn; hacka på ngn [*he is always ~ on me*] **e)** ~ *to* [*our time*] ända (fram) till...; ~ *to the last detail* in i minsta detalj **f)** ~ *with* [*the tyrant*]*!* ned (bort) med...!; *be ~ with* [*the flu*] ligga [sjuk] i... **8** ~ *under* vard. på

andra sidan jordklotet isht i Australien el. Nya Zeeland **II** *attr adj* **1** sjunkande, fallande [*a ~ tendency*] **2** nedåtgående, avgående, från stan [*the ~ traffic*]; *~ platform* plattform för södergående (avgående) tåg **3** kontant [*~ payment*]; *~ payment* äv. handpenning **III** *prep* nedför, utför; [ner] i [*throw a th. ~ the sink*]; nedåt; nedigenom [*~ the ages*]; [där] borta i [*~ the hall*], nere i; längs med, utefter [*~ the street*]; [*there's a pub*] *~ the street* ...längre ner på gatan **IV** *vb tr* vard. lägga ifrån sig; tömma [*~ a glass of beer*]; *~ tools* lägga ned arbetet, strejka **V** *s*, *ups and ~s* se under *up III*
down-and-out [ˌdaʊnən'aʊt] *adj* **1** ensam och utblottad, utslagen **2** sport. [ut]slagen, knockad
down-at-heel[s] [ˌdaʊnət'hiːl, -z] *adj* **1** nedkippad, nedgången [*~ shoes*] **2** avsigkommen, sjabbig
downbeat ['daʊnbiːt] **I** *s* mus. nedslag **II** *adj* **1** vard. dämpad, deppig; *~ mood* deppighet **2** avspänd, avslappnad
downcast ['daʊnkɑːst] *adj* nedslagen; *~ eyes* nedslagna ögon
downdraft ['daʊndrɑːft] *s* amer., se *downdraught*
downdraught ['daʊndrɑːft] *s* nedvind, fallvind; nedslag i skorsten o.d.; *~ carburettor* fallförgasare
downer ['daʊnə] *s* vard. **1** lugnande (dämpande) medel; nedåttjack **2** deprimerande upplevelse (situation); *be on a ~* vara nere, deppa
downfall ['daʊnfɔːl] *s* **1** häftigt regn (snöfall), skyfall **2** fall, undergång [*the ~ of an empire*], fördärv, olycka [*drink was his ~*]
downgrade ['daʊnɡreɪd] **I** *s* vägs o.d. lutning **2** *be on the ~* vara på tillbakagång **II** *vb tr* **1** degradera **2** förringa, nedvärdera, underskatta
downhearted [ˌdaʊn'hɑːtɪd] *adj* nedstämd, modlös, missmodig; *are we ~?* ingen rädder här!
downhill [ˌdaʊn'hɪl, attr. '--] **I** *s* **1** nedförsbacke, utförsbacke äv. bildl. **2** sport. störtlopp **II** *adj* sluttande; *~ race* sport. störtlopp; *~ run (skiing)* utförsåkning; *~ slope* [nedförs]backe **III** *adv* nedför [backen], utför; *go ~* bildl. förfalla, gå tillbaka; *it's ~ all the way* det går av bara farten
Downing Street ['daʊnɪŋstriːt] **I** gata i London med bl.a. premiärministerns ämbetsbostad på 10 Downing Street **II** *s* [brittiska] regeringen
downmarket [ˌdaʊnˌmɑːkɪt] *adj* massproducerad, billig [*~ goods*]
downpour ['daʊnpɔː] *s* störtregn, störtskur
downright ['daʊnraɪt] **I** *adj* **1** ren, fullkomlig [*a ~ lie, ~ nonsense*], fullständig **2** rättfram, uppriktig **II** *adv* riktigt; fullkomligt, grundligt
Downs [daʊnz] geogr.; *the ~* pl. Downs kuperade kritkalkplatåer i sydöstra England [*the North ~, the South ~*]
downscale ['daʊnskeɪl] *adj* **1** i den lägre prisklassen, billig [*~ products*] **2** från lägre samhällsklass, fattig [*~ customer*]
downstage ['daʊnsteɪdʒ] *adj* o. *adv* teat. i (mot) förgrunden; mot rampen
downstairs [ss. adv. ˌdaʊn'steəz, ss. adj. '--] *adv* nedför trappan (trapporna), ner [*go ~*]; i nedre våningen, [där] nere [*wait ~*]; i våningen under [*our neighbours ~*]
downstate ['daʊnsteɪt] amer. **I** *adj* från den södra delen av en delstat i USA **II** *s* a) den södra delen av en delstat b) landsbygden i en delstat isht söder om en storstad **III** *adv* söderut i en delstat i USA
downstream [ˌdaʊn'striːm, attr. '--] *adv* o. *adj* [som går] med strömmen; nedåt floden
down-the-line [ˌdaʊnðə'laɪn] isht amer. **I** *adj* helhjärtad, reservationslös **II** *adv* helhjärtat, reservationslöst, till alla delar
downthrow ['daʊnθrəʊ] *s* **1** omstörtande, omstörtning **2** geol. sänka, sänkning i förkastning
down-to-earth [ˌdaʊntʊ'ɜːθ] *adj* realistisk, verklighetsbetonad; jordnära
downtown [ˌdaʊn'taʊn, ss. adj. '--] isht amer. **I** *adv* o. *adj* in till (ner mot) stan (centrum); i centrum (city) [*the ~ streets*]; *~ Los Angeles* Los Angeles centrum **II** *s* [affärs]centrum
downtrodden ['daʊnˌtrɒdn] *adj* kuvad, förtryckt
downward ['daʊnwəd] **I** *adj* sluttande, som går utför; nedåtgående, fallande, sjunkande [*a ~ tendency*]; *~ slope* nedförsbacke **II** *adv* se *downwards*
downwards ['daʊnwədz] *adv* **1** nedåt, ned, utför; nedför strömmen; *from the waist ~* från midjan och nedåt **2** framåt [*from the Middle Ages and ~*]
downy ['daʊnɪ] *adj* dunig, dunbeklädd, luddig; bot. luden; dun- [*~ quilt*]; mjuk
dowry ['daʊ(ə)rɪ] *s* **1** hemgift **2** gåva [av naturen]
dowse [daʊz] *vb itr* gå (leta) med slagruta
doyen ['dɔɪən] *s* **1** dipl. doyen **2** ålderman, nestor; *the ~* äv. den äldste i kår o.d.
doyenne [dɔɪ'en] *s* doyenne
doz. förk. för *dozen*
doze [dəʊz] **I** *vb itr* dåsa, halvsova, slumra; *~ off* slumra (dåsa) till **II** *s* lätt slummer; tupplur
dozen ['dʌzn] (pl. lika efter adjektiviska ord som betecknar antal, se ex.) *s* dussin [*two (a few) ~ knives*; *some ~s of knives*], dussintal [*in ~s*], tolft; *~s* [*and ~s*] *of* [*cars*] dussintals..., dussinvis med...; *baker's ~* tretton [stycken]; *by the ~* dussinvis; *talk nineteen (forty) to the ~* vard. prata som en kvarn (i ett kör); *I've ~s of things* [*to do*] jag har

massor [av saker]...; [*I've been there*] *~s of times* ...hundra gånger
dozenth [ˈdʌznθ] *adj* tolfte; *for the ~ time* för femtielfte gången
dozy [ˈdəʊzɪ] *adj* dåsig, sömnig, slö
DPP förk. för *Director of Public Procecutions*
Dr o. **Dr. 1** [ˈdɒktə] förk. för *Doctor* **2** [ˈdetə] förk. för *Debtor*
drab [dræb] *adj* **1** gråbrun, smutsgul **2** trist, enformig
drachm|a [ˈdrækm|ə] (pl. *-as* el. *-ae* [-iː]) *s* drakma
Dracula [ˈdrækjʊlə]
draft [drɑːft] (äv. amer. stavn. för *draught*, se d.o.) **I** *s* **1** isht mil. uttagning [av manskap], detachering, detachement, kommendering; för specialuppdrag uttaget manskap; amer. äv. a) inkallelse [till militärtjänst] b) inkallad grupp; ~ *dodger* (*evader*) amer. a) värnpliktsvägrare b) desertör **2** plan, utkast, koncept **3** hand. tratta, dragen växel, check [*for* (på) *a sum*]; bildl. krav, anspråk; *banker's* (*bank*) ~ post[remiss]växel **II** *vb tr* **1** ta ut för särskilt uppdrag el. ändamål; detachera, utkommendera, bortkommendera [äv. ~ *off*]; amer. äv. kalla in [till militärtjänst] **2** göra (skriva) utkast till, avfatta, sätta upp, formulera; rita [utkast till]
draftee [ˌdrɑːfˈtiː] *s* amer. mil. inkallad, värnpliktig
drafts|man [ˈdrɑːfts|mən] (pl. *-men* [-mən]) *s* **1** ritare; tecknare; person som gör upp ritningar **2** person som avfattar dokument (formulerar förslag, gör utkast), författare till dokument o.d.
drag [dræg] **I** *vb tr* **1** släpa, dra; ~ *a th. through the mud* dra (släpa) ngt i smutsen, bildl. äv. smutskasta ngt; ~ *one's feet* (*heels*) a) dra fötterna efter sig b) vara [för] långsam i vändningarna; dra ut på tiden; ~ [*her* (*its*)] *anchor* sjö. driva för ankare[t], dragga **2** ~ [*out* (*on*)] dra ut på, förlänga [~ *out a parting* (*speech*)], förhala **3** ~ *oneself away* slita sig [*from*] **4** dragga på (i) [~ *the bottom; ~ the lake for* (efter) *the body*]; muddra [upp] **5** sl. tråka ut
II *vb itr* **1** släpa; röra sig (gå) långsamt, [trögt (mödosamt)] släpa sig fram [ofta ~ *on* (*along*); *the time seemed to* ~]; bli (sacka) efter; vara långdragen, gå trögt [*the performance ~ged* [*on*]] **2** dragga, söka [*for* efter]
III *s* **1** släpande, släpning; *he had a ~ in his walk* han hade en släpande gång **2** hämsko, broms äv. bildl.; motstånd; hinder **3** vard. bloss på cigarett o.d.; amer. äv. klunk **4** sl. tagg, pinne cigarett; joint marijuanacigarett **5** sl. [manlig] transvestit [äv. ~ *queen*]; transvestitdans; transvestitkläder [*in* ~]; ~ *show* dragshow **6** amer. sl. strög huvudgata

7 sl. torrboll, tråkmåns; *it's a ~* det är dötrist **8** sl. kärra bil **9** kortform för *drag race*
dragée [dræˈʒeɪ] *s* **1** dragé **2** [silverglänsande] sockergryn för dekorering av bakverk
dragnet [ˈdrægnet] *s* **1** dragnät, släpnot **2** stort polispådrag
dragon [ˈdræg(ə)n] *s* **1** drake; vard., vanl. om kvinna drake, ragata [äv. ~ *lady*] **2** zool. draködla
dragonfly [ˈdræg(ə)nflaɪ] *s* zool. trollslända
dragoon [drəˈguːn] **I** *s* **1** mil. dragon **2** vildsint sälle **II** *vb tr*, ~ *into* [genom övervåld] tvinga till
drag race [ˈdrægreɪs] *s* dragrace [tävling]
dragster [ˈdrægstə] *s* sl. dragster ombyggd o. trimmad gammal bil som används i dragracing
drain [dreɪn] **I** *vb tr* **1** ~ [*off* (*away*)] låta rinna av, avleda [~ *liquid*]; tappa ut **2** dränera; avvattna [*the river ~s a large territory*]; dika av (ut), täckdika, torrlägga [~ *land*]; sjö. länsa **3** tömma [i botten]; dricka ur; ~ *the cup of bitterness* tömma den bittra kalken **4** filtrera, sila **5** bildl. utblotta, [ut]tömma, länsa, åderlåta [*of* på] **II** *vb itr* avvattnas; ha avlopp [*into* till]; torka; ~ *off* (*away*) rinna av (bort) **III** *s* **1** dräneringsrör, avloppstrumma, avloppsränna, avlopp; kloak[ledning]; *it has gone down the ~* vard. det har gått åt pipan; *throw* (*pour, chuck*) *money down the ~* vard. kasta pengarna i sjön **2** avrinning, avlopp; sipprande; bildl. åderlåtning; *it is a great ~ on his purse* (*strength, resources*) det tar (tär) på hans kassa (krafter, resurser) **3** med. kanyl
drainage [ˈdreɪnɪdʒ] *s* **1** dränering, avvattning, avtappning, tömning; torrläggning; avdikning **2** avrinnande, avrinning **3** en trakts vattenavlopp; avloppsledningar; avloppssystem; täckdiken **4** avloppsvatten
drainboard [ˈdreɪnbɔːd] *s* amer., se *draining-board*
draining-board [ˈdreɪnɪŋbɔːd] *s* lutande torkbräda på diskbänk; plats att stjälpa disk [på]
drainpipe [ˈdreɪnpaɪp] **I** *s* **1** avloppsrör, stuprör; täckdikesrör **2** pl. *-s* vard. stuprörsbyxor **II** *adj* stuprörs- [~ *trousers*]
drake [dreɪk] *s* ankbonde, andrake
dram [dræm] *s* **1** medicinalvikt: 60 grains (1/8 ounce, 3,888 g); handelsvikt: 27,344 grains (1/16 ounce, 1,772 g) **2** hutt, sup; *take a ~* äv. ta sig ett glas **3** smula, nypa, uns
drama [ˈdrɑːmə] *s* drama, skådespel; ~ *critic* teaterkritiker; *school of ~* teaterskola, scenskola
dramatic [drəˈmætɪk] *adj* dramatisk; teatralisk; ~ *critic* teaterkritiker; ~ *criticism* teaterkritik
dramatics [drəˈmætɪks] *s* **1** (konstr. vanl. ss. sg.)

dramatis personae

dramatik; *amateur* ~ amatörteater **2** (konstr. ss. pl.) bildl. teatraliskt (dramatiskt) sätt
dramatis personae [ˌdræmətɪspɜːˈsəʊnaɪ, ˌdrɑːm-, -niː] *s pl* lat. personer på rollistan
dramatist [ˈdræmətɪst] *s* dramatiker
dramatization [ˌdræmətaɪˈzeɪʃ(ə)n] *s* dramatisering
dramatize [ˈdræmətaɪz] *vb tr* dramatisera
drank [dræŋk] imperf. av *drink*
drape [dreɪp] **I** *vb tr* **1** drapera; skruda, klä [~ *in black*]; smycka **2** vard. slänga, vräka [*he ~d his legs (himself) over the arm of his chair*]; ~ *oneself round a th.* klamra sig runt ngt **II** *s* amer. **1** draperi; förhänge, gardin **2** drapering; fall **3** sl., ~ [*suit*] vid kostym med mycket lång kavaj och smala byxor i swingpjattstil
draper [ˈdreɪpə] *s* klädeshandlare, manufakturhandlare
drapery [ˈdreɪpərɪ] *s* **1** klädesvaror, manufakturvaror [äv. ~ *goods*] **2** klädeshandel, manufakturaffär **3** a) drapering b) draperi; tjock gardin
drastic [ˈdræstɪk, ˈdrɑː-] *adj* drastisk, kraftig[t verkande] [~ *remedy*]; ~ *cure* äv. hästkur; *a ~ rise in prices* äv. en chockhöjning av priserna
drat [dræt] *vb tr* vard., ~ *it* [*all*]*!* sablar!; ~ *the boy!* förbaskade pojke!
draught [drɑːft] **I** *s* **1** dragande, dragning; ~ *animal* el. *beast of* ~ dragdjur, dragare **2** notvarp; drag; fångst [*a ~ of fish*] **3** klunk; [ande]drag; dos **4** fartygs djupgående **5** [luft]drag; *feel the ~* känna draget; vard. få känning av det, få känna 'på **6** tappning av våtvaror ur kärl; *beer on* ~ el. ~ [*beer*] öl från fat, fatöl **7** bricka i damspel; ~*s* (konstr. ss. sg.) dam[spel] **II** *vb tr* se *draft II 2*
draught beer [ˌdrɑːftˈbɪə] *s* fatöl
draughtboard [ˈdrɑːftbɔːd] *s* damspelsbräde
draught horse [ˈdrɑːfthɔːs] *s* draghäst, arbetshäst
draughts|man [ˈdrɑːfts|mən] (pl. -*men* [-mən]) *s* **1** ritare, tecknare [*he is a good ~*] **2** damspelsbricka **3** se *draftsman*
draughtsmanship [ˈdrɑːftsmənʃɪp] *s* teckning[skonst]
draughty [ˈdrɑːftɪ] *adj* dragig [*a ~ room*]
draw [drɔː] **I** (*drew drawn*) *vb tr* (se äv. *III* o. *drawn*) **1** dra i olika bet.; dra till (åt, med) sig; föra, leda **2** förvrida [*a face ~n with pain*] **3** dra åt (till); ~ *a curtain*: a) dra för en gardin b) dra undan (upp) en gardin; ~ *one's sword* dra blankt; ~ *a tooth* dra ut en tand **4** rita, teckna **5** spänna [~ *a bow*] **6** andas in **7** dra [till sig], attrahera [~ *large crowds*; *feel ~n to a p.*]; *he drew my attention to...* han fäste min uppmärksamhet på... **8** ~ *a chicken* ta ur en kyckling **9** pumpa (dra) upp [~ *water from a well*; ~ *beer from a cask*], hämta upp; ~ *it mild* vard. ta det försiktigt, inte slå på [för] stort **10** ~ *the winner* få en vinst; vinna på kapplöpning **11** spela oavgjord; *the game* (*match*) *was ~n* matchen slutade oavgjord **12** hämta [~ *an example from an author*]; dra upp, ställa upp, göra [~ *distinctions*] **13** locka fram [~ *tears*; ~ *applause*], framkalla; *he would not be ~n* vard. a) han ville inte yttra sig b) han lät sig inte provoceras **14** förtjäna, uppbära, ha [~ [*a salary of*] £*10,000 a month*]; lyfta [~ *one's salary* (*pay*)] **15** hand. dra, trassera, ställa ut, skriva ut [~ *a bill* (*cheque, draft*) *on a p.*]
II (*drew drawn*) *vb itr* (se äv. *III*) **1** dra[ga]; om te o.d. [stå och] dra **2** rita, teckna **3** ha dragningskraft, dra [*the play is still ~ing well*] **4** ~ *near* närma sig, nalkas **5** samlas, skocka sig [~ *round the fire*] **6** dra lott [*for* om] **7** sport. spela oavgjort [*the teams drew*]
III (*drew drawn*) *vb tr* o. *vb itr* med prep o. adv., isht med spec. övers.:
~ *a p.* **aside** ta ngn avsides
~ **away** dra [sig] tillbaka (undan); dra ifrån i lopp
~ **back** dra [sig] tillbaka (undan)
~ **forth** dra (släpa) fram; framkalla, locka fram, väcka
~ **in** dra (ta) in (ihop); om dagar bli kortare
~ **on**: a) dra på sig [~ *the enemy on*] b) driva på **c**) locka [med] **d**) hand. trassera (dra på); bildl. dra växlar på, utnyttja [~ *on a p.'s credulity*] **e**) nalkas, närma sig [*winter is ~ing on*] **f**) ~ *on one's imagination* låta fantasin spela; ~ *on a p.* dra blankt mot ngn
~ **out**: a) dra (ta) ut (b) dra ut [på] [~ *out a meeting*], förlänga c) locka fram [~ *out latent talents*] d) om dagar bli längre
~ **to**: a) dra för [~ *the curtain to*] b) ~ *to a close* (*an end*) närma sig slutet
~ **together**: a) dra ihop (samman) b) förena [sig], samla [sig]
~ **up**: a) dra upp (närmare) b) mil. o.d. ställa upp [sig] **c**) avfatta, utarbeta, sätta upp [~ *up a document* (*a programme*)] **d**) stanna **e**) ~ *oneself up* räta (sträcka) på sig
IV *s* **1** drag[ning]; *be quick on the ~* vara färdig att ta till vapen, dra snabbt **2** vard. attraktion, dragplåster, teat. äv. kassapjäs **3** [resultat av] lottdragning, dragning **4** oavgjord match; schack. remi; *it ended in a ~* det slutade (blev) oavgjord
drawback [ˈdrɔːbæk] *s* nackdel, olägenhet [*to* med, för], avigsida
drawbridge [ˈdrɔːbrɪdʒ] *s* klaffbro; vindbrygga
drawer [ˈdrɔːə, i bet. 5 drɔː] *s* **1** person som drar etc., jfr *draw*; dragare **2** ritare, tecknare **3** författare till dokument **4** hand. trassent, utställare **5** [byrå]låda, bordslåda; *chest of ~s* byrå
drawers [drɔːz] *s pl* [under]byxor, kalsonger
drawing [ˈdrɔːɪŋ] **I** *adj* dragande, drag- **II** *s* **1** dragande, dragning; utdragning etc., jfr

draw I-III **2** ritning, teckning; utkast; ritkonst
drawing-board ['drɔːnbɔːd] *s* ritbräde, ritbord; *back to the* ~ bildl. tillbaka till där vi började
drawing-card ['drɔːɪŋkɑːd] *s* bildl. dragplåster
drawing-master ['drɔːɪŋˌmɑːstə] *s* bildlärare
drawing-pin ['drɔːɪŋpɪn] *s* häftstift; arkitektstift
drawing-room ['drɔːɪŋruːm, -rʊm] *s* salong, förmak, sällskapsrum; ~ [*car*] amer., ung. salongsvagn; ~ *comedy* teat. salongskomedi
drawl [drɔːl] **I** *vb itr* dra (släpa) på orden, tala släpigt **II** *vb tr* dra (släpa) på, säga (yttra) i en släpande ton [äv. ~ *out*] **III** *s* släpigt [ut]tal
drawn [drɔːn] *perf p* o. *adj* **1** dragen; uppdragen, utdragen etc., jfr *draw*; ~ *butter* smält smör; ~ *chicken* urtagen kyckling; ~ *face* härjat (fårat) ansikte; spänt ansikte **2** oavgjord [~ *battle* (*game*)]; ~ *game* schack. äv. remiparti
dray [dreɪ] *s* bryggarvagn; långkärra; drög
drayhorse ['dreɪhɔːs] *s* kraftig arbetshäst, bryggarhäst
dread [dred] **I** *vb tr* frukta, bäva (vara rädd) för [~ *dying* (*to die*)]; gruva sig för; *I* ~ *to think* [*what may happen*] jag fasar för vad som kommer att hända... **II** *s* [stark] fruktan [*of* för]; skräck [*live in* ~ *of* (för) *a th.*], bävan; fasa äv. konkr. **III** *adj* litt. el. skämts. fruktad
dreadful ['dredf(ʊ)l] *adj* förskräcklig, förfärlig, fruktansvärd [*a* ~ *disaster*]; *penny* ~ se under *penny*
dreadlocks ['dredlɒks] *s pl* rastafarifrisyr
dreadnought ['drednɔːt] *s* sjö. dreadnought slagskeppstyp
dream [driːm] **I** *s* dröm; *bad* ~ mardröm, otäck dröm; *sweet* (*pleasant*) ~*s!* sov gott!; *waking* ~ vakendröm; *the* ~ *girl* idealflickan; *the girl of my* ~*s* min drömflicka; *a* ~ *sequence* en svit drömbilder i film; *have a* ~ äv. drömma; *she looked a* ~ hon var vacker som en dag **II** (*dreamt dreamt* [dremt] el. *dreamed dreamed* [dremt el. mera vanl driːmd]) *vb tr* o. *vb itr* drömma; *I never* ~*t of it* jag hade inte en tanke på det, jag hade aldrig drömt om det; ~ *up* hitta på, fantisera ihop
dream factory ['driːmˌfækt(ə)rɪ] *s* drömfabrik filmstudio, filmindustrin
dreamland ['driːmlænd] *s* **1** drömmens rike, drömmarnas land **2** drömland
dreamless ['driːmləs] *adj* drömlös, drömfri
dreamlike ['driːmlaɪk] *adj* drömlik, drömaktig
dreamt [dremt] imperf. o. perf. p. av *dream*
dreamy ['driːmɪ] *adj* **1** drömmande, svärmisk, sentimental **2** drömlik
dreary ['drɪərɪ] *adj* dyster; tråkig, trist; hemsk
1 dredge [dredʒ] **I** *s* släpnät, bottenskrapa, ostronskrapa; mudderverk; grävmaskin **II** *vb*
tr o. *vb itr* **1** fiska (skrapa) upp, rota fram [äv. ~ *up* (*out*)] **2** bottenskrapa; muddra [upp], gräva; ~ [*for*] *oysters* skrapa [efter] ostron
2 dredge [dredʒ] *vb tr* beströ, pudra över [~ *meat with* (med) *flour*]; strö socker m.m. [*over* över (på)]
1 dredger ['dredʒə] *s* **1** grävmaskinist **2** mudderverk
2 dredger ['dredʒə] *s* ströburk, ströare för mjöl o.d.
drench [dren(t)ʃ] *vb tr* genomdränka, göra genomvåt; perf. p. ~*ed* genomdränkt, genomvåt, dyblöt
Dresden ['drezd(ə)n] geogr. egenn.; ~ *china* meissenporslin, sachsiskt porslin
dress [dres] **I** *vb tr* **1** klä; ~ *oneself* klä sig, klä om [sig] [~ *oneself for dinner*]; *get* ~*ed* klä sig; ~ *up* klä upp, klä fin; styra ut; klä ut [*he* ~*ed himself up as a pirate*] **2** smycka, pryda (förgylla) [upp]; ~ *the shopwindow* skylta, ordna (arrangera) skyltfönstret **3** bearbeta, bereda [~ *furs* (*leather*)]; appretera tyg; anat. preparera; häckla lin **4** tillreda, krydda, anrätta, tillaga, hälla dressing på [~ *a salad*]; rensa, göra i ordning [~ *a chicken*] **5** förbinda, lägga om [~ *a wound*] **6** vard., ~ *down* skälla ut, ge på huden (en omgång) **II** *vb itr* klä sig [~ *well*]; klä på sig; klä om [sig] [~ *for dinner*]; ~ *up* a) klä sig fin b) klä ut sig, maskera sig [*he* ~*ed up as a pirate*] **III** *s* dräkt, kläder, klädsel, kostym; klänning; toalett; dress; *full* ~ gala, paraduniform, högtidsdräkt; *evening* ~ m.fl., se resp. ord; ~ *designer* modedesigner, modetecknare
dressage ['dresɑːʒ, -'-] *s* [häst]dressyr
dress circle [ˌdres'sɜːkl] *s* teat., *the* ~ första raden; amer. äv. balkongen, läktaren på bio
dress coat [ˌdres'kəʊt] *s* frack
dresser ['dresə] *s* **1** köksskåp av buffétyp med öppna överhyllor; åld. skänk, serveringsbord; amer. byrå ofta med spegel; toalettbord **2** person (verktyg) som bearbetar (bereder etc., jfr *dress* 3) [*of a th.* ngt] **3** teat. påklädare, påkläderska **4** *he is a careful* ~ han klär sig med stor omsorg
dressing ['dresɪŋ] *s* **1** påklädning; omklädning [~ *for dinner*] **2** smyckande, skyltning; beredning, tillredning etc., jfr *dress* 2-3 **3** kok. [sallads]sås, dressing [*salad* ~]; fyllning, garnering **4** gödsel; *top* ~ övergödslingsmedel **5** omslag, förband[smaterial], salva
dressing-case ['dresɪŋkeɪs] *s* necessär, toalettetui, toalettväska
dressing-down [ˌdresɪŋ'daʊn] *s* utskällning, avhyvling [*give a p. a* ~]
dressing-gown ['dresɪŋgaʊn] *s* morgonrock, nattrock
dressing-room ['dresɪŋruːm] *s* omklädningsrum; påklädningsrum; toalettrum; teat. o.d. klädloge

dressing-table ['dresɪŋˌteɪbl] *s* toalettbord
dressmaker ['dresˌmeɪkə] *s* sömmerska, damskräddare
dressmaking ['dresˌmeɪkɪŋ] *s* klädsömnad
dress parade [ˌdrespə'reɪd] *s* parad i galauniform
dress rehearsal [ˌdresrɪ'hɜːs(ə)l, '--ˌ--] *s* teat. generalrepetition, genrep
dress shirt [ˌdres'ʃɜːt] *s* frackskjorta, smokingskjorta
dress suit [ˌdres'suːt, -'sjuːt] *s* frack
dress tie [ˌdres'taɪ] *s* frackhalsduk
dressy ['dresɪ] *adj* vard. **1** om sak stilig, chic, fin, elegant **2** road av kläder; stiligt klädd
drew [druː] *imperf.* av *draw*
drib [drɪb] *s*, *in ~s and drabs* i småportioner, i småposter, bitvis
dribble ['drɪbl] **I** *vb itr* **1** droppa, drypa; sippra, rinna sakta **2** dregla **3** sport. dribbla **II** *vb tr* **1** droppa, drypa; låta sippra (rinna) [*out* (*away*) bort] **2** sport. dribbla **III** *s* **1** droppe **2** sport. dribbling
driblet ['drɪblət] *s* småsmula; skvätt; småsumma; *in ~s* i småposter, i småportioner
drier ['draɪə] *s* **1** torkare; torkmaskin; torkställning; hårtork **2** torkmedel
drift [drɪft] **I** *s* **1** drivande, drift; strömning, ström [*the ~ of population from country to city*]; glidning [*wage ~*]; attr. ofta driv- [*drift net*] **2** driva [*a ~ of snow*], hög [*a ~ of dead leaves*]; drivgods **3** tendens [*the general ~*]; mening, tankegång; *I caught the ~ of what he said* jag fattade i huvudsak vad han menade; *if I get your ~* om jag förstår dig rätt **II** *vb itr* **1** driva [fram] liksom med strömmen; glida; släntra, vandra, ströva; *let things ~* a) låta det ha sin gång b) låta det gå på lösa boliner (vind för våg); *~ apart* komma längre och längre (glida) ifrån varandra **2** flotta [timmer]
drift anchor ['drɪftˌæŋkə] *s* sjö. drivankare
drifter ['drɪftə] *s* kringdrivande person; dagdrivare; hoppjerka
drift ice ['drɪftaɪs] *s* drivis
drift net ['drɪftnet] *s* drivgarn
driftwood ['drɪftwʊd] *s* drivved
1 drill [drɪl] **I** *vb tr* **1** drilla, borra; genomborra; *~ a tooth* borra i (upp) en tand **2** exercera, drilla äv. bildl. [*~ a p. in grammar*]; öva [upp], träna, träna in **II** *vb itr* **1** drilla, borra; borra sig [*into* in i] **2** exercera, öva, träna **III** *s* **1** [drill]borr, borrmaskin **2** exercis, drill; gymnastik; träning, övning; *know the ~* vard. vara inne i (kunna) rutinen, behärska metoderna
2 drill [drɪl] *s* zool. drill babianart
3 drill [drɪl] *s* kyprat bomullstyg, twills
drilling-platform ['drɪlɪŋˌplætfɔːm] *s* borrplattform

drilling-rig ['drɪlɪŋrɪg] *s* **1** borrplattform **2** borrigg utrustning för oljeborrning
drily ['draɪlɪ] *adv* torrt etc., jfr *dry*
drink [drɪŋk] **I** (*drank drunk*) *vb tr o. vb itr* **1** dricka; supa [upp]; tömma [*~ the cup of sorrow*]; *~ oneself to death* supa ihjäl sig; *~ deep* ta en djup klunk; *~ heavily* supa omåttligt; *~ off* (*up*) dricka ur (i botten), tömma; *~ out of* (*~ from*) *a bottle* dricka ur (halsa) en flaska; *~ to a p.* a) dricka ngn till, skåla för ngn b) skåla med ngn, dricka ngns skål; *~* [*to*] *a p.'s health* dricka ngns skål, skåla med ngn; *~ to a p.'s success* dricka (skåla) för ngns framgång; *~* [*to*] *the ladies* dricka damernas skål; *what are you ~ing?* vad vill du ha att dricka? **2** a) *~* [*in* (*up*)] suga upp [*a plant ~s in* (*up*) *moisture*] b) bildl., *~ in* insupa; sluka, njuta [av] i fulla drag [*~ in the music*] **II** *s* **1** dryck [*food and ~*; *refreshing ~*] **2** dryckesvaror; [*strong*] *~* starka drycker, spritdryck[er]; *under the influence of ~* alkoholpåverkad **3** drickande, dryckenskap; *be the worse for ~* vara full; *have a ~ problem* ha alkoholproblem; *take to ~* börja dricka **4** klunk; glas, sup, drink [*have a ~!*]; *a ~ of water* ett glas (en klunk) vatten, lite vatten; *stand ~s all round* bjuda laget runt på ett glas **5** sl., *the ~* drickat, spat havet, vattnet; *the D~* eng. flyg. Kanalen
drinkable ['drɪŋkəbl] *adj* drickbar
drink-driver [ˌdrɪŋk'draɪvə] *s* rattfyllerist
drink-driving [ˌdrɪŋk'draɪvɪŋ] *s* rattfylleri
drinker ['drɪŋkə] *s* person som dricker (super); *heavy* (*hard*) *~* storsupare
drinking ['drɪŋkɪŋ] **I** *adj* supig; *he is not a ~ man* han dricker inte **II** *s* **1** a) drickande, supande; dryckenskap b) dryckeslag c) dryckjom **2** attr. dricks- [*~ glass*], dryckes- [*~ habits*]
drinking-bout ['drɪŋkɪŋbaʊt] *s* **1** dryckeslag, supgille **2** [sup]period
drinking-companion ['drɪŋkɪŋkəmˌpænjən] *s* dryckesbroder
drinking-fountain ['drɪŋkɪŋˌfaʊntən] *s* dricksfontän
drinking-song ['drɪŋkɪŋsɒŋ] *s* dryckesvisa
drinking-water ['drɪŋkɪŋˌwɔːtə] *s* dricksvatten
drip [drɪp] **I** *vb itr o. vb tr* drypa [*~ with* (av) *perspiration*]; droppa **II** *s* **1** drypande; dropp; takdropp **2** med. dropp **3** sl. tråkmåns, tönt **4** sl. smörja; svammel
drip-coffee [ˌdrɪp'kɒfɪ] *s* bryggkaffe; *~ maker* kaffebryggare, bryggapparat
drip-dry [ˌdrɪp'draɪ] *vb itr o. vb tr* dropptorka[s] **II** *adj* som kan dropptorka[s]
drip-feed ['drɪpfiːd] **I** *s* **1** med. dropp, droppbehandling **2** tekn. droppmatning, droppsmörjning **II** *vb tr* med. behandla med dropp
drip mat ['drɪpmæt] *s* underlägg för vinglas o.d.

drip pan ['drɪppæn] s **1** se *dripping-pan* **2** tekn. droppskål

dripping ['drɪpɪŋ] **I** *adj* drypande våt **II** *adv*, ~ *wet* drypande våt **III** *s* **1** dropp[ande]; pl. ~*s* dropp **2** fett som dryper från stek; steksky; [stek]flott

dripping-pan ['drɪpɪŋpæn] *s* **1** långpanna, ugnspanna; dryppanna **2** droppskål

drippy ['drɪpɪ] *adj* sl. knasig, fånig

drive [draɪv] **I** (*drove driven*) *vb tr* **1** driva [*the machine is ~n by steam*]; driva på (fram) [äv. ~ *on*]; ~ *logs* isht amer. flotta timmer **2** fösa, driva [~ *cattle*]; tränga, tvinga [~ *a p. into a corner*]; söka igenom, avdriva [~ *the woods for* (efter) *game*] **3** köra; skjutsa; ~ *one's own car* ha (hålla sig med) egen bil **4** driva (mana) på; pressa [*be hard ~n*], tröttköra **5** förmå, tvinga [[*in*]*to* till; *to do* att göra]; ~ *a p. out of his senses* el. ~ *a p. mad* (*crazy*) göra ngn galen; driva ngn till förtvivlan **6** sport. slå [~ *a ball*] **7** slå (driva, köra) in [~ *a nail into* (i) *the wall*]; driva ner [~ *a pile*] **8** [be]driva, föra; genomföra; ~ *a good bargain* göra en god affär **II** (*drove driven*) *vb itr* **1** driva[s] [fram]; trycka (pressa) 'på; ~ *ashore* driva i land **2** köra, åka, fara; ~ *up* ([*up*] *to the door*) köra fram om bil, chaufför m.m.; ~ *on!* kör på (undan)! **3** sport. slå [*he drove long*], golf. äv. slå en drive **4** ~ *at* sikta efter (på, till); syfta på, mena; *what are you driving at?* vart vill du komma?; ~ *away at* vard. knoga på med, fortsätta [med] **III** *s* **1** åktur, färd; bilresa; körning; *go for* (*take*) *a* ~ ta (ge sig ut på) en åktur **2** körväg; privat uppfartsväg, infart; ofta i gatunamn [*Crescent D~*] **3** tekn. drift [*electric ~*]; bil. styrning; *four-wheel ~* fyrhjulsdrift; *front-wheel ~* framhjulsdrift; *left-hand ~* vänsterstyrning **4** sport. drive slag **5** energi [*plenty of ~*], kraft, initiativ, fart, kläm **6** kampanj, satsning, drive; kraftig attack, offensiv **7** kortsp., *whist ~* whistturnering **8** psykol. drift **9** jakt. drev

drive-in ['draɪvɪn] **I** *s* drive-in-bank, drive-in-bio, drive-in-restaurang m.m. **II** *adj* drive-in- [~ *bank*]

drivel ['drɪvl] **I** *vb itr* **1** dilla, dravla, prata smörja **2** dregla **II** *vb tr* **1** prata; pladdra **2** ~ *away* plottra bort **III** *s* **1** dravel **2** dregel

driveller ['drɪvlə] *s* pratmakare; idiot, tokstolle

driven ['drɪvn] *adj* o. *perf p* (av *drive*) driftig, starkt motiverad

driver ['draɪvə] *s* **1** förare, chaufför, kusk; *~'s licence* körkort; *be in the ~'s seat* bildl. vara den som bestämmer (har ansvaret) **2** pådrivare; oxdrivare, kofösare **3** tekn. a) drivhjul; drev b) drivare **4** radio. drivsteg **5** driver slags golfklubba

driveway ['draɪvweɪ] *s* körväg; privat uppfartsväg, infart

driving ['draɪvɪŋ] **I** *perf p* o. *adj* drivande etc., jfr *drive*; driv-; bildl. drivande; tvingande; medryckande; ~ *force* drivande kraft, drivkraft; ~ *rain* slagregn, piskande regn; ~ *storm* rasande storm **II** *s* körning, åkning; borrning [*tunnel ~*]; drivande etc., jfr *drive*; ~ *offence* trafikförseelse med motorfordon; brott mot vägtrafikförordningen

driving belt ['draɪvɪŋbelt] *s* drivrem

driving instructor ['draɪvɪŋɪn‚strʌktə] *s* bilskollärare

driving licence ['draɪvɪŋ‚laɪs(ə)ns] *s* körkort

driving mirror ['draɪvɪŋ‚mɪrə] *s* backspegel

driving school ['draɪvɪŋskuːl] *s* trafikskola, bilskola

driving test ['draɪvɪŋtest] *s* körkortsprov; *take one's ~* köra upp

driving wheel ['draɪvɪŋwiːl] *s* drivhjul

drizzle ['drɪzl] **I** *vb itr* dugga, duggregna **II** *s* duggregn

drizzly ['drɪzlɪ] *adj* duggande; våt, fuktig

droll [drəʊl] **I** *adj* lustig, rolig; underlig **II** *s* narr, gycklare

dromedary ['drɒməd(ə)rɪ, 'drʌm-] *s* dromedar

drone [drəʊn] **I** *s* **1** zool. drönare, hanbi **2** bildl. drönare, lätting **3** surr, brummande; entonigt tal **4** a) bordun entonig basstämma i säckpipa b) säckpipa **II** *vb itr* surra, brumma; mumla; tala (sjunga) entonigt; ~ *on* mala på [*about a th.*] **III** *vb tr* **1** mumla [fram]; sjunga entonigt [äv. ~ *out*] **2** ~ *away* dröna (slöa) bort

drool [druːl] *vb itr* **1** se *drivel I* **2** bildl. dregla av lystnad [*over* inför, vid tanken på]

droop [druːp] **I** *vb itr* **1** sloka, hänga [ned]; börja vissna; sänka sig [*her heavy eyelids ~ed*]; slutta, bli lägre **2** tyna av, falla ihop, bli kraftlös; bli modlös; sjunka [*his spirits ~ed*] **II** *vb tr* hänga (sloka) med, sänka **III** *s* slokande (hängande) ställning

drop [drɒp] **I** *s* **1** droppe; *a ~ in the bucket* (*ocean*) en droppe i havet **2** vard. tår, glas [*take a ~*], droppe, gnutta **3** slags karamell [*acid ~s*] **4** a) örhänge [äv. *ear drop*] b) prisma, droppe i ljuskrona **5** fall[ande], nedgång; sjunkande; *at the ~ of a hat* [som] på en given signal **6** amer. [brevlåds]öppning
II *vb tr* **1** droppa [ned]; drypa [*with* av] **2** falla, sjunka; sjunka ned [~ *into a chair*] **3** falla [ned]; stupa [~ *with fatigue*]; ~ *dead!* sl. dra åt helsike! **4** lägga sig, mojna [*the wind ~ped*] **5** sluta, upphöra; *let the matter ~* låta saken falla
III *vb tr* **1** a)** tappa [~ *the teapot*; ~ *a stitch*], släppa; spilla b) fälla [~ *anchor*; ~ *bombs*]; släppa ner [*supplies were ~ped by parachute*] c) låta undfalla sig, fälla; ~ *a p. a hint* ge ngn en vink; ~ *me a line!* skriv ett par rader! **2** drypa, droppa **3** låta falla bort, kasta bort, utelämna; tappa [bort] [*the printer has ~ped a line*] **4** överge, upphöra med [~ *a bad habit*]; avstå ifrån; avbryta, gå ifrån; sluta umgås med; isht sport. peta [~ *a player*]; ~ *it!* låt bli!

5 släppa (sätta, lämna) av [*shall I ~ you (the luggage) at the station?*]
IV *vb itr* o. *vb tr* med adv. o. prep. med spec. bet.:
~ **away** falla ifrån, gå bort
~ **back** falla tillbaka
~ **behind** sacka (komma) efter
~ **by** titta in, komma förbi [*I'll ~ by tomorrow*]
~ **down** *on* vard. slå ned på
~ **in** titta 'in [~ *in at a pub*]; ~ *in on a p.* titta in till (hälsa 'på) ngn apropå, komma förbi
~ **into**: a) titta 'in i (på) b) falla in i [~ *into a habit*], övergå till [~ *into verse*]
~ **off**: a) falla av b) avta, minska [*business has ~ped off*], falla bort c) somna in (till) [äv. ~ *off to sleep*]
~ **out**: a) falla ur (bort) b) dra sig ur, ge upp, gå ur tävling, hoppa av
~ **over** titta 'över, hälsa 'på
~ **round** komma förbi, titta in
~ **through** falla igenom, rinna ut i sanden
drop curtain ['drɒpˌkɜ:tn] *s* teat. [mellanakts]ridå
drop-in ['drɒpɪn] *s* **1** tillfälligt besök, besök apropå; tillfällig besökare **2** nattöppen (dygnet-runt-öppen) bar (restaurang); drop-in, ställe dit man kan komma när som helst; ~ *centre* dagcentral
dropkick ['drɒpkɪk] *s* rugby. droppspark
drop leaf ['drɒpli:f] *s* [bords]klaff
droplet ['drɒplət] *s* liten droppe; ~ *infection* droppinfektion
drop letter ['drɒpˌletə] *s* amer. lokalbrev
drop-off ['drɒpɒf] *s* **1** brant sluttning **2** minskning
dropout ['drɒpaʊt] *s* **1** avhoppare från studier o.d.; studieavbrytare; ~ *rate* bortfallsprocent, bortfall **2** socialt utslagen [person]; *the* [*social*] ~*s* äv. A-laget **3** rugby. utspark
droppings ['drɒpɪŋz] *s pl* spillning av djur
drop scene ['drɒpsi:n] *s* teat.
1 [mellanakts]ridå **2** slutakt
drop scone [ˌdrɒp'skɒn, '--] *s* kok., ung. plätt
drop seat ['drɒpsi:t] *s* klaffsits, fällbart säte
drop shot ['drɒpʃɒt] *s* tennis. o.d. stoppboll
dropsy ['drɒpsɪ] *s* **1** med. vattusot **2** sl. mutor
dross [drɒs] *s* **1** [slagg]skum på smält metall **2** orenlighet; slagg; avfall; skräp äv. bildl.
drought [draʊt] *s* torka, regnbrist
drove [drəʊv] **I** imperf. av *drive* **II** *s* **1** hjord på vandring; kreatursdrift, kreatursskock; stim, svärm **2** massa människor; mängd
drover ['drəʊvə] *s* **1** oxdrivare, kreatursfösare **2** kreaturshandlare
drown [draʊn] **I** *vb itr* drunkna [*a ~ing man catches at a straw; save a p. from ~ing*] **II** *vb tr* **1** dränka; *be ~ed* drunkna [*he fell overboard and was ~ed*]; *like a ~ed rat* [våt] som en dränkt katt **2** översvämma **3** bildl.

överväldiga, döva, dränka [*the noise ~ed his voice*; ~ *one's sorrows*], överrösta
drowning ['draʊnɪŋ] *s* drunkning; dränkning
drowse [draʊz] *vb itr* dåsa, halvsova
drowsiness ['draʊzɪnəs] *s* sömnighet
drowsy ['draʊzɪ] *adj* sömnig, sömntung; dåsig
drub [drʌb] *vb tr* piska, banka [~ *a th. into a p.*]
drubbing ['drʌbɪŋ] *s* kok stryk, smörj
drudge [drʌdʒ] **I** *s* arbetsträl, arbetsslav **II** *vb itr* slava, träla, slita [och släpa]
drudgery ['drʌdʒ(ə)rɪ] *s* slit [och släp]; pressande (hårt) rutinarbete; *it's pure ~* det är rena slavgörat
drug [drʌg] **I** *s* **1** drog, läkemedel; sömnmedel, bedövningsmedel; pl. ~*s* äv. narkotika; *take ~s* sport. dopa sig **2** *a ~ on* (*in*) *the market* en svårsåld (osäljbar) vara, en lagersuccé **II** *vb tr* **1** blanda sömnmedel (narkotika) i [~ *the wine*], förgifta **2** droga; ge sömnmedel (narkotika); bedöva, söva
drug abuse ['drʌgəˌbju:s] *s* drogmissbruk, narkotikamissbruk
drug addict ['drʌgˌædɪkt] *s* narkotikamissbrukare, narkoman
drug dealer ['drʌgˌdi:lə] *s* narkotikalangare, knarklangare
drug fiend ['drʌgfi:nd] *s* se *drug addict*
drugget ['drʌgɪt] *s* drogett grovt ylletyg
druggist ['drʌgɪst] *s* **1** försäljare av medicinalvaror; kemikaliehandlare **2** isht amer. apotekare; apoteksbiträde; drugstoreinnehavare
drug pusher ['drʌgˌpʊʃə] *s* se *drug dealer*
drugstore ['drʌgstɔ:] *s* amer. drugstore, apotek och kemikalieaffär ofta med enklare servering, tidningsförsäljning m.m.
Druid ['dru:ɪd] *s* **1** hist. druid keltisk präst **2** slags funktionär vid *eisteddfod*, se d.o.
drum [drʌm] **I** *s* **1** trumma [*beat* (slå på) *the ~*]; *big* (*bass*) ~ stortrumma, bastrumma; *beat the big ~* bildl. slå på stora trumman; *with ~s beating and flags flying* med flygande fanor och klingande spel **2** mil. trumslagare **3** trumljud, trumvirvel, trummande **4** a) tekn. trumma; vals, cylinder b) cylinderkärl, fat, dunk **5** i örat: a) trumhinna b) trumhåla **II** *vb itr* **1** trumma; bildl. dunka, bulta, banka **2** isht amer. värva kunder (anhängare), slå på trumman, agitera [*for* för]; **III** *vb tr* **1** trumma [~ *a rhythm*]; trumma med [*he began to ~ his heels against the wall*]; dunka på, banka på [~ *the door*] **2** värva, kalla; ~ *up* trumma ihop, samla, värva; slå på trumman för **3** ~ *a th. into a p.* (*into a p.'s head*) slå (trumfa) i ngn ngt
drum beat ['drʌmbi:t] *s* trumslag
drum brake ['drʌmbreɪk] *s* tekn. trumbroms
drum major [ˌdrʌm'meɪdʒə] *s* regementstrumslagare; tamburmajor

drum majorette ['drʌm,meɪdʒə'ret] s isht amer. [kvinnlig] tamburmajor
drummer ['drʌmə] s **1** trumslagare **2** isht amer. vard. handelsresande
drumstick ['drʌmstɪk] s **1** trumpinne **2** stekt kycklingben (fågelben) nedanför låret; kycklingklubba
drunk [drʌŋk] **I** perf. p. av *drink* **II** vanl. *pred adj* drucken, berusad äv. bildl. [~ *with joy* (*success*)]; full [~ *and disorderly*]; *get* ~ bli berusad (full), berusa sig **III** s sl. fyllo, berusad [person], fyllerist
drunkard ['drʌŋkəd] s fyllo, fyllbult, alkoholist
drunk-driver [,drʌŋk'draɪvə] s amer. rattfyllerist
drunk-driving [,drʌŋk'draɪvɪŋ] s amer. rattfylleri
drunken ['drʌŋk(ə)n] vanl. *attr adj* **1** full, berusad; ~ *driver* rattfyllerist; ~ *driving* rattfylleri **2** supig, försupen **3** fylleri-, fylle- [~ *quarrel*]
drunkenness ['drʌŋk(ə)nnəs] s **1** rus, fylla; berusat tillstånd **2** dryckenskap, fylleri
drunkometer [drʌŋ'kɒmɪtə, 'drʌŋkə,mi:tə] s isht amer. alkotest[apparat]
drupe ['dru:p] s bot. stenfrukt
dry [draɪ] **I** (adv. *drily* el. *dryly*) *adj* **1** torr äv. bildl.; uttorkad; *run* (*go*) ~ om källa, djur m.m. torka ut, sina, bli utsinad; *mainly* ~ i prognos huvudsakligen uppehållsväder **2** torr[lagd] *utan rusdrycksförsäljning* [*the country went* ~] **3** ironisk; spetsig [*a* ~ *smile*] **II** *vb tr* **1** torka; *dried milk* torrmjölk, mjölkpulver **2** torka ut, tömma **3** ~ *up* torka upp (bort); göra slut på; torka ut **III** *vb itr* torka; förtorka[s], bli torr; *hang* [*up*] *to* ~ hänga på tork; ~ *out* sluta dricka, sitta på torken; ~ *up* a) sina [ut] [*the cow is* ~*ing up*], torka ut (bort, in) b) vard. tystna, bli alldeles tyst [*he dried up suddenly*]; ~ *up!* vard. håll mun!; lägg av!
dryasdust ['draɪəzdʌst] **I** s torr pedant (kammarlärd) **II** *adj* genomtorr, genomtråkig
dry-clean [,draɪ'kli:n] *vb tr* kemtvätta, tvätta kemiskt
dry-cleaners [,draɪ'kli:nəs] *s pl* (konstr. ss. sg.) kemtvätt[inrättning]
dry-cleaning [,draɪ'kli:nɪŋ] s kemtvätt metod
dry-dock [,draɪ'dɒk, '--] **I** s torrdocka **II** *vb tr* lägga i torrdocka, docka
dryer ['draɪə] s se *drier*
dry goods [,draɪ'gʊdz] *s pl* **1** torra varor **2** isht amer. klädesvaror, textilvaror, manufakturvaror
dry ice [,draɪ'aɪs] s kolsyreis, kolsyresnö
drying ['draɪɪŋ] **I** s torkande, torkning etc., jfr *dry II* o. *III*; ~ *cupboard* (*cabinet*) torkskåp; ~ *room* torkrum **II** *adj* o. *pres p* torkande, förtorkande
dryness ['draɪnəs] s **1** torka; torrhet **2** bildl. tråkighet; torrhet; torr humor; strävhet, stelhet
dry nurse [,draɪ'nɜ:s] **I** s **1** barnsköterska **2** vard. (iron.) dadda åt vuxen **II** *vb tr* **1** uppföda barn med flaska **2** vard. vara dadda åt; valla
dry rot [,draɪ'rɒt, '--] s **1** torröta; ~ [*fungus*] svamp som angriper trä m.m. **2** moraliskt, socialt förfall
D.Sc. förk. för *Doctor of Science*
DST förk. för *daylight-saving time*
DT's [,di:'ti:z] (konstr. ss. sg. el. pl.) s vard., *the* ~ dille, delirium [tremens]
dual ['dju:əl] *adj* **1** som gäller två; gram. dual; ~ *number* gram. dualis **2** bestående av två delar, tvåfaldig, dubbel; ~ *carriageway* tvåfilig väg med skilda körbanor; ~ *nationality* dubbelt medborgarskap
duality [djʊ'ælətɪ] s tvåfald, dubbelhet, tvådelning
dual-purpose ['dju:əl,pɜ:pəs] *adj* med (som tjänar) dubbla ändamål (syften); ~ *furniture* kombinationsmöbler, förvandlingsmöbler
1 dub [dʌb] *vb tr* **1** dubba [~ *a p. a knight* (ngn till riddare)] **2** ofta skämts. döpa till, kalla för; göra till **3** smörja läder
2 dub [dʌb] film. o.d. **I** *vb tr* dubba [*a* ~*bed version*]; eftersynkronisera **II** s dubbning; dubbat tal
dubbin ['dʌbɪn] s läderfett, garvfett
1 dubbing ['dʌbɪŋ] s film. o.d. dubbning; eftersynkronisering
2 dubbing ['dʌbɪŋ] s se *dubbin*
dubiety [djʊ'baɪətɪ] s tvivelaktighet äv. konkr.; ovisshet, tvekan, tvivel, tvivelsmål
dubious ['dju:bjəs] *adj* **1** tvivelaktig [~ *compliment*]; tvetydig, suspekt, dubiös **2** tveksam [~ *about* om], tvivlande [~ *reply*]; *feel* ~ *about* tveka om; tvivla på, ha sina dubier (tvivel) om
Dublin ['dʌblɪn] geogr. egenn.; ~ [*Bay*] *prawn* havskräfta, kejsarhummer
ducal ['dju:k(ə)l] *adj* hertiglig, hertig-
duchess ['dʌtʃəs] s hertiginna
duchy ['dʌtʃɪ] s hertigdöme
1 duck [dʌk] **I** s **1** anka; and [*wild* ~]; *like water off a* ~*'s back* ordst. som vatten på en gås; *he's got* ~*'s disease* skämts. han är kort i rocken (kortväxt); *he takes to it like a* ~ *to water* när det gäller det är han som fisken i vattnet; *sitting* ~ se *sitting I 3* **2** vard. raring; *she's a sweet old* ~ hon är en rar gammal dam (tant); se äv. *ducks* **3** i kricket ≈. ~*'s egg* noll inget lopp för slagmannen under hans inneomgång; *make a* ~ få noll; *break one's* ~ göra sitt första lopp, spräcka nollan **4** se *lame duck* under *lame I 1* **5** *play* ~*s and drakes* kasta smörgås; *play* ~ *s and drakes with a th.* vända upp och ner på ngt **6** a) hastig dykning, dopp b) duckning; bock, bockning, nick **II** *vb itr* **1** dyka ned och snabbt komma upp igen, doppa sig **2** böja sig hastigt; väja undan, ducka; bildl. böja sig [äv. ~ *under to* (för)] **3** vard. dra sig undan, smita [äv. ~ *out on*

duck 248

(från)] **III** *vb tr* **1** doppa **2** hastigt böja [ned] [~ *one's head*]; ducka för **3** vard. smita ifrån (undan) [~ *a responsibility*]
2 duck [dʌk] *s* segelduk, buldan; pl. ~*s* buldansbyxor [*white* ~*s*]
3 duck [dʌk] *s* mil. vard., slags amfibielastbil
duckbill ['dʌkbɪl] *s* zool. näbbdjur
duckbilled ['dʌkbɪld] *adj* zool., ~ *platypus* näbbdjur
duckling ['dʌklɪŋ] *s* ankunge
ducks [dʌks] *s* vard., *hallo,* ~*!* hej raring!
duck soup [ˌdʌk'suːp] *s* amer. sl. en enkel match
duckweed ['dʌkwiːd] *s* bot. andmat
ducky ['dʌkɪ] vard. **I** *s, hallo,* ~*!* hej raring!
II *adj* söt, näpen, rar
duct [dʌkt] *s* **1** rörledning, ledningsrör, kanal; tekn. äv. trumma **2** anat. gång [*biliary* ~], kanal
ductile ['dʌktaɪl, amer. -tl] *adj* tänjbar, sträckbar, smidig; formbar
ductility [ˌdʌk'tɪlətɪ] *s* tänjbarhet, sträckbarhet, smidighet; formbarhet
dud [dʌd] vard. **I** *s* **1** blindgångare **2** fiasko **3** falskt mynt, falsk sedel **II** *adj* skräp-; falsk; *a* ~ *cheque* en check utan täckning; en falsk check
dude [djuːd, duːd] *s* isht amer. vard. **1** snobb, sprätt **2** stadsbo, turist isht från östra staterna **3** person, snubbe, typ
dudgeon ['dʌdʒ(ə)n] *s*, *in high* ~ mycket förgrymmad
due [djuː] **I** *adj* **1** som skall betalas; förfallen [till betalning]; *debts* ~ *to us* våra fordringar; *wages* ~ innestående lön, lön till godo; *be* (*become, fall*) ~ förfalla [till betalning] **2** vederbörlig, tillbörlig, behörig [*in* ~ *form*; *with* ~ *care*; *with* ~ *respect*]; *after* ~ *consideration* efter moget övervägande; *in* ~ *course* [*of time*] i vederbörlig ordning, i sinom tid **3** ~ *to* beroende på; vard. på grund av; *be* ~ *to* bero på [*the delay was* ~ *to an accident*], ha sin grund (orsak) i; *it was* ~ *to him that I came* det var tack vare honom som jag kom **4** som skall (som skulle) vara (komma) enl. avtal, tidtabell o.d.; väntad; *the train is* ~ *at 6* tåget skall komma (kommer, beräknas ankomma) kl. 6; *be* ~ *to* + inf. ska enl. avtal, tidtabell o.d. [*he is* ~ *to speak here tonight*]; [*the last train*] *was* ~ *to leave at 10* ...skulle gå kl 10 **5** *he is* ~ *for promotion* han står i tur för befordran **II** *adv* rakt, precis; ~ *north* rätt (rakt) i norr (norrut), rakt nordligt **III** *s* **1** *a p.'s* ~ ngns rätt (del, andel), vad som tillkommer ngn [*give a p. his* ~]; *to give him his* ~ [*he is very clever*] i rättvisans namn måste man medge att...
2 vad man är skyldig, skuld [*pay one's* ~*s*]
3 pl. ~*s* tull; avgift[er] [*harbour* ~*s, tonnage* ~*s*]; *membership* ~*s* medlemsavgift[er]
duel ['djuːəl] **I** *s* duell **II** *vb itr* duellera

dueller ['djuːələ] *s* o. **duellist** ['djuːəlɪst] *s* duellant
duenna [djʊ'enə] *s* duenna, 'förkläde'
duet [djʊ'et] *s* duett, duo; *play* ~*s* spela duetter; spela fyrhändigt (à quatre mains)
1 duff [dʌf] *vb tr* sl. **1** piffa upp dåliga varor, mat m.m.; fiffla (fuska) med, förfalska, förfuska **2** lura **3** sl., ~ *up* klå upp, ge stryk
2 duff [dʌf] *s* slags ångkokt pudding med russin
3 duff [dʌf] *adj* usel; vard. skruttig, kass
duffel ['dʌf(ə)l] *s* **1** duffeltyg slags grovt ylletyg; ~ [*coat*] duffel **2** grejor, utrustning för campare, jägare o.d.; ~ *bag* persedelpåse, [kläd]säck, sjösäck
duffer ['dʌfə] *s* vard. oduglig stackare; dumbom; *he is a* ~ *at maths* han är urdålig i matte
duffle ['dʌf(ə)l] *s* se *duffel*
1 dug [dʌg] *s* juver; spene
2 dug [dʌg] imperf. o. perf. p. av *dig*
dug-out ['dʌɡaʊt] *s* **1** underjordiskt skyddsrum, jordkula **2** avbytarbänk (reservbänk) med vindskydd **3** kanot urholkad trädstam
duke [djuːk] *s* **1** hertig **2** sl., vanl. pl. ~*s* nävar, händer
dukedom ['djuːkdəm] *s* **1** hertigdöme **2** hertigvärdighet
dulcimer ['dʌlsɪmə] *s* mus. hackbräde, cymbal
dull [dʌl] **I** *adj* **1** matt [~ *light,* ~ *gold*], glanslös; matt belyst [~ *landscape*]; grå, mulen; ~ *weather* gråväder **2** [lång]tråkig, trist, enformig [~ *life,* ~ *book*]; tyst, död [~ *town*] **3** långsam i uppfattning; trög [~ *brain* (*mind*), ~ *pupil*]; dum **4** skum, svag [~ *eyes*]; obestämd, dov [~ *ache*; ~ *crash*], molande [~ *pain*]; ~ *of hearing* lomhörd **5** slö [~ *razor*], trubbig **6** hand. a) trög, stillastående, flau, matt; död [~ *season*] b) om vara o.d. svårsåld, utan efterfrågan; *cotton opened* ~ börs. bomullsaktierna öppnade matt **II** *vb tr* förslöa, göra slö [~ *the edge of the razor*], trubba av [~ *one's senses*]; göra trög etc., jfr *I*; matta, dämpa, försvaga; fördunkla
dullard ['dʌləd] *s* trögmakens; slöfock
dullness ['dʌlnəs] *s* matthet, tröghet, slöhet; tråkighet etc., jfr *dull I*
dully ['dʌlɪ, 'dʌlɪ] *adv* trögt etc., jfr *dull I*
duly ['djuːlɪ] *adv* vederbörligen, tillbörligt, behörigen; som sig bör; i rätt tid, punktligt
dumb [dʌm] **I** *adj* **1** stum äv. bildl.; mållös [~ *with* (av) *astonishment*]; ~ *animals* oskäliga djur; *strike* ~ göra mållös (stum), förstumma; ~ *show* stumt spel, pantomim **2** vard. dum [*a* ~ *blonde*]; ~ *cluck* dumskalle **3** vard. fånig, löjlig **II** *vb tr* förstumma
dumbbell ['dʌmbel] *s* **1** hantel **2** sl. idiot
dumbfound [dʌm'faʊnd] *vb tr* göra mållös [av häpnad], förstumma; perf. p. ~*ed* äv. häpen

dumb waiter [ˌdʌm'weɪtə] *s* **1** mindre, flyttbart serveringsbord med vridbara hyllor **2** mathiss
dumdum ['dʌmdʌm] *s* dumdumkula [äv. ~ *bullet*]
dummy ['dʌmɪ] **I** *s* **1** attrapp; dummy; skyltfigur; modell; utkast; [mål]gubbe att skjuta på o.d.; buktalares docka; [*tailor's*] ~ a) provdocka b) [kläd]snobb; *sell a p. the (a)* ~ fotb. finta [bort ngn] **2** bildl. bulvan, skylt utåt **3** statist utan repliker; nolla **4** [tröst]napp **5** kortsp. träkarl **6** sl. stum [person] **7** sl. dumhuvud, fårskalle, idiot **II** *adj* falsk, sken-, blind-; ~ *cartridge* blindpatron
dump [dʌmp] **I** *vb tr* **1** stjälpa av, tippa [~ *the coal outside the house*], dumpa; tömma; slänga **2** hand. dumpa **II** *s* **1** avfallshög; slagghög; [sop]tipp **2** vard. håla, ställe, kyffe **3** mil. m.m.: tillfällig förrådsplats, depå, förråd, upplag [*ammunition* ~]
dumper truck ['dʌmpətrʌk] *s* o. **dump truck** ['dʌmptrʌk] *s* tippvagn, dumper
dumping ['dʌmpɪŋ] *s* **1** tippning, dumpning; utsläpp; *no* ~ *allowed* tippning förbjuden **2** hand. dumping, dumpning
dumpling ['dʌmplɪŋ] *s* **1** kok., slags klimp som vanl. kokas i soppa o.d.; äppelknyte; *pork* ~ ung. kroppkaka med fläsk **2** vard. [liten] tjockis, rulta
dumps [dʌmps] *s pl, be* [*down*] *in the* ~ vard. vara nere (deppig, hängfärdig, ur humör)
dumpy ['dʌmpɪ] **I** *adj* kort och tjock, rultig, undersätsig **II** *s* vard. kortskaftat paraply
1 dun [dʌn] **I** *adj* mörkt gråbrun, gulbrun **II** *s* **1** gråbrunt, gulbrunt **2** gulbrun häst med svart man
2 dun [dʌn] **I** *s* **1** fordringsindrivare, [besvärlig] fordringsägare **2** krav på betalning **II** *vb tr* kräva; ~*ning letter* kravbrev
dunce [dʌns] *s* dumhuvud, dummerjöns
Dundee [dʌn'diː] geogr. egenn.; ~ *cake* slags stor fruktkaka dekorerad med halva mandlar
dune [djuːn] *s* [sand]dyn, flygsandskulle
dung [dʌŋ] **I** *s* dynga, gödsel; lort **II** *vb tr* gödsla
dungeon ['dʌn(d)ʒ(ə)n] *s* underjordisk fängelsehåla
dunghill ['dʌŋhɪl] *s* gödselhög, gödselstack; bildl. sophög; smuts; attr. äv. feg, mesig; *cock on his own* ~ [hus]tyrann, kaxe; ~ *cock* hustupp inte stridstupp
Dunhill ['dʌnhɪl]
dunk [dʌŋk] *vb tr* doppa [~ *doughnuts in coffee*]
Dunlop [bildäck 'dʌnlɒp] ®
dunno [də'nəʊ] vard. förvrängning av [*I*] *don't know*
duo ['djuːəʊ] (pl. ~*s*) *s* **1** mus. duo, duett **2** duo, par
duodecimal [ˌdjuːə(ʊ)'desɪm(ə)l] *adj* med 12 som bas, tolvtals-
duodenal [ˌdjuːə(ʊ)'diːnl] *adj* med. duodenal-; ~ *ulcer* sår på tolvfingertarmen, magsår
duoden|um [ˌdjuːə(ʊ)'diːn|əm] (pl. -*a* [-ə] el. -*ums*) *s* anat. duodenum, tolvfingertarm
duologue ['djʊəlɒg] *s* dialog
dupe [djuːp] **I** *s* lättlurad (godtrogen) person; [lättlurat] offer [*to för*] **II** *vb tr* lura, dupera
duple ['djuːpl] *adj* dubbel isht matem.; ~ *time (measure)* mus. tvåtakt
duplex ['djuːpleks] **I** *adj* tvåfaldig, bestående av två, [försedd] med två; tekn. duplex-; ~ *apartment* (*house*) se *II* **II** *s* amer. etagevåning [äv. ~ *apartment*]; tvåfamiljshus, parvilla [äv. ~ *house*]
duplicate [ss. adj. o. subst. 'djuːplɪkət, ss. vb 'djuːplɪkeɪt] **I** *adj* dubbel, tvåfaldig; dubblett- [~ *copy*; ~ *key*]; om avskrift i två [likalydande] exemplar; likadan **II** *s* dubblett, duplikat, likalydande exemplar; kopia; *in* ~ i två [likalydande] exemplar **III** *vb tr* **1** fördubbla **2** duplicera; utfärda i två [likalydande] exemplar; mångfaldiga, ta kopia (kopior) av
duplication [ˌdjuːplɪ'keɪʃ(ə)n] *s* **1** fördubbling, duplicering; upprepande **2** dubblett, duplikat
duplicator ['djuːplɪkeɪtə] *s* dupliceringsapparat
duplicity [djʊ'plɪsətɪ] *s* dubbelhet; dubbelspel, falskhet
durability [ˌdjʊərə'bɪlətɪ] *s* varaktighet; hållbarhet
durable ['djʊərəbl] **I** *adj* varaktig, bestående; hållbar, slitstark; ~ *goods* se *II* **II** *s*, pl. ~*s* varaktiga konsumtionsvaror
duration [djʊ(ə)'reɪʃ(ə)n] *s* varaktighet [*be of long* ~], fortvaro; hand. löptid; *the average* ~ *of life* medellivslängden; *for the* ~ så länge det (den) varar (pågår) [*for the* ~ *of the war*]
duress [djʊ(ə)'res] *s* **1** [olaga] tvång, yttre våld (hot) **2** fängsligt förvar, fångenskap
Durham ['dʌr(ə)m] geogr.
during ['djʊərɪŋ, 'dʒɔː-r-, 'dʒ-] *prep* under [~ *the war,* ~ *my absence*], under loppet av, medan ngt pågår (varar resp. pågick, varade) [~ *the negotiations*]; på, om; [*he usually comes*] ~ *the summer* ...på (om) sommaren (somrarna)
durn [dɜːn] *vb tr* se *1 darn*
dusk [dʌsk] *s* skymning; dunkel; *at* ~ i skymningen; *in the* ~ *of the evening* i kvällsmörkret
dusky ['dʌskɪ] *adj* **1** dunkel, skum **2** svartaktig, mörklagd, mörkhyad **3** bildl. mörk, dyster
dust [dʌst] **I** *s* **1** damm, stoft; *a* ~ ett dammoln; *allow the* ~ *to settle* bildl. låta situationen lugna ner sig; *raise* (*make, kick up*) *a* ~ vard. ställa till bråk; *throw* ~ *in a p.'s eyes* slå blå dunster i ögonen på ngn **2** sopor **3** fint (finstött) pulver av olika slag; puder; spån; frömjöl; borrmjöl **4** bildl.

a) stoft, aska, jord **b)** *bite the* ~ vard. bita i gräset, stupa **II** *vb tr* **1** damma ner; göra dammig **2** beströ, strö [över], [be]pudra **3** damma [av], dammtorka [äv. ~ *off*]; borsta dammet ur, piska kläder; ~ *a p.'s jacket* vard. damma 'på ngn, ge ngn på pälsen
dustbin ['dʌs(t)bɪn] *s* soptunna, soplår
dustcart ['dʌstkɑ:t] *s* sopbil
dust chute ['dʌstʃu:t] *s* sopnedkast
dustcloth ['dʌstklɒθ] *s* **1** dammtrasa **2** skyddsöverdrag för möbler
dust cover ['dʌst,kʌvə] *s* skyddsomslag på bok
duster ['dʌstə] *s* dammtrasa, dammvippa
dust jacket ['dʌst,dʒækɪt] *s* skyddsomslag på bok
dust|man ['dʌs(t)|mən] (pl. *-men* [-mən]) *s* vard. sophämtare, sopgubbe
dustpan ['dʌs(t)pæn] *s* sopskyffel
dust-up ['dʌstʌp] *s* bråk, oväsen, uppträde; gräl
dust wrapper ['dʌst,ræpə] *s* se *dust cover*
dusty ['dʌstɪ] *adj* dammig; lik damm (pulver); *it's* ~ det dammar; *not so* ~ sl. inte så illa
Dutch [dʌtʃ] **I** *adj* **1** holländsk, nederländsk; ~ *auction* auktion där auktionsförrättaren sänker priset tills köpare anmält sig; ~ *comfort* (*consolation*) klen tröst, tröst för ett tigerhjärta; ~ *courage* konstlat mod; brännvinskurage; ~ *elm disease* bot. almsjuka; ~ *hoe* gångskyffel, skyffeljärn; ~ *tile* kulört kakel; ~ *treat* knytkalas; tillställning o.d. där var och en betalar för sig; *talk to a p. like a* ~ *uncle* läsa lagen (hålla förmaningstal) för ngn, mästra ngn; *go* ~ vard. betala var och en sin andel (för sig) **2** amer. sl. tysk **II** *s* **1** nederländska (holländska) [språket]; [*Cape*] ~ kapholländska, afrikaans; *double* ~ rotvälska **2** *the* ~ holländarna, nederländarna; amer. sl. äv. tyskarna
Dutch|man ['dʌtʃ|mən] (pl. *-men* [-mən]) *s* holländare, nederländare; amer. sl. äv. tysk; *he's guilty or I'm a* ~ om inte han är skyldig så vill jag vara skapt som en nors
Dutch|woman ['dʌtʃ,wʊmən] (pl. *-women* [-,wɪmɪn]) *s* holländska, nederländska kvinna
duteous ['dju:tjəs] *adj* lydig, plikttrogen
dutiable ['dju:tjəbl] *adj* tullpliktig; avgiftsbelagd
dutiful ['dju:tɪf(ʊ)l] *adj* **1** plikttrogen, lydig, undergiven **2** pliktskyldig [~ *attention*]
dutifully ['dju:tɪf(ʊ)lɪ, -fəlɪ] *adv* plikttroget etc., jfr *dutiful*; pliktskyldigast
duty ['dju:tɪ] *s* **1** plikt, skyldighet **2** tjänst, tjänstgöring; åliggande, uppgift; uppdrag; göromål; mil. äv. vakt; pl. *duties* äv. plikter; tjänst, tjänstgöring; ~ *officer* dagofficer; *do* ~ *for* (*as*) tjäna (göra tjänst, användas) som; *off* ~ inte i tjänst, ledig; tjänstledig, permitterad; *on* ~ a) i tjänst (tjänstgöring), tjänstgörande, i tjänsten b) vakthavande,

jourhavande c) på post, patrullerande; *enter upon* (*take up*) *one's duties* tillträda sin plats, börja sin tjänstgöring; *the officer on* ~ dagofficeren, jourhavande officeren **3** hand. pålaga, avgift [*customs* ~], skatt på vara; accis, tull [*pay* ~ *on an article*; *export* ~, *import* ~], tullsats
duty-bound [,dju:tɪ'baʊnd] *adj* förpliktad
duty-free [,dju:tɪ'fri:, attr. '---] *adj* tullfri; ~ *shop* affär med tullfria varor
duvet ['dju:veɪ, -'-] *s* ejderdunstäcke, duntäcke
Dvorak ['(d)vɔ:ʒɑ:k, -æk]
dwarf [dwɔ:f] **I** (pl. ~*s* el. *dwarves*) *s* dvärg äv. djur el. växt; dvärgträd, dvärgväxt **II** *adj* dvärg- [~ *birch*; ~ *star*], dvärglik **III** *vb tr* **1** hämma i växten (utvecklingen), förkrympa **2** komma (få) att verka mindre (liten); ställa i skuggan; *be ~ed by* verka liten (obetydlig) vid sidan av; *be ~ed into insignificance* nästan försvinna vid sidan av ngn (ngt)
dweeb [dwi:b] *s* isht amer. sl. tönt, nolla
dwell [dwel] (*dwelt dwelt*, ibl. *dwelled dwelled*) *vb itr* litt. **1** a) vistas, bo, leva; dväljas b) ligga [*the poem's main interest ~s in*...] **2** ~ *on* (*upon*) uppehålla sig vid, bre[da] ut sig över, älta [~ *on a subject*]; hålla ut [~ *upon a note* (ton)]
dweller ['dwelə] *s* inbyggare, invånare [*town-dweller*]
dwelling ['dwelɪŋ] *s* **1** litt. boning, bostad **2** bostadsenhet
dwelling-house ['dwelɪŋhaʊs] *s* bostadshus, boningshus
dwelt [dwelt] imperf. o. perf. p. av *dwell*
DWI ['di:,dʌbljʊ'aɪ] amer. förk. för *driving while intoxicated*
dwindle ['dwɪndl] **I** *vb itr* smälta (krympa) ihop, försvinna; reduceras [*into* till], förminskas, försämras, urarta [äv. ~ *away* (*down*)] **II** *vb tr* komma (få) att krympa ihop, reducera
DX [,di:'eks] *s* radio. DX, distansmottagning, kortvågsmottagning
dye [daɪ] **I** *s* färg; färgämne; färgmedel; bildl. slag, sort, beskaffenhet **II** *vb tr* färga **III** *vb itr* gå att färga, ta till sig färg, färgas
d'ye [djɪ, djə] vard. = *do you*
dyed-in-the-wool [,daɪdɪnðə'wʊl] *adj* **1** färgad före spinningen (bearbetningen), ullfärgad **2** bildl. tvättäkta; stock- [~ *conservative*]; durkdriven, fullfjädrad, ut i fingerspetsarna
dyer ['daɪə] *s* färgare; ~ *and cleaner* kemisk tvätt tvättinrättning
dying ['daɪɪŋ] **I** *s* döende (död) [person]; döendet; attr. döds- [~ *bed*, ~ *day*]; ~ *wish* sista önskan **II** *adj* döende; *in the* ~ *seconds of* [*the match*] i de skälvande slutsekunderna av...; *to my* ~ *day* så länge jag lever, se vid. *2 die 1*
1 dyke [daɪk] *s* o. *vb tr* se *1 dike*
2 dyke [daɪk] *s* sl. flata lesbisk kvinna

Dylan [författaren Dylan Thomas 'dɪlən]
dynamic [daɪ'næmɪk, dɪ'n-] *adj* dynamisk
dynamics [daɪ'næmɪks, dɪ'n-] *s pl* **1** (konstr. ss. sg.) fys. dynamik **2** (konstr. vanl. ss. pl.) bildl. el. mus. dynamik
dynamism ['daɪnəmɪz(ə)m] *s* **1** filos. dynamism **2** dynamisk kraft
dynamite ['daɪnəmaɪt] **I** *s* dynamit äv. bildl. **II** *vb tr* spränga med dynamit
dynamo ['daɪnəməʊ] (pl. ~s) *s* generator
dynasty ['dɪnəstɪ, 'daɪn-] *s* dynasti
dysentery ['dɪsntrɪ] *s* med. dysenteri
dysfunction [dɪs'fʌŋkʃ(ə)n] *s* med. dysfunktion
dyslectic [dɪs'lektɪk] *adj* med. dyslektisk
dyslexia [dɪs'leksɪə] *s* med. dyslexi
dyslexic [dɪs'leksɪk] *adj se dyslectic*
dyspepsia [dɪs'pepsɪə] *s* med. dyspepsi, matsmältningsrubbning, dålig mage
dyspeptic [dɪs'peptɪk] med. **I** *s* person som lider av dålig matsmältning (mage) **II** *adj* med dålig matsmältning (mage)
dyspnoea [dɪs'(p)ni:ə] *s* med. dyspné, andnöd
dystrophy ['dɪstrəfɪ] *s* med. dystrofi

#

E, e [i:] (pl. *E's* el. *e's* [i:z]) *s* **1** E, e **2** mus., *E flat* ess; *E major* E-dur; *E minor* E-moll; *E sharp* eiss
E förk. för *east*; *Eastern* postdistrikt i London
each [i:tʃ] *indef pron* **1 a)** var [för sig], varje särskild; självst. var och en [för sig] [äv. ~ *one*]; *we* ~ [*took a big risk*] var och en av oss...; ~ *and all* alla och envar; ~ *and every* varenda; *on* ~ *side* på var[je] sida, på vardera sidan, på ömse sidor **b)** adverbiellt var[dera]; [*he gave them*] *one pound* ~ ...ett pund var[dera] (per man), ...var sitt pund; [*they cost*] *one pound* ~ ...ett pund [per] styck **2** ~ *other* varandra
eager ['i:gə] *adj* ivrig, angelägen; otålig; häftig [~ *passion*]; ~ *beaver* arbetsmyra; streber; ~ *expectation* spänd förväntan; ~ *to* angelägen om att, mån om att, ivrig (otålig) att få [~ *to go there*]
eagerness ['i:gənəs] *s* iver [*for* efter [att få]; *about* beträffande, när det gäller]; otålighet
eagle ['i:gl] *s* zool. örn äv. ss. fälttecken; *golden* ~ kungsörn
eagle-eyed [ˌi:gl'aɪd, attr. '---] *adj* med örnblick, med falkblick, skarpögd, skarpsynt
eagle owl [ˌi:gl'aʊl] *s* zool. berguv, uv
1 ear [ɪə] *s* [sädes]ax; *be in the* ~ stå i ax
2 ear [ɪə] *s* **1** öra; mus. äv. gehör; *my* ~*s are (I feel my* ~*s) burning* det hettar i öronen på mig; bildl. jag känner på mig att man (någon) talar om mig; *be all* ~*s* vara idel öra; *gain a p.'s* ~ få ngn att lyssna [till sig], få ngns förtroende; *give (lend an)* ~ *to* [noggrant] lyssna till, låna sitt öra åt; *give a p. a thick* ~ klappa till ngn, ge ngn en rejäl örfil; *have an* ~ *for music* ha musiköra; *have (keep) one's (an)* ~ *to the ground* vara lyhörd för (ha' öronen öppna för, hålla sig underrättad om) vad som rör sig i tiden; *turn a deaf* ~ *to* slå dövörat till för; *wet behind the* ~*s* vard. inte torr bakom öronen; *play (sing) by* ~ spela (sjunga) efter gehör; *play [it] by* ~ **a)** spela [ngt] efter gehör **b)** vard. känna sig för, handla på känn; *a word in your* ~ ett ord i all förtrolighet; *be out on one's* ~ vard. få (ha fått) sparken, bli (ha blivit) petad; *be up to the (one's)* ~*s in debt* vara skuldsatt upp över öronen **2** öra, handtag, grepe; ögla
earache ['ɪəreɪk] *s* öronvärk, örsprång; *have* [*an*] ~ äv. ha ont i öronen
earclip ['ɪəklɪp] *s* öronclips
eardrop ['ɪədrɒp] *s* långt örhänge
eardrum ['ɪədrʌm] *s* trumhinna
earful ['ɪəfʊl] *s*, *get an* ~ *of this!* [ta och] lyssna på det här!
earl [ɜ:l] *s* brittisk greve

earldom ['ɜːldəm] *s* grevevärdighet
ear lobe ['ɪələʊb] *s* örsnibb
early ['ɜːlɪ] **I** *adv* tidigt, bittida, i god tid; för tidigt [*the train arrived an hour* ~]; ~ *on* vard. tidigt, i ett tidigt skede **II** *adj* **1** tidig; för tidig [*you are an hour* ~]; snar [*reach an* ~ *agreement*]; första [*the* ~ *days of June*]; **he's an ~ bird** han är morgonpigg (morgontidig) av sig, han är uppe med tuppen; *the ~ bird catches (gets) the worm* morgonstund har guld i mun[d]; *~ closing day* i butik dag med tidig stängning (eftermiddagsstängt); *at an ~ date* snart, inom kort; *it's ~ days yet* **a**) det är lite för tidigt [ännu] att uttala sig (säga) etc. **b**) det är fortfarande gott om tid; *in the ~ days of the cinema* i filmens barndom; *it is ~ in the day to...* det är lite för (väl) tidigt [på dagen för] att...; *in the ~ forties* i början av (på) fyrtiotalet; *he is in his ~ forties* han är ett par år (lite) över fyrtio; *have an ~ night* gå och lägga sig tidigt; *at an ~ opportunity* vid första bästa tillfälle; *the ~ part* [*of the 20th century*] början (första delen);...; *~ retirement* förtidspensionering; *he is an ~ riser* han stiger upp tidigt på morgnarna; *~ summer* försommar[en]; *in* [*the*] *~ summer* i början av sommaren, tidigt på sommaren; *~ tomorrow morning* i morgon bitti; *~ warning* förvarning; *tomorrow at the earliest* tidigast i morgon **2** forn, äldre, äldst [*the ~ Church*]
earmark ['ɪəmɑːk] **I** *s* märke i örat på djur; ägarmärke; bildl. kännetecken **II** *vb tr* **1** märka djur i örat; märka för identifiering **2** anslå, reservera, sätta av, öronmärka [*~ a sum of money for research*]; *~ed for* äv. avsedd för
earmuff ['ɪəmʌf] *s*, *a pair of ~s* ett öronskydd
earn [ɜːn] *vb tr* tjäna, förtjäna [*~£30,000 a year*]; göra sig förtjänt av; vinna, skörda; förvärva; förskaffa [*his achievements ~ed him respect*]
1 earnest ['ɜːnɪst] *s* **1** handpenning **2** bevis [*an ~ of* (på) *my good intentions*]
2 earnest ['ɜːnɪst] **I** *adj* allvarlig [*an ~ attempt*; *an ~ man*]; ivrig; enträgen **II** *s*, *in* [*real* (*dead*)] *~* på [fullt] allvar; *are you in ~?* menar du allvar?
earnestness ['ɜːnɪstnəs] *s* allvar; iver; enträgenhet
earnings ['ɜːnɪŋz] *s pl* förtjänst, intäkt[er], inkomst[er]; *all his ~* allt han förtjänar
earphone ['ɪəfəʊn] *s* hörlur; hörtelefon; hörpropp
ear-piercing ['ɪəˌpɪəsɪŋ] *adj* öronbedövande, genomträngande
earplug ['ɪəplʌg] *s* öronpropp ss. skydd; antifon
earring ['ɪərɪŋ] *s* örhänge; örring
earshot ['ɪəʃɒt] *s* hörhåll [*within ~*, *out of ~*]
ear-splitting ['ɪəˌsplɪtɪŋ] *adj* öronbedövande

earth [ɜːθ] **I** *s* **1** jord [*the ~ is a planet*; *a lump of ~*], jordklot, värld; mull, mylla; jordart [äv. *sort of ~*]; mark [*fall to* [*the*] *~*]; *~ to ~*, [*ashes to ashes,*] *dust to dust* av jord är du kommen, jord skall du åter varda; *it cost* (*I had to pay*) *the ~* det kostade en förmögenhet (skjortan); *promise the ~* lova guld och gröna skogar; [*the greatest scoundrel*] *on ~* ...i världen (som går i ett par skor); *how* (*what*, *why*) *on ~...?* hur (vad, varför) i all världen (i Herrans namn)...?; *I feel like nothing on ~* jag känner mig urvissen; *come back* (*down*) *to ~* komma ner på jorden igen **2** jakt. lya, kula, gryt; *run* (*go*) *to ~* om räv o.d. gå under, gå i gryt; *go to ~* bildl. gå under jorden; *run...to ~* tvinga en räv o.d. att gå under (gå i gryt); bildl. äntligen finna (få tag i, spåra upp)... **3** elektr. jord, jordkontakt, jordledning; *~ connection* jordning, jordanslutning, jordkontakt; *~ satellite* rymd. jordsatellit; *~ tremor* jordstöt **II** *vb tr* elektr. jorda
earthbound ['ɜːθbaʊnd] *adj* **1** på väg mot jorden [*an ~ astronaut*] **2** jordbunden, alldaglig **3** jordnära
earthen ['ɜːθ(ə)n, 'ɜːð-] *adj* **1** jord- [*~ floor*]; ler- [*an ~ jar*] **2** jordisk
earthenware ['ɜːθ(ə)nweə, 'ɜːð-] *s* lergods; lerkärl
earthly ['ɜːθlɪ] *adj* **1** jordisk [*~ existence*], världslig; timlig [*~ possessions*] **2** vard., *not an ~* [*chance*] inte skuggan av en chans; *no ~ reason* ingen anledning i världen; *it's no ~* [*use*] det tjänar inte det ringaste (ett dugg) till
earthquake ['ɜːθkweɪk] *s* jordskalv, jordbävning
earthward ['ɜːθwəd] *adv* o. **earthwards** ['ɜːθwədz] *adv* mot (ner på) jorden
earthwork ['ɜːθwɜːk] *s* jordvall; mil. grävt värn
earthworm ['ɜːθwɜːm] *s* daggmask
earthy ['ɜːθɪ] *adj* **1** [som består] av jord; jordaktig **2** jordnära; jordbunden
ear trumpet ['ɪəˌtrʌmpɪt] *s* hörlur för lomhörd
earwax ['ɪəwæks] *s* ör[on]vax
earwig ['ɪəwɪg] *s* zool. **1** tvestjärt **2** amer., slags tusenfoting, jordkrypare
ease [iːz] **I** *s* **1** a) välbefinnande, välbehag b) lugn, ro, vila; sysslolöshet c) ledighet, naturlighet; *at ~* el. *at one's ~* a) bekvämt, i lugn och ro b) väl till mods, lugn c) obesvärad, ogenerad d) makligt, i sakta mak, sakta och lugnt; [*stand*] *at ~!* mil. manöver!; *ill at ~* illa (obehaglig) till mods, orolig, besvärad, generad **2** lätthet; *with ~* med lätthet, lätt [och ledigt]; ledigt, otvunget **II** *vb tr* **1** l... 'ra [*~ the pain*]; *~ one's mind* lugna si... **2** lätta [på]; [*~ the pressure*]; underlätta; minska, sätta ner, sakta [ner] [*~* [*down*] *the speed*]; moderera; *~ down* sakta ner maskinen **3** lossa litet på [*~*

the lid], lätta på; få att inte kärva (att gå lättare) [~ *the drawer*]; ~ *the helm* lätta på rodret; ~ *nature* el. ~ *oneself* förrätta sina behov; ~ *shoes* lästa ut (vidga) skor **4** ~ *a p. of* befria ngn från äv. skämts. [~ *a p. of his money*] **III** *vb itr* **1** ~ [*off*] lätta, minska [*the tension is easing off*]; **the situation has ~d** [*off*] situationen har blivit mindre spänd; ~ *up* ta det lugnare; ~ *up on* ta det lugnare med [~ *up on the work*], inte ta i så hårt med [~ *up on the boy*] **2** ~ [*up*] sakta farten
easel ['i:zl] *s* staffli
easily ['i:zəlɪ] *adv* lätt, med lätthet; ledigt; mycket väl [*it may* ~ *happen*], gott och väl; *it comes* ~ *to him* han har lätt för det; ~ *understood* lättbegriplig; ~ *the best* (*most difficult*) den avgjort (absolut) bästa (svåraste); *he came* ~ *first* han kom som god (överlägsen) etta
easiness ['i:zɪnəs] *s* **1** lätthet **2** lugn; ledighet
east [i:st] **I** *s* **1** öster [*the sun rises in the* ~], öst, ost; *the* ~ *of England* östra [delen av] England; *from* ~ *to west* från öst till väst; *from the* ~ från öster, österifrån; *the wind is in* (*comes from*) *the* ~ vinden är ostlig, det är (blåser) östlig vind; *on the* ~ *of* på östsidan (östra sidan) av, öster om; *to* (*towards*) *the* ~ mot (åt) öster, österut, i östlig riktning; sjö. ostvart; *to the* ~ *of* öster om, på östsidan av (om) **2** *the E~* a) Östern, Österlandet, Orienten b) i USA Östern, öststaterna mellan Alleghenybergen och Atlanten; *the Far E~* Fjärran Östern; *the Middle E~* Mellersta Östern, Mellanöstern; *the Near E~* Främre Orienten **II** *adj* östlig, ostlig, östra, öst-, ost- [*on the* ~ *coast*], öster-; *E~ Anglia* Östangeln motsv. ung. Norfolk o. Suffolk; *the E~ End* [,i:st'end] East End östra London med dock- och fabriksområden samt arbetarbostäder; *E~ Germany* hist. Östtyskland; *the E~ Indies* pl. Ostindien; *the* ~ *side* östra sidan, östsidan; *the E~ Side* östra delen av Manhattan i New York; ~ *wind* östlig (ostlig) vind, östan[vind], ostan[vind] **III** *adv* mot (åt) öster, österut [*go* (*travel*) ~]; *north by* ~ nord till ost; *due* ~ rakt österut; ~ *of* öster om; sjö. ost [om]
eastbound ['i:stbaʊnd] *adj* östgående
East-End [,i:st'end] *adj* east-end-, från (i) East End i London
East-Ender [,i:st'endə] *s* east-endbo, person från (i) East End i London
Easter ['i:stə] *s* påsk[en]; *last* ~ i påskas; ~ *Day* (*Sunday*) påskdag[en]; ~ *Eve* (*Saturday*) påskafton[en]; ~ *Monday* annandag påsk; ~ *egg* påskägg; ~ *Island* geogr. Påskön
easterly ['i:stəlɪ] **I** *adj* östlig, ostlig [*an* ~ *wind*], från öster; mot (åt) öster **II** *adv* östlig, ostligt; mot (åt) öster, österut; från öster **III** *s* östlig vind

eastern ['i:stən] *adj* **1** östlig, ostlig, östra, öst-, ost-; ~ *Europe* Östeuropa; *E~* [*standard*] *time* normaltid (tidszon) i östligaste USA 5 timmar efter Greenwich Mean Time **2** *E~* österländsk, orientalisk; *the E~ Church* den grekisk-katolska kyrkan
easternmost ['i:stənməʊst] *adj* östligast
eastward ['i:stwəd] **I** *adj* östlig, ostlig [*in an* ~ *direction*], östra, [vettande] mot (åt) öster **II** *adv* mot (åt) öster, österut [*travel* ~]; sjö. ostvart [*sail* ~]; ~ *of* öster om
eastwards ['i:stwədz] *adv* se *eastward* II
easy ['i:zɪ] **I** *adj* **1** lätt, enkel; *I'm* ~! det gör mig detsamma!, det gör mig inte något!; *it comes* ~ *to him* han har lätt för det; *he is not an* ~ *customer to deal with* han är inte lätt att tas med; *it's dead* ~ (*as* ~ *as pie*) vard. det är jätteenkelt (lätt som en plätt) **2** bekymmerslös [*lead an* ~ *life*], lugn [*feel* ~ *about* (inför) *the future*], obekymrad, sorglös; *be in* (*on*) *E~ Street* vard. vara på grön kvist **3** bekväm, behaglig; *at an* ~ *pace* i sakta mak **4** ledig [*an* ~ *style*; ~ *manners*], otvungen **5** mild, lätt; *on* ~ *terms* på förmånliga villkor, på avbetalning **6** *he is* ~ *game* (~ *meat* el. *an* ~ *mark*) han är ett lätt byte (en lättlurad stackare); *she is a woman of* ~ *virtue* hon är lätt på foten **7** *come in* (*be*) *an* ~ *first* komma in som god etta; *that's an* ~ *two hours' work* det är minst två timmars arbete **8** *she is* ~ *on the eye* vard. hon är en fröjd för ögat, hon är något att titta ögonen på **II** *adv* vard. **1** lätt [*easier said than done*]; ~ *come*, ~ *go* lätt fånget, lätt förgånget **2** bekvämt; ~ *does it!* sakta i backarna!, ta det lugnt!; [*go*] ~*!* sakta!, försiktigt!; *go* ~ *on* [*the milk*]*!* ta inte så mycket...!, ta det lugnt med...!; *stand* ~*!* mil. lediga!; *take it* ~*!* ta det lugnt!
easy chair ['i:zɪtʃeə, ,i:zɪ'tʃeə] *s* länstol, fåtölj
easy-going ['i:zɪ,gəʊɪŋ] *adj* bekväm [av sig], maklig äv. om fart [*at an* ~ *pace*]; sorglös, lättsam; hygglig; *he is* ~ äv. han tar lätt på saker och ting
easy-peasy [,i:zɪ'pi:zɪ] *adj* vard. lätt som en plätt
eat [i:t] (imperf. : *ate* [et isht amer. eɪt], perf. p.: *eaten* ['i:tn]) **I** *vb tr* **1** äta; förtära; ~ *one's heart out* gräma sig, vara orotröstlig, längta ihjäl sig; ~ *your heart out!* känn dig blåst!, där fick du så du teg!; ~ *one's words* [få] äta upp sina egna ord; [*don't worry*] *he won't* ~ *you!* ...han bits inte! **2** fräta sönder (bort); *what's* ~ *ing you?* vard. vad är det med dig?, vad går du och deppar för?; ~ *away* småningom förstöra, fräta (nöta) bort **3** ~ *up* äta upp, förtära; sluka [*the car was* ~*ing up the miles*]; fullständigt göra slut på; *be* ~*en up with curiosity* vara nära (hålla på) att förgås av nyfikenhet **II** *vb itr* **1** äta; *he* ~*s out of my hand* bildl. han äter ur handen på

mig 2 bildl. fräta; ~ *into* fräta sig in i; ~ *into one's fortune* [börja] tära på sin förmögenhet
eatable ['i:təbl] I *adj* ätbar njutbar II *s*, pl. ~*s* mat[varor], livsmedel
eaten ['i:tn] perf. p. av *eat*
eater ['i:tə] *s* **1** person som äter; ss. efterled i sms. -ätare [*meat-eater*]; *a great* (*big, hearty*) ~ en storätare; *he is a poor* (*small*) ~ han är liten i maten, han äter litet **2** ätfrukt; ätäpple
eatery ['i:təri] *s* isht amer. matställe, restaurang
eating ['i:tɪŋ] *attr adj* ät- [~ *apples*]
eating-house ['i:tɪŋhaʊs] *s* matställe, [enkel] restaurang
eats [i:ts] *s pl* vard. käk, krubb mat
eau-de-Cologne [ˌəʊdəkəˈləʊn] *s* eau-de-cologne
eaves [i:vz] *s pl* takfot, takskägg
eavesdrop ['i:vzdrɒp] I *s* takdropp II *vb itr* tjuvlyssna, smyglyssna III *vb tr* tjuvlyssna på, smyglyssna på, avlyssna
eavesdropper ['i:vzˌdrɒpə] *s* tjuvlyssnare
eavesdropping ['i:vzˌdrɒpɪŋ] *s* tjuvlyssnande
ebb [eb] I *s* ebb; bildl. nedgång, förfall; ~ *and flow* ebb och flod; bildl. uppgång och nedgång; *be at a low* ~ stå lågt; om pers. vara nere II *vb itr* **1** om tidvatten o.d. dra sig tillbaka, sjunka (gå) tillbaka, avta, ebba **2** bildl. ebba ut, sina
ebony ['ebənɪ] *s* ebenholts; attr. ebenholts-; ebenholtssvart
ebullience [ɪˈbʌljəns, -ˈbʊl-] *s* hänförelse, sprudlande vitalitet
ebullient [ɪˈbʌljənt, -ˈbʊl-] *adj* översvallande, sprudlande
EC [ˌi:ˈsi:] **1** (förk. för *East Central*) postdistrikt i London **2** (förk. för *the European Communities* Europeiska gemenskaperna) EG
eccentric [ɪkˈsentrɪk] I *adj* **1** excentrisk; originell, [sär]egen **2** excentrisk [~ *circles*]; om kretslopp inte cirkelrund II *s* excentrisk människa; original, kuf
Eccles ['eklz] geogr. egenn.; ~ *cake* slags smörbakelse fylld med torkad frukt, russin o.d.
Ecclesiastes [ɪˌkli:zɪˈæsti:z, -ˈɑ:s-] *s* bibl. Predikaren, Salomos Predikare, Ecclesiastes
ecclesiastic [ɪˌkli:zɪˈæstɪk, -ˈɑ:s-] I *s* präst II *adj* se *ecclesiastical*
ecclesiastical [ɪˌkli:zɪˈæstɪk(ə)l, -ˈɑ:s-] *adj* ecclesiastik, kyrko- [~ *year*]; andlig, kyrklig, ecclesiastisk, prästerlig
ECG [ˌi:si:ˈdʒi:] (förk. för *electrocardiogram*) EKG
echelon ['eʃəlɒn] *s* mil. echelong
echo ['ekəʊ] I (pl. ~*es*) *s* eko, genljud, genklang, återskall; *there is an* ~ *here* det ekar här; *make an* ~ ge eko II *vb itr* eka, återskalla, återkastas, genljuda, ge eko III *vb tr* **1** återkasta [äv. ~ *back*] **2** mekaniskt upprepa [*they* ~*ed every word of their leader*]; vara ett eko av, imitera
echoic [eˈkəʊɪk] *adj* ljudhärmande
echo-sounder ['ekəʊˌsaʊndə] *s* radar. ekolod
echo-sounding ['ekəʊˌsaʊndɪŋ] *s* radar. ekolodning
éclair [ɪˈkleə, eɪˈk-, ˈeɪkleə] *s* kok. eclair avlång petit-chou [*chocolate* ~]; ~ *bun* petit-chou
eclectic [ɪˈklektɪk, eˈklek-] filos. el. konst. I *adj* eklektisk II *s* eklektiker
eclipse [ɪˈklɪps] I *s* **1** förmörkelse, eklips; *lunar* ~ el. ~ *of the moon* månförmörkelse; *solar* ~ el. ~ *of the sun* solförmörkelse; *be in* ~ vara förmörkad **2** bildl. tillbakagång, nedgångsperiod, försvinnande; *suffer an* ~ falla i glömska, vara bortglömd; [*her popularity*] *is in* ~ ...är i dalande II *vb tr* **1** förmörka **2** bildl. fördunkla, ställa i skuggan, överglänsa, undanskymma
ecocide ['i:kəʊsaɪd, 'ek-] *s* ekocid, miljömord
ecofreak ['i:kəʊfri:k, 'ek-] *s* vard. miljöaktivist
ecofriendly ['i:kəʊˌfrendlɪ, 'ek-] *adj* miljövänlig
ecological [ˌi:kəʊˈlɒdʒɪk(ə)l, ˌek-] *adj* ekologisk [~ *balance*] (jämvikt)]
ecologist [i:ˈkɒlədʒɪst, eˈk-] *s* ekolog, miljövårdare
ecology [i:ˈkɒlədʒɪ, eˈk-] *s* ekologi
econ. förk. för *economic, economics*
economic [ˌi:kəˈnɒmɪk, ˌek-] *adj* ekonomisk [~ *policy*], nationalekonomisk; *minister of* ~ *affairs* ekonomiminister; ~ *crime* ekobrott; ~ *geography* ekonomisk geografi, näringsgeografi
economical [ˌi:kəˈnɒmɪk(ə)l, ˌek-] *adj* **1** a) ekonomisk, sparsam [*an* ~ *woman*; ~ *habits*] b) ekonomisk, dryg [*this coffee is very* ~], billig i drift [*our car is* ~]; *be* ~ *with* (*of*) vara sparsam med, hushålla med, vara rädd om **2** se *economic*
economics [ˌi:kəˈnɒmɪks, ˌek-] *s* **1** (konstr. ss. sg.) nationalekonomi, ekonomi; *school of* ~ ung. handelshögskola **2** (konstr. ss. pl.) ekonomiska aspekter [*what are the* ~ *of this project?*]
economist [ɪˈkɒnəmɪst] *s* ekonom; nationalekonom [äv. *political* ~]
economize [ɪˈkɒnəmaɪz] I *vb itr* spara [*on* på], hushålla [*on* med], vara sparsam (ekonomisk) [*on* med], ekonomisera [*on* med], snåla [*on* på, med]; inskränka sig II *vb tr* spara på, hushålla med
econom|y [ɪˈkɒnəmɪ] *s* **1** sparsamhet, ekonomi; hushållning, hushållande [~ *of* (med) *time*]; klokt utnyttjande [*of* av], besparing, besparingsåtgärd [*various -ies*]; ~ *class* isht på flygplan ekonomiklass, turistklass; ~ *drive* sparkampanj; ~ *size* ekonomiförpackning; *practise* [*strict*] ~ iaktta [den största] sparsamhet; *with a view to* ~ i besparingssyfte **2** ekonomi, hushållning; näringsliv [*the whole* ~ *will suffer*

if there are strikes]; ekonomiskt system; *planned* ~ planhushållning, planekonomi; *the public (national)* ~ statshushållningen
economy-size [ɪ'kɒnəmɪsaɪz] *attr adj* o.
economy-sized [ɪ'kɒnəmɪsaɪzd] *adj* i ekonomiförpackning (storpack, sparförpackning)
ecopolicy ['i:kəʊˌpɒlɪsɪ, 'ek-] *s* ung. miljövårdspolitik
ecosystem ['i:kəʊˌsɪstəm, 'ek-] *s* ekosystem
ECS förk. för *European Communications Satellite*
ECSC (förk. för *European Coal and Steel Community*) Europeiska kol- och stålunionen
ecstas|y ['ekstəsɪ] *s* **1** extas, hänryckning; *be in -ies* vara i extas; *go into -ies over* råka i extas över **2** sl. ecstasy narkotika
ecstatic [ek'stætɪk, ɪk-] *adj* extatisk; hänryckt, hänförd; hänryckande; *in an* ~ *fit* i extas
ectoplasm ['ektə(ʊ)ˌplæz(ə)m] *s* biol. el. spirit. ektoplasma
ecu ['ekju:, 'eɪk-, 'i:k-] (förk. för *European currency unit*) ecu
Ecuador ['ekwədɔ:, ˌekwə'dɔ:]
Ecuadorian [ˌekwə'dɔ:rɪən] **I** *s* ecuadorian **II** *adj* ecuadoriansk
ecumenical [ˌi:kju'menɪk(ə)l] *adj* kyrkl. ekumenisk [*the* ~ *movement*]
eczema ['eksəmə] *s* med. eksem
ed. förk. för *edited, edition, editor, education*
Edam ['i:dæm] **I** geogr. egenn. **II** *s*, ~ [*cheese*] edamer[ost]
eddy ['edɪ] **I** *s* liten strömvirvel; virvel av luft, rök o.d. **II** *vb itr* virvla, kretsa
edelweiss ['eɪdlvaɪs] *s* bot. edelweiss
Eden ['i:dn] *s* Eden, paradiset; eden, paradis; *the Garden of* ~ Edens lustgård, paradiset
edge [edʒ] **I** *s* **1** egg [*the* ~ *of a knife*], skarp kant, tekn. skär; bildl. skärpa, udd; *give an* ~ *to* slipa egg på, skärpa; *the knife has no* ~ kniven är slö; *not to put too fine an* ~ *upon it* rent ut sagt; *take the* ~ *off* a) göra en kniv o.d. slö b) döva aptiten; ta udden av, förslöa, försvaga; *on* ~ på helspänn, otålig, nervös; *it set my nerves on* ~ det gick mig på nerverna; *that sound sets my teeth on* ~ jag ryser av det där ljudet **2** kant [*the* ~ *of a table*], rand [*the* ~ *of a precipice*], bryn [*the water's* ~; *the* ~ *of a forest*]; *he needs his* ~*s rubbing off* han behöver slipas av; *be on the* ~ *of* bildl. just stå i begrepp att **3** ås, kam, rygg, krön **4** fördel; *have an (the)* ~ *on a p.* ha övertag[et] över ngn **II** *vb tr* **1** kanta [*houses* ~*d the road*], infatta, besätta **2** vässa, slipa **3** maka, flytta [~ *one's chair nearer the fire*]; tränga, skjuta [~ *a p. into the background*]; lirka; ~ *oneself* (~ *one's way*) *through the crowd* tränga sig fram genom folkmassan; ~ *out* utmanövrera **III** *vb itr* röra sig i sidled [*he* ~*d towards the door*], maka (lirka) sig
edgeways ['edʒweɪz] *adv* o. isht amer.

edgewise ['edʒwaɪz] *adv* med kanten (sidan) först (överst), på kant, på tvären; om två saker kant i kant; *I couldn't get a word in edgeways* jag fick inte en syl i vädret
edging ['edʒɪŋ] *s* kant, bård [*an* ~ *of lace*]
edgy ['edʒɪ] *adj* [lätt]retlig, otålig [~ *temper*], stingslig, irriterad, nervös
edible ['edəbl] **I** *adj* ätlig, ätbar ej giftig; ~ *snail* vinbergssnäcka **II** *s*, vanl. pl. ~*s* mat[varor], livsmedel
edict ['i:dɪkt] *s* edikt, förordning, påbud
Edie ['i:dɪ] kortform för *Edith*
edification [ˌedɪfɪ'keɪʃ(ə)n] *s* uppbyggelse; upplysning [*for your* ~]
edifice ['edɪfɪs] *s* större el. ståtlig byggnad, byggnadsverk; bildl. uppbyggnad
edify ['edɪfaɪ] *vb tr* bygga upp, verka uppbyggande på ofta iron.
edifying ['edɪfaɪɪŋ] *adj* uppbygglig
Edinburgh ['edɪnb(ə)rə, -bʌrə] geogr.
Edison ['edɪsn]
edit ['edɪt] *vb tr* redigera, vara redaktör för, ge ut tidsskrift, uppslagsverk o.d.; klippa [ihop] film
Edith ['i:dɪθ] kvinnonamn
edition [ɪ'dɪʃ(ə)n] *s* upplaga, utgåva, edition
editor ['edɪtə] *s* **1** redaktör; utgivare; [*chief*] ~ chefredaktör, huvudredaktör **2** film. klippbord
editorial [ˌedɪ'tɔ:rɪəl] **I** *adj* redaktörs-, redaktions-, redigerings-, redaktionell [~ *work*]; utgivar-; *he is on the* ~ *staff* han hör till redaktionen (redaktionspersonalen) **II** *s* [tidnings]ledare; ~ *writer* ledarskribent
editor-in-chief [ˌedɪt(ə)rɪn'tʃi:f] (pl. *editors-in-chief* [-təzɪn-]) *s* chefredaktör, huvudredaktör
editorship ['edɪtəʃɪp] *s* redaktörskap; redaktion [*under the* ~ *of Mr. A.*]
EDP (förk. för *electronic data processing*) elektronisk databehandling) EDB
educable ['edjʊkəbl] *adj* bildbar, uppfostringsbar, mottaglig för uppfostran, möjlig att [upp]fostra
educate ['edjʊkeɪt, -dʒʊ-] *vb tr* utbilda, bilda; undervisa; ~*d guess* kvalificerad gissning
education [ˌedjʊ'keɪʃ(ə)n, -dʒʊ-] *s* **1** undervisning, utbildning [*commercial* ~, *technical* ~]; uppfostran; bildning [*classical* ~]; fostran [*intellectual* ~]; utbildningsväsen[det], undervisningsväsen[det], skolväsen[det]; ~ *act* skollag; *higher* ~ den högre undervisningen; *the Department of E*~ *and Science* departementet för undervisning och vetenskap; ung. utbildningsdepartementet **2** pedagogik [*history of* ~]
educational [ˌedjʊ'keɪʃənl, -dʒʊ-] *adj* undervisnings-, utbildnings-; bildande, fostrande; pedagogisk [*an* ~ *magazine*]; ~ *aids* hjälpmedel i undervisningen; *the* ~ *authorities* skolmyndigheterna; ~ *books*

läroböcker; ~ *establishment* undervisningsanstalt, utbildningsanstalt
educationalist [ˌedjʊ'keɪʃnəlɪst, -dʒʊ-] *s* pedagog, skolman; bildningsivrare
educationally [ˌedjʊ'keɪʃnəlɪ, -dʒʊ-] *adv* pedagogiskt, i pedagogiskt avseende
educationist [ˌedjʊ'keɪʃnɪst, -dʒʊ-] *s* se *educationalist*
educator ['edjʊkeɪtə, -dʒʊ-] *s* pedagog, lärare; uppfostrare
Edward ['edwəd] mansnamn; ss. kunganamn Edvard
Edwardian [ed'wɔ:djən] I *s* edvardian II *adj* edvardiansk från (karakteristisk för) Edvard den sjundes tid 1901-1910
EEA (förk. för *European Economic Area* Europeiska ekonomiska samarbetsområdet) EES
EEC [ˌiːiː'siː] hist. (förk. för *European Economic Community* Europeiska ekonomiska gemenskapen) EEC, se *EC 2*
EEG [ˌiːiː'dʒiː] **1** (förk. för *electroencephalogram*) EEG **2** förk. för *electroencephalograph*
eel [iːl] *s* ål [*as slippery as an* ~]
eelpot ['iːlpɒt] *s* ålkupa, åltina; [mindre] ålryssja
eena, ~, *meena, mina, mo* [ˌiːnə'miːnəˌmaɪnə'məʊ] ung. ole, dole, doff räkneramsa
eeny, ~, *meeny, miney, mo* [ˌiːnɪ'miːnɪˌmaɪnɪ'məʊ] se *eena*
e'er [eə] *adv* poet., sammandragning av *ever*
eerie o. **eery** ['ɪərɪ] *adj* kuslig, spöklik [*an* ~ *feeling*], hemsk [*an* ~ *shriek*]; trolsk, sällsam
efface [ɪ'feɪs] *vb tr* **1** utplåna, stryka [ut (bort)], sudda ut (bort) **2** ställa i skuggan; ~ *oneself* hålla sig i skymundan
effacement [ɪ'feɪsmənt] *s* utplånande etc., jfr *efface*
effect [ɪ'fekt] I *s* **1** effekt äv. mek., verkan [*cause and* ~], verkning [*the* ~*s of the hurricane*], inverkan [*the* ~ *of heat upon metals*], påverkan, inflytande [*have a bad* ~ *on*]; följd [*one* ~ *of the war was that...*]; *take* ~ a) träda i kraft b) göra verkan; *weak from the* ~*s of the illness* svag efter sjukdomen; *in* ~ a) i själva verket b) praktiskt taget; *come* (*go*) *into* ~ träda i kraft; *bring* (*put, carry*) *a th. into* ~ sätta ngt i verket; *with* ~ *from today* med verkan (räknat) från [och med] i dag **2** effekt, intryck; *the general* ~ helhetsintrycket; *sound* ~*s* ljudeffekter, ljudkuliss **3** innebörd, innehåll; *a statement to the* ~ *that...* ett påstående som går ut på att...; *words to that* ~ [några] ord i den stilen, något i den riktningen **4** pl. ~*s* effekter, tillhörigheter, lösöre[n] II *vb tr* åstadkomma [~ *changes*], verkställa, utföra, genomföra [~ *reform*]; ~ *an order* verkställa (expediera, effektuera) en order
effective [ɪ'fektɪv] *adj* **1** effektiv [~ *measures*], verksam [~ *assistance*], kraftig [*an* ~ *blow*] **2** effektfull [*an* ~ *photograph*], verkningsfull **3** faktisk [*the* ~ *membership of a society*], faktiskt förefintlig; verklig [*the* ~ *strength of an army*] **4** i kraft [*this rule has been* ~ *since...*]; *be* ~ äv. gälla
effectively [ɪ'fektɪvlɪ] *adv* **1** effektivt etc., jfr *effective*; eftertryckligt; i grund, fullständigt **2** i sak, i själva verket
effectual [ɪ'fektʃʊəl, -tjʊəl] *adj* **1** effektiv [~ *measures*], verksam, ändamålsenlig **2** gällande, giltig
effectually [ɪ'fektʃʊəlɪ, -tjʊəlɪ] *adv* [mycket] effektivt etc., jfr *effectual*; kraftigt
effectuate [ɪ'fektjʊeɪt, -tʃʊ-] *vb tr* åstadkomma [~ *a settlement*], utföra, genomföra, verkställa, effektuera
effeminacy [ɪ'femɪnəsɪ] *s* feminint sätt (uppträdande), veklighet; klemighet
effeminate [ss. adj. ɪ'femɪnət, ss. vb ɪ'femɪneɪt] I *adj* feminin, effeminerad, veklig; klemig II *vb tr* förvekliga
effervesce [ˌefə'ves] *vb itr* brusa, skumma, moussera; om gas strömma ut i bubblor
effervescent [ˌefə'vesnt] *adj* brusande, skummande, mousserande; bildl. upprymd
effete [ɪ'fiːt] *adj* kraftlös; förveklígad; dekadent [~ *aristocracy*]
efficacious [ˌefɪ'keɪʃəs] *adj* effektiv, verksam isht om läkemedel o.d. [*an* ~ *cure*]; *be* ~ äv. göra avsedd verkan
efficacity [ˌefɪ'kæsətɪ] *s* o. **efficacy** ['efɪkəsɪ] *s* effektivitet [*the* ~ *of the method*], ändamålsenlighet; verkan, [verksam] kraft [*the* ~ *of prayer*]
efficiency [ɪ'fɪʃ(ə)nsɪ] *s* **1** a) effektivitet, duglighet, prestation[sförmåga] b) effektivitet, verkningsgrad, verkan **2** ~ [*apartment*] amer. enrummare med kokvrå och badrum
efficient [ɪ'fɪʃ(ə)nt] *adj* **1** effektiv [~ *work, an* ~ *organization*]; verksam **2** effektiv, kompetent, skicklig, duktig [*an* ~ *secretary*]
effigy ['efɪdʒɪ] *s* bild isht på mynt el. minnesvård; avbildning; docka, figur; *burn* (*hang*) *a. p. in* ~ bränna (hänga) ngns bild (avbild)
efflorescence [ˌeflɔ:'resns] *s* **1** blomning **2** kem. efflorescens
efflorescent [ˌeflɔ:'resnt] *adj* **1** blommande **2** kem. efflorescerande
effluvi|um [ɪ'fluːvj|əm] (pl. -*a* [-ə]) *s* utdunstning
effort ['efət] *s* **1** ansträngning, kraftansträngning, satsning, insats[er] [*the military* ~ *of the country*]; kraft[resurser] [*the country had now spent* (*uttömt*) *her* ~]; bemödande, strävan, [allvarligt] försök [*his* ~*s at clearing up the mystery failed*], ansats; *the war* ~ krigsinsatsen; *make an* ~ *to* anstränga sig [för] att, göra en [kraft]ansträngning [för] att; *I will make*

every ~ jag skall göra allt jag kan; *put a great deal of* ~ *into* [*organizing an expedition*] lägga ner stor (mycken) möda på att...; *by one's own* [*unaided*] *~s* av egen kraft; *by our united* (*combined*) *~s* med förenade krafter, med gemensamma ansträngningar; *with* ~ med möda (svårighet); *without* [*apparent*] ~ utan [synbar] ansträngning **2** isht konstnärlig el. litterär prestation ibl. iron. [*his oratorical ~s*]
effortless ['efətləs] *adj* lätt [och ledig]; obesvärad; *an* ~ *smile* ett otvunget leende
effrontery [ɪ'frʌntərɪ] *s* fräckhet, oförskämdhet
effulgent [ɪ'fʌldʒ(ə)nt] *adj* strålande [*her* ~ *beauty*], lysande, skimrande
effusion [ɪ'fjuːʒ(ə)n] *s* **1** utgjutande, utgjutning, utgjutelse; ~ *of blood* blodsutgjutelse, blodförlust **2** utgjutelse i tal el. skrift [*literary ~s, poetical ~s*]
effusive [ɪ'fjuːsɪv] *adj* översvallande [*~ thanks*], flödande; demonstrativ i sina känsloyttringar
EFL förk. för *English as a Foreign Language*
EFTA ['eftə] (förk. för *European Free Trade Association*) EFTA
e.g. [ˌiː'dʒiː, f(ə)rɪɡ'zɑːmpl] (förk. för *exempli gratia* lat. = *for example*) t.ex.
egalitarian [ɪˌɡælɪ'teərɪən] **I** *adj* jämlikhets-, egalitär **II** *s* jämlikhetsförkämpe
1 egg [eɡ] *vb tr,* ~ *a p. on* egga [upp] ngn [*to* till; *to* ([till] att) *do a th.*], driva (mana) på ngn
2 egg [eɡ] *s* ägg [*fresh ~s; boil the ~s soft or hard*]; *bad* ~ a) skämt (dåligt) ägg b) bildl. rötägg; *fried ~s* stekta ägg; *as sure as ~s* [*is ~s*] vard. så säkert som amen i kyrkan, så säkert som aldrig det; *have* (*get*) ~ *on one's face* vard. få stå där som ett fån; få på nöten, få bära hundhuvudet [*over a th.* för ngt]; *don't teach your grandmother to suck ~s* ägget ska inte lära hönan värpa, du ska inte tala om för mig hur jag ska göra
egg-and-spoon [ˌeɡən(d)'spuːn] *adj,* ~ *race* äggkapplöpning kapplöpning med ägg i sked
egg-beater ['eɡˌbiːtə] *s* **1** äggvisp **2** amer. sl. helikopter
egg cosy ['eɡˌkəʊzɪ] *s* äggvärmare
egg cup ['eɡkʌp] *s* äggkopp
egg flip ['eɡflɪp] *s* ung. äggtoddy
egghead ['eɡhed] *s* vard. intelligenssnobb, intellektuell snobb, ägghuvud
egg plant ['eɡplɑːnt] *s* äggplanta, aubergine
eggshell ['eɡʃel] *s* äggskal; ~ *china* 'äggskalsporslin' mycket tunt och ömtåligt porslin
egg slice ['eɡslaɪs] *s* äggspade, stekspade
egg-timer ['eɡˌtaɪmə] *s* äggklocka; sandur för äggkokning
egg whisk ['eɡwɪsk] *s* äggvisp, ballongvisp
egg white ['eɡwaɪt] *s* äggvita

eglantine ['eɡləntaɪn] *s* äppelros, lukttörne
ego ['iːɡəʊ, 'eɡ-] *s* **1** filos. el. psykol. jag, ego; *the* ~ jaget **2** fåfänga [*it hurt my ~*]; egoism
egocentric [ˌiːɡə(ʊ)'sentrɪk, ˌeɡ-] **I** *adj* egocentrisk **II** *s* egocentriker
egoism ['iːɡəʊɪz(ə)m, 'eɡ-] *s* **1** egoism, själviskhet, egennytta **2** självupptagenhet **3** se *egotism 1* o. *2*
egoist ['iːɡəʊɪst, 'eɡ-] *s* egoist
egoistic [ˌiːɡəʊ'ɪstɪk, ˌeɡ-] *adj* o. **egoistical** [ˌiːɡəʊ'ɪstɪk(ə)l, ˌeɡ-] *adj* egoistisk, självisk, egennyttig
egotism ['iːɡə(ʊ)tɪz(ə)m, 'eɡ-] *s* **1** egotism **2** egenkärlek **3** egoism, själviskhet
egotist ['iːɡə(ʊ)tɪst, 'eɡ-] *s* **1** självupptagen (inbilsk) person; egocentriker **2** egoist
egotistic [ˌiːɡə(ʊ)'tɪstɪk, ˌeɡ-] *adj* o. **egotistical** [ˌiːɡə(ʊ)'tɪstɪk(ə)l, ˌeɡ-] *adj* **1** självupptagen **2** inbilsk **3** egoistisk
ego trip ['iːɡəʊtrɪp, 'eɡ-] vard. **I** *s* egotripp; *be on an* ~ vara egotrippad **II** *vb itr* vara egotrippad
egregious [ɪ'ɡriːdʒ(j)əs] *adj* oerhörd [*~ folly*], gräslig, notorisk [*an* ~ *liar*], flagrant [*an* ~ *blunder*]; ~ *fool* jubelidiot
egress ['iːɡres] *s* utgång [äv. *way of ~*]; utträde
egret ['iːɡret] *s* zool., [*great white*] ~ ägretthäger, vit häger
Egypt ['iːdʒɪpt] geogr. Egypten
Egyptian [ɪ'dʒɪpʃ(ə)n] **I** *adj* egyptisk **II** *s* **1** egyptier **2** egyptiska [språket]
eh [eɪ] *interj,* ~? a) va?, vadå? b) eller hur? [*nice, ~?*] c) uttryckande överraskning va nu då?
eider ['aɪdə] *s* **1** zool. ejder **2** ejderdun
eiderdown ['aɪdədaʊn] *s* **1** ejderdun **2** ejderdunstäcke, duntäcke
eigentone ['aɪɡəntəʊn] *s* fys. egenton
eight [eɪt] (jfr *five* med ex. o. sms.) **I** *räkn* åtta; *have had one over the* ~ sl. ha tagit sig ett glas (järn) för mycket **II** *s* **1** åtta **2** [*figure of*] ~ åtta skridskofigur
eighteen [ˌeɪ'tiːn, attr. '--] *räkn* o. *s* arton, aderton; jfr *fifteen* med sms.; med siffror: *18* film. åldersgräns arton år; ~ *months* äv. ett och ett halvt år
eighteenth [ˌeɪ'tiːnθ, attr. '--] *räkn* o. *s* artonde, adertonde; arton[de]del, aderton[de]del; jfr *fifth*
eighth [eɪtθ] *räkn* o. *s* åttonde; åtton[de]del; jfr *fifth;* ~ *note* amer. åtton[de]delsnot
eightieth ['eɪtɪɪθ, -tɪəθ] *räkn* o. *s* **1** åttionde **2** åttion[de]del
eighty ['eɪtɪ] (jfr *fifty* med sms.) **I** *räkn* åtti[o] **II** *s* åtti[o]; åtti[o]tal
Eileen ['aɪliːn] kvinnonamn
Eire ['eərə] geogr.
eisteddfod [aɪ'stedfəd, -'steðvɒd] (pl. *~s* [-z] el. *~au* [aɪ'steðvɒdaʊ]) *s* eisteddfod walesiskt sångarmöte, numera med tävlingar i körsång, folkmusik och folkdans

either ['aɪðə, isht amer. 'iːðə] **I** *indef pron* (nästan enbart i fråga om två) **1 a)** endera, ettdera, vilken[dera] (vilket[dera]) som helst; ~ *of them* (~ *one*) *will do* det går bra med vilken som helst **b)** någon[dera], något[dera]; *I don't know* ~ *of them* jag känner inte någon[dera] (känner ingen[dera]) av dem **2** vardera, vartdera; båda, bägge; *in* ~ *case* i båda fallen, i vilket fall som helst; [*they stood*] *on* ~ *side of the road* ...på var sin sida av vägen **II** *adv* heller [*if you do not come, he will not come* ~] **III** *konj*, ~...*or* a) antingen (endera) ...eller [*he must be* ~ *mad or drunk*] b) både...och [*he is taller than* ~ *you or me*] c) i nek. sats vare sig...eller, varken...eller [*he did not come* ~ *yesterday or today*]
either-or [ˌaɪðə(r)'ɔː] *adj* antingen-eller om situation där man måste välja [*an* ~ *situation*]
ejaculate [ɪ'dʒækjʊleɪt] **I** *vb tr* **1** utropa ['*No!*', *he* ~*d*], utstöta **2** ejakulera sädesvätska **II** *vb itr* **1** ropa, skrika **2** fysiol. ejakulera
ejaculation [ɪˌdʒækjʊ'leɪʃ(ə)n] *s* **1** ivrigt utrop **2** ejakulation, sädesuttömning; ejakulat
eject [ɪ'dʒekt] *vb tr* **1** kasta ut, köra bort [*the police* ~*ed the agitator from the meeting*], driva ut, fördriva, förvisa **2** vräka [*they were* ~*ed because they had not paid their rent*]
ejection [ɪ'dʒekʃ(ə)n] *s* utkastande, bortkörande etc., jfr *eject 1*; vräkning; avsättning
ejector [ɪ'dʒektə] *s* tekn. ejektor; ~ *seat* katapultstol
eke [iːk] *vb tr* **1** ~ *out* fylla ut, fullständiga, komplettera [~ *out one's knowledge*]; dryga ut [~ *out one's wages*]; få att räcka till; öka ut **2** ~ *out a livelihood* (*subsistence*) nödtorftigt (med nöd och näppe) dra sig fram (förtjäna sitt [livs]uppehälle)
EKG [ˌiːkeɪ'dʒiː] (isht amer. förk. för *electrocardiogram*) EKG
elaborate [ss. adj. ɪ'læb(ə)rət, ss. vb ɪ'læbəreɪt] **I** *adj* **1** i detalj genomförd (utarbetad) [*an* ~ *design*], [väl] genomtänkt, fulländad; [ytterst] noggrann, omsorgsfull **2** utsirad; utstuderad, raffinerad; komplicerad **II** *vb tr* [noga och i detalj] utarbeta, genomarbeta [~ *a plan*], i detalj utforma [~ *a theory*] **III** *vb itr* uttala sig närmare [*on* om], gå in på detaljer [*he refused to* ~]
elaboration [ɪˌlæbə'reɪʃ(ə)n] *s* omsorgsfullt utarbetande m.m., jfr *elaborate II* o. *III*; utveckling[sprodukt]
eland ['iːlənd] (pl. äv. lika) *s* eland, älgantilop
elapse [ɪ'læps] *vb itr* förflyta, gå [*two years had* ~*d*]
elastic [ɪ'læstɪk] **I** *adj* **1** elastisk äv. bildl. [~ *rules*]; spänstig [~ *gait*], fjädrande, sviktande; tänjbar [~ *principles*], töjbar; smidig; *an* ~ *conscience* ett rymligt samvete **2** resår- [~ *bands*], gummi- [~ *bands*, ~ *stockings*] **II** *s* resår[band], gummiband, gummisnodd; *a piece of* ~ ett resårband (gummiband)
elasticity [ɪlæ'stɪsətɪ, ˌiːl-] *s* elasticitet; spänst[ighet]; tänjbarhet
Elastoplast ['ɪ'læstəplɑːst] *s* ® [elastiskt] plåster
elated [ɪ'leɪtɪd] *adj* upprymd, [jublande] glad [~ *at* (över) *the news*]
elation [ɪ'leɪʃ(ə)n] *s* upprymdhet, glädje
Elbe [elb] geogr.; *the* ~ Elbe
elbow ['elbəʊ] **I** *s* **1** armbåge; *at one's* ~ alldeles vid sidan, strax bredvid sig, tätt intill; till hands; *his jacket is out at* ~[*s*] hans kavaj är luggsliten **2** knä på t.ex. ett rör, skarp böjning, krök[ning] [~ *of a road*, ~ *of a river*] **II** *vb tr* **1** ~ *one's way into the room* armbåga (tränga) sig in i rummet **2** knuffa (skuffa) [med armbågen] [~ *a p. out of the way*]
elbow grease ['elbəʊɡriːs] *s* vard. slit, knog, svett och möda, hårt jobb; energi; *use* ~ ta i ordentligt
elbow room ['elbəʊruːm, -rʊm] *s* svängrum, armbågsrum, utrymme
1 elder ['eldə] **I** *adj* (komp. av *old*) **1** äldre isht om släktingar [*his* ~ *brother*]; *which is the* ~? vilken är äldst? **2** ~ *statesman* a) äldre statsman erfaren (vanl. pensionerad) politiker o.d. som fungerar som rådgivare åt yngre kolleger b) gammal erfaren person; nestor **II** *s* **1** vanl. pl.: *my* ~*s* de som är äldre än jag **2** ung. [församlings]äldste
2 elder ['eldə] *s* bot. fläder, hyll
elderberry ['eldəˌberɪ] *s* bot. fläderbär
elderly ['eldəlɪ] *adj* äldre [*an* ~ *gentleman*], rätt gammal, litet till åren [kommen]
eldest ['eldɪst] *adj* (superl. av *old*) äldst isht om släktingar
Eleanor ['elənə] kvinnonamn
elect [ɪ'lekt] **I** *adj* efterställt [ny]vald, blivande men ännu inte installerad [*the bishop* ~]; utsedd, utkorad; *the president* ~ den tillträdande presidenten **II** *vb tr* **1** välja genom röstning; utse [~ *a p. to an office*]; *they* ~*ed him to* (~*ed him* [*a*] *member of*) *the club* de valde in honom i klubben **2** välja, bestämma sig för, föredra [*he* ~*ed to stay at home*; ~ *a th.*]
election [ɪ'lekʃ(ə)n] *s* val isht genom röstning; inval [*to* i]; *a general* ~ allmänna val; ~ *canvasser* (*worker*) valarbetare; ~ *forecast* valprognos; ~ *pledge* (*promise*) vallöfte; ~ *promises* äv. valfläsk; ~ *results* (*returns*) valresultat
electioneer [ɪˌlekʃə'nɪə] **I** *vb itr* delta i valkampanjen (valagitationen, valrörelsen) **II** *s* deltagare i valkampanjen etc.; [val]agitator
electioneering [ɪˌlekʃə'nɪərɪŋ] *s* valkampanj, valagitation, valrörelse
elective [ɪ'lektɪv] **I** *adj* **1** som tillsätts genom val, vald [*senators are* ~ *officials*] **2** som

besätts genom val [*an* ~ *office* (ämbete)] **3** med rätt att välja [*an* ~ *assembly*], väljande, väljar- **4** valfri, frivillig, tillvals- [~ *subjects*] **II** *s amer.* tillvalsämne, valfritt (frivilligt) [läro]ämne
elector [ɪ'lektə] *s* **1** väljare, valman; elektor i USA isht medlem av elektorskollegiet som förrättar presidentvalet **2** hist., *E*~ kurfurste
electoral [ɪ'lekt(ə)r(ə)l] *adj* val- [~ *law*, ~ *success*], valmans-; *the E~ College* elektorskollegiet i USA (som förrättar presidentvalet); ~ *committee* valnämnd; ~ *franchise* rösträtt, valrätt; ~ *register* röstlängd; ~ *rigging* valfusk
electorate [ɪ'lekt(ə)rət] *s* **1** väljarkår, valmanskår; *the* ~ äv. väljarna, de valberättigade **2** hist. kurfurstendöme; kurvärdighet
electric [ɪ'lektrɪk] **I** *adj* **1** elektrisk, el- [~ *current*, ~ *light*, ~ *wire*]; ~ *blanket* [elektrisk] värmefilt; ~ *bulb* glödlampa; ~ *car* elbil; *the* ~ *chair* elektriska stolen; ~ *circuit* [elektrisk] strömkrets; ~ *cooker* elspis, elektrisk spis; ~ *eel* zool. darrål; ~ *guitar* elgitarr; ~ *motor* elektromotor, elmotor; ~ *plant* elanläggning, [mindre] elverk; ~ *shock* [elektrisk] stöt, elstöt; ~ *shock treatment* med. elchockbehandling; ~ *sign* ljusskylt **2** bildl. laddad [*the atmosphere was* ~] **II** *s* elkraft
electrical [ɪ'lektrɪk(ə)l] *adj* elektrisk, el-, elektricitets-; ~ *energy* elenergi; ~ *engineer* elektroingenjör; ~ *engineering* elektroteknik
electrically [ɪ'lektrɪk(ə)lɪ] *adv* elektriskt, på elektrisk väg; ~ *driven* eldriven
electrician [ɪlek'trɪʃ(ə)n] *s* elektriker, elmontör; elektrotekniker; [*firm of*] ~*s* elfirma
electricity [ɪlek'trɪsətɪ] *s* **1** elektricitet, el, ström; ~ *bill* elräkning **2** elektricitetslära
electrification [ɪˌlektrɪfɪ'keɪʃ(ə)n] *s* **1** elektrifiering **2** elektrisering
electrify [ɪ'lektrɪfaɪ] *vb tr* **1** elektrifiera **2** elektrisera, göra elektrisk **3** bildl. elektrisera, entusiasmera, elda
electrocardiogram [ɪˌlektrə(ʊ)'kɑːdjəʊgræm] *s* med. elektrokardiogram
electrocardiograph [ɪˌlektrə(ʊ)'kɑːdjəʊgrɑːf, -græf] *s* med. elektrokardiograf, EKG-apparat
electrocute [ɪ'lektrəkjuːt] *vb tr* **1** avrätta i elektriska stolen **2** döda med elektrisk ström, ge en dödande elektrisk stöt
electrocution [ɪˌlektrə'kjuːʃ(ə)n] *s* **1** avrättning i elektriska stolen **2** dödande med elektrisk ström
electrode [ɪ'lektrəʊd] *s* elektrod
electroencephalogram [ɪˌlektrə(ʊ)ɪn'sefələ(ʊ)græm] *s* med. elektroencefalogram
electroencephalograph [ɪˌlektrə(ʊ)ɪn'sefələ(ʊ)grɑːf, -græf] *s* med. elektroencefalograf
electrolysis [ɪˌlek'trɒləsɪs] *s* elektrolys
electrolyte [ɪ'lektrə(ʊ)laɪt] *s* elektrolyt
electrolytic [ɪˌlektrə(ʊ)'lɪtɪk] *adj* elektrolytisk
electromagnet [ɪˌlektrə(ʊ)'mægnət] *s* elektromagnet
electron [ɪ'lektrɒn] *s* elektron
electronic [ɪlek'trɒnɪk] *adj* elektronisk [~ *data processing*; ~ *keyboard*; ~ *music*; ~ *publishing*]; elektron-; ~ *computer* dator; ~ *flash* elektronblixt; ~ *game* dataspel; ~ *gun* elektronkanon; ~ *mail* elektronisk post
electronics [ɪlek'trɒnɪks] (konstr. ss. sg.) *s* elektronik
electroplate [ɪ'lektrə(ʊ)pleɪt] **I** *vb tr* galvanisera, försilvra [på galvanisk väg] **II** *s* [galvaniserat] nysilver
electroshock [ɪ'lektrə(ʊ)ʃɒk] *s* med. elchock; ~ *treatment* el[chock]behandling
electrostatic [ɪˌlektrə(ʊ)'stætɪk] *adj* elektrostatisk [~ *loudspeaker*, ~ *microphone*]
electrotechnician [ɪˌlektrə(ʊ)tek'nɪʃ(ə)n] *s* elektrotekniker
electrotherapy [ɪˌlektrə(ʊ)'θerəpɪ] *s* elektroterapi
elegance ['elɪgəns] *s* elegans; smakfullhet, stilfullhet; förfining
elegant ['elɪgənt] *adj* **1** elegant [~ *clothes*], smakfull **2** [fin och] förnäm, fin [~ *society*]
elegiac [ˌelɪ'dʒaɪək] *adj* **1** elegisk; ~ *couplet* metrik. distikon **2** klagande
elegy ['elɪdʒɪ] *s* elegi [[*up*]*on* om, över]
element ['elɪmənt] *s* **1** kem. grundämne **2** element [*the four* ~*s*], urämne; rätt element; *be in one's* ~ vara i sitt rätta element, vara i sitt esse **3** [viktig] beståndsdel, ingrediens; element; moment [*an important* ~ *of military training*]; inslag [*an* ~ *of irony*]; faktor; [grund]drag [*an* ~ *in his style*]; *criminal* ~[*s*] kriminella element; *the human* ~ den mänskliga faktorn; *an* ~ *of danger* ett faromoment (riskmoment) **4** grundvillkor; *the book has all the* ~*s of success* boken har alla förutsättningar att bli en succé **5** *the* ~*s* a) elementen, elementerna [*the fury of the* ~*s*]; väder och vind b) [de] första grunderna [*the* ~*s of economics*]
elemental [ˌelɪ'mentl] *adj* **1** elementens, elementernas [~ *fury*]; ~ *force* naturkraft **2** elementär, väsentlig [~ *ingredients*]
elementary [ˌelɪ'ment(ə)rɪ] *adj* **1** elementär [~ *arithmetic*], enkel; grund- [~ *knowledge*], elementar-, nybörjar- [~ *books*]; ~ *mathematics* lägre matematik; ~ *school* a) britt. (hist.) folkskola b) amer., ung. grundskola omfattande årskurserna 1-6 eller 1-8 **2** kem. enkel, grund- [~ *substance*]; ~ *particle* fys. elementarpartikel
elephant ['elɪfənt] *s* elefant; *calf* ~

elefantunge; *white* ~ bildl. dyrbar lyx, ekonomisk belastning
elephantiasis [,eləfən'taɪəsɪs] s med. elefantiasis, elefantsjuka båda äv. bildl.
elephantine [,elə'fæntaɪn] adj elefantlik, stor som en elefant, jättestor; ~ *memory* hästminne
elevate ['elɪveɪt] vb tr **1** lyfta upp, höja upp **2** upphöja [*an archbishop ~d to cardinal*], befordra **3** höja, lyfta moraliskt, kulturellt o.d.; *an elevating book* en upplyftande bok
elevated ['elɪveɪtɪd] **I** adj **1** upphöjd etc., jfr *elevate*; ~ *railway* (*railroad* amer.) högbana **2** högstämd **3** upprymd, lite glad **II** s högbana
elevation [,elɪ'veɪʃ(ə)n] s **1** [upp]höjande, lyftande; [för]höjning **2** konkr. upphöjning [*an ~ in the ground*], kulle **3** upphöjelse [~ *to the throne*] **4** höjd över havsytan (marken), äv. astron.
elevator ['elɪveɪtə] s elevator, paternosterverk, skoptransportör; isht amer. hiss
eleven [ɪ'levn] (jfr *fifteen* med sms.) **I** *räkn* elva **II** s **1** elva **2** sport. elva[mannalag]
elevenses [ɪ'levnzɪz] s pl vard. elvarast; förmiddagskaffe, förmiddagste
eleventh [ɪ'levnθ] *räkn* o. s elfte; elftedel; jfr *fifth*; *at the ~ hour* i elfte timmen
elf [elf] (pl. *elves*) s mytol. alf, älva; troll
elfin ['elfɪn] adj älv-, älvlik, trolsk
elfish ['elfɪʃ] adj älv-, älvlik, trolsk; bildl. lekfull
Elgar ['elgə, -gɑː]
elicit [ɪ'lɪsɪt, e'l-] vb tr locka fram [~ *a reply*], få fram [~ *the truth*]; framkalla, väcka [~ *a protest*]
elide [ɪ'laɪd] vb tr fonet. elidera; *be ~d* äv. bortfalla
eligibility [,elɪdʒə'bɪləti] s valbarhet [*for* till]; kvalifikation[er], lämplighet [*his ~ for* (för) *the post*]; berättigande
eligible ['elɪdʒəbl] adj **1** valbar [*for, to* till]; ~ *for* (*to*) *an office*]; berättigad [~ *for* (till) *a pension*], kvalificerad [~ *for membership in a society*], lämplig; antagbar; tänkbar **2** passande [*an ~ spot*] **3** *an ~ young man* en eftertraktad ungkarl
Elijah [ɪ'laɪdʒə] bibl., profeten Elias
eliminate [ɪ'lɪmɪneɪt, e'l-] vb tr eliminera i div. bet.: få (ta) bort, rensa bort [~ *slang words from an essay*]; avskilja; utelämna, gå förbi, utesluta, bortse från [~ *a possibility*]; avskaffa, göra slut på, likvidera [*he ~d his opponents with ruthless cruelty*; ~ *a debt*]; *~d* sport. utslagen
elimination [ɪ,lɪmɪ'neɪʃ(ə)n, e,l-] s **1** eliminering, elimination, avlägsnande etc., jfr *eliminate* **2** sport. utslagning; ~ *competition* utslagningstävling
Eliot ['eljət]
elision [ɪ'lɪʒ(ə)n] s fonet. elision, elidering

élite [ɪ'liːt, eɪ-] s elit; *the ~ of society* gräddan av societeten
élitism [ɪ'liːtɪz(ə)m, eɪ-] s elittänkande i undervisning o.d.; elitism
élitist [ɪ'liːtɪst, eɪ-] **I** adj elitisk, elitistisk **II** s elitist, elitmänniska
elixir [ɪ'lɪksə] s elixir; universalmedel
Eliza [ɪ'laɪzə] kortform för *Elizabeth*
Elizabeth [ɪ'lɪzəbəθ] kvinnonamn; ss. drottningnamn Elisabet
Elizabethan [ɪ,lɪzə'biːθ(ə)n] **I** adj elisabetansk från (under) Elisabet I:s tid **II** s elisabetan
elk [elk] s **1** [europeisk] älg **2** nordam. kanadahjort, nordamerikansk vapiti
ellipse [ɪ'lɪps] s **1** geom. ellips **2** se *ellipsis*
ellipsis [ɪ'lɪpsɪs] (pl. -es [-iːz]) s språkv. ellips
elliptic [ɪ'lɪptɪk] adj geom. elliptisk, ellipsformig
elliptical [ɪ'lɪptɪk(ə)l] adj **1** språkv. elliptisk, ellips- **2** geom. elliptisk, ellipsformig
elm [elm] s alm
Elmer ['elmə] mansnamn
elocution [,elə(ʊ)'kjuːʃ(ə)n] s talarkonst; diktion, talteknik; recitation
elocutionary [,elə(ʊ)'kjuːʃ(ə)nərɪ] adj tal-, talar-, framställnings-; föredragsteknisk
elongate ['iːlɒŋgeɪt] **I** vb tr förlänga, dra ut; ~*d* långsträckt **II** vb itr förlängas; bli långsträckt
elongation [,iːlɒŋ'geɪʃ(ə)n] s **1** förlängning, utsträckning **2** astron. elongation
elope [ɪ'ləʊp] vb itr rymma för att gifta sig
elopement [ɪ'ləʊpmənt] s rymning, jfr *elope*
eloquence ['elə(ʊ)kw(ə)ns] s vältalighet, elokvens
eloquent ['elə(ʊ)kw(ə)nt] adj vältalig, elokvent; bildl. äv. uttrycksfull, talande [*an ~ gesture*]
El Salvador [el'sælvədɔː]
else [els] adv **1** annars, eljest [*I shouldn't have done it ~*]; [*or*] ~ annars (eljest) [så], för annars (eljest) [*run* [*or*] ~ *you'll be late*], eller också [*he must be joking, or ~ he is mad*], i annat (motsatt) fall; *don't do that, or ~!* låt bli det där, annars så! **2** (i gen.-förb. ~'*s* ['elsɪz]) efter isht vissa pron. annan, mer, fler [t.ex. *anybody ~* (*~'s*)], annat, mer [t.ex. *anything ~*; *much* (*a good deal*) *~*], andra [*everybody* (alla) *~*; *who* (vilka) *~?*], annars [*who* (vem) *~?*]; *everywhere ~* alla andra ställen, överallt annars; *little ~* föga annat, inte mycket mer (annat); *nowhere* (*somewhere, anywhere*) *~* ingen (någon) annanstans; *not anywhere ~* inte någon annanstans, ingen annanstans; *for somebody ~'s hat* jag fick någon annans hatt; *who ~ was there?* vem mer var där?; *who ~ could it be?* vilken annan (vem annars) skulle det kunna vara?
elsewhere [,els'weə] adv någon annanstans, på annat (andra) håll, annorstädes

Elstree ['elstri:, 'elz-, -trɪ] geogr.
ELT [ˌiːelˈtiː] (förk. för *English Language Teaching*) undervisning i engelska som främmande språk
elucidate [ɪˈluːsɪdeɪt, -ˈljuː-] *vb tr* klargöra, belysa, illustrera, förklara
elucidation [ɪˌluːsɪˈdeɪʃ(ə)n, -ˌljuː-] *s* klargörande etc., jfr *elucidate*; belysning, illustration, förklaring
elucidative [ɪˈluːsɪdeɪtɪv, -ˈljuː-] *adj* belysande [*of* för], förklarande
elucidatory [ɪˈluːsɪdeɪtərɪ, -ˈljuː-, -ˌ--ˈ---] *adj* se *elucidative*
elude [ɪˈluːd, -ˈljuːd] *vb tr* undkomma, undslippa [~ *one's pursuers*], undfly, undgå [~ *a danger*], [lyckas] väja undan för [~ *a blow*]
elusive [ɪˈluːsɪv, -ˈljuː-] *adj* svårfångad [*an* ~ *criminal*]; oåtkomlig, undanglidande, gäckande [~ *shadow*]; ogripbar, svårgripbar; obestämbar [~ *rhythm*]; flyktig [*an* ~ *pleasure*]
elves [elvz] *s* pl. av *elf*
Ely [ˈiːlɪ] geogr.
Elysian [ɪˈlɪzɪən] *adj* elyseisk [*the* ~ *fields*]; himmelsk, paradisisk, säll
'em [əm, m] *pers pron* vard., = *them*
emaciate [ɪˈmeɪʃɪeɪt, -ˈmeɪsɪ-] *vb tr* utmärgla, göra avtärd; suga ut [~ *the soil*]
emaciation [ɪˌmeɪsɪˈeɪʃ(ə)n, -ˌmeɪʃɪ-] *s* utmärgling, avmagring; avtärdhet; utsugning
emanate ['emǝneɪt] *vb itr*, ~ *from* emanera från, komma från, utgå från [*letters emanating from headquarters*], härröra från, ha sitt ursprung i
emanation [ˌeməˈneɪʃ(ə)n] *s* utflöde, utstrålning, utströmning
emancipate [ɪˈmænsɪpeɪt, eˈm-] *vb tr* frige [~ *the slaves*], frigöra, emancipera; *an ~d woman* en emanciperad (frigjord) kvinna
emancipation [ɪˌmænsɪˈpeɪʃ(ə)n, eˌm-] *s* frigivning, frigörelse, emancipation [*the* ~ *of women*]
Emanuel [ɪˈmænjʊəl, eˈm-] mansnamn
emasculate [ɪˈmæskjʊleɪt] *vb tr* **1** förvekliga, försvaga; stympa; urvattna **2** kastrera
emasculation [ɪˌmæskjʊˈleɪʃ(ə)n] *s* **1** förvekligande etc., jfr *emasculate 1* **2** kastrering
embalm [ɪmˈbɑːm, em-] *vb tr* balsamera
embalmment [ɪmˈbɑːmmənt, em-] *s* balsamering
embankment [ɪmˈbæŋkmənt, em-] *s* **1** invallning, indämning **2** fördämning; [järnvägs]bank, vägbank, jordvall; kaj[anläggning] **3** i namn på gator längs Temsen i London [*the Victoria E~*]
embargo [ɪmˈbɑːgəʊ, em-] **I** (pl. *~es*) *s* **1** a) embargo; på fartyg äv. kvarstad, handelsbojkott b) handelsförbud c) förbud, stopp, spärr; ~ *on exports* exportförbud; *lay (put, place) an* ~ *on* a) lägga embargo på, kvarstadsbelägga b) införa förbud mot (för), stoppa; *lift (raise, take off) an* ~ häva ett embargo etc.; *be under an* ~ vara kvarstadsbelagd (beslagtagen) **2** blockad **II** *vb tr* **1** a) lägga embargo på, kvarstadsbelägga b) införa förbud mot, stoppa **2** beslagta, konfiskera, rekvirera
embark [ɪmˈbɑːk, em-] **I** *vb tr* inskeppa, avskeppa [*for* till], ta ombord [*the ship (the airliner) ~ed passengers and cargo*] **II** *vb itr* **1** embarkera, inskeppa sig, gå ombord **2** ~ *on* inlåta sig i (på) [~ *on speculations*], inveckla sig i; ge sig in på [~ *on a difficult undertaking*], ge sig ut på [~ *on new adventures*]; ~ *on a new career* slå in på (beträda) en ny bana; ~ *on a project* sätta i gång med ett projekt
embarkation [ˌembɑːˈkeɪʃ(ə)n] *s* inskeppning, ilastning, inlastning, embarkering
embarrass [ɪmˈbærəs, em-] *vb tr* (se äv. *embarrassed* o. *embarrassing*) göra förlägen (generad) [*the question ~ed him*]; förvirra, förbrylla
embarrassed [ɪmˈbærəst, em-] *perf p* o. *adj* **1** förlägen, generad [*at* över], brydd, besvärad [*feel* ~] **2** ~ [*by lack of money*] i penningknipa; *be in* ~ *circumstances* ha ekonomiska problem
embarrassing [ɪmˈbærəsɪŋ, em-] *adj* pinsam, penibel [*an* ~ *situation*], genant, förarglig
embarrassment [ɪmˈbærəsmənt, em-] *s* **1** förlägenhet **2** *financial ~s* ekonomiska problem (svårigheter) **3** besvär, svårighet, hinder; *a political* ~ en politisk belastning
embassy ['embəsɪ] *s* ambassad, beskickning
embed [ɪmˈbed, em-] *vb tr* **1** bädda in [*in* i]; mura in; bildl. lagra [*facts ~ded in one's memory*], inprägla **2** omge, omsluta, innesluta
embellish [ɪmˈbelɪʃ] *vb tr* **1** försköna, [ut]smycka, utsira, pryda **2** bildl. brodera ut
embellishment [ɪmˈbelɪʃmənt] *s* **1** förskönande, utsmyckande, utsirande, prydande; bildl. utbroderande **2** utsmyckning, prydnad; pl. *~s* äv. snirklar **3** mus. prydnadsnot
ember ['embə] *s* glödande kol[stycke]; pl. *~s* äv. glöd, glödande aska, askmörja
embezzle [ɪmˈbezl, em-] *vb tr* försnilla, förskingra
embezzlement [ɪmˈbezlmənt, em-] *s* försnillning, förskingring
embitter [ɪmˈbɪtə, em-] *vb tr* göra bitter [*the loss of all his money ~ed the old man*], göra bittrare; förvärra; ~ *a p.'s life* förbittra livet för ngn
embitterment [ɪmˈbɪtəmənt, em-] *s* bitterhet
emblem ['embləm, -lem] *s* emblem, sinnebild, symbol [*an* ~ *of peace*], tecken
emblematic [ˌembləˈmætɪk] *adj* o.

emblematical [ˌemblə'mætɪk(ə)l] *adj* emblematisk, symbolisk [*of* för], sinnebildlig; *be ~ of* äv. vara en symbol för, symbolisera, vara ett uttryck för
embodiment [ɪm'bɒdɪmənt, em-] *s* **1** förkroppsligande; konkr. inkarnation, personifikation; *an ~ of evil* det onda personifierat **2** utformning, jfr *embody 1* **3** införlivande; inbegripande, jfr *embody 2*
embody [ɪm'bɒdɪ, em-] *vb tr* **1** ge konkret form (uttryck) åt, utforma, uttrycka [*~ one's views in a speech*]; vara ett uttryck för; *be embodied in* ta form i, få uttryck i, vara uttryckt (sammanfattad) i **2** a) införliva, inordna b) inbegripa, innesluta, innefatta, innehålla, äga, ha [*~ many new features*]
embolden [ɪm'bəʊld(ə)n, em-] *vb tr* göra djärv (djärvare); [in]ge mod
embolism ['embəlɪz(ə)m] *s* med. emboli, blodpropp
emboss [ɪm'bɒs, em-] *vb tr* prägla, ciselera; pryda med reliefer; *~ed map* reliefkarta; *~ed notepaper* brevpapper med präglat huvud
embrace [ɪm'breɪs, em-] **I** *vb tr* **1** omfamna, krama **2** anta, ta emot [*~ an offer*]; gripa, begagna [*~ an opportunity*]; gå över till [*~ Christianity*], anamma; omfatta, hylla [*~ a principle*] **3** omfatta, innehålla; *it ~s every possibility* det täcker (innefattar) alla möjligheter **II** *vb itr* omfamna varandra, kramas **III** *s* omfamning, kram, famntag; *locked in an ~* tätt omslingrade
embrocation [ˌembrə(ʊ)'keɪʃ(ə)n] *s* liniment
embroider [ɪm'brɔɪdə, em-] *vb tr* **1** brodera **2** bildl. brodera ut [*~ a story*]
embroidery [ɪm'brɔɪd(ə)rɪ, em-] *s* **1** broderi; brodering; *~ frame* broderbåge **2** bildl. utbrodering
embroil [ɪm'brɔɪl, em-] *vb tr* dra in [*~ a nation in a war*]; *~ oneself in* el. *get (become) ~ed in* bli invecklad (inblandad) i, blanda sig i; *get (become) ~ed with* komma i konflikt (i delo) med
embryo ['embrɪəʊ] (pl. *~s*) *s* **1** embryo; bot. äv. växtämne; ofullgånget foster **2** bildl. frö; *in ~* outvecklad, i vardande, i sin linda; blivande [*a poet in ~*], in spe [*a diplomat in ~*]
embryology [ˌembrɪ'ɒlədʒɪ] *s* embryologi
emcee [ˌem'si:] vard. **I** *s* ceremonimästare, klubbmästare; konferencier; speaker **II** *vb itr* fungera som (vara) konferencier etc. **III** *vb tr* vara konferencier etc. vid (för)
emend [ɪ'mend] *vb tr* o. **emendate** ['i:mendeɪt, -mən-] *vb tr* emendera, rätta, korrigera text
emendation [ˌi:men'deɪʃ(ə)n, -mən'd-] *s* emendation, rättelse, korrigering av text
emerald ['emər(ə)ld] *s* smaragd; attr. smaragd- [*~ green*], smaragdfärgad, [smaragd]grön; *the E~ Isle* den gröna ön Irland
emerge [ɪ'mɜ:dʒ] *vb itr* **1** dyka upp, stiga upp, höja sig [*~ from* (ur) *the sea*]; komma fram (ut), träda fram, träda i dagen; utveckla sig **2** uppstå [*a new situation has ~d*], komma upp, inställa sig, dyka upp [*a new problem has ~d*]; visa sig, komma fram, framgå [*it ~d that...*]; *emerging nations* nationer under utveckling
emergence [ɪ'mɜ:dʒ(ə)ns] *s* uppdykande, framträdande, utveckling, uppkomst [*the ~ of new states*]
emergency [ɪ'mɜ:dʒ(ə)nsɪ] *s* **1** nödläge, tvångsläge, kris, kritiskt (svårt) läge, kritisk (svår) situation; oförutsedd händelse, kritiskt tillfälle (ögonblick), nödfall; *against (for) an ~* för alla eventualiteter; *in an ~* el. *in case of ~* i ett nödläge (krisläge), i en kritisk situation; *proclaim a state of ~* proklamera undantagstillstånd; *be equal to (rise to) the ~* vara (visa sig vara) situationen vuxen **2** attr. reserv-; nöd- [*~ landing*]; tvångs- [*~ situation*]; provisorisk; *~ brake* nödbroms; *~ case* brådskande fall, om pers. äv. akutfall, katastroffall; *~ department* akutmottagning, olycksfallsavdelning på sjukhus; *~ exit (door)* nödutgång, reservutgång; *~ fund* krisfond, kriskassa; *~ measures* kris[tids]åtgärder, tvångsåtgärder; *~ plan* beredskapsplan, krisplan; *~ powers* ung. extraordinära befogenheter; *~ ward* akutmottagning, olycksfallsavdelning på sjukhus
emergent [ɪ'mɜ:dʒ(ə)nt] *adj* uppdykande; framträdande, frambrytande [*~ rays*], framträngande; som är under utveckling, nybliven [*the ~ countries of Africa*]
emeritus [ɪ'merɪtəs] *adj* emeritus [*~ professor*, *professor ~*]
Emerson ['eməsn]
emery board ['emərɪbɔ:d] *s* sandpappersfil
emery cloth ['emərɪklɒθ] *s* smärgelduk
emery paper ['emərɪˌpeɪpə] *s* smärgelpapper
emetic [ɪ'metɪk] med. **I** *adj* som framkallar kräkning, kräk[nings]- **II** *s* kräkmedel
emigrant ['emɪgr(ə)nt] **I** *s* utvandrare, emigrant **II** *adj* utvandrar-, emigrant-; utvandrande
emigrate ['emɪgreɪt] *vb itr* utvandra, emigrera
emigration [ˌemɪ'greɪʃ(ə)n] *s* utvandring, emigration
émigré ['emɪgreɪ] *s* [politisk] emigrant (flykting)
Emily ['emɪlɪ] kvinnonamn
eminence ['emɪnəns] *s* **1** högt anseende, berömmelse [*win ~ as a scientist*]; framstående skicklighet **2** *His (Your) E~* Hans (Ers) Eminens om (till) en kardinal
eminent ['emɪnənt] *adj* **1** framstående, ansedd [*an ~ lawyer*]; hög, högtstående; utomordentligt skicklig, eminent **2** om egenskaper, tjänster o.d. utomordentlig [*~ sagacity*; *~ services*], enastående [*~ success*], utmärkt, eminent

eminently ['emɪnəntlɪ] *adv* i högsta grad [~ *qualified*], särdeles, synnerligen, ytterst
emir [e'mɪə, ɪ'm-] *s* emir
emirate ['em(ə)rət] *s* emirvärdighet; emirat
emissary ['emɪs(ə)rɪ] *s* emissarie, [hemligt] sändebud
emission [ɪ'mɪʃ(ə)n, iː'm-] *s* **1** utsändande; utstrålning [~ *of light*], avgivande [~ *of heat*] **2** emission [~ *of shares*], utgivning [~ *of bank notes*]
emit [ɪ'mɪt, iː'm-] *vb tr* **1** sända ut, stråla ut, avge [~ *heat*], sprida [~ *light*], ge ifrån sig [~ *an odour*], spy ut [*a volcano ~s smoke and ashes*]; avsöndra **2** utstöta [~ *a cry*] **3** emittera, ge ut [~ *shares*], släppa ut [~ *bank notes*]
emollient [ɪ'mɒlɪənt, e'm-] **I** *adj* uppmjukande, lenande **II** *s* uppmjukande (lenande) medel (salva)
emolument [ɪ'mɒljʊmənt, e'm-] *s* [extra] löneförmån [*salary £20,000 with no ~s*], [bi]inkomst, extrainkomst
emotion [ɪ'məʊʃ(ə)n] *s* **1** [sinnes]rörelse, upprördhet, upprört tillstånd **2** [stark] känsla [~ *of joy* (*hatred, fear*)]; psykol. emotion; [känslo]stämning
emotional [ɪ'məʊʃənl] *adj* **1** känslo- [~ *life*; ~ *thinking*], känslomässig, känslobetonad, emotionell **2** lättrörd, känslig [*an ~ woman*]; känslosam, känslofull
emotionalism [ɪ'məʊʃ(ə)nəlɪz(ə)m] *s* **1** känslobetoning; känslomässighet **2** [överdriven] känslosamhet **3** benägenhet att låta sig ledas av sina känslor
emotionality [ɪˌməʊʃə'nælətɪ] *s* känslobetonad läggning, emotionell (känslomässig) natur
emotive [ɪ'məʊtɪv] *adj* känslobetonad, känslomässig, känsloladdad, emotiv, känslosam
empathy ['empəθɪ] *s* psykol. empati, inlevelse
emperor ['emp(ə)rə] *s* **1** kejsare **2** ~ [*moth*] zool. påfågelspinnare
emphas|is ['emfəs|ɪs] (pl. *-es* [-iːz]) *s* eftertryck [*with ~*], emfas; tonvikt, betoning [*on* på]; betonande [*on* av], insisterande [*on* på]; *put* (*lay*) ~ *on* el. *give* ~ *to* lägga tonvikt[en] (huvudvikten) på
emphasize ['emfəsaɪz] *vb tr* med eftertryck (starkt, särskilt) betona, trycka på, framhålla, framhäva, poängtera, lägga tonvikt[en] på
emphatic [ɪm'fætɪk, em-] *adj* **1** eftertrycklig, kraftig, bestämd [*an ~ no*; *an ~ protest*], emfatisk; uttrycklig [*an ~ guarantee*]; kraftfull [*an ~ speech*]; definitiv, klar [*an ~ success*] **2** starkt (kraftigt) betonad [*an ~ word*]; *be ~ about* trycka på, betona
emphatically [ɪm'fætɪk(ə)lɪ, em-] *adv* eftertryckligt etc., jfr *emphatic*; eftertryckligen, med eftertryck, med skärpa, i eftertrycklig ton; alldeles särskilt [*in this case it was ~ so*]
emphysema [ˌemfɪ'siːmə] *s* med. emfysem
empire ['empaɪə] *s* a) kejsardöme, kejsarrike, rike [*the Roman ~*] b) imperium [äv. friare: *an oil ~*], världsvälde, världsrike, stort välde; *the [British] E~* hist. Brittiska imperiet; *the E~ State Building* känd skyskrapa i New York
empirical [em'pɪrɪk(ə)l] *adj* empirisk
empiricism [em'pɪrɪsɪz(ə)m] *s* empiri[sm]
employ [ɪm'plɔɪ, em-] **I** *vb tr* **1** sysselsätta, ha anställd, ha i sin tjänst; anställa, anlita [~ *a lawyer*]; *be ~ed by* vara anställd (ha arbete) hos; *the ~ed* de anställda, löntagarna **2** använda [sig av], bruka, begagna [sig av], nyttja [*for* för, till]; *his time is fully ~ed in...* han ägnar all sin tid åt [att]... **II** *s*, *in a p.'s ~* el. *in the ~ of a p.* i ngns tjänst, i tjänst (anställd) hos ngn; *be in the ~ of* äv. ha arbete hos; *take a p. into one's ~* anställa ngn
employable [ɪm'plɔɪəbl] *adj* som kan anställas
employee [ˌemplɔɪ'iː, em'plɔɪiː] *s* arbetstagare, anställd, löntagare, befattningshavare; *~s* äv. personal; [*salaried*] ~ tjänsteman
employer [ɪm'plɔɪə, em-] *s* arbetsgivare; chef; företagare
employment [ɪm'plɔɪmənt, em-] *s* **1** sysselsättning äv. ekon. [*full ~*]; arbete [*when I could get ~*]; anställning, tjänst, plats [*seek* (*look* [*out*] *for*) ~]; anställande; ~ *office* (privat *agency*) arbetsförmedling[sbyrå]; *Secretary of State for E~* britt., ung. arbetsmarknadsminister; *the Department of E~* i Storbritannien, ung. arbetsmarknadsdepartementet; *be in ~* ha arbete (sysselsättning); *be thrown out of ~* bli arbetslös, bli ställd utan arbete **2** användning, användande
emporium [em'pɔːrɪəm] *s* **1** handelscentrum; stapelplats, nederlagsort **2** stort varuhus
empower [ɪm'paʊə, em-] *vb tr* **1** bemyndiga, befullmäktiga, berättiga **2** göra det möjligt för, sätta i stånd
empress ['emprəs] *s* kejsarinna
emptiness ['em(p)tɪnəs] *s* **1** tomhet; brist [~ *of* (på) *content*] **2** bildl. innehållslöshet, tomhet; fåfänglighet, intighet [*the ~ of earthly things*]
empty ['em(p)tɪ] **I** *adj* **1** tom i div. bet.; folktom, öde [~ *streets*]; *on an ~ stomach* på fastande mage; *~ vessels make the greatest noise* (*sound*) tomma tunnor skramlar mest **2** bildl. a) tom [~ *words*], ihålig, intetsägande [~ *phrases*, ~ *compliments*], innehållslös, meningslös, intig b) om pers. enfaldig **II** *s* tomglas, tomflaska; tomkärl, tomfat; tomlåda **III** *vb tr* **1** a) tömma [~ *a bucket*]; länsa; lasta av [~ *a lorry*]; evakuera [~ *a city*] b) hälla, slå [~ *the water into* (i) *the bucket*]; ~ [*out*] a) tömma [ur] [~ [*out*] *a drawer*], hälla ur b) tömma (hälla, slå) ut [~ [*out*] *the contents*]; ~ *one's glass* tömma (dricka ur) glaset; ~ *of* tömma på [~ *one's pockets of their contents*], beröva [~ *a phrase of all meaning*]

2 ~ *oneself* om flod falla ut [*into* i] **IV** *vb itr* **1** om flod falla ut [*into* i] **2** a) tömmas [*the cistern empties slowly*; *the room emptied quickly*], bli tom b) rinna ut [*the water empties slowly*]
empty-handed [ˌem(p)tɪˈhændɪd] *adj* tomhänt
empty-headed [ˌem(p)tɪˈhedɪd] *adj* dum, enfaldig
EMS (förk. för *European Monetary System*) EMS
EMU (förk. för *Economic* [*and*] *Monetary Union*) EMU planerad övergång från EMS till monetär union
emu [ˈiːmjuː] *s* zool. emu, australisk struts
emulate [ˈemjʊleɪt] *vb tr* tävla med, söka [efter]likna, ta efter, söka överträffa
emulation [ˌemjʊˈleɪʃ(ə)n] *s* [ädel] tävlan; efterliknande, efterbildande
emulous [ˈemjʊləs] *adj* **1** ~ *of* angelägen om att överträffa (överglänsa) [~ *of all rivals*]; som strävar efter, ivrig att nå [~ *of fame*], som eftertraktar **2** rivaliserande [~ *admirers*]; tävlings-
emulsifier [ɪˈmʌlsɪfaɪə] *s* emulgeringsmedel
emulsify [ɪˈmʌlsɪfaɪ] *vb tr* kem. emulgera
emulsion [ɪˈmʌlʃ(ə)n] *s* kem. emulsion
emulsive [ɪˈmʌlsɪv] *adj* emulsionsartad; som bildar en emulsion; *an ~ fluid* en emulsion
enable [ɪˈneɪbl, eˈn-] *vb tr*, ~ *a p. to* göra det möjligt (möjliggöra) för ngn att, ge ngn möjlighet (rätt) att, tillåta ngn att [*this legacy ~d him to retire*], befullmäktiga (bemyndiga) ngn att; *so as to ~ us to...* så att vi kan (skall kunna)...
enabling [ɪˈneɪblɪŋ, eˈn-] *adj*, ~ *act* fullmaktslag; ~ *bill* förslag till fullmaktslag
enact [ɪˈnækt, eˈn-] *vb tr* **1** anta [~ *a new tax law*], anta [såsom lag] [~ *a bill*]; stadga [*as by law ~ed*], föreskriva **2** teat. spela; uppföra ett stycke **3** utspela [*the murder was ~ed in...*]; utföra en ceremoni
enactment [ɪˈnæktmənt, eˈn-] *s* upphöjande till lag, antagande [*the ~ of a bill*]; genomförande av bestämmelser
enamel [ɪˈnæm(ə)l] **I** *s* **1** emalj; glasyr; [*dental*] ~ [tand]emalj; ~ *ware* emaljvaror, emaljerade kärl **2** konst. emaljarbete, emaljmålning, emalj **3** lackfärg [äv. ~ *paint*]; [färgat] nagellack **II** *vb tr* **1** emaljera; glasera lerkärl; ge ngt en glansig yta genom överdragning med emaljliknande ämne **2** måla med lackfärg; lackera
enamelware [ɪˈnæm(ə)lweə] *s* emaljvaror, emaljerade kärl
enamoured [ɪˈnæməd, eˈn-] *adj* förälskad, betagen [*of*, *with* i]
en bloc [ˌɑːnˈblɒk, ˌɒn-] *adv* fr. i klump; i sin helhet
encamp [ɪnˈkæmp, eˈn-] **I** *vb tr* [för]lägga i läger **II** *vb itr* ligga i läger; slå läger; kampera
encampment [ɪnˈkæmpmənt, eˈn-] *s* **1** lägerplats; läger **2** förläggande i läger [*the ~ of the troops*]; kamperande
encapsulate [ɪnˈkæpsjʊleɪt, eˈn-] **I** *vb tr* kapsla in **II** *vb itr* kapsla in sig
encase [ɪnˈkeɪs, eˈn-] *vb tr* **1** innesluta, lägga in, packa in [*in* i] **2** omge, omsluta [*with* med]
encash [ɪnˈkæʃ, eˈn-] *vb tr* se *cash II*
encephalitis [ˌenkefəˈlaɪtɪs, ˌensef-] *s* med. encefalit, hjärninflammation
enchant [ɪnˈtʃɑːnt, eˈn-] *vb tr* **1** förhäxa; förtrolla [*the ~ed palace*] **2** tjusa, hänföra; *be ~ed with* (*by*) vara förtjust i (över), vara hänförd över
enchanter [ɪnˈtʃɑːntə, eˈn-] *s* **1** trollkarl **2** charmör
enchanting [ɪnˈtʃɑːntɪŋ, eˈn-] *adj* bedårande, förtjusande, hänförande, förtrollande
enchantment [ɪnˈtʃɑːntmənt, eˈn-] *s* **1** förtrollning, förhäxning **2** trollkraft, trollmakt **3** tjusning, charm **4** förtjusning
enchantress [ɪnˈtʃɑːntrəs, eˈn-] *s* **1** trollkvinna **2** tjusig (förförisk) kvinna, tjuserska
encircle [ɪnˈsɜːkl, eˈn-] *vb tr* **1** omge [*a lake ~d by trees*], innesluta, omsluta; omringa [~*d by enemy forces*] **2** kretsa kring
encirclement [ɪnˈsɜːklmənt, eˈn-] *s* inringning; *policy of ~* inringningspolitik
encl. förk. för *enclosed*, *enclosure*
enclave [ˈenkleɪv, -ˈ-] *s* polit. enklav
enclitic [ɪnˈklɪtɪk, eˈn-] språkv. **I** *adj* enklitisk; ~ *article* slutartikel **II** *s* enklitiskt ord vidhängt obetonat ord
enclose [ɪnˈkləʊz, eˈn-] *vb tr* **1** inhägna, omgärda; ~*d with walls* kringbyggd med murar **2** i brev o.d. bifoga, närsluta, innesluta, skicka med, översända, sända [*I'll ~ your letter with* (i samma kuvert som) *mine*]; *we ~* (*beg to ~*) el. *are sending you ~d*) [*a price list*] härmed översändes..., vi sänder härmed (får härmed översända)...; ~*d please find* (~*d is*) [*a price list*] härmed bifogas (närslutes etc.)...; *the ~d* [*letter*] bifogade (bilagda, medföljande) brev, inneliggande [brev]; [*a letter*] *enclosing a price list* ...med bifogad prislista **3** stänga in [~ *an army*] **4** omge [*the house was ~d on all sides by tall blocks of flats*]
enclosure [ɪnˈkləʊʒə, eˈn-] *s* **1** bilaga till brev **2** inhägnad, inhägnat område; gård; på kapplöpningsbana ung. sadelplats
encode [ɪnˈkəʊd, eˈn-] *vb tr* koda [in]
encomi|um [enˈkəʊmjəm] (pl. -*ums* el. -*a* [-ə]) *s*, ~[*s*] lovtal, panegyrik, vackra lovord
encompass [ɪnˈkʌmpəs, eˈn-] *vb tr* **1** omge [~*ed by his faithful guard*], omringa; omsluta **2** omfatta, omspänna; ~*ing* äv. övergripande
encore [ɒŋˈkɔː, ss. subst. o. vb äv. ˈ--] **I** *interj*, ~*!* dakapo!, om igen!, en gång till!, mera! **II** *vb tr* **1** begära dakapo av [*the audience ~d the song*] **2** ropa dakapo åt, ropa in [för att få ett

extranummer] [*the audience* ~*d the singer*] **III** *s*
1 extranummer [*give (sing) an* ~],
dakapo[nummer], bissering; upprepning
2 inropning; *he got an* ~ han blev inropad
för att ge (han fick ge) ett extranummer
encounter [ɪnˈkaʊntə, en-] **I** *vb tr* **1** råka,
träffa [på], stöta på, stöta ihop (samman)
med [*I* ~*ed an old friend on the train*] **2** möta
[~ *resistance*], stöta på [~ *problems*], råka på,
råka ut för [~ *difficulties*] **3** träffa på [och
angripa] [*enemy patrols were* ~*ed and driven
back*], drabba samman med **II** *s* **1** [kort]
möte, sammanträffande **2** sport. o.d. möte;
mil. sammanstötning, sammandrabbning,
drabbning **3** ~ *group* psykol.
encountergrupp, sensi[tivitets]träningsgrupp
encourage [ɪnˈkʌrɪdʒ, en-] *vb tr* uppmuntra;
egga, stimulera, sporra, animera; gynna [~
commerce], [under]stödja, befrämja, främja
encouragement [ɪnˈkʌrɪdʒmənt, en-] *s*
uppmuntran [*to* till]; eggelse; främjande,
understöd; *I gave him no* ~ jag
uppmuntrade honom inte; *act as an* ~ *to*
a) verka uppmuntrande på b) uppmuntra till
encroach [ɪnˈkrəʊtʃ, en-] *vb itr* inkräkta, göra
intrång [[*up*]*on* på; ~ *on a p.'s time (rights)*];
the sea is ~*ing* [*up*]*on the land* havet
erövrar mer och mer land; [*television began
gradually*] *to* ~ *on radio* ...rycka fram på
bekostnad av radion
encroachment [ɪnˈkrəʊtʃmənt, en-] *s* intrång,
inkräktande, ingrepp, övergrepp [[*up*]*on* på,
i]
encrust [ɪnˈkrʌst, en-] *vb tr* **1** bilda en skorpa
på [ytan av] [*rust* ~*ed the hull* (skrovet)]
2 täcka, [be]kläda; [*a gold vase*] ~*ed with
precious stones* ...inlagd med ädelstenar
encrypt [ɪnˈkrɪpt, en-] *vb tr* kryptera
encumber [ɪnˈkʌmbə, en-] *vb tr* **1** tynga [ner],
betunga, belasta; besvära, hindra [*be* ~*ed
with* (av) *a long cloak*]; [*she was*] ~*ed with
parcels* ...överlastad med paket **2** ~*ed with
debts* tyngd av skulder, skuldsatt **3** belamra
[*a room* ~*ed with furniture*]; överhopa,
överfylla
encumbrance [ɪnˈkʌmbr(ə)ns, en-] *s* **1** börda;
påhäng, black om foten, hinder, besvär,
belastning **2** jur., ~ [*on an estate*] gravation;
an estate without ~*s* en gravationsfri
fastighet
encyclop[a]edia [enˌsaɪkləˈ(ʊ)ˈpiːdjə, ɪnˌsaɪk-]
s encyklopedi, konversationslexikon,
[allmän] uppslagsbok; *a walking* ~ ett
levande lexikon
end [end] **I** *s* **1** slut; avslutning; ände, ända;
go off the deep ~ vard. bli rasande, brusa
upp; *he's the* ~*!* vard. han är botten!; [*you
won't get it*] *and that's the* ~ *of it* ...och
därmed basta!; *that's the* ~ *of him* hans
saga är all, det är slut med honom; *it's not
(wouldn't be) the* ~ *of the world* det är inte
hela världen (ingen katastrof); *change* ~*s*
byta sida i bollspel; *keep one's* ~ *up* vard.
hålla stånd, stå på sig; *make* [*both*] ~ *meet*
få det att gå ihop; *put an* ~ *to* sätta stopp
för; *I liked the book no* ~ vard. jag tyckte
väldigt mycket om boken; *he has no* ~ *of*
[*money*] vard. han har massor med...; *he is
no* ~ *of a nice fellow* vard. han är alla tiders
kille; *no* ~ *of trouble* vard. en förfärlig massa
besvär; *there is (are) no* ~ *of...* vard. det
finns massor med...
be at an ~ vara slut; vara förbi (ute) [*all
hope is at an* ~]; *at the* ~ vid (i, på) slutet; till
sist, till slut; [*how's the weather*] *at your*
~*?* i telefon ...hos er?; *I am at the* ~ *of* [*my
patience*] det är slut med...; se äv. *finger,
loose I 1 a), tether* o. *wit*
in *the* ~ till slut, till sist; i längden; när allt
kom[mer] omkring
on ~ a) på ända, på högkant b) i sträck [*two
hours on* ~], i ett kör; [*it rained*] *for days on*
~ ...dagar i ända; *his hair stood on* ~ håret
reste sig på hans huvud
to *the bitter* ~ till det bittra slutet, in i det
sista; *to the very* ~ ända till slutet; *bring to
an* ~ avsluta, sluta, få (göra) slut på; *come
to an* ~ ta slut; *come to a sticky* ~ se *sticky*
5; *to the* ~*s of the earth* till jordens
(världens) ände **2** [sista] bit, stump; ända av
garn o.d. **3** mål [*with this* ~ *in view*], ändamål,
syfte; *an* ~ *in itself* ett självändamål; *the* ~
justifies the means ändamålet helgar
medlen
II *vb tr* sluta, avsluta; göra slut på [~ *the
dispute*]
III *vb itr* sluta, upphöra, ta slut [*the road* ~*s
here*], avslutas, avlöpa [*the affair* ~*ed* [*up*]
happily]; *all's well that* ~*s well* slutet gott,
allting gott; ~ [*up*] (~ *by*) *doing a th.* till sist
göra ngt; ~ *up in* sluta (hamna) i [*he* ~*ed up
in jail*]
end-all [ˈendɔːl] *s* slutmål; se *be-all*
endanger [ɪnˈdeɪn(d)ʒə, en-] *vb tr* utsätta för
fara, sätta i fara, sätta på spel, äventyra [~
one's chances of success], blottställa; ~ *one's
life* utsätta sig för livsfara, riskera livet
endear [ɪnˈdɪə, en-] *vb tr* göra omtyckt [*to* av];
he ~*ed himself to them* han vann deras
tillgivenhet
endearing [ɪnˈdɪərɪŋ, en-] *adj* vinnande [*an* ~
smile; ~ *qualities*; ~ *ways* (väsen)], älskvärd
endearment [ɪnˈdɪəmənt, en-] *s*
ömhetsbetygelse, smekning; *term of* ~
smeksamt uttryck, smekord
endeavour [ɪnˈdevə, en-] **I** *vb itr* sträva [*to
efter att*], bemöda sig [*to* [om] att], försöka
[*to do* [att] göra] **II** *s* strävan, bemödande,
[ivrigt] försök [*to do*]; *make every* ~ *to*
anstränga sig på alla sätt för att
endemic [enˈdemɪk] **I** *adj* med., bot. o. zool.

endgame 266

endemisk, inhemsk II *s* med. endemi, endemisk sjukdom
endgame ['endgeɪm] *s* slutspel isht i schack; bildl. slutskede
ending ['endɪŋ] *s* **1** slut, avslutning, avslutningsfras; avslutningsfras; **happy** ~ lyckligt slut, happy end; [*the book*] **has a sad** ~ äv. ...slutar sorgligt **2** gram. ändelse
endive ['endɪv, isht amer. -daɪv] *s* **1** frisésallat, chicorée frisée **2** amer. endiv **3** cikoria[rot]
endless ['endləs] *adj* ändlös, oändlig, gränslös [~ *patience*], utan slut, evig; oupphörlig
endocarditis [ˌendə(ʊ)kɑːˈdaɪtɪs] *s* med. endokardit
endocrine ['endə(ʊ)kraɪn] fysiol. **I** *adj* endokrin [~ *gland*] **II** *s* endokrin körtel, endokrint organ
end-on [ˌendˈɒn] *adj,* ~ *collision* kollision stäv mot stäv (med bil mot bilen bakom)
endorse [ɪnˈdɔːs, en-] *vb tr* **1** skriva sitt namn på baksidan av, skriva på, endossera [~ *a cheque*], göra en anteckning på baksidan av; teckna på [~ *a bill*]; skriva [*he* ~*d his name on the cheque*] **2** *his driving licence was* ~*d* han fick en anteckning om trafikförseelse (han fick en prickning) i körkortet **3** bildl. skriva under på [*I* ~ *everything you said*], stödja [~ *a plan,* ~ *a statement*], bekräfta, intyga **4** uttala sig gillande om, rekommendera, godkänna, göra reklam för
endorsement [ɪnˈdɔːsmənt, en-] *s* **1** hand. endossering; anteckning på baksidan av en handling o.d.; påskrift; endossement **2** anteckning i körkort om trafikförseelse; prickning **3** bildl. stöd, bekräftelse **4** godkännande; reklam, garanti
endow [ɪnˈdaʊ, en-] *vb tr* **1** förse med inkomster genom donationer, donera driftskapital till [~ *a school*], donera pengar till [~ *a bed in a hospital*] **2** bildl. begåva, utrusta [*be* ~*ed by nature with great talents*]
endowment [ɪnˈdaʊmənt, en-] *s* **1** donerande **2** donation, donationsmedel, gåvofond **3** kapitalbelopp vid försäkring; ~ *insurance* kapitalförsäkring **4** begåvning; pl. ~*s* anlag [*natural* ~*s*], [natur]gåvor
end product ['endˌprɒdʌkt] *s* slutprodukt; bildl. äv. resultat
end rhyme ['endraɪm] *s* metrik. slutrim
endue [ɪnˈdjuː, en-] *vb tr* litt. utrusta, förse [*with* med]; ~ *a p. with a th.* äv. förläna ngn ngt
endurable [ɪnˈdjʊərəbl, en-] *adj* uthärdlig, dräglig
endurance [ɪnˈdjʊər(ə)ns, en-] *s* **1** uthållighet [äv. *power*[*s*] *of* ~]; *show* ~ äv. vara uthållig; ~ *test* uthållighetsprov **2** uthärdande, fördragande; *it is beyond (past)* ~ det är mer än man kan stå ut med, det är outhärdligt **3** hållbarhet; varaktighet
endure [ɪnˈdjʊə, en-] **I** *vb tr* uthärda [~ *pain*],

[få] utstå [~ *hardships*], lida [~ *a loss*], få tåla; stå emot slitningar o.d.; *I can't* ~ *him* jag tål honom inte; *I can't* ~ *seeing* (~ *to see*) [*animals cruelly treated*] jag tål inte se... **II** *vb itr* **1** räcka, vara; stå sig, leva [vidare], bestå [*his work will* ~] **2** hålla ut [*we must* ~ *to the end*]; *I can't* ~ *much longer* jag står inte ut länge till **3** vara hållbar, hålla
enduring [ɪnˈdjʊərɪŋ, en-] *adj* **1** varaktig [*an* ~ *peace*], bestående [~ *value*] **2** tålmodig
endways ['endweɪz] *adv* o. isht amer. **endwise** ['endwaɪz] *adv* **1** på ända, på högkant, upprest **2** med ändarna mot varandra, ända mot ända
ENE (förk. för *east-north-east*) ostnordost
enema ['enəmə] *s* med. **1** lavemang **2** ~ [*syringe*] lavemangsspruta
enemy ['enəmɪ] **I** *s* fiende; *make an* ~ *of* bli ovän med, få en ovän (fiende) i; *make enemies* skaffa sig fiender (ovänner) **II** *attr adj* fiendens, fientlig [~ *aircraft*]
enemy-occupied ['enəmɪˌɒkjʊpaɪd] *adj,* ~ *territories* av fienden ockuperade områden
energetic [ˌenəˈdʒetɪk] *adj* energisk, handlingskraftig, kraftfull [*an* ~ *leader*]; eftertrycklig; ~ *measures* kraftåtgärder
energize ['enədʒaɪz] *vb tr* ingjuta kraft i, sätta liv i, stärka, stimulera
energy ['enədʒɪ] *s* energi äv. fys.; kraft; handlingskraft; ork; eftertryck; pl. *energies* energi, kraft[er] [*devote all one's energies to a task*]; ~ *conservation* energisparande; ~ *forest* energiskog; ~ *tax* energiskatt
energy-absorbing ['enədʒɪəbˌsɔːbɪŋ] *adj* bil. o.d. energiupptagande [~ *steering-column*; ~ *zone*]
energy-efficient ['enədʒɪˌfɪʃənt] *adj* energisnål
energy-intensive ['enədʒɪɪnˌtensɪv] *adj* energikrävande
energy-saving ['enədʒɪˌseɪvɪŋ] *adj* energisparande
enervate [ss. vb 'enəveɪt, ss. adj. ɪˈnɜːvət] *vb tr* försvaga, förslappa, göra slö [*heat* ~*s people*]
enervation [ˌenəˈveɪʃ(ə)n] *s* förslappande, förslappning, kraftlöshet, veklighet
enfant terrible [ˌɑːnfɑːnteˈriːbl(ə)] *s* (pl. *enfants terribles* [utt. som sg.]) fr. enfant terrible; *an* ~ äv. gossen Ruda
enfeeble [ɪnˈfiːbl, en-] *vb tr* försvaga, göra kraftlös
enfold [ɪnˈfəʊld, en-] *vb tr* svepa om [*with* med], svepa in [~ *a p. in a cloak*], omsluta; omfamna
enforce [ɪnˈfɔːs, en-] *vb tr* **1** upprätthålla (vidmakthålla) respekten för [~ *law and order*], [med maktmedel] upprätthålla [~ *discipline*], göra gällande, [med kraft] hävda; driva igenom [~ *one's principles*]; ~ *the rules* se till (övervaka) att reglerna efterlevs **2** tvinga fram [*the situation has* ~*d*

restrictions]; tilltvinga sig; ~ *a th.* [*up*]*on a p.* påtvinga ngn ngt
enforced [ɪn'fɔːst, en-] *adj* framtvingad, påtvingad [~ *idleness*], påtvungen; ofrivillig; tilltvingad; ~ *composure* tillkämpat lugn; ~ *sale* tvångsauktion
enforcement [ɪn'fɔːsmənt, en-] *s*
1 upprätthållande [*the* ~ *of law and order*], genomdrivande [*the* ~ *of one's principles*], genomförande, tillämpning [~ *of a law*] **2** framtvingande [~ *of an action*]
enfranchise [ɪn'fræn(t)ʃaɪz, en-] *vb tr* ge rösträtt
enfranchisement [ɪn'fræn(t)ʃɪzmənt, en-] *s* förlänande av rösträtt; *the* ~ *of women* införandet av kvinnlig rösträtt
Eng. förk. för *England, English*
eng. förk. för *engineer, engineering*
engage [ɪn'geɪdʒ, en-] I *vb tr* (jfr *engaged*) **1 a)** anställa [~ *a servant,* ~ *a clerk*], anta [i sin tjänst], engagera, anlita **b)** beställa [~ *a room at a hotel*], reservera [~ *seats*], tinga **2** i pass. *be* ~*d* förlova sig [*they were* ~*d last week*]; jfr *engaged* **2 3** sysselsätta [*the repair job* ~*d him all day*] **4** uppta [*work* ~*s much of his time*], ta i anspråk, lägga beslag på **5** mil.: **a)** sätta in [i strid] **b)** ta upp kampen med, anfalla [*our army* ~*d the enemy*] **6** tekn. koppla ihop (in) kugghjul; ~ *the clutch* släppa upp koppling [spedal]en; ~ [*the*] *first gear* lägga i ettan[s växel] II *vb itr* **1** åta (förbinda, utfästa, förplikta) sig [*he* ~*d to provide the capital*] **2** ~ *in* engagera sig i [*he* ~*s in politics*], ägna sig åt [*he* ~*s in business*], inlåta sig i (på), ge (kasta) sig in i; delta i **3** ~ *with* inlåta sig i (börja) strid med (mot) **4** ~ *with* inlåta sig i (börja) strid med (mot) **5** tekn., om kugghjul o.d. gripa in i varandra; gripa (passa) in [*with* i; *the teeth* (kuggarna) *of one wheel* ~ *with those of the other*]
engaged [ɪn'geɪdʒd, en-] *adj* **1 a)** upptagen [*he is* ~ *at the moment; the rooms are all* ~; tele.: *the number* (*line*) *is* ~]; ~ på t.ex. toalettdörr upptaget; ~ *tone* tele. upptagetton; *be* ~ vara upptagen etc.; vara bortbjuden, ha lovat bort sig [*I am* ~ *for tomorrow*], engagerad, ivrigt intresserad, djupt inbegripen [*in* i; ~ *in conversation*]; sysselsatt [*in, with, on* med]; anställd **b)** *be* ~ *in* äv. delta i; *be* ~ *in* (*with, on*) äv. hålla på med [*be* ~ *in writing a novel*] **2** förlovad; [*to* med; *two* ~ *couples*]; *be* ~ a) vara förlovad b) förlova sig, ingå förlovning [äv. *become* ~]
engagement [ɪn'geɪdʒmənt, en-] *s*
1 förbindelse, förpliktelse, åtagande; engagemang; avtal, överenskommelse; [avtalat] möte; ~ *diary* noteringskalender; planeringskalender; ~ *sorry, I've got a previous* ~ tyvärr är jag redan upptagen **2** förlovning [*to* med]; ~ *ring* förlovningsring ofta med diamant **3** anställning [~ *as secretary*], engagemang [*a lucrative* ~]
engaging [ɪn'geɪdʒɪŋ, en-] *adj* vinnande, intagande [*an* ~ *smile;* ~ *manners*], sympatisk
engender [ɪn'dʒendə, en-] *vb tr* föda [*hatred* ~*s violence*], framkalla [~ *fear*], avla, alstra
engine ['en(d)ʒɪn] *s* **1** motor [*motor-car* ~, *petrol* ~], maskin; *aircraft* ~ flygmotor; ~ *compartment* i bil motorrum **2** lok[omotiv]; ~ *shed* lokstall **3** se *fire engine*
engine-driver ['en(d)ʒɪnˌdraɪvə] *s* lokförare
engineer [ˌen(d)ʒɪ'nɪə] I *s* **1** ingenjör; tekniker; mekaniker; maskiningenjör, maskinkonstruktör [äv. *mechanical* ~]; *hydraulic* ~ vattenbyggnadsingenjör; *mining* ~ bergsingenjör; *naval* ~ mariningenjör **2 a)** sjö. maskinist; *chief* ~ maskinchef **b)** amer. lokförare **3** anstiftare, upphovsman II *vb tr* **1** som ingenjör vara med om att bygga (anlägga) **2** vard. genomföra, göra upp [~ *a scheme*], anstifta [~ *a plot*], skickligt leda [~ *an election campaign*], manövrera
engineering [ˌen(d)ʒɪ'nɪərɪŋ] *s*
1 ingenjörsvetenskap [äv. *science of* ~], ingenjörskonst [*a triumph of* (för) ~], teknik; ingenjörsväsen; maskinindustri, verkstadsindustri [äv. ~ *industry*]; maskinteknik, maskinkonstruktion, maskinbygge [äv. *mechanical* ~]; ~ *workshop* mekanisk verkstad; *hydraulic* ~ vattenbyggnadskonst; *Master of E*~ ung. civilingenjör **2** vard. manövrerande, manövrer, manipulation[er]
engine room ['en(d)ʒɪnruːm] *s* maskinrum; attr. maskin- [~ *telegraph*]
England ['ɪŋglənd, -ŋl-] England Skottland, Nordirland och Wales ingår inte
English ['ɪŋglɪʃ, -ŋl-] I *adj* engelsk; ~ *breakfast* engelsk frukost ofta med bacon och ägg m.m.; ~ *horn* mus., se *cor anglais* II *s*
1 engelska [språket]; *the King's* (*Queen's*) ~ ung. riktig (korrekt) engelska; *in plain* ~ rent ut [sagt] **2** *the* ~ engelsmännen
English|man ['ɪŋglɪʃ|mən, -ŋl-] (pl. -*men* [-mən]) *s* engelsman
English|woman ['ɪŋglɪʃ|ˌwʊmən, -ŋl-] (pl. -*women* [-ˌwɪmɪn]) *s* engelska
engorge [ɪn'gɔːdʒ, en-] *vb tr* **1** [upp]sluka **2** perf. p. ~*d* med. blodöverfylld
engrave [ɪn'greɪv, en-] *vb tr* **1** rista in, [in]gravera [[*up*]*on* på, i] **2** bildl. inprägla; *his words are* ~*d on my mind* (*memory*) hans ord står outplånligt inristade i mitt minne
engraver [ɪn'greɪvə, en-] *s* gravör; ~ *on copper* kopparstickare
engraving [ɪn'greɪvɪŋ, en-] *s* **1** [in]gravering äv. konkr. **2** gravyr, stick
engross [ɪn'grəʊs, en-] *vb tr* **1** uppta [*this work* ~*ed him completely*], ta i anspråk, lägga beslag på; *be* ~*ed in* vara försjunken i, vara

engulf 268

helt upptagen av, gå helt upp i; *~ing* adj.
fängslande, spännande [*an ~ing novel*]
2 pränta, texta
engulf [ɪn'gʌlf, en-] *vb tr* **1** [upp]sluka [*a boat ~ed in* (av) *the sea* (*waves*)] **2 ~ oneself in** begrava sig i [*he ~ed himself in his studies*]
enhance [ɪn'hɑ:ns, en-, -'hæns] *vb tr* höja, öka [*~ the value of a th.*], förhöja [*the light ~d her beauty*]
Enid ['i:nɪd] kvinnonamn
enigma [ɪ'nɪgmə, e'n-] *s* gåta; mysterium
enigmatic [ˌenɪg'mætɪk] *adj* o. **enigmatical** [ˌenɪg'mætɪk(ə)l] *adj* gåtfull, dunkel
enjoin [ɪn'dʒɔɪn, en-] *vb tr* litt. ålägga [*a p. to do a th.*], föreskriva [*the doctor ~ed a strict diet*], anbefalla, [på]bjuda [*~ silence*; *~ that a th. should be done*]; *~ a th.* [*up*]*on a p.* ålägga (anbefalla) ngn ngt, inskärpa [vikten av] ngt hos ngn
enjoy [ɪn'dʒɔɪ, en-] *vb tr* **1** njuta av [*~ a good dinner*; *~ the fine weather*], tycka om, vara förtjust i [*he ~s good food*]; finna nöje i; ha roligt (trevligt) på [*did you ~ the party?*]; *I am ~ing it here* jag trivs här, jag tycker det är trevligt (roligt) här; *he ~ed it very much* han tyckte det var mycket roligt (trevligt); *I ~ed my food* jag tyckte maten var god, jag tyckte om maten; *he did not ~ having to...* han var inte särskilt förtjust över att behöva... **2** åtnjuta, kunna glädja sig åt [*~ good health*], ha [*~ a good income*], äga, vara i besittning av **3** *~ oneself* ha trevligt (roligt) [*did you ~ yourself at the party?*], roa sig; ha det skönt (härligt); *~ yourself!* ha det så trevligt!, mycket nöje!; *now he is ~ing himself* nu njuter (mår, trivs) han [allt]!
enjoyable [ɪn'dʒɔɪəbl, en-] *adj* njutbar, trevlig, underhållande [*a very ~ film*], behaglig, angenäm
enjoyment [ɪn'dʒɔɪmənt, en-] *s* **1** njutning; nöje [*hunting is his greatest ~*], glädje, behag **2** åtnjutande, besittning
enkindle [ɪn'kɪndl, en-] *vb tr* upptända; sätta i brand; egga
enlarge [ɪn'lɑ:dʒ, en-] **I** *vb tr* förstora [upp] [*~ a photo*], [ut]vidga [*~ a hole*], utöka, tillöka; bygga ut, bygga till [*~ one's house*]; vidga [*~ one's mind* (sina vyer)] **II** *vb itr* **1** förstoras, utvidga sig, vidgas; växa sig större; *will this print ~ well?* blir det bra om man förstorar den här bilden? **2** *~* [*up*]*on* orda vitt och brett om, breda ut sig över [*~* [*up*]*on a subject*]
enlargement [ɪn'lɑ:dʒmənt, en-] *s* förstorande, förstoring äv. konkr. [*make an ~ from a negative*]; utvidgning, ökning, tillväxt, utbyggnad
enlighten [ɪn'laɪtn, en-] *vb tr* upplysa, ge [närmare] upplysningar [*~ a p. on a subject*]; ge information [*television should ~ people*], göra upplyst

enlightened [ɪn'laɪtnd, en-] *adj* upplyst [*an ~ despot*; *in these ~ days*]
enlightenment [ɪn'laɪtnmənt, en-] *s* upplysning, insikt; *the* [*Age of*] *E~* upplysningstiden
enlist [ɪn'lɪst, en-] **I** *vb tr* **1** mil. värva [*~ recruits*], enrollera, uppföra i rullorna; *~ed man* amer. menig **2** bildl. söka få [*~ a p.'s help*], ta i anspråk, engagera, vinna **II** *vb itr* mil. ta värvning, ta fast anställning, låta värva sig
enlistment [ɪn'lɪstmənt, en-] *s* mil. värvning, enrollering; inskrivning
enliven [ɪn'laɪvn, en-] *vb tr* liva [upp], verka upplivande på, göra livlig, ge liv åt
en masse [ɑ:n'mæs, ɒn-] *adv* fr. en masse, i massor
enmesh [ɪn'meʃ, en-] *vb tr* snärja in; fånga; *get ~ed in* snärja in sig i, bli invecklad i
enmity ['enmətɪ] *s* fiendskap, ovänskap; fientlig inställning, fientlighet, illvilja
ennoble [ɪ'nəʊbl, e'n-] *vb tr* adla; bildl. äv. förädla
ennoblement [ɪ'nəʊblmənt, e'n-] *s* adlande
Enoch ['i:nɒk] mansnamn; bibl. Hanok
enormity [ɪ'nɔ:mətɪ] *s*, *the ~ of* det oerhörda (avskyvärda, ohyggliga) i [*the ~ of the crime*]
enormous [ɪ'nɔ:məs] *adj* enorm, oerhörd [*~ length*], jättelik, jättestor, ofantlig, väldig [*~ profits*]
enough [ɪ'nʌf, ə'nʌf] *adj* o. *pron* o. *adv* (ss. adv. endast efter det ord det bestämmer) **1** nog, tillräckligt; *~ money* el. *money ~* nog med pengar, pengar nog, pengar så det räcker; *just ~* alldeles lagom [med]; *~ is as good as a feast* lagom är bäst; *~ of* nog (tillräckligt) av [*have ~ of everything*], nog (tillräckligt) med; *~ of that!* el. *that's ~!* el. *~'s ~!* nu räcker det verkligen!, nu får det [verkligen] vara nog!; *it's ~ to drive one mad* det är så man kan bli galen; *I was fool ~ to...* jag var dum nog att...; *will you be kind ~ to...* vill du vara vänlig och... **2** ganska, rätt, riktigt, tämligen, nog så [*a good ~ man in his way*]; *he is clever ~* han är inte dum, det är huvud på honom; *well ~* rätt så bra [*she sings well ~*], mycket väl [*you know well ~ that...*] **3** *oddly ~* egendomligt nog; *sure ~* alldeles säkert; mycket riktigt [*it was Mr. A., sure ~*], minsann
en passant [ˌɑ:n'pæsɑ:ŋ, ˌɒn-, -'-] *adv* fr. en passant äv. schack.; i förbigående
enquire [ɪn'kwaɪə, en-] *vb itr* o. *vb tr* se *inquire*
enquiry [ɪn'kwaɪərɪ, en-, amer. äv. 'ɪŋkwərɪ] *s* se *inquiry*
enrage [ɪn'reɪdʒ, en-] *vb tr* göra rasande (ursinnig, uppbragt), försätta i raseri, reta [upp]
enraged [ɪn'reɪdʒd, en-] *adj* rasande, ursinnig, uppbragt, uppretad, förbittrad [*at, by* över]
enrapt [ɪn'ræpt, en-] *adj* hänförd, hänryckt

enrapture [ɪn'ræptʃə, en-] *vb tr* hänföra, hänrycka
enrich [ɪn'rɪtʃ, en-] *vb tr* **1** göra rik[are]; berika [*many foreign words have ~ed the English language*] **2** göra fruktbar[are] [*compost ~es the soil*], göda, berika **3** berika livsmedel; *~ed with vitamins* vitaminberikad; *~ed with vitamin A* äv. med tillsats av A-vitaminer **4** anrika [*~ed uranium*]
enrichment [ɪn'rɪtʃmənt, en-] *s* **1** berikande **2** anrikning
enrol[l] [ɪn'rəʊl, en-] **I** *vb tr* **1** isht mil. enrollera; sjö. mönstra på; värva; föra in (upp), skriva upp [på en lista] [*the secretary ~ed our names*], skriva in [*he was ~ed for military service*]; ta emot (in) [*the university has ~ed 20,000 students*] **2** ta in, uppta t.ex. i ett sällskap [*~ a p. in (~ a p. as a member of) a society*]; *~ oneself* skriva in sig, gå in [*in i*] **II** *vb itr* [låta] enrollera sig; skriva in sig
enrolment [ɪn'rəʊlmənt, en-] *s* **1** enrollering; påmönstring; inskrivning; inregistrering **2** register; urkund
en route [ɑ:n'ru:t, ɒn-] *adv* o. *adj* fr. på väg [*to, for* till]; på (under) vägen [*there was a great deal to visit ~*]; *~ landing* mellanlandning
ensconce [ɪn'skɒns, en-] *vb tr, ~ oneself* **a)** förskansa sig, dölja sig, gömma sig **b)** slå sig ner [*the cat ~d itself in the armchair*]
ensemble [ɑ:n'sɑ:mbl] *s* **1** helhet; helhetsintryck **2** om kläder ensemble **3** mus. a) ensemble b) ensemblespel, samspel **4** teat. ensemble
enshrine [ɪn'ʃraɪn, en-] *vb tr* lägga [ned] en relik o.d. i ett skrin, gömma som en relik; förvara; innesluta, omsluta
enshroud [ɪn'ʃraʊd, en-] *vb tr* svepa in
ensign ['ensaɪn; i bet. *1* inom brittiska flottan o. i bet. *3* 'ensn] *s* **1** [national]flagga; fana; baner, standar; vimpel **2** märke; symbol [*an ~ of authority*] **3** amer. (sjö.) fänrik
ensilage ['ensəlɪdʒ, ˌɪn'saɪl-] *s* lantbr. ensilage; ensilage[beredning], ensilering
enslave [ɪn'sleɪv, en-] *vb tr* förslava ofta bildl.; göra till [en] slav (till slavar), trälbinda; underkuva; *be ~d by one's passions* vara slav under sina passioner
enslavement [ɪn'sleɪvmənt, en-] *s* förslavning; slaveri, träldom
ensnare [ɪn'sneə, en-] *vb tr* **1** fånga [med snara], snara [*~ birds*], lägga snaror för **2** snärja; förleda
ensue [ɪn'sju:, en-] *vb itr* **1** följa [därpå (därefter)]; inträda; *ensuing* [på]följande [*the ensuing week*]; *the ensuing ages* efterfälden **2** bli följden, vara en följd [*from, on* av], följa; uppstå
en suite [ɑ:n'swi:t, ɒn-] *adv* fr. i svit
ensure [ɪn'ʃʊə, en-] *vb tr* **1** tillförsäkra,

garantera [*a p. a th.* el. *a th. to (for) a p.* ngn ngt]; säkerställa, säkra, trygga [*~ victory, ~ peace*]; *~ that...* se till att... **2** garantera, [an]svara för **3** skydda [*against, from* mot; *~ oneself against loss*]
entail [ɪn'teɪl, en-, ss. subst. äv. 'enteɪl] **I** *vb tr* **1** medföra, föra (dra) med sig, vara förenad med, innebära [*your plans ~ great expense*], nödvändiggöra [*this will ~ an early start*] **2** *~ a th. on a p.* pålägga ngn ngt **3** förvandla till fideikommiss; *~ed estate* fideikommiss **II** *s* upprättande av fideikommiss; fideikommiss
entangle [ɪn'tæŋgl, en-] *vb tr* **1** trassla (snärja) in [*the cow ~d its horns in the branches*]; *be (get* [*oneself*]) *~d* äv. trassla (snärja, sno) in sig **2** trassla ihop; *be (get) ~d* äv. trassla [ihop] sig, sno sig [*threads are easily ~d*] **3** trassla till [*the kitten ~d the ball of wool*] **4** snärja; *get ~d in* bli invecklad (indragen) i [*he got ~d in a lawsuit* (process)]; *~ oneself* trassla in sig i motsägelser o.d.
entanglement [ɪn'tæŋglmənt, en-] *s* **1** intrasslande; hoptrasslande; tilltrasslande **2** trassel, härva, oreda, virrvarr; komplikation, förveckling **3** hinder; snara, snärjande försåt; *barbed-wire ~s* taggtrådshinder, taggtrådsstängsel
entente [ɑ:n'tɑ:nt, ɒn'tɒnt] *s* fr. entent[e], samförstånd; *the* [*Triple*] *E~* hist. [trippel]ententen
enter ['entə] **I** *vb itr* **1** gå in, komma in, träda in, stiga in (på) **2** anmäla sig; ställa upp, delta [*two days before the race he decided not to ~*] **3** *~ into:* **a)** gå (tränga) in i [*we ~ed into the forest*] **b)** ge sig in i (på), inlåta sig i (på) [*~ into a discussion*], ta upp [*~ into business relations*], påbörja [*~ into negotiations*], öppna, inleda [*~ into a correspondence with a p.*] **c)** gå in på (i) [*~ into details*] **d)** ingå i [*this did not ~ into our plans*] **4** *~* [*up*]*on:* **a)** slå in på [*~* [*up*]*on a new career* (bana)]; *~* [*up*]*on one's duties* tillträda tjänsten **b)** inlåta sig i (på) [*~* [*up*]*on an undertaking*], gå (komma) in på [*~* [*up*]*on a discussion*]; påbörja, börja [*~* [*up*]*on negotiations*] **c)** ingå, träffa [*~* [*up*]*on an agreement*] **II** *vb tr* **1** gå in i, komma in i, träda in i [*~ a house*], stiga in i [*~ a room*]; mil. tåga (rycka) in i [*~ a town*]; fara (resa) in i; köra in i [*the train ~ed a tunnel*]; tränga in i [*the bullet ~ed the flesh*]; stiga upp i (på), stiga på [*~ a bus; ~ a train*]; gå in vid [*~ the army*], skriva in sig i, bli medlem av [*~ a club*]; *it never ~ed my head* (*mind*) det föll mig aldrig in; *~ the legal profession* slå in på juristbanan **2** anteckna, notera, skriva upp (in) [*~ a name on a list*]; bokföra **3** inge, lägga in, avge [*~ a protest*]; anmäla [*~ a horse for* (till) *a race*]; *~ oneself* (*one's name*) *for* anmäla sig till
enteric [en'terɪk] *adj* med. inälvs-, tarm-; *~ fever* tyfus

enteritis [ˌentəˈraɪtɪs] *s* med. enterit, tarmkatarr
enterprise [ˈentəpraɪz] *s* **1** [svårt (djärvt)] företag, vågstycke **2** [affärs]företag **3** företagsamhet [*private* ~]; företagaranda, driftighet; *he is a man of great* ~ han är mycket företagsam (initiativrik, driftig)
enterprising [ˈentəpraɪzɪŋ] *adj* företagsam, tilltagsen, initiativrik, driftig, handlingskraftig
entertain [ˌentəˈteɪn] **I** *vb tr* **1** ha ngn [hemma] som gäst; bjuda [*with* på], förpläga [*with* med]; ~ *some friends to* (*at* amer.) *dinner* ha några vänner [hemma] på middag **2** underhålla, roa [~ *the company with card tricks*] **3** ta under övervägande, överväga, reflektera på [~ *a proposal*]; ~ *favourably* uppta gynnsamt (positivt) **4** hysa [~ *hopes*, ~ *designs* (planer)], nära, umgås med, vara inne på [*he never ~ed such ideas* (tankar)] **II** *vb itr* ha gäster [*she loved to talk, dance and* ~], ha bjudningar, ta emot gäster; *they* ~ *a good deal* de har ofta (mycket) gäster (bjudningar)
entertainer [ˌentəˈteɪnə] *s* entertainer, underhållare, underhållningsartist; *he is a great* ~ *at parties* ung. han är en stor sällskapstalang
entertaining [ˌentəˈteɪnɪŋ] *adj* underhållande, roande, rolig
entertainment [ˌentəˈteɪnmənt] *s* **1** a) förplägnad, traktering; härbärgerande b) representation; ~ *allowance* representationskonto **2** underhållning, nöje; offentlig [nöjes]tillställning, föreställning; ~ *tax* nöjesskatt **3** övervägande [*the* ~ *of the proposal*]; dryftande av en fråga; hysande av planer
enthral[l] [ɪnˈθrɔːl, en-] *vb tr* hålla trollbunden [~ *one's audience*], trollbinda, fängsla [*enthralled by the story*]
enthralling [ɪnˈθrɔːlɪŋ, en-] *adj* fängslande, betagande
enthrone [ɪnˈθrəʊn, en-] *vb tr* sätta [upp] (upphöja) på tronen; installera biskop
enthuse [ɪnˈθjuːz, en-] **I** *vb itr* bli entusiastisk (begeistrad) [*over* över], bli eld och lågor [*over* för] **II** *vb tr* entusiasmera
enthusiasm [ɪnˈθjuːzɪæz(ə)m, en-] *s* entusiasm, begeistring [*about*, *over* över, *for* för], hänförelse, iver; passion [*hunting is his latest* ~]
enthusiast [ɪnˈθjuːzɪæst, en-] *s* entusiast, fantast [*a sports* ~]
enthusiastic [ɪnˌθjuːzɪˈæstɪk, en-] *adj* entusiastisk [*about* (*over*) för]; ~ *cheers*; ~ *homage*], begeistrad, hänförd
entice [ɪnˈtaɪs, en-] *vb tr* locka, förleda, lura, narra [[*in*]*to* till; *into doing* (*to do*) att göra]
enticement [ɪnˈtaɪsmənt, en-] *s* lockelse, frestelse; lockmedel, lockbete, incitament

entire [ɪnˈtaɪə, en-] *adj* **1** hel [*the* ~ *day*; *the* ~ *responsibility*], fullständig, fullkomlig, komplett, absolut [*have the* ~ *control of a th.*], total, odelad [*he enjoys our* ~ *confidence*], oavkortad; hel och hållen, i sin helhet [*reprint the article* ~]; *the* ~ *works of Shakespeare* Shakespeares samtliga verk **2** hel, intakt, oskadad
entirely [ɪnˈtaɪəlɪ, en-] *adv* helt [och hållet], fullständigt, fullkomligt, komplett
entirety [ɪnˈtaɪərətɪ, ɪnˈtaɪətɪ, en-] *s* helhet [*in its* ~]; fullständighet
entitle [ɪnˈtaɪtl, en-] *vb tr* **1** betitla, benämna, kalla; rubricera; titulera; *a book ~d…* en bok med titeln… **2** berättiga [~ *a p. to* [*do*] *a th.*]; ~ *a p. to* äv. ge ngn rätt till (att); *be ~d to* vara berättigad till (att), ha rätt till (att); *be ~d to a vote* vara röstberättigad
entity [ˈentətɪ] *s* **1** enhet [*political* ~] **2** [enhetligt] begrepp **3** väsen
entomb [ɪnˈtuːm, en-] *vb tr* begrava, jorda
entomologist [ˌentə(ʊ)ˈmɒlədʒɪst] *s* entomolog; insektssamlare
entomology [ˌentə(ʊ)ˈmɒlədʒɪ] *s* entomologi
entourage [ˌɒntʊˈrɑːʒ] *s* fr. **1** omgivning[ar] [*in the* ~ *of the clubhouse*], miljö **2** följe, svit [*the Queen with her* ~], följeslagare; omgivning
en-tout-cas [ɑːnˈtuːkɑː, ɒnˈtˈ] *s* fr. **1** i tennis entoutcasbana **2** en-tout-cas kombinerat parasoll och paraply
entrails [ˈentreɪlz] *s pl* **1** inälvor, innanmäte, tarmar **2** inre [delar] [*the* ~ *of a machine*]
1 entrance [ˈentr(ə)ns] *s* **1** ingång [*the* ~ *to the house*], entré [*the main* ~]; uppgång; infart[sväg]; sjö. inlopp [*the* ~ *to* (*of*) *the harbour*]; [flod]mynning; början; *separate* (*private*) ~ egen ingång **2** inträde [*her* ~ *into the room*], inträdande; entré; intåg, inmarsch [*the* ~ *of the army into the city*]; sjö. inlöpande; *an impressive* ~ en imponerande entré; *force an* ~ *into the house* [med våld] bereda sig tillträde till huset, bryta sig in i huset; *make one's* ~ a) träda in, göra sin entré b) hålla sitt intåg; *pay one's* ~ [*fee*] betala entré[avgift] (inträde[savgift]) **3** inträde, tillträde [~ *into a club*]; ~ *free* fritt inträde **2 entrance** [ɪnˈtrɑːns, en-] *vb tr* hänföra, hänrycka, överväldiga [~*d with* (*av*) *joy*]
entrance examination [ˈentr(ə)nsɪɡˌzæmɪˈneɪʃ(ə)n] *s* inträdesprov
entrance fee [ˈentr(ə)nsfiː] *s* **1** inträdesavgift, entréavgift **2** anmälningsavgift; inskrivningsavgift
entrance hall [ˈentr(ə)nshɔːl] *s* hall, entré
entrance money [ˈentr(ə)nsˌmʌnɪ] *s* inträdesavgift
entrant [ˈentr(ə)nt] *s* **1** inkommande (inkommen) person [*every* ~ *was handed a card*]; nytillträdande **2** [anmäld] deltagare, tävlande; aspirant

entrap [ɪn'træp, en-] *vb tr* **1** fånga [i en fälla] [~ *a lion*]; snärja äv. bildl. **2** förleda, lura [~ *a p. into doing* (att göra) *a th.*]
entreat [ɪn'triːt, en-] *vb tr* bönfalla, besvärja, enträget (ivrigt) be [~ *a p. to do a th.*; *I* ~ *you to help him*]
entreaty [ɪn'triːtɪ, en-] *s* enträgen bön (begäran, anhållan) [*at my* ~], ivrig bön
entrecôte ['ɑːntrəkəʊt, ɒn-] *s* kok. (fr.) entrecote
entrée ['ɑːntreɪ, ɒn-] *s* kok. (fr.) a) entréerätt, förrätt b) rätt vid finare middag som serveras mellan fisk- och kötträtten c) isht amer. huvudrätt
entrench [ɪn'tren(t)ʃ, en-] **I** *vb tr* **1** mil. gräva [skytte]värn (skyttegravar) kring, befästa [~ *a town*]; ~ *oneself* förskansa sig, gräva ner sig **2** bildl. fast förankra, befästa; ~ *oneself* skaffa sig säkert fotfäste **II** *vb itr*, ~ *upon* inkräkta på
entrenchment [ɪn'tren(t)ʃmənt, en-] *s* befästning, förskansning; värn, skyttegrav
entrepreneur [,ɑːntrəprə'nɜː, ɒn-] *s* **1** företagare; entreprenör **2** mellanhand
entrust [ɪn'trʌst, en-] *vb tr*, ~ *a th. to a p.* el. ~ *a p. with a th.* anförtro ngn ngt (ngt åt ngn)
entry ['entrɪ] *s* **1** inträde [*the* ~ *of China into* (i) *world politics*], inträdande; intåg, inmarsch [*the* ~ *of the troops into* (i) *the town*], inresa [~ *into* (till) *a country*]; inträngande; tillträde [*gain* (få) ~ *to the club*]; *No E~* tillträde förbjudet!; trafik. förbud mot infart **2** isht amer. a) ingång, dörr, port [*the* ~ *to* (*of*) *a house*]; infart[sväg] [*the entries to* (*of*) *the city*] b) farstu **3** anteckning, notering [*an* ~ *in one's diary*], införande; [införd] post; notis; *double* (*single*) ~ dubbel (enkel) bokföring **4** [insänt] tävlingsbidrag [äv. *competition* ~] **5** uppslagsord, stickord; artikel i lexikon el. uppslagsverk; *main* ~ huvudartikel **6** tulldeklaration, tullangivning; *port of* ~ tullhamn **7 a)** lista över [anmälda] deltagare (ekipage), deltagarlista, anmälningslista [*the* ~ *for the race*], antal anmälda, deltagande [*there was a large* ~ *for the race*] **b)** anmäld deltagare, anmälning, tävlande; *entries close* [*19th May*] anmälningstiden utgår...
entry fee ['entrɪfiː] *s* o. **entry money** ['entrɪ,mʌnɪ] *s* anmälningsavgift
entry permit ['entrɪ,pɜːmɪt] *s* inresetillstånd
entry phone ['entrɪfəʊn] *s* porttelefon
entwine [ɪn'twaɪn, en-] *vb tr* **1** fläta (tvinna) ihop (samman) **2** fläta om, vira om [*with* med; ~ *a th.* round (*about*) *another*]
enumerate [ɪ'njuːməreɪt] *vb tr* **1** räkna upp [*he* ~*d all the counties of England*]; nämna **2** räkna
enumeration [ɪ,njuːmə'reɪʃ(ə)n] *s* **1** uppräkning, uppräknande **2** förteckning, lista **3** räkning

enunciate [ɪ'nʌnsɪeɪt, -nʃɪeɪt] **I** *vb tr* **1** uttala [*he* ~*s his words distinctly*] **2** formulera, utforma [~ *a new theory*], uppställa [~ *principles*]; uttrycka **II** *vb itr* artikulera; ~ *clearly* ha ett tydligt uttal
enunciation [ɪ,nʌnsɪ'eɪʃ(ə)n] *s* **1** uttal, artikulation **2** formulering, utformning [*the* ~ *of a proposition*], uppställande
envelop [ɪn'veləp, en-] *vb tr* svepa in, linda in [*a baby* ~*ed in a shawl*]; hölja [*hills* ~*ed in mist*]
envelope ['envələʊp, 'ɒn-] *s* kuvert
enviable ['envɪəbl] *adj* avundsvärd
envious ['envɪəs] *adj* avundsjuk [*of* på, över], avundsam, missunnsam [*of* mot]
environment [ɪn'vaɪər(ə)nmənt, en-] *s* **1** miljö, levnadsförhållanden [*study the* ~[*s*] *of different classes of people*], livsvillkor; förhållanden [*social, moral and religious* ~]; ~ *conference* miljövårdskonferens; *Secretary of State for the E~* i Storbritannien, ung. miljöminister; *the Department of the E~* i Storbritannien, ung. miljödepartementet **2** omgivning[ar]
environmental [ɪn,vaɪər(ə)n'mentl, en-] *adj* miljöbetingad; miljö- [~ *changes*; ~ *problems*]; ~ *control* (*protection*) miljövård (miljöskydd); ~ *engineer* miljötekniker; ~ *party* miljöparti; ~ *pollution* miljöförstöring, nedsmutsning av miljön
environmentalism [ɪn,vaɪər(ə)n'mentəlɪzm, en-] *s* **1** miljövård **2** psykol. betonande av miljöns betydelse för individens utveckling
environmentalist [ɪn,vaɪər(ə)n'mentəlɪst, en-] *s* miljövårdare, miljövän, miljöaktivist
environment-friendly [ɪn'vaɪər(ə)nmənt,frendlɪ] *s* miljövänlig
environs [ɪn'vaɪər(ə)nz, en-] *s pl* omgivningar, omnejd
envisage [ɪn'vɪzɪdʒ, en-] *vb tr* **1** betrakta, se på [*I had not* ~*d the matter in that light*]; tänka sig, föreställa sig **2** förutse, räkna med
envoy ['envɔɪ] *s* sändebud; ~ [*extraordinary and plenipotentiary*] [extraordinär och befullmäktigad] envoyé, minister
envy ['envɪ] **I** *s* avund, avundsjuka [*of a p.* mot ngn; *of* (*at*) *a th.* över ngt]; missunnsamhet; *his new car is the* ~ *of all his friends* alla hans vänner avundas honom hans nya bil **II** *vb tr* avundas, missunna
enzyme ['enzaɪm] *s* kem. enzym
eon ['iːən, 'iːɒn] *s* se *aeon*
epaulet[**te**] [,epə'let] *s* epålett
épée ['epeɪ, -'-] *s* fäktn. värja
ephedra ['efədrɪn] *s* o. **ephedrine** ['efədriːn, -drɪn] *s* med. efedrin
ephemeral [ɪ'femər(ə)l, -'fiːm-] *adj* efemär, dagsländelik, kortlivad, flyktig
Ephesian [ɪ'fiːʒən, -iːzjən] **I** *adj* efesisk **II** *s* efes[i]er; [*the Epistle to the*] ~*s* (konstr. ss. sg.) Efes[i]erbrevet

epic ['epɪk] I *adj* **1** litt. episk **2** enorm; storslagen II *s* litt. epos, episk dikt; *national* ~ nationalepos
epicentre ['epɪsentə] *s* o. **epicentr|um** ['epɪsentr|əm, ˌ--'--] (pl. *-ums* el. *-a* [-ə]) *s* geol. epicentrum
epicure ['epɪkjʊə] *s* finsmakare, gourmet
epicurean [ˌepɪkjʊ(ə)'riːən] I *adj* **1** epikureisk; bildl. äv. njutningslysten **2** utsökt [~ *delicacies*], lukullisk [*an* ~ *feast*] II *s* epikuré; bildl. äv. njutningsmänniska
epidemic [ˌepɪ'demɪk] I *adj* epidemisk; *become* ~ bildl. sprida sig som en epidemi II *s* epidemi [*an influenza* ~], farsot, epidemisk sjukdom
epidermis [ˌepɪ'dɜːmɪs] *s* anat. överhud, epidermis
epidural [ˌepɪ'djʊərəl] *s* med., ~ [*anaesthesia*] epiduralblockad
epiglottis [ˌepɪ'glɒtɪs] *s* anat. struplock, epiglottis
epigram ['epɪgræm] *s* epigram
epigrammatic [ˌepɪgrə'mætɪk] *adj* o.
epigrammatical [ˌepɪgrə'mætɪk(ə)l] *adj* epigrammatisk, kort och uttrycksfull; uddig
epigraph ['epɪgrɑːf, -græf] *s* **1** inskrift isht på byggnad, staty o.d. **2** motto i början av bok el. kapitel
epilepsy ['epɪlepsɪ] *s* med. epilepsi
epileptic [ˌepɪ'leptɪk] I *adj* epileptisk II *s* epileptiker
epilogue ['epɪlɒg] *s* epilog
Epiphany ['ɪpɪfənɪ, e'p-] *s* **1** [*the*] ~ trettondagen, trettondag jul **2** *e~* [gudomlig] uppenbarelse
episcopal [ɪ'pɪskəp(ə)l, e'p-] *adj* biskops-, biskoplig; episkopal
episcopate [ɪ'pɪskə(ʊ)pət, e'p-] *s* **1** episkopat, biskopsämbete, biskopsvärdighet **2** biskopsstift **3** *the* ~ episkopatet, biskoparna
episode ['epɪsəʊd] *s* **1** episod, händelse **2** episod, avsnitt, del av film, TV- el. radiopjäs [*a TV series of 10* ~*s*]; bihandling i litterärt verk
epistle [ɪ'pɪsl] *s* epistel äv. skämts. om brev; brev [*the E~ of Paul to the Romans*]
epistolary [ɪ'pɪst(ə)lərɪ, e'p-] *adj* brev-; i brevform; skriftlig; ~ *style* brevstil
epitaph ['epɪtɑːf, -tæf] *s* gravskrift, inskrift (inskription) på gravsten, epitaf[ium]
epithet ['epɪθet, -ɪt] *s* **1** epitet [*in 'Alfred the Great' the* ~ *is 'the Great'*] **2** skymford, skällsord
epitome [ɪ'pɪtəmɪ, e'p-] *s* **1** sammandrag, koncentrat; kortfattad redogörelse (skildring), resumé **2** *be the* ~ *of* vara typisk (ett typiskt uttryck) för, personifiera
epitomize [ɪ'pɪtəmaɪz, e'p-] *vb tr* utgöra en sammanfattning (ett koncentrat) av; vara typisk (urtypen) för, personifiera, representera

EPNS förk. för *electroplated nickel silver*
epoch ['iːpɒk] *s* epok, tid, [tids]skede; *mark an* ~ (*a new* ~) bilda epok
epoch-making ['iːpɒkˌmeɪkɪŋ] *adj* epokgörande
epoxy [ɪ'pɒksɪ] *adj* kem. epoxi- [~ *lacquer*]; ~ [*resin*] epoxiharts
Epsom ['epsəm] geogr. egenn., stad i Surrey, bekant genom de stora årliga kapplöpningarna Derby o. Oaks se d.o.; ~ *salt*[*s*] epsomsalt, bittersalt, engelskt salt
equable ['ekwəbl, 'iːk-] *adj* jämn [*an* ~ *climate* (*temper*)]; lugn, harmonisk [*an* ~ *temperament*]; enhetlig om stil; likformig, regelbunden
equal ['iːkw(ə)l] I *adj* **1** lika [*two and two are* (*is*) ~ *to* (med) *four*; *all men are* ~ *before the law*]; lika stor [*to* som; *in* ~ *parts*]; samma [*of* ~ *size* (*value*)]; jämlik; jämställd, jäm[n]god [*to* (*with*) med]; jämn [*an* ~ *match*]; likvärdig; lika fördelad; *be on an* ~ *footing with* stå på jämlik fot med, vara jämställd (likställd) med; *they are of* ~ *length* de är lika långa (av samma längd); *the principle of* ~ *pay for* ~ *work* likalönsprincipen; *have* ~ *rights* [*with*] ha samma rättigheter [som], vara likaberättigad [med]; *other things being* ~ under i övrigt lika förhållanden **2** *be* ~ *to* bildl. a) motsvara [*the supply is* ~ *to the demand*] b) [kunna] gå i land med, klara av, bemästra, vara duktig nog för [*he is* ~ *to the job*], vara vuxen [*he is* ~ *to the task*] II *s* like, make; jämlike; pl. ~*s* äv. lika [stora] saker; *is he your* ~ *in strength*? är han lika stark som du?; *my* ~*s* mina jämlikar (gelikar) III *vb tr* vara (bli) lik, vara jämlik med, kunna mäta sig (jämföras) med, vara i jämnhöjd med, komma upp till, tangera [~ *the world record*]; matem. vara lika med [*two times two* ~ *four*]
equality [ɪ'kwɒlətɪ] *s* **1** likhet; *sign of* ~ likhetstecken **2** jämlikhet; likställighet, likställdhet; likformighet, jämnhet; ~ [*of rights*] likaberättigande; *on an* ~ (*on a footing of* ~) *with* på jämlik fot med
equalize ['iːkwəlaɪz] I *vb tr* utjämna; göra likformig (enhetlig); göra (ställa) lika; likställa II *vb itr* sport. utjämna, kvittera
equalizer ['iːkwəlaɪzə] *s* **1** utjämnare; sport. utjämningsmål, kvitteringsmål **2** på kassettdäck frekvenskorrigering **3** amer. sl. puffra pistol
equally ['iːkwəlɪ] *adv* lika [*they did it* ~ *well*; *divide it* ~ *between them*]; jämnt [*spread* ~ *over the country*]; likaså [~, *we may see that there are real differences*]; ~ [*as*] *important* lika viktig
equal sign ['iːkwəlsaɪn] *s* o. **equals sign** ['iːkwəlzsaɪn] *s* likhetstecken
equanimity [ˌekwə'nɪmətɪ, ˌiːk-] *s* jämnmod, sinneslugn, själsro, jämvikt
equate [ɪ'kweɪt, iː'k-] *vb tr* **1** jämställa,

likställa; ~ *with* äv. sätta likhetstecken mellan...och, anse...vara liktydig med [~ *freedom with happiness*] **2** göra lika, få att överensstämma [*to* med]
equation [ɪ'kweɪʒ(ə)n, -eɪʃ(ə)n] *s* **1** vanl. matem. ekvation [~ *of the first degree*] **2** jämvikt[stillstånd]; *the human* ~ den mänskliga faktorn
equator [ɪ'kweɪtə] *s* ekvator
equatorial [ˌekwə'tɔːrɪəl, ˌiːk-] *adj* ekvatorial [~ *belt*], ekvators- [~ *region*]
equerry ['ekwərɪ] *s* [hov]stallmästare
equestrian [ɪ'kwestrɪən, e'k-] **I** *adj* rid- [~ *skill*]; ryttar- [*an* ~ *statue*]; ~ *sports* hästsport **II** *s* ryttare, ryttarinna; konstberidare
equidistant [ˌiːkwɪ'dɪst(ə)nt] *adj* lika avlägsen [*from*]; med samma avstånd
equilateral [ˌiːkwɪ'læt(ə)r(ə)l] *adj* liksidig
equilibri|um [ˌiːkwɪ'lɪbrɪ|əm] (pl. *-a* [-ə] el. *-ums*) *s* jämvikt, jämviktsläge äv. bildl.
equine ['ekwaɪn, 'iːk-] *adj* häst-
equinoctial [ˌiːkwɪ'nɒkʃ(ə)l, ˌek-] **I** *adj* **1** dagjämnings- **2** ekvatorial-, tropisk **II** *s*, ~ [*line*] himmelsekvator
equinox ['iːkwɪnɒks, 'ek-] *s* **1** dagjämning; *autumnal* ~ höstdagjämning; *vernal* (*spring*) ~ vårdagjämning **2** dagjämningspunkt
equip [ɪ'kwɪp] *vb tr* **1** utrusta, rusta [*with*]; ~ *with* äv. förse med; *be ~ped with* äv. ha, äga [*he is ~ped with common sense*] **2** styra ut, ekipera; ~ *oneself in* äv. klä sig i **3** göra rustad [~ *a p.* (*oneself*) *for a task*]
equipment [ɪ'kwɪpmənt] *s* **1** utrustande, utrustning **2** utrustning äv. bildl. [*intellectual* ~]; nödiga tillbehör (persedlar), förnödenheter, rekvisita, ekipering; mil. mundering; materiel; artiklar [*sports* ~]; anläggning [*hi-fi* ~]
equipoise ['ekwɪpɔɪz, 'iːk-] *s* jämvikt; motvikt
equitable ['ekwɪtəbl] *adj* om handling o.d. rättvis; skälig, billig
equity ['ekwətɪ] *s* **1** [rätt och] billighet, rättfärdighet, rättvisa **2** jur. sedvanerätt som kompletterar *common law*; *court of* ~ domstol som tillämpar sedvanerätt **3** pl. *equities* hand. stamaktier **4** *E~* (*Actors' E~ Association*) ung. Skådespelarförbundet
equivalence [ɪ'kwɪvələns] *s* likvärdighet, motsvarighet; ekvivalens äv. kem., fys. el. elektr.
equivalent [ɪ'kwɪvələnt] **I** *adj* **1** likvärdig, jämförlig, överensstämmande [*to* med]; av samma värde; fys. el. kem. ekvivalent **2** likbetydande, synonym **II** *s* **1** motsvarande värde **2** motvarighet [*of*, *to* till], ekvivalent; *be the* ~ *of* äv. motsvara **3** kem., fys. el. elektr. ekvivalent
equivocal [ɪ'kwɪvək(ə)l] *adj* dubbeltydig, tvetydig
equivocate [ɪ'kwɪvəkeɪt] *vb itr* avsiktligt

uttrycka sig tvetydigt; slingra sig; sväva på målet
equivocation [ɪˌkwɪvə'keɪʃ(ə)n] *s* **1** tvetydigt uttryckssätt för att vilseleda; undanflykt, undvikande svar **2** dubbeltydighet, tvetydighet
ER (förk. för *Eduardus Rex* lat.) konung Edvard VII o. VIII; (förk. för *Elizabeth Regina* lat.) drottning Elisabet II
er [ɜː, ə, ʌː] *interj* hm
era ['ɪərə, amer. äv. 'erə] *s* **1** era, epok; tidevarv, tidsskede, tidsålder; tid [*the Victorian* ~] **2** tideräkning
eradicate [ɪ'rædɪkeɪt] *vb tr* utrota, lyckas bekämpa (få bukt med) [~ *crime*]
eradication [ɪˌrædɪ'keɪʃ(ə)n] *s* utrotning
erase [ɪ'reɪz] *vb tr* radera äv. ljudband; radera (sudda, stryka) ut (bort), skrapa bort; utplåna äv. bildl. [~ *a th. from one's* (*the*) *memory*]
eraser [ɪ'reɪzə] *s* radergummi, kautschuk; raderkniv, skrapkniv
erasing [ɪ'reɪzɪŋ] *s* radering, bortskrapning; ~ *head* raderhuvud på bandspelare; ~ *key* radertangent på skrivmaskin; ~ *knife* raderkniv, skrapkniv
erasure [ɪ'reɪʒə] *s* **1** [ut]radering, utstrykning **2** raderat ställe, radering
ere [eə] åld. o. poet. **I** *prep* före i tiden; ~ *this* (*now*) tidigare, hittills, härförinnan; ~ *long* inom kort **II** *konj* **1** innan, förrän **2** hellre än att
erect [ɪ'rekt] **I** *adj* upprätt, rak [*walk* ~], [upprätt]stående [~ *position*]; [upp]rest; upplyft om hand; högburen [*with one's head* ~]; fysiol. erigerad, styv **II** *vb tr* **1** resa [~ *a statue*], uppföra [~ *a building*]; bygga [upp] **2** resa [upp], ställa upprätt **3** upprätta, inrätta, bilda, grunda
erectile [ɪ'rektaɪl] *adj* erektil med erektionsförmåga
erection [ɪ'rekʃ(ə)n] *s* **1** uppförande, byggande; uppställande; montering **2** [upp]resande **3** upprättande, inrättande **4** fysiol. erektion **5** konkr. byggnad, konstruktion [*a wooden* ~]
erectness [ɪ'rektnəs] *s* **1** upprätt ställning **2** bildl. rakryggad hållning
erg [ɜːg] *s* fys. erg
ergo ['ɜːgəʊ] *adv* skämts. alltså, ergo
ergonomic [ˌɜːgə'nɒmɪk] *adj* ergonomisk
ergonomics [ˌɜːgə(ʊ)'nɒmɪks] (konstr. vanl. ss. sg.) *s* ergonomi
Eric ['erɪk] mansnamn; ss. kunganamn o. helgonnamn Erik
Erie ['ɪərɪ] geogr.; *Lake* ~ Eriesjön
Erin ['erɪn, 'ɪərɪn] Erin poet. namn på Irland; *son of* ~ irländare
ERM (förk. för *Exchange Rate Mechanism*) ERM

ermine ['ɜ:mɪn] *s* **1** zool. hermelin, lekatt **2** hermelin[sskinn]
Ernest ['ɜ:nɪst, -əst] mansnamn
erode [ɪ'rəʊd, e'r-] **I** *vb tr* **1** fräta (nöta) bort; nöta på, fräta sönder; geol. erodera [*water ~s the rocks*] **2** bildl. fräta (tära, nöta) på; undergräva **II** *vb itr* **1** frätas [bort (sönder)], eroderas **2** bildl. undergrävas, försämras
erogenous [ɪ'rɒdʒɪnəs] *adj* fysiol. erogen [*~ zone*]
Eros ['ɪərɒs, 'erɒs] mytol. el. astron.
erosion [ɪ'rəʊʒ(ə)n, e'r-] *s* frätning äv. bildl.; bortfrätande; nötning, sönderfrätning; geol. erosion; urholkande äv. bildl.; *soil ~* jorderosion
erosive [ɪ'rəʊsɪv, e'r-] *adj* frätande, frätnings-; geol. eroderande, erosions-
erotic [ɪ'rɒtɪk, e'r-] **I** *adj* erotisk **II** *s* erotiker
erotica [ɪ'rɒtɪkə, e'r-] *s* erotisk litteratur (konst)
eroticism [ɪ'rɒtɪsɪz(ə)m, e'r-] *s* o. **erotism** ['erətɪz(ə)m] *s* **1** erotisk natur (läggning) **2** erotiskt inslag, erotik [*the ~ in his poetry*] **3** erotisk drift; *anal ~* analerotik
erotogenic [ɪˌrɒtə(ʊ)'dʒenɪk] *adj* erogen [*~ zone*]
erotomania [ɪˌrɒtə(ʊ)'meɪnɪə] *s* erotomani
err [ɜ:] *vb itr* **1** missta sig, ta fel (miste) **2** fela [*to ~ is human*]; *~ on the side of caution* vara alltför (överdrivet) försiktig; vara försiktig i överkant
errand ['er(ə)nd] *s* ärende, uppdrag; *run (go) [on] ~s* springa (gå) ärenden; *go (be sent) on a fool's ~* gå (skickas) förgäves (i onödan) i ett ärende
errand boy ['er(ə)n(d)bɔɪ] *s* springpojke äv. bildl.
errand girl ['er(ə)n(d)gɜ:l] *s* springflicka
erratic [ɪ'rætɪk, e'r-] *adj* **1** oregelbunden; planlös; ojämn, ryckig [*~ driving*] **2** oberäknelig, nyckfull
erratum [e'rɑ:təm, ɪ'r-, -'reɪt|əm] (pl. *-a* [-ə]) *s* **1** tryckfel, skrivfel **2** rättelse
erroneous [ɪ'rəʊnjəs, e'r-] *adj* felaktig, oriktig
error ['erə] *s* fel, oriktighet, felaktighet; misstag; villfarelse; jur. formfel; [*do a th.*] *in ~* ...av misstag; *be in ~* a) ta fel, missta sig b) vara fel, inte stämma [*the map is in ~*]; *~ in calculation* räknefel, felräkning; *~ of (in) judgement* a) felbedömning b) missgrepp, omdömesfel
ersatz ['eəzæts, 'ɜ:sɑ:ts] ty. **I** *s* surrogat **II** *adj* surrogat- [*~ coffee*]; *~ leather* konstläder
erstwhile ['ɜ:stwaɪl] *adj* förutvarande
erudite ['erʊdaɪt, -rjʊ-] *adj* lärd; bildl. äv. akademisk; boklärd
erudition [ˌerʊ'dɪʃ(ə)n, -rjʊ-] *s* lärdom, högre bildning isht humanistisk
erupt [ɪ'rʌpt, e'r-] *vb itr* **1** ha (få) utbrott [*the volcano ~ed*]; *~ with* (av) *anger*] **2** med. slå ut [*pimples ~ed all over his skin*]

eruption [ɪ'rʌpʃ(ə)n, e'r-] *s* **1** utbrott; geol. äv. eruption; *the volcano is in [a state of] ~* vulkanen har utbrott **2** med., [*skin*] *~* [hud]utslag
erysipelas [ˌerɪ'sɪpələs] *s* med. erysipelas, ros[feber]
Esau ['i:sɔ:] bibl.
escalate ['eskəleɪt] *vb tr* o. *vb itr* trappa[s] upp, eskalera; öka[s], växa
escalation [ˌeskə'leɪʃ(ə)n] *s* upptrappning, eskalering
escalator ['eskəleɪtə] *s* rulltrappa
escalope ['eskəlɒp, e'skæləp] *s* kok. tunn skiva kött (ibl. fisk); kalvschnitzel; wienerschnitzel
escapade [ˌeskə'peɪd, '---] *s* snedsprång, eskapad; upptåg, [pojk]streck, tilltag
escape [ɪ'skeɪp, e-] **I** *vb itr* **1** [lyckas] fly, rymma [*from, out of* från, ur]; undkomma, komma (slippa, klara sig) undan [*~ with one's life*]; *an ~d convict* en förrymd straffånge **2** om vätskor, gas o.d. rinna (strömma, läcka) ut, ta sig ut **II** *vb tr* **1** undgå, slippa [undan (ifrån)] [*~ punishment*]; undkomma, klara sig undan [*~ the police*]; *~ observation (being seen)* undgå att bli sedd; *he narrowly ~d drowning* han räddade (klarade) sig med knapp nöd från att drunkna **2** undgå [ngns uppmärksamhet]; *it ~d me (my notice)* det undgick mig (min uppmärksamhet), jag märkte (hörde, såg) det inte; *his name ~s me* jag kan inte komma på vad han heter **III** *s* **1** rymning, flykt; räddning [*~ from the shipwreck*]; tillflykt; *have a narrow ~ [from a th.]* slippa (komma) undan [ngt] med knapp nöd; *that was a narrow ~!* det var nära ögat! **2** utströmning av vatten, gas o.d.; läcka [*there is an ~ of gas*]
escape artist [ɪ'skeɪp,ɑ:tɪst] *s* utbrytarkung
escape clause [ɪ'skeɪpklɔ:z] *s* undantagsklausul, undantagsbestämmelse; kryphål i kontrakt o.d.
escapee [ˌeskeɪ'pi:] *s* rymling, rymmare
escape hatch [ɪ'skeɪphætʃ] *s* **1** nödutgång[slucka] på flygplan m.m.; uppstigningslucka på ubåt **2** bildl. flykt[möjlighet] [*from* undan]
escape mechanism [ɪ'skeɪpˌmekənɪzm] *s* psykol. flyktmekanism
escapement [ɪ'skeɪpmənt] *s* gång, spärrhake i ur
escape route [ɪ'skeɪpru:t] *s* flyktväg
escapism [ɪ'skeɪpɪz(ə)m] *s* eskapism, verklighetsflykt
escapist [ɪ'skeɪpɪst] *s* eskapist
escapologist [ˌeskə'pɒlədʒɪst] *s* utbrytarkung
escarpment [ɪ'skɑ:pmənt] *s* brant sluttning
eschatology [ˌeskə'tɒlədʒɪ] *s* teol. eskatologi
eschew [ɪs'tʃu:] *vb tr* undvika, avhålla sig från [*~ wine (evil)*], undfly, sky
escort [ss. subst. 'eskɔ:t, ss. vb ɪ'skɔ:t, e-] **I** *s*

1 eskort [*police* ~; *travel under* ~ (*under the* ~ *of*)]; [väpnat] följe, skydd; hedersvakt; vaktare [*he eluded his* ~], skyddsvakt **2** kavaljer [*her* ~ *for* (på) *the dance tonight*] **3** ss. attr. eskort-; ~ *carrier* eskorthangarfartyg; ~ *fighter* eskortjaktplan II *vb tr* **1** eskortera, ledsaga, följa **2** vara kavaljer åt
escutcheon [ɪ'skʌtʃ(ə)n, e-] *s* vapensköld
ESE (förk. för *east-south-east*) ostsydost
Eskimo ['eskɪməʊ] (pl. ~*s* el. lika) *s* **1** eskimå; ~ *dog* grönlandshund, eskimåhund **2** eskimåiska språk
ESL förk. för *English as a Second Language*
esopha|gus [ɪ'sɒfə|gəs] (pl. -*gi* [-gaɪ el. -dʒaɪ] el. -*guses*) *s* isht amer., se *oesophagus*
esoteric [ˌesə(ʊ)'terɪk, ˌiːs-] *adj* o. **esoterical** [ˌesə(ʊ)'terɪk(ə)l, ˌiːs-] *adj* esoterisk om lära o.d.; om möte, motiv o.d. mystisk; svårbegriplig
ESP **1** förk. för *extrasensory perception* **2** förk. för *English för Specific* (*Special*) *Purposes*
espadrille [ˌespə'drɪl] *s* espadrill slags tygsko
espalier [ɪ'spæljə, -'spælɪeɪ] *s* **1** spaljé **2** spaljéträd
especial [ɪ'speʃ(ə)l, e-] *adj* särskild, speciell [*of* ~ *value*]; synnerlig; *in* ~ i synnerhet, framför allt
especially [ɪ'speʃ(ə)lɪ, e-] *adv* särskilt, speciellt; i synnerhet, framför allt; synnerligen; ~ *as* äv. allra helst som; *more* ~ i all synnerhet
Esperanto [ˌespə'ræntəʊ, -'rɑːn-] *s* esperanto
espionage [ˌespɪə'nɑːʒ, '----] *s* spioneri, spionage
esplanade [ˌesplə'neɪd, -'nɑːd] *s* **1** promenad[plats], strandpromenad **2** mil. esplanad
espousal [ɪ'spaʊz(ə)l, e-] *s* omfattande, hyllande [~ *of a principle*], stödjande [~ *of a cause*]
espouse [ɪ'spaʊz, e-] *vb tr* omfatta, hylla [~ *a principle*], ansluta sig till [~ *a p.'s opinion*]; ~ *a p.'s cause* ta sig an (stödja) ngns sak
espresso [e'spresəʊ] (pl. ~*s*) *s* **1** espresso[kaffe]; *two* ~*s* två espresso **2** ~ [*bar*] espressobar
espy [ɪ'spaɪ, e-] *vb tr* urskilja, skymta, [lyckas] få syn på; upptäcka, få ögonen på fel o.d.
Esq. [ɪ'skwaɪə, e-] (förk. för *Esquire*) herr [i brevadress; *John Miller* ~]; *John Miller, ~, Ph.D.* Fil. dr John Miller
esquire [ɪ'skwaɪə, e-] *s* herr, se *Esq.*
essay [ss. subst. 'eseɪ, ss. vb e'seɪ, 'eseɪ] **I** *s* essä, uppsats; kort avhandling, studie [*on* om, över:] **II** *vb tr* försöka sig på [~ *a task*]
essayist ['eseɪɪst] *s* essäist, essäförfattare
essence ['esns] *s* **1** [innersta] väsen, väsende, innersta natur [*the* ~ *of Socialism*]; väsentlig egenskap, grunddrag, grundbeståndsdel; *the* ~ äv. det väsentliga (centrala) [*of* i], kontentan, andemeningen [*the* ~ *of a lecture*];

in ~ i huvudsak; i själva verket **2** essens; extrakt
essential [ɪ'senʃ(ə)l, e's-] **I** *adj* **1** väsentlig, nödvändig, oumbärlig [*to* för; *for* i och för] **2** verklig, egentlig; inre [*the* ~ *man*]; inneboende [*his* ~ *selfishness*]; ~ *difference* väsensskillnad **II** *s* väsentlighet [*concentrate on* ~*s*]; grunddrag [*of* i]; *the* ~*s of* äv. det väsentliga i; *in all* ~*s* på alla väsentliga punkter, i allt väsentligt
essentially [ɪ'senʃ(ə)lɪ, e's-] *adv* **1** väsentligen, i allt väsentligt; i huvudsak; i själva verket **2** väsentligt, i hög grad [*contribute* ~ *to...*]
Essex ['esɪks] geogr.
EST förk. för *Eastern Standard Time, electroshock treatment*
est. förk. för *established, estimated, estuary*
establish [ɪ'stæblɪʃ, e-] *vb tr* (se äv. *established*) **1** upprätta, grunda, grundlägga, bilda [~ *a new state*] **2** engagera; installera; etablera; ~ *oneself* a) skapa sig en ställning (ett namn) [*as* som] b) etablera sig [*as* som] **3** skapa [~ *a custom*], införa [~ *a rule*], upprätta, knyta [~ *relations*], åstadkomma, få till stånd; stadfästa [~ *a law*]; ~ *law and order* upprätthålla lag och ordning **4** fastställa, bevisa
established [ɪ'stæblɪʃt, e-] *adj* **1** a) fast, fastställd [~ *rules* (*laws*)]; vedertagen, hävdvunnen [*an* ~ *custom*]; stadgad, grundmurad [*an* ~ *reputation*] b) etablerad, erkänd [*an* ~ *artist*], inarbetad [*an* ~ *firm*], konventionell, traditionell [~ *style*], stadgad, rangerad [*the* ~ *citizens*]; *be an* ~ *friend of the family* vara gammal god vän i familjen, vara som barn i huset **2** fastslagen, bevisad, känd, konstaterad; säker **3** ordinarie, fast anställd [~ *civil servants*] **4** stats- [~ *religion*]; härskande; *the E*~ *Church of England* engelska statskyrkan
establishment [ɪ'stæblɪʃmənt, e-] *s* **1** (jfr *establish*) a) upprättande, grundande etc.; tillkomst b) etablerande, etablering etc. c) skapande, införande etc. d) fastställande, fastslående etc. e) erkännande som statskyrka **2** mil. el. sjö. styrka, [manskaps]bestånd, besättning [*be on* (ha) *full* ~]; *naval* ~ flotta; *on a peace* ~ på fredsfot; *on a war* ~ på krigsfot **3** [offentlig] institution, inrättning, anstalt [*an educational* ~] **4** företag, butik [*the various* ~*s of a firm in London*]; fabrik, verk **5** hushåll; *keep* [*up*] *a large* ~ föra stort hus **6** *the E*~ det etablerade (bestående) samhället, etablissemanget; *the* [*Church*] *E*~ statskyrkan
estate [ɪ'steɪt, e-] *s* **1** gods, [lant]egendom; ~ *agent* a) fastighetsmäklare b) godsförvaltare; ~ *agents* äv. fastighetsbyrå; ~ [*car*] herrgårdsvagn, kombi[bil] **2** [*housing*] ~ bostadsområde, bebyggelse; *council* [*housing*] ~ kommunalt bostadsområde;

industrial ~ industriområde, industribebyggelse **3** jur. egendom, ägodelar; tillgångar; **personal** ~ [personlig] lösegendom, lösöre; **real** ~ fast egendom **4** jur. **a)** dödsbo, stärbhus, kvarlåtenskap; förmögenhet; **wind up an** ~ göra boutredning; ~ **duty** förr arvsskatt; ~ **tax** amer. slags arvsskatt **b)** konkursbo, konkursmassa **5** [riks]stånd; pl. ~**s** äv. ständer; **the three** ~**s** [**of the realm**] britt. de tre stånden [dvs. *the Lords Spiritual, the Lords Temporal, the Commons*]

estate-bottled [ɪ'steɪt‚bɒtld, e-] *adj* slottstappad [~ *wines*]

esteem [ɪ'sti:m, es-] **I** *vb tr* **1** [hög]akta, [upp]skatta, värdera **2** anse (betrakta) som **II** *s* [hög]aktning; **hold a p. in** [**high**] ~ högakta (sätta stort värde på) ngn

ester ['estə] *s* kem. ester

Esther ['estə] kvinnonamn; bibl. Ester

esthete ['i:sθi:t, 'es-] *s* etc., se *aesthete* etc.

estimable ['estɪməbl] *adj* aktningsvärd; förtjänstfull, lovvärd

estimate [ss. vb 'estɪmeɪt, ss. subst. 'estɪmət, -meɪt] **I** *vb tr* **1** [upp]skatta, värdera, beräkna (bestämma) värdet av, göra en skattning av, taxera, beräkna, anslå [*at* till; *the amount was* ~*d at £1000*]; **an** ~*d £2 million* uppskattningsvis 2 miljoner pund **2** bedöma **II** *s* **1** [upp]skattning, värdering, beräkning; kalkyl, överslag; beräknad summa; ~ [*of cost* (*costs*)] kostnadsberäkning, kostnadsförslag; **at** (**on**) **a low** (**conservative**) ~ lågt räknat, vid (enligt) en försiktig beräkning; **at** (**on**) **a rough** ~ vid (enligt) en ungefärlig beräkning (skattning), uppskattningsvis **2** bedömning; omdöme, uppfattning, mening [*of* om; *form* (bilda sig) *an* ~ *of a p.'s ability*]

estimation [‚estɪ'meɪʃ(ə)n] *s* **1** uppskattning, aktning **2** uppskattning, värdering, beräkning, kalkyl **3** omdöme, uppfattning; *in popular* ~ enligt den allmänna meningen

Estonia [e'stəʊnjə] geogr. Estland

Estonian [e'stəʊnjən] **I** *adj* estländsk, estnisk **II** *s* **1** est[ländare] **2** estniska språk

estrange [ɪ'streɪn(d)ʒ, e-] *vb tr* göra främmande [*from* för], fjärma; stöta bort [~ *one's friends*]; **become** ~*d* komma ifrån varandra, glida isär

estrangement [ɪ'streɪn(d)ʒmənt, e-] *s* avlägsnande, fjärmande; brytning [*from a p.* med ngn]; kyligt förhållande; främlingskap

estuary ['estjʊərɪ, -tʃʊərɪ] *s* **1** bred [flod]mynning påverkad av tidvattnet **2** havsfjord

ET [‚i:'ti:] förk. för *extraterrestrial II*

ETA förk. för *estimated time of arrival*

et al. [et'æl] lat. **1** (förk. för *et alibi*) och annorstädes **2** (förk. för *et alii*) o.a., och andra

etc. [et'setrə, ɪt-, ət-] ibl. skrivet *&c*, förk. för *et cetera*

etcetera [ɪt'setrə, et-, ət-] **I** *adv* se *et cetera* **II** *s*, pl. ~*s* småsaker; extraposter, diverse

et cetera [et'setrə, ɪt-, ət-] *adv* etcetera (etc.), och så vidare (osv.), med mera (m.m.), och dylikt (o.d.)

etch [etʃ] *vb tr* o. *vb itr* etsa, radera

etcher ['etʃə] *s* etsare

etching ['etʃɪŋ] *s* **1** etsning, radering **2** ss. attr. ets-, rader- [~ *needle*]

ETD förk. för *estimated time of departure*

eternal [ɪ'tɜ:nl] *adj* **1** evig [~ *life*], evärdlig; oföränderlig; oändlig [*the* ~ *wastes of the desert*]; **the E~** den Evige; **the E~ City** den eviga staden Rom **2** vard. evig, evinnerlig, idelig, ständig [*these* ~ *strikes*]; **the** ~ **triangle** [det klassiska] triangelförhållandet (triangeldramat)

eternally [ɪ'tɜ:nəlɪ] *adv* **1** evigt, i all evighet **2** evinnerligt; ideligen, ständigt

eternity [ɪ'tɜ:nətɪ] *s* evighet; ~ **ring** alliansring

ethanol ['eθənɒl] *s* kem. etanol, etylalkohol

Ethel ['eθ(ə)l] kvinnonamn

ether ['i:θə] *s* kem. el. radio. m.m. eter

ethereal [ɪ'θɪərɪəl] *adj* **1** eterisk; lätt, luftig; skir; översinnlig **2** kem. eter-; eterartad, eterhaltig

ethic ['eθɪk] *s* etik [*the Christian* ~]; moral[inställning] [*personal* ~]

ethical ['eθɪk(ə)l] *adj* **1** etisk, moralisk, sedlig **2** receptbelagd [~ *drugs*]

ethics ['eθɪks] *s* **1** (konstr. ss. sg. el. pl.) etik, etiska principer, moral **2** (konstr. ss. sg.) etiklära, sedelära, morallära [~ *is a branch of philosophy*]

Ethiopia [‚i:θɪ'əʊpjə] geogr. Etiopien

Ethiopian [‚i:θɪ'əʊpjən] **I** *s* etiopier, etiop **II** *adj* etiopisk

ethnic ['eθnɪk] *adj* etnisk; ras-, folk- [~ *minorities*; ~ *groups*]; ~ **Germans** personer tillhörande den tyska (tysktalande) folkgruppen, tyska invandrare; ~ **joke** ung. norgehistoria skämt som bygger på fördomar om viss nationalitet etc.

ethnocentric [‚eθnə(ʊ)'sentrɪk] *adj* etnocentrisk

ethnographic [‚eθnə(ʊ)'græfɪk] *adj* o.

ethnographical [‚eθnə(ʊ)'græfɪk(ə)l] *adj* etnografisk

ethnologic [‚eθnə(ʊ)'lɒdʒɪk] *adj* o.

ethnological [‚eθnə(ʊ)'lɒdʒɪk(ə)l] *adj* etnologisk; *ethnologic frontier* rasgräns

ethnologist [eθ'nɒlədʒɪst] *s* etnolog, folklivsforskare

ethnology [eθ'nɒlədʒɪ] *s* etnologi, [jämförande] folklivsforskning

etiology [‚i:tɪ'ɒlədʒɪ] *s* etiologi

etiquette ['etɪket, ‚etɪ'ket] *s* etikett, umgängesformer, god ton, konvenans

Eton ['i:tn] geogr. egenn.; ~ [**College**] en av Englands mest ansedda *public schools*; ~ **collar** etonkrage bred stärkt krage utanpå rockkragen; ~

crop förr pojkklippt hår på kvinna; ~ ***jacket*** etonjacka, etonkavaj midjekort öppen jacka med breda slag, äv. damplagg
Etonian [ɪ'təʊnjən] **I** s etonelev, etonpojke äv. f. d. elev [*old* ~] **II** *adj* Eton-
et seq. [et'sek] (förk. för *et sequens* lat.) och följande [sida (ord o.d.)], o.f.
étude [eɪ'tju:d] s mus. etyd
etymological [ˌetɪmə'lɒdʒɪk(ə)l] *adj* etymologisk
etymology [ˌetɪ'mɒlədʒɪ] s etymologi
EU [ˌi:'ju:] (förk. för *the European Union*) EU
eucalyptus [ˌju:kə'lɪptəs, jʊk-] s bot. eukalyptus; ~ *oil* eukalyptusolja
Eucharist ['ju:kərɪst] s, **the** ~ nattvarden; nattvardens sakrament; isht hostian
Euclid ['ju:klɪd] **I** Euklides **II** s euklidisk geometri
Eugene ['ju:dʒi:n, -'-, jʊ'ʒeɪn] mansnamn; prinsen Eugen
eugenic [ju:'dʒenɪk, jʊ'dʒ-] *adj* rashygienisk, arvshygienisk, eugenisk
eugenics [ju:'dʒenɪks, jʊ'dʒ-] (konstr. ss. sg.) s rashygien, arvshygien
eulogistic [ˌju:lə'dʒɪstɪk] *adj* o. **eulogistical** [ˌju:lə'dʒɪstɪk(ə)l] *adj* berömmande, lovordande
eulogize ['ju:lədʒaɪz] *vb tr* [lov]prisa, berömma, hålla lovtal över
eulogy ['ju:lədʒɪ] s **1** lovtal, minnestal **2** beröm
eunuch ['ju:nək] s eunuck, kastrat
euphemism ['ju:fəmɪz(ə)m] s eufemism, förskönande (förmildrande) omskrivning
euphemistic [ˌju:fə'mɪstɪk] *adj* eufemistisk
euphonious [ju:'fəʊnjəs, jʊ'f-] *adj* välljudande
euphony ['ju:fənɪ] s välljud, eufoni äv. fonet.
euphoria [jʊ'fɔ:rɪə] s eufori, exalterat lyckorus
euphoric [jʊ'fɔ:rɪk] *adj* euforisk, i ett lyckorus
Euphrates [jʊ'freɪti:z] geogr.; **the** ~ Eufrat
Eurasia [jʊ(ə)'reɪʒə, -'reɪʃə] geogr. Eurasien
Eurasian [jʊ(ə)'reɪʒən, -'reɪʃ(ə)n] **I** *adj* eurasisk **II** s eurasier
Euratom [jʊə'rætəm, jʊər'ætəm] (förk. för *European Atomic Energy Community* Europeiska atomenergigemenskapen) Euratom
eureka [jʊ(ə)'ri:kə] *interj*, ~*!* heureka!, 'jag har [funnit] det!'
eurhythmics [ju:'rɪðmɪks, jʊ'r-] (konstr. vanl. ss. sg.) s rörelserytmik, eurytmi
Euripides [jʊ(ə)'rɪpɪdi:z]
Eurocheque ['jʊərə(ʊ)tʃek] s eurocheck
Eurocrat ['jʊərə(ʊ)kræt] s EG-byråkrat
Eurocurrency ['jʊərə(ʊ)ˌkʌrənsɪ] s eurovaluta
Eurodollar ['jʊərə(ʊ)ˌdɒlə] s ekon. eurodollar
Europe ['jʊərəp] Europa; ibl. kontinenten
European [ˌjʊərə'pi:ən] **I** *adj* europeisk; **the** ~ ***Communities*** (el. ibl. ***Community***) (förk. *EC*) Europeiska gemenskaperna (förk. EG); **the ~ *Defence Community*** Europeiska försvarsgemenskapen; **~ *highway*** Europaväg; **the ~ *Monetary System*** (förk. *EMS*) europeiska valutasystemet mellan vissa EG-länder; **~ *Union*** (förk. *EU*) Europeiska unionen **II** s europé
Europeanize [ˌjʊərə'pi:ənaɪz] *vb tr* europeisera
Eurovision ['jʊərə(ʊ)ˌvɪʒ(ə)n, ˌ--'--] s TV. Eurovision
Eurydice [jʊ(ə)'rɪdɪsɪ] mytol. Eurydike
Euston ['ju:st(ə)n] geogr. egenn., en av Londons viktigaste järnvägsstationer
Eutelsat ['ju:təlsæt] europeisk organisation för telekommunikation via satellit
euthanasia [ˌju:θə'neɪzjə, -eɪʒjə] s eutanasi, dödshjälp
evacuate [ɪ'vækjʊeɪt, i:'v-] *vb tr* **1** evakuera [~ *children*; ~ *an area*]; utrymma [~ *a fort*] **2** tömma [*of* på innehåll; ~ *the bowels*]
evacuation [ɪˌvækjʊ'eɪʃ(ə)n, i:ˌv-] s **1** evakuering; utrymning **2** tömning; uttömning; ~ [*of the bowels*] avföring
evacuee [ɪˌvækjʊ'i:, ˌiːv-] s evakuerad person
evade [ɪ'veɪd] *vb tr* **1** undvika [~ *difficulties*], undgå; försöka slippa (komma) undan (ifrån) [~ *a duty*]; kringgå [~ *the law*], slingra sig ifrån [~ *a question*]; smita från [~ *taxes*] **2** gäcka, trotsa
evaluate [ɪ'væljʊeɪt] *vb tr* utvärdera, evalvera, evaluera, bedöma
evaluation [ɪˌvæljʊ'eɪʃ(ə)n] s utvärdering, evalvering, evaluering
evanescence [ˌevə'nesns, ˌi:v-] s **1** förbleknande, försvinnande **2** flyktighet, kortvarighet
evanescent [ˌevə'nesnt, ˌi:v-] *adj* **1** förbleknande, försvinnande; flyktig, kortvarig **2** försvinnande liten, nästan omärklig **3** skir, luftig, subtil
evangelic [ˌi:væn'dʒelɪk] *adj* o. **evangelical** [ˌi:væn'dʒelɪk(ə)l, ˌev-, -vən-] *adj* evangelisk
evangelist [ɪ'væn(d)ʒəlɪst] s evangelist, väckelsepredikant
evangelistic [ɪˌvæn(d)ʒə'lɪstɪk] *adj* **1** evangelisk **2** missions- [~ *service*], väckelse [~ *movement*]
evanistic [ɪvæ'nɪstɪk] *adj* filos. evanistisk
evaporate [ɪ'væpəreɪt] **I** *vb itr* **1** dunsta [av (bort)], avdunsta, evaporera **2** bildl. försvinna, dunsta [av] **II** *vb tr* **1** komma att (få att, låta) dunsta bort [*heat ~s water*]; förvandla till ånga (gas) **2** torka genom avdunstning [~ *fruit*]; avdunsta; ~*d milk* evaporerad mjölk, kondenserad osötad konserverad mjölk
evaporation [ɪˌvæpə'reɪʃ(ə)n] s avdunstning, evaporation; bortdunstning
evasion [ɪ'veɪʒ(ə)n] s **1** undvikande; försök att slingra sig undan (slippa ifrån); kringgående; ***tax*** ~ se *tax I 1* **2** undanflykt[er]
evasive [ɪ'veɪsɪv] *adj* undvikande, svävande

[*an* ~ *answer*]; *be* ~ äv. komma med undanflykter
evasiveness [ɪ'veɪsɪvnəs] *s* undvikande (undanglidande) karaktär; *his* ~ hans sätt att slingra sig (försöka komma undan)
Eve [i:v] kvinnonamn; bibl. Eva
eve [i:v] *s* **1** mest poet. afton, kväll **2** [helgdags]afton [före *of*]; **Christmas E~** julafton **3** *on the* ~ *of* kvällen (dagen) före [*on the* ~ *of the wedding*]; strax (kort, omedelbart) före
Eveline ['i:vlɪn] kvinnonamn
Evelyn [kvinnonamn 'i:vlɪn, 'evlɪn, mansnamn o. efternamn 'i:v-]
even ['i:v(ə)n] **I** *adj* **1** jämn i olika bet.: a) slät, plan [*an* ~ *surface*]; tekn. grad; vågrät b) enhetlig, likformig [~ *in colour* (*quality*)] c) lugn [*an* ~ *mind* (*temper*)] d) lika [*in* ~ *shares*] e) jämn [~ *and odd* (udda) *numbers* (*pages*)]; rund [*an* ~ *sum*]; ~ *money* jämna pengar; vid vadhållning dubbla summan mot insatsen; ~ *rhythm* jämn rytm; *it's* ~ *Stephen* det är hugget som stucket; *be* ~ bildl. stå (väga) lika [*the chances are* ~]; vara jämspelt [*they are* ~]; ~ *with* i jämnhöjd med, i samma plan som, i rät linje med; om bana parallell med; *keep* ~ *with* hålla jämna steg med **2** *get* ~ *with a p.* a) bli kvitt med ngn b) göra upp (ha en uppgörelse) med ngn; *get* ~ *with a p. for a th.* ge ngn igen för ngt, ta revansch på ngn för ngt **II** *adv* **1** även, också, till och med, redan; i nek. o. fråg. sats ens; *not* ~ inte ens (en gång); ~ *as* a) i samma stund som, just som b) medan ännu; ~ *as a child* redan som barn; ~ *if* även (till och med) om, om också [~ *if I had seen it*]; ~ *now* a) redan nu b) ändå, i alla fall, likafullt [~ *now he won't believe me*]; ~ *so* ändå, i alla fall, trots det, likväl; ~ *then* a) redan då b) ändå, i alla fall, likafullt [~ *then he wouldn't believe me*] **2** förstärkande ja [till och med] [*all the competitors,* ~ *our own, are very fit*]; rent av [*perhaps you have* ~ *lost it*]; själva [~ *the king*] **3** vid komp. ännu, ändå [~ *better*], till och med [~ *more stupid than usual*] **III** *vb tr* **1** ~ *out* jämna ut (till) [~ *out the soil*]; utjämna [~ *out the differences*]; fördela jämnt [~ *out the supply*] **2** ~ *up* utjämna
even-handed ['i:v(ə)n,hændɪd] *adj* opartisk, rättvis
evening ['i:vnɪŋ] *s* **1** kväll, afton äv. bildl. [*the* ~ *of life*]; ~*!* vard. för *good* ~*!* (se *good I 10*); *musical* ~ musikafton, musikalisk soaré; *this* ~ i kväll, i afton; *in the* ~ på kvällen, på (om) kvällarna; *of an* ~ a) en kväll [då och då] b) på (om) kvällarna; *make an* ~ *of it* göra sig en glad kväll (en helkväll); jfr vid. *morning* för ex. **2** ss. attr. kvälls-, afton- [*the* ~ *star*]; ~ *classes* (*school*) kvällskurser; ~ *dress* högtidsdräkt; aftontoalett, aftonklänning; frack; ~ *gown* aftonklänning

evenings ['i:vnɪŋz] *adv* vard. på (om) kvällarna, på kvällen
evenly ['i:v(ə)nlɪ] *adv* **1** jämnt; lika [*divide the money* ~]; likformigt; ~ *matched* jämspelt **2** lugnt
evens ['i:v(ə)nz] *adj* fifty-fifty; vid vadhållning dubbla summan mot insatsen
evensong ['i:v(ə)nsɒŋ] *s* aftonsång, aftonbön, kvällsandakt [*at* (*after*) ~]
event [ɪ'vent] *s* **1** händelse, tilldragelse; evenemang, begivenhet; företeelse; *a great* ~ el. *quite an* ~ en stor händelse, ett [verkligt] evenemang; [*they are expecting*] *a happy* ~ ...en lycklig tilldragelse; *the course* (*run*) *of* ~*s* händelseförloppet, skeendet, händelsernas gång; *in the natural course* (*run*) *of* ~*s* under normala förhållanden, i normala fall **2** fall, händelse; *at all* ~*s* i alla händelser, i varje fall, åtminstone; *in the* ~ *of* (*that*) i händelse av (att); *in any* ~ i alla händelser, i varje fall; *in that* ~ i så fall **3** sport. tävling; [tävlings]gren; *three-day* ~ ridn. fälttävlan **4** *wise after the* ~ efterklok; *in the* ~ till slut, när allt kommer (kom) omkring
eventful [ɪ'ventfʊl, -f(ə)l] *adj* **1** händelserik **2** betydelsefull
eventual [ɪ'ventʃʊəl, -tjʊəl] *adj* **1** slutlig, slutgiltig [*he predicted the* ~ *decay of the system*]; som kom (kommer) till slut [*his* ~ *success*] **2** möjlig, eventuell, möjligen inträffande **3** därav följande [*the drought and* ~ *famine*]
eventuality [ɪˌventʃʊ'ælətɪ, -tjʊ-] *s* möjlighet, eventualitet
eventually [ɪ'ventʃʊəlɪ, -tjʊəlɪ] *adv* slutligen, till slut (sist); omsider, så småningom
ever ['evə] *adv* **1** någonsin [*better than* ~]; *did you* ~*?* vard. har man nånsin sett (hört) på maken?; *hardly* (*scarcely*) ~ nästan aldrig, knappast någonsin; *nothing* ~ *happens* det händer aldrig någonting; *seldom, if* ~ sällan eller aldrig **2** a) spec. rhet.: *as* ~ som alltid, som vanligt [*he came late - as* ~]; *for* ~ för alltid (evigt); jämt [och ständigt] [*he is for* ~ *grumbling*]; *England for* ~*!* leve England!; [*they lived happily*] ~ *after* ...i alla sina dagar; ~ *since* alltsedan, ända sedan [~ *since I left*], så länge [~ *since I can remember*], alltsedan dess [*he has lived there* ~ *since*]; ~ *and again* (litt. *and anon*) då och då, tid efter annan b) i brevslut: *Yours* ~ Din (Er) tillgivne **3** vard., *who* (*why, how, where*) ~ vem (varför, hur, var) i all världen (i all sin dar) **4** vard., förstärkande **a**) *as quickly as* ~ *I can* så fort jag någonsin kan; *before it was* ~ *thought of* innan det alls var påtänkt; ~ *so* hemskt, jätte- [*I like it* ~ *so much*] **b**) efter superl. som någonsin funnits, någonsin; *the greatest film* ~ äv. alla tiders största film **5 a**) framför komp. allt; *an* ~ *greater amount*

en allt (ständigt) större mängd **b**) se sms. med *ever-*
Everest ['evərɪst] egenn. [*Mount* ~]
everglade ['evəɡleɪd] *s* subtropiskt träskområde; *the Everglades* Everglades i Florida; *the E~ State* beteckn. för staten Florida
evergreen ['evəɡriːn] **I** *adj* vintergrön, ständigt grön (frisk) **II** *s* **1** vintergrön (ständigt grön) växt (buske) **2** evergreen, schlager, örhänge
ever-growing [ˌevə'ɡrəʊɪŋ] *adj* ständigt växande
ever-increasing [ˌevərɪn'kriːsɪŋ] *adj* ständigt växande, allt större [och större] [*an* ~ *demand*]
everlasting [ˌevə'lɑːstɪŋ], attr. '--,--] **I** *adj* evig [~ *fame* (*snow*)]; [be]ständig; varaktig; evinnerlig, idelig [~ *complaints*]; ~ *flower* eternell **II** *s* bot. eternell
ever-loving [ˌevə'lʌvɪŋ] *adj* trogen, hängiven; *my* ~ [*wife*] vard. min fru, frugan
evermore [ˌevə'mɔː] *adv* **1** evigt, beständigt, städse; *for* ~ för evigt, i evighet **2** i nek. sats någonsin igen, vidare, längre, [något] mera
Everton [fotbollslag 'evət(ə)n]
every ['evrɪ] *fören indef pron* varje, var, varenda; all; i nek. sats äv. vilken som helst [*not* ~ *child can do that*]; all [tänkbar] [*I wish you* ~ *success*]; *I have* ~ *reason to...* jag har all anledning (alla skäl) att...; ~ *other* (*second*) *day* el. ~ *two days* varannan dag; ~ *three days* el. ~ *third day* var tredje dag; *one child out of* (*in*) ~ *five* [*is ill*] vart femte barn..., ett barn av (på) fem...; ~ *bit as* [*good*] fullt ut (precis) lika...; ~ *one of them* (*us*) varenda en; ~ *now and then* (*again*) då och då, allt emellanåt, en och annan gång; ~ *time* a) var (varje) gång b) jämt c) vard. alla gånger, absolut; [*in*] ~ *way* på alla sätt, på alla sätt [och vis], i alla avseenden; ~ *which way* amer. vard. åt alla [möjliga] håll; huller om buller; ~ *man for himself* rädde sig den som kan
everybody ['evrɪˌbɒdɪ, 'evrɪbədɪ] *självst indef pron* var och en [*there is a chair for* ~], en var, varje människa [~ *has a right to*...], alla [*has* ~ *seen it?*], alla människor [~ *knows that*]; i nek. sats äv. vem som helst; ~ *else* alla andra; *good night,* ~*!* god natt allesammans (allihop)!
everyday ['evrɪdeɪ] *adj* daglig [*in* ~ *speech*]; vardags- [~ *clothes*]; vardaglig, alldaglig
everyone ['evrɪwʌn] *självst indef pron* se *everybody*
everyplace ['evrɪpleɪs] *adv* amer. vard. överallt
everything ['evrɪθɪŋ] *självst indef pron* allt, allting; var (varenda) sak; alltsammans; i nek. sats äv. vad som helst; ~ *but* allt möjligt utom
everywhere ['evrɪweə] *adv* överallt; allmänt [*it is accepted* ~]; i nek. sats äv. var som helst

evict [ɪ'vɪkt] *vb tr* vräka, avhysa; fördriva [*from* från]
eviction [ɪ'vɪkʃ(ə)n] *s* vräkning, avhysning
evidence ['evɪd(ə)ns] **I** *s* **1** bevis, belägg [*of* på, *for* för], stöd [*have you any* ~ *for this statement?*]; tecken [*of* på], vittnesbörd [*of* om]; spår, märke [*of* av, efter]; *bear* (*give*) ~ *of* vittna om, bevisa (se äv. *2*) **2** jur. bevis, bevisning, bevismaterial, vittnesmål, vittnesbörd; inför rätta giltigt vittnesmål; *the* ~ de protokollförda vittnesmålen i ett mål; *circumstantial* ~ jur. indicier; *give* ~ avlägga vittnesmål (vittnesbörd), vittna inför rätta; *turn King's* (*Queen's*), amer. *State's*) ~ uppträda som kronvittne mot medbrottslingar **3** *be in* ~ synas, märkas, visa sig, vara synlig; [före]finnas **II** *vb tr* bevisa; bestyrka; visa
evident ['evɪd(ə)nt] *adj* tydlig, uppenbar, synbar[lig], påtaglig, [själv]klar [*to* för]
evidently ['evɪd(ə)ntlɪ] *adv* tydligen, tydligtvis, uppenbarligen etc., jfr *evident*
evil ['iːvl, 'iːvɪl] **I** *adj* **1** ond [~ *deeds* (*dreams*)], elak, ondskefull [*an* ~ *countenance* (uppsyn)]; otäck, dålig [*an* ~ *smell*]; syndig [*live an* ~ *life*] **2** skadlig, fördärvlig [*an* ~ *influence*] **II** *s* ont [*a necessary* ~], det onda [*the origin of* ~]; [svårt] missförhållande [*social* ~*s*]; *social* ~ samhällsont; *deliver us from* ~ relig. fräls oss ifrån ondo; *one must choose the lesser of two* ~*s* el. *of two* ~*s one must choose the least* av två onda ting väljer man det minst onda
evil-doer ['iːvlˌduːə] *s* missdådare, ogärningsman
evil-minded [ˌiːvl'maɪndɪd, attr. '--,--] *adj* illasinnad, illvillig, ondskefull
evince [ɪ'vɪns] *vb tr* **1** visa [~ *a tendency to*], visa prov på, röja **2** utgöra bevis för, bevisa
eviscerate [ɪ'vɪsəreɪt, iː'v-] *vb tr* ta ur, rensa
evocation [ˌevə(ʊ)'keɪʃ(ə)n, ˌiːv-] *s* frammanande, framkallande, frambesvärjning
evocative [ɪ'vɒkətɪv] *adj* stämningsmättad, associationsrik [~ *words*], minnesväckande; *be* ~ *of* kunna framkalla (frammana, väcka); påminna om
evoke [ɪ'vəʊk, iː'v-] *vb tr* väcka [~ *protest*], framkalla [~ *a smile*]; frammana; ~ *memories* väcka minnen [till liv]
evolution [ˌiːvə'luːʃ(ə)n, ˌev-, -'ljuː-] *s* utveckling, gradvis [skeende] förändring, evolution; framväxande; *theory of* ~ utvecklingslära, evolutionsteori
evolutionary [ˌiːvə'luːʃ(ə)nərɪ, ˌev-, -'ljuː-] *adj* utvecklings-, evolutions-
evolve [ɪ'vɒlv, iː'v-] **I** *vb tr* **1** utveckla, ta fram [~ *a theory*]; framlägga [~ *a plan*] **2** utveckla, frambringa [~ *a new and improved variety of a plant*], framställa; ge upphov till; arbeta (tänka) ut [~ *a solution*] **II** *vb itr* utveckla sig, utvecklas

ewe [ju:] *s* zool. tacka; ~ *lamb* tacklamm
ewer ['ju:ə] *s* vattenkanna, handkanna till tvättställ
ex [eks] **I** *prep* **1** från, ur; hand. [såld] från [~ *store*], [lossad] från [~ *ship*] **2** exklusive; ~ *dividend* (förk. *ex div. el. x.d.*) börs. ex kupong, exklusive utdelning **II** *s* vard., *my* (*her*) ~ min (hennes) före detta man, fru
ex. förk. för *example*
ex- [eks] *prefix* förutvarande, f. d., ex- [*ex-husband*; *ex-president*]
exacerbate [ek'sæsəbeɪt, ɪg'zæs-] *vb tr* **1** reta upp, irritera; förbittra **2** förvärra [~ *the pain*]
exacerbation [ek‚sæsə'beɪʃ(ə)n, ɪg'zæs-] *s* **1** irritation; förbittring **2** förvärrande, skärpning [~ *of the conflict*]
exact [ɪg'zækt, eg-] **I** *adj* exakt; noggrann; riktig, precis **II** *vb tr* **1** kräva, fordra [~ *obedience from* (*of*) (av) *a p.*] **2** indriva [~ *payment from* (*of*)]
exacting [ɪg'zæktɪŋ, eg-] *adj* fordrande, krävande, kravfull; fordringsfull, pockande; sträng
exaction [ɪg'zækʃ(ə)n, eg-] *s* utkrävande, indrivning [~ *of taxes*]; avfordrande [*of* av]
exactitude [ɪg'zæktɪtju:d, eg-] *s* noggrannhet; exakthet
exactly [ɪg'zæk(t)lɪ, eg-] *adv* **1** exakt, precis; noga räknat, riktigt; just [*you are* ~ *the man I want*]; alldeles; egentligen [*what is your plan* ~?]; ~! ja, just det!, just precis! **2** noggrant, noga
exactness [ɪg'zæk(t)nəs, eg-] *s* se *exactitude*
exaggerate [ɪg'zædʒəreɪt, eg-] *vb tr* överdriva; förstora [upp]
exaggeration [ɪg‚zædʒə'reɪʃ(ə)n, eg-] *s* överdrift; förstoring
exalt [ɪg'zɔ:lt, eg-, -'zɒlt] *vb tr* (jfr *exalted*) upphöja [*he was* ~*ed to the position of President*]; förädla; höja, lyfta, stärka [~*ed by that thought*]
exaltation [‚egzɔ:l'teɪʃ(ə)n, ‚eks-, -ɒl-] *s* **1** upphöjelse, upphöjande; lyftning **2** hänförelse; exaltation, exalterat tillstånd
exalted [ɪg'zɔ:ltɪd, eg-, -'zɒlt-] *adj* o. *perf p* **1** högt uppsatt, hög [*an* ~ *personage*] **2** upphöjd, hög [*an* ~ *literary style*] **3** överdrivet hög [*an* ~ *opinion of his own worth*] **4** hänförd, begeistrad, exalterad
exam [ɪg'zæm, eg-] *s* vard. (kortform för *examination*) examen, tenta
examination [ɪg‚zæmɪ'neɪʃ(ə)n, eg-] *s* **1** undersökning [*of* (*into*) av], prövning; besiktning; *customs* ~ tullvisitering **2** tentamen, prov, prövning; examen, examination; förhör; *fail in an* ~ bli underkänd (kuggad) i ett prov (en tentamen); *pass an* (*one's*) ~ klara en tentamen (ett prov); *sit for* (*take*) *an* ~ gå upp i en tentamen

examination paper [ɪg‚zæmɪ'neɪʃ(ə)n‚peɪpə, eg-] *s* examensskrivning, skriftligt prov
examine [ɪg'zæmɪn, eg-] *vb tr* **1** undersöka [~ *the question*; *the doctor* ~*d him*], pröva, granska [~ *an object*]; besiktiga, visitera, inspektera; *you need to have your head* ~*d* vard. du är inte [riktigt] klok **2** examinera, pröva, förhöra äv. jur. [~ *a witness* (*criminal*); ~ *a candidate in* (*on*) *a subject*]
examinee [ɪg‚zæmɪ'ni:, eg-] *s* examinand, tentand
examiner [ɪg'zæmɪnə, eg-] *s* **1** undersökare, granskare; besiktningsman **2** examinator, tentator; *board of* ~*s* examenskommission; examensnämnd
example [ɪg'zɑ:mpl, eg-] *s* **1** exempel [*of* på]; varning [*let this be an* ~ *to you*]; *make an* ~ *of a p.* straffa ngn för att statuera ett exempel; *set* (*give*) *a p. a good* ~ föregå ngn med gott exempel, vara ett [gott] föredöme för ngn; *for* ~ till exempel **2** [övnings]exempel, uppgift **3** mönster, prov, provbit; exemplar [~ *of a rare book* (*butterfly*)]
exasperate [ɪg'zæsp(ə)reɪt, eg-, -'zɑ:s-] *vb tr* göra förbittrad (förtvivlad); reta [upp], förarga; ~*d by* (*at*) förbittrad (uppretad, förtvivlad) över
exasperation [ɪg‚zæspə'reɪʃ(ə)n, eg-, -‚zɑ:s-] *s* förbittring, stark irritation; ursinne
ex cathedra [‚ekskə'θi:drə, -kə'θed-] *adv* o. *adj* lat. ex cathedra, auktoritativ[t]
excavate ['ekskəveɪt] *vb tr* gräva [~ *a trench* (*tunnel*)]; gräva ut [~ *an ancient city*; ~ *a tomb*]; schakta [bort]
excavation [‚ekskə'veɪʃ(ə)n] *s* grävning; utgrävning; schaktning; uppgrävning
excavator ['ekskəveɪtə] *s* **1** grävare, schaktare; utgrävare; urholkare **2** tekn. grävmaskin, schaktningsmaskin
exceed [ɪk'si:d, ek-] *vb tr* **1** överskrida [~ *a certain age*; ~ *the speed limit*]; överstiga [*the cost must not* ~ £*500*]; *not* ~*ing* inte överstigande, under **2** överträffa [*it* ~*ed our* (*all*) *expectations*]
exceedingly [ɪk'si:dɪŋlɪ, ek-] *adv* ytterst, oerhört
excel [ɪk'sel, ek-] **I** *vb itr* vara främst (bäst), excellera [*in*, *at* i, i fråga om] **II** *vb tr* överträffa, vara bättre än [*he* ~*s all of us at tennis*]; ~ *oneself* överträffa sig själv
excellence ['eks(ə)ləns] *s* **1** förträfflighet, utmärkthet, ypperlighet **2** framstående (utmärkt) egenskap; överlägsenhet **3** se *excellency*
excellency ['eks(ə)lənsɪ] *s* titel excellens [*Your* (*His*, *Her*) *E*~]
excellent ['eks(ə)lənt] *adj* utmärkt, utomordentlig
excellently ['eks(ə)ləntlɪ] *adv* utmärkt,

utomordentligt; **~ well** utmärkt väl, alldeles utmärkt
except [ɪk'sept, ek-] **I** *vb tr* undanta, göra undantag för, utesluta; **[the] present company ~ed** de närvarande givetvis undantagna **II** *prep* utom, undantagandes; **~ for** bortsett från, så när som på; om inte...hade varit, utan [**~ for your presence I would**...]; frånsett; **~ that** konj. utom att, bortsett från att [*it is right*, **~ that the accents are omitted*] **III** *konj* **1** utom att [*I can do everything* **~ *cook*]; **~ to** annat än för att [*he never opened his mouth* **~ *to shout*] **2** vard. = **~ that** men [*I'd have come earlier*, **~ *I lost my way*]
excepting [ɪk'septɪŋ, ek-] *prep* undantagen, undantagandes, med undantag för, utom
exception [ɪk'sepʃ(ə)n, ek-] *s* **1** undantag [*from* (*to*) från; *an* ~ *to the rule*]; **with the ~ of** med undantag av (för) **2 take ~ to** ta avstånd ifrån; ta illa upp
exceptionable [ɪk'sepʃnəbl, ek-] *adj* betänklig, tvivelaktig; anstötlig, klandervärd
exceptional [ɪk'sepʃənl, ek-] *adj* [ytterst] ovanlig, exceptionell [*the warm weather was ~ for January*]
exceptionally [ɪk'sepʃnəlɪ, ek-] *adv* [ytterst] ovanligt [**~ *good*]; exceptionellt, enastående
excerpt [ss. subst. 'eksɜ:pt, ɪk'sɜ:pt, 'egzɜ:pt; ss. vb ek'sɜ:pt, ɪk-] **I** *s* utdrag, excerpt [**~ *from* (ur) *a book*] **II** *vb tr* excerpera
excess [ɪk'ses, ek-, attr. 'ekses] *s* **1** överskridande; ofta pl. **~es** övergrepp, våldsamheter **2** omåttlighet [i mat och dryck]; **~es** utsvävningar, excesser **3** överdrift; övermått; ytterlighet; **an ~ of enthusiasm** överdriven (alltför stor) entusiasm; **to ~** till övermått **4** överskott; merbelopp, mermängd; självrisk; **~ fare** pris på tilläggsbiljett, tilläggsavgift; **an ~ of imports** [**over exports**] importöverskott; **~ luggage (weight)** övervikt bagage; **~ postage** tilläggsporto; lösen; **~ profits tax (duty)** skatt på övervinst; **in ~ of** mera (större) än
excessive [ɪk'sesɪv, ek-] *adj* överdriven, orimlig [**~ *demands*]; omåttlig [**~ *drinker*]; häftig, våldsam [**~ *rainfall*]; **~ price** överpris
excessively [ɪk'sesɪvlɪ, ek-] *adv* överdrivet, till ytterlighet (överdrift), ytterligt, ytterst, omåttligt
ex-champion [ˌeks'tʃæmpjən] *s* exmästare
exchange [ɪks'tʃeɪn(d)ʒ, eks-] **I** *s* **1** byte [*lose by* (på, vid) *the* **~**], utbyte; [ut]växling; varuutbyte [äv. **~ *of commodities*]; ombyte; bytesföremål; **~ student** utbytesstudent; **~ of letters** brevväxling, korrespondens; **~ of views** meningsutbyte; ordväxling; **~** replikskifte; **in ~** i stället, i (som) ersättning; **in ~ for** i utbyte mot **2** hand. **a)** växling av pengar; växelkontor, växlingskontor; [växel]kurs; **~ control** valutakontroll; **~ rate** växel[kurs]; **E~ Rate Mechanism** (förk. *ERM*) växelkursmekanismen i det europeiska valutasamarbetet; **foreign ~** se under *foreign 1*; **rate of ~** [växel]kurs **b)** växel [äv. *bill of* **~**] **c)** börs [*the Cotton E~*, *the Stock E~*]; **the Royal E~** fondbörsen [i London] **3** [telefon]växel [äv. *telephone* **~**]; **~ area** riktnummerområde; **private automatic branch ~** (förk. *PABX*) automatisk företagsväxel; **private automatic ~** (förk. *PAX*) intern telefonväxel; **private branch ~** (förk. *PBX*) företagstelefonväxel; **private manual branch ~** (förk. *PMBX*) manuell företagsväxel **II** *vb tr* byta [ut] [*for* mot; *he ~d his old car for a motorbike*]; växla [**~ *words*], utbyta [**~ *glances*], skifta; utväxla [**~ *prisoners*; **~ *blows*]
exchangeable [ɪks'tʃeɪn(d)ʒəbl, eks-] *adj* som kan bytas, utbytbar [*for* mot]; som kan utväxlas
exchequer [ɪks'tʃekə, eks-] *s*, **Chancellor of the E~** i Storbritannien finansminister
1 excise ['eksaɪz, ɪk'saɪz] *s* accis
2 excise [ek'saɪz, ɪk-] *vb tr* skära bort (ut); stryka [**~ *a passage from* (i) *a book*]
excision [ek'sɪʒ(ə)n, ɪk-] *s* **1** bortskärning, utskärning; med. excision **2** strykning ur bok
excitable [ɪk'saɪtəbl, ek-] *adj* lättretlig, hetsig [**~ *temperament*]; nervös; lättrörd, rörlig, livlig
excite [ɪk'saɪt, ek-] *vb tr* (jfr äv. *excited*) **1** egga [upp], elda; uppröra **2** väcka [**~ *interest in* (hos) *a p.*], upptända; framkalla **3** fysiol. reta, stimulera
excited [ɪk'saɪtɪd, ek-] *adj* o. *perf p* uppeggad, upphetsad; uppjagad, upprörd
excitement [ɪk'saɪtmənt, ek-] *s* **1** sinnesrörelse, rörelse, spänning [*feverish* **~**]; uppstädelse; upprördhet, upphetsning **2** **the ~s of the journey** det (allt) spännande under resan
exciting [ɪk'saɪtɪŋ, ek-] *adj* spännande, nervkittlande, intressant [**~ *events* (*news, story*)]; eggande, upphetsande
exclaim [ɪk'skleɪm, ek-] **I** *vb itr* **1** skrika ['till], ropa **2 ~ against** fara ut (protestera) mot **II** *vb tr* utropa
exclamation [ˌeksklə'meɪʃ(ə)n] *s* **1** utrop; **~ mark (sign)** utropstecken **2** skrik; högljudd protest [*against* mot]
exclamatory [ɪk'sklæmət(ə)rɪ, ek-] *adj* **1** utrops- **2** skrikande, skrikig
exclud|e [ɪk'sklu:d, ek-] *vb tr* utesluta [**~ *all possibility of doubt*], utestänga; undanta; **-ing packing** el. **packing -ed** exklusive emballage
exclusion [ɪk'sklu:ʒ(ə)n, ek-] *s* uteslutande, uteslutning, utestängande
exclusive [ɪk'sklu:sɪv, ek-] *adj* **1** exklusiv, sluten [**~ *club*, **~ *social circles*]; förnäm, avvisande [**~ *attitude*] **2** uteslutande; odelad [*giving the question his* **~ *attention*]; särskild,

exclusively

speciell [~ *privileges of the citizens of a country*]; ensam-; exklusiv, med ensamrätt [*an ~ piece of news*]; **mutually ~** som utesluter varandra; **have ~ rights** (*the ~ right*) *for the sale of* ha ensamrätt på (till) försäljningen av, ha ensamförsäljningsrätt till
exclusively [ɪk'sklu:sɪvlɪ, ek-] *adv* uteslutande, enbart, endast
exclusiveness [ɪk'sklu:sɪvnəs, ek-] *s* exklusivitet, [förnäm] avskildhet; exklusiv karaktär
excommunicate [ˌekskə'mju:nɪkeɪt] *vb tr* kyrkl. bannlysa, exkommunicera; utesluta
excommunication ['ekskəˌmju:nɪ'keɪʃ(ə)n] *s* kyrkl. bannlysning
ex-con [ˌeks'kɒn] *s* vard., se *ex-convict*
ex-convict [ˌeks'kɒnvɪkt] *s* f.d. straffånge
excrement ['ekskrəmənt] *s* exkrement
excrescence [ɪk'skresns, eks-] *s* [överflödig] utväxt, missbildning; bildl. överflödighet
excrete [ɪk'skri:t, ek-] *vb tr* fysiol. avsöndra, utsöndra, uttömma
excretion [ɪk'skri:ʃ(ə)n, ek-] *s* fysiol. exkretion, avsöndring, utsöndring
excruciate [ɪk'skru:ʃɪeɪt, ek-] *vb tr* plåga, pina, tortera
excruciating [ɪk'skru:ʃɪeɪtɪŋ, ek-] *adj* ytterst plågsam (svår), olidlig, som är en verklig tortyr [~ *pain*]; pinsam; vard. hemsk
exculpate ['ekskʌlpeɪt] *vb tr* frita, rentvå [~ *a p. from a charge*], urskulda, rättfärdiga
excursion [ek'skɜ:ʃ(ə)n, ɪk-] *s* **1** utflykt, utfärd, [rund]tur, exkursion [*make* (*go on*) *an ~*] **2** *~ ticket* billigare utflyktsbiljett, rundtursbiljett; *~* [*train*] utflyktståg, extratåg, billighetståg **3** resegrupp, [deltagare i] sällskapsresa
excusable [ek'skju:zəbl, ɪk-] *adj* förlåtlig, ursäktlig; försvarlig
excuse [ss. vb ɪk'skju:z, ek-, ss. subst. ɪk'skju:s, ek-] **I** *vb tr* **1** förlåta, ursäkta; urskulda [*he ~d himself by saying…*], rättfärdiga [*nothing can ~ such rudeness*]; *~ me* förlåt, ursäkta, jag ber om ursäkt; *please ~ my coming late* förlåt att jag kommer [för] sent **2** befria, frita [*from från*]; låta slippa; efterskänka [~ *a debt*]; *~ oneself* be att få slippa, skicka återbud, tacka nej; *please, may I be ~d?* skol. kan jag få gå på toaletten?; *I'd rather be ~d* jag vill helst slippa **II** *s* **1** ursäkt; försvar; bortförklaring, undskyllan; svepskäl; förevändning [*on some ~ or other*], föregivande; [giltig] anledning; *make ~s* komma med undanflykter (bortförklaringar) **2** befrielse, fritagande från förpliktelse; [anmälan om] förhinder; intyg [äv. *written ~*]; *absent without* [*good*] *~* frånvarande utan giltigt förfall **3** vard. surrogat; *an ~ for a breakfast* något som ska (skulle etc.) föreställa en frukost
excuse-me [ɪk'skju:zmi:] *adj* o. *s*, *ladies' ~* [*dance*] damernas [dans]

ex-directory [ˌeksdɪ'rekt(ə)rɪ] *adj*, *~ number* hemligt telefonnummer
execrable ['eksɪkrəbl] *adj* avskyvärd, vedervärdig [~ *manners*; ~ *weather*]
execrate ['eksɪkreɪt] **I** *vb tr* förbanna; avsky **II** *vb itr* svära, förbanna
execration [ˌeksɪ'kreɪʃ(ə)n] *s* förbannelse; avsky; *hold in ~* förbanna, avsky
execute ['eksɪkju:t] *vb tr* **1** avrätta **2** utföra [~ *a plan*, *~ orders*], verkställa [~ *a p.'s commands*]; effektuera, expediera [~ *an order*]; *~ a will* a) verkställa ett testamente, övervaka ett testamentes efterlevnad b) upprätta ett testamente **3** exekvera, spela [~ *a violin concerto*], utföra [~ *a dance step*; ~ *a painting*]
execution [ˌeksɪ'kju:ʃ(ə)n] *s* **1** avrättning; *~ ground* el. *place of ~* avrättningsplats **2** utförande, verkställande; verkställighet; uppfyllande, fullgörande [~ *of one's duties*]; *carry into* (*put in*) *~* verkställa, utföra, sätta i verket, bringa i verkställighet **3** utförande, framställningssätt; mus. äv. föredrag; skicklighet, teknik
executioner [ˌeksɪ'kju:ʃ(ə)nə] *s* **1** bödel, person som utför avrättning; skarprättare **2** lönnmördare, yrkesmördare
executive [ɪɡ'zekjʊtɪv, eɡ-] **I** *adj* **1** utövande, verkställande [*the ~ power*]; administrativ; *~ ability* (*power*, *talent*) ung. praktisk organisationsförmåga; *~ committee* a) styrelse i fackförening o.d. b) förvaltningsutskott; exekutivkommitté, arbetsutskott **2** aktiv, handlingskraftig **II** *s* **1** *the ~* den verkställande myndigheten **2** företagsledare; chef; chefstjänsteman; *chief ~* a) verkställande direktör b) statsöverhuvud c) amer., delstats guvernör; *the Chief E~* amer. USAs president; *chief sales ~* försäljningschef **3** a) styrelse; förvaltningsutskott; exekutivkommitté b) verkställande medlem[mar] av styrelse etc.
executor [i bet. *1* 'eksɪkju:tə, i bet. *2* ɪɡ'zekjʊtə, eɡ-] *s* **1** verkställare, utförare; utövare **2** testamentsexekutor, testamentsverkställare
exeges|is [ˌeksɪ'dʒi:sɪs] (pl. *-es* [-i:z]) *s* isht bibl. exeges; [bibel]tolkning
exemplary [ɪɡ'zemplərɪ, eɡ-] *adj* exemplarisk, mönstergill, föredömlig, förebildlig [~ *behaviour*]
exemplify [ɪɡ'zemplɪfaɪ, eɡ-] *vb tr* exemplifiera, belysa med exempel; vara [ett] exempel på
exempt [ɪɡ'zem(p)t, eɡ-] **I** *adj* fritagen, undantagen [*goods ~ from execution* (utmätning)], fri, befriad, frikallad [~ *from taxes* (*military service*)]; *~ from* äv. förskonad från **II** *vb tr* frita, undanta, befria, frikalla [~ *from taxes* (*military service*)], ge dispens
exemption [ɪɡ'zem(p)ʃ(ə)n, eɡ-] *s* befrielse, frikallelse [~ *from military service*];

förskoning; frihet; undantag; dispens; amer. [skatte]avdrag på grund av försörjningsplikt; *be granted an ~* få dispens
exercise ['eksəsaɪz] **I** *s* **1** utövande [*the ~ of authority*], bruk; utövning [*the ~ of one's duties*]; utvecklande, uppbjudande [*the ~ of all one's patience*] **2** övning, träning [*the ~ of mental faculties*]; kroppsövning; motion [*physical (bodily) ~*], kroppsrörelse; idrott; pl. *~s* äv. övning[ar], manöver [*military ~s*], exercis; *take ~* motionera, skaffa sig motion **3** övningsuppgift, skrivövning [äv. *written ~*], stil; mus. övning, övningsstycke; *five-finger ~s* mus. övningar för en hand (fem fingrar); *do an ~* skriva en övningsuppgift **II** *vb tr* **1** öva, utöva [*~ a function, ~ an influence, ~ power*]; begagna, använda, bruka [*~ one's authority (influence, intelligence)*]; förvalta; visa [*~ caution (patience)*] **2** öva, träna [*~ the muscles*]; öva in; exercera, drilla [*~ soldiers*], öva soldater[na] i bruket av vapen; motionera [*~ a horse*] **III** *vb itr* **1** öva sig; exercera **2** motionera, skaffa sig motion
exercise book ['eksəsaɪzbʊk] *s* skrivbok
exerciser ['eksəsaɪzə] *s* motionsredskap
exert [ɪɡ'zɜːt, eɡ-] *vb tr* **1** utöva [*~ influence; ~ pressure on a p.*]; göra gällande, använda, bruka [*~ all one's influence*]; uppbjuda, utveckla [*~ all one's strength; ~ one's willpower*] **2** *~ oneself* bemöda (anstränga) sig, sträva
exertion [ɪɡ'zɜːʃ(ə)n, eɡ-] *s* **1** utövande [*~ of authority*], användning, uppbjudande [*with the ~ of all his strength*]; *~ of power* maktutövning **2** ansträngning [*it requires your utmost ~s*]
Exeter ['eksɪtə, -sətə] geogr.
exeunt ['eksɪʌnt, -sɪənt] *vb itr* (lat. 3 pers. pl. pres.) teat. [de] går [ut], ut
exhalation [,eks(h)ə'leɪʃ(ə)n, ,eɡzə'l-] *s* **1** utandning; utdunstande, utdunstning **2** dunst [*noxious ~s*], utdunstning, ånga
exhale [eks'heɪl, eɡ'zeɪl] **I** *vb tr* andas ut [*~ air from the lungs*] **II** *vb itr* **1** andas ut **2** avdunsta
exhaust [ɪɡ'zɔːst, eɡ-] **I** *vb tr* (jfr *exhausted*) **1** uttömma [*~ one's patience (strength)*], förbruka, göra slut på; suga ut [*~ the soil*]; utblotta [*of på*] **2** utmatta [*the war ~ed the country*]; *~ oneself* bli utmattad; slita ut sig **3** uttömma [*~ a subject*] **II** *s* **1** utblåsning, utströmning [av förbränningsprodukter el. avloppsånga], avlopp **2** avgas[er]; avloppsånga; avgasrör
exhausted [ɪɡ'zɔːstɪd, eɡ-] *adj* o. *perf p* **1** uttmattad, utpumpad, slut [*feel ~*] **2** uttömd; förbrukad; utsugen [*~ soil*]; slutsåld om bok; tom, lufttom
exhaust emission [ɪɡ,zɔː'stɪmɪʃ(ə)n] *s* bil. avgasutsläpp; *~ control* avgasrening
exhaust gas [ɪɡ'zɔːstɡæs, eɡ-] *s* avgas[er]
exhaustion [ɪɡ'zɔːstʃ(ə)n, eɡ-] *s* **1** utmattning

2 uttömning, förbrukning; utsugning [*~ of the soil*]
exhaustive [ɪɡ'zɔːstɪv, eɡ-] *adj* uttömmande, grundlig, ingående [*~ inquiries (studies)*]
exhaust manifold [ɪɡ,zɔː'stmænɪfəʊld] *s* avgas[gren]rör
exhaust pipe [ɪɡ'zɔːstpaɪp, eɡ-] *s* avgasrör, avloppsrör för ånga m.m.
exhaust valve [ɪɡ'zɔːstvælv, eɡ-] *s* utblåsningsventil, avgasventil, avloppsventil
exhibit [ɪɡ'zɪbɪt, eɡ-] **I** *vb tr* **1** förevisa [*~ a film*]; ställa ut [*~ paintings*], skylta [med] [*~ goods in a shop*] **2** visa, ådagalägga [*~ prudence*] **II** *vb itr* ställa ut, ha utställning **III** *s* **1** jur. [bevis]föremål; företett dokument, bilaga som åberopas i vittnesinlaga **2** utställningsföremål [*do not touch the ~s*]
exhibition [,eksɪ'bɪʃ(ə)n] *s* **1** utställning, exposition; förevisande; demonstration; uppvisning [*an ~ of* (i) *bad manners*]; *make an ~ of oneself* skämma ut sig, göra sig till ett åtlöje **2** ådagaläggande, [fram]visande, framläggande, framställning; uppvisande **3** stipendium vid universitet el. skola
exhibitioner [,eksɪ'bɪʃ(ə)nə] *s* stipendiat
exhibitionist [,eksɪ'bɪʃ(ə)nɪst] *s* exhibitionist
exhibitor [ɪɡ'zɪbɪtə, eɡ-] *s* utställare
exhilarate [ɪɡ'zɪləreɪt, eɡ-] *vb tr* liva (pigga, muntra) upp; göra upprymd (glad)
exhilaration [ɪɡ,zɪlə'reɪʃ(ə)n, eɡ-] *s* **1** upplivande, uppiggande **2** munterhet, upprymdhet
exhort [ɪɡ'zɔːt, eɡ-] *vb tr* uppmana, [för]mana; uppmuntra, egga [*~ a p. to [do] a th.*]
exhortation [,eɡzɔː'teɪʃ(ə)n, ,eks-] *s* maning, uppmaning, uppmuntran; manande tal
exhume [eks'hjuːm, ɪɡ'zjuːm] *vb tr* gräva upp; ta upp ur graven
exile ['eksaɪl, 'eɡz-] **I** *s* **1** landsförvisning, landsflykt, exil äv. bildl. [*go into ~*] **2** landsförvisad, landsflykting **II** *vb tr* [lands]förvisa
exist [ɪɡ'zɪst, eɡ-] *vb itr* (jfr *existing*) existera; vara till, finnas, bestå; förekomma, föreligga, förefinnas
existence [ɪɡ'zɪst(ə)ns, eɡ-] *s* tillvaro, existens; förekomst; liv; bestånd, fortvaro; *come (spring) into ~* uppkomma, uppstå, bli till; *in ~* existerande; som finns [*the most dangerous weapons in ~*]
existent [ɪɡ'zɪst(ə)nt, eɡ-] *adj* som finns till; existerande, befintlig; som finns (förekommer)
existential [,eɡzɪ'stenʃ(ə)l] *adj* filos. existensiell
existentialism [,eɡzɪ'stenʃəlɪz(ə)m] *s* filos. existentialism
existentialist [,eɡzɪ'stenʃ(ə)lɪst] filos. **I** *s* existentialist **II** *adj* existentialistisk
existing [ɪɡ'zɪstɪŋ, eɡ-] *adj* **1** existerande etc.,

jfr *existent*; nu levande **2** nuvarande, dåvarande, nu (då) gällande, rådande
exit ['eksɪt, 'egzɪt] **I** *vb itr* **1** teat. [han el. hon] går [ut], ut [*E~ Falstaff*] **2** gå ut; göra [sin] sorti **II** *s* **1** sorti äv. teat. [*make one's ~*] **2** utgående, utträdande, utträde; frihet (möjlighet) att gå [ut]; utresa; *~ permit* utresetillstånd; *~ visa* utresevisum **3** utgång, väg ut [*no ~, the main ~*]; avfart; *~ road* (*way*) avfart[sväg] från motorväg
ex-king [,eks'kɪŋ] *s* exkung
ex-libris [eks'li:brɪs, -'laɪb-] (pl. lika) *s* exlibris
exodus ['eksədəs] *s* **1** [mass]utvandring [*general ~*], folkvandring, flykt [*the summer ~ to the country and the sea*]; uttåg[ande] **2** *E~* Andra mosebok
ex officio [,eksə'fɪʃɪəʊ, -'fɪs-] lat. **I** *adv* ex officio, å (på) ämbetets vägnar **II** *adj* officiell; självskriven i kraft av sitt ämbete
exonerate [ɪg'zɒnəreɪt, eg-] *vb tr* frita, frikänna, rentvå [*~ from blame* (*from a charge*)]
exoneration [ɪg,zɒnə'reɪʃ(ə)n, eg-] *s* frikännande, fritagande
exorbitance [ɪg'zɔ:bɪt(ə)ns, eg-] *s* övermått, överdrift; orimlighet i priser, fordringar o.d.
exorbitant [ɪg'zɔ:bɪt(ə)nt, eg-] *adj* omåttlig, orimlig, oerhörd, skandalös [*~ prices* (*taxes*)]
exorcism ['eksɔ:sɪz(ə)m, 'egz-] *s* exorcism, andebesvärjelse
exorcist ['eksɔ:sɪst, 'egz-] *s* exorcist, andebesvärjare
exorcize ['eksɔ:saɪz, 'egz-] *vb tr* besvärja; genom besvärjelse driva ut [*~ an evil spirit from* (*out of*) *a p.*]
exotic [ɪg'zɒtɪk, ek's-, eg'z-] *adj* exotisk, främmande, utländsk
expand [ɪk'spænd, ek-] **I** *vb tr* **1** vidga, utvidga [*heat ~s metals*; *~ one's business*] **2** utbreda, breda ut [*a bird ~s its wings*] **3** utveckla [*~ an idea*], behandla mera utförligt; vidga, öka (bygga) ut **II** *vb itr* **1** [ut]vidga sig, [ut]vidgas, expandera, växa [*our foreign trade has ~ed*], växa ut [*into* till] **2** breda ut (utveckla, öppna) sig, öppnas; bildl. öppna sitt hjärta, bli meddelsam (gemytlig)
expanse [ɪk'spæns, ek-] *s* vidd, vid yta
expansion [ɪk'spænʃ(ə)n, ek-] *s* **1** utbredande, öppnande **2** expansion äv. fys.; utbredning, utsträckning, utvidgning; *territorial ~* landvinning, territoriell expansion
expansive [ɪk'spænsɪv, ek-] *adj* **1** expansiv, uttänjbar, utvidgbar **2** expansions- [*~ force, ~ engine*], utvidgnings- **3** utbredd, utsträckt, vid [*an ~ lake*] **4** bildl. öppen, öppenhjärtig
expatiate [ek'speɪʃɪeɪt, ɪk-] *vb itr* vara vidlyftig, breda ut sig [*~* [*up*]*on* (över) *a subject*]
expatriate [i bet. *I* eks'pætrɪeɪt, -'peɪtr-, i bet. *II* o. *III* eks'pætrɪət, -'peɪtr-, -eɪt] **I** *vb tr* landsförvisa, expatriera **II** *s* **1** utvandrare;

landsflykting **2** person som bor (är stationerad) utomlands **III** *adj* **1** utvandrad; landsflyktig **2** som bor (är stationerad) utomlands, utlands- [*~ Americans*]
expect [ɪk'spekt, ek-] **I** *vb tr* **1** vänta, vänta sig, förvänta, emotse, räkna med (på) [*England ~s every man to do his duty*]; *they ~ed him* (*he was ~ed*) *to...* man väntade [sig] att han skulle...; *~ support from* räkna med understöd av (från) **2** vard. anta, tro, förmoda [*I ~ so* (det)]; [*he'll come,*] *I ~* ...förmodligen, ...skulle jag tro **II** *vb itr* **1** vard., *be ~ing* vänta barn **2** vänta [och hoppas]
expectancy [ɪk'spekt(ə)nsɪ, ek-] *s* förväntan; förväntning; *life ~* sannolik livslängd; medellivslängd; *a look of ~* en förväntansfull blick
expectant [ɪk'spekt(ə)nt, ek-] *adj* **1** väntande, bidande, förväntansfull **2** gravid; *~ mothers* blivande mödrar, havande kvinnor
expectation [,ekspek'teɪʃ(ə)n] *s* **1** väntan, förväntan, förväntning, förhoppning; pl. *~s* förväntningar [*great ~s*], framtidsutsikter; utsikter att få ärva; *fall short of* (*not come up to*) *a p.'s ~*[*s*] inte motsvara ngns förväntningar; *arouse* (*excite, raise*) *~s* väcka förväntningar **2** sannolikhet för ngt; väntevärde [äv. *mathematical ~*]; *~ of life* försäkr. sannolik livslängd; medellivslängd
expectorant [ek'spektər(ə)nt, ɪk-] med. **I** *adj* slemlösande **II** *s* slemlösande medel
expectorate [ek'spektəreɪt, ɪk-] *vb tr* o. *vb itr* hosta upp; spotta [ut]; med. expektorera
expedience [ɪk'spi:djəns, ek-] *s* o. **expediency** [ɪks'pi:djənsɪ, eks-] *s* **1** lämplighet, ändamålsenlighet **2** egoistiska hänsyn, egennytta; opportunism
expedient [ɪk'spi:djənt, ek-] **I** *adj* ändamålsenlig, lämplig, tillrådlig; fördelaktig, opportun, läglig **II** *s* medel, hjälpmedel, utväg, lösning
expedite ['ekspɪdaɪt] *vb tr* **1** expediera, uträtta [*~ a piece of business*]; avsända **2** påskynda
expedition [,ekspɪ'dɪʃ(ə)n] *s* **1 a)** expedition, [forsknings]färd **b)** *shopping ~* shoppingtur, shoppingrond **2** mil. expedition, företag, fälttåg **3** litt. skyndsamhet, snabbhet [*with great ~*]
expeditionary [,ekspɪ'dɪʃən(ə)rɪ] *adj* expeditions-; *~ force* expeditionsstyrka, expeditionskår
expeditious [,ekspɪ'dɪʃəs] *adj* litt. snabb; hastig
expel [ɪk'spel, ek-] *vb tr* **1** driva (köra, kasta) ut, fördriva, jaga bort [*~ the enemy from a town*] **2** förvisa, utvisa; utestänga, utesluta; univ. relegera **3** om organ o.d. stöta ut
expend [ɪk'spend, ek-] *vb tr* lägga ner, lägga ut, ge ut, använda, offra [*~ money, time and care; on* på, *in doing* på att göra]; förbruka; [*after the wind had*] *~ed itself* ...dött ut

expendable [ɪk'spendəbl, ek-] *adj* som kan förbrukas, förbruknings-; som kan offras
expenditure [ɪk'spendɪtʃə, ek-] *s*
1 förbrukande, förbrukning, åtgång [~ *of ammunition*] **2** utgift; ~[*s*] utgifter
expense [ɪk'spens, ek-] *s* utgift [*household* ~*s*]; utlägg; [om]kostnad [*heavy* ~*s*]; bekostnad äv. bildl. [*be funny at a p.'s* ~]; **travelling** ~*s* resekostnader; *put a p. to* ~ (*to the* ~ *of a th.*) förorsaka ngn kostnader (kostnader för ngt)
expense account [ɪk'spensəˌkaʊnt] *s* representationskonto, omkostnadskonto
expensive [ɪk'spensɪv, ek-] *adj* dyr [*an* ~ *restaurant*], dyrbar, kostsam
experience [ɪk'spɪərɪəns, ek-] **I** *s* **1** erfarenhet; egen erfarenhet, rön; praktik; vana; *office* ~ kontorspraktik; *profit by* ~ lära sig (dra nytta) av erfarenheten; *of no* ~ utan erfarenhet, oerfaren **2** upplevelse, händelse, äventyr, erfarenhet [*an unpleasant* ~] **II** *vb tr* **1** uppleva, möta, erfara, undergå; röna; få pröva på [~ *great hardship*]; finna [~ *pleasure*]; ~ *a loss* lida en förlust **2** ~ *religion* amer. bli omvänd
experienced [ɪk'spɪərɪənst, ek-] *adj* **1** erfaren, rutinerad; beprövad **2** upplevd, känd; som vunnits genom erfarenhet
experiment [ɪk'sperɪmənt, ek-, ss. vb -ment]
I *s* försök, experiment, rön [~*s made by a p.*]; *by way of* ~ el. *as an* ~ försöksvis, på försök **II** *vb itr* experimentera, göra försök [*on* på; *with* med]
experimental [ekˌsperɪ'mentl, ɪk-] *adj*
1 försöks- [~ *animals*; ~ *station*], experiment- [~ *theatre*], experimentell [~ *method*], experimental- [~ *physics*]
2 experimenterande, trevande [~ *attempt*]
experimentally [ekˌsperɪ'mentəlɪ, ɪkˌsper-] *adv* genom experiment; försöksvis
experimentation [ekˌsperɪmen'teɪʃ(ə)n, ɪk-] *s* experimenterande, försök
expert ['ekspɜːt] **I** *adj* **1** sakkunnig [~ *advice*], fackmanna-, specialist-, expert- [~ *work*]
2 kunnig, skicklig, förfaren, tränad, övad [*at* (*in*) på, i] **II** *s* expert, specialist, sakkunnig, fackman [*at* (*in*, *on*) på, i]; ~*s* äv. expertis
expertise [ˌekspɜː'tiːz] *s* **1** expertutlåtande, expertuttalande, expertis **2** sakkunskap, expertis
expiate ['ekspɪeɪt] *vb tr* sona [~ *one's guilt* (*sins*)], få plikta för [~ *one's crimes*]
expiation [ˌekspɪ'eɪʃ(ə)n] *s* sonande, soning
expiration [ˌekspɪ'reɪʃ(ə)n, -paɪ(ə)'r-] *s*
1 utandning **2** utlöpande [~ *of a contract* (*lease*)]; utgång [*at the* ~ *of his term of office*]; upphörande
expire [ɪk'spaɪə, ek-] *vb itr* **1** gå ut [*his licence* (*passport*) *has* ~*d*], löpa ut [*the period has* ~*d*], upphöra att gälla, förfalla [*his patents have* ~*d*] **2** andas ut **3** uppge andan, utandas sin sista suck, dö; litt. slockna [*our hopes* ~*d*]
expiry [ɪk'spaɪərɪ, ek-] *s* utlöpande [~ *of a contract* (*lease*)], upphörande; ~ *date* utgångsdatum, förfallodatum; sista förbrukningsdag
explain [ɪk'spleɪn, ek-] *vb tr* förklara, klargöra [*a th. to a p.* ngt för ngn; *he* ~*ed why he was late*]; reda ut [~ *a problem*], ge en förklaring till; ~ *away* bortförklara; *that will take some* ~*ing* det blir inte så lätt att förklara
explanation [ˌeksplə'neɪʃ(ə)n] *s* förklaring; *by way of* ~ till (som) förklaring
explanatory [ɪk'splænət(ə)rɪ, ek-] *adj* förklarande [~ *notes*, ~ *additions*], upplysande
expletive [ek'spliːtɪv, ɪk-] *s* svordom, kraftuttryck
explicable [ek'splɪkəbl, ɪk-, 'eksplɪkəbl] *adj* förklarlig
explicate ['eksplɪkeɪt] *vb tr* förklara, utveckla [~ *a principle*; ~ *theory*], redogöra för
explicit [ɪk'splɪsɪt, ek-] *adj* **1** tydlig, klar [~ *statement*, ~ *instruction*], bestämd [~ *knowledge*, ~ *belief*]; i detalj uppfattad; uttrycklig [~ *promise*], explicit **2** om person, tal m.m. öppen, oförbehållsam, rättfram; *be* ~ uttrycka sig tydligt
explicitly [ek'splɪsɪtlɪ, ɪk-] *adv* tydligt etc., jfr *explicit*; *he told me* ~ han sade uttryckligen till mig
explode [ɪk'spləʊd, ek-] **I** *vb tr* **1** få att (låta) explodera, spränga [i luften] **2** misskreditera, kullkasta; ~*d theories* vederlagda (förlegade) teorier **II** *vb itr* explodera, springa i luften, krevera; brinna av; ~ *with laughter* explodera av skratt
1 exploit ['eksplɔɪt] *s* bedrift, bragd, bravad
2 exploit [ɪk'splɔɪt, ek-] *vb tr* **1** exploatera, bearbeta [~ *a mine*], utnyttja [~ *the natural resources*; ~ *one's talents*] **2** exploatera, egennyttigt utnyttja [~ *one's friends*]
exploitation [ˌeksplɔɪ'teɪʃ(ə)n] *s* exploatering
exploration [ˌeksplɔː'reɪʃ(ə)n, -plə'r-] *s* utforskning, utforskande; med. exploration
explorative [ek'splɔːrətɪv, ɪk-] *adj* o.
exploratory [ek'splɔːrət(ə)rɪ, ɪk-] *adj*
1 utforskande, undersökande; forsknings- [~ *travels*], undersöknings- [~ *operation*]; prov- [~ *drilling*] **2** förberedande, orienterande, orienterings- [~ *course in art*]
explor|e [ɪk'splɔː, ek-] **I** *vb tr* utforska, genomforska [~ *archives*]; undersöka [~ *the possibilities*]; pejla; med. explorera; -*ing expedition* forskningsresa, forskningsexpedition **II** *vb itr*, ~ *for* forska (leta) efter
explorer [ɪk'splɔːrə, ek-] *s* forskningsresande, upptäcktsresande; utforskare
explosion [ɪk'spləʊʒ(ə)n, ek-] *s* **1** explosion, sprängning, explosionsolycka; knall; *the*

explosive 286

population ~ befolkningsexplosionen **2** bildl. [våldsamt] utbrott [~ *of laughter (anger, passion)*]
explosive [ɪk'spləʊsɪv, ek-] **I** *adj* **1** explosiv, som [lätt] förorsakar explosion; explosions-, spräng-; ~ *charge* sprängladdning; ~ *force* (*power*) sprängkraft **2** bildl.
a) explosionsartad; häftig [~ *temper*]
b) explosiv, brännbar [*an* ~ *issue*] **II** *s* **1** sprängämne **2** fonet. klusil, explosiva
expo ['ekspəʊ] (pl. ~*s*) *s* (kortform för *exposition* 3) expo
exponent [ek'spəʊnənt, ɪk-] *s* **1** exponent, representant, talesman [*of* för], bärare av idé o.d.; tolk, tolkare, framställare [*of* av]; mus. äv. exekutör **2** matem. exponent
export [ss. subst. 'ekspɔ:t, ss. vb ek'spɔ:t, ɪk-, 'ekspɔ:t] **I** *vb tr* exportera, föra ut [ur landet]; skeppa ut; ~*ing country* äv. exportland **II** *s* **1** exportvara, exportartikel; pl. ~*s* äv. export[en] [*the* ~*s exceed the imports*] **2** export, utförsel [*the* ~ *of goods*]; attr.
export- [~ *control*, ~ *restrictions*, ~ *surplus*]; ~ *permit* (*licence*) exportlicens, exporttillstånd, utförseltillstånd
exportation [ˌekspɔ:'teɪʃ(ə)n] *s* export, utförsel [*products for* ~]
exporter [ek'spɔ:tə, ɪk-] *s* exportör
expose [ɪk'spəʊz, ek-] *vb tr* **1** utsätta [~ *to* (för) *danger* (*criticism, the winds, the weather*)], lämna oskyddad [~ *one's head to* (mot) *the rain*], exponera; blottställa, prisge; utsätta för fara [~ *the troops*], sätta i fara; ~ *oneself* utsätta sig [~ *oneself to ridicule*] **2** exponera, ställa ut [~ *goods in a shop window*]; visa; ~ *oneself* [*indecently*] blotta sig sedlighetssårande; ~ *for sale* salubjuda **3** yppa, uppenbara, avslöja, röja [~ *a secret* (*one's intentions*)] **4** avslöja [~ *a swindler* (*fraud, villain*)], uppdaga [~ *a plot*], demaskera, blotta **5** foto. exponera [~ *a film*]
exposé [ek'spəʊzeɪ] *s* fr. exposé, översikt
exposed [ɪk'spəʊzd, ek-] *adj* o. *perf p* **1** utsatt [~ *situation*], blottställd; blottad, oskyddad, öppen, utsatt för väder och vind; *be* ~ *to the north* ligga mot norr **2** utställd, synlig; ~ *card* kortsp. visat kort
exposition [ˌekspə(ʊ)'zɪʃ(ə)n] *s* **1** framställning i ord [*a clear* ~]; redogörelse [*an* ~ *of* (för) *his views*], utredning, översikt **2** utläggning, förklaring, tolkning; kommentar [*on* till (av)]; skildring **3** utställning, exposition **4** mus. exposition
expostulate [ɪk'spɒstjʊleɪt, ek-] *vb itr* protestera; ~ *with a p. about* (*on, over*) *a th.* protestera mot ngt hos ngn, förehålla (förebrå) ngn ngt
expostulation [ɪkˌspɒstjʊ'leɪʃ(ə)n, ek-] *s* [vänlig men bestämd] protest, förebråelse
exposure [ɪk'spəʊʒə, ek-] *s* **1** utsättande [*the* ~ *of his theories to* (för) *ridicule*], blottställande etc., jfr *expose* **2** utsatthet, utsatt ställning (läge); [*one must avoid*] ~ *to infection* ...att utsätta sig för smitta, ...att bli (vara) utsatt för smitta; *die from* ~ frysa ihjäl, dö av köld [och utmattning]; *on* ~ *to the air* då det (den osv.) utsätts för luftens inverkan, vid kontakt med luften **3 a)** exponering; *indecent* ~ jur., sedlighetssårande blottande **b)** foto. exponering; tagning; exponeringstid [*different* ~*s*]; bild, kort [*I've 3* ~*s left on this film*]; ~ *meter* exponeringsmätare **4** utställande, exponerande [~ *of goods in a shop-window*] **5** avslöjande [*the* ~ *of a fraud* (*their plans*)] **6** läge, belägenhet med avseende på vindar, sol, väderstreck; *with a southern* ~ med söderläge
expound [ɪk'spaʊnd, ek-] **I** *vb tr* **1** förklara, lägga ut, tyda [~ *a text*] **2** utveckla, framställa, framlägga [~ *a theory*] **II** *vb itr* förklara [sig] närmare; ~ *on* utbreda sig över
ex-president [ˌeks'prezɪd(ə)nt] *s* expresident
express [ɪk'spres, eks-] **I** *adj* **1** uttrycklig, tydlig, bestämd, direkt [~ *command*] **2** särskild, speciell; *for the* ~ *purpose of...* enkom för [det syftet] att... **3** express-, il-, snäll-; ~ *company* amer. expressbyrå; transportfirma; ~ *delivery* [*of letters*] expressbefordran [av brev]; ~ *letter* expressbrev; ~ *messenger* ilbud, expressbud; ~ *train* expresståg; snälltåg **II** *adv* med ilbud (snälltåg), express [*send a th.* ~] **III** *s* **1** expressbefordran; *send a th. by* (*per*) ~ skicka ngt express (som express) **2** expresståg; snälltåg **3** amer. expressbyrå, budcentral; transportfirma **4** ilbud pers. o. budskap **IV** *vb tr* **1** uttrycka [~ *one's surprise*; *he cannot* ~ *himself*], ge uttryck åt, uttala, säga [ut] [~ *one's meaning*]; framställa; ~ *oneself strongly on* yttra (uttala) sig skarpt om **2** skicka express (som expressbrev o.d.); skicka med expressbud (ilbud) **3** pressa ut [*from* (*out of*) ur; *juice* ~*ed from grapes*]
expressible [ɪk'spresəbl, ek-, -sɪb-] *adj* uttryckbar, som kan uttryckas
expression [ɪk'spreʃ(ə)n, ek-] *s* **1** yttrande, uttryckande, uttalande; ~ *of sympathy* sympatiyttring, sympatiuttalande; *find* (*seek*) ~ ta sig uttryck, yttra sig [*in* i]; *give* ~ *to* uttrycka, ge uttryck åt **2** språkligt, algebraiskt o.d. uttryck; uttrycksätt, framställning[sform] **3** uttryck [*an* ~ *of sadness on her face*], ansiktsuttryck; känsla [*play* (*read, sing*) *with* ~]
expressionism [ɪk'spreʃənɪz(ə)m, ek-] *s* konst. expressionism
expressionless [ɪk'spreʃ(ə)nləs, ek-] *adj* uttryckslös
expressive [ɪk'spresɪv, ek-] *adj* **1** ~ *of* som uttrycker (ger uttryck åt) **2** uttrycksfull [*an* ~ *face* (*gesture*)], talande [*an* ~ *look* (*silence*)]

expressly [ɪk'spreslɪ, ek-] *adv* **1** uttryckligen; tydligt, bestämt **2** enkom, särskilt, speciellt
expressway [ɪk'spresweɪ, ek-] *s* amer. motorväg
expropriate [ek'sprəʊprɪeɪt] *vb tr* expropriera [~ *land*]; bildl. lägga beslag på
expropriation [ek.sprəʊprɪ'eɪʃ(ə)n] *s* expropriation, expropriering
expulsion [ɪk'spʌlʃ(ə)n, ek-] *s* utdrivande, utdrivning [~ *of air*]; uteslutning [~ *from a political party*]; utvisning; univ. relegering
expunge [ek'spʌn(d)ʒ, ɪk-] *vb tr* stryka ut, utplåna
expurgate ['eksp3:geɪt, -pəg-] *vb tr* rensa [från anstötligheter], censurera [~ *a book (play)*]; rensa bort [~ *obscene parts from a book*]
expurgation [ˌeksp3:'geɪʃ(ə)n, -pə'g-] *s* [ut]rensning
exquisite [ek'skwɪzɪt, ɪk-, 'ekskwɪzɪt] *adj* **1** utsökt, fin [~ *taste (workmanship)*] **2** utomordentlig [~ *pleasure*] **3** fin, skarp [~ *sensibility*], känslig
ex-service|man [ˌeks's3:vɪs|mæn] (pl. *-men* [-mən]) *s* f.d. militär (värnpliktig), [krigs]veteran
ext. förk. för *extension 4, external[ly], extract*
extant [ek'stænt, ɪk'st-, 'ekstənt] *adj* som finns (står) kvar, kvarvarande, bevarad
extemporaneous [ekˌstempə'reɪnjəs, ˌekstem-] *adj* o. **extemporary** [ɪk'stemp(ə)rərɪ, ek-] *adj* improviserad [~ *speech (supper)*], oförberedd
extempore [ek'stempərɪ, ɪk-] *adv* extempore, oförberett [*speak* ~]
extemporize [ɪk'stempəraɪz, ek-] *vb itr* improvisera, extemporera
extend [ɪk'stend, ek-] (jfr *extended*) **I** *vb tr* **1** sträcka ut [~ *one's body*; ~ *one's arm horizontally*], sträcka (räcka) fram, räcka ut **2** utsträcka [~ *one's domains*], förlänga [~ *one's visit*], dra ut [~ *a line*; ~ *a railway*]; [ut]vidga [~ *the city boundaries*; ~ *one's knowledge*]; flytta fram; mil. sprida i skyttelinje; hand. förlänga, prolongera, ge anstånd med betalningen av [~ *a loan*] **3** bygga till (ut) [~ *a house*] **4** bildl. ge, erbjuda [~ *financial aid*], visa [~ *mercy*; *he ~ed hospitality to them*], bjuda [~ *a cordial welcome*] **5** ~ *oneself* ta ut sig (alla sina krafter), anstränga sig till det yttersta; *the team was never ~ed* laget blev aldrig pressat **II** *vb itr* **1** sträcka sig [*a road that ~s for miles and miles*; *the hills ~ to the sea*]; breda ut sig [*a vast plain ~ed before us*]; räcka, vara [*the occupation ~ed from 1940 to 1945*] **2** utsträckas; utvidgas, öka[s] [*his influence is ~ing*]
extended [ɪk'stendɪd, ek-] *adj* o. *perf p* **1** utsträckt, framsträckt [~ *hand*] **2** förlängd, utdragen, långvarig; [ut]vidgad [*on an ~ scale*]; vidsträckt [~ *empire*]; ~ *family*

storfamilj; *an ~ tour of Sweden* en längre tur genom Sverige
extension [ɪk'stenʃ(ə)n, ek-] *s* **1** utsträckande, utsträckning, utvidgande, utvidgning [~ *of one's knowledge*]; sträckning, [ut]tänjning, töjning; förlängning [*an ~ of my holiday*], prolongation [~ *of a bill*], utsträckt tid [*an ~ till 11 o'clock*] **2** utbredning [*the ~ of Islam*]; utsträckning **3 a)** tillbyggnad [*build an ~ to a house*]; utbyggnad, utbyggd del (sträcka) [~ *of a railway*], förlängning; skarvstycke; utdragsskiva, klaff [*drop-leaf ~*] **b)** attr.: ~ [*flex* (amer. *cord*)] förlängningssladd, skarvsladd; ~ *ladder* utskjutningsstege; slags brandstege **4** tele. anknytning; ~ *number* anknytning[snummer] **5** *University E~* utanför universitetet anordnade universitetskurser [för icke-studenter], kurser på universitetsnivå; folkuniversitet
extensive [ɪk'stensɪv, ek-] *adj* vidsträckt [~ *farm*, ~ *lands*, ~ *view*], omfångsrik, väldig; omfattande [~ *preparations*], rikhaltig, betydande; extensiv [~ *farming (reading)*]; utförlig, vittgående; *make ~ use of a th.* använda ngt i stor utsträckning
extensively [ɪk'stensɪvlɪ, ek-] *adv* i stor utsträckning (omfattning, skala); vitt och brett
extent [ɪk'stent, ek-] *s* **1** utsträckning, omfattning, omfång, vidd [*of considerable ~*; *the ~ of the danger*]; [*we were able to see*] *the full ~ of the park* ...parken i hela dess utsträckning; *to a great ~* i stor utsträckning (skala), i hög grad, till stor del; *to some (a certain)* ~ till en viss grad, i viss mån, till en del; *to such an ~ that* i så hög (till den) grad att; *to what ~...?* i vilken utsträckning (skala)...? **2** sträcka, yta, område [*a vast ~ of marsh*]
extenuate [ek'stenjʊeɪt, ɪk-] *vb tr* förminska, överskyla; ursäkta, söka urskulda; *extenuating circumstances* förmildrande omständigheter
extenuation [ekˌstenjʊ'eɪʃ(ə)n, ɪk-] *s* förmildrande; urskuldande, ursäkt, förmildrande omständighet; *in ~ of* [så]som ursäkt för
exterior [ek'stɪərɪə, ɪk-] **I** *adj* yttre [~ *diameter*], ytter- [~ *angle*; ~ *wall*; *the ~ world*], utvändig [*the ~ surface of a ball*], utvärtes; utomhus- [~ *aerial*; ~ *paint*]; utanför liggande [*the ~ territories of a country*] **II** *s* **1** yttre [*a good man with a rough ~*]; utsida, yttersida, exteriör [*the ~ of a building*]; *the house has an old ~* huset ser gammalt ut utanpå (utifrån) **2** utomhusscen i film o. TV
exterminate [ɪk'st3:mɪneɪt, ek-] *vb tr* utrota, tillintetgöra
extermination [ɪkˌst3:mɪ'neɪʃ(ə)n, ek-] *s* utrotande, förintande; *war of ~* utrotningskrig

extern [ek'stɜ:n] *s* extern: a) dagelev vid internatskola b) läkare (läkarkandidat) som bor utanför sjukhuset c) nunna som bor utanför den avskilda delen av klostret
external [ɪk'stɜ:nl, ek-] **I** *adj* yttre [~ *signs*; ~ *circumstances*; ~ *factors*]; ytter- [~ *angle*; ~ *ear*]; extern, utifrån; utvärtes [*for* ~ *use only!*], för utvärtes bruk [*an* ~ *lotion*]; utvändig [*an* ~ *surface*]; ytlig [*her gaiety was of an* ~ *kind*]; objektivt uppfattbar, synbar, gripbar [*the* ~ *qualities of his style*]; utrikes- [~ *commerce*, ~ *policy*]; ~ *degree* akademisk grad avlagd utanför universitetet vid av detta erkänd institution; ~ *influence* inflytande utifrån **II** *s* **1** yttre, utsida **2** pl. ~*s* yttre, yttre former (drag, förhållanden)
externalize [ek'stɜ:nəlaɪz, ɪk-] *vb tr* ge yttre form (gestalt) åt
extinct [ɪk'stɪŋ(k)t, eks-] *adj* **1** slocknad [~ *volcano*; *all hope was* ~], utslocknad **2** utdöd [~ *race*, ~ *species*], död; utslocknad [~ *family*]
extinction [ɪk'stɪŋ(k)ʃ(ə)n, ek-] *s* **1** [ut]släckande [*the* ~ *of a fire*; *the* ~ *of a p.'s hopes*] **2** utdöende [*the* ~ *of a species*], [ut]slocknande, upphörande **3** utplånande [*the* ~ *of all life*], förintelse
extinguish [ɪk'stɪŋgwɪʃ, ek-] *vb tr* **1** släcka [ut] [~ *a fire*; ~ *a light*]; [för]kväva [~ *the flames*] **2** tillintetgöra, förinta, undertrycka; utrota, utplåna [~ *a species*; ~ *a debt*]
extinguisher [ɪk'stɪŋgwɪʃə, ek-] *s* eldsläckare, [hand]brandsläckare
extirpate ['ekstɜ:peɪt] *vb tr* rycka upp med rötterna, ta bort; bildl. utrota, utplåna [~ *social evils*]
extirpation [,ekstɜ:'peɪʃ(ə)n] *s* utrotande, utrotning; borttagande [med rötterna]
extol [ɪk'stəʊl, ek-, -'stɒl] *vb tr* höja till skyarna [äv. ~ *to the skies*], lovprisa, prisa, berömma, besjunga
extort [ɪk'stɔ:t, ek-] *vb tr* pressa ut [~ *money from* (av) *a p.*], avtvinga, avpressa [*a th. from a p.* ngn ngt; ~ *a confession from a p.*], framtvinga
extortion [ɪk'stɔ:ʃ(ə)n, ek-] *s* utpressning; framtvingande
extortionate [ɪk'stɔ:ʃ(ə)nət, ek-] *adj* **1** rövar-, ocker- [~ *prices*; ~ *interest*] **2** utpressar-, utsugar- [~ *demands* (*methods*)]
extra ['ekstrə] **I** *adv* extra **II** *adj* extra, extra- [~ *pay*, ~ *work*], ytterligare; ~ *postage* portotillägg, straffporto; ~ *time* fotb. förlängning[en]; övertid; *room service is* ~ rumsservice tillkommer; [*the Italian sports car was*] *something* ~ ...något alldeles extra **III** *s* **1** extra ting (sak); *the little* ~*s* [*that make life pleasant*] det lilla extra..., den lilla lyx... **2** extraavgift [*no* ~*s*]; extrakostnad **3** extrahjälp, extrabiträde o.d.; film. o.d. statist **4** extrablad, extranummer, extraföreställning

extract [*ss.* vb ɪk'strækt, ek-, *ss. subst.* 'ekstrækt] **I** *vb tr* **1** dra (ta) ut [~ *teeth* ; matem. ~ *the root of* (ur) *a number*], dra upp (ur) [~ *a cork from* (ur) *a bottle*] **2** extrahera [~ *an essence*], skilja ut, koka (suga) ut, pressa [ut] [~ *the juice of* (ur) *apples*; ~ *oil from* (ur) *olives*], utvinna; kem. lösa ut; slunga [~ *honey*] **3** tvinga fram, få (pressa) fram [*a th. from a p.* ngt av (ur, från) ngn; ~ *information* (*money, the truth*) *from a p.*], avlocka [*a th. from a p.* ngn ngt] **4** hämta, finna [~ *pleasure* (*happiness*) *from* (ur, i) *a th.*] **5** skriva av, citera, excerpera **II** *s* **1** extrakt [*meat* ~] **2** utdrag [~ *from* (ur) *a book* (*long poem*)]
extraction [ɪk'strækʃ(ə)n, ek-] *s* **1** utdragning, uttagning; extraherande, extraktion **2** börd, härkomst, extraktion [*he is of Italian* ~]
extractor [ɪk'stræktə, ek-] *s* **1** utdragare; extraktionsapparat **2** centrifug **3** [*juice*] ~ saftpress; *electric juice* ~ råsaftcentrifug **4** ~ [*fan*] utsugsfläkt, utsugningsfläkt
extracurricular [,ekstrəkə'rɪkjʊlə] *adj* utanför schemat, icke schemalagd; ~ *activities* fritidsaktiviteter
extradite ['ekstrədaɪt] *vb tr* **1** utlämna brottsling till annan stat **2** få utlämnad
extradition [,ekstrə'dɪʃ(ə)n] *s* utlämning; ~ *treaty* utlämningstraktat
extramarital [,ekstrə'mærɪtl] *adj*, ~ *relations* utomäktenskapliga förbindelser
extramural [,ekstrə'mjʊər(ə)l] *adj* extramural, som sker (ligger) utanför stadens (universitetets m.m.) område (murar); ~ *department* univ. avdelning för kursverksamhet utanför universitetet
extraneous [ek'streɪnjəs] *adj* **1** yttre [~ *circumstances*]; [som kommer] utifrån [~ *light*; ~ *influence*]; [av] främmande [ursprung] **2** ovidkommande
extraordinary [ɪk'strɔ:d(ə)nərɪ] **I** *adj* **1** särskild, tillfällig, extra, extra ordinarie; ~ *meeting* [*of shareholders*] extra [bolags]stämma **2** extraordinär [~ *powers* (*befogenheter*)], utomordentlig; märkvärdig, förvånande; *how* ~*!* det var [då] besynnerligt (märkvärdigt)!; *a most* ~ *experience* en högst märklig (egendomlig) upplevelse **II** *s*, pl. *extraordinaries* ting utöver det vanliga; mil. tillfälliga (extra) utgifter
extrapolate [ek'stræpə(ʊ)leɪt, ɪk-] *vb tr* o. *vb itr* matem. el. statistik. extrapolera
extrapolation [,ekstrəpə(ʊ)'leɪʃ(ə)n] *s* matem. el. statistik. extrapolering, extrapolation
extrasensory [,ekstrə'sensərɪ] *adj*, ~ *perception* utomsinnlig varseblivning (förnimmelse), extrasensorisk perception
extraterrestrial [,ekstrətə'restrɪəl] **I** *adj* utomjordisk; ~ *being* rymdvarelse, utomjording i science fiction **II** *s se* ~ *being* under *I*

extraterritorial [ˌekstrəˌterɪˈtɔːrɪəl] *adj* exterritorial, exterritorial- [~ *rights*]
extravagance [ɪkˈstrævəgəns, ek-] *s*
1 extravagans, överdåd, [överdrivet] slöseri, onödig lyx **2** [våldsam] överdrift; omåttlighet
extravagant [ɪkˈstrævəgənt, ek-] *adj*
1 extravagant, slösaktig, överdådig, påkostad [*an* ~ *new musical*] **2** [våldsamt] överdriven [~ *opinion*; ~ *praise*]; omåttlig, orimlig [~ *demand*]
extravaganza [ekˌstrævəˈgænzə, ɪk-] *s* **1** mus. el. litt. fantasi, fantasistycke; burlesk **2** teat. o.d. [påkostat] spektakel, utstyrselstycke
extreme [ɪkˈstriːm, ek-] **I** *adj* **1** ytterst [*the ~ Left*]; längst bort (fram, ut), borterst [*the ~ edge of the field*]; *at the ~ right* längst [ut] till höger **2** ytterst (utomordentligt) stor, ytterst [~ *peril*], ytterlig, utomordentlig, intensiv [~ *joy*]; avsevärd; extrem; ytterst sträng (drastisk) [~ *measures*] **3** ytterlighets-, extrem [*an ~ case*; *hold ~ opinions*; *an ~ socialist*] **II** *s* ytterlighet; *carry matters (push it) to an ~ (to ~s)* driva saken (det) till sin spets; *go from one ~ to the other* gå från den ena ytterligheten till den andra; *go to the other ~* gå till den motsatta ytterligheten; *go to ~s* gå till ytterligheter (överdrift), tillgripa en sista utväg
extremely [ɪkˈstriːmlɪ, ek-] *adv* ytterst, oerhört [~ *irritating*; ~ *dangerous*], högst, utomordentligt [~ *satisfactory*], i högsta grad; extremt
extremism [ɪkˈstriːmɪzm, ek-] *s* extremism
extremist [ɪkˈstriːmɪst, ek-] **I** *s* extremist, ytterlighetsman **II** *adj* extremistisk, extrem [~ *views*]
extremit|y [ɪkˈstremətɪ, ek-] *s* **1** yttersta del (punkt, ände, gräns) **2** anat., pl. *-ies* extremiteter **3** högsta grad, höjdpunkt **4** ytterlighet; pl. *-ies* äv. ytterlighetsåtgärder, förtvivlade åtgärder; *go to -ies* gå till ytterligheter **5** nödläge, tvångsläge
extricate [ˈekstrɪkeɪt] *vb tr* lösgöra, frigöra, lösa, befria, hjälpa [ut], klara [~ *a p. (oneself) from* (ur) *a difficult situation*], dra (plocka) fram
extroversion [ˌekstrə(ʊ)ˈvɜːʃ(ə)n] *s* psykol. utåtvändhet, extroversion
extrovert [ˈekstrə(ʊ)vɜːt] psykol. **I** *s* utåtvänd (extrovert) person **II** *adj* utåtvänd, extrovert
extrude [ekˈstruːd, ɪk-] **I** *vb tr* stöta ut, tränga (pressa) ut [*from* från, ur] **II** *vb itr* skjuta ut
extrusion [ekˈstruːʒ(ə)n, ɪk-] *s* utdrivande, utträngande
exuberance [ɪgˈzjuːb(ə)rəns, eg-, -ˈzuː-] *s* **1** översvallande; strålande (sprudlande) vitalitet **2** överflöd, rikedom, överdåd, ymnighet, yppighet, frodighet
exuberant [ɪgˈzjuːb(ə)rənt, eg-, -ˈzuː-] *adj* **1** sprudlande [~ *joy*], översvallande [~ *praise*,

~ *zeal*]; strålande [~ *health*]; levnadsglad **2** överflödande; ymnig, yppig, frodig
exudation [ˌeksjuːˈdeɪʃ(ə)n, ˌegz-] *s* utsvettning, utsöndring äv. konkr.; med. exsudation
exude [ɪgˈzjuːd, egˈz-, ekˈs-] **I** *vb itr* sippra (svettas) ut, avsöndras, utsöndras [*gum ~s in thick drops*]; utgå, utstrålas **II** *vb tr* ge ifrån sig [~ *an odour*], avsöndra, utsöndra, svettas ut; bildl. utstråla [~ *confidence*]
exult [ɪgˈzʌlt, eg-] *vb itr* jubla, fröjdas, triumfera [*at* el. *in* (över) *a success*; ~ *over a defeated rival*]
exultant [ɪgˈzʌlt(ə)nt, eg-] *adj* jublande, triumferande; skadeglad
exultantly [ɪgˈzʌlt(ə)ntlɪ, eg-] *adv* o.
exultingly [ɪgˈzʌltɪŋlɪ, eg-] *adv* jublande, i triumf
exultation [ˌegzʌlˈteɪʃ(ə)n, ˌeks-] *s* jubel, stor fröjd [*at* över], triumf [*over* över]; skadeglädje
ex-works [ˌeksˈwɜːks] *adj* o. *adv* hand. fritt fabrik
exx. förk. för *examples*
eye [aɪ] **I** *s* **1** öga; syn[förmåga]; blick [*he has an artist's ~*]; uppsikt [*be under the ~ of a p.*]
a) i vissa uttryck: *the naked ~* blotta ögat; *an ~ for colours* färgsinne; *that's all my ~* [*and Betty Martin*]*!* vard. i helsicke heller!, det är bara skitsnack!; *your ~s are bigger than your stomach (belly)!* ögat vill ha mer än magen tål! du tar för mycket mat etc. **b)** ss. obj. till verb: *close* (*shut*) *one's ~s* to blunda för, se genom fingrarna med; *cry one's ~s out* gråta sig [halvt] fördärvad; *get one's ~ [well] in* sport. träna upp ögat; *give a p. the [glad] ~* vard. flörta med ngn; *have one's ~s about one* ha ögonen med sig; *have an ~ for* ha blick (sinne, öga) för; *have one's ~ on a p. (th.)* ha ett gott öga till ngn (ngt); *have one's ~ on a th.* äv. ha ngt i kikarn; *have an ~ to the main chance (an ~ to business)* vara om sig; *keep one's ~s open (peeled, skinned)* vard. ha ögonen med sig; *keep an ~ on* hålla ett [vaksamt] öga på; *keep an ~ out for* hålla utkik efter; *make ~s at* flörta med; *open a p.'s (one's) ~s* se *open III 1*; *run one's ~[s] over* titta över, ögna igenom; *set* (*clap, lay*) *~s on* få syn på; *set one's ~s on* kasta sina blickar på; *strike a p.'s ~* falla ngn i ögonen **c)** med prep.: *before (under) the very ~s of a p.* a) inför ngns ögon b) mitt för näsan (ögonen) på ngn; *an ~ for an ~* öga för öga; *in one's mind's ~* se *mind I 1*; *in the ~[s] of the law* i lagens mening, enligt lagen; *do a p. in the ~* vard. dra ngn grundligt vid näsan; *give a p. one (a smack) in the ~* vard. ge ngn en smocka; *that was one (a smack) in the ~ for him* vard. där åkte han på en blåsning; *be in the*

eyeball

public ~ vara föremål för offentlig uppmärksamhet; *see* ~ *to* ~ *with a p.* komma överens med ngn, kunna samsas med ngn, se på saken på samma sätt som ngn; *be up to the (one's)* ~*s in work* ha arbete upp över öronen; *with an* ~ *to* i avsikt att **2** [nåls]öga [*the* ~ *of a needle*]; ögla; bot. öga [*the* ~*s of a potato*] **II** *vb tr* betrakta, mönstra [*they* ~*d her with suspicion*], syna
eyeball ['aɪbɔ:l] *s* ögonglob
eyebath ['aɪbɑ:θ] *s* ögonsköljkopp, ögonbad skål
eyeblack ['aɪblæk] *s* mascara
eyebrow ['aɪbraʊ] *s* ögonbryn; ~ *pencil* ögonbrynspenna
eye-catcher ['aɪˌkætʃə] *s* blickfång; *she's (it's) a real* ~ hon (det) är verkligen en fröjd för ögat
eye-catching ['aɪˌkætʃɪŋ] *adj* som fångar ögat (verkar som blickfång), slående
eye contact ['aɪˌkɒntækt] *s* ögonkontakt
eyeful ['aɪfʊl] *s* vard. **1** *they got (had) a real* ~ de fick verkligen se mycket (åtskilligt, en hel del); *get (have) an* ~ *of this!* spana (kolla) in det här! **2** *she is an* ~ hon är något att vila ögonen på (en fröjd för ögat) **3** *get an* ~ *of dust* få damm (sand) i ögat
eyeglass ['aɪglɑ:s] *s* **1** monokel **2** pl. ~*es* isht amer. glasögon, pincené[er]
eyelash ['aɪlæʃ] *s* ögonfrans, ögonhår
eye-level ['aɪˌlevl] *s*, *at* ~ i ögonhöjd
eyelid ['aɪlɪd] *s* ögonlock; *hang on by the* ~*s* hänga på en tråd, sitta löst
eyeliner ['aɪˌlaɪnə] *s* eyeliner
eye lotion ['aɪˌləʊʃ(ə)n] *s* ögonbad vätska
eye-opener ['aɪˌəʊpnə] *s* tank[e]ställare [*it was a real* ~]; verklig överraskning; 'väckarklocka'
eyepiece ['aɪpi:s] *s* okular[lins] i kikare o.d.
eye rhyme ['aɪraɪm] *s* rim för ögat
eyeshadow ['aɪˌʃædəʊ] *s* ögonskugga
eyeshield ['aɪʃi:ld] *s* ögonskydd, ögonlapp
eyesight ['aɪsaɪt] *s* syn [*have a good* ~], synförmåga, synsinne, seende; *his* ~ *is failing* hans syn börjar bli dålig; *spoil one's* ~ förstöra ögonen (synen)
eyesore ['aɪsɔ:] *s* anskrämlig sak, åbäke, skamfläck, skönhetsfläck; *it is an* ~ *in the landscape* det skämmer hela landskapet
eye-stopper ['aɪˌstɒpə] *s* se *eye-catcher*
eye strain ['aɪstreɪn] *s* överansträngning av ögonen
Eyetie ['aɪtaɪ] *s* sl. (neds.) spagetti, italiano
eye|tooth ['aɪ|tu:θ] (pl. *-teeth* [-ti:θ]) *s* ögontand, hörntand
eyewash ['aɪwɒʃ] *s* **1** farmakol. ögonvatten, ögonbad **2** vard. humbug; bluff
eyewitness ['aɪˌwɪtnəs, -'--] **I** *s* åsyna vittne, ögonvittne **II** *vb tr* vara ögonvittne till
eyrie o. **eyry** ['ɪərɪ, 'eər-, 'aɪ(ə)r-] *s* **1** högt beläget [rovfågels]näste; bildl. 'örnnäste' **2** rovfågels kull
Ezekiel [ɪ'zi:kjəl] bibl. Hesekiel
Ezra ['ezrə] mansnamn; bibl. Esra

F

F, f [ef] (pl. *F's* el. *f's* [efs]) *s* **1** F, f **2** mus., *F flat* fess; *F major* F-dur; *F minor* F-moll; *F sharp* fiss
F 1 förk. för *Fahrenheit, farad, Fellow, France, French* **2** (förk. för *fine*) mediumhård om blyertspenna
f förk. för *2 forte*
f. förk. för *feet, female, feminine, focal length, folio, following [page], foot, franc[s], from, furlong*
FA [ef'eɪ] **1** förk. för *Football Association* **2** *sweet* ~ (förk. för *sweet Fanny Adams, sweet fuck-all*) se under *Fanny* resp. *fuck-all*
fa [fɑ:] *s* mus. fa
fable ['feɪbl] *s* **1** fabel **2** a) saga, myt b) sagovärld [*the heroes of Greek ~*]
fabric ['fæbrɪk] *s* **1** tyg [*silk ~s*], väv, vävnad, textil [äv. *textile ~*]; fabrikat; stoff; *~ gloves* tygvantar **2** [upp]byggnad, system; stomme, konstruktion [*the ~ of the roof*]; *the social ~* samhällsstrukturen **3** struktur, textur [*cloth of a beautiful ~*]
fabricate ['fæbrɪkeɪt] I *vb tr* **1** bildl. sätta (dikta, smida, ljuga) ihop, hitta på, fabricera [*~ a story*]; förfalska [*~ a document*] **2** a) sätta ihop, montera [ihop] [*~ a house*] b) tillverka, förfärdiga isht delar el. halvfabrikat; perf. p. *~d* **1** (av) halvfabrikat; i (av) färdiga element; [byggd] av färdiga sektioner [*~d ship*] II *vb itr* ljuga ihop något [*I had to ~*]
fabrication [ˌfæbrɪ'keɪʃ(ə)n] *s* **1** a) bildl. hopdiktande, fabricering; lögn, dikt, påhitt [*rumours founded on mere ~*] b) förfalskning **2** hopsättning, hopmontering
fabulous ['fæbjʊləs] *adj* **1** fabelns, fabel- [*~ animal*] **2** fabulös, sagolik; vard. fantastisk, toppen, jättefin
facade o. **façade** [fə'sɑ:d] *s* fasad äv. bildl.
face [feɪs] I *s* **1** a) ansikte b) uppsyn, min [*a sad ~*]; *full ~* en face, rakt framifrån; *his ~ fell* han blev lång i ansiktet (synen); *have the ~ to* ha fräckheten (mage) att; *keep a straight ~* hålla masken, hålla sig för skratt; *lose ~* förlora ansiktet (anseendet); *make (pull) ~s* göra grimaser, grimasera [*at* åt]; *pull a long ~* bli lång i ansiktet, se snopen ut; *put a bold (brave) ~ on it* hålla god min i elakt spel; *save (one's) ~* rädda ansiktet (skenet); *show one's ~* visa sig; *in [the] ~ of* a) [ställd] inför [*in the ~ of an accomplished fact*] b) trots [*succeed in the ~ of great danger*]; *fly in the ~ of* a) rusa rakt på b) bildl. öppet trotsa; strida (gå) emot [*it flies in the ~ of all facts*]; *laugh in a p.'s ~* skratta ngn [rakt] upp i ansiktet; *shut (slam) the door in a p.'s ~* slå igen dörren mitt framför näsan på ngn; *fall on one's ~* ramla framstupa; *to a p.'s ~* mitt (rakt) [upp] i ansiktet på ngn, rent ut [*I'll tell him so to his ~*]; *~ to ~* ansikte mot ansikte; *[be brought] ~ to ~ with a problem* [ställas] inför ett problem **2 a)** yta [*disappear from (off) the ~ of the earth*]; *on the ~ of it (things)* bildl. vid första påseendet, ytligt sett **b)** framsida, på byggnad äv. fasad, på mynt o.d. bildsida; rätsida; utsida; [klipp]vägg **c)** [ur]tavla **d)** tekn. slagyta II *vb tr* **1** a) [modigt] möta [*~ dangers (the enemy)*]; se i ögonen (vitögat) [*~ death*] b) vara beredd på, räkna med [*we will have to ~ that*]; ha ögonen öppna för, inte blunda för [*~ reality*; *~ the facts*]; *let's ~ it - he is...* man (vi) måste erkänna att han är..., man kan inte komma ifrån att han är...; *~ the music* se *music 3* **2** a) stå inför [*~ ruin*] b) möta [*the problem that ~s us*]; *a crisis ~d us* vi stod inför en kris; *be ~d with* stå (vara ställd) inför **3** vända ansiktet mot, stå (vara) vänd mot, se mot; stå ansikte mot ansikte med; befinna sig (ligga) mitt emot; ligga (vetta) mot (åt); *the picture ~s page 10* bilden står mot sidan 10 **4** lägga med framsidan upp spelkort, brev o.d. **5** förse med [upp]slag **6** beklä[da], klä [*~ a building with brick*] III *vb itr* **1** vara (stå) vänd, vända sig [*towards* mot]; vetta, ligga [*to, towards, on* mot, åt; *[to the] north* mot (åt) norr] **2** *~ up to* a) [modigt] möta b) ta itu med [*~ up to the problem*]; böja sig för [*~ up to the fact that...*] **3** mil. göra vändning; *about ~!* helt om!; *right (left) [about] ~!* [helt] höger (vänster) om! **4** *~ off* ishockey göra nedsläpp
face card ['feɪskɑ:d] *s* amer. (kortsp.) klätt kort
face cloth ['feɪsklɒθ] *s* **1** tvättlapp **2** likduk för ansiktet
face cream ['feɪskri:m] *s* ansiktskräm
faced [feɪst] *adj* vanl. i sms. **1** med...ansikte, ...i ansiktet [*red-faced*] **2** [be]klädd, belagd [*marble-faced*]
facedown ['feɪsdaʊn] *s* isht amer. konfrontation
face flannel ['feɪsˌflænl] *s* tvättlapp
face fungus ['feɪsˌfʌŋgəs] *s* vard. skägg
faceguard ['feɪsgɑ:d] *s* sport. el. tekn. ansiktsskydd, skyddsmask, ansiktsmask
faceless ['feɪsləs] *adj* ansiktslös, bildl. äv. anonym, känslolös [*~ bureaucrat*]
face-lift ['feɪslɪft] *s* ansiktslyftning äv. bildl.
face-lifting ['feɪsˌlɪftɪŋ] I *s* ansiktslyftning äv. bildl. II *adj* bildl. förbättrande, ansiktslyftande
face pack ['feɪspæk] *s* ansiktsmask, skönhetsmask
face powder ['feɪsˌpaʊdə] *s* [ansikts]puder
facer ['feɪsə] *s* vard. **1** bildl. a) knepigt problem b) hårt slag, tråkig överraskning **2** felvänt kort [i leken]
face-saving ['feɪsˌseɪvɪŋ] *adj* som räddar ansiktet; för att rädda ansiktet [*a ~ gesture*]

faceshield ['feɪsʃiːld] *s* ansiktsskydd av plexiglas o.d.
facet ['fæsɪt] *s* **1** fasett **2** bildl. sida [*a ~ of a problem*], aspekt; moment, fas
facetious [fə'siːʃəs] *adj* skämtsam, lustig [*a ~ remark* (*young man*)]; dumkvick; *he tried to be ~* han försökte göra sig lustig
face towel ['feɪsˌtaʊ(ə)l] *s* toaletthandduk, ansiktshandduk
face value ['feɪsˌvælju:] *s* nominellt värde; *take a th. at its ~* bildl. ta ngt för vad det är (är värt)
facia ['feɪʃə] *s* se *fascia*
facial ['feɪʃ(ə)l] **I** *adj* ansikts- [*~ angle* (*expression, nerve, treatment*)]; *~ tissue* ansiktsservett **II** *s* ansiktsbehandling
facile ['fæsaɪl, -sɪl, amer. 'fæsl] *adj* **1** lätt[vunnen], lättköpt [*~ victory*], enkel, lättvindig [*~ method*] **2** flyhänt, kvick i vändningarna; flink [*~ fingers*], rapp [*~ tongue*], habil, ledig
facilitate [fə'sɪlɪteɪt] *vb tr* underlätta, förenkla
facilit|y [fə'sɪlətɪ] *s* **1** lätthet, ledighet; färdighet; flinkhet, rapphet; [*he can do both*] *with equal ~* ...lika lätt (ledigt) **2** pl. *-ies* möjligheter, resurser; inrättningar, faciliteter, hjälpmedel; lättnader [*-ies for* (i) *payment*]; toalett [*the -ies are on the left*]; *bathing -ies* badmöjligheter, möjligheter (tillgång) till bad; *modern -ies* moderna bekvämligheter (hjälpmedel)
facing ['feɪsɪŋ] **I** *s* **1** byggn. fasadbeklädnad; *~ bricks* fasadtegel **2** a) kantgarnering, skoning; infodring b) pl. *~s* mil. krage och uppslag av annan färg på uniformsjacka [*a brown jacket with green ~s*]; revärer **II** *pres p* [som vetter] mot (åt) [*a window ~ north*]; *the man ~ me* mannen mitt emot mig; *the ~ page* motstående sida[n]; *sit ~* [*towards*] *the engine* åka (sitta) framlänges på tåg
facsimile [fæk'sɪməlɪ] **I** *s* **1** faksimil, faksimile **2** *~* [*transmission*] telefax **II** *vb tr* **1** faksimilera **2** överförå genom telefax
fact [fækt] *s* **1** a) faktum [*it's a ~ that...*], realitet [*poverty and crime are ~s*]; [sak]förhållande, omständighet b) [sak]uppgift [*he doubted the author's ~s*] c) verklighet, sanning, fakta; *~ and fiction* fantasi (dikt) och verklighet, saga och sanning; *~s and figures* fakta och siffror, statistik, exakt information; *it's a ~* (*an actual ~*) det är ett faktum, det är faktiskt sant; [*and*] *that's a ~!* så är det faktiskt!; *is that a ~?* säger du det!, det menar du inte!; *the ~s of life* se *life 2*; *the ~* [*of the matter*] *is that...* saken är den att..., det är (förhåller sig) [nämligen] så att..., faktum är att...; *they established the ~ that* de konstaterade att; *in spite of the ~ that* trots [det] att, trots det faktum att; *a matter of ~* ett faktum; *as a matter of ~* el. *in* [*actual*] *~* el. *in point of ~* i själva verket, i verkligheten (realiteten); faktiskt, uppriktigt talat; egentligen; *I know for a ~* jag vet bestämt (säkert, med säkerhet); *in ~ she was very pretty* hon var faktiskt mycket söt; [*I think so,*] *in ~, I'm quite sure* ...ja, jag är [faktiskt (till och med)] alldeles säker **2** jur. a) sakförhållande, omständighet, fakta i målet b) *after the ~* efter brottet (brottets begående) [*accessory* (medverkande) *after the ~*], i efterhand
fact-finding ['fæktˌfaɪndɪŋ] *adj*, *~ commission* undersökningskommission
faction ['fækʃ(ə)n] *s* **1** isht polit. fraktion, [oppositions]klick, [parti]grupp, falang **2** partikäbbel; splittring **3** (sammandraget ord av *fact* o. *fiction*) TV., film. el. litt. dramadokumentär skildring av verklig händelse i dramatiserad form
factitious [fæk'tɪʃəs] *adj* konstlad; konstgjord
factor ['fæktə] *s* **1** faktor, omständighet, förhållande; *the human ~* den mänskliga faktorn **2** matem. faktor
factorize ['fæktəraɪz] *vb tr* matem. dela upp i faktorer
factory ['fækt(ə)rɪ] *s* fabrik, fabriksanläggning, bruk, verk; *run a ~* driva en fabrik; *~ hand* fabriksarbetare; *~ inspector* yrkesinspektör; *~ owner* fabriksägare, fabrikör
factory-made ['fækt(ə)rɪmeɪd] *adj* fabrikstillverkad, fabriksgjord
factotum [fæk'təʊtəm] *s* faktotum, allt i allo
factual ['fæktʃʊəl, -tjʊəl] *adj* **1** saklig, objektiv [*a ~ account* (*statement*)]; baserad på fakta; *~ material* faktamaterial **2** verklig, faktisk; *~ error* sakfel
facultative ['fæk(ə)ltətɪv] *adj* valfri, frivillig; fakultativ äv. biol.; som ger valmöjlighet
facult|y ['fæk(ə)ltɪ] *s* **1** förmåga [*administrative* (*critical*) *~*]; *~ for* förmåga till, fallenhet (talang) för, sinne för; *he has a great ~ for learning languages* han har mycket lätt för språk, han är mycket språkbegåvad; *~ of hearing* hörsel[förmåga]; *mental -ies* själsförmögenheter; *be in possession of all one's -ies* vara vid sina sinnens fulla bruk **2** isht amer. skicklighet, duglighet **3** univ. a) fakultet; *the ~ of Law* (*Medicine*) juridiska (medicinska) fakulteten b) fakultetsmedlemmar, fakultet; *~ meeting* fakultetssammanträde **4** vard., *the F~* läkarkåren; advokatkåren; teologerna **5** amer. lärarkollegium, lärarstab, lärarkår
fad [fæd] *s* **1** [mode]fluga, vurm **2** nyck, dille
fade [feɪd] **I** *vb itr* **1** vissna **2** blekna, bildl. äv. förblekna; blekas, bli urblekt; mattas, avta [*the light was fading*]; bli suddig (otydlig) [*the outlines ~d*]; *~* [*away* (*out*)] så småningom försvinna, dö bort; tona bort, förtona; tyna av (bort), vissna bort; *~ away* (*out*) vard. dunsta, smita; *~ from* försvinna (vika) från;

~ *into* glida (tona) över i **3** film. m.m., ~ *in* bli tydligare (klarare, starkare); ~ *out* tona bort **4** bil. tappa bromsförmågan **II** *vb tr* **1** bleka, komma att blekas **2** film. m.m., ~ *in* tona in (upp); ~ *out* tona bort
faded ['feɪdɪd] *adj* **1** vissnad, utblommad **2** urblekt [~ *jeans*]; [för]bleknad; ~ *beauty* passerad (bedagad) skönhet
fade-in ['feɪdɪn] *s* film., radio. el. TV. intoning
fade-out ['feɪdaʊt] *s* **1** film., radio. el. TV. borttoning **2** bildl. tillbakagång, dalande [*the* ~ *of a brilliant career*]
fading ['feɪdɪŋ] *s* **1** vissnande **2** bleknande **3** radio. fading **4** bil. bromsfading försvagning av bromsförmågan
faecal ['fiːkl] *adj* exkrement-, träck-; med. fekal
faeces ['fiːsiːz] *s pl* **1** exkrementer, avföring, träck; med. feces, fekalier **2** bottensats, drägg
Faeroe ['feərəʊ] geogr.; *the* ~*s* pl. el. *the* ~ *Islands* pl. Färöarna
Faeroese [ˌfeərəʊˈiːz] **I** *adj* färöisk, färö- **II** *s* **1** (pl. lika) färöing, färöbo **2** färöiska [språket]
1 fag [fæg] **I** *vb itr* slita, knoga, träla [*at* med] **II** *vb tr* trötta ut, tröttköra [äv. ~ *out*]; ~*ged out* utsjasad, utmattad, utpumpad **III** *s* **1** slit[göra], knog, jobb; *it's too much* [*of a*] ~ det är för jobbigt (slitigt) **2** eng. skol. passopp [åt äldre elev] **3** vard. cigg, ciggis, tagg cigarett
2 fag [fæg] *s* isht amer. sl. bög homofil
fag-end ['fægend] *s* **1** tamp, ända; sluttamp **2** [värdelös] rest, stump, restbit **3** vard. fimp
1 faggot ['fægət] *s* **1** risknippe; bunt [av] stickor **2** knippa, knippe, bunt **3** sl. kärring
2 faggot ['fægət] *s* isht amer. sl. bög homofil
fah [fɑː] *s* mus. fa
Fahrenheit ['fær(ə)nhaɪt, 'fɑːr-] *s* Fahrenheit, Fahrenheits skala med fryspunkten vid 32° och kokpunkten vid 212°
faience [faɪˈɑːns] *s* fajans
fail [feɪl] **I** *vb itr* **1** a) misslyckas b) stranda [*the conference* ~*ed*] c) om skörd o.d. slå fel d) kuggas, bli kuggad [~ *in mathematics*] e) falla igenom [~ *in an election*] **2** strejka, stanna [*the engine* ~*ed*; *his heart* ~*ed*] **3** hand. göra bankrutt, gå omkull **4** tryta, ta slut [*our supplies* ~*ed*]; inte räcka till [*if his strength* ~*s*] **5** avta, försämras [*his health* (*eyesight*) *is* ~*ing*]; om ljus o. ljud försvinna, dö bort; *he has been* ~*ing in health lately* han har varit sjuklig sista tiden **6** ~ *in* a) sakna, brista i [~ *in respect*] b) svika [~ *in one's duty*] **II** *vb tr* **1** svika, lämna i sticket [*I will not* ~ *you*]; *his courage* ~*ed him* modet svek honom; *words* ~ *me* jag saknar ord **2** ~ *to* a) försumma (underlåta) att [*he* ~*ed to inform us*] b) undgå att [*he could not* ~ *to notice it*] c) misslyckas med (i) att, inte lyckas att; ~ *to come* (*appear*) utebli; *he did not* ~ *to keep his word* han svek inte sitt ord; *I* ~ *to see*

jag kan inte (har svårt att) inse **3** vard. a) kugga [*the teacher* ~*ed me*] b) bli kuggad (underkänd) i [~ *an exam*]
failing ['feɪlɪŋ] **I** *s* fel, brist, svaghet [*we all have our little* ~*s*]; pl. ~*s* äv. fel och brister, skavanker **II** *adj* strejkande, mankerande; sinande, trytande; sviktande etc., jfr *fail*; avtagande [~ *eyesight*], vacklande [~ *health*] **III** *prep* i brist på; om det inte finns (blir); ~ *an answer* då (om) inget svar inkommit; ~ *good weather* om det inte blir bra väder; ~ *payment* om betalning uteblir; ~ *this* (*that*) i annat fall, om så inte är fallet
fail-safe ['feɪlseɪf] **I** *adj* idiotsäker, helsäker **II** *s* automatisk säkerhetsanordning
failure ['feɪljə] *s* **1** a) misslyckande, fiasko, olycklig utgång; strandning [*the* ~ *of the peace conference*] b) misslyckad person; misslyckat försök (företag), misslyckande; *be* (*prove*) *a* ~ vara misslyckad [*he is* (*has proved*) *a* ~ *as a teacher*], bli (göra) fiasko, slå fel; *his* ~ *to answer the questions* [*made him suspicious*] att han inte kunde (lyckades) svara på frågorna...; *court* ~ utmana olyckan (ödet); *end in* ~ misslyckas; *percentage of* ~*s* kuggningsprocent **2** uraktlåtenhet, underlåtenhet [~ *to obey orders*], försummelse; brist, avsaknad [*of* på]; *his* ~ *to appear* hans uteblivande **3** strejkande, sinande [*the* ~ *of supplies*], brist [~ *of* (på) *rain*]; avtagande, försämring [~ *of eyesight*]; fel; *crop* ~ felslagen skörd; *engine* ~ motorstopp; *heart* ~ hjärtsvikt; hjärtslag; *power* ~ strömavbrott **4** bankrutt, konkurs, krasch [*bank* ~*s*]
fainites ['feɪnaɪts] *interj* o. **fainits** ['feɪnɪts] *interj*, ~! pass [för mig]! jag är inte med
fains [feɪnz] **I** *vb tr*, ~ *I* vid lek o. spel pass för att inte [~ *I keeping* (stå i) *goal*] **II** *interj* se *fainites*
faint [feɪnt] **I** *adj* **1** svag, matt [*a* ~ *attempt* (*voice*)] **2** svag [*a* ~ *hope*, ~ *breathing*, *a* ~ *taste*]; otydlig [~ *traces*], dunkel [*a* ~ *recollection*]; ~ *colours* svaga (bleka) färger; ~ *lines* svaga (otydliga) linjer på skrivpapper; *I haven't the* ~*est idea* (vard. *I haven't the* ~*est*) jag har inte den ringaste (blekaste) aning (om det) **3** svimfärdig, matt [*I feel* ~ *with* (av) *hunger*] **4** kväljande; kvalmig [*a* ~ *atmosphere*] **II** *s* svimning; *in a dead* ~ avsvimmad; *go off in a* ~ svimma **III** *vb itr* a) svimma [*from* (av) *hunger*] b) bli svimfärdig (matt) [*be* ~*ing with* (av) *hunger*]; ~ *away* svimma av
faint-hearted [ˌfeɪntˈhɑːtɪd, attr. '-ˌ--] *adj* klenmodig, försagd, feg, rädd, mesig
fainting-fit ['feɪntɪŋfɪt] *s* svimningsanfall
1 fair [feə] *s* **1** marknad; *a* (*the*) *day after the* ~ för sent, post festum; *vanity* ~ fåfängans marknad **2** hand. mässa **3** nöjesfält, tivoli [äv. *funfair*] **4** [välgörenhets]basar **5** attr.

marknads- [~ *booth* (stånd)]; mäss- [~ *stall* (stånd)]
2 fair [feə] **I** *adj* **1** a) rättvis, just [*to, on* mot] b) sport. just, regelmässig c) skälig, rimlig [*a ~ reward*], billig; *~'s* ~ rätt ska vara rätt; *all's ~ in love and war* i krig och kärlek är allt tillåtet; *it is only* ~ det är inte mer än rätt; *~ and square* öppen och ärlig; *~ enough* kör till, för all del; *~ competition* lojal konkurrens; *~ game* jakt. jaktbart (lovligt) villebråd; *be ~ game* bildl. vara lovligt byte; *by ~ means or foul* med ärliga eller oärliga medel, med rätt eller orätt; *~ play* fair play, rent (ärligt) spel; *give a p. a ~ trial* a) ge ngn en chans b) låta ngn få en rättvis rättegång; *give a p. a ~ warning* varna (varsko) ngn i tid **2 a)** ganska (rätt) stor (bra); ansenlig; *have one's ~ share of a th.* få sin beskärda del av ngt **b)** hygglig, rimlig [*~ prices (terms)*]; ~ ss. betyg godkänd; *~ to middling* vard. någorlunda, ganska skaplig **3** meteor. klar [*a ~ day (sky)*]; ~ [*weather*] uppehållsväder, ganska vackert väder **4** lovande [*~ prospects*], gynnsam; *have a ~ chance [of success]* ha goda utsikter (stora chanser) [att lyckas] **5** ljus[lagd], blond [*a ~ girl; ~ hair*], ljus [*a ~ complexion*] **6** vacker, som låter bra [*~ words (promises)*]; *~ speeches* fagert tal **7** ren[skriven]; tydlig; *~ copy* renskrift, renskrivet exemplar **8** oförvitlig, fläckfri **9** poet., litt. fager, skön [*a ~ maiden*]; *the ~ sex* det täcka könet **II** *adv* **1** rättvist, just, ärligt, hederligt, riktigt **2** *write (copy) a th. out* ~ skriva rent ngt **3** *bid ~ to* ha goda utsikter att **4** ~ [*and square*] vard. a) rätt, rakt [*the ball hit him ~ [and square] on the chin*] b) öppet [och ärligt]

fairground ['feəgraʊnd] *s* nöjesplats, marknadsplats; mässområde
fair-haired [ˌfeə'heəd, attr. '--] *adj* **1** ljushårig, blond **2** isht amer., *~ boy* gullgosse, kelgris
Fair Isle ['feərail] geogr. egenn.; ~ [*sweater*] mönsterstickad... med speciellt mönster
fairly ['feəlɪ] *adv* **1** a) rättvist [*treat a p. ~*] b) ärligt, öppet, hederligt; på ärligt sätt, med ärliga medel [*win a th. ~*]; *answer ~ and squarely* svara öppet och ärligt **2** tämligen, relativt, rätt, ganska [*~ good*], någorlunda **3** alldeles, fullständigt [*he was ~ beside himself*] **4** lämpligen **5** klart, tydligt
fair-minded [ˌfeə'maɪndɪd, attr. '-,--] *adj* rättvis; rättsinnig, rättänkande; ärlig
fairness ['feənəs] *s* **1** a) rättvisa b) ärlighet, öppenhet c) rimlighet, billighet; *in [all]* ~ i rättvisans (ärlighetens) namn, för att vara rättvis (ärlig), rimligen; *treat a p. with ~* behandla ngn rättvist **2** ljuslagdhet; blondhet; *the ~ of her skin* hennes ljusa hy **3** fagert utseende, skönhet
fair-sized ['feəsaɪzd, pred. ˌ-'-] *adj* ganska stor, medelstor

fairway ['feəweɪ] *s* **1** sjö. farled, segelled **2** golf. fairway klippt del av spelfält
fair-weather ['feəˌweðə] *adj* **1** godväders- [*~ sail*], som passar för (används vid) vackert väder [*~ clothes*] **2** bildl., *~ friends* vänner i medgång; *~ yachtsman* söndagsseglare
fairy ['feərɪ] **I** *s* **1** fe; älva; vätte **2** sl. (neds.) fikus homofil **II** *adj* felik, älvlik; fe-, älv[a]- [*~ queen*]; sago- [*~ prince*]; trolsk
fairy godmother [ˌfeərɪ'gɒdˌmʌðə] *s* god fé äv. bildl.
fairyland ['feərɪlænd] *s* **1** älvornas rike **2** sagoland, drömlandskap, förtrollat land; attr. sagolik, underbar, förtrollad
fairy story ['feərɪˌstɔ:rɪ] *s* o. **fairy tale** ['feərɪteɪl] *s* **1** [fe]saga **2** saga, amsaga, myt
fait accompli [ˌfeɪtə'kɒmpli:, ˌ---'-] (pl. *faits accompli* [ˌfeɪtsə'kɒmpli: el. ˌ---'-]) *s* fr., *be presented with a ~* bli (vara) ställd inför ett fait accompli (fullbordat faktum)
faith [feɪθ] *s* **1** a) tro äv. relig. [*in* på] b) förtroende [*in* för], tillit [*in* till] c) förtröstan, tillförsikt; *have ~ in* tro (lita) på, ha förtroende för; *lose ~ in* förlora tron på (förtroendet för); *put one's ~ in* tro (förtrösta) på, lita (förlita sig) på; *pin one's ~ [up]on (to)* sätta sin lit till, lita (tro) blint på **2** tro, troslära, bekännelse, religion [*the Christian ~*] **3** hedersord, löfte; *break ~ [with]* bryta sitt löfte [till], vara trolös (illojal) [mot]; *keep ~ [with]* hålla sitt löfte (ord) [till], vara trogen (lojal) [mot] **4** trohet, redlighet, hederlighet; *in good ~* i god tro; på heder och ära; *in bad ~* trolöst, svekfullt
faithful ['feɪθf(ʊ)l] *adj* **1** trogen [*long and ~ service; ~ to one's wife (husband)*], trofast [*to a p.* mot ngn]; plikttrogen **2** trovärdig, tillförlitlig; verklighetstrogen; *it is a ~ likeness* det är porträttlikt **3** exakt, noggrann [*a ~ account (copy)*] **4** *the ~* relig. de rättrogna äv. friare
faithfully ['feɪθfʊlɪ, -f(ə)lɪ] *adv* **1** troget etc., jfr *faithful 1* o. *2*; uppriktigt; *deal ~ with a p. (a th.)* vara fullt uppriktig mot ngn (i fråga om ngt); *promise ~* vard. lova säkert; *Yours ~* i brevslut Högaktningsfullt, Med utmärkt högaktning **2** exakt, troget, korrekt, riktigt [*represent ~*]
faithfulness ['feɪθf(ʊ)lnəs] *s* **1** trohet, trofasthet, plikttro[gen]het etc., jfr *faithful* **2** överensstämmelse med originalet [*the ~ of the translation*]
faith-healer ['feɪθˌhi:lə] *s* helbrägdagörare
faithless ['feɪθləs] *adj* **1** trolös, svekfull; pliktförgäten; opålitlig [*to* mot] **2** vantrogen
fake [feɪk] **I** *vb tr* **1** a) bättra på, försköna [*~ a report*], fiffla (fuska) med, fejka, fingera [äv. *~ up*] b) förfalska [*~ an oil painting*]; *~d cards* märkta kort för falskspel **2** hitta på, dikta ihop (upp), ljuga ihop, fejka [*~ the news (a story)*];

fallow

äv. ~ *up*] **3** simulera [~ *illness*] **II** *vb itr* **1** fiffla; göra en förfalskning (förfalskningar) **2** hitta på, dikta **3** simulera, låtsas, bluffa **III** *s* **1** a) förfalskning [*the picture was a* ~] b) påhittad (uppdiktad) historia, hopkok c) bluff d) attrapp; *be a* ~ äv. vara påhittad (uppdiktad, gjord) **2** bluff[makare] **3** attr. förfalskad [*a* ~ *picture*]; påhittad, uppdiktad; falsk, fejkad, fingerad, sken- [*a* ~ *marriage*]
faker ['feɪkə] *s* **1** förfalskare, bedragare **2** bluff[makare]
fakir ['feɪkɪə, fə'kɪə] *s* fakir
falcon ['fɔ:lkən, 'fɒlk-, 'fɔ:k-] *s* [jakt]falk
falconer ['fɔ:lkənə, 'fɒlk-, 'fɔ:k-] *s* falkenerare
falconry ['fɔ:lk(ə)nrɪ, 'fɒlk-, 'fɔ:k-] *s* falkenerarkonst[en]; falkjakt
Falkland ['fɔ:klənd] geogr.; *the ~ Islands* pl. el. *the ~s* pl. Falklandsöarna
fall [fɔ:l] **I** (*fell fallen*) *vb itr* **1** falla; falla omkull, ramla, trilla [*he fell and broke his leg*]; gå ned, sjunka [*the price has ~en*]; stupa [*he fell in the war*]; störtas [*the government fell*], infalla, inträffa [*Easter Day ~s on the first Sunday in April this year*]; *his face fell* han blev lång i ansiktet; *~ flat on one's face* falla pladask, falla platt till marken, bildl. misslyckas totalt **2** slutta [nedåt] **3** avta, mojna, lägga sig [*the wind fell*] **4 a)** bli [~ *lame*]; ~ *ill* bli sjuk, insjukna **b)** ~ *asleep* somna [in], falla i sömn **5** ~ *flat* (*foul, short*) se under resp. huvudord
6 med prep. o. adv.:
~ *across* stöta (råka) på, träffa på
~ *among* råka in i (in bland)
~ *apart* a) falla sönder (isär), gå i bitar b) rasa samman (ihop)
~ *astern* sjö. sacka akterut
~ *away* a) falla ifrån, svika **b)** falla bort, bortfalla; vika undan **c)** falla (tackla) av, tyna bort
~ *back* a) dra sig (vika) tillbaka [[*up*]*on* till] **b)** ~ *back* [*up*]*on* bildl. falla tillbaka på, ta till
~ *behind* bli efter; *have ~en behind with* vara efter med, vara på efterkälken med
~ *below* understiga, inte gå upp till beräkning o.d.
~ *down* falla (ramla) ned; falla [omkull]; falla ihop; ~ *down on* vard. misslyckas med, stupa på
~ *for* a) falla för [~ *for a p.'s charm*] **b)** gå 'på, låta lura sig av
~ *from* a) falla [ned] från [*he fell from a tree*] **b)** störtas från [~ *from power*]; ~ *from favour* (*grace*) falla (råka) i onåd
~ *in* a) falla (ramla, störta) in, falla ihop **b)** mil. falla in i ledet, ställa upp [sig] på led; ~ *in!* uppställning! **c)** ~ *in with* råka träffa, bli bekant med; gå (vara) med på, gilla; foga sig efter [~ *in with a p.'s wishes*]
~ *into* a) falla [ned] i; bildl. försjunka i [~ *into a reverie* (drömmar)], falla i [~ *into a deep sleep*]; råka i [~ *into disgrace*] **b)** komma in i, förfalla till [~ *into bad habits*] **c)** kunna indelas i [*it ~s into three parts*]
~ *off* a) falla (ramla) av, falla (ramla) ned från **b)** avta, minska, sjunka, gå ned [*sales have ~en off*], försämras, tappa, mattas [*the novel ~s off towards the end*] **c)** falla ifrån; svika
~ *on* (*upon*) a) falla på, åligga, tillkomma [*this duty ~s* [*up*]*on me*] **b)** anfalla, överfalla; kasta sig över [*they fell* [*up*]*on the food*] **c)** komma (råka) på [~ *upon a theme*]
~ *out* a) falla (ramla) ut, om hår falla av **b)** utfalla, avlöpa; falla sig [så], råka vara (bli) så **c)** mil. gå ur (lämna) ledet **d)** bli osams, råka i gräl
~ *over* falla (ramla) omkull, falla över ända; ~ *over oneself* bildl. anstränga sig till det yttersta
~ *through* gå om intet, misslyckas, spricka, falla igenom
~ *to* a) falla på, drabba [*the cost ~s to me*], åligga, tillkomma [*this duty ~s to me*] **b)** tillfalla, komma ngn till del **c)** sätta i gång; börja [på]; ~ *to blows* råka i slagsmål
~ *under* a) falla (komma, höra) under; höra (räknas) till, sortera under **b)** råka ut för, bli föremål för; ~ *under suspicion* bli misstänkt **II** *s* **1** fall; sjunkande; nedgång, minskning; ~ *in prices* prisfall; *the ~ of darkness* mörkrets inbrott; ~ *of the hammer* klubbslag vid auktion **2** amer. höst **3** isht pl. *~s* [vatten]fall [*the Niagara Falls*] **4** brottn. fall; *try a ~ with a p.* försöka få fall på ngn; bildl. ta ett [nappa]tag med ngn
fallacious [fə'leɪʃəs] *adj* felaktig, falsk [*a ~ conclusion*]; vilseledande, ohållbar [*a ~ theory*]
fallacy ['fæləsɪ] *s* **1** vanföreställning; villfarelse, misstag **2** falsk slutledning, felslut **3** bedräglighet; *the ~ of* det bedrägliga (falska, vilseledande) i
fallen ['fɔ:l(ə)n] *adj* o. *perf p* (av *fall*) fallen äv. bildl. [*a ~ woman*]; nedfallen, kullfallen [~ *trees*]; störtad [~ *kings*]; *the ~* pl. de fallna, de stupade; *have ~ arches* ha sänkta fotvalv, vara plattfot[ad]
fall guy ['fɔ:lgaɪ] *s* vard. **1** lätt byte, lättlurad stackare **2** syndabock
fallibility [,fælə'bɪlətɪ] *s* felbarhet
fallible ['fæləbl] *adj* **1** felbar, ofullkomlig [*human and ~*] **2** felaktig, oriktig, bedräglig
falling-off [,fɔ:lɪŋ'ɒf] *s* avtagande, nedgång, minskning; försämring, tillbakagång
falling-out [,fɔ:lɪŋ'aʊt] *s* gräl, tvist
Fallopian [fə'ləʊpɪən] *adj* anat., ~ *tube* äggledare
fallout ['fɔ:laʊt] *s* **1** [*radio-active*] ~ [radioaktivt] nedfall **2** bildl. biverkningar, sidoeffekt
1 fallow ['fæləʊ] **I** *s* träda, trädesåker **II** *adj*

fallow

[som ligger] i träda [~ *land*]; obrukad, försummad; *lie* ~ ligga i träda äv. bildl. **III** *vb tr* plöja och harva; lägga i träda **2 fallow** ['fæləʊ] *adj* [blekt] brunaktig, rödgul
fallow deer ['fæləˌ(ʊ)ˌdɪə, ˌ--'-] *s* dovhjort
false [fɔ:ls, fɒls] *adj* **1** falsk [*a* ~ *alarm*; *a* ~ *analogy*; ~ *hopes*; *a* ~ *note* (ton)]; osann; felaktig, oriktig [*a* ~ *conclusion* (*idea, statement, quantity*)]; ogrundad; ~ *scent* villospår; ~ *start* felstart, tjuvstart; ~ *step* felsteg, bildl. äv. fadäs, missgrepp **2** falsk [*a* ~ *friend*], bedräglig [*a* ~ *medium* (*mirror*)]; *under* ~ *colours* under falsk flagg **3** falsk, förfalskad [*a* ~ *coin*]; oäkta [~ *diamonds*]; lös- [~ *hair* (*teeth*)]; sken- [*a* ~ *attack*]; låtsad, hycklad; ~ *bottom* dubbelbotten, lösbotten
falsehood ['fɔ:lshʊd, 'fɒls-] *s* **1** lögn, osanning [*tell a gross* ~] **2** ljugande, oärlighet, lögnaktighet
falsely ['fɔ:lslɪ, 'fɒls-] *adv* falskt etc., jfr *false*; falskeligen, med orätt [~ *accused*]
falseness ['fɔ:lsnəs, 'fɒls-] *s* falskhet etc., jfr *false*; falskt sinnelag, dubbelhet
falsetto [fɔ:l'setəʊ, fɒl-] **I** (pl. ~*s*) *s* falsett **II** *adj* falsett- [~ *note*] **III** *adv* i falsett [*sing* ~]
falsies ['fɔ:lsɪz] *s pl* sl. lösbröst, lösbehag
falsification [ˌfɔ:lsɪfɪ'keɪʃ(ə)n, ˌfɒls-] *s* förfalskning; falsarium, falsifikat
falsify ['fɔ:lsɪfaɪ, 'fɒls-] *vb tr* förfalska; förvränga
falsity ['fɔ:lsətɪ, 'fɒls-] *s* **1** oriktighet; *the* ~ *of a th.* det falska (oriktiga) i ngt **2** falskhet, lögnaktighet
falter ['fɔ:ltə, 'fɒl-] *vb itr* **1** stappla, vackla [*with* ~*ing steps*], gå ostadigt **2** sväva på målet; staka sig, stamma; *her voice* ~*ed* hennes röst stockade sig
falteringly ['fɔ:lt(ə)rɪŋlɪ, 'fɒl-] *adv* stammande, med osäker (svävande) röst, osäkert, tveksamt
fame [feɪm] *s* ryktbarhet, berömmelse [*acquire* ~]; rykte, anseende
famed [feɪmd] *adj* **1** ryktbar, berömd [~ *for their courage*] **2** *he is* ~ *to be...* han påstås vara...
familiar [fə'mɪljə] **I** *adj* **1** förtrolig, kamratlig [*on a* ~ *footing*], förtrogen, intim, nära [~ *friends*]; bekant [*with* med]; *be* ~ *with* äv. känna till, vara insatt i, vara bevandrad i **2** [väl]bekant, [väl]känd [*the* ~ *voices of one's friends*], vanlig [*a* ~ *sight*]; inte främmande [*to* för]; *that seems* ~ [*to me*] det förefaller [mig] bekant **3** ledig, familjär, otvungen [~ *style*]; *in* ~ *conversation* i dagligt tal **4** familjär, närgången [*with* mot], påflugen; *get* (*become*) *too* ~ *with a p.* ta sig friheter mot ngn **II** *s* **1** förtrogen (nära) vän **2** tjänande ande
familiarity [fəˌmɪlɪ'ærətɪ] *s* **1** nära (förtrogen) bekantskap, förtrogenhet [*with* med]

2 förtrolighet; *on terms of* ~ på förtrolig fot; *treat a p. with* ~ vara förtrolig (familjär) mot ngn; ~ *breeds contempt* ung. man förlorar respekten för den man känner för väl **3** närgångenhet
familiarize [fə'mɪljəraɪz] *vb tr* **1** göra bekant (förtrogen) [*with* med]; ~ *oneself with a th.* äv. sätta sig in i ngt, orientera sig i ngt **2** införa, ge allmän spridning åt [*the newspapers have* ~*d the word*]
famil|y ['fæm(ə)lɪ] *s* **1** a) familj äv. zool., bot. el. kem.; hushåll, hus b) familjs barn, barnskara; *a wife and* ~ hustru och barn; *the cat* ~ familjen kattdjur; *be* (*put*) *in the* ~ *way* vard. vara (göra) med barn; ~ *butcher* ung. kvartersslaktare; ~ *circle* familjekrets; ~ *counsellor* äktenskapsrådgivare; ~ *doctor* husläkare; ~ *guidance* familjerådgivning; ~ *hotel* hotell lämpligt för (som tar emot) barnfamiljer; ~ *hour* TV. (i USA) sändningstid med program som är lämpliga för hela familjen; ~ *man* a) familjefar b) hemmatyp, hemkär man; ~ *name* efternamn, tillnamn, familjenamn; ~ *planning* familjeplanering, barnbegränsning **2** a) släkt, ätt; släktlinje; *it runs in the* ~ det ligger i släkten, det är ett arv i släkten; ~ *estate* familjegods, släktgods, fädernegods, stamgods; ~ *likeness* släkttycke; ~ *tree* stamträd b) börd, extraktion; *a man of* [*good*] ~ en man av god (fin) familj
famine ['fæmɪn] *s* **1** hungersnöd **2** [stor] brist [*of* på] **3** svält, hunger
famine-stricken ['fæmɪnˌstrɪk(ə)n] *adj* svältande, hungrande
famish ['fæmɪʃ] *vb itr* svälta; lida hungersnöd; *I'm* [*simply*] ~*ing* vard. jag håller på att dö av hunger
famished ['fæmɪʃt] *adj* utsvulten, uthungrad; *I'm* [*simply*] ~ vard. jag håller på att dö av hunger
famous ['feɪməs] *adj* **1** berömd, ryktbar, [mycket] omtalad **2** vard. utmärkt, jättefin, strålande
famously ['feɪməslɪ] *adv* vard. utmärkt, jättefint, strålande [*we get on* ~]
1 fan [fæn] **I** *s* **1** solfjäder äv. om solfjädersliknande sak **2** tekn. fläkt [*electric* ~] **II** *vb tr* fläkta på [~ *the fire to make it burn*]; bildl. få att flamma upp, underblåsa [~ *the flames* (glöden); ~ *the passions*]; ~ *oneself* fläkta sig [med en solfjäder]
2 fan [fæn] *s* vard. fan, fantast, supporter [*baseball* ~], entusiast, beundrare [*Bach* ~]; ~ *club* fanklubb; ~ *mail* beundrarpost, beundrarbrev
fanatic [fə'nætɪk] **I** *adj* fanatisk **II** *s* fanatiker
fanatical [fə'nætɪk(ə)l] *adj* fanatisk
fanaticism [fə'nætɪsɪz(ə)m] *s* fanatism
fan belt ['fænbelt] *s* fläktrem

fancier ['fænsɪə] *s* expert, förståsigpåare; isht i sms. -**kännare**, -**vän**, -**uppfödare**
fanciful ['fænsɪf(ʊ)l] *adj* **1** fantasifull, fantasirik; svärmisk **2** fantastisk [*a* ~ *scheme*], underlig [~ *drawings*]; nyckfull **3** inbillad, fantasi-
fanc|y ['fænsɪ] **I** *s* **1** fantasi, inbillningsförmåga; uppfinningsrikedom **2** fantasi[bild], föreställning; inbillning [*did I hear someone or was it only a ~?*] **3** infall, [förflugen] idé; nyck [*a passing* (övergående) ~] **4** lust; tycke, förkärlek; böjelse, smak; svärmeri [*passing* (flyktiga) *-ies*]; *it caught* (*struck, took*) *my* ~ det föll mig i smaken **II** *attr adj* **1** konstnärligt framställd (prydd), prydligt utsirad, ornerad; om tyger mönstrad, fasonerad; ~ *dress* maskeraddräkt, fantasikostym, se äv. *fancy-dress;* ~ *goods* a) ung. prydnadssaker, galanterivaror, fantasiartiklar, lyxartiklar; finare modeartiklar b) fasonerade tyger (mönster); ~ *waistcoat* fantasiväst, fin uddaväst; ~ *work* finare handarbeten, broderi **2** fantastisk, nyckfull, godtycklig; ~ *price* fantasipris **3** av högsta kvalitet, speciellt utvald [~ *crabs*] **4** fantasi-, gjord efter fantasin [*a* ~ *picture* (*piece, portrait, sketch*)] **5** favorit- **6** ~ *man* sl. a) älskare b) hallick; ~ *woman* sl. a) älskarinna b) glädjeflicka **III** *vb tr* **1** föreställa sig, tänka sig, göra sig en bild av [*can you* ~ *me as an actor?*]; tycka sig finna; *just* ~*!* el. ~ *that!* kan man tänka sig!, tänk bara!, tänk dig!; ~ *his believing it!* tänk att han trodde det! **2** inbilla sig, tycka [*I -ied I heard footsteps*]; vara benägen att tro [*I rather* ~ [*that*] *he won't come*]; förmoda **3** vard., ~ *oneself* ha höga tankar om sig själv, tro att man är något [*he -ies himself as an actor*] **4** tycka om, vara förtjust i, gilla [*I don't* ~ *this place*]; ha lust att, vara pigg på [*I don't* ~ *doing* (att göra) *it*]; fatta tycke för; önska sig, vilja ha [*what do you* ~ *for* (till) *your dinner?*]
fancy-dress [,fænsɪ'dres, attr. '---] *adj*, ~ *ball* maskerad[bal], kostymbal
fanfare ['fænfeə] *s* **1** fanfar **2** ståt; stora gester
fang [fæŋ] *s* **1** bete, huggtand **2** orms gifttand **3** pl. ~*s* vard. gaddar tänder
fanlight ['fænlaɪt] *s* solfjädersformat fönster över dörr
Fanny ['fænɪ] kortform för *Frances; sweet* ~ *Adams* sl. inte ett smack, inte ett jäkla dugg
fanny ['fænɪ] *s* **1** vulg. fitta **2** isht amer. vard. rumpa, bak **3** amer. vard., ~ *pack* se *bum bag*
fantabulous [fæn'tæbjʊləs] *adj* vard. fantastisk, toppen, jättefin
fantasia [fæn'teɪzjə, ,fæntə'zɪə] *s* mus. **1** fantasi[stycke] **2** potpurri [på kända melodier]
fantasize ['fæntəsaɪz] **I** *vb itr* fantisera [*about* om]; ~ *about* äv. föreställa sig, tänka sig in i

II *vb tr* föreställa sig, utmåla för sig, se för sin inre syn
fantastic [fæn'tæstɪk] *adj* fantastisk, underlig, befängd [~ *ideas*], orimlig [*a* ~ *scheme*], otrolig, enorm [~ *proportions*], vidunderlig, grotesk; nyckfull [*a* ~ *creature*]; *trip* (*do*) *the light* ~ [*toe*] svänga sig i dansen
fantasy ['fæntəsɪ, -əzɪ] *s* **1** fantasi, fantasteri; fantasibild; illusion **2** fantastiskt påhitt (infall), nyck **3** mus. fantasi
fan-vaulting ['fæn,vɔːltɪŋ] *s* arkit. solfjädersvalv
fanzine ['fænziːn] *s* fanzine, medlemsblad tidning för pop-, sport-, science fiction-intresserade etc.
far [fɑː] (*farther farthest* el. *further furthest*) **I** *adj* **1** fjärran, avlägsen; *the F~ East* Fjärran Östern; *in the* ~ *north* längst upp i norr **2** bortre [*the* ~ *end* (del) *of the room*]; *at the* ~ *end of* vid bortersta ändan av **II** *adv* **1** långt [*how* ~ *is it from here to...?*]; långt bort[a]; *far gone* se under *gone 2*; ~ [*on*] *into the night* långt inpå natten; ~ *and wide* vida omkring, vitt och brett; *be* ~ *from* [*being*] vara långtifrån, vara allt annat än; ~ *from it* långt därifrån, tvärtom; ~ *be it from me to...* det vore mig fjärran att..., jag vill ingalunda...; *as* (*so*) ~ *as* a) prep. [ända (så långt som)] till [*as* ~ *as the station*] b) konj. så vitt [*as* (*so*) ~ *as I know*]; *as* ~ *as that goes* vad det beträffar; *how* ~ hur långt, bildl. äv. hur pass mycket, i vad mån; *so* ~ så till vida; hittills; *so* ~ *so good* så långt är (var) allt gott och väl; *in so* ~ *as* i den mån [som] **2** vida, långt, mycket [~ *better* (*more*)]; ~ *too much* alldeles för mycket; *by* ~ betydligt, i hög grad, avgjort; ~ *and away the best* den ojämförligt bästa
farad ['færəd] *s* fys. farad
far-away ['fɑːrəweɪ] *adj* **1** avlägsen, fjärran [~ *countries* (*times*)] **2** bildl. frånvarande, drömmande [*a* ~ *look* (*expression*)]
farce [fɑːs] *s* fars, bildl. äv. gyckelspel, narrspel
farcical ['fɑːsɪk(ə)l] *adj* farsartad, spexig; komisk
fare [feə] **I** *s* **1** [passagerar]avgift, biljett[pris] [*pay one's* ~], taxa [*the* ~ *from London to Oxford*]; [biljett]pengar; *half* ~ halv biljett; ~*s, please!* får jag be om biljetterna (avgifterna)!; ~ *meter* taxameter **2** en el. flera passagerare, resande [*he drove his* ~ *home*]; körning [*the taxi-driver got a* ~] **3** kost; kosthåll, mat [*the* ~ *at a hotel*]; *good* (*simple*) ~ god (enkel) kost; *homely* (*plain*) ~ husmanskost; *theatre* ~ teaterrepertoar, vad teatern (teatrarna) har att bjuda på; *bill of* ~ matsedel; teater o.d. (vard.) program **II** *vb itr* ha det, klara sig [~ *well*]; gå, fara [~ *badly*]; *how did you* ~*?* hur hade du det?, hur blev du behandlad?; hur gick det för dig?; ~ *thee well!* åld. farväl!, lev väl!
farewell [,feə'wel, ss. attr. subst. '---] **I** *interj, ~!*

far-fetched 298

farväl! [~ *all hope!*], adjö! **II** *s* **1** farväl, avsked; *bid* ~ el. *make one's ~s* säga (ta) farväl (adjö), ta avsked **2** pl. *~s* avskedsföreställningar, avskedskonserter [*give ~s*] **3** attr. avskeds- [*a ~ gift (performance)*]
far-fetched [,fɑː'fetʃt, attr. '--] *adj* [lång]sökt
far-flung [,fɑː'flʌŋ, attr. '--] *adj* vittomfattande, vidsträckt; fjärran [*~ lands*]; *cities as ~ as* [*Sidney*] städer så långt borta som...
farinaceous [,færɪ'neɪʃəs] *adj* **1** mjöl-, mjölrik [*a ~ diet*, *~ seeds*]; stärkelsehaltig [*~ foods*] **2** mjölig
farm [fɑːm] **I** *s* **1** lantbruk, [lant]gård, bondgård; större farm isht i USA; *~ worker* lantarbetare; *work on the ~* arbeta [hemma] på gården (farmen) **2** farm för djuruppfödning, se äv. *fish farm* o. *poultry farm* **II** *vb tr* **1** bruka [*~ land* (jorden)]; odla [*he ~s 200 acres*]; *~ one's own land* bruka sin jord själv; sitta på egen gård **2** arrendera syssla, inkasseringsuppdrag o.d. **3** arrendera ut [äv. *~ out*]; hyra ut arbetskraft
farmer ['fɑːmə] *s* a) lantbrukare, jordbrukare, bonde; isht i USA farmare b) djuruppfödare farmare [*fox-farmer*], uppfödare [*pig-farmer*], odlare [*fish-farmer*] c) arrendator
farm-fresh ['fɑːmfreʃ] *adj* ung. direkt från odlingen; *~ eggs* färska lantägg
farmhand ['fɑːmhænd] *s* lantarbetare, jordbruksarbetare
farmhouse ['fɑːmhaʊs] *s* man[gårds]byggnad på gård; bondgård
farming ['fɑːmɪŋ] *s* **1** jordbruk, lantbruk **2** uppfödning [*pig-farming*], odling [*fish-farming*]
farmstead ['fɑːmsted] *s* bondgård
farmyard ['fɑːmjɑːd] *s* [kringbyggd] gård vid bondgård; *~ animals* djur på bondgård; *~ manure* stallgödsel
Faroe ['feərəʊ] geogr., se *Faeroe*
Faroese [,feərəʊ'iːz] *adj* o. *s* se *Faeroese*
far-off [,fɑː'rɒf, attr. '--] *adj* **1** avlägsen, fjärran [*~ places (times)*] **2** bildl. frånvarande, drömmande [*a ~ look*], försträdd [*~ thoughts*]; reserverad
far-out [,fɑː'raʊt, attr. '--] *adj* **1** avlägsen [*a ~ planet*] **2** vard. utflippad, excentrisk, extrem [*~ clothes (ideas, people)*] **3** vard. jättebra, helskön, underbar [*his music is ~*]
farrago [fə'rɑːɡəʊ, -'reɪɡ-] (pl. *~s* el. *-oes*) *s* röra, blandning; *a ~ of nonsense* en massa svammel
far-reaching [,fɑː'riːtʃɪŋ, attr. '-,--] *adj* långtgående [*~ consequences*], omfattande [*~ reforms*]
farrier ['færɪə] *s* **1** hovslagare **2** hästveterinär
farrow ['færəʊ] **I** *s* griskull **II** *vb itr* grisa
far-sighted [,fɑː'saɪtɪd, attr. '-,--] *adj* **1** framsynt, förutseende **2** långsynt, som ser bra på långt håll

fart [fɑːt] vulg. **I** *s* **1** prutt, fjärt, fis **2** *old ~* gammal gubbstrutt (stöt) **II** *vb itr* prutta, fjärta, fisa
farther ['fɑːðə] (komp. av *far*, för ex. se äv. *further*) **I** *adj* **1** bortre [*the ~ bank of the river*], avlägsnare, längre bort [beläggen], fjärmare **2** sälls. ytterligare, vidare **II** *adv* längre [*we can't go any ~ without a rest*], längre bort; mera avlägset; *~ on* längre bort (fram)
farthest ['fɑːðɪst] (superl. av *far*) **I** *adj* borterst, avlägsnast, längst bort [beläggen] **II** *adv* längst; längst bort
farthing ['fɑːðɪŋ] *s* **1** före 1961 1/4 penny **2** *it isn't worth a [brass] ~* det är inte värt ett ruttet lingon
fartlek ['fɑːtlek] *s* sport. fartlek, intervallträning
f.a.s. förk. för *free alongside ship*
fascia ['feɪʃə] *s* **1** band **2** motor., *~ [panel (board)]* instrumentbräda
fascinate ['fæsɪneɪt] **I** *vb tr* **1** fascinera, hänföra, fängsla **2** hypnotisera **II** *vb itr* fascinera, fängsla
fascination [,fæsɪ'neɪʃ(ə)n] *s* tjusning, förtrollning; lockelse, tjuskraft; *in (with) ~* hänfört, fascinerat
Fascism ['fæʃɪz(ə)m, -æsɪ-] *s* fascism[en]
Fascist ['fæʃɪst, -æsɪ-] **I** *s* fascist **II** *adj* fascistisk, fascist-
fashion ['fæʃ(ə)n] **I** *s* **1** sätt, vis [*in (på) this ~*]; *after the ~ of a p.* i ngns stil, på samma sätt som (à la) ngn; *after its ~* i sitt slag; *after (in) a ~* någorlunda, på det tämligen [bra] [*he can speak English after (in) a ~*], på sätt och vis, i viss mån; *in a strange ~* på ett egendomligt sätt, egendomligt
2 a) [kläd]mode; *it is all (quite) the ~* det är toppmodernt (sista skriket); *be the ~* el. *be in ~* vara på modet (en vogue), vara modern; *lead (set) the ~* a) bestämma (diktera) modet b) vara tongivande; *be (have gone) out of ~* vara (ha blivit) omodern, ha kommit ur modet; *the world of ~* den fina (förnäma) världen b) attr. mode- [*~ drawing*]; *~ designer* modetecknare; *~ house* modehus; *~ model* mannekäng; *~ parade (show)* modevisning, mannekänguppvisning; *~ plate* a) modeplansch b) bildl. modedocka **II** *vb tr* **1** a) forma, fasonera [*into* till]; formge, rita (modellen till) [*~ a dress*] b) göra, förfärdiga [*from, out of* av], gestalta; *fully ~ed* formstickad, fasonstickad **2** avpassa [*to* efter]
fashionable ['fæʃ(ə)nəbl] *adj* **1** modern [*~ clothes*], mode- [*a ~ word*]; nymodig **2** fashionabel, mondän; [som är] på modet [*a ~ designer*]; fin, förnäm, societets-; elegant, chic
1 fast [fɑːst] **I** *s* **1** fasta [*break one's ~*] **2** fastetid **II** *vb itr* fasta, gå (vara) utan mat
2 fast [fɑːst] **I** *adj* **1** fast[sittande]; [stadigt]

fästad; hårt knuten; stark; hållbar, [tvätt]äkta [~ *colours*], färgäkta; djup [~ *sleep*]; bildl. trofast [*a ~ friend*]; **make** ~ göra (binda, surra) fast; regla, säkra; ~ *and loose policy* ryckig (ombytlig, nyckfull) politik **2** snabb [*a ~ horse (runner, game, film)*], hastig [*a ~ trip*]; snabbgående, snabbseglande; ~ *food* snabbmat, se äv. *fast-food*; ~ *lane* trafik. omkörningsfil; ~ *train* snabbtåg, snälltåg; *he's a ~ worker* han arbetar snabbt; friare han förspiller ingen tid, han är snabb i vändningarna; *my watch is* ~ min klocka går före (för fort); *you are two minutes* ~ din [klocka] går två minuter före **3** sport. snabb [*a ~ cricket pitch (tennis court)*] **4** vidlyftig, nöjeslysten, som lever om [*a ~ society*]; **lead** *a ~ life* leva om (rullan), föra ett utsvävande liv; *a ~ liver* person som för ett vidlyftigt (utsvävande) liv; *pull a ~ one* se *pull I 4* **II** *adv* **1** fast [*stand* ~]; stadigt, säkert, starkt, hårt, tätt; *play ~ and loose with a th.* handskas lättsinnigt (godtyckligt, vårdslöst) med ngt; *shut* ~ ordentligt stängd; *be ~ asleep* sova djupt (tungt) **2** fort [*run (speak)* ~]; snabbt, raskt, i snabb följd
fasten ['fɑ:sn] **I** *vb tr* **1** fästa, sätta fast [*to* vid, i, på]; göra fast, binda [fast] [*to* vid, på]; regla, säkra [~ *a door (window)*], knyta [till]; knäppa; spänna fast [~ *your seat belts!*], sätta på; sjö. surra; ~ *a th. on to* sätta fast (fästa) ngt på (vid); ~ *together* sätta (fästa) ihop; ~ *up* fästa (knyta, binda) ihop (igen, till); slå in [~ *up a parcel*]; sluta igen (till), spika igen [~ *up a box*]; stänga in; ~ *up one's coat* knäppa igen sin rock **2** bildl. fästa [*on, upon* vid, på]; ~ *one's eyes (a steady eye)* [*up*]*on* hålla ögonen stadigt fästade på; fastna med ögonen på **II** *vb itr* **1** fastna; gå igen [*the door will not* ~], gå att stänga; fästas [*it ~s round the neck with...*]; *the dress ~s down the back* klänningen knäpps i ryggen (har knäppning[en] bak) **2** ~ [*up*]*on* bemäktiga sig; störta sig på (över); ta fasta på [*he ~ed* [*up*]*on the idea*], hänga upp sig på, fästa sig vid [~ *on a small error*]
fastener ['fɑ:snə] *s* fäste, fästanordning; knäppe, knäppanordning; hållare; hake, hasp [*door (window)* ~]; spänne, lås; *paper* ~ [prov]påsklämma
fastening ['fɑ:snɪŋ] *s* **1** fästande, fastsättning, [hop]fästning, knäppning **2** fästanordning, band, rem; knäppe, regel; [fönster]hake; bindsle; för skidor äv. bindning
fast-food ['fɑ:stfu:d] *adj* snabbmats- [~ *restaurant*]
fast-forward [,fɑ:st'fɔ:wəd] *vb tr* snabbt spola framåt [~ *a cassette*]
fastidious [fə'stɪdɪəs, fæs-] *adj* kräsen, kinkig, nogräknad, petnoga [*about* med]; grannt yckt
fastness ['fɑ:stnəs] *s* **1** fasthet, stadighet;

hållbarhet, äkthet hos färg **2** snabbhet **3** fästning, fäste [*mountain* ~]; fast värn
fast-rewind [,fɑ:strɪ'waɪnd] *vb tr* snabbspola, återspola
fast-wind [,fɑ:st'waɪnd] *vb tr* snabbspola
fat [fæt] **I** *adj* **1** tjock [*a ~ child (book)*], fet, korpulent; späckad [*a ~ wallet*]; [väl]gödd; slakt-, göd-; *grow* ~ bli fet (tjock), fetma, lägga på hullet **2** fet, flottig, oljig [~ *food*] **3** bördig, fruktbar **4** givande, inbringande [*a ~ job*], fet; ~ *cat* isht amer. sl. rik kändis; *a ~ chance* vard. (iron.) inte stor chans; *a ~ lot* under *lot I 7*; *a ~ part* teat. en stor (tacksam) roll **5** plussig [*a ~ face*] **II** *s* **1** fett; fettämne; *cooking* ~ matfett; *deep* ~ flottyr; *the ~ is in the fire* vard. det osar hett (bränt), nu är det kokta fläsket stekt; *chew the* ~ se under *chew I 1* **2** *the* ~ det fetaste av ngt; det bästa; *live on the ~ of the land* leva gott, ha goddagar **III** *vb tr* göda [*kill the ~ted calf*]
fatal ['feɪtl] *adj* **1** dödlig, dödande [*a ~ blow (dose, wound)*]; med dödlig utgång; livsfarlig, livshotande; *be* (*prove*) ~ äv. få dödlig utgång; ~ *accident* dödsolycka **2** olycksbringande, ödesdiger [*to* för; ~ *consequences*]; fördärvlig [*to* för]; olycklig, fatal [*a ~ mistake*]; *be* (*prove*) ~ *to* äv. omintetgöra, kullkasta [*his illness was ~ to our plans*]
fatalism ['feɪtəlɪz(ə)m] *s* fatalism
fatalist ['feɪtəlɪst] *s* fatalist
fatalistic [,feɪtə'lɪstɪk] *adj* fatalistisk
fatality [fə'tælətɪ] *s* **1** a) svår (förödande) olycka [*floods, earthquakes and other -ies*] b) dödsolycka, olyckshändelse med dödlig utgång c) [döds]offer; *many drowning -ies* många drunkningsolyckor **2** dödlighet [*the ~ of* (i) *certain diseases*]
fatally ['feɪtəlɪ] *adv* dödligt [~ *wounded*], livsfarligt [~ *injured*]; [högst] olyckligt; *end* ~ få dödlig utgång, sluta med döden
fate [feɪt] *s* **1** ödet [*F~ had decided otherwise*]; *as sure as* ~ vard. så säkert som amen i kyrkan **2** a) öde; bestämmelse, lott b) fördärv, död, undergång **3** pl. *the Fates* ödesgudinnorna, nornorna
fated ['feɪtɪd] *adj* **1** ödesbestämd; förutbestämd [*he was ~ to die*]; *it was ~ to fail* det var dömt att misslyckas; *it was ~ that we should fail* det var förutbestämt [av ödet] att vi skulle misslyckas **2** dömd till undergång
fateful ['feɪtf(ʊ)l] *adj* **1** ödesdiger, skickelsediger, avgörande [*a ~ decision*] **2** ödesbestämd
fatguts ['fætɡʌts] *s* sl. tjockis, fetknopp
fathead ['fæthed] *s* vard. tjockskalle
fat hen [,fæt'hen] *s* bot. svinmålla
father ['fɑ:ðə] **I** *s* **1** fader äv. ss. personifikation [*F~ Thames*]; far, pappa; *F~'s Day* farsdag den tredje söndagen i juni i Storbritannien o. USA;

Our F~ [, *which art in heaven*] Fader vår...; ~ *Christmas* jultomten; *F~ Time* Tiden; ~ *figure* (*image*) fadersgestalt; *like ~, like son* äpplet faller inte långt från trädet **2** fader, upphov, upphovsman [*of, to* till]; *the ~ of Cubism* kubismens fader **3** katol., *F~* titel Fader, pater [*F~ Doyle*]; ~ *confessor* biktfader **4** doyen, nestor, ålderspresident, äldste medlem i kår o.d.; *the F~ of the House* [*of Commons*] ålderspresidenten i underhuset **5** pl. ~*s:* **a**) [för]fäder **b**) fäder, ledande män; *the Fathers of the Church* kyrkofäderna **II** *vb tr* **1** avla; vara far till [*he ~ed five sons*]; vara upphovsman till, ge upphov till **2** erkänna faderskapet till äv. bildl.; erkänna sig vara far (upphovsman) till **3** ~ *a child* [*up*]*on a p.* ange (utpeka) ngn som far till ett barn
fatherhood ['fɑ:ðəhʊd] *s* faderskap
father-in-law ['fɑ:ð(ə)rɪnlɔ:] (pl. *fathers-in-law* ['fɑ:ðəzɪnlɔ:]) *s* **1** svärfar **2** vard. styvfar
fatherland ['fɑ:ðəlænd] *s* fädernesland
fatherless ['fɑ:ðələs] *adj* faderlös
fatherliness ['fɑ:ðəlɪnəs] *s* faderlighet; faderskänsla
fatherly ['fɑ:ðəlɪ] *adj* faderlig [~ *love*]; öm
fathom ['fæðəm] **I** *s* famn mått (= 6 *feet* ung. = 1,83 m) **II** *vb tr* **1** utgrunda, utforska, tränga igenom [~ *a mystery*], förstå, komma underfund med [*I cannot ~ what he means*] **2** loda [djupet av], mäta med lod
fathomless ['fæðəmləs] *adj* bottenlös, omätlig; outgrundlig
fatigu|e [fə'ti:g] **I** *s* **1** trötthet, utmattning; *school* ~ skolleda, skoltrötthet; *drop with* ~ stupa av trötthet **2** tekn. utmattning av metaller **3** mil. handräckning **II** *vb tr* trötta ut, utmatta; -*ing* tröttande, tröttsam, ansträngande
fatigue duty [fə'ti:g͵dju:tɪ] *s* mil. handräckningstjänst
fatness ['fætnəs] *s* fetma
fatso ['fætsəʊ] (pl. ~*s* el. ~*es*) *s* sl. tjockis, fetknopp
fat-soluble ['fæt͵sɒljʊbl] *adj* fettlöslig
fatten ['fætn] **I** *vb tr* göda **II** *vb itr* bli fet, göda sig
fattening ['fæt(ə)nɪŋ] *adj* **1** göd- [~ *calf*] **2** fettbildande; ~ *food* fettbildande mat
fatty ['fætɪ] **I** *adj* **1** fetthaltig, fet [~ *bacon*]; fett- [~ *content*]; ~ *tissue* anat. fettvävnad **2** oljig **3** [sjukligt] fet; ~ [*degeneration of the*] *heart* fetthjärta **II** *s* vard. tjockis, fetknopp
fatuity [fə'tju:ətɪ, fæ't-] *s* dumhet, enfaldighet
fatuous ['fætjʊəs] *adj* dum, enfaldig
faucet ['fɔ:sɪt] *s* isht amer. [vatten]kran, tappkran
Faulkner ['fɔ:knə]
fault [fɔ:lt, fɒlt] **I** *s* **1** fel: a) brist, skavank b) felsteg, förseelse c) misstag; *find ~ with* finna fel hos, anmärka (klaga) på, klandra, kritisera; *I have no ~ to find with it* jag har inte något att anmärka mot (på) det; *to a ~* överdrivet, alldeles för [*he is cautious to a ~*] **2** skuld, fel [*it is his ~ that we are late*]; *it is not his ~* äv. han rår inte för det; *whose ~ is it?* vems är felet?, vems fel är det?; *the ~ is* (*lies*) *with him* felet (skulden) ligger hos honom; *through no ~ of his* [*own*] utan egen förskyllan (eget förvållande); *be at ~* vara (ha gjort sig) skyldig [*for* till], bära skulden [*for* för, till]; *my memory is at ~* jag minns fel, mitt minne sviker mig **3** tennis o.d. fel[serve]; [*serve a*] *double ~* [göra ett] dubbelfel **4** geol. förkastning **II** *vb tr* anmärka på, kritisera, klandra
faultfinder ['fɔ:lt͵faɪndə, 'fɒlt-] *s* felfinnare, petimäter
faultfinding ['fɔ:lt͵faɪndɪŋ, 'fɒlt-] **I** *s* kritiserande, felfinneri **II** *adj* kritiserande
faultless ['fɔ:ltləs, 'fɒlt-] *adj* felfri; oklanderlig
faulty ['fɔ:ltɪ, 'fɒltɪ] *adj* felaktig; bristfällig, ofullkomlig; oriktig; dålig [~ *workmanship*]
faun [fɔ:n] *s* mytol. faun
faun|a ['fɔ:n|ə] (pl. äv. -*ae* [-i:]) *s* fauna, djurvärld
Faust [faʊst]
fauteuil ['fəʊtɜ:ɪ, fə(ʊ)'tɜ:ɪ, -ɜ:l] *s* teat. plats på främre parkett
faux pas [͵fəʊ'pɑ:] (pl. *faux pas* [͵fəʊ'pɑ:z]) *s* fr. fadäs, tabbe, blamage; taktlöshet; felsteg
favour ['feɪvə] **I** *s* **1** gunst, ynnest, bevågenhet [*win a p.'s ~*]; gillande; *find* (*gain*) ~ bli populär, vinna insteg (gehör); *be* (*stand*) *high in a p.'s ~* stå väl (högt i gunst) hos ngn; *come* (*be taken*) *into ~ again* a) bli tagen till nåder igen b) bli populär igen; *be out of ~* a) vara i onåd [*with a p.* hos ngn] b) inte vara populär längre; *fall out of ~* a) falla i onåd b) komma ur modet **2 a**) gunst, ynnest [*I regard it as a ~*], ynnestbevis **b**) tjänst [*can you do me a ~?*]; *do me a ~!* lägg av! **c**) förmån, fördel, favör; *in ~ of* till förmån för; *all in ~* [*of the plan*] *will raise their hands* alla som röstar 'för [planen] räcker upp händerna; *in our ~* till vår förmån (favör), oss till godo **3** *treat with ~* el. *show ~ towards* favorisera, ge företräde **4** [band]rosett, kokard; [kotiljongs]märke **II** *vb tr* **1** gilla, vara välvilligt inställd till! [~ *a scheme*] **2** gynna, understödja, uppmuntra [~ *tourism*], förorda [~ *strong measures*]; vara gynnsam för, underlätta; perf. p. ~*ed* gynnad, understödd; *the ~ed few* de få lyckligt lottade **3** favorisera, gynna [~ *one's own pupils*], ta parti för **4** ~ *with* hedra med, förära
favourable ['feɪv(ə)rəbl] *adj* **1** välvillig, vänlig [*to* mot]; *be ~ to a p.* äv. vara ngn bevägen

2 gynnsam, bra [~ *circumstances* (*reports, weather*)], fördelaktig [*to* för]
favourably ['feɪv(ə)rəblɪ] *adv* välvilligt etc., jfr *favourable*; med välvilja; *he impressed me ~* jag fick ett gott (fördelaktigt) intryck av honom
favourite ['feɪv(ə)rɪt] **I** *s* favorit äv. sport.; gunstling [*with a p., of a p.'s* hos ngn]; neds. kelgris; *this book is a great ~ of mine* jag är mycket förtjust i den här boken **II** *adj* favorit-, älsklings- [*a ~ child* (*dish*)]
favouritism ['feɪv(ə)rɪtɪz(ə)m] *s* favoritsystem, gunstlingssystem, favorisering
Fawkes [fɔ:ks] egenn.; se äv. *2 guy I 1*
1 fawn [fɔ:n] **I** *s* **1** hjortkalv, dovhjortskalv; [rådjurs]kid **2** ljust gulbrun färg **II** *vb itr* o. *vb tr* om hjortdjur kalva, föda [ungar]
2 fawn [fɔ:n] *vb itr* **1** bildl. svansa, krypa, fjäska [*on* för] **2** om hund visa tillgivenhet [*on* (*upon*) mot], vifta på svansen [*on* (*upon*) för]
fax [fæks] **I** *s* [tele]fax **II** *vb tr* faxa
faze [feɪz] *vb tr* isht amer. vard. bringa ur fattning, göra förlägen; besvära, genera, oroa
FBI [ˌefbi:'aɪ] förk. för *Federal Bureau of Investigation* i USA, *Federation of British Industries*
FC förk. för *Football Club*
FCO förk. för *Foreign and Commonwealth Office*
FD (förk. för *Fidei Defensor* lat. = *Defender of the Faith*) trons försvarare
fear [fɪə] **I** *s* **1** fruktan, rädsla [*of* för; *that, lest* [för] att]; *the ~ of God* gudsfruktan; *put the ~ of God into a p.* sätta skräck i ngn; *be* (*stand*) *in ~ of* hysa fruktan för, frukta, vara rädd för; *in ~ and trembling* darrande av rädsla (skräck) [*they stood there in ~ and trembling*]; *for ~ of offending her* av rädsla för att såra henne, för att inte såra henne; *for ~* [*that* el. *lest*] a) av fruktan (rädsla) [för] att b) så (för) att inte **2** farhåga [*my worst ~s were confirmed* (besannades)], ängslan, fruktan, oro, bekymmer [*for* för]; *be in ~ of one's life* frukta för sitt liv **3** anledning till fruktan [*cancer is a common ~*], fara; *no ~* det är ingen fara, det är inte troligt; *no ~!* aldrig i livet!, ingen risk!; *there is no ~ of that* det är ingen fara (risk) för det **II** *vb tr* frukta [*~ God* (*the worst*)]; vara rädd för; befara **III** *vb itr* vara rädd, frukta; *~ for a p.* vara orolig för ngn[s skull]; [*he will come,*] *never ~!* ...var lugn för det!
fearful ['fɪəf(ʊ)l] *adj* **1** rädd [*of* för; *that, lest* [för] att]; rädd av sig **2** fruktansvärd [*a ~ accident*]; vard. förskräcklig, förfärlig [*have a ~ time*]
fearfulness ['fɪəf(ʊ)lnəs] *s* **1** fruktan, rädsla **2** hemskhet, ryslighet
fearless ['fɪələs] *adj* oförfärad, oförskräckt, orädd, utan fruktan [*of* för]
fearsome ['fɪəsəm] *adj* förskräcklig, ryslig, skräckinjagande; överväldigande [*a ~ task*]

feasibility [ˌfi:zə'bɪlətɪ] *s* utförbarhet, genomförbarhet, möjlighet, görlighet
feasible ['fi:zəbl] *adj* **1** utförbar, genomförbar, möjlig [*a ~ plan*], görlig **2** a) användbar, passande, lämplig, som duger [*~ for travel*] b) sannolik, trolig, plausibel [*a ~ theory* (*story*)]
feast [fi:st] **I** *s* **1** isht kyrklig fest, högtid, helg, helgdag [*movable and immovable ~s*]; [socken]fest **2** festmåltid, bankett **3 a)** kalas; undfägnad, traktering **b)** bildl. njutning, fest, fröjd [*a ~ for the eyes*] **II** *vb tr* hålla kalas för, [rikligt] förpläga, traktera; förnöja, fägna; *~ one's eyes on* (*upon*) låta ögat njuta av, njuta av anblicken av **III** *vb itr* festa, kalasa [*on, upon* på]
feat [fi:t] *s* **1** bragd, bedrift, bravad **2** kraftprov, bragd [*mountaineering ~s*], konststycke, mästerverk, prestation; *a ~ of strength* en kraftprestation; *athletic ~* idrottsprestation
feather ['feðə] **I** *s* **1** fjäder; *fine ~s make fine birds* kläderna gör mannen; *they are birds of a ~* de är av samma skrot och korn; *birds of a ~ flock together* lika barn leka bäst, kaka söker maka; *show the white ~* visa feghet, visa sig feg; *in full ~* a) i full fjäderskrud b) i full stass; *in high* (*fine, full*) *~* på strålande humör, i högform; *you could* (*might*) *have knocked me down with a ~* jag blev alldeles paff **2** tekn., *~ and groove* not och fjäder, spont och not list och ränna vid spontning **II** *vb tr* **1** [be]fjädra, förse med fjäder (fjädrar) [*~ an arrow*]; klä (pryda med) fjädrar; sätta [en] fjäder i; *~ one's* [*own*] *nest* sko sig **2** rodd. skeva [med] [*~ one's oar*]
featherbed [ˌfeðə'bed, ss. vb '---] **I** *s* **1** [fjäder]bolster **2** bildl. ombonad (bekväm) tillvaro; *~ industry* industri som hjälps (backas upp) av staten; *~ job* ung. sinekur **II** *vb tr* bildl. bädda mjukt för, göra det lätt för; ekon. hålla flytande [genom stödåtgärder] [*~ the farmers*] **III** *vb itr* anställa överflödig arbetskraft
featherbedding [ˌfeðə'bedɪŋ] *s* statliga stödåtgärder
featherbrain ['feðəbreɪn] *s* dumbom, virrpanna
featherbrained ['feðəbreɪnd] *adj* tanklös, virrig; huvudlös
feather-cut ['feðəkʌt] *s* fjäderklippning frisyr
featherweight ['feðəweɪt] *s* **1** sport. fjäder[vikt] **2** sport. a) boxn. el. brottn. fjäderviktare b) ridn. jockey i lägsta viktklassen
feathery ['feðərɪ] *adj* **1** fjäderbeklädd, befjädrad **2** fjäderlik; lätt; dunig
feature ['fi:tʃə] **I** *s* **1 a)** ansiktsparti, ansiktsdel; *her eyes are her best ~* ögonen är det vackraste hos henne **b)** pl. *~s* [anlets]drag [*a man of* (med) *handsome ~s*]; ansiktsbildning

featureless

c) min [*without changing a* ~] **2** drag, grunddrag, särdrag; kännetecken, kännemärke [*geographical* ~s]; inslag [*unusual* ~s *in the programme*]; del, led i ngt; *the most noticeable* ~ *of the week* det märkligaste under veckan **3** a) långfilm, huvudfilm; spelfilm [äv. ~ *film (picture)*] b) specialartikel [äv. ~ *article (story)*], feature, [tidnings]bilaga c) radio. el. TV. feature, dramadokumentär d) huvudnummer [*the* ~ *of tonight's programme*], stort nummer; *a regular* ~ ett stående inslag (nummer) **II** *vb tr* demonstrera, visa [upp], presentera ss. huvudsak, nyhet el. särskild attraktion
featureless ['fi:tʃələs] *adj* **1** formlös; utan bestämda (markerade) drag **2** enformig
Feb. förk. för *February*
febrile ['fi:braɪl] *adj* feber-; feberaktig, bildl. äv. febril
February ['februərɪ, -rər-, 'febjʊərɪ] *s* februari
feckless ['fekləs] *adj* hjälplös, rådlös, svag, försagd; fåfäng, fruktlös [~ *attempts*], gagnlös
fecund ['fi:kənd, 'fek-] *adj* fruktbar; fruktsam
fecundity [fi:'kʌndətɪ, fe'k-] *s* **1** fruktsamhet **2** fruktbarhet; växtkraft **3** bildl. alstringskraft, produktivitet
1 Fed förk. för *Federal*
2 Fed [fed] *s* amer. vard. medlem av [den] federala polisen, FBI-agent; *the* ~*s* [den] federala polisen, FBI
fed [fed] imperf. o. perf. p. av *feed*
federal ['fed(ə)rəl] *adj* förbunds- [~ *republic*], federal [*the F~ Government of the U.S.*], förbundsstats-; förbundsvänlig; i USA (1861-1865) nordstats-; *the F~ Bureau of Investigation* [den] federala polisen i USA, FBI; ~ *agent (law enforcement officer)* medlem av [den] federala polisen i USA, FBI-agent; *make a* ~ *case out of a th.* amer. vard. göra stor affär av ngt
federate [ss. vb 'fedəreɪt, ss. adj. o. subst. 'fedərət] **I** *vb tr* o. *vb itr* förena [sig] till (bilda) ett förbund (en förbundsstat) **II** *adj* förbunden, förenad; federerad, förbunds- [~ *states*] **III** *s* förbundsmedlem, enskild stat i federation
federated ['fedəreɪtɪd] *adj* förenad; federativ, federerad, förbunds- [~ *state*]
federation [ˌfedə'reɪʃ(ə)n] *s* **1** sammanslutning, förening, förbund, federation; *national* ~ riksförbund; *the F~ of British Industries* brittiska industriförbundet **2** statsförbund, federation
fedora [fe'dɔ:rə] *s* [låg] filthatt
fed-up [ˌfed'ʌp] *adj* vard., *be* ~ *with* vara trött (utled) på, ha fått nog av; *I'm* ~ äv. allting står mig upp i halsen
fee [fi:] **I** *s* **1** honorar, arvode [*lawyer's (doctor's)* ~] **2** avgift [*application* ~; *entrance* ~; *school* ~*s*] **II** *vb tr* betala [arvode till]; honorera [~ *a barrister*]

feeble ['fi:bl] *adj* svag: a) klen, kraftlös; matt, slapp, halvhjärtad [*a* ~ *attempt*] b) om intryck, färger o.d. matt, dunkel, otydlig
feeble-minded [ˌfi:bl'maɪndɪd] *adj* **1** svagsint; psykol. debil **2** klenmodig, svag, vacklande
feed [fi:d] **I** (*fed fed*) *vb tr* **1** a) [ut]fodra [~ *the pigs*], ge mat (att äta) [~ *the dog*] **b**) bespisa c) föda, [liv]nära [*he has a big family to* ~] **d**) [kunna] föda [~ *100 head of cattle*] **e**) mata [~ *the baby*] **f**) ge näring åt [~ *a plant*] **g**) bildl., ~ *a p.'s vanity* smickra någons fåfänga; *there are many mouths to* ~ det finns många munnar att mätta **2** förse, mata äv. sport. [*with* med; ~ *a furnace with coal*; ~ *a forward with passes*]; ~ *a fire* lägga [mer] bränsle på en eld, hålla en eld vid liv; *the lake is fed by two rivers* sjön får sitt vatten från två floder **3** tillföra, fylla på (i) [~ *coal to (into) a furnace*]; ~ *information into a computer* mata in information i en dator **II** (*fed fed*) *vb itr* **1** a) om djur äta; beta [*the cows were* ~*ing in the meadow*] b) skämts., om pers. äta, käka **2** ~ *on* livnära sig (leva) på (av), äta [*cattle* ~ *chiefly on grass*] **III** *s* **1** utfodring; matande, matning; *out at* ~ ute på bete; *be off one's* ~ vard. a) inte ha någon matlust; om kreatur äv. rata fodret b) vara nere, deppa **2** foder; [foder]ranson; [grön]bete; ~ *bag* fodertornister; *put on the* ~ *bag* vard. sätta igång och käka **3** vard. mål [mat]; *have a good* ~ få (ta sig) ett riktigt skrovmål **4** amer. vard. mat, käk [*I love good* ~] **5** tekn. a) matning, tillförsel b) laddning, sats, påfyllning[smaterial] c) attr. matar- [~ *pump*, ~ *tank*]; ~ *mechanism* foto. frammatningsmekanism, matarverk; ~ *pipe* tillförselrör, tilloppsrör
feedback ['fi:dbæk] *s* tekn., data. el. psykol. återkoppling, feedback; friare äv. gensvar, respons; *acoustic[al]* ~ akustisk återkoppling, rundgång
feeder ['fi:də] *s* **1** matare, utfodrare **2** ätare; *be a large (gross)* ~ vara storätare, vara stor i maten **3** boskapsuppfödare, uppfödare av gödboskap **4** tekn. a) [in]matare b) elektr. matare, matarmaskin, matarledning; ~ *horn* matarhorn **5** trafik. matarväg; ~ *bus* matarbuss; ~ *service* anslutningstrafik, matartrafik
feeding ['fi:dɪŋ] *s* **1** utfodring; bespisning; förplägning; matande, matning; *high* ~ vällevnad, god mat; ~ *time* a) utfodringstid för djur i fångenskap b) vard. matdags **2** foder, mat **3** tekn. matning, inmatning, frammatning
feeding-bottle ['fi:dɪŋˌbɒtl] *s* nappflaska
feeding-trough ['fi:dɪŋtrɒf] *s* fodertråg, foderho
feel [fi:l] **I** (*felt felt*) *vb tr* **1** känna [~ *pain*], märka; ha en känsla av; känna på, erfara; känna av, lida av [~ *the cold*], ha känning av;

~ one's feet se *foot I 1*; **~ one's legs** se under *leg I 1*; **~ in one's bones that** känna på sig att, ha på känn att **2** sondera; **~ one's ground** känna sig för, sondera terrängen; **~ one's way** treva sig fram **3** tycka, anse; inse; *I ~ it my duty to go* jag känner det som min plikt att gå **II** (*felt felt*) *vb itr* **1** känna [efter] [*~ in one's purse*]; **~ for** treva (leta) efter **2** känna; känna sig, må [*how do you ~?*]; *how do you ~ about that?* vad tycker du om det?; **~ for** känna (ömma) för; **~ sorry for** tycka synd om; **~ ashamed** skämmas; **~ awful** vard. känna det mycket obehagligt; känna sig hemskt vissen; **~ cold** frysa; **~ like** känna sig som [*I felt like a liar*]; ha lust med (till) [*do you ~ like a walk?*]; **~ like a million dollars** må jättebra **3** kännas [*your hands ~ cold*]; **make oneself felt** göra sig kännbar (gällande); sätta sin prägel [*on på*] **III** (*felt felt*) *vb rfl* **1** ~ **oneself** känna sig, tycka att man är [*she felt herself slighted*] **2** ~ **oneself** känna sig i form, vara sig själv [*she doesn't ~ herself today*] **IV** *s* **1** känsel *I let me have a ~* låt mig känna [på det] **3** känselförnimmelse, känsla; *have a soft ~* kännas mjuk
feeler ['fi:lə] *s* **1** zool. känselspröt, antenn, tentakel **2** bildl. trevare, försöksballong
feeling ['fi:lɪŋ] **I** *adj* kännande; känslig, känslofull, lättrörd; sympatisk **II** *s* **1** känsel [*the arm has lost all ~*]; [känsel]förnimmelse **2** känsla [*a ~ of joy*]; medkänsla [*for med*]; *bad* (*ill*) ~ missämja, osämja; misstämning; *hard ~s* agg, groll; *no hard ~s, I hope!* jag hoppas du inte tar illa upp!; *have strong ~s against* ha (känna) stark motvilja mot; *I have a ~ that* jag har en känsla av att, jag känner på mig (har på känn) att; *hurt a p.'s ~s* såra ngn (ngns känslor) **3** uppfattning, mening [*about* om, beträffande]; inställning [*about* till]; *the general ~ was against it* stämningen (den allmänna meningen) var emot det **4** ~ *for* känsla (sinne) för [*he has a ~ for music*] **5** uppståndelse, förtrytelse, förbittring, olust [*his speech aroused strong ~s*]; *~s ran high* känslorna råkade i svallning, stridens vågor gick höga **6** atmosfär, stämning [*the ~ of the place*]
feelingly ['fi:lɪŋlɪ] *adv* med känsla, varmt
fee-paying ['fi:ˌpeɪɪŋ] *adj*, ~ *school* skola med terminsavgifter
feet [fi:t] *s pl.* av *foot*
feign [feɪn] **I** *vb tr* **1** hitta på [*~ an excuse*], dikta upp **2** låtsa[s]; förege, simulera [*~ illness*], hyckla **II** *vb itr* förställa sig; låtsas [*to be vara*]
feigned [feɪnd] (adv. *feignedly* ['feɪnɪdlɪ]) *adj* låtsad, simulerad [*a ~ illness*], spelad, hycklad, förställd [*a ~ voice*], förvrängd; fingerad [*under a ~ name*], falsk; *~ attack* mil. skenanfall
1 feint [feɪnt] **I** *s* **1** skenmanöver, skenanfall, krigslist; isht sport. fint **2** list, knep **II** *vb itr* isht sport. finta
2 feint [feɪnt] **I** *adj*, ~ *lines* svaga linjer att följa på skrivpapper **II** *adv*, *ruled ~* svagt linjerad, jfr *I*
feisty ['faɪstɪ] *adj* isht amer. vard. **1** [lätt]retlig, aggressiv **2** livlig **3** modig, käck
feldspar ['feldspɑ:] *s* miner. fältspat
felicitate [fə'lɪsɪteɪt] *vb tr* lyckönska, gratulera [[*up*]*on* till]
felicitation [fəˌlɪsɪ'teɪʃ(ə)n] *s* lyckönskan, gratulation
felicitous [fə'lɪsɪtəs] *adj* välfunnen [*~ words and images*], väl (lyckligt) vald, lyckad, träffande
felicity [fə'lɪsətɪ] *s* **1** stor lycka, sällhet, lycksalighet; välsignelse **2** lyckat uttryck (grepp, drag); pl. *felicities* isht lyckade vändningar (fraser, uttryck, konstgrepp)
feline ['fi:laɪn] **I** *adj* katt-; kattlik [*walk with ~ grace*], kattaktig **II** *s* kattdjur
1 fell [fel] imperf. av *fall*
2 fell [fel] **I** *vb tr* fälla [*he ~ed the deer with a single shot*], slå till marken, avverka, hugga ner [*~ a tree*] **II** *s* avverkning antal träd som avverkats under en säsong
3 fell [fel] *s* fäll, skinn isht med håret på
4 fell [fel] *adj* poet. grym [*~ design*], vild; bister
5 fell [fel] *s* bar höglandsås, höglandshed, berg mest i ortnamn
fellatio [fə'leɪʃɪəʊ] *s* fellatio oral stimulering av penis
fellow ['feləʊ, i bet. *1* (vard. utt.) äv. 'felə] *s* **1** vard. karl, prick [*he's a pleasant ~*], kille, grabb, pojke, människa; *the ~* neds. karl'n, han [*the ~ must be mad*]; *my dear ~!* kära (snälla) du!; *little ~* pojkvasker, liten krabat; *poor ~!* stackars karl (han)!, stackare!; *a queer ~* en konstig prick (egendomlig kurre); *unlucky ~* olycksfågel; *what a ~!* en sån en!; *what sort of a ~ are you?* vad är du för en [gynnare (människa)]?; *this ~ Jones* (*Jones ~*) den här [killen] Jones; *well, ~ me lad!* nå, min gosse! **2** vanl. pl. *~s* kamrater [*his ~s at school*], kolleger [*the doctor conferred with his ~s*]; följeslagare; *~s in crime* medbrottslingar **3** medlem, ledamot av ett lärt sällskap [*F~ of the British Academy*] **4** univ. o.d. **a)** ledamot av styrelsen för ett college (ett universitet) **b)** ung. docent[stipendiat], forskardocent **5** motstycke, pendang [*this vase is the exact ~ to the one on the shelf*] **6** attr. (ofta) med- [*~ prisoner, ~ passenger*]; *~ actor* **a)** medspelare **b)** skådespelarkollega; *~ applicant* (*candidate*) medsökande; *~ author* författarkollega, *~ being* (*creature*) medmänniska; *~ Christian* medkristen; *~ citizen* (*countryman*) landsman; *~ officer* officerskollega, *~ student* studiekamrat; *~ sufferer* olycksbroder; *~ traveller*

fellow-feeling

a) reskamrat, medresenär b) polit. medlöpare, anpassling
fellow-feeling [,feləʊ'fi:lɪŋ] s medkänsla, sympati
fellowship ['felə(ʊ)ʃɪp] s **1** kamratskap; gemenskap; likställdhet; samhörighet; *good* ~ gott kamratskap, kamratlighet; kamratanda, god sammanhållning **2** brödraskap, sammanslutning **3** univ., ung. docentur; universitetsstipendium, docentstipendium
felon ['felən] s jur. (hist. el. amer.) brottsling som har begått ett grövre (urbota) brott; [grov] förbrytare
felonious [fə'ləʊnjəs] adj jur. (hist. el. amer.) brottslig; kriminell [a ~ act]
felony ['felənɪ] s jur. (hist. el. amer.), ung. grövre (urbota) brott; svårare förbrytelse
1 felt [felt] imperf. o. perf. p. av *feel*
2 felt [felt] s **1** filt tyg; *roofing* ~ takpapp; ~ *pen* filtpenna, tuschpenna **2** filthatt [äv. ~ *hat*]
felt-tip ['felttɪp] adj, ~ *pen* filtpenna, tuschpenna
female ['fi:meɪl] **I** adj kvinno-, kvinnlig [a ~ *pilot*]; biol. el. bot. honlig; hon- [~ *flower*], av honkön [~ *animal*]; ~ *elephant* elefanthona; ~ *elk* älgko; ~ *friend* väninna; ~ *impersonator* kvinnoimitatör; ~ *screw* [skruv]mutter; ~ *sex* kvinnokön; honkön **II** s **1** neds. fruntimmer, kvinnsperson, kvinnfolk **2** statistik. o.d. kvinna [*males and* ~*s*] **3** zool. hona; bot. honblomma
feminine ['femɪnɪn] **I** adj **1** kvinnlig [*the eternal* ~], kvinno- [~ *logic*], feminin [~ *features*], om man äv. feminiserad **2** gram. feminin [a ~ *noun, the* ~ *gender*] **II** s gram. **1** *the* ~ [genus] femininum **2** femininum, feminint ord
femininity [,femɪ'nɪnətɪ] s kvinnlighet
feminism ['femɪnɪz(ə)m] s **1** kvinnosaken **2** feminism[en], kvinnorörelsen
feminist ['femɪnɪst] s feminist; *the* ~ *movement* kvinnorörelsen
femme fatale [,fæmfə'tɑ:l] (pl. *femmes fatales* [-z]) s fr. femme fatale
femoral ['femər(ə)l] adj anat. lår-, höft-
femur ['fi:mə] (pl. ~*s* el. *femora* ['femərə el. 'fi:m-]) s anat. lårben
fen [fen] s kärr, träsk, myr, sankmark
fence [fens] **I** s **1** stängsel, staket, gärdsgård, plank, inhägnad, häck; hinder; *come down on one side or the other of the* ~ bildl. välja sida, ta ställning; *come down on the right side of the* ~ bildl. hålla på rätt häst; *sit (be) on the* ~ vard. inta en avvaktande hållning, undvika att ta ställning **2** fäktning **3** sl. a) hälare b) tjuv[gods]gömma **II** vb tr **1** inhägna, omgärda [äv. ~ *in (round, up)*]; ~ *off* avskilja med ett stängsel (staket) **2** sl. handla med (köpa, sälja) tjuvgods **III** vb itr **1** fäkta; parera; bildl. slingra sig, komma med undanflykter **2** sätta upp (laga) inhägnader **3** sl. vara hälare
fencer ['fensə] s **1** fäktare **2** häst som tar hinder
fencing ['fensɪŋ] s **1** fäktning, fäktkonst[en]; parerande **2** inhägnande [äv. ~ *in*] **3** koll. a) stängsel b) stängselmaterial **4** sl. häleri
fencing-master ['fensɪŋ,mɑ:stə] s fäktmästare
fend [fend] **I** vb tr, ~ [*off*] avvärja, parera [~ *off a blow*]; hålla undan (tillbaka) [*from* från] **II** vb itr, ~ *for* sörja för
fender ['fendə] s **1** avvärjare; skydd; buffert; på lok o.d. kofångare, gardjärn **2** eldgaller, sprakgaller framför eldstad **3** amer. flygel, stänkskärm på bil; stänkskärm på cykel
fennec ['fenɪk] s ökenräv, fennek
fennel ['fenl] s bot. fänkål
fennel seed ['fenlsi:d] s fänkål krydda
Fens [fenz] geogr.; *the* ~ pl. (konstr. ss. sg.) det bördiga slättlandet innanför the Wash i östra England
fenugreek ['fenjʊgri:k] s bot. bockhornsklöver
Fergus ['fɜ:gəs] mansnamn
ferment [ss. subst. 'fɜ:ment, ss. vb fə'ment] **I** s **1** jäsningsämne, jäsämne, ferment äv. bildl. **2** jäsning, bildl. äv. [jäsande] oro; *in a* [*state of*] ~ el. *in* ~ bildl. i jäsning, i uppror **II** vb itr jäsa äv. bildl.; fermentera **III** vb tr **1** bringa i jäsning, komma (få) att jäsa; *be* ~*ed* jäsa **2** hetsa [upp]; underblåsa
fermentation [,fɜ:men'teɪʃ(ə)n] s jäsning äv. bildl.
fern [fɜ:n] s bot. ormbunke; koll. ormbunkar
ferocious [fə'rəʊʃəs] adj vildsint, vild, grym, rasande [a ~ *attack*]; våldsam [a ~ *thirst (headache)*], glupande [a ~ *appetite*]
ferocity [fə'rɒsətɪ] s **1** vild[sint]het, grymhet etc., jfr *ferocious* **2** [utbrott av] grymhet
ferret ['ferət] **I** s jaktiller, frett tam form av illern; ~ *eyes* vessleögon, skarpa ögon **II** vb itr **1** jaga med jaktiller (frett) [*go* ~*ing*] **2** snoka [äv. ~ *about*]; ~ *about for* snoka efter **III** vb tr **1** jaga (driva ut) kaniner o.d. med jaktiller (frett) **2** bildl. jaga, ansätta [äv. ~ *about*]; ~ *out* snoka (spåra) upp, snoka (luska) reda (rätt) på, gräva fram [~ *out the facts*]
ferric ['ferɪk] adj kem. järn-; ferri-; ~ *chloride* järn(III)klorid; ~ *compound* ferriförening; ~ *oxide* järnoxid
Ferris wheel ['ferɪswi:l] s pariserhjul
ferrite ['feraɪt] s kem. ferrit; ~*rod aerial* (*antenna*) radio. ferritantenn
ferrochrome ['ferəkrəʊm] s o. **ferrochromium** [,ferə(ʊ)'krəʊmɪəm] s kem. ferrokrom
ferroconcrete [,ferə(ʊ)'kɒŋkri:t] s byggn. järnbetong, armerad betong
ferrous ['ferəs] adj kem. järn-; ~ *oxide* järnoxidul
ferrule ['feru:l, 'fer(ə)l] s **1** doppsko, skoning **2** sammanhållande [metall]ring, tubring

ferry ['ferɪ] **I** s **1** färja båt o. flygplan; ~ *service* färjtrafik, färjförbindelse **2** färjställe, färjplats, färjläge **3** färjförbindelse **II** vb tr **1** färja [~ a p. across (over) the river; ~ supplies out to the island], transportera, köra [i skytteltrafik] **2** flyga [aircraft ~ing cars between England and France], transportera [med flyg]
ferry|man ['ferɪ|mən] (pl. -men [-mən]) s färjkarl
fertile ['fɜ:taɪl, amer. 'fɜ:tl] adj **1** bördig [~ fields], fruktbar, rik, fet [~ soil] **2** fruktsam, fertil [women of ~ age]; fortplantningsduglig **3** bildl. givande, fruktbar [a ~ subject]; rik [in, of på]; *a ~ imagination* en rik (frodig) fantasi
fertility [fɜ:'tɪlətɪ] s bördighet, fruktbarhet, fruktbarhets- [~ cult (rite)]; fruktsamhet, fertilitet; jfr vid. *fertile*; *~ pill* fruktsamhetspiller
fertilize ['fɜ:tɪlaɪz] vb tr **1** gödsla, göda; göra fruktbar (produktiv) **2** biol. befrukta
fertilizer ['fɜ:tɪlaɪzə] s gödningsmedel, gödningsämne; isht konstgödning, konstgödsel
fervent ['fɜ:v(ə)nt] adj bildl. glödande [~ hatred, ~ love, ~ zeal], eldig [a ~ lover], het, brinnande [~ prayers], varm [a ~ admirer], innerlig, intensiv, ivrig, entusiastisk [a ~ advocate (förespråkare) of]
fervid ['fɜ:vɪd] adj poet. glödhet, brännande
fervour ['fɜ:və] s glöd, innerlighet, brinnande nit
fescue ['feskju:] s bot., ~ *[grass]* svingel
fest [fest] s isht amer. **1** vanl. ss. efterled -festival [*filmfest*] **2** sammankomst, träff
festal ['festl] adj festlig [a ~ occasion], glad
fester ['festə] **I** vb itr **1** vara [sig]; *a ~ing sore* a) ett varigt sår b) bildl. en kräftsvulst, en kräfthärd **2** bildl. gnaga, fräta, orsaka bitterhet **II** vb tr orsaka varbildning i, fräta på
festival ['festəv(ə)l, -tɪv-] s **1** fest [harvest ~], helg; relig. högtid [Christmas and Easter are Church ~s] **2** festival, festspel [the Salzburg F~] **3** årsfest; fest[lig tillställning], högtidlighet **4** attr. fest- [~ march], högtids- [~ day]
festive ['festɪv] adj festlig [on ~ occasions], fest- [~ mood, ~ atmosphere (stämning)]; *the ~ season* julen
festivit|y [fe'stɪvətɪ] s **1** feststämning [äv. *air of ~*], festglädje, festivitas; glädje **2** ofta pl. *-ies* festligheter [the -ies end with a fireworks display], högtidligheter [wedding -ies]
festoon [fe'stu:n] **I** s feston[g], girland **II** vb tr smycka med girlander
feta ['fetə] s feta grekisk fårost
1 fetch [fetʃ] s gengångare, dubbelgångare, vålnad
2 fetch [fetʃ] **I** vb tr **1** hämta, gå (springa) 'efter [äv. *go (run) and ~*], skaffa [a p. a th.; a

th. for a p.]; ha (ta) med sig [the souvenirs he ~ed back from Japan]; om hund apportera; ~ *it!* till hund apport!; ~ *and carry* se *II* **2** framkalla; ~ *tears from the eyes* locka fram tårar i ögonen **3** inbringa, säljas (gå) för [it ~ed £600]; betinga [the pictures ~ed a high price] **4** vard. göra intryck på [that dress will ~ him], imponera på, ta, knipa, fånga **5** vard. ge [~ a p. a blow] **II** vb itr, ~ *and carry* a) om hund apportera b) vara passopp (springpojke), springa ärenden [for]
fetching ['fetʃɪŋ] adj vard. tilltalande, tilldragande, vinnande [a ~ smile]; förtjusande, näpen [a ~ girl]
fete o. **fête** [feɪt] **I** s **1** stor fest isht i det fria; högtidlighet; välgörenhetsfest, basar **2** i katolska länder helgondag dag med helgonnamn; namnsdag **II** vb tr ge en fest för, fira, hylla
fetid ['fetɪd, 'fi:tɪd] adj stinkande
fetish ['fi:tɪʃ, 'fetɪʃ] s fetisch äv. friare
fetishism ['fi:tɪʃɪz(ə)m, 'fetɪʃɪz(ə)m] s fetischdyrkan; psykol. fetischism
fetlock ['fetlɒk] s zool. (på hästben) **1** hovskägg **2** kota **3** kotled [äv. ~ *joint*]
fetter ['fetə] **I** s **1** boja; tjuder **2** bildl., vanl. pl. *~s* bojor, fjättrar, band, tvång; fångenskap **II** vb tr **1** fjättra, tjudra **2** bildl. binda [~ed by convention], lägga band på
fettle ['fetl] s kondition, vigör, form; *in fine (good)* ~ a) i fin (god) form b) på gott humör
fetus ['fi:təs] s isht amer., se *foetus*
feud [fju:d] s fejd, strid, tvist
feudal ['fju:dl] adj läns-; ~ *system* feodalväsen
feudalism ['fju:dəlɪz(ə)m] s feodalism, feodalväsen, länsväsen, feodalsystem
feudalistic [ˌfju:də'lɪstɪk] adj feodal[istisk]
fever ['fi:və] s feber; febersjukdom; bildl. feberaktigt tillstånd; *a high ~* hög feber; *at ~ heat (pitch)* bildl. vid kokpunkten; ~ *hospital* epidemisjukhus
feverish ['fi:v(ə)rɪʃ] adj **1** feber- [a ~ condition (dream)]; febrig, feberhet; *he is ~* äv. han har feber **2** bildl. het, brinnande [~ desire], feberaktig [~ excitement], febril [~ activity]
fever-ridden ['fi:vəˌrɪdn] adj feberhärjad [~ area]
fever-stricken ['fi:vəˌstrɪk(ə)n] adj feberhärjad
few [fju:] adj o. pron [bara] få [~ *people* (människor) *live to be 100*], inte [så] många [I have ~ cigarettes left], lite[t] [there are very ~ *people* (folk) *here*; *we are one too ~*]; a ~ people (folk) here; we are one too ~]; *a ~ cigarettes left*], lite[t] [*would you like a ~ strawberries?*], ett par [tre] [*in a ~ days*]; *a chosen ~* några få utvalda; *not a ~* el. *quite a ~* el. *a good ~* inte så få, ganska (rätt) många, inte så lite[t], en hel del, ganska (rätt) mycket [not a ~ etc. *faults*]; *only a ~* el. *some ~* [helt] få, bara några få, bara ett fåtal [only a (some) ~ *people*

(människor)], bara lite[t] [*only a (some)* ~ *people* (folk)]; *the* (*what*) ~ *people I have met* de få människor jag har träffat; *the first* (*next,* resp. *last, past*) ~ *days* de [allra] första (närmaste, resp. senaste el. sista) dagarna; ~ *and far between* tunnsådda, sällsynta; *the houses are* ~ *and far between* det är långt mellan husen; ~ *in number*[*s*] fåtaliga

fewer ['fju:ə] *adj* o. *s* (komp. av *few*) färre; mindre [*one month* ~]; *no* ~ *than* inte mindre än

fewest ['fju:ɪst] *adj* o. *s* (superl. av *few*) fåtaligast, minst; *the* ~ ytterst få; *at the* ~ minst

fey [feɪ] *adj* **1** synsk, klärvoajant **2** vard. vimsig

fez [fez] *s* fez, fets slags muslimsk huvudbonad

ff. förk. för *folios; and the following pages* [*see p. 100 ff.*]

f.f.a. förk. för *free from alongside* [*ship*]

fiancé [fɪ'ɒnseɪ, -'ɑ:ns-] *s* fästman

fiancée [fɪ'ɒnseɪ, -'ɑ:ns-] *s* fästmö

fiasc|o [fɪ'æskəʊ] (pl. *-os*) *s* fiasko, misslyckande

Fiat ['fi:ət, 'fi:æt] bilmärke

fib [fɪb] vard. **I** *s* liten (oskyldig) lögn, smålögn, liten osanning (nödlögn); *that's a* ~ det var lögn; *tell* ~*s* småljuga, narras **II** *vb itr* småljuga, narras

fibber ['fɪbə] *s* vard. liten lögnare

fibre ['faɪbə] *s* **1** fiber äv. i kost; tråd i t.ex. kött, nerv; tåga av t.ex. lin; ~ *optics* fiberoptik **2** koll. fiber[massa] isht ss. textilt råmaterial **3** bildl. halt, virke [*of solid* (gott) ~; *a man of tough* (segt) ~], väsen, natur

fibreboard ['faɪbəbɔ:d] *s* [trä]fiberplatta; koll. [trä]fiberplattor

fibreglass ['faɪbəɡlɑ:s] *s* glasfiber

fibrosis [ˌfaɪ'brəʊsɪs] *s* med. fibros

fibrous ['faɪbrəs] *adj* fibrös, fibrig, [fin]trådig

fibul|a ['fɪbjʊl|ə] (pl. *-ae* [-i:] el. *-as*) *s* anat. fibula, vadben

fickle ['fɪkl] *adj* ombytlig, flyktig och obeständig, nyckfull [*a* ~ *woman*]

fiction ['fɪkʃ(ə)n] *s* **1** [ren] dikt, påhitt; saga; osann historia; fiktion ofta jur. [*a legal* (juridisk) ~]; [ren] konstruktion; *fact and* ~ fantasi (dikt) och verklighet, saga och sanning **2** skönlitteratur på prosa; romaner och noveller [*prefer history to* ~]; *school of* ~ skönlitterär skola; *work of* ~ skönlitterärt verk, isht roman **3** uppdiktande

fictional ['fɪkʃ(ə)nl] *adj* uppdiktad, diktad, dikt-; skönlitterär

fictitious [fɪk'tɪʃəs] *adj* påhittad, uppdiktad [*the characters in the book are entirely* ~]; sken- [*a* ~ *agreement; a* ~ *firm*]; falsk, fingerad, antagen [*the criminal used a* ~ *name*]; simulerad

fiddle ['fɪdl] **I** *s* **1** vard. fiol; [*as*] *fit as a* ~ frisk som en nötkärna, pigg som en mört; *have a* *face as long as a* ~ vara lång i ansiktet (synen); *play first* (*second*) ~ bildl. spela första (andra) fiolen [*to* i förhållande till] **2** sl. fuffens, fiffel [*a little* ~]; *he's always on the* ~ han har alltid något fuffens (fiffel) för sig **II** *vb itr* vard. **1** spela fiol **2 a**) ~ [*about*] *with* fingra (pilla) på, leka (plocka) med [*he was fiddling* [*about*] *with a piece of string*], smussla (fiffla) med **b**) knåpa, pyssla [~ *with painting*]; mixtra [*don't* ~ *with the lock*] **c**) fjanta [~ *about doing nothing*] **III** *vb tr* **1** vard. spela på fiol [~ *a tune*] **2** vard., ~ *away* plottra (slösa) bort, förspilla [~ *away one's time*] **3** sl. fiffla (fuska) med [~ *one's income-tax return* (självdeklaration)]; fiffla till sig

fiddler ['fɪdlə] *s* **1** fiolspelare, spelman **2** sl. fifflare, skojare

fiddlestick ['fɪdlstɪk] **I** *s* vard. fiolstråke **II** *interj* ngt åld., ~*s!* struntprat!, dumheter!

fiddling ['fɪdlɪŋ] **I** *adj* vard. **1** obetydlig, strunt-, futtig [*a* ~ *sum of money*]; ~ *little jobs* små struntjobb **2** petig, pillrig; ~ *work* knåpgöra, petgöra, pillgöra **II** *s* mygel, fusk, fifflande

fiddly ['fɪdlɪ] *adj* se *fiddling*

fidelity [fɪ'delətɪ, faɪ'd-] *s* **1** trohet [*to* mot; ~ *to one's country* (*principles*)], trofasthet **2** trohet, naturtrohet, ljudtrohet, originaltrohet, texttrohet, exakthet, riktighet; naturtrogen återgivning av ljud m.m.; fidelitet; jfr *high-fidelity*

fidget ['fɪdʒɪt] **I** *s* **1** *it gives me* (*I get*) *the* ~*s* det gör mig nervös, jag blir otålig; *he has the* ~*s* han kan inte sitta (vara) stilla **2** nervös (rastlös) människa; *he's a* ~ han kan aldrig sitta (vara) stilla, han har ingen ro i kroppen **II** *vb itr* inte kunna sitta (vara) stilla, nervöst (oroligt) skruva (flytta) på sig [äv. ~ *about*; ~ *in one's chair*]; vara (bli) nervös (orolig, otålig), oroa sig [~ *about* (för) *one's health*]; ~ *with* nervöst fingra på (leka med, pilla med)

fidgety ['fɪdʒətɪ] *adj* nervös, orolig, rastlös, otålig; som inte kan sitta stilla [*a* ~ *child*]

Fido ['faɪdəʊ] vanligt smeknamn på hund

fie [faɪ] *interj*, ~*!* fy!; ~ [*up*]*on you!* ngt åld. fy skam!

field [fi:ld] **I** *s* **1** fält [*a* ~ *of wheat*]; åker[fält], gärde, äng; mark; hage; land [*potato* ~] **2** ss. efterled i sms. ofta -fält [*coalfield, oilfield, airfield*] **3** område [*he is eminent in* (på) *his* ~], gebit, fält [*a new* ~ *of research*], fack; *in the* ~ *of politics* på det politiska området; *that is outside my* ~ det ligger utanför mitt område, det är inte mitt fack **4** fys. o.d. fält; *magnetic* ~ magnetfält; ~ [*of vision*] synfält, synkrets **5** mil. fält, slagfält, valplats, krigsskådeplats; [fält]slag **6** sport. **a**) plats, plan [*football* ~]; *sports* ~ idrottsplats **b**) koll. fält deltagare i tävling, jakt o.d.; *a good* ~

kapplöpn. ett fint fält **7** herald., konst. o.d. fält; botten [*a gold star on a* ~ *of blue*]; [bak]grund **ǁ** *vb tr* **1** i kricket o. baseboll stoppa och skicka tillbaka bollen **2** sport. ställa upp ett lag, spelare **Ⅲ** *vb itr* i kricket o. baseboll ta bollen; vara i utelaget (fältpartiet), vara uteman
field day ['fi:ldeɪ] *s* **1** mil. fälttjänstgöringsdag, manöverdag **2** bildl. stor dag, lycklig (glad) dag; [*the Press had*] *a* ~ äv. ...en av sina stora dagar
fielder ['fi:ldə] *s* i kricket o. baseboll uteman, fältspelare
field events ['fi:ldɪˌvents] *s pl* sport. tävlingar i hopp och kast o.d.
fieldfare ['fi:ldfeə] *s* zool. björktrast, snöskata
field glasses ['fi:ldˌglɑːsɪs] *s pl* fältkikare; *a pair of* ~ en fältkikare
field hockey ['fi:ldˌhɒkɪ] *s* amer. landhockey
field hospital [ˌfi:ld'hɒspɪtl] *s* fältsjukhus
field marshal [ˌfi:ld'mɑːʃ(ə)l] *s* mil. fältmarskalk
field|mouse ['fi:ld|maʊs] (pl. *-mice* [-maɪs]) *s* zool. skogsmus
field mustard [ˌfi:ld'mʌstəd] *s* bot. åkersenap
field officer ['fi:ldˌɒfɪsə] *s* mil. regementsbefäl med grad från överste till major
field sports ['fi:ldspɔːts] *s pl* friluftsaktiviteter; isht jakt och fiske
fieldwork ['fi:ldwɜːk] *s* **1** fältarbete till skillnad från skrivbordsarbete **2** arbete ute på fälten (ägorna, åkern) **3** mil., mest pl. ~*s* fältbefästningar
fiend [fi:nd] *s* **1** djävul; ond ande **2** odjur, djävul [*he is a* ~ *in human shape* (gestalt)]; plågoande [*these children are little* ~*s*]; om barn äv. satunge **3** vard. fantast, entusiast, jfr ex.; *football* ~ fotbollsdåre; *fresh-air* ~ friluftsfantast, friluftsfanatiker, frisksportare; *be a golf* ~ vara golfbiten; *he's a* ~ *at tennis* han är fantastiskt bra på tennis
fiendish ['fi:ndɪʃ] *adj* djävulsk, ondskefull
fierce [fɪəs] *adj* **1** vild, vildsint, [folk]ilsken, bitsk [~ *dogs*] **2** våldsam, häftig [~ *anger*, ~ *storms* (*winds*)]
fiery ['faɪərɪ] *adj* **1** brännande [~ *heat*], glödande; eldröd; [bränn]het, glödhet [~ *desert sands*]; flammande [*a* ~ *sky*, ~ *eyes*] **2** eldig [*a* ~ *horse*], livlig; hetsig [*a* ~ *temper*], hetlevrad
fiesta [fɪ'estə] *s* fest[lighet], fiesta; fridag
FIFA ['fi:fə] (förk. för *Fédération Internationale de Football Association*) Internationella fotbollsförbundet
fife [faɪf] *s* [pickola]flöjt; pipa
FIFO ['faɪfəʊ] (förk. för *first in, first out*) FIFU metod för värdering av varulager enligt vilken det antas att de först inköpta varorna sälts först
fifteen [ˌfɪf'ti:n, attr. '--] (jfr *five* o. sms.) **Ⅰ** *räkn* femton **ǁ** *s* **1** femton [*a total of* ~]; femtontal [*for each* (*every*) ~] **2** rugby. femtonmannalag **3** med siffror: *15* film. åldersgräns femton år

fifteen-fifties [ˌfɪftiːn'fɪftɪz] *s pl*, [*in*] *the* ~ [på] 1550-talet
fifteenth [ˌfɪf'ti:nθ, attr. '--] *räkn* o. *s* femtonde; femton[de]del; jfr *fifth*
fifth [fɪfθ] **Ⅰ** *räkn* femte; *the* ~ *century* 400-talet, femte århundradet; *the* ~ *commandment* motsv. fjärde budet, jfr *commandment*; *the* ~ *floor* [våningen] fem (amer. fyra) trappor upp; ~ *part* femtedel; *in the* ~ *place* i femte rummet, för det femte **ǁ** *adv*, *the* ~ *largest town* den femte staden i storlek **Ⅲ** *s* **1** femtedel; *one* ~ *of a litre* en femtedels liter **2** *the* ~ *of April* (*on the* ~ *of April* ss. adverbial) den femte april **3** mus. kvint; *major* (*minor*) ~ stor (liten) kvint **4** motor. femmans växel, femman; *put the car in* ~ lägga in femman
fifthly ['fɪfθlɪ] *adv* för det femte
fiftieth ['fɪftɪɪθ, -tɪəθ] *räkn* o. *s* **1** femtionde **2** femtion[de]del
fifty ['fɪftɪ] **Ⅰ** *räkn* femti[o] **ǁ** *s* femti[o] [*a total of* ~]; femti[o]tal [*for each* (*every*) ~]; *in the fifties* ('*fifties*) på femtiotalet av ett århundrade; *he is in his fifties* han är mellan femtio och sextio, han har fyllt femtio; *in the fifties* om temperatur mellan femtio och sextio grader (någonting på femtio grader) Fahrenheit ung. 10-15 grader Celsius
fifty-fifth [ˌfɪftɪ'fɪfθ] *räkn* femti[o]femte
fifty-fifty [ˌfɪftɪ'fɪftɪ] *adj* o. *adv* fifty-fifty, jämn[t], jämnt fördelad, lika [*the chances are* ~]; ~ *allegiance* delad lojalitet; *on a* ~ *basis* på lika basis; *a* ~ *chance* femti[o] procents chans; *go* ~ [*with a p.*] dela lika (jämnt, fifty-fifty) [med ngn]
fifty-five [ˌfɪftɪ'faɪv] **Ⅰ** *räkn* femti[o]fem **ǁ** *s* femti[o]femma
fiftyfold ['fɪftɪfəʊld] **Ⅰ** *adj* femtiodubbel, femtiofaldig **ǁ** *adv* femtiodubbelt, femtiofaldigt, femtiofalt, femtio gånger så mycket
fiftyish ['fɪftɪɪʃ] *räkn* vard. omkring femti, i femtiårsåldern
fifty-odd [ˌfɪftɪ'ɒd] *adj*, *he is* ~ han är några och femtio [år]
fig [fɪg] *s* **1** fikon; *green* ~*s* färska fikon **2** fikonträd **3** dugg, dyft; *I don't care a* ~ *for* jag struntar blankt i, jag bryr mig inte ett dugg (ett dyft) om; *not worth a* ~ inte värd ett ruttet lingon
fig. förk. för *figure, figuratively*
fight [faɪt] **Ⅰ** (*fought fought*) *vb itr* **1** slåss, kämpa, strida, gräla [~ *about* (om) *money*]; fäkta; duellera; boxas; *he fought back* han bet ifrån sig, han slog tillbaka; *he who* ~*s and runs away lives to* ~ *another day* ordspr. bättre fly än illa fäkta **2** ~ *shy of* [söka] undvika etc., jfr *shy I 1* **ǁ** (*fought fought*) *vb tr* **1** bekämpa [~ *the enemy*; ~ *disease*], kämpa mot, strida mot, slåss med; ~ *back one's tears* kämpa mot (med) gråten

2 utkämpa [äv. ~ *out*; ~ *a battle*, ~ *a war*] **3** kämpa för vid rättegång o.d.; kämpa (konkurrera) om [~ *a seat in Parliament against a p.*]; ~ *a case* processa om en sak, dra en sak inför domstol; föra en process; ~ *it out between yourselves!* ni får slåss om det! **4** ~ *one's way* kämpa sig fram, slå sig igenom; slå sig fram **III** *s* **1** slagsmål, kamp [*the* ~ *against disease*], strid, gräl; fäktning; duell; boxningsmatch; *make a* ~ *for it* slåss; *make no* ~ *of it* inte kämpa, inte ta i; *put up a good* ~ kämpa tappert (vackert), försvara sig tappert; klara sig bra; kämpa hårt **2** stridslust, stridshumör; mod
fighter ['faɪtə] *s* **1** slagskämpe; kämpe, fighter **2** boxare **3** mil. jakt[flyg]plan, strids[flyg]plan
fighter-bomber ['faɪtəˌbɒmə] *s* mil. attack[flyg]plan
fighting ['faɪtɪŋ] **I** *adj* stridande; stridsberedd; strids- [~ *patrol*] **II** *s* strid, strider [*street* ~], kamp; slagsmål; *we have a* ~ *chance* vi har en liten chans [om vi verkligen bjuder till]; *in* ~ *trim* i stridbart skick
fighting cock ['faɪtɪŋkɒk] *s* stridstupp äv. om pers.; *live like a* ~ må som en prins i en bagarbod
fighting fish ['faɪtɪŋfɪʃ] *s* zool., [*Siamese*] ~ kampfisk
fighting mad [ˌfaɪtɪŋ'mæd] *adj* rasande, ursinnig
fighting spirit [ˌfaɪtɪŋ'spɪrɪt] *s* kampanda
fig leaf ['fɪgliːf] (pl. *leaves*) *s* fikonlöv äv. friare
figment ['fɪgmənt] *s* påfund, påhitt, dikt; ~ [*of the imagination*] fantasifoster, hjärnspöke
figurative ['fɪgjʊrətɪv, -gər-] *adj* **1** bildlig [*a* ~ *expression*], figurlig, överförd [*in a* ~ *sense*] **2** bildrik stil o.d. **3** symbolisk [*baptism is a* ~ *ceremony*] **4** figurativ [~ *art*]
figuratively ['fɪgjʊrətɪvlɪ, -gər-] *adv* bildligt etc., jfr *figurative*; i bildlig betydelse (bemärkelse)
figure ['fɪgə] **I** *s* **1 a)** siffra; pl. ~*s* äv. uppgifter, statistik [*according to the latest* ~*s*]; *a double* ~ ett tvåsiffrigt tal; *he is good at* (*has a good head for*) ~*s* han är bra i räkning, han räknar bra; [*his income*] *runs into six* ~*s* ...uppgår till ett sexsiffrigt tal **b)** vard. belopp, pris; *name your* ~! säg vad du ska ha för det (den, dem)! **2** figur [*she has a good* (snygg) ~]; skepnad [*a* ~ *moving slowly in the dusk*]; bildl. gestalt [*one of the greatest* ~*s in history*], person [*a public* (offentlig) ~]; *she is a fine* ~ *of a woman* hon är en stilig (parant) kvinna; *a* ~ *of fun* en löjlig figur; *cut a fine* ~ ta sig elegant (imponerande) ut; *cut a poor* (*sorry*) ~ göra en slät figur **3** figur [*geometrical* ~*s*; *see* ~ (förk. *fig.*) *31*], illustration, bild; staty, skulptur **4** figur [*rhetorical* ~*s*]; *of speech* bildligt uttryck, bild **5** i dans figur, tur **II** *vb tr* **1 a)** beräkna,

kalkylera **b)** ~ *out* räkna ut; fundera ut; förstå; *I can't* ~ *him out* jag blir inte klok på honom **2** amer. anta, förmoda **III** *vb itr* **1** ~ *on* isht amer. vard. räkna med [*they* ~*d on your arriving early*]; lita på; räkna (spekulera) på **2** *it* ~*s out at £45* det blir 45 pund **3** framträda, uppträda, figurera, förekomma; spela en [viss] roll **4** amer. anta, förmoda, tro [*he's going to lose, I* ~] **5** amer. vard., *that* (*it*) ~*s* det stämmer
figurehead ['fɪgəhed] *s* **1** sjö. galjonsbild **2** bildl. galjonsfigur; mål. staffage
figure-hugging ['fɪgəˌhʌgɪŋ] *adj* kroppsnära, åtsmitande [~ *dress*]
figure-skating ['fɪgəˌskeɪtɪŋ] *s* konståkning på skridsko
figurine ['fɪgjʊriːn] *s* statyett
Fiji ['fiːdʒiː, ˌ-'-] geogr.
Fijian [fiːˈdʒiːən, 'fiːdʒɪən] **I** *adj* fijiansk **II** *s* fijian
filament ['fɪləmənt] *s* **1** fin tråd (tåga, fiber) **2** tråd i glödlampa; glödtråd
filch [fɪltʃ] *vb tr* knycka, snatta, sno
1 file [faɪl] **I** *s* fil verktyg **II** *vb tr* fila, glätta
2 file [faɪl] **I** *s* **1** samlingspärm, pärm, mapp, arkiv; brevpärm, brevordnare; kartotek; dokumentskåp **2** [dokument]samling, register, kortsystem; dossier, akt; [tidnings]lägg, årgång; *on our* ~*s* i vårt register **3** pappersspjut slags hållare för räkningar, brev o.d. **4** data. fil, register **II** *vb tr* **1** sätta in [i pärm] [*please* ~ [*away*] *these letters*], arkivera, ordna in i en samling; sätta upp [på hållare]; [in]registrera, lägga till skrivelse **2** jur. o.d. lämna in, inge
3 file [faɪl] **I** *s* a) rad av personer el. saker efter varandra; led b) mil. rote, [enledig] kolonn; *in* ~ a) i följd, i rad b) mil. i rotar, på två led; *in single* (*Indian*) ~ i gåsmarsch, på ett led **II** *vb itr* gå (komma, marschera) i en lång rad (en efter en)
filial ['fɪljəl] *adj* sonlig, dotterlig [~ *affection*]
filibuster ['fɪlɪbʌstə] **I** *s* amer. polit. filibuster, maratontalare som med obstruktionstaktik söker hindra votering **II** *vb itr* amer. polit. filibustra, maratontala för att förhindra votering; göra obstruktion
filigree ['fɪlɪgriː] *s* filigran[sarbete]
1 filing ['faɪlɪŋ] *s* filande
2 filing ['faɪlɪŋ] *s* insättande [i pärm] etc., jfr *2 file II*; ~ *cabinet* dokumentskåp; ~ *case* på kontor kartong, kapsel; ~ *clerk* person som sysslar med arkivering [av handlingar o.d.], ung. registrator; ~ *system* system för registrering, registreringssystem
filings ['faɪlɪŋz] *s pl* filspån
Filipino [ˌfɪlɪ'piːnəʊ] (pl. ~*s*) *s* filippinare, filippinska
fill [fɪl] **I** *vb tr* **1** fylla; plombera, fylla en tand; komplettera; ~ *the bill* vard. a) hålla måttet,

duga b) motsvara behovet; [£500] *will just ~ the bill for us now* ...är precis vad vi behöver nu; *~ a pipe* stoppa en pipa **2** tillfredsställa; mätta **3** beklä[da], inneha en tjänst; besätta, tillsätta en tjänst; *~ a p.'s place* inta ngns plats, efterträda ngn **II** *vb itr* fyllas **III** *vb tr* o. *vb itr* med adv.:
~ **in: a)** fylla i [*~ in a form* (blankett)]; fylla ut; fylla igen; stoppa (sätta, skriva) i (in) **b)** *~ a p. in on a th.* vard. sätta ngn in i ngt [*~ me in on the latest news*]
~ **out: a)** tr. fylla ut, göra rundare [*it will ~ out your cheeks*]; *~ out the details* fylla på med detaljerna; *~ out a form* fylla i en blankett **b)** itr. bli fylligare (rundare) [*her cheeks had ~ed out*], lägga på hullet
~ **up: a)** tr. fylla [upp], fylla helt; fylla till brädden, fylla i (på) [*~ up the glass*]; fylla i [*~ up a form* (blankett)]; fylla igen [*~ up a pond* (damm)]; komplettera; *~ up the tank* [*with petrol*] fylla tanken, tanka; *~ her up*[, *please*]*!* vid tankning full tank[, tack]! **b)** itr. fyllas [igen], bli full; fylla på bensin, tanka **IV** *s* **1** lystmäte; *eat one's ~* äta sig mätt **2** fyllning, påfyllning; *a ~ of tobacco* en stopp, en pipa tobak
filler ['fɪlə] *s* **1** påfyllare; attr. påfyllnings-; *~ cap* på bil a) tanklock b) kylarlock **2** filler fyllnadsmaterial använt i vägbeläggning **3** fyllnadsmedel, [plast]spackel
fillet ['fɪlɪt] **I** *s* **1** hårband, pannband; bindel **2** kok. filé **II** *vb tr* filea
fill-in ['fɪlɪn] *s* **1** vikarie, reserv, avlösare **2** resumé, översikt, kortfattad redogörelse
filling ['fɪlɪŋ] **I** *adj* **1** mättande; fyllande **2** fyllnads- [*~ material*], fyllnings- **II** *s* **1** fyllande etc., jfr *fill I*; ifyllning, ilastning; igensättning **2** konkr. fyllnad, fyllning [*a custard ~ for a pie*], plomb [*a gold ~*]
filling station ['fɪlɪŋˌsteɪʃ(ə)n] *s* bensinstation
fillip ['fɪlɪp] **I** *s* **1** knäpp [med fingrarna] [*give a p. a ~ on the nose*] **2** bildl. stimulans, knuff framåt **II** *vb tr* knäppa ngn (ngt) med fingret
fill-up ['fɪlʌp] *s* fyllning; *~* [*of petrol*] påfyllning [av bensin], tankning; *have one's ~ of* vard. få nog av
filly ['fɪlɪ] *s* stoföl; ungsto
film [fɪlm] **I** *s* **1** hinna, tunt skikt (lager) [*a ~ of dust*], film [*a ~ of oil*], tunt överdrag; beläggning på tänder **2** film äv. foto.; filmrulle [äv. *roll* (amer. *spool*) *of ~*]; pl. *~s* äv. filmföreställningar, bioföreställningar; *go to the ~s* gå på bio; *~ director* filmregissör; *~ editor* filmklippare; *~ library* filmarkiv; *~ pack* filmblock; *~ producer* filmproducent; *~ strip* bildband; *~ studio* filmateljé, studio; *~ test* provfilmning **II** *vb tr* **1** filma [*~ a play*]; filmatisera [*~ a novel*]; spela in, ta [*~ a scene*]; *a ~ed version* äv. en filmatisering **2** täcka med en hinna etc., jfr *I 1*
filmic ['fɪlmɪk] *adj* filmatisk, filmisk

filmmaker ['fɪlmˌmeɪkə] *s* filmare
filmy ['fɪlmɪ] *adj* hinnaktig, tunn; spindelvävslik; lätt, slöj- [*~ clouds*]
filter ['fɪltə] **I** *s* **1** filter, filtrum; sil **2** trafik., *~* [*signal*] grön pil för svängande trafik **II** *vb tr* filtrera; sila; brygga kaffe [genom filter] **III** *vb itr* **1** filtreras; silas **2** trafik. svänga [av] från stillastående fil **3** *~ into* söka sig [väg] (tränga sig, ta sig) in i, långsamt vinna insteg i [*new ideas ~ing into people's minds*]; *~ out* (*through*) söka sig [väg] (etc.) ut (igenom)
filter paper ['fɪltəˌpeɪpə] *s* filterpapper, filtrerpapper
filter tip ['fɪltətɪp] *s* filter[munstycke]; filtercigarett
filter-tipped ['fɪltətɪpt] *adj* försedd med filtermunstycke, filter- [*~ cigarette*]
filth [fɪlθ] *s* **1** smuts, lort, skit; snusk, svineri **2** snusk; porr **3** vard. smörja, skit
filthy ['fɪlθɪ] **I** *adj* **1** smutsig, lortig, skitig; oren[lig], snuskig, svinaktig; oanständig [*~ talk*]; *~ lucre* snöd vinning; skämts. pengar **2** vard. urusel, jäkla [*he is in a ~ temper this morning*] **3** vard., *~ with money* nerlusad med pengar **II** *adv* vard., *~ rich* stenrik
filtrate ['fɪltreɪt] **I** *s* filtrat **II** *vb tr* filtrera **III** *vb itr* filtreras
filtration [fɪl'treɪʃ(ə)n] *s* filtrering
fin [fɪn] *s* **1** fena äv. på flygplan m.m. **2** sl. tass; labb
finagle [fɪ'neɪgl] amer. sl. **I** *vb tr* **1** mygla till sig, sno åt sig **2** *~ a p. out of a th.* lura av ngn ngt **II** *vb itr* fiffla, smussla, båga
final ['faɪnl] **I** *adj* **1** slutlig, slut- [*the ~ goal is world peace*], sista [*the ~ date for payment*]; avgörande, slutgiltig [*the ~ result*], definitiv; sport. final- [*~ match*]; *~ settlement* slutuppgörelse, slutlikvid; *and that's ~!* och därmed basta! **2** fonet. final, slut- [*the ~ 't' in 'bit' and 'bite'*] **3** gram. avsikts-, final [*~ clause*] **II** *s* **1** sport., *~*[*s* pl.] final [*the Cup F~*; *enter* (gå till) *the ~s*], sluttävlan **2** *~*[*s* pl.] isht univ. slutexamen [*take one's ~s*]
finale [fɪ'nɑːlɪ] *s* **1** mus. final **2** bildl. final, slut, slutnummer, avslutning
finalist ['faɪnəlɪst] *s* finalist
finality [faɪ'nælətɪ] *s* slutgiltighet; [*that is impossible, he said*] *with an air of ~* ...som om han ansåg saken utagerad
finalization [ˌfaɪnəlaɪ'zeɪʃ(ə)n] *s* fullbordande, avslutande, slutförande; slutgiltigt godkännande
finalize ['faɪnəlaɪz] *vb tr* fatta det avgörande beslutet om; fullborda, avsluta, lägga sista handen vid [*~ one's plans*], slutföra, slutligen fastställa; slutgiltigt godkänna [*~ a list*]; *before the decision is ~d* innan det avgörande beslutet fattas
finally ['faɪnəlɪ] *adv* slutligen, till slut, till sist, äntligen; slutgiltigt, definitivt [*settle a matter ~*]

finance ['faɪnæns, fɪ'n-, faɪ'næns] **I** *s* **1** finans; finansvetenskap, finansväsen; attr. vanl. finans-; *Minister of F~* finansminister **2** pl. *~s* a) stats finanser [*are the country's ~s sound?*] b) enskilds ekonomi; *my ~s are in a bad state* min ekonomi är dålig **II** *vb tr* finansiera, skaffa kapital till
financial [faɪ'nænʃ(ə)l, fɪ'n-] *adj* finansiell, finans- [*a ~ centre*], ekonomisk [*~ aid; ~ loss*]; *~ difficulties* ekonomiska svårigheter; *~ year* räkenskapsår
financier [faɪ'nænsɪə, fɪ'n-] *s* finansman, financiär
finch [fɪn(t)ʃ] *s* zool. fink vanl. ss. efterled i sms., jfr *chaffinch* o. *greenfinch*
find [faɪnd] **I** (*found found*) *vb tr* **1** finna i div. bet. ss.: a) hitta, påträffa, få tag i; se, upptäcka, konstatera [*no trace could be found*]; finna ngt vara [*I ~ it useless*]; *be found* finnas, påträffas, förekomma; *~ one's feet* se *foot I 1*; *you must take us as you ~ us* du måste ta oss som vi är b) söka (leta, ta) reda (rätt) på [*help Mary to ~ her hat*], hitta; få isht tid, tillfälle o.d.; söka ut [åt]; skaffa [*~ a p. work*], hitta på [*I can ~ nothing new to say*]; *I can't ~ time to read* jag hinner aldrig läsa; *~ one's (the) way* leta sig fram, hitta [vägen], söka sig, bildl. finna medel (en utväg) [*~ one's way to do a th.*]; [*a more stupid person*] *would be difficult to ~* ...får man leta efter c) nå, träffa [*the bullet found its mark*] d) anse [*I ~ it absurd*], tycka ngn (ngt) vara; inse, märka [*I found that I was mistaken*]; *be found* befinnas [*he was found guilty*] **2** jur. döma, besluta; *~ a p. guilty* förklara ngn skyldig; *~ a p. not guilty* frikänna ngn **3** förse; underhålla; *~ the expenses* bestrida kostnaderna; *~ a p. in (with) a th.* bestå ngn [med] ngt, hålla ngn med ngt **4** *~ out* leta reda (rätt) på, ta reda på; söka upp; upptäcka; finna ut, tänka ut, hitta (komma) på; *~ a p. out* genomskåda (avslöja) ngn **II** (*found found*) *vb rfl*, *~ oneself* [be]finna sig; känna sig [*how do you ~ yourself?*]; sörja för sig själv; *~ oneself in a th.* själv hålla sig med ngt **III** (*found found*) *vb itr* **1** jur. avkunna utslag, döma [*for* till förmån för] **2** *~ out* [*about it*] ta reda på det **IV** *s* fynd, upptäckt
finder ['faɪndə] *s* **1** upphittare [*the ~ will be rewarded*]; upptäckare; *~s keepers* vard., ung. den som hittar en sak får behålla den **2** astron. sökare i stjärnkikare; foto. sökare
finding ['faɪndɪŋ] *s* **1** finnande, upphittande; *~s* [*are*] *keepings* vard., ung. den som hittar en sak får behålla den **2** jur. utslag, dom, beslut **3** slutsats; *the ~s of the committee* resultatet av kommitténs undersökningar **4** fynd, upptäckt; rön, forskningsresultat
1 fine [faɪn] **I** *s* böter [*sentence a p. to a ~*], bötesbelopp, bot, vite; *impose a ~ of £100 on a p.* döma ngn till 100 punds böter, döma ngn att plikta 100 pund; *under a ~ of* vid vite av; *he was let off with a ~* han slapp undan med böter **II** *vb tr* bötfälla, döma att böta; *they ~d him £100* el. *he was ~d £100* han fick böta 100 pund
2 fine [faɪn] **I** *adj* fin i div. bet. ss.: a) utmärkt [*that was a ~ performance*]; skicklig [*he is a ~ musician*]; *~!* ofta bra!, utmärkt!; *I feel ~* jag mår bra b) vacker [*a ~ garden (poem)*]; stilig [*a ~ woman*]; *it makes a ~ show* det ser prydligt ut c) om väder vacker; *one ~ day* en vacker dag, en gång avseende förfluten tid eller framtid; *one of these ~ days* en vacker dag, endera dagen avseende framtid d) elegant [*~ clothes*]; *~ manners* fint (bildat) sätt, belevenhet e) utsökt [*a ~ taste*], förfinad; *the ~ arts* de sköna konsterna f) iron. skön; *you're a ~ one to talk!* ska du säga! g) ej grov o.d. [*~ dust; ~ sand*], finkornig; tunn [*~ thread*], spetsig h) om metaller o.d. ren [*~ gold*] i) om skillnad o.d. [*a ~ distinction; ~ nuances*], subtil, hårdragen **II** *adv* fint etc.; *cut (run) it ~* se *cut A I 3* resp. *run II 1*; *~ cut* finskuren [*~ cut tobacco*]; *I'm doing ~* vard. jag klarar mig fint; jag mår bra; *that will suit me ~* vard. det passar mig utmärkt
fine-comb [ˌfaɪn'kəʊm] *vb tr* finkamma
fine-grained [ˌfaɪn'greɪnd, attr. '--] *adj* finkornig, finfibrig
finely ['faɪnlɪ] *adv* fint; subtilt; skarpt, noga
finery ['faɪnərɪ] *s* finkläder, stass, elegans [*young ladies in their Sunday ~*]; skrud, prakt [*the garden in its summer ~*]; grannlåt, prål, bjäfs
finesse [fɪ'nes] *s* fin urskillning, takt [*show ~ in dealing with people*], finess, sinnrikhet; förfining
fine-tooth-comb [ˌfaɪntuːθ'kəʊm] *vb tr* finkamma
fine-tooth[ed] ['faɪntuːθ, -t] *adj*, *go over (through) with a ~ comb* finkamma; fingranska, lusläsa
fine-tune [ˌfaɪn'tjuːn] *vb tr* radio. o.d. finjustera, fininställa
finger ['fɪŋgə] **I** *s* **1** finger; *first ~* pekfinger; *little ~* lillfinger; *middle ~* långfinger; *ring ~* ringfinger; *second ~* långfinger; *third ~* ringfinger; *he has it at his ~s'* (*~*) *ends* han har (kan) det på sina fem fingrar; *have light ~s* vard. vara långfingrad (långfingrig); *his ~s are all thumbs* el. *he is all ~s and thumbs* han har tummen mitt i handen; *he has a ~ in it* han har ett finger (sin hand) med i spelet; *lay (put) a ~ on* röra [vid] [*if you lay a ~ on that boy I'll leave the house*], ta befattning med; *not lift (raise, stir) a ~ to...* inte röra (lyfta) ett finger för att..., inte röra så mycket som en fena för att...; *take (get, pull) your ~ out!* sl. sno på!, lägg på ett kol!; *work one's ~s to the bone* arbeta som

en slav, slita ihjäl sig; *twist (turn, wind) a p. round* (amer. *around) one's [little]* ~ kunna linda ngn kring (runt) sitt [lill]finger, kunna få ngn vart man vill; *let a chance slip through one's ~s* låta en chans gå sig ur händerna; *look through one's ~s at* se genom fingrarna med, blunda för **2** visare på klocka **3** fingersbredd; liten skvätt [*a ~ of whisky*] **II** *vb tr* **1** fingra (tumma) på, plocka med (på), leka med, [ideligen] ta i; känna på [*~ a piece of cloth*]; sysselsätta (befatta) sig med **2** förse noter med fingersättning
finger alphabet ['fɪŋgərˌælfəbet] *s* handalfabet
fingerboard ['fɪŋgəbɔːd] *s* greppbräde, gripbräde
fingerbowl ['fɪŋgəbəʊl] *s* sköljkopp på matbordet
fingered ['fɪŋgəd] *adj* **1** [försedd] med fingrar; ss. efterled i sms. med...fingrar [*clean-fingered*], -fingrad, se *light-fingered* **2** mus. med [utsatt] fingersättning
fingerfood ['fɪŋgəfuːd] *s* plockmat, mat som brukar ätas med fingrarna t.ex. rädisor
fingering ['fɪŋg(ə)rɪŋ] *s* **1** fingrande etc., jfr *finger II* **2** mus. fingersättning
fingermark ['fɪŋgəmɑːk] *s* märke efter ett [smutsigt] finger
fingernail ['fɪŋgəneɪl] *s* fingernagel; *to one's ~s* [ända] ut i fingerspetsarna
fingerpaint ['fɪŋgəpeɪnt] *s* fingerfärg
fingerpost ['fɪŋgəpəʊst] *s* vägvisare isht i form av en hand med pekande finger
fingerprint ['fɪŋgəprɪnt] *s* fingeravtryck
fingerstall ['fɪŋgəstɔːl] *s* fingertuta
fingertip ['fɪŋgətɪp] *s* fingerspets, fingertopp; *have a th. at one's ~s* a) ha (kunna) ngt på sina fem fingrar b) ha ngt lätt åtkomligt (till hands); *to one's (the) ~s* [ända] ut i fingerspetsarna
finicking ['fɪnɪkɪŋ] *adj* o. **finicky** ['fɪnɪkɪ] *adj* vard., *a finicky job* ett petgöra, ett pillgöra
finish ['fɪnɪʃ] **I** *vb tr* **1** sluta [*have you ~ed reading* ([att] läsa) *now?*], avsluta [*when he had ~ed his speech*], slutföra, fullfölja [*~ the race* (loppet)]; göra färdig, få färdig, bli färdig med, skriva färdig [*~ the letter*], läsa färdig, läsa slut [på], läsa ut [*~ the book*]; göra slut på, äta upp [*we have ~ed* [*off* (*up*)] *the pie*], dricka upp, dricka ur; ~ *eating* äta färdigt; *have you ~ed your work?* är du färdig med ditt arbete?; *~* [*writing*] *the letter* skriva brevet färdigt **2** i div. tekn. bet. ytbehandla, putsa [av], polera, efterbehandla; ge en finish; finputsa äv. bildl.; förädla; bearbeta **3** vard., *~* [*off*] ta död på [*that long climb almost ~ed me*], expediera [*I ~ed him with a single blow*], ta kål på [*this fever nearly ~ed him off*], göra slut på
II *vb itr* **1** sluta, upphöra, bli färdig [äv. *~ off*, *~ up*]; *they ~ed by singing a few songs* de slutade med att sjunga..., som avslutning (till sist) sjöng de...; *it ~ed in a quarrel* det slutade med gräl; *have you ~ed with that dictionary?* är du färdig med det där lexikonet?; *we ~ed up at a pub* till slut hamnade vi på en pub; *some fruit to ~ up with* lite frukt som avslutning (att runda av med) **2** sport. fullfölja tävlingen [*three boats did not ~*], fullfölja loppet; komma i mål i viss kondition etc.; sluta; *he ~ed third* han kom [i mål som] trea, han slutade som trea
III *s* **1** slut, avslutning; slutspurt, finish, upplopp, slutkamp; mål [*from start to ~*]; slutscen; *be in at the ~* vara med om slutet (slutkampen); vara med i slutskedet; sport. vara med på upploppet äv. bildl.; *bring to a ~* avsluta, få (göra) färdig, utagera; *fight to a ~* kämpa (slåss) till det yttersta (till sista andetaget); *a fight to the ~* en kamp på liv och död **2** sista (slutlig) behandling, ytbehandling, avputsning, finputs äv. bildl., finish, polering **3** fulländning [in i detalj]
finished ['fɪnɪʃt] *adj* **1** färdig; fulländad [*a ~ performance*]; [*the car*] *is perfectly ~* ...har en perfekt finish; äv. ...är fulländad in i minsta detalj; ~ *product* färdigvara, helfabrikat **2** vard. slut [*I'm ~, I can't go on*], färdig äv. berusad; förlorad, fast; *we're ~* äv. det är ute med oss
finishing ['fɪnɪʃɪŋ] **I** *adj* fulländande, slut-; *~ line* sport. mållinje; *~ post* sport. (ung.) mål; *~ school* flickpension med huvudvikten lagd på uppfostran för societetslivet; *the ~ stroke* nådestöten; *~ tape* sport. målsnöre; *give a th. the ~ touch* el. *give (put) the ~ touch (touches) to a th.* lägga sista handen vid ngt, ge ngt en sista avslipning (den slutgiltiga formen); *supply the ~ touch* sätta kronan på verket, sätta pricken över i **II** *s* **1** avslutning; fulländande, färdigställande; slutbehandling, efterbehandling; appretering, appretyr av tyg **2** sport. avslutning; *his ~ is deadly* han är giftig i avslutningarna, han är riktigt målfarlig
finite ['faɪnaɪt] *adj* **1** begränsad; ändlig äv. matem. [*a ~ quantity* (storhet)]; inskränkt **2** gram. finit
1 fink [fɪŋk] amer. sl. **I** *s* **1** strejkbrytare **2** tjallare **3** knöl, skit person **II** *vb itr* **1** tjalla **2** vara strejkbrytare **3** ~ *out* svika, dra sig ur; balla ur
2 fink [fɪŋk] *vb tr* o. *vb itr* dial. el. skämts. = *think* [*makes you ~ don't it?*]
Finland ['fɪnlənd] geogr. egenn.; *the Gulf of ~* Finska viken
Finlander ['fɪnləndə] *s* finländare
Finn [fɪn] *s* **1** finne, finländare; finska kvinna **2** sjö. finnjolle
finnan ['fɪnən] *s* kok., *~* [*haddock*] rökt kolja
Finnish ['fɪnɪʃ] **I** *adj* finsk, finländsk **II** *s* finska [språket]

Finno-Ugrian [ˌfɪnə(ʊ)ˈjuːɡrɪən] *adj* o.
Finno-Ugric [ˌfɪnə(ʊ)ˈjuːɡrɪk] *adj* finsk-ugrisk
fiord [fjɔːd] *s* fjord
fir [fɜː] *s* **1** bot. gran; isht ädelgran; oegentl. äv. tall, fur[uträd]; barrträd; *Scotch* ~ tall **2** granvirke; oegentl. furuvirke
fir cone [ˈfɜːkəʊn] *s* grankotte
fire [ˈfaɪə] **I** *s* **1** eld[en] i allm.; *catch (take)* ~ fatta (ta) eld, råka i brand, börja brinna, antändas; flamma upp; *set* ~ *to* sätta (tända) eld på, tända på; *on* ~ i brand, i ljusan låga; bildl. [i] eld och lågor; *like a house on* ~ se under *house I 1*; *be on* ~ brinna, stå i lågor; bränna som eld; *set on* ~ sätta (sticka) i brand, tända på; *play with* ~ leka med elden isht bildl. **2 a)** eld i eldstad [*put the kettle on the* ~]; brasa [*sit by the* ~; *attend to* (sköta) *a* ~; *put out* (släcka) *a* ~; *stir (poke)* (röra om i) *the* ~]; bål; låga; *light the* ~ tända brasan; *light (make) a* ~ tända (elda) en brasa, tända (göra upp) eld **b)** *electric* ~ elkamin; jfr *gas fire* **3** eldsvåda, brand [*the Great F*~ *of London in 1666*]; ~*!* elden är lös!; ~ *appliance* brandredskap; ~ *hazard (risk)* brandrisk, brandfara; ~ *insurance* brandförsäkring; *where's the* ~*?* var brinner det?; *insure against* ~ brandförsäkra **4** mil. eld, skottlossning; ~*!* ge fyr!, eld!; *hold one's* ~ vänta med att ge eld; bildl. spara på krutet; *line of* ~ skottlinje, skjutriktning; *be under* ~ vara under beskjutning; bildl. vara i elden; vara utsatt för kritik **5** bildl. flamma, lidelse, hetta, glöd [*a speech that lacks* ~], entusiasm [*hearts filled with* ~], eld; inspiration; *eyes full of* ~ flammande ögon
II *vb tr* **1** avskjuta, fyra av, avlossa, lossa, bränna av [ofta ~ *off*; ~ [*off*] *a shot at* (mot) *the enemy*]; spränga [~ *a charge of dynamite*]; bildl. fyra av [*he* ~*d off questions*]; ~ *questions at a p.* bombardera ngn med frågor; ~ *a salute* skjuta (ge) salut, salutera **2** antända, sätta (sticka) i brand, sätta (tända) eld på [~ *a haystack*] **3** vard. sparka avskeda **4** steka; bränna tegel; torka [~ *tea*] **5** elda, mata en ångpanna o.d. **6** bildl. elda [upp], egga, stimulera [~ *a p.'s imagination*]; sätta i brand, få att flamma upp [*that* ~*d his passions*]; fylla [~ *a p. with enthusiasm*]
III *vb itr* ge eld, ge fyr, skjuta [*at, on* mot, på]; om skjutvapen brinna av; börja skjuta, brassa på äv. bildl.; ~ *away (ahead)* bildl. sätta i gång
fire alarm [ˈfaɪərəˌlɑːm] *s* **1** brandalarm, brandsignal **2** brandalarm[anläggning]; ~ [*box*] brandskåp; ~ *post* brandpost
firearm [ˈfaɪərɑːm] *s*, *most pl.* ~*s* skjutvapen, eldvapen
fireball [ˈfaɪəbɔːl] *s* eldkula, klotblixt; eldklot vid kärnvapenexplosion
fireboat [ˈfaɪəbəʊt] *s* flodspruta
firebomb [ˈfaɪəbɒm] *s* brandbomb

firebrand [ˈfaɪəbrænd] *s* **1** eldbrand, brinnande vedstycke **2** bildl. orostiftare; brandfackla
firebreak [ˈfaɪəbreɪk] *s* **1** brandgata **2** brandsäker vägg, brandmur
firebrick [ˈfaɪəbrɪk] *s* eldfast tegel, chamottetegel
fire brigade [ˈfaɪəbrɪˌɡeɪd] *s* brandkår
firecracker [ˈfaɪəˌkrækə] *s* pyrotekn. smällare
fire curtain [ˈfaɪəˌkɜːtn] *s* teat. järnridå
firedamp [ˈfaɪədæmp] *s* explosiv gruvgas
fire department [ˈfaɪədɪˌpɑːtmənt] *s* amer. brandkår, brandväsen
firedog [ˈfaɪədɒɡ] *s* eldhund i öppen spis
fire drill [ˈfaɪədrɪl] *s* brandövning
fire engine [ˈfaɪərˌen(d)ʒɪn] *s* brandbil
fire escape [ˈfaɪərɪˌskeɪp] *s* **1** brandstege **2** reservutgång
fire-extinguisher [ˈfaɪərɪkˌstɪŋɡwɪʃə] *s* [hand]brandsläckare
firefighter [ˈfaɪəˌfaɪtə] *s* brandman isht vid skogsbränder
firefly [ˈfaɪəflaɪ] *s* zool. eldfluga
fireguard [ˈfaɪəɡɑːd] *s* **1** brasskärm, gnistgaller **2** amer. brandvakt; brandman
firehose [ˈfaɪəhəʊz] *s* brandslang, sprutslang
firehouse [ˈfaɪəhaʊs] *s* amer. brandstation
fire hydrant [ˈfaɪəˌhaɪdr(ə)nt] *s* brandpost[huvud]
fire irons [ˈfaɪərˌaɪənz] *s pl* brasredskap
firelighter [ˈfaɪəˌlaɪtə] *s* brasständare
fire|man [ˈfaɪə|mən] (pl. *-men* [-mən]) *s* **1** brandman, brandsoldat **2** gruv. eldvakt **3** eldare
fireplace [ˈfaɪəpleɪs] *s* eldstad, [öppen] spis; eldrum, härd i eldstad
fire power [ˈfaɪəˌpaʊə] *s* mil. eldkraft
fireproof [ˈfaɪəpruːf] *adj* brandfri, brandsäker; eldfast; ~ *curtain* teat. järnridå; ~ *wall* brandmur
fireside [ˈfaɪəsaɪd] *s* **1** *the* ~ platsen kring [den öppna] spisen, härden; spiselvrån; bildl. hemlivet, hemmet; *by the* ~ vid brasan, vid hemmets härd **2** attr. hem-, trivsel-, mys-; *a* ~ *chat (talk)* ett informellt tal i radio eller TV
fire station [ˈfaɪəˌsteɪʃ(ə)n] *s* brandstation
fire-watcher [ˈfaɪəˌwɒtʃə] *s* [hus]brandvakt under krig
firewater [ˈfaɪəˌwɔːtə] *s* vard. eldvatten sprit
firewood [ˈfaɪəwʊd] *s* ved; hand. splitved
firework [ˈfaɪəwɜːk] *s* fyrverkeripjäs; ~*s* a) pl. eg. fyrverkeripjäser; fyrverkeri b) (konstr. ss. pl. el. sg.) bildl. ett utbrott; [*don't irritate him*] *or there'll be* ~*s* …annars så smäller det
firing [ˈfaɪərɪŋ] *s* a) avskjutande etc., jfr *fire II*; mil. eldgivning, skottlossning b) antändning, eldning; ~ *mechanism (device)* avfyrningsmekanism
firing-line [ˈfaɪərɪŋlaɪn] *s* mil. eldlinje

firing-range ['faɪərɪŋreɪndʒ] s **1** skjutbana **2** skotthåll [*within* ~]
firing-squad ['faɪərɪŋskwɒd] s exekutionspluton
1 firm [fɜ:m] s [handels]firma; *a* ~ *of solicitors* en advokatfirma
2 firm [fɜ:m] I *adj* **1** fast [~ *flesh*, ~ *muscles*], hård, stark, tät; *be on* ~ *ground* bildl. ha (känna) fast mark under fötterna **2** fast, säker, stadig; bildl. fast, ståndaktig, orubblig, bestämd [~ *decision*, ~ *man*, ~ *opinion*]; trofast [*to* mot]; *prices were* ~ kurserna var fasta II *adv* fast; *stand* ~ stå fast, inta en fast hållning
firmament ['fɜ:məmənt] s firmament, fäste, himlavalv [*in* (på) *the* ~]
firmly ['fɜ:mlɪ] *adv* fast etc., jfr *2 firm*; ~ *believe* tro fullt och fast
first [fɜ:st] I *adj* o. *räkn* första, förste; förnämsta, förnämste, högst; hand. bäst, prima; *the* ~ *two* de två första; ~ *aid* första hjälpen, jfr *first-aid*; ~ *appearance* debut; ~ *base* amer., se *2 base I 2*; ~ *cause* teol. Skaparen; ~ *cousin* [första] kusin; *be a* ~ *cousin to* bildl. vara nära släkt med; *he got a* ~ *class* univ., se *he got a* ~ under *III 4* nedan; *the* ~ *floor* [våningen] en trappa upp; amer. bottenvåningen; *you haven't got the* ~ *idea about it* du har inte den ringaste aning om det; *of the* ~ *importance* av största (yttersta) vikt; *F~ Lady* amer. presidentens el. en delstatsguvernörs hustru; ~ *mortgage* bottenintäckning; ~ *name* förnamn; ~ *night* premiär[kväll]; ~ *offender* förstagångsförbrytare; ~ *performance* urpremiär; premiär; mus. uruppförande; ~ *refusal* se *refusal 2*; ~ *string* a) förstahandsalternativ b) sport. ordinarie spelare; *in the* ~ *place* först och främst; för det första; i första (främsta) rummet; ~ *principles* grundprinciper; *at* ~ *sight* (*view*, *blush*) vid första anblicken (påseendet, ögonkastet [*love at* ~ *sight*]); [*the*] ~ *thing* vard. det första [*the* ~ *thing you should do*], så fort som möjligt [*I'll do it* ~ *thing*]; [*the*] ~ *thing tomorrow morning* med detsamma (genast) i morgon bitti; *I don't know the* ~ *thing about him* vard. jag vet inte det minsta om honom; *you don't know the* ~ *thing about it* du har inget begrepp (vet inte ett dyft) om det
II *adv* **1** först; ibl. hellre, förr; ~ *of all* allra först; först och främst; ~ *come* ~ *served* först till kvarn får först mala; *he would die* ~ förr (hellre) dör han **2** [i] första klass [*travel* ~] **3** *when* ~ *he saw me* genast då (så fort) han såg mig; *when we were* ~ *married I earned* [*£280 a week*] när vi var nygifta tjänade jag...
III *s* **1** *at* ~ först, i början; *from the* ~ ända från början, från första början; *from* ~ *to last* hela tiden, från början till slut **2** första, förste; *the* ~ den första i en månad; ~ *but one* (*two*) se *but I 2 d* **3** sport.: a) förstaplats, vinnarplats b) etta, nummer ett; *come* [*in*] (*finish*) ~ komma på första plats **4** univ., *he got* (*is*) *a* ~ ung. han fick (har) högsta betyget i examen för *honours degree* (jfr *honour I 5*) **5** motor. ettans växel, ettan; *put the car in* ~ lägga in ettan
first-aid [ˌfɜ:st'eɪd, '--] *adj*, ~ *classes* pl. samaritkurs; ~ *kit* förbandslåda; ~ *post* (*station*) hjälpstation
first-born ['fɜ:s(t)bɔ:n] *adj* o. s förstfödd
first-class [ˌfɜ:s(t)'klɑ:s, attr. '--] I *adj* **1** förstaklass- [~ *passengers*]; förstklassig, första klassens [*a* ~ *hotel*], prima; *a* ~ *row* vard. ett ordentligt uppträde (gräl) **2** ~ *mail* a) britt. förstaklasspost snabbefordrad post b) amer. brevpost II *adv* [i] första klass [*travel* ~]
first-degree ['fɜ:stdɪˌgri:] *adj*, ~ *burn* första gradens brännskada
first-hand [ˌfɜ:st'hænd, attr. '--] I *adj* förstahands-, i första hand, direkt- [~ *information*] II *adv* i första hand [*learn* (få veta) *a th.* ~], direkt
firstling ['fɜ:stlɪŋ] s förstling; första frukt för säsongen; första avkomma; första vinst
firstly ['fɜ:stlɪ] *adv* för det första
first-night [ˌfɜ:st'naɪt] *attr adj*, ~ *nerves* premiärnerver, rampfeber
first-rate [ˌfɜ:st'reɪt, attr. '--] *adj* o. *adv* första (högsta) klassens, förstklassig, ypperlig, finfin, utmärkt [*Oh, thank you I'm* (jag mår) ~]; *it's* ~*!* vard. äv. det är toppen!
first-rater [ˌfɜ:st'reɪtə] *s*, *be a* ~ vara av högsta (första) klass
first-time ['fɜ:sttaɪm] *adj*, ~ *voter* förstagångsväljare
firth [fɜ:θ] s fjord, fjärd; smal havsarm; smal flodmynning
fiscal ['fɪsk(ə)l] *adj* fiskal, som rör statsinkomsterna, skatte- [~ *system*], finans-
fish [fɪʃ] I (pl. ~*es* el. lika isht koll.) s **1** fisk; vard. vattendjur i allm.; ~ *and chips* friterad fisk och pommes frites köps ofta för omedelbar förtäring; *there are as good* ~ *in the sea as ever came out of it* el. *there are plenty more* ~ *in the sea* ordspr. mister du en, står dig tusende åter; *he is like a* ~ *out of water* han är som en fisk på torra land, han är inte i sitt rätta element; *drink like a* ~ dricka som en svamp; *a fine (pretty, nice) kettle of* ~ iron. en skön röra, en snygg historia; *neither* ~*, flesh, nor fowl* (*nor good red herring*) varken fågel eller fisk; *I have* [*got*] *other* ~ *to fry* jag har annat (viktigare saker) att göra (stå i, tänka på) **2** vard., *be a big* ~ *in a little pond* ung. vara en stor stjärna i en liten värld; *a cool* ~ en fräck en (typ); *odd* (*queer*) ~ underlig typ (prick), kuf II *vb itr*

fiska; ~ *for* a) eg. fiska [~ *for trout*] b) bildl. fiska (fika, leta) efter; ~ *for compliments* vard. gå med håven; ~ *in troubled waters* fiska i grumligt vatten **III** *vb tr* a) fiska, fånga, dra upp [ur vattnet] [~ *trout*] b) fiska i [~ *a river*]; ~ *out* a) fiska upp, dra upp [ur vattnet] [äv. ~ *up*] b) bildl. fiska upp [~ *out a coin from* (ur) *one's pocket*], leta (vaska) fram [äv. ~ *up*]; locka fram
fish-and-chip [ˌfɪʃən(d)'tʃɪp] *adj*, *a* ~ *shop* en affär där man säljer friterad fisk och pommes frites
fishball ['fɪʃbɔːl] *s* kok. fiskbulle
fishbone ['fɪʃbəʊn] *s* fiskben
fishcake ['fɪʃkeɪk] *s* kok., slags fiskkrokett
fisher|man ['fɪʃə|mən] (pl. *-men* [-mən]) *s* [isht yrkes]fiskare
fishery ['fɪʃərɪ] *s* **1** fiskeri; fiske **2** fiskevatten
fish-eye ['fɪʃaɪ] *adj* foto., ~ *lens* fiskögeobjektiv
fish farm ['fɪʃfɑːm] *s* fiskodling
fish finger [ˌfɪʃ'fɪŋɡə] *s* kok. fiskpinne
fish hook ['fɪʃhʊk] *s* metkrok
fishing ['fɪʃɪŋ] **I** *adj* använd vid fiske, fiskar-, fiske- **II** *s* fiskande, fiske; fiskevatten
fishing-gear ['fɪʃɪŋɡɪə] *s* se *fishing-tackle*
fishing-ground ['fɪʃɪŋɡraʊnd] *s* fiskebank, fiskeplats; pl. ~*s* äv. fiskevatten, fiskeriområde
fishing-limits ['fɪʃɪŋˌlɪmɪts] *s pl* fiskegräns
fishing-line ['fɪʃɪŋlaɪn] *s* metrev
fishing-net ['fɪʃɪŋnet] *s* fisknät
fishing-permit ['fɪʃɪŋˌpɜːmɪt] *s* fiskekort
fishing-rights ['fɪʃɪŋraɪts] *s pl* fiskerätt
fishing-rod ['fɪʃɪŋrɒd] *s* metspö
fishing-story ['fɪʃɪŋˌstɔːrɪ] *s* skepparhistoria
fishing-tackle ['fɪʃɪŋˌtækl] *s* fiskredskap, fiskedon
fishing-village ['fɪʃɪŋˌvɪlɪdʒ] *s* fiskeläge, fiskeby
fishkill ['fɪʃkɪl] *s*, ~*s* fiskdöden
fishknife ['fɪʃnaɪf] *s* fiskkniv
fishmonger ['fɪʃˌmʌŋɡə] *s* fiskhandlare; ~*'s* fiskaffär
fishnet ['fɪʃnet] *s* fiskenät; ~ *stockings* el. ~*s* nätstrumpor
fishpaste ['fɪʃpeɪst] *s* kok., bredbar fiskpasta
fishpond ['fɪʃpɒnd] *s* fiskdamm; skämts. hav
fishslice ['fɪʃslaɪs] *s* fiskspade
fishtail ['fɪʃteɪl] **I** *s* fiskstjärt **II** *adj* fiskstjärt-; ~ *wind* kastvind **III** *vb itr* flyg. tvära
fishwife ['fɪʃwaɪf] *s* o. **fishwoman** ['fɪʃˌwʊmən] *s* fiskgumma, fiskhandlerska
fishy ['fɪʃɪ] *adj* **1** fisklik, fisk- [*a* ~ *smell* (*taste*)]; ~ *eyes* fiskögon **2** skum, tvivelaktig; *there's something* ~ *about it* det är något lurt med det
fissile ['fɪsaɪl, amer. 'fɪsl] *adj* klyvbar, fys. äv. fissil [~ *material*]
fission ['fɪʃ(ə)n] *s* klyvning äv. fys.; biol. delning; *nuclear* ~ fys. fission, kärnklyvning
fissionable ['fɪʃ(ə)nəbl] *adj* fys. klyvbar
fissure ['fɪʃə] *s* klyfta, rämna, spricka

fist [fɪst] **I** *s* **1** knytnäve, knuten näve; vard. näve, labb; *he shook his* ~ *at me* (*in my face*) han hötte åt mig [med näven] **2** vard. handstil [*I know his* ~] **II** *vb tr* slå med knytnävarna, boxa [*the goalkeeper* ~*ed the ball away* (*out*)], hugga tag i
fisted ['fɪstɪd] *adj* ss. efterled i sms. med...knytnävar [*big-fisted*], se äv. *ham-fisted* o. *tight-fisted*
fisticuffs ['fɪstɪkʌfs] *s pl* (konstr. ss. sg. el. pl.) knytnävskamp; slagsmål
fistula ['fɪstjʊlə] *s* **1** med. fistel[gång] **2** rör
1 fit [fɪt] *s* **1** a) anfall, attack av sjukdom o.d. b) krampanfall, konvulsioner, paroxysmer, epileptiskt anfall c) förr svimningsanfall; ~ *of coughing* hostanfall, hostattack; [*she often had*] ~*s of depression* ...depressioner; *in a drunken* ~ i fyllan och villan; *fainting* ~ svimningsanfall; *it gave me a* ~ jag höll på att få slag; *I nearly had a* ~ el. *I had forty* ~*s* jag höll på att få slag, jag blev alldeles ifrån mig; *fall down in a* ~ falla till marken i konvulsioner **2** ryck [*a* ~ *of activity* (verksamhetslusta)]; utbrott [~ *of anger*]; ~ *of laughter* skrattanfall, skrattparoxysm; *in a* ~ *of generosity* i ett anfall av ädelmod (frikostighet); *by* ~*s* [*and starts*] ryckvis, stötvis, oregelbundet
2 fit [fɪt] **I** *adj* **1** lämplig, duglig; passande, värdig [*you are not* ~ *to*...]; *be* ~ *for* äv. lämpa sig för, duga till, passa för [*he is not* ~ *for the position*]; ~ *for work* arbetsduglig, arbetsför; *think* (*see*) ~ *to* anse lämpligt att, finna för gott att **2** färdig, redo; vard. färdig, nära [*so angry that he was* ~ *to burst*] **3** spänstig; kry; *keep* ~ hålla sig i form **II** *vb tr* **1** a) om kläder passa; *how does it* ~ *me?* hur sitter den [på mig]? b) allm. passa i (till), passa in på [*the description* ~*s him*], svara mot; ~ *the bill* vara lämplig **2** a) göra lämplig (passande), kvalificera b) anpassa, avpassa [*to* efter; ~ *a shoe to the foot*] **3** a) passa in, sätta in, anbringa, sätta på [~ *a new tyre on to* (på) *a car*], sätta in b) prova; *he was* ~*ed* [*for a new suit*] man tog mått på honom... **4** utrusta, förse [~ *a p. with clothes*]; ~ *out* utrusta, ekipera; sjörusta och bemanna fartyg **III** *vb itr* passa, om kläder äv. sitta; ~ *in with* passa ihop (stämma) med **IV** *s* passform; [*these shoes*] *are just your* ~ ...passar dig precis; *be a tight* ~ sitta åt
fitful ['fɪtf(ʊ)l] *adj* ryckig, ryckvis [påkommande]; ojämn, ostadig, nyckfull [*a* ~ *breeze*]
fitness ['fɪtnəs] *s* **1** kondition [*the physical* ~ *of people*] **2** lämplighet, duglighet [*for, to* för, till]; riktighet; ~ *test* konditionstest, konditionsprov
fitted ['fɪtɪd] *adj* **1** lämpad, lämplig, skickad, rustad, passande, ägnad [*for, to* för, till; *to be*]; avpassad, anpassad [*to* efter]; ~ *by*

nature for enkom skapad för **2** inpassad etc., jfr *2 fit II 3*; **~ carpet** heltäckande matta, heltäckningsmatta; **~ wardrobe** garderob, inbyggt klädskåp
fitter ['fɪtə] *s* **1** montör, mekaniker, installatör **2** [av]provare, proverska; tillskärare
fitting ['fɪtɪŋ] **I** *adj* **1** passande, lämplig **2** ss. efterled i sms. -sittande [*badly-fitting*], jfr *close-fitting* **II** *s* **1 a)** avpassning, hoppassning; utrustning; tekn. [in]montering **b)** provning [*go to the tailor's for a ~*]; **~ room** provrum **c)** om kläder storlek, vidd, passform; om skor läst [*you need a broader ~*] **2** pl. **~s** tillbehör, inredning [*~s for an office*], innanrede; beslag på dörrar, fönster o.d.; maskindelar; armatur [*electric* [*light*] *~s; boiler ~s*]
five [faɪv] **I** *räkn* fem [*~ and ~ make*[*s*] *ten*]; *an income of ~ figures* en femsiffrig inkomst; *a child of ~* ett barn på fem år, en femåring; **~ fives are twenty-five** fem gånger fem är tjugofem; **~ to one** fem mot ett om chanser **II** *s* femma; femtal [*for each* (*every*) *~*]; *the ~ of diamonds* ruter fem, femma i ruter, ruterfemman; *I take ~s in gloves* jag har [nummer] 5 i handskar
five-acter [ˌfaɪv'æktə] *s* femaktare
five-a-side [ˌfaɪvə'saɪd] *adj* sport. femmannalags-, med femmannalag
five-cornered [ˌfaɪv'kɔːnəd], attr. '-ˌ--] *adj* femhörnig, femkantig
five-cylinder ['faɪvˌsɪlɪndə] *attr adj* femcylindrig
five-finger ['faɪvˌfɪŋgə] *s* **1** bot. fingerört **2** zool. sjöstjärna **3** attr., **~ exercises** mus. övningar för en hand (fem fingrar)
fivefold ['faɪvfəʊld] **I** *adj* femdubbel, femfaldig **II** *adv* femdubbelt, femfaldigt, femfalt, fem gånger så mycket
five-foot ['faɪvfʊt] *attr adj* femfots- [*a ~ plank*]
five-o'clock ['faɪvəˌklɒk] *attr adj* fem- [*the ~ train*], som äger rum (anländer) klockan fem; **~ shadow** 'eftermiddagsstubb' skäggstubb som börjar synas på eftermiddagen; **~ tea** ngt åld. eftermiddagste
fiver ['faɪvə] *s* vard. fempundssedel; amer. femdollarssedel; *a ~* äv. fem pund (dollar)
five-room ['faɪvruːm] *attr adj* o. **five-roomed** ['faɪvruːmd] *attr adj*, **~ flat** femrumsvåning fem rum och kök; **~ apartment** amer. fyrarumsvåning fyra rum och kök (i USA räknas köket som ett rum)
fives [faɪvz] *s pl* **1** (konstr. ss. sg.) fives bollspel vid vilket en liten hård boll med den behandskade flata handen slås mot en mur **2** se *five II*
five-seater [ˌfaɪv'siːtə] *s* femsitsig bil; attr. femsitsig
five-sided [ˌfaɪv'saɪdɪd] *adj* femsidig, femkantig
five-speed ['faɪvspiːd] *adj* femväxlad [*a ~ car*], med fem hastigheter
five-star ['faɪvstɑː] *adj* femstjärnig

five-thirty [ˌfaɪv'θɜːtɪ] *räkn*, **at ~** [klockan] halv sex
five-year ['faɪvjɪə, -jɜː] *attr adj* femårs- [*a ~ plan*]
five-year-old ['faɪvjərəʊld, -jɪər-] **I** *adj* femårig, fem års **II** *s* femåring
fivish ['faɪvɪʃ] *räkn* vard. **1** vid femsnåret [*it was* [*about*] *~*] **2** i femårsåldern, ungefär fem [år] [*she was ~*] **3** ungefär fem [stycken] om pers. o. saker
fix [fɪks] **I** *vb tr* **1** fästa, anbringa, montera, sätta fast [*in* i; *on* på; *to* vid, i, på]; sätta upp [*~ a shelf to* (på) *the wall*]; sätta 'på [*~ bayonets*] **2** fästa, rikta [*he ~ed his eyes* (blicken) *on me*; **~ one's attention on a th.**] **3** fastställa, fixera, bestämma [*~ a limit*; *~ a time*], fastslå; *~ed by law* i lag bestämd **4** ge fasthet (stadga) åt, göra fast; befästa [*a custom as ~ed by tradition*]; foto. o.d. fixera **5** sätta [in], arrangera, placera, ställa [äv. *~ up*]; leda in; etablera; *~ up* äv. skaffa rum åt, ta emot; *~ a p. up with a th.* ordna (fixa) ngt åt ngn **6** vard. (äv. *~ up*) **a)** isht amer. fixa [till], greja, klara [*I'll ~ it for you*], göra i ordning, göra klar, städa [upp i], snygga (hyfsa) till [*~ one's clothes*]; sätta ihop, laga [*~ a broken lock*], laga [till] [*~ lunch*]; *how are you ~ed?* hur har du det?; *~ed up* äv. upptagen [*I'm already ~ed up for* (på) *Saturday*] **b)** ordna (klara) upp **c)** fixa, göra upp [på förhand] [*the match was ~ed*]; muta [*~ the jury*]; fiffla med [*~ a race-horse*] **d)** *I'll ~ him!* han ska få! **II** *vb itr* **1** fastna **2** *~* [*up*]*on* bestämma sig (fastna) för **III** *s* knipa [*be in an awful ~*]
fixation [fɪk'seɪʃ(ə)n] *s* **1** fästande etc., jfr *fix I 1* **2** fastställande, fixering **3** psykol. fixering, komplex [*father* (*mother*) *~*]
fixative ['fɪksətɪv] *s* fixativ, fixeringsmedel
fixed [fɪkst] *adj* **1** fix, fästad, fast, bildl. äv. rotfast; inrotad; stadig[varande]; **~ bayonets** påsatta bajonetter; **~ capital** realkapital, fast kapital maskiner m.m.; **~ focus camera** fixfokuskamera; **~ star** fixstjärna **2** orörlig, stel; **~ look** (*stare*) stel (stirrande) blick **3** fast[ställd], bestämd [*~ day* (*price*, *charge*)]; fast, som infaller på bestämt datum [*~ holiday*] **4** amer., *be well ~* vara välsituerad
fixedly ['fɪksɪdlɪ] *adv* fast, stadigt; bestämt; stelt, stirrande, oavvänt [*look ~ at a p.*]; envist; *look ~ at a p.* äv. fixera ngn
fixer ['fɪksə] *s* **1** foto. fixeringsmedel **2** vard. fixare, myglare **3** amer. försäkr. värderingsman
fixing-bath ['fɪksɪŋbɑːθ] *s* foto. fixerbad
fixity ['fɪksətɪ] *s* fasthet; beständighet; oföränderlighet; stabilitet
fixture ['fɪkstʃə] *s* **1** fast tillbehör (inventarium, föremål); iron. el. vard. [gammalt] inventarium, stamgäst [*he is a ~*]; pl. *~s* väggfasta inventarier, [väggfast]

fizz

inredning **2** sport. [fastställd (fastställande av) dag för en] tävling (match, jakt); *the autumn ~s* tävlingarna (matcherna, evenemangen, programmen) bestämda (fastställda) för hösten; *~ list* lagens säsongprogram

fizz [fɪz] I *vb itr* väsa, fräsa; om kolsyrad dryck brusa, skumma, moussera II *s* **1** väsning, fräsande; surr; brus, skummande, mousserande **2** vard. skumpa champagne; läsk kolsyrad dryck; fizz drink [*gin ~*]

fizzle ['fɪzl] *vb itr* **1** väsa svagt, småfräsa, pysa **2** *~* [*out*] a) spraka till och slockna b) vard. rinna ut i sanden, gå i stöpet

fizzy ['fɪzɪ] *adj* fräsande; brusande, mousserande; *~ water* kolsyrat vatten

fjord [fjɔːd] *s* fjord

flab [flæb] *s* vard. överflödigt fett, extra kilon

flabbergast ['flæbəɡɑːst] *vb tr* vard. göra paff (handfallen, mållös, flat), förbluffa

flabbiness ['flæbɪnəs] *s* slapphet, sladdrighet, löslighet, hållningslöshet, jfr *flabby*

flabby ['flæbɪ] *adj* **1** slapp [*~ muscles*], fet och slapp [*~ cheeks*], lös [i köttet], sladdrig, slak; blekfet, plussig **2** bildl. slapp, svag [*a ~ will (character)*]

flaccid ['flæksɪd] *adj* löst hängande, lös, sladdrig [*~ flesh*], slapp [*~ muscles*], slak; slokande [*~ leaves*]

flaccidity [flæk'sɪdətɪ] *s* slapphet, sladdrighet

1 flag [flæɡ] *s* **1** stenplatta, stenhäll till golv o.d.; trottoarsten **2** pl. *~s* stenläggning; trottoar

2 flag [flæɡ] I *s* flagga; fana; *~ of convenience* sjö. bekvämlighetsflagg; *keep the ~ flying* hålla fanan högt; *lower* (*strike*) *the* (*one's*) *~* stryka flagg äv. bildl.; *with all* [*the*] *~s flying* bildl. med flaggan i topp II *vb tr* **1** hissa flagg på, pryda med flaggor, flaggpryda **2** signalera med flaggor [till] **3** *~* [*down*] stoppa genom att vinka med en flagga (med handen), hejda [*~ a taxi*]

3 flag [flæɡ] *vb itr* **1** om segel, vingar o.d. hänga slappt ner, hänga och slå, sloka **2** om växter vissna, hänga **3** slappna, sjunka [*their morale ~ged*], [börja] mattas [av] [*his enthusiasm ~ged*], bli matt, [börja] sacka efter, börja gå trögt [*the conversation ~ged*]; *his strength was ~ging* hans krafter började sina (ta slut)

flag day ['flæɡdeɪ] *s* **1** flaggmärkesdag, insamlingsdag i England då insamlingar görs genom försäljning av miniatyrflaggor **2** *Flag Day* amerikanska flaggans dag 14 juni

flagellate ['flædʒəleɪt] *vb tr* gissla; piska

flagellation [ˌflædʒəˈleɪʃ(ə)n] *s* gissling; flagellation

flagon ['flæɡən] *s* **1** vinkanna, vinkrus **2** stor, något tillplattad bukig vinflaska

flagpole ['flæɡpəʊl] *s* flaggstång

flagrant ['fleɪɡr(ə)nt] *adj* flagrant, uppenbar [*~ violation of a treaty*]; skriande, upprörande, skändlig [*a ~ crime*]

flagship ['flæɡʃɪp] *s* flaggskepp äv. bildl.

flagstaff ['flæɡstɑːf] *s* flaggstång

flagstone ['flæɡstəʊn] *s* se *1 flag*

flag-wagging ['flæɡˌwæɡɪŋ] *s* vard. **1** mil. flaggsignalering, semaforering **2** se *flag-waving*

flag-waver ['flæɡˌweɪvə] *s* vard. flåspatriot

flag-waving ['flæɡˌweɪvɪŋ] *s* vard. flåspatriotism

flail [fleɪl] I *s* slaga II *vb tr* **1** tröska [med slaga] **2** slå (fäkta) med [*~ one's arms*]

flair [fleə] *s* väderkorn, bildl. äv. [fin] näsa, sinne, känsla; stil [*their window display has no ~ at all*]

flak [flæk] *s* **1** luftvärn; luftvärnseld; attr. luftvärns- **2** vard. hård kritik [*get a lot of ~*]

flake [fleɪk] I *s* flaga [*~s of old paint* (*of soot*)]; flinga [*~s of snow; soapflakes*]; flak [*~s of ice*]; flisa, skiva; fjäll; lager; *~* [*tobacco*] flake II *vb tr* flisa, flaga; ta (skära) av i flagor (flisor) [äv. *~ away* (*off*)]; dela sönder i skivor [*~ fish*] III *vb itr* flaga (skiva) sig; *~* [*away* (*off*)] flagna, lossna i flagor [*the paint ~d off*]

flaky ['fleɪkɪ] *adj* flagig, skivig, bladig, fjällig; flingliknande; *~ pastry* [bladig] smördeg

flambé[**e**] ['flɑːmbeɪ] *adj* kok. (fr.) flamberad

flamboyance [flæmˈbɔɪəns] *s* praktfullhet etc., jfr *flamboyant*

flamboyant [flæmˈbɔɪənt] *adj* **1** praktfull, grann, flammande [*~ red hair*, *~ colours*] **2** bombastisk; överdriven, översvallande [*~ manner*]

flame [fleɪm] I *s* **1** flamma, låga; *be in ~s* stå i lågor **2** vard. flamma, käresta II *vb itr* flamma, låga; lysa, glimma; *~ up* a) flamma upp, bildl. äv. brusa upp b) bli blossande röd

flamenco [fləˈmeŋkəʊ] (pl. *~s*) *s* flamenco

flame-thrower ['fleɪmˌθrəʊə] *s* mil. eldspruta, eldkastare

flaming ['fleɪmɪŋ] *adj* **1** flammande [*a ~ sword*], lågande; eldfärgad; *~ red hair* eldrött (flammande rött) hår **2** glödande [*~ enthusiasm*] **3** vard. förbaskad; *a ~ lie* en fräck lögn

flamingo [fləˈmɪŋɡəʊ] (pl. *~s* el. *~es*) *s* zool. flamingo

flammable ['flæməbl] *adj* brännbar, lättantändlig

flan [flæn] *s* mördegsbotten; pajdegsbotten; *fruit ~* frukttårta; *~ pastry* mördeg; pajdeg

Flanders ['flɑːndəz] geogr. Flandern; *~ poppy* a) kornvallmo b) märke som säljs på *Poppy Day*, se *poppy*

flaneur o. **flâneur** [flɑːˈnɜː] *s* fr. flanör, dagdrivare, lätting

flange [flæn(d)ʒ] *s* tekn. fläns, [utstående] list

flank [flæŋk] I *s* **1** flank; slakt. slaksida **2** flank; flygel; sida II *vb tr* **1** flankera, begränsa

(omge, skydda) på sidan (sidorna) **2** mil. anfalla (bestryka, hota, ta) i flanken
flannel ['flænl] **I** *s* **1** ylleflanell, flanell **2** flanelltrasa; tvättlapp **3** pl. **~s** flanellbyxor; flanellkläder **4** sl. a) båg, bluff b) fjäsk c) flum, svammel **II** *vb itr* sl. a) båga, bluffa b) fjäska
flannelette [ˌflænəˈlet] *s* flanelette; slags imiterad bomullsflanell
flannelly ['flænəlɪ] *adj* flanelliknande; flanell-
flap [flæp] **I** *vb tr* **1** klappa, slå, daska, smälla [till]; *the wind ~ped the sails* vinden fick seglen att slå **2** slå med [*the bird ~ped its wings*; *the fish ~ped its tail*], flaxa (klippa) med; vifta med [~ *a towel*] **II** *vb itr* **1** flaxa **2** om dörr m.m. stå och slå (smälla); hänga och slänga (slå), dingla; fladdra; sjö., om segel slå, leva **3** sl., *don't ~!* ingen panik! **III** *s* **1** dask, klatsch, smäll **2** vingslag, flaxande **3** flugsmälla **4** flik [*the ~ of an envelope*]; lock [*the ~ of a desk (pocket)*]; klaff [*the ~ of a table (valve)*]; läm, lucka **5** sl., *get into a ~* få stora skälvan
flapdoodle ['flæpˌduːdl] *s* vard. skitsnack, smörja
flapjack ['flæpdʒæk] *s* **1** kok. a) slags [havre]snittkaka b) amer., slags [liten] pannkaka **2** vard. puderdosa
flare [fleə] **I** *vb itr* **1** om låga fladdra; blossa; skimra; flamma upp, blänka till; ~ *up* flamma upp, blossa upp, bildl. äv. brusa upp **2** bukta ut, vidga sig; stå ut, vara utsvängd [*the skirt ~s from the waist*], pösa; om fartygssida falla ut **II** *s* fladdrande låga, ostadigt sken; sjö. bloss; signalljus, lysraket, mil. äv. lysgranat, flyg. äv. fallskärmsljus
flare path ['fleəpɑːθ] *s* flyg. upplyst landningsbana
flare-up ['fleərʌp] *s* [plötsligt] uppflammande, uppblossande [*a ~ of the fire*; *a ~ of malaria*]; uppbrusande; vard. bråk, slagsmål; *in a ~ of anger* i ett plötsligt vredesutbrott
flash [flæʃ] **I** *vb itr* **1** lysa till, glimta (blänka) [till] [*a ray of light ~ed through the room*], blinka; blixtra, ljunga, gnistra, flamma [*lightning ~ed in the sky*; *her eyes ~ed*]; *~ing light* sjö. blinkfyr **2** fara som en blixt; forsa (strömma) fram; *a car ~ed by* en bil susade förbi **3** sl. blotta sig visa könsorganen
II *vb tr* **1** låta lysa (blixtra) [~ *a light*]; skjuta (kasta) [ut], spruta blixtar, eld o.d.; lysa med [~ *a torch*]; blinka med [*the driver ~ed his headlights*]; *~ a lantern in a p.'s face* plötsligt lysa ngn i ansiktet med en lykta; *~ a smile at a p.* ge ngn ett strålande leende; *~ a signal* sända en ljussignal, signalera [med ljus]; *~ back* återkasta **2** bildl. blixtsnabbt sprida (sända), telegrafera [ut] [*the message was ~ed across the Atlantic*] **3** vard. lysa (briljera) med, vifta med [*~ a few banknotes*]
III *s* **1** plötsligt sken, glimt, stråle [*~ of light*]; blixt äv. foto.; blink från fyr, signallampa o.d.; bildl. [plötsligt] uppflammande, anfall, utbrott, ryck [*a ~ of anger (hope, joy)*]; *~ of lightning* blixt; *~ of wit* kvickt infall; *~ in the pan* a) kortlivad succé, engångssuccé b) person som gör en kortlivad succé (som luften snabbt går ur); *by ~es* i glimtar, glimtvis; *in a ~* i en blink, på ett ögonblick (kick); som en blixt **2** ytlig glans, prål, vräkighet **3** se *newsflash* **4** film. glimt, kort scen
IV *adj* vard. **1** [tras]grann, prålig [*~ jewellery*, *~ people*]; vräkig, flott [*a ~ hotel, a ~ guy*] **2** efterapad, oäkta, falsk [*~ money*] **3** slang-; tjuv-, förbrytar-, luffar- [*~ language, ~ lingo*]
flashback ['flæʃbæk] *s* tillbakablick, återblick i berättelse el. film
flashbulb ['flæʃbʌlb] *s* foto. blixtljuslampa
flashburn ['flæʃbɜːn] *s* strålningsskada vid atomsprängning
flashcard ['flæʃkɑːd] *s* **1** bildkort som hålls upp inför skolklass **2** sport. poängskylt som domare håller upp
flashcube ['flæʃkjuːb] *s* foto. blixtkub
flasher ['flæʃə] *s* **1** blinker på bil; blinkljus på trafikfyr o.d.; rotationsljus på utryckningsfordon; *headlamp ~* ljusruta **2** sl. blottare
flashgun ['flæʃgʌn] *s* foto. synkroniserad blixtljuslampa, synkronblixt
flashing ['flæʃɪŋ] *s* **1** blinkande, blixtrande etc., jfr *flash I* o. *II* **2** blinksignalering **3** sl. blottning
flashlamp ['flæʃlæmp] *s* **1** ficklampa; signallampa **2** foto. blixtljuslampa
flashlight ['flæʃlaɪt] *s* **1** blinkfyr, blänkfyr; blinkljus **2** foto. blixtljus **3** isht amer. ficklampa
flashpoint ['flæʃpɔɪnt] *s* **1** fys. flampunkt, antändningstemperatur för eldfarliga oljor **2** bildl. krutdurk [*one of the ~s of the Middle East*]
flashy ['flæʃɪ] *adj* **1** lysande men tom, frasrik, ytlig [*~ rhetoric*] **2** prålig, brokig, skrikig; vräkig
flask [flɑːsk] *s* **1** [långhalsad] flaska ofta bastomspunnen; fickflaska, plunta; fältflaska **2** [laboratorie]kolv
1 flat [flæt] *s* lägenhet, [bostads]våning; *block of ~s* hyreshus; *he lives in ~s* han bor i hyreshus
2 flat [flæt] **I** *adj* **1** plan, platt [*~ roof*]; horisontell; *~ spin* se *spin III* **2** liggande raklång [*~ on the ground*]; *fall ~* falla raklång; bildl. falla platt till marken, misslyckas; *knock a p. ~* fälla ngn till marken; *lay the city ~* jämna staden med marken **3** flack, platt [*~ as a pancake*]; slät; *~ plates* flata tallrikar; *~ race* slätlopp; *~ tyre* (amer. *tire*) punktering **4** enhetlig, enhets- [*~ price*]; *~ rate* enhetlig taxa (lönesättning), enhetstaxa **5** platt, banal [*a ~ joke*] **6** slapp, livlös

7 hand. matt, trög, flau [~ *market*] **8** fadd, duven, avslagen [~ *beer*] **9** mus. a) sänkt en halv ton; med ♭-förtecken b) en halv ton för låg; [lite] falsk; *A* ~ m.fl., se under resp. bokstav; *the piano is* ~ pianot är för lågt stämt (är ostämt) **10** direkt; ~ *refusal* blankt (rent) avslag; *and that's* ~! och därmed punkt (basta)! **II** *adv* **1** precis, exakt, blankt [*in* (på) *ten seconds* ~]; rent ut, rakt i ansiktet [*he told me* ~ *that*...]; ~ *out* a) rent ut, rakt i ansiktet b) för fullt, i full fart; *go* ~ *out* vard. sätta full fart; ligga 'i **2** plant, platt etc., jfr *I*; *lie* ~ *out* ligga utsträckt; *sing* ~ sjunga falskt **III** *s* **1** flackt land, låg slätt; *salt* ~*s* saltmarker **2** platta; flata av hand, svärd m.m. **3** teat. kuliss, dekoration **4** mus. ♭-förtecken, ♭; *sharps and* ~*s* svarta tangenter på t.ex. piano **5** vard. punktering [*I had a* ~]
flat-bottomed ['flæt‚bɒtəmd, ‚-'--] *adj* flatbottnad
flatbreaking ['flæt‚breɪkɪŋ] *s* lägenhetsinbrott
flat-chested [‚flæt'tʃestɪd] *adj* plattbröstad
flatfish ['flætfɪʃ] *s* zool. plattfisk
flat|foot ['flæt|fʊt] (pl. *-feet* [-fi:t]) *s* **1** med. plattfot **2** sl. polis, snut
flatfooted [‚flæt'fʊtɪd, attr. '---] *adj* **1** plattfotad **2** vard. bestämd, absolut [*a* ~ *refusal*] **3** klumpig, tafatt **4** vard., *catch a p.* ~ ta ngn på sängen
flat-hunting ['flæt‚hʌntɪŋ] *pres p*, *be* ~ vara på jakt efter (söka) lägenhet (våning)
flat iron ['flæt‚aɪən] *s* strykjärn av gammal typ
flatlet ['flætlət] *s* liten lägenhet (våning)
flatly ['flætlɪ] *adv* **1** uttryckligen, absolut, direkt; ~ *refuse* säga bestämt (blankt) nej, vägra blankt (uttryckligen); *contradict a p.* ~ säga tvärt emot ngn **2** plant etc., jfr *2 flat I*
flatmate ['flætmeɪt] *s* den (någon) man delar lägenhet med; *we're* ~*s* av. vi delar lägenhet
flatten ['flætn] **I** *vb tr* **1** göra plan (platt, flack, jämn); platta till, jämna med marken; platta ut; hamra ut, valsa [äv. ~ *out*]; trycka platt [~ *one's nose against the window*]; slå ned [*a field of wheat* ~*ed by storms*]; sl. golva **2** mus. sänka [ett halvt tonsteg]; sätta ♭ för **II** *vb itr*, ~ [*out*] bli plan (platt), plattas till, jämnas ut; stabiliseras; ~ *out* flyg. ta upp planet i horisontalläge t.ex. efter dykning; flyta ut
flatter ['flætə] *vb tr* **1** smickra; ~ *oneself that one is* (*on being*)... inbilla sig (våga påstå) att man är... **2** smickra [*the portrait* ~*s her*]; vara smickrande (fördelaktig) för [*the black dress* ~*ed her figure*]
flatterer ['flætərə] *s* smickrare
flattering ['flætərɪŋ] *adj* smickrande; flatterande
flattery ['flætərɪ] *s* smicker
flattish ['flætɪʃ] *adj* tämligen plan (platt) etc., jfr *2 flat I*; något tillplattad
flatulence ['flætjʊləns] *s* väderspänning[ar]; med. flatulens

flatulent ['flætjʊlənt] *adj* väderspänd
flatware ['flætweə] *s* amer. **1** matsilver, matbestick **2** flata tallrikar, fat o.d.
flaunt [flɔ:nt] *vb tr* **1** briljera (stoltsera) med, visa upp [~ *one's riches*] **2** nonchalera, strunta i
flautist ['flɔ:tɪst] *s* mus. flöjtist, flöjtspelare
flavour ['fleɪvə] **I** *s* smak [*ice creams with different* ~*s* (*a strawberry* ~)]; arom, doft [och smak], bouquet; krydda, bildl. äv. aning, anstrykning; [*the soup*] *has a* ~ *of onion* ...smakar lök **II** *vb tr* sätta smak (piff) på, smaksätta, krydda; ~*ed with* smaksatt (kryddad) med
flavouring ['fleɪvərɪŋ] *s* **1** smaksättning, kryddning **2** krydda, smaktillsats, smakämne; ~ *essence* essens [som ger smak], smaktillsats
flavourless ['fleɪvələs] *adj* smaklös, intetsägande, fadd [i smaken]; utan arom
flaw [flɔ:] **I** *s* **1** spricka, bräcka **2** fel, skavank [*in* i (hos)]; fläck [~*s in a jewel*]; blåsa [~*s in a metal*]; brist [~*s in a p.'s character*]; [form]fel [*a* ~ *in a will*], svag punkt [*a* ~ *in his reasoning*] **II** *vb tr* spräcka; skämma, fördärva **III** *vb itr* spricka
flawless ['flɔ:ləs] *adj* utan sprickor; felfri [*in* ~ *condition*]; fläckfri [*a* ~ *reputation*]; fulländad [*a* ~ *technique*]
flax [flæks] *s* lin; *dress* ~ bereda lin
flaxen ['flæks(ə)n] *adj* **1** lin- [*the* ~ *trade*] **2** linartad; lingul [~ *hair*]
flax-processing ['flæks‚prəʊsesɪŋ] *s* linberedning
flay [fleɪ] *vb tr* **1** flå; skala; barka av; avhåra och rena [~ *hides*]; dra av hud **2** bildl. skinna, klå **3** bildl. hudflänga, ge på huden, göra ned, kritisera ned
flea [fli:] *s* loppa; ~ *market* loppmarknad
fleabag ['fli:bæg] *s* sl. **1** sovsäck **2** säng, koj **3** sjabbigt hotell (pensionat o.d.) **4** gammal käring
fleabite ['fli:baɪt] *s* **1** loppbett **2** bildl. bagatell; *it's a mere* (*only a*) ~ äv. det är som en droppe i havet
fleapit ['fli:pɪt] *s* vard. sjabbig bio (teater, lokal)
fleck [flek] **I** *s* **1** fläck, stänk [~*s of colour* (*light*)]; prick **2** korn [~*s of dust*] **II** *vb tr* göra fläckig (prickig); ~*ed with clouds* lätt molnig
fled [fled] imperf. o. perf. p. av *flee*
fledged [fledʒd] *adj* flygfärdig; *fully* ~ se *full-fledged*; *newly* ~ a) som just blivit flygfärdig b) bildl. nybakad, nykläckt
flee [fli:]: (*fled fled*) **I** *vb itr* **1** fly, ta till flykten [~ *before* (för) *an enemy*] **2** fly sin kos **II** *vb tr* **1** fly från (ur) [~ *the country*; *he fled his antagonists*] **2** fly, undfly, undvika [~ *temptation*]
fleece [fli:s] **I** *s* fårs ull[beklädnad], päls, fäll;

[får]skinn; klippull **II** *vb tr* **1** klippa får **2** vard. plundra, skinna, klå [*of på*]; skörta upp; ~ *a p.* äv. skinna ngn in på bara kroppen **3** beströ liksom med ull[tappar] [*a sky ~d with clouds*]
fleecy ['fli:sɪ] *adj* ullig; ullrik; ulliknande; mjuk [och ullig] [*a ~ snowfall*]; ~ *clouds* ulliga moln
1 fleet [fli:t] *s* flotta; flottstyrka; eskader, flottilj [~ *of aeroplanes* (*barges*)]; *Admiral of the F~* (amer. *F~ Admiral*) storamiral; *the F~ Air Arm* brittiska marinflyget; ~ *of cars* a) bilpark, vagnpark b) lång rad av bilar
2 fleet [fli:t] *adj* **1** hastig, snabb; ~ *of foot* snabbfotad **2** flyktig
fleeting ['fli:tɪŋ] *adj* snabb, hastig [*a ~ visit*]; flyktande, flyktig, kort [~ *happiness*]
Fleet Street ['fli:tstri:t] **I** gata i London **II** *s* bildl. pressen, tidningsvärlden i London
Fleming ['flemɪŋ] *s* flamländare; flamländska kvinna
Flemish ['flemɪʃ] **I** *adj* flamländsk **II** *s* **1** flamländska [språket] **2** *the ~* flamländarna
flench [flen(t)ʃ] *vb tr* o. **flense** [flenz] *vb tr* flänsa, avspäcka [~ *a whale*]; flå [~ *a seal*]
flesh [fleʃ] *s* kött äv. bildl. [*his own ~ and blood, the ~ is weak*]; hull; hud [*suntanned ~*]; [frukt]kött; *it makes my ~ creep* det gör att det kryper i mig, det får mig att rysa; *more than ~ and blood can stand* mera än en människa (vanlig dödlig) kan stå ut med; *go the way of all ~* gå bort dö; *proud ~* svallkött, dödkött; *lose ~* magra; *put on ~* lägga på hullet, fetma; *in the ~* lekamligen, [livs] levande; i egen hög person, personligen; *press the ~* skaka hand med folk om kungligheter, politiker m.m.
flesh-coloured ['fleʃˌkʌləd] *adj* hudfärgad
fleshings ['fleʃɪŋz] *s pl* hudfärgade trikåer
fleshly ['fleʃlɪ] *adj* **1** köttslig, sinnlig **2** kroppslig, fysisk **3** världslig, jordisk
fleshpot ['fleʃpɒt] *s* **1** köttgryta [*the ~s of Egypt*] **2** köttmarknad, bordell
fleshtights ['fleʃtaɪts] *s pl* se *fleshings*
flesh wound ['fleʃwuːnd] *s* köttsår
fleshy ['fleʃɪ] *adj* **1** köttig [~ *fruits*; *the ~ parts of the leg*]; fet; köttlik **2** köttslig
flew [flu:] imperf. av *1 fly*
flex [fleks] **I** *s* elektr. sladd **II** *vb tr* böja, leda [på] [~ *one's arms*]; spänna muskel **III** *vb itr* böja sig
flexibility [ˌfleksə'bɪlətɪ] *s* böjlighet etc., jfr *flexible*; elasticitet; flexibilitet
flexible ['fleksəbl] *adj* **1** böjlig, smidig, mjuk [*a ~ material*], elastisk **2** bildl. **a)** flexibel [*a ~ system*], anpassbar, smidig [*a ~ language*], följsam [*a ~ voice*]; *~ working hours* flexibel arbetstid, flextid **b)** lättledd, foglig, medgörlig
flexitime ['fleksɪtaɪm] *s* o. **flextime** ['flekstaɪm] *s* flextid

flibbertigibbet [ˌflɪbətɪ'dʒɪbɪt] *s* pratmakare; flyktig (lättsinnig) människa; slarver; slamsa
1 flick [flɪk] **I** *vb tr* **1** snärta till, smälla [till], ge ett lätt slag, slå [lätt]; ~ *away* (*off*) slå (knäppa) bort **2** slänga (svänga) med [*the horse ~ed its tail*], flaxa med **3** ~ *through* snabbt bläddra igenom [~ *through the pages of a book*] **II** *s* lätt slag; klatsch; knäpp, släng, snärt
2 flick [flɪk] *s* film, filmföreställning; *go to the ~s* el. *do a ~* gå på bio
flicker ['flɪkə] **I** *vb itr* flämta, fladdra [*the candle ~ed*], flimra; skälva [*a faint hope ~ed in her breast*]; vippa, spela [*the ~ing tongue of a snake*], dansa [*~ing shadows*]; ~ *out* blåsas ut, slockna **II** *s* flämtande, fladdrande etc., jfr *I*; glimt [*a ~ of hope*]
flick knife ['flɪknaɪf] (pl. *-knives* [-naɪvz]) *s* stilett
flier ['flaɪə] *s* isht amer., se *flyer*
1 flight [flaɪt] **I** *s* **1** a) flykt [~ *of a bird*] b) flygning [*a solo ~*], flygtur, flyg [*which ~ did you come on?*]; attr. vanl. flyg- [~ *instruments, ~ safety*] c) bana väg [*the ~ of an arrow*] d) bildl. flykt, snabb gång [*the ~ of time*]; ~ *attendant* flygvärdinna; ~ *engineer* flyg. färdmekaniker; ~ *recorder* färdskrivare i flygplan; ~ *of fancy* (ren) fantasi, påhitt; *a ~ of the imagination* en fantasiutflykt, fantasier i det blå; *in ~* under flygningen, i flykten **2** mil. [flyg]grupp; ~ *deck* a) flygdäck på hangarfartyg b) förarkabin i flygplan; ~ *lieutenant* kapten inom flyget; ~ *sergeant* fanjunkare plutonsbefäl inom flyget **3** flock [*a ~ of swallows*], svärm, insektssvärm; [fågel]sträck; skur, regn [*a ~ of arrows*] **4** rad av trappsteg, trappa [äv. *~ of stairs*]; *two ~s up* två trappor upp **II** *vb tr* **1** skjuta sjöfågel i flykten (uppflog) **2** sätta styrfjäder på pil
2 flight [flaɪt] *s* flykt, flyende; ~ *of capital* kapitalflykt; *take* [*to*] ~ ta till flykten, fly
flighty ['flaɪtɪ] *adj* **1** kokett, flörtig [*a ~ young woman*] **2** flaxig, flyktig, lättsinnig
flimsiness ['flɪmzɪnəs] *s* tunnhet etc., jfr *flimsy*
flimsy ['flɪmzɪ] *adj* tunn [*a ~ wall*], sladdrig [*soft ~ silk*]; svag, bräcklig [*a ~ cardboard box*], skröplig, ohållbar, klen [*a ~ argument*]
flinch [flɪn(t)ʃ] *vb itr* **1** rygga tillbaka [*from från*, [*in*]*för*]; svikta; ~ *from one's duty* undandra sig (svika) sin plikt **2** rycka till av smärta; *without ~ing* utan att blinka (knysta)
fling [flɪŋ] **I** (*flung flung*) *vb tr* **1** kasta, slunga, slänga [~ *a stone at a bird*; *one's head back*]; slå [~ *one's arms about a p.*], slänga ut i förbifarten [*he flung a greeting in passing*]; utslunga; kasta (sätta) in [~ *all one's resources into...*]; brottn. kasta; slå omkull; om häst kasta av; ~ *open* slå (slänga, rycka) upp [~ *a door open*]; *she flung him a scornful look* hon gav honom en föraktfull blick; *be flung into prison* kastas i fängelse **2** med adv.:

~ about slänga omkring [~ *things about*]; **~ one's arms about** slå ut (fäkta) med armarna **~ away** slänga (kasta) bort (ifrån sig) [~ *a th. away*]; köra iväg **~ off** a) om häst kasta av [~ *a rider off*] b) jakt., bildl. skaka av sig [~ *off one's pursuers*], leda på villospår, göra sig kvitt **~ on** slänga på sig [~ *one's clothes on*] **~ to** slänga igen [~ *a door to*] **II** (*flung flung*) *vb itr* rusa, störta [*away, off* bort, iväg; *out* ut; ~ *off without saying goodbye*] **III** *s* **1** kast **2** försök; attack; hugg, gliring; **have** (**take**) **a ~ at** a) ge sig i kast med b) ge ngn en släng (gliring) **3** släng, häftig rörelse; hästs kast[ning], spark **4** [*Highland*] ~ slags livlig skotsk dans **5 have a** (**one's**) **~** slå runt, festa om

flint [flɪnt] *s* flinta, [flint]sten äv. bildl.; stift i tändare

flintlock ['flɪntlɒk] *s* flintlås; flintlåsgevär

flinty ['flɪntɪ] *adj* flint-; flinthård, stenhård äv. bildl.

flip [flɪp] **I** *vb tr* **1** knäppa iväg [~ *a coin*; ~ *a ball of paper*]; slänga, kasta; **~ a coin** singla slant; **~ the ash off a cigar** slå av askan på en cigarr **2** snärta (slå, knäppa) till [~ *a p. on the ear*] **3** vifta (slå, smälla, snärta) med [~ *a whip*]; kasta [med] [~ *a fishing-fly*]; **~ through** bläddra igenom **4** amer. sl., **~ one's lid** (**top, wig**) a) bli urförbannad, smälla av, flippa över b) bli alldeles salig; flippa ut **II** *vb itr* **1 ~** [**up**] singla slant **2** sl., **~** [**out**] se **~** *one's lid* under *I 4* **III** *s* **1** knäpp, smäll, snärt, klatsch; ryck **2** vard., kort flygtur; kort flygning **3** volt, kullerbytta

flipchart ['flɪptʃɑːt] *s* blädderblock

flip-flop ['flɪpflɒp] *s* vard., slags sandal av gummi

flipover ['flɪpˌəʊvə] *s* stativ (konferenstavla) [med blädderblock], flip-over

flippancy ['flɪpənsɪ] *s* nonchalans, lättvindighet etc., jfr *flippant*

flippant ['flɪpənt] *adj* nonchalant, lättvindig [*a ~ remark*], lättsinnig; näsvis, respektlös, vanvördig

flipper ['flɪpə] *s* **1** grodmans, säls m.m. simfot; fenlik vinge hos pingvin **2** sl. labb

flipping ['flɪpɪŋ] *adj* sl. förbaskad, förbenad [*a ~ nuisance*]

flirt [flɜːt] **I** *vb itr* flörta [*with* med]; bildl. äv. leka [~ *with an idea*]; kokettera [*with* för]; **~ with** äv. kurtisera **II** *s* flört äv. pers.; flörtis [*she is a real ~*]

flirtation [flɜː'teɪʃ(ə)n] *s* flört, kurtis

flirtatious [flɜː'teɪʃəs] *adj* o. **flirty** ['flɜːtɪ] *adj* flörtig, koketterande

flit [flɪt] **I** *vb itr* **1** fladdra, flyga **2** flacka **II** *s*, **do a moonlight ~** vard. dunsta under natten och smita från hyran

flitter ['flɪtə] *vb itr* fladdra omkring, flaxa

Flo [fləʊ] kortform för *Florence 2*

float [fləʊt] **I** *vb itr* (se äv. *floating*) **1** flyta [*wood ~s on water*], simma; driva på vattnet **2** sväva [*dust ~ing in the air*; ~ *on* (bland) [*the*] *clouds*; *she ~ed down the stairs*]; vaja, svaja **3** flacka; driva; **a rumour is ~ing around the town** det är ett rykte i omlopp (går ett rykte) i stan **II** *vb tr* (se äv. *floating*) **1** hålla flytande; vara segelbar (trafikabel) för båtar [*the canal will ~ big ocean steamers*]; göra (hålla) flott [*the tide ~ed the ship*], låta flyta **2** flotta [~ *logs*]; driva [*the stream ~ed the logs on to a sandbar*] **3** sätta i gång, starta, grunda [~ *a company*, ~ *a scheme*]; bjuda (släppa) ut, lägga upp [~ *a loan*]; sätta i omlopp, släppa ut [~ *a rumour*] **4** ekon. låta flyta [~ *the dollar* (*pound*)] **III** *s* **1** flotte **2** flöte; flottör; simdyna; flyg. ponton; **~ chamber** tekn. flottörhus **3** slags låg kärra, flakvagn; öppen kortegevagn i festtåg

floatel [fləʊ'tel] *s* flytande hotell

floating ['fləʊtɪŋ] *adj* **1** flytande, simmande, flyt-, driv-; svävande; rörlig, lös; **~ anchor** drivankare; **~ bridge** flottbro, flottbrygga; pontonbro; linfärja, dragfärja; **~ kidney** vandrande (rörlig) njure **2** fluktuerande, varierande, obestämd; rörlig [~ *population*]; **~ decimal** flytande [decimal]komma; **the ~ vote** marginalväljarna, de osäkra väljarna (rösterna) **3** ekon. flytande, rörlig [~ *capital*]; svävande [~ *debt*]; **~ assets** likvida medel

1 flock [flɒk] **I** *s* **1** flock, skock [~ *of geese*]; hjord av mindre djur [~ *of sheep* (*goats*)] **2** om pers. skara; hjord, församling **II** *vb itr* flockas, skocka sig, samlas [i skaror], strömma

2 flock [flɒk] *s* **1** tapp, tuss, tott av ull, bomull o.d. **2** ~[*s* pl.] flockull, avfallsull

floe [fləʊ] *s* isflak

flog [flɒg] *vb tr* **1** prygla, piska, aga [~ *with a birch* (*cane*)] **2** driva på med piskrapp; pressa [~ *an engine*]; kricket. slå hårt; **~ a dead horse** se *horse I 1*; **~ged to death** bildl. uttjatad, [ut]nött **3** sl. sälja under hand, ofta olovligt **4** sl. klå, stuka

flogging ['flɒgɪŋ] *s* prygel, aga, smörj; *a ~* ett kok stryk

flood [flʌd] **I** *s* **1** högvatten, flod **2** översvämning; flöde, [stört]flod, ström äv. bildl. [*a ~ of tears* (*visitors*)]; **the F~** bibl. syndafloden **II** *vb tr* översvämma äv. bildl. [~ *the market*]; sätta under vatten, dränka med vatten[massor]; bevattna; fylla över bräddarna; få att (låta) svämma över; flöda [~ *the carburettor*]; **be ~ed** översvämmas, vara översvämmad äv. bildl.; stå under vatten; om flod ha svämmat över; **we were ~ed with applications** äv. vi höll på att dränkas av (drunkna i) ansökningar; **~ed with light** badande i (dränkt av) ljus; **thousands of people were ~ed out** översvämningen gjorde tusentals människor hemlösa **III** *vb itr* flöda

över sina bräddar, svämma över; bli
översvämmad
floodgate ['flʌdgeɪt] *s* dammlucka; nedre
slussport; sluss äv. bildl. [*open the ~s of one's passions*]; [stört]flod [*a whole ~ of facts*]
floodlight ['flʌdlaɪt] **I** *s* **1** strålkastare, flodljus **2** pl. **~s** strålkastarbelysning, strålkastarljus, flodljus; fasadbelysning **II** (*floodlighted floodlighted* el. *floodlit floodlit*) *vb tr* **1** belysa med strålkastare; fasadbelysa, hålla fasadbelyst **2** bildl. sätta strålkastarljus på, avslöja
floodlit ['flʌdlɪt] **I** imperf. o. perf. p. av *floodlight* **II** *adj* strålkastarbelyst; fasadbelyst
floodtide ['flʌdtaɪd] *s* högvatten, flod
floor [flɔ:] **I** *s* **1** golv; golvbeläggning; botten [*the ~ of the ocean*]; sjö. durk; *double ~* trossbotten; *take the ~* börja dansen, dansa ut **2** slät mark (yta) **3** våning våningsplan; *the first ~* [våningen] en trappa upp; amer. bottenvåningen; *ground ~* se *ground floor* **4** *the ~ of the House* sessionssalen med undantag för åhörarläktarna; *cross the ~* gå över till motståndarsidan i debatt; *take the ~* få ordet, ta till orda **II** *vb tr* **1** lägga golv i, förse med golv; golvbelägga **2** kasta (slå) omkull, besegra, golva boxare; vard. göra ställd, sätta på det hala; *be ~ed* äv. bli kuggad; *be ~ed by a problem* inte kunna klara (gå bet på) ett problem
floorboard ['flɔ:bɔ:d] *s* golvbräde, golvtilja, golvplanka
floorcloth ['flɔ:klɒθ] *s* **1** golvtrasa, skurtrasa **2** korkmatta, linoleummatta
flooring ['flɔ:rɪŋ] *s* **1** [golv]beläggning **2** golv[yta]; *double ~* trossbotten **3** golvbräder
floorshow ['flɔ:ʃəʊ] *s* kabaré; krogshow
floorwalker ['flɔ:ˌwɔ:kə] *s* isht amer., se *shopwalker*
flop [flɒp] **I** *vb itr* **1** [hänga och] slänga, flaxa, daska, smälla, slå; *~ about* a) om sko kippa, glappa b) om pers. gå (stå, sitta) och hänga, slappa **2** sprattla, klatscha [*the fish ~ped helplessly in the bottom of the boat*] **3** röra sig ovigt, lufsa; plumsa [*into* i]; slänga (vältra) sig [*he ~ped over on his other side*]; *~* [*down*] dimpa (dunsa) ner [*~* [*down*] *into a chair*] **4** vard. göra fiasko, spricka, falla med dunder och brak **5** amer. sl. lägga sig, gå och slagga **II** *s* **1** flaxande; smäll[ande], duns; plums; klatsch **2** vard. misslyckande, fiasko, flopp [*the new plan was a ~ from the very beginning*]; fall; *he was a ~ as a reporter* han var helt misslyckad som reporter **3** amer. sl. slaf på ungkarlshotell **III** *adv* o. *interj* pladask, plums
floppy ['flɒpɪ] *adj* som hänger och slänger, flaxande, flaxig, slak; svajig; hållningslös; *~ disk* data. diskett, flexskiva; *~ hat* slokhatt
flora ['flɔ:rə] *s* flora

floral ['flɔ:r(ə)l] *adj* blom- [*~ design*], blomster- [*~ decoration*]; *~ clock* blomsterur
Florence ['flɒr(ə)ns] **1** geogr. Florens **2** kvinnonamn
Florentine ['flɒr(ə)ntaɪn] **I** *adj* florentinsk **II** *s* florentinare
floriculture ['flɔ:rɪkʌltʃə, 'flɒr-] *s* blomsterodling
florid ['flɒrɪd] *adj* **1** bildl. blomstrande, blomsterrik [*~ style*], yppig; utsirad, snirklad [*~ carving*] **2** rödlätt, rödblommig [*~ complexion*]
Florida ['flɒrɪdə] geogr.
florin ['flɒrɪn] *s* **1** florin, gulden **2** britt. (hist.) silvermynt = *2 shilling*
florist ['flɒrɪst] *s* blomsterhandlare, blomsterodlare; blomsterkännare; *~'s* [*shop*] blomsteraffär
Florrie ['flɒrɪ] smeknamn för *Florence 2*
floss [flɒs] *s* **1** avfallssilke, frison **2** flocksilke **3** [*dental*] *~* tandtråd för rengöring av tänder
flotilla [flə(ʊ)'tɪlə] *s* sjö. flottilj
flotsam ['flɒtsəm] *s* [flytande] vrakgods, sjöfynd; *~ and jetsam* a) vrakspillror äv. bildl. b) diverse småsaker (bråte), krafs c) lösdrivare, olycksbarn
1 flounce [flaʊns] **I** *s* volang, kappa på kjol; garnering **II** *vb tr* garnera med volanger
2 flounce [flaʊns] *vb itr* **1** rusa, störta [*~ away* (*off, out*); *she ~d out of the room in a rage*] **2** sprattla
1 flounder ['flaʊndə] *s* zool. flundra; skrubba, skrubbflundra; amer. äv. rödspätta
2 flounder ['flaʊndə] *vb itr* **1** sprattla, tumla, rulla omkring liksom i dy; *~ about* fara hit och dit, irra (famla) omkring **2** krångla (trassla) in sig; stå och hacka; *~ about* prata hit och dit, prata strunt
flour ['flaʊə] **I** *s* [sikt]mjöl; isht vetemjöl **II** *vb tr* beströ (pudra) med mjöl, mjöla
flourish ['flʌrɪʃ] **I** *vb itr* blomstra; florera [*the system ~ed for centuries*]; leva och verka [*he ~ed about 400 BC*] **II** *vb tr* **1** svänga, svinga [*~ a sword, ~ a banner*] **2** pryda med snirklar (slängar), utsira **3** demonstrera, lysa med [*~ one's wealth*] **III** *s* **1** snirkel, släng på bokstäver; krumelur **2** blomsterspråk, floskler **3** elegant sväng (svängning) [*he took off his hat with a ~*], flott gest [*do a th. with a ~*]; svingande av vapen o.d.; salut med värja **4** ståtande, prål, prålande **5** mus. fanfar [*sound* (*blåsa*) *a ~*], touche; fioritur; improviserat preludium; *~ of trumpets* trumpetfanfar
floury ['flaʊərɪ] *adj* av mjöl, mjöl-; mjölig; mjöllik
flout [flaʊt] **I** *vb tr* visa förakt för, trotsa [*~ the law*]; nonchalera, strunta i [*~ a p.'s wishes*]; håna, förlöjliga **II** *vb itr* håna; *~ at* håna, förlöjliga
flow [fləʊ] *vb itr* (se äv. *flowing*) **1** flyta, rinna, strömma; flöda [*his speech ~ed*]; om vers o.d.

flowchart

flyta [lätt]; ~ *freely* rinna i strömmar, flöda [fritt]; *the river ~s into...* floden rinner ut (mynnar) i... **2** bildl. härröra, komma [*wealth ~s from industry and economy*] **3** om hår o.d. bölja, fladdra, svalla, svaja; falla [*her dress ~ed in artistic lines*] **4** stiga [*the river ~ed over its banks*]; *ebb and ~* om tidvattnet falla och stiga **5** ~ *with* överflöda (flyta) av [~ *with milk and honey*] II *s* **1** rinnande; flöde, flod, [jämn] ström; tillströmning [*the ~ of people into industry*]; genomströmning **2** överflöd; [rikt] tillflöde, tillgång **3** hårs svall; dräkts o.d. fall, sätt att falla; våglinjer **4** tidvattnets stigande, flod; *ebb and ~* ebb och flod; *the tide is on the ~* det är flod, tidvattnet håller på att stiga (är i stigande) **5** [*menstrual*] ~ menstruation, menstruationsblödning
flowchart ['fləʊtʃɑ:t] *s* flödesschema, flödesdiagram
flower ['flaʊə] I *s* **1** blomma växtdel o. växt [*pick ~s*]; *no ~s* [*by request*] vid begravning blommor undanbedes; ~ *garden* blomsterträdgård, prydnadsträdgård **2** blom, blomning; *be in* ~ stå i blom (sitt flor), blomma **3** bildl., *the ~ of the nation's manhood* blomman (kärnan) av nationens män; *in the ~ of youth* i ungdomens vår **4** retorisk blomma; *~s of speech* ofta iron. granna fraser, stilblommor; *language of ~s* blomsterspråk **5** kem., *~s of sulphur* svavelblomma II *vb itr* blomma, stå (slå ut) i blom; bildl. blomstra, utvecklas
flowerbed ['flaʊəbed] *s* [blom]rabatt, blomstersäng
flowerpot ['flaʊəpɒt] *s* blomkruka; *hanging ~* [blomster]ampel
flower show ['flaʊəʃəʊ] *s* blomsterutställning
flowery ['flaʊərɪ] *adj* **1** blomrik, blommande **2** blomsterprydd; blommig [*a ~ carpet*] **3** bildl. blomsterrik [~ *language*], blomstrande [~ *style*]
flowing ['fləʊɪŋ] *adj* **1** flytande, strömmande; flödande **2** böljande, fladdrande [~ *hair*, ~ *robes*], vajande; vid [~ *trousers*], yvig [*a ~ tie*]; *with ~ sheets* (*sails*) sjö. med firade (lösa) skot, rumskots **3** om stil, form o.d. ledig, [lätt]flytande; graciös; ~ *lines* mjuka (eleganta) linjer **4** [över]flödande, rik, riklig [~ *imagination*]
flown [fləʊn] perf. p. av *1 fly*
fl.oz. förk. för *fluid ounce*[*s*]
flu [flu:] *s* vard., [*the*] ~ influensa, flunsan
fluctuate ['flʌktjʊeɪt] *vb itr* **1** fluktuera, gå upp och ned, variera, växla, vara ostadig [*fluctuating prices*] **2** vackla [~ *between hope and despair*], skifta, vara vankelmodig
fluctuation [͵flʌktjʊ'eɪʃ(ə)n] *s* **1** växling, skiftning, stigande och sjunkande, ostadighet, variation; ~ *of the market* konjunkturväxling **2** vacklan, vankelmod
flue [flu:] *s* **1** rökfång, rökgång, rökkanal, skorstenspipa **2** varmluftsrör i vägg; ångpannetub
fluency ['flu:ənsɪ] *s* ledighet i uttryckssätt, uttal m.m.; ledigt uttryckssätt, flytande framställning; *his ~ in German* [*was astonishing*] hans förmåga att tala tyska flytande...
fluent ['flu:ənt] *adj* ledig [~ *verse*]; flytande [*speak ~ French*]; som har lätt att uttrycka sig; talför; graciös [~ *motion*; ~ *curves*]; *be ~ in three languages* tala tre språk flytande
fluently ['flu:əntlɪ] *adv* flytande [*speak English ~*]
fluff [flʌf] I *s* **1** löst ludd, ulldamm, dammtuss; dun **2** vard. felsägning, felspelning o.d.; miss II *vb tr* **1** ludda upp, förvandla till en dunig (luddig, luftig) massa **2** ~ *up* (*out*) burra (fluffa, skaka) upp **3** vard. staka sig på; fördärva, fuska bort t.ex. slag i spel; ~ *one's lines* teat. staka sig på sina repliker; säga fel
fluffy ['flʌfɪ] *adj* **1** a) luddig; dunig, fjunig; om hår lent och burrigt b) luftig, fluffig **2** luddig, flummig [~ *policies*]
fluid ['flu:ɪd] I *adj* **1** flytande; i flytande form; ~ *clutch* (*drive*) vätskekoppling; ~ *ounce* mått för våta varor: a) britt. = 1/20 *imperial pint* (28,4 cm^3) b) amer. = 1/16 *pint* (29,6 cm^3) **2** flytande [*the limits are ~*]; ledig, lättflytande [~ *style*]; instabil [~ *market conditions*] **3** likvid; disponibel [~ *capital*] II *s* **1** fys. icke fast kropp [*liquids and gases are ~s*] **2** vätska; *drink plenty of ~s* dricka mycket, tillföra kroppen mycket vätska; ~ *balance* vätskebalans
fluidity [flʊ'ɪdətɪ] *s* **1** fluiditet; gas- och vätskeform, flytande tillstånd **2** om stil o.d. ledighet
1 fluke [flu:k] *s* **1** zool. levermask, leverflundra isht hos får **2** zool. flundra fisk
2 fluke [flu:k] *s* **1** sjö. [ankar]fly **2** hulling på harpun
3 fluke [flu:k] *s* vard. **1** lyckträff, tur, flax **2** biljl. lyckträff
fluky ['flu:kɪ] *adj* vard. som beror på en lyckträff, oväntat lycklig, tursam, tur-
flummery ['flʌmərɪ] *s* **1** slags sjuden kall pudding ofta med frukt; kräm **2** vard. nonsens, strunt; tomma fraser, tomt smicker
flummox ['flʌməks] *vb tr* vard. bringa ur fattningen, kollra bort, förbrylla; göra alldeles ställd
flung [flʌŋ] imperf. o. perf. p. av *fling*
flunk [flʌŋk] skol. el. univ. isht amer. vard. I *vb itr* **1** spricka, bli kuggad **2** dra sig ur spelet, backa ur II *vb tr* **1** spricka (köra) i (på) [~ *an examination*] **2** kugga, köra [~ *a student*]; ~ *out* isht kugga, köra III *s* kuggning
flunkey o. **flunky** ['flʌŋkɪ] *adj* **1** mest neds. lakej **2** lakej[själ]; fjäsk[er] **3** isht amer. passopp
fluoresce [͵flɔ:'res] *vb itr* kem. fluorescera

fluorescence [flɔː'resns] *s* kem. fluorescens, fluorescering
fluorescent [flɔː'resnt] *adj* fluorescerande [~ *light*]; ~ *lighting* lysrörsbelysning; ~ *tube* lysrör
fluoridate ['flɔːrɪˌdeɪt, 'fluər-] *vb tr* kem. fluoridera
fluoridation [ˌflɔːrɪ'deɪʃ(ə)n] *s* kem. fluoridering
fluoride ['fluəraɪd] *s* kem. **1** fluorid; ~ *toothpaste* fluortandkräm **2** fluorförening
fluorine ['fluəriːn, 'flɔːr-] *s* kem. fluor
fluorocarbon [ˌfluərə'kɑːbən, 'flɔːr-] *s* kem. fluorkarbon
flurry ['flʌrɪ] **I** *s* **1** [kast]by; snöby, regnby **2** nervös oro, nervositet, uppståndelse, förvirring; spring; hets, jäkt; *a ~ of activity* [en] febril aktivitet; *be in a ~* vara nervös (jäktad); *in a ~ of excitement* i nervös upphetsning **II** *vb tr* uppröra, oroa, förvirra, göra nervös
1 flush [flʌʃ] **I** *vb itr* flyga upp [och bort], lyfta **II** *vb tr* skrämma upp fåglar; jaga bort
2 flush [flʌʃ] **I** *vb itr* **1** forsa [fram], flöda; rusa [*the blood ~ed into* (till) *her cheeks*] **2** blossa upp, rodna [häftigt] [äv. ~ *up*] **II** *vb tr* **1** spola [ren] [~ *the* [*lavatory*] *pan*]; sätta under vatten; ~ *the pan* äv. spola [på WC] **2** göra [blossande] röd, få att rodna, komma att glöda; *~ed with wine* het (blossande röd) av vin **3** egga (hetsa, liva) upp; *~ed with joy* rusig av glädje; *~ed with victory* segerdrucken **III** *s* **1** häftig ström, fors, svall, stråle **2** tillströmning, ökning **3** [ren]spolning **4** [känslo]svall; uppblossande, utbrott [*a ~ of passion*]; rus, yra [*in the first ~ of victory*] **5** [häftig] rodnad [*a ~ of shame*]; glöd; feberhetta; *hot ~* med. blodvallning
3 flush [flʌʃ] **I** *adj* **1** full, stigande [över sina bräddar] om flod **2** vid kassa; rik [*he was feeling ~ on pay day*] **3** jämn, slät [*a ~ door*], grad, plan; *~ against* tätt intill (mot) [*the table was ~ against the wall*]; *~ with* i jämnhöjd (linje) med, i samma plan som **4** om slag rak, direkt [*a ~ blow on the chin*] **II** *adv* **1** rakt, direkt **2** jämnt etc., jfr *I 3*
4 flush [flʌʃ] *s* kortsp. flush antal kort (vanl. 5) i samma färg; *straight ~* straight flush 5 kort i svit i samma färg; *~ sequence* svit i samma färg
fluster ['flʌstə] **I** *vb tr* förvirra, göra nervös; *become* (*get*) *~ed* bli förvirrad (nervös) **II** *s* nervositet, nervös oro, förvirring; *all in a ~* nervös och orolig
flute [fluːt] **I** *s* **1** flöjt; flöjtstämma **2** räffla; på kolonn äv. kannelyr; hålkäl **3** pipa i goffrering **II** *vb itr* blåsa flöjt
fluting ['fluːtɪŋ] *s* **1** flöjtblåsning, flöjtspel **2** kannelering; räfflor **3** goffrering
flutter ['flʌtə] **I** *vb itr* **1** fladdra [*~ing butterflies*; *curtains ~ing in the breeze*], flaxa; vaja [*the flag ~ed in the wind*] **2** flaxa (flänga) omkring, sväva (fara) hit och dit [äv. *~ about*] **3** om hjärta o. puls fladdra **II** *vb tr* **1** fladdra (flaxa) med, röra; komma (få) att fladdra; röra upp vatten **2** bildl. jaga upp, förvirra, oroa, göra nervös **III** *s* **1** fladdrande etc., jfr *I*; fladder; med. [hjärt]fladder **2** uppståndelse, förvirring, oro, nervositet, ängslig brådska; virrvarr; *be* [*all*] *in a ~* vara alldeles uppjagad (förvirrad), vara nervös (orolig, yr i mössan), ha [riktig] hjärtklappning **3** vard. spekulation [*a ~ in mining shares*]; [hasard]spel; *have a little ~* [*at the races*] spela lite…, satsa lite pengar…
flux [flʌks] *s* **1** [ständig] förändring; *in a state of ~* stadd i omvandling **2** omlopp [*~ of money*] **3** flod; flöde, ström äv. bildl. [*a ~ of words*] **4** med. flytning **5** fys. strömhastighet
1 fly [flaɪ] **I** (*flew flown*, i bet. *I 4* o. *II 4* vanl. *fled fled*, eg. av 'flee') *vb itr* (se äv. *flying*)
1 flyga; ~ *high* bildl. sikta högt, ha högtflygande planer **2** ila, flyga, fara; rusa, störta; *~ open* om dörr flyga (springa) upp; *~ at* flyga (rusa) på; *~ into a rage* bli rasande, råka i raseri; *~ into raptures* falla i extas; *let ~* skjuta av [*let ~ a torrent of abuse*], slunga (vräka) ur sig [*let ~ an oath*]; *let ~ at* a) fyra av mot, skjuta (kasta) mot (efter) b) fara (brusa) ut mot; *send a p. ~ing* a) slå omkull ngn b) slå ngn på flykten; *send things ~ing* slänga saker omkring sig (åt alla håll)
3 fladdra, vaja [*the flags were ~ing*] **4** fly [*they fled before* (för) *the enemy*] **5** med adv.: *~ about* flyga omkring; om vind kasta; *~ away* flyga bort (sin kos, sin väg); *the hat flew away* hatten blåste bort; *~ off* flyga bort, rusa i väg; om sak flyga av (ur), gå av **II** (för tema se *I*) *vb tr* **1** låta flyga, slunga ut, avskjuta **2** flyga, föra, köra [*~ an aeroplane*]; flyga [med], föra [*~ passengers*]; flyga över [*~ the Atlantic in an aeroplane*] **3** föra, hissa flagg; *~ the colours* flagga; *~ the Swedish colours* äv. segla under svensk flagg **4** fly [från (ur)] [*~ the country*]; undvika **III** *s* **1** ~ el. *flies* pl. gylf **2** [*tent*] *~* a) tältdörr b) yttertält **3** pl. *flies* scenvind; utrymme över scenen
2 fly [flaɪ] *s* **1** fluga; [fiske]fluga [*artificial ~*]; *~ agaric* [röd] flugsvamp; *he wouldn't hurt a ~* han gör inte (skulle inte göra) en fluga förnär; *a ~ in the ointment* bildl. smolk i mjölken, ett streck i räkningen, ett aber; *there are no flies on him* sl. han är inte dum (dålig) inte, han är inte född i farstun
3 fly [flaɪ] *adj* sl. vaken, klipsk, smart, slug, skarp
fly-blown ['flaɪbləʊn] *adj* angripen av fluglarver
flyer ['flaɪə] *s* flygare
fly-fish ['flaɪfɪʃ] *vb itr* fiska med fluga
fly-fishing ['flaɪˌfɪʃɪŋ] *s* flugfiske
flying ['flaɪɪŋ] **I** *s* flygning **II** *adj* o. *attr s*

flyleaf 324

1 flygande; flyg- [~ *field*], flygar- [~ *suit*]; ~ *field* flygfält; ~ *fish* flygfisk; ~ *fox* zool. flygande hund; ~ *officer* löjtnant inom flyget; ~ *range* flygplans aktionsradie; ~ *saucer* flygande tefat **2** fladdrande, vajande, svajande; ~ *colours* se *colour I 3 b*) **3** flygande, snabb; flyktig, hastig [~ *trip*]; provisorisk; ~ *jump* sport. hopp med ansats (anlopp); väldigt hopp; ~ *start* flygande start, rivstart; ~ *visit* snabbvisit, blixtvisit **4** rörlig, lätt [~ *artillery*]; ~ *squad* rörlig polisstyrka **5** ~ *buttress* arkit. strävbåge [med strävpelare]
flyleaf ['flaɪliːf] *s* bokb. försättsblad
flyover ['flaɪˌəʊvə] *s* **1** a) planskild korsning b) vägbro, överfart **2** amer., se *flypast*
flypaper ['flaɪˌpeɪpə] *s* flugpapper
flypast ['flaɪpɑːst] *s* förbiflygning, flygparad
flysheet ['flaɪʃiːt] *s* **1** reklambroschyr; flygblad; löpsedel **2** yttertält
fly-swatter ['flaɪˌswɒtə] *s* flugsmälla
flyweight ['flaɪweɪt] *s* sport. **1** flugvikt **2** flugviktare
flywheel ['flaɪwiːl] *s* mek. svänghjul
FM förk. för *Field Marshal* **2** (förk. för *frequency modulation*) radio. FM
FO förk. för *Flying Officer, Foreign Office*
foal [fəʊl] **I** *s* föl; *in* (*with*) ~ dräktig **II** *vb itr* föla **III** *vb tr* föda föl
foam [fəʊm] **I** *s* skum, fradga, lödder; ~ *bath* skumbad; ~ *extinguisher* skumsläckare; ~ *plastic* skumplast **II** *vb itr* skumma, fradga; *he ~ed at the mouth* han tuggade fradga, bildl. äv. han skummade av raseri
foamy ['fəʊmɪ] *adj* skummig, fradgande; löddrig
1 fob [fɒb] *s* **1** urficka nedanför byxlinningen; liten ficka **2** nyckelring [med emblem], emblem
2 fob [fɒb] *vb tr* lura; ~ *off a th. on a p.* pracka på ngn ngt; ~ *a p. off with* avfärda (avspisa) ngn med
f.o.b. [fɒb] (förk. för *free on board*) hand. fob, fritt ombord
focal ['fəʊk(ə)l] *adj* foto. fokal-, brännpunkts-; ~ *distance* (*length*) brännvidd; ~ *point* brännpunkt äv. bildl.
foci ['fəʊsaɪ, -kiː] *s* pl. av *focus*
fo'c'sle o. **fo'c's'le** ['fəʊksl] *s* (eg. *forecastle*) sjö. back; skans
fo|cus ['fəʊ|kəs] **I** (pl. *-ci* [-saɪ el. -kiː] el. *-cuses*) *s* **1** fokus, brännpunkt; *the object is in* (*out of*) ~ skärpan är inställd (inte inställd) på föremålet; *bring into* ~ a) ställa in skärpan på b) bildl. ställa i brännpunkten; *the picture is out of* ~ bilden är oskarp **2** bildl. medelpunkt, blickfång; *the ~ of attention* centrum för uppmärksamheten **II** *vb tr* o. *vb itr* **1** fokusera[s], samla [sig] i en brännpunkt, samla[s]; bildl. koncentrera[s]; ~ *on* rikta (sikta) in sig på; ~ *one's attention*

on koncentrera sin uppmärksamhet på **2** ställa in [~ *the eye*; ~ *the lens of a microscope*]; ställa in skärpan (avståndet)
fodder ['fɒdə] *s* [torr]foder
foe [fəʊ] *s* poet. fiende, motståndare
foetal ['fiːtl] *adj* foster- [~ *stage*]; ~ *diagnostics* fosterdiagnostik
foetus ['fiːtəs] *s* anat. foster
fog [fɒg] **I** *s* dimma, tjocka, mist [*a London ~*; *dense* (*black, yellow*) *~*]; töcken; *in a* ~ bildl. a) omtöcknad b) villrådig **II** *vb tr* hölja [in] i dimma; göra dimmig (immig); ~ *the issue* bildl. virra till (skymma) problemet
fog bank ['fɒgbæŋk] *s* sjö. dimbank, mistbank
fogbound ['fɒgbaʊnd] *adj* **1** lamslagen av dimma, uppehållen på grund av dimma **2** höljd i dimma
fogey ['fəʊgɪ] *s, old ~* vard. gammal stofil, träbock
foggy ['fɒgɪ] *adj* **1** dimmig, töcknig **2** bildl. dunkel [~ *idea*]; suddig, oklar, vag; virrig; *I haven't the foggiest* [*idea*] jag har inte den blekaste [aning]
foghorn ['fɒghɔːn] *s* sjö. mistlur
fog lamp ['fɒglæmp] *s* bil. dimstrålkastare
fogy ['fəʊgɪ] *s* se *fogey*
foible ['fɔɪbl] *s* [mänsklig] svaghet, svag sida [*his ~*]; pl. *~s* äv. småfel
1 foil [fɔɪl] *s* folie; foliepapper; *be* (*serve as*) *a ~ to* (tjäna till att) framhäva, ge relief åt
2 foil [fɔɪl] *vb tr* omintetgöra, gäcka, kullkasta
3 foil [fɔɪl] *s* fäktn. florett; *fencing at ~* florettfäktning
foist [fɔɪst] *vb tr* **1** smussla (smuggla) in, sätta in i smyg (utan lov) [äv. ~ *in*] **2** ~ *a th.* [*off*] *on a p.* lura (pracka) på ngn ngt
1 fold [fəʊld] *s* **1** [får]fålla, inhägnad **2** [fåra]hjord **3** bildl. fålla, fadershus [*return to the ~*], församling
2 fold [fəʊld] **I** *vb tr* vika [ihop]; vecka, lägga i veck; ~ *back* vika tillbaka (undan); ~ *down* (*back*) *a leaf* [*in a book*] vika [hörnet av] ett blad…; ~ *up* lägga (vika, veckla) ihop [~ *up a map*] **2** fälla ihop [äv. ~ *up*; ~ *up a chair*; *the bird ~ed its wings*]; ~ *one's arms* lägga armarna i kors; *with ~ed arms* med korslagda armar; ~ *one's hands* knäppa ihop händerna **3** ~ *one's arm about* (*round*) slå (lägga) armen om **4** svepa [in], slå in [äv. ~ *up*; [*up*] *in paper*], hölja [in] **5** kok. ~ *in* vända ner (blanda 'i) försiktigt [~ *in the egg-whites*] **II** *vb itr* **1** vikas, vika [ihop] sig; vecka sig, bilda veck; kunna vikas, gå att vika [ihop]; ~ *up* (kunna) fällas (vikas) ihop **2** ~ [*up*] vard. a) slå igen, sluta b) gå omkull (åt pipan) [*the business ~ed*] c) klappa ihop, falla ihop **III** *s* **1** veck; lager **2** vindning, slinga, bukt; hoprullad [orm]ring; krök av dal; sänka i berg **3** vikning; veckning äv. geol.
foldable ['fəʊldəbl] *adj* [hop]fällbar, [hop]vikbar

foldaway ['fəʊldəweɪ] *attr adj* [hop]vikbar, [hop]fällbar [*a ~ bed*]
folder ['fəʊldə] *s* **1** samlingspärm; mapp **2** folder; broschyr; hopvikbar tidtabell (karta m.m.)
folding ['fəʊldɪŋ] **I** *s* vikning; veckning äv. geol.; tekn. falsning **II** *adj* [hop]vikbar, [hop]fällbar; *~ bed* fällsäng, tältsäng; *~ chair* fällstol; *~ doors* a) vikdörrar b) skjutdörrar, pardörrar; *~ roof* soltak på bil; *~ seat* fällbar sits, nedfällbart säte; *~ table* fällbord, klaffbord
foliage ['fəʊlɪɪdʒ] *s* löv, lövverk, bladverk
folio ['fəʊlɪəʊ] (pl. *~s*) *s* folio[format] [*in ~*]; bok i folio; foliant; folioark
folk [fəʊk] *s*, *~*[*s*] (konstr. ss. pl.) folk, människor; *hello ~s!* hej gott folk!; *~*[*s*] *say* folk säger; *country ~* lantfolk, lantbor; *fine ~*[*s*] fint folk; *my ~*[*s*] mina anhöriga, min familj; *old ~*[*s*] gamla människor, gamla
folklore ['fəʊklɔ:] *s* folklore, folksägner; folkloristik, folkminnesforskning
folk singer ['fəʊkˌsɪŋə] *s* folk[vise]sångare
folk song ['fəʊksɒŋ] *s* folkvisa
folksy ['fəʊksɪ] *adj* isht amer. vard. enkel, folklig, folk-; rustik; gemytlig
folk tale ['feʊkteɪl] *s* folksaga
follow ['fɒləʊ] (se äv. *following I*) **I** *vb tr* **1** följa [bakom, på, efter i rum el. tid], komma efter; efterträda; följa [*~ a road*]; *~ my* (amer. *the*) *leader* ung. 'följa John' lek; *~ one's nose* gå dit näsan pekar **2** förfölja, skugga [*we are being ~ed*] **3** följa med, åtfölja [*disease often ~s malnutrition*] **4** följa, lyda, gå (handla) efter, rätta sig efter [*~ his advice, ~ the fashion, ~ a plan*]; *~ suit* kortsp. bekänna (följa) färg; bildl. följa exemplet, göra likadant **5** ägna sig åt yrke; *~ the sea* vara (bli) sjöman, vara (gå) till sjöss **6** följa [med ögonen (i tankarna)] [*they ~ed her movements*] **7** följa [med], hinna (hänga) med [*he spoke so fast that I couldn't ~ him*], förstå, [upp]fatta; *do you ~ me?* är (hänger) du med?, förstår du vad jag menar? **8** *~ out* fullfölja, genomföra; *~ up* a) följa noga (ihärdigt) b) följa upp, fortsätta, slutföra, fullfölja [*~ up a victory*], driva vidare, vidare utföra (utveckla) ämne o.d. **II** *vb itr* **1** följa; komma efter [*go on ahead and I'll ~*]; *as ~s* på följande sätt; som följer, följande; *to ~* efter, ovanpå [detta]; *with dinner to ~* med efterföljande middag; *letter to ~* brev följer; *~ on* (adv.) a) följa (fortsätta) efter b) kricket., om lag gå in på nytt omedelbart efter en 'innings', fortsätta utan avbrott, se äv. *follow-on*; *~ through* (adv.) sport. ta ut (fullfölja) slaget helt **2** följa, vara en följd [*from* av]; [*because he is good*] *it does not ~ that he is wise* ...behöver han för den skull inte vara klok
follower ['fɒləʊə] *s* **1** följeslagare **2** anhängare, efterföljare

following ['fɒləʊɪŋ] **I** *adj* följande [*the ~ story*]; *the ~ morning* följande morgon, morgonen därpå **II** *s* följe, anhang, anhängare; anhängarskara [*his ~ was very small*] **III** *prep* **1** till följd av **2** [omedelbart] efter [*~ the lecture the meeting was open to discussion*]
follow-on ['fɒləʊɒn] *s* kricket. ett lags andra 'innings' som följer omedelbart efter den första p.g.a. för få gjorda 'runs'
follow-up ['fɒləʊʌp] *s* uppföljning, fortsättning; efterbehandling; efterkontakt vid yrkesvägledning; med. [efter]kontroll
folly ['fɒlɪ] *s* **1** dåraktighet, dårskap, tokeri, galenskap **2** 'fåfänga' dyrbar o. onyttig byggnad **3** *the follies* revyn [*the Ziegfeld Follies*]
foment [fə(ʊ)'ment] *vb tr* **1** underblåsa [*~ rebellion*] **2** badda, lägga varma omslag på
fomentation [ˌfəʊmen'teɪʃ(ə)n] *s* **1** underblåsande **2** baddning; värmande (varmt) omslag
fond [fɒnd] *adj* **1** *be ~ of* tycka om, vara förtjust i, vara fäst vid, vara kär i, hålla av, älska; vara begiven på; *be ~ of dancing* tycka om att dansa, gärna dansa **2** öm [*~ looks*], kärleksfull **3** fåfäng [*~ hope, ~ wish*]; *it exceeded our ~est hopes* det överträffade våra djärvaste förväntningar
fondant ['fɒndənt] *s* fondant; sockermassa, sockerglasyr
fondle ['fɒndl] *vb tr* kela med, smeka
fondly ['fɒndlɪ] *adv* **1** ömt, kärleksfullt **2** *I ~ believe* (*hope*) jag vill [så] gärna tro (hoppas); *~ imagine that* leva i den glada tron att
fondness ['fɒndnəs, 'fɒnnəs] *s* tillgivenhet, ömhet; svaghet; förkärlek
fondue ['fɒndju:] *s* kok. fondue
font [fɒnt] *s* dopfunt; vigvattenskål
food [fu:d] *s* mat [*~ and drink*]; föda, kost, näring äv. bildl. [*mental ~*]; livsmedel; födoämne [*animal ~, vegetable ~*]; *articles of ~* matvaror; *~ poisoning* matförgiftning; *~ rationing* livsmedelsransonering; *~ for thought* (*reflection*) något att tänka på, tankeställare
food chain ['fu:dtʃeɪn] *s* näringskedja
food processor ['fu:dˌprəʊsesə] *s* matberedare
foodstuff ['fu:dstʌf] *s* födoämne, matvara, livsmedel
food value ['fu:dˌvælju:] *s* näringsvärde
1 fool [fu:l] **I** *s* **1** dåre, dumbom; narr, tok[a], fåne; *a ~ and his money are soon parted* ung. det är lätt att plocka en dumbom på pengar; *the more ~ you* så mycket dummare av dig, det var dumt av dig; *don't be a ~!* var inte dum [nu]!; *I was a ~ to believe it* jag var dum som trodde det; *it made me feel a ~* det gjorde mig generad, då kände jag mig dum (bortgjord); *live in a ~'s paradise* leva i lycklig okunnighet **2** narr, löjlig figur, fjant; förr hovnarr, gycklemakare;

~'s cap narrhuva, narrmössa av papper; **make a ~ of a p.** göra ngn löjlig, dra ngn vid näsan; **make a ~ of oneself** göra sig löjlig, göra bort sig; **play (act) the ~** spela pajas, larva sig **II** *vb tr* skoja (driva) med; lura, narra [*~ a p. out of* (lura av ngn) *his money, ~ a p. into doing* ([till] att göra) *a th.*]; spela ngn ett spratt; *you can't ~ me* mig lurar du inte **III** *vb itr* bära sig åt som en stolle; *~ [about (around)]* a) gå och driva (dra), slå dank b) [vänster]prassla [*with a p.* med ngn]; *~ [about (around)] with a th.* joxa (pillra) med ngt
2 fool [fu:l] *s* kräm (mos) med grädde (mjölk, vaniljsås) [isht *gooseberry fool*]
foolery ['fu:ləri] *s* **1** dårskap, narraktighet **2** gyckel, lek, skämt
foolhardy ['fu:l‚hɑ:dɪ] *adj* dumdristig
foolish ['fu:lɪʃ] *adj* dåraktig, dum; narraktig; löjlig [*cut* (göra) *a ~ figure*]
foolproof ['fu:lpru:f] *adj* idiotsäker
foolscap [i bet. *1* 'fu:lzkæp, i bet. *2* äv. 'fu:lskæp] *s* **1** se *fool's cap* under *1 fool 2* **2** folio pappersformat, ung. 4 x 3 dm; skrivpapper, dokumentpapper
foot [fʊt] **I** (pl. *feet* [fi:t]) *s* **1** fot; *my ~!* vard. sällan!, struntprat!; *be on one's feet* a) stå; resa sig b) vara på benen, vara frisk c) vara på fötter ekonomiskt, klara sig; *carry a p. off his feet* a) kasta omkull ngn b) bildl. lägga ngn för sin fötter c) bildl. överväldiga ngn; *catch a p. on the wrong ~* överraska (komma på) ngn; *fall (land) on one's feet* bildl. komma ned på fötterna; *feel one's feet* el. *find one's feet* bildl. känna sig hemma[stadd]; finna sig tillrätta, börja få fotfäste; *get (have) one's ~ in* vard. få in en fot i; *go on ~* gå till fots; *have one ~ in the grave* vard. stå med ena foten i graven; *have the ball at one's feet* ha chansen; *help a p. to his feet* hjälpa ngn på benen (att resa sig); *jump to one's feet* springa (rusa) upp; *knock a p. off his feet* kasta omkull ngn, bildl. fullständigt överrumpla ngn; *put one's ~ down* säga bestämt ifrån, protestera, slå näven i bordet; *he never put a ~ wrong* han gjorde aldrig ett misstag; *put one's best ~ foremost (forward)* se *best I*; *put one's ~ in it* vard. trampa i klaveret, göra bort sig; *rise to one's feet* resa sig, stiga upp; *be run off one's feet* vard. ha fullt upp att göra; *rush a p. off his feet* bringa ngn ur fattningen; *set a p. (a th.) on his (its) feet* hjälpa ngn (sätta ngn) på fötter äv. bildl.; *shoot oneself in the ~* vard. bita sig i tummen, göra bort sig rejält; *stand on one's own two feet* stå på egna ben; *at a p.'s feet* vid (för) ngns fötter äv. bildl.; *by ~* till fots; *on ~* a) till fots b) på fötter, i rörelse c) i gång, i verket **2** fot [*at the ~ of the mountain*]; fotända [*~ of the bed*], nederdel, underdel [*~ of a sail*] **3** fot, stativ, sockel **4** fot mått (= 12 *inches* ung. = 30,48 cm); *five ~* (ibl. *feet*) *six* 5 fot 6 [tum] **II** *vb tr* **1** *~ it* a) gå till fots, traska b) tråda dansen **2** sticka 'vid, förfota strumpa **3** *~ the bill* vard. betala kalaset (räkningen)
footage ['fʊtɪdʒ] *s* **1** längd i fot räknat, antal fot **2** film. [ett] antal fot (meter) film, filmmetrar
foot-and-mouth disease [‚fʊt(ə)n'maʊθdɪ‚zi:z] *s* vetensk. mul- och klövsjuka
football ['fʊtbɔ:l] *s* fotboll; *the F~ Association* engelska fotbollsförbundet; *the F~ Association Cup* (förk. *FA Cup*) engelska cupen; *the F~ League* engelska ligan; *~ jersey* fotbollströja; *~ pool* se *2 pool I 4*; *~ shirt* fotbollströja; *~ shorts (knickers)* fotbollsbyxor; *~ strip* fotbollsdräkt; *American ~* amerikansk fotboll i motsats till vanlig fotboll
footballer ['fʊtbɔ:lə] *s* fotbollsspelare
footbrake ['fʊtbreɪk] *s* fotbroms
footbridge ['fʊtbrɪdʒ] *s* gångbro, spång
footfall ['fʊtfɔ:l] *s* steg, ljud av steg
foothill ['fʊthɪl] *s* [lägre] utlöpare av berg o.d.; kulle vid foten av berg
foothold ['fʊthəʊld] *s* fotfäste; *secure (gain, get) a ~* få fotfäste, bildl. äv. få in en fot, komma in
footing ['fʊtɪŋ] *s* **1** fotfäste, bildl. äv. säker ställning; *gain (get) a ~* få fotfäste, bildl. äv. få fast fot, vinna (få) insteg; *lose one's ~* tappa fotfästet **2** bildl. grund, basis; *put a business on a sound ~* konsolidera ett företag **3** bildl. fot, förhållande; läge; *be on an equal ~ with* vara jämställd (likställd) med; *be on a friendly ~ with* stå på vänskaplig fot med; *place on the same ~ as* jämställda med; *on a war ~* på krigsfot
footle ['fu:tl] vard. **I** *vb itr* bära sig fånigt åt, larva sig; dilla, prata strunt; *~ about (around)* [gå omkring och] larva sig (bära sig fånigt åt) **II** *vb tr*, *~ away one's time* slösa bort tiden med en massa larv **III** *s* strunt, dravel, larv; attr. futtig, fånig, larvig
footlights ['fʊtlaɪts] *s pl* teat. **1** [golv]rampljus **2** *the ~* scenen, skådespelaryrket
footling ['fu:tlɪŋ] *adj* vard. futtig, ynklig, strunt- [*a ~ sum*], obetydlig [*~ little jobs*]; enfaldig [*a ~ remark*]
foot|man ['fʊt|mən] (pl. *-men* [-mən]) *s* [livréklädd] betjänt, lakej
footmark ['fʊtmɑ:k] *s* fotspår
footnote ['fʊtnəʊt] *s* [fot]not nederst på sida
footpath ['fʊtpɑ:θ] *s* gångstig
footprint ['fʊtprɪnt] *s* fotspår; fotavtryck
footrest ['fʊtrest] *s* fotstöd, pall
foot rule ['fʊtru:l] *s* fotmått, tumstock 1 fot lång
footsie ['fʊtsɪ] *s* vard. tåflört; *play ~* tåflörta
foot soldier ['fʊt‚səʊldʒə] *s* fotsoldat, infanterist

footstep ['futstep] s **1** steg, fotsteg **2** fotspår
footstool ['futstu:l] s pall, fotpall
footway ['futweɪ] s **1** gångstig **2** trottoar
footwear ['futweə] s fotbeklädnad, skodon
footwork ['futwɜ:k] s **1** fotarbete i sport; benföring i dans **2** fältarbete **3** amer. vard. taktik [*political* ~]
foozle ['fu:zl] vard. **I** *vb tr* fördärva, fuska bort t.ex. golfslag **II** s dåligt slag; klumpigt fel; bom
fop [fɒp] s snobb, sprätt[hök]
foppish ['fɒpɪʃ] *adj* sprättig, snobbig
for [fɔ:, obeton. fə] **I** *prep* (se äv. förb. m. t.ex. *call*, *go o. in*) **1** a) för [*work* ~ *money*] b) [i utbyte] mot [*new lamps* ~ *old*]; *E* ~ *elephant* E som i elefant; *sit* ~ *a constituency* representera en valkrets **2** a) till [*here's a letter* ~ *you*] b) åt [*I can hold it* ~ *you*] c) för, för ngns räkning, å ngns vägnar [*he acted* ~ *me*]; *there's friendship* ~ *you!* vard. det kan man kalla vänskap!, iron. och det ska kallas vänskap! **3** för att få [*go to a p.* ~ *help*], efter [*ask* ~ *a p.*], om [*ask* ~ *help*], på [*hope* ~]; till [*dress* ~ *dinner*]; *now you're* ~ *it!* vard. det kommer du att få för!, nu åker du fast!; *oh* ~ [*a cup of tea*]*!* oj, vad jag är sugen på...!, vad jag längtar efter...!; *be out* ~ *a walk* vara ute och gå; *there's a gentleman* ~ *you* det är en herre som söker er; *what's this* ~*?* vard. a) vad är det här till? b) vad är det här bra för? **4** till [*the train* ~ *London*] **5** för [*bad* ~ *the health*]; *it's good* ~ *colds* det är bra mot förkylningar **6** lydande på; till ett belopp av; *a bill* ~ *£100* en räkning på 100 pund **7** med anledning av, på grund av, till följd av, av [*cry* ~ *joy*]; ~ *this reason* av den anledningen; *if it had not been* ~ *him* om inte han hade varit **8** trots; *he is a good man* ~ *all that* han är en bra människa trots allt **9** vad beträffar, i fråga om [*the worst year ever* ~ *accidents*], angående; ~ *all I care* vad mig beträffar, gärna för mig; [*he is dead*] ~ *all I know* ...vad jag vet; ~ *all I can see* inte annat än jag kan se; *so much* ~ *that!* det var det!, nog om den saken!; *as* ~ vad beträffar; *as* ~ *me* för min del; *be hard up* ~ *money* ha ont om pengar **10** såsom, för; som, till [*they chose him* ~ *their leader*]; ~ *instance* (*example*) till exempel; *I* ~ *one* jag för min del; ~ *one thing* för det första; *I know it* ~ *certain* (~ *a fact*) det vet jag säkert (bestämt) **11** för [att vara] [*not bad* ~ *a beginner*] **12 a**) i tidsuttr.: på [*I haven't seen him* ~ *a long time*]; [*be away*] ~ *a month* ...[i] en månad; ~ *several months* [*past*] sedan flera månader tillbaka; ~ *now* för tillfället, tills vidare [*that is enough* ~ *now*] **b**) i rumsuttr.: ~ *kilometres* på (under) flera kilometer; *we walked* ~ *two kilometres* vi gick två kilometer **13** *it is* ~ *you to decide* det är du som skall bestämma; *it is not* ~ *me to judge* det är inte min sak att döma;

here is a book ~ *him to read* här har han en bok att läsa; *it is common* ~ *a man to do so* det är vanligt att en man gör så **II** *konj* för, ty; [*I asked her to stay*,] ~ *I had something to tell her* äv. ...jag hade nämligen något att säga henne
fora ['fɔ:rə] s pl. av *forum*
forage ['fɒrɪdʒ] **I** s **1** foder åt hästar o. boskap; furage **2** furagering, foderanskaffning **II** *vb itr* **1** furagera; söka efter (skaffa) föda **2** leta, rota [äv. ~ *about* (*round*) *for* efter]
forage cap ['fɒrɪdʒkæp] s mil. lägermössa
foray ['fɒreɪ] **I** s **1** plundringståg, räd; *make* (*go on*) *a* ~ ge sig ut på plundringståg **2** bildl. strövtåg, utflykt [*unsuccessful* ~*s into the world of politics*] **II** *vb itr* ge sig ut på plundringståg
forbade [fə'bæd, fɔ:'b-, -'beɪd] imperf. av *forbid*
1 forbear ['fɔ:beə] s, vanl. pl. ~*s* förfäder
2 forbear [fɔ:'beə] (*forbore forborne*) *vb tr* avhålla sig från, låta bli, underlåta; upphöra med
forbearance [fɔ:'beər(ə)ns] s fördrag[samhet], tålamod, överseende [*show* (ha) ~ *with* (*towards*)]
forbid [fə'bɪd, fɔ:'b-] (imperf. *forbade*, ibl. *forbad*, perf. p. *forbidden*) *vb tr* **1** förbjuda [*a p. a th.*; *a p. to do a th.*]; *God* ~*!* det (vilket) Gud förbjude!; *God* ~ *that...* Gud förbjude att... **2** utestänga från; förvisa från **3** utesluta, [för]hindra
forbidden [fə'bɪdn] perf. p. av *forbid*
forbidding [fə'bɪdɪŋ, fɔ:'b-] *adj* frånstötande [*a* ~ *appearance* (yttre)], osympatisk [*a* ~ *person*]; avskräckande; anskrämlig; avvisande, ogästvänlig, otillgänglig [*a* ~ *coast*]
forbore [fɔ:'bɔ:] imperf. av *2 forbear*
forborne [fɔ:'bɔ:n] perf. p. av *2 forbear*
force [fɔ:s] **I** s **1** styrka, kraft äv. bildl. [*the* ~ *of an argument* (*a blow*)]; makt; *social* ~*s* sociala krafter; ~ *of habit* vanans makt; *from* [*sheer*] ~ *of habit* av gammal vana; *by* ~ *of* i kraft av; *by* ~ *of arms* med vapenmakt; *in* [*great*] ~ mil. i stort antal; *in full* ~ mangrant [*they came in full* ~] **2** styrka, trupp, kår [*a* ~ *of 8,000 men*]; *the F*~ polisen; *pl.* ~*s* äv. stridskrafter [*naval* ~*s*]; *air* ~ flygvapen; *armed* ~*s* väpnade styrkor, krigsmakt; *join* ~*s* slå sig ihop, förena (alliera) sig [*with* med] **3** våld [*use* ~]; *brute* ~ [fysiskt] våld; *by* ~ med våld **4** [laga] kraft, giltighet; *be in* ~ äga (vara i) kraft, gälla; *come into* ~ träda i kraft; *put in*[*to*] ~ sätta i kraft **5** verklig innebörd, exakt mening [*the* ~ *of a word*] **6** fys. kraft; *electric* (*magnetic*) ~ elektrisk (magnetisk) fältstyrka **II** *vb tr* **1** tvinga, nödga **2** pressa [upp]; forcera; ~ *the pace* driva upp farten (tempot); ~ *a smile* pressa fram ett leende **3** bryta upp, spränga [~ *a lock*]; ~ *a passage* (*one's way*)

forced [med våld] bana sig väg, tränga sig [*in*[*to*] in i (till)] **4 a)** tvinga fram, tvinga sig till [*from*, *out of* av], pressa fram [*from, out of* ur, från] **b)** ~ *a th.* [*up*]*on a p.* tvinga (truga) på ngn ngt **5** spec. förbindelser med adv.: ~ *down* pressa (tvinga) ner, tvinga i sig; trycka ner; ~ *out* pressa (tvinga) fram; ~ *through* driva (trumfa) igenom; ~ *up* driva upp [~ *up the price*]
forced [fɔ:st] *adj* o. *perf p* **1** tvingad etc., jfr *force II*; tvungen; påtvingad, tvångs- [~ *feeding*, ~ *labour*]; ~ *landing* nödlandning **2** forcerad; ~ *march* äv. ilmarsch **3** ansträngd [*a* ~ *style* (*manner*), *a* ~ *smile*]
force-feed ['fɔ:sfi:d] **I** *vb tr* tvångsmata äv. bildl. **II** *s*, ~ [*lubrication*] trycksmörjning
force-feeding ['fɔ:s,fi:dɪŋ] *s* tvångsmatning
forceful ['fɔ:sf(ʊ)l] *adj* **1** kraftfull, stark [*a* ~ *personality*, *a* ~ *style*] **2** se *forcible 2*
force-land [,fɔ:s'lænd] **I** *vb itr* nödlanda **II** *vb tr* göra en nödlandning med
forcemeat ['fɔ:smi:t] *s* kok. färs till fyllning av kyckling, fisk o.d.; köttbullssmet
forceps ['fɔ:seps] (konstr. ss. sg. el. pl.; pl. *forceps*) *s* isht kirurgisk tång, pincett; *a* [*pair of*] ~ en tång (pincett)
forcible ['fɔ:səbl, -sɪbl] *adj* **1** [som sker] med våld (tvång), tvångs- [~ *feeding*] **2** kraftig, eftertrycklig [*in the most* ~ *manner*]; effektfull
forcibly ['fɔ:səblɪ, -sɪb-] *adv* **1** med våld; mot min (din etc.) vilja; godtyckligt **2** med eftertryck (myndighet, kraft), starkt
ford [fɔ:d] **I** *s* vad[ställe] **II** *vb tr* vada över (genom); korsa **III** *vb itr* vada
fordable ['fɔ:dəbl] *adj* som går att vada över
fore [fɔ:] **I** *adj* framtill belägen; framförvarande; främre **II** *s* främre del; sjö. för; *at the* ~ sjö. i fockmastens topp; *to the* ~ a) på platsen, till hands; tillgänglig, lätt åtkomlig; fullt synlig b) aktuell [*the question is much to the* ~]; *come to the* ~ a) komma i sikte, framträda b) komma upp (på tapeten), bli aktuell **III** *adv*, ~ *and aft* i för och akter; från för till akter
1 forearm ['fɔ:rɑ:m] *s* underarm
2 forearm [,fɔ:r'ɑ:m] *vb tr* beväpna [på förhand], förbereda
forebear ['fɔ:beə] *s* se *1 forbear*
forebode [fɔ:'bəʊd] *vb tr* **1** [före]båda, varsla [om]; förutsäga **2** ana; i förväg frukta [~ *disaster*]
foreboding [fɔ:'bəʊdɪŋ] *s* **1** (ond) aning, föraning **2** förebud, varsel, förutsägelse, [ond] spådom
forecast [ss. vb 'fɔ:kɑ:st, fɔ:'kɑ:st, ss. subst. 'fɔ:kɑ:st] **I** (*forecast forecast* el. ~*ed* ~*ed*) *vb tr* **1** på förhand beräkna, förutse **2** förutsäga; *what weather do they* ~ *for tomorrow?* vad sa de om vädret i morgon [i väderrapporten]? **3** varsla **II** *s* [förhands]beräkning [*a* ~ *of next year's trade*]; prognos; förkänning; *weather* ~ väderrapport
forecastle ['fəʊksl] *s* se *fo'c'sle*
forecheck ['fɔ:tʃek] *vb itr* i ishockey forechecka
forecourt ['fɔ:kɔ:t] *s* **1** [ytter]gård, gårdsplan, förgård **2** del av tennisbana mellan servelinje o. nät
forefather ['fɔ:,fɑ:ðə] *s* förfader, stamfader
forefinger ['fɔ:,fɪŋgə] *s* pekfinger
fore|foot ['fɔ:|fʊt] (pl. -*feet* [-fi:t]) *s* framfot
forefront ['fɔ:frʌnt] *s* främsta del (led); förgrund; *in the* ~ *of the battle* i främsta stridslinjen; *be in the* ~ bildl. vara högaktuell, stå i förgrunden
foregather [fɔ:'gæðə] *vb itr* se *forgather*
forego [fɔ:'gəʊ] (*forewent foregone*) **I** *vb tr* **1** föregå, gå före **2** se *forgo* **II** *vb itr* gå före
foregoing [fɔ:'gəʊɪŋ] *adj* föregående, ovannämnd
foregone ['fɔ:gɒn] *adj* **1** [för]gången, förliden, framfaren **2** *a* ~ *conclusion* a) en förutfattad mening b) en given sak
foreground ['fɔ:graʊnd] *s* förgrund
forehand ['fɔ:hænd] *s* i tennis o.d. forehand
forehead ['fɒrɪd, 'fɔ:hed] *s* panna
foreign ['fɒrən] *adj* **1** utländsk; utrikes[-]; främmande; *minister for* (*of*) ~ *affairs* el. ~ *minister* utrikesminister; *the Secretary of State for F~ and Commonwealth Affairs* el. *the F~ and Commonwealth Secretary* i Storbritannien utrikesministern; ~ *exchange* a) utländsk valuta b) valutahandel, valutaarbitrage [äv. ~ *exchange dealings*]; ~ *exchange market* valutamarknad; *the F~ Legion* främlingslegionen; ~ *mail* post från (till) utlandet; *the F~ and Commonwealth Office* utrikesdepartementet i London; ~ *power* främmande makt; ~ *trade* utrikeshandel, handel med utlandet **2** på annan ort [belägen]; utsocknes, från annan ort (annat grevskap o.d.) [kommande], utifrån [kommande]; främmande [~ *labour*] **3** främmande [*to* för]; ~ *matter* främmande föremål; *lying is* ~ *to his nature* att ljuga ligger inte för honom
foreigner ['fɒrənə] *s* utlänning, främling
foreignness ['fɒrənnəs] *s*, *the* ~ *of a th.* det främmande i ngt
foreknowledge [,fɔ:'nɒlɪdʒ] *s* förhandskännedom
foreleg ['fɔ:leg] *s* framben
forelock ['fɔ:lɒk] *s* pannlugg, lock i pannan; pannhår på häst; *take time* ([*the*] *occasion*) *by the* ~ gripa tillfället i flykten; ta tillfället i akt
fore|man ['fɔ:|mən] (pl. -*men* [-mən]) *s* **1** [arbets]förman, [arbets]bas; verkmästare; arbetsledare; boktr. faktor; *working* ~ arbetsledare som själv deltar i arbetet **2** ordförande i jury
foremast ['fɔ:mɑ:st, sjö. -məst] *s* sjö. fockmast

foremost ['fɔ:məʊst] I *adj* främst, först; förnämst II *adv* främst [*first and* ~], först; *head* ~ huvudstupa, på huvudet, med huvudet före; *put one's best foot* (*leg*) ~ se *best I*
forename ['fɔ:neɪm] *s* förnamn
forenoon ['fɔ:nu:n] *s* förmiddag
forensic [fə'rensɪk] *adj* juridisk, rättslig, rätts-; kriminalteknisk; ~ *laboratory* kriminalteknisk anstalt; ~ *medicine* rättsmedicin
foreplay ['fɔ:pleɪ] *s* förspel till sexuellt umgänge
forerunner ['fɔ:ˌrʌnə] *s* förelöpare; föregångare
foresail ['fɔ:seɪl, sjö. -sl] *s* sjö. försegel, fock
foresee [fɔ:'si:] (*foresaw foreseen*) *vb tr* förutse; veta på förhand
foreseeable [fɔ:'si:əbl] *adj* förutsebar; *in the ~ future* inom överskådlig framtid
foreshadow [fɔ:'ʃædəʊ] *vb tr* bebåda, förebåda, [på förhand] antyda, låta ana; ställa i utsikt
foreshore ['fɔ:ʃɔ:] *s* strandremsa, strand mellan hög- och lågvattenslinjen el. mellan vattnet och odlat (bebyggt) land
foresight ['fɔ:saɪt] *s* **1** förutseende, framsynthet **2** omtänksamhet, omtanke [för framtiden]
foreskin ['fɔ:skɪn] *s* anat. förhud
forest ['fɒrɪst] *s* [stor] skog äv. bildl. [*a ~ of masts in the harbour*]; skogstrakt; ~ *land* skogsmark
forestall [fɔ:'stɔ:l] *vb tr* förekomma, förebygga; föregripa [~ *criticism*]
forester ['fɒrəstə] *s* **1** jägmästare **2** skogvaktare
forestry ['fɒrəstrɪ] *s* skogsvetenskap; skogsvård, skogsbruk, skogsväsen
foretaste ['fɔ:teɪst] *s* försmak
foretell [fɔ:'tel] (*foretold foretold*) *vb tr* förutsäga, förespå; förebåda
forethought ['fɔ:θɔ:t] *s* omtänksamhet
forever [fə'revə] *adv* för alltid, evigt; jämt [och ständigt]
forewarn [fɔ:'wɔ:n] *vb tr* varsko, förvarna
foreword ['fɔ:wɜ:d] *s* förord, företal
forfeit ['fɔ:fɪt] I *s* **1** bötessumma, böter, vite; pris; pant i lek **2** förverkande, förlust **3** ~*s* (konstr. ss. sg.) pantlek; *play* [*at*] ~*s* leka en pantlek (pantlekar) II *vb tr* **1** förverka, gå miste om, förspilla, få plikta med [~ *one's life*] **2** mista, förlora [~ *the good opinion of one's friends*]
forfeiture ['fɔ:fɪtʃə] *s* förverkande, förlust
forgather [fɔ:'gæðə] *vb itr* **1** samlas, komma tillsammans **2** sammanträffa isht tillfälligtvis **3** umgås [*with* med]
forgave [fə'geɪv] imperf. av *forgive*
1 forge [fɔ:dʒ] *vb itr*, ~ *ahead* kämpa (arbeta, pressa) sig fram (förbi); ~ *into the lead* t.ex. sport. pressa sig upp i ledningen
2 forge [fɔ:dʒ] I *s* **1** smedja, smidesverkstad **2** smidesugn, [smides]ässja **3** järnverk; metallförädlingsverk II *vb tr* **1** smida **2** förfalska, efterapa [~ *a cheque*, ~ *a signature*] **3** utforma, skapa [~ *a new Constitution*] III *vb itr* förfalska
forger ['fɔ:dʒə] *s* förfalskare
forgery ['fɔ:dʒ(ə)rɪ] *s* **1** förfalskning[sbrott], efterapning **2** konkr. förfalskning, efterapning, falsarium [*a literary ~*] **3** jur. urkundsförfalskning
forget [fə'get] (*forgot forgotten*, poet. *forgot*) I *vb tr* glömma [bort], inte minnas (komma ihåg); *not ~ting* inte att förglömma, för att inte glömma; *never to be forgotten* oförglömlig II *vb itr*, ~ *about a th.* glömma bort ngt
forgetful [fə'getf(ʊ)l] *adj* **1** glömsk [*of* av]; försumlig; *be ~* vara glömsk av sig; *be ~ of* äv. glömma **2** poet. som skänker glömska
forgetfulness [fə'getf(ʊ)lnəs] *s* glömska; försumlighet
forget-me-not [fə'getmɪnɒt] *s* bot. förgätmigej
forgivable [fə'gɪvəbl] *adj* förlåtlig
forgive [fə'gɪv] (*forgave forgiven*) I *vb tr* förlåta [*a p.* [*for*] *a th.* ngn ngt]; ursäkta [~ *my ignorance*]; *not to be ~n* oförlåtlig II *vb itr* förlåta
forgiven [fə'gɪvn] perf. p. av *forgive*
forgiveness [fə'gɪvnəs] *s* förlåtelse; överseende
forgo [fɔ:'gəʊ] (*forwent forgone*) *vb tr* avstå från, ge upp [~ *one's advantage*], försaka [~ *pleasures*]
forgot [fə'gɒt] imperf. av *forget*
forgotten [fə'gɒtn] perf. p. av *forget*
fork [fɔ:k] I *s* **1** gaffel; ~ *luncheon* (*dinner*) gående lunch (middag), enkel lunch (middag) **2** grep, tjuga **3** [gaffelformig] förgrening, gren; ~ [*junction*] vägskäl, skiljeväg; korsväg **4** anat. gren, skrev **5** [*tuning*] ~ stämgaffel **6** framgaffel på cykel II *vb tr* **1** lyfta (ta, kasta, bära, gräva m.fl.) med grep (gaffel) **2** vard., ~ *out* (isht amer. *up*, *over*) punga ut [med], langa fram [~ *out* (*up*, *over*) *a lot of money*] III *vb itr* **1** [för]grena (dela) sig, bilda (ha, få) grenar; ~ *left* (*right*) ta (vika) av till vänster (höger) **2** vard., ~ *out* (isht amer. *up*, *over*) punga ut med stålarna [*he wouldn't ~ out* (*up*, *over*)]
forked [fɔ:kt] *adj* [för]grenad, delad
forklift ['fɔ:klɪft] *s*, ~ [*truck*] gaffeltruck
forlorn [fə'lɔ:n] *adj* **1** [ensam och] övergiven; ödslig **2** förtvivlad, hopplös [*a ~ attempt* (*cause*)] **3** bedrövlig, eländig, ömklig [*his ~ appearance*] **4** ~ *hope* a) sista förtvivlat försök b) svagt (fåfängt) hopp
form [fɔ:m] I *s* **1** form i olika bet.; *the ~ of a poem* en dikts form; *a mere* [*matter of*] ~ en ren formsak (formalitet); *the plural ~* gram. pluralform[en], pluralis; *be in* (*on*) ~ t.ex. sport. vara i [fin] form (i god kondition),

formal

vara i slag, vara tränad; *be in great* ~ vara i högform (i utmärkt form, upplagd); vara på strålande humör; *be off (out of)* ~ el. *not be on* ~ t.ex. sport. vara ur form (slag), vara otränad **2** gestalt, skepnad; figur, [kropps]form, skapnad; gestaltning; slag, form; *take* ~ ta form (gestalt); *take the* ~ *of* forma sig till **3** etikett[sak], form, formalitet; *it is bad* ~ det passar sig inte, det är obelevat (inte fint); *it is good* ~ det hör till god ton, det är korrekt (fint) **4** formulär, blankett [*a* ~ *for a contract*; *fill up a* ~]; formel; ~ *letter* standardbrev **5** [lång] bänk utan rygg; skolbänk **6** [skol]klass; årskurs [*first* ~] **II** *vb tr* **1** bilda [~ *a Government*]; forma, gestalta, dana; [an]ordna, inrätta; grunda; ~ *a coalition* ingå (bilda) en koalition **2** utbilda, fostra, dana, forma [~ *a child's character*] **3** skaffa sig [~ *a habit*]; stifta [~ *an acquaintance*] **4** utforma, göra upp [~ *a plan*]; fatta [~ *a resolution*]; bilda (göra) sig [~ *a judgement (an opinion)*] **5** utgöra [~ *part* (en del) *of*] **III** *vb itr* formas, forma sig, ta form; bildas, bilda sig [*ice had* ~*ed*]
formal ['fɔːm(ə)l] *adj* **1** formell, formenlig, yttre **2** formlig, uttrycklig **3** högtidlig [*a* ~ *occasion*], ceremoniös; formell [*a* ~ *bow*]; ~ *dress* högtidsdräkt **4** stel, precis; formalistisk
formaldehyde [fɔːˈmældɪhaɪd] *s* kem. formaldehyd
formalin [ˈfɔːməlɪn] *s* kem. formalin
formalism [ˈfɔːməlɪz(ə)m] *s* formalism
formalit|y [fɔːˈmælətɪ] *s* **1** formenlighet; formbundenhet; formalism, stelhet **2** konventionalism, formalism **3** formalitet [*customs -ies*]; formsak; *a mere* ~ en ren formalitet (formsak) **4** stelhet; formellt uppträdande
formalization [ˌfɔːməlaɪˈzeɪʃ(ə)n] *s* formalisering
formalize [ˈfɔːməlaɪz] *vb tr* formalisera
formally [ˈfɔːməlɪ] *adv* **1** formellt; för formens skull; helt formellt [*they never met, except* ~] **2** direkt, uttryckligen **3** i vederbörlig form (ordning) **4** högtidligt, ceremoniöst, stelt
format [ˈfɔːmæt] *s* boks format, utseende
formation [fɔːˈmeɪʃ(ə)n] *s* **1** formande; utformning; bildning äv. konkr.; daning; gestaltning **2** mil. el. sport. formering; gruppering **3** [berg]formation
formative [ˈfɔːmətɪv] *adj* formande, danande, bildande, utvecklings- [~ *stage*]; utbildnings-; formbar; *the* ~ *years of a child's life* äv. utvecklingsåren under ett barns liv
former [ˈfɔːmə] *adj* **1** föregående, tidigare [*my* ~ *students*]; förgången, forn; *in* ~ *times* fordom, förr i världen; *her* ~ *self* hennes (sitt) forna (gamla) jag **2** förra, förre, f.d., ex- [*the* ~ *prime minister*] **3** *the* ~ den förre (förra), det (de) förra [*the* ~...*the latter*...]

formerly [ˈfɔːməlɪ] *adv* förut; fordom, förr [i världen]; ~ *ambassador in* f.d. ambassadör i
Formica [fɔːˈmaɪkə] *s* ® Formica slags plastlaminat
formidable [ˈfɔːmɪdəbl, fɔːˈmɪd-] *adj* **1** fruktansvärd; skräckinjagande; respektingivande, avskräckande **2** formidabel, överväldigande, väldig [*a* ~ *task*]
formless [ˈfɔːmləs] *adj* formlös; oformlig
form room [ˈfɔːmruːm] *s* klassrum
formul|a [ˈfɔːmjʊlə] (pl. äv. *-ae* [-iː]) *s* **1** formel; formulering; formulär; teol. bekännelseformel **2** matem. el. kem. formel **3** recept **4** isht amer. modersmjölksersättning **5** i bilsport formel [*F*~ *1*]
formulate [ˈfɔːmjʊleɪt] *vb tr* formulera
formulation [ˌfɔːmjʊˈleɪʃ(ə)n] *s* formulering, utformning
fornicate [ˈfɔːnɪkeɪt] *vb itr* mest jur. bedriva otukt, hora
fornication [ˌfɔːnɪˈkeɪʃ(ə)n] *s* mest jur. otukt, hor, äktenskapsbrott
forsake [fəˈseɪk, fɔːˈs-] (*forsook forsaken*) *vb tr* **1** överge, lämna [i sticket], svika [~ *one's friend*] **2** ge upp [~ *an idea*], avstå från, låta fara (vara)
forsaken [fəˈseɪk(ə)n, fɔːˈs-] perf. p. av *forsake*
forsook [fəˈsʊk, fɔːˈs-] imperf. av *forsake*
forsythia [fɔːˈsaɪθjə] *s* bot. forsythia
fort [fɔːt] *s* fort, fäste, [be]fästningsverk; skans; *hold the* ~ bildl. hålla ställningarna; sköta det hela
1 forte [ˈfɔːteɪ, -tɪ, isht amer. fɔːt] *s* stark sida, styrka [*singing is not my* ~]
2 forte [ˈfɔːtɪ] mus. (it.) **I** *s o. adv* forte **II** *adj* forte-
forth [fɔːθ] *adv* **1** framåt; vidare; *back and* ~ fram och tillbaka; *from this time* ~ hädanefter; *and so* ~ osv., och så vidare **2** fram, ut [*bring (come)* ~]
forthcoming [fɔːθˈkʌmɪŋ] *adj* **1** kommande, förestående, utkommande; stundande, annalkande; ~ *events* kommande program t.ex. på bio; *be* ~ komma, komma fram (till synes), framträda; finnas tillgänglig (till hands), föreligga; kunna anskaffas **2** vard. tillmötesgående
forthright [ˈfɔːθraɪt] **I** *adj* rättfram, öppen, direkt [~ *approach*] **II** *adv* **1** rakt fram (ut) **2** åld. genast
forthwith [ˌfɔːθˈwɪθ, -ˈwɪð] *adv* genast; skyndsamt
fortieth [ˈfɔːtɪɪθ, -tɪəθ] *räkn o. s* **1** fyrtionde **2** fyrtion[de]del
fortification [ˌfɔːtɪfɪˈkeɪʃ(ə)n] *s* **1** mil. fortifikation; befästande **2** befästning, isht pl. ~*s* [be]fästningsverk
fortify [ˈfɔːtɪfaɪ] **I** *vb tr* **1** mil. befästa **2** [för]stärka; beväpna; uppmuntra; ~

oneself with a glass of rum styrka sig med ett glas rom **3** förskära blanda vin med alkohol; berika; **-ied wine** vanl. starkvin **II** vb itr uppföra befästningar
fortissimo [fɔːˈtɪsɪməʊ] adv mus. (it.) fortissimo
fortitude [ˈfɔːtɪtjuːd] s mod, styrka isht i lidande o. motgång; tålamod, tapperhet
fortnight [ˈfɔːtnaɪt] s fjorton dagar (dar); **every ~** el. **once a ~** var fjortonde dag, varannan vecka; **today ~** el. **a ~ today** i dag om fjorton dar, fjorton dar i dag
fortnightly [ˈfɔːtˌnaɪtlɪ] adj o. adv [som äger rum (utkommer) o.d.] var fjortonde dag
fortress [ˈfɔːtrəs] s fästning; [starkt] befäst ort (stad); bildl. fäste, värn, borg
fortuitous [fɔːˈtjuːɪtəs] adj tillfällig; slumpartad
fortuitously [fɔːˈtjuːɪtəslɪ] adv tillfälligtvis, av en slump
fortunate [ˈfɔːtʃ(ə)nət] adj **1** lycklig, gynnad av lyckan; lyckad; **be ~** ha tur **2** lyckosam, lyckobringande, lycklig
fortunately [ˈfɔːtʃ(ə)nətlɪ] adv lyckligtvis, som tur var (är), till all lycka; lyckligt
fortune [ˈfɔːtʃuːn, -tjuːn, -tʃ(ə)n] **I** s **1** lycka [when ~ changed]; öde, [levnads]lott; levnadsvillkor, omständigheter [his ~s varied]; tur, framgång; **Dame F~** fru Fortuna; **have a piece of good ~** ha tur, ha lyckan med sig; **F~ favours the brave** (**bold**) lyckan står den djärve bi; **I had the good ~ to** el. **it was my good ~ to** jag hade lyckan (turen) att; **seek one's ~** söka lyckan (sin lycka); **tell ~s by the cards** spå i kort; **tell a p. his ~** spå ngn; **I had my ~ told** jag lät spå mig, jag blev spådd; **try one's ~** pröva lyckan, försöka sin lycka **2** förmögenhet; rikedom, välstånd; stor hemgift; **come into a ~** ärva en förmögenhet, få ett stort arv; **make a ~** göra sig en förmögenhet; **make one's ~** göra sin lycka: a) bli rik b) skapa sig en ställning **II** vb itr åld. hända [sig] [it ~d that]; **~ upon** råka finna
fortune-hunter [ˈfɔːtʃuːnˌhʌntə, -tʃ(ə)n-] s lycksökare, lyckojägare
fortune-teller [ˈfɔːtʃuːnˌtelə, -tʃ(ə)n-] s spåman; spåkvinna
forty [ˈfɔːtɪ] (jfr fifty m. sms.) **I** räkn fyrti[o]; **~ winks** vard. [en] liten tupplur [have el. take (ta sig) **~ winks**; I want my **~ winks**] **II** s fyrti[o]; fyrti[o]tal
for|um [ˈfɔːr|əm] (pl. äv. -a [-ə]) s forum, språkrör
forward [ˈfɔːwəd, sjö. ˈfɒrəd] **I** adj **1** främre [~ ranks], framtill (framför) belägen; sjö. för-, i fören [befintlig] **2** framåtriktad, som för framåt, fram-; framryckande; **~ gear** växel [för gång framåt] **3** försigkommen; brådmogen [a ~ child] **4** framfusig, påflugen,

näsvis, fräck [a ~ young man]; indiskret **II** s sport. forward, anfallsspelare, kedjespelare **III** adv (jfr forwards) **1** framåt, fram, framlänges; sjö. förut, föröver inombords; i förgrunden, i sikte; **bring** (**come, go** m.fl.) **~** se resp. vb; **~ march!** framåt marsch!; **backward and ~** fram och tillbaka, hit och dit **2** fram, vidare, på [rush ~] **IV** vb tr **1** [be]främja, befordra, hjälpa fram, gynna [~ a p.'s interests] **2** vidarebefordra, eftersända; **please ~** el. **to be ~ed** på brev eftersändes, för vidare befordran **3** skicka, [av]sända; befordra, expediera; spediera
forwarding [ˈfɔːwədɪŋ] s **1** vidarebefordran, eftersändning; **~ address** eftersändningsadress **2** [av]sändning; befordran, expediering; spedition; **~ agent** speditör
forwardness [ˈfɔːwədnəs] s **1** [ovanlig] tidighet, tidig utveckling; brådmogenhet **2** framfusighet, påflugenhet; näsvishet
forwards [ˈfɔːwədz] adv framåt, framlänges; **backwards and ~** fram och tillbaka, hit och dit
fossil [ˈfɒsl, -sɪl] **I** adj fossil [~ bones, ~ ferns], förstenad; **~ fuel** fossilt bränsle **II** s fossil, förstening, petrifikat; **an old ~** bildl. om pers. en gammal stofil
fossilization [ˌfɒsɪlaɪˈzeɪʃ(ə)n] s **1** fossilisering **2** bildl. stelnande, förstening
fossilize [ˈfɒsɪlaɪz] vb tr o. vb itr **1** fossilisera[s], förstena[s] **2** bildl. göra (bli) föråldrad; stelna
foster [ˈfɒstə] vb tr **1** ta sig an, vårda [~ the sick] **2** utveckla [~ musical ability]; befordra, gynna [uppkomsten el. växten av], stödja [~ trade]; bildl. fostra, uppamma
foster-child [ˈfɒstətʃaɪld] s fosterbarn
foster-father [ˈfɒstəˌfɑːðə] s fosterfar
foster-mother [ˈfɒstəˌmʌðə] s **1** fostermor; amma **2** äggkläckningsapparat
fought [fɔːt] imperf. o. perf. p. av fight
foul [faʊl] **I** adj **1** illaluktande, stinkande, vidrig [~ smell] **2** äcklig [a ~ taste]; vard. usel, gräslig **3** smutsig [~ linen], oren, förorenad [~ water]; **~ air** förpestad luft **4** belagd [a ~ tongue]; **a ~ pipe** en sur pipa **5 fall** (**run**) **~ of** a) kollidera med; segla (törna) på, driva emot b) komma (råka) i konflikt med [fall ~ of the law] **6** gemen, skändlig, skamlig [a ~ deed]; rå, oanständig [~ language]; vard. otäck, ruskig **7** ojust, regelvidrig, ogiltig; **~ means** olaglig medel; **~ play** a) ojust (falskt, ohederligt) spel b) oredlighet; brott **II** s ojust spel, fel, brott mot reglerna, ruff; boxn. foul; **commit a ~** ruffa **III** vb itr sport. spela ojust (mot reglerna), ruffa **IV** vb tr **1** smutsa ned, förorena, bildl. fläcka, besudla, vanställa **2** täppa till [~ a drain] **3** sjö. m.m. göra oklar, trassla till, fastna i; kollidera med **4** sport. spela (vara) ojust mot

foul-mouthed ['faʊlmaʊðd, pred. ˌ-'-] adj rå, grov, oanständig, ful (fräck) i mun; ovettig
foulness ['faʊlnəs] s **1** orenhet, förorening, smutsighet **2** konkr. smuts, förorening; stank **3** skändlighet, gemenhet, vidrighet
1 found [faʊnd] imperf. o. perf. p. av *find*
2 found [faʊnd] *vb tr* gjuta, stöpa
3 found [faʊnd] *vb tr* **1** grunda, lägga grunden till, grundlägga [~ *a colony* (*school, town*)], [in]stifta, upprätta **2** bildl. grunda, basera, bygga [[*up*]*on* på; *~ed on fact*]; *well ~ed* välgrundad, berättigad
foundation [faʊn'deɪʃ(ə)n] s **1** grundande, grundläggning, [in]stiftande **2** stiftelse, inrättning; donation; [donations]fond **3** grund; grundval, bas, underlag; fundament; *the ~*[*s*] *of a building* grunden till en byggnad; *the report has no ~* ryktet saknar grund **4** underlag; *~ cream* puderunderlag; *~* [*garment*] formplagg ss. korsett, korselett
foundation stone [faʊn'deɪʃ(ə)nstəʊn] s grundsten
1 founder ['faʊndə] s gjutare
2 founder ['faʊndə] s grundare, grundläggare
3 founder ['faʊndə] *vb itr* **1** om häst snava och falla, stupa av trötthet **2** sjö. [vattenfyllas och] sjunka, förlisa, gå under (i kvav) **3** om t.ex. hus, mark sjunka; störta in, rasa **4** bildl. stupa; gå under, slå fel; stranda
foundling ['faʊndlɪŋ] s hittebarn
foundry ['faʊndrɪ] s **1** gjuteri; järnbruk **2** gjutning; gjutarkonst
1 fount [faʊnt] s poet. källa, [spring]brunn
2 fount [faʊnt, fɒnt] s boktr. [stil]sats; stil
fountain ['faʊntən] s **1** fontän, springbrunn; kaskad; [*water*] *~* drickesfontän **2** bildl. källa; ursprung
fountainhead ['faʊntənhed] s flods källa **2** bildl. källa; ursprung
fountain pen ['faʊntənpen] s reservoarpenna
four [fɔː] (jfr *five* m. ex. o. sms.) **I** *räkn* fyra; *~ bits* amer. sl. 50 cent; *~ eyes* vard. [din] glasögonorm person med glasögon **II** s fyra; fyrtal; *on all ~s* på alla fyra
four-cylinder ['fɔːˌsɪlɪndə] *attr adj* fyrcylindrig
four-dimensional [ˌfɔːdaɪ'menʃənl, -dɪ'm-] *adj* fyrdimensionell
fourfold ['fɔːfəʊld] **I** *adj* fyrdubbel, fyrfaldig **II** *adv* fyrdubbelt, fyrfaldigt, fyrfalt
four-leaf ['fɔːliːf] *adj* o. **four-leaved** ['fɔːliːvd] *adj, ~ clover* fyrväppling, fyrklöver
four-letter [ˌfɔː'letə] *adj, ~ word* runt ord svordom som i engelskan oftast består av 4 bokstäver
four-poster [ˌfɔː'pəʊstə] s himmelssäng [äv. *~ bed*]
foursome ['fɔːsəm] s **1** golf. foursome, fyrspel 2 mot 2 två par, sällskap på fyra personer
four-speed ['fɔːspiːd] *adj* fyrväxlad
four-square [ˌfɔː'skweə] *adj* **1** fyrkantig,

kvadratisk **2** stadig, fast, orubblig [*a ~ position*], bastant **3** öppenhjärtig, ärlig, rättfram
four-stroke ['fɔːstrəʊk] *attr adj* fyrtakts- [*a ~ engine*]
fourteen [ˌfɔː'tiːn, attr. '--] *räkn* o. s fjorton; jfr *fifteen* m. sms.
fourteenth [ˌfɔː'tiːnθ, attr. '--] *räkn* o. s fjortonde; fjorton[de]del; jfr *fifth*
fourth [fɔːθ] (jfr *fifth*) **I** *räkn* fjärde; *~ class* amer. post., se *fourth-class* **II** *adv, the ~ largest town* den fjärde staden [i storlek] **III** s **1** fjärdedel **2** *the F~* [*of July*] fjärde juli Förenta staternas nationaldag **3** mus. kvart; *major* (*minor*) *~* stor (liten) kvart **4** fjärde man; *make a ~* vara (bli) fjärde man **5** motor. fyrans växel, fyran; *put the car in ~* lägga in fyran
fourth-class ['fɔːθklɑːs] *adj, ~ mail* amer., ung. ekonomipost
fourthly ['fɔːθlɪ] *adv* för det fjärde
fowl [faʊl] **I** s **1** höns[fågel]; fjäderfä **2** koll. fågel, fåglar **II** *vb itr* jaga (fånga) fågel
fox [fɒks] **I** s **1** zool. räv **2** rävskinn **3** bildl. räv, filur **4** isht amer. sl. sexig tjej (brud), pangbrud **II** *vb tr* vard. lura; förbrylla
fox brush ['fɒksbrʌʃ] s rävsvans
fox earth ['fɒksɜːθ] s rävlya, rävgryt, rävbo
foxglove ['fɒksglʌv] s bot. fingerborgsblomma
foxhole ['fɒkshəʊl] s mil. skyttevärn
foxhound ['fɒkshaʊnd] s foxhound, engelsk rävhund
foxhunt ['fɒkshʌnt] **I** s rävjakt till häst med hundar **II** *vb itr* jaga räv, jfr *I*
foxhunting ['fɒksˌhʌntɪŋ] **I** s rävjakt, jfr *foxhunt I* **II** *adj* intresserad av rävjakt [*~ man*]
fox terrier [ˌfɒks'terɪə] s foxterrier
foxtrot ['fɒkstrɒt] s foxtrot
foxy ['fɒksɪ] *adj* **1** rävlik, räv- **2** rävaktig, slug, listig **3** isht amer. sl. sexig, attraktiv
foyer ['fɔɪeɪ] s foajé
Foyle [fɔɪl] egenn.; *~s* el. *~'s* känd bokhandel i London
Fr. förk. för *Father, France, French, Friar, Friday*
fracas ['frækɑː, amer. 'freɪkəs] (pl. *fracas* ['frækɑːz], amer. *fracases* [-kəsɪz]) s stormigt uppträde, oväsen, bråk
fraction ['frækʃ(ə)n] s **1** [bråk]del [*~s of an inch*]; gnutta, dugg [*not a ~ better*], [litet] stycke; fragment **2** matem. bråk **3** polit. o.d. fraktion
fractional ['frækʃənl] *adj* matem. bruten, bråk- [*~ numbers*]; obetydlig
fractious ['frækʃəs] *adj* **1** bråkig, oregerlig, trilsk **2** grinig, besvärlig, kinkig [*a ~ child* (*old man*)]
fracture ['fræktʃə] **I** s **1** brytning, spricka **2** kir. [ben]brott, fraktur **II** *vb tr* o. *vb itr* bryta[s], krossa[s]
fragile ['frædʒaɪl, amer. -dʒ(ə)l] *adj* bräcklig,

ömtålig [~ *health*; ~ *china*], skör, spröd, fragil; om pers. klen, skröplig
fragility [frə'dʒɪlətɪ] *s* bräcklighet etc., jfr *fragile*
fragment [ss. subst. 'frægmənt, ss. vb fræg'ment] **I** *s* [avbrutet] stycke, bit, stump, spillra, skärva, splitter [~ *of glass*, ~ *of a shell*]; fragment, brottstycke [*overhear* ~*s of a conversation*] **II** *vb itr* gå sönder, splittras **III** *vb tr* slå sönder, splittra
fragmentary ['frægmənt(ə)rɪ, fræg'mentərɪ] *adj* fragmentarisk, ofullständig; lösryckt
fragmentation [ˌfrægmen'teɪʃ(ə)n] *s* uppsplittring, sönderdelning, uppdelning
fragrance ['freɪgr(ə)ns] *s* vällukt, doft
fragrant ['freɪgr(ə)nt] *adj* **1** vällukande, doftande **2** ljuvlig [~ *memories*]
1 frail [freɪl] *s* sävkorg för fikon, russin o.d.
2 frail [freɪl] *adj* **1** bräcklig [~ *support*], skör, spröd, vek, svag, klen [*a* ~ *child, a* ~ *constitution*], skröplig; förgänglig [~ *happiness*] **2** svag, lätt förledd
frailness ['freɪlnəs] *s* o. **frailty** ['freɪltɪ] *s* **1** [moralisk] svaghet äv. konkr. **2** skröplighet [*his old age and* ~]
frame [freɪm] **I** *vb tr* **1** inrätta, konstruera **2** tänka ut, utforma, göra upp [~ *a plan*, ~ *a plot*]; utarbeta, avfatta; bilda, forma, uttala [~ *words*] **3** rama in, infatta [i ram] **4** vard. **a)** ~ [*up*] koka (dikta, sätta) ihop [~ *a charge*] **b)** ~ [*up*] fixa [på förhand] t.ex. match; fiffla (fuska) med [resultatet av] t.ex. val, match **c)** sätta dit, falskeligen anklaga; sätta fast genom en falsk anklagelse, snärja **II** *s* **1** stomme; bjälklag; skrov; underrede; ram t.ex. på cykel o. bilchassi; stativ; [bärande] konstruktion ([trä]ställning), skelett; mes till ryggsäck; sjö. spant **2** ram [~ *of a picture*], karm, infattning [~ *of a window*]; [glasögon]bågar; [sy]båge; ~ *aerial* radio. ramantenn **3** kropp, gestalt; kroppsbyggnad [*his powerful* ~] **4** drivbänk **5** ~ [*of mind*] [sinnes]stämning **6** ram, organisation, system, struktur [*the* ~ *of society*]; ~ *of government* regim, författning **7** bild[ruta] på filmremsa o.d.; [TV-]bild
frame counter ['freɪmˌkaʊntə] *s* foto. [bild]räkneverk
frame frequency [ˌfreɪm'fri:kwənsɪ] *s* foto. el. TV. bildfrekvens; ~ *control* bildhållning
frame hold ['freɪmhəʊld] *s* TV. bildhållning
frame-up ['freɪmʌp] *s* vard. komplott; falsk anklagelse; provokation; bluff; fixad tävling
framework ['freɪmwɜ:k] *s* **1** stomme; skelett; konstruktion **2** bildl. stomme, ram, struktur; disposition; *within the* ~ *of* inom ramen för
franc [fræŋk] *s* franc
France [frɑ:ns] Frankrike
Frances ['frɑ:nsɪs] kvinnonamn
franchise ['fræn(t)faɪz] **I** *s* **1** *the* ~ rösträtt[en], valrätt[en] **2** medborgarrätt **3** ensamrätt; isht amer. koncession, tillstånd; ekon. franchise **II** *vb tr* ekon. bevilja franchise
Francis ['frɑ:nsɪs] mansnamn; ss. kunganamn etc. Frans; ss. helgonnamn Franciscus
Franciscan [fræn'sɪskən] **I** *adj* franciskan[er]-[*a* ~ *friar*] **II** *s* franciskan[er], franciskan[er]munk
Franco-German [ˌfræŋkəʊ'dʒɜ:mən] *adj* fransk-tysk
Francophile ['fræŋkə(ʊ)faɪl] **I** *s* franskvän **II** *adj* franskvänlig
Francophobe ['fræŋkə(ʊ)fəʊb] **I** *s* franskhatare **II** *adj* franskfientlig
1 Frank [fræŋk] *s* hist. frank
2 Frank [fræŋk] kortform för *Francis*
frank [fræŋk] **I** *adj* öppen, öppenhjärtig, rättfram, uppriktig, ärlig [*be* ~ *with* (mot) *a p.*]; *to be quite* ~ för att säga det rent ut (säga som det är), sanningen att säga **II** *vb tr* frankera; frankostämpla; ~*ing machine* frankeringsmaskin
Frankenstein ['fræŋkənstaɪn] titelfiguren i Mary Shelleys roman 'Frankenstein' [~ *'s monster*]
frankfurter ['fræŋkfɜ:tə] *s* frankfurterkorv, wienerkorv, varmkorv
frankincense ['fræŋkɪnˌsens] *s* virak; rökelse
frankly ['fræŋklɪ] *adv* öppet etc., jfr *frank I*; uppriktigt sagt, ärligt talat; *speak* ~ tala rent ut
frantic ['fræntɪk] *adj* **1** ursinnig, vild, desperat [~ *attempts*], utom (ifrån) sig [~ *with* (av) *anxiety* (*joy, pain*)]; rasande, vanvettig; hektisk [*a* ~ *search*] **2** vard. förfärlig, hemsk [*be in a* ~ *hurry*]
frat [fræt] vard. **I** *s* amer. förk. för *fraternity* 3 **II** *vb itr* se *fraternize*
fraternal [frə'tɜ:nl] *adj* broderlig, broders-
fraternity [frə'tɜ:nətɪ] *s* **1** broderskap [*liberty, equality,* ~], broderlighet **2** broderskap, brödraskap; samfund, gille; *the medical* ~ läkarkåren **3** amer. manlig studentförening vid college, ofta med hemlig ritual; ~ *house* föreningshus
fraternization [ˌfrætənaɪ'zeɪʃ(ə)n] *s* fraternisering isht neds.; förbrödring
fraternize ['frætənaɪz, -tɜ:n-] *vb itr* fraternisera isht neds.; förbrödra sig [*with* med]
fratricide ['frætrɪsaɪd, 'freɪt-] *s* **1** brodermord; syskonmord **2** brodermördare; syskonmördare
fraud [frɔ:d] *s* **1** bedrägeri [*get money by* ~]; svek; svindel; bluff; falsarium [*a literary* ~]; ~ *squad* polis. bedrägerirotel **2** vard. bedragare
fraudulence ['frɔ:djʊləns] *s* bedräglighet, svek[fullhet]
fraudulent ['frɔ:djʊlənt] *adj* bedräglig [~ *bankruptcy*; ~ *proceedings* (förfarande)], svekfull, falsk; olaglig, orättmätig
fraught [frɔ:t] *adj*, ~ *with* åtföljd (full, uppfylld) av, laddad med; ~ *with danger* (*peril*) farofylld

1 fray [freɪ] *s*, *eager for the* ~ stridslysten äv. bildl.
2 fray [freɪ] **I** *vb tr* nöta (slita) [ut], nöta [ut] i kanten; göra trådsliten; skrubba; *~ed cuffs* trasiga (fransiga) manschetter; *~ed nerves* trasiga nerver **II** *vb itr* bli nött ([tråd]sliten), fransa sig
frazzle ['fræzl] *s* vard., *beat a p. to a* ~ slå ngn sönder och samman; *burnt to a* ~ alldeles uppbränd; *worn to a* ~ a) trådsliten b) bildl. utsliten, utkörd
FRCP förk. för *Fellow of the Royal College of Physicians*
freak [fri:k] **I** *s* **1** ~ [*of nature*] naturens nyck, kuriositet; missfoster **2** vard. original, excentriker; udda person **3** sl. knarkare; i sms. -missbrukare [*acid* ~]; -ätare [*pill* ~]; *speed* ~ pundare **4** sl., vanl. i sms. -älskare, -dåre, -freak, fantast [*football* ~]; *health* ~ frisksportare, hurtbulle, hälsofreak **II** *adj* **1** nyckfull, onormal [*a* ~ *storm*] **2** abnorm, monstruös; egenartad, säregen **3** vard. originell, lustig, udda **III** *vb itr* sl., ~ *out* a) bli (vara) hög (påtänd) av narkotika; snedtända b) smälla av, flippa ut
freakish ['fri:kɪʃ] *adj* nyckfull; underlig; abnorm
freaky ['fri:kɪ] *adj* **1** sl. hög, påtänd **2** se *freakish*
freckle ['frekl] **I** *s* fräkne; liten fläck, prick **II** *vb tr* o. *vb itr* göra (bli) fräknig (fläckig); få fräknar
freckled ['frekld] *adj* o. **freckly** ['freklɪ] *adj* fräknig; fläckig
Frederick ['fredrɪk] mansnamn; ss. kunganamn Fredrik; ~ *the Great* Fredrik den store
free [fri:] **I** *adj* **1** fri; frivillig; oförtjänt [*the* ~ *grace of God*]; *he is* ~ *to* det står honom fritt att; *I am* ~ *to say...* jag medger gärna..., jag kan mycket väl medge...; *please feel* ~ *to come* du får gärna komma; *go* ~ röra sig fritt, gå lös; *leave a p.* ~ *to* ge ngn frihet (fria händer) att; *set* ~ frige, [för]sätta på fri fot; frigöra; ~ *agent* människa med full handlingsfrihet, fritt handlande väsen; ~ *fall* fritt ohindrat fall; *have* (*give a p.*) *a* ~ *hand* ha (ge ngn) fria händer; ~ *kick* fotb. frispark; ~ *labour* [den] oorganiserad[e] arbetskraft[en], organiserade arbetare; ~ *speech* det fria ordet **2** fri, oupptagen, ledig [*have a day* ~]; tillgänglig; ~ *fight* allmänt slagsmål **3** befriad, fri[tagen]; ~ *from* äv. utan; ~ *from debt* (*care*) skuldfri (sorgfri) **4** [kostnads]fri, gratis [äv. ~ *of charge*]; vard. *for* ~]; franko; ~ *library* offentligt bibliotek; ~ *sample* gratisprov; ~ *alongside* [*ship*] (förk. *f.a.s.*) hand. fritt [vid] fartygs sida; ~ *from alongside* (förk. *f.f.a.*) hand. fritt från fartygs sida; ~ *on board* (förk. *f.o.b.*) hand. fritt ombord; ~ *warehouse* hand. fritt lager (magasin) **5 a**) ogenerad, ledig [~ *movements*, *a* ~ *gait*] **b**) frispråkig, öppen[hjärtig], rättfram **c**) alltför fri, oförskämd, fräck, oanständig [*with a p.* mot ngn; *be* ~ *in one's conversation*]; *make* ~ *with a p.* ta sig friheter med (gentemot) ngn; *make* ~ *with a th.* handskas fritt med ngt som om det vore ens eget **d**) frigjord, fördomsfri [*have* ~ *opinions*]; ~ *and easy* otvungen, naturlig; vårdslös; ogenerad **II** *adv* fritt i olika bet., isht gratis [*the gallery is open* ~ *on Fridays*] **III** *vb tr* befria, frige, frigöra, frita [*from*, *of* från]
freebee ['fri:bi:] *s* vard., se *freebie*
freebie ['fri:bɪ] *s* vard. fribiljett, fri måltid m.m.; [*the show*] *was a* ~ ...var gratis
freebooter ['fri:ˌbu:tə] *s* fribytare
freedom ['fri:dəm] *s* **1** frihet; ~ *of movement* rörelsefrihet; ~ *of the press* tryckfrihet; ~ *of speech* det fria ordet; ~ *of the seas* havens frihet **2** ledighet [~ *of movements*]; djärvhet; *take* ~*s with* ta sig friheter med (gentemot) **3** privilegium; fri- och rättighet; nyttjanderätt; ~ [*of the city*] hedersborgarskap; *I have the* ~ *of* [*his library*] jag har fritt tillträde till...
Freefone ['fri:fəʊn] ® tele. samtal som kostar en markering, 020-nummer
free-for-all ['fri:fərˌɔ:l] **I** *adj* **1** öppen för alla **2** oreglerad, regellös **II** *s* **1** allmänt (öppet) slagsmål (gräl o.d.) **2** huggsexa
free-hand ['fri:hænd] *adj* frihands- [~ *drawing*]
freehold ['fri:həʊld] *s* [egendom med] full besittningsrätt; egen mark (tomt)
freeholder ['fri:ˌhəʊldə] *s* markägare, tomtägare
freelance ['fri:lɑ:ns, ˌ-'-] **I** *s* frilans inte fast anställd **II** *vb itr* arbeta som frilans, frilansa
freeload ['fri:ləʊd] *vb itr* snylta, parasitera [*on* på]
freeloader ['fri:ˌləʊdə] *s* vard. matfriare, snyltgäst
freely ['fri:lɪ] *adv* **1** fritt [*think* ~, *translate* ~]; obehindrat **2** frivilligt, [bered]villigt, gärna [~ *grant a th.*] **3** öppet, oförbehållsamt; ogenerat, otvunget, ledigt **4** rikligt, i mängd, flott
freemason ['fri:ˌmeɪsn] *s* frimurare
free port ['fri:pɔ:t] *s* frihamn
free-range ['fri:reɪn(d)ʒ] *adj*, ~ *hens* höns som går fria, sprätthöns; ~ *eggs* ung. lantägg, sprättägg
freesia ['fri:zjə] *s* bot. fresia
free-spoken [ˌfri:'spəʊk(ə)n] *adj* frispråkig, öppen[hjärtig]
freestanding [ˌfri:'stændɪŋ] *adj* fristående
freestyle ['fri:staɪl] *s* sport. fristil; ~ [*swimming*] frisim, fritt simsätt; ~ [*wrestling*] fribrottning
freethinker [ˌfri:'θɪŋkə] *s* fritänkare
free trade [ˌfri:'treɪd] *s* frihandel

freeway ['fri:weɪ] *s* amer. [vanl. tullfri] motorväg
freewheel [ˌfri:'wi:l] *vb itr* åka (köra) på frihjul
free-will [ˌfri:'wɪl] **I** *s* fri vilja; frivillighet **II** *adj* frivillig
freeze [fri:z] **I** (*froze frozen*) *vb itr* **1** frysa, förvandlas till is [*the water froze*]; frysa till; frysa fast [*to* i, vid]; bildl. isas, isa sig, bli till is [*the blood froze in his veins*]; ~*!* isht amer. stå still!, stanna!; *it is freezing* opers. det fryser [på]; [*raspberries*] ~ *well*...går bra att frysa **2** frysa, vara iskall [*I am freezing*]; stelna av köld; rysa; ~ *to death* frysa ihjäl **II** (*froze frozen*; se äv. *frozen*) *vb tr* **1** [komma (få) att] frysa, förvandla till is, isbelägga; frysa [ned (in)], djupfrysa [~ *meat*]; lokalbedöva genom frysning [~ *a tooth*]; bildl. isa, förlama **2** *be frozen up* om fartyg frysa fast; *the lake is frozen up* sjön är tillfrusen **3** vard., ~ *out* frysa ut [*of* ur, från], bli (göra sig) kvitt, bojkotta; konkurrera ut **4** hand. förbjuda, spärra [~ *a bank account*]; maximera, fixera, låsa fast, frysa [~ *prices*, ~ *wages*]; ~ *prices* (*wages*) äv. införa prisstopp (lönestopp) **5** film. el. TV. frysa en bild **III** *s* **1** frost; köldknäpp, frostperiod **2** bildl. frysning; *wage* ~ lönestopp
freeze-dry [ˌfri:z'draɪ] *vb tr* frystorka
freeze-frame ['fri:zfreɪm] *s* TV. el. film. stillbild
freezer ['fri:zə] *s* frys, frysbox, frysfack; kylvagn; frysmaskin, glassmaskin; ~ *bag* fryspåse
freeze-up ['fri:zʌp] *s* vard. **1** köldperiod, köldknäpp **2** amer. tjäle
freezing ['fri:zɪŋ] **I** *adj* bitande kall, iskall äv. ‹ bildl. [~ *politeness*] **II** *s* djupfrysning, nedfrysning; fryspunkt [*above* ~] **III** *adv*, ~ *cold* iskall
freezing-compartment ['fri:zɪŋkəmˌpɑ:tmənt] *s* frysfack
freezing-point ['fri:zɪŋpɔɪnt] *s* fryspunkt [*above* (*at*, *below*) ~]
freezing rain [ˌfri:zɪŋ'reɪn] *s* underkylt regn
freight [freɪt] **I** *s* **1** frakt[avgift] till sjöss, amer. äv. med järnväg; ~ *rates* (*charges*) fraktsatser, fraktskalor **2** fraktgods i mots. till ilgods [äv. *goods on* (*in*) ~] **3** frakt, last; skeppslast **4** amer., ~ *car* godsvagn; ~ *depot* (*yard*) godsbangård; ~ *train* godståg **II** *vb tr* **1** lasta [~ *a ship*] **2** befrakta, hyra [~ *a ship for* (till, på)] **3** frakta
freighter ['freɪtə] *s* **1** fraktbåt, lastbåt; fraktflygare, lastflygare, transportflygplan **2** befraktare, godsavsändare; speditör
freightliner ['freɪtˌlaɪnə] *s* godsexpresståg med containrar
French [fren(t)ʃ] **I** *adj* fransk; ~ *bean* skärböna; haricot vert; ~ *bread* (*stick*) pain riche, baguette; ~ *chalk* ett slags talk; skräddarkrita; ~ *daffodil* tazett; ~ *fried* [*potatoes*] (vard. ~ *fries*) isht amer. pommes frites; ~ *horn* mus. valthorn; ~ *kiss* djup kyss med tungan; ~ *knickers* damunderbyxor med vida ben; *take* ~ *leave* vard. smita [utan att säga adjö], avdunsta; handla (agera) utan lov; ~ *letter* vard. gummi kondom; ~ *loaf* pain riche; ~ *roll* franskbröd, småfranska; ~ *window* (amer. *door*) till trädgård o.d. glasdörr **II** *s* **1** franska [språket] **2** *the* ~ fransmännen
French|man ['fren(t)ʃ|mən] (pl. *-men* [-mən]) *s* fransman
French|woman ['fren(t)ʃˌwʊmən] (pl. *-women* [-ˌwɪmɪn]) *s* fransyska
frenetic [frə'netɪk] *adj* frenetisk, ursinnig, vild
frenzy ['frenzɪ] **I** *s* [utbrott av] ursinne, raseri; vanvett [*he was almost driven to* ~]; vansinne; *in a* ~ *of* [*enthusiasm*] vild av...; *roused to a* ~ upphetsad till raseri **II** *vb tr* göra vanvettig (vild, ursinnig)
Freon ['fri:ɒn] *s* ® freon
frequency ['fri:kwənsɪ] *s* frekvens äv. fys.; täthet; ~ *count* frekvensundersökning; ~ *modulation* (förk. *FM*) radio. frekvensmodulering; ~ *range* radio. frekvensområde; *high* ~ (förk. *HF*) radio. höga frekvenser; *low* ~ (förk. *LF*) radio. låga frekvenser; *medium* ~ (förk. *MF*) radio. medelhöga frekvenser; *ultra high* ~ (förk. *UHF*) radio. ultrahöga frekvenser; *very high* ~ (förk. *VHF*) radio. mycket höga frekvenser; *very low* ~ (förk. *VLF*) radio. mycket låga frekvenser
frequent [ss. adj. 'fri:kwənt, ss. vb frɪ'kwent] **I** *adj* ofta förekommande, vanlig, allmän [*a* ~ *happening*, *a* ~ *practice*, *a* ~ *sight*]; tät [~ *service of trains*, ~ *visits*]; frekvent; *a* ~ *caller* en flitig besökare; *make* ~ *use of* göra flitigt bruk av **II** *vb tr* ofta besöka, frekventera [~ *a café*], ofta bevista
frequently ['fri:kwəntlɪ] *adv* ofta, titt och tätt
fresco ['freskəʊ] (pl. ~*es* el. ~*s*) *s* freskomåleri, freskomålning, fresk; *paint in* ~ måla al fresco
fresh [freʃ] *adj* **1** ny [*break* ~ *ground*, ~ *information*, *a* ~ *paragraph*, ~ *supplies*]; *make a* ~ *start* börja om från början (på nytt) **2** färsk [~ *bread* (*butter*, *eggs*, *fish*, *fruit*, *meat*, *vegetables*, *water*); ~ *footprints*; ~ *memories*]; frisk [~ *water*], fräsch [~ *colours* (*flowers*) ~] **3** frisk, uppfriskande, sval [~ *air* (*breeze*, *wind*)]; ~ *breeze* sjö. styv bris; ~ *gale* sjö. hård kuling **4** nygjord; nyss erhållen; nyss utkommen (utsläppt); ~ *arrivals* nylända [personer] **5** grön oerfaren; färsk **6** frisk [och kry], frisk och uppmärksam, pigg, spänstig; [*as*] ~ *as a daisy* fräsch som en nyponros **7** fräck, framfusig; *don't get* ~*!* var inte så fräck!
fresh-air ['freʃˌeə] *adj* friluft-; ~ *fiend* friluftsmänniska
freshen ['freʃn] **I** *vb tr*, ~ [*up*] friska upp [~ *up one's English*], fräscha upp **II** *vb itr* **1** bli

fresh-laid

frisk[are], bli fräsch[are]; ljusna **2** ~ [*up*] snygga upp (till) sig
fresh-laid ['freʃleɪd] *adj* nyvärpt, nylagd [~ *eggs*]
freshly ['freʃlɪ] *adv* friskt etc., jfr *fresh*; isht nyligen; ~ *painted* nymålad; ~ *ground* [*coffee*] nymalet...
fresh|man ['freʃmən] (pl. -*men* [-mən]) *s* univ. recentior; amer. skol. förstaårselev
freshness ['freʃnəs] *s* nyhet, friskhet etc., jfr *fresh*; fräschör
freshwater ['freʃˌwɔːtə] *adj* sötvattens- [~ *fish*]
1 fret [fret] **I** *vb itr* **1** [gå omkring och] vara sur, gräma sig, oroa sig; ~*ting* otålig, retlig, grinig **2** gnaga; fräta, tära, skava **II** *vb tr* **1** reta [upp], plåga, förarga; oroa; gräma; ~ *oneself* gräma (oroa) sig [*to death* till döds] **2** om små djur gnaga [på], nöta [bort (av)] **III** *s* förargelse, harm, förtret; *be in a* ~ vara på dåligt humör, gå omkring och gräma sig **2** fret [fret] *vb tr* pryda med snideierier (inläggningar), skära ut; pryda i allm.; perf. p. ~*ted* rikt snidad (skulpterad), i genombrutet arbete
3 fret [fret] *s* [tvär]band på stränginstruments greppbräde
fretboard ['fretbɔːd] *s* mus. greppbräde
fretful ['fretf(ʊ)l] *adj* sur, missnöjd, grinig
fretsaw ['fretsɔː] *s* lövsåg
fretwork ['fretwɜːk] *s* **1** genombrutet arbete; flätverk, gallerverk **2** lövsågsarbete
Freud [frɔɪd]
Freudian ['frɔɪdjən] **I** *adj* freudiansk; ~ *slip* freudiansk felsägning **II** *s* freudian
Fri. förk. för *Friday*
friable ['fraɪəbl] *adj* spröd, skör
friar ['fraɪə] *s* [tiggar]munk, broder; *Black F*~ svartbroder dominikan; *White F*~ karmelit[er]munk
friary ['fraɪərɪ] *s* munkkloster
fricassee [ˌfrɪkəseɪ, isht ss. vb ˈ--ˈ-] kok. **I** *s* frikassé **II** *vb tr* frikassera
fricative ['frɪkətɪv] fonet. **I** *adj* frikativ **II** *s* frikativa, gnidljud, spirant
friction ['frɪkʃ(ə)n] *s* **1** friktion; gnidning, rivning **2** bildl. friktion, slitningar, motsättningar
friction clutch ['frɪkʃ(ə)nklʌtʃ] *s* friktionskoppling, friktionsko
Friday ['fraɪdeɪ, -dɪ isht attr.] *s* fredag; jfr *Sunday*; *Black* ~ olycksdag, tykobrahedag; *Good* ~ långfredag[en]; *man* ~ Fredag i 'Robinson Crusoe'; *man* (*girl*) ~ ngns allt i allo, högra hand
fridge [frɪdʒ] *s* vard. kyl[skåp]
fridge-freezer [ˌfrɪdʒˈfriːzə] *s* kyl och frys
friend [frend] *s* **1** vän, väninna; kamrat; bekant; *be* ~*s with* vara [god] vän med; *be bad* ~*s* vara ovänner; *make* ~*s* skaffa sig (få) vänner; bli [goda] vänner; *make* ~*s with* bli god vän med; *make a* ~ *of a p.* få en god

vän i ngn, vinna ngns vänskap; *my honourable* ~ i parlamentsdebatter den ärade talaren; *my learned* ~ ung. min ärade kollega jurister emellan vid domstolsförhandlingar; *lady* ~ kvinnlig vän, väninna vanl. till man; *woman* ~ väninna, kvinnlig vän vanl. till kvinna **2** tilltalsord bland kväkare; *the Society of Friends* Vännernas samfund
friendless ['frendləs] *adj* utan vänner, ensam
friendliness ['frendlɪnəs] *s* vänlighet, vänskaplighet
friendl|y ['frendlɪ] **I** *adj* **1** vänlig, vänskaplig [*to, with* mot]; *in a* ~ *manner* (*way*) äv. vänligt, vänskapligt; ~ *match* sport. vänskapsmatch **2** ss. efterled i sms. -vänlig [*user-friendly, customer-friendly*] **II** *s* sport. vänskapsmatch
friendship ['fren(d)ʃɪp] *s* vänskap; vänskapsförhållande
frieze [friːz] *s* **1** arkit. fris **2** textil. fris
frig [frɪg] *vb tr* o. *vb itr* **1** vulg. a) runka onanera b) knulla [med] **2** sl., ~ *about* (*around*) larva (drälla) omkring **3** sl., ~ *you!* fan [ta dig]!
frigate ['frɪgət] *s* **1** hist. fregatt[skepp] **2** fregatt snabbt eskortfartyg
fright [fraɪt] *s* **1** skräck, förskräckelse, skrämsel; fruktan [*of* för]; *get* (*have*) *a* ~ el. *take* ~ bli skrämd (förskräckt), få en chock; *give a p. a* ~ skrämma ngn, göra ngn rädd **2** vard. spöke, fågelskrämma; fasa; [*her new hat*] *is a* ~ ...är förskräcklig (fasansfull); *she looked a* [*perfect*] ~ [*in that hat*] hon såg ut som en fågelskrämma...
frighten ['fraɪtn] **I** *vb tr* skrämma, förskräcka, förfära; ~ *a p. into doing a th.* skrämma ngn [till] att göra ngt; ~ *a p. off* a) skrämma bort ngn b) avskräcka ngn; ~ *a p. to death* skrämma ihjäl ngn, skrämma livet ur ngn; ~*ed of* rädd för **II** *vb itr* bli skrämd (rädd)
frightful ['fraɪtf(ʊ)l] *adj* förskräcklig, förfärlig, hemsk, fruktansvärd, ryslig; otäck, avskyvärd
frigid ['frɪdʒɪd] *adj* **1** [is]kall, isig **2** bildl. kall[sinnig], kylig [*a* ~ *welcome*] **3** fysiol. frigid
frigidity [frɪˈdʒɪdətɪ] *s* **1** köld, kyla **2** bildl. kallsinnighet, kylighet, kyla **3** fysiol. frigiditet
frill [frɪl] **I** *s* **1** krås, veckad (plisserad) remsa **2** pl. ~*s* vard. krusiduller; choser; *there are no* ~*s on him* det är inga krumbukter med honom **II** *vb tr* förse med krås; bilda krås till; rynka, krusa, vecka
frillies ['frɪlɪz] *s pl* vard. [plisserade] underkläder; rysch och pysch
frilly ['frɪlɪ] *adj* **1** krusad, veckad, plisserad; snirklad **2** luftig, lätt [~ *clothes*]; ytlig [*a* ~ *book*]
fringe [frɪn(d)ʒ] **I** *s* **1** a) frans; koll. fransar, fransflätning; bård b) lugg hårfrisyr **2** [ut]kant; [skogs]bryn **3** marginal, periferi, ytterkant; ~ *benefit* extraförmån utöver lön;

tjänsteförmån, fringis; ~ **group**
marginalgrupp, yttergrupp i politik o.d.;
lunatic ~ fanatisk extremistgrupp, fanatiska
extremister i politik o.d.; **II** *vb tr* förse med
frans[ar], fransa, kanta, kransa
frippery ['frɪpərɪ] *s* bjäfs, prål, grannlåt[er]
Frisco ['frɪskəʊ] amer. vard. San Francisco
Frisian ['frɪzɪən] **I** *adj* frisisk **II** *s* **1** fris; frisiska
kvinna **2** frisiska [språket]
frisk [frɪsk] **I** *vb itr,* ~ [*about*] hoppa ystert;
skutta **II** *vb tr* sl. muddra leta igenom
frisky ['frɪskɪ] *adj* yster, uppsluppen, sprallig,
lustig, ostyrig, lekfull, livlig [~ *children*]
1 fritter ['frɪtə] *s* kok. beignet; *bread* ~*s* ung.
fattiga riddare
2 fritter ['frɪtə] *vb tr,* ~ *away* plottra bort,
slösa (kasta) bort [~ *away one's time (energy)*]
frivolity [frɪ'vɒlətɪ] *s* **1** lättsinne, lättsinnighet,
frivolitet **2** trams, tramsighet **3** nöje,
förströelse
frivolous ['frɪvələs] *adj* **1** om saker obetydlig [*a*
~ *book,* ~ *work*], liten; futtig; grundlös [*a* ~
complaint]; bagatellartad, strunt-; okynnes-
[*a* ~ *prosecution*] **2** om pers. lättsinnig; tanklös
frizz [frɪz] *vb tr* krusa, krulla [~ *hair*]
1 frizzle ['frɪzl] *vb tr* o. *vb itr* steka, fräsa
2 frizzle ['frɪzl] **I** *vb tr* krusa, krulla, locka [~
hair] **II** *vb itr* krusa (krulla) sig **III** *s* krusad
hårlock; krusat (krullat) hår
fro [frəʊ] *adv* biform till *from; to and* ~ fram
och tillbaka, av och an, hit och dit
frock [frɒk] **I** *s* **1** ngt åld. [lätt
vardags]klänning; flickklänning,
babyklänning **2** munkkåpa **II** *vb tr* bekläda
med prästerlig värdighet
frock coat [‚frɒk'kəʊt] *s* bonjour
1 frog [frɒɡ] *s* **1** kordongknapp på uniform
m.m.; snoddgarnering, galon; tofs **2** klack för
bajonett
2 frog [frɒɡ] *s* **1** groda; *have a* ~ *in the
(one's) throat* få en tupp i halsen **2** *F*~ neds.
fransos, fransman
Froggy ['frɒɡɪ] *s* neds. fransos, fransman
frog|man ['frɒɡ|mən] (pl. -*men* [-mən]) *s*
grodman, röjdykare
frogmarch ['frɒɡmɑːtʃ] *vb tr* **1** släpa (föra)
bort med tvång genom att t.ex. bryta upp
armarna bakom ryggen **2** bära i armar och ben
med ansiktet nedåt [~ *a prisoner*]
frolic ['frɒlɪk] **I** *s* skoj, muntert upptåg; glad
tillställning, fest **II** *vb itr* leka, hoppa, skutta;
ha upptåg (konster) för sig; roa sig, ha skoj
from [frɒm, obeton. frəm] *prep* **1** från; ur:
a) om rum, utgångspunkt [*start* ~ *London*]
b) om härkomst, ursprung o.d. [*people* ~ *London; derived* ~ *Latin; deduce* ~] **c)** om tid: ~ *a child*
ända från barndomen, från barnsben, redan
som barn; ~ *time to time* från tid till annan,
då och då, emellanåt; från gång till gång
d) om skillnad [*separate (refrain, differ)* ~];
know an Englishman ~ *a Swede* [kunna]
skilja en engelsman från en svensk **2** om
material av [*steel is made* ~ *iron*], ur, från **3** om
orsak, motiv m.m. på grund av [*absent* ~
illness]; av [*do a th.* ~ *curiosity (politeness)*]; att
döma av [~ *his dress I should say…*], efter [~
what I have heard he is a scoundrel] **4** om
mönster, förebild efter; *named* ~ uppkallad
efter; *painted* ~ *nature* målad efter naturen
5 för, mot; *safe (secure)* ~ säker för; *keep
secrets* ~ *a p.* ha hemligheter för ngn
6 tillsammans med prep. o. adv.: ~ *above*
ovanifrån; ~ *afar* ur fjärran, fjärran ifrån; på
långt håll; ~ *among* [fram] ur, från; ibland
[*choose* ~ *among these books*], ur kretsen av; ~
behind bakifrån; ~ *below (beneath)*
nedifrån; från undersidan [av]; ~ *under*
fram under (från) [*he came* ~ *under the table*];
från någonstans under [*the noise is coming* ~
under the table]; bort från platsen under
[*knock (kick) the ball* ~ *under the table*]; ~
within inifrån; ~ *without* utifrån
frond [frɒnd] *s* bot. ormbunksblad
front [frʌnt] **I** *s* **1** framsida, främre del; fasad;
in ~ framtill, i spetsen, före [*walk in* ~]; *be
in* ~ leda; *in* ~ *of* el. ~ *of* amer. framför,
utanför, inför; *come to the* ~ komma upp,
komma på tapeten, bli aktuell **2** mil. front [*be
at* (vid) *the* ~; *on the* ~], stridslinje;
krigsskådeplats **3** meteor. front [*cold* ~] **4** *the*
~ [strand]promenaden på en badort
5 a) uppsyn, min, hållning, uppträdande;
show (present, put on) a bold ~ hålla god
min; [fräckt] låtsas som ingenting
b) fräckhet, panna [*have the* ~ *to do a th.*]
6 a) [yttre] sken, fasad **b)** täckmantel,
kamouflage; bulvan [äv. ~ *man*] **7** skjortbröst
[*a false (loose)* ~] **II** *adj* framtill belägen,
fram-, främre, främsta, front-, första; *the* ~
bench ministerbänken, exministerbänken
resp. oppositionsledarbänken på varsin sida om
talmansbordet, jfr *front-bencher;* ~ *door*
ytterdörr, port, framdörr på bil; ~ *man*
a) galjonsfigur bildl. b) bulvan; ~
organization täckorganisation; ~ *page*
förstasida av tidning, jfr *front-page;* ~ *rank* mil.
främre led; *in the* ~ *rank* bildl. i främsta
(första) ledet; jfr *front-rank;* ~ *room* rum åt
gatan; ~ *row* teat. o.d. första bänk[rad]; ~
seat framsäte; plats framtill, plats längst
fram (på första bänk[raden]); *have a* ~ *seat*
bildl. vara med där det händer [saker och
ting]; ~ *tooth* framtand; ~ *vowel* fonet.
främre vokal; ~ *wheel* framhjul, jfr
front-wheel; ~ *yard* främre gård framför huset
III *vb itr* vetta, ligga [*on, to, towards*] mot, åt]
IV *vb tr* **1** ligga (stå) [mitt] emot, vetta mot
[*windows* ~*ing the street*], vara vänd (vända
sig) mot **2** bekläda (förse) framsidan av [~ *a
house with stone*]
frontal ['frʌntl] *adj* frontal; front-; fasad-;
[sedd] framifrån; ~ *attack* frontattack

front-bencher [ˌfrʌnt'bentʃə] s parl. regeringsmedlem; oppositionsledare
frontier ['frʌntɪə, amer. -'-] s stats gräns; gränsområde äv. bildl.
frontiersman ['frʌntɪəzmən] s gränsbo; amer. nybyggare västerut, pionjär äv. bildl.
frontispiece ['frʌntɪspi:s] s titelplansch, frontespis
front-page ['frʌntpeɪdʒ] adj, ~ *news* (*stuff*) förstasidesnyheter, förstasidesstoff
front-rank [ˌfrʌnt'ræŋk, attr. '--] adj första rangens, förstklassig, förstaklass-; *of ~ importance* av största vikt, se äv. *front rank* under *front II*
front-runner ['frʌntˌrʌnə] s ledare i tävling o.d.; främsta kandidat, favorit
front-wheel ['frʌntwi:l] adj framhjuls- [*~ drive*, *~ driven*]
frontyard ['frʌntjɑ:d, ˌ-'-] s främre gård framför huset; amer. trädgård framför huset
frost [frɒst] **I** s **1** frost; tjäle; köld, kyla under fryspunkten, äv. bildl.; köldperiod; *ten degrees of ~* Celsius tio grader kallt; *Jack F~* frosten personifierad **2** rimfrost [*the grass was covered with ~*] **II** vb tr **1** frostskada **2** bekläda (betäcka) [liksom] med rimfrost; *~ed windowpanes* fönsterrutor med rimfrost på **3** glasera med socker [*~ed cake*] **III** vb itr, *~ over* (*up*) täckas av rimfrost
frostbite ['frɒs(t)baɪt] **I** s köldskada, kylskada; förfrysning **II** (*frostbit* el. *frostbitten*) vb tr köldskada, kylskada, frostskada
frostbitten ['frɒs(t)ˌbɪtn] adj frostbiten, frostskadad; [för]frusen
frosting ['frɒstɪŋ] s **1** glasyr på bakverk **2** matt yta på glas, silver m.m.; mattering
frosty ['frɒstɪ] adj frost- [*~ nights*], frostig, [frys]kall, iskall, kylig äv. bildl.
froth [frɒθ] **I** s **1** fradga, skum [*~ on the beer*] **2** bildl. svammel **II** vb itr fradga [sig], skumma; *~ at the mouth* tugga fradga **III** vb tr göra (vispa) till skum; bringa (få) att skumma [ofta *~ up*]
frothy ['frɒθɪ] adj fradgande, skummande
frown [fraʊn] **I** vb itr **1** rynka pannan (ögonbrynen); visa en hotfull (bister) uppsyn **2** *~ at* ([*up*]*on*) se ogillande (hotande, dystert) på; *~* [*up*]*on* äv. ogilla, fördöma **II** s rynkad panna; bister uppsyn; sura miner; [*he had*] *a deep ~ on his brow* ...djupa rynkor i pannan
frowsty ['fraʊstɪ] adj instängd, kvav, unken
frowzy o. **frowsy** ['fraʊzɪ] adj **1** instängd, unken, kvalmig; illaluktande **2** snuskig [*a ~ hotel*], oborstad, okammad [*~ hair*]; slampig, sjaskig
froze [frəʊz] imperf. av *freeze*
frozen ['frəʊzn] **I** perf. p. av *freeze* **II** adj djupfryst [*~ food*]; ofta om tillgångar [fast]frusen, bunden [*~ credits*, *~ assets*];

maximerad, fixerad, fastlåst [*~ prices*, *~ wages*]
FRS förk. för *Fellow of the Royal Society*
fructify ['frʌktɪfaɪ] **I** vb itr bära frukt **II** vb tr få att bära frukt; bildl. göra fruktbar; befrukta
frugal ['fru:g(ə)l] adj sparsam [*of* på]; måttlig; enkel, torftig, frugal [*a ~ fare* (*meal*)], billig
frugality [frʊ'gælətɪ] s sparsamhet etc., jfr *frugal*
fruit [fru:t] s **1** frukt, bär äv. koll. [*every kind of ~*; *bear ~*; *he feeds on ~*]; ätbar växt[produkt] i allm. [*the ~s of the earth*]; bot., *~s* vanl. fruktsorter **2** frukt, produkt [*the ~s of industry*], avkastning; resultat [*the ~ of long study*]; behållning, nytta; *bear ~* bära frukt ge resultat
fruit cake ['fru:tkeɪk] s **1** [engelsk] fruktkaka **2** sl. blådåre, knasboll
fruit drop ['fru:tdrɒp] s, pl. *~s* syrliga karameller med olika fruktsmak
fruiterer ['fru:tərə] s frukthandlare; *~'s* [*shop*] fruktaffär
fruitful ['fru:tf(ʊ)l] adj **1** fruktbar, bördig; fruktbringande [*~ rain*] **2** bildl. givande, fruktbar [*a ~ subject*]; lönande [*a ~ career*], fördelaktig
fruition [frʊ'ɪʃ(ə)n] s åtnjutande, ernående av ngt önskat; njutning (nöje) av ngt; förverkligande; *come to ~* förverkligas, realiseras
fruitless ['fru:tləs] adj fruktlös, gagnlös, fåfäng, resultatlös [*~ efforts*]
fruit machine ['fru:tməˌʃi:n] s spelautomat
fruity ['fru:tɪ] adj **1** frukt-, fruktliknande, med fruktsmak **2** bildl., vard. klangfull [*a ~ voice*]
frump [frʌmp] s vard. tantaktigt fruntimmer, [gammal] tant, nucka
frumpish ['frʌmpɪʃ] adj o. **frumpy** ['frʌmpɪ] adj tantaktig, tantig; illa (gammalmodigt) klädd
frustrate [frʌ'streɪt, '--] vb tr **1** omintetgöra, motverka, hindra, korsa [*~ a p.'s plans*], gäcka, svika [*~ a p.'s hopes*] **2** göra besviken (otillfredsställd); frustrera äv. psykol.; perf. p. *~d* adj. lurad på konfekten; *it is so frustrating* det är så frustrerande (otillfredsställande)
frustration [frʌ'streɪʃ(ə)n] s **1** omintetgörande etc., jfr *frustrate* **2** frustrering; missräkning; *sense of ~* [känsla av] vanmakt (maktlöshet)
1 fry [fraɪ] **I** vb tr steka i panna; bryna, fräsa [upp]; *~ up* steka (värma) upp **II** vb itr stekas; [*the sausages*] *are ~ing* ...håller på att stekas, ...står och steker **III** s **1** stekt [mat]rätt **2** innanmät **3** amer. vard. stekafton, stekparty utomhus [*a fish ~*]
2 fry [fraɪ] (pl. lika) s **1** småfisk, gli; yngel av fisk, grodor m.m.; *salmon ~* unglax på 2:a året **2** *small ~* vard. småglin, småungar; obetydligt folk
frying-pan ['fraɪɪŋpæn] s stekpanna; *out of the ~ into the fire* ur askan i elden

fry pan ['fraɪpæn] *s* amer. stekpanna
fry-up ['fraɪʌp] *s* kok., *a* ~ lite uppstekt mat typ pyttipanna
ft. [fʊt, resp. fiːt] förk. för *foot* resp. *feet*
fuchsia ['fjuːʃə] *s* bot. fuchsia, bloddroppe
fuck [fʌk] vulg. **I** *vb tr* o. *vb itr* **1** knulla [med] **2** ~ [*it*]*!* fan [också]!; ~ *off!* stick för helvete!, dra åt helvete!; ~ *that!* det ger jag fan i!, i helvete heller!; ~ *you!* fan ta dig!, dra åt helvete; ~ *about* (*around*) a) drälla omkring, strula runt b) pillra (joxa) med c) tjafsa [och gå 'på]; ~ *up* a) sabba förstöra b) strula till; göra bort sig **II** *s* **1** knull, ligg samlag o. person **2** *I don't care* (*give*) *a* ~ jag bryr mig inte ett jävla dugg om det, det ger jag fan i
fuck-all [,fʌk'ɔːl] *s* vulg., [*sweet*] ~ inte ett jävla dugg
fucker ['fʌkə] *s* vulg. jävel, sate
fucking ['fʌkɪŋ] *adj* vulg. jävla, helvetes, satans; ~ *hell!* jävlar!, fy fan!
fuck-up ['fʌkʌp] *s* vulg. jävla strul (flopp)
fuddle ['fʌdl] *vb tr* **1** supa full [~ *oneself*]; isht perf. p. ~*d* full **2** förvirra, göra omtöcknad
fuddy-duddy ['fʌdɪ,dʌdɪ] vard. **I** *s* [gammal] stofil, kuf **II** *adj* mossig; stockkonservativ
fudge [fʌdʒ] **I** *s* fudge slags mjuk kola **II** *vb tr*, ~ [*up*] lappa (fuska) ihop; fiffla (fuska) med
fuel [fjʊəl] **I** *s* bränsle, drivmedel; bildl. näring; ~ *gauge* bensinmätare, bränslemätare; ~ *injection engine* insprutningsmotor; *liquid* (*solid*) ~ flytande (fast) bränsle; ~ *tank* bensintank, bränsletank; *nuclear* ~ kärnbränsle, atombränsle **II** *vb tr* **1** förse med bränsle, tanka, fylla på; mata, underhålla, driva [~*led by uranium*]; lägga på eld **2** bildl. underblåsa; understödja **III** *vb itr* skaffa bränsle; fylla på [bensin (olja)], tanka, bunkra; ~*ling station* bunkringsstation
fuel-efficient ['fjʊəlɪ,fɪʃ(ə)nt] *adj* bränslesnål, bensinsnål
fug [fʌg] *s* vard. instängdhet, kvalm[ighet]
fuggy ['fʌgɪ] *adj* vard. instängd, kvalmig, kvav
fugitive ['fjuːdʒətɪv] **I** *adj* flyende; förrymd [*a* ~ *slave*] **II** *s* flykting, flyende; rymling
fugue [fjuːg] *s* mus. fuga
fulcr|um ['fʌlkr|əm, 'fʊl-] (pl. -*a* [-ə] el. -*ums*) *s* stöd, stödjepunkt isht för hävstång
fulfil [fʊl'fɪl] **I** *vb tr* **1** uppfylla, infria [~ *a p.'s hopes*], tillfredsställa; fullgöra, utföra [~ *one's duties*]; motsvara [~ *a purpose*]; fylla [~ *a need*] **2** fullborda [~ *a task*] **II** *vb rfl*, ~ *oneself* förverkliga sig själv; nå full utveckling
fulfill [fʊl'fɪl] *vb tr* o. *vb rfl* amer., se *fulfil*
fulfilment [fʊl'fɪlmənt] *s* **1** uppfyllelse etc., jfr *fulfil* **2** fullbordan, förverkligande
full [fʊl] **I** *adj* **1** full, fylld, uppfylld [*of* av, med]; fullsatt, fullbelagd [vard. äv. ~ *up*]; *I'm* ~ [*up*] vard. jag är mätt; ~ *house* a) teat. utsålt [hus], fullt hus b) kåk i poker **2** *be* ~ *of* vara helt upptagen av, bara tänka på [och tala om], helt gå upp i [*he is* ~ *of himself* (*his subject*)] **3** rik, riklig [*a* ~ *meal*], ymnig; rikhaltig [*a* ~ *programme*] **4** full[ständig]; hel [*a* ~ *dozen*]; fulltalig [*a* ~ *jury*]; fullstämmig; ~ *beard* helskägg; ~ *board* på pensionat o.d. helpension; ~ *cream* tjock grädde; *at* ~ *length* a) raklång b) bildl. utförligt, fullständigt; ~ *marks* mycket goda (högsta) betyg, mycket (högsta) beröm; ~ *moon* fullmåne; ~ *pay* full lön; *at* ~ *speed* i (för) full fart; ~ *stop* punkt i skrift; ~ *tide* högvatten; *in* ~ *view of* klart synlig för, mitt framför **5** fyllig, rund [*a* ~ *bust* (*face*, *figure*); ~ *lips*]; rik, rikligt tilltagen **II** *adv* **1** fullt, fullkomligt, fullständigt; drygt [~ *six miles*]; alldeles; rakt, rätt [*the light fell* ~ *upon him*] **2** mycket; *I know it* ~ *well* det vet jag mycket väl **III** *s*, *in* ~ fullständigt, i sin helhet, till fullo [*the newspaper printed the story in* ~]; *to the* ~ fullständigt, till fullo; i [allra] högsta grad
full-blooded [,fʊl'blʌdɪd, attr. '-,--] *adj* **1** fullblods- [*a* ~ *horse*] **2** varmblodig, passionerad; verklig [*a* ~ *personality*, ~ *enjoyment*]
full-blown [,fʊl'bləʊn, attr. '--] *adj* fullt utslagen [*a* ~ *rose*]; mogen, blomstrande; fullt utvecklad
full-bodied [,fʊl'bɒdɪd, attr. '-,--] *adj* fyllig [*a* ~ *wine*], stark, tung; mustig äv. bildl. [*a* ~ *novel*]
full-cream ['fʊlkriːm] *adj* helfet [~ *cheese*, ~ *milk*]
full-dress [,fʊl'dres, attr. '--] *adj* **1** gala-, parad- **2** fullständig [*a* ~ *inquiry*]; ~ *debate* [spikad] viktig parlamentsdebatt, generaldebatt; ~ *rehearsal* generalrepetition
fuller ['fʊlə] *s* textil. valkare; ~*'s earth* valklera
full-face [,fʊl'feɪs, attr. '--] *adj* o. *adv* en face; *a* ~ *photo* ett foto taget [rakt] framifrån (en face)
full-flavoured ['fʊl,fleɪvəd] *adj* starkt aromatisk (kryddad), stark, pikant; med fyllig smak (arom)
full-fledged [,fʊl'fledʒd] *adj* **1** fullfjädrad, flygfärdig **2** bildl. färdig[utbildad], utbildad [*a* ~ *engineer*], mogen, fullfjädrad [*a* ~ *artist*]
full-grown [,fʊl'grəʊn, attr. '--] *adj* fullväxt; fullvuxen
full-length [,fʊl'leŋθ, attr. '--] *adj* hellång [*a* ~ *skirt*]; hel; av normal längd, oavkortad [*a* ~ *novel*]; *a* ~ *film* en långfilm; *a* ~ *mirror* en helfigursspegel; *a* ~ *portrait* en helbild, ett porträtt i helfigur
fullness ['fʊlnəs] *s* **1** fullhet; mätthet, mättnad; *out of the* ~ *of his heart* av hela sitt hjärta **2** fullständighet, riklighet **3** fyllighet, djup i ton, färg o.d. **4** *in the* ~ *of time* i tidens fullbordan
full-page [,fʊl'peɪdʒ] *adj* helsides- [~ *advertisement*]

full-scale ['fʊlskeɪl] *adj* **1** i naturlig skala (storlek), i skala 1:1 [*a ~ drawing*], fullskale- [*~ model*] **2** omfattande, total [*a ~ war*]; *~ debate* generaldebatt
full-size ['fʊlsaɪz] *adj* i full (naturlig) storlek; i kroppsstorlek [*a ~ portrait*]; *a ~ orchestra* en orkester med full besättning
full-throated ['fʊlˌθrəʊtɪd] *adj* skallande, dånande [*a ~ shout*]
full-time ['fʊltaɪm] **I** *adj* heltids- [*a ~ employee*] **II** *adv* [på] heltid; *work ~* arbeta [på] heltid
full-timer ['fʊlˌtaɪmə, ˌ-'--] *s* heltidsarbetande [person]
fully ['fʊlɪ] *adv* **1** fullt, fullständigt, till fullo, helt [*capital ~ paid up*]; utförligt; *~ automatic* helautomatisk **2** drygt, hela [*~ two days*]
fully-fashioned [ˌfʊlɪ'fæʃ(ə)nd] *adj* formstickad, fasonstickad
fulmar ['fʊlmə, -mɑ:] *s* zool. [vanlig] stormfågel
fulminate ['fʊlmɪneɪt, 'fʌl-] *vb itr* dundra, rasa [*against* mot]
fulmination [ˌfʊlmɪ'neɪʃ(ə)n, ˌfʌl-] *s* 'vredesåskor' [äv. pl. *~s*], våldsamt fördömande (hot, utfall)
fulsome ['fʊlsəm] *adj* **1** överdriven [*~ politeness*], grov [*~ flattery*] **2** äcklig, osmaklig
fumble ['fʌmbl] **I** *vb itr* fumla [*~ at* (med) *a lock*]; famla [*for* efter; *~ about* (omkring) *in the dark*]; treva, rota, gräva [*~ in one's pockets for* (efter) *one's matches*]; *a fumbling attempt* ett fumligt (trevande, klumpigt) försök **II** *vb tr* fumla med, [stå och] fingra tafatt på; missa [*~ a chance* (*ball*)], tappa [*~ a ball*]; *~ one's way* treva sig fram **III** *s* fumlande, tafatt försök; sport. miss
fume [fjuːm] **I** *s* **1** oftast pl. *~s* rök [*~s of a cigar*]; utdunstning[ar]; gaser, ånga, ångor [*~s of petrol*]; stank, lukt **2** *be in a ~* rasa, skälva, darra [*be in a ~ of impatience*] **II** *vb itr* **1** ryka; ånga **2** vara rasande [*at* över] **III** *vb tr* röka trä o.d.
fumigate ['fjuːmɪgeɪt] *vb tr* **1** desinficera [genom rökning], röka **2** röka trä
fumigation [ˌfjuːmɪ'geɪʃ(ə)n] *s* desinfektion, rökning
fun [fʌn] *s* **1** nöje; skämt, upptåg, skoj; *for ~* el. *for the ~ of it* (*the thing*) för skojs (ro) skull; *in ~* på skämt, på skoj; *what ~!* (vad) roligt (skojigt, kul)!; *it is good* (*great*) *~* det är väldigt roligt (skojigt, kul); *it was such ~* det var så roligt (skojigt, kul, livat); *she's great ~* hon är hemskt (riktigt) kul; *get a lot of ~ out of a th.* finna stort nöje i ngt; *have ~* ha roligt (kul, trevligt); *make ~ of* el. *poke ~ at* göra narr av, driva med; *~ and games* vard. tjo och tjim; skoj; upptåg; *have ~ and games* ha skoj (skojigt); hångla; *all the ~ of the fair* bildl. allt nöje (roligt, kul) man kan ha (få); *figure of ~* löjlig figur (person); driftkucku **2** attr. vard. rolig [*a ~ party*], skojig, kul, lustig; *~ run* välgörenhetslopp
function ['fʌŋ(k)ʃ(ə)n] **I** *s* **1** funktion [*the ~[s] of the heart*], uppgift [*the ~ of education*], verksamhet; åliggande, förrättning [*the ~s of a magistrate*]; syssla, kall **2** [offentlig] ceremoni; fest[lighet], högtidlighet [*attend a great state ~*]; bjudning, tillställning [*social ~s*] **3** matem. m.m. funktion **II** *vb itr* fungera; verka
functional ['fʌŋ(k)ʃənl] *adj* **1** funktionell, funktions-; ämbetsmässig, ämbets-, officiell **2** fysiol., matem. el. psykol. funktionell
functionalism ['fʌŋ(k)ʃ(ə)nəlɪz(ə)m] *s* funktionalism[en]
functionary ['fʌŋ(k)ʃ(ə)nərɪ] **I** *s* funktionär; lägre ämbetsman, tjänsteman **II** *adj* **1** ämbets-, officiell **2** fysiol. funktionell
fund [fʌnd] **I** *s* **1** fond; [grund]kapital; kassa, insamling; *raise ~s* samla in pengar, göra en penninginsamling **2** vard. *~s* tillgångar, [penning]medel, pengar; *be in ~s* vara stadd vid kassan; *be short of* (*low in*) *~s* ha ebb i kassan; *no ~s* äv. utan täckning **3** bildl. fond, stor tillgång [*a ~ of experience*], [stort] förråd [*a ~ of amusing stories*] **II** *vb tr* **1** fondera **2** betala, finansiera
fundamental [ˌfʌndə'mentl] **I** *adj* fundamental, grund- [*~ colour, ~ principle*]; grundläggande, väsentlig [*to* för]; principiell **II** *s*, vanl. pl. *~s* grundprinciper, grunddrag, grundlagar; grundläggande fakta; *agree on ~s* vara enig[a] (nå enighet) i huvudsak (princip)
fundamentalism [ˌfʌndə'mentəlɪz(ə)m] *s* polit. el. relig. fundamentalism[en]
fundamentalist [ˌfʌndə'mentəlɪst] *s* polit. el. relig. fundamentalist
fundamentally [ˌfʌndə'mentəlɪ] *adv* fundamentalt; i grunden, i grund och botten
fund-raiser ['fʌndˌreɪzə] *s* **1** insamlingsledare **2** välgörenhetsmiddag för att samla in pengar till ett visst ändamål
funeral ['fjuːn(ə)r(ə)l] *s* **1** begravning [*officiate at a ~*]; *that's his ~* vard. det blir hans sak att fixa, det är hans huvudvärk **2** begravningståg, begravningsprocession **3** attr. begravnings-; *~ director* begravningsentreprenör; *~ parlour* (amer. *parlor* el. *home*) begravningsbyrå; bårhus; *~ pile* (*pyre*) [likbrännings]bål; *~ service* jordfästning
funereal [fjʊ'nɪərɪəl] *adj* **1** begravnings- **2** dyster, sorglig
funfair ['fʌnfeə] *s* vard. nöjesfält, tivoli
fungi ['fʌŋgiː, -gaɪ, 'fʌn(d)ʒaɪ] *s* pl. av *fungus*
fungicide ['fʌndʒɪsaɪd] *s* svampdödande medel
fungoid ['fʌŋgɔɪd] *adj* svampartad, svampformig

fungus ['fʌŋgəs] (pl. *fungi* ['fʌŋgi:, -gaɪ, 'fʌn(d)ʒaɪ] el. *~es*) *s* svamp, svampbildning
funicular [fjʊ'nɪkjʊlə, fə'n-] **I** *adj* rep-, tåg-; kabel-; ~ *railway* bergbana **II** *s* se ~ *railway*
funk [fʌŋk] vard. **I** *s* **1** rädsla; *be in a [blue]* ~ vara skraj (byxis), ha byxångest **2** fegis, mes, hare **3** mus. funk **II** *vb itr* vara skraj **III** *vb tr* **1** vara skraj för **2** smita ifrån; ~ *it* smita, dra sig undan
funky ['fʌŋkɪ] *adj* vard. **1** skraj, byxis **2** amer. stinkande **3** jordnära; äkta; sensuell; läcker; funkig [~ *music*]
funnel ['fʌnl] **I** *s* **1** tratt **2** skorsten på båt el. lok; rökfång **II** *vb tr* o. *vb itr* koncentrera[s], kanalisera[s]
funnies ['fʌnɪz] *s pl* amer. vard., *the* ~ serierna i tidning
funny ['fʌnɪ] **I** *adj* **1** rolig, lustig, skojig, kul; komisk; skämtsam; ~ *business (stuff)* skämt, lustighet[er], skoj [*don't try any* ~ *business!*]; *there's a lot of* ~ *business going on* det försiggår en massa skumt (massa skumma saker); ~ *column* skämtspalt; *the* ~ *farm* vard. hispan, dårhuset; ~ *mirror* amer. skrattspegel; *the* ~ *page* seriesidan, skämtsidan i tidning; ~ *paper* skämttidning, serietidning **2** konstig, märkvärdig, egendomlig, besynnerlig [*it's* ~ *he hasn't answered your letter*]; löjlig, lustig [*that* ~ *little shop*]; *I feel* ~ jag känner mig [lite] konstig **II** *s* se *funnies*
funny-bone ['fʌnɪbəʊn] *s* tjuvsena armbågsnerv; *hit one's* ~ få en änkestöt
funny-face ['fʌnɪfeɪs] *s* vard., *hello ~!* hej raring (sötnos)!
funny-ha-ha [,fʌnɪhɑː'hɑː] *adj*, ~ *or funny-peculiar?* 'funny' ('lustig') i betydelsen 'rolig' eller i betydelsen 'konstig'?
funster ['fʌnstə] *s* skämtare, spexare; humorist
fur [fɜː] **I** *s* **1** päls[hår] på vissa djur; *make the* ~ *fly* ställa till bråk **2** skinn av vissa djur; ~ el. pl. ~*s* päls, pälsverk ss. klädesplagg [*wear a* ~ (~*s*)]; pl. ~*s* äv. pälsvaror, pälsverk koll.; ~ *coat* päls herr o. dam **3** pälsartat överdrag m.m.: a) beläggning på tungan b) pannsten **II** *vb tr* **1** pälsfodra **2** belägga **III** *vb itr* bli belagd med grums o.d.
furbish ['fɜːbɪʃ] *vb tr* **1** ~ [*up*] polera [~ *furniture*] **2** ~ *up* putsa upp, piffa upp; friska upp
furious ['fjʊərɪəs, 'fjɔːr-] *adj* rasande, ursinnig [*be* ~ *with* (på) *a p.*; *be* ~ *at* (över, för) *a th.*]; våldsam, häftig [*a* ~ *gale*], vild [~ *driving*]; *fast and* ~ uppsluppen, bullersam, vild
furl [fɜːl] **I** *vb tr* rulla ihop; fälla ihop [~ *an umbrella*]; sjö. beslå [~ *a sail*] **II** *vb itr* rullas (fällas) ihop
fur-lined [,fɜː'laɪnd, attr. '--] *adj* pälsfodrad
furlong ['fɜːlɒŋ] *s* 1/8 engelsk mil 201,17 m

furlough ['fɜːləʊ] **I** *s* mil. permission [*he is home on* ~] **II** *vb tr* mil. ge permission; hemförlova
furnace ['fɜːnɪs] *s* **1** masugn, [smält]ugn äv. bildl. **2** värme[lednings]panna
furnish ['fɜːnɪʃ] *vb tr* **1** förse, utrusta, furnera [*a p. with a th.*]; leverera, anskaffa [*a p. with a th.* ngt till (åt) ngn]; ~*ed with* [försedd] med **2** bildl. lämna, ge, erbjuda bevis, exempel o.d. **3** inreda, möblera; ~*ed apartments* (*rooms*) möblerade rum, möblerad våning
furnishing ['fɜːnɪʃɪŋ] *s* **1** utrustande, utrustning; pl. ~*s* möbler och inventarier; ~*s for men* el. *men's* ~*s* amer. herrekipering **2** inredning, möblering; ~ *fabrics* inredningstextilier
furniture ['fɜːnɪtʃə] (utan pl.) *s* möbler; möblemang, bohag, inventarier; *a piece* (*an article*) *of* ~ en möbel t.ex. soffa; *a set of* ~ el. *a suite of* ~ en möbel t.ex. matsalsmöbel; ett möblemang; *much* (*a great deal of*) ~ mycket (många) möbler; *this* ~ *is getting old* dessa möbler börjar bli gamla; ~ *remover* flyttkarl; ~ *van* flyttbil
furore [fjʊ(ə)'rɔːrɪ, 'fjʊərɔː] *s* vild hänförelse, begeistring [*create* (göra) *a* ~], sensation, furor
furrier ['fʌrɪə] *s* körsnär; päls[varu]handlare
furrow ['fʌrəʊ] **I** *s* **1** [plog]fåra **2** bildl. fåra äv. i ansiktet; ränna, räffla; spår **II** *vb tr* plöja; fåra; räffla
furry ['fɜːrɪ] *adj* **1** päls-; pälsbetäckt; pälsklädd, pälsfodrad **2** grumsig **3** belagd [*a* ~ *tongue*]
further ['fɜːðə] **I** (komp. av *far*) **1** bortre [*the* ~ *end of the room*], avlägsnare, längre bort **2** vidare, ytterligare, fortsatt; *without* ~ *consideration* utan närmare övervägande; ~ *education* vidareutbildning, fortbildning; *until* ~ *notice* (*orders*) tills vidare; ~ *outlook* meteor. allmänna utsikter [för den närmaste tiden]; *for* ~ *particulars apply to...* närmare upplysningar [erhålles] hos... **II** *adv* (komp. av *far*) **1** längre [*we can see* ~ *from here*], längre bort, mera avlägset; ~ *on* längre fram; *nothing is* ~ *from my thoughts* inget är mig mera fjärran; *I can go no* ~ bildl. jag kan inte sträcka mig längre; *it will* (*shall*) *go no* ~ det stannar oss emellan; *wish a p.* ~ vard. önska ngn dit pepparn växer **2** vidare, ytterligare; dessutom; närmare; *inquire* (*go*) ~ *into the matter* närmare undersöka saken **III** *vb tr* [be]främja, gynna; hjälpa [fram]; befordra
furtherance ['fɜːðər(ə)ns] *s* [be]främjande, [fram]hjälpande
furthermore [,fɜːðə'mɔː] *adv* vidare, dessutom
furthermost ['fɜːðəməʊst] *adj* avlägsnast, borterst, ytterst
furthest ['fɜːðɪst] (superl. av *far*) **I** *adj* borterst, avlägsnast, ytterst; *this is the* ~ *I can go* det (detta) är det längsta jag kan sträcka mig (gå) **II** *adv* längst [bort], ytterst, vidast

furtive ['fɜːtɪv] *adj* förstulen [*a* ~ *glance*], [gjord] i smyg, hemlig, hemlighetsfull; lömsk, dolsk
fury ['fjʊərɪ] *s* **1** raseri, ursinne [*in a* ~]; våldsamhet; raserianfall; *like* ~ vard. vanvettigt, fruktansvärt; av bara katten (den), i rasande fart; *fly into a* ~ bli rasande, få ett raserianfall **2** bildl. furie [*she is a little* ~]; hämndeande, plågoande **3** *F*~ mytol. furie
furze [fɜːz] *s* bot. ärttörne
1 fuse [fjuːz] **I** *vb tr* o. *vb itr* **1** smälta; smälta samman äv. bildl.; gjuta[s] samman [*into* till]; slå samman t.ex. bolag; fusionera; bildl. förena[s] **2** slockna om elektr. ljus på grund av att en propp har gått; *the bulb* (*lamp*) *had* ~*d* proppen hade gått **II** *s* säkring, [säkerhets]propp [äv. *safety* ~ el. ~ *plug*; *a* ~ *has blown* (gått)]; ~ *wire* smälttråd, smältsäkring; tänd[nings]kabel
2 fuse [fjuːz] **I** *s* tändrör, lunta; stubintråd; *time* ~ mil. tidrör; *have a short* ~ vard. ha kort stubin, tända lätt **II** *vb tr* förse krut o.d. med en lunta
fuselage ['fjuːzɪlɑːʒ, -lɪdʒ] *s* [flyg]kropp
fusilier [ˌfjuːzɪ'lɪə] *s* hist. fysiljär; musketör
fusillade [ˌfjuːzɪ'leɪd] *s* gevärseld, gevärssalva; beskjutning; *a* ~ [*of questions*] en korseld...
fusion ['fjuːʒ(ə)n] *s* **1** [samman]smältning; smält massa **2** sammanslagning av företag o.d.; fusion [~ *into one*] **3** kärnfys. fusion [*nuclear* ~]
fuss [fʌs] **I** *s* bråk, väsen, uppståndelse, ståhej; tjafs[ande]; fjäsk; *make a* ~ göra (föra) väsen, ställa till bråk, bråka; *make a* ~ *of* (*over*) *a p.* göra väsen av ngn; pyssla om ngn; pjoska (klema) med ngn; *without any* ~ utan att göra [stor] affär av det, utan omsvep (krångel, krumbukter) **II** *vb itr* göra mycket väsen, bråka, tjafsa; fjanta [omkring], fara [omkring] [*she* ~*ed about in the kitchen*]; ~ *over a th.* göra väsen (stor affär) av ngt; ~ *over the children* pyssla om barnen; pjoska (klema) med barnen **III** *vb tr* plåga, irritera, göra nervös
fussbudget ['fʌsˌbʌdʒɪt] *s* vard., se *fusspot*
fusspot ['fʌspɒt] *s* vard. petmåns, petimäter
fussy ['fʌsɪ] *adj* **1** beskäftig, beställsam, bråkig; tjafsig; fjäskig; petig, knusslig; ivrig; nervös, kinkig, orolig [*a* ~ *man*, ~ *manners*] **2** utstyrd [~ *clothes*]; sirlig, prudentlig [~ [*hand*]*writing*]
fusty ['fʌstɪ] *adj* **1** unken, mögelluktande [~ *bread*]; *the room smells* ~ rummet luktar instängt **2** förlegad, gammalmodig [*a* ~ [*old*] *professor*]
fut. förk. för *future*
futile ['fjuːtaɪl, amer. 'fjuːtl] *adj* **1** fåfäng, gagnlös, fruktlös, meningslös [~ *anger, a* ~ *effort, a* ~ *idea*], onyttig, gjord förgäves **2** innehållslös, ytlig, tom, värdelös [*a* ~ *book*]
futility [fjʊ'tɪlətɪ] *s* fåfänglighet, gagnlöshet, fruktlöshet, meningslöshet; värdelöshet, intighet, futtighet; *the* ~ *of* äv. det fåfänga i
future ['fjuːtʃə] **I** *adj* framtida, [till]kommande, blivande; senare [*a* ~ *chapter*]; *his* ~ *life* hans framtid; ~ *prospects* framtidsutsikter; *the* ~ *tense* gram. futurum[et]; *the* ~ *perfect* gram. futurum exaktum **II** *s* **1** framtid; *the immediate* ~ [den] närmaste framtiden; *near* ~ nära (överskådlig) framtid; *for the* ~ för framtiden [*plan for the* ~]; *in* ~ hädanefter, i fortsättningen, för (i) framtiden, framdeles, framgent [*in* ~ *you must...*]; *in the* ~ i framtiden [*ten years in the* ~] **2** gram., *the* ~ futurum[et]
futurism ['fjuːtʃərɪz(ə)m] *s* konst. el. relig. futurism[en]
futurist ['fjuːtʃərɪst] *s* **1** futurist **2** se *futurologist*
futuristic [ˌfjuːtjʊərɪstɪk] *adj* futuristisk
futurologist [ˌfjuːtʃə'rɒlədʒɪst] *s* framtidsforskare, futurolog
fuzz [fʌz] **I** *s* **1** fjun, dun, ludd; stoft **2** sl., mest koll. *the* ~ snuten **3** mus., ~ *box* fuzzbox elektronisk anordning som används med gitarr **II** *vb tr*, ~ [*up*] göra oklar, röra ihop
fuzzy ['fʌzɪ] *adj* **1** fjunig, luddig **2** suddig, otydlig **3** krusig, burrig [~ *hair*] **4** sl. lurvig berusad

G

G, g [dʒiː] (pl. *G's* el. *g's* [dʒiːz]) *s* **1 G, g 2** mus., *G flat* gess; *G major* G-dur; *G minor* G-moll; *G sharp* giss
1 G [dʒiː] **I** (pl. *G's* el. *Gs* [dʒiːz]) *s* amer. sl. lakan, långsjal 1000 dollar **II** förk. för *gravity* **2 G** [dʒiː] *adj* o. *s* (förk. för *general*) amer. barntillåten [film] [*a ~ movie*]
g. förk. för *genitive, gramme*[*s*], isht amer. *gram*[*s*]
gab [gæb] vard. **I** *s* prat, snattrande, gafflande; *have the gift of the ~* vara slängd i käften; *stop your ~!* håll käften! **II** *vb itr* babbla, gaffla
gabardine [ˌgæbəˈdiːn, '---] *s* se *gaberdine*
gabble [ˈgæbl] **I** *vb itr* **1** babbla, pladdra, snattra **2** om gäss o.d. snattra, kackla **II** *vb tr* rabbla **III** *s* **1** babbel, pladder, snatter **2** snatter, kackel
gaberdine [ˌgæbəˈdiːn, '---] *s* textil. gabardin
gable [ˈgeɪbl] *s* triangulär gavel, gavelfält; [hus]gavel, gavelvägg; *~ roof* sadeltak
gabled [ˈgeɪbld] *adj* gavelförsedd [*a ~ house*]
Gabon [gəˈbɒn]
Gabonese [ˌgæbəˈniːz] **I** (pl. lika) *s* gabones **II** *adj* gabonsk
Gabriel [ˈgeɪbrɪəl] mansnamn
gad [gæd] *vb itr* vard., *~ about* stryka (driva) omkring
gadabout [ˈgædəbaʊt] *s* vard. dagdrivare, flanör
gadfly [ˈgædflaɪ] *s* **1** zool. broms, styng **2** vard. retsticka, ettermyra; kverulant
gadget [ˈgædʒɪt] *s* vard. **1** apparat, [sinnrik] grej, pryl, manick **2** tillbehör, finess
gadgetry [ˈgædʒɪtrɪ] *s* **1** manicker, grejer, prylar **2** användning av (intresse för) manicker
Gaelic [ˈgeɪlɪk, ˈgæl-] **I** *adj* gaelisk **II** *s* gaeliska [språket]
1 gaff [gæf] *s* **1** huggkrok, gaff; ljuster **2** stolpsko **3** sjö. gaffel
2 gaff [gæf] sl. **I** *s*, *blow the ~* tjalla, skvallra **II** *vb itr* tjalla, skvallra
gaffe [gæf] *s* vard. tabbe, blunder, fadäs
gaffer [ˈgæfə] *s* **1** gubbe, gamling **2** vard. [arbets]bas; chef **3** TV. el. film. chefselektriker
gag [gæg] **I** *vb tr* lägga munkavle på; bildl. äv. sätta munkorg på, tysta ner; täppa till [munnen på] **II** *vb itr* teat. el. film. komma med gags (komiska inslag), skämta **III** *s* **1** munkavle; bildl. äv. munkorg **2** teat. el. film. komiskt inslag, gag **3** sl. skämt, [påhittad] historia
gaga [ˈgɑːgɑː] *adj* vard. **1** gaggig, senil; tokig **2** betuttad [*about* (*over*) *i*]

gall

gaggle [ˈgægl] **I** *vb itr* om gäss snattra, kackla **II** *s* **1** [gås]flock **2** skämts. skock, svärm
gaiet|y [ˈgeɪətɪ] *s* **1** glädje, munterhet **2** festligt intryck (utseende) [*flags that gave a ~ to the scene*]
Gail [geɪl] kvinnonamn
gaily [ˈgeɪlɪ] *adv* glatt etc., jfr *gay* 2 o. *3*
gain [geɪn] **I** *s* **1 a)** vinst i allm.; förvärv; vunnen förmån, fördel **b)** [snöd] vinning **2** pl. *~s* isht affärsvinst, inkomst[er]; *ill-gotten ~s* orättfånget gods; skämts. lättförtjänta pengar **3** ökning [*a ~ in weight*] **II** *vb tr* **1** vinna [*~ experience* (*time, a prize*)], [lyckas] skaffa sig [*~ permission*], få [*~ speed*], erhålla, ernå; förvärva; tillvinna sig [*~ confidence* (*sympathy*)]; *~ 2 kilos* öka (gå upp) 2 kilo; *~ ground* se under *2 ground I 2* **2** [för]tjäna [*~ one's living*] **3** vinna för sin sak (över till sin sida) [äv. *~ over*] **4** om klocka forta sig, dra sig före [*~ a minute a day*] **III** *vb itr* **1** vinna, göra vinst [*by* på; *in* i, i avseende på]; öka, gå upp [*~ in weight*]; tilltaga **2** *~* [*up*]*on* a) vinna (ta in) på [*~ on the other runners in a race*] b) öka försprånget framför, dra ifrån [*~ on one's pursuers*] **3** om klocka forta sig, dra sig före
gainful [ˈgeɪnf(ʊ)l] *adj* vinstgivande, inkomstbringande, lönande [*~ trade*]; *~ employment* förvärvsarbete
gainfully [ˈgeɪnfʊlɪ] *adv*, *~ employed* förvärvsarbetande
gainsay [geɪnˈseɪ] (*gainsaid gainsaid* [geɪnˈsed el. -ˈseɪd]) *vb tr* litt. **1** bestrida, förneka **2** motsäga [*I dare not ~ him*]
gait [geɪt] *s* gång, sätt att gå [*limping ~*]
gal [gæl] *s* vard. tjej
gal. förk. för *gallon*[*s*]
gala [ˈgɑːlə, ˈgeɪlə] *s* **1** stor fest, högtidlighet; gala; *swimming ~* simuppvisning **2** attr. gala-, fest- [*~ performance*]; *in ~ dress* i galadräkt, i [full] gala
galactic [gəˈlæktɪk] *adj* astron. galaktisk [*~ equator*], hörande till Vintergatan
galaxy [ˈgæləksɪ] *s* **1** astron. galax; *the G~* Vintergatan **2** bildl. lysande samling [*a ~ of famous people*]
1 gale [geɪl] *s* **1** [hård] vind, stark blåst, storm; poet. mild vind **2** sjö. kuling, storm 7-10 grader Beaufort; *~ warning* stormvarning **3** *~s of laughter* skrattsalvor
2 gale [geɪl] *s* bot., [*sweet*] *~* pors
Galicia [gəˈlɪʃɪə] geogr. **1** Galicien i Spanien **2** Galizien i Polen
Galilean [ˌgælɪˈliːən] **I** *adj* galileisk **II** *s* galilé; *the ~* galiléen Kristus
Galilee [ˈgælɪliː] geogr. Galileen; *the Sea of ~* Galileiska sjön
1 gall [gɔːl] *s* bitterhet, hätskhet, hat; galla [*a pen dipped in ~*]
2 gall [gɔːl] **I** *vb tr* **1** skava (sönder), skrubba **2** bildl. plåga, pina, irritera **II** *s* **1** skavsår, skrubbsår, sårnad **2** bildl. oro, irritation

gallant ['gælənt] *adj* **1** tapper, modig, oförskräckt, käck; i parl. stående epitet för militära ledamöter [*the honourable and ~ member*] **2** ståtlig, präktig [*a ~ ship* (*horse, show*)] **3** galant, ridderlig, chevaleresk, artig [mot damer]; sälls. amorös
gallantry ['gæləntrɪ] *s* **1** mod, hjältemod, tapperhet **2** artighet [mot damer], ridderlighet, galanteri
gall bladder ['gɔ:l‚blædə] *s* anat. gallblåsa
galleon ['gælɪən] *s* sjö. (hist.) spansk gallion
galleria [‚gælə'ri:ə] *s* galleria inbyggt köpcentrum
gallery ['gælərɪ] *s* **1** galleri, [konst]museum; *art ~* konstgalleri, konstsalong **2** läktare inomhus; teat. översta (tredje, ibl. fjärde) rad [*in* (på) *the ~*]; *the ~* äv. läktarna; *press ~* pressläktare **3** läktarpublik, publik i allm.; åskådare, åhörare; *play to the ~* spela för galleriet, fria till publiken **4** arkit. galleri i olika bet.; loftgång; balkong; upphöjd veranda; [smal] gång; pelargång **5** täckt bana [*shooting-gallery*] **6** *rogues' ~* förbrytaralbum, förbrytargalleri
galley ['gælɪ] *s* **1** sjö. (hist.) galär **2** stor roddbåt; isht örlogsfartygs slup; lustbåt **3** sjö. kabyss, kök
galley proof ['gælɪpru:f] *s* spaltkorrektur
Gallic ['gælɪk] *adj* gallisk; fransk
gallic acid [‚gælɪk'æsɪd] *s* kem. gallussyra
Gallicism ['gælɪsɪz(ə)m] *s* gallicism
galling ['gɔ:lɪŋ] *adj* irriterande, retsam, förarglig
gallivant ['gælɪvænt, -vɑ:nt] *vb itr* gå och driva (dra), flanera; *be ~ing about* äv. vara ute på vift
gallon ['gælən] *s* gallon rymdmått för isht våta varor: a) britt. [*imperial*] *~* = 4,546 liter b) amer. = 3,785 liter
gallop ['gæləp] **I** *vb itr* galoppera; bildl. rasa, jaga [*~ through one's work* (*a book*)] **II** *s* **1** galopp; *ride at a* (*at full*) *~* rida i galopp (i full galopp) **2** ridtur i galopp [*let's go for a ~*]
Gallophile ['gælə(ʊ)faɪl] **I** *s* franskvän, franskbeundrare **II** *adj* franskvänlig
Gallophobe ['gælə(ʊ)fəʊb] **I** *s* franskhatare **II** *adj* franskfientlig
gallows ['gæləʊz] (vanl. konstr. ss. sg.; pl. *~[es]*) *s* galge [*a ~ was set up*]; *send a p. to the ~* döma ngn till galgen; *~ humour* galghumor
gallstone ['gɔ:lstəʊn] *s* med. gallsten
Gallup ['gæləp] egenn.; *~ poll* gallupundersökning, opinionsundersökning
galore [gə'lɔ:] *adj* i massor; *whisky ~* äv. massor (mängder) av whisky
galosh [gə'lɒʃ] *s* **1** galosch **2** amer. pampusch, bottin
galumph [gə'lʌmf] *vb itr* klampa [*~ing like an elephant*], dunka [*my heart was ~ing*]
galvanization [‚gælvənaɪ'zeɪʃ(ə)n] *s* galvanisering
galvanize ['gælvənaɪz] *vb tr* **1** galvanisera

2 bildl. egga, sporra, entusiasmera [*~ a p. into doing a th.*]; väcka, uppliva
gam [gæm] *s* sl. spira ben
gambit ['gæmbɪt] *s* **1** schack. spelöppning, gambit **2** bildl. utspel; inledning; knep; [*opening*] *~* spelöppning
gamble ['gæmbl] **I** *vb itr* spela [hasard], dobbla; spela [*~ on the Stock Exchange*], spekulera, jobba [*~ in shares*]; *~ on* vard. slå vad om, tippa [*~ on the result of a race*] **II** *vb tr ~ away* spela bort [*~ away all one's fortune*] **III** *s* [hasard]spel; bildl. hasard; lotteri [*marriage is a ~*], vågspel; chansning
gambler ['gæmblə] *s* [hasard]spelare, dobblare
gambling ['gæmblɪŋ] *s* hasardspel, dobbel; *~ machine* spelautomat
gambling-den ['gæmblɪŋden] *s* spelhåla
gambling-house ['gæmblɪŋhaʊs] *s* spelkasino
gambol ['gæmb(ə)l] **I** *s* **1** hopp, skutt, krumsprång, glädjesprång **2** isht pl. *~s* upptåg, lustigheter **II** *vb itr* göra glädjesprång
1 game [geɪm] **I** *s* **1** spel; lek [*children's ~s*]; pl. *~s* äv. sport, idrott; *athletic ~s* [fri]idrottstävlingar; *the Olympic Games* [de] olympiska spelen, olympiaden; *the ~ of billiards* biljardspelet; *the ~ of football* fotboll; *the ~ is up* spelet är förlorat; *give the ~ away* vard. avslöja alltihop, förråda det hela; prata bredvid mun; *play the ~* spela juste, följa spelreglerna; bildl. uppföra sig juste; *play a good ~* [*of tennis*] spela [tennis] bra; *two can play at that ~* bildl. den ene är inte sämre än den andre, det där kan jag också göra; *beat a p. at his own ~* slå ngn med hans egna vapen (på hemmaplan) **2** a) match [*let's play another ~*] b) [spel]parti; *a ~ of chess* ett parti schack **3** vunnet spel; game i tennis; set i bordtennis o. badminton; *~ point* i tennis gameboll; i bordtennis setboll; *~, set and match* game, set och match seger i tennis; bildl. en avgörande seger [*to* för] **4** a) förehavande, plan b) knep, tricks, påhitt c) lek, skämt; gyckel; *so that's your little ~?* jaså, det är det du har i kikarn (håller på med)?; *it was only a ~* var bara skämt (på skoj); *what's the ~?* vad håller ni (du) på med egentligen?; *what ~ is he up to?* vad är det han har i kikarn?, vad har han [för rackartyg] för sig? **5** spel [*they sell toys and ~s*] **6** vard. bransch [*he is in the advertising ~*] **7** a) vilt, villebråd b) byte; bildl. lovligt byte; mål; *big ~* storvilt; *be easy ~ for a p.* vara ett lätt byte för ngn; *feathered ~* fjädervilt
II *adj, be ~ for* ha lust med, ställa upp på; *be ~ for anything* a) vara (gå) med på allting b) vara beredd (i stånd) till vad som helst; *I'm quite ~* äv. inte mig emot, gärna [för mig]

2 game [geɪm] *adj* ofärdig, lam [*a* ~ *arm* (*leg*)]
gamekeeper ['geɪm,ki:pə] *s* skogvaktare, jaktvårdare
game law ['geɪmlɔ:] *s* jaktlag, jaktstadga
game licence ['geɪm,laɪs(ə)ns] *s* jaktlicens
gamely ['geɪmlɪ] *adv* modigt, morskt, beslutsamt
game plan ['geɪmplæn] *s* [fälttågs]plan, strategi äv. bildl.
gamesmanship ['geɪmzmənʃɪp] *s* vard. [konsten att vinna genom] psykning
games master ['geɪmz,mɑ:stə] *s* gymnastiklärare, idrottslärare
gamete [gæ'mi:t, gə'mi:t] *s* biol. gamet, könscell
gaming-house ['geɪmɪŋhaʊs] *s* spelhus
gaming-table ['geɪmɪŋ,teɪbl] *s* spelbord
gamma ['gæmə] *s* grekiska bokstaven gamma; ~ *rays* gammastrålar
gammon ['gæmən] **I** *s* saltad o. rökt skinka **II** *vb tr* salta och röka skinka
gammy ['gæmɪ] *adj* vard. ofärdig, lam [~ *arm* (*leg*)]
gamp [gæmp] *s* vard. paraflax paraply
gamut ['gæmət] *s* **1** mus. tonskala; [ton]omfång **2** bildl. skala, register; *the whole ~ of emotion* (*feeling*) hela känsloskalan (känsloregistret)
gander ['gændə] *s* **1** gåskarl, gåshanne **2** sl. titt [*take a ~ at*]
G & T [,dʒi:ən'ti:] vard. förk. för *gin and tonic*
gang [gæŋ] **I** *s* **1** [arbets]lag **2** liga, band; *a ~ of thieves* en tjuvliga **3** vard. gäng, sällskap [*don't get mixed up with that ~*] **II** *vb itr*, *~ up* slå sig ihop, samarbeta [*with* med]; gadda ihop sig (sig samman) [*on*, *against* mot]; *~ up on* äv. mobba
gangbang ['gæŋbæŋ] *s* sl. **1** gängknull; *have a ~* äv. ha gruppsex **2** gängvåldtäkt, gruppvåldtäkt
gangland ['gæŋlænd] *s* gangstervärlden
gang leader ['gæŋ,li:də] *s* **1** ligaledare, gängledare **2** gangsterledare
gangling ['gæŋglɪŋ] *adj* gänglig, spinkig
gangplank ['gæŋplæŋk] *s* landgång.
gangrene ['gæŋgri:n] **I** *s* kallbrand; med. gangrän **II** *vb itr* angripas av kallbrand
gangster ['gæŋstə] *s* gangster
gangway ['gæŋweɪ] **I** *s* **1** gång, passage isht mellan bänkrader **2** sjö. landgång; gångbord; fallrep; spång; ~ *ladder* fallrepstrappa **II** *interj*, *~!* ge plats!
gannet ['gænɪt] *s* zool. havssula
gantry ['gæntrɪ] *s* **1** kranportal; traversbana; lastningsbrygga **2** järnv. signalbrygga; film. o.d. strålkastarbrygga
gaol [dʒeɪl] **I** *s* fängelse; häkte; jfr äv. *jail* **II** *vb tr* sätta i fängelse
gaoler ['dʒeɪlə] *s* fångvaktare
gap [gæp] *s* **1** öppning, hål, gap; bräsch;

blotta [*there is no ~ in our defences*]; klyfta, pass i bergskedja **2** bildl. a) lucka [*a ~ in his knowledge* (*memory*)], brist; mellanrum, tomrum, hål; avbrott [*a ~ in the conversation*], hopp b) klyfta [*the generation ~*]
gape [geɪp] *vb itr* **1** gapa; om spricka o.d. öppna sig vitt, stå (vara) vidöppen (på vid gavel) **2** [stå och] gapa, glo, starrbliga [*at* på]
gaping ['geɪpɪŋ] *adj* gapande [*a ~ hole* (*wound*)]
gap-toothed ['gæptu:θt] *adj* som har glesa tänder
garage ['gærɑ:ʒ, -rɑ:dʒ, -rɪdʒ, isht amer. gə'rɑ:ʒ] **I** *s* garage; [bil]verkstad; *~ mechanic* bilmekaniker **II** *vb tr* ställa in (ha) i garage
garage sale ['gærɑ:ʒseɪl, isht amer. gə'rɑ:ʒ-] *s* försäljning hemma hos ägaren av begagnade föremål ss. möbler, husgeråd o.d.
garb [gɑ:b] *s* **1** dräkt, skrud, kostym [*clerical ~*]; *in the ~ of* [*a sailor*] äv. klädd som... **2** bildl. sken; mask; *in the ~ of* under sken (täckmantel) av
garbage ['gɑ:bɪdʒ] *s* **1** avskräde, [köks]avfall; amer. äv. sopor; *~ can* amer. soptunna; *~ chute* amer. sopnedkast; *~ collector* (*man*) amer. sophämtare, renhållningsarbetare; *~* [*removal*] *truck* amer. sopbil **2** bildl. smörja, strunt **3** data. irrelevanta data, avfall, sopor
garbanzo [gɑ:'bænzəʊ] (pl. *~s*) *s* kikärt, garbanzoböna
garble ['gɑ:bl] *vb tr* förvanska
garden ['gɑ:dn] **I** *s* **1** trädgård; [villa]tomt; *the G~ of Eden* Edens lustgård; *back* (*front*) *~* trädgård bakom (framför) huset; *everything in the ~ is lovely* vard. allt är frid och fröjd; *lead a p. up* (*down*) *the ~* [*path*] vard. dra ngn vid näsan, lura (vilseleda) ngn **2** vanl. pl. *~s* offentlig park med trädgårdsanläggningar [*Kensington Gardens*]; *zoological ~*[*s*] zoologisk trädgård, djurpark **II** *adj* trädgårds-, odlad [*~ plants*] **III** *vb itr* arbeta i trädgården; driva (ägna sig åt) trädgårdsskötsel
garden centre ['gɑ:dn,sentə] *s* trädgårdscenter, handelsträdgård
garden city [,gɑ:dn'sɪtɪ] *s* trädgårdsstad, villastad
gardener ['gɑ:dnə] *s* trädgårdsmästare; *landscape ~* trädgårdsarkitekt; *I'm a keen ~* jag är mycket road av trädgårdsskötsel
garden flat [,gɑ:dn'flæt] *s* våning i bottenplan med uteplats
gardenia [gɑ:'di:njə] *s* bot. gardenia
gardening ['gɑ:dnɪŋ] *s* **1** trädgårdsskötsel, trädgårdsodling; trädgårdsarbete [*he is fond of ~*] **2** attr. trädgårds- [*~ tools*]
garden party ['gɑ:dn,pɑ:tɪ] *s* garden party, trädgårdsfest
garden suburb [,gɑ:dn'sʌbɜ:b] *s* se *garden city*

gargantuan [gɑːˈgæntjʊən] *adj* gigantisk, enorm; glupande [~ *appetite*]
gargle [ˈgɑːgl] **I** *vb tr* gurgla [sig i] [~ *one's throat*] **II** *vb itr* gurgla sig **III** *s* **1** gurgelvatten **2** gurgling
gargoyle [ˈgɑːgɔɪl] *s* **1** arkit. vattenkastare ofta i form av grotesk figur **2** vard. fågelskrämma
garish [ˈgeərɪʃ] *adj* **1** prålig [~ *dress*], grann **2** bländande; gräll, skrikande [~ *colours*]
garland [ˈgɑːlənd] **I** *s* **1** krans av blommor, blad o.d. **2** segerkrans, pris [*carry* [*away*] (vinna) *the* ~] **II** *vb tr* pryda med krans[ar], bekransa; bilda en krans omkring
garlic [ˈgɑːlɪk] *s* vitlök; ~ *salt* vitlökssalt
garment [ˈgɑːmənt] *s* **1** klädesplagg isht ytterplagg **2** pl. ~*s* kläder
garn [gɑːn] *interj* isht londondialekt ~*!* äh [fan]!, skitsnack!
garner [ˈgɑːnə] *litt.* **I** *s* spannmålsbod, spannmålsmagasin **II** *vb tr* magasinera, lagra; förvara; samla [*up* ihop], bärga [*in*]
garnet [ˈgɑːnɪt] *s* **1** miner. granat **2** granatrött
garnish [ˈgɑːnɪʃ] **I** *vb tr* kok. garnera [*fish* ~*ed with parsley*] **II** *s* kok. garnering
garret [ˈgærət, -rɪt] *s* vindskupa, vindsrum
garrison [ˈgærɪsn] **I** *s* **1** garnison, besättning **2** garnisonsort **II** *vb tr* **1** förse med garnison [~ *a province*]; förlägga garnison i [~ *a fort*] **2** förlägga i garnison, garnisonera; *be* ~*ed* äv. ligga i garnison
garrotte [gəˈrɒt] **I** *s* **1** a) strypjärn avrättningsredskap b) garrottering **2** snara att strypa med **II** *vb tr* avrätta genom garrottering, garrottera
garrulity [gæˈruːlətɪ, -ˈrjuː-] *s* pratsamhet, pratsjuka; pratighet
garrulous [ˈgærʊləs, -rjʊl-] *adj* pratsam, pratsjuk
garter [ˈgɑːtə] *s* **1** a) [knä]strumpeband runt benet b) amer. strumpeband; ärmhållare [äv. *arm* (*sleeve*~]; ~ *belt* amer. strumpebandshållare **2** [*the Order of*] *the G*~ strumpebandsorden
Gary [ˈgærɪ] mansnamn
gas [gæs] **I** *s* **1** gas i allm. **2** gas[bränsle], stadsgas **3** a) [gift]gas [*tear gas, nerve gas, poison gas*] b) lustgas [äv. *laughing-gas*] **4** vard. gaslåga **5** vard. snack, munväder; skrävel **6** a) amer. vard. (kortform för *gasoline*) bensin b) isht amer., *step on the* ~ trampa på gasen, gasa på; bildl. sätta fart, skynda på **7** sl., *it's a real* ~ det är dökul (jättehäftigt) **II** *vb itr* **1** vard. snacka, babbla; skrävla **2** ~ *up* amer. tanka, fylla på bensin **III** *vb tr* **1** gasa, anfalla (bedöva, döda) med gas; gasförgifta; ~ *oneself* gasa ihjäl sig **2** förse (lysa upp) med gas **3** ~ *up* amer. tanka [~ *up the car*]
gasbag [ˈgæsbæg] *s* vard. pratmakare, pratkvarn
gas chamber [ˈgæsˌtʃeɪmbə] *s* gaskammare
Gascony [ˈgæskənɪ] geogr. Gascogne

gas cooker [ˈgæsˌkʊkə] *s* gasspis
gaseous [ˈgæsjəs, ˈgeɪz-] *adj* gasformig, gas-; ~ *form* gasform
gas fire [ˈgæsfaɪə] *s* gaskamin
gasfitter [ˈgæsˌfɪtə] *s* gasmontör, gas[lednings]installatör
gas guzzler [ˈgæsˌgʌzlə] *s* isht amer. vard. bensinslukare om bil
gash [gæʃ] **I** *vb tr* skära (hugga) djupt i, fläka upp; ~*ed* gapande **II** *s* [lång och] djup skåra, jack, djupt (gapande) [skär]sår
gas-holder [ˈgæsˌhəʊldə] *s* gasklocka
gasify [ˈgæsɪfaɪ] *vb tr* o. *vb itr* förvandla[s] till gas, förgasa[s]
gasket [ˈgæskɪt] *s* tekn. packning; [*cylinder head*] ~ topplockspackning
gaslight [ˈgæslaɪt] *s* gasbelysning; gaslåga, gasljus
gaslighter [ˈgæsˌlaɪtə] *s* gaständare
gasman [ˈgæsmæn] *s* **1** gas[verks]arbetare **2** gasavläsare
gas mask [ˈgæsmɑːsk] *s* gasmask
gas meter [ˈgæsˌmiːtə] *s* gasmätare apparat
gasoline [ˈgæsəliːn, -lɪn, --ˈ-] *s* **1** kem. gasolin **2** amer. [motor]bensin; ~ *truck* a) bensindriven lastbil b) tankbil
gasometer [gæˈsɒmɪtə] *s* **1** gasklocka **2** kem. gasometer, gasbehållare
gas oven [ˈgæsˌʌvn] *s* **1** gasugn **2** gaskammare i förintelseläger
gasp [gɑːsp] **I** *vb itr* dra efter andan, flämta; *make a p.* ~ bildl. göra ngn fullkomligt stum, ta andan ur ngn; ~ *for breath* kippa efter andan (luft) **II** *vb tr*, ~ [*out*] flåsa (flämta) fram, yttra flämtande **III** *s* flämtning, häftigt (tungt) andetag; *at one's* (*the*) *last* ~ nära att ge upp andan, döende; utpumpad
gasproof [ˈgæspruːf] *adj* gassäker, gastät
gas range [ˈgæsreɪn(d)ʒ] *s* gasspis
gas ring [ˈgæsrɪŋ] *s* gasbrännare på gasspis; gaskök
gas station [ˈgæsˌsteɪʃ(ə)n] *s* amer. bensinstation
gassy [ˈgæsɪ] *adj* full av gas; gas-; ~ *beer* öl med mycket kolsyra
gastric [ˈgæstrɪk] *adj* mag- [~ *disease* (*pains*)]; ~ *juice* magsaft; ~ *ulcer* magsår
gastritis [gæˈstraɪtɪs] *s* magkatarr; med. gastrit [*acute* (*chronic*) ~]
gastroenteritis [ˌgæstrə(ʊ)enteˈraɪtɪs] *s* med. gastroenterit, mag-tarminflammation
gastronomic [ˌgæstrəˈnɒmɪk] *adj* gastronomisk
gastronomist [gæˈstrɒnəmɪst] *s* gastronom
gastronomy [gæˈstrɒnəmɪ] *s* gastronomi
gasworks [ˈgæswɜːks] (konstr. vanl. ss. sg.; pl. *gasworks*) *s* gasverk
gat [gæt] *s* isht amer. sl. puffra
gate [geɪt] *s* **1** port äv. skidsport.; grind; järnv. äv. bom; järnv. o. vid flygplats spärr **2** bildl. inkörsport, port **3** [damm]lucka; [sluss]port

4 sport. a) publiksiffra [*TV has affected ~s*], publiktillströmning [*a big ~*] b) biljettintäkter
gateau o. **gâteau** ['gætəʊ, gæ'təʊ] (pl. *~x* [-z]) *s* fr. kok. tårta
gatecrash ['geɪtkræʃ] *vb itr* o. *vb tr* vard., *~ [into]* objuden ta sig in [*~* [*into*] *a party*]; planka (smita) in på [*~ into a football match*]; tränga sig in på [*~ into the American market*]; *~ on a p.* våldgästa ngn, tränga sig på hos ngn
gatecrasher ['geɪtˌkræʃə] *s* vard. objuden gäst, snyltgäst, inkräktare; plankare
gate-leg ['geɪtleg] *s* o. **gate-legged** ['geɪtlegd] *adj*, *~ table* slagbord
gate money ['geɪtˌmʌnɪ] *s* biljettintäkter
gateway ['geɪtweɪ] *s* **1** port[gång], portvalv; ingång, utgång, ingångsport, utgångsport **2** bildl. [inkörs]port; väg, nyckel [*a ~ to fame* (*knowledge*)]
gather ['gæðə] **I** *vb tr* **1** [för]samla [*~ a crowd*] **2** a) samla [ihop] [*~ sticks for a fire*] b) plocka [*~ flowers* (*mushrooms*)] c) samla (hämta) in, bärga (hösta) in [äv. *~ in*] d) ta upp [*~ the ball*]; *~ a shawl about one's shoulders* svepa en sjal om axlarna; *~ dust* samla damm; *~ together* samla (plocka) ihop [*~ one's papers and books together*]; *~ oneself together* samla ihop sig, samla alla sina krafter; hämta sig **3** a) få, vinna [*~ experience*] b) skaffa sig, inhämta [*~ information*] c) förvärva; *~ speed* få (sätta) fart **4** sluta sig till, dra den slutsatsen, [tro sig] förstå [*from* av, *that* att]; *I ~ he has left* han har visst rest, det sägs att han har rest **5** a) dra ihop, rynka [*~ one's brows*] b) sömnad. rynka **6** *~ up* a) ta (lyfta) upp från marken o.d. b) samla ihop [*~ up one's books* (*skirts*)], samla upp c) dra ihop till mindre omfång **II** *vb itr* **1** [för]samlas **2** samla (dra ihop) sig [*the clouds are ~ing*]; [till]växa, förstoras; *a storm is ~ing* det drar ihop sig till oväder
gathering ['gæð(ə)rɪŋ] **I** *s* **1** samling [*we were a great ~*] **2** sammankomst, möte **3** varsamling, bulnad, böld **4** [för]samlande, hopsamling, plockning, skörd[ande] etc., jfr *gather I* **II** *adj* annalkande [*~ storm*]
GATT [gæt] (förk. för *General Agreement on Tariffs and Trade*) GATT
gauche [gəʊʃ] *adj* klumpig, tafatt; ofin, taktlös
gaucho ['gaʊtʃəʊ, 'gɔ:tʃ-] *s* gaucho
gaudy ['gɔ:dɪ] *adj* [färg]grann, prålig, brokig [*~ decorations*], skrikig, bjärt [*~ colours*]
gauge [geɪdʒ] **I** *vb tr* **1** a) mäta rymd, kaliber, storlek b) justera mått o. vikter; kalibrera c) gradera **2** bildl. bedöma, värdera [*~ a p.'s character*], mäta, sondera, pejla, uppskatta **II** *s* **1** [standard]mått; dimension[er], vidd, kaliber; tråds o.d. grovlek, tjocklek; *take the ~ of* bedöma, ta mått på **2** spårvidd; *broad ~* bred spårvidd; *narrow ~* smal spårvidd; *standard ~* normal spårvidd **3** tekn. mätare [*oil* (*petrol*) *~*, *wind ~*], mätinstrument; precisionsmått; tolk; *pressure ~* manometer, tryckmätare **4** bildl. mätare [*~ of* (på) *intellect*], måttstock
Gaul [gɔ:l] **I** geogr. (hist.) Gallien **II** *s* galler
gaunt [gɔ:nt] *adj* mager, avtärd, utmärglad, tanig
1 gauntlet ['gɔ:ntlət] *s* **1** kraghandske **2** järnhandske; *pick* (*take*) *up the ~* ta upp stridshandsken (den kastade handsken)
2 gauntlet ['gɔ:ntlət] *s*, *run the ~* löpa gatlopp
gauze [gɔ:z] *s* **1** gas[väv], flor; *~ bandage* (*roller*) gasbinda; *wire ~* metalltrådsduk, trådnät **2** lätt [dim]slöja
gauzy ['gɔ:zɪ] *adj* florliknande, tunn, fin (skir) som gas[väv]
gave [geɪv] imperf. av *A give*
gavel ['gævl] *s* ordförandeklubba, auktionsklubba
gavotte [gə'vɒt] *s* mus. gavott
Gawd [gɔ:d] *s* sl. Gud [*~ help us!*]
gawk [gɔ:k] **I** *s* dumbom, tölp **II** *vb itr* [stå och] gapa [*at* på]
gawky ['gɔ:kɪ] *adj* tafatt, klumpig, dum
gawp [gɔ:p] *vb itr* vard. [stå och] glo [*at* på]
gay [geɪ] (adv. *gaily*, isht amer. *gayly*) **I** *adj* **1** sl. gay, homosexuell; bög- **2** glad [*~ voices* (*laughter*)]; lustig, munter **3** sprittande [*~ music*], grann, prålig **II** *s* sl. bög, fikus, homosexuell
Gaza [stad 'gɑ:zə, bibl. äv. 'geɪzə] geogr.; *the ~ Strip* Gazaområdet
gaze [geɪz] **I** *vb itr* stirra, blicka (se, titta) intensivt (oavvänt), spana [*at*, [*up*]*on* på; *~ at the stars*] **II** *s* intensivt (oavvänt) betraktande (tittande), stirrande; blick [*with a bewildered ~*], spänd blick
gazelle [gə'zel] *s* zool. gasell
gazette [gə'zet] **I** *s* officiell tidning [*the London G~*]; *be in the ~* stå i [den officiella] tidningen ss. befordrad, i konkurs o.d. **II** *vb tr* kungöra in den officiella tidningen
gazetteer [ˌgæzɪ'tɪə] *s* geografiskt namnregister till kartbok; geografisk uppslagsbok
gazump [gə'zʌmp] sl. **I** *vb itr* trissa upp priset i efterhand vid husförsäljning **II** *vb tr* skörta upp ngn vid husförsäljning
GB [ˌdʒi:'bi:] förk. för *Great Britain*
GBE [ˌdʒi:bi:'i:] förk. för [*Knight* (*Dame*)] *Grand Cross* [*of the Order*] *of the British Empire*
GC förk. för *George Cross*
GCE [ˌdʒi:si:'i:] förk. för *General Certificate of Education*
GCF(M) förr (förk. för *greatest common factor* resp. *measure*) största gemensamma faktor (divisor)

GCSE

GCSE [ˌdʒiːsiːesˈiː] förk. för *General Certificate of Secondary Education*
Gdns. förk. för *Gardens* [*Kensington* ~]
GDP [ˌdʒiːdiːˈpiː] (förk. för *gross domestic product*) BNP
GDR [ˌdʒiːdiːˈɑː] (förk. för *German Democratic Republic*) DDR (hist.)
gear [ɡɪə] **I** *s* **1** redskap, verktyg, attiralj, grejer, utrustning, don [*fishing-gear*], apparat **2 a)** kugghjul, drev; sammankopplade drivhjul; *train of ~s* hjulverk; löpverk **b)** mekanism, anordning, inrättning [*steering-gear*]; flyg. ställ [*landing-gear*] **3** kopplingsmekanism, utväxling; motor. växel; *change* (isht amer. *shift*) *~*[*s*] växla; *high* (*low*) *~* stor (liten) utväxling; hög (låg) växel; *reverse ~* back[växel]; *in top ~* på högsta växeln, med högsta fart; bildl. äv. för full maskin, i full gång; *put a car in third ~* lägga i trean (treans växel) [på en bil]; *move into low ~* sakta av, varva ner; *throw out of ~* koppla [i]från (av, ur); bildl. bringa i olag (ur gängorna) **4** sjö. löpande gods, tackel **5** seldon; *riding ~* ridtyg **6** persedlar, tillhörigheter, saker **II** *vb tr* **1** *~ down* växla ner [*~ down the car*]; *~ up* växla upp; bildl. sätta fart på **2** *~ to* rätta (lämpa, anpassa) efter [*~ production to the demand*]; *be ~ed to* äv. vara inriktad på
gearbox [ˈɡɪəbɒks] *s* o. **gearcase** [ˈɡɪəkeɪs] *s* motor. växellåda
gearchange [ˈɡɪətʃeɪn(d)ʒ] *s* motor. växling; *automatic ~* automatväxel; *~ lever* växelspak
gearlever [ˈɡɪəˌliːvə] *s* växelspak
gecko [ˈɡekəʊ] (pl. *~s* el. *~es*) *s* zool. gecko[ödla]
gee [dʒiː] *interj* isht amer., *~ [whizz]!* jösses!, nej men!, oj [då]! [*~ what a surprise!*]
gee-gee [ˈdʒiːdʒiː] *s* **1** vard. barnspr. toto, pålle **2** sl. kuse kapplöpningshäst
geese [ɡiːs] *s* pl. av *goose*
geezer [ˈɡiːzə] *s* sl. gubbe; stofil, kuf [*an old ~*]
gefilte fish [ɡəˈfɪltəfɪʃ] *s* kok., judisk maträtt: a) färsfylld fisk b) slags fiskbullar
gefuffle [ɡəˈfʌfl] *s* sl. ståhej
geisha [ˈɡeɪʃə] *s* geisha
gel [dʒel] **I** *s* **1** kem. gel **2** [*hair*] *~* hårgelé **II** *vb itr* **1** bilda gel, gelatisera; stelna **2** vard. lyckas, ta [fast] form [*that new idea ~ed*]
gelatin [ˈdʒelətɪn] *s* o. **gelatine** [ˌdʒeləˈtiːn, ˈdʒelətiːn] *s* gelatin
gelatinous [dʒəˈlætɪnəs] *adj* gelatinös, gelatinartad, geléartad; innehållande gelatin
geld [ɡeld] (*~ed ~ed* el. *gelt gelt*) *vb tr* kastrera, snöpa, gälla
gelding [ˈɡeldɪŋ] *s* **1** kastrering **2** kastrerat djur; isht kastrerad häst, valack
gelignite [ˈdʒelɪɡnaɪt] *s* spränggelatin
gem [dʒem] *s* **1** ädelsten ofta mindre o. isht slipad o. polerad; juvel **2** bildl. a) klenod, pärla, skatt b) litet konstverk
Gemini [ˈdʒemɪnaɪ, -niː] *s* astrol. Tvillingarna
Gen. 1 (förk. för *Genesis*) Första mosebok **2** förk. för *General* ss. titel
gen [dʒen] *s* sl., *the ~* info[n], upplysningar[na] [*they'll give you all the ~ about it*], nyheter[na]; *what's the ~?* vad nytt?, hur är läget?
gen. förk. för *gender, general, generally, genitive*
gendarme [ˈʒɒndɑːm] *s* gendarm
gender [ˈdʒendə] *s* kön isht gram., genus; *~ gap* könsklyfta, klyfta mellan könen
gene [dʒiːn] *s* biol. gen, arvsanlag; *~ manipulation* genmanipulation; *~ therapy* genterapi
genealogical [ˌdʒiːnjəˈlɒdʒɪk(ə)l] *adj* genealogisk, släktlednings-; *~ table* stamtavla, släkttavla
genealogy [ˌdʒiːnɪˈælədʒɪ] *s* **1** genealogi, släktforskning **2** härstamning; släktledning; stamtavla, ättlängd
genera [ˈdʒenərə] *s* pl. av *genus*
general [ˈdʒen(ə)r(ə)l] **I** *adj* **1** allmän; generell; vanlig, genomgående [*it's a ~ mistake*]; ungefärlig [*I can only give you a ~ idea of it*]; helhets-, total- [*the ~ impression of it is good*]; *in ~* el. *as a ~ rule* i allmänhet, på det hela taget, för det mesta, vanligen; *~ anaesthetic* allmän bedövning (anestesi), narkos; *G~ Certificate of Education* el. *G~ Certificate of Secondary Education* se *certificate I 2*; *~ degree* lägre akademisk examen utan specialisering (mots. *honours*); *~ education* allmänutbildning; *a ~ election* allmänna val; *~ knowledge* allmänbildning; allsidiga kunskaper; *~ practitioner* allmänpraktiker, allmänpraktiserande läkare; *the ~ public* den stora allmänheten; *~ store* lanthandel, diversaffär; *in ~ terms* i allmänna (allmänt hållna) ordalag **2** general-, huvud- [*~ programme*]; *the UN G~ Assembly* FN:s generalförsamling; *~ delivery* amer. poste restante; *~ headquarters* högkvarter; *~ strike* storstrejk, generalstrejk; allmän strejk **3** i titlar efterställt huvudordet general- [*consul-general, major-general*], över- [*inspector-general*] **4** mil. general[s]-, generals- [*~ rank*]; *~ officer commanding* kommenderande general; *~ order* generalorder; *~ staff* generalstab **II** *s* **1** mil. general **2** härförare, fältherre
generalissimo [ˌdʒen(ə)rəˈlɪsɪməʊ] (pl. *~s*) *s* överbefälhavare
generality [ˌdʒenəˈrælətɪ] *s* **1** allmängiltighet [*a rule of great ~*] **2** isht pl. *-ies* allmänna fraser [*confine oneself to -ies*], allmänna ordalag [*speak in -ies*] **3** största del [*the ~ of mankind*]

generalization [ˌdʒen(ə)rəlaɪ'zeɪʃ(ə)n] s generalisering; allmän slutsats; allmän sats
generalize ['dʒen(ə)rəlaɪz] vb itr generalisera
generally ['dʒen(ə)rəlɪ] adv **1** i allmänhet, vanligen **2** allmänt [*the new plan was ~ welcomed*] **3** i allmänhet, på det hela taget; *~ speaking* i stort sett
general-purpose [ˌdʒen(ə)r(ə)l'pɜːpəs] adj som kan användas till mycket [*a ~ vehicle*], universal- [*a ~ tool*]; *~ room* allrum
generat|e ['dʒenəreɪt] vb tr alstra, frambringa, framställa, utveckla, generera [*~ electricity (gas, heat, power)*], framkalla; *-ing station* kraftstation
generation [ˌdʒenə'reɪʃ(ə)n] s **1** alstring, frambringande, skapande, bildande; åstadkommande; framställning [*~ of electricity (gas)*] **2** generation i olika bet.; släktled; mansålder [*a ~ ago*]; *the rising ~* det uppväxande släktet; *~ gap* generationsklyfta, klyfta mellan generationerna
generative ['dʒenərətɪv, -reɪt-] adj **1** fortplantnings-, generativ [*~ faculty (power, organ)*] **2** skapande, produktiv; fruktbar **3** språkv. generativ [*~ grammar (linguistics)*]
generator ['dʒenəreɪtə] s tekn. generator
generic [dʒɪ'nerɪk, dʒe'n-] adj generisk äv. med.; släkt- [*~ characters (name)*]; allmän, allmänt omfattande; *~ term for* sammanfattande benämning på, samlingsnamn för
generosity [ˌdʒenə'rɒsətɪ] s **1** storsinthet, ädelmod **2** generositet, frikostighet, givmildhet
generous ['dʒen(ə)rəs] adj **1** storsint, ädel[modig] **2** generös, frikostig, givmild; *be ~ with one's money* vara flott [av sig], vara spendersam **3** riklig, stor [*a ~ helping (portion)*]; rik [*a ~ harvest*]; [*it is*] *planned on a ~ scale* ...stort upplagd; *a ~ tip* rikligt med drickspengar, mycket dricks **4** fyllig [*a ~ wine*] **5** bördig [*~ soil*]
genesis ['dʒenəsɪs] s **1** uppkomst [*the ~ of the movement (idea)*] **2** *G~* Första mosebok
genetic [dʒə'netɪk] adj genetisk [*~ code, ~ damage*]; ärftlighets- [*~ research*]; *~ engineering* gentekník; *~ parent* biologisk förälder
genetically [dʒə'netɪk(ə)lɪ] adv från genetisk synpunkt, genetiskt [sett]
geneticist [dʒə'netɪsɪst] s genetiker, ärftlighetsforskare
genetics [dʒə'netɪks] (konstr. ss. sg.) s genetik, ärftlighetsforskning, ärftlighetslära
Geneva [dʒə'niːvə] geogr. Genève
genial ['dʒiːnjəl] adj **1** [glad och] vänlig, gemytlig **2** mild, gynnsam [*a ~ climate*], behaglig [*~ heat*], skön [*~ sunshine*] **3** litt. genialisk [*~ vision*]
geniality [ˌdʒiːnɪ'ælətɪ] s **1** vänlighet,
gemytlighet, fryntlighet, jovialitet **2** mildhet, behaglighet
geni|e ['dʒiːnɪ] (pl. *-i* [-aɪ] el. ibl. *-es*) s ande, genie i arabiska sagor
genista [dʒɪ'nɪstə] s bot. ginst
genital ['dʒenɪtl] adj genital-, köns- [*~ parts*]
genitals ['dʒenɪtlz] s pl genitalier, [yttre] könsorgan
genitive ['dʒenətɪv] s o. adj gram. genitiv[-]; *the ~* [*case*] genitiv[en]
genius ['dʒiːnjəs] (pl. i bet. *1 ~es*, i bet. *3* o. *4 genii* ['dʒiːnɪaɪ]) s **1** a) geni, snille [*he is a mathematical ~*] b) [speciell] begåvning, [naturlig] fallenhet [*find out in which way one's children's ~ lies*]; genialitet; *a flash of ~* en snilleblixt; *a man of ~* ett geni (snille), en lysande begåvning; *a writer of ~* en genial[isk] författare, ett författargeni; *that was a stroke of ~* det var ett snilledrag **2** anda, mentalitet [*the ~ of* (som präglade) *that age*], kynne, skaplynne [*the French ~*] **3** genius, [skydds]ande; *his good ~* hans goda ande (genius) **4** ande, genie, väsen
Genoa ['dʒenəʊə, dʒə'nəʊə] geogr. Genua; *~ cake* slags stor fruktkaka dekorerad med hela mandlar
genocide ['dʒenə(ʊ)saɪd] s folkmord
Genoese [ˌdʒenəʊ'iːz, attr. '---] **I** adj genuesisk **II** (pl. lika) s genues[are]
genre ['ʒɑːnrə] s **1** genre [*works of (i) this ~*], slag; stil **2** genrebild, genremålning [äv. *genre-painting*]
gent [dʒent] s (förk. för *gentleman*) **1** vard. herre; skämts. fin karl, gentleman **2** hand., *~s' herr-* [*~s' pyjamas*] **3** vard., *gents* el. *gents'* (konstr. ss. sg.) herrtoalett; på skylt äv. herrar
genteel [dʒen'tiːl] adj iron. fin, förnäm [av sig], struntförnäm [*~ manners (persons)*]
gentian ['dʒenʃɪən] s bot. gentiana, stålört
gentile ['dʒentaɪl] **I** adj icke-judisk; bibl. hednisk, hedningarnas **II** s icke-jude; bibl. hedning
gentility [dʒen'tɪlətɪ, dʒən-] s **1** vanl. iron. finhet, [strunt]förnämitet **2** vanl. iron. fint folk, herrskapsfolk, överklass[personer] **3** fint sätt, belevenhet, förfining
gentle ['dʒentl] adj **1** mild, blid [*~ manner (words)*], mjuk, ljuv, vänlig [*her ~ nature (väsen)*], saktmodig; vek, öm [*a ~ heart*], stilla, låg [*~ music (tone, voice)*], diskret [*a ~ hint*], lätt [*a ~ tap (touch)*], varsam, lindrig; behaglig, måttlig, lagom [*~ heat (speed)*]; sakta [sluttande], svag [*a ~ slope*], sakta framflytande, långsam [*a ~ stream*] **2** om pers. mild, blid, vänlig, snäll [*a ~ lady*]; *the ~ sex* det svaga könet
gentlefolk ['dʒentlfəʊk] (konstr. ss. pl.) s herrskap, herrskapsfolk, fint folk [äv. *~s*]
gentleman ['dʒentlmən] (pl. *gentlemen* ['dʒentlmən]) s **1** herre [*there is a ~ waiting for you*]; *gentlemen!* mina herrar!;

gentlemen's lavatory herrtoalett
2 gentleman [*a fine old* ~]; *a true* ~ en sann gentleman, en verkligt fin man; **gentlemen's agreement** muntlig överenskommelse som baserar sig på ömsesidigt förtroende
gentleness ['dʒentlnəs] *s* mildhet, blidhet; mjukhet, vänlighet etc., jfr *gentle*
gentlewoman ['dʒentl‚wʊm(ə)n] (pl. **gentlewomen** ['dʒentl‚wɪmɪn]) *s* fin (förnäm) dam
gently ['dʒentlɪ] *adv* **1** sakta, stilla [*close the door* ~], varsamt [*hold it* ~], svagt [*the road slopes* ~]; ~ [*does it*]*!* sakta i backarna! **2** milt, vänligt [*speak* ~, *reprimand a p.* ~], mjukt etc., jfr *gentle*
gentrify ['dʒentrɪfaɪ] *vb tr* höja statusen i ett arbetarklassområde genom att låta medelklassen flytta dit
gentry ['dʒentrɪ] *s* **1** *the* ~ (konstr. vanl. ss. pl.) a) lågadeln b) den högre medelklassen; *the landed* ~ godsägararistokratin **2** (konstr. ss. pl.) vard. (skämts. el. neds.) människor, individer [*these* ~], folk
genuflect ['dʒenjʊflekt] *vb itr* knäböja
genuine ['dʒenjʊɪn] *adj* äkta [~ *pearls* (*Persian carpets*)]; autentisk [*a* ~ *manuscript*]; sann, verklig, riktig [*a* ~ *cause for satisfaction*]
genuineness ['dʒenjʊɪnnəs] *s* äkthet etc., jfr *genuine*
genus ['dʒiːnəs] (pl. *genera* ['dʒenərə]) *s* **1** naturv. el. logik. släkte, genus **2** slag, grupp, klass
geocentric [‚dʒiːə(ʊ)'sentrɪk] *adj* geocentrisk
geodesy [dʒɪ'ɒdɪsɪ] *s* geodesi
geodetics [‚dʒiːə(ʊ)'detɪks] (konstr. ss. sg.) *s* geodesi
geog. förk. för *geographical, geography*
geographer [dʒɪ'ɒgrəfə] *s* geograf
geographic [dʒiːə'græfɪk] *adj* se *geographical*
geographical [dʒiːə'græfɪk(ə)l] *adj* geografisk; ~ *mile* nautisk mil, distansminut
geography [dʒɪ'ɒgrəfɪ] *s* geografi
geologic [dʒiːə'lɒdʒɪk] *adj* se *geological*
geological [dʒiːə'lɒdʒɪk(ə)l] *adj* geologisk
geologist [dʒɪ'ɒlədʒɪst] *s* geolog
geology [dʒɪ'ɒlədʒɪ] *s* geologi
geometric [dʒiːə'metrɪk] *adj* o. **geometrical** [dʒiːə'metrɪk(ə)l] *adj* geometrisk; ~ *progression* geometrisk talföljd
geometrician [‚dʒiːɒmə'trɪʃ(ə)n, ‚dʒiːə(ʊ)m-] *s* geometriker
geometry [dʒɪ'ɒmətrɪ] *s* geometri
geophysics [‚dʒiːə(ʊ)'fɪzɪks] (konstr. ss. sg.) *s* geofysik
geopolitics [‚dʒiːə(ʊ)'pɒlɪtɪks] (konstr. ss. sg.) *s* geopolitik
Geordie ['dʒɔːdɪ] *s* vard. invånare i Tyneside stadsområde vid floden Tyne i Nordengland
George [dʒɔːdʒ] mansnamn; ss. kunga- el. helgonnamn Georg; *St.* ~ Sankt Georg Englands skyddshelgon; Sankt Göran; *St.* ~'s

Channel [Sankt] Georgskanalen; *St.* ~'s **Cross** Georgskorset på brittiska flaggor; *St.* ~'s **Day** 23 april, Englands nationaldag
georgette [dʒɔː'dʒet] *s* georgette tyg
Georgia ['dʒɔːdʒjə] geogr. **1** Georgia i USA **2** Georgien
Georgian ['dʒɔːdʒjən] **I** *adj* **1** georgiansk, från Georgarnas (de eng. kungarnas) tid 1714-1830 [~ *architecture* (*furniture*)] **2** georgisk **II** *s* **1** georgier **2** georgiska språket
geoscience [‚dʒiːə(ʊ)'saɪəns] *s* geovetenskap
geoscientist [‚dʒiːə(ʊ)'saɪəntɪst] *s* geovetare
geotechnic [‚dʒiːə(ʊ)'teknɪk] *adj* geoteknisk
geotechnics [‚dʒiːə(ʊ)'teknɪks] (konstr. ss. sg.) *s* geoteknik
geothermal [‚dʒiːə(ʊ)'θɜːm(ə)l] *adj* o. **geothermic** [‚dʒiːə(ʊ)'θɜːmɪk] *adj* geotermisk [~ *energy*]; ~ *energy* (*power*) äv. jordvärme
Gerald ['dʒerəld] mansnamn
Geraldine ['dʒer(ə)ldiːn] kvinnonamn
geranium [dʒə'reɪnjəm] *s* bot. **1** pelargon[ia] **2** geranium, näva
gerbil o. **gerbille** ['dʒɜːbɪl] *s* zool. gerbill, ökenråtta
gerfalcon ['dʒɜːˌfɔːlkən, -ˌfɔːkən] *s* jaktfalk
geriatric [‚dʒerɪ'ætrɪk] **I** *adj* geriatrisk [~ *hospitals*]; ~ *care* åldringsvård **II** *s* **1** åldring **2** vard. gamling
geriatrics [‚dʒerɪ'ætrɪks] (konstr. ss. sg.) *s* o. **geriatry** ['dʒerɪətrɪ] *s* med. geriatri, geriatrik
germ [dʒɜːm] *s* **1** embryo, grodd **2** bakterie; mikrob isht sjukdomsalstrande; ~ *warfare* bakteriologisk krigföring **3** bildl. frö, upprinnelse
German ['dʒɜːmən] **I** *adj* tysk; *the* ~ *Democratic Republic* hist. DDR; ~ *measles* med. röda hund; ~ *sausage* medvurst; ~ *shepherd* amer. schäfer[hund] **II** *s* **1** tysk; tyska **2** tyska [språket]
germane [dʒɜːˈmeɪn, '--] *adj* nära förbunden [*to* med]; relevant [*to* för (i)]
Germanic [dʒɜːˈmænɪk] **I** *adj* germansk **II** *s* urgermanska [språket]
Germany ['dʒɜːm(ə)nɪ] Tyskland
germicidal [dʒɜːmɪˈsaɪdl] *adj* bakteriedödande
germicide ['dʒɜːmɪsaɪd] *s* bakteriedödande (mikrobdödande) medel (ämne)
germinal ['dʒɜːmɪnl] *adj* **1** grodd- [~ *bud*] **2** [förefintlig] i frö (embryo) **3** bildl. groende, framväxande [~ *ideas*], nydanande
germinate ['dʒɜːmɪneɪt] **I** *vb itr* gro, spira [upp]; skjuta knopp; bildl. spira, utvecklas **II** *vb tr* få att gro (spira [upp]); bildl. framkalla, ge upphov till
germination [‚dʒɜːmɪˈneɪʃ(ə)n] *s* groning, uppspirande; knoppning, knoppningstid
gerontocracy [‚dʒerɒn'tɒkrəsɪ] *s* gerontokrati, gubbvälde
gerontology [‚dʒerɒn'tɒlədʒɪ] *s* med. gerontologi, åldersforskning

gerrymander ['dʒerɪmændə] *vb tr* **1** partiskt lägga om indelningen av valkrets **2** förvränga, fuska (mygla, manipulera) med till egen fördel
Gershwin ['gɜːʃwɪn]
Gertrude ['gɜːtruːd] kvinnonamn
gerund ['dʒer(ə)nd] *s* gram. gerundium; i eng. gram. verbalsubstantiv på '-ing'
Gestapo [ge'stɑːpəʊ] (pl. *~s*) *s* ty. hist. gestapo
gestation [dʒe'steɪʃ(ə)n] *s* havandeskap; dräktighet; fosterstadium; bildl. ung. tankemöda
gesticulate [dʒe'stɪkjʊleɪt] *vb itr* gestikulera, göra åtbörder
gesticulation [dʒe͵stɪkjʊ'leɪʃ(ə)n] *s* **1** gestikulerande, gestikulering **2** gest, åtbörd
gesture ['dʒestʃə] **I** *s* **1** gest, åtbörd, [hand]rörelse [*he uses lots of ~s*]; *a ~ of refusal* en avböjande gest **2** bildl. gest [*it is merely a ~*] **II** *vb itr* o. *vb tr* göra ett tecken (en gest) [åt], visa med en gest
get [get] (*got got*, perf. p. amer. ofta äv. *gotten*) **I** *vb tr* (se äv. under resp. subst. o. adj., t.ex *best II*, *ready*, *1 wind*; se äv. *III*) **1** få [*~ permission*]; *I've got it from him* a) jag har fått den (det) av honom b) jag har hört det av honom **2** [lyckas] få, skaffa sig [*~ a job*]; inhämta [*~ information*] **3** få, råka ut för [*~ the measles*; *~ a shock*]; *he'll ~ it!* vard. han ska få [så han tiger]!; *~ it in the neck* vard. få på huden (pälsen) **4** fånga, få, få in **5** fånga, få fram [*the painter got her expression well*] **6** få tag i, nå [*I got him on the phone*] **7** radio. el. TV. få (ta) in [*can you ~ France?*] **8** vard. få [fast] [*they got the murderer*], knäppa skjuta **9** vard. uppfatta [*I didn't ~ your name*]; märka; fatta [*do you ~ what I mean?*] **10** vard. **a)** sätta fast (dit); *you've got me there!* äv. nu är jag ställd!; *got you!* nu har jag dig [allt]! **b)** ta [*narcotics will ~ him*] **11** vard. **a)** *it ~s me* [*how he can be so stupid*] jag fattar inte... **b)** reta, förarga [*his arrogance ~s me*]; *don't let it ~ you* ta det inte så hårt, var inte ledsen för det **c)** tända, påverka; *that got them* det tände dom på **12 a)** *have got* ha **b)** *have got to* vara (bli) tvungen att; *I've got to go* jag måste gå; *you have only got to...* du behöver bara... **13** skaffa [*~ a p. a job*], ordna [med] [*~ tickets for* (åt) *a p.*], hämta **14 a)** komma med, hinna [med] [*did you ~ the bus?*] **b)** *that won't ~ us anywhere* det kommer vi ingen vart med **15 a)** göra, få [*~ a p. angry*]; *~ one's feet wet* bli våt om fötterna; *~ oneself all wet* blöta ner sig **b)** *~ a th. done* se till att ngt blir gjort; få ngt gjort, låta göra ngt; *~ one's hair cut* [låta] klippa sig (klippa håret) **c)** *~ a p.* (*a th.*) *going* få (sätta) i gång ngn (ngt) **16** *~ a p.* (*a th.*) *to* få (förmå) ngn (ngt) att
II *vb itr* (se äv. *III*) **1** komma [*I got home early*]; *~ there* komma (ta sig) dit; *I got there in time* jag kom (hann) fram i tid; *he's not ~ting anywhere* el. *he's ~ting nowhere* han kommer ingen vart **2 a)** *~ to* + inf. [småningom] komma att + inf., lära sig att + inf. [*I got to like him*]; *~ to be* [komma att] bli [*they got to be friends*]; *be ~ing to* + inf. börja [att] + inf. [*I'm ~ting to like him*]; *~ to know* få reda på, få veta [*how did you ~ to know it?*], lära känna [*I got to know him in 1992*] **b)** *~ +* pres. p. börja + inf. [*~ talking*]; *~ going* komma i gång **3** bli [*~ better* (*dirty*)]; *~ married* gifta sig; *how stupid can you ~?* hur dum får man vara egentligen?; *he's ~ting old* han börjar bli gammal
III *vb tr* o. *vb itr* med prep. o. adv. isht med spec. övers.:

~ about: **a)** ta itu med, sätta i gång med [*let's ~ about the job*] **b)** resa omkring, komma ut [bland folk]; vara uppe och ute om sjukling **c)** komma ut, sprida sig om rykte

~ across bildl., vard. gå in, gå hem [*their ideas never got across to* (hos) *others*]

~ along: **a)** klara (reda) sig [*we can't ~ along without money*] **b)** komma vidare (framåt, längre); se äv. *~ on d)* **c)** *I must be ~ting along* jag måste ge mig i väg; *~ along with you!* vard. ge dig i väg!; snack! **d)** se *~ on e)*

~ at: **a)** komma åt, nå [*I can't ~ at it*]; komma över; få tag i **b)** komma på [*~ at the truth*] **c)** syfta på, mena; *what are you ~ting at?* vart är det du vill komma? **d)** vard. hacka på, vilja 'åt, trakassera [*he was ~ting at me*]

~ away: **a)** komma i väg, ge sig av; sport. starta **b)** komma undan, rymma; *there is no ~ting away from the fact that...* man kan inte komma ifrån att...; *~ away with* lyckas med, komma undan med; *away with it* klara sig, slippa undan; lyckas, ta hem spelet; *~ away with you!* vard. äh, prat!

~ back: **a)** få igen (tillbaka) [*~ one's money back*]; skaffa igen (tillbaka) [*I'll ~ it back*] **b)** komma (gå) tillbaka, återvända **c)** *~ one's own back on a p.* ta revansch på ngn

~ behind komma (bli) efter

~ by: **a)** komma (ta sig) förbi **b)** klara sig [*she can't ~ by without him*]; passera, duga

~ down: **a)** få ned, få i sig [*he couldn't ~ the medicine down*] **b)** anteckna, skriva (ta) ned **c)** göra nedstämd, ta (slita) på [*worries ~ you down*]; *don't let it ~ you down* ta inte vid dig så hårt för det **d)** gå (komma, stiga) ned (av); *~ down on one's knees* falla på knä **e)** *~ down to* ta itu med

~ in: **a)** få (ta) in i olika bet.: få under tak [*~ in the harvest*]; sätta in [*~ in a blow*]; *~ a word in* [*edgeways*] få en syl i vädret **b)** *~ a p. in* [*to repair the TV*] få hem (skicka efter) ngn... **c)** ta sig in [*I got in through the window*] **d)** komma in, bli invald [*he got in by a large majority*] **e)** *~ in with* komma ihop med, bli vän med

~ into: **a)** stiga (komma) in i (upp på) [*~

get

into a bus] **b)** komma i, få på sig [*~ into one's clothes*] **c)** råka (komma) i [*~ into danger (difficulties)*], komma in i, få [*~ into bad habits*] **d)** *~ a p. into* få (skaffa) in ngn i [*~ a p. into a firm*] **e)** komma (sätta sig) in i [*you'll soon ~ into the job*] **f)** sätta sig i [*the pain ~s into the joints*]; *what has got into him?* vad har det flugit i honom?

~ off: **a)** få (ta) av (upp, loss) [*I can't ~ the lid off*] **b)** få i väg [*~ the children off to school*] **c)** få frikänd; gå fri, bli frikänd; slippa (klara sig) undan [*he got off lightly* (lindrigt)] **d)** lämna [*they got off the subject*] **e)** ge sig av, komma i väg; *~ off to bed* gå och lägga sig; *~ off to sleep* somna in **f)** gå (stiga) av [*he got off* [*the train*]]; gå bort (ner) från [*~ off the chair*]; *~ off it!* vard. äh, lägg av!; försök inte!; *tell a p. where to ~ off* vard. be ngn dra åt skogen **g)** *~ off* [*work*] bli ledig [från arbetet] **h)** *~ off with* vard. stöta på, få ihop det med

~ on: **a)** få (sätta) på [*I can't ~ the lid on*], ta (få, sätta) på sig [*I got my coat on*] **b)** öka, utveckla fart **c)** gå (stiga) på [*he got on* [*the train*]]; sätta sig [upp] på; *~ on one's feet* a) stiga (komma) upp; resa sig för att tala b) bildl. komma på fötter; *she ~s on my nerves* hon går mig på nerverna **d)** gå vidare, fortsätta; lyckas, ha framgång; trivas; *how is he ~ting on?* hur har han det?, hur står det till med honom?; hur går det för honom?; *how is the work ~ting on?* hur går det med arbetet?; *~ on* [*with it*]*!* skynda (raska) på! **e)** dra jämnt, komma [bra] överens, trivas [*with a p.* med ngn]; *he is easy to ~ on with* han är lätt att umgås med **f)** *be ~ting on* [*in years* (*life*)] [börja] bli gammal; *time is ~ting on* tiden går **g)** *be ~ting on for* närma sig, gå mot [*he is ~ting on for 70*] **h)** *~ on to* komma upp på (med) [*he couldn't ~ on to the bus*]; få tag i i telefon, [få] tala med

~ out: **a)** få fram [*he got out a few words*], ta (hämta) fram [*he got out a bottle of wine*]; få (ta) ut (ur); *~ a th out of a p.* få (locka) ut (av) ngn ngt **b)** ge ut, komma ut med [*they got out an anthology*] **c)** gå (komma, stiga, ta sig) ut [*of* ur], komma upp [*of* ur]; gå (stiga) av (ur); komma (sippra) ut [*the secret got out*]; *~ out of* äv. komma ifrån (ur) [*~ out of a habit*]

~ over: **a)** komma (ta sig) över; bildl. komma över i olika bet.: övervinna [*~ over one's shyness*], hämta sig från [*~ over an illness*], glömma **b)** *~ a th. over with* få ngt undanstökat (avklarat)

~ round: **a)** kringgå [*~ round a law*]; komma ifrån [*you can't ~ round the fact that...*] **b)** lyckas övertala; *she knows how to ~ round him* hon vet hur hon ska ta honom **c)** *~ round to* få tillfälle till, få tid med

~ through: **a)** få (driva) igenom i [*~ a bill through Parliament*] **b)** gå igenom; *he got through* [*his examination*] han klarade sig [i examen]; *the bill got through* lagförslaget gick igenom **c)** komma (klara sig) igenom; bli färdig med **d)** komma fram äv. i telefon **e)** göra slut på [*he got through all his money*]

~ to: **a)** komma [fram] till, nå; *~ to bed* komma i säng **b)** sätta (komma) i gång med [*~* [*down*] *to work*] **c)** *where has it got to?* vard. vart har det tagit vägen?

~ together: **a)** få ihop, samla [*~ a team together*], samla (plocka) ihop [*~ your things together*]; skaffa ihop **b)** samlas, träffas [*let's ~ together sometime*]

~ up: **a)** få upp; få att stiga upp (resa sig); lyfta upp **b)** gå (stiga) upp [*~ up early in the morning*]; resa sig, ställa sig upp **c)** [an]ordna [*~ up a party*] **d)** styra ut [*the book was beautifully got up*]; klä ut **e)** få, skaffa sig [*~ up an appetite*], få upp [*~ up steam*] **f)** lära (läsa, plugga) in **g)** *~ up to* komma till; komma (hinna) ifatt; hitta på, ställa till [med] [*~ up to mischief*]

~ with it sl. hänga med, vara med i svängen

get-at-able [get'ætəbl] *adj* vard. tillgänglig, möjlig att nå, åtkomlig; om pers. äv. lättsam, lättillgänglig

getaway ['getəweɪ] *s* vard. **1** start **2** rymning, flykt; *make a ~* rymma, fly, smita

get-together ['getəgeðə] *s* vard. träff, sammankomst

Gettysburg ['getɪzbɜːg]

get-up ['getʌp] *s* vard. **1** utstyrsel [*the book has an elaborate ~*] **2** klädsel; utstyrsel, rigg

geyser [i bet. *1* 'giːzə, amer. 'gaɪ-] *s* **1** gejser, varm springkälla **2** varmvattenberedare

Ghana ['gɑːnə]

Ghanaian [gɑːˈneɪən] **I** *adj* ghanansk, (från) Ghana **II** *s* ghanan, ghanes

ghastly ['gɑːstlɪ] **I** *adj* **1** hemsk, ohygglig **2** vard. gräslig, förskräcklig [*a ~ dinner* (*failure*)] **3** spöklik [*~ paleness*], likblek [*a ~ face*], spökaktig [*a ~ light*] **II** *adv* hemskt, spöklikt; *~ pale* likblek

Ghent [gent] geogr. Gent

gherkin ['gɜːkɪn] *s* liten [inläggnings]gurka

ghetto ['getəʊ] (pl. *~s*) *s* getto

ghost [gəʊst] **I** *s* **1** spöke; döds ande, vålnad, gast; gengångare; *lay a ~* besvärja (fördriva) en ande; *raise a ~* frambesvärja (mana fram) en ande **2** *give up the ~* a) ge upp andan b) ge upp, lägga av [för gott] **3** *the Holy G~* den Helige Ande **4** skugga [*he is the ~ of his former self* (jag)]; vard. aning, spår, tillstymmelse; skymt [*the ~ of a smile*] **5** vard., se *ghostwriter* **6** TV., *~* [*image*] spökbild **II** *vb itr* o. *vb tr* vara spökskrivare [åt, av]

ghostly ['gəʊstlɪ] *adj* spöklik, ande- [*a ~ figure*], spök- [*~ hour*]

ghostwriter ['gəʊstˌraɪtə] *s* spökskrivare

ghoul [gu:l] *s* **1** mytol. ghul likätande ond ande **2** likplundrare, gravskändare
ghoulish ['gu:lıʃ] *adj* **1** demonisk, hemsk, djävulsk **2** makaber [~ *humour*]
GHQ [,dʒi:eıtʃ'kju:] förk. för *General Headquarters*
GI [,dʒi:'aı, attr. '--] *s* amer. mil. vard. (av *Government Issue*) menig [soldat], värnpliktig
giant ['dʒaıənt] **I** *s* jätte; gigant **II** *adj* jätte- [~ *cactus*; ~ *panda*], jättelik, jättestor, gigantisk
giant-killer ['dʒaıənt,kılə] *s* sport. jättedödare, David mot Goliat
gibber ['dʒıbə] **I** *vb itr* pladdra; sluddra **II** *s* pladder; sludder
gibberish ['dʒıbərıʃ, 'gıb-] *s* pladdrande; rotvälska, rappakalja
gibbet ['dʒıbıt] *s* **1** enarmad galge i vilken avrättade brottslingar hängdes upp **2** galge
gibbon ['gıbən] *s* zool. gibbon långarmad apa
gibe [dʒaıb] **I** *vb itr,* ~ *at* håna, pika, ge gliringar [~ *at a p.*], göra sig lustig över [~ *at a p.'s mistakes*] **II** *vb tr* se ~ *at* ovan **III** *s* gliring, stickord
giblets ['dʒıbləts] *s pl* kok. [fågel]krås
giddiness ['gıdınəs] *s* yrsel, svindel [*a fit of* ~]
giddy ['gıdı] *adj* **1** yr [i huvudet], vimmelkantig [*be (turn)* ~]; *I feel* ~ [*when I look down*] jag blir yr i huvudet…, jag får svindel… **2** svindlande, som ger svindel [~ *height (precipice)*], virvlande [~ *motion*] **3** bildl. tanklös, lättsinnig
gift [gıft] **I** *s* **1** gåva, skänk, donation; givande; gåvorätt; ~ *token (voucher)* ung. presentkort **2** gåva, talang, [medfödd] förmåga, begåvning; *she has a* ~ *for languages* hon har lätt för språk, hon är språkbegåvad; *the* ~ *of speech* talets gåva **II** *vb tr* begåva, förläna, utrusta
gifted ['gıftıd] *adj* begåvad, talangfull
gift horse ['gıfthɔ:s] *s, never (don't) look a* ~ *in the mouth* man skall inte skåda given häst i munnen
gift-wrapped ['gıftræpt] *adj* inslagen i presentpapper
gigantic [dʒaı'gæntık] *adj* gigantisk, jättestor; väldig, oerhörd, ofantlig, enorm
giggle ['gıgl] **I** *vb itr* fnissa, fnittra **II** *s* fniss, fnitter
gigolo ['dʒıgələʊ, 'ʒıg-] (pl. ~*s*) *s* gigolo
Gilbert ['gılbət] mansnamn o. efternamn; ~ *and Sullivan* författare resp. tonsättare av kvicka operetter på 1800-talet
gild [gıld] *vb tr* förgylla; guldfärga; bildl. förgylla [upp] [äv. ~ *over*], ge glans åt, smycka; ~ *the lily* se *lily*; ~ *the pill* bildl. sockra det beska pillret
1 gill [gıl] *s* **1** gäl **2** *white (pale) about the* ~*s* vard. blek om nosen **3** bot. skiva, lamell under svamps hatt
2 gill [dʒıl] *s* mått för våta varor, vanl. 1/4 *pint* 1,42 dl (amer. 1,18 dl)

gilt [gılt] **I** *adj* förgylld **II** *s* förgyllning själva metallen
gilt-edged ['gıltedʒd] *adj* **1** med guldsnitt **2** ~ *securities* guldkantade papper (säkerheter)
gimcrack ['dʒımkræk] **I** *s* grannlåt, grant skräp **II** *adj* grannlåts-, strunt-, humbugsartad
gimlet ['gımlət] *s* **1** tekn. handborr, vrickborr, svickborr, spetsborr, navare **2** drink gin el. vodka o. limejuice
gimme ['gımı] vard. förvrängning av *give me*
gimmick ['gımık] *s* vard. **1** [lustig] grej; gimmick, smart påfund, reklamtrick, jippo [*a* ~ *to attract customers*] **2** manick, mojäng, grej, grunka
gimmickry ['gımıkrı] *s* vard. **1** gimmickar, påhitt; jippo[n] **2** manicker, grejor
Gimson ['gımsn]
1 gin [dʒın] *s* **1** gin [~ *and tonic*]; genever; enbärsbrännvin; *pink* ~ gin smaksatt med angostura **2** ~ [*rummy*] gin rummy kortspel
2 gin [dʒın] **I** *s* **1** snara, dona, giller **2** tekn. [bomulls]rensningsmaskin, egreneringsmaskin **II** *vb tr* **1** snara, snärja, fånga [i en snara] **2** rensa [~ *cotton*]
Ginger ['dʒın(d)ʒə] kortform för *Virginia*
ginger ['dʒın(d)ʒə] **I** *s* **1** ingefära **2** vard. ruter, kläm; ~ *group* mest polit. aktivistgrupp **3** ljust rödgul färg **4** vard. person med rödblont hår **II** *vb tr* **1** krydda med ingefära **2** ~ [*up*] bildl. vard. elda upp; pigga upp **III** *adj* vard. rödgul, ljusröd, rödblond [~ *hair*]
gingerade [,dʒın(d)ʒə'reıd] *s* o. **ginger-ale** [,dʒın(d)ʒər'eıl] *s* se *ginger beer*
ginger beer [,dʒın(d)ʒə'bıə] kolsyrad ingefärsdricka, ginger ale
gingerbread ['dʒın(d)ʒəbred] *s* pepparkaka; *take the gilt off the* ~ bildl. ta bort det roliga (kryddan, glansen) från det hela; ~ *man* pepparkaksgubbe; ~ *work* byggn. snickarglädje, snirklar, krusiduller
gingerly ['dʒın(d)ʒəlı] *adv* [ytterst] försiktigt, varsamt, med varsam hand, lätt; ängsligt
ginger pop [,dʒın(d)ʒə'pɒp] *s* vard., se *ginger beer*
ginger snap ['dʒın(d)ʒəsnæp] *s* tunn spröd pepparkaka
gingery ['dʒın(d)ʒərı] *adj* **1** rödgul, rödblond, rödaktig **2** kryddad med ingefära; med ingefärssmak
gingham ['gıŋəm] *s* gingham bomullstyg
gingivitis [,dʒındʒı'vaıtıs] *s* med. gingivit inflammation i tandköttet
gink [gıŋk] *s* isht amer. sl. kille, karl; typ; original
ginseng ['dʒınseŋ] *s* bot. el. med. ginseng[rot]
gipsy ['dʒıpsı] *s* se *gypsy*
giraffe [dʒı'rɑ:f, -'ræf] *s* zool. giraff
1 gird [gɜ:d] *vb itr,* ~ *at* håna, förlöjliga, pika
2 gird [gɜ:d] (~*ed* ~*ed* el. *girt girt*) *vb tr* poet. litt. **1** omgjorda; fästa, binda svärd o.d.; binda

upp [äv. ~ *up*; ~ *up one's robe*] **2** omge, omsluta
girder ['gɜ:də] *s* byggn. bärbjälke, balk ofta av järn; bindbjälke
girdle ['gɜ:dl] **I** *s* **1** gördel äv. anat., höfthållare **2** bälte, gördel äv. bildl. [*a ~ of green fields round the town*]; skärp **II** *vb tr* **1** omgjorda, omge **2** ringbarka [~ *trees*]
girl [gɜ:l] *s* **1** flicka äv. flickvän [*Mary is his ~*]; **girls' school** flickskola; *from a ~* alltifrån flickåren (barndomen) **2** tjänsteflicka **3** ~ *guide* åld., se *guide II 3*; ~ *scout* amer. flickscout
girl-crazy ['gɜ:l‚kreɪzɪ] *adj* flicktokig, galen i flickor
girlfriend ['gɜ:lfrend] *s* flickvän, väninna
girlhood ['gɜ:lhʊd] *s* **1** flicktid, flickålder; *in her ~* [redan] som flicka **2** flickor [*the nation's ~*]
girlie ['gɜ:lɪ] **I** *s* vard. liten flicka, tös; i tilltal min lilla flicka **II** *adj* vard., ~ *magazine* pinupptidning
girlish ['gɜ:lɪʃ] *adj* flick-; flickaktig
giro ['dʒaɪrəʊ] (pl. *~s*) *s* [post]giro; [bank]giro; *by ~* per giro; *~ account* girokonto; *~ form* giroblankett, girokort; *~ transfer* girering
girt [gɜ:t] imperf. o. perf. p. av *2 gird*
girth [gɜ:θ] *s* omfång; omkrets [*a tree 10 metres in ~*]
gist [dʒɪst] *s* kärnpunkt, huvudpunkt, kärna [*the ~ of the matter*]; *the ~ of* äv. kontentan av, det väsentliga i
give [gɪv] **A** (*gave given;* jfr *given*) *vb* **I** *tr* (se äv. *III* o. fraser med 'give' under *birth, 2 ear, evidence, 2 ground, rise* m.fl.) **1 a)** ge, skänka, donera; förläna; bevilja; avge [*~ one's vote* (röst)]; *be ~n* få **b)** ge frist; *I'll ~ you until tonight* jag ger dig frist til i kväll; *you'd better ~ yourself an hour to get there* det är bäst du räknar med en timme för att komma dit **c)** *~ me…*[*any day* (*every time*)]*!* tacka vet jag…! **d)** *~ or take* vard. på ett ungefär **2** ge mot ersättning; *~ as good as one gets* ge [lika gott] igen; *I'll ~ it* [*to*] *him!* jag ska ge honom!, han ska minsann få! **3** ge, lämna, räcka, överlämna, överlåta; erbjuda; framföra hälsning; *~ my compliments* (*love*) *to* hälsa så mycket till, [hjärtliga] hälsningar till; *~ one's hand* räcka fram handen, jfr *hand*
~ **way: a)** retirera **b)** ge vika, ge efter, brista [*the ice* (*rope*) *gave way*], svikta; om priser vika **c)** ge (lämna) plats, vika [undan], väja [*to* för], lämna företräde [*to* åt; *~ way to traffic coming* [*in*] *from the right*] **d)** hemfalla, hänge sig [*to* åt]; ge efter [*to* för; *~ way to grief*], ge vika **4** offra tid, kraft o.d. [*to* på]; *he gave his life to the cause of peace* han ägnade sitt liv åt fredens sak; *~ one's mind* (*oneself*) *to* ägna (hänge) sig åt **5** frambringa, ge ss. produkt, resultat [*a lamp ~s light*]; framkalla,

väcka [*~ offence* (anstöt)], vålla, [för]orsaka [*~ a p. pain*] **6** lägga fram, framställa, lämna; ange [*he gave no reason for…*]; *don't ~ me that!* vard. kom inte med det där!
7 a) framföra, hålla [*~ a talk* (ett föredrag); *~ a lecture*]; teat. ge [*they are giving Hamlet*] **b)** utbringa [*~ a toast* (skål) *for*; *~ three cheers for*] **8** utfärda, ge [*~ a command*]; avge, lämna [*~ an answer*]; fälla, avkunna [*~ judgement*] **9** *~ a cry* (*scream*) skrika till, ge till ett skri[k]; *~ a jump* hoppa till; *~ a sigh* utstöta en suck; *not ~ a sound* inte ge ifrån sig ett knyst; *~ a start* rycka till
II *itr* **1** ge; *~ and take* ge och ta, kompromissa **2** ge vika, vika sig, svikta [*the branch gave*], svika; slappna **3** vetta [[*up*]*on, on* [*to*]]
III *tr* o. *itr* m. adv.:
~ **away: a)** ge bort, skänka bort **b)** dela ut, överlämna [*~ away the prizes*] **c)** vard.: oavsiktligt förråda, avslöja [*~ away a secret*]
~ **back** ge (lämna) tillbaka, återställa [*~ a th. back to its owner*]
~ **forth** ge ifrån sig, låta höra; sända ut
~ **in: a)** lämna in [*~ in your examination papers*] **b)** *~ in one's name* anmäla sig **c)** ge sig, ge vika, ge med sig, ge upp [*I ~ in*]; falla till föga, ge efter [*to* för]
~ **off** avge [*this coal ~s off a lot of smoke*], sända ut, utstråla; utdunsta, avsöndra
~ **out: a)** dela ut [*~ out tickets*] **b)** [låta] tillkännage, meddela **c)** avge [*~ out heat*], sända ut gas o.d. **d)** tryta, ta slut; svika [*his strength gave out*] **e)** krångla, strejka
~ **over: a)** överlämna [*to* till], överlåta [*to* på] **b)** överge, upphöra med, sluta med **c)** *~ oneself over to* hänge sig åt
~ **up: a)** lämna ifrån sig, avlämna [*tickets must be ~n up at the entrance*], överlämna, utlämna; avstå från [*~ up one's seat to a lady*]; överge [*~ up a theory*]; *~ oneself up* överlämna sig, anmäla sig [för polisen] **b)** ge upp [*~ up the attempt*]; ge upp hoppet om [*the doctors have ~n him up*] **c)** *~ oneself up to* hänge sig åt **d)** upphöra [med]; *he gave up smoking* han slutade röka
B *s,* *~ and take* ömsesidiga eftergifter, kompromisser, kompromissvilja
giveaway ['gɪvəweɪ] *s* **1** oavsiktligt förrådande, avslöjande **2** presentartikel som reklam **3** *~ price* vrakpris, struntsumma
given ['gɪvn] **I** *adj* o. *perf p* (av *give*) **1** given, skänkt etc., jfr *give A*; *~ name* isht amer. förnamn **2** *~ to* begiven på; fallen för [*~ to boasting* (skryt)]; lagd för; hemfallen åt **3** bestämd, bekant, överenskommen, given [*a ~ time, the ~ conditions*] **II** *prep* o. *konj* **1** givet [att] **2** förutsatt [att], under förutsättning att man har [*~ common sense it can be done*]; med hänsyn till

gizmo ['gɪzməʊ] (pl. ~s) s amer. vard. manick, moj[äng], grej, pryl
gizzard ['gɪzəd] s fåglars muskelmage; vard. hals; *it sticks in my ~* bildl. jag har svårt att smälta det **Gk.** förk. för *Greek*
glacé ['glæseɪ] *adj* **1** glacé-, glans- [*~ leather*], glansig [*~ cloth*] **2** glaserad [*~ fruit*]
glacial ['gleɪsjəl, 'gleɪfjəl, 'glæsɪəl] *adj* **1** is-, istids-, glacial, glaciär-; *the ~ period* (*epoch, era*) istiden; *~ rift* glaciärspricka **2** isig, iskall äv. bildl. [*a ~ smile*]
glacier ['glæsjə, 'gleɪs-] *s* glaciär, jökel
glad [glæd] *adj* **1** end. pred. glad [*about, at* över, åt], [för]nöjd, belåten [*about, at* med]; *~ of* glad att få, tacksam för [*~ of a few tips as to how to do it*]; *I'm ~ to hear that...* det var roligt att höra att..., jag hör till min glädje att...; [*I'm*] *~ to see you!* det var roligt att [få] träffa dig!; välkommen! **2** glädjande, glädje- [*~ tidings* (budskap)], glad [*a ~ occasion*]; *give a p. the ~ eye* vard. flörta [vilt] med ngn; *give a p. the ~ hand* vard. ta emot ngn med öppna armar; *~ rags* vard. [fest]blåsa; stass, finkläder
gladden ['glædn] *vb tr* glädja, fröjda; liva upp
glade [gleɪd] *s* glänta
gladhand ['glædhænd] *vb tr* o. *vb itr* sl. skaka hand överdrivet hjärtligt [med] [*political candidates ~ing* [*people*]]
gladiator ['glædɪeɪtə] *s* gladiator
gladiol|us [,glædɪ'əʊl|əs] (pl. -*i* [-aɪ] el. -*uses*) *s* bot. gladiolus
gladly ['glædlɪ] *adv* med glädje, med nöje, gärna [*I would ~ help you*], villigt
gladness ['glædnəs] *s* glädje, glättighet
Gladstone ['glædstən] egenn.; *~ bag* el. *g~* resväska som öppnas i två lika hälfter; kappsäck
Gladys ['glædɪs] kvinnonamn
Glamorgan [glə'mɔ:g(ə)n] geogr. (som grevskap hist.)
glamorize ['glæməraɪz] *vb tr* förhärliga, glorifiera, glamorisera, skönmåla
glamorous ['glæmərəs] *adj* glamorös, förtrollande, tjusig [*~ film stars*]
glamour ['glæmə] *s* glamour, glans; romantiskt skimmer, [förtrollande] charm
glance [glɑ:ns] **I** *vb itr* **1** titta [hastigt (flyktigt)], kasta en [hastig (flyktig)] blick [*at* på, i], ögna [*at* i; *over, through* igenom; *~ over* (*through*) *a letter*] **2** snudda [*on* vid; *the blow only ~d on the bone*]; studsa [äv. *~ aside* (*off*); *bullets ~d off* (mot, bort från) *his helmet*] **3** blänka [till], glänsa [till] [*their helmets ~d in the sunlight*], glimta [till] **II** *vb tr*, *~ one's eye over* ögna igenom [äv. *~ one's eye down*] **III** *s* **1** [hastig (flyktig)] blick, titt [*at* på; *a ~ at these figures will convince you*]; ögonkast [*at* (vid) *the first ~*]; påseende [*at a cursory* (flyktigt) *~*]; *loving ~s* kärleksfulla blickar; *take a ~ at* ta en titt på, kasta en blick på,

[ta och] titta på; *at a ~* med en enda blick; med detsamma **2** [ljus]glimt, skimmer **3** anspelning
gland [glænd] *s* anat. körtel; bot. glandel
glandular ['glændjʊlə] *adj* anat. körtel-, körtelartad
glans [glænz] (pl. *glandes* ['glændiːz]) *s* anat. ollon
glare [gleə] **I** *vb itr* **1** lysa med ett bländande sken, lysa skarpt, blänka, glänsa **2** glo [argt], stirra [vilt], blänga [ilsket] [*at*] **II** *s* **1** [bländande (starkt)] ljussken, [stickande (skarpt)] ljus **2** bildl. glans; prål; *in the full ~ of publicity* inför öppen ridå, i rampljuset **3** ilsken blick; vild glans
glare-free ['gleəfriː] *adj* bländfri, reflexfri
glaring ['gleərɪŋ] *adj* **1** bländande, skarp [*~ light, ~ sunshine*], skarpt (grällt) lysande [*~ neon signs*], glänsande **2** vild, [vilt] stirrande, blängande, ilsken [*~ eyes, ~ look*] **3** skrikande, bjärt, gräll [*~ colours*], [alltför] påfallande [*a ~ dress*]; påtaglig [*~ defects*], iögon[en]fallande [*~ faults*], flagrant, grov, uppenbar [*a ~ mistake; ~ indiscretion*]
Glasgow ['glɑːzgəʊ, 'glɑːsg-]
glass [glɑːs] *s* **1** ämnet glas [*made of ~*] **2 a**) [dricks]glas äv. om innehållet [*a ~ of wine; have a ~ too much*] **b**) spegel **c**) barometer [*the ~ is rising*] **d**) pl. *~es* glasögon; äv. pincené; *a pair of ~es* ett par glasögon; äv. en pincené **3** koll. glassaker, glas [*~ and china* (porslin)] **4** sjö. glas halvtimme
glass-blower ['glɑːs,bləʊə] *s* glasblåsare
glass eye [,glɑːs'aɪ] *s* emaljöga, konstgjort öga
glass fibre [,glɑːs'faɪbə] *s* glasfiber
glassful ['glɑːsfʊl] *s* glas ss. mått [*a ~ of brandy*]
glasshouse ['glɑːshaʊs] *s* **1** växthus, drivhus; *~ effect* se *greenhouse effect* under *greenhouse* **2** glashus; *people who live in ~s should not throw stones* man skall inte kasta sten när man [själv] sitter i glashus
glass jaw [,glɑːs'dʒɔː] *s* boxn. glaskäke känslig haka
glassware ['glɑːsweə] *s* glasvaror, glassaker, glas
glassy ['glɑːsɪ] *adj* **1** glas-, glasaktig, glasartad **2** bildl. glatt, glansig; *a ~ stare* en stel blick
Glaswegian [glɑːz'wiːdʒ(ə)n, glɑːs-, glæz-, glæs-] *s* invånare i Glasgow, glasgowbo
glaucoma [glɔː'kəʊmə] *s* med. glaukom, grön starr
glaze [gleɪz] **I** *vb tr* **1** sätta glas i, glasa [*~ a window*]; *~ in* glasa in [*~ in a veranda*], sätta glas (fönster) i **2** glasera [*~ cakes*]; *~d earthenware* fajans; *~d tiles* kakel **3** mål. lasera **4** polera, lackera, satinera, appretera, glätta, göra glatt och blank **II** *vb itr* om blick bli glasartad, stelna [äv. *~ over*] **III** *s* **1** glasyr **2** mål. lasyr **3** glans; glansig yta

glazer ['gleɪzə] *s* **1** glaserare, polerare **2** tekn. polerskiva

glazier ['gleɪzjə, 'gleɪʒjə, -ʒə] *s* glasmästare

glazing ['gleɪzɪŋ] *s* **1** glasning, insättande av glas[rutor] **2** koll. fönster[rutor] **3** glasering **4** polering, lackering etc., jfr *glaze I 4* **5** glasyr **6** mål. lasering

gleam [gli:m] **I** *s* glimt äv. bildl. [*a ~ of humour*]; stråle äv. bildl.; svagt skimmer, glans; [svagt] ljussken (blinkande) [*the ~ of a distant lighthouse*]; *a ~ of hope* en strimma (stråle) av hopp, en ljusglimt **II** *vb itr* glimma [*a cat's eyes ~ing in the darkness*], skimra svagt; glänsa

glean [gli:n] **I** *vb tr* **1** plocka [*~ ears* (ax)] **2** samla [ihop] [*~ materials*], plocka (skrapa) ihop [*~ bits of information*], snappa upp **II** *vb itr* plocka ax

gleaning ['gli:nɪŋ] *s* **1** axplockning, efterskörd **2** isht pl. *~s* insamlat material, [små]plock [*~s from* (ur) *the newspapers*], samlat strögods; insamling

glee [gli:] *s* **1** uppsluppen glädje [*shout with* (av) *~*], munterhet **2** glee flerstämmig sång

gleeful ['gli:f(ʊ)l] *adj* glad, munter, lustig

glen [glen] *s* trång dal spec. i Skottl. o. Irl.; klyfta

Glenfiddich [glen'fɪdɪk] **I** geogr. egenn. **II** *s* [whisky från] Glenfiddich

glengarry [glen'gærɪ] *s* glengarry skotsk båtmössa med hängande band baktill

Glenlivet [glen'lɪvɪt] **I** geogr. egenn. **II** *s* [whisky från] Glenlivet

glib [glɪb] *adj* lätt och ledig [*~ manners*]; talför, munvig [*a ~ talker*]; lättvindig [*~ excuses*]; *have a ~ tongue* vara slängd i käften

glibness ['glɪbnəs] *s* talförhet, munvighet, ledighet, svada

glide [glaɪd] **I** *vb itr* **1** glida [*a boat ~d past* (förbi); *time ~d by* (i väg)], glida fram **2** smyga sig [*into* in i, *out of* ut ur] **3** flyg. flyga i glidflykt; glida [*~ down to the landing-field*] **II** *vb tr* låta glida **III** *s* **1** glidning **2** flyg. glidflykt; *~ path* (*slope*) glidbana

glider ['glaɪdə] *s* glid[flyg]plan, segel[flyg]plan; segelflygare, glidflygare

gliding ['glaɪdɪŋ] *s* glidning; glidflykt; segelflygning

glimmer ['glɪmə] **I** *vb itr* glimma; blänka, skimra **II** *s* **1** svagt (ostadigt) sken, skimmer, glimrande; *a ~ of light* ett svagt ljussken, en ljusglimt **2** glimt, skymt; aning, spår [*not the least ~ of intelligence*]; *a ~ of hope* en strimma av hopp

glimpse [glɪm(p)s] **I** *s* skymt [*of* av]; *catch* (*get*) *a ~ of* [få] se en skymt av **II** *vb itr* **1** kasta en flyktig blick, titta [*at, upon* på] **2** skymta [fram] **III** *vb tr* [få] se (uppfänga) en skymt av, se glimtar (en glimt) av, skymta

glint [glɪnt] **I** *vb itr* glittra, blänka, skimra **II** *s*

glimt [*there is an ironical ~ in his eye[s]*]; glitter, blänk [*~s of gold in her hair*]

glisten ['glɪsn] *vb itr* glittra [*~ing dew-drops*], tindra, stråla, glänsa [*eyes ~ing with* (av) *tears*]

glitch [glɪtʃ] *s* hake, tekniskt fel, avbrott, glapp

glitter ['glɪtə] **I** *vb itr* **1** glittra [*~ing eyes*], blänka [*a ~ing sword*], gnistra [*~ing diamonds*; *~ing with* (av) *jewels*], tindra [*stars ~ing in the sky*]; glimma; *all that ~s is not gold* det är inte guld allt som glimmar **2** bildl. glänsa, vara lysande; *~ing prizes* lockande belöningar **II** *s* glitter äv. konkr.; glittrande ljus, glittrande [*the ~ of the Christmas tree decorations*]

glitz [glɪts] *s* vard. prål, glitter, grannlåt

glitzy ['glɪtsɪ] *adj* vard. prålig, skrikig, [tras]grann

gloat [gləʊt] *vb itr*, *~ over* ([*up*]*on*) glo (stirra) skadeglatt (triumferande, lystet, girigt) på, frossa i (njuta av) [anblicken av] [*~ over every detail of the murder*], ruva på (över) [*~ on one's money*]; vara skadeglad över [*~ over a p.'s misfortunes*]

global ['gləʊb(ə)l] *adj* **1** global [*~ strategy, ~ warfare*], världsomspännande; *~ warming* global uppvärmning **2** total, hel [*the ~ output* (produktion) *of a factory*]

globe [gləʊb] *s* **1** klot, kula **2** *the ~* jordklotet **3** [*terrestrial*] *~* [jord]glob **4** *~ artichoke* kronärtskocka **5** anat., *~* [*of the eye*] ögongloben **6** globformig [lamp]kupa, glob

globetrotter ['gləʊbˌtrɒtə] *s* globetrotter, jordenruntfarare

globular ['glɒbjʊlə] *adj* klotformig, klotrund

globule ['glɒbjuː] *s* [litet] klot, [liten] rund kula, droppe, pärla

glockenspiel ['glɒkənspiːl] *s* mus. klockspel instrument

gloom [gluːm] *s* **1** isht dystert dunkel, mörker; djup skugga **2** dysterhet, förstämning, tryckt stämning [*the delegates departed in ~*], gråväderstämning; svårmod; *cast a ~ on* (*over*) kasta en mörk skugga över

gloomy ['gluːmɪ] *adj* **1** mörk, dunkel, skum [*~ light* (belysning)] **2** dyster; beklämmande [*a ~ spectacle*]; beklämd, nedtryckt, melankolisk; *~ atmosphere* förstämning, dyster stämning

glorification [ˌglɔːrɪfɪˈkeɪʃ(ə)n] *s* förhärligande; lovprisande; glorifiering

glorified ['glɔːrɪfaɪd] *adj* o. *perf p* mest iron. uppiffad, som försöker se finare ut än den är

glorify ['glɔːrɪfaɪ] *vb tr* förhärliga; lovprisa; glorifiera

glorious ['glɔːrɪəs] *adj* **1** strålande, underbar, praktfull [*a ~ sunset*]; vard. [ur]tjusig, överdådig, [ur]flott [*a ~ dinner*] **2** ärorik, lysande

glory ['glɔːrɪ] **I** *s* **1** ära [*win ~ on the field of* *battle*], ryktbarhet **2** [förnämsta] prydnad [*the chief ~ of the district is the old castle*] **3** lov och pris, ära [*~ [be] to* (vare) *God*] **4** lysande härlighet, prakt, glans; *the glories of the country* landets härligheter **5** glanstid, glansdagar; *bask* (*bathe*) *in the reflected glory of* sola sig i glansen från (av); *in* [*all*] *one's ~* a) på sin höjdpunkt, på höjden av sin makt, i all sin glans b) i extas, i sitt esse [*when he's teaching, he's in his ~*] **6** gloria, nimbus **II** *vb itr*, *~ in* vara stolt över, glädja sig åt

Glos. [glɒs] förk. för *Gloucestershire*

1 gloss [glɒs] **I** *s* **1** glans [*the ~ of silk*], glänsande yta **2** bildl. [bedrägligt] sken [*a ~ of legality*] **II** *vb tr* **1** göra glansig; glätta, polera **2** förgylla upp, ge ett skenfagert utseende; *~ over* släta över [*~ over a p.'s faults*], skyla över

2 gloss [glɒs] **I** *s* **1** glossa, [förklarande] not (anmärkning) **2** glossar; kommentar **II** *vb tr* **1** glossera; kommentera, förklara **2** bortförklara [äv. *~ away* (*over*)]

glossary ['glɒsərɪ] *s* ordlista, ordförteckning

glossy ['glɒsɪ] **I** *adj* glansig, glänsande [*~ silk*], blank [*old worn-out clothes get ~*], blankpolerad; *~ magazine* elegant tidskrift (isht modejournal) på högglättat papper; *~ print* foto. blank kopia **II** *s* vard., se *glossy magazine* ovan

glottal ['glɒtl] *adj*, *~ stop* fonet. [glottis]stöt, 'knacklaut'

glottis ['glɒtɪs] *s* anat. röstspringa, ljudspringa

Gloucester ['glɒstə] **I** geogr. egenn. **II** *s* gloucesterost

Gloucestershire ['glɒstəfɪə, -ʃə] geogr.

glove [glʌv] *s* handske, fingervante; boxhandske; *~ locker* (*compartment*) handskfack i bil; *fit like a ~* passa som hand i handske, sitta som gjuten, passa precis; *with the ~s off* bildl. stridslystet; på fullt allvar; *handle* (*treat*) *a p. with* [*kid*] *~s* behandla ngn med silkesvantar; *handle a p. without* [*kid*] *~s* ta i med hårdhandskarna mot ngn

glow [gləʊ] **I** *vb itr* glöda äv. bildl. [*~ with* (av) *enthusiasm*]; blossa [*~ with* (av) *anger*], brinna [*with* av], jfr *glowing*; *~ing with health* strålande av hälsa **II** *s* glöd [*the ~ of* (från) *his cigar*, *the ~ of sunset*]; frisk rodnad [*a ~ of health*]; *in a ~ of enthusiasm* med glödande entusiasm

glower ['glaʊə] *vb itr* blänga (glo) ilsket [*at* på]

glowing ['gləʊɪŋ] *pres p* o. *adj* glödande äv. bildl. [*~ metal*, *~ colours*, *~ enthusiasm*]; blossande [*~ cheeks*]; entusiastisk [*a ~ account* (skildring)]

glow-worm ['gləʊwɜːm] *s* zool. lysmask

glucose ['gluːkəʊs] *s* kem. glukos

glue [gluː] **I** *s* lim [*fish ~*] **II** *vb tr* limma, limma fast [vanl. *~ on*], limma ihop [vanl. *~*
together]; bildl. fästa hårt; kitta fast, klistra [fast] [*on*, *to* vid], trycka [*on*, *to* till, mot; *with his ear ~d to the keyhole*]; *be ~d to the TV* vara (sitta) [som fast]klistrad vid TV:n

glue-sniffing ['gluːˌsnɪfɪŋ] *s* vard. [lim]sniffning

gluey ['gluːɪ] *adj* limaktig, klibbig

glum [glʌm] *adj* trumpen, surmulen; dyster

glut [glʌt] **I** *vb tr* **1** översvämma [*~ the market* [*with fruit*]] **2** överlasta, proppa full, [över]mätta **3** bildl. mätta lystnad; tillfredsställa till det yttersta el. till leda **II** *s* överflöd, uppsjö [*a ~ of pears in the market*], överfyllnad

gluten ['gluːtən] *s* gluten

glutinous ['gluːtɪnəs] *adj* glutinös, limaktig

glutton ['glʌtn] *s* storätare, matvrak, frossare; *he is a ~ for work* han är en riktig arbetsnarkoman

gluttonous ['glʌtənəs] *adj* frossande; omättlig

gluttony ['glʌtənɪ] *s* frosseri

Glyndebourne ['glaɪn(d)bɔːn] gods söder om London, berömt för sina operafestspel

GM förk. för *general manager*

G-man ['dʒiːmæn] (pl. *-men* [-men]) *s* vard. (sannolikt förk. för *Government man*) medlem av (detektiv från) FBI den federala polisen i USA; FBI-agent

GMT [ˌdʒiːemˈtiː] förk. för *Greenwich Mean Time*

gnarled [nɑːld] *adj* o. **gnarly** ['nɑːlɪ] *adj* knotig, vresvuxen [*a ~ old oak*], knölig, kvistig; krokig

gnash [næʃ] **I** *vb itr* **1** om tänder gnissla **2** om person gnissla [med tänderna], skära tänder **II** *vb tr*, *~ one's teeth* gnissla med tänderna, skära tänder

gnat [næt] *s* mygga; knott; pl. *~s* äv. koll. mygg

gnaw [nɔː] (*~ed ~ed*, perf. p. ibl. *gnawn*) **I** *vb tr* **1** gnaga på [*~ a bone*]; tugga på [*he was ~ing his fingernails*], gnaga [*rats ~ed a hole in the floor*]; plåga [*~ed with* (av) *anxiety*] **2** fräta på, fräta bort, tära på **II** *vb itr* gnaga äv. bildl. [*~ing hunger*; *at* på]

gnawn [nɔːn] perf. p. av *gnaw*

gneiss [naɪs, gnaɪs] *s* geol. gnejs

gnome [nəʊm] *s* **1** gnom; skattbevarande jordande, bergtroll; grotesk dvärg; trädgårdstomte **2** bildl. gnom, finansman [*the ~s of Zurich*]

GNP [ˌdʒiːenˈpiː] (förk. för *gross national product*) internationell BNP

gnu [nuː, njuː, gəˈnuː] *s* zool. gnu[antilop]

go [gəʊ] **A** (*went gone*; 3 pers. sg. pres. *goes*) *vb* (se äv. *going*, *gone* o. fraser med 'go' under *bang III*, *easy*, *here*, *let*, *native* m.fl.)

I *itr* (med adv. o. prep., se isht *II*) **1** fara, resa, åka, köra, färdas; ge sig av, ge sig i väg; gå; *I must be ~ing* jag måste [ge mig] i väg; *look where you are ~ing!* se dig för!; *who goes there?* vem där?; *~ fishing* ge sig ut (åka ut, gå) och fiska **2** om tid gå; *to ~* kvar [*there is*

go 358

only five minutes to ~] **3** utfalla, gå [*how did the voting* ~*?*]; ***how goes it?*** vard. hur går det?, hur står det till?; ***how's your new job* ~*ing?*** hur går det med ditt nya arbete? **4 a)** vara i gång, gå [*the clock won't* ~] **b)** vara i farten; ***she can really* ~ *some*** hon kan verkligen sätta fart **c)** sätta i gång, starta; [*ready, steady,*] ~*!* ...gå! **5** gå till väga; [*when you draw* (spänner) *a bow*] *you* ~ *like this* ...gör man så här **6** bli [~ *bad* (*blind*)] **7 a)** försvinna, gå [*there went all my money*]; upphöra, gå över [*I wish this pain would* ~]; avskedas b) gå [sönder]; gå i stöpet [*there* ~ *all my plans*] c) säljas, gå [*the house went cheap*] d) gå [åt] [*his money went on books*] **8 a)** ha sin plats, bruka vara (stå, hänga, ligga) [*where do the cups* (*does the picture*) ~*?*]; ligga b) få plats (rum), rymmas [*they will* ~ *in the bag*] **9** ljuda, gå [*the siren went*]; låta; säga [*'bang!' went the gun*]; ***how does the tune* ~*?*** hur låter (går) melodin? **10** betr. ordalydelse o.d. lyda; om sång gå [*to* på; *it goes to the tune of* (melodin)...]; ***as the phrase goes*** som man brukar säga; ***the story goes that...*** det berättas (sägs) att... **11** gälla, vara sista ordet [*what he says goes*] **12 a)** räcka, förslå, räcka till b) nå **13** [i allmänhet] vara; *as things* ~ som förhållandena (läget) nu är, i stort sett **14** ~ *far* el. ~ *a long* (*great*) *way:* a) fara etc. långt **b)** gå (komma) långt [*he will no doubt* ~ *far*] **c)** räcka långt (länge) **d)** gå (sträcka sig) långt; *that's* ~*ing too far* det är att gå för långt **15** ~ *to* + inf.: **a)** bidra till att, tjäna till att; *it goes to prove* (*show*) *that...* det bevisar att... **b)** behövas för att; ***the qualities that* ~ *to make a teacher*** de egenskaper som är nödvändiga för en lärare **c)** om pengar o.d. gå (användas) till att **d)** ~ *to see* gå (fara etc.) och hälsa på, besöka, söka

II med adv. o. prep. isht med spec. övers. (se äv. ex. under resp. huvudord):

~ **about: a)** gå (fara etc.) omkring **b)** om rykte gå, vara i omlopp **c)** ~ *a long* (*great*) *way about* göra en lång omväg **d)** ta itu med [~ *about one's work*]

~ **against:** a) strida (vara) emot [*it goes against my principles*], bjuda ngn emot b) gå ngn emot, gå olyckligt för c) motsätta sig, handla mot [~ *against a p.'s wishes*]

~ **ahead: a)** sätta i gång, börja; fortsätta; ~ *ahead!* äv. kör [igång]! **b)** gå [raskt] framåt **c)** gå (rycka) fram[åt]; gå före [*you* ~ *ahead and say we're coming*] **d)** ta ledningen isht sport., gå om, passera äv. bildl.

~ **along: a)** fara etc. [vidare], fortsätta **b)** [*he makes up stories*] *as he goes along* ...allteftersom **c)** ~ *along with* fara etc. tillsammans med, följa med; instämma med, hålla med [*I can't* ~ *along with you on* (i)

that] **d)** ~ ***along with you!*** vard. struntprat!; i väg med dig!

~ **at:** a) rusa på, ge sig på, gå lös på [*he went at him with his fists*] b) ta itu med, gripa sig an med [~ *at it the right way*]

~ **away** gå bort, försvinna

~ **back:** a) fara etc. tillbaka, återvända; träda tillbaka; gå tillbaka, datera sig från b) ~ *back on* undandra sig; bryta [~ *back on one's word*], svika [~ *back on one's promise*]

~ **before:** a) fara etc. före; gå före [*pride* (högmod) *goes before a fall*] b) tas upp i, föreläggas [*the question will* ~ *before a committee*] c) träda (komma) inför

~ **beyond** gå utöver, överskrida

~ **by: a)** passera [förbi], gå (fara) förbi; förflyta, gå [*time went by slowly*] **b)** fara över (via) [~ *by Paris to Italy*]; fara etc. med [~ *by boat*]; ~ *by air* flyga; ~ *by car* åka bil **c)** gå (rätta sig) efter [*that's nothing to* ~ *by*], döma (gå) efter [*you can't* ~ *by people's faces*] **d)** ~ *by the name of...* gå (vara känd) under namnet...

~ **down:** a) gå ner; falla, sjunka; ***he has gone down in the world*** det har gått utför med honom; ~ *down on a p.* vulg. suga av ngn b) gå under äv. bildl. c) minska [~ *down in weight*]; försämras [~ *down in quality*], om vind o. vågor lägga sig d) sträcka sig fram till en [tid]punkt, gå [ända] fram [*the first volume goes down to 1988*] e) ~ *down in history* gå till historien (efterlvärlden) f) slå an [*the speech went down with* (på) *the audience*], göra lycka, göra sig [~ *down on the stage*], gå in (hem) [*with* hos] g) insjukna [~ *down with* (i) *malaria*]

~ **for:** a) ~ *for a walk* göra (ta [sig]) en promenad, gå ut och gå; ~ *for a swim* gå och bada b) gå efter, [gå (åka) och] hämta c) gå lös på, ge sig på, kasta sig över [*the dog went for him*] d) gälla [för] [*that goes for you too!*] e) vard. gilla; ***I rather* ~ *for that*** jag gillar det skarpt f) ***he's got a lot* ~*ing for him*** vard. a) han har det väl förspänt b) det är mycket som talar för honom

~ **in:** a) gå in; gå 'i [*the cork won't* ~ *in*]; gå in i [*the key won't* ~ *in the lock*] b) om solen gå i moln **c)** delta, vara (gå) med i tävling o.d. **d)** ~ *in for* gå in för, satsa på, lägga an på, sträva efter, ägna sig åt [~ *in for farming*], slå sig på [~ *in for golf*]; vara mycket för [*she goes in for dress* (kläder)]; vara 'för, verka för [*they* ~ *in for his policy*]; hänge sig åt; gå upp i [~ *in for an examination*]

~ **into:** a) gå in i (på); gå in vid [~ *into the army*]; gå med i, delta i; slå sig på [~ *into politics*] **b)** gå in på [~ *into details*; *I won't* ~ *into that now*], ge sig in på, noggrant undersöka [~ *into the matter* (*problem*)] **c)** klä sig i, anlägga [~ *into mourning*] **d)** falla i,

gripas av, råka i [~ *into ecstasies*]; ~ *into* **hysterics** bli hysterisk
~ **off**: **a)** ge sig i väg, sticka [i väg] **b)** explodera, om skott o. eldvapen gå av, brinna av, smälla, om väckarklocka [börja] ringa, om t.ex. siren [börja] ljuda **c)** bli dålig, bli skämd; falla av, avta; bli sämre **d)** ~ *off* [*to sleep*] falla i sömn, somna, slockna **e)** gå [*how did the play ~ off?*] **f)** ~ *off into* brista ut i
~ **on**: **a)** fara etc. vidare, fortsätta; ~ *on about* tjata om, köra med [*he went on about his theories*] **b)** göra, företa, bege sig ut på [~ *on a journey (an outing, a trip)*] **c)** ~ *on to* gå över till, fortsätta med **d)** fortgå, pågå, vara, hålla på [*the talks went on all day*] **e)** försiggå, pågå, stå 'på [*what's ~ing on here?*]; vara på (i) gång **f)** bära sig åt, uppföra sig; bråka, tjata [*he always goes on at* (på) *me about that*] **g)** om kläder gå på **h)** teat. komma in [på scenen] **i)** ~ *on* [*with you*]*!* vard. äsch!, nä hör du!, larva dig inte! **j)** klara sig, reda sig; *I've got enough to ~ on with* jag har så det räcker **k)** tändas, komma [på] [*the lights went on*]; ~ *on for* se *be going on for* under *going II 4 l*) 'gå efter [*the only thing we have to ~ on*], hålla sig till [*what evidence have we to ~ on?*], bygga på **m)** *I don't ~ much on that* vard. det ger jag inte mycket för
~ **out**: **a)** gå (fara etc.) ut; *out you ~!* ut med dej! **b)** strejka, gå i strejk [äv. ~ *out on strike*] **c)** slockna [*my pipe has gone out*] **d)** försvinna, dö ut **e)** ~ *all out* sätta in alla sina krafter, göra sitt yttersta, ta ut sig helt, ge järnet **f)** ~ *out of* gå ur, komma ur [~ *out of use*] **g)** ~ *out with* vard. sällskapa med
~ **over**: **a)** gå över till ett annat parti o.d. **b)** stjälpa, välta **c)** ~ *over* [*big*] vard. slå an [kolossalt], göra [enorm] succé **d)** igenom, granska [~ *over the accounts* (räkenskaperna)], se över [*the mechanic went over the engine*], besiktiga [~ *over the house before buying it*]; läsa igenom, läsa på, repetera; retuschera **e)** sl. klå upp, slå sönder och samman
~ **round**: **a)** fara etc. runt (omkring), se sig om **b)** gå runt [*wheels ~ round*]; *it makes my head ~ round* det gör mig yr i huvudet **c)** räcka [till] för alla [*the glasses will never ~ round*] **d)** ~ *round to* gå över till, [gå (ta) och] hälsa på; *let's ~ round to my place* kom så går vi hem till mig
~ **through**: **a)** gå igenom i div. bet.: söka (rota) igenom [~ *through the whole room*], muddra [~ *through a p.'s pockets*]; [detalj]granska; utföra, genomföra; genomgå [~ *through an operation*], gå i lås [*the deal did not ~ through*] **b)** göra av med, göra slut på [*he went through all his money*] **c)** ~ *through with* genomföra, fullfölja
~ **to** (se äv. ex. under *length, piece, sea* m.fl.):
a) gå i [~ *to school* (*to church*)]; gå på [~ *to the theatre*]; gå till [~ *to bed*] **b)** vända sig till, gå till **c)** om pengar o.d. anslås till, användas till, gå till [*all his money went to charity*] **d)** svara mot; *three feet ~ to one yard* det går tre fot på en yard **e)** ta på sig [~ *to a great deal of trouble*] **f)** ~ *to blazes* (*hell*)*!* dra åt helsike! **g)** ~ *'to it* vard. sätta i gång, sätta fart
~ **together**: **a)** fara etc. tillsammans **b)** vard. vara tillsammans **c)** [bruka] följas åt, höra samman (ihop), gå väl ihop
~ **under**: **a)** gå under, sjunka, förlisa **b)** gå (duka) under, göra konkurs, gå omkull [*the firm has gone under*] **c)** ~ *under the name of...* gå (vara känd) under namnet...
~ **up**: **a)** gå upp, stiga [*prices went up*] **b)** fara etc. upp; resa [in] [~ *up to town* (*London*)] **c)** om rop höjas, höras **d)** tändas [*the lights went up*] **e)** ~ *up for* gå upp i [~ *up for an examination*] **f)** (fara) uppför; gå (klättra) upp i
~ **with**: **a)** fara etc. med, följa [med] [*I'll ~ with you*] **b)** vard. vara ihop med [*he's ~ing with her*] **c)** följa 'med [~ *with the times* (tiden)] **d)** höra till [*it goes with the profession*]; höra ihop med; *and everything that goes with it* med allt vad därtill hör **e)** passa (gå) till
~ **without**: **a)** bli (vara) utan, få vara (reda sig) utan **b)** *it goes without saying* det säger sig självt
III *tr*, ~ *it* vard. **a)** leva om, festa **b)** gå 'på, köra 'på; ~ *it!* sätt i gång bara! **c)** hålla i, inte ge sig **d)** ~ *it alone* handla på egen hand
B (pl. *~es*) *s* **1** gående, gång; *it's no ~* vard. det går inte, det är ingen idé; *be on the ~* vard. vara i farten (i gång) [*she has been on the ~ all day*] **2** vard. **a)** *a rum ~* se *2 rum* **b)** *it was a near ~* det var nära ögat **3** vard. fart, ruter, gåpåaranda [*there's no ~ in him*], liv, kläm, schvung [*music without ~*]; *full of ~* schvungfull; *she is full of ~* det är verkligen fart på henne **4** vard. försök; tag; *have a ~* [*at it*] försöka, göra ett försök; *it's your ~* det är din tur; *at one ~* på en gång; *he did it* [*at the*] *first ~* han lyckades vid första försöket **5** vard. succé; *make a ~ of a th.* lyckas med ngt, ha framgång med ngt **6** *from the word ~* från första stund (början)
goad [gəʊd] **I** *s* **1** pikstav för att driva på dragdjur [äv. *goadstick*] **2** bildl. sporre; tagg **II** *vb tr* **1** driva på (sticka) med en pikstav **2** bildl. egga, sporra [*into*, *to* till]; ~ *a p. into doing a th.* sporra (reta) ngn att göra ngt; ~ *a p. on* driva på ngn
go-ahead ['gəʊəhed] **I** *adj* framåt [av sig] [*he is very ~*], rivig, företagsam, energisk; gåpåaraktig, gåpåig; framåtsträvande [*a ~ nation*]; *give the ~ signal* ge klarsignal **II** *s* vard. klarsignal, klartecken [*give the ~*]

goal [gəʊl] *s* sport. o. i allm. mål [*win by* (*med*) *3 ~s to* (*mot*) *1*; *the ~ of his ambition*; *reach one's ~*]; *play* (*be*) *in* (*keep*) *~* stå i mål; *score a ~* göra [ett] mål
goal area ['gəʊlˌeərɪə] *s* sport. målområde
goalgetter ['gəʊlˌgetə] *s* vard. målspottare
goalie ['gəʊlɪ] *s* vard. målvakt
goalkeeper ['gəʊlˌkiːpə] *s* målvakt
goalkick ['gəʊlkɪk] *s* fotb. inspark; *take a ~* göra inspark
goalless ['gəʊlləs] *adj* sport. mållös, utan mål; *the match was a ~ draw* matchen slutade oavgjort 0-0
goal-line ['gəʊllaɪn] *s* sport. mållinje, kortlinje
goalmouth ['gəʊlmaʊθ] *s* fotb. m.m. målöppning; *in the ~* äv. på mållinjen, i målområdet
goalpost ['gəʊlpəʊst] *s* målstolpe på fotbollsplan o.d.
goalscorer ['gəʊlˌskɔːrə] *s* målgörare, målskytt
goat [gəʊt] *s* get; *get a p.'s ~* vard. gå ngn på nerverna, reta (förarga) ngn; *play* (*act*) *the* [*giddy*] *~* vard. fjanta omkring
goatee [gəʊˈtiː, attr. äv. 'gəʊtiː] *s* bockskägg, pipskägg [äv. *~ beard*]
goat-herd ['gəʊthɜːd] *s* getherde, getvaktare
goatsucker ['gəʊtˌsʌkə] *s* amer. zool. nattskärra
gob [gɒb] sl. **I** *s* gap, käft; *shut your ~!* håll käften! **II** *vb itr* spotta
gobbet ['gɒbɪt] *s* **1** [tjockt] stycke isht av rått kött **2** vard. lösryckt stycke (bit) ur en text o.d.
1 gobble ['gɒbl] **I** *vb tr* **1** *~* [*up* (*down*)] glufsa i sig, sörpla i sig, sluka **2** vard., *~* [*up*] ta, hugga, lägga beslag på, uppsluka **II** *vb itr* glufsa, sörpla
2 gobble ['gɒbl] **I** *vb itr* klucka om el. som kalkon **II** *s* kluck[ande]
gobbledygook ['gɒbldɪguːk, -gʊk, ˌ---'-] *s* vard. fikonspråk, högtravande kanslistil
go-between ['gəʊbɪˌtwiːn] *s* mellanhand, medlare
goblet ['gɒblət] *s* glas på fot; remmare
goblin ['gɒblɪn] *s* elakt troll, nisse, svartalf
gobstopper ['gɒbˌstɒpə] *s* slags stor hård karamell
go-by ['gəʊbaɪ] *s*, *give a p.* (*a th.*) *the ~* strunta i ngn (ngt); *give a p. the ~* äv. snoppa av ngn
go-cart ['gəʊkɑːt] *s* **1** amer. gåstol för att lära barn gå **2** isht amer. sittvagn för barn **3** amer. handkärra **4** se *go-kart*
god [gɒd] *s* **1** *G~* Gud; *G~ the Father* Gud Fader; *G~ almighty* allsmäktig Gud; *he thinks he is G~ almighty* han tror att han är något (att han är Gud Fader själv); *G~ bless me!* o, du milde!, o, du store [tid]!; *G~ save the King* (*Queen*) den brittiska nationalsången **2** gud [*the ~ of love*]; avgud; *My G~!* Gode Gud!; *for God's sake!* för guds skull! **3** pl., *in the ~s* teat. på hyllan (översta raden)

god|child ['gɒdˌtʃaɪld] (pl. *-children* [-ˌtʃɪldrən]) *s* gudbarn, fadderbarn
goddam[**n**] ['gɒdæm] isht amer. vard. **I** *interj*, *~!* djävlar!, fan också! **II** *adj* djävla, satans, förbannad
goddaughter ['gɒdˌdɔːtə] *s* guddotter
goddess ['gɒdɪs] *s* gudinna
godfather ['gɒdˌfɑːðə] *s* **1** gudfar; manlig fadder **2** gudfader maffiaboss
God-fearing ['gɒdˌfɪərɪŋ] *adj* gudfruktig
godforsaken ['gɒdfəseɪkn] *adj* gudsförgäten [*that ~ place*], eländig; gudlös; *at this ~ hour in the morning* vid denna okristliga tid på morgonen
Godfrey ['gɒdfrɪ] mansnamn
godless ['gɒdləs] *adj* gudlös
godlike ['gɒdlaɪk] *adj* gudalik, gudomlig
godliness ['gɒdlɪnəs] *s* gudsfruktan, fromhet, rättfärdighet
godly ['gɒdlɪ] *adj* gudfruktig, from, rättfärdig
godmother ['gɒdˌmʌðə] *s* gudmor; kvinnlig fadder
godparent ['gɒdˌpeər(ə)nt] *s* fadder, gudförälder, gudmor, gudfar; pl. *~s* gudföräldrar
godsend ['gɒdsend] *s* gudagåva; evig lycka (tur) [*it was a ~ that he didn't recognize me*]
godson ['gɒdsʌn] *s* gudson
goer ['gəʊə] *s* **1** *comers and ~s* folk som kommer och går (far) **2** ss. efterled -besökare [*churchgoer*]
go-getter ['gəʊˌgetə, ˌ-'--] *s* vard. handlingsmänniska; neds. gåpåare, streber
goggle ['gɒgl] **I** *vb itr* **1** rulla med ögonen; glo, blänga [*at* på] **2** rulla [*with goggling eyes*] **II** *vb tr*, *~ one's eyes* rulla med ögonen
goggle-box ['gɒglbɒks] *s* sl., *the ~* dumburken teven
goggles ['gɒglz] *s pl* (se äv. *3*)
1 skyddsglasögon, bilglasögon, solglasögon, dykarglasögon **2** sl. brillor **3** (konstr. ss. sg.) sl. 'glasögonorm' person med glasögon **4** skygglappar
go-go ['gəʊgəʊ] *adj* hålligång; attr. inne-; *~ dancer* gogo-dansare
going ['gəʊɪŋ] **I** *s* **1** gående, gång **2** före [*heavy ~*], väg[lag] [*the ~ was bad*]; *it's heavy ~* bildl. det går trögt; *you'd better go while the ~ is good* bildl. det är bäst du går medan det ännu finns en chans **3** [*50 miles an hour*] *is good ~* ...är en bra [medel]fart; *pretty good ~!* inte illa alls! **II** *adj* o. pres p i spec. bet. **1 a**) väl inarbetad (upparbetad) [*a ~ concern*] **b**) *get ~* komma i gång; sätta i gång [*get ~!*] **c**) *get a th. ~* få i gång ngt; *get a party ~* få fart på (liv i) en fest; *get a p. ~* sätta fart på ngn; *set a th. ~* sätta i gång ngt **d**) *be still ~ strong* se *strong II* **2 a**) som finns [att få], som står att få [*the best coffee ~*]; [*the biggest fool*] *~* ...som går på två ben; *he ate anything ~* han åt allt som fanns

good

att få; *are there any cigarettes ~?* finns det några cigaretter att få? **b)** hand. [nu] gällande, dags-, marknads- [*the ~ price*] **3** *~, ~, gone!* vid auktion första, andra, tredje [gången]! **4** *be ~ on for* närma sig [*she is ~ on for forty*] **5** *be ~ to* + inf. skola, tänka [*what are you ~ to do?*], ämna; just skola [till att] [*he was ~ to say something when...*], stå i begrepp att; *it's ~ to rain* det blir [snart] regn
going-over [ˌgəʊɪŋˈəʊvə] (pl. *goings-over*) *s* vard. **1** genomgång, [fin]granskning; undersökning **2** omgång stryk [*they gave him a good* (rejäl) *~*]
goings-on [ˌgəʊɪŋzˈɒn] *s pl* vard. förehavanden, aktivitet[er] isht neds. [*I've heard of your ~*]
goitre [ˈgɔɪtə] *s* med. struma
go-kart [ˈgəʊkɑːt] *s* go-kart liten tävlingsbil
gold [gəʊld] *s* **1** guld [*worth one's (its) weight in ~*; *it is [of] real* (äkta) *~*; äv. bildl. *white and ~*]; *as good as ~* mest om barn förfärligt gullig (snäll), god som guld; *a heart of ~* bildl. ett hjärta av guld **2** attr. guld- [*a ~ watch*], gyllene
gold-digger [ˈgəʊldˌdɪgə] *s* **1** guldgrävare **2** gold-digger kvinna som söker utnyttja förmögna män
gold dust [ˈgəʊldˌdʌst] *s* guldstoft
golden [ˈgəʊld(ə)n] *adj* **1** guld- [*~ earrings*], av guld **2** guldrik, guldförande **3** guldgul, guldglänsande, gyllene [*~ hair*] **4** bildl. guld-; gyllene, utomordentlig, ytterst värdefull **5** i div. förb.: *~ hamster* zool. guldhamster; *~ handshake* 'gyllene handslag'; större avgångsvederlag; *the ~ mean* den gyllene medelvägen [*strike* (gå) *the ~ mean*], det rätta lagom; *~ oldie* gammal favorit (goding); mus. äv. evergreen; *a ~ opportunity* ett gyllene tillfälle; *~ parachute* ekon. (vard.) fallskärmsavtal; *~ rain* a) pyrotekn. guldregn b) bot. gullregn; *~ syrup* [ljus] sirap; *~ wedding* guldbröllop
goldeneye [ˈgəʊld(ə)naɪ] *s* zool. knipa
gold filling [ˈgəʊldˈfɪlɪŋ] *s* tandläk. guldplomb
goldfinch [ˈgəʊldfɪn(t)ʃ] *s* zool. steglits[a]
goldfish [ˈgəʊldfɪʃ] *s* guldfisk
goldilocks [ˈgəʊldɪlɒks] *s* **1** (konstr. ss. sg. el. pl.) bot. a) maj-smörblomma b) gullborste **2** (konstr. ss. sg.) **a)** *G~* Guldlock i 'Sagan om de tre björnarna' **b)** flicka med guldlockigt hår; blondin
Golding [ˈgəʊldɪŋ]
gold leaf [ˌgəʊldˈliːf] *s* bladguld, bokguld
gold mine [ˈgəʊldmaɪn] *s* guldgruva äv. bildl.
gold plate [ˈgəʊldpleɪt, ˌ-ˈ-] *s* gulddoublé
gold-plated [ˈgəʊldˌpleɪtɪd] *adj* guldpläterad
gold-rimmed [ˈgəʊldrɪmd] *adj* guldbågad
gold rush [ˈgəʊldrʌʃ] *s* guldrush, guldfeber
goldsinny [ˈgəʊldˌsɪnɪ] *s* zool. stensnultra
goldsmith [ˈgəʊldsmɪθ] *s* guldsmed
gold standard [ˈgəʊldˌstændəd] *s* guldmyntfot

golf [gɒlf] **I** *s* golf[spel] **II** *vb itr* spela golf
golf club [ˈgɒlfklʌb] *s* **1** golfklubba **2** golfklubb
golf course [ˈgɒlfkɔːs] *s* golfbana
golfer [ˈgɒlfə] *s* golfspelare
golf links [ˈgɒlflɪŋks] (konstr. ofta ss. sg.) *s* golfbana
golf widow [ˈgɒlfˌwɪdəʊ] *s* vard. golfänka
Golgotha [ˈgɒlgəθə] bibl. Golgata
Goliath [gə(ʊ)ˈlaɪəθ] bibl. **I** Goljat, Goliat **II** *s* jätte [*business ~s*]; *~ crane* åkbar bockkran
golliwog [ˈgɒlɪwɒg] *s* **1** trasdocka med svart ansikte **2** pers., ung. fågelskrämma
golly [ˈgɒlɪ] *interj*, [*by*] *~!* vard. kors [i alla mina dar]!, o, du store [tid]!
gonad [ˈgəʊnæd, ˈgɒn-] *s* anat. gonad, könskörtel
gondola [ˈgɒndələ] *s* gondol äv. i butik; *~ car* amer. öppen godsvagn
gondolier [ˌgɒndəˈlɪə] *s* gondoljär
gone [gɒn] *adj* o. *perf p* (av *go*) **1** borta, försvunnen [*the book is ~*]; slut [*my money is ~*]; ute [*all hope is ~*]; [bort]gången **2** förlorad, uppgiven; död; *be far ~* **a)** vara utmattad; vara svårt sjuk (döende); [*he is far ~* (äv. det är långt gånget med honom)] **b)** vara långt framskriden [*the work is far ~*], vara [mycket] avancerad **3** förgången, gången [*~ ages* (tider)]; förbi; *it is past and ~* det tillhör det förflutna; *he is ~ twenty* han är över (drygt) tjugo [år]; *it's just ~ four* klockan är litet över (drygt) fyra; *she is ~ six months ~* [*with child*] vard. hon är i [slutet av] sjätte månaden **4** *she is ~ on him* vard. hon är tokig i (helt tänd på) honom
goner [ˈgɒnə] *s* vard., *he is a ~* han är såld, det är ute (slut) med honom
gong [gɒŋ] **I** *s* **1** gonggong; mus. äv. gong **2** mil. sl. medalj **II** *vb tr* vard. om polis stoppa [*~ a motorist*]
gonna [ˈgɒnə] vard. förvrängning av *going to*
gonorrhoea [ˌgɒnəˈrɪə] *s* med. gonorré, dröppel
goo [guː] *s* isht amer. vard. **1** gegga[moja], kladd **2** [sliskig] sentimentalitet
good [gʊd] **I** (*better best*) *adj* **1** god, bra [*a ~ knife*]; [*very*] *~!* bra!, fint!, skönt!; *she has a ~ figure* hon har [en] snygg figur **2 a)** nyttig, hälsosam; *~ for you!* skönt!, fint!; grattis!; så bra då!; *it is ~ for colds* det är bra mot (vid) förkylning **b)** färsk inte skämd, frisk **c)** *is it ~ to eat?* duger det att äta? **3** duktig, skicklig, styv, bra [*at* (on) i (på); *he is ~ at mathematics*]; *he is ~ with children* han har bra hand med barn **4** angenäm, god [*~ news*]; [*it's*] *~ to see you* [det var] roligt att se dig **5 a)** vänlig, snäll, hygglig [*to* mot] **b)** snäll [*be a ~ boy!*] **6 a)** ordentlig, riktig, rejäl [*a ~ beating* (kok stryk)]; bastant; *have a ~ wash* tvätta sig ordentligt **b)** rätt stor, rätt lång [*we've come a ~ way*]; *a ~ while* en

goodbye

bra stund **c**) dryg [*a ~ hour*]; *a ~ two hours* dryga (drygt) två timmar **d**) adverbiellt framför adj. rätt, ganska, riktigt [*a ~ long walk (time)*] **7** rolig, trevlig, god, bra [*a ~ joke*] **8** tillförlitlig, pålitlig, bra [*a car with ~ brakes*]; ekonomiskt säker, solid; *I have it on ~ authority* jag har det från säker källa **9** moraliskt god [*a ~ and holy man*], bra **10** i hälsnings- och avskedsfraser: *~ afternoon* god middag; god dag; adjö; *~ day* adjö; god dag; *~ evening* god afton; god dag; adjö; *~ morning* god morgon; god dag; adjö; *~ night* god natt, god afton, adjö **11** i förb. m. subst. i spec. bet.: *a ~ fellow* en trevlig (hygglig) karl; *G~ Friday* långfredag[en]; *~ gracious!* el. *~ Heavens!* du milde!, kors [i alla mina dar]!, himmel!; *~ humour* gott lynne, glatt humör; *~ looks* fördelaktigt utseende; *~ nature* godmodighet; *~ offices* bona officia, förmedling; *and a ~ thing, too* vard. och väl var det; *I know a ~ thing when I see it* jag förstår mig på vad som är bra; *too much of a ~ thing* för mycket av det goda; *all in ~ time* i lugn och ro; *all in ~ time!* äv. ta det lugnt!; [*can I have it now?*] *- all in ~ time!* ...en sak i sänder!, ...ta det lugnt! **12** i förb. m. vb i spec. bet.: *hold ~* se *I hold II 4*; *make ~*: **a**) gottgöra [*make ~ a loss*], ersätta [*make ~ the damage*], täcka [*make ~ a deficiency*], betala; ta igen något försummat, hämta in t.ex. tid; reparera, återställa **b**) utföra, förverkliga, genomföra [*make ~ one's retreat*]; hålla [*make ~ a promise*] **c**) vard. lyckas, klara sig, göra sin lycka
II *adv* **1** *as ~ as* så gott som [*as ~ as settled*] **2** vard. väl, bra; *they beat us ~ and proper* de klådde upp oss ordentligt
III *s* **1** gott [*~ and evil* (ont)]; det goda [*prefer ~ to evil* (det onda)]; nytta, gagn; *it is [all] for your own ~* det är för ditt eget bästa; *nothing but ~ can come of it* det kan bara vara till nytta; *be some ~* komma (vara) till nytta; *he is no ~* det är inte mycket [bevänt] med honom; han är inte någon bra människa; *it is no ~* det är inte lönt, det tjänar ingenting till, det är ingen idé; *what's the ~ of that?* vad ska det vara bra för?; *do ~* göra gott [*to* mot]; *it does you ~* det är bra (nyttigt) för dig; *much ~ may it do you!* väl bekomme! oftast iron.; *he is up to no ~* han har något rackartyg i sikte **2** *for ~* för gott, för alltid **3** *I am £100 to the ~* jag har vunnit (har ett överskott på) 100 pund **4** goda [människor]; [*~ and bad alike respected him*] **5** se *goods*
goodbye [ss. subst. gʊd'baɪ, isht ss. interj. gʊ'baɪ] *s* o. *interj* adjö, farväl [*say ~ to, bid ~*]
good-for-nothing ['gʊdfəˌnʌθɪŋ] *s* odåga, odugling; *a ~ boy* en odåga till pojke
good-humoured [ˌgʊd'hju:məd] *adj* gladlynt

good-looking [ˌgʊd'lʊkɪŋ] *adj* snygg, vacker
goodly ['gʊdlɪ] *adj* [rätt] stor, betydande, betydlig, ansenlig [*a ~ number (sum)*], riklig, rikligt tilltagen
good-natured [ˌgʊd'neɪtʃəd] *adj* godmodig, godsint, vänlig, välvillig, hygglig; beskedlig
goodness ['gʊdnəs] *s* **1** godhet, förträfflighet, dygd **2** godhet, vänlighet; *have the ~ to* ha godheten att **3** *the ~* det goda (bästa) [*of* i], musten [*the ~ of the meat (coffee)*] **4** vard. i st.f. God: *~ knows* a) [det] vete Gud (gudarna) b) Gud ska veta [*~ knows I've tried hard*]; *thank ~!* gudskelov!; *~ gracious [me]!* el. [*my*] *~!* du milde!, du store [tid]!; *for ~' sake!* för Guds skull!; *I wish (hope) to ~ that...* jag önskar (hoppas) vid Gud (verkligen) att...
goods [gʊdz] *s pl* **1** *~ [and chattels]* lösöre[n], lösegendom, tillhörigheter [*half his ~ were stolen*]; *worldly ~* jordiska ägodelar **2** varor, artiklar, gods; frakt på järnväg; fraktgods; *~ train* godståg; *~ warehouse* godsmagasin; *leather ~* lädervaror, läderartiklar **3** vard., *the ~* (konstr. ibl. ss. sg.) vad som behövs, det nödvändiga; det riktiga, äkta vara; *deliver the ~* bildl. göra vad som ska göras, göra sitt, hålla sitt ord **4** vard., *piece (bit) of ~* [flick]snärta; riktig goding
good-tempered [ˌgʊd'tempəd] *adj* godlynt, godmodig
good-time ['gʊdtaɪm] *attr adj*, *a ~ girl* vard. en flicka som tycker om att vara ute och roa sig
goodwill [ˌgʊd'wɪl, -'-] *s* **1** hand. goodwill; kundkrets vid affärsöverlåtelse **2** god vilja, välvilja, sympati, vänlighet, bevågenhet, " ynnest, goodwill **3** medgivande; [bered]villighet; iver, fart
goody ['gʊdɪ] **I** *s* **1** isht pl. *goodies* vard. godbitar **2** vard. hjälte i film o.d. [*goodies and baddies*] **II** *interj*, *~!* el. *~, ~!* smaskens!, härligt!, fint!
Goodyear ['gʊdˌjɪə]
goody-goody [ˌgʊdɪ'gʊdɪ] **I** *s* hymlande (skenhelig) person **II** *adj* hymlande, skenhelig
gooey ['gu:ɪ] *adj* vard. **1** geggig, kladdig **2** sentimental; sliskig [*~ sentimentality*]
goof [gu:f] sl. **I** *s* **1** fjant, klantskalle **2** tabbe, tavla **II** *vb itr* göra en tabbe, göra fel; soppa till det **III** *vb tr* smet. fuska bort, slarva bort
goofy ['gu:fɪ] **I** *adj* sl. **1** dum, fånig **2** galen, tokig [*about* i] **II** *s*, *G~* Jan Långben seriefigur
googly ['gu:glɪ] *s* (i kricket) slags högt skruvat kast
gook [gu:k] *s* amer. sl. **1** om korean, japan m.fl.: neds. guling **2** kladd, gegga[moja], smet, skit
goon [gu:n] *s* sl. **1** idiot; tråkmåns; våp **2** amer. torped, hejduk
goose [gu:s] (pl. *geese* [gi:s]) *s* **1** gås; *~ pimples* se *gooseflesh*; *cook a p.'s ~* vard. a) ta kål på (fixa) ngn b) stoppa ngn, knäcka ngn; *his ~ was cooked* [*when they found the*

***gems in his pockets*]** han kunde hälsa hem..., ...så var det kokta fläsket stekt; *kill the ~ that lays the golden eggs* döda hönan som värper guldägg **2** bildl. gås, dumbom, våp
gooseberry ['gʊzb(ə)rɪ, guːz-] *s* **1** krusbär **2** *play ~* vard. vara femte hjulet under vagnen, vara i vägen
gooseflesh ['guːsfleʃ] *s* gåshud, hönsskinn på huden
goosegog ['gʊzgɒg] *s* vard. krusbär
goose step ['guːsstep] *s* mil. **1** [stram] paradmarsch med sträckta ben; noggrann marsch **2** på stället marsch
GOP (förk. för *Grand Old Party*) se *grand I 1*
gopher ['gəʊfə] *s* amer. **1** goffer, kindpåsråtta **2** sisel ett slags ekorrdjur
gorblim[e]y [ˌgɔːˈblaɪmɪ] dial. el. sl. **I** *interj*, *~!* kors i Herrans namn! **II** *adj* underklassig, vulgär
1 gore [gɔː] *s* mest litt. levrat blod; *a horror film full of gore* en bloddrypande skräckfilm
2 gore [gɔː] *vb tr* stånga [ihjäl]; genomborra
gorge [gɔːdʒ] **I** *s* **1** trång klyfta, trångt pass mellan branta klippor; hålväg **2** strupe; *his ~ rose at it* el. *it made his ~ rise* bildl. det äcklade (kväljde) honom **3** vard. skrovmål **II** *vb tr* **1** proppa full; *~ oneself with* proppa i sig, frossa på **2** sluka, svälja glupskt **III** *vb itr* frossa [[*up*]*on* på], smörja kråset
gorgeous ['gɔːdʒəs] *adj* **1** praktfull [*a ~ sunset*], kostbar [*a ~ gown*], prunkande, lysande **2** vard. underbar, härlig, läcker; *Hello, ~!* Hej snygging!
Gorgonzola [ˌgɔːg(ə)nˈzəʊlə] **I** geogr. egenn. **II** *s*, *~* [*cheese*] gorgonzola[ost]
gorilla [gəˈrɪlə] *s* **1** zool. gorilla **2** sl. gorilla livvakt o.d. **3** sl. torped lejd mördare
gormandize ['gɔːməndaɪz] **I** *vb itr* äta glupskt, frossa **II** *vb tr* sluka **III** *s* kräsenhet; frosseri
gormless ['gɔːmləs] *adj* vard. dum, knasig, korkad
gorse [gɔːs] *s* bot. ärttörne
gory ['gɔːrɪ] *adj* blodig, blodbesudlad; bloddrypande
gosh [gɒʃ] *interj*, *~!* kors [i alla mina dar]!, jösses!
gosling ['gɒzlɪŋ] *s* gässling, gåsunge
go-slow [ˌgəʊˈsləʊ] *s* maskning som kampmetod vid arbetskonflikt [*the ~ at the factory continues*]; *~ policy* maskningstaktik
gospel ['gɒsp(ə)l] *s* evangelium i olika bet., äv. bildl. [*the ~ of health*]; attr. evangelie-; *the G~ according to St. Luke* evangelium enligt Lukas, Lukasevangeliet; *preach the G~* predika (förkunna) evangelium; *it is* [*the*] *~ truth* det är säkert som amen i kyrkan, det är dagsens sanning
gossamer ['gɒsəmə] *s* **1** [tunn] spindelväv **2** ytterst tunn gasväv; flor [*as light as ~*; *a ~ veil*]

gossip ['gɒsɪp] **I** *s* **1** a) skvaller, sladder b) prat om ditt och datt c) ung. kåserande, kåseri; *~ column* skvallerspalt; *~ writer* el. *~ columnist* skvallerkåsör; *talk ~* prata om ditt och datt, småprata, kallprata; prata skvaller **2** skvallerbytta, sladdertacka, pratmakare; skvallerkärring **II** *vb itr* skvallra [*about* om], sladdra; prata om ditt och datt; kåsera
gossipy ['gɒsɪpɪ] *adj* skvalleraktig; småpratig
got [gɒt] **I** imperf. o. perf. p. av *get*; *have ~* se *get I 12 a*); *have ~ to* se *get I 12 b*) **II** *adj*, *~ up* se *get up* under *get III*
Gothenburg ['gɒθ(ə)nbɜːg] Göteborg
Gothic ['gɒθɪk] **I** *adj* gotisk äv. byggn.; *the ~ novel* skräckromanen som litterär genre på 1700-talet **II** *s* **1** gotiska [språket] **2** gotik byggnadsstil
gotten ['gɒtn] se *get*
gouache [gʊˈɑːʃ, gwɑːʃ] *s* konst. gouache
gouge [gaʊdʒ] **I** *s* **1** håljärn, hålmejsel, skölp, skåljärn **2** urholkning, ränna gjord med håljärn **II** *vb tr* **1** urholka (gräva ut) [liksom] med håljärn **2** *~* [*out*] trycka ut [*~ out a p.'s eye with one's thumb*]
goulash ['guːlæʃ, -lɑːʃ] *s* kok. gulasch
gourd [gʊəd] *s* bot. kurbits; kalebass
gourmand ['gʊəmənd] *s* gourmand
gourmet ['gʊəmeɪ] *s* gourmé, finsmakare
gout [gaʊt] *s* **1** gikt **2** droppe [*~s of blood*]
gouty ['gaʊtɪ] *adj* giktbruten, giktsjuk
Gov. förk. för *Governor*
govern ['gʌv(ə)n] **I** *vb tr* **1** styra, regera [över], härska över [*~ a people* (*a country*)] **2** leda, bestämma [*be ~ed by other factors*], styra, reglera **3** gram. styra [*German prepositions that ~ the dative*] **4** jur. gälla [för], reglera [*the law ~ing the sale of spirits*], vara tillämplig på; utgöra prejudikat för **II** *vb itr* styra, regera, härska
governess ['gʌvənəs] *s* guvernant, lärarinna
governing ['gʌvənɪŋ] *adj* regerande; styrande, härskande [*the ~ classes*]; ledande [*the great ~ principle*]; *~ body* (*council*) direktion, styrelse
government ['gʌvnmənt, 'gʌvəmənt] *s* **1** styrande, styrelse; ledning; [regerings]makt [*what the country needs is strong* (en stark) *~*] **2** [*form* (*mode*) *of*] *~* styrelsesätt, styrelseform, regeringsform, statsskick **3** regering [*His* (*Her*) *Majesty's G~*; *the British G~*], ministär; *the G~* äv. staten; *form a G~* bilda regering **4** attr. regerings- [*in G~ circles*]; stats- [*G~ finances*; *G~ loan*], statlig; *G~ Issue* amer. mil., vard. menig [soldat], värnpliktig, jfr följ. ex.; *G~ Issue* [*equipment*] amer. mil. av staten tillhandahållen (statlig) utrustning (mundering); *G~ man* amer., se *G-man*; *G~ office* [ämbets]verk; departement; *G~ official* ämbetsman

governmental [ˌgʌv(ə)n'mentl] *adj* regerings-, stats-
governor ['gʌvənə] *s* **1** styresman, ledare **2** ståthållare; guvernör t.ex. i delstat i USA [*the G~ of New York State*] **3** kommendant i fästning **4 a)** direktör [*~ of a prison*]; chef [*the G~ of the Bank of England*] **b)** styrelsemedlem; [*board of*] *~s* styrelse, direktion **5** tekn. regulator, styrmekanism
governor-general [ˌgʌvənə'dʒen(ə)r(ə)l] (pl. *governors-general* el. *governor-generals*) *s* generalguvernör
Govt. förk. för *Government*
gown [gaʊn] *s* **1** finare klänning [*dinner ~*] **2** talar, kappa ämbetsdräkt för akademiker, domare, präst m.fl.; *cap and ~* akademisk ämbetsdräkt
GP [ˌdʒi:'pi:] förk. för *general practitioner*
GPO [ˌdʒi:pi:'əʊ] förk. för *General Post Office*
gr. förk. för *grain*[*s*] (mätt, se *grain* I 4), *grammar, gramme*[*s*], isht amer. *gram*[*s*]
grab [græb] **I** *vb tr* hugga, gripa; rycka till sig; roffa (grabba) åt sig; ~ [*hold of*] hugga (grabba) tag i **II** *vb itr* hugga, gripa [*at* efter]; *~ at* äv. nappa på [*~ at an opportunity*] **III** *s* hastigt grepp, hugg [*for* (*at*) efter]; *make a ~ at* försöka gripa [tag i]; *it's up for ~s* vard. det står öppet för vem som helst [bara man försöker]
grace [greɪs] **I** *s* **1** behag, behagfullhet, grace, charm, elegans **2** älskvärdhet; takt; *with* [*a*] *good ~* [på ett] älskvärt [sätt]; med bibehållen fattning (värdighet); gärna, [god]villigt **3** [tilltalande] drag; *a saving ~ of humour* ett försonande drag av humor **4** mytol., *the Graces* gracerna **5** mus., pl. *~s* prydnadsnoter, ornament; utsmyckningar **6** ynnest, gunst, bevågenhet [*enjoy a p.'s ~*]; välvilja, nåd; ynnestbevis, tjänst; hist. äv. privilegium; *be in a p.'s bad* ~ vara i onåd hos ngn; *be in a p.'s good ~s* stå i gunst hos ngn; *fall from* (*out of*) ~ råka i onåd **7** nåd straffbefrielse; anstånd, frist, respit, nådatid **8** teol. nåd [*God's ~*]; *by the ~ of God* [, *King of Great Britain*] med Guds nåde…; *fall from ~* avfalla från nådens väg **9** bordsbön [*say ~*] **10** *His* (*Her, Your*) *G~* Hans (Hennes, Ers) nåd om el. till hertig, hertiginna, ärkebiskop **II** *vb tr* **1** pryda, smycka; *he ~s his profession* han är en prydnad för sin kår **2** hedra [*~ a p. with a visit*]
graceful ['greɪsf(ʊ)l] *adj* **1** behagfull, graciös, elegant [*~ movements*] **2** charmerande; älskvärd
graceless ['greɪsləs] *adj* **1** charmlös, klumpig **2** taktlös, oförskämd, ohyfsad [*~ behaviour*]
gracious ['greɪʃəs] *adj* **1** nådig, älskvärd, vänlig [*a ~ reply* (*smile*)]; iron. nedlåtande **2** *good ~!* el. *goodness ~!* el. *my ~!* el. *~ me!* du milde!, herre gud! **3** behaglig, skön; ~ *living* vällevnad, välstånd **4** artig, förekommande [*a ~ host*]
gradation [grə'deɪʃ(ə)n] *s* **1** gradering; skala **2** pl. *~s* övergångar, [mellan]stadier, grader; nyanser; *by ~s* gradvis **3** språkv. avljud [äv. *vowel ~*]
grade [greɪd] **I** *s* **1** grad; steg, stadium; rang; nivå, dignitet; lönegrad, löneklass; *high ~ of intelligence* hög intelligensnivå **2** amer. [skol]klass, årskurs; *~ school* ung. grundskola lägre stadier; *teach in the ~s* undervisa i grundskolan **3** isht amer. betyg, poäng **4** kvalitet, [kvalitets]klass [*of high* (*low*) ~], sort; *~ A* klass A, bästa sorten; attr. bästa sortens; bildl. förstklassig, prima **5 a)** vägs o.d. stigning, lutning, stigningsgrad, lutningsgrad; konkr. stigning, backe, sluttning **b)** *make the ~* vard. nå toppen, lyckas, bestå provet, klara sig; *be on the down* (*up*) ~ bildl., se *downgrade* resp. *upgrade* **6** amer. höjdläge, plan; ~ *crossing* amer. järnvägskorsning [i plan], plankorsning **II** *vb tr* **1** gradera; sortera; dela in (upp) i kategorier; klassificera **2** amer. skol. o.d. betygsätta, sätta betyg på, rätta **3** planera, jämna väg o.d.; reducera backe **III** *vb itr* **1** graderas **2** omärkligt övergå [*into* i (till)] **3** amer. skol. o.d. sätta betyg, rätta [skrivningar]
gradient ['greɪdjənt] *s* vägs o.d. stigning, lutning, stigningsgrad, lutningsgrad; konkr. stigning, backe, sluttning; *steep* (*easy*) ~ stark (svag) stigning; *the road rises at a ~ of one in twenty* vägen har 5% stigning (en stigning av 1 på 20)
gradual ['grædʒʊəl, -djʊəl] *adj* gradvis, successiv; jämn; långsam; ~ *slope* svag lutning
gradually ['grædʒʊəlɪ, -djʊəlɪ] *adv* gradvis, successivt, undan för undan, alltmera, efter hand
graduate [ss. subst. o. adj. 'grædʒʊət, -djʊət, -djʊeɪt, ss. vb 'grædjʊeɪt, -dʒʊeɪt] **I** *s* akademiker, person med akademisk examen; amer. äv. elev som fullgjort sin skolgång; *a high school ~* amer. en som gått ut (har avgångsbetyg från) *high school*; *he is a London ~* han har tagit sin [akademiska] examen vid universitetet i London **II** *adj* **1** med akademisk examen; ~ *student* forskarstuderande, doktorand **2** examinerad, utbildad [*~ nurse*] **III** *vb itr* avlägga (ta) [akademisk] examen [*from* vid], utexamineras [*from* från]; amer. äv. avsluta sina studier, gå ut (sluta) skolan, kvalificera sig [*as* till (för)]; *~ in law* ta juridisk kandidatexamen **IV** *vb tr*, *~d glass* mätglas; *~d taxation* beskattning efter graderad skala, progressiv beskattning
graduation [ˌgrædjʊ'eɪʃ(ə)n, -dʒʊ-] *s* **1** [avläggande av] akademisk examen; amer.

äv. avgång från skola i allm.; [avgångs]examen, [skol]avslutning **2** gradering [*the* ~ *of a thermometer*]; pl. **~s** gradindelning; skala
graffit|o [græ'fi:t|əʊ] (pl. *-i* [-i:]) *s* **1** konst. graffito, vägginskription **2** pl. *-i* [vägg]klotter, graffiti
1 graft [grɑ:ft] **I** *s* **1** ymp, ympkvist **2** med. transplanterad vävnad, transplantat **3** a) ympning b) med. transplantation **II** *vb tr* **1** ympa; ympa in [*in*[*to*] (*on*) i (på)] **2** med. transplantera, överföra **3** bildl. omplantera, överföra, tillföra [*on* i (till, på)]
2 graft [grɑ:ft] **I** *s* vard. korruption, mutor, mygel **II** *vb itr* **1** vard. mygla **2** sl. jobba hårt, knega
Graham ['greɪəm] mansnamn
grain [greɪn] **I** *s* **1** [sädes]korn [*a* ~ *of wheat* (*maize*)], gryn [*a* ~ *of rice*], frö **2** [bröd]säd, spannmål; **~** *elevator* spannmålsmagasin, spannmålssilo, spannmålselevator **3** korn [*~s of sand* (*salt, gold, powder*)], gryn; bildl. grand, uns, korn, gnutta [*not a* ~ *of truth*] **4** gran minsta eng. vikt = 0,0648 g **5** a) ytas kornighet, [grad av] skrovlighet, grain, gräng; narv på läder; lugg, luggsida b) ådrighet, ådring äv. konstgjord; fiber; fibrernas [längd]riktning i trä o.d.; skiktning, klyvningsplan c) inre struktur, textur som den framträder i tvärsnitt o.d.; gry i sten d) bildl. natur, kynne, läggning; *against the* ~ a) mot luggen b) mot fibrernas längdriktning; *it goes* (*is*) *against the* ~ *for me to* bildl. det strider mot min natur att, det bjuder (bär) mig emot att **II** *vb tr* **1** göra kornig, gryna, korna, granulera; narva läder **2** mål. ådra, marmorera
gram [græm] *s* isht amer., se *gramme*
grammar ['græmə] *s* **1** grammatik [*study* ~] **2** språk[behandling], språkriktighet **3** bok grammatik, språklära [*a* ~ *of English*]
grammarian [grə'meərɪən] *s* grammatiker
grammar school ['græməˌsku:l] *s* **1** i Storbritannien, förr läroverk **2** i USA, treårig skola för elever mellan 9 och 12 år
grammatical [grə'mætɪk(ə)l] *adj* grammatisk [*~ rule*, ~ *error*]; grammatikalisk, grammatiskt riktig [*~ sentence*]; **~** *subject* a) grammatiskt subjekt b) formellt subjekt
gramme [græm] *s* gram
Gramm|y ['græmɪ] (pl. *-s* el. *-ies*) *s* Grammy årligt musikpris till amerikanska skivartister
gramophone ['græməfəʊn] *s* grammofon; **~** *record* grammofonskiva, grammofonplatta; **~** *recording* grammofoninspelning, grammofonupptagning
grampus ['græmpəs] *s* zool. **1** Rissos delfin **2** späckhuggare
gran [græn] *s* vard. farmor; mormor
granary ['grænərɪ] *s* spannmålsmagasin
grand [grænd] **I** *adj* **1** stor, pampig, storartad, storslagen [*a* ~ *view*], ståtlig, lysande; förnäm, fin [*a* ~ *lady*, ~ *people*], distingerad,

iron. hög, fin [*he is too* ~ *to speak to his old friends*]; upphöjd, ärevördig; **~** *jury* se *jury 1*; **~** *old man* grand old man, nestor; *the G~ Old Party* benämning på republikanska partiet i USA; **~** *opera* [stor] opera seriös o. utan talpartier; **~** *piano* flygel; *live in* ~ *style* leva på stor fot, leva flott **2** stor, störst, förnämst, huvud-; högste, överste, stor-; *G~ Duke* storhertig, storfurste; *the* ~ *entrance* huvudingången; *the G~ National* berömd årlig hinderritt i Liverpool England **3** slutgiltig, slut- [*~ result*]; **~** *finale* stort slutnummer; stor avslutning; **~** *slam* sport. grand slam; storslam; **~** *total* slutsumma **4** vard. utmärkt, härlig [*~ weather*], förträfflig [*~ condition*]; [*that's*] *~!* fint!, utmärkt! **II** *s* **1** mus. flygel **2** sl. tusen dollar (pund); *five* ~ femtusen dollar (pund) **3** *the G~* Grand hotell, bio o.d.
grandad ['grændæd] *s* vard. farfar; morfar
grand-aunt ['grændɑ:nt] *s* fars (mors) faster (moster)
grand|child ['græn|tʃaɪld] (pl. *-children* [-ˌtʃɪldr(ə)n]) *s* barnbarn
granddad ['grændæd] *s* vard. farfar; morfar
granddaughter ['grænd(d)ˌdɔ:tə] *s* sondotter; dotterdotter
grandee [græn'di:] *s* grand av Spanien
grandeur ['grænd(d)ʒə, -djʊə, -djə] *s* **1** storslagenhet, majestät [*the solemn* ~ *of this church*], storvulenhet **2** prakt, ståt, pomp, elegans
grandfather ['grænd(d)ˌfɑ:ðə] *s* farfar; morfar; *~['s] clock* golvur
grandiloquent [græn'dɪləkwənt] *adj* högtravande, bombastisk, svulstig [*~ style*]
grandiose ['grændɪəʊs] *adj* **1** storslagen, grandios; högtflygande [*~ plans*] **2** bombastisk, svulstig [*~ speech*]
grandma ['grænmɑ:] *s* o. **grandmam[m]a** ['grænməˌmɑ:] *s* vard. farmor; mormor
grandmother ['grænd(d)ˌmʌðə] *s* farmor; mormor
grandpa ['grænpɑ:] *s* o. **grandpapa** ['grænpəˌpɑ:] *s* vard. farfar; morfar
grandparent ['grænd(d)ˌpeər(ə)nt] *s* farfar, farmor; morfar, mormor; *~s* farföräldrar; morföräldrar
Grand Prix [ˌgrɑ:n'pri:] *s* Grand Prix
grandson ['grænd(d)sʌn] *s* sonson; dotterson
grandstand ['grænd(d)stænd] **I** *s* **1** huvudläktare, åskådarläktare vid tävlingar o.d. **2** publik på huvudläktaren (åskådarläktaren) **II** *adj*, **~** *finish* spurt på upploppet (framför läktaren); rafflande slut; *have a* ~ *view of* ha utmärkt utsikt över, betrakta [liksom] från parkett **III** *vb itr* amer. vard. spela för galleriet; göra en ren uppvisning
grand-uncle ['grændˌʌŋkl] *s* mors (fars) morbror (farbror), grandonkel
grange [greɪn(d)ʒ] *s* lantgård; utgård

granite ['grænɪt] *s* granit
granny ['grænɪ] *s* **1** vard. farmor; mormor; ~ *flat* (*annexe*) anknuten lägenhet med egen ingång för gamla föräldrar **2** vard. gumma; ~*'s chin* käringhaka
Granola [grə'nəʊlə] *s* ® amer., ung. müsli
grant [grɑ:nt] **I** *vb tr* **1** tillmötesgå, bevilja, villfara [~ *a request*]; tillerkänna [*he was* ~*ed a pension*]; ~ *a child his wish* uppfylla ett barns önskan **2** bevilja, medge, ge [~ *permission,* ~ *a privilege*], anslå pengar [*towards* till]; förläna, förunna, skänka; jur. överlåta [~ *property*]; *God* ~ *that* Gud give att **3** medge; ~ (~*ed* el. ~*ing*) *that* förutsatt att; låt oss anta att, även om [så vore att]; ~*ed!* a) må så vara!, medges! b) för all del! ss. svar på ursäkt; *take a th.* (*a p.*) *for* ~*ed* ta ngt för givet (ngn för given) **II** *s* anslag, bidrag [*towards* till], stipendium; förläning; koncession; oktroj [*of* på]; *direct* ~ *school* skola med statsanslag; *government* ~ statsanslag, statsbidrag
granular ['grænjʊlə] *adj* [små]kornig, grynig
granulate [ss. vb 'grænjʊleɪt, ss. adj. 'grænjʊlət] **I** *vb tr* **1** göra kornig, korna, granulera; ~*d sugar* strösocker **2** göra knottrig på ytan **II** *vb itr* korna (gryna) sig **III** *adj* kornig; knottrig
granule ['grænju:l] *s* [litet] korn, partikel
grape [greɪp] *s* [vin]druva; vin[ranka]; *a bunch of* ~*s* en druvklase, en vindruvsklase; *sour* ~*s!* surt, sa räven; ~ *hyacinth* bot. pärlhyacint
grapefruit ['greɪpfru:t] *s* grapefrukt
grapeshot ['greɪpʃɒt] *s* kartesch
grapevine ['greɪpvaɪn] *s* **1** vinranka **2** grundlöst rykte; 'anka'; *the* ~ [*telegraph*] djungeltelegrafen
graph [grɑ:f, græf] *s* grafisk framställning, diagram; matem. graf, kurva; språkv. graf; *bar* ~ stapeldiagram; *line* ~ kurvdiagram; ~ *paper* [millimeter]rutat papper, millimeterpapper
graphic ['græfɪk] *adj* **1** grafisk [~ *industry*], skrift-, skriv- [~ *symbols*]; ~ *arts* a) teckning, målning och grafik b) grafik, grafisk konst **2** [framställd] i diagram, diagram-, grafisk [~ *method,* ~ *record,* ~ *representation*] **3** bildl. målande, åskådlig, livlig, livslevande [framställd] [*a* ~ *description*]
graphics ['græfɪks] (konstr. ss. sg.) *s pl* grafik, grafisk konst
graphite ['græfaɪt] *s* miner. grafit, blyerts
graphology [græ'fɒlədʒɪ] *s* grafologi
grapnel ['græpnəl] *s* sjö. dragg
grapple ['græpl] *vb itr* brottas; ~ *together* brottas [med varandra], ta livtag; ~ *with* strida (slåss) med [~ *with the enemy*]; brottas med; bildl. äv. ge sig i kast med; gripa sig an med, försöka lösa
grappling ['græplɪŋ] *s o.* **grappling-hook** ['græplɪŋhʊk] *s o.* **grappling-iron** ['græplɪŋ,aɪən] *s se* grapnel
grasp [grɑ:sp] **I** *vb tr* **1** fatta [tag i], gripa; ~ *the nettle* bildl. ta tjuren vid hornen **2** gripa om, hålla fast, hålla i **3** fatta, begripa [~ *the point*], sätta sig in i [~ *the situation*] **II** *vb itr,* ~ *at* gripa efter, försöka gripa (få tag i, uppnå); nappa på, ta emot med uppräckta händer [~ *at a proposal*] **III** *s* **1** grepp, [fast] tag; räckhåll; *beyond* (*within*) *his* ~ utom (resp. inom) räckhåll för honom **2** uppfattning, förståelse; fattningsförmåga; grepp på ämne; vidsyn; andlig bredd; *have a good* ~ *of the subject* ha ett bra grepp om (behärska) ämnet; *it's beyond his* ~ det ligger över hans horisont (fattningsförmåga) **3** handtag
grasping ['grɑ:spɪŋ] *adj* **1** grip-, gripande etc., jfr *grasp I* **2** vinningslysten, lysten, sniken, girig
grass [grɑ:s] **I** *s* **1** gräs; *he does not let the* ~ *grow under his feet* han låter inte gräset gro under fötterna, han förspiller inte sin tid; *the* ~ *is* [*always*] *greener on the other side* [*of the fence* (*hill*)] bildl. gräset är alltid grönare på andra sidan [staketet]; ~ *court* tennis gräsbana **2** [gräs]bete, betesmark [*half of the farm is* ~]; gräsbevuxt mark; gräs, gräsmatta [*keep off* (beträd ej) *the* ~*!*]; *put* (*send, turn*) *out to* ~ a) släppa (driva) ut på [grön]bete b) vard. pensionera **3** sl. tjallare **4** sl. gräs marijuana **II** *vb itr,* ~ *on a p.* sl. tjalla på ngn
grasshopper ['grɑ:s,hɒpə] *s* zool. gräshoppa; *green* ~ vårtbitare
grassland ['grɑ:slænd] *s* **1** grässlätt, gräsmark **2** klövervall, vall
grass roots [,grɑ:s'ru:ts] **I** *s pl, the* ~ bildl. a) gräsrötterna, det enkla folket b) roten, [själva] grunden **II** *attr adj* (*grass-roots*) gräsrots- [*at* ~ *level*], på gräsrotsnivå [*a* ~ *movement*]; ~ *democracy* närdemokrati
grass snake ['grɑ:ssneɪk] *s* zool. snok
grass widow [,grɑ:s'wɪdəʊ] *s* gräsänka; frånskild [kvinna]
grass widower [,grɑ:s'wɪdəʊə] *s* gräsänkling; frånskild [man]
grassy ['grɑ:sɪ] *adj* **1** gräsbevuxen, gräsrik; gräs- [~ *bank* (*plain*)] **2** [gräs]grön; gräslik
1 grate [greɪt] *s* (se äv. *1 grating I*) **1** *vb tr* **1** riva, smula sönder **2** gnissla med; ~ *one's teeth* skära tänder, gnissla med tänderna **II** *vb itr* **1** gnissla, knarra, gnälla, raspa **2** skorra (låta) illa; ~ [*up*]*on* skära (skorra) i [~ *on the ear*]
2 grate [greɪt] *s* [eld]rist, spisgaller; rost, ugnsrost; öppen spis (häll)
grateful ['greɪtf(ʊ)l] *adj* **1** tacksam [*to* (mot) *a p., for* (för) *a th.*] **2** litt. angenäm [~ *news*], behaglig, välgörande [~ *shade*]; tacknämlig
grater ['greɪtə] *s* rivjärn; skrapare, rasp
gratification [,grætɪfɪ'keɪʃ(ə)n] *s* **1** tillfredsställande [~ *of a desire*] **2** tillfredsställelse [*the* ~ *of knowing* (av att

veta) *that I've done my duty*], glädje; nöje, njutning
gratify ['grætɪfaɪ] *vb tr* tillfredsställa [~ *one's desire*, ~ *a p.'s curiosity*]; göra belåten (nöjd, glad), tilltala, glädja [*it has gratified me highly*]
gratifying ['grætɪfaɪɪŋ] *adj* tillfredsställande, glädjande, angenäm
1 grating ['greɪtɪŋ] I *adj* **1** rivande, riv-**2** gnisslande etc., jfr *1 grate II*; skärande, hård, sträv; irriterande, obehaglig, pinsam II *s* **1** rivande; *~s of carrots* rivna morötter **2** gnisslande, gnissel etc., jfr *1 grate II*
2 grating ['greɪtɪŋ] *s* galler, gallerverk; sjö. trall
gratis ['greɪtɪs, 'grɑːtɪs] *adv* o. *adj* gratis
gratitude ['grætɪtjuːd] *s* tacksamhet [*to* (mot) *a p. for a th.*]
gratters ['grætəz] *interj* vard., *~!* grattis!, gratulerar!
gratuitous [grəˈtjuːɪtəs] *adj* **1** kostnadsfri, avgiftsfri, fri, gratis [~ *admission*, ~ *instruction*] **2** ogrundad [~ *assumption*], omotiverad, utan tillräckligt skäl; oberättigad, oförtjänt [*a* ~ *insult*]; opåkallad, meningslös, onödig [*a* ~ *lie*]
gratuity [grəˈtjuːətɪ] *s* **1** drickspengar; dusör, handtryckning; *no gratuities!* drickspengar undanbedes! **2** gratifikation
1 grave [greɪv] *adj* **1** om pers. allvarlig, allvarsam, högtidlig; dyster **2** om sak allvarlig, grav [*a* ~ *error*], allvarsam, svår [~ *illness*]
2 grave [greɪv] *s* grav; gravvård; *dig one's own* ~ gräva sin egen grav; *on the brink of the* ~ bildl. på gravens brädd (rand); *someone* (*a ghost*) *has just walked over my* ~ jag ryser plötsligt av obehag, det går kalla kårar efter ryggen på mig
grave-digger ['greɪv͵dɪɡə] *s* dödgrävare
gravel ['græv(ə)l] I *s* **1** grus, grov sand **2** med. [njur]grus II *vb tr* grusa, sanda
gravelly ['grævəlɪ] *adj* **1** full av grus, grus-, grusig, grusliknande **2** om röst grov, skrovlig
1 Graves [greɪvz] egenn.; *~'s* (*~'*) *disease* Basedows sjukdom
2 Graves [grɑːv] I franskt vindistrikt II *s* Graves vin
gravestone ['greɪvstəʊn] *s* gravsten
graveyard ['greɪvjɑːd] *s* kyrkogård äv. bildl. [*a* ~ *of cars*]; begravningsplats
gravitate ['grævɪteɪt] *vb itr* **1** gravitera, sträva mot en medelpunkt **2** bildl. ~ *towards* (*to*) dras mot (till), luta åt
gravitation [͵grævɪˈteɪʃ(ə)n] *s* **1** gravitation, tyngdkraft; *the law of* ~ tyngdlagen, gravitationslagen **2** bildl. dragning, tendens [*towards* (*to*) *mot*]
gravitational [͵grævɪˈteɪʃənl] *adj* som beror på gravitationen (tyngdkraften); ~ *field* gravitationsfält; ~ *pull* gravitation, tyngdkraft

gravity ['grævətɪ] *s* **1** allvar, allvarlighet, värdighet [*the* ~ *of a judge*] **2** a) allvar, vikt, betydelse [*the* ~ *of an occasion* (*a question*, *a matter*)] b) allvarlig (betänklig) karaktär, allvar [*the* ~ *of an offence*]; *the* ~ *of the situation* situationens allvar **3** tyngd, vikt; *centre of* ~ tyngdpunkt **4** tyngdkraft; *the law of* ~ tyngdlagen, gravitationslagen
gravy ['greɪvɪ] *s* **1** köttsaft; sky, jus, köttspad; [kött]sås **2** sl. stålar; storkovan, lättförtjänta pengar; *climb on* (*ride*, *get on*, *board*) *the* ~ *train* komma sig [upp] i smöret, skära guld med täljknivar; *be in the* ~ tjäna storkovan
gravy boat ['greɪvɪbəʊt] *s* såsskål, såssnipa
Gray [greɪ] egenn.; *~'s Inn* se *inn 2*
1 gray [greɪ] *adj* isht amer., se *grey*
2 gray [greɪ] *s* fys. gray enhet
1 graze [greɪz] I *vb tr* **1** snudda vid, tuscha; skrapa mot **2** skrapa, skrubba [~ *one's knee*], skava II *vb itr*, ~ *against* snudda vid, skrapa mot; ~ *by* (*past*) stryka förbi III *s* skråma, skrubbsår
2 graze [greɪz] I *vb itr* beta, gå på bete; *grazing ground* (*land*) betesmark II *vb tr* **1** [låta] beta, driva på bete, valla [~ *sheep*] **2** låta kreaturen beta [på] [~ *a field*]; beta [av]
grazing ['greɪzɪŋ] *s* **1** betesmark, bete **2** betande, betning
grease [ss. subst. griːs, ss. vb äv. griːz] I *s* **1** fett äv. smält; talg, ister, flott **2** tekn. smörjmedel, smörjolja, smörja, [konsistens]fett II *vb tr* **1** smörja med fett; smörja, olja, rundsmörja bil o.d.; valla skidor; *like ~d lightning* som en oljad blixt, blixtsnabbt; ~ *a p.'s palm* smörja (muta) ngn **2** smörja ned **3** vard. smörja, muta
greaseball ['griːsbɔːl] *s* amer. **1** neds. dego sydeuropé **2** sl. obehaglig (oljig) individ
greasegun ['griːsɡʌn] *s* smörjspruta, fettspruta
greasepaint ['griːspeɪnt] *s* teat. smink
greaseproof ['griːspruːf] *adj*, ~ [*paper*] smörgåspapper, smörpapper
greaser ['griːzə, i bet. *3* ofta 'griːsə] *s* **1** smörjare **2** smörjkopp **3** amer. sl. mexikan, spansk-amerikan
greasy ['griːzɪ, 'griːsɪ] *adj* **1** fet [~ *food*]; oljig, talgig; orensad [~ *wool*]; hal [*a* ~ *road*; *a* ~ *football pitch*]; ~ *pole* såpad stång att klättra upp på **2** flottig, nersmord [~ *fingers*, ~ *clothes*]; oljig [*a* ~ *smile*]; ~ *spoon* isht amer. sl. sjaskig sylta billig restaurang
great [greɪt] I *adj* (se äv. *greater*) **1** stor; *the G~ Bear* astron. Stora björn[en]; *G~ Britain* Storbritannien, ibl. England; *G~ Dane* grand danois hundras; *a* ~ *wind* en stark vind; *a* ~ *big fish* vard. en väldig fisk, en jättefisk; *a* ~ *big man* vard. en stor stark karl **2** stor, viktig, betydelsefull [*a* ~ *occasion*; *no* ~ *matter*]; *the*

~ *attraction* glansnumret, huvudnumret; *the* ~ *majority* det stora flertalet; *the G~ Powers* stormakterna; *the* ~ *thing is to keep calm* det viktigaste är att hålla sig lugn; *the G~ War* [första] världskriget **3** stor, framstående, betydande [*a* ~ *painter*; *a* ~ *statesman*]; storsint, ädel [*a* ~ *deed*] **4** mäktig, stor; hög, förnäm [*a* ~ *lady*]; *Alfred the G~* Alfred den store **5** om tid lång [*a* ~ *interval*]; hög [*a* ~ *age*]; *a* ~ *while* en lång stund **6** stor, väldig; ivrig, flitig [*a* ~ *reader*]; ~ *friends* mycket goda vänner **7** vard. härlig, underbar [*it was a* ~ *sight*]; utmärkt, storartad; [*that's*] ~*!* fint!, utmärkt!; *we had a* ~ *time* vi hade jättetrevligt; *wouldn't it be* ~ *if...!* vore det inte underbart om...! **II** *adv* vard. utmärkt; *things are going* ~ det (allt) går utmärkt (väldigt bra, fint) **III** *subst adj*, *the* ~ de stora, ässen [*the golf* ~*s*]; de mäktiga
great-aunt ['greɪtɑ:nt] *s* se *grand-aunt*
greatcoat ['greɪtkəʊt] *s* överrock; militärs kappa
greater ['greɪtə] *adj* (komp. av *great*) större etc., jfr *great I*; *G~ London* Stor-London; *in a* ~ *or less degree* i mer eller mindre hög grad; *to a* ~ *or less extent* i större eller mindre utsträckning
great-grand|child [ˌgreɪt'græn|tʃaɪld] (pl. *-children* [-ˌtʃɪldr(ə)n]) *s* barnbarnsbarn
great-granddaughter [ˌgreɪt'grænˌdɔ:tə] *s* sons (dotters) sondotter (dotterdotter); barnbarnsbarn
great-grandfather [ˌgreɪt'græn(d)ˌfɑ:ðə] *s* farfars (farmors) far, gammelfarfar; morfars (mormors) far, gammelmorfar
great-grandmother [ˌgreɪt'græn(d)ˌmʌðə] *s* farfars (farmors) mor, gammelfarmor; morfars (mormors) mor, gammelmormor
great-grandson [ˌgreɪt'græn(d)sʌn] *s* dotters (sons) dotterson (sonson); barnbarnsbarn
greatly ['greɪtlɪ] *adv* mycket, i hög grad, storligen, högeligen [*I doubt* ~ *whether...*; ~ *disappointed*]; *be* ~ *mistaken* ta grundligt (alldeles) fel
greatness ['greɪtnəs] *s* **1** storlek i omfång, grad **2** storhet, höghet
grebe [gri:b] *s* zool. dopping; *great crested* ~ skäggdopping; *little* ~ smådopping
Grecian ['gri:ʃ(ə)n] *adj* grekisk i stil [~ *nose*, ~ *profile*]
Greece [gri:s] Grekland
greed [gri:d] *s* glupskhet; snikenhet, penningbegär
greedy ['gri:dɪ] *adj* **1** glupsk [*a* ~ *boy*] **2** lysten; girig
greedy-guts ['gri:dɪgʌts] *s* sl. matvrak
Greek [gri:k] **I** *s* **1** grek; grekinna **2** grekiska [språket]; *it is* ~ *to me* vard. jag förstår inte ett dugg, det är rena grekiskan för mig **II** *adj* grekisk; *the* ~ *Church* den grekisk-katolska kyrkan

green [gri:n] **I** *adj* **1** grön; grönskande; ~ *belt* grönt bälte, grönområden kring stad; *have* ~ *fingers* (amer. *a* ~ *thumb*) vard. ha gröna fingrar, ha hand med blommor; vara trädgårdsmänniska; *give p. the* ~ *light* vard. ge ngn grönt ljus (klarsignal, klartecken); ~ *man* trafik. grön gubbe; *little* ~ *men* små gröna män rymdvarelser; *the G~ Party* el. *the Greens* polit. de Gröna, Miljöpartiet **2** färsk om matvaror, sår m.m. **3** omogen, oerfaren; naiv; *a* ~ *hand* en otränad (oerfaren) arbetare **4** frisk, spänstig, ungdomlig; *keep a p.'s memory* ~ hålla ngns minne levande **5** blek, grönblek, med en sjuklig färg **II** *s* **1** grönt; grön färg; grön nyans **2** allmän gräsplan, gräsmatta, äng; plan, bana [isht i sms. *bowling-green*]; golf. a) green b) golfbana; *the village* ~ byallmänningen, gräsplanen i byn **3** grönska **4** pl. ~*s* vard. [blad]grönsaker **III** *vb itr* bli grön, grönska; ~ *out* skjuta gröna (nya) skott **IV** *vb tr* **1** göra (måla, färga) grön; klä in grönska [äv. ~ *over*] **2** sl. lura, dra vid näsan
greenback ['gri:nbæk] *s* ngt åld. vard. [amerikansk] dollarsedel med grön baksida
greenery ['gri:nərɪ] *s* **1** grönska **2** [prydnads]grönt, gröna kvistar **3** se *greenhouse*
greenfinch ['gri:nfɪn(t)ʃ] *s* zool. grönfink
greenfly ['gri:nflaɪ] *s* zool. [grön] bladlus, isht persikbladlus
greengage ['gri:ngeɪdʒ, ˌgri:ŋg-] *s* renklo, reine claude slags plommon
greengrocer ['gri:nˌgrəʊsə] *s* [frukt- och] grönsakshandlare; ~*'s* [*shop*] frukt- och grönsaksaffär
greengrocery ['gri:nˌgrəʊs(ə)rɪ] *s* **1** [frukt- och] grönsaksaffär **2** frukt och grönsaker ss. handelsvaror
greenhorn ['gri:nhɔ:n] *s* bildl. gröngöling, ung spoling
greenhouse ['gri:nhaʊs] *s* växthus; ~ *effect* växthuseffekt, drivhuseffekt
greenish ['gri:nɪʃ] *adj* grönaktig
Greenland ['gri:nlənd] geogr. Grönland; ~ *shark* zool. håkäring; ~ *whale* zool. grönlandsval
Greenwich ['grenɪdʒ, 'grɪn-, -ɪtʃ] geogr. egenn.; ~ *Mean Time* [ˌ--'--] Greenwichtid
Greenwich Village [ˌgrenɪtʃ'vɪlɪdʒ, ˌgrɪn-] stadsdel på Manhattan i New York med småstadskaraktär, förr hemvist för bohemer, studenter o.d.
greet [gri:t] *vb tr* **1** hälsa **2** välkomna, ta emot gäst o.d. **3** om syn, ljud, lukt möta [*a surprising sight* ~*ed us* (*our eyes*); *music* ~*ed his ear*]; [*a smell of coffee*] ~*ed us* äv. ...slog emot oss
greeting ['gri:tɪŋ] *s* hälsning [*Christmas* ~*s*]; hälsningsfras; välkomnande; ~*s card* gratulationskort
gregarious [grɪ'geərɪəs, grə'g-] *adj* **1** som lever

i flock; bildl. mass-; *be* ~ uppträda i flock **2** sällskaplig, sällskapssjuk
Gregory ['gregərɪ] mansnamn; ss. påvenamn m.m. Gregorius
gremlin ['gremlɪn] *s* sl. elak dvärg (smådjävul) som vållar fel på maskiner, isht flygplan; krångel; bråkmakare; *printer's* ~ tryckfelsnisse
Grenada [grə'neɪdə, -ɑ:də] geogr.
grenade [grɪ'neɪd, grə'n-] *s* mil., liten granat, handgranat, gevärsgranat
grenadier [ˌgrənə'dɪə] *s* grenadjär
Greta ['gri:tə, 'gretə] kvinnonamn
grew [gru:] imperf. av *grow*
grey [greɪ] **I** *adj* grå; om tyg ofta oblekt, naturfärgad; ~ *eminence* grå eminens; *G~ Friar* gråbroder franciskanmunk; ~ *matter* grå hjärnsubstans; vard. grå celler, intelligens **II** *s* grått; grå färg; grå nyans **III** *vb tr* göra grå **IV** *vb itr* gråna, bli grå
greycing ['greɪsɪŋ] *s* vard. kortform för *greyhound racing*, se *greyhound*
greyhen ['greɪhen] *s* zool. orrhöna
greyhound ['greɪhaʊnd] *s* vinthund; ~ *racing* sport. hundkapplöpning; *ocean* ~ snabbgående oceanångare, oceanfartyg; *G~* amer. Greyhoundbuss långfärdsbuss
greyish ['greɪɪʃ] *adj* gråaktig
grid [grɪd] *s* **1** galler; rist **2** [kraft]ledningsnät **3** elektr. el. radio. galler; gitter **4** rutor, rutnät, rutsystem på karta **5** bagagehållare bakpå bil **6** [*starting*] ~ startplats i motorsport **7** sl. båge, hoj cykel [*old* ~] **8** se *gridiron*
griddle ['grɪdl] *s* **1** [pannkaks]lagg, bakplåt för gräddning ovanpå spisen **2** grill
gridiron ['grɪdˌaɪən] *s* **1** halster; grill; rost **2** nät[verk] **3** amer. vard. fotbollsplan
grief [gri:f] *s* sorg, grämelse, bedrövelse [*for* (*at*) över]; smärta; *good* ~*!* vard. bevare mig väl!, kors!; *come to* ~ a) råka illa ut b) gå omkull, gå i stöpet
grievance ['gri:v(ə)ns] *s* missnöjesanledning, orsak till klagan; klagomål [*against* mot]; *have a* ~ ha något att klaga (beklaga sig) över
grieve [gri:v] högtidl. **I** *vb tr* bedröva, vålla sorg (smärta) [~ *one's parents*], smärta ofta opers. [*it* ~*s me*]; *be* ~*d at* (*about, over*) vara sorgsen (bedrövad, förkrossad) över **II** *vb itr* sörja [*at* (*for, over, about*) över; *to* + inf. över att]
grievous ['gri:vəs] *adj* **1** a) sorglig, smärtsam, pinsam, svår [~ *loss*, ~ *injury*, ~ *decision*]; bitter klagan b) litt. svår [~ *pain*, ~ *wound*, ~ *illness*, ~ *fault*, ~ *sin*]; farlig, allvarlig [~ *error*, ~ *folly*] c) ngt åld. grov, ohygglig [~ *crime*]; *a* ~ *injustice* (*wrong*) en blodig orätt **2** åld. sorgsen, smärtfylld [*a* ~ *cry*] **3** åld. tung, tryckande, svår; våldsam
griffin ['grɪfɪn] *s* mytol. el. herald. grip
grill [grɪl] **I** *vb tr* **1** grilla, halstra **2** bildl. ansätta hårt [i korsförhör], grilla **II** *s*

1 grillrätt, grillat (halstrat) kött m.m. **2** grill, halster; rost
grille [grɪl] *s* **1** galler omkring el. framför ngt; gallergrind; [gallerförsedd] lucka **2** grill på bil
grillroom ['grɪlru:m] *s* grill [rum i] restaurang
grim [grɪm] *adj* **1** hård, sträng, obeveklig, fast [~ *determination*] **2** barsk, bister [~ *expression*]; dyster, ogästvänlig plats o.d.; ~ *humour* bister humor, galghumor; ~ *joke* makabert skämt; ~ *smile* bistert leende **3** vard. otrevlig, ruskig
grimace [grɪ'meɪs, 'grɪməs] **I** *s* grimas **II** *vb itr* grimasera, göra grimaser
grime [graɪm] **I** *s* ingrodd svart smuts, fet smuts, sot **II** *vb tr* smutsa (sota) ned; ~*d* smutsig, sotig
grimy ['graɪmɪ] *adj* smutsig, sotig
grin [grɪn] **I** *vb itr* flina [*at* åt]; visa tänderna; ~ *and bear it* hålla god min i elakt spel, bita ihop tänderna i svår situation **II** *s* flin; grin
grind [graɪnd] **I** *vb tr* **1** mala [~ *corn into* (till) *flour*]; ~ [*to pieces*] mala (smula) sönder, krossa **2** bildl. förtrycka, trycka till marken; ~ *the faces of the poor* förtrycka (utarma) de fattiga **3** slipa: a) vässa b) polera; *ground glass* matt (mattslipat) glas **4** skrapa [med] [*on, against* på, mot]; ~ *one's teeth* [*together*] skära tänder[na] **5** veva; ~ *out a tune* veva fram en melodi; ~ *out some verses* klämma fram några verser **6** vard. plugga [~ *French*] **II** (*ground ground*) *vb itr* **1** mala; gå att mala **2** [stå och] veva (mala) **3** skrapa, skava [*on, against* på, mot; *a ship* ~*ing on* (*against*) *the rocks*], gnissla; ~ *to a halt* stanna med ett gnissel; bildl. stanna av, köra fast **4** vard. sträva och slita, träla, plugga; ~ [*away*] *at one's studies* plugga, knoga med sina studier **5** utmanande rotera med (vicka på) höfterna i dans; *bump and* ~ jucka och rotera med höfterna **III** *s* **1** malning; skrap, skrapande ljud; *fine* ~ finmalning **2** vard. knog, slit, slitgöra **3** amer. sl. plugghäst
grinder ['graɪndə] *s* **1** malare; slipare **2** kvarn [*coffee-grinder*]; [övre] kvarnsten; slipmaskin **3** kindtand, oxeltand; pl. ~*s* vard. tänder
grindstone ['graɪn(d)stəʊn] *s* slipsten; *keep* (*hold*) *a p.'s nose to the* ~ bildl. hålla ngn i ständigt arbete, låta ngn slita hund
gringo ['grɪŋgəʊ] (pl. ~*s*) *s* gringo sydamerikanskt öknamn på utlänning isht amerikan el. engelsman
grip [grɪp] **I** *s* **1** grepp, [fast] tag, fattning [*of* om]; *have a* ~ *of* ha grepp på (om) ämne; behärska; *keep a* ~ *of oneself* behålla behärskningen, behärska sig; *lose* [*one's*] ~ *on* förlora greppet om, förlora kontrollen (herraväldet) över; *take* (*get*) *a* ~ *on oneself* vard. ta sig i kragen, skärpa sig **2** handtag, grepp på vapen, väska m.m.; fäste, koppling; gripklo **3** hårklämma **4** pl. ~*s* nappatag; *get* (*come*) *to* ~*s with* äv. bildl. komma inpå

gripe

livet, ge sig i kast med **5** teat. vard. scenarbetare; film. el. TV. passare **II** *vb tr* **1** gripa [om], fatta tag i [~ *the railing*] **2** bildl. gripa, fängsla **III** *vb itr* **1** fatta (få) fast tag; ta [*the brakes failed to* ~ (tog inte)] **2** bildl. göra starkt intryck, fängsla
gripe [graɪp] *s* **1** pl. [*the*] *~s* magknip, kolik **2** vard. gnäll, knot, kvirr
gripping ['grɪpɪŋ] *adj* gripande, fängslande
gripsack ['grɪpsæk] *s* amer. resväska, kappsäck; bag
grisly ['grɪzlɪ] *adj* hemsk, kuslig, gräslig, ohygglig
grissini [grɪ'si:ni:] *s pl* grissini, brödpinnar
grist [grɪst] *s* **1** mäld; ~ *to the mill* bildl. välkommet bidrag (tillskott), vinst, fördel; *everything* (*all*) *is* ~ *that comes to my mill* alla bidrag mottas med tacksamhet, jag har användning för allt **2** mald säd, mjöl
gristle ['grɪsl] *s* brosk isht i kött
gristly ['grɪslɪ] *adj* broskig
grit [grɪt] **I** *s* **1** hård partikel, slipkorn; sandkorn; sand, grus **2** vard. gott gry, fasthet **II** *vb tr* **1** gnissla med; ~ *one's teeth* a) skära tänder b) bita ihop tänderna **2** sanda [~ *the roads*]
grits [grɪts] (konstr. ss. sg. el. pl.) *s* **1** [kross]gryn **2** gröpe
gritting ['grɪtɪŋ] *adj*, ~ *lorry* (*truck*) trafik. sandbil
gritty ['grɪtɪ] *adj* grusig, sandig, grynig
grizzle ['grɪzl] *vb itr* vard., mest om barn gnälla; skrika
grizzled ['grɪzld] *adj* grå, gråhårig; gråsprängd
grizzle-guts ['grɪzlgʌts] *s* o. **grizzle-pot** ['grɪzlpɒt] *s* vard. gnällmåns, gnällspik
grizzly ['grɪzlɪ] **I** *adj* grå, gråaktig; gråhårig; ~ *bear* grizzlybjörn, stor nordamerikansk gråbjörn **II** *s* se ~ *bear* under *I*
groan [grəʊn] **I** *vb itr* stöna, jämra sig [~ *with* (av) *pain*]; sucka, längta [*for* efter; *to* + inf. efter att [få] + inf.]; sucka, digna [*under* (*beneath*) under börda]; om trä o.d. knaka; *the table ~ed with food* bordet dignade av mat **II** *s* stön, jämmer, suck **2** [missnöjt] mummel
groats [grəʊts] (konstr. ss. sg. el. pl.) *s* **1** gröpe **2** [hel]gryn
grocer ['grəʊsə] *s* specerihandlare; ~*'s* [*shop* (isht amer. *store*)] speceriaffär, livsmedelsaffär
grocery ['grəʊs(ə)rɪ] *s* **1** mest pl. *groceries* specerier **2** speceriaffär [amer. äv. ~ *store*]; ~ *chain* livsmedelskedja
grog [grɒg] *s* sjö. toddy på rom, whisky el. konjak
groggy ['grɒgɪ] *adj* vard. ostadig [på benen]; isht sport. groggy, omtöcknad
groin [grɔɪn] *s* anat. ljumske; vard. skrev [*kick a p. in the ~*]
groom [gru:m, grʊm] **I** *s* **1** stalldräng, ridknekt **2** brudgum **II** *vb tr* **1** sköta, ansa;

rykta **2** göra fin (snygg) **3** vard. träna, förbereda, trimma [~ *a political candidate*]
groove [gru:v] **I** *s* **1** fåra, räffla, ränna, skåra; spår i t.ex. grammofonskiva; fals; not, nåt; gänga på skruv **2** bildl. [hjul]spår, gängor, vana, 'trall' [*fall into the old ~*]; *get into a* ~ fastna i slentrian **II** *vb tr* holka ur, räffla, göra en fåra (skåra) i; skära [ut] ränna o.d.; nota, nåta; ~ *and tongue* sponta
groovy ['gru:vɪ] *adj* **1** slentrianmässig **2** ngt åld. sl. toppen; mysig; jättesnygg; maffig, häftig, ball
grope [grəʊp] **I** *vb itr* treva, famla, känna, leta [*for* (*after*) efter] **II** *vb tr* **1** ~ *one's way* treva sig fram **2** sl. tafsa på; kåta upp
gross [grəʊs] **I** *adj* **1** grov, plump, rå, simpel [~ *language*, ~ *jests*] **2** grov [~ *carelessness*, ~ *exaggeration*], krass [~ *materialism*]; ~ *negligence* jur. grov oaktsamhet (vårdslöshet) **3** total-, brutto- [~ *price*, ~ *income*, ~ *profit*, ~ *weight*]; ~ *domestic product* (förk. *GDP*) bruttonationalprodukt; ~ *national income* bruttonationalinkomst; ~ *national product* (förk. *GNP*) internationell BNP; ~ *register*] *tonnage* bruttoregisterton **II** *s* (pl. lika) gross 12 dussin [*two ~ pens*]; *by* [*the*] ~ grossvis, i gross **III** *vb tr* [för]tjäna (ta in) brutto [~ *two thousand pounds*]
grossly ['grəʊslɪ] *adv* grovt, starkt, kraftigt [~ *exaggerated*]; skändligt
grossness ['grəʊsnəs] *s* **1** grovhet, råhet, simpelhet **2** grovhet, skändlighet
Grosvenor ['grəʊvnə]
grotesque [grə(ʊ)'tesk] **I** *s* **1** konst. grotesk[ornamentik] **2** grotesk figur, groteskt motiv **II** *adj* **1** konst. [i] grotesk [stil] **2** grotesk, förvriden, sällsam; barock [*that is quite ~*]
grotto ['grɒtəʊ] (pl. *~s* el. *~es*) *s* grotta isht pittoresk el. konstgjord
grotty ['grɒtɪ] *adj* vard. **1** urusel, vissen; kass **2** ful; snuskig
grouch [graʊtʃ] vard. **I** *vb itr* knota, sura **II** *s* **1** surhet, trumpenhet, grinighet; *have a* ~ *against a p.* vara sur på ngn **2** surpuppa, surkart
grouchy ['graʊtʃɪ] *adj* sur, trumpen; vresig, grinig
1 ground [graʊnd] imperf. o. perf. p. av *grind*
2 ground [graʊnd] **I** *s* **1** mark; jord; grund; *break fresh* (*new*) ~ a) bryta (odla upp) ny mark b) bildl. bryta nya vägar (ny mark); *be sure of one's* ~ bildl. vara säker på sin sak; *be on firm* ~ ha fast mark under fötterna; *fall* (*be dashed*) *to the* ~ falla ned; gå om intet, falla [platt] till marken [*the scheme fell to the ~*]; misslyckas; grusas [*our hopes were dashed to the ~*]; *it suits me down to the* ~ vard. det passar mig alldeles utmärkt (precis) **2** mark, terräng; område, plats [*parade ~*],

plan [*cricket* (*football*) ~];
[idrotts]anläggning, stadion; *we have covered a lot of* ~ *today* vi har hunnit långt i dag; *gain* ~ vinna terräng; vinna utbredning; *go over the* ~ *again* bildl. gå igenom saken (materialet, problemet) igen; *hold* (*stand, keep, maintain*) *one's* ~ bibehålla sin position, hävda sin ställning, stå på sig; *lose* ~ förlora terräng, gå tillbaka, avta **3** pl. *~s* inhägnat område, [stor] tomt; *the house and ~s* huset och området omkring det, huset med tillhörande mark **4** persons jord, jordegendom, marker, ägor **5** botten isht sjö. o. bildl., havsbotten; *break* ~ lyfta ankar **6** pl. *~s* bottensats, sump [*coffee grounds*]; drägg **7** isht amer. elektr. jord[kontakt], jordledning **8** grund, grundval; underlag, botten [*pink roses on a white ~*] **9** anledning, grund, orsak, motiv, [giltigt] skäl [*for* till, för]; *give ~*[*s*] *for* ge anledning till; *have good ~*[*s*] *for believing* ha goda skäl (all anledning) att tro; *there is no* ~ (*are no ~s*) *for anxiety* det finns ingen anledning att oroa sig (till oro); *on the ~*[*s*] *of* med anledning (på grund) av
II *vb tr* **1** grunda, bygga, basera [*on* på]; *well ~ed* [väl]grundad, motiverad **2** *~ oneself in a subject* lära sig grunderna i ett ämne; *be well ~ed in* ha goda grunder (kunskaper) i **3** flyg. a) tvinga att landa b) förbjuda (hindra) att flyga; ge pilot marktjänst, beröva pilot hans flygcertifikat; *all aircraft are ~ed* inga plan kan (får) starta
ground bait ['graʊn(d)beɪt] *s* fiske. lockmat som kastas ut för att locka fisk till metställe
ground clearance ['graʊnd‚klɪərəns] *s* markfrigång, frigångshöjd
ground control [‚graʊn(d)kən'trəʊl] *s* **1** flyg. markkontroll **2** markutrustning; *~ approach* markstationerad landningsradar, GCA
ground crew ['graʊndkru:] *s* flyg. markpersonal
ground defence [‚graʊn(d)dɪ'fens] *s* flyg. markförsvar; *the ~s* luftvärnsartilleriet
ground floor [‚graʊn(d)'flɔ:, isht attr. '--] *s* bottenvåning, första våning, bottenplan; *on the* ~ äv. på nedre botten; *get in on the ~* bildl. a) komma in i bolag med samma rättigheter som stiftarna b) vara med från starten c) komma i en fördelaktig position
ground forces ['graʊnd‚fɔ:sɪz] *s pl* markstridskrafter
grounding ['graʊndɪŋ] *s* **1** grundande etc., jfr *2 ground II* **2** grundkunskaper, underbyggnad [*a good ~ in grammar*]
groundless ['graʊndləs] *adj* grundlös, ogrundad
groundnut ['graʊn(d)nʌt] *s* bot. jordnöt
ground plan ['graʊn(d)plæn] *s* grundritning,
planritning; bildl. grunddrag, plan, disposition
ground rent ['graʊndrent] *s* jordränta, tomthyra
groundsel ['graʊnsl] *s* bot. korsört
groundsheet ['graʊn(d)ʃi:t] *s* markskydd mot fukt; tältunderlag
grounds|man ['graʊn(d)z|mən] (pl. *-men* [-mən el. -men]) *s* planskötare för kricketplan o.d.
ground staff ['graʊn(d)stɑ:f] *s* **1** flyg. markpersonal **2** personal vid idrottsplats
ground stroke ['graʊn(d)strəʊk] *s* grundslag i tennis
ground swell ['graʊndswel] *s* **1** grunddyning; lång svår dyning **2** bildl. underström
groundwork ['graʊndwɜ:k] *s* **1** grundval, grund [*~ for* el. *of* (till, för) *a good education*], basis; grunddrag; grundprincip **2** grundläggande (förberedande) arbete, förarbete
group [gru:p] I *s* **1** grupp, grupp- [*~ psychology, ~ sex, ~ therapy*]; klunga; sammanslutning, riktning; avdelning; *~* [*life*] *insurance* grupplivförsäkring **2** koncern **3** mil. [flyg]eskader; amer. ung. [flyg]flottilj; *~ captain* överste vid brittiska flygvapnet II *vb tr* gruppera, ordna, ordna (samla) i grupp[er], föra samman (indela) [i grupper] [äv. *~ together*]
groupie ['gru:pɪ] *s sl.* **1** groupie **2** flyg. (kortform för *group captain*) överste
1 grouse [graʊs] I (pl. lika) *s* skogshöns, skogsfågel; populärt mest moripa, skotsk ripa [äv. *red ~*]; *black ~* orre; *red ~* moripa; *~ shooting* moripjakt II *vb itr* jaga skogsfågel; gå (vara ute) på ripjakt
2 grouse [graʊs] vard. I *s* knot, knorrande, klagomål II *vb itr* knota, knorra, gruffa, klaga [*about* över]
grove [grəʊv] *s* **1** skogsdunge; lund [*orange ~*], plantering **2** klunga [*a ~ of little tents*]
grovel ['grɒvl] *vb itr* **1** kräla i stoftet, krypa [äv. *~ in the dust* (*dirt*)] **2** bildl. förnedra sig; vältra sig [*~ in sentimentality*]
groveller ['grɒvlə] *s* lismare, inställsam person
grovelling ['grɒvlɪŋ] I *adj* lismande, krypande, inställsam II *s* lismande, krypande, inställsamhet
grow [grəʊ] (*grew grown*) I *vb itr* **1** växa, växa upp; gro, spira [*plants ~ from seeds*]; växa till; bli större; utvecklas; utvidgas; tillta, stiga, öka[s] [*his influence has ~n*]; *~ into a habit* [så småningom] bli till (övergå till) en vana; *~ out of* a) växa ur [*~ out of one's clothes*] b) växa ifrån [*~ out of bad habits*], upphöra med; *~ up* växa upp, bli fullvuxen, bli stor; *be ~n up* vara vuxen (fullvuxen, stor) **2** *~ on* a) hota (hålla på) att bli övermäktig, bli allt djupare rotad hos [*the habit grew on him*] b) mer och mer tilltala (imponera på) ngn;

grower

he (it) ~s on you han (det) vinner [i längden], man fäster sig mer och mer vid honom (det) **3** [småningom] bli [*~ better, ~ rich*]; *~ big and strong* växa sig stor och stark; *~ old* äv. åldras; *~ pale* äv. blekna; *~ tall* växa i höjden (i längd); *how tall you have ~n!* vad du har blivit lång (har vuxit)!; *~ worse* förvärras, försämras, bli värre (sämre); *be ~ing* börja bli [*be ~ing late (old)*] **4** *~ to* + inf. mer och mer börja [att], lära sig att, komma att [*I grew to like it*] **II** *vb tr* **1** odla [*~ potatoes*]; producera **2** låta växa, anlägga; *~ a beard* anlägga (lägga sig till med) skägg, låta skägget växa **3** *be ~n* [*over*] vara beväxt (bevuxen, övervuxen) [*with weeds*]
grower ['grəʊə] *s* **1** *it is a rapid (fast) ~* om växt den växer fort **2** odlare, producent
growing ['grəʊɪŋ] *adj* växande, tilltagande, stigande [*a ~ demand*]
growl [graʊl] **I** *vb itr* **1** morra, brumma [*at mot* (åt)] **2** mullra **3** knota, knorra **II** *s* morrande etc., jfr *I*; argt (missnöjt) mummel
grown [grəʊn] **I** perf. p. av *grow* **II** *adj* **1** fullvuxen, vuxen, 'stor' **2** grodd [*~ wheat*]
grown-up ['grəʊnʌp, ‚-'-] **I** *adj* vuxen [*a ~ son*] **II** *s* vuxen [person]; *two ~s* två vuxna
growth [grəʊθ] *s* **1** växt; tillväxt [*the ~ of the city*]; utveckling [*the ~ of trade*]; utvidgning, stigande, tilltagande; *~ rate* ekon. tillväxttakt **2** odling, produktion **3** växt, växtlighet, vegetation [*a thick ~ of weeds*], bestånd; *a week's ~ of beard* en veckas skäggväxt **4** skörd, årgång isht av vin; alster, produkt; vinsort; *French ~s* franska viner
grub [grʌb] **I** *vb itr* gräva, rota, böka äv. bildl. [*for* efter]; *~ about* gå och rota (böka) **II** *vb tr, ~* [*up*] gräva i, gräva upp land; rensa (röja) upp mark; befria från rötter o.d. [äv. *~ out*; *~ out a clearing*] **III** *s* **1** zool. larv, mask **2** vard. käk, krubb mat; *~ up!* käket är klart!
grubby ['grʌbɪ] *adj* smutsig; snuskig, sjaskig
grudge [grʌdʒ] **I** *vb tr* **1** knorra (klaga) över, vara missnöjd med, inte gilla; *~ the cost* dra sig för kostnaderna; *~ no pains* inte spara någon möda **2** missunna, inte unna, avundas [*they ~d him his success*] **II** *s*, *bear* (*owe*) *a p. a ~* el. *have a ~ against a p.* hysa agg (ha ett horn i sidan) till ngn
grudging ['grʌdʒɪŋ] *adj* motsträvig, motvillig, ovillig; missunnsam, njugg; *a ~ admission* ett motvilligt medgivande
gruel [grʊəl] *s* välling; havresoppa
gruelling ['grʊəlɪŋ] vard. **I** *adj* mycket ansträngande, hård [*a ~ motor race*], het; sträng [*a ~ cross-examination*], skarp **II** *s* ordentlig omgång; svår (hård) pärs
gruesome ['gru:səm] *adj* hemsk, ohygglig, kuslig
gruff [grʌf] *adj* **1** grov; sträv, barsk [*a ~ manner*], butter **2** skrovlig, sträv, grov [*a ~ voice*]

grumble ['grʌmbl] **I** *vb itr* knota, klaga, knorra, muttra [*about* (*at*, *over*) över] **II** *vb tr*, *~* [*out*] muttra fram **III** *s* morrande, muttrande
grumbler ['grʌmblə] *s* kverulant, gnällspik
grumpy ['grʌmpɪ] *adj* knarrig, vresig, butter
grunt [grʌnt] **I** *vb itr* grymta; knorra, knota **II** *vb tr* grymta fram **III** *s* grymtning, grymtande
Gruyère ['gru:jeə] **I** geogr. egenn. **II** *s* gruyère slags schweizisk ost
G-string [ˌdʒi:strɪŋ] *s* **1** fikonlöv, frimärke minsta kvarvarande plagg hos stripteasedansös **2** mus. g-sträng
G & T [ˌdʒi:ən'ti:] vard. förk. för *gin and tonic*
guano ['gwɑ:nəʊ, gjʊ'ɑ:nəʊ] *s* guano
guarantee [ˌgær(ə)n'ti:] **I** *s* **1** garanti äv. bildl.; säkerhet; borgen; *~ certificate* (*warrant*) garantibevis, garantisedel; *give a ~* a) ställa borgen b) lämna säkerhet **2** garant; borgensman; *be ~ for* äv. gå i god för, garantera **II** *vb tr* **1** garantera [*~ peace*]; gå i borgen för, gå i god för, [an]svara för, borga för; tillförsäkra [*~ a p. immunity*]; ge ngn garantier [*against* (*from*) mot] **2** bädda för [*good planning ~s success*]
guarantor [ˌgær(ə)n'tɔ:, gə'ræntɔ:] *s* garant; borgensman; *~ powers* polit. garantimakter
guard [gɑ:d] **I** *vb tr* **1** bevaka [*~ prisoners*], hålla vakt vid [*~ the frontiers*], vakta [över], övervaka **2** skydda, bevara [*against* (*from*) mot (för, från)]; gardera äv. schack. el. kortsp.; *~ oneself against* gardera (skydda, säkra) sig mot **II** *vb itr* hålla vakt; vara på sin vakt [*against* mot], akta sig [*against* för]; *~ against temptations*]; fäktn. gardera sig; *~ against* äv. a) gardera (skydda) sig mot [*~ against disease* (*suspicion*)] b) vara ett skydd mot **III** *s* **1** vakt, vakthållning, bevakning, skydd; *keep ~* hålla vakt, stå (gå) på vakt; *be off one's ~* inte vara på sin vakt; *catch* (*take*) *a p. off his ~* överrumpla ngn; *throw a p. off his ~* invagga ngn i säkerhet, avleda ngns uppmärksamhet; *be on ~* stå (gå) på vakt, ha vakt; *be on one's ~* vara på sin vakt [*against* mot]; akta sig [*against* för] **2** skydd, värn; försvar **3** försvarsställning, gard i fäktning o.d. **4** fångvaktare; vakt; väktare **5** isht mil. vakt, vaktmanskap, bevakning; *Home G~* se *Home Guard*; *~ of honour* hedersvakt; *the changing of the ~* vaktombytet; *relieve ~* avlösa vakten **6** pl. *~s* garde [*Horse Guards*] **7** konduktör på tåg; bromsare; amer. spärrvakt **8** skydd, skyddsanordning av olika slag, t.ex.: bygel; parerplåt på värja o.d.; skärm på cykel
guarded ['gɑ:dɪd] *adj* **1** bevakad, vaktad, skyddad, garderad **2** försiktig; reserverad, förbehållsam
guard hairs ['gɑ:dheəz] *s pl* zool. stickelhår i pälsen

guardhouse ['gɑ:dhaʊs] *s* mil. vakthus, vaktlokal; arrest
guardian ['gɑ:djən] *s* **1** väktare [~ *of the law*]; bevakare [~ *of public interests*]; attr. beskyddande, skydds- [~ *angel*] **2** jur. förmyndare; vårdnadshavare, målsman
guardianship ['gɑ:djənʃɪp] *s* **1** förmyndarskap; *be under* ~ stå under förmyndare **2** skydd, beskydd, vård, uppsikt
guardrail ['gɑ:dreɪl] *s* **1** [skydds]räcke; bröstvärn; skyddslist **2** järnv. moträl
guardroom ['gɑ:dru:m] *s* mil. vaktrum, vaktlokal; arrestrum
guards|man ['gɑ:ds|mən] (pl. *-men* [-mən]) *s* **1** gardesofficer; gardist **2** amer. nationalgardist
Guatemala [ˌgwɑ:tə'mɑ:lə, ˌgwæt-]
Guatemalan [ˌgwɑ:tə'mɑ:lən, ˌgwæt-] **I** *s* guatemalan **II** *adj* guatemalansk
guava ['gwɑ:və] *s* bot. guavaträd; guava[frukt]
guck [gʌk] *s* isht amer. sl. smörja, skit
gudgeon ['gʌdʒ(ə)n] *s* zool. sandkrypare
guelder-rose [ˌgeldə'rəʊz] *s* bot. [skogs]olvon; snöbollsbuske
Guernsey ['gɜ:nzɪ] geogr.
guerrilla [gə'rɪlə] *s* **1** ~ *war*[*fare*] gerillakrig[föring] **2** gerillasoldat; pl. ~*s* äv. gerillatrupper, gerilla
guess [ges] **I** *vb tr* **1** gissa, gissa sig till [~ *the truth*]; uppskatta [*at* till] **2** isht amer. vard. tro, anta, förmoda; *I ~ you are hungry* äv. du är väl hungrig?; *I ~ I'll go now* jag tänker gå nu, jag tror jag går nu; *I ~ed as much* jag tänkte mig just det, var det inte det jag trodde; *I ~ so* jag tror (antar, förmodar) det, antagligen; ~ *what!* vet du vad?, har du hört? **II** *vb itr* gissa [*at a th.* på] ngt; ~ *right* (*wrong*)]; *keep a p. ~ing* hålla ngn i ovisshet, hålla ngn på sträckbänken **III** *s* gissning, förmodan; *it's anybody's* ~ det vete fåglarna; *your ~ is as good as mine* jag vet inte mer om det än du, det är mer än jag vet; *give* (*have, make*) *a* ~ gissa [*at a th.* [på] ngt]; *at a* [*rough*] ~ el. *by way of a* ~ gissningsvis
guesstimate o. **guestimate** [ss. subst. 'gestɪmət, ss. vb. 'gestɪmeɪt] vard. **I** *s* [ungefärlig] gissning, grov uppskattning **II** *vb tr* göra en grov uppskattning av
guesswork ['geswɜ:k] *s* gissning[ar], [rena] spekulationer
guest [gest] *s* **1** gäst, gäst- [~ *conductor* (*lecture*)]; främmande [*we're expecting ~s to dinner*]; *be my ~!* vard. var så god!, ta för dig bara!; ofta iron. genera dig inte!; det bjuder jag på! **2** bot. el. zool. parasit
guest-house ['gesthaʊs] *s* [finare] pensionat, gästhem
guffaw [gʌ'fɔ:] **I** *s* gapskratt, flatskratt, flabb **II** *vb itr* gapskratta, flatskratta, flabba
guidance ['gaɪd(ə)ns] *s* ledning; anförande;

ciceronskap; vägledning [*we need ~ on this point*], orientering; rådgivning [*marriage* ~]; rättesnöre
guide [gaɪd] **I** *vb tr* **1** visa vägen [*he will ~ us*], [väg]leda [*the blind man was ~d by his dog*], visa; ledsaga; guida **2** styra [~ *the State*], leda [~ *a horse*]; vara vägledande för, vägleda; *be ~d by* låta sig vägledas (styras) av; *~d missile* (*weapon*) [fjärrstyrd] robot, robotvapen **II** *s* **1** vägvisare; guide, reseledare, förare, ciceron, ledsagare; rådgivare, vägledare [*her religious ~*]; rättesnöre; ledning [*serve as a ~*]; vägledning, handledning [*to* i]; ledtråd **2** handbok [*a ~ to* (i) *English conversation*], resehandbok [*a ~ to* (över) *Italy*], guide, katalog [*a ~ to* (över) *the museum*]; nyckel [*a ~ to* (till) *the pronunciation*]; *railway ~* tågtidtabell **3** flickscout **4** tekn. ledare, styrskena, ledskena, löpskena [äv. ~ *rail*], gejd
guidebook ['gaɪdbʊk] *s* vägvisare, resehandbok, guide; katalog
guide dog ['gaɪ(d)dɒg] *s* ledarhund för blinda, blindhund
guideline ['gaɪdlaɪn] *s* riktlinje, princip; *~s* äv. anvisningar
guide number ['gaɪdˌnʌmbə] *s* foto. ledtal
guild [gɪld] *s* gille, skrå; sällskap
guildhall [ˌgɪld'hɔ:l] *s* **1** gilleshus, gillesal **2** rådhus, stadshus; [*the*] *G~* rådhuset i City i London
guile [gaɪl] *s* svek, falskhet, förräderi; [argan] list
guileful ['gaɪlf(ʊ)l] *adj* svekfull, listig, falsk, lömsk
guileless ['gaɪlləs] *adj* sveklös; öppen, ärlig; aningslös
guillemot ['gɪlɪmɒt] *s* zool. sillgrissla; *black ~* tobisgrissla
guillotine [ˌgɪlə'ti:n, 'gɪləti:n] **I** *s* giljotin, fallbila **II** *vb tr* giljotinera
guilt [gɪlt] *s* **1** skuld [*proof of his ~*]; skuldkänsla, skuldmedvetenhet; *~ complex* skuldkomplex, skuldkänsla **2** brottslighet [*lead a life of* (i) *~*]
guiltless ['gɪltləs] *adj* **1** utan skuld, oskyldig [*of* till] **2** ~ *of* utan erfarenhet av, okunnig om
guilt-stricken ['gɪltˌstrɪk(ə)n] *adj* skuldtyngd [*his ~ conscience*], drabbad av skuldkänslor
guilty ['gɪltɪ] *adj* **1** skyldig [~ *of* (till) *murder*]; *find a p. ~* (*not ~*) förklara ngn skyldig (inte skyldig); *plead ~* erkänna sig skyldig; *plead not ~* neka; *be proved ~* el. *stand ~* befinnas skyldig [*of* till] **2** skuldmedveten [*a ~ look*]; *~ conscience* dåligt samvete; *feel ~* få (ha) dåligt samvete
Guinea ['gɪnɪ] geogr.
guinea ['gɪnɪ] *s* guinea: a) förr mynt om 21 shilling b) hist. räkneenhet på samma belopp
Guinea-Bissau [ˌgɪnɪbɪ'saʊ] geogr.

guinea fowl ['gɪnɪfaʊl] *s* pärlhöns, pärlhöna
guinea hen ['gɪnɪhen] *s* pärlhönshona
guinea pig ['gɪnɪpɪg] *s* **1** zool. marsvin **2** försökskanin
Guinness [i bet. II 'gɪnɪs, egennamn äv. gɪ'nes] **I** egenn. **II** *s* ® Guinness slags irländsk porter
guise [gaɪz] *s* utseende, yttre; sken, mask, täckmantel; *in the ~ of* a) i form (gestalt) av b) klädd som; *under the ~ of* under sken (en mask) av [*under the ~ of friendship*]
guitar [gɪ'tɑ:] *s* gitarr; *rhythm ~* kompgitarr
guitarist [gɪ'tɑ:rɪst] *s* gitarrist; *rhythm ~* kompgitarrist
gulch [gʌltʃ] *s* amer. [smal] bergsklyfta
gulf [gʌlf] *s* **1** golf, [havs]bukt; vik [*the G~ of Bothnia*]; *the G~ Stream* Golfströmmen; *the G~ of Mexico* Mexikanska golfen **2** bildl. svalg, avgrund, [djup] klyfta, [stort] djup
gull [gʌl] *s* zool. mås; trut; *common ~* fiskmås; *little ~* dvärgmås
gullet [gʌlɪt] *s* matstrupe; strupe
gullible ['gʌləbl] *adj* lättlurad, lättrogen
Gulliver [i Swifts roman 'gʌlɪvə]
gully ['gʌlɪ] *s* **1** ränna, klyfta, ravin, bäckravin, åbädd **2** [djupt] dike, rännsten, avloppskanal
gulp [gʌlp] **I** *vb tr, ~* [*down*] svälja häftigt, stjälpa (slänga) i sig [*~ down a cup of tea*], sluka **II** *s* **1** sväljning; *at one ~* i ett tag (drag), på en gång **2** munfull, klunk, tugga
1 gum [gʌm] *s* anat., mest pl. *~s* tandkött
2 gum [gʌm] *interj* vard. (förvrängning av *God*); *by ~!* för tusan!
3 gum [gʌm] **I** *s* **1** gummi; kåda **2** slags hård genomskinlig gelékaramell **3** tuggummi **4** pl. *~s* amer. vard. galoscher; gummistövlar **II** *vb tr* **1** fästa (klistra upp) med gummi [ofta *~ down* (*in, up*)] **2 *~ up*** sl. förstöra; stoppa; *~ up the works* sl. förstöra (sabba) alltihop
gumboil ['gʌmbɔɪl] *s* med. tandböld
gumboots ['gʌmbu:ts] *s pl* gummistövlar
gumption ['gʌm(p)ʃ(ə)n] *s* vard. sunt förnuft; *he has no ~* han saknar framåtanda, han är alldeles bortkommen (bakom)
gumshoe ['gʌmʃu:] *s* **1** gummisko, gymnastiksko, tennissko; galosch; ofta attr. smyg- [*a ~ campaign*] **2** sl. deckare, snut
gumtree ['gʌmtri:] *s* bot. **1** eukalyptus, [australisk] gummiträd **2** amer. namn på flera träd, bl.a. sapodillträd **3** *be up a ~* vard. a) vara fast (illa ute), sitta i klistret b) vara på villovägar
gun [gʌn] **I** *s* **1** mil. kanon; bössa, gevär; *heavy ~s* tungt artilleri; *a salute of 21 ~s* en salut på 21 skott **2** vard. revolver; pistol **3** spruta; tryckspruta; insektsspruta; *grease ~* smörjspruta, fettspruta **4** spec. uttr.: *big ~* sl. stor (verklig) höjdare; pamp, storgubbe; högdjur; *son of a ~* vard. rackare, skojare, kanalje; *jump* (*beat*) *the ~* vard. tjuvstarta; *we were going great ~s* vard. a) det gick som smort (en dans) [för oss] b) vi var i

finfin form; *stick* (*stand*) *to one's ~s* bildl. stå fast, stå på sig **II** *vb itr* **1** skjuta (jaga) med gevär [*go ~ning*] **2** *~ for* vard. a) vara på jakt efter b) vara ute efter, kämpa för, försöka få (nå) [*be ~ning for a rise*] **III** *vb tr* **1** vard. skjuta [på] **2** vard., *~* [*down*] skjuta ner
gunboat ['gʌnbəʊt] *s* **1** sjö. kanonbåt; *~ diplomacy* kanonbåtsdiplomati diplomati med stöd av [hot om] militärt våld **2** pl. *~s* amer. sl. stora bla'n skor, fötter
guncotton ['gʌnˌkɒtn] *s* kem. bomullskrut
gun dog ['gʌndɒg] *s* jakthund
gun-fight ['gʌnfaɪt] *s* vard. revolverstrid
gunfire ['gʌnˌfaɪə] *s* skottlossning; mil. artillerield
gunge [gʌndʒ] *s* vard. gegga[moja], kladd
gunk [gʌŋk] *s* vard. kladd, smörja, gegga[moja]
gun|man ['gʌn|mən] (pl. *-men* [-mən]) *s* gangster, revolverman; beväpnad man
gunmetal ['gʌnˌmetl] *s* kanonmetall, kanonbrons
gunner ['gʌnə] *s* mil. kanonjär; artillerist; riktare; [kulsprute]skytt äv. på flygplan
gunnery ['gʌnərɪ] *s* **1** artillerivetenskap, skjutlära; *school of ~* artilleriskjutskola **2** artilleri; *~ officer* sjö. artilleriofficer; chef för eldledningscentral
gunpoint ['gʌnpɔɪnt] *s*, *at ~* under pistolhot (gevärshot)
gunpowder ['gʌnˌpaʊdə] *s* krut
gunrunning ['gʌnˌrʌnɪŋ] *s* vapensmuggling
gunshot ['gʌnʃɒt] *s* skottvidd, skotthåll [*out of* (*within*) *~*]
gunsmith ['gʌnsmɪθ] *s* gevärssmed
gunwale ['gʌnl] *s* sjö. reling
Guppie ['gʌpɪ] *s* vard. **1** miljöyuppie **2** amer. homosexuell yuppie
guppy ['gʌpɪ] *s* zool. guppy
gurgle ['gɜ:gl] **I** *vb itr* **1** klunka, klucka; porla, sorla **2** skrocka, bubbla [*~ with laughter*], gurgla **II** *s* **1** klunk[ande], kluck[ande]; porlande, sorl **2** skrockande (bubblande, gurglande) ljud
Gurkha ['gɜ:kə, 'gʊəkə] (pl. lika el. *~s*) *s* gurkha person ur den härskande klassen i Nepal
guru ['gʊru:, 'gu:ru:] *s* ind. guru äv. bildl.
gush [gʌʃ] **I** *vb itr* **1** välla [fram] [*the oil ~ed from the well*], forsa [ut] [*the blood ~ed from the wound*], strömma [ut] **2** vard. vara översvallande [i sitt tal]; *~ about* (*over*) tala med hänförelse om **II** *s* **1** framvällande; ström, flod, fors, stråle [*a ~ of water*] **2** bildl. häftigt utbrott (anfall) [*a ~ of anger* (*energy*)]; vard. sentimentalt svammel, flåspatos
gushing ['gʌʃɪŋ] *adj* översvallande; sentimental
gusset ['gʌsɪt] *s* kil i klädesplagg
gust [gʌst] *s* **1** häftig vindstöt, vindil, kastvind, stormby; by, regnby **2** bildl. storm, [häftigt] utbrott [*a ~ of anger*]

Gustavus [gʊ'stɑ:vəs] ss. kunganamn Gustav, Gustaf: ~ *Adolphus* [ə'dɒlfəs] Gustav Adolf
gusto ['gʌstəʊ] s, *with [great]* ~ med stort välbehag, med stor förtjusning
gusty ['gʌstɪ] adj byig, stormig
gut [gʌt] **I** s **1** tarm; tarmkanal; *blind* ~ blindtarm **2** tarmsträng, kattgut **3** tafs till metrev; gut, gutkast [*silk*[*worm*] ~] **II** vb tr **1** rensa fisk **2** tömma, rensa, göra rent hus i, plundra; ~*ted by fire* urblåst (utbränd) av eld **III** adj, ~ *feeling (reaction)* instinktiv känsla (reaktion); känsla i magen
gutless ['gʌtləs] adj vard. feg
gut-rot ['gʌtrɒt] s sl. rävgift dålig sprit; blask dåligt öl
guts [gʌts] s pl vard. **1** inälvor, tarmar; innanmäte, bildl. äv. innehåll; *I hate his* ~ jag avskyr honom som pesten; *I'll have his* ~ *for garters* sl. jag skall bryta nacken av (slå ihjäl, strypa) honom; *sweat (work) one's* ~ *out* arbeta ihjäl sig **2** mage [*stick a bayonet into a man's* ~] **3** kurage; *he's got no* ~ a) det är ingen ruter i honom b) han är [för] feg **4** amer. mage, fräckhet
gutsy ['gʌtsɪ] adj isht amer. sl. **1** modig, käck **2** kraftfull, mustig; utmanande
gutta-percha [,gʌtə'pɜ:tʃə] s guttaperka
gutter ['gʌtə] s **1** rännsten; ~ *press* skandalpress; *the language of the* ~ gatuspråket; *take a p. out of the* ~ bildl. plocka upp ngn från gatan **2** avloppsränna, avloppsrör **3** takränna
guttersnipe ['gʌtəsnaɪp] s **1** rännstensunge, gatpojke **2** vard. knöl, tölp
guttural ['gʌt(ə)r(ə)l] **I** adj strup-; struplju̇ds-; isht fonet. guttural **II** s strupljud; gutturalt ljud
Guy [gaɪ] mansnamn
1 guy [gaɪ] s gaj, stötta
2 guy [gaɪ] **I** s **1** Guy-Fawkes-docka som till minnet av Guy Fawkes, aktiv i krutkonspirationen 1605, bärs omkring på gatorna och bränns 5 nov. **2** bildl. fågelskrämma, löjlig figur **3** vard. karl, kille; tjej; *he's a bad* ~ han är en buse (skurk); *he's a good* ~ han är en bra kille, han är schysst **II** vb tr driva (skoja) med, ge gliringar åt, förlöjliga
guzzie ['gʌzl] **I** vb itr supa, pimpla; vräka (glufsa) i sig, frossa **II** vb tr supa, pimpla, hälla i sig; vräka (sleva, glufsa) i sig, frossa på; sluka [~ *energy*]
Gwendolen o. **Gwendoline** ['gwendəlɪn] kvinnonamn
gym [dʒɪm] s **1** vard. kortform för *gymnasium* **2** (vard. kortform för *gymnastics*) gympa gymnastik
gymkhana [dʒɪm'kɑ:nə] s **1** idrottsplats, idrottshall **2** gymkhana, idrottstävlingar
gymnasi|um [dʒɪm'neɪzjəm] (pl. -*ums* el. -*a* [-ə]) s **1** gymnastiksal; gymnastiklokal, idrottslokal **2** om icke-anglosaxiska förhållanden gymnasium

gymnast ['dʒɪmnæst] s gymnast
gymnastic [dʒɪm'næstɪk] adj gymnastisk
gymnastics [dʒɪm'næstɪks] s (konstr. ss. sg. utom i bet. 'gymnastiserande') gymnastik; attr. gymnastik- [*a* ~ *lesson (teacher)*]; *do* ~ göra gymnastik, gympa, gymnastisera; *mental* ~ hjärngymnastik
gym shoe ['dʒɪmʃu:] s vard. gymnastiksko
gym slip ['dʒɪmslɪp] s o. **gym suit** ['dʒɪmsu:t] s gymnastikdräkt [för flickor]
gynaecological [,gaɪnɪkə'lɒdʒɪk(ə)l, ,dʒaɪ-] adj gynekologisk
gynaecologist [,gaɪnɪ'kɒlədʒɪst, ,dʒaɪ-] s gynekolog
gynaecology [,gaɪnɪ'kɒlədʒɪ, ,dʒaɪ-] s gynekologi
gyp [dʒɪp] s sl. smörj, stryk; *give a p.* ~ a) ge ngn på huden; klå upp ngn b) pina (plåga) ngn
gypsum ['dʒɪpsəm] s miner. gips; ~ *board* gipsplatta
gypsy ['dʒɪpsɪ] s zigenare, zigenerska; attr. zigenar- [~ *orchestra*], zigensk; ~ *caravan* zigenarvagn
gyrate [,dʒaɪ(ə)'reɪt, ,dʒɪ-] vb itr rotera, virvla [runt], vrida sig [runt]
gyration [,dʒaɪ(ə)'reɪʃ(ə)n] s rotation, roterande, virvlande, virvel; kretslopp, kretsande
gyrocompass ['dʒaɪərə(ʊ),kʌmpəs] s gyrokompass
gyroscope ['dʒaɪərəskəʊp] s tekn. gyroskop
gyroscopic [,dʒaɪərə'skɒpɪk] adj gyroskopisk, gyro-; ~ *compass* gyrokompass

H

H, h [eɪtʃ] (pl. *H's* el. *h's* ['eɪtʃɪz]) *s* H, h; jfr *aitch*
H förk. för *hard, hardness* (på blyertspenna), *henry, hydrogen*
h. förk. för *height, high, hour[s]*; jfr *h. and c.*
ha [hɑ:] **I** *interj, ~!* ha ha!, ah!, åh! **II** *vb itr*, *hem and ~* se 2 *hem II*
habeas corpus [ˌheɪbjəs'kɔ:pəs] *s*, [*writ of*] *~* ung. åläggande om prövning [inför rätta] av det berättigade i ett frihetsberövande
haberdashery ['hæbədæʃərɪ, ˌ--'---] *s* **1** sybehör, korta varor; amer. herrekiperingsartiklar **2** sybehörsaffär, kortvaruaffär; amer., mindre herrekipering[saffär]
habit ['hæbɪt] *s* **1** vana [*be the slave of ~*]; pl. *~s* äv. levnadsvanor; *a bad ~* en ovana, en dålig (ful) vana; *be in the ~ of* [*getting up late*] ha för vana att..., bruka...; *get out (break oneself) of the ~ of* [*smoking*] vänja sig (lägga) av med att..., sluta...; *force of ~* vanans makt; *from* [*sheer*] *force of ~* av gammal vana; *matter of ~* vanesak **2** dräkt [*monk's ~, nun's ~*], klädnad; [munk]kåpa
habitable ['hæbɪtəbl] *adj* beboelig
habitat ['hæbɪtæt] *s* naturv. naturlig miljö
habitation [ˌhæbɪ'teɪʃ(ə)n] *s* **1** boende; *not fit for ~* obeboelig; *it shows signs of ~* det ser bebott ut **2** högtidl. boning, bostad [*a human ~*]
habit-forming ['hæbɪtˌfɔ:mɪŋ] *adj* vanebildande
habitual [hə'bɪtjʊəl] *adj* **1** invand, inrotad [*a ~ practice*]; vanemässig **2** inbiten, vane- [*a ~ drunkard*] **3** vanlig [*a ~ sight*], sedvanlig
habitually [hə'bɪtjʊəlɪ] *adv* jämt, för jämnan [*he is ~ late*]
habituate [hə'bɪtjʊeɪt] *vb tr* vänja [*to* vid]
habitué [hə'bɪtjʊeɪ] *s* habitué, stamgäst, stamkund
1 hack [hæk] **I** *vb tr* **1** hacka [i], göra hack i; hacka (hugga, skära) sönder **2** sport. sparka motspelare på smalbenet (skenbenet) **3** data. sl. hacka (bryta) sig in i illegalt ta sig in i [*~ a computer system*] **II** *vb itr* **1** hacka [*at* i, på] **2** sport. sparka motspelare på smalbenet (skenbenet) **3** hacka [och hosta]; *~ing cough* hackhosta **4** data. hacka illegalt ta sig in i datasystem; hacka (bryta) sig in [*~ into* (i) *a computer system*]
2 hack [hæk] *s* **1** [enklare] ridhäst; uthyrningshäst, åkarhäst; neds. åkarkamp, hästkrake **2 a)** *~* [*journalist*] [tidnings]murvel; *~* [*writer*] dussinförfattare **b)** medelmåtta i arbetslivet; klåpare

hacker ['hækə] *s* hacker, datafantast, isht person som illegalt tar sig in i datasystem
hacking ['hækɪŋ] **I** *adj, ~ cough* hackhosta **II** *s* data. hacking, sysslande med datorer isht för att illegalt ta sig in i datasystem
hackneyed ['hæknɪd] *adj* [ut]sliten, banal
hacksaw ['hæksɔ:] *s* tekn. bågfil metallsåg
had [hæd, obeton. həd, əd, d] imperf. o. perf. p. av *have*
haddock ['hædək] *s* kolja [*finnan* (rökt) *~*]
Hades ['heɪdi:z] **I** mytol. egenn. **II** *s* Hades, underjorden
hadn't ['hædnt] = *had not*
Hadrian ['heɪdrɪən] hist. Hadrianus
haemoglobin [ˌhi:mə(ʊ)'gləʊbɪn] *s* kem. hemoglobin
haemophilia [ˌhi:mə(ʊ)'fɪlɪə] *s* med. blödarsjuka, hemofili
haemophiliac [ˌhi:mə(ʊ)'fɪlɪək] *s* med. blödare
haemorrhage ['heməridʒ] *s* med. blödning; *cerebral ~* hjärnblödning
haemorrhoids ['hemərɔɪdz] *s pl* med. hemorrojder
haemostasis [ˌhi:mə(ʊ)'steɪsɪs] *s* med. hemostas
haemostatic [ˌhi:mə(ʊ)'stætɪk] **I** *s* med. blodstillande medel, hemostatikum **II** *adj* blodstillande; *~ forceps* peang
haft [hɑ:ft] *s* handtag, skaft på dolk, kniv, verktyg
hag [hæg] *s* **1** häxa **2** ful gammal käring, hagga
haggard ['hægəd] *adj* utmärglad, tärd, härjad; vild till utseendet; stirrande [*~ eyes*]
haggis ['hægɪs] *s* isht skotsk., ung. fårpölsa
haggle ['hægl] *vb itr* pruta; köpslå, ackordera [*over, about* om]; *~ about* (*over*) *the price of a th.* pruta (pruta ned priset) på ngt [*a lot of haggling about the price*]
hagiography [ˌhægɪ'ɒgrəfɪ, ˌheɪdʒ-] *s* författande av helgonbiografier
hagiolatry [ˌhægɪ'ɒlətrɪ, ˌheɪdʒ-] *s* helgondyrkan
hagridden ['hægˌrɪdn] *adj* plågad av maran; gastkramad; *be ~ with* (*by*) bildl. plågas av, ha att dras med [*be ~ with* (*by*) *debts*]
Hague [heɪg] geogr.; *The ~* Haag
1 hail [heɪl] **I** *s* hagel; bildl. regn, skur [*a ~ of blows*]; *a ~ of lead* ett kulregn **II** *vb itr* hagla **III** *vb tr* bildl. låta hagla [*on* över]
2 hail [heɪl] **I** *vb tr* **1** hälsa, hylla [*~ a p.* [*as*] *leader*]; välkomna **2** kalla på; ropa till sig; hejda; sjö. preja; *within ~ing distance* inom prejningshåll (hörhåll) **II** *vb itr, ~ from* vara (komma) från, höra hemma i [*he ~s from Boston*] **III** *interj, ~!* hell!, var hälsad! **IV** *s* hälsning; rop, anrop; *within ~* inom prejningshåll (hörhåll)
hailstone ['heɪlstəʊn] *s* hagel[korn]
hailstorm ['heɪlstɔ:m] *s* hagelby, hagelskur
hair [heə] *s* hår; hårstrå; *a fine head of ~* [ett]

vackert hår; **loss of** ~ håravfall; **keep your** ~ **on!** sl. ta't lugnt!; **let one's** ~ **down** a) släppa ned håret b) vard. koppla (slappna) av; slå sig lös, släppa loss; **lose one's** ~ a) tappa håret b) vard. bli arg; **it makes my** ~ **stand on end** det får håret att resa sig [på huvudet] på mig; **split ~s** ägna sig åt hårklyverier, hänga upp sig på struntsaker; **she didn't turn a** ~ hon ändrade inte en min, det bekom henne inte det minsta; **get in a p.'s** ~ sl. gå ngn på nerverna, reta ngn; **to [the turn of] a** ~ på håret (pricken), precis, alldeles; **a** ~ **of the dog [that bit you]** vard. en återställare
hairbreadth ['heəbredθ] **I** s hårsbredd, hårsmån; **escape by a** ~ undkomma med knapp nöd **II** adj hårfin [a ~ difference]; som hänger på ett hår; **have a** ~ **escape** undkomma med knapp nöd
hairbrush ['heəbrʌʃ] s hårborste
hair curler ['heə,kɜ:lə] s hårspole, papiljott
haircut ['heəkʌt] s **1** [hår]klippning; **have (get) a** ~ klippas, klippa sig **2** klippning, frisyr
hairdo ['heədu:] s vard. frisyr, håruppsättning
hairdresser ['heə,dresə] s [hår]frisör; hårfrisörska; **~'s** frisersalong; raksalong
hairdressing ['heə,dresɪŋ] s **1** frisering; attr. friser-, frisör- **2** frisyr[er]
hairdrier o. **hairdryer** ['heə,draɪə] s hårtork
hair dye ['heədaɪ] s hårfärgningsmedel
haired [heəd] adj ss. efterled i sms. -hårig [brown-haired]
hair gel ['heədʒel] s hårgelé
hairgrip ['heəgrɪp] s hårklämma
hairless ['heələs] adj hårlös
hair lotion ['heə,ləʊʃ(ə)n] s hårvatten
hairnet ['heənet] s hårnät
hairpiece ['heəpi:s] s postisch; tupé
hairpin ['heəpɪn] s hårnål; ~ **bend** hårnålskurva
hair-raiser ['heə,reɪzə] s vard. rysare
hair-raising ['heə,reɪzɪŋ] adj vard. **1** hårresande, ryslig **2** spännande, rafflande
hair-restorer ['heərɪ,stɔ:rə] s hårväxtmedel
hair ribbon ['heə,rɪbən] s hårband
hair's-breadth ['heəzbredθ] s o. adj se hairbreadth
hair shirt [,heə'ʃɜ:t, '--] s tagelskjorta
hairslide ['heəslaɪd] s hårspänne
hairsplitting ['heə,splɪtɪŋ] **I** s hårklyveri[er], spetsfundigheter **II** adj hårklyvande, spetsfundig
hairspray ['heəspreɪ] s hårsprej
hairspring ['heəsprɪŋ] s spiralfjäder i ur
hairstyle ['heəstaɪl] s frisyr
hairstyling ['heə,staɪlɪŋ] s klippning, frisering
hairstylist ['heə,staɪlɪst] s hårkonstnär, hårfrisör[ska]
hairy ['heərɪ] adj **1** hårig; hårbevuxen, hårbeväxt; luden; hår- **2** sl. a) otäck, farlig,

hårresande b) kinkig, kvistig **3** sl. gammal, mossig [a ~ joke]
Haiti ['heɪtɪ, hɑ:'i:tɪ]
Haitian ['heɪʃjən, hɑ:'i:ʃ(ə)n] **I** s haitier **II** adj haitisk
hake [heɪk] s zool. kummel
halcyon ['hælsɪən] adj stilla, lugn, fridfull, lycklig; ~ **days** lugna fridfulla dagar; sötebrödsdagar
hale [heɪl] adj isht om gamla spänstig, vid god vigör; ~ **and hearty** frisk och kry
half [hɑ:f] **I** (pl. halves) s **1** halva, hälft; **I'll go halves with you** jag delar lika med dig; **too clever (kind) by** ~ lite väl (lite för) slipad (snäll); **do a th. by halves** göra ngt halvt om halvt (till hälften, halvdant, halvhjärtat); **cut in** ~ **(into halves)** skära itu, klyva **2** sport.: a) halvlek b) halvback **II** adj halv [~ my time, ~ the year, ~ this year]; ~ **a crown** hist.: värdet av 2 1/2 shilling (1/8 pund); ~ **an hour** en halvtimme, en halv timme; ~ **the men** hälften av männen; **I have** ~ **a mind to try** jag har nästan lust att försöka **III** adv **1** halvt, till hälften, halvvägs, halv- [the potatoes were ~ cooked; ~ dead]; halvt om halvt; ~ **as much (many) again** en halv gång till så mycket (många), en och en halv gång så mycket (många); **I ~ wish [he was here]** jag önskar nästan...; **at ~ past five** (vard. [at] ~ five) [klockan] halv sex **2 not ~: a)** vard. inte alls, ingalunda, långtifrån; **not ~ bad** inte så illa, inte så tokig; riktigt hygglig **b)** vard. el. iron., **not ~!** om!, det kan du ska dig i backen på (skriva upp)!, jaja män!; **he was not ~ good!** gissa om han (akta dig vad han) var bra!; **he didn't ~ swear** han svor som bara den; **you haven't ~ got a cheek!** du är inte lite fräck du!
half-and-half [,hɑ:f(ə)n(d)'hɑ:f] **I** s lika blandning; hälft[en] av var; en del av varje **II** adj som innehåller hälften var (lika delar); lika stor (liten m.m.); **give a ~ promise** lova halvt om halvt
half-back ['hɑ:fbæk] s sport. halvback
half-baked [,hɑ:f'beɪkt] adj **1** halvstekt, halvrå **2** bildl. halv[-]; halvfärdig; ogenomtänkt; omogen; grön, oerfaren; ~ **measure** halvmesyr **3** vard. knasig, halvfnoskig [~ idea (scheme)]
half-breed ['hɑ:fbri:d] s **1** halvblod; isht i USA halvblodsindian **2** biol. bastard, korsning
half-brother ['hɑ:f,brʌðə] s halvbror
half-caste ['hɑ:fkɑ:st] s halvblod isht avkomling av europé och indier
half-hearted ['hɑ:f'hɑ:tɪd, 'hɑ:f,h-] adj halvhjärtad, ljum; klenmodig
half-holiday [,hɑ:f'hɒlədeɪ, -dɪ] s halv fridag; **have a** ~ ha en halv fridag, ha lov halva dagen
half-hour [,hɑ:f'aʊə] s halvtimme; **it is striking the** ~ klockan slår halv

half-hourly [ˌhɑːfˈaʊəlɪ] *adj* o. *adv* [som går (inträffar, upprepas m.m.)] varje halvtimme (en gång i halvtimmen) [*a ~ bus service*]
half-length [ˌhɑːfˈleŋθ, attr. '--] **I** *s* [porträtt i] halvfigur, bröstbild **II** *adj* i halvfigur; *~ picture* (*portrait*) bröstbild, halvbild
half-mast [ˌhɑːfˈmɑːst] **I** *s*, *at ~* el. *~* [*high*] på halv stång **II** *vb tr* hissa flagga på halv stång
half-measure [ˌhɑːfˈmeʒə, '-ˌ--] *s* halvmesyr
half-moon [ˌhɑːfˈmuːn] *s* halvmåne
half-nelson [ˌhɑːfˈnelsn] *s* brottn. halvnelson
halfnote [ˈhɑːfnəʊt] *s* mus. (amer.) halvnot
halfpenny [ˈheɪpnɪ, -pənɪ] *s* hist. halvpenny[mynt]
halfpennyworth [ˈheɪpnɪwɜːθ, ˈheɪpəθ] *s* hist. en halv pennys värde; *a ~ of...* ...för en halv penny
half-price [ˌhɑːfˈpraɪs] **I** *s* halvt pris, halv biljett **II** *adj* o. *adv* till (för) halva priset; *children* [*admitted*] *~* teat. o.d. barn [går in för] halva priset
half-sister [ˈhɑːfˌsɪstə] *s* halvsyster
half-term [ˌhɑːfˈtɜːm] *s*, *~* [*holiday* (*vacation*)] mitterminslov
half-timbered [ˌhɑːfˈtɪmbəd, attr. '-ˌ--] *adj* av korsvirke, korsvirkes-
half-time [ss. attr. adj. ˈhɑːftaɪm, ss. pred. adj., adv. o. subst. ˌ-ˈ-] **I** *adj* halvtids- [*~ work*] **II** *adv* [på] halvtid (deltid) [*work ~*] **III** *s* halvtid äv. sport.; *be on ~* arbeta halvtid
half-truth [ˈhɑːftruːθ, i pl. -truːðz] *s* halvsanning
halfway [ˌhɑːfˈweɪ, attr. '--] **I** *adj* som ligger halvvägs (på halva vägen); bildl. halv[-]; *a ~ house* a) ett värdshus (rastställe o.d.) på halva vägen [mellan två orter] b) ett mellanstadium, ett övergångsstadium, någonting mitt emellan [*a ~ house between the two systems*] **II** *adv* halvvägs, på halva vägen; *meet ~* bildl. mötas på halva vägen; *meet trouble ~* göra sig onödiga bekymmer
half-wit [ˈhɑːfwɪt] *s* **1** fån, idiot, dumbom **2** sinnessvag person
half-witted [ˌhɑːfˈwɪtɪd] *adj* **1** [halv]fnoskig, fånig, dum **2** sinnessvag
half-yearly [ˌhɑːfˈjɪəlɪ, -ˈjɜːlɪ] **I** *adj* halvårs-, som sker varje halvår **II** *adv* varje halvår, halvårsvis
halibut [ˈhælɪbət] *s* zool. hälleflundra
halitosis [ˌhælɪˈtəʊsɪs] *s* med. dålig andedräkt, halitosis
hall [hɔːl] *s* **1** entré, [för]hall, farstu, tambur, vestibul **2** sal för banketter o.d.; hall; aula, [samlings]sal, [samlings]lokal [*assembly ~*] **3** samlingshus, samlingslokal; *concert ~* konserthus; *the Festival H~* konserthus i London; *town* (*city*) *~* stadshus, rådhus **4** univ.: **a**) [college]matsal **b**) mindre college **c**) studentlokal, studentbyggnad; *~ of residence* studenthem
hallelujah [ˌhælɪˈluːjə] *s* o. *interj* halleluja

Halley [ˈhælɪ] egenn.; *~'s Comet* Halleys komet
hallmark [ˈhɔːlmɑːk] **I** *s* **1** guldsmedsstämpel, kontrollstämpel **2** kännetecken, hallstämpel, kännemärke [*the ~ of success*]; *the ~s of a gentleman* det utmärkande för en gentleman **II** *vb tr* kontrollstämpla, [hall]stämpla
hallo [həˈləʊ, ˌhʌˈləʊ, ˌhæˈləʊ] *interj* o. *s* o. *vb itr* se *hello*
halloo [həˈluː, hæˈl-] **I** *interj* o. *s* hallå[rop], [o]hoj! **II** *vb itr* hojta, ropa hallå
hallow [ˈhæləʊ, i perf. p. kyrkl. ofta -ləʊɪd] *vb tr* helga [*~ed be thy name*], göra (hålla) helig
Hallowe'en [ˌhæləʊˈiːn] *s* isht skotsk. el. amer. (amer. äv. *Halloween*) allhelgonaafton 31 okt.
hall porter [ˌhɔːlˈpɔːtə] *s* portier, vaktmästare på hotell
hallstand [ˈhɔːlstænd] *s* fristående klädhängare [och paraplyställ], tamburställ
hallucinate [həˈluːsɪneɪt, -ˈljuː-] *vb tr* hallucinera
hallucination [həˌluːsɪˈneɪʃ(ə)n, -ˌljuː-] *s* hallucination, sinnesvilla, synvilla
hallucinatory [həˈluːsɪnət(ə)rɪ, -ˈljuː-] *adj* hallucinatorisk
hallucinogen [həˈluːsɪnədʒen, -ˈljuː-] *s* hallucinogen
hallucinogenic [həˌluːsɪnəˈdʒenɪk, -ˌljuː-] **I** *adj* hallucinogen **II** *s* hallucinogen
hallway [ˈhɔːlweɪ] *s* isht amer. **1** entré, [för]hall, farstu, tambur, vestibul **2** korridor
hal|o [ˈheɪləʊ] (pl. *-oes* el. *-os*) *s* **1** gloria, nimbus, strålglans; bildl. äv. aura **2** solgård, mångård, ljusgård, halo[fenomen] **3** foto. ljusgård
halogen [ˈhælə(ʊ)dʒen] *s* kem. halogen; *~ headlamp* (*headlight*) bil. halogenlampa
1 halt [hɔːlt, hɒlt] **I** *s* halt, rast, paus, uppehåll; rastställe; järnv. anhalt, hållplats; busshållplats; *call a ~* a) mil. kommendera halt b) bildl. säga stopp; sätta stopp [*to* för]; *come to* (*make*) *a ~* göra halt (uppehåll), stanna **II** *vb itr* o. *vb tr* [låta] stanna, [låta] göra halt
2 halt [hɔːlt, hɒlt] *vb itr* halta om vers, jämförelse etc.; vackla, tveka; *~ing delivery* hackigt framställningssätt; *in ~ing French* på stapplande franska
halter [ˈhɔːltə, ˈhɒl-] *s* **1** grimma **2** [galg]rep, snara
halve [hɑːv] *vb tr* **1** halvera, dela lika (itu) **2** minska till (med) hälften
halves [hɑːvz] *s* pl. av *half*
halyard [ˈhæljəd] *s* sjö. fall hisståg; *flag ~* flagglina
1 ham [hæm] *s* **1** skinka [*a slice of ~*]; lår på djur **2** pl. *~s* skinkor, bak[del] **3** has; förr knäled
2 ham [hæm] vard. **I** *s* **1** *~* [*actor*] buskisaktör; *~ acting* buskis, överdrivet spel

2 [*radio*] ~ radioamatör **II** *vb itr* spela över, spela buskis
hamburger ['hæmbɜːgə] *s* kok. hamburgare [äv. ~ *steak*]
ham-fisted [ˌhæmˈfɪstɪd] *adj* o. **ham-handed** [ˌhæmˈhændɪd] *adj* fumlig, klumpig, tafatt
Hamlet ['hæmlət]
hamlet ['hæmlət] *s* liten by isht utan kyrka
hammer ['hæmə] **I** *s* **1** hammare äv. i piano o. anat.; slägga; *steak* ~ köttklubba; *go at it* ~ *and tongs* vard. slåss (gräla) för fullt; ta i på skarpen (av alla krafter) **2** auktionsklubba; *come* (*go*) *under the* ~ gå under klubban **3** sport. slägga; ~ *throw* el. *throwing the* ~ släggkastning ss. tävlingsgren **II** *vb tr* **1** hamra på; spika fast (upp), slå (bulta) in [ofta ~ *up* (*down*)]; bearbeta; ~ *a nail home* slå in en spik ordentligt **2** ~ [*out*] a) hamra [ut], hamra till, smida b) bildl. [mödosamt] utarbeta, utforma; fundera ut; utjämna **3** ~ *a th. into a p.'s head* (*into a p.*) slå (få, dunka) i ngn ngt **4** vard. klå grundligt, ge stryk i t.ex. spel **III** *vb itr* **1** hamra, slå, bulta, dunka [~ *at* (*on*) *the door*, ~ *on* (i) *the table*] **2** ~ [*away*] *at* arbeta på, slita (knoga) med
hammerhead ['hæməhed] *s* **1** hammarhuvud **2** zool. hammarhaj
hammering ['hæmərɪŋ] *s*, *get a* ~ få stryk, få på huden i t.ex. spel
hammock ['hæmək] *s* hängmatta, hängkoj; *garden* ~ hammock
1 hamper ['hæmpə] *s* större korg vanl. m. lock [*a luncheon* ~]; *Christmas* ~ julkorg, julpaket med matvaror
2 hamper ['hæmpə] *vb tr* hindra, hämma, verka hämmande på [*it* ~*ed my movements*; ~ *progress*]; genera; binda [händerna på], klavbinda, vara (ligga) i vägen för; belamra; besvära
Hampshire ['hæmpʃɪə, -ʃə] geogr.
Hampton ['hæm(p)tən] egenn.; ~ *Court* [*Palace*] slott sydväst om London
hamster ['hæmstə] *s* zool. hamster
hamstring ['hæmstrɪŋ] **I** *s* knäsena; hassena **II** (*hamstrung hamstrung* el. ~*ed* ~*ed*) *vb tr* bildl. lamslå [*hamstrung by lack of money*], undertrycka
hand [hænd] **I** *s* **1** hand; ~*s* fotb. hands regelbrott; [*win*] ~*s down* ...med lätthet; ~*s off!* bort med händerna (tassarna)!; ~*s up!* a) upp med händerna! b) räck upp handen (händerna)!; [*bind* (*tie*)] ~ *and foot* ...till händer och fötter; *wait on a p.* ~ *and foot* passa upp [på] ngn; *be* ~ *in glove with* stå på förtrolig fot med, vara nära vän med; *they work* ~ *in glove* de har ett nära samarbete; de är (står) i maskopi; *right* ~ bildl. högra hand [*he is my right* ~]; *have* (*get*, *gain*) *the upper* ~ ha (få, ta) övertaget (överhand[en]); *ask for a woman's* ~ anhålla om en kvinnas hand; *change* ~*s* övergå i andra händer; *not do a* ~*'s turn* vard. inte göra ett dyft; *force a p.'s* ~ bildl. tvinga ngn att bekänna färg; *give a p. a* [*big*] ~ vard. ge ngn en [stor] applåd; *give* (*lend*) *a helping* ~ hjälpa till; *give* (*lend*) *a p. a* ~ ge ngn en hjälpande hand; *have a* ~ *in a th.* vara inblandad i ngt; *have one's* ~*s full* ha händerna fulla, ha fullt upp att göra; *hold* (*stay*) *one's* ~ vänta och se, ge sig till tåls; *hold* (*stay*) *a p.'s* ~ hejda ngn; *lay one's* ~[*s*] *on* hitta när man behöver; *lay* [*one's*] ~*s on* a) lägga beslag (vantarna) på; få tag i b) bära hand på ngn c) välsignande lägga händer[na] på; *lift a* (*one's*) ~ se *lift I 1*; *make money* ~ *over fist* vard. skära guld med täljknivar, håva in massor med pengar; *shake* ~*s* se *shake A I 1*; *take a* ~ *in* ta del i **2** i vissa fastare prep. förb.:
close (*near*) **at** ~ nära, för handen; till hands; [nära] förestående; *the hour was at* ~ timmen närmade sig; *at a p.'s* ~[*s*] från ngn, från ngns sida [*I did not expect such treatment at your* ~*s*]
by ~ för hand [*done by* ~]; *send by* ~ sända med bud; *take a p. by the* ~ ta ngn i (vid) hand[en]
from ~: *from* ~ *to* ~ ur hand i hand, från man till man; *from* ~ *to mouth* ur hand i mun, för dagen [*live from* ~ *to mouth*]
in ~ a) i hand[en]; till sitt förfogande [*have some money in* ~]; på lager, i kassan; föreliggande [*the matter in* ~]; resterande, kvarvarande [*the copies still in* ~] b) i sin hand, under kontroll [*keep* [*well*] *in* ~] c) för händer [*whatever he has in* ~], på gång; *one game in* ~ sport. en match mindre spelad; *take in* ~ ta hand om; *put in*[*to*] *a p.'s* ~*s* lämna i ngns händer, överlämna åt ngn; *go in* ~ *with* bildl. gå hand i hand med, hålla jämna steg med
fall **into** *a p.'s* ~*s* falla (råka) i händerna på ngn
off ~ på rak arm; *get a th. off one's* ~*s* slippa (komma) ifrån ngt; *take a th.* (*a p.*) *off a p.'s* ~*s* befria ngn från ngt (ngn)
on ~ a) till hands [*I'll be on* ~ *when you come*] b) i sin ägo; i (på) lager [*a stock of goods on* ~]; *on one's* ~*s* på sitt ansvar, i sin vård; *have a lot of time on one's* ~*s* ha en massa tid till förfogande (till övers)
out of ~ a) genast, utan vidare b) ur kontroll, oregerlig; *the children have got out of* ~ *lately* barnen har blivit omöjliga (oregerliga) på sistone; *let one's temper get out of* ~ tappa humöret
to ~: *your letter has come to* ~ Ert brev har kommit mig (oss) till handa; ~ *to* ~ man mot man i handgemäng
3 visare på ur [*second hand*] **4** sida, håll, hand; *on all* ~*s* på alla håll (händer); *on* [*the*] *one* ~...*on the other* ~ å ena sidan...å

handbag

andra sidan; *on the right* ~ på höger hand, till höger **5** hand; källa; *learn a th. at first* ~ få veta ngt i första hand **6** pers.: **a)** arbetare, man [*how many ~s do you employ?*]; [sjö]man, besättningsman, gast; *all ~s* hela besättningen, alle man **b)** *a bad* (*good*) ~ *at* dålig (duktig) i; *I'm an old* ~ *at this* jag är gammal och van vid det här, jag är gammal i gamet **7** handlag, skicklighet; *get one's* ~ *in* träna upp sig; komma i slag; *have* (*keep*) *one's* ~ *in* hålla sig tränad (i form); *try one's* ~ *at* försöka (ge) sig på **8** handstil **9** i formell stil namnteckning **10** kortsp.: a) parti, spel b) [kort på] hand; *declare one's* ~ bjuda [på sina kort]; *play into a p.'s ~s* spela i händerna på ngn
II *vb tr* räcka, lämna, ge [*a th. to a p.*]; ~ *back* lämna tillbaka; ~ *down* [över]lämna i arv, låta gå i arv, fortplanta t.ex. tradition [~ *down to posterity*]; *be ~ed down to* gå [i arv] till; ~ *in* lämna in, inge [~ *in an application*]; ~ *on* skicka (låta gå) vidare; ~ *out* dela ut, lämna ifrån sig; ~ *over to* överlåta (överlämna) åt (till); ~ *round* servera; låta gå [laget] runt; dela ut; ~ *it to a p.* vard. ge ngn sitt erkännande
handbag ['hæn(d)bæg] *s* **1** handväska; ~ *snatcher* väskryckare **2** [mindre] resväska (kappsäck)
handball ['hæn(d)bɔ:l] *s* sport. **1** slags squashliknande spel utan racket för 2 el. 4 personer **2** handboll
handbill ['hæn(d)bɪl] *s* reklamlapp, flygblad; affisch; program
handbook ['hæn(d)bʊk] *s* handbok; resehandbok
handbrake ['hæn(d)breɪk] *s* handbroms
h. and c. förk. för *hot and cold* [*water*]
handcart ['hæn(d)kɑ:t] *s* handkärra, dragkärra
handclap ['hæn(d)klæp] *s* handklappning
handcuff ['hæn(d)kʌf] **I** *s* handklove, handboja **II** *vb tr* sätta handklovar (handbojor) på
handed ['hændɪd] *adj* ss. efterled i sms. **1** -hänt [*left-handed*]; med...händer [*big-handed*] **2** kortsp. -mans [*three-handed bridge*]
Handel ['hændl] mus. Händel
handful ['hæn(d)fʊl] (pl. *~s* el. ibl. *handsful*) *s* **1** handfull, näve; litet antal; *a* ~ *of...* en handfull (näve)..., ett litet antal... **2** vard. besvärlig individ (uppgift)
hand grenade ['hæn(d)grə‚neɪd] *s* handgranat
handgun ['hæn(d)gʌn] *s* handeldvapen
handicap ['hændɪkæp] **I** *s* **1** belastning, handikapp **2** fysiskt o. psykiskt handikapp; rörelsehinder **3** sport. handikapp, handikapptävling **II** *vb tr* **1** belasta, handikappa **2** fysiskt handikappa; perf. p. *~ed* handikappad, rörelsehindrad **3** sport. ge (belasta med) handikapp

handicraft ['hændɪkrɑ:ft] *s* **1** hantverk, [hem]slöjd, handarbete **2** hantverksskicklighet
handiwork ['hændɪwɜ:k] *s* **1** [händers] verk, skapelse; verk [*the whole trouble is his* ~] **2** praktiskt arbete; slöjd
handkerchief ['hæŋkətʃɪf] *s* **1** näsduk **2** huvudduk; sjalett
handle ['hændl] **I** *vb tr* **1** ta i, beröra, vidröra [*do not* ~ *the fruit*], plocka (röra, bläddra) i **2** hantera [~ *tools*]; begagna, handha, handskas (umgås) med [*nasty stuff to* ~]; utnyttja, behandla [~ *colour*], göra något av **3** sköta [om], leda, ställa med; ta, behandla, handskas med [~ *a p. gently* (*with discretion*)]; klara [av] [~ *a situation*], gå i land med; ha hand om [*he ~s large sums of money*]; manövrera [~ *a ship*] **4** behandla [~ *a subject*, ~ *a problem*] **II** *vb itr*, *this car ~s well* den här bilen känns bra att köra **III** *s* handtag, skaft, öra, grepe, dörrvred; vev; grepp; *dead man's* ~ järnv. m.m. säkerhetsgrepp, död mans grepp; *fly off the* ~ vard. bli rasande, brusa upp
handlebar ['hændlbɑ:] *s* **1** ofta pl. *~s* styrstång, styre på cykel **2** ~ *moustache* (*~s* pl.) cykelstyre, knävelborrar slags mustasch
handling ['hændlɪŋ] *s* **1** beröring, hantering, behandling m.m., jfr *handle I*; *his* ~ *of...* hans sätt att handskas med..., hans sätt att klara (gå i land med)...; *he takes some* ~ han är svår att få bukt med (handskas med) **2** fotb. hands regelbrott
handmade [‚hæn(d)'meɪd, attr. '--] *adj* handgjord, tillverkad för hand
handout ['hændaʊt] *s* vard.
1 pressmeddelande, kommuniké; stencil som delas ut **2** gratisprov; reklamlapp **3** allmosa, [nåde]gåva t.ex. mat, kläder till dörrknackare
handpick [‚hænd'pɪk] *vb tr* plocka för hand; handplocka äv. bildl.
handrail ['hændreɪl] *s* ledstång, räcke
handset ['hæn(d)set] *s* telefonlur
handshake ['hæn(d)ʃeɪk] *s* handslag, handtryckning
handsome ['hænsəm] **I** *adj* **1** vacker, ståtlig, stilig; ~ *man* stilig (snygg) man (karl); ~ *woman* stilig (ståtlig) kvinna **2** vacker, fin, ädelmodig, generös, storsinnad, storslagen [~ *conduct*, ~ *treatment*, *a* ~ *present*] **3** ansenlig, [rätt] vacker, nätt, hederlig, frikostig [*a* ~ *sum of money*]; ordentlig avbasning **4** amer. skicklig, duktig, god; vacker, fin [*a* ~ *speech*] **II** *adv*, *handsome is as* (*that*) ~ *does* vacker är som vackert gör
handsomely ['hænsəmlɪ] *adv* vackert etc., se *handsome I*; vänligt, berömmande [*speak* ~ *of a p.*]; flott, elegant; *come down* ~ vard. inte vara knusslig
handsomeness ['hænsəmnəs] *s* skönhet, elegans etc., jfr *handsome I*

handspring ['hæn(d)sprɪŋ] *s* gymn. handvolt
handstand ['hæn(d)stænd] *s* gymn. handstans; *do a* ~ stå på händerna
hand-to-mouth [ˌhæn(d)tə'maʊθ] *adj*, *lead a* ~ *existence* leva ur hand i mun, leva för dagen
handwriting ['hændˌraɪtɪŋ] *s* handstil; skrift
handwritten ['hændˌrɪtn] *adj* handskriven
handy ['hændɪ] *adj* **1** händig, skicklig, flink, praktisk **2** till hands [*have a th.* ~]; [*he took*] *the first towel* ~ ...första bästa handduk; *come in* ~ komma väl (bra) till pass **3** lätthanterlig [*a* ~ *volume*]; bekväm, praktisk; nära till hands
handyman ['hændɪmæn] (pl. *handymen* ['hændɪmen]) *s* allt i allo; hantlangare
hang [hæŋ] **I** *vb tr* (*hung hung*, i bet. *I 2* mest ~*ed* ~*ed*; se äv. *III*) **1** hänga [upp] [äv. ~ *up*]; ~ *wallpaper* tapetsera, sätta upp tapeter **2 a)** hänga [~ *oneself*], avliva medelst hängning **b)** vard., ~*!* el. ~ *it* [*all*]*!* jäklar också!; ~ *the expense!* strunta i vad det kostar!; ~ *you!* dra åt skogen!; *well I'll be* ~*ed!* det var som tusan!; *I'll be* ~*ed if...* nej, så förbaske mig [om]...; *I'll see you* ~*ed first!* katten (tusan) heller! **3** hänga [med] [~ *one's head*] **4** behänga, pryda; ~ *a room with pictures* hänga upp tavlor i ett rum **5** ~ *fire* **a)** om skjutvapen vara hårdtryckt **b)** bildl. gå trögt, dra ut på tiden **II** *vb itr* (*hung hung;* se äv. *III*) **1** hänga, vara upphängd [*by* vid, med, i, på; *from* i, ned från; *on* i, på] **2** hänga[s] i galgen, bli hängd **3** hänga, luta [fram, ned] **4** sväva; ~ *in the balance* vara oviss, hänga på en tråd **III** *vb tr* o. *vb itr* med prep. o. adv. i spec. bet.:
~ *about* el. ~ *around* gå och driva, slå dank; stå och hänga; hänga i (på)
~ *back* dra sig, tveka
~ *behind* släpa efter; dröja sig kvar
~ *on:* **a)** hänga (bero) på **b)** hänga (hålla) [sig] fast, klamra sig fast [*to* vid, i] **c)** hålla 'i [~ *on to your hat!*] **d)** tynga på, trycka; *time* ~*s heavy on my hands* tiden släpar sig fram **e)** ~ *on* [*a moment (minute)*]*!* vard. vänta lite!, stopp ett tag!, dröj ett ögonblick!
~ *out:* **a)** hänga ut (fram) t.ex. kläder **b)** om t.ex. tunga hänga ut[e]; *let it all* ~ *out* vard. slappna av **c)** vard. hålla till, hålla hus
~ *over:* **a)** hänga [hotande] över [*my exams are* ~*ing over me*] **b)** vard. hänga med
~ *together* hänga (hålla) ihop
~ *up:* **a)** skjuta åt sidan, lägga på hyllan, uppskjuta; fördröja [*the work was hung up by the strike*] **b)** tele. lägga på [luren], ringa av; ~ *up on a p.* slänga på luren, lägga på i örat på ngn **c)** se *hungup*
IV *s* **1** fall [*the* ~ *of a gown*] **2** vard., *get the* ~ *of* komma på det klara (underfund) med, få grepp på **3** vard., *I don't give (care) a* ~ det bryr jag mig inte ett dugg om
hangar ['hæŋə, -ŋgə] *s* hangar

hangdog ['hæŋdɒg] **I** *s* galgfågel **II** *adj* skyldig, skamsen; slokörad
hanger ['hæŋə] *s* **1** upphängare, uppsättare isht i sms. [*paper-hanger*] **2** hängare i o. till kläder; [kläd]galge
hanger-on [ˌhæŋər'ɒn] (pl. *hangers-on*) *s* vard. påhäng, snyltgäst, kardborre
hang-gliding ['hæŋˌglaɪdɪŋ] *s* hängflyg[ning]
hanging ['hæŋɪŋ] **I** *adj* **1** hängande, häng-; utskjutande, överhängande; lutande; ~ *garden* hängande trädgård, terrassträdgård **2** hängnings-, häng-, galg- **II** *s* **1** [upp]hängning; ~ *committee* upphängningskommitté som bestämmer tavlornas plats på en utställning **2** oftast pl. ~*s* förhängen, draperier, gobelänger; tapeter
hang|man ['hæŋ|mən] (pl. -*men* [-mən]) *s* bödel
hangout ['hæŋaʊt] *s* vard. **1** [stam]tillhåll **2** lya bostad
hangover ['hæŋˌəʊvə] *s* **1** kvarleva, rest **2** vard. baksmälla, kopparslagare; *have a* ~ äv. vara bakis
hangup ['hæŋʌp] *s* vard. **1** komplex, fixering, fix idé **2 a)** betänklighet [*I've no* ~*s about it*] **b)** hinder, svårighet; stötesten
hanker ['hæŋkə] *vb itr*, ~ *after (for)* [gå och] längta (tråna) efter, åtrå
hankering ['hæŋk(ə)rɪŋ] *s* [hemlig] längtan [*a* ~ *for (after) fame*], åtrå
hankie o. **hanky** ['hæŋkɪ] *s* vard. kortform för *handkerchief*
hanky-panky [ˌhæŋkɪ'pæŋkɪ] *s* vard. **1** smussel; fuffens, mygel; spel bakom kulisserna **2** hokuspokus **3** vänsterprassel, kuckel
Hannibal ['hænɪb(ə)l]
Hanover ['hænə(ʊ)və] geogr. Hannover; *the House of* ~ huset Hanover brittisk kungaätt (1714-1901)
Hansard ['hænsɑːd, -səd] **I** egenn. **II** *s* Hansard det officiella eng. parlamentstrycket
hansom ['hænsəm] *s* förr tvåhjulig droska
Hants. [hænts] förk. för *Hampshire*
haphazard [ˌhæp'hæzəd] *adj* tillfällig, slumpartad, slumpmässig [*a* ~ *remark*]; *in a* ~ *manner* [liksom] på en höft, på måfå
hapless ['hæpləs] *adj* olycklig
happen ['hæp(ə)n] *vb itr* **1** hända [*to a p.* ngn], ske, inträffa; falla (slumpa) sig; komma sig, ~ *what may* hända vad som hända vill; *how did it* ~*?* hur gick det till?, hur kom det sig?; *as it* ~*s* (~*ed*) händelsevis; *as it* ~*s, I have...* jag råkar ha...; *it* [*so*] ~*ed that* det föll (slumpade) sig så att; *these things will* ~ så kan det gå **2** råka [*to do* [att] göra]; *I* ~*ed to know* av en händelse (händelsevis) visste jag, jag råkade veta; *I* ~*ed to mention* av en händelse (händelsevis) kom jag att nämna, jag råkade nämna **3** ~ [*up*]*on* [händelsevis] komma på (över), råka på **4** vard., ~ *by* (*along, past*) råka komma

happening

förbi; ~ *in* titta in; ~ *into a theatre* slinka in på en teater
happening ['hæp(ə)nɪŋ] **I** *s* **1** händelse, tilldragelse **2** teat. o.d. happening **II** *adj* trendig, inne- [~ *place* (*scene*); ~ *clothes*]
happily ['hæpəlɪ] *adv* **1** lyckligt **2** lyckligtvis
happiness ['hæpɪnəs] *s* lycka, glädje
happy ['hæpɪ] *adj* **1** lycklig [*about, at* över; *to do* [över] att göra]; glad, belåten, förnöjd, tillfredsställd; ~ *hour* vard. 'happy hour' på krog o.d.; *be in a ~ mood* känna sig glad, vara på glatt humör; [*do a th.*] *to keep a p.* ~ ...för att hålla ngn på gott humör **2** lycklig, gynnsam [*be in the ~ position* (ställningen) *of having*...], av ödet gynnad; framgångsrik; glädjande; *a ~ event* vard. en lycklig tilldragelse; [*A*] *H~ New Year!* Gott nytt år! **3** lyckad, träffande, lyckligt funnen; fyndig, skicklig; ~ *medium* gyllene medelväg; ~ *thought* lycklig ingivelse **4** ss. efterled i sms. -glad, -galen [*trigger-happy*]
happy-go-lucky [,hæpɪgə(ʊ)'lʌkɪ] *adj* sorglös, lättsinnig, som tar dagen som den kommer; *he has a ~ way of doing the job* han tar lätt på arbetet
Hapsburg ['hæpsbɜːg] hist. Habsburg
hara-kiri [,hærə'kɪrɪ] *s* jap. **1** harakiri **2** bildl. självmord [*political ~*]
harangue [hə'ræŋ] **I** *s* [lång] harang, orerande, tirad; skränigt (långrandigt) tal; våldsamt utfall **II** *vb tr* harangera; predika för **III** *vb itr* hålla tal; predika
harass ['hærəs, isht amer. hə'ræs] *vb tr* plåga, besvära, jäkta; trakassera, ofreda; svårt hemsöka; trötta ut; oroa [~ *the enemy*]; härja
harassment ['hærəsmənt, isht amer. hə'ræs-] *s* **1** plågande etc., jfr *harass*; trakasseri; förtret, plåga; *police ~* polisövergrepp, trakasserier från polisens sida **2** oro, upprivenhet
harbinger ['hɑːbɪn(d)ʒə] **I** *s* förebud [*a ~ of spring*]; budbärare **II** *vb tr* förebåda, bebåda
harbour ['hɑːbə] **I** *s* **1** hamn **2** bildl. hamn, tillflykt[sort], skydd åt, hysa **II** *vb tr* **1** härbärgera, ta emot, ge skydd åt, hysa [~ *refugees*; ~ *fugitives* (rymlingar)]; gömma [~ *smuggled goods*]; bereda fartyg hamn **2** bildl. hysa [~ *designs* (*suspicions*)], nära **III** *vb itr* gå i hamn; söka skydd [i hamn]
harbour master ['hɑːbə,mɑːstə] *s* hamnkapten
hard [hɑːd] **I** *adj* **1** hård, fast; ~ *and fast* se *hard-and-fast*; ~ *cash* (*money*) reda pengar, kontanter; ~ *court* tennis hardcourt bana av asfalt, betong etc.; ~ *currency* hårdvaluta; ~ *hat* se *hard-hat*; ~ *shoulder* trafik. vägren **2** hård, häftig [*a ~ fight*], kraftig; ihärdig [*a ~ worker*], seg; ~ *drinker* storsupare; ~ *drugs* tung narkotika; ~ *labour* jur. straffarbete; ~ *liquor* starksprit **3** svår [*a ~ question*]; *he has learnt it the ~ way* han har fått slita hårt för att lära sig det; han har gått den långa vägen; *have a ~ time of it* ha det svårt (kämpigt); *it is ~ going* det är svårt (tufft); *play ~ to get* låtsas vara svårflörtad; *be ~ of hearing* vara lomhörd, höra dåligt **4** hård[hjärtad], känslolös; sträng, fordrande [*a ~ master*]; tung [*a ~ life*], tryckande; om klimat sträng, hård, svår [~ *weather*; *a ~ winter*]; *drive a ~ bargain* pressa priset till det yttersta; ~ *feelings* se *feeling* **II** **2**; ~ *line* hård (tuff) attityd (hållning) [*take* (*adopt*) *a ~ line*], se äv. *hardline* o. *hardliner*; ~ *lines* (*luck*) vard. otur, osis; *it is ~* [*lines*] *on him* det är synd om honom; *be ~ on a p.* vara hård (sträng) mot ngn **5** om pris [hög och] fast **II** *adv* **1** hårt, våldsamt, väldigt, häftigt, intensivt, skarpt [*look ~ at*], kraftigt [*it is raining ~*]; strängt; ivrigt, flitigt [*study ~*]; *try ~* verkligen försöka, anstränga sig **2** illa; med svårighet [*the victory was ~ won*]; svårt; *be ~ put to it* se *put I 1*; *die ~* bildl. vara seglivad; *be ~ up* vard. ha det dåligt ställt, ha ont om pengar; *be ~ up for ideas* sakna idéer **3** nära; sjö. dikt; ~ *by* strax bredvid, alldeles intill **III** *s* sl. straffarbete [*five years ~*]
hard-and-fast [,hɑː(d)n'fɑːst] *adj* fastslagen, järnhård, orubblig, benhård [~ *rules*]
hardback ['hɑːdbæk] **I** *adj* inbunden om bok **II** *s* inbunden bok
hardboard ['hɑːdbɔːd] *s* hardboard, hårdpapp
hard-boiled [,hɑːd'bɔɪld, attr. '--] *adj* **1** hårdkokt [~ *eggs*] **2** vard. hårdkokt, kallhamrad, hårdhudad [*a ~ politician*; *a ~ official*]
hardbound ['hɑːdbaʊnd] *adj* se *hardback* **I**
hardcore [ss. subst. ,hɑːd'kɔː, ss. adj. '--] **I** *s* kärntrupp, kärna i t.ex. parti **II** *adj* **1** hårdnackad; orubblig; övertygad **2** svår, obotlig **3** ~ *porno*[*graphy*] hårdporr
hardcover ['hɑːd,kʌvə] *adj* se *hardback* **I**
harden ['hɑːdn] **I** *vb tr* **1** göra hård[are]; bildl. äv. skärpa, [för]stärka **2** härda [~ *children*; ~ *steel*]; vänja; stålsätta [~ *oneself against*]; ~ *oneself to* härda sig mot, vänja sig vid **3** förhärda; ~ *one's heart* förhärda sig; *~ed* förhärdad [*a ~ed criminal*], luttrad [*he is ~ed after 25 years in the business*] **II** *vb itr* **1** hårdna; härdas; förhärdas **2** om pris bli fast[are], stiga
hard-fisted [,hɑːd'fɪstɪd] *adj* **1** med hårda (starka) nävar **2** snål, njugg
hard-hat ['hɑːdhæt] **I** *s* **1** skyddshjälm för t.ex. byggnadsarbetare **2** amer. vard. byggnadsarbetare **II** *adj* isht amer. vard. reaktionär, doktrinär
hard-headed [,hɑːd'hedɪd] *adj* kall, förslagen, praktisk [*a ~ businessman*]
hard-hearted [,hɑːd'hɑːtɪd] *adj* hård[hjärtad], obarmhärtig
hard-hitting [,hɑːd'hɪtɪŋ] *adj* slagkraftig, kraftfull [*a ~ opponent*]; intensiv [*a ~ advertising campaign*]
hardline [,hɑːd'laɪn] *adj* kompromisslös; *take*

(*adopt*) *a* ~ *attitude* inta en hård (tuff) attityd
hardliner ['hɑ:d,laɪnə] *s* vard. hårding, tuffing, hök
hardly ['hɑ:dlɪ] *adv* **1** knappt, knappast [*I need ~ say*], näppeligen; inte gärna; ~ *had he sat down when* (*before*, ibl. *than*) [*the door opened*] han hade knappt satt sig förrän...; ~ *ever* nästan aldrig **2** med möda (svårighet), surt [*hardly-earned*]
hardness ['hɑ:dnəs] *s* hårdhet etc., jfr *hard*; *the ~ of* det fasta (svåra etc.) i
hard-on ['hɑ:dɒn] *s* vulg. ståkuk erigerad penis; *get a ~* få stånd
hard-pressed [,hɑ:d'prest] *adj* hårt ansatt; illa däran, i knipa; *be ~ for money* vara i penningknipa
hardship ['hɑ:dʃɪp] *s* vedermöda; lidande, prövning; umbärande, försakelse, brist; *suffer great ~s* slita mycket ont, utstå svåra umbäranden
hardware ['hɑ:dweə] *s* **1** järnvaror, metallvaror; ~ *store* amer. järnaffär **2** data. hårdvara, maskinvara **3** sl. a) vapen koll.; skjutjärn koll.; ammunition b) isht amer. glitter medaljer o.d.
hardwearing [,hɑ:d'weərɪŋ] *adj* slitstark; motståndskraftig
hard-won ['hɑ:dwʌn] *adj* svårvunnen; ~ *victory* äv. arbetsseger, tillkämpad seger
hardwood ['hɑ:dwʊd] *s* lövträ; hårt träslag av lövträd, isht ek och ask; ~ *tree* lövträd
hard-working ['hɑ:d,wɜ:kɪŋ], pred. ,'-'--] *adj* arbetsam, hårt arbetande, strävsam, ihärdig
hardy ['hɑ:dɪ] *adj* härdad [*a ~ mountaineer*], motståndskraftig, tålig, härdig [*~ plants*; ~ *perennial* (*annual*)]
hare [heə] **I** *s* hare; ~ *and hounds* lek snitseljakt till fots; *start a ~* bildl. ta upp ett ämne till diskussion; dra upp en oväsentlig fråga; *run with the ~ and hunt with the hounds* bära kappan på båda axlarna; spela dubbelspel **II** *vb itr* vard. rusa, springa, fly [sin kos]
harebell ['heəbel] *s* bot. **1** blåklocka **2** engelsk klockhyacint
hare-brained ['heəbreɪnd] *adj* tanklös, obetänksam, besinningslös; yr, vild, snurrig
harelip [,heə'lɪp, '--] *s* harmynthet, harläpp
harelipped ['heəlɪpt] *adj* harmynt
harem ['hɑ:ri:m, hɑ:'ri:m, 'heərəm] *s* harem
haricot ['hærɪkəʊ] *s*, ~ [***bean***] trädgårdsböna; isht skärböna, brytböna; pl. ~*s* äv. haricot verts
hark [hɑ:k] *vb itr* **1** lyssna; ~ *to* lyssna till (på); ~ *at him!* vard. hör på den (honom)! **2** ~ *back* bildl. återvända [~ *back to the old days*]
Harlem ['hɑ:ləm, -lem] svart stadsdel i New York
harlequin ['hɑ:lɪkwɪn] *s* **1** harlekin **2** narr

Harley ['hɑ:lɪ] egenn.; ~ *Street* Londons förnämsta läkargata
harlot ['hɑ:lət] *s* hora, sköka
harm [hɑ:m] **I** *s* skada, ont; *do more ~ than good* göra mera skada än nytta; *there is no ~ done* det är ingen skada skedd; *there is no ~ in trying* det skadar inte att försöka, försöka duger; *I meant no ~* jag menade inget illa, det var inte så illa ment; *out of ~'s way* i säkerhet; utom fara; *keep out of ~'s way* akta sig, ta sig [väl] till vara, hålla sig undan **II** *vb tr* skada, göra ngn ont (illa), tillfoga ngn skada; *he wouldn't ~ a fly* han gör inte en fluga förnär
harmful ['hɑ:mf(ʊ)l] *adj* skadlig, fördärvlig, farlig
harmless ['hɑ:mləs] *adj* oskadlig, ofarlig, oskyldig; oförarglig, beskedlig; *render ~* oskadliggöra
harmonic [hɑ:'mɒnɪk] **I** *adj* harmonisk **II** *s* [harmonisk] överton, alikvotton
harmonica [hɑ:'mɒnɪkə] *s* **1** munspel, [mun]harmonika **2** [*glass*] ~ glasharmonika
harmonics [hɑ:'mɒnɪks] (konstr. vanl. ss. sg.) *s* harmonik, harmonilära
harmonious [hɑ:'məʊnjəs] *adj* **1** bildl. harmonisk, samstämmig, enhetlig; endräktig, vänskaplig **2** harmonisk, välljudande, melodisk
harmonium [hɑ:'məʊnjəm] *s* [orgel]harmonium, kammarorgel
harmonize ['hɑ:mənaɪz] **I** *vb itr* harmoniera, stämma överens, passa (gå) ihop [*colours that ~ well with each other*] **II** *vb tr* **1** harmonisera, sätta harmonier till melodi; göra harmonisk **2** bildl. bringa i samklang
harmony ['hɑ:m(ə)nɪ] *s* **1** mus. harmoni; samklang, samspel, samstämdhet; välljud **2** bildl. harmoni, överensstämmelse, samstämmighet [*in ~*]; samförstånd, endräkt; *be in ~ with* äv. harmoniera med; *be out of ~* inte passa (gå) ihop
harness ['hɑ:nɪs] **I** *s* sele äv. bildl.; seldon; *in ~* i arbete[t], i tjänst[en], i selen, i tagen **II** *vb tr* **1** sela [på]; spänna för; bildl. binda [*to* vid] **2** utnyttja, ta i anspråk, exploatera, utbygga t.ex. vattenfall; tämja [~ *nuclear power*]
Harold ['hær(ə)ld] mansnamn; ss. kunganamn Harald
harp [hɑ:p] **I** *s* mus. harpa **II** *vb itr* **1** spela [på] harpa **2** ~ *on* [jämt] tjata (mala) om [*he is always ~ing on his misfortunes*]
harpist ['hɑ:pɪst] *s* harpist
harpoon [hɑ:'pu:n] **I** *s* harpun **II** *vb tr* harpunera
harpsichord ['hɑ:psɪkɔ:d] *s* mus. cembalo
harpy ['hɑ:pɪ] *s* **1** mytol. harpya **2** ragata
harridan ['hærɪd(ə)n] *s* gammal häxa, käring
harrier ['hærɪə] *s* **1** zool. harrier, engelsk harhund **2** zool. kärrhök; *hen ~* blå kärrhök **3** terränglöpare

Harriet ['hærɪət] kvinnonamn
Harrod ['hærəd] egenn.; **~s** stort varuhus i London
Harrovian [hə'rəʊvjən] s harrowelev äv. f.d. elev, jfr *Harrow*
Harrow ['hærəʊ] geogr. egenn.; en av Englands förnämsta *public schools* grundad 1571
harrow ['hærəʊ] **I** s harv **II** vb tr **1** harva **2** bildl. plåga, pina, oroa [~ *a p.'s mind*]
harrowing ['hærəʊɪŋ] adj upprörande, hemsk [*a ~ story*]
Harry ['hærɪ] **1** smeknamn för *Henry* **2** vard., *old ~* djävulen; *play old ~ with* gå illa (hårt) åt, fördärva
harry ['hærɪ] vb tr **1** härja, plundra **2** plåga, oroa, ansätta
harsh [hɑːʃ] adj **1** hård, sträv [*a ~ towel*] **2** skarp, kärv, frän [*a ~ flavour*] **3** skärande, sträv, skarp **4** grov, hård, [från]stötande, obehaglig [*a ~ expression (face)*] **5** ogästvänlig, hård [*a ~ climate*] **6** hård, sträng
hart [hɑːt] s zool. [kron]hjort hanne
harum-scarum [ˌheərəm'skeərəm] **I** adj vild, yr; virrig **II** s vildhjärna, virrpanna
Harvard ['hɑːvəd, -vɑːd] egenn.; ~ [*University*] i Cambridge vid Boston, USA:s äldsta universitet
harvest ['hɑːvɪst] **I** s **1** skörd [*ripe for ~*]; skördetid **2** skörd, gröda [*the ~ is ripe*] **3** bildl. skörd, vinst **II** vb tr skörda, inhösta äv. bildl.
harvester ['hɑːvɪstə] s **1** skördeman, skördearbetare **2** skördemaskin; självbindare
harvest moon [ˌhɑːvɪst'muːn] s fullmåne närmast höstdagjämningen
harvest mouse ['hɑːvɪstmaʊs] (pl. *mice* [maɪs]) s zool. dvärgmus
Harwich ['hærɪdʒ] geogr.
has [hæz, obeton. həz, əz, z, s] 3 pers. sg. pres. av *have*
has-been ['hæzbɪn] s vard. fördetting
1 hash [hæʃ] **I** vb tr hacka sönder t.ex. kött [äv. *~ up*] **II** s **1** kok., slags stuvad pyttipanna **2** bildl. hackmat, röra; *settle (fix) a p.'s ~* vard. göra hackmat (slarvsylta) av ngn **3** bildl. uppkok (hopkok) av gammalt material
2 hash [hæʃ] s vard. hasch
hash browns [ˌhæʃ'braʊnz] s pl slags potatiskroketter
hashish ['hæʃiːʃ, -ʃɪʃ] s haschisch
hasn't ['hæznt, 'hæzn] = *has not*
hasp [hɑːsp, hæsp] **I** s **1** [dörr]hasp; klinka **2** spänne på bok **II** vb tr haspa, stänga med klinka
hassle ['hæsl] vard. **I** s käbbel; kiv; kurr slagsmål; virrvarr; krångel, trubbel, strul **II** vb itr käbbla, kivas; slåss **III** vb tr trakassera, irritera; kivas med
hassock ['hæsək] s **1** knäkudde; mjuk knäpall; fotkudde **2** [gräs]tuva
haste [heɪst] s hast, skyndsamhet; brådska,

jäkt; förhastande; *make ~* raska på, skynda sig; *more ~, less speed* ordspr., ung. [det är nog klokast att] skynda långsamt; *in ~* i [en] hast, hastigt; förhastat
hasten ['heɪsn] **I** vb tr påskynda, driva (skynda) på **II** vb itr skynda [sig]
hastily ['heɪstəlɪ] adv skyndsamt etc., jfr *hasty*; i största (all) hast, brådstörtat
Hastings ['heɪstɪŋz] geogr.
hasty ['heɪstɪ] adj **1** brådskande, skyndsam, snabb, hastig [*a ~ glance*] **2** förhastad [*a ~ conclusion, ~ words*], överilad **3** häftig, hetsig [*a ~ temper*]
hat [hæt] s hatt; ibl. mössa; *bad ~* vard. rötägg, slyngel; *old ~* adj., vard. ute, omodern, förlegad [*that song is old ~*]; *opera ~* chapeau-claque; *soft felt ~* mjuk hatt, filthatt; *top (high, silk) ~* hög hatt, cylinder, stormhatt; *my ~!* vard. du store [tid]!, kors!; *~ in hand* med hatten i hand[en] underdånigt; *take off (raise) one's ~ to* ta av [sig] (lyfta på) hatten för äv. bildl.; hälsa på; *~s off [to...]!* hatten av [för...]!; *pass (send) the ~ round* låta hatten (håven) gå runt, göra en insamling, tigga bidrag; *pull a th. out of a ~* a) ta (välja) ngt på måfå b) åstadkomma ngt som genom ett trollslag; *talk through one's ~* vard. prata i nattmössan; bluffa, skryta; *keep a th. under one's ~* hålla tyst om ngt, inte föra ngt vidare
hatbox ['hætbɒks] s hattask
1 hatch [hætʃ] s **1** [serverings]lucka; lucköppning; nedre dörrhalva av delad dörr **2** sjö. [skepps]lucka; *down the ~!* vard. skål!, botten opp!
2 hatch [hætʃ] **I** vb tr **1** kläcka [äv. *~ forth (out)*] **2** bildl. kläcka, tänka ut, koka ihop [*~ a plot*] **II** vb itr **1** kläckas äv. bildl.; krypa fram ur ägg **2** ruva **III** s **1** [ägg]kläckning; ruvande **2** kull
hatchback ['hætʃbæk] s bil. halvkombi
hatchet ['hætʃɪt] s [hand]yxa; *~ man* vard. a) yrkesmördare b) hantlangare, hejduk; *bury the ~* bildl. gräva ned stridsyxan, sluta fred; *do a ~ job on* vard. sabla ner, kritisera sönder
hatchway ['hætʃweɪ] s sjö. [skepps]lucka, lucköppning
hate [heɪt] **I** s hat, avsky, ovilja **II** vb tr hata; inte tåla, avsky [*to do, doing*]; *I'd ~ you to get burnt* det vore hemskt om du skulle bränna dig
hateful ['heɪtf(ʊ)l] adj **1** förhatlig [*to* för]; avskyvärd **2** hatfull, hätsk
hatpin ['hætpɪn] s hattnål
hatrack ['hætræk] s hatthylla
hatred ['heɪtrɪd] s hat, ovilja, avsky [*of, for, to, towards* mot, för; *bear* (hysa) *~ to a p.*]
hatstand ['hætstænd] s fristående hatthängare, klädhängare

hatter ['hætə] s hattmakare; ~'s hattaffär; [as] *mad as a* ~ spritt [språngande] galen
hat trick ['hættrɪk] s hat trick t.ex.: a) i fotb.: tre mål av samma spelare i en match b) i kricket: att slå ut tre slagmän med tre bollar i rad c) allm. tre segrar (framgångar) etc.
haughty ['hɔːtɪ] adj högdragen, högmodig
haul [hɔːl] I *vb tr* **1** isht sjö. hala [~ *in the anchor*], dra, släpa, bogsera **2** transportera, frakta **3** ~ [*up*] föra [*be ~ed* [*up*] *before a magistrate*]; ~ *up* vard. ställa till ansvar; ge en överhalning, läxa upp; ~ *a p. over the coals* se *coal* II *vb itr* **1** hala, dra [*at*, [*up*]*on* i, på] **2** sjö. ändra kurs (riktning) äv. bildl.; segla [~ *south* (söderut)] III s **1** halning, tag i halning; drag **2** notvarp, drag; fångst **3** kap, förvärv, vinst [*get a fine* ~]; byte vid inbrott o.d.
haulage ['hɔːlɪdʒ] s **1** halande; transport; gruv. uppfordring; ~ *contractor* åkare, åkeriägare **2** transportkostnader
haulier ['hɔːljə] s **1** åkare; [*firm of*] ~s åkeri **2** långtradarchaufför
haunch [hɔːn(t)ʃ] s höft, länd; kok. lår[stycke], kyl; *sit on one's ~es* sitta på huk; om hund sitta på bakbenen
haunt [hɔːnt] I *vb tr* **1** spöka i (på, hos); hemsöka, husera i; *this room is ~ed* det spökar i det här rummet; *~ed castle* spökslott **2** om tankar o.d. förfölja [*the recollection ~ed him*]; ansätta **3** ofta besöka, hålla till i (på, hos) II s tillhåll; vistelseort; favoritställe
haunting ['hɔːntɪŋ] adj oförglömlig [*its ~ beauty*]; som förföljer en, som man inte kommer ifrån [~ *memories*], efterhängsen [*a ~ melody*]
Havana [hə'vænə] I geogr. Havanna II s havannacigarr
have [hæv, ss. vb obeton. həv] I (*had had*; 3 pers. sg. pres. *has*) tempusbildande *hjälpvb* ha [*I ~* (*had*) *done it*]; [*it's the first time*] *I ~ been here* ...jag är här
II (för tema se I) *vb tr* **1** ha, äga; [*if you add on insurance, heating*] *and* (*or*) *what ~ you* vard. ...och det ena med det andra, ...eller vad du vill; ~ *a cold* vara förkyld **2** hysa, ha [~ *a special liking* (förkärlek) *for*]; visa; *he had no fear* han kände ingen fruktan; ~ *regard to* ta hänsyn till **3** göra, få sig, ta [sig] [~ *a walk*; ~ *a bath*]; ~ *a look* (*try*) se resp. subst. **4** få [*I had a letter from him*], äta [*I am having my dinner*], dricka, ta [*we had a cup of tea*]; *let a p.* ~ *a th.* låta ngn få ngt; *what will you ~?* vad får det lov att vara? **5** få, föda [~ *a baby*] **6** vard. ha [fått] ngn fast, ha satt ngn på det hala; lura; *you had me there!* a) nu har du mig fast! b) jag vet inte, jag har ingen aning **7** ~ *it* i mera spec. bet.: **a)** *as Byron has it* som det står hos Byron; *as the proverb has it* som det heter i ordspråket; *rumour has it that* ryktet går att; *he will ~ it that* han hävdar (vill ha det till) att; *as chance would ~ it, they...* slumpen ville att de... **b)** *the ayes ~ it* jaösterna är i majoritet **c)** vard. få [på pälsen], få på huden; *let him ~ it* [*good and proper*]*!* ge honom bara! **d)** *he's had it* sl. det är slut med honom; han har missat chansen; *you've had it!* sl. där rök din sista chans!, nu är det klippt!; ~ *it made* ha sitt på det torra, ha lyckats **e)** ~ *it your own way!* gör som du vill!; ~ *it made* ha sitt på det torra, ha lyckats **f)** med prep. o. adv.: *I didn't think he had it in him* jag trodde inte att han var så duktig; ~ *it in for* vard. ha ett horn i sidan till, vilja komma åt; ~ *it out with a p.* göra upp (tala ut) med ngn **8 a)** tillåta; *I won't ~ it* jag tänker inte finna mig i det **b)** *I'm not having any!* vard. det går jag inte med på! **9** ~ *to* + inf. vara (bli) tvungen att, få lov att, behöva [*he had to pay £100*; *he did not ~ to wait long*]; *I ~ to go* äv. jag måste gå; *that will ~ to do* det får duga **10** ~ *a th. done* se till att ngt blir gjort; få ngt gjort; ~ *one's hair cut* [låta] klippa sig; *he is having his house repaired* han håller på och reparerar huset (får huset reparerat) **11** ~ *a p. do* etc. *a th.* låta ngn göra ngt [~ *your doctor examine her*]; ~ *a p. doing* etc. *a th.* få se (råka ut för) att ngn gör ngt [*we shall soon ~ them calling every day*]; *what would you ~ me do?* vad vill ni att jag skall göra?; *I won't ~ you playing in my room!* jag vill inte att ni leker i mitt rum! **12** med prep. o. adv. isht med spec. betydelser:
~ **on** ha kläder på sig [*he had nothing on*]; ~ *a p. on* vard. driva med ngn; *I ~ nothing on this evening* vard. jag har inget för mig i kväll; *he has nothing on me* vard. han är inte bättre än jag; *the police had nothing on him* vard. polisen hade inga bevis mot honom
~ *a tooth* **out** [låta] dra ut en tand
~ *a p.* **up** stämma ngn [inför rätta]; *be had up* åka fast [*he was had up for drunken driving*]
III *vb itr* imperf. *had* i spec. användning: *you had better* (ibl. *best*) *ask him* det är bäst att du frågar honom
IV s, *the ~s and the have-nots* [de] bemedlade och [de] obemedlade, [de] rika och [de] fattiga
haven ['heɪvn] s **1** hamn **2** bildl. tillflykt[sort], fristad, hamn [äv. ~ *of rest*]
haven't ['hævnt, 'hævn] = *have not*
haversack ['hævəsæk] s axelväska, persedelpåse, ryggsäck
havoc ['hævək] I s förstörelse, ödeläggelse; *make* (*work*) ~ anställa förödelse, härja, husera; *make* ~ *of* förstöra, ödelägga; *make* (*play, raise*) ~ *with* [illa] tilltyga, gå illa åt,

fara hårt fram med **II** *vb tr* o. *vb itr* ödelägga, plundra, härja
haw [hɔ:] **I** *vb itr* säga hm, hacka; jfr *2 hem II* **II** *s* ljudet hm, hackning
Hawaii [hɑ:'waɪi:]
Hawaiian [hɑ:'waɪɪən] **I** *adj* hawaiisk, från Hawaii **II** *s* **1** hawaiibo **2** hawaiiska [språket]
hawfinch ['hɔ:fɪn(t)ʃ] *s* zool. stenknäck
1 hawk [hɔ:k] *s* **1** zool. hök; falk **2** polit. hök
2 hawk [hɔ:k] **I** *vb tr* **1** bjuda ut, ropa ut isht varor på gatan [äv. *~ about (around)*] **2** *~ about* sprida [ut] rykten o.d. **II** *vb itr* sälja (bjuda ut) varor
3 hawk [hɔ:k] **I** *vb itr* harkla sig, harska **II** *vb tr*, *~* [*up*] harkla upp
hawker ['hɔ:kə] *s* gatuförsäljare, gatuhandlare; kolportör; gårdfarihandlare
hawser ['hɔ:zə] *s* sjö. tross, tåg, kabel; kätting
hawthorn ['hɔ:θɔ:n] *s* bot. hagtorn
hay [heɪ] *s* hö; *the mowing of ~* [hö]slåttern; *hit the ~* vard. krypa till kojs, gå och knyta sig; *make ~* bärga hö; *make ~ of* bildl. vända upp och ned på, röra (strula) till; spoliera; *make ~ while the sun shines* smida medan järnet är varmt
Haydn [kompositören 'haɪdn]
hay fever ['heɪˌfi:və, ˌ-'--] *s* med. hösnuva
hayfork ['heɪfɔ:k] *s* hötjuga, högaffel
haystack ['heɪstæk] *s* höstack
haywire ['heɪwaɪə] *adj* vard. **1** trasslig, rörig, trasig; *go ~* a) trassla till sig b) paja, gå sönder **2** knasig, vild; *go ~* äv. få spader
hazard ['hæzəd] **I** *s* **1** slump, tillfällighet **2** risk[fyllchet], fara, hasard, vågspel; *~ lights* el. *~s* el. *~ warning device* sg., bil. varningsblinkers; *health ~* hälsorisk **II** *vb tr* **1** riskera, sätta på spel [*~ one's reputation*] **2** våga [sig på] [*~ a guess*], våga framkasta [*~ an opinion*]
hazardous ['hæzədəs] *adj* **1** riskfylld, vågsam, vådlig, äventyrlig, riskabel **2** slumpartad, tillfällig
haze [heɪz] *s* **1** dis[ighet], töcken; tunn dimma **2** bildl. [lätt] förvirring; dimmighet; töcken
hazel ['heɪzl] **I** *s* **1** bot. a) hassel b) hasselnöt **2** nötbrun (ljusbrun) färg **II** *adj* nötbrun [*~ eyes*]
hazel grouse ['heɪzlgraʊs] *s* o. **hazel hen** ['heɪzlhen] *s* zool. järpe
hazel nut ['heɪzlnʌt] *s* hasselnöt
hazy ['heɪzɪ] *adj* **1** disig, dimmig, tjock luft; töckenhöljd **2** bildl. dunkel, dimmig, suddig [*a ~ recollection*]; oredig; villrådig
HB (förk. för *hard black*) medium om blyertspenna
H-bomb ['eɪtʃbɒm] *s* vätebomb
h. & c. förk. för *hot and cold* [*water*]
HCF förk. för *highest common factor*
HE förk. för *His Eminence, His Excellency, high explosive*
1 he [hi:, obeton. hɪ, ɪ] **I** (objektsform *him*) *pron* **1** pers. han; om djur äv. den, det; om människan hon [*modern man has made enormous scientific advances and yet ~...*]; *who is ~?* äv. vem är det? **2** determ. den om pers. i allm. den., mest i sentenser o.d. [*~ who lives will see*] **II** (pl. *~s*) *s* han[n]e, han [*our dog is a ~*]; *~s and shes* män och kvinnor; han[n]ar och honor **III** *adj* ss. förled i sms. vid djurnamn han- [*he-dog*]; -han[n]e [*he-fox*]
2 he [hi:] *s*, *play ~* leka kull (sistan, tafatt)
head [hed] **I** *s* **1 a)** huvud, skalle **b)** i förb. m. annat subst.: *~ over ears (heels) in debt (in love)* upp över öronen skuldsatt (förälskad); *from ~ to foot* från topp till tå, fullständigt; *~ of hair* hår[växt]; *fall ~ over heels* falla huvudstupa (handlöst); *turn ~ over heels* slå (göra) en kullerbytta (volt); *he is ~ and shoulders above the rest* han är mer än huvudet längre än de andra, bildl. han är vida överlägsen de andra; *he has* [*got*] *a good ~ on his shoulders* (*on him*) vard. han har huvudet på skaft **c)** ss. subj.: *~s will roll* bildl. huvuden kommer att rulla; *his ~ has been turned by this success* den här framgången har stigit honom åt huvudet; *two ~s are better than one* fyra ögon ser mer än två **d)** ss. obj.: *give a p. his ~* ge ngn fria tyglar (händer); *he has a good (poor) ~ for figures* han är bra (dålig) på att räkna; *keep one's ~* hålla huvudet kallt, bibehålla fattningen; *keep one's ~ above water* hålla sig flytande äv. bildl.; *laugh one's ~ off* vard. skratta ihjäl sig; *if they lay (put) their ~s together* om de slår sina kloka huvuden ihop; *lose one's ~* a) förlora huvudet, bli halshuggen b) tappa huvudet, tappa (förlora) fattningen **e)** m. prep. o. adv.: *he is taller than Tom by a ~* han är huvudet längre än Tom; *win by a ~* vinna med en huvudlängd; *~ first (foremost)* huvudstupa; *do it (work it out) in one's ~* räkna ut det i huvudet; *put a th. into a p.'s ~* intala (inbilla, sätta i) ngn ngt; *whatever put that into your ~?* hur kunde du komma på den tanken (idén)?; *take it into one's ~ to* [*do a th.*] få i sitt huvud (få för sig) att man ska...; *off one's ~* vard. knasig, knäpp; *on one's ~* vard. som ingenting [*I could do it on my ~*]; *get it out of your ~!* slå det ur tankarna!; *over a p.'s ~* bildl. över huvudet på ngn [*talk over a p.'s ~*]; med förbigående av ngn [*be promoted over the ~s of one's colleagues*]; *go to a p.'s ~* stiga ngn åt huvudet [*the whisky went to his ~*; *success has gone to his ~*] **2 a)** chef [*the ~ of the firm*], ledare, direktör; huvudman; rektor; *the ~ of the family* familjens överhuvud, ättens huvudman; *~ of state* statsöverhuvud, statschef **b)** ledarställning, spets [*be* (stå) *at the ~ of a th.*]; front, tät äv. mil. **3 a)** person, individ; *a (per) ~* per man (skaft), vardera [*they paid £20 a ~*] **b)** *twenty ~ of cattle*

tjugo [stycken] nötkreatur **c)** antal, bestånd [*a large* ~ *of game*] **4 a)** övre ända [*the* ~ *of a ladder*], topp, spets; knopp; [kolonn]huvud, kapitäl; huvudända [*the* ~ *of a bed*]; källa [*the* ~ *of a river*]; *the* ~ *of the table* övre ändan av bordet, hedersplatsen **b)** huvud [*the* ~ *of a nail*]; *a* ~ *of cabbage* ett kålhuvud **c)** ~*s or tails?* krona eller klave?; ~*s I win, tails you lose!* skämts. jag vinner i vilket fall som helst; *I cannot make* ~ *or tail of it* vard. jag blir inte klok på det **d)** skum, fradga [*the* ~ *on a glass of beer*]; grädde på mjölk **e)** bildl. höjdpunkt, kris[punkt]; *bring matters to a* ~ driva saken till sin spets; *come* (*draw, gather, grow*) *to a* ~ komma (dra ihop sig) till en kris **5 a)** rubrik, överskrift, titel; *under the* ~ *of...* under rubriken... **b)** huvudpunkt, huvudavdelning, moment, kapitel; kategori **6 a)** framdel [*the* ~ *of a plough*]; spets [*arrow-head*] **b)** [hög] udde [ofta i egennamn: *Beachy H*~] **7** *give a p.* ~ vulg. suga av ngn
II *adj* **1** huvud- [~ *office*]; främsta, första; ~ *boy* ung. förste ordningsman i skola; ~ *note* (*tone*) mus. ton med huvudklang; ~ *teacher* rektor **2** mot- [~ *wind*]
III *vb tr* **1** anföra, leda [~ *a procession*]; stå i spetsen för; ~ *the list* stå överst på listan **2** ~ *off* [komma förbi och] mota tillbaka; genskjuta; stoppa; bildl. avvärja, förhindra **3** fotb. nicka, skalla **4** förse med huvud (rubrik, överskrift, titel) **5** vända, rikta, styra [~ *one's ship for* (mot) *the harbour*]; ~*ed for* på väg mot (till), destinerad till
IV *vb itr* **1** stäva, styra [kosan], sätta kurs [*for, towards* mot; ~ *south* (sydvart)] **2** bildl. *be* ~*ing for* gå till mötes; *he is* ~*ing for ruin* han är på god väg att bli ruinerad
headache ['hedeɪk] *s* **1** huvudvärk; *have a* ~ ha huvudvärk, ha ont i huvudet **2** vard. huvudbry; *that's not my* ~ det är inte min huvudvärk (sak)
headachy ['hedˌeɪkɪ] *adj*, *I feel* ~ jag har [lite] huvudvärk
headband ['hedbænd] *s* huvudbindel
headboard ['hedbɔːd] *s* huvudgavel [*the* ~ *of a bed*]
headdress ['heddres] *s* huvudbonad, huvudprydnad[er]; hårklädsel
headed ['hedɪd] *adj* o. *perf p* **1** vanl. i sms. med...huvud, -huvad [*bare-headed*]; -hövdad [*two-headed*]; med...hår [*curly-headed*]; jfr *clear-headed* m.fl. **2** anförd etc., jfr *head III*
header ['hedə] *s* **1** huvudhopp, dykning; fall [på huvudet] **2** fotb. nick, skalle
headgear ['hedɡɪə] *s* huvudbonad
head-hunter ['hedˌhʌntə] *s* **1** huvudjägare **2** 'headhunter', chefsrekryterare
heading ['hedɪŋ] *s* **1** rubrik, överskrift, titel **2** anförande, ledning [*the* ~ *of a procession*] **3** avdelning, stycke **4** riktning, kurs [*her* ~ *was westerly*] **5** huvud på brevpapper o.d.; överstycke; framdel **6** fotb. nickning, skallning [*practise* ~]
headlamp ['hedlæmp] *s* **1** bil. strålkastare, billykta **2** pannlampa vid t.ex. gruvarbete
headland ['hedlənd] *s* **1** hög udde **2** åkerren
headlight ['hedlaɪt] *s* strålkastare, billykta; *drive with* ~*s on* bil. köra på helljus
headline ['hedlaɪn] **I** *s* **1** rubrik; *hit* (*make*) *the* ~*s* bli (vara) rubrikstoff (förstasidesstoff) **2** pl. ~*s* radio. el. TV. rubriker, [nyhets]sammandrag **II** *vb tr* förse med rubrik, rubriksätta
headlong ['hedlɒŋ] **I** *adv* **1** på huvudet, huvudstupa [*fall* ~] **2** besinningslöst, i blindo [*rush* ~ *into danger*]; brådstörtat, huvudstupa **II** *adj* brådstörtad, plötslig [*a* ~ *decision*]
head|man [i bet. *1* ˌhedˈmæn, i bet. *2* ˈhedˌmæn] (pl. *-men* [-ˈmen resp. -mən]) *s* **1** ledare; förman **2** hövding
headmaster [ˌhedˈmɑːstə] *s* rektor
headmistress [ˌhedˈmɪstrəs] *s* kvinnlig rektor
headmost ['hedməʊst] *adj* främst
head-on [ˌhedˈɒn] **I** *adj* frontal; ~ *collision* frontalkrock **II** *adv* med huvudet (framsidan, bogen) före, rakt på (in i)
headquarters [ˌhedˈkwɔːtəz, '-ˌ--] (konstr. ss. sg. el. pl.; pl. *headquarters*) *s* högkvarter[et]; säte[t], huvudkontor[et] [*the* ~ *of a company*]
headrest ['hedrest] *s* huvudstöd; nackstöd i bil
headroom ['hedruːm] *s* trafik. fri höjd
headscarf ['hedskɑːf] (pl. -*s* el. -*scarves* [-skɑːvz]) *s* sjalett
headset ['hedset] *s* hörlurar med mikrofon
headshrinker ['hedˌʃrɪŋkə] *s* sl. hjärnskrynklare psykiater
head start ['hedstɑːt] *s* försprång [*on, over* före]
headstone ['hedstəʊn] *s* **1** byggn. slutsten **2** gravsten [vid huvudändan]
headstrong ['hedstrɒŋ] *adj* halsstarrig, envis
head waiter [ˌhedˈweɪtə] *s* hovmästare
headway ['hedweɪ] *s* **1** fart [framåt]; framsteg; *make* ~ skjuta fart; komma framåt (vidare), göra framsteg **2** trafik. fri höjd
headwind ['hedwɪnd] *s* motvind
headword ['hedwɜːd] *s* uppslagsord
heady ['hedɪ] *adj* **1** som stiger åt huvudet, stark, [be]rusande [~ *wine* (*perfume*)]; bildl. berusande **2** brådstörtad, förhastad, överilad [*a* ~ *decision*]
heal [hiːl] **I** *vb tr* **1** bota, läka; *time* ~*s all wounds* tiden läker alla sår **2** återställa, laga; ~ *a quarrel* bilägga en tvist **II** *vb itr* läka[s] [*the wound* ~*s slowly*]; botas
healer ['hiːlə] *s* **1** helbrägdagörare **2** botemedel, läkemedel; *time is a great* ~ tiden är den bästa läkaren
health [helθ] *s* **1** hälsa, sundhet **2** hälsotillstånd, hälsa [*good* ~], välstånd [*economic* ~]; *bad* (*ill*) ~ dålig (svag) hälsa,

ohälsa, sjuklighet; ~ **check-up** hälsoundersökning; ~ **hazard (risk)** hälsorisk; **the Department of H~ and Social Security** socialdepartementet; ~ **service** hälsovård; **he is in a low state of ~** hans hälsotillstånd är dåligt **3** välgång, skål [*drink a ~ to* (för)]; **drink** [*to*] **a p.'s ~** dricka ngns skål, skåla med ngn; **here's a ~ to...!** en skål för...!; **your ~!** el. **good ~!** skål!
health centre ['helθˌsentə] *s* vårdcentral; läkarhus
health certificate ['helθsəˌtɪfɪkət] *s* friskintyg
health-food ['helθfuːd] *s* hälsokost
health inspector ['helθɪnˌspektə] *s*, [*public*] ~ hälsovårdsinspektör
health insurance ['helθɪnˌʃʊər(ə)ns] *s* sjukförsäkring
health resort ['helθrɪˌzɔːt] *s* kurort
health visitor ['helθˌvɪzɪtə] *s* distriktssköterska
healthy ['helθɪ] *adj* **1** frisk [*be ~; of a ~ constitution; a ~ appetite*]; vid god hälsa [*be ~*]; sund [*~ judgement, ~ views*] **2** hälsosam, sund
heap [hiːp] **I** *s* **1** hög, hop; **all in a ~** i en enda hög; **be struck (knocked) all of a ~** vard. bli alldeles paff **2** vard., **a ~ of** en hel hög, en hop, en massa; **~s of** hela högar med, massor med (av), massvis med; **it did me ~s of good** det gjorde mig förfärligt (hemskt) gott **II** *vb tr* **1** ~ [*up* (*together*)] hopa, lägga i en hög [*~* [*up*] *stones*], stapla [upp]; lägga på hög, samla [ihop] [*~* [*up*] *riches*] **2** fylla [*~ a plate with food*]; råga [*a ~ed spoonful* (*measure*)] **3** överösa, överhopa
hear [hɪə] (*heard heard*) **I** *vb tr* **1** höra **2** lyssna på (till); åhöra; [*you're not going,*] *do you ~ me!* ...uppfattat?, ...hör du det!; **~ me out!** låt mig få tala till punkt! **3** få höra, få veta, erfara **4** jur. [för]höra [*~ the accused, ~ a witness*]; pröva, behandla [*~ a case*] **II** *vb itr* **1** höra; uppfatta; *~!, ~!* utrop av bifall ja!, [ja!], bravo!, instämmer!; iron. hör på den! **2** få höra; **have you ~d about my sister?** har du hört vad som har hänt min syster?; **~ from** höra 'av, höra [något] från [*have you ~d from him lately?*]; **let me ~ from you soon** låt snart höra av dig!, hör av dig snart!; **~ of** höra talas om [*I've never ~d of her*]; **I won't ~ of such a thing** jag vill inte veta 'av (höra talas om) något sådant
heard [hɜːd] imperf. o. perf. p. av *hear*
hearer ['hɪərə] *s* åhörare
hearing ['hɪərɪŋ] *s* **1** hörsel; **~ dog** hund som specialtränats som hjälp åt hörselskadade; **~ spectacles** hörglasögon; **organ of ~** hörselorgan; **be hard of ~** vara lomhörd, höra dåligt, ha nedsatt hörsel **2** hörhåll; **in a p.'s ~** i ngns närvaro, så att ngn hör (kan höra); **within** (*out of*) **~** inom (utom) hörhåll **3** utfrågning, hearing; jur. hörande, förhör; prövning, behandling [*the ~ of the case*]; **preliminary ~** förundersökning; **give a p. a ~** lyssna till (på) ngn
hearing aid ['hɪərɪŋeɪd] *s* o. **hearing appliance** ['hɪərɪŋəˌpleɪəns] *s* hörapparat
hearken ['hɑːk(ə)n] *vb itr* litt. lyssna [*to* till]
hearsay ['hɪəseɪ] *s* hörsägen, rykte[n], prat; attr. grundad på hörsägner [*~ evidence* (vittnesmål)], andrahands- [*~ rumours*]
hearse [hɜːs] *s* likvagn
heart [hɑːt] *s* **1** anat. hjärta; **~ attack** hjärtattack; **a ~ condition** hjärtbesvär; **the ~ region** hjärttrakten; **a ~ transplant** en hjärttransplantation; **~ transplantation** hjärttransplantation; **~ trouble** hjärtbesvär; **fatty ~** fetthjärta **2** hjärta [*he lost his ~ to her*]; sinne [*a man after my* [*own*] ~]; själ; mod; **change of ~** sinnesförändring; **~ and soul** adv. med liv och lust (själ) [*throw oneself ~ and soul into a th.*]; med hela sin själ; **bless my ~** [*and soul*]*!* vard. kors i all min dar!; **her ~ went out to him** hennes tankar gick till honom; hon kände starkt med honom; **break a p.'s ~** krossa ngns hjärta; **it breaks my ~ to see...** det skär mig i hjärtat att se...; **cross my ~** [*and hope to die*]*!* på hedersord!, jag svär!; **have a ~!** var lite bussig nu [va]!; **he didn't have his ~ in it** han saknade lusten (den rätta glöden); **he had his ~ in his mouth** han hade hjärtat i halsgropen; **have one's ~ in the right place** ha hjärtat på rätta stället; **have one's ~ in one's work** arbeta med liv och lust, känna arbetsglädje; **lose ~** tappa modet, bli modfälld; **put one's ~** [*and soul*] *into one's work* lägga ned hela sin själ i arbetet; **set one's ~ at rest** slå sig till ro; bli lugn; **set one's ~ on a th.** sätta sig i sinnet att få (uppnå) ngt; **take ~** fatta (repa) mod; **wear one's ~ on one's sleeve** öppet visa sina känslor; **at ~** i själ och hjärta, i grund och botten; **light at ~** lätt till sinnes (om hjärtat); **sick at ~** beklämd, betryckt, nedstämd; **we have it very much at ~** det ligger oss mycket varmt om hjärtat; **at the bottom of one's ~** innerst inne; **by ~** utantill, ur minnet; **from** [*the bottom of*] **one's ~** av allt hjärta, innerligt; **in my ~ of ~s** i djupet av mitt hjärta, innerst inne; **it is a matter very near to his ~** det är en hjärtesak för honom; **~ to ~** förtroligt, öppet; **take a th. to ~** a) lägga ngt på hjärtat, allvarligt begrunda ngt b) ta illa vid sig av ngt, ta ngt hårt c) låta ngt gå sig djupt till sinnes; **to one's ~'s content** av hjärtans lust; så mycket man vill; **with all one's ~** av hela sitt hjärta **3** hjärta [*in the ~ of the city*], centrum, medelpunkt; **the ~ of the matter** hjärtpunkten, pudelns kärna; **~ of oak** bildl. kärnkarl **4** kortsp. hjärterkort; pl. **~s** hjärter; **the ten of ~s** hjärtertian
heartache ['hɑːteɪk] *s* hjärtesorg, hjärtängslan

heartbeat ['hɑ:tbi:t] s hjärtslag pulsslag
heartbreak ['hɑ:tbreɪk] s hjärtesorg, djup smärta
heartbreaker ['hɑ:t‚breɪkə] s hjärtekrossare
heartbreaking ['hɑ:t‚breɪkɪŋ] adj förkrossande, hjärtslitande, hjärtskärande; hjärtknipande; vard. förskräckligt tråkig, själsdödande [a ~ task]
heartbroken ['hɑ:t‚brəʊk(ə)n] adj med krossat (brustet) hjärta, förtvivlad, tröstlös, modlös
heartburn ['hɑ:tbɜ:n] s halsbränna
heart disease ['hɑ:tdɪ‚zi:z] s hjärtfel, hjärtsjukdom
hearted ['hɑ:tɪd] adj vanl. i sms. -hjärtad [hard-hearted], med...hjärta [heavy-hearted]
hearten ['hɑ:tn] vb tr uppmuntra [~ing news]
heart failure ['hɑ:t‚feɪljə] s med. hjärtsvikt, hjärtinsufficiens
heartfelt ['hɑ:tfelt] adj djupt känd, uppriktig, innerlig, hjärtlig [~ thanks]
hearth [hɑ:θ] s **1** härd äv. tekn.; eldstad, spisel **2** [hemmets] härd [~ and home]
heartily ['hɑ:təlɪ] adv **1** hjärtligt, av hjärtat, uppriktigt, varmt **2** tappert, friskt; ivrigt, energiskt, med entusiasm [fight ~ for one's cause] **3** med god aptit, duktigt **4** innerligt, ordentligt [~ sick (led) of a th.], grundligt, fullständigt
heartiness ['hɑ:tɪnəs] s hjärtlighet etc., jfr hearty
heartless ['hɑ:tləs] adj hjärtlös, hård
heart-rending ['hɑ:t‚rendɪŋ] adj hjärtslitande, hjärtskärande [~ scenes]
heart-searching ['hɑ:t‚sɜ:tʃɪŋ] s, ~ el. ~s pl. självrannsakan, självprövning
heartstrings ['hɑ:tstrɪŋz] s pl bildl. hjärterötter; innersta strängar (känslor) [play [up]on a p.'s ~]
heart-throb ['hɑ:tθrɒb] s **1** hjärtklappning **2** förälskelse, svärmeri, passion **3** vard., [the town's] ~ ...hjärteknipare
heart-to-heart [‚hɑ:ttə'hɑ:t] adj förtrolig, öppen
heart-warming ['hɑ:t‚wɔ:mɪŋ] adj glädjande, värmande
hearty ['hɑ:tɪ] **I** adj **1** hjärtlig [a ~ welcome], varm; uppriktig; ivrig [a ~ supporter of a cause] **2** kraftig [a ~ blow]; hurtfrisk, hejig [a ~ type] **3** matfrisk **4** kraftig, riklig [a ~ meal]; a ~ **appetite** [en] frisk (stor, god) aptit **II** s sl., ung. hurtbulle, friskus
heat [hi:t] **I** s **1** hetta; värme äv. fys. [~ is a form of energy]; ~ **treatment** värmebehandling **2** bildl. hetta, iver [speak with some ~]; **in the ~ of the battle (struggle, combat)** i stridens hetta; **in the ~ of the moment** i ett ögonblick av upphetsning, i ett överilat ögonblick **3** sport. heat, [enkelt] lopp, löpning, uttagningslopp; **dead** ~ dött lopp; **trial (preliminary)** ~**s** försökheat, uttagningslopp **4** brunst; **in (on,**

at) ~ brunstig **5 a)** vard. press, tryck; **put (turn) the ~ on a p.** dra åt tumskruvarna på ngn, öka trycket på ngn **b)** sl., **the ~** snuten, snutarna; **the ~ is off** vard. det har lugnat ner sig, faran är över **c)** sl., **on ~** kåt **II** vb tr, ~ [up] upphetta äv. bildl. [cool a p.'s ~ed brain]; värma [upp] [~ [up] some water, ~ up the leftovers]; elda [i] [~ a stove]; hetsa [be ~ed into fury]
heated ['hi:tɪd] perf p o. adj upphettad etc., jfr heat II; het, hetsig, animerad, livlig [a ~ discussion]
heater ['hi:tə] s värmeapparat, värmeelement [electric ~]; varmvattensberedare
heath [hi:θ] s hed
heathen ['hi:ð(ə)n] s **1** hedning; **the** ~ koll. hedningarna **2** vard. vilde [he grew up as a young ~]
heathendom ['hi:ð(ə)ndəm] s **1** hedendom[en] **2** hednavärld[en]
heather ['heðə] s bot. ljung
Heathrow [‚hi:θ'rəʊ, attr. '--] geogr. egenn.; ~ **International Airport** Londons huvudflygplats
heating ['hi:tɪŋ] s upphettning, uppvärmande, uppvärmning, eldning; **central** ~ centralvärme
heat-resistant ['hi:trə‚zɪst(ə)nt] s värmetålig
heatstroke ['hi:tstrəʊk] s med. värmeslag
heat wave ['hi:tweɪv] s **1** värmebölja **2** fys. värmevåg
heave [hi:v] **I** (~d ~d, isht sjö. hove hove) vb tr **1** lyfta, häva [ofta ~ up]; komma att hävas, få att svalla **2** dra [~ a sigh], utstöta, upphäva; ~ **a groan** stöna **3** sjö. o. vard. hiva, hyva, kasta [~ a th. overboard, ~ a brick through (out of) a window]; ~ **the lead** hiva lodet **4** sjö. hiva, hyva, vinda [upp], [för]hala; hissa [~ a sail]; ~ **the anchor** lätta ankar; ~ **the ship to** dreja (lägga) bi **5** geol. förkasta, förskjuta **II** (~d ~d, isht sjö. hove hove) vb itr **1** höja sig, svälla; ~ **in sight** sjö. vard. komma i sikte, dyka upp äv. om pers. **2** hävas [och sänkas], stiga och falla, bölja, svalla [the heaving billows (vågorna)] **3** flämta, kippa [for breath efter andan] **4** försöka (vilja) kräkas; kräkas, spy; äcklas **5** sjö. hiva, hala [at, on i]; ~ **ho!** el. ~ **away!** hi å hå!; ~ **to** dreja (lägga) bi **III** s **1** hävning, lyftning; tag [a mighty ~] **2** höjning, stigning; svallning, böljegång **3** sjö. hivande **4** geol. [horisontell] förkastning
heaven ['hevn] s **1** vanl. pl. ~**s** himmel, himlavalv **2** vard., i utrop himmel[en]; himmelrike[t]; Gud, Himlen [H~'s will]; **H~ forbid!** [vilket] Gud förbjude!, Gud bevare oss (mig) [för det]!; **move ~ and earth** göra sitt yttersta (allt man kan); **go to ~** komma till himlen; **thank H~!** gudskelov!
heavenly ['hevnlɪ] adj **1** himmelsk; gudomlig; överjordisk; från himlen [a ~ angel]; ~ **choir**

änglakör 2 himla-, himmels-; ~ *bodies* himlakroppar 3 vard. gudomlig, underbar
heaven-sent ['hevnsent] *adj* välkommen, gudasänd, perfekt [*a* ~ *opportunity*]
heavily ['hevəlɪ] *adv* **1** tungt [~ *loaded*], hårt [~ *taxed* (beskattad)], strängt [~ *punished*]; kraftigt [*it rained* ~]; högt [~ *insured*]; tätt [~ *populated*]; mödosamt; trögt, långsamt; jfr f.ö. *heavy I* **2** i hög grad, i stor utsträckning, mycket, starkt [~ *dependent on* (beroende av)]
heaviness ['hevɪnəs] *s* tyngd, grovhet etc., jfr *heavy I*; ~ *of heart* tungsinthet
heavy ['hevɪ] **I** *adj* **1** tung; om tyg tjock, bastant, kraftig; ~ *traffic* a) tung trafik b) stark (livlig) trafik **2** mil. tung [*a* ~ *bomber*; ~ *weapons*; ~ *cavalry* (kavalleri)], tungt beväpnad; ~ *guns* (*artillery*) tungt (grovt) artilleri; ~ *metal* a) tungt artilleri b) mus. vard. hårdrock **3** stor [~ *expenses*], svår [*a* ~ *loss* (*defeat*)], väldig, dryg, tung [~ *taxes*], omfattande [*a* ~ *building programme*]; stark, livlig [~ *demand* (efterfrågan)]; våldsam, häftig [*a* ~ *blow* (*storm*); *open* ~ *fire*]; kraftig, tät [~ *snowfall*]; stadig [*a* ~ *meal*]; *a* ~ *buyer* en storköpare; *a* ~ *dose* en kraftig (stark) dos; *he's a* ~ *drinker* han dricker (super) mycket, han har alkoholproblem; *a* ~ *eater* en storätare; *a* ~ *fine* höga böter; *a* ~ *loser* en storförlorare; *a* ~ *sea* sjö. grov sjö; *a* ~ *smoker* en storrökare; *make* ~ *weather of...* bildl., se under *weather I 1 a*); *be* ~ *on* använda (förbruka) massor av [*the car is* ~ *on oil*; *don't be so* ~ *on the butter*] **4** tyngd, laddad, fylld, mättad [*with* med, av] **5** allvarlig, värdig isht teat. [*play the* ~ *father*]; *a* ~ *part* en allvarlig roll **6** tung [*with a* ~ *heart*], betryckt, nedslagen, sorgsen; nedslående, sorglig [~ *tidings* (*news*)] **II** *s* **1** pl. *the heavies* de stora (tunga) tidningarna, [tidnings]drakarna **2** vard. för *heavyweight* **III** *adv* tungt; *time hangs* (*lies*) ~ [*on my hands*] tiden kryper fram (blir lång) [för mig]; *lie* ~ *on* se 2 *lie I 4*
heavy-duty [ˌhevɪ'djuːtɪ] *adj* motståndskraftig, slitstark, tålig [~ *gloves*]; tekn. tung; ~ *oil* HD-olja
heavy-handed [ˌhevɪ'hændɪd] *adj* hårdhänt, med hård hand, tung; handfast; klumpig
heavy-hearted [ˌhevɪ'hɑːtɪd] *adj* tung om hjärtat, tungsint, melankolisk, sorgsen, dyster
heavyweight ['hevɪweɪt] *s* isht sport. **1** tungvikt; attr. tungvikts- [~ *title*], tung **2** tungviktare
Hebraic [hɪ'breɪɪk, he'b-] *adj* hebreisk
Hebrew ['hiːbruː] **I** *s* **1** hebré, jude; [*the Epistle to the*] ~*s* (konstr. ss. sg.) Hebréerbrevet **2** hebreiska [språket] **II** *adj* hebreisk

Hebrides ['hebrɪdiːz] geogr.; *the* ~ pl. Hebriderna
hecatomb ['hekətuːm, -təʊm] *s* hekatomb äv. bildl. massoffer, stort antal
heck [hek] *s* vard. för *hell*; *what the* ~*!* vad i helsike!
heckle ['hekl] *vb tr* **1** häckla lin o.d. **2** häckla, avbryta [med irriterande frågor]
hectare ['hektɑː, -teə] *s* hektar
hectic ['hektɪk] *adj* hektisk, febril [*lead a* ~ *life*]
hecto- ['hektə(ʊ)] *prefix* hekto-
hector ['hektə] **I** *vb tr* tyrannisera, hunsa, kujonera; *a* ~*ing tone* [en] mästrande ton, [en] skolmästarton **II** *vb itr* spela översittare; skrävla, skrodera
he'd [hiːd] = *he had*; *he would*
hedge [hedʒ] **I** *s* **1** häck äv. bildl. [*a* ~ *of police*]; inhägnad, gärdsgård **2** bildl. skrank, hinder, mur; skydd [*a* ~ *against inflation*]; undanflykt **3** vid vadslagning [hel]gardering **II** *vb tr* inhägna [med en häck]; omgärda, kringgärda, inringa; spärra av (till) [ofta ~ *up*]; ~ *in* (*round, about*) omringa, inringa; omgärda, kringgärda; bildl. äv. omge, omsluta; ~ *a bet* [hel]gardera sig, hålla på båda sidorna (flera tävlande)
hedgehog ['hedʒ(h)ɒg] *s* zool. igelkott
hedgerow ['hedʒrəʊ] *s* häck av buskar el. träd
hedge sparrow ['hedʒˌspærəʊ] *s* zool. järnsparv
hedonism ['hiːdə(ʊ)nɪz(ə)m] *s* filos. hedonism; vard. njutningslystnad
hedonistic [ˌhiːdə(ʊ)'nɪstɪk] *adj* filos. hedonistisk; vard. njutnings-
heebie-jeebies [ˌhiːbɪ'dʒiːbɪz] *s pl* sl., *the* ~ stora skälvan
heed [hiːd] **I** *vb tr* bry sig om [~ *a warning*], ta hänsyn till, fästa avseende vid **II** *s*, *give* (*pay*) ~ *to* ta hänsyn till, lyssna till, fästa avseende vid, bry sig om; *take* ~ ta sig i akt, akta sig
heedful ['hiːdf(ʊ)l] *adj*, ~ *of* som tar hänsyn till (fäster avseende vid, bryr sig om)
heedless ['hiːdləs] *adj* **1** ~ *of* obekymrad om, som inte fäster avseende vid **2** bekymmerslös, tanklös
hee-haw [ˌhiː'hɔː] **I** *s* **1** skri av åsna **2** gapskratt, flabb **II** *vb itr* **1** skria om åsna **2** gapskratta, flabba
1 heel [hiːl] **I** *s* **1** häl; bakfot, bakhov; fot; klack [*wear high* ~*s*]; bakkappa på sko; *kick* (*cool*) *one's* ~*s* [få (stå och)] vänta; slå dank; *show a clean pair of* ~*s* lägga benen på ryggen, ta till benen (sjappen); *at* ~ hack i häl; *out at* ~[*s*] om strumpa (strumpor) med hål på hälen; *turn on one's* ~[*s*] svänga om (snurra runt) på klacken; *take to one's* ~*s* lägga benen på ryggen, ta till benen (sjappen) **2** sista del, slut äv. om tid [*the* ~ *of a session*]; rest; *a* ~ *of cheese* en ostkant; *the* ~ *of the bottle* sista skvätten i flaskan **3** isht

amer. sl. knöl, kräk, schajas **II** *vb tr* **1** klacka [~ *shoes*] **2** fotb. klacka [~ *the ball*] **3** ~ *in a plant* jordslå en växt **2 heel** [hi:l] *vb itr* sjö., ~ [*over*] kränga, få slagsida
heeltap ['hi:ltæp] *s* **1** klacklapp **2** vard. sista skvätt; *no ~s!* botten opp!, i botten!
hefty ['heftɪ] *adj* vard. **1** stöddig, bastant; ordentlig, rejäl; kraftig [*a* ~ *push*] **2** tung
hegemony [hɪ'gemənɪ, 'hedʒɪmənɪ] *s* hegemoni, herravälde, ledarskap
heifer ['hefə] *s* kviga
height [haɪt] *s* **1** höjd [*the* ~ *of a mountain*]; *200 feet in* ~ 200 fot hög **2** längd [*draw oneself up* (sträcka på sig) *to one's full* ~], storlek; *what is your ~?* hur lång är du?; *of medium* (*middle*) ~ av medellängd **3** höjd; kulle; topp [*mountain ~s*] **4** höjdpunkt, högsta grad, toppunkt; höjd [*the* ~ *of his ambition*]; *the* ~ *of fashion* högsta mode[t]; *the* ~ *of perfection* fullkomligheten själv; *at its* ~ på sin höjdpunkt; *in the* ~ *of summer* mitt i sommaren, under högsommaren
heighten ['haɪtn] **I** *vb tr* **1** göra hög[re], höja **2** bildl. [för]höja [~ *an effect*], öka; förstärka [~ *the contrast*]; underblåsa [~ *suspicions* (*jealousy*)] **II** *vb itr* mest bildl. [för]höjas, ökas
heinous ['heɪnəs] *adj* skändlig, avskyvärd [*a* ~ *crime*], fruktansvärd, vidrig
Heinz [varumärket haɪnz, haɪnts]
heir [eə] *s* [laglig] arvinge, arvtagare [*to a th.* till ngt]; ~ *apparent* (pl. *~s apparent*) närmaste (obestridlig) arvinge, bröstarvinge till ännu levande; ~ *to the throne* tronarvinge
heiress ['eərɪs] *s* arvtagerska
heirloom ['eəlu:m] *s* släktklenod, arvegods
heist [haɪst] isht amer. sl. **I** *s* stöt, rån, kupp **II** *vb tr* knycka, råna; göra en stöt mot (på)
held [held] imperf. o. perf. p. av *1 hold*
Helen ['helɪn] kvinnonamn; ~ *of Troy* Sköna Helena
helical ['helɪk(ə)l] *adj* spiralformig, skruvformig; spiral- [~ *gear* (kugghjul)]
helicopter ['helɪkɒptə] *s* helikopter
helipad ['helɪpæd] *s* helikopterplatta för start och landning
heliport ['helɪpɔ:t] *s* helikopterflygplats, heliport
helium ['hi:ljəm] *s* kem. helium
hell [hel] *s* a) helvete[t] b) ofta i slangartade uttryck: *oh, ~!* jäklar [också]!; det var [som] fan!; *all* ~ *is breaking loose* hela helvetet bryter lös, det tar hus i helvete; *a* (starkare *one*) ~ *of* [*a mess*] en jäkla (himla)...; *a* ~ *of a noise* ett jäkla (jädrans) oväsen; *we had a* ~ *of a time* a) vi hade ett helvete, vi hade det för djävligt b) vi hade jäkligt kul (roligt); *what the* ~ [*do you want*]? vad i helvete...?, vad fan...?; *get the* ~ *out of here!* dra åt helvete!; *give a p.* ~ låta ngn få se på fan, låta ngn sina fiskar varma; skälla ut ngn;

this tooth is giving me ~ det gör djävligt ont (det värker som [bara] fan) i den här tanden; *make a p.'s life* ~ göra livet till ett helvete för ngn; *ride* (*run*) ~ *for leather* rida (springa) allt vad tygen håller; *just for the* ~ *of it* bara för skojs skull; på [rent] djävulskap; *like* ~ *you will!* du ska (gör) så fan heller!, i helvete heller!; [*he drove*] *like* ~ ...av bara helvete, ...som [bara] fan; *go to ~!* dra (far) åt helvete!
he'll [hi:l] = *he will* (*shall*)
hellbender ['hel,bendə] *s* amer. **1** zool. amerikansk jättesalamander, slamdjävul **2** vard. hårding, tuffing **3** vard. fyllbult, suput
hellbent ['helbent] *adj* isht amer. vard. fast besluten [~ *on doing* (att göra) *a th.*]
Hellenic [he'li:nɪk] *adj* hellensk
hellish ['helɪʃ] *adj* helvetisk, helvetes, infernalisk, djävulsk[t elak]
hello [,he'ləʊ, hə'ləʊ] *interj* o. *s* hallå; hej!; uttr. förvåning äv. jaså [minsann]!; ~ *there!* a) hej[san]!, tjänare! b) hör du du!; *say* ~ *to a p.* a) heja (hälsa) på ngn b) hälsa till ngn
helluva ['heləvə] *adj* o. *adv* sl., se *hell of a* under *hell*
helm [helm] **I** *s* roder hela styrinrättningen o. bildl.; rorkult; *be at the* ~ sitta vid rodret äv. bildl.; stå (sitta) till rors **II** *vb tr* styra isht bildl.
helmet ['helmɪt] *s* hjälm; kask
helmsman ['helmzmən] *s* rorgängare, rorsman
help [help] **I** *vb tr* **1 a**) hjälpa [~ *a p.* [*to*] *do* ([med] att göra) *a th.*], bistå, understödja **b**) [be]främja, befordra, underlätta [*this did not* ~ *the negotiations*]; *so* ~ *me God* så sant mig Gud hjälpe; *God* ~ *you if...!* Gud nåde dig om...!; ~ *a p. on* (*off*) *with his coat* hjälpa ngn på (av) med rocken; ~ *out* hjälpa ngn ur knipan, hjälpa ngn till rätta, vara till hjälp för ngn [*will* (kan) *100* ~ *you out?*]; ~ *up* (*down*) hjälpa ngn upp (ned) el. uppför (nedför) **2** ~ *a p. to a th.* servera (lägga för) ngn ngt [*may I* ~ *you to some meat?*]; skaffa ngn ngt; ~ *oneself* ta för sig [*to* (av) *a th.*]; ~ *oneself to a th.* vard. lägga sig tillmed ngt; ~ *yourself!* var så god [och ta]!, ta för dig (er)! **3** låta bli, rå för, hjälpa; *I can't* ~ *it* jag kan inte låta bli, inte rå för det, jag kan inte hjälpa det; *I can't* ~ *laughing* jag kan inte låta bli att skratta, jag kan inte hålla mig för skratt, jag måste skratta; *I can't* ~ *being late* jag kan inte hjälpa (rå för) att jag kommer så sent; [*I won't do it*] *if I can* ~ *it* ...om jag slipper (kan slippa); [*he won't do it again*] *if I can* ~ *it* ...om han får något att säga till om; [*don't be longer* (*don't do any more*)] *than you can* ~ ...än du behöver; *it can't be ~ed* det kan inte hjälpas; [*she burst out crying,*] *she could not* ~ *herself* ...hon kunde inte behärska sig **II** *vb itr* **1** hjälpa [till], vara behjälplig; ~ *to* hjälpa till att, göra

helper 392

sitt till att, bidra till att [*this* ~*s to explain why it was never done*]; ~ *out* hjälpa till [*she* ~*ed out in the shop*] **2** servera **III** *s* **1** hjälp, bistånd; *be of* ~ [*to a p.*] vara [ngn] till hjälp; *can I be of any* ~ *to you?* kan jag hjälpa dig [med någonting]? **2** hjälp, botemedel [*for* mot, för]; *there is no* ~ *for it* det är ingenting att göra åt det **3** hjälp[medel] [*books are a* ~ *to knowledge*] **4** pers. [hem]hjälp, hembiträde
helper ['helpə] *s* hjälpare; medhjälpare, hjälpreda
helpful ['helpf(ʊ)l] *adj* hjälpsam, tjänstvillig
helping ['helpɪŋ] *s* portion; [*do you want*] *another* ~ *of fish?* ...en portion fisk till?
helpless ['helpləs] *adj* hjälplös
helpmate ['helpmeɪt] *s* kamrat och hjälp isht om maka el. make
Helsinki ['helsɪŋkɪ, -'--] Helsingfors
helter-skelter [ˌheltə'skeltə] **I** *adv* huller om buller; hals över huvud, huvudstupa **II** *adj* hastig, brådstörtad [*a* ~ *flight*]
1 hem [hem] **I** *s* fåll; [neder]kant **II** *vb tr* **1** fålla; kanta **2** ~ *in* (*about, round*) stänga inne, omringa
2 hem [ss. interj. hm, ss. vb hem] **I** *interj*, ~*!* hm! **II** *vb itr* säga hm, humma; tveka; ~ *and haw* (*ha*) humma, stamma, dra på orden; knota
he-|man ['hiːˌmæn] (pl. -*men* [-men]) *s* vard. he-man, karlakarl
Hemingway ['hemɪŋweɪ]
hemisphere ['hemɪˌsfɪə] *s* halvklot, hemisfär, halvglob[skarta]; *the Western* ~ västra halvklotet
hemline ['hemlaɪn] *s* nederkant, fåll på kjol o.d.
hemlock ['hemlɒk] *s* **1** bot. odört **2** odörtsgift[dryck]
hemoglobin [ˌhiːmə(ʊ)'gləʊbɪn] *s* etc. isht amer., se *haemoglobin* etc.
hemp [hemp] *s* bot. hampa
hemstitch ['hemstɪtʃ] **I** *vb tr* o. *vb itr* sy hålsöm [i (på)]; sy med hålsöm **II** *s* hålsöm
hen [hen] *s* **1** höna **2** isht i sms. hon-, -hona [*peahen*], -höna
henbane ['henbeɪn] *s* bot. bolmört
hence [hens] *adv* **1** härav [~ *it follows that*...]; ~ *his surprise* härav [kom] hans förvåning **2** följaktligen, därför [*and* ~...] **3** härefter, hädanefter; *five years* ~ om fem år; fem år härefter **4** åld. el. poet. härifrån; [*get thee*] ~*!* [vik] hädan!
henceforth [ˌhens'fɔːθ] *adv* o. **henceforward** [ˌhens'fɔːwəd] *adv* hädanefter, framdeles
hench|man ['hen(t)ʃ|mən] (pl. -*men* [-mən]) *s* hejduk, hantlangare
Henley ['henlɪ] geogr. egenn.; *the* ~ *regatta* världens äldsta roddartävling
Hennessy ['henɪsɪ]
hen party ['henˌpɑːtɪ] *s* vard. fruntimmersbjudning

henpecked ['henpekt] *adj* vard. som står under toffeln, hunsad, kujonerad; *be* ~ stå under toffeln; *a* ~ *husband* en toffelhjälte
Henry ['henrɪ] mansnamn; ss. kunganamn Henrik
henry ['henrɪ] (pl. lika el. *henries*) *s* elektr. henry
hepatitis [ˌhepə'taɪtɪs] *s* med. hepatit
heptagon ['heptəgən] *s* geom. sjuhörning
heptagonal [hep'tægənl] *adj* sjuhörnig
her [hɜː, obeton. äv. ɜː, hə, ə] **I** *pers pron* (objektsform av *she*) **1** henne vanl. äv. om fartyg; om tåg, bil, land m.m. den, det **2** vard. hon [*it's* ~] **3** sig [*she took it with* ~] **II** *fören poss pron* hennes [*it is* ~ *hat*]; sin [*she sold* ~ *house*]; dess [*England and* ~ *sons*]; jfr *my*
herald ['her(ə)ld] **I** *s* **1** hist. härold **2** heraldiker **3** budbärare, sändebud **4** bildl. härold, förebud **II** *vb tr* förebåda, inleda [~ *a new era*]
heraldic [he'rældɪk] *adj* heraldisk
heraldry ['her(ə)ldrɪ] *s* heraldik
herb [hɜːb] *s* **1** ört; växt [*collect* ~*s*]; kryddväxt; läkeört, medicinalväxt **2** örtkrydda
herbaceous [hɜː'beɪʃ(ə)s] *adj* örtartad; ört-; ~ *border* kantrabatt; ~ *plants* örtväxter
herbal ['hɜːb(ə)l] *adj* ört- [~ *medicine* (*tea*)]
herbalist ['hɜːbəlɪst] *s* medicinalväxthandlare, medicinalväxtodlare
Herbert ['hɜːbət] mansnamn
herbicide ['hɜːbɪsaɪd] *s* växtgift, herbicid
herbivore ['hɜːbɪvɔː] *s* zool. växtätare, gräsätare, herbivor
herculean o. **Herculean** [ˌhɜːkjʊ'liːən, hɜː'kjuːljən] *adj* herkulisk; Herkules-; *a* ~ *task* ett herkulesarbete
Hercules ['hɜːkjʊliːz] mytol. Herkules; *a labour of* ~ ett herkulesarbete
1 herd [hɜːd] **I** *s* **1** hjord [*a* ~ *of cattle*], flock **2** neds. hop, massa, skock; *follow the* ~ bildl. följa med strömmen, gå i flock **II** *vb itr* gå i hjord[ar]; gå i flock; ~ *together* flockas, samlas; gå i flock (hjord[ar])
2 herd [hɜːd] *vb tr* vakta [~ *sheep*]; driva
herds|man ['hɜːdz|mən] (pl. -*men* [-mən]) *s* **1** [boskaps]herde **2** amer. utfodrare, kreatursskötare
here [hɪə] *adv* **1** här [*I live* ~]; hit; ~*!* vid upprop ja!; ~*, you!* hallå där!; ~*'s to you!* ~*'s how!* [din] skål!; ~*'s to*... en skål för...; ~ *and now* äv. genast, med detsamma; just nu; ~*, there, and everywhere* på alla möjliga [och omöjliga] ställen, överallt; åt alla håll och kanter; *that's neither* ~ *nor there* bildl. det hör inte till saken (inte hit); det gör varken till eller från; ~ *today,* [*and*] *gone tomorrow* i dag röd, i morgon död; ~ *we are!* nu är vi framme (här)!; här är vi nu!; här är vi [ju]!; ~ *you are!* här har du!, var så god!; se här!; *leave* ~ gå (fara) härifrån; *about* ~ häromkring, här någonstans, här i

trakten; ***down*** (***in***) ~ här nere (inne); hit ned (in), ned (in) hit; ***from*** ~ ***to there*** härifrån och dit; ***near*** ~ här i närheten (trakten); [***still***] ~ (ännu) här, kvar **2** här nere på jorden [äv. ~ *below*] **3** här[i], härvidlag, i det här fallet [~ *we agree*] **4** nu, då; ~ *goes!* vard. ja, då sätter (kör) vi (jag) i gång!; ~ *we go* [*again*]*!* nu börjas det!, så är (var) det dags [igen]!
hereabout[s] [ˈhɪərəˌbaʊt, -s] *adv* häromkring, här i (på) trakten
hereafter [hɪərˈɑːftə] I *adv* litt. el. jur. **1** härefter, hädanefter **2** här nedan **3** i det tillkommande, i ett annat liv II *s* litt., ***the*** ~ livet efter detta (döden)
hereby [ˌhɪəˈbaɪ, ˈ--] *adv* härmed [*I* ~ *beg to inform you*...]
hereditary [hɪˈredɪt(ə)rɪ] *adj* arv- [~ *prince*, ~ *foe*]; arvs- [~ *character* el. *disposition* (anlag)]; ärftlighets- [~ *principle*]; ärftlig [~ *disease*]; [ned]ärvd [~ *customs*]; medfödd [~ *talent*]
heredity [hɪˈredətɪ] *s* ärftlighet; nedärvande; arv [~ *and environment*]
Hereford [ˈherɪfəd] hist. grevskap, numera ***Hereford and Worcester***
Herefordshire [ˈherɪfədʃɪə, -ʃə] geogr. (hist.)
herein [ˌhɪərˈɪn] *adv* isht jur. häri, här nedan
heresy [ˈherəsɪ] *s* kätteri; irrlära
heretic [ˈherətɪk] *s* kättare
heretical [hɪˈretɪk(ə)l] *adj* kättersk
hereto [ˌhɪəˈtuː] *adv* åld. el. jur. härtill
heretofore [ˌhɪətʊˈfɔː] *adv* åld. el. jur. hittills, förut, fordom, tillförne
herewith [ˌhɪəˈwɪð] *adv* högtidl. härmed
heritage [ˈherɪtɪdʒ] *s* **1** arv; arvedel **2** kulturarv, fädernearv; ~ *coast* kuststräcka officiellt förklarad som naturminne; ***Minister of the H~*** i Storbritannien kulturminister
hermaphrodite [hɜːˈmæfrədaɪt] I *s* hermafrodit II *adj* hermafroditisk, tvåkönad
hermetic [hɜːˈmetɪk] *adj* o. **hermetical** [hɜːˈmetɪk(ə)l] *adj* hermetisk[t tillsluten]
hermit [ˈhɜːmɪt] *s* eremit, enstöring
hermitage [ˈhɜːmɪtɪdʒ] *s* eremithydda, eremitboning; byggn. eremitage
hernia [ˈhɜːnjə] (pl. äv. *herniae* [ˈhɜːniːː]) *s* med. bråck
hero [ˈhɪərəʊ] (pl. ~*es*) *s* **1** hjälte; ***the*** ~ ***of the hour*** (***day***) dagens hjälte, hjälten för dagen; ~ *sandwich* isht amer. vard., ung. dubbel landgång **2** [manlig] huvudperson i bok o.d.; hjälte [*the* ~ *of the play*]
Herod [ˈherəd] bibl. Herodes
heroic [hɪˈrəʊɪk] I *adj* heroisk; hjälte- [~ *death*; ~ *deeds*; ~ *tenor*]; hjältemodig II *s*, pl. ~*s* högtravande språk (stil, ton), poser, hjältefasoner
heroin [ˈherə(ʊ)ɪn] *s* heroin; ~ *addict* heroinist, heroinmissbrukare; ~ *addiction* heroinmissbruk

heroine [ˈherə(ʊ)ɪn] *s* **1** hjältinna **2** [kvinnlig] huvudperson i bok o.d.; hjältinna [*the* ~ *of the film*]
heroinism [ˈherə(ʊ)ɪnɪzm] *s* heroinmissbruk
heroism [ˈherə(ʊ)ɪz(ə)m] *s* hjältemod, heroism
heron [ˈher(ə)n] *s* zool. häger; ***night*** ~ natthäger
hero-worship [ˈhɪərəʊˌwɜːʃɪp] I *s* hjältedyrkan II *vb tr* dyrka som hjälte
herpes [ˈhɜːpiːz] *s* med. herpes; ~ *zoster* bältros
herring [ˈherɪŋ] *s* zool. sill
herringbone [ˈherɪŋbəʊn] *s* sillben; attr. fiskbens- [~ *pattern* (*stitch*)], fiskbensmönstrad [~ *tweed*]
herring gull [ˈherɪŋɡʌl] *s* zool. gråtrut
herring pond [ˈherɪŋpɒnd] *s* skämts., ***the*** ~ pölen Atlanten
hers [hɜːz] självst poss pron hennes [*is that book* ~*?*]; sin [*she must take* ~]; ***a friend of*** ~ en vän till henne; jfr *1 mine*
herself [həˈself] *rfl pron* o. *pers pron* sig [*she dressed* ~], sig själv [*she helped* ~; *she is not* ~ *today*]; hon själv [*nobody but* ~], själv [*she can do it* ~]; ***her brother and*** ~ hennes bror och hon [själv]; ***the queen*** ~ drottningen själv; själva[ste] drottningen, drottningen i egen hög person; jfr *myself*
Hertford [i England ˈhɑːfəd, ˈhɑːtf-, i USA ˈhɜːtfəd]
Hertfordshire [ˈhɑːfədʃɪə, ˈhɑːtf-, -ʃə] geogr.
Herts. [hɑːts, hɜːts] förk. för *Hertfordshire*
hertz [hɜːts] (pl. lika) *s* fys. hertz
Herzegovina [ˌhɜːtsəɡə(ʊ)ˈviːnə] geogr. Hercegovina
he's [hiːz, hɪz] = *he is* o. *he has*
hesitant [ˈhezɪt(ə)nt] *adj* tvekande, tveksam, osäker, vacklande, villrådig
hesitate [ˈhezɪteɪt] *vb itr* **1** tveka [*about* om; *at*, *over* inför]; ***he who*** ~*s* ***is lost*** ung. den intet vågar, han intet vinner; ***he*** ~*s* ***at nothing*** han drar sig inte för någonting **2** hacka i talet; ~ *for words* leta efter orden
hesitation [ˌhezɪˈteɪʃ(ə)n] *s* tvekan, tveksamhet, villrådighet, vacklan; betänkligheter; ***have no*** ~ ***in doing a th.*** inte tveka att göra ngt
heterodox [ˈhet(ə)rə(ʊ)dɒks] *adj* heterodox, irrlärig; kättersk
heterogeneity [ˌhetərə(ʊ)dʒɪˈniːətɪ] *s* heterogenitet, olikartad beskaffenhet, olikhet
heterogeneous [ˌhetərə(ʊ)ˈdʒiːnjəs] *adj* heterogen, olik[artad]; brokig [*a* ~ *collection*]
heterosexual [ˌhetərə(ʊ)ˈseksjʊəl] *adj* heterosexuell
heterosexuality [ˈhetərə(ʊ)ˌseksjʊˈælɪtɪ] *s* heterosexualitet
het-up [ˌhetˈʌp] *adj* vard. upphetsad, upprörd, ursinnig; ***get*** [***all***] ~ äv. brusa upp; bli eld och lågor, bli [alldeles] till sig
hew [hjuː] (~*ed* ~*ed* el. ~*n*) *vb tr* **1** hugga [i]

ngt; hugga sönder [vanl. ~ *to pieces*, ~ *asunder*]; ~ *one's way* hugga sig väg (fram); ~ *down* hugga ned, fälla **2** hugga (yxa) till; släthugga
hewn [hju:n] perf. p. av *hew*
hexagon ['heksəgən] *s* geom. hexagon, sexhörning
hexagonal [hek'sægənl] *adj* geom. hexagonal, sexkantig, sexvinklig, sexhörnig
hexameter [hek'sæmɪtə] *s* metrik. hexameter
hey [heɪ] *interj*, ~*!* hej! för att påkalla uppmärksamhet; hallå [där]!; hurra!; åh!, oh!; va?; hör nu!; ~, *you!* hallå där!; ~ *presto!* hokuspokus!, vips!
heyday ['heɪdeɪ] *s* höjd[punkt]; glansperiod, glansdagar, bästa dagar (tid); blomstringstid
HF förk. för *high frequency*
HH förk. för *His* (*Her*) *Highness*
hi [haɪ] *interj* **1** ~*!* hallå där! **2** ~ [*there*]*!* isht amer. hej!, hejsan!, tjänare!
hiatus [haɪ'eɪtəs] *s* lucka, gap t.ex. i manuskript
hibernate ['haɪbəneɪt] *vb itr* övervintra; gå (ligga) i ide äv. bildl.
hibernation [ˌhaɪbə'neɪʃ(ə)n] *s* **1** övervintring; djurs vinterdvala; *go into* ~ gå i ide **2** bildl. dvala, viloperiod
Hibernia [haɪ'bɜ:njə] litt. el. poet. Irland
hibiscus [hɪ'bɪskəs] *s* bot. hibiskus
hiccough ['hɪkʌp] *s se hiccup*
hiccup ['hɪkʌp] **I** *s* hickning, hicka; *have the* ~*s* ha hicka **II** *vb itr* hicka
hick [hɪk] isht amer. sl. **I** *s* bondlurk, lantis; landsortsbo **II** *adj* bondsk, lantlig; landsorts-
hickey ['hɪkɪ] *s* amer. **1** grej, manick, mojäng **2** elektr. fattning **3** vard. finne, bobba **4** vard. sugmärke
hickory ['hɪkərɪ] *s* a) hickory[träd], amerikanskt valnötsträd b) hickory- [~ *ski*], hickoryträ
hid [hɪd] imperf. o. perf. p. av *2 hide*
hidden ['hɪdn] **I** perf. p. av *2 hide* **II** *adj* [undan]gömd; [för]dold, hemlig [~ *motives*]
1 hide [haɪd] *s* **1** [djur]hud; skinn **2** vard. skinn [*save one's* ~]; *have a thick* ~ ha hård (tjock) hud, vara tjockhudad; *tan a p.'s* ~ ge ngn på huden, klå upp ngn
2 hide [haɪd] **I** (*hid hidden* el. *hid*) *vb tr* gömma, dölja [*from* för; *for* åt]; hålla gömd; ~ *oneself* gömma sig, hålla sig gömd; *I didn't know where to* ~ *myself* jag visste inte var jag skulle göra av mig; ~ *one's light* [*under a bushel*] sätta sitt ljus under en skäppa **II** (*hid hidden* el. *hid*) *vb itr* gömma sig, hålla sig gömd (dold); ~ *out* vard. hålla sig undan (gömd)
hide-and-seek [ˌhaɪdən(d)'si:k] *s* kurragömma
hide-away ['haɪdəweɪ] *s* vard. gömställe
hidebound ['haɪdbaʊnd] *adj* bildl. inskränkt; förstockad, trångsynt, insnörd i fördomar
hideous ['hɪdɪəs] *adj* otäck, ohygglig, avskyvärd; anskrämlig, ful

hide-out ['haɪdaʊt] *s* vard. gömställe för förbrytare, gerilla o.d.; tillhåll
1 hiding ['haɪdɪŋ] *s* stryk; *a* [*good*] ~ ett [ordentligt] kok stryk; *be on a* ~ *to nothing* vara chanslös, inte ha någon chans
2 hiding ['haɪdɪŋ] *s* **1** gömmande etc., jfr *2 hide* **2** *be in* ~ hålla sig gömd (undan); *go into* ~ gömma sig; söka skydd [*in* i]; *come out of* ~ komma fram, dyka upp igen **3** gömställe
hiding-place ['haɪdɪŋpleɪs] *s* gömställe
hierarchy ['haɪərɑ:kɪ] *s* hierarki; rangordning
hieroglyph ['haɪərə(ʊ)glɪf] *s* hieroglyf[tecken]
hieroglyphic [ˌhaɪərə(ʊ)'glɪfɪk] **I** *adj* **1** hieroglyfisk, hieroglyf- **2** sinnebildlig, symbolisk, esoterisk **II** *s* **1** hieroglyf[tecken] **2** hemligt tecken, symbol, sinnebild
hi-fi [ˌhaɪ'faɪ] (vard. för *high-fidelity*) **I** *s* **1** hi-fi naturtrogen ljudåtergivning **2** hi-fi-anläggning **II** *adj* hi-fi- [*a* ~ *set* (anläggning)]
higgledy-piggledy [ˌhɪgldɪ'pɪgldɪ] **I** *adv* huller om buller **II** *adj* rörig, kaotisk **III** *s* virrvarr, röra
high [haɪ] **I** *adj* (se äv. *sea*, *spirit*, *tea* m.fl. subst.) **1** hög; högt belägen; *the tide is* ~ det är flod; ~ *and dry* sjö. på torra land; strandad; bildl. ställd utanför; barskrapad; *leave a p.* ~ *and dry* lämna ngn i sticket **2** hög, högre [*a* ~ *official*]; fin, förnäm [*of* ~ *family*]; ~ *life* [livet i] den förnäma världen; *in* ~ *places* (*quarters*) på högre ort **3** förnämst; i titlar över- [*H*~ *Commissioner*]; *H~ Admiral* storamiral **4** hög [~ *fever*], stark; intensiv, livlig; ~ *colour* (*complexion*) hög (stark) [ansikts]färg; ~ *wind* hård (stark, kraftig) vind **5** *at* ~ *noon* precis kl. 12 på dagen, när solen står (stod) som högst; *the* ~ *season* högsäsongen; ~ *summer* högsommar; *it is* ~ *time you went* det är på tiden (hög tid) att du går **6** högdragen; *be* ~ *and mighty* vard. vara hög (av sig), vara dryg (överlägsen) **7** extrem, ultra- [*a* ~ *Tory*]; kyrkl. ortodox, högkyrklig, jfr äv. *High Church* **8** upprymd, glad; (pred.) vard. uppspelt; full berusad, på snusen; sl. hög, påtänd narkotikaberusad; ~ *jinks* se *jinks*; *have a* ~ *time* vard. ha jättekul **9** lyxig, flott [~ *living*] **10** om kött ankommen, om vilt vanl. välhängd, med stark viltsmak **II** *adv* (se äv. *1 fly*, *run* m.fl. vb) **1** högt [~ *in the air*; ~ *up*]; *search* (*hunt*, *look*) ~ *and low* leta överallt, söka med ljus och lykta **2** högt, i högt tonläge **3** starkt, kraftigt [*the wind was blowing* ~]; *feelings ran* ~ känslorna svallade (råkade i svallning) **4** *as* ~ *as* så högt som **III** *s* **1** vard. topp, rekord[höjd], höjdpunkt; *hit* (*reach*) *a new* ~ nå nya rekordsiffror **2** *on* ~ i (mot) höjden (himmelen); *from on* ~ från höjden (ovan) **3** vard. kick, stimulans
high altar [ˌhaɪ'ɔ:ltə] *s* kyrkl. högaltare
high-and-mighty [ˌhaɪən(d)'maɪtɪ] *adj* vard. högdragen, överlägsen, dryg

highball ['haɪbɔːl] s isht amer. grogg
high-born [ˌhaɪ'bɔːn], attr. '--] adj förnäm, av fin familj, högättad
highboy ['haɪbɔɪ] s amer. byrå med höga ben
highbrow ['haɪbraʊ] vard. **I** s intelligensaristokrat; neds. intelligenssnobb, kultursnobb **II** adj intellektuell [av sig]; neds. intelligenssnobbig, kultursnobbig
high chair [ˌhaɪ'tʃeə] s hög barnstol
High Church [ˌhaɪ'tʃɜːtʃ] **I** s högkyrka[n] den högkyrkliga riktningen inom den anglikanska kyrkan **II** adj högkyrklig, jfr *I*
high-class [ˌhaɪ'klɑːs, attr. '--] adj högklassig; förstklassig [*a ~ hotel*], kvalitets- [*~ article*]
high-explosive [ˌhaɪɪk'spləʊsɪv, -ek's-] **I** s högexplosivt sprängämne **II** adj högexplosiv; spräng- [*~ bomb*]; *~ shell* spränggranat
highfalutin [ˌhaɪfə'luːtɪn] adj o. **highfaluting** [ˌhaɪfə'luːtɪŋ] adj vard. högtravande, bombastisk [*~ language*], högtflygande [*~ ideas*]
high-fidelity [ˌhaɪfɪ'delətɪ, -faɪ'd-] **I** s high fidelity naturtrogen ljudåtergivning **II** adj high fidelity- med naturtrogen ljudåtergivning [*a ~ set* (anläggning)]
high finance [ˌhaɪ'faɪnæns] s storfinans[en]
high-five [ˌhaɪ'faɪv] amer. sl. **I** s, *lay down* (*slap*) *~s* göra en triumfgest genom att två personer slår ihop sina uppsträckta högerhänder **II** vb itr triumfera, jubla
highflown ['haɪfləʊn] adj högtravande
high-flying [ˌhaɪ'flaɪɪŋ] adj högtflygande; högt strävande, ärelysten
high-frequency [ˌhaɪ'friːkwənsɪ] adj högfrekvens- [*~ amplifier* (*generator*)]
high-grade ['haɪɡreɪd] adj förstklassig, prima, av hög kvalitet, kvalitets-, högvärdig
high-handed [ˌhaɪ'hændɪd, attr. '-,--] adj egenmäktig, godtycklig; överlägsen, övermodig [*he has a ~ manner*], myndig
high-hat [ˌhaɪ'hæt] vard. **I** s **1** högfärdsblåsa; stropp **2** mus. high-hat (hi-hat) cymbaler i trumset **II** vb tr vara mallig mot **III** vb itr vara mallig **IV** adj högfärdig, högdragen, dryg
high-heeled ['haɪhiːld, pred. ˌ-'-] adj högklackad
high jump ['haɪdʒʌmp] s **1** sport. höjdhopp **2** sl., *he's for the ~* han kommer att åka dit (få det hett)
highland ['haɪlənd] **I** s högland; *the Highlands* Skotska högländerna **II** adj höglands-
highlander ['haɪləndə] s bergsbo; *H~* a) [skotsk] högländare b) soldat vid skotskt regemente
high-level ['haɪˌlevl] attr adj på hög nivå [*~ conference*]
highlight ['haɪlaɪt] **I** s **1** konst. ~[s pl.] glansdager, huvudljus **2** höjdpunkt; clou, huvudattraktion; pl. *~s* mus. urval [av kända partier] **3** pl. *~s* [blekta] slingor i håret **II** vb tr bildl. framhäva, accentuera
highlighter ['haɪˌlaɪtə] s märkpenna, överstrykningspenna
highly ['haɪlɪ] adv **1** högt [*~ esteemed*]; starkt [*~ seasoned*]; *~ paid* högavlönad **2** högst, ytterst, högeligen, i hög grad [*~ interesting* (*surprised*)]; *~ recommend* varmt rekommendera **3** berömmande, uppskattande [*speak ~ of a p.*]; *think ~ of a p.* ha höga tankar om ngn, sätta ngn högt
highly-strung [ˌhaɪlɪ'strʌŋ] adj nervös [av sig]; överspänd; *~ nerves* spända nerver
high mass [ˌhaɪ'mæs] s kyrkl. (katol.) högmässa
high-minded [ˌhaɪ'maɪndɪd, attr. '-,--] adj högsint; upphöjd, ädel [*~ purpose*]
highness ['haɪnəs] s **1** höjd, storlek; *the ~ of prices* de höga priserna **2** *His* (*Her, Your*) *H~* Hans (Hennes, Ers) Höghet titel för furstlig person
high-octane [ˌhaɪ'ɒkteɪn] adj, *~ petrol* (*gasoline*) högoktanig bensin
high-pitched [ˌhaɪ'pɪtʃt, attr. '--] adj hög, som har högt tonläge [*~ sound*]; gäll, skrikig [*a ~ voice*]
high-powered [ˌhaɪ'paʊəd] adj **1** högeffektiv, driftig, dynamisk [*~ executives*] **2** energisk, intensiv [*a ~ political campaign*] **3** stark, kraftig [*a ~ engine*]; starkt förstorande [*a ~ microscope*]; *a ~ car* en bil med stark motor
high-pressure [ˌhaɪ'preʃə, attr. '-,--] **I** adj **1** högtrycks- [*~ cylinder*] **2** påträngande [*~ advertising* (*selling*)], som övar påtryckning **II** vb tr, *~ a p. into doing a th.* pressa ngn att göra ngt
high priest [ˌhaɪ'priːst] s överstepräst
high-principled [ˌhaɪ'prɪnsəpld] adj med höga principer, karaktärsfast
high-ranking ['haɪˌræŋkɪŋ] attr adj högt uppsatt, med hög rang; *a ~ officer* äv. en högre officer
high-rise ['haɪraɪz] **I** attr adj höghus- [*~ area*]; *~ building* höghus **II** s höghus
highroad ['haɪrəʊd] s **1** huvudväg, landsväg **2** bildl., *the ~ to success* [den säkra] vägen till framgång
high school ['haɪskuːl] s **1** hist. läroverk **2** i USA a) 4-årig skola för elever mellan 14 och 18 år b) *junior ~* 3-årig skola för elever mellan 12 och 15 år; *senior ~* 3-årig skola för elever mellan 15 och 18 år
high-sounding ['haɪˌsaʊndɪŋ, pred. ˌ-'--] adj klingande [*~ titles*]; högtravande
high-speed ['haɪspiːd] attr adj snabbgående; *~ camera* höghastighetskamera
high-spirited [ˌhaɪ'spɪrɪtɪd] adj oförskräckt, morsk; livlig; eldig, yster [*a ~ horse*]
high spot ['haɪspɒt] s vard. höjdpunkt; *hit the ~s* slå runt, vara ute och festa
high street ['haɪstriːt] s storgata, huvudgata

high-strung [ˌhaɪ'strʌŋ] *adj* nervös [av sig]; överspänd; *~ nerves* spända nerver
high table [ˌhaɪ'teɪbl] *s* univ. honnörsbord
high-tech [ˌhaɪ'tek] **I** *s* high-tech **II** *adj* högteknologisk, high-tech
high-tension [ˌhaɪ'tenʃ(ə)n] *attr adj* högspännings- [*~ cable*]
high treason [ˌhaɪ'triːzn] *s* högförräderi
high-up ['haɪʌp, ss. subst. äv. ˌ-'-] *vard.* **I** *s* högdjur, höjdare; pamp **II** *adj* hög [*~ officers*]
high-voltage [ˌhaɪ'vəʊltɪdʒ] *adj* högspännings- [*~ cable*]; högvolt- [*~ therapy*]; *~ current* starkström
high water [ˌhaɪ'wɔːtə] *adj* högvatten[s]-; *~ mark* högvattensmärke; bildl. höjdpunkt
highway ['haɪweɪ] *s* **1** huvudväg, [stor]landsväg; *divided* (*dual*) *~* amer. väg med skilda körbanor; *the H~ Code* britt., regelsamling för vägtrafikanter; *take* [*to*] *the ~* bli stråtrövare **2** [huvud]stråk, led äv. till sjöss **3** bildl. se *highroad 2*
highwayman ['haɪweɪmən] *s* stråtrövare isht till häst
hijack ['haɪdʒæk] *vard.* **I** *vb tr* **1** kapa t.ex. flygplan; [preja och] råna (plundra, stjäla) under transport [*~ goods from a train*] **2** amer., *~ a p. into doing a th.* tvinga (pressa) ngn att göra ngt **II** *vb itr* företa kapning[ar]; plundra; stjäla **III** *s* kapning
hijacker ['haɪˌdʒækə] *s* vard. [flygplans]kapare; rånare, plundrare
hike [haɪk] *vard.* **I** *s* **1** [fot]vandring **2** höjning, ökning [*a ~ in wages*] **II** *vb itr* **1** [fot]vandra; [motions]promenera **2** *~ up* om kläder åka (glida) upp **III** *vb tr* **1** dra, hissa [*~ up one's socks*] **2** släpa, fösa [*they ~d him out*] **3** höja [*~ the price of milk*]
hiker ['haɪkə] *s* [fot]vandrare
hilarious [hɪ'leərɪəs] *adj* **1** uppsluppen, livad [*a ~ party*]; munter, lustig **2** festlig, dråplig
hilarity [hɪ'lærətɪ] *s* uppsluppenhet; munterhet
Hilary ['hɪlərɪ] mansnamn o. kvinnonamn
hill [hɪl] *s* **1** kulle, berg, höjd; backe; *as old as the ~s* gammal som gatan, urgammal; *be over the ~* vara (ha kommit) över det värsta; ha passerat kulmen, ha det bästa bakom sig; *up* **and** *down dale* backe upp och backe ned **2** hög, kupa av jord, sand o.d.; stack [*ant-hill*]
hillbilly ['hɪlˌbɪlɪ, ˌ-'--] *s* amer. vard. **1** lantis, bondlurk isht från bergstrakterna i södra USA **2** attr. lantlig, bondsk; *~ music* folkmusik från södra USA
hilliness ['hɪlɪnəs] *s* kullighet, bergighet; backighet
hillock ['hɪlək] *s* mindre kulle; hög
hillside ['hɪlsaɪd] *s* bergssluttning, backsluttning, backe
hilly ['hɪlɪ] *adj* bergig, kullig, kuperad [*~ country*], backig [*~ road*]; brant

hilt [hɪlt] *s* fäste, handtag på svärd, dolk o.d.; [*up*] *to the ~* helt och hållet, till fullo
him [hɪm, obeton. äv. ɪm] (objektsform av *1 he*) **I** *pers pron* **1** honom **2** vard. han [*it's ~*] **3** sig [*he took it with ~*] **II** *determ pron* den [*the prize goes to ~ who wins*]
Himalaya [ˌhɪmə'leɪə] geogr.; *the ~s* pl. el. *the ~ Mountains* pl. Himalaya[bergen]
himself [hɪm'self] *rfl pron* o. *pers pron* sig [*he brushed ~*], sig själv [*he helped ~*; *he is not ~ today*]; han själv [*nobody but ~*], själv [*he can do it ~*]; *his father and ~* hans far och han [själv]; *the king ~* kungen själv (i egen hög person), själva[ste] kungen; jfr *myself*
1 hind [haɪnd] *adj* bakre, bak- [*~ wheel*]; *~ leg* bakben; *he can talk the ~ leg*[*s*] *off a donkey* vard. han är en riktig pratkvarn; *get up on one's ~ legs* [*and speak*] resa sig [och hålla tal]
2 hind [haɪnd] *s* zool. hind
1 hinder ['haɪndə] *adj* bakre [*~ end*, *~ part*]
2 hinder ['hɪndə] *vb tr* hindra [*from going* [från] *att gå*; *~ a p. in his work*]; förhindra [*~ a crime*]; avhålla [*from* från]; vara (stå) i vägen för
Hindi ['hɪndiː, -dɪ] *s* hindi språk
hindmost ['haɪn(d)məʊst] *adj* bakerst; borterst
hindrance ['hɪndr(ə)ns] *s* hinder [*to* för]; *be more of a ~ than a help* vara mera till besvär än till nytta
hindsight ['haɪndsaɪt] *s* efterklokhet
Hindu [ˌhɪn'duː, attr. '--] **I** *s* hindu **II** *adj* hinduisk; indisk
Hinduism ['hɪndʊɪz(ə)m] *s* hinduism
Hindustani [ˌhɪndʊ'stɑːnɪ, -'stænɪ] *s* **1** hindustani språk **2** hindu från Hindustan
hinge [hɪn(d)ʒ] **I** *s* **1** gångjärn; *be off the ~s* vard. vara rubbad (vrickad); *take a door off its ~s* lyfta av en dörr **2** [*stamp*] *~* [frimärks]fastsättare **3** bildl. central punkt, huvudpunkt **II** *vb itr*, *~ on* (*upon*) bildl. hänga (bero) på [*everything ~s* [*up*]*on what happens next*], röra sig om (kring) [*the argument ~d on this point*]
hint [hɪnt] **I** *s* **1** vink, antydan, fingervisning; anspelning; pl. *~s* äv. råd [*~s for housewives*], tips [*a few ~s on* (om) *how to do it*]; *take the ~* förstå vinken; *I can take a ~* jag förstår piken **2** aning, gnutta [*gin with a ~ of vermouth*]; *there was no ~ of malice* [*in his words*] det fanns inte ett spår (en skymt) av elakhet... **II** *vb tr* antyda [*to* för]; låta ana **III** *vb itr*, *~ at* antyda, göra (kasta fram) en antydan om; anspela (syfta) på
hinterland ['hɪntəlænd] *s* inland mots. kustland
1 hip [hɪp] *s*, [*rose*] *~* nypon frukt
2 hip [hɪp] *interj*, *~*, *~*, *hurrah* (*hurray*)! hipp hipp hurra!
3 hip [hɪp] *adj* ngt åld. sl. hip, inne modern
4 hip [hɪp] *s* höft; länd; *he stood with his*

hands on his ~s han stod med händerna i sidan; **have a p. on the ~** ha övertaget över ngn
hip bath ['hɪpbɑːθ] *s* sittbad; sittbadkar
hip flask ['hɪpflɑːsk] *s* [fick]plunta
hippie ['hɪpɪ] *s* hippie
hippo ['hɪpəʊ] (pl. *~s*) *s* vard. flodhäst
hip pocket ['hɪpˌpɒkɪt] *s* bakficka på byxor
hippodrome ['hɪpədrəʊm] *s* **1** hist. hippodrom **2** cirkusarena, manege
hippopotam|us [ˌhɪpə'pɒtəm|əs] (pl. *-uses*, ibl. *-i* [-aɪ]) *s* zool. flodhäst
hippy ['hɪpɪ] *s* se *hippie*
hire ['haɪə] **I** *s* **1** hyra, [hyres]avgift för tillfälligt bruk av ngt; *for* ~ till uthyrning, att hyra; på taxibil ledig; *on* ~ a) att hyra, till uthyrning [*boats on* ~] b) [för]hyrd [*I've only got the car on* ~]; *let out on* ~ hyra ut; ~ *car* hyrbil; *car ~ service* biluthyrning **2** tjänstefolks lön **3** bildl. lön, ersättning **II** *vb tr* **1** hyra, förhyra [~ *a car* (*a restaurant*)]; *~d bus* äv. abonnerad buss **2** isht amer. anställa, engagera, anlita **3** leja [~ *a murderer*] **4** ~ *out* hyra ut [~ *out cars*]
hired ['haɪəd] *adj* hyrd [*a ~ car*], inhyrd [~ *servants*], lejd [*a ~ murderer*]; *~ bus* abonnerad (hyrd) buss; *~ girl* amer. tjänsteflicka
hireling ['haɪəlɪŋ] *s* **1** person som bara arbetar för pengarnas skull **2** mutkolv, mutbar person
hire-purchase [ˌhaɪə'pɜːtʃəs] *s* avbetalningsköp ss. system; attr. avbetalnings- [~ *system*]; *buy* (*pay for*) *on* ~ köpa på avbetalning
hirsute ['hɜːsjuːt] *adj* hårig, lurvig, raggig
his [hɪz, obeton. ɪZ] *fören o. självst poss pron* hans [*it's ~ car*; *the car is ~*]; hennes [*man* (*människan*) *and ~ future*]; sin [*he sold ~ car*]; jfr *my* o. *1 mine*
Hispanic [hɪ'spænɪk] **I** *adj* **1** spansk **2** isht amer. latinamerikansk **II** *s* isht amer., invandrad latinamerikan
hiss [hɪs] **I** *vb itr* väsa, fräsa; brusa; vissla [*at åt*] **II** *vb tr* **1** vissla åt, vissla ut; ~ *an actor off the stage* vissla ut en skådespelare **2** väsa fram **III** *s* väsning, fräsande; brusande; i t.ex. radio brus; [ut]vissling
hist. förk. för *historian, historical, history*
historian [hɪ'stɔːrɪən] *s* historiker; ~ *of literature* litteraturhistoriker
historic [hɪ'stɒrɪk] *adj* historisk märklig, minnesvärd [*a[n] ~ building* (*moment, speech*)]; *within ~ times* i historisk tid; *the ~ present* gram. historiskt presens
historical [hɪ'stɒrɪk(ə)l] *adj* historisk som tillhör (bygger på) historien [*a[n] ~ document* (*novel*)]; historie- [~ *painting* (*writing*)]; *the ~ present* gram. historiskt presens
history ['hɪst(ə)rɪ] *s* **1** historia; historien [*for the first time in* ~]; attr. historie- [*a ~ play*]; *ancient* (*mediaeval, modern*) ~ forntidens (medeltidens, nyare tidens) historia; *it's* [*ancient*] ~ *now* vard. det är ingen nyhet längre; det tillhör det förgångna; ~ *of art* konsthistoria; ~ *of the world* världshistoria; *natural* ~ naturhistoria **2** berättelse, historia
histrionic [ˌhɪstrɪ'ɒnɪk] *adj* **1** skådespelar-, teater- **2** teatralisk
hit [hɪt] **I** (*hit hit*) *vb tr* **1** slå [till]; träffa [*he did not ~ me*]; ~ *the mark* (*target*) träffa prick (rätt); *it ~s you in the eye* det faller i ögonen, det är påfallande **2** slå, stöta [*against, on* mot, på, i] **3** köra (ränna, stöta, törna) mot, köra på [*the car ~ a tree*], träffa, ta i [*the ball ~ the post*] **4** komma på, hitta, finna [~ *a happy medium*], träffa [~ *the right note*] **5** drabba (träffa) [kännbart] [*feel* [*oneself*] *~*]; *that ~ him hard* det tog honom hårt; *be hard ~* drabbas hårt (kännbart); *he didn't know what had ~ him* han blev alldeles paff (tillplattad) **6** vard. nå, komma upp till [~ *a new high*]; komma [upp] på [~ *the front page*]; ~ *the hay* (*sack*) vard. krypa till kojs, gå och knyta sig; ~ *the road* (*trail*) vard. a) ge sig ut på luffen, lifta b) ge sig i väg **7** ~ *it off* vard. komma [bra] överens **II** (*hit hit*) *vb itr* **1** slå, rikta slag [*at* mot]; ~ *back* slå tillbaka; bildl. bita ifrån sig; ~ *out* slå omkring sig; ~ *out at* (*against*) slå efter; bildl. gå till attack mot [~ *out at one's critics*] **2** träffa; stöta, slå [*against* mot]; ~ *and run* smita [från olycksplatsen] om bilförare, se vid. *hit-and-run*; ~ *or miss* på vinst och förlust, på en höft; ~ [*up*]*on* komma (hitta) på [~ *upon an idea*], träffa på; råka **III** *s* **1** slag, stöt, träff isht i spel, fäktning o.d.; *direct ~* fullträff **2** gliring **3** [*lucky*] *~* lyckokast; lyckträff **4** [publik]succé, braksuccé; slagnummer, schlager, hit; ~ *parade* schlagerparad; hitlista, tio-i-topp-lista; *be* (*make*) *a big ~* göra stor succé **5** sl. mord på uppdrag; rån
hit-and-run [ˌhɪtən(d)'rʌn] *adj* **1** trafik., ~ *case* (*fall av*) smitning; ~ *driver* smitare **2** mil., ~ *raid* blixtanfall; störningsräd, överraskningsräd
hitch [hɪtʃ] **I** *vb tr* **1** rycka, dra [*I ~ed my chair nearer*], rycka på; ~ *up* dra (hala) upp [~ *up one's trousers*] **2** binda fast [~ *a horse to* (*vid*) *a tree*], haka (göra) fast, koppla [~ *a trailer to a car*], häkta fast, fästa; ~ *one's wagon to a star* ställa upp ett högt ideal för sig, sikta mot stjärnorna; vard. skaffa sig inflytelserika förbindelser; ~ *up* spänna för [~ *up the mare*]; *~ed* [*up*] vard. gängad, fast gift **3** vard., ~ *a lift* (*a ride*) lifta, få lift **II** *s* **1** ryck, knyck, dragning; stöt **2** sjö. stek **3** tillfälligt avbrott, stopp; hinder, hake, aber [*a ~ in our plans*]; *there's a ~ somewhere* det finns en hake någonstans, det har hakat upp sig någonstans; *technical ~* tekniskt missöde; *without a ~* perfekt, utan problem
hitchhike ['hɪtʃhaɪk] **I** *vb itr* lifta **II** *s* lift

hither ['hɪðə] litt. **I** adv hit; ~ **and thither** hit och dit **II** adj hitre, närmast [*the* ~ *end*]
hitherto [ˌhɪðə'tu:, '---] adv hit[in]tills
Hitler ['hɪtlə]
Hitlerism ['hɪtlərɪzm] s nazism
hit list ['hɪtlɪst] s vard. lista över människor som skall mördas
hit man ['hɪtmæn] s vard. torped lejd mördare
hit parade ['hɪtpəˌreɪd] s mus. topplista, hitlista
HIV [ˌeɪtʃaɪ'vi:] med. (förk. för *human immunodeficiency virus*) HIV
hive [haɪv] **I** s **1** a) bikupa b) bisamhälle [i en kupa], bisvärm **2** bildl. a) svärm b) myrstack; *what a ~ of industry!* vilka arbetsmyror! **II** vb tr **1** stocka bin; ta in [~ *a swarm*] **2** hysa, härbärgera **3** samla i förråd, samla in **4** ~ *off* avskilja, bryta ut; knoppa av, stycka av **III** vb itr, ~ *off* a) flyga (bryta sig) ut, frigöra sig b) knoppa av (lägga över en del av produktionen på) dotterföretag
hives [haɪvz] (konstr. ss. sg. el. pl.) s med. **1** nässelfeber **2** [hud]utslag **3** krupp
HM [ˌeɪtʃ'em] förk. för *His (Her) Majesty*
hm o. **h'm** [mm, hm] *interj* se 2 hem
HMS [ˌeɪtʃem'es] förk. för *His (Her) Majesty's Service, His (Her) Majesty's Ship*
HMSO [ˌeɪtʃemes'əʊ] förk. för *His (Her) Majesty's Stationery Office*
HO förk. för *head office, Home Office*
Ho. förk. för *House*
ho [həʊ] *interj* **1** ~! åh!, aha! uttr. förvåning, beundran o.d. **2** ~! ~! ha! uttr. hån **3** åhoj!, hallå [där]!; *land* ~! land åhoj (i sikte)!; *westward* ~! västerut!
hoard [hɔ:d] **I** s **1** samlat förråd, lager; undangömd skatt [*a miser's* ~] **2** arkeol. depåfynd **II** vb tr samla (skrapa) ihop, samla på hög (i förråd), lägga på kistbotten [ofta ~ *up*]; hamstra, lägga upp förråd av, lagra [~ *food*] **III** vb itr hamstra, lägga upp förråd
hoarder ['hɔ:də] s samlare; hamstrare, lagrare; girigbuk
1 hoarding ['hɔ:dɪŋ] s samling, [upp]lagring; hamstring
2 hoarding ['hɔ:dɪŋ] s **1** plank kring bygge o.d. **2** affischplank, affischtavla, annonstavla
hoarfrost [ˌhɔ:'frɒst, '--] s rimfrost
hoarse [hɔ:s] adj hes [*he shouted himself* ~], skrovlig
hoary ['hɔ:rɪ] adj **1** grå, grånad; gråhårig, vithårig **2** urgammal, uråldrig
hoax [həʊks] **I** vb tr lura, narra [*a p. into doing a th.* ngn [till] att göra ngt]; spela ngn ett spratt **II** s skämt; upptåg, skoj; bluff; [tidnings]anka
hob [hɒb] s **1** [spis]häll **2** spiselhäll vid sidan av eldhärden, där saker kan hållas varma
Hobbes [hɒbz]
hobble ['hɒbl] **I** vb itr halta, linka; stappla [fram]; vagga i gången **II** vb tr **1** komma (få) att halta **2** binda ihop fötterna på, sätta fotklamp på häst; binda ihop fötterna **III** s haltande, linkande; stapplande
hobble skirt ['hɒblskɜ:t] s lång snäv kjol, 'fodral'
hobby ['hɒbɪ] s hobby [*gardening is her pet* ~]
hobby-horse ['hɒbɪhɔ:s] s **1** gunghäst; käpphäst **2** bildl. käpphäst, favorittema, älsklingsämne; *ride one's* ~ köra med (älta) sin käpphäst
hobgoblin ['hɒbgɒblɪn] s **1** elakt troll, vätte **2** bildl. spöke, skräckbild
hobnail ['hɒbneɪl] s grovt sulstift; ~ *boots* (*shoes*) stiftade skor
hobnailed ['hɒbneɪld] adj stiftad [~ *boots* (*shoes*)]
hobnob ['hɒbnɒb] **I** vb itr umgås intimt (förtroligt), fraternisera [*with* med]; ~ *with* äv. frottera (beblanda) sig med **II** s pratstund
hobo ['həʊbəʊ] (pl. ~s el. ~es) s isht amer. **1** vagabond, luffare **2** kringvandrande arbetare
1 hock [hɒk] s på djur has
2 hock [hɒk] s rhenvin
3 hock [hɒk] s vard., *in* ~ på stampen (pantbanken)
hockey ['hɒkɪ] s sport. **1** landhockey [amer. äv. *field* ~]; ~ *stick* landhockeyklubba **2** amer. hockeyklubba **3** se *ice hockey*; ~ *rink* se *ice rink*
hocus-pocus [ˌhəʊkəs'pəʊkəs] s **1** hokuspokus äv. ss. trolleriformel; [konster och] knep, bedrägeri, fiffel **2** trollkonst[er]
hod [hɒd] s **1** bärtråg för tegel, murbruk o.d.; [murbruks]tråg **2** kolbox hink
hoe [həʊ] **I** s hacka; kuphacka, kupningsredskap **II** vb tr o. vb itr hacka; rensa med hacka
hog [hɒg] **I** s **1** svin; isht slaktsvin **2** bildl. svin; matvrak; krass egoist; drulle **3** *go the whole* ~ ta steget fullt ut; löpa linan ut **II** vb tr vard. hugga för sig [av], roffa (sno) åt sig; ~ *it* hugga för sig; ~ *down* glupa i sig
Hogarth ['həʊgɑ:θ]
Hogmanay ['hɒgmənei, ˌ--'-] s skotsk. o. nordeng. **1** nyårsafton **2** a) nyårsfirande b) nyårstraktering, nyårsgåva
hogshead ['hɒgzhed] s fat för öl o. vin; ss. mått vanl. 52 1/2 eng. gallons = 238,5 liter (i USA 62 gallons = 234,5 liter)
hogwash ['hɒgwɒʃ] s **1** svinmat, skulor **2** vard. a) hundmat, slafs b) smörja, rappakalja
hoi polloi [ˌhɔɪ'pɒlɔɪ] s, *the* ~ populasen, pöbeln
hoist [hɔɪst] **I** vb tr hissa [~ *a flag,* ~ *sail;* ~ *goods aboard*]; hissa (lyfta) upp [*on to* på]; hala (vinda) upp [äv. ~ *up*]; gruv. uppfordra; häva, släpa [~ *oneself out of bed*]; *be* ~ *with one's own petard* fångas i sin egen fälla, själv gå i fällan **II** s **1** hissning; lyft **2** hissverk, lyftanordning

hoity-toity [ˌhɔɪtɪ'tɔɪtɪ] *adj* vard. mallig, stöddig
Holborn [i London 'həʊbən] *geogr.*
1 hold [həʊld] **I** (*held held*) *vb tr* **1** hålla, hålla i [~ *the ladder for me!*]; hålla fast (kvar); ~ *my arm* håll (ta) mig under armen; ~ *one's head high* hålla huvudet högt **2** bära (hålla) upp [*this pillar ~s the platform*] **3** hålla för, tåla; *he can ~ his liquor* han tål en hel del sprit; ~ *water* vara [vatten]tät; om brunn hålla vatten; bildl. hålla, vara hållbar [*the argument doesn't ~ water*] **4** innehålla; rymma, ha plats för [*the theatre ~s 500 people*]; *what does the future ~ for us?* vad kommer framtiden att föra med sig [åt oss]?
5 inneha [~ *a record*], ha, äga [~ *shares*], sköta, upprätthålla, bekläda [~ *an office (a post)*]; inta [~ *a high position*], ligga på [~ *second place*]; ~ *office* sitta vid makten, regera **6** hålla sig kvar på (i) [~ *a job*]; hålla [~ *a fortress*]; ~ *it!* vänta ett tag!; ~ *the line, please* tele. var god och vänta (dröj); lägg inte på; *the car ~s the road well* bilen ligger bra på vägen; ~ *one's own* (*ground*) stå på sig, stå sig, hålla stånd, hävda sig **7** behålla, hålla kvar; hålla fången, fängsla [~ *a p.'s attention*], uppta; mus. hålla ut [~ *a note*]
8 hålla, avhålla [~ *a meeting (a debate)*], anordna, ställa till med; föra, hålla i gång [~ *a conversation*]; fullfölja, fortsätta kurs
9 hejda; hålla [~ *one's breath*] **10 a)** anse; ~ [*the view*] *that* anse att; ~ *a p. to be* anse ngn vara, anse ngn som (för) **b)** ha, hysa [~ *an opinion*], hylla, omfatta [~ *a theory*]; litt. hålla [~ *a p. dear*]; ~ *a p. in contempt* hysa förakt för ngn **c)** ~ *a th. against a p.* lägga ngn ngt till last **d)** ~ *a th. over a p.* låta ngt hänga över ngn som ett hot
11 med adv.:
~ **against** lägga till last [*I won't ~ it against you*]
~ **back** hålla tillbaka, hejda; dölja, förtiga [*from* för], hålla inne med [~ *back information*]; ~ *a th. back from a p.* äv. undanhålla ngn ngt
~ **down** a) hålla ner [~ *one's head down*], hålla fast; hålla nere, förtrycka b) vard. behålla, stanna kvar i (på) [*he can't ~ down a job*]
~ **in** hålla in, tygla [~ *in one's horse*]; behärska, lägga band på, hålla tillbaka [~ *in one's temper;* ~ *oneself in*]
~ **off** hålla på avstånd, hålla ifrån sig [~ *the enemy off*]; skjuta upp, dröja med
~ **on** hålla fast, hålla på plats
~ **out** hålla (räcka) ut (fram) [*he held out his hand*]; erbjuda [~ *out many opportunities*]; ~ *out hopes (expectations) to a p.* inge ngn hopp, väcka förväntningar hos ngn
~ **together** hålla ihop (samman) [*he ~s the nation together*]; binda
~ **up**: a) hålla (räcka, sträcka) upp [~ *up your hand*]; ~ *up one's head* bildl. hålla huvudet högt b) hålla (visa) fram; bildl. framhålla, ställa upp [~ *up as a model*]; ~ *up to* utsätta för, utlämna åt [~ *a p. up to contempt*]; ~ *up to ridicule* göra till ett åtlöje c) hålla uppe, stödja d) uppehålla, försena [*we have been held up by fog*], hejda, stanna [~ *up the traffic*], hålla tillbaka e) överfalla [och plundra], råna
II (*held held*) *vb itr* **1** hålla [*the rope held*], hålla ihop **2** behålla (inte släppa) taget **3** hålla i sig, hålla (stå) sig [*will the fine weather ~?*] **4** ~ [*good*] stå fast [*my promise still ~s* [*good*]], gälla, vara giltig (tillämplig), hålla streck, stå sig [*the rule ~s* [*good*]] **5** ~ *to* (*by*) hålla (stå) fast vid [~ *to* (*by*) *one's opinion*], vidhålla, hålla sig till **6** ~ *with* vard. gilla [~ *with a method*], hålla med
7 med adv.:
~ **back** dra sig undan, tveka, dröja
~ **forth** orera, utbreda sig, hålla låda [*on* om, över]
~ **off**: a) hålla sig på avstånd, hålla sig borta [*from* från] b) hålla upp, dröja; *if the rain ~s off* det bör hålla upp, om det inte blir regn
~ **on**: a) hålla [sig] fast, hålla i sig [*to* i, vid; ~ *on to the rope*], klamra sig fast [*to* vid; ~ *on to office* (makten)] b) hålla ut [~ *on to the end*] c) ~ *on!* vänta ett tag!; sakta i backarna!
~ **out**: a) hålla ut, hålla stånd, ~ *out for* a) stå fast vid sitt krav på b) avvakta, vänta tills man får b) räcka [*will the food ~ out?*] c) hålla till, uppehålla sig [*a gang who ~s out there*] d) vard., ~ *out on a p.* a) hålla inne med (dölja) något för ngn b) strunta i ngns önskan (krav)
~ **together** hålla ihop (samman)
~ **up**: a) hålla sig uppe; hålla ut b) stå (hålla i) sig [*if the wind ~s up*]; hålla upp c) vard. hejda sig, vänta
III *s* **1** tag, grepp, fattning; fäste; bildl. hållhake [*on, over* på], grepp [*on, over* på, om], herravälde [*maintain one's ~ over a p. (a th.)*]; *catch* (*take, lay, seize*) ~ *of* ta (fatta, gripa) tag i, gripa; *have a ~ on* ha en hållhake på **2** brottn. grepp; boxn. fasthållning; *no ~s barred* alla grepp är tillåtna **3** *put* (*keep*) *a th. on* ~ låta ngt vänta
2 hold [həʊld] *s* sjö. el. flyg. lastrum; ~ *cargo* rumslast
holdall ['həʊldɔːl] *s* rymlig bag (väska)
holder ['həʊldə] *s* **1** innehavare [~ *of a championship*], upprätthållare [~ *of a post*]; arrendator, ägare av land o.d.: i sms. -hållare [*record-holder*]; ~ *of a scholarship* stipendiat **2** hållare ofta i sms.; handtag, fäste; behållare; munstycke [*cigarette-holder*]; ställ [*bottle-holder*]
holding ['həʊldɪŋ] *s* **1** innehav[ande]; besittning, arrendering **2** arrende[gård];

hold-up

lantegendom; *large* ~ storjordbruk; *small* ~ småbruk **3** pl. *~s* [innehav av] värdepapper; banks portfölj [*the bank's ~s of bonds*]; andel; bestånd [*the ~s of American libraries*]; *our ~s of shares* vårt aktieinnehav, vår aktieportfölj
hold-up ['həʊldʌp] *s* **1** rånöverfall, rånkupp; *a bank* ~ ett [väpnat] bankrån **2** avbrott, uppehåll [*a* ~ *in the work*]; [trafik]stopp **3** vard. uppskörtning
hole [həʊl] **I** *s* **1** hål **2** håla, hål äv. bildl. [*he lives in a wretched little* ~]; djurs kula, lya, bo [*the* ~ *of a fox*] **3** vard. knipa, klämma [*I was in a* ~; *get a p. in*[*to*] *a* ~] **II** *vb tr* slå (spela) boll i hål i golf o.d. **III** *vb itr* **1** göra hål; få hål; om strumpor gå sönder **2** golf., ~ *in one* gå i hål med ett slag, göra hole in one
hole-and-corner [ˌhəʊlən(d)'kɔːnə] *adj* vard. **1** hemlig, smyg-; ~ *transactions* skumraskaffärer **2** trist, ledsam [*a* ~ *existence*]
holiday ['hɒlədeɪ, -dɪ] **I** *s* **1** helgdag; fridag, lovdag, vilodag; *bank* ~ bankfridag **2** ledighet, lov, semester [*a week's* ~]; *~s* pl. ferier, lov [*the school ~s, Christmas ~s*], semester, semestrar; *take a* ~ ta sig ledigt, ta semester **3** attr. helgdags- [*~ clothes*]; semester- [*~ pay*]; ferie- [*~ course*]; ~ *camp* a) semesteranläggning, semesterby b) feriekoloni, barnkoloni; ~ *cottage* fritidshus, sommarstuga; ~ *flats* (*apartments*) lägenhetshotell, semestervåningar; *in a* ~ *mood* i feststämning, i en glad stämning **II** *vb itr* semestra, fira semester [~ *at the seaside*]
holiday-maker ['hɒlədeɪˌmeɪkə, -dɪ-] *s* semesterfirare
holier-than-thou [ˌhəʊlɪəð(ə)n'ðaʊ] *adj* självgod [~ *attitude*]; gudsnådelig
holiness ['həʊlɪnəs] *s* helighet; *His H~* Hans helighet påven
Holland ['hɒlənd] geogr.
hollandaise ['hɒləndeɪz] *adj*, ~ *sauce* kok. hollandaisesås
holler ['hɒlə] *vb itr* vard. ropa, hojta, gasta
hollow ['hɒləʊ] **I** *adj* **1** ihålig **2** hålig, med hål (hålor); urholkad, konkav; insjunken, infallen [~ *cheeks*] **3** ihålig, tom, intetsägande [~ *words*] **II** *adv* vard. fullständigt, grundligt [*beat a p.* ~] **III** *s* **1** [i]hålighet **2** håla, urholkning, fördjupning; grop; sänka i marken; bäcken, dal; *in the* ~ *of one's hand* i sin kupade hand; ~ *of the knee* knäveck **IV** *vb tr* göra ihålig (konkav), holka ur, gröpa ur, gräva ut
hollow-eyed ['hɒləʊaɪd] *adj* hålögd
holly ['hɒlɪ] *s* bot. järnek, kristtorn
hollyhock ['hɒlɪhɒk] *s* bot. stockros
Holmes [həʊmz]
holocaust ['hɒləkɔːst] *s* stor förödelse, förintelse; *the H~* judeutrotningen i Tyskland under andra världskriget

holograph ['hɒlə(ʊ)grɑːf, -græf] *s* egenhändigt skrivet original (dokument, manuskript)
hols [hɒls] *s pl* vard. förk. för *holidays*
holster ['həʊlstə] *s* pistolhölster
holy ['həʊlɪ] **I** *adj* **1** helig; *the H~ Bible* bibeln; *the H~ Communion* (*Sacrament*) [den heliga] nattvarden; *the H~ Ghost* (*Spirit*) den Helige Ande; ~ *Moses* (*mackerel, smoke*)*!* vard. jösses!, milda makter!; *the H~ Roman Empire* tyskromerska riket; *the H~ See* påvestolen; ~ *terror* vard., om person ren skräck, plågoande; satunge; ~ *war* religionskrig, heligt krig; korståg; ~ *water* vigvatten; *H~ Week* passionsveckan, stilla veckan **2** helig, gudfruktig **II** *s* helgedom; *the H~ of Holies* det allra heligaste äv. bildl.
homage ['hɒmɪdʒ] *s* vördnad, vördnadsbetygelse, hyllning; *pay* (*do*) ~ *to* hylla, bringa sin hyllning, betyga sin vördnad
Homburg ['hɒmbɜːg] **I** geogr. egenn. **II** *s*, ~ (*h~*) [*hat*] slags mjuk smalbrättad filthatt
home [həʊm] **I** *s* **1** hem; bostad; hemvist; hemort, hembygd, hemland; *my* ~ *is my castle* mitt hem är min borg; *there is no place like* ~ el. *east or west,* ~ *is best* borta bra men hemma bäst; *make one's* ~ bosätta sig, slå sig ned; *at* ~: a) hemma [*stay at* ~], i hemmet; i hemlandet [*at* ~ *and abroad*] b) hemmastadd äv. bildl.; *feel at* ~ känna sig som hemma, finna sig till rätta; *make yourself at* ~ känn dig som hemma; *be at* ~ *in* vara hemma i (på), vara hemmastadd (bevandrad) i c) sport. hemma, på hemmaplan d) *be at* ~ [*to a p.*] ha mottagning [för ngn], ta emot [ngn]; *set out* (*make*) *for* ~ ge sig i väg hem; *a* ~ *from* ~ ett andra hem **2** hem; anstalt; *maternity* ~ mödrahem **3** a) i spel mål; i lekar bo b) hemmamatch [*2 ~s and 2 aways*] **II** *adj* **1** hem- [~ *life*], hemmets [~ *comforts*]; hemma-; för hemmabruk; hemgjord; hemlagad **2** [som ligger] i hemorten (nära hemmet); hem-, hemma- **3** sport. hemma- [~ *match* (*team*)]; ~ *run* i baseboll 'home run' rundning av spelfält **4** inhemsk [~ *products*], inländsk; inrikes- [~ *news*]; ~ *affairs* inre angelägenheter; *the* ~ *market* hemmamarknaden **5** ~ *truths* obehagliga (beska) sanningar **III** *adv* **1** hem [*come* (*go*) ~; *welcome* ~], hemåt; *it's nothing to write* ~ *about* vard. det är ingenting att hurra för (hänga i julgran) **2** hemma, hemkommen; framme; i (vid) mål; *be* ~ *and dry* vara helt säkrad (säker); [*the treaty*] *was now* ~ *and dry* ...hade nu förts i hamn **3** i (in) ordentligt (så långt det går) [*drive a nail* ~], i botten [*press a pedal* ~]; *bring a th.* ~ *to a p.* a) fullt klargöra ngt för ngn, få ngn att klart inse ngt b) lägga skulden på ngn för ngt; *go* ~ ta, träffa [prick] [*the shot went* ~], gå hem

(in) [*the remark went* ~]; ta skruv; **hit** (*strike*) ~ träffa rätt
home base [ˌhəʊmˈbeɪs] *s* i baseball innemål, slagbas
home-bound [ˈhəʊmbaʊnd] *adj* **1** *be* ~ vara på hemgående **2** [som är] bunden vid hemmet [~ *invalid*]
home care [ˌhəʊmˈkeə] *s* hemvård
homecoming [ˈhəʊmˌkʌmɪŋ] *s* hemkomst
Home Counties [ˌhəʊmˈkaʊntɪz] geogr.; *the* ~ pl. grevskapen närmast London
home economics [ˌhəʊmiːkəˈnɒmɪks] (konstr. ss. sg.) *s* skol. hemkunskap
home ground [ˌhəʊmˈgraʊnd] *s* hemmaplan äv. bildl. [*she was on her* ~]
home-grown [ˌhəʊmˈgrəʊn, attr. '--] *adj* av inhemsk skörd, inhemsk [~ *tomatoes*]
Home Guard [ˌhəʊmˈgɑːd] *s* **1** *the* ~ hemvärnet **2** hemvärnsman
home help [ˌhəʊmˈhelp, '--] *s* **1** hemhjälp, vårdbiträde inom hemtjänsten; *trained* ~ hemvårdare **2** hemvård; ~ *service* hemtjänst
homeland [ˈhəʊmlænd] *s* hemland
homeless [ˈhəʊmləs] *adj* hemlös; bostadslös
homely [ˈhəʊmlɪ] *adj* **1** enkel, torftig, anspråkslös [*live in a* ~ *manner*], enkel och naturlig, vardaglig, vanlig; tarvlig, simpel; ~ *fare* husmanskost **2** hemlik, hemtrevlig [*a* ~ *atmosphere*] **3** amer. alldaglig, oskön, tämligen ful [*a* ~ *face*]
home-made [ˌhəʊmˈmeɪd, attr. '--] *adj* hemgjord, hemmagjord äv. bildl.; hembakad, hemlagad; inhemsk, av inhemskt fabrikat [~ *cars*]
homemaker [ˈhəʊmˌmeɪkə] *s* hemmafru
homemaking [ˈhəʊmˌmeɪkɪŋ] *s* isht amer. **1** bosättning, inredning av ett hem **2** hemsysslor, husligt arbete
Home Office [ˈhəʊmˌɒfɪs] *s*, *the* ~ ung. motsv. inrikesdepartementet
homeowner [ˈhəʊmˌəʊnə] *s* villaägare, husägare
Homer [ˈhəʊmə] mansnamn; diktaren Homeros; *even* ~ *sometimes nods* ordspr. stundom slumrar även den gode Homeros
Home Secretary [ˌhəʊmˈsekrətrɪ] *s* i Storbritannien inrikesministern
homesick [ˈhəʊmsɪk] *adj* som lider av hemlängtan; *be* (*feel*) ~ längta hem, ha hemlängtan
homesickness [ˈhəʊmsɪknəs] *s* hemlängtan
homespun [ˈhəʊmspʌn] **I** *adj* **1** hemspunnen; hemvävd **2** bildl. hemvävd, naturlig, enkel; grov **II** *s* hemvävt tyg; homespun; hemspunnet garn
homestead [ˈhəʊmsted] *s* **1** [bond]gård **2** isht i USA [nybyggar]hemman, [mindre] lantgård som staten upplåtit till nyodling
home straight [ˌhəʊmˈstreɪt] *s* o. **home stretch** [ˌhəʊmˈstretʃ] *s* sport. upplopp[ssträcka]

homeward [ˈhəʊmwəd] **I** *adv* hemåt; mot hemmet (hemlandet); *be* ~ *bound* vara på hemväg (hemgående) **II** *adj* hem- [~ *voyage*]; destinerad hem [~ *cargo*]
homewards [ˈhəʊmwədz] *adv* se *homeward I*
homework [ˈhəʊmwɜːk] *s* hemarbete; skol. äv. hemuppgifter, [hem]läxor; *a piece of* ~ en läxa; *he hasn't done his* ~ vard. han är inte påläst
homey [ˈhəʊmɪ] *adj* se *homy*
homicidal [ˌhɒmɪˈsaɪdl] *adj* mordisk [~ *tendencies*]; dråp-, mord-; ~ *lunatic* sinnessjuk mördare
homicide [ˈhɒmɪsaɪd] *s* **1** dråpare, mördare **2** dråp, mord; *the* ~ *squad* vard. ~ mordkommissionen
homil|y [ˈhɒməlɪ] *s* homilia, predikan; bildl. moralpredikan; *book of -ies* predikosamling
homing [ˈhəʊmɪŋ] *adj* **1** hemvändande; ~ *pigeon* brevduva **2** målsökande [~ *torpedo*]; ~ *device* målsökare, målsökningsanordning
hominy [ˈhɒmɪnɪ] *s* isht amer. **1** majsgryn **2** majs[gryns]gröt
homo [ˈhəʊməʊ] (pl. ~*s*) *s* homo, bög, fikus
homoeopathic [ˌhəʊmɪə(ʊ)ˈpæθɪk] *adj* homeopatisk
homoeopathy [ˌhəʊmɪˈɒpəθɪ] *s* homeopati
homogeneity [ˌhɒmə(ʊ)dʒeˈniːətɪ] *s* homogenitet, enhetlighet
homogeneous [ˌhɒmə(ʊ)ˈdʒiːnjəs] *adj* homogen, enhetlig, likartad
homogenize [hɒˈmɒdʒənaɪz] *vb tr* homogenisera äv. mjölk; göra enhetlig, likrikta
homograph [ˈhɒmə(ʊ)grɑːf] *s* språkv. homograf
homonym [ˈhɒmə(ʊ)nɪm] *s* språkv. homonym
homophone [ˈhɒmə(ʊ)fəʊn] *s* språkv. homofon
homosexual [ˌhɒmə(ʊ)ˈseksjʊəl] **I** *adj* homosexuell **II** *s* homosexuell [person]
homosexuality [ˌhəʊmə(ʊ)seksjʊˈælətɪ] *s* homosexualitet
homy [ˈhəʊmɪ] *adj* isht amer. hemlik, hemtrevlig; gästvänlig; intim
Hon. 1 [ˈɒn(ə)rərɪ] förk. för *honorary* **2** [ˈɒn(ə)rəbl] förk. för *Honourable*
Honduran [hɒnˈdʒʊərən] **I** *s* honduran **II** *adj* honduransk
Honduras [hɒnˈdjʊərəs]
hone [həʊn] **I** *s* fin slipsten, brynsten isht för rakkniv **II** *vb tr* slipa, bryna isht rakkniv
honest [ˈɒnɪst] **I** *adj* ärlig, hederlig, redbar, rättskaffens [~ *man* (*people*), ~ *labour*]; öppen, uppriktig [~ *opinion*; *an* ~ *face*]; ärligt vunnen [~ *profits*]; ~ *to God* (*goodness*)! det ska gudarna veta!; *make an* ~ *living* försörja sig på ärligt (hederligt) sätt; *to be quite* ~ *about it* uppriktigt sagt, om jag ska vara riktigt ärlig **II** *adv* se *honestly*
honestly [ˈɒnɪstlɪ] *adv* **1** ärligt, hederligt,

redbart; på ärligt sätt, ärligen **2** uppriktigt sagt, ärligt talat [*I don't think I can, ~*]
honest-to-God [ˌɒnɪstə'gɒd] o.
honest-to-goodness [ˌɒnɪstə'gʊdnəs] vard.
I *adj* verklig, äkta, sann **II** *adv* verkligen, faktiskt
honesty ['ɒnɪstɪ] *s* **1** ärlighet; heder, hederlighet, redbarhet, rättskaffenhet; uppriktighet; *~ is the best policy* ärlighet varar längst **2** bot. judaspengar; månviol
honey ['hʌnɪ] *s* **1** honung **2** vard. raring, sötnos, älskling, lilla vän **3** vard. toppensak, urtjusig sak
honey bag ['hʌnɪbæg] *s* honungsblåsa hos bin
honey bee ['hʌnɪbiː] *s* zool. [honungs]bi
honey-bun ['hʌnɪbʌn] *s* o. **honeybunch** ['hʌnɪbʌntʃ] *s* vard. raring, älskling
honeycomb ['hʌnɪkəʊm] **I** *s* **1** vaxkaka, honungskaka i bikupa **2** vaxkakemönster **II** *vb tr* göra hålig (porig, porös, cellformig), genomborra [*a rock ~ed with passages*]
honeydew ['hʌnɪdjuː] *s* **1** honungsdagg **2** slags sirapsfuktad tobak **3** *~ melon* honungsmelon
honeymoon ['hʌnɪmuːn] **I** *s* smekmånad; bröllopsresa [*they went to England for* (på) *their ~*] **II** *vb itr* fira [sin] smekmånad; vara på bröllopsresa
honeysuckle ['hʌnɪˌsʌkl] *s* bot. kaprifol; try
Hong Kong [hɒŋ'kɒŋ] Hongkong
honk [hɒŋk] **I** *s* **1** skrik, snattrande av vildgäss **2** bils tut; tutande **II** *s* arbetande *vb itr* om bil, chaufför tuta
Honolulu [ˌhɒnə'luːluː] geogr.
honor o. **honorable** amer., se *honour* o. *honourable*
honorary ['ɒn(ə)rərɪ] *adj* **1** heders-, äre- [*~ gift*] **2** heders- [*~ member*], honorär-, titulär- [*~ consul*]; *~ doctorate* hedersdoktorat; *~ secretary* sekreterare i förening o.d., utan arvode; *~ treasurer* kassör, kassaförvaltare i förening o.d., utan arvode
honorific [ˌɒnə'rɪfɪk] **I** *adj* artighets-, heders- [*~ title*] **II** *s* artighetsuttryck; hederstitel
honour ['ɒnə] **I** *s* **1** ära, heder [*it is a great ~* (för) *me*]; *in ~ of* för att hedra (fira), med anledning av [*a party in ~ of his arrival*], för att hedra minnet av [*a ceremony in ~ of those killed in battle*]; *in ~ of the occasion* dagen till ära; *guest of ~* hedersgäst; *roll of ~* lista över stupade hjältar; *table of ~* honnörsbord **2** heder, hederskänsla; *there is ~ among thieves* det finns hederskänsla (hedersbegrepp) även bland tjuvar; *he is in ~ bound to* han är moraliskt förpliktad att; *on my ~* på hedersord, på min ära; *code of ~* hederskodex; *a man of ~* en hedersman, en ärans man; *point of ~* hederssak; *word of ~* hedersord; *~ bright* vard. det är säkert, [jo] det försäkrar jag, absolut **3** *Your H~* Ers Nåd, Ers Höghet nu mest till vissa domare **4** mest pl. *~s* hedersbetygelser; utmärkelser;

~s list förteckning över [officiella] utmärkelser (ordensutnämningar); *do the ~s* utöva (sköta) värdskapet, tjänstgöra som värd (värdinna); *pay a p. the last ~s* visa (göra) ngn den sista tjänsten, följa ngn till graven; [*with*] *military ~s* [under] militära hedersbetygelser **5** univ., *~s* [*degree*] 'honours' kvalificerad examen med tre bedömningsgrader; *get a first-class ~s degree in history* få högsta betyg i historia i *honours degree* **II** *vb tr* **1** hedra [*with* med], ära; utmärka [*with* med]; *~ a p. with* äv. göra ngn äran av [*will you ~ me with a visit?*] **2** hand. honorera, infria, lösa in växel **3** anta, motta inbjudan
honourable ['ɒn(ə)rəbl] *adj* **1** hedervärd, värd att äras **2** ärofull [*~ peace*], hedrande, hederlig, hedersam [*~ burial* (*terms*)]; äre- [*~ monument*]; *~ mention* hedersomnämnande **3** redbar, rättskaffens, ärlig [*~ conduct* (*intentions*)] **4 a**) ärad epitet som tillkommer underhusets (i USA kongressens) medlemmar [*the ~ member for Islington North*] **b**) *the H~* (*Hon.* förk.) välborna, välborne titel som tillkommer yngre söner till *earls*, barn till *viscounts* o. *barons* samt hovdamer, medlemmar av högsta domstolen och vissa andra högre ämbetsmän; *the Right H~* (*Rt. Hon.* förk.) högvälborne titel som tillkommer *earls*, *viscounts* o. *barons*, medlemmar av *Privy Council*, borgmästaren i London m.fl.
Hon. Sec. förk. för *Honorary Secretary*
hooch [huːtʃ] *s* amer. sl. kröken sprit; hembränt isht whisky
1 hood [hʊd] *s* **1** kapuschong; huva, hätta, luva **2** univ. krage löst hängande på akademisk ämbetsdräkt och varierande i färg efter grad, fakultet o. universitet **3 a**) huv, valvkappa, [skydds]tak; skydd; rökhuv, rökfång, [spis]kåpa **b**) sufflett **c**) amer. motorhuv
2 hood [hʊd] *s* sl., se *hoodlum*
hooded ['hʊdɪd] *perf p* o. *adj* **1** [försedd] med kapuschong (huva) **2** övertäckt; avskärmad [*~ lanterns*]
hoodlum ['huːdləm, 'hʊd-] *s* vard. gangster; ligist
hoodoo ['huːduː] *s* isht amer. **1** olycksbringare, person (sak) som för otur med sig **2** otur, olycka
hoodwink ['hʊdwɪŋk] *vb tr* föra bakom ljuset
hooey ['huːɪ] isht amer. vard. **I** *s* smörja, skitprat **II** *interj*, *~!* skitsnack!, skitprat!
hoof [huːf] **I** (pl. *~s*, ibl. *hooves*) *s* **1** hov; [*cloven*] *~* klöv **2** skämts. fot, klöv [*take your ~s off my sofa*] **II** *vb tr* **1** sparka [med hoven] **2** sl., *~* [*out*] sparka, avskeda; *~ out of* sparka ut ur
hook [hʊk] **I** *s* **1** hake, krok; hängare, hank i kläder; dörrhake; klädhängare; [met]krok; [virk]nål; [telefon]klyka; [*swallow a story*] *~, line and sinker* ...med hull och hår,

...utan vidare; **get (give a p.) the ~** amer. sl. få (ge ngn) sparken; **sling one's ~** sl. sticka, sjappa; **sling your ~!** stick!; **buy clothes off the ~** vard. köpa färdigt, köpa konfektion; **go off the ~s** sl. bli galen; **on one's own ~** vard. på egen hand, på eget bevåg (ansvar); för egen räkning **2** bildl. krok, bete, snara; **get (get** el. **let a p.) off the ~** vard. ta sig (hjälpa ngn) ur knipan; **be on the ~** vard. vara i knipa; **by ~ or by crook** på ett eller annat sätt, hur det sen ska gå till **3** boxn. krok[slag], hook **II** *vb tr* **1** häkta [ihop (igen)], knäppa [med hakar och hyskor] [*~ a dress*] **2** fånga med hake (krok), kroka; bildl. fånga, få på kroken [*~ a rich husband*] **3** *~ up* a) haka (häkta) ihop; hänga upp; spänna för b) koppla in, ansluta **III** *vb itr* **1** häktas [ihop (igen)], knäppas [med hakar och hyskor] [*the dress ~s at the back*] **2** *~ on* haka sig fast [*to* vid]
hookah ['hʊkə, -kɑ:] *s* vattenpipa
hooked [hʊkt] *adj* **1** böjd, krökt, krokig [*~ nose*] **2** försedd med krok[ar] [*~ stick*] **3** sl. fast, fångad; *be ~ on* a) sitta fast i, vara slav under b) vara tänd på (tokig i)
hooker ['hʊkə] *s* isht amer. sl. fnask, prostituerad
hookey ['hʊkɪ] *s* se *hooky*
hook-up ['hʊkʌp] *s* radionät, TV-nät; samsändning [*a country-wide ~*]
hooky ['hʊkɪ] *s* amer. vard., *play ~* skolka [från skolan]
hooligan ['hu:lɪgən] *s* huligan, ligist, buse
hooliganism ['hu:lɪgənɪz(ə)m] *s* ligistfasoner; busliv; *football ~* äv. läktarvåld
hoop [hu:p] *s* **1** tunnband äv. leksak; band, beslag **2** ring [spänd med papper] som cirkusryttare hoppar genom; *go through the ~[s]* vard. gå igenom (ha) ett litet helvete; *put a p. through the ~[s]* vard. sätta åt ngn; sätta ngn på prov **3** krinolinband; *~s* krinolin
hoopla ['hu:plɑ:] *s* ringkastning på nöjesfält
hoopoe ['hu:pu:, -pəʊ] *s* zool. härfågel
hooray [hʊ'reɪ] *interj*, *~!* hurra!
hoos[e]gow ['hu:sgaʊ] *s* amer. sl. fängelse
hoot [hu:t] **I** *vb itr* **1** bua, skräna [*at* åt] **2** skrika, hoa om uggla **3** tjuta om t.ex. ångvissla; tuta om t.ex. signalhorn **II** *vb tr* bua åt; ta emot med buanden (skrän) **III** *s* **1** buande, skrän; vrål [*~s of rage*] **2** ugglas skrik, hoande **3** ångvisslas tjut; signalhorns tut **4** vard., *I don't care (give) a ~ (two ~s)* det bryr jag mig inte ett dugg om, det struntar jag blankt i
hootchie-cootchie [,hu:tʃɪ'ku:tʃɪ] *s* sl. kuttrasju
hootenanny [,hu:tə'nænɪ] *s* amer. **1** folksångsfest, folksångsmöte **2** vard. grunka, grej
hooter ['hu:tə] *s* ångvissla; tuta, signalhorn
Hoover ['hu:və] **I** egenn. **II** *s* ® a) varumärke för dammsugare, tvättmaskiner m.m. b) vard., *h~* dammsugare **III** *vb tr* ® vard., *h~* dammsuga
hooves [hu:vz] *s* pl. av *hoof*
1 hop [hɒp] **I** *vb itr* **1** hoppa, skutta **2** vard. dansa [och skutta] **3** vard. kila [*~ over the road*], sticka, flyga, göra en tur [*~ down to Rome*]; kliva, hoppa [*~ into* (in i) *a car*, *on* (på) *a bus*] **II** *vb tr* sl., *~ it* sticka, försvinna; *~ it!* stick! **III** *s* **1** hopp, hoppande isht på ett ben; skutt; *be on the ~* vara i farten (om sig och kring sig); *catch a p. on the ~* a) ta ngn på sängen b) ertappa (ta) ngn på bar gärning **2** vard. skutt dans **3** vard. flygtur; [flyg]etapp [*from Berlin to Tokyo in three ~s*]
2 hop [hɒp] *s* humle[planta]; pl. *~s* humle ss. ämnesnamn; *pick ~s* plocka humle
hope [həʊp] **I** *s* hopp, förhoppning [*of* om; *that* om att; *of doing*]; pl. *~s* hopp, förhoppningar; *you've got a ~ (some ~s)!* och det trodde du (inbillade du dej)!; [*if that's what he thinks*] *then he has got some ~s* iron. ...då bedrar (misstar) han sig allt; *raise a p.'s ~s too much* väcka alltför stora förhoppningar hos ngn; *set one's ~s on a p.* sätta sitt hopp till ngn, hoppas på ngn; *he is beyond (past)* [*all*] *~* det finns inte något hopp [för honom] längre; iron. han är hopplös; *live in ~* leva på hoppet; *live (be) in ~s of* ha hopp om [att få], hoppas på [att få] **II** *vb itr* hoppas [*for* på]; *~ for the best* hoppas [på] det bästa **III** *vb tr* hoppas [på] [*that*; *to do*; *I ~ to see* (få se) *it*]; *I ~ not* det hoppas jag inte; *I ~ so* det hoppas jag; *~ against hope* [*that*] hoppas trots allt [att]; *hoping to hear from you* i hopp om att [få] höra av dig
hopeful ['həʊpf(ʊ)l] **I** *adj* hoppfull, förhoppningsfull, full av hopp [*be (feel) ~ about* (inför, med tanke på) *the future*] **II** *s*, *a* [*young*] *~* en lovande förmåga
hopefully ['həʊpfʊlɪ] *adv* **1** hoppfullt etc., jfr *hopeful I* **2** förhoppningsvis
hopeless ['həʊpləs] *adj* hopplös, tröstlös; ohjälplig, omöjlig; obotlig [*a ~ idiot*]
hopping ['hɒpɪŋ] **I** *adj* hoppande **II** *adv*, *mad* vard. rosenrasande, ursinnig
hopscotch ['hɒpskɒtʃ] *s* hoppa hage lek; *play ~* hoppa hage
horde [hɔ:d] *s* hord i olika bet. [*~s of Tartars*; *a ~ of tourists*]; nomadstam; svärm [*a ~ of locusts*]
horizon [hə'raɪzn, hʊ'r-] *s* horisont äv. bildl. [*on* (vid) *the ~*; *it is above my ~*]; nivå
horizontal [,hɒrɪ'zɒntl] **I** *adj* horisontal, horisontell, vågrät [*~ line (surface)*]; *~ bar* gymn. räck; *~ position* liggande ställning **II** *s* horisontallinje, horisontalläge, horisontalplan
hormonal [hɔ:'məʊnl, 'hɔ:mənl] *adj* hormonell, hormon-, hormonal

hormone ['hɔ:məʊn] *s* hormon, hormon- [~ *secretion* (*avsöndring*)]
horn [hɔ:n] *s* **1** horn äv ss. ämne **2** signalhorn **3** mus. horn; vard., jazz blåsinstrument; *English ~* engelskt horn; *French ~* valthorn **4** lur; tratt på gammaldags grammofon **5** kok. strut [*cream ~*] **6** vulg. ståkuk [*the ~*] **7** ~ *of plenty* ymnighetshorn; *draw* (*pull*) *in one's ~s* bildl. a) dra åt svångremmen b) ta det lugnare, slå av på takten c) stämma ned tonen
hornbeam ['hɔ:nbi:m] *s* bot. avenbok, annbok
hornbill ['hɔ:nbɪl] *s* zool. näshornsfågel, hornfågel
horned [hɔ:nd] *adj* försedd med horn (hornlika utsprång); behornad; *~ cattle* hornboskap; *~ owl* zool. hornuggla
hornet ['hɔ:nɪt] *s* zool. bålgeting; bildl. getingbo; *stir up a ~'s nest* el. *bring* (*raise*) *a ~'s nest about one's ears* bildl. sticka sin hand i ett getingbo
horny ['hɔ:nɪ] *adj* **1** horn-; hornartad **2** hård som horn; om hand valkig **3** sl. kåt; sexgalen
horoscope ['hɒrəskəʊp] *s* horoskop; *cast a p.'s ~* ställa ngns horoskop
horrendous [hɒ'rendəs] *adj* fasansfull, förfärlig
horrible ['hɒrəbl] *adj* fasansfull, fruktansvärd; vard. förskräcklig, förfärlig, hemsk, gräslig [*~ noise* (*weather*)]
horrid ['hɒrɪd] *adj* avskyvärd, hemsk, vidrig [*~ spectacle* (*war*)]; otäck; vard. gräslig
horrific [hɒ'rɪfɪk] *adj* vard. fasansfull, fasaväckande, hårresande
horrify ['hɒrɪfaɪ] *vb tr* slå med fasa (skräck), förfära; perf. p. *horrified* skräckslagen
horrifying ['hɒrɪfaɪɪŋ] *adj* skräckinjagande, fasaväckande, skräck-; upprörande
horror ['hɒrə] *s* **1** fasa, skräck, avsky [*of* för; *have a ~ of publicity*] **2 a)** fasa, ohygglighet [*the ~s of war*]; *chamber of ~s* skräckkammare, skräckkabinett **b)** attr. skräck- [*~ film* (*story*)] **3** pl. *the ~s* vard. **a)** deppighet, melankoli; *it gives me the ~s* jag får stora skälvan av det **b)** delirium, dille
horror-stricken ['hɒrə,strɪk(ə)n] *adj* o.
horror-struck ['hɒrəstrʌk] *adj* skräckslagen, stel av fasa, förfärad
hors-d'œuvre [ɔ:'dɜ:vr] (pl. lika el. *~s* [utt. som sg.]) *s* hors d'œuvre; pl. *~s* smårätter, assietter
horse [hɔ:s] I *s* **1** häst; hingst; hästdjur; *~s for courses* vard. man skall göra det man är lämpad för, rätt man på rätt plats; *work like a ~* arbeta (slita) som ett djur; *don't change* (*swap*) *~s in midstream* ordspr. man skall inte byta häst mitt i strömmen; *I'm so hungry, I could eat a ~* jag är hungrig som en varg; *hold your ~s!* vard. ha inte så bråttom!, lugn i stormen!; *flog* (*beat*) *a dead ~* spilla krut på döda kråkor, slå in

öppna dörrar; *don't look a gift ~ in the mouth* se *gift horse*; *get* (*come*) [*down*] *off your high ~!* sätt dig inte på dina höga hästar!; *get on* (*be on, ride*) *one's high ~* vard. sätta sig på sina höga hästar; *white ~s* vita gäss på sjön; *I have got it* [*straight*] *from the ~'s mouth* jag har det från säkert (pålitligt) håll; det är ett stalltips **2** (konstr. ss. pl.) mil. kavalleri; kavallerister **3** gymn. häst **4** ställning ss. stöd; torkställning för kläder [äv. *clothes horse*]; bock; sågbock II *vb itr*, *~ around* amer. sl. skoja, busa; spexa, spela pajas
horseback ['hɔ:sbæk] *s*, *on ~* till häst, på hästryggen, ridande; *be on ~* sitta till häst; *get on ~* stiga till häst; *go* (*ride*) *on ~* rida
horse-breaker ['hɔ:s,breɪkə] *s* hästdressör, beridare; hästtämjare
horse chestnut [,hɔ:s'tʃesnʌt] *s* bot. hästkastanj
horseflesh ['hɔ:sfleʃ] *s* **1** kok. hästkött **2** vard. hästar; *he is a good judge of ~* han är hästkännare (hästkarl)
horsefly ['hɔ:sflaɪ] *s* zool. broms, hästfluga
horse laugh ['hɔ:slɑ:f] *s* flatskratt, [rått] gapskratt
horseman ['hɔ:smən] *s* [skicklig] ryttare
horsemanship ['hɔ:smənʃɪp] *s* **1** ryttarskicklighet **2** ridkonst[en]
horseplay ['hɔ:spleɪ] *s* skoj; spex
horsepower ['hɔ:s,paʊə] (pl. lika) *s* fys. hästkraft [*an engine of* (på) *70 ~, a 70-horsepower engine*]; *how much ~?* hur många hästkrafter?
horse-race ['hɔ:sreɪs] *s* [häst]kapplöpning, ryttartävling
horse-racing ['hɔ:s,reɪsɪŋ] *s* [häst]kapplöpning[ar]; kapplöpningssport
horseradish ['hɔ:s,rædɪʃ, ,-'--] *s* bot. pepparrot
horse sense ['hɔ:ssens] *s* vard. vanligt (sunt) bondförstånd
horseshoe ['hɔ:ʃʃu:, 'hɔ:sʃu:] *s* hästsko; attr. hästsko- [*~ magnet*; *~ table*], i hästskoform
horse-trade ['hɔ:streɪd] bildl. I *s* hästhandel, kohandelsaffär II *vb itr* kohandla
horse-trading ['hɔ:s,treɪdɪŋ] *s* bildl. kohandel
horsewhip ['hɔ:swɪp] I *s* [rid]piska, ridspö II *vb tr* piska
horsewoman ['hɔ:s,wʊmən] *s* [skicklig] ryttarinna
horsy ['hɔ:sɪ] *adj* **1** häst-; hästlik; *a ~ face* ett hästansikte **2** häst[sport]intresserad, som ägnar sig åt hästar (hästsporten) [*a ~ man*], häst- [*~ talk*]
horticultural [,hɔ:tɪ'kʌltʃ(ə)r(ə)l] *adj* trädgårdsodlings-, trädgårds-, hortikulturell; *~ exhibition* (*show*) trädgårdsutställning
horticulture ['hɔ:tɪkʌltʃə] *s* trädgårdsodling, trädgårdsskötsel, trädgårdskonst, hortikultur
hosanna [hə(ʊ)'zænə] *s* o. *interj* hosianna
hose [həʊz] I *s* **1** slang för bevattning,

dammsugare o.d. **2** (konstr. ss. pl.) hand. [lång]strumpor [*six pair of ~*] **II** *vb tr* vattna [med slang], spruta [vatten på]; **~ *down*** spola av (över) [*~ down a car*]
hosier ['həʊzɪə, 'həʊʒə, -ʒə] *s* strumphandlare, trikåvaruhandlare
hosiery ['həʊzɪərɪ, 'həʊʒə-, -ʒə-] *s* strumpor, trikåvaror
hospice ['hɒspɪs] *s* 'hospice', [lyxigt] vårdhem för obotligt sjuka (för döende)
hospitable [hɒ'spɪtəbl, '----] *adj* **1** gästfri, gästvänlig [*a ~ house*], hjärtlig **2 ~ *to*** öppen (mottaglig) för [*~ to new ideas*]
hospital ['hɒspɪtl] *s* sjukhus, lasarett; **~ *nurse*** sjuksköterska; **~ *ship*** lasarettsfartyg; ***go to ~*** komma [in] (lägga in sig, åka in) på sjukhus
hospitality [ˌhɒspɪ'tælətɪ] *s* gästfrihet
hospitalization [ˌhɒspɪt(ə)laɪ'zeɪʃ(ə)n] *s* inläggning på sjukhus; sjukhusvistelse
hospitalize ['hɒspɪt(ə)laɪz] *vb tr* lägga in på (föra till) sjukhus
1 host [həʊst] *s* massa, mängd [*a ~ of details*; *~s of friends*], svärm, stor hop [*a ~ of admirers*]
2 host [həʊst] **I** *s* **1** värd; pl. **~*s*** äv. värdfolk **2** värdshusvärd **3** biol. värd, värddjur, värdväxt **II** *vb tr* vara värd (TV, programledare) för
3 host [həʊst] *s* katol., *the H~* hostian
hostage ['hɒstɪdʒ] *s* gisslan; *as a ~* el. *as ~s* som gisslan; *all the ~s* hela gisslan, alla i gisslan; *the five ~s* de fem gisslan, de fem [personer] som tagits som gisslan; ***take a p. ~*** ta ngn som gisslan
hostel ['hɒst(ə)l] *s* **1** hospits, gästhem; härbärge; ***youth ~*** vandrarhem **2** univ. studenthem
hostess ['həʊstɪs] *s* **1** värdinna äv. ss. yrkesutövare [*air hostess*] **2** a) nattklubbsvärdinna b) lyxfnask
hostile ['hɒstaɪl, amer. -tl] *adj* fiende-; fientlig, fientligt inställd (stämd, sinnad) [*to* mot]; ovänlig
hostilit|y [hɒ'stɪlətɪ] *s* fientlighet, fientlig inställning, fiendskap; ovänlighet; ***feel ~ towards*** hysa ovänskap mot; ***-ies*** fientligheter; ***suspend -ies*** inställa fientligheterna
hot [hɒt] **I** *adj* **1** het, varm [*~ milk*; *be ~*]; ***be ~ and bothered*** el. ***be ~ under the collar*** vara upphetsad (arg, irriterad); ***go ~ and cold*** [*all over*] bli kallsvettig; ***go (sell) like ~ cakes*** gå åt som smör, ha en strykande åtgång; *a ~ meal* el. *~ meals* lagad (varm) mat; ***we had a ~ time*** (*it was ~ work* vard.) *there* det gick hett till där; ***give it him ~*** [*and strong*] vard. ge honom efter noter, gå hårt åt honom; ***make it ~ for a p.*** vard. göra livet surt för ngn, låta ngn veta att han lever **2** om krydda stark; om smak äv. skarp, brännande; kryddstark [*~ food*]; ***the pepper is ~ on the tongue*** pepparn bränner (svider) på tungan **3** hetsig, häftig, het [*a ~ temper*]; glödande, eldig [*~ youth*]; ***be ~ for*** ivra för, vara entusiastisk för [*be ~ for a reform*], vara tänd på; ***be ~ on*** gilla skarpt [*he's ~ on sports cars*] **4** häftig, våldsam, het [*a ~ struggle*], vild [*a ~ chase*]; hård [*~ pace*] **5** svår; farlig; *the place is becoming too ~ for him* marken börjar bränna under hans fötter **6** nära; **~ *on the track*** (***trail***, ***heels***) ***of a p.*** hack i häl efter ngn; be ~ on the trail vara inne på rätt spår, vara nära att lyckas; ***you are getting ~*** i lek det bränns! **7** sl. kåt; sexig **8** sl. **a)** het, stulen; **~ *goods*** tjuvgods; smuggelgods **b)** efterlyst (jagad) [av polisen] **9** sl. häftig, ball; *it's pretty ~* det är inte så tokigt (oävet), det är inga dåliga grejor; *it's not so ~* det är ingenting att hurra för, det är inget vidare **10** sl. hot om jazz **11** sl. trimmad, hottad [*a ~ car*]; **~ *rod*** amer. hotrod trimmad äldre bil **II** *adv*, **~ *off the press*** vard. direkt från pressarna **III** *vb tr* vard., **~ *up*** **a)** hetsa (reta) upp **b)** dramatisera; sätta fart på; ***~ it up for a p.*** sl. göra det hett för ngn **c)** trimma bil; hotta upp **IV** *vb itr*, **~ *up*** vard. ta fart, bli livligare **V** *s*, ***the ~s*** se *hots*
hot air ['hɒteə] **I** *s* varm luft; vard. tomt skryt, bluff, snack **II** *attr adj* varmlufts-
hotbed ['hɒtbed] *s* **1** drivbänk **2** bildl. härd, grogrund [*a ~ of* (för) *vice* (*crime*)]
hot-blooded [ˌhɒt'blʌdɪd, '-ˌ--] *adj* hetlevrad, hetsig; varmblodig; passionerad
hot dog [ˌhɒt'dɒg] *s* varm korv; *~!* amer. vard. finemang!; ***hot-dog stand*** korvstånd
hotel [hə(ʊ)'tel, ə(ʊ)'t-] *s* hotell; **~ *car*** amer. restaurang- och sovvagn; **~ *manager*** hotelldirektör; **~ *proprietor*** hotellägare; ***put up at a*[*n*] ***~*** ta in på [ett] hotell
hotelier [hə(ʊ)'telɪeɪ] *s* o. **hotel-keeper** [hə(ʊ)'telˌkiːpə, ə(ʊ)'t-] *s* hotellvärd, hotellinnehavare
hot flash [ˌhɒt'flæʃ] *s* med. (amer.), se *hot flush*
hot flush [ˌhɒt'flʌʃ] *s* med. blodvallning
hot-gospeller [ˌhɒt'gɒspələ] *s* vard. eldande evangelist (väckelsepredikant)
hot-headed [ˌhɒt'hedɪd, attr. '-ˌ--] *adj* hetsig (häftig, hetlevrad) [av sig]; som lätt brusar upp
hothouse ['hɒthaʊs] *s* drivhus, växthus; **~ *atmosphere*** drivhusklimat äv. bildl.
hot line [ˌhɒt'laɪn] *s* polit., ***the ~*** heta linjen
hotplate ['hɒtpleɪt] *s* [elektrisk] kokplatta; värmeplatta
hotpot ['hɒtpɒt] *s* kok. köttgryta
hot potato [ˌhɒtpə'teɪtəʊ] *s* vard. het potatis
hots [hɒts] *s pl* sl., ***have*** (***get***) ***the ~ for a p.*** vara (bli) tänd på ngn
hot seat [ˌhɒt'siːt] *s* vard. besvärlig sits, svår situation; ***be in*** (***on***) ***the ~*** äv. sitta (ligga) illa till

hot spot [ˌhɒt'spɒt] *s* **1** oroshärd, oroligt område **2** vard. inneställe, innekrog
hot stuff [ˌhɒt'stʌf] *s* vard. **1** sexig tjej [*she's* ~] **2** pornografisk film (bok etc.) **3** överdängare, baddare [*at* i] **4** schyssta grejer (prylar)
hotsy-totsy [ˌhɒtsɪ'tɒtsɪ] *adj* amer. sl. bra, som det ska [vara]
hot-tempered [ˌhɒt'tempəd, attr. '-ˌ--] *adj* hetlevrad, häftig
Hottentot ['hɒtntɒt] *s* **1** hottentott **2** hottentottska språk **3** bildl. vilde, barbar
hot water [ˌhɒt'wɔːtə] I *s* varmt vatten; varmvatten; *get into* ~ vard. råka i knipa, få det hett om öronen II *adj* varmvatten[s]- [~ *tap*]; *hot-water bottle* varmvattenflaska, sängvärmare
hot-wire [ˌhɒt'waɪə] *vb tr* bil. vard. tjuvkoppla [~ *the engine*]
hound [haʊnd] I *s* **1** [jakt]hund **2** fähund, lymmel [*a lazy* ~] **3** amer. sl. fantast, entusiast [*movie* ~]; *be a movie* ~ äv. vara filmbiten II *vb tr* jaga [liksom] med hundar; bildl. jaga [*~ed by one's creditors*], förfölja; ~ *down* fånga in
hour ['aʊə] *s* **1** timme; tidpunkt; pl. *~s* äv. [arbets]tid [*school ~s*]; *a quarter of an* ~ en kvart; [*the trains leave*] *every* ~ ...varje timme (en gång i timmen); *keep late ~s* ha sena vanor, hålla sena tider; *twenty-four ~s* ofta ett dygn; *the clock strikes the ~s* klockan slår timslag (hela timmar); *after ~s* efter arbetstid (arbetstidens slut); när skolan slutat [för dagen]; efter stängningsdags; *at all ~s of the day and night* vid alla tider på dygnet; *at the eleventh* ~ i elfte timmen, i sista minuten; *at* [*such*] *a late* ~ [så] sent; *at this* ~ så här dags; *by the* ~ a) timvis, i timmar b) per (efter) timme; *for ~s* [*together*] el. *for ~s and ~s* i timmar, timtals, timvis; *in* (*during*) *the lunch* ~ på (under) lunchen (lunchrasten); *in the small ~s* fram på (framåt) småtimmarna; [*he came*] *on the* ~ ...på slaget; [*buses run*] *on the* ~ ...varje hel timme; *out of ~s* utanför arbetstiden **2** stund [*the* ~ *has come*]; *the man of the* ~ mannen för dagen, dagens hjälte
hourglass ['aʊəglɑːs] *s* timglas
hour hand ['aʊəhænd] *s* timvisare
hourly ['aʊəlɪ] I *adj* **1** [som går (inträffar, upprepas m.m.)] varje timme, [en gång] i timmen [*two ~ doses*]; tim- **2** ständig [*in ~ expectation of*] II *adv* **1** i timmen, varje timme [*two doses ~*] **2** ständigt; vilken timme som helst [*we are expecting news ~*]
house [ss. subst. haʊs, i pl. 'haʊzɪz, ss. vb haʊz] I *s* **1** hus; vard. kåk; villa; fastighet, lägenhet; bostad; boning, hem; *it's on the* ~ vard. det är huset (värden på stället) som bjuder [på det]; *eat a p. out of* ~ *and home* äta ngn ur huset; *to a p.'s* ~ hem till ngn; *invite a p. to* *one's* ~ bjuda hem ngn; ~ *of cards* korthus isht bildl.; *keep open* ~ hålla öppet hus, ha ett gästfritt hem, se äv. *open-house*; *set* (*put*) *one's* ~ *in order* se om sitt [eget] hus; *as safe as ~s* så säkert som aldrig det; *like a* ~ *on fire* vard. med rasande fart; som en dans; *they are getting on* (*along*) *like a* ~ *on fire* vard. dom kommer jättebra överens, dom trivs fint tillsammans **2** parl. hus; *the Lower H~* a) andra kammaren b) i Storbritannien underhuset; *the Upper H~* a) första kammaren b) i Storbritannien överhuset; *the Houses of Parliament* parlamentshuset i London; *the H~ of Commons* i Storbritannien underhuset; *the H~ of Lords* i Storbritannien överhuset; *the H~ of Representatives* representanthuset i USA **3** teat. a) salong; *there was a full* ~ det var utsålt (fullt hus); *bring down the* ~ (*the* ~ *down*) ta publiken med storm, riva ner stormande applåder; *draw crowded ~s* gå (spela) för fulla hus; *play to an empty* ~ spela för tomma bänkar b) föreställning [*the second* ~ *starts at 9 o'clock*] **4** handelshus, affärshus, firma; *publishing* ~ [bok]förlag; ~ *language* koncernspråk **5** skol. hus, elevhem på internatskola **6** hushåll; *keep* ~ ha eget hushåll; hushålla; *set up* ~ sätta bo, bilda eget hushåll **7** släkt, ätt, familj [*an ancient* ~], hus II *vb tr* **1** skaffa bostad (tak över huvudet) åt; hysa in, inlogera; härbärgera, hysa, ta emot; *the club is ~d there* klubben har sina lokaler där **2** förvara, lägga (ställa) in; få under tak **3** rymma, innehålla
house agent ['haʊsˌeɪdʒənt] *s* fastighetsmäklare
house arrest [ˌhaʊsə'rest] *s*, *under* ~ i husarrest
houseboat ['haʊsbəʊt] *s* husbåt
house-bound ['haʊsbaʊnd] *adj* tvungen att stanna hemma (inne); bunden vid hemmet, låst
housebreak ['haʊsbreɪk] (*housebroke housebroken*) *vb tr* göra rumsren
housebreaker ['haʊsˌbreɪkə] *s* **1** jur., åld. el. amer. inbrottstjuv **2** husrivare, rivningsarbetare
housebreaking ['haʊsˌbreɪkɪŋ] *s* **1** jur., åld. el. amer. inbrott [i hus] [*be arrested for* ~; *several cases of* ~] **2** rivning [av hus]
house charge ['haʊstʃɑːdʒ] *s* kuvertavgift på restaurang
house detective ['haʊsdɪˌtektɪv] *s* isht amer. hotelldetektiv, varuhusdetektiv
housefly ['haʊsflaɪ] *s* zool. husfluga
houseful ['haʊsfʊl] *s* helt hus fullt [*of* av, med]; *several ~s of furniture* möbler nog att fylla flera hus
household ['haʊs(h)əʊld] I *s* hushåll [*we are a* ~ *of six* (på sex personer)], hus II *adj* hushålls-, hem-; vardags-; husbehovs-; ~

duties hushållsgöromål, hushållsbestyr; ~ ***furniture*** [***and effects***] bohag; ~ ***name*** känt namn; kändis; ~ ***remedy*** huskur; ***his name is a ~ word*** hans namn är på allas läppar
householder ['haʊsˌ(h)əʊldə] *s* husinnehavare, lägenhetsinnehavare, person med egen bostad
house-hunting ['haʊsˌhʌntɪŋ] *pres p*, ***go ~*** gå och se på hus, gå på jakt efter hus
househusband ['haʊsˌhʌzbənd] *s* hemmaman
housekeep ['haʊskiːp] (*housekept housekept*) *vb itr* hushålla, sköta hushållet [*for a p.* för (åt) ngn]; ha eget hushåll
housekeeper ['haʊsˌkiːpə] *s* hushållerska, husföreståndarinna; husfru på hotell
housekeeping ['haʊsˌkiːpɪŋ] *s* hushållning, hushållsskötsel; vard. hushållspengar; ~ ***money*** (***allowance***) hushållspengar; ***do the ~*** hushålla, sköta hushållet
houselights ['haʊslaɪts] *s pl*, ***the ~*** teat. ljuset i salongen
housemaid ['haʊsmeɪd] *s* husa, husjungfru; ***~'s knee*** med. skurknä, skurknöl
houseman ['haʊsmən] *s* ung. underläkare
house martin ['haʊsˌmɑːtɪn] *s* zool. hussvala
housemaster ['haʊsˌmɑːstə] *s* föreståndare för elevhem, 'husfar' vid internatskola
housemother ['haʊsˌmʌðə] *s* föreståndarinna (husmor) på institution
house-owner ['haʊsˌəʊnə] *s* villaägare
house party ['haʊsˌpɑːtɪ] *s* **1** weekendbjudning [på landet] **2** weekendgäster
houseperson ['haʊsˌpɜːsn] *s* hemmafru; hemmaman
house phone ['haʊsfəʊn] *s* porttelefon
house physician ['haʊsfɪˌzɪʃ(ə)n] *s* lasarettsläkare som bor inom sjukhuset
house-proud ['haʊspraʊd] *adj* överdrivet huslig, pedantiskt noga med hemmets skötsel
houseroom ['haʊsruːm] *s*, ***make ~ for*** ge husrum [åt], härbärgera i sitt hem
house sparrow ['haʊsˌspærəʊ] *s* zool. gråsparv
house surgeon ['haʊsˌsɜːdʒ(ə)n] *s* lasarettsläkare, kirurg som bor inom sjukhuset
house telephone ['haʊsˌtelɪfəʊn] *s* porttelefon
house-to-house [ˌhaʊstəˈhaʊs] *adj* hemförsäljnings-; dörrknacknings-; ~ ***canvassing*** polit. husagitation; ~ ***selling*** hemförsäljning, direktförsäljning
housetop ['haʊstɒp] *s* [hus]tak; ***shout*** (***cry***, ***proclaim***) ***a th. from the ~s*** basunera (skrika) ut ngt
housetrained ['haʊstreɪnd] *adj* rumsren [*a ~ dog*]
house-warming ['haʊsˌwɔːmɪŋ] *s* o. *adj*, ~ [***party***] inflyttningsfest i nytt hem
housewife ['haʊswaɪf] (pl. *-wives* [-waɪvz]) *s* hemmafru

housewifely ['haʊsˌwaɪflɪ] *adj* husmoderlig [~ *duties*]; huslig, hem- [~ *work*]
housewifery ['haʊswɪf(ə)rɪ, åld. 'hʌzɪfrɪ, amer. -waɪf(ə)rɪ] *s* en hemmafrus arbete; hushåll; hushållsgöromål isht ss. läroämne
housework ['haʊswɜːk] *s* hushållsarbete, hushållsgöromål
housing ['haʊzɪŋ] *s* **1** inhysande, härbärgering; hand. magasinering **2** bostäder [*modern ~*]; byggnader, hus; bostadsförhållanden; ~ ***accommodation*** a) bostad, bostäder; bostadsbestånd b) logi; ~ ***estate*** (***development***) bostadsområde, bebyggelse **3** bostadsbyggande; ~ ***agency*** bostadsförmedling; fastighetsförmedling; ***be on the ~ list*** stå i bostadskön **4** skydd; löst tak, [över]täckning över båt o.d. **5** tekn. hus
hove [həʊv] *imperf.* o. *perf. p.* av ***heave***
hovel ['hɒv(ə)l, 'hʌv-] *s* **1** [öppet] skjul, lider **2** ruckel, kyffe
hover ['hɒvə, 'hʌv-] *vb itr* **1** om fåglar, flygplan o.d. sväva, kretsa [*over* över] **2** vänta, gå fram och tillbaka, driva omkring [äv. ~ ***about***]; ~ ***about*** äv. kretsa omkring, slå sina lovar omkring **3** bildl. sväva [~ *between life and death*]; pendla [~ *between two extremes*]
hovercraft ['hɒvəkrɑːft] (pl. lika) *s* svävare, svävfarkost
hovertrain ['hɒvətreɪn] *s* luftkuddetåg
how [haʊ] *adv* **1** hur; ~ ***do you do?*** god dag! vid presentation; ibl. hur står det till?; jfr *how-do-you-do*; ~ ***are you?*** hur står det till [med dig]?, hur mår du?; ~ ***is it that...?*** hur kommer det sig att...?; ***~'s that?*** a) hur kommer det sig?, vad beror det på? b) vad tycker (säger) du om det?; ***that's ~ it is*** så är det, så ligger det till, så förhåller det sig; ***that's ~ he got it*** det var så [på så sätt) han fick det; ~ ***about...?*** se *about I 3*; ~ ***come?*** se *come I 8*; ~ ***ever*** hur i all världen [~ *will you ever manage?*]; ~ ***now?*** vad nu?, vad vill det säga?; ~ ***so?*** hur så?, hur kommer det sig?; ***I'll show you ~*** [***to do it***] jag ska visa dig [hur man gör]; ***and ~!*** vard. om!, det kan du skriva upp!; ***here's ~!*** skål! **2** i utrop så, vad, hur; ~ ***kind you are!*** så snäll du är!, vad du är snäll! **3** att [*he told me ~ there had been a storm*]; ***as ~*** dial. att [*he told me as ~ there had been a storm*]
Howard ['haʊəd] mansnamn
howdah ['haʊdə] *s* ind., täckt säte på elefant
how-do-you-do [ˌhaʊdjʊˈduː, -djəˈd-, -dʒəˈd-] **I** *interj*, ~? goddag! vid presentation; ibl. hur står det till? **II** *s* **1** ***give a p. a friendly ~*** hälsa vänligt [goddag] på ngn **2** se *how-d'ye-do*
howdy ['haʊdɪ] *interj* amer. vard., ~! tjänare!, hej!, mors!
how-d'ye-do [ˌhaʊdjəˈduː] **I** *interj* se *how-do-you-do* **II** *s* vard., ***that's a nice*** (***fine, pretty***) ~ det är en snygg historia

however [haʊ'evə] **I** adv **1** hur...än [~ *rich he may be*]; ~ *you like* hur ni vill, hur som helst; [*give me a room*] ~ *small* ...hur litet som helst **2** vard., se *how ever* under *how 1* **II** *konj* emellertid, likväl, dock [*later* ~, *he decided to go*]
howitzer ['haʊɪtsə] *s* mil. haubits
howl [haʊl] **I** *vb itr* **1** tjuta, vina [*the wind ~ed through* (i) *the trees*]; yla [*a wolf ~s*] **2** tjuta, vråla, [gall]skrika; ~ *with laughter* tjuta av skratt **II** *vb tr* skrika ut; ~ *down* överrösta, tysta ned [med skrik] **III** *s* **1** tjut, vinande; ylande **2** tjut, vrål, skrik; ramaskri, skri av förbittring
howler ['haʊlə] *s* vard. groda; grovt fel
howling ['haʊlɪŋ] *adj* **1** tjutande etc., jfr *howl I* **2** ödslig [*a ~ wilderness*] **3** vard. dunder-, jätte- [*a ~ blunder*]
hoyden ['hɔɪdn] *s* yrhätta, vildkatta, pojkflicka
hoydenish ['hɔɪd(ə)nɪʃ] *adj* uppsluppen, vild, yr, stojande; framfusig, okultiverad
HP [ˌeɪtʃ'pi:] ® förk. för *Houses of Parliament*
HP o. **h.p.** förk. för *hire-purchase, horsepower*
HQ förk. för *Headquarters*
HRH förk. för *His* (*Her*) *Royal Highness*
hrs. förk. för *hours*
ht. förk. för *height*
hub [hʌb] *s* **1** [hjul]nav **2** centrum [*a ~ of commerce*]
hubbub ['hʌbʌb] *s* larm, stoj[ande]; bråk, tumult, rabalder; ståhej
hubby ['hʌbɪ] *s* vard. (förk. för *husband*); *my ~* min man (gubbe)
hub-cap ['hʌbkæp] *s* navkapsel
Hubert ['hju:bət] mansnamn; ss. helgonnamn Hubertus
hubris ['hju:brɪs, 'hu:-] *s* hybris övermod
huckleberry ['hʌklbərɪ, -lˌberɪ] *s* amer. huckleberry den blåbärsliknande frukten från buskar av släktet Gaylussacia
huckster ['hʌkstə] **I** *s* **1** schackrare, skojare **2** isht amer. a) påträngande försäljare b) reklamman isht i radio o. TV **II** *vb tr* schackra med, köpslå om; gå omkring och sälja [*~ fresh eggs*]
huddle ['hʌdl] **I** *vb tr* vräka (stuva, bylta, gyttra) ihop [äv. *~ together* (*up*)]; slänga (kasta, vräka, stuva, proppa) huller om buller [*~ clothes into* (ner i) *a trunk*]; *the children were ~d together* barnen satt (låg) tätt tryckta intill varandra; *~ oneself up* krypa ihop, kura ihop sig; *he lay ~d up* han låg hopkrupen (hopkurad) **II** *vb itr* [äv. *~ together* (*up*)] skocka [ihop] sig, trängas, tränga (gyttra) ihop sig; trycka sig intill varandra [*the children ~d together to keep warm*], kura ihop sig, krypa ihop; *~ up against a p.* krypa (trycka sig) tätt intill ngn **III** *s* **1** massa, hög [*a ~ of large stones*], bråte; samling, anhopning **2** oordning, röra, virrvarr; *all in a ~* i en enda röra **3** vard., *be in a ~* ha en privat (hemlig) överläggning, diskutera i enrum
hue [hju:] *s* **1** färg [*the ~s of the rainbow*] **2** färgton, [färg]skiftning, nyans; bildl. skattering [*political parties of every ~*]
hue and cry [ˌhju:ən'kraɪ] *s* rop som manar till förföljande [*they raised the ~ - 'Stop thief!'*]; förföljande, jakt, klappjakt, skallgång; bildl. skall [*the ~ against* (på) *the new school*], ramaskri; *raise* (*start*) *a ~ against* inleda en [förföljelse]kampanj mot, upphäva ett ramaskri mot
huff [hʌf] **I** *vb itr* **1** *~ and puff* flåsa och stöna **2** i damspel blåsa **II** *vb tr* **1** förnärma, göra stött **2** i damspel blåsa, ta [bort] [*~ a piece* (bricka)] **III** *s* **1** [utbrott av] dåligt humör [*he went away in a ~*]; *be in* (*get into*) *a ~* vara (bli) förnärmad (kränkt, stött) [*at över*] **2** i damspel blåsning
huffed [hʌft] *adj* förnärmad, kränkt, stött [*at över*]
huffy ['hʌfɪ] *adj* **1** butter, tjurig [*in a ~ mood*]; *get ~* bli förnärmad (stött) **2** lättstött, snarstucken
hug [hʌg] **I** *vb tr* **1** omfamna, trycka till sitt bröst, krama **2** hylla [*~ an opinion*]; hålla fast vid [*~ a belief*] **3** hålla nära [*~ the shore*]; *~ the land* kära (hålla tätt intill) land; *the car ~s the road* bilen har mycket bra väghållning[sförmåga] **II** *s* omfamning, famntag, kram
huge [hju:dʒ] *adj* väldig, mycket stor, jättestor, enorm, ofantlig [*~ mountains* (*waves*), *a ~ army* (*sum*)]
hugely ['hju:dʒlɪ] *adv* enormt [*we enjoyed ourselves ~*], väldigt, oerhört [mycket]
Hugh [hju:] mansnamn
Hugo ['hju:gəʊ] mansnamn
Huguenot ['hju:gənəʊ, -nɒt] *s* hugenott
huh [hʌ, hə] *interj* **1** uttr. förakt *~!* ha! **2** uttr. överraskning *~?* va?, äh?
hula ['hu:lə] *s* o. **hula-hula** [ˌhu:lə'hu:lə] *s* hula-hula hawaiisk dans
hulk [hʌlk] *s* **1** holk, hulk gammalt avriggat fartygsskrov **2** vrak; ruin, skelett, skal [*the fire reduced the building to an empty ~*] **3** bildl. åbäke [*you* (ditt) *great ~*], hulk
hulking ['hʌlkɪŋ] *adj* vard. stor och tung, grov, åbäkig; lunsig; klumpig; *a big ~ fellow* en riktig bjässe (hulk), ett stort åbäke
hull [hʌl] *s* sjö. el. flyg. [fartygs]skrov; [flygbåts]skrov
hullabaloo [ˌhʌləbə'lu:] *s* ståhej, rabalder; *make a great ~ about a th.* ställa till ett himla väsen om ngt
hullo [ˌhʌ'ləʊ, hʌ'l-] *interj* o. *s* o. *vb itr* se *hello*
hum [hʌm] **I** *vb itr* **1** surra [*~ like a bee*]; mus., radio. el. TV., samt om t.ex. humla brumma; om trafik brusa **2** gnola, nynna **3** mumla, säga hm, humma; *~ and haw* (*ha*) se *hem and haw* (*ha*) under *2 hem II* **4** sorla; vard. vara i

liv och rörelse; ***things are beginning to*** ~ vard. nu börjar det hända saker och ting, det börjar röra [på] sig; ***make things*** ~ vard. få fart på saker och ting **5** sl. lukta [pyton (apa)] [*this ham is beginning to* ~] **II** *vb tr* **1** gnola [på], nynna [på] [~ *a song*]; ~ ***a child to sleep*** nynna ett barn till sömns **2** mumla [fram] **III** *s* **1** surrande [*the* ~ *of bees*]; brum[mande], jfr *I 1*; [svagt] sorl [*a* ~ *of voices from the next room*], [svagt] brus [*the* ~ *of distant traffic*] **2** gnolande, nynnande **3** mummel
human ['hju:mən] **I** *adj* mänsklig [*a* ~ *voice*; *he has become more* ~ *lately*; *to err is* ~], människo- [*the* ~ *body*], human- [~ *biology* (*ecology*)]; ~ ***being*** mänsklig varelse, människa; [***the story lacked***] ~ ***interest*** ...en mänsklig aspekt (mänskligt intresse); ***the*** ~ ***race*** människosläktet, människorna; ~ ***rights*** de mänskliga rättigheterna; ***we are only*** ~ vi är ju inte mer än människor **II** *s* människa [*we* ~*s*, *all* ~*s*]
humane [hju'meɪn] *adj* **1** human [~ *treatment*], mänsklig, människovänlig, barmhärtig **2** humanistisk [~ *studies*]
humanism ['hju:mənɪz(ə)m] *s* **1** mänsklighet, humanitet **2** humanism
humanist ['hju:mənɪst] *s* **1** humanist **2** människovän, filantrop
humanitarian [hju,mænɪ'teərɪən, ,hju:mæn-] **I** *s* **1** humanitetsförkämpe **2** människovän, filantrop **II** *adj* humanitär, humanitets- [*for* ~ *reasons*], människovänlig, filantropisk
humanity [hju'mænətɪ] *s* **1** mänskligheten [*crimes against* ~], människosläktet, människorna **2** den mänskliga naturen; mänsklighet, mänskliga drag **3** människokärlek, humanitet, [sann] mänsklighet; [***treat people and animals***] ***with*** ~ ...humant **4 *the humanities*** humaniora isht klassiska språk o.d.
humanization [,hju:mənaɪ'zeɪʃ(ə)n] *s* humanisering; mänskliggörande
humankind [,hju:mən'kaɪnd] *s* mänsklighet[en]
humanly ['hju:mənlɪ] *adv* mänskligt, på mänskligt sätt; ***all that is*** ~ ***possible*** allt som står i mänsklig makt
humble ['hʌmbl] **I** *adj* **1** ödmjuk [*a* ~ *attitude*], underdånig [*he is very* ~ *towards his superiors*], undergiven; ***eat*** ~ ***pie*** [få] svälja förödmjukelsen; krypa till korset; ***your*** ~ ***servant*** Er ödmjuke tjänare; i skrivelser vördsammast **2** låg [*a* ~ *post*], ringa, blygsam [*a* ~ *income*], enkel [*a man of* ~ *origin*; *my* ~ *home*], oansenlig, anspråkslös, tarvlig; ***in my*** ~ ***opinion*** enligt min ringa mening **II** *vb tr* göra ödmjuk; kväsa [~ *a p.'s pride*]; förödmjuka [~ *one's enemies*]; förnedra
humbug ['hʌmbʌg] **I** *s* **1** humbug, skoj, svindel, båg, bluff **2** humbug, skojare, bluff[makare] **3** slags pepparmyntskaramell **II** *interj*, ~*!* [strunt]prat!, snack!, nonsens! **III** *vb tr* lura, dra vid näsan **IV** *vb itr* bluffa
humdinger ['hʌmdɪŋə] *s* sl., *a* ~ a) något alldeles extra [fint] b) en baddare, en klippare
humdrum ['hʌmdrʌm] *adj* enformig, enahanda; vardaglig, alldaglig
humid ['hju:mɪd] *adj* fuktig [~ *air*, ~ *ground*], våt
humidifier [hju'mɪdɪfaɪə] *s*, [*air*] ~ luftfuktare
humidify [hju'mɪdɪfaɪ] *vb tr* fukta
humidity [hju'mɪdətɪ] *s* fukt, fuktighet, fuktighetsgrad
humiliate [hju'mɪlɪeɪt] *vb tr* förödmjuka
humiliation [hju,mɪlɪ'eɪʃ(ə)n, ,hju:mɪl-] *s* förödmjukelse, förödmjukande; förnedring
humility [hju'mɪlətɪ] *s* ödmjukhet; anspråkslöshet
humming-bird ['hʌmɪŋbɜ:d] *s* zool. kolibri
humorous ['hju:m(ə)rəs] *adj* humoristisk [*a* ~ *writer*]; skämtsam, lustig [~ *remarks*]
humour ['hju:mə] **I** *s* **1** humor, skämtlynne, skämtsamhet; ***he has no sense of*** ~ han har inget sinne för humor (ingen humor) **2** a) humör, lynne, stämning b) sinnelag, temperament; ***in a bad*** (***good***) ~ på dåligt (gott) humör **II** *vb tr* blidka [*you should try to* ~ *him when he is in a bad temper*]; ~ ***a p.*** äv. låta ngn få sin vilja fram, göra ngn till viljes, låta ngn få som han vill
hump [hʌmp] **I** *s* **1** puckel, knöl; kött av puckel isht bisonoxes **2** mindre, rund kulle, hög **3** sl., ***it gives me the*** ~ a) det gör mig deppig (nere) b) det får mig på dåligt humör **II** *vb tr* **1** kuta med, dra upp [äv. ~ *up*; ~ *up one's shoulders*]; ~ [***up***] ***one's back*** a) kuta, skjuta rygg [*the cat* ~*ed* [*up*] *her back when she saw the dog*] b) bildl. bli arg, tjura **2** göra deppig **3** vard. kånka på (med)
humpback ['hʌmpbæk] *s* **1** puckelrygg person o. rygg; ~ ***whale*** zool. knölval, puckelval **2** ~ ***bridge*** trafik. valvbro
humph [mm, hʌmf] **I** *interj*, ~*!* hm! **II** *vb itr* humma, säga hm
humpty-dumpty [,hʌm(p)tɪ'dʌm(p)tɪ] *s* liten tjockis, rulta; ***Humpty-Dumpty*** Klumpedump, Klumpe Dumpe i barnkammarrim [*Humpty-Dumpty sat on a wall*]
humus ['hju:məs] *s* humus, mylla, mull, matjord
Hun [hʌn] *s* **1** hist. hunn[er] **2** barbar, vilde; vandal
hunch [hʌn(t)ʃ] **I** *vb tr*, ~ [***up***] kröka, [böja och] dra upp [*he was sitting at the table with his shoulders* ~*ed up*]; ~ ***one's back*** skjuta rygg, kuta [rygg]; ~*ed up* äv. hopkrupen **II** *s* **1** puckel, knöl **2** tjockt stycke [*a* ~ *of bread*] **3** vard. aning, föraning; ***I have a*** ~ ***that*** jag

hunchback 410

har på känn att, jag har en föraning [om] (känsla [av]) att
hunchback ['hʌn(t)ʃbæk] s puckelrygg
hunchbacked ['hʌn(t)ʃbækt] adj puckelryggig
hundred ['hʌndrəd, -drɪd] *räkn* o. *s* hundra; hundratal, hundrade [*in* ~s]; *a* (*one*) ~ [ett] hundra; *a* ~ *to one* hundra mot ett; *a* ~ *per cent* a) ss. adj. hundraprocentig, fullständig b) ss. adv. hundraprocentigt, fullständigt; ~*s of people* hundratals människor; *by the* ~ el. *by* ~*s* i hundratal; ~*s and thousands* kok. strössel
hundredfold ['hʌndrədfəʊld, -drɪd-] I *adv, a* ~ hundrafalt, hundrafaldigt II *s, a* ~ hundrafalt
hundredth ['hʌndrədθ, -drɪdθ] I *räkn* hundrade; ~ *part* hundra[de]del II *s* hundra[de]del; *a* ~ *of a second* en hundradels sekund
hundredweight ['hʌndrədweɪt, -drɪd-] (pl. vanl. lika) *s* ung. centner a) britt. = 50,802 kg b) amer. = 45,359 kg
hung [hʌŋ] I imperf. o. perf. p. av *hang* II *adj* **1** polit., *a* ~ *parliament* ett parlament där inget parti har egen majoritet **2** jur., *a* ~ *jury* en oenig jury
Hungarian [hʌŋ'geərɪən] I *adj* ungersk II *s* **1** ungrare; ungerska kvinna **2** ungerska [språket]
Hungary ['hʌŋgərɪ] Ungern
hunger ['hʌŋgə] I *s* **1** hunger; ~ *is the best sauce* hungern är den bästa kryddan **2** bildl. hunger, törst [~ *for knowledge*], längtan [~ *for love*] II *vb itr* **1** vara hungrig; svälta, hungra **2** bildl. hungra, törsta, längta [*for*]
hunger-strike ['hʌŋgəstraɪk] I *s* hungerstrejk II (*hunger-struck hunger-struck*) *vb itr* hungerstrejka
hungry ['hʌŋgrɪ] *adj* **1** hungrig **2** bildl. hungrande, törstande, längtande [*for* efter], girig [*for* efter, på]; *be* ~ *for* hungra (törsta) efter [*be* ~ *for knowledge*], längta efter [*be* ~ *for affection*], vara sugen på
hungup [ˌhʌŋ'ʌp, '--] *adj* vard., *be* ~ a) vara (bli) försenad (förhindrad, hindrad) b) vara ur gängorna (nere, deppig); *be* ~ *on* vara fixerad vid (besatt av), ha hakat upp sig på (fastnat för), vara galen (tokig) i
hunk [hʌŋk] *s* vard. **1** tjockt (stort) stycke, tjock skiva [*a* ~ *of bread*] **2** *a* ~ [*of a man*] en sexig kille
hunt [hʌnt] I *vb tr* **1** jaga [~ *big game* (*tigers*)] **2** jaga (leta) [ivrigt] efter, försöka få [fatt i], vara på jakt (språng) efter, jaga; ~ *the slipper* lek smussla sko; ~ *the thimble* lek gömma fingerborgen, motsv. sv. gömma ringen (nyckel) **3** driva, jaga [*away* bort; *out* ut; *out of* ut ur, bort från; ~ *the neighbour's cat out of the garden*] **4** m. adv.: ~ *down* jaga (hetsa) till döds, förfölja till det yttersta; infånga, [jaga och] få fast [~ *down a criminal* (*an escaped prisoner*)]; ~ *up* jaga upp; spåra upp [~ *up quotations*] II *vb itr* **1** jaga britt. isht. om hetsjakt med hund; *be out* (*go*) ~*ing* vara [ute] på (gå på) jakt **2** snoka, söka, leta [*after, for* efter]; *be* ~*ing for* vara på jakt efter III *s* **1** jakt; britt. isht hetsjakt, rävjakt till häst med hundar som dödar räven **2** letande [*for* efter; *find a th. after a long* ~], jakt [*the* ~ *for* (*på*) *the murderer*]; *be on the* ~ *for* vara på jakt efter, leta efter **3** jaktsällskap, jaktklubb
hunt-and-peck [ˌhʌntən(d)'pek] *adj, the* ~ *system* pekfingervalsen på skrivmaskin
hunter ['hʌntə] *s* **1** jägare äv. bildl. ss. efterled i sms. [*fortune-hunter*] **2** a) jakthund b) hunter jakthäst **3** jaktur med metallock över urglaset
hunting ['hʌntɪŋ] *s* jakt ss. näringsgren el. sport [~ *and fishing*; *he is fond of* ~]; britt. isht jakt [till häst], jaktridning, jfr *hunt III 1*
hunting-ground ['hʌntɪŋgraʊnd] *s* jaktmark; *the happy* ~*s* de sälla jaktmarkerna
hunts|man ['hʌnts|mən] (pl. *-men* [-mən]) *s* jägare
hurdle ['hɜːdl] I *s* **1** sport.: i häcklöpning häck; i hästsport hinder; ~*s* (konstr. ss. sg.) häcklöpning, häck [*110 metres* ~*s*] **2** bildl. hinder, barriär, svårighet II *vb tr* **1** inhägna (utmärka) med grindstaket **2** kapplöpn. hoppa över, ta ett hinder III *vb itr* löpa häck; ta hinder
hurdler ['hɜːdlə] *s* sport. häcklöpare
hurdy-gurdy [ˌhɜːdɪ'ɡɜːdɪ] *s* mus. **1** positiv **2** vielle, [bond]lira
hurl [hɜːl] I *vb tr* **1** slunga, vräka, kasta [*at*, [*up*]*on* mot, på] **2** utslunga [~ *threats at* (mot)], fara ut i [~ *invective* (smädelser) *at*], kasta, slunga [~ *furious glances at*]; ~ *defiance at* trotsa; ~ *back* tillbakavisa [~ *back an accusation*] II *s* kraftigt kast, slungning
hurling ['hɜːlɪŋ] *s* hurling ett landhockeyliknande spel, Irlands nationalspel
hurly-burly ['hɜːlɪˌbɜːlɪ, ˌ--'--] *s* oväsen, tumult, upplopp, larm, villervalla, virrvarr
hurrah [hʊ'rɑː] o. **hurray** [hʊ'reɪ] I *interj,* ~*!* hurra! II *s* hurra III *vb itr* hurra IV *vb tr* hurra för
hurricane ['hʌrɪkən, -keɪn] *s* orkan, svår storm
hurricane lamp ['hʌrɪkənlæmp] *s* o. **hurricane lantern** ['hʌrɪkənˌlæntən] *s* stormlykta
hurried ['hʌrɪd] *adj* påskyndad; brådstörtad, bråd; brådskande, hastig [*a* ~ *meal*], snabb, skyndsam
hurry ['hʌrɪ] I *vb tr* **1** snabbt föra, snabbt dirigera (föra fram), kasta fram [~ *troops to the front*]; driva [på], fösa, jaga [på]; ~ *a p. along* få ngn att skynda sig, skynda på ngn; ~ *a p. away* (*off*) snabbt föra bort ngn **2** skynda på, jäkta [*it's no use* ~*ing her*]; påskynda [ofta ~ *on,* ~ *up*; ~ *dinner*] II *vb itr* skynda sig, jäkta [*don't* ~*, there's plenty of time*]; skynda, ila, hasta, störta, rusa [~ *away*

(*off*); *they hurried to the station*]; brådska; ~ *on* skynda vidare; ~ *up* skynda (raska, kvicka) på [~ *up about* (med) *a th.*], skynda sig, sätta fart, öka farten **III** *s* brådska, jäkt; hast; *be in a* ~ ha (få) bråttom [*to* [med] att; *he was in a* ~ *to leave*]; *he is in no* ~ han gör sig (har) ingen brådska, han har inte bråttom; [*I won't go there again*] *in a* ~ vard. ...i första taget, ...i brådrasket

hurt [hɜːt] **I** (*hurt hurt*) *vb tr* **1** skada, skada sig i, göra illa, göra sig illa i; ~ *oneself* göra sig illa, slå sig [*did you* ~ *yourself?*]; *get* (*be*) ~ bli skadad, komma till skada, skada sig, göra sig illa **2** skada, vålla skador på **3** *my foot* ~*s me* jag har ont i foten, det gör ont (värker) i foten [på mig] **4** bildl.: **a**) skada [*it* ~ *his reputation*]; *that won't* ~ *him* det tar han ingen skada av **b**) såra [*his tone* ~ *me*]; perf. p. ~ sårad [*in a* ~ *tone*; *feel* ~]; stöta, kränka; ~ *a p.'s feelings* såra ngn (ngns känslor) **II** (*hurt hurt*) *vb itr* **1** vålla skada; *it won't* ~ det skadar inte **2** göra ont [*it* ~*s terribly*] **III** *s* **1** kroppslig skada; isht slag, stöt, krossår **2** skada förfång [*what* ~ *can it do you?*]; men, oförrätt; *it was a* ~ *to his pride* det sårade hans stolthet

hurtful ['hɜːtf(ʊ)l] *adj* **1** sårande [~ *remarks*] **2** skadlig, menlig, farlig [~ *to* (för) *the health*]

hurtle ['hɜːtl] **I** *vb tr* slunga, kasta, slå [*against* mot] **II** *vb itr* **1** susa [*fram*] [*the car* ~*d down the road*], rusa **2** rasa, störta, braka [*tons of snow* ~*d down the mountain*]

husband ['hʌzbənd] **I** *s* man [*her future* (blivande) ~], äkta man, make; ~ *and wife* man och hustru, äkta makar **II** *vb tr* hushålla med [~ *one's resources*], spara på [~ *one's strength* (krafterna)]

husbandry ['hʌzbəndrɪ] *s* **1** jordbruk, åkerbruk, lanthushållning **2** hushållning [*good* (*bad*) ~] **3** sparsamhet [*of* med]

hush [hʌʃ, interj. vanl. ʃː] **I** *vb tr* **1** hyssja åt (på); göra tyst, tysta [ner] [~ *your dog!*], få att tiga [äv. ~ *up*, ~ *down*]; ~ *a baby to sleep* vyssa ett barn till sömns; ~*ed silence* djup tystnad; *in a* ~*ed voice* med dämpad röst **2** ~ [*up*] tysta ner [~ *up a scandal*], hemlighålla, lägga locket på **II** *vb itr* **1** tystna; tiga **2** hyssja [*at* åt, på] **III** *s* tystnad, stillhet [*in the* ~ *of night*] **IV** *interj, ~!* sch!, hyssj!, tyst!

hush-hush [ˌhʌʃˈhʌʃ, '--] vard. **I** *adj* hemlig, topphemlig [*a* ~ *investigation*] **II** *s* hysch-hysch, hemlighetsmakeri, tissel och tassel

hush money ['hʌʃˌmʌnɪ] *s* pengar (mutor) för att tiga (hålla tyst)

husk [hʌsk] **I** *s* **1** skal, hylsa, skida **2** bildl. [värdelöst] yttre skal **II** *vb tr* skala, rensa

1 husky ['hʌskɪ] *adj* **1** torr [i halsen]; hes, skrovlig, beslöjad [*a* ~ *voice*] **2** skaltorr **3** vard. stor och stark, kraftig

2 husky ['hʌskɪ] *s* zool. eskimåhund

hussar [hʊˈzɑː] *s* husar

hussy ['hʌzɪ, 'hʌsɪ] *s* **1** skämts. jäntunge, satunge [*little* ~] **2** slinka, slyna, slampa

hustings ['hʌstɪŋz] (konstr. vanl. ss. sg.) *s* valrörelse, valkampanj, valmöte, valstrid

hustle ['hʌsl] **I** *vb tr* **1** knuffa [till], stöta [till], skuffa till, tränga [ihop]; driva, köra, fösa [~ *a p. out of the room*], tvinga, pressa [*into doing a th.* [till] att göra ngt] **2** vard. påskynda, forcera, sätta fart på [~ *the work*] **3** sl. lura, blåsa på pengar; ~ *a p. out of a th.* lura av ngn ngt, blåsa ngn på ngt; *don't try to* ~ *me* försök inga tricks med mig **II** *vb itr* **1** knuffas, trängas; tränga sig; pressa sig [*someone* ~*d against him in the crowd*]; tränga (armbåga) sig fram **2** isht amer. sl. fixa pengar (grejer) på olika, oftast olagliga sätt, t.ex.: sno stjäla; gno, gå på gatan om prostituerad; langa narkotika; spela [hasard] **III** *s* **1** knuffande, skuffande **2** jäkt; ~ *and bustle* liv och rörelse, fart och fläng **3** amer. vard. gåpåaranda, fart, krut [*they haven't got any* ~ *in them*], rivighet **4** isht amer. sl. blåsning; bondfångeri; sätt att fixa stålar, jfr *II 2*

hustler ['hʌslə] *s* **1** rivig karl, gåpåare **2** isht amer. sl. **a**) fixare; skojare, bondfångare; tjuv **b**) hallick **c**) fnask

hut [hʌt] **I** *s* **1** hydda, koja; hytt [*bathing-hut*]; *mud* ~ lerhydda **2** mil., provisorisk [trä]barack, skjul **II** *vb tr* förlägga i barack

hutch [hʌtʃ] *s* bur [*rabbit hutch*]

hyacinth ['haɪəs(ɪ)nθ] *s* bot. el. miner. hyacint

hyaena [haɪˈiːnə] se *hyena*

hybrid ['haɪbrɪd] **I** *s* **1** biol. hybrid, bastard, korsning **2** språkv. hybridord **3** bildl. blandprodukt, mellanting **II** *adj* hybrid; bastard-; bland- [~ *race*, ~ *form*], blandnings-

Hyde Park [ˌhaɪdˈpɑːk, attr. '--] park i London, samlingsplats för möten o. demonstrationer

hydrangea [haɪˈdreɪn(d)ʒə] *s* bot. [vanlig] hortensia

hydrant ['haɪdr(ə)nt] *s* vattenpost; *fire* ~ brandpost [huvud]

hydrate ['haɪdreɪt] kem. **I** *s* hydrat **II** *vb tr* hydratisera

hydraulic [haɪˈdrɔːlɪk] *adj* hydraulisk

hydraulics [haɪˈdrɔːlɪks] (konstr. vanl. ss. sg.) *s* hydraulik; vattenbyggnad [slära]

hydrocarbon [ˌhaɪdrə(ʊ)ˈkɑːbən] *s* kem. kolväte

hydrochloric [ˌhaɪdrə(ʊ)ˈklɒrɪk, -ˈklɔːr-] *adj* kem. klorväte-; ~ *acid* saltsyra

hydrocortisone [ˌhaɪdrə(ʊ)ˈkɔːtɪzəʊn] *s* kem. hydrokortison

hydroelectric [ˌhaɪdrə(ʊ)ɪˈlektrɪk] *adj* hydroelektrisk; ~ *power* vattenkraft

hydrofluoric [ˌhaɪdrə(ʊ)fluˈɒrɪk] *adj* kem. fluorväte-; ~ *acid* fluorvätesyra

hydrofoil ['haɪdrə(ʊ)fɔɪl] *s* **1** flyg. bärplan **2** bärplansbåt, hydrofoilbåt [äv. ~ *vessel*]

hydrogen ['haɪdrədʒ(ə)n] *s* kem. väte, hydrogen; ~ *bomb* vätebomb; ~ *chloride* väteklorid; ~ *peroxide* el. *peroxide of* ~ väteperoxid, vätesuperoxid
hydrometer [haɪ'drɒmɪtə] *s* areometer, sänkvåg
hydrophobia [ˌhaɪdrə(ʊ)'fəʊbjə] *s* med. rabies, vattuskräck, hydrofobi
hydroplane ['haɪdrə(ʊ)pleɪn] *s* planande racerbåt, stegbåt
hydrotherapy [ˌhaɪdrə(ʊ)'θerəpɪ] *s* med. hydroterapi, vattenkur
hydroxide [haɪ'drɒksaɪd] *s* kem. hydroxid
hyena [haɪ'iːnə] *s* zool. hyena
hygiene ['haɪdʒiːn] *s* **1** hygien, hälsovårdslära, hälsolära **2** hygien [*bad* ~ *and lack of food*], hälsovård **3** *mental* ~ mentalhygien
hygienic [haɪ'dʒiːnɪk] *adj* hygienisk
hygienics [haɪ'dʒiːnɪks] (konstr. ss. sg.) *s* hygien, hälsovårdslära, hälsolära
hygrometer [haɪ'grɒmɪtə] *s* fys. hygrometer, psykrometer
hymen ['haɪmən] *s* anat. mödomshinna, hymen
hymn [hɪm] *s* **1** hymn, lovsång **2** psalm i psalmbok
hyoscine ['haɪə(ʊ)siːn] *s* farmakol. hyoscin, skopolamin
1 hype [haɪp] vard. **I** *s* **1** reklam[kampanj], PR, [reklam]jippo **2** bedrägeri, blåsning **II** *vb tr* **1** haussa upp, överreklamera, göra [alltför] mycket reklam för [äv. ~ *up*] **2** manipulera, fixa; lura **3** tända, elda entusiasmera [äv. ~ *up*]
2 hype [haɪp] sl. **I** *s* **1** a) sil, spruta injektion b) kanyl **2** knarkare, sprutnarkoman **II** *vb itr* sila narkotika
hyped-up [ˌhaɪpt'ʌp] *adj* sl. **1** hög, påtänd av narkotika **2** tänd, uppeldad
hyperactive [ˌhaɪpər'æktɪv] *adj* hyperaktiv
hyperbol|a [haɪ'pɜːbəl|ə] (pl. -*ae* [-iː] el. -*as*) *s* matem. hyperbel
hyperbole [haɪ'pɜːbəlɪ] *s* retor. hyperbol, överdrift
hypercorrect [ˌhaɪpəkə'rekt] *adj* hyperkorrekt, ytterligt (överdrivet) korrekt
hypercritical [ˌhaɪpə'krɪtɪk(ə)l] *adj* hyperkritisk, överkritisk, överdrivet kritisk; småpetig
hypermarket ['haɪpəˌmɑːkɪt] *s* stormarknad
hypersensitive [ˌhaɪpə'sensɪtɪv] *adj* **1** hyperkänslig, lättsårad; lättstött **2** överkänslig, allergisk
hypertension [ˌhaɪpə'tenʃ(ə)n] *s* med. hypertoni, för högt blodtryck
hyphen ['haɪf(ə)n] **I** *s* bindestreck, divis **II** *vb tr* se *hyphenate*
hyphenate ['haɪfəneɪt] *vb tr* skriva (avdela, förena, förse) med bindestreck, sätta bindestreck mellan
hyphenated ['haɪfəneɪtɪd] *adj* [som skrivs (avdelas)] med bindestreck; ~ *name* dubbelnamn
hypnos|is [hɪp'nəʊs|ɪs] (pl. -*es* [-iːz]) *s* hypnos
hypnotic [hɪp'nɒtɪk] **I** *adj* hypnotisk äv. friare **II** *s* **1** sömnmedel **2** hypnotiserad [person]; person som är mottaglig för hypnos
hypnotism ['hɪpnətɪz(ə)m] *s* **1** hypnotism **2** hypnos
hypnotist ['hɪpnətɪst] *s* hypnotisör
hypnotize ['hɪpnətaɪz] *vb tr* hypnotisera
hypo ['haɪpəʊ] (pl. ~*s*) *s* **1** foto. (vard.) fixernatron, fixersalt **2** vard. för *hypodermic syringe*
hypochondria [ˌhaɪpə(ʊ)'kɒndrɪə, ˌhɪp-] *s* psykol. hypokondri, inbillningssjuka
hypochondriac [ˌhaɪpə(ʊ)'kɒndrɪæk, ˌhɪp-] psykol. **I** *s* hypokonder, hypokondriker, inbillningssjuk människa **II** *adj* hypokondrisk, inbillningssjuk
hypocrisy [hɪ'pɒkrəsɪ] *s* hyckleri, skenhelighet
hypocrite ['hɪpəkrɪt] *s* hycklare, skenhelig person
hypocritical [ˌhɪpə(ʊ)'krɪtɪk(ə)l] *adj* hycklande, skenhelig
hypodermic [ˌhaɪpə(ʊ)'dɜːmɪk] **I** *adj* införd (liggande) under huden, hypodermatisk; subkutan [~ *injection*]; ~ *syringe* injektionsspruta för injektion under huden; ~ *needle* kanyl **II** *s* **1** spruta **2** se ~ *syringe* o. ~ *needle* under *I* ovan
hypotenuse [haɪ'pɒtənjuːz] *s* geom. hypotenusa
hypothes|is [haɪ'pɒθəs|ɪs] (pl. -*es* [-iːz]) *s* hypotes, antagande, tankeexperiment; förutsättning
hypothetical [ˌhaɪpə(ʊ)'θetɪk(ə)l] *adj* hypotetisk
hyssop ['hɪsəp] *s* bot. isop
hysterectomy [ˌhɪstə'rektəmɪ] *s* med. hysterektomi, bortopererande av livmodern
hysteria [hɪ'stɪərɪə] *s* hysteri; friare äv. hysterisk upphetsning
hysteric [hɪ'sterɪk] **I** *adj* hysterisk **II** *s* **1** hysteriker **2** se *hysterics*
hysterical [hɪ'sterɪk(ə)l] *adj* hysterisk
hysterics [hɪ'sterɪks] (konstr. vanl. ss. sg.) *s* hysteri; hysteriskt anfall; *go* [*off*] *into* ~ få ett hysteriskt anfall, bli hysterisk
Hz fork. för *hertz*

I

I, i [aɪ] (pl. *I's* el. *i's* [aɪz]) *s* I, i
I [aɪ] (objektsform *me*) *pers pron* jag
iambic [aɪˈæmbɪk] metrik. **I** *adj* jambisk **II** *s*, vanl. pl. ~*s* a) jambisk vers b) grek. litt. jamber satir[er]
Ian [ɪən, ˈiːən] mansnamn
Iberian [aɪˈbɪərɪən] **I** *adj* iberisk; *the ~ Peninsula* Pyreneiska (Iberiska) halvön **II** *s* **1** iber **2** iberiska [språket]
ibex [ˈaɪbeks] (pl. äv. *ibices*) *s* zool. stenbock
ibis [ˈaɪbɪs] (pl. äv. lika) *s* zool. ibis[fågel]
ICBM [ˌaɪˈsiːˌbiːˈem] (förk. för *Intercontinental Ballistic Missile*) interkontinental [ballistisk] robot
ice [aɪs] **I** *s* **1** is; *dry ~* kolsyresnö, torris; *break the ~* bryta isen äv. bildl.; *cut no (little) ~* vard. inte göra något intryck, inte imponera [*with* på]; *put a th. on ~* vard. lägga ngt på is; *be* (*be treading* el. *be skating*) *on thin ~* bildl. vara ute (ha kommit ut) på hal is **2** glass; *an ~* en glass **3** sl. glitter diamanter, juveler **II** *vb tr* **1** kyla [ner], isa [*~ a bottle of beer*]; bildl. äv. frysa [*~ relations with that country*]; *~d coffee* iskaffe; *~d pudding* kok. glassbomb; *~d tea* iste **2** ~ [*over*] täcka (belägga) med is, isa sig [*the pond was ~d over*]; *~d up* överisad **3** isa [sig] [*weather that ~d his breath*] **4** glasera [*~ cakes*] **III** *vb itr* **1** ~ [*over*] frysa till [*the pond ~d over*] **2** ~ *up* bli nedisad [*the wings of the aircraft had ~d up*], frysa
ice age [ˈaɪseɪdʒ] *s* istid
ice axe [ˈaɪsæks] *s* isyxa
ice bag [ˈaɪsbæg] *s* isblåsa
iceberg [ˈaɪsbɜːg] *s* **1** isberg; *~ lettuce* isbergssallad; *the tip of the ~* bildl. toppen av isberget **2** bildl. isbit, känsloakll person
ice-bound [ˈaɪsbaʊnd] *adj* **1** isblockerad, tillfrusen [*an ~ harbour*] **2** fastfrusen [*an ~ ship*]; *be* (*become*) *~* bli (vara) inisad
icebox [ˈaɪsbɒks] *s* **1** isskåp **2** frysfack **3** amer. kylskåp **4** amer. sl. isoleringscell
icebreaker [ˈaɪsˌbreɪkə] *s* isbrytare
ice bucket [ˈaɪsˌbʌkɪt] *s* ishink, vinkylare
icecap [ˈaɪskæp] *s* iskalott, istäcke
ice-cold [ˌaɪsˈkəʊld] *adj* iskall
ice cream [ˌaɪsˈkriːm, attr. ˈ--] *s* glass; *~ cone* glasstrut; *~ soda* glassdrink; *~ parlour* glassbar
ice cube [ˈaɪskjuːb] *s* iskub, istärning, isbit
ice fern [ˈaɪsfɜːn] *s* isblomma på fönster
ice floe [ˈaɪsfləʊ] *s* isflak
ice hockey [ˈaɪsˌhɒkɪ] *s* ishockey; *~ skate* ishockeyrör; *~ stick* ishockeyklubba
Iceland [ˈaɪslənd] geogr. Island; *~ moss* islandslav, islandsmossa; *~ sweater* islandströja
Icelander [ˈaɪsləndə, -lændə] *s* islänning, isländare; isländska kvinna
Icelandic [aɪsˈlændɪk] **I** *adj* isländsk **II** *s* isländska [språket]
ice lolly [ˈaɪsˌlɒlɪ] *s* isglass[pinne]; glasspinne
ice pack [ˈaɪspæk] *s* **1** packis **2** isblåsa, isomslag
ice pail [ˈaɪspeɪl] *s* ishink, vinkylare
ice pick [ˈaɪspɪk] *s* isklyvare
ice rink [ˈaɪsrɪŋk] *s* skridskobana, isbana
ice skate [ˈaɪsskeɪt] **I** *s* skridsko **II** *vb itr* åka skridsko[r]
ice yacht [ˈaɪsjɒt] *s* isjakt
icicle [ˈaɪsɪkl] *s* istapp, ispigg
icily [ˈaɪsɪlɪ] *adv* isande, iskallt äv. bildl.
iciness [ˈaɪsɪnəs] *s* iskyla, isande köld äv. bildl.
icing [ˈaɪsɪŋ] *s* **1** nedisning isht flyg. [äv. *~ down*]; isbildning **2** kok. glasyr; *~ sugar* florsocker, pudersocker **3** i ishockey icing
icon [ˈaɪkɒn, -kən] *s* kyrkl. ikon
iconoclasm [aɪˈkɒnə(ʊ)klæz(ə)m] *s* ikonoklasm, bildstormande
iconoclast [aɪˈkɒnə(ʊ)klæst] *s* ikonoklast, bildstormare
ICU (förk. för *intensive care unit*) IVA, intensiven
icy [ˈaɪsɪ] *adj* **1** iskall, isig, bitande kall [*an ~ wind*]; *~ cold* iskyla **2** isig [*~ roads*] **3** bildl. iskall [*in an ~ tone, an ~ stare*], isande [*~ silence*]
ID [ˌaɪˈdiː] (förk. för *identity*); *~* [*card*] ID-kort, leg; *~ disc* ID-bricka
I'd [aɪd] = *I had, I would* o. *I should*
Ida [ˈaɪdə] kvinnonamn
Idaho [ˈaɪdəhəʊ] geogr.
idea [aɪˈdɪə] *s* idé; begrepp, föreställning, uppfattning, syn [*his ~ of the matter*], åsikt [*you shouldn't force your ~s on other people*]; mening, avsikt [*the ~ of* (med) *this arrangement is...*]; infall, påhitt, påfund; uppslag [*that gave me the ~ for* (till) *my new book*; *that man is full of ~s*]; *the* [*very*] *~!* el. *what an ~!* el. *the ~ of such a thing!* ett sånt påhitt!, vilken [fånig] idé!, hur kan man komma på en sån tanke?; *the very ~ makes me sick* blotta tanken äcklar mig; *that's the ~!* just det, ja!; så ligger det till, ja!; så var det meningen, ja!; *what's the big ~?* vad är meningen (vitsen) med det [här] egentligen?, vad ska det vara bra för?; [*a cup of tea*] *would not be a bad ~* ...skulle inte vara [så] dumt; [*picknicking*] *is not my ~ of pleasure* ...är inte vad jag menar med nöje; *don't* [*you*] *get ~s into your head!* inbilla dig ingenting!; *have an ~ that...* ana att..., ha på känn att...; *I have no ~* det har jag ingen aning om; *you can have no ~ of how...* du kan inte ana (föreställa dig) hur...; *I don't like the ~ of it* jag är inte

ideal

förtjust i (pigg på) det, jag gillar det inte; [*he bought the house*] *with the ~ of letting it* …i avsikt (med tanke på) att hyra ut det
ideal [aɪ'dɪəl, -'diːəl] **I** *adj* **1** idealisk, önske- [*~ weather*], ideal- [*an ~ woman*]; perfekt, fulländad [*~ beauty*]; mönstergill [*~ behaviour*] **2** inbillad, blott tänkt; drömd [*~ happiness*] **II** *s* ideal; *a man of ~s* en idealist
idealism [aɪ'dɪəlɪz(ə)m, aɪ'diːəl-] *s* idealism äv. filos.
idealist [aɪ'dɪəlɪst, aɪ'diːəl-] *s* idealist äv. filos.
idealistic [aɪˌdɪə'lɪstɪk, aɪˌdiːə'l-] *adj* idealistisk
idealize [aɪ'dɪəlaɪz, -'diːəl-] **I** *vb tr* idealisera, framställa som [ett] ideal; försköna **II** *vb itr* idealisera; skapa ideal
ideally [aɪ'dɪəlɪ] *adv* idealiskt, under idealiska förhållanden
idée fixe [ˌiːdeɪ 'fiːks] (pl. *idées fixes* [utt. som sg.]) *s* fr. fix idé
identical [aɪ'dentɪk(ə)l] *adj* **1** identisk [*with* med], alldeles likadan [*with* som], likvärdig [*with* med], likalydande [*in two ~ copies*]; helt ense [*we are ~ in our views*]; *~ twins* enäggstvillingar **2** *the* [*very*] *~* precis samma
identifiable [aɪˌdentɪ'faɪəbl] *adj* identifierbar
identification [aɪˌdentɪfɪ'keɪʃ(ə)n] *s* **1** identifiering, identifikation; igenkännande; *~ mark* igenkänningstecken; *~ parade* konfrontation vid identifikation av misstänkt **2** associering [*with* med], uppgående, inlevelse [*with* i] **3** legitimation[spapper] [*he carries ~ with him at all times*]; *~ disc* (*tag*) mil. identitetsbricka; *~ papers* legitimationshandlingar; *~ plate* nummerplåt
identify [aɪ'dentɪfaɪ] **I** *vb tr* **1** identifiera; uppfatta som identisk **2** *~ oneself* legitimera sig [*can you ~ yourself?*] **II** *vb itr*, *~ with* identifiera sig med
identikit [aɪ'dentɪkɪt] *s* fantombild konstruerad identifieringsbild
identity [aɪ'dentətɪ] *s* identitet äv. matem.; *~ bracelet* identitetsarmband; *~ card* identitetskort, ID-kort, legitimation; *~ disc* mil. identitetsbricka; *~ papers* legitimationshandlingar
ideogram ['ɪdɪə(ʊ)græm, 'aɪd-] *s* o. **ideograph** ['ɪdɪə(ʊ)grɑːf, 'aɪd-, -græf] *s* ideogram
ideological [ˌaɪdɪə'lɒdʒɪk(ə)l] *adj* ideologisk
ideologue ['aɪdɪəlɒɡ, aɪ'dɪːəlɒɡ] *s* ideolog
ideology [ˌaɪdɪ'ɒlədʒɪ] *s* **1** polit. o.d. ideologi [*Marxist ~*] **2** filos. idéläran
idiocy ['ɪdɪəsɪ] *s* idioti, idiotisk handling
idiom ['ɪdɪəm] *s* idiom
idiomatic [ˌɪdɪə'mætɪk] *adj* idiomatisk
idiosyncrasy [ˌɪdɪə'sɪŋkrəsɪ] *s* egenhet, karaktäristiskt drag (uttryckssätt)
idiosyncratic [ˌɪdɪəsɪŋ'krætɪk] *adj* idiosynkratisk, överkänslig
idiot ['ɪdɪət, 'ɪdjət] *s* idiot, dumbom, fån, dåre
idiotic [ˌɪdɪ'ɒtɪk] *adj* idiotisk, dåraktig

idle ['aɪdl] **I** *adj* **1** sysslolös, overksam, ledig; arbetslös; oanvänd; *lie ~* ligga oanvänd **2** tekn. stillastående; på tomgång **3** lat, lättjefull, arbetsskygg **4** gagnlös, fåfäng, onyttig, utan mening, ofruktbar, fruktlös [*~ speculations*], resultatlös [*~ efforts*]; *~ gossip* (*tales*) löst skvaller; *an ~ rumour* ett löst (grundlöst) rykte; *~ talk* löst (tomt) prat; *an ~ threat* ett tomt (bara ett) hot **II** *vb itr* **1** slösa bort tiden, inte göra någonting, lata sig, slöa **2** tekn. gå på tomgång **III** *vb tr*, *~* [*away*] slösa bort [*don't ~ away your time*] **IV** *s* tekn. tomgång; *change the ~ speed* ändra [på] tomgången
idleness ['aɪdlnəs] *s* **1** sysslolöshet; *~ is the parent of all vices* lättjan är alla lasters moder, fåfäng gå lärer mycket ont **2** lättja, lathet **3** gagnlöshet etc., jfr *idle I 4*
idler ['aɪdlə] *s* **1** dagdrivare, lätting; flanör **2** tekn. a) mellanhjul, mellandrev b) tomgångsskiva, tomgångsdrev
idly ['aɪdlɪ] *adv* sysslolöst etc., jfr *idle I*; *look on ~* bara passivt titta på, titta på utan att göra något
idol ['aɪdl] *s* **1** avgud; avgudabild; gudabild **2** bildl. idol, avgud
idolatrous [aɪ'dɒlətrəs] *adj* **1** avgudadyrkande **2** bildl. blint beundrande
idolatry [aɪ'dɒlətrɪ] *s* **1** avgudadyrkan, avguderi **2** bildl. måttlös (gränslös) beundran, idoldyrkan
idolization [ˌaɪdə(ʊ)laɪ'zeɪʃ(ə)n] *s* avgudadyrkan; dyrkan
idolize ['aɪdə(ʊ)laɪz] *vb tr* avguda, idolisera, göra till sin gud; dyrka
idyl[**l**] ['ɪdɪl, 'aɪd-] *s* idyll äv. dikt
idyllic [ɪ'dɪlɪk, aɪ'd-] *adj* idyllisk; *~ spot* äv. idyll
i.e. [ˌaɪ'iː, ˌðæt'ɪz] (förk. för *id est*) lat. se *that is* under *that I 2*
if [ɪf] **I** *konj* **1** om, ifall [att], såvida, såvitt, därest; även om [*~ he is little, he is strong*], om…så [*I'll do it ~ it kills me* (ska bli min död)!]; *as ~* som om, liksom om; *as ~ to* liksom för att; *it isn't as ~ he doesn't know the rules* det är inte så att han inte kan reglerna; *even ~* även (till och med) om, om också [*even ~ I had seen it*]; *~ not* a) om inte [*~ not perfect at any rate satisfactory*] b) annars [*leave him alone, ~ not I'll…*], eljes[t], i motsatt fall; *the difference, ~ any, is…* skillnaden, om det nu är någon skillnad, är…; *~ anything* närmast, om möjligt, snarare, snarast [*conditions had ~ anything worsened*]; *~ only* om bara [*~ only he arrives in time*]; *~ only because* om inte för annat så bara för att; *~ only to* om inte annat så för att [*I'll do it, ~ only to annoy him*]; *~ so* om så är, i så fall; *~ I were you* om jag vore [som] du, om jag vore i ditt ställe; *he's fifty* [*years of age*] *~ he's a day* han är femti [år]

så säkert som aldrig det; *well*, ~ *it isn't John!* ser man på, är det inte John?; ~ *it had not been for him* om inte han hade varit; ~ *that* om ens det [*it will take three hours*, ~ *that*] **2** om, ifall, huruvida; *I doubt* ~ *he will come* jag tvivlar på att han kommer **II** *s* villkor, förbehåll [*there are too many ~s in the contract*], om [*the future is full of ~s*]; *without ~s and buts* (*ands*) utan om och men, utan omsvep

iffy ['ɪfɪ] *adj* vard. oviss, osäker, problematisk; trevande [*some very ~ political measures*]; *an ~ question* en fråga med många om

igloo ['ɪglu:] (pl. *~s*) *s* igloo

igneous ['ɪgnɪəs] *adj* **1** geol. vulkanisk **2** av eld, eld-

ignite [ɪg'naɪt] **I** *vb tr* [an]tända, sätta eld på **II** *vb itr* tändas, fatta eld

ignition [ɪg'nɪʃ(ə)n] *s* tändning, antändning; upphettning; brand; tändningslås; *~ coil* tändspole; *~ key* tändningsnyckel, startnyckel; *~ switch* tändningslås

ignoble [ɪg'nəʊbl] *adj* gemen [*an ~ action*], ovärdig, simpel, tarvlig [*an ~ man*], skamlig

ignominious [ˌɪgnə(ʊ)'mɪnɪəs] *adj* vanhedrande [*an ~ peace*], neslig, skymflig [*an ~ defeat*]

ignominy ['ɪgnəmɪnɪ, -nɒm-] *s* **1** vanära, skam, nesa, skymf, smälek **2** neslighet, skamlig gärning; *discharged with ~* avskedad på grund av vanhedrande handling

ignoramus [ˌɪgnə'reɪməs] *s* dumhuvud

ignorance ['ɪgn(ə)r(ə)ns] *s* okunnighet [*be kept in ~ of* (om) *the facts*], ovetskap, ovetenhet [*of* om]

ignorant ['ɪgn(ə)r(ə)nt] **I** *adj* okunnig, ovetande [*of* om] **II** *s* ignorant, okunnig människa

ignore [ɪg'nɔ:] *vb tr* ignorera, lämna utan avseende, inte ta någon notis om, nonchalera

iguana [ɪ'gwɑ:nə] *s* zool. leguan

ikon ['aɪkɒn, -kən] *s* se *icon*

ileus ['ɪlɪəs] *s* med. tarmvred, ileus

ill [ɪl] **I** (*worse worst*) *adj* **1** mest pred. sjuk, dålig [*be (feel) ~*; *seriously ~ patients*]; *be ~* vara sjuk; *be ~ in bed with a cold* ligga till sängs i förkylning; *be taken ~* el. *fall ~* bli sjuk, insjukna [*with the flu* i influensa] **2** dålig; *~ fame* (*repute*) dåligt rykte, vanrykte **3** illvillig, ondskefull, elak, dålig [*~ temper*] **II** *s* **1** ont **2** skada; *do ~* göra illa (orätt) **3** vanl. pl. *~s* olyckor, motgångar [*the ~s of life*], missförhållanden [*social ~s*]
III (*worse worst*) *adv* **1** illa; dåligt [*they were ~ provided with ammunition*]; *go ~ with* gå illa för [*things* (det) *are going ~ with the Government*]; *speak ~ of* tala illa om **2** litt. svårligen, knappast [*I can ~ afford it*]

I'll [aɪl] = *I will* o. *I shall*

ill-advised [ˌɪləd'vaɪzd] (adv. *ill-advisedly* [ˌɪləd'vaɪzɪdlɪ]) *adj* mindre välbetänkt, oklok, obetänksam, oförnuftig [*an ~ step* (*measure*)]

ill-assorted [ˌɪlə'sɔ:tɪd] *adj* som inte passar varandra; *an ~ couple* ett omaka par

ill-bred [ˌɪl'bred] *adj* ouppfostrad, obelevad, ohyfsad

ill-concealed [ˌɪlkən'si:ld] *adj* illa dold [*~ satisfaction*]

ill-considered [ˌɪlkən'sɪdəd] *adj* mindre välbetänkt, obetänksam

ill-disposed [ˌɪldɪ'spəʊzd] *adj* **1** illvillig, ondskefull, illasinnad **2** ogynnsamt stämd, avogt (ovänligt) sinnad, illvilligt inställd [*towards, to* mot] **3** obenägen, inte upplagd (hågad), indisponerad [*to do a th.*] **4** illa disponerad

illegal [ɪ'li:g(ə)l] *adj* illegal, olaglig, lagstridig

illegality [ˌɪlɪ'gælətɪ] *s* olaglighet; olaglig handling

illegibility [ɪˌledʒə'bɪlətɪ] *s* oläslighet

illegible [ɪ'ledʒəbl] *adj* oläslig, oläsbar

illegitimacy [ˌɪlɪ'dʒɪtɪməsɪ] *s* **1** utomäktenskaplig börd **2** olaglighet etc., jfr *illegitimate I*

illegitimate [ˌɪlɪ'dʒɪtɪmət] **I** *adj* **1** illegitim, olaglig [*an ~ action*], orättmätig; jur. obehörig [*~ gain* (vinst)]; ogiltig **2** illegitim, utomäktenskaplig [*an ~ child*, *of ~ descent* (börd)] **II** *s* utomäktenskapligt (illegitimt) barn

ill-fated [ˌɪl'feɪtɪd] *adj* **1** olycklig, olycksalig [*an ~ voyage*], olycksförföljd [*an ~ ship*] **2** olycksbringande, ödesdiger [*an ~ scheme*]

ill-favoured [ˌɪl'feɪvəd] *adj* ful, motbjudande [*an ~ old man*]

ill-feeling [ˌɪl'fi:lɪŋ] *s* agg, groll; avoghet [*without any ~*]; misstämning; *I bear him no ~* jag hyser inget agg mot (till) honom

ill-founded [ˌɪl'faʊndɪd] *adj* ogrundad, fruktlös

ill-gotten [ˌɪl'gɒtn] *adj* orättmätigt erhållen; *~ gains* orättfånget gods; skämts. lättförtjänta pengar

ill-humoured [ˌɪl'hju:məd] *adj* på dåligt humör; misslynt, vresig, tvär; med dåligt humör

illicit [ɪ'lɪsɪt] *adj* olovlig, otillåten, olaglig; smyg- [*~ trade*], lönn- [*~ distillery* (bränneri)]; *~ sexual relations* utomäktenskapliga förbindelser

Illinois [ˌɪlɪ'nɔɪ] geogr.

illiteracy [ɪ'lɪt(ə)rəsɪ] *s* **1** analfabetism, oförmåga att läsa och skriva **2** brist på bildning, obildning

illiterate [ɪ'lɪt(ə)rət] **I** *adj* **1** inte läs- och skrivkunnig [*a largely ~ population*]; *~ person* analfabet **2** illitterat, obildad, olärd **II** *s* **1** analfabet **2** illitterat (obildad) person

ill-judged [ˌɪl'dʒʌdʒd] *adj* mindre välbetänkt, oklok, oförståndig, omdömeslös [*an ~ attempt*]

ill-luck [ˌɪl'lʌk] *s* olycka, otur; *as ~ would*

ill-mannered

have it olyckligtvis, till all olycka; ***bringer of*** ~ olycksbringare, olycka person
ill-mannered [ˌɪl'mænəd] *adj* ohyfsad, ouppfostrad, obelevad
ill-matched [ˌɪl'mætʃt] *adj* **1** som inte passar ihop, omaka [*an* ~ *couple*] **2** ojämn [*an* ~ *game*]
ill-natured [ˌɪl'neɪtʃəd] *adj* elak [av sig], ondskefull, hätsk, illasinnad [~ *gossip*]; vresig [av sig]
illness ['ɪlnəs] *s* sjukdom [*suffer from an* ~]; ***suffer from*** ~ vara sjuklig; ***there has been a great deal of*** ~ *this winter* det har gått många sjukdomar i vinter
illogical [ɪ'lɒdʒɪk(ə)l] *adj* ologisk
illogicality [ɪˌlɒdʒɪ'kælətɪ] *s* ologiskhet; ***the*** ~ ***of*** det ologiska i
ill-omened [ˌɪl'əʊmend] *adj* olycksbådande, illavarslande, olycksalig, olycklig
ill-tempered [ˌɪl'tempəd] *adj* elak; butter, retlig
ill-timed [ˌɪl'taɪmd] *adj* oläglig, olämplig; illa beräknad, illa tajmad; malplacerad [~ *jokes*]
ill-treatment [ˌɪl'tri:tmənt] *s* dålig behandling; misshandel; malträtering
illuminate [ɪ'lu:mɪneɪt, ɪ'lju:-] *vb tr* **1** upplysa [*poorly* ~*d rooms*], belysa **2** illuminera [~*d streets*]; ~***d advertisement*** (***sign***) ljusreklam
illuminating [ɪ'lu:mɪˌneɪtɪŋ, ɪ'lju:-] *adj* bildl. upplysande, belysande
illumination [ɪˌlu:mɪ'neɪʃ(ə)n, ɪˌlju:-] *s* **1** upplysning, belysning **2** vanl. pl. ~*s* illuminering[ar], illumination[er]
illusion [ɪ'lu:ʒ(ə)n, ɪ'lju:-] *s* **1** illusion, inbillning, fantasifoster; självbedrägeri; [falsk] förhoppning, vanföreställning; ***cherish the*** ~ ***that...*** leva i den föreställningen att...; ***cherish (entertain, harbour, have) no*** ~*s* ***about*** inte göra sig några illusioner om **2** illusion, [sinnes]villa; sken [av verklighet]; bländverk; ***optical*** ~ synvilla, optisk villa
illusionist [ɪ'lu:ʒənɪst, ɪ'lju:-] *s* illusionist, trollkonstnär
illusive [ɪ'lu:sɪv, ɪ'lju:-] *adj* o. **illusory** [ɪ'lu:s(ə)rɪ, ɪ'lju:-] *adj* illusorisk, bedräglig, gäckande, falsk
illustrate ['ɪləstreɪt] *vb tr* **1** illustrera, belysa, förklara, förtydliga, åskådliggöra [*by* genom, med exempel, citat o.d.] **2** illustrera [*the book is very well* ~*d*]; ~ ***with pictures*** förse med bilder
illustration [ˌɪlə'streɪʃ(ə)n] *s* **1** illustration, belysning genom exempel o.d.; förklaring, förtydligande; belysande exempel [*that was a bad* ~]; ***in*** ~ ***of*** för att illustrera (belysa), som illustration till; ***by way of*** ~ till belysning, som ett belysande exempel; exempelvis **2** illustration, bild; illustrering
illustrative ['ɪləstrətɪv, -streɪt-] *adj* belysande [*an* ~ *anecdote*], illustrativ; ***be*** ~ ***of*** vara belysande för, belysa, illustrera
illustrator ['ɪləstreɪtə] *s* illustratör
illustrious [ɪ'lʌstrɪəs] *adj* lysande [*an* ~ *career*], illuster, [vida] berömd, ryktbar; frejdad [~ *heroes*]
ill-will [ˌɪl'wɪl] *s* illvilja; ***bear a p.*** ~ hysa illvilja mot ngn, bära (hysa) agg till (mot) ngn
ILO [ˌaɪel'əʊ] (förk. för *International Labour Office, International Labour Organization*) ILO
I'm [aɪm] = *I am*
image ['ɪmɪdʒ] *s* **1 a)** bild, avbildning; bildstod **b)** spegelbild; optik. bild [båda äv. *reflected* ~] **c)** avbild äv. bibl.; kopia, motstycke; ***he is the very*** (***spitting***) ~ ***of his father*** han är sin far upp i dagen **d)** avgudabild [*worship* ~*s*], helgonbild **2 a)** [sinne]bild; föreställning, idé; psykol. efterbild **b)** språklig bild [*speak in* ~*s*], metafor, liknelse **c)** image, profil, framtoning; ***the party*** ~ partiets image, partiets ansikte [utåt]
imagery ['ɪmɪdʒ(ə)rɪ] *s* bilder, bildspråk [*Shakespeare's* ~]; bildframställning
imaginable [ɪ'mædʒɪnəbl] *adj* tänkbar [*his influence was the greatest* ~], som tänkas kan
imaginary [ɪ'mædʒɪn(ə)rɪ] *adj* inbillad [~ *dangers*], inbillnings- [~ *illness*], fantasi- [~ *picture*], fingerad
imagination [ɪˌmædʒɪ'neɪʃ(ə)n] *s* **1** fantasi, föreställningsförmåga; ***in*** ~ i tankarna (fantasin) **2** inbillning [*it is only* ~]; ***that's only your*** ~ det är bara som du tror (inbillar dig)
imaginative [ɪ'mædʒɪnətɪv] *adj* fantasirik, fantasifull; uppfinningsrik; fantasi-; ~ ***faculty*** (***power***) föreställningsförmåga
imagine [ɪ'mædʒɪn] *vb tr* **1** föreställa sig, tänka sig; [*just*] ~*!* kan man tänka sig! **2** gissa, misstänka, anta, tro [*I* ~ *it will rain*] **3** inbilla sig, få för sig
imbalance [ɪm'bæləns] *s* obalans, bristande balans
imbecile ['ɪmbəsi:l, -saɪl] **I** *adj* imbecill **II** *s* imbecill person; friare idiot, dåre
imbecility [ˌɪmbə'sɪlətɪ] *s* imbecillitet; friare dåraktighet, dårskap, dumhet
imbibe [ɪm'baɪb] *vb tr* **1** suga upp, suga åt (till) sig [*the sponge* ~*s water*] **2** bildl. insupa, suga in, suga i sig [~ *knowledge*] **3** skämts. dricka, hälla i sig [~ *beer*]
imbue [ɪm'bju:] *vb tr* **1** genomsyra, uppfylla [~*d with* (av) *hatred*]; ~ ***a p. with courage*** intala (inge) ngn mod, ingjuta mod hos ngn; ~ ***a p. with ideals*** bibringa ngn ideal **2** genomdränka; impregnera med färg; starkt färga
IMF [ˌaɪem'ef] (förk. för *International Monetary Fund*) Internationella Valutafonden

imitate ['ɪmɪteɪt] *vb tr* imitera, efterlikna; härma, härma efter

imitation [ˌɪmɪ'teɪʃ(ə)n] *s* **1** imitation, efterbildning, [efter]härmning; *worthy of* ~ efterföljansvärd **2** imitation, kopia, förfalskning [*beware of* ~s] **3** attr. oäkta, imiterad [~ *tortoise-shell*], falsk, konst- [~ *leather*]

imitative ['ɪmɪtətɪv, -teɪt-] *adj* efterliknande, efterhärmande, imitativ; härmlysten

imitator ['ɪmɪteɪtə] *s* imitatör, imitator, efterbildare, härmare; efterföljare

immaculate [ɪ'mækjʊlət] *adj* **1** obefläckad, fläckfri, felfri, perfekt [*an* ~ *rendering of the sonata*], ren; oklanderlig [~ *conduct*; *an* ~ *appearance* (*white suit*)]; *the I*~ *Conception* den obefläckade avlelsen **2** biol. inte fläckig

immanent ['ɪmənənt] *adj* **1** inneboende [~ *qualities*]; inre [~ *and external factors*] **2** filos. immanent

immaterial [ˌɪmə'tɪərɪəl] *adj* **1** oväsentlig, oviktig, utan betydelse [*that is quite* ~ *to* (för) *me*], likgiltig [*to* för]; *it is* ~ *whether...* det är likgiltigt om... **2** immateriell, okroppslig, andlig

immature [ˌɪmə'tjʊə] *adj* vanl. bildl. omogen, outvecklad

immaturity [ˌɪmə'tjʊərətɪ] *s* omogenhet isht bildl.

immeasurable [ɪ'meʒ(ə)rəbl] *adj* omätlig, omåttbar, oändlig, oöverskådlig [~ *damage*]

immediacy [ɪ'mi:djəsɪ] *s* **1** omedelbarhet, omedelbar närhet **2** aktualitet [*many of these topics have lost their* ~]

immediate [ɪ'mi:djət] *adj* **1** omedelbar, ögonblicklig [~ *help*], omgående [~ *delivery*]; överhängande [*there is no* ~ *danger*]; *take* ~ *action* vidta omedelbara åtgärder, handla snabbt; *in the* ~ *future* inom den närmaste [fram]tiden **2** närmaste [*the* ~ *heir to the throne*]

immediately [ɪ'mi:djətlɪ] **I** *adv* **1** omedelbart, ögonblickligen **2** närmast, omedelbart [*the time* ~ *before the war*]; direkt [*be* ~ *affected by the strike*] **II** *konj* så snart [som], just som, i samma ögonblick som

immemorial [ˌɪmɪ'mɔ:rɪəl] *adj* uråldrig, urgammal [~ *privileges*]; urminnes; *from* (*since*) *time* ~ från (sedan) urminnes tid[er]

immense [ɪ'mens] **I** *adj* **1** ofantlig, enorm **2** vard. storartad, jättebra, jättefin **II** *s* oändlighet

immensity [ɪ'mensətɪ] *s* väldig omfattning [*the* ~ *of the disaster*]; ofantlighet; oerhörd (väldig) mängd (massa)

immerse [ɪ'mɜ:s] *vb tr* **1** sänka (lägga) ner [*in*[*to*] i isht en vätska], doppa [ner] [~ *one's head in the water*]; döpa genom nedsänkande i vatten **2** bildl. ~ *oneself in* fördjupa (engagera) sig i; ~*d in study* fördjupad i studier; ~*d in thought* försänkt i tankar

immersion [ɪ'mɜ:ʃ(ə)n] *s* **1** nedsänkning, neddoppning; dop genom nedsänkning i vatten; ~ *heater* doppvärmare **2** bildl. upptagenhet [*in* av], försjunkenhet, uppgående [*in* i]

immigrant ['ɪmɪgr(ə)nt] **I** *s* immigrant, invandrare **II** *adj* invandrande, invandrad; immigrant-, invandrar-

immigrate ['ɪmɪgreɪt] *vb itr* immigrera, flytta in, invandra [*into* till]

immigration [ˌɪmɪ'greɪʃ(ə)n] *s* immigration, inflyttning, invandring; attr. invandrar-

imminence ['ɪmɪnəns] *s* hotande närhet [*the* ~ *of war*], överhängande fara [*of* för]

imminent ['ɪmɪnənt] *adj* hotande, överhängande [*an* ~ *danger*], nära (omedelbart) förestående; *be* ~ äv. närma sig [*a storm is* ~], förestå, hota [*a strike is* ~]

immobile [ɪ'məʊbaɪl, -bi:l, amer. vanl. -b(ə)l] *adj* orörlig, orubblig, immobil

immobility [ˌɪmə(ʊ)'bɪlətɪ] *s* orörlighet, orubblighet

immobilize [ɪ'məʊbɪlaɪz] *vb tr* göra orörlig, fästa orubbligt; med. immobilisera, fixera; sätta ur funktion, [få att] stanna; ~*d* handlingsförlamad

immoderate [ɪ'mɒd(ə)rət] *adj* omåttlig, måttlös [~ *eating*], överdriven [~ *demands*; ~ *zeal*], hejdlös

immodest [ɪ'mɒdɪst] *adj* oblyg, oförskämd [~ *claims*], oförsynt, fräck [~ *boast*]; oanständig

immodesty [ɪ'mɒdɪstɪ] *s* oblyghet etc., jfr *immodest*

immolate ['ɪmə(ʊ)leɪt] *vb tr* slakta (döda) offergåva; offra

immolation [ˌɪmə(ʊ)'leɪʃ(ə)n] *s* offrande; offer

immoral [ɪ'mɒr(ə)l] *adj* omoralisk; osedlig

immorality [ˌɪmə'rælətɪ] *s* omoral, osedlighet

immortal [ɪ'mɔ:tl] *adj* odödlig [~ *fame* (*poetry*)]

immortality [ˌɪmɔ:'tælətɪ] *s* odödlighet

immortalize [ɪ'mɔ:təlaɪz] *vb tr* odödliggöra

immovable [ɪ'mu:vəbl] **I** *adj* **1** orörlig, orubblig; ~ *feasts* kyrkl. fasta helgdagar **2** bildl. orubblig; obeveklig; känslolös **3** fast isht jur. om egendom **II** *s*, pl. ~*s* jur. fast egendom

immune [ɪ'mju:n] *adj* immun [*from, against* mot]; okänslig, oemottaglig [*to* för]; *he is* ~ *to flattery*]; skyddad [*from, to, against* mot]

immunity [ɪ'mju:nətɪ] *s* **1** med. immunitet [*from, against* mot] **2** parl. el. dipl. immunitet; isht jur. undantagsrätt, fri- och rättighet[er], privilegium

immunize ['ɪmjʊnaɪz] *vb tr* med. immunisera, skyddsympa, vaccinera [*against* mot]

immunobiology [ˌɪmjʊnə(ʊ)baɪ'ɒlədʒɪ] *s* immunbiologi

immunodeficiency [ˌɪmjʊnə(ʊ)dɪ'fɪʃ(ə)nsɪ] *s* med. immundefekt, immunbrist; *human* ~ *virus* (fork. *HIV*) humant immundefektvirus

immunology [ˌɪmjʊˈnɒlədʒɪ] *s* med. immunologi
immure [ɪˈmjʊə] *vb tr* stänga in, spärra in [*~d in a dungeon*]
immutability [ɪˌmjuːtəˈbɪlətɪ] *s* oföränderlighet; oåterkallelighet
immutable [ɪˈmjuːtəbl] *adj* oföränderlig; oåterkallelig
imp [ɪmp] *s* **1** smådjävul, liten djävul **2** satunge; [bus]frö; rackarunge
imp. förk. för *imperative, imperfect, imperial*
impact [ˈɪmpækt] *s* **1** stöt isht mek. [*against, on* mot]; sammanstötning, kollision; om projektil anslag [*force of ~*], nedslag [*point of ~*]; kraft [*the terrific ~ of the blow*] **2** inverkan [*the ~ of modern science [up]on society*]; intryck [*the speech made little ~ on the audience*]
impact adhesive [ˈɪmpæktədˌhiːsɪv] *s* kontaktlim
impair [ɪmˈpeə] *vb tr* försämra, skada [*~ one's health by overwork*]; försvaga, sätta ner [*~ed eyesight*], minska [*~ the usefulness of a th.*]; **have ~ed hearing (vision)** ha nedsatt hörsel (syn), vara hörselskadad (synskadad)
impairment [ɪmˈpeəmənt] *s* försämring; försvagning
impala [ɪmˈpɑːlə] *s* zool. impala slags antilop
impale [ɪmˈpeɪl] *vb tr* spetsa, spetsa på en påle (en nål); nagla fast
impalpable [ɪmˈpælpəbl] *adj* [nästan] omärklig (omärkbar) [*an ~ pulse*]; ogripbar [*as ~ as a dream*]
impart [ɪmˈpɑːt] *vb tr* **1** ge, skänka, förläna [*to* åt; *~ authority to*]; överföra [*motion is ~ed to* (till) *the wheels*] **2** meddela, vidarebefordra [*~ information (news)*], tala om, avslöja [*she ~ed her plans to* (för) *him*]; *~ knowledge to a p.* meddela (bibringa) ngn kunskaper; *~ one's views to a p.* delge (meddela) ngn sina synpunkter
impartial [ɪmˈpɑːʃ(ə)l] *adj* opartisk, objektiv, ojävig
impartiality [ɪmˌpɑːʃɪˈælətɪ] *s* opartiskhet, objektivitet
impassable [ɪmˈpɑːsəbl] *adj* oframkomlig, ofarbar [*~ roads*]; oöverstiglig [*~ mountains*]
impasse [æmˈpɑːs, -ˈpæs, ɪm-] *s* isht. bildl. återvändsgränd, dödläge, dödvatten, död punkt
impassioned [ɪmˈpæʃ(ə)nd] *adj* lidelsefull, passionerad, fylld av djup känsla
impassive [ɪmˈpæsɪv] *adj* känslolös, kall; likgiltig; okänslig; uttryckslös, livlös [*an ~ face (look)*]
impatience [ɪmˈpeɪʃ(ə)ns] *s* otålighet; irritation; för konstr. jfr *impatient*
impatient [ɪmˈpeɪʃ(ə)nt] *adj* otålig; häftig, ivrig; *~ about* otålig när det gäller, otålig i fråga om [*don't get ~ about a trivial thing like that*]; *~ at* otålig (irriterad) över [*~ at having to wait so long*]; *~ with a p.* otålig (irriterad) på ngn

impeach [ɪmˈpiːtʃ] *vb tr* **1** jur. anklaga, åtala isht ämbetsman [*~ a judge for* el. *of* (för) *taking bribes*] **2** jur. ställa inför riksrätt åtala inför amerikanska senaten (förr äv. brittiska överhuset) [*~ the President*] **3** ifrågasätta [*do you ~ my motives?*], dra i tvivelsmål; nedsätta, förklena
impeachable [ɪmˈpiːtʃəbl] *adj* åtalbar, som kan åtalas (anklagas)
impeachment [ɪmˈpiːtʃmənt] *s* **1** åtal, anklagelse, beskyllning, förebråelse **2** riksrättsåtal, riksrättsprocess, jfr *impeach 2*
impeccable [ɪmˈpekəbl] *adj* **1** oklanderlig [*~ manners, ~ clothes*], otadlig [*~ character*], felfri **2** om pers. syndfri, ofelbar, felfri
impecunious [ˌɪmpɪˈkjuːnjəs] *adj* medellös, obemedlad, utan pengar
impedance [ɪmˈpiːd(ə)ns] *s* elektr. impedans
impede [ɪmˈpiːd] *vb tr* hindra [*~ the traffic*], hämma
impediment [ɪmˈpedɪmənt] *s* hinder, avbräck [*to* för]; svårighet; förhinder; äktenskapshinder; *speech ~* talfel
impedimenta [ɪmˌpedɪˈmentə] *s pl* **1** mil. tross, bagage **2** bagage; utrustning, attiralj[er], grejer [*the ~ of a photographer (a golfer)*]
impel [ɪmˈpel] *vb tr* **1** driva [*he had been ~led to crime by poverty*], förmå, egga, aktivera [*~ a p. to greater efforts*], tvinga [*~ a p. to tolerate a th.*] **2** [fram]driva
impending [ɪmˈpendɪŋ] *adj* överhängande, hotande [*an ~ danger, the ~ crisis*]; annalkande [*the ~ storm*], nära förestående [*their ~ marriage*]
impenetrability [ɪmˌpenɪtrəˈbɪlətɪ] *s* ogenomtränglighet etc., jfr *impenetrable*
impenetrable [ɪmˈpenɪtrəbl] *adj* **1** ogenomtränglig [*to, by* för], tät [*~ darkness*] **2** bildl. ogenomtränglig [*an ~ mystery*] **3** otillgänglig, oemottaglig [*to, by* för; *~ to reason*]
impenitence [ɪmˈpenɪt(ə)ns] *s* o. **impenitency** [ɪmˈpenɪt(ə)nsɪ] *s* obotfärdighet, förhärdelse
impenitent [ɪmˈpenɪt(ə)nt] **I** *adj* obotfärdig, förhärdad, förstockad **II** *s* obotfärdig syndare
impenitently [ɪmˈpenɪt(ə)ntlɪ] *adv* utan ånger, i obotfärdighet, förhärdat
imperative [ɪmˈperətɪv] **I** *adj* **1** absolut nödvändig [*it is ~ that he should come (kommer)*] **2** gram. imperativ, imperativisk; *the ~ mood* imperativ[en] **II** *s* **1** gram. el. filos. imperativ **2** oavvisligt krav; tvingande nödvändighet
imperceptible [ˌɪmpəˈseptəbl] *adj* oförnimbar; omärklig, omärkbar [*to* för]; *by ~ degrees* omärkligt
imperfect [ɪmˈpɜːfɪkt] **I** *adj* **1** ofullbordad, ofullständig **2** ofullkomlig, bristfällig, felaktig, defekt **3** gram. imperfektiv[isk]; progressiv, pågående form; *~ tense* se *II* **II** *s*

gram. progressiv (pågående) form isht i imperfekt
imperfection [ˌɪmpəˈfekʃ(ə)n] s
1 ofullständighet **2** ofullkomlighet; bristfällighet, brist, felaktighet, fel, defekt, skavank; skönhetsfel
imperial [ɪmˈpɪərɪəl] **I** adj **1** kejserlig [*His I~ Majesty*], kejsar- [*~ crown*] **2** hist. som gäller [brittiska] imperiet **3** gällande i Storbritannien, brittisk standard- [*~ weights and measures*]; *~ gallon* se *gallon* **4** bildl. kejserlig, kunglig, furstlig [*with ~ generosity*]; majestätisk [*~ gestures*] **II** s pipskägg à la Napoleon III
imperialism [ɪmˈpɪərɪəlɪz(ə)m] s imperialism
imperialist [ɪmˈpɪərɪəlɪst] s imperialist
imperialistic [ɪmˌpɪərɪəˈlɪstɪk] adj imperialistisk
imperious [ɪmˈpɪərɪəs] adj befallande [*~ looks* (min)]; högdragen; övermodig
imperishable [ɪmˈperɪʃəbl] adj oförgänglig, ovansklig, odödlig [*~ fame (glory)*]
impermanence [ɪmˈpɜːmənəns] s o.
impermanency [ɪmˈpɜːmənənsɪ] s obeständighet, ovaraktighet
impermanent [ɪmˈpɜːmənənt] adj obeständig, ovaraktig, övergående; provisorisk
impermeable [ɪmˈpɜːmjəbl] adj ogenomträngligt; *~ to air* lufttät; *~ to water* vattentät
impersonal [ɪmˈpɜːsənl] **I** adj **1** opersonlig, inte personlig **2** gram. a) om verb opersonlig b) om pronomen obestämd; opersonlig [*the ~ 'it'*] **II** s gram. a) opersonligt verb b) obestämt pronomen; opersonligt pronomen
impersonate [ɪmˈpɜːsəneɪt] vb tr **1** imitera [*~ famous people*], efterlikna; föreställa [*they ~d animals*] **2** uppträda som [*he was caught when trying to ~ an officer*] **3** personifiera, förkroppsliga, representera **4** framställa, gestalta [*he has ~d Hamlet on the stage*]
impersonation [ɪmˌpɜːsəˈneɪʃ(ə)n] s (jfr *impersonate*) **1** imitation [*~s of famous people*] **2** uppträdande [*of* som] **3** personifiering **4** framställning, gestaltning [*his ~ of Hamlet*]
impersonator [ɪmˈpɜːsəneɪtə] s imitatör; *female (male) ~* kvinnlig (manlig) imitatör
impertinence [ɪmˈpɜːtɪnəns] s **1** näsvishet, impertinens; oförskämdhet; oförsynthet **2** brist på relevans
impertinent [ɪmˈpɜːtɪnənt] adj **1** näsvis, impertinent, närgången; oförskämd, oförsynt, ohövlig; påflugen, påträngande **2** irrelevant
imperturbability [ˈɪmpəˌtɜːbəˈbɪlətɪ] s orubblighet; orubbligt lugn
imperturbable [ˌɪmpəˈtɜːbəbl] adj orubblig, orubbligt lugn
impervious [ɪmˈpɜːvjəs] adj **1** ogenomtränglig, oframkomlig, oöverkomlig, otillgänglig; *~ to*

light ogenomskinlig; *~ to water* vattentät **2** oemottaglig [*~ to* (för) *reason (criticism)*]
impetuosity [ɪmˌpetjʊˈɒsətɪ] s häftighet, våldsamhet; häftig framfart
impetuous [ɪmˈpetjʊəs] adj **1** impulsiv, uppbrusande; förhastad, överilad [*an ~ remark*], gjord i hastigt mod **2** häftig, våldsam
impetus [ˈɪmpɪtəs] s **1** rörelseenergi, kraft hos kropp i rörelse; levande kraft; fart; *with great ~* med våldsam kraft, med stor fart; *lose ~* tappa fart, förlora farten **2** *give an ~ to* sätta fart på (i), ge [ökad] kraft åt, driva på
impiety [ɪmˈpaɪətɪ] s ogudaktighet, gudlöshet; pietetslöshet; gudlös (pietetslös) handling
impinge [ɪmˈpɪn(d)ʒ] vb itr **1** stöta, falla, slå [[*up*]*on, against* mot]; *~ [up]on (against)* äv. träffa [*if a strong light ~s on the eye*], kollidera med **2** bildl. *~ [up]on* göra intryck på, påverka **3** inkräkta, göra intrång [*on* på; *~ on other people's rights*]
impious [ˈɪmpɪəs] adj **1** ogudaktig, gudlös, syndig **2** pietetslös
impish [ˈɪmpɪʃ] adj okynnig, småjäklig, busig; *~ tricks* sattyg
implacable [ɪmˈplækəbl] adj oförsonlig [*an ~ enemy*; *~ hatred*], obeveklig, oblidkelig
implant [ss. vb ɪmˈplɑːnt, ss. sb. ˈɪmplɑːnt] **I** vb tr inplanta [*~ ideas in a p.*], inympa [*~ good habits in children*], inprägla, inskärpa [*in a p.*; *in a p.'s mind* (hos ngn)]; med. implantera t.ex. medicin; transplantera t.ex. vävnad **II** s med. **1** implantat; om vävnad äv. transplantat **2** implantation av t.ex. medicin; transplantation av t.ex. vävnad
implausible [ɪmˈplɔːzəbl] adj osannolik; oantaglig
implement [ss. sb. ˈɪmplɪmənt, ss. vb -ment] **I** s verktyg, redskap, tillbehör; pl. *~s* äv. grejer **II** vb tr realisera, genomföra, utföra, implementera, förverkliga, fullfölja [*~ a plan (policy, project)*], fullgöra, uppfylla [*~ a promise (an agreement)*]
implementation [ˌɪmplɪmenˈteɪʃ(ə)n] s realiserande etc., jfr *implement* II
implicate [ˈɪmplɪkeɪt] vb tr blanda in, implicera [*~ a p. in a crime*]; *be ~d in* äv. vara delaktig i, bli invecklad i
implication [ˌɪmplɪˈkeɪʃ(ə)n] s **1** inblandning, delaktighet [*~ in a conspiracy*] **2** innefattande, inbegripande; innebörd; [naturlig] slutsats (följd), konsekvens[er]; *by ~* underförstått, indirekt, antydningsvis
implicit [ɪmˈplɪsɪt] adj **1** underförstådd [*an ~ threat*; *~ in the contract*], inte klart utsagd, implicit; tyst [*an ~ agreement*], stillatigande; inbegripen **2** obetingad, blind [*~ faith*]
implicitly [ɪmˈplɪsɪtlɪ] adv underförstått etc., jfr *implicit*; i förtäckta ordalag
implied [ɪmˈplaɪd] adj underförstådd [*an ~ compliment*], indirekt; liggande i sakens

natur; inbegripen [*in* i]; *it is* ~ *that* det framgår [av sammanhanget (omständigheterna)] att
implore [ɪm'plɔ:] **I** *vb tr* bönfalla, anropa, ödmjukt (innerligt, enträget) be, tigga och be [*a p. to do a th.*; *for* om] **II** *vb itr* bönfalla etc., jfr *I*; ~ *for mercy* tigga [och be] om nåd
imploringly [ɪm'plɔ:rɪŋlɪ] *adv* bönfallande, bevekande
imply [ɪm'plaɪ] *vb tr* (jfr *implied*) **1** innebära, inbegripa, medföra, föra med sig [*this right implies certain obligations*]; betyda [*do you realize fully what your words ~?*]; förutsätta; *as the name implies* som namnet antyder **2** antyda, vilja påstå, vilja ha sagt, låta påskina, mena
impolite [ˌɪmpə'laɪt] *adj* oartig, ohövlig, ohyfsad
impolitic [ɪm'pɒlətɪk] *adj* oklok, oförståndig, mindre välbetänkt; olämplig
imponderable [ɪm'pɒnd(ə)rəbl] **I** *adj* ovägbar; ouppskattbar **II** *s*, vanl. pl. *~s* imponderabilia obestämbara faktorer
import [ss. sb. 'ɪmpɔ:t, ss. vb ɪm'pɔ:t] **I** *s* **1** import; attr. import- [~ *duty* (tull), ~ *goods*, ~ *quota*, ~ *trade*]; införsel; vanl. pl. *~s* importvaror, importartiklar; totalimport[en] [*~s of raw cotton*], import[en] [*food ~s*; *the ~s exceed the exports*] **2** innebörd, betydelse, mening **3** vikt, betydelse [*questions of great ~*], betydenhet **II** *vb tr* **1** importera, föra in [*into* till] **2** innebära, beteckna, betyda; *what does the word ~?* äv. vad ligger i ordet?
importance [ɪm'pɔ:t(ə)ns] *s* vikt, betydelse, betydenhet, angelägenhet; *attach* [*great*] ~ *to* lägga (fästa) [stor] vikt vid, fästa [stort] avseende vid, sätta [stort] värde på, bry sig [mycket] om, tillmäta ngt [stor] betydelse; *with an air of* ~ med en viktig min; *of no* ~ utan betydelse (vikt)
important [ɪm'pɔ:t(ə)nt] *adj* viktig, väsentlig, betydelsefull, betydande [*an ~ person*]
importantly [ɪm'pɔ:t(ə)ntlɪ] *adv* **1** viktigt nog, nog så viktigt [*but,* ~ *in this case, there is…*]; *more* ~ vad som är viktigare **2** huvudsakligen, i första hand
importation [ˌɪmpɔ:'teɪʃ(ə)n] *s* **1** import[erande], införsel, införande **2** importvara, importartikel
importer [ɪm'pɔ:tə] *s* importör
importunate [ɪm'pɔ:tjʊnət] *adj* efterhängsen [~ *beggars*]; besvärlig, påträngande, enträgen, pockande, [överdrivet] angelägen [~ *demands*]
importune [ɪm'pɔ:tju:n, ˌɪmpɔ:'tju:n] *vb tr* **1** tigga och be [~ *a p. for* (om) *money*], ligga över (efter), bestorma [~ *a p. with requests for* (böner om) *money*], tjata på, besvära **2** om prostituerad antasta
importunit|y [ˌɪmpɔ:'tju:nətɪ] *s*

efterhängsenhet, [besvärande] enträgenhet, envetenhet; småtjat[ande] [äv. pl. *-ies*]
impose [ɪm'pəʊz] **I** *vb tr* **1** lägga på [~ *taxes*], lägga [~ *a burden* [*up*]*on*]; införa [~ *a speed limit*]; ~ *a fine* [*up*]*on a p.* döma ngn till (ådöma ngn) böter, bötfälla ngn; ~ *a task* [*up*]*on a p.* lägga en uppgift på ngn, ålägga ngn en uppgift **2** ~ *a th.* [*up*]*on a p.* tvinga (pracka, lura) på ngn ngt **II** *vb itr*, ~ [*up*]*on*: **a**) lura, narra [~ *on a p. to do a th.*], föra bakom ljuset, dupera, bedra **b**) dra fördel av, utnyttja, begagna sig av [~ [*up*]*on a p.'s credulity* (godtrogenhet)]; vara till besvär, tränga sig på [*I don't want to* ~ [*on you*], *but…*]
imposing [ɪm'pəʊzɪŋ] *adj* imponerande; vördnadsbjudande, ståtlig, majestätisk
imposingly [ɪm'pəʊzɪŋlɪ] *adv* imponerande
imposition [ˌɪmpə'zɪʃ(ə)n] *s* **1** påläggande [*the ~ of new taxes*] etc., jfr *impose I 1*; påbud **2** pålaga, skatt **3 a**) börda, belastning **b**) skol. straffläxa **4** lurande, bedrägeri **5** ~ *of hands* kyrkl. handpåläggning
impossibilit|y [ɪmˌpɒsə'bɪlətɪ, -sɪ'b-] *s* omöjlighet; *ask for -ies* begära det omöjliga
impossible [ɪm'pɒsəbl, -sɪb-] *adj* **1** omöjlig, ogörlig, outförbar; *ask for the* ~ begära det omöjliga **2** vard. outhärdlig [*it's an ~ situation!*]
impossibly [ɪm'pɒsəblɪ, -sɪb-] *adv* **1** hopplöst [~ *lazy*]; otroligt [*the sky was* ~ *blue*], vansinnigt [~ *expensive*] **2** *not* ~ möjligtvis, möjligen; kanske
impostor [ɪm'pɒstə] *s* bedragare, skojare
imposture [ɪm'pɒstʃə] *s* bedrägeri, svek, skoj
impotence ['ɪmpət(ə)ns] *s* **1** maktlöshet, vanmakt; oförmåga, kraftlöshet, impotens **2** fysiol. impotens
impotent ['ɪmpət(ə)nt] *adj* **1** maktlös, vanmäktig; oförmögen [*to* att] **2** fysiol. impotent
impoverish [ɪm'pɒv(ə)rɪʃ] *vb tr* **1** utarma, göra utfattig; *he is ~ed* han har blivit utfattig **2** göra kraftlös (improduktiv, ofruktbar), suga ut, utarma [~ *the soil*]; försämra, försvaga
impoverishment [ɪm'pɒv(ə)rɪʃmənt] *s* **1** utarmande, utarmning **2** utsugning, utarmning; försämring, försvagning
impracticability [ɪmˌpræktɪkə'bɪlətɪ] *s* ogenomförbarhet etc., jfr *impracticable*
impracticable [ɪm'præktɪkəbl] *adj* **1** ogenomförbar [*an ~ plan*], outförbar, ogörlig, omöjlig; oanvändbar [*an ~ method*] **2** ofarbar, oframkomlig
impractical [ɪm'præktɪk(ə)l] *adj* **1** opraktisk **2** se *impracticable*
impracticality ['ɪmˌpræktɪ'kælətɪ] *s* **1** opraktiskhet **2** ogenomförbarhet, omöjlighet
imprecation [ˌɪmprɪ'keɪʃ(ə)n] *s* **1** nedkallande

av förbannelse (hämnd) 2 förbannelse [*oaths and ~s*]
imprecise [ˌɪmprɪ'saɪs] *adj* inexakt; obestämd; ofullständig, bristande
imprecision [ˌɪmprɪ'sɪʒ(ə)n] *s* brist på exakthet (precision); ofullständighet, brist
impregnable [ɪm'pregnəbl] *adj* **1** ointaglig [*an ~ fortress*]; ogenomtränglig [*~ defence*] **2** oangriplig, oövervinnelig; ovedersäglig, obestridlig
impregnate ['ɪmpregneɪt, -'--] *vb tr* **1** befrukta äv. bildl.; göra havande **2** impregnera [*~ wood*]; mätta [*water ~d with salt*]; genomdränka **3** bildl. genomtränga, genomsyra [*~d with* (av) *socialistic ideas*]
impresario [ˌɪmprə'sɑːrɪəʊ] (pl. *~s*) *s* impressario
1 impress [ss. sb. 'ɪmpres, ss. vb ɪm'pres] **I** *s* avtryck; märke, stämpel, prägel äv. bildl.; *bear the ~ of* vara präglad av, bära [en] prägel av; *leave an ~ on* sätta sin prägel på, prägla **II** *vb tr* **1 a)** trycka på, trycka in ett märke o.d. [*in*[*to*] i; *on* på, i]; *~ a mark on* sätta ett märke på **b)** stämpla, prägla [*with* med] **2** inprägla, inskärpa en idé o.d. [*on* hos]; *~ a th.* [*up*]*on one's mind* inprägla (inpränta) ngt i minnet; *~ on a p. that...* inprägla (inskärpa, inpränta) hos ngn [vikten av] att…, lägga ngn på hjärtat att…; *~ oneself on* sätta sin prägel på **3** göra intryck på [*the book did not ~ me at all*], imponera på; *be favourably ~ed with* få ett fördelaktigt (gott) intryck av
2 impress [ɪm'pres] *vb tr* mil. tvångsvärva, tvångsmönstra [*~ sailors*], tvångskommendera
impression [ɪm'preʃ(ə)n] *s* **1** intryck; verkan; *make a deep ~ on a p.* göra [ett] djupt intryck på ngn **2** intryck, förnimmelse, känsla, [svagt] minne av ngt; *have an ~ that* ha ett intryck av att, känna på sig att; *I was under the ~ that* jag hade det intrycket (hade för mig) att **3** imitation [*he gave several ~s of TV personalities*] **4** märke, spår, stämpel, prägel äv. bildl. **5** tryckning [*a first ~ of 5,000 copies*], omtryckning, nytryck
impressionability [ɪmˌpreʃ(ə)nə'bɪlətɪ] *s* mottaglighet för intryck
impressionable [ɪm'preʃ(ə)nəbl] *adj* mottaglig för intryck, lättpåverkad; [*children who are*] *at the ~ age* …i den lättpåverkade (känsliga) åldern
impressionism [ɪm'preʃənɪz(ə)m] *s* konst. o.d. impressionism[en]
impressionist [ɪm'preʃənɪst] *s* **1** konst. o.d. impressionist **2** imitatör
impressionistic [ɪmˌpreʃə'nɪstɪk] *adj* konst. o.d. impressionistisk
impressive [ɪm'presɪv] *adj* effektfull, verkningsfull, slående, imponerande; gripande [*an ~ ceremony*]
impressiveness [ɪm'presɪvnəs] *s* effektfullhet, verkningsfullhet; gripande allvar; kraft; eftertryck
imprint [ss. sb. 'ɪmprɪnt, ss. vb ɪm'prɪnt] **I** *s* **1** avtryck [*the ~ of a foot*], intryck, märke, prägel; bildl. äv. stämpel [*the ~ of suffering on* (i) *a p.'s face*] **2** typogr., [*publisher's* (*printer's*)] *~* tryckort, tryckår och förläggarens (boktryckarens) namn **II** *vb tr* **1** trycka på, trycka in, stämpla [*on* på], märka; sätta [*~ a postmark on a letter*] **2** bildl. inprägla, inpränta [*~ a th. on* (*in*) *one's mind*], inskärpa [*~ on* (hos) *a p. the importance of a th.*]
imprison [ɪm'prɪzn] *vb tr* sätta i fängelse, fängsla
imprisonment [ɪm'prɪznmənt] *s* fängslande; inspärrning; fångenskap [*during his long ~*], frihetsstraff, frihetsberövande, fängelse[straff] [*two years' ~*]; *~ for life* el. *life ~* livstids fängelse
improbability [ɪmˌprɒbə'bɪlətɪ] *s* osannolikhet; osannolik händelse, otrolig sak
improbable [ɪm'prɒbəbl] *adj* osannolik, otrolig
impromptu [ɪm'prɒm(p)tjuː] **I** *adv* [helt] improviserat **II** *s* improvisation; mus. impromptu **III** *adj* oförberedd, improviserad [*an ~ speech*]
improper [ɪm'prɒpə] *adj* **1** oegentlig; oriktig, felaktig [*~ diagnosis*]; orättmätig [*make ~ use* (bruk) *of a th.*]; *~ fraction* matem. oegentligt bråk **2** opassande [*~ conduct*], oanständig [*~ language*]
improprietly [ˌɪmprə'praɪətɪ] *s* **1** oanständighet [*of* i]; *-ies* oanständigheter, fräckheter **2** oegentlighet; oriktighet, felaktighet **3** olämplighet; *the ~ of* det olämpliga i
improve [ɪm'pruːv] **I** *vb tr* förbättra, [ut]bilda, utveckla [*~ a method; ~ one's mind*], fullkomna, förkovra, förädla; hjälpa upp, främja; stärka [*~ one's health*]; *that did not ~ matters* det gjorde inte saken bättre **II** *vb itr* **1** förbättras, bli bättre; gå framåt, tillta, göra framsteg; *he ~s on acquaintance* han vinner vid närmare bekantskap; *~ on a th.* förbättra ngt, bättra på (överträffa) ngt [*he ~d on his previous record*] **2** repa sig efter sjukdom; bli bättre (starkare) om pris stiga, gå upp
improvement [ɪm'pruːvmənt] *s* förbättring etc., jfr *improve*; upprustning av bostäder
improvidence [ɪm'prɒvɪd(ə)ns] *s* brist på (bristande) [ekonomiskt] förutseende; slösaktighet
improvident [ɪm'prɒvɪd(ə)nt] *adj* oförutseende; slösaktig, vårdslös, oförsiktig, lättsinnig
improvisation [ˌɪmprəvaɪ'zeɪʃ(ə)n, -prɒv-] *s* mus. o. friare improvisation
improvise ['ɪmprəvaɪz] **I** *vb tr* improvisera [*an ~d tune; an ~d speech; an ~d meal*]; mus. äv.

fantisera; *an ~d bed* en provisorisk bädd (säng) **II** *vb itr* improvisera [*on* över]; mus. äv. fantisera [*on* över]
improviser ['ɪmprəvaɪzə] *s* improvisatör
imprudence [ɪm'pru:d(ə)ns] *s* oklokhet, oförsiktighet, obetänksamhet
imprudent [ɪm'pru:d(ə)nt] *adj* oklok, oförsiktig, obetänksam, förhastad
impudence ['ɪmpjʊd(ə)ns] *s* oförskämdhet, fräckhet; *none of your ~!* vet hut!
impudent ['ɪmpjʊd(ə)nt] *adj* oförskämd, fräck
impugn [ɪm'pju:n] *vb tr* ifrågasätta [*~ a p.'s integrity* (hederlighet)], bestrida [*~ a statement* (*a claim*)]
impulse ['ɪmpʌls] *s* **1** stöt, knuff [framåt], fart; *give an ~ to* sätta fart på (i), rycka upp, stimulera, aktivera **2** impuls [*my first ~ was to run away*; *~ buyers*], ingivelse, instinkt; [*acting*] *on an ~* [*he turned to the left*] lydande en plötslig ingivelse... **3** elektr. el. fysiol. impuls
impulsive [ɪm'pʌlsɪv] *adj* **1** impulsiv **2** framdrivande, pådrivande; stötvis verkande
impulsiveness [ɪm'pʌlsɪvnəs] *s* impulsivitet
impunity [ɪm'pju:nətɪ] *s* straffrihet; trygghet; *with ~* ostraffat, saklöst, opåtalt; utan fara (risk)
impure [ɪm'pjʊə] *adj* oren
impurity [ɪm'pjʊərətɪ] *s* **1** orenhet; bildl. äv. besmittelse **2** förorening
impute [ɪm'pju:t] *vb tr* tillskriva, tillvita, påbörda [*a th. to a p.* ngn ngt]; *~ a th. to* äv. lägga skulden för (skylla) ngt på
in [ɪn] **I** *prep* (se äv. under resp. huvudord, t.ex. *despair, disguise, honour*) **1** uttr. befintlighet: i [*~ a box*; *~ politics*], på [*~ the fields*; *~ the street*], vid [*the house is ~ a street near the centre*; *he is ~ the police*]; *there is something ~ it* det ligger någonting i det **2** klädd o.d. i [*dressed ~ mourning* (*white*)] **3 a**) i i ngn (ngts) väsende (karaktär o.d.) [*there is no great harm* (inte mycket ont) *~* (äv. hos) *him*]; *what's ~ a name?* vad betyder väl ett namn? **b**) hos i en författares verk o.d. [*~ Shakespeare*] **4** i tidsuttr. o.d.: **a**) om den period under vilken något sker: i [*~ April*], om el. på [*~ the morning; ~* [*the*] *summer*]; under [*~ my absence*]; *~* [*the year*] *2000* [år] 2000; *~ the 18th century* på 1700-talet **b**) om tid som åtgår för något på [*I did it ~ five minutes*] **c**) efter (inom) viss tid om [*she will be back ~ a month*] **d**) före *ing*-form el. verbalsubstantiv vid [*be careful ~ using* (användningen av) *it*]; *she slipped ~ crossing the street* hon halkade när (då) hon gick över gatan **5** i uttr. som anger sätt, medel, språk o.d. på, med, i; *~ earnest* på allvar; *~ this way* (*manner*) på detta sätt; *written ~ pencil* skriven med blyerts; *~ a loud voice* med hög röst; *~ a word* med ett ord [sagt] **6** i uttr. som betecknar urval,

proportion, antal på [*not one ~ a hundred*], till [*seven ~ number*] **7** [i anseende] till, i fråga om; *blind ~ one eye* blind på ena ögat **8** i uttr. som anger ett tillstånd vid [*~ good health*] **9** angivande avsikt till, som; *~ memory of* till minne av; *~ reply to* [*your letter*] som (till) svar på... **10** särskilda fall: enligt [*~ my opinion*]; under [*~ these circumstances*]; *there is nothing ~ it* vard. det är hugget som stucket
II *adv* **1** in [*come ~*]; *day ~, day out* dag ut och dag in **2** inne, hemma [*he wasn't ~ when I called*]; framme, anländ; *the train is ~* tåget är inne, tåget har kommit **3** i vissa uttr.: *be ~ for*: **a**) kunna vänta sig, få räkna med [*we're ~ for bad weather*]; *be ~ for it* äv. vara illa ute, få det hett om öronen **b**) vara anmäld (ha anmält sig) till [*be ~ for a competition*] **c**) vara uppe (gå upp) i [*be ~ for an examination*]; *have it ~ for a p.* vard. ha ett horn i sidan till ngn
be ~ on vard.: **a**) vara med i (om), ha del i [*if there's any profit, I want to be ~ on it*], delta i **b**) ha reda på
be (*keep*) [*well*] *~* **with** vard. ha tumme med [*he was well ~ with the boss*], stå på god fot med
III *s*, *all the ~s and outs* alla konster och knep; *know the ~s and outs of a th.* känna [till] ngt utan och innan
IV *adj* **1** vard. inne modern o.d. [*turbans are ~ this year*]; *it's the ~ thing to...* det är inne att... **2** inkommande [*the ~ train*]
in. förk. för *inch*[*es*]
inability [ˌɪnə'bɪlətɪ] *s* **1** oförmåga, bristande förmåga [*to* att]; oduglighet; [*he regretted*] *his ~ to help* ...att han inte var i stånd att hjälpa **2** *~* [*to pay*] oförmåga att betala, insolvens
inaccessibility ['ɪnækˌsesə'bɪlətɪ] *s* otillgänglighet etc., jfr *inaccessible*
inaccessible [ˌɪnæk'sesəbl] *adj* otillgänglig äv. bildl.; oåtkomlig; ouppnåelig [*to* för]
inaccuracy [ɪn'ækjʊrəsɪ] *s* **1** bristande noggrannhet (precision) **2** felaktighet, oriktighet
inaccurate [ɪn'ækjʊrət] *adj* **1** inte [tillräckligt] noggrann; slarvig **2** felaktig, oriktig
inaction [ɪn'ækʃ(ə)n] *s* overksamhet; slöhet
inactive [ɪn'æktɪv] *adj* **1** overksam; inaktiv, sysslolös **2** slö, trög
inactivity [ˌɪnæk'tɪvətɪ] *s* **1** overksamhet, sysslolöshet, inaktivitet **2** slöhet, tröghet
inadequacy [ɪn'ædɪkwəsɪ] *s* otillräcklighet, brist, bristfällighet, ofullständighet; bristande (brist på) motsvarighet; olämplighet
inadequate [ɪn'ædɪkwət] *adj* inadekvat; olämplig, otillräcklig [*to, for* för; *to* + inf. för att], bristfällig, otillfredsställande
inadmissible [ˌɪnəd'mɪsəbl] *adj* otillåtlig,

incarnation

otillåten; oantaglig; jur. oacceptabel, inte godtagbar [~ *evidence*]
inadvertence [ˌɪnəd'vɜːt(ə)ns] *s* o.
inadvertency [ˌɪnəd'vɜːt(ə)nsɪ] *s*
 1 ouppmärksamhet; vårdslöshet, slarv **2** förbiseende, inadvertens
inadvertent [ˌɪnəd'vɜːt(ə)nt] *adj*
 1 ouppmärksam, ovarsam, vårdslös **2** oavsiktlig
inadvertently [ˌɪnəd'vɜːt(ə)ntlɪ] *adv* ouppmärksamt etc., jfr *inadvertent*; av misstag (slarv)
inadvisable [ˌɪnəd'vaɪzəbl] *adj* inte tillrådlig, oklok
inalienable [ɪn'eɪljənəbl] *adj* oförytterlig, omistlig [~ *rights*], oavhändlig
inane [ɪ'neɪn] *adj* **1** tom, innehållslös **2** meningslös, dum, idiotisk, fånig [~ *remark*]
inanimate [ɪn'ænɪmət] *adj* inte levande, livlös, död [~ *nature*]; själlös
inanity [ɪ'nænətɪ] *s* **1** tomhet, innehållslöshet **2** dumhet; banalitet
inapplicability ['ɪnˌæplɪkə'bɪlətɪ, 'ɪnəˌplɪk-] *s* oanvändbarhet, otillämplighet, olämplighet
inapplicable [ɪn'æplɪkəbl, ˌɪnə'plɪk-] *adj* oanvändbar, inte tillämpbar (passande), som inte går att tillämpa [*to* på (för)]
inappropriate [ˌɪnə'prəʊprɪət] *adj* olämplig, malplacerad, olycklig, otillbörlig
inapt [ɪn'æpt] *adj* **1** olämplig, malplacerad [~ *remark*], inadekvat **2** oskicklig, tafatt [~ *attempt*]
inaptitude [ɪn'æptɪtjuːd] *s* **1** olämplighet [*to* (*for*) för] **2** oskicklighet, oduglighet
inarticulate [ˌɪnɑː'tɪkjʊlət] *adj* **1** oartikulerad, otydlig; stapplande; oklar, oredig; *he is always so* ~ han har alltid så svårt att uttrycka sig **2** mållös [~ *rage*; ~ *with rage*], stum [~ *despair*] **3** utan leder, oledad [*an* ~ *body*]
inasmuch [ˌɪnəz'mʌtʃ] *adv*, ~ *as* konj.: a) eftersom, emedan b) försåvitt; såtillvida som
inattention [ˌɪnə'tenʃ(ə)n] *s* ouppmärksamhet; brist på omtanke, försumlighet
inattentive [ˌɪnə'tentɪv] *adj* ouppmärksam, inte uppmärksam [*to a th.* på ngt; *to a p.* mot ngn]
inaudibility [ɪnˌɔːdə'bɪlətɪ] *s* ohörbarhet
inaudible [ɪn'ɔːdəbl] *adj* ohörbar
inaugural [ɪ'nɔːgjʊr(ə)l] **I** *adj* invignings-, inträdes-, öppnings- [~ *speech* (*address*)]; installations- [~ *lecture*] **II** *s* **1** inträdestal; öppningsanförande **2** invigningshögtidlighet, öppningshögtidlighet
inaugurate [ɪ'nɔːgjʊreɪt] *vb tr* **1** inviga, öppna [~ *a new air route*; ~ *an exhibition*] **2** insätta i ämbetet, installera [~ *a president*] **3** inleda, inaugurera [~ *a new era*], införa
inauguration [ɪˌnɔːgjʊ'reɪʃ(ə)n] *s* **1** invigning,

öppnande; avtäckning **2** installation [*the* ~ *of the President of the USA*]; *I*~ *Day* amer. installationsdagen 20 jan. då en nyvald president tillträder sitt ämbete **3** inledning, början, införande
inauspicious [ˌɪnɔː'spɪʃəs, -nɒs-] *adj*
 1 olycksbådande **2** ogynnsam; inte lyckosam
inboard ['ɪnbɔːd] sjö. **I** *adv* inombords **II** *adj* inombords belägen, inombords-
inbound ['ɪnbaʊnd] *adj* ingående, ankommande [~ *traffic*], på väg in, destinerad till inrikes ort [*an* ~ *ship*]
inbred [ˌɪn'bred, attr. 'ɪnb-] *adj* **1** medfödd, inneboende, inre, naturlig **2** uppkommen genom (föremål för) inavel, inavlad
inbreeding [ˌɪn'briːdɪŋ] *s* inavel
Inc. (förk. för *Incorporated* isht amer.) ung. AB
incalculable [ɪn'kælkjʊləbl] *adj* **1** oräknelig, oändlig [~ *quantities*] **2** omöjlig att förutse, oförutsebar; oöverskådlig [~ *consequences*]
incandescence [ˌɪnkæn'desns] *s* glödning; bildl. hetta; *heat of* ~ glödhetta
incandescent [ˌɪnkæn'desnt] *adj* [vit]glödande; klart lysande, bländande; ~ *lamp* glödlampa
incantation [ˌɪnkæn'teɪʃ(ə)n] *s* besvärjelse, magisk (rituell) sång; besvärjelseformel
incapability [ɪnˌkeɪpə'bɪlətɪ] *s* oduglighet, inkompetens; oförmåga [*of* till; *of doing a th.* att göra ngt]
incapable [ɪn'keɪpəbl] *adj* **1** oduglig; inkompetent; oskicklig; kraftlös **2** ~ *of* oförmögen (ur stånd, inkapabel) till [~ *of such an action*]; *be* ~ *of doing a th.* inte förmå (kunna) göra ngt
incapacitate [ˌɪnkə'pæsɪteɪt] *vb tr* göra [tillfälligt] arbetsoförmögen; mil. sätta ur stridbart skick; ~ *a p. for work* (*from working*) göra ngn oduglig (oförmögen) till arbete
incapacitated [ˌɪnkə'pæsɪteɪtɪd] *adj*
 1 [tillfälligt] arbetsoförmögen, inte arbetsför; handlingsförlamad; mil. inte i (satt ur) stridbart skick **2** jur. omyndigförklarad
incapacity [ˌɪnkə'pæsətɪ] *s* oförmåga, oduglighet, inkompetens; arbetsoduglighet; ~ *for work* arbetsoförmåga, oförmåga att arbeta
incarcerate [ɪn'kɑːsəreɪt] *vb tr* fängsla, spärra in
incarceration [ɪnˌkɑːsə'reɪʃ(ə)n] *s* fängslande, inspärrning
in-career ['ɪnkəˌrɪə] *adj*, ~ *training* fortbildning
incarnate [ss. adj. ɪn'kɑːnət, -neɪt, ss. vb 'ɪnkɑːneɪt, ɪn'kɑːneɪt] **I** *adj* förkroppsligad, personifierad [*Liberty* ~]; *a devil* ~ en djävul i människohamn, en ärkeskurk **II** *vb tr* förkroppsliga; levandegöra; förverkliga
incarnation [ˌɪnkɑː'neɪʃ(ə)n] *s* inkarnation, förkroppsligande; *the I*~ människoblivandet,

Kristi människoblivande; *she looked the ~ of health* hon såg ut som hälsan själv
incautious [ɪn'kɔːʃəs] *adj* oförsiktig, förhastad
incendiary [ɪn'sendjərɪ] *adj* **1** mordbrands-, brand-; *~ bomb* brandbomb **2** uppviglande, upphetsande; *~ speech* brandtal
1 incense ['ɪnsens] *s* rökelse
2 incense [ɪn'sens] *vb tr* reta upp, förtörna, göra rasande (förbittrad, indignerad)
incentive [ɪn'sentɪv] **I** *adj* eggande, eldande; sporrande, stimulerande; *be ~ to* sporra (stimulera) till; *~ pay (wage)* prestationslön **II** *s* drivfjäder, sporre, motivation, uppmuntran
inception [ɪn'sepʃ(ə)n] *s* påbörjande; början, start; *from its ~* från [första] början
incessant [ɪn'sesnt] *adj* oavbruten, oavlåtlig, oupphörlig, ständig
incessantly [ɪn'sesntlɪ] *adv* oavbrutet etc., jfr *incessant*; utan avbrott; i det oändliga
incest ['ɪnsest] *s* incest
incestuous [ɪn'sestjʊəs] *adj* incest-, incestuös; skyldig till (innebärande) incest
inch [ɪn(t)ʃ] **I** *s* tum, 2,54 cm; bildl. smula, grand; *3 ~es* 3 tum; *cubic ~* kubiktum; *square ~* kvadrattum; *he is every ~ a soldier (gentleman)* han är en krigare i varje tum (en gentleman ut i fingerspetsarna); *give him an ~ and he'll take a mile (an ell)* ordspr. om man ger honom ett finger så tar han hela handen; *I don't trust him an ~* jag litar inte ett dugg (ett skvatt) på honom; *~ by ~* litet i sänder, [så] småningom, sakta men säkert, gradvis; *by ~es* a) = *~ by ~* b) nätt och jämnt; *to an ~* till punkt och pricka; *he was within an ~ of succeeding* han var mycket nära att lyckas; [*I'll thrash him*] *within an ~ of his life* ...halvt fördärvad **II** *vb tr*, *~ one's way (oneself) forward* flytta sig framåt tum för tum (mycket långsamt) **III** *vb itr*, *~ forward* krypa framåt (fram) [bit för bit]
inchoate [in'kəʊət, -'kəʊeɪt] *adj* bara påbörjad, outvecklad; ofullständig
incidence ['ɪnsɪd(ə)ns] *s* förekomst, frekvens [*the increasing ~ of road accidents*], utbredning, omfattning [*the ~ of a disease*]
incident ['ɪnsɪd(ə)nt] **I** *s* händelse, tilldragelse, intermezzo, incident; *they regretted the ~* de beklagade det inträffade; *frontier ~s* gränsintermezzon; *the journey was without ~* det inträffade inte något särskilt under resan **II** *adj*, *~ to* som följer med, som hör till
incidental [ˌɪnsɪ'dentl] *adj* **1** tillfällig; oväsentlig; *~ expenses* tillfälliga (oförutsedda) utgifter; *an ~ matter* en bisak; *~ music* scenmusik; beledsagande musik, bakgrundsmusik **2** *~ to (upon)* som följer (är förbunden) med, som brukar följa med
incidentally [ˌɪnsɪ'dent(ə)lɪ] *adv* **1** tillfälligtvis, i förbigående, [helt] apropå **2** för övrigt,

förresten [*~, why did you come so late?*]; inom parentes, i förbigående
incinerate [ɪn'sɪnəreɪt] *vb tr* **1** förbränna till aska **2** amer. bränna, kremera
incineration [ɪnˌsɪnə'reɪʃ(ə)n] *s* **1** förbränning [till aska] **2** amer. kremering
incinerator [ɪn'sɪnəreɪtə] *s* **1** förbränningsugn t.ex. för sopor **2** amer. krematorieugn
incipient [ɪn'sɪpɪənt] *adj* begynnande, begynnelse-, i första stadiet (begynnelsestadiet); gryende
incision [ɪn'sɪʒ(ə)n] *s* inskärning; skåra, snitt, insnitt; *make an ~* kir. göra (lägga) ett snitt
incisive [ɪn'saɪsɪv] *adj* **1** skärande, inskärande; *~ teeth* framtänder **2** bildl. skarp [*~ criticism*], genomträngande [*~ voice*]
incisor [ɪn'saɪzə] *s* framtand, skärtand
incite [ɪn'saɪt] *vb tr* egga [upp], sporra, driva
incitement [ɪn'saɪtmənt] *s* **1** [upp]eggande; tillskyndan; provokation **2** incitament, eggelse, sporre; motiv, bevekelsegrund
incivility [ˌɪnsɪ'vɪlətɪ] *s* ohövlighet
incl. förk. för *including, inclusive*
inclemency [ɪn'klemənsɪ] *s* om väder el. klimat omildhet, stränghet
inclement [ɪn'klemənt] *adj* om väder el. klimat omild, sträng, hård, bister, kylig, stormig
inclination [ˌɪnklɪ'neɪʃ(ə)n] *s* **1** lutning; böjning [*~ of (på) the head*]; fys. inklination; *angle of ~* fys. inklinationsvinkel, lutningsvinkel **2** benägenhet, lust, håg, böjelse [*to (for)* för; *to* + inf. [för] att]; tendens [*to* till; *to* + inf. [till] att]; förkärlek, tycke, svaghet [*for* för]
incline [ɪn'klaɪn, ss. subst. äv. 'ɪnklaɪn] **I** *vb tr* **1** luta ned (fram), ge en lutning; böja [på] [*~ one's head*] **2** göra böjd (benägen) [*to* för; *to* + inf. [för] att] **II** *vb itr* **1** luta [*to (towards)* mot (åt)] **2** vara böjd (benägen) [*to* för; *to* + inf. [för] att]; visa tendens [*to* till; *to* + inf. [till] att] **III** *s* lutning, sluttning; stigning; lutande plan
inclined [ɪn'klaɪnd] *adj* **1** lutande, sluttande, sned riktning; *~ plane* fys. lutande plan **2** benägen, hågad, böjd [*to (for)* för; *to* + inf. [för] att]; *I am ~ to think that...* jag är benägen att tro (lutar [snarast] åt den åsikten) att...; *he is ~ to be late* han har en tendens att komma sent; *do you feel ~ for (to go for) a walk?* har du lust med (är du hågad för, har du lust att ta) en promenad?
include [ɪn'kluːd] *vb tr* omfatta, innefatta, inbegripa; inkludera; *~ a th. in one's programme* ta med (upp) ngt på sitt program
including [ɪn'kluːdɪŋ] *pres p* omfattande; inklusive [*~ all expenses*], däribland [*fifty maps ~ six of North America*]
inclusion [ɪn'kluːʒ(ə)n] *s* inbegripande; medräknande; medtagande [*~ in (på) the*

inconspicuous

list]; **with the ~ of...** inklusive...,
...medräknad
inclusive [ɪnˈkluːsɪv] *adj* **1** inberäknad, till och med; [*from Monday*] *to Saturday* ~ ...t.o.m. lördag; ~ *of* inklusive, inberäknad, medräknad, med; omfattande, inbegripande **2** som inkluderar allt [*an ~ fee*], med allt inberäknat; fullständig [*an ~ list*]; ~ *terms* t.ex. på hotell: fast pris med allt inberäknat (inklusive allt) **3** [all]omfattande
incognito [ˌɪnkɒgˈniːtəʊ, ɪnˈkɒgnɪtəʊ] **I** *adv* inkognito, under antaget namn **II** *adj* [som reser (uppträder)] inkognito **III** (pl. ~s) *s* inkognito
incoherence [ˌɪnkə(ʊ)ˈhɪər(ə)ns] *s* brist på sammanhang; oförenlighet; motsägelse, inkonsekvens
incoherent [ˌɪnkə(ʊ)ˈhɪər(ə)nt] *adj* osammanhängande, lös, löslig [~ *speech*; ~ *ideas*]; oförenlig; motsägande; inkonsekvent
incombustible [ˌɪnkəmˈbʌstəbl] *adj* obrännbar, inte brännbar; eldfast
income [ˈɪnkʌm, ˈɪŋk-, -kəm] *s* inkomst, avkastning; persons samtliga (vanligen årliga) inkomster; **~ *gap*** inkomstklyfta; lönegap; **~*s policy*** inkomstpolitik, lönepolitik; ***he has a very large ~*** han har mycket stora inkomster; ***have a private ~*** ha [privat]förmögenhet (pengar), leva på pengar (räntor); ***loss of ~*** inkomstbortfall; ***live over (beyond) one's ~*** leva över sina tillgångar
income tax [ˈɪnkʌmtæks, ˈɪŋk-, -kəm-] *s* inkomstskatt; attr.: ***income-tax return*** självdeklaration; ***income-tax*** [***return***] ***form*** deklarationsblankett
incoming [ˈɪnˌkʌmɪŋ] *adj* inkommande, ingående [~ *letters*], ankommande [~ *trains*, ~ *post* (*mail*)]; ~ *call* tele. ingående samtal
incommensurable [ˌɪnkəˈmenʃ(ə)rəbl] *adj* inkommensurabel; ojämförbar
incommensurate [ˌɪnkəˈmenʃ(ə)rət] *adj* otillräcklig [*to* (*with*) för]; *be ~ to* (*with*) äv. inte stå i proportion till
incommunicado [ˈɪnkəˌmjuːnɪˈkɑːdəʊ] *adj* isolerad, avskild från yttervärlden [*the prisoner was held ~*]
in-company [ˈɪnˌkʌmpənɪ] *adj*, ~ *training* internutbildning i företag; företagsutbildning
incomparable [ɪnˈkɒmp(ə)rəbl] *adj* **1** ojämförlig [*with* (*to*) med] **2** oförliknelig, makalös, utomordentlig [~ *artist*; ~ *beauty*], enastående
incompatibility [ˈɪnkəmˌpætəˈbɪlətɪ] *s* **1** oförenlighet; ~ [*of temper* (*temperament*)] oförenlighet (motsättning) i lynne och tänkesätt; *fundamental ~* djup och varaktig söndring **2** tekn. el. data. inkompatibilitet
incompatible [ˌɪnkəmˈpætəbl] *adj* **1** oförenlig [*with* med]; oförsonlig, ur stånd att dra jämnt; ~ *colours* färger som skär mot varandra **2** tekn. el. data. inkompatibel
incompetence [ɪnˈkɒmpət(ə)ns] *s* **1** inkompetens, oförmåga, oduglighet **2** jur. obehörighet, jävighet
incompetent [ɪnˈkɒmpət(ə)nt] **I** *adj* **1** inkompetent, oduglig [*to* att; ~ *at* (för, i) *one's job*; ~ *for teaching* (att undervisa)] **2** jur. obehörig, jävig **II** *s* inkompetent person
incomplete [ˌɪnkəmˈpliːt] *adj* ofullständig; ofullbordad; inkomplett
incompleteness [ˌɪnkəmˈpliːtnəs] *s* o.
incompletion [ˌɪnkəmˈpliːʃ(ə)n] *s* ofullständighet, ofullständigt skick
incomprehensibility [ɪnˌkɒmprɪhensəˈbɪlətɪ] *s* obegriplighet
incomprehensible [ɪnˌkɒmprɪˈhensəbl] *adj* obegriplig
incomprehension [ɪnˌkɒmprɪˈhenʃ(ə)n] *s* oförmåga att förstå [*of a th.* ngt]
inconceivable [ˌɪnkənˈsiːvəbl] *adj* obegriplig, ofattbar [*to* för]; vard. otrolig
inconclusive [ˌɪnkənˈkluːsɪv] *adj* inte avgörande, inte bindande [~ *evidence*], inte beviskraftig; resultatlös [~ *discussion*]; ofullständig
inconclusiveness [ˌɪnkənˈkluːsɪvnəs] *s* ofullständighet; bristande slutgiltighet (beviskraft)
incongruity [ˌɪnkɒŋˈgruːətɪ] *s* **1** brist på överensstämmelse, inkongruens; oförenlighet; olämplighet **2** motsägelse, orimlighet
incongruous [ɪnˈkɒŋgruəs] *adj* **1** oförenlig, inkongruent **2** omaka, som inte går ihop (i stil) [*with* med], avvikande; olämplig **3** motsägande, orimlig, absurd
inconsequent [ɪnˈkɒnsɪkwənt] *adj* **1** inkonsekvent, inte följdriktig; ologisk **2** osammanhängande **3** obetydlig
inconsiderable [ˌɪnkənˈsɪd(ə)rəbl] *adj* obetydlig, oansenlig
inconsiderate [ˌɪnkənˈsɪd(ə)rət] *adj* **1** tanklös [~ *children*], obetänksam **2** taktlös, hänsynslös [~ *behaviour*], ofinkänslig
inconsiderateness [ˌɪnkənˈsɪd(ə)rətnəs] *s* o.
inconsideration [ˈɪnkənˌsɪdəˈreɪʃ(ə)n] *s* **1** obetänksamhet **2** taktlöshet, brist på hänsynstagande
inconsistency [ˌɪnkənˈsɪst(ə)nsɪ] *s* **1** oförenlighet, bristande överensstämmelse [*with* med] **2** inkonsekvens; motsägelse
inconsistent [ˌɪnkənˈsɪst(ə)nt] *adj* **1** oförenlig, utan överensstämmelse [*with* med] **2** inkonsekvent; ologisk; [själv]motsägande, osammanhängande
inconsolable [ˌɪnkənˈsəʊləbl] *adj* otröstlig [*for* över; ~ *grief*]
inconspicuous [ˌɪnkənˈspɪkjuəs] *adj* föga iögonfallande (framträdande); [nästan] omärklig; obemärkt; tillbakadragen;

oansenlig; [*she tried to make herself*] *as ~ as possible* ...så osynlig (liten) som möjligt; *~ colours* diskreta färger
inconstancy [ɪnˈkɒnst(ə)nsɪ] *s* vankelmod; ombytlighet
inconstant [ɪnˈkɒnst(ə)nt] *adj* vankelmodig; ombytlig, flyktig [*an ~ lover*]
incontestable [ˌɪnkənˈtestəbl] *adj* oemotsäglig; obestridlig; ovedersäglig; oomtvistlig
incontinence [ɪnˈkɒntɪnəns] *s*
1 hämningslöshet **2** med. inkontinens
incontinent [ɪnˈkɒntɪnənt] *adj*
1 hämningslös; liderlig **2** ohämmad, hejdlös [*an ~ flow of talk*] **3** med. inkontinent
incontrovertible [ˌɪnkɒntrəˈvɜːtəbl] *adj* obestridlig [*~ fact*], ovederläggig, oomtvistlig; odiskutabel
inconvenience [ˌɪnkənˈviːnjəns] **I** *s* olägenhet [*to* för]; obekvämlighet; besvär, omak; obehag; *put a p. to ~* vålla ngn besvär osv. **II** *vb tr* besvära, förorsaka besvär osv., jfr *I*, störa
inconvenient [ˌɪnkənˈviːnjənt] *adj* oläglig; olämplig; obekväm; besvärlig, förarglig [*to* (*for*) för]; *it's a bit ~ just at the moment* äv. det passar inte så bra just nu
incorporate [ɪnˈkɔːpəreɪt] *vb tr* **1** införliva, inlemma, inkorporera [*in*[*to*] i (med); *with* med]; lägga till, arbeta in [*~ changes into a text*]; omfatta, innehålla [*the book ~s all the newest information on the subject*]; samla [*he ~d his ideas in a book*] **2** blanda [upp]; legera [*with* med] **3** uppta [som medlem] [*into* i] **4** göra till (konstituera som) korporation (ett bolag m.m., jfr *corporation*); *~d company* isht amer. aktiebolag
incorporation [ɪnˌkɔːpəˈreɪʃ(ə)n] *s*
1 införlivande, inlemmande, inkorporering; inarbetande, infogande **2** erkännande (konstituerande) som korporation (bolag m.m., jfr *corporation*)
incorporeal [ˌɪnkɔːˈpɔːrɪəl] *adj* okroppslig
incorrect [ˌɪnkəˈrekt, ˌɪŋk-] *adj* inte fullt riktig (korrekt); oriktig, felaktig, inkorrekt; orättad
incorrectness [ˌɪnkəˈrektnəs, ˌɪŋk-] *s* oriktighet, felaktighet
incorrigibility [ɪnˌkɒrɪdʒəˈbɪlətɪ] *s* oförbätterlighet
incorrigible [ɪnˈkɒrɪdʒəbl] *adj* oförbätterlig, ohjälplig
incorruptibility [ˈɪnkəˌrʌptəˈbɪlətɪ] *s*
1 oförvärvbarhet, oförstörbarhet
2 omutlighet, obestricklighet
incorruptible [ˌɪnkəˈrʌptəbl] *adj* **1** som inte kan fördärvas, oförstörbar; oförgänglig, evig **2** omutlig, obesticklig
increase [ss. vb ɪnˈkriːs, ˈɪnkriːs, ss. subst. ˈɪnkriːs, ɪnˈkriːs] **I** *vb itr* öka[s] [*the population has ~d by* (med) *2,000 to 50,000*], stiga [*the birthrate is increasing*], växa [ˈtɪll], tillta [*in* i];

föröka sig **II** *vb tr* öka [på], öka ut; höja [*~ the price*] **III** *s* ökning, utökning; [för]höjning [*on* utöver, i jämförelse med]; tilltagande, tillväxt [*of* av (i)]; *get an ~ in pay* få löneförhöjning (höjd lön); *crime is on the ~* brottsligheten är i tilltagande (ökar, stiger)
increasing [ɪnˈkriːsɪŋ, ˈɪnkriːsɪŋ] *pres p* o. *adj* ökande, stigande etc., jfr *increase I*; *an ~ number of people* äv. ett allt större antal människor; *at ~ intervals* med allt längre mellanrum; *to an ever ~ extent* i allt större utsträckning (högre grad)
increasingly [ɪnˈkriːsɪŋlɪ, ˈɪnkriːsɪŋlɪ] *adv* mer och mer, alltmer; *~ complicated* äv. allt krångligare; *~ difficult* svårare och svårare, allt svårare
incredibility [ɪnˌkredɪˈbɪlətɪ] *s* otrolighet
incredible [ɪnˈkredəbl] *adj* otrolig; vard. ofattbar, fantastisk
incredulity [ˌɪnkrəˈdjuːlətɪ] *s* klentrogenhet
incredulous [ɪnˈkredjʊləs] *adj* klentrogen
increment [ˈɪnkrɪmənt] *s* tillväxt, ökning, tillökning; tillägg
incriminate [ɪnˈkrɪmɪneɪt] *vb tr* anklaga för brott [*to* inför]; rikta misstankarna mot; binda vid brottet; perf. p. *~d* misstänkt för brott[et]; komprometterad; *~ oneself* bli anklagad (inblandad), få misstankarna riktade mot sig
incriminatory [ɪnˈkrɪmɪnət(ə)rɪ] *adj* anklagelse-; komprometterande, fällande [*~ evidence*]
incubate [ˈɪnkjʊbeɪt] **I** *vb tr* ruva [på]; kläcka **II** *vb itr* ruva; kläckas
incubation [ˌɪnkjʊˈbeɪʃ(ə)n] *s* **1** ruvande, ruvning; äggkläckning **2** med. inkubation; *period of ~* el. *~ period* inkubationstid
incubator [ˈɪnkjʊbeɪtə] *s*
1 äggkläckningsmaskin **2** med. kuvös
3 apparat för odling av bakterier
incub|us [ˈɪŋkjʊbləs] (pl. *-uses* el. *-i* [-aɪ]) *s* incubus, mara äv. bildl.
inculcate [ˈɪnkʌlkeɪt, ɪnˈkʌlkeɪt] *vb tr* inskärpa, inprägla, inpränta [[*up*]*on* (*in*, *into*) *a p.* hos ngn]
incumbency [ɪnˈkʌmbənsɪ] *s* **1** kyrkl. innehavande av kyrkligt ämbete; pastorat; ämbetstid **2** innehavande av post (ämbete); ämbetstid
incumbent [ɪnˈkʌmbənt] *s* **1** kyrkoherde **2** innehavare av post (ämbete)
incur [ɪnˈkɜː] *vb tr* ådra sig [*~ a p.'s hatred*], åsamka sig [*~ great expense*], utsätta sig för [*~ risks*]
incurable [ɪnˈkjʊərəbl] *adj* **1** obotlig **2** bildl. oförbätterlig [*an ~ optimist*]
incurious [ɪnˈkjʊərɪəs] *adj* föga vetgirig
incursion [ɪnˈkɜːʃ(ə)n] *s* plötsligt anfall (angrepp), räd; bildl. intrång, inkräktande [[*up*]*on* på]
indebted [ɪnˈdetɪd] *adj* **1** skuldsatt; *be ~ to a*

p. vara skyldig ngn pengar, stå i skuld till (hos) ngn **2** tack skyldig [*to a p.* ngn]; *be* ~ *to a p. for a th.* äv. stå i tacksamhetsskuld till ngn för ngt
indebtedness [ɪn'detɪdnəs] *s* **1** skuldsättning, skulder; skuld **2** tacksamhetsskuld [*to* till]
indecency [ɪn'di:snsɪ] *s* oanständighet, otillbörlighet
indecent [ɪn'di:snt] *adj* **1** oanständig; otillbörlig; ekivok; sedlighetssårande; ~ *assault* jur. våldtäktsförsök, misshandel vid sexualbrott; ~ *exposure* jur., sedlighetssårande blottande, exhibitionism **2** vard. opassande [*leave a party in* ~ *haste*]
indecision [ˌɪndɪ'sɪʒ(ə)n] *s* obeslutsamhet, vankelmod, villrådighet; tvekan
indecisive [ˌɪndɪ'saɪsɪv] *adj* **1** obestämd, svävande [~ *answer*] **2** obeslutsam, villrådig, vacklande; tveksam
indecorous [ɪn'dekərəs] *adj* opassande, otillbörlig
indecorum [ˌɪndɪ'kɔ:rəm] *s* opassande beteende, otillständighet
indeed [ɪn'di:d] **I** *adv* **1** verkligen, faktiskt, minsann, i sanning; ja, verkligen; riktigt; *thank you very much* ~*!* hjärtligt (tusen) tack!, tack så hemskt mycket!; *who knows* ~*?* vem vet i själva verket (för resten)?; [*who is this woman?* -] *who is she,* ~*?* a) ...ja, den som visste det! b) ...vet du verkligen inte det? **2** visserligen, förvisso **3** i svar ja (jo) visst, jaså?; *yes,* ~*!* el. ~*, yes!* ja visst!, ja absolut!, oh ja! **II** *interj,* ~*!* verkligen!, är det möjligt?, ser man på!, jo pytt!
indefatigable [ˌɪndɪ'fætɪgəbl] *adj* outtröttlig, oförtruten
indefensible [ˌɪndɪ'fensəbl] *adj* omöjlig att försvara, ohållbar; oförsvarlig [~ *conduct*]
indefinable [ˌɪndɪ'faɪnəbl] *adj* odefinierbar, obestämbar; *an* ~ *something* något odefinierbart, något - jag vet inte vad
indefinite [ɪn'defɪnət] *adj* obestämd, svävande, vag [*an* ~ *reply;* ~ *promises*]; inte närmare bestämd, obegränsad, ändlös; ~ *article* gram. obestämd artikel
indefinitely [ɪn'defɪnətlɪ] *adv* obestämt, vagt, svävande; på obestämd tid; obegränsat
indelible [ɪn'delǝbl] *adj* outplånlig äv. bildl.; ~ *pencil* ung. anilinpenna
indelicacy [ɪn'delɪkəsɪ] *s* **1** taktlöshet, ofinhet **2** plumphet, råhet
indelicate [ɪn'delɪkət] *adj* **1** ogrannlaga, ofinkänslig, taktlös, ofin **2** grov, simpel, plump, rå
indemnification [ɪnˌdemnɪfɪ'keɪʃ(ə)n] *s* skadeersättning, gottgörelse
indemnify [ɪn'demnɪfaɪ] *vb tr* **1** skydda, trygga [~ *a p. from* el. *against* (mot) *harm* (*loss*)] **2** hålla skadeslös, gottgöra [*a p. for* (för) *a th.*]
indemnity [ɪn'demnətɪ] *s* **1** skadeslöshet;

strafflöshet **2** gottgörelse, ersättning, skadeersättning, skadestånd
indent [ɪn'dent] **I** *vb tr* **1** tanda kanten av ngt; göra inskärning (snitt, hack) i **2** typogr. o.d. dra in, börja en bit in på, göra [ett] indrag på [~ *the first line of each paragraph*] **II** *vb itr* rekvirera, beställa [*on a p. for a th.* ngt från ngn]
indentation [ˌɪnden'teɪʃ(ə)n] *s* **1** tandning; inskärning, fördjupning, hack, skåra **2** intryck, märke; buckla **3** typogr. o.d. indrag
indenture [ɪn'dentʃə] *s* kontrakt; isht lärlingskontrakt, arbetskontrakt
independence [ˌɪndɪ'pendəns] *s* oberoende, oavhängighet, självständighet; frihet; *I~ Day* amer. 4 juli, självständighetsdagen firas till minne av oavhängighetsförklaringen; *war of* ~ frihetskrig
independent [ˌɪndɪ'pendənt] **I** *adj* **1** oberoende [*of* av], oavhängig [*the I~ Labour Party*], självständig [*an* ~ *thinker*; ~ *research*]; fri, fri- [~ *church*]; independent; av varandra oberoende, fristående [*two* ~ *witnesses*], utan förbindelse med varandra; ~ *school* fristående skola utan statligt ekonomiskt stöd **2** ekonomiskt oberoende; ~ *means* privat förmögenhet, egna pengar **3** enskild, särskild; om ingång egen **II** *s* independent; partilös
independently [ˌɪndɪ'pendəntlɪ] *adv* oberoende, oavhängigt etc., jfr *independent I*; på egen hand; var för sig
indescribable [ˌɪndɪ'skraɪbəbl] *adj* obeskrivlig, obeskrivbar
indestructibility ['ɪndɪˌstrʌktə'bɪlətɪ] *s* oförstörbarhet
indestructible [ˌɪndɪ'strʌktəbl] *adj* **1** oförstörbar; outslitlig **2** outplånlig, outrotlig
indeterminable [ˌɪndɪ'tɜ:mɪnəbl] *adj* **1** obestämbar **2** omöjlig att avgöra
indeterminate [ˌɪndɪ'tɜ:mɪnət] *adj* obestämd, obestämbar, svävande, vag; oviss; oavgjord
ind|ex ['ɪnd|eks] **I** (pl. *-exes,* i bet. 2 o. 3 vanl. *-ices* [-ɪsi:z]) *s* **1** alfabetisk förteckning, register, ordregister; kartotek; index; katalog; *card* ~ kortregister; ~ *card* kartotekskort; *subject* ~ ämnesregister; ämneskatalog på bibliotek; ämnesregister **2** indicium, tecken, mätare [*of* på] **3** matem. o.d. a) index b) exponent **4** [pris]index, indextal **II** *vb tr* **1** förse med register (index), indexera; katalogisera, registrera **2** ekon. indexreglera
index-finger ['ɪndeksˌfɪŋgə] *s* **1** pekfinger **2** visare, handtecken
index-linked ['ɪndekslɪŋkt] *adj* o.
index-related ['ɪndeksrɪˌleɪtɪd] *adj* ekon. indexreglerad
India ['ɪndjə] geogr. Indien
Indian ['ɪndjən] **I** *adj* indisk [*the* ~ *Ocean*]; indiansk; ~ *club* kägelliknande

gymnastikklubba; ~ *corn* majs; *in ~ file* i gåsmarsch, på ett led; ~ *ink* kinesisk tusch; ~ *summer* brittsommar, indiansommar; ~ *wrestling* a) armbrytning b) slags brottning; *do ~ wrestling* bryta arm **II** *s* **1** indier **2** indian [äv. *Red (American)* ~] **3** vard. indianska språk
Indiana [ˌɪndɪˈænə] geogr.
India rubber o. **india rubber** [ˌɪndjəˈrʌbə] *s* kautschuk, [rå]gummi; suddgummi
indicate [ˈɪndɪkeɪt] *vb tr* ange, antyda, visa, utvisa, markera på karta o.d.; visa (peka) på, vittna om, tyda på [*everything ~d the opposite*]; indicera; isht tekn. indikera [*~d horsepower*]; *be ~d* vara önskvärd (på sin plats)
indication [ˌɪndɪˈkeɪʃ(ə)n] *s* **1** angivande, utvisande; tillkännagivande [*an ~ of one's intentions*]; antydan [*did he give you any ~ of* (om) *his feelings?*] **2** tecken, kännetecken, indicium; symptom, indikation äv. med.; *the ~s are that* el. *there is every ~ that* allt tyder (pekar) på att
indicative [ɪnˈdɪkətɪv, i bet. *I* **1** äv. ˈɪndɪkeɪtɪv] **I** *adj* **1** *be ~ of* tyda på, visa, vittna om **2** gram. indikativ, indikativisk [*~ verb form*]; *the ~ mood* indikativ[en] **II** *s* gram. **1** *the ~* indikativ[en] **2** indikativform
indicator [ˈɪndɪkeɪtə] *s* **1** visare; nål; ~ el. [*flashing*] *direction ~* bil. körriktningsvisare, blinker **2** tekn. indikator, mätare, visare **3** tecken [*of* på] **4** anslagstavla; skylt; signaltavla; nummertavla; *arrival ~* järnv., flyg. o.d. ankomsttavla; *departure ~* järnv., flyg. o.d. avgångstavla
indices [ˈɪndɪsiːz] *s* pl. av *index*
indict [ɪnˈdaɪt] *vb tr* åtala, väcka åtal mot
indictable [ɪnˈdaɪtəbl] *adj* åtalbar
indictment [ɪnˈdaɪtmənt] *s* åtal [för brott]
indifference [ɪnˈdɪfr(ə)ns] *s* likgiltighet [*to* (*towards*) för], liknöjdhet, oberördhet
indifferent [ɪnˈdɪfr(ə)nt] *adj* **1** likgiltig [*~ to* (för) *danger*]; kallsinnig; okänslig **2** betydelselös
indigence [ˈɪndɪdʒ(ə)ns] *s* fattigdom, armod
indigenous [ɪnˈdɪdʒɪnəs] *adj* **1** infödd; inhemsk [*to* i] **2** medfödd, naturlig [*to* för]
indigent [ˈɪndɪdʒ(ə)nt] *adj* fattig, behövande
indigestible [ˌɪndɪˈdʒestəbl] *adj* osmältbar, hårdsmält, svårsmält äv. bildl.; svår att smälta
indigestion [ˌɪndɪˈdʒestʃ(ə)n] *s* dålig matsmältning; matsmältningsbesvär, magbesvär
indignant [ɪnˈdɪɡnənt] *adj* indignerad, harmsen [*an ~ protest*], kränkt, förnärmad, upprörd, uppbragt [*about* (*at, over*) *a th.* över ngt]
indignantly [ɪnˈdɪɡnəntlɪ] *adv* indignerat, harmset
indignation [ˌɪndɪɡˈneɪʃ(ə)n] *s* indignation, harm [*at* (*over*) *a th.* över ngt]

indignity [ɪnˈdɪɡnətɪ] *s* kränkande behandling, kränkning, skymf, förolämpning, förödmjukelse
indigo [ˈɪndɪɡəʊ] **I** (pl. *~s*) *s* **1** indigo[blått] [äv. *~ blue*] **2** indigo[växt] **II** *adj* indigoblå [äv. *~ blue*]
indirect [ˌɪndɪˈrekt, -daɪˈr-] *adj* indirekt [*~ answer*; *~ taxes*], medelbar; sekundär, sido-, bi- [*~ effect*]; *~ lighting* indirekt belysning; *use ~ methods* bildl. gå krokvägar (bakvägar); *~ object* gram. indirekt objekt, dativobjekt; *he went by an ~ route* han tog en omväg; *~ speech* indirekt tal (anföring)
indirectly [ˌɪndɪˈrektlɪ, -daɪˈr-] *adv* indirekt; på omvägar (krokvägar, bakvägar)
indirectness [ˌɪndɪˈrektnəs, -daɪˈr-] *s* indirekt tillvägagångssätt (metod)
indiscernible [ˌɪndɪˈsɜːnəbl] *adj* omärkbar, inte urskiljbar
indiscipline [ɪnˈdɪsɪplɪn] *s* brist på disciplin
indiscreet [ˌɪndɪˈskriːt] *adj* **1** obetänksam, oförsiktig, tanklös **2** indiskret, taktlös
indiscretion [ˌɪndɪˈskreʃ(ə)n] *s* **1** a) obetänksamhet, oförsiktighet, tanklöshet b) felsteg; snedsprång **2** indiskretion, taktlöshet
indiscriminate [ˌɪndɪˈskrɪmɪnət] *adj* **1** utan åtskillnad; godtycklig, slumpartad **2** urskillningslös, omdömeslös
indiscriminately [ˌɪndɪˈskrɪmɪnətlɪ] *adv* **1** godtyckligt; utan åtskillnad [*they were punished*] **2** urskillningslöst, omdömeslöst
indispensable [ˌɪndɪˈspensəbl] *adj* oundgänglig, oumbärlig, [absolut] nödvändig
indisposed [ˌɪndɪˈspəʊzd] *adj* **1** indisponerad; obenägen, inte upplagd [*to, for* för] **2** indisponerad, opasslig, inte riktigt bra
indisposition [ˌɪndɪspəˈzɪʃ(ə)n] *s* **1** obenägenhet, olust [*to, for* för] **2** indisposition, opasslighet
indisputable [ˌɪndɪˈspjuːtəbl, ɪnˈdɪspjʊtəbl] *adj* obestridlig, oomtvistlig, diskutabel
indissolubility [ˈɪndɪˌsɒljʊˈbɪlətɪ] *s* **1** oupplöslighet **2** olöslighet; odelbarhet
indissoluble [ˌɪndɪˈsɒljʊbl] *adj* **1** oupplöslig [*an ~ marriage*] **2** som inte kan upplösas (sönderdelas), olöslig [*~ substances*]
indistinct [ˌɪndɪˈstɪŋ(k)t] *adj* otydlig, oklar; dunkel
indistinguishable [ˌɪndɪˈstɪŋɡwɪʃəbl] *adj* **1** omöjlig att [sär]skilja [*from* från]; obestämbar, gyttrig **2** som inte kan urskiljas, omärklig
individual [ˌɪndɪˈvɪdjʊəl] **I** *adj* individuell [*~ teaching*], enskild, särskild; egenartad, personlig [*~ style*] **II** *s* individ, enskild människa (varelse); vard. person, individ, typ [*a peculiar ~*]
individualism [ˌɪndɪˈvɪdjʊəlɪz(ə)m] *s* individualism; individualitet; egoism

individualist [ˌɪndɪ'vɪdjʊəlɪst] *s* individualist
individuality ['ɪndɪˌvɪdjʊ'ælətɪ] *s* individualitet, egenart, särprägel, personlighet
individualize [ˌɪndɪ'vɪdjʊəlaɪz] *vb tr* **1** individualisera **2** ge en personlig prägel åt
individually [ˌɪndɪ'vɪdjʊəlɪ] *adv* **1** individuellt, var och en särskilt (för sig) **2** personligt, individuellt
indivisibility ['ɪndɪˌvɪzɪ'bɪlətɪ] *s* odelbarhet
indivisible [ˌɪndɪ'vɪzəbl] *adj* odelbar
Indo-China [ˌɪndəʊ'tʃaɪnə] geogr. o. hist. Indokina
indoctrinate [ɪn'dɒktrɪneɪt] *vb tr* indoktrinera
indoctrination [ɪnˌdɒktrɪ'neɪʃ(ə)n] *s* indoktrinering
Indo-European ['ɪndə(ʊ)ˌjʊərə'pi:ən] *adj* indoeuropeisk
indolence ['ɪndələns] *s* indolens, slöhet, lojhet
indolent ['ɪndələnt] *adj* indolent, slö, loj, maklig
indomitable [ɪn'dɒmɪtəbl] *adj* okuvlig [*~ courage* (*will*)], oövervinnelig, outtröttlig
Indonesia [ˌɪndə(ʊ)'ni:zjə, -'ni:ʒə, -'ni:ʃə] geogr. Indonesien
Indonesian [ˌɪndə(ʊ)'ni:zjən, -'ni:ʒ(ə)n, -'ni:ʃ(ə)n] **I** *adj* indonesisk **II** *s* **1** indones **2** indonesiska [språket]
indoor ['ɪndɔ:] *adj* inomhus- [*~ arena* (*games*)]
indoors [ˌɪn'dɔ:z] *adv* inomhus; *go ~* äv. gå in
indubitable [ɪn'dju:bɪtəbl] *adj* otvivelaktig
indubitably [ɪn'dju:bɪtəblɪ] *adv* otvivelaktigt
induce [ɪn'dju:s] *vb tr* **1** förmå, beveka, föranleda, förleda, locka, få [*what ~d you to do such a thing?*] **2** medföra, [för]orsaka [*illness ~d by overwork*], framkalla [*~d abortion*] **3** inducera
inducement [ɪn'dju:smənt] *s* bevekelsegrund; motivation; anledning; medel; lockbete; sporre
induct [ɪn'dʌkt] *vb tr* amer. mil. inkalla; *~ into the army* kalla in till militärtjänst [i armén]
induction [ɪn'dʌkʃ(ə)n] *s* **1** filos., fys. el. matem. induktion; framkallande [*~ of the hypnotic state*]; *~ coil* induktionsapparat, induktionsrulle, gnistinduktor **2** installation; introduktion **3** amer. mil. inkallelse; *~ paper* inkallelseorder
indulge [ɪn'dʌldʒ] **I** *vb tr* **1** ge efter för, vara efterlåten mot; skämma bort [*~ a p.* (*oneself*) *with the best food*]; *~ oneself* äv. a) hänge sig [*~ oneself in* (åt) *nostalgic memories*] b) slå sig lös **2** ge fritt utlopp åt [*~ one's inclinations*], tillfredsställa **II** *vb itr*, *~ in* hänge sig åt, tillåta sig [njutningen av], tillfredsställa sitt begär efter, unna sig [*~ in* [*the luxury of*] *a holiday* (*a cigar*)]
indulgence [ɪn'dʌldʒ(ə)ns] *s* **1** överseende **2** eftergivenhet, efterlåtenhet; släpphänthet, flathet **3** tillfredsställande [*of* av]; hängivet uppgående [*in* i]; *his only ~s* det enda (den enda lyx) han unnar sig **4** kyrkl. avlat; pl. *~s* avlatsbrev
indulgent [ɪn'dʌldʒ(ə)nt] *adj* **1** överseende, mild **2** alltför eftergiven, släpphänt
indulgently [ɪn'dʌldʒ(ə)ntlɪ] *adv* **1** med överseende; milt, skonsamt **2** med efterlåtenhet, släpphänt
industrial [ɪn'dʌstrɪəl] *adj* industriell, industri- [*~ diamond*; *~ product*; *~ society*]; *~ action* strejkaktioner, stridsåtgärder; *~ alcohol* alkohol för industriellt bruk, denaturerad sprit; *~ design* industriell formgivning; *~ disease* yrkessjukdom; *~ dispute* arbetskonflikt; *~ espionage* industrispionage; *~ relations* förhållandet mellan (förhållanden som rör) arbetsmarknadens parter; *the I~ Revolution* den industriella revolutionen, industrialismens genombrott
industrialism [ɪn'dʌstrɪəlɪz(ə)m] *s* industrialism
industrialist [ɪn'dʌstrɪəlɪst] *s* industriman, industriidkare
industrialization [ɪnˌdʌstrɪəlaɪ'zeɪʃ(ə)n] *s* industrialisering
industrialize [ɪn'dʌstrɪəlaɪz] *vb tr* industrialisera
industrious [ɪn'dʌstrɪəs] *adj* flitig, arbetsam, strävsam, idog
industry ['ɪndəstrɪ] *s* **1** flit, arbetsamhet, strävsamhet, idoghet **2** industri; näringsliv; industrigren, näringsgren, näring [*agriculture and other industries*]; *industries fair* industrimässa
inebriate [ss. adj. o. subst. ɪ'ni:brɪət, -brɪeɪt, ss. vb ɪ'ni:brɪeɪt] **I** *adj* berusad **II** *s* alkoholist, [vane]drinkare **III** *vb tr* rusa, berusa äv. bildl.
inebriation [ɪˌni:brɪ'eɪʃ(ə)n] *s* berusning äv. bildl.
inedible [ɪn'edəbl] *adj* oätlig, oätbar
ineffable [ɪn'efəbl] *adj* outsäglig, obeskrivlig [*~ beauty* (*joy*)]
ineffective [ˌɪnɪ'fektɪv] *adj* ineffektiv; oduglig [*an ~ salesman*]; verkningslös [*an ~ remedy*]
ineffectual [ˌɪnɪ'fektʃʊəl, -tjʊəl] *adj* **1** utan effekt [*~ measures*], verkningslös [*~ remedy*], resultatlös, fruktlös [*~ efforts*]; *an ~ gesture* ett slag i luften **2** om pers. ineffektiv
inefficiency [ˌɪnɪ'fɪʃ(ə)nsɪ] *s* ineffektivitet; brist på driftighet (framåtanda), oduglighet
inefficient [ˌɪnɪ'fɪʃ(ə)nt] *adj* **1** ineffektiv [*~ measures*, *~ organization*] **2** om pers. ineffektiv
inelegance [ɪn'elɪɡəns] *s* brist på elegans
inelegant [ɪn'elɪɡənt] *adj* utan elegans
ineligibility [ɪnˌelɪdʒə'bɪlətɪ] *s* **1** ovalbarhet [*for* till] **2** olämplighet
ineligible [ɪn'elɪdʒəbl] *adj* **1** inte valbar [*for* till] **2** olämplig, inte kvalificerad [*~ for the position* (*office*)]
ineluctable [ˌɪnɪ'lʌktəbl] *adj* ofrånkomlig, oundviklig [*~ fate*]; obönhörlig

inept [ɪ'nept] *adj* **1** orimlig, befängd; dum, dåraktig, löjlig **2** oduglig; olämplig, malplacerad
ineptitude [ɪ'neptɪtjuːd] *s* **1** orimlighet; dumhet, dåraktighet **2** oduglighet; olämplighet
inequality [ˌɪnɪ'kwɒlətɪ] *s* **1** olikhet, skillnad, ojämlikhet [*social* ~] **2** otillräcklighet, inkompetens [*to* för]
inequitable [ɪn'ekwɪtəbl] *adj* orättfärdig, orättvis
inequity [ɪn'ekwətɪ] *s* orättfärdighet, orättvisa
ineradicable [ˌɪnɪ'rædɪkəbl] *adj* outrotlig, ingrodd [~ *habits*]
inert [ɪ'nɜːt] *adj* trög, slö; overksam, död [~ *mass* (*matter*)]; inaktiv; kem. neutral, inert; ~ *gases* inerta gaser, ädelgaser
inertia [ɪ'nɜːʃə] *s* tröghet; slöhet, slapphet; inaktivitet
inertia-reel [ɪ'nɜːʃəriːl] *s*, ~ [*seat-*]*belt* bil. rullbälte
inertness [ɪ'nɜːtnəs] *s* tröghet, slöhet; overksamhet
inescapable [ˌɪnɪ'skeɪpəbl] *adj* oundviklig, ofrånkomlig
inestimable [ɪn'estɪməbl] *adj* ovärderlig, oskattbar; oändlig, oräknelig
inevitability [ɪnˌevɪtə'bɪlətɪ] *s* oundviklighet, förutbestämdhet
inevitable [ɪn'evɪtəbl] **I** *adj* oundviklig, ofrånkomlig; vard. äv. vanlig, obligatorisk [*the* ~ *happy ending*], evig [*the tourist with his* ~ *camera*] **II** *s*, **bow to the** ~ finna sig i (böja sig för) det oundvikliga (ofrånkomliga)
inevitably [ɪn'evɪtəblɪ] *adv* oundvikligt, oundvikligen, ofrånkomligen, nödvändigt[vis]
inexact [ˌɪnɪg'zækt] *adj* inexakt, inte [fullt] riktig; onöjaktig; inadekvat; otillförlitlig, felaktig
inexactitude [ˌɪnɪg'zæktɪtjuːd] *s* o.
inexactness [ˌɪnɪg'zæktnəs] *s* brist på noggrannhet; otillförlitlighet; onöjaktighet; felaktighet
inexcusable [ˌɪnɪk'skjuːzəbl] *adj* oförlåtlig, oursäktlig; oförsvarlig
inexhaustible [ˌɪnɪg'zɔːstəbl] *adj* **1** outtömlig, outsinlig [~ *supply*; ~ *subject*] **2** outtröttlig [~ *patience*]
inexorability [ɪnˌeks(ə)rə'bɪlətɪ] *s* obeveklighet, ofrånkomlighet, obönhörlighet
inexorable [ɪn'eks(ə)rəbl] *adj* obeveklig, ofrånkomlig, obönhörlig; obarmhärtig [*to* mot]
inexpedient [ˌɪnɪk'spiːdjənt] *adj* olämplig, otjänlig; ofördelaktig; inte tillrådlig, oklok
inexpensive [ˌɪnɪk'spensɪv] *adj* [pris]billig, inte dyr
inexperience [ˌɪnɪk'spɪərɪəns] *s* oerfarenhet, brist på erfarenhet (rutin)
inexperienced [ˌɪnɪk'spɪərɪənst] *adj* oerfaren [*in* i], orutinerad
inexpert [ɪn'ekspɜːt] *adj* oerfaren, ovan, oövad, otränad; okunnig, osakkunnig
inexplicability [ɪnˌeksplɪkə'bɪlətɪ] *s* oförklarlighet
inexplicable [ˌɪnek'splɪkəbl, ɪn'eksplɪkəbl] *adj* oförklarlig
inexpressible [ˌɪnɪk'spresəbl] *adj* outsäglig, obeskrivlig; obeskrivbar; outsägbar
inextinguishable [ˌɪnɪk'stɪŋgwɪʃəbl] *adj* outsläcklig, osläcklig; oförstörbar
inextricable [ˌɪnɪk'strɪkəbl, ɪn'ekstrɪkəbl] *adj* olöslig [*an* ~ *dilemma*]; oupplöslig [*an* ~ *knot*]
inextricably [ˌɪnɪk'strɪkəblɪ, ɪn'ekstrɪkəblɪ] *adv* oupplösligt; hopplöst
infallibility [ɪnˌfælə'bɪlətɪ] *s* ofelbarhet
infallible [ɪn'fæləbl] *adj* **1** ofelbar [*none of us is* ~] **2** osviklig, ofelbar [~ *remedies* (*methods*, *tests*)]
infamous ['ɪnfəməs] *adj* **1** illa beryktad, ökänd **2** vanhedrande; tarvlig, nedrig, skändlig, skamlig, avskyvärd, infam [~ *lie*]
infamy ['ɪnfəmɪ] *s* **1** vanära, infami **2** skändlighet; nidingsdåd
infancy ['ɪnfənsɪ] *s* **1** spädbarnsålder; [tidiga] barnaår; [tidig] barndom **2** bildl. barndom; *when socialism was in its* ~ i socialismens barndom
infant ['ɪnfənt] **I** *s* **1** spädbarn **2** skol. barn [under 7 år], småbarn **II** *adj* barn-, barna- [~ *voices*; ~ *years*], spädbarns-, småbarns-; ~ *mortality* barnadödlighet; spädbarnsdödlighet; ~ *prodigy* underbarn; *sudden* ~ *death syndrome* plötslig spädbarnsdöd
infanticide [ɪn'fæntɪsaɪd] *s* **1** barnamord **2** barnamördare, barnamörderska
infantile ['ɪnfəntaɪl] *adj* barn-, spädbarns-, barndoms-; barnslig [~ *pastimes*]; neds. barnslig, infantil äv. med.
infantilism [ɪn'fæntɪlɪz(ə)m] *s* med. infantilism
infantry ['ɪnf(ə)ntrɪ] *s* infanteri, fotfolk; ~ *regiment* infanteriregemente
infantry|man ['ɪnf(ə)ntrɪ|mən, -mæn] (pl. *-men* [-mən o. -men]) *s* infanterist
infant school ['ɪnf(ə)ntskuːl] *s* skola för elever mellan 5 - 7 år inom den obligatoriska skolan
infatuated [ɪn'fætjʊeɪtɪd] *perf p* o. *adj* förblindad [~ *with* (av) *love* (*pride*)]; besatt [*he was* ~ *by her*]; passionerad [~ *love*]; ~ *with* (*about*) *a p.* blint förälskad (vansinnigt kär) i ngn; ~ *with* (*about*) *a th.* passionerat förtjust i ngt
infatuation [ɪnˌfætjʊ'eɪʃ(ə)n] *s* dårskap, förblindelse; [blind] förälskelse, passion
infect [ɪn'fekt] *vb tr* infektera, smitta äv. bildl. o. data. [*~ed with* (av)]; smitta ner; smitta av sig på

infection [ɪn'fekʃ(ə)n] *s* med. infektion, smitta; smittämne; smittosam sjukdom
infectious [ɪn'fekʃəs] *adj* smitt[o]sam; med. infektiös; bildl. äv. smittande [~ *laugh*]; ~ *disease* smittosam sjukdom, infektionssjukdom
infer [ɪn'fɜ:] *vb tr* **1** sluta sig till [*from* av; *you may* ~ *the rest*]; *he* ~*red that* han drog den slutsatsen att **2** innebära [*democracy ~s freedom*] **3** antyda [*I don't wish to* ~ *that there is anything wrong*]
inference ['ɪnf(ə)r(ə)ns] *s* slutledning; slutsats; *draw an* ~ *from a th.* dra en slutsats av ngt
inferior [ɪn'fɪərɪə] **I** *adj* lägre i rang o.d. [*to* än]; underlägsen, underordnad [*to a p.* ngn; *to a th.* ngt]; sämre [*to* än], sekunda, underhaltig, mindervärdig, dålig [~ *quality*] **II** *s* underordnad; *his* ~*s* hans underordnade; *I am his* ~ jag är underordnad honom; jag är honom underlägsen
inferiority [ɪn͵fɪərɪ'ɒrətɪ] *s* underlägsenhet; lägre samhällsställning (värde osv.) [*to* än]; ~ *complex* mindervärdeskomplex; ~ *feeling* el. *feeling of* ~ känsla av underlägsenhet, mindervärdeskänsla
infernal [ɪn'fɜ:nl] *adj* **1** som hör till underjorden (dödsriket, helvetet) **2** infernalisk, djävulsk, helvetisk; vard. jäkla, förbannad [*it's an* ~ *nuisance*]
inferno [ɪn'fɜ:nəʊ] (pl. ~*s*) *s* inferno, helvete
infertile [ɪn'fɜ:taɪl, amer. -tl] *adj* ofruktbar, ofruktsam, steril; obefruktad
infertility [͵ɪnfə'tɪlətɪ] *s* ofruktbarhet, ofruktsamhet; sterilitet
infest [ɪn'fest] *vb tr* hemsöka, översvämma; härja på (i); *be* ~*ed with* vara hemsökt (angripen, nedlusad, översvämmad) av
infestation [͵ɪnfe'steɪʃ(ə)n] *s* hemsökelse; härjning, skadegörelse; angrepp [av skadedjur]
infidel ['ɪnfɪd(ə)l] *s* otrogen t.ex. icke-kristen, icke-jude, icke-muhammedan; hedning
infidelity [͵ɪnfɪ'delətɪ] *s* **1** relig. otro **2** [fall av] otrohet [*conjugal* ~], trolöshet [*to* mot]; trolös handling **3** brist på överensstämmelse, avvikelse vid översättning, avbildning o.d.
infighting ['ɪn͵faɪtɪŋ] *s* närkamp i boxning
infiltrate ['ɪnfɪltreɪt, -'--] **I** *vb tr* infiltrera; [oförmärkt] nästla sig (tränga) in i **II** *vb itr* tränga in i vävnader o.d.; mil. [oförmärkt] nästla sig (tränga) in
infiltration [͵ɪnfɪl'treɪʃ(ə)n] *s* infiltration äv. med.; infiltrering; mil. äv. innästling, inträngande
infiltrator ['ɪnfɪltreɪtə] *s* infiltratör
infinite ['ɪnfɪnət, mat. o. gram. äv. 'ɪnfaɪnaɪt] **I** *adj* oändlig, ändlös, ofantlig, omätlig [~ *number*]; isht gram. infinit; ~ *harm* oerhört stor skada **II** *s*, *the* ~ oändligheten; *the I*~ den Oändlige Gud
infinitely ['ɪnfɪnətlɪ] *adv* oändligt etc., jfr *infinite I*; i det oändliga; ~ *better* oändligt mycket bättre
infinitesimal [͵ɪnfɪnɪ'tesɪm(ə)l] *adj* oändligt liten
infinitive [ɪn'fɪnɪtɪv] gram. **I** *adj* infinitiv-; *the* ~ *mood* infinitiv[en] **II** *s*, *the* ~ infinitiv[en]; *the sign of the* ~ el. ~ *marker* infinitivmärke
infinitude [ɪn'fɪnɪtjuːd] *s* **1** ändlöshet **2** oändlig mängd
infinity [ɪn'fɪnətɪ] *s* **1** oändlighet, ändlöshet **2** oändligheten
infirm [ɪn'fɜ:m] *adj* klen, skröplig, ålderdomssvag
infirmity [ɪn'fɜ:mətɪ] *s* skröplighet, [ålderdoms]svaghet; pl. *infirmities* krämpor [*the infirmities of old age*], skavanker
inflame [ɪn'fleɪm] *vb tr* **1** tända, upptända [~*d with* (av) *passion*]; egga, reta **2** inflammera [*an* ~*d boil*; ~*d eyes*] **3** underblåsa, förvärra, inflammera
inflammable [ɪn'flæməbl] *adj* lättantändlig äv. bildl.; eldfarlig [*highly* (mycket) ~]
inflammation [͵ɪnflə'meɪʃ(ə)n] *s* **1** med. inflammation **2** upphetsning, glöd
inflammatory [ɪn'flæmət(ə)rɪ] *adj* **1** upphetsande; provocerande; ~ *speech* äv. brandtal **2** inflammatorisk [~ *condition* (tillstånd)]
inflatable [ɪn'fleɪtəbl] **I** *adj* uppblåsbar **II** *s* uppblåsbart föremål, uppblåsbar båt (möbel m. m.)
inflate [ɪn'fleɪt] *vb tr* **1** blåsa upp, pumpa [upp], fylla med luft (gas) **2** göra uppblåst [~ *a p. with* (av) *pride*] **3** ekon. inflatera, öka på ett inflationsdrivande sätt; driva upp över verkliga värdet [~ *prices*]
inflated [ɪn'fleɪtɪd] *perf p* o. *adj* **1** uppblåst, bildl. äv. inbilsk; pumpad, luftfylld; *a vastly* ~ *opinion of oneself* en starkt överdriven föreställning om sig själv **2** svulstig, bombastisk [~ *language*] **3** ekon. inflations- [~ *prices*]
inflation [ɪn'fleɪʃ(ə)n] *s* **1** uppblåsning, pumpning; uppsvälldhet **2** ekon. inflation; *rate of* ~ inflationstakt
inflationary [ɪn'fleɪʃn(ə)rɪ] *adj* inflationsdrivande, inflationsfrämjande; inflatorisk [~ *effects* (tendencies)]; inflationistisk [~ *policy*]; inflations-; ~ *gap* inflationsgap; ~ *spiral* inflationsspiral
inflect [ɪn'flekt] *vb tr* **1** gram. böja, deklinera, konjugera **2** modulera [~ *one's voice*]
inflection [ɪn'flekʃ(ə)n] *s* **1** gram. böjning; böjd form; böjningsändelse, böjningselement **2** röstens modulation; tonfall
inflexibility [ɪn͵fleksə'bɪlətɪ] *s* isht bildl. oböjlighet, etc., jfr *inflexible*
inflexible [ɪn'fleksəbl] *adj* isht bildl. oböjlig; orörlig, stel; orubblig, omedgörlig
inflexion [ɪn'flekʃ(ə)n] *s* se *inflection*
inflict [ɪn'flɪkt] *vb tr* pålägga, ålägga [~ *a*

infliction

penalty], lägga på [~ *heavy taxes*], vålla, tillfoga [~ *suffering*, ~ *a wound*], tilldela [~ *a blow*], påtvinga [[*up*]*on a p.* i samtl. fall ngn]
infliction [ɪn'flɪkʃ(ə)n] *s* **1** påläggande etc., jfr *inflict* **2** lidande, hemsökelse, straff
inflight ['ɪnflaɪt] *adj*, ~ *meals* (*movies*) måltider (filmvisning) ombord under flygning; ~ *refuelling* tankning i luften
inflow ['ɪnfləʊ] *s* inströmmande; tillströmning; tillflöde; tillförsel; ~ *pipe* tilloppsrör
influence ['ɪnflʊəns] **I** *s* inflytande [[*up*]*on* (*over*) på (över); *with* hos]; inverkan, påverkan, influens; *have* ~ *with a p.* äga inflytande hos ngn; *a man of* ~ en inflytelserik man (person); *be under the* ~ *of* stå under inflytande av, påverkas av; *under the* ~ *of drink* (vard. *under the* ~) [sprit]påverkad; *driving under the* ~ [*of drink*] rattfylleri **II** *vb tr* ha inflytande på; influera, inverka på, påverka; förmå [*to* att]
influential [ˌɪnflʊ'enʃ(ə)l] *adj* som har (utövar) [stort] inflytande, inflytelserik
influenza [ˌɪnflʊ'enzə] *s* influensa
influx ['ɪnflʌks] *s* **1** inströmning, inflöde, tillflöde [*into* i; ~ *of water*] **2** tillströmning, tillflöde [~ *of visitors*; ~ *of wealth*]; riklig tillförsel, uppsjö [*of* på]
info ['ɪnfəʊ] (pl. ~*s*) *s* vard. kortform för *information 1*
inform [ɪn'fɔ:m] **I** *vb tr* meddela, underrätta, upplysa, informera [*a p. of a th.* ngn [om] ngt; *a p. that* ngn [om] att] **II** *vb itr* **1** ge information, informera **2** ~ *against* (*on*) uppträda som angivare mot, ange, anklaga
informal [ɪn'fɔ:ml] *adj* informell; ~ *dress* på bjudningskort kavaj, vardagsklädsel; ~ *style* om språk ledig stil
informality [ˌɪnfɔ:'mælətɪ] *s* informell karaktär, enkelhet, anspråkslöshet
informally [ɪn'fɔ:məlɪ] *adv* informellt; utan formaliteter (ceremonier)
informant [ɪn'fɔ:mənt] *s* sagesman, källa; meddelare
informatician [ɪnˌfɔːməˈtɪʃ(ə)n] *s* informatiker
informatics [ˌɪnfə'mætɪks] (konstr. ss. sg.) *s* informatik, informationsteknik
information [ˌɪnfə'meɪʃ(ə)n] *s* **1** (utan pl.) meddelande[n]; underrättelse[r], upplysning[ar], uppgift[er], information[er], orientering [*about* (*on*) angående (om)]; ~ *bureau* informationsbyrå; ~ *desk* informationen [*ask at* (i, vid) *the* ~ *desk*]; ~ *processing* informationsbehandling; *thank you for that piece* (*bit*) *of* ~ tack för upplysningen; *this* (*some*) ~ dessa (några) upplysningar (uppgifter); *gain* (*gather, get, obtain, receive*) ~ skaffa sig (få) upplysningar; *for your* ~ för din (er) kännedom, jag (vi) kan upplysa dig (er) om **2** jur. angivelse

informative [ɪn'fɔːmətɪv] *adj* **1** upplysande; upplysnings-; informativ; ~ *label* varudeklaration intyg om kvalitet **2** lärorik
informed [ɪn'fɔ:md] *adj* **1** välunderrättad, välinformerad, välorienterad; initierad; *keep a p.* ~ *as to* hålla ngn à jour med **2** kultiverad, skolad
informer [ɪn'fɔ:mə] *s* angivare, tjallare
infotainment [ˌɪnfəʊ'teɪnmənt] *s* underhållning med informativa inslag, information med underhållningsinslag
infotech ['ɪnfəʊtek] *s* informationsteknik
infra dig [ˌɪnfrə'dɪɡ] *adj* vard. (förk. för *infra dignitatem* lat.) under ens värdighet, opassande [*it's a bit* ~ *to go there*]
infrared [ˌɪnfrə'red] *adj* infraröd [~ *rays*]; ~ *lamp* värmelampa
infrasound ['ɪnfrəsaʊnd] *s* fys. infraljud
infrastructure ['ɪnfrəˌstrʌktʃə] *s* mil. el. ekon. infrastruktur
infrequency [ɪn'fri:kwənsɪ] *s* ovanlighet, sällsynthet
infrequent [ɪn'fri:kwənt] *adj* ovanlig, sällsynt
infrequently [ɪn'fri:kwəntlɪ] *adv* sällan
infringe [ɪn'frɪn(d)ʒ] **I** *vb tr* överträda [~ *a law*, ~ *a rule*], kränka [~ *the rights of other people*]; göra intrång i [~ *a copyright*, ~ *a patent*] **II** *vb itr*, ~ *against* överträda, bryta mot; ~ [*up*]*on* inkräkta på, göra intrång i
infringement [ɪn'frɪn(d)ʒmənt] *s* brott [*of* mot], överträdelse, kränkning [*of* av]; intrång [*on* i (på)]
infuriate [ɪn'fjʊərɪeɪt] *vb tr* försätta i raseri, göra rasande (ursinnig)
infuriating [ɪn'fjʊərɪeɪtɪŋ] *adj* fruktansvärt irriterande, som man kan bli rasande på (över)
infuse [ɪn'fju:z] **I** *vb tr* **1** ingjuta [*into* i], inge, bibringa; genomsyra, fylla [*with* med] **2** göra infusion på; laka ur med hett vatten; låta stå och dra [~ *the tea*] **II** *vb itr* [stå och] dra [*let the tea* ~]
infusion [ɪn'fju:ʒ(ə)n] *s* **1** ingjutande; tillförsel **2** infusion; dekokt, extrakt, avkok **3** tillsats
ingenious [ɪn'dʒi:njəs] *adj* fyndig, påhittig, uppslagsrik; genial, genialisk; sinnrik [~ *machine*]
ingénue [ˌænʒeɪ'nju:, '---] *s* fr. **1** ingeny **2** ingenyroll
ingenuity [ˌɪn(d)ʒɪ'nju:ətɪ] *s* fyndighet, påhittighet; genialitet; sinnrikhet
ingenuous [ɪn'dʒenjʊəs] *adj* öppen, frimodig [~ *smile*], uppriktig [~ *confession*]; naiv
inglorious [ɪn'glɔ:rɪəs] *adj* **1** skamlig, neslig, föga ärofull, försmädlig **2** obemärkt, okänd
ingoing ['ɪnˌgəʊɪŋ] *adj* ingående, inkommande; tillträdande; ~ *mail* [*tray*] [korg för] inkommande post
ingot ['ɪŋgət, -gɒt] *s* tacka, [obearbetat] metallstycke av guld, silver el. stål; stång, göt; plants

ingrained [ɪn'greɪnd] *adj* **1** genomfärgad; genomdränkt **2** bildl. ingrodd [~ *with dirt*], inrotad [~ *prejudices*]; oförbätterlig [~ *liar*]; tvättäkta; nedärvd
ingratiate [ɪn'greɪʃɪeɪt] *vb rfl*, ~ *oneself with* (*into the favour of*) *a p.* ställa (nästla) sig in hos ngn, smila in sig hos ngn
ingratiating [ɪn'greɪʃɪeɪtɪŋ] *adj*, ~ *smile* insmickrande (inställsamt) leende
ingratiatingly [ɪn'greɪʃɪeɪtɪŋlɪ] *adv* inställsamt
ingratitude [ɪn'grætɪtju:d] *s* otacksamhet [*to* mot]
ingredient [ɪn'gri:djənt] *s* ingrediens, beståndsdel; komponent; inslag
ingress ['ɪngres] *s* inträde; inträngande [*into* i]
ingrowing ['ɪn͵grəʊɪŋ] *adj* invuxen [~ *toenail*]
inhabit [ɪn'hæbɪt] *vb tr* bebo, befolka; bo i; perf. p. ~*ed* bebodd, befolkad
inhabitable [ɪn'hæbɪtəbl] *adj* beboelig
inhabitant [ɪn'hæbɪt(ə)nt] *s* invånare, inbyggare [~ *of a town* (*country*)]
inhale [ɪn'heɪl] **I** *vb tr* andas in, dra in [~ *cigarette smoke*] **II** *vb itr* andas in; dra halsbloss
inherent [ɪn'her(ə)nt, -'hɪər-] *adj* inneboende, ingående [*in* i]; konstitutiv; naturlig, medfödd
inherently [ɪn'her(ə)ntlɪ, -'hɪər-] *adv* i sig, till sin natur; i och för sig [*it is* ~ *impossible*]
inherit [ɪn'herɪt] **I** *vb tr* ärva äv. bildl.; få i arv [*from* av (efter)] **II** *vb itr* ärva
inheritance [ɪn'herɪt(ə)ns] *s* arv; arvedel; ~ *tax* arvsskatt
inheritor [ɪn'herɪtə] *s* arvinge, arvtagare
inhibit [ɪn'hɪbɪt] *vb tr* hämma [*an* ~*ed person*]; psykol. äv. inhibera; undertrycka [~ *one's natural impulses*]; hindra, förhindra
inhibition [͵ɪn(h)ɪ'bɪʃ(ə)n] *s* **1** hämmande, hämning **2** psykol. hämning, inhibition
in-home ['ɪnhəʊm] **I** *adj* hemma- [~ *birth*] **II** *adv* i hemmet
inhospitable [ɪnhɒ'spɪtəbl, ɪn'hɒsp-] *adj* ogästvänlig [*an* ~ *person*]; karg [~ *coast*]
inhuman [ɪn'hju:mən] *adj* **1** omänsklig, grym, brutal, inhuman **2** inte mänsklig; övermänsklig
inhumane [͵ɪnhju'meɪn] *adj* se *inhuman 1*
inhumanity [͵ɪnhju'mænətɪ] *s* omänsklighet, grymhet, inhumanitet
inimical [ɪ'nɪmɪk(ə)l] *adj* **1** fientlig, fientligt sinnad [*to* mot] **2** ogynnsam, skadlig [*to* för]
inimitable [ɪ'nɪmɪtəbl] *adj* oefterhärmlig; oförlikneleg
iniquitous [ɪ'nɪkwɪtəs] *adj* orättfärdig, orättvis; upprörande
iniquity [ɪ'nɪkwətɪ] *s* **1** orättfärdighet, orättvisa; ondska; syndfullhet **2** synd
initial [ɪ'nɪʃ(ə)l] **I** *adj* begynnelse- [~ *stage*], inledande, utgångs- [~ *position*], första [*the* ~ *symptoms of a disease*], initial-; ~ *capital* a) startkapital, begynnelsekapital b) stor begynnelsebokstav **II** *s* **1** begynnelsebokstav; anfang; initial **2** initial, signatur **III** *vb tr* **1** signera [med initialer] **2** märka [med initialer]
initially [ɪ'nɪʃ(ə)lɪ] *adv* i början
initiate [ss. vb ɪ'nɪʃɪeɪt, ss. subst. ɪ'nɪʃɪət, -ʃɪeɪt] **I** *vb tr* **1** börja, påbörja, inleda, sätta i gång, ta initiativet till, initiera, starta **2** inviga [~ *a p. into* (i) *a secret*], göra förtrogen [*into* med] **3** uppta (ta in) [som medlem] [~ *a p. into* (i) *a society*]; initiera [~ *a p. into a secret sect*] **II** *s* [nyligen] invigd (initierad) [person]; nybörjare
initiation [ɪ͵nɪʃɪ'eɪʃ(ə)n] *s* **1** påbörjande, begynnelse, inledning **2** införande, invigning **3** upptagande; initiation; ~ *ceremony* invigningsceremoni, intagningsceremoni
initiative [ɪ'nɪʃɪətɪv] *s* **1** initiativ, utspel; *on* (*of*) *one's own* ~ på eget initiativ, av egen drift **2** initiativkraft, företagsamhet [*have* (*lack*) ~]
inject [ɪn'dʒekt] *vb tr* **1** spruta in, injicera [*into* i] **2** bildl. ingjuta [~ *new life into a th.*], lägga in
injection [ɪn'dʒekʃ(ə)n] *s* **1** injektion äv bildl.; sprutа; insprutning äv. konkr. **2** mek. insprutning [*fuel* ~]; ~ *pump* insprutningspump
injudicious [͵ɪndʒʊ'dɪʃəs] *adj* omdömeslös, oklok, oförståndig, oförsiktig [~ *remark*]
injunction [ɪn'dʒʌŋ(k)ʃ(ə)n] *s* **1** förständigande, åläggande; befallning, tillsägelse **2** jur., [*court*] ~ domstolsföreläggande
injure ['ɪn(d)ʒə] *vb tr* **1** skada [~ *one's arm*; ~ *a p.'s reputation*], såra **2** göra ngn orätt, förorätta; såra; ~*d party* jur. målsägare, målsägande; ~*d pride* sårad (kränkt) stolthet
injurious [ɪn'dʒʊərɪəs] *adj* **1** skadlig [~ *to health* (för hälsan)] **2** kränkande [~ *statement*], skymflig, smädlig
injury ['ɪn(d)ʒ(ə)rɪ] *s* **1** skada; men; ~ *time* fotb. o.d. förlängning på grund av skada **2** oförrätt, orättfärdig behandling
injustice [ɪn'dʒʌstɪs] *s* orättvisa, orättfärdighet [*to* mot]; *do a p. an* ~ göra ngn orätt, [be]döma ngn orättvist
ink [ɪŋk] **I** *s* **1** bläck; *Chinese* (*India*[*n*]) ~ tusch **2** trycksvärta, tryckfärg [äv. *printer's* ~] **II** *vb tr* bläcka ned; ~ *in* (*over*) fylla 'i (märka) med bläck (tusch)
inkling ['ɪŋklɪŋ] *s* **1** aning, nys, hum [*of* om] **2** vink [*of* om]
inkpad ['ɪŋkpæd] *s* färgdyna, stämpeldyna
inkstand ['ɪŋkstænd] *s* skrivställ; bläckhorn
inkwell ['ɪŋkwel] *s* nedsänkt bläckhorn
inky ['ɪŋkɪ] *adj* bläckig; bläcksvart
inlaid [͵ɪn'leɪd, attr. äv. 'ɪnleɪd] **I** imperf. o. perf. p. av *inlay* **II** *adj* inlagd, mosaik-; ~ *linoleum* genomgjuten linoleummatta
inland [ss. subst. o. adj. 'ɪnlənd, -lænd, ss. adv.

ɪn'lænd] **I** *s* inland; *the* ~ äv. det inre av landet **II** *adj* **1** belägen (som ligger) inne i landet; inlands- **2** inländsk, inrikes; ~ *revenue* statens inkomster av direkta och indirekta skatter; *the [Board of] I~ Revenue* brittiska skatteverket **III** *adv* inne i landet; inåt landet, in i landet
in-law ['ɪnlɔ:] *s* släkting genom giftermål svärförälder o.d.; ingift [*parents and ~s*]
inlay [ss. vb ˌɪn'leɪ, ss. subst. 'ɪnleɪ] **I** (*inlaid inlaid*) *vb tr* lägga in trä, elfenben, mosaik o.d. i ngt **II** *s* **1** inlagt arbete, inläggning **2** tandläk. inlägg
inlet ['ɪnlet] *s* **1** sund, gatt, havsarm; liten vik **2** ingång; öppning; inlopp; insläpp, intag [*air* ~]; inströmning, tillströmning; ~ *pipe* inloppsrör, inströmningsrör; insugningsrör; ~ *valve* inloppsventil; insugningsventil
inmate ['ɪnmeɪt] *s* intern, intagen på institution; pensionär; patient; invånare [*all the ~s of the house*]
inmost ['ɪnməʊst] *adj* innerst; *in the ~ depths of the forest* djupast (längst) inne i skogen
inn [ɪn] *s* **1** värdshus; gästgivargård **2** *the Inns of Court* de fyra juristkollegierna i London (the Inner Temple, the Middle Temple, Lincoln's Inn, Gray's Inn), advokatsamfund för utbildning av *barristers*
innate [ˌɪ'neɪt, '--] *adj* medfödd, naturlig
inner ['ɪnə] *adj* inre; invändig; inner-; bildl. äv. dunkel, hemlig
innermost ['ɪnəməʊst] *adj* innerst
inning ['ɪnɪŋ] *s* amer. omgång i baseball
innings ['ɪnɪŋz] (pl. lika, vard. äv. *~es* [-ɪz]) *s* **1** i kricket o.d. [inne]omgång, tur att vara inne **2** bildl. tur, chans; [glans]period; *I have had my ~* jag har haft min tid (gjort mitt)
innkeeper ['ɪnˌki:pə] *s* värdshusvärd; gästgivare
innocence ['ɪnə(ʊ)sns] *s* **1** oskuldsfullhet, troskyldighet, naivitet **2** oskuld
innocent ['ɪnə(ʊ)snt] **I** *adj* **1** oskuldsfull, troskyldig, naiv, okonstlad [*an ~ young girl*] **2** oskyldig [*of*/till; *he is ~ of the crime*] **3** oförarglig, harmlös; oskyldig [~ *amusements*] **II** *s* **1** oskuldsfull person isht barn **2** lättrogen (enfaldig) person
innocuous [ɪ'nɒkjʊəs] *adj* oskadlig [~ *drugs*], ofarlig [~ *snakes*]; bildl. blek, intetsägande, menlös
innovate ['ɪnə(ʊ)veɪt] *vb itr* införa nyheter, göra förändringar [*in* (*on*) i]; förnya sig
innovation [ˌɪnə(ʊ)'veɪʃ(ə)n] *s* **1** förnyelse, nyskapande, innovation **2** innovation
innovative ['ɪnə(ʊ)veɪtɪv, -vətɪv] *adj* uppfinningsrik, nyskapande, innovativ
innovator ['ɪnə(ʊ)veɪtə] *s* förnyare, nyskapare, innovatör; reformator
innuendo [ˌɪnjʊ'endəʊ] (pl. *~s* el. *~es*) *s* [förtäckt] antydning, [elak] anspelning, insinuation; gliring
innumerable [ɪ'nju:m(ə)rəbl] *adj* oräknelig, otalig
inoculate [ɪ'nɒkjʊleɪt] *vb tr* **1** med. ympa in smittämne; inokulera [*on* (*into*) på (i)]; ~ *a p. against* [skydds]ympa (vaccinera) ngn mot **2** trädg. okulera, ympa träd
inoculation [ɪˌnɒkjʊ'leɪʃ(ə)n] *s* **1** med. [in]ympning, inokulation, skyddsympning, vaccination **2** trädg. okulering
inoffensive [ˌɪnə'fensɪv] *adj* oförarglig, fredlig
inoperable [ɪn'ɒp(ə)rəbl] *adj* **1** som inte kan opereras, inoperabel **2** ogenomförbar
inoperative [ɪn'ɒp(ə)rətɪv] *adj* **1** resultatlös, utan verkan; inte funktionsduglig **2** jur. verkningslös
inopportune [ɪn'ɒpətju:n, ˌɪnɒpə't-] *adj* olåglig, olämplig, mindre lämplig [*to* för; *at an ~ time*], inopportun
inordinate [ɪ'nɔ:dɪnət] *adj* **1** omåttlig, överdriven [~ *demands*, ~ *expectations*], ohämmad **2** oregelbunden [~ *hours* (tider)], oordnad
inorganic [ˌɪnɔ:'gænɪk] *adj* oorganisk [~ *chemistry*]; ostrukturerad, planlös
inorganically [ˌɪnɔ:'gænɪkəlɪ] *adv* oorganiskt; planlöst
in-patient ['ɪnˌpeɪʃ(ə)nt] *s* sjukhuspatient
input ['ɪnpʊt] *s* **1** insats; tillförsel; intag **2** elektr. el. radio. ineffekt, ingångseffekt; data. input, indata, inmatningsdata [äv. ~ *data*]; inmatning; attr. ofta in- [~ *capacitance*], ingångs- [~ *impedance*]
inquest ['ɪnkwest] *s* rättslig undersökning; förhör om dödsorsaken (jfr *coroner*); jury
inquietude [ɪn'kwaɪɪtju:d] *s* oro; bekymmer
inquire [ɪn'kwaɪə] **I** *vb itr* **1** fråga, höra sig för, höra efter [*about* (*after*, *concerning*) *a th.* om (angående) ngt; *of a p.* hos ngn]; hänvända sig [*at* till]; ~ *after a p.* fråga hur det står till med ngn **2** ~ *into* undersöka, forska i, utreda **II** *vb tr* **1** fråga om (efter) [~ *the way*; ~ *a p.'s name*]; fråga [*he ~d what I wanted (how to do it)*] **2** ta reda på, undersöka
inquiring [ɪn'kwaɪərɪŋ] *adj* **1** frågande, spörjande [~ *look*] **2** vetgirig; *have an ~ mind* vara vetgirig
inquiry [ɪn'kwaɪərɪ, amer. äv. 'ɪnkwərɪ] *s* **1** a) förfrågan, förfrågning, efterfrågning [*about* (*after*, *for*) om (angående)] b) efterforskning, undersökning, utredning, forskning [*into* om (i, angående)] c) förhör; sjö. sjöförhör; *judicial ~* rättslig undersökning; *make inquiries* göra förfrågningar, höra sig för, inhämta upplysningar; *court of ~* undersökningsdomstol; mil. undersökningsnämnd **2** fråga; *a look of ~* en frågande (spörjande) blick

inquisition [ˌɪnkwɪ'zɪʃ(ə)n] s **1** jur. [rättslig] undersökning **2** *the I~* hist. inkvisitionen
inquisitive [ɪn'kwɪzɪtɪv] *adj* **1** frågvis, nyfiken [*about* angående (på)] **2** vetgirig
inroad ['ɪnrəʊd] s **1** fientligt infall, inbrytning; plundringståg [*into* [in] i] **2** intrång, ingrepp, inkräktande [*into (on)* i (på)]; *make ~s into (on)* ta (tära) på, ta ett djupt grepp i; *it made heavy ~s on my time* det lade beslag på (tog) mycket av min tid
insane [ɪn'seɪn] *adj* sinnessjuk, mentalsjuk; vansinnig, vanvettig [*an ~ idea (attempt)*], galen
insanitary [ɪn'sænɪt(ə)rɪ] *adj* hälsovådlig; ohälsosam; ohygienisk, osanitär
insanity [ɪn'sænətɪ] s sinnessjukdom, mentalsjukdom; vansinne, vanvett
insatiable [ɪn'seɪʃjəbl] *adj* omättlig [*of* på]; osläcklig [*~ thirst*]
inscribe [ɪn'skraɪb] *vb tr* **1** skriva [in], rista [in] [*in* i; *on* på] **2** skriva in, enrollera **3** hand. inregistrera aktieägare o.d.; *~d share* aktie ställd till viss person **4** *~d copy* dedikationsexemplar
inscription [ɪn'skrɪpʃ(ə)n] s **1** inskrift, inskription [*~ on a medal (monument)*], påskrift **2** dedikation
inscrutability [ɪnˌskruːtə'bɪlətɪ] s outgrundlighet etc., jfr *inscrutable*; mystik
inscrutable [ɪn'skruːtəbl] *adj* **1** outgrundlig [*an ~ face (smile)*], mystisk, outrannsaklig [*the ~ ways of God*], oförklarlig **2** ogenomtränglig [*~ fog*]
insect ['ɪnsekt] s insekt; neds., om person kryp
insecticide [ɪn'sektɪsaɪd] s insektsdödande medel
insectivore [ɪn'sektɪvɔː] s zool. insektsätare
insectivorous [ˌɪnsek'tɪvərəs] *adj* insektsätande
insecure [ˌɪnsɪ'kjʊə] *adj* osäker [*~ footing (hold)*; *~ foundation*], otrygg [*feel ~*]; vansklig [*be in an ~ position*], utsatt för fara
insecurity [ˌɪnsɪ'kjʊərətɪ] s osäkerhet, otrygghet
inseminate [ɪn'semɪneɪt] *vb tr* **1** inseminera **2** bildl. inympa, inplantera [*in* i]
insemination [ɪnˌsemɪ'neɪʃ(ə)n] s insemination, konstgjord befruktning
insensate [ɪn'senseɪt] *adj* **1** död, livlös [*~ rocks*] **2** känslolös, brutal [*~ cruelty*, *~ revenge*]; blind [*~ rage*]; okänslig
insensibility [ɪnˌsensə'bɪlətɪ] s **1** känslolöshet, likgiltighet, okänslighet [*to* för; *~ to beauty*] **2** medvetslöshet
insensible [ɪn'sensəbl] *adj* **1** medvetslös **2** okänslig [*~ to* (för) *pain*]; otillgänglig, likgiltig [*to (of)* för], omedveten [*to (of)* om]; slö; känslolös, hård **3** omärklig; *by ~ degrees* omärkligt
insensitive [ɪn'sensətɪv] *adj* okänslig [*to* för]

inseparability [ɪnˌsep(ə)rə'bɪlətɪ] s oskiljaktighet
inseparable [ɪn'sep(ə)rəbl] **I** *adj* oskiljaktig **II** s, pl. *~s* oskiljaktiga vänner
inseparably [ɪn'sep(ə)rəblɪ] *adv* **1** oskiljaktigt **2** oskiljbart, fast
insert [ss. vb ɪn'sɜːt, ss. subst. 'ɪnsɜːt] **I** *vb tr* sätta (föra, skjuta, sticka, passa, rycka) in, infoga [*in (into)* i; *between* mellan]; *~ a key in a lock* sticka [in] en nyckel i ett lås; *~ a name in a list* sätta in ett namn på en lista **II** s **1** inlägg, tillägg **2** a) inlaga, bilaga i tidning b) insticksblad i bok **3** annons **4** film. el. TV. inklippt stillbild
insertion [ɪn'sɜːʃ(ə)n] s **1** insättande, införande etc., jfr *insert I* **2** a) inlägg, insats, inskott b) tillägg i skrift o.d. c) inlaga, bilaga i tidning
in-service ['ɪnˌsɜːvɪs] *adj*, *~ training* internutbildning inom offentlig förvaltning
inset ['ɪnset] s **1** insatt extrasida **2** infälld specialkarta (bild o.d.), infällning **3** insats; isättning, infällning i plagg; vita kantband i väst o.d.
inshore [ˌɪn'ʃɔː, 'ɪnʃ-] *adv* o. *adj* **1** in mot land (kusten); *~ wind* pålandsvind **2** inne under (inne vid, nära) land (kusten); *~ fisheries* kustfiske
inside [ˌɪn'saɪd, ss. adj. '--] **I** s **1** insida; *the ~ insidan*, innersidan [*the ~ of the hand*; *the ~ of a curve*], den inre sidan; det inre (innersta); innandömet; *~ out* ut och in; med avgisidan (insidan) ut; *know a th. ~ out* känna [till] (kunna) ngt utan och innan (i detalj); *turn a th. ~ out* vända ut och in på ngt; *know a th. from the ~* känna ngt inifrån (i sitt inre) **2** vard. mage; pl. *~s* inälvor **II** *adj* inre, invändig, inner- [*~ pocket*]; invärtes; intern; *~ information* inside information; förhandstips, stalltips; *~ job* sl. insidejobb, internt jobb stöld med hjälp av någon inifrån; *~ lane* trafik. innerfil **III** *adv* inuti, invändigt; inåt; [där] inne; in [*walk ~!*]; bildl. inombords; *he has been ~* vard. han har suttit inne i fängelse; *~ of a week* inom (på) mindre än en vecka **IV** *prep* inne i, inom, inuti; in i; på insidan av, innanför
insider [ˌɪn'saɪdə] s person ur (som tillhör) den inre kretsen, initierad, insider
insidious [ɪn'sɪdɪəs] *adj* försåtlig, lömsk, smygande [*~ disease*]
insight ['ɪnsaɪt] s insikt[er], inblick [*into* i], förståelse [*into* för]; skarpsinne; insyn
insightful ['ɪnsaɪtf(ʊ)l] *adj* insiktsfull
insignia [ɪn'sɪgnɪə] (pl. lika el. *~s*) s insignier; tecken [*an ~ of* (på) *mourning*]; mil. gradbeteckning[ar], tjänstetecken, utmärkelsetecken
insignificance [ˌɪnsɪg'nɪfɪkəns] s **1** obetydlighet; betydelselöshet **2** meningslöshet

insignificant [ˌɪnsɪgˈnɪfɪkənt] *adj* **1** obetydlig, oviktig, oansenlig; utan [all] betydelse; betydelselös **2** meningslös; intetsägande
insincere [ˌɪnsɪnˈsɪə] *adj* inte uppriktig, falsk, hycklande, förställd
insincerity [ˌɪnsɪnˈsɛrətɪ] *s* bristande (brist på) uppriktighet, falskhet, hyckleri, förställning
insinuate [ɪnˈsɪnjʊeɪt] *vb tr* **1** insinuera, låta påskina; antyda [*to* för] **2** [oförmärkt (gradvis)] smyga (föra) in; så [*~ doubt into the minds of* (tvivel hos) *the people*]
insinuation [ɪnˌsɪnjʊˈeɪʃ(ə)n] *s* **1** insinuation, antydan **2** insmygande, [gradvist] inträngande
insipid [ɪnˈsɪpɪd] *adj* **1** utan smak, smaklös, fadd; *it's ~* det smakar ingenting **2** ointressant, intetsägande, tråkig
insist [ɪnˈsɪst] *vb itr* o. *vb tr* **1** insistera, prompt vilja [*don't, unless he ~s*]; *~ on* (*upon*) insistera på, [bestämt] yrka på, kräva, fordra **2** vidhålla sin ståndpunkt; *~ on* (*upon*) a) stå fast vid, vidhålla, hålla fast vid, hävda [bestämt], hålla på [*he ~s on punctuality*] b) [ständigt] understryka (betona, framhålla, uppehålla sig vid)
insistence [ɪnˈsɪst(ə)ns] *s* **1** hävdande [*on* av], hållande [*on* på], fasthållande [*on* vid], [ständigt] understrykande [*on* av]; envishet **2** yrkande, krav, insisterande [*on* på]
insistent [ɪnˈsɪst(ə)nt] *adj* **1** envis, enträgen; ihärdig **2** ihållande
insole [ˈɪnsəʊl] *s* innersula; iläggssula
insolence [ˈɪnsələns] *s* oförskämdhet, fräckhet, förmätenhet
insolent [ˈɪnsələnt] *adj* oförskämd, fräck; förmäten
insoluble [ɪnˈsɒljʊbl] *adj* **1** olöslig [*~ salts*], oupplöslig **2** oförklarlig, olöslig [*an ~ problem*]
insolvency [ɪnˈsɒlv(ə)nsɪ] *s* insolvens, bristande betalningsförmåga; obestånd
insolvent [ɪnˈsɒlv(ə)nt] **I** *adj* insolvent, oförmögen att betala, konkursmässig **II** *s* insolvent gäldenär
insomnia [ɪnˈsɒmnɪə] *s* med. sömnlöshet
insomniac [ɪnˈsɒmnɪæk] *s* sömnlös [person]
insomuch [ˌɪnsə(ʊ)ˈmʌtʃ] *adv*, *~ that* till den grad att, så att; *~ as* eftersom, enär
inspect [ɪnˈspekt] *vb tr* syna, granska; ta en överblick över; bese; inspektera, besiktiga, undersöka
inspection [ɪnˈspekʃ(ə)n] *s* **1** granskning, synande [*of* av]; inspektion, undersökning, besiktning, avsyning, syn; *tour* (*journey*) *of ~* inspektionsresa; *on close*[*r*] *~* vid närmare granskning **2** inspektion, övervakning, överinseende, uppsikt, tillsyn
inspector [ɪnˈspektə] *s* **1** inspektör, inspektor; granskare; kontrollant; uppsyningsman; *I~ of Taxes* ung. taxeringsinspektör **2** *police ~* ung. polisinspektör; högre [*chief*] *~* [polis]kommissarie [*I~ Maigret*]
inspectorate [ɪnˈspekt(ə)rət] *s* **1** inspektorat, inspektörsbefattning, inspektörsområde **2** inspektörskår, inspektörer
inspiration [ˌɪnspəˈreɪʃ(ə)n, -spɪˈr-] *s* inspiration, ingivelse; inspirationskälla; *draw one's ~ from* hämta sin inspiration från
inspire [ɪnˈspaɪə] *vb tr* inspirera; besjäla, fylla [*~ a p. with enthusiasm*]; inge [*he ~s confidence*]
inspired [ɪnˈspaɪəd] *adj* inspirerad [*in an ~ moment*]; gudabenådad
inspiring [ɪnˈspaɪərɪŋ] *adj* inspirerande
instability [ˌɪnstəˈbɪlətɪ] *s* instabilitet; ostadighet
instal o. **install** [ɪnˈstɔːl] *vb tr* **1** installera [*~ a new assistant*], inviga, insätta [*~ a p. in*[*to*] *an office* (*a dignity*)] **2** installera [*~ electricity*; *~ a machine*], lägga (dra) in [*~ wires*]; sätta upp, montera
installation [ˌɪnstəˈleɪʃ(ə)n] *s* **1** installation; tillträdande; invigning (insättning) i ämbete **2** installation, installering
instalment [ɪnˈstɔːlmənt] *s* **1** avbetalning, amortering; avbetalningstermin; *by ~s* avbetalningsvis, genom avbetalningar (amorteringar), på avbetalning; *pay by monthly ~s* avbetala månadsvis, göra månatliga avbetalningar; *purchase on the ~ system* (amer. *installment plan*) köpa på avbetalning, göra avbetalningsköp **2** [små]portion, del; avsnitt; häfte; *the story will appear in 10 ~s* berättelsen kommer att publiceras i 10 avsnitt; *by ~s* portionsvis; litet i sänder; i flera avsnitt; häftesvis
instance [ˈɪnstəns] **I** *s* **1** exempel [*of* på; *~ to the contrary* (på motsatsen)]; belägg [*of* för, på]; fall; *for ~* till exempel; *in this ~* i detta fall **2** *at the ~ of a p.* på ngns yrkande (begäran, anmodan, tillskyndan) **3** isht jur. instans **II** *vb tr* **1** anföra (ge) som exempel **2** exemplifiera
instant [ˈɪnstənt] **I** *adj* **1** ögonblicklig, omedelbar [*~ relief*] **2** enträgen; trängande [*~ need of help*] **3** vanl. skrivet *inst.*, se d.o. **4** snabb-; *~ coffee* snabbkaffe, pulverkaffe; *~ food* snabbmat; *~ replay* TV. repris [i slow-motion] **II** *s* ögonblick; *this* [*very*] *~* nu genast, nu med detsamma, nu på ögonblicket; *on the ~* el. *that ~* el. *in an ~* ögonblickligen, genast, på stående fot
instantaneous [ˌɪnst(ə)nˈteɪnjəs] *adj* ögonblicklig; isht tekn. momentan
instantly [ˈɪnstəntlɪ] **I** *adv* ögonblickligen, genast, omedbart **II** *konj* i samma ögonblick [som] [*he ran ~ he saw me*]
instead [ɪnˈsted] *adv* i stället; *~ of* i stället för; *~ of him* (*it*) äv. i hans (dess) ställe
instep [ˈɪnstep] *s* **1** a) [fot]vrist b) ovanläder

på sko c) överdel av strumpfot **2** vet. med. skenben

instigate ['ɪnstɪgeɪt] *vb tr* **1** egga, sporra, hetsa; [upp]mana [*to* till; *to* + inf. [till] att] **2** anstifta, sätta i gång, uppvigla till [*~ a strike*]

instigation [ˌɪnstɪ'geɪʃ(ə)n] *s* tillskyndan; uppmaning; anstiftan, uppvigling, hets; *at* (*by*) *the ~ of a p.* på tillskyndan (anstiftan) av ngn

instigator ['ɪnstɪgeɪtə] *s* tillskyndare; anstiftare, uppviglare; upphovsman

instil [ɪn'stɪl] *vb tr* inge [*a th. into a p.* (*a p.'s mind*) ngn ngt], ingjuta, väcka [*a th. into a p.* (*a p.'s mind*) ngt hos ngn]

instinct [ss. subst. 'ɪnstɪŋ(k)t, ss. adj. ɪn'stɪŋ(k)t] **I** *s* instinkt; ingivelse; instinktiv känsla [*an ~ for art*], intuitiv förmåga; *act* [*up*]*on ~* handla instinktivt **II** *pred adj, ~ with* fylld (besjälad, mättad) av

instinctive [ɪn'stɪŋ(k)tɪv] *adj* instinktiv [*~ behaviour*], oreflekterad, omedveten

institute ['ɪnstɪtjuːt] **I** *vb tr* **1** inrätta, upprätta, grunda, stifta, instifta; införa [*~ restrictions* (*rules*)] **2** sätta i gång [med], börja, inleda, anställa, företa [*~ an inquiry into* (i, angående) *the matter*], vidta [*~ legal proceedings*] **II** *s* institut äv. konkr.; högskola; institution; samfund, stiftelse; *~ of education* ung. lärarhögskola

institution [ˌɪnstɪ'tjuːʃ(ə)n] *s* **1** inrättande etc., jfr *institute I* **2** institution äv. konkr.; anstalt; stiftelse, samfund; institut

institutional [ˌɪnstɪ'tjuːʃənl] *adj* **1** institutions-, institutionell; *~ care* anstaltsvård; sjukhusvård; sluten psykiatrisk vård **2** amer., *~ advertising* goodwillreklam, prestigereklam **3** instiftelse-

institutionalize [ˌɪnstɪ'tjuːʃ(ə)nəlaɪz] *vb tr* **1** hospitalisera, göra anstaltsbunden (osjälvständig) **2** placera på en anstalt **3** institutionalisera, göra till (betrakta som) en institution

instruct [ɪn'strʌkt] *vb tr* **1** undervisa, handleda [*in* i] **2** instruera, ge anvisning[ar] [*a p. on a th.* ngn i (om) ngt]; visa **3** informera, ge besked, underrätta [*a p. that* ngn [om] att] **4** ge instruktioner, beordra [*a p. to* ngn att]

instruction [ɪn'strʌkʃ(ə)n] *s* **1** undervisning, handledning, instruktion **2** pl. *~s* instruktioner, föreskrift[er]; upplysning[ar]; *~s* [*for use*] bruksanvisning[ar]

instructional [ɪn'strʌkʃənl] *adj* **1** undervisnings- [*~ film*], instruktions- [*for ~ purposes*] **2** upplysande, upplysnings-

instructive [ɪn'strʌktɪv] *adj* instruktiv, upplysande, lärorik

instructor [ɪn'strʌktə] *s* **1** lärare, instruktör, handledare [*of* (*in*) i] **2** amer., ung. extra högskolelektor (universitetslektor)

instrument [ss. subst. 'ɪnstrʊmənt, -trəm-, ss. vb -mənt] **I** *s* **1** instrument, verktyg, redskap; [hjälp]medel; styrmedel [*economic ~s*]; apparat; *~ panel* bil. el. flyg. instrumentbräda, instrumentpanel; *~ of torture* tortyrredskap **2** mus. instrument **II** *vb tr* instrumentera musik

instrumental [ˌɪnstrʊ'mentl, -trə'm-] *adj* **1** verksam, behjälplig, bidragande [*to* till, *in* i; *in doing* till (i) att göra]; *be ~ in* äv. [kraftigt] bidra (medverka) till, hjälpa till med **2** instrument- [*~ navigation*]; instrumentell **3** mus. instrumental

instrumentalist [ˌɪnstrʊ'mentəlɪst, -trə'm-] *s* mus. instrumentalist

instrumentation [ˌɪnstrʊmen'teɪʃ(ə)n, -trəm-] *s* mus. instrumentering

insubordinate [ˌɪnsə'bɔːd(ə)nət] *adj* olydig [mot överordnad], uppstudsig, upprorisk

insubordination ['ɪnsəˌbɔːdɪ'neɪʃ(ə)n] *s* olydnad; isht mil. insubordination

insubstantial [ˌɪnsəb'stænʃ(ə)l] *adj* **1** overklig, illusorisk; okroppslig **2** grundlös, dåligt underbyggd

insufferable [ɪn'sʌf(ə)rəbl] *adj* odräglig [*~ insolence; an ~ child*], olidlig [*~ heat*], outhärdlig

insufficiency [ˌɪnsə'fɪʃ(ə)nsɪ] *s* otillräcklighet; brist [*of* på]; med. insufficiens

insufficient [ˌɪnsə'fɪʃ(ə)nt] *adj* otillräcklig [*for* för (till); *to* + inf. till att], bristande [*~ evidence*], bristfällig, otillfredsställande; med. insufficient

insular ['ɪnsjʊlə] *adj* **1** insulär, ö- **2** karakteristisk för öbor, öbo- [*~ mentality*], insulär; isht trångsynt

insularity [ˌɪnsjʊ'lærətɪ] *s* **1** egenskap (karaktär) av ö; avskildhet **2** egenhet[er] för öbor; öbomentalitet

insulate ['ɪnsjʊleɪt] *vb tr* **1** fys. el. tekn. isolera; *insulating tape* isoler[ings]band **2** isolera

insulation [ˌɪnsjʊ'leɪʃ(ə)n] *s* **1** fys. el. tekn. isolation, isolering **2** isolering; avskiljande

insulator ['ɪnsjʊleɪtə] *s* fys. el. tekn. isolator

insulin ['ɪnsjʊlɪn] *s* med. insulin; *~ shock* (*reaction*) insulinchock

insult [ss. subst. 'ɪnsʌlt, ss. vb ɪn'sʌlt] **I** *s* förolämpning, oförskämdhet, kränkning, skymf [*to* mot]; *add ~ to injury* göra ont värre, lägga sten på börda (lök på laxen); *take an ~ lying down* el. *sit down under an ~* [stillatigande] finna sig i (svälja) en förolämpning **II** *vb tr* förolämpa, förnärma

insuperable [ɪn'sjuːp(ə)rəbl] *adj* oöverstiglig isht bildl. [*~ barriers*]; oövervinnelig [*~ difficulties*]

insupportable [ˌɪnsə'pɔːtəbl] *adj* outhärdlig, olidlig

insurance [ɪn'ʃʊər(ə)ns] *s* försäkring [*life insurance*], assurans; försäkringspremie[r], assuranspremie[r]; *~ agent* försäkringsagent;

~ company försäkringsbolag; **~ cover** (**coverage**) försäkringsskydd; **~ fraud** försäkringsbedrägeri; **~ policy** försäkringsbrev; **marine ~** sjöförsäkring; **~ against accidents** olycksfallsförsäkring; **~ against fire** brandförsäkring; **take out an ~** [**policy**] ta en försäkring, [låta] försäkra sig
insure [ɪn'ʃʊə] *vb tr* försäkra, assurera; **~ oneself** (**one's life**) livförsäkra sig
insured [ɪn'ʃʊəd] **I** *perf p* o. *adj* försäkrad, assurerad [**~** *letter*]; **heavily ~** högt försäkrad **II** *s*, **the ~** försäkringstagaren
insurer [ɪn'ʃʊərə] *s* försäkringsgivare, assuradör
insurgent [ɪn'sɜːdʒ(ə)nt] **I** *adj* upprorisk, rebellisk, revolterande **II** *s* upprorsman, rebell, revoltör; amer. äv. partipolitisk frondör, oppositionsman
insurmountable [ˌɪnsə'maʊntəbl] *adj* oöverstiglig äv. bildl. [**~** *difficulties*]; oövervinnelig
insurrection [ˌɪnsə'rekʃ(ə)n] *s* resning, revolt, uppror
intact [ɪn'tækt] *adj* orörd, intakt; hel, välbehållen, i orubbat skick, oskadad; obruten [*the seal was ~*]
intake ['ɪnteɪk] *s* **1** a) intag för vatten o.d.; inlopp, öppning b) insugning; påfyllning; inmatning; tillförsel; **~ manifold** insugnings[gren]rör; **~ of breath** inandning **2** intagning [*the ~ of new students*], rekrytering [*an annual ~ of 100,000 men*]; **order ~** orderingång
intangibility [ɪnˌtæn(d)ʒə'bɪlətɪ] *s* **1** obestämbarhet, ofattbarhet **2** ogripbarhet
intangible [ɪn'tæn(d)ʒəbl] *adj* **1** inte påtaglig; obestämd, vag; ofattbar **2** som man inte kan ta på, ogripbar; **~ assets** immateriella tillgångar
integer ['ɪntɪdʒə] *s* **1** matem. helt tal, heltal **2** enhet, helhet
integral ['ɪntɪgr(ə)l, ss. adj. i bet. *1* o. *2* äv. ɪn'tegr(ə)l] **I** *adj* **1** integrerande, nödvändig, väsentlig [**~** *part*] **2** hel, i ett stycke, odelad, fullständig; **an ~ whole** ett [samlat] helt **3** matem. integral-; **~ calculus** integralkalkyl, integralräkning **II** *s* matem. integral
integrate ['ɪntɪgreɪt] **I** *vb tr* **1** fullständiga **2** förena, sammansmälta [*with* med]; integrera, införliva; **an ~d personality** en hel (harmonisk) människa **3** matem. integrera **4** elektr., **~d circuit** integrerad krets **II** *vb itr* **1** bli integrerad om skola, område o.d. **2** anpassa sig [**~** *into* (till) *the community*]; **~ into** äv. växa in i
integration [ˌɪntɪ'greɪʃ(ə)n] *s* **1** införlivande [*into* med], integrering **2** matem. integration
integrity [ɪn'tegrətɪ] *s* **1** redbarhet, hederlighet; **a man of ~** en redbar (hederlig) man **2** fullständighet, orubbat (oskadat) tillstånd **3** integritet, okränkbarhet [*the ~ of a country*]
integument [ɪn'tegjʊmənt] *s* naturligt hölje; hud, skinn, skal, hinna, hylle; zool. el. bot. integument
intellect ['ɪntəlekt] *s* **1** intellekt, förstånd **2** pers. [skarpt] intellekt, [överlägsen] begåvning
intellectual [ˌɪntə'lektʃʊəl, -tjʊəl] **I** *adj* intellektuell; **~ faculties** själsförmögenheter; **~ snob** intelligenssnobb **II** *s* pers. intellektuell
intelligence [ɪn'telɪdʒ(ə)ns] *s* **1** intelligens, förstånd; skarpsinne, begåvning; **~ quotient** intelligenskvot; **~ test** intelligenstest **2** (utan pl.) underrättelse[r], upplysning[ar], meddelande[n] [*of* (*about*) om]; **~** [**service**] underrättelsetjänst, underrättelseväsen
intelligent [ɪn'telɪdʒ(ə)nt] *adj* intelligent, begåvad
intelligentsia [ɪnˌtelɪ'dʒentsɪə] *s*, **the ~** intelligentian, den intellektuella eliten
intelligibility [ɪnˌtelɪdʒə'bɪlətɪ] *s* förståelighet, begriplighet; tydlighet
intelligible [ɪn'telɪdʒəbl] *adj* förståelig, begriplig [*to* för]; tydlig, klar
intemperance [ɪn'temp(ə)r(ə)ns] *s* omåttlighet isht i mat o. dryck; överdrift [*in* i], brist på återhållsamhet; dryckenskap
intemperate [ɪn'temp(ə)rət] *adj* omåttlig [med starka drycker], begiven på dryckenskap, supig
intend [ɪn'tend] *vb tr* **1** ämna, ha för avsikt, tänka; mena; *I ~ed no harm* jag menade ingenting illa (hade inga onda avsikter); *what do you ~ to do* (*~ doing*)*?* vad tänker du (har du för avsikt att) göra? **2** avse, ämna [*for* för, till]; *this book is ~ed for you* det är (var) meningen att du skall (skulle) få den här boken; *we ~ you to do it* vi vill (har bestämt) att du skall göra det
intended [ɪn'tendɪd] **I** *adj* **1** tillämnad, avsedd, tilltänkt, planerad; vard. blivande [*his ~ bride*] **2** avsiktlig **II** *s* vard., **his** (**her**) **~** hans (hennes) tillkommande
intense [ɪn'tens] *adj* intensiv; stark [**~** *heat*; **~** *hunger*, **~** *thirst*], kraftig, häftig [**~** *passion*], våldsam [**~** *pain*; **~** *hatred*], sträng [**~** *cold*]; djup [**~** *disappointment*]; innerlig, brinnande [**~** *longing*], livlig [**~** *interest*]
intensely [ɪn'tenslɪ] *adv* intensivt etc., jfr *intense*
intensification [ɪnˌtensɪfɪ'keɪʃ(ə)n] *s* intensifiering etc., jfr *intensify*
intensify [ɪn'tensɪfaɪ] **I** *vb tr* intensifiera, göra intensiv[are], förstärka, stegra, skärpa, öka **II** *vb itr* intensifieras, stegras, skärpas, öka[s]
intensity [ɪn'tensətɪ] *s* **1** intensitet, kraft, styrka, häftighet, våldsamhet; om känsla äv. innerlighet **2** fys. o.d. styrka
intensive [ɪn'tensɪv] *adj* **1** intensiv, koncentrerad [**~** *bombardment*; **~** *study*],

kraftig [~ *efforts*]; ~ *care* med. intensivvård; ~ *care unit* (*ward*) intensivvårdsavdelning **2** gram. förstärkande [~ *adverb*]
intent [ɪn'tent] **I** *adj* spänt uppmärksam, spänd [~ *look*]; ~ *on* (*upon*) helt inriktad (inställd) på; ivrigt upptagen av (fördjupad i) **II** *s* isht jur. syfte, avsikt, intention, uppsåt [*with* ~ *to steal*]; *to all* ~*s and purposes* praktiskt taget, faktiskt, i allt väsentligt, så gott som
intention [ɪn'tenʃ(ə)n] *s* avsikt, syfte, uppsåt; [syfte]mål; föresats; mening, tanke; *I have no* ~ *of doing so* jag har ingen tanke på (avsikt) att göra det; *with the best* ~ el. *with the best* [*of*] ~*s* i bästa avsikt, i all välmening; [*the way to*] *hell is paved with good* ~*s* vägen till helvetet är stenlagd med goda föresatser
intentional [ɪn'tenʃ(ə)nl] *adj* avsiktlig
intentionally [ɪn'tenʃnəlɪ] *adv* avsiktligt, med flit
intently [ɪn'tentlɪ] *adv* med spänd uppmärksamhet; ivrigt; oavlåtligt
intentness [ɪn'tentnəs] *s* spänd uppmärksamhet; iver; ~ *of purpose* målmedvetenhet
inter [ɪn'tɜ:] *vb tr* begrava, gravsätta
interact [ˌɪntər'ækt] *vb itr* påverka varandra, växelverka
interaction [ˌɪntər'ækʃ(ə)n] *s* ömsesidig påverkan, växelverkan, växelspel, samspel, interaktion
interbreed [ˌɪntə'bri:d] (*interbred interbred*) **I** *vb tr* korsa raser **II** *vb itr* korsas [med varandra]
intercede [ˌɪntə'si:d] *vb itr* lägga sig ut, föra ngns talan; göra förbön [*he* ~*d with* (hos) *the governor for* el. *on behalf of* (för) *the condemned man*]; medla, gå (träda) emellan
intercept [ˌɪntə'sept] *vb tr* **1** snappa upp på vägen [~ *a letter*, ~ *a message from the enemy*]; fånga upp, hindra [~ *the light*] **2** genskjuta, hejda [~ *the enemy's bombers*], spärra [vägen för] **3** matem. skära av
interception [ˌɪntə'sepʃ(ə)n] *s* uppsnappande etc., jfr *intercept*; avbrytande; ingrepp; motåtgärd
intercession [ˌɪntə'seʃ(ə)n] *s* **1** förespråkande; medling; *make* ~ *for a p.* lägga sig ut (lägga ett gott ord) för ngn **2** förbön
interchange [ss. vb ˌɪntə'tʃeɪn(d)ʒ, ss. subst. 'ɪntətʃeɪn(d)ʒ] **I** *vb tr* **1** utbyta [sinsemellan] [~ *views*], byta [med varandra], [ut]växla [~ *gifts*]; byta ut [mot varandra] [~ *two things*] **2** låta omväxla [~ *work with play*] **II** *vb itr* alternera, växla **III** *s a*) [ömsesidigt] utbyte [~ *of gifts* (*ideas*)], utväxling b) ordskifte, replikskifte c) handelsutbyte; ~ *of ideas* äv. tankeutbyte
interchangeable [ˌɪntə'tʃeɪn(d)ʒəbl] *adj* utbytbar, som kan bytas ut [*with* mot]

interchangeably [ˌɪntə'tʃeɪn(d)ʒəblɪ] *adv* omväxlande [*with* med]
intercity ['ɪntəˌsɪtɪ] **I** *adj* intercity-; ~ *train* intercitytåg **II** *s* se ~ *train*
intercom ['ɪntəkɒm] *s* vard. **1** ~ [*system*] se *intercommunication* 2 **2** ~ [*telephone*] snabbtelefon, interntelefon
intercommunicate [ˌɪntəkə'mju:nɪkeɪt] *vb itr* stå i förbindelse med varandra; kommunicera
intercommunication ['ɪntəkəˌmju:nɪ'keɪʃ(ə)n] *s* **1** inbördes förbindelse, [inbördes] samfärdsel; kommunikation **2** ~ [*system*] snabbtelefonsystem; ~ *system* äv. snabbteleförbindelse[r]; direkt radioförbindelse[r] mellan fast station o. rörlig apparat; kommunikationsradio
interconnect [ˌɪntəkə'nekt] *vb tr* sammanbinda, sammanlänka
interconnection [ˌɪntəkə'nekʃ(ə)n] *s* sammanbindning, sammanlänkning
intercontinental ['ɪntəˌkɒntɪ'nentl] *adj* interkontinental
intercourse ['ɪntəkɔ:s] *s* **1** umgänge [*with* med]; gemenskap; förbindelse, samfärdsel **2** [*sexual*] ~ sexuellt umgänge, samlag
interdenominational ['ɪntəˌdɪnɒmɪ'neɪʃənl] *adj* gemensam för flera trosriktningar, samkyrklig
interdependence [ˌɪntədɪ'pendəns] *s* ömsesidigt beroende
interdependent [ˌɪntədɪ'pendənt] *adj* beroende av varandra
interdict [ss. subst. 'ɪntədɪkt, ss. vb ˌɪntə'dɪkt] **I** *s* förbud **II** *vb tr* förbjuda
interdiction [ˌɪntə'dɪkʃ(ə)n] *s* förbud
interdisciplinary ['ɪntəˌdɪsɪ'plɪnərɪ] *adj* tvärvetenskaplig
interest ['ɪntrəst, 'ɪnt(ə)rest] **I** *s* **1** intresse [*in* för; *arouse* (väcka) *great* ~]; *feel* (*take*, *have*) *an* ~ *in* intressera sig för, finna intresse i, ha (hysa, fatta) intresse för; *feel* (*take*) *no* ~ *in* inte intressera sig för, sakna intresse för; *sphere of* ~ intressesfär
2 intresse, bästa; egen fördel; *look after one's own* (*attend to one's*) ~*s* bevaka sina egna intressen; *in the best* ~[*s*] *of the country* i landets intresse; till landets bästa; *it is to his* ~ *to* det ligger i hans [eget] intresse att
3 intresse, engagemang [*American* ~*s in Asia*]; andel [*have an* ~ *in a brewery*], insats; anspråk, rätt; *controlling* ~ aktiemajoritet; *his money is invested in mining* ~*s* han har pengarna investerade (liggande) i gruvaktier
4 ~[*s* pl.] intresserade kretsar, [grupp av] intressenter; *the business* ~*s* affärsvärlden; *the landed* ~[*s*] godsägarna; *the shipping* ~ redarna, sjöfartsintresset
5 ränta äv. bildl.; räntor; *compound* ~ ränta

på ränta; ~ *rate* räntesats; *simple* ~ enkel ränta; *five per cent* ~ fem procents ränta; *bear* (*carry, return, yield*) ~ ge (bära, avkasta) ränta, löpa med ränta, förränta sig, förräntas; *pay* ~ *on* betala ränta på; *return a th. with* ~ bildl. ge betalt för ngt med ränta; *without* ~ räntefri[tt] **II** *vb tr* (se äv. *interested*) **1** intressera [*in* för]; göra intresserad [*in* av (för)]; ~ *oneself in* intressera sig för **2** angå, intressera [*the fight for peace ~s all nations*]
interested ['ɪntrəstɪd, -t(ə)rest-] *perf p* o. *adj* **1** intresserad; *be* ~ *in* a) intressera sig för, vara intresserad av (för) b) ha intressen (ha satsat pengar) i; vara inblandad (engagerad) i; *those* ~ el. *the* ~ *parties* intressenterna; vederbörande, berörda parter **2** partisk [~ *witness*] **3** egennyttig, självisk [~ *motives*]
interesting ['ɪntrəstɪŋ, -t(ə)rest-] *adj* intressant [*to* för], intresseväckande; underhållande, fängslande; tänkvärd
interface ['ɪntəfeɪs] *s* **1** fys. gränsyta; bildl. beröringspunkt, kontaktyta, samspel [*the* ~ *between man and machine*; *the* ~ *between medicine and science*] **2** konkr. kontakt, förbindelselänk
interfere [ˌɪntə'fɪə] *vb itr* **1** om pers. ingripa, inskrida [*in* i; *with* mot]; *don't* ~*!* lägg dig inte i det [här (där)]!; ~ *between* [*husband and wife*] gå emellan... **2** ~ *with* a) hindra, vara ett hinder för, störa b) kollidera med, komma i kollision (konflikt) med; ~ *with each other* kollidera [med varandra]
interference [ˌɪntə'fɪər(ə)ns] *s* **1** ingripande [*without* ~ *from the police*], inskridande; inblandning [*in* i] **2** hinder, störning **3** radio. o.d. störningar; *free from* ~ störningsfri
interfering [ˌɪntə'fɪərɪŋ] *adj* som lägger sig i [andras angelägenheter]; störande
interferon [ˌɪntə'fɪərɒn] *s* kem. el. med. interferon
interim ['ɪntərɪm] lat. **I** *adj* interims-, gällande tillsvidare, tillfällig, provisorisk; ~ *receipt* interimskvitto **II** *s* mellantid; *in the* ~ under tiden
interior [ɪn'tɪərɪə] **I** *adj* **1** inre; invändig; inomhus-; ~ *angle* geom. innervinkel; ~ *decoration* heminredning; ~ *decorator* inredningsarkitekt **2** inlands-, belägen inåt landet (i det inre av landet) **3** inrikes **II** *s* **1** inre; insida; interiör; foto. inomhusbild; *the* ~ äv. inlandet, det inre av landet **2** [departement för] inrikesärenden; *the Department of the I~* i USA o. vissa andra länder inrikesdepartementet; *Minister* (amer. *Secretary*) *of the I~* inrikesminister
interior-sprung [ɪnˌtɪərɪə'sprʌŋ] *adj, ~ mattress* resårmadrass
interject [ˌɪntə'dʒekt] *vb tr* skjuta (kasta) in [~ *a remark*]; utropa
interjection [ˌɪntə'dʒekʃ(ə)n] *s* **1** inkast, inpass **2** utrop **3** gram. interjektion, utropsord

interlace [ˌɪntə'leɪs] **I** *vb tr* fläta samman isht bildl.; fläta in, blanda [in]; ~ *a th. with*... fläta in...i (bland) ngt; ~*d pattern* flätmönster, slingmönster **II** *vb itr* vara sammanflätad (sammanvävd)
interlard [ˌɪntə'lɑ:d] *vb tr* späcka isht bildl.
interleave [ˌɪntə'li:v] *vb tr* interfoliera [~ *a book*]
interlinear [ˌɪntə'lɪnɪə] *adj* [skriven (tryckt)] mellan raderna [~ *translation*]
interlink [ˌɪntə'lɪŋk] *vb tr* länka samman
interlock [ˌɪntə'lɒk] **I** *vb itr* gripa (gå [in]), klaffa i varandra, hänga ihop; vara sammankopplad (synkroniserad) **II** *vb tr* spärra, låsa; fläta ihop, knyta tätt samman; synkronisera
interlocutor [ˌɪntə'lɒkjʊtə] *s* interlokutör
interloper ['ɪntələʊpə] *s* inkräktare
interlude ['ɪntəlu:d, -lju:d] *s* mellanspel äv. bildl. o. mus.; uppehåll, paus; intervall; ~*s of bright weather* tidvis uppklarnande [väder]
intermarriage [ˌɪntə'mærɪdʒ] *s* **1** giftermål[sförbindelse] mellan personer av olika religion, familj, ras o.d.; blandäktenskap **2** ingifte giftermål mellan nära släktingar
intermarry [ˌɪntə'mærɪ] *vb itr* **1** om familjer, raser o.d. förenas genom giftermål [*with* med andra familjer o.d.], gifta sig med varandra **2** praktisera ingifte, gifta sig inom släkten (stammen o.d.)
intermediary [ˌɪntə'mi:djərɪ] **I** *adj* **1** förmedlande, som uppträder som mellanhand (mellanled); mäklar- **2** mellanliggande, mellan- **II** *s* **1** mellanhand, mäklare; förmedlare **2** medel; mellanled
intermediate [ˌɪntə'mi:djət] *adj* mellanliggande; som utgör ett övergångsstadium; mellan-; ~ *heat* sport. mellanheat; ~ *landing* mellanlandning; ~ *stage* mellanstadium, övergångsstadium; ~ *time* sport. mellantid
interment [ɪn'tɜ:mənt] *s* begravning, gravsättning
intermezz|o [ˌɪntə'metsǀəʊ, -'medzǀəʊ] (pl. -*os* el. -*i* [-i:]) *s* intermezzo, mellanspel äv. bildl.
interminable [ɪn'tɜ:mɪnəbl] *adj* oändlig, ändlös; som aldrig tycks vilja ta slut, långtråkig
interminably [ɪn'tɜ:mɪnəblɪ] *adv* i det oändliga, i [all] oändlighet
intermingle [ˌɪntə'mɪŋgl] **I** *vb tr* blanda [*with* med]; blanda in [*with* i] **II** *vb itr* blanda sig; umgås [med varandra], träffas
intermission [ˌɪntə'mɪʃ(ə)n] *s* **1** uppehåll, avbrott, paus [*without* ~] **2** teat. mellanakt
intermittent [ˌɪntə'mɪt(ə)nt] *adj* intermittent, [ofta] avbruten; ojämn, oregelbunden [~ *pulse*]; som kommer och går [~ *pain*]
intermittently [ˌɪntə'mɪt(ə)ntlɪ] *adv* ryckvis, stötvis; ojämnt; periodiskt; emellanåt
1 intern [ɪn'tɜ:n] *vb tr* internera, spärra in

2 intern ['ɪntɜ:n] *amer.* **I** *s* **1** ung. allmäntjänstgörande läkare, AT-läkare **2** lärarkandidat **II** *vb itr* ha sjukhustjänstgöring
internal [ɪn'tɜ:nl] *adj* inre; invärtes, invändig; inner- [~ *ear*]; för invärtes bruk [*an ~ remedy*]; inhemsk, inrikes[-]; inneboende i ngt; andlig; subjektiv; intern; ~ *combustion engine* förbränningsmotor; ~ *evidence* inre bevis; ~ *medicine* invärtes medicin, internmedicin; ~ *revenue* amer., se *inland revenue* under *inland II 2*
internally [ɪn'tɜ:nəlɪ] *adv* i det inre, invärtes; i sitt inre, inom sig
international [ˌɪntə'næʃ(ə)nl] **I** *adj* internationell, mellanfolklig; världsomfattande, världs-; utrikes, till utlandet [~ *call* (*money order*)]; sport. lands- [~ *team*] **II** *s* sport. a) internationell tävling; landskamp b) deltagare i internationella tävlingar; landslagsspelare
internationalism [ˌɪntə'næʃnəlɪz(ə)m] *s* internationalism
internationalist [ˌɪntə'næʃnəlɪst] *s* internationalist
internationalization ['ɪntəˌnæʃnəlaɪ'zeɪʃ(ə)n] *s* internationalisering
internationalize [ˌɪntə'næʃnəlaɪz] *vb tr* internationalisera
internecine [ˌɪntə'ni:saɪn] *adj* förödande för alla parter [~ *war*]; inbördes [~ *struggle*]
internee [ˌɪntɜ:'ni:] *s* internerad person; *the ~s* de internerade, internerna, fångarna
internment [ɪn'tɜ:nmənt] *s* internering; ~ *camp* interneringsläger
interpenetrate [ˌɪntə'penɪtreɪt] **I** *vb tr* tränga in i, genomtränga **II** *vb itr* tränga in i (genomtränga) varandra
interpersonal [ˌɪntə'pɜ:s(ə)nəl] *adj* mellanmänsklig; ~ *relations* äv. [personliga] ömsesidiga relationer
interplanetary [ˌɪntə'plænɪt(ə)rɪ] *adj* interplanetarisk, mellan planeter[na]
interplay ['ɪntəpleɪ] *s* samspel; växelverkan; skiftning [~ *of* (mellan) *light and shade*]
Interpol ['ɪntəpɒl] *s* (förk. för *International Criminal Police Organization*) Interpol
interpolate [ɪn'tɜ:pə(ʊ)leɪt] *vb tr* **1** interpolera, skjuta in, inflicka ord o.d. i text; förfalska genom tillägg **2** matem. interpolera
interpolation [ɪnˌtɜ:pə(ʊ)'leɪʃ(ə)n] *s* **1** interpolering, interpolation, textförfalskning; tillägg **2** matem. interpolation
interpolistic [ˌɪntəpə'lɪstɪk] *adj* interpolistisk
interpose [ˌɪntə'pəʊz] **I** *vb tr* **1** sätta (anbringa) emellan; komma hindrande emellan med; inlägga [~ *a veto*] **2** skjuta in, inflicka [~ *a question*] **II** *vb itr* **1** gå (träda) emellan, medla [~ *in a quarrel*] **2** avbryta, falla in ['*what do you mean?*' *he ~d*]

interpret [ɪn'tɜ:prɪt] **I** *vb tr* tolka, tyda; förklara **II** *vb itr* tjänstgöra som (vara) tolk, tolka [*for* åt]
interpretation [ɪnˌtɜ:prɪ'teɪʃ(ə)n] *s* tolkning; tydning, förklaring; interpretation; *put a wrong ~ on a th.* tolka ngt på fel sätt (fel)
interpretative [ɪn'tɜ:prɪtətɪv, -teɪt-] *adj* tolkande, förklarande; tolknings-
interpreter [ɪn'tɜ:prɪtə] *s* **1** tolk; uttolkare; ~ *of dreams* drömtydare **2** interpret, återgivare, tolkare, framställare [~ *of a role*]
interracial [ˌɪntə'reɪʃ(ə)l] *adj* mellan (för) [personer av] skilda raser
interrail [ˌɪntə'reɪl] *vb itr* tågluffa
interregn|um [ˌɪntə'regn|əm] (pl. -*a* [-ə] el. -*ums*) *s* interregnum; bildl. äv. mellantid, avbrott, paus
interrelate [ˌɪntərɪ'leɪt] **I** *vb tr* bringa att stämma överens, samordna, relatera till varandra **II** *vb itr* stå i ett inbördes förhållande (nära förbund) [*with* till]
interrelation [ˌɪntərɪ'leɪʃ(ə)n] *s* inbördes förhållande
interrelationship [ˌɪntərɪ'leɪʃ(ə)nʃɪp] *s* inbördes förhållande (samband)
interrogate [ɪn'terə(ʊ)geɪt] *vb tr* fråga ut; förhöra [~ *a witness*]
interrogation [ɪnˌterə(ʊ)'geɪʃ(ə)n] *s* **1** utfrågning, förhör **2** fråga; *mark of* ~ el. ~ *mark* frågetecken
interrogative [ˌɪntə'rɒɡətɪv] **I** *adj* frågande [*an ~ look*]; gram. äv. fråge-, interrogativ **II** *s* gram. frågeord
interrogator [ɪn'terə(ʊ)geɪtə] *s* förhörsledare, utfrågare
interrogatory [ˌɪntə'rɒɡət(ə)rɪ] *adj* frågande
interrupt [ˌɪntə'rʌpt] **I** *vb tr* avbryta [~ *the speaker*; ~ *one's work*]; förorsaka avbrott i; störa; skymma [~ *the view*] **II** *vb itr* avbryta [*don't ~!*]
interruption [ˌɪntə'rʌpʃ(ə)n] *s* avbrytande; [störande] avbrott; uppehåll, paus
intersect [ˌɪntə'sekt] **I** *vb tr* skära, korsa; *~ed with* (*by*) genomskuren (genomkorsad) av **II** *vb itr* skära varandra, korsas
intersection [ˌɪntə'sekʃ(ə)n] *s* **1** skärning; korsning; genomskärning **2** isht geom. skärningspunkt **3** gatukorsning, vägkorsning
intersperse [ˌɪntə'spɜ:s] *vb tr* blanda in; blanda upp, interfoliera, späcka, krydda [*a speech ~d with witty remarks*]
interstate ['ɪntəsteɪt] **I** *adj* mellan stater[na] i USA; mellanstatlig **II** *s* motorväg (huvudväg) mellan stater i USA
interstellar [ˌɪntə'stelə] *adj* interstellär
interstice [ɪn'tɜ:stɪs] *s* [litet] mellanrum; springa
intertwine [ˌɪntə'twaɪn] **I** *vb tr* fläta samman **II** *vb itr* slingra (sno) ihop sig
interval ['ɪntəv(ə)l] *s* **1** mellanrum i tid o. rum; intervall; mellantid, avbrott, mellanstund

[*between* mellan]; teat. o.d. mellanakt; paus, rast; **bright** ~**s** tidvis uppklarnande [väder]; **at** ~**s** a) med intervaller, med pauser emellan, då och då, emellanåt b) med [vissa] mellanrum; **at long** ~**s** med långa mellanrum **2** mus. intervall, tonavstånd **3** ~ **training** sport. intervallträning
intervene [ˌɪntəˈviːn] *vb itr* **1** komma emellan (i vägen) [*if nothing* ~*s*], inträffa under tiden, tillstöta **2** intervenera; ingripa [~ *in the debate*], inskrida; gå (träda) emellan, medla [*in* i]; ~ **between** medla mellan, gå emellan **3** infalla
intervention [ˌɪntəˈvenʃ(ə)n] *s* intervention, ingripande; inskridande, mellankomst, medling
interview [ˈɪntəvjuː] **I** *s* intervju; samtal, sammanträffande; **obtain an** ~ **with** a) få företräde hos b) få en intervju med **II** *vb tr* ha en intervju (ett samtal) med [~ *all applicants for the job*], fråga ut, intervjua
interviewee [ˌɪntəvjuːˈiː] *s* intervjuobjekt; *the* ~ äv. den intervjuade
interviewer [ˈɪntəvjuːə] *s* intervjuare
interweave [ˌɪntəˈwiːv] (*interwove interwoven*) *vb tr* väva (fläta) samman [*with* med]; väva (fläta) in äv. bildl.
intestacy [ɪnˈtestəsɪ] *s* frånfälle utan efterlämnat testamente
intestate [ɪnˈtestət] **I** *adj* **1** *die* ~ dö utan att efterlämna testamente **2** *be* ~ vara otestamenterad [~ *property*] **II** *s* person som avlidit utan att efterlämna testamente
intestinal [ɪnˈtestɪnl] *adj* tarm- [~ *canal*], inälvs- [~ *worm*]; ~ **disorders** tarmbesvär
intestine [ɪnˈtestɪn] *s* anat., vanl. pl. ~**s** tarmar; inälvor; *the large* ~ tjocktarmen; *the small* ~ tunntarmen
intimacy [ˈɪntɪməsɪ] *s* **1** förtrolighet; förtroligt (nära) förhållande; intim bekantskap; umgänge [*with* med]; intimitet **2** intimt (sexuellt) förhållande
intimate [ss. adj. o. subst. ˈɪntɪmət, ss. vb ˈɪntɪmeɪt] **I** *adj* **1** förtrolig, innerlig, intim [~ *friend*[*ship*]; *an* ~ *acquaintance with*]; [mycket] nära [~ *connection*]; ingående, djup [*an* ~ *knowledge of*]; **be on** ~ **terms with** a) vara god vän med, stå på förtrolig fot med b) ha ett förhållande med **2** *be* ~ ha intimt (sexuellt) umgänge **II** *s* förtrogen vän, förtrogen **III** *vb tr* **1** tillkännage, meddela **2** antyda, låta förstå
intimation [ˌɪntɪˈmeɪʃ(ə)n] *s* **1** tillkännagivande, meddelande **2** antydan, vink; tecken
intimidate [ɪnˈtɪmɪdeɪt] *vb tr* skrämma [*into doing a th.* [till] att göra ngt], injaga fruktan (skräck) hos; avskräcka, trakassera; terrorisera
intimidation [ɪnˌtɪmɪˈdeɪʃ(ə)n] *s* skrämsel; hotelser

into [ˈɪntʊ, framför konsonantljud äv. ˈɪntə] *prep* (se äv. under resp. huvudord) **1** om rörelse, riktning o.d. in i [*come* ~ *the house*]; ned i [*jump* ~ *the boat*]; upp i [*get* ~ *the upper berth*]; ut i [*come* ~ *the garden*]; fram i [*come* ~ *the light*]; i [*look* ~ *the box*]; in på [*go* ~ *a restaurant*]; ut på [*rush* ~ *the street*; *go* ~ *the country*] **2** bildl. **a**) i; *fall* ~ *disgrace* råka (falla) i onåd; *get* ~ *conversation* komma i samspråk (samtal); *get* ~ *difficulties* råka i svårigheter; *run* ~ *debt* sätta sig i skuld **b**) till [*change* ~; *alter* ~; *turn water* ~ *wine*]; *develop* ~ utveckla [sig] till; *frighten a p.* ~ *submission* skrämma ngn till underkastelse; *translate* ~ *English* översätta till engelska **c**) in på [*get* ~ *details*]; *far* [*on*] ~ *the night* [till] långt in på natten; *he's* ~ *his thirties* han är över (drygt) trettio **3** ~ *the bargain* [till] på köpet, dessutom, till yttermera visso **4** vard., *be* ~ *a th.* vara intresserad av ngt, syssla med ngt
intolerable [ɪnˈtɒl(ə)rəbl] *adj* outhärdlig, odräglig, intolerabel [*to* för], olidlig [~ *pain*]
intolerance [ɪnˈtɒlər(ə)ns] *s* ofördragsamhet, intolerans [*against* mot]; överkänslighet [~ *to* (för) *drugs*]
intolerant [ɪnˈtɒlər(ə)nt] *adj* ofördragsam, intolerant; oförmögen att uthärda (fördraga) [*of a th.* ngt]
intonation [ˌɪntə(ʊ)ˈneɪʃ(ə)n] *s* **1** fonet. intonation, musikalisk accent **2** mus. intonation
intone [ɪnˈtəʊn] *vb tr* o. *vb itr* **1** läsa sjungande (entonigt) [~ *a prayer*], mässa **2** mus. el. fonet. intonera
intoxicant [ɪnˈtɒksɪkənt] **I** *adj* [be]rusande **II** *s* berusningsmedel, rusdryck
intoxicate [ɪnˈtɒksɪkeɪt] *vb tr* berusa äv. bildl.
intoxicated [ɪnˈtɒksɪkeɪtɪd] *adj* berusad äv. bildl.; yr i huvudet [*with*, *by* av]; ~ *with joy* äv. yr (rusig) av glädje, glädjedrucken; *slightly* ~ äv. [lätt] spritpåverkad
intoxicating [ɪnˈtɒksɪkeɪtɪŋ] *adj* [be]rusande, rusgivande; ~ *liquor* rusdryck
intoxication [ɪnˌtɒksɪˈkeɪʃ(ə)n] *s* **1** berusning äv. bildl.; rus **2** med. förgiftning, intoxikation
intr. förk. för *intransitive*
intractable [ɪnˈtræktəbl] *adj* motspänstig, obändig; omedgörlig; oregerlig
intransigence [ɪnˈtrænsɪdʒ(ə)ns, -ˈtrɑːns-] *s* omedgörlighet, orubblighet; intransigens
intransigent [ɪnˈtrænsɪdʒ(ə)nt, -ˈtrɑːn-] *adj* omedgörlig, obändig, orubblig; intransigent
intransitive [ɪnˈtrænsətɪv, -ˈtrɑːns-] gram. **I** *adj* intransitiv **II** *s* intransitivt verb
intra-uterine [ˌɪntrəˈjuːtəraɪn] *adj* med. livmoders-, i livmodern; ~ [*contraceptive*] *device* spiral, intrauterint preventivmedel
intravenous [ˌɪntrəˈviːnəs] *adj* med. intravenös
in-tray [ˈɪntreɪ] *s* korg (låda) för ingående post

intrepid [ɪn'trepɪd] *adj* oförskräckt, modig [*an ~ explorer*], orädd
intrepidity [ˌɪntrə'pɪdətɪ] *s* oförskräckthet, mod, oräddhet
intricac|y ['ɪntrɪkəsɪ, -'---] *s* invecklad beskaffenhet, krånglighet, trasslighet; virrvarr
intricate ['ɪntrɪkət] *adj* **1** bildl. invecklad [*an ~ piece of machinery*], intrikat, krånglig, trasslig, kinkig **2** tilltrasslad äv. bildl. [*an ~ plot*]; hoptrasslad
intrigue [ɪn'tri:g] **I** *s* intrig[erande], ränksmideri, ränker, stämplingar, [onda] anslag **II** *vb itr* intrigera, smida ränker, stämpla [*against* mot] **III** *vb tr* väcka intresse (nyfikenhet) hos [*the news ~d us*]; försätta i spänning; fängsla [*the puzzle ~d her*]; förbrylla
intriguer [ɪn'tri:gə] *s* intrigmakare, ränksmidare
intriguing [ɪn'tri:gɪŋ] *adj* **1** intrigant, ränkfull, ränklysten **2** fängslande, spännande; underfundig
intrinsic [ɪn'trɪnsɪk] *adj* inre, inneboende [*the ~ power*]; egentlig, verklig, reell [*the ~ value of a coin*]
intrinsically [ɪn'trɪnsɪk(ə)lɪ] *adv* i sig själv[t], i sitt innersta väsen; egentligen, verkligen, reellt
intro ['ɪntrəʊ] (pl. *~s*) *s* vard. kortform för *introduction*
introduce [ˌɪntrə'dju:s] *vb tr* **1** införa, introducera, föra in [*into* i; *~ new ideas*]; lansera [*~ a new product*]; infoga i, foga till [*~ amendments into a bill*]; *be ~d* äv. komma i bruk, börja användas **2** föra in, sticka in [*~ a tube into a wound*] **3** inleda, börja [på] **4** presentera, föreställa [*to* för]; introducera [[*in*]*to* vid, i, hos]; *~ oneself* presentera sig **5** göra bekant, låta stifta bekantskap [*to a th.* med ngt]
introduction [ˌɪntrə'dʌkʃ(ə)n] *s* **1** introduktion, införande [*the ~ of a new fashion*] **2** introduktion, inledning [*to* till]; *An I~ to Phonetics* ss. boktitel Inledning till fonetiken, Handledning i fonetik **3** presentation [*to* för], introduktion; *letter of ~* rekommendationsbrev, introduktionsbrev **4** förspel, introduktion; upptakt
introductory [ˌɪntrə'dʌkt(ə)rɪ] *adj* inledande, inlednings-, introduktions- [*~ course*]
introspection [ˌɪntrə(ʊ)'spekʃ(ə)n] *s* psykol. introspektion, självaktagelse
introspective [ˌɪntrə(ʊ)'spektɪv] *adj* psykol. introspektiv, självaktagande, inåtvänd
introversion [ˌɪntrə(ʊ)'vɜ:ʃ(ə)n] *s* inåtvändhet, slutenhet; psykol. introversion
introvert ['ɪntrə(ʊ)vɜ:t] **I** *adj* inåtvänd, sluten [*an ~ person*]; psykol. introvert **II** *s* psykol. inåtvänd (sluten, introvert) person

intrud|e [ɪn'tru:d] *vb itr* **1** tränga (truga) sig på [[*up*]*on a p.* ngn]; inkräkta; komma objuden (olägligt); *I hope I'm not -ing* jag hoppas jag inte [kommer och] stör, jag stör väl inte **2** tränga in [*into* i]
intruder [ɪn'tru:də] *s* inkräktare
intrusion [ɪn'tru:ʒ(ə)n] *s* **1** inkräktande, inhopp, intrång [[*up*]*on* på, i]; inträngande [*into* i] **2** påflugenhet, påtrugande
intrusive [ɪn'tru:sɪv] *adj* **1** inkräktande, störande; inträngande **2** påflugen, påträngande
intuit [ɪn'tju:ɪt] *vb tr o. vb itr* inse (uppfatta, veta) intuitivt (omedelbart)
intuition [ˌɪntjʊ'ɪʃ(ə)n] *s* **1** intuition, omedelbar (instinktiv) uppfattning (insikt) **2** ingivelse
intuitive [ɪn'tju:ɪtɪv] *adj* intuitiv; i besittning av intuition; *be ~* äv. ha intuition
Inuit ['ɪnjʊɪt] *s* inuit eskimå i Nordamerika el. Grönland
inundate ['ɪnʌndeɪt] *vb tr* översvämma [*with* med] äv. bildl.; *be ~d with letters* äv. [hålla på att] drunkna i brev
inundation [ˌɪnʌn'deɪʃ(ə)n] *s* översvämning äv. bildl.; flöde; bildl. ström, mängd [*an ~ of visitors*]
inure [ɪ'njʊə, -jɔ:] *vb tr* vänja; härda [*to* mot]
invade [ɪn'veɪd] **I** *vb tr* **1** invadera, tränga (marschera) in i, göra invasion i, ockupera; *an invading army* en invasionsarmé **2** kränka [*~ a p.'s rights*], inkräkta på, göra intrång i **II** *vb itr* tränga (marschera) in, göra invasion
invader [ɪn'veɪdə] *s* inkräktare, invaderande [fiende], angripare
1 invalid [ss. subst. o. adj. 'ɪnvəlɪd, -li:d, ss. vb 'ɪnvəli:d, -lɪd] **I** *s* sjukling; [kroniskt] sjuk; invalid **II** *attr adj* sjuklig, klen [*an ~ aunt*]; sjuk- [*~ diet*]; handikappad; invalid-; mil. oduglig till aktiv tjänst (krigstjänst) [*~ soldiers*]; *~ car* invalidbil; *an ~ chair* en rullstol **III** *vb tr o. vb itr* göra (bli) sjuklig (kroniskt sjuk); invalidisera[s]
2 invalid [ɪn'vælɪd] *adj* ogiltig [*an ~ cheque*; *declare ~*], utan laga kraft [*an ~ claim*]; som inte gäller (duger) [*an ~ argument* (*excuse*)]
invalidate [ɪn'vælɪdeɪt] *vb tr* göra ogiltig, ogiltigförklara, upphäva; kullkasta [*~ arguments*]
1 invalidity [ˌɪnvə'lɪdətɪ] *s* sjuklighet; invaliditet; *~ insurance* invaliditetsförsäkring
2 invalidity [ˌɪnvə'lɪdətɪ] *s* ogiltighet
invaluable [ɪn'væljʊ(ə)bl] *adj* ovärderlig
invariable [ɪn'veərɪəbl] *adj* oföränderlig, invariabel
invariably [ɪn'veərɪəblɪ] *adv* oföränderligt, konstant; ständigt, alltid, undantagslöst
invasion [ɪn'veɪʒ(ə)n] *s* **1** invasion äv. bildl. [*an ~ of tourists*]; [fientligt] infall, ockupation

2 inkräktande, intrång [*of* i, på; ~ *of a right*]; kränkning; ~ *of privacy* kränkning av privatlivets helgd

invasive [ɪn'veɪsɪv] *adj* invasions- [~ *forces*], invaderande, inträngande; infallande, anfallande

invective [ɪn'vektɪv] *s* **1** (utan pl.) invektiv, smädelser, skymford **2** pl. ~*s* förbannelser, svordomar, kraftuttryck

inveigh [ɪn'veɪ] *vb itr*, ~ *against* fara ut (rasa) mot

inveigle [ɪn'veɪgl, ɪn'viːgl] *vb tr* locka, förleda, lura [*a p. into* (*into doing*) *a th.* ngn till (att göra) ngt]

invent [ɪn'vent] *vb tr* **1** uppfinna **2** hitta på, tänka ut; dikta upp

invention [ɪn'venʃ(ə)n] *s* **1** uppfinning [*Edison's* ~*s*]; påfund, [ren] dikt (lögn), fantasifoster; *it is pure* ~ det är rena [rama] fantasierna **2** uppfinnande [*the* ~ *of the telephone*]; *necessity is the mother of* ~ nöden är uppfinningarnas moder **3** mus. invention

inventive [ɪn'ventɪv] *adj* **1** uppfinningsrik, fyndig, påhittig **2** uppfinnings- [~ *power*]; uppfinnar- [~ *genius* (förmåga)]

inventor [ɪn'ventə] *s* uppfinnare

inventory ['ɪnvəntrɪ] *s* **1** inventarieförteckning, lösöreförteckning, varuförteckning, inventarium; bouppteckning; *make* (*take, draw up*) *an* ~ *of a th.* upprätta [en] [inventarie]förteckning över ngt, inventera ngt **2** inventering **3** inventarier; lager, förråd

inverse [ˌɪn'vɜːs] *adj* omkastad; motsatt; *in* ~ *proportion* (*ratio*) *to* omvänt proportionell mot

inversion [ɪn'vɜːʃ(ə)n] *s* inversion, omvändning båda äv. mus.; gram. omvänd ordföljd

invert [ɪn'vɜːt] *vb tr* vända upp och ned [på] [~ *a glass*]; kasta (vända, flytta) om [~ *the word order*]; spegelvända; invertera

invertebrate [ɪn'vɜːtɪbrət, -breɪt] zool. **I** *s* evertebrat, invertebrat **II** *adj* ryggradslös

inverted [ɪn'vɜːtɪd] *adj* upp och nedvänd; omvänd, omkastad, omflyttad; spegelvänd; inverterad; ~ *commas* anföringstecken, citationstecken; *in* ~ *order* i omvänd ordning; ~ *word order* gram. omvänd ordföljd

invest [ɪn'vest] **I** *vb tr* **1** investera, placera [~ *money in* (i) *stocks*], satsa äv. bildl. [~ *time and energy in a project*] **2** installera [~ *a p. in an office*] **3** ~ *with* utrusta med, förse med [~ *a p. with power* (*full authority*)] **II** *vb itr* investera, placera pengar (kapital) [~ *in stocks*]; satsa [*in* på; *a failure to* ~ *in new talents*]; vard. lägga ut (ner) pengar [*in* på]; ~ *in* vard. äv. kosta på sig [~ *in a new coat*]

investigate [ɪn'vestɪgeɪt] *vb tr* utforska, undersöka; utreda, försöka klara upp [~ *a crime*]

investigation [ɪnˌvestɪ'geɪʃ(ə)n] *s* undersökning, utredning [*into* angående, av; *of* av]

investigative [ɪn'vestɪgeɪtɪv] *adj* [ut]forskande, forsknings-; utrednings-; ~ *journalism* (*reporting*) undersökande journalistik

investigator [ɪn'vestɪgeɪtə] *s* forskare; undersökare; utredare; *private* ~ privatdetektiv

investiture [ɪn'vestɪtʃə] *s* **1** ordensutdelning ceremonin **2** insättande (installerande) [i ämbete]

investment [ɪn'ves(t)mənt] *s* investering, investerings- [~ *fund*], placering [~ *of money in stocks*], satsning äv. bildl. [~ *of time and energy*]; kapitalplacering

investor [ɪn'vestə] *s* investerare; aktieägare

inveterate [ɪn'vet(ə)rət] *adj* inrotad, ingrodd [*an* ~ *habit*, ~ *prejudices*]; oförbätterlig, inbiten [*an* ~ *smoker*]

invidious [ɪn'vɪdɪəs] *adj* olycklig, stötande, betänklig, som väcker ont blod (ovilja); orättvis (orättfärdig); förhatlig, förargelseväckande; *make* ~ *distinctions* (*comparisons*) göra åtskillnad (orättvisa jämförelser)

invigilate [ɪn'vɪdʒɪleɪt] *vb itr* vakta, hålla (ha) vakt vid examensskrivning

invigilation [ɪnˌvɪdʒɪ'leɪʃ(ə)n] *s* vakt[hållning] vid examensskrivning

invigilator [ɪn'vɪdʒɪleɪtə] *s* skol. o.d. skrivvakt

invigorat|e [ɪn'vɪgəreɪt] *vb tr* stärka, styrka, liva [upp]; friska upp; *an* -*ing climate* ett stärkande klimat

invincibility [ɪnˌvɪnsɪ'bɪlətɪ] *s* oövervinnlighet

invincible [ɪn'vɪnsəbl] *adj* oövervinnlig äv. bildl.

inviolability [ɪnˌvaɪələ'bɪlətɪ] *s* okränkbarhet

inviolable [ɪn'vaɪələbl] *adj* okränkbar [*an* ~ *law*], oantastlig; obrottslig, helig [*an* ~ *oath* (*promise*)]

inviolate [ɪn'vaɪələt] *adj* **1** okränkt, orörd, obruten, oantastad **2** okränkbar, oantastlig

invisibility [ɪnˌvɪzə'bɪlətɪ] *s* osynlighet

invisible [ɪn'vɪzəbl] *adj* osynlig [*to* för]; ~ *ink* osynligt bläck; ~ *mending* konststoppning

invitation [ˌɪnvɪ'teɪʃ(ə)n] *s* **1** inbjudan, invitation [*to a th.* till ngt; *to doing* att göra]; ~ *card* inbjudningskort **2** kallelse; invit, uppmaning [*his sneer was an* ~ *to a fight*]; anmodan **3** lockelse, frestelse, invit

invite [ss. vb ɪn'vaɪt, ss. subst. 'ɪnvaɪt] **I** *vb tr* **1** [in]bjuda, invitera [~ *a p. to* (till, på) *dinner*, ~ *a p. to give a talk*]; ~ *a p. to one's house* bjuda hem ngn **2** a) be, uppmana, inbjuda [~ *a p. to negotiations*]; anmoda, begära [*a p. to do a th.* ngn [till] att göra ngt] b) be om; inbjuda (locka) till, fresta;

framkalla, ge anledning till **II** *s* vard.
inbjudning
inviting [ɪn'vaɪtɪŋ] *adj* inbjudande; lockande, frestande; attraktiv
invocation [ˌɪnvə(ʊ)'keɪʃ(ə)n] *s* åkallan [~ *of God*, ~ *of the Muses*], anropande, invokation
invoice ['ɪnvɔɪs] **I** *s* faktura, [varu]räkning; *as per* ~ enligt faktura **II** *vb tr* fakturera
invoke [ɪn'vəʊk] *vb tr* åkalla [~ *God*, ~ *the Muses*], anropa; framkalla, uppväcka
involuntary [ɪn'vɒlənt(ə)rɪ] *adj* **1** ofrivillig; oavsiktlig **2** oberoende av viljan [~ *muscles*]
involve [ɪn'vɒlv] *vb tr* **1** inveckla, dra in [~ *a p. in trouble*], involvera; blanda in [~ *a p. in a nasty business*]; [*people who are*] ~*d* ...inblandade (berörda); ~*d in* äv. engagerad i **2** medföra, dra med sig, involvera [*it would* ~ *my living abroad*]; innefatta, omfatta, innebära; gälla
involved [ɪn'vɒlvd] *adj* inblandad, invecklad, involverad; engagerad
involvement [ɪn'vɒlvmənt] *s* inblandning; relation [*to* till]; ~ *in* äv. engagemang i
invulnerability [ɪnˌvʌln(ə)rə'bɪlətɪ] *s* **1** osårbarhet **2** oangriplighet etc., jfr *invulnerable 2*
invulnerable [ɪn'vʌln(ə)rəbl] *adj* **1** osårbar [*to* för] **2** oangriplig, oantastlig, oanfäktbar [~ *arguments*]
inward ['ɪnwəd] **I** *adj* inre [~ *nature*; ~ *happiness*; ~ *organs*]; invändig, invärtes, andlig, själslig; in[åt]gående, inåtriktad [*an* ~ *movement*] **II** *adv* inåt äv. bildl.; in i själen; ~ *bound* sjö. på ingående
inwardly ['ɪnwədlɪ] *adv* invärtes; i sitt inre (hjärta) [*grieve* ~]
inwards ['ɪnwədz] *adv* inåt
IOC [ˌaɪəʊ'siː] (förk. för *International Olympic Committee*) IOK
iodine ['aɪə(ʊ)diːn, 'aɪədaɪn] *s* kem. jod
iodize ['aɪə(ʊ)daɪz] *vb tr* jodbehandla; jodera; ~*d salt* jodsalt
IOM förk. för *Isle of Man*
ion ['aɪən, 'aɪɒn] *s* fys. el. kem. jon
ionization [ˌaɪənaɪ'zeɪʃ(ə)n] *s* fys. el. kem. jonisering; ~ *chamber* jonisationskammare
ionize ['aɪənaɪz] *vb tr* fys. el. kem. jonisera
ionosphere [aɪ'ɒnəsfɪə] *s* jonosfär
iota [aɪ'əʊtə] *s* **1** grekiska bokstaven iota **2** bildl. jota [*there is not an* ~ *of truth in it*]
IOU [ˌaɪəʊ'juː] *s* (= *I owe you*) skuldsedel, enkel revers
IOW förk. för *Isle of Wight*
Iowa ['aɪəʊə, 'aɪəwə] geogr.
Ipswich ['ɪpswɪtʃ] geogr.
IQ [ˌaɪ'kjuː] (pl. ~*s*) *s* (förk. för *intelligence quotient*) IQ
IRA [ˌaɪɑː'reɪ] *s* (förk. för *Irish Republican Army*) I.R.A.
Irak [ɪ'rɑːk] se *Iraq*
Iran [ɪ'rɑːn]

Iranian [ɪ'reɪnjən, aɪ'r-] **I** *adj* iransk **II** *s* **1** iranier; iranska kvinna **2** iranska [språket]
Iraq [ɪ'rɑːk] Irak
Iraqi [ɪ'rɑːkɪ] **I** *adj* irakisk **II** *s* irakier
irascibility [ɪˌræsɪ'bɪlətɪ, aɪˌr-] *s* hetsighet etc., se *irascible*
irascible [ɪ'ræsɪbl, ˌaɪ'r-] *adj* hetsig, lättretlig, argsint, snarstucken, hetlevrad
irate [aɪ'reɪt] *adj* vred, rasande, ilsken
ire ['aɪə] *s* poet. vrede, raseri
Ireland ['aɪələnd] Irland
iridescence [ˌɪrɪ'desns] *s* regnbågsskimmer, irisering
iridescent [ˌɪrɪ'desnt] *adj* regnbågsskimrande, iriserande
iridium [aɪ'rɪdɪəm] *s* iridium
Iris ['aɪərɪs] kvinnonamn
iris ['aɪərɪs] (pl. äv. *irides* ['aɪrɪdiːz]) *s* **1** anat. iris, regnbågshinna **2** bot. iris, svärdslilja
Irish ['aɪ(ə)rɪʃ] **I** *adj* irländsk, irisk; ~ *coffee* Irish coffee kaffe med whisky, socker och grädde i; *the* ~ *Republican Army* Irländska republikanska armén nationalistorganisation; *the* ~ *Sea* Irländska sjön; ~ *stew* irländsk fårgryta (stuvning); ~ *terrier* irländsk terrier **II** *s* **1** irländska (iriska) [språket] **2** *the* ~ irländarna; isht hist. irerna
Irish|man ['aɪ(ə)rɪʃ|mən] (pl. -*men* [-mən]) *s* irländare; isht hist. irer
Irish|woman ['aɪ(ə)rɪʃˌwʊmən] (pl. -*women* [-ˌwɪmɪn]) *s* irländska; isht hist. iriska
irk [ɜːk] *vb tr* trötta, tråka ut, förtreta, irritera
irksome ['ɜːksəm] *adj* tröttsam, ledsam, tråkig, irriterande, besvärlig
iron ['aɪən] **I** *s* **1** järn äv. bildl.; *have* [*too*] *many* ~*s in the fire* ha [för] många järn i elden; *a will of* ~ el. *an* ~ *will* en järnvilja; *rule with a rod of* ~ styra med järnspira (järnhand); *strike while the* ~ *is hot* smida medan järnet är varmt **2** strykjärn, pressjärn **3** brännjärn **4** golf. järn[klubba] **5** med. järn[preparat] **6** pl. ~*s* järn, bojor [*put a man in* ~*s*] **7** sl. järn skjutvapen **II** *attr adj* **1** järn- [*an* ~ *mine* (*plate*)]; järngrå, stålgrå; *I*~ *age* arkeol. el. ~ *age* myt. järnålder; ~ *constitution* järnhälsa, järnfysik; ~ *curtain* järnridå isht bildl.; ~ *tonic* järnmedicin **2** järnhård, oböjlig, sträng, obarmhärtig; järn- [*an* ~ *grip*]; *rule with an* ~ *hand* styra med järnhand **3** isht mil., ~ *ration* reservproviant, nödranson **III** *vb tr* **1** stryka [~ *a shirt*], pressa **2** slå i järn (bojor), fjättra **3** järnbeslå **4** ~ *out* a) bildl. utjämna [~ *out difficulties*], bringa (få) ur världen [~ *out misunderstandings* (*a disagreement*)] b) släta (pressa) ut [~ *out wrinkles*] **IV** *vb itr* **1** gå att stryka; *clothes* ~ *more easily* [*when they are damp*] äv. kläder är mera lättstrukna... **2** [stå och] stryka
ironic [aɪ'rɒnɪk] *adj* o. **ironical** [aɪ'rɒnɪk(ə)l]

adj ironisk; *make ~ remarks* äv. ironisera [*about* över]
ironing ['aɪənɪŋ] *s* **1** strykning med strykjärn; pressning **2** stryktvätt
ironing-board ['aɪənɪŋbɔ:d] *s* strykbräde
ironing-room ['aɪənɪŋru:m] *s* strykrum
ironmonger ['aɪən,mʌŋgə] *s* järnhandlare; *~'s* [*shop*] järnaffär, järnhandel
ironmongery ['aɪən,mʌŋg(ə)rɪ] *s* **1** järnvaror, smide[svaror] **2** järnaffär, järnhandel
ironware ['aɪənweə] *s* järnvaror
ironworks ['aɪənwɜ:ks] (konstr. vanl. ss. sg.; pl. *ironworks*) *s* järnverk, järnbruk [*an ~*]
irony ['aɪərənɪ] *s* ironi; *one of life's ironies* en ödets ironi
Iroquois ['ɪrəkwɔɪ, -kwɔɪz] **I** (pl. lika [vanl. 'ɪrəkwɔɪz]) *s* irokes **II** *adj* irokesisk
irradiate [ɪ'reɪdɪeɪt] *vb tr* **1** bestråla, belysa äv. bildl.; kasta ljus över [*~ a subject*] **2** utstråla [*~ happiness*] **3** lysa upp, komma (få) att stråla [upp]
irrational [ɪ'ræʃənl] *adj* irrationell äv. matem.; oförnuftig; förnuftsvidrig; ogrundad, orimlig
irrationality [ɪ,ræʃə'nælətɪ] *s* förnuftsvidrighet, orimlighet; irrationell beskaffenhet (egenskap)
irreconcilable [ɪ,rekən'saɪləbl] *adj* **1** oförsonlig [*~ enemies*] **2** oförenlig [*to, with* med; *~ ideas*]
irrecoverable [,ɪrɪ'kʌv(ə)rəbl] *adj* oersättlig [*~ losses*], som ej kan återfås
irredeemable [,ɪrɪ'di:məbl] *adj* **1** hand. ouppsägbar [*an ~ debt* (*loan*)]; oinlösbar, oinlöslig [*~ paper money*] **2** oersättlig [*an ~ loss*] **3** oförbätterlig [*an ~ sinner*]
irreducible [,ɪrɪ'dju:səbl] *adj* oreducerbar äv. matem.; omöjlig att minska (reducera), som ej kan bringas till önskad form (status); matem. omöjlig att förenkla; absolut [*~ minimum*]
irrefutable [,ɪrɪ'fju:təbl, ɪ'refjʊt-] *adj* ovedersäglig, obestridlig [*an ~ argument*]
irregular [ɪ'regjʊlə] **I** *adj* **1** oregelbunden [*an ~ pulse* (*plural*)]; ojämn [*an ~ surface*] **2** oegentlig, inkorrekt, oriktig, reglementsvidrig [*~ conduct* (*proceedings*)]; ogiltig [*an ~ marriage*] **3** oordentlig [*~ behaviour*] **4** irreguljär [*~ troops*] **II** *s*, pl. *~s* irreguljära trupper, friskaror
irregularit|y [ɪ,regjʊ'lærətɪ] *s* oregelbundenhet; oriktighet; oordentlighet i levnadssätt; ojämnhet [*-ies in the surface*]
irrelevance [ɪ'reləvəns] *s* o. **irrelevancy** [ɪ'reləvənsɪ] *s* irrelevans; brist på (bristande) samband
irrelevant [ɪ'reləvənt] *adj* irrelevant, ovidkommande, omotiverad; ej hörande [*to* till]; ej tillämplig [*to* på]
irreligious [,ɪrɪ'lɪdʒəs] *adj* irreligiös; gudlös, ogudaktig [*~ acts*]
irremediable [,ɪrɪ'mi:djəbl] *adj* obotlig, ohjälplig; irreparabel [*~ acts*]

irremovable [,ɪrɪ'mu:vəbl] *adj* orubblig, ej flyttbar; isht oavsättlig, ouppsägbar [*~ officials*]
irreparable [ɪ'rep(ə)rəbl] *adj* irreparabel [*~ damage*]; ohjälplig, obotlig [*~ injury*]; oersättlig [*~ loss*]
irreplaceable [,ɪrɪ'pleɪsəbl] *adj* oersättlig
irrepressible [,ɪrɪ'presəbl] *adj* okuvlig; obetvinglig [*~ desire*]; uppsluppen [*~ high spirits* (humör)]
irreproachable [,ɪrɪ'prəʊtʃəbl] *adj* oförvitlig [*~ conduct*]; oklanderlig [*~ conduct, ~ elegance*]
irresistible [,ɪrɪ'zɪstəbl] *adj* oemotståndlig
irresolute [ɪ'rezəlu:t, -lju:t] *adj* obeslutsam, villrådig; vankelmodig, vacklande
irrespective [,ɪrɪ'spektɪv] *adj*, *~ of* utan hänsyn till, oavsett [*~ of the consequences*]
irresponsibility [,ɪrɪspɒnsə'bɪlətɪ] *s* oansvarighet
irresponsible [,ɪrɪ'spɒnsəbl] *adj* oansvarig, utan ansvar; ansvarslös [*~ behaviour*]
irretrievable [,ɪrɪ'tri:vəbl] *adj* oersättlig [*an ~ loss*]; obotlig, ohjälplig, hopplös
irretrievably [,ɪrɪ'tri:vəblɪ] *adv* oåterkalleligen, ohjälpligt, räddningslöst [*~ lost*]
irreverence [ɪ'rev(ə)r(ə)ns] *s* vanvördnad [*to, for* för], missaktning
irreverent [ɪ'rev(ə)r(ə)nt] *adj* vanvördig
irreversible [,ɪrɪ'vɜ:səbl] *adj* **1** oåterkallelig **2** ej omvändbar (reversibel); fys. el. kem. irreversibel
irrevocable [ɪ'revəkəbl] *adj* oåterkallelig
irrigate ['ɪrɪgeɪt] *vb tr* [konst]bevattna
irrigation [,ɪrɪ'geɪʃ(ə)n] *s* **1** [konst]bevattning, irrigation **2** med. spolning, irrigation
irritability [,ɪrɪtə'bɪlətɪ] *s* [lätt]retlighet, irritabilitet äv. fysiol.
irritable ['ɪrɪtəbl] *adj* [lätt]retlig, irritabel äv. fysiol.; på dåligt humör [äv. *in an ~ mood*]
irritant ['ɪrɪt(ə)nt] *s* retmedel, irritament
irritate ['ɪrɪteɪt] *vb tr* irritera, reta äv. fysiol.; reta upp, oroa, förarga
irritating ['ɪrɪteɪtɪŋ] *adj* irriterande, retande äv. fysiol.; retsam; ret- [*an ~ cough*]
irritation [,ɪrɪ'teɪʃ(ə)n] *s* irritation, retning äv. fysiol.; [upp]retad sinnesstämning, förbittring
irruption [ɪ'rʌpʃ(ə)n] *s* invasion, infall [*into* i]; inträngande, inbrytning
Irving ['ɜ:vɪŋ] mansnamn
is [beton. ɪz, obeton. z, s] 3 pers. sg. pres. av *be*
Isaac ['aɪzək] mansnamn; bibl. Isak
Isabel ['ɪzəbel] kvinnonamn
Isaiah [aɪ'zaɪə, åld. -'zeɪə] bibl. Jesaja
ISBN (förk. för *international standard book number*) ISBN
isinglass ['aɪzɪŋglɑ:s] *s* husbloss; slags gelatin
Islam ['ɪzlɑ:m, -læm, 'ɪs-] *s* **1** islam **2** den islamiska världen (kulturen)
Islamic [ɪz'læmɪk, -'lɑ:m-] *adj* islamisk
Islamitic [,ɪzlə'mɪtɪk, -zlæ'm-] *adj* islamitisk

island ['aɪlənd] s **1** ö [*the Orkney Islands*] äv. bildl. o. anat. **2** refug [äv. *traffic ~*]
islander ['aɪləndə] s öbo
isle [aɪl] s poet. o. i vissa egennamn ö [*the I~ of Wight*; *the British Isles*]
islet ['aɪlət] s liten ö, holme; *~s* småöar, holmar
ism ['ɪz(ə)m] s vard. vanl. neds. ism [*this is the age of ~s*]
isn't ['ɪznt] = *is not*
isobar ['aɪsə(ʊ)bɑ:] s meteor. el. kem. isobar
isolate ['aɪsəleɪt] *vb tr* isolera; bakteriol. äv. renodla
isolated ['aɪsəleɪtɪd] *adj* isolerad; avskild; ensam; enstaka
isolation [ˌaɪsə(ʊ)'leɪʃ(ə)n] s isolering; *~ block* (*ward*) epidemiavdelning, isoleringsavdelning; *~ hospital* epidemisjukhus; *live in ~* leva (bo) isolerat
isolationism [ˌaɪsə(ʊ)'leɪʃ(ə)nɪz(ə)m] s isolationism, isoleringspolitik
isolationist [ˌaɪsə(ʊ)'leɪʃ(ə)nɪst] **I** s isolationist **II** *adj* isolationistisk
isosceles [aɪ'sɒsɪli:z] *adj* geom. likbent
isotherm ['aɪsə(ʊ)θɜ:m] s meteor. isoterm
isotope ['aɪsə(ʊ)təʊp] s kem. isotop
I-spy [ˌaɪ'spaɪ] s ung. ett skepp kommer lastat lek
Israel ['ɪzreɪ(ə)l, -rɪəl]
Israeli [ɪz'reɪlɪ] **I** *adj* israelisk **II** s israel
issue ['ɪʃu:, 'ɪsju:] **I** *vb itr* **1** komma [ut], strömma ut [*smoke issuing from the chimneys*]; utgå, gå ut **2** stamma, härröra; jur. härstamma [*from* från, ur] **3** sändas ut, släppas ut [*from* från] **4** *~ in* sluta (resultera) i **II** *vb tr* **1** låta utgå, sända ut [*~ a decree* (*an order*)]; avge [*~ a report*]; tilldela, lämna (dela) ut [*~ rations*]; utfärda [*~ an order*; *~ a certificate*]; sälja [*~ cheap tickets*] **2** släppa ut [i marknaden], ge ut [*~ new stamps*]; emittera [*~ banknotes* (*shares*)]; publicera **3** mil. utrusta, förse **4** om bibliotek låna ut **III** s **1** utströmmande; utsläpp **2** utgång [*a happy ~ of the affair*], utfall [*the ~ of the war*], följd, resultat **3** utgivande, utgivning [*the ~ of new stamps*]; utlämnande, utdelning [*the ~ of rations*]; utfärdande [*the ~ of orders* (*a certificate*)]; utsläppande [i marknaden], emission äv. konkr. [*the ~ of new shares* (*banknotes*)]; angivande [*the ~ of a report*]; *day of ~* a) ekon. emissionsdatum; utgivningsdag b) bibliot. utlåningsdag **4** upplaga [*the ~ of a newspaper*], utgåva, nummer [*an ~ of a magazine*]; publikation **5** isht jur. barn, bröstarvingar, avkomma, efterlevande [*die without male ~*] **6** mil. ranson, tilldelning; utrustning **7** fråga, spörsmål, tvistefråga [*political ~s*]; frågeställning [äv. *question at ~*]; jur. [tviste]mål, sak; *confuse the ~* förvirra begreppen; trassla till det; *evade the ~* kringgå [huvud]frågan; vard. slingra sig undan; *make an ~ out of a th.* göra stor affär av ngt; *be at ~* vara omstridd (under debatt); *the point at ~* tvistefrågan [*between* emellan], själva sakfrågan
isthmus ['ɪsməs, -sθm-, -stm-] s näs
IT [ˌaɪ'ti:] förk. för *information technology*
1 it [ɪt] **I** *pers pron* **1** den [*where's the cat? - it's in the garden*], det [*~ is* (*~'s*) *six miles to Oxford*; *~ was three days ago*]; sig [*the engine pushed the waggons in front of ~*]; *~ must not be believed that...* man får inte tro att...; *be 'it* se flott ut; *for impudence he really is 'it* han är något av det fräckaste [man sett]; *he thinks he is 'it* han tror att han är något; *that's just 'it* det är just det det är frågan om, just precis; *that's probably 'it* det är [det som är] förklaringen; *now you've done ~!* nu har du minsann (verkligen) ställt till det! **2** utan direkt motsvarighet i sv. (se äv. resp. huvudord): **a)** *bus ~* vard. ta bussen, åka buss; *confound ~!* vard. jäklar!, tusan (katten) också!; *lord ~ over* spela herre över; regera; tyrannisera; *I take ~ that...* jag antar (förmodar) att... **b)** efter prep.: *run for ~* vard. sticka, kila; skynda (sno) sig; *have a good time of ~* ha väldigt roligt, roa sig kungligt; *you may rely* [*up*]*on ~ that...* du kan lita på att... **II** s vard. **1** *be 'it* 'ha den' i sistan o.d. lekar **2** sex appeal; *she's got 'it* (*'It*) hon har 'det
2 it [ɪt] s vard. vermut [*gin and 'it*]
Italian [ɪ'tæljən] **I** *adj* italiensk **II** s **1** italienare; italienska kvinna **2** italienska [språket]
italic [ɪ'tælɪk] **I** *adj* **1** hist., *I~* [forn]italisk **2** typogr. kursiv [*~ type*] **II** s, pl. *~s* kursiv[ering], kursivstil; *in ~s* med (i) kursiv, kursiverad; *print in ~s* kursivera
italicize [ɪ'tælɪsaɪz] *vb tr* kursivera
Italy ['ɪtəlɪ] geogr. Italien
itch [ɪtʃ] **I** s **1** klåda; *have an ~* ha klåda **2** obetvinglig längtan (lust), starkt begär [*have an ~ for* (efter) *money*; *have an ~ to do a th.*]; *have an ~ to write* ha skrivklåda **II** *vb itr* **1** klia; känna klåda; *I am ~ing all over* det kliar överallt [på mig] **2** bildl. *my fingers ~* (*I am ~ing*) *to...* det kliar i fingrarna på mig att [få]...
itchy ['ɪtʃɪ] *adj* kliande [*an ~ disease*]; *~ stockings* stickiga strumpor
item ['aɪtəm] **I** s **1** punkt [*the first ~ on the agenda*]; nummer [*the first ~ on the programme*]; post [*an ~ on a list*, *an ~ in a bill* (på en räkning)]; moment, sak, artikel [*the ~s in a catalogue*], ingrediens **2** *~* [*of news*] el. *news ~* notis, nyhet i tidning **II** *vb tr* föra upp, notera
itemize ['aɪtəmaɪz] *vb tr* specificera, ange i detalj
iterate ['ɪtəreɪt] *vb tr* upprepa [*~ words*]
iteration [ˌɪtə'reɪʃ(ə)n] s upprepning

itinerant [aɪ'tɪn(ə)r(ə)nt, ɪ't-] *adj* [kring]resande, kringvandrande [~ *musicians, an ~ preacher*], rese-
itinerary [aɪ'tɪn(ə)rərɪ, ɪ't-] *s* **1** resväg **2** resebeskrivning, resedagbok **3** resehandbok, [rese]guide, vägvisare; resplan
it'll ['ɪtl] = *it will*
ITN [ˌaɪtiː'en] förk. för *Independent Television News*
its [ɪts] *poss pron* dess [*I like Wales and ~ green hills*]; sin [*the dog obeys ~ master*]; jfr *my*
it's [ɪts] = *it is*
itself [ɪt'self] *rfl pron* o. *pers pron* sig [*the dog scratched ~*], sig själv [*the child dressed ~*; *the child is not ~ today*]; själv [*the thing ~ is not valuable*]; *he is honesty ~* han är hederligheten (hedern) själv; [*he doesn't live in*] *the town ~* ...själva staden; *a house standing by ~* ett hus som ligger för sig själv[t]; *by ~* äv. av sig själv, automatiskt; *in ~* i sig själv [*it isn't bad in ~*]; *of ~* av sig själv; jfr *myself*
ITV [ˌaɪtiː'viː] förk. för *Independent Television*
IU[C]D (förk. för *intra-uterine* [*contraceptive*] *device*) IUP intrauterint preventivmedel; spiral
I've [aɪv] = *I have*
Ivor ['aɪvə] mansnamn
ivory ['aɪv(ə)rɪ] *s* a) elfenben b) elfenbensfärg, elfenbensvitt; attr. elfenbens-, elfenbensvit; *~ tower* bildl. elfenbenstorn [*live in one's ~ tower*]
ivy ['aɪvɪ] *s* bot. murgröna; *the I~ League* en grupp av högt ansedda universitet i östra USA

J

J, j [dʒeɪ] (pl. *J's* el. *j's* [dʒeɪz]) *s* J, j
jab [dʒæb] **I** *vb tr* sticka [*~ a needle into* (i) *one's arm*], stöta [*he ~bed his elbow into* (i) *my side*]; slå [till], smocka till **II** *vb itr* stöta (slå) [till], smocka till; boxn. jabba [*at* mot] **III** *s* **1** stöt; slag, smocka; boxn. jabb **2** vard. stick injektion
jabber ['dʒæbə] **I** *vb tr* o. *vb tr* pladdra, babbla **II** *s* pladder, babbel
jacaranda [ˌdʒækə'rændə] *s* **1** jakaranda[träd] **2** jakarandaträd
Jack [dʒæk] (jfr *jack*) smeknamn för *John*; *~ and Jill* vard., ung. motsv. Kålle och Ada [*every ~ must have his Jill*]; *~ Frost* Kung Bore; *~ the Ripper* Jack Uppskäraren; *before you could say ~ Robinson* innan man visste ordet av, hux flux, i ett nafs; *the Union ~* Union Jack Storbritanniens flagga
jack [dʒæk] **I** *s* **1** *every man ~* (*J~*) [*of them*] vard. vareviga en [av dem], varenda kotte (själ) **2** kortsp. knekt **3** tele. jack; elektr. grenuttag; *~ plug* jackpropp **4** domkraft; vinsch, vindspel **5** stövelknekt **II** *vb tr* **1** *~* [*up*] hissa (lyfta) [upp] med domkraft e.d. **2** vard., *~ up* a) höja [*~ up prices*] b) karska upp, stärka [*he had a drink to ~ up his courage*]
jackal ['dʒækɔːl, -k(ə)l] *s* **1** zool. sjakal **2** bildl. sjakal; underhuggare, hantlangare
jackass [i bet. *1* o. *3* 'dʒækæs, i bet. *2* vanl. 'dʒækɑːs] *s* **1** åsnehingst **2** bildl. åsna, fårskalle **3** skrattfågel, jättekungsfiskare [äv. *laughing ~*]
jackboot ['dʒækbuːt] *s* **1** kragstövel; militärstövel **2** *the ~* bildl. stöveln, stöveltrampet
jackdaw ['dʒækdɔː] *s* zool. kaja
jacket ['dʒækɪt] *s* **1** jacka; kavaj, blazer, rock kavaj; grövre kofta; *dust his ~* [*for him*] vard. damma till honom, klå (spöa) upp honom **2** tekn. fodral, beklädnad, mantel, kappa; *water ~* vattenmantel; *~ crown* tandläk. jacketkrona **3** omslag; skyddsomslag till bok **4** skal på potatis, frukt o.d.; [*baked*] *~ potatoes* ugnsbakad potatis; [*potatoes baked* (*boiled*)] *in their ~s* ...med skalen på
jack-in-the-box ['dʒækɪnðəbɒks] *s* gubben i lådan äv. bildl.
jack-knife ['dʒæknaɪf] *s* stor fällkniv
jackpot ['dʒækpɒt] *s* spel. jackpot, storvinst; *hit the ~* vard. a) vinna jackpoten, få en jackpot; kamma hem en storvinst b) ha stor framgång (tur)
jack rabbit ['dʒækˌræbɪt] *s* amer. zool. åsnehare
Jacobean [ˌdʒækə(ʊ)'biːən] *adj* **1** britt. hist.

från (tillhörande) Jakob I:s tid 1603-25 **2** attr. 1600-tals- [~ *style*]
Jacuzzi [dʒə'ku:zɪ] *s* ® bubbelpool, Jacuzzi
1 jade [dʒeɪd] **I** *s* **1** utsläpad hästkrake, ök **2** neds. fruntimmer, käring, slyna **3** skämts. jänta, tös, flicksnärta **II** *vb tr* trötta ut, tröttköra, rida trött **2 jade** [dʒeɪd] *s* miner. jade [*jade-green*]
jaded ['dʒeɪdɪd] *adj* **1** tröttkörd, utsliten, utmattad [~ *from overwork*] **2** avtrubbad [~ *taste*], nedsatt [~ *appetite*] **3** trött, blaserad
Jag [dʒæg] *s* sl. Jagga Jaguar (bil)
jag [dʒæg] **I** *s* **1** tagg, spets, udd, tand **2** jack, hack, skåra i kniv o.d. **3** reva, slits i tyg **II** *vb tr* tanda, udda ut; göra inskärningar (jack, hack, skåror) i, nagga; göra taggig (spetsig); skära ojämnt
jagged ['dʒægɪd] *adj* **1** ojämn [*a* ~ *edge*], [såg]tandad [*a* ~ *knife*], spetsig [~ *rocks*], uddad, naggad; avbruten **2** bildl. skarp, gäll, skärande [*a* ~ *voice*]; skarpt markerad [~ *rhythm*]
jaguar ['dʒægjʊə] *s* **1** zool. jaguar **2** *J*~ Jaguar bilmärke
jail [dʒeɪl] **I** *s* fängelse; häkte **II** *vb tr* sätta i fängelse
jailbird ['dʒeɪlbɜ:d] *s* fängelsekund; fånge
jailbreak ['dʒeɪlbreɪk] *s* rymning [från fängelse] med våld
jailer ['dʒeɪlə] *s* fångvaktare
jalop[p]y [dʒə'lɒpɪ] *s* sl. rishög, bilskrälle
1 jam [dʒæm] *s* **1** sylt, marmelad **2** en lätt match; [*a bit of*] ~ a) tur, flax b) ett nöje, en förnöjelse; *some people get all the* ~ somliga har alltid tur
2 jam [dʒæm] **I** *s* **1** kläm, press **2** [folk]trängsel; [trafik]stockning [*traffic* ~]; anhopning; ~ *of logs* timmerbråte i flottled **3** stopp i maskin o.d.; låsning; sjö. beknip; radio. störning **4** sl. knipa, klämma; klammeri; *be in* (*get into*) *a* ~ vara i (råka i) knipa (klämma, klistret) **5** mus., ~ *session* jamsession sammankomst där man improviserar musik **II** *vb tr* **1** klämma, trycka, stoppa, pressa [*together* ihop; *into* in (ner) i]; ~ *on the brakes* slå till bromsarna, bromsa hårt **2** fylla, blockera [~ *a passage*]; ~*med* packad [~*med with people*], proppfull **3** sätta ur funktion, stoppa [~ *a machine*]; sjö. beknipa; radio. störa [~ *a transmission*]; ~ *up* bromsa [upp], stoppa äv. bildl. **III** *vb itr* **1** råka i kläm, bli fastkilad; fastna; blockeras **2** sättas ur funktion, låsa sig, krångla, hänga upp sig [*the brakes* (*machine*) ~*med*]
Jamaica [dʒə'meɪkə] **I** geogr. egenn. **II** *s*, ~ [*rum*] jamaicarom
Jamaican [dʒə'meɪkən] **I** *s* jamaican **II** *adj* jamaicansk
jamb [dʒæm] *s* sidopost, sidokarm i dörr el. fönster; pl. ~*s* isht sidostycken i öppen spis
jamboree [ˌdʒæmbə'ri:, '---] *s* **1** vard. skiva, hippa, glad (uppsluppen) tillställning **2** jamboree scoutmöte
jam jar ['dʒæmdʒɑ:] *s* syltburk, syltkruka
jamming ['dʒæmɪŋ] *s* radio. störning [genom störningssändare]; ~ *station* störningssändare
jampacked ['dʒæmpækt] *adj* vard. proppfull
jam pot ['dʒæmpɒt] *s* syltburk, syltkruka
Jan. förk. för *January*
Jane [dʒeɪn], ~ *Doe* jur. N.N. fingerad kvinna (kärande)
jangl|e ['dʒæŋgl] **I** *vb itr* rassla, skramla [-*ing keys*]; skrälla [-*ing phones*]; dåna [-*ing bells*]; låta illa, skära [i öronen] **II** *vb tr* föra oljud med; rassla med [~ *one's keys*] etc., jfr *I* **III** *s* oljud; rassel, skrammel, skrällande, klirr[ande]
janitor ['dʒænɪtə] *s* dörrvakt; isht amer. äv. portvakt, fastighetsskötare
January ['dʒænjʊ(ə)rɪ] *s* januari
Jap [dʒæp] *s* vard. (neds.) jappe, guling
Japan [dʒə'pæn] **I** geogr. egenn. **II** *s*, *j*~ a) japanlack b) japanskt [lack]arbete **III** *vb tr*, *j*~ lackera, svärta med japanlack
Japanese [ˌdʒæpə'ni:z] **I** *adj* japansk **II** *s* **1** (pl. lika) japan; japanska **2** japanska [språket]
jape [dʒeɪp] **I** *vb itr* skämta, skoja **II** *vb tr* göra narr av, driva med **III** *s* skämt, skoj; drift
japonica [dʒə'pɒnɪkə] *s* bot. [liten] rosenkvitten
1 jar [dʒɑ:] *s* kruka; burk; *a* ~ *of jam* en burk sylt
2 jar [dʒɑ:] **I** *vb itr* **1** låta illa, ljuda falskt; gnissla, skorra, skära [[*up*]*on* (i) *the ears*] **2** skramla, skallra; skaka, vibrera, darra **3** bildl. ~ *on* stöta, irritera; *it* ~*red on my nerves* det gick mig på nerverna **4** vara oförenlig, ej gå ihop **II** *s* **1** skorrande **2** skrammel, knarr; vibration, skallrande, skakning, darrning, stöt **3** bildl. chock [*a nasty* ~], uppskakning
jargon ['dʒɑ:gən] *s* **1** jargong [*medical* ~], fikonspråk **2** pladder, gallimatias, dravel
jasmine ['dʒæzmɪn, -æsm-] *s* bot. jasmin
jaundice ['dʒɔ:ndɪs] *s* **1** med. gulsot **2** bildl. missunnsamhet, avundsjuka; fördomsfullhet
jaundiced ['dʒɔ:ndɪst] *adj* **1** behäftad med gulsot, gulsiktig; gul[aktig], gulblek **2** missunnsam, avundsjuk; fördomsfull; blasé; *take a* ~ *view of a th.* se missunnsamt (med avund) på ngt
jaunt [dʒɔ:nt] **I** *s* utflykt, utfärd; [nöjes]resa **II** *vb itr* göra en utflykt, fara en tur
jaunty ['dʒɔ:ntɪ] *adj* **1** lätt och ledig [*a* ~ *step*], sorglös; hurtig, pigg **2** käck, stilig [*a* ~ *little hat*]
Java ['dʒɑ:və] **I** geogr. egenn. **II** *s* vard., *j*~ java kaffe
Javan ['dʒɑ:vən] **I** *adj* javanesisk **II** *s* javanes; javanesiska
Javanese [ˌdʒɑ:və'ni:z] **I** *adj* javanesisk **II** *s*

javelin 450

1 (pl. lika) javanes; javanesiska **2** javanesiska [språket]
javelin ['dʒævlɪn] s [kast]spjut äv. sport.; ~ *throw* el. *throwing the* ~ spjutkastning ss. tävlingsgren
jaw [dʒɔ:] **I** s **1** käke; hakparti, haka; *lower* ~ underkäke; *upper* ~ överkäke **2** pl. ~*s* mun, gap; käft äv. på skruvstäd o.d.; bildl. käftar [*the* ~*s of death*] **3** vard. käft, trut; *hold* (*stop*) *your* ~*!* håll klaffen! **4** vard. käftande, gafflande, snack **II** *vb itr* vard. gaffla, snacka [*away* 'på]; ~ *at* skälla (tjata) på
jawbone ['dʒɔ:bəʊn] s käkben
jay [dʒeɪ] s zool. [nöt]skrika
jay-walk ['dʒeɪwɔ:k] *vb itr* vard. oförsiktigt (olagligt) vandra gatan fram (gå över gatan)
jay-walker ['dʒeɪˌwɔ:kə] s vard. oförsiktig fotgängare
jazz [dʒæz] **I** s **1** jazz [~ *ballet*, ~ *band*] **2** [*responsibilities, duties*] *and all that* ~ sl. ...och allt det där (det där snacket) **II** *vb tr*, ~ *up* a) jazzifiera; jazza upp b) piffa upp c) sätta fart på, pigga upp
jazzy ['dʒæzɪ] *adj* jazzig
jealous ['dʒeləs] *adj* **1** svartsjuk; avundsjuk [*of* på], missunnsam [*of* mot] **2** rädd, mån [~ *of* (om) *one's prestige* (*rights*)] **3** misstänksamt vaksam; *keep a* ~ *eye on* misstroget bevaka
jealousy ['dʒeləsɪ] s svartsjuka; avundsjuka, missunnsamhet; utbrott av (bevis på) svartsjuka etc.; *from* (*out of*) ~ av svartsjuka etc.
Jean [dʒi:n] kvinnonamn
jean [dʒi:n] s **1** slags bomullstyg **2** pl. ~*s* jeans [isht amer. äv. *blue* ~*s*]
jeep [dʒi:p] s jeep; ~ *carrier* amer. sjö. eskorthangarfartyg
jeer [dʒɪə] **I** *vb itr* göra narr [*at* av], driva, gyckla, skoja [*at* med]; hånskratta, skratta hånfullt [*at* åt]; ~ *at* äv. håna, vara spydig mot **II** *vb tr* håna, skratta hånfullt åt **III** s gliring, spydighet, speglosa
jeering ['dʒɪərɪŋ] **I** *adj* hånfull, spydig **II** s hån, spott och spe
jeez [dʒi:z] *interj* amer. vard., ~*!* jösses [då]!; aj då!
Jehovah [dʒɪ'həʊvə] bibl. Jehova [~'s *Witnesses*], Jahve
jejune [dʒɪ'dʒu:n] *adj* litt. torftig, mager, tunn isht bildl.; andefattig, innehållslös [*a* ~ *film* (*novel*)]
Jekyll ['dʒi:kɪl, 'dʒekɪl] egenn.; ~ *and Hyde* [vanl. 'dʒekɪl] doktor Jekyll och mister Hyde dubbelnatur, efter Stevensons roman
jell [dʒel] *vb itr* bli [till] gelé, stelna; vard. lyckas, ta fast form [*our plans haven't* ~*ed yet*]
jell|y ['dʒelɪ] **I** s gelé; fruktgelé; *beat a p. into a* ~ vard. slå ngn sönder och samman, mörbulta (mosa) ngn **II** *vb itr* bli [till] (stelna till) gelé, gelatineras **III** *vb tr* göra gelé av; koka in i gelé; *-ied eels* ål i gelé

jelly babies ['dʒelɪˌbeɪbɪz] s pl ung. sega gubbar slags godis
jelly bean ['dʒelɪbi:n] s gelébönа slags godis
jellyfish ['dʒelɪfɪʃ] s **1** zool. manet **2** bildl. ynkrygg
jelly roll ['dʒelɪrəʊl] s amer. rulltårta
jemmy ['dʒemɪ] s kofot, dyrk
jeopardize ['dʒepədaɪz] *vb tr* äventyra, sätta på spel, riskera, våga [~ *one's life*]
jeopardy ['dʒepədɪ] s fara [*be in* ~ *of* (för) *one's life*], våda, riskabel (farlig) belägenhet
jerboa [dʒɜ:'bəʊə] s zool. jerboa, ökenspringråtta
jeremiad [ˌdʒerɪ'maɪəd] s jeremiad, klagovisa
Jeremiah [ˌdʒerɪ'maɪə] mansnamn; bibl. Jeremia
Jericho ['dʒerɪkəʊ] Jeriko; *go to* ~*!* dra åt fanders!
jerk [dʒɜ:k] **I** s **1** ryck, knyck [*the train stopped with a* ~]; stöt, puff [*he gave me a* ~] **2** *physical* ~*s* vard. [ben]sprattel gymnastik **3** i tyngdlyftning stöt **4** amer. vard. sodamixare, biträde i glassbar [äv. *soda* ~] **5** isht amer. sl. tokstolle; tönt, drummel; odåga, tölp **II** *vb tr* **1** ~ [*out*] kasta [med en knyck], slänga [i väg]; göra ett kast med (ryck i); rycka [*he* ~*ed the fish out of the water*]; stöta (puffa, vrida) till; slänga (stamma, stappla) fram [~ *out words in a broken way*] **2** amer. vard. mixa, servera [~ *sodas*] **III** *vb itr* **1** rycka (till); fara upp; ~ *along* a) rycka igång [*the train* ~*ed along*] b) stappla (stamma) 'på [*she* ~*ed along through her story*] **2** amer. vard. arbeta (servera) i en glassbar **3** ~ *off* vulg. runka onanera
jerkin ['dʒɜ:kɪn] s långväst
jerky ['dʒɜ:kɪ] *adj* ryckig, stötig; krampaktig
jerrican ['dʒerɪkæn] s vattendunk; bensindunk
Jerry ['dʒerɪ] s mil. sl. tysk; tysk soldat
jerry-builder ['dʒerɪˌbɪldə] s byggmästare som fuskar m. materiel o.d., byggfuskare
jerry-built ['dʒerɪbɪlt] *adj* dåligt (uselt) byggd, uppsmälld, uppsmäckt; *a* ~ *house* äv. ett fuskbygge
Jersey ['dʒɜ:zɪ] **I** geogr. egenn. **II** s **1** *j*~ [jersey]tröja **2** *j*~ textil. jersey **3** jerseyko [äv. ~ *cow*]
Jerusalem [dʒə'ru:s(ə)ləm] geogr. egenn.; ~ *artichoke* jordärtskocka
jest [dʒest] **I** s skämt; lustighet, lustigt infall; drift, gyckel; *in* ~ på skämt (skoj) **II** *vb itr* skämta, skoja, gyckla [*about* om; *at, with* med]; *on* över, med], driva [*at, with* med]
jester ['dʒestə] s skämtare; gyckelmakare; spefågel; kvickhuvud
Jesu ['dʒi:zju:] litt. Jesu[s]
Jesuit ['dʒezjʊɪt] s jesuit äv. bildl.
Jesus ['dʒi:zəs] egenn.; ~*!* vard. Herre Gud!, jösses!; ~ *freak* Jesusfreak, kristen fanatiker; *the Society of* ~ jesuit[er]orden
1 jet [dʒet] s **1** stråle [*a* ~ *of water* (*steam*)]; ström [*a* ~ *of gas* (*blood*)]; låga [*a* ~ *of gas*]; *a*

~ of flame en eldstråle **2** isht flyg. jet reaktionsdrift; attr. jet- [~ *fighter*, ~ *plane*, ~ *propulsion*] **3** jetplan; jetflyg [*go by* ~] **4** *the* ~ *set* vard. jetsetet, innekretsarna **5** pip, rör; tekn. munstycke, gjuttapp
2 jet [dʒet] **I** *s* miner. jet, gagat **II** *adj* jet-; jetsvart, kolsvart
jet-assisted ['dʒetə͵sɪstɪd] *adj* isht flyg., ~ *take-off* start med jetdriven hjälpmotor
jet-black [͵dʒet'blæk, attr. '--] *adj* jetsvart, kolsvart
jet-lag ['dʒetlæg] **I** *s* jet-lag, rubbad dygnsrytm efter längre flygning; tidsförskjutning **II** *vb tr*, *be ~ged* ha jet-lag (rubbad dygnsrytm)
jet-propelled ['dʒetprə͵peld] *adj* isht flyg. jetdriven
jetsam ['dʒetsəm, -sæm] *s* överbordkastat (utkastat) gods; ilandflutet vrakgods; bildl., om person vrak; *flotsam and* ~ se *flotsam*
jetsetter ['dʒet͵setə] *s* jetsettare
jettison ['dʒetɪsn, -tɪzn] *vb tr* **1** kasta överbord [~ *goods in order to lighten a ship*]; göra sig av med [*the plane ~ed its bombs*] **2** [om]kullkasta, omintetgöra [~ *a plan*]
jetty ['dʒetɪ] *s* **1** pir, vågbrytare **2** utskjutande [angörings]brygga, kaj
Jew [dʒuː] *s* jude
Jew-baiting ['dʒuː͵beɪtɪŋ] *s* judeförföljelse
jewel ['dʒuːəl, dʒʊːl] **I** *s* juvel, ädelsten; [juvel]smycke; bildl. klenod, skatt, pärla, juvel [*his wife is a* ~]; pl. *~s* ofta smycken **II** *vb tr* besätta (pryda) med juveler; *~led fingers* juvelprydda fingrar; *a ~led ring* en juvelbesatt ring; *heavily ~led* juvelbehängd
jewel case ['dʒuːəlkeɪs, 'dʒuːl-] *s* juvelskrin
jeweller ['dʒuːələ, 'dʒʊːlə] *s* juvelerare, guldsmed; *~'s* [*shop*] guldsmedsaffär; *~'s rouge* slags silverputs[pulver]
jewellery ['dʒuːəlrɪ, 'dʒuːl-] *s* smycken, juveler; *a piece of* ~ ett smycke
Jewess ['dʒuːes, dʒuː'es] *s* judinna
Jewish ['dʒuːɪʃ] *adj* judisk
Jewry ['dʒʊərɪ] *s* judarna; *international* ~ den internationella judendomen
jew's-harp [͵dʒuːz'hɑːp] *s* mungiga
Jezebel ['dʒezəbl] **I** bibl. egenn. **II** *s* slinka, slyna
1 jib [dʒɪb] *s* sjö. **I** *s* **1** klyvare **2** kranarm **II** *vb tr* skifta segel; flytta över bom **III** *vb itr* gip[p]a, svänga över åt andra sidan
2 jib [dʒɪb] *vb itr* **1** om t.ex. häst vara (bli) istadig, vägra [att gå vidare]; rygga, skygga **2** dra sig ur spelet; protestera; ~ *at* skygga (rygga) för, streta emot; ~ *at doing a th.* vara ovillig att göra ngt
jib boom [͵dʒɪ(b)'buːm] *s* sjö. klyvarbom
jibe [dʒaɪb] *vb itr* o. *vb tr* o. *s* se *gibe*
jiff [dʒɪf] *s* o. **jiffy** ['dʒɪfɪ] *s* vard. ögonblick [*wait half a* ~]; *in a* ~ i ett nafs, på ett [litet] kick, i en handvändning
jig [dʒɪg] **I** *s* **1** jigg slags dans; jiggmelodi **2** fiske. pimpel, pilk **3** tekn. jigg vid borrning o.d. **II** *vb itr* **1** jigga, dansa jigg; skutta, hoppa, gunga [upp och ned] **2** fiske. pimpla, pilka; ~ *for cod* pilka torsk **III** *vb tr* låta (få att) skutta (hoppa, gunga) [upp och ned]; gunga [upp och ned]
jiggered ['dʒɪgəd] *adj* vard., [*well,*] *I'm ~!* det var som katten (tusan)!; ~ *up* utpumpad, slut
jiggery-pokery [͵dʒɪgərɪ'pəʊkərɪ] *s* vard. fiffel, skoj; hokuspokus; knep
jiggle ['dʒɪgl] *vb tr* o. *vb itr* vard. vicka (vippa) [med (på)]; ruska (skaka) [på]; dingla (svänga, gunga) [med]
jigsaw ['dʒɪgsɔː] *s* figursåg, kontursåg, dekupirsåg; ~ [*puzzle*] pussel
jihad [dʒɪ'hæd, -'hɑːd] *s* muslimskt heligt krig äv. bildl.
Jill [dʒɪl] kvinnonamn; *Jack and* ~ se *Jack*
jilt [dʒɪlt] *vb tr* överge, ge på båten, slå upp med
Jim Crow [͵dʒɪm'krəʊ] *s* amer. vard. a) diskriminering av svarta b) neds. nigger c) attr. segregerad, endast för svarta [*a* ~ *car*]
jim-jams ['dʒɪmdʒæmz] *s pl* **1** sl. dille delirium [*the* ~] **2** vard., *it gives me the* ~ det gör mig nervös (darrig, deppig)
jimmy ['dʒɪmɪ] *s* isht amer., se *jemmy*
jingle ['dʒɪŋgl] **I** *vb itr* **1** klinga, pingla; skramla, rassla [*the keys ~d in his pocket*] **2** neds., om vers el. prosa löpa [alltför] lätt och ledigt, vara lättvindigt hopkommen, vara billigt rimsmideri **II** *vb tr* klinga (pingla) med; skramla (rassla) med [*he ~d his keys*]; klirra med [~ *the glasses*] **III** *s* **1** klingande, pinglande, klingklang **2** ramsa, barnrim; reklamramsa, sångsnutt i t.ex. reklam; neds. nonsensvers; slagdänga
jingoism ['dʒɪŋgəʊɪz(ə)m] *s* krigshets, chauvinism
jingoistic [͵dʒɪŋgəʊ'ɪstɪk] *adj* krigsgalen, chauvinistisk
jink [dʒɪŋk] *vb itr* **1** isht rugby., ~ [*one's way*] finta sig fram **2** isht flyg. göra undanmanövrer
jinks [dʒɪŋks] *s pl*, *high* ~ [galna] upptåg, skoj; fest[ande]
jinx [dʒɪŋks] *s* isht amer. sl. olycksfågel, olycka; olycksbringande sak; trolldom; *there's a* ~ *on* [*this job*] det har gått troll i...; *put a* ~ *on a p.* dra olycka över ngn
jism ['dʒɪz(ə)m] *s* sl. **1** sats, sås sädesvätska **2** ork, kraft; *have* ~ ha stake (ruter) i sig
jitter ['dʒɪtə] sl. **I** *s*, *be all of a* ~ el. *have the ~s* ha stora darren (skälvan), vara nervis (darrig); *it gives me the ~s* det ger mig stora darren (skälvan) **II** *vb itr* ha (få) stora darren (skälvan)
jitterbug ['dʒɪtəbʌg] **I** *s* **1** a) jitterbug dans b) jitterbuggare **2** vard. nervös person **II** *vb itr* jitterbugga, dansa jitterbug [*do* (*dance*) *the* ~]
jittery ['dʒɪtərɪ] *adj* vard. skakis, nervis

jive [dʒaɪv] sl. **I** s jive slags jazz; bugg **II** vb itr dansa (spela) jive; bugga
Jnr. o. **jnr.** ['dʒuːnjə] förk. för *junior*
Joan [dʒəʊn] kvinnonamn; [*St.*] ~ *of Arc* Jeanne d'Arc; *Saint* ~ äv. Sankta Johanna
Job [dʒəʊb] bibl. egenn.; *the Book of* ~ bibl. Jobs bok; *a* ~*'s comforter* en dålig (klen) tröst [som gör ont värre]; ~*'s news* jobspost; *have the patience of* ~ ha en ängels tålamod
job [dʒɒb] **I** s **1** arbete, arbetsuppgift; ~ *analysis* arbetsanalys, arbetsstudie[r]; ~ *description* arbetsbeskrivning; *he always does a fine* ~ *of work* han gör alltid ett fint arbete; *make a good* (*bad*) ~ *of a th.* göra (klara av) ngt bra (dåligt) **2 a**) jobb anställning [*he has a good* ~]; arbetstillfälle; ~*s for the boys* ung. rena svågerpolitiken (myglet); *be out of a* ~ vara arbetslös **b**) arbetsplats **3** arbete, produkt [*the new model is a fine* ~] **4** vard. jobb; fasligt besvär (sjå), knog, slit [*what a* ~*!*]; göra, uppgift; *he had quite a* ~ *getting* (*to get*) [*the things in order*] han hade ett fasligt sjå [med] att få… **5** vard. sak; fall; affär, historia; *a bad* ~ en sorglig historia, en tråkig situation; *he gave it up as a bad* ~ han gav spelet förlorat, han gav upp spelet; *a big* ~ en svår sak; *it's a good* ~ det var tur (bra); [*he went,*] *and a good* ~*, too!* …och väl var det!, …och gudskelov för det! **6** vard. stöt, jobb, kupp; skum affär
II vb itr **1** göra tillfällighetsjobb; arbeta på ackord (beting) **2** hand. **a**) jobba, handla [*in* i (med)] **b**) jobba, spekulera [*in* i (med); ~ *in stocks*] **3** fiffla, svindla; mygla
jobber ['dʒɒbə] s **1** tillfällighetsarbetare, tillfällighetsjobbare, daglönare; ackordsarbetare **2** hand. mellanhand; grossist; mäklare **3** skojare, svindlare; myglare
jobbery ['dʒɒbərɪ] s **1** jobberi, spekulation **2** mygel, korruption; svågerpolitik
jobbing ['dʒɒbɪŋ] *adj*, ~ *gardener* trädgårdsmästare som arbetar mot timlön
jobcentre ['dʒɒbˌsentə] s arbetsförmedling lokal
job-hopper ['dʒɒbˌhɒpə] s vard. hoppjerka i fråga om arbete
job-hopping ['dʒɒbˌhɒpɪŋ] s vard. hoppjerkeri, ständiga yrkesbyten (platsbyten)
jobless ['dʒɒbləs] *adj* arbetslös; arbetslöshets- [~ *insurance*]
job lot ['dʒɒblɒt] s hand. [blandat] varuparti
job-sharing ['dʒɒbˌʃeərɪŋ] s skiftarbete; det att dela [en och samma] tjänst mellan två el. flera personer
jockey ['dʒɒkɪ] **I** s jockej, jockey **II** vb tr lura, manipulera; genom intriger omintetgöra, störta [~ *an enterprise*]; manövrera; ~ *a p. into a th.* lura ngn att göra ngt; ~ *a p. out of a th.* lura av ngn ngt **III** vb itr begagna knep,

manövrera; ~ *for position* **a**) kapplöpn. tränga [medtävlare] för att få bättre position **b**) bildl. försöka att manövrera sig in i (på) en [fördelaktig] position
jockstrap ['dʒɒkstræp] s suspensoar
jocose [dʒə(ʊ)'kəʊs] *adj* litt. munter
jocular ['dʒɒkjʊlə] *adj* skämtsam, munter, glad; lustig, humoristisk
jocularity [ˌdʒɒkjʊ'lærətɪ] s skämtsamhet etc., jfr *jocular*
jocund ['dʒɒkənd, 'dʒəʊk-, -kʌnd] *adj* litt. munter, glad, glättig, livlig, livad, uppsluppen; trevlig
jodhpurs ['dʒɒdpəz, -pɜːz] s pl **1** jodhpurs, långa ridbyxor [*a pair of* ~] **2** jodhpurs slags kängor [äv. *jodhpur boots*]
Joe [dʒəʊ], ~ *Bloggs* (*Public*) vard. genomsnittsbritten, [den brittiske] medelsvensson; ~ *Blow* (*Doakes*) amer. vard. genomsnittsamerikan[en], [den amerikanske] medelsvensson
jog [dʒɒg] **I** vb tr **1** stöta (puffa) till ofrivilligt el. för att påkalla uppmärksamhet [*he* ~*ged my elbow*]; [lätt] knuffa (till), skuffa; komma att skumpa (guppa) [*the horse* ~*ged its rider up and down*] **2** bildl. skaka (få) fart på (liv i) [*couldn't you* ~ *him a little?*]; ~ *a p.'s memory* [*for him*] friska upp ngns minne; ge ngn en påstötning, stöta 'på ngn [*about a th.* om ngt] **II** vb itr **1** skaka, ruska; dunsa, dunka [*his head* ~*ged against the side of the car*] **2** lunka, skumpa [*along, on* på, i väg, fram]; sport. jogga; [*we must try to*] ~ *along* (*on*) *somehow* …komma (knega) vidare [på något sätt] **III** s knuff, stöt, puff
jogger ['dʒɒgə] s sport. joggare
jogging ['dʒɒgɪŋ] s sport. joggning; ~ *shoe* joggingsko
joggle ['dʒɒgl] **I** vb tr skaka, ruska **II** vb itr skaka; skumpa
jog-trot ['dʒɒgtrɒt, ss. subst. äv. ˌ-'-] **I** s, *the usual* ~ bildl. den vanliga lunken, den grå vardagen; *at a* ~ i sakta lunk (mak); i långsamt trav **II** *adj* lugn och maklig [*at a* (i) ~ *pace*]
John [dʒɒn] **I** mansnamn; ss. kunganamn Johan; bibl. o. ss. påvenamn Johannes; ~ *the Baptist* Johannes Döparen; ~ *Bull* John Bull personifikation av Storbritannien, [den typiske] engelsmannen; ~ *Doe* **a**) jur. N. N. fingerad man (kärande) **b**) motsv. ung. medelsvensson; ~ *Doe and Richard Roe* jur., ung. [herr] X. och [herr] Y.; ~ *Hancock* amer. vard. namnteckning, signatur [*put your* ~ *Hancock here*]; *Dear* ~ *letter* vard. avskedsbrev från kvinna till man där hon gör slut **II** s **1** *the j*~ isht amer. sl. toa[n], dass[et], muggen **2** sl. torsk kund hos prostituerad **3** *long* ~*s* ngt åld. vard. långkalsingar
joie de vivre [ˌʒwɑːdə'viːvr] s fr. livsglädje, livslust

join [dʒɔɪn] **I** vb tr **1** förena [~ *one thing to* (med) *another*]; förbinda [~ *an island to* (med) *the mainland*]; föra tillsamman, bringa i beröring [med varandra], knyta samman; slå samman; foga samman, sätta (foga, skarva, sy) ihop [~ *the pieces*]; koppla; ~ ***battle*** drabba samman, öppna (börja) striden; ~ ***efforts*** göra förenade ansträngningar; ~ ***forces*** slå sig ihop, förena (alliera) sig [*with* med]; ~ ***two persons in marriage*** viga två personer; ~ ***together*** (***up***) foga samman, sätta ihop **2** förena sig med, slå sig tillsammans med; flytta ihop med; följa med; komma över (gå in) till; gå in i (vid) [~ *a society* (*union*)], ansluta sig till [~ *a party*]; göra gemensam sak med; träffa [~ *one's friends*]; hinna upp; ~ ***the army*** gå in i (vid) armén, ta värvning, gå i krigstjänst; ***won't you*** ~ ***us?*** vill du inte göra oss sällskap?; ***I'll*** ~ ***you in a minute*** jag kommer efter (vi ses) strax **3** gränsa till, ligga (stöta) intill **II** vb itr **1** förenas, stöta samman, mötas, råkas, träffas; förena sig [*in* i; *with* med]; sluta sig tillsammans; ~ ***in*** a) ss. adv. vara (komma, bli) med [*I won't* ~ *in*; *may I* ~ *in?*], delta, falla (stämma) in [*here the violin* ~s *in*] b) ss. prep. delta i, blanda sig i [~ *in the conversation*], stämma (falla) in i [*they all* ~*ed in the song* (*laughter*)]; ~ ***in an undertaking*** gå (vara) med på ett företag; ~ ***up*** vard. bli soldat, ta värvning **2** gränsa till varandra **III** s skarv, fog, hopfogning
joiner ['dʒɔɪnə] s **1** [inrednings]snickare **2** amer. klubbmänniska, föreningsmänniska
joinery ['dʒɔɪnərɪ] s snickeri
joint [dʒɔɪnt] **I** s **1** sammanfogning[sställe], föreningspunkt; tekn. fog, skarv **2** bot., biol. o. friare led; ***out of*** ~ ur led, ur gängorna; i olag; ***put a p.'s nose out of*** ~ bildl. slå ngn ur brädet, knuffa (skjuta) ngn åt sidan **3** kok. stek; [styckad] bit; ~ ***of lamb*** lammstek **4** sl. a) sylta, 'ställe'; sämre nattklubb (kafé) [lönn]krog; spelhåla b) kyffe **5** isht amer. sl. joint, marijuanacigarett **II** attr adj förenad, förbunden, med-; gemensam, samfälld, sam-; ~ ***account*** gemensamt konto, gemensam räkning; ~ ***author*** medförfattare; ~ ***custody*** [*of a child*] gemensam vårdnad; ~ ***owner*** a) medägare b) partredare; ~ ***ownership*** jur. samäganderätt; ~ ***stock*** aktiekapital; ~ ***stock company*** aktiebolag; ~ ***taxation*** sambeskattning; ~ ***venture*** joint venture, samarbetsbolag **III** vb tr foga ihop (samman), förbinda
jointly ['dʒɔɪntlɪ] adv gemensamt, samfällt, i gemenskap; ~ ***and separately*** en för alla och alla för en
joist [dʒɔɪst] s tvärbjälke; golvbjälke; takbjälke
joke [dʒəʊk] **I** s **1** skämt; kvickhet, vits, lustighet; puts; skoj; ***practical*** ~ practical joke handgripligt skämt; spratt, skoj; ***the*** ~***'s on me*** det är mig skämtet (det) går ut över; ***it's no*** ~ det är [då] inget skämt, det är minsann ingenting att skämta med (om); ***it's no*** ~ ***to be*** (~ *being*)... det är [minsann] inte så roligt att vara...; ***crack*** (***make***) ~***s*** säga (kläcka ur sig) kvickheter, skämta; ***play a*** ~ ***on a p.*** spela ngn ett spratt, skämta (skoja) med ngn; ***he can't take a*** ~ han tål (förstår) inte skämt; ***it's getting beyond a*** ~ det börjar gå för långt; ***for a*** ~ el. ***by way of a*** ~ på skämt (skoj) **2** föremål för skämt (drift) [*a standing* ~], driftkucku **II** vb itr skämta, skoja, gyckla
joker ['dʒəʊkə] s **1** skämtare, lustigkurre; spefågel; kvickhuvud **2** sl. kille, grabb **3** kortsp. joker; ~ ***in the pack*** joker i leken person **4** vard. hake, stötesten
joking ['dʒəʊkɪŋ] **I** adj skämtsam [~ *remarks*] **II** s skämt, skoj; gyckel, drift; ***this is no*** ~ ***matter*** den här saken är inte att skämta med, det här är ingenting att skämta om; ~ ***apart*** skämt åsido
jokingly ['dʒəʊkɪŋlɪ] adv på skämt; skämtande, skämtsamt
jollity ['dʒɒlətɪ] s **1** gladlynthet etc., jfr *jolly I* **2** skoj, fest, festlighet; festlig samvaro; festande
jolly ['dʒɒlɪ] **I** adj glad, trevlig, rolig, munter, skojig, kul, livad; lite på snusen, salongsberusad, upprymd; ***a*** ~ ***fellow*** en glad gosse (prick); ***J~ Roger*** sjörövarflagga[n] med dödskallemärke **II** adv vard. mycket, väldigt, förbaskat [*he knows* ~ *well that...*]; ***that's*** ~ ***good*** det var riktigt bra (jättebra); ***I'm*** ~ ***sick of it*** jag är alldeles (totalt) utled på det; ***take*** ~ ***good care not to*** akta sig väldigt noga för att; ***a*** ~ ***good fellow*** en hedersknyffel, en förbaskad bra karl; ***he knows*** ~ ***well*** han vet [det] nog [alltför väl]; ***you've*** ~ ***well got to*** [*do so*] det blir du förbaske mig (faktiskt) tvungen att göra; ***he*** (***they*** osv.) ~ ***well ought to!*** fattas bara annat!
jolt [dʒəʊlt] **I** vb itr om åkdon o.d. skaka [till], skumpa; ~ ***along*** skumpa (skaka) iväg **II** vb tr skaka [om], ruska; ge en chock; kullkasta **III** s skakning, ryck, stöt äv. bildl.; bildl. slag, chock
Jonah ['dʒəʊnə] **I** bibl. Jona **II** s olycksbringare
Jonathan ['dʒɒnəθ(ə)n] mansnamn; bibl. Jonatan
Jones [dʒəʊnz] egenn.; ***keep up with the*** ~***es*** ung. göra som Svenssons gör, inte vara sämre än grannen
jonquil ['dʒɒŋkwɪl] s bot. jonk[v]ill slags narciss
Jordan ['dʒɔːdn] geogr. **1** ***the*** ~ Jordan[floden] **2** Jordanien
Joseph ['dʒəʊzɪf] mansnamn; bibl. Josef
Joshua ['dʒɒʃjʊə] mansnamn; bibl. Josua
jostle ['dʒɒsl] **I** vb tr knuffa [till], skuffa (tränga) undan; ränna (stöta) emot; ~ ***one's***

way armbåga sig fram II *vb itr* knuffas, skuffas, trängas
jot [dʒɒt] I *s* jota, dugg, dyft; *not a* ~ äv. inte det ringaste II *vb tr*, ~ *down* krafsa (kasta) ned, anteckna, notera; skiss[er]a
jotter ['dʒɒtə] *s* anteckningsbok, annotationsbok
journal ['dʒɜ:nl] *s* **1** tidskrift isht teknisk el. vetenskaplig; journal; [dags]tidning **2** journal, dagbok; liggare; sjö. loggbok, skeppsjournal; *keep a* ~ föra dagbok (journal)
journalese [ˌdʒɜ:nə'li:z] *s* neds. tidningsjargong, [enkelt] tidningsspråk
journalism ['dʒɜ:nəlɪz(ə)m] *s* journalistik
journalist ['dʒɜ:nəlɪst] *s* journalist, tidningsman
journalistic [ˌdʒɜ:nə'lɪstɪk] *adj* journalistisk, journalist-
journey ['dʒɜ:nɪ] I *s* resa isht till lands o. bildl. [*make* (*go on, start on, set out on*) *a* ~] II *vb itr* resa
journey|man ['dʒɜ:nɪ|mən] (pl. *-men* [-mən]) *s* **1** gesäll; ~ *tailor* skräddargesäll **2** bildl. arbetsträl, slav, underhuggare
joust [dʒaʊst] hist. I *vb itr* tornera, deltaga i [en] tornering II *s* tornering, dust
Jove [dʒəʊv] mytol. Jupiter; *by* ~ (*j*~)*!* du store!
jovial ['dʒəʊvjəl] *adj* jovialisk [*a* ~ *fellow*], fryntlig; gemytlig, glad[lynt], munter [*in a* ~ *mood*]
joviality [ˌdʒəʊvɪ'ælətɪ] *s* **1** jovialitet, fryntlighet etc., jfr *jovial* **2** festglädje
jowl [dʒaʊl] *s* **1** käkben; [under]käke, haka **2** kind
joy [dʒɔɪ] I *s* glädje, fröjd [*at* över; *weep* (*dance, jump*) *for* (av) ~]; glädjekälla, glädjeämne; pl. ~*s* fröjder, glädjeämnen; ~ *of life* livsglädje II *vb itr* o. *vb tr* glädja[s], fröjda[s]
joyful ['dʒɔɪf(ʊ)l] *adj* **1** [jublande] glad, förtjust **2** glädjande [~ *news*]; lycklig [*a* ~ *event*]
joyless ['dʒɔɪləs] *adj* glädjelös
joyous ['dʒɔɪəs] *adj* **1** glad, glättig [*a* ~ *melody* (*temper*)] **2** glädjande [~ *news*]; fröjdefull, glad
joyousness ['dʒɔɪəsnəs] *s* glädje, fröjd; glättighet
joyride ['dʒɔɪraɪd] *s* **1** nöjestur **2** vard. buskörning (vansinnesfärd) i lånad stulen bil
joyrider ['dʒɔɪˌraɪdə] *s* billånare, person som buskör i stulen bil
joyriding ['dʒɔɪˌraɪdɪŋ] *s* billån, buskörning
joystick ['dʒɔɪstɪk] *s* **1** flyg. vard. styrspak, styrpinne **2** data. styrspak, joystick **3** vulg. kuk
JP [ˌdʒeɪ'pi:] förk. för *Justice of the Peace*
Jr. o. **jr.** ['dʒu:njə] förk. för *junior*
jubilant ['dʒu:bɪlənt] *adj* jublande, triumferande
jubilation [ˌdʒu:bɪ'leɪʃ(ə)n] *s* jubel; segerjubel

jubilee ['dʒu:bɪli:, -eɪ, ˌdʒu:bɪ'li:] *s* jubileum; attr. jubileums- [~ *edition*, ~ *exhibition*]
Judah ['dʒu:də] bibl. Juda
Judaic [dʒʊ'deɪɪk] *adj* o. **Judaical** [dʒʊ'deɪɪk(ə)l] *adj* judisk, judaistisk
Judaism ['dʒu:deɪɪz(ə)m] *s* judendom[en]; judaism[en]
Judas ['dʒu:dəs] bibl. egenn.; bildl. judas, förrädare; ~ *kiss* judaskyss; ~ *tree* bot. judasträd
judder ['dʒʌdə] I *vb itr* skaka, vibrera [kraftigt] II *s* skakning, vibration
judge [dʒʌdʒ] I *s* domare; bedömare, kännare [*a good* ~ *of horses*], sakkunnig [*he is no* ~]; [*the Book of*] *Judges* bibl. Domareboken; ~'*s stand* (*box*) domartorn, domarplats vid [häst]kapplöpning; *be a good* ~ *of* förstå sig bra på, känna väl till; *I am no* ~ *of that* den saken (det) kan jag inte bedöma (avgöra) II *vb tr* **1** döma, fälla dom över; avgöra; bestämma [*that* att]; ~ *a case* döma i (avdöma) ett mål **2** bedöma [*I can't* ~ *whether he was right or wrong*], döma; *as far as I can* ~ såvitt jag kan [be]döma; *it's for you to* ~ det får ni själv bedöma (avgöra) **3** anse [för] [*I* ~*d him to be about 50*]; förmoda, anta III *vb itr* **1** tjänstgöra (sitta) som domare, sitta till doms; avkunna dom, döma, fälla utslag; medla **2** döma, fälla omdöme [*of* om, över; *by*, *from* efter, [på grundval] av]; ~ *for yourself!* döm själv!; *to* ~ *from* el. *judging by* (*from*) att döma av
judgement ['dʒʌdʒmənt] *s* **1** jur. dom, utslag isht i civilmål; *give* (*pass, pronounce*) ~ avkunna (fälla) dom, fälla utslag [*against, for, on* över] **2** dom, kritik, klander; *sit in* ~ *on a p.* sätta sig till doms över ngn **3** bedömande, bedömning, omdöme; omdömesförmåga; gott omdöme, urskillning; uppfattning; *error of* ~ felbedömning; *against one's better* ~ mot bättre vetande; *in* (*according to*) *my* ~ efter min mening, enligt min uppfattning **4** relig., *the Last J*~ yttersta domen; *the Day of J*~ el. *J*~ *Day* domedagen
judicature ['dʒu:dɪkətʃə, -tjʊə] *s* **1** rättskipning, domsrätt, jurisdiktion; domvärjo **2** domarkår **3** domstol
judicial [dʒʊ'dɪʃ(ə)l] *adj* **1** rättslig, juridisk [*on* ~ *grounds*]; domstols-, judiciell; rätts- [*a* ~ *act*]; domar- [~ *duties*]; doms-; ådömd; dömande; ~ *murder* justitiemord; ~ *proceedings* lagliga (laga) åtgärder, rättegång, åtal; ~ *separation* av domstol ålagd hemskillnad **2** opartisk [*a* ~ *investigation*]; kritisk
judicially [dʒʊ'dɪʃ(ə)lɪ] *adv* **1** rättsligen, juridiskt; på grund av (genom) domstolsutslag **2** såsom domare **3** opartiskt; kritiskt

judiciary [dʒʊ'dɪʃɪərɪ, -ʃə-] I *adj* se *judicial* II *s*, *the* ~ domarkåren, domarna; domstolarna
judicious [dʒʊ'dɪʃəs] *adj* förståndig, klok; omdömesgill, välbetänkt, rationell
judiciousness [dʒʊ'dɪʃəsnəs] *s* förstånd, urskillning, [gott] omdöme, klokhet
Judith ['dʒu:dɪθ] kvinnonamn; bibl. Judit
judo ['dʒu:dəʊ] *s* sport. judo
jug [dʒʌg] *s* **1** kanna, krus, kruka, tillbringare [*a milk jug; a ~ of milk*]; stånka, stop [*a ~ of beer*] **2** sl. kåk fängelse; häkte; *be in* ~ sitta i häkte (på kåken)
Juggernaut ['dʒʌgənɔ:t] I Jagannath[a], gudabild av Krishna hinduisk krigsgud II *s, j~* [*lorry*] vard. långtradare; jättetruck
juggle ['dʒʌgl] I *vb itr* **1** jonglera, bolla **2** bildl. leka [~ *with ideas*]; bolla, trolla [~ *with figures*]; fiffla II *vb tr* lura [~ *a p. into* (till) *a th.*]; fiffla med [*the manager ~d his figures*]
juggler ['dʒʌglə] *s* jonglör, bollkonstnär
Jugoslavia [ju:gə(ʊ)'slɑ:vjə] se *Yugoslavia*
jugular ['dʒʌgjʊlə] I *adj* strup-, hals-; med. jugular; ~ *vein* se *II* II *s* halsblodåder, halsven; *go for the* ~ vard. sätta kniven på strupen på ngn
juice [dʒu:s] *s* **1** saft vätska, sav o.d.; juice; ~ *extractor* saftpress; *digestive ~s* matsmältningsvätskor; *gastric ~[s]* magsaft **2** vard. a) soppa bensin b) kräm, elström **3** amer. sl. stålar **4** amer. sl. dricka sprit
juicer ['dʒu:sə] *s* amer. **1** råsaftcentrifug; saftpress **2** sl. fyllbult
juiciness ['dʒu:sɪnəs] *s* saftighet
juicy ['dʒu:sɪ] *adj* **1** saftig; såsig [*a ~ pipe*] **2** vard. saftig, mustig, pikant [~ *gossip*] **3** läcker, sexig, förförisk **4** isht amer. lönsam, fördelaktig [*a ~ contract*]
ju-jitsu [dʒu:'dʒɪtsu:] *s* sport. jiujitsu
jukebox ['dʒu:kbɒks] *s* jukebox
Jul. förk. för *July*
julep ['dʒu:lep] *s* **1** julep slags söt kall dryck; [*mint*] ~ amer., slags whiskydrink **2** farmakol., sötad medicintillsats, ung. sirap
Juliet ['dʒu:ljət] kvinnonamn; hos Shakespeare Julia
July [dʒʊ'laɪ] *s* juli
jumble ['dʒʌmbl] I *vb tr*, ~ [*up* (*together*)] blanda (röra, vräka) ihop utan ordning; *be ~d* [*up together*] ligga (vara) i en enda röra II *s* virrvarr, röra, hopplock, mischmasch; sammelsurium [*a ~ of words*]; *a ~ of* [*different things*] en [enda] röra av..., ett [enda] virrvarr av...; ~ *sale* loppmarknad på välgörenhetsbasar
jumbo ['dʒʌmbəʊ] (pl. *~s*) *s* **1** vard. jumbo elefant **2** bjässe, jätte; klumpeduns äv. bildl. **3** flyg., ~ [*jet*] jumbojet
jump [dʒʌmp] I *vb itr* hoppa; skutta; guppa; hoppa till, rycka till; ~ *at a chance* (*an opportunity*) gripa en chans (ett tillfälle); ~ *at an offer* nappa på (hoppa 'på) ett erbjudande; ~ *down a p.'s throat* vard. fara ut mot ngn, kasta sig över ngn; ~ *for joy* hoppa högt (dansa) av glädje; ~ *in* hoppa in i vagn o.d.; ~ *on a p.* bildl. slå ned på (hoppa 'på) ngn; läxa upp ngn, ge ngn en omgång; ~ *to conclusions* dra förhastade slutsatser; ~ *to one's feet* springa (rusa) upp; ~ *to it* vard. skynda (raska) på, sätta fart, hugga i; *it made him* ~ det kom (fick) honom att hoppa högt av t.ex. förskräckelse II *vb tr* **1** hoppa över äv. bildl. [~ *a fence* (*chapter*)]; sätta över [~ *a ditch*]; ~ *the gun* vard. tjuvstarta; ta ut ngt i förväg, förhasta sig; ~ *the* [*traffic*] *lights* vard. köra mot rött ljus; ~ *the queue* vard. tränga sig (smita) före [i kön]; ~ *the rails* (*track*) spåra ur; ~ *rope* amer. hoppa [hopp]rep **2** ~ *a train* a) tjuvåka med [ett] tåg b) amer. hoppa på ett tåg [i farten]; ta tåget i all hast **3** förmå (få) att hoppa, låta hoppa [~ *one's horse over a fence*]; ~ *a child on one's knee* ung. låta ett barn rida ranka III *s* **1** hopp; skutt, språng; *high* ~ höjdhopp; *long* ~ längdhopp; *pole* ~ stavhopp; *be one* ~ *ahead* vara steget före; *get* (*have*) *the* ~ *on* isht amer. vard. få (ha) försprång framför **2** [plötslig] stegring (höjning) [*a ~ in prices*]
jumped-up ['dʒʌmptʌp] *adj* vard. parvenyaktig, stöddig; *they are a ~ lot* de är en samling uppkomlingar
jumper ['dʒʌmpə] *s* **1** hoppare; *high ~* höjdhoppare **2** plagg jumper; sjö. bussarong; amer. äv. slags förkläde **3** ~ *cable* (*lead*) bil. startkabel
jump-jet ['dʒʌmpdʒet] *s* flyg. vertikalstartare, VTOL-plan
jump lead ['dʒʌmpli:d] *s* bil. startkabel
jump-start ['dʒʌmpstɑ:t] *vb tr*, ~ *a car* a) rulla (putta) igång en bil b) starta en bil med startkablar
jumpsuit ['dʒʌmpsu:t, -sju:t] *s* overall
jumpy ['dʒʌmpɪ] *adj* **1** hoppig; hoppande **2** vard. skakad, nervös
Jun. o. **jun.** ['dʒu:njə] förk. för *junior*
junction ['dʒʌŋ(k)ʃ(ə)n] *s* **1** förenande, förening; förbindelse **2** föreningspunkt, knutpunkt; mötesplats **3** järnvägsknut [*Clapham J~*]; vägkors[ning], korsning **4** elektr. koppling
juncture ['dʒʌŋ(k)tʃə] *s* **1** föreningspunkt; fog **2** kritiskt ögonblick; avgörande tidpunkt, situation [*at this ~*]
June [dʒu:n] *s* juni II kvinnonamn
jungle ['dʒʌŋgl] *s* djungel; bildl. äv. snårskog, gytter; *asphalt* (*concrete*) ~ storstadsdjungel, stenöken; ~ *gym* klätterställning för barn; *the law of the ~* djungelns lag
junior ['dʒu:njə] I *adj* yngre äv. i tjänsten o.d. [*to* än]; den yngre, junior [*John Smith, J~*]; junior- [*a ~ team*]; lägre i rang; underordnad

[~ *minister* i regeringen]; ~ **college** amer. förberedande college som ger lägre universitetsexamen; ~ **high school** se *high school*; ~ **miss** vard. tonårstjej; ~ **partner** yngre kompanjon; ~ **school** skola för elever mellan 5 och 11 år inom den obligatoriska skolan **II** *s* **1** [person som är] yngre äv. i tjänsten o.d.; yngre medlem; yngre kompanjon; *my* ~*s* de som är yngre än jag [i tjänsten], mina yngre kolleger; *he is six years my* ~ el. *he is my* ~ *by six years* han är sex år yngre än jag **2** isht sport. junior **3** amer. tredjeårsstudent vid college; junior[student]; tredjeårselev vid fyraårig 'high school'; junior[elev] **4** amer. vard. grabb[en], gosse[n] [*take it easy,* ~*!*]; [*I bought it*] *for* ~ ...åt grabben (min pojke)
juniper ['dʒu:nɪpə] *s* **1** bot. en; ~ *berry* enbär; *oil of* ~ enbärsolja **2** envirke, ene
1 junk [dʒʌŋk] *s* skräp [*an attic full of* ~], skrot, lump, sopor; bildl. smörja, skräp [*talk* ~]; ~ *art* skrotskulpturer o.d.; ~ *food* skräpmat, snabbmat; ~ *mail* skräpreklam, direktreklam; ~ *shop* lumpbod, affär för begagnade prylar (kläder etc.); ~ *yard* skroten, skrotupplag; *this car is a piece of* ~ den här bilen är rena skrothögen
2 junk [dʒʌŋk] *s* djonk kinesiskt segelfartyg
junket ['dʒʌŋkɪt] **I** *s* **1** sötad mjölk som bringats att stelna genom löpe, slags kvarg **2** kalas, fest; utflykt **II** *vb itr* kalasa, festa
junkie o. **junky** ['dʒʌŋkɪ] *s* sl. pundare, sprutnarkoman
junta ['dʒʌntə, 'hʊntə] *s* polit. junta
Jurassic [dʒʊ(ə)'ræsɪk] geol. **I** *adj* jura- [~ *formation*]; *the* ~ *period* se *II* **II** *s*, *the* ~ jura[tiden], juraperioden
juridical [dʒʊə'rɪdɪk(ə)l] *adj* juridisk, rättslig
jurisdiction [ˌdʒʊərɪs'dɪkʃ(ə)n] *s* jurisdiktion: **a)** rättskipning **b)** domsrätt, domvärjo **c)** rättskipningsområde, domsaga
jurisprudence [ˌdʒʊərɪs'pru:d(ə)ns, ˌ--'---] *s* juridik, jurisprudens, rättsvetenskap
jurist ['dʒʊərɪst] *s* rättslärd; jurist
juror ['dʒʊərə] *s* juryman, juryledamot, jurymedlem äv. friare
jury ['dʒʊərɪ] *s* **1** jur. jury grupp av edsvurna; *grand* ~ amer. åtalsjury; *be on a* ~ vara med i en jury, vara utsedd till juryman; *serve* (*sit*) *on a* ~ sitta i en jury **2** [tävlings]jury
jury box ['dʒʊərɪbɒks] *s* jurybås
juryman ['dʒʊərɪmən] *s* juryman
just [dʒʌst, adv. äv. dʒəst] **I** *adj* **1** rättvis [*to*[*wards*] mot; *a* ~ *decision* (*teacher*)]; rättrådig, rättskaffens, opartisk [*a* ~ *man*] **2** rätt, riktig [~ *conduct*], väl avvägd **3** välförtjänt [~ *punishment* (*reward*)] **4** skälig, rimlig [*the payment is* ~] **5** berättigad, befogad, välgrundad [*a* ~ *opinion,* ~ *suspicions*] **II** *adv* **1** just [*this is* ~ *what I wanted*]; alldeles, exakt, precis [*it's* ~ *two o'clock*]; *it's* ~ *as well* det är lika [så] bra (gott); ~ *as well* äv. lika gärna; ~ *by* strax bredvid, alldeles intill; ~ *now* **a)** just nu, för ögonblicket (tillfället) **b)** alldeles nyss, helt nyligen; *that's* ~ *it* just [precis] det ja; *he is* ~ *the man* [*for the post*] han är rätte mannen... **2** just [*they have* ~ *left*], nyss, nyligen **3** genast, strax, med detsamma; *it's* ~ *on six* klockan (hon, den) är snart (nästan) sex **4** nätt och jämnt, knappt; *I* ~ *managed to* jag lyckades med knapp nöd (med nöd och näppe) att; ~ *about* [på ett] ungefär; nästan **5** bara, endast [~ *a moment* (*minute*)*!*; *she is* ~ *a child*; *I* ~ *looked at him*]; ~ *fancy!* tänk bara! **6** vard. fullkomligt, alldeles [*he's* ~ *crazy*]; *not* ~ *yet* inte riktigt än **7** vard. **a)** förstärkande minsann, verkligen [*I'll* ~ *give it to you* (ge dig)*!*]; verkligt [*that's* ~ *fine!*]; [*did she laugh?* -] *didn't she* ~*!* ...jo, det kan du tro (skriva upp) att hon gjorde! **b)** i frågor egentligen; ~*'who owns* [*this place*]*?* vem äger egentligen...?
justice ['dʒʌstɪs] *s* **1** rättvisa, rätt; *law and* ~ lag och rätt; *administer* (*dispense*) ~ skipa rättvisa (lag, rätt); *do* (*render*) ~ *to a p.* göra ngn rättvisa; vara rättvis mot ngn; *he did* [*ample*] ~ *to* [*the dinner*] han gjorde [all] heder åt...; *court of* ~ domstol, rätt; *High Court of J*~ ung. hovrätt; *fall into the hands of* ~ falla i rättvisans händer; *bring to* ~ dra inför rätta **2** rätt [och billighet]; berättigande; riktighet; rimlighet; *in* ~ rättelingen; med skäl; *in all* (*with great*) ~ med all rätt, med allt (fullt) fog **3** domare isht i *Supreme Court of Judicature,* ung. justitieråd; *Lord J*~ domare i *Court of Appeal*; *Lord Chief J*~ se under *chief II 2*; *Mr. J*~ *Smith* domaren Smith i *High Court of Justice*; *J*~ *of the Peace* fredsdomare
justifiable [ˌdʒʌstɪ'faɪəbl, '-----] *adj* försvarlig, rättmätig, riktig, rättfärdig [*a* ~ *action*]; ~ *homicide* dråp i nödvärn
justification [ˌdʒʌstɪfɪ'keɪʃ(ə)n] *s* försvar, rättfärdigande; rättfärdigelse; urskuldande, motivering; *in* ~ *of* till försvar för
justify ['dʒʌstɪfaɪ] *vb tr* **1** försvara; rättfärdiga; urskulda, ursäkta [*nothing can* ~ *such an action*]; *I was justified in doing so* jag var i min fulla rätt (hade all rätt) att göra det; *the end justifies the means* ändamålet helgar medlen **2** bevisa [~ *a statement*], bestyrka, verifiera
justly ['dʒʌstlɪ] *adv* rättvist [*treat a p.* ~]; med rätta, på goda grunder [~ *indignant*]
justness ['dʒʌstnəs] *s* rättvisa; rättmätighet; riktighet; *the* ~ *of a th.* det rättvisa (rättmätiga, berättigade) i ngt
jut [dʒʌt] **I** *vb itr,* ~ *out* (*forth*) skjuta ut, sticka fram (ut) **II** *vb tr* skjuta [fram], sticka [ut]
jute [dʒu:t] *s* bot. el. textil. jute; ~ *cloth* juteväv
Jutland ['dʒʌtlənd] Jylland

juvenile ['dʒu:vənaɪl, amer. -n(ə)l] **I** s tonåring, barn; pl. **~s** äv. minderåriga; ungdomar; *for ~s* äv. barntillåten **II** *adj* **1** ungdoms- [*~ books*], barn-; *~ court* ungdomsdomstol; *~ delinquency* ungdomsbrottslighet; *~ delinquent (offender)* ungdomsbrottsling **2** litt. ungdomlig **3** omogen, naiv, juvenil
juvenilia [ˌdʒu:vɪˈnɪljə] *s pl* ungdomsverk, ungdomsalster
juxtapose ['dʒʌkstəpəʊz] *vb tr* placera intill varandra, placera sida vid sida, sammanställa
juxtaposition [ˌdʒʌkstəpəˈzɪʃ(ə)n] *s* plats (läge) intill varandra, placering sida vid sida, sammanställning

K, k [keɪ] (pl. *K's* el. *k's* [keɪz]) *s* K, k
K förk. för *kelvin, kilobyte*
kaftan *s* se *caftan*
kale [keɪl] *s* grönkål, kruskål
kaleidoscope [kəˈlaɪdəskəʊp] *s* kalejdoskop; *a ~ of colours* bildl. ett mångskiftande färgspel
kaleidoscopic [kəˌlaɪdəˈskɒpɪk] *adj* o.
kaleidoscopical [kəˌlaɪdəˈskɒpɪk(ə)l] *adj* kalejdoskopisk, mångskiftande, brokig
kamikaze [ˌkæmɪˈkɑ:zɪ] *s* hist. kamikaze, självmordspilot
kangaroo [ˌkæŋɡəˈru:] *s* zool. känguru
Kansas ['kænzəs] geogr.
kaolin ['keɪəlɪn] *s* kaolin fin porslinslera
kapok ['keɪpɒk] *s* kapock, glansull
kaput [kæˈpʊt] *adj* sl. kaputt, slut; kass
karate [kəˈrɑ:tɪ] *s* sport. karate; *~ chop* karateslag
Kashmir [ˌkæʃˈmɪə]
kayak ['kaɪæk] *s* kajak
Kazakhstan [ˌkæzækˈstɑ:n] geogr. Kazakstan
KB förk. för *kilobyte, King's Bench, Knight Bachelor*
KBE [ˌkeɪbi:ˈi:] förk. för *Knight [Commander of the Order] of British Empire*
KC förk. för *King's Counsel, Knight Commander*
Keats [ki:ts]
kebab [kɪˈbæb, kə-] *s* kok. kebab grillspett
kedgeree [ˌkedʒəˈri:, ˈ---] *s* ung. fiskrisotto med ägg
keel [ki:l] **I** *s* köl; *on an even ~* a) sjö. på rät köl b) bildl. på rät köl; i balans **II** *vb tr, ~ [over]* vända upp och ned på, välta båt **III** *vb itr, ~ over* a) sjö. kantra; vända upp kölen b) vard. tuppa av
keen [ki:n] *adj* **1** eg. bet. skarp, vass [*a ~ edge, a ~ razor*] **2** bildl. skarp, intensiv; genomträngande, isande [*a ~ wind*], bitande [*~ satire (sarcasm)*] **3** om känslor m.m. intensiv; häftig [*a ~ pain*]; stark [*a ~ sense of duty*]; levande [*a ~ interest*]; frisk [*a ~ appetite*]; hård [*~ competition*] **4** om sinnen, förstånd skarp [*~ sight, ~ hearing; a ~ eye* (blick) *for*]; fin [*a ~ nose for*]; skarpsinnig, klok, klipsk **5** ivrig [*I am ~ on going again*]; entusiastisk [*a ~ sportsman*]; passionerad [*a ~ lover of music*]; *be ~* äv. ha lust; *~ as mustard* se *mustard*; *~ on* pigg på, angelägen om, entusiastisk för [*a th.* ngt; *doing a th.* att göra ngt]; förtjust (kär) i [*he is ~ on Mary*]; *~ on travelling* reslysten
keenness ['ki:nnəs] *s* skärpa äv. bildl.; intensitet, häftighet etc., jfr *keen*
keep [ki:p] **I** (*kept kept*) *vb tr* (se äv. *III*) **1** hålla, behålla, hålla kvar; uppehålla; *~ alive* hålla vid liv; *~ a p. company* hålla ngn

keep 458

sällskap; ~ *one's head* behålla fattningen; ~ *going* a) hålla vid liv; hålla i gång b) hålla flytande [*will £20* ~ *you going until payday?*]; *I won't* ~ *you long* jag ska inte uppehålla dig länge; ~ *a p. waiting* låta ngn vänta **2** behålla; hålla på, spara [på] [~ *for future needs*]; låta stå; ha; förvara; bevara [~ *a secret*] **3** ha, äga, hålla sig med [~ *a car*; ~ *a dog*]; hand. föra [*we don't* ~ *that brand* (märke)] **4** underhålla, uppehålla, försörja [*wife and children to* ~] **5** hålla [~ *a (one's) promise*] **6** föra [~ *a diary*], sköta [~ *accounts*] **7** sköta, vårda **8** skydda, bevara; ~ *goal* stå i mål

II (*kept kept*) *vb itr* (se äv. *III*) **1** hålla sig [~ *awake*; ~ *silent*]; förbli; *how are you ~ing?* hur står det till [med dig]?; ~ *cool!* ta det lugnt! **2** stå sig, hålla sig [*will the meat ~?*] **3** fortsätta [~ *straight on* (rakt fram)]; ~ *left!* håll (kör, gå) till vänster! **4** ~ [*on*] *doing a th.* fortsätta (fortfara) [med] att göra ngt; *he kept* [*on*] *changing his plans* han ändrade hela tiden sina planer; ~ *going* fortsätta, hålla sig i gång (på benen); ~ *moving!* rör på er!; *she ~s* [*on*] *talking* hon bara pratar och pratar

III *vb tr* o. *vb itr* med adv. el. prep. med spec. övers.:

~ *at it* a) hålla i arbete b) ligga i, inte ge upp

~ *away* hålla på avstånd (borta)

~ *back* hålla tillbaka, hejda

~ *down* hålla nere [~ *down prices*]; undertrycka, hålla tillbaka [~ *down a revolt*]

~ *from* avhålla från; dölja för; ~ *a p. from doing a th.* hindra ngn (avhålla ngn) från att göra ngt

~ *in* hålla inne [med], lägga band på; hålla med [~ *a p. in pocket money*]; hålla sig inne; ~ [*well*] *in with* vard. hålla sig väl med

~ *off* hålla på avstånd; avvärja; stänga ute; hålla sig undan; hålla sig ifrån, undvika [*I kept off the subject*]; ~ *off the grass!* beträd ej gräsmattan!

~ *on* a) behålla [på], inte ta av sig [~ *one's hat on*] b) hålla i sig [*if the rain ~s on*]; fortsätta med; ~ *on at* vard. tjata på; hålla efter ngn

~ *out* hålla ute, stänga ute [*of* från]; ~ *out of* hålla sig borta ifrån, hålla sig utanför (ifrån); ~ *out of a p.'s way* undvika (gå ur vägen för) ngn

~ *to* hålla sig till; hålla fast vid [~ *to one's plans*]; stå fast vid [~ *to one's promise*]; ~ *a th. to oneself* [be]hålla ngt för sig själv, tiga med ngt; ~ [*oneself*] *to oneself* hålla sig för sig själv; ~ *to the right!* håll (kör, gå) till höger!

~ *together* hålla ihop (tillsammans); *enough to* ~ *body and soul together* tillräckligt för att uppehålla livet

~ *under* hålla nere, kuva, tygla; ~ *the fire under* hålla elden under kontroll

~ *up* hålla uppe, uppehålla äv. bildl. [*they kept me up all night*; ~ *up a correspondence*]; vidmakthålla, hålla i stånd; fortsätta [med], hålla i gång; hålla vid liv [~ *up a conversation*]; hålla sig uppe äv. bildl.; hålla i sig; ~ *it up* fortsätta [med det], hänga i, inte ge tappt; ~ *up with* hålla jämna steg med, hålla sig à jour med; hinna med

IV *s* **1** underhåll; uppehälle [*earn one's* ~] **2** [huvud]torn i medeltida borg **3** *for ~s* vard. för alltid, för gott

keeper ['ki:pə] *s* **1** vårdare, [mental]skötare; skogvaktare; vakt, väktare; [djur]skötare; uppsyningsman; intendent vid museum; sport. målvakt **2** ss. efterled i sms. -innehavare [*shopkeeper*], -hållare [*bookkeeper*], -vakt [*goalkeeper*], -vaktare, -vårdare, -skötare

keep-fit [,ki:p'fɪt] *adj*, ~ *campaign* 'håll-i-form-kampanj', motionskampanj; ~ *exercises* motionsgymnastik; ~ *movement* frisksport[rörelse]

keeping ['ki:pɪŋ] *s* **1** förvar, vård; *in safe* ~ i säkert (gott) förvar **2** samklang, harmoni; *be in* ~ *with* gå ihop (i stil) med, stämma överens med; *be out of* ~ *with* inte gå ihop (stämma överens, harmoniera) med, inte passa in i

keepsake ['ki:pseɪk] *s* minne, minnessak, souvenir; *for* (*as*) *a* ~ som minne

keg [keg] *s* kagge, kutting

Keith [ki:θ] mansnamn

kelp [kelp] *s* bot. kelp äv. askan

Kelvin ['kelvɪn] **I** egenn. **II** *s* fys., *k~* kelvin enhet för temperatur

ken [ken] *s*, *it is beyond* (*outside*) *my* ~ det går över min horisont (min förmåga, mitt förstånd)

Kennedy ['kenədɪ] egenn.; ~ [*International*] *Airport* en av New Yorks flygplatser

kennel ['kenl] **I** *s* **1** hundkoja **2** vanl. pl. *~s* kennel, hundgård; ~ *club* kennelklubb **3** rävs lya **4** kyffe, ruckel **5** koppel [hundar] **II** *vb itr* bo (hålla till) i en hundkoja (kennel) **III** *vb tr* hålla (stänga in) i en hundkoja (kennel)

Kensington ['kenzɪŋtən] geogr.

Kent [kent] geogr.

Kentucky [ken'tʌkɪ] geogr. egenn.; *the* ~ *Derby* årlig hästkapplöpning i Kentucky

Kenya ['kenjə, 'ki:n-]

Kenyan ['kenjə, 'ki:n-] **I** *adj* kenyansk **II** *s* kenyan

kept [kept] imperf. o. perf. p. av *keep*; ~ *woman* hålldam, älskarinna

kerb [kɜ:b] *s* trottoarkant; ~ *drill* [fotgängares] trafikvett; ~ *weight* bils tjänstevikt

kerbstone ['kɜ:bstəʊn] *s* kantsten i trottoarkant

kerchief ['kɜ:tʃɪf] *s* sjalett, halsduk; huvudduk

kerfuffle [kə'fʌfl] *s* sl. ståhej

kernel ['kɜ:nl] s **1** kärna i nöt, fruktsten o. säd; [sädes]korn **2** bildl. kärna, grundstomme
kerosene o. **kerosine** ['kerəsi:n] s **1** isht amer. fotogen **2** flyg., [*aviation*] ~ flygfotogen
kestrel ['kestr(ə)l] s zool. tornfalk; *lesser* ~ rödfalk
ketch [ketʃ] s sjö. ketch
ketchup ['ketʃəp] s ketchup [*tomato* ~]; *mushroom* ~ svampsoja
kettle ['ketl] s **1** kanna för tevatten, [kaffe]panna; *electric* ~ elektrisk vattenkokare; *whistling* ~ visselpanna, visseljohanna; *put the* ~ *on* [*for tea*] sätta på [te]vatten **2** [fisk]kittel; *a fine* (*pretty, nice*) ~ *of fish* en skön röra
kettle-drum ['ketldrʌm] s mus. puka
kettle-holder ['ketl,həʊldə] s grytlapp
Kew [kju:] geogr. egenn.; ~ *Gardens* botanisk trädgård i Kew utanför London
kewpie ['kju:pɪ] s **1** amer. kerubliknande fe (älva) **2** ~ [*doll*] ® slags knubbig docka
key [ki:] **I** s **1** nyckel äv. bildl. [~ *figure* (*man*); ~ *industry*]; lösning, förklaring, facit, klav [*to* till]; *master* ~ huvudnyckel; *the* ~ *of the door* dörrnyckeln, nyckeln som hör till dörren; *the* ~ *to the door* nyckeln som passar till dörren; ~ *to the signs* [*used*] teckenförklaring **2** urnyckel, [uppdragnings]nyckel; nyckel öppnare till t.ex. sardinburk **3** facit[bok], [översättnings]nyckel **4** tangent på piano, skrivmaskin, dator m.m.; klaff på blåsinstrument; nyckel på telegraf **5** mus. tonart [*the* ~ *of C*]; bildl. ton[art], stil; färgton; *speak in a high* ~ tala med hög (gäll) röst; *all in the same* ~ monotont, uttryckslöst **II** *vb tr* **1** mus. stämma; ~ *up* bildl. jaga upp, skruva upp; mus. stämma högre **2** ~ [*in*] skriva (knappa, koda) in på t.ex. dator
keyboard ['ki:bɔ:d] **I** s klaviatur; manual på orgel; tangentbord på piano, skrivmaskin m.m.; ~*s* keyboards, synt; ~ *instrument* tangentinstrument **II** *vb tr* **1** skriva (knappa) in på t.ex. dator **2** registrera i t.ex. dator
keyboarder ['ki:,bɔ:də] s data. inskrivare, inkodare
key-fob ['ki:fɒb] s nyckelemblem
key grip ['ki:grɪp] s isht amer. produktionsassistent
keyhole ['ki:həʊl] s nyckelhål; ~ *surgery* kir. titthålskirurgi
key money ['ki:,mʌnɪ] s pengar under bordet el. handpenning för att komma åt lägenhet el. hus
keynote ['ki:nəʊt] s **1** mus. grundton **2** bildl. grundton; grundtanke, grundprincip [*the* ~ *of his speech* (*policy*)]
keypad ['ki:pæd] s knappsats på telefon, fjärrkontroll m.m.; [litet] tangentbord
keyphone ['ki:fəʊn] s knapp[sats]telefon
key-ring ['ki:rɪŋ] s nyckelring

key signature [,ki:'sɪgnətʃə] s mus. förtecken, tonartstecken
keystone ['ki:stəʊn] s byggn. slutsten i valv; bildl. grundval, kärna, hörnsten; grundprincip
kg. förk. för *kilogram*[*s*], *kilogramme*[*s*]
khaki ['kɑ:kɪ] **I** s kaki tyg o. färg **II** *adj* kakifärgad
kHz förk. för *kilohertz*
kibbutz [kɪ'bʊts] (pl. *kibbutzim* [,kɪbʊt'si:m]) s kibbutz
kibosh ['kaɪbɒʃ] s sl. **1** skitprat, dravel; humbug **2** *put the* ~ *on* ta (göra) kål på; sabba; sätta p för, göra slut på
kick [kɪk] **I** *vb tr* (se äv. *III*) **1** sparka [till]; ~ *the bucket* el. ~ *it* sl. kola [av] dö; *I could* ~ *myself for missing the chance* Gud vad det retar (grämer) mig att jag inte tog chansen **2** stöta till; om skjutvapen rekylera mot
II *vb itr* (se äv. *III*) **1** sparka[s]; om häst slå bakut **2** bildl. protestera [~ *against* (*at*) *a decision*]; bråka, klaga [*about* om, över] **3** om skjutvapen rekylera, stöta
III *vb tr* o. *vb itr* med prep. o. adv. isht med spec. övers.:
~ **against** *the pricks* spjärna mot udden; jfr *II 2*
~ **off** a) sparka av sig skorna b) sparka i gång [~ *off a campaign*]; göra avspark i fotboll
~ **out** sparka ut; kasta ut; slå bakut; *be* ~*ed out* vard. få sparken (kicken)
~ **over** sparka omkull; ~ *over the traces* bildl. hoppa över skaklarna; göra sig fri, revoltera
~ **up** sparka (riva) upp t.ex. damm; vard. ställa till; ~ *up a row* (*fuss, dust, shindy*) ställa till bråk (oväsen) [*about, over* om, för...skull]
IV s **1** spark; *free* ~ frispark; *penalty* ~ straffspark **2** vard. a) nöje, njutning, spänning, stimulans, kick b) mani, vurm; *he gets a big* ~ *out of* (*gets his* ~*s by*) *skiing* han tycker det är helskönt (kul, spännande) att åka skidor; *for* ~*s* för nöjes (njutningens, kickens) skull **3** vard. styrka, krut i dryck; *a cocktail with a* ~ *in it* en cocktail som river bra, en cocktail med krut i **4** rekyl, stöt av skjutvapen **5** sl., *get* (*give a p.*) *the* ~ få (ge ngn) kicken (sparken)
kickback ['kɪkbæk] s vard. **1** a) våldsam reaktion, motreaktion b) rekyl **2** ung. olaglig provision **3** mutor, pengar under bordet
kickdown ['kɪkdaʊn] s nedväxling i automatväxlad bil, kickdown
kick-off ['kɪkɒf] s **1** avspark i fotboll **2** bildl. igångsparkande [*the* ~ *of a campaign*]
kick-start ['kɪksta:t] **I** *vb tr* trampa igång, kickstarta **II** s, *give the economy a* ~ sätta fart på ekonomin, ge ekonomin en skjuts
kick-starter ['kɪk,sta:tə] s kickstart
kick turn ['kɪktɜ:n] s skidsport. lappkast

kid 460

1 kid [kɪd] *s* **1** zool. killing, kid **2** getskinn, killingskinn; chevreau; pl. *~s* glacéhandskar [äv. *~ gloves*]; *treat a p. with ~ gloves* bildl. behandla ngn med silkesvantar **3** vard. barn, unge; grabb, tjej; ofta i tilltal [*how are you doing ~?*]; isht amer. äv. ungdom [*college ~s*]; *~ brother* lillebror; *~ sister* lillasyster; *~ (~s') stuff* a) något för barn b) en barnlek, en struntsak
2 kid [kɪd] **I** *vb tr* lura, narra; skoja (retas) med; *you're ~ding* [*me*]*!* nu skojar du med mig!, du skämtar!; *~ oneself* lura sig själv; *don't ~ yourself!* inbilla dig inget! **II** *vb itr* skämta, skoja; retas; *I'm not ~ding!* el. *no ~ding!* jag lovar!, det är säkert!, jag skämtar (skojar) inte!
kiddy ['kɪdɪ] *s* vard. litet barn, unge; pl. *kiddies* äv. småttingar; *~ car* trampbil
kid-glove ['kɪdglʌv, ˌ-'-] *attr adj* **1** [som sker] med silkesvantar [*~ treatment*], försiktig, hänsynsfull [*~ methods*] **2** kräsen; känslig
kidnap ['kɪdnæp] **I** *vb tr* kidnappa, röva bort **II** *s* kidnapp[n]ing
kidnapper ['kɪdnæpə] *s* kidnappare
kidney ['kɪdnɪ] *s* **1** njure **2** bildl. art, slag, sort [*a man of the right ~*]; natur, läggning
kidney bean ['kɪdnɪbiːn] *s* bot. **1** trädgårdsböna; isht skärböna, brytböna; rosenböna **2** isht amer. [röd] kidneyböna
kidney dish ['kɪdnɪdɪʃ] *s* med. rondskål
kidney machine ['kɪdnɪməˌʃiːn] *s* med. konstgjord njure
kill [kɪl] **I** *vb tr* **1** döda, mörda, slå ihjäl; slakta; ta död på; ta kål på; *be ~ed* äv. dö, omkomma [*he was ~ed in an accident*], slå ihjäl sig; *be ~ed* [*in action*] stupa [i strid]; *that won't ~ him* det dör han inte av; *~ oneself* a) ta livet av sig, ta död på sig b) förta sig äv. iron. [*don't ~ yourself!*]; *~* [*the*] *time* fördriva (döda, slå ihjäl) tiden, få tiden att gå; *~ two birds with one stone* slå två flugor i en smäll; *~ off* utrota, ta kål på; bildl. ta livet av, låta dö; *~ a p. with kindness* klema (dalta) för mycket med ngn; *it is a case of ~ or cure* ung. det må bära eller brista, går det så går det **2** vard. överväldiga, förkrossa, tillintetgöra; *you're ~ing me!* a) jag dör av skratt! b) iron. dödskul, va! **3** fotb. döda, dämpa boll; *~ the ball* i tennis slå en dödande boll **II** *vb itr* **1** döda, dräpa [*thou shalt not ~*], mörda **2** vard. göra ett överväldigande intryck; göra susen; *got up* (*dressed*) *to ~* ursnyggt klädd, uppklädd till tusen **III** *s* jakt., villebrådets dödande; [jakt]byte; *be in at the ~* vara på plats när något händer; *move in for the ~* sätta in dödsstöten
killer ['kɪlə] *s* **1** mördare, dråpare; slaktare **2** ngt livsfarligt; utrotningsmedel; *the disease is a ~* sjukdomen är dödlig; *his punch was a ~* hans slag var dödande **3** amer. sl. pangsak fin sak **4** zool., *~* [*whale*] späckhuggare **5** fysiol., *~ cell* mördarcell
killing ['kɪlɪŋ] **I** *s* **1** dödande etc., jfr *kill I*; mord **2** vard., *make a ~* göra ett fint kap (ett klipp) **II** *adj* **1** dödande, dödlig; bildl. mördande [*a ~ pace* (tempo)], isande [*a ~ arrogance*] **2** vard. oemotståndlig; fantastisk
kill-joy ['kɪldʒɔɪ] *s* glädjedödare, glädjestörare
kiln [kɪln, yrkesspråk kɪl] **I** *s* brännugn för kalk, tegel o.d.; torkugn; kölna **II** *vb tr* bränna (torka) i brännugn (torkugn, kölna)
kilo ['kiːləʊ] (pl. *~s*) *s* förk. för *kilogram*[*me*]
kilo- ['kɪlə(ʊ)] *prefix* kilo-
kilobyte ['kɪlə(ʊ)baɪt] *s* data. kilobyte
kilocycle ['kɪlə(ʊ)ˌsaɪkl] *s* kilocykel
kilogram[**me**] ['kɪlə(ʊ)ˌɡræm] *s* kilogram
kilohertz ['kɪlə(ʊ)hɜːts] *s* kilohertz
kilolitre ['kɪlə(ʊ)ˌliːtə] *s* kiloliter
kilometer ['kɪlə(ʊ)ˌmiːtə, kɪ'lɒmɪtə] *s* amer. för *kilometre*
kilometre ['kɪlə(ʊ)ˌmiːtə, kɪ'lɒmɪtə] *s* kilometer
kiloton ['kɪlə(ʊ)tʌn] *s* kiloton
kilowatt ['kɪlə(ʊ)wɒt] *s* kilowatt
kilt [kɪlt] **I** *s* kilt **II** *vb tr* **1** skörta upp fästa upp **2** vecka, plissera
kilted ['kɪltɪd] *adj* klädd i kilt
kilter ['kɪltə] *s* vard., *out of ~* el. *off ~* ur funktion, trasig, paj
kimono [kɪ'məʊnəʊ] (pl. *~s*) *s* kimono
kin [kɪn] **I** *s* **1** (konstr. ss. pl.) släkt[ingar] **2** släktskap; *of ~* släkt, besläktad; *next of ~* se *next-of-kin* **3** familj ätt **II** *pred adj* släkt, besläktad [*to* med]
1 kind [kaɪnd] *s* **1** slag, sort; *nothing of the ~* ingenting ditåt (sådant, dylikt), inte alls så; ss. svar äv. visst inte!, inte alls!; *something of the ~* något ditåt (i den stilen); *they are two of a ~* de (båda två) är likadana (lika goda); *of a different ~* av ett annat slag, av en annan sort
~ of: a) slags, sorts; *a ~ of* ett slags, något slags; *I had a ~ of feeling* jag hade liksom på känn; *it is meant to be a ~ of surprise* det ska liksom vara en överraskning; *a different ~ of* ett annat slags; *every ~ of* el. *all ~s of* alla slags, alla möjliga; *that ~ of thing* sådant där; *what ~ of trees are those?* vad är det där för slags träd?; *what ~ of weather is it?* vad det för väder?, hurdant väder är det?; *he is not the ~* [*of man*] *to do such a thing* han är inte den som gör något sådant b) adverbiellt vard. liksom, på sätt och vis, nästan, nog [*I ~ of expected it*]
2 *in ~* in natura [*pay in ~*]; *benefits in ~* naturaförmåner; *repay in ~* isht bildl. betala med samma mynt; *repay insolence in ~* vara lika oförskämd tillbaka
2 kind [kaɪnd] *adj* vänlig, snäll, hjälpsam, god, älskvärd, hygglig [*~ people*; *to* mot]; *~ regards* hjärtliga hälsningar; *would you be*

~ enough to (*so ~ as to*)...? vill du vara vänlig och...?
kindergarten ['kɪndəˌgɑːtn] *s* ty. lekskola, kindergarten
kind-hearted [ˌkaɪndˈhɑːtɪd, attr. '-ˌ--] *adj* godhjärtad, snäll
kindle ['kɪndl] **I** *vb tr* **1** antända, tända [på] **2** lysa upp **3** bildl. upptända, väcka [*~ the interest of the audience*]; egga upp; underblåsa **II** *vb itr* **1** tända, fatta eld **2** bildl. upptändas, flamma upp; lysa upp
kindliness ['kaɪndlɪnəs] *s* välvilja, godhet, vänlighet
kindling ['kɪndlɪŋ] *s* **1** antändning, upptändande, uppflammande etc., jfr *kindle* **2** tändved, torrved, stickor att tända eld med; tändmaterial
kindly ['kaɪndlɪ] **I** *adj* **1** vänlig, välvillig, godhjärtad, human **2** bildl. mild [*a ~ climate*]; gynnsam; välgörande, värmande, angenäm **3** åld. infödd [*a ~ Scot*] **II** *adv* vänligt etc., jfr *2 kind*; **~ shut the door at once!** befallande var snäll och stäng dörren genast!; **~ meant** välment; **feel ~ towards** känna sig välvilligt stämd mot; **take a th. ~** uppta ngt väl; **thank ~** tacka hjärtligt
kindness ['kaɪndnəs] *s* vänlighet, snällhet, hjälpsamhet, välvilja, godhet [*to* mot]; **do a p. a ~** visa ngn en vänlighet; **have the ~ to...** vara vänlig och..., ha vänligheten att...; **in ~** i all vänlighet; i all välmening
kindred ['kɪndrəd] **I** *s* **1** släktskap genom födsel **2** (konstr. ss. pl.) släkt[ingar] [*his ~ live abroad*] **II** *attr adj* besläktad, befryndad äv. bildl.; liknande; **a ~ likeness** släkttycke; **~ souls** (**spirits**) själsfränder
kinetic [kɪˈnetɪk, kaɪˈn-] *adj* fys. kinetisk; **~ energy** kinetisk energi, rörelseenergi
kinetics [kɪˈnetɪks, kaɪˈn-] (konstr. ss. sg.) *s* fys. kinetik
king [kɪŋ] **I** *s* **1** kung, konung äv. bildl. [*the ~ of beasts* (*birds*); *oil ~*]; **Kings** bibl. Konungaböckerna; **the First Book of the Kings** bibl. Första Konungaboken; **the three Kings** de tre vise männen, heliga tre konungar; **the K~ of ~s** konungarnas konung; **the ~ of soaps** i reklam världens bästa tvål; **dish fit for a ~** kunglig rätt **2** kung i kortlek, schack m. fl. spel; dam i damspel; **~'s pawn** schack. kungsbonde; **~ of hearts** hjärter kung **II** *vb tr* **1** göra till kung **2 ~ it** uppträda som (spela) kung, härska
king cobra [ˌkɪŋˈkɒbrə] *s* zool. kungskobra
kingdom ['kɪŋdəm] *s* **1** kungarike, konungarike; kungadöme; **the ~ of Sweden** kungariket Sverige; **the United K~ of Great Britain and Northern Ireland** Förenade kungariket Storbritannien och Nordirland **2** bildl. rike, välde; område; **the ~ of God** Guds rike; **the ~ of heaven** himmelriket; **~ come** livet efter detta; **thy ~ come** bibl.

tillkomme ditt rike; **wait till ~ come** vard. vänta i evighet **3** naturv. rike; **the animal, vegetable, and mineral ~s** djur-, växt- och mineralriket
kingfisher ['kɪŋˌfɪʃə] *s* zool. kungsfiskare, isfågel
kingliness ['kɪŋlɪnəs] *s* kunglighet
kingly ['kɪŋlɪ] *adj* kunglig, konungslig
kingpin ['kɪŋpɪn] *s* **1** i bowling mittenkägla; i kägelspel kung **2** bildl. ledare; stöttepelare [*he* (*it*) *is the ~ of the whole system*] **3** tekn. spindelbult
kingship ['kɪŋʃɪp] *s* kungadöme; kungavärdighet
king-size ['kɪŋsaɪz] *adj* jättestor, extra stor; king-size, extra lång [*a ~ cigarette*]
kink [kɪŋk] *s* **1** knut, ögla på tråd; sjö. kink; krullad (lagd) [hår]lock **2** egenhet; egendomlighet; hugskott, påfund **3** vard. sexuell avvikelse, perversitet
kinky ['kɪŋkɪ] *adj* **1** tovig; krusig; **a ~ rope** rep fullt med knutar, ett knutigt rep **2** krullig [*~ hair*] **3** vard. bisarr, konstig [*~ clothes*] **4** pervers, sexuellt avvikande
kinsfolk ['kɪnzfəʊk] (konstr. ss. pl.) *s* litt. släkt[ingar]
kinship ['kɪnʃɪp] *s* **1** släktskap; blodsband **2** bildl. frändskap, likhet; **~ in spirit** själsfrändskap
kins|man ['kɪnz|mən] (pl. *-men* [-mən]) *s* litt. [manlig] släkting, frände
kins|woman ['kɪnzˌwʊmən] (pl. *-women* [-ˌwɪmɪn]) *s* litt. [kvinnlig] släkting, frände
kiosk ['kiːɒsk] *s* kiosk
kip [kɪp] sl. **I** *s* **1** pang, kvart ungkarlshotell, härbärge; slaf, binge säng **2** sömn; **get some ~** kvarta ett tag **II** *vb itr*, **~** [**down**] gå och kvarta, knyta sig lägga sig; slafa sova
kipper ['kɪpə] **I** *s* 'kipper' slags fläkt, saltad o. röktorkad fisk isht sill **II** *vb tr* fläka, salta och [rök]torka fisk [*~ed herring*]
Kirghizia [kɜːˈgɪzɪə] geogr. Kirgisien
kirsch [kɪəʃ, kɜːʃ] s. o. **kirschwasser** ['kɪəʃˌvɑːsə] *s* kirsch, körsbärsbrännvin
kismet ['kɪzmet, -ɪsm-] *s* kismet, öde[t] inom islam
kiss [kɪs] **I** *vb tr* kyssa äv. bildl.; pussa; **~ the dust** (**ground**) a) krypa i stoftet b) bita i gräset; **~ hands** kyssa på hand; **I'll ~ it better** till barn jag ska blåsa på det [så går det över]; **~ the rod** bildl. kyssa riset; **~ away** kyssa bort **II** *vb itr* kyssas, pussas; **~ and tell** skryta med sina erövringar; **~ goodbye to** säga farväl till (åt) **III** *s* kyss, puss; **the ~ of death** dödsstöten; **give a p. the ~ of life** behandla ngn med mun-mot-mun-metoden
kissable ['kɪsəbl] *adj* kysstäck
kiss-curl ['kɪskɜːl] *s* tjusarlock
kisser ['kɪsə] *s* sl. trut mun; nylle ansikte; **sock a p. on the ~** slå ngn på käften
kissing ['kɪsɪŋ] *adj* o. *pres p* (av *kiss*), **~ cousin**

(*kin*) amer. kär släkting som man hälsar med en kyss; förtrolig vän; ~ *gate* manshål V-format genomsläpp i boskapsstängsel
kissproof ['kɪspruːf] *adj* kyssäkta
kit [kɪt] I *s* **1** utrustning av kläder m.m.; grejor, saker [*golfing* (*skiing*) ~]; persedlar; mundering [*battle* ~], utstyrsel [*ski* ~]; sats, uppsättning, byggsats; *first-aid* ~ förbandslåda **2** kappsäck; mil. packning, ränsel II *vb tr*, ~ *out* (*up*) utrusta, ekipera
kitbag ['kɪtbæg] *s* **1** sportbag, sportväska **2** mil. ränsel, ryggsäck
kitchen ['kɪtʃɪn, -tʃ(ə)n] I *s* kök II *attr adj* köks- [~ *fan* (*machine*)]; ~ *utensils* husgeråd, köksgeråd
kitchenette [ˌkɪtʃɪ'net] *s* kokvrå, litet kök, pentry
kitchen garden [ˌkɪtʃɪn'gɑːdn] *s* köksträdgård
kitchen range ['kɪtʃɪnreɪn(d)ʒ] *s* köksspis
kitchen roll [ˌkɪtʃɪn'rəʊl] *s* köksrulle, hushållsrulle
kitchen sink [ˌkɪtʃɪn'sɪŋk] *s* **1** diskbänk; *everything but the* ~ vard. allt möjligt, rubbet **2** attr. *kitchen-sink drama* teat. vardagsdrama; *kitchen-sink realism* teat. diskbänksrealism
kitchen unit [ˌkɪtʃɪn'juːnɪt] *s* färdigkomponerat kök som köps i en enhet från fabrikant
kitchenware ['kɪtʃɪnweə] *s* husgeråd, köksgeråd, köksutrustning
kite [kaɪt] *s* **1** zool. glada **2** drake av papper o.d.; *fly a* ~ a) sända upp en drake b) bildl. släppa upp en försöksballong, göra (skicka ut) en trevare, pejla opinionen
kith [kɪθ] *s*, ~ *and kin* vänner och fränder; släktingar
kitsch [kɪtʃ] *s* vard. (ty.) smörja, skräp, krimskrams, kitsch
kitschy ['kɪtʃɪ] *adj* banal, billig, smaklös, kitschig
kitten ['kɪtn] *s* **1** kattunge; *have* (*be having*) ~*s* vard. sitta som på nålar; få spader **2** flicksnärta
kittenish ['kɪt(ə)nɪʃ] *adj* lekfull [som en kattunge]
1 kitty ['kɪtɪ] *s* kattunge, kissemiss
2 kitty ['kɪtɪ] *s* **1** spel. pott, insats **2** vard. kassa, fond
kiwi ['kiːwiː] *s* **1** zool. kivi **2** se *kiwi fruit* **3** *K*~ vard. nyzeeländare utom i Nya Zeeland
kiwi fruit ['kiːwiːfruːt] *s* kiwifrukt
KKK förk. för *Ku Klux Klan*
Kleenex ['kliːneks] *s* ® ansiktsservett, pappersnäsduk, kleenex
kleptomania [ˌkleptə(ʊ)'meɪnjə] *s* kleptomani
kleptomaniac [ˌkleptə(ʊ)'meɪnɪæk] *s* kleptoman
Klondike ['klɒndaɪk] geogr.
km. förk. för *kilometre*[*s*]
knack [næk] *s* **1** skicklighet, talang att göra ngt; [gott] handlag, grepp; *get the* ~ *of a th.* få kläm på ngt, få in det rätta greppet på ngt; *there's a* ~ *in it* det finns ett knep med det **2** liten vana, egenhet, benägenhet
knacker ['nækə] *s* **1** hästslaktare; ~*'s yard* slakthus för hästar; *ready for the* ~*'s yard* vard. färdig för inlämning, värdelös **2** uppköpare av rivningshus (skrotfärdiga båtar o.d.); skrothandlare; ~*'s yard* skrotupplag **3** ~*s* vulg. ballar testiklar
knapsack ['næpsæk] *s* ryggsäck, ränsel; axelväska, persedelpåse
knave [neɪv] *s* **1** kanalje, skojare, bedragare **2** knekt i kortlek; ~ *of hearts* hjärter knekt
knavery ['neɪvərɪ] *s* kanaljeri, skoj; *piece of* ~ skurkstreck
knavish ['neɪvɪʃ] *adj* skurkaktig, bedräglig, samvetslös; ~ *trick* skurkstreck
knead [niːd] I *vb tr* knåda äv. massera; älta II *vb itr* om katt karda
knee [niː] I *s* knä äv. tekn. el. byggn.; *bend* (*bow*, *crook*) *the* (*one's*) ~[*s*] böja knä, knäböja äv. bildl.; *his trousers are torn* (*gone*) *at the* ~*s* hans byxor har hål på knäna; *on one's bended* ~*s* på sina bara knän; *bring a p. to his* ~*s* tvinga ngn på knä (till underkastelse) II *vb tr* beröra med knä[e]t, knäa
knee breeches ['niːˌbrɪtʃɪz] *s pl* knäbyxor
kneecap ['niːkæp] I *s* **1** knäskål **2** knäskydd, knäförband II *vb tr* skadskjuta ngn i knät som hämnd el. dyl., krossa knät på
knee-deep [ˌniː'diːp] *adj* o. *adv* knädjup; *the snow was* ~ snön gick [upp] till knäna
knee-high [ˌniː'haɪ] I *adj* som går [upp] till knäna, knähög II *adv* upp (ända) till knäna
knee-jerk ['niːdʒɜːk] *adj* reflexartad, automatisk [~ *reaction*], stereotyp; ~ *reflex* med. knä[sen]reflex, patellarreflex
kneel [niːl] (*knelt knelt* el. ~*ed* ~*ed*) *vb itr* knäböja, falla (ligga) på knä [*to* för ngn; *before* inför]; ~ *down* falla på knä; lägga sig på knä
knee-length [ˌniː'leŋθ, attr. '--] *adj* knäkort; ~ *stocking* knästrumpa
kneepad ['niːpæd] *s* knäskydd
knell [nel] *s* själaringning; klämtning; bildl. dödsklocka; olyckligt förebud; dödsstöt; *toll the* ~ ringa själaringning
knelt [nelt] imperf. o. perf. p. av *kneel*
knew [njuː] imperf. av *know*
knickers ['nɪkəz] *s pl* **1** knickers slags byxor **2** [dam]underbyxor [med ben], benkläder; mamelucker; *get one's* ~*s in a twist* sl. bli upprörd, hetsa upp sig
knick-knack ['nɪknæk] *s* prydnadsföremål, småsak; pl. ~*s* äv. krimskrams, krafs, grannlåt
knife [naɪf] I (pl. *knives* [naɪvz]) *s* kniv; ~ *pleat* sömnad. efterveck; *have* [*got*] *one's* ~ *into a p.* ha ett horn i sidan till ngn II *vb tr* knivhugga, knivskära, sticka ned [med kniv]
knife-edge ['naɪfedʒ] *s* **1** knivsegg; knivskarp

vågkam (bergskam); knivskarp kant; ~ *crease* knivskarpt veck **2** bildl. *the situation is balanced on a* ~ det står och väger
knight [naɪt] **I** *s* **1** medeltida riddare; bildl., ngns riddare **2** riddare av en orden; ~ *bachelor* (pl. ~*s bachelors* el. ~*s bachelor*) riddare av lägsta rang utan ordenstillhörighet; ~ *commander* ung. kommendör av första klassen; ~ *companion* riddare i orden med endast en klass; *K~ Grand Cross* riddare av storkorset (Empireordens storkors) **3 knight** adelsman av lägsta rang (titeln ej ärftlig) **4** schack. springare, häst **II** *vb tr* dubba till riddare; utnämna till knight, adla
knight-errant [ˌnaɪt'er(ə)nt] (pl. *knights-errant*) *s* vandrande (sökande) riddare på medeltiden
knighthood ['naɪthʊd] *s* **1** (jfr *knight I 1-3*) riddarvärdighet, knightvärdighet; *confer a* ~ *[up]on* förläna riddarvärdighet åt; utnämna till knight, adla; *order of* ~ riddarorden **2** koll. ridderskap
knightly ['naɪtlɪ] *adj* o. *adv* ridderlig[t]
knit [nɪt] **I** (~*ted* ~*ted* el. *knit knit*, i bet. *1* vanl. ~*ted* ~*ted*) *vb tr* **1** sticka t.ex. strumpor **2** dra ihop, rynka; ~ *one's brows* rynka pannan (ögonbrynen) **3** ~ *together* [fast] förena, knyta (binda) [samman] äv. bildl. [*to* med]; få att växa ihop [~ *broken bones*] **II** (~*ted* ~*ted* el. *knit knit*, i bet. *1* vanl. ~*ted* ~*ted*) *vb itr* **1** sticka **2** växa ihop; [fast] förenas äv. bildl.; knytas till varandra **3** rynka sig, rynkas [*his brows* ~]
knitter ['nɪtə] *s* **1** stickare, stickerska **2** stickmaskin
knitting ['nɪtɪŋ] *s* stickning äv. konkr.; stickat arbete; *stick to one's* ~ hålla sig till saken, sköta sitt
knitting-needle ['nɪtɪŋˌniːdl] *s* [strump]sticka
knitwear ['nɪtweə] *s* trikåvaror; stickade plagg, stickat
knives [naɪvz] *s* pl. av *knife*
knob [nɒb] *s* **1** knopp, knapp, kula; ratt på t.ex. radio; runt handtag, vred [*door-knob*]; knöl **2** liten bit [*a* ~ *of sugar* (*coal*)]; klick [*a* ~ *of butter*] **3** [rund] kulle **4** se *1 nob* **5** *with* ~*s on* sl. och mer därtill, så det förslår; alla gånger; *the same to you with* ~*s on!* tack detsamma!, det kan du vara själv!
knock [nɒk] **I** *vb tr* (se äv. *III*) [hårt], slå till; bulta, knacka; ~ *a p. cold* (*into the middle of next week*) a) slå ngn medvetslös b) slå ngn med häpnad **2** vard. slå med beundran (häpnad) **3** vard. racka ner på **II** *vb itr* (se äv. *III*) **1** knacka äv. om motor, bulta [~ *at the door*], slå **2** stöta (slå) ihop, kollidera, krocka [*into* med]
III *vb tr* o. *vb itr* med adv. el. prep. med spec. övers.:
~ **about:** a) slå (kasta) hit och dit; våldsamt misshandla b) vard. driva (flacka) omkring [i] c) vard., om saker ligga och skräpa
~ **against** stöta (slå) emot, kollidera med; ~ *one's head against a stone* (*brick*) *wall* bildl. köra huvudet i väggen
~ **back:** a) vard. svepa, stjälpa i sig [~ *back five beers*] b) *that* ~*ed me back ten pounds* vard. jag åkte på en smäll på tio pund
~ **down:** a) knocka, golva, slå ned, köra på; riva ned (omkull) b) riva; montera ned, ta isär t.ex. maskin för transport c) på auktion klubba, sälja [*to* åt, till] d) vard. pressa ned, slå av på [~ *down the price of*]
~ **in** slå in (i); bryta upp
~ *a th.* **into** *shape* få fason på ngt
~ **off:** a) slå av b) slå av på [~ *ten pounds off the price*] c) sluta [med] [~ *off work at five*], sluta arbetet, lägga av d) vard. klara av; smälla ihop [~ *off an article*] e) sl. knycka, stjäla f) sl. knäppa mörda; ~ *a p.'s head off* bildl. slå in skallen på ngn; ~ *it off!* sl. lägg av!
~ **on** slå mot (i) [~ *one's head on a wall*]; ~ *on the head* slå ngn i skallen; bildl. sätta p (stopp) för
~ **out:** a) slå ut; knacka ur [~ *out one's pipe*]; ~ *the bottom out of* slå ur botten på; bildl. slå hål på, kullkasta [~ *the bottom out of a theory*] b) slå boxare knockout, besegra; slå medvetslös; bildl. överväldiga, knocka, lamslå
~ **over:** a) slå (stöta) omkull b) överrumpla, göra paff
~ **to** *pieces* slå i bitar (sönder) äv. bildl.
~ **together** sätta ihop i en hast, smälla ihop
~ **up:** a) kasta upp; knacka upp, väcka genom att knacka b) vard. [hastigt] ställa till med, improvisera; sno ihop [~ *up a meal*], rafsa ihop; skramla ihop c) vard. göra poäng i kricket d) trötta ut; perf. p. ~*ed up* utmattad, utsjasad e) sl. göra på smällen göra gravid f) ~ *up against* vard. stöta på (ihop med) [~ *up against a friend*]
IV *s* **1** slag; knackning äv. i motor; smäll, stöt; *there is a* ~ *at the door* det knackar [på dörren] **2** vard. [inne]omgång i kricket **3** vard. smäll, stöt; kritik; prickning; *take a* ~ få en knäck, bli ruinerad
knock-about ['nɒkəbaʊt] *adj* **1** bullersam, högröstad, våldsam; ~ *comedy* buskteater **2** om kläder oöm, vardags-, släng- **3** kringflackande; bohem-; ~ *work* tillfälligt arbete
knock-down ['nɒkdaʊn] **I** *adj* **1** bildl. bedövande, dräpande; *a* ~ *blow* ett dråpslag **2** om pris nedsatt; på auktion minimi- [*a* ~ *price*] **3** isärtagbar, nedmonterbar; ~ *furniture* byggmöbler, monterbara möbler **II** *s* **1** dråpslag; boxn. nedslagning **2** amer. [pris]nedsättning
knocker ['nɒkə] *s* **1** a) portklapp b) person (sak) som knackar (bultar, slår) **2** amer. sl. gnällspik, felfinnare, häcklare **3** sl., pl. ~*s* pattar bröst
knock-kneed [ˌnɒk'niːd] *adj* **1** kobent **2** bildl. haltande; tafatt

knock-on ['nɒkɒn] *adj*, ~ *effect* kedjereaktion, dominoeffekt
knock-out ['nɒkaʊt] **I** *adj* knockout- [*a* ~ *blow*]; ~ *competition* (*contest*) utslagstävling; ~ *drops* sl. knockoutdroppar **II** *s* **1** knockout[slag] i boxning **2** vard. pangsuccé; toppengrej; pangbrud, pangkille
knock-up ['nɒkʌp] *s* vard. inslagning, träning, inbollning före [tennis]match; *have a* ~ bolla in sig i t.ex. tennis
knoll [nəʊl] *s* [rund] kulle
1 knot [nɒt] *s* zool. kustsnäppa
2 knot [nɒt] **I** *s* **1** knut; knop; *make* (*tie*) *a* ~ göra (knyta, slå) en knut [*in* på]; *undo* (*untie*) *a* ~ lösa (knyta) upp en knut **2** [band]rosett, kokard **3** skärningspunkt, föreningspunkt **4** bildl. svårighet, problem; *the* [*very*] ~ själva knuten [*of* i]; *tie oneself* [*up*] *in*[*to*] ~*s* el. *get into* ~*s* bildl. a) trassla in sig b) trassla till det för sig **5** knöl, [ut]växt; ledknut; kvist i trä; knopp **6** klunga, grupp [*people were standing about in* ~*s*] **7** sjö. knop i timmen; *do 20* ~*s* göra 20 knop **8** garnhärva, garndocka **II** *vb tr* **1** knyta en knut; knyta om [~ *a parcel firmly*]; knopa; ~ *together* knyta ihop **2** bildl. a) knyta samman, förena b) veckla in, trassla till
knotty ['nɒtɪ] *adj* **1** knutig; knölig, knotig, skrovlig, kvistig **2** bildl. kvistig, kinkig, knepig
know [nəʊ] **I** (*knew known*) *vb tr* o. *vb itr* (se äv. *known*) **1** veta; ha reda på, känna till, veta av; [*he's a bit stupid,*] *you* ~ ...vet du, ...förstår du; *you never* ~ man kan aldrig veta; *I wouldn't* ~ vard. inte vet jag, jag har ingen aning; *as* (*so*) *far as I* ~ såvitt jag vet; *he is at work for all I* ~ vad jag vet så är han på jobbet; ~ *one's own mind* veta vad man vill; ~ *a thing or two* el. ~ *what's what* vard. ha [väl] reda på sig; *not if I* ~ *it* vard. inte så länge jag får ett ord med i laget; *let me* ~ [*when you are ready*] säg till [mig]...; *before you* ~ *where you are* innan man vet ordet av; [*I'm so happy*] *I hardly* ~ *where I am* ...så jag knappt vet till mig; ~ *about* känna till, veta om; *what do you* ~ [*about that*]*!* vard. vad säger du om det då!, nej men ser man på!; *that's all you* ~ [*about it*]*!* iron. du skulle bara veta!, det är vad du tror!; ~ *of* känna till, veta [*I* ~ *of a place that would suit you*]; ha hört talas om [*I* ~ *of him*]; *not that I* ~ *of* inte såvitt (vad) jag vet **2** kunna, ha lärt sig, vara kunnig i; *he* ~*s his business* han kan sin sak; *he* ~*s all about cars* han kan [allt om] bilar; *I* ~ *nothing about paintings* jag förstår mig inte alls på tavlor; ~ *a th. by heart* kunna ngt utantill **3** ~ *how to* kunna [konsten att], förstå sig på att; veta att; ~ *how to read* kunna läsa **4** känna, vara bekant med [*I don't* ~ *him*]; *get to* ~ lära känna, bli bekant med; [*he will do it*] *if I* ~ *him* ...om jag känner honom rätt **5** känna

igen; identifiera; [kunna] skilja [*from* från]; ~ *a good thing when one sees it* kunna skilja på bra och dåligt; *I knew by his voice* jag kände igen honom på rösten **6** vara med om, uppleva [*he knew poverty in his early life*], se [*he has* ~*n better days*]; *it has never been* ~*n to happen* det har veterligen aldrig hänt; *she has never been* ~*n to tell a lie* man har aldrig hört henne ljuga **II** *s*, *in the* ~ vard. initierad, invigd
know-all ['nəʊɔ:l] *s* vard. besserwisser; allvetare
know-how ['nəʊhaʊ] *s* vard. know-how, kunnande, sakkunskap, expertis
knowing ['nəʊɪŋ] **I** *adj* **1** kunnig, insiktsfull, erfaren **2** medveten **3** [knip]slug, slipad [*a* ~ *fellow*], illmarig; menande [*a* ~ *glance*] **II** *s* vetande, kunskap; *there is no* ~ *where that will end* man kan inte veta var det skall sluta
knowingly ['nəʊɪŋlɪ] *adv* **1** medvetet, avsiktligt, med vett och vilja **2** menande
knowledge ['nɒlɪdʒ] (utan pl.) *s* **1** kunskap[er], insikt[er] [*of* om, i]; vetskap, kännedom, medvetande [*of* om]; erfarenhet [*of* av]; vetande, lärdom; *a thorough* ~ *of English* grundliga kunskaper (insikter) i engelska; *get* ~ *of* få vetskap om, få veta, få reda på; *it came* (*was brought*) *to my* ~ det kom till min kännedom (vetskap); *to* [*the best of*] *my* ~ såvitt (vad) jag vet **2** *carnal* ~ jur. könsumgänge
knowledgeable ['nɒlɪdʒəbl] *adj* kunnig; klyftig; välunderrättad
known [nəʊn] *adj* o. *perf p* (av *know*) känd [*as* som, för att vara], bekant [*to a p.* för ngn]; *be* ~ *by* a) vara känd av [*he is* ~ *by all*] b) kännas igen på [*he is* ~ *by his voice*]; *be* ~ *by the name of...* vara känd (gå) under namnet...; *become* ~ *to a p.* bli bekant för ngn, komma till ngns kännedom; *he is* ~ *to the police* han är känd av polisen; *make* ~ bekantgöra, offentliggöra; meddela; *make oneself* ~ a) göra sig känd b) ge sig till känna [*to* för]; *as is well* ~ som bekant; *he is better* ~ han är mera känd
knuckle ['nʌkl] **I** *s* **1** knoge; led; *give a p. a rap on* (*over*) *the* ~*s* se *1 rap I 1* **2** på vissa djur knäled; kok. lägg på kalv o. svin; ~ *of veal* äv. kalvkyl **3** [*a bit*] *near the* ~ vard. på gränsen till oanständig **II** *vb tr* slå (gnida) med knogarna **III** *vb itr*, ~ *under* (*down*) falla till föga, böja sig [*to* för]; ~ *down to* äv. hugga i med ens, ta itu med [~ *down to the job*]
knuckle-duster ['nʌkl,dʌstə] *s* knogjärn
KO [,keɪ'əʊ] *vb tr* o. *s* boxn., sl. = *knock out* o. *knock-out*
koala [kəʊ'ɑ:lə] *s* zool., ~ [*bear*] koala, pungbjörn
kohl [kəʊl] *s* kajal ögonmakeup
kohlrabi [,kəʊl'rɑ:bɪ] *s* bot. kålrabbi
kook [ku:k] *s* isht amer. sl. knasboll, dåre

kookaburra ['kʊkəˌbʌrə] s zool. skrattfågel
Koran [kɒ'rɑ:n] s, *the* ~ Koranen
Korea [kə'rɪə] geogr.; *North* ~ Nordkorea; *South* ~ Sydkorea
Korean [kə'rɪən] I s **1** korean, koreanska **2** koreanska [språket] II *adj* koreansk
kosher ['kəʊʃə] I *adj* **1** jud., om mat o.d. koscher ritualenlig [~ *food (foodshop)*] **2** vard. äkta, genuin II s koscher mat, jfr *I 1*
kowtow [ˌkaʊ'taʊ] I s **1** djup bugning kinesisk vördnadsbetygelse med pannan mot marken **2** bildl. kryperi, smicker II *vb itr* **1** buga sig [till marken] **2** krypa, svansa [*to* för]
k.p.h. förk. för *kilometres per hour*
Kremlin ['kremlɪn] geogr.; *the* ~ Kreml
krill [krɪl] (pl. lika) s zool. krill
krona ['krəʊnə] (pl. *kronor* el. ~s) s krona svensk myntenhet
kudos ['kju:dɒs] s vard. beröm, ära, heder
Ku Klux Klan [ˌkju:klʌks'klæn] Ku Klux Klan hemlig vit rasistisk organisation i södra USA
kung fu [kʊŋ'fu:] s kung fu kinesisk form av självförsvar
Kurd [kɜ:d] s kurd; kurdiska kvinna
Kurdish ['kɜ:dɪʃ] I *adj* kurdisk II s kurdiska [språket]
Kurdistan [ˌkɜ:dɪ'stɑ:n, -'stæn]
Kuwait [kʊ'weɪt, -'waɪt]
Kuwaiti [kʊ'weɪtɪ, -'waɪtɪ] I s kuwaitier II *adj* kuwaitisk
kW (förk. för *kilowatt*[s]) kW
kWh (förk. för *kilowatt-hour*[s]) kWh

L

L, l [el] (pl. *L's* el. *l's* [elz]) s L, l
1 L (förk. för *Learner*) övningsbil, övningskörning skylt på bil; ~ *driver* övningsförare; ~ *plate* övningsbilsskylt, övningskörningsskylt
2 L (förk. för *elevated railroad*) amer. vard. högbana; ~ *train* L-tåg
£ [paʊnd, pl. vanl. paʊndz] (förk. för eg. *libra* lat.) *pound (pounds)* [*sterling*]) pund, £ [£5]
LA [ˌel'eɪ] förk. för *Los Angeles*
la [lɑ:] s mus. la
Lab. förk. för *Labour [Party]*
lab [læb] s **1** (vard. kortform för *laboratory*) labb **2** (vard. förk. för *low-alcohol beer*) lättöl
label ['leɪbl] I s **1** etikett äv. data.; märke; adresslapp; påskrift **2** [sigill]band, sigillsnöre **3** bildl. etikett, stämpel [*attach a* ~ *to* (på) *people*], beteckning **4** skivmärke grammofonbolag II *vb tr* etikettera äv. data.; förse med påskrift (adresslapp), märka; sätta etikett på äv. bildl.; rubricera; beteckna; ~ *a p. as a reactionary* stämpla ngn som reaktionär; *have one's luggage* ~*led* äv. [låta] pollettera sitt bagage
labia ['leɪbjə] s pl. av *labium*
labial ['leɪbjəl] I *adj* läpp-, labial II s fonet. labial, läppljud
labialize ['leɪbɪəlaɪz] *vb tr* fonet. labialisera
labium ['leɪbjəm] (pl. *labia* ['leɪbjə]) s med. (lat.), pl. *labia* blygdläppar; *labia majora* (*minora*) stora (små) blygdläpparna
labor ['leɪbə] amer. I s se *labour I*; *L~ Day* ung. 'arbetarklassens dag' i USA o. Canada fridag 1:a måndagen i september; ~ *union* fackförening; *American Federation of L~* grupp av fackförbund, se *AFL-CIO* II *vb tr* o. *vb tr* se *labour II* o. *III*
laboratory [lə'bɒrət(ə)rɪ, amer. 'læbrətɔ:rɪ] s laboratorium; verkstad äv. bildl.
laborious [lə'bɔ:rɪəs] *adj* **1** mödosam [~ *task*]; tung [~ *style*] **2** strävsam
labour ['leɪbə] I s **1** arbete, möda, ansträngning, vedermöda; *hard* ~ straffarbete; ~ *of love* (pl. *labours of love*) kärt besvär (arbete); kärleksverk **2** ekon. a) arbete b) arbetskraft; arbetare koll.; *skilled* ~ se *skilled 2*; ~ *court* arbetsdomstol; ~ *dispute* arbetstvist; ~ *force* arbetsstyrka, arbetskraft; ~ *legislation* arbetslagstiftning; *on* (*in*) *the* ~ *market* på arbetsmarknaden; ~ *relations* förhållandet mellan arbetsmarknadens parter; ~ *supply* a) arbetstillgång b) tillgång på arbetskraft; ~ *unrest* oro på arbetsmarknaden; *International L~ Organization* internationella arbetsorganisationen **3** polit.,

laboured

L~ arbetarna, arbetarklassen; *L~* el. *the L~ Party* arbetarpartiet; *L~ Government* arbetarregering; *L~ leader* a) ledare för arbetarpartiet, arbetarledare b) fackföreningsledare; *organized ~* fackföreningsrörelsen; *the L~ movement* arbetarrörelsen **4** förlossningsarbete; värkar [äv. *~ pains*]; *~ ward* förlossningsavdelning **II** *vb itr* **1** arbeta [hårt] [*~ at* (på, med) *a task*; *~ in* (för) *the cause of peace*] **2** bemöda sig [*to* [om] att], anstränga sig [*to* [för] att], sträva [*to* efter att; *for* efter] **3** *~ under* ha att dras (kämpa) med [*~ under a difficulty*] **4** arbeta (kämpa) sig [fram] **III** *vb tr* (se äv. *laboured*) breda ut sig över; lägga [för] stor vikt vid, hålla strängt på [*~ a point* (*the obvious*)]
laboured ['leɪbəd] *adj* **1** överarbetad, ansträngd, tvungen, krystad [*~ style*] **2** besvärad, mödosam, tung [*~ breathing*]
labourer ['leɪbərə] *s* arbetare; isht grovarbetare; *agricultural* (*farm*) *~* jordbruksarbetare, lantarbetare
labour-intensive ['leɪbərɪnˌtensɪv] *adj* arbetsintensiv
labour-saving ['leɪbəˌseɪvɪŋ] *adj* arbetsbesparande; *~ devices* (*appliances*) arbetsbesparande hjälpmedel (apparater)
laburnum [lə'bɜ:nəm] *s* bot. gullregn
labyrinth ['læbərɪnθ] *s* labyrint äv. anat. o. bildl.
labyrinthine [ˌlæbə'rɪnθaɪn] *adj* labyrintisk, villsam, komplicerad; anat. labyrint-
lace [leɪs] **I** *s* **1** snöre, snörband; snodd **2** galon[er] [*gold ~, silver ~*] **3** spets[ar]; *Brussels ~* brysselspets[ar]; *a piece of ~* en spets; en bit spets; *~ trimming* spetsgarnering **II** *vb tr* **1** snöra [*together* (*up*) till (ihop, åt)]; *~* [*up*] [*one's shoes*] snöra… **2** trä [*through* genom] **3** vanl. perf. p. *~d* a) galonerad b) garnerad med spetsar **4** vard. a) klå [upp] b) klå, besegra **5** vard. spetsa [*~ coffee with brandy*]; *~d coffee* ung. kaffegök, kaffekask **III** *vb itr* **1** snöra sig i korsett; *~* [*up*] snöras [*it ~s* [*up*] *at the side*]; *shoes that ~* skor som kan snöras, snörskor **2** *~ into* vard. a) klå upp b) skälla ut
lacerate ['læsəreɪt] *vb tr* slita (riva) sönder, sarga
laceration [ˌlæsə'reɪʃ(ə)n] *s* **1** sönderslitning **2** rivsår, skärsår; med. laceration
lace-up ['leɪsʌp] **I** *adj* snör- [*~ shoes*] **II** *s* vard., pl. *~s* snörskor; snörkängor
lachrymal ['lækrɪm(ə)l] *adj* tår-; *~ canal* (*duct*) tårkanal; *~ gland* tårkörtel
lachrymose ['lækrɪməʊs] *adj* **1** tårfylld, gråtfärdig [*~ voice*] **2** gråtmild, sorglig
lack [læk] **I** *s* brist [*of* på]; fattigdom [*of* på]; *~ of attention* m. fl. ex., jfr *want I 1*; *for* (*through*) *~ of* av brist på; *no ~ of* ingen brist på; *be in ~ of* sakna **II** *vb tr* sakna, inte ha [*~ courage*], lida brist på, vara utan **III** *vb*

466

itr **1** *~ for* sakna [*they ~ed for nothing*] **2** *be ~ing* fattas, saknas [*for* för; *from* i (hos)]; *nothing is ~ing* det fattas (saknas) ingenting **3** *be ~ing in* sakna [*he is ~ing in courage*], vara utan
lackadaisical [ˌlækə'deɪzɪk(ə)l] *adj* nonchalant, likgiltig, lättjefull, slapp [*~ manner*]
lackey ['lækɪ] *s* lakej äv. bildl.
lacklustre ['lækˌlʌstə] *adj* glanslös, matt
laconic [lə'kɒnɪk] *adj* lakonisk, ordknapp
laconically [lə'kɒnɪk(ə)lɪ] *adv* lakoniskt, kortfattat
lacquer ['lækə] **I** *s* **1** lackfernissa **2** lack [*Japanese ~*] **3** lackarbete[n] **4** [*hair*] *~* hårsprej **5** nagellack **II** *vb tr* lackera
lacrosse [lə'krɒs, lɑ:'k-] *s* lacrosse landhockeyliknande lagspel med gummiboll och håvlik racket
lactic ['læktɪk] *adj* kem. mjölk- [*~ acid*]
lactose ['læktəʊs, '--] *s* laktos, mjölksocker
lacun|a [lə'kju:n|ə] (pl. *-ae* [-i:, -aɪ] el. *-as*) *s* lakun, lucka, tomrum; håligheti
lacy ['leɪsɪ] *adj* spetslik, spets-
lad [læd] *s* **1** pojke, gosse, grabb; *my ~* i tilltal min vän; [*stable*] *~* stallpojke **2** vard. karl, kille, 'gosse'
ladder ['lædə] **I** *s* **1** stege, trappstege; sjö. lejdare; [fisk]trappa; *the ~ of success* karriärstegen **2** [löp]maska på strumpa o.d.; *repair a ~* maska upp en löpmaska **II** *vb itr, my stocking has ~ed* det har gått en maska (maskor) på min strumpa; *tights that won't ~* masksäkra strumpbyxor **III** *vb tr* riva upp en maska (maskor) på; *I've ~ed my stocking* el. *my stocking is ~ed* det har gått en maska (maskor) på min strumpa
ladderproof ['lædəpru:f] *adj* masksäker [*~ stockings*]
laddie ['lædɪ] *s* vard. grabb; i tilltal lille (min) vän; grabben
laden ['leɪdn] *adj* o. *perf p* (av *lade*) **1** lastad [*with* med; *a ~ mule*]; *trees ~ with apples* träd dignande av äpplen **2** bildl. mättad; fylld [*~ with* (med, av) *moisture*] **3** bildl. tyngd, nedtryckt [*~ with* (av) *sorrow* (*grief*)]
la-di-da[h] [ˌlɑ:dɪ'dɑ:] vard. **I** *adj* tillgjord, snobbig, affekterad, blaserad, 'fin' **II** *s* tillgjord (etc., jfr *I*) [person]
ladle ['leɪdl] **I** *s* slev [*soup ~*]; tekn. skopa; skovel på vattenhjul **II** *vb tr* ösa med slev; sleva; *~ out* ösa upp, servera; *~ out honours* dela ut hedersbetygelser åt höger och vänster
lady ['leɪdɪ] *s* **1** dam; *ladies and gentlemen* mina damer och herrar; *his young ~* vard. hans flicka (fästmö); *my dear young ~* [min] bästa fröken **2 a)** *~'s* el. *ladies'* ofta dam- [*ladies' hairdresser* (*tailor*)]; *ladies' doubles* i tennis damdubbel; *ladies' singles* i tennis damsingel; *ladies' invitation* (*excuse-me*) [*dance*] damernas dans; *~'s*

maid kammarjungfru; *~'s (ladies') man* fruntimmerskarl b) *ladies* el. *ladies'* (konstr. ss. sg.) vard. damtoalett; *ladies* på skylt äv. damer 3 attr. kvinnlig [~ *principal*]; ~ *author* författarinna, kvinnlig författare; ~ *friend* kvinnlig vän, väninna vanl. till man 4 fru; härskarinna; *the ~ of the house* frun i huset, värdinnan 5 *L~* Lady adelstitel 6 vard., *my* (*your* etc.) ~ frun, frugan; *the old* ~ a) frugan b) morsan 7 *Our L~* Vår Fru Jungfru Maria
ladybird ['leɪdɪbɜ:d] *s* zool. [Maria] nyckelpiga, gullhöna [äv. ~ *beetle*]
ladybug ['leɪdɪbʌg] *s* amer., se *ladybird*
Lady Day ['leɪdɪdeɪ] *s* vårfrudagen, Maria bebådelsedag 25 mars
lady-in-waiting [,leɪdɪɪn'weɪtɪŋ] (pl. *ladies-in-waiting*) *s* [uppvaktande] hovdam [~ *to* (hos) *the Queen*]
lady-killer ['leɪdɪ,kɪlə] *s* vard. kvinnotjusare, kvinnojägare
ladylike ['leɪdɪlaɪk] *adj* 1 som (lik) en lady, som anstår en dam, elegant, fin 2 feminin
ladyship ['leɪdɪʃɪp] *s* 1 ladys rang 2 *Her* (*Your*) *L~* Hennes (Ers) nåd, grevinnan m.fl. adelstitlar enl. ladyns rang
lady's-slipper ['leɪdɪz,slɪpə] *s* bot. guckusko
1 lag [læg] I *vb itr* 1 ligga (halka, sacka) efter, komma på efterkälken [äv. ~ *behind*] 2 mattas [*interest* ~*s*] II *s* försening [~ *of the tide*]; förskjutning; eftersläpning; tekn. retardation; se äv. *timelag*
2 lag [læg] *vb tr* värmeisolera, klä in i (med) värmeisolerande material
lager ['lɑ:gə] *s* [ljus] lager [äv. ~ *beer*]
laggard ['lægəd] I *adj* sölig; trög, slö II *s* sölkorv, eftersläntrare; slöfock
lagging ['lægɪŋ] *s* tekn. isolering äv. material
lagoon [lə'gu:n] *s* lagun
laid [leɪd] imperf. o. perf. p. av *4 lay*
laid-back [,leɪd'bæk, attr. ofta '--] *adj* vard. avstressad, avspänd, tillbakalutad
lain [leɪn] perf. p. av *2 lie*
lair [leə] *s* 1 vilda djurs läger, lya, kula, håla, ide 2 bildl. lya; tillhåll
laird [leəd] *s* (skotsk. el. nordeng. form av *lord*) godsägare (~ *of*) herre till
laity ['leɪətɪ] (konstr. ss. pl.) *s, the* ~ lekmännen
1 lake [leɪk] *s* lackfärg; [*crimson*] ~ röd lackfärg, lackrött
2 lake [leɪk] *s* sjö, insjö; bildl. äv. hav [*surrounded by a* ~ *of flowers*]; the [*English*] *Lakes* el. *the L~ District* sjödistriktet i nordvästra England; *the Great Lakes* Stora sjöarna mellan USA o. Canada; *the L~ of Geneva* Genèvesjön
1 lama ['lɑ:mə] *s* lama buddistisk munk
2 lama ['lɑ:mə] *s* se *llama*
lamb [læm] I *s* 1 lamm äv. bildl.; *poor ~!* stackars krake! 2 kok. lamm[kött]; *roast* ~ lammstek; ~ *chop* lammkotlett II *vb itr* lamma
lambaste [læm'beɪst] *vb tr* vard. 1 klå upp 2 skälla ut
lambskin ['læmskɪn] *s* lammskinn
lame [leɪm] I *adj* 1 halt; ofärdig; *his arm was* ~ han var ofärdig i armen; *be ~ in one leg* vara halt (halta) [på ena benet]; ~ *duck* vard. a) hjälplös person; invalid b) insolvent börsspekulant, dålig betalare c) polit. övergångs-, som sitter kvar under en övergångsperiod [*a ~-duck president*] 2 bildl. bristfällig, otillfredsställande; haltande [~ *verses*]; lam [*a ~ excuse*] II *vb tr* göra halt (ofärdig)
lamé ['lɑ:meɪ, 'læm-, -'-] *s* fr. lamé
lamely ['leɪmlɪ] *adv* lamt, hjälplöst; tamt
lameness ['leɪmnəs] *s* halthet; ofärdighet etc., jfr *lame I*
lament [lə'ment] I *vb itr* klaga, jämra [sig], beskärma sig, gråta [*for* (*over*) över] II *vb tr* beklaga; begråta, sörja över; sörja [~ *a p.*]; perf. p. ~*ed* äv. djupt saknad; *your late ~ed father* din [djupt saknade] bortgångne far III *s* 1 [ve]klagan 2 klagosång, klagovisa
lamentable ['læməntəbl, lə'ment-] *adj* 1 beklaglig, sorglig [*a ~ mistake*] 2 bedrövlig, jämmerlig [*a ~ performance*], ynklig
lamentation [,læmen'teɪʃ(ə)n] *s* [ve]klagan, jämmer, sorg; beklagande
laminate ['læmɪneɪt] I *vb tr* 1 valsa (hamra) ut till tunna skivor (plattor) 2 klyva i tunna skivor 3 laminera, framställa som laminat; *~d glass* lamellglas, glaslaminat; *~d plastics* plastlaminat; *~d wood* trälaminat; kryssfanér; plywood II *s* laminat
lamp [læmp] *s* lampa; lykta; bildl. ljus
lamplight ['læmplaɪt] *s* lampsken, lampljus
lampoon [læm'pu:n] I *s* pamflett, smädeskrift, nidskrift II *vb tr* skriva en pamflett (pamfletter) mot; smäda i skrift
lamppost ['læmppəʊst] *s* 1 lyktstolpe; *between you and me and the* ~ vard. i förtroende (oss emellan) [sagt] 2 sl., pers. lång räkel (drasut)
lampshade ['læmpʃeɪd] *s* lampskärm
Lancashire ['læŋkəʃɪə, -ʃə] I geogr. II *s* slags ost
Lancaster ['læŋkəstə] egenn.; *the House of ~* huset Lancaster kungaätt (1399-1461)
lance [lɑ:ns] I *s* 1 lans; *break a ~ with* bildl. bryta en lans med, ta en dust med 2 lansiär 3 fisk. spjut; ljuster 4 lansett II *vb tr* med. öppna med lansett; ~ *a boil* öppna (sticka hål på) en böld
lance corporal [,lɑ:ns'kɔ:p(ə)r(ə)l] *s* korpral gruppbefäl inom armén
lancer ['lɑ:nsə] *s* mil. lansiär
lancet ['lɑ:nsət] *s* med. lansett; *the L~* ansedd britt. läkartidskrift
Lancs. [læŋks] förk. för *Lancashire*
land [lænd] I *s* 1 land i mots. till hav, vatten; *see*

(*find out*) *how the* ~ *lies* sondera terrängen; *on* ~ a) på [torra] land b) till lands **2** litt. o. bildl. land, rike; *the* ~ *of dreams* drömmarnas land (rike) **3** ägd mark, jord; pl. ~*s* [jord]egendomar; marker, ägor; *a piece of* ~ ett stycke mark (jord), en tomt; *work on the* ~ vara lantarbetare **4** jord, mark [*arable* ~; *stony* ~] **II** *vb tr* **1** landsätta, sätta i land [~ *passengers*], föra i land, lossa [~ *goods*]; landa fiskfångst **2** a) dra i land, landa [~ *a fish*] b) vard. fånga, få tag i [~ *a husband*; ~ *a job*]; ta (kamma) hem, vinna [~ *the prize*] **3** ~ *an aeroplane* gå ned med (landa med) ett flygplan **4** ~ *oneself in great trouble* råka in i en mycket besvärlig situation; *they were* ~*ed in a strange town* [*without money*] de befann sig mitt i en främmande stad...; *be* ~*ed with* få (ha fått) på halsen (på sig) **5** vard. pricka in, ge [~ *a punch*]; ~ *a p. one* [*in the eye*] klippa till ngn [i synen] **III** *vb itr* **1** landa, lägga till; landstiga, gå i land [*we* ~*ed at Bombay*] **2** landa [*the aeroplane* ~*ed*], gå ned; ta mark, slå ned; ~ *on one's feet* komma ned på fötterna äv. bildl. **3** hamna [äv. ~ *up*; ~ *in the mud*], råka in [*in* i]; sluta [*in* med (i)]; ~ *up in* hamna (sluta) i, råka rakt in i; ~ *up with* vard. sluta med, plötsligt sitta där med **4** vard., om slag träffa, gå in

land agent ['lænd‚eɪdʒ(ə)nt] *s* **1** fastighetsmäklare **2** förvaltare

landed ['lændɪd] *adj* **1** jordägande, besutten; *the* ~ *interest*[*s*] godsägarna; ~ *proprietor* godsägare **2** jord-; ~ *estate* jordegendom, gods; ~ *property* jordegendom

landfall ['læn(d)fɔːl] *s* **1** sjö. landkänning; angöring **2** flyg. landning

landing ['lændɪŋ] *s* **1** landning; landstigning; landsättning etc., jfr *land II* o. *III*; ~ *operation* landstigningsföretag; *emergency* (*forced*) ~ nödlandning **2** landningsplats; kaj; landgång **3** trappavsats, våningsplan **4** sport. nedslag

landing-craft ['lændɪŋkrɑːft] *s* mil. landstigningsbåt, landstigningsfarkost

landing-field ['lændɪŋfiːld] *s* flygfält

landing-gear ['lændɪŋɡɪə] *s* flyg. landställ, landningsställ

landing-stage ['lændɪŋsteɪdʒ] *s* sjö., isht flytande [landnings]brygga, flottbrygga

landing-strip ['lændɪŋstrɪp] *s* flyg. landningsbana isht tillfällig för t.ex. militära ändamål

landlady ['læn(d)‚leɪdɪ] *s* **1** [hyres]värdinna; [kvinnlig] husägare; [värdshus]värdinna **2** [kvinnlig] godsägare som arrenderar ut jord

landlocked ['læn(d)lɒkt] *adj* instängd (omgiven) av land [*a* ~ *country*]

landlord ['læn(d)lɔːd] *s* **1** [hyres]värd; husägare; [värdshus]värd **2** jordägare, godsägare som arrenderar ut jord

landlubber ['læn(d)‚lʌbə] *s* sjö. vard. landkrabba

landmark ['læn(d)mɑːk] *s* **1** gränsmärke, råmärke **2** landmärke; sjö. riktmärke; orienteringspunkt **3** bildl. hållpunkt; milstolpe

landmine ['læn(d)maɪn] *s* mil. **1** landmina **2** vard. bomb från fallskärm

landowner ['lænd‚əʊnə] *s* jordägare

landscape ['læn(d)skeɪp] *s* **1** landskap, natur; ~ *architecture* landskapsarkitektur; landskapsvård; ~ *gardener* trädgårdsarkitekt; ~ *gardening* trädgårdskonst, trädgårdsarkitektur; ~ *window* panoramafönster **2** konst. landskap; landskapsmåleri; ~ *painter* landskapsmålare

Land's End [‚læn(d)z'end] Englands sydvästligaste udde; *from* ~ *to John o'Groats* ung. från norr till söder, från ena ändan av landet till den andra

landslide ['læn(d)slaɪd] *s* **1** jordskred **2** polit. jordskred; jordskredsseger [äv. ~ *victory*]

landslip ['læn(d)slɪp] *s* jordras

landward ['læn(d)wəd] *adj* [liggande] mot (inåt) land; land- [*the* ~ *side*]

lane [leɪn] *s* **1** a) smal väg mellan häckar o.d.; stig b) trång gata, gränd; ofta bakgata; *it is a long* ~ *that has no turning* alltting har en ända hur tröstlöst det än ser ut **2** häck av militär o.d.; passage, gång mellan led o.d.; *form a* ~ bilda häck **3** körfält, fil [äv. *traffic* ~] **4** farled, rutt för oceanfartyg; segelled; flyg. luftled, luftkorridor, passage, stråk **5** råk; isränna **6** sport. bana; bowlingbana

language ['læŋɡwɪdʒ] *s* **1** språk; tungomål; ~ *laboratory* (vard. *lab*) inlärningsstudio, språklaboratorium; ~ *learning* språkinlärning **2** språk, sätt att uttrycka sig [*his* ~ *was dreadful*]; framställning; [*bad*] ~ rått (grovt) språk, svordomar; *strong* ~ a) kraftiga ordalag b) kraftuttryck, grovheter

languid ['læŋɡwɪd] *adj* **1** slapp, svag, matt äv. bildl. [~ *gesture* (*voice*)] **2** slö; likgiltig; trög, långsam [av sig]; hand. matt, trög, flau **3** tråkig, utan liv

languish ['læŋɡwɪʃ] *vb itr* **1** avmattas, tyna av äv. bildl.; försmäkta, tyna bort **2** tråna, trängta [*for* efter; *to* efter att]; se trånsjuk ut

languor ['læŋɡə] *s* **1** slapphet, svaghet, matthet **2** slöhet; likgiltighet **3** vemod, trängtan; tristess **4** dåsighet; tryckande stillhet [*the* ~ *of a summer day*]

languorous ['læŋɡərəs] *adj* **1** smäktande [~ *notes* (toner)] **2** slapp, trött, slö, blaserad; trist

lank [læŋk] *adj* **1** om hår långt och rakt, slätt, stripigt **2** [lång och] gänglig; [lång och] mager, slankig; spenslig **3** skrumpen, infallen, slapp

lanky ['læŋkɪ] *adj* [lång och] gänglig, skranglig

lanolin ['lænə(ʊ)lɪn] s o. **lanoline** ['lænə(ʊ)li:n, -lɪn] s lanolin
lantern ['læntən] s **1** lykta; lanterna; lanternin; *Chinese* ~ kulört lykta, papperslykta; ~ *jaws* infallna kinder **2** [*magic*] ~ laterna magica; skioptikon
lantern-jawed ['læntəndʒɔ:d] *adj* med insjunkna kinder
Laos ['lɑ:ɒs] geogr.
1 lap [læp] s **1** knä; sköte äv. bildl. [*in the* ~ *of the gods*]; [kjol]fång; *live in the* ~ *of luxury* leva lyxliv **2** skört, flik
2 lap [læp] **I** *vb tr* **1** linda, svepa; linda (svepa) in [*in* i] **2** lägga kant över kant (om lott) **3** sport. a) varva komma ett el. flera varv före b) avverka [*they ~ped the course in 3 minutes*] **II** *vb itr* skjuta (gå, nå) ut [*over* över]; ~ *over* överlappa varandra, ligga om lott **III** s **1** sport. varv; ~ *time* varvtid; ~ *of honour* ärevarv **2** etapp [*the first* ~ *of the journey*]
3 lap [læp] **I** *vb tr* **1** lapa, slicka upp (i sig) [äv. ~ *up*]; sörpla i sig [äv. ~ *up* (*down*)]; *he ~s up everything you say* vard. han slickar i sig (suger i sig, sväljer) allt vad du säger **2** om vågor skvalpa, klucka **II** *vb itr* om vågor skvalpa, klucka [*against* (*on*) mot]
lapdog ['læpdɒg] s knähund äv. bildl.
lapel [lə'pel] s slag på kavaj o.d.
lapidary ['læpɪdərɪ] *adj* [som] huggen i sten; korthuggen, koncis; ~ *style* lapidarstil, stenstil
lapis lazuli [ˌlæpɪs'læzjʊlɪ, -aɪ] s lasursten, lapis lazuli; ~ [*blue*] lasurblått
Lapland ['læplænd] Lappland, Lappmark[en]
Laplander ['læplændə] s o. **Lapp** [læp] s same, lapp
lapse [læps] **I** s **1** lapsus, förbiseende, misstag; *it was a* ~ *of* [*the*] *memory* det var ett minnesfel; ~ *of the pen* skrivfel **2** felsteg, försyndelse; avfall, avvikelse [~ *from true belief*], avsteg [~ *from one's principles*] **3** nedsjunkande, fall, återfall **4** om tid [för]lopp; tid[srymd]; *a* ~ *of a hundred years* [en tidsrymd av] hundra år; *the* ~ *of time* tidens gång **II** *vb itr* **1 a)** sjunka ned, förfalla, återfalla [äv. ~ *back into* till (i)]; *ha ~d into silence* han försjönk i tystnad **b)** ~ *from* avfalla (avvika) från, göra avsteg från **2** upphöra, komma ur bruk
laptop ['læptɒp] s o. *adj*, ~ [*computer* (*portable*)] portföljdator
lapwing ['læpwɪŋ] s zool. vipa; isht tofsvipa
larceny ['lɑ:sənɪ, -snɪ] s jur. tillgrepp; stöld; *grand* ~ amer. grov stöld; *petit* (*petty*) ~ åld. el. amer. snatteri
larch [lɑ:tʃ] s bot. lärk[träd] [äv. *larch tree*]
lard [lɑ:d] **I** s isterflott, [svin]ister **II** *vb tr* späcka äv. bildl. [*with* med; *~ed with quotations*]
larder ['lɑ:də] s skafferi; visthus[bod]
large [lɑ:dʒ] **I** *adj* **1** stor i div. mera eg. bet., t.ex. a) rymlig [*a* ~ *flat*] b) ansenlig [*a* ~ *sum*], betydande [*a* ~ *number* (*quantity*)] c) riklig [*a* ~ *supply*]; *as large as life* a) i kroppsstorlek, i naturlig storlek b) vard. livslevande, i egen hög person [*here he is, as* ~ *as life*]; *~r than life* i övernaturlig storlek; överdriven **2** frikostig, liberal, stor, storslagen [~ *charity*] **II** s, *at* ~ **a)** fri, lös, på fri fot; *set a p. at* ~ försätta ngn på fri fot, försätta ngn i frihet, frige ngn **b)** utförligt, i detalj, detaljerat [*write at* ~]; vidlyftigt; vitt och brett **c)** i stort; *the public at* ~ den stora allmänheten; folk i allmänhet; *society at* ~ samhället i stort (sin helhet) **III** *adv, by and* ~ i stort sett, på det hela taget **IV** *vb itr* sjö. slöra
large-handed [ˌlɑ:dʒ'hændɪd] *adj* **1** med stora händer **2** rundhänt, givmild
large-hearted [ˌlɑ:dʒ'hɑ:tɪd] *adj* vidhjärtad, storsinnad
largely ['lɑ:dʒlɪ] *adv* till stor (övervägande) del; i [tämligen] hög grad; i stor utsträckning
largeness ['lɑ:dʒnəs] s storlek; stor omfattning; stor utsträckning; vidsynthet; frikostighet etc., jfr *large I*; ~ *of mind* storsinthet; vidsynthet
large-scale ['lɑ:dʒskeɪl] *attr adj* i stor skala, storskalig [~ *map*]; omfattande [~ *reforms*], stor [~ *project*]; stor- [~ *consumer*]; mass- [~ *production*]
largess[e] [lɑ:'dʒes] s **1** generös gåva, skänk **2** frikostighet; välvilja
largish ['lɑ:dʒɪʃ] *adj* ganska stor; *a* ~ *sum of money* en större summa pengar
largo ['lɑ:gəʊ] mus. (it.) **I** (pl. *~s*) s largo **II** *adv* o. *adj* largo[-]
lariat ['lærɪət] s **1** tjuder **2** isht amer. lasso
1 lark [lɑ:k] s zool. lärka
2 lark [lɑ:k] **I** s vard., *have a* ~ *with* skoja med; *for* (*by way of*) *a* ~ på skoj, på skämt; *what a ~!* så skojigt (kul)! **II** *vb itr* skoja, leka [*with* med]; ~ *about* skoja, bråka, stoja **III** *vb tr* skoja med
larkspur ['lɑ:kspɜ:, -spə] s bot. riddarsporre
larv|a ['lɑ:v|ə] (pl. *-ae* [-i:]) s zool. larv
larval ['lɑ:v(ə)l] *adj* larv-
laryngitis [ˌlærɪn'dʒaɪtɪs] s med. laryngit, strupkatarr
larynx ['lærɪŋks] (pl. *larynges* [læ'rɪndʒi:z] el. *~es*) s struphuvud
lasagne [lə'zænje, -'zɑ:n-, -jeɪ] s pl kok. (it.) lasagne
lascivious [lə'sɪvɪəs] *adj* lysten, vällustig, liderlig [~ *thoughts*; *a* ~ *old man*], lasciv; obscen
laser ['leɪzə] s fys. laser [~ *memory* (*surgery*)]; ~ *beam* laserstråle; ~ *printer* laserskrivare
1 lash [læʃ] **I** *vb tr* **1** piska; piska (klatscha) 'på; prygla; gissla; om vågor, regn [ursinnigt] piska mot; slå; kasta; piska med [*the tiger ~ed its tail angrily*] **2** bildl. gissla; komma med våldsamma utfall mot **II** *vb itr* a) piska, slå;

lash

om orm göra [ett] utfall b) störta [sig] [*into* i]; ~ *at* slå [efter], piska (ge) 'på, snärta till; ~ *out* a) slå vilt omkring sig, bråka, rasa; om häst slå bakut [*at* mot] b) vard. slå på stort, slösa, spendera; ~ *out against* (*at*) bildl. häftigt angripa, gå till angrepp mot; fara ut mot **III** *s* **1** snärt, tafs på piska **2** [pisk]rapp äv. bildl. **3** spörapp, spöslag **4** ögonfrans, ögonhår

2 lash [læʃ] *vb tr* surra; sjö. äv. naja [*to* vid; *together* ihop]; ~ *down* surra (naja) fast [*on* på]

1 lashing ['læʃɪŋ] *s* **1** piskande, piskning etc., jfr *1 lash I* o. *II*; *get a* ~ få prygel **2** pl. *~s of* vard. massor (massvis) av

2 lashing ['læʃɪŋ] *s* surrning

lass [læs] *s* flicka, tös

lassie ['læsɪ] *s* tös, tösunge

lassitude ['læsɪtjuːd] *s* **1** trötthet, matthet, slapphet **2** liknöjdhet, slöhet, leda

lasso [lə'suː, 'læsəʊ] **I** (pl. *~s* el. *~es*) *s* lasso, kastsnara **II** *vb tr* fånga med lasso

1 last [lɑːst] **I** *s* skomakares läst; *stick to one's* ~ bli vid sin läst, inte lägga sig i det man inte begriper **II** *vb tr* lästa [ut]

2 last [lɑːst] **I** *adj* (ofta substantiviskt; jfr äv. *III*) **1** sist; ytterst; enda återstående; slutlig; ~ *name* efternamn; *the* ~ *two volumes* de två sista (sista två) banden; ~ [*but*] *not least* sist men inte minst **2** sist, senast, sistliden; förra; ~ *evening* i går kväll; ~ *month* (*week*) [i] förra månaden (veckan); [*the*] ~ *time* förra gången; *the* ~ *time* sista gången; ~ *year* i fjol, förra året; ~ *Christmas* i julas, förra julen; ~ *Monday* el. *on Monday* ~ i måndags, förra måndagen; ~ *Monday week* i måndags åtta dagar sedan, åtta dagar i måndags; *this day* ~ *week* i dag för en vecka sedan, i dag åtta dagar sedan; *these* ~ *few days* el. *in* (*for, during*) *the* ~ *few days* [under] de sista (senaste) dagarna; sedan några dagar [tillbaka]; *the year before* ~ förrförra året, i förfjol; *the* ~ *few years* de senaste åren **3** allra störst, ytterst, högst; *to the* ~ *degree* i högsta grad

II *adv* **1** sist [*who came* ~?]; i sista rummet; ss. förled i sms. sist- [*last-mentioned*]; ~ *of all* allra sist; ~ *in, first out* a) sist anställd, först friställd b) sist in, först ut metod för värdering av varulager enligt vilken det antas att de senast inköpta varorna sälts först **2** senast, sist, sista gången [*when did you see him* ~?] **3** [och] slutligen (till sist)

III *s* **1** sista; *the* ~ **a)** den sista; det sista; *the* ~ *but one* (*two*) se *but I 2 d*) **b)** den föregående (andra); den sistnämnda; [*a row of girls*] *each prettier than the* ~ ...den ena sötare än den andra **2** sista stund, yttersta, död; slut; *breathe* (*gasp*) *one's* ~ utandas sin sista suck **3** *I shall never hear the* ~ *of that* det där kommer jag att få höra (äta

upp) många gånger (så länge jag lever); *I shall be glad to see* (*hear*) *the* ~ *of him* det skall bli skönt att bli kvitt (av med) honom **4** *at* ~ till slut, slutligen, äntligen; *at long* ~ långt om länge, äntligen; *now at* ~ först nu, äntligen

3 last [lɑːst] **I** *vb itr* **1** vara, hålla på [*how long did the programme* ~?], räcka; förslå; hålla i sig; leva vidare; ~ *for ever* räcka (vara) i evighet **2** hålla [*the coat will* ~ *the year out*]; hålla sig, stå sig; om färg sitta i **3** hålla ut [äv. ~ *out*]; klara sig; leva **II** *vb tr* räcka [till] för ngn [*it will* ~ *me a month*]; ~ *out the winter* a) räcka vintern över (ut) b) klara (kämpa igenom) vintern

last-ditch [ˌlɑːst'dɪtʃ] *adj*, *a* ~ *attempt* (*effort*) ett sista desperat (förtvivlat) försök

lasting ['lɑːstɪŋ] *adj* **1** beståande, varaktig; ihållande **2** hållbar

lastly ['lɑːstlɪ] *adv* till sist, slutligen; avslutningsvis

last-minute ['lɑːstˌmɪnɪt] *adj* i sista minuten [*a* ~ *appeal*]

latch [lætʃ] **I** *s* **1** [dörr]klinka; *the door is on the* ~ låset [på dörren] är uppställt **2** [säkerhets]lås **3** spärrhake **II** *vb tr* stänga med klinka; låsa, smälla igen **III** *vb itr* **1** låsa sig, gå i lås **2** ~ *on to* vard. a) få, komma över b) få tag i (på)

latchkey ['lætʃkiː] *s* portnyckel; ~ *child* nyckelbarn

late [leɪt] **I** (komp. *later* el. *latter*, superl. *latest* el. *last*, jfr d.o.) *adj* **1** sen; för sen, försenad, fördröjd; långt framskriden; *in* ~ *August* i slutet av augusti; *in the* ~ *forties* i slutet av (på) fyrtiotalet; *he is in his* ~ *forties* han är närmare femtio; *he is a* ~ *riser* han stiger upp sent (ligger länge) om morgnarna; ~ *summer* sensommar[en], eftersommar[en]; *in* [*the*] ~ *summer* äv. sent på sommaren; *be* ~ vara sen (försenad), komma sent, komma för sent [*be* ~ *for* (till) *dinner*]; *make* ~ försena; *don't make it* ~! kom inte hem för sent!; *it is getting* ~ det börjar bli sent, klockan är mycket **2** endast attr. a) [nyligen] avliden, framliden b) förre, förra; före detta (förk. f.d.), förutvarande, tidigare [~ *director of the company*]; *my* ~ *husband* min avlidne (salig) man; *the* ~ *king* gamle (sålig) kungen; *the* ~ *prime minister* förutvarande (förre; framlidne) premiärministern **3** nyligen avslutad (inträffad o.d.); senaste tidens [*the* ~ *political troubles*], senaste; *of* ~ *years* ng (under) senare år[en], på (under) [de] sista åren; *of* ~ a) på senare tid[en], på sista tiden b) nyligen, för kort tid sedan

II (komp. *later*, superl. *latest* el. *last*, jfr dessa ord) *adv* **1** sent; för sent; *better* ~ *than never* bättre sent än aldrig; *sit* [*up*] ~ el. *be up* ~ sitta (vara) uppe länge om kvällarna; *sit* ~ *at dinner* sitta länge till bords; *sleep* ~

sova länge; ~ *at night* sent på natten; ~ *in the day* a) sent (långt fram) på dagen b) bildl. i senaste (sista) laget, mer än lovligt sent; ~ *into the night* till långt in på natten; *as* (*so*) ~ *as 1990* [ännu] så sent som 1990, ännu 1990 **2** poet. nyligen
latecomer ['leɪtˌkʌmə] *s* person som kommer för sent, senkomling, eftersläntrare
lately ['leɪtlɪ] *adv* på sista tiden, på sistone, [helt] nyligen, nyss; för inte så länge sedan
latency ['leɪt(ə)nsɪ] *s* latent tillstånd, bundenhet; med. el. psykol. latens
lateness ['leɪtnəs] *s*, *the* ~ *of his arrival* hans sena ankomst; *the* ~ *of the hour* den sena timmen
latent ['leɪt(ə)nt] *adj* latent [~ *disease* (*germs*)], dold [~ *talent*], förborgad; ~ *energy* bunden energi
later ['leɪtə] **I** *adj* senare; nyare, yngre **II** *adv* senare; efteråt; *sooner or* ~ förr eller senare; *three days* ~ tre dagar senare (därefter); ~ *in the day* senare (längre fram) på dagen; ~ *on* senare [i tiden], längre fram; *no* ~ [*ago*] *than Friday* först (senast) i fredags; *not* ~ *than Friday* senast på (inte senare än [på]) fredag; *see you* ~*!* ajö (hej) så länge!, vi ses [snart igen]!
lateral ['læt(ə)r(ə)l] *adj* sido- [~ *bud*; ~ *branch of a family*]; sidoställd
latest ['leɪtɪst] **I** *adj* senast, sist [*the* ~ *fashion*]; *the* ~ [*thing*] det senaste [i modeväg]; *it's the* ~ äv. det är sista modet (skriket); *at the* ~ senast, inte senare än; *by Monday at the* ~ senast om (på) måndag **II** *adv* senast, sist [*latest-born*]
latex ['leɪteks] *s* bot. mjölksaft; latex
lath [lɑ:θ, ss. subst. pl. äv. lɑ:ðz] **I** *s* ribba, spjäla, läkt, latta, list; ~ *and plaster* putsning, rappning **II** *vb tr* spika ribbor (etc., jfr *I*) på
lathe [leɪð] *s* **1** svarv; svarvstol **2** drejskiva
lather ['lɑ:ðə, 'læðə] **I** *s* **1** lödder äv. på häst **2** vard., *be* [*all*] *in a* ~ vara uppjagad (upphetsad) **II** *vb tr* tvåla in; täcka med lödder
lathery ['lɑ:ðərɪ, 'læð-] *adj* **1** löddrig **2** lös, löslig, tom
Latin ['lætɪn] **I** *adj* latinsk, romersk; ~ *America* Latinamerika **II** *s* **1** latin [*classical* ~, *late* ~]; *Low* ~ icke-klassiskt latin, senlatin **2** a) latinamerikan b) sydeuropé
Latin-American [ˌlætɪnəˈmerɪkən] **I** *adj* latinamerikansk **II** *s* latinamerikan
latitude ['lætɪtju:d] *s* **1** geogr. el. astron. latitud, bredd; geogr. äv. breddgrad [äv. *degree of* ~]; pl. ~*s* äv. delar av världen, trakter [*warm* ~*s*] **2** handlingsfrihet, [rörelse]frihet [*don't allow the boy too much* ~]; spelrum, utrymme, latitud
latitudinal [ˌlætɪˈtju:dɪnl] *adj* geogr. latitud-
latrine [ləˈtri:n] *s* latrin[grop], avträde

latter ['lætə] *adj* **1** *the* ~ den (det, de) senare [*the former…the* ~…]; denne [*my brother asked the landlord but the* ~ *wouldn't allow it*], denna, dessa **2** sista, senare [*the* ~ *half* (*part*)]
latter-day ['lætədeɪ] *adj* modern, nutida; *the Latter-day Saints* de sista dagarnas heliga mormonerna
latterly ['lætəlɪ] *adv* på sista tiden, nyligen
lattice ['lætɪs] *s* **1** galler[verk], spjälverk **2** gallerfönster; fönster med blyinfattade rutor [äv. ~ *window*]
Latvia ['lætvɪə] Lettland
Latvian ['lætvɪən] **I** *adj* lettisk **II** *s* **1** lett; lettiska kvinna **2** lettiska [språket]
laud [lɔ:d] *vb tr* lova, prisa; ~ *a p.* (*a th.*) [*up*] *to the skies* höja ngn (ngt) till skyarna
laudable ['lɔ:dəbl] *adj* lovvärd, berömvärd
laudanum ['lɔ:d(ə)nəm, 'lɒd-] *s* laudanum, opium[droppar], opiat
laudatory ['lɔ:dət(ə)rɪ] *adj* prisande, berömmande
laugh [lɑ:f] **I** *vb itr* skratta; *don't make me* ~*!* och det ska man tro på!, lägg av!; ~ *at* skratta åt, ha roligt åt, göra narr av, förlöjliga; ~ *at difficulties* skratta åt (ta lätt på) svårigheter; ~ *on the other* (*wrong*) *side of one's face* (*mouth*) skratta så lagom, bli (vara) så lagom glad (mallig), tappa lusten att skratta; *he who* ~*s last* ~*s longest* el. *he* ~*s best who* ~*s last* ordspr. skrattar bäst som skrattar sist; ~ *up one's sleeve* se *sleeve 1*; ~ *one's head off* se *head 1 1 d* **II** *vb tr* skratta; ~ *away* (*off*) slå bort med ett skratt; ~ *down* skratta ut; ~ *a p. out of court* skratta ut ngn **III** *s* skratt; *a hearty* ~ ett hjärtligt skratt; *the* ~ *was on him* det var han som fick tji; *he's a bit of a* ~ a) han är en lustigkurre b) han är en underlig typ; *that's a* ~*!* iron. det är skrattretande (rena rama skämtet)!; *have the last* ~ vara den som skrattar sist, vinna till sist; *raise a* ~ framkalla [ett] skratt, väcka allmän munterhet; *break into a* ~ brista i skratt; *do a th. for a* ~ göra ngt på skoj (skämt)
laughable ['lɑ:fəbl] *adj* skrattretande; löjlig
laughing ['lɑ:fɪŋ] **I** *adj* skrattande; ~ *jackass* se *jackass* **II** *s* skratt, skrattande; *it is no* ~ *matter* det är ingenting att skratta åt
laughing-gas ['lɑ:fɪŋgæs] *s* lustgas
laughing-stock ['lɑ:fɪŋstɒk] *s* [föremål för] åtlöje; driftkucku; *make a* ~ *of oneself* göra sig löjlig (till ett åtlöje)
laughter ['lɑ:ftə] *s* skratt, munterhet [*cause* ~]; *burst into* ~ brista ut i skratt; *loud* (*burst of*) ~ gapskratt; *roars* (*fits*, *peals*) *of* ~ skallande skrattsalvor
1 launch [lɔ:n(t)ʃ] *vb tr* **1** sjösätta fartyg; sätta i sjön, skjuta ut båt **2** slunga [ut], kasta [~ *a spear*], skjuta av, sända i väg [~ *a torpedo*], skjuta (sända) upp [~ *a rocket*] **3** lansera,

föra fram; starta [~ *a campaign*]; sätta i gång [med], ge fart åt, ge en start åt, hjälpa fram; ~ *an attack* börja ett anfall II *vb itr* sätta i gång, starta; ~ *into* a) kasta sig in i (på); dra på sig [~ *into expense*] b) brista ut i; ~ *out* a) sätta i gång [*on* med]; ge sig in [*on* på]; ge sig ut [*into* på] b) tala vitt och brett, breda ut sig [*on* (*about*) om]; ta [skarpt] till orda c) slösa, vara oförsiktig med pengar; ~ *out against a p.* bildl. ge sig på ngn; ~ *out into* a) kasta sig in i [~ *out into extravagance*] b) våga (ge) sig ut på (i), inlåta sig på c) sväva (brista) ut i

2 launch [lɔːn(t)ʃ] *s* **1** barkass **2** större motorbåt för passagerartrafik; färja; ångslup

launching-pad [ˈlɔːn(t)ʃɪŋpæd] *s* **1** avskjutningsramp, startplatta för raket o.d. **2** bildl. språngbräde

launching-site [ˈlɔːn(t)ʃɪŋsaɪt] *s* avskjutningsbas, startområde för raketer o.d.

launder [ˈlɔːndə] I *vb tr* **1** tvätta [och stryka] **2** bildl. tvätta svarta pengar o.d. II *vb itr* gå att tvätta

Launderette [ˌlɔːndəˈret, ˌlɔːnˈdret] *s* ® självtvätt[inrättning], tvättomat

laundress [ˈlɔːndrəs] *s* tvätterska

laundrette [ˌlɔːnˈdret] *s* se *Launderette*

Laundromat [ˈlɔːndrəmæt] *s* ® isht amer., se *Launderette*

laundry [ˈlɔːndrɪ] *s* **1** tvättinrättning; tvättstuga **2** tvätt [*has the* ~ *come back yet?*], tvättkläder; ~ *basket* tvättkorg; ~ *list* tvättnota; bildl. lång lista, katalog; ~ *room* tvättstuga **3** tvätt [och strykning (mangling)]

laureate [ˈlɔːrɪət] *adj* lagerkrönt, lagerprydd; lager-; *Poet L*~ hovskald, poeta laureatus

Laurel [ˈlɒr(ə)l] egenn.; ~ *and Hardy* komikerpar Helan Hardy och Halvan Laurel

laurel [ˈlɒr(ə)l] *s* **1** lager; lagerträd **2** bildl., *gain* (*reap, win*) ~*s* skörda lagrar; *look to one's* ~*s* se till att man inte blir distanserad; *rest on one's* ~*s* vila på sina lagrar

lav [læv] *s* (vard. kortform för *lavatory*) toa

lava [ˈlɑːvə] *s* lava; ~ *flow* (*stream*) lavaström

lavatory [ˈlævət(ə)rɪ] *s* toalett[rum], W.C.; ~ *humour* kissochbajshumor; ~ *paper* toalettpapper

lavender [ˈlævəndə] *s* **1** lavendel [~ *bag* (*oil*)] **2** lavendel[blått] [äv. ~ *blue*]

lavish [ˈlævɪʃ] I *adj* **1** slösaktig, [alltför] frikostig [~ *of* (med) *praise*], flott **2** slösande [~ *praise*], överflödande, överdådig; påkostad II *vb tr* slösa [med], vara frikostig med, överösa [*on* med]

law [lɔː] *s* **1** lag; regel; ~ *and justice* lag och rätt; ~ *and order* lag och ordning (rätt), [den] allmänna ordningen; *the* ~*s of cricket* kricketreglerna; *the* ~ *of gravitation* tyngdlagen, gravitationslagen; *the* ~ *of the land* landets lag[ar], lagen; ~ *of nature* naturlag; *the* ~ *of self-preservation* självbevarelsedriften; *the* [*long*] *arm of the* ~ lagens [långa] arm; *make* ~*s* stifta lagar; *take the* ~ *into one's own hands* ta lagen i egna händer; *go beyond the* ~ utom räckhåll för lagen; *go beyond the* ~ bryta mot lagen; *by* (*according to*) ~ enligt lag[en]; i lag; *protected by* ~ lagligen skyddad; *in* ~ enligt lagen, rättsenligt, i laga form, laggill; juridiskt **2** samling rättsregler: rätt i förb. ss. *civil* (*commercial, Roman*) ~ se resp. adj.; lag **3** juridik, rättsvetenskap, lagfarenhet; ~ *student* juris studerande; *the L*~ *Courts* justitiepalatset i London; ~ *school* juridisk fakultet; *court of* ~ domstol, rätt; *doctor of* ~[*s*] juris doktor; *the faculty of* ~ juridiska fakulteten; *read* (*study*) ~ läsa (studera) juridik **4** *the* ~ a) juristyrket b) vard. polisen; *enter* (*go in for*) *the* ~ slå in på juristbanan, läsa juridik, bli jurist; *have the* ~ *on a p.* vard. anmäla ngn för polisen **5** process; *go to* ~ *about a th.* börja process om ngt, dra ngt inför rätta

law-abiding [ˈlɔːəˌbaɪdɪŋ] *adj* laglydig

lawbreaker [ˈlɔːˌbreɪkə] *s* lagbrytare

law court [ˈlɔːkɔːt] *s* domstol, [tings]rätt; rådhus

lawful [ˈlɔːf(ʊ)l] *adj* **1** laglig, tillåten (inte förbjuden) i lag, lagenlig, laga **2** laglig, erkänd av lagen, [lagligt] berättigad; ~ *age* (*years*) myndig (laga) ålder; *reach* ~ *age* bli myndig; ~ *business* lovliga ärenden; ~ *heir* rättmätig arvinge; ~ *wife* lagvigd hustru

lawless [ˈlɔːləs] *adj* laglös, rättslös; lagstridig

lawmaker [ˈlɔːˌmeɪkə] *s* lagstiftare

1 lawn [lɔːn] *s* fint linne, fin bomull, batist

2 lawn [lɔːn] *s* gräsmatta, gräsplan; gräsmark; *croquet* ~ krocketplan

lawnmower [ˈlɔːnˌməʊə] *s* gräsklippningsmaskin, gräsklippare; *power*[*ed*] ~ motorgräsklippare

lawn tennis [ˈlɔːnˌtenɪs] *s* tennis på gräsplan, men äv. den formella beteckningen på tennis

Lawrence [ˈlɒr(ə)ns] mansnamn

lawsuit [ˈlɔːsuːt, -sjuːt] *s* process, rättegång; mål; *bring a* ~ *against* öppna process mot

lawyer [ˈlɔːjə, ˈlɔɪə] *s* jurist; advokat, affärsjurist

lax [læks] *adj* **1** slapp [~ *discipline*], löslig, lös; vag, obestämd; släpphänt, lättsinnig; slarvig **2** fonet. slapp [~ *vowel*] **3** lös, slak [~ *cord*]; porös; ~ *bowels* med. lös mage

laxative [ˈlæksətɪv] I *adj* med. lösande, avförande, laxer- II *s* laxermedel, laxativ

laxity [ˈlæksətɪ] *s* o. **laxness** [ˈlæksnəs] *s* **1** slapphet, löslighet; obestämdhet; ~ *of morals* moralisk slapphet, slapp moral **2** löshet

1 lay [leɪ] *s* poet. kväde, sång; ballad, visa

2 lay [leɪ] *adj* lekmanna- [~ *preacher* (*opinion*)]; ~ *brother* lek[manna]broder, tjänande broder

3 lay [leɪ] imperf. av *2 lie*
4 lay [leɪ] **I** (*laid laid*) *vb tr* (se äv. *III* o. fraser med 'lay' under *claim* m.fl.) **1** lägga; placera; ~ *bricks* mura; ~ *eggs* lägga ägg, värpa; ~ *the foundation* lägga grunden; ~ *hold of* fatta (få) tag i, ta på, gripa; utnyttja, begagna förevändning; ~ *one's hopes on* sätta sitt hopp (sin lit) till **2** få (komma) att lägga sig; ~ *a ghost* se *ghost I 1* **3** duka [~ *the table*], duka fram **4** täcka [~ *a floor with a carpet*]; lägga 'på [~ *a carpet*]; belägga **5** lägga [på] [~ *a tax* (*a burden*) *on*], kasta [~ *the blame on*]; ~ *a th. at a p.'s door* ge ngn skulden för ngt; ~ *a th. to a p.'s credit* räkna ngn ngt till förtjänst **6** anlägga [~ *a road*]; bygga, lägga, dra [~ *a pipeline*]; ~ *a cable* lägga ner (ut) en kabel; slå (dra) en kabel **7** vid vadhållning sätta, hålla [~ *ten to* (mot) *one*]; ~ *a bet* slå (hålla) vad **8** förlägga [~ *the scene* (*story*) *in* (till)] **9** lägga fram [~ *facts before* (för)] **10** sl., *get laid* få sig ett ligg (nyp) **11** med adj. lägga; ~ *bare* blottlägga; ~ *open* öppna; blottställa, utsätta [*to* för]; ~ *waste* ödelägga
II (*laid laid*) *vb itr* (se äv. *III*) **1** värpa **2** slå vad [*against* mot] **3** sjö. lägga sig [~ *close to the wind*] **4** i ovårdat språk i st. för *2 lie*
III *vb tr* o. *vb itr* med adv. o. prep. isht med spec. övers.:
~ *aside*: a) lägga av (undan), spara [~ *aside money for one's old age*] b) lägga bort (ifrån sig) [~ *aside the book*]
~ *by* sjö. lägga bi
~ *down*: a) lägga ner [~ *down a book*]; ~ *oneself down* lägga sig; ~ *down* [*one's*] *arms* lägga ned vapnen, sträcka vapen b) lägga ner, nedlägga [~ *down one's office*], ge upp c) offra [~ *down one's life*] d) lägga på bordet, satsa; deponera e) [börja] bygga, konstruera [~ *down a new ship*], anlägga f) fastställa, fastslå, uppställa [~ *a th. down as a rule*]; hävda, konstatera; ~ *down the law* a) uttala sig auktoritativt b) vard. lägga ut texten, uttala sig dogmatiskt c) vard. domdera, tala om hur saker och ting skall vara g) göra upp, utarbeta [~ *down a plan*]
~ *off*: a) friställa [~ *off workmen*] b) vard. sluta upp med, låta bli, lägga av [~ *off!*] c) vard. ta ledigt, vila d) fotb. passa
~ *on*: a) lägga (dra, leda) in, installera [~ *on electricity* (*water*)] b) vard. ordna, arrangera c) lägga på [~ *on taxes*] d) lägga 'på [~ *on paint*], anbringa, applicera; ~ *it on* [*thick* (*with a trowel*)] bildl. bre 'på [för tjockt] e) sätta på spåret [~ *on the hounds* (*the police*)]
~ *out*: a) lägga ut; lägga fram [~ *out one's clothes*]; duka fram; breda ut b) vard. slå ut (sanslös) c) lägga ut, göra av med [~ *out one's money*] d) planera, anlägga [och ordna] [~ *out a garden*]; staka ut väg o.d.; göra upp [~ *out plans*]; göra layouten till, layouta [~ *out a page*] e) ~ *oneself out* bemöda sig, göra sig besvär [*to* att]
~ *together* lägga (slå) ihop; *they laid* [*their*] *heads together* de slog sina kloka huvuden ihop
~ *up*: a) lägga upp, lagra [~ *up provisions*], lägga undan b) sjö. lägga upp [*the ship is laid up*] c) vard., *be laid up* ligga sjuk [*with the flu* i influensa]
IV *s* **1** läge; ställning, riktning; *know the ~ of a land* veta hur landet ligger **2** sl. a) ligg kvinnlig samlagspartner b) ligg, skjut samlag
layabout ['leɪəbaʊt] *s* vard. dagdrivare, odåga, arbetsskygg individ
lay-by ['leɪbaɪ] *s* parkeringsplats vid landsväg; rastplats
layer ['leɪə] *s* **1** lager, skikt, varv [~ *of clay*] **2** bot. avläggare **3** läggare; värphöna [*a good* ~]
layette [leɪ'et] *s* babyutstyrsel
lay figure [ˌleɪ'fɪgə] *s* **1** skyltdocka, provdocka, mannekäng **2** bildl. nolla, nickedocka
lay|man ['leɪ|mən] (pl. *-men* [-mən]) *s* lekman; icke-fackman; *among laymen* äv. på lekmannahåll
lay-off ['leɪɒf] *s* **1** friställning **2** a) ofrivillig ledighet, arbetslöshet; arbetslöshetsperiod b) paus; lugn (tyst) period (årstid); uppehåll
layout ['leɪaʊt] *s* **1** planering, anläggning äv. konkr.; utstakning av väg **2** layout, skiss, schema; plan; arrangemang, uppställning
laze [leɪz] **I** *vb itr* lata sig, slöa; slå dank; dåsa; ~ *around* gå och slå dank, driva omkring; ~ *in bed* ligga och dra sig **II** *vb tr*, ~ *away one's time* dåsa bort tiden **III** *s* latstund, vilostund, siesta
lazily ['leɪzəlɪ] *adv* lättjefullt; dåsigt
laziness ['leɪzɪnəs] *s* lättja; dåsighet
lazy ['leɪzɪ] **I** *adj* **1** lat, lättjefull; dåsig **2** som rör sig långsamt, långsamt flytande [*a ~ river*] **II** *vb itr* o. *vb tr* se *laze I* o. *II*
lazybones ['leɪzɪˌbəʊnz] (konstr. ss. sg.; pl. *lazybones*) *s* vard. latmask, slöfock
lb. [paʊnd, pl. paʊndz] (förk. för *libra*, *librae* lat. = *pound*[*s*]) [skål]pund
lbs. [paʊndz] pl. av *lb.*
l.b.w. [ˌelbiːˈdʌbljuː] i kricket förk. för *leg before wicket*
LCD 1 (förk. för *liquid crystal display*, se *liquid I 1*) LCD **2** förk. för *lowest* (*least*) *common denominator*
LEA [ˌeliːˈeɪ] förk. för *Local Education Authority*
1 lead [led] **I** *s* **1** bly; ~ *poisoning* blyförgiftning; *red* ~ mönja; ~ *pencil* blyertspenna; *oxide of* ~ blyoxid **2** a) blyerts, grafit b) blyertsstift **3** kula; kulor, bly; poet. lod **4** sjö. [sänk]lod; *swing the* ~ sl. skolka, smita, simulera; spela sjuk, maska **5** plomb blysigill **6** pl. *~s* blytak; blyinfattning i fönster **II** *adj* av bly, bly- [~ *pipes*] **III** *vb tr* **1** täcka (belasta; blanda) med bly; infatta i bly

2 plombera med blysigill **3** boktr. slå emellan [äv. ~ *out*]
2 lead [li:d] **I** (*led led*) *vb tr* (se äv. *III*) **1** leda, föra [*to* till; *into* in i]; vägleda; anföra; dirigera; vara ledare för, stå i spetsen för [~ *an undertaking*]; ~ *the way* gå i spetsen, visa vägen; ~ *by the hand* leda, föra vid handen; ~ *by the nose* hålla i ledband, få vart man vill **2** föranleda, komma, få [*to* att]; *do not let this ~ you to* låt inte detta förleda dig att **3 a)** föra [~ *a miserable existence* (tillvaro)], leva [~ *a quiet life*]; ~ *a double life* leva ett dubbelliv **b)** ~ *a p. a dance* se *dance II 1*; ~ *a p. a life* (*a dog's life*) göra livet surt för ngn, låta ngn veta att han lever **4** kortsp. [ha förhand och] spela ut, dra [~ *the ace of trumps*]
II (*led led*) *vb itr* (se äv. *III*) **1** leda, gå före (i spetsen), vara (gå) först; anföra, vara ledare; ange tonen; ligga i täten; sport. leda, ha ledningen **2** om väg o.d. gå, föra, leda [*to* till; *into* in i]; *all roads ~ to Rome* ordspr. alla vägar bär till Rom **3** ~ *to* leda till, medföra, resultera i **4** kortsp. ha förhand, spela ut
III *vb tr* o. *vb itr* med adv. o. prep. med spec. övers.:
~ **astray** föra vilse isht bildl.; föra på avvägar, förleda
~ **away** föra bort; *be led away by* bildl. låta sig ryckas med (förledas) av
~ **off**: a) föra bort b) öppna, inleda c) börja [*he led off by saying that...*]; kortsp. spela ut, ha förhand
~ *a p.* **on** locka (uppmuntra; förleda) ngn; *he is just ~ing you on* han bara driver med dig
~ **up to** föra (leda) [upp (fram)] till, resultera i
IV *s* **1 a)** ledning; anförande **b)** ledande plats (ställning); försprång; tät **c)** ledtråd; tips; *follow* (*take*) *a p.'s* ~ följa ngns exempel; *give the* ~ ange tonen; *take the* ~ a) ta (gå upp i) ledningen, gå i täten b) ta initiativet [*towards* till] **2** kortsp. utspel äv. bildl., förhand **3** teat. a) huvudroll b) huvudrollsinnehavare **4** elektr. ledning; ledare; kabel **5** koppel rem
leaden ['ledn] *adj* **1** bly-; blyaktig **2** tung [~ *heart*; ~ *sleep*; ~ *steps*], blytung; tryckande, dyster; blygrå [~ *clouds*]; matt
leader ['li:də] *s* **1** ledare; anförare, chef; föregångsman, främste man, förman; *follow my* (amer. äv. *the*) ~ lek o. bildl., ung. 'följa John' **2** amer. mus. dirigent; konsertmästare **3** ledare i tidning
leadership ['li:dəʃɪp] *s* **1** ledarskap; ledning **2** ledarförmåga
lead-free ['ledfri:] *adj* blyfri [~ *petrol* (*gasolene*)]
leading ['li:dɪŋ] *adj* ledande, ledar-; förnämst, viktigast, huvud-; tongivande; ~ *actor*
(*actress*) manlig (kvinnlig) huvudrollsinnehavare; ~ *aircraftman* ung. vicekorpral inom flyget; ~ *article* a) tidn. ledare; huvudartikel b) hand. kampanjvara; ~ *lady* [kvinnlig] huvudrollsinnehavare; primadonna; ~ *light* a) sjö. ledfyr b) bildl. drivande kraft; ~ *man* huvudrollsinnehavare, person som spelar huvudrollen (huvudrollerna); ~ *part* huvudroll; ~ *question* isht jur. ledande fråga
leading-edge [ˌli:dɪŋ'edʒ] **I** *s* tekn. framkant äv. flyg. (på vinge); sjö. förpik **II** *adj* [som är] på aktuell teknisk nivå (toppmodern); ~ *project* spjutspetsprojekt
leading-strings ['li:dɪŋstrɪŋz] *s pl* **1** bildl. ledband; *be in* ~ gå i ledband **2** amer. sele för barn
lead-swinger ['ledˌswɪŋə] *s* vard. skolkare, smitare, simulant; maskare
leaf [li:f] **I** (pl. *leaves*) *s* **1** löv, blad; lövverk; *be in* [*full*] ~ vara utsprucken (lövad); *come into* ~ spricka ut, lövas; *shake like a* ~ darra som ett asplöv **2** blad i bok; *take a* ~ *out of a p.'s book* bildl. följa ngns exempel; *turn over a new* ~ bildl. börja ett nytt liv, bli en ny människa, bättra sig **3** folie, folium, tunn skiva **4** [dörr]halva, [dörr]flygel, flygeldörr; [fönster]lucka; sektion av skärm **5** klaff, skiva till bord o.d. **II** *vb itr* **1** lövas, spricka ut **2** ~ *through* bläddra i (igenom)
leafage ['li:fɪdʒ] *s* lövverk
leafless ['li:fləs] *adj* utan blad; inte lövad; avlövad
leaflet ['li:flət] *s* flygblad, reklamlapp; folder, cirkulär, broschyr
leaf mould ['li:fməʊld] *s* lövjord
leafy ['li:fɪ] *adj* **1** lövad, lövrik, bladrik, lummig; bladbeklädd **2** bladliknande
1 league [li:g] *s* förr: längdmått, ung. 5 km; poet. mil
2 league [li:g] *s* **1** förbund; *be in* ~ *with* stå i förbund med; vara i komplott med **2** sport. serie; *the L~* [engelska] ligan; ~ *competition* serietävling; *he is not in the same* ~ vard. han är inte i samma klass
leak [li:k] **I** *s* läcka äv. elektr. o. bildl.; otäthet; läckage äv. bildl.; *there is a* ~ *in the roof* taket läcker (är otätt), det läcker genom taket; *a* ~ *of information* en [informations]läcka; *have* (*do, take*) *a* ~ sl. kissa; *spring a* ~ sjö. springa läck **II** *vb itr* läcka, inte hålla tätt; vara läck (otät); bildl. äv. låta nyheten (uppgiften) läcka ut; *the roof ~s* taket läcker (är otätt), det läcker genom taket; *the tap ~s* kranen droppar (rinner, läcker); *the rain is ~ing in* det regnar in; ~ *out* sippra (läcka) ut äv. bildl.; dunsta ut, komma ut **III** *vb tr* låta läcka (sippra) ut (in), släppa igenom (in) [*this camera ~s light*]; bildl. äv. läcka [~ *news to the press*]
leakage ['li:kɪdʒ] *s* **1** läckande, läckning;

läcka; läckage **2** bildl. läckage, utsipprande, läcka; [mystiskt] försvinnande [~ *of money*]
leaky ['li:kɪ] *adj* läckande, läck, otät, gisten
1 lean [li:n] **I** *adj* smal, tunn; mager [*a* ~ *man (face)*; ~ *cattle (meat)*; ~ *crops (soil)*], torftig, näringsfattig [~ *diet*]; ~ *years* magra år; *become (grow)* ~ magra vanl. om djur **II** *s* magert kött
2 lean [li:n] **I** (*leaned leaned* [lent el. li:nd] el. *leant leant* [lent]) *vb itr* **1** luta sig [~ *out (forwards, over, against* osv.)]; stödja sig [*against (on)* mot (på)]; ~ *on (upon)* bildl. förlita sig på **2** stå snett, luta [äv. ~ *over; to* mot (åt)]; ~ *over backwards* bildl., se *backwards* **II** (för tema se *I*) *vb tr* luta, stödja, ställa
leaning ['li:nɪŋ] *s* **1** lutning **2** böjelse, benägenhet, sympati [*towards* för], tendens [*towards* till]; *have literary ~s* ha litterära intressen
leanness ['li:nnəs] *s* magerhet; torftighet
leant [lent] imperf. o. perf. p. av *2 lean*
leap [li:p] **I** (*leapt leapt* [lept] el. *leaped leaped* [lept el. li:pt]) *vb itr* hoppa, för ex. jfr *jump I*; *my heart ~s with joy* hjärtat (mitt hjärta) spritter av glädje, jag är överlycklig; ~ *up* slå upp [*flames were ~ing up*] **II** (för tema se *I*) *vb tr* hoppa över [~ *a wall*]; sätta över **III** *s* **1** hopp, språng; plötslig övergång; hinder; *a great ~ forward* ett stort steg (språng) framåt; *a ~ in the dark* ett språng ut i det okända, ett vågstycke; *by ~s and bounds* med stormsteg **2** [fisk]trappa
leap day ['li:pdeɪ] *s* skottdag[en]
leapfrog ['li:pfrɒg] gymn. **I** *s, play* ~ hoppa bock **II** *vb itr* o. *vb tr* hoppa bock [över]
leapt [lept] imperf. o. perf. p. av *leap*
leap year ['li:pjɜ:, -jɪə] *s* skottår
learn [lɜ:n] **I** *vb tr* o. *vb itr* (*learnt learnt* [lɜ:nt] el. *learned learned* [lɜ:nt el. lɜ:nd]) **1** lära sig [*from a p.* av ngn]; läsa på (över), lära in, studera; ~ *by heart* lära sig utantill **2** få veta, [få] höra, erfara [*from* av] **3** ovårdat el. dial. för *teach* **II** (för tema se *I*) *vb itr* **1** lära [sig] [*he ~s fast*]; skaffa sig kunskaper **2** [få] höra [*of* om; *I've ~t of his illness*]
learned [i bet. *I* lɜ:nt, lɜ:nd, i bet. *II* 'lɜ:nɪd] **I** imperf. o. perf. p. av *learn* **II** *adj* lärd; bevandrad [*in* i]; *my ~ friend* min ärade kollega; *a ~ man* en lärd
learner ['lɜ:nə] *s* lärjunge, elev; nybörjare; volontär; ~ *car* övningsbil; ~ *driver* övningsförare; *she is a fast ~* hon lär sig snabbt; *the ~ of a language* hon (en) som lär sig ett språk
learning ['lɜ:nɪŋ] *s* **1** inlärande, studium, inlärning **2** vetande, lärdom; bildning; *a man of [great]* ~ en [grund]lärd man
learning-disabled ['lɜ:nɪŋdɪsˌeɪbld] *adj* ped. begåvningshandikappad
learnt [lɜ:nt] imperf. o. perf. p. av *learn*

lease [li:s] **I** *s* arrende, uthyrande; arrende[tid], hyrestid; arrendekontrakt, hyreskontrakt; *have a long ~ of life* ha ett långt liv, vara långlivad; *get (take [on]) a new ~ of life* få nytt liv, leva upp igen; *let out on ~* arrendera (hyra) ut **II** *vb tr* **1** arrendera, hyra [*from* av], överta (inneha) arrendet på **2** arrendera ut, hyra ut [äv. ~ *out; to* till]; leasa
leasehold ['li:s(h)əʊld] **I** *s* arrende **II** *attr adj* arrenderad, arrende-
leaseholder ['li:sˌ(h)əʊldə] *s* arrendator
leash [li:ʃ] **I** *s* [hund]koppel, rem; *give full ~ to* bildl. ge fria tyglar åt; *keep a p. on a tight ~* hålla ngn hårt, hålla efter ngn ordentligt; *strain at the ~* dra (rycka, slita) i kopplet äv. bildl.; *on a (the) ~* i koppel **II** *vb tr* koppla; föra i koppel
leasing ['li:sɪŋ] *s* leasing, uthyrning
least [li:st] (superl. av *little*) **I** *adj* o. *adv* minst; *without the ~ hesitation* utan [den] minsta (ringaste) tvekan; ~ *of all* minst av allt (alla) **II** *pron, the ~* det minsta; *that's the [very]* ~ *I can do* det är det minsta jag kan göra; *the ~ said the better* ju mindre man talar om det dess bättre; ~ *said, soonest mended* ordspr. ju mindre man talar om saken, dess bättre är det (desto fortare går den över); *to say the ~ [of it]* minst sagt, milt talat; *at ~* a) åtminstone; i varje fall, i alla händelser b) [allra] minst, åtminstone [äv. *at the [very~]*; *not [in] the ~* inte det minsta, inte alls
leastwise ['li:stwaɪz] *adv* [eller] åtminstone; i varje fall
leather ['leðə] *s* **1** läder, skinn; ~ *upholstery* skinnklädsel; *run hell for ~* vard. ligga som en rem efter marken, rusa fram (iväg) **2** föremål av läder t.ex. läderrem, läderbit; [sämsk]skinn; vard. läder[kula] fotboll; pl. *~s* skinnbyxor; ridbyxor; skor
leathery ['leðərɪ] *adj* läderartad, seg [~ *meat*]
1 leave [li:v] **I** (*left left*) *vb tr* **1** lämna; lämna efter sig, efterlämna; glömma [kvar]; låta ligga [kvar], lägga, ställa; uppskjuta [*don't ~ it too late* (för länge)]; ~ *it at that* låta det vara, lämna det därhän; *3 from 7 ~s 4* 3 från 7 är (blir) 4; ~ *hold (go)* vard. släppa [taget]; *it ~s much (nothing) to be desired* det lämnar mycket (ingenting) övrigt att önska; *the illness had left him a wreck* sjukdomen hade gjort honom till ett vrak; ~ *him be* låt honom vara; ~ *alone* låta vara [i fred], låta bli; inte lägga sig i; ~ *well (amer. enough) alone* ordspr. låt det vara som det är; väck inte den björn som sover; *be left* a) lämnas kvar b) finnas (bli) kvar; *she was left a widow* hon blev änka **2** testamentera, efterlämna **3** lämna, gå (resa) ifrån, avgå ifrån; överge; ~ *school* sluta (lämna) skolan **4** överlåta, lämna, överlämna [*to* åt]; låta;

leave 476

to chance lämna åt slumpen; *~ it to me!* låt mig sköta det här!; *I'll ~ it to you to...* jag överlåter åt dig att...; *you ~ me to do all the work* du låter mig göra alltsammans **5** spec. förb. med adv.:
~ **about**: *~ the books [lying] about* låta böckerna ligga kringströdda (ligga framme)
~ **aside** lämna åsido, bortse ifrån
~ **behind** lämna [kvar], lämna efter sig, efterlämna; ställa kvar, glömma [kvar]; *be left behind* hamna på efterkälken, bli efter
~ **off** sluta [med], avbryta [*~ off work (reading)*]; sluta upp med, upphöra med, lägga bort [*~ off a bad habit*; *~ off smoking*]; lägga av [*~ off one's winter clothes*]
~ **out** a) utelämna, glömma; förbigå; inte inbjuda b) låta ligga framme; *feel left out of things* känna sig utanför
II (*left left*) *vb itr* **1** [av]resa, [av]gå, [av]segla, fara [sin väg], ge sig av (i väg) [*for* till]; lämna sin plats, sluta, flytta **2** *~ off* sluta [*we left off at page 10*]
III *s* **1** lov, tillåtelse, tillstånd; *by* (*with*) *your ~* a) med er tillåtelse b) ofta iron. med förlov sagt; *he went out without a 'by your ~'* han gick ut utan att be om lov (utan vidare); *ask* (*beg*) *~ to* anhålla att få **2** permission, [tjänst]ledighet [äv. *~ of absence*], lov; *break ~* överskrida permissionen; *be on ~* [*of absence*] ha permission; vara [tjänst]ledig; *absent with ~* [tjänst]ledig; *absent without ~* frånvarande utan giltigt förfall **3** avsked, farväl; *take one's ~* säga adjö, ta farväl; *take ~ of one's senses* bli galen; *take French ~* se *French I*
2 leave [li:v] *vb itr* lövas, spricka ut
leaved [li:vd] *adj* med blad; ss. efterled i sms. *-bladig* [*thick-leaved*]
leaven ['levn] **I** *s* **1** surdeg **2** bildl. [positivt] inslag **II** *vb tr* **1** jäsa med surdeg, syra **2** bildl. genomsyra; blanda [upp]; omdana
leaves [li:vz] *s* pl. av *leaf*
leave-taking ['li:v‚teɪkɪŋ] *s* avsked; avskedstagande
Lebanese [‚lebə'ni:z] **I** (pl. lika) *s* libanes **II** *adj* libanesisk
Lebanon ['lebənən] geogr. Libanon
lecher ['letʃə] *s* flickjägare, bock; erotoman
lecherous ['letʃ(ə)rəs] *adj* liderlig; vällustig
lechery ['letʃərɪ] *s* liderlighet, lusta; otukt
lectern ['lektən] *s* **1** läspulpet, korpulpet i kyrka **2** kateder, talarstol
lecture ['lektʃə] **I** *s* **1** föreläsning, föredrag [*on* om (över)]; *~ hall* (*room*) föreläsningssal; *attend ~s* gå på föreläsningar; *deliver* (*give, read*) *a ~* hålla en föreläsning [*on* om (över); *to* för] **2** straffpredikan, skrapa; *give* (*read*) *a p. a ~* läsa lagen för ngn, läxa upp ngn **II** *vb itr* föreläsa, hålla föreläsningar [*on* om (över)] **III** *vb tr* **1** föreläsa för **2** läxa upp, ge en skrapa

lecturer ['lektʃ(ə)rə] *s* **1** föreläsare, föredragshållare **2** univ., ung. högskolelektor
lectureship ['lektʃəʃɪp] *s* ung. högskolelektorat
led [led] imperf. o. perf. p. av *2 lead*
ledge [ledʒ] *s* **1** [utskjutande] list, [smal] hylla; fönsterbräde **2** [klipp]avsats, klipphylla **3** klipprev
ledger ['ledʒə] *s* hand. huvudbok, liggare
lee [li:] **I** *s* lä; läsida **II** *attr adj* lä- [*~ side*], i lä
leech [li:tʃ] *s* **1** zool. blodigel **2** bildl. a) igel [*he hangs on like a ~*] b) blodsugare
Leeds [li:dz] geogr.
leek [li:k] *s* purjolök äv. nationalemblem för Wales
leer [lɪə] **I** *s* sneglande; lömsk (hånfull; lysten) blick **II** *vb itr* snegla, kasta lömska etc. blickar [*at* på]
lees [li:z] *s pl* drägg, bottensats äv. bildl.; fällning; *drain* (*drink*) *to the ~* bildl. tömma till sista droppen (ända till dräggen)
leeward ['li:wəd, sjö. 'lu:əd, 'lju:əd] **I** *adj* lä-, i lä **II** *adv* i lä; lävart **III** *s* lä; *to ~* ner i lä, åt läsidan
leeway ['li:weɪ] *s* **1** sjö. avdrift; *make ~* göra avdrift, driva **2** bildl. *have much ~ to make up* ha mycket att ta igen av vad man försummat o.d. **3** vard. spelrum; andrum, frist; *give a p. plenty of ~* ge ngn stor frihet (fritt spelrum)
1 left [left] imperf. o. perf. p. av *1 leave*
2 left [left] **I** *adj* vänster, vänster- äv. polit.; *~ turn* vänstersväng; *the ~ wing* vänstra flygeln, vänsterflygeln, polit. äv. vänstern, de vänsterradikala, jfr *left-wing* **II** *adv* till vänster [*of* om], åt vänster; *~ turn!* mil. vänster om!; *turn ~* svänga (gå, köra) till vänster, ta av åt vänster **III** *s* vänster sida (hand), vänster flygel; *the L~* polit. vänstern; *a straight ~* boxn. en rak vänster; *at ~* amer. till vänster; *on your ~* till vänster om dig, på din vänstra sida; *in England you keep to the ~* det är vänstertrafik i England
left-hand ['lefthænd] *attr adj* vänster, vänster- [*~ side*; *~ traffic*], med vänster hand [*~ blow*]
left-handed [‚left'hændɪd] *adj* **1** vänsterhänt; med vänster hand, vänster- [*~ blow*]; avsedd för vänster hand **2** tafatt, avig, drumlig; *~ compliment* tvetydig (ironisk, klumpig) komplimang
left-hander [‚left'hændə] *s* **1** vänsterhänt person; sport. vänsterhandsspelare **2** vänsterslag, vänsterstöt
leftist ['leftɪst] polit. **I** *s* vänsteranhängare **II** *adj* vänsterorienterad, vänster- [*~ supporters*]
left-luggage [‚left'lʌgɪdʒ] *s* järnv. o.d., *~ [office]* effektförvaring, resgodsinlämning
left-off ['leftɒf] vard. **I** *adj*, *~ clothes* (*clothing*) avlagda kläder **II** *s*, pl. *~s* avlagda kläder
left-over ['left‚əʊvə] **I** *adj* överbliven, rest-; ledig **II** *s* **1** pl. *~s* [mat]rester **2** kvarleva, relikt

left-wing ['leftwɪŋ] *adj* [som befinner sig] på vänsterkanten (vänstra sidan el. flygeln); vänstervriden, radikal
left-winger [,left'wɪŋə] *s* **1** vänsteranhängare, radikal **2** sport. vänsterytter
lefty ['leftɪ] *s* vard. **1** vänsterradikal, vänstervriden [person] **2** isht amer. vänsterhänt person
leg [leg] **I** *s* **1** ben lem; *wooden* ~ träben; *change* ~ om häst byta om fot (steg), ändra gångart; *feel (find) one's* ~*s* a) lära sig stå (gå) b) känna fast mark under fötterna, känna sig hemmastadd (säker i sadeln), finna sig till rätta; *give a p. a* ~ *[up]* a) litt. hjälpa ngn upp i sadeln b) bildl. ge ngn ett handtag; *he has not a* ~ *to stand on* vard. han har inget stöd [för sina påståenden]; *pull a p.'s* ~ vard. driva (skoja) med ngn [*you're pulling my* ~]; *shake a* ~ vard. a) ta sig en sväng[om] b) skynda (sno) sig; *show a* ~ vard. a) stiga upp ur sängen; visa sig b) sätta [litet] fart (fräs); *stretch one's* ~*s* [få] sträcka på benen; röra på sig; *take to one's* ~*s* ta till benen, sjappa, smita; *run a p. off his* ~*s* ta musten ur (trötta ut) ngn; *be on one's* ~*s* vara i farten [igen], ha repat sig, ha kommit på fötter igen äv. i affärer; *be on one's last* ~*s* vard. a) vara nära slutet (alldeles utmattad) b) vara så gott som ruinerad; sjunga på sista versen; *get [up] on one's* ~*s* (skämts. *hind* ~*s*) a) resa sig, stiga (komma) upp isht för att hålla tal; ta till orda b) komma på benen igen efter sjukdom c) om häst stegra sig d) skämts. bli jätteargt; *get (set, put) a p. on his* ~*s* a) få ngn på benen igen b) hjälpa ngn på fötter; *stand on one's own* ~*s* stå på egna ben, vara oberoende **2** kok. lägg, lår[stycke]; ~ *of mutton* fårstek, fårlår, kyl **3** [byx]ben; skaft på strumpa el. stövel **4** ben, fot på möbel o.d.; *be on its last* ~*s* ha vingliga (vacklande) ben, vara nära att falla ihop **5** i kricket: 'legsidan' del av planen till vänster räknat från slagmannen; ~ *before [wicket]* 'ben framför' då bollen träffar slagmannens ben och annars skulle ha träffat grinden **6** sport. omgång av matcher o.d. [*first (second)* ~] **7** etapp av distans, resa o.d. **II** *vb tr*, ~ *it* vard. lägga benen på ryggen, skynda sig [iväg], lägga iväg
legacy ['legəsɪ] *s* legat, testamentarisk gåva (donation); bildl. arv; *a* ~ *of hatred* ett nedärvt hat
legal ['li:g(ə)l] *adj* laglig, laga, lag-; lagenlig; rättslig, juridisk; *take* ~ *action* vidta laga åtgärder, dra saken inför rätta, gå till domstol; *take* ~ *advice* rådfråga en advokat; ~ *aid* rättshjälp för obemedlade; ~ *holiday* amer. bankfridag; ~ *offence* lagbrott, straffbar handling; ~ *person* juridisk person; *from a* ~ *point of view* juridiskt sett, ur rättssynpunkt; *the* ~ *profession* den juridiska banan; juristerna; *without* ~ *rights* rättslös; ~ *separation* av domstol ålagd hemskillnad
legality [lɪ'gælətɪ] *s* laglighet, lagenlighet, legalitet
legalize ['li:gəlaɪz] *vb tr* legalisera, göra laglig, lagligen bekräfta (stadfästa), godkänna
legate [ss. subst. 'legət, -geɪt, ss. vb lɪ'geɪt] *s* [påvlig] legat, påvligt sändebud
legatee [,legə'ti:] *s* legattagare, testamentstagare, arvinge
legation [lɪ'geɪʃ(ə)n] *s* legation, beskickning
legato [lə'gɑ:təʊ, lɪ'g-] mus. (it.) **I** (pl. ~*s*) *s* legato **II** *adv* o. *adj* legato[-]
legend ['ledʒ(ə)nd] *s* **1** legend, helgonberättelse; [folk]saga, sägen **2** inskrift, omskrift på mynt el. medalj; legend; inskription
legendary ['ledʒ(ə)nd(ə)rɪ] *adj* legend-; legendarisk [~ *heroes*], legendartad; sagoomspunnen; sagolik, otrolig
legerdemain [,ledʒədə'meɪn] *s* taskspeleri, trolleri, jonglerande
legged [legd, 'legɪd] *adj* vanl. ss. efterled i sms. med ...ben, -bent [*three-legged*]
leggy ['legɪ] *adj* **1** långbent, gänglig; med skrangliga ben **2** vard. med smäckra (snygga) ben
legibility [,ledʒɪ'bɪlətɪ] *s* läslighet, läsbarhet
legible ['ledʒəbl] *adj* läslig, läsbar; tydlig
legion ['li:dʒ(ə)n] *s* legion; bildl. här[skara], [stor] skara; *the American (British) L~* krigsveteranorganisationer i USA resp. Storbritannien; *the Foreign L~* främlingslegionen
legionary ['li:dʒənərɪ] **I** *adj* legions- **II** *s* legionär, legionssoldat
legionnaire [,li:dʒə'neə] *s* **1** legionär, medlem av *the American (British, Foreign) Legion*, se *legion* **2** ~*s' disease* legionärsjuka
legislate ['ledʒɪsleɪt] *vb itr* lagstifta, stifta lagar
legislation [,ledʒɪs'leɪʃ(ə)n] *s* lagstiftning
legislative ['ledʒɪslətɪv, -leɪt-] *adj* lagstiftande; lagstiftnings- [~ *reforms*]; legislativ; ~ *body (assembly)* lagstiftande församling
legislator ['ledʒɪsleɪtə] *s* lagstiftare
legislature ['ledʒɪsleɪtʃə, -lətʃə] *s* lagstiftande församling, lagstiftning
legitimacy [lɪ'dʒɪtɪməsɪ] *s* legitimitet, laglighet; rättmätighet; äkta börd
legitimate [ss. adj. lɪ'dʒɪtɪmət, ss. vb lɪ'dʒɪtɪmeɪt] **I** *adj* **1** legitim, laglig, rättmätig [*the* ~ *king*]; lagligt berättigad **2** legitim, född inom äktenskapet [*a* ~ *child*], äkta, [inom]äktenskaplig [*of* ~ *birth*] **3** befogad, välgrundad, rimlig [*a* ~ *reason*]; berättigad, legitim [~ *claims*] **II** *vb tr* **1** legitimera, förklara för äkta **2** stadfästa; göra laglig, legalisera **3** berättiga, rättfärdiga
leg-pull ['legpʊl] *s* vard. skämt, skoj

leg-pulling ['leg,pʊlɪŋ] s vard. skämt[ande], skoj[ande], drift
legroom ['legru:m] s plats för benen, benutrymme
leg show ['legʃəʊ] s vard. revy (varieté) med en massa bensprattel
leguminous [le'gju:mɪnəs] adj baljväxt-, ärt-; ~ *plants* baljväxter, ärtväxter
Leicester ['lestə] geogr.
leisure ['leʒə, amer. vanl. 'li:ʒə] I s ledighet, fritid; lägligt tillfälle, tid, god tid [*for* för (till); *to do a th.* [till]] att göra ngt]; ~ *clothes* (*wear*) fritidskläder; ~ *occupation* (*pursuit*) fritidssysselsättning; *at* ~ a) ledig, inte upptagen b) utan brådska, i lugn och ro [*do a th. at* ~]; *at your* ~ när du får tid, när det passar dig [bra]; efter behag II attr adj ledig, fri, inte upptagen; ~ *hours* (*time*) lediga stunder, fritid
leisured ['leʒəd, amer. vanl. 'li:ʒəd] adj ledig, som förfogar över sin tid; lugn; *the* ~ *classes* de [klasser] som inte behöver arbeta, de rika, överklassen
leisurely ['leʒəlɪ, amer. vanl. 'li:ʒəlɪ] I adj lugn, maklig; ledig, som har gott om tid; *at a* ~ *pace* i lugn och ro, i lugn (maklig) takt II adv utan brådska, makligt; i lugn och ro
leisure-time ['leʒətaɪm, amer. vanl. 'li:ʒ-] adj fritids- [~ *activities*]
lemming ['lemɪŋ] s zool. fjällämmel
lemon ['lemən] I s 1 a) citron b) citronträd c) citronfärg 2 sl. torrboll 3 sl. fiasko, nit; otur; *the answer is a* ~ där kammar du noll II adj citronfärgad, citrongul
lemonade [ˌlemə'neɪd] s lemonad, läskedryck; sockerdricka
lemon curd [ˌlemən'kɜ:d] s citronkräm
lemon soda [ˌlemən'səʊdə] s se *lemon squash*
lemon sole [ˌlemən'səʊl] s zool. o. kok. bergtunga
lemon squash [ˌlemən'skwɒʃ] s lemon squash citronsaft och vatten el. sodavatten
lemon-squeezer ['lemənˌskwi:zə] s citronpress
lemur ['li:mə] s zool. lemur
lend [lend] (*lent lent*) vb tr 1 låna [~ *a th. to a p.*; ~ *a p. a th.*], låna ut; ~ *at interest* låna [ut] mot ränta 2 ~ *oneself to* a) låna sig till, gå med på, samtycka till; förnedra sig till [att använda] b) om sak lämpa sig (passa, vara lämplig) för; *it may* ~ *itself to abuse* det kan inbjuda till (föranleda) missbruk 3 ge, skänka [~ *aid*; ~ *enchantment*], förläna [~ *dignity* (*glory*)]; ~ *an ear* (*one's ears*) lyssna, höra [*to* på], låna ett [välvilligt] (sitt) öra [*to* åt]; ~ *a p. a hand* ge ngn ett handtag, hjälpa ngn; ~ *a hand with a th.* hjälpa till med ngt; ~ *a helping hand* räcka en hjälpande hand
lender ['lendə] s långivare
lending-library ['lendɪŋˌlaɪbr(ə)rɪ] s lånebibliotek

lending-rate ['lendɪŋreɪt] s låneränta, utlåningsränta
length [leŋθ] s 1 längd; om tid äv. varaktighet, långvarighet; sträcka, [ut]sträckning; *a* ~ *of pipe* ett rörstycke (stycke rör); *a* ~ *of rope* en repstump (tågända); *you may stay for any* ~ *of time* du får stanna så länge det behövs (du vill); *a* ~ *of years* en lång följd av år; *along the whole* ~ *of the wall* längs hela väggen; *a* ~ *of wallpaper* en tapetvåd; *at arm's* ~ a) på rak (sträckt) arm b) på en arms avstånd c) bildl. på avstånd [*keep a p. at arm's* ~]; *win by three* ~*s* sport. vinna med tre längder; *ten metres in* ~ tio meter lång; *a stay of some* ~ en längre tids vistelse; *throughout the* ~ *and breadth of the country* över (i, genom) hela landet; *go the whole* ~ bildl. ta steget fullt ut; *go to any* ~*s* (*to all* ~*s*) gå hur långt som helst med ngt; inte sky något, tillgripa alla medel; *go to great* ~*s* el. *go a great* ~ bildl. gå (sträcka sig) mycket långt 2 *at* ~: a) slutligen; äntligen, sent omsider b) länge [*speak at* ~] c) utförligt, omständligt, ingående, i detalj; *at great* ~ mycket utförligt (detaljerat, ingående), länge och väl
lengthen ['leŋθ(ə)n] I vb tr förlänga, göra [ännu] längre; dra ut på, töja [äv. ~ *out*]; ~ *a skirt* lägga ned en kjol II vb itr förlängas, bli längre
lengthiness ['leŋθɪnəs] s långrandighet, långtråkighet
lengthy ['leŋθɪ] adj [väl] lång, långvarig; [för] utförlig, vidlyftig; långdragen; långrandig
lenience ['li:njəns] s o. **leniency** ['li:njənsɪ] s mildhet etc., jfr *lenient*; överseende
lenient ['li:njənt] adj mild, fördragsam, överseende, eftergiven [*to* (*towards*, *with*) *mot*]
Lenin ['lenɪn]
lens [lenz] s 1 fys. el. anat. lins 2 foto. lins; objektiv; ~ *aperture* bländaröppning; ~ *attachment* objektivtillbehör; ~ *cap* objektivskydd; ~ *hood* (*shade*) motljusskydd; ~ *louse* vard. linslus 3 [*contact*] ~ kontaktlins
Lent [lent] s fasta[n], fastlag[en]
lent [lent] imperf. o. perf. p. av *lend*
Lenten o. **lenten** ['lentən] adj 1 fastlags-, faste- 2 bildl. mager, torftig [~ *fare*]; dyster [~ *colours*, *a* ~ *face*]
lentil ['lentɪl] s bot. el. kok. lins
lento ['lentəʊ] adv o. adj mus. (it.) lento
Leo ['li:əʊ] I mansnamn II s astrol. Lejonet; *he's* [*a*] ~ han är Lejon
Leonard ['lenəd] mansnamn
leonine ['li:ə(ʊ)naɪn] adj lejon-, lejonartad
leopard ['lepəd] s zool. leopard; *a* ~ *never changes* (*cannot change*) *its spots* ränderna går aldrig ur
leopardess ['lepədes] s leopardhona

leotards ['li:əta:dz] *s pl* body, gympingdräkt; trikåbyxor
leper ['lepə] *s* spetälsk, leprasjuk; bildl. utstött
leprechaun ['leprəkɔ:n, -prəhɔ:n] *s* irl., slags gnidig pyssling, tomte; troll
leprosy ['leprəsɪ] *s* spetälska, lepra
lesbian ['lezbɪən] **I** *adj* lesbisk **II** *s* lesbisk kvinna
lese-majesty [ˌli:z'mædʒɪstɪ] *s* majestätsbrott äv. skämts.; statsförbrytelse, högförräderi
lesion ['li:ʒ(ə)n] *s* **1** med. lesion, organskada, sjuklig förändring **2** [yttre] skada; skavank
Leslie ['lezlɪ, amer. 'leslɪ] mansnamn o. kvinnonamn
less [les] **I** *adj* o. *adv* o. *s* (komp. av *little*, se äv. d.o.) **1** mindre; ~ *and* ~ [allt] mindre och mindre, allt mindre; *to a greater or* ~ *extent* i större eller mindre utsträckning; *none the* ~ = *nevertheless*; *I don't think any the* ~ *of him because...* jag uppskattar honom inte mindre för att...; *little* ~ *than* föga mindre än, nästan; *a little* ~ *than* något (litet) mindre än, knappt; *in* ~ *than no time* i en handvändning, på nolltid
2 *no* (*not, nothing*) ~ i div. uttr.: *I could do no* ~ det var det minsta jag kunde göra; *I expected no* ~ det var just vad jag väntade [mig]; *they have six cars, no* ~*!* de har inte mindre än sex bilar[, kan du tänka dig]!; *he got no* ~ *than £1000* han fick inte mindre än (hela) 1000 pund; [*we can guarantee you an income of*] *not* ~ *than £25,000* ...[allra] minst (åtminstone) 25 000 pund; *it's no* (*nothing*) ~ *than a scandal* det är ingenting mindre än en skandal
II *prep* minus [*5* ~ *2 is 3*], med avdrag av (för) [*£300 a week* ~ *rates and taxes*], så när som på [*a year* ~ *three days*]
lessee [le'si:] *s* arrendator; hyresgäst
lessen ['lesn] **I** *vb tr* **1** [för]minska, reducera [~ *the effect* (*speed*)] **2** förringa, nedvärdera **II** *vb itr* minskas, bli mindre (färre); avta
lesser ['lesə] *attr adj* mindre [*the* ~ *prophets*]
lesson ['lesn] *s* **1** lektion; [undervisnings]timme; *English* ~ engelsklektion; engelsktimme **2** läxa, hemuppgift; *do* (*learn, prepare*) *one's ~s* lära sig läxorna, läsa på (över) läxorna; *set the* ~ ge läxa [till nästa gång] **3** bildl. läxa, lärdom; tillrättavisning, skrapa; *I learnt a* (*my*) ~ jag fick en läxa (en tankeställare); jag blev vis av skadan; *I have learnt a lesson never to...* jag har lärt mig att aldrig...; *teach a p. a* ~ ge (lära) ngn en läxa **4** kyrkl. bibeltext
lessor [ˌle'sɔ:] *s* utarrenderare; hyresvärd
lest [lest] *konj* isht litt. **1** för (så) att inte, ifall ngt skulle hända **2** efter ord för fruktan, oro o.d. [för] att [kanske]
1 let [let] **I** (*let let*) *vb tr* (se äv. *III*) **1** (äv. ss. hjälpvb) låta, tillåta; *won't you* ~ *me help you?* får jag inte hjälpa dig?; *yes,* ~*'s!* ja, det gör vi!; ~*'s have a drink!* ska vi ta [oss] en drink?; ~ *me introduce...* får jag presentera...; ~ *him say whatever he likes* han må (får, kan) säga vad han vill; *just* ~ *him try!* han skulle bara våga!; ~ *it never be said that...* ingen ska kunna säga att...; *L~ there be light!* bibl. Varde ljus!; ~ *AB be* [*equal to CD*] geom. antag att AB är...
2 släppa in [*my shoes* ~ *water*]
II (*let let*) *vb tr* o. *vb itr* (se äv. *III*) hyra ut [*she has* ~ *her house to* (åt) *us*], arrendera ut; hyras ut [*the flat ~s for £50 a month*]; *to* ~ att hyra
III *vb tr* o. *vb itr* i vissa förb. (se f.ö. under resp. huvudord) **1** med adj.:
~ *alone*: a) låta vara [i fred], låta bli, inte bry sig om [~ *those problems alone*]; ~ *well alone!* låt det vara som det är! b) för att [nu] inte tala om, än[nu] (mycket) mindre [*he can't look after himself,* ~ *alone others*]
~ *loose* släppa, släppa lös [~ *that dog loose*]; ge fritt lopp åt
2 med vissa vb (se äv. under t.ex. *drop, 1 fly, 2 live*):
~ *be* låta vara [i fred], låta bli [~ *me be*]
~ *fall*: a) låta falla; tappa b) fälla, låta undfalla sig [~ *fall a remark*]
~ *go*: a) låta fara; släppa [~ *me go!*]; ~ *go a p.'s hand*], släppa lös (fri); släppa ifrån sig; släppa taget; sjö. låta gå, fälla [~ *go the anchor*]; slå bort [tanken på]; ~ *go of* släppa [~ *go of a p.'s hand*] b) ~ *it go at that!* låt gå för det!; låt det vara [som det är]! c) ~ *oneself go* låta sig ryckas med [*he* ~ *himself go on* (av) *the subject*], slå (släppa) sig lös; missköta sig, slarva med sitt utseende
~ *slip*: a) försitta [~ *slip an opportunity*] b) låta undfalla sig [~ *slip a remark*]
3 med adv. o. prep.:
~ *down*: a) släppa (dra, sänka, fira) ner; ~ *down one's hair* se *hair*; ~ *the window down* dra ner fönstret b) sömnad. lägga (släppa) ner c) bildl. lämna i sticket, svika [~ *down a friend*]; förödmjuka
~ *in*: a) släppa in [~ *in a p.*; ~ *in light and air*]; ~ *oneself in* ta sig in själv b) fälla (lägga, foga) in c) ~ *in the clutch* bil. släppa upp kopplingen d) ~ *a p. in for* [*a lot of trouble*] dra (blanda) in ngn i..., förorsaka ngn...; ~ *oneself in for* inlåta sig på, ge sig in på; *you're ~ting yourself in for a lot of work* du får bara en massa arbete på halsen e) ~ *a p. in on* vard. inviga ngn i
~ *into*: a) släppa in i; *be* ~ *into* släppas (slippa) in i b) sätta in i [*we must* ~ *another window into the wall*] c) inviga i, låta få veta [~ *a p. into a secret*]
~ *off*: a) avskjuta, bränna av [~ *off fireworks*], fyra av äv. bildl. b) släppa, låta slippa undan [~ *off with* (med) *a fine*]; *be* ~

let 480

off släppas, slippa [undan (ifrån)] **c)** släppa ut t.ex. ånga, tappa av; släppa upp t.ex. en ballong; ~ *off steam* vard. avreagera sig **d)** släppa av [~ *me off at 12th Street!*] **e)** släppa sig fjärta
~ **on** vard. skvallra [*I won't ~ on*]; förråda, erkänna; låtsas, låtsas om [*don't ~ on that you are annoyed*]
~ **out**: **a)** släppa ut; släppa lös; *be ~ out* släppas (slippa) ut (lös) **b)** sömnad. lägga (släppa) ut **c)** sjö. sticka ut rev **d)** avslöja [*~ out a secret*], tala 'om **e)** vard. fria (rentvå) [från misstankar] **f)** ~ *out* [*on lease*] hyra (arrendera) ut **g)** utstöta, ge ifrån sig [~ *out a shriek*]
~ **through** släppa igenom (fram)
~ **up**: **a)** avta, minska; sluta **b)** ~ *up on* ta lite lättare på; behandla mildare
2 let [let] *s* **1** jur., *without ~ or hindrance* utan minsta hinder **2** sport. nätboll vid serve
let-down ['letdaʊn] *s* **1** besvikelse, missräkning; bakslag **2** minskning, nedgång [*a ~ in sales*]
lethal ['li:θ(ə)l] *adj* dödlig, dödande; letal; *~ chamber* avlivningsrum för djur; *~ weapon* dödligt (livsfarligt) vapen, mordvapen
lethargy ['leθədʒɪ] *s* letargi; sjukligt slöhetstillstånd, onaturligt tung sömn, dvala äv. bildl.
let-off ['letɒf] *s* undkommande, undslippande; tur [att slippa undan billigt (att klara sig)]; försutten chans; *that was a light ~ for him* han slapp billigt undan
let's [lets] = *let us*
1 letter ['letə] *s* uthyrare [*~ of rooms*]
2 letter ['letə] *s* **1** bokstav äv. bildl. [*keep to (abide by) the ~ of the law*]; bildl. äv. ordalydelse; *capital (small) ~s* stora (små) bokstäver; *use capital ~s* äv. texta; *to the (down to the last) ~* bokstavligt; till punkt och pricka [*carry out an order to the ~*], obetingat **2** brev, skrivelse [*on* om; *for*, to till]; *~ of credit* hand. kreditiv; *~ of protest* protestskrivelse; *~ to the paper (editor)* insändare **3** *~s* (konstr. ss. sg. el. pl.) litteratur, vitterhet; litterär bildning, lärdom; *man of ~s* oftast författare, skriftställare, lärd man
letter bomb ['letəbɒm] *s* brevbomb
letterbox ['letəbɒks] *s* brevlåda
letter card ['letəkɑ:d] *s* postbrev; kortbrev
letter drop ['letədrɒp] *s* amer. brevlåda i dörr
letterhead ['letəhed] *s* **1** brevhuvud **2** firmabrevpapper med brevhuvud
lettering ['letərɪŋ] *s* bokstäver, [in]skrift [*~ on a gravestone*]; textning
letter-opener ['letərˌəʊpənə] *s* brevöppnare
letter-perfect [ˌletə'pɜ:fɪkt] *adj*, *be ~* kunna ngt perfekt
letterpress ['letəpres] *s* **1** *~ [printing]* boktryck **2** [tryckt] text i motsats till illustrationer

letter rack ['letəræk] *s* brevfack
letters patent [vanl. ˌletəz'pæt(ə)nt] *s* patentbrev, privilegiebrev
letter-writer ['letəˌraɪtə] *s* **1** brevskrivare **2** brevställare **3** kopiepress
lettuce ['letɪs] *s* bot. [huvud]sallat, sallad; salladshuvud
letup ['letʌp] *s* **1** avbrott, uppehåll [*it rained a whole week without ~*] **2** avtagande, minskning
leuk[a]emia [lʊ'ki:mɪə, lju-] *s* med. leukemi
levee ['levɪ, -veɪ] *s* **1** [stor] mottagning för herrar vid [brittiska] hovet; kur **2** i USA mottagning isht hos presidenten
level ['levl] **I** *s* **1** nivå, plan äv. bildl. [*a conference at the highest ~*]; höjd [*the water rose to a ~ of 10 metres*]; *the ~ of the water* vattenståndet; *above the ~ of the sea* över havsytan (havet); [*the lecture*] *was above my ~* ...låg över min horisont (nivå); *on a ~ with* i nivå (höjd, paritet) med, i jämnhöjd med; *come down to a p.'s ~* sänka sig till ngns nivå **2** vard., *on the ~* uppriktigt, ärligt sagt, schysst; *he's on the ~* han är renhårig (schysst) **3** vattenpass **II** *adj* **1** jämn, slät, plan **2** vågrät; på samma plan [*with* som], i jämnhöjd, jämställd, likställd [*with* med]; likformig; jämn; *~ crossing* plankorsning; järnvägskorsning [i plan]; *open (unguarded) ~ crossing* obevakad järnvägsövergång; *a ~ teaspoonful* en struken tesked; *do one's ~ best* göra sitt allra bästa; *draw ~* komma jämsides (i jämnhöjd) med varandra; *draw ~ with* hinna upp; *keep ~ with* hålla jämna steg med **3** *have a ~ head* vara redig (klar) i huvudet; *keep a ~ head* hålla huvudet kallt **4** stadig [*a ~ look (gaze)*] **III** *tr* **1** jämna, planera [*~ a lawn (road)*] **2** göra vågrät med t.ex. ett vattenpass; nivellera; jämna ut [äv. *~ out*]; jämna till; göra likställd [*to, with* med]; *~ down* sänka [till en lägre nivå]; jämna; *~ up* höja [till en högre nivå] **3** ~ [*with (to) the ground*] jämna med marken, rasera **4** avpassa, lämpa [*to* efter]; *~ oneself to* anpassa sig efter **5** rikta [*at, against* mot]; *~ an accusation at a p.*]; *~ one's gun at* rikta (höja) geväret mot **IV** *itr* **1** bli jämn[are] **2** flyg., *~ off* plana ut
level-headed [ˌlevl'hedɪd] *adj* balanserad, nykter, sansad, förståndig
lever ['li:və, amer. vanl. 'levə] **I** *s* **1** hävstång; spak; handtag; spett **2** bildl. påtryckningsmedel [*a ~ to force him to resign*], tillhygge **II** *vb tr* lyfta (flytta) med [en] hävstång; baxa [undan]; bända [upp]; *~ oneself up* häva sig upp
leverage ['li:v(ə)rɪdʒ, amer. vanl. 'lev-] *s* **1** hävstångsverkan, hävstångskraft **2** bildl. makt, maktmedel, inflytande
leveret ['lev(ə)rɪt] *s* unghare

leviathan [lɪ'vaɪəθ(ə)n] s gigant, koloss
levitate ['levɪteɪt] spirit. I vb tr få att sväva II vb itr levitera, sväva
Leviticus [lɪ'vɪtɪkəs] s bibl. Tredje mosebok
levity ['levətɪ] s lättsinne, lättfärdighet
levy ['levɪ] I s **1** uttaxering; [tvångs]upptagande (utskrivning) [av skatt]; uppbörd **2** utskrivning, uppbåd äv. konkr.; utskrivet manskap II vb tr **1** uttaxera, ta upp, utskriva, uppbära, lägga på [~ *a tax*]; ~ *a tax* (*a fine*) *on a p.* påföra ngn en skatt (böter) **2** utskriva, uppbåda; sätta upp [~ *an army*]
lewd [lu:d, lju:d] adj liderlig, otuktig, vällustig; oanständig [*a* ~ *joke* (*person*)]
lexical ['leksɪk(ə)l] adj lexikalisk
lexicographer [ˌleksɪ'kɒɡrəfə] s lexikograf, ordboksförfattare
lexicography [ˌleksɪ'kɒɡrəfɪ] s lexikografi
lexicon ['leksɪkən] s lexikon vanl. om en grekisk, latinsk el. hebreisk ordbok
lez [lez] s o. **lezzy** ['lezɪ] s vard. lesbisk kvinna
liabilit|y [ˌlaɪə'bɪlətɪ] s **1** ansvar, skadeståndsskyldighet, ansvarsskyldighet, skyldighet; betalningsskyldighet, [ekonomisk] förpliktelse, engagemang; *limited* ~ begränsad ansvarighet; ~ *for* (*to*) *military service* värnplikt; ~ *to pay taxes* el. *tax* ~ skatteplikt **2** mottaglighet [~ *to* (för) *certain diseases*], benägenhet [*to* för, till] **3** pl. *-ies* hand. skulder, skuldförbindelser, passiva, jfr *asset 1*; *meet one's -ies* infria sina [skuld]förbindelser **4** bildl. belastning, handikapp; olägenhet, nackdel
liable ['laɪəbl] adj **1** ansvarig [*for* för] **2** förpliktad, skyldig [*to* att; *be* ~ *to serve on a jury*]; ~ *to* belagd med straff, skatt o.d.; underkastad; ~ *to duty* tullpliktig; *be* ~ *to a fine* kunna bötfällas; *make oneself* ~ *to* utsätta sig för risken av [*he made himself* ~ *to a heavy fine*] **3** mottaglig, disponerad [*to* för]; benägen, fallen [*to* för; *to do a th.* [för] att göra ngt]; ~ *to abuse* som lätt kan missbrukas; ~ *to certain diseases* mottaglig för vissa sjukdomar; *it is* ~ *to be misunderstood* det kan så lätt missförstås
liaise [li:'eɪz] vb itr **1** etablera (upprätthålla) kontakt **2** mil. fungera som sambandsofficer
liaison [lɪ'eɪzən, -zɒn] s **1** a) förbindelse, nära samband b) [fritt] förhållande, [kärleks]förbindelse, liaison **2** mil. samband; ~ *officer* sambandsofficer **3** *in* ~ *with* i förbund (maskopi) med
liana [lɪ'ɑ:nə] s o. **liane** [lɪ'ɑ:n] s bot. lian
liar ['laɪə] s lögnare, lögnerska, lögnhals
Lib. förk. för *Liberal*
lib [lɪb] s kortform för *liberation* [*gay* (*kids'*) ~]; *women's* ~ se *woman 2*
libel ['laɪb(ə)l] I s **1** ärekränkning isht i skrift; smädeskrift, libell **2** skymf, förolämpning [[*up*]*on* mot] II vb tr ärekränka; smäda, skymfa, ta heder och ära av
libellous ['laɪbələs] adj ärekränkande, ärerörig, smädlig, smäde- [*a* ~ *poem*]
liberal ['lɪb(ə)r(ə)l] I adj **1** frikostig, generös [*of* med, på; *to* mot; *a* ~ *giver*], givmild, rundhänt, liberal **2** liberal, fördomsfri, frisinnad **3** *a* ~ *education* [högre] allmänbildning, [en] god uppfostran **4** *L*~ polit. liberal II s, *L*~ polit. liberal
liberalism ['lɪb(ə)rəlɪz(ə)m] s liberalism, frisinne
liberalit|y [ˌlɪbə'rælətɪ] s **1** frikostighet, generositet, jfr vid. *liberal I 1*; pl. *-ies* frikostiga gåvor **2** liberalitet, fördomsfrihet, jfr vid. *liberal I 2*
liberalization [ˌlɪb(ə)rəlaɪ'zeɪʃ(ə)n] s liberalisering
liberalize ['lɪb(ə)rəlaɪz] vb tr liberalisera
liberate ['lɪbəreɪt] vb tr **1** befria, lösa [*from* från]; frige, försätta på fri fot; bildl. frigöra [*a* ~*d woman*] **2** kem. frigöra
liberation [ˌlɪbə'reɪʃ(ə)n] s **1** befrielse, frigivning, frigivande, frigörelse, frigörande; ~ *movement* befrielserörelse; frihetsrörelse; *women's* ~ *movement* se *woman 2* **2** kem. frigörelse
liberator ['lɪbəreɪtə] s befriare
Liberia [laɪ'bɪərɪə]
Liberian [laɪ'bɪərɪən] I adj liberiansk II s liberian
libero ['li:bərəʊ] (pl. ~*s*) s fotb. libero
libertine ['lɪbəti:n, -tɪn, -taɪn] s libertin, vällusting
liberty ['lɪbətɪ] s frihet; pl. *liberties* äv. fri- och rättigheter, privilegier; ~ *of action* handlingsfrihet; *the* ~ *of the press* tryckfrihet[en]; ~ *of speech* yttrandefrihet; *take liberties* ta sig friheter [*with a p.* gentemot ngn; *with a th.* med ngt], vara närgången [*with* mot]; *what a* ~*!* vard. vad fräckt!; *at* ~ a) på fri fot [*runaways at* ~], i frihet b) fri, oförhindrad; *you are at* ~ *to* det står dig fritt att; *I am not at* ~ *to tell you* jag får inte (har inte lov att) tala om det; *set at* ~ a) försätta på fri fot, frige [*set prisoners at* ~] b) frigöra kapital
Libra ['li:brə, 'lɪb-] s astrol. Vågen; *he is* [*a*] ~ han är Våg
librarian [laɪ'breərɪən] s bibliotekarie
librarianship [laɪ'breərɪənʃɪp] s bibliotekariebefattning
library ['laɪbr(ə)rɪ] s bibliotek; film. arkiv; *mobile* ~ bokbuss; *public* ~ offentligt bibliotek, folkbibliotek; *record* ~ diskotek samling grammofonskivor; ~ *ticket* lånekort
librettist [lɪ'bretɪst] s librettoförfattare, librettist
librett|o [lɪ'bret|əʊ] (pl. *-os* el. *-i* [-ɪ]) s libretto
Libya ['lɪbɪə] geogr. Libyen
Libyan ['lɪbɪən] I adj libysk II s libyer

lice [laɪs] *s pl.* av *louse I 1*
licence ['laɪs(ə)ns] **I** *s* **1 a)** licens [*radio* ~], tillståndsbevis; privilegium; tillstånd, lov, rätt; dispens; jfr *marriage, special* o. *vehicle 1*; ~ *fee* licens[avgift]; *dog* ~ ung. hundskatt; *driving (driver's)* ~ körkort; *made under* [*a*] ~ tillverkad på licens **b)** [sprit]rättigheter **c)** [*pilot's*] ~ [flyg]certifikat **2 a)** tygellöshet, självsvåld **b)** lättfärdighet, lättsinne **3** [handlings]frihet; konst. frihet; *poetic* ~ poetisk frihet, licentia poetica **II** *vb tr* se *license I*
license ['laɪs(ə)ns] **I** *vb tr* bevilja (ge) ngn licens (tillstånd, [sprit]rättigheter), utfärda tillståndsbevis för, licensera; auktorisera; *shops* ~*d* [*to sell tobacco*] affärer som har rätt (tillstånd)... **II** *s* amer., se *licence I*; ~ *plate* nummerplåt, registreringsskylt
licensed ['laɪs(ə)nst] *adj* isht med [sprit]rättigheter; *be fully* ~ ha vin- och spriträttigheter, ha fullständiga rättigheter; ~ *premises* (*house*) restaurang (hotell) med spriträttigheter
licensee [ˌlaɪs(ə)n'siː] *s* licensinnehavare; person som har [sprit]rättigheter
licentiate [laɪ'senʃɪət] *s* auktoriserad (legitimerad) utövare av ett visst yrke; *L~ of the Royal College of Physicians* (*Surgeons*) ung. legitimerad läkare
licentious [laɪ'senʃəs] *adj* tygellös, lössläppt
lichen ['laɪkən, 'lɪtʃən] *s* bot. lav
lick [lɪk] **I** *vb tr* **1** slicka äv. om eld o. vågor; slicka på [~ *a lolly*]; ~ *a p.'s boots* (*shoes*) vard. krypa [i stoftet] (krusa) för ngn; ~ *the dust* **a)** bita i gräset **b)** krypa (kräla) i stoftet, slicka stoftet; ~ *one's lips* (*chops*) slicka sig om mun[nen]; ~ *into shape* sätta (få) fason (hyfs) på, sätta pli på, göra folk av; ~ *up* slicka i sig, slicka upp; om eld förtära **2** vard. klå upp, ge stryk, klå, slå [~ *a p. at tennis*], övertrumfa; *get* ~*ed* få stryk (smörj) **II** *s* **1** slickning; *give one's face a cat's* ~ vaska av sig i ansiktet; *give a th. a* ~ *and a promise* gå över (tvätta, rengöra) ngt rätt slarvigt (hafsigt) **2** vard. klick, skvätt [*a* ~ *of paint*] **3** vard. fräs fart; *at a great* (*at full*) ~ i full fräs (speed) **4** vard., *not a* ~ *of work* inte ett skvatt (smack), grand **5** se *cowlick*
licking ['lɪkɪŋ] *s* **1** slickande **2** vard. stryk, smörj
licomosa [ˌlɪkə'məʊsə] *s* bot. vattenros
licorice ['lɪkərɪs] *s* isht amer., se *liquorice*
lid [lɪd] *s* **1** lock; *put the* ~ *on* vard. **a)** sätta stopp för [*put the* ~ *on gambling*] **b)** göra slut på [*that put the* ~ *on their friendship*] **c)** lägga på locket [*the government managed to put the* ~ *on before the affair became public*]; *that put the* ~ *on it* det satte p för det hela, det var dödstöten; *take* (*blow, lift*) *the* ~ *off* vard. avslöja [*the newspapers blew the* ~ *off*

corruption in the city] **2** ögonlock [äv. *eyelid*] **3** vard. kanna hatt
lido ['liːdəʊ] (*pl.* ~*s*) *s* friluftsbad
1 lie [laɪ] **I** *s* lögn, osanning; *give a p. the* ~ beslå ngn med lögn; *give the* ~ *to a th.* vederlägga (jäva, motsäga) ngt, komma ngt på skam [*events gave the* ~ *to our fears*]; *live a* ~ se *2 live II*; *tell a* ~ (~*s*) ljuga, tala (fara med) osanning; *it was just a pack of* ~*s* det var bara lögn alltsammans (en massa lögner) **II** *vb itr* o. *vb tr* ljuga [*to* för]; *he* ~*d to my face* han ljög mig mitt upp i ansiktet
2 lie [laɪ] **I** (*lay lain*) *itr* **1 a)** ligga [~ *motionless*]; ~ (*be lying*) *awake* ligga vaken; ~ *reading* ligga och läsa **b)** ligga begraven, vila; *here* ~*s* här vilar **2 a)** utbreda sig, ligga [*know how the land* ~*s*], vara belägen, befinna sig **b)** om väg o.d. gå, leda **3** sjö. ligga an viss kurs **4** med adv. o. prep. i spec. bet.:
~ *about* (*around*) **a)** ligga och skräpa, ligga kringspridd[a]; *leave money lying about* låta pengar ligga framme **b)** slöa
~ *at* sjö., ~ *at anchor* ligga för ankar
~ *back* luta (lägga) sig tillbaka
~ *down*: **a)** lägga sig [och vila], lägga sig ner **b)** *take an insult lying down* finna sig i en förolämpning; *take it lying down* ge sig utan vidare
~ *in*: **a)** ligga i [*the difficulty* ~*s in the pronunciation*], bestå i, bero på; *everything that* ~*s in my power* allt som står i min makt **b)** ligga kvar i sängen **c)** ligga i barnsäng
~ *on*: **a)** ligga på; ~ *hard* (*heavy*) *on* ligga tung över; vila tungt på, tynga [på] [*it lay heavy on his conscience*] **b)** åligga, tillkomma
~ *under* ligga under; vara utsatt för; tyngas av; ~ *under an obligation to a p.* stå i tacksamhetsskuld till ngn; ~ *under suspicion* vara misstänkt
~ *up* om fartyg läggas upp
~ *with* ligga på, åvila [*the burden of proof* ~*s with you*], ligga hos [*the fault* ~*s with the Government*]; *it* ~*s with you to* det är din sak att
II *s* läge, belägenhet; riktning, sträckning [*the* ~ *of the valley*]; *the* ~ *of the country* landets topografi; *know the* ~ *of the land* bildl. veta hur landet ligger
Liechtenstein ['lɪktənstaɪn] **I** geogr. egenn. **II** *adj* liechtensteinsk
lie-detector ['laɪdɪˌtektə] *s* lögndetektor
lie-down [laɪ'daʊn] *s* **1** *go and have a* ~ lägga sig och vila **2** liggdemonstration
lie-in [laɪ'ɪn, '--] *s* vard. **1** *have a nice* ~ ligga och dra sig i sängen **2** liggdemonstration
lieu [ljuː, luː] *s*, *in* ~ *of* i stället för
lieutenancy [lef'tenənsɪ, amer. luː'tenənsɪ] *s* **1** löjtnants (kaptens etc., jfr *lieutenant*) tjänst (rang, grad) **2** ställföreträdarskap; ståthållarskap

lieutenant ['lef'tenənt, amer. lu:'tenənt] s
1 löjtnant inom armén; kapten inom flottan; *flight* ~ kapten inom flyget; *first* ~ i USA löjtnant inom armén o. flyget; *second* ~ fänrik inom armén (i USA äv. inom flyget); ~ *junior grade* i USA löjtnant inom flottan
2 ställföreträdare, närmaste man, högra hand **3** i USA a) ung. polisinspektör b) biträdande brandkapten
lieutenant colonel [lef,tenənt'kɜ:nl, amer. lu:,t-] s överstelöjtnant
lieutenant commander [lef,tenəntkə'mɑ:ndə, amer. lu:,t-] s örlogskapten
lieutenant general [lef,tenənt'dʒen(ə)r(ə)l, amer. lu:,t-] s generallöjtnant
life [laɪf] (pl. *lives*) s **1** a) liv b) livstid, livslängd, liv [*a cat has nine lives*], levnad, levnadslopp; varaktighet c) tillvaro, liv [*lead* (*föra*) *a quiet* ~]
2 ex. till *1*; [*he told me his*] ~ *story* ...livs historia; *country* ~ lantliv[et], livet på landet; *early* ~ ungdom[en]; *early in* ~ redan i ungdomen; *how's* ~? hur lever livet med dig?, hur är läget?; *human* ~ människoliv[et]; *the* ~ [*and soul*] *of the party* festens eldsjäl, den som får fart på festen; *he was in danger of his* ~ han var i dödsfara; *expectation of* ~ sannolik[t återstående] livslängd; medellivslängd; [*tell the children*] *the facts of* ~ vard. ...hur ett barn blir (kommer) till; *great loss of* ~ stora förluster i människoliv, stor manspillan; *a matter of* ~ *and death* en livsfråga [*to* för]; *it is a matter of* ~ *and death* det är en fråga om liv eller död, det gäller livet; *a slice of* ~ ett stycke verklighet; *at my time of* ~ vid min ålder; *I had the time of my* ~ vard. jag hade jätteroligt; *come to* ~ kvickna till, komma till liv [igen]; *do* (*be given*) ~ vard. göra (få) livstid avtjäna livstids fängelse; *frighten the* ~ *out of a p.* skrämma livet ur ngn; *lose one's* ~ förlora livet, omkomma, [få] sätta livet till; *put some* ~ *into* sätta lite liv i, sätta lite fart på; *put an end to* (*take*) *one's* [*own*] ~ ta livet av sig, ta sitt liv; *take a p.'s* ~ ta livet av ngn, bringa ngn om livet; *take one's* ~ *in one's* [*own*] *hands* våga livet, ta risken; *for* ~ a) för [att rädda] livet b) för livet [*friends for* ~], på livstid [*imprisonment for* ~]; [*they ran*] *for dear* ~ ...för brinnande livet; *not for the* ~ *of me* vard. inte för mitt liv (allt i världen); *not on your* ~ aldrig i livet
3 levnadsteckning, levnadsbeskrivning, biografi [*the lives of* (över) *great men*]
4 konst. natur, verklighet; *from* (*after*) [*the*] ~ efter naturen, efter levande modell; *as large as* ~ el. *larger than* ~ se *large I 1*
life-and-death [,laɪfən(d)'deθ] *adj*, *a* ~ *struggle* en strid på liv och död; *a* ~ *matter* en sak som gäller livet

life assurance ['laɪfəˌʃʊər(ə)ns] s livförsäkring
lifebelt ['laɪfbelt] s livbälte; räddningsbälte
lifeblood ['laɪfblʌd] s **1** hjärtblod **2** bildl. livsnerv, livsbetingelse, hjärteblod
lifeboat ['laɪfbəʊt] s livbåt; livräddningsbåt; ~ *operation* bildl. räddningsaktion
lifebuoy ['laɪfbɔɪ] s livboj, frälsarkrans
life cycle ['laɪfˌsaɪkl] s biol. livscykel
lifeguard ['laɪfgɑ:d] s **1** livvakt **2** pl. ~s livgarde **3** livräddare, strandvakt, badvakt
life insurance ['laɪfɪnˌʃʊər(ə)ns] s livförsäkring
life jacket ['laɪfˌdʒækɪt] s flytväst
lifeless ['laɪfləs] *adj* livlös, död, friare äv. utan liv, matt, trög; andefattig, själlös
lifelike ['laɪflaɪk] *adj* livslevande, naturtrogen, levande, verklighetstrogen
lifeline ['laɪflaɪn] s **1** livlina **2** räddningslina, räddningstross **3** livslinje i handen **4** livsviktig förbindelse [med omvärlden]
lifelong ['laɪflɒŋ] *adj* livslång [~ *friendship*], livstids-; ~ *friends* vänner för livet
life peer [,laɪf'pɪə] s pär på livstid vars titel inte är ärftlig
life-preserver ['laɪfprɪˌzɜ:və] s **1** knölpåk, batong **2** isht amer. livräddningsredskap, livbälte, flytväst
life raft ['laɪfrɑ:ft] s sjö. räddningsflotte
life-saver ['laɪfˌseɪvə] s **1** se *lifeguard 3* **2** vard. räddare i nödens stund
life-saving ['laɪfˌseɪvɪŋ] *adj* livräddnings-
life sentence ['laɪfˌsentəns] s, *get a* ~ få livstids fängelse
life-size [,laɪf'saɪz, attr. '--] *adj* o. **life-sized** [,laɪf'saɪzd, attr. '--] *adj* i kroppsstorlek, i naturlig storlek [*a* ~ *portrait*]
life span ['laɪfspæn] s biol. livslängd
lifestyle ['laɪfstaɪl] s livsstil, livsföring
life-support [,laɪfsə'pɔ:t] *adj*, ~ *system* vetensk. livsuppehållande system
lifetime ['laɪftaɪm] s livstid; *a* ~ ett helt liv; hela livet [*it'll last a* ~]; [*I must accept the offer,*] *it is the chance of a* ~ ...det är mitt livs (stora) (är alla tiders) chans; *a* ~ *achievement* ett livsverk
lift [lɪft] **I** *vb tr* **1** lyfta [*from* [upp] från; *into* upp i, [upp] till; *off* av; *to* [upp] till, [upp] mot; *upon* upp på], äv. sport. [~ *a ball*], lyfta på [~ *one's hat* (*the lid*)], höja äv. bildl.; *have one's face* ~*ed* genomgå en ansiktslyftning; ~ *up* lyfta upp, upplyfta, höja; ~ *a hand* röra ett finger (en fena) [*he never* ~*ed a hand to help me*]; ~ *a word out of its context* bryta ut ett ord ur sitt sammanhang **2** häva [~ *a blockade*], upphäva **3** ta upp rotfrukter **4** vard. knycka, snatta **II** *vb itr* **1** lyfta [*at* i, på] **2** lyfta, höja sig; ~ *off* rymd. el. flyg. starta, lyfta, lätta **3** lätta [*the fog* ~*ed*], lyfta, skingras **III** s **1** lyft[ande], lyftning, höjande, höjning; tyngd, börda **2** bildl. [gratis]skjuts, lift; befordran **3** hiss; lyftverk; [skid]lift

lift-off ['lɪftɒf] s flyg. el. rymd. start; uppskjutning
ligament ['lɪgəmənt] s anat. ligament, ledband **2** [förenings]band
ligature ['lɪgəˌtʃə, -tʃʊə, -ˌtjʊə] s med. el. mus. ligatur
1 light [laɪt] **I** s **1** ljus, [ljus]sken; belysning; dagsljus, dager; lampa; pl. ~s ofta trafikljus; ~ *year* ljusår; [*shining*] ~ [klart skinande] ljus, snille; *bring to* ~ bringa i dagen, dra fram i ljuset; *come to* ~ komma i dagen; *have the* ~*s on* ha ljuset på (tänt) på t.ex. bil; *may* (*can*) *I have a* ~*?* kan jag få lite eld?; *put on* (*put out*) *the* ~ tända (släcka) [ljuset]; *see the* ~ a) se dagens ljus, komma till världen [äv. *see the* ~ *of day*] b) relig. bli frälst (väckt); *shed* (*throw*) ~ [*up*]*on* bildl. sprida (kasta) ljus över, bringa klarhet i, belysa; *strike a* ~ tända (stryka eld på) en tändsticka; *strike a* ~*!* vard. jösses!, Herre Gud!; *in a false* ~ i [en] falsk dager; *place a th. in a good* (*favourable*) ~ [fram]ställa ngt i en gynnsam (fördelaktig) dager; *I don't see the matter in that* ~ jag ser inte saken så; *stand* (*be*) *in a p.'s* ~ a) stå i ljuset för ngn, skymma ngn b) bildl. stå i vägen för ngn; *not worth a* ~ vard. inte värd ett ruttet lingon **2** sjö. a) fyr b) lanterna **3** pl. ~*s* förstånd, vett; *according to one's* ~*s* efter bästa förstånd **4** ljusöppning; fönster[ruta] **5** konst. ljusparti på tavla, dager; ~ *and shade* skuggor och dagrar **6** pl. ~*s* teat. rampljus **II** *adj* ljus; belyst, upplyst; [*it's beginning to*] *get* (*grow*) ~ ...bli ljust **III** (*lit lit* el. *lighted lighted*) *vb tr* **1** tända [äv. ~ *up;* ~ *a candle* (*a cigarette, the gas*)], få eld (fyr) i (på); ~ *a fire* tända (elda) en brasa **2** belysa, förse med belysning; ~ *up* lysa upp äv. bildl., belysa; tända [ljus] i; *a smile* ~*ed* (*lit*) *up her face* hennes ansikte lystes upp av ett leende **3** lysa ngn [på väg] **IV** (*lit lit* el. *lighted lighted*) *vb itr* **1** tändas; ta eld **2** ~ *up* a) tända [ljuset] [*it's time to* ~ *up*] b) vard. tända cigaretten (pipan, cigarren) [*he struck a match and lit up*] c) bildl. lysa upp [~ *up with delight* (av förtjusning)]
2 light [laɪt] **I** *adj* **1** lätt [*a* ~ *burden*]; lätt- med låg halt av fett, kolesterol m.m. [~ *beer* (*margarine*)]; *a* ~ *meal* en lätt måltid; ~ *programme* lättare program, underhållningsprogram; ~ *reading* nöjesläsning; ~ *sentence* mild dom; *he is a* ~ *sleeper* han sover lätt; ~ *verse* lättare inte seriös vers; ~ *of* (*at*) *heart* lätt om hjärtat, lätt till sinnes **2** mil. lätt [~ *bomber,* ~ *infantry*], lättbeväpnad **3** lös, lätt [~ *soil* (jord)]; om dimma o.d. lätt, tunn **4** oviktig; obetydlig, ringa; lindrig, lätt [*a* ~ *attack of illness*]; *this is no* ~ *matter* det här är ingen småsak (bagatell); *make* ~ *of* ringakta, bagatellisera **5** lättsinnig; flyktig; lätt[färdig] [*a* ~ *woman*] **II** *adv* lätt [*sleep* ~]; *get off* ~ slippa lindrigt undan; *travel* ~ resa utan tungt (med lite) bagage **III** s, pl. ~*s* se **lights**
3 light [laɪt] (*lit lit* el. *lighted lighted*) *vb itr,* ~ [*up*]*on* råka (stöta, träffa) på, [oförmodat] hitta
light bulb ['laɪtbʌlb] s glödlampa
light comedy [ˌlaɪt'kɒmədɪ] s lättare komedi, lustspel
1 lighten ['laɪtn] **I** *vb tr* lätta [~ *a ship of* (från) *her cargo*], göra lättare, bildl. äv. lindra **II** *vb itr* lätta [*his worries seem to have* ~*ed somewhat*], bli lättare
2 lighten ['laɪtn] *vb itr* **1** ljusna, klarna **2** blixtra, ljunga
1 lighter ['laɪtə] s **1** tändare [*cigarette* ~]; ~ *fluid* tändarvätska till cigarettändare **2** [lykt]tändare
2 lighter ['laɪtə] s läktare, pråm
light-fingered ['laɪtˌfɪŋgəd, ˌ-'--] *adj* **1** långfingrad, långfingrig **2** fingerfärdig
light-headed [ˌlaɪt'hedɪd] *adj* **1** yr i huvudet [*after two drinks she began to feel* ~], virrig **2** tanklös, lättsinnig
light-hearted [ˌlaɪt'hɑːtɪd, '---] *adj* lätt om hjärtat (till sinnes), glad, sorglös
light heavyweight [ˌlaɪt'hevɪweɪt] s boxn. **1** lätt tungvikt; attr. lätt tungvikts- [~ *title*] **2** lätt tungviktare
lighthouse ['laɪthaʊs] s fyr, fyrtorn
lighting ['laɪtɪŋ] s lyse, belysning, upplysning; ~ *effects* ljuseffekter
lightly ['laɪtlɪ] *adv* **1** lätt; försiktigt [*eat* ~]; flyktigt; ~ *clad* lättklädd, tunnklädd; ~ *done* lättstekt; *get off* ~ slippa (komma) lindrigt (billigt) undan; *sleep* ~ sova lätt; *take a th.* ~ ta lätt på ngt; *touch* ~ [*up*]*on* bildl. beröra flyktigt; *tread* ~ gå med lätta steg **2** sorglöst, glatt **3** ytligt, tanklöst, lättsinnigt; utan vägande skäl [*the prize is not given* ~]
light meter ['laɪtˌmiːtə] s ljusmätare
lightness ['laɪtnəs] s **1** ljus[styrka], klarhet, jfr *1 light* **2** lätthet m.m., jfr *2 light I 1* o. *4*; lättnad; ~ *of heart* sorglöshet
lightning ['laɪtnɪŋ] s **1** blixtrande, blixtar, blixt; *a flash of* ~ en blixt; *ball* ~ klotblixt[ar], kulblixt[ar]; *forked* (amer. *chain*) ~ sicksackblixt[ar], grenig[a] blixt[ar]; *sheet* ~ ytblixt[ar]; *summer* (*heat*) ~ kornblixt[ar] **2** attr. blixt- [~ *strike* (*visit, war*)]; *like* [*greased*] ~ som en [oljad] blixt, blixtsnabbt
lightning artist [ˌlaɪtnɪŋ'ɑːtɪst] s snabbtecknare
lightning-change [ˌlaɪtnɪŋ'tʃeɪndʒ] s, ~ *artist* teat. förvandlingskonstnär
lightning conductor ['laɪtnɪŋkənˌdʌktə] s åskledare
lightning raid [ˌlaɪtnɪŋ'reɪd] s blixtanfall
light opera [ˌlaɪt'ɒpərə] s operett
light-pen ['laɪtpen] s data. ljuspenna

light-proof ['laɪtpru:f] *adj* ljustät
lights [laɪts] *s pl* lungor av slaktat djur
light second ['laɪt‚sekənd] *s* astron. ljussekund
lightship ['laɪt-ʃɪp] *s* fyrskepp
lightweight ['laɪtweɪt] *s* **1** lättvikt; attr. lättvikts- [*~ bicycle*], lätt; *~ entertainment* äv. underhållning i den lättare genren; *~ suit* lättviktskostym **2** sport. o. bildl. lättviktare
light year ['laɪtjɪə] *s* astron. ljusår äv. bildl.
lignite ['lɪgnaɪt] *s* miner. lignit slags brunkol
Liguria [lɪ'gjʊərɪə] geogr. Ligurien
likable ['laɪkəbl] *adj* sympatisk, trevlig; tilltalande, behaglig
1 like [laɪk] **I** *adj* **1** (jfr *II*) pred. lik; *be ~* vara lik, likna [*she is ~ him*], se ut som [*she was ~ a witch*]; *who did you think he is ~?* vem tycker du han är lik (liknar)?; *what's it ~?* a) hur[dan] är den? b) hur ser den ut? c) hur smakar den (det)? d) hur känns det?, hur är det?; *what...is ~* vad...vill säga [*learn what skiing is ~*]; *I have one ~ this at home* jag har en likadan hemma; *that's more ~ it* se under *more 4* **2** attr. (litt.) liknande [*hospitals and ~ institutions*]; samma; *~ father, ~ son* äpplet faller inte långt från trädet; *in ~ manner* på samma sätt, likaså **II** *prep* **1** som [*if I were to behave ~ you*], som t.ex., såsom, liksom, lik[t]; *he speaks French ~ a native* han talar franska som en infödd; *~ this* så här; *a book ~ this* en sådan [här] bok; *just ~ that* [så där] utan vidare; *teachers are ~ that* lärare är såna **2** likt, typiskt [för]; *that is just ~ him!* det är [just (så)] likt honom! **3** i spec. förb.:
~ anything vard. som bara den [*he ran ~ anything*], så in i vassen; i högan sky [*cry ~ anything*], av hela sitt hjärta [*he wanted ~ anything to go there*]; *anything ~* någorlunda, någotsånär [*if the weather is anything ~ fine*]
nothing *~* vard. inte alls, inte på långt när [*nothing ~ as (so) old*]; *there is nothing ~ sailing* det finns inget som går upp mot att segla
something *~*: a) vard. omkring, ungefär [*something ~ £100*] b) något liknande [*feel something ~ anger*], något i stil med; *something ~ that* något i den stilen, något sådant c) *that's something ~!* det låter bra!, så ska det se ut!
III *konj* (inledande fullständig sats) vard.: a) som [*pronounce the word ~ I do*], såsom b) som om [*he behaved ~ he was the only one*] **IV** *adv* **1** *as ~ as not* högst sannolikt **2** vard. liksom, så att säga [*they encouraged us ~*] **V** *s* **1** *the ~* något liknande (dylikt, sådant); *the ~ of* maken till [*I never saw the ~ of him*]; *and the ~* och (med mera) dylikt, med flera **2** vard., *the ~s of me* såna som jag
2 like [laɪk] **I** *vb tr* o. *vb itr* tycka [bra] om, gilla; [gärna] vilja [*I don't ~ troubling (to trouble) him*], vilja [*do as you ~*], ha lust; vilja ha [*I ~ my tea strong*]; *whenever he ~s* när han vill (har lust), när det faller honom in, när det passar honom; *how do you ~ it?* vad tycker du om det?; hur smakar det?; hur vill du ha det?* t.ex. teet; hur trivs du?; *well, I ~ that!* iron. det må jag [då] säga!, det var just snyggt!; *I ~ his impudence (cheek)!* iron. han är inte lite fräck han!; *would you ~ [a cup of tea]?* vill du ha (hur skulle det smaka)...?; *what would you ~?* vad skulle du vilja ha?, vad får det lov att vara? **II** *s*, pl. *~s: ~s and dislikes* sympatier och antipatier; [*he tried to find out*] *her ~s and dislikes* ...vad hon tyckte om och inte tyckte om (gillade och inte gillade)
likeable ['laɪkəbl] *adj* se *likable*
likelihood ['laɪklɪhʊd] *s* sannolikhet, rimlighet
likely ['laɪklɪ] **I** *adj* **1** sannolik, trolig, antaglig, rimlig; *he is the most ~ person to know* han är nog den som har bäst reda på saken; *that's a ~ story!* iron. och det tror du jag ska gå på?; *it is ~ to be misunderstood* det kan lätt missförstås; *he is ~ to win* han vinner säkert; *not ~!* vard. sällan!, och det trodde du!; *not bloody ~!* vard. i helvete heller!, jag gör så fan heller! **2** lämplig [*I couldn't find a ~ house*], passande [*for* för]; ägnad [*to* att]; lovande [*a ~ young man*]; tänkbar [*he called at every ~ house*] **II** *adv*, *very (most) ~* el. *as ~ as not* [högst] sannolikt, troligen, troligtvis, antagligen
like-minded [‚laɪk'maɪndɪd] *adj* likasinnad
liken ['laɪk(ə)n] *vb tr* litt. likna [*to* vid]
likeness ['laɪknəs] *s* **1** likhet [*between* mellan; *to* med]; *family ~* släkttycke **2** skepnad [*assume* (anta) *the ~ of a swan*]; form **3** porträtt; avbild; beläte; [*the portrait*] *is a good ~* ...är mycket likt
likewise ['laɪkwaɪz] *adv* **1** på samma sätt, sammaledes, likaledes; *say (do) ~* säga (göra) detsamma **2** också, därtill, dessutom, tillika [*she is ~ our chairman*], ävenledes
liking ['laɪkɪŋ] *s* tycke, sympati, böjelse, lust; [*special*] *~* förkärlek; *take a ~ to* fatta tycke (sympati) för, få smak för; *to a p.'s ~* i ngns smak, till ngns belåtenhet [*is it to your ~?*], efter önskan; efter ngns huvud
lilac ['laɪlək] **I** *s* **1** syren **2** lila, gredelint **II** *adj* syrenfärgad, lila[färgad], gredelin
Lilliput ['lɪlɪpʌt, -pʊt] Lilleputt land i Swifts 'Gullivers resor'
Lilliputian [‚lɪlɪ'pju:ʃjən] **I** *s* lilleputt invånare i Lilleputt o. friare **II** *adj* lilleputt[s]-; friare lilleputtaktig, pytteliten, miniatyr-
lilo ['laɪləʊ] (pl. *~s*) *s* ® luftmadrass, gummimadrass
lilt [lɪlt] **I** *s* **1** glad visa (melodi), trall **2** [fast (vacker)] rytm, schvung **II** *vb tr* o. *vb itr* sjunga (spela, tala) glatt (rytmiskt), tralla
lilting ['lɪltɪŋ] *adj* rikt modulerad [*a ~ voice*]; sjungande

lily ['lılı] *s* lilja; näckros; ***African*** ~ kärlekslilja; ***paint*** (***gild***) ***the*** ~ söka förbättra naturen (det som inte kan förbättras); överdriva
lily-livered [ˌlılı'lıvəd, attr. '--,--] *adj* feg
lily of the valley [ˌlılıəv'ðə'vælı] (pl. *lilies of the valley*) *s* liljekonvalj
limb [lım] *s* **1** lem, arm, ben [*rest one's tired* ~*s*]; ***stretch one's*** ~***s*** sträcka på armar och ben; ***tear a p.*** ~ ***from*** ~ slita ngn i stycken; ***sound in*** [***wind and***] ~ frisk och färdig **2** [stor] gren; ***be out on a*** ~ vard. vara illa ute, vara i [en] knipa; vara ute på farliga vägar
limbed [lımd] *adj* ss. efterled i sms. -lemmad [*large-limbed*]
limber ['lımbə] **I** *adj* böjlig, smidig, mjuk **II** *vb tr* o. *vb itr*, ~ ***up*** mjuka upp [~ *up one's muscles*]
1 limbo ['lımbəʊ] (pl. ~*s*) *s* teol. limbo, limbus, övergångsstadium; ***be in*** ~ sväva i ovisshet
2 limbo ['lımbəʊ] (pl. ~*s*) *s* limbo dans
1 lime [laım] *s* **1** bot. lime frukt **2** se *lime juice*
2 lime [laım] *s* bot. lind
3 lime [laım] **I** *s* **1** kalk; ***slaked*** ~ släckt kalk **2** fågellim **II** *vb tr* **1** kalka vägg, jord, hudar **2** bestryka med fågellim
lime juice ['laımdʒuːs] *s* limejuice
limekiln ['laımkıln] *s* kalkugn
limelight ['laımlaıt] *s* bildl. rampljus; ***be*** (***appear***) ***in the*** ~ stå (träda fram) i rampljuset, stå (träda) i förgrunden
Limerick ['lımərık] **I** geogr. egenn. **II** *s* (äv. *l*~) limerick slags skämtvers som består av fem rader där rimordet i första raden oftast är ett ortnamn [*There was a young lady of Riga…*]
limestone ['laımstəʊn] *s* geol. kalksten
limey ['laımı] *s* amer. sl. **1** a) brittisk sjöman b) britt **2** brittiskt fartyg
limit ['lımıt] **I** *s* gräns, yttersta gräns äv. bildl. [*of, to* för]; pl. ~*s* gränser, skrankor, begränsning; ***age*** ~ åldersgräns; ***the three-mile*** (***three miles***') ~ tremilsgränsen; ***he's the*** ~*!* vard. han är alldeles hopplös!; ***that's the*** ~*!* vard. det är [då] höjden!, det var det värsta!; ***there's a*** ~*!* det måste finnas någon gräns!, [det ska vara] måtta i allt!; ***off*** ~*s* amer. isht skol. el. mil. [på] förbjudet område, förbjudet; ***within*** ~*s* inom vissa (rimliga) gränser **II** *vb tr* begränsa, sätta [en] gräns för; inskränka [*to* till]; hand. limitera
limitation [ˌlımı'teıʃ(ə)n] *s* **1** begränsning, inskränkning; gräns; ***he has his*** ~*s* han har sin begränsning **2** jur. preskription; [*period of*] ~ preskriptionstid, fatalietid; giltighetstid
limited ['lımıtıd] *adj* begränsad, inskränkt; knapp; snäv; ~ [*liability*] ***company*** aktiebolag med begränsad ansvarighet
limitless ['lımıtləs] *adj* obegränsad, gränslös
limo ['lıməʊ] (pl. ~*s*) *s* vard. kortform för *limousine*

limousine [ˌlımə'ziːn, '---] *s* limousine äv. om trafikbil mellan flygterminal och flygplats; lyxbil
1 limp [lımp] *adj* mjuk, böjlig; slapp [*a* ~ *hand*], kraftlös, sladdrig, lealös; hängig, slokande; ~ ***cloth*** (***binding***) mjukt band på bok
2 limp [lımp] **I** *vb itr* linka, halta äv. bildl. **II** *s* haltande [gång]; ***walk with a*** ~ halta
limpet ['lımpıt] *s* **1** zool. skålsnäcka **2** person som klamrar sig fast, plåster
limpid ['lımpıd] *adj* klar äv. bildl. [*a* ~ *style*]; genomskinlig, kristallklar
limpidity [lım'pıdətı] *s* klarhet etc., jfr *limpid*
linchpin ['lın(t)ʃpın] *s* **1** axelsprint, hjulsprint **2** bildl. stöttepelare
linctus ['lıŋktəs] *s* slags hostmedicin
linden ['lındən] *s* bot. lind [äv. *linden tree*]
1 line [laın] **I** *s* **1** a) lina; [met]rev; [kläd]streck; mätlina b) elektr. el. tele. ledning, kabel, tråd [*telephone* ~*s*], linje **2** a) linje, streck b) kontur, grundlinje, linje c) linje i handen o.d., rynka, fåra d) linje i TV-bild **3** gräns[linje] [*cross the* ~ *into Canada*] **4** geogr. el. sjö., ***the L***~ linjen ekvatorn [*cross the L*~] **5** mil. el. sjö. linje i div. bet. [äv. t.ex. *the Maginot* ~]; ***the*** ~ a) linjen, linjetrupperna b) fronten **6** linje stor. bolag [*a bus* ~]; rutt; järnv. linje [*the train stopped on* (ute på) *the* ~], bana, spår **7** rad [*a* ~ *of chairs*], linje, länga, räcka; fil; isht amer. kö; ***single*** ~ ***of traffic*** enkelt körfält **8** i skrift: **a)** rad [*page 10* ~ *5*; *drop* (skriv) *me a* ~; *read between the* ~*s*]; vers[rad] **b)** teat., vanl. pl. ~*s* replik [*the actor had forgotten his* ~*s*], roll [*he knew his* ~*s*] **c)** vard., pl. [***marriage***] ~*s* vigselattest **d)** skol., pl. ~*s* rader som en elev åläggs att skriva som straff **9** [släkt]gren, linje, led [*in a direct* (direkt nedstigande) ~]; ätt [*the last of his* ~] **10** riktning [*the* ~ *of march*], kurs, bildl. äv. linje [*follow the party* ~], handlingssätt [*what* ~ *would you recommend?*] **11 a)** fack, bransch [*what* ~ *is he in?*] **b)** *it's not in my* ~ [*of country*] det är inte mitt fack (min bransch, mitt gebit); ***saving is not in my*** ~ att spara ligger inte för mig **12** hand. vara, sortiment [*a cheap* ~ *in hats*], [varu]slag; modell, typ [*a new* ~ *of computer printers*] **13** ***hard*** ~*s* se *hard I 4* **14** div. fraser o. uttryck: **a)** i förb. med 'of': ~ ***of action*** förfaringssätt, handlingssätt; ~ ***of argument*** bevisföring, argumentering; ~ ***of business*** affärsgren, bransch; ~ ***of goods*** varuslag; ~ ***of thought*** tankegång; ***the end of the*** ~ slutet [*it'll be the end of the* ~ *for him*] **b)** i förb. med vb: ***be in*** ~ (***on a*** ~) ***with*** ligga helt i linje med; ***be out of*** ~ göra ngt olämpligt, gå sin egen väg; ***are you still on the*** ~*?* a) är du kvar [i telefon]? b) pågår samtal?; ***I have just been on the*** ~ ***to him*** jag har just haft honom på tråden; ***bring a th. into*** ~ ***with*** bringa ngt i överensstämmelse (samklang)

med; *draw the* ~ bildl. dra gränsen [*at* vid], säga stopp, säga ifrån [*at* när det gäller]; *draw the* ~ *at* äv. inte vilja vara (gå) med på; ~ *engaged* (amer. *busy*)*!* tele. upptaget!; *fall into* ~ a) mil. falla in i ledet b) bildl. inta samma ståndpunkt; *fall into* ~ *with* vard. följa, acceptera; *hold the* ~*, please!* tele. var god och vänta!; *lay it on the* ~ el. *lay a th. on the* ~ a) tala klarspråk b) sätta ngt på spel c) lägga pengarna på bordet; *read between the* ~*s* läsa mellan raderna; *shoot a* ~ sl. skryta; *step into* ~ anpassa sig, foga sig efter andra; *take a* ~ inta en hållning (ståndpunkt); *take a strong (firm, hard)* ~ uppträda bestämt **c**) andra förb. med prep. el. förb. med adv.: *all along the* ~ bildl. över ([ut]efter) hela linjen, till alla delar; *somewhere along the* ~ [*we made a mistake*] vid något tillfälle…; *in* ~ *for* i tur för; *in* ~ *with* i linje (överensstämmelse) med; *in that* ~ bildl. i den vägen [*he did something in that* ~]; *in the* ~ *of duty* i tjänsten, under tjänsteutövning; *on* ~ data. on line, uppkopplad; *pay on the* ~ betala kontant; *on sound* ~*s* efter sunda principer; *don't step (do anything) out of* ~*!* gör inte något olämpligt! **II** *vb tr* **1** dra linjer (en linje) på, linjera **2** ordna i linje, rada upp; mil. ställa upp [på linje] [äv. ~ *up*] **3** stå utefter, kanta [*many people* ~*d the streets*] **4** göra rynkig, fåra pannan o.d. **III** *vb itr* bilda linje; ~ *up* ställa upp [sig]; ställa sig i kö, köa
2 line [laɪn] *vb tr* **1** fodra, beklä [invändigt], sko **2** fylla, stoppa full [~ *one's stomach*], späcka; ~ *one's pocket (purse)* tjäna mycket pengar; sko sig [*at a p.'s expense* på ngns bekostnad]
lineage ['lɪnɪɪdʒ] *s* **1** härstamning, härkomst **2** ättlingar, ätt
lineal ['lɪnɪəl, -jəl] *adj* **1** i rätt nedstigande led [*a* ~ *descendant*], direkt **2** se *linear*
lineally ['lɪnɪəlɪ, -jəlɪ] *adv* i rätt nedstigande led
linear ['lɪnɪə, -njə] *adj* linje-, linear-, linjär, lineär; längd-; bestående av linjer
1 lined [laɪnd] *adj* **1** randig; strimmig; ~ *paper* linjerat papper **2** rynkad, rynkig, fårad
2 lined [laɪnd] *adj* fodrad etc., jfr *2 line*; ~ *envelope* fodrat kuvert; *well* ~ vard. tät förmögen, jfr *well-lined*
line-drawing ['laɪnˌdrɔːɪŋ] *s* streckteckning
line frequency ['laɪnˌfriːkwənsɪ] *s* TV. linjefrekvens; ~ *control* linjehållning
lineman ['laɪnmən] *s* **1** linjearbetare; kabelläggare **2** banvakt **3** lantmäteribiträde **4** sport. forward i amerikansk fotboll
linen ['lɪnɪn] **I** *s* **1** linne[väv], linnelärft **2** koll. linne [*bed linen*]; underkläder; *dirty (soiled)* ~ smutskläder, smutstvätt; *wash one's dirty* ~ *in public* se *wash I 1* **II** *adj* linne-, av linne, av linnelärft

linen closet ['lɪnɪnˌklɒzɪt] *s* amer., se *linen cupboard*
linen cupboard ['lɪnɪnˌkʌbəd] *s* linneskåp
line printer ['laɪnˌprɪntə] *s* data. radskrivare
1 liner ['laɪnə] *s* **1** a) linjefartyg, oceanfartyg b) trafik[flyg]plan **2** se *eyeliner*
2 liner ['laɪnə] *s* **1** a) [löstagbart] foder b) tekn. foder; mellanlägg; insats **2** fodral till grammofonskiva; skivalbum
linesman ['laɪnzmən] *s* **1** sport. linjedomare, linjeman **2** linjesoldat **3** banvakt **4** amer. linjearbetare; kabelläggare
line-up ['laɪnʌp] *s* **1** uppställning; sport. äv. startfält; bildl. gruppering [*a new* ~ *of Afro-Asian powers*] **2** uppsättning, samling; isht radio. el. TV. program[utbud] **3** konfrontation isht misstänkta uppställda för identifiering
1 ling [lɪŋ] *s* zool. långa torskart
2 ling [lɪŋ] *s* bot. ljung
linger ['lɪŋgə] **I** *vb itr* (jfr *lingering*) **1 a)** dröja [sig] kvar, stanna [kvar] [*we* ~*ed for a while after the party*] **b)** släntra [~ *homewards*] **2** ~ [*on*] fortleva, [ännu] leva kvar [*the custom* ~*s on*] **3** tveka; söla; ~ *on* (*over*) bildl. dröja vid, uppehålla sig länge vid [~ *on* (*over*) *a subject*] **II** *vb tr*, ~ *away* slösa bort, förspilla [~ *away a lot of time*]
lingerie ['lænʒərɪ, 'lɒn-] *s* damunderkläder
lingering ['lɪŋgərɪŋ] *adj* dröjande, lång [*a* ~ *look*]; kvardröjande; långsam, långvarig [*a* ~ *illness*]; förtonande; kvardröjande
lingo ['lɪŋgəʊ] (pl. ~*es* el. ~*s*) *s* neds. el. skämts. språk; fikonspråk, rotvälska; [yrkes]jargong
lingonberry ['lɪŋənb(ə)rɪ] *s* lingon
linguist ['lɪŋgwɪst] *s* **1** språkkunnig person; *he is a good* ~ han är mycket språkbegåvad **2** lingvist, språkforskare
linguistic [lɪŋ'gwɪstɪk] *adj* lingvistisk, språkvetenskaplig; språklig, språk- [~ *theory*]; ~ *ability* språkbegåvning
linguistics [lɪŋ'gwɪstɪks] *s* (konstr. ss. sg.) lingvistik, språkvetenskap
liniment ['lɪnəmənt] *s* med. liniment
lining ['laɪnɪŋ] *s* foder, [invändig] beklädnad (klädsel) [*a jewel case with a velvet* ~]; brädfodring, revetering; tekn. foder [*cylinder* ~], belägg [*brake* ~]; *every cloud has a silver* ~ ingenting ont som inte har något gott med sig, efter regn kommer solsken
link [lɪŋk] **I** *s* **1** a) länk i kedja; maska, ögla b) länkstock c) [hår]länk, slinga d) manschettknapp e) ss. mått 7,92 tum = 20,1 cm **2** bildl. länk [*a* ~ *in a chain of evidence*]; [mellan]led, mellanlänk; förbindelseled, förbindelse[länk] [*the* ~ *between the past and the future*], föreningslänk; anknytning; *connecting* ~ förbindelseled, föreningsband; anknytning; *the missing* ~ den felande länken **II** *vb tr* länka (koppla) ihop (samman), förena, förbinda [äv. ~ *together*

(*up*) *to* med; *two towns ~ed by a canal*], knyta [*to* till]; ~ *arms* gå arm i arm; *he ~ed his arm in* (*through*) *hers* han tog henne under armen III *vb itr*, ~ [*up*] länkas (kopplas) ihop (samman), förena sig, vara förenad[e], stå i förbindelse med varandra; mil. nå samband
links ['lɪŋks] *s pl* (konstr. ofta ss. sg.) golfbana
link-up ['lɪŋkʌp] *s* **1** sammanlänkning, sammankoppling; sammanträffande, möte; samband, förbindelseled, förbindelselänk **2** tele. gruppsamtal **3** rymd. dockning
linnet ['lɪnɪt] *s* zool. hämpling
lino ['laɪnəʊ] *s* vard. för *linoleum*
linocut ['laɪnə(ʊ)kʌt] *s* linoleumsnitt
linoleum [lɪ'nəʊljəm] *s* linoleum; linoleummatta, korkmatta
linseed ['lɪnsiːd] *s* linfrö
linseed oil ['lɪnsiːdɔɪl] *s* linolja
lint [lɪnt] *s* förbandsgas, linneskav
lintel ['lɪntl] *s* överstycke på dörr el. fönster
lion ['laɪən] *s* **1** lejon; *the ~'s share* lejonparten, brorslotten **2** bildl.: berömdhet, celebritet, lejon
Lionel ['laɪənl] mansnamn
lioness ['laɪənes] *s* lejoninna
lion-hearted ['laɪən,hɑːtɪd] *adj* modig som ett lejon
lion-hunter ['laɪən,hʌntə] *s* bildl. person som jagar celebriteter
lionize ['laɪənaɪz] *vb tr* fira, dyrka
lip [lɪp] *s* **1** läpp; pl. *~s* läppar, mun [*put the glass to one's ~s*], för fraser se äv. under *lick I 1, 1 smack II 2* o. *stiff I 2*; *lower* (*under*) *~* underläpp; *upper ~* överläpp; *bite one's ~* bita sig i läppen; bita ihop tänderna; *hang* [*up*]*on a p.'s ~s* hänga vid ngns läppar, andlöst lyssna till ngn; *pass a p.'s ~s* komma över ngns läppar **2** kant, rand, brädd; pip
lip gloss ['lɪpɡlɒs] *s* läppglans
lipped [lɪpt] *adj* ss. efterled i sms. -läppad, med...läppar [*thick-lipped*]
Lippes ['lɪpɪs] egenn.; *~ loop* spiral livmoderinlägg
lip-read ['lɪpriːd] (*lip-read lip-read*) *vb tr* o. *vb itr* läsa på läpparna
lip-reading ['lɪpˌriːdɪŋ] *s* läppavläsning, labiologi
lipsalve ['lɪpsælv, -sɑːv] *s* cerat
lip service ['lɪpˌsɜːvɪs] *s* tomma ord, munväder, läpparnas bekännelse; *pay* (*give*) *~ to* låtsas hålla med om (stödja), tjäna med läpparna
lipstick ['lɪpstɪk] *s* läppstift
lip-synch o. **lip-sinch** ['lɪpsɪŋk] *vb itr* o. *vb tr* mima låtsas tala el. sjunga till inspelat ljud
liquefaction [ˌlɪkwɪ'fækʃ(ə)n] *s* **1** smältning; kondensering **2** flytande tillstånd
liquefy ['lɪkwɪfaɪ] *vb tr* o. *vb itr* smälta; kondensera; anta vätskeform; *liquefied*

petroleum gas gasol, kondenserad petroleumgas
liqueur [lɪ'kjʊə] *s* likör; *~ brandy* benämning på finare konjak
liquid ['lɪkwɪd] **I** *adj* **1** flytande, i vätskeform; poet. vatten-, våt; *~ crystal display* flytande kristaller i t.ex. armbandsur; *~ measure* mått för våta varor; *~ paraffin* paraffinolja, flytande paraffin; *~ soap* flytande tvål **2** klar [*a ~ sky*], genomskinlig; *~ eyes* blanka (klara, ibl. tårfyllda) ögon **3** om ljud o.d. mjuk, klar, smekande, smältande **4** hand. likvid [*~ assets* (tillgångar)], disponibel **II** *s* vätska; spad
liquidate ['lɪkwɪdeɪt] **I** *vb tr* **1** likvidera, betala [*~ a debt*] **2** likvidera, avveckla [*~ a firm*] **3** bildl. likvidera, utrota **II** *vb itr* träda i likvidation, gå i konkurs
liquidation [ˌlɪkwɪ'deɪʃ(ə)n] *s* (jfr *liquidate*) **1** likvidering, betalning **2** likvidation, avveckling; administration; *go into ~* träda i likvidation, gå i konkurs **3** likvidering, undanröjande
liquidize ['lɪkwɪdaɪz] *vb tr* göra flytande, försätta i flytande tillstånd; mosa, pressa
liquidizer ['lɪkwɪdaɪzə] *s* slags mixer
liquor ['lɪkə] *s* spritdryck, rusdryck, [stark]sprit; *alcoholic* (*spirituous*) *~s* alkoholhaltiga (starka) drycker, spritdrycker; *hard ~* [stark]sprit
liquorice ['lɪkərɪs] *s* **1** bot. lakritsrot **2** lakrits; *~ allsorts* engelsk lakritskonfekt
lira ['lɪərə] (pl. *lire* ['lɪərɪ, -reɪ] el. *liras*) *s* it. lira
Lisbon ['lɪzbən] geogr. Lissabon
lisp [lɪsp] **I** *vb itr* läspa **II** *vb tr* läspa [fram] [äv. *~ out*] **III** *s* läspning, läspande; *have* (*speak with*) *a ~* läspa
lissom[**e**] ['lɪsəm] *adj* smidig, mjuk, graciös; vig, snabb
1 list [lɪst] *s* **1** stad[kant]; remsa, band, list, kant **2** *enter the ~s* ge sig in i striden, ta upp kampen [*against, with* mot; *for* för];
2 list [lɪst] **I** *s* lista, förteckning [*of* på, över]; mil. rulla; *~ price* katalogpris, listpris **II** *vb tr* **1 a)** ta upp (ta med, sätta upp, föra upp, skriva upp) på listan (en lista osv.) [*~ a p.'s name*]; lista; ta (föra) upp [*the dictionary ~s many technical terms*]; *~ed building* kulturminnesmärke, rivningsskyddad byggnad **b)** göra upp en lista (förteckning) på (över) [*~ all one's engagements*] **2** hand. a) notera b) prissätta [*at* till]
3 list [lɪst] isht sjö. **I** *vb itr* ha (få) slagsida **II** *s* slagsida; *~ to port* (*to starboard*) babords (styrbords) slagsida
listen ['lɪsn] *vb itr* lyssna, höra på, höra efter [*now ~ carefully!*]; *~* [*out*] *for* lyssna efter [*for a p.'s footsteps*]; *~ to* a) lyssna på (till), höra [på] [*~ to music*], avlyssna, höra efter [*~ to how a p. pronounces a sound*] b) bildl. höra på, lyssna till, lyda, ge efter för, följa; *~ in*

a) höra [på] (lyssna på) radio [äv. ~ *in to the radio*] b) [tjuv]lyssna, avlyssna ett [telefon]samtal; ~ *in on* avlyssna, tjuvlyssna på; ~ *in to* a) höra [på] (lyssna på) i radio [~ *in to the Prime Minister* [*on the radio*]] b) avlyssna [~ *in to a telephone conversation*]
listener ['lɪsnə] *s* åhörare; lyssnare [*a good* ~]; *The L~* radio o. TV-tidning
listening-comprehension ['lɪsnɪŋ,kɒmprɪ'henʃ(ə)n] *s* skol. hörförståelse
listless ['lɪstləs] *adj* håglös, liknöjd, likgiltig, apatisk; slapp, loj, slö, förslöad, försoffad
lit [lɪt] **I** imperf. o. perf. p. av *1 light III, IV* o. *3 light II adj* sl., ~ [*up*] uppymd berusad
litany ['lɪtənɪ] *s* kyrkl. litania äv. bildl.
litchi [ˌlaɪ'tʃiː, 'lɪtʃiː] *s* bot. litchi frukt
liter ['liːtə] *s* isht amer., se *litre*
literacy ['lɪt(ə)rəsɪ] *s* läs- och skrivkunnighet
literal ['lɪt(ə)r(ə)l] *adj* **1** ordagrann [~ *translation*], exakt [*a* ~ *copy of an old manuscript*]; bokstavstrogen, slavisk **2** bokstavlig, egentlig [*in the* ~ *sense of the word*]; vard. fullkomlig, verklig, formlig
literally ['lɪt(ə)rəlɪ] *adv* **1** ordagrant, ord för ord **2** bokstavligt [*carry out orders too* ~], bokstavligen; i egentlig betydelse, egentligen; vard. bokstavligt talat [*the children were* ~ *starving*]
literary ['lɪt(ə)rərɪ] *adj* litterär, boklig; vitter, vitterhets-; litteratur- [~ *history*]; författar- [*the* ~ *profession*]; ~ *critic* litteraturkritiker; bokanmälare, recensent
literate ['lɪtərət] *adj* **1** läs- och skrivkunnig **2** litterat, bildad
literature ['lɪt(ə)rətʃə, -tjʊə] *s* litteratur
lithe [laɪð] *adj* smidig, vig, mjuk; böjlig
lithium ['lɪθɪəm] *s* kem. litium
lithograph ['lɪθə(ʊ)grɑːf, -græf] **I** *s* litografi **II** *vb tr* o. *vb itr* litografera
lithographer [lɪ'θɒgrəfə] *s* litograf
lithographic [ˌlɪθə(ʊ)'græfɪk] *adj* litografisk
lithography [lɪ'θɒgrəfɪ] *s* litografi, stentryck
Lithuania [ˌlɪθjʊ'eɪnjə] Litauen
Lithuanian [ˌlɪθjʊ'eɪnjən] **I** *adj* litauisk **II** *s* **1** litauer; litauiska kvinna **2** litauiska [språket]
litigant ['lɪtɪgənt] **I** *adj* processande, tvistande; *the* ~ *parties* parterna i målet **II** *s* tvistande part; *the* ~*s* parterna i målet
litigate ['lɪtɪgeɪt] **I** *vb itr* processa **II** *vb tr* processa om; tvista om
litigation [ˌlɪtɪ'geɪʃ(ə)n] *s* rättstvist, process
litmus ['lɪtməs] *s* lackmus [~ *paper*]
litre ['liːtə] *s* liter [*two* ~*s of milk*]
litter ['lɪtə] **I** *s* **1** skräp, avfall, smörja **2** bår för sjuka **3** strö t.ex. under kreatur; gödsel; [*cat*] ~ kattsand; [*cat*] ~ *tray* kattlåda **4** kull [*a* ~ *of pigs* (*puppies*)] **II** *vb tr* **1** ~ [*up*] **a**) skräpa ner [i, på], stöka till i (på) [~ *up the room* (*the table*)] **b**) strö omkring sig [*he* ~*ed his things all over the room*], kasta huller om buller

c) ligga kringströdda (och skräpa) i (på) [*papers* ~*ed the room* (*the table*)], belamra **2** föda (få) en kull ungar **III** *vb itr* föda [en kull] ungar, yngla, grisa
litterbin ['lɪtəbɪn] *s* papperskorg på allmän plats; papperspelle
litterbug ['lɪtəbʌg] *s* isht amer. vard. o. **litterlout** ['lɪtəlaʊt] *s* vard. person som skräpar ner på allmän plats
little ['lɪtl] (komp. *less* el. *lesser*, superl. *least*) **I** *adj* (se äv. *II*) **1** liten, pl. små; lill- [~ *finger*; ~ *toe*], lilla- [*my* ~ *sister*], lille- [*my* ~ *brother*], små- [~ *children*]; *L~ Italy* de italienska kvarteren i storstad; *the* ~ *man* ofta den vanliga människan; *the* ~ *woman* skämts. frugan **2** småsint; futtig; *little things please* ~ *minds* ordspr. litet roar barn **II** *adj* o. *adv* o. *pron* **1** lite, litet; föga [*of* ~ *value*]; ringa [*of* ~ *importance*], obetydlig [~ *damage*]; ~ *by* ~ litet i sänder, [så] småningom, gradvis; ~ *or nothing* föga eller intet, knappast någonting; ~ *short of* se *short I 2*; *I have* ~ *left to say* jag har inte mycket att tillägga; *he* ~ *imagined that* el. ~ *did he imagine that* föga anade han att; *make* ~ *of* bagatellisera, inte göra mycket väsen av; *every* ~ *helps* (*counts*) minsta bidrag mottas tacksamt, många bäckar små gör en stor å; *no* ~ inte ringa, inte [så] litet [*it takes no* ~ *courage to do that*]; *he did what* ~ *he could* han gjorde det lilla han kunde; *the* ~ det lilla [*the* ~ *of his work I have seen*] *2 s* i spec. bet.: **a**) lite, litet [*he had a* ~ *money left*], en smula **b**) *not a* ~ inte så litet, ganska mycket; ganska; *only a* ~ bara [helt] lite [*there was only a* ~ *snow left*], [endast] föga
littoral ['lɪtər(ə)l] **I** *adj* kust- [~ *zone*], strand-, litoral **II** *s* kuststräcka
liturgical [lɪ'tɜːdʒɪk(ə)l] *adj* liturgisk
liturgy ['lɪtədʒɪ] *s* liturgi, gudstjänstordning
1 live [laɪv] **I** *adj* mest attr. **1** levande, livslevande; ~ *bait* levande bete **2** glödande; ~ *coal* glödande kol[stycke], glöd **3** inte avbränd, oanvänd [*a* ~ *match*]; inte exploderad [*a* ~ *shell* (*bomb*)]; laddad [*a* ~ *cartridge*]; skarp, stridsladdad [~ *ammunition*]; ström-; ~ *wire* **a**) strömförande (spänningsförande) ledning **b**) vard. energiknippe, eldsjäl **4** radio. el. TV. direkt-, direktsänd, live; ~ *broadcast* (*coverage transmission*) direktsändning **II** *adv* radio. el. TV. direkt [*they broadcast it* ~]
2 live [lɪv] **I** *vb itr* **1** leva; fortleva, leva kvar [*his memory will always* ~]; *we* ~ *and learn* man lär så länge man lever; ~ *and let* ~ man ska leva sitt eget liv och låta andra leva sitt; *long* ~ *the king!* leve kungen!; ~ *well* **a**) leva (äta) gott, ha det bra **b**) leva ett rättskaffens liv; ~ *by* leva av (på); ~ *off* leva av (på); ~ *on* **a**) med obj. (prep.) leva på [~ *on charity*], leva av **b**) utan obj. (adv.) leva vidare, leva kvar; ~

through genomleva, uppleva [*he has ~d through two wars*]; ***you will*** ~ ***to repent this*** du kommer att få ångra det här; ~ ***to see*** få uppleva; ~ ***together*** leva ihop, sammanbo; ~ ***up to*** a) leva ända till [*he ~d up to that period*] b) uppfylla, infria löfte c) leva upp till, motsvara [~ *up to one's reputation*], göra skäl för d) leva enligt [~ *up to one's principles*]; ~ ***with*** a) leva samman (ihop) med b) leva med [*you have to learn to* ~ *with pollution*] **2** bo [~ *in the country*; ~ *with* (hos) *one's parents*], vara bosatt [~ *in London*]; vistas; ~ ***in*** a) bo på arbetsplatsen b) sammanbo, sambo; ***unfit to*** ~ ***in*** obeboelig; *~d in* [*by*] bebodd [av] **II** *vb tr* leva [~ *a happy* (*double*) *life*]; ~ ***a lie*** leva på en lögn; ~ ***the part*** leva sig in i rollen; ~ ***down*** a) rehabilitera sig efter, [lyckas] få folk att glömma [*he never ~d down the scandal*], gottgöra, sona [~ *down one's crimes*] b) [småningom] hämta sig efter (komma över) [~ *down a sorrow*]; ~ ***out the storm*** rida ut stormen; ~ ***it up*** vard. leva livet (livets glada dagar)
liveable ['lɪvəbl] *adj* **1** beboelig **2** om liv värd att leva, dräglig **3** ~ ***with*** lätt att bo ihop med (att komma överens med)
live-apart ['lɪvəpɑ:t] *s* vard. särbo
live-in ['lɪvɪn] *s* **1** inneboende hemhjälp [*domestic* ~] **2** sambo; ~ ***couple*** sambor, sammanboende par
livelihood ['laɪvlɪhʊd] *s* [livs]uppehälle, utkomst, levebröd [*deprive a p. of his* ~]; ***means of*** ~ födkrok; ***earn*** (***gain, get, make***) ***one's*** ~ förtjäna sitt uppehälle, försörja sig [*by* på]
liveliness ['laɪvlɪnəs] *s* livlighet etc., jfr *lively*
lively ['laɪvlɪ] *adj* **1** livlig, livaktig, livfull, vital; *look ~!* raska på!, snabba på! **2** livlig, levande, livfull [*a* ~ *description*], naturtrogen **3** om färg glad
liven ['laɪvn] **I** *vb tr*, ~ ***up*** liva (pigga) upp **II** *vb itr*, ~ ***up*** bli livlig[are] (uppiggad), livas (piggas) upp
1 liver ['lɪvə] *s*, ***a fast*** (***loose***) ~ en rucklare, person som för ett vidlyftigt liv; ***a good*** ~ en goddagspilt
2 liver ['lɪvə] *s* lever anat. el. kok.; ~ ***paste*** paté, finare leverpastej; ~ ***sausage*** leverkorv
liveried ['lɪvərɪd] *adj* livréklädd, i livré
liverish ['lɪvərɪʃ] *adj* **1** vard. leversjuk, illamående **2** vard. retlig, sur; ur gängorna
Liverpool ['lɪvəpu:l] geogr.
Liverpudlian [ˌlɪvə'pʌdlɪən] vard. **I** *adj* Liverpool- **II** *s* liverpoolbo, person från Liverpool
livery ['lɪvərɪ] *s* **1** livré; ~ ***servant*** livréklädd betjänt **2** [särskild] dräkt som bärs av medlemmar av vissa sammanslutningar; gilledräkt
livery stable ['lɪvərɪˌsteɪbl] *s* utfodringsstall, hyrstall; hyr[kusk]verk
lives [laɪvz] *s* pl. av *life*

livestock ['laɪvstɒk] *s* kreatursbesättning, levande inventarier; boskap, husdjur
livid ['lɪvɪd] *adj* **1** blygrå, svartblå [~ *marks on the body*]; blå[blek], likblå [~ *with cold*]; askgrå, likblek, vit [~ *with rage*] **2** vard. rasande
living ['lɪvɪŋ] **I** *adj* **1** levande [~ *beings*]; i livet [*are your parents* ~?]; nu (då) levande [*no man* (ingen) ~ *could do* (*could have done*) *better*], samtida; ***the*** ~ de levande; ***within*** (***in***) ~ ***memory*** i mannaminne **2** glödande kol o.d. **II** *s* **1** liv, att leva [~ *is expensive these days*]; vistelse, att vistas [~ *in the same house became impossible*], att bo; levnadssätt [*luxurious* ~]; ***be fond of good*** ~ tycka om god mat och god dryck; ***standard of*** ~ levnadsstandard **2** livsuppehälle, utkomst, levebröd; ***earn*** (***make***) ***a*** ~ förtjäna sitt uppehälle, tjäna sitt levebröd; ***what does he do for a ~?*** vad försörjer han sig på?; ***write for a*** (***one's***) ~ leva (försörja sig) på att skriva **3** kyrkl. [prebende]pastorat **4** attr. livs-, levnads- [~ *conditions*]; ~ ***quarters*** bostad; ~ ***space*** a) boyta b) livsrum; *a* ~ ***wage*** en lön som man kan leva på
living room ['lɪvɪŋru:m, -rʊm] *s* vardagsrum
lizard ['lɪzəd] *s* zool. ödla
Lizzie ['lɪzɪ] **I** kortform för *Elizabeth* **II** *s* **1** *tin* ~ bilskrälle, rishög **2** bot., ***busy*** ~ flitiga Lisa
'll [l] = *will* o. *shall* [*I'll* = *I will, I shall*]
llama ['lɑ:mə] *s* zool. lama[djur]
LL B [ˌelel'bi:] (förk. för *Legum Baccalaureus*) lat. = *Bachelor of Laws* ung. jur. kand.
LL D [ˌelel'di:] (förk. för *Legum Doctor*) lat. = *Doctor of Laws* jur. dr
Llewellyn o. **Llewelyn** [lʊ'elɪn] mansnamn
lo [ləʊ] *interj* åld., ~*!* si!; skämts., ~ ***and behold!*** har man sett!, hör och häpna!
loach [ləʊtʃ] *s* zool. grönling[fisk]
load [ləʊd] **I** *s* **1** last; lass; börda äv. bildl.; ***a teaching*** ~ ***of*** [*30 hours a week*] en undervisningsskyldighet på…; ***a heavy teaching*** ~ en tung undervisningsbörda; ***a*** ~ ***of hay*** ett hölass; ***a*** ~ ***was lifted from my heart*** el. ***that was*** (***took***) ***a*** ~ ***off my mind*** en sten (tyngd) föll från mitt bröst; ***place a heavy*** ~ ***on*** belasta, anstränga **2** tekn. belastning **3** vard., pl. ~**s** massor; ~**s of** massor (lassvis, fullt upp) med, en massa [~*s of people*] **4** sl., ***get a*** ~ ***of*** lyssna på, höra på; kolla in **5** vulg., ***shoot one's*** ~ satsa, spruta ejakulera **II** *vb tr* **1** lasta [~ *a ship*; ~ *coal*], lassa; fylla, lägga in i [~ *the washing-machine*]; ~ ***a p. with a th.*** el. ~ ***a th. on*** [*to*] ***a p.*** lassa (lasta) på ngn ngt; ~ ***up*** a) lasta (lassa) på b) lasta (lassa) full **2** a) belasta tekn. o. friare [~ *one's memory with*] b) tynga ner, komma att digna [ofta ~ *down*; *grapes* ~ *down the vines*], överlasta, lasta full [ofta ~ *down*; ~ *a p. down with parcels*]; ~ [***down***] ***one's stomach*** [***with***

food] proppa i sig **3** överhopa [~ *a p. with gifts*; *~ed with debts*], överösa [~ *a p. with abuse*] **4** ladda [~ *a camera (film)*] **5** ~ *dice* förfalska tärningar genom att göra en sida tyngre; ~ *the dice against a p.* ligga ngn i fatet [*lack of education ~ed the dice against him*]; *the dice are heavily ~ed against us* vi har alla oddsen emot oss; ~ *the dice in favour of* gynna **III** *vb itr* **1** lasta, ta in (ombord) last, ta in (ombord) passagerare [äv. ~ *up*] **2** ladda [~ *quickly!*] **3** vard., ~ *up* ladda in, proppa i sig
loaded ['ləʊdɪd] *perf p* o. *adj* **1** lastad etc., jfr *load II 1-5*; ~ *dice* falska tärningar; ~ *table* dignande bord **2** bildl. [värde]laddad, känsloladdad [*a ~ word*] **3** sl. packad berusad **4** vard. tät, rik
loadstar ['ləʊdstɑ:] *s* se *lodestar*
1 loaf [ləʊf] **I** (pl. *loaves*) *s* **1 a)** limpa, [större] bulle, bröd [äv. ~ *of bread*]; [*tin*] ~ formbröd; *half a ~ is better than none* (*no bread*) små smulor är också bröd, något är bättre än inget **b)** *meat* ~ köttfärs i ugn, kött[färs]limpa **2** sl., *use your ~!* använd knoppen (förståndet)! **II** *vb itr* om kål o.d. knyta sig
2 loaf [ləʊf] *vb itr* **1** stå och hänga [*they were ~ing at street corners*]; ~ [*about*] slå dank, [sitta och] slöa **2** släntra [*he ~ed across the room*]; ~ [*about*] gå och driva (dra), driva (loda, strosa) omkring
loafer ['ləʊfə] *s* **1** dagdrivare; flanör **2** loafer slags lågsko
loaf tin ['ləʊftɪn] *s* avlång bakform (brödform)
loam [ləʊm] *s* **1** formlera, loom **2** bördig lerjord, sandblandad lera
loamy ['ləʊmɪ] *adj* lerartad, lerig
loan [ləʊn] **I** *s* lån; kredit; pl. *~s* äv. kreditgivning, utlåning; *ask for the ~ of* be att få låna; [*out*] *on* ~ utlånad [*the book has been* [*out*] *on* ~ *to...*]; till låns [*I have the book* [*out*] *on* ~ *from...*] **II** *vb tr* isht amer. låna [ut]
loan shark ['ləʊnʃɑ:k] *s* vard. kredithaj, procentare
loan-sharking ['ləʊnʃɑ:kɪŋ] *s* vard. ocker
loan society ['ləʊnsəˌsaɪətɪ] *s* lånekassa
loan word ['ləʊnwɜ:d] *s* lånord
loath [ləʊθ] *pred adj* obenägen, ohågad, ovillig [*to* att]
loathe [ləʊð] *vb tr* avsky; äcklas av
loathing ['ləʊðɪŋ] *s* avsky; leda; vämjelse, äckel; *have a ~ for* hysa (känna) avsky för, känna äckel för
loathsome ['ləʊðsəm, 'ləʊθs-] *adj* avskyvärd, vidrig, äcklig, vämjelig
loaves [ləʊvz] *s* pl. av *1 loaf I*
lob [lɒb] **I** *s* sport. lobb **II** *vb tr* sport. lobba
lobby ['lɒbɪ] **I** *s* **1** hall, vestibul, entréhall, lobby i hotell o.d.; [teater]foajé; korridor; tambur **2** parl. **a)** förhall där allmänheten kan komma till tals med medlemmar av lagstiftande församling; [*division*] ~ voteringskorridor, omröstningskorridor vid sidan av underhusets sessionssal **b)** påtryckningsgrupp, intressegrupp, lobby **II** *vb itr* arbeta som påtryckningsgrupp, öva påtryckningar, bedriva korridorpolitik **III** *vb tr* öva påtryckningar på, bearbeta medlem av lagstiftande församling
lobbyist ['lɒbɪɪst] *s* medlem av påtryckningsgrupp (intressegrupp), korridorpolitiker, lobbyist
lobe [ləʊb] *s* lob [~ *of the brain* (*lung*)], flik [~ *of an oak leaf*]; ~ *of the ear* örsnibb
lobed [ləʊbd] *adj* försedd med lober (flikar)
lobelia [lə(ʊ)'bi:ljə] *s* bot. lobelia
lobster ['lɒbstə] *s* hummer; *red as a ~* röd som en kräfta, illröd
lobsterpot ['lɒbstəpɒt] *s* hummertina
local ['ləʊk(ə)l] **I** *adj* lokal [~ *time*], lokal- [~ *call* (samtal), ~ *radio*], [här] på platsen [*the ~ doctor; a ~ firm*], plats-, orts-, ortens, på orten [~ *population*]; kommun-, kommunal; *the ~ authority* (*authorities*, amer. *government*) de lokala (kommunala) myndigheterna, kommunen; ~ *education authority* ung. länsskolnämnd; ~ *government* kommunal självstyrelse; ~ *government officer* kommunal tjänsteman; ~ *press* lokalpress, ortstidningar; ~ *taxes* kommunalskatt **II** *s* **1** ortsbo [*I met one of the ~s*]; *he is a ~* han är härifrån, han bor här **2** sport., *the ~s* ortslaget, ortens eget lag **3** vard., *the ~* kvarterspuben, bykrogen, ortens pub
locale [lə(ʊ)'kɑ:l] *s* plats, scen för en händelse o.d.
locality [lə(ʊ)'kælətɪ] *s* **1** lokalitet, plats, ställe; fyndplats, fyndort; trakt, ort **2** läge, [geografisk] belägenhet **3** *sense of ~* lokalsinne, orienteringsförmåga
localization [ˌləʊkəlaɪ'zeɪʃ(ə)n] *s* lokalisering, jfr *localize*; lokalisation
localize ['ləʊkəlaɪz] *vb tr* lokalisera, begränsa, inskränka; ge en lokal prägel (karaktär)
locally ['ləʊkəlɪ] *adv* lokalt; med hänsyn till platsen
locate [lə(ʊ)'keɪt, amer. '--] *vb tr* **1** lokalisera [~ *the enemy's camp*; ~ *the disease*], leta reda på [*I ~d the town on the map*], spåra, finna; pejla [med hjälp av radio] **2** förlägga [~ *the headquarters in* (till) *Paris*], lokalisera; placera; *be ~d* förläggas etc.
location [lə(ʊ)'keɪʃ(ə)n] *s* **1** lokalisering; [*radio*] ~ [radio]pejling **2** läge, belägenhet, plats [*a suitable ~ for a factory*]; *on* ~ på ort och ställe **3** film. inspelningsplats utanför studion; *shoot films on* ~ spela in (filma) på platsen dvs. ej i studio
loch [lɒk, lɒx] *s* skotsk. **1** insjö, sjö **2** havsvik, fjord

Loch Ness [ˌlɒk'nes, ˌlɒx-] skotsk insjö berömd för ett sjöodjur, 'the Loch Ness monster'
loci ['ləʊsaɪ] *s* pl. av *locus*
1 lock [lɒk] *s* lock, länk av hår; pl. **~s** äv. hår
2 lock [lɒk] **I** *s* **1** lås; *under ~ and key* inom lås och bom, under (inom) lås, inlåst; *put a th. under ~ and key* låsa in (ner, undan) ngt **2** på gevär o.d. säkring; **~,** *stock, and barrel* rubb och stubb, hela rubbet **3** spärr **4** sluss; *air ~* luftsluss **5** årklyka, årtull **6** bil. vändradie; *four turns [of the wheel] from ~ to ~* fyra rattvarv mellan fulla framhjulsutslag **II** *vb tr* **1** låsa [igen], stänga [till] med lås; *~ away* låsa undan [*~ away the jewellery*]; *~ a p.* (*oneself*) *in* låsa (stänga) in ngn (sig), låsa om ngn (sig); *~ out* a) låsa ut, stänga (låsa) ute b) lockouta, avstänga från arbetet; *~ up* a) låsa (stänga) till [*~ up a room*] b) låsa in (ner, undan) [*~ up the jewellery*] c) låsa in, stänga in [*~ oneself up in* (på) *one's room*]; spärra in [*~ up a prisoner*] d) låsa, binda [*his capital is ~ed up in land*] **2** innesluta; omsluta, [om]slingra, omfamna; *~ed in an embrace* tätt omslingrade **III** *vb itr* gå i lås, låsas [*the door ~s automatically*], gå att låsa, kunna låsas [*does this trunk ~?*]; *~ up* låsa [dörren (dörrarna)] [efter sig]
locker ['lɒkə] *s* [låsbart] skåp (fack), förvaringsfack; förvaringsbox; *~ room* omklädningsrum [med låsbara skåp]
locket ['lɒkɪt] *s* medaljong
lockjaw ['lɒkdʒɔː] *s* med. käkläsa, munläsa; vard. stelkramp
lockout ['lɒkaʊt] *s* lockout; *~ notice* lockoutvarsel
locksmith ['lɒksmɪθ] *s* låssmed, klensmed
lock-up ['lɒkʌp] **I** *s* **1** arrest, finka **2** se *~ garage* (*shop*) under *II* **II** *adj* låsbar, som kan låsas, [försedd] med lås; *~ garage* ung. hyrt garage utan anslutning till bostaden; *~ shop* butik (affär) utan tillhörande bostad
loco ['ləʊkəʊ] *adj* sl. galen, tokig
locomotion [ˌləʊkə'məʊʃ(ə)n] *s* **1** a) förflyttning, rörelse b) rörelseförmåga **2** [kring]resande, resor, transport
locomotive [ˌləʊkə'məʊtɪv, '----] **I** *adj* [utrustad] med rörelseförmåga; rörlig **II** *s* lokomotiv, lok
locus ['ləʊkəs] (pl. *loci* ['ləʊsaɪ]) *s* lat. plats, ställe; matem. [geometrisk] ort
locust ['ləʊkəst] *s* **1** a) zool. gräshoppa från Asien o. Afrika som uppträder i svärmar b) bildl. parasit **2** bot., *~* [*tree*] a) falsk akacia b) johannesbröd[träd]
locution [lə(ʊ)'kjuːʃ(ə)n] *s* **1** talesätt, vändning, [idiomatiskt] uttryck **2** uttryckssätt
lode [ləʊd] *s* gruv. malmåder, malmgång
lodestar ['ləʊdstɑː] *s* ledstjärna
lodge [lɒdʒ] **I** *s* **1** grindstuga [äv. *gate-keeper's ~*], [trädgårdsmästar]bostad **2** [jakt]hydda, [jakt]stuga; isht amer. sportstuga, sommarstuga **3** portvaktsrum, portvaktsbostad [äv. *porter's ~*] **II** *vb tr* **1** inkvartera, hysa [in], logera, härbärgera äv. friare; hyra ut rum åt; *board and ~ a p.* ge ngn kost och logi (helinackordering) **2** isht jur. anföra, framföra [*~ a complaint* (klagomål)], inlägga [*~ a protest*], lämna in [*~ an application*] **3** placera, sätta, lägga **4** deponera [*~ money in the bank*] **5** driva (sticka) in vapen o.d.; *a bullet ~d in the brain* en kula som har fastnat (sitter [kvar]) i hjärnan **III** *vb itr* **1** hyra [rum], bo [*with hos*] **2** ta in, logera, bo **3** slå ned, hamna, landa; sätta sig fast, fastna [*the bullet ~d in his jaw*]
lodger ['lɒdʒə] *s* inneboende, hyresgäst, inackordering; [*make a living*] *by taking* [*in*] *~s* ...genom att hyra ut rum
lodging ['lɒdʒɪŋ] *s* **1** husrum, logi; *a night's ~* el. [*a*] *~ for the night* nattlogi **2** pl. *~s* hyresrum, uthyrningsrum, rum i privatfamilj, möblerade rum; [hyres]lägenhet, bostad
lodging house ['lɒdʒɪŋhaʊs] *s* enklare [privat]hotell
loft [lɒft] **I** *s* **1** vind, loft; [hö]skulle **2** i kyrka o.d. läktare, galleri **3** duvslag **II** *vb tr* sport., *~ the ball* lyfta bollen; slå en hög boll
loftily ['lɒftəlɪ] *adv* högt etc., jfr *lofty*; i höjden
loftiness ['lɒftɪnəs] *s* (jfr *lofty*) **1** a) höjd b) höghet, upphöjdhet **2** högdragenhet
lofty ['lɒftɪ] *adj* **1** hög, imponerande [*a ~ tower* (*mountain*)], ståtlig; om rum hög i taket **2** bildl. hög [*~ ideals*], upphöjd [*~ sentiments, ~ style*], ädel
1 log [lɒg] *s* **1** [timmer]stock, [fälld] stam; vedträ; [trä]kubb; *sleep like a ~* sova som en stock **2** sjö. a) logg b) se *logbook* **II** *vb tr* föra in i loggboken
2 log [lɒg] förk. för *logarithm*
logarithm ['lɒgərɪð(ə)m] *s* matem. logaritm
logarithmic [ˌlɒgə'rɪðmɪk] *adj* logaritmisk, logaritm-
logbook ['lɒgbʊk] *s* **1** sjö. el. flyg. loggbok **2** resejournal
log cabin ['lɒgˌkæbɪn] *s* timmerstuga, blockhus, timmerkoja
loggerhead ['lɒgəhed] *s*, *be at ~s* vara osams (oense) [*with* med]
logic ['lɒdʒɪk] *s* logik, följdriktighet; bildl. äv. beviskraft
logical ['lɒdʒɪk(ə)l] *adj* logisk, följdriktig; *carry* (*push*) *a th. to its ~ conclusion* ung. driva ngt till sin spets
logician [lɒ'dʒɪʃ(ə)n, ləʊ'dʒ-] *s* logiker
logistic [lɒ'dʒɪstɪk] *s* filos. logistik
logistics [lə(ʊ)'dʒɪstɪks] (konstr. ss. sg. el. pl.) *s* **1** mil. underhållstjänst, planläggning och utförande av transporter och underhåll **2** allm. logistik

logjam ['lɒgdʒæm] *s* isht amer. **1** [timmer]bröt **2** bildl. dödläge; stopp
logo ['ləʊgəʊ, 'lɒgəʊ] (pl. ~s) *s* vard. kortform för *logotype*
logotype ['lɒgə(ʊ)taɪp] *s* logotyp
log-roll ['lɒgrəʊl] vard. I *vb tr* isht amer. polit. kohandla igenom lagförslag o.d. [äv. ~ *through*] II *vb itr* **1** isht amer. polit. kohandla, bedriva kohandel **2** om författare o.d. ge varandra goda recensioner (ömsesidig reklam)
log-rolling ['lɒgˌrəʊlɪŋ] *s* **1** polit. vard. kohandel **2** vard., [*literary*] ~ om författare o.d. ömsesidigt beröm, ömsesidig reklam, vänrecenserande
loin [lɔɪn] *s* **1** pl. ~*s* länder; *the* ~*s* äv. njurtrakten **2** kok. njurstek, fransyska
loincloth ['lɔɪnklɒθ] *s* höftskynke, höftkläde
loiter ['lɔɪtə] I *vb itr* söla; stå och hänga [~ *outside a house*]; ~ [*about*] dra (driva) omkring, gå och driva, slå dank II *vb tr*, ~ *away* söla (slösa, slarva) bort [~ *away one's time*]
loiterer ['lɔɪtərə] *s* person som går och driver (står och hänger); sölare; dagdrivare
loitering ['lɔɪt(ə)rɪŋ] I *adj* sölig, sölande II *s* söl[ande], masande; dagdriveri; ~ *is forbidden* el. *no* ~ förbjudet för obehöriga att uppehålla sig på området o.d.
loll [lɒl] *vb itr* **1** ligga och dra sig [~ *in bed all morning*]; sitta och hänga, sitta och vräka sig [~ *in a chair*]; lättjefullt luta sig [*on* mot]; ~ [*about*] gå och driva, [gå omkring och] lata sig **2** ~ *out* hänga ut ur munnen [*the dog's tongue was* ~*ing out*]
lollipop ['lɒlɪpɒp] *s* **1** klubba, slickepinne **2** klubbliknande skylt; ~ *man* (*lady*) vard. trafikvakt med sådan skylt vid övergångsställe för skolbarn
lolly ['lɒlɪ] *s* **1** vard. klubba, slickepinne; *ice* ~ isglass[pinne] **2** sl. stålar, kosing pengar
London ['lʌndən] geogr.
Londoner ['lʌndənə] *s* londonbo
lone [ləʊn] *attr adj* **1** enslig[t belägen] [*a* ~ *house*] **2** ensam; ensamstående om ogift el. änka **3** *a* ~ *wolf* bildl. en ensamvarg
loneliness ['ləʊnlɪnəs] *s* ensamhet; enslighet, ödslighet; övergivenhet
lonely ['ləʊnlɪ] *adj* ensam; enslig, ensligt belägen [*a* ~ *house*], öde, ödslig; ensam och övergiven [*feel* ~], dyster
lonely-heart [ˌləʊnlɪ'hɑːt] *s* vard., ~*s club* ensamma hjärtans klubb (förening); ~*s column* hjärtespalten i tidning
loner ['ləʊnə] *s* **1** enstöring **2** ensamvarg
lonesome ['ləʊnsəm] *adj* se *lonely*
1 long [lɒŋ] *vb itr* längta [*for* efter]; *I'm* ~*ing to see you* jag längtar [efter] att träffa (få träffa) dig
2 long [lɒŋ] I *adj* (se äv. *IV*) lång i rum o. tid; långvarig; långdragen; längd- [~ *jump*]; ~ *drink* vard. drink i högt glas; ~ *face* se *face I*; *a*
~ *memory* [ett] gott minne; ~ *odds* höga odds; *it will be a* ~ *time before...* det dröjer länge innan...; *he won't arrive for a* ~ *time* han kommer inte på länge; ~ *time no see!* ngt åld. vard. det var länge sen [vi sågs]!; *a* ~ *time ago* m.fl. fraser, se under *time I 1 d* II *s* (se äv. *IV*) **1** *the* ~ *and short of it* summan av kardemumman, kontentan **2** lång [signal] i morsealfabetet III *adv* (se äv. *IV*) **1** länge; ~ *live the King!* leve kungen!; *he had not* ~ *dined* han hade nyss ätit **2** efter tidsuttr. hel; *an hour* ~ en hel timme; *all day* (*night*) ~ hela dagen (natten) IV *adj* o. *s* o. *adv* i div. spec. förb. **1** med verb: *I shan't* (*won't*) *be* ~ jag är strax tillbaka, jag blir inte länge [borta]; *be* ~ *about a th.* hålla på länge (dröja) med ngt; *be* ~ [*in*] *doing a th.* hålla på länge (dröja) med att göra ngt; *he was not* ~ [*in*] *coming* han lät inte vänta på sig; *it was not* ~ *before he came* det dröjde inte länge förrän han kom; *take* ~ ta lång tid **2** med adv., konjv. el. prep.: ~ *ago* för länge sedan; *as* ~ så lång tid [*it will take three times as* ~]; *as* (*so*) ~ *as* a) så länge [som] [*stay* [*for*] *as* ~ *as you like*], lika länge som b) om...bara [*you may borrow the book so* ~ *as you keep it clean*]; *as* ~ *as...ago* redan för...sedan; *before* ~ inom kort, snart; *for* ~ länge; på länge; *so* ~*!* vard. hej [så länge]!; ~ *since* för länge sedan
long-awaited [ˌlɒŋə'weɪtɪd] *adj* länge väntad, efterlängtad
longbow ['lɒŋbəʊ] *s* långbåge, pilbåge
long-distance [ˌlɒŋ'dɪst(ə)ns] *adj* långdistans- [~ *flight*], fjärr- [~ *train*]; ~ *call* isht amer. rikssamtal; ~ *lorry* (*truck*) långtradare; ~ *runner* äv. långdistansare
long-eared ['lɒŋɪəd] *adj*, ~ *owl* hornuggla
long-established [ˌlɒŋɪ'stæblɪʃt] *adj* gammal [*a* ~ *custom* (*firm*)]
longevity [lɒn'dʒevətɪ] *s* långt liv; livslängd; hög ålder
longhair ['lɒŋheə] *s* vard. a) långhårig [person] t.ex. hippie b) älskare av klassisk musik c) intellektuell [person]
longhand ['lɒŋhænd] *s* vanlig skrift i motsats till stenografi; långskrift; *write in* ~ skriva för hand
longing ['lɒŋɪŋ] I *adj* längtande, längtansfull; begärlig II *s* längtan [*for, after* efter; *to do a th.* [efter] att [få] göra ngt]; begär
longitude ['lɒn(d)ʒɪtjuːd, 'lɒŋgɪ-] *s* geogr. el. astron. longitud, längd; geogr. äv. längdgrad [äv. *degree of* ~]; *east* ~ el. ~ *east* östlig längd
longitudinal [ˌlɒn(d)ʒɪ'tjuːdɪnl, ˌlɒŋgɪ-] *adj* **1** längd-, långsgående; på längden, längsefter **2** longitud-
long-lasting [ˌlɒŋ'lɑːstɪŋ] *adj* långvarig, långtids- [~ *effects*]
long-lived [ˌlɒŋ'lɪvd] *adj* långlivad; långvarig
long-range [ˌlɒŋ'reɪn(d)ʒ, attr. äv. '--] *adj* långskjutande [~ *gun*], med stor räckvidd;

långdistans- [~ *flight*]; långtids- [~ *forecast* (prognos)], på lång sikt, långsiktig [~ *plans* (*planning*)]; ~ **ballistic missile** långdistansrobot
longshore|man ['lɒnʃɔ:|mən] (pl. -men [-mən]) *s* hamnarbetare, stuveriarbetare, stuvare, sjåare
long-sighted [ˌlɒŋ'saɪtɪd, '-ˌ--] *adj* **1** långsynt; översynt **2** bildl. skarpsynt, klarsynt, förutseende
long-standing ['lɒŋˌstændɪŋ] *adj* gammal, av gammalt datum; långvarig, mångårig
long-suffering [ˌlɒŋ'sʌf(ə)rɪŋ] *adj* långmodig, tålmodig, tålig
long-term ['lɒŋtɜ:m] *adj* lång, långfristig [~ *loans*]; långsiktig [~ *policy*], långtids- [~ *planning* (*memory*)]; ~ **parking** långtidsparkering; **take a ~ view of a th.** se ngt på lång sikt
long-winded [ˌlɒŋ'wɪndɪd] *adj* mångordig, omständlig, långrandig, långtråkig
loo [lu:] *s* vard., **the ~** toa, dass[et]
look [lʊk] **I** *vb itr* o. *vb tr* **1** se, titta; ~ [*here*]*!* a) titta [här]! b) hör nu (du)!, vet du!; ~ *before you leap!* tänk först och handla sen!; ~ *alive!* vard. raska på!; ~ *sharp* se *sharp* **2** leta, söka; ~ [*and see*] se (titta) efter **3** se ut, verka, förefalla, synas, tyckas, te sig; se ut som, likna, ~ *like* se ut som, likna [*it ~s like gold*]; *what does he ~ like?* hur ser han ut?; *it ~s like being* [*a fine day*] det ser ut att (verkar) bli...; *it ~s very like him* det är mycket likt honom; *it ~s like rain* det ser ut att bli regn; *he ~s* [*like*] *it* det ser han ut för; *she ~s 50* hon ser ut som [om hon vore] 50; *make a p. ~ a fool* göra ngn till ett åtlöje; *he ~s himself* (*his old self*) *again* han är sig lik igen; *he ~ed the part* han var som skapt för rollen **4** ha utsikt, vetta, ligga [*on* [*to*], *to*, *towards*, *into* mot, åt; *the window ~s north* (åt el. mot norr)] **5** ~ *daggers* ha mord i blicken; *he ~ed daggers at me* han gav mig en mördande blick
6 med adv. el. prep.:
~ **about** se sig om[kring]; ~ **about for** [*a job*] se sig om efter..., söka...
~ **after: a)** se efter, se till, passa på; sköta om, ha (ta) hand om, vårda; sköta [om] [~ *after one's health*]; tillvarata, bevaka [~ *after one's interests*]; ~ **after oneself** klara (sköta) sig själv, sköta om sig **b)** se (titta) efter, följa med blicken; leta (söka) efter
~ **around** se sig om[kring], känna sig för
~ **at** se (titta) på (åt); ~ *at every penny* se (vända) på slantarna; *she is the sort of person you wouldn't ~ twice at* hon är inte en sådan som man vänder sig om efter; *that's how I ~ at it* så ser jag det; *it isn't much to ~ at* det ser ingenting ut [för världen]; *you wouldn't think so to ~ at him* det skulle man inte tro när man ser honom
~ **away** se (titta) bort
~ **back: a)** se sig om **b)** se (tänka) tillbaka [*on, upon, to* på] **c)** *from then on he never ~ed back* från och med då gick det stadigt framåt för honom
~ **down** se (titta) ned [[*up*]*on* på]; ~ **down** [*up*]*on a p.* bildl. se ned på ngn
~ **for: a)** leta (titta, söka) efter **b)** vänta [sig]
~ **forward** se framåt; ~ *forward to* se fram emot, längta efter; emotse
~ **in** titta in [*on a p.* till ngn], hälsa på [*on a p.* [hos] ngn]
~ **into: a)** se (titta) in i **b)** undersöka [*I'll ~ into the matter*]
~ **on: a)** se (titta) 'på, [bara] vara åskådare **b)** se ~ *upon*
~ **out: a)** se (titta) ut [~ *out of* (genom) *the window*] **b)** se sig för; ~ *out!* se upp!, se dig för!, akta dig! **c)** ~ *out on* (*over*) ha utsikt över, vetta mot
~ **over: a)** se över **b)** se igenom, se (gå) över; se på, inspektera [~ *over a house before buying it*], granska; undersöka
~ **round: a)** se sig om[kring] [~ *round the town* (i staden)] **b)** se (titta, vända) sig om [*for* efter] **c)** se ~ *around*
~ **through: a)** se (titta) igenom; titta i [~ *through a telescope*] **b)** se (titta, gå) igenom [~ *through some letters*]; undersöka, granska **c)** låtsas inte se
~ **to: a)** bildl. se på (till) **b)** sköta (se) om; sörja för; ~ *to it that...* se till (laga så, sörja för) att... **c)** räkna med (på), vänta [sig], se fram emot; ~ *to a p. for a th.* vänta [sig] ngt av ngn
~ **up: a)** se (titta) upp; ~ *up to a p.* se upp till ngn, respektera ngn **b)** *things are ~ing up* bildl. det ljusnar, det tar sig igen **c)** ta reda på, slå upp [~ *up a word in a dictionary*]; vard. söka upp, hälsa på **d)** ~ *a p. up and down* mönstra ngn [från topp till tå], mäta ngn med blicken
~ **upon: a)** bildl. betrakta [~ *upon a p. with distrust*]; ~ *upon a th. with favour* se på ngt med gillande **b)** ~ *upon as* betrakta som, anse som (för)
II *s* **1** blick; titt; ögonkast; *let me have a ~* får jag se (titta); *have* (*take*) *a ~ at* titta på, ta [sig] en titt på **2** a) utseende b) uttryck [*an ugly ~ on* (i) *his face*] c) min [*angry ~s*], uppsyn d) pl. ~*s* persons utseende [*she has her mother's ~s*]; *I don't like the ~ of it* jag tycker inte om det; det verkar oroande; *by the ~ of it* av utseendet att döma
look-alike ['lʊkəlaɪk] *s* dubbelgångare
looker ['lʊkə] *s* vard., [*good*] ~ snygging, snyggis
looker-on [ˌlʊkər'ɒn] (pl. *lookers-on* [ˌlʊkəz'ɒn]) *s* åskådare

look-in ['lʊkɪn] *s* vard. **1** titt, påhälsning; *give a p. a ~* titta in till ngn, hälsa på [hos] ngn **2** chans [*I didn't even get a ~*]
looking-glass ['lʊkɪŋglɑːs] *s* spegel; spegelglas
lookout ['lʊkaʊt] *s* **1** utkik i alla bet.; *~ man* utkiksman; *keep a good ~* hålla skarp utkik [*for* efter]; *be on the ~ for* hålla utkik efter, försöka få tag i **2** utsikt; bildl. utsikter **3** *that's my (his) ~* det är min (hans) sak (ensak); det angår ingen annan
look-see [,lʊk'siː, --] *s* vard. titt, koll
1 loom [luːm] *s* **1** vävstol **2** lom på åra
2 loom [luːm] *vb itr* [hotfullt] dyka fram (upp) [*the ship ~ed* [*up*] *through the fog*], framträda; *~ ahead* bildl. hota, vara i annalkande
loony ['luːnɪ] vard. **I** *adj* galen; idiotisk [*~ idea*]; hispig; *~ bin* dårhus **II** galning, dåre, tokstolle
loop [luːp] **I** *s* **1** ögla; slinga; stropp, hank, hängare; träns; hälla; knut, rosett; handrem på skidstav; båge i krocket; *~ aerial* radio. ramantenn **2** spiral livmoderinlägg **3** järnv. slingspår; vändslinga **4** cirkelbana; flyg. looping **5** liten ring; rund hylsa **II** *vb tr* **1** lägga i en ögla (öglor) **2** göra (slå) en ögla (öglor) på **3** vira **[** i öglor] [*~ a rope round a th.*] **4** flyg., *~ the loop* göra en looping **III** *vb itr* **1** bilda en ögla (öglor); gå i en ögla (båge) **2** cirkla, flyga i cirkel [*come ~ing through the air*]; flyg. göra loping
loophole ['luːphəʊl] *s* **1** bildl. kryphål, smyghål [*a ~ in the law*] **2** skottglugg; titthål; ljusspringa
loopy ['luːpɪ] *adj* vard. tokig, virrig
loose [luːs] **I** *adj* **1 a)** lös [*~ flowers; a ~ knot; ~ sand*]; slapp [*~ skin*], slak [*a ~ rope*]; lucker, porös [*~ soil*]; gles [*a ~ material*]; vid, löst sittande [*~ clothes*]; *~ cash* småpengar, löspengar; *~ connection* lös förbindelse; elektr. glappkontakt; *~ cover* [möbel]överdrag; *~ ends* a) lösa ändar b) bildl. ouppklarade saker (frågor); *be (feel) at a ~ end* vard. vara sysslolös, inte ha något för sig **b)** (se äv. under resp. vb ss. *break* o. *1 let III 1*) lös, lossnad [*a ~ tooth*]; loss [*break a th. ~*]; glapp; *be ~* äv. glappa; *come ~* lossna; *get ~* lossna; komma lös, slita sig [loss]; *set ~* släppa lös (fri) **2** slangig, ledlös [*~ limbs*] **3** löslig [*~ thinking*], fri [*a ~ translation*], slapp [*a ~ style*]; vag, obestämd **4** lösaktig, lättfärdig [*a ~ life (woman)*]; *~ living* lösaktigt leverne; *~ morals* lättfärdighet, lösa seder **II** *s*, *be* [*out*] *on the ~* vard. a) föra ett utsvävande liv b) vara ute på vift c) vara på fri fot, springa lös **III** *vb tr* **1** lösa, släppa lös **2** sjö. lossa
loose-fitting ['luːsˌfɪtɪŋ] *adj* löst sittande; ledig, vid
loose-leaf ['luːsliːf] *adj* lösblads- [*~ book (system)*], med lösa blad [*~ notebook*]

loosely ['luːslɪ] *adv* löst etc., jfr *loose I*
loosen ['luːsn] **I** *vb tr* **1** lossa [på] [*~ a screw*], lösa upp [*~ a knot*]; släppa efter på; bildl. äv. lätta på, mildra [*~ discipline*] **2** göra lös[are], luckra [upp]; *~ up* mjuka upp [*~ up one's muscles*] **3** bildl. lösa, frigöra; *it ~ed his tongue* det löste (lossade) hans tungas band **II** *vb itr* **1** lossna; om knut gå upp **2** lösas upp; bli lös[are] **3** *~ up* vard. a) tina upp, bli mera meddelsam b) värma (mjuka) upp musklerna etc.
looseness ['luːsnəs] *s* löshet; vidd, ledighet; löslighet etc., jfr *loose I*
loot [luːt] **I** *s* **1** byte, rov äv. bildl. **2** sl. [mycket] stålar pengar **II** *vb tr* **1** plundra [*~ a city*] **2** föra bort som byte **3** amer. råna **III** *vb itr* plundra
looter ['luːtə] *s* plundrare; tjuv
lop [lɒp] **I** *s* [avhuggna] grenar, kvistar **II** *vb tr* **1** kvista, tukta, klippa, toppa träd; kvista upp **2** hugga av, kapa; *~ off* a) hugga av, kapa [*~ off branches*] b) bildl. kapa, skära (ta) bort
lope [ləʊp] **I** *vb itr* gå med långa kliv; om djur skutta **II** *s* långt kliv; långt skutt
lop-eared ['lɒpɪəd] *adj* slokörad
lop-sided [,lɒp'saɪdɪd] *adj* **1** som lutar (hänger över) åt ena sidan; sned, skev, osymmetrisk; *be ~* äv. luta åt ena sidan, hänga snett **2** bildl. skev, ensidig; med slagsida
loquacious [lə(ʊ)'kweɪʃəs] *adj* pratsam, pratsjuk; mångordig, pratig
loquaciousness [lə(ʊ)'kweɪʃəsnəs] *s* o.
loquacity [lə(ʊ)'kwæsətɪ] *s* pratsamhet, pratsjuka; mångordighet, pratighet
lord [lɔːd] **I** *s* **1** herre, härskare [*of* över]; poet. ägare [*of* till]; *the ~ of the manor* godsherren, godsägaren **2** magnat [*press ~s*] **3** poet. el. skämts. gemål; *her ~* [*and master*] hennes herre och man **4** teol., *the L~* Herren, Gud; *Our L~* Vår Herre och Frälsare Kristus; *in the year of our L~ 1500* år 1500 efter Kristi födelse; *the Lord's Prayer* fadervår, Herrens bön; [*good*] *L~!* Herre Gud!, du store [tid]!; [*good*] *L~, no!* nej, bevare mig väl!; *L~ bless me (my soul)!* vard. du store tid!; *L~ knows who (how)!* vard. Gud vet vem (hur)! **5** lord; *live like a ~* leva furstligt (som en prins); *as drunk as a ~* full som en alika (kaja); *swear like a ~* svära som en borstbindare **6** *the* [*House of*] *Lords* överhuset **7** *L~* Lord adelstitel före namn **8** *L~* ss. ämbetstitel [*L~ Chancellor, L~ Chief Justice* m.fl.] se under *chancellor, chief* m.fl.; *L~ Mayor* lordmayor, [över]borgmästare i London **9** *My Lord* [mɪ'lɔːd, till domare äv. mɪ'lʌd] i tilltal till: a) högre adelsmän Ers nåd, greven, baron etc. b) högre domare, biskopar m.fl. Ers nåd, herr domare etc. **II** *vb tr*, *~ it over* spela herre över
lordly ['lɔːdlɪ] *adj* **1** högdragen; befallande, myndig; nonchalant **2** förnäm, värdig; ståtlig

lordship ['lɔ:dʃɪp] *s* **1** herravälde, myndighet [*over* över] **2** *Your* (*His*) *L~* Ers (Hans) nåd etc., jfr *My Lord* under *lord* I 9; *His L~* äv. lorden **3** lordvärdighet
lore [lɔ:] *s* kunskap, kännedom, lära [*the ~ of herbs*]; [folk]kultur [*Irish ~*]; *bird ~* läran om fåglarna
lorgnette [lɔ:'njet] *s* **1** lornjett **2** teaterkikare [med skaft]
lorry ['lɒrɪ] *s* **1** lastbil [äv. *motorlorry*]; i sms. -bil [*coal-lorry*] **2** flakvagn; öppen godsvagn
lorry-load ['lɒrɪləʊd] *s* lass [*a ~ of coal*]
lose [lu:z] (*lost lost*, se äv. *losing* o. *lost*) **I** *vb tr* **1** förlora, mista [*~ one's money* (*leg*); *he has lost his wife*]; tappa [*~ one's hair*]; bli av med [*I've lost my cold*]; gå miste om, missa [*I lost part of what he said*]; *~ 2 kilos* magra (gå ned) 2 kilo; *~ courage* (*heart*) tappa modet, bli modfälld; *~ ground, ~ one's head, ~ heart* se under resp. subst.; *~ one's life* mista livet, [få] släppa (sätta) till livet; *~ weight* gå ned i vikt, magra **2** förlora [*~ a war* (*an election*)], bli slagen i **3** tappa bort: a) slarva bort, förlägga [*I've lost my key*] b) komma ifrån [*I lost him in the crowd*]; *~ sight of* förlora ur sikte, bildl. äv. bortse från, glömma [bort]; *~ the thread* bildl. tappa tråden, komma av sig; *~ one's* (*the*) *way* gå (råka, köra o.d.) vilse, tappa bort (förirra) sig, gå bort sig **4** missa, komma för sent till [*~ the bus* (*train*)] **5** förspilla, sätta (kasta) bort, ödsla [*~ time*], förtsumma, försitta [*~ the chance*]; *there's no time to ~* det är ingen tid att förlora **6** om klocka sakta sig, dra sig [efter] [*my watch has lost 3 minutes*]; *~ time* sakta sig, dra sig [efter] **II** *vb rfl*, *~ oneself* tappa bort (förirra) sig [*I lost myself in the city*]; förlora sig [*~ oneself in details*], försjunka, fördjupa sig [*he lost himself in a book*]; *~ oneself in one's work* helt gå upp i sitt arbete **III** *vb itr* **1** förlora [*you won't ~ by* (på) *it*; *~ by* (med) *five points*], tappa; misslyckas, bli slagen; *~ heavily* göra stora förluster **2** om klocka sakta sig, dra sig [efter] **3** *~ out* misslyckas; förlora; dra det kortaste strået
loser ['lu:zə] *s* förlorare [*be a bad* (*good*) *~*]; *be the ~ by* vara den som förlorar (blir lidande) på
losing ['lu:zɪŋ] *adj* förlorande [*the ~ side*]; förlustbringande; *~ cards* kortsp. förlustkort; *it's a ~ game* det är ett hopplöst företag, det är dömt att misslyckas
loss [lɒs] *s* **1** förlust; skada [*to* för]; *the ~ of the game* (*the opportunity*) [*depressed him*] att han förlorade spelet (missade chansen)…; *that's my ~* det är jag som förlorar (blir lidande); *one man's ~ is another man's gain* den enes död är den andres bröd; *clear* (*dead*) *~* ren förlust; *he's* (*it's*) *a dead ~* vard. han (den) är värdelös, han (den) är inget att ha; *he is no ~* ingen kommer att känna någon större saknad efter (kommer att sakna) honom; *~ of appetite* bristande aptit; *~ of blood* blodförlust; *feel the ~ of* känna saknad (avsaknad) efter, sakna; *grieve for* (*mourn*) *the ~ of a p.* sörja (sakna) ngn; *sell at a ~* sälja med förlust **2** *be at a ~* vara villrådig (handfallen), vara i bryderi [*what to do* om vad man ska göra]; *he is never at a ~* [*what to do*] han vet alltid råd; *he is never at a ~ for an answer* han är aldrig svarslös; *be at a ~ to know what to say* inte veta vad man skall säga
loss-leader ['lɒs,li:də] *s* hand. lockvara
lost [lɒst] **I** imperf. av *lose* **II** *adj* o. *perf p* (av *lose*) **1** förlorad; borttappad, förkommen; försvunnen; *it is ~* äv. den är borta, den har försvunnit (kommit bort); *he is ~* han är förlorad, han står inte [till] att räddas; *get ~* komma bort, försvinna; gå förlorad; *get ~!* sl. dra åt helsike!, stick!; *be ~ in* a) försvinna (drunkna) i [*he was ~ in the crowd*] b) bildl. vara försjunken (fördjupad) i [*be ~ in thought* (tankar)]; *a ~ cause* ett hopplöst fall (företag); *~ property office* expedition för tillvaratagna effekter, hittegodsexpedition **2** a) vilsegången, vilsekommen [*a ~ child*] b) bildl. bortkommen, vilsen [*I felt ~*] c) [helt] hjälplös, förlorad [*I'm ~ without my glasses*]; *I got ~* jag gick (körde) vilse, jag tappade bort mig; *I am ~* jag har gått (kört) vilse, jag har tappat bort mig; *I am completely ~* a) jag har fullständigt tappat bort (förirrat) mig b) bildl. jag vet varken ut eller in, jag är alldeles förvirrad (desorienterad) **3** sjö. förlist; *the crew was ~* besättningen omkom; *the ship was ~* fartyget förliste (gick under) **4** förtappad, fördömd [*a ~ soul*] **5** förspilld, bortkastad [*~ time*]; försutten, försummad [*~ opportunities*], se äv. ex. under *love* I 1; *be ~* [*up*]*on* bildl. vara bortkastad på, inte göra verkan på; gå förlorad för, gå ngn förbi; *the hint was not ~ on him* han fattade vinken **6** *be ~ to* bildl. vara helt renons på, ha förlorat (tappat) [*he is ~ to all sense of duty*]
lot [lɒt] **I** *s* **1** lott; *cast* (*draw*) *~s* kasta (dra) lott; *cast* (*throw*) *in one's ~ with* förena sitt öde med, göra gemensam sak med **2** a) lott, andel, del b) lott, öde; *fall to a p.'s ~* a) falla på ngns lott, komma ngn till del b) bli ngns lott (öde) **3** a) film. inspelningsområde b) isht amer. tomt [*building ~*], plats [*burial ~*], område [*wood ~*] **4** lott, nummer på auktion **5** vard. sällskap, samling, gäng; anhang [*he and his ~*]; *that ~* [*ought to be shot*] såna där [typer]…; *they are a bad ~* de är ett riktigt pack; *they are a queer ~* de är ena konstiga ena (typer) **6** vard., *the ~* a) allt, alltihop [*that's the ~*], rubbet b) allihopa [*she*

is the best of the ~]; the whole ~ a) hela rubbet (alltet) b) hela högen (bunten); [*go away*] *the whole ~ (all the ~) of you* ...allihopa **7** vard. massa, mängd; *a ~* mycket [*that's a ~*; *he is a ~ better*]; till stor del, i hög grad [*it looks a ~ like it used to*]; *~s* massor [*I've ~s to do*]; *a ~ of* [*things*] el. *~s of* [*things*] en massa..., en hel hop (hög)..., [väldigt] mycket (många)...; *~s and ~s* [*of*] massvis [med], massor [med (av)]; *quite a ~* en hel del, ganska (rätt) mycket, inte så litet [*he knows quite a ~*]; *you have ~s of time* du har gott om (massor av) tid, du hinner mycket väl; *a* [*fat*] *~ you care* (*know about it*)*!* det bryr du dig (vet du) väl inte ett dugg om!; *that's a fat ~* [*of good*]*!* det är minsann inte mycket [att ha]; **II** *vb tr,* ~ [*out*] stycka jord i lotter
lotion ['ləʊʃ(ə)n] *s* vätska, lösning [*antiseptic ~*]; lotion, tinktur; vatten [*hair ~*]; *hand ~* handbalsam; *rubbing ~* liniment; *setting ~* läggningsvätska; *suntan ~* solkräm
lottery ['lɒtərɪ] *s* lotteri äv. bildl. [*marriage is a ~*]; *~ list* dragningslista; *~ ticket* lott[sedel]
lotto ['lɒtəʊ] *s* lotto[spel]
lotus ['ləʊtəs] *s* lotus[blomma]
loud [laʊd] **I** *adj* **1** hög [*~ voice*], kraftig, stark [*~ sound*]; högljudd, ljudlig; bullersam, larmande; *in a ~ voice* med hög röst; *the ~ pedal* mus. vard. fortepedalen **2** bildl. skrikig [*a ~ tie*], skrikande, bjärt, gräll [*~ colours*], grann, prålig; tarvlig, vulgär [*~ manners*] **II** *adv* högt [*don't speak so ~!*]; *out ~* högt, med hög röst [*laugh (read, say, think) out ~*]
loud-hailer [ˌlaʊd'heɪlə] *s* megafon
loudly ['laʊdlɪ] *adv* **1** högt; med hög röst; högljutt etc., jfr *loud I 1 2* bildl. skrikigt etc., jfr *loud I 2*
loudmouth ['laʊdmaʊθ] *s* gaphals, skränfock
loud-mouthed ['laʊdmaʊθt, -maʊðd] *adj* högljudd [av sig]; skränig, gapig
loudness ['laʊdnəs] *s* **1** högljuddhet, [ljud]styrka **2** bildl. skrikighet etc., jfr *loud I 2*
loudspeaker [ˌlaʊd'spiːkə] *s* högtalare
Louis ['luːɪ, 'luːɪs, franskt namn 'luːɪ] mansnamn; ss. kunganamn Ludvig
Louisiana [lʊˌiːzɪ'ænə, -'ɑːnə] geogr.
lounge [laʊn(d)ʒ] **I** *vb itr* **1** släntra; *~* [*about*] gå och driva (dra), strosa [omkring], gå och strosa, flanera; *~ off* släntra (masa sig) i väg **2** stå (sitta) och hänga; slöa **II** *vb tr, ~ away* slöa bort [*~ away an hour*], fördriva i sysslolöshet **III** *s* **1** a) i bostad vardagsrum; 'finare' salong b) på hotell sällskapsrum, salong, vestibul c) på flygplats vänthall; *cocktail ~* cocktailbar; *TV ~* TV-rum; *the ~ bar* i pub den 'finaste' avdelningen **2** slöande; *have a ~ in a chair* sitta och slöa [och ha det skönt] i en stol
lounge chair [ˌlaʊn(d)ʒ'tʃeə, '--] *s* vilstol, vilfåtölj

lounger ['laʊn(d)ʒə] *s* **1** dagdrivare, lätting **2** vilstol, vilfåtölj; solsäng
lounge suit [ˌlaʊn(d)ʒ'suːt, -'sjuːt, '--] *s* kostym
lour ['laʊə] *vb itr* se bister (ond, hotfull) ut; blänga [*at, on* på]; om himlen mörkna, mulna
louse [ss. subst. laʊs, ss. vb laʊz, laʊs] **I** *s* **1** (pl. *lice* [laɪs]) lus **2** (pl. *~s*) vard. äckel, kräk, skit **II** *vb tr* **1** avlusa **2** vard., *~ up* sabba
lousy ['laʊzɪ] *adj* **1** lusig, full med löss **2** vard., *~ with* nedlusad med [*he is ~ with money*] **3** vard. urdålig, botten, taskig, urusel [*a ~ dinner (player), feel ~*], vidrig [*~ weather*], jäkla [*you ~ swine*]; gemen, nedrig
lout [laʊt] *s* slyngel; drummel, tölp, buffel
loutish ['laʊtɪʃ] *adj* drumlig, tölpig, bufflig
lovable ['lʌvəbl] *adj* älsklig, älskvärd, gullig
love [lʌv] **I** *s* **1** kärlek [*for (of)* a *p.* till ngn; *of a th.* till ngt]; förälskelse [*for* i]; tillgivenhet [*towards* för]; lust, böjelse, förtjusning [*of* för]; passion [*music is one of the great ~s of his life*]; *there is no ~ lost between them* de tål inte varandra, de är inga vänner precis; *make ~* älska, ligga med varandra; *make ~ to* älska (ligga) med; *~ of adventure* äventyrslusta; *~ of mankind* människokärlek; *~ of reading* läslust; *for ~ av kärlek* [*marry for ~*], för kärleks skull; *it is not to be had for ~ or money* det går inte att få för pengar (till något pris); *for the ~ of God!* för Guds skull!; *in ~* förälskad, kär [*with* i]; *fall in ~ with* förälska sig i, bli kär (förälskad, kär) i; *he has fallen out of ~ with her* han är inte kär i henne längre **2** hälsning[ar]; *send a p. one's ~* hälsa till ngn; *send her my ~* hälsa henne så gott; [*lots of*] *~* el. *~ from* el. *all my ~* i brevslut [många] hjärtliga hälsningar, [massor av] kram[ar] **3** älskling, raring; lilla vän; till främmande person snälla du (ni) el. utan motsvarighet på sv.; *my ~!* äv. min älskade **4** vard. rar (förtjusande) människa [*he is a ~*], raring, sötnos; förtjusande (tjusig) sak **5** i tennis o.d. noll; *fifteen ~* femton - noll; *~ all* noll - noll **II** *vb tr* o. *vb itr* älska; tycka [mycket] om, vara förtjust i [*she ~s dancing (to dance)*]; hålla [mycket] av; *~ a p. dearly* älska ngn högt (innerligt, ömt); *she* (*he*) *~s me, she* (*he*) *~s me not* älskar, älskar inte ramsa; *yes, I'd ~ to* ja, mycket (hemskt) gärna, ja, med förtjusning; *I'd ~ to stay but...* jag skulle hemskt gärna stanna, men...
love affair ['lʌvəˌfeə] *s* kärleksaffär, kärlekshistoria
lovebird ['lʌvbɜːd] *s* **1** zool. dvärgpapegoja **2** pl. *~s* vard. turturduvor kärleksspar
love child ['lʌvtʃaɪld] *s* kärleksbarn
love game ['lʌvgeɪm] *s* blankt game i tennis o.d.
love-hate [ˌlʌv'heɪt] *adj* hatkärleks- [*~ relationship*]

love-in-a-mist [ˌlʌvɪnəˈmɪst] *s* bot. flickan (jungfrun) i det gröna

love-in-idleness [ˌlʌvɪnˈaɪdlnəs] *s* bot. styvmorsviol

loveless [ˈlʌvləs] *adj* **1** kärlekslös, utan kärlek [*a ~ marriage*] **2** kärlekslös, kall och hård **3** oälskad, försummad, övergiven

love letter [ˈlʌvˌletə] *s* kärleksbrev

loveliness [ˈlʌvlɪnəs] *s* skönhet etc., jfr *lovely*

lovelorn [ˈlʌvlɔ:n] *adj* poet. **1** försmådd av sin älskade **2** sjuk av kärlek, trånande

lovely [ˈlʌvlɪ] *adj* **1** förtjusande, vacker, söt, tjusig [*a ~ girl*], ljuvlig **2** vard. härlig, underbar [*we had a ~ holiday*]; festlig, kul, rolig [*a ~ joke*]; *it's ~ and warm here* det är varmt och skönt (gott) här

love-making [ˈlʌvˌmeɪkɪŋ] **I** *s* samlag **II** *adj* älskande [*~ couples*] **III** *pres p*, *be ~* älska ha samlag

love match [ˈlʌvmætʃ] *s* giftermål av kärlek

love potion [ˈlʌvˌpəʊʃ(ə)n] *s* kärleksdryck

lover [ˈlʌvə] *s* **1** älskare; tillbedjare, fästman; *~ boy* snygging; kvinnojägare, donjuan; *the ~s* de älskande; *they are ~s* de har ett [kärleks]förhållande **2** [varm] vän, beundrare, älskare [*of* av]; *be a ~ of* äv. älska, tycka om; *a ~ of music* el. *a music ~* en musikälskare, en musikvän

lovesick [ˈlʌvsɪk] *adj* kärlekskrank; smäktande

loving [ˈlʌvɪŋ] *adj* kärleksfull, öm [*~ parents (words)*], älskande; tillgiven [*a ~ friend*]; *a ~ couple* ett älskande par, ett kärlekspar

lovingly [ˈlʌvɪŋlɪ] *adv* kärleksfullt etc., jfr *loving*

1 low [ləʊ] **I** *vb itr* råma, böla **II** *s* råmande, bölande

2 low [ləʊ] **I** *adj* **1** låg i olika bet.; låglänt [*~ ground*]; djup [*a ~ bow* [baʊ]]; urringad [*a ~ dress*]; *the L~ Countries* Nederländerna, Belgien och Luxemburg; *~ current* svagström; *~ frequency* se *frequency*; *L~ German* lågtysk[a], plattysk[a]; *~ pressure* lågtryck; *~ pulse* låg (långsam) puls; *the tide is ~* det är ebb **2** ringa, obetydlig [*~ rainfall* (nederbörd)], låg [*~ birth* (börd)], oansenlig; lågt stående, lägre [*~ forms of life*]; *high and ~* hög[a] och låg[a]; *~ life* [livet i] de lägre samhällsskikten **3** simpel, låg, tarvlig, vulgär [*~ manners*; *~ company*], gemen, nedrig [*a ~ trick*]; *~ comedy* buskis, fars **4** klen, svag, nere [*feel ~ and listless*] **5** knapp, mager [*~ diet*]; *~ in protein* fattig på protein, proteinfattig **6** nästan slut [*our supply is very ~*]

II *adv* **1** lågt; djupt [*bow ~*]; lågmält, lågt, tyst [*speak ~*]; svagt [*burn ~*]; billigt, till lågt pris [*buy ~*]; *~ [down] on (in) the list* långt ner på listan **2** knappt **3** *as ~ as* [ända] ner till [*temperature as ~ [down] as to…*] **4** i förb. med vissa verb:
  bring ~ a) sätta ned [krafterna hos], försvaga b) förnedra, förödmjuka [*be brought ~*] c) ruinera
  lay ~ a) kasta omkull (till marken), döda; begrava b) tvinga att ligga till sängs [*influenza has laid him ~*]
  lie ~ a) ligga kullslagen (slagen till marken) b) vard. hålla sig gömd (undan), [ligga och] trycka c) vard. ligga lågt, förhålla sig avvaktande; kortsp. lurpassa

III *s* **1** botten[läge] [*the recent ~ in the stock market*], bottennotering; *this is a new (an all-time) ~ in tastelessness* det är bottenrekord i (absoluta botten av) smaklöshet **2** meteor. lågtryck, lågtrycksområde

low-alcohol [ˌləʊˈælkəhɒl] *adj*, *~ beer* lättöl

low-born [ˌləʊˈbɔ:n, attr. '--] *adj* av låg börd

lowbrow [ˈləʊbraʊ] vard. (ofta neds.) **I** *adj* ointellektuell, obildad; enklare, ytlig [*~ entertainment*] **II** *s* ointellektuell (obildad) person

low-class [ˌləʊˈklɑ:s, attr. '--] *adj* enklare, sämre, andra klassens [*a ~ pub*]

low-cut [ˌləʊkʌt, attr. '--] *adj* urringad

low-down [ˈləʊdaʊn] **I** *adj* **1** nedrig, gemen, tarvlig, lumpen [*a ~ trick*] **2** avsigkommen, förfallen, eländig **II** *s* (*lowdown*) vard., *get (give a p.) the ~ on a th.* bli tipsad (tipsa ngn) om ngt

lower [ˈləʊə] **I** *adj* lägre etc., jfr *2 low I*; undre; nedre [*L~ Austria*]; under- [*~ bed*, *~ lip (jaw)*]; *the ~ class (classes)* de lägre klasserna, underklassen; *~ deck* sjö. a) undre däck; trossdäck b) trossbotten c) underofficerare och manskap; *~ limit* undre (lägre) gräns, minimigräns; *the ~ world* a) jorden b) underjorden, helvetet **II** *adv* lägre etc., jfr *2 low II*; *~ down* längre ner **III** *vb tr* sänka; sätta ned äv. bildl. [*~ resistance* (motståndskraften)]; göra lägre; dämpa äv. bildl. [*~ a p.'s pride*]; skruva ned [*~ the gas (radio)*], minska [på]; sänka (hissa) ned [*into* i], hala (ta) ned [*~ a flag*]; sjö. fira [ner], sätta ut [*~ a boat*]; *~ oneself* a) sänka (fira, hala) sig ned b) bildl. förödmjuka sig; nedlåta (sänka) sig [*to* till [att]] **IV** *vb itr* **1** sjunka, falla, gå ned [*it ~ed in value*]; bli lägre; dämpas **2** minska[s], avta

lower-case [ˈləʊəkeɪs] *adj* typogr., *~ letter* gemen, liten bokstav

lower-class [ˌləʊəˈklɑ:s] *adj* underklass-; underklassig; *be ~* vara underklass

lowermost [ˈləʊəməʊst, -məst] *adj* lägst; underst

low-fat [ˌləʊˈfæt, attr. '--] *adj* lätt- [*~ margarine (milk)*]; *~ cheese* halvfet (mager) ost

low-key [ˌləʊˈki:, attr. '--] *adj* o. **low-keyed** [ˌləʊˈki:d] *adj* lågmäld, dämpad äv. bildl.

lowland [ˈləʊlənd] **I** *s* lågland; *the Lowlands* Skotska lågländerna **II** *adj* låglands-; *~ plain* lågslätt

low-lying [ˌləʊ'laɪɪŋ], attr. '-,--] *adj* låglänt
low-minded [ˌləʊ'maɪndɪd], attr. '-,--] *adj* lågsinnad, gemen; simpel, vulgär
low-necked [ˌləʊ'nekt], attr. '--] *adj* låghalsad, urringad, djupringad
lowness ['ləʊnəs] *s* låghet, ringa höjd; ringa ställning; gemenhet etc., jfr *2 low I*
low-paid [ˌləʊ'peɪd], attr. '--] *adj* lågavlönad
low-pitched [ˌləʊ'pɪtʃt], attr. '--] *adj* låg, som har lågt tonläge [*a ~ sound*]; lågmäld [*a ~ voice*]
low-rise ['ləʊraɪz] *attr adj* låghus- [*~ area*]; *~ building* låghus
low-spirited [ˌləʊ'spɪrɪtɪd] *adj* nedstämd, modfälld, olustig
loyal ['lɔɪ(ə)l] *adj* lojal, solidarisk [*to* mot, med], trofast, pålitlig [*a ~ friend*]; [plikt]trogen
loyalist ['lɔɪəlɪst] *s* regeringstrogen person; attr. regeringstrogen [*the ~ troops*]
loyalty ['lɔɪ(ə)ltɪ] *s* lojalitet; trofasthet; [plikt]trohet
lozenge ['lɒzɪn(d)ʒ] *s* **1** ruta; geom. romb **2** pastill, tablett [*throat ~*]
LP förk. för *Labour Party*
L-plate ['elpleɪt] *s* övningskörningsskylt
1 LSD [ˌeles'di:] *s* LSD narkotiskt medel
2 LSD o. **£.s.d.** [ˌeles'di:] *s* (förk. för *pounds, shillings, and pence*) vard. pengar; *it is only a matter of ~* det är bara en penningfråga
Lt. förk. för *lieutenant*
Ltd. ['lɪmɪtɪd] (förk. för *Limited*) AB; *Black and White ~* AB Black and White
lubber ['lʌbə] *s* **1** luns, tölp, drummel **2** sjö. dålig sjöman, landkrabba
lubricant ['lu:brɪkənt, 'lju:-] *s* smörjmedel, smörjämne; glidmedel
lubricate ['lu:brɪkeɪt, 'lju:-] *vb tr* **1** [rund]smörja; olja; smörja (olja) in; bildl. göra smidigare, få att gå (löpa) lättare (smidigare) **2** vard. muta, smörja
lubrication [ˌlu:brɪ'keɪʃ(ə)n, ˌlju:-] *s* [rund]smörjning; insmörjning; attr. smörj- [*~ instructions*]
lucern[e] [lu:'sɜ:n, lju:'s-] *s* bot. [blå]lusern
lucid ['lu:sɪd, 'lju:-] *adj* **1** klar, redig, tydlig, åskådlig, överskådlig, lättförståelig [*a ~ explanation*] **2** fullt normal; *~ intervals* ljusa [mellan]stunder
lucidity [lu:'sɪdətɪ, lju:-] *s* o. **lucidness** ['lu:sɪdnəs, 'lju:-] *s* klarhet isht bildl., jfr *lucid*
luck [lʌk] *s* lycka, tur; slump, öde; *any ~?* lyckades det?, blev (gav) det något resultat?; *bad ~* otur, olycka; motgång; *bad ~!* otur!; *have a run of bad ~* ha en ständig otur, ha den ena motgången efter den andra; *good ~* lycka, tur; framgång, medgång; *good ~* [*to you*]*!* lycka till!!; *hard (rotten, rough, tough) ~* vard. otur [*on a p.* för ngn]; *ill ~* se *ill-luck*; *just my ~!* iron. det är min vanliga tur (mitt vanliga öde)!; *no such ~!* så väl är (var) det inte!; [*I didn't get the job,*] *worse*

~ ...sorgligt nog, ...tyvärr; worse ~! tyvärr!; *the best of ~!* lycka till [och ha det så bra]!; *a wonderful piece (slice, stroke) of ~* en underbar tur; *as ~ would have it, I was...* det slumpade sig så att...; *some people have all the ~!* det finns somliga som har tur [ska jag säga]!; *push one's ~* vard. utmana ödet; *try one's ~* pröva lyckan (sin lycka); *my ~ is in* el. *I'm in ~ (in ~'s way)* jag har tur [med mig]; *my ~ is out* el. *I'm out of ~* jag har otur, jag har ingen tur (framgång) [längre]; *be down on one's ~* vard. vara förföljd av otur, vara i knipa, ha det besvärligt; *with any ~* med lite tur
luckily ['lʌkəlɪ] *adv* lyckligtvis, som tur var; *~ for me* till min lycka, som tur var för mig
luckless ['lʌkləs] *adj* olycklig, förföljd av otur; olycksalig; misslyckad [*a ~ attempt*]
lucky ['lʌkɪ] *adj* som har tur, med tur [*a ~ man*]; lyckad [*a ~ escape (guess)*]; lyckosam, lycklig, tursam; lyckobringande [*a ~ charm (amulett)*]; lycko- [*it's my ~ day (number, star)*]; *be ~* a) ha tur [*you are ~ to be* (som är) *there*], vara lyckligt lottad b) vara tur [*it's ~ for him*] c) bringa lycka, ha lycka (tur) med sig [*a horseshoe is ~*]; *you* etc. *should be so ~!* vard. trodde du, ja!; *~ bag (dip, tub)* ung. fiskdamm på basar o.d.; *by a ~ chance* genom en lycklig slump, av en [ren] lyckträff; *a ~ dog (beggar, devil)* en lyckans ost; *~ you!* tur för dig!; [din] lyckans ost!; *third time ~!* tredje gången gillt!; *strike* [*it*] *~* ha tur
lucrative ['lu:krətɪv, 'lju:-] *adj* lukrativ, inbringande, lönande [*~ business (employment)*], räntabel, fördelaktig [*~ investments*]
lucre ['lu:kə, 'lju:-] *s, for [filthy] ~* för snöd vinnings skull; *filthy ~* äv. den snöde mammon
ludicrous ['lu:dɪkrəs, 'lju:-] *adj* löjlig; skrattretande
ludo ['lu:dəʊ] *s* ung. fia[spel], 'ludo'
lug [lʌg] **I** *vb tr* **1** släpa, kånka [*he ~ged it up the stairs*], dra; släpa (kånka, knoga) på **2** *~* [*in*] dra (blanda, sticka) in [*into* i; *~ anecdotes into a conversation*] **3** rycka, dra [*~ a p. by* (i) *the ear*] **II** *vb itr* rycka [*at* i] **III** *s* släpande, kånkande, dragande; ryck
luge [lu:ʒ] **I** *s* rodel **II** *vb itr* åka (köra) rodel
lugeing ['lu:ʒɪŋ] *s* sport. rodel[åkning]
luggage ['lʌgɪdʒ] *s* resgods, bagage, reseffekter; *a piece of ~* ett kolli
luggage carrier ['lʌgɪdʒˌkærɪə] *s* pakethållare
luggage label ['lʌgɪdʒˌleɪbl] *s* adresslapp
luggage rack ['lʌgɪdʒræk] *s* bagagehylla, bagagenät
luggage van ['lʌgɪdʒvæn] *s* resgodsvagn, godsfinka
lugubrious [lu:'gu:brɪəs, lju:'g-] *adj* dyster
lugworm ['lʌgwɜ:m] *s* zool. sandmask

Luke [lu:k, lju:k] bibl. Lukas; *St. (Saint)* ~ *the Evangelist* evangelisten Lukas
lukewarm ['lu:kwɔ:m, 'lju:k-] *adj* **1** ljum [~ *tea*] **2** bildl. halvhjärtad [~ *support*], ljum [~ *friendship*]
lull [lʌl] **I** *vb tr* **1** vyssja, lulla [*to sleep* till sömns] **2** bildl. söva [~ *a p.'s suspicions*], lugna, stilla [~ *a p.'s fears*]; ~ *a p. into a false sense of security* invagga ngn i en falsk känsla av säkerhet **3** *be ~ed* lugna sig, lägga sig [*the wind (sea) was ~ed*] **II** *vb itr* lugna sig, lägga sig; om storm äv. bedarra, mojna **III** *s* paus, uppehåll [*a ~ in the conversation*]; bildl. stiltje, stillastående; *the ~ before the storm* lugnet före stormen äv. bildl.
lullaby ['lʌləbaɪ] *s* √aggvisa, vaggsång
lumbago [lʌm'beɪgəʊ] *s* med. ryggskott, lumbago
lumbar ['lʌmbə] *adj* anat. lumbal; länd- [~ *vertebra*]; ~ *puncture* lumbalpunktion, ryggmärgsprov; *the ~ region* korsryggen
1 lumber ['lʌmbə] *vb itr* lufsa, klampa [*along* fram, i väg]
2 lumber ['lʌmbə] **I** *s* **1** [gammalt] skräp, bråte, bildl. äv. smörja, tyngande gods, barlast **2** isht amer. timmer, virke **II** *vb tr*, ~ [*up*] belamra, fylla [med skräp] [*the room is all ~ed up with rubbish*]; belasta, tynga [*a mind ~ed* [*up*] *with useless facts*]; få ta på sig, bli fast med
lumberer ['lʌmbərə] *s* isht amer. timmerhuggare, skogshuggare; skogsarbetare
lumberjack ['lʌmbədʒæk] *s* se *lumberer*
lumber room ['lʌmbərʊm] *s* skräpkammare
lumberyard ['lʌmbəjɑ:d] *s* amer. brädgård
luminary ['lu:mɪnərɪ, 'lju:-] *s* förgrundsfigur; vard. celebritet, kändis
luminosity [,lu:mɪ'nɒsətɪ] *s* lysförmåga; glans; astron. ljusstyrka
luminous ['lu:mɪnəs, 'lju:-] *adj* lysande; självlysande [~ *paint*]; strålande [~ *eyes*]; ljus- [~ *intensity*]; ~ *tape* reflexband
1 lump [lʌmp] *s* zool. stenbit, sjurygg
2 lump [lʌmp] *vb tr* vard., *if you don't like it you can ~ it* passar det inte (om du inte vill ha det) så får det vara!
3 lump [lʌmp] **I** *s* **1** klump; stycke; klimp, klick, bit; ~ *sugar* bitsocker; ~ *sum* klumpsumma; *pay down a ~ sum* betala en klumpsumma, betala på en gång (på ett bräde); *a ~ of coal* ett kol; *a ~ of sugar* en sockerbit **2** vard. massa, mängd; hög [*the articles were piled in a great ~*] **3** bula, knöl **4** vard. trögmåns, tjockskalle **II** *vb tr* slå ihop [*they ~ed their expenses*]; ~ *together* slå ihop [i klump] [~ *items together*], bunta ihop; bildl. behandla i klump, skära över en kam **III** *vb itr* klumpa sig, klimpa sig
lumpfish ['lʌmpfɪʃ] *s* zool. stenbit, sjurygg
lumpy ['lʌmpɪ] *adj* **1** full av klumpar, klimpig [~ *sauce*]; knölig [*a ~ bed*], ojämn **2** klumpig [*a ~ gait*]
lunacy ['lu:nəsɪ, 'lju:-] *s* vansinne, vanvett
lunar ['lu:nə, 'lju:-] *adj* mån- [~ *landscape* (*module, year*)], lunar, lunarisk; ~ *month* synodisk månad; månvarv; ~ *orbit* månbana; ~ *probe* månsond
lunatic ['lu:nətɪk] **I** *adj* vansinnig, vanvettig, dåraktig [*a ~ proposal*] **II** *s* **1** galning, dåre [*work like a ~*] **2** ~ *asylum* se *asylum* 2; *certified ~* jur. sinnessjukförklarad person
lunch [lʌn(t)ʃ] **I** *s* **1** lunch; *have* (*take*) ~ äta lunch; *he is at ~* a) han är på (till) lunch b) han [sitter och] äter lunch; ~ *box* matlåda; ~ *packet* el. *packed ~* [lunch]matsäck, lunchkorg, lunchpaket **2** i USA a) lunch b) lätt måltid, mellanmål, extramål **II** *vb itr* äta lunch, luncha; *we ~ed on salmon* vi åt lax till lunch
luncheon ['lʌn(t)ʃ(ə)n] (formellt för *lunch*) **I** *s* lunch; ~ *meat* konserverat fläskkött blandat med säd; ~ *voucher* lunchkupong **II** *vb itr* luncha, äta lunch
lunch hour ['lʌn(t)ʃaʊə] *s* lunchrast, lunchtimme; frukostrast; *in* (*during*) *the ~* äv. på (under) lunchen
lunchtime ['lʌn(t)ʃtaɪm] *s* lunchtid, lunchdags; ~ *recess* amer. lunchrast
lung [lʌŋ] *s* lunga äv. bildl.; attr. lung- [~ *cancer*]
lunge [lʌndʒ] **I** *s* **1** fäktn. utfall äv. bildl.; boxn. rakt slag **2** häftig rörelse [framåt]; *with a ~ he grabbed the ball* han kastade sig på bollen **II** *vb itr* **1** göra [ett] utfall [äv. ~ *out at* mot]; *he ~d out suddenly* han gjorde ett plötsligt utfall **2** boxn. slå ett rakt (raka) slag **3** rusa, störta; göra ett plötsligt (hastigt) ryck [*the car ~d forward*] **III** *vb tr* stöta, sticka t.ex. vapen [*into* i]; slå slag
lupin ['lu:pɪn, 'lju:-] *s* bot. lupin
1 lurch [lɜ:tʃ] **I** *s* överhalning, [plötslig] krängning; vard. raglande, vinglande **II** *vb itr* kränga; vard. ragla, vingla
2 lurch [lɜ:tʃ] *s*, *leave in the ~* lämna i sticket, svika; strandsätta
lure [ljʊə, lʊə] **I** *s* **1** lockbete; fisk. drag; bete; vid falkjakt lockfågel, bulvan **2** lockelse, dragningskraft [*the ~ of the sea*], frestelse [*the ~[s] of the metropolis*] **II** *vb tr* locka, lura [*away* bort; *into* in i]
lurid ['ljʊərɪd, 'lʊə-] *adj* **1** brandröd, glödande, flammande [*a ~ sky* (*sunset*)]; skrikig, gräll [*paperbacks in ~ covers*] **2** hotande, hotfull [~ *thunderclouds*]; kuslig, hemsk, spöklik [*a ~ atmosphere*], ohygglig, makaber
lurk [lɜ:k] *vb itr* **1** [stå och] lura [*a man ~ing in the shadow*], stå (ligga) på lur; hålla sig dold **2** bildl. lura [*dangers were ~ing*]; dölja sig
luscious ['lʌʃəs] *adj* **1** läcker, delikat [~ *peaches*]; ljuvlig, härlig [*a ~ feeling*]; ~ *lips* sensuella läppar, [en] generös mun **2** bildl.

överlastad [*a ~ style*] **3** vard. yppig [och sexig] [*a ~ blonde*]
lush [lʌʃ] *adj* **1** frodig, yppig [*a ~ growth of vegetation*], saftig [*~ grass*]; grönskande [*~ meadows*] **2** flott, lyxig [*~ surroundings*], överdådig, påkostad [*a ~ dinner*], läcker, smakfull
lust [lʌst] **I** *s* lusta; kättja; åtrå, begär [*for* efter]; *the ~s of the flesh* köttets lustar; *~ for gold* guldtörst, guldhunger; *~ for life* livsaptit; *~ for power* maktlystnad, maktbegär **II** *vb itr*, *~ for (after)* åtrå, eftertrakta, längta efter; törsta efter
luster ['lʌstə] *s* amer., se *lustre*
lustful ['lʌstf(ʊ)l] *adj* lysten [*~ eyes*], vällustig, kättjefull
lustily ['lʌstəlɪ] *adv* av alla krafter, energiskt [*work (fight) ~*], duktigt [*cry ~*], friskt [*burn ~*], kraftigt; hjärtligt [*laugh ~*]
lustre ['lʌstə] *s* **1** glans; lyster, skimmer **2** bildl. glans, ära; strålande skönhet; *add fresh ~ to* skänka ny glans åt
lustreless ['lʌstələs] *adj* glanslös, matt
lustrous ['lʌstrəs] *adj* glänsande; skimrande [*~ pearls*]; strålande [*~ eyes*]
lusty ['lʌstɪ] *adj* frisk och stark, kraftfull, livskraftig; kraftig [*~ cheers, a ~ kick*], hjärtlig [*a ~ laugh*]; rejäl [*a ~ meal*]; *a ~ appetite* en strålande aptit
lute [luːt, ljuːt] *s* mus. luta
Luther ['luːθə, 'ljuː-]
Lutheran ['luːθ(ə)r(ə)n, 'ljuː-] **I** *adj* luthersk; evangelisk-luthersk [*the ~ Church*] **II** *s* lutheran
Luxembourg o. **Luxemburg** ['lʌks(ə)mbɜːg] **I** geogr. **II** *adj* luxemburgsk
Luxembourger o. **Luxemburger** ['lʌks(ə)m,bɜːgə] *s* luxemburgare
luxuriance [lʌg'zjʊərɪəns, lʌk'sj-, lʌg'ʒʊə-] *s* frodighet, yppighet, ymnighet, överflöd, rikedom
luxuriant [lʌg'zjʊərɪənt, lʌk'sj-, lʌg'ʒʊə-] *adj* frodig, yppig [*~ vegetation*], ymnig, överflödande; kraftig, yvig [*~ hair*]; överlastad, blomsterrik
luxuriate [lʌg'zjʊərɪeɪt, lʌk'sj-, lʌg'ʒʊə-] *vb itr* frodas; njuta i fulla drag; *~ in (on)* frossa i (på), njuta av, hänge sig åt
luxurious [lʌg'zjʊərɪəs, lʌk'sj-, lʌg'ʒʊə-] *adj* **1** luxuös [*a ~ hotel*], lyxig, lyxbetonad, flott [*~ surroundings*]; praktfull, påkostad, överdådig; utsökt, läcker [*~ food*]; skön och bekväm [*a ~ armchair*]; *a ~ life* en lyxtillvaro, ett lyxigt liv **2** lyxälskande, njutningslysten; njutningsfylld, härlig [*a ~ feeling of well-being*]; dyrbar, lyxig [*~ habits*] **3** rik, stor [*a ~ harvest*]
luxur|y ['lʌkʃ(ə)rɪ] *s* **1** lyx, överflöd, överdåd [*live in ~*]; *a life of ~* ett lyxliv, ett liv i lyx; *~ goods* lyxartiklar **2** lyxartikel, lyxvara [*jewels and other -ies*]; pl. *-ies* äv. delikatesser,

godsaker; [*a bathroom is*] *no ~* ...är ingen lyx; *I can afford a few -ies now and then* jag kan kosta på mig lite lyx då och då **3** [riktig] njutning **4** attr. lyx- [*a ~ hotel (flat)*]; *~ tax* lyxskatt
LV [,el'viː] förk. för *luncheon voucher*
lychee [,laɪ'tʃiː, 'lɪtʃiː] *s* se *litchi*
Lydia ['lɪdɪə] **1** kvinnonamn **2** geogr. Lydien
lye [laɪ] *s* lut
1 lying ['laɪɪŋ] **I** *pres p* av *1 lie* **II** *adj* lögnaktig [*a ~ person (report)*], som ljuger **III** *s* ljugande; lögnaktighet
2 lying ['laɪɪŋ] *pres p* av *2 lie* **I** o. *II*
lymph [lɪmf] *s* fysiol. lymfa; *~ gland (node)* lymfkörtel, lymfknut
lymphatic [lɪm'fætɪk] **I** *adj* **1** lymfatisk; lymf- [*~ gland (vessel)*] **2** flegmatisk **3** blek[siktig] **II** *s* lymfkärl
lynch [lɪn(t)ʃ] **I** *vb tr* lyncha **II** *s*, *~ law* lynchlag
lynx [lɪŋks] *s* lo[djur]
lyre ['laɪə] *s* mus. lyra
lyric ['lɪrɪk] **I** *adj* lyrisk; *~ poet* lyrisk skald, lyriker; *~ poetry (verse)* lyrik; *~ stage* lyrisk scen; opera **II** *s* lyrisk dikt; pl. *~s* a) lyrik b) [sång]text
lyrical ['lɪrɪk(ə)l] *adj* lyrisk isht bildl.; känslofull, svärmisk, högstämd
lyricism ['lɪrɪsɪz(ə)m] *s* **1** lyrisk karaktär (stil) **2** lyriskt uttryck **3** lyriskt patos, lyrism
lyricist ['lɪrɪsɪst] *s* **1** lyriker **2** [sång]textförfattare

M

M, m [em] (pl. *M's* el. *m's* [emz]) *s* M, m
M förk. för *Monsieur, motorway* [[*the*] *M 1*]
'm 1 = *am* [*I'm*] **2** se *ma'am*
m. förk. för *metre*[*s*], *mile*[*s*], *million*[*s*], *2 minute*[*s*]
MA [,em'eɪ] förk. för *Master of Arts*
ma [mɑ:] *s* vard. mamma; mor [~ (*M~*) *Smith*]
ma'am [mæm, məm] *s* frun i tilltal av tjänstefolk m.fl., ofta utan mots. i sv. [*Yes, ~!*], se äv. *madam 1*
mac [mæk] *s* vard. (kortform av *mackintosh*), regnrock, regnkappa
macabre [mə'kɑ:br, -bə] *adj* makaber
macadam [mə'kædəm] *s* makadam[kross], krossten; ~ *road* makadamväg, grov asfaltväg
macaroni [,mækə'rəʊnɪ] *s* makaroni, makaroner
macaroon [,mækə'ru:n] *s* kok. mandelbiskvi, makron, polyné
macaw [mə'kɔ:] *s* zool. ara[papegoja]
1 mace [meɪs] *s* muskotblomma krydda
2 mace [meɪs] *s* stav buren framför t.ex. talmannen i underhuset [*the M~*]
Macedonia [,mæsɪ'dəʊnjə] geogr. Makedonien
Macedonian [,mæsɪ'dəʊnjən] **I** *adj* makedonisk **II** *s* **1** makedonier; makedonska kvinna **2** makedonska [språket]
Mach [mæk, mɑ:k] *s*, ~ [*number*] flyg. machtal
machete [mə'tʃetɪ, -'tʃeɪtɪ] *s* machete stor kniv
Machiavelli [,mækɪə'velɪ] **I** italiensk författare o. politiker **II** *s* machiavellist samvetslös politiker; intrigmakare
machination [,mækɪ'neɪʃ(ə)n, ,mæʃ-] *s* ränksmideri, stämpling; pl. ~*s* ränker, intriger, stämplingar
machine [mə'ʃi:n] **I** *s* **1** maskin; [*automatic*] ~ automat **2** bildl. [parti]organisation, [parti]apparat [*the Democratic (party)* ~]; maskineri **3** attr. maskin- [*the* ~ *age,* ~ *milking*], maskinell [~ *equipment*] **II** *vb tr* tillverka med (på) maskin; sy på maskin
machine gun [mə'ʃi:ngʌn] mil. **I** *s* kulspruta, maskingevär; *light* ~ kulsprutegevär **II** *vb itr* o. *vb tr* skjuta med kulspruta [på]
machine-made [mə'ʃi:nmeɪd] *adj* maskingjord, maskintillverkad; maskinsydd
machine-readable [mə,ʃi:n'ri:dəbl] *adj* data. maskinläsbar
machinery [mə'ʃi:nərɪ] *s* **1** maskiner, maskinell utrustning [*the factory has a great deal of* ~]; maskinpark; *by* ~ med maskinkraft; maskinellt; *made by* ~ äv. maskintillverkad **2** maskineri äv. bildl., mekanism
machine tool [mə'ʃi:ntu:l] *s* verktygsmaskin
machine-washable [mə,ʃi:n'wɒʃəbl] *adj* maskintvättbar om kläder
machinist [mə'ʃi:nɪst] *s* **1** maskinkonstruktör, maskiningenjör; maskinreparatör **2** maskinarbetare, maskinist; maskinsömmerska
machismo [mə'tʃɪzməʊ] *s* [starkt utvecklad] manlighet, manschauvinism
macho ['mætʃəʊ, 'mɑ:-] **I** (pl. ~*s*) *s* macho, mansgris **II** *adj* macho-, supermanlig
mack [mæk] *s* se *mac*
mackerel ['mækr(ə)l] (pl. lika el. ~*s*) *s* zool. makrill
mackintosh ['mækɪntɒʃ] *s* regnrock, regnkappa
macrocosm ['mækrə(ʊ)kɒz(ə)m] *s* makrokosmos universum
Macy ['meɪsɪ] egenn.; ~'*s* stort varuhus i New York
mad [mæd] *adj* **1** a) vansinnig; galen, tokig äv. vard. [*about, on* i; *after* efter; *she's* ~ *about him* (*music*)] b) vard. isht amer. arg, rasande, förbaskad, förbannad [*about* (*at*) *doing a th.* över att ha gjort ngt; *at* (*with* amer. äv. *on*) *a p.* på ngn]; ~ *cow* [*disease*] galnakosjukan; *go* ~ bli vansinnig (galen, tokig), bli utom sig; *it's enough to drive* (*send*) *one* ~ det är så man kan bli (det kan göra en) vansinnig (galen, tokig); *like* ~ som en galning, som [en] besatt [*he ran* (*worked*) *like* ~], vilt; [*they're banging*] *like* ~ ...som bara den; *raving* ~ el. *as* ~ *as a* [*March*] *hare* el. *as* ~ *as a hatter* spritt (språngande) galen, helgalen **2** [folk]ilsken [*a* ~ *bull*]; galen om hund
Madagascan [,mædə'gæskən] **I** *adj* madagaskisk **II** *s* madagask
Madagascar [,mædə'gæskə] geogr. Madagaskar
madam ['mædəm] *s* **1** i tilltal ~ el. *M~* frun, fröken; i affärer o.d. äv. damen; ofta utan motsv. i sv. [*Yes, M~!*]; *can I help you,* ~? kan jag hjälpa er (damen)?; [*Dear*] *M~* tilltalsord i formella brev, utan motsv. i sv. *M~ Chairman!* Ordförande! **2** vard. frun [i huset] [*is* ~ *at home?*] **3** vard. bordellmamma
madcap ['mædkæp] *s* vildhjärna, galenpanna; vildbasare; yrhätta
madden ['mædn] *vb tr* göra galen (rasande)
maddening ['mædnɪŋ] *adj* som kan göra en galen (vild) [~ *pains*]; vansinnig; vard. outhärdlig [~ *delays*]
made [meɪd] **I** imperf. av *make* **II** *adj* o. *perf p* (av *make*) **1** gjord, tillverkad [~ *in England*]; i sms. -gjord, -tillverkad [*factory-made*]; *he is* ~ *for the job* han är som gjord (skapt) för arbetet; [*show them*] *what you are* ~ *of* ...vad du går för (duger till); ~ *of money*

gjord av pengar, stenrik **2** konstruerad, uppbyggd [*the plot is well* ~], sammansatt **3** välbärgad, rangerad, som lyckats [*a ~ man*]; *he is a ~ man* äv. hans lycka är gjord; *he has* [*got*] *it* ~ vard. han har det väl förspänt; hans lycka är gjord

Madeira [mə'dɪərə] **I** geogr. egenn.; *~ cake* sockerkaka med citronskal **II** *s* madeira vin

Madeleine ['mæd(ə)lɪn, -leɪn] kvinnonamn

made-to-measure [ˌmeɪdtə'meʒə] *adj* måttbeställd, måttsydd

made-up [ˌmeɪd'ʌp] *attr adj* **1** (se äv. *make up* under *make A III*) påhittad, uppdiktad [*a ~ story*]; konstruerad [*a ~ word*] **2** färdiggjord; *a ~ bed* en bäddad säng (iordninggjord sängplats); *~ clothes* konfektionssydda kläder; *~ tie* färdigknuten slips **3** sminkad, målad [*a ~ woman*]; uppgjord, uppbyggd, sammansatt **4** belagd om väg

Madge [mædʒ] kortform för *Margaret*

madhouse ['mædhaʊs] *s* vard. dårhus

mad|man ['mæd|mən] (pl. *-men* [-mən el. -men]) *s* dåre, vettvilling; *like a ~* som en galning

madness ['mædnəs] *s* **1** vansinne, galenskap; bildl. äv. vanvett **2** ursinne, raseri

Madonna [mə'dɒnə] *s* madonna [*the ~*]; *~ lily* madonnalilja, vit lilja

madrigal ['mædrɪg(ə)l] *s* mus. el. litt. madrigal

maelstrom ['meɪlstrɒm, -strəʊm] *s* malström äv. bildl. [*the ~ of war*]; häxkittel

maestr|o [mɑː'estr|əʊ, 'maɪstr|əʊ] (pl. *-i* [-iː] el. *-os*) *s* mästare, maestro; virtuos

Mafia ['mæfɪə, 'mɑː-] *s*, *~* el. *m~* maffia äv. bildl.; *the ~* maffian

mafios|o [ˌmæfɪ'əʊz|əʊ, ˌmɑː-] (pl. *-i* [-iː]) *s* mafioso, maffiamedlem

mag [mæg] *s* vard. för *magazine 1*

magazine [ˌmægə'ziːn] *s* **1** [illustrerad] tidning, tidskrift, magasin äv. radio. el. TV.; veckotidning **2** mil. [ammunitions]förråd, [proviant]förråd; förrådshus, kruthus; [krut]durk **3** magasin i gevär; kassett i kamera

Magdalen [i bet. *1* 'mægdəlɪn, i bet. *2* 'mɔːdlɪn] **1** bibl. Magdalena **2** *~ College* college i Oxford

magenta [mə'dʒentə] **I** *s* magenta **II** *adj* magentafärgad

maggot ['mægət] *s* [flug]larv; mask i ost o. kött

maggoty ['mægətɪ] *adj* **1** full av mask[ar], med mask i [*~ cheese*] **2** konstig, stollig

magic ['mædʒɪk] **I** *attr adj* magisk [*~ rites*], troll-, trolldoms- [*~ power*]; trolsk [*a ~ glimmer*]; förtrollad [*a ~ wood*], förtrollande [*~ beauty*]; *~ carpet* flygande matta; *~ circle* a) trollkrets b) bildl. magisk (esoterisk) cirkel; *the M~ Flute* Trollflöjten; *~ lantern* laterna magica; skioptikon; *~ wand* trollspö, trollstav **II** *s* magi [*black (white) ~*], trolldom; trolleri, trollkonster; magik; förtrollning, tjusning, tjuskraft [*the ~ of spring*]; *work ~*

trolla, göra underverk [*I can't work ~*], ha en magisk verkan; *as if by ~* el. *like ~* som genom ett trollslag (trolleri); *act like ~* ha en magisk verkan

magical ['mædʒɪk(ə)l] *adj* **1** magisk [*~ effect*], förbluffande, fantastisk [*the result was ~*] **2** trolsk, förtrollande

magician [mə'dʒɪʃ(ə)n] *s* illusionist, trollkarl

magisterial [ˌmædʒɪ'stɪərɪəl] *adj* auktoritativ; myndig, dominerande, befallande [*a ~ manner*], docerande [*in a ~ tone*]

magistracy ['mædʒɪstrəsɪ] *s* **1** [freds]domarämbete **2** *the ~* [freds]domarna, [freds]domarkåren

magistrate ['mædʒɪstreɪt, -trət] *s* fredsdomare ofta oavlönad ej juridiskt utbildad domare; [underrätts]domare; *~s' court* ung. motsv. tingsrätt

magnanimous [mæg'nænɪməs] *adj* storsint, ädelmodig, högsint; ädel

magnate ['mægneɪt] *s* magnat, storman; storhet

magnesia [mæg'niːʃə, məg-] *s* kem. **1** magnesia **2** vard. magnesiumpreparat; bittersalt

magnesium [mæg'niːzjəm, məg-] *s* kem. magnesium

magnet ['mægnət] *s* magnet äv. bildl.

magnetic [mæg'netɪk] *adj* **1** magnetisk; magnet- [*~ mine (needle)*]; *~ field* magnetfält **2** bildl. fängslande, tilldragande [*a ~ personality*], lockande, förförisk [*a ~ smile*], magnetisk [*~ attraction*]

magnetism ['mægnətɪz(ə)m] *s* magnetism; bildl. äv. dragningskraft

magnetize ['mægnətaɪz] *vb tr* **1** magnetisera, göra magnetisk **2** bildl. fängsla, trollbinda

magneto [mæg'niːtəʊ] (pl. *~s*) *s* magnetapparat i motor

magnification [ˌmægnɪfɪ'keɪʃ(ə)n] *s* förstoring

magnificence [mæg'nɪfɪsns, məg-] *s* storslagenhet, prakt

magnificent [mæg'nɪfɪsnt, məg-] *adj* storslagen, storartad, magnifik; praktfull; vard. härlig, strålande [*~ weather*]

magnifier ['mægnɪfaɪə] *s* förstoringsglas, lupp, förstoringsapparat

magnify ['mægnɪfaɪ] *vb tr* **1** förstora; *~ing glass* förstoringsglas **2** förstärka ljud **3** bildl. förstora [upp], överdriva [*~ the dangers*]

magniloquent [mæg'nɪlə(ʊ)kwənt] *adj* högtravande; storordig, skrytsam

magnitude ['mægnɪtjuːd] *s* storlek; omfattning; betydelse; astron. magnitud; matem. storhet

magnolia [mæg'nəʊljə] *s* bot. magnolia

magnum ['mægnəm] *s* magnumbutelj

magpie ['mægpaɪ] *s* zool. skata

Magyar ['mægjɑː] **I** *s* **1** magyar ungrare **2** magyariska [språket] ungerska **II** *adj* magyarisk ungersk

mahogany [məˈhɒgənɪ] I s 1 mahogny[träd] 2 mahognyträd 3 mahognyfärg II adj 1 mahogny- 2 mahognyfärgad
maid [meɪd] s 1 hembiträde, tjänsteflicka, jungfru, piga 2 poet. mö, flicka 3 ungmö; *old ~* gammal ungmö (fröken, nucka); *he (she) is a bit of an old ~* han (hon) är lite tantig [av sig] 4 *~ of honour* (pl. *maids of honour*) a) hovfröken b) [förnämsta] brudtärna
maiden [ˈmeɪdn] I s poet. mö, flicka; ungmö II *attr adj* 1 ogift [*my ~ aunt*]; jungfrulig [*~ modesty*], jungfru-, flick- 2 bildl. jungfrulig, orörd [*~ soil*]; *~ over* i kricket over kastomgång utan lopp 3 förstlings-, allra första [*~ work*], jungfru- [*~ speech (trip, voyage, flight)*]
maidenhair [ˈmeɪdnheə] s bot. venushår äv. kvinna
maidenhead [ˈmeɪdnhed] s 1 jungfrulighet; mödom 2 mödomshinna
maidenhood [ˈmeɪdnhʊd] s 1 jungfrulighet; mödom 2 flicktid
maidservant [ˈmeɪdˌsɜːv(ə)nt] s hembiträde, tjänsteflicka, jungfru
1 mail [meɪl] s brynja, rustning; pansar äv. bildl.; *coat of ~* el. *~ coat* brynja, pansarskjorta
2 mail [meɪl] I s 1 isht amer. post försändelser [*is there much ~?; open the ~; there was a bill in* (med, bland) *the ~*]; postlägenhet [*by the next ~*]; post[befordran]; pl. *~s* post[försändelser] [*the ~s were lost*]; *~ order* postorder, se vid. *mail-order*; *send by ~* sända med posten (per post) 2 post[verk]; *the Royal M~* [Brittiska] Postverket; *U.S. M~* [Amerikanska] Postverket 3 posttåg [*night ~*] II *vb tr* isht amer. sända (skicka) med posten (per post); skicka [*~ a parcel*], posta, lägga på [*~ a letter*]
mailbag [ˈmeɪlbæg] s postsäck; postväska
mailbox [ˈmeɪlbɒks] s isht amer. brevlåda; brevfack
mail carrier [ˈmeɪlˌkærɪə] s amer. brevbärare
mail drop [ˈmeɪldrɒp] s 1 isht amer. brevinkast, brevlåda i dörr 2 postbox, postadress; brevfack
mailing [ˈmeɪlɪŋ] s 1 postande 2 attr., *~ address* postadress; *~ list* adressregister, adressförteckning, utskickslista; *~ machine* postbehandlingsmaskin
mail|man [ˈmeɪl|mən] (pl. *-men* [-mən]) s isht amer. brevbärare
mail-order [ˈmeɪlˌɔːdə] *attr adj* postorder- [*~ catalogue*]; *~ firm (company)* postorderfirma
maim [meɪm] *vb tr* lemlästa, stympa; skadskjuta; bildl. fördärva, forvanska; *~ed* äv. lytt, ofärdig
main [meɪn] I *adj* 1 huvudsaklig, väsentlig, viktigast; störst; huvud- [*~ building*]; sjö. stor-; *have an eye to (look to) the ~ chance* se till sin egen vinning (sina egna intressen), ha födgeni, vara om sig; *~ character* huvudperson i pjäs, roman o.d.; *the ~ entrance* huvudingången, stora ingången; *the ~ floor* amer. bottenvåningen, gatuplanet i varuhus; *the ~ part* huvuddelen, största delen, flertalet; *~ road* huvudväg, [stor] landsväg, huvudstråk; *~ street* huvudgata; amer. storgata [ofta ss. namn *M~ Street*]; *the ~ thing* huvudsaken, det viktigaste 2 *by ~ force* a) med våld b) av alla krafter II s 1 *in the ~* huvudsakligen, i huvudsak, på det hela taget 2 *with might and ~* med all makt, av alla krafter 3 huvudledning för vatten, gas, elektricitet; pl. *~s* elektr. nät; *~s connection* nätanslutning; *~s receiver* radio. nätmottagare 4 sjö. a) storsegel; *the ~* vanl. storen b) stormast
mainframe [ˈmeɪnfreɪm] s data. stordator [äv. *~ computer*]
mainland [ˈmeɪnlənd, -lænd] s fastland
mainline [ˈmeɪnlaɪn] I s amer. huvudväg, [stor] landsväg; järnv. huvudbana, stambana II *adj* framstående, ledande
mainly [ˈmeɪnlɪ] *adv* huvudsakligen, mest, till största delen, övervägande; väsentligen
mainsail [ˈmeɪnseɪl, sjö. -sl] s sjö. storsegel
mains-operated [ˈmeɪnzˌɒpəreɪtɪd] *adj* elektr. nätansluten, för (med) nätdrift
mainspring [ˈmeɪnsprɪŋ] s 1 drivfjäder i klocka; slagfjäder i gevär 2 bildl. huvudmotiv; drivfjäder
mainstay [ˈmeɪnsteɪ] s 1 sjö. storstag 2 bildl. stöttepelare
mainstream [ˈmeɪnstriːm] I s 1 bildl. huvudströmning[ar], ledande riktning; allfarväg 2 huvudflod, huvudfåra, huvudström II *adj* 1 traditionell, konventionell, bred [*~ art*]; strömlinjeformad [*~ politics*] 2 mus. mainstream [*~ jazz*]
maintain [meɪnˈteɪn] *vb tr* 1 upprätthålla, upprätthålla [*~ contact (friendly relations)*], hålla vid makt, vidmakthålla [*~ law and order*], [bi]behålla, bevara [*~ a tradition*], hålla [*~ a speed of 90 kilometres an hour*]; *~ discipline* upprätthålla disciplinen, hålla disciplin; *~ silence* iaktta tystnad, hålla tyst 2 underhålla, hålla i stånd, hålla i gott skick [*~ a house*] 3 hålla på, försvara, hävda [*~ one's rights*]; [under]stödja [*~ a cause*] 4 underhålla, försörja [*~ a family*], livnära, uppehålla; hålla [*~ a son at a public school*]; *~ed school* statsunderstödd skola 5 stå fast vid [*~ one's principles*]; hävda, [vilja] påstå [*I ~ that...*]
maintenance [ˈmeɪntənəns] s 1 uppehållande etc., jfr *maintain 1* 2 underhållande; underhåll, skötsel; mil. underhållstjänst; *~ work* underhållsarbete; *road ~* vägunderhåll 3 försvarande, försvar; understödjande, stöd 4 försörjning; [livs]uppehälle, existensmedel;

underhållsbidrag, underhåll [*she gets no ~ from her ex-husband*]; *~ order* jur. underhållsåläggande
main-topsail ['meɪntɒpseɪl, sjö. -təpsl] *s* sjö. stormärssegel
Maisie ['meɪzɪ] kortform för *Margaret*
maisonette o. **maisonnette** [ˌmeɪzə'net] *s* **1** etagevåning, tvåplanslägenhet **2** litet hus, liten villa
maître d'hôtel [ˌmeɪtrədəʊ'tel, 'met-] (pl. *maîtres d'hôtel* [utt. som sg.]) *s* fr. hotellvärd; hovmästare; *~ butter* persiljesmör
maize [meɪz] *s* bot. majs; *ear of ~* majsax, majskolv; *~ meal* majsmjöl; *~ oil* majsolja
Maj. (förk. för *Major*) se *major II 1*
majestic [mə'dʒestɪk] *adj* majestätisk
majesty ['mædʒɪstɪ] *s* majestät i olika bet.; majestätisk storhet (storslagenhet) [*the ~ of Rome*]; *Your* (*His, Her*) *M~* Ers (Hans, Hennes) Majestät
major ['meɪdʒə] **I** *adj* **1** större [*a ~ operation; the ~ prophets*], stor- [*a ~ war*], [mera] betydande, [ganska] betydelsefull [*he was a ~ figure at the time*], viktig[are], viktigast [*the ~ cities* (*poets*)]; allvarlig[are], svår[are] [*a ~ illness*]; överordnad; *~ axis* geom. storaxel; *~ league* i USA (sport.) högre serie; *~ planet* huvudplanet; *~ road* huvudled; *~ road ahead* på trafikskylt korsande huvudled; *~ subject* amer. univ. huvudämne; *Brown ~* i skolor den äldre [av bröderna] Brown, Brown senior **2** jur. myndig [*~ age*] **3** mus. **a**) stor [*~ interval*]; *~ third* stor ters **b**) dur- [*~ scale*]; *~ key* (*mode*) durtonart; *be in the ~ key* gå i dur äv. bildl.; *A ~* a-dur **II** *s* **1** mil. major **2** jur. myndig [person] **3** amer. univ. **a**) huvudämne [*history is his ~*] **b**) student med (som har) ngt som huvudämne [*two history ~s*] **4** mus. dur **III** *vb itr, ~ in* isht amer. univ. specialisera sig på, ha (välja) som huvudämne [*he is ~ing in history*]
major-general [ˌmeɪdʒə'dʒen(ə)r(ə)l] *s* generalmajor
majority [mə'dʒɒrətɪ] *s* **1 a**) majoritet, flertal; *the ~ of people* de flesta [människor]; *the great* (*vast*) *~* det stora flertalet, de allra ᴵ flesta; *in the* [*great*] *~ of cases* i de [allra] flesta fall **b**) majoritet; *gain a ~* komma i majoritet[sställning]; *a solid ~* en kompakt majoritet; *~* [*of votes*] röstövervikt, [röst]majoritet; *absolute* (*clear, overall*) *~* absolut majoritet; *ordinary ~* enkel majoritet; *the silent ~* den tysta majoriteten; *he was elected by a large ~* han valdes med stor majoritet; *by a ~ of ten* [*votes*] med tio rösters majoritet (övervikt) **2** myndig ålder, myndighetsålder; *attain* (*reach*) *one's ~* bli myndig
make [meɪk] **A** (*made made*) *vb* **I** *tr* (se äv. *III* o. *made*, för spec. förbindelser ss. *~ room* (*way*), *~ a fool of, ~ light of* se under resp. huvudord)

1 a) göra [*of, out of* av; *from* av, på]; tillverka, framställa; *~ into* göra till, förvandla till; *she is as sweet as they ~ them* hon är det sötaste man kan tänka sig **b**) göra [i ordning], laga [till] [*~ lunch*], koka, brygga [*~ coffee* (*tea*)]; sy [*~ a dress*] **c**) göra, åstadkomma; ingå [*~ an agreement*], fatta [*~ a decision*]; hålla [*~ a speech*], stifta [*~ laws*], sluta [*~ an alliance*]; lämna, ge [*~ a contribution*], komma med [*~ excuses*], ställa [*~ conditions*], avge [*~ a promise*]; *~ the bed* bädda [sängen]; *~ bread* baka bröd; *~ haste* raska på, skynda sig; *~ a phone call* ringa ett samtal; *~ a timetable* skol. lägga ett schema; *~ war* föra krig; börja krig; *~ water* **a**) sjö. ta in vatten, läcka **b**) kasta vatten
2 a) med adj. göra; *~ a p. happy* göra ngn glad; *what ~s you so late?* hur kommer det sig att du är så sen? **b**) göra till [*~ it a rule*], utnämna (utse) till [*they made him chairman*]
3 med inf.: **a**) få (komma) att [*he made me cry*], förmå att [*he made me do it*], låta [*he made me work hard*], tvinga att; i roman o.d. låta [*the author ~s the heroine die in the last chapter*]; *it's enough to ~ one cry* det är så man kan gråta [åt det]; *what made the car stop?* vad var det som gjorde att bilen stannade? **b**) *~ believe that one is* låtsas att man är **c**) *~ do* klara sig
4 a) [för]tjäna [*~ £15,000 a year*]; göra [sig], skapa [sig] [*~ a fortune*]; få, skaffa sig [*~ many friends*] **b**) vinna, göra [*~ 5 points*], kortsp. ta [hem] [*~ a trick* (*stick*)] **c**) [för]skaffa [*that made him many enemies*]
5 bli, vara [*this ~s the tenth time*], göra; bilda, utgöra; *3 times 3 ~*[*s*] *9* 3 gånger 3 är (blir, gör) 9; *100 pence ~ a pound* det går 100 pence på ett pund
6 a) uppskatta till [*I ~ the distance 5 miles*], få till [*how many do you ~ them?*]; *what time do you ~ it?* el. *what do you ~ the time?* hur mycket är din klocka?; *what do you ~ of that?* vad säger (tror) du om det?; *I don't know what to ~ of it* jag vet inte vad jag ska tro om det **b**) bestämma (fastställa) till [*~ the price 10 dollars*]; *~ it two!* **a**) ta två! **b**) vi säger två!; *let's ~ it 6 o'clock!* ska vi säga (bestämma) klockan 6?
7 avverka, tillryggalägga, köra o.d. [*~ 50 miles in a day*]
8 a) komma fram till, [lyckas] nå [*~ the summit*] **b**) sjö. nå [*~ port*], angöra, få i sikte [*~ land*] **c**) hinna med (till) [*we made the bus*]; *can we ~ it?* hinner vi?
9 a) göra berömd [*that book made him*]; *it will ~ or break him* det blir hans framgång eller fall **b**) *that's made the* (*my*) *day* dagen är räddad

II *itr* (se äv. *III*) **1 a**) styra kurs, fara, gå [*for* mot, till; *towards* mot]; skynda, rusa [*for* mot, till; *towards* mot] **b**) *~ at* slå efter, hötta

make-believe 506

mot [*he made at me with his stick*] **2 ~ *for*** främja, bidra till, verka för [*~ for better understanding*] **3 a**) **~ *as if*** (***as though***) låtsas som om [*he made as if he didn't hear us*]; göra min av att [vilja] [*he made as if to go*] **b**) **~ *to*** göra en ansats att, visa tecken till att
III *tr* o. *itr* med adv. med spec. övers.:
~ *away with* a) försvinna med b) röja undan
~ *off* ge sig i väg, smita, sjappa [*with* med]
~ *out*: a) skriva (ställa) ut [*~ out a cheque*], utfärda [*~ out a passport*], göra upp, upprätta [*~ out a list*]; fylla i [*~ out a form*] **b**) tyda; uppfatta, urskilja, skönja **c**) förstå, begripa [*as far as I can ~ out*], komma underfund med; *I can't ~ him out* äv. jag förstår mig inte på honom; *how did you ~ that out?* hur kom du fram till det? **d**) bevisa [riktigheten av], framlägga, förklara [*~ out one's case*] **e**) påstå, göra gällande [*he made out that I was there*]
~ *over* överlåta, lämna över [*to* till]
~ *up*: a) utgöra, [tillsammans] bilda, skapa; *be made up of* bestå (utgöras) av **b**) göra (sätta, ställa) upp, upprätta [*~ up a list*] **c**) hitta på, dikta ihop **d**) laga (reda) till, göra i ordning, expediera [*~ up a prescription*], sätta (blanda, röra) ihop [*into* till]; sy upp [*~ up a dress*], sy [ihop]; ~ *up a bed* ställa i ordning en säng **e**) slå (packa, lägga) in [*~ up a parcel*] **f**) sminka, teat. äv. maskera [*as* till]; **~ [*oneself*] *up*** sminka (måla) sig, göra make up, teat. äv. maskera sig **g**) göra upp, avsluta [*~ up the accounts*] **h**) fylla ut, komplettera; få ihop till [*~ up the required sum*]; täcka [*~ up a deficit*] **i**) göra slut på, bilägga [*~ up a quarrel*]; **~ *it up*** bli sams igen **j**) **~ *up* [*for*]** ersätta, gottgöra [*~ up* [*for*] *the loss*], reparera; ta igen, hämta in [*~ up* [*for*] *lost time*]; **~ *it up to a p.* [*for a th.*]** gottgöra ngn [för ngt], ge ngn kompensation [för ngt]; **~ *up for lost ground*** ta igen det försummade; *to ~ up for it* äv. i gengäld, som kompensation
B *s* **1 a**) fabrikat, tillverkning [[*of*] *our own ~*] **b**) märke, fabrikat [*cars of all ~s*]
2 utförande, snitt **3** vard., *be on the ~* vara vinningslysten, vara om sig

make-believe ['meɪkbɪˌliːv] **I** *s* inbillning, fantasi, låtsaslek; *it is only ~* äv. det är bara låtsat (spelat), det är på låtsas; *world of ~* fantasivärld, inbillningsvärld **II** *attr adj* låtsad, spelad; falsk, oäkta; låtsas- [*~ friend (world)*]
make-or-break [ˌmeɪkɔː'breɪk] *adj* avgörande [*a ~ attempt*]; *he was in a ~ situation* äv. han var i en situation där det gällde att vinna eller försvinna; *it's a case of ~* det må bära eller brista
maker ['meɪkə] *s* **1** tillverkare, fabrikant [*~ of auto parts*], producent; i sms. ofta -makare
2 skapare; *the (our) M~* Skaparen

makeshift ['meɪkʃɪft] **I** *s* provisorium, [tillfällig] ersättning, nödlösning **II** *adj* provisorisk, tillfällig, nöd- [*a ~ rhyme (solution)*]
make-up ['meɪkʌp] *s* **1 a**) make up, sminkning **b**) smink, skönhetsmedel, kosmetika; *put on ~* sminka sig, göra make up
2 sammansättning [*the ~ of a team*], beskaffenhet, natur
makeweight ['meɪkweɪt] *s* **1** tillägg, påbröd **2** fyllnadsgods; staffagefigur
making ['meɪkɪŋ] *s* **1** tillverkning, förfärdigande; tillagning; skapande, danande; förtjänande etc., jfr *make A I*; *it is in the ~* det är i vardande, det håller på att bli till (ta form, utveckla sig); *that was the ~ of him* det gjorde honom till den han är; det satte fason på honom **2** *have the ~s of...* ha goda förutsättningar (anlag, möjligheter) att bli...
malachite ['mæləkaɪt] *s* miner. malakit
maladjusted [ˌmælə'dʒʌstɪd] *adj* **1** feljusterad
2 missanpassad; miljöskadad
maladministration ['mælədmɪnɪ'streɪʃ(ə)n] *s* dålig förvaltning, vanstyre
maladroit [ˌmælə'drɔɪt] *adj* oskicklig; klumpig
malady ['mælədɪ] *s* sjukdom [*spiritual maladies*]; sjuka, ont äv. bildl. [*a social ~*]; lidande
malaise [mə'leɪz] *s* **1** lätt illamående (obehag)
2 olustkänsla, missmod; missnöje [*social ~*]
malapropism ['mæləprɒpɪz(ə)m] *s* felanvändning av ord [*'epitaphs' for 'epithets' is a ~*], groda
malaria [mə'leərɪə] *s* med. malaria, sumpfeber
Malawi [mə'lɑːwɪ] geogr.
Malawian [mə'lɑːwɪən] **I** *adj* malawisk **II** *s* malawier
Malay [mə'leɪ] **I** *s* **1** malaj; malajiska kvinna
2 malajiska [språket] **II** *adj* malajisk; *the ~ Peninsula* Malackahalvön
Malaya [mə'leɪə] geogr. Malaya södra delen av Malackahalvön; [*the Federation of*] *~* Malajiska federationen
Malayan [mə'leɪən] **I** *adj* malajisk **II** *s* malaj
Malaysia [mə'leɪzɪə, -'leɪʒ-]
Malaysian [mə'leɪzɪən, -'leɪʒ-] **I** *s* malaysier
II *adj* malaysisk
malcontent ['mælkənˌtent] *s* missnöjd person
Maldive ['mɔːldɪːv, 'mɒl-, -dɪv] geogr.; *the ~ Islands* öarna Maldiverna; *the Republic of the ~s* staten Maldiverna
male [meɪl] **I** *adj* manlig [*~ heir (servant)*]; *the ~ population*], mans- [*~ voice*], av mankön; han- [*~ animal (flower)*], av hankön; *~ child* gossebarn; *~ elephant* elefanthane; *~ nurse* sjukskötare, manlig sjuksköterska; *~ sex* mankön, hankön; *~* [***voice***] ***choir*** manskör **II** *s* **1** mansperson, manlig individ; statistik. o.d. man [*~s and females*] **2** zool. hane, hanne
malediction [ˌmælɪ'dɪkʃ(ə)n] *s* förbannelse

male-dominated ['meɪldɒmɪˌneɪtɪd] *adj*, ~ *society* manssamhälle
malefactor ['mælɪfæktə] *s* brottsling
malevolence [mə'levələns] *s* elakhet, illvilja
malevolent [mə'levələnt] *adj* elak, illvillig
malformation [ˌmælfɔː'meɪʃ(ə)n] *s* missbildning, vanskapthet; skevhet
malfunction [ˌmæl'fʌŋ(k)ʃ(ə)n] *s* krångel, funktionsoduglighet; tekniskt fel
malice ['mælɪs] *s* **1** illvilja, elakhet; *bear a p.* ~ hysa agg till (mot) ngn **2** jur. brottslig avsikt, uppsåt till brott; *with* ~ *aforethought* med berått mod, i uppsåt att skada; *without* ~ utan ont uppsåt
malicious [mə'lɪʃəs] *adj* **1** illvillig, elak, ondskefull; maliciös, skadeglad [*a* ~ *smile*], spydig [~ *remarks*]; *take a* ~ *delight in* vara skadeglad över, njuta [skadeglatt] av **2** jur. uppsåtlig [~ *damage*]; ~ *intent* ont uppsåt
malign [mə'laɪn] **I** *adj* **1** skadlig **2** ondskefull, illvillig **II** *vb tr* baktala, svärta ned
malignancy [mə'lɪgnənsɪ] *s* ondska, ondskefullhet
malignant [mə'lɪgnənt] *adj* **1** ondskefull, [djävulskt] elak, hätsk; skändlig; ond [~ *intention* (*spirit*)] **2** malign [~ *tumour*]
malignity [mə'lɪgnətɪ] *s* elakhet, illvilja
malinger [mə'lɪŋgə] *vb itr* isht mil. simulera spela sjuk
mall [mɔːl, mæl] *s* **1** trädplanterad promenadplats, esplanad **2** gågata; [inbyggt] köpcenter, galleria **3** amer. mittremsa på väg o.d.
mallard ['mæləd] *s* zool. gräsand
malleability [ˌmælɪə'bɪlətɪ] *s* **1** smidbarhet **2** bildl. formbarhet etc., jfr *malleable 2*; anpassningsförmåga
malleable ['mælɪəbl] *adj* **1** smidbar **2** bildl. formbar, smidig, foglig, anpassningsbar
mallet ['mælɪt] *s* mindre klubba, [trä]hammare; sport. klubba för krocket och polo
mallow ['mæləʊ] *s* bot. malva
malnutrition [ˌmælnjuː'trɪʃ(ə)n] *s* undernäring, näringsbrist, felnäring
malpractice [ˌmæl'præktɪs] *s* jur. tjänstefel, ämbetsbrott; felbehandling av patient
malt [mɔːlt, mɒlt] **I** *s* **1** malt; ~ *liquors* maltdrycker; *extract of* ~ el. ~ *extract* maltextrakt **2** vard. maltdryck **II** *vb tr* **1** mälta **2** tillsätta malt till; ~*ed milk* a) pulver (dryck) på malt och torrmjölk b) amer. milkshake med glass och maltsmak
Malta ['mɔːltə, 'mɒl-] geogr.
Maltese [ˌmɔːl'tiːz, ˌmɒl-, '--] **I** *adj* maltesisk; maltese- [~ *dog*]; ~ *cross* malteserkors **II** *s* **1** (pl. lika) maltesare; maltesiska kvinna **2** maltesiska [språket]
maltreatment [mæl'triːtmənt] *s* misshandel, dålig (omild) behandling
mama [mə'mɑː] *s* se *mamma*

mamba ['mæmbə] *s* zool. mamba
mamma [mə'mɑː, amer. 'mɑːmə] *s* **1** barnspr. mamma; ~'*s boy* mammas gosse **2** sl., *red-hot* ~ sexig brud
mammal ['mæm(ə)l] *s* däggdjur
mammalian [mæ'meɪlɪən, mə'm-] *adj* däggdjurs-
mammary ['mæmərɪ] *adj* anat. bröst-; ~ *gland* bröstkörtel, mjölkkörtel
mammon ['mæmən] *s* mammon; bibl. Mammon [*serve God and* ~]
mammoth ['mæməθ] **I** *s* zool. mammut **II** *attr adj* kolossal, jättelik, mastodont- [~ *organization*]
mammy ['mæmɪ] *s* isht amer. barnspr. mamma; ~'*s darling* morsgris; mammas älskling
Man [mæn] *s*, *the Isle of* ~ geogr. ön Man
man [mæn] **I** (pl. *men* [men]) *s* **1 a)** man, karl; herre; isht amer. vard. i tilltal du, hörru, grabben, polarn [*hi* ~, *what's up,* ~?]; *a* ~'*s* ~ en [riktig] karlakarl; *every* ~ *for himself* var och en för sig; *an old* ~ en gammal man, en [gammal] gubbe; *hello, old* ~*!* vard. hej gamle gosse (vän)!; *old* ~ *Jones* vard. gubben Jones; *the old* ~ vard. [fars]gubben; *that* ~ *Brown* den där Brown; ~ *and boy* adverbiellt alltsedan pojkåren; *be a* ~*!* var som en [riktig] karl!; *when I am a* ~ när jag blir stor; *he is your* ~ han är [säkert] rätt man; *I'm your* ~ vard. kör till då!, okay!; *make a* ~ *of a p.* göra karl (folk) av ngn; ~ *to* ~ man mot man; män emellan; öppet **b)** i allm. bet. mannen [~ *is physically different from woman*] **c)** [äkta] man, make; pojkvän, kille; älskare; *her old* ~ äv. hennes gubbe **d)** ss. pron., vard., *a* ~ man [*what can a* ~ *do in such a case?*] **2 a)** människa [*all men must die*; *feel a new* ~]; människan, mänskligheten [äv. *M*~; *the development of* ~]; ~ *and beast* folk och fä; *Shaw the* ~ Shaw som människa; *M*~ *proposes, God disposes* människan spår, [men] Gud rår **b)** ~ *for* ~ individuellt [sett]; en för en; *the* ~ *in the street* vard. mannen på gatan, gemene man **3 a)** attr. o. i sms. man-, mans-, karl-, människo- [*man-eater*]; herr-; manlig; *men friends* manliga bekanta; herrbekanta **b)** ~'*s* el. *men's* vanl. herr-; *men's clothes* herrkläder; *men's doubles* i tennis herrdubbel; *men's singles* i tennis herrsingel **4 a)** betjänt [*my* ~ *Jeeves*], tjänare; dräng; biträde **b)** arbetare [*the men were locked out*] **c)** vanl. pl. *men* mil. meniga [*officers and men*]; sjö. matroser; *200 men* äv. 200 man; *the men* äv. manskapet, karlarna **5** *he is a Bristol* ~ han är från Bristol; *an Oxford* ~ vard. en [gammal (f.d.)] oxfordstudent **6** pjäs i schack; bricka i brädspel o.d.

II *vb tr* **1** isht sjö. el. mil. bemanna [~ *a ship*; ~ *the guns*]; besätta med manskap [~ *the barricades*] **2** besätta [~ *a post*]

manacle ['mænəkl] **I** s, vanl. pl. **~s** handbojor, handklovar; bildl. bojor **II** vb tr sätta (lägga) handbojor på; bildl. fjättra; hämma
manage ['mænɪdʒ] **I** vb tr **1** hantera [~ an oar]; sköta, ha hand om, handha, leda [~ a business], förvalta; isht sjö. manövrera, styra **2** få bukt med, få att lyda, klara [av], ta hand om [I think I can ~ him], tygla [~ a restive horse] **3** klara, gå i land med, orka med [can you ~ all that work?]; lyckas med, sköta, ordna [they ~ these things better at that hotel], lyckas [she ~d to do ([med att] göra) it]; förmå, kunna; **could you ~** [another piece **of cake?**] orkar du [äta ('med)]...?; **he only just ~d to escape** han lyckades med knapp nöd (med nöd och näppe) [att] undkomma **II** vb itr klara sig (det), reda sig [we can't ~ without his help]; **can you ~?** klarar du (kan du klara) dig (det)?
manageable ['mænɪdʒəbl] adj [lätt]hanterlig; överkomlig [~ task (problem)]; lättskött; om pers. medgörlig, foglig
management ['mænɪdʒmənt] s **1** a) skötsel [the failure was caused by bad ~], drift b) förvaltning, ledning, management c) [företags]ledning, styrelse, direktion; regi, regim; **under new ~** på skylt ny regim **2** handhavande, behandling; hanterande; isht sjö. manövrering
manager ['mænɪdʒə] s **1** direktör, [avdelnings]chef; föreståndare; förvaltare; intendent; [**branch**] **~** kamrer för banks avdelningskontor **2** manager; sport. äv. lagledare; förbundskapten
manageress [ˌmænɪdʒə'res, '----] s kvinnlig föreståndare (avdelningschef); kvinnlig direktör
managerial [ˌmænə'dʒɪərɪəl] adj direktörs- etc., jfr manager; styrelse- [a ~ meeting]
managing ['mænɪdʒɪŋ] adj **1** förvaltande, ledande, styrande; **~ committee** [förvaltnings]direktion; verkställande utskott; **~ director** verkställande direktör; **~ editor** redaktionschef **2** försiktig, sparsam **3** beskäftig; maktlysten
man-at-arms [ˌmænət'ɑːmz] (pl. men-at-arms) s soldat
manatee [ˌmænə'tiː] s zool. manate, lamatin; slags sjöko
Manchester ['mæn(t)ʃɪstə, -əstə] geogr.
Mancunian [mæŋ'kjuːnjən] **I** adj manchester-, från Manchester **II** s manchesterbo
mandarin ['mændərɪn] s **1** mandarin kinesisk ämbetsman **2** bildl. byråkrat, pamp **3** a) bot. mandarin [äv. ~ orange] b) mandarintråd
mandate [ss. subst. 'mændeɪt, -dɪt, ss. vb 'mændeɪt, -'-] **I** s **1** mandat, uppdrag **2** fullmakt, bemyndigande **3** polit. a) mandat [of, over över] b) mandat[område] **4** befallning, order, påbud **II** vb tr överlämna till mandatärstat; **~d territory** mandat[område]
mandatory ['mændət(ə)rɪ] adj **1** ~ **power** mandatärmakt **2** föreskriven, obligatorisk [on för] **3** befallande, påbjudande; **~ sign** påbudsmärke
mandolin o. **mandoline** [ˌmændə'lɪn] s mandolin
mandrill ['mændrɪl] s zool. mandrill
mane [meɪn] s man på djur; äv. vard. för tjockt hår
man-eater ['mænˌiːtə] s **1** a) människoätare, människoätande djur b) människohaj **2** människoätare, kannibal **3** vard. manslukerska
maneuver [mə'nuːvə] s o. vb itr o. vb tr amer., se manœuvre
maneuverability [məˌnuːvərə'bɪlətɪ] s o.
maneuverable [mə'nuːvərəbl] adj amer., se manœuvrability o. manœuvrable
manful ['mænf(ʊ)l] adj manlig, modig; beslutsam
manganese [ˌmæŋɡə'niːz, '---] s kem. mangan
mange [meɪn(d)ʒ] s skabb på husdjur
manger ['meɪn(d)ʒə] s krubba
mange-tout [ˌmɒn(d)ʒ'tuː] s, ~ [**pea**] sockerärt
1 mangle ['mæŋɡl] **I** s **1** mangel; isht varmmangel, strykmangel **2** vridmaskin **II** vb tr o. vb itr **1** mangla **2** vrida
2 mangle ['mæŋɡl] vb tr **1** hacka (riva) sönder, sarga **2** illa tilltyga, skada svårt, massakrera **3** bildl. fördärva, misshandla
mango ['mæŋɡəʊ] (pl. ~es) s bot. **1** mango frukt **2** mangoträd
mangrove ['mæŋɡrəʊv] s bot. mangrove[träd]
mangy ['meɪn(d)ʒɪ] adj **1** skabbig [a ~ dog] **2** sjaskig, sjabbig, eländig
manhandle ['mænˌhændl] vb tr vard. hantera hårdhänt; illa tilltyga, misshandla
Manhattan [mæn'hæt(ə)n] geogr. egenn., stadsdel i New York (ekonomiskt och kulturellt centrum)
manhole ['mænhəʊl] s manhål; i gata o.d. inspektionsbrunn; **~ cover** man[håls]lucka
manhood ['mænhʊd] s **1** mannaålder, vuxen (mogen) ålder, mognad [reach ~]; manbarhet **2** manlighet; mandom; [manna]mod; **~ test** mandomsprov
man-hour ['mænˌaʊə] s mantimme [production per ~], arbetstimme
manhunt ['mænhʌnt] s människojakt
mania ['meɪnjə, -nɪə] s **1** psykol. mani, mania **2** mani, fluga, vurm; **have a ~ for** ha mani (dille) på, vurma för **3** (ss. efterled i sms.) -hysteri
maniac ['meɪnɪæk] **I** adj se maniacal **II** s galning, dåre [äv. friare a football ~]; niding
maniacal [mə'naɪək(ə)l] adj galen, vansinnig
manic ['mænɪk] **I** adj psykol. manisk **II** s maniker; **~ depression** manodepressivitet

manic-depressive [ˌmænɪkdɪ'presɪv] psykol.
I *adj* manodepressiv, manisk-depressiv II *s* manodepressiv person
manicure ['mænɪkjʊə] I *s* manikyr II *vb tr* manikyrera
manicurist ['mænɪkj(ʊ)ərɪst] *s* manikyrist
manifest ['mænɪfest] I *adj* påtaglig, uppenbar II *vb tr* **1** bevisa [~ *the truth of a statement*] **2** manifestera, visa [~ *good conduct*]; uppenbara, röja [~ *one's feelings*], ge uttryck för [~ *one's surprise*]; ~ *oneself* a) visa sig [*the ghost ~ed itself at midnight*] b) (äv. *be ~ed*) yttra (visa) sig, bli uppenbar, komma i dagen; göra sig gällande [*the American competition began to ~ itself*]
manifestation [ˌmænɪfe'steɪʃ(ə)n] *s* **1** manifestation, uppenbarande; yttring, tecken; uttryck; utslag [*a ~ of bad temper*] **2** demonstration, manifestation
manifestly ['mænɪfestlɪ] *adv* uppenbarligen, tydligen
manifesto [ˌmænɪ'festəʊ] (pl. ~*s* el. ~*es*) *s* manifest
manifold ['mænɪfəʊld] I *adj* mångfaldig [~ *times, our ~ sins*], [av] många [slag], mångahanda [~ *duties*]; mångsidig [*a ~ programme*] II *s* **1** kopia; ~ *paper* genomslagspapper **2** tekn. förgreningsrör, [gren]rör [*exhaust ~, intake ~*]; samlingsrör III *vb tr* mångfaldiga; duplicera, kopiera
manikin ['mænɪkɪn] *s* **1** liten man, pyssling, dvärg, kryp **2** skyltdocka; provdocka
Manila o. **Manilla** [mə'nɪlə] I geogr. egenn. II *s* (äv. *m~*) **1** manilla[hampa] **2** attr. manilla- [~ *hemp, ~ rope*]
manipulate [mə'nɪpjʊleɪt] *vb tr* **1** hantera, sköta, manövrera [~ *a lever*], manipulera **2** manipulera med, fuska med, förfalska [~ *accounts*] **3** manipulera, styra [~ *one's supporters*]
manipulative [mə'nɪpjʊlətɪv, -leɪtɪv] *adj* o.
manipulatory [mə'nɪpjʊlət(ə)rɪ] *adj* manipulerings-, manipulations-, handgrepps-
mankind [i bet. *1* mæn'kaɪnd, i bet. *2* 'mænkaɪnd] *s* **1** mänskligheten, människosläktet, människorna **2** manssläktet, män, männen
manliness ['mænlɪnəs] *s* **1** manlighet **2** manhaftighet
manly ['mænlɪ] *adj* **1** manlig [~ *behaviour; ~ sports*] **2** manhaftig [*a ~ woman*]
man-made ['mænmeɪd] *adj* människotillverkad; orsakad av människor [*many ~ dangers today threaten the air*]; konstgjord [*a ~ lake*]; ~ *fibre* syntetfiber, konstfiber
manna ['mænə] *s* bibl., bot. o. bildl. manna
mannequin ['mænɪkɪn] *s* skyltdocka; provdocka; målares modelldocka
manner ['mænə] *s* **1** sätt, vis mest i prepositionsuttr.; *in a ~ of speaking* på sätt och vis, på ett sätt; så att säga; *adverb of ~* gram. sättsadverb **2** sätt [att uppträda], hållning, uppträdande, beteende [*he has an awkward ~*] **3** pl. ~*s* [belevat] sätt, [gott] uppförande, levnadsvett, hyfsning, [folk]skick, uppfostran; *good ~s* god ton, fint sätt; goda seder; *what ~s!* sådana fasoner!, vilket sätt!; *he has no ~s* han vet inte hur man uppför sig, han bär sig ohyfsat åt; *teach a p. ~s* lära ngn att uppföra (skicka) sig **4** pl. ~*s* seder, [levnads]vanor; samhällsförhållanden; *~s and customs* el. *ways and ~s* seder och bruk; *a comedy of ~s* en sedekomedi (karaktärskomedi) **5** sort, slag; *by no (not by any) ~ of means* inte på minsta sätt, under inga omständigheter; *all ~ of things* allt möjligt
mannered ['mænəd] *adj* [för]konstlad, tillgjord
mannerism ['mænərɪz(ə)m] *s* manér, tillgjordhet
mannerly ['mænəlɪ] *adj* belevad, väluppfostrad, artig, hövlig
mannish ['mænɪʃ] *adj* manhaftig [*a ~ woman*]; karlaktig, maskulin
manoeuvrability [məˌnu:vrə'bɪlətɪ] *s* styrförmåga; manöverduglighet
manoeuvrable [mə'nu:vrəbl] *adj* manövrerbar, styrbar; manöverduglig
manoeuvr|e [mə'nu:və] I *s* manöver äv. bildl.; pl. ~*s* mil. äv. manöver II *vb itr* **1** manövrera, manipulera [~ *for a new post*] **2** hålla manöver [*the fleet is -ing off the east coast*] III *vb tr* manövrera [med]; leda, föra, styra; ~ *a p. into* [*a good job*] lotsa in ngn på...
man-of-war [ˌmænə(v)'wɔ:] (pl. *men-of-war*) *s* örlogsfartyg, örlogsman; krigsfartyg
manometer [mə'nɒmɪtə] *s* fys. manometer
manor ['mænə] *s* herrgård; gods; hist. säteri; *the lord of the ~* godsägaren; hist. godsherren
manor house ['mænəhaʊs] *s* **1** herrgård; herresäte; slott **2** man[gårds]byggnad
manorial [mə'nɔ:rɪəl] *adj* herrgårds-; gods-; hist. säteri-
manpower ['mænˌpaʊə] *s* arbetskraft; människomaterial
mansard ['mænsɑ:d] *s* **1** valmat mansardtak, brutet tak [äv. *~ roof*] **2** mansardvåning
manservant ['mænˌsɜ:v(ə)nt] (pl. *menservants*) *s* [manlig] tjänare, betjänt
mansion ['mænʃ(ə)n] *s* **1** [ståtlig] byggnad, förnäm bostad, herrgård[sbyggnad] **2** pl. ~*s* hus med hyresvåningar, hyreshus, bostadskvarter [*Victoria Mansions*]
manslaughter ['mænˌslɔ:tə] *s* jur. dråp
mantel ['mæntl] *s* se *mantelpiece*
mantelpiece ['mæntlpi:s] *s* spiselkrans, spiselhylla; *~ clock* pendyl
mantilla [mæn'tɪlə] *s* mantilj

mant|is ['mænt|ɪs] (pl. *-ises* el. *-es* [-i:z]) *s* zool. bönsyrsa [äv. *praying* ~]
mantle ['mæntl] **I** *s* **1** mantel, cape **2** bildl. täcke [*a* ~ *of snow*] **3** zool. el. tekn. mantel **II** *vb tr* hölja [om], täcka; skyla [över], svepa in, dölja; breda ut sig över (i) [*a blush ~d her cheeks*]
man-to-man [,mæntə'mæn] *adj* ...man mot man [*a* ~ *fight*], ...män emellan [*a* ~ *talk*]; ~ *marking* sport. punktmarkering
manual ['mænjʊəl] **I** *adj* manuell, [utförd] med händerna, hand-; ~ *gearshift* manuell växelspak, handspak; ~ *labour* (*work*) manuellt arbete; kroppsarbete **II** *s* handbok, manual, bruksanvisning; lärobok; *instruction* ~ instruktionsbok; handbok
manually ['mænjʊəlɪ] *adv* för hand, manuellt; ~ *operated* manuellt skött (driven)
manufacture [,mænjʊ'fæktʃə] **I** *s* **1** tillverkning, fabrikation; frambringande, produktion **2** produkt, [fabriks]vara; tillverkning, fabrikat **II** *vb tr* tillverka, fabricera [~ *shoes*], producera äv. friare [~ *a lot of novels* (*paintings*)]; frambringa; hitta på [~ *evidence*]; ~*d goods* fabriksvaror
manufacturer [,mænjʊ'fæktʃ(ə)rə] *s* fabrikant, tillverkare, producent; fabrikör, fabriksidkare
manufacturing [,mænjʊ'fæktʃ(ə)rɪŋ] **I** *s* fabrikation, tillverkning; fabricering **II** *adj* fabriks- [~ *district* (*town*)]; fabriksidkande [~ *establishment*]; ~ *industry* tillverkningsindustri
manure [mə'njʊə] *s* gödsel, gödning[sämne]; *artificial* ~ konstgödsel, konstgödning
manuscript ['mænjʊskrɪpt] **I** *s* manuskript, manus [*of* till], handskrift **II** *adj* handskriven [*a* ~ *copy*], i manuskript
Manx [mæŋks] **I** *adj* Man-, från ön Man; ~ *cat* manxkatt **II** *s*, pl. *the* ~ Manborna, befolkningen på ön Man
Manx|man ['mæŋks|mən, -mæn] (pl. *-men*) *s* Manbo, invånare på ön Man
many ['menɪ] *adj* o. *pron* många [~ *people* (människor)]; mycket [~ *people* (folk)]; *a good* ~ ganska (rätt) många, inte så få; ganska (rätt) mycket, inte så litet [*a good* ~ *people* (folk)]; *a great* ~ en [stor] mängd; en massa, en hel del (hop), [väldigt] många [*a great* ~ *boys*]; ~ *a man* mest litt. mången [man]; litt. mången; [*I've not been there*] *for* ~ *a day* ...på [mycket] länge, ...på mången god dag; ~ *is the time I have seen you do it* jag har ofta sett dig göra det; *we were packed like so* ~ *sardines* vi stod (satt, låg) som packade sillar; *he said so in so* ~ *words* han sa klart och tydligt så; han sa så (det) rent ut (rakt på sak); *be one too* ~ vara en för mycket, vara överflödig, vara i vägen; *have one too* ~ vard. ta sig ett glas (ett järn) för mycket
many-sided [,menɪ'saɪdɪd, attr. '--,--] *adj*

mångsidig, med många sidor äv. bildl. [*a* ~ *problem*]
Maori ['maʊrɪ] **I** *s* **1** maori person **2** maori språk **II** *adj* maorisk
map [mæp] **I** *s* karta; [sjö]kort [*a* ~ *of* (över) *the islands*]; *off the* ~ vard. a) inte aktuell; glömd, föråldrad b) utanför kartan, avsides belägen; *on the* ~ vard. aktuell, brännande; viktig; *put a p.* (*th.*) *on the* ~ vard. placera ngn (ngt) på kartan, göra ngn känd (ngt känt) **II** *vb tr* göra en karta över, kartlägga; göra upp [~ *a programme*]; ~ *out* a) kartlägga [i detalj] b) staka ut; planera, fördela, ruta in [~ *out one's time*]
maple ['meɪpl] *s* **1** bot. lönn; *Norway* ~ blodlönn **2** lönn[trä]
maple leaf ['meɪplli:f] (pl. *maple leaves*) *s* lönnlöv, lönnblad Canadas nationalsymbol
maple syrup [,meɪpl'sɪrəp] *s* lönnsirap
Mar. förk. för *March*
mar [mɑ:] *vb tr* fördärva; skämma, störa; vanpryda; *make or* ~ *a p.* hjälpa eller stjälpa ngn
marabou ['mærəbu:] *s* zool. marabu[stork]
marathon ['mærəθ(ə)n] *s* maraton[lopp]; attr. maraton- [~ *race* (*dance*)]
maraud [mə'rɔ:d] **I** *vb itr* marodera, [ströva omkring för att] plundra [*~ing bands of outlaws*]; företa härjningståg [*on* mot] **II** *vb tr* plundra [*a ~ed town*]
marble ['mɑ:bl] **I** *s* **1** marmor **2** pl. ~*s* [kollektion av] marmorskulpturer (marmorstatyer) **3** kula till kulspel; ~*s* kulspel; *play* ~*s* spela kula **4** marmorering **5** sl., pl. ~*s* kulor pengar; *earn big* ~*s* tjäna massor av stålar **6** sl., *have all one's* ~*s* vara klar i knoppen, vara [riktigt] skärpt; *he has lost his* ~*s* han är inte riktigt klok, han är från vettet **II** *adj* marmor- [*a* ~ *statue* (*tomb*)]; bildl. marmorvit [*a* ~ *brow*], marmorhård, marmorkall
marcasite ['mɑ:kəsaɪt] *s* miner. markasit
March [mɑ:tʃ] *s* månaden mars; *as mad as a* ~ *hare* spritt [språngande] galen, helgalen
1 march [mɑ:tʃ] **I** *vb itr* **1** marschera [*for* mot, till; *against*, *on* mot], tåga; vandra; ~ *off* marschera (tåga) i väg, [be]ge sig i väg (av); ~ *past* defilera [förbi]; *forward* ~*!* framåt marsch!; *quick* ~*!* [avdelning] framåt marsch! **2** bildl. gå framåt, avancera; ~ *on* skrida fram[åt] [*time ~es on*] **II** *vb tr* låta marschera; föra [i marschordning] [*the prisoners were ~ed through the streets*]; låta bryta upp [~ *the troops*]; ~ *off* föra bort [*they ~ed him off to prison*] **III** *s* **1** marsch, tåg; [lång (mödosam)] vandring (färd); ~ *past* förbimarsch, defilering **2** dagsmarsch [äv. *day's* ~]; *steal a* ~ *on* bildl. [obemärkt] skaffa sig ett försprång (en fördel) framför **3** mus. marsch; *dead* (*funeral*) ~ begravningsmarsch, sorgmarsch; *wedding* ~

bröllopsmarsch **4** bildl. framåtskridande, [fort]gång, framsteg, utveckling; *the ~ of events* händelseutvecklingen; *the ~ of time* tidens gång
2 march [mɑ:tʃ] **I** *s*, pl. *~es* gränser; gränsland [*the Welsh ~es*] **II** *vb itr* gränsa [[*up*]*on, with till*]
marching ['mɑ:tʃɪŋ] *s* marsch[erande], tåg[ande]; attr. marsch- [*~ day, ~ pace, ~ column*]; *be under ~ orders* ha fått marschorder (uppbrottsorder); *get (be given) ~ orders* vard. få respass (avsked på grått papper)
marchioness [ˌmɑ:ʃəˈnes] *s* markisinna
Mardi gras [ˌmɑ:dɪˈgrɑ:] *s* fr. **1** fettisdag[en] **2** Mardi gras karnevalen i bl.a. Västindien o. södra USA runt fettisdagen
mare [meə] *s* sto, märr
Margaret ['mɑ:g(ə)rɪt] kvinnonamn
margarine [ˌmɑ:dʒəˈri:n, ˌmɑ:gə-, '---] *s* margarin
marge [mɑ:dʒ] *s* vard. för *margarine*
margin ['mɑ:dʒɪn] *s* **1** marginal, kant [*notes written in (on) the ~*], marg; *~ release* margfrigörare på skrivmaskin **2** kant, rand, brädd; strand **3** hand. o. bildl. marginal; täckning; säkerhetsmarginal [äv. *safety ~*]; tidsmarginal; spelrum; [yttersta] gräns; *~ of error* felmarginal; *allow (leave) a ~* lämna en marginal; *win by a handsome (safe) ~* vinna med god (betryggande) marginal; *escape defeat by a narrow ~* vara [mycket] nära att bli besegrad
marginal ['mɑ:dʒɪn(ə)l] *adj* marginal-; kant-, rand-, brädd-; gräns- [*~ zone*]; marginell, mindre [betydande], underordnad [*of ~ importance*], [som är (befinner sig)] i utkanten (marginalen) [*~ groups of society*]; *~ rate of tax* marginalskattesats; *~ seat* polit. osäkert mandat
marginally ['mɑ:dʒɪnəlɪ] *adv* i marginalen; i kanten; marginellt
marguerite [ˌmɑ:gəˈri:t] *s* bot. prästkrage; margerit; odlad krysantemum
Maria [məˈraɪə, məˈri:ə] kvinnonamn; *Black ~* se *black I*
marigold ['mærɪɡəʊld] *s* bot. ringblomma [äv. *pot ~*]; *French* (större *African*) *~* tagetes
marijuana [ˌmærɪˈjwɑ:nə, -ˈdʒwɑ:nə] *s* marijuana
marimba [məˈrɪmbə] *s* mus. marimba
marina [məˈri:nə] *s* **1** marina, småbåtshamn **2** strandpromenad på badort
marinade [ˌmærɪˈneɪd] kok. **I** *s* marinad **II** *vb tr* marinera
marinate ['mærɪneɪt, ˌ--ˈ-] *vb tr* kok. marinera
marine [məˈri:n] **I** *adj* marin-, marin; havs- [*~ products*], sjö-; sjöfarts-; sjöförsvars-; *~ biology* marinbiologi, biologisk havsforskning; *the M~ Corps* amer. marinsoldatkåren; *~ engineer* a) maskinist

på fartyg b) sjöingenjör; *~ insurance* sjöförsäkring, sjöassurans **II** *s* **1** marin, flotta; *the mercantile (merchant) ~* handelsflottan **2** marinsoldat; *the [Royal] Marines* brittiska marinsoldatkåren; [*you can*] *tell that to the ~s* det går jag inte på, det kan du försöka inbilla andra
mariner ['mærɪnə] *s* litt. el. sjö. sjöman, sjöfarande, seglare; pl. *~s* äv. sjöfolk; *~'s card* kompassros; *~'s compass* skeppskompass, sjökompass; *master ~* kapten, befälhavare på handelsfartyg
marionette [ˌmærɪəˈnet] *s* marionett
marital ['mærɪtl] *adj* äktenskaplig [*~ obligations*], äktenskaps-; *~ likeness* äktenskapstycke
maritime ['mærɪtaɪm] *adj* **1** maritim [*~ climate*], sjö-; sjöfarts-, sjöfartsidkande; *~ insurance* sjöförsäkring; *~ law* sjörätt; sjölag; *a ~ people* ett sjöfarande folk; *~ power* sjömakt **2** belägen (boende, växande) vid havet; kust- [*~ provinces*]; *~ population* kustbefolkning, skärgårdsbefolkning
marjoram ['mɑ:dʒ(ə)rəm] *s* bot. el. kok. mejram
Mark [mɑ:k] mansnamn, bibl. Markus; *St. (Saint) ~ the Evangelist* evangelisten Markus
1 mark [mɑ:k] *s* mark mynt
2 mark [mɑ:k] **I** *s* **1** märke, fläck [*dirty ~s in a book*], prick; ärr; spår; *leave (make) a ~ on* sätta sitt märke (sin prägel) på; *make one's ~* [*in the world*] göra sig ett namn, utmärka sig **2** [känne]tecken, kännemärke [*of* på]; uttryck [*of* för]; *a ~ of gratitude* ett bevis på tacksamhet **3** märke, tecken; bomärke [*make* (rita) *one's ~*]; *exclamation ~* el. *~ of exclamation* utropstecken; *~ of origin* hand. ursprungsbeteckning **4** riktmärke, sjömärke **5** streck på en skala, märke på t.ex. logglina; *overstep the ~* överskrida gränsen, gå för långt; *pass the million ~* passera miljonstrecket; *be below the ~* a) inte hålla (fylla) måttet b) inte vara kry (i form); *be up to the ~* hålla (fylla) måttet; vara riktigt kry (i form); *keep a p. up to the ~* bildl. ta ngn i örat **6** betyg [*get good ~s*], poäng **7** mål, prick, skottavla; *he's an easy ~* vard. han är ett tacksamt offer lättlurad; *hit the ~* a) träffa prick (rätt); slå huvudet på spiken b) lyckas; *miss the ~* a) bomma, missa [målet] b) förfela sitt mål; *beside the ~* vid sidan av; inte på sin plats; *wide of the ~* se *wide I 3* o. *II 8* sport. startlinje; *on your ~s, get set, go!* på era platser (klara), färdiga, gå!; *quick (slow) off the ~* snabb (långsam, trög) i starten **9** typ, modell t.ex. av flygplan [*Meteor M~ IV*]; kvalitet, sort; vard. typ [*she's just my ~*], stil; *that's just your ~* vard. iron. det är något [som passar] för dig **10** *of ~* av [stor]

betydelse, betydande, framstående [*a man of ~*]
II *vb tr* **1** sätta märke[n] på, märka [*~ a th. with chalk*]; prissätta; notera, anteckna; *~ down* a) sätta ned [priset på] b) notera, anteckna; *~ off* avgränsa [*~ off an estate*]; märka ut [*~ off a border*]; *~ up* a) märka upp b) sätta upp [priset på] c) vard. skriva upp, lämna på krita **2** markera; utmärka, känneteckna; märka, sätta [sina] spår hos [*such an experience ~s you*]; beteckna [*this speech ~s a change of policy*]; *his writing was ~ed by originality* hans stil präglades av originalitet; *~ time* a) göra på stället marsch b) bildl. stå och stampa på samma fläck; *~ the time* slå takten **3** spel. el. sport. markera **4** betygsätta, rätta [*~ a paper* (skrivning)]; bedöma **5** pricka (märka) ut [*~ a route*]; *~ off* pricka för; *~ out* staka ut [*~ out boundaries*]; strecka; planera; utse, välja ut, bestämma [*for* till] **6** märka, lägga märke till; *~ my words* märk (sanna) mina ord
III *vb itr* **1** sätta märken **2** spel. el. sport. markera **3** märka, se upp
markbook ['mɑːkbʊk] *s* betygsbok; anmärkningsbok
markdown ['mɑːkdaʊn] *s* [pris]nedsättning [*a ~ of* (med) *20 per cent*]
marked [mɑːkt] *adj* **1** märkt etc., jfr *2 mark II*; *he was a ~ man* han var på förhand dömd (märkt för livet); *~ price* utsatt pris **2** markerad [*strongly ~ features*], utpräglad [*a ~ American accent*]; tydlig, påfallande, uppenbar, påtaglig, markant
markedly ['mɑːkɪdlɪ] *adv* markerat, i utpräglad grad, utprägIat; tydligt, påfallande, påtagligt
marker ['mɑːkə] *s* **1** märkare; stämplare; skol. o.d. betygsättare **2** markör äv. språkv. **3** märkpenna, filtpenna **4** bokmärke **5** [spel]mark
market ['mɑːkɪt] **I** *s* **1** [salu]torg, marknadsplats; marknad; torgdag; isht ss. efterled i sms. handel, marknad [*antique ~*]; [*covered*] *~* saluhall; *in* (*at*) [*the*] *~* på torget; *bring* (*carry*) *to ~* torgföra, saluföra; *bring* (*take*) *one's eggs* (*hogs, pigs*) *to the wrong* (*a bad*) *~* a) vända sig till fel person b) misslyckas i sina planer; spekulera fel **2** ekon. el. hand. marknad [*the freight* (*labour, world*) *~*; *there is no ~ for these goods*]; avsättning; efterfrågan [*for* på]; marknadspris, marknadskurs, marknadsvärde; avsättningsort, avsättningsområde; *~ forces* marknadskrafter; *the black ~* svarta börsen; *the home ~* hemmamarknaden, den inhemska marknaden; *the money ~* penningmarknaden; *the ~ is brisk* (*dull, slack*) marknaden är livlig (trög); *find a ~ for one's goods* finna [en] marknad

(avsättning) för sina varor; *find* (*meet with*) *a ready ~* finna (få) god (hastig) avsättning; *flood the ~* översvämma marknaden; *play the ~* vard. a) spekulera på börsen b) manipulera i eget vinstintresse; *in* (*on*) *the ~* på (i) marknaden, i handeln, till salu; *put on the ~* släppa ut på marknaden (i handeln), bjuda ut **II** *vb tr* **1** sälja på torget, torgföra, saluföra **2** hand. skaffa marknad för, marknadsföra, avsätta, sälja, handla med
marketable ['mɑːkɪtəbl] *adj* **1** säljbar, kurant, lättsåld [*~ products*] **2** marknads-, handels- [*~ value*]
market day ['mɑːkɪtdeɪ] *s* torgdag, marknadsdag
market economy [ˌmɑːkɪt'kɒnəmɪ] *s* marknadsekonomi
market garden [ˌmɑːkɪt'gɑːdn] *s* handelsträdgård
marketing ['mɑːkɪtɪŋ] **I** *s* **1** hand. marknadsföring, marketing, försäljning[sorganisation] **2** [torg]handel; torgbesök; köp; torgförande, saluförande; *do one's ~* göra sina [torg]uppköp **II** *adj* marknadsförings-, sälj- [*~ scheme*]; marknads-, avsättnings- [*~ possibilities*]; *~ research* marknadsundersökning[ar], marknadsforskning
market-leader ['mɑːkɪtˌliːdə] *s* ekon. marknadsledare
marketplace ['mɑːkɪtpleɪs] *s* [salu]torg; marknad[splats]; bildl. äv. [öppet] forum
market price [ˌmɑːkɪt'praɪs, '---] *s* **1** ekon. marknadspris, marknadsvärde **2** torgpris
market research [ˌmɑːkɪtrɪ'sɜːtʃ] *s* marknadsundersökning[ar]
market square [ˌmɑːkɪt'skweə] *s*, *the ~* stortorget
market stall ['mɑːkɪtstɔːl] *s* torgstånd, marknadsstånd, salustånd
market town ['mɑːkɪttaʊn, ˌ-'-] *s* ung. marknadsort
market value [ˌmɑːkɪt'væljuː] *s* marknadsvärde
marking ['mɑːkɪŋ] **I** *adj* märk-, märknings-; stämpel-, stämplings- **II** *s* **1** märkning, stämpling; markering äv. sport.; betygsättning, rättning [*~ of examination papers*], jfr f.ö. *2 mark II* **2** teckning [*the ~ of a bird's feather* (*an animal's skin*)]
Marks & Spencer [ˌmɑːksən(d)'spensə] stor varuhuskedja [äv. *~'s*]
marks|man ['mɑːks|mən] (pl. *-men* [-mən]) *s* skicklig skytt, prickskytt
marksmanship ['mɑːksmənʃɪp] *s* skjutskicklighet, skjutfärdighet; träffsäkerhet
markup ['mɑːkʌp] *s* hand. **1** prishöjning, prisökning **2** pålägg
Marlborough [hertigen, engelsk stad o. college 'mɔːlbərə, amer. o. ibl. britt. 'mɑːl-] egenn.; *~ College* känd *public school*

marlin[e] ['mɑ:lɪn] *s* sjö. märling
marmalade ['mɑ:m(ə)leɪd] *s* marmelad av citrusfrukter, isht apelsiner
marmoset ['mɑ:mə(ʊ)zet, ˌ-'-] *s* zool. marmosett, vit silkesapa
marmot ['mɑ:mət] *s* zool. murmeldjur
1 maroon [mə'ru:n] **I** *s* **1** rödbrun färg, rödbrunt **2** smällare; mil. signalraket **II** *adj* rödbrun
2 maroon [mə'ru:n] *vb tr* strandsätta; lämna åt sitt öde
marquee [mɑ:'ki:] *s* **1** [stort] tält; officerstält **2** amer. [skärm]tak, baldakin över entré o.d.
marquess ['mɑ:kwɪs] *s* markis titel
marquis ['mɑ:kwɪs] *s* markis titel
marriage ['mærɪdʒ] *s* **1** äktenskap, giftermål, gifte; bildl. [nära] förening; *the ~ acts* el. *the code of ~ laws* giftermålsbalken; *~ allowance* familjebidrag; *~ bureau* äktenskapsförmedling; *~ counselling* (*guidance*) äktenskapsrådgivning; *~* [*guidance*] *counsellor* äktenskapsrådgivare; *~ licence* äktenskapslicens tillstånd att gifta sig utan lysning; *~ settlement* äktenskapsförord; *~ of convenience* konvenansparti; *open ~* fritt äktenskap; *by ~* genom gifte; *by his first ~* [*he had a daughter*] äv. i sitt första gifte... **2** vigsel, bröllop, förmälning; *~ ceremony* vigselceremoni, vigselakt; *~ certificate* (vard. *lines*) vigselbevis, vigselattest; *the M~ of Figaro* Figaros bröllop opera
marriageable ['mærɪdʒəbl] *adj* giftasvuxen [äv. *of ~ age*]
married ['mærɪd] *adj* o. *perf p* gift [*to* med]; äkta; äktenskaplig, äktenskaps-; *a ~ couple* ett gift (äkta) par; *the newly ~ couple* de nygifta; *~ life* äktenskapligt samliv, äktenskap; *he is a ~ man* han är gift; *her ~ name* hennes namn som gift; *be ~* vara gift; bli gift; gifta sig, vigas [*they were ~ in 1993*]; *get ~* gifta sig; *engaged to be ~* förlovad
marrow ['mærəʊ] *s* **1** märg; *spinal ~* ryggmärg; *be frozen* (*chilled*) *to the ~* frysa ända in i märgen, vara genomfrusen **2** bot., [*vegetable*] *~*; amer. äv. *~ squash* märgpumpa; olika sorters squash
marrowbone ['mærəʊbəʊn] *s* märgben, märgpipa
marrowfat ['mærəʊfæt] *s* bot. el. kok. märgärt [äv. *~ pea*]
marry ['mærɪ] **I** *vb tr* (jfr *married*) **1** gifta sig med; *~ money* (*a fortune*) gifta sig till en förmögenhet (pengar), gifta sig rikt, göra ett gott parti **2** *~* [*off*] gifta bort [*to* med] **3** viga; förena i äktenskap **II** *vb itr* gifta sig, ingå äktenskap; bildl. förenas; *~ again* gifta om sig
Mars [mɑ:z] **1** mytol. el. astron. Mars **2** *~[bar]* ® Mars slags fylld chokladkaka
marsh [mɑ:ʃ] *s* sumpmark, moras, myr, träsk, kärr, mosse; *~ gas* sumpgas; *~ marigold* bot. kabbeleka
marshal ['mɑ:ʃ(ə)l] **I** *s* **1** mil. marskalk; *M~ of the Royal Air Force* flygmarskalk högsta grad i brittiska flygvapnet, jfr äv. *1 air I* **3 2** marskalk; ceremonimästare **3** amer. a) ung. sheriff, polischef i en storkommun; polismästare b) brandchef **II** *vb tr* **1** ställa upp [*~ military forces*]; järnv. rangera **2** ordna, bringa ordning i [*~ one's thoughts*]; framställa klart [och tydligt] [*~ facts*] **3** placera [efter rang] vid bankett o.d.; föra högtidligt [*~ a delegation into the presence of the Queen*]
marshalling-yard ['mɑ:ʃ(ə)lɪŋjɑ:d] *s* rangerbangård
marshmallow ['mɑ:ʃˌmæləʊ] *s* **1** bot. altea; farmakol. altearot **2** marshmallow slags sötsak
marshy ['mɑ:ʃɪ] *adj* sumpig, sank, träskartad; kärr-, moss-
marsupial [mɑ:'su:pjəl, -'sju:-] zool. **I** *adj* pungartad, pung-; pungdjurs- **II** *s* pungdjur
mart [mɑ:t] *s* **1** marknad, handelscentrum **2** auktionskammare [äv. *auction-mart*]
marten ['mɑ:tɪn] *s* **1** zool. mård **2** mård[skinn]
martial ['mɑ:ʃ(ə)l] *adj* krigisk; krigs-, strids-, krigar-; stridslysten; martialisk; militär- [*~ music*]; soldat-; *the ~ arts* kampsporter ss. judo, karate, kendo; *~ law* a) krigslag[ar] b) [militärt] undantagstillstånd
Martian ['mɑ:ʃən] **I** *adj* astron. Mars-, marsiansk **II** *s* marsian, marsmänniska
martin ['mɑ:tɪn] *s* zool. svala; [*house*] *~* hussvala; *sand ~* backsvala
martinet [ˌmɑ:tɪ'net] *s* isht mil. tyrann, plågoande, [sträng] pedant
martyr ['mɑ:tə] **I** *s* martyr äv. bildl.; offer [*to* för]; *die a ~* dö som martyr, lida martyrdöden **II** *vb tr* låta lida martyrdöden, göra till martyr äv. bildl.; *the ~ed saints* de heliga martyrerna
martyrdom ['mɑ:tədəm] *s* martyrskap, martyrium; martyrdöd; bildl. kval, pina
marvel ['mɑ:v(ə)l] **I** *s* underverk [*the ~s of modern science*], under; *work ~s* göra underverk **II** *vb itr* litt. förundra sig [*at* över; *that* över att]
Marvell [poeten 'mɑ:v(ə)l]
marvellous ['mɑ:v(ə)ləs] *adj* underbar
Marx [mɑ:ks]
Marxist ['mɑ:ksɪst] **I** *s* marxist **II** *adj* marxistisk
Mary ['meərɪ] kvinnonamn; ss. drottningnamn (ofta) o. bibl. Maria; *~ Queen of Scots* Maria Stuart; *the Virgin ~* el. *St. ~* Jungfru Maria
Maryland ['meərɪlænd, -lənd, amer. 'merɪlənd] geogr.
marzipan ['mɑ:zɪpæn, ˌ-'-] *s* marsipan
mascara [mæ'skɑ:rə] *s* mascara
mascot ['mæskət] *s* maskot
masculine ['mæskjʊlɪn] **I** *adj* **1** manlig [*a ~ face, ~ pride*], maskulin [*a ~ appearance* (utseende), *~ habits*] **2** om kvinna maskulin [*a*

woman with ~ *features*], manhaftig [*a* ~ *woman*] **3** gram. maskulin [*a* ~ *noun, the* ~ *gender*] **II** *s* gram. **1** *the* ~ [genus] maskulinum **2** maskulinum, maskulint ord
masculinity [ˌmæskjʊ'lɪnətɪ] *s* manlighet; manhaftighet
maser ['meɪzə] *s* fys. maser [*optical* ~]; ~ *beam* maserstråle
mash [mæʃ] **I** *s* **1** mäsk **2** sörp; slags blandfoder **3** mos; sörja, röra äv. bildl. **4** vard. potatismos [*sausage and* ~] **II** *vb tr* **1** mäska **2** sörpa **3** mosa, göra mos av, krossa till mos; stöta sönder; röra ihop [äv. ~ *up*]; ~*ed potatoes* potatismos **4** sl. laga, ordna, brygga, låta [stå och] dra [~ *tea*]
mask [mɑːsk] **I** *s* **1** mask, ansiktsmask äv. ss. kosmetiskt medel; med. munskydd; sport. ansiktsskydd **2** bildl. mask [*his friendliness is only a* ~], förklädnad; sken, täckmantel **II** *vb tr* maskera äv. bildl.; förkläda; dölja [~ *one's feelings*] **III** *vb itr* maskera sig
masked [mɑːskt] *adj* maskerad; ~ *ball* maskeradbal
masking-tape ['mɑːskɪŋteɪp] *s* maskeringstejp
masochist ['mæsə(ʊ)kɪst, 'mæz-] *s* psykol. masochist
masochistic [ˌmæsə(ʊ)'kɪstɪk, ˌmæz-] *adj* psykol. masochistisk
mason ['meɪsn] *s* **1** [sten]murare; stenhuggare, stenarbetare **2** (äv. *M~*) frimurare
masonic [mə'sɒnɪk] *adj*, (äv. *M~*) frimurar- [~ *lodge*]
masquerade [ˌmæskə'reɪd, ˌmɑːs-] **I** *s* maskerad; bildl. förklädnad; ~ *dress* maskeraddräkt; *in* ~ förklädd **II** *vb itr* **1** vara maskerad (utklädd) **2** bildl. uppträda; ~ *as* äv. ge sig sken av (ge sig ut för) att vara
1 mass o. **Mass** [mæs, isht katol. mɑːs] *s* kyrkl. mässa äv. mus.; *attend* ~ gå i (vara i, höra) mässan; *go to* ~ gå i mässan; *say* ~ läsa mässan
2 mass [mæs] **I** *s* **1** massa; mängd, hop; klump; attr. mass- [~ *psychosis,* ~ *grave,* ~ *meeting*]; *the* [*great*] ~ huvudmassan, större delen, [det stora] flertalet [*of av*]; *the* ~*es* massan, massorna, de breda lagren; ~ *media* mass|medier[na], -media; attr. massmedie- [~ *media research*]; *a* ~ *of colour* ett hav av färger; *a* ~ *of errors* en massa fel, idel fel; *in the* ~ i massa; i klump; som helhet; *in* ~*es* i massor, massvis **2** fys. massa **II** *vb tr* **1** samla [ihop], hopa, slå ihop [äv. ~ *together* (*up*)]; ~*ed choir* masskör **2** mil. koncentrera, dra samman [~ *troops*]; ~*ed attack* massanfall, massangrepp, massattack **III** *vb itr* **1** samlas, hopa (skocka, formera) sig **2** mil. koncentreras, dras samman
Massachusetts [ˌmæsə'tʃuːsɪts] geogr.
massacre ['mæsəkə] **I** *s* massaker, massmord [*of på*], slakt, blodbad **II** *vb tr* massakrera, slakta
massage ['mæsɑːʒ] **I** *s* massage; ~ *parlour* (amer. *parlor*) massageinstitut **II** *vb tr* massera
masseur [mæ'sɜː] *s* massör
massif ['mæsiːf, -ˈ-] *s* [berg]massiv
massive ['mæsɪv] *adj* **1** massiv, tung, stadig; väldig, kolossal, omfattande; ~ *resistance* kompakt motstånd **2** isht miner. massiv [~ *gold*], kompakt, fast **3** kraftig [~ *features*]; högvälvd [*a* ~ *forehead*]; vard. tjock [~ *legs*]
mass-produce [ˌmæsprə‚djuːs, ˌ-ˈ-] *vb tr* massproducera, masstillverka, serietillverka; ~*d article* äv. massartikel
mast [mɑːst] **I** *s* mast äv. sjö. [*radio* ~]; *at full* ~ på hel stång; *at half* ~ el. *half* ~ [*high*] på halv stång **II** *vb tr* förse med mast[er], förmasta [~ *a ship*]
master ['mɑːstə] **I** *s* **1** herre, härskare [*of* över]; överman [*find one's* ~]; mästare; *I am* ~ *here* här är det jag som råder; *be* ~ *of one's own fate* bestämma över sitt eget öde; *be* ~ *of the situation* behärska situationen **2** husbonde; djurs husse; *the* ~ *of the house* herrn i huset, husbonden, husfadern; *like* ~ *like man* sådan herre, sådan dräng **3** sjö. kapten, befälhavare på handelsfartyg, skeppare; ~*'s certificate* sjökaptensbrev **4** a) lärare isht vid högre skolor b) [läro]mästare, lärofader **5** univ. o.d., *Master's degree* ung. magisterexamen; *M~ of Arts* (*Science*) se *2 art 2* o. *science 1 b*); *M~ of Engineering* ung. civilingenjör; *M~ of Mining* (*Metallurgy*) ung. bergsingenjör; *M~ of Surgery* ung. medicine licentiat i kirurgi **6** [hantverks]mästare, mäster; ~ *mechanic* verkmästare i fabrik o.d.; chefmekaniker; ~ *printer* boktryckare tryckeriägare **7** mästare [*a picture by an old* ~] **8** *M~ of Ceremonies* ceremonimästare, klubbmästare; programvärd, konferencier **9** jakt. master, jaktledare; *M~ of* [*Fox*]*hounds* master vid rävjakt **10** *M~* före pojknamn unge herr [*M~ Henry*] **II** *attr adj* **1** mästerlig, mästar-, mäster- [*a* ~ *cook*; *a* ~ *criminal*]; ~ *race* herrefolk **2** huvud- [*a* ~ *plan*], över-, ledar-; förhärskande, dominerande **III** *vb tr* **1** göra sig till (bli) herre över; övervinna, övermanna, överväldiga, tämja **2** [lära sig] behärska [~ *a language*], [lära sig] bemästra [~ *the situation*]; [helt] förstå, kunna
masterful ['mɑːstəf(ʊ)l] *adj* **1** dominerande, mästrande; befallande; myndig; egenmäktig **2** se *masterly*
master key ['mɑːstəkiː] *s* huvudnyckel
masterly ['mɑːstəlɪ] *adj* mästerlig, överlägset skicklig; mästar-; mäster- [*a* ~ *shot*]
mastermind ['mɑːstəmaɪnd] **I** *s, be the* ~ *behind a th.* vara hjärnan bakom ngt; *have*

a ~ ha en överlägsen intelligens, vara mycket intelligent **II** *vb tr* leda, dirigera, vara hjärnan bakom (i)
masterpiece ['mɑːstəpiːs] *s* mästerverk, mästerstycke
masterstroke ['mɑːstəstrəʊk] *s* mästerdrag, mästerstycke
master switch ['mɑːstəswɪtʃ] *s* huvudströmbrytare
mastery ['mɑːst(ə)rɪ] *s* **1** herravälde [~ *over one's enemies*]; övertag [*over*, *of* över]; kontroll [*of* (över) *one's desires*] **2** [suveränt] behärskande [*his* ~ *of French (the violin)*]; kunskap; *have a thorough* ~ *of a th.* grundligt behärska ngt
masthead ['mɑːsthed] *s* masttopp
masticate ['mæstɪkeɪt] *vb tr* **1** tugga **2** mala sönder
mastiff ['mæstɪf, 'mɑː-] *s* mastiff stor dogg
masturbate ['mæstəbeɪt] *vb itr* onanera, masturbera
mat [mæt] *s* **1** matta; isht dörrmatta; *be on the* ~ vard. få en skrapa (reprimand), bli utskälld **2** underlägg för karott o.d.; tablett; liten duk
matador ['mætədɔː] *s* matador
1 match [mætʃ] *s* tändsticka; *dead (spent)* ~ avbränd tändsticka; *strike a* ~ tända en tändsticka
2 match [mætʃ] **I** *s* **1** sport. match, tävling; *football (soccer)* ~ fotbollsmatch; *man of the* ~ bäst på plan, matchens lirare **2** like, jämlike [*he has not his* ~]; *be no* ~ *for* inte kunna mäta sig med, inte vara någon match för; *find (meet) one's* ~ finna sin jämlike; finna (möta) sin överman **3** motstycke, motsvarighet, make, pendang [*find a* ~ *to the vase*]; [*these colours*] *are a good* ~ ...går (passar) bra ihop, ...matcher varandra bra **4** giftermål, äktenskap; parti äv. om pers. [*she is an excellent* ~]
II *vb tr* **1** vara (finna) en värdig (jämbördig) motståndare till, [kunna] mäta sig (tävla) med; sport. matcha [~ *a boxer (team)*]; [*I'm ready to*] ~ *my strength against (with) yours* ...mäta mina krafter med (ställa upp mot, tävla med) dig; *no one can* ~ *him* äv. ingen går upp emot honom **2** gå [bra] ihop med, gå i stil med, passa [till], matcha [*the carpets should* ~ *the curtains*]; svara mot, stämma överens med [*her feelings* ~*ed her actions*] **3** para ihop; anpassa [*to* efter]; finna ett motstycke till **4** gifta bort, förena i äktenskap [*with*, *to* med]
III *vb itr* stämma överens [med varandra] [*her feelings and actions don't* ~], passa (gå) [bra] ihop, matcha varandra [*these colours* ~ *well*], passa [*with* till], harmoniera [*with* med]
matchbook ['mætʃbʊk] *s* tändstickspln med avrivningständstickor
matchbox ['mætʃbɒks] *s* tändsticksask
matchless ['mætʃləs] *adj* makalös, oförliknelig, [som är] utan motstycke; överlägsen
matchmaker ['mætʃˌmeɪkə] *s* **1** äktenskapsmäklare, äktenskapsmäklerska **2** matcharrangör, promotor
match point [ˌmætʃ'pɔɪnt, '--] *s* matchboll i tennis o.d.
1 mate [meɪt] *s* schack. **I** *s* o. *interj* matt; ~*!* [schack och] matt! **II** *vb tr* o. *vb itr* göra matt; *be* ~*d* bli (göras) matt
2 mate [meɪt] **I** *s* **1** vard. kompis, polare, [arbets]kamrat; i tilltal äv. du el. utan motsv. i sv. [*hallo*, ~*!*; *where are you going*, ~*?*] **2** sjö. styrman; *chief* ~ överstyrman; *first* ~ förste styrman **3** biträde; *bricklayer's* ~ murarhantlangare **4** a) [god] make, [god] maka b) om djur, isht fåglar make, maka c) om sak make [*the* ~ *to this glove*] **II** *vb tr* para djur [äv. ~ *up*] **III** *vb itr* **1** om djur para sig; om fåglar, fiskar leka **2** sällskapa med
material [mə'tɪərɪəl] **I** *adj* **1** materiell [~ *needs*, ~ *comfort*; *the* ~ *world*]; kroppslig, fysisk **2** väsentlig, påtaglig, substantiell [*a* ~ *improvement*] **II** *s* **1** material, ämne båda äv. bildl.; *raw* ~[*s*] råämne äv. bildl.; råvara, råvaror **2** stoff, underlag, material [*collect* ~ *for a book*] **3** tyg **4** pl. ~*s* materiel; *writing* ~*s* skrivmateriel
materialism [mə'tɪərɪəlɪz(ə)m] *s* materialism
materialistic [məˌtɪərɪə'lɪstɪk] *adj* materialistisk
materialization [məˌtɪərɪəlaɪ'zeɪʃ(ə)n, -lɪ'z-] *s* **1** materialisering, förkroppsligande **2** förverkligande [*the* ~ *of one's plans (hopes)*]
materialize [mə'tɪərɪəlaɪz] **I** *vb tr* **1** materialisera, förkroppsliga **2** förverkliga [~ *one's plans*] **II** *vb itr* **1** ta fast form; förverkligas, gå i uppfyllelse [*our plans did not* ~] **2** materialisera (uppenbara) sig; vard. visa sig, dyka upp [*he did not* ~]
materially [mə'tɪərɪəlɪ] *adv* **1** materiellt, i sak **2** i väsentlig grad **3** påtagligt, uppenbart
maternal [mə'tɜːnl] *adj* **1** moderlig [~ *care*]; moders- [~ *love (happiness)*] **2** på mödernet (mödernesidan); ~ *grandfather* morfar; ~ *grandmother* mormor; *on the* ~ *side* på mödernet, på mödernesidan
maternally [mə'tɜːnəlɪ] *adv* **1** moderligt **2** på mödernet [*be* ~ *related*]
maternity [mə'tɜːnətɪ] *s* moderskap; attr. moderskaps-, mödra-, mamma-; BB-, förlossnings-; ~ *allowance (benefit, grant)* motsv. föräldrapenning; ~ *dress* mammaklänning; ~ *home* mödrahem; ~ *hospital* BB; ~ *leave* mammaledighet; ~ *ward* BB-avdelning, förlossningsavdelning; ~ *welfare* mödravård; *be on* ~ *leave* vara mammaledig
matey ['meɪtɪ] vard. **I** *adj* kamratlig;

sällskaplig, trevlig; vänskaplig **II** *s* kompis, polare, kamrat
math [mæθ] *s* (amer. vard., kortform för *mathematics*) matte
mathematical [ˌmæθəˈmætɪk(ə)l] *adj* matematisk [*~ problem* (*logic*)]
mathematician [ˌmæθəməˈtɪʃ(ə)n] *s* matematiker
mathematics [ˌmæθəˈmætɪks] *s* **1** (konstr. vanl. ss. sg.) matematik [*~ is founded on logic*; *~ is his weak subject*] **2** (konstr. vanl. ss. pl.) matematik[kunskaper]; *his ~ are weak* han är svag i matematik
maths [mæθs] *s* (vard. kortform för *mathematics*) matte
Matilda [məˈtɪldə] **I** kvinnonamn **II** *s* austral. vard., 'bushmans' knyte, bylte; *walk* (*waltz*) *~* vandra, gå på luffen
matin [ˈmætɪn] **I** *s*, pl. *~s* kyrkl. morgonbön, morgonandakt, morgongudstjänst; katol. ottesång; poet. morgonsång, morgonvisa **II** *attr adj* morgon-; ottesångs-
matinée [ˈmætɪneɪ] *s* matiné, [efter]middagsföreställning; *~ idol* filmidol, teateridol
mating [ˈmeɪtɪŋ] *s* parning; fåglars, fiskars lek; *~ season* parningstid, brunsttid
matriarchal [ˌmeɪtrɪˈɑːk(ə)l] *adj* matriarkalisk
matriarchy [ˈmeɪtrɪɑːkɪ] *s* matriarkat
matrices [ˈmeɪtrɪsiːz, ˈmæt-] *s* pl. av *matrix*
matricide [ˈmeɪtrɪsaɪd] *s* **1** modermord **2** modermördare
matrimonial [ˌmætrɪˈməʊnjəl] *adj* äktenskaplig, äktenskaps- [*~ problems*]; giftermåls- [*~ plans*]; *~ agency* äktenskapsbyrå
matrimony [ˈmætrɪm(ə)nɪ] *s* **1** äktenskap[et], [det] äkta stånd[et]; *enter into holy ~* inträda i det heliga äkta ståndet **2** giftermål, bröllop
matri|x [ˈmeɪtrɪ|ks, ˈmæt-] (pl. *-ces* [-siːz] el. *-xes*) *s* matris äv. för grammofonskiva; gjutform
matron [ˈmeɪtr(ə)n] *s* **1** förr [avdelnings]föreståndarinna; husmor på sjukhus, i skola o.d. **2** mogen [gift] kvinna; matrona
matronly [ˈmeɪtr(ə)nlɪ] *adj* matronaliknande, matroneaktig [*a ~ figure*]; tantig, tantaktig
matt [mæt] *adj* matt [*~ colour* (*gold*)]; om yta äv. matterad [*~ paper* (*surface*)]; *~ finish* matt yta
matted [ˈmætɪd] *adj* **1** mattbelagd, mattbetäckt, täckt **2** [hop]flätad, av flätverk **3** hoptovad, hopfiltad, tovig [*~ hair*]
matter [ˈmætə] **I** *s* **1** materia; stoff; substans, ämne [*liquid ~*; *solid ~*]; *colouring ~* färgämne; *reading ~* tryckalster; lektyr; *mind and ~* ande och materia **2** ämne [äv. *subject ~*]; innehåll **3** a) sak [*a ~ I know little about*], angelägenhet, affär, ärende; fråga, spörsmål [*legal ~s*] b) pl. *~s* förhållanden[a],

tillståndet, saker och ting; *it's no laughing ~* det är ingenting att skratta åt; *money ~s* penningfrågor; *it is a ~ of...* det är en fråga om..., det handlar om..., det gäller...; *a ~ of course* en självklar sak; *as a ~ of course* självfallet, självklart; *a ~ of fact* ett faktum; *as a ~ of fact* faktiskt, i själva verket; *a ~ of habit* en vanesak; *it is a ~ of life and death* det är en fråga om liv eller död, det gäller livet; *it is only a ~ of time* det är bara en tidsfråga; *make ~s worse* förvärra saken (situationen); *for that ~* vad det beträffar, vad den saken angår; för den delen **4** orsak, anledning [*of, for* till]; föremål [*be a ~ of* (för) *interest*]; *it is a ~ of* (*for*) *regret that...* det är att beklaga att... **5** *no ~* det gör ingenting, det spelar ingen roll; *no ~ where it* (*who it*) *is* var den (vem det) än må vara (är); *no ~ how I try* hur jag än försöker **6** *what is the ~?* vad står på?, vad har hänt?, vad är det?; *what's the ~ with him?* a) vad är det med honom? b) vad är det för fel med honom? **7** post., *postal ~* postförsändelse[r]; *printed ~* trycksak[er] **8** typogr. text i motsats till rubriker el. annonser **9** med. var **10** *a ~ of* i tids- o. måttsuttryck o.d. några [få] [*within a ~ of hours*]; ungefär, omkring [*a ~ of £50*]; *a ~ of* [*10 miles* (*weeks*)] [så där] en...
II *vb itr* betyda [*learning ~s less than common sense*], vara av betydelse; *it doesn't ~* det gör ingenting, det spelar ingen roll; *it doesn't ~ to me* det gör mig detsamma; *it ~s little whether...* det spelar liten roll om...; *not that it ~s* (*~s* [*very*] *much*) inte för att det gör något (spelar någon större roll)
matter-of-fact [ˌmæt(ə)rə(v)ˈfækt] *adj* [torr och] saklig, opersonlig, prosaisk, nykter, realistisk
Matthew [ˈmæθjuː] mansnamn; bibl. Matteus; *St.* (*Saint*) *~ the Evangelist* evangelisten Matteus
matting [ˈmætɪŋ] *s* mattväv; mattor, mattbeläggning; *coconut ~* kokosmatta
mattress [ˈmætrəs] *s* madrass
mature [məˈtjʊə] **I** *adj* **1** a) mogen, fullt utvecklad [*a ~ cell*; äv. bildl. *~ plans*]; *after ~ consideration* (*deliberation*) efter moget övervägande b) vuxen [*persons of ~ age* (*years*)] **2** förfallen till betalning [*a ~ bill*] **II** *vb tr* bringa till mognad, få (komma) att mogna [*these years ~d his character*], [fullt] utveckla [*into* till] **III** *vb itr* **1** mogna, [fullt] utvecklas [äv. bildl. *~ into* (till) *a man*]; låta mogna [*leave wine* (*cheese*) *to ~*] **2** förfalla [till betalning] [*the bill ~s next month*]
maturity [məˈtjʊərətɪ] *s* **1** mognad, mogenhet isht bildl. **2** mogen ålder [äv. *age* (*years*) *of ~*]; *reach ~* nå mogen ålder **3** hand. förfallotid, förfallodag
maudlin [ˈmɔːdlɪn] *adj* gråtmild [*~*

sentimentality], känslosam; rörd, gråtfärdig; [fyll]sentimental
maul [mɔ:l] *vb tr* klösa, riva [sönder]; bildl. misshandla
mausole|um [ˌmɔ:sə'li:əm] (pl. äv. *-a* [-ə]) *s* mausoleum
mauve [məʊv] **I** *adj* malvafärgad, [ljus]lila [äv. *mauve-coloured*] **II** *s* malva[färg], [ljus]lila
maverick ['mæv(ə)rɪk] *s* isht amer. **1** omärkt kalv **2** partilös [person], [politisk] vilde
mavory ['meɪv(ə)rɪ] *s* bot. hesning
maw [mɔ:] *s* mage [*the ~ of an animal*]; löpmage; kräva [*the ~ of a bird*]
mawkish ['mɔ:kɪʃ] *adj* sentimental, känslosam; mjäkig [*a ~ manner, a ~ young man*]
max [mæks] *s* vard. kortform för *maximum*; *to the ~* till max; maximalt, högst
max. förk. för *maximum*
maxim ['mæksɪm] *s* maxim, [levnads]regel
maximal ['mæksɪm(ə)l] *adj* maximal, högst, störst
maximize ['mæksɪmaɪz] *vb tr* maximera, bringa till [ett] maximum, göra maximal
maxim|um ['mæksɪm|əm] **I** (pl. *-a* [-ə] el. *-ums*) *s* maximum, höjdpunkt, högsta punkt; *be at its* (*a*) *~* stå (vara) på höjdpunkten; vara maximal; [*he got 90 marks*] *out of a ~ of 100* ...av maximalt (maximala) 100, ...av 100 möjliga **II** *attr adj* högst, störst; maximi- [*~ temperature, ~ thermometer, ~ value*]; maximal, maximal-
May [meɪ] **I** *s* månaden maj; *~ Day* första maj ss. fest- o. demonstrationsdag; *~ Day Holiday* första måndagen efter första maj
II kvinnonamn
may [meɪ] (imperf. *might*, jfr d.o.) *hjälpvb* pres. **1** kan [kanske (möjligen, eventuellt)] [*he ~ have said so*], kan tänkas; torde (skulle) [kunna]; *he ~ or ~ not do it* kanske han gör det, kanske inte; *it ~ be mentioned that...* det kan nämnas att...; *it ~ be so* det är möjligt [att det är så]; *well, who ~ you be?* vem är ni egentligen?; *you ~ regret it* [*some day*] du kan komma (kommer kanske) att [få] ångra det..., du kanske ångrar (får ångra) det... **2** får [lov att] [*~ I interrupt you?*]; kan [få]; *~ I come in?* får jag komma in?; *yes, you ~* ja, det får du; *no, you ~ not* (*~n't*) nej, det får du inte; *it ~ well be true* det kan mycket väl vara sant; *you ~ be sure that...* du kan vara säker på att...; *you ~ as well ask him* du kan [lika] gärna [ta och] fråga honom **3** må, måtte; i bisats äv. skall, kommer att; *~ this be a warning to you* låt detta bli dig en varning; *whatever he ~ say* vad han än kan tänkas säga; *however that ~ be* hur det än förhåller sig (må vara) med den saken, det får vara hur som helst med den saken; *be that as it ~* det må vara hur som helst [med

den saken]; *come what ~!* hända vad som hända vill, vad som än må hända
maybe ['meɪbi:] *adv* kanske, kanhända, måhända
May-Day ['meɪdeɪ] *adj* förstamaj- [*~ demonstrations*]
mayfly ['meɪflaɪ] *s* zool. dagslända
mayhem ['meɪhem] *s* förödelse; *cause* (*commit, create*) *~* åstadkomma förödelse, härja vilt
mayn't [meɪnt] = *may not* (se *may*)
mayonnaise [ˌmeɪə'neɪz, '---] *s* majonnäs
mayor [meə] *s* borgmästare ordförande i kommunfullmäktige (om utländska förh.); se *Lord Mayor* under *lord I* 8
mayoral ['meər(ə)l] *adj* borgmästar-, jfr *mayor*
mayoress [ˌmeər'es, 'meərəs] *s* **1** hustru till *mayor* **2** kvinnlig borgmästare
maypole ['meɪpəʊl] *s* majstång, midsommarstång
maze [meɪz] *s* **1** labyrint isht anlagd med höga häckar; irrgång[ar], virrvarr [av gångar (vägar)] alla äv. bildl. **2** förvirring, bryderi; bestörtning
mazurka [mə'zɜ:kə] *s* mus. mazurka
MB [ˌem'bi:] **1** (förk. för *Medicinae Baccalaureus*) lat. = *Bachelor of Medicine* **2** förk. för *megabyte*
MBE [ˌembi'i:] förk. för *Member of* [*the Order of*] *the British Empire*
MC [ˌem'si:] förk. för *Master of Ceremonies, Member of Congress, Military Cross*
McCoy [mə'kɔɪ] I egenn. **II** *s* sl., *be the* [*real*] *~* vara äkta [vara], vara den rätta grejen
M.Ch. (förk. för *Magister Chirurgiae*) lat. = *Master of Surgery*
MD 1 förk. för *Managing Director* **2** (förk. för *Medicinae Doctor*) lat. = *Doctor of Medicine*
me [mi:, obeton. mɪ] **I** *pers pron* (objektsform av *I*) **1** mig **2** vard. jag [*it's only ~; ~ too*] **3** jag, mig [*he's younger than ~*] **4** vard. för *my*; *she likes ~ singing* [*her to sleep*] hon tycker om att jag sjunger... **5** (åld., poet. el. amer. dial. för *myself*) mig [*I laid ~ down*; *I'm going to get ~ a car* amer.] **II** *fören poss pron* (dial. el. vard. för *my*) min [*where's ~ hat?*] **III** *s* vard., *the real ~* mitt rätta (verkliga) jag
1 mead [mi:d] *s* mjöd
2 mead [mi:d] *s* poet. för *meadow*
meadow ['medəʊ] *s* äng; attr. ängs-; *~ campion* bot. gökblomma, gökblomster; *~ grass* bot. ängsgröe; *~ pipit* zool. ängspiplärka; *~ saffron* bot. tidlösa
meagre ['mi:gə] *adj* mager äv. bildl. [*a ~ face, ~ soil*]; påver [*~ result* (*meal*)]; knapp [*a ~ income*]; torftig [*a ~ essay*], ynklig [*~ wages*]
1 meal [mi:l] *s* mål [mat] [*three ~s a day*], måltid [*breakfast, the first ~ of the day*]; *~ ticket* a) isht amer. matkupong b) vard. födkrok; försörjare; *hot ~s* lagad mat; *make a ~ of* a) göra sig ett skrovmål på, sluka

meal 518

b) bildl. vard. ta 'i i överkant c) göra stor affär av; *at ~s* vid måltiderna, vid bordet
2 meal [mi:l] *s* [grovt] mjöl
meals-on-wheels [ˌmi:lzɒn'wi:lz] (konstr. ss. sg. el. pl.) *s* hemkörning av lagad mat vanl. ss. service inom hemtjänsten
mealtime ['mi:ltaɪm] *s* måltid; matdags [*it's ~*]
mealy ['mi:lɪ] *adj* mjölig [*~ potatoes*], mjölaktig
mealy-mouthed ['mi:lɪmaʊðd] *adj* **1** undanglidande **2** inställsam, skenhelig
1 mean [mi:n] **I** *s* **1** medelväg; *strike the golden ~* gå den gyllene medelvägen **2** matem. el. statistik. medelvärde, medeltal, medium [*the ~ of 3,5 and 7. is 5*]; genomsnitt **II** *adj* isht vetensk. medel- [*~ distance, ~ temperature, ~ value*]
2 mean [mi:n] *adj* **1** snål, knusslig [*about* med], gemen, tarvlig; ful [*a ~ trick*] **2** amer. vard. elak, otäck, ruskig **3** ringa, enkel, låg [*of ~ birth* (börd)]; *have a ~ opinion of* ha en låg tanke om **4** torftig, sjabbig [*a ~ house in a ~ street*]; smutsig; fattig **5** vard., *feel ~* skämmas; amer. äv. känna sig krasslig (ur gängorna, vissen)
3 mean [mi:n] (*meant meant*) **I** *vb tr* **1** betyda [*dictionaries tell you what words ~*]; innebära [*his failure ~s my ruin*]; *does the name ~ anything to you?* säger namnet dig någonting?; *twenty pounds ~s a lot to him* tjugo pund betyder mycket för honom; *I know what it ~s* [*to be alone*] jag vet vad det vill säga... **2** mena, vilja [*he ~s no harm* (illa)], ha i sinnet; ämna, tänka [*to do a th.* göra ngt]; ha för avsikt, vara fast besluten [*he really ~s to do it*]; *I ~t to tell you* jag tänkte tala om det för dig **3** [till]ämna [*for* till, åt, för], avse, mena [*as* (för) *a th.* som ngt; *for a p.* till (åt, för) ngn]; *it was ~t for* [*a garage*] det [var meningen att det] skulle bli..., det var tänkt som...; *what is this ~t to be?* vad skall det här vara (föreställa)?; *it is ~t to be used* det är meningen att den skall användas, den är till för att användas **4** mena, syfta på, åsyfta, avse [*by* med]; *say one thing and ~ another* säga ett och mena ett annat; *I ~ to say!* vard. a) det är ju det jag menar! b) jo, jag menar det!; *you don't ~ it!* det menar du [väl] inte!, det kan [väl] aldrig vara ditt allvar!; *you don't ~ to say that...* du menar väl [ändå] inte att..., du vill väl aldrig (inte) påstå att... **5** vanl. perf. p. *~t* förutbestämd [*she was ~t for greater things*]; *we were ~t for each other* äv. vi är som gjorda för varandra **II** *vb itr* mena; *~ well* (*kindly*) mena väl [*by a p.* med ngn]
meander [mɪ'ændə] *vb itr* **1** om flod o.d. snirkla (slingra) sig **2** ströva omkring, släntra [fram] [äv. *~ along*] **3** snirkla sig [fram] [*his lecture ~ed along*]

meanie ['mi:nɪ] *s* vard. **1** snåljåp **2** isht amer. knöl, buse
meaning ['mi:nɪŋ] **I** *adj* menande, talande [*a ~ look*] **II** *s* mening; betydelse [*a word with many ~s*], innebörd [*I did not grasp the ~ of his speech*]; *what is the ~ of* [*this word*]*?* vad betyder...?; *if you get my ~* om du förstår vad jag menar; [*love -*] *you don't know the ~ of the word!* ...du har ingen aning om vad det betyder!, ...vad vet du om det?
meaningful ['mi:nɪŋf(ʊ)l] *adj* meningsfull, meningsfylld [*~ work*]; betydelsefull
meaningless ['mi:nɪŋləs] *adj* meningslös; betydelselös; intetsägande
meanly ['mi:nlɪ] *adv* torftigt etc, jfr *2 mean*
meanness ['mi:nnəs] *s* snålhet etc., jfr *2 mean*
means [mi:nz] *s* **1** (konstr. ofta ss. sg.; pl. *means*) medel, hjälpmedel, utväg[ar], möjlighet[er], sätt [*a ~; this ~; every ~ has* (*all ~ have*) *been tried; there is* (*are*) *no ~ of learning what is happening*]; bildl. verktyg [*a ~ in the service of science*]; *by ~ of* med hjälp av, genom [*thoughts are expressed by ~ of words*]; *by ~ of doing a th.* genom att göra ngt; *by all ~* a) så gärna, naturligtvis, givetvis, för all del b) ovillkorligen, prompt, till varje pris c) på alla sätt; *by no ~* el. *not by any ~* visst inte, nej för all del [*Am I in the way? By no ~!*], inte alls, långtifrån [*these goods are by no ~ satisfactory*], på intet sätt, ingalunda [*this is by no ~ an easy job*], på inga villkor, absolut inte [*May I go now? No, by no ~!*]; *by some ~ or other* på ett eller annat sätt; *by this ~* på det (detta) sättet, på så sätt; härigenom, sålunda **2** *means* pl. medel, tillgångar, resurser; förmögenhet [*my* [*private*] *~ were much reduced*]; *~ of production* produktionsmedel; *live beyond* (*within*) *one's ~* leva över (inom ramen för) sina tillgångar; *a man of ~* en välbärgad (förmögen) man; *without ~* medellös, obemedlad
means test ['mi:nztest] *s* behovsprövning, inkomstprövning
meant [ment] imperf. o. perf. p. av *3 mean*
meantime ['mi:ntaɪm] o. **meanwhile** ['mi:nwaɪl] **I** *s* mellantid; *in the ~* under tiden, så länge; under (i) mellantiden **II** *adv* under tiden, så länge; under (i) mellantiden
measles ['mi:zlz] (konstr. vanl. ss. sg.) *s* mässling[en]; *German ~* röda hund; *be down with* [*the*] *~* ligga [sjuk] i mässlingen
measly ['mi:zlɪ] *adj* vard. ynklig, futtig [*a ~ present*]
measurable ['meʒ(ə)rəbl] *adj* mätbar; överskådlig [*in a ~ future*]; *within* [*a*] *distance of* [*success*] bildl. mycket nära...
measure ['meʒə] **I** *s* **1** mått, storlek, dimension **2** mått konkr. [*a pint ~*]; mätredskap; bildl. mått, måttstock; *weights*

and ~s mått och vikt; ***in ample*** ~ i rikt mått; ***dry*** (***liquid***) ~ mått för torra (våta) varor; ***full*** (***good***) ~ rågat mått; ***for good*** ~ som påbröd; ***short*** ~ knappt mått; ***give short*** (***full***) ~ mäta [upp] knappt (med råge); ***take a p.'s*** ~ a) ta mått på ngn [*for a suit* till en kostym] b) bildl. ta reda på vad ngn går för **3** mån, grad; ***in a*** ~, ***in some*** ~ i viss (någon) mån; ***in a great*** (***large***) ~ i hög grad **4** gräns; ***know no*** ~ inte känna någon gräns; ***beyond*** ~ el. ***out of*** [***all***] ~ ss. adj. omåttlig; ss. adv. övermåttan **5** [mått och] steg, åtgärd [*these ~s proved inadequate*]; ***take ~s*** vidta mått och steg; ***take strong ~s*** vidta stränga åtgärder **6** parl. lagförslag; ***introduce a*** ~ framlägga ett [lag]förslag **7** versmått, meter **8** mus. takt, rytm **9** matem. divisor som går jämnt upp i ett tal; ***greatest common*** ~ största gemensamma divisor **II** *vb tr* **1** mäta; ta mått på [~ *a p. for* (till) *a suit*]; ~ ***oneself*** (***one's ability, one's strength***) ***against*** (***with***)... mäta sig (sin förmåga, sina krafter) med...; ***get*** (***be***) ~***d for a suit*** [låta] ta mått till en kostym **2** avpassa, lämpa [*by, to* efter] **III** *vb itr* **1** mäta, ta mått **2** mäta visst avstånd; ***it ~s*** *7 centimetres* den mäter 7 centimeter **3** gå att mäta, kunna mätas **4** bildl. ~ ***up*** hålla måttet; ~ ***up to*** kunna mäta sig med; motsvara [*it didn't* ~ *up to their expectations*]
measured ['meʒəd] *adj* **1** [upp]mätt; avpassad **2** taktfast, regelbunden, jämn, stadig, avmätt [~ *steps*] **3** väl avvägd
measurement ['meʒəmənt] *s* **1** mätning; ***system of*** ~ måttsystem; ***unit of*** ~ måttenhet **2** pl. ***~s*** mått, dimensioner; ***take a p.'s ~s*** ta mått på ngn
measuring-tape ['meʒ(ə)rɪŋteɪp] *s* måttband
meat [mi:t] *s* **1 a)** kött; ***butcher's*** ~ färskt slaktkött utom fläsk, vilt, fågel o.d.; ***cold*** ~ kallskuret; ~ ***cube*** buljongtärning; ~ ***extract*** köttextrakt; ~ ***loaf*** köttfärslimpa; ~ ***tenderizer*** mörningsmedel för kött **b)** [ätligt] innanmäte [*the* ~ *of an egg*], kött [*the* ~ *of a lobster* (*a crab*)] **2** *it was* ~ *and drink to me* vard. det var just det rätta (det var någonting) för mig; ***strong*** ~ bildl. en stark sak, starka saker [*that film was really strong* ~]; *one man's* ~ *is another man's poison* smaken är olika **3** [väsentligt] innehåll
meatball ['mi:tbɔ:l] *s* **1** köttbulle **2** sl. klantskalle, pundhuvud
meaty ['mi:tɪ] *adj* **1** köttig; kött- [*a* ~ *bone* (*flavour*)]; välmatad [*a* ~ *crab*] **2** innehållsrik
Mecca ['mekə] **I** geogr. Mecka **II** *s* bildl. mecka [*a* ~ *for tourists*], vallfartsort
mechanic [mə'kænɪk] *s* mekaniker, reparatör; maskinarbetare, verkstadsarbetare; ***aircraft*** ~ flygmekaniker, montör
mechanical [mə'kænɪk(ə)l] *adj* mekanisk äv. bildl. [~ *brake,* ~ *movements,* ~ *power*]; maskinmässig, maskinell, maskin-; [maskin]teknisk; automatisk; ~ ***engineering*** maskinlära
mechanics [mə'kænɪks] *s* **1** (konstr. vanl. ss. sg.) mekanik; maskinlära; ~ ***of materials*** hållfasthetslära **2** (konstr. ss. pl.) teknik, arbetsgång [*the* ~ *of play-writing*]
mechanism ['mekənɪz(ə)m] *s* **1** mekanism äv. bildl.; psykol. [*defence* ~]; maskineri äv. bildl. **2** mekanik [*the* ~ *of supply and demand*], teknik, verkningssätt
mechanization [ˌmekənaɪ'zeɪʃ(ə)n] *s* mekanisering; motorisering
mechanize ['mekənaɪz] *vb tr* mekanisera; motorisera [~*d forces*]
medal ['medl] *s* medalj
medallion [mə'dæljən] *s* medaljong
medallist ['med(ə)lɪst] *s* medaljör, medaljvinnare; ***gold*** ~ guldmedaljör
meddle ['medl] *vb itr* blanda (lägga) sig 'i [andras angelägenheter], lägga sin näsa i blöt; *you are always meddling* du lägger dig då 'i allting, du skall då alltid lägga din näsa i blöt; ~ ***with*** a) blanda (lägga) sig 'i [*don't* ~ *with that business*] b) fingra på, rota i [*who's been meddling with my things?*]
meddlesome ['medlsəm] *adj* beskäftig, beställsam
media ['mi:djə] *s* pl. av *medium*
mediaeval [ˌmedɪ'i:v(ə)l, ˌmi:d-] *adj* se *medieval*
median ['mi:djən] **I** *adj* mitt-, mellan-, median- [~ *value*] **II** *s* geom. el. statistik. median
median strip [ˌmi:djən'strɪp] *s* amer. mittremsa på [motor]väg
mediate [ss. adj. 'mi:dɪət, ss. vb 'mi:dɪeɪt] **I** *vb itr* medla **II** *vb tr* medla [~ *a peace*]; åstadkomma t.ex. uppgörelse genom medling (förlikning)
mediation [ˌmi:dɪ'eɪʃ(ə)n] *s* medlande; medling; förlikning
mediator ['mi:dɪeɪtə] *s* medlare; fredsmäklare; förlikningsman
medic ['medɪk] *s* vard. **1** läkare, doktor **2** medicinare student
Medicaid ['medɪkeɪd] *s* amer., statlig o. federal sjukhjälp åt låginkomsttagare
medical ['medɪk(ə)l] **I** *adj* medicinsk; läkar-; medicinal- [~ *herb*]; ~ ***attendance*** (***care***) läkarvård; ~ ***certificate*** a) friskintyg b) läkarintyg vid sjukdom; ~ ***corps*** mil. fältläkarkår; ~ ***examination*** (***check-up***) läkarundersökning, hälsoundersökning; ~ ***officer*** företagsläkare; [tjänste]läkare; mil. militärläkare; ~ ***practitioner*** praktiserande läkare, legitimerad läkare; ***be put on*** (***be struck off***) ***the*** ~ ***register*** få (förlora sin) legitimation som läkare; ~ ***school*** medicinsk fakultet; ~ ***student*** medicine studerande, medicinare; ~ ***treatment*** läkarvård **II** *s* vard. läkarundersökning

medically ['medɪk(ə)lɪ] *adv* medicinskt; från läkarsynpunkt; *be ~ examined* bli läkarundersökt
medicament [me'dɪkəmənt] *s* läkemedel
Medicare ['medɪkeə] *s* amer., federal sjukförsäkring för personer över 65 år
medicate ['medɪkeɪt] *vb tr* **1** läkarbehandla; ge medicin åt; bota **2** preparera [för medicinskt bruk]; *~d soap* medicinsk tvål
medication [ˌmedɪ'keɪʃ(ə)n] *s* **1** läkarbehandling; medicinering **2** medicin, medikament
medicinal [me'dɪsɪnl] *adj* **1** läkande [*~ properties* (egenskaper)], botande; hälsosam, hälsobringande **2** medicinsk; medicinal- [*~ herb*]
medicine ['meds(ə)n, medɪs(ə)n isht i bet. *I 1*] *s* **1** medicin äv. i mots. till kirurgi m.m.; läkekonst[en]; läkarvetenskap[en]; *Doctor of M~* medicine doktor **2** medicin, läkemedel; *~ cabinet* (*cupboard*) medicinskåp, husapotek; *~ chest* medicinlåda, husapotek, reseapotek; *get some* (*a taste, a dose*) *of one's own ~* bildl. få smaka sin egen medicin
medico ['medɪkəʊ] (pl. *~s*) *s* vard. **1** läkare, doktor **2** medicinare student
medieval [ˌmedɪ'iːv(ə)l, ˌmiːd-] *adj* medeltida, medeltids-; *in ~ times* under medeltiden
mediocre [ˌmiːdɪ'əʊkə] *adj* medelmåttig, slätstruken, medioker, skäligen enkel
mediocrity [ˌmiːdɪ'ɒkrətɪ] *s* **1** medelmåttighet, slätstrukenhet **2** medelmåtta [*he is a ~*]
meditate ['medɪteɪt] **I** *vb tr* **1** fundera på, planera **2** begrunda, grubbla på **II** *vb itr* meditera, fundera [[*up*]*on* på, över]
meditation [ˌmedɪ'teɪʃ(ə)n] *s* meditation, begrundan[de]; religiös betraktelse [[*up*]*on* över]; funderande, grubbel [*on* på, över]
meditative ['medɪtətɪv, -teɪt-] *adj* meditativ, begrundande, tankfull, spekulativ, grubblande
Mediterranean [ˌmedɪtə'reɪnjən] **I** *adj* medelhavs- [*~ climate*], mediterran; *the ~ Sea* Medelhavet **II** geogr. *the ~* Medelhavet
medi|um ['miːdj|əm] **I** (pl. *-a* [*-ə*] el. *-ums*) *s* **1** medium äv. spiritistiskt; [hjälp]medel, förmedling[slänk]; förmedlare **2** meddelelsemedel; *the media* (konstr. ss. sg. el. pl.) [mass]media **3** *strike a happy ~* gå den gyllene medelvägen **II** *adj* medelstor, medelstark, medelgod; mellanstor; medium; medel- [*~ price*]; medium-; *~ bomber* medeltungt bombplan; *below ~ height* under medellängd; *~ size* medelstorlek, mellanstorlek; *~ wave* radio. mellanvåg
medium-range ['miːdjəmreɪn(d)ʒ] *adj* medeldistans- [*a ~ missile*]
medium-size ['miːdjəmsaɪz] *attr adj* o.
medium-sized ['miːdjəmsaɪzd] *adj* medelstor, mellanstor; i mellanstorlek (mellanformat), i medium

medley ['medlɪ] **I** *s* **1** [brokig] blandning, sammelsurium, röra, virrvarr; blandat sällskap **2** mus. potpurri **3** simn. medley individuellt; *~ relay* medleylagkapp **II** *attr adj* åld. blandad, brokig
meek [miːk] *adj* **1** ödmjuk, undergiven, saktmodig **2** foglig, eftergiven, beskedlig, spak
meerschaum ['mɪəʃəm] *s* **1** miner. sjöskum **2** sjöskumspipa [äv. *~ pipe*]
1 meet [miːt] **I** (*met met*) *vb tr* **1** möta; träffa, råka, sammanträffa med; lära känna; om flod flyta samman (förena sig) med; *~ Mr. Smith!* får jag föreställa herr Smith?; *there's more in this than ~s the eye* det ligger något bakom det här, det är en hund begraven här **2** möta i strid; bekämpa; bemöta [*~ criticism*], besvara; *~ a challenge* anta en utmaning; *~ a difficulty* övervinna en svårighet **3** motsvara [*~ expectations*]; tillfredsställa, uppfylla, tillmötesgå [*~ demands*]; infria [*~ obligations*]; bestrida [*~ costs*]; täcka [*~ a deficiency*]; *the supply ~s the demand* tillgången motsvarar efterfrågan **II** (*met met*) *vb itr* **1** mötas; ses; träffas, råkas, sammanträda; om floder flyta samman; *~ again* ses igen, återses; *Parliament ~s tomorrow* parlamentet samlas i morgon; *make both ends ~* få det att gå ihop ekonomiskt **2** *~ with* träffa [på], stöta på; uppleva [*~ with an adventure*]; komma över, hitta; möta, röna; amer. träffa; *~ with an accident* råka ut för en olyckshändelse; *~ with approval* vinna gillande (bifall); *~ with difficulties* stöta på svårigheter; *~ with a loss* lida en förlust; *~ with a refusal* få avslag, få nej; *~ up with* träffa, råka **III** *s* **1** jakt. möte; mötesplats; jaktsällskap **2** sport., se *meeting 2*
2 meet [miːt] *adj* litt., *as is ~* [*and proper* (*fitting*)] som sig bör; *as you think ~* som du finner lämpligt
meeting ['miːtɪŋ] *s* **1** möte; sammanträffande; sammanträde **2** sport. tävling, möte
mega ['megə] *adj* vard. **1** stor, mega, super [*~ bid* (*merger*)] **2** jättebra, framgångsrik, toppen
mega- ['megə, ˌmegə se f. ö. sms. nedan] *prefix* **1** mega- en miljon **2** vard. mega-, super- [*megastar*]
megabyte ['megəbaɪt] *s* data. megabyte
megahertz ['megəhɜːts] *s* megahertz
megalomania [ˌmegələ(ʊ)'meɪnjə] *s* psykol. storhetsvansinne, megalomani
megalomaniac [ˌmegələ(ʊ)'meɪnɪæk] *s* psykol. person som lider av storhetsvansinne (megalomani)
megaphone ['megəfəʊn] **I** *s* megafon **II** *vb tr* ropa [ut] i megafon
megaton ['megətʌn] *s* megaton
megawatt ['megəwɒt] *s* megawatt

melancholia [ˌmelən'kəʊljə] s psykol. melankoli
melancholic [ˌmelən'kɒlɪk] adj psykol. melankolisk
melancholy ['melənkəlɪ] I s melankoli, tungsinthet II adj 1 melankolisk, tungsint, svårmodig 2 sorglig, bedrövlig
Melbourne ['melbən isht i Australien; utanför Australien ofta 'melbɔ:n]
mellow ['meləʊ] I adj 1 om frukt [full]mogen, söt och saftig; om vin fyllig, vällagrad, mogen; om ost mogen 2 om t.ex. ljud, färg, ljus fyllig, djup, rik 3 mogen, mild[rad] gm ålder o. erfarenhet II vb tr 1 bringa till mognad, göra [full]mogen etc., jfr *I 1* o. *2*; mildra, dämpa 2 göra mogen (mild), mildra gm ålder o. erfarenhet; slipa av III vb itr 1 om t.ex. frukt mogna 2 mildras, dämpas; vekna, tina upp 3 mogna, mildras gm ålder o. erfarenhet
melodic [mɪ'lɒdɪk] adj melodisk, melodi-
melodious [mɪ'ləʊdjəs] adj melodisk, melodiös
melodiousness [mɪ'ləʊdjəsnəs] s melodiskhet, välljud
melodrama ['melə(ʊ)ˌdrɑ:mə] s melodram
melodramatic [ˌmelə(ʊ)drə'mætɪk] adj melodramatisk
melody ['melədɪ] s 1 melodi 2 välljud, musik
melon ['melən] s bot. melon
melt [melt] I vb itr 1 smälta; lösas upp; vard. smälta bort av hetta; *~ away* smälta [bort]; smälta ihop; skingras, ta slut, försvinna 2 bildl. röras, vekna, smälta; *~ into (in) tears* röras till tårar II vb tr 1 smälta; lösa upp; skira smör; komma (få) att smälta ihop, smälta samman [*into* till]; *~ down* smälta ned (ner) 2 bildl. röra, beveka, smälta III s tekn. smälta
meltdown ['meltdaʊn] s fys. härdsmälta
melting-pot ['meltɪŋpɒt] s smältdegel äv. bildl.; *be in the ~* bildl. vara i stöpsleven
member ['membə] s 1 medlem, ledamot; deltagare [*conference ~*]; parl. representant [*for* för valkrets]; *~ state* medlemsstat; *M~ of [the] Congress* i USA kongressledamot; *M~ of Parliament* parlamentsledamot; *be ~ for* representera valkrets 2 del; led av t.ex. sats, ekvation
membership ['membəʃɪp] s 1 medlemskap, ledamotskap 2 medlemsantal
membrane ['membreɪn] s biol. el. anat. membran, hinna, tunn skiva
memento [mɪ'mentəʊ] (pl. *~s* el. *~es*) s 1 minne [*keep a th. as a ~*], minnessak 2 memento, påminnelse; varning[stecken], maning
memo ['meməʊ] (pl. *~s*) s (förk. för *memorandum*) PM; *~ pad* anteckningsblock
memoir ['memwɑ:] s 1 biografi 2 vanl. pl. *~s* memoarer, levnadsminnen, självbiografi; *writer of ~s* memoarförfattare

memorable ['mem(ə)rəbl] adj minnesvärd
memorand|um [ˌmemə'rænd|əm] (pl. *-a* [-ə] el. *-ums*) s 1 meddelande, PM, promemoria [*an inter-office* (internt) *~*] 2 [minnes]anteckning; minneslista 3 dipl. diplomatisk [not]
memorial [mɪ'mɔ:rɪəl] I attr adj minnes- [*~ service*, *~ volume* (skrift)]; *~ arch* triumfbåge; *M~ Day* amer. minnesdagen till minne av i olika krig stupade soldater, vanl. 30 maj; *~ park* amer., parkliknande kyrkogård II s minnesmärke, minnessten [*to* över]
memorize ['meməraɪz] vb tr memorera, lära sig utantill
memory ['memərɪ] s 1 minne, minnesförmåga; *speak from ~* tala utan manuskript; *to the best of my ~* såvitt jag kan minnas; *loss of ~* minnesförlust; *commit to ~* lägga på minnet; lära sig utantill 2 minne, hågkomst; åminnelse; eftermäle; *memories of childhood* barndomsminnen; *he was (lived) down ~ lane* ung. han försjönk i (levde bland) gamla minnen; *in (to the) ~ of* till minne av; *of blessed ~* salig i åminnelse 3 minne tid man minns ngt; *within living ~* i mannaminne 4 data. minne; *~ bank* minnesbank
men [men] s pl. av *man I*
menace ['menəs] I s hot [*to* mot], [hotande] fara [*to* för]; hotelse; *he's a ~* vard. han är hopplös (odräglig) II vb tr o. vb itr hota [med]
ménage [me'nɑ:ʒ] s fr. hushåll
menagerie [mɪ'nædʒərɪ] s menageri
mend [mend] I vb tr 1 laga, reparera; lappa kläder; stoppa strumpor 2 avhjälpa; ställa till rätta, rätta till 3 förbättra; bättra på; *~ one's manners (ways)* bättra sig II vb itr 1 bli bättre; läkas, tillfriskna, ta sig 2 *it is never too late to ~* bättre sent än aldrig, det är aldrig för sent att bättra sig III s 1 lapp, stopp, lagning lagat ställe 2 *be on the ~* a) vara på bättringsvägen, ta sig b) om affärer hålla på och ordna [sig]
mendacious [men'deɪʃəs] adj lögnaktig
mendacity [men'dæsətɪ] s 1 lögnaktighet 2 osanning
mendicant ['mendɪkənt] I adj tiggande, bettlande; tiggar- [*~ friar*] II s 1 tiggare 2 tiggarmunk
mending ['mendɪŋ] s lagning, reparation; lappning, stoppning; *~ wool* stoppgarn
menfolk ['menfəʊk] (konstr. ss. pl.) s manfolk, karlar
menial ['mi:njəl] I adj ovärdig, tarvlig, enkel [*~ work (tasks)*] II s neds. tjänare, betjänt, lakej
meningitis [ˌmenɪn'dʒaɪtɪs] s med. hjärnhinneinflammation, meningit
menopause ['menə(ʊ)pɔ:z] s med. menopaus, klimakterium; *male ~* manlig övergångsålder
menses ['mensi:z] s pl med. menstruation

menstrual ['menstrʊəl] *adj* menstruations- [~ *cycle*]; ~ *flow* (*discharge*) menstruationsblödning
menstruate ['menstrʊeɪt] *vb itr* menstruera, ha menstruation
menstruation [ˌmenstrʊ'eɪʃ(ə)n] *s* menstruation
menswear ['menzweə] *s* herrkläder
mental ['mentl] *adj* **1** mental, psykisk, själslig, själs-, sinnes-; förstånds-; ~ *age* intelligensålder; ~ *arithmetic* huvudräkning; ~ *cruelty* psykisk (själslig) misshandel; ~ *disorder* (*illness, derangement*) mentalsjukdom; psykisk störning; ~ *gymnastics* hjärngymnastik; ~ *handicap* förståndshandikapp; ~ *hospital* (*home*) mentalsjukhus; ~ *hygiene* mentalhygien; *make a* ~ *note of* lägga på minnet; ~ *patient* mentalpatient, psykiskt sjuk [patient]; *a* ~ *reservation* ett tyst förbehåll; ~ *state* sinnestillstånd, själstillstånd **2** vard. galen, knasig [*go* (*bli*) ~]
mentality [men'tæləti] *s* **1** mentalitet, [själs]läggning, kynne, karaktär **2** intelligens, förstånd
mentally ['mentəli] *adv* **1** mentalt, psykiskt, själsligt; andligt; ~ *ill* (*disordered, deranged*) mentalsjuk; psykiskt störd; ~ *handicapped* förståndshandikappad; ~ *retarded* psykiskt utvecklingsstörd **2** i tankarna; i huvudet [*calculate* ~]
menthol ['menθɒl] *s* mentol
mentholated ['menθəleɪtɪd] *adj* mentol-, med mentol
mention ['menʃ(ə)n] **I** *s* omnämnande; *honourable* ~ hedersomnämnande; *make* ~ *of* [om]nämna **II** *vb tr* omnämna; nämna, tala om [*to* för]; *not to* ~ för att [nu] inte tala om (nämna); *don't* ~ *it!* ss. svar på tack el. ursäkt ingen orsak!, [det är] ingenting att tala om!, för all tel!; [*that's odd,*] *now that you* ~ *it* ...nu när du säger det; *no harm worth* ~*ing* ingen nämnvärd skada
mentor ['mentɔ:] *s* mentor, rådgivare, handledare
menu ['menju:] *s* matsedel; meny äv. data.
mercantile ['mɜ:k(ə)ntaɪl] *adj* merkantil; handels-, affärs-, köpmans-; ~ *marine* handelsflotta
Mercedes [bil mə'seɪdɪz, -i:z]
mercenar|y ['mɜ:s(ə)n(ə)rɪ] **I** *adj* **1** vinningslysten; egennyttig **2** om soldat lejd, lego- **II** *s* legosoldat, legoknekt; pl. *-ies* äv. legotrupper
mercerize ['mɜ:səraɪz] *vb tr* mercerisera [~*d cotton*]
merchandise ['mɜ:tʃ(ə)ndaɪz] **I** *s* koll. [handels]varor **II** *vb itr* handla
merchant ['mɜ:tʃ(ə)nt] **I** *s* **1** köpman, grosshandlare, grossist isht importör el. exportör **2** skotsk. el. amer. detaljhandlare **3** vard. karl, individ, typ **II** *adj* handels-; ~ *bank* affärsbank; ~ *banker* direktör i affärsbank; ~ *fleet* (*navy, marine*) handelsflotta; ~ *ship* (*vessel*) handelsfartyg
merciful ['mɜ:sɪf(ʊ)l] *adj* barmhärtig, nådig, misskundsam [*to* mot]; skonsam
merciless ['mɜ:sɪləs] *adj* obarmhärtig [*to, towards* mot]; skoningslös
mercurial [mɜ:'kjʊərɪəl] *adj* **1** kvicksilver- [~ *poisoning*] **2** livlig [~ *temperament*], kvick[tänkt] **3** flyktig, ombytlig
Mercury ['mɜ:kjʊrɪ] mytol. el. astron. Merkurius
mercury ['mɜ:kjʊrɪ] *s* kvicksilver; *the* ~ *is rising* barometern (termometern) stiger
merc|y ['mɜ:sɪ] *s* **1** barmhärtighet, förbarmande; förskoning, misskund; nåd; *a* ~ *killing* ett fall av dödshjälp, ett barmhärtighetsmord; *petition for* ~ nådeansökan; *ask* (*beg, cry*) *for* ~ be (tigga) om nåd; *have* ~ [*up*]*on a p.* förbarma sig över ngn, ha förbarmande med ngn; *be at the* ~ *of a p.* (*a th.*) el. *be at a p.'s* ~ el. *be left to the tender* ~ (*-ies*) *of a p.* (*a th.*) vara i ngns (ngts) våld, vara utelämnad på nåd och onåd till ngn (ngt) **2** lycka, tur; pl. *-ies* äv. nådegåvor; glädjeämnen; *it is a* ~ *that...* det är en [Guds] lycka (välsignelse) att...; *be thankful* (*grateful*) *for small -ies* vara tacksam för litet (det lilla)
mere [mɪə] *adj* blott, ren, bara; *by a* ~ (*the* ~*st*) *chance* av en ren slump; *she is a* ~ *child* hon är bara barnet; *the* ~ *idea* (*thought*) *of* blotta tanken på; *a* ~ *2%* ynka (futtiga) 2%
merely ['mɪəlɪ] *adv* endast, bara, blott och bart
meretricious [ˌmerɪ'trɪʃəs] *adj* grann, prålig [~ *jewellery*, *a* ~ *style*], utstofferad; oäkta, falsk
merge [mɜ:dʒ] **I** *vb tr* slå ihop (samman) [~ *two companies*; *with* med; *into* till]; *be* ~*d in* äv. gå över i, förvandlas till **II** *vb itr* gå ihop (samman) [*into* i; *with* med]; smälta ihop (samman), absorberas; flyta ihop [*into* med]
merger ['mɜ:dʒə] *s* **1** sammanslagning, införlivande **2** hand. sammanslagning, fusion
meridian [mə'rɪdɪən] **I** *s* **1** meridian **2** middagshöjd äv. bildl.; kulmen, höjdpunkt **II** *adj* meridian-, middags-
meridional [mə'rɪdɪənl] *adj* meridional, meridian-
meringue [mə'ræŋ] *s* maräng
merino [mə'ri:nəʊ] (pl. ~*s*) **I** *s* **1** merinofår **2** merino; merinotyg, merinogarn **II** *adj* merino-
merit ['merɪt] **I** *s* förtjänst, merit [*the book has its* ~*s*]; värde; ~*s and demerits* fel och förtjänster, fördelar och nackdelar; *the Order of M*~ eng. förtjänstorden; *a work of great* ~ ett mycket förtjänstfullt arbete; *the* ~*s of the case* det verkliga [sak]förhållandet, föreliggande fakta; *promotion by* ~

befordran på meriter; *judge a th. on its ~s* bedöma ngt [rent] objektivt (efter sakliga hänsyn) **II** *vb tr* förtjäna, vara värd, göra sig förtjänt av
meritocracy [ˌmerɪ'tɒkrəsɪ] *s* meritokrati
meritorious [ˌmerɪ'tɔːrɪəs] *adj* förtjänstfull
merlin ['mɜːlɪn] *s* zool. stenfalk
mermaid ['mɜːmeɪd] *s* sjöjungfru
mer|man ['mɜː|mæn] (pl. *-men* [-men]) *s* triton, havsgud
merrily ['merəlɪ] *adv* muntert, uppsluppet; glatt
merriment ['merɪmənt] *s* munterhet, uppsluppenhet
merry ['merɪ] *adj* **1** munter, uppsluppen; glad; [*A*] *M~ Christmas!* God Jul!; *the M~ Widow* Glada änkan; *the more the merrier* ju fler dess (desto, ju) roligare; *make ~* roa sig, förlusta sig, festa **2** vard. lite glad (upprymd, i gasen)
merry-go-round ['merɪɡə(ʊ)raʊnd] *s* karusell; bildl. äv. virvel
merrymaker ['merɪˌmeɪkə] *s* festare, rumlare
merrymaking ['merɪˌmeɪkɪŋ] *s* uppsluppenhet; festglädje, förlustelser
Merseyside ['mɜːzɪsaɪd] geogr.
mesh [meʃ] **I** *s* maska i nät o.d.; pl. *~es* äv. trådar; nät[verk]; snaror, garn äv. bildl. **II** *vb tr* **1** fånga i ett nät (nätet) **2** mek. koppla ihop äv. bildl. **III** *vb itr* **1** fastna i ett nät (nätet); snärja in sig **2** om kugge gripa in [*with* i]
mesmerist ['mezm(ə)rɪst] *s* hypnotisör, mesmerist
mesmerize ['mezm(ə)raɪz] *vb tr* **1** magnetisera, hypnotisera **2** suggerera; fascinera
mess [mes] **I** *s* **1** röra, oreda, oordning, virrvarr; soppa, jobbig (rörig) situation, klämma, knipa; *he looked a ~* han såg hemsk (förfärlig) ut; *make a ~ of a th.* a) förstöra (sabba) ngt b) ställa (strula, trassla) till ngt; *we are in a fine ~* äv. nu står vi där vackert, vilken soppa vi har hamnat i; *get into a ~* a) råka i oordning, stökas (röras) till b) råka illa ut, komma i knipa; ställa (strula) till det för sig **2** smörja, skräp; [hund]lort; *make a ~* smutsa (söla, kladda, skräpa) ner, se äv. *1*; *the child has made a ~ in his nappy* barnet har gjort på sig; *the dog has made a ~ on the carpet* hunden har gjort på mattan **3** vard. sopa, misslyckad (hopplös) individ **4** mil. el. sjö. matsällskap; mäss **II** *vb tr* **1** *~* [*up*] a) röra (stöka) till; smutsa (söla, kladda) ner b) trassla (strula) till, vända upp och ned på, kullkasta [*it has ~ed up our plans*], förstöra, sabba c) fara hårt fram med ngn; göra förvirrad **2** *~ a p. about* (*around*) röra (trassla) till saker och ting (det) för ngn, djävlas med ngn **3** mil. utspisa **III** *vb itr* **1** *~ about* (*around*) **a)** gå och driva, slå dank, strula [omkring] **b)** ställa (röra,

strula) till [*with* med] **c)** vanl. *~ around* amer. vänsterprassla [*with* med]; *~ with* a) bråka (djävlas) med, lägga sig i b) beblanda sig med, ha att göra med c) pillra (tafsa, kladda) på d) vänsterprassla med **2** äta i mässen; sjö. skaffa
message ['mesɪdʒ] *s* **1** meddelande [*did he leave any ~?*]; budskap äv. politiskt o.d.; bud; *he got the ~* vard. han förstod vinken; *give a p. a ~* hälsa ngn från ngn; *can I give* (*leave*) *a ~?* i telefon o.d. är det något jag kan framföra? **2** telegram **3** ärende [*go* (*run*) *~s*]
messenger ['mesɪndʒə] *s* bud; budbärare, sändebud; *~ boy* expressbud; springpojke äv. bildl.
Messiah [mə'saɪə] *s* **1** Messias äv. bildl. **2** Kristus
Messrs. ['mesəz] *s* (eg. förk. för *Messieurs*, isht i affärsstil använt ss. pl. av *Mr.*) **1** herrar[na], hrr **2** Firma, Herrar, Hrr [*~ Jones & Co.*]
messy ['mesɪ] *adj* **1** rörig, stökig; tilltrasslad **2** smutsig, kladdig, grisig, snaskig
1 Met [met] *s, the ~* a) vard. Metropolitan opera i New York b) kortform för *the Metropolitan Railway* en av tunnelbanelinjerna i London c) kortform för *the Metropolitan Police* London polisen
2 Met [met] *s, the ~* [*Office*] = *the Meteorological Office*; *a ~ report* en väderleksrapport
met [met] imperf. o. perf. p. av *1 meet*
metabolic [ˌmetə'bɒlɪk] *adj* metabolisk; *basal ~ rate* basalmetabolism, grundomsättning
metabolism [me'tæbəlɪz(ə)m] *s* ämnesomsättning, metabolism
metal ['metl] **I** *s* **1** metall **2** metallblandning, legering **3** krossten för vägbygge, makadam **4** järnv., pl. *~s* skenor, spår; *run off* (*leave*, *jump*) *the ~s* spåra ur **II** *adj* metall-; *~ tip* beslag; hästsko
metallic [me'tælɪk] *adj* metallisk; metall-; *~ paint* metallic, metallicfärg
metallurgist [me'tælədʒɪst, mɪ't-] *s* metallurg
metallurgy [me'tælədʒɪ, mɪ't-] *s* metallurgi
metalwork ['metlwɜːk] *s* **1** metallsmide; *piece of ~* konkr. metallarbete **2** metallslöjd
metalworker ['metlˌwɜːkə] *s* metallarbetare
metamorphos|is [ˌmetə'mɔːfəs|ɪs] (pl. *-es* [-iːz]) *s* metamorfos, förvandling, omdaning
metaphor ['metəfə] *s* metafor, bild, bildligt uttryck; *mixed ~* katakres; *speak in ~s* tala i bilder
metaphoric [ˌmetə'fɒrɪk] *adj* o. **metaphorical** [ˌmetə'fɒrɪk(ə)l] *adj* metaforisk, bildlig
metaphysical [ˌmetə'fɪzɪk(ə)l] *adj* metafysisk
metaphysics [ˌmetə'fɪzɪks] (konstr. ss. sg.) *s* metafysik
mete [miːt] *vb tr*, *~* [*out*] litt. utmäta [*~ out punishment*]; tilldela, beskära
meteor ['miːtjə] *s* meteor
meteoric [ˌmiːtɪ'ɒrɪk] *adj* **1** meteor- [*a ~*

stone]; meteorartad, meteorlik äv. bildl.; *a ~ career* en kometkarriär; *~ shower* meteorregn **2** atmosfärisk
meteorite ['miːtjəraɪt] *s* meteorit, meteorsten
meteorologic [ˌmiːtjərə'lɒdʒɪk] *adj* o.
meteorological [ˌmiːtjərə'lɒdʒɪk(ə)l] *adj* meteorologisk; *meteorological office* vädertjänst
meteorologist [ˌmiːtjə'rɒlədʒɪst] *s* meteorolog
meteorology [ˌmiːtjə'rɒlədʒɪ] *s* meteorologi
1 meter ['miːtə] *s* mätare; taxameter; *~ maid* vard. lapplisa; *~ man (reader)* [mätar]avläsare
2 meter ['miːtə] *s* amer., se *metre*
methane ['miːθeɪn] *s* kem. metangas, sumpgas
method ['meθəd] *s* metod; ordning, system; [planmässigt] förfaringssätt; sätt, vis; *there is* [*a*] *~ in his* (*her* etc.) *madness* det är metod i galenskapen
Methodism ['meθədɪz(ə)m] *s* kyrkl. metodism
Methodist ['meθədɪst] kyrkl. **I** *s* metodist **II** *attr adj* metodistisk, metodist-
methodology [ˌmeθə'dɒlədʒɪ] *s* metodologi, metodlära, metod
meths [meθs] *s pl* vard. för *methylated spirits*
Methuselah [mɪ'θjuːz(ə)lə] bibl. Metusalem, Metusela; *as old as ~* gammal som gatan
methyl ['meθɪl] *s* kem. metyl [*~ bromide* (*chloride*)]; *~ alcohol* metylalkohol, träsprit
methylate ['meθəleɪt] *vb tr* blanda med träsprit; *~d spirit*[*s*] denaturerad sprit
meticulous [mə'tɪkjʊləs] *adj* noggrann, skrupulös; minutiös; pedantisk, petig
me-tooism [ˌmiːˈtuːɪz(ə)m] *s* efterapning
metre ['miːtə] *s* **1** meter längdmått **2** litt. meter i poesi; versmått; takt
metric ['metrɪk] *adj* meter- [*the ~ system*]; *~ ton* 1000 kg
metrical ['metrɪk(ə)l] *adj* **1** måtts-; metrisk **2** litt. metrisk, i bunden form
metrication [ˌmetrɪ'keɪʃ(ə)n] *s* övergång till metersystemet
metrics ['metrɪks] (konstr. ss. sg.) *s* metrik, verslära
metronome ['metrənəʊm] *s* metronom
metropolis [mə'trɒpəlɪs] *s* **1** metropol, huvudstad; storstad, världsstad; *the ~* (*M~*) britt. ofta London [med förorter] **2** kyrkl. ärkebiskopssäte; metropolitsäte i grekisk-ortodoxa kyrkan
metropolitan [ˌmetrə'pɒlɪt(ə)n] **I** *adj* **1** huvudstads-, storstads-, världsstads-; britt. ofta London- [*the M~ Police*]; *~ city* se *metropolis 1*; *the M~ Opera* opera i New York; *the M~ Railway* en av tunnelbanelinjerna i London **2** kyrkl. metropolitansk **II** *s* **1** storstadsbo **2** kyrkl. ärkebiskop; metropolit i grekisk-ortodoxa kyrkan
mettle ['metl] *s* **1** liv[lighet], eld[ighet]; mod, kurage; *be on one's ~* uppbjuda alla sina krafter; *put a p. on his ~* egga upp ngn;

sätta ngn [riktigt] på prov, tvinga ngn att göra sitt yttersta **2** natur; temperament; skrot och korn
mettlesome ['metlsəm] *adj* livlig, eldig; modig, morsk; om häst yster
mew [mjuː] **I** *vb itr* jama **II** *s* jamande; mjau
mews [mjuːz] (konstr. vanl. ss. sg.; pl. lika) *s* **1** stall, huslänga, garagelänga som urspr. varit stall **2** stallgård, bakgård; bakgata
Mexican ['meksɪkən] **I** *adj* mexikansk **II** *s* mexikan; mexikanska
mezzanine ['metsəniːn, 'mez-] *s* **1** byggn. entresol[våning], mezzanin [äv. *~ storey*] **2** amer. teat. [främre] första raden
mezzo-sopran|**o** [ˌmedzəʊsə'prɑːnəʊ, 'metsəʊ-] *s* (pl. äv. *~i* [-iː]) mus. mezzosopran
mezzotint ['medzəʊtɪnt, 'metsəʊ-] **I** *s* mezzotint[gravyr] **II** *vb tr* gravera i mezzotint
mg. förk. för *milligram*[*s*]*, milligramme*[*s*]
MGM [ˌemdʒiːˈem] förk. för *Metro-Goldwyn-Mayer* ['metrəʊˌɡəʊldwɪn'meɪə]
MHz (förk. för *megahertz*) MHz
MI [ˌemˈaɪ] förk. för *Military Intelligence*; *~ 5* hist. (nu vard.) avdelning inom MI som sysslade med kontraspionage; *~ 6* hist. (nu vard.) avdelning inom MI som sysslade med spionage
mi [miː] *s* mus. mi
mica ['maɪkə] *s* miner. glimmer; *yellow ~* kattguld
mice [maɪs] *s* pl. av *mouse*
Michael ['maɪkl] **1** mansnamn **2** ss. kunganamn Mikael; *St. ~* Sankt Mikael
Michaelmas ['mɪklməs] *s* mickelsmässa 29 sept. [äv. *~ Day*]; *~ daisy* höstaster; *~ term* a) univ. höstermin b) jur. höstsession
Michelangelo [ˌmaɪkəl'ændʒələʊ]
Mick [mɪk] **I** kortform för *Michael 1* **II** *s*, äv. *m~* sl. (neds.) irländare
Mickey ['mɪkɪ] **1** vard. för *Michael 1* **2** se *Mickey Finn*
mickey ['mɪkɪ] *s* vard., *take the ~ out of a p.* driva (retas) med ngn
Mickey Finn [ˌmɪkɪˈfɪn] *s* (äv. *mickey finn*) sl. drink med knockoutdroppar
Mickey Mouse [ˌmɪkɪˈmaʊs] **I** Musse Pigg seriefigur **II** *attr adj* (äv. *mickey mouse*) **1** fattig, ynklig [*a ~ military operation*]; meningslös, banal **2** enkel, lätt [*a ~ university course*]
microbe ['maɪkrəʊb] *s* mikrob
microbiology [ˌmaɪkrə(ʊ)baɪ'ɒlədʒɪ] *s* mikrobiologi
microcard ['maɪkrə(ʊ)kɑːd] *s* mikrokort
microchip ['maɪkrə(ʊ)tʃɪp] *s* data. mikrochips, integrerad krets
microcomputer [ˌmaɪkrə(ʊ)kɒm'pjuːtə] *s* data. mikrodator
microcosm ['maɪkrə(ʊ)kɒz(ə)m] *s* o.
microcosmos [ˌmaɪkrə(ʊ)'kɒzmɒs] *s* mikrokosm[os], värld i smått
microdot ['maɪkrə(ʊ)dɒt] *s* foto. mikropunkt

microelectronics ['maɪkrə(ʊ)ɪˌlek'trɒnɪks] (konstr. ss. sg.) *s* mikroelektronik
microfiche ['maɪkrə(ʊ)fiʃ] *s* foto. mikrofiche, mikrokort
microfilm ['maɪkrə(ʊ)fɪlm] **I** *s* mikrofilm **II** *vb tr* mikrofilma
micrometer [maɪ'krɒmɪtə] *s* mikrometer äv. ss. längdmått; ~ *screw* mikrometerskruv
micro-organism [ˌmaɪkrə(ʊ)'ɔːɡənɪz(ə)m] *s* mikroorganism
microphone ['maɪkrəfəʊn] *s* mikrofon
microprocessor [ˌmaɪkrə(ʊ)'prəʊsesə] *s* data. mikroprocessor
microscope ['maɪkrəskəʊp] *s* mikroskop
microscopic [ˌmaɪkrə'skɒpɪk] *adj* o.
microscopical [ˌmaɪkrə'skɒpɪk(ə)l] *adj* mikroskopisk
microwave ['maɪkrə(ʊ)weɪv] **I** *s* mikrovåg; ~ *oven* mikrovågsugn **II** *vb itr* o. *vb tr* laga [mat] i en mikrovågsugn
mid [mɪd] **I** (oftast i sms.) *adj* mitt-, mellan-, mid-; [i] mitten av (på) [*it was* ~ *May* (*mid-May*)]; *from* ~ *May to* ~ *July* från mitten av maj till mitten av juli; *in* ~ *channel* (*Channel*) mitt i farleden (Engelska Kanalen); *in* ~ *flight* i flykten; bildl. halvvägs; *in* ~ *ocean* mitt ute på havet **II** *prep* poet. för *amid*
mid-air [ˌmɪd'eə] **I** *s*, *in* ~ [högt uppe] i luften [*catch a ball in* ~]; *be suspended in* ~ a) sväva mellan himmel och jord b) bildl. sväva i ovisshet **II** *attr adj* [som är (sker)] i luften [*a* ~ *collision*]
midday ['mɪdeɪ, i bet. *1* äv. ˌmɪd'd-] *s* **1** middagstid, middag; *at* ~ vid middagstiden, på middagen **2** attr. mitt på dagen, middags-; ~ *dinner* middag[små] mitt på dagen
midden ['mɪdn] *s* **1** gödselhög, avskrädeshög **2** arkeol. kökkenmödding
middle ['mɪdl] **I** *attr adj* mellersta, mittersta, mellan-, medel-; ~ *age* (*life*) medelålder; *a man of* ~ *age* en medelåldrers man; *the M*~ *Ages* medeltiden; *M*~ *America* Mellanamerika med Mexico [och Västindien]; ~ *C* mus. ettstrukna C; *the* ~ *class* (*classes*) medelklassen; *the lower* (*upper*) ~ *class* (*classes*) undre (övre) medelklassen; *the M*~ *East* Mellersta Östern; ~ *finger* långfinger; ~ *height* medelhöjd; ~ *name* andra namn mellan tilltals- o. efternamn; *the M*~ *West* Mellanvästern i USA **II** *s* **1** mitt; *in the* ~ *of* i mitten av (på), mitt i (på, under); *in the* ~ *of nowhere* på vischan; bortom all ära och redlighet; *knock a p. into the* ~ *of next week* slå ngn gul och blå (sönder och samman) **2** midja
middle age [ˌmɪdl'eɪdʒ] *s* medelålder
middle-age ['mɪdleɪdʒ] *attr adj* o. **middle-aged** [ˌmɪdl'eɪdʒd, attr. '--] *adj* medelålders; ~ *spread* vard. gumfläsk, gubbfläsk
middlebrow ['mɪdlbraʊ] *s* ofta neds. person med konventionell smak, genomsnittsmänniska
middle-class [ˌmɪdl'klɑːs, attr. '--] *adj* medelklass-, borgerlig
middle|man ['mɪdl|mæn] (pl. *-men* [-men]) *s* hand. mellanhand
middle-of-the-road [ˌmɪdləvðə'rəʊd] *adj* moderat, mitten-, mellan-; ~ *Swede* medelsvensson
middleweight ['mɪdlweɪt] *s* isht sport. **1** mellanvikt; attr. mellanvikts- **2** mellanviktare
middling ['mɪdlɪŋ] vard. **I** *adj* **1** medelgod, ordinär, sekunda; medelmåttig **2** någorlunda [bra], något så när [frisk] **II** *adv* tämligen, någorlunda
Mideast [ˌmɪd'iːst] *s* amer., *the* ~ Mellanöstern
mid-fifties [ˌmɪd'fɪftɪz] *s pl*, *in her* ~ i femtifemårsåldern, [när hon var] omkring 55; *in the* ~ [*he founded*...] i mitten på femtitalet...
midge [mɪdʒ] *s* zool. [fjäder]mygga
midget ['mɪdʒɪt] **I** *s* **1** dvärg som förevisas; lilleputt **2** midgetbil, midgetracer **II** *adj* mini- [~ *golf*; ~ *submarine*], lilleputt-, dvärg-
midland ['mɪdlənd] **I** *s*, *the Midlands* Midlands, mellersta England benämning på de centrala grevskapen **II** *adj* central, inlands-; *M*~ Midlands-, i mellersta England, jfr *I*
midnight ['mɪdnaɪt] *s* **1** midnatt **2** attr. midnatts- [~ *blue*; ~ *mass*]; nattsvart; *the* ~ *sun* midnattssolen; *burn the* ~ *oil* låta flitens lampa brinna, arbeta till långt in på natten
midriff ['mɪdrɪf] *s* **1** mellangärde, diafragma **2** amer. infällt midjeparti på kläder **3** tvådelat plagg, plagg med bar midja
midship|man ['mɪdʃɪp|mən] (pl. *-men* [-mən]) *s* sjö. kadett
midships ['mɪdʃɪps] *adv* midskepps
midsize ['mɪdsaɪz] *adj* medelstor [~ *car*]; om tennisracket midsize
midst [mɪdst] *s* litt. mitt; *in the* ~ *of* mitt i, mitt ibland, mitt uppe i, mitt under; mitt i värsta (hetaste)...; *in our* ~ [mitt] ibland oss, i vår krets
midsummer ['mɪdˌsʌmə] *s* midsommar; *M*~ *Day* midsommardagen 24 juni; *M*~ *Eve* midsommarafton
midterm ['mɪdtɜːm] *s* **1** skol. el. univ. mitten på terminen; ~ *exam* mitterminsprov **2** amer. polit. mitten på [presidents] ämbetsperiod; ~ *election* kongressval; delstatsval; kommunval
midway ['mɪdweɪ, '--] *adv* halvvägs
Midwest [ˌmɪd'west] *s*, *the* ~ Mellanvästern
mid|wife ['mɪdwaɪf] (pl. *-wives*) *s* barnmorska

midwifery ['mɪdwɪf(ə)rɪ] *s* förlossningskonst, obstetrik; förlossningshjälp
midwinter [ˌmɪd'wɪntə] *s* midvinter; *in* ~ mitt i vintern
miff [mɪf] vard. **I** *s* gruff, oenighet; förtrytelse; *they have had a* ~ det har kommit en fnurra på tråden mellan dem **II** *vb tr* o. *vb itr* göra (bli) stött (sur) [*at* över; *with* på]
miffed [mɪft] *adj* vard. stött, sur [*at* över; *with* på]
1 might [maɪt] *hjälpvb* (imperf. av *may*) **1** kunde, skulle [kanske] kunna; *he* ~ *lose his way* han kunde gå vilse; *as the case* ~ *be* allt efter omständigheterna, som det föll sig; *as quickly as* ~ *be* så fort som möjligt **2** fick, kunde få; *he asked if he* ~ *come in* han frågade om han fick (kunde få) komma in **3** måtte, skulle [komma att]; *I hoped he* ~ *succeed* jag hoppades han skulle (måtte) lyckas; *I changed my seat, so that I* ~ *hear better* jag bytte plats för att jag skulle höra bättre
2 might [maɪt] *s* litt. makt; kraft, förmåga; *with all one's* ~ el. *with (by)* ~ *and main* med all makt, av alla krafter
mightily ['maɪtəlɪ] *adv* **1** mäktigt, väldigt, kraftigt **2** vard. väldigt, mycket, mäkta
mighty ['maɪtɪ] **I** *adj* **1** litt. mäktig, väldig; kraftig, stark **2** vard. väldig, kolossal **II** *adv* vard. väldigt, mycket, mäkta ofta iron.
mignonette [ˌmɪnjə'net] *s* bot. [lukt]reseda
migraine ['miːgreɪn, 'maɪ-] *s* migrän
migrant ['maɪgr(ə)nt] **I** *adj* flyttande, vandrande **II** *s* **1** person som flyttar (drar) från plats till plats; ~ [*worker*] gästarbetare **2** flyttfågel; vandringsdjur
migrate [maɪ'greɪt, 'maɪgreɪt] *vb itr* **1** om pers. utvandra **2** om fäglar flytta; om fisk vandra
migration [maɪ'greɪʃ(ə)n] *s* **1** vandring, in- och utvandring; folkvandring, migration **2** grupp; flock; [fågel]sträck
migratory ['maɪgrət(ə)rɪ, maɪ'greɪtərɪ] *adj* utvandrande; kringflyttande; ~ *birds* flyttfåglar
mike [maɪk] *s* vard. mick mikrofon
Milan [mɪ'læn] geogr. Milano
Milanese [ˌmɪlə'niːz] **I** *adj* milanesisk **II** (pl. lika) *s* milanes[are]
milch [mɪltʃ, mɪlʃ] *adj* mjölkande, mjölk-; ~ *cattle* livdjur; ~ *cow* mjölkko äv. bildl.
mild [maɪld] *adj* mild; blid; ljum äv. bildl. [*she showed only a* ~ *interest in it*]; svag [*a* ~ *drink*; *a* ~ *attempt* (*protest*)]; lindrig [~ *illness, a* ~ *punishment*]
mildew ['mɪldjuː] **I** *s* **1** mjöldagg; bladmögel **2** mögel[fläckar] på tyg, papper o.d. **II** *vb tr* fläcka (förstöra) genom mjöldagg (mögel)
mildly ['maɪldlɪ] *adv* milt etc., jfr *mild*; *to put it* ~ för att använda ett milt uttryck, milt uttryckt
mile [maɪl] *s* [engelsk] mil, mile (= 1760 *yards* = 1609 m); *nautical* ~ nautisk mil, distansminut; *square* ~ engelsk kvadratmil; *50* ~*s an hour* 50 'miles' i timmen = ung. 80 km i timmen; ~*s long* milslång; *the queue was* ~*s long* kön sträckte sig mil bort, kön tog aldrig slut; *he's* ~*s above me* vard. han står skyhögt över mig; *it was* ~*s better* (*easier*) vard. det var ofantligt mycket bättre (lättare); *for* ~*s and* ~*s* mil efter mil; milslångt
mileage ['maɪlɪdʒ] *s* **1** antal [körda] 'miles' (mil); vägsträcka i 'miles' (mil); längd (avstånd) i 'miles' (mil); ~ *recorder* vägmätare **2** kostnad per 'mile' (mil), milkostnad; reseersättning [äv. ~ *allowance*] **3** antal körda 'miles' (mil) per 'gallon' (liter); *my new car gets better* ~ min nya bil drar mindre bensin
mileometer [maɪ'lɒmɪtə] *s* vägmätare
milestone ['maɪlstəʊn] *s* milstolpe äv. bildl.
milieu ['miːljɜː, -'-, amer. miːl'juː] *s* miljö, omgivning
militancy ['mɪlɪt(ə)nsɪ] *s* stridbarhet; stridshumör
militant ['mɪlɪt(ə)nt] **I** *adj* militant, stridbar; aggressiv; ~ *propaganda* hetspropaganda **II** *s* **1** militant (stridbar) person **2** [strids]kämpe, kämpande
militarism ['mɪlɪtərɪz(ə)m] *s* militarism
militarize ['mɪlɪtəraɪz] *vb tr* militarisera
military ['mɪlɪt(ə)rɪ] **I** *adj* militärisk, militär[-], krigs-; ~ *academy* militärhögskola, krigs[hög]skola, kadettskola; ~ *court* militärdomstol, krigsrätt; ~ *intelligence* militär underrättelsetjänst; ~ *march* militärmarsch; *compulsory* ~ *service* allmän värnplikt; *organized on a* ~ *scale* militäriskt organiserad **II** (konstr. ss. pl.) *s* militärer; *the* ~ militären; *in the* ~ i det militära
militate ['mɪlɪteɪt] *vb itr* strida vanl. bildl.; ~ *against* strida mot; motverka, skada
militia [mɪ'lɪʃə] *s* milis, lantvärn
militia|man [mɪ'lɪʃə|mən] (pl. *-men* [-mən]) *s* milissoldat
milk [mɪlk] **I** *s* mjölk; mjölk- [~ *chocolate*]; ~ *of magnesia* farmakol. magnesiumhydroxidsuspension; *come home with the* ~ vard. komma hem på morgonkulan; *it's no use* (*good*) *crying over spilt* ~ ordspr. gjort är gjort, man ska inte gråta över spilld mjölk **II** *vb tr* **1** mjölka; tappa **2** bildl. mjölka på, åderlåta; sko sig på **3** vard. snappa upp t.ex. telegram **III** *vb itr* mjölka
milk bar ['mɪlkbɑː] *s* ung. glassbar där äv. mjölkdrinkar o. smörgåsar serveras
milk cap ['mɪlkkæp] *s* bot. riska; *saffron* ~ blodriska
milkiness ['mɪlkɪnəs] *s* mjölkaktighet etc., jfr *milky*

milk jug ['mɪlkdʒʌg] s mjölktillbringare
milkmaid ['mɪlkmeɪd] s **1** mjölkerska, mjölkpiga **2** mejerska
milk|man ['mɪlk|mən] (pl. *-men* [-mən]) s mjölkutkörare, mjölkbud
milk powder ['mɪlk,paʊdə] s torrmjölk, mjölkpulver
milk round ['mɪlkraʊnd] s mjölkbuds runda, rond; distrikt
milkshake [ˌmɪlk'ʃeɪk, '--] s milkshake ofta med glass
milksop ['mɪlksɒp] s mes, mähä, sillmjölke
milk tooth ['mɪlktu:θ] (pl. *-teeth* [-ti:θ]) s mjölktand
milky ['mɪlkɪ] adj **1** mjölkaktig, mjölklik, mjölkfärgad; mjölk-; mjölkig **2** *the M~ Way* Vintergatan
mill [mɪl] **I** s **1** kvarn; *he has been through the ~* han har fått slita ont, han har varit med om litet av varje; *put a p. through the ~* sätta ngn på prov; utsätta ngn för svåra prövningar **2** fabrik; spinneri; verk, bruk samtliga isht ss. efterled i sms.; *cotton ~* bomullsspinneri **II** vb tr **1** mala; krossa **2** valsa t.ex. järn; valka, stampa tyg **3** räffla, lettra mynt m.m.; fräsa **III** vb itr, *~ [about (around)]* trängas; myllra, krylla
millennial [mɪ'lenɪəl] **I** adj tusenårig **II** s tusenårsjubileum, tusenårsfest
millenni|um [mɪ'lenɪ|əm] (pl. äv. *-a* [-ə]) s **1** årtusende **2** tusenårsjubileum, tusenårsfest **3** *the ~* det tusenåriga riket; den eviga freden
millepede ['mɪlɪpi:d] s se *millipede*
miller ['mɪlə] s mjölnare
millet ['mɪlɪt] s bot. hirs
mill hand ['mɪlhænd] s fabriksarbetare
milliard ['mɪljɑ:d] s åld. miljard
millibar ['mɪlɪbɑ:] s meteor. millibar
milligram[me] ['mɪlɪgræm] s milligram
millilitre ['mɪlɪˌli:tə] s milliliter
millimetre ['mɪlɪˌmi:tə] s millimeter
milliner ['mɪlɪnə] s modist; *~'s [shop]* modistaffär, hattaffär
million ['mɪljən] s miljon; *two ~ people* två miljoner människor; *~s of people* miljontals (miljoner) människor; *thanks a ~!* tusen tack!; *feel like a ~ dollars (bucks)* vard. må jättebra (som en prins); *by the ~* i miljontal
millionaire [ˌmɪljə'neə] s miljonär
millionairess [ˌmɪljə'neərɪs] s miljonärska
millionfold ['mɪljənfəʊld] **I** adj miljonfaldig **II** adv, *a ~* en miljon gånger
millionth ['mɪljənθ] **I** räkn miljonte; *~ part* miljondel **II** s miljondel
millipede ['mɪlɪpi:d] s zool. tusenfoting
milliwatt ['mɪlɪwɒt] s milliwatt
millpond ['mɪlpɒnd] s **1** kvarndamm **2** *the ~* skämts. pölen Atlanten
millstone ['mɪlstəʊn] s kvarnsten; *a ~ round a p.'s neck* bildl. en kvarnsten om ngns hals; en black om foten för ngn

millwheel ['mɪlwi:l] s kvarnhjul
milometer [maɪ'lɒmɪtə] s se *mileometer*
milt [mɪlt] s mjölke hos fisk
Milton ['mɪlt(ə)n]
mime [maɪm] **I** s **1** mim **2** mim[iker], mimskådespelare; pantomimiker; komiker **II** vb itr spela [panto]mim, mima; spela komedi **III** vb tr härma, efterapa
mimic ['mɪmɪk] **I** adj **1** mimisk; härmande; härmlysten **2** imiterad, låtsad **II** s **1** imitatör, härmare **2** mimiker **III** vb tr **1** härma, imitera, parodiera **2** apa efter **3** härma, efterlikna, vara förvillande lik ngt annat
mimicry ['mɪmɪkrɪ] s **1** härmande, härmning **2** efterapning äv. konkr. **3** zool. mimicry, skyddande förklädnad (likhet) [äv. *protective ~*]
mimosa [mɪ'məʊzə] s bot. mimosa
min. förk. för *minimum, 2 minute[s]*
minaret ['mɪnəret] s minaret
mince [mɪns] **I** vb tr **1** hacka [fint], skära sönder i småbitar; hacka sönder äv. bildl.; *~d meat* finskuret kött; köttfärs **2** välja [*~ one's words*]; *not ~ matters* ([*one's*] *words*) inte skräda orden **II** vb itr **1** tala tillgjort (fint) **2** trippa, gå tillgjort **III** s **1** finskuret kött; köttfärs **2** se *mincemeat*
mincemeat ['mɪnsmi:t] s blandning av russin, mandel, äpplen, socker, kryddor m.m. som fyllning i paj o.d.; *make ~ of* vard. göra hackmat (mos, slarvsylta) av
mince pie [ˌmɪns'paɪ] s [portions]paj med *mincemeat*
mincer ['mɪnsə] s **1** köttkvarn **2** hackare, hackmaskin
mincing ['mɪnsɪŋ] adj tillgjord; trippande
mind [maɪnd] **I** s **1** sinne; förstånd; fantasi, tankar; sinnelag; mentalitet; inställning [*a reactionary ~*]; *he has a brilliant ~* han är en lysande begåvning; *he has a dirty ~* han har snuskig fantasi; *have an open ~* vara öppen för nya idéer (intryck o.d.); *frame of ~* sinnesstämning; *presence of ~* sinnesnärvaro; *have a th. at the back of one's ~* ha ngt i bakhuvudet; *what's at the back of your ~?* vad har du för baktanke [med det]?; *broaden a p.'s ~* vidga ngns synkrets (vyer); *it crossed my ~* se *cross III 5*; *keep one's ~ on* koncentrera sig på; *take a p.'s ~ off* få ngn att glömma; avleda ngns uppmärksamhet från; *in ~ and body* till kropp och själ; *in one's right ~* el. *of sound ~* vid sina sinnen (sinnens fulla bruk); *in one's ~'s eye* för sitt inre öga, i tankarna, i fantasin; *what did you have in ~?* vad hade du tänkt dig?; *whatever put that into your ~?* hur kunde du komma på den tanken (idén)?; *that was a weight (load) off my ~!* en sten föll från mitt bröst; *get a th. off one's ~* [lyckas] få ngt ur tankarna; *have a th. on one's ~* gå och tänka på ngt, ha ngt

mind-bending

på hjärtat; *be out of one's* ~ vara från sina sinnen; vara tokig; *put that out of your* ~*!* slå det ur tankarna! **2** mening, åsikt, tanke; *be of one* ~ vara av samma mening (åsikt) [*with* som]; *change one's* ~ ändra mening (åsikt); *give a p. a piece of one's* ~ säga ngn sin mening rent ut, säga ngn rent ut vad man tycker; *read a p.'s* ~ läsa ngns tankar; *to my* ~ enligt min mening, i mitt tycke **3** lust, håg, böjelse; önskan; *have a* [*good* (*great*)] ~ *to* ha god lust att; *have half a* ~ *to* nästan ha lust att; *know one's own* ~ veta vad man vill; *make up one's* ~ besluta (bestämma) sig; *put one's* ~ *to it* verkligen koncentrera sig på (gå in för) det; *set one's* ~ *on a th.* sätta sig ngt i sinnet; *be in two* ~*s* vara villrådig **4** minne; *bear* (*have, keep*) *in* ~ komma ihåg, ha (hålla) i minnet; *he puts me in* ~ *of* han påminner mig om; *out of sight, out of* ~ ordspr. ur syn ur sinn; *from* (*since*) *time out of* ~ sedan urminnes tid[er] **5** pers. ande, hjärna, personlighet; *great* ~*s* snillen, skarpa hjärnor; *small* ~*s* små (trångsynta) själar; ~ *over matter* viljans (andens) seger över köttet (materian)
  II *vb tr* **1** ge akt på; tänka på, se till; ~ *you are in time!* se till att du kommer i tid!; ~ *what you are doing!* se dig för!, tänk på vad du gör!; ~ *one's P's and Q's* vard. tänka på vad man säger (gör) **2** akta sig för; vara rädd om; ~ *the dog!* varning för hunden!; ~ *your head!* akta huvudet!; ~ *you don't fall!* akta dig så att du inte faller!; ~ *how you go!* var försiktig!, ta det försiktigt! **3** se efter, sköta [om], passa [~ *children*]; ~ *your own business!* vard. sköt du ditt (dina egna affärer)! **4** isht i nek. o. fråg. satser: **a)** bry sig om, fästa sig vid, tänka på; ha något emot; *I don't* ~... jag bryr mig inte om...; jag har inget emot...; *don't* ~ *me!* bry dig inte om mig!; genera dig inte [för mig]! äv. iron.; *never* ~ *him!* bry dig inte om honom! **b)** i hövlighetsuttryck *do you* ~ *my smoking?* har du något emot att jag röker?; *would you* ~ *shutting the window?* vill du vara snäll och stänga fönstret?; *don't* ~ *my asking, but...* ursäkta att jag frågar, men...
  III *vb itr* **1** ~ [*you*]*!* kom ihåg!, märk väl!; *it's not the only one,* ~ [*you*]*!* det är inte den enda, ska du veta! **2** ~ *!* akta dig!, se upp! **3** *do you* ~ *if I smoke?* har du något emot att jag röker?; *I don't* ~ gärna för mig, det har jag inget emot; *I don't* ~ *if I do* vard. det säger jag inte nej till; *never* ~*!* a) strunt i det! b) bry (bekymra) dig inte om det! c) [äv. *never you* ~*!*] det angår dig inte!

mind-bending ['maɪndˌbendɪŋ] *adj* vard.
1 hallucinogen [~ *drugs*], psykedelisk
2 ofattbar, som får tanken att svindla

mind-blowing ['maɪndˌbləʊɪŋ] *adj* vard. **1** se *mind-bending 1* **2** extatisk; överväldigande

mind-boggling ['maɪndˌbɒglɪŋ] *adj* häpnadsväckande [~ *statistics*], ofattbar; *it's* ~ äv. tanken svindlar

minded ['maɪndɪd] *adj* **1** hågad, sinnad [*to* att]; *socially* ~ socialt inriktad, samhällstillvänd **2** ss. efterled i sms. -sinnad, -sint [*high-minded*]

minder ['maɪndə] *s* **1** ss. efterled i sms. -skötare, -vakt **2** kortform för *childminder*

mindful ['maɪnd(f)(ʊ)l] *adj* uppmärksam; *be* ~ *of* vara uppmärksam (ge akt) på; tänka på

mindless ['maɪndləs] *adj* **1** själlös, andefattig; slö **2** glömsk [*of* av], ouppmärksam [*of* på]

mind-reader ['maɪndˌriːdə] *s* tankeläsare

1 mine [maɪn] *poss pron* min [*it is* ~; *I have lost* ~]; *a book of* ~ en av mina böcker; *a friend of* ~ en [god] vän till mig; *it's a habit of* ~ det är en vana jag har; *this* (*that*) *son of* ~ *drives me mad!* neds. den där sonen jag har [begåvats med] gör mig galen!; *the pleasure is all* ~ nöjet är helt på min sida

2 mine [maɪn] **I** *s* **1** gruva **2** bildl. [verklig] guldgruva, [rik] källa; outtömligt förråd; *be a* ~ *of information* vara en verklig guldgruva (en rik informationskälla) **3** mil. mina; *lay* ~*s* lägga ut minor, minera **II** *vb tr* **1** a) bryta [~ *ore*], utvinna b) bearbeta [~ *an orefield*]; gräva i [~ *the earth for gold*] **2** gräva [~ *tunnels*]; gräva hål i (gångar under); underminera äv. bildl. **3** mil. a) minera b) minspränga **III** *vb itr* **1** bryta en gruva; ~ *for gold* gräva [efter] guld **2** arbeta i en gruva **3** mil. minera, lägga ut minor

mine clearance ['maɪnˌklɪərəns] *s* o. **mine clearing** ['maɪnˌklɪərɪŋ] *s* mil. minröjning, minsvepning

mine detector ['maɪndɪˌtektə] *s* mil. minsökare

minefield ['maɪnfiːld] *s* mil. minfält; bildl. krutdurk **2** gruvfält

miner ['maɪnə] *s* gruvarbetare

mineral ['mɪn(ə)r(ə)l] **I** *s* **1** mineral **2** pl. ~*s* koll. mineralvatten; läskedrycker **II** *adj* mineralisk; mineralhaltig; mineral- [~ *oil*; ~ *wool*]; ~ *deposit* mineralfyndighet; *the* ~ *kingdom* mineralriket; ~ *water* mineralvatten; läskedryck

mineralogical [ˌmɪn(ə)rə'lɒdʒɪk(ə)l] *adj* mineralogisk

mineralogist [ˌmɪnə'rælədʒɪst] *s* mineralog

mineralogy [ˌmɪnə'rælədʒɪ] *s* mineralogi

minesweeper ['maɪnˌswiːpə] *s* minsvepare

mingle ['mɪŋgl] **I** *vb tr* blanda; ~*d feelings* blandade känslor **II** *vb itr* blanda sig, blandas; förena sig; ~ *with* (*in*) blanda sig med (i); umgås med; deltaga i

mingy ['mɪndʒɪ] *adj* vard. snål, knusslig

mini ['mɪnɪ] *s* **1** miniatyr[föremål]; minibil, småbil **2** minikjol; minimode[t]

miniature ['mɪnjətʃə, 'mɪnə-] **I** *s* **1** miniatyr i olika bet.; miniatyrmålning **2** miniatyrmåleri

II *attr adj* miniatyr-, i miniatyr (smått); dvärg- [~ *pinscher*]; ~ *camera* småbildskamera; ~ *golf* minigolf
miniaturist ['mɪnətʃərɪst, 'mɪnjə-] *s* miniatyrmålare
minibus ['mɪnɪbʌs] *s* minibuss
minicab ['mɪnɪkæb] *s* minitaxi
minicalculator [ˌmɪnɪ'kælkjʊˌleɪtə] *s* minikalkulator, miniräknare
minicam ['mɪnɪkæm] *s* o. **minicamera** ['mɪnɪˌkæm(ə)rə] *s* småbildskamera
minicomputer [ˌmɪnɪkəm'pju:tə] *s* minidator
minim ['mɪnɪm] *s* mus. halvnot
minimal ['mɪnɪm(ə)l] *adj* minimal, lägst, minst
minimize ['mɪnɪmaɪz] *vb tr* **1** reducera (begränsa) till ett minimum, minimera **2** bagatellisera, förringa; underskatta
minim|um ['mɪnɪm|əm] **I** (pl. *-a* [-ə] el. *-ums*) *s* minimum, lägsta punkt; [**with**] *a* (*the*) ~ *of*... [med] minsta möjliga... **II** *attr adj* lägsta, minsta; minimi- [~ *thermometer*; ~ *wage*]; minimal[-]
mining ['maɪnɪŋ] *s* **1** gruvdrift; gruvarbete; brytning; attr. gruv-, bergs-; ~ *engineer* bergsingenjör; gruvingenjör **2** mil. el. sjö. minering
minion ['mɪnjən] *s* **1** gunstling; kelgris; neds. hejduk, hantlangare **2** skämts. om tjänare tjänande ande
miniskirt ['mɪnɪskɜ:t] *s* kort-kort kjol, minikjol
minister ['mɪnɪstə] **I** *s* **1** polit. el. dipl. minister; ~ *of state* biträdande departementschef i vissa större departement; ~ *without portfolio* minister utan portfölj **2** kyrkl. präst isht Skottl. el. frikyrklig, i USA protestantisk; tjänare [*a* ~ *of God*]; ~ *of religion* protestantisk präst **II** *vb itr* **1** hjälpa [till], tjäna; ~ *to* passa upp på; sköta, vårda; sörja för; bidra till **2** kyrkl. officiera, tjänstgöra, förrätta gudstjänst
ministerial [ˌmɪnɪ'stɪərɪəl] *adj* **1** ministeriell, minister-; regerings-; regeringsvänlig; *the* ~ *benches* regeringspartiets bänkar **2** prästerlig, präst-
ministry ['mɪnɪstrɪ] *s* **1** ministär, regering, kabinett **2** departement, ministerium **3** ministertid; ministerämbete **4** prästerlig verksamhet (tjänstgöring, gärning), prästämbete, predikoämbete; *enter the* ~ bli präst, gå den prästerliga banan
mink [mɪŋk] *s* **1** flodiller; mink amerikansk art **2** skinn mink, nerz
Minneapolis [ˌmɪnɪ'æpəlɪs] geogr.
Minnesota [ˌmɪnɪ'səʊtə] geogr.
minnow ['mɪnəʊ] *s* zool. kvidd, elritsa; mört
minor ['maɪnə] **I** *adj* **1** mindre [*a* ~ *offence, a* ~ *operation; the* ~ *prophets*], smärre [~ *adjustments*], mindre betydande, obetydlig [*a* ~ *poet*], mindre väsentlig, mindre viktig; små- [~ *planets*]; lindrig[are] [*a* ~ *illness*]; underordnad, lägre i rang; ~ *league* amer.

sport. lägre serie; *Asia M*~ Mindre Asien; *Brown* ~ i skolor den yngre [av bröderna] Brown; Brown junior **2** jur. omyndig, minderårig **3** mus. a) liten [~ *interval*]; ~ *third* liten ters b) moll- [~ *scale*]; ~ *key* (*mode*) molltonart; *be in the* ~ *key* gå i moll äv. bildl.; *A* ~ a-moll **II** *s* **1** jur. omyndig person, minderårig **2** amer. univ. a) tillvalsämne, mindre kurs b) student som har ngt som tillvalsämne [*he is a history* ~] **3** mus. moll
Minorca [mɪ'nɔ:kə] geogr. Menorca
minorit|y [maɪ'nɒrətɪ, mɪ'n-] *s* **1** minoritet [*national -ies*], mindretal; attr. minoritets- [~ *government* (*language, programme*)]; *be in a* (*the*) ~ vara i minoritet **2** minderårighet, omyndighet, omyndig ålder
minster ['mɪnstə] *s* **1** klosterkyrka **2** domkyrka, katedral [*York M~*]
minstrel ['mɪnstr(ə)l] *s* **1** hist., medeltida trubadur, minstrel **2** sångare, entertainer vanl. svartsminkad [förr äv. *nigger* ~]
1 mint [mɪnt] *s* **1** bot. mynta; ~ *sauce* myntsås **2** bit mintchoklad, mintkaramell, mintkaka
2 mint [mɪnt] **I** *s* **1** myntverk, mynt; *in* ~ *condition* (*state*) ny [och fin], fräsch, obegagnad; i skick som ny **2** vard. massa [pengar]; *a* ~ *of money* en [hel] massa pengar **II** *vb tr* mynta, prägla
minuet [ˌmɪnjʊ'et] *s* mus. menuett
minus ['maɪnəs] **I** *prep* **1** minus **2** vard. utan [~ *her clothes*] **II** *adj* minus-; negativ; ~ *sign* se *III 1* **III** *s* **1** minus[tecken] **2** minus, brist; negativ kvantitet
minuscule ['mɪnəskju:l] *adj* diminutiv
1 minute [maɪ'nju:t, mɪ'n-] *adj* **1** ytterst liten, minimal **2** minutiös; *in* ~ *detail* in i minsta detalj
2 minute ['mɪnɪt] *s* **1** minut; [liten] stund, ögonblick; *it is ten* ~*s to two* (*past two*) klockan är tio minuter i två (över två); *I won't be a* ~ (*half a* ~) jag kommer strax (om ett ögonblick); *wait a* ~*!* [vänta] ett ögonblick!, vänta lite!; låt mig se!; *just a* ~*!* ett ögonblick bara!; *I knew him the* ~ *I saw him* jag kände igen honom i samma ögonblick jag såg honom; *this* ~ a) ögonblickligen, genast b) alldeles nyss, för ett ögonblick sedan; *in a* ~ om ett ögonblick, strax **2** minut del av grad **3** pl. ~*s* protokoll [*of* över, vid, från]; *keep* (*take*) *the* ~*s* föra protokoll
minute hand ['mɪnɪthænd] *s* minutvisare
minutely [maɪ'nju:tlɪ, mɪ'n-] *adv* **1** minimalt; obetydligt **2** minutiöst, ytterst noggrant, i detalj
minx [mɪŋks] *s* fräck slyna; ofta skämts. flicksnärta
miracle ['mɪrəkl] *s* **1** mirakel, under[verk]; ~ *man* undergörare; *work* (*do*) ~*s* göra

miraculous 530

(uträtta) underverk, trolla **2** ~ [*play*] medeltida mirakel[spel]
miraculous [mɪˈrækjʊləs] *adj* mirakulös
mirage [ˈmɪrɑːʒ, -ˈ-] *s* hägring; bildl. äv. villa, illusion
mire [ˈmaɪə] *s* **1** träsk, myr, kärr **2** dy äv. bildl.; gyttja; *drag through* (*in*, *into*) *the* ~ bildl. dra ned (släpa) i smutsen, smutskasta
mirror [ˈmɪrə] **I** *s* spegel äv. bildl.; ~ *image* spegelbild äv. bildl.; *driving* ~ backspegel **II** *vb tr* [av]spegla, återspegla
mirth [mɜːθ] *s* munterhet, uppsluppenhet
mirthless [ˈmɜːθləs] *adj* glädjelös, dyster, trist
misadventure [ˌmɪsədˈventʃə] *s* olyckshändelse, missöde; *death by* ~ jur. död genom olyckshändelse
misalliance [ˌmɪsəˈlaɪəns] *s* mesallians
misanthrope [ˈmɪz(ə)nθrəʊp, ˈmɪs(ə)n-] *s* misantrop, människohatare; enstöring
misanthropic [ˌmɪz(ə)nˈθrɒpɪk, ˌmɪs(ə)n-] *adj* o. **misanthropical** [ˌmɪz(ə)nˈθrɒpɪk(ə)l, ˌmɪs(ə)n-] *adj* misantropisk, människofientlig; folkskygg
misanthropist [mɪˈzænθrəpɪst, mɪˈsæ-] *s* se *misanthrope*
misappl|y [ˌmɪsəˈplaɪ] *vb tr* använda (tillämpa) felaktigt; missbruka; perf. p. *-ied* äv. malplacerad
misapprehension [ˈmɪsˌæprɪˈhenʃ(ə)n] *s* missförstånd, missuppfattning; *be under a* ~ missta sig
misappropriate [ˌmɪsəˈprəʊprɪeɪt] *vb tr* förskingra; tillskansa sig
misappropriation [ˈmɪsəˌprəʊprɪˈeɪʃ(ə)n] *s* förskingring
misbegotten [ˈmɪsbɪˌɡɒtn, ˌ--ˈ--] *adj* som har förskaffats olagligt
misbehave [ˌmɪsbɪˈheɪv] *vb itr* o. *vb rfl*, ~ [*oneself*] bära sig illa åt, uppföra sig illa (opassande)
misbehaviour [ˌmɪsbɪˈheɪvjə] *s* dåligt uppförande
miscalculate [ˌmɪsˈkælkjʊleɪt] **I** *vb tr* **1** räkna fel på; felberäkna, felkalkylera **2** felbedöma, missta sig på **II** *vb itr* **1** räkna fel **2** missräkna sig, missta sig
miscalculation [ˈmɪsˌkælkjʊˈleɪʃ(ə)n] *s* **1** felräkning; felberäkning, felkalkyl **2** felbedömning
miscarriage [ˌmɪsˈkærɪdʒ] *s* **1** missfall; *have a* ~ få missfall **2** misslyckande; ~ *of justice* justitiemord
miscarry [ˌmɪsˈkærɪ] *vb itr* **1** få missfall **2** misslyckas, gå om intet, gå galet; slå fel
miscast [ˌmɪsˈkɑːst] (*miscast miscast*) *vb tr* tilldela (ge) skådespelare fel roll; *he was* ~ *as Hamlet* han passade inte för rollen som Hamlet
miscellaneous [ˌmɪsəˈleɪnjəs] *adj* **1** blandad, brokig, sammansatt **2** varjehanda
miscellan|y [mɪˈselənɪ] *s* **1** [brokig] blandning **2** pl. *-ies* a) blandade (strödda) skrifter, strögods b) antologi; varia
mischance [ˌmɪsˈtʃɑːns, ˈmɪstʃɑːns] *s* missöde, otur
mischief [ˈmɪstʃɪf] *s* **1** ofog, rackartyg, sattyg; *there is* ~ *brewing* el. *there is* ~ *in the wind* jag anar (det är) ugglor i mossen; *be up to* ~ ha något rackartyg (fuffens, hyss) för sig, busa; *get into* ~ hitta på rackartyg; *keep out of* ~ a) låta bli att göra rackartyg, hålla sig i skinnet b) hålla ngn borta från rackartyg (i styr) **2** skälmskhet **3** rackarunge, busfrö [*you are a proper* (riktig) ~] **4** skada, förtret; åverkan; *do* ~ göra ont (skada, åverkan); vålla förtret [*to* för]; *make* ~ ställa till missämja, skapa osämja [*between*]
mischief-maker [ˈmɪstʃɪfˌmeɪkə] *s* intrigmakare; orostiftare, bråkmakare
mischievous [ˈmɪstʃɪvəs] *adj* **1** elak, illasinnad [~ *rumours*] **2** okynnig, busig, rackar-; ~ *tricks* rackartyg
misconceive [ˌmɪskənˈsiːv] *vb tr* missuppfatta, missförstå
misconception [ˌmɪskənˈsepʃ(ə)n] *s* missuppfattning
misconduct [mɪsˈkɒndʌkt] *s* **1** dåligt uppförande **2** jur. äktenskapsbrott; *professional* ~ tjänstefel **3** vanskötsel
misconstruction [ˌmɪskənˈstrʌkʃ(ə)n] *s* **1** misstolkning, feltolkning **2** felkonstruktion
misconstrue [ˌmɪskənˈstruː] *vb tr* **1** misstolka, feltolka **2** felkonstruera
miscount [ˌmɪsˈkaʊnt] **I** *vb itr* o. *vb tr* räkna fel [på] **II** *s* felräkning isht av röster
misdeed [ˌmɪsˈdiːd] *s* missgärning, missdåd
misdemeanour [ˌmɪsdɪˈmiːnə] *s* **1** förseelse i allm. **2** jur. (åld. el. amer.) förseelse, [mindre] lagöverträdelse (brott)
misdirect [ˌmɪsdəˈrekt, -daɪˈr-] *vb tr* **1** visa ngn fel väg (åt fel håll); leda (föra) vilse (på villospår) isht bildl. **2** vanl. perf. p. *~ed* felriktad [*a* ~ *blow*]; missriktad [~ *patriotism*]
miser [ˈmaɪzə] *s* girigbuk, gnidare
miserable [ˈmɪz(ə)r(ə)bl] *adj* **1** olycklig, förtvivlad; eländig; *make things* (*life*) ~ *for a p.* göra livet surt för ngn **2** miserabel, bedrövlig; ömklig, usel
miserliness [ˈmaɪzəlɪnəs] *s* girighet, gnidighet
miserly [ˈmaɪzəlɪ] *adj* girig, gnidig, snål
misery [ˈmɪzərɪ] *s* **1** elände; olycka; bedrövelse, förtvivlan; kval; *make a p.'s life a* ~ göra ngns liv till en pina; göra livet surt för ngn; *put an animal out of its* ~ göra slut på ett djurs lidande **2** misär, nöd **3** vard. dysterkvist; gnällspik
misfire [ˌmɪsˈfaɪə] *vb itr* **1** om skjutvapen klicka **2** om motor inte tända (starta), krångla **3** slå slint, misslyckas [*his plans ~d*]
misfit [ˈmɪsfɪt] *s* **1** misslyckad individ, missanpassad [person] **2** *the coat is a* ~ rocken passar inte (har dålig passform)

misfortune [mɪs'fɔ:tʃ(ə)n, -tʃu:n] s olycka; motgång; missöde; otur [*have the* ~ *to*]
misgiving [mɪs'gɪvɪŋ] s farhåga; obehaglig känsla, misstanke; ~[*s* pl.] äv. onda aningar; tvivel, betänkligheter; *an air of* ~ en betänksam min
misgovern [ˌmɪs'gʌvən] *vb tr* regera dåligt, vanstyra; ~*ed* äv. misskött
misguided [ˌmɪs'gaɪdɪd] *adj* vilseledd, vilseförd; missriktad; omdömeslös
mishandle [ˌmɪs'hændl] *vb tr* **1** misshandla, behandla illa **2** missköta
mishap ['mɪshæp, mɪs'h-] *s* missöde, malör; olyckshändelse
mishear [ˌmɪs'hɪə] (*misheard misheard*) *vb tr* o. *vb itr* höra fel [på], missta sig [på]
mishit [ss. subst. 'mɪshɪt, ss. vb -'-] **I** *s* miss, bom **II** (*mishit mishit*) *vb tr* missa
mishmash ['mɪʃmæʃ] *s* mischmasch, röra
misinform [ˌmɪsɪn'fɔ:m] *vb tr* vilseleda; felunderrätta [*you have been* (är) ~*ed*]
misinformation [ˌmɪsɪnfə'meɪʃ(ə)n] (utan pl.) *s* felaktig[a] upplysning[ar] (information[er]); felunderrättelse[r]
misinterpret [ˌmɪsɪn'tɜ:prɪt] *vb tr* misstolka, feltolka, vantolka, misstyda; missuppfatta
misinterpretation ['mɪsɪnˌtɜ:prɪ'teɪʃ(ə)n] *s* misstolkning, feltolkning, vantolkning
misjudge [ˌmɪs'dʒʌdʒ] *vb tr* **1** felbedöma, missta sig på **2** misskänna, underskatta
mislay [mɪs'leɪ] (*mislaid mislaid*) *vb tr* förlägga [*I have mislaid my gloves*]
mislead [mɪs'li:d] (*misled misled*) *vb tr* vilseleda, föra bakom ljuset; förleda
mismanage [ˌmɪs'mænɪdʒ] *vb tr* missköta, vansköta; förvalta dåligt
mismanagement [ˌmɪs'mænɪdʒmənt] *s* misskötsel, vanskötsel; vanstyre
mismatch [mɪs'mætʃ] *vb tr* matcha dåligt, inte passa (gå bra) ihop med
misname [mɪs'neɪm] *vb tr* oriktigt benämna
misnomer [ˌmɪs'nəʊmə] *s* oriktig benämning; felbeteckning
misogynist [mɪ'sɒdʒɪnɪst] *s* kvinnohatare
misogyny [mɪ'sɒdʒənɪ] *s* kvinnohat
misplace [ˌmɪs'pleɪs] *vb tr* felplacera; perf. p. ~*d* äv. malplacerad; missriktad, bortkastad [~*d generosity*]
misprint [ss. vb ˌmɪs'prɪnt, ss. subst. 'mɪsprɪnt] **I** *vb tr* trycka fel **II** *s* tryckfel
mispronounce [ˌmɪsprə'naʊns] *vb tr* uttala fel (felaktigt)
mispronunciation ['mɪsprəˌnʌnsɪ'eɪʃ(ə)n] *s* felaktigt uttal, feluttal; uttalsfel
misquote [ˌmɪs'kwəʊt] *vb tr* felcitera
misread [ˌmɪs'ri:d] (*misread misread* [ˌmɪs'red]) *vb tr* läsa fel; feltolka, missuppfatta
misrepresent ['mɪsˌreprɪ'zent] *vb tr* framställa oriktigt, ge en vilseledande (missvisande) bild av; förvränga, vanställa
misrepresentation ['mɪsˌreprɪzen'teɪʃ(ə)n] *s* oriktig framställning, felaktig bild; förvrängning [~ *of facts*]
misrule [ˌmɪs'ru:l] **I** *s* vanstyre **II** *vb tr* regera illa, vanstyra
Miss [mɪs] *s* (förk. för *mistress*) **1** fröken före namn [~ *Jones*]; ibl. utan motsv. i sv. om författare, konstnärer m.m. [~ *Agatha Christie*]; ~ *Brown* [äldsta] fröken Brown om den äldsta av systrar [däremot om yngre syster ~ *Ethel Brown*]; *the* ~ *Browns* (~*es Brown* formellt) fröknarna Brown **2** [skönhets]miss [~ *England*]
1 miss [mɪs] *s* **1** skämts. flicka; ung dam; flicksnärta **2** hand., *junior* ~ tonåring
2 miss [mɪs] **I** *vb tr* **1** missa; inte hinna med, komma för sent till [~ *the bus* (*boat*)]; inte träffa; ~ *the boat* (*bus*) äv. (vard.) missa chansen, vara för sent ute; komma på överblivna kartan; inte hinna med tåget; ~ *the bus by five minutes* komma fem minuter för sent till bussen; ~ *one's* (*the*) *way* gå fel (vilse); *you can't* ~ *it!* du kan inte ta (komma, gå) fel! **2** missa, bomma på, inte träffa mål; ~ *a penalty* sport. äv. bränna en straff **3** gå miste om, bli utan; missa; försumma; utebli från; undgå; ~ *a lesson* försumma (missa) en lektion; ~ *an opportunity* (*a chance*) försumma (missa) ett tillfälle, låta ett tillfälle gå sig ur händerna **4** sakna [~ *one's purse*; ~ *a friend*]; känna saknad efter, längta efter **5** ~ [*out*] utelämna, [ute]glömma; hoppa över **II** *vb itr* **1** missa, bomma; bildl. slå slint, misslyckas **2** ~ *out* [*on*] gå miste om; utebli [från] **III** *s* miss, bom; *it was a near* ~ a) det var nästan träff b) det var nära ögat; *give a p. a* ~ undvika ngn; låta ngn vara [i fred]; *give a th. a* ~ låta bli (strunta i, hoppa över) ngt [*I'll give the dinner a* ~]; *a* ~ *is as good as a mile* nära skjuter ingen hare
missal ['mɪs(ə)l] *s* missale, [katolsk] mässbok
misshapen [ˌmɪs'ʃeɪp(ə)n] *adj* missbildad, vanskapt
missile ['mɪsaɪl, amer. 'mɪsl] *s* **1** kastvapen, kastat föremål sten, spjut o.d.; projektil kula, granat, pil **2** robot[vapen], missil; raket[vapen]; *cruise* ~ kryssningsrobot; *intercontinental ballistic* ~ interkontinental [ballistisk] robot; *intermediate* (*medium*) *range ballistic* ~ [ballistisk] medeldistansrobot
missing ['mɪsɪŋ] *adj* saknad, försvunnen; frånvarande; borta; *be* ~ saknas, fattas, vara borta; *the* ~ *link* den felande länken äv. bildl.; *the* ~ de saknade t.ex. soldater i krig
mission ['mɪʃ(ə)n] **1** polit. el. dipl. a) [officiellt] uppdrag, mission b) delegation äv. hand.; dipl., äv. beskickning **2** mil. uppdrag [*a bombing* ~] **3** mission; uppgift, värv; kallelse; ~ *in life* livsuppgift **4** relig. mission; missionsfält; missionsstation

missionary ['mɪʃ(ə)nərɪ] **I** attr adj missions- [*a ~ meeting, ~ work*]; missionärs- **II** s missionär
missis ['mɪsɪz] s vard. **1** frun använt av tjänstefolk [*yes, ~*]; *the ~ has gone out* frun har gått ut **2** *the* (*my, his, your*) *~* skämts. frugan
Mississippi [ˌmɪsɪ'sɪpɪ]
missive ['mɪsɪv] s isht officiell skrivelse
Missouri [mɪ'zʊərɪ, mɪ's-]
misspell [ˌmɪs'spel] (*misspelt misspelt*) vb o. vb itr stava fel
misspend [ˌmɪs'spend] (*misspent misspent*) vb tr förspilla [*misspent youth*]; slösa bort
missus ['mɪsɪz] s se *missis*
missy ['mɪsɪ] s vard. fröken; i tilltal lilla fröken
mist [mɪst] **I** s **1** dimma, dis, töcken, mist; imma **2** bildl. töcken; slöja [*a ~ of tears*]; *be in a ~* vara förbryllad **II** vb tr hölja i dimma (dis); göra immig; *the glass is ~ed over* glaset är immigt **III** vb itr bli (vara) dimmig (disig); upplösas i dimma; bildl. skymmas, fördunklas; *~ over* höljas i dimma (dis); imma [sig]; *~ up* bli immig
mistak|e [mɪ'steɪk] **I** (*mistook mistaken*, se äv. *mistaken*) vb tr **1** missförstå, missuppfatta [*don't ~ me*] **2** ta miste (fel) på; *there is no -ing…* man kan inte missta sig på…, det råder inget tvivel om… **3** *~ a p.* (*a th.*) *for* förväxla ngn (ngt) med, ta ngn (ngt) för, tro ngn (ngt) vara **II** s misstag; missförstånd, missuppfattning; fel; missgrepp; *make a ~* a) missta sig, begå (göra) ett misstag, ta fel b) i skrivning o.d. göra (skriva) ett fel; *spelling ~* stavfel; *my ~* jag tar fel; mitt fel; *and no ~* el. *make no ~* det är inte tu tal om det, det är inget tvivel om det, var [så] säker på det; *by ~* av misstag
mistaken [mɪ'steɪk(ə)n] **I** perf p (av *mistake*); *be ~* missta sig, ta fel [*about* på, i fråga om]; förväxlas [*for* med] **II** adj **1** felaktig, falsk; förfelad, missriktad **2** *it is a case of ~ identity* det föreligger en förväxling [av personer]
mistakenly [mɪ'steɪk(ə)nlɪ] adv av misstag; felaktigt; med orätt
mister ['mɪstə] s **1** herr[n] [*don't call me ~*] **2** vard. herrn; barnspr. farbror; *hey ~,* [*what do you think you're doing?*] hallå där…, hör du du…
mistime [ˌmɪs'taɪm] vb tr välja olämplig tid[punkt] för, göra ngt i otid; felbedöma t.ex. slag i tennis; tima in dåligt; *~d* oläglig; malplacerad
mistle thrush ['mɪslθrʌʃ, 'mɪzl-] s zool. dubbeltrast
mistletoe ['mɪsltəʊ, 'mɪzl-] s bot. mistel
mistranslation [ˌmɪstræns'leɪʃ(ə)n, -trɑːns-] s felöversättning
mistreat [ˌmɪs'triːt] vb tr behandla illa; misshandla
mistress ['mɪstrəs] s **1** älskarinna, mätress;

kept ~ hålldam **2** lärarinna, [kvinnlig] lärare; *the French ~* lärarinnan i franska, fransklärarinnan **3** husmor; djurs matte; *the ~ of the house* frun [i huset] **4** härskarinna [*of* över]; mästare, mästarinna [*of a th.* i (på) ngt]
mistrial [ˌmɪs'traɪ(ə)l] s jur. (ung.) ogiltigförklarad rättegång [till följd av procedurfel (amer. till följd av icke beviskraftig utredning)]
mistrust [ˌmɪs'trʌst] **I** vb tr **1** se *distrust* **II 2** misstänka **II** s se *distrust I*
misty ['mɪstɪ] adj **1** dimmig, disig, töcknig; immig **2** bildl. dimmig, otydlig, oklar
misunderstand [ˌmɪsʌndə'stænd] (*misunderstood misunderstood*) vb tr missförstå, missuppfatta
misunderstanding [ˌmɪsʌndə'stændɪŋ] s **1** missförstånd, missuppfattning **2** missförstånd, misshällighet, oenighet [*between* mellan]
misuse [ss. subst. ˌmɪs'juːs, ss. vb ˌmɪs'juːz] **I** s missbruk, utnyttjande [*~ of a p.'s position*]; felaktig användning [*~ of a word*] **II** vb tr missbruka, utnyttja; använda felaktigt
1 mite [maɪt] s **1** bibl. skärv äv. bildl. [*the widow's ~*] **2** vard. liten smula **3** pyre, liten parvel (knatte); *poor little ~!* stackars liten!
2 mite [maɪt] s zool. kvalster; or
mitigate ['mɪtɪɡeɪt] vb tr mildra, lindra [*~ pain*]; *mitigating circumstances* förmildrande omständigheter
mitigation [ˌmɪtɪ'ɡeɪʃ(ə)n] s mildrande, mildring, lindring; förmildrande omständighet
mitre ['maɪtə] s **1** mitra, biskopsmössa; bildl. biskopsvärdighet **2** tekn. gering; sned fog
mitt [mɪt] s **1** halvvante, halvhandske **2** [tum]vante **3** basebollhandske; vard. boxhandske **4** sl. labb, karda, näve
mitten ['mɪtn] s **1** [tum]vante, tumhandske **2** halvvante, halvhandske
mix [mɪks] **I** vb tr **1** blanda [*together* ihop; *with* med]; röra ihop [*~ a cake*]; *~* [*up*] blanda (röra) ihop; bildl. äv. förväxla; *be* (*get*) *~ed up* a) bli inblandad, förväxlas b) om pers. vara (bli) inblandad (invecklad, insyltad) [*in* i] c) vara (bli) förvirrad; *~ it* (amer. *~ it up*) vard. råka i slagsmål (gräl) [*with* med] **2** förena [*~ business with pleasure*] **3** tekn. mixa **II** vb itr **1** blanda sig; gå ihop [*with* med] **2** umgås [*~ in certain circles*; *~ with other people*]; blanda sig [*~ with the other guests*]; beblanda sig [*I don't ~ with people like that*]; *he doesn't ~ well* han har svårt att umgås (går inte bra ihop) med folk **III** s **1** blandning; [kak]mix **2** tekn. mix[ning]
mixed [mɪkst] adj **1** blandad [*a ~ salad*]; bland- [*~ forest*]; om färg melerad; *~ bag* blandad kompott, salig blandning; *~ economy* blandekonomi **2** blandad [*~*

company], bland- [~ *marriage*]; gemensam, gemensamhets- [~ *bathing*], sam- [~ *school*], med (för) båda könen (olika raser, religioner, nationaliteter); ~ *breed* blandras **3** blandad [~ *feelings*]; ~ *blessing* på gott och ont, se vid. *blessing* 2
mixed-up [ˌmɪkstˈʌp, attr. '--] *adj* vard. förvirrad, virrig; rådvill, vilsen [*a* ~ *kid*]
mixer [ˈmɪksə] *s* **1** blandare [*concrete* ~]; [*electric* (*hand*)] ~ elvisp; [*food*] ~ mixer; ~ *tap* (*faucet*) blandningskran, blandare **2** inom ljudtekniken mixer[bord]; radio. kontrollbord; TV. bildkontrollbord, bildmixer; film. mixningsbord **3** radio. el. TV. o.d. ljudtekniker **4** *he is a good* (*poor*) ~ vard. han har lätt (svårt) för att umgås med folk **5** amer. bartender
mixture [ˈmɪkstʃə] *s* **1** blandning äv. konkr.; legering **2** mixtur; *the* ~ *as before* vard. det gamla vanliga
mix-up [ˈmɪksʌp] *s* vard. **1** röra; [samman]blandning; förväxling; misstag; förvirring **2** slagsmål; kalabalik
mm. förk. för *millimetre*[*s*]
mnemonic [nɪˈmɒnɪk] **I** *adj* mnemoteknisk, som stöder minnet; minnes- [~ *rule*] **II** *s* stöd för minnet
MO förk. för *Medical Officer, money order*
mo [məʊ] *s* vard. (kortform för *moment*) ögonblick; *half a* ~*!* [bara (vänta)] ett ögonblick!, vänta ett tag!
moan [məʊn] **I** *vb itr* **1** jämra sig, stöna [svagt]; klaga, sucka **2** vard. beklaga sig, knota, kvirra; ~ *and groan* gnöla och gnälla **II** *s* jämmer, stönande; klagan, suckande
moat [məʊt] *s* vallgrav, slottsgrav
mob [mɒb] **I** *s* **1** *the* ~ pöbeln, mobben, [den skränande] massan; ~ *law* (*rule*) pöbelvälde; ~ *orator* folktalare; uppvigIare **2** vard. krets, klick **3** sl. gangsterliga; *the M~* maffian **II** *vb tr* **1** skocka sig omkring, omringa; ofreda, ansätta, anfalla, mobba om fåglar; *be ~bed* äv. förföljas [av en folkhop] **2** isht amer. invadera, översvämma [*bargain-hunters ~bed the store on sale days*] **III** *vb itr* skocka sig, samla sig i hop[ar]; ~ *forward* tränga fram i flock
mobile [ˈməʊbaɪl, -biːl, ss. adj. amer. vanl. -b(ə)l] **I** *adj* **1** rörlig; mobil; transportabel; mil. äv. marschfärdig; ~ *home* husvagn ss. permanent bostad; ~ *hospital* fältsjukhus; ~ *library* bokbuss; ~ *police* motoriserad trafikpolis, trafikövervakare; ~ [*recording*] *unit* inspelningsbil, inspelningsbuss; ~ [*tele*]*phone* mobiltelefon **2** [lätt]rörlig, livlig; hastigt skiftande, ombytlig **II** *s* konst. mobil
mobility [ˌmə(ʊ)ˈbɪlətɪ] *s* **1** rörlighet äv. sociol.; mil. äv. mobilitet; *social* ~ rörlighet mellan samhällsklasserna **2** lättrörlighet, livlighet
mobilization [ˌməʊbɪlaɪˈzeɪʃ(ə)n] *s* mobilisering
mobilize [ˈməʊbɪlaɪz] **I** *vb tr* mobilisera; uppbåda, uppbjuda [~ *one's energy*]; sätta i rörelse (omlopp) **II** *vb itr* mobilisera
mobster [ˈmɒbstə] *s* sl. ligamedlem, gangster; maffiamedlem
moccasin [ˈmɒkəsɪn] *s* mockasin
mocha [ˈmɒkə] *s* **1** mocka[kaffe] **2** mocka[skinn]
mock [mɒk] **I** *vb tr* **1** förlöjliga, driva med **2** parodiera, härma; apa efter **3** gäcka [~ *a p.'s hopes*] **II** *vb itr* gyckla, driva, skoja [*at med*] **III** *s, make a* ~ *of a p.* göra narr av ngn **IV** *attr adj* oäkta, falsk, imiterad; fingerad, sken-; låtsad, spelad [*with* ~ *dignity*]; ~ *trial* skenprocess
mockery [ˈmɒkərɪ] *s* **1** a) gyckel, drift; spefullhet; hån b) [föremål för] åtlöje; *become the* ~ *of* bli till ett åtlöje för; *hold up a p. to* ~ el. *make a* ~ *of a p.* göra ngn till ett åtlöje **2** parodi [*of* på; *a* ~ *of justice*], vrångbild; *a* [*mere*] ~ rena gycklet (farsen)
mocking-bird [ˈmɒkɪŋbɜːd] *s* zool. härmfågel
mock-up [ˈmɒkʌp] *s* modell ofta i full skala; attrapp
modal [ˈməʊdl] *adj* språkv. modal; formell; ~ *auxiliary* modalt hjälpverb
mod cons [ˌmɒdˈkɒnz] vard. förk. för *modern conveniences*
mode [məʊd] *s* **1** sätt; metod; form; ~ *of payment* betalningssätt **2** bruk; stil, mode **3** tonart isht i grek. el. medeltida musik; kyrkoton[art]
model [ˈmɒdl] **I** *s* **1** modell [*clay* ~; *sports* ~; *last year's* ~]; [foto]modell; mannekäng; skyltdocka, provdocka; *sit* (*pose*) *as a* ~ sitta (stå) modell **2** mönster, förebild, förlaga **II** *attr adj* **1** modell- [~ *train*] **2** mönster-; mönstergill, exemplarisk, idealisk, perfekt; ~ *farm* mönstergård, mönsterjordbruk **III** *vb tr* **1** modellera; forma **2** utforma, rita [modellen till] **3** ~ *a th. after* (*on, upon*) [ut]forma (göra, bilda) ngt efter (med...som förebild); kalkera ngt på; ~ *oneself after* (*on, upon*) *a p.* [försöka] efterlikna (ta efter) ngn **4** visa [~ *dresses*]; *she's ~ling clothes for an agency* hon är mannekäng åt en modefirma **IV** *vb itr* **1** modellera [~ *in clay*] **2** vara (arbeta som) modell (fotomodell, mannekäng)
modeller [ˈmɒd(ə)lə] *s* modellör; ~*'s clay* modellera
moderate [ss. adj. o. subst. ˈmɒd(ə)rət, ss. vb ˈmɒdəreɪt] **I** *adj* **1** måttlig, moderat, måttfull, skälig, billig; lagom; lindrig; ~ *breeze* måttlig vind; sjö. frisk bris; ~ *gale* hård vind; sjö. styv kuling; ~ *oven* medelvarm ugn **2** medelmåttig; rätt bra **II** *s, M~* moderat politiker **III** *vb tr* **1** moderera, mildra, dämpa; lägga band på; lugna [*have a moderating influence on a p.*] **2** leda [~ *a meeting* (*discussion*)] **IV** *vb itr* **1** lugna (lägga) sig;

dämpas, avta [*the wind is moderating*] **2** leda förhandlingar[na], presidera
moderately ['mɒd(ə)rətli] *adv* **1** måttligt; lagom **2** medelmåttigt; någorlunda
moderation [ˌmɒdə'reɪʃ(ə)n] *s* måtta, måttlighet; återhållsamhet; lugn, besinning; *in* ~ med måtta, inom rimliga gränser; måttligt; lagom; *everything in* ~ lagom är bäst
moderator ['mɒdəreɪtə] *s* **1** skiljedomare; medlare **2** ordförande, förhandlingsledare
modern ['mɒd(ə)n] I *adj* modern, samtida, nutida [~ *art*; ~ *society*], nutids- [~ *history*]; ny- [*M*~ *Greek*]; nymodig; *a flat with* ~ *conveniences* en modern[t utrustad] lägenhet; ~ *times* nyare tiden; nutiden; moderna tider II *s* nutidsmänniska; modern människa
modernize ['mɒdənaɪz] I *vb tr* modernisera II *vb itr* bli (vara) modern
modest ['mɒdɪst] *adj* **1** blygsam [*a* ~ *income*]; anspråkslös, försynt [*a* ~ *request*]; ringa; modest; *be* ~ *about* inte skryta med; *her* ~ *savings* hennes små besparingar **2** anständig, ärbar, sedesam
modesty ['mɒdɪstɪ] *s* **1** blygsamhet; anspråkslöshet **2** anständighet, ärbarhet
modicum ['mɒdɪkəm] *s* [liten] smula; minimum [*with a* ~ *of effort*]
modification [ˌmɒdɪfɪ'keɪʃ(ə)n] *s* [för]ändring; modifikation, modifiering; jämkning
modifier ['mɒdɪfaɪə] *s* gram. bestämning, bestämningsord; *adverbial* ~ adverbial
modify ['mɒdɪfaɪ] *vb tr* **1** [för]ändra; modifiera; anpassa; jämka (rucka) på, mildra, slå av på [~ *one's demands*] **2** gram. bestämma, stå som bestämning till; inskränka betydelse
modish ['məʊdɪʃ] *adj* modern, tidsenlig, [som är] på modet; som följer modet, chic
modulate ['mɒdjʊleɪt] I *vb tr* modulera äv. mus.; anpassa [*to* efter] II *vb itr* modulera
module ['mɒdjuːl] *s* mått[enhet]; tekn. el. ped. modul; data. äv. maskinenhet, vanligaste värde
modus operandi ['məʊdəsˌɒpə'rændiː] *s* lat. [arbets]metod, förfaringssätt
Mogul ['məʊgʌl, -ʊl, -əl] *s* **1** mogul; *the* [*Great*] ~ stormogul **2** mongol **3** *m*~ vard. magnat, mogul
mogul ['məʊg(ə)l] *s* sport. puckelpist
MOH förk. för *Medical Officer of Health*
mohair ['məʊheə] *s* textil. mohair
Mohammed [mə(ʊ)'hæmed, -mɪd] Muhammed
Mohammedan [mə(ʊ)'hæmɪd(ə)n] I *adj* muhammedansk II *s* muhammedan
Mohican ['məʊɪkən] I *s* mohikan indian; *the last of the* ~*s* den siste mohikanen; den siste av sin ätt II *adj* mohikansk
moiety ['mɔɪətɪ] *s* hälft, del

moist [mɔɪst] *adj* fuktig [~ *climate*; ~ *lips*]; immig; *eyes* ~ *with tears* tårade (tårfyllda) ögon
moisten ['mɔɪsn] I *vb tr* fukta II *vb itr* bli fuktig
moisture ['mɔɪstʃə] *s* fukt, fuktighet; imma
moisturize ['mɔɪstʃəraɪz] *vb tr* fukta, göra fuktig [*use cream to* ~ *your skin*]
moisturizer ['mɔɪstʃəraɪzə] *s* fuktighetsbevarande hudkräm, fuktkräm
molar ['məʊlə] *s* oxeltand, molar; kindtand
molasses [mə(ʊ)'læsɪz] (konstr. ss. sg.) *s* **1** melass **2** isht amer. sirap
mold [məʊld] amer., se *1*, *2* o. *3 mould*
Moldavia [mɒl'deɪvjə] geogr. Moldavien
1 mole [məʊl] *s* [födelse]märke, [mörk] hudfläck
2 mole [məʊl] I *s* zool. mullvad II *vb tr*, ~ *out* gräva fram III *vb itr* gräva gångar
molecular [mə(ʊ)'lekjʊlə, mɒ'l-] *adj* molekyl- [~ *compound*], molekylar- [~ *weight*], molekylär
molecule ['mɒlɪkjuːl, 'məʊl-] *s* fys. el. kem. molekyl
molehill ['məʊlhɪl] *s* mullvadshög; *make a mountain out of a* ~ göra en höna av en fjäder, förstora upp allting
molest [mə(ʊ)'lest] *vb tr* **1** ofreda, antasta **2** störa, besvära
mollify ['mɒlɪfaɪ] *vb tr* **1** blidka, lugna **2** dämpa, mildra, lindra
mollusc ['mɒləsk] *s* zool. mollusk, blötdjur
Molly ['mɒlɪ] smeknamn för *Mary*
mollycoddle ['mɒlɪkɒdl] *vb tr* klema (pjoska) med, skämma bort
molt [məʊlt] amer., se *moult*
molten ['məʊlt(ə)n] *adj* **1** smält, flytande [~ *steel*; ~ *lava*]; ~ *metal* gjutmetall **2** stöpt, gjuten
molybdenum [mə'lɪbdənəm] *s* kem. molybden
mom [mɒm] *s* amer. vard., kortform för *momma*
moment ['məʊmənt] *s* **1** ögonblick; [liten] stund; tidpunkt; *the* ~ *of truth* sanningens [bistra] ögonblick, sanningens stund; *one* ~ el. *half a* ~ el. *wait a* ~ el. *just a* ~ [vänta] ett ögonblick, vänta lite; *this* ~ adv.
a) ögonblickligen, genast, med detsamma
b) för ett ögonblick sedan, alldeles nyss; *at the* ~ a) för ögonblicket, för tillfället, just nu b) [just] då, vid den tidpunkten; *at the last* ~ i sista ögonblicket (stund); *at the present* ~ för närvarande; *at that very* ~ i samma ögonblick, just i det ögonblicket; [*at*] *any* ~ vilket ögonblick (när) som helst [*he'll be here at any* ~]; *at a* ~*'s notice* när som helst, med detsamma, omedelbart; *in a* ~ om ett ögonblick; på ett ögonblick [*it was done in a* ~]; *the man of the* ~ mannen för dagen **2** betydelse, vikt [*an affair of great* ~]; *a matter of no* ~ en sak utan vikt, en oviktig sak **3** fys. moment

momentary ['məʊmənt(ə)rı] adj ett ögonblicks, en kort stunds [a ~ pause]; tillfällig, kortvarig, momentan
momentous [mə(ʊ)'mentəs] adj **1** [mycket] viktig, betydelsefull **2** ödesdiger, kritisk
momentum [mə(ʊ)'mentəm] fart äv. bildl.; styrka, [slag]kraft [gain (vinna i) ~; the growing ~ of the attack]; **the car gained (gathered)** ~ bilen fick fart (fick upp farten)
momma ['mɒmə] s amer. vard., se mamma
Mon. förk. för Monday
Monaco ['mɒnəkəʊ, mə'nɑːkəʊ]
monarch ['mɒnək] s monark; bildl. konung
monarchic [mə'nɑːkık] adj o. **monarchical** [mə'nɑːkık(ə)l] adj **1** monarkisk; konungslig **2** monarkistisk
monarchist ['mɒnəkıst] s monarkist
monarchy ['mɒnəkı] s monarki
monastery ['mɒnəst(ə)rı] s [munk]kloster
monastic [mə'næstık] adj o. **monastical** [mə'næstık(ə)l] adj kloster-, munk-
monasticism [mə'næstısız(ə)m] s **1** klosterväsen, munkväsen **2** klosterliv, munkliv
Monday ['mʌndeı, -dı isht attr.] s måndag; **Easter** ~ annandag påsk; jfr Sunday
Monegasque [ˌmɒnə'gæsk] I s monegask II adj monegaskisk
monetarism ['mʌnıtərızm] s ekon. monetarism
monetary ['mʌnıt(ə)rı] adj monetär, mynt-, penning-; **the International M~ Fund** internationella valutafonden; ~ **policy** valutapolitik; ~ **system** myntsystem
money ['mʌnı] s **1** (utan pl.) a) pengar, slantar [hard-earned ~] b) attr. penning-; ekonomisk, finansiell; ~ **matters** penningfrågor, penningaffärer; **have ~ to burn** vard. ha pengar som gräs; ~ **for jam (old rope)** vard. lättförtjänta pengar, ett lätt jobb; ~ **in hand** reda pengar, kontanter; **make ~ hand over fist** vard. skära guld med täljknivar, håva in massor med (skyffla in) pengar; **marry ~** gifta sig till pengar, gifta sig rikt; **have (get) one's ~'s worth** få valuta för pengarna (sina pengar); **for my ~** vard. a) enligt min mening b) tacka vet jag (jag föredrar)...; **be in the ~** vard., om pers. vara tät, tjäna grova pengar; **be short of ~** ha ont om pengar **2** mynt[sort]; **foreign ~s** utländska mynt[sorter]
money box ['mʌnıbɒks] s sparbössa; kassaskrin
money-changer ['mʌnıˌtʃeın(d)ʒə] s [valuta]växlare
moneyed ['mʌnıd] adj **1** penningstark, förmögen, rik, tät [a ~ man] **2** penning- [~ power]
money-grubber ['mʌnıˌgrʌbə] s girigbuk; roffare
money-lender ['mʌnıˌlendə] s penningutlånare

money-making ['mʌnıˌmeıkıŋ] I adj **1** som tjänar (gör) pengar **2** inbringande, lukrativ, lönande II s penningförvärv; att tjäna (göra) pengar
money market ['mʌnıˌmɑːkıt] s penningmarknad, lånemarknad
money order ['mʌnıˌɔːdə] s amer.; se postal order under postal
monger ['mʌŋgə] s mest ss. efterled i sms. **1** -handlare [ironmonger] **2** -makare, -spridare [scandalmonger]
Mongol ['mɒŋgɒl] I s **1** mongol **2** med., **m~** mongoloid II adj **1** mongolisk, mongol- **2** med., **m~** mongoloid [a ~ baby]
Mongolia [mɒŋ'gəʊljə] geogr. Mongoliet
mongolism ['mɒŋgə(ʊ)lız(ə)m] s med. mongolism
Mongoloid ['mɒŋgə(ʊ)lɔıd] I adj **1** mongol-, mongoloid **2** med., **m~** mongoloid II s mongoloid
mongoose ['mɒŋguːs, 'mʌŋ-] s zool. **1** a) mungo b) faraorätta **2** slags kattapa
mongrel ['mʌŋgr(ə)l] I s **1** byracka, bondhund **2** bastard; korsning, blandning II adj av blandras; bastard-; korsnings-
monitor ['mɒnıtə] I s **1** skol. ordningsman **2** monitor, kontrollinstrument; TV. o.d. kontrollmottagare; dosmätare för radioaktivitet; ~ [**screen**] bildskärm, monitorskärm **3** övervakare vid monitor etc., jfr 2 **4** varan slags ödla II vb tr övervaka, kontrollera, följa; avlyssna III vb itr vara övervakare
monk [mʌŋk] s munk; **black** ~ svartbroder
monkey ['mʌŋkı] s **1** zool. apa; markatta **2** bildl. **you little ~!** din lilla rackarunge!; **make a ~ [out] of a p.** vard. göra ngn till åtlöje, driva med ngn; **put a p.'s ~ up** vard. reta gallfeber på ngn II vb itr, ~ [**about (around**)] gå och driva, slå dank; spela apa; göra rackartyg; ~ [**about (around**)] **with** vard. mixtra (greja) med
monkey business ['mʌŋkıˌbısnıs] s vard. **1** fuffens, något skumt, sattyg **2** larv, skoj
monkey nut ['mʌŋkınʌt] s vard. jordnöt
monkey puzzle ['mʌŋkıˌpʌzl] s bot. brödgran, chilegran
monkey suit ['mʌŋkısuːt] s isht amer. sl. **1** grann uniform på nöjesfält o.d. **2** smoking
monkey tricks ['mʌŋkıtrıks] s pl vard. rackartyg
monkey wrench ['mʌŋkıren(t)ʃ] s skiftnyckel
mono ['mɒnəʊ] I adj vard., för monophonic II (pl. ~s) s **1** mono **2** monoplatta [äv. ~ record (disc)]
monochrome ['mɒnəkrəʊm] I adj monokrom, enfärgad II s monokrom
monocle ['mɒnəkl] s monokel
monogamous [mɒ'nɒgəməs] adj monogam
monogamy [mɒ'nɒgəmı] s engifte, monogami

monogram ['mɒnəgræm] *s* monogram, namnchiffer
monolingual [ˌmɒnəʊ'lɪŋgwəl] **I** *adj* enspråkig [~ *dictionary*] **II** *s* enspråkig person
monolith ['mɒnə(ʊ)lɪθ] *s* monolit pelare, skulptur o.d. i ett enda block
monolithic [ˌmɒnə(ʊ)'lɪθɪk] *adj* **1** monolitisk, uthuggen i ett block **2** bildl. monolitisk, sluten; mäktig
monologue ['mɒnəlɒg] *s* monolog
monomania [ˌmɒnə(ʊ)'meɪnjə] *s* **1** monomani, fix idé **2** vurm, mani
monophonic [ˌmɒnə(ʊ)'fɒnɪk] *adj* monofonisk, mono-
monopolistic [məˌnɒpə'lɪstɪk] *adj* monopol-
monopolization [məˌnɒpəlaɪ'zeɪʃ(ə)n] *s* monopolisering
monopolize [mə'nɒpəlaɪz] *vb tr* **1** monopolisera; få (ha) monopol på (ensamrätt till) **2** bildl. [själv] lägga beslag på, ensam ta hand om
monopoly [mə'nɒpəlɪ] *s* **1** monopol, ensamrätt **2** ®, *M~* Monopol sällskapsspel
monorail ['mɒnə(ʊ)reɪl] *s* enspårsbana
monosyllabic [ˌmɒnə(ʊ)sɪ'læbɪk] *adj* enstavig, monosyllabisk
monosyllable ['mɒnəˌsɪləbl] *s* enstavigt ord; *speak in ~s* tala enstavigt; vara fåmäld
monotheism ['mɒnə(ʊ)ˌθiɪzm] *s* monoteism
monotone ['mɒnətəʊn] *s* entonighet; enformighet; *speak* (*read*) *in a ~* tala (läsa) entonigt (med entonig röst)
monotonous [mə'nɒtənəs] *adj* monoton, enformig [~ *work*], entonig [*a ~ voice*]
monotony [mə'nɒtənɪ] *s* monotoni, enformighet, entonighet
monoxide [mə'nɒksaɪd] *s*, *carbon ~* koloxid
monsoon [mɒn'su:n] *s* meteor. monsun
monster ['mɒnstə] *s* monster; missfoster, odjur
monstrosity [mɒn'strɒsətɪ] *s* **1** vidunder; missfoster; monstrum; odjur **2** a) missbildning, monstrositet b) vidunderlighet
monstrous ['mɒnstrəs] *adj* **1** missbildad [*a ~ embryo*], vanskapt, monströs **2** vidunderlig, monstruös **3** ofantlig, oerhörd [*a ~ lie*] **4** vard. fullkomligt orimlig (otrolig), skandalös **5** avskyvärd, ohygglig [*a ~ crime*]
montage [mɒn'tɑ:ʒ, 'mɒntɑ:ʒ] *s* fr. montage
Monte Carlo [ˌmɒntɪ'kɑ:ləʊ] geogr.
Montenegro [ˌmɒntɪ'ni:grəʊ] geogr.
Montevideo [ˌmɒntɪvɪ'deɪəʊ] geogr.
month [mʌnθ] *s* månad; *this ~* [i] denna månad[en]; *by the ~* per månad, månadsvis; *be paid by the ~* ha månadslön, få betalt per månad; *~ by ~* månad efter månad, varenda månad; *for ~s* i månader; *she's in her eighth ~* hon är i åttonde månaden; *it may last a ~ of Sundays* vard. det kan vara (räcka) i evighet (i det oändliga); *never* (*not* *once*) *in a ~ of Sundays* vard. aldrig någonsin, aldrig i livet
monthly ['mʌnθlɪ] **I** *adj* månatlig; *~ salary* månadslön **II** *adv* månatligen, månadsvis, en gång i månaden, varje månad **III** *s* **1** månadstidskrift, månadstidning **2** pl. *monthlies* vard. mens
Montreal [ˌmɒntrɪ'ɔ:l] geogr.
monument ['mɒnjʊmənt] *s* **1** monument; *ancient ~* fornminne, fornlämning; kulturminnesmärke **2** bildl. betydelsefullt (monumentalt) verk
monumental [ˌmɒnjʊ'mentl] *adj* **1** monument-, minnes- [*a ~ inscription*]; *~ mason* gravvårdshuggare, stenhuggare **2** monumental[-], storslagen; vard. äv. häpnadsväckande, enorm [~ *ignorance*]
moo [mu:] **I** *vb itr* säga 'mu'; råma, böla **II** *s* **1** mu; råmande, bölande **2** vard. [dum] kossa kvinna
mooch [mu:tʃ] *vb itr* vard., *~* [*about* (*around*)] driva [omkring], gå och drälla, stryka omkring; smyga, snoka [*after* efter]
moo-cow ['mu:kaʊ] *s* barnspr. kossamu
1 mood [mu:d] *s* gram. modus
2 mood [mu:d] *s* [sinnes]stämning; humör; lust, håg; *be in the ~* vara upplagd [*for a th.* för ngt], ha lust [*for a th.* för (med) ngt; *to do a th.* att göra ngt]; *be in no ~* inte vara upplagd (ha lust)
moody ['mu:dɪ] *adj* **1** lynnig, nyckfull **2** på dåligt humör, trumpen, sur
moon [mu:n] **I** *s* måne; *full ~* fullmåne; *new ~* nymåne; *there is a ~* el. *the ~ is out* det är månsken; *he promised her the ~* (*the ~ and the stars*) han lovade henne guld och gröna skogar; *cry* (*ask*, *reach*) *for the ~* begära att få ner månen, begära det orimliga; *the man in the ~* gubben i månen; *change of the ~* månskifte; *be over the ~* bildl. vara i sjunde himlen **II** *vb itr* vard., *~* [*about* (*around*)] gå och dra, slöa; dagdrömma
moonbeam ['mu:nbi:m] *s* månstråle
moonlight ['mu:nlaɪt] **I** *s* månsken, månljus **II** *attr adj* månljus, månbelyst; månskens- [~ *night*] **III** *vb itr* vard. extraknäcka; jobba svart
moonlighting ['mu:nˌlaɪtɪŋ] *s* vard. **1** extraknäck **2** skumraskaffär[er], skumrasktrafik
moonlit ['mu:nlɪt] *adj* månljus, månbelyst
moonshine ['mu:nʃaɪn] *s* **1** månsken **2** vilda fantasier, utopier, idéer ut i det blå; nonsens; *that's all ~* äv. det är bara prat **3** sl. smuggelsprit, hembränt isht whisky
moonstone ['mu:nstəʊn] *s* miner. månsten
moonstruck ['mu:nstrʌk] *adj* galen, sinnesrubbad
moony ['mu:nɪ] *adj* vard. drömmande, som går och drömmer
1 moor [mʊə, mɔ:] *s* [ljung]hed [*the Yorkshire ~s*]

2 moor [mʊə, mɔ:] *vb tr* o. *vb itr* sjö. förtöja
moorhen ['mʊəhen, 'mɔ:-] *s* zool. **1** rörhöna **2** [höna av] moripa
mooring ['mʊərɪŋ, 'mɔ:-] *s* sjö. **1** förtöjning fastgörande; **~** *buoy* moringsboj, förtöjningsboj **2** vanl. pl. **~s** förtöjningar äv. bildl.
Moorish ['mʊərɪʃ, 'mɔ:-] *adj* morisk
moorland ['mʊələnd, 'mɔ:-] *s* hed[land], ljungmark, ljunghedar
moose [mu:s] (pl. **~s** el. lika) *s* [amerikansk] älg
moot [mu:t] **I** *attr adj* diskutabel, omtvistad, tvivelaktig; **~** *point* (*question*) omtvistad fråga **II** *vb tr* ta upp till diskussion, bringa (föra) på tal
mop [mɒp] **I** *s* **1** mopp; disksvabb; sjö. svabb **2** vard. kalufs **II** *vb tr* torka [av], moppa [**~** *the floor*]; sjö. svabba; **~** *one's brow* torka sig i pannan, torka svetten ur pannan; **~** *the floor with a p.* vard. sopa golvet (banan) med ngn; **~** *up* a) torka upp b) vard. dricka ur, sätta i sig c) vard. lägga beslag på, suga åt sig [**~** *up surplus credit*] d) vard. klara av, avverka, slutföra [**~** *up arrears of work*] e) mil. rensa [från fiender], rensa upp [**~** *up a district*]
mope [məʊp] *vb itr* vara dyster (nere, slö), [sitta och] grubbla (tjura), sitta ensam och uggla; **~** *about* gå omkring och grubbla (hänga med huvudet)
moped ['məʊped] *s* moped
moppet ['mɒpɪt] *s* **1** vard. barn, flickebarn **2** vard. sötnos **3** [långhårig] knähund
moraine [mɒ'reɪn] *s* geol. morän
moral ['mɒr(ə)l] **I** *adj* **1** moralisk, sedelärande, moral-, sede-; sedlig, dygdig [*live a* **~** *life*]; **~** *fibre* [moralisk] karaktärsstyrka **2** a) andlig, moralisk b) inre, bestämd; **~** *certainty* a) bestämd övertygelse b) till visshet gränsande sannolikhet; **~** *courage* moraliskt mod; **~** *support* moraliskt (andligt) stöd; **~** *victory* moralisk seger **II** *s* **1** [sens]moral, [moralisk] lärdom ur ngt; *draw* (*point*) *the* **~** dra ut (peka på, framhålla) sensmoralen **2** pl. **~s** moral ofta sexualmoral; sedlighet, moraliska principer
morale [mɒ'rɑ:l, mə'r-] *s* isht truppers moral, stridsmoral [*the* **~** *of the troops is excellent*]; [god] anda, kampanda, kampvilja
morale-booster [mə'rɑ:l,bu:stə] *s* ngt som stärker moralen
moralist ['mɒrəlɪst] *s* moralist; moralpredikant
morality [mə'rælətɪ] *s* **1** moral; sedelära; *a high standard of* **~** en hög moralisk standard **2** sedlighet; dygd **3** **~** [*play*] medeltida moralitet; slags allegoriskt skådespel
moralize ['mɒrəlaɪz] *vb itr* moralisera, predika moral [[*up*]*on* över]
morass [mə'ræs] *s* moras, träsk; bildl. dy, träsk

moratori|um [,mɒrə'tɔ:rɪ|əm] (pl. äv. *-a* [-ə]) *s* moratorium, betalningsanstånd
Moravia [mə'reɪvjə] geogr. Morava, Mähren
morbid ['mɔ:bɪd] *adj* **1** sjuklig, osund, morbid [**~** *imagination*]; sjukdoms-; sjukligt dyster (misstänksam) **2** makaber, ohygglig [**~** *details*]
morbidity [mɔ:'bɪdətɪ] *s* sjuklighet, morbiditet; sjukligt tillstånd
mordant ['mɔ:d(ə)nt] *adj* bitande [**~** *criticism*], vass, sarkastisk
more [mɔ:] *adj*, *pron* o. *adv* (komp. av *much* o. *many*, se äv. d.o.; för ex. med *no* (*not any*) **~** se *5*) **1** mer, mera; *it's getting* **~** *and* **~** *difficult* (*exciting*) det blir allt svårare (mer och mer spännande); **~** *or less* a) mer eller mindre b) ungefär, cirka [*a hundred* **~** *or less*]; *little* **~** *than* föga mer än, inte stort mer (annat) än; *and what is* **~** och inte nog med det, och vad mera är; *there is* **~** *to it than that* fullt så enkelt är det inte; *all the* **~** el. *so much the* **~** så mycket mera, desto mera [*as* som]; *the* **~** *he gets, the* **~** *he wants* ju mer han får, dess (desto, ju) mer vill han ha; [*the*] **~** *fool you to follow his advice* hur kunde du vara så dum och följa hans råd; [*the situation is*] [*all*] *the* **~** *difficult because* ...så mycket besvärligare eftersom **2** fler, flera [*than* än]; **~** *books* fler[a] böcker; *the* **~** *the merrier* ju fler desto (dess, ju) roligare **3** ytterligare, till [*a few* **~**], mer; vidare; *once* **~** en gång till, ännu en gång **4** ss. komparativ-bildande adv. mer; -are; ofta (vid jämförelse mellan två) mest; -[a]st, -[a]ste; **~** *complicated* mera komplicerad; **~** *easily* lättare; *that's* **~** *like it* vard. det är (låter) bättre, det var annat det; *the* **~** *difficult problem* [*of the two*] det svåraste problemet [av de två] **5** *no* **~**: a) inte mer[a], inte (inga) fler[a] b) inte (aldrig) mer; inte vidare, inte längre [*he is an actor no* **~**]; inte heller; lika litet [*he knows very little about it, and no* **~** *do I*]; *no* **~** *of that!* nog om den saken!, nu får det vara nog!; *we saw no* **~** *of him* vi såg aldrig mer till honom; *no* **~** *than* a) knappast mer än, bara [*no* **~** *than five people*] b) lika litet som; *he can no* **~** *do it than he can fly* det är lika omöjligt [att göra] för honom som att flyga
not any ~: a) inte mer[a] (fler[a]) [*than* än; *I don't want any* **~**] b) aldrig mer[a]; *I don't want to see him any* **~** jag vill aldrig se honom mer
moreish ['mɔ:rɪʃ] *adj*, [*this cake is*] *very* **~** ...ger verkligen mersmak
morello [mə'reləʊ, mɒ'r-] (pl. **~s**) *s* bot., **~** [*cherry*] morell
moreover [mɔ:'rəʊvə] *adv* dessutom; vidare
morganatic [,mɔ:gə'nætɪk] *adj* morganatisk [**~** *marriage* (*wife*)]

morgue [mɔ:g] *s* **1** bårhus **2** tidn. sl. arkiv, referensbibliotek
moribund ['mɒrɪbʌnd] *adj* döende; utdöende [~ *civilizations*]; stagnerande [*a ~ political party*]
Mormon ['mɔ:mən] **I** *s* mormon; *the ~ State* Mormonstaten Utah **II** *adj* mormonsk
Mormonism ['mɔ:mənɪz(ə)m] *s* mormonism[en]
morn [mɔ:n] *s* poet. morgon
morning ['mɔ:nɪŋ] *s* **1** morgon, förmiddag; *this ~* adv. i morse, i dag på morgonen (förmiddagen), i förmiddags; *the following ~* el. *[the] next ~* el. *the ~ after* morgonen därpå, nästa (följande) morgon (förmiddag); *I feel like (I've got, I'm suffering from) the ~ after [the night before]* jag är dagen efter, jag har baksmälla; *yesterday ~* i går morse (förmiddag); *in the ~* på morgonen (förmiddagen), på (om) mornarna (förmiddagarna); efter klockslag äv. f. m.; *on the ~ of Nov. 6* på morgonen (förmiddagen) den 6 nov.; *on Friday ~* i fredags morse (förmiddag), på fredag[s]morgonen; på fredag morgon (förmiddag) **2** attr. morgon-, förmiddags- [*a ~ walk*]; *~ assembly* skol. morgonsamling; *~ coat* jackett; *~ sickness* illamående på morgonen kräkning på grund av graviditet; *~ watch* sjö. dagvakt kl. 4-8
Moroccan [mə'rɒkən] **I** *adj* marockansk **II** *s* marockan; marockanska
Morocco [mə'rɒkəʊ] Marocko
morocco [mə'rɒkəʊ] *s* marokäng, saffian
moron ['mɔ:rɒn] *s* **1** psykol. debil [person] **2** vard. el. neds. idiot
moronic [mə'rɒnɪk] *adj* **1** psykol. debil **2** vard. el. neds. enfaldig, idiotisk
morose [mə'rəʊs] *adj* sur[mulen], butter, vresig
morphia ['mɔ:fjə] *s* o. **morphine** ['mɔ:fi:n] *s* morfin; *~ addict* morfinist
morphology [mɔ:'fɒlədʒɪ] *s* isht biol. el. språkv. morfologi; språkv. äv. formlära
morrow ['mɒrəʊ] *s* litt. morgondag; *the ~* morgondagen, följande (nästa) dag
Morse [mɔ:s] **I** egenn.; *the ~ code* (*alphabet*) morsealfabetet **II** *s* morsealfabet
morsel ['mɔ:s(ə)l] *s* **1** munsbit; bit, smula; stycke **2** läckerhet, läckerbit äv. bildl. [*a choice ~*]
mortal ['mɔ:tl] **I** *adj* **1** dödlig äv. bildl. [*man is ~*; *a ~ disease*]; jordisk, förgänglig [*this ~ life*]; dödsbringande, dödande, ödesdiger [*to* för]; döds- [*~ agony*, *~ danger*, *~ enemy*, *~ sin*]; *~ fight* (*combat*) strid på liv och död; *his ~ remains* hans jordiska kvarlevor **2** vard. (ss. förstärkningsord) *no ~ reason* ingen som helst anledning; *not a ~ soul* inte en själ (kotte); *they wouldn't do a ~ thing* de ville inte göra ett enda (jäkla) dugg; *every ~ thing* varenda (vareviga) sak **II** *s* dödlig människa

(varelse), dödlig; *ordinary ~s* vanliga dödliga
mortality [mɔ:'tælətɪ] *s* **1** dödlighet **2** mortalitet, dödlighet [*infant ~*]; dödlighetsprocent, dödssiffra [*heavy* (hög) *~*]; *~ rate* dödstal, dödlighetsprocent; mortalitet
mortally ['mɔ:təlɪ] *adv* **1** dödligt äv. bildl. [*~ wounded*, *~ offended*] **2** vard. förfärligt
1 mortar ['mɔ:tə] *s* **1** mortel **2** mil. granatkastare
2 mortar ['mɔ:tə] **I** *s* murbruk **II** *vb tr* brukslå, rappa, mura [ihop]
mortarboard ['mɔ:təbɔ:d] *s* vard. akademikermössa med styv fyrkantig skiva ovanpå
mortgage ['mɔ:gɪdʒ] **I** *s* inteckning; hypotek; inteckningshandling, hypotekshandling [äv. *~ deed*]; vard. lån; *first ~* första inteckning, bottenteckning; *first ~ loan* bottenlån; *~ loan* el. *loan on ~* [lån mot] inteckning, inteckningslån, hypotekslån; *have a ~ on* ha en inteckning i egendom **II** *vb tr* **1** inteckna [*~d up to the hilt*], belåna **2** bildl. sätta i pant, [pant]förskriva
mortician [mɔ:'tɪʃ(ə)n] *s* amer. begravningsentreprenör
mortification [ˌmɔ:tɪfɪ'keɪʃ(ə)n] *s* **1** förödmjukelse, kränkning **2** harm, grämelse, förtret, smälek; missräkning **3** späkning, kuvande [*~ of the flesh* (av köttet)]
mortify ['mɔ:tɪfaɪ] *vb tr* **1** förödmjuka, såra, kränka [*be -ied by* (av, genom)] **2** harma, gräma, förtreta [*be -ied at* (över)]; *he was -ied to find* han fann till sin stora förargelse (förtret) **3** späka [*~ the flesh* (sitt kött el. sig)], döda, undertrycka lustar o.d.
mortise ['mɔ:tɪs] *s* snick. tapphål; *~ and tenon* tapphål och tapp; tappning; *~ chisel* håljärn, stämjärn
mortuary ['mɔ:tjʊərɪ] **I** *adj* begravnings- [*~ rites*], grav- [*~ chapel*]; döds- **II** *s* bårhus
Mosaic [mə(ʊ)'zeɪɪk] *adj* bibl. mosaisk [*the ~ law*]
mosaic [mə(ʊ)'zeɪɪk] **I** *adj* mosaik-, musivisk **II** *s* mosaik [*a design in ~*]
Moscow ['mɒskəʊ, amer. vanl. 'mɒskaʊ] Moskva
Moses ['məʊzɪz] bibl. Mose[s]; *Holy ~!* vard. jösses!, milda makter!, gudars skymning!; *~ basket* bärbar babykorg
mosey ['məʊzɪ] *vb itr* amer. vard. **1** ge sig i väg, sticka; sno sig; *~ off* sticka [i väg] **2** släntra [*around* omkring]; *~ along* lunka i väg; ta sig fram
Moslem ['mɒzlem] *s* o. *adj* se *Muslim*
mosque [mɒsk] *s* moské
mosquito [mə'ski:təʊ] (pl. *~s* el. *~es*) *s* zool. moskit, [stick]mygga; pl. *~[e]s* äv. mygg; *~ net* (*curtain*) moskitnät, myggnät

moss [mɒs] s bot. mossa; attr. moss-
mossy ['mɒsɪ] adj mossig; moss- [~ *green*]; mossbelupen äv. bildl.; mosslik, mjuk [som mossa]
most [məʊst] (superl. av *much* el. *many* se äv. d.o.) **I** *adj* o. *pron* mest, flest [*I have many books but he has* ~], den (det) mesta, de flesta, se f.ö. ex.; *the* ~ det mesta [*that's the* ~ *I can do*]; ~ *boys* de flesta pojkar; *for the* ~ *part* mest, till största delen; mestadels, för det mesta; ~ *of my time* det mesta av min (min mesta) tid, största delen av min tid; ~ *of us* de flesta av oss; *make the* ~ *of* dra största möjliga fördel av, göra det mesta möjliga av, utnyttja (njuta av) på bästa sätt, ta väl vara på; *at* [*the*] ~ högst, på sin höjd; i bästa fall; *at the very* ~ allra högst, på sin höjd; i allra bästa fall
 II *adv* **1** mest [*what pleased me* ~ el. *what* ~ *pleased me*]; *the one he values* [*the*] ~ den som han värderar högst (mest); ~ *of all* allra mest (helst), mest (helst) av allt, jfr 2 **2** superlativbildande mest; -[a]st, -[a]ste; *the* ~ *beautiful of all* den allra vackraste; ~ *easily* lättast; ~ *famous* ryktbarast, mest berömd; [*when you are*] ~ *prepared* ...[som] mest förberedd **3** högst, i högsta grad, ytterst, särdeles, synnerligen [~ *interesting; a* ~ *wonderful story*]; ~ *certainly* [ja] absolut, alldeles säkert, helt visst; ~ *probably* (*likely*) högst sannolikt
most-favoured [ˌməʊst'feɪvəd] *adj*, ~ *nation* mest gynnad nation
mostly ['məʊs(t)lɪ] *adv* **1** mest, mestadels, till största delen, huvudsakligen **2** vanligen, för det mesta, mest, mestadels [*he's at home* ~]
MOT [ˌeməʊ'tiː] (förk. för *Ministry of Transport*); ~ [*test*] vard. kontrollbesiktning av fordon äldre än tre år; *fail o's* ~ inte klara besiktningen
mote [məʊt] s stoftkorn; smolk, grand
motel [məʊ'tel, 'məʊtel] s motell
motet [məʊ'tet] s mus. motett
moth [mɒθ] s **1** a) nattfjäril b) mal, mott; *clothes* ~ mal **2** flygv. moth[plan]
mothball ['mɒθbɔːl] **I** s malkula, malmedel; *in* ~*s* bildl. i malpåse **II** *vb tr* bildl. lägga (förvara) i malpåse, lägga upp (ned)
moth-eaten ['mɒθˌiːtn] *adj* maläten; bildl. äv. förlegad
mother ['mʌðə] **I** s **1** moder, mor, mamma; ~'*s boy* mammas gosse; ~'*s darling* mammagris, morsgris; mammas älskling; *Mother's Day* amer. mors dag andra söndagen i maj; se äv. *Mothering Sunday*; ~'*s meeting* bildl. syjunta; ~'*s ruin* skämts. gin dryck; *every* ~'*s son* vard. varenda en; *queen* ~ änkedrottning, kungamoder; ~ *country* a) moderland b) fosterland, fädernesland; hemland; ~ *earth* moder jord; vard. marken; ~ *figure* (*image*) modersgestalt; ~ *tongue* (*language*) a) modersmål b) modersspråk, grundspråk; ~ *ship* sjö. moderfartyg; *be* ~ vard. servera te, vara värdinna (värd); *be a* ~ *to* vara som en mor för; *become a* ~ bli mor; *play* ~*s and fathers* leka mamma, pappa, barn **2** bildl. moder, källa, ursprung, upphov [*misrule is often the mother of* (till) *revolt*]; *the M*~ *of Parliaments* parlamentens moder brittiska parlamentet **3** gumman, mor; *M*~ *Goose* ung. Gåsmor fiktiv författare till eng. barnrim **4** moder, abbedissa [äv. *M*~ *Superior*]
 II *vb tr* **1** sätta (föda) till världen; bildl. vara upphovsman till, ge upphov till **2** vara som en mor för, fostra; pyssla (sköta) om
mother-fucker ['mʌðəˌfʌkə] s vulg. skitstövel
motherhood ['mʌðəhʊd] s moderskap
Mothering ['mʌðərɪŋ] s, ~ *Sunday* a) midfastosöndag b) mors dag i Storbritannien fjärde söndagen i fastan
mother-in-law ['mʌð(ə)rɪnlɔː] (pl. *mothers-in-law* ['mʌðəzɪnlɔː]) s **1** svärmor **2** vard. styvmor
motherliness ['mʌðəlɪnəs] s moderlighet
motherly ['mʌðəlɪ] *adj* moderlig [~ *care*], moders- [~ *love,* ~ *pride*]
mother-of-pearl [ˌmʌð(ə)rə(v)'pɜːl] s pärlemor
mothproof ['mɒθpruːf] **I** *adj* malsäker; ~ *bag* malpåse **II** *vb tr* malsäkra, behandla mot mal
motif [məʊ'tiːf] s **1** mus., konst. el. litt. motiv, tema, ämne, grundtanke **2** [spets]motiv, garnering
motion ['məʊʃ(ə)n] **I** s **1** rörelse; gest, åtbörd, tecken; *slow* ~ film. ultrarapid; slow motion; ~ *picture* [spel]film; ~ *sickness* åksjuka; [*time and*] ~ *studies* arbetsstudier; *go through the* ~*s* vard. a) låtsas som om man gör något, simulera; arbeta [slött och] mekaniskt b) visa hur det går (gick) till; *make a* ~ (~*s*) *to leave* göra en ansats att ge sig i väg; *in* ~ i rörelse, i gång, i verksamhet; på rörlig fot; *put* (*set*) *in* ~ sätta i rörelse (i gång) **2** [omröstnings]förslag, motion, yrkande äv. jur.; jur. hemställan **3** a) med. öppning, avföring b) vanl. pl. ~*s* avföring, exkrementer; *pass a* ~ ha avföring **II** *vb tr* vinka, ge (göra) tecken [*to* åt (till)] **III** *vb tr* vinka (ge el. göra tecken) åt (till) [~ *a p. to come*]
motionless ['məʊʃ(ə)nləs] *adj* orörlig; i vila
motivate ['məʊtɪveɪt] *vb tr* **1** motivera **2** vara drivfjädern bakom (motivet till) [*what* ~*d their desperate action?*] **3** skapa intresse hos, ge motivation [åt], motivera
motivation [ˌməʊtɪ'veɪʃ(ə)n] s motivering; isht psykol. motivation
motive ['məʊtɪv] **I** s motiv, bevekelsegrund, anledning, drivfjäder [*of* till; *for doing a th.* att göra ngt] **II** *adj* rörelse-, driv-; ~ *power* (*force*) drivkraft
motley ['mɒtlɪ] **I** *adj* brokig, blandad;

motocross 540

sammanrafsad; *a ~ crew (crowd)* en brokig skara **II** *s* **1** brokig blandning **2** narrdräkt
motocross [ˌməʊtəˈkrɒs, '---] *s* sport. motocross
motor [ˈməʊtə] **I** *s* **1** motor; attr. motor- **2** åld. vard. bil; attr. bil- **II** *adj* fysiol. motorisk [*~ nerve*]; *~ activity* motorik; *~ learning* motorisk inlärning; *fine ~ skills (ability)* finmotorik; *gross ~ skills (ability)* grovmotorik **III** *vb itr* bila, åka (köra) bil [*we ~ed to Brighton*]
motorbike [ˈməʊtəbaɪk] *s* vard. för *motorcycle*
motorboat [ˈməʊtəbəʊt] **I** *s* motorbåt **II** *vb itr* köra (åka) motorbåt
motorcade [ˈməʊtəkeɪd] *s* bilkortege
motorcar [ˈməʊtəkɑː] *s* bil
motorcoach [ˈməʊtəkəʊtʃ] *s* **1** buss; turistbuss, rundtursbuss **2** järnv. motorvagn
motorcycle [ˈməʊtəˌsaɪkl, ˌ--ˈ--] **I** *s* motorcykel; *~ combination* motorcykel med sidvagn; *ride a ~* köra motorcykel **II** *vb itr* köra (åka) motorcykel
motorcyclist [ˈməʊtəˌsaɪklɪst] *s* motorcyklist, motorcykelförare
motoring [ˈməʊtərɪŋ] *s* **1** bilande, bilåkning, bilkörning; *~ accident* bilolycka; *~ offence* trafikförseelse; *~ tour (trip)* bilfärd, biltur; *school of ~* trafikskola, bilskola **2** motorsport
motorist [ˈməʊtərɪst] *s* bilist, bilförare, motorförare
motorize [ˈməʊtəraɪz] *vb tr* motorisera [*~d divisions*]
motorlorry [ˈməʊtəˌlɒrɪ] *s* lastbil
motor scooter [ˈməʊtəˌskuːtə] *s* skoter
motor vessel [ˈməʊtəˌvesl] *s* motorfartyg
motorway [ˈməʊtəweɪ] *s* motorväg
motto [ˈmɒtəʊ] (pl. *~es* el. *~s*) *s* **1** motto, valspråk, devis; tänkespråk **2** överskrift
1 mould [məʊld] **I** *s* **1** [mat]jord, mylla; mull **2** mull, jord, stoft **II** *vb tr* mylla över (ner), kupa [äv. *~ up*; *potatoes should be kept ~ed [up]*]
2 mould [məʊld] *s* **1** mögel **2** mögelsvamp
3 mould [məʊld] **I** *s* **1** form äv. bildl.; gjutform; matris; tekn. äv. modell, schablon, mall; *cast in the same ~* stöpt i samma form **2** kok. a) form b) pudding; aladåb **3** form, [kropps]byggnad; gestalt **4** bildl. typ, läggning, prägel, karaktär [*men of a quite different ~*] **II** *vb tr* gjuta, stöpa, forma äv. bildl. [*out of* av; *into* till; *[up]on* efter]; *~ a p.'s character* forma (dana) ngns karaktär
moulder [ˈməʊldə] *vb itr*, *~ [away]* a) vittra (falla) sönder b) [för]multna c) bildl. förtvina, mögla [bort]
moulding [ˈməʊldɪŋ] *s* **1** gjutning etc., jfr *3 mould II*; form; attr. äv. form- [*~ press*]; *opinion ~* opinionsbildning, formande av opinion[en] **2** listverk, list, profil; utsirning, prydnadslist

mouldy [ˈməʊldɪ] *adj* **1** möglig; unken; murken; *become (grow, go) ~* mögla; *smell ~* lukta mögel **2** bildl. möjlig, gammaldags **3** urusel
moult [məʊlt] **I** *vb itr* **1** om fåglar rugga **2** om andra djur fälla hår (horn); ömsa skal, byta skinn **II** *vb tr* fälla fjädrar o.d.; ömsa skal etc., jfr *I*
mound [maʊnd] *s* **1** hög, kulle; upphöjning; gravhög, gravkulle; kummel, röse **2** vall
1 mount [maʊnt] *s* litt. (i namn) berg [*the M~ of Olives*]; *the ~ of Venus* anat. venusberget; *M~ Etna* Etna; *M~ Sinai* Sinai[berget]
2 mount [maʊnt] **I** *vb tr* (jfr äv. *mounted*) **1** gå (springa) uppför [*~ the stairs*]; stiga (gå, klättra) upp på (i) [*~ a platform; ~ a pulpit*]; bestiga [*~ the throne*]; *~ a horse* sitta upp, stiga till häst **2** placera [*on på*; *~ a statue on a foundation*] **3** a) hjälpa upp i sadeln b) förse med en häst (hästar) **4** montera [*~ a gun on a carriage*; *~ insects*; *~ pictures*]; sätta upp; installera; göra [i ordning] [*~ an exhibition*]; klistra (sätta) upp (in) [i album] [*~ stamps*]; uppfodra; infatta [*~ a diamond in a ring*]; rama in; besätta; beslå **5** sätta upp, iscensätta [*~ a play*] **6** mil. sätta i gång, öppna; *~ an offensive* äv. ta till offensiven **7** *~ guard* a) gå 'på (överta) vakten, ställa sig på vakt b) gå på vakt, stå på post, hålla vakt c) sätta ut vakt **8** om djur betäcka, bestiga **II** *vb itr* (jfr äv. *mounted*) **1** stiga; stiga (gå, klättra) upp [*on på*]; gå uppför; höja sig **2** stiga upp, stiga till häst **3** bildl. *~ [up]* stiga, växa, gå (rusa) i höjden [*bills ~ up quickly at hotels*] **III** *s* **1** kartong, papper, underlag o.d. som bakgrund till bilder m.m. **2** [rid]häst **3** frimärksfastsättare **4** montering; infattning; inramning; beslag **5** objektglas för mikroskop **6** mil. stativ, lavett[age]
mountain [ˈmaʊntɪn, -ən] *s* [högre] berg, fjäll; *a ~ of flesh* ett fläskberg fet person; *I have ~s of work to do* jag är överlastad med arbete; *move ~s* (bibl. *remove*) *~s* försätta (förflytta) berg; *~ chain (range)* el. *chain (range) of ~s* bergskedja; *~ region* bergstrakt
mountain ash [ˌmaʊntənˈæʃ] *s* bot. rönn
mountainbike [ˈmaʊntənbaɪk] *s* mountainbike, terrängcykel
mountaineer [ˌmaʊntɪˈnɪə] **I** *s* bergsbestigare, alpinist **II** bergsbo **III** *vb itr* göra bergsbestigningar, klättra [i bergen]
mountaineering [ˌmaʊntɪˈnɪərɪŋ] *s* bergsbestigning[ar], alpinism
mountain lion [ˈmaʊntənˌlaɪən] *s* puma
mountainous [ˈmaʊntɪnəs] *adj* **1** bergig **2** ofantlig, enorm, hög som berg [*~ waves*]
mountainside [ˈmaʊntɪnsaɪd] *s* bergssida, bergssluttning
mountebank [ˈmaʊntɪbæŋk] *s* kvacksalvare; skojare
mounted [ˈmaʊntɪd] *adj* **1** uppklättrad,

uppkliven, sittande [*on* på] **2** ridande [~ *police*]; fordonsburen [~ *infantry*] **3** monterad; uppsatt; uppställd; uppklistrad, insatt i album; inramad, infattad
mourn [mɔ:n] **I** *vb itr* sörja [*for* (*over*) över]; ~ *for a p.* sörja ngn; ha sorg (bära sorgdräkt) efter ngn **II** *vb tr* sörja över, begråta; sörja
mourner ['mɔ:nə] *s* **1** sörjande [person]; deltagare i sorgetåg (begravningsfölje); *the* ~*s* de sörjande; *the chief* ~ den närmast sörjande **2** *professional* (*hired*) ~ gråterska, lejd sörjande
mournful ['mɔ:nf(ʊ)l] *adj* sorglig, dyster; sorgsen
mourning ['mɔ:nɪŋ] **I** *adj* sörjande **II** *s* **1** sorg; sorgdräkt, sorgkläder; *deep* (*full*) ~ djup sorg[dräkt]; *national* (*state, public*) ~ landssorg; *in* ~ sorgklädd; *be in* (*wear*) ~ *for* ha (bära) sorg efter **2** attr. sorg-; ~ *clothes* (*dress*) sorgdräkt, sorgkläder
mourning band ['mɔ:nɪŋbænd] *s* **1** sorgband **2** vard. sorgkant på naglar
mouse [ss. subst. maʊs, ss. vb maʊz] **I** (pl. *mice* [maɪs]) *s* **1** a) mus, [liten] råtta b) bildl. skygg och tillbakadragen person; *as quiet as a* ~ tyst som en mus; *are you a man or a* ~*?* du är väl [en] karl! **2** data. mus **II** *vb itr* om djur fånga (ta) möss (råttor)
mouser ['maʊzə, 'maʊsə] *s* råttfångare, råttkatt
mousetrap ['maʊstræp] *s* råttfälla
mousse [mu:s] *s* **1** kok. mousse; ss. dessert äv. fromage **2** hårmousse
moustache [məˈstɑ:ʃ, amer. vanl. 'mʌstæʃ] *s* mustasch[er]; *grow a* ~ anlägga mustasch
mousy ['maʊsɪ] *adj* råttlik[nande], musaktig; råttfärgad [~ *hair*]
mouth [ss. subst. maʊθ, i pl. maʊðz; ss. vb maʊð] **I** *s* **1** mun; *corner of the* ~ mungipa; *by word of* ~ muntligen, från mun till mun; *be down in the* ~ vara deppig (moloken), hänga läpp; *have a big* ~ vard. prata för mycket; vara stor i truten; *have a foul* ~ vara ful i mun[nen]; *have one's heart in one's* ~ ha hjärtat i halsgropen; *have many* ~*s to feed* ha många munnar att mätta; *put words into a p.'s* ~ a) lägga ord (orden) i ngns mun, sufflera ngn b) tillskriva ngn ett uttalande; *shut your* ~*!* håll mun (käften)!; *stop a p.'s* ~ täppa till mun[nen] på ngn, tysta ngn, få ngn att tiga (hålla mun); *take the words out of a p.'s* ~ ta ordet (orden) ur mun[nen] på ngn **2** grimas; *make a* [*wry*] ~ göra en grimas, rynka på näsan [*at* åt]; *make* ~*s* göra grimaser, lipa [*at* åt] **3** mynning [*the* ~ *of a river*]; utlopp, inlopp; öppning, ingång **II** *vb tr* **1** deklamera, artikulera överdrivet, uttala tillgjort [äv. ~ *out*] **2** forma [ljudlöst] med läpparna **III** *vb itr* deklamera, predika, tala tillgjort; orera

mouthful ['maʊθfʊl] *s* munfull; munsbit, tugga; smula; *swallow a th. at a* ~ svälja ngt i en munsbit; *what a* ~*!* el. *that was a* ~*!* a) det var en ordentlig munsbit (tugga)! b) det var mycket [sagt] på en gång!; vilken lång ramsa!; *you said a* ~*!* vard. det är så sant som det är sagt!
mouth organ ['maʊθˌɔ:gən] *s* munspel, munharmonika
mouthpiece ['maʊθpi:s] *s* **1** munstycke; bett på betsel; boxn. tandskydd **2** [telefon]lur [*speak into the* ~*!*] **3** bildl. talesman, språkrör, organ
mouth-to-mouth [ˌmaʊθtəˈmaʊθ] *adj,* ~ *method* mun-mot-munmetod; ~ *resuscitation* återupplivning genom mun-mot-munmetoden
mouthwash ['maʊθwɒʃ] *s* munvatten
mouth-watering ['maʊθˌwɔ:t(ə)rɪŋ] *adj* aptitretande, som får det att vattnas i munnen
movable ['mu:vəbl] **I** *adj* **1** rörlig, flyttbar; ~ *feast* kyrkl. rörlig helg[dag] **2** lös [~ *property*], personlig [~ *goods*] **II** *s,* vanl. pl. ~*s* lösöre, inventarier; bohag, husgeråd, möbler; flyttsaker
move [mu:v] **I** *tr* **1** flytta, flytta på, rubba; förflytta, transportera [~ *troops*]; ~ *house* flytta, byta bostad **2** a) röra [på] [~ *o.'s lips*] b) sätta i gång; hålla i gång, driva **3** röra, göra rörd, gripa, bedröva; göra intryck på, beveka; *be* ~*d* bli rörd, röras, gripas [*by* (*with*) av; *he was deeply* ~*d*] **4** påverka, förmå, driva, föranleda; *nothing could* ~ *him* ingenting kunde påverka honom; [*I will do it*] *when the spirit* ~*s me* ...när andan (anden) faller på **5** hemställa hos [*for om*] **6** parl. o.d. föreslå, framlägga förslag om; yrka [på] **II** *itr* **1** a) röra (*ge sig*) b) förflytta sig, flytta [på] sig, maka [på] sig [~ *one step*]; *you must* ~ *very carefully* du måste gå fram med stor försiktighet; ~ *with the times* följa med sin tid **2** a) sätta sig i rörelse, röra på sig [*begin to* ~], sätta[s] i gång b) bryta upp; flytta; *I must be moving* vard. jag måste ge mig av (i väg); *things are beginning to* ~ det börjar röra på sig; ~ *off* ge sig av, avlägsna sig; ~ *on* gå på (vidare), cirkulera; ~ *out* a) gå ut b) flytta [ut], avflytta; ~ *up* stiga (gå) fram, maka ihop sig **3** i schack o.d. a) om pjäs röra sig, flyttas b) flytta, dra **4** företa sig något, vidta åtgärder, ingripa **5** vistas; ~ *in the best society* röra sig (umgås) i de bästa kretsar **6** hemställa, väcka förslag [*for om*], yrka [*for på*] **III** *s* flyttning; i schack o.d. drag; bildl. [schack]drag [*a clever* ~], utspel [*a new* ~ *to solve the crisis*], åtgärd, steg; *a wrong* ~ ett feldrag; *what's the next* ~*?* vard. vad ska vi göra nu?; *it's your* ~ det är ditt drag; *he is up to every* ~ han kan knepen; *get a* ~ *on!* vard. raska (skynda) på!; *make a* ~ bildl. göra

movement

ett drag äv. i schack o.d.; handla, göra något; *make a ~ to go* göra en ansats att gå; *be on the ~* vara i rörelse; vara på rörlig (resande) fot; [ständigt] vara i farten
movement ['muːvmənt] *s* **1** rörelse; förskjutning; *freedom of ~* bildl. rörelsefrihet **2** isht pl. *~s* rörelser, förehavanden, beteende; hållning, skick; *watch a p.'s ~s* iaktta ngns förehavanden, hålla ett vakande öga på ngn **3** [ur]verk; gång; mekanism **4** mus. a) sats [*the first ~ of a symphony*] b) tempo; rytm **5** tendens [*a ~ towards formalism*]; utveckling [*a ~ towards greater freedom of the press*] **6** politisk, religiös o.d. rörelse [*the Labour ~*; *the Oxford M~*; *the temperance ~*]; riktning [*philosophical ~s*]
mover ['muːvə] *s* **1** upphov, drivkraft; upphovsman, drivande kraft; *prime ~* a) [primär] drivkraft, kraftkälla; kraftgenerator b) primus motor, initiativtagare **2** förslagsställare, motionär
movie ['muːvɪ] *s* vard. [spel]film; amer. bio[graf]; *the ~s* bio; *~ star* filmstjärna; *~ house* (*theater*) isht amer. bio[graf]; *go to the ~s* gå på bio
moviecamera ['muːvɪˌkæmərə] *s* filmkamera
moviegoer ['muːvɪˌɡəʊə] *s* biobesökare
movieland ['muːvɪlænd] *s* **1** filmvärlden **2** Hollywood
moving ['muːvɪŋ] **I** *adj* o. *pres p* **1** rörlig, som rör (kan röra) sig; *~ coil* elektr. o.d. vridspole; *~ pavement* (amer. *walkway*) rullande trottoar; *~ picture* isht amer. vard. [spel]film; *~ staircase* (*stairway*) rulltrappa **2** rörande, stämningsfull [*~ ceremony*]; bevekande **II** *s* [för]flyttning; *~ van* amer. flyttbil
1 mow [məʊ] (imperf. *mowed*, perf. p. *mown, mowed*) **I** *vb tr* meja, slå [*~ grass* (*hay, crops*); *~ a field*], skära [*~ corn*]; klippa [*~ a lawn*]; *~ down* bildl. meja ned **II** *vb itr* slå, skära; klippa
2 mow [məʊ] *s* [hö]stack, hövolm; skyl
mower ['məʊə] *s* **1** a) slåttermaskin b) gräsklippare **2** a) slåtterkarl b) gräsklippare person
Mozambique [ˌməʊzəm'biːk] Moçambique
Mozart ['məʊtsɑːt]
MP [ˌem'piː] **1** (pl. *MP's* el. *MPs*) (förk. för *Member of Parliament*); *he is an ~* han är parlamentsledamot **2** förk. för *Metropolitan* (*Military, Mounted*) *Police*
m.p.h. förk. för *miles per hour*
Mr. o. **Mr** ['mɪstə] (pl. *Messrs.* ['mesəz]) (förk. för *mister*) hr, herr: a) före namn [*~ Brown, ~ John B.*] b) vid tilltal före vissa titlar, utan namn [*~ Chairman, ~ Speaker* m.fl.] c) före titel och namn, i sv. utan motsvarighet [*~ Justice Brown*] d) före kirurgs namn i motsats till andra läkare; *~ Big* bossen, chefen; *~ Clean* ärligheten själv, person som har rent mjöl i påsen isht om politiker; *~ Right* den rätte

MRCP förk. för *Member of the Royal College of Physicians*
MRCS förk. för *Member of the Royal College of Surgeons*
Mrs. o. **Mrs** ['mɪsɪz] (förk. för *missis*) fru framför namn o. ibl. i tilltal före vissa titlar [*~ Brown, ~ Jane* (*John*) *B.*; *~ Chairman*; *Dr. and ~ Smith* Dr och Fru Smith, Dr Smith med Fru
1 MS [ˌem'es, 'mænjʊskrɪpt] (pl. *MSS* [ˌemes'es el. 'mænjʊskrɪpts]) förk. för *manuscript*
2 MS 1 (förk. för *multiple sclerosis*) MS **2** förk. för *Master of Science* (*Surgery*)
Ms. o. **Ms** [mɪz, məz] **I** titel för kvinna som ersättning för Miss el. Mrs före namn [*~ [Sarah] Brown*] **II** (pl. *Mses*[.] el. *Mss*[.] ['mɪzɪz]) *s* kvinna i allm. [*a fair sprinkling of ~s among the staff*]
M/S förk. för *motor-ship*
M.Sc. förk. för *Master of Science*
MSS [ˌemes'es, 'mænjʊskrɪpts] pl. av *1 MS*
MST förk. för *Mountain Standard Time* en standardtid i Nordamerika, 7 timmar efter Greenwichtid
MT förk. för *Mechanical* (*Motor*) *Transport*
much [mʌtʃ] **I** (*more most*) *adj* mycket, mycken; *without ~ difficulty* utan större svårighet; *~ good may it do you!* iron. väl bekomme!, lycka till!; *I have ~ pleasure in presenting...* jag har [härmed] det stora nöjet presentera...; *it was all so ~ nonsense* (*rubbish*) det var bara smörja
II *pron* **1** mycket [*you have ~ to learn*; *she is not ~ to look at*]; *~ you know about it!* det vet du inte ett dugg om!; *this* (*that*) *~* så mycket; *not ~!* vard. visst inte!, sällan!; *nothing ~* vard. just ingenting, inget vidare; *he is not ~ of a writer* han är inte någon vidare författare; *make ~ of* a) förstå [*I couldn't make ~ of the play*] b) göra stor affär av; *I don't think ~ of* jag ger inte mycket för; [*his work*] *is not up to ~* ...är inget vidare **2** *as ~* lika (så) mycket [*as* som]; *as ~ again* (*more*) lika mycket till; *he said as ~* det var ungefär vad han sa (menade); *I thought as ~* var det inte det jag trodde; *it is as ~ as to say...* det är som om man skulle säga att...; *it was as ~ as he could do to keep calm* det var knappt han kunde hålla sig lugn **3** *how ~* hur mycket; *how ~ is this?* vad kostar den här?; *how ~ does it all come to?* vad går alltsammans på? **4** *so ~* så mycket; *so ~ the better* (*the worse*) så mycket (desto) bättre (värre); *not so ~ as* inte så mycket som, inte ens [*they hadn't so ~ as heard of it*]; *the scene resembled nothing so ~ as...* scenen liknade mest av allt...; *so ~ for that* så var det med det (den saken)
III (*more most*) *adv* **1** mycket: a) före komp. [*~ older* (*more useful*); *~ inferior*]; *very ~*

older betydligt äldre **b)** före vissa adj. [äv. *very ~*; [*very*] *~ afraid* (*alike*)]; *he doesn't look ~ like a clergyman* han ser knappast (just inte) ut som en (nån) präst; *it looks very ~ like it* det ser nästan så ut, det är inte långt ifrån **c)** vid vb o. perf. p. [äv. *very ~*; *I ~ regret the mistake*; [*very*] *~ annoyed* (*astonished*)]; *thank you very ~* tack så mycket **d)** vid adverbiella uttr. [*~ above the average*]; *~ to my delight* till min stora förtjusning; *~ too low* alldeles för låg **2** före superl. absolut, utan all tvekan; *~ the best plan* äv. den avgjort bästa planen; *~ the most likely* den allra sannolikaste **3** ungefär, nästan; *pretty ~ alike* ungefär lika; *it is ~ the same to me* det gör mig ungefär detsamma
muchness ['mʌtʃnəs] *s* vard., *it is much of a ~* det är ungefär detsamma (hugget som stucket); *they are much of a ~* de är egentligen väldigt lika
mucilage ['mju:səlɪdʒ] *s* **1** [växt]slem; med. mucilago **2** amer. gummi[lösning]
muck [mʌk] **I** *s* **1** gödsel, dynga **2** vard. lort, skit, smörja äv. bildl. **II** *vb tr* **1** gödsla **2** vard. lorta (skita, grisa) ner; *~ a p. about* (*around*) köra med ngn; bråka (tjafsa) med ngn; *~ a th. up* vard. a) misslyckas med (sabba) ngt b) trassla (ställa) till ngt **III** *vb itr*, *~ about* (*around*) vard. a) gå och dra, drälla omkring b) tjafsa; *~ about* (*around*) *with* pillra (pilla) med (på); *~ in* vard. slå sig ihop; kampera ihop [*with* med]
muckraker ['mʌkˌreɪkə] *s* skandalspridare, sensationsmakare
muckraking ['mʌkˌreɪkɪŋ] *s* vard. sensationsmakeri; skandalskriverier
muck-up ['mʌkʌp] *s* vard. soppa, röra, fiasko; *make a ~ of a th.* a) misslyckas med (sabba) ngt, göra bort sig b) trassla (soppa) till ngt
mucky ['mʌkɪ] *adj* vard. lortig, skitig; motbjudande; lerig, gyttjig [*a ~ road*]
mucous ['mju:kəs] *adj* slemmig; slem-; *~ membrane* slemhinna
mucus ['mju:kəs] *s* slem
mud [mʌd] *s* gyttja, dy, sörja, smuts, lera [*the ~ of the roads*]; mudder, slam; *it's as clear as ~* skämts. el. iron. man fattar inte ett dyft; *drag a p.'s name in the ~* släpa ngns namn i smutsen; [*here's*] *~ in your eye!* vard. skål på dig!; *throw* (*fling, sling*) *~ at* bildl. smutskasta, svärta ned; förtala
mudbath ['mʌdbɑ:θ] *s* gyttjebad
muddle ['mʌdl] **I** *vb tr* **1** fördärva, förstöra, förfuska [*you have ~d the scheme*], trassla till **2** förvirra; göra omtöcknad (lummig) [*the drink ~d him*] **3** *~ up* (*together*) röra ihop [*he has ~d things up completely*]; blanda ihop, förväxla **II** *vb itr*, *~ along* (*on*) på å hålla på och vimsa b) hanka sig fram; *~ through* klara sig [trots allt] [*England ~ed through*],

trassla (krångla) sig igenom **III** *s* röra, oreda, virrvarr
muddled ['mʌdld] *adj* rörig, oredig, virrig
muddle-headed ['mʌdlˌhedɪd] *adj* virrig, oredig [i huvudet]
muddy ['mʌdɪ] **I** *adj* **1** smutsig, lerig [*~ roads* (*shoes*)]; gyttjig, dyig **2** grumlig [*~ coffee*; *~ stream*], grumsig, oklar **II** *vb tr* **1** göra smutsig (lerig, sörjig); smutsa (stänka) ned **2** grumla
mudflat ['mʌdflæt] *s* gyttjig strand[remsa]
mudguard ['mʌdgɑ:d] *s* stänkskärm på bil
mudpack ['mʌdpæk] *s* kosmetisk ansiktsmask
mud pie ['mʌdpaɪ] *s* barns sandkaka, lerkaka
mudslinging ['mʌdˌslɪŋɪŋ] *s* smutskastning; förtal
muesli ['mju:zlɪ, 'mu:-] *s* kok. müsli
1 muff [mʌf] *s* **1** a) muff b) se *earmuff* **2** tekn. muff, rörhylsa
2 muff [mʌf] vard. **I** *s* **1** miss, tabbe; sumpning; *make a ~ of* missa, sumpa **2** klåpare [*at* i], klantskalle **II** *vb tr* missa, sumpa [*~ an opportunity*]; *~ a catch* sport. tappa bollen **III** *vb itr* göra bort sig, klanta sig; missa [bollen]
muffin ['mʌfɪn] *s* **1** slags tebröd som äts varma med smör **2** amer. muffin; *English ~* se *1 muffle* ['mʌfl] **I** *vb tr* **1** linda om [*~ one's throat*]; [*up*] pälsa (klä, bylta) på [*~ oneself up well*], svepa (vira) in; *~d up* [väl] omlindad, påpälsad, insvept **2** linda [om] för att dämpa ljud; madrassera dörr; dämpa, tysta [ned]; perf. p. *~d* äv. dämpad, dov [*~d sounds*], [halv]kvävd [*~d voices*]; förstämd [*~d drums*] **II** *s* tekn. muffel
muffler ['mʌflə] *s* **1** [ylle]halsduk **2** a) isht amer. ljuddämpare b) mus. dämmare
mufti ['mʌftɪ] *s* **1** mufti muslimsk rättslärd **2** civila kläder, civil dräkt; *in ~* äv. civil[klädd]
1 mug [mʌg] **I** *s* **1** mugg [*a ~ of tea*], sejdel [*a ~ of beer*] **2** sl. a) tryne, fejs b) käft, trut **3** sl. [blåögd] idiot, lättlurad stackare **II** *vb tr* vard. **1** överfalla (isht amer.) och råna isht på gatan **2** amer. plåta [till förbrytaralbum]
2 mug [mʌg] vard. *vb tr* o. *vb itr*, *~ up* plugga
mugful ['mʌgfʊl] (pl. *~s* el. *mugsful*) *s* mugg (sejdel) [full] [*of* med]
mugger ['mʌgə] *s* sl. [brutal] rånare isht på gatan
mugging ['mʌgɪŋ] *s* vard. rånöverfall isht på gatan
muggins ['mʌgɪnz] *s* vard. dumbom
muggy ['mʌgɪ] *adj* kvav, tryckande
mugshot ['mʌgʃɒt] *s* vard. [förbrytar]fotografi
mugwump ['mʌgwʌmp] *s* vard.
1 a) viktigpetter b) högdjur, pamp **2** isht amer. [politisk] vilde; person som inte tar ställning
mulatto [mjʊ'lætəʊ] (pl. *~s* el. *~es*) *s* mulatt
mulberry ['mʌlb(ə)rɪ] *s* **1** mullbär; *~ tree* mullbärsträd; [*here we go round*] *the ~*

mulch 544

bush sånglek ...en enebärsbuske
2 mullbärsträd
mulch [mʌl(t)ʃ] **I** s **1** trädg. komposttäckning konkr. **2** gödselhalm **II** vb tr täcka över med kompostmaterial
1 mule [mju:l] s sandalett utan häl el. rem; hällös toffel
2 mule [mju:l] s mula; mulåsna; ***as stubborn*** (***obstinate***) ***as a*** ~ envis som synden (en åsna)
1 mull [mʌl] vb tr grubbla (fundera) över
2 mull [mʌl] vb tr [krydda och] glödga; **~*ed wine*** glödgat vin, vinglögg
mullah ['mʌlə] s mulla[h] muslimsk [rätts]lärd
mullet ['mʌlɪt] s zool. **1** *grey* ~ multe[fisk] **2** *red* ~ mullus[fisk]
mulligatawny [ˌmʌlɪgə'tɔ:nɪ] s, ~ [*soup*] indisk currysoppa med höns och ris
mullioned ['mʌlɪənd] *adj*, ~ ***window*** lodrätt delat fönster isht gotiskt
multichannel ['mʌltɪˌtʃænl] *adj* tekn. flerkanalig [~ *telephony*]; ~ ***analyser*** flerkanalsanalysator
multicoloured ['mʌltɪˌkʌləd] *adj* mångfärgad, flerfärgad
multicultural [ˌmʌltɪ'kʌltʃ(ə)r(ə)l] *adj* mångkulturell
multidimensional [ˌmʌltɪdaɪ'menʃənl, -dɪ'm-] *adj* flerdimensionell
multifarious [ˌmʌltɪ'feərɪəs] *adj* mångahanda [*his* ~ *duties*], mångskiftande [~ *activities*]
multilane [ˌmʌltɪleɪn] *adj*, ~ ***road*** (***highway***) flerfilig väg
multilateral [ˌmʌltɪ'læt(ə)r(ə)l] *adj* multilateral [~ *agreement* (*treaty*)]; mångsidig, flersidig
multilingual [ˌmʌltɪ'lɪŋgw(ə)l] *adj* flerspråkig [~ *people* (*books*)]
multimillionaire [ˌmʌltɪmɪljə'neə] s mångmiljonär
multinational [ˌmʌltɪ'næʃənl] **I** *adj* multinationell **II** s multinationellt företag
multipartite [ˌmʌltɪ'pɑ:taɪt] *adj* **1** flerdelad **2** multilateral [~ *agreement*]
multiple ['mʌltɪpl] **I** *adj* mångahanda, av många slag, mångsidig [~ *interests*]; mångfaldig, åtskillig [~ *bruises*]; flerdubbel; [~ *system*]; ~ ***collision*** seriekrock; ~ ***fracture*** komplicerat benbrott; ~ ***sclerosis*** med. multipel skleros; ~ [*shop* (*store*)] filial[affär] i butikskedja; kedjebutik **II** s matem. mångfald, multipel; ***lowest*** (***least***) ***common*** ~ minsta gemensamma dividend
multiple-choice [ˌmʌltɪpl'tʃɔɪs] *adj* flervals- [~ *test*, ~ *item* (uppgift)]
multiplex ['mʌltɪpleks] *adj* mångfaldig, flerfaldig; multiplex- [~ *telegraphy*]
multiplication [ˌmʌltɪplɪ'keɪʃ(ə)n] s **1** matem. multiplikation; ~ ***table*** multiplikationstabell; ~ ***sign*** multiplikationstecken **2** mångfaldigande, mångdubblande; [för]ökning

multiplicity [ˌmʌltɪ'plɪsətɪ] s mångfald [*a* ~ *of duties*]; mångskiftande karaktär
multiply ['mʌltɪplaɪ] **I** vb tr **1** multiplicera [*by* med] **2** mångfaldiga; öka **II** vb itr **1** mångdubblas, flerdubblas; ökas **2** föröka (fortplanta) sig
multiracial [ˌmʌltɪ'reɪʃ(ə)l] *adj* som omfattar (representerar) många raser, mångkulturell
multistage ['mʌltɪsteɪdʒ] *adj* flerstegs- [~ *rocket*]
multistor[e]y [ˌmʌltɪ'stɔ:rɪ] *adj* flervånings- [~ *hotel*]; ~ ***block*** (***building***) höghus; ~ ***car park*** parkeringshus
multitude ['mʌltɪtju:d] s **1** mängd, massa, otal **2** folkmassa, folkhop; ***the*** ~ [den stora] massan [*a book that applies to the* ~], mängden
multitudinous [ˌmʌltɪ'tju:dɪnəs] *adj* **1** otalig, talrik **2** mångfaldig, varierande
1 mum [mʌm] s barnspr. mamma; vard. morsa [*my* ~]
2 mum [mʌm] vard. **I** *interj*, ~*!* tyst!, tig! **II** s, ~*'s the word!* håll tyst med det! **III** *pred adj* tyst [*keep* ~]
mumble ['mʌmbl] **I** vb itr mumla **II** vb tr, ~ [*out*] mumla [fram] **III** s mummel
mumbo jumbo [ˌmʌmbəʊ'dʒʌmbəʊ] (pl. ~*s*) s **1** tomma ceremonier (ritualer), teater **2** fikonspråk, obegriplig jargong
mummify ['mʌmɪfaɪ] vb tr mumifiera
1 mummy ['mʌmɪ] s mumie äv. bildl.
2 mummy ['mʌmɪ] s barnspr. mamma; ~*'s darling* mammagris, morsgris; mammas älskling
mumps [mʌmps] (konstr. ss. sg.) s med. påssjuka; ***be down with*** [*the*] ~ ligga i påssjuka
munch [mʌn(t)ʃ] **I** vb itr mumsa **II** vb tr mumsa på; mumsa (snaska) [i sig] [~ *chocolates*]
mundane ['mʌndeɪn] *adj* **1** jordisk, världslig, denna världens [~ *pleasures*] **2** trivial, vardaglig
Munich ['mju:nɪk] geogr. München
municipal [mjʊ'nɪsɪp(ə)l] *adj* kommunal [~ *buildings*]; kommun-, stads- [~ *libraries*]; ~ ***council*** kommunfullmäktige
municipality [mjʊˌnɪsɪ'pælətɪ] s **1** kommun **2** kommunstyrelse
munificent [mjʊ'nɪfɪsnt] *adj* [mycket] frikostig; storslagen [~ *gift* (*reward*)]
munitions [mjʊ'nɪʃ(ə)nz] s pl krigsmateriel; isht vapen och ammunition
mural ['mjʊər(ə)l] **I** *adj* mur-, vägg-; ~ ***painting*** muralmålning, väggmålning **II** s muralmålning, väggmålning
murder ['mɜ:də] **I** s mord [*of* på]; ~ ***case*** mordfall, mordaffär; ~ ***investigation*** mordutredning; ~ ***investigator*** mordutredare, mordspanare; ***attempted*** ~ mordförsök; ~ ***will out*** ett brott kommer

förr eller senare i dagen; vard. sanningen kryper alltid fram så småningom; *it's* ~ vard. det är rena självmordet (livsfarligt) [*it's* ~ *to drive on those roads*]; det är för jäkligt; *cry* (*scream*) *blue* (amer. *bloody*) ~ vard. skrika i högan sky, gallskrika **II** *vb tr* **1** mörda **2** bildl. fördärva; misshandla, mörda [~ *a song*]
murderer ['mɜːdərə] *s* mördare
murderess ['mɜːdərəs] *s* mörderska
murderous ['mɜːd(ə)rəs] *adj* **1** mordisk, mordlysten; blodtörstig **2** mord- [~ *assault* (*weapons*)]
Muriel ['mjʊərɪəl] kvinnonamn
murky ['mɜːkɪ] *adj* **1** mörk, skum, dunkel [*a* ~ *night*]; dyster **2** mulen; tät, svart [~ *darkness*] **3** bildl. skum [*a man with a* ~ *past*]
murmur ['mɜːmə] **I** *s* **1** sorl, sus, brus, porlande; surr [*the* ~ *of bees*] **2** mummel, mumlande; *without a* ~ utan knot, utan att knysta (mucka) **3** med., [*heart*] ~ blåsljud **II** *vb itr* **1** sorla, susa, brusa, porla; surra **2** mumla, muttra; knota, knorra [*at, against* över]
Murphy ['mɜːfɪ] **I** egenn. **II** *s* **1** *m*~ sl. plugg potatis **2** ~*'s law* lagen om alltings djävlighet
muscat ['mʌskət] *s* **1** ~ [*grape*] muskatdruva **2** muskatvin
muscatel [ˌmʌskə'tel] *s* **1** muskatell[vin] **2** muskatellrussin **3** muskatdruva
muscle ['mʌsl] **I** *s* **1** muskel; pl. ~*s* äv. muskulatur; *not move a* ~ inte röra en fena (muskel); inte ändra en min; *pull* (*stretch*) *a* ~ få en muskelsträckning **2** muskler; muskelvävnad; muskelstyrka **II** *vb itr* vard., ~ *in* tränga (nästla) sig in [*on* på, i]; hålla sig framme, försöka komma med på ett hörn **III** *vb tr* vard., ~ *one's way* tränga sig [fram]; ~ *one's way into* [*the conversation*] lägga sig i...
muscle-bound ['mʌslbaʊnd] *adj* stel i musklerna isht efter träning; bildl. stelbent
muscleman ['mʌslmæn] *s* vard. **1** gorilla gangsters livvakt **2** muskelknutte
Muscovite ['mʌskə(ʊ)vaɪt] *s* moskvabo
muscular ['mʌskjʊlə] *adj* **1** muskel- [~ *rheumatism* (*strength, tissue*)] **2** muskulös, [muskel]stark
muscularity [ˌmʌskjʊ'lærətɪ] *s* muskelstyrka
1 muse [mjuːz] *s* **1** mytol. musa; *the* [*nine*] *Muses* [de nio] muserna **2** poet
2 muse [mjuːz] *vb itr* **1** fundera, grubbla [*on, over* på, över] **2** säga [halvt] för sig själv; ~ *aloud* tänka högt **3** se (titta) begrundande [*on* på]
museum [mjʊ'zɪəm] *s* museum; ~ *piece* museiföremål äv. bildl.; museisak
mush [mʌʃ] *s* **1** mos, röra, gröt, sörja **2** vard. smörja, dravel, sentimentalt svammel
mushroom ['mʌʃrʊm, -ruːm] **I** *s* svamp [*edible* (*poisonous*) ~*s*]; champinjon; *spring up like* ~*s* växa upp som svampar [ur marken] **II** *attr*

adj **1** svamp-, champinjon- [~ *omelette* (*soup*)] **2** svampliknande, svamp- [*the* ~ *cloud of an atom bomb*] **3** hastigt uppväxande (uppvuxen) [*a* ~ *town*]; kortlivad, dagsländeartad [~ *enterprise*] **III** *vb itr* **1** plocka svamp (champinjoner) [*go* ~*ing*] **2** ~ *out* (*up*) växa upp som svampar (en svamp) [ur marken]
mushy ['mʌʃɪ] *adj* **1** mosig, grötig, lös, mjuk, sörjig, slafsig **2** vard. blödig, mjäkig
music ['mjuːzɪk] *s* **1 a**) musik; ~ *while you work* radio. musik under arbetet; *sacred* ~ kyrkomusik; *have a good ear* (*a turn*) *for* ~ vara musikalisk, ha bra musiköra; *piece of* ~ musikstycke; *to the sound of* ~ till (under) musik; *to the* ~ *of* till musik (tonerna) av; *set* (*put*) *a th. to* ~ sätta musik (melodi) till ngt, tonsätta ngt **b**) attr. musik- [~ *lesson* (*festival*)] **2** noter [*read* ~], nothäften [*printed* ~]; *sheet of* ~ notblad, nothäfte; *play from* (*without*) ~ spela efter (utan) noter **3** *face the* ~ vard. ta konsekvenserna, [få] stå sitt kast; *it's* ~ *to my ears* vard. det låter som [ljuv] musik för mina öron
musical ['mjuːzɪk(ə)l] **I** *adj* **1** musikalisk; välljudande, melodisk [*a* ~ *voice*]; musikintresserad [*a* ~ *person*]; musikaliskt utvecklad [~ *taste*]; *have a* ~ *ear* ha bra musiköra **2** musik-, musikalisk [~ *instruments*]; ~ *comedy* musikal; filmmusikal; ~ *evening* [*party*] musikafton, musikalisk soaré; ~ *item* musiknummer **3** ~ *box* speldosa; ~ *chairs* sällskapslek hela havet stormar **II** *s* musikal; filmmusikal
music box ['mjuːzɪkbɒks] *s* speldosa
music hall ['mjuːzɪkhɔːl] *s* **1** varieté[teater]; ~ *singer* varietésångare, vissångare; ~ *song* kuplett **2** amer. konsertsal
musician [mjʊ'zɪʃ(ə)n] *s* **1** musiker; musikant **2** tonsättare, kompositör
musicologist [ˌmjuːzɪ'kɒlədʒɪst] *s* musikolog, musikforskare
musicology [ˌmjuːzɪ'kɒlədʒɪ] *s* musikologi, musikvetenskap
music stand ['mjuːzɪkstænd] *s* notställ
musk [mʌsk] *s* mysk
musk deer ['mʌskdɪə] *s* zool. myskdjur, myskhjort
musket ['mʌskɪt] *s* hist. musköt
musketeer [ˌmʌskə'tɪə] *s* hist. musketerare; musketör
musketry ['mʌskətrɪ] *s* mil. a) skjutning [med gevär] b) gevärseld
musk melon ['mʌskˌmelən] *s* cantaloupemelon, honungsmelon; *netted* ~ nätmelon
muskrat ['mʌskræt, ˌ-'-] *s* zool. bisamråtta
musk rose ['mʌskrəʊz, ˌ-'-] *s* bot. **1** myskros **2** myskmalva
musky ['mʌskɪ] *adj* myskartad; myskdoftande; om doft tung och sötaktig

Muslim

Muslim ['mʊzləm, 'mʊs-, 'mʌz-] I *s* muslim, muselman II *adj* muslimsk
muslin ['mʌzlın] *s* a) muslin b) amer., ung. [bomulls]lärft
musquash ['mʌskwɒʃ] *s* **1** zool. bisamråtta **2** ~ [*fur*] bisam pälsverk; ~ [*coat*] bisampäls plagg
mussel ['mʌsl] *s* zool. mussla
must [mʌst, ss. vb obeton. məst, məs, mst, ms] I *hjälpvb* (pres. o. i vissa fall imperf.) **1 a)** måste, får (fick) [lov att], är (var) tvungen att [*he said I ~ go*; *I couldn't stand it - I ~ help her*]; *well, if you ~!* om du absolut (nödvändigtvis) måste (vill) så! **b)** i påståendesats med negation får, fick [*you ~ never ask*]; ~ *not* el. ~*n't* får (fick) inte [*you ~ not go*; *he said I ~ not go*], skall (skulle) inte, bör (borde) inte [*you ~n't be surprised*; *he said I ~n't be surprised*]; *we ~n't be late, ~ we?* vi får inte komma för sent, eller hur? **2** måste [utan tvivel], måtte **3** ngt iron., *he ~* [*come and bother me just now!*] han ska naturligtvis (förstås)…, det är typiskt att han ska…; *he ~ go and break his leg* det är klart att han skulle gå och bryta benet II *s* vard., *a ~* ett måste [*that book is a ~*]
mustache ['mʌstæʃ, mə'stæʃ] *s* amer., se *moustache*
mustachio [mə'stɑːʃɪəʊ] *s*, ~ el. ~*s* (pl.) [stor] mustasch
mustang ['mʌstæŋ] *s* mustang häst
mustard ['mʌstəd] *s* senap äv. bot.; *cut the ~* isht amer. vard. motsvara förväntningarna, lyckas; [*as*] *keen as ~* vard. entusiastisk, ivrig; nitisk
muster ['mʌstə] I *s* **1** mönstring, inspektion, besiktning; *pass ~* a) undergå mönstring (inspektion) utan anmärkning, bli antagen b) bildl. godkännas, bli accepterad; duga [*as, for* till] **2** uppbåd [*a large ~ of football supporters*]; samling II *vb tr* **1** samla [ihop], uppbåda, få ihop; mil. ställa upp **2** ~ [*up*] uppbjuda [~ [*up*] *all one's strength*]; ~ [*up*] *all one's courage* samla (uppbjuda) allt sitt mod, riktigt ta mod till sig III *vb itr* **1** ställa upp [sig] [~ *for inspection*] **2** samlas, träffas, möta upp
mustiness ['mʌstınəs] *s* unkenhet etc., jfr *musty*
mustn't ['mʌsnt] = *must not*
musty ['mʌstı] *adj* **1** unken [~ *smell*], instängd [~ *air*], ovädrad [~ *room*], möglig **2** bildl. förlegad, föråldrad, mossig [~ *ideas*]
mutation [mjʊ'teɪʃ(ə)n] *s* **1** förändring, växling **2** biol. mutation **3** språkv. omljud
mute [mjuːt] I *adj* **1** stum; mållös; tyst **2** fonet. stum, som inte uttalas [~ '*e*'] II *s* **1** stum person **2** teat. statist **3** mus. sordin; dämmare III *vb tr* dämpa; mus. sätta sordin på; *in ~d tones* med dämpad (sordinerad) röst
mutilate ['mjuːtɪleɪt] *vb tr* stympa äv. bildl.; lemlästa; vanställa, förvanska
mutilation [ˌmjuːtɪ'leɪʃ(ə)n] *s* stympande, stympning; förvanskning
mutineer [ˌmjuːtɪ'nɪə] I *s* myterist; upprorsman II *vb itr* göra myteri
mutiny ['mjuːtɪnɪ] I *s* myteri äv. bildl.; uppror, resning II *vb itr* göra myteri (uppror)
mutt [mʌt] *s* sl. **1** fårskalle **2** hundracka
mutter ['mʌtə] I *vb itr* **1** mumla, muttra [*to oneself* för sig själv] **2** knota, knorra [*at, about* över] II *vb tr* mumla [fram], muttra [*~ an answer*] III *s* **1** mumlande, mummel, muttrande **2** knorrande, knot
mutton ['mʌtn] *s* får[kött]; *roast ~* fårstek; *as dead as ~* stendöd
mutton chop [ˌmʌtn'tʃɒp] *s* **1** fårkotlett **2** attr., *mutton-chop whiskers* se *muttonchops*
muttonchops [ˌmʌtn'tʃɒps] *s pl* långa yviga polisonger
muttonhead ['mʌtnhed] *s* vard. fårskalle, dumhuvud
mutual ['mjuːtʃʊəl, -tjʊəl] *adj* **1** ömsesidig, inbördes; ~ *admiration society* sällskap för inbördes beundran; *they are ~ enemies* de är fiender till varandra **2** gemensam [*a ~ friend*]; ~ *efforts* förenade (gemensamma) ansträngningar
mutually ['mjuːtʃʊəlɪ, -tjʊəl-] *adv* ömsesidigt; *they are ~ exclusive* det ena utesluter det andra
Muzak ['mjuːzæk] *s* ® skvalmusik på varuhus o.d.; muzak
muzzle ['mʌzl] I *s* **1** nos, mule, tryne **2** munkorg; bildl. äv. munkavle; nosgrimma **3** mynning på skjutvapen II *vb tr* **1** sätta munkorg på; bildl. äv. sätta munkavle på, tysta ner **2** trycka (gnugga) nosen mot
muzzy ['mʌzɪ] *adj* vard. **1** virrig, yr i mössan; omtöcknad, lummig **2** otydlig, suddig [*a ~ outline*]
MW fork. för *megawatt*[*s*], *medium wave*
mW fork. för *milliwatt*[*s*]
my [maɪ, obeton. mɪ] I *fören poss pron* min; *without ~ knowing it* utan att jag vet (visste) om det; *yes, ~ dear!* ja, kära (lilla) du!; ja, kära (lilla) vän! II *interj*, *oh, ~!* nä men!, oj då!
myocarditis [ˌmaɪəʊkɑː'daɪtɪs] *s* med. myokardit, hjärtmuskelinflammation
myopia [maɪ'əʊpjə] *s* med. myopi, närsynthet
myopic [maɪ'ɒpɪk, -'əʊp-] *adj* med. myopisk, närsynt
myriad ['mɪrɪəd] I *s* myriad, otalig mängd II *adj* litt. oräknelig, otalig
myrrh [mɜː] *s* **1** myrra **2** bot. spansk körvel
myrtle ['mɜːtl] *s* bot. myrten
myself [maɪ'self, obeton. äv. mɪ's-] *rfl pron* o. *pers pron* mig [*I have hurt ~*], mig själv [*I can help ~*; *I am not quite ~ today*]; jag själv [*nobody but ~*], själv [*I saw it ~*; *I ~ saw it*]; *my wife and ~* min fru och jag [själv]; *a man like ~* en man (en sådan) som jag; [*all*

by ~ a) [alldeles] ensam (för mig själv) [*I live all by ~*] **b)** [alldeles] själv, [helt] på egen hand [*I did it all by ~*]; [*I like to find out*] *for ~* ...själv (på egen hand)
mysterious [mɪˈstɪərɪəs] *adj* **1** mystisk [*a ~ death (house, person)*]; gåtfull, hemlighetsfull, dunkel, mysteriös **2** hemlighetsfull [av sig], förtegen
mystery [ˈmɪst(ə)rɪ] *s* **1 a)** mysterium, gåta [*it is a ~ to (för) me*], hemlighet **b)** mystik **c)** hemlighetsfullhet, hemlighetsmakeri; *there is a ~ (an air of ~) about it* det är något mystiskt med det **2** deckare roman o.d. [äv. *~ novel*]; *~ writer* deckarförfattare **3** relig. mysterium **4** ~ [*play*] medeltida mysteriespel **5** ~ *excursion (tour)* hemlig resa utflykt med okänt mål
mystic [ˈmɪstɪk] **I** *adj* **1** mystisk, inre [*~ experience*] **2** gåtfull **II** *s* mystiker
mystical [ˈmɪstɪk(ə)l] *adj* se *mystic I*
mysticism [ˈmɪstɪsɪz(ə)m] *s* mystik; mysticism
mystification [ˌmɪstɪfɪˈkeɪʃ(ə)n] *s* **1** mystifikation; huvudbry **2** gåta, mysterium
mystify [ˈmɪstɪfaɪ] *vb tr* mystifiera; förbrylla, sätta myror i huvudet på, göra perplex
myth [mɪθ] *s* myt, [guda]saga, sägen, legend
mythical [ˈmɪθɪk(ə)l] *adj* **1** mytisk [*~ literature*], sago- [*~ heroes*] **2** bildl. mytisk, mytomspunnen
mythology [mɪˈθɒlədʒɪ] *s* mytologi
mythomania [ˌmɪθə(ʊ)ˈmeɪnɪə] *s* psykol. mytomani
myxomatosis [ˌmɪksə(ʊ)məˈtəʊsɪs] *s* myxomatos, kaninpest

N

N, n [en] (pl. *N's* el. *n's* [enz]) *s* N, n
N förk. för *New, Northern* (postdistrikt i London), *north*[*ern*]
n. förk. för *noun*
'n o. **'n'** [n] vard. = *and* [t.ex. *rock-'n'-roll*]
NAAFI *s* o. **Naafi** [ˈnæfɪ] *s* (förk. för *Navy, Army, and Air Force Institute*[*s*]) mil., ung. marketenteri
1 nab [næb] *vb tr* vard. hugga [åt sig], nypa [åt sig]; sno, norpa, knycka; haffa [*the police ~bed him*]
2 nab [næb] vard. förk. för *no-alcohol beer*
nadir [ˈneɪdɪə, ˈnæd-] *s* astron. nadir, bildl. äv. botten[läge]
1 naff [næf] *adj* sl. värdelös, kass [*a ~ film*]; vulgär, kitschig
2 naff [næf] *vb itr* sl., *~ off!* stick!, dra åt helvete!
1 nag [næg] *s* [liten] ridhäst; vard. hästkrake
2 nag [næg] **I** *vb tr* gnata (tjata) på [*she ~ged her husband*] **II** *vb itr* gnata, tjata [*at på*]; *~ at* äv. plåga
nagging [ˈnægɪŋ] **I** *adj* **1** gnatig, tjatig **2** molande, malande [*~ pain*], gnagande **II** *s* gnat, tjat
nail [neɪl] **I** *s* **1** nagel; klo **2** spik; söm, dubb; *hit the ~ on the head* bildl. slå (träffa) huvudet på spiken; [*as*] *hard as ~s* vard. a) stenhård, obeveklig, fullkomligt omedgörlig b) i toppform; *right as ~s* vard. på pricken, precis rätt; *on the ~* vard. på stubben [*pay on the ~*], på stående fot **II** *vb tr* **1** spika [fast]; spika ihop; *~ down* spika igen (till) **2** avslöja; *~ a lie* avslöja en lögn **3** hålla fast (kvar) [*~ a p.*], hålla fången, fängsla [*he ~ed his audience*]; *~ a p. down* ställa ngn mot väggen, pressa ngn [på klart besked]; *be ~ed to the spot* stå som fastnaglad **4** vard. **a)** få (sätta) fast, haffa [*they ~ed the thief*]; *get ~ed* åka dit **b)** skjuta ned, fälla [*~ a bird in flight*] **c)** amer. sl. knycka, stjäla
nail-biting [ˈneɪlˌbaɪtɪŋ] *s* nagelbitning; vard. nervositet; attr. nervpirrande [*~ moments*]
nail brush [ˈneɪlbrʌʃ] *s* nagelborste
nail file [ˈneɪlfaɪl] *s* nagelfil
nail polish [ˈneɪlˌpɒlɪʃ] *s* nagellack
nail scissors [ˈneɪlˌsɪzəz] *s pl* nagelsax
nail-trimmer [ˈneɪlˌtrɪmə] *s* nagelklippare
nail varnish [ˈneɪlˌvɑːnɪʃ] *s* nagellack
naive *adj* se *naïve*
naïve [naɪˈiːv, nɑːˈiːv] *adj* naiv, aningslös, troskyldig; okonstlad
naked [ˈneɪkɪd] *adj* **1** naken; bar, blottad [*a ~ sword*]; kal [*~ trees*]; öppen [*~ threats; a ~ flame*]; *the ~ eye* blotta ögat; *~ facts* nakna

fakta; *the ~ truth* den osminkade sanningen **2** försvarslös, värnlös

NALGO o. **Nalgo** ['nælgəʊ] (förk. för *National and Local Government Officers' Association*) stats- och kommunaltjänstemannaförbundet

namby-pamby [ˌnæmbɪ'pæmbɪ] **I** *adj* **1** känslosam, sentimental **2** mjäkig, pjoskig, sjåpig; klemig, daltig; *be ~* äv. sjåpa sig **II** *s* **1** sentimental smörja **2** a) mjäkig (sentimental) person b) morsgris

name [neɪm] **I** *s* **1** namn; benämning [*of, for* på, för]; *give* (*send*) *in one's ~* anmäla sig; *put one's ~ down* anmäla (anteckna) sig [*for* till, för]; *put one's ~ to* sätta (skriva) sitt namn under, skriva under; skriva på växel o.d.; *a boy by* (*of*) *the ~ of Tom* el. (litt.) *a boy, Tom by ~* en pojke vid namn (som heter) Tom; *know a p. by ~* a) känna ngn till namnet b) veta (kunna) namnet på ngn, veta vad ngn heter; *mention* (*address*) *a p. by ~* nämna ngn vid (tilltala ngn med) namn; *go by* (*under*) *the ~ of...* vara känd (gå) under namnet...; *in the ~ of the law* (*of decency*) i lagens (anständighetens) namn; *the ~ of the game* vard. vad det handlar om (går ut på); *in one's own ~* i eget namn, på eget bevåg; *what's in a ~?* vad betyder väl ett namn?; *he hasn't a penny* (*cent*) *to his ~* han äger inte ett öre **2** skällsord; *call a p. ~s* skälla på ngn, kasta glåpord efter ngn **3** rykte, namn; *bad* (*ill*) *~* dåligt rykte; *he has a good ~* han har gott namn om sig, han har gott rykte (anseende); *make* (*gain*) *a ~ for oneself* (*oneself a ~*) el. *make one's ~* skapa sig ett namn, slå igenom

II *vb tr* **1** ge namn [åt] [*~ a baby*]; döpa [till]; kalla [för] [*they ~d the child Tom*]; *be ~d* äv. heta, kallas; *~ after* (amer. äv. *for*) uppkalla efter **2** namnge, nämna [vid namn] [*three persons were ~d*]; säga namnet på [*can you ~ this flower?*]; benämna; nämna [*the ~d person*]; *you ~ it* vard. allt man kan tänka sig, allt mellan himmel och jord [*he's been a teacher, a taxi-driver — you ~ it*] **3** a) säga, bestämma, ange [*you can ~ your price*]; *~ the day* vard. bestämma bröllopsdatum b) utse, utnämna [*as till [att vara]; for, to* till] **4** sätta namn på, märka, namna

name day ['neɪmdeɪ] *s* **1** namnsdag **2** katol. helgondag

name-dropping ['neɪmˌdrɒpɪŋ] *s* 'kändissnobberi' skryt över att vara bekant med kända personer

nameless ['neɪmləs] *adj* **1** namnlös, utan namn; okänd, anonym; *a person who shall be ~* en person vars namn inte skall nämnas; en person som får förbli anonym **2** namnlös [*~ misery*], outsäglig

namely ['neɪmlɪ] *adv* nämligen [*only one boy was there, ~ John*]; det vill säga

nameplate ['neɪmpleɪt] *s* namnskylt, namnplåt

namesake ['neɪmseɪk] *s* namne

Namibia [nə'mɪbɪə] geogr.

Namibian [nə'mɪbɪən] **I** *adj* namibisk **II** *s* namibier, namibiska

nanny ['nænɪ] *s* **1** barnspr. a) dadda barnsköterska b) mormor, farmor **2** se *nanny-goat* **3** bildl. förmyndare; attr. *the ~ state* förmyndarsamhället

nanny-goat ['nænɪgəʊt] *s* get hona **1 nap** [næp] **I** *s* tupplur [*have* el. *take* (ta sig) *a ~*], middagssömn **II** *vb itr* ta sig en tupplur; *catch a p. ~ping* ta ngn på sängen, bildl. äv. överrumpla ngn

2 nap [næp] *s* lugg, ludd på tyg o.d.

napalm ['neɪpɑːm, 'næp-] **I** *s* napalm; *~ bomb* napalmbomb **II** *vb tr* använda napalm mot

nape [neɪp] *s*, *~* [*of the neck*] nacke

naphtha ['næfθə, 'næpθə] *s* kem. nafta

naphthalene o. **naphthaline** ['næfθəliːn, 'næpθ-] *s* kem. naftalen, naftalin

napkin ['næpkɪn] *s* **1** [*table*] *~* servett **2** blöja; *disposable ~* [cellstoff]blöja **3** amer., [*sanitary*] *~* dambinda

Naples ['neɪplz] geogr. Neapel

Napoleon [nə'pəʊljən]

nappy ['næpɪ] *s* (förk. för *napkin*) blöja; *disposable ~* [cellstoff]blöja; *~ pants* blöjbyxor

naprapath ['næprəpæθ] *s* naprapat

narcissism ['nɑːsɪsɪz(ə)m] *s* psykol. narcissism

narcissistic [ˌnɑːsɪ'sɪstɪk] *s* psykol. narcissistisk

narciss|us [nɑː'sɪs|əs] (pl. *-i* [-aɪ] el. *-uses*) *s* bot. narciss; isht pingstlilja

narcomaniac [ˌnɑːkə(ʊ)'meɪnɪæk] *s* narkoman

narcotic [nɑː'kɒtɪk] med. **I** *s* narkotiskt preparat; pl. *~s* äv. narkotika; *~s addict* narkotikamissbrukare; *~s ring* narkotikahärva **II** *adj* narkotisk; bedövande, sömngivande

nark [nɑːk] **I** *s* sl. tjallare **II** *vb itr* sl. tjalla

narrate [nə'reɪt, næ'r-] **I** *vb tr* berätta [*~ a story*], berätta om, skildra, redogöra för [*~ one's adventures*] **II** *vb itr* berätta

narration [nə'reɪʃ(ə)n, næ'r-] *s* **1** berättande **2** berättelse, skildring

narrative ['nærətɪv] **I** *s* se *narration* **II** *adj* berättande, narrativ [*~ poems*], berättelse- [*in ~ form*]; berättar- [*~ art* (*skill*)]

narrator [næ'reɪtə, nə'r-] *s* berättare äv. i t.ex. pjäs

narrow ['nærəʊ] **I** *adj* **1** smal, trång **2** knapp [*~ majority*], snäv [*within ~ bounds*], inskränkt [*in a ~ sense*], begränsad [*a ~ field of study*]; *have a ~ escape* undkomma med knapp nöd; *that was a ~ escape* (*shave, squeak*)! vard. det var nära ögat! **3** trångsynt **II** *s* vanl. *~s* (konstr. ss. sg. el. pl.) trångt farvatten **III** *vb itr* bli trång (trängre); smalna [*av*] [*into* till]; minskas, dra ihop sig **IV** *vb*

göra trängre (smalare); dra ihop; ~ [*down*] begränsa, inskränka
narrow-gauge ['nærəʊgeɪdʒ] *attr adj* järnv. smalspårig [~ *railway*]
narrowly ['nærəʊlɪ] *adv* **1** a) smalt etc., jfr *narrow I* b) noga, ordentligt [*watch him ~*] **2** med knapp nöd, nätt och jämnt [*he ~ escaped*]
narrow-minded [ˌnærəʊ'maɪndɪd] *adj* trångbröstad, trångsynt, inskränkt, fördomsfull
narwhal ['nɑːw(ə)l] *s* zool. narval
NASA ['næsə] *s* (förk. för *National Aeronautics and Space Administration*) NASA, amerikanska rymdflygstyrelsen
nasal ['neɪz(ə)l] **I** *adj* **1** näs- [~ *bone*]; ~ **catarrh** med. snuva; ~ **spray** nässpray **2** fonet. nasal; *have a ~ twang* tala i näsan **II** *s* nasal[ljud], näsljud
nasalize ['neɪzəlaɪz] **I** *vb tr* nasalera, uttala nasalt **II** *vb itr* tala nasalt, tala i näsan
nastiness ['nɑːstɪnəs] *s* otäckhet etc., jfr *nasty*
nasturtium [nə'stɜːʃ(ə)m] *s* bot. [indian]krasse
nasty ['nɑːstɪ] *adj* **1** otäck i olika bet.: a) äcklig, vidrig b) obehaglig, otrevlig [*he turned* (blev) *~*] c) elak, stygg, nedrig, dum [*to mot*], ilsken [*she gave me a ~ look*] d) ful [*a ~ habit*] e) ruskig [~ *weather*] f) svår [*a ~ storm*], elakartad [*a ~ wound*]; *a ~ trick* ett elakt (fult) spratt; *he is a ~ piece* (*bit*) *of work* vard. han är en ful fisk **2** besvärlig, kinkig [*a ~ problem*] **3** tarvlig [*cheap and ~*]
Nathaniel [nə'θænjəl] mansnamn
nation ['neɪʃ(ə)n] *s* nation; folk; folkslag
national ['næʃənl] **I** *adj* nationell [~ *art*; ~ *pride*]; national- [~ *income*; ~ *romanticism*], stats- [~ *debt* (skuld)], statlig [~ *income tax*; *a ~ theatre*]; riks- [*the ~ press*], lands-, landsomfattande [*a ~ campaign*]; folk- [*a ~ hero*]; inhemsk; ~ *anthem* nationalsång; *the ~ debt* statsskulden; ~ *flag* (*colours*) nationalflagga; *the N~ Guard* i USA nationalgardet; *the N~ Health Service* allmänna hälso- och sjukvården; ~ *hero* folkhjälte, nationalhjälte; ~ *holiday* nationaldag; ~ *mourning* landssorg; ~ *park* nationalpark, naturreservat; ~ *service* allmän värnplikt; *the N~ Trust* brittisk fornminnes- och naturvårdsorganisation **II** *s* **1** medborgare, undersåte [*British ~s*] **2** rikstidning
nationalism ['næʃ(ə)nəlɪz(ə)m] *s* nationalism
nationalist ['næʃ(ə)nəlɪst] **I** *s* nationalist **II** *adj* nationalistisk [*a ~ movement*]; nationalist- [*the N~ army*]
nationalistic [ˌnæʃ(ə)nə'lɪstɪk] *adj* nationalistisk
nationality [ˌnæʃ(ə)'nælətɪ] *s* nationalitet; ~ *sign* nationalitetsbokstav på bil
nationalization [ˌnæʃ(ə)nəlaɪ'zeɪʃ(ə)n, -lɪ'z-] *s* förstatligande, nationalisering, socialisering

nationalize ['næʃ(ə)nəlaɪz] *vb tr* förstatliga, nationalisera, socialisera [~ *railways*]; perf. p. *~d* äv. statlig
nationwide ['neɪʃ(ə)nwaɪd] *adj* landsomfattande, riksomfattande, nationell
native ['neɪtɪv] **I** *adj* **1** födelse- [*my ~ town*]; ~ *country* (poet. *land*) fosterland, fädernesland, hemland; ~ *language* (*tongue*) modersmål; ~ *speaker* infödd talare **2** medfödd [~ *ability*], naturlig [~ *beauty*]; *be ~ to* vara medfödd hos (naturlig för) **3** infödd [*a ~ Welshman*]; inhemsk **4** infödings- [~ *customs* (*troops*)]; *go ~* [börja] leva infödingsliv **5** zool. el. bot. inhemsk [*to i*]; *be ~ to* äv. höra hemma i; ~ *forest* urskog **II** *s* **1** inföding; infödd [*he speaks English like a ~*]; *he is a ~ of England* (*Sheffield*) han är infödd engelsman (Sheffieldbo) **2** zool. el. bot. inhemskt djur, inhemsk växt
nativity [nə'tɪvətɪ] *s* födelse; börd; *the N~* Kristi födelse; *N~ play* julspel
NATO ['neɪtəʊ] *s* (förk. för *North Atlantic Treaty Organization*) NATO atlantpaktsorganisationen
natter ['nætə] vard. **I** *vb itr* snacka [*about* om] **II** *s* pratstund [*have a ~*], snack
natty ['nætɪ] *adj* vard. nätt, prydlig; snygg [~ *gloves*]; behändig [*a ~ little gadget*]
natural ['nætʃr(ə)l] **I** *adj* **1** naturlig; natur- [~ *gas* (*product*)]; naturenlig, naturtrogen; ~ *childbirth* naturlig förlossning; ~ *history* naturhistoria; isht biologi; ~ *parents* biologiska föräldrar; ~ *person* jur. fysisk person; ~ *philosophy* hist. naturfilosofi; ~ *resources* naturtillgångar; ~ *science* naturvetenskap; ~ *selection* naturligt urval; ~ *state* naturtillstånd **2** naturlig, medfödd; ~ *gift* (*talent*) naturlig (medfödd) begåvning (fallenhet), naturbegåvning; *it comes ~ to him* det faller sig naturligt för (det ligger 'för) honom **3** naturlig; normal; förklarlig [*a ~ mistake*] **4** illegitim, utomäktenskaplig [*a ~ son*]; köttslig, riktig [~ *brother*] **5** vildväxande **6** mus. utan förtecken; *A ~* [stamtonen] A **II** *s* **1** mus. a) stamton b) återställningstecken c) vit tangent på piano **2** vard. naturbegåvning [*as an actor he's a ~*]; *he's a ~ for the job* han är som skapt (klippt och skuren) för jobbet
naturalism ['nætʃrəlɪz(ə)m] *s* naturalism
naturalist ['nætʃrəlɪst] *s* **1** naturalist **2** naturforskare; isht biolog
naturalistic [ˌnætʃrə'lɪstɪk] *adj* **1** naturalistisk **2** naturhistorisk
naturalization [ˌnætʃrəlaɪ'zeɪʃ(ə)n] *s* naturalisering, naturalisation
naturalize ['nætʃrəlaɪz] *vb tr* **1** naturalisera, ge medborgarskap [åt] [~ *immigrants into* (i) *the USA*]; *become a ~d British subject* bli naturaliserad brittisk medborgare, få brittiskt medborgarskap **2** uppta, låna in [~ *a foreign word*]

naturally

naturally ['nætʃrəlɪ] *adv* **1** naturligt, otvunget [*behave* ~] **2** a) naturligtvis, givetvis b) naturligt (begripligt) nog **3** av naturen [*she is* ~ *musical*] **4** av sig själv [*it grows* ~]; *her hair curls* ~ hon är självlockig; *it comes* ~ *to me* det faller sig naturligt för mig
nature ['neɪtʃə] *s* **1** natur; naturen; väsen, karaktär, beskaffenhet; art, slag, sort [*things of this* ~]; kynne, läggning; *Dame* (*Mother*) *N*~ moder natur[en]; *human* ~ människans natur, den mänskliga naturen; *by* ~ a) till sin natur [*she is kind by* ~] b) av naturen [*richly endowed by* ~]; *it is in the* ~ *of things* det ligger i sakens natur; *something in the* ~ *of* något i stil med, något slags **2** attr. natur-; ~ *conservation* (*conservancy*) naturvård; ~ *healer* naturläkare; ~ *reserve* naturreservat; ~ *study* naturlära ss. skolämne
naturist ['neɪtʃərɪst] *s* naturist, nudist
naught [nɔ:t] *s* **1** högtidl. el. åld. ingenting, intet; *bring to* ~ omintetgöra, förstöra; *come* (*go*) *to* ~ gå om intet **2** isht amer., se *nought I 1*
naughtiness ['nɔ:tɪnəs] *s* stygghet, elakhet etc., jfr *naughty*
naughty ['nɔ:tɪ] *adj* **1** isht om barn stygg, elak **2** oanständig [*a* ~ *novel*]; lättsinnig
nausea ['nɔ:sjə, -zjə] *s* kväljningar, illamående
nauseate ['nɔ:sɪeɪt, -zɪeɪt] *vb tr* kvälja, göra illamående; äckla; *be ~d by* få kväljningar av
nauseating ['nɔ:sɪeɪtɪŋ, -zɪeɪt-] *adj* o.
nauseous ['nɔ:sjəs, -ʃjəs] *adj* kväljande, äcklande; äcklig
nautical ['nɔ:tɪk(ə)l] *adj* nautisk [~ *instrument*], sjö- [~ *term*], sjömans- [~ *expression*], navigations-; ~ *chart* sjökort; ~ *mile* nautisk mil, distansminut
naval ['neɪv(ə)l] *adj* sjömilitär; sjö- [~ *battle* (*hero*); ~ *power*], marin-, flott-, örlogs- [~ *base* (*station*)]; skepps-, fartygs- [~ *gun*], ~ *academy* amer. sjökrigsskola; ~ *architecture* skeppsbyggnad[skonst]; ~ *college* sjökrigsskola; ~ *dockyard* örlogsvarv; ~ *forces* sjöstridskrafter; ~ *officer* sjöofficer; ~ *warfare* sjökrigföring, krig[föring] till sjöss
1 nave [neɪv] *s* arkit. mittskepp i kyrka
2 nave [neɪv] *s* [hjul]nav
navel ['neɪv(ə)l] *s* anat. navel
navigable ['nævɪgəbl] *adj* **1** segelbar, farbar, navigerbar, navigabel **2** manöverduglig; om ballong styrbar
navigate ['nævɪgeɪt] **I** *vb tr* **1** navigera, föra [~ *a ship* (*an aircraft*)], flyga **2** segla på (över) [~ *the Atlantic*], trafikera **3** bildl. lotsa [~ *a bill through Parliament*] **II** *vb itr* **1** navigera; styra **2** segla
navigation [ˌnævɪ'geɪʃ(ə)n] *s* **1** navigation, navigering **2** sjöfart, sjötrafik, seglation **3** trafikering [~ *of the Thames*]
navigational [ˌnævɪ'geɪʃənl] *adj* navigerings-, navigations- [~ *instrument*]

navigator ['nævɪgeɪtə] *s* navigatör
navvy ['nævɪ] *s* **1** vägarbetare; järnvägsarbetare, rallare **2** grävmaskin [äv. *steam-navvy*]
navy ['neɪvɪ] *s* [örlogs]flotta, marin; *the British N*~ el. *the Royal N*~ brittiska flottan; ~ [*blue*] marinblått; ~ *yard* amer. örlogsvarv, örlogsdepå
navy-blue [ˌneɪvɪ'blu:, attr. '---] *adj* marinblå
nay [neɪ] **I** *adv* litt. för att inte säga; *I suspect*, ~, *I am certain* [, *that he is wrong*] äv. jag misstänker, ja jag är [till och med] säker på... **II** *s* **1** nejröst; nejröstare; *the ~s have it* nejrösterna är i majoritet **2** litt. nej, avslag
Nazi ['nɑ:tsɪ, 'nɑ:zɪ] **I** *s* nazist **II** *adj* nazistisk, nazist-
Nazism ['nɑ:tsɪz(ə)m, 'nɑ:zɪ-] *s* nazism[en]
NB [ˌen'bi:] förk. för *nota bene*, *North Britain* (som adress = *Scotland*)
NBC [ˌenbi:'si:] förk. för *National Broadcasting Company*
NCO [ˌensɪ'əʊ] förk. för *non-commissioned officer*
NE förk. för *North-Eastern* (postdistrikt i London), *north-east*[*ern*]
Neanderthal [nɪ'ændətɑ:l] **I** geogr. egenn. **II** *adj* neandertal-; ~ *man* neandertalmänniska
neap [ni:p] *s* nipflod, niptid
Neapolitan [nɪə'pɒlɪt(ə)n] **I** *s* neapolitan **II** *adj* neapolitansk, från (i) Neapel
near [nɪə] **I** *attr adj* **1** nära [*a* ~ *friend*], närbelägen; närliggande; närstående; nära förestående; *the N*~ *East* Främre Orienten; *in the* ~ *future* i en nära (snar) framtid, inom den närmaste [fram]tiden **2** a) konst- [~ *leather* (*silk*)], imiterad b) nära nog fullständig; ~ *beer* ung. svagdricka; *it was a* ~ *escape* (*thing*) det var nära ögat, det hängde på ett hår **3** a) hitre b) trafik., se *nearside* c) vid ridning o. körning med häst vänster **II** *adv* o. *pred adj* nära [*don't go too* ~]; ~ *enough* nära nog, nästan; *be* ~ vara nära, bildl. äv. stå för dörren [*Christmas is* ~]; *I was* (*came*) ~ *doing it* jag var nära (höll på) att göra det, det var nära att jag gjorde det; *come* (*get*) ~ närma sig [[*to*] *a th.* ngt], komma i närheten av, bildl. äv. nästan gå (komma) upp till; *draw* ~ närma sig, nalkas, vara i annalkande; ~ *at hand* a) [nära] till hands, i närheten [*have a th.* ~ *at hand*] b) nära förestående; ~ *to* nära [intill], i närheten av [*keep* ~ *to me*]; ~ [*up*]*on* nära [*it was* ~ *upon 2 o'clock*]; [5 *pounds*] *as* ~ *as makes no difference* ...så gott som; *it is nowhere* (*not anything* el. *anywhere*) ~ [*so good*] det är inte på långa vägar (inte tillnärmelsevis)... **III** *prep* nära [~ *the door*; ~ *death* (*midnight*)]; i närheten av; *it lies* ~ *my heart* det ligger mig varmt om hjärtat **IV** *vb tr* o. *vb itr* närma sig [*as the ship ~ed land*; *the baseball season is ~ing*]

near-accident [ˌnɪərˈæksɪd(ə)nt] s olyckstillbud
nearby [ss. adj. ˈnɪəbaɪ, ss. adv. o. prep. nɪəˈbaɪ]
I adj närbelägen, som ligger i närheten [a ~ pub] **II** adv i närheten, strax bredvid (intill) [he lives ~] **III** prep i närheten av [he lives ~ the river]
nearer [ˈnɪərə] adj o. adv o. prep (komp. av near) närmare etc., jfr near; the ~ äv. den hitre; a ~ way en närmare (genare) väg; ~ to närmare
nearest [ˈnɪərɪst] adj o. adv o. prep (superl. av near) närmast etc., jfr near; hiterst; the ~ way den närmaste (genaste) vägen; ~ to närmast; those ~ [and dearest] to me mina närmaste
nearly [ˈnɪəlɪ] adv **1** nästan, närapå; närmare [~ 2 o'clock], uppemot; så gott som; finished, or ~ so i det närmaste färdig; not ~ inte på långt när (långa vägar), långt ifrån [not ~ so bad] **2** nära; ~ related nära släkt, släkt på nära håll
nearness [ˈnɪənəs] s **1** närhet; närbelägenhet [to till] **2** nära släktskap, nära förhållande
nearside [ˈnɪəsaɪd] s o. adj trafik. [sida] närmast vägkanten (trottoaren); vid vänstertrafik vänster [sida]; vid högertrafik höger [sida]
near-sighted [ˌnɪəˈsaɪtɪd] adj närsynt
near-sightedness [ˌnɪəˈsaɪtɪdnəs] s närsynthet
neat [niːt] adj **1** ordentlig [a ~ worker], noga, noggrann, snygg [~ work]; välstädad [a ~ desk], ren [och snygg]; proper; vårdad [a ~ appearance], prydlig [~ writing] **2** snygg, nätt, välformad [a ~ figure] **3** fyndig [a ~ answer], elegant, smidig [a ~ solution] **4** ren, outspädd [drink one's whisky ~] **5** sl. schysst, cool, läcker
Nebraska [nəˈbræskə] geogr.
Nebraskan [nəˈbræskən] s nebraskabo, person från Nebraska
nebul|a [ˈnebjʊl|ə] (pl. -ae [-iː]) s astron. nebulosa
nebulous [ˈnebjʊləs] adj oklar, dunkel
necessarily [ˈnesəs(ə)rəlɪ, ˌnesəˈserəlɪ] adv nödvändigtvis; ovillkorligen
necessar|y [ˈnesəs(ə)rɪ] **I** adj nödvändig [a ~ evil]; erforderlig, nödig, behövlig; ofrånkomlig, ovillkorlig [a ~ result]; if ~ om så är nödvändigt, om så behövs (erfordras), eventuellt; when ~ vid behov, när så behövs **II** s nödvändighetsartikel, nödvändigt ting; the ~ vard. pengarna [som behövs] [provide (find) the ~]; -ies of life livsförnödenheter
necessitate [nəˈsesɪteɪt] vb tr **1** nödvändiggöra, kräva, framtvinga **2** tvinga, nödga
necessit|y [nəˈsesɪtɪ] s **1** a) nödvändighet [of av] b) [tvingande] behov [for av] c) [nöd]tvång d) nöd [driven by ~ to steal]; ~ is the mother of invention nöden är uppfinningarnas moder; there is no ~ for

you to go det är inte nödvändigt att du går; from (out of) ~ av nödtvång; in case of ~ i nödfall, om det är [absolut] nödvändigt **2** nödvändigt ting [food and warmth are -ies], villkor, förutsättning [a ~ for happy living], livsförnödenheter; the -ies of life livets nödtorft
neck [nek] **I** s **1** hals; back of the ~ nacke; have a stiff ~ vara stel i nacken; break one's ~ a) bryta nacken (halsen) av sig b) vard. göra sitt yttersta [to för att]; save one's ~ a) rädda sig från galgen b) bildl. rädda skinnet; stick one's ~ out vard. sticka ut hakan utsätta sig för kritik; be ~ and ~ vid kappridning ligga jämsides, hålla jämna steg; it's ~ or nothing det må (får) bära eller brista, kosta vad det kosta vill; win by a ~ vinna med en halslängd (noslängd); get it in the ~ vard. få på huden (nöten); be thrown out on one's ~ bli utkastad med huvudet före; be up to one's ~ in debt vara skuldsatt upp över öronen **2** urringning, [hals]ringning [a round ~] **3** bildl. hals [the ~ of a bottle] **4** slakt. hals[stycke] [~ of mutton] **5** långsmalt pass (sund); ~ of land landtunga, [smalt] näs; [he lives] in your ~ of the woods ...i dina trakter **6** sl. fräckhet [he had the ~ to...] **II** vb itr sl. hångla
neckband [ˈnekbænd] s halslinning
neckerchief [ˈnekətʃɪf] s scarf; snusnäsduk
necklace [ˈnekləs] s halsband, collier [pearl ~], halssmycke; bildl. pärlband
neckline [ˈneklaɪn] s urringning, [hals]ringning [V-shaped ~]
necktie [ˈnektaɪ] s slips, halsduk
necromancy [ˈnekrə(ʊ)mænsɪ] s **1** nekromanti **2** svartkonst
nectar [ˈnektə] s nektar, bildl. äv. gudadryck
nectarine [ˈnekt(ə)rɪn] s bot. nektarin
Ned [ned] kortform för Edmund, Edward o. Edwin
née [neɪ] adj om gift kvinna född [Mrs. Crawley, ~ Sharp]
need [niːd] **I** s **1** behov [of, for av]; if ~ be om så behövs (erfordras); there is a ~ for caution here här krävs försiktighet; there is a ~ for teachers det behövs lärare, det finns behov av lärare; there is no ~ for anxiety (to be anxious) det finns ingen anledning till oro (att vara orolig); there is no ~ for you to go el. you have no ~ to go du behöver (måste) inte gå, du är inte tvungen att gå; meet a long-felt ~ fylla ett länge känt behov; at ~ vid behov; in case of ~ a) vid behov b) i nödfall **2** pl. ~s behov [our daily ~s] **3** nöd, trångmål; be in ~ vara i (lida) nöd; a friend in ~ is a friend indeed i nöden prövas vännen **II** vb tr **1** behöva [that is what he ~s most], ha behov av; kräva, fordra [work that ~s much care]; behövas, fordras, krävas [it ~s a lot of money for that];

it ~s rewriting det behöver skrivas om **2** behöva, vara tvungen att [*~ he do it?*; *he ~ not come*]; *not ~* äv. slippa; *you ~n't be afraid* du behöver (ska) inte vara rädd; *I ~ hardly tell you that...* jag behöver väl knappast tala om för dig att... **III** *vb itr* **1** behöva, vara behövande [*give to those who ~*] **2** behövas [*all that ~s*]
needed ['ni:dɪd] *adj* behövlig, nödvändig; önskad
needful ['ni:df(ʊ)l] **I** *adj* nödvändig, som behövs; önskvärd [*to, for* för] **II** *s*, *the ~* vard. a) pengarna som behövs, resurser[na] b) det som behövs
needle ['ni:dl] **I** *s* **1** nål äv. på grammofon; visare på instrument; [*crochet*] *~* virknål; *darning ~* stoppnål; [*knitting*] *~* [strump]sticka; *magnetic ~* magnetnål; [*sewing*] *~* synål; *look for a ~ in a haystack* bildl. leta efter en nål i en höstack **2** med., *hypodermic ~* kanyl **3** barr på gran el. tall **4** vard., *get the ~* a) bli sur b) bli skärrad (nervös) **II** *vb tr* **1** sticka [hål på], sticka igenom [med en nål] **2** vard. tråka, driva (jäklas) med; irritera, enervera
needlecraft ['ni:dlkrɑ:ft] *s* handarbete, sömnad
needle shower ['ni:dlˌʃaʊə] *s* dusch med fin hård stråle, hård dusch [*a ~ and a hard rubdown*]
needless ['ni:dləs] *adj* onödig, överflödig [*~ work*]; *~ to say, he did it* självfallet gjorde han det
needlewoman ['ni:dlˌwʊmən] *s* sömmerska; *she is a good* (*bad*) *~* hon är duktig (dålig) i sömnad
needlework ['ni:dlwɜ:k] *s* handarbete; sömnad; *a piece of ~* ett handarbete; *do ~* sy; handarbeta
needn't ['ni:dnt] = *need not*
needs [ni:dz] *adv* (före el. efter *must*) nödvändigtvis, ovillkorligen; *I ~ must* [*do it just now*] jag måste ovillkorligen..., jag är absolut tvungen att...
needy ['ni:dɪ] *adj* [hjälp]behövande, fattig, nödlidande
ne'er [neə] *adv* mest poet. = *never*
ne'er-do-well ['neədʊˌwel] **I** *s* odåga; slarver **II** *adj* oförbätterlig, oduglig
nefarious [nɪ'feərɪəs] *adj* skändlig, nedrig, gudlös
negate [nɪ'geɪt] *vb tr* förneka, bestrida, negera
negation [nɪ'geɪʃ(ə)n] *s* **1** förnekande [*of* av], nekande **2** gram. el. filos. negation
negative ['negətɪv] **I** *adj* negativ; nekande, avvisande [*a ~ answer*], negerande **II** *s* **1** nekande [svar]; *an answer in the ~* ett nekande svar, ett nej till svar; *answer* (*reply*) *in the ~* svara nekande (nej) **2** nekande ord (uttryck), gram. äv. negation **3** foto. negativ
neglect [nɪ'glekt] **I** *vb tr* **1** försumma, underlåta, låta bli, glömma, strunta i [*to do, doing* att göra] **2** försumma, vansköta, missköta [*~ one's duty* (*family*)], slarva med; nonchalera **II** *s* **1** försummelse, underlåtenhet; nonchalerande, åsidosättande [*of* av]; *~ of duty* tjänsteförsummelse **2** vanskötsel, vanvård; *be in a state of ~* vara vanskött (vanvårdad)
neglectful [nɪ'glektf(ʊ)l] *adj* **1** försumlig; slarvig, vårdslös [*of* med] **2** likgiltig [*of* för]
négligé ['neglɪʒeɪ] *s* se *negligee*
negligee ['neglɪʒeɪ] *s* negligé
negligence ['neglɪdʒ(ə)ns] *s* försumlighet, slarv, nonchalans; vårdslöshet; jur. vållande; *by* (*from, through*) *~* av (genom) försumlighet etc.
negligent ['neglɪdʒ(ə)nt] *adj* **1** försumlig, vårdslös, slarvig [*in, of* i, med] **2** nonchalant, likgiltig [*of* mot]
negligible ['neglɪdʒəbl] *adj* **1** negligerbar [*a ~ factor*], försumbar **2** obetydlig, minimal
negotiable [nɪ'gəʊʃjəbl] *adj* **1** hand. negociabel, överlåtbar, säljbar [*~ securities*] **2** förhandlingsbar **3** om väg farbar, framkomlig
negotiate [nɪ'gəʊʃɪeɪt] **I** *vb itr* förhandla, negociera [*about, for, on, over* om; *with* med] **II** *vb tr* **1** förhandla om, negociera, underhandla om [*~ peace*]; *~d peace* förhandlingsfred **2** förhandla sig till, få till stånd [*~ a treaty*]; ombesörja, förmedla [*~ a loan* (*sale*)]; träffa, nå [*~ an agreement*] **3** hand. negociera, överlåta, sälja [*~ a bill*] **4** klara [*a difficult corner for a bus to ~*]
negotiation [nɪˌgəʊʃɪ'eɪʃ(ə)n] *s* **1** förhandling, underhandling [*about, for, on, over* om]; *enter into* (*upon*) *~ with* börja (inleda) förhandlingar (underhandlingar) med **2** förmedlande [*~ of a loan*], uppgörande **3** hand. negociering
negotiator [nɪ'gəʊʃɪeɪtə] *s* **1** förhandlare, underhandlare **2** förmedlare [*~ of a loan*]
Negress o. **negress** ['ni:grəs] *s* negress
Negro o. **negro** ['ni:grəʊ] **I** (pl. *~es*) *s* neger, svart person **II** *adj* neger-, svart [*the ~ race*]
Negroid ['ni:grɔɪd] **I** *adj* negroid **II** *s* negroid
neigh [neɪ] **I** *vb itr* gnägga **II** *s* gnäggning
neighbor ['neɪbə] *s* amer., se *neighbour*
neighbour ['neɪbə] **I** *s* **1** granne; *my ~ at table* min bordsgranne **2** medmänniska **II** *vb itr*, *~ upon* gränsa till
neighbourhood ['neɪbəhʊd] *s* **1** grannskap, omgivning, trakt [*a lovely ~*], omnejd; stadsdel [*a fashionable ~*], kvarter; *in our ~* i våra trakter **2** *in the ~ of* omkring, ungefär [*in the ~ of £500*]
neighbouring ['neɪb(ə)rɪŋ] *adj* grann- [*~*

country (*village*)]; närbelägen; angränsande; kringboende
neighbourliness ['neɪbəlɪnəs] *s* grannsämja, gott grannförhållande
neighbourly ['neɪbəlɪ] *adj* som det anstår en god granne (goda grannar); sällskaplig, vänskaplig
Neil [niːl] mansnamn
neither ['naɪðə, isht amer. 'niːðə] **I** *pron* ingen isht av två; ingendera; *in ~ case* i ingetdera fallet **II** *konj* o. *adv* **1** *~...nor* varken...eller, se äv. *here 1* **2** med föreg. negation inte heller; [*she can't sing,*] *~ can I* (vard. *me ~*) ...och [det kan] inte jag heller; [*if you don't go,*] *~ shall I* ...så gör inte jag det heller
Nelly ['nelɪ] **I** smeknamn för *Eleanor, Ellen* o. *Helen* **II** *s* sl., *not on your ~!* aldrig i livet!, sällan!
Nelson ['nelsn] **I** egenn. **II** *s* brottn., *n~* nelson; *half n~* halvnelson
neoclassicism [ˌniːəʊ'klæsɪsɪzm] *s* neoklassicism[en], nyklassicism[en]
neofascism [ˌniːəʊ'fæʃɪzm] *s* nyfascism[en]
Neolithic [ˌniːəʊ'lɪθɪk] *adj* neolitisk, från (under) yngre stenåldern; *the ~* [*Age*] den neolitiska tiden, yngre stenåldern
neologism [nɪ'ɒlədʒɪz(ə)m] *s* neologism, [språklig] nybildning
neon ['niːən, -ɒn] *s* **1** kem. neon; attr. neon- [*~ light*]; *~ sign* neonskylt; *~ tube* neonrör **2** zool., *~ tetra* neontetra
neophyte ['niːəʊfaɪt] *s* nybliven konvertit
Nepal [nɪ'pɔːl] geogr.
Nepalese [ˌnepɔː'liːz] **I** (pl. lika) *s* nepales **II** *adj* nepalesisk
nephew ['nefjʊ, 'nevj-] *s* brorson, systerson, nevö
nephritis [ne'fraɪtɪs] *s* med. njurinflammation, nefrit
nepotism ['nepətɪz(ə)m] *s* nepotism, svågerpolitik
Neptune ['neptjuːn] mytol. el. astron. Neptunus
nerd [nɜːd] *s* sl. tönt; dumskalle
Nero ['nɪərəʊ]
nerve [nɜːv] **I** *s* **1** anat. nerv **2** pl. *~s* nerver [*he has ~s of iron* (stål)]; *an attack* (*a fit*) *of ~s* en nervattack, ett nervöst anfall; *he's a bundle of ~s* han är ett nervknippe; *war of ~s* nervkrig; *it gets on my ~s* det går mig på nerverna **3** a) mod, oräddhet, nervstyrka b) vard. fräckhet c) kraft, styrka; *have the ~ to...* a) ha mod (vara modig) nog att... b) vard. ha fräckheten (vara fräck nog) att...; *you've got a ~!* el. *I like your ~!* du är inte lite fräck du!; *he lost his ~* han tappade självkontrollen **II** *vb tr* ge mod (styrka) [åt]; *~ oneself* samla mod (styrka); göra sig rustad (beredd) [*for* för, till]
nerve centre ['nɜːvˌsentə] *s* nervcentrum
nerve gas ['nɜːvgæs] *s* nervgas

nerve-racking ['nɜːvˌrækɪŋ] *adj* nervpåfrestande, nervslitande; enerverande
nervous ['nɜːvəs] *adj* **1** nerv- [*~ system*; *~ shock*], nervös; *a ~ breakdown* ett nervsammanbrott; *a ~ wreck* ett nervvrak **2** ängslig, orolig, rädd, nervös [*about* för; *of* (*about*) *doing a th.* för att göra ngt]
nervousness ['nɜːvəsnəs] *s* ängslan, oro, rädsla; nervositet; överspändhet
nervy ['nɜːvɪ] *adj* nervös, nervig, skärrad
nest [nest] **I** *s* **1** rede; bo [*a wasp's ~*], näste **2** krypin **3** näste, tillhåll; *a ~ of vice* ett syndens (lastens) näste **4** sats av likartade föremål som passar i varandra; *~ of tables* satsbord **II** *vb itr* **1** bygga bo **2** *go ~ing* leta (plundra) fågelbon **3** gå att stapla, kunna staplas; *~ing chairs* stapelbara stolar
nest egg ['nesteg] *s* **1** redägg ägg som läggs i rede för att locka till värpning **2** bildl. reserv[summa]; sparslant, sparad slant; *he has a little ~* äv. han har sparat (lagt undan) lite [pengar]
nestle ['nesl] **I** *vb itr* **1** sätta (lägga) sig bekvämt till rätta, ordna det skönt för sig [äv. *~ up*], krypa ihop **2** *~ up* trycka sig, smyga sig [*to, against* intill] **II** *vb tr* **1** trycka, smyga [*against* intill] **2** hålla ömt [*~ a bird in one's hand*]
1 net [net] **I** *s* **1** nät; håv [*butterfly ~*], [fiske]garn; *~ stocking* nätstrumpa **2** bildl. nät, garn, snara **3** tyll; *~ curtain* trådgardin **4** sport. målbur; *hit the back of the ~* få en fullträff, slå bollen i nät **II** *vb tr* fånga med (i) nät (håv); bildl. fånga [i sina garn] **III** *vb itr* **1** knyta nät **2** sport. näta; göra mål; i tennis o.d. slå bollen i nät
2 net [net] **I** *adj* **1** netto; netto- [*~ weight*]; [*register*] *ton* nettoregisterton **2** egentlig, slut-; [*after all that work*] *what was the ~ result?* ...vad blev resultatet av det hela? **II** *vb tr* **1** förtjäna [i] netto, göra en nettovinst på [*he ~ted £500 from* (på) *the deal*], håva in **2** inbringa [i] netto
netball ['netbɔːl] *s* **1** slags korgboll **2** i tennis o.d. nätboll
netcord ['netkɔːd] *s* i tennis o.d. nätrullare
nether ['neðə] *adj* undre, nedre; under- [*~ lip* (*jaw*)], neder-; *the ~ regions* (*world*) underjorden; helvetet
Netherlander ['neðələndə] *s* nederländare, holländare
Netherlands ['neðələndz] **I** geogr.; *the ~* (konstr. ss. sg. el. pl.) Nederländerna **II** *adj* nederländsk
nethermost ['neðəməʊst] *adj* underst, nederst
netting ['netɪŋ] *s* **1** nätknytning, nätbindning **2** nätverk, nät; *wire ~* metalltrådsnät, ståltrådsnät
nettle ['netl] **I** *s* nässla; *stinging ~* brännässla **II** *vb tr* reta, irritera; såra

nettle-rash ['netlræʃ] s med. nässelfeber, nässelutslag
network ['netwɜ:k] s **1** isht bildl. nät [a ~ of railways], nätverk äv. data.; system **2** radio. el. TV. sändarnät, stationsnät; radiobolag; TV-bolag
neuralgia [ˌnjʊə'rældʒə] s med. neuralgi, nervvärk
neuritis [ˌnjʊə'raɪtɪs] s med. neurit, nervinflammation
neuroleptics [ˌnjʊərə(ʊ)'leptɪks] (konstr. ss. sg.) s farmakol. neuroleptika
neurologist [ˌnjʊə'rɒlədʒɪst] s neurolog, nervspecialist
neurology [ˌnjʊə'rɒlədʒɪ] s neurologi
neurophysiology [ˌnjʊərə(ʊ)fɪzɪ'ɒlədʒɪ] s neurofysiologi
neuros|is [ˌnjʊə'rəʊs|ɪs] (pl. *-es* [-i:z]) s psykol. neuros
neurotic [ˌnjʊə'rɒtɪk] psykol. **I** *adj* nervsjuk äv. friare **II** s neurotiker
neuter ['nju:tə] **I** *adj* **1** gram. a) neutral [*a ~ noun, the ~ gender*], neutrum- [*a ~ ending*] b) intransitiv **2** bot. el. zool. könlös **II** s **1** gram. a) *the ~* [genus] neutrum b) neutrum, neutralt ord **2** zool. kastrerat (steriliserat) djur **III** *vb tr* kastrera [*a ~ed tomcat*], sterilisera
neutral ['nju:tr(ə)l] **I** *adj* **1** neutral [*~ country* (*colour, reaction*)]; opartisk [*a ~ person*]; obestämd **2** färglös äv. bildl. [*a ~ personality*]; om skokräm äv. ofärgad **3** *~ gear* motor. friläge, neutralläge **II** s **1** neutral person (stat o.d.) **2** motor. friläge, neutralläge; *put* (*slip*) *the gear into ~* el. *put the car in ~* lägga växeln i friläge (neutralläge), lägga ur växeln
neutrality [njʊ'trælətɪ] s neutralitet [*armed* (väpnad) *~*], opartiskhet
neutralization [ˌnju:trəlaɪ'zeɪʃ(ə)n] s neutralisering; kem. neutralisation
neutralize ['nju:trəlaɪz] *vb tr* **1** neutralisera; motverka **2** mil. oskadliggöra [*~ a bomb*]; nedkämpa
neutron ['nju:trɒn] s fys. neutron; *~ bomb* neutronbomb
Nevada [neˈvɑːdə, nəˈv-] geogr.
Nevadan [neˈvɑːdən, nəˈv-] s nevadabo, person från Nevada
never ['nevə] *adv* aldrig; isht vard. inte [alls]; *~!* vard. nej, vad säger du!, det menar du inte!; *~* [*in all my* (*your*) *life*]*!* aldrig [i livet]!, aldrig någonsin!; *well, I ~* [*did*]*!* jag har då aldrig sett (hört) på maken!; *~ a...* inte en enda...; *~ again* aldrig mera; *~ once* inte en enda gång; *~ yet* ännu aldrig, hittills inte; *~ so much as* inte så mycket som, inte ens [en gång]; *~ say die!* ge aldrig tappt (upp)!
never-ceasing ['nevəˌsi:sɪŋ] *adj* o.
never-ending ['nevərˌendɪŋ] *adj* evig, oupphörlig; oändlig

never-failing ['nevəˌfeɪlɪŋ] *adj* ofelbar, osviklig; aldrig svikande (sviktande)
nevermore [ˌnevə'mɔ:] *adv* aldrig mer
never-never [ˌnevə'nevə] *adj* o. s **1** vard., *on the ~* [*scheme*] på avbetalning **2** a) *the Never-Never* [*Land*] öde område i nordöstra Australien b) *~* [*land*] a) obygd b) bildl. drömland; önsketillstånd
nevertheless [ˌnevəðə'les] *adv* icke (inte) desto mindre; likväl, ändå, i alla fall
new [nju:] *adj* **1** ny; ny- [*~ election*]; *the N~ Testament* Nya testamentet; *~ town* nyanlagd stad som byggs för att ge bostäder och arbetstillfällen **2** nygjord; färsk [*~ milk*]; bildl. frisk [*~ blood*]; *~ bread* färskt (nybakat) bröd; *~ potatoes* färskpotatis, nypotatis
newborn ['nju:bɔ:n] *adj* **1** nyfödd **2** pånyttfödd
new-built ['nju:bɪlt] *adj* nybyggd
Newcastle ['nju:ˌkɑ:sl] geogr.
newcomer ['nju:ˌkʌmə] s nykomling
New England [ˌnju:'ɪŋɡlənd] geogr. Nya England
newfangled [ˌnju:'fæŋɡld] *adj* neds. nymodig; *~ ideas* äv. nya påfund, nymodigheter
Newfoundland [namn ˌnju:f(ə)nd'lænd, njʊ'faʊndlənd, hunden vanl. njʊ'faʊndlənd] **I** geogr. Newfoundland **II** s, *~* [*dog*] newfoundlandshund
Newfoundlander [njʊ'faʊndləndə, 'nju:f(ə)ndlændə] s newfoundländare
New Guinea [ˌnju:'ɡɪnɪ] geogr. Nya Guinea
New Jersey [ˌnju:'dʒɜ:zɪ] geogr.
new-laid [ˌnju:'leɪd, attr. '--] *adj* nyvärpt, färsk [*~ eggs*]
newly ['nju:lɪ] *adv* **1** nyligen [*~ arrived*], ny- [*a newly-married couple*; *the newly-rich*] **2** på ett nytt sätt [*an idea ~ expressed*] **3** ånyo, omigen
newly-weds ['nju:lɪwedz] *s pl* vard., *the ~* de nygifta
new-mown ['nju:məʊn] *adj* nyslagen [*~ hay*], nyklippt [*a ~ lawn*]
newness ['nju:nəs] s **1** nymodighet; *the ~ of* det nya med (i) **2** färskhet
New Orleans [ˌnju:'ɔ:lɪənz, ˌnju:ɔ:'li:nz] geogr.
news [nju:z] (konstr. ss. sg.) s nyheter [*no ~ is good ~*; *watch the ~ on TV*], nyhet, underrättelse[r] [*about* om, angående; *from* från; *of* om]; *an interesting piece* (*item, bit*) *of ~* en intressant nyhet; *have you heard the ~?* har du hört vad som har hänt?; *there is no ~ from him* han har inte hört (låtit höra) av sig; *that's ~ to me* det är nytt (en nyhet) för mig, det visste jag inte; *it's very much in the ~* det skrivs (talas) mycket om det, det är högaktuellt; *it was on the ~* det sas (visades) i nyheterna; *~ headlines* nyhetsrubriker
news agency ['nju:zˌeɪdʒ(ə)nsɪ] s nyhetsbyrå, telegrambyrå

newsagent ['nju:zˌeɪdʒ(ə)nt] *s* innehavare av tidningskiosk (tobaksaffär); **~'s** tobaksaffär, tidningskiosk
newsboy ['nju:zbɔɪ] *s* tidningspojke, tidningsbud
newscast ['nju:zkɑ:st] *s* radio. el. TV. nyhetssändning
newscaster ['nju:zˌkɑ:stə] *s* radio. el. TV. nyhetsuppläsare
newsdealer ['nju:zˌdi:lə] *s* amer., se *newsagent*
news desk ['nju:zdesk] *s* nyhetsredaktion
newsflash ['nju:zflæʃ] *s* [brådskande] nyhetstelegram; kort extrameddelande, extra nyhetssändning i radio el. TV
newsletter ['nju:zˌletə] *s* informationsblad, cirkulär; föreningsbulletin
newspaper ['nju:sˌpeɪpə] *s* **1** tidning; **~ cutting** tidningsurklipp **2** tidningspapper [*wrapped in ~*]
newsprint ['nju:zprɪnt] *s* tidningspapper
newsreader ['nju:zˌri:də] *s* radio. el. TV. nyhetsuppläsare
newsreel ['nju:zri:l] *s* journal[film]
newsroom ['nju:zru:m] *s* **1** tidskriftsrum, tidningsrum **2** nyhetsredaktion
newsstand ['nju:zstænd] *s* tidningskiosk, tidningsstånd
news summary ['nju:zˌsʌmərɪ] *s* nyheter i sammandrag
newsvendor ['nju:zˌvendə] *s* tidningsförsäljare på gatan
newsy ['nju:zɪ] *adj* vard. full av nyheter (skvaller) [*a ~ letter*]
newt [nju:t] *s* zool. vattenödla
Newton ['nju:tn] **I** egenn. **II** *s* fys., *n~* newton
New Year [ˌnju:'jɪə, -'jɜ:] *s* nyår; **~'s Day** nyårsdag[en]; **~'s Eve** nyårsafton; **~ honours** ordensutnämningar på nyårsdagen
New York [ˌnju:'jɔ:k]
New Yorker [ˌnju:'jɔ:kə] *s* newyorkbo, person från New York
New Zealand [ˌnju:'zi:lənd] **I** Nya Zeeland **II** *adj* nyzeeländsk
New Zealander [ˌnju:'zi:ləndə] *s* nyzeeländare
next [nekst, före konsonant ofta neks] **I** *adj* o. *s* **1** a) nästa [*see ~ page*], [närmast] följande, nästföljande b) närmast [*during the ~ two days*]; **to be continued in our ~** fortsättning följer i nästa nummer; *he lives ~ door* [*to me*] han bor alldeles bredvid [mig]; *the girl ~ door* äv. en alldeles vanlig flicka, en flicka vem som helst; [*I can do that as well as*] *the ~ man* ...vem som helst; *in the ~ place* närmast, i första hand; närnäst; **~ Sunday** el. **on Sunday ~** [nu] på söndag; *the ~ few years* de närmaste åren **2** näst [*the ~ greatest*]
II *adv* **1** därefter, därpå [*~ came a tall man*], [nu] närmast, sedan [*what are you going to do ~?*]; *what ~?* vad kommer (hur blir) det sen?; uttr. förvåning var ska det sluta egentligen?; *when ~ we meet* när vi ses härnäst (nästa gång) **2** alldeles, omedelbart [*the room ~ above*] **3** näst; *the ~ best thing is...* det näst bästa är... **4 ~ to:** a) närmast, [tätt] intill, [alldeles] bredvid [*she stood ~ to me*], närmast (näst) efter [*he came ~ to me*] b) näst [efter] [*the largest city ~ to London*] c) nära nog, så gott som [*~ to impossible*]; **~ to nothing** nästan ingenting [alls], knappt någonting
next-door [ˌneks'dɔ:] **I** *adj* närmast [*my ~ neighbours*] **II** *adv* se *next I 1*
next-of-kin [ˌnekstəv'kɪn] *s* närmaste anhörig (anhöriga) [*the ~ has (have) been notified*]
nexus ['neksəs] *s* samband [*of* mellan]; **cash ~** penningförbindelse[r], penningrelation[er]
NHL förk. för *National Hockey League* i Nordamerika
NHS förk. för *National Health Service*
nib [nɪb] *s* stift på reservoarpenna; [stål]penna
nibble ['nɪbl] **I** *vb tr* knapra på; nafsa [*away bort*] **II** *vb itr* **1** knapra, [små]gnaga, nagga [*at* på]; nafsa [*at* efter] **2** om fisk [små]hugga, nappa [*at* efter] **3** bildl., *~ at* lukta (nosa) på [*~ at an offer*]; *begin to ~ at one's capital* [börja] nagga sitt kapital i kanten **III** *s* **1** napp; *I felt a ~ at the bait* jag kände hur det nappade **2** knaprande, nafsande; *he took the bread in little ~s* han knaprade i sig brödet
Nicaragua [ˌnɪkə'rægjʊə]
Nicaraguan [ˌnɪkə'rægjʊən] **I** *s* nicaraguan **II** *adj* nicaraguansk
Nice [ni:s] geogr. Nice, Nizza
nice [naɪs] *adj* **1** a) trevlig; sympatisk; hygglig; snäll [*to* mot; *it wasn't ~ of you*], rar; vacker [*a ~ day, ~ weather*]; fin, prydlig, söt, snygg [*a ~ dress*]; behaglig, skön b) iron. snygg, fin, skön [*a ~ mess* (röra)], vacker; *you're a ~ one!* du är just en snygg en! c) *~ and comfortable* riktigt skön (bekväm); *~ and clean* ren och fin **2** a) god, välsmakande b) *a ~ book* en god (bra, trevlig) bok **3** kräsen, [alltför] nogräknad, granntyckt; noggrann **4** taktfull, omdömesgill, smidig [*a ~ handling of the situation*] **5** ömtålig, grannlaga, kinkig, knepig [*a ~ question (problem)*] **6** [hår]fin, subtil [*a ~ distinction*]
nice-looking [ˌnaɪs'lʊkɪŋ, '-ˌ--] *adj* se *good-looking*
nicely ['naɪslɪ] *adv* **1** trevligt etc., jfr *nice* **2** vard. utmärkt [*that will suit me ~*]; *he is doing ~* a) han klarar sig utmärkt b) han blir bättre och bättre
nicet|y ['naɪs(ə)tɪ] *s* **1** precision, noggrannhet; skärpa i t.ex. omdöme o. uppfattning; god urskillning; *to a ~* på pricken, precis, lagom **2** finess; ofta pl. *-ies* spetsfundigheter, petiteser [*grammatical -ies*]
niche [nɪtʃ, ni:ʃ] *s* nisch

Nicholas ['nɪk(ə)ləs] mansnamn; ss. namn på påvar och tsarer Nikolaus
Nick [nɪk] **1** kortform för *Nicholas* **2** *Old* ~ hin håle, fan
nick [nɪk] **I** *s* **1** hack, jack, inskärning, skåra **2** rätt ögonblick; *in the* ~ *[of time]* i sista (rätta) ögonblicket, i grevens tid **3** sl., *in the* ~ i häktet; på kåken **4** sl., *in good* ~ i [fin] form; i gott skick **II** *vb tr* **1** göra ett hack etc. i **2** sl. a) knycka b) haffa gripa [~ *a criminal*]
nickel ['nɪkl] **I** *s* **1** nickel **2** amer. femcentare **II** *vb tr* förnickla
nickel silver [ˌnɪkl'sɪlvə] *s*, *[electroplated]* ~ alpacka
nickname ['nɪkneɪm] **I** *s* **1** öknamn; tillnamn **2** smeknamn; kortnamn **II** *vb tr* ge ngn [ett] öknamn (tillnamn etc.) [*they* ~*d him Skinny*]
nicotine ['nɪkəti:n, ˌ--'-] *s* nikotin
niece [ni:s] *s* brorsdotter, systerdotter, niece
niffy ['nɪfɪ] *adj* sl. illaluktande; *it's a bit* ~ *here* det luktar illa här
nifty ['nɪftɪ] *adj* vard. **1** flott, tjusig **2** kvick, snabb **3** klurig, smart
Nigel ['naɪdʒ(ə)l] mansnamn
Niger [staten ni:'ʒeə, floden 'naɪdʒə] geogr.
Nigeria [naɪ'dʒɪərɪə]
Nigerian [naɪ'dʒɪərɪən] **I** *s* nigerian **II** *adj* nigeriansk
Nigerien [ni:'ʒeərɪən] **I** *s* nigerer **II** *adj* nigerisk
niggard ['nɪgəd] *s* snåljåp, gnidare, girigbuk
niggardly ['nɪgədlɪ] **I** *adj* knusslig, [små]snål, njugg, gnidig **II** *adv* njuggt etc., jfr *I*
nigger ['nɪgə] *s* neds. nigger; svarting
niggle ['nɪgl] **I** *vb itr* **1** gnata **2** tjafsa, pjoska **II** *vb tr* **1** plåga **2** driva med, förlöjliga
niggling ['nɪglɪŋ] **I** *s* **1** knåpgöra, pill **2** petighet **II** *adj* petig, gnetig äv. om stil; småaktig; ~ *work* knåpgöra; ~ *worries* småbekymmer
nigh [naɪ] litt. el. poet. **I** *adv* **1** nära; *draw* ~ nalkas; ~ *on* nära, nästan **2** nästan **II** *prep* nära
night [naɪt] *s* natt äv. bildl.; kväll, afton; attr. natt-, kvälls- [~ *work*]; ~! vard. för *good* ~!; *first* ~ premiär[kväll]; *last* ~ a) i går kväll b) i natt, natten till i dag; *this* ~ a) i kväll b) i natt innevarande el. kommande natt; *have a good* (*bad*) ~ sova gott (illa); *we had a* ~ *out yesterday* vi var ute och festade [om] i går kväll; *have a* ~ *off* (*out*) ha (få sig) en ledig kväll; *make a* ~ *of it* vard. göra sig en glad kväll (en helkväll); *stop the* ~ övernatta, stanna över natten; *at* ~ a) på kvällen, på (om) kvällarna, under kvällstid b) på (om) natten (nätterna), nattetid; *by* ~ på (om) natten (nätterna), nattetid; [*on*] *the* ~ *before yesterday* a) i förrgår kväll b) [under] natten till gårdagen; *on the* ~ *of December 17* natten (kvällen) den 17 december
nightbird ['naɪtbɜ:d] *s* **1** nattfågel **2** vanl. nattuggla

night blindness ['naɪtˌblaɪndnəs] *s* nattblindhet
nightcap ['naɪtkæp] *s* **1** nattmössa **2** vard. sängfösare
nightclub ['naɪtklʌb] *s* nattklubb
night depository [ˌnaɪtdɪ'pɒzɪt(ə)rɪ] *s* amer., se *night safe*
nightdress ['naɪtdres] *s* nattlinne; nattdräkt
nightfall ['naɪtfɔ:l] *s* nattens (mörkrets) inbrott; *at* ~ äv. i kvällningen; *towards* ~ mot natten
nightgown ['naɪtgaʊn] *s* se *nightdress*
nightie ['naɪtɪ] *s* vard., se *nightdress*
nightingale ['naɪtɪŋgeɪl] *s* zool. sydnäktergal; *thrush* ~ näktergal
nightjar ['naɪtdʒɑ:] *s* zool. nattskärra
nightlight ['naɪtlaɪt] *s* nattljus; nattlampa t.ex. i sovrum
nightly ['naɪtlɪ] **I** *adj* nattlig, natt-; kvälls- **II** *adv* på (om) natten (nätterna), varje natt; varje kväll
nightmare ['naɪtmeə] *s* mardröm äv. bildl.
night porter ['naɪtˌpɔ:tə] *s* nattportier
nights [naɪts] *adv* vard. på (om) nätterna, på natten
night safe ['naɪtseɪf] *s* servicebox, nattfack på bank
nightschool ['naɪtsku:l] *s* aftonskola
nightshade ['naɪtʃeɪd] *s* bot. Solanum; *deadly* ~ belladonna
nightshift ['naɪtʃɪft] *s* nattskift
nightshirt ['naɪtʃɜ:t] *s* nattskjorta
night soil ['naɪtsɔɪl] *s* avträdesgödsel
nightspot ['naɪtspɒt] *s* nöjeslokal; nattklubb
nightstick ['naɪtstɪk] *s* amer. [polis]batong
night-time ['naɪttaɪm] *s*, *in the* ~ nattetid, på (om) natten (nätterna)
night watchman [ˌnaɪt'wɒtʃmən] *s* nattvakt
nightwear ['naɪtweə] *s* nattdräkt, nattkläder
nighty ['naɪtɪ] *s* vard., se *nightdress*
nihilist ['naɪɪlɪst, 'ni:-] *s* filos. el. polit. nihilist
nil [nɪl] *s* ingenting; noll; *they won two* ~ de vann med två [mot] noll; ~ *growth* ekon. nolltillväxt
Nile [naɪl] geogr.; *the* ~ Nilen
nimble ['nɪmbl] *adj* **1** kvick, flink, snabb [~ *feet*, ~ *movements*], vig **2** bildl. livlig [~ *imagination*]
nimble-witted ['nɪmblˌwɪtɪd] *adj* kvicktänkt
nimb|us ['nɪmbəs] (pl. *-uses* el. *-i* [-aɪ]) *s* lat. **1** nimbus äv. bildl.; gloria **2** meteor. nimbus, regnmoln
Nimby ['nɪmbɪ] **I** (förk. för *not in my back yard*) 'bara det inte påverkar mig' uttryck som betecknar att man principiellt är för något så länge ens egen omgivning inte berörs **II** *s* person med 'bara-det-inte-påverkar-mig-attityd', jfr *I*
nincompoop ['nɪnkəmpu:p, 'nɪŋk-] *s* vard. dumhuvud, idiot, mähä, våp
nine [naɪn] (jfr *five* med ex. o. sms.) **I** *räkn* nio;

a ~ days' wonder ung. en kortvarig (snart glömd) sensation **II** *s* nia
nineteen [ˌnaɪn'tiːn, attr. '--] *räkn* o. *s* nitton; jfr *fifteen* o. sms.
nineteenth [ˌnaɪn'tiːnθ, attr. '--] *räkn* o. *s* nittonde; nitton[de]del; jfr *fifth*; *the ~ hole* vard. 'nittonde hålet' baren i en klubblokal vid en golfbana
ninetieth ['naɪntɪɪθ, -tɪəθ] *räkn* o. *s* **1** nittionde **2** nittion[de]del
nine-to-fiver [ˌnaɪntə'faɪvə] *s* sl. knegare [som jobbar mellan nio och fem]
ninety ['naɪntɪ] (jfr *fifty* med sms.) **I** *räkn* nitti[o] **II** *s* nitti[o]; nitti[o]tal
ninny ['nɪnɪ] *s* våp, mähä; dumbom
ninth [naɪnθ] *räkn* o. *s* nionde; nion[de]del; mus. nona; jfr *fifth*
ninthly ['naɪnθlɪ] *adv* för det nionde
1 nip [nɪp] **I** *vb tr* **1** nypa, klämma, knipa; nafsa **2 a)** bita i [*a cold wind that ~s the fingers*]; sveda, skada växtskott o.d. **b)** bildl. fördärva, förlama, hejda; *~ in the bud* se *1 bud I* **II** *vb itr* vard. kila, slinka; *~ along* (*off, on ahead, round*) kila (slinka) i väg (bort, före, över) **III** *s* **1** nyp[ning] **2** frostskada **3** skarp kyla; *there is a ~ in the air today* det är lite kyligt i dag **4** *be ~ and tuck* vard. ligga jämsides, hålla jämna steg
2 nip [nɪp] *s* droppe [*a ~ of whisky*]; *have a ~* ta sig en hutt, ta sig en tår på tand
nipper ['nɪpə] *s* **1** pl. *~s* kniptång; *cutting ~s* avbitartång; *a pair of ~s* en kniptång **2** sl. grabb
nipple ['nɪpl] *s* **1** bröstvårta; spene **2** isht amer. dinapp **3** tekn. nippel
nippy ['nɪpɪ] *adj* vard. **1** om väder bitande kall **2** kvick, rask; fräsig; *look ~!* sno på!
nirvana [nɪə'vɑːnə] *s* relig. o. friare nirvana
1 nit [nɪt] *s* gnet ägg av lus o.d.
2 nit [nɪt] *s* se *nitwit*
nitpicker ['nɪtˌpɪkə] *s* vard. petimäter, felfinnare
nitpicking ['nɪtˌpɪkɪŋ] vard. **I** *s* petighet, pedanteri **II** *adj* petig, pedantisk
nitrate ['naɪtreɪt] *s* kem. nitrat; *~ of silver* silvernitrat
nitre ['naɪtə] *s* kem. salpeter
nitric ['naɪtrɪk] *adj* kem. salpeter-; *~ acid* salpetersyra; *~ oxide* kväveoxid
nitrogen ['naɪtrədʒən] *s* kem. kväve; *~ dioxide* kvävedioxid
nitroglycerin[e] [ˌnaɪtrə(ʊ)glɪsə'riːn] *s* kem. nitroglycerin
nitrous ['naɪtrəs] *adj* kem. salpeterhaltig, salpeter-; *~ oxide* lustgas
nitty-gritty [ˌnɪtɪ'grɪtɪ] *s* sl. praktiska [och tråkiga] detaljer; kärnpunkt; *get down to the ~* komma till kärnan (sakens kärna)
nitwit ['nɪtwɪt] *s* sl. dumbom, fårskalle
nix [nɪks] *s* sl. inte ett skvatt (dugg), ingenting
NJ förk. för *New Jersey*

NNE (förk. för *north-north-east*) nordnordost
NNW (förk. för *north-north-west*) nordnordväst
1 no [nəʊ] *adj* **1 a)** ingen, inte någon; *~ one* ingen, inte någon; *~ man's land* ingenmansland; *~ one man could have done it* det skulle ingen ha kunnat göra ensam; *~ way!* vard. aldrig i livet!, sällan!, det går inte! **b)** *~ parking* (*smoking* m.fl.) parkering (rökning m.fl.) förbjuden **2** inte precis någon [*she's ~ angel*] **3** *there is ~ knowing when...* man kan inte (aldrig) veta när...; *there was ~ mistaking* [*what he meant*] det var (gick) inte att ta fel på...
2 no [nəʊ] *adv* **1** nej; *~?* jaså, inte det? **2 a)** *or ~* eller inte **b)** *~ better than before* inte bättre än förut; *~ less* (*more, sooner*) se *less I 2, more 5* o. *sooner 1* **c)** *to ~ inconsiderable extent* i inte ringa omfattning **d)** sl., *~ can do!* kan [bara] inte!, det går [bara] inte! **3** förstärkande ja, nej [*I suspect, ~, I am certain, that he is wrong*] **II** (pl. *~es*) *s* **1** nej; *he won't take ~ for an answer* han accepterar inte ett nej som svar **2** nejröst; *the ~es have it* nejrösterna är i majoritet
Noah ['nəʊə, nɔː] mansnamn; bibl. Noa, Noak
1 nob [nɒb] *s* sl. knopp, skalle
2 nob [nɒb] *s* sl. överklassare; snobb; höjdare
nobble ['nɒbl] *vb tr* kapplöpn. sl. fixa (droga) en häst för att hindra den att vinna
Nobel [nəʊ'bel] egenn.; *the ~ prize* [äv. 'nəʊbel] nobelpriset
nobility [nə(ʊ)'bɪlətɪ] *s* **1** adel, adligt stånd, adelsstånd; *the ~* britt. högadeln **2** adelskap; adlig börd **3** bildl. ädelhet
noble ['nəʊbl] **I** *adj* **1** adlig, högadlig **2** ädel, förnäm, fin [*a ~ face*], nobel; ståtlig; förnämlig **3** bildl. ädel [*a ~ mind, ~ thoughts, a ~ action*], nobel, upphöjd; förfinad; storsint **4** *~ gas* ädelgas; *~ metals* ädla metaller **II** *s* ädling, adelsman
noble|man ['nəʊbl|mən] (pl. *-men* [-mən]) *s* adelsman
nobody ['nəʊb(ə)dɪ, 'nəʊˌbɒdɪ] **I** självst indef *pron* ingen, inte någon **II** *s* nolla obetydlig person; enkel människa; *like ~'s business* vard. som bara den
no-confidence [nəʊ'kɒnfɪdəns] *s, ~ vote* misstroendevotum
nocturnal [nɒk'tɜːnl] *adj* nattlig, sen [*~ habits*]; natt- [*~ birds* (*animals*)]
nocturne ['nɒktɜːn, ˌ-'-] *s* **1** mus. nocturne **2** konst. nattstycke
nod [nɒd] **I** *vb itr* **1** nicka [*to, at* åt, till] **2** nicka till, halvsova; *~ off* vard. slumra (nicka) till **II** *vb tr* **1** nicka med [*~ one's head*] **2** nicka [*~ approval* (bifall); *~ assent* (samtycke)] **III** *s* **1** nick [*a ~ of* (med, på) *the head*], nickning äv. av sömnighet; *a ~ is as good as a wink to a blind horse* ingen är så blind som den som inte vill se; *a ~ is as*

good as a wink to him han förstår
halvkväden visa **2** [tupp]lur; *the land of N~*
Jon Blunds rike
nodding ['nɒdɪŋ] *s* nickande; *~ acquaintance*
se *acquaintance*
noddle ['nɒdl] *s* vard. skalle
node [nəʊd] *s* **1** knut; bot. äv. led[knut]; knöl;
med. äv. knuta **2** astron. el. fys. nod
nodular ['nɒdjʊlə] *adj* knutformig, knölformig
nodule ['nɒdju:l] *s* liten knut, liten knöl
Noel [ss. mansnamn 'nəʊəl, ss. subst. nəʊ'el]
I mansnamn **II** *s* jul[en] i julsånger o.d.
no-go [,nəʊ'gəʊ] *adj* vard., *~ area* förbjudet
område; *~ situation* omöjlig situation
nohow ['nəʊhaʊ] *adv* vard. inte på något sätt,
inte alls
noise [nɔɪz] **I** *s* a) buller, [starkt] ljud, dån; i
t.ex. radio brus, störning[ar], störljud b) bråk,
oväsen, väsen, liv, oljud, larm, stoj, stim; *~ abatement* bullerbekämpning; *~* bullerminskning; *~ pollution* bullerförorening; *~s off* radio. o.d.
bakgrundsljud, ljudkuliss; *make a ~* bullra,
föra oväsen (oljud), larma, stoja, stimma;
make a ~ in the world väcka allmänt
uppseende, låta tala om sig; *make encouraging ~s* försöka låta uppmuntrande
II *vb tr*, *~ [abroad]* basunera ut, sprida [ut]
noiseless ['nɔɪzləs] *adj* ljudlös, stilla;
tystgående [*a ~ typewriter*]
noisy ['nɔɪzɪ] *adj* bullrig, bullrande, bråkig
noloitis [,nəʊləʊ'ɪtɪs] *s* med. noloma
nomad ['nəʊmæd, 'nɒm-] **I** *s* nomad **II** *adj*
nomad-, nomadiserande, nomadisk
nomadic [nə(ʊ)'mædɪk] *adj* se *nomad II*
no-man's-land ['nəʊmænzlænd] *s*
ingenmansland
nomenclature [nə(ʊ)'menklətʃə, 'nəʊmenkleɪtʃə] *s* nomenklatur; terminologi
nominal ['nɒmɪnl] *adj* **1** nominell, formell,
[blott] till namnet [*a ~ ruler*], så kallad
2 nominell
nominally ['nɒmɪnəlɪ] *adv* nominellt,
formellt, [blott] till namnet
nominate ['nɒmɪneɪt] *vb tr* **1** nominera,
föreslå [*~ Mr. A. for* (till) *Mayor*], föreslå
som kandidat **2** utnämna, utse
nomination [,nɒmɪ'neɪʃ(ə)n] *s* **1** nominering
[*~ of candidates for* (till)…] **2** utnämning;
utnämningsrätt
nominative ['nɒmɪnətɪv] *s o. adj* gram.
nominativ[-]; *the ~ [case]* nominativ[en]
nominee [,nɒmɪ'ni:] *s* kandidat
non [nɒn] *adv* lat. inte; ss. prefix (jfr sms.
nedan): a) icke- [*non-smoker*] b) o-
[*non-essential*] c) non- [*non-intervention*]
d) -fri [*non-iron*; *non-skid*] e) pseudo-
[*non-event*]
non-absorbent [,nɒnəb'sɔ:bənt, -əb'z-] *adj*
icke absorberande, vattenavstötande [*~ cotton*]

nonagenarian [,nəʊnədʒɪ'neərɪən] **I** *adj*
nittioårig; [som är] mellan nittio och hundra
år gammal **II** *s* nittioåring; person mellan
nittio och hundra år [gammal]
non-aggression [,nɒnə'greʃ(ə)n] *s*, *~ pact*
icke-angreppspakt, nonaggressionspakt
non-alcoholic ['nɒn,ælkə'hɒlɪk] *adj* alkoholfri
non-aligned [,nɒnə'laɪnd] *adj* alliansfri
non-alignment [,nɒnə'laɪnmənt] *s*
alliansfrihet; *policy of ~* alliansfri politik
non-attendance [,nɒnə'tendəns] *s* uteblivelse,
utevaro, frånvaro
nonce [nɒns] *s*, *for the ~* för tillfället, för
närvarande; *~ use* tillfällig (speciell)
användning av t.ex. ett ord
nonce-word ['nɒnswɜ:d] *s* språkv. tillfällig
[ord]bildning
nonchalance ['nɒnʃ(ə)ləns] *s* nonchalans;
likgiltighet; oberördhet, sorglöshet
nonchalant ['nɒnʃ(ə)lənt] *adj* nonchalant,
ogenerad, obesvärad; likgiltig
non-classified [,nɒn'klæsɪfaɪd] *s*
1 icke-hemligstämplad [*~ information*]
2 sport. ej fullständiga [*~ results*]
non-combatant [,nɒn'kɒmbət(ə)nt, -'kʌm-] *s*
mil. icke stridande, nonkombattant,
civilmilitär
non-commissioned [,nɒnkə'mɪʃ(ə)nd] *adj*
utan [kunglig] fullmakt; *~ officer* mil.
kompanibefäl, plutonsbefäl, gruppbefäl;
underofficer
non-committal [,nɒnkə'mɪtl] *adj* till intet
förpliktande [*a ~ answer*]; reserverad,
diplomatisk, försiktig, avvaktande [*a ~ attitude*]
non compos mentis [nɒn,kɒmpɒs'mentɪs,
-pəs-] *adj* mest jur. (lat.) otillräknelig
non-conductor [,nɒnkən'dʌktə] *s* fys. isolator,
icke-ledare
nonconformist [,nɒnkən'fɔ:mɪst, 'nɒŋk-] *s*
nonkonformist, kyrkl. äv. frikyrklig, dissenter
nondescript ['nɒndɪskrɪpt] *adj* isht neds.
obestämbar, svårbestämbar
non-drip [,nɒn'drɪp] *adj* droppfri
none [nʌn] **I** *indef pron* ingen, inte någon [*~ of them has (have) come*]; inga, inte några;
inget, inte något, ingenting, inte någonting
[*~ of this concerns me*]; *~ of your nonsense!*
inga dumheter!; *I'll have ~ of it* det vill jag
inte 'höra talas om (veta av); *~ of that!* sluta
upp med det där!, nu räcker det! **II** *adv* (isht
framför *the* + komp. o. framför *too*) inte,
ingalunda; *~ the less* se *nevertheless*; *I was ~ the wiser for it* det blev jag inte klokare av;
[*the pay*] *is ~ too high* …är inte alltför (inte
särskilt) hög
nonentity [nɒ'nentətɪ] *s* [ren] nolla, obetydlig
person; obetydlig sak, obetydlighet
nonetheless [,nʌnðə'les] *adv* se *nevertheless*
non-event [,nɒnɪ'vent] *s* pseudohändelse
non-existent [,nɒnɪg'zɪst(ə)nt] *adj* obefintlig;

icke existerande; *it is* ~ det existerar (finns) inte
non-fiction [ˌnɒn'fɪkʃ(ə)n] *s* facklitteratur; sakprosa
non-iron [ˌnɒn'aɪən] *adj* strykfri [*a* ~ *shirt*]
no-no [ˌnəʊ'nəʊ] (pl. *no-no's* el. *no-nos*) *s* förbud; *be a* ~ vara förbjuden (utesluten)
no-nonsense [ˌnəʊ'nɒnsəns] *adj* rakt på sak, rättfram [*a* ~ *approach to the problem*]
non-payment [ˌnɒn'peɪmənt] *s* utebliven (bristande) betalning
non-person [ˌnɒn'pɜ:sn] *s* icke-person politiskt (socialt) 'död' person
nonplus [ˌnɒn'plʌs] *vb tr* göra svarslös; *be ~sed* bli svarslös (paff, ställd)
non-poisonous [ˌnɒn'pɔɪz(ə)nəs] *adj* giftfri; inte giftig
non-productive [ˌnɒnprə'dʌktɪv] *adj* icke-produktiv
non-profit [ˌnɒn'prɒfɪt] *adj* o.
non-profit-making [ˌnɒn'prɒfɪtˌmeɪkɪŋ] *adj* som inte arbetar för ekonomisk vinning, ideell [~ *organization*]
non-proliferation ['nɒnprə(ʊ)ˌlɪfə'reɪʃ(ə)n] *s*, ~ *treaty* icke-spridningsavtal
non-resident [ˌnɒn'rezɪd(ə)nt] **I** *adj* som inte är fast bosatt [här] på orten **II** *s* person som inte är fast bosatt [här] på orten; tillfällig besökare (gäst) [*the hotel restaurant is open to ~s*]
nonsense ['nɒns(ə)ns] *s* nonsens, trams, strunt, dumheter, fånigheter; ~ *verses* (*rhymes*) nonsenspoesi; *it's a* ~ det är nonsens; [*it's all*] *~!* [det är bara] snack (struntprat, dumheter)!; *there is no ~ about him* det är inget krångel med honom, det är en rejäl karl
nonsensical [nɒn'sensɪk(ə)l] *adj* meningslös, orimlig, dum, fånig
non-skid [ˌnɒn'skɪd] *adj* halkfri, slirfri [~ *tyres*]
non-smoker [ˌnɒn'sməʊkə] *s* **1** icke-rökare **2** kupé för icke-rökare
non-smoking [ˌnɒn'sməʊkɪŋ] *s*, ~ *compartment* kupé för icke-rökare
non-starter [ˌnɒn'stɑ:tə] *s* **1** sport., *be a* ~ inte ställa upp (starta) **2** *he is a* ~ han har inga chanser
non-stick [ˌnɒn'stɪk] *adj* som maten inte fastnar i (på), teflonbehandlad [*a* ~ *pan* (*surface*)]
non-stop [ˌnɒn'stɒp] **I** *adj* o. *adv* nonstop, utan mellanlandning, direkt; utan att stanna, utan uppehåll; ~ *train* direkttåg **II** *s* direkttåg
non-violence [ˌnɒn'vaɪələns] *s* icke-våld
non-white [nɒn'waɪt] *s* icke-vit
1 noodle ['nu:dl] *s* kok. nudel
2 noodle ['nu:dl] *s* **1** dumhuvud **2** vard. skalle
nook [nʊk] *s* vrå, skrymsle, krypin, smyg; avkrok
noon [nu:n] *s* **1** middag, klockan tolv [på dagen]; i middags **2** bildl. middagshöjd, höjdpunkt
noose [nu:s, nu:z] *s* **1** [*running*] ~ rännsnara, löpknut **2** bildl. snara; band
nope [nəʊp] *adv* isht amer. vard. nej, nix
nor [nɔ:] *konj* **1** med föreg. negation och inte [heller]; isht efter ett föreg. 'varken' eller; *neither...~* varken...eller; *the book is no better ~ worse than...* boken är varken bättre eller sämre än...; [*he had not seen it,*] ~ *had I* ...och [det hade] inte jag heller; [*I don't understand this.* -] *N~ do I* ...Det gör inte jag heller, ...Inte jag heller **2** utan föreg. negation och (men) inte; ~ *was this all* och (men) det var inte allt
Nora ['nɔ:rə] kvinnonamn
Nordic ['nɔ:dɪk] *adj* nordisk [*the* ~ *Council*]
Norfolk ['nɔ:fək] geogr. egenn.; ~ *jacket* 'norfolkjacka' slags sportjacka med motveck o. skärp
norm [nɔ:m] *s* norm; rättesnöre; *the* ~ ofta det normala [*departures from the* ~]
Norma ['nɔ:mə] kvinnonamn
normal ['nɔ:m(ə)l] **I** *adj* normal, normal-; regelrätt, typisk **II** *s* det normala [*below* (*above*) ~]
normalcy ['nɔ:m(ə)lsɪ] *s* o. **normality** [nɔ:'mælətɪ] *s* normaltillstånd; normala förhållanden
normalization [ˌnɔ:məlaɪ'zeɪʃ(ə)n] *s* normalisering
normalize ['nɔ:məlaɪz] *vb tr* normalisera
normally ['nɔ:məlɪ] *adv* normalt [sett]
Norman ['nɔ:mən] **I** mansnamn **II** *s* normand **III** *adj* **1** normandisk **2** arkit. romansk, rundbåge- [~ *style*]
Normandy ['nɔ:məndɪ] geogr. Normandie
normative ['nɔ:mətɪv] *adj* normativ, normerande
Norse [nɔ:s] *adj* nordisk [*East* (*West*) ~; ~ *mythology*]
north [nɔ:θ] **I** *s* **1** norr, nord; för ex. jfr *east I 1* **2** *the* ~ (*N~*) nordliga länder; norra delen; norra halvklotet; *the N~* äv. a) Norden b) i USA nordstaterna **II** *adj* nordlig, norra, nord-, nordan-; *N~ America* Nordamerika; *the N~ Atlantic Treaty Organization* Atlantpaktsorganisationen; *the N~ Pole* nordpolen; *the N~ Sea* Nordsjön; *the ~ side* norra sidan, nordsidan; *the N~ Star* Polstjärnan; ~ *wind* nordlig vind, nordan[vind] **III** *adv* mot (åt) norr, norrut, nordvart; norr, nord; för ex. jfr *east III*
Northamptonshire [nɔ:'θæm(p)tənʃɪə, -ʃə] geogr.
Northants. [nɔ:'θænts] förk. för *Northamptonshire*
northbound ['nɔ:θbaʊnd] *adj* nordgående
north-east [ˌnɔ:θ'i:st] **I** *s* nordost, nordost **II** *adj* nordöstlig, nordostlig, nordöstra **III** *adv* mot (i) nordost (nordöst); ~ *of* nordost om

north-easter [ˌnɔːˈθiːstə] *s* nordost vind
north-easterly [ˌnɔːˈθiːstəlɪ] **I** *adj* nordostlig, nordöstlig, nordöstra **II** *adv* mot nordost (nordöst); från nordost
north-eastern [ˌnɔːˈθiːstən] *adj* nordostlig, nordöstlig, nordöstra
northerly [ˈnɔːðəlɪ] *adj* o. *adv* o. *s* nordlig; mot norr, från norr; nordlig vind; jfr vid. *easterly*
northern [ˈnɔːð(ə)n] *adj* **1** nordlig; norra [*the ~ hemisphere*], nord-, norr-; för ex. jfr *eastern 1*; *~ lights* norrsken **2** nordisk
northerner [ˈnɔːð(ə)nə] *s* person från norra delen av landet (norra England); nordbo; i USA nordstatsbo
northernmost [ˈnɔːð(ə)nməʊst] *adj* nordligast
North Korea [ˌnɔːθkəˈrɪə] *geogr.* Nordkorea
North Korean [ˌnɔːθkəˈrɪən] **I** *adj* nordkoreansk **II** *s* nordkorean
Northumberland [nɔːˈθʌmbələnd, nəˈθ-] *geogr.*
northward [ˈnɔːθwəd] **I** *adj* nordlig etc., jfr *eastward I* **II** *adv* mot (åt) norr, norrut; sjö. nordvart; *~ of* norr om
northwards [ˈnɔːθwədz] *adv* se *northward II*
north-west [ˌnɔːθˈwest] **I** *s* nordväst **II** *adj* nordvästlig, nordvästra **III** *adv* mot (i) nordväst; *~ of* nordväst om
north-wester [ˌnɔːθˈwestə] *s* nordväst vind
north-westerly [ˌnɔːθˈwestəlɪ] **I** *adj* nordvästlig, nordvästra **II** *adv* mot nordväst; från nordväst
north-western [ˌnɔːθˈwestən] *adj* nordvästlig, nordvästra
Norway [ˈnɔːweɪ] *geogr. egenn.* Norge; *~ lobster* havskräfta, kejsarhummer; *~ maple* bot. blodlönn
Norwegian [nɔːˈwiːdʒ(ə)n] **I** *adj* norsk **II** *s* **1** norrman; norska kvinna **2** norska [språket]
Norwich [i England ˈnɒrɪdʒ, i USA ˈnɔːwɪtʃ] *geogr.*
nose [nəʊz] **I** *s* **1** näsa; nos; *it is as plain as the ~ on your face* vard. det är solklart, det är klart som korvspad; *blow one's ~* snyta sig; *cut off one's ~ to spite one's face* se *spite II*; *make a long ~ at* räcka lång näsa åt; *stick (poke, push, put, shove, thrust) one's ~ into other people's business* blanda (lägga) sig i andras angelägenheter, lägga sin näsa i blöt; *turn up one's ~ at* el. *turn one's ~ up at* rynka på näsan åt; *win by a ~* kapplöpn. vinna med en noslängd; *I had to pay through the ~* vard. jag blev uppskörtad; *speak through (in) one's ~* tala i näsan; *under a p.'s [very] ~* mittför näsan på ngn **2** bildl. näsa; luktsinne; väderkorn; *have a [keen] ~ for* ha [fin] näsa för **3** pip, spets [*the ~ of a projectile*]; på fartyg för; på flygplan nos **II** *vb tr* **1** *~ [out]* vädra, få väderkorn på, spåra upp **2** nosa på, trycka näsan (nosen) mot **III** *vb itr* **1** nosa [*at* på];
for, after efter] **2** *~ [about (around)]* snoka [*for, after* efter; *into* i]
nosebag [ˈnəʊzbæg] *s* **1** fodertornister, foderpåse **2** vard. matsäck, matpaket
nose-bleed[ing] [ˈnəʊzˌbliːd[ɪŋ] *s* näsblod
nosedive [ˈnəʊzdaɪv] flygv. **I** *s* [stört]dykning **II** *vb itr* störtdyka
nosegay [ˈnəʊzgeɪ] *s* [liten] blombukett
nosey [ˈnəʊzɪ] *adj* vard. nyfiken; närgången [*a ~ question*]; *N~ Parker* sl. nyfiken (snokande) människa
nosh [nɒʃ] sl. **I** *s* käk; skrovmål; kalas **II** *vb itr* käka
nosh-up [ˈnɒʃʌp] *s* sl. skrovmål; kalas
nostalgia [nɒˈstældʒɪə] *s* nostalgi; längtan tillbaka [*for* till], hemlängtan
nostril [ˈnɒstr(ə)l] *s* näsborre
nostrum [ˈnɒstrəm] *s* patentmedicin; bildl. patentlösning
nosy [ˈnəʊzɪ] *adj* vard., se *nosey*
not [nɒt] *adv* (efter hjälpvb ofta *n't* [*haven't, couldn't*]) inte, icke, ej; *~ a* äv. ingen [*~ a bad idea!*]; *you had better ~* det är bäst du låter bli; *he warned (cautioned) me ~ to* [*go there*] han varnade mig för att...; *~ that +* sats inte för (så) att..., det är inte det att... [*~ that I fear him*], inte som om...; *~ that I know of* inte såvitt (vad, som) jag vet; *~ to +* inf. a) att inte... b) för att [nu] inte...; *~ to mention...* för att [nu] inte tala om (nämna)...; *~ until then* inte förrän då, först då; *..., doesn't (hasn't, can't* m.fl.) *he (she, it, one)?* vanl. ...eller hur?, ...inte sant?
notability [ˌnəʊtəˈbɪlətɪ] *s* notabilitet, bemärkt person, bemärkthet
notable [ˈnəʊtəbl] **I** *adj* **1** märklig, anmärkningsvärd [*a ~ event*] **2** framstående, betydande [*a ~ painter*] **3** kem. märkbar [*a ~ quantity*] **II** *s* notabilitet, bemärkt person
notably [ˈnəʊtəblɪ] *adv* **1** märkligt, anmärkningsvärt **2** särskilt, i synnerhet [*other countries, ~ Britain and the USA*]
notar|y [ˈnəʊtərɪ] *s*, *~ [public]* (pl. *-ies* [*public*]) notarius publicus [äv. *public ~*]
notation [nə(ʊ)ˈteɪʃ(ə)n] *s* beteckningssätt, teckensystem; skriftsystem; mus. notskrift [äv. *musical ~*]; beteckning
notch [nɒtʃ] **I** *s* **1** hack, jack, skåra, inskärning **2** amer. vard. pinnhål, streck, grad, steg; *take a p. down a ~ or two* sätta ngn på plats **II** *vb tr* **1** göra (ett) hack etc. i (på), karva i, nagga i kanten **2** *~ [down (up)]* göra en skåra (ett märke) för [*he ~ed each one on a stick*], notera [*~ another victory*]
note [nəʊt] **I** *s* **1** anteckning, notering; pl. *~s* äv. a) referat b) koncept, manuskript [*he spoke for an hour without ~s*]; *compare ~s* se *compare*; *make (take) ~s* göra anteckningar, notera **2** kort brev (meddelande) **3** dipl. not; *exchange of ~s* notväxling **4** not, anmärkning i marginalen eller under texten; pl.

~s äv. kommentar[er] **5** ~ [*of hand*] el. *promissory* ~ skuldsedel, revers [*for* på] **6** sedel; ~ *issue* sedelutgivning **7** mus.: a) ton b) not[tecken] c) tangent; *a false* ~ en falsk ton; *strike (sound) a false* ~ bildl. klinga falskt; *strike the right* ~ bildl. anslå den rätta tonen **8** [fågel]sång [*the blackbird's merry* ~] **9** ton, underton, stämning; [*the book ends*] *on a* ~ *of pessimism* ...i en pessimistisk ton **10** [skilje]tecken; ~ *of exclamation* utropstecken; ~ *of interrogation* frågetecken **11** *a family of* ~ en ansedd familj; *a man of* ~ en framstående (betydande) man **12** *take* ~ *of* lägga märke till; *nothing of* ~ ingenting av betydelse; *worthy of* ~ beaktansvärd, värd att lägga märke till **II** *vb tr* **1** lägga [noga] märke till, märka, notera, konstatera, se [*we* ~ *from* (av) *your letter that*...]; beakta **2** framhålla, påpeka **3** ~ [*down*] anteckna, skriva upp (ned), notera
notebook ['nəʊtbʊk] *s* anteckningsbok
noted ['nəʊtɪd] *adj* bekant, känd [*for* för], välkänd
notepaper ['nəʊtˌpeɪpə] *s* brevpapper
noteworthy ['nəʊtˌwɜːðɪ] *adj* anmärkningsvärd, beaktansvärd, märklig
nothing ['nʌθɪŋ] **I** *självst. indef pron* ingenting, inget; ~ *but* el. ~ *else than (but)* ingenting annat än, blott, endast; *he did* ~ *but complain* han gjorde inget annat än klagade; ~ *doing* se *2 do A II 2*; ~ *less* se *less I 2*; ~ *like* se *1 like II 3*; ~ *much* inte särskilt mycket; *it resembles* ~ *so much as*... det liknar mest av allt...; *five foot* ~ jämnt fem fot; *he is* ~ *if not* [*persistent*] om det är något som han är, så är det...; *there is* ~ *for it but to* + inf. det är inget annat att göra än att...; *for* ~ a) gratis [*he did it for* ~] b) utan orsak [*they quarrelled for* ~] c) förgäves [*they had suffered for* ~], till ingen nytta; *not for* ~ inte för inte; *there is* ~ *in it* a) det ligger ingenting ingen sanning i det b) det är (var) ingen konst; *make* ~ *of* a) ta lätt på, bagatellisera b) inte få ut något av, inte utnyttja [*make* ~ *of one's opportunities*]; *I can make* ~ *of it* jag får inte ut något av det, jag förstår mig inte på det; *to say* ~ *of* för att [nu] inte tala om; [*his collection*] *has* ~ *on mine* ...är ingenting mot min; *it's* ~ *to me* a) det gör mig ingenting, det rör mig inte b) det är en bagatell för mig [*to* att]; *it's* ~ *to* [*what I have seen*] det är ingenting mot...; *there's* ~ *to it* a) det är (var) ingen konst b) det ligger ingenting ingen sanning i det; *have* ~ *to do with* inte ha något att göra med; *it has* ~ *to do with you* det har ingenting med dig att göra; *come to* ~ se *come II*; *with* ~ *on* utan någonting på sig **II** *adv* inte alls, ingalunda; ~ *near* (*like*) inte på långt när

nothingness ['nʌθɪŋnəs] *s* **1** intighet, intet; *pass into* ~ bli till intet **2** betydelselöshet
notice ['nəʊtɪs] **I** *s* **1 a)** notis, meddelande [*a short* ~ *in the paper*]; ~*s of births* födelseannonser; *put up a* ~ sätta upp ett anslag (meddelande) **b)** [kort] recension, anmälan; pl. ~*s* äv. kritik, press [*the actor got very good* ~*s*] **2** a) varsel, meddelande på förhand; förvarning [*without* ~] b) uppsägning; ~ *of a strike* strejkvarsel; *give* ~ underrätta, varsko [*of* om], säga till [*we will give you* ~ *in due course*]; *give* ~ [*to quit*] säga upp sig; säga upp [*you must give him* ~ *at once*]; *at short (an hour's)* ~ med kort (en timmes) varsel; *be under* ~ [*to leave (quit)*] vara uppsagd; *until (till) further* ~ tills vidare **3** uppmärksamhet, beaktande; kännedom [*bring a th. to a p.'s* ~]; *attract* ~ tilldra sig (väcka) uppmärksamhet; *people began to sit up and take* ~*, when*... man började spetsa öronen [på allvar], när...; *take* ~ *of* a) lägga märke till, ta notis om, bry sig om, fästa sig vid [*he took no* ~ *of it* (äv. han struntade i det)] b) visa uppmärksamhet **II** *vb tr* märka, lägga märke till, iaktta
noticeable ['nəʊtɪsəbl] *adj* **1** märkbar; synlig, synbar **2** påfallande
notice board ['nəʊtɪsbɔːd] *s* anslagstavla
notifiable ['nəʊtɪfaɪəbl, ˌnəʊtɪ'faɪ-] *adj* som skall anmälas [till myndigheterna] [~ *diseases*]
notification [ˌnəʊtɪfɪ'keɪʃ(ə)n] *s* **1** tillkännagivande, kungörelse **2** underrättelse, anmälan, meddelande, rapport **3** anmält fall [*27* ~*s of salmonella*]
notify ['nəʊtɪfaɪ] *vb tr* **1** tillkänninge, kungöra [*a th. to* (för) *a p.*] **2** ~ [*a p. of a th.*] el. ~ [*a th. to a p.*] underrätta (varsko) [ngn om ngt], anmäla [ngt för (till) ngn]
notion ['nəʊʃ(ə)n] *s* **1** föreställning, begrepp **2** uppfattning, åsikt **3 a)** aning; *I have not the haziest (slightest)* ~ *of* jag har inte den blekaste (ringaste) aning om **b)** idé, infall [*a stupid* ~]; *get that* ~ *out of your head* slå de där grillerna ur huvudet **4** amer., pl. ~*s* småartiklar, korta varor, sybehör; ~ *store* diversehandel
notoriety [ˌnəʊtə'raɪətɪ] *s* ökändhet, notorietet
notorious [nə(ʊ)'tɔːrɪəs] *adj* **1** ökähd, beryktad [*for* för; *a* ~ *criminal*], notorisk **2** allmänt känd
notoriously [nə(ʊ)'tɔːrɪəslɪ] *adv* som alla vet, som bekant; ~ *cruel* känd för sin grymhet
Nottingham ['nɒtɪŋəm] geogr.
Nottinghamshire ['nɒtɪŋəmʃɪə, -ʃə] geogr.
Notting Hill [ˌnɒtɪŋ'hɪl] stadsdel i London med årlig västindisk karneval
Notts. [nɒts] förk. för *Nottinghamshire*
notwithstanding [ˌnɒtwɪθ'stændɪŋ, -wɪð'-] **I** *prep* oaktat, trots; utan hinder av **II** *adv* det

oaktat, inte dess (desto) mindre III *konj* trots att, oaktat
nougat ['nu:gɑ:, 'nʌgət] *s* fransk (hård) nougat
nought [nɔ:t] *s* **1** noll, nolla; *~s and crosses* (konstr. ss. sg.) slags luffarschack **2** se *naught I 1*
noun [naʊn] *s* gram. substantiv
nourish ['nʌrɪʃ] *vb tr* **1** ge näring åt, nära; uppföda **2** bildl. a) nära, hysa [*~ hope*] b) fostra; ge näring åt
nourishing ['nʌrɪʃɪŋ] *adj* närande [*~ food*]
nourishment ['nʌrɪʃmənt] *s* näring, föda
Nov. förk. för *November*
novel ['nɒv(ə)l] **I** *adj* ny [*a ~ style; a ~ experience*], nymodig, hittills okänd; ovanlig **II** *s* roman
novelette [,nɒvə'let] *s* **1** kortroman, lång novell **2** dussinroman; missroman
novelist ['nɒvəlɪst] *s* romanförfattare
novelt|y ['nɒv(ə)ltɪ] *s* **1** nyhet, nymodighet; ovanlighet; *~ value* nyhetsvärde; *have the charm of ~* äga nyhetens behag; *by way of ~* som omväxling **2** konkr. nyhet [*fashion -ies*], modernitet; [*party*] *~* skämtartikel
November [nə(ʊ)'vembə] *s* november
novice ['nɒvɪs] *s* **1** kyrkl. novis **2** novis, nybörjare [*at, in* i]
now [naʊ] **I** *adv* **1** nu; nuförtiden; *~...~ (then)* än...än; [*every*] *~ and then (again)* då och då; *~ that (when)* nu då; *before ~* förut; [långt] före detta; tidigare [*he should have been here before ~*]; *by ~* vid det här laget, nu; *for ~* för tillfället, tillsvidare [*that's enough for ~*]; *bye-bye for ~!* hej så länge!; *from ~* el. *from ~ on (onwards)* från och med nu, hädanefter **2** med försvagad tidsbet.: *~, that's how it is* ja, så är det; *~, what do you mean by that?* vad menar du med det för resten?; *~, ~* a) aj, aj, aja baja [*~ ~, don't touch it!*] b) så där ja; seså uppfordrande; *~ then* a) så där ja [*~ then, that was that!*]; nå [*~ then, what are we going to do now?*] b) nej, aj, aja baja [*~ then, don't touch it!*]; *and ~ you know!* så nu vet du det!; *did he ~!* nej [men] [jaså], gjorde han det?, nej verkligen?, ser man på!; *what was your name, ~?* vad var det du hette nu igen? **II** *konj* nu då, när [*~ you mention it, I do remember*] **III** *s* nu[et]
nowadays ['naʊədeɪz] *adv* nuförtiden, i våra dagar
nowhere ['nəʊweə] *adv* ingenstans, ingenstädes, inte någonstans; ingen (inte någon) vart; *~ else* [*but*] ingen (inte någon) annanstans [än], inte rätta in på långt när (långa vägar), inte tillnärmelsevis; *be (come in) ~* a) vard. vara klart distanserad, vara ur räkningen, inte bli placerad i t.ex. tävling b) bildl. fullständigt misslyckas, vara ur räkningen; *that will get you ~* det kommer du ingenstans (ingen vart) med
noxious ['nɒkʃəs] *adj* skadlig, menlig [*to* för]

nozzle ['nɒzl] *s* munstycke; pip; tekn. dysa
NSPCC (förk. för *National Society for the Prevention of Cruelty to Children*) ung. motsv. i sv. BRIS (Barnens rätt i samhället)
NSW förk. för *New South Wales*
NT förk. för *New Testament*
nth [enθ] *räkn* **1** matem. n-te **2** vard., *to the ~ degree* i allra högsta grad
nuance [njʊ'ɑ:ns] *s* nyans, nyansering
nub [nʌb] *s* **1** bit, stycke [*~ of coal*], stump [*~ of pencil*] **2** noppa; knut, knöl **3** bildl. knut, kärna, kärnpunkt [*the ~ of the matter*]
nubile ['nju:baɪl, amer. -bl] *adj* **1** giftasvuxen; [köns]mogen **2** vard. sexuellt attraktiv om flicka
nuclear ['nju:klɪə] *adj* kärn-; fys. äv. atom-; nukleär; kärnvapen- [*~ disarmament*]; kärnenergidriven [*~ submarine*]; *~ bomb* atombomb; *~ carrier* kärnvapenbärare; *~ energy* atomenergi, kärnenergi; *~ family* sociol. kärnfamilj; *~ fission* fys. fission, kärnklyvning; *~ heating plant* kärnvärmeverk, atomvärmeverk; *~ physics* kärnfysik; *~ power* kärnkraft; *~ power plant (station)* kärnkraftverk; *~ reactor* kärnreaktor; *~ research* kärnforskning
nuclear-free ['nju:klɪəfri:] *s* kärnvapenfri [*~ zone*]
nuclear-powered [,nju:klɪə'paʊəd] *adj* o.
nuclear-propelled [,nju:klɪəprə'peld] *adj* kärnenergidriven, atom- [*~ submarine*]
nuclei ['nju:klɪaɪ] *s* pl. av *nucleus*
nucle|us ['nju:klɪ|əs] (pl. *-i* [-aɪ], ibl. *-uses*) *s* **1** astron., biol. el. fys. kärna **2** bildl. kärna [*the ~ of a town*]; centrum; grundstomme; grundplåt [*of* till]
nude [nju:d] **I** *adj* naken; bar; *~ dancer* nakendansös **II** *s* nakenfigur, nakenbild, konst. äv. nakenstudie, akt; *in the ~* naken; *pose in the ~* posera naken, stå nakenmodell
nudge [nʌdʒ] **I** *vb tr, ~ a p.* a) knuffa (puffa) [till] ngn [med armbågen] b) bildl. driva (puffa) på ngn **II** *s* [lätt] knuff, puff
nudism ['nju:dɪz(ə)m] *s* nudism, nakenkultur
nudist ['nju:dɪst] *s* nudist
nudity ['nju:dətɪ] *s* nakenhet
nugatory ['nju:gət(ə)rɪ] *adj* litt. obetydlig
nugget ['nʌgɪt] *s* klump, klimp av ädel metall; *~ [of gold]* guldklimp
nuisance ['nju:sns] *s* otyg [*the mosquitoes are a ~*], ofog, oskick [*long speeches are a ~*]; besvär, elände, plåga [*he is a real* (riktig) *~*]; isht om barn bråkstake; jur. olägenhet, förfång; *what a ~!* så tråkigt (förargligt)!, ett sånt elände!; *make a ~ of oneself* ställa till besvär, bråka
nuke [nu:k] *s* sl. **1** kärnvapen **2** kärnkraftverk, atomkraftverk
null [nʌl] *adj* jur. ogiltig; *~ and void* ogiltig, av noll och intet värde

nullify ['nʌlɪfaɪ] *vb tr* annullera, upphäva; ogiltigförklara
numb [nʌm] **I** *adj* stel[frusen], känslolös, domnad; ~ *with cold* stel av köld **II** *vb tr* göra stel[frusen]; förlama [~*ed with grief*]; döva [*medicine to* ~ *the pain*]
number ['nʌmbə] **I** *s* **1** antal [*a considerable* ~], mängd; ~*s* [*of people*] [*live like this*] massor av (ett stort antal) människor...; *few* (*many, small*) *in* ~[*s*] få (många, ringa) till antalet; *superiority in* ~*s* numerär överlägsenhet; *times out of* ~ el. *times without* (*beyond*) ~ otaliga (oräkneliga) gånger **2** nummer [*telephone* ~]; tal [*whole* (*odd*) ~*s*]; *cardinal* ~ grundtal; ~ *plate* nummerplåt, registreringsskylt; [*thirteen is*] *an unlucky* ~ ...ett olyckstal **3** teat. o.d. nummer [*do a solo* ~] **4** gram. numerus **5** pl. ~*s* i spec. bet.: **a**) numerär överlägsenhet, övermakt i antal [äv. *superior* ~*s*]; *there is safety* (*strength*) *in* ~*s* ung. ju fler man är desto större trygghet (desto bättre) **b**) *Numbers* (konstr. ss. sg.) Fjärde mosebok **c**) amer., ~*s* [*game* (*racket*)] slags olagligt lotteri **6** i div. uttr.: **a**) ~ *one* etta isht på topplista [*this week's* ~ *one*]; sl. bäst, toppen [*you're* ~ *one*] **b**) vard., ~ *one* en själv, ens egen person; *take care of* (*look after*) ~ *one* vara om sig [och kring sig] **c**) barnspr., *do* [*a*] ~ *one* kissa; *do* [*a*] ~ *two* bajsa **d**) vard., *his* ~ *is up* det är ute med honom **II** *vb tr* **1** numrera; ibl. paginera **2** räkna [*the army* ~*ed 40,000*], omfatta, uppgå till; *we* ~*ed 20 in all* vi var sammanlagt 20 **3** räkna hänföra [*among, in, with* bland, till; *I* ~ *myself among his friends*] **4** räkna antalet av; *his days are* ~*ed* hans dagar är räknade **III** *vb itr* räknas [*among, with* bland]
numberless ['nʌmbələs] *adj* oräknelig, otalig, tallös
numeral ['nju:m(ə)r(ə)l] **I** *adj* siffermässig, siffer-, talmässig; ~ *sign* taltecken **II** *s* **1** gram. räkneord; *cardinal* ~ grundtal **2** taltecken, siffra [*Roman* ~*s*]
numerator ['nju:məreɪtə] *s* matem. täljare
numerical [njʊ'merɪk(ə)l] *adj* **1** numerisk, numerär, siffermässig; ~ *strength* numerär; ~ *superiority* numerär överlägsenhet, överlägsenhet i antal **2** siffer- [~ *calculation*, ~ *system*] **3** *in* ~ *order* i nummerordning
numerous ['nju:m(ə)rəs] *adj* talrik
numismatics [ˌnju:mɪz'mætɪks] (konstr. ss. sg.) *s* numismatik
numskull ['nʌmskʌl] *s* vard. dumhuvud, träskalle
nun [nʌn] *s* nunna
nuncio ['nʌnʃɪəʊ] (pl. ~*s*) *s* nuntie, påvligt sändebud
nunnery ['nʌnərɪ] *s* [nunne]kloster
nuptial ['nʌpʃ(ə)l] **I** *adj* bröllops-, vigsel-; äktenskaps- [~ *vows*], äktenskaplig [~

happiness] **II** *s*, vanl. pl. ~*s* bröllop, vigsel, förmälning
nurse [nɜ:s] **I** *s* **1** [sjuk]sköterska, syster; [*male*] ~ sjukskötare, manlig sjuksköterska **2** [barn]sköterska **3** amma **II** *vb tr* **1** sköta barn el. sjuka; vårda **2** amma **3** kela med [~ *a kitten*], [sakta] smeka **4** sköta om [~ *a cold*]; vara försiktig med [~ *a weak ankle*] **5** hysa [~ *a grudge* (agg) *against a p.*] **III** *vb itr* **1** amma **2** sköta sjuka
nursemaid ['nɜ:smeɪd] *s* barnflicka, barnjungfru
nursery ['nɜ:s(ə)rɪ] *s* **1 a**) barnkammare **b**) barnstuga, daghem **c**) barnhem; ~ *rhyme* barnramsa, barnkammarrim, barnvisa; ~ *school* lekskola; förskola; ~ *slope* vard. nybörjarbacke för utförsåkning; ~ *tale* [barn]saga; amsaga **2** plantskola, trädskola [äv. ~ *garden*]
nurseryman ['nɜ:s(ə)rɪmən] *s* plantskoleägare, plantskolechef
nursing ['nɜ:sɪŋ] *s* **1** sjukvård; vård; *the* ~ *profession* sjuksköterskeyrket **2** amning; ~ *bottle* nappflaska
nursing home ['nɜ:sɪŋhəʊm] *s* sjukhem, vårdhem, privatklinik
nurture ['nɜ:tʃə] *vb tr* **1** fostra, uppfostra, vårda **2** föda [upp]; driva upp planta; nära **3** bildl. hysa, nära, umgås med
nut [nʌt] **I** *s* **1 a**) nöt; [nöt]kärna **b**) bildl., *he's a tough* ~ han är en hårding; *he can't* [*play chess*] *for* ~*s* han kan inte...för fem öre **2** tekn. mutter **3** vard. **a**) knäppskalle, knasboll **b**) -fantast, -älskare [*football* ~] **4** sl. **a**): huvud rot, boll; *be* (*go*) *off one's* ~ vara (bli) knäpp (galen); *do one's* ~ **a**) vara (bli) galen **b**) jobba som en galning **b**) vulg., pl. ~*s* ballar testiklar **II** *vb itr* plocka nötter; *go* ~*ting* gå ut och plocka nötter
nutcase ['nʌtkeɪs] *s* sl. knasboll; dåre, galning
nutcracker ['nʌtˌkrækə] *s* **1** vanl. pl. ~*s* nötknäppare; *a pair of* ~*s* en nötknäppare **2** zool. nötkråka
nuthatch ['nʌthætʃ] *s* zool. nötväcka
nut-house ['nʌthaʊs] *s* sl. dårhus
nutmeg ['nʌtmeg] *s* **I** bot. muskot[nöt] äv. krydda; muskotträd [äv. ~ *tree*]; ~ *grater* fint rivjärn **II** *vb tr* fotb., ~ *a player* göra en tunnel på en spelare
nutrient ['nju:trɪənt] *s* näringsämne
nutriment ['nju:trɪmənt] *s* näring, föda
nutrition [njʊ'trɪʃ(ə)n] *s* **1** näringsprocess; näring, näringstillförsel **2** näringslära
nutritional [njʊ'trɪʃənl] *adj* närings- [~ *value*]
nutritionist [ˌnju:'trɪʃənɪst] *s* näringsfysiolog
nutritious [njʊ'trɪʃəs] *adj* näringsrik, närande
nutritive ['nju:trətɪv] **I** *adj* **1** närings-; ~ *value* näringsvärde **2** närande **II** *s* näringsmedel
nuts [nʌts] **I** *s* pl. av *nut* **II** *interj* sl., ~*!* [skit]snack!, dra åt skogen! **III** *adj* sl. knasig, knäpp [*he's* ~]; *be* [*dead*] ~ *about* vara

alldeles galen i (vild på); ***go*** ~ få spader, bli knäpp (knasig)
nutshell ['nʌt-ʃel] *s* nötskal; ***in a*** ~ bildl. i ett nötskal; i korthet; ***to put it in a*** ~ kort sagt
nutter ['nʌtə] *s* sl. knasboll, tokstolle
nutty ['nʌtɪ] *adj* **1** nötrik, med mycket nötter [*a* ~ *cake*] **2** nötliknande; med nötsmak; ~ *flavour* nötsmak **3** sl. **a)** knasig, knäpp **b)** *be* ~ *about a p.* vara galen i ngn
nuzzle ['nʌzl] **I** *vb tr* **1** gnida nosen (mulen) mot [*the horse* ~*d my shoulder*]; ~ *one's face against* trycka ansiktet mot **2** isht om svin rota i jorden; böka upp [~ *truffles* (tryffel)] **II** *vb itr* **1** ~ [*up*] *against* gnida nosen (mulen) mot; trycka (smyga) sig intill **2** isht om svin samt bildl. rota, böka [*in* i]
NW förk. för *North-Western* (postdistrikt i London), *north-west*[*ern*]
NY förk. för *New York*
nylon ['naɪlən, -lɒn] *s* nylon; pl. ~*s* nylonstrumpor
nymph [nɪmf] *s* mytol. nymf
nymphet [nɪm'fet] *s* nymfett sexuellt brådmogen flicka
nympho ['nɪmfəʊ] (pl. ~*s*) *s* vard. nymfoman
nymphomaniac [ˌnɪmfə(ʊ)'meɪnɪæk] *adj* o. *s* nymfoman
NZ förk. för *New Zealand*

O, o [əʊ] (pl. *O's* el. *o's* [əʊz]) *s* **1** O, o **2** nolla; i sifferkombinationer noll; [*please dial*] *5060* [ˌfaɪvəʊ'sɪksəʊ] ...5060
o' [ə] förk. i obetonad ställning för *of* [*man-o'-war*; *one o'clock*]
oaf [əʊf] *s* fåne, dummerjöns; drummel
oak [əʊk] *s* **1** ek träd **2** ek, ekträ, ekvirke; *heart of* ~ kärnkarl
oak apple ['əʊkˌæpl] *s* galläpple
oaken ['əʊk(ə)n] *adj* av ek, ek-
oar [ɔː] **I** *s* **1** åra; *put one's* ~ *in* blanda sig i samtalet, lägga sin näsa i blöt; *rest* (*lie*) *on one's* ~*s* **a)** vila på årorna **b)** bildl. vila [ett tag], koppla av; vila på sina lagrar **2** roddare [*a good* (*bad*) ~] **II** *vb tr* o. *vb itr* ro
oarlock ['ɔːlɒk] *s* isht amer. årtull, årklyka
oars|man ['ɔːzmən] (pl. *-men* [-mən]) *s* roddare
oas|is [əʊ'eɪs|ɪs] (pl. *-es* [-iːz]) *s* oas äv. bildl.
oast house ['əʊsthaʊs] *s* torkhus med en el. flera kölnor
oat [əʊt] *s* **1** havre växten **2** ~*s* **a)** havre [*these* ~*s are bad*; *too much* ~*s is grown in this country*]; *rolled* ~*s* [valsade] havregryn; *wild* ~*s* se *wild I 1* **b)** havregrynsgröt **c)** bildl. *be off one's* ~*s* vard. **a)** ha tappat matlusten **b)** inte vara i form; *feel one's* ~*s* vard. **a)** känna sig uppåt **b)** vara (göra sig) viktig, vara mallig; *get one's* ~*s* sl. få sig ett skjut ha samlag
oatcake ['əʊtkeɪk] *s* slags havrekaka, havrebröd
oath [əʊθ, i pl. əʊðz, əʊθs] *s* **1** ed; ~ *of office* tjänsteed; *swear an* ~ avlägga (svära) en ed; *take* [*an*] ~ gå (avlägga) ed, svära [*that* på att]; *take the* ~ jur. avlägga eden; *under* (*on* [*one's*]) ~ under ed, under edlig förpliktelse, edsvuren **2** svordom
oatmeal ['əʊtmiːl] *s* **1** havremjöl **2** attr., ~ *porridge* havre[gryns]gröt
obduracy ['ɒbdjʊrəsɪ] *s* förhärdelse, förstockelse; hårdhet
obdurate ['ɒbdjʊrət] *adj* förhärdad, förstockad; hård[hjärtad]
OBE [ˌəʊbiː'iː] förk. för *Officer of* [*the Order of*] *the British Empire*
obedience [ə'biːdjəns] *s* lydnad, hörsamhet [*to* mot], åtlydnad
obedient [ə'biːdjənt] *adj* lydig, hörsam [*to* mot]; *your* ~ *servant* i brevslut Med utmärkt högaktning
obediently [ə'biːdjəntlɪ] *adv* lydigt
obeisance [ə(ʊ)'beɪs(ə)ns] *s* **1** [vördnadsfull] hälsning (bugning, nigning), reverens; *make* [*an*] ~ el. *do* (*pay*) ~ göra [sin (en)] reverens, buga sig djupt, niga djupt [*to* för] **2** hyllning, vördnad

obelisk ['ɒbəlɪsk] s obelisk
obese [ə(ʊ)'biːs] adj mycket (sjukligt) fet
obesity [ə(ʊ)'biːsətɪ] s stark (sjuklig) fetma, fettsot
obey [ə(ʊ)'beɪ] vb tr o. vb itr lyda, åtlyda, hörsamma
obiter dict|um [ˌɒbɪtə'dɪkt|əm] (pl. -a [-ə]) s lat. **1** jur. obiter dictum **2** anmärkning (påpekande) i förbigående
obituary [ə'bɪtʃʊərɪ, ə'bɪːtj-] s **1** ~ [*notice*] dödsruna; minnesruna; dödsannons **2** ss. rubrik i tidning dödsfall
object [ss. subst. 'ɒbdʒɪkt, ss. vb əb'dʒekt] **I** s **1** föremål äv. bildl. [*an ~ of* (för) *admiration*]; objekt, sak, ting **2** syfte[mål], [ända]mål, avsikt, mening; *the ~ is* [*to get all the balls into the holes*] det gäller…; *the ~ of his journey* syftet (ändamålet) med hans resa; *money is no ~* det spelar ingen roll vad det kostar, det får kosta vad det vill; *salary no ~* i annons vid lönen fästes inget avseende **3** gram. objekt
 II vb tr invända [*I ~ed that* (att)…]
 III vb itr göra invändningar, opponera sig, protestera [*to* mot]; ogilla, inte [kunna] tåla [*I ~ to people who come late*]; *if you don't ~* om du inte har något emot det (något att invända)
objection [əb'dʒekʃ(ə)n] s invändning, protest [*to, against* mot]; motvilja [*he has a strong ~ to getting up early*]; *~!* jur. protest!; *~ sustained* (*overruled*) protesten bifalles (avslås); *I have no ~* [*to it*] jag har ingenting att invända (inga invändningar) [mot det], gärna för mig; *I have no ~ to doing it* det har jag ingenting emot att göra, det gör jag gärna
objectionable [əb'dʒekʃ(ə)nəbl] adj förkastlig, betänklig; anstötlig [*the ~ parts of the book*], stötande; misshaglig, obehaglig, otäck [*an ~ smell*]
objective [əb'dʒektɪv] **I** adj **1** objektiv; saklig **2** gram. objektiv [*~ genitive*]; *~ case* objektskasus **II** s **1** mål **2** optik. objektiv [äv. *~ glass*]
objectivity [ˌɒbdʒek'tɪvətɪ] s objektivitet; saklighet
object lesson ['ɒbdʒɪktˌlesn] s **1** åskådningslektion; pl. *~s* äv. åskådningsundervisning **2** skolexempel [*in på*]
objector [əb'dʒektə] s person som gör invändningar etc., jfr *object III*; motståndare
objet d'art [ˌɒbʒeɪ'dɑː] (pl. *objets d'art* [utt. som sg.]) s fr. konstföremål
obligate ['ɒblɪgeɪt] vb tr **1** förplikta; *feel ~d to* [*do a th.*] äv. känna sig tvungen (skyldig) att… **2** *be ~d* [*to a p.*] stå i tacksamhetsskuld [till ngn]
obligation [ˌɒblɪ'geɪʃ(ə)n] s **1** förpliktelse, förbindelse, åtagande, plikt; åliggande, skyldighet; *be* (*feel*) *under an ~* vara (känna sig) förpliktad [*to* att]; *put* (*lay*) *a p. under an ~ to* ålägga (förplikta) ngn att; *without ~ to buy* utan köptvång **2** tacksamhetsskuld; *be under* [*an*] *~ to a p.* stå i tacksamhetsskuld till ngn [*for* för]
obligatory [ə'blɪgət(ə)rɪ, 'ɒblɪgeɪtərɪ] adj obligatorisk; bindande [*an ~ promise*]
oblige [ə'blaɪdʒ] vb tr (ibl. vb itr) **1** förplikt[ig]a; tvinga; *be ~d to* vara (bli) förpliktad (skyldig) att; vara (bli) tvungen att **2** tillmötesgå [*I do my best to ~ him*], göra (vara) till lags; göra ngn en tjänst [*you would ~ me by shutting the door after you*]; stå ngn till tjänst; *please* (*will you*) *~ me by shutting…* vill ni göra mig den tjänsten och (att) stänga…; *to ~ you* för att göra dig en tjänst; *be ~d to a p.* vara ngn tacksam, stå i tacksamhetsskuld till ngn; *I'm much ~d* [*to you*] jag är [dig] mycket tacksam [*for* för]; *much ~d!* tack så mycket!, tack ska du ha! äv. iron.; *would you ~ at the piano?* skulle du vilja vara vänlig och spela lite piano för oss?
obliging [ə'blaɪdʒɪŋ] adj förekommande, tillmötesgående, förbindlig, tjänstvillig [*to* mot]
oblique [ə'(ʊ)bliːk] adj **1** sned, skev **2** gram. a) indirekt; *~ speech* indirekt tal (anföring) b) *~ case* obliikt kasus **3** indirekt; smyg-; förtäckt [*~ threats*]
obliterate [ə'blɪtəreɪt] vb tr **1** utplåna äv. bildl.; stryka ut, avlägsna; tillintetgöra **2** makulera, stämpla frimärken
oblivion [ə'blɪvɪən] s glömska, förgätenhet; *fall* (*sink*) *into ~* falla (råka) i glömska
oblivious [ə'blɪvɪəs] adj **1** glömsk [*of* av]; *be ~ of* [helt] glömma [bort] **2** omedveten [*of, to* om]
oblong ['ɒblɒŋ] **I** adj avlång, rektangulär **II** s avlång figur, rektangel
obloquy ['ɒbləkwɪ] s smädelse[r], förtal
obnoxious [əb'nɒkʃəs] adj avskyvärd, motbjudande, vidrig [*an ~ smell*]; förhatlig
oboe ['əʊbəʊ] s mus. oboe
oboist ['əʊbəʊɪst] s mus. oboist
obscene [əb'siːn] adj **1** oanständig, slipprig, obscen **2** motbjudande, vidrig
obscenity [əb'senətɪ, -'siːn-] s **1** oanständighet, slipprighet, obscenitet **2** vidrighet
obscure [əb'skjʊə] **I** adj **1** dunkel, mörk, skum [*an ~ corner*] **2** otydlig, oklar [*an ~ sound*] **3** svårfattlig, dunkel [*an ~ passage in a book*], grumlig, oklar **4** obemärkt, okänd, föga känd [*an ~ French artist*], obeaktad; obskyr **II** vb tr **1** förmörka, fördunkla; skymma [*mist ~d the view*] **2** bildl. a) fördunkla, grumla, förvirra b) ställa i skuggan
obscurity [əb'skjʊərətɪ] s **1** dunkel, mörker

obsequies 566

2 otydlighet, oklarhet 3 svårfattlighet 4 obemärkthet; *live in* ~ leva obemärkt
obsequies ['ɒbsɪkwɪz] *s pl* begravningshögtidligheter; likbegängelse
obsequious [əb'si:kwɪəs] *adj* inställsam, krypande
observable [əb'zɜ:vəbl] *adj* märkbar [*an* ~ *decline*]; iakttagbar, observerbar
observance [əb'zɜ:v(ə)ns] *s* 1 iakttagande, efterlevnad; fullgörande 2 firande [*the* ~ *of a holiday*]
observant [əb'zɜ:v(ə)nt] *adj* uppmärksam, vaken [*an* ~ *boy*], observant, iakttagande
observation [ˌɒbzə'veɪʃ(ə)n] *s* 1 observation; iakttagelse, rön, erfarenhet; observerande, iakttagande, jfr *observe I 1*; ~ *post* mil. observationspost, observationsplats; *escape* ~ undgå att bli sedd; *keep a p. under* ~ ha ngn under observation 2 iakttagelseförmåga [*a man of* (med) *little* ~] 3 anmärkning, yttrande
observatory [əb'zɜ:vətrɪ] *s* observatorium
observe [əb'zɜ:v] I *vb tr* 1 observera, iaktta; lägga märke till, uppmärksamma; varsebli, märka, se, konstatera 2 a) iaktta [~ *silence*], följa, efterleva [~ *a principle* (*a law*)] b) fira [~ *a festival*] 3 anmärka, yttra; *as has already been* ~*d* som redan nämnts (konstaterats) II *vb itr* 1 iaktta, observera 2 yttra sig, fälla anmärkningar [*on, upon* om]
observer [əb'zɜ:və] *s* 1 iakttagare [*he is a keen* (skarpsynt) ~]; observatör 2 *an* ~ *of* en som följer (efterlever etc., jfr *observe I 2*)
obsess [əb'ses] *vb tr* anfäkta, hemsöka; *be* ~*ed by* (*with*) vara [som] besatt av, ha på hjärnan
obsession [əb'seʃ(ə)n] *s* tvångsföreställning, fix idé, fixering, tvångstanke
obsessional [əb'seʃənl] *adj* tvångsmässig, tvångs-; ~ *neurosis* psykol. tvångsneuros
obsessive [əb'sesɪv] *adj* 1 tvångsmässig [~ *fears*] 2 överdriven, abnorm
obsolescence [ˌɒbsə(ʊ)'lesns] *s* något föråldrad karaktär (beskaffenhet)
obsolescent [ˌɒbsə(ʊ)'lesnt] *adj* något ålderdomlig ɩ
obsolete ['ɒbsəli:t] *adj* föråldrad [~ *words* (*expressions*)], gammalmodig; omodern
obstacle ['ɒbstəkl] *s* hinder äv. bildl. [*to* för]
obstacle race ['ɒbstəklreɪs] *s* hindertävling slags sällskapslek
obstetric [ɒb'stetrɪk] *adj* o. **obstetrical** [ɒb'stetrɪk(ə)l] *adj* obstetrisk; ~ *ward* förlossningsavdelning
obstetrician [ˌɒbste'trɪʃ(ə)n] *s* obstetriker
obstetrics [ɒb'stetrɪks] (konstr. ss. sg.) *s* obstetrik
obstinacy ['ɒbstɪnəsɪ] *s* envishet
obstinate ['ɒbstɪnət] *adj* envis, obstinat
obstreperous [əb'strep(ə)rəs] *adj* skränig, bullrig, bullersam; oregerlig [~ *behaviour*]

obstruct [əb'strʌkt] I *vb tr* 1 täppa till (igen), spärra [av], blockera [~ *a passage*] 2 hindra [~ *the traffic*], hämma 3 skymma; ~ *the view* skymma sikten, hindra utsikten II *vb itr* parl. o.d. obstruera, tillämpa (bedriva) obstruktion
obstruction [əb'strʌkʃ(ə)n] *s* 1 tilltäppning, tilltäppande etc., jfr *obstruct I* 2 spärr; hinder 3 sport. obstruktion
obstructive [əb'strʌktɪv] *adj* 1 tilltäppande, spärrande, blockerande 2 hindrande, hejdande, hämmande
obtain [əb'teɪn] I *vb tr* [lyckas] få, skaffa sig [~ *information* (*permission*)], erhålla [*metal is* ~*ed from* (ur) *ore*]; få tag i [*where can I* ~ *the book?*]; förskaffa; [upp]nå, ernå, vinna; *tickets can be* ~*ed from...* biljetter finns att få hos (i)... II *vb itr* gälla, råda [*this custom still* ~*s in some places*]
obtainable [əb'teɪnəbl] *adj* som kan fås, [som är] möjlig att få etc., jfr *obtain I*; anskaffbar; tillgänglig
obtrude [əb'tru:d] I *vb tr*, ~ *a th.* [*up*]*on a p.* tvinga (truga, pracka) på ngn ngt; ~ *oneself* (*one's company*) [*up*]*on a p.* tvinga (tränga, truga) sig på ngn II *vb itr* tränga sig på (fram); ~ [*up*]*on a p.* tvinga (tränga, truga) sig på ngn
obtrusive [əb'tru:sɪv] *adj* 1 påträngande, påflugen, närgången 2 påfallande [*an* ~ *error*]
obtuse [əb'tju:s] *adj* 1 bildl. slö, trög, trögtänkt 2 trubbig äv. geom. [*an* ~ *angle* (vinkel)]; slö
obverse ['ɒbvɜ:s] *s* 1 advers, åtsida, framsida på mynt o.d. 2 framsida, rätsida; motsatt sida 3 motstycke; motsats
obviate ['ɒbvɪeɪt] *vb tr* förebygga [~ *misunderstanding*], undanröja [~ *a risk* (*a danger*)]
obvious ['ɒbvɪəs] *adj* tydlig, uppenbar, påtaglig; upplagd [*an* ~ *chance*]; självklar; *for* ~ *reasons* av lättförklarliga skäl
occasion [ə'keɪʒ(ə)n] I *s* 1 a) tillfälle [*on festive* (festliga) ~*s*] b) evenemang, [stor] tilldragelse (händelse, dag) [*celebrate the* ~]; *should the* ~ *arise* i förekommande fall, vid behov; *this is not an* ~ *for laughter* det passar sig inte att skratta nu; *from* ~ *to* ~ från den ena gången till den andra; *make the most of the* ~ utnyttja tillfället (situationen); *on* ~ då och då, någon gång; vid behov; *on several* ~*s* vid flera tillfällen; *on that* ~ vid det tillfället, den gången; *rise* (*be equal, be adequate*) *to the* ~ [visa sig] vara situationen vuxen; visa vad man duger till
2 [yttre] anledning, [bidragande] orsak; *there is no* ~ *for you to do it* det finns ingen anledning för dig att göra det
II *vb tr* orsaka, vålla, ge anledning till; föranleda [~ *a p. to do a th.*]

occasional [əˈkeɪʒənl] *adj* tillfällig; enstaka [~ *showers*]; *I have the ~ cup of tea* jag dricker en kopp te någon gång [när det faller sig]; *an ~ job* ett och annat [tillfälligt] jobb, ett jobb då och då; *~ table* udda bord, småbord; [litet] extrabord; *he pays me ~ visits* han besöker mig då och då
occasionally [əˈkeɪʒnəlɪ] *adv* [någon gång] då och då, emellanåt; *very ~* någon enstaka (enda) gång
Occident [ˈɒksɪd(ə)nt] *s*, *the ~* västerlandet, occidenten
occidental [ˌɒksɪˈdentl] *adj* västerländsk, occidental
occult [ɒˈkʌlt] **I** *adj* ockult; magisk **II** *s*, *the ~* det ockulta, ockulta ting
occupant [ˈɒkjʊpənt] *s* **1** innehavare [*the first ~ of the post*], ockupant, tillfällig innehavare; invånare [*the ~s of the house*]; *the ~s of the car* (*the boat*) *were…* de [personer] som satt (befann sig) i bilen (båten) var…, bilens (båtens) passagerare var… **2** besittningstagare, ockupant äv. mil.
occupation [ˌɒkjʊˈpeɪʃ(ə)n] *s* **1** mil. ockupation, besättande; inflyttning [*the flat is ready for ~*] **2** sysselsättning [*my favourite ~*], sysslande [*all this ~ with…*], syssla [*my daily ~s*]; yrke [*state name and ~*]; *gainful ~* förvärvsarbete; *choose one's ~* välja yrke
occupational [ˌɒkjʊˈpeɪʃənl] *adj* sysselsättnings-, arbets- [*~ therapy*], yrkes- [*~ disease*]; *~ hazard* yrkesfara; *~ pension* tjänstepension
occupier [ˈɒkjʊpaɪə] *s* **1** innehavare [*the ~ of the flat*]; ockupant; *the ~s of the flat* [*had left*] äv. de som bodde i lägenheten… **2** besittningstagare; ockupant äv. mil.
occupy [ˈɒkjʊpaɪ] *vb tr* **1** mil. ockupera, besätta, inta; friare sätta sig i besittning av, ta i besittning **2** inneha [*~ a high office* (*an important position*)], vara innehavare av, bekläda; inta [*~ a prominent* (ledande) *position*] **3** bebo [*~ a house*], bo i; bo på [*they ~ the ground floor*] **4** uppta [*the table occupies half the floor space*; *~ a p.'s time*]; *the seat is occupied* platsen är upptagen **5** sysselsätta, uppta [*it occupied his thoughts* el. *his mind* (hans tankar)]; *be occupied* vara sysselsatt, vara upptagen, sysselsätta sig, hålla på [*with a th.* med ngt; *in*] *doing a th.* med att göra ngt]
occur [əˈkɜː] *vb itr* **1** inträffa, hända, ske **2** *~ to a p.* falla ngn in [*to* att]; *it ~red to me that* det föll mig in att, jag kom att tänka på att **3** förekomma [*misprints ~ on every page*], finnas, påträffas
occurrence [əˈkʌr(ə)ns] *s* **1** händelse, tilldragelse; *that is an everyday ~* det förekommer dagligen **2** förekomst; inträffande; *it is of frequent ~* det förekommer (inträffar) ofta

ocean [ˈəʊʃ(ə)n] *s* **1** ocean, världshav, hav; *~ greyhound* snabbgående oceangångare; *~ liner* oceanångare **2** vard., *~s of time* (*money*) massor av tid (pengar)
ocean-going [ˈəʊʃ(ə)nˌɡəʊɪŋ] *adj* oceangående
Oceania [ˌəʊʃɪˈeɪnjə] *geogr.* Oceanien Söderhavsöarna
oceanic [ˌəʊʃɪˈænɪk] *adj* oceanisk, ocean-, havs-; bildl. omätlig
oceanographer [ˌəʊʃjəˈnɒɡrəfə] *s* oceanograf, [djup]havsforskare
oceanography [ˌəʊʃjəˈnɒɡrəfɪ] *s* oceanografi, [djup]havsforskning
ocelot [ˈəʊsɪlɒt, ˈɒs-] *s* zool. o. pälsverk ozelot
ochre [ˈəʊkə] *s* miner. el. tekn. ockra
o'clock [əˈklɒk] *adv*, *ten ~ came* klockan blev tio; *it is ten ~* klockan är tio
Oct. förk. för *October*
octagon [ˈɒktəɡən] *s* geom. oktogon, åtthörning
octagonal [ɒkˈtæɡənl] *adj* åtthörnig, åttkantig
octane [ˈɒkteɪn] *s* kem. oktan; *~ number* (*rating*) oktantal
octave [ˈɒktɪv] *s* mus. oktav
October [ɒkˈtəʊbə] *s* oktober
octogenarian [ˌɒktəʊdʒɪˈneərɪən] *s* åttioåring; person mellan åttio och nittio år [gammal]
octopus [ˈɒktəpəs] *s* zool. (åttaarmad) bläckfisk
ocular [ˈɒkjʊlə] *adj* okulär; ögon-; synlig
oculist [ˈɒkjʊlɪst] *s* ögonläkare, ögonspecialist
OD [ˌəʊˈdiː] (vard. förk. för *overdose*) **I** (pl. *OD's* el. *ODs*) *s* **1** överdos [av narkotika] **2** person som har tagit en överdos [av narkotika] **II** (*OD'd OD'd* el. *ODed ODed*) *vb itr* ta en överdos [*on* av]
odd [ɒd] *adj* **1** udda, ojämn [*an ~ number*] **2** omaka, udda [*an ~ glove*] **3** enstaka; *~ pair* restpar **4** extra [*an ~ player*], överskjutande; övertalig; överbliven [*the ~ bits of metal*]; *keep the ~ change!* det är jämna pengar (jämnt)!; *at fifty ~* vid några och femtio [års ålder]; *it cost 20 pounds ~* det kostade 20 pund och lite till **5** tillfällig, sporadisk, strö-, extra; *~ jobs* ströjobb, diverse småjobb; *at ~ moments* på lediga [små]stunder, lite då och då **6** underlig, besynnerlig, konstig **7** *~ man out* a) 'udda går ut' vid olika sällskapslekar b) 'udde' den som blir över vid vissa sällskapslekar c) bildl. udda person, särling d) bildl. femte hjulet under vagnen
oddball [ˈɒdbɔːl] isht amer. vard. **I** *s* underlig kuf (kurre) **II** *adj* kufisk
oddity [ˈɒdətɪ] *s* (jfr *odd I 6*) **1** underlighet etc.; *an ~* äv. något underligt etc. **2** original [*he's something of an ~*], underlig etc. människa
oddly [ˈɒdlɪ] *adv* underligt, besynnerligt, konstigt [*~ enough* (nog)]
oddment [ˈɒdmənt] *s* **1** udda (enstaka) artikel

(exemplar), restartikel; stuvbit **2** pl. **~s** småsaker
odds [ɒdz] (konstr. vanl. ss. pl.) *s* **1** utsikter, odds, chanser; [stor] sannolikhet; *the ~ are against him* han har alla odds (oddsen) emot sig; *the ~ are in his favour* han har goda utsikter, han har stora chanser; *the ~ are that he will do it* allting talar för att han gör det; *fight against* [*heavy*] *~* kämpa mot övermakten, kämpa en ojämn strid **2** spel. o.d. odds; *long* (*large*) *~* höga odds; små chanser; *short ~* låga odds; *the ~ are 3 to 1* oddsen står 3 mot 1; *lay* (*give*) *~ of 3 to 1* hålla (sätta) 3 mot 1; *take ~ of 3 to 1* gå med på (anta) oddset 3 mot 1; *shout the ~* vard. domdera **3** olikhet[er], skillnad[er]; *split the ~* mötas på halva vägen; *what's the ~?* vard. vad spelar det för roll?; *it makes no ~* vard. det gör varken till eller från **4** *at ~* oense, osams, på kant med varandra **5** *~ and ends* småsaker, [små]prylar; smått och gott; rester, stumpar, småskräp, avfall; *~ and sods* sl. jäkla typer, kreti och pleti
odds-on ['ɒdzɒn] *adj*, *stand an ~ chance of* [*winning*] ha [mycket] goda utsikter att...; *be an ~ favourite* vara klar favorit
ode [əʊd] *s* ode [*on* över]
odious ['əʊdjəs] *adj* förhatlig, motbjudande
odium ['əʊdjəm] *s* hat, ovilja
odometer [əʊ'dɒmɪtə, ɒ'd-] *s* isht amer. vägmätare
odorous ['əʊdərəs] *adj* mest poet. välluktande
odour ['əʊdə] *s* **1** a) lukt b) odör c) [väl]doft **2** anstrykning, antydan, doft; *an ~ of sanctity* en prägel av fromhet (helighet)
odourless ['əʊdələs] *adj* luktfri, doftlös
Odyssey ['ɒdɪsɪ] *s* **1** litt., *the ~* Odysséen **2** bildl. odyssé, irrfärd
OECD (fork. för *Organization for Economic Co-operation and Development*) OECD
Oedipus ['iːdɪpəs] mytol. Oidipus; *the ~ complex* psykol. oidipuskomplex[et]
oesopha|gus [iː'sɒfəɡəs] (pl. *-gi* [-ɡaɪ el. -dʒaɪ] el. *-guses*) *s* anat. matstrupe
oestrogen ['iːstrə(ʊ)dʒ(ə)n, 'es-] *s* östrogen
œuvre ['ɜːvr(ə)] *s* fr., konstnärs samlade verk
of [ɒv, obeton. əv, v] *prep* **1** i uttr. som beteckn. läge, avskiljande: om [*north ~ York*]; från [*within a mile ~ Hull*]; *cure a p. ~ a cold* bota ngn från en förkylning; *be robbed ~ a th.* bli bestulen på ngt; *five minutes ~ twelve* amer. fem minuter i (före) tolv **2** i uttr. som beteckn. härkomst, ursprung: av [*born ~ poor parents*]; från [*Professor Smith ~ Cambridge*] **3** i uttr. som beteckn. orsak, anledning o.d.: för [*be afraid ~*; *for* (av) *fear ~*]; över [*be proud ~*]; på [*be weary ~*]; av [*die ~ hunger*]; av el. i [*die ~ cancer*] **4** efter vissa adj.: av [*it was kind ~ you*] **5** i uttr. som beteckn. material, innehåll: av [*flour is made ~ wheat*]; på [*an army ~ 20,000 men*] **6** i prep.-attr. efter vissa subst. utan direkt motsvarighet i sv.: **a)** *a cup ~ tea* en kopp te; *a number ~ people* ett antal människor; *a piece ~ paper* ett papper **b)** *the town ~ Brighton* staden Brighton **c)** *on the fifth ~ May* den femte maj; *by* (*of*) *the name ~ John* vid namnet John; *the winter ~ 1994* vintern 1994 **7** i uttr. som beteckn. innehåll, ämne, förhållande o.d.: om [*read ~ a th.*; *stories ~ his travels*]; *hear ~ a th.* höra talas om ngt; *swift ~ foot* snabbfotad; *blind ~ one eye* blind på ena ögat **8** i uttr. med objektiv genitiv: av [*the betrayal ~ the secret*]; för [*the fear ~ God*]; om [*knowledge ~ the past*]; på [*the murder ~ Mr. Smith*] **9** i uttr. med egenskapsgenitiv: med [*a man ~ foreign appearance*]; av [*goods ~ our own manufacture*]; *a man ~ note* en framstående man; *a boy ~ ten* en pojke på tio [år] **10 a)** i uttr. med partitiv genitiv: av [*most ~ them*]; *there were only six ~ us* vi var bara sex; *the best time ~ the year* bästa tiden på året **b)** framför en pleonastisk genitiv: *a novel ~ Stevenson's* en roman av Stevenson; *a friend ~ John Smith's* en [god] vän till John Smith **11** i uttr. som beteckn. tillhörighet, ägande, förbindelse o.d.: i [*professor ~ history*]; på [*the governor ~ St. Helena*]; med [*the advantage ~ this system*]; från [*a novelist ~ the 18th century*]; till [*the daughter ~ a clergyman*]; *the works ~ Milton* Miltons verk; *the University ~ London* Londons universitet, universitetet i London **12** i vissa tidsuttryck: på, om; [*I sometimes see him*] *~ an evening* ...på kvällarna **13** *an angel ~ a woman* en ängel till kvinna
off [ɒf] **I** *adv* o. pred *adj* **1** bort, i väg [*steal* (smyga) *~*; *~ with you!*]; av [*get* (stiga) *~*]; på instrumenttavla o.d. från[kopplad]; *~ we go!* nu går vi!; *far ~* långt bort; *Christmas is only a week ~* det är bara en vecka till jul; *3 % ~ for cash* 3 % rabatt vid kontant betalning **2** *time ~* ledighet; *take time ~* ta [sig] ledigt **3** *be ~* i spec. bet.: **a)** vara av[tagen] [*the lid is ~*]; vara ur, ha lossnat [*the button is ~*] **b)** ge sig av, kila; *the horses* (*they*) *are ~!* hästarna (de) har startat!; *it's time we were ~* det är på tiden vi kommer i väg; *where are you ~ to?* vart ska du ta vägen? **c)** vara ledig **d)** vara slut [*this dish is ~ today*]; vara avstängd [*the water* (*gas*) *is ~*]; vara frånkopplad; vara inställd [*the party is ~*], vara avblåst [*the strike is ~*]; *the deal is ~* köpet har gått om intet; *the wedding is ~* det blir inget bröllop av **e)** vard. inte vara färsk, vara ankommen [*the meat was a bit ~*] **f)** *be badly* (*well*) *~* se resp. adv.; *how are you ~ for money?* hur har du det [ställt] med pengar? **II** *attr adj* ledig; *we have our ~ moments* **a)** vi har våra lugna (lediga) stunder **b)** alla har vi våra svaga perioder; *~ season* lågsäsong, dödsäsong **III** *prep* **1** bort

official

från [*take your elbows ~ the table!*]; ner från [*he fell ~ the ladder*], av [*he fell ~ the bicycle*]; borta från [*keep one's hands* (fingrarna)] *~ a th.*]; ur [*~ course*] **2** vid, nära [*the island lies ~ the coast*; *~ Baker Street*]; isht sjö. utanför [*~ the Welsh coast*] **3** vard., *be ~ a th.* ha tappat intresset för ngt; *he's ~ his food* han har tappat matlusten; *I'm ~ smoking* jag har lagt av med att röka **4** på [*3 % discount ~ the price*]

offal ['ɒf(ə)l] *s* [slakt]avfall; inälvsmat

offbeat ['ɒfbi:t] *adj* **1** mus. offbeat med markering på andra och fjärde tonen **2** vard. annorlunda, okonventionell

off-chance ['ɒftʃɑ:ns] *s* liten chans [*there is an ~ that...*]; *we called on the ~ of finding you at home* vi chansade på att du skulle vara hemma

off-colour [ˌɒf'kʌlə] *adj* [lite] krasslig, hängsjuk, ur gängorna

off-day ['ɒfdeɪ] *s* **1** ledig dag, fridag **2** dålig dag, otursdag [*it was one of my ~s*]

offence [ə'fens] *s* **1** [lag]överträdelse, [lindrigare] brott, förseelse [*a slight ~*]; bildl. försyndelse, brott; *punishable ~* straffbar handling; *it is an ~ to* det är straffbart att; *commit an ~* överträda (bryta mot) lagen, begå ett brott **2** anstöt, förargelse; förtrytelse, harm; förolämpning; *give (cause) ~ to* väcka anstöt hos, stöta; *take ~* ta illa upp; *quick to take ~* lättstött; *no ~ [was meant]!* det var inte så illa men[a]t!, ta inte illa upp! **3** anfall

offend [ə'fend] I *vb tr* stöta, väcka anstöt hos, verka stötande på; såra [*~ a p.'s feelings*]; förnärma, förolämpa, kränka; förtörna, förarga; *be ~ed* bli stött [*with (by) a p.*] på ngn; *at (by) a th.* över ngt]; *don't be ~ed* ta inte illa upp, misstyck inte [*if* om] II *vb itr* **1** väcka anstöt (förargelse) **2** synda, fela [*~ against* (mot) *a rule*]; *~ against* äv. bryta mot, kränka [*~ against a law*]

offender [ə'fendə] *s* lagöverträdare, lagbrytare; *first ~* förstagångsförbrytare; *old ~* vaneförbrytare, fängelsekund; *~s will be prosecuted* överträdelse beivras

offense [ə'fens] *s* amer., se *offence*

offensive [ə'fensɪv] I *adj* **1** offensiv, anfalls- [*~ weapons*]; aggressiv; *~ movements* offensiva trupprörelser **2** anstötlig, stötande [*to a p.* för ngn]; förolämpande, sårande, kränkande [*~ language*] **3** obehaglig [*an ~ person*], vidrig, motbjudande [*an ~ smell*] II *s* offensiv; *take the ~* ta till offensiven, övergå till anfall; *mount an ~* sätta i gång en offensiv

offer ['ɒfə] I *vb tr* **1** erbjuda [*a p. a th., a th. to a p.* ngn ngt], bjuda [*I ~ed him £150,000 for the house*]; hand. offerera; bjuda ut [*~ the shares at* (till) *98*]; *~ for sale* bjuda ut till försäljning, saluföra, salubjuda; *~ one's services* erbjuda sina tjänster, ställa sig till förfogande **2** utfästa, utlova; *~ a reward* utfästa en belöning **3** relig., *~ [up]* offra [*to åt*] **4** framföra [*~ an apology*], lägga fram [*~ an opinion*], ge, komma med [*~ an explanation*], anföra **5** förete, erbjuda [*~ many advantages*] II *vb itr* **1** erbjuda sig; *as occasion ~s* när tillfälle erbjuder (yppar) sig, när det blir tillfälle **2** *~ to +* inf.: erbjuda sig att [*he ~ed to help me*] III *s* erbjudande [*of* om], anbud, bud; hand. offert [*for* på ngt (vid köp); *of* på ngt (vid försäljning)]; *~ [of marriage*] [giftermåls]anbud, frieri; *give (make) an ~* lämna [ett] anbud, lämna [en] offert

offering ['ɒf(ə)rɪŋ] *s* **1** offrande **2** offer, offergåva, offergärd; bildl. gåva **3** erbjudande

off-guard [ˌɒf'gɑ:d] *adj, catch* (*take*) *a p. ~* överrumpla ngn

off-hand [ˌɒf'hænd] I *adv* **1** på rak arm, på stående fot, utan vidare [*I can't tell you ~*] **2** nonchalant, kort [*reply ~*] II *adj* **1** oförberedd, oövertänkt, improviserad, [gjord] på rak arm **2** nonchalant

off-hour [ˌɒf'aʊə] *s* amer. **1** ledig tid, ledighet, fritid [*I spent my ~ reading*] **2** pl. *~s* lågtrafik[tid]; [*go shopping*] *in the ~s ...*när det inte är rusning[stid]

office ['ɒfɪs] *s* **1** a) kontor [*ofta* pl. *~s*]; byrå; expedition; redaktion; tjänsterum, ämbetsrum, ämbetslokal; kansli; amer. [läkar]mottagning, mottagningsrum b) isht ss. efterled i sms. -bolag, -kontor; *~ block* kontorsbyggnad; *~ equipment* kontorsinredning, kontorsinventarier; *~ hours* kontorstid, expeditionstid, tjänstetid [*during ~ hours*]; amer. [läkar]mottagning, mottagningstid; *~ party* firmafest; *at (in) the ~* på kontoret etc. **2** *O~* a) departement [*the Home O~*] b) [ämbets]verk [*the Patent O~*] **3** [offentligt] ämbete, tjänst, post, befattning, tjänsteställning, syssla; *resign (retire from, leave) ~* avgå [ur tjänst]; *take (come into, get into) ~* tillträda sitt ämbete (sin tjänst, sin post); om minister äv. inträda i regeringen; om parti, regering komma till makten; *the Government in ~* den sittande regeringen **4** [tjänste]förrättning, uppgift, plikt, funktion, göromål

officer ['ɒfɪsə] *s* **1** officer; pl. *~s* äv. befäl; *~ of the day* (*on duty*) dagofficer **2** [*public*] *~* ämbetsman, tjänsteman i statlig tjänst o.d.; *medical ~* se *medical* **3** [*police*] *~* polis[man], [polis]konstapel

office-worker ['ɒfɪsˌwɜ:kə] *s* kontorist, kontorsanställd

official [ə'fɪʃ(ə)l] I *s* **1** ämbetsman, tjänsteman, befattningshavare; *government ~* regeringstjänsteman **2** sport. funktionär II *adj* **1** officiell [*in ~ circles*]; ämbets- [*~ dress* (dräkt)], ämbetsmanna- [*~ career* (bana)], tjänste- [*~ letter*]; [*he is here*] *on ~ business*

officialdom

...på tjänstens vägnar; ~ *quotation* hand. kursnotering; *an ~ secret* en statshemlighet; *the O~ Secrets Act* sekretesslagen **2** officiell, stel, kansli- [*~ style*]
officialdom [ə'fɪʃ(ə)ldəm] *s* byråkrati, ämbetsmannavälde; ämbetsmannakåren
officialese [ə,fɪʃə'li:z] *s* kanslispråk, kanslistil
officially [ə'fɪʃ(ə)lɪ] *adv* officiellt; på ämbetets (tjänstens) vägnar
officiat|e [ə'fɪʃɪeɪt] *vb itr* **1** kyrkl. förrätta gudstjänst; officiera [*at* vid] **2** sport. tjänstgöra som (vara) funktionär [*at* vid] **3** fungera [*~ as host (chairman)*], tjänstgöra
officious [ə'fɪʃəs] *adj* beskäftig, beställsam
offing ['ɒfɪŋ] *s* sjö. rum (öppen) sjö; läge ute i öppen sjö; *in the ~* a) ute på [öppna] sjön, på visst avstånd från land b) bildl. i antågande, under uppsegling, i faggorna
off-licence ['ɒf,laɪs(ə)ns] *s* **1** *have an ~* ha rättighet att sälja vin och sprit **2** spritbutik
off-limits [,ɒf'lɪmɪts] *adj* o. *adv* isht mil. [som är] på förbjudet område
off-peak ['ɒfpi:k] pred. ,-'-] *adj* inte maximal, låg-; *at ~ hours* vid lågtrafik[tid]; när det inte är rusning; vid lågbelastning; *~ season* lågsäsong
offprint ['ɒfprɪnt] *s* särtryck
offputting ['ɒf,pʊtɪŋ] *adj* vard. avvisande; osympatisk, frånstötande om person; *it's so ~* det är så att man tappar lusten
offscouring ['ɒf,skaʊərɪŋ] *s*, vanl. pl. *~s* a) avskrap, avfall, sopor, skräp b) bildl. avskum, drägg
off-season ['ɒf,si:zn] **I** *adj* lågsäsongs-, dödsäsong- **II** *adv* under lågsäsong[en] (dödsäsong[en])
offset ['ɒfset] (*offset offset*) *vb tr* uppväga [*the gains ~ the losses*; *~ a disadvantage*], neutralisera, utjämna, kompensera
offshoot ['ɒfʃu:t] *s* **1** bot. sidoskott **2** avkomling i sidoled, sidogren [*an ~ of a family*] **3** bildl. sidoskott; avläggare, utlöpare
offshore [,ɒf'ʃɔ:] *adj* o. *adv* **1** frånlands- [*~ wind*]; [*the wind*] *is* [*blowing*] ~ ...blåser från land **2** [ett stycke] utanför kusten (från land) [*~ fisheries*], offshore- [*~ platform*]
offside [,ɒf'saɪd] **I** *adv* fotb. o.d. offside **II** *adj* **1** fotb. o.d. offside- **2** trafik.: vid vänstertrafik höger; vid högertrafik vänster **III** *s* **1** trafik. höger sida, vänster sida, jfr *II 2* fotb. o.d. offside
offspring ['ɒfsprɪŋ] (pl. vanl. lika) *s* **1** avkomma [*a numerous ~*], avföda **2** ättling; barn [*she is the mother of numerous ~*]
offstage [,ɒf'steɪdʒ] *adj* o. *adv* utanför scenen; i kulisserna
off-street [,ɒf'stri:t] *adj* på bakgator[na] (sidogator[na]) [*~ parking*]
off-the-cuff [,ɒfðə'kʌf] *adj* improviserad, spontan

off-the-record [,ɒfðə'rekɔ:d] *attr adj* inofficiell, förtrolig [*~ talks*], utom protokollet
off-white [,ɒf'waɪt, attr. '--] *adj* off-white, benvit
off-year ['ɒfjɪə] *s* **1** [rätt] lugnt (mindre bra) år **2** mellanår; *~ election* isht amer. mellanårsval
oft [ɒft] *adv* poet. ofta; *many a time and ~* mången gång
often ['ɒfn, 'ɒft(ə)n] *adv* ofta, många gånger; *as ~ as not* inte så sällan, ganska ofta; *more ~ than not* [som] oftast; *every so ~* då och då, allt som oftast
ogle ['əʊgl] **I** *vb itr* snegla [*at* på]; [ögon]flirta [*at* med] **II** *vb tr* snegla på; [ögon]flirta med
ogre ['əʊgə] *s* i folksagor [människoätande] jätte, troll, odjur
oh [əʊ] *interj* **1** *~!* å[h]!, ä[h]!, äsch!, asch!; oj!, aj!; fy!; ~ [, *indeed*]*!* el. *~, is that so?* jaså [du]!; *~ no!* nej då!, visst inte!, ånej!; *~ yes!* jo [då]!, jo (ja) visst!, ja då!, åjo!; *~ well!* nåja! **2** hör du [*~, John, would you pass those books?*]
Ohio [ə(ʊ)'haɪəʊ] geogr.
ohm [əʊm] *s* fys. ohm
OHMS förk. för *On His (Her) Majesty's Service*
oil [ɔɪl] **I** *s* **1** olja; *~ pressure gauge* oljetrycksmätare; *pour ~ on the flame*[*s*] bildl. gjuta olja på elden; *pour ~ on* [*the*] *troubled waters* bildl. gjuta olja på vågorna; *strike ~* a) påträffa (hitta) olja vid oljeborrning b) vard. hitta en guldgruva; lyckas, ha framgång **2** mest pl. *~s* oljemålningar, oljor; *paint in ~* måla i olja **II** *vb tr* olja [in], smörja [med olja]; *~ a p.'s palm* (*hand*) bildl. smörja (muta) ngn
oilcake ['ɔɪlkeɪk] *s* oljekaka
oilcan ['ɔɪlkæn] *s* oljekanna
oilcloth ['ɔɪlklɒθ] *s* vaxduk; oljeduk
oilfield ['ɔɪlfi:ld] *s* oljefält, oljedistrikt
oilfired ['ɔɪl,faɪəd] *adj* oljeeldad; *~ central heating* oljeeldning
oil gauge ['ɔɪlgeɪdʒ] *s* olje[nivå]mätare, oljeståndsmätare
oiliness ['ɔɪlɪnəs] *s* oljighet
oil painting ['ɔɪl,peɪntɪŋ] *s* **1** oljemålning **2** vard., *she's not exactly an* (*she's no*) *~* hon är inte någon skönhet precis
oil rig ['ɔɪlrɪg] *s* oljerigg, oljeborrplattform
oilskin ['ɔɪlskɪn] *s* **1** vaxduk; oljeduk **2** plagg av oljetyg, oljerock; pl. *~s* oljekläder, oljeställ
oilslick ['ɔɪlslɪk] *s* oljefläck t.ex. på vattnet
oiltanker ['ɔɪl,tæŋkə] *s* **1** oljetanker, oljetankfartyg **2** oljetankbil
oil well ['ɔɪlwel] *s* oljekälla
oily ['ɔɪlɪ] *adj* **1** oljig, oljeaktig; fet, flottig **2** bildl. oljig, hal, lismande, sliskig
oink [ɔɪŋk] *interj*, *~, ~!* nöff, nöff!
ointment ['ɔɪntmənt] *s* salva; smörjelse
OK [,əʊ'keɪ] vard. **I** *adj* o. *adv* OK, helt i sin ordning, riktig[t], bra, fin[t]; *it's ~ by* (*with*) *me* det är OK för min del, gärna för mig **II** *s*,

[the] ~ okay, godkännande, klarsignal, klartecken [*get* (*give*) *the* ~] **III** (*OK'd OK'd* el. *OKed OKed*) *vb tr* godkänna
okapi [əʊ'kɑ:pɪ] *s* zool. okapi
okay [ˌəʊ'keɪ] *adj, adv, s* o. *vb tr* se *OK*
Oklahoma [ˌəʊklə'həʊmə] geogr.
okra ['əʊkrə, 'ɒkrə] *s* okra, gumbo grönsak
old [əʊld] **I** (komp. o. superl. *older* el. *oldest*; ibl. *elder* el. *eldest*, jfr a.d.o.) *adj* **1** gammal: a) åldrig, ålderstigen b) använd, utsliten, förlegad c) tidigare, f.d. [*an* ~ *Etonian*] d) gammal och van, erfaren e) vard. gammal [kär] [*an* ~ *friend of mine*]; ~ *age* ålderdom[en], jfr *old-age*; *the O~ Bailey* se *bailey* 2; ~ *boy* a) gammal (tidigare, f.d.) elev [*the school's* ~ *boys*] b) vard. gammal farbror, gamling; ~ *boy* (*chap, fellow, man*)! vard. gamle vän!, gamle gosse!; *the* ~ *country* [det gamla] hemlandet [*relatives in the* ~ *country*]; ~ *girl* a) gammal (tidigare, f.d.) elev b) vard. gammal tant; ~ *girl!* vard. flicka lilla!, lilla gumman!, min [lilla] vän!; *an* ~ *hand* en gammal rutinerad arbetare; *he's an* ~ *hand* vard. han är gammal i gamet; *any* ~ *how* vard. a) [lite] hur som helst b) på en höft, på måfå; ~ *people's home* ålderdomshem; *the O~ Testament* Gamla testamentet; *any* ~ *thing* vard. vad katten som helst; *have a fine* (*good, high*) ~ *time* vard. ha jättekul (jätteskoj); *in the good* ~ *days* (*times*) på den gamla goda tiden; *the O~ World* Gamla världen; *good* ~ *John!* vard. gamle [käre] John!; *the* ~ *de* gamla, gamlingarna **2** forn- [*O~ English, O~ French, O~ High* (*Low*) *German*]
II *s*, [*in days* (*times*)] *of* ~ fordom, i gamla tider, förr i världen; [*I know him*] *of* ~ ...sedan gammalt; *from of* ~ sedan (av) gammalt, av ålder
old-age [ˌəʊld'eɪdʒ] *adj*, ~ *pension* förr ålderspension, folkpension
old-established [ˌəʊldɪ'stæblɪʃt] *adj* **1** gammal [känd] [*an* ~ *firm*] **2** hävdvunnen
old-fashioned [ˌəʊld'fæʃ(ə)nd] *adj* **1** gammalmodig, gammaldags, omodern, ålderdomlig **2** lillgammal, snusförnuftig
Old Glory [ˌəʊld'glɔ:rɪ] *s* amer. vard. Stjärnbaneret
Oldham ['əʊldəm] geogr.
oldie ['əʊldɪ] *s* vard. gammal person, gamling; gammal sak; *golden* ~ gammal goding; mus. evergreen
oldish ['əʊldɪʃ] *adj* äldre, rätt gammal
old-maidish [ˌəʊld'meɪdɪʃ] *adj* frökenaktig, nuckig, tantig
oldster ['əʊldstə] *s* vard. gamling
old-time ['əʊldtaɪm] *adj* gammaldags, gammal- [~ *dancing*], ålderdomlig, gångna (gamla) tiders
old-timer [ˌəʊld'taɪmə] *s* vard. **1** *an* ~ en som är gammal i gamet **2** gamling

old-world ['əʊldwɜ:ld] *adj* gammaldags, förtjusande gammal [*an* ~ *cottage*]
oleaginous [ˌəʊlɪ'ædʒɪnəs] *adj* **1** oljig, smörjig **2** bildl. oljig, hal
oleander [ˌəʊlɪ'ændə] *s* bot., slags nerium; isht oleander, rosenlager
olfactory [ɒl'fækt(ə)rɪ] **I** *adj* lukt- [~ *organ* (*nerves*)] **II** *s* luktorgan
oligarchy ['ɒlɪgɑ:kɪ] *s* oligarki, fåmannavälde
Oligocene ['ɒlɪgə(ʊ)si:n, -'---] geol. **I** *adj* oligocen **II** *s, the* ~ Oligocen
olive ['ɒlɪv] **I** *s* **1** oliv träd o. frukt; *the Mount of Olives* bibl. Oljeberget **2** ~ [*colour*] oliv[färg], olivgrönt **II** *adj* olivfärgad [*an* ~ *complexion*], olivgrön
olive branch ['ɒlɪvbrɑ:n(t)ʃ] *s* olivgren; olivkvist äv. ss. symbol för fred; *hold out the* ~ sträcka ut handen till försoning
olive oil [ˌɒlɪv'ɔɪl] *s* olivolja
Olympiad [ə(ʊ)'lɪmpɪæd] *s* olympiad, olympiska spel [*the 23rd* ~]
Olympian [ə(ʊ)'lɪmpɪən] **I** *adj* olympisk [~ *calm*], majestätisk **II** *s* olympier
Olympic [ə(ʊ)'lɪmpɪk] **I** *adj* olympisk; *the* ~ *Games* [de] olympiska spelen, olympiaden; ~ *village* olympiaby **II** *s*, vanl. pl. ~*s* olympiska spel, olympiad[er]
OM förk. för *Order of Merit*
Omaha ['əʊməhɑ:] geogr.
ombuds|man ['ɒmbʊdz|mən, -mæn] (pl. -men [-men el. -mən]) *s* **1** justitieombudsman **2** ombudsman
omega ['əʊmɪgə, -meg-, klockfabrikat ə(ʊ)'mi:gə] *s* **1** grekiska bokstaven omega **2** bildl. ände, slut; jfr *alpha* **3** *O~* ® klockfabrikat
omelet ['ɒmlət, -let] isht amer., se *omelette*
omelette ['ɒmlət, -let] *s* omelett; *savoury* ~ grönsaksomelett; *sweet* ~ syltomelett; *you cannot* (*can't*) *make an* ~ *without breaking eggs* ung. smakar det så kostar det
omen ['əʊmen] **I** *s* omen, järtecken, förebud [*of* till, om; *that* om att]; framgång; *it is a good* ~ det är ett gott tecken, det lovar gott för framtiden **II** *vb tr* förebåda, varsla om
ominous ['ɒmɪnəs, 'əʊm-] *adj* illavarslande [*of* för], olycksbådande
omission [ə(ʊ)'mɪʃ(ə)n] *s* **1** utelämnande, utelämning **2** försummelse, uraktlåtenhet; *sins of* ~ underlåtenhetssynder
omit [ə(ʊ)'mɪt] *vb tr* **1** utelämna, utesluta, hoppa över **2** underlåta, försumma
omnibus ['ɒmnɪbəs] *s* **1** omnibus **2** ~ [*book* (*volume*)] samlingsband, samlingsverk, samlingsvolym; billighetsupplaga
omnipotence [ɒm'nɪpət(ə)ns] *s* allmakt
omnipotent [ɒm'nɪpət(ə)nt] *adj* allsmäktig
omnipresent [ˌɒmnɪ'prez(ə)nt] *adj* allestädes närvarande
omniscience [ɒm'nɪsɪəns, -ʃɪən-] *s* allvetenhet
omniscient [ɒm'nɪsɪənt, -ʃɪən-] *adj* allvetande

omnivorous [ɒm'nɪv(ə)rəs] *adj* **1** zool.
allätande **2** bildl., *he is an ~ reader* han är
allätare när det gäller litteratur, han läser allt
han kommer över
on [ɒn] **A** *prep* (se äv. under resp. huvudord) **I** i
rumsuttryck o. friare **1 a)** på [*~ a chair; ~ the
gramophone; interest* (ränta) *~ one's capital*]
b) på el. vid [*~ the Riviera;* amer. *a house ~
19th Street*]; *~* [*the staff of*] *a newspaper*
[anställd] på (vid) en tidning **c)** på el. i [*~ the
radio; ~ TV*] **2** i [*~ the ceiling; he is* (sitter) *~
a committee (jury); the expression ~ his face;
talk ~ the telephone*]; *be ~ fire* stå i brand
3 vid [*the towns ~ the Channel*]; *Newcastle is
~ the Tyne* **4** mot [*they made an attack ~ the
town; it's not fair ~ her*] **5** till; *~ land and sea*
till lands och sjöss; *~ foot* till fots
 II i tidsuttryck: **1** på, om, under el. utan motsv.
i sv.; *~ Friday* på (om) fredag; [*he died*] *~
May 1* …den första maj; *~ the morning of*
[*Friday,*] *May 1* på morgonen [fredagen]
den 1 maj **2 a)** [omedelbart (genast)] efter,
vid [*~ my father's death; ~ my return*] **b)** efter,
vid och till följd av; *~ my arrival at (~
arriving at) Hull, I went…* vid (efter)
ankomsten till Hull, gick jag…; *~ hearing
this he changed his plans* då han fick veta
detta, ändrade han sina planer; *~ second
thoughts* vid närmare eftertanke
 III andra fall: **1** om, över, kring ett ämne o.d.
[*a book (lecture) ~ a subject*] **2** för [*the fire
went out ~ me; the horse died ~ me*]; *that's a
new one ~ me* vard. det var nytt för mig **3** i
förhållande till, jämfört med [*prices are up by
5 per cent ~ last year*] **4** enligt, efter [*~ this
principle*] **5** mot; *~ payment of…* mot
[betalning av]… **6** vid upprepningar på, efter
[*loss ~ loss*] **7** *this is ~ me* vard. det är jag
som bjuder; *it's ~ the house* vard. det är
huset (värden på stället) som bjuder; *have
one ~ me!* ta en drink, jag bjuder!
 B *adv* o. *pred adj* (se äv. under resp. huvudord)
1 på [*a pot with the lid ~*], på sig [*he drew his
boots ~*]; *keep your hat ~!* behåll hatten på!
2 a) vidare [*pass it ~!*]; *send ~* skicka i förväg
b) fram, framåt; *walk right ~* gå rakt fram;
a little further ~ litet längre fram; *from that
day ~* från och med den dagen; *it was well
~ in the day* det var rätt långt fram på dagen
c) på; *work ~* jobba på **d)** kvar; *sit ~* sitta
kvar [*he sat ~ at the table*] **3** på påkopplad o.d.;
på instrumenttavla o.d. till; *the light is ~* ljuset
(det) är tänt; *the radio was ~* radion gick
(var på) **4** *be ~* i spec bet.: **a)** vara i gång [*the
game is ~ again*] **b)** spelas, uppföras, ges [*the
play was ~ last year*]; *what's ~ tonight?* vad
är det för program i kväll?, vad är planerna
för i kväll? **c)** *I'm ~!* vard. jag är med [på
det]!, kör till! **d)** vard. vara möjlig; *it's just
not ~* så gör man bara inte; det går bara inte
e) *what is he ~ about?* vard. vad håller han

på och bråkar om? **5 a)** *~ and ~* utan
uppehåll, i ett; *we walked ~ and ~* vi bara
gick och gick **b)** *~ and off* a) av och på, från
och till b) av och till [*it rained ~ and off all
evening*], [lite] då och då **c)** *~ to* [upp] på
[*jump ~ to the bus*], över till, ut på; ner på
once [wʌns] **I** *adv* **1** (ibl. subst.) en gång [*more
than ~; ~ nought is nought*; ss. subst.: *~ is
enough for me*]; *if I've told you ~ I've told
you a dozen times* det har jag sagt dig
dussintals gånger; *~ or twice* [en eller] ett
par gånger; *~ bitten (bit) twice shy* bränt
barn skyr elden; *~* [*and*] *for all* en gång för
alla; *~ in a way* el. [*every*] *~ in a while*
någon [enstaka] gång, då och då, en och
annan gång; *just* [*for*] *this ~* bara för den
här gången; *for ~* [*in a while* (*way*)] för en
gångs skull, för ovanlighetens skull; *it
doesn't matter for ~* det gör inget för en
gångs skull, en gång är ingen gång; *never ~*
aldrig någonsin, inte en enda gång; *it was
only that ~* det var bara [för] den gången; *at
~* a) med detsamma, [nu] genast,
ögonblickligen [*come here at ~!*], strax b) på
en (samma) gång, samtidigt; *all at ~*
a) [helt] plötsligt, med (på) en gång, med
ens b) [alla] på en (samma) gång
 2 (äv. adj.) en gång [i tiden], förr [i tiden
(världen)], tidigare [*he ~ lived in Persia*]; *~*
[*upon a time*] *there was a king* det var en
gång en kung
 II *konj* när (om)…väl (en gång) [äv. *when
(if) ~*]; *~ he hesitates, we have him* så snart
han tvekar så har vi honom fast
once-for-all [ˌwʌnsfər'ɔ:l] *adj* engångs- [*~ cost*]
once-over ['wʌnsˌəʊvə] *s* vard. hastig
[över]blick
oncoming ['ɒnˌkʌmɪŋ] **I** *adj* förestående,
annalkande [*an ~ storm*]; mötande [*~ traffic*]
 II *s* ankomst [*the ~ of winter*], annalkande,
inbrott
one [wʌn] (jfr *five* med ex. o. sms.) **I** *räkn* o. *adj*
1 a) en, ett [*~ third; ~ Sunday*] b) [den (det)]
ena [*blind in* (på) *~ eye*]; *~ half of* hälften av,
ena halvan av; *for ~ thing* för det första; till
exempel; *not ~* inte en enda en; *it's all ~ to
me* det gör mig detsamma; [*the*] *~…the
other* [den] ena…[den] andra; *~ and all*
varenda en, allesammans; *~ or other* den
ena eller den andra; *~ or two* ett par
[stycken]; *~ after another (the other)* [*went
out*] den ena efter den andra…; *~ at a (the)
time* en och en, en i sänder (taget); [*it is
difficult to*] *tell* [*the*] *~ from the other*
…skilja dem åt; [*he lost*] *~ of his arms*
…ena armen; *~ by ~* a) en och en, en åt
gången, en i taget (sänder) b) den ena efter
den andra; *I for ~* jag för min del; [*all*] *in ~*
[allt] i ett; samfällt **2** enda; *the ~* [*and only*]
thing that matters det [absolut] enda som

betyder något; *the ~ and only...!* den oförliknelige...!

II *pron* **1** man, isht ss. obj. en [*it hurts ~ to be told the truth*], rfl. sig [*pull after ~*]; *~'s* ens [*~'s own children*]; sin [*~ must always be on ~'s guard*], sitt [*~ has to do ~'s best*], sina **2** en [viss] [*~ [Mr.] John Smith*] **3** *~ another* varandra [*they like ~ another*] **4** ss. stödjeord med syftning på ett utsatt el. underförstått subst.: **a)** ensamt: en [*I lose a friend and you gain ~*]; någon, något [*where is my umbrella? - you didn't bring ~*]; [*he's not a great man, but he hopes*] *to become ~* ...bli det; *he is not ~ to desert a friend* han är inte den som överger en vän; [*he behaved*] *like ~ possessed* ...som en besatt; *he got ~ on the jaw* vard. han fick [ett slag] på käften; *have ~ on me!* ta en drink, jag bjuder! **b)** efter adj., ofta utan motsv. i sv. [*take the red box, not the black ~*]; *my life has been a long ~* mitt liv har varit långt; *that was a nasty ~* det var ett otäckt slag (elakt sagt); *my dear ~s* mina kära; *the Eternal O~* den Evige; *the Evil O~* den (hin) onde; *the little ~s* småttingarna; *young ~s* ungar **c)** efter best. art. el. pron.: *the~* determ. pron. den [*that man is the ~ who stole my watch*]; *this* (*that*) *~ will do* den här (den där) duger; *which ~ do you like?* vilken tycker du om?

III *s* **1** etta [*three ~s*]; *they came by ~s and twos* de kom en och en och två och två **2** enhet **3** vard., *you are a ~!* du är en rolig en!, du är verkligen festlig! **4** vard., *be a ~ for* vara tokig i (tänd på)

one-act ['wʌnækt] *adj*, *~ play* enaktare
one-acter [,wʌn'æktə] *s* enaktare
one-armed [,wʌn'ɑ:md, attr. '--] *adj* enarmad; *~ bandit* vard. enarmad bandit spelautomat
one-horse [,wʌn'hɔ:s, '--] *adj* vard., *a ~ town* en landsortshåla, en [riktig] liten håla
one-liner [,wʌn'laɪnə] *s* vard. **1** tidn. enradare **2** kort vits, vitsig replik
one-man [,wʌn'mæn] *adj* enmans- [*~ show*]
one-night ['wʌnnaɪt] *adj* vard., *~ stand* a) [artists] engagemang för en kväll b) engångsligg person o. samlag
one-off ['wʌnɒf] *adj* enstaka; *a ~ affair* (*event*) en engångsföreteelse
one-parent [,wʌn'peər(ə)nt, '-,--] *adj*, *~ family* enföräldersfamilj
onerous ['ɒnərəs, 'əʊn-] *adj* betungande, tyngande, tung [*~ duties* (*taxes*)], besvärlig, svår
oneself [wʌn'self] *rfl pron* o. *pers pron* sig [*wash ~*]; sig själv [*proud of ~*]; själv [*one had better do it ~*]; en själv; jfr *myself*
one-sided [,wʌn'saɪdɪd, attr. '---] *adj* ensidig äv. bildl.
one-time ['wʌntaɪm] *adj* o. *adv* tidigare; förutvarande, f.d.
one-track ['wʌntræk] *adj* enkelspårig äv. bildl.
one-upmanship [wʌn'ʌpmənʃɪp] *s* konsten att psyka ngn (platta till andra)
one-way ['wʌnweɪ] *adj* **1** enkelriktad [*a ~ street*] **2** amer., *~ ticket* enkel biljett
ongoing ['ɒn,ɡəʊɪŋ] **I** *adj* pågående, fortgående **II** *s*, pl. *~s* se *goings-on*
onion ['ʌnjən] *s* bot. lök, rödlök; *know one's ~s* vard. kunna sina saker
on-line ['ɒnlaɪn] *adj* data. direktansluten, direktkopplad, on-line
onlooker ['ɒn,lʊkə] *s* åskådare
only ['əʊnlɪ] **I** *adj* **1** enda [*this is my ~ coat*; *her ~ brother*]; *he was an ~ child* han var enda barnet; *my one and ~ chance* min [absolut] enda chans **2** enda rätta; enda verkliga; *he's the ~ man* [*for the position*] han är den ende rätte...

II *adv* **1** bara, blott, endast; *~ once* bara en gång; *~ too* a) bara alltför [*I know that ~ too well*] b) väldigt [*we are ~ too pleased to come*]; *~ think!* tänk [dig] bara!; *if ~ because* om inte för annat så bara för att; *if ~ to* om inte för annat så bara för att [*if ~ to spite him*]; *not ~...but* [*also*] inte bara...utan även; *when he was ~ five he could* [*play the piano*] redan vid fem års ålder kunde han... **2** a) först, inte förrän [*I don't know him very well, I saw* (träffade) *him ~ yesterday*] b) senast, så sent som [*he can't be dead, I saw* (såg) *him ~ yesterday*]; *~ now* (*then*) först (inte förrän) nu (då); *~ when* först när, först sedan [*it was ~ when I had seen it that...*] **3** *~ just* just nu, alldeles nyss [*I have ~ just received it*]; *we ~ just caught* (*managed to catch*) *the train* vi hann nätt och jämnt med tåget

III *konj* men, det är bara det att; [*I would lend you the book with pleasure,*] *~ I don't know where it is* ...[men] jag vet bara inte var den är; *~ that* utom [det] att; om...inte; [*he is remarkably like his brother,*] *~* [*that*] *he is a little taller* ...utom det att han är litet längre
onomatopoeia [,ɒnə(ʊ)mætə(ʊ)'pi:ə] *s* onomatopoesi, ljudhärmning
onomatopoeic [,ɒnə(ʊ)mætə(ʊ)'pi:ɪk] *adj* o.
onomatopoetic [,ɒnə(ʊ)mætə(ʊ)pəʊ'etɪk] *adj* onomatopoetisk, ljudhärmande
onrush ['ɒnrʌʃ] *s* anstormning, framstormande
onset ['ɒnset] *s* **1** anfall, angrepp **2** ansats; början, inträde [*the ~ of winter*]
onshore [,ɒn'ʃɔ:] *adj* o. *adv* **1** pålands- [*~ wind*]; [*a wind blowing*] *~* ...mot land **2** nära (längs) kusten; på kusten; kust- **3** i land
onslaught ['ɒnslɔ:t] *s* våldsamt angrepp
onstage [,ɒn'steɪdʒ] *adj* o. *adv* scen-; på scenen; in på scenen
on-the-spot [,ɒnðə'spɒt] *adj* på ort och ställe,

på platsen [~ *inquiries*]; ~ *fine* ung. ordningsbot
onto ['ɒntʊ, framför konsonantljud äv. 'ɒntə] *prep* = *on to*
onus ['əʊnəs] *s* **1** börda; skyldighet, åliggande **2** skuld
onward ['ɒnwəd] **I** *adj* framåtriktad; som för (leder) framåt, framåt-; ~ *march* frammarsch; ~ *movement* rörelse framåt **II** *adv* se *onwards*
onwards ['ɒnwədz] *adv* framåt, vidare [*move* ~], fram [*it is further* ~]; *from page 10* ~ från och med sid. 10
onyx ['ɒnɪks, 'əʊ-] *s* miner. onyx
oodles ['uːdlz] *s pl* vard. massor [~ *of money*]
oops [ʊps] *interj*, ~*!* hoppsan!; oj [oj] då!
ooz|e [uːz] **I** *vb itr* **1** ~ [*out*] sippra [ut], sippra fram (igenom), sakta flyta (rinna) fram, dunsta ut **2** bildl. **a)** ~ [*out*] sippra (läcka, komma) ut [*rumours* (*the secret*) *began to* ~ *out*] **b)** ~ [*away*] rinna bort, [börja] sina [*my courage was -ing away*] **3** drypa [~ *with* (av) *sweat*]; droppa **II** *vb tr* låta sippra ut; avge, avsöndra; *he was -ing sweat* han dröp av svett **III** *s* **1** sakta flöde, [ut]sipprande, framsipprande **2** dy, gyttja, [botten]slam
op [ɒp] vard. förk. för *operation* 4
opacity [ə(ʊ)'pæsətɪ] *s* ogenomskinlighet; opacitet
opal ['əʊp(ə)l] *s* miner. opal
opalescent [,əʊpə'lesnt] *adj* opalskimrande
opaque [ə(ʊ)'peɪk] *adj* ogenomskinlig; opak; dunkel
OPEC ['əʊpek] *s* (förk. för *Organization of Petroleum Exporting Countries*) OPEC
open ['əʊp(ə)n] **I** *adj* **1** öppen; *in the* ~ *air* i friska luften, i det fria; ~ *fire* öppen eld ej i eldstad; *under the* ~ *sky* under bar himmel; ~ *warfare* öppet krig; *with one's eyes* ~ bildl. med öppna ögon, utan skygglappar; *wide* ~ vidöppen, på vid gavel; *the door flew* ~ dörren flög upp; *fling* ~ kasta (slänga) upp; *keep one's bowels* ~ hålla magen i gång **2** öppen; offentlig; fri; obegränsad; ~ *championship* sport. öppet mästerskap; *keep* ~ *house* hålla öppet hus; ~ *scholarship* stipendium som står öppet för alla; *the* ~ *season* (*time*) lovlig tid för jakt o. fiske; ~ *shop* företag med både organiserad och oorganiserad arbetskraft; *the O*~ *University* det öppna universitetet utan formella inträdeskrav, i vilket undervisning sker genom korrespondenskurser o. föreläsningar i radio o. TV m.m. **3** öppen[hjärtig], uppriktig [*with* mot] **4** ledig [*the job is still* ~] **5** öppen ej dold; ~ *secret* offentlig hemlighet **6** ~ *to* **a)** tillgänglig för, öppen för [*the race is* ~ *to all*]; *there are two courses* ~ *to you* två vägar står öppna för dig **b)** öppen för, mottaglig för [~ *to argument*] **c)** ~ *to doubt*

(*question*) diskutabel, som ska ifrågasättas, tvivelaktig
 II *s* **1** *in the* ~ a) i det fria, utomhus b) bildl. öppet, offentligt; *come* [*out*] *into the* ~ a) komma ut, bli offentlig b) tala öppet **2** sport. open tävling öppen för proffs o. amatörer
 III *vb tr* **1** öppna; ~ [*the book*] *at page 21* slå upp sidan 21 [i boken]; ~ *a p.'s eyes* bildl. öppna ngns ögon [*to* för]; ~ *the mind* vidga horisonten **2** ~ [*up*] **a)** öppna, skära upp [~ *a wound*] **b)** bryta, röja [~ *ground*], exploatera, öppna [~ *undeveloped land*] **3** öppna; upplåta, göra tillgänglig; börja, sätta i gång; inleda; inviga [~ *a new railway*]; ~ *an account with* öppna konto hos; ~ *fire* mil. öppna eld [*on* mot] **4** yppa, uppenbara, öppna; ~ *oneself to a p.* öppna sig för ngn
 IV *vb itr* **1** öppna[s]; öppna sig; ~ *sesame* se *sesame 2* **2** om blomma öppna sig, slå ut **3** öppna, börja [*the story* ~*s well*]; ha premiär [*the play* ~*ed yesterday*] **4** vetta, ha utsikt [*the window* ~*ed on to* (mot, åt) *the garden*]; leda, föra, mynna [*into, to, on to* in (ut) till, ut i]; *the room* ~*s on* [*to*] *the garden* rummet har förbindelse med (utgång mot) trädgården **5** ~ [*out*] öppna sig, breda ut sig; bli meddelsam **6** ~ *up* **a)** öppna eld [*on* mot] **b)** öppna sig, bli meddelsam, tala öppet **c)** ~ *up!* öppna dörren!
open-air [,əʊpən'eə, attr. äv. '---] *adj* frilufts- [*an* ~ *concert*, ~ *life*], utomhus- [*an* ~ *dance-floor*]
open-and-shut [,əʊpənən(d)'ʃʌt] *adj* självklara, solklar [*an* ~ *case*]; enkel
open-cast ['əʊpənkɑːst] gruv. **I** *s* dagbrott **II** *adj* [som bryts] i dagbrott; ~ *mine* dagbrott; ~ *mining* dagbrytning
open-circuit [,əʊpən'sɜːkɪt, attr. äv. '--,--] *adj*, ~ *television* allmän television i mots. till interntelevision
open-date [,əʊpən'deɪt] *vb tr* datummärka t.ex. mat
open-ended [,əʊpən'endɪd] *adj* öppen [och opartisk], förutsättningslös
opener ['əʊp(ə)nə] *s* **1** öppnare; *tin* (*can*) ~ konservöppnare, burköppnare **2** inledare [~ *of a discussion*]
open-handed [,əʊpən'hændɪd] *adj* frikostig, givmild; ~ *hospitality* stor gästfrihet
open-hearted [,əʊpən'hɑːtɪd] *adj* **1** öppenhjärtig, uppriktig **2** varmhjärtad
open-house [,əʊpən'haʊs] *adj, he is giving an* ~ *party tomorrow* det är öppet hus hos honom i morgon
opening ['əʊp(ə)nɪŋ] **I** *pres p* o. *adj* öppnande, inlednings-, begynnelse-, öppnings-; ~ *chapter* inledningskapitel; *his* ~ *remarks* hans inledande anmärkningar **II** *s* **1** öppnande etc., jfr *open III*; början, inledning [*the* ~ *of the session*], upptakt; invigning; premiär; *the* ~ *of Parliament*

parlamentets öppnande; **~** *night* premiär; **~** *time* isht öppningsdags [för pubar] **2** öppning äv. bildl. [*find an ~*]; springa, hål, glugg; mynning **3** [gynnsamt] tillfälle, möjlighet, chans **4** schack. öppning
openly ['əʊpənlɪ] *adv* öppet äv. bildl.; oförbehållsamt, frimodigt; offentligt
open-minded [ˌəʊpən'maɪndɪd] *adj* öppen (mottaglig) för nya idéer (intryck, synpunkter o.d.), fördomsfri; obunden
openness ['əʊpənnəs] *s* öppenhet etc., jfr *open I*
open-plan [ˌəʊpən'plæn, attr. äv. '---] *adj*, **~** *office* kontorslandskap; **~** *school* öppen skola
opera ['ɒp(ə)rə] *s* **1** opera; se äv. *comic I* o. *grand I 1* **2** pl. av *opus*
opera glasses ['ɒp(ə)rəˌglɑːsɪz] *s pl* teaterkikare
opera hat ['ɒp(ə)rəhæt] *s* chapeau-claque
opera house ['ɒp(ə)rəhaʊs] *s* operahus
operate ['ɒpəreɪt] **I** *vb itr* (se äv. *operating*) **1** verka; om t.ex. maskin arbeta, vara i gång, fungera **2** med. operera [*on a p.* ngn; *for a th.* för ngt] **3** operera äv. mil.; verka **4** börs. göra finansoperationer; spekulera **II** *vb tr* (se äv. *operating*) **1** sätta (hålla) i gång, manövrera, sköta [**~** *a machine*]; leda, hålla, driva [**~** *a company*]; **hand ~d** manuellt skött; **mechanically ~d** maskindriven **2** amer. med. operera [**~** *a patient*]
operating ['ɒpəreɪtɪŋ] *pres p* o. *adj* **1** arbets-, manöver-; drift[s]- [**~** *expenses* (*costs*)]; **~** *instructions* bruksanvisning[ar] **2** fungerande, [som är] i gång **3** med. operations- [**~** *table*]; **~** *theatre* operationssal med plats för åskådare
operation [ˌɒpə'reɪʃ(ə)n] *s* **1** verkan; inverkan; verksamhet, funktion, gång [*the* **~** *of an engine*], användning, bruk; *be in* **~** vara i gång (verksamhet, funktion); *begin* (*commence*) **~s** sätta i gång, börja verksamheten; *come into* **~** a) träda i verksamhet (funktion), komma i gång b) om t.ex. lag träda i kraft; *put into* **~** sätta (köra) i gång; bildl. sätta i verket [*put a plan into* **~**] **2** operation; förfarande, förfaringssätt; *it can be done in three ~s* det kan göras i tre moment **3** mil. operation, företag; *O~ Overlord* operation Overlord täcknamn för militärt företag, säljkampanj m.m. **4** med. operation, ingrepp [äv. *surgical ~*]; *have an ~ for...* bli opererad för...; *perform an ~ on a p.* utföra en operation (ett ingrepp) på ngn, operera ngn **5** börs. spekulation; börsoperation, finansoperation **6** drivande, drift [*the ~ of an enterprise*], skötsel, hantering [*the ~ of a machine*]
operational [ˌɒpə'reɪʃ(ə)nl] *adj* **1** drift[s]-; operations- **2** funktionsduglig; stridsklar
operative ['ɒp(ə)rətɪv] **I** *s* **1** [fabriks]arbetare **2** amer. vard. a) detektiv b) hemlig agent **II** *adj* **1 a)** verkande, verksam, aktiv; i verksamhet **b)** om t.ex. lag i kraft, gällande; *become* **~** träda i kraft, börja gälla **2** effektiv, verksam; *the* **~** *clause* den väsentliga paragrafen; *the* **~** *word* det avgörande ordet **3** med. operativ, operations-
operator ['ɒpəreɪtə] *s* **1** operatör äv. data.; tekniker, maskinist, maskinskötare; **~!** tele. hallå!; fröken! [**~!** *can you get me 123456?*]; *telephone* **~** telefonist; *telegraph* **~** telegrafist; *wireless* **~** radiotelegrafist **2** med. kirurg, operatör **3** isht amer. driftsledare; ägare **4** [börs]spekulant **5** vard. smart individ (typ) [äv. *smooth* **~**]
operetta [ˌɒpə'retə] *s* operett
ophthalmic [ɒf'θælmɪk, ɒp'θ-] *adj* **1** ögon- **2** drabbad av ögoninflammation
ophthalmology [ˌɒfθæl'mɒlədʒɪ, ˌɒpθ-] *s* oftalmologi
opiate ['əʊpɪət] *s* opiat; narkotiskt medel
opinion [ə'pɪnjən] *s* **1** mening, åsikt, uppfattning, omdöme [*of, about*, om sak äv. *on* om, beträffande]; **~** *poll* opinionsundersökning; *public* **~** den allmänna opinionen (meningen); *form an* **~** *of* bilda sig en mening (en åsikt, en uppfattning, ett omdöme) om; *have a low* (*bad, poor*) **~** *of* ha en låg tanke om; *give* (*state, express*) *one's* (*an*) **~** säga (uttala) sin mening, avge ett omdöme, uttala sig, yttra sig [*about*, om om], se äv. *2* nedan; *hold an* **~** hysa en åsikt; *in my* **~** enligt min mening (åsikt, uppfattning), enligt mitt förmenande; *a matter of* **~** en fråga om tycke och smak, en omdömessak; *I am of* [*the*] **~** *that...* jag är av den meningen (åsikten, uppfattningen) att..., jag menar (anser) att... **2** [sakkunnigt] betänkande (yttrande), [expert]utlåtande [*on* om, över, i; *legal* (*medical*) *~s*]
opinionated [ə'pɪnjəneɪtɪd] *adj* envis, egensinnig; påstridig; dogmatisk
opium ['əʊpjəm] *s* opium; **~** *addict* opiummissbrukare; **~** *den* opiumhåla
opossum [ə'pɒsəm] *s* zool. opossum, pungråtta
oppalinium [ˌɒpə'lɪnɪəm, -njəm] *s* geol. oppalin
opponent [ə'pəʊnənt] **I** *s* motståndare [*of* till]; i spel äv. motspelare **II** *adj* motstående; motsatt [*to* mot]
opportune ['ɒpətjuːn, ˌɒpə'tjuːn] *adj* opportun, läglig; lämplig, passande [*an* **~** *remark* (*speech*)]
opportunism [ˌɒpə'tjuːnɪz(ə)m, 'ɒpətjuːn-] *s* opportunism
opportunist [ˌɒpə'tjuːnɪst, 'ɒpətjuːn-] *s* opportunist
opportunity [ˌɒpə'tjuːnətɪ] *s* [gynnsamt] tillfälle, möjlighet, chans [*to do a th.*, *of* (*for*)

doing a th. [till] att göra ngt; *for a th.* för (till) ngt]; *when [an]* ~ *arises (offers)* när (så snart) [ett] tillfälle erbjuder sig (ges), vid tillfälle; *lose (miss, throw away) an* ~ el. *let an* ~ *escape (pass, slip)* försumma (missa) ett tillfälle, låta ett tillfälle gå sig ur händerna; *take the* ~ ta tillfället i akt, gripa tillfället; *take advantage (avail oneself, make the most) of an* ~ begagna [sig av] ett tillfälle, dra nytta av ett tillfälle; *at the first (an early)* ~ vid första [bästa] tillfälle; hand. med första lägenhet

oppose [ə'pəʊz] *vb tr* **1** opponera sig mot, motsätta sig [~ *a plan*], sätta (vända) sig emot, göra motstånd mot, bekämpa, motarbeta, strida mot **2** sätta (framställa) som motsats[er]

opposed [ə'pəʊzd] *adj* **1** motstående, motsatt **2** motsatt, stridig [~ *views*], kontrasterande; *be* ~ stå i motsatsförhållande, stå i motsats (kontrast) [*to* till, mot]; *be diametrically* ~ vara diametralt motsatt; bilda en (stå i) skarp motsats [*to* till]; *he was* ~ *to the plan* han motsatte sig planen, han var motståndare till planen; *country life as* ~ *to town life* lantliv i motsats till stadsliv

opposite ['ɒpəzɪt, -əsɪt] **I** *adj* **1** [belägen] mitt emot [*the* ~ *house*], motsatt [*on* ~ *sides of the square*], motliggande, motstående; *they went in* ~ *directions* de gick åt var sitt håll; *in the* ~ *direction to (from)* i motsatt riktning mot; ~ *to* mitt emot [*a house* ~ *to the post office*] **2** bildl. motsatt [*from, to* mot]; motsvarighet; ~ *number* kollega i motsvarande ställning; ~ *sex* motsatt kön **II** *prep* **1** mitt emot [*a house* ~ *the post office*] **2** mot **III** *adv* mitt emot [*there was an explosion* ~] **IV** *s* motsats [*of, to* till, mot; *black and white are* ~*s*]; *I mean the* ~ jag menar tvärtom (det motsatta); ~*s attract* motsatserna dras till varandra

opposition [ˌɒpə'zɪʃ(ə)n] *s* **1** motsättning, motsats, opposition, motstånd; *he spoke in* ~ *to [the plan]* han talade mot..., han motsatte sig... **2** polit. opposition [*be in* ~]; ~ [*party*] oppositionsparti; *the O~* oppositionen [britt. äv. *His* (*Her*) *Majesty's O~*]; *the O~ benches* oppositionens bänkar i engelska parlamentet; *leader of the O~* oppositionsledare

oppress [ə'pres] *vb tr* **1** tynga [~ *the mind*], trycka, tynga (trycka) ned, betunga; ~*ed* äv. beklämd, betryckt; ~*ed with (by) the heat* pressad (besvärad) av hettan **2** förtrycka, undertrycka, underkuva

oppression [ə'preʃ(ə)n] *s* **1** nedtryckande, underkuvande; förtryck [*the* ~ *of the people*] **2** betrycket, beklämdhet, beklämning **3** tryck, tyngd, press; börda

oppressive [ə'presɪv] *adj* **1** tyngande, betungande [~ *taxes*]; besvärande, tryckande, pressande [~ *heat*]; *it's very* ~ det är mycket kvavt (kvalmigt) **2** förtryckande, tyrannisk, grym [~ *laws (rules)*]

oppressor [ə'presə] *s* förtryckare

opprobrious [ə'prəʊbrɪəs] *adj* smädlig

opprobrium [ə'prəʊbrɪəm] *s* **1** smälek, skymf, vanära, skam **2** koll. ovett, smädelser, skymford

opt [ɒpt] *vb itr* välja [~ *between alternatives*]; ~ *for a th.* välja ngt, uttala sig för ngt; ~ *out* vard. inte vilja vara med, hoppa av

optic ['ɒptɪk] *adj* optisk, syn-; ~ *nerve* synnerv

optical ['ɒptɪk(ə)l] *adj* optisk [~ *fibre (glass)*]; syn-; ~ *illusion (delusion)* synvilla, optisk villa

optician [ɒp'tɪʃ(ə)n] *s* optiker

optics ['ɒptɪks] (konstr. ss. sg.) *s* optik

optimism ['ɒptɪmɪz(ə)m] *s* optimism

optimist ['ɒptɪmɪst] *s* optimist

optimistic [ˌɒptɪ'mɪstɪk] *adj* optimistisk

optimum ['ɒptɪməm] *s* lat. **1** optimum **2** attr. optimum-, optimal

option ['ɒpʃ(ə)n] *s* **1** val [*I had no* ~], fritt val; valfrihet; *have no [other]* ~ *but to* inte ha annat val än att **2** alternativ [*none of the* ~*s is satisfactory*]; valmöjlighet; *choose a soft* ~ vard. välja det lättaste alternativet (den enklaste utvägen) **3** hand. el. jur. option; [*right of*] ~ optionsrätt; *have an* ~ *on a house* ha förköpsrätt till ett hus, ha ett hus på hand

optional ['ɒpʃ(ə)nl] *adj* valfri, fakultativ, frivillig; ~ *subject* valfritt (frivilligt) ämne; tillvalsämne

opulence ['ɒpjʊləns] *s* välstånd, rikedom, överflöd

opulent ['ɒpjʊlənt] *adj* välmående; rik [~ *decorations*], frodig [~ *vegetation*]

opus ['əʊpəs, 'ɒpəs] (pl. ~*es*, i bet. *1* äv. *opera* ['ɒp(ə)rə]) *s* lat. **1** musikaliskt opus [förk. *Op.*; *Beethoven Op. 37*], [musik]verk **2** litterärt, konstnärligt opus äv. skämts., verk

or [ɔː, obeton. ə] *konj* eller; ~ *[else]* annars [så], eller också, eljest [*hurry up,* ~ *[else] you'll be late*]; *don't do that,* ~ *else!* låt bli det där, annars så!; *don't touch him,* ~ *he'll bite* rör honom inte, [för] då biter han; *two* ~ *three hours* ett par (en två) tre timmar, två à tre timmar

oracle ['ɒrəkl] *s* orakel; orakelsvar

oracular [ɒ'rækjʊlə] *adj* orakelmässig, orakel-; gåtfull

oral ['ɔːr(ə)l] **I** *adj* **1** muntlig [~ *tradition*] **2** oral, mun- [~ *cavity* (håla)]; ~ *contraceptives* orala preventivmedel; ~ *thermometer* muntermometer **II** *s* vard. munta muntlig examen

orally ['ɔːrəlɪ] *adv* **1** muntligen, muntligt

2 oralt; *not to be taken* ~ om medicin får ej tas oralt (genom munnen); för utvärtes bruk
Orange ['ɒrɪn(d)ʒ] **1** kungahuset Oranien **2** *the ~ Free State* geogr. Oranjefristaten
orange ['ɒrɪn(d)ʒ] *s* **1** apelsin; *~s and lemons* barnlek ung. bro, bro, breja **2** apelsinträd **3** orange [färg]
orangeade [ˌɒrɪn(d)ʒ'eɪd] *s* apelsindryck; läskedryck med apelsinsmak
orange peel ['ɒrɪn(d)ʒpiːl] *s* apelsinskal
orang-outang [əˌræŋʊ'tæŋ] *s* o. **orang-[o]utan** [əˌræŋʊ'tæn] *s* zool. orangutang
oration [ə'reɪʃ(ə)n] *s* oration; högtidligt tal
orator ['ɒrətə] *s* [väl]talare, orator
oratorio [ˌɒrə'tɔːrɪəʊ] (pl. *~s*) *s* mus. oratorium
oratory ['ɒrət(ə)rɪ] *s* talarkonst, vältalighet, retorik äv. iron.
orb [ɔːb] *s* **1** klot, sfär, glob, kula **2** riksäpple
orbit ['ɔːbɪt] **I** *s* **1** t.ex. planets, satellits [omlopps]bana, kretsbana, varv; himlakropps kretslopp; *in ~* i [sin] bana; *send into ~* sända upp i bana **2** bildl. verksamhetsområde, inflytelseområde; intressesfär **II** *vb tr* **1** röra sig i en bana kring, kretsa kring **2** sända upp i bana
orchard ['ɔːtʃəd] *s* fruktträdgård; *cherry ~* körsbärsträdgård
orchestra ['ɔːkɪstrə, -kes-] *s* **1** orkester; *~ [pit]* orkesterdike **2 a)** *~ stalls* främre parkett **b)** amer. [främre] parkett
orchestral [ɔː'kestr(ə)l] *adj* orkester-; orkestral, satt för orkester
orchestrate ['ɔːkɪstreɪt, -kes-] *vb tr* mus. orkestrera; bildl. äv. iscensätta [*a carefully ~d campaign*]
orchestration [ˌɔːke'streɪʃ(ə)n] *s* mus. orkestrering, instrumentation
orchid ['ɔːkɪd] *s* bot. orkidé isht tropisk o. odlad
ordain [ɔː'deɪn] *vb tr* **1** prästviga, ordinera; *~ a p. priest* viga ngn till präst **2** föreskriva, förordna
ordeal [ɔː'diːl, -'dɪəl, '--] *s* svårt prov, prövning, eldprov, pärs, pina
order ['ɔːdə] **I** *s* **1 a)** ordning; ordningsföljd; system; reda **b)** arbetsordning, ordningsstadga, reglemente, regel, föreskrift[er], stadga[r]; *O~! O~!* parl. till ordningen!, till saken!; *point of ~* procedurfråga; *~ of the day* dagordning; *keep ~* hålla ordning, upprätthålla ordningen; *in ~* i ordning; i gott skick; reglementsenlig; *in alphabetical (chronological) ~* i alfabetisk (kronologisk) ordning; *in (after) the natural ~ of things* enligt naturens ordning; *in [good] working ~* i gott skick, funktionsduglig; *out of ~* i oordning; i dåligt skick, i olag, ur funktion; mot reglementet (stadgarna), opassande; *my stomach is out of ~* min mage är i olag; *the Speaker called him to ~* parl. talmannen kallade honom till ordningen **2 a)** order, befallning, tillsägelse, bud; *~s are ~s* [en] order är [en] order; *O~ in Council* kunglig förordning; *~ of the day* mil. dagorder; *it's an ~!* gör som jag (han etc.) säger!; *it's doctor's ~s* det har doktorn sagt (ordinerat); *he is under doctor's ~s not to smoke* doktorn har förbjudit honom att röka; *by ~* på befallning, enligt order; *be under ~s to* + inf. ha order att **b)** jur., domstols, domares åläggande; beslut, utslag; *~ of the Court* domstolsutslag, domstolsbeslut **3 a)** hand. order, beställning, rekvisition [*for* på, å]; uppdrag; *it's a tall (large) ~* det är för mycket begärt; *place an ~ for a th. with a firm* placera en order på ngt hos en firma; *~ intake* orderingång; *~s in hand* ingångna order (beställningar); *be on ~* vara beställd, [*made*] *to ~* [tillverkad] på beställning; skräddarsydd **b)** på restaurang beställning **4** hand. el. bank. anvisning; [utbetalnings]order, [betalnings]uppdrag [*an ~ for payment on a bank*] **5** [samhälls]klass, stånd, rangklass; *the lower (higher) ~s* de lägre (högre) klasserna (stånden) **6** orden äv. ordenstecken [*the O~ of the Garter; a monastic ~*]; ordenssällskap **7** [*holy*] *~s* det andliga ståndet; prästvigning; *take (enter)* [*holy*] *~s* låta prästviga sig; *read for* [*holy*] *~s* läsa till präst **8** *in ~ to* + inf. för att, i avsikt (syfte) att; *in ~ for you to [see clearly]* för (så) att du skall...; *in ~ that* för att, så att [*I did it in ~ that he shouldn't worry*] **9** slag, sort; storleksordning [*sums of quite a different ~*]; *talents of a high ~* talanger av förnämligt slag; *of (in) the ~ of* av (i) storleksordningen **II** *vb tr* **1** beordra, befalla, ge order om, säga till [*a p. to do a th., a th. to be done* att ngt skall göras]; *~ a player off (off the field)* sport. utvisa en spelare [från planen]; *the regiment was ~ed to the front* regementet kommenderades ut till fronten; *~ a p. about* bildl. kommendera ngn, köra med ngn **2** beställa [*~ a taxi*], rekvirera **3** med. ordinera, föreskriva; *that's just what the doctor ~ed* vard. [det var] precis vad jag (du etc.) behövde **4** jur. ålägga [*he was ~ed to pay costs (damages)*] **5** ordna [upp] [*~ one's affairs*]
order book ['ɔːdəbʊk] *s* hand. el. mil. orderbok
order form ['ɔːdəfɔːm] *s* ordersedel
orderly ['ɔːdəlɪ] **I** *adj* **1** [väl]ordnad; metodisk; regelbunden [*~ rows of bungalows*] **2** om pers. ordentlig **3** stillsam, stilla, [som håller sig] lugn [*an ~ crowd*]; disciplinerad **4** mil., *~ duty* ordonnanstjänstgöring; *~ officer* dagofficer; *~ room* kompaniexpedition, regementsexpedition i kasern **II** *s* **1** mil. ordonnans, rapportkarl **2 a)** [*hospital*] *~* sjukvårdsbiträde **b)** [*medical*] *~* mil. sjukvårdare

order paper [ˈɔːdəˌpeɪpə] *s* parl. föredragningslista, dagordning
ordinal [ˈɔːdɪnl] **I** *adj*, *~ number* gram. ordningstal **II** *s* gram. ordningstal
ordinance [ˈɔːdɪnəns] *s* förordning, stadga
ordinarily [ˈɔːdɪn(ə)rəlɪ] *adv* **1** vanligen, i vanliga fall **2** vanligt; ordinärt, alldagligt
ordinary [ˈɔːdnrɪ, -dɪn(ə)r-] **I** *adj* **1** vanlig; bruklig; vardaglig, ordinär, alldaglig; *in ~ life* i vardagslivet; *on ~ occasions (days)* i vardagslag; *~ seaman* a) i marinen menig b) i handelsflottan jungman; lättmatros; *~ share* stamaktie; *in the (an) ~ way I should refuse* under vanliga förhållanden (omständigheter) skulle jag säga nej **2** ordinarie [*the ~ train*] **II** *s*, *ability far above the ~* förmåga långt utöver det vanliga
ordination [ˌɔːdɪˈneɪʃ(ə)n] *s* **1** kyrkl. prästvigning, ordination **2** anordning, inrättning
ordnance [ˈɔːdnəns] *s* artilleri; artillerimateriel, krigsmateriel; *~ map (sheet)* generalstabskarta; officiellt kartblad; *the O~ Survey* ung. Statens lantmäteriverk; *~ survey* officiell kartläggning
ordure [ˈɔːdjʊə] *s* dynga, träck
ore [ɔː] *s* **1** malm **2** metall, ädelmetall ofta poet.
oregano [ˌɒrɪˈgɑːnəʊ, əˈregənəʊ] *s* bot. oregano
Oregon [ˈɒrɪgən, -gɒn] geogr. egenn.; *the ~ Trail* amer. hist., pionjärernas väg från Missouri till Oregon
organ [ˈɔːgən] *s* **1** anat. organ [*the ~s of speech (digestion)*]; *male ~* manslem **2** organ röst, stämma **3** bildl. organ tidning, organisation o.d.; språkrör **4** orgel; harmonium [äv. *reed ~*] **5** se *barrel organ*
organdie o. **organdy** [ˈɔːgəndɪ] *s* organdi tyg
organ-grinder [ˈɔːgənˌgraɪndə] *s* positivhalare, positivspelare
organic [ɔːˈgænɪk] **I** *adj* **1** organisk [*~ chemistry*; *~ diseases*]; fundamental, strukturell **2** biodynamisk; *~ farming* biodynamisk odling **II** *s* organiskt ämne
organism [ˈɔːgənɪz(ə)m] *s* organism
organist [ˈɔːgənɪst] *s* organist
organization [ˌɔːgənaɪˈzeɪʃ(ə)n, -nɪˈz-] *s* **1** organisation, organisering **2** organisation; företag; organism; struktur, komposition
organize [ˈɔːgənaɪz] **I** *vb tr* **1** organisera, lägga upp [*~ one's work*; *~ a political party*]; ordna, anordna, arrangera, ställa till [med] [*~ a picnic*]; *~d crime* organiserad brottslighet **2** [fackligt] organisera; *~d labour* organiserad (fackansluten) arbetskraft **3** sl. fixa, greja ordna **II** *vb itr* **1** organisera sig **2** bli organisk **3** sl., *get ~d* a) ta sig samman b) fixa något
organizer [ˈɔːgənaɪzə] *s* organisatör; arrangör

organ loft [ˈɔːgənlɒft] *s* orgelläktare
orgasm [ˈɔːgæz(ə)m] *s* orgasm, utlösning
orgiastic [ˌɔːdʒɪˈæstɪk] *adj* orgiastisk, orgieartad
orgy [ˈɔːdʒɪ] *s* orgie; *indulge in an ~ of* fira orgier i
orient [ss. subst. ˈɔːrɪənt, ss. vb ˈɔːrɪent] **I** *s* **1** *the O~* a) Orienten, Östern, Österlandet b) amer. östra halvklotet inklusive Europa **2** mest poet. öster **II** *vb tr* o. *vb itr* isht amer., se *orientate*
oriental [ˌɔːrɪˈentl, ˌɒr-] **I** *adj* **1** *O~* orientalisk [*O~ rugs*]; österländsk **2** åld. östlig **II** *s*, *O~* oriental, österlänning
orientate [ˈɔːrɪənteɪt] *vb tr* orientera äv. bildl.; bestämma ngts el. ngns position; bildl. anpassa, avpassa, rätta, justera [*to* efter]
orientation [ˌɔːrɪənˈteɪʃ(ə)n] *s* orientering äv. bildl.
orienteer [ˌɔːrɪənˈtɪə] *s* sport. orienterare
orienteering [ˌɔːrɪənˈtɪərɪŋ] *s* sport. orientering
orifice [ˈɒrɪfɪs] *s* mynning [*the ~ of a tube*], öppning
origin [ˈɒrɪdʒɪn] *s* ursprung, [första] början, uppkomst, upprinnelse, tillkomst; upphov, källa; härkomst [äv. pl. *~s*]; *country of ~* ursprungsland; *place of ~* stamort; *take (derive, have) one's ~ from (in)* leda sitt ursprung från, ha sitt ursprung i
original [əˈrɪdʒənl] **I** *adj* **1** ursprunglig, första, begynnelse-, ur-, original-; *~ performance* uruppförande; *~ sin* teol. arvsynd; *~ text* ursprunglig text, grundtext **2** originell, nyskapande, självständig [*an ~ thinker*, *~ work*]; ny, frisk [*~ ideas*] **II** *s* **1** original [*this is not the ~, it is only a copy*]; grundtext, originaltext **2** original säregen person [*he is a real ~*]
originality [əˌrɪdʒəˈnælətɪ] *s* originalitet; ursprunglighet; nyskapande förmåga, friskhet
originally [əˈrɪdʒ(ə)n(ə)lɪ] *adv* **1** ursprungligen, från början **2** originellt [*write ~*]
originate [əˈrɪdʒəneɪt] **I** *vb tr* ge (vara) upphov till **II** *vb itr* härröra, härstamma, utgå [*from (in) a th.* från ngt; *from (with) a p.* från ngn]; uppstå, uppkomma
originator [əˈrɪdʒəneɪtə] *s* upphovsman, skapare
oriole [ˈɔːrɪəʊl] *s* zool. **1** gylling; *golden ~* sommargylling **2** amer. trupial, vävarstare
Orkney [ˈɔːknɪ] geogr.; *~* el. *the ~s* pl. el. *the ~ Islands* pl. Orkneyöarna
ormolu [ˈɔːmə(ʊ)luː] *s* äkta guldbrons; musivguld
ornament [ss. subst. ˈɔːnəmənt, ss. vb ˈɔːnəment] **I** *s* **1** ornament; prydnad äv. om pers. [*he was an ~* (för) *his profession*]; prydnadsföremål, prydnadssak; utsmyckning **2** mus. ornament, prydnadsnot **3** [yttre] prål,

[fagert] sken **II** *vb tr* ornamentera, ornera, dekorera; smycka, pryda
ornamental [ˌɔːnəˈmentl] *adj* ornamental, dekorativ, prydlig; prydnads- [*an ~ plant* (*shrub*)]
ornamentation [ˌɔːnəmenˈteɪʃ(ə)n] *s* **1** ornamentering, utsmyckning, utsirning, dekorering **2** ornament, ornamentering
ornate [ɔːˈneɪt, ˈɔːneɪt] *adj* [skönt] utsirad, utsmyckad; sirlig, blomsterrik, snirklad
ornithological [ˌɔːnɪθəˈlɒdʒɪk(ə)l] *adj* ornitologisk
ornithologist [ˌɔːnɪˈθɒlədʒɪst] *s* ornitolog, fågelkännare
ornithology [ˌɔːnɪˈθɒlədʒɪ] *s* ornitologi, läran om fåglarna
orphan [ˈɔːf(ə)n] **I** *s* föräldralöst barn, föräldralös; bildl. värnlös varelse **II** *adj* föräldralös; bildl. värnlös, övergiven **III** *vb tr* lämna (göra) föräldralös
orphanage [ˈɔːf(ə)nɪdʒ] *s* **1** barnhem, hem för föräldralösa barn **2** föräldralöshet
Orpheus [ˈɔːfjuːs, -fɪəs] mytol. Orfeus
orris root [ˈɒrɪsruːt] *s* violrot
orthodontic [ˌɔːθəˈdɒntɪk] *adj* ortodontisk
orthodontics [ˌɔːθə(ʊ)ˈdɒntɪks] (konstr. ss. sg.) *s* ortodonti, tandreglering
orthodox [ˈɔːθədɒks] *adj* **1** ortodox [*~ behaviour*; *~ views*]; renlärig; *~ sleep* med. ortosömn **2** *O~* ortodox som rör ortodoxa kyrkan; *the O~ Church* ortodoxa (grekisk-ortodoxa, grekisk-katolska) kyrkan
orthodoxy [ˈɔːθədɒksɪ] *s* ortodoxi; renlärighet
orthographic [ˌɔːθə(ʊ)ˈɡræfɪk] *adj* o.
orthographical [ˌɔːθə(ʊ)ˈɡræfɪk(ə)l] *adj* ortografisk
orthography [ɔːˈθɒɡrəfɪ] *s* ortografi, rättskrivning, rättstavning, stavning; rättskrivningsregler
orthop[a]edic [ˌɔːθə(ʊ)ˈpiːdɪk] *adj* med. ortopedisk
orthop[a]edics [ˌɔːθə(ʊ)ˈpiːdɪks] (konstr. ss. sg.) *s* o. **orthop[a]edy** [ˈɔːθə(ʊ)piːdɪ] *s* med. ortopedi
ortolan [ˈɔːtələn] *s* zool., *~ [bunting]* ortolan[sparv]
Orwell [ˈɔːw(ə)l]
Oscar [ˈɒskə] **I** mansnamn **II** *s* Oscar filmutmärkelse
oscillate [ˈɒsɪleɪt] **I** *vb itr* **1** svänga; pendla; oscillera; vibrera **2** bildl. pendla, svänga; växla; vackla **II** *vb tr* sätta i svängning
oscillation [ˌɒsɪˈleɪʃ(ə)n] *s* **1** svängning; pendling; oscillation; vibrering; svängningsrörelse, pendelrörelse **2** bildl. svängning, pendling; växling, skiftning; vacklande
osier [ˈəʊʒə, -ʒjə] *s* bot. vide; *isht* korgvide
Oslo [ˈɒzləʊ] geogr.
osprey [ˈɒsprɪ, ˈɒspreɪ] *s* **1** zool. fiskgjuse **2** espri, ägrett hattprydnad

ossification [ˌɒsɪfɪˈkeɪʃ(ə)n] *s* benbildning, förbening äv. konkr.; bildl. stelnande; förstockelse
ossify [ˈɒsɪfaɪ] *vb itr* ossifieras, förvandlas (övergå) till ben; förbenas, bli benhård äv. bildl.; bildl. stelna; förstockas, förhärdas
ostensible [ɒˈstensəbl] *adj* skenbar, påstådd, uppgiven, till skenet
ostensibly [ɒˈstensəblɪ] *adv* skenbart, till synes
ostentation [ˌɒstenˈteɪʃ(ə)n] *s* ståt, prål, skryt
ostentatious [ˌɒstenˈteɪʃəs] *adj* grann, prålig [*~ jewellery*]; vräkig, skrytsam; prålsjuk
osteopath [ˈɒstɪəpæθ] *s* med. osteopat, kiropraktor
osteopathy [ˌɒstɪˈɒpəθɪ] *s* med. osteopati
ostracism [ˈɒstrəsɪz(ə)m] *s* uteslutning, utfrysning från sällskapsliv, sociala förmåner; bojkott
ostracize [ˈɒstrəsaɪz] *vb tr* utesluta, frysa ut
ostrich [ˈɒstrɪtʃ, -ɪdʒ; i pl. vanl. -ɪdʒɪz] *s* struts; *~ policy* bildl. strutspolitik
OT fork. för *Old Testament*
other [ˈʌðə] **I** (ss. självst. pl. *~s*) *indef pron* annan, annat, andra; ytterligare, …till; för ex. se äv. *one I*; *the ~ day* häromdagen; *one ~ word* ett ord till; *the two ~s* el. *the ~ two* de båda andra; *he is better than any ~ member of the team* han är bättre än någon annan medlem i laget; *every ~ week* varannan vecka; *I do not wish him ~ than he is* jag önskar honom inte annorlunda än han är; *it was no (none) ~ than the President* det var ingen annan än (ingen mindre än, självaste) presidenten; *some day (time) or ~* någon dag (gång) [förr eller senare]; *someone (some idiot) or ~ has broken it* någon (någon idiot) har haft sönder den; *somehow or ~* på ett eller annat sätt; *among ~s* bland andra, bl.a.; *among ~ things* bland annat, bl.a. **II** *adv*, *~ than* annat (annorlunda) än
otherwise [ˈʌðəwaɪz] *adv* (ibl. *adj* el. *konj*) **1** annorlunda, annorledes, annat, på annat sätt [*I could not have done ~*]; *I could do no ~* jag kunde inte annat göra; *~ than friendly* allt annat än vänlig; *~ engaged* upptagen på annat håll; *he knew ~* han visste bättre; *unless ~ agreed upon* såvida inte annat överenskommits **2** annars [så], i annat fall, eljest [*I went at once, ~ I should have missed him*] **3** i andra avseenden; [*he has been lax,*] *but is ~ not to blame* …men kan för (i) övrigt inte klandras **4** även kallad, alias
otherworldly [ˌʌðəˈwɜːldlɪ] *adj* som hör till en annan värld; verklighetsfrämmande
otiose [ˈəʊtɪəʊs] *adj* överflödig, onödig
Ottawa [ˈɒtəwə] geogr.
otter [ˈɒtə] *s* zool. utter äv. skinn o. fiskredskap
ouch [aʊtʃ] *interj*, *~!* aj!, oj!
ought [ɔːt] *hjälpvb* (pres. o. imperf., med *to* +

inf.) **1** bör, borde, skall, skulle; *as it ~ to [be]* som sig bör; *I ~ to know* det måtte jag väl veta; *I think I ~ to [do it]* jag tycker att jag bör (borde) göra det **2** *he ~ to be there now* han bör (torde) vara där nu
1 ounce ['aʊns] *s* **1** uns (vanl. = 1/16 *pound* 28,35 gram) **2** bildl. uns, gnutta
2 ounce ['aʊns] *s* zool. snöleopard
our ['aʊə] *fören poss pron* vår; jfr *my*; *say O~ Father* läsa Fader vår
ours ['aʊəz] *självst poss pron* vår [*the house is ~*]; jfr *1 mine*; *~ is a large family* vi är en stor familj
ourselves [ˌaʊə'selvz] *rfl pron* o. *pers pron* oss [*we amused ~*], oss själva [*we can take care of ~*]; vi själva [*everybody but ~*], själva [*we made that mistake ~*]; jfr *myself*
oust [aʊst] *vb tr* driva bort, köra bort, avlägsna [*from från*]; tränga undan, tränga ut
out [aʊt] **I** *adv* o. *pred adj* (jfr resp. huvudord) **1** uttr. läge el. befintlighet ute, utanför; borta, inte hemma; *~ here* härute; *~ there* därute; *the sun is ~* solen är framme; *be ~ for a walk* vara ute och gå (promenera); *his brother was ~ in Canada* hans bror var [borta] i Kanada; *shall we dine ~ tonight?* ska vi äta ute på restaurang i kväll? **2** uttr. rörelse el. riktning ut, bort; *I could not get a word ~* jag kunde inte få fram ett ord; *~ you go!* ut med dig!; *take ~* ta fram ur t.ex. fickan **3** i bildl. uttr.: **a)** i förb. med *be*: *the book is ~* a) boken är utlånad b) boken är utkommen; *the fire is ~* brasan har slocknat; *the light is ~* ljuset är släckt; *the miners are ~* gruvarbetarna är i strejk; *the tide is ~* det är ebb; *my watch is two minutes ~* min klocka går två minuter fel; *before the year is ~* innan året är slut; *he is £100 ~* han har räknat fel på 100 pund; *I was ~ in my calculations* jag hade räknat fel; *you are not far ~* vard. det är inte så galet (illa gissat); *be ~ about* vara uppe, vara på benen, vara i gång [igen] efter sjukdom m.m. **b)** övr. förb.: *let them fight it ~!* låt dem slåss om det (saken)!; *hear me ~!* låt mig tala till punkt (färdigt)!; *the nicest man ~* den hyggligaste karl som går i ett par skor; *~ and away* utan jämförelse [*~ and away the best*]; *it was her Sunday ~* det var hennes lediga söndag
 4 i fastare förb. med prep.:
 ~ after: be ~ after vara ute efter
 ~ of: **a)** ut från, ut ur [*come ~ of the house*], upp ur; ut genom; ur [*drink ~ of a cup*; *~ of use*], från; ute ur, borta från, utanför; utom [*~ of sight*]; *~ of doors* utom (utanför) dörren, utomhus; *times ~ of number* otaliga (oräkneliga) gånger; *in two cases ~ of ten* i två fall av tio; *drink ~ of a (the) saucer* dricka på fat; *get ~ of here!* ut härifrån!; *he isn't ~ of bed yet* han har inte stigit upp [ur sängen] ännu; *be ~ of it*
a) vara (känna sig) utanför [äv. *feel ~ of it*] b) stå utanför saken c) inte ha en chans **b)** utan [*we are ~ of butter and eggs*] **c)** av, utav [*~ of curiosity*; *it is made ~ of wood*]
 ~ with: *~ with it!* fram med det!, ut med språket!
 II *attr adj* **1** yttre; avsides [belägen] [*an ~ island*] **2** ytter-, som leder ut[åt] [*the ~ door*]; utgående [*the ~ train*]
 III *s*, *the ins and the ~s* se in III 1
 IV *vb itr* **1** komma fram, uppdagas [*truth will ~*] **2** *~ with* vard. komma fram (ut) med
out-and-out [ˌaʊtn(d)'aʊt] vard. **I** *adv* alltigenom, helt och hållet, fullständigt **II** *adj* tvättäkta [*an ~ Londoner*], fullblods- [*an ~ idealist*], inbiten
outback ['aʊtbæk] austral. **I** *s* vildmark, obygd [*the O~*] **II** *adj* vildmarks-, obygds-
outbalance [ˌaʊt'bæləns] *vb tr* uppväga; väga mer än
outbid [ˌaʊt'bɪd] (*outbid outbid*) *vb tr* bjuda över; bildl. överbjuda, överträffa
outboard ['aʊtbɔːd] **I** *adv* utombords **II** *adj* utombords- [*an ~ motor*], utombords belägen **III** *s* utombordsmotor; ut[om]bordare
outbound ['aʊtbaʊnd] *adj* utgående [*~ traffic*], på väg ut, destinerad till utrikes ort [*an ~ ship*]
outbreak ['aʊtbreɪk] *s* utbrott [*an ~ of anger, an ~ of hostilities*]; *~ of fire* eldsvåda, brand; *there has been an ~ of smallpox* en smittkoppsepidemi har brutit ut
outbuilding ['aʊtˌbɪldɪŋ] *s* uthus[byggnad]
outburst ['aʊtbɜːst] *s* utbrott [*an ~ of rage*], anfall, attack [*an ~ of laughter*], ryck [*an ~ of energy*]
outcast ['aʊtkɑːst] *s* utstött (övergiven, hemlös) varelse, utslagen [människa], samhällets olycksbarn, paria
outclass [ˌaʊt'klɑːs] *vb tr* sport. utklassa
outcome ['aʊtkʌm] *s* **1** resultat, utgång, utfall; följd, slutsats **2** utlopp [*it gave no ~ for his energy*]
outcry ['aʊtkraɪ] *s* rop, [an]skri; skrik, rabalder, larm; ramaskri
outdated [ˌaʊt'deɪtɪd] *adj* omodern, gammalmodig
outdistance [ˌaʊt'dɪstəns] *vb tr* distansera äv. bildl.
outdo [ˌaʊt'duː] (*outdid outdone*) *vb tr* överträffa, överglänsa, övertrumfa; övervinna
outdoor ['aʊtdɔː] *adj* utomhus- [*an ~ aerial*], ute-, frilufts-; *~ clothes* ytterkläder; *~ games* utomhuslekar; *lead an ~ life* leva friluftsliv
outdoors [ˌaʊt'dɔːz] **I** *adv* utomhus, ute, i fria luften, i det fria **II** (konstr. ss. sg.) *s* fria luften, det fria
outer ['aʊtə] *adj* yttre, ytter-; utvändig; *~ clothes (garments)* överkläder, ytterkläder;

~ lane trafik. ytterfil; **O~ Mongolia** Yttre Mongoliet; **~ space** yttre rymden, världsrymden
outermost ['aʊtəməʊst, -məst] *adj* ytterst
outfight [ˌaʊt'faɪt] (*outfought outfought*) *vb tr* kämpa bättre än; slå, besegra
outfit ['aʊtfɪt] **I** *s* **1** utrustning äv. bildl. [*a camping ~*]; utstyrsel, ekipering [*a new spring ~*], kläder, persedlar, mundering; redskap, tillbehör; uppsättning; *repair ~* reparationslåda **2** utrustande, utrustning, ekipering **3** isht amer. vard. företag **4** vard. gäng; grupp; [arbets]lag; band **II** *vb tr* utrusta, ekipera
outfitter ['aʊtfɪtə] *s* försäljare av herrekiperingsartiklar; [*gentlemen's*] *~'s* herrekipering[saffär]
outflank [ˌaʊt'flæŋk] *vb tr* mil. kringgå, överflygla äv. bildl.; *~ing movement* kringgående rörelse
outflow ['aʊtfləʊ] *s* utflöde [*an ~ of water*]; utströmning
outfox [ˌaʊt'fɒks] *vb tr* överlista
outgoing ['aʊtˌgəʊɪŋ] **I** *adj* **1** utgående [*an ~ telephone call*]; *~ mail* [*tray*] [korg för] utgående post; *~ tide* sjunkande tidvatten **2** avgående [*the ~ Ministry*], avträdande, frånträdande [*the ~ tenant*] **3** utåtriktad, sällskaplig [*an ~ personality*] **II** *s*, mest pl. *~s* utgifter, kostnader
outgrow [ˌaʊt'grəʊ] (*outgrew outgrown*) *vb tr* växa om, växa ngn över huvudet; växa ifrån; bli för stor (gammal) för; växa fortare än; växa ur kläder
outgrowth ['aʊtgrəʊθ] *s* utväxt, utgrening
outhouse ['aʊthaʊs] *s* **1** uthus **2** amer. utedass
outing ['aʊtɪŋ] *s* utflykt
outlandish [ˌaʊt'lændɪʃ] *adj* **1** sällsam, besynnerlig **2** avlägsen mest neds.; *it's such an ~ place* det är ett ställe bortom all ära och redlighet
outlast [ˌaʊt'lɑːst] *vb tr* räcka (vara) längre än; överleva
outlaw ['aʊtlɔː] **I** *s* **1** fredlös, fågelfri **2** laglös individ, bandit **II** *vb tr* **1** ställa utom (utanför) lagen, förklara fredlös (fågelfri) **2** kriminalisera [*~ war*], [i lag] förbjuda
outlay ['aʊtleɪ] *s* **1** utlägg, utgift[er] **2** förbrukning [*~ of energy*]
outlet ['aʊtlet, -lət] *s* **1** utlopp äv. bildl. [*the ~ of a lake; an ~ for one's energy*]; avlopp; utgång; avloppskanal **2** marknad, avsättning[sområde] [*an ~ for one's products*] **3** amer. elektr. uttag
outline ['aʊtlaɪn] **I** *s* **1** kontur[er], ytterlinje; *~ map* konturkarta **2** konturteckning; *draw in ~* konturera **3** skiss[ering], utkast [*for* till]; översikt, sammanfattning, sammandrag [*of* över, av]; disposition; *An O~ of European History* titel Grunddragen i Europas historia, Europas historia i sammandrag;

rough ~ skiss, utkast; *in broad* (*general*) *~* i stora (grova) drag **4** pl. *~s* grunddrag, huvuddrag; allmänna principer **II** *vb tr* **1** teckna konturerna av, skissera; *be ~d* äv. avteckna sig, vara avtecknad **2** bildl. ange huvuddragen i, skissera, skildra i stora drag
outlive [ˌaʊt'lɪv] *vb tr* överleva [*~ one's husband*]; få folk att glömma [*~ a disgrace*]; komma över; *it has ~d its usefulness* den har överlevt sig själv
outlook ['aʊtlʊk] *s* **1** utsikt; bildl. inställning, åskådning, sätt att se, syn; *~ on life* äv. livsinställning, livssyn, livsåskådning **2** [framtids]utsikter; *the ~ is gloomy* (*black*) äv. det ser dystert (mörkt) ut; *further ~* meteor. utsikterna för de närmaste dagarna **3** utkik; *on the ~* på utkik, på spaning
outlying ['aʊtˌlaɪɪŋ] *adj* **1** avsides [belägen], avlägsen; ytter- **2** som ligger utanför vissa gränser; gräns-; bildl. äv. utanför ämnet, ovidkommande; *~ farm* utgård
outmanoeuvre [ˌaʊtməˈnuːvə] *vb tr* utmanövrera; överlista
outmoded [ˌaʊt'məʊdɪd] *adj* urmodig, omodern
outnumber [ˌaʊt'nʌmbə] *vb tr* överträffa (vara överlägsen) i antal, vara fler än; *~ed* underlägsen, i minoritet
out-of-date [ˌaʊtəv'deɪt] *adj* omodern, gammalmodig, föråldrad
out-of-print [ˌaʊtəv'prɪnt] *adj* utgången på förlaget, utsåld [från förlaget]
out-of-the-way [ˌaʊtəvð(ə)'weɪ, -təð-] *adj* avsides [belägen], avlägsen
out-of-work [ˌaʊtəv'wɜːk] *adj* o. *s* arbetslös [person]
out-patient ['aʊtˌpeɪʃ(ə)nt] *s* poliklinikpatient; *~s'* el. *~ department* (*clinic*) poliklinik
outplay [ˌaʊt'pleɪ] *vb tr* spela bättre än; spela ut [*they were ~ed by their opponents*]
outpoint [ˌaʊt'pɔɪnt] *vb tr* få fler poäng än; poängbesegra
outpost ['aʊtpəʊst] *s* **1** mil. el. bildl. utpost, förpost **2** amer. mil. bas i utlandet
outpouring ['aʊtˌpɔːrɪŋ] *s* **1** utgjutande, utströmmande; utflöde äv. konkr.; ström **2** bildl., mest pl. *~s* utjutelser
output ['aʊtpʊt] *s* **1** produktion, tillverkning [*the ~ of a factory*]; prestation [*the ~ of each man*]; utbyte, avkastning; *energy ~* energiutveckling **2** elektr. el. radio. uteffekt; *~ stage* slutsteg; *rated ~* märkeffekt **3** data. utdata
outrage ['aʊtreɪdʒ] **I** *s* **1** våld, övervåld **2** våldshandling, attentat [*against* mot; *against, on, upon* mot]; *this is an ~* äv. detta är [en] skandal **3** harm, indignation [*sense of ~*] **II** *vb tr* **1** våldföra sig på; skymfa **2** uppröra, chockera
outrageous [ˌaʊt'reɪdʒəs] *adj* **1** skandalös,

upprörande, skändlig [~ *treatment*]; skymflig, kränkande [~ *epithets*] **2** överdriven, omåttlig
outrank [ˌaʊtˈræŋk] *vb tr* **1** ha högre rang än **2** betyda mer än, vara förmer än
outrider [ˈaʊtˌraɪdə] *s* **1** förridare **2** föråkare, [motorcykel]eskort
outright [ss. adv. ˌaʊtˈraɪt, ss. adj. ˈ--] **I** *adv* **1** helt och hållet; på en gång; på fläcken [*he was killed* ~]; *buy a th.* ~ a) köpa ngt i fast räkning b) köpa ngt kontant **2** rent ut [*ask him* ~]; utan vidare, oförbehållsamt, öppet; rent av **II** *adj* fullständig, hel, total; grundlig; riktig, ren [~ *wickedness*]; direkt, obetingad, oreserverad [*an* ~ *denial*]; avgjord, obestridlig [*he was the* ~ *winner*]
outrun [ˌaʊtˈrʌn] (*outran outrun*) *vb tr* **1** springa om (förbi, ifrån); löpa fortare än **2** övergå, överskrida, överstiga, överträffa, gå om
outset [ˈaʊtset] *s* början, inledning; inträde; anträdande av resa; avresa; *at the* ~ [redan] i (vid) början (starten); *from the* ~ från början (starten)
outshine [ˌaʊtˈʃaɪn] (*outshone outshone*) *vb tr* **1** överglänsa, ställa i skuggan **2** lysa starkare än
outside [ˌaʊtˈsaɪd, ss. adj. ˈ--] **I** *s* **1** utsida, yttersida; yta; ngts (ngns) yttre; *open the door from the* ~ öppna dörren utifrån (från utsidan) **2** *at the* [*very*] ~ på sin höjd, högst **II** *adj* **1** utvändig, yttre; utvärtes; ytter-; ute-, utomhus-; utanför befintlig; ~ *assistance* hjälp utifrån; ~ *broadcast*[*ing*] radio. el. TV. 'outside broadcast[ing]', OB-sändning sändning utanför studion; *get an* ~ *opinion* rådfråga (tillfråga) en utomstående; *the* ~ *world* yttervärlden **2** ytterst, maximum-, högst [~ *prices*]; *at an* ~ *estimate* högt räknat **3** obetydlig, ytterst liten [*an* ~ *chance*] **III** *adv* ute; ut [*come* ~*!*]; utanför; utanpå; utvändigt **IV** *prep* utanför, utom; utanpå; vard. bortsett från, utöver
outsider [ˌaʊtˈsaɪdə] *s* **1** outsider, utomstående; utböling; särling **2** sport. m.m. outsider, icke-favorit
outsize [ˈaʊtsaɪz] **I** *s* om kläder o.d. extra stor storlek, specialstorlek; *have an* ~ *in shoes* ha extra stort nummer i skor **II** *adj* extra stor, mycket stor
outskirts [ˈaʊtskɜːts] *s pl* utkant[er]; ytterområden; gränser; *on the* ~ *of the town* i utkanten av staden
outsmart [ˌaʊtˈsmɑːt] *vb tr* vard. överlista, vara smartare än
outspoken [ˌaʊtˈspəʊk(ə)n] *adj* rättfram, öppen[hjärtig], frimodig; frispråkig
outstanding [i bet. *1* ˈaʊtˌstændɪŋ, i bet. *2*, *3* ˌ-ˈ--] *adj* **1** utstående, utskjutande **2** framstående, framträdande; iögonfallande, påfallande; enastående, utomordentlig **3** om fordringar m.m. utestående, obetald; om växel

m.m. utelöpande; om arbete ogjord; *we still have a lot of work* ~ vi har fortfarande en massa arbete ogjort (som väntar)
outstay [ˌaʊtˈsteɪ] *vb tr* stanna längre än [~ *the other guests*], stanna [ut]över bestämd tid; ~ *one's welcome* se *welcome II*
outstretched [ˈaʊtstretʃt] *adj*, *with* ~ *arms* med utbredda armar
outstrip [ˌaʊtˈstrɪp] *vb tr* distansera, springa (gå) om; löpa förbi
out-tray [ˈaʊttreɪ] *s* korg (låda) för utgående post, utkorg
outvote [ˌaʊtˈvəʊt] *vb tr* överrösta, rösta omkull
outward [ˈaʊtwəd] **I** *adj* **1** utgående; ut-; utåtriktad, utåtvänd; *the* ~ *journey* (*voyage*) utresan **2** yttre; utvändig, utvärtes; *his* ~ *appearance* hans yttre **II** *adv* utåt, ut om
outwardly [ˈaʊtwədlɪ] *adv* **1** utåt; utvändigt, utanpå **2** till det yttre
outwards [ˈaʊtwədz] *adv* se *outward II*
outweigh [ˌaʊtˈweɪ] *vb tr* uppväga; väga mer än
outwit [ˌaʊtˈwɪt] *vb tr* överlista
ouzel [ˈuːzl] *s* zool. ringtrast
ova [ˈəʊvə] *s* pl. av *ovum*
oval [ˈəʊv(ə)l] *adj* oval; äggformig, äggrund
ovary [ˈəʊvərɪ] *s* **1** anat. äggstock, ovarium **2** bot. fruktämne
ovation [ə(ʊ)ˈveɪʃ(ə)n] *s* ovation, bifallsstorm, livlig hyllning; *they gave him a standing* ~ de stod upp och hyllade honom; *receive an* ~ bli föremål för ovationer (hyllningar)
oven [ˈʌvn] *s* ugn; ~ *door* ugnslucka; ~ *glove* grytvante
ovenproof [ˈʌvnpruːf] *adj* [ugns]eldfast, ugnssäker
oven-ready [ˈʌvnˌredɪ] *adj* klar att sättas i ugn[en], ugnsfärdig
ovenware [ˈʌvnweə] *s* [ugns]eldfast gods, eldfasta formar
over [ˈəʊvə] **I** *prep* **1** över; ovanför; utanpå, ovanpå; *how long was he* ~ *it?* hur länge höll han på med det?; *strike a p.* ~ *the head* slå ngn i huvudet; *go* ~ *one's notes* gå igenom sina anteckningar **2** tvärs över, över [till andra sidan av]; på andra sidan av; *the house* ~ *the way* (*street*) huset mitt över vägen (gatan), huset mitt emot **3** över, mer än [*it cost* ~ £ *100*]; ~ *and above* förutom, utöver **4** i tidsuttr. a) under, i [~ *several days*]; genom; ~ *the years* under årens lopp, genom åren; ~ *the years* [*he grew bald*] med åren… b) över [*can you stay* ~ *Monday?*] **5** i, på; *say a th.* ~ *the telephone* säga ngt i telefon[en]; *hear a th.* ~ *the radio* (*air*) höra ngt i (på) radio[n] **6** a) angående, beträffande, över [*unease* ~ *the political situation*]; på grund av b) om [*fight* ~ *a th.*] **II** *adv* **1** över [till (på) andra sidan av] [*he has gone* ~ (*he is* ~ *in*) *America*]; över [*the milk*

boiled ~]; **be** ~ **there** vara där borta (framme); **go** ~ **there** gå dit bort (fram), gå över dit **2** över, till övers, kvar [*there are four apples* ~]; [*7 into 15 goes twice*] *and one* ~ ...och ett i rest **3** igenom [*talk a th.* ~], från början till slut; **ten times** ~ tio gånger om; ~ **and** ~ [*again*] om och om igen, gång på gång; **it rolled** ~ **and** ~ den rullade runt flera gånger; ~ *again* om igen, en gång till; **begin all** ~ **again** börja om från början **4** över [*paint the old name* ~]; **all** ~ helt och hållet, överallt [*black all* ~]; **that's him all** ~ det är så likt honom; sådan är han **5** över, till ända, slut, förbi [*the struggle is* ~]; **get it** ~ [*and done with*] få det gjort, få det ur världen; **it's all** ~ **with him** det är [helt] ute (slut) med honom **6** framför adj. o. perf. p. allför, över sig, särskilt, så värst [*he is not* ~ *well*], överdrivet [*be* ~ *polite*]; över- **III** *s* i kricket over serie om vanl. 6 kast **IV** *interj* tele., ~ [*to you*]*!* kom!; ~ *and out!* klart slut!
overachiever [ˌəʊvərə'tʃiːvə] *s* högpresterande elev; **be an** ~ äv. vara högpresterande
overact [ˌəʊvər'ækt] *vb itr* o. *vb tr* teat. spela över, spela överdrivet; överdriva
over-age [ˌəʊvər'eɪdʒ] *adj* överårig, för gammal
overall ['əʊvərɔːl] **I** *s* **1** [skydds]rock, städrock **2** pl. ~**s** blåställ, överdragskläder, overall; *a pair of* ~**s** ett blåställ, en overall **II** *attr adj* total [~ *efficiency*], total- [*the* ~ *length of a bridge*]; helhets- [*an* ~ *impression*]; samlad [*the* ~ *production*]; allmän, generell [*an* ~ *wage increase*]
over-anxious [ˌəʊvər'æŋ(k)ʃəs] *adj* **1** alltför (överdrivet) ängslig **2** alltför ivrig
overarm [ss. adj. 'əʊvərɑːm, ss. adv. ˌəʊvər'ɑːm] sport. **I** *adj* överarms-, överhands- [*an* ~ *ball* (*bowler*)] **II** *adv* över axelhöjd (huvudet) [*serve* ~]; **bowl** (*pitch*) ~ göra ett överarmskast (överhandskast)
overbalance [ˌəʊvə'bæləns] **I** *vb tr* **1** få att tappa balansen; välta [omkull] [*he* ~*d the boat*] **2** uppväga [*the gains* ~ *the losses*] **II** *vb itr* tappa balansen, ta överbalansen [*he* ~*d and fell*]
overbearing [ˌəʊvə'beərɪŋ] **I** *adj* övermodig, myndig, högdragen, överlägsen [*an* ~ *manner*] **II** *s* myndigt (övermodigt, överlägset) uppträdande, högdragenhet, överlägsenhet
overbid [ss. vb ˌəʊvə'bɪd, ss. subst. '---] **I** (*overbid overbid*) *vb tr* o. *vb itr* bjuda över; ~ [*one's hand*] kortsp. bjuda för högt [på sina kort] **II** *s* överbud, kortsp. äv. för högt bud
overblown [ˌəʊvə'bləʊn] *adj* **1** överdriven [~ *ambition*, ~ *praise*] **2** svulstig, bombastisk [~ *prose*]
overboard ['əʊvəbɔːd, ˌ--'-] *adv* sjö. överbord [*fall* (*go*, *throw*) ~]; utombords; **he was lost** ~ han föll överbord och drunknade **2** bildl.,

go ~ bli hänförd [*for* över], bli överförtjust [*for* i], bli eld och lågor [*for* [in]för, över];
throw a th. ~ förkasta (överge, kassera) ngt
overburden [ˌəʊvə'bɜːdn] *vb tr* över[be]lasta, belasta för tungt; bildl. betunga, tynga [ned] [*be* ~*ed with* (av) *grief*]
overcast [ss. vb o. pred. adj. ˌəʊvə'kɑːst, ss. attr. adj. '---] **I** (*overcast overcast*) *vb tr* [be]täcka, förmörka äv. bildl. [*grey clouds* ~ *the sky*] **II** (*overcast overcast*) *vb itr* mulna [på], mörkna **III** *adj* mulen, moln[be]täckt [*an* ~ *sky*]
over-cautious [ˌəʊvə'kɔːʃəs] *adj* överdrivet (alltför) försiktig (varsam)
overcharge [ˌəʊvə'tʃɑːdʒ] **I** *vb tr* o. *vb itr* **1** ta för höga priser (överpriser) [av]; *he was* ~*d* [*for what he bought*] han fick betala för mycket (överpris)... **2** överbelasta [~ *an electric circuit*]; ladda för kraftigt [~ *a gun*]; överlasta **3** överdriva **II** *s* **1** överpris, för högt pris; överdebitering, uppskörtning **2** överbelastning
overcloud [ˌəʊvə'klaʊd] **I** *vb tr* [be]täcka (skymma) med moln **II** *vb itr* bli moln[be]täckt
overcoat ['əʊvəkəʊt] *s* överrock, ytterrock
overcome [ˌəʊvə'kʌm] **I** (*overcame overcome*) *vb tr* besegra [~ *an enemy*], övervinna [~ *an obstacle*], betvinga, lägga band på [~ *one's emotion*], få bukt med [~ *a bad habit*] **II** (*overcame overcome*) *vb itr* segra [*we shall* ~] **III** *perf p* o. *adj* överväldigad; utom sig; utmattad [~ *by* (av) *lack of sleep*]; ~ *by exhaustion* utmattad; ~ *with* (*by*) *emotion* överväldigad av rörelse
overcompensate [ˌəʊvə'kɒmpənseɪt] *vb itr* psykol. överkompensera
overconfident [ˌəʊvə'kɒnfɪd(ə)nt] *adj* alltför (överdrivet) tillitsfull; tvärsäker, självsäker
overcook [ˌəʊvə'kʊk] *vb tr* o. *vb itr* koka för länge
overcrowded [ˌəʊvə'kraʊdɪd] *adj* överbefolkad [*an* ~ *city* (*district*)]; överfull [*an* ~ *bus*], överbelagd [*an* ~ *hospital*]
overcrowding [ˌəʊvə'kraʊdɪŋ] *s* överbefolkning; överbeläggning; trångboddhet
overdo [ˌəʊvə'duː] (*overdid overdone*) *vb tr* **1** överdriva, göra för mycket av; driva för långt; ~ *it* (*things, matters*) gå till överdrift, överdriva **2** steka (koka) mat för länge (mycket, hårt) **3** ~ *it* förta (överanstränga) sig; *don't* ~ *it!* ansträng dig inte för mycket, ta i lagom
overdone [ˌəʊvə'dʌn, attr. '---] **I** *perf p* (av *overdo*) **II** *adj* **1** för hårt (länge, mycket) stekt (kokt) **2** överdriven [*his politeness is* ~]
overdose [ss. subst. 'əʊvədəʊs, ss. vb ˌəʊvə'dəʊs] **I** *s* överdos, för stor dos **II** *vb tr* **1** ge en överdos, ge [en] för stark (stor) dos [~ *a p.*] **2** överdosera [~ *a medicine*]

overdraft ['əʊvədrɑːft] *s* bank. överdragning, övertrassering, överdrag
overdramatize [ˌəʊvə'dræmətaɪz] *vb tr* överdramatisera
overdraw [ˌəʊvə'drɔː] (*overdrew overdrawn*) *vb tr* bank. dra över [på], överskrida, övertrassera
overdrawn [ˌəʊvə'drɔːn] *adj* o. *perf p* (av *overdraw*) **1** bank. överdragen, överskriden, övertrasserad [*an ~ account*] **2** överdriven [*the characters in this novel are rather ~*]
overdress [ˌəʊvə'dres] **I** *vb tr* klä för fint (flott), styra ut **II** *vb itr* o. *vb rfl*, *~ [oneself]* styra ut sig, klä sig för fint (flott, väl)
overdressed [ˌəʊvə'drest] *adj* överdrivet ([lite] för) välklädd, för fint (flott) klädd, utstyrd
overdrive ['əʊvədraɪv] *s* bil. överväxel
overdue [ˌəʊvə'djuː] *adj* **1** hand. förfallen; *the rent is [long]* ~ hyran är [för länge sedan] förfallen till betalning **2** a) försenad [*the post (train) is ~*] b) med. överburen; *she is [ten days]* ~ hon har gått...över tiden **3** [länge] emotsedd; *an improvement has long been* ~ en förbättring har länge varit behövlig
overeat [ˌəʊvər'iːt] (*overate* [ˌəʊvər'et, isht. amer. ˌəʊvər'eɪt] *overeaten*) **I** *vb itr* föräta sig, äta för mycket **II** *vb rfl*, *~ oneself* föräta sig
overestimate [ss. vb ˌəʊvər'estɪmeɪt, ss. subst. ˌəʊvər'estɪmət] **I** *vb tr* överskatta, övervärdera; beräkna för högt **II** *s* överskattning, övervärdering; alltför hög beräkning
overexertion [ˌəʊv(ə)rɪg'zɜːʃ(ə)n] *s* överansträngning
overexpose [ˌəʊv(ə)rɪk'spəʊz] *vb tr* **1** utsätta (exponera) för mycket (för länge) [*~ oneself to* (för) *the sun*] **2** foto. överexponera
overexposure [ˌəʊv(ə)rɪk'spəʊʒə] *s* foto. överexponering
over-fifties [ˌəʊvə'fɪftɪz] *s pl*, *the* ~ de [som är] över femti[o]
overflow [ss. vb ˌəʊvə'fləʊ, ss. subst. '---] **I** *vb tr* svämma över [*the river ~ed its banks*]; översvämma, överfylla **II** *vb itr* flöda (svämma) över [bräddarna] [*the lake is ~ing*]; bildl. flöda (svalla) över [*~ with* (av) *gratitude (kindness)*] **III** *s* **1** översvämning **2** överflöd, ymnighet; överskott; tekn. överlopp, överflöde; data. spill; ~ *[pipe]* skvallerrör; överfallsrör; ~ *of population* befolkningsöverskott
overfly [ˌəʊvə'flaɪ] (*overflew overflown*) *vb tr* mil. överflyga, flyga över
over-forties [ˌəʊvə'fɔːtɪz] *s pl*, *the* ~ de [som är] över fyrti[o]
overgrown [ˌəʊvə'grəʊn, attr. '---] *adj* o. *perf p* (av *overgrow*) **1** övervuxen [*walls ~ with* (med, av) *ivy*], igenvuxen [*a garden ~ with* (av) *weeds*] **2** förvuxen, för (ovanligt) stor [*an ~ boy*]
overhang [ˌəʊvə'hæŋ] **I** (*overhung overhung*) *vb tr* hänga [ut] över, skjuta fram (ut) över [*the cliffs ~ the stream*]; bildl. sväva (hänga) över ngns huvud; hota **II** (*overhung overhung*) *vb itr* skjuta fram (ut) [*the ledge ~s several feet*]; bildl. hota
overhaul [ˌəʊvə'hɔːl, ss. subst. '---] **I** *vb tr* **1** [noggrant] undersöka; se över, gå igenom; sjö. överhala reparera; *have one's car ~ed* få sin bil genomgången **2** köra (segla) om [*~ another ship*]; hinna upp **II** *s* undersökning; översyn
overhead [ss. adv. ˌəʊvə'hed, ss. attr. adj. '---] **I** *adv* över huvudet; uppe i luften (skyn) [*the clouds ~*] **II** *attr adj* [befintlig] över marken; ~ *camshaft* överliggande kamaxel; ~ *costs (expenses, charges)* se *overheads*; ~ *[door]* vipport; ~ *projector* arbetsprojektor, overheadprojektor
overheads ['əʊvəhedz] (amer. äv. konstr. ss. sg.) *s pl* allmänna (generella) omkostnader, fasta utgifter
overhear [ˌəʊvə'hɪə] (*overheard overheard*) *vb tr* [råka] få höra, [råka] avlyssna [*~ a conversation*], tjuvlyssna, snappa (fånga) upp [*~ a word*]
overheat [ˌəʊvə'hiːt] *vb tr* överhetta äv. ekon.; hetta (värma) upp för mycket; *get ~ed* bli överhettad; tekn. gå varm
overindulge [ˌəʊv(ə)rɪn'dʌldʒ] *vb tr* vara alltför efterlåten (eftergiven) mot
overjoyed [ˌəʊvə'dʒɔɪd] *adj* utom sig av glädje, överlycklig, överförtjust [*at, with* över]
overkill ['əʊvəkɪl] *s* **1** mil. överdödningsförmåga totalförstöringskapacitet med kärnvapen **2** fördärv, undergång [*economic ~*]; överdrifter
overladen [ˌəʊvə'leɪdn] *adj* över[be]lastad
overland [ss. adv. ˌəʊvə'lænd, ss. adj. '---] **I** *adv* på land; landvägen, till lands [*travel ~*] **II** *adj* [skeende (gående)] på land (landvägen, till lands); *an ~ journey* en resa till lands (på land)
overlap [ss. vb ˌəʊvə'læp, ss. subst. '---] **I** *vb tr* o. *vb itr* skjuta [ut] över [varandra], delvis täcka [varandra] [*tiles that ~ one another*; *~ping boards*], [delvis] sammanfalla [med], gå (gripa) i [varandra]; isht fackspr. överlappa [varandra] **II** *s* isht fackspr. överlapp[ning]
overlay [ˌəʊvə'leɪ] (*overlaid overlaid*) *vb tr* täcka över, betäcka; belägga, överdra [*wood overlaid with gold*]
overleaf [ˌəʊvə'liːf] *adv* på motsatta (andra) sidan; *continued* ~ fortsättning [följer] på nästa sida
overload [ss. vb ˌəʊvə'ləʊd, ss. subst. 'əʊvələʊd] **I** *vb tr* **1** över[be]lasta äv. bildl. [*~ one's memory*]; lasta för tungt [*~ a wagon*]; ~ *one's stomach with...* över[be]lasta magen med... **2** ladda för hårt **II** *s* över[be]lastning
overlook [ˌəʊvə'lʊk] *vb tr* **1** a) titta (se) över [*~ a wall*]; se (skåda) ut över [*~ a valley from*

a hill] b) erbjuda utsikt över, höja sig över, behärska; *a house ~ing the sea* ett hus med utsikt över havet; *my window ~s the park* mitt fönster vetter [ut] mot parken **2** förbise, inte märka [~ *a printer's error*] **3** överse med, se genom fingrarna med, inte låtsas om [~ *a fault*] **4** se till (efter), ha tillsyn (uppsikt) över, övervaka
overlord ['əʊvəlɔːd] *s* [stor]pamp [*the ~s of industry*]
overly ['əʊvəlɪ] *adv* alltför [mycket]
overmuch [ˌəʊvə'mʌtʃ] *adj* o. *adv* alltför mycket
overnight [ss. adv. ˌəʊvə'naɪt, ss. attr. adj. '---]
I *adv* **1** över natt[en]; *stay ~* stanna över natt[en], övernatta **2** natten (kvällen) före (innan) [*preparations were made ~*] **3** över en natt, på (under) en enda natt [*it changed ~, it lasted only ~*] **II** *attr adj*, *~ guests* gäster [som stannar] över en natt (natten), nattgäster; *~ stop* övernattning
overpass ['əʊvəpɑːs] *s* amer., se *flyover*
overpay [ˌəʊvə'peɪ] (*overpaid overpaid*) *vb tr* överbetala [~ *a p.*]; [be]löna för frikostigt
overplay [ˌəʊvə'pleɪ] *vb tr* **1** se *overact* **2** *~ one's hand* spela för högt [spel] äv. bildl. **3** överbetona, lägga för stor vikt vid
overpopulation ['əʊvəˌpɒpjʊ'leɪʃ(ə)n] *s* överbefolkning
overpower [ˌəʊvə'paʊə] *vb tr* överväldiga äv. bildl.; göra matt; övermanna; *be ~ed by the heat* vara alldeles matt av värmen
overpowering [ˌəʊvə'paʊərɪŋ] *adj* överväldigande
overrate [ˌəʊvə'reɪt] *vb tr* övervärdera, överskatta; *an ~d film* en överreklamerad film
overreach [ˌəʊvə'riːtʃ] *vb tr* **1** sträcka sig [ut]över (utom); nå bortom; *~ the mark* skjuta över målet äv. bildl. **2** *~ oneself* bildl. ta sig vatten över huvudet, förlyfta (förta) sig
overreact [ˌəʊvərɪ'ækt] *vb itr* överreagera, reagera (ta i) för kraftigt (hårt)
override [ˌəʊvə'raɪd] (*overrode overridden*) *vb tr* bildl. a) trampa under fötterna, sätta sig över, åsidosätta [~ *a p.'s claims*] b) överskugga, dominera [*fear overrode all other emotions*]; *overriding* allt överskuggande, dominerande
overrule [ˌəʊvə'ruːl] *vb tr* **1** avvisa, åsidosätta [~ *a claim*]; isht jur. ogilla [~ *an action*, *~ a plea*], upphäva [~ *a decision*]; *objection ~d!* jur. protesten avslås! **2** behärska, överväldiga, styra, vara starkare än [*his greed ~d his common sense*]; *be ~d* bli överkörd
overrun [ˌəʊvə'rʌn] (*overran overrun*) *vb tr* **1** invadera; översvämma [*warehouses overrun with (av) rats*]; härja [i] [*an epidemic disease was ~ning the country*] **2** [be]täcka [*a wall overrun with ivy*]; *overrun with weeds* äv. övervuxen med ogräs

overseas [ss. adj. 'əʊvəsiːz, ss. adv. ˌ--'-] **I** *adj* transmarin; utländsk, utrikes-, utlands-, från (till) utlandet; *~ countries* främmande länder, utlandet; *~ trade* utrikeshandel
II *adv* på (från, till) andra sidan havet; från (till) utlandet; utomlands [*live (go) ~*]
oversee [ˌəʊvə'siː] (*oversaw overseen*) *vb tr* **1** se till, övervaka, ha uppsikt över [~ *workmen*] **2** [råka] få se
overseer ['əʊvəsɪə] *s* [arbets]förman, verkmästare; uppsyningsman; tryckeriförman, faktor
over-sensitive [ˌəʊvə'sensɪtɪv] *adj* överkänslig
oversexed [ˌəʊvə'sekst] *adj* övererotisk, sexhungrig
overshadow [ˌəʊvə'ʃædəʊ] *vb tr* **1** överskugga, kasta [sin] skugga över äv. bildl. **2** bildl. ställa i skuggan; *be ~ed by a p.* äv. få stå i skuggan för ngn
overshoe ['əʊvəʃuː] *s* galosch; pampusch, bottin
overshoot [ˌəʊvə'ʃuːt] (*overshot overshot*) *vb tr* **1** skjuta över, missa [~ *the target*]; *~ the mark* skjuta över målet, bildl. äv. gå för långt, ta till i överkant, överdriva **2** flyg. flyga in för högt för att kunna landa på, plusbedöma [~ *the runway*]
oversight ['əʊvəsaɪt] *s* **1** förbiseende, ouppmärksamhet; *by (through) an ~* av (genom ett) förbiseende **2** uppsikt, tillsyn
oversimplify [ˌəʊvə'sɪmplɪfaɪ] *vb tr* förenkla alltför mycket [~ *a problem*]
oversize ['əʊvəsaɪz] *adj* o. **oversized** ['əʊvəsaɪzd] *adj* [som är] över medelstorlek (medellängd); överdimensionerad
oversleep [ˌəʊvə'sliːp] (*overslept overslept*) *vb itr* o. *vb rfl*, *~* [*oneself*] försova sig
overspend [ˌəʊvə'spend] (*overspent overspent*) **I** *vb tr* ge ut mer än, överskrida [~ *one's budget*] **II** *vb itr* överskrida sina tillgångar, slösa [bort sina pengar]
overspill ['əʊvəspɪl] **I** *s* befolkningsöverskott [äv. *~* [*of*] *population*] **II** *vb itr* svämma över äv. bildl.
overstaffed [ˌəʊvə'stɑːft] *adj* överbemannad; *be ~* äv. ha för stor personal
overstate [ˌəʊvə'steɪt] *vb tr* överdriva påstående, uppgift o.d.; ange för högt; *~ one's case* säga mer än man kan stå för, ta till [i överkant], bre på
overstatement [ˌəʊvə'steɪtmənt] *s* överdrift; överdrivet påstående
overstay [ˌəʊvə'steɪ, '---] *vb tr* stanna [ut]över (längre än) [~ *a fixed* (bestämd) *time*]; *~ one's welcome* se *welcome II*
overstep [ˌəʊvə'step] *vb tr* överskrida äv. bildl.; *~ the mark* sport. göra ett övertramp, bildl. äv. gå för långt, gå till överdrift, överdriva
overstrung [ˌəʊvə'strʌŋ, attr. '---] *adj* överspänd [~ *nerves*; *he is ~*]; hypernervös

oversubscribe [ˌəʊvəsəb'skraɪb] *vb tr* överteckna [~ *a loan*]
overt [ə(ʊ)'vɜːt, 'əʊvɜːt] *adj* öppen, uppenbar [~ *hostility*]; offentlig
overtake [ˌəʊvə'teɪk] (*overtook overtaken*) **I** *vb tr* **1** hinna upp (ifatt); ta igen [~ *arrears of work*] **2** köra om (förbi) [~ *other cars on the road*]; gå om (förbi) äv. bildl. **3** överraska [*be ~n by a storm*], komma över [*darkness overtook us*] **4** drabba [*be ~n by a disaster* (*disease*)], gripa, överväldiga [*be ~n by* (*with*) *fear* (*surprise*)] **II** *vb itr* köra om, göra en omkörning
overtaking [ˌəʊvə'teɪkɪŋ] *s* omkörning; *no ~* omkörning förbjuden
overtax [ˌəʊvə'tæks] *vb tr* **1** överbeskatta, övertaxera, beskatta (taxera) för högt **2** kräva för mycket av; *~ one's strength* överanstränga sig
over-the-counter [ˌəʊvəðə'kaʊntə] *adj* **1** receptfri [~ *drugs*] **2** som säljs över disk (öppet och lagligt) [~ *articles*]
overthrow [ss. vb ˌəʊvə'θrəʊ, ss. subst. '---] **I** (*overthrew overthrown*) *vb tr* **1** störta, fälla [~ *the government*]; omstörta [~ *the established order* (det bestående)]; slå [~ *the enemy*], förstöra **2** kasta (vräka) omkull [*trees ~n by the storm*] **II** *s* **1** störtande, fällande [*the ~ of a government*]; omstörtning **2** nederlag, undergång, fall **3** kullkastande äv. bildl. [*the ~ of a plan*]
overtime ['əʊvətaɪm] **I** *s* övertid; övertidsarbete; övertidsersättning; *be on ~* arbeta över (på övertid) **II** *adj* övertids- [~ *work* (*pay*)] **III** *adv* på övertid; *work ~* äv. arbeta över
overtone ['əʊvətəʊn] *s* mus. el. bildl. överton
overture ['əʊvətjʊə] *s* **1** mus. ouvertyr **2** ofta pl. *~s* närmanden, trevare; förslag, anbud om underhandling; *~s of (for) peace* el. *peace ~s* fredstrevare, fredsförslag; *make ~s to* göra närmanden till, sända ut trevare till
overturn [ss. vb ˌəʊvə'tɜːn, ss. subst. '---] **I** *vb tr* välta [omkull] [~ *a chair*], stjälpa [omkull] [~ *a glass*]; stjälpa med [~ *a load of hay*], kantra med [~ *a boat*]; störta [över ända] äv. bildl. [~ *a kingdom*]; omstörta [~ *society*] **II** *s* bildl. omstörtning, omvälvning, fall
overvalue [ˌəʊvə'væljuː] *vb tr* övervärdera [*~d currency*]
overview ['əʊvəvjuː] *s* översikt
overweening [ˌəʊvə'wiːnɪŋ] *adj* **1** förmäten, övermodig, inbilsk **2** omåttlig, överdriven; *~ pride* övermod
overweight ['əʊvəweɪt] **I** *s* övervikt **II** *adj* övervikts- [~ *luggage*]; överviktig
overwhelm [ˌəʊvə'welm] *vb tr* **1** tynga ned, förkrossa [*be ~ed with* (av) *grief*], övermanna, överväldiga [*be ~ed by the enemy*; *be ~ed with* (av) *gratitude*]; överhopa [~ *with work* (*inquiries*)] **2** översvämma [*be ~ed by a flood*]

overwhelming [ˌəʊvə'welmɪŋ] *adj* överväldigande [*an ~ victory*], förkrossande [~ *sorrow*]
overwork [ˌəʊvə'wɜːk] **I** *s* för mycket arbete, överansträngning [*ill through ~*] **II** *vb tr* överanstränga [~ *a horse*, ~ *oneself*]; *be ~ed* äv. vara utarbetad **III** *vb itr* överanstränga sig, arbeta för mycket (hårt)
overwrought [ˌəʊvə'rɔːt] *adj* **1** utarbetad, överansträngd, uttröttad **2** överretad; överspänd **3** utstuderad, överdriven [*an ~ style*]
Ovid ['ɒvɪd] Ovidius
oviduct ['əʊvɪdʌkt] *s* anat. äggledare, ovidukt
oviparous [əʊ'vɪpərəs] *adj* zool. äggläggande
ovulate ['ɒvjʊleɪt] *vb itr* biol. ha ägglossning
ovulation [ˌɒvjʊ'leɪʃ(ə)n, ˌəʊv-] *s* biol. ägglossning, ovulation
ov|um ['əʊv|əm] (pl. *-a* [-ə]) *s* biol. ägg, ovum
ow [aʊ] *interj*, *~!* aj!
owe [əʊ] *vb tr* o. *vb itr* vara skyldig [*he still ~s for the goods*]; ha ngn (ngt) att tacka för ngt; *I ~ him a debt of gratitude* jag står i tacksamhetsskuld till honom; *I ~ him a great deal* a) jag har honom att tacka för mycket b) jag är skyldig honom mycket; *~ it to oneself to...* vara skyldig sig själv att...; *I ~ it to you that...* jag har dig att tacka för att...; *I ~ you one* vard. jag är skyldig dig en gentjänst
Owen ['əʊɪn] mansnamn
owing ['əʊɪŋ] *adj* **1** som skall betalas; *the amount ~* skuldbeloppet; [*there's a lot of money*] *still ~* …som ännu inte är betalda, …som fortfarande fattas **2** *~ to* på grund av, genom [~ *to a mistake*], med anledning av; tack vare [~ *to his help*]; *be ~ to* bero på, komma sig av, ha sin orsak i
owl [aʊl] *s* **1** uggla; *barn ~* tornuggla; *hawk ~* hökuggla; *long-eared ~* hornuggla; *short-eared ~* jorduggla; *tawny ~* kattuggla; *solemn as an ~* gravallvarlig **2** bildl. nattuggla, nattmänniska
owlet ['aʊlət] *s* liten uggla; uggleunge
own [əʊn] **I** *vb tr* **1** äga, rå om [*I ~ this house*] **2** erkänna, tillstå, vidgå [~ *one's faults*]; *~ oneself in the wrong* erkänna sig ha orätt **3** kännas vid, erkänna [*he refused to ~ the child*]
II *vb itr*, *~ to* erkänna [~ *to a mistake*]; *~ up* vard. erkänna, bekänna [*you had better ~ up*]; *~ up to* vard. öppet erkänna [~ *up to a fault*]
III *adj* **1** efter poss. pron. el. genitiv egen [*this is my ~ house*, *this house is my ~*]; *she cooks her ~ meals* hon lagar maten själv; *it has a flavour all its ~* den har en alldeles speciell smak; *I have my ~ views on* (*of*) *the matter* jag har min [egen] syn på saken; *be one's ~ master* vara sin egen herre, vara oberoende; *make a th. one's ~* göra ngt till sitt, tillägna sig ngt; *each in his ~ way* var

och en på sitt sätt; *in (at) your ~ [good] time* vid lägligt tillfälle, när det passar dig bäst; *come (enter) into one's ~* a) få vad som tillkommer en b) komma till sin rätt, få visa vad man duger till; *she has a will of her ~* hon har en (sin) egen vilja, hon vet vad hon vill; *he has (lives in) a house of his ~* han har (bor i) [ett] eget hus; *on one's ~* a) ensam, för sig själv [*he lives on his ~*] b) själv, på egen hand, självständigt [*he can be left to work on his ~*], på eget initiativ (bevåg) c) i särklass [*for craftsmanship, he is* (står) *on his ~*]; *he is [working] on his ~* han är sin egen, han är egen företagare **2** *an ~ goal* sport. ett självmål
owner ['əʊnə] *s* ägare
owner-driver [ˌəʊnə'draɪvə] *s* privatbilist
owner-occupied [ˌəʊnər'ɒkjʊpaɪd] *adj* som bebos av ägaren [själv]; *~ flat* äv. ägarlägenhet, bostadsrättslägenhet; *~ houses* äv. egnahem
owner-occupier [ˌəʊnər'ɒkjʊpaɪə] *s* person som bor i eget hus (som äger sin bostad); självägare
ownership ['əʊnəʃɪp] *s* äganderätt, egendomsrätt; *pass into private ~* övergå i privat ägo
ox [ɒks] (pl. *oxen* ['ɒks(ə)n]) *s* oxe; stut
oxeye ['ɒksaɪ] *s* **1** oxöga **2** bot. gul prästkrage, tusensköna m. fl.; *~ daisy* prästkrage
Oxfam ['ɒksfæm] förk. för *Oxford Committee for Famine Relief* hjälporganisation
Oxford ['ɒksfəd] **I** geogr. egenn.; *~ University* det ena av Englands två äldsta universitet **II** attr. oxford-; *~ accent* Oxfordaccent, Oxfordengelska uttal som uppfattas som affekterat och antas härröra från Oxford University
oxidation [ˌɒksɪ'deɪʃ(ə)n] *s* se *oxidization*
oxide ['ɒksaɪd] *s* kem. oxid
oxidization [ˌɒksɪdaɪ'zeɪʃ(ə)n] *s* oxidering
oxidize ['ɒksɪdaɪz] *vb tr* o. *vb itr* oxidera[s]
Oxon[.] ['ɒks(ə)n, 'ɒksɒn] (förk. för *Oxoniensis* lat.) från universitetet i Oxford [*MA ~*]
Oxonian [ɒk'səʊnjən] **I** *adj* från (tillhörande universitetet i) Oxford, oxford- **II** *s* **1** oxfordstudent, person som har legat i Oxford **2** oxfordbo
oxtail ['ɒksteɪl] *s* oxsvans; *~ soup* oxsvanssoppa
oxygen ['ɒksɪdʒ(ə)n] *s* kem. syre, oxygen; syrgas; *~ mask* syrgasmask; *~ tent* med. syrgastält
oxygenate ['ɒksɪdʒəneɪt, ɒk'sɪ-] *vb tr* syrsätta [*~ the blood*]; tillföra syre till
oxymoron [ˌɒksɪ'mɔːrɒn] *s* oxymoron [t.ex. *cruel kindness, an open secret*]
oyster ['ɔɪstə] *s* ostron
oystercatcher ['ɔɪstəˌkætʃə] *s* zool. strandskata
oz. [aʊns, ss. pl. 'aʊnsɪz] förk. för *ounce*[*s*]
ozone ['əʊzəʊn, -'-] *s* kem. ozon; *~ hole* ozonhål; *~ layer* ozonskiktet, ozonlager

ozonosphere [əʊ'zəʊnəsfɪə] *s, the ~* ozonskiktet
ozs. ['aʊnsɪz] förk. för *ounces*

P

P, p [pi:] (pl. *P's* el. *p's* [pi:z]) *s* P, p; *mind one's p's and q's* tänka på vad man säger, hålla tungan rätt i mun[nen]; vara noga med vad man gör
P förk. för *parking, pedestrian* [*crossing*]
p [i bet. *1* i sg. o. pl. pi:] **1** förk. för *penny, pence* [*these matches are 40 ~*] **2** mus. förk. för *piano II*
p. förk. för *1 page I, part, participle, past, per*
pa [pɑ:] *s* vard. pappa
1 pace ['peɪsɪ, 'pɑ:tʃeɪ] *prep* lat. med all aktning (respekt) för
2 pace [peɪs] **I** *s* **1** steg isht ss. mått [*ten ~s away*] **2** hastighet, fart, tempo, takt; *force the ~* driva upp takten; *go the ~* a) skjuta (sätta) fart; hålla hög fart, hålla undan b) bildl. leva loppan, slå runt; *keep ~ with* hålla jämna steg med äv. bildl.; *quicken (slacken) one's ~* öka (sakta) farten; *set (make) the ~* a) bestämma farten, dra vid löpning b) ange tonen; *he could not stand (stay) the ~* han orkade inte hålla tempot, han hängde inte med; *at a slow ~* i långsamt tempo, med långsamma steg **3** gång, sätt att gå; hästs gångart; *at a walking ~* gående; om häst i skritt **4** *put a horse through his ~s* låta en häst visa sina konster; *put a p. through his ~s* låta ngn visa vad han går för **II** *vb itr* gå med avmätta steg, skrida **III** *vb tr* **1** gå av och an i, gå fram och tillbaka i (på) [*~* [*up and down*] *a room*]; *~ out* (*off*) stega upp [*~ out* (*off*) *a distance of 30 metres*] **2** sport. dra (vara pacemaker) åt
pacemaker ['peɪsˌmeɪkə] *s* **1** sport. pacemaker, draghjälp, farthållare, hare **2** med. pacemaker
pacesetter ['peɪsˌsetə] *s* se *pacemaker 1*
pachyderm ['pækɪdɜ:m] *s* zool. o. bildl. tjockhuding
pacific [pə'sɪfɪk] **I** *adj* **1** fredlig, fridsam, försonlig; fridfull, stilla **2** *P~* Stillahavs- [*Canadian P~ Railway*]; *the P~ Ocean* Stilla havet **II** *s, the P~* Stilla havet
pacification [ˌpæsɪfɪ'keɪʃ(ə)n] *s* pacificering; återställande av fred (ordning) [*of* i, på]; lugnande
pacifier ['pæsɪfaɪə] *s* amer. [tröst]napp
pacifism ['pæsɪfɪz(ə)m] *s* pacifism
pacifist ['pæsɪfɪst] *s* pacifist, fredsvän
pacify ['pæsɪfaɪ] *vb tr* **1** pacificera, återställa freden (lugnet) i (på), skapa fred i (på) [*~ a country*; *~ an island*] **2** lugna [ned] [*~ the children*]
1 pack [pæk] **I** *s* **1** packe, knyte, bylte; mil. [buren] packning; bal **2** a) förpackning b) amer. paket, ask [*a ~ of cigarettes*] **3** band [*a ~ of thieves*], samling [*a ~ of liars*], hop, massa [*a ~ of lies*]; pack; *the whole ~* hela byket (packet) **4** [kort]lek; *a ~ of cards* en kortlek **5** släpp, koppel [*a ~ of dogs*] **6** [forwards]kedja i rugby **7** packis[massa] **8** med. inpackning [*dry* (*wet*) *~*], inpackningsbad **9** kosmetisk mask [*a beauty ~*] **II** *vb itr* **1** packa [*you must begin ~ing*]; *I have* (*am*) *~ed* jag har packat; *~ up* vard. a) packa ihop, lägga av [*~ up for the day*] b) paja, lägga av [*the engine ~ed up*] **2** gå att packa, kunna packas **3** a) tränga (packa) ihop sig [*into* i] b) samla sig [i flock], skocka sig **4** packa sig i väg [äv. *~ off*]; *send a p. ~ing* köra i väg ngn **III** *vb tr* **1** a) packa [*~ one's things*]; bunta; packa (tränga, köra) ihop [*~ people into a bus*], pressa (klämma) in [*~ a lot of work into one day*]; *~ away* vard. sätta (stoppa) i sig [*he can ~ away a lot of food*]; *~ up* packa ner (in); *~ in* (*up*) *smoking* vard. sluta röka; *~ it in* (*up*)*!* sl. lägg av (sluta) [med det där]! b) packa [*~ a box*], fylla, packa full; *the room was ~ed with people* rummet var fullpackat med (fullt av) folk **2 a)** förpacka, emballera; *~ed lunch* (*meal*) lunchpaket, matsäck b) konservera på burk [*~ meat*] **3** *~ off* skicka (sända) i väg [*to* till]; *~ a p. off* köra i väg ngn **4** vard. bära, ha; *~ a gun* bära (ha) revolver; *he ~s a terrific punch* sl. han har krut i näven
2 pack [pæk] *vb tr* välja (utse) partiska medlemmar till [*~ a jury*]
package ['pækɪdʒ] **I** *s* **1** packe, bunt; större paket äv. bildl. o. data.; kolli; bal; förpackning; *~ deal* paketavtal, paketöverenskommelse; *~ holiday* (*tour*) chartersemester, paketresa **2** förpackning, emballage **II** *vb tr* förpacka, emballera; packa [in]
packaging ['pækɪdʒɪŋ] *s* **1** förpackning, emballage; emballering **2** bildl. förpackning, sätt att presentera en produkt; imageuppbyggnad
pack drill ['pækdrɪl] *s* mil. straffexercis med full packning
packer ['pækə] *s* packare, paketerare
packet ['pækɪt] *s* **1** mindre paket; bunt; *a ~ of* [*cigarettes*] ett paket (en ask)... **2** vard., *it costs a ~* det kostar massor (skjortan); *make* (*pull in*) *a ~* göra (håva in) storkovan **3** sl., *catch* (*cop, get, stop*) *a ~* åka på en propp (smäll); råka illa ut
packhorse ['pækhɔ:s] *s* packhäst, klövjehäst
pack ice ['pækaɪs] *s* packis
packing ['pækɪŋ] *s* **1** packning, förpackning etc., jfr *1 pack III* **2** emballage **3** tekn. tätning, packning
packing-case ['pækɪŋkeɪs] *s* packlåda, packlår
packthread ['pækθred] *s* segelgarn
pact [pækt] *s* pakt, fördrag, överenskommelse
pad [pæd] **I** *s* **1** dyna; flat kudde; sadelputa; *electric heating ~* elektrisk värmedyna

2 sport. benskydd **3** stoppning, vaddering; valk [*a hair* ~]; ***shoulder*** ~ axelvadd **4** anteckningsblock, skrivblock; [***writing***] ~ [skriv]underlägg **5** avskjutningsramp, startplatta för raket o.d. **6** zool. trampdyna; tass, fot hos vissa djur **7** färgdyna, stämpeldyna **8** sl. a) lya, kvart; amer. äv. knarkarkvart b) slaf **II** *vb tr* **1** stoppa; madrassera [*a* ~*ded cell* (*wall*)]; vaddera; [*a jacket*] ***with*** ~*ded shoulders* äv. ...med axelvaddar **2** ~ [*out*] fylla ut med fyllnadsgods [~ *out an essay with quotations*]

padding ['pædɪŋ] *s* **1** stoppning, madrassering, vaddering **2** spaltfyllnad [~ *in a newspaper*], fyllnadsgods

Paddington ['pædɪŋtən] geogr. egenn.; ~ [*station*] en av Londons viktigaste järnvägsstationer

1 paddle ['pædl] **I** *s* **1** paddel[åra] **2** paddling, paddeltur; sakta rodd[tur] **3** *dog* ~ hundsim **4** skovel på hjul **II** *vb tr* paddla [~ *a canoe* (*a p.*)] **III** *vb itr* **1** paddla; ro sakta **2** simma hundsim

2 paddle ['pædl] **I** *vb itr* **1** plaska [omkring], vada omkring **2** fingra [*with* på, med], leka, plocka [*with* med] **II** *s*, ***have a*** ~ bada fötterna

paddle steamer ['pædl͵stiːmə] *s* hjulångare

paddle wheel ['pædlwiːl] *s* skovelhjul

paddock ['pædək] *s* **1** paddock **2** sadelplats

Paddy ['pædɪ] **I** vard. för *Patrick* **II** *s* skämts. irländare ofta i tilltal

1 paddy ['pædɪ] *s* **1** ~ [*field*] risfält **2** [oskalat] ris, råris

2 paddy ['pædɪ] *s* vard. raseri; ***get in a*** ~ bli rasande

paddy wagon ['pædɪ͵wægən] *s* amer. sl. snuthäck, Svarta Maja

padlock ['pædlɒk] **I** *s* hänglås **II** *vb tr* sätta hänglås för

padre ['pɑːdrɪ, -dreɪ] *s* fältpräst; vard. präst

paean ['piːən] *s* jubelsång, lovsång; segersång

paediatric [͵piːdɪ'ætrɪk] *adj* pediatrisk

paediatrician [͵piːdɪə'trɪʃ(ə)n] *s* pediatriker, barnläkare

paediatrics [͵piːdɪ'ætrɪks] (konstr. ss. sg.) *s* pediatrik

pagan ['peɪgən] **I** *s* hedning **II** *adj* hednisk

paganism ['peɪgənɪz(ə)m] *s* hedendom[en]

1 page [peɪdʒ] **I** *s* sida; bildl. äv. blad [*the* ~*s of history*] **II** *vb tr* paginera, numrera sidor

2 page [peɪdʒ] **I** *s* **1** hist. page, hovsven **2** se *pageboy* **II** *vb tr* kalla på, söka med personsökare o.d.; ***paging Mr. Smith!*** Herr Smith [söks]!

pageant ['pædʒ(ə)nt] *s* **1** lysande [historiskt] festspel, praktfullt skådespel; festtåg, parad **2** bildl. [tom] ståt, tomt skådespel

pageantry ['pædʒ(ə)ntrɪ] *s* **1** pomp och ståt; parad **2** prål, [tom] ståt

pageboy ['peɪdʒbɔɪ] *s* **1** pickolo, hotellpojke, springpojke på varuhus o.d. **2** ~ [*style*] pagefrisyr

page proof ['peɪdʒpruːf] *s* typogr. ombrutet korrektur

pager ['peɪdʒə] *s* personsökare mottagare

paginate ['pædʒɪneɪt] *vb tr* paginera

pagination [͵pædʒɪ'neɪʃ(ə)n] *s* o. **paging** ['peɪdʒɪŋ] *s* paginering

pagoda [pə'gəʊdə] *s* pagod byggnad o. indiskt mynt

paid [peɪd] imperf. o. perf. p. av *pay*

paid-up ['peɪdʌp] *adj* betalt, som har betalat sin avgift [~ *members*]; ~ ***shares*** till fullo betalda aktier

pail [peɪl] *s* spann, hink, ämbar

pailful ['peɪlfʊl] (pl. ~*s* el. *pailsful*) *s* ss. mått hink, spann [*of* med]

pain [peɪn] **I** *s* **1** smärta, värk; pina, plåga; ~*s of childbirth* el. **labour** ~*s* födslovärkar, förlossningsvärkar; bildl. födslovånda; ***he's a*** ~ ***in the neck*** (vulg. ***arse***, amer. ***ass***) sl. han är en plåga för omgivningen; ***it is*** (*it gives me*) ***a*** ~ [*in the neck*] sl. det gör mig galen, det är en riktig plåga; ***where's the*** ~*?* var gör det ont?; ***feel*** (***have***) ***a*** ~ ***in one's*** (*the*) ***knee*** ha ont i knäet; ***suffer great*** ~ lida (plågas) mycket; ***be in*** ~ ha ont, känna smärta, plågas; ***put a p. out of his*** ~ befria ngn från hans plågor **2** pl. ~*s* (konstr. ibl. ss. sg.) besvär, omak, möda [*great* ~*s have been taken* (lagts ner)]; ***take*** (***go to***) [***great***] ~*s* ***about*** (*over*, *with*) ***a th.*** göra sig stort (mycket) besvär med ngt, vinnlägga sig om ngt **3** i vissa jur. uttryck straff; ***on*** (*under*) ~ ***of death*** vid dödsstraff **II** *vb tr* smärta, plåga, pina; ***look*** ~*ed* se plågad ut

painful ['peɪnf(ʊ)l] *adj* smärtsam, plågsam äv. bildl.

painkiller ['peɪn͵kɪlə] *s* smärtstillande medel

painless ['peɪnləs] *adj* smärtfri [*a* ~ *childbirth*], utan plågor [*a* ~ *death*]

painstaking ['peɪnz͵teɪkɪŋ] **I** *adj* omsorgsfull, noggrann, flitig **II** *s* besvär, omak, möda, flit

paint [peɪnt] **I** *s* **1** [målar]färg; pl. ~*s* färger; färgtuber; färglåda, målarskrin; ***wet*** ~*!* el. ***mind the*** ~*!* nymålat!; ***a box of*** ~*s* en färglåda, ett målarskrin **2** vard. smink **II** *vb tr* **1** måla, färga; ~ ***the town red*** vard. [gå ut och] göra stan osäker, [gå ut och] slå runt; ~ ***out*** (*over*) måla över, utplåna **2** sminka, måla **III** *vb itr* **1** måla **2** sminka (måla) sig

paintbox ['peɪntbɒks] *s* **1** färglåda, målarskrin **2** sminklåda, sminkskrin

paintbrush ['peɪntbrʌʃ] *s* målarpensel

1 painter ['peɪntə] *s* sjö. fånglina

2 painter ['peɪntə] *s* målare; ~*'s colours* målarfärg

painting ['peɪntɪŋ] *s* **1** målning, tavla **2** målning, målande; måleri, målarkonst **3** sminkning

paintwork ['peɪntwɜːk] *s*, *the* ~ målningen, färgen, det målade; bil. lackeringen
pair [peə] **I** *s* **1** par; *a* ~ *of scissors* (*tongs*) en sax (tång); *a* ~ *of shoes* (*trousers*) ett par skor (byxor); *in* ~*s* parvis, par om par; två och två; *the* ~ *of you* båda (ni) två [*shut up the* ~ *of you!*] **2** spann [*a* ~ *of horses*]; *carriage and* ~ tvåspänd vagn, tvåspännare **II** *vb tr* **1** para [ihop], para samman [äv. ~ *up*] **2** ordna parvis [äv. ~ *off*] **III** *vb itr* **1** ~ *off* ordna sig (vara ordnad) parvis; gruppera sig (gå) två och två; vard. gifta sig [*with* med]; ~ *up* slå sig ihop **2** para sig
pairs-skating ['peəzˌskeɪtɪŋ] *s* sport. paråkning
pajamas [pəˈdʒɑːməz] *s* isht amer., se *pyjamas*
Paki ['pɑːkɪ] *s* sl. (neds.) pakistanare
Pakistan [ˌpɑːkɪˈstɑːn]
Pakistani [ˌpɑːkɪˈstɑːnɪ] **I** *adj* pakistansk **II** *s* pakistanare, pakistanska
pal [pæl] vard. **I** *s* kamrat, kompis [*a great* ~ *of mine*] **II** *vb itr*, ~ *up with* bli god vän (kompis) med, slå sig ihop med
palace ['pælɪs, -ləs] *s* palats, slott
Palaeocene ['pælɪə(ʊ)siːn, 'peɪl-] geol. **I** *adj* paleocen **II** *s*, *the* ~ Paleocen
Palaeogene ['pælɪə(ʊ)dʒiːn, 'peɪl-] geol. **I** *adj* paleogen **II** *s*, *the* ~ Paleogen
palaeography [ˌpælɪˈɒɡrəfɪ, ˌpeɪl-] *s* paleografi
Palaeolithic [ˌpælɪə(ʊ)ˈlɪθɪk, ˌpeɪl-] *adj* geol. paleolitisk, från (under) äldre stenåldern; *the* ~ *Age* den paleolitiska tiden, äldre stenåldern
Palaeozoic [ˌpælɪə(ʊ)ˈzəʊɪk, ˌpeɪl-] geol. **I** *adj* paleozoisk **II** *s*, *the* ~ Paleozoikum
palatable ['pælətəbl] *adj* välsmakande, smaklig [~ *food*]; bildl. behaglig, tilltalande, acceptabel
palatal ['pælətl] **I** *adj* fonet. el. anat. palatal, gom- [~ *sounds*] **II** *s* fonet. palatal, [främre] gomljud
palate ['pælət] *s* **1** gom; *cleft* ~ kluven gom; gomklyvning, gomspalt; *the hard* (*soft*) ~ hårda (mjuka) gommen **2** bildl. gom, smak
palatial [pəˈleɪʃ(ə)l] *adj* palatslik[nande], palats-
palatinate [pəˈlætɪnət] *s* pfalzgrevskap; *the* [*Rhine*] *P*~ hist. Rhenpfalz
palaver [pəˈlɑːvə] **I** *s* **1** [omständlig] överläggning; palaver **2** prat, babblande **II** *vb itr* **1** babbla **2** hålla långa överläggningar
1 pale [peɪl] *s* **1** påle, [spetsad] stake **2** inhägnad **3** gräns; område, sfär; *beyond* (*outside*) *the* ~ a) utanför anständighetens gräns[er]; otänkbar i bildat sällskap b) utanför socialgruppen
2 pale [peɪl] **I** *adj* blek [*he turned* ~ *with* (av) *fear*; *a* ~ *imitation*]; matt, svag [~ *colours*, ~ *light*]; ~ *ale* ljust öl; ~ *blue* svagt blå, blekblå **II** *vb itr* blekna, bli blek; bildl. förblekna; *it* ~*s into insignificance* det förbleknar fullständigt (till intet) **III** *vb tr* göra blek

paleface ['peɪlfeɪs] *s* neds. blekansikte
Paleocene ['pælɪə(ʊ)siːn, 'peɪl-] *adj* m.fl. sms. med *paleo-*, se *Palaeocene* etc.
Palestine ['pæləstaɪn] Palestina
Palestinian [ˌpæləˈstɪnɪən] **I** *adj* palestinsk, från Palestina **II** *s* palestinier
palette ['pælət] *s* palett
paling ['peɪlɪŋ] *s* staket, plank, inhägnad
palisade [ˌpælɪˈseɪd] **I** *s* **1** palissad, pålverk **2** pl. ~*s* amer. [rad av] branta klippor **II** *vb tr* förse med palissad (pålverk)
1 pall [pɔːl] *vb itr* **1** förlora sin dragningskraft, förlora sitt intresse; *it* ~*s on you* (*one*) man tappar intresset för det, det tråkar ut en **2** tröttna
2 pall [pɔːl] *s* **1** bår kista vid begravning **2** [bår]täcke **3** bildl. [mörkt] täcke, skugga; *a* ~ *of smoke* en tjock rök, en mörk rökridå
pall-bearer ['pɔːlˌbeərə] *s* kistbärare; hedersvakt
palliasse ['pælɪæs, ˌ--'-] *s* halmmadrass
palliate ['pælɪeɪt] *vb tr* **1** lindra [för tillfället] [~ *a pain*] **2** skyla (släta) över, [för]mildra [~ *a bad impression*]
palliative ['pælɪətɪv] **I** *adj* **1** lindrande [för tillfället] **2** överskylande; förmildrande [~ *circumstances*] **II** *s* palliativ, lindringsmedel
pallid ['pælɪd] *adj* blek
pallor ['pælə] *s* blekhet
pally ['pælɪ] *adj* vard. bussig, vänlig, kamratlig
1 palm [pɑːm] **I** *s* handflata; *grease* (*oil*) *a p.'s* ~ vard. smörja (muta) ngn; *have a th.* (*a p.*) *in the* ~ *of one's hand* bildl. ha ngt (ngn) i sin hand **II** *vb tr* **1** dölja i handen **2** beröra (stryka, massera) med handflatan **3** muta, smörja **4** ~ [*off*] *a th. on a p.* pracka (lura) på ngn ngt; ~ *a p. off* avspisa ngn
2 palm [pɑːm] *s* palm; palmkvist, palmblad; segerpalm; seger; *bear* (*carry*) *off the* ~ hemföra segern; *P*~ *Sunday* palmsöndag[en]
palmist ['pɑːmɪst] *s* person som spår i händerna, spåkvinna, kiromant
palmistry ['pɑːmɪstrɪ] *s* konsten att spå i händer, kiromanti; *practise* ~ spå i händer
palm oil ['pɑːmɔɪl, ˌ-'-] *s* **1** palmolja **2** skämts. handtryckning, mutor
palmy ['pɑːmɪ] *adj* **1** palmliknande, palm- **2** palmrik; palmbevuxen [*a* ~ *shore*] **3** bildl. segerrik; blomstrande
palpable ['pælpəbl] *adj* **1** påtaglig, handgriplig, tydlig; uppenbar [*a* ~ *error*] **2** kännbar, förnimbar
palpate ['pælpeɪt] *vb tr* känna (ta) på; med. palpera
palpitate ['pælpɪteɪt] *vb itr* **1** klappa, slå [*his heart* ~*d wildly*], pulsera **2** skälva, darra
palpitation [ˌpælpɪˈteɪʃ(ə)n] *s* hjärtklappning
palsy ['pɔːlzɪ, 'pɒl-] *s* förlamning; skakningar
paltry ['pɔːltrɪ, 'pɒl-] *adj* usel, futtig [*a* ~ *sum*], eländig, ynklig [*a* ~ *excuse*]; lumpen, tarvlig

pamper ['pæmpə] *vb tr* klema (skämma) bort, dalta (klema) med; pjoska med [~ *one's health*]
pamphlet ['pæmflət] *s* broschyr; [strö]skrift; stridsskrift
pamphleteer [ˌpæmflə'tɪə] **I** *s* ströskriftsförfattare, stridsskriftsförfattare **II** *vb itr* skriva (sända ut) ströskrifter (stridsskrifter)
Pan [pæn] mytol. egenn.; *pipes of* ~ panflöjt; herdepipa
1 pan [pæn] **I** *s* **1** kok. panna [*frying-pan*]; [bak]form; [låg] skål, bunke **2** [säng]bäcken **3** vaskpanna för guldvaskning **4** vågskål **5** wc-skål [äv. *lavatory-pan*]; *it has gone down the* ~ vard. det har gått åt pipan **6** sl. nylle, fejs ansikte; *dead* ~ pokerfejs **II** *vb tr'* **1** vaska [äv. ~ *off* (*out*); ~ *gold*] **2** vard. såga, sabla ner; förlöjliga **III** *vb itr* **1** vaska [efter guld] **2** ~ *out* [av]ge guld vid vaskning; vard. lyckas, utfalla [väl] [*the scheme ~ned out well*]
2 pan [pæn] *vb itr* o. *vb tr* film. panorera; panorera i (över) sceneri
pan- [pæn] *prefix* grek. all[t]-, pan-
panacea [ˌpænə'sɪə, -'siːə] *s* universalmedel; patentmedel, patentlösning; panacé
panache [pə'næʃ, pæ'nɑːʃ] *s* bravur, glans, schvung; stil
Panama [ˌpænə'mɑː, attr. '---] **I** geogr. egenn. Panama; *the* ~ *Canal* Panamakanalen; *p~ hat* panamahatt **II** *s*, *p~* panamahatt
Pan-American [ˌpænə'merɪkən] *adj* panamerikansk
pancake ['pænkeɪk] *s* pannkaka; *P~ Day* fettisdag[en] då man äter pannkakor; ~ *ice* tallriksis
panchromatic [ˌpænkrə(ʊ)'mætɪk] *adj* foto. pankromatisk [~ *film*]
pancreas ['pæŋkrɪəs] *s* anat. bukspottkörtel; med. pankreas
panda ['pændə] *s* **1** zool. panda, kattbjörn; *giant* ~ jättepanda **2** ~ *car* svartvit polisbil; ~ *crossing* övergångsställe med knappar (manuellt påverkade signaler)
pandemonium [ˌpændɪ'məʊnjəm] *s* tumult, kaos; ~ *broke loose* ett helveteslarm bröt ut
pander ['pændə] **I** *vb itr* **1** ~ *to* uppmuntra, underblåsa, vädja till, ge efter för [~ *to low tastes*] **2** koppla, vara kopplare [*to* åt]; vara mellanhand **II** *s* kopplare; mellanhand; bildl. villigt redskap [*a* ~ *to* (för) *a p.'s ambition*]
p & p förk. för *postage and packing*
pane [peɪn] *s* [glas]ruta
panegyric [ˌpænɪ'dʒɪrɪk] *s* panegyrik, lovtal
panel ['pænl] **I** *s* **1** panel; fält, spegel i vägg, dörr m.m.; pannå; ruta, fyrkant, fyrkantigt stycke **2** fyrkantig isättning (infällning) i plagg el. tyg **3** instrumentbräda, [instrument]tavla; panel **4** a) jurylista b) jury **5** radio. el. TV. o.d. panel, [expert]grupp; ~ *discussion* paneldiskussion; estradsamtal **II** *vb tr* indela i (förse med) rutor (fält); panela
panelling ['pænəlɪŋ] *s* [trä]panel; panelning
pang [pæŋ] *s* [häftig] smärta (plåga); styng, sting; kval; ~*s of conscience* samvetskval; *feel a* ~ känna ett sting [i hjärtat]
panic ['pænɪk] **I** *s* panik, skräck; *what's the* ~? varför så bråttom?, det är ingen panik; *be seized with* (*by*) ~ gripas av panik **II** *adj* panisk [~ *fear* (*terror*)] **III** *vb itr* (imperf. o. perf. p. ~*ked*) gripas av (råka i) panik; *don't* ~*!* ingen panik!
panic button ['pænɪkˌbʌtn] *s* alarmknapp äv. bildl. [*hit* (*press*, *push*) *the* ~]
panicky ['pænɪkɪ] *adj* vard. gripen av panik; nervös; panikartad
panicmonger ['pænɪkˌmʌŋgə] *s* panikmakare, panikspridare
panic stations ['pænɪkˌsteɪʃ(ə)nz] (konstr. ss. sg.) *s*, *it was* ~ det var rena rama paniken
panic-stricken ['pænɪkˌstrɪk(ə)n] *adj* o.
panic-struck ['pænɪkstrʌk] *adj* gripen av panik, panikslagen
pannier ['pænɪə] *s* **1** klövjekorg; ryggkorg **2** cykelväska, packväska
panoply ['pænəplɪ] *s* **1** hist. el. bildl. [full] rustning [*in full* ~] **2** stort uppbåd (pådrag); pompa
panorama [ˌpænə'rɑːmə] *s* panorama; panoramamålning, rundmålning
panoramic [ˌpænə'ræmɪk, -'rɑːm-] *adj* panorama-; ~ *sight* mil. panoramakikare, kikarsikte
pan-pipe ['pænpaɪp] *s*, ~[*s* pl.] panflöjt; herdepipa
pansy ['pænzɪ] *s* **1** bot. pensé; *wild* ~ styvmorsviol **2** sl. **a)** ngt åld. fikus, homofil **b)** mes
pant [pænt] **I** *vb itr* flämta, flåsa; stöna; ~ *for breath* kippa efter andan **II** *vb tr* flämta (stöna) fram
pantalets o. **pantalettes** [ˌpæntə'lets] *s pl* mamelucker, yllebyxor
pantheism ['pænθɪɪz(ə)m] *s* filos. panteism
pantheistic [ˌpænθɪ'ɪstɪk] *adj* filos. panteistisk
pantheon ['pænθɪən] *s* **1** panteon, minnestempel **2** gudavärld, gudar [*the ancient Egyptian* ~]
panther ['pænθə] *s* zool. panter; amer. äv. puma
pantie ['pæntɪ] *s* vard. **1** pl. ~*s* a) trosor b) barnbyxor **2** ~ *girdle* byxgördel, trosgördel
pantihose se *pantyhose*
panto ['pæntəʊ] (pl. ~*s*) *s* vard. kortform för *pantomime*
pantomime ['pæntəmaɪm] **I** *s* **1** pantomim **2** julspel, julshow med musik o. dans [äv. *Christmas* ~] **II** *vb itr* mima; spela pantomim
pantry ['pæntrɪ] *s* **1** skafferi **2** serveringsrum **3** sjö. el. på hotell o.d. pentry

pants [pænts] *s pl* **1** kalsonger; trosor; barnbyxor **2 a)** isht amer. vard. brallor, [lång]byxor **b)** *scare the ~ off a p.* ge ngn byxångest, göra ngn byxis; *wear the ~ [in the family]* vara herre i huset, bestämma var skåpet ska stå; *give a p. a kick in the ~* ge ngn en spark i ändan; *catch a p. with his ~ down* ta ngn på sängen, överrumpla ngn
pantskirt ['pæntskɜːt] *s* byxkjol
pantsuit ['pæntsuːt, -sjuːt] *s* byxdress, byxdräkt
pantyhose ['pæntɪhəʊz] (konstr. ss. pl.) *s* **1** strumpbyxor **2** trikåer
pantywaist ['pæntɪweɪst] *s* amer. **1** vard. mähä, sillmjölke, mammas gosse **2** åld. barnunderställ [knäppt i midjan]
pap [pæp] *s* välling; skorpvälling, barnmat
papa [pəˈpɑː, amer. vanl. ˈpɑːpə] *s* pappa
papacy ['peɪpəsɪ] *s* **1** påvevärdighet; påvemakt, påvevälde **2** påvedöme **3** påvetid
papal ['peɪp(ə)l] *adj* påvlig
papa|razzo [ˌpæpəˈrætsəʊ] (pl. *-razzi* [-rætsɪ]) *s* it. [efterhängsen] fotoreporter, kändisfotograf
papaya [pəˈpaɪə] *s* bot. **1** papayaträd **2** papaya[frukt]
paper ['peɪpə] **I** *s* **1** papper; papperslapp, pappers- [*~ bag (plate)*]; *on ~* på papperet, i teorin [*a good scheme on ~*]; *I want it down on ~* jag vill ha skriftligt på det **2** tidning; *the ~ says* el. *it is in the ~* det står i tidningen **3** dokument, akt, handling; viktigt papper; legitimationshandling **4** [skriftligt] prov, [examens]skrivning; uppsats **5** avhandling, skrift, uppsats, föredrag; *read a ~* äv. hålla [ett] föredrag [*on* om, *över*] **II** *vb tr* **1** tapetsera, sätta upp tapeter i (på) [*~ a room (wall)*]; *~ over the cracks* tapetsera över sprickorna; bildl. [nödtorftigt] skyla (släta) över bristerna **2** täcka (klä, fodra) med papper, lägga papper i [*~ drawers*]
paperback ['peɪpəbæk] *s* häftad bok, paperback, pocketbok
paperboy ['peɪpəbɔɪ] *s* tidningspojke, tidningsbud
paper chase ['peɪpətʃeɪs] *s* snitseljakt
paper clip ['peɪpəklɪp] *s* pappersklämma; gem
paperhanger ['peɪpəˌhæŋə] *s* tapetuppsättare, ung. motsv. målare
papermill ['peɪpəmɪl] *s* pappersbruk
paper money ['peɪpəˌmʌnɪ] *s* sedlar, papperspengar
paper-shredder ['peɪpəˌʃredə] *s* dokumentförstörare
paper tiger [ˌpeɪpəˈtaɪgə] *s* bildl. papperstiger
paperweight ['peɪpəweɪt] *s* brevpress
paperwork ['peɪpəwɜːk] *s* pappersarbete, pappersexercis, skrivbordsarbete
papier-mâché [ˌpæpjeɪˈmɑːʃeɪ] *s* papier-maché
papist ['peɪpɪst] *s* neds. papist katolik

papoose [pəˈpuːs] *s* nordamerikanskt indianspråk **1** barnunge **2** [rygg]bärställning för spädbarn
paprika ['pæprɪkə, pəˈpriːkə] *s* paprika, paprikapulver
papyr|us [pəˈpaɪər|əs] (pl. *-i* [-aɪ] el. *~es*) *s* **1** bot. papyrus **2** papyrusmanuskript, papyrusrulle
par [pɑː] *s* **1** det normala, medeltal; hand. pari; *above ~* **a)** över det normala (medeltalet) **b)** hand. över pari; *at ~* till pari[kurs]; *below (under) ~* **a)** under det normala (medeltalet) **b)** hand. under pari; *on a ~* i genomsnitt; *I am not feeling [quite] up to ~* vard. jag känner mig lite vissen **2** *be on a ~* stå (kunna ställas) i jämbredd; vara lika stor [*with* som], gå jämnt upp; *put [up]on a ~* jämställa, likställa **3** golf. par; i bowling pari; *~ for the course* bildl. det vanliga, vad man kan vänta sig
para ['pærə] *s* **1** pl. *~s* vard. kortform för *paratroops* **2** vard. kortform för *paragraph*
parable ['pærəbl] *s* parabel, liknelse [*of* om]
parabola [pəˈræbələ] *s* matem. parabel
parabolic [ˌpærəˈbɒlɪk] *adj* **1** matem. parabolisk **2** *~ aerial* (amer. *antenna*) parabolantenn
parachute ['pærəʃuːt] **I** *s* fallskärm; *golden ~* se *golden 5* **II** *vb tr* kasta ner (marksätta) med fallskärm **III** *vb itr* hoppa [ut] med fallskärm
parachutist ['pærəʃuːtɪst] *s* fallskärmshoppare
parade [pəˈreɪd] **I** *s* **1** isht mil. parad, uppställning; mönstring; *be on ~* paradera **2** uppvisning, förevisning, parad; skyltande; paraderande; *fashion ~* modevisning; *make a ~ of a th.* stoltsera (skylta) med ngt, demonstrera ngt **3** promenadstråk, promenad **4** konfrontation for identifying **II** *vb itr* **1** isht mil. paradera **2** tåga [i procession] **3** promenera (flanera) fram och tillbaka, gå omkring och visa upp sig **III** *vb tr* **1** isht mil. låta paradera, ställa upp [till parad (uppvisning)] [*~ the troops*]; mönstra **2** tåga igenom [i procession] **3** promenera fram och tillbaka på [för att visa upp sig] [*~ the streets*] **4** stoltsera (skylta) med, visa upp
parade ground [pəˈreɪdgraʊnd] *s* mil. exercisplats, uppställningsplats, paradplats
paradigm ['pærədaɪm] *s* paradigm; gram. äv. böjningsmönster
paradise ['pærədaɪs] *s* paradis; *P~* bibl. Paradiset; *live in a fool's ~* leva i lycklig okunnighet, leva på illusioner; *bird of ~* paradisfågel
paradox ['pærədɒks] *s* paradox
paradoxical [ˌpærəˈdɒksɪk(ə)l] *adj* paradoxal; *~ sleep* med. parasömn
paraffin ['pærəfɪn, -fiːn] *s* fotogen; paraffin; *~ oil* **a)** fotogen **b)** amer. paraffinolja
paragliding ['pærəˌglaɪdɪŋ] *s* sport. skärmflygning
paragon ['pærəgən] *s* mönster, förebild; *a ~*

of beauty en fulländad skönhet, en skönhet utan like
paragraph ['pærəgrɑ:f] I s **1** stycke, [kort] avdelning av en text; [text]avsnitt, moment; [*fresh*] *~!* nytt stycke! **2** jur. paragraf, lagrum II *vb tr* dela in i stycken (avdelningar, paragrafer)
Paraguay ['pærəgwaɪ, -gweɪ, --'-]
Paraguayan [,pærə'gwaɪən, -'gweɪən] I s paraguayare, paraguayan II *adj* paraguaysk, paraguayansk
parakeet ['pærəki:t, --'-] s parakit; liten [långstjärtad] papegoja; amer. äv. undulat
parallax ['pærəlæks] s astron., optik. el. foto. parallax
parallel ['pærəlel, -ləl] I *adj* parallell äv. bildl.; jämlöpande [*with*, *to* med]; *~ bars* gymn. barr II s **1** parallell [linje] **2** geogr. breddgrad, latitud [äv. *~ of latitude*], parallellcirkel **3** motstycke, motsvarighet, parallell [*for* till]; *without* [*a*] *~* utan motstycke **4** jämförelse, parallell [*to* med]; *draw a ~* dra upp en jämförelse, dra en parallell [*between* mellan] III *vb tr* **1** jämställa; jämföra **2** finna (uppvisa) en motsvarighet till **3** motsvara, vara ett (bilda) motstycke till **4** vara parallell med
parallelogram [,pærə'lelə(ʊ)græm] s geom. parallellogram
paralyse ['pærəlaɪz] *vb tr* paralysera, förlama; lamslå [*the traffic was ~d*]; *~d with fear* skräckslagen
paralysis [pə'ræləsɪs] s förlamning äv. bildl.; med. paralysi; bildl. äv. vanmakt
paralytic [,pærə'lɪtɪk] I *adj* paralytisk, förlamad II s paralytiker
paramedic [,pærə'medɪk] I s person med paramedicinsk utbildning (paramedicinskt yrke) II *adj* se *paramedical*
paramedical [,pærə'medɪk(ə)l] *adj* paramedicinsk
parameter [pə'ræmɪtə] s parameter
paramilitary [,pærə'mɪlɪt(ə)rɪ] *adj* paramilitär, halvmilitär [*~ forces*]
paramount ['pærəmaʊnt] *adj* högst [*the ~ chiefs*], störst [*of ~ interest*], förnämst, överlägsen, dominerande; ytterst viktig [*a ~ consideration*]
paranoia [,pærə'nɔɪə] s med. paranoia, förföljelsemani
paranoiac [,pærə'nɔɪæk] I s paranoiker II *adj* paranoid
paranoid ['pærənɔɪd] I *adj* paranoid II s paranoiker
parapet ['pærəpɪt, -pet] s arkit. bröstvärn, balustrad, räcke, parapet; bröstning
paraphernalia [,pærəfə'neɪljə, -lɪə] (konstr. vanl. ss. sg.) s tillbehör, utrustning; [personliga] grejer
paraphrase ['pærəfreɪz] I s parafras, omskrivning II *vb tr* parafrasera, omskriva

paraplegia [,pærə'pli:dʒə] s med. paraplegi, dubbelsidig förlamning
paraplegic [,pærə'pli:dʒɪk] I *adj* paraplegisk; *the P~ Games* handikapp-OS II s paraplegiker
parapsychology [,pærəsaɪ'kɒlədʒɪ, 'pærəpsaɪ-] s parapsykologi
parasailing ['pærə,seɪlɪŋ] s skärmsegling
parasite ['pærəsaɪt] s parasit; bildl. äv. snyltgäst, snyltare
parasitic [,pærə'sɪtɪk] *adj* o. **parasitical** [,pærə'sɪtɪk(ə)l] *adj* parasitisk, parasiterande, snyltande, snylt-, parasit- [*~ plant* (*animal*)]
parasol ['pærəsɒl, ,--'-] s parasoll
paratrooper ['pærə,tru:pə] s fallskärmsjägare
paratroops ['pærətru:ps] s *pl* fallskärmstrupper
paratyphoid [,pærə'taɪfɔɪd] s med. paratyfus
parboil ['pɑ:bɔɪl] *vb tr* **1** förvälla **2** överhetta
parcel ['pɑ:sl] I s **1** paket, packe, kolli; bunt [*a ~ of banknotes*]; pl. *~s* järnv. styckegods; *~ post* paketpost; *make a ~ of* el. *make into a ~* göra ett paket av, slå in i paket **2** del; *be part and ~ of* vara en väsentlig del av II *vb tr* **1** *~* [*out*] dela; stycka [*~ land*]; dela ut **2** paketera
parch [pɑ:tʃ] *vb tr* sveda, bränna [*~ the skin*], förtorka [*~ed deserts*]; *be ~ed* [*with thirst*] vara alldeles torr i halsen, ha en brännande törst
parchment ['pɑ:tʃmənt] s **1** pergament **2** pergamentmanuskript, pergamentdokument
pardon ['pɑ:dn] I s **1** förlåtelse [*ask for* (om) *~ for* (för) *a th.*], tillgift; [*I beg your*] *~!* el. *~ me!* förlåt!, ursäkta!; hur sa? **2** jur. benådning, amnesti [*general ~*] **3** kyrkl. avlat II *vb tr* **1** förlåta [*~ a p.*; *~ a fault* (*sins*)], ursäkta **2** jur. benåda [*~ a criminal*]
pardonable ['pɑ:dnəbl] *adj* förlåtlig, ursäktlig; förståelig
pare [peə] *vb tr* skala [*~ an apple*]; klippa [*~ one's nails*], beskära [*~ a hedge*]; skrapa; *~* [*away* (*down*, *back*)] bildl. skära ned, minska
parent ['peər(ə)nt] s förälder; målsman; förfader; *~ company* moderbolag; *~ ship* moderfartyg
parentage ['peər(ə)ntɪdʒ] s **1** härkomst, härstamning, börd **2** föräldraskap
parental [pə'rentl] *adj* föräldra- [*~ home*]; faderlig, moderlig; *~ care* föräldraomsorg; *~ leave* föräldraledighet
parenthes|is [pə'renθəs|ɪs] (pl. *-es* [-i:z]) s parentes; parentestecken
parenthetic [,pær(ə)n'θetɪk] *adj* o. **parenthetical** [,pær(ə)n'θetɪk(ə)l] *adj* parentetisk, [inskjuten] inom parentes
parenthood ['peər(ə)nthʊd] s föräldraskap
parenting ['peərəntɪŋ] s föräldraskap; barnuppfostran

parent-teacher [ˌpeər(ə)nt'ti:tʃə] adj, ~ *association* skol. föräldraförening, hem och skolaförening
par excellence [pɑ:r'eksəlɑ:(n)s] adv fr. framför alla andra, par excellence; företrädesvis
pariah [pə'raɪə, 'pærɪə] s **1** paria äv. bildl.; utstött **2** ~ [*dog*] pariahund; herrelös hund
Paris ['pærɪs]
parish ['pærɪʃ] s socken; [kyrklig] församling; ~ *council* ung. kommunalnämnd; ~ *register* kyrk[o]bok
parishioner [pə'rɪʃənə] s sockenbo, församlingsbo
Parisian [pə'rɪzjən, -ʒən] **I** adj parisisk, paris[er]- **II** s parisare, parisiska
Parisienne [pəˌrɪzɪ'en] s parisiska
parity ['pærətɪ] s paritet, [jäm]likhet
park [pɑ:k] **I** s **1** park, parkanläggning **2** parkeringsplats, bilparkering [äv. *car* ~] **3** vard. fotbollsplan; amer. äv. bollplan, stadion **II** vb tr parkera [*where can we* ~ *the car?*]; vard. parkera, sätta, placera [*where can I* ~ *my luggage?*; *he* ~*ed himself on my chair*] **III** vb itr parkera
parka ['pɑ:kə] s **1** parkas **2** [skinn]anorak
park-and-ride [ˌpɑ:kən(d)'raɪd] adj, *the* ~ *system* [systemet med] infartsparkering
parker ['pɑ:kə] s [bil]parkerare
park home ['pɑ:khəʊm] s stor husvagn som är permanentbostad
parking ['pɑ:kɪŋ] s parkering; *No P*~ Parkering förbjuden; ~ *brake* parkeringsbroms, handbroms; ~ *light* a) parkeringsljus b) positionsljus; ~ *meter* parkeringsautomat, parkeringsmätare; ~ *lot* isht amer. parkeringsplats, parkeringsområde; ~ *space* (*place*) parkeringsplats; parkeringsruta; ~ *ticket* böteslapp för parkeringsöverträdelse
Parkinson ['pɑ:kɪnsn] egenn.; ~*'s disease* med. Parkinsons sjukdom; ~*'s law* Parkinsons lag lagen om att varje arbetsuppgift sväller så att den fyller den tid som står till buds
parkway ['pɑ:kweɪ] s amer. **1** större genomfartsled med planteringar; aveny **2** sidoallé, gångallé
parky ['pɑ:kɪ] vard. **I** adj kylig [~ *air* (*weather*)], bitande [*a* ~ *wind*], råkall [*a* ~ *day*] **II** s parkvakt
parlance ['pɑ:ləns] s språk, talspråk; språkbruk [*in military* ~]; *in common* (*ordinary*) ~ i dagligt tal
parley ['pɑ:lɪ] **I** s **1** förhandling, överläggning **2** mil. underhandling **II** vb itr **1** förhandla, diskutera, konferera **2** mil. underhandla
parliament ['pɑ:ləmənt] s parlament; riksdag; *the Houses of P*~ parlamentshuset i London
parliamentarian [ˌpɑ:ləmen'teərɪən] s **1** [god] parlamentariker **2** hist. parlamentsanhängare
parliamentary [ˌpɑ:lə'ment(ə)rɪ] adj

parlamentarisk [~ *language*]; parlaments- [~ *debates*]; beslutad (fastställd) av parlamentet; ~ *commissioner* ung. justitieombudsman; *P*~ *Secretary* underordnad minister i regeringsdepartement
parlor ['pɑ:lə] s amer., se äv. *parlour*; ~ *car* järnv. salongsvagn; ~ *house* sl. bordell, horhus; *shaving* ~ raksalong, rakstuga
parlour ['pɑ:lə] s **1** a) sällskapsrum på värdshus o.d.; samtalsrum i kloster; mottagningsrum b) ngt åld. el. amer. vardagsrum; förmak, finrum, mindre salong **2** salong [*beauty* ~, *hairdresser's* ~], ateljé [*photographer's* ~]; bar [*ice-cream* ~]
parlour game ['pɑ:ləgeɪm] s sällskapsspel, sällskapslek
parlour maid ['pɑ:ləmeɪd] s hist. husa
parlous ['pɑ:ləs] adj **1** farlig **2** kinkig, svår
Parmesan [ˌpɑ:mɪ'zæn, attr. '---] **I** adj från Parma, parma-; parmesan- [~ *cheese*] **II** s parmesan[ost]
parochial [pə'rəʊkjəl] adj **1** församlings-, socken- **2** trångsynt, provinsiell
parodist ['pærədɪst] s parodiförfattare
parody ['pærədɪ] **I** s parodi **II** vb tr parodiera
parole [pə'rəʊl] **I** s **1** isht mil. hedersord [äv. ~ *of honour*] **2** jur. villkorlig frigivning (benådning) [äv. *release on* ~] **II** vb tr **1** mil. frige på hedersord **2** jur. frige villkorligt; med. försöksutskriva
paroxysm ['pærəksɪz(ə)m] s paroxysm, häftigt (plötsligt) anfall [*a* ~ *of laughter* (*pain, rage*)]
parquet ['pɑ:keɪ, -kɪ] s **1** parkett[golv] [äv. ~ *flooring*] **2** amer. [isht främre] parkett på teater o.d.; ~ *circle* bortre parkett
parricide ['pærɪsaɪd] s **1** fadermord; modermord **2** fadermördare; modermördare
parrot ['pærət] **I** s papegoja **II** vb tr [mekaniskt] säga efter, imitera
parrot-like ['pærətlaɪk] **I** adj papegojlik[nande], papegojaktig **II** adv papegojaktigt
parry ['pærɪ] sport. el. bildl. **I** vb tr parera, avvärja [~ *a blow*] **II** s parad, parering, avvärjning
parse [pɑ:z] vb tr gram. el. data. analysera [~ *a word*], ta ut satsdelarna (ordklasserna) i [~ *a sentence*]
parsimonious [ˌpɑ:sɪ'məʊnjəs] adj överdrivet sparsam, gnidig; knusslig, njugg
parsimony ['pɑ:sɪmənɪ] s överdriven sparsamhet
parsley ['pɑ:slɪ] s bot. persilja
parsnip ['pɑ:snɪp] s bot. palsternacka
parson ['pɑ:sn] s kyrkoherde; vard. prelat, präst
parsonage ['pɑ:s(ə)nɪdʒ] s prästgård
part [pɑ:t] **I** s **1** del; avdelning, stycke; avsnitt; beståndsdel, bråkdel; [reserv]del; ~ *of speech* ordklass; *give the principal* ~*s of a verb* ta tempat på ett verb; *for the most* ~ till

största delen, för det mesta; *form ~ of* utgöra en del av; *go ~ of the way by bus* åka buss en bit av vägen; *in ~* delvis, till en del; *take in bad (ill) ~* ta illa upp; *take in good ~* ta väl upp 2 [an]del, lott; uppgift; *I have no ~ in it* jag har ingen del i det; *take ~* deltaga, medverka 3 sida, part; håll, kant; *take a p.'s ~* ta ngns parti; *for my ~* [jag] för min del; *on his ~* från hans sida 4 ofta pl. *~s* [kropps]delar, parti[er], organ; *private (privy) ~s* könsdelar 5 pl. *~s* trakt[er], ort, del; kvarter 6 häfte; *in ~s* häftesvis [*be published in ~s*] 7 teat. o.d., äv. bildl. roll; *play (act) a ~* spela (göra) en roll; bildl. spela teater; *play a vital ~ in* bildl. spela en viktig roll i 8 mus. stämma [*orchestra ~s*] II *adv* delvis, till en del, dels [*~ ignorance, ~ laziness*] III *vb tr* 1 skilja [åt] [*we tried to ~ them; till death do us (us do) ~*]; *~ company* skiljas 2 dela; bena; *she wears her hair ~ed down the middle* hon har mittbena IV *vb itr* 1 skiljas [*from a p.* från ngn], skiljas åt; gå åt olika håll; *~ with* skiljas från (vid), avstå från [*~ with one's possessions*], göra sig av med 2 öppna (dela) sig; *his hair ~s in the middle* han har mittbena
partake [pɑː'teɪk] (*partook partaken*) *vb itr* delta; *~ in (of) a th.* delta i ngt
parterre [pɑː'teə] *s* 1 trädg. blomsterterrass, parterr 2 isht amer. teat. [isht bortre] parkett
part-exchange [ˌpɑːtɪks'tʃeɪn(d)ʒ] I *s* dellikvid; *take a th. in ~* äv. ta ngt i inbyte II *vb tr*, *~ a car* byta bil med den gamla som dellikvid
partial ['pɑːʃ(ə)l] *adj* 1 partiell [*a ~ eclipse*], ofullständig [*a ~ success*], del- [*~ payment*] 2 partisk 3 *be ~ to* vara svag för, vara förtjust i
partiality [ˌpɑːʃɪ'ælətɪ] *s* 1 partiskhet [*towards, to* för] 2 svaghet, smak, förkärlek
partially ['pɑːʃəlɪ] *adv* 1 delvis, till en del, partiellt; *~ sighted* synsvag, synskadad 2 partiskt [*judge ~*]
participant [pɑː'tɪsɪpənt] *s* deltagare
participate [pɑː'tɪsɪpeɪt] *vb itr* delta, ta del [*in a th.*]
participation [pɑːˌtɪsɪ'peɪʃ(ə)n] *s* deltagande [*the ~ of a p. in a meeting*]; delaktighet; medverkan [*with the active ~ of Mr. Brown*]; hand. participation
participle ['pɑːtɪsɪpl] *s* gram. particip; *the past ~* a) perfekt particip b) supinum; *the present ~* presens particip
particle ['pɑːtɪkl] *s* partikel äv. gram. el. fys.
particoloured ['pɑːtɪˌkʌləd] *adj* brokig äv. bildl.
particular [pə'tɪkjʊlə, -kjəl-] I *adj* 1 särskild, speciell [*in this ~ case*], bestämd [*for a ~ purpose*]; [*why did he want*] *that ~ book?* ...just den boken?; *a ~ friend* en mycket god vän; *nothing ~* [just] ingenting särskilt 2 om pers. noggrann, noga, nogräknad, kinkig [*about, as to, in* i [fråga om], med]; kräsen

[*be ~ about* el. *over* (i fråga om) *food*]; [*do you want tea or coffee?*] *I'm not ~* ...det gör detsamma [vilket] 3 utförlig, detaljerad [*a ~ account*] II *s* 1 detalj [*go into* (in på) *~s*]; pl. *~s* närmare omständigheter (detaljer); detaljerad beskrivning; *for ~s apply to* närmare upplysningar lämnas av 2 *in ~* i synnerhet, särskilt; *nothing in ~* [just] ingenting särskilt
particularize [pə'tɪkjʊləraɪz, -kjəl-] I *vb tr* 1 nämna särskilt; specificera 2 beskriva i detalj II *vb itr* gå in på detaljer
particularly [pə'tɪkjʊləlɪ, -kjəl-] *adv* särskilt, speciellt etc., jfr *particular I*; synnerligen [*be ~ glad*], i synnerhet [*be fond of flowers, ~ roses*]
parting ['pɑːtɪŋ] I *s* 1 avsked, skilsmässa; *~ shot* bildl. [dräpande] slutreplik; *~ speech* avskedstal 2 bena; *make a ~* kamma (göra en) bena 3 delning, åtskiljande, skiljande skikt; *be at the ~ of the ways* bildl. stå vid skiljevägen (ett vägskäl)
partisan [i bet. *1* ˌpɑːtɪ'zæn, i bet. *2* 'pɑːtɪz(ə)n] *s* 1 mil. partisan [*~ troops*], frihetskämpe 2 anhängare, förkämpe [*a ~ of liberalism*]; *~ politics* partipolitik
partition [pɑː'tɪʃ(ə)n, pə't-] I *s* 1 delning [*the ~ of Germany*] 2 del, avdelning; fack 3 skiljevägg äv. bildl. el. bot.; mellanvägg II *vb tr* 1 dela 2 *~ off* avdela, avskilja [*a room was ~ed off*]
partition wall [pɑː'tɪʃ(ə)nwɔːl, pə't-] *s* skiljevägg, mellanvägg, avbalkning; skiljemur
partitive ['pɑːtɪtɪv] gram. I *adj* partitiv [*~ genitive*] II *s* partitivattribut
partly ['pɑːtlɪ] *adv* delvis, till en del [*made ~ of iron*], dels [*~ ignorance, ~ laziness*]
partner ['pɑːtnə] I *s* 1 deltagare, kamrat 2 kompanjon, delägare, partner [*~s in a firm*]; *sleeping ~* passiv delägare 3 make, maka, äkta hälft 4 partner, moatjé, kavaljer, dam; *dancing ~* danspartner, danskavaljer; *~ at table* bordskavaljer, bordsdam 5 i spel partner [*bridge ~, tennis ~*], medspelare II *vb tr* vara (bli) kompanjon (partner, medspelare) till
partnership ['pɑːtnəʃɪp] *s* kompanjonskap; enkelt bolag, handelsbolag; *enter (go) into ~ with* ingå kompanjonskap (bilda bolag) med, bli kompanjon med; *take a p. into ~* ta ngn till kompanjon
part-owner [ˌpɑːt'əʊnə] *s* delägare; sjö. medredare
part-payment ['pɑːtˌpeɪmənt, ˌ-'--] *s* delbetalning
partridge ['pɑːtrɪdʒ] *s* zool. rapphöna, rapphöns
part-singing ['pɑːtˌsɪŋɪŋ] *s* flerstämmig sång
part-song ['pɑːtsɒŋ] *s* flerstämmig sång (visa)
part-time [attr. adj. 'pɑːtaɪm, pred. adj. o. adv. ˌ-'-] I *adj* deltids-, halvtids- [*~ work*]; *a ~ worker* en deltidsanställd, en

deltidsarbetande **II** *adv* på deltid (halvtid); *work* ~ ha (arbeta) deltid
part-timer [‚pɑːˈtaɪmə] *s* deltidsarbetande, deltidsanställd
parturition [‚pɑːtjʊ(ə)ˈrɪʃ(ə)n] *s* barnsbörd, nedkomst
party [ˈpɑːtɪ] **I** *s* **1** isht polit. parti, parti- [~ *member*]; ~ *conference* (*convention*) partikongress **2** sällskap [*a* ~ *of tourists, a fishing* ~], lag, grupp [*a working* ~]; *search* ~ spaningspatrull; skallgångskedja **3** mil. patrull, avdelning [*landing* ~], detachement **4** bjudning [*tea* ~], fest, party; ~ *dress* festklänning, finklänning, aftonklänning; *birthday* ~ födelsedagskalas, födelsedagsbjudning; *the* ~ *is over* vard. a) nu stundar hårdare tider b) nu är det slut på det roliga; *give* (*throw, have*) *a* ~ ha bjudning osv.; *be* (*make*) *one of a* (*the*) ~ vara med på bjudning o.d.; delta; *go to a* ~ gå på bjudning osv.; vard. gå bort **5** isht jur. part [*be a* ~ *in* (*to*) *the case*]; kontrahent; sakägare; delägare; intressent [äv. *interested* ~]; *the guilty* ~ den skyldige **6** deltagare [*to* i]; medbrottsling [*make a p.* ~ *to* (till medbrottsling i) *a crime*]; *I won't be a* ~ *to that affair* dätt vill jag inte vara med om (bli inblandad i) **7** vard. el. skämts. typ, individ, prick [*an odd* (*a queer*) ~] **II** *vb itr* isht amer. vard. festa, slå runt
party line [ˈpɑːtɪlaɪn, ‚-ˈ-] *s* **1** polit. partilinje **2** tele. gemensam ledning, partledning
party-political [‚pɑːtɪpəˈlɪtɪk(ə)l] *adj* partipolitisk
party pooper [ˈpɑːtɪ‚puːpə] *s* isht amer. vard. tråkmåns, festsabotör
party spirit [‚pɑːtɪˈspɪrɪt] *s* partianda
party wall [‚pɑːtɪˈwɔːl] *s* mest jur. brandmur
parvenu [ˈpɑːvənjuː] *s* parveny, uppkomling
pascal [ˈpæskəl] *s* fys. pascal
pass [pɑːs] **I** *vb itr* (se äv. *III* o. *passing*)
1 passera [förbi], gå (fara, komma, köra osv.) förbi (igenom, vidare); köra om, gå om; *ships that* ~ *in the night* bildl. skepp som mötas i natten; [*the road was too narrow*] *for cars to* ~ …för att bilar skulle kunna mötas **2** om tid o.d. gå [*time ~ed quickly*], förflyta, lida, skrida **3** övergå, förvandlas **4** utväxlas, utbytas [*a few words ~ed between them*] **5** gå över, upphöra, försvinna [*the pain soon ~ed*] **6** [få] passera; [kunna] godtas, gå an; ~ *unnoticed* (*unheeded*) gå obemärkt (obeaktad) förbi; *we'll let that* ~, *but…* det får duga (passera), men… **7** gälla, gå, passera; *he would easily* ~ *for a Swede* han kunde mycket väl tas för en svensk **8** a) parl. o.d. gå igenom, antas [*the bill ~ed and became law*] b) klara examen; klara sig, bli godkänd
II *vb tr* (se äv. *III* o. *passing*) **1** passera [förbi (igenom)], gå (fara, komma, köra osv.) förbi (igenom) [*we ~ed the town*]; (fara) över [~ *the frontier*]; hoppa över **2** låta passera, släppa igenom, låta gå **3** tillbringa [~ *a pleasant evening*], fördriva [~ *the time*] **4** räcka, skicka [~ [*me*] *the salt, please!*], skicka vidare, langa **5** ~ *a remark* fälla ett yttrande; ~ *the time of day* hälsa på varandra, byta några ord **6** släppa ut, prångla ut; ~ *a dud cheque* lämna en falsk check **7** anta [*Parliament ~ed the bill*], godkänna [*~ed by the censor*]; bli antagen av, godkännas av; ~ *the Customs* gå igenom (passera) tullen **8** a) avlägga, bli godkänd i, klara, ta [~ *an* (*one's*) *examination*] b) godkänna **9** överskrida, gå utöver, övergå [*it ~es my comprehension* (förstånd)]; *it ~es all description* det trotsar all beskrivning **10** föra, dra, låta fara [*over* över] **11** föra, träda; ~ *a rope round a th.* slå ett rep om ngt **12** låta passera (defilera) förbi; ~ *troops in review* mil. låta trupper passera revy **13** a) jur. avkunna, fälla [~ *sentence* [*up*]*on* (över) *a p.*] b) [av]ge; rikta [~ *criticism* [*up*]*on* (mot)]; ~ *judgement on a th.* bedöma (uttala sig om) ngt **14** sport. passa
  III *vb itr* o. *vb tr* med beton. part.:
  ~ **along**: a) gå (tåga osv.) fram; ~ *along!* passera!, fortsätt [framåt]! b) skicka vidare
  ~ **as** ~ *for* under *I 7*
  ~ **away**: a) gå bort, försvinna b) dö, gå bort c) om smärta, vrede o.d. gå över d) ~ *away the time* fördriva tiden
  ~ **by**: a) gå (fara, komma osv.) förbi, passera [förbi] b) bildl. förflyta, gå [förbi] c) bildl. förbigå, gå förbi
  ~ **down** låta gå vidare från generation till generation, föra vidare, nedärva
  ~ **off**: a) gå över, försvinna [*her anger will soon ~ off*] b) avlöpa [*everything ~ed off very well*], förlöpa c) slå bort [*he ~ed it off as a joke* (*with a laugh*)] d) [falskeligen] utge [*as a p.* (*a th.*) för (såsom) ngn (ngt)]; *he tried to* ~ *himself off as a count* han försökte ge sig ut för att vara greve e) ~ *a th. off on a p.* pracka på ngn ngt
  ~ **on**: a) gå vidare, fortsätta, övergå [~ *on to* (till) *another subject*] b) byta ägare; övergå [*to* till] c) se ~ *away b*) d) låta gå vidare, vidarebefordra [*read this and* ~ *it on*]
  ~ **out**: a) vard. tuppa av, svimma b) ~ *out of sight* försvinna ur sikte c) isht mil. gå igenom (sluta) en kurs
  ~ **over**: a) gå över [till andra sidan], fara över; passera b) övergå [*to* till; *into the hands of a p.* i ngns händer (ägo); ~ *over into other hands*] c) gå över [*the storm soon ~ed over*] d) bildl. förbigå [~ *it over in* (med) *silence*]; förbise e) bildl. förbigå vid befordran [*he was ~ed over*] f) räcka, överlämna [*to a p.* till (åt) ngn]
  ~ **round** skicka omkring (runt) [*the cakes were ~ed round*], låta gå [laget] runt

~ through: a) gå (passera osv.) igenom **b)** bildl. gå igenom, passera [~ *through several stages*] **IV** s **1** passerande etc., jfr *I* o. *II* **2** godkännande i examen; ~ [*degree*] lägre (mindre specialiserad) akademisk examen; *a ~* godkänt **3** [kritiskt] läge (tillstånd); *things have come to a pretty (fine)* ~ *when...* iron. det är illa ställt om...; *things came to such a ~ that* det gick så långt att; *come to* ~ ngt åld. ske **4 a)** passerkort, passersedel **b)** mil. permissionssedel; permission **c)** [*free*] ~ fribiljett, frikort **5** a) fäktn. o.d. utfall, stöt b) bildl. vard. närmande; *make a ~ at a p.* vard. vara närgången mot ngn **6** sport. passning; i tennis passering **7** [bergs]pass; [trång] passage; väg, led **8** kortsp. pass, passande **9** magisk o.d. handrörelse
passable ['pɑ:səbl] *adj* **1** farbar, framkomlig, trafikabel **2** hjälplig, skaplig, någorlunda
passably ['pɑ:səblɪ] *adv* hjälpligt, tämligen, rätt [så], någorlunda
passage ['pæsɪdʒ] s **1** a) färd, resa med båt o. flyg; överfart, överresa b) passage, genomresa; övergång c) spridning, överföring [*the ~ of the infection is swift*]; *bird of ~* flyttfågel äv. bildl.; *book one's ~* beställa biljett, boka plats; *work one's ~* [*to America*] arbeta (jobba) sig över... **2** fri passage, rätt att passera [*refuse ~ through a territory*] **3** konkr. a) passage, genomgång, väg; gång, korridor, ingång, utgång b) kanal, öppning **4** bildl. gång [*the ~ of time*], lopp [*the ~ of years*]; övergång [*from* från, *to* till] **5** ställe, passage, passus i text o.d.; avsnitt; episod **6** mus. passage **7** parl. o.d. antagande, godkännande [*~ of a bill*]
passbook ['pɑ:sbʊk] s **1** bankbok, motbok **2** hand. motbok, kontrabok
passé ['pɑ:seɪ, 'pæs-] (fem. *passée* [samma utt.]) *adj* fr. passé, föråldrad; bedagad
passenger ['pæsɪn(d)ʒə] s **1** passagerare, resande; trafikant; ~ *train* persontåg **2** vard. oduglig (onyttig) medlem av lag o.d., blindpipa
passer-by [ˌpɑ:sə'baɪ] (pl. *passers-by* [ˌpɑ:səz'baɪ]) s förbipasserande, förbigående
passing ['pɑ:sɪŋ] I *adj* **1** a) som går (gick) [förbi] [*a ~ youngster; each ~ day*]; förbipasserande, förbigående, förbifarande b) i förbigående [*a ~ remark*] **2** övergående; flyktig; *a ~ whim* en tillfällig nyck **3** om betyg godkänd **II** s **1** förbipasserande etc., jfr *pass I* o. *II*; passage; förbifart, genomfart; amer. omkörning; *the ~ of time* tidens gång (flykt); *in ~* i förbigående (förbifarten) **2** sport. passning **3** bortgång, död
passion ['pæʃ(ə)n] s **1** passion, lidelse, kärlek; hänförelse, glöd, passos; förkärlek, begär **2** häftigt utbrott; *in a ~* i förbittring; med hetta; *fly* (*get*) *into a ~* bli ursinnig (rasande) [*about a th.* över (för) ngt; *with a p.* på (över) ngn] **3** *the P~* Passionen, Kristi lidande (pina), passionshistorien; *P~ Sunday* femte söndagen i Fastan
passionate ['pæʃənət] *adj* **1** passionerad, lidelsefull [*a ~ lover*], eldig [*a ~ nature*] **2** hetlevrad, hetsig, häftig [*a ~ man*] **3** våldsam, brännande, het [*a ~ desire*]
passionflower ['pæʃ(ə)nˌflaʊə] s bot. passionsblomma, kristikorsblomma
passion fruit ['pæʃ(ə)nfru:t] s passionsfrukt
passive ['pæsɪv] I *adj* passiv äv. gram. el. kem. [~ *resistance (resisters)*]; overksam, viljelös, undergiven [~ *obedience*]; ~ *smoking* passiv rökning; *the ~ voice* gram. passiv form, passiv **II** s gram., *the ~* passiv
passkey ['pɑ:ski:] s **1** huvudnyckel **2** portnyckel
Passover ['pɑ:sˌəʊvə] s judarnas påskhögtid
passport ['pɑ:spɔ:t] s **1** pass **2** passersedel; bildl. äv. början, nyckel, inkörsport [*a ~ to fame*]
password ['pɑ:sw3:d] s isht mil. o. data. lösen[ord]
past [pɑ:st] I *adj* [för]gången, förfluten, svunnen; förbi; *the danger is ~* faran är över; ~ *generations* gångna generationer; *the ~ month* den gångna månaden; *the ~ tense* gram., se *II* 2; *I have been ill for the ~ few days* jag har varit sjuk de senaste dagarna; *for some years (time)* ~ sedan några år (någon tid) tillbaka **II** s **1 a)** *the ~* det förflutna (förgångna), forntiden, vad som varit **b)** föregående liv, förflutet; *in the ~* tidigare, förr i världen; *in the distant ~* i en avlägsen forntid; *it is a thing of the ~* det tillhör det förflutna **2** gram., *the ~* imperfekt, preteritum **III** *prep* **1** förbi [*he ran ~ the house*], [bort]om **2** bortom, utom, utanför, förbi; *it's ~ belief* det är alldeles (helt) otroligt; *she is ~ caring what happens* hon bryr sig inte längre om vad som händer; ~ *danger* utom [all] fara; *I would not put it ~ him* vard. det skulle jag gott kunna tro om honom, det vore just likt honom **3** om tid o.d. över, efter; *it's ~ two o'clock* hon (klockan) är över två; *at half ~ one* [klockan] halv två; *a quarter ~ two* en kvart över två **IV** *adv* förbi [*go (run, hurry)* ~]
pasta ['pæstə, amer. 'pɑ:stə] s kok. pasta spaghetti o.d.
paste [peɪst] I s **1** deg; pajdeg, smördeg, massa [*almond ~*] **2** pasta [*tomato ~*; *cement ~*]; [bredbar] pastej [*anchovy ~*] **3** klister; ~ *pot* klisterburk **II** *vb tr* **1** ~ [*up*] klistra, klistra upp; klistra över [~ [*up*] *a th. with paper*] **2** vard. klå upp, puckla på
pasteboard ['peɪstbɔ:d] s [limmad] papp, kartong; ~ *characters* bildl. schablonfigurer
pastel [pæ'stel, isht attr. 'pæst(ə)l] s

1 pastellkrita, pastellfärg **2** pastell[färg] kulör **3** [pastell]målning
pastern ['pæstɜːn] *s* karled på häst
pasteurization [ˌpɑːstʃəraɪ'zeɪʃ(ə)n, ˌpæs-] *s* pastörisering
pasteurize ['pɑːstʃəraɪz, 'pæst-] *vb tr* pastörisera
pastiche [pæ'stiːʃ, 'pæstiːʃ] *s* **1** konst., litt. el. mus. pastisch **2** potpurri; mischmasch
pastille ['pæst(ə)l, pæ'stiːl] *s* pastill, tablett
pastime ['pɑːstaɪm] *s* tidsfördriv, nöje
pasting ['peɪstɪŋ] *s* vard. stryk; *give a p. a ~* ge ngn stryk (en omgång), klå upp ngn
past master [ˌpɑː'stmɑːstə] *s* bildl. mästare [*of (in, at)* i; *a ~ in the art of lying*; *a ~ at chess*]
pastor ['pɑːstə] **I** *s* präst, pastor; herde, själasörjare **II** *vb tr* vara själasörjare (herde) för
pastoral ['pɑːst(ə)r(ə)l, 'pæs-] *adj* herde- [*~ life, ~ poem*], pastoral[-], idyllisk, lantlig; prästerlig
pastrami [pə'strɑːmɪ] *s* kok. pastrami slags rökt nötkött
pastry ['peɪstrɪ] *s* **1** [finare] bakverk, bakelse[r], [konditori]kaka, kakor **2** smördeg; kakdeg
pastryboard ['peɪstrɪbɔːd] *s* bakbord
pastrycook ['peɪstrɪkʊk] *s* konditor, sockerbagare
pastry-cutter ['peɪstrɪˌkʌtə] *s* [deg]sporre
pasturage ['pɑːstʃərɪdʒ, -tjʊr-] *s* **1** betande, bete **2** se *pasture*
pasture ['pɑːstʃə, -tjʊə] *s* **1** bete gräs o.d.; *put a p. to ~* släppa ut ngn på grönbete **2** betesmark
pasty [ss. subst. 'pæstɪ, ss. adj. 'peɪstɪ] **I** *s* pirog vanl. med köttfyllning; *Cornish ~* slags pirog med kött, potatis o. lök **II** *adj* degig, degliknande; glåmig, blekfet
PA system förk. för *public address system*
Pat [pæt] **I** kortform för *Patricia* o. *Patrick* **II** *s* vard. irländare
pat [pæt] **I** *s* **1** klapp, lätt slag **2** [platt] klick [*~ of butter*], klimp **3** ljud: trippande, tassande [*the ~ of bare feet*] **II** *vb tr* klappa; *~ a p. on the back* bildl. ge ngn en klapp på axeln; *~ oneself on the back* bildl. vara belåten med (lyckönska) sig själv **III** *adv* o. *adj* **1** fix och färdig [*a ~ solution*], [genast] till hands, parat [*have the story ~*], omgående [*the story came ~, but wasn't convincing*] **2** *stand ~* stå fast [vid sitt beslut], vara orubblig
patch [pætʃ] **I** *s* **1** a) lapp b) [skydds]lapp för öga c) plåster d) musch av tyg o.d.; *he is not a ~ on you* vard. han går inte upp mot (kan inte jämföras med) dig **2** fläck, ställe; bit, stycke; *~es of fog* vidsträckta av dimma; *~es of blue sky* fläckar (bitar) av blått (blå himmel) [mellan molnen] **3** jordbit, jordlapp; täppa [*a cabbage ~*] **4** *go through (strike) a bad ~*

vard. ha en nedgångsperiod; *bright ~es* bildl. ljuspunkter **II** *vb tr* lappa äv. data.; laga, sätta en lapp (lappar) på; *~ up* a) lappa ihop äv. bildl.; laga; jämka samman, ordna upp, bilägga [*~ up a quarrel (tvist)*] b) hafsa (sno, fuska, sätta) ihop; *~ a quilt* sy ett lapptäcke
patch pocket [ˌpætʃ'pɒkɪt] *s* påsydd ficka
patchwork ['pætʃwɜːk] *s* **1** lapptäckesarbete, lapptäcksteknik, 'patchwork'; *~ quilt* vadderat lapptäcke **2** bildl. lappverk, fuskverk
patchy ['pætʃɪ] *adj* **1** lappad, hoplappad **2** vard. ojämn, växlande, spridd
pate [peɪt] *s* vard. el. skämts. skult, skalle
pâté ['pæteɪ, 'pɑː-, -tɪ] *s* fr. pastej; *~ de foie gras* [...dəˌfwɑː'grɑː] äkta gåsleverpastej
patell|a [pə'telə] (pl. *-ae* [-iː], i bet. 2 äv. pl. *-as*) *s* lat. **1** liten skål **2** anat. knäskål; med. patella
patent ['peɪt(ə)nt, ishl i bet. *II* o. *III* o. amer. 'pæt(ə)nt] **I** *adj* **1** klar, tydlig, uppenbar **2** patenterad, patent- [*~ medicine*] **3** vard. originell; knepig, fiffig [*a ~ device*] **II** *s* **1** patent; patenträtt[ighet]; [*letters*] *~ patentbrev*; *~[s] pending* patentsökt; *grant a ~* bevilja ett patent **2** privilegium; [*letters*] *~ privilegiebrev*; fribrev; öppet brev; kunglig fullmakt **III** *vb tr* patentera; bevilja patent på; få patent på
patentee [ˌpeɪt(ə)n'tiː, ˌpæt-] *s* patentinnehavare
patent leather [ˌpeɪt(ə)nt'leðə] *s* lackskinn; i sms. lack- [*~ shoes*]; pl. *~s* lackskor
patently ['peɪt(ə)ntlɪ] *adv* klart etc., jfr *patent I*; uppenbarligen; rent ut sagt; *it's ~ absurd* det faller på sin egen orimlighet
paternal [pə'tɜːnl] *adj* **1** faderlig, faders- **2** på fädernet (fädernesidan); *~ grandfather* farfar; *~ grandmother* farmor; *on the ~ side* på fädernet (fädernesidan) **3** fäderne-, fäderneärvd
paternalistic [pəˌtɜːnə'lɪstɪk] *adj* förmyndaraktig; patriarkalisk
paternity [pə'tɜːnətɪ] *s* faderskap
paternoster [ˌpætə'nɒstə] *s* **1** *P~* paternoster, fadervår **2** radband **3** ~ [*lift (elevator)*] paternosterhiss
path [pɑːθ, i pl. pɑːðz] *s* **1** stig, gångstig; gång [*garden ~*]; gångbana **2** bana, väg
pathetic [pə'θetɪk] *adj* patetisk, gripande, rörande; sorglig, beklämmande äv. iron.; ynklig
pathfinder ['pɑːθˌfaɪndə] *s* **1** stigfinnare; pionjär **2** mil. a) vägledare flygplan el. person som markerar el. belyser mål vid anflygning b) radarsikte
pathological [ˌpæθə'lɒdʒɪk(ə)l] *adj* patologisk
pathologist [pə'θɒlədʒɪst] *s* **1** patolog **2** obducent
pathology [pə'θɒlədʒɪ] *s* patologi
pathos ['peɪθɒs] *s* **1** hjärtknipande känslofullhet; patos **2** medlidande

pathway ['pɑːθweɪ] *s* **1** stig, gångstig **2** väg ofta bildl.; bana
patience ['peɪʃ(ə)ns] *s* **1 a)** tålamod, tålmodighet **b)** uthållighet **2** kortsp. patiens
patient ['peɪʃ(ə)nt] **I** *adj* tålig, tålmodig; fördragsam [*to* (*towards*) mot] **II** *s* patient
patina ['pætɪnə] *s* patina; ärg
patio ['pætɪəʊ, 'pɑːtɪəʊ] (pl. ~*s*) *s* **1** patio, kringbyggd gård **2** uteplats vid villa
patisserie [pə'tɪs(ə)rɪ] *s* **1** konditori **2** bakelser
patriarch ['peɪtrɪɑːk] *s* patriark
patriarchal [ˌpeɪtrɪ'ɑːk(ə)l] *adj* patriarkalisk; patriark-
patriarchy ['peɪtrɪɑːkɪ] *s* patriarkat
Patricia [pə'trɪʃə, -ʃɪə] kvinnonamn
patricide ['pætrɪsaɪd] *s* **1** fadermord **2** fadermördare person
Patrick ['pætrɪk] mansnamn; *St.* ~ Sankt Patrick Irlands skyddshelgon
patrimony ['pætrɪmənɪ] *s* **1** fädernearv, farsarv, arvegods **2** kyrkogods
patriot ['pætrɪət, 'peɪt-] *s* patriot, fosterlandsvän
patriotic [ˌpætrɪ'ɒtɪk, ˌpeɪt-] *adj* patriotisk
patriotism ['pætrɪətɪz(ə)m, 'peɪt-] *s* patriotism
patrol [pə'trəʊl] **I** *s* patrullering; patrull; ~ *car* polisbil, radiobil; ~ *wagon* amer. transitbuss, piket[buss]; *be on* ~ ha patrulltjänst, patrullera **II** *vb itr* patrullera, göra patrulltjänst **III** *vb tr* patrullera [på (i)], avpatrullera
patrol|man [pə'trəʊl|mæn] (pl. -*men* [-men]) *s* amer. **1** [patrullerande] polis **2** representant för motororganisation som hjälper bilister tillrätta
patron ['peɪtr(ə)n, 'pæt-] *s* **1** beskyddare, gynnare, mecenat; ~ [*saint*] skyddshelgon **2** [stam]kund, stamgäst; gynnare
patronage ['pætrənɪdʒ, 'peɪt-] *s* **1** beskydd, beskyddarskap; stöd; ynnest **2** hand. a) kunders välvilja (förtroende, stöd) b) kundkrets, kunder; publik **3** nedlåtande sätt, nedlåtenhet
patronize ['pætrənaɪz, amer. äv. 'peɪt-] *vb tr* **1** beskydda, gynna **2** behandla nedlåtande **3** hand. vara kund (stamgäst) hos, handla hos
patronizing ['pætrənaɪzɪŋ, amer. äv. 'peɪt-] *adj* nedlåtande, [överlägset] beskyddande; ~ *air* beskyddarmin
patronymic [ˌpætrə'nɪmɪk] *s* patronymikon; familjenamn
patsy ['pætsɪ] *s sl.* **1** syndabock **2** lättlurad stackare, lätt byte **3** driftkucku
1 patter ['pætə] **I** *vb itr* **1** om regn o.d. smattra, trumma [*on* mot] **2** om fotsteg tassa, trippa **II** *s* **1** smattrande [ljud] **2** trippande [ljud]
2 patter ['pætə] **I** *vb itr* pladdra [på] **II** *s* svada, [sälj]snack; pladder, prat
pattern ['pæt(ə)n] **I** *s* **1** mönster, förebild, föredöme [*a* ~ *of domestic virtues*], exempel **2** modell, [tillklippnings]mönster [*cut a* ~ *for* (*till*) *a dress*] **3 a)** varuprov, prov av tyg, mynt m.m.; provbit **b)** typ, modell [*a gun of another* ~] **c)** typiskt exempel **4** dekorativt mönster [*a* ~ *on a carpet* (*wall*)], figurer **5** bildl. form, mönster; bild, struktur; förlopp, gång **6** amer. kupong av tyg lagom för kostym o.d. **II** *vb tr* **1** forma, efterbilda, kopiera [[*up*]*on* (*after*) *a th.* efter ngt]; *he has ~ed himself* [*up*]*on his brother* han har [tagit] sin bror till förebild **2** mönstra; teckna; *~ed wallpaper* mönstrade tapeter
patty ['pætɪ] *s* [liten] pastej; bouchée, krustad; amer., ung. färsbiff av kött el. fisk; ~ *case* (*shell*) ofylld bouchée, krustad
paucity ['pɔːsətɪ] *s* **1** brist, knapphet [*of* på] **2** fåtalighet
Paul [pɔːl] mansnamn; *St.* (*Saint*) ~ [*the Apostle*] [aposteln] Paulus; *St.* ~*'s* [*Cathedral*] kyrka i London; *he is a* ~ *Pry* han [är en sådan som] snokar i andras angelägenheter
paunch [pɔːn(t)ʃ] *s* **1** buk; vard. kula, ölmage, isterbuk; *get a* ~ få kula (mage) **2** zool. våm
paunchy ['pɔːn(t)ʃɪ] *adj* vard. med kula ([tjock] mage); *be* ~ ha kula (mage)
pauper ['pɔːpə] *s* understödstagare; fattighjon; *a* ~*'s burial* [en] fattigbegravning
pause [pɔːz] **I** *s* **1** paus, avbrott, uppehåll, tvekan; ~ *button* (*control*) pausknapp, momentanstopp på bandspelare **2** mus. fermat **II** *vb itr* göra en paus (ett uppehåll), stanna [upp]
pave [peɪv] *vb tr* stenlägga äv. bildl.; stensätta, belägga [med sten m.m.], [be]kläda, täcka [*a path ~d with moss*]; ~ *the way for* (*to*) bildl. bana väg (jämna vägen) för
pavement ['peɪvmənt] *s* **1** trottoar, gångbana; ~ *artist* trottoarmålare **2 a)** [gatu-, väg-, golv]beläggning; stenläggning, stensättning **b)** amer. belagd (stenlagd) väg (körbana)
pavilion [pə'vɪljən] *s* **1** [stort] tält **2** paviljong; amer. sjukhuspaviljong **3** sport., ung. klubbhus
paving ['peɪvɪŋ] *s* stenläggning, stensättning; gatubeläggning, stenbeläggning
paving-stone ['peɪvɪŋstəʊn] *s* gatsten
paw [pɔː] **I** *s* **1** djurs tass **2** vard., persons labb, tass; *take your ~s off!* bort med tassarna! **II** *vb tr* **1** röra vid (krafsa på, slå) med tassen (tassarna) **2** skrapa med hoven (hovarna) på (i), stampa på (i) **3** vard. fingra (tafsa, tumma) på **III** *vb itr* **1** röra (krafsa, slå) med tassen (tassarna) [*at* vid, på, mot] **2** skrapa med hoven (hovarna), stampa **3** vard. fingra, tafsa; ~ *at* gripa (fäkta) efter
1 pawn [pɔːn] *s* **1** schack. bonde **2** neds. om pers. bricka; verktyg, redskap
2 pawn [pɔːn] **I** *s* pant; *be in* ~ vara pantsatt; *get a watch out of* ~ lösa (få) ut en klocka från pantbanken **II** *vb tr* pantsätta, belåna; bildl. sätta i pant [~ *one's life* (*honour*)]

pawnbroker ['pɔːnˌbrəʊkə] s pantlånare; ~'s [*shop*] se *pawnshop*
pawnshop ['pɔːnʃɒp] s pantlånekontor, pantbank
pawpaw ['pɔːpɔː, pə'pɔː] s se *papaya*
pay [peɪ] I (*paid paid*) vb tr **1** a) betala; erlägga; betala ut [~ *wages*] b) löna (betala) sig för c) ersätta, [be]löna, återgälda [~ *a p.'s kindness with ingratitude*]; straffa; ~ *one's* [*own*] *way* a) betala (göra rätt) för sig b) vara lönande, bära sig; *put paid to a th.* vard. sätta stopp (sätta p) för ngt **2** med adv. o. prep. isht i spec. bet.:
~ **back**: a) betala igen (tillbaka) b) bildl. ge igen, ge betalt
~ **down** betala (erlägga) kontant
~ **for**: a) betala (ge) för b) ge igen (betalt) för [*I'll ~ you for this*]
~ **off** betala [till fullo] [~ *off a fine*]; betala av, betala färdigt [~ *off a house*]
~ **out**: a) betala ut; ge ut b) *I'll ~ you out for this!* det här ska du få igen för (få betalt för)!
~ **up** betala [till fullo] **3** ~ *attention* (*a visit*) m.fl. se resp. subst. II (*paid paid*) vb itr **1** betala; [*it's always the woman*] *who ~s* ...som det går ut över **2** löna sig, betala sig [*ofta ~ off*; *honesty ~s*], vara lönande; *the business doesn't ~* affären bär sig inte; *this policy has paid off* den här politiken har gett resultat **3** ~ *for*: a) betala [för] [~ *for the furniture*] b) bekosta [*my parents paid for my education*] c) [få] sota (plikta) för [~ *for a th. with one's life*]; *you'll ~ for this!* det här ska du få sota för! **4** ~ *up* betala III s betalning, avlöning; lön; *be in p.'s ~* vara i ngns tjänst (sold)
payable ['peɪəbl] adj om växel o.d. betalbar, förfallen [till betalning], att betalas; *cheques should be made ~ to* checkar skall (torde) utställas på
pay-as-you-earn [ˌpeɪəzjʊ'ɜːn] s, ~ [*tax*] källskatt; ~ [*tax*] *system* källbeskattning
pay bed ['peɪbed] s avgiftsbelagd sjukhusplats
paycheck ['peɪtʃek] s amer. lönebesked, lönecheck
pay claim ['peɪkleɪm] s lönekrav
payday ['peɪdeɪ] s avlöningsdag
paydesk ['peɪdesk] s kassa i butik, biograf o.d.
PAYE [ˌpiːeɪwaɪ'iː] förk. för *pay-as-you-earn*
payee [peɪ'iː] s hand. betalningsmottagare, remittent
paying ['peɪɪŋ] adj **1** lönande, som betalar sig **2** betalande; ~ *guest* paying guest betalande gäst i familj
payload ['peɪləʊd] s **1** nyttolast **2** mil. last
paymaster ['peɪˌmɑːstə] s kassör; mil. kassachef
payment ['peɪmənt] s betalning; inbetalning, utbetalning, inlösen; likvid; *down ~* kontantinsats, handpenning; *stop (suspend)* ~ inställa betalningarna; *in ~ of* [*the bill*] till täckande av..., som täckning (likvid) för...; *on ~ of £50* mot betalning (erläggande) av 50 pund
payoff ['peɪɒf] s vard. **1** [ut]betalning; avräkning **2** avlöningsdag **3** förtjänst, utbyte, utdelning **4** slutresultat **5** avgörande; vedergällning
payola [peɪ'əʊlə] s sl. muta (mutor) ofta till disc jockey
pay packet ['peɪˌpækɪt] s lönekuvert
payphone ['peɪfəʊn] s telefonautomat, telefonkiosk
payroll ['peɪrəʊl] s **1** a) avlöningslista, lönelista b) personal, personer på avlöningslistan **2** löner, lönesumma; ~ *tax* arbetsgivaravgift
payslip ['peɪslɪp] s lönebesked
pay station ['peɪˌsteɪʃ(ə)n] s amer. telefonkiosk, telefonhytt
pay telephone ['peɪˌtelɪfəʊn] s se *payphone*
pay television ['peɪˌtelɪvɪʒ(ə)n] s o. **pay-TV** ['peɪˌtiːviː] s betal-TV
PB sport. (förk. för *personal best*) personbästa
PC [ˌpiː'siː] förk. för *personal computer*, *Police Constable*
pd. förk. för *paid*
PE förk. för *physical education*
pea [piː] s ärt[a]; *green ~s* gröna ärter; *as like as two ~s* [*in a pod*] lika som två bär
peace [piːs] s fred; fredsslut, frid, lugn, ro, lugn och ro, stillhet; *on a ~ footing* på fredsfot; ~ *negotiations* fredsförhandlingar; ~ *of mind* (*soul*) sinnesfrid; *break* (*disturb*) *the ~* störa den allmänna ordningen; *find ~* finna sinnesro ([sinnes]frid); *keep the ~* inte störa (upprätthålla) den allmänna ordningen; *be bound* [*over*] *to keep the ~ for two years* åläggas att hålla sig till lag och ordning i två år; ung. få två år villkorligt; *make* (*conclude a*) ~ sluta fred [*with* med]; *be at ~* leva i fred (frid, endräkt); *I want to have my meal in ~* jag vill äta i lugn och ro (i fred), jag vill ha matro; *leave in ~* lämna (låta vara) i fred; *may he rest in ~!* må han vila i frid!; *breach of the ~* brott mot (störande av) den allmänna ordningen; *Justice of the P~* fredsdomare
peaceable ['piːsəbl] adj fredlig; fridsam [~ *disposition*]
peaceful ['piːsf(ʊ)l] adj fridfull, stilla [~ *death*, ~ *evening*]; fredlig, freds- [~ *times*], fredligt sinnad
peace-keeping ['piːsˌkiːpɪŋ] s, ~ *force* fredsbevarande styrka, fredsstyrka
peace-loving ['piːsˌlʌvɪŋ] adj fredsälskande
peacetime ['piːstaɪm] I s fredstid, fred II adj i fredstid, fredlig [~ *uses of*...]; ~ *strength* fredsstyrka
peach [piːtʃ] s **1** persika; ~*es and cream*

complexion persikohy **2** persikoträd **3** vard., *a ~ [of a girl]* en jättesöt tjej; *a ~ of a room* ett jättetjusigt rum
peacock ['piːkɒk] *s* påfågel, påfågelstupp
pea-green [ˌpiːˈɡriːn], attr. 'piːɡriːn] *adj* ärtgrön
peahen [ˌpiːˈhen], attr. 'piːhen] *s* påfågel[shöna]
peak [piːk] **I** *s* **1** spets; bergstopp, bergsspets **2** mösskärm **3** topp, höjdpunkt, toppunkt; maximum; [*unemployment reached*] *~ figures* ...toppsiffror; *at ~ hours [of traffic]* under högtrafik, vid rusningstid; *during ~ viewing hours* på bästa sändningstid i TV; *~ load* toppbelastning; *~ performance* topprestation; *~ season* högsäsong; *tourism reaches its ~ in August* turismen har sin höjdpunkt i augusti; *in the ~ of condition* i toppform **II** *vb itr* nå en topp (höjdpunkt) [*sales ~ in June*]
1 peaked [piːkt] *adj* spetsig, toppig; konliknande; *~ cap* skärmmössa; *~ shoe* spetsig sko, näbbsko
2 peaked [piːkt] *adj* vard. avtärd, mager och spetsig
peal [piːl] **I** *s* **1** [stark] klockringning; klockklang **2** klockspel äv. konkr. **3** skräll, brak, dunder; [orgel]brus; *~ of applause* rungande applåd[er]; *~ of laughter* skallande (rungande) skratt, skrattsalva; *~ of thunder* åskdunder **II** *vb itr* ringa; brusa; skrälla, braka; skalla; runga
peanut ['piːnʌt] *s* **1** jordnöt; *~ butter* jordnötssmör **2** vard., pl. *~s* 'småpotatis'; en struntsumma
pear [peə] *s* **1** päron **2** päronträd
pearl [pɜːl] *s* **1** pärla [*a necklace of ~s; she's a ~*]; *cast ~s before swine* kasta pärlor för svin **2** pärlemor **3** attr. pärl- [*~ necklace*]; pärlemor-
pearl barley [ˌpɜːlˈbɑːlɪ] *s* pärlgryn
pearl-diver ['pɜːlˌdaɪvə] *s* pärlfiskare
pearly ['pɜːlɪ] *adj* **1** pärlliknande, [genomskinlig] som en pärla; pärlformig **2** *the ~ gates* pärleportarna, himmelens [tolv] portar
peasant ['pez(ə)nt] *s* **1** bonde isht på den europeiska kontinenten; småbrukare, jordbruksarbetare; attr. jordbruks-, lant- [*~ labour*] **2** vard. lantis; bondtölp
peasantry ['pez(ə)ntrɪ] *s* allmoge, [små]bönder
pease pudding [ˌpiːzˈpʊdɪŋ] *s* rätt av mosade gula ärter, ägg o. smör
pea-shooter ['piːˌʃuːtə] *s* ärtbössa, ärtrör
pea soup [ˌpiːˈsuːp] *s* gul ärtsoppa
peat [piːt] *s* **1** torv[strö] **2** [bränn]torv
peaty ['piːtɪ] *adj* **1** torvartad; *~ smell* torvlukt **2** torvrik
pebble ['pebl] *s* kiselsten, småsten, klappersten; *you are not the only ~ on the beach* det finns andra än du här i världen

pebbly ['peblɪ] *adj* full (täckt, bestående) av kiselstenar, stenig; *a ~ beach* äv. klapperstensstrand
pecan [pɪˈkæn, 'piːkən] *s* **1** pekannöt, hickorynöt **2** pekan[träd], hickory[träd]
peccadillo [ˌpekəˈdɪləʊ] (pl. *~es* el. *~s*) *s* småsynd, bagatellartad förseelse
peccary ['pekərɪ] *s* zool. navelsvin, pekari[svin]
1 peck [pek] *s* **1** mått för torra varor 1/4 bushel: a) britt. =9,087 l b) amer. = 8,810 l **2** vard. massa [*a ~ of troubles (dirt)*], hop
2 peck [pek] **I** *vb tr* **1** picka (hacka) på (i); hacka hål i [äv. *~ a hole in*] **2** a) om fåglar picka (plocka) [upp], picka i sig [ofta *~ up*] b) vard. äta, plocka i sig, smååta; peta i **3** vard. kyssa lätt (flyktigt) **II** *vb itr* picka, hacka; peta; *~ at* a) hacka (picka) på (i) b) bildl. hacka (anmärka) på c) vard. [bara] peta i [*~ at one's food*] **III** *s* **1** a) pickande, hackande b) hack, märke **2** vard. lätt (flyktig) kyss
pecker ['pekə] *s* **1** slags hacka **2** hackspett **3** näbb **4** sl. kran näsa; *keep one's ~ up* hålla humöret uppe, inte tappa modet (sugen) **5** amer. vulg. kuk, pick
pecking order ['pekɪŋˌɔːdə] *s* biol. hackordning, rangordning, [social] hierarki äv. psykol.; *be at the bottom of the ~* bildl. äv. vara allas hackkyckling
peckish ['pekɪʃ] *adj* vard. sugen, hungrig [*feel ~*]
pectin ['pektɪn] *s* kem. pektin[ämne]
pectoral ['pektər(ə)l] *adj* bröst- [*~ muscle*]
peculiar [pɪˈkjuːljə] *adj* **1** egendomlig, karakteristisk [*to* för; *an expression ~ to the North*] **2** märklig, besynnerlig, egendomlig, underlig, säregen, egenartad **3** särskild, speciell
peculiarity [pɪˌkjuːlɪˈærətɪ] *s* egenhet, egendomlighet; säregenhet; egenart
peculiarly [pɪˈkjuːljəlɪ] *adv* **1** särskilt, speciellt **2** särdeles, synnerligen; i synnerhet **3** besynnerligt [*dress ~*], på ett besynnerligt sätt
pecuniary [pɪˈkjuːnjərɪ] *adj* pekuniär, penning- [*~ difficulties*]
pedagogic [ˌpedəˈɡɒdʒɪk] *adj* o. **pedagogical** [ˌpedəˈɡɒdʒɪk(ə)l] *adj* pedagogisk
pedagogue ['pedəɡɒɡ] *s* lärare, pedagog
pedagogy ['pedəɡɒdʒɪ, -ɡɒɡɪ] *s* **1** pedagogik **2** undervisning
pedal ['pedl] **I** *s* pedal, trampa; *loud ~* vard. högerpedal på piano o.d.; *soft ~* vard. vänsterpedal, sordinpedal **II** *adj* pedal-; tramp- [*~ cycle*]; *~ boat* trampbåt **III** *vb itr* använda pedal[en] (pedalerna); trampa **IV** *vb tr* trampa [*~ a cycle*]
pedant ['ped(ə)nt] *s* pedant; formalist
pedantic [pɪˈdæntɪk] *adj* pedantisk; formalistisk

pedantry ['ped(ə)ntrɪ] *s* pedanteri; formalism
peddle ['pedl] **I** *vb itr* [gå omkring och] sälja på gatan (vid dörrarna), idka gårdfarihandel **II** *vb tr* gå omkring och sälja (bjuda ut); torgföra [~ *one's ideas*]; ~ *narcotics* langa narkotika
peddler ['pedlə] *s* langare; *drug* ~ narkotikalangare
pederast ['pedəræst] *s* pederast
pederasty ['pedəræstɪ] *s* pederasti
pedestal ['pedɪstl] *s* **1** piedestal äv. bildl. [*put* (*set*) *on a* ~]; fotstycke, sockel, postament, bas **2** hurts
pedestrian [pə'destrɪən] **I** *adj* **1** [som går] till fots; fot- [~ *tour* (vandring)]; gång- [~ *distances*] **2** avsedd för fotgängare; ~ *crossing* övergångsställe; ~ *precinct* område med gågator, gågata; ~ *street* gågata **3** prosaisk, alldaglig, trivial; torr, tråkig **II** *s* fotgängare
pediatric [,pi:dɪ'ætrɪk] *adj* (isht amer.) med avledningar, se *paediatric* med avledningar
pedicure ['pedɪkjʊə] **I** *s* pedikyr; fotvård **II** *vb tr* pedikyrera
pedigree ['pedɪgri:] *s* stamträd, stamtavla, släkttavla; härkomst; ~ *cattle* stambokförd boskap; ~ *dog* rashund, hund med stamtavla
pedlar ['pedlə] *s* gatuförsäljare, nasare, dörrknackare, gårdfarihandlare
pee [pi:] vard. **I** *s* kiss; *have* (*go for*) *a* ~ kissa **II** *vb itr* kissa
peek [pi:k] **I** *vb itr* kika, titta [*at* på] **II** *s* titt, [förstulen] blick; *have* (*take*) *a* ~ *at* ta en titt på
peek-a-boo [,pi:kə'bu:] **I** *s* tittut lek **II** *interj*, ~*!* tittut!
peel [pi:l] **I** *s* skal på frukt o.d. **II** *vb tr* skala frukt o.d.; barka [av] träd; ~ [*off*] skala av (bort); *keep one's eyes* ~*ed* vard. ha ögonen med sig **III** *vb itr* **1** släppa skalet, fälla (släppa) barken **2** ramla (falla, flaga) av, flagna, fjälla [äv. ~ *off*] **3** vard., ~ [*off*] ta (slänga) av sig kläderna, klä av sig
peelings ['pi:lɪŋz] *s pl* avskalade skal [*potato* ~]
1 peep [pi:p] **I** *vb itr* **1** om fågelunge, råtta o.d. pipa **2** säga ett knyst [*he never dared to* ~ *again*] **II** *s* **1** pip, pipande **2** knyst; *don't let me hear another* ~ *out of you!* jag vill inte höra ett knyst till från dig!
2 peep [pi:p] **I** *vb itr* **1** kika, titta [*at* på; *into* in i; *in* (*out*) *at the door* in (ut) genom dörren]; ~ *through the keyhole* kika genom (i) nyckelhålet; ~*ing Tom* [fönster]tittare, smygtittare, voyeur; snokare **2** börja bli synlig, titta (skymta, sticka) fram [*ofta* ~ *out*] **II** *s* **1** titt, [förstulen] blick; *have* (*take*) *a* ~ *at* ta en titt på, titta (kika) på (in i) **2** första skymt (glimt) **3** a) titthål b) sikte på gevär
peep hole ['pi:phəʊl] *s* kikhål, titthål
1 peer [pɪə] *vb itr* kisa, plira, kika [nyfiket] [*at* på]

2 peer [pɪə] *s* **1** like, jämlike; ~ *group* kamratgrupp **2** pär medlem av högadeln i Storbritannien, ung. adelsman
peerage ['pɪərɪdʒ] *s* **1** *the* ~ pärerna, högadeln **2** pärsvärdighet, adelskap
peerless ['pɪələs] *adj* makalös, oförliknelig
peeve [pi:v] *vb tr* vard. irritera, förarga, reta; ~*d at* irriterad (förargad) över (på), arg på
peevish ['pi:vɪʃ] *adj* retlig, vresig, knarrig; irriterad [~ *remark*]; gnällig, kinkig [~ *child*]
peewit ['pi:wɪt] *s* se *lapwing*
peg [peg] **I** *s* **1** pinne; sprint, stift, bult; tapp, plugg; pligg; *he is a square* ~ *in a round hole* han är fel man på den platsen (för den uppgiften) **2** [stäm]skruv på stränginstrument; bildl. pinnhål; *come down a* ~ *or two* bildl. stämma ner tonen; *take* (*bring*) *a p. down a* ~ *or two* tvinga ngn att stämma ner tonen, sätta ngn på plats **3** klädnypa **4** hängare [*hat peg*]; *off the* ~ vard. konfektionssydd, färdigsydd; *buy one's suits off the* ~ äv. köpa konfektion **II** *vb tr* **1** fästa [med en pinne (pinnar etc., jfr *I 1*); tappa möbler o.d.; pligga [*down fast*]; ~ [*down*] bildl. binda; ~ *out* spänna ut [med pinnar] **2** fixera, låsa, stabilisera [~ *prices*] **3** ~ [*out*] märka ut (markera) [med pinnar], staka ut; ~ [*out*] *one's claim* märka (staka) ut sin mark (inmutning); bildl. lägga fram sina krav **III** *vb itr* **1** ~ [*away* (*on, along*)] vard. jobba (knoga) 'på [*at a th.* med ngt] **2** traska [~ *along the road*]; kila, rusa [~ *down the stairs*] **3** ~ *out* vard. trilla av pinn, kola av dö
Peggy ['pegɪ] kortform för *Margaret*
pejorative [pɪ'dʒɒrətɪv] språkv. **I** *adj* pejorativ nedsättande **II** *s* pejorativt ord
peke [pi:k] *s* vard. pekin[g]es hund
Pekinese [,pi:kɪ'ni:z] *adj* Peking- **II** (pl. lika) *s* pekin[g]es [äv. ~ *dog* (*spaniel*)]
pekoe ['pi:kəʊ] *s* pekoe[te] te av högre kvalitet
pelican ['pelɪkən] *s* **1** zool. pelikan **2** ~ *crossing* övergångsställe med knappar (manuellt reglerade signaler)
pellet ['pelɪt] *s* **1** liten kula av trä, papper, bröd osv.; pellet, piller **2** [bly]hagel, kula för luftbössa **3** fågels spyboll
pell-mell [,pel'mel] *adv* **1** huller om buller, om varandra (vartannat) **2** huvudstupa, brådskande
pellucid [pe'lju:sɪd, -'lu:-] *adj* litt. genomskinlig
pelmet ['pelmɪt] *s* [gardin]kappa; kornisch
1 pelt [pelt] **I** *vb tr* kasta [~ *stones*]; bombardera **II** *vb tr* **1** om regn, snö vräka, piska; ~*ing rain* slagregn, störtregn **2** rusa (kuta) [i väg] **III** *s* **1** slag **2** piskande av regn **3** [*at*] *full* ~ i full fart
2 pelt [pelt] *s* djurs fäll, päls; oberett skinn; hud
pelvic ['pelvɪk] *adj* anat. bäcken-
pelvis ['pelvɪs] (pl. -*es* [-i:z] el. -*ises*) *s* anat. bäcken

pemmican ['pemɪkən] *s* pemmikan torkat o. pressat oxkött
1 pen [pen] **I** *s* **1** fålla, kätte; hönsbur; box i svinhus **2** [barn]hage **II** *vb tr* stänga in [i en fålla etc., jfr *I*], spärra in [ofta ~ *up* (*in*); *~ned up in a house*]
2 pen [pen] **I** *s* penna; *put ~ to paper* fatta pennan **II** *vb tr* skriva, avfatta; teckna ned
3 pen [pen] *s* amer. vard. (kortform för *penitentiary*), fängelse; *the ~* kåken
penal ['pi:nl] *adj* **1** straff-; fångvårds-; *~ colony* straffkoloni; *~ law* (*code*) strafflag; brottsbalk; *~ settlement* fångkoloni **2** straffbar [*~ act*], kriminell
penalize ['pi:nəlaɪz] *vb tr* **1** belägga med straff; straffa, bestraffa **2** sport. a) straffa b) belasta med (ge) minushandicap
penalty ['penltɪ] *s* **1** [laga] straff, [brotts]påföljd; vite, bötesstraff, böter; skadestånd vid kontraktsbrott o.d.; *on ~ of death* vid dödsstraff; [*up*]*on* (*under*) *~ of a fine* vid vite **2** sport. **a)** *~* [*kick*] fotb. straff[spark]; *~ area* (*box*) fotb. straffområde; *~ box* i ishockey utvisningsbås **b)** handicap
penance ['penəns] *s* bot, botgöring, botövning, penitens; *do ~* göra bot [*for* för]
pence [pens] *s* pl. av *penny*
penchant ['pɒŋʃɒn, 'pɑ:ŋʃɑ:n, isht amer. 'pen(t)ʃənt] *s* böjelse, förkärlek [*for* för]
pencil ['pensl] **I** *s* **1** [blyerts]penna; ritstift **2** stift isht med. [*styptic ~*]; penna [*eyebrow ~*] **3** strålknippe **II** *vb tr* **1** rita (skriva, skissera) [med blyerts]; *~led eyebrows* ögonbryn målade med ögonbrynspenna **2** med. pensla
pencil case ['penslkeɪs] *s* pennfodral
pencil-sharpener ['penslˌʃɑ:p(ə)nə] *s* pennvässare, pennformerare
pendant ['pendənt] *s* **1** hänglampa, ljuskrona **2 a)** prisma i kristallkrona **b)** hängsmycke, örhänge [äv. *ear ~*] **3** pendang, make
pendent ['pendənt] *adj* **1** [ned]hängande **2** överhängande [*~ rocks*] **3** oavgjord; *the lawsuit remains ~* målet är ännu inte avgjort
pending ['pendɪŋ] **I** *adj* **1** oavgjord; pågående; oavslutad [*matters ~*]; *the lawsuit was ~* målet var inte avgjort; *patent*[*s*] *~* patentsökt **2** förestående, överhängande; *there was a by-election ~* äv. det förestod ett fyllnadsval **II** *prep* **1** i avvaktan på [*~ his return*] **2** under [loppet av]; [*no action can be taken*] *~ the trial* ...medan rättegången pågår
pendulous ['pendjʊləs] *adj* **1** [ned]hängande, fritt hängande **2** svängande, pendlande
pendulum ['pendjʊləm] *s* pendel; *the swing of the ~* bildl. opinionens svängning[ar]
Penelope [pə'neləpɪ] kvinnonamn
penetrable ['penətrəbl] *adj* **1** genomtränglig,

tillgänglig **2** bildl. tillgänglig, mottaglig, känslig
penetrate ['penətreɪt] **I** *vb tr* **1** tränga igenom [*~ the darkness*], bryta igenom [*~ the enemy's lines*]; sprida sig (slå igenom) i [*new ideas that ~d those countries*], nästla sig in, bryta in på (i) [*~ the European market*] **2 a)** genomskåda [*~ a disguise*] **b)** tränga in i, penetrera [*~ a p.'s mind*] **II** *vb itr* tränga in äv. bildl.; tränga fram, bana sig väg [*into* [in] i; *to* till, [in] i; *through* genom, [in] i], slå igenom [*new ideas ~ slowly*]
penetrating ['penətreɪtɪŋ] *adj* **1** genomträngande, skarp [*~ cold*; *~ cry*; *~ smell*] **2** inträngande, skarpsinnig [*~ analysis*]
penetration [ˌpenə'treɪʃ(ə)n] *s* **1** genomträngande, inträngande äv. bildl.; infiltration [*peaceful ~*] **2** mil. **a)** genombrott **b)** projektils genomslag[sförmåga] **3** skarpsinne
pen friend ['penfrend] *s* brevvän
penguin ['peŋgwɪn] *s* zool. pingvin
penicillin [ˌpenə'sɪlɪn] *s* penicillin
peninsula [pə'nɪnsjʊlə, pe'n-] *s* halvö; *the* [*Iberian*] *P~* Pyreneiska halvön
peninsular [pə'nɪnsjʊlə] *adj* halvöliknande
pen|is ['pi:nǀɪs] (pl. *-ises* el. *-es* [-i:z]) *s* penis
penitence ['penɪt(ə)ns] *s* botfärdighet, ånger [*for* över]
penitent ['penɪt(ə)nt] **I** *adj* botfärdig, ångerfull **II** *s* botgörare, botfärdig syndare
penitential [ˌpenɪ'tenʃ(ə)l] *adj* bot- [*~ psalm*]
penitentiary [ˌpenɪ'tenʃərɪ] **I** *s* straffanstalt; amer. fängelse **II** *adj* straff-, kriminalvårds- [*~ system*]
penknife ['pennaɪf] (pl. *penknives*) *s* pennkniv
penmanship ['penmənʃɪp] *s* skrivkonst; skrivning; skrivsätt; pennföring; [hand]stil
pen name ['penneɪm] *s* pseudonym
pennant ['penənt] *s* **1** sjö. standert **2** vimpel, flagga
penniless ['penɪləs] *adj* utan ett öre, utfattig
Pennine ['penaɪn], *the ~ Chain* el. *the ~s* geogr. Penninska bergen
Pennsylvania [ˌpens(ə)l'veɪnjə] geogr.
penny ['penɪ] (pl.: när mynten avses *pennies*, när värdet avses *pence*) *s* penny eng. mynt = 1/100 pund (före 1971 = 1/12 shilling); amer. vard. encentmynt, encentare; *look at every ~* se på slantarna; *a pretty ~* en nätt summa (vacker slant); *~ dreadful* vard. billig rysare; *a ~ for your thoughts* vad är det du tänker du på?; [*at last*] *the ~ dropped* bildl. äntligen fattade han (jag osv.) galoppen; *they are ten* (*two*) *a ~* det går tretton på dussinet [av dem]; *spend a ~* vard. gå på ett visst ställe, gå på toa; *turn* (*make, earn*) *an honest ~* tjäna en slant; *in for a ~, in for a pound* har man sagt A får man säga B; den som sig i leken ger, han får leken tåla; *take care of the pence and the pounds will take*

care of themselves ung. den som inte tar vara på öret får aldrig kronan
penny-wise ['penɪwaɪz, ˌ-'-] *adj* småsnål; *be ~ and pound-foolish* låta snålheten bedra visheten
pennyworth ['penəθ, 'penɪwəθ] (pl. *~s* el. lika) *s, buy a ~ of sweets* köpa godis för 1 penny
pen pal ['penpæl] *s* brevvän
pen-pusher ['penˌpʊʃə] *s* vard. **1** kontorsslav **2** pennfäktare enkel skribent
pension ['penʃ(ə)n, i bet. *1 2* 'pɑːŋsɪɔːŋ] I *s* **1** pension; årligt underhåll (understöd); *~ contribution* pensionsbidrag; *~ scheme* pensionsplan **2** a) pensionat b) pension skola II *vb tr* pensionera; *~ off* ge [avsked med] pension
pensionable ['penʃ(ə)nəbl] *adj* pensionsberättigad; pensions- [*~ age*]; pensionsmässig
pensioner ['penʃ(ə)nə] *s* pensionär
pensive ['pensɪv] *adj* tankfull, fundersam
penta- ['pentə] se f.ö. sms. nedan *prefix* penta-, fem-
pentagon ['pentəgən] *s* geom. femhörning, pentagon; *the P~* Pentagon amerikanska försvarshögkvarterets femkantiga byggnad nära Washington
pentagonal [pen'tægənl] *adj* geom. femhörnig, femsidig
Pentateuch ['pentətjuːk] *s, the ~* pentateuken, de fem moseböckerna
pentathlon [pen'tæθlɒn, -ən] *s* sport. femkamp
Pentecost ['pentɪkɒst] *s* **1** pingst[dagen] **2** veckofesten judarnas pingsthögtid
penthouse ['penthaʊs] *s* **1** [lyxig] takvåning **2** tillbyggt skjul med snedtak
pent-up ['pentʌp, pred. ˌ-'-] *adj* undertryckt, återhållen [*~ emotions*], förträngd
penultimate [pə'nʌltɪmət, pe'n-] I *adj* näst sista; *~ accent* tryck på näst sista stavelsen II *s* penultima näst sista stavelsen
penurious [pɪ'njʊərɪəs] *adj* torftig, fattig
penury ['penjʊrɪ] *s* armod, fattigdom
peony ['pɪənɪ] *s* bot. pion
people ['piːpl] I (konstr. i bet. *1* ibl. ss. pl., i bet. 2-6 alltid ss. pl.) *s* **1** folk [*the English ~*], nation, folkslag [*primitive ~s*] **2** folk; menighet; *the* [*broad mass of the*] *~* de breda lagren, den stora massan; *~'s democracy* folkdemokrati; *~'s park* amer. folkpark; *the People's Republic of China* folkrepubliken Kina **3** vard. anhöriga, närmaste, familj; släkt[ingar]; *my ~* äv. de mina **4** människor[na], personer; folk; *Chinese ~* [*in the USA*] kineser[na]…; *fifty ~* 50 männisor (personer); *many* (*a great many*) *~* mycket (en massa) folk; *young ~* ungdom[en], ungdomar **5** folk, man; *~ say* folk (man) säger, det sägs **6** amer. jur., *the P~*

versus Brown staten mot Brown II *vb tr* befolka, bebo; bildl. äv. fylla, uppfylla
pep [pep] vard. I *s* fart, fräs, kläm II *vb tr, ~ up* pigga upp, sätta fart på
pepper ['pepə] I *s* **1** peppar **2** paprika [*green (red) ~*] II *vb tr* **1** peppra; bildl. äv. krydda; peppra på **2** peppra [på], beskjuta; bombardera [*~ with questions*] III *vb itr* peppra
peppercorn ['pepəkɔːn] *s* pepparkorn
pepper mill ['pepəmɪl] *s* pepparkvarn
peppermint ['pepəmənt, -mɪnt] *s* pepparmynta; pepparmint
pepper pot ['pepəpɒt] *s* pepparströare
peppery ['pepərɪ] *adj* **1** pepparliknande, peppar-; pepprig, [peppar]stark **2** bildl. hetsig, ettrig
pep pill ['peppɪl] *s* vard. uppiggande piller (tablett)
pepsin ['pepsɪn] *s* kem. pepsin
pep talk ['peptɔːk] *s* vard. peptalk kort uppeldande tal före idrottstävling o.d.
peptic ['peptɪk] *adj* fysiol. peptisk; som befordrar matsmältningen; matsmältnings-; mag- [*~ ulcer*]
per [pɜː, obeton. pə] *prep* lat. per, genom, med; *~ annum* [pər'ænəm] om året, per år, årligen; *~ capita* [pə'kæpɪtə] per capita (man); *~ cent* [pə'sent] procent; *~ mille* (*mill, mil*) [pɜː'mɪl] promille
perambulate [pə'ræmbjʊleɪt] I *vb tr* vandra (resa, ströva) igenom (omkring i) II *vb itr* vandra (promenera, resa) omkring [*in i*]
perambulation [pəˌræmbjʊ'leɪʃ(ə)n] *s* vandring, strövtåg, promenad
perambulator [pə'ræmbjʊleɪtə] *s* se *pram*
per annum se under *per*
per capita se under *per*
perceivable [pə'siːvəbl] *adj* märkbar, förnimbar
perceive [pə'siːv] *vb tr* **1** märka, se, varsebli; psykol. percipiera **2** uppfatta, förnimma **3** fatta, inse
per cent se under *per*
percentage [pə'sentɪdʒ] *s* procent; procenttal; procentsats; procenthalt; [an]del; *get a ~ on a th.* få provision (procent) på ngt; *there's no ~ in it* vard. det vinner man inget på; det är ingen vits med det
perceptible [pə'septəbl] *adj* märkbar, uppfattbar, förnimbar [*~ to* (för) *the eye*]; fattbar
perception [pə'sepʃ(ə)n] *s* **1** iakttagelseförmåga [äv. *faculty of ~*], uppfattning[sförmåga] **2** psykol. perception, varseblivning
perceptive [pə'septɪv] *adj* insiktsfull, klarsynt; skarp [*a ~ eye*]
1 perch [pɜːtʃ] (pl. lika el. ibl. *~es*) *s* abborre
2 perch [pɜːtʃ] I *s* **1** sittpinne, pinne för höns o.d.; bildl. upphöjd (säker) position, högt

ställe; *come off your* ~*!* vard. kliv ner från dina höga hästar! **2** a) mätstång b) längdmått 5,5 yards = 5,029 m c) ytmått 1/160 acre = 25,290 m² **II** *vb itr* [flyga upp och] sätta sig, slå sig ned, sitta [uppflugen] [*the birds* ~*ed on the television aerial*]; klättra upp och sätta sig; klänga sig fast; [sitta och] balansera **III** *vb tr* sätta [upp], placera på pinne el. hög plats; ~*ed* [*up*]*on a tree* uppflugen i ett träd
perchance [pə'tʃɑːns] *adv* litt. **1** måhända, kanske **2** till äventyrs
percipient [pə'sɪpɪənt] *adj* insiktsfull
percolate ['pɜːkəleɪt] **I** *vb tr* **1** tränga igenom **2** filtrera, perkolera; sila; brygga [~ *coffee*] **3** låta rinna, låta passera **II** *vb itr* **1** sila (sippra, rinna) [igenom] **2** bryggas [färdig]
percolator ['pɜːkəleɪtə] *s* **1** kaffebryggare **2** filtreringsapparat, perkolator
percussion [pə'kʌʃ(ə)n] *s* slag, stöt; med. perkussion; ~ *cap* tändhatt, knallhatt; ~ *instruments* slagverk, slaginstrument; *the* ~ slaginstrumenten, slagverket i orkester; batteriet i jazzorkester o.d.
percussionist [pə'kʌʃ(ə)nɪst] *s* mus. slagverkare
Percy ['pɜːsɪ] mansnamn
perdition [pɜː'dɪʃ(ə)n] *s* fördärv, undergång
peregrination [ˌperɪɡrɪ'neɪʃ(ə)n] *s* vandring, färd, resa
peremptory [pə'rem(p)t(ə)rɪ] *adj* myndig [~ *manner*], diktatorisk [~ *command*], befallande
perennial [pə'renjəl] **I** *adj* **1** ständig, ständigt återkommande [~ *attacks of the disease*]; varaktig, evig, outslitlig [~ *joke*] **2** bot. perenn, flerårig **II** *s* perenn (flerårig) växt, perenn
perfect [ss. adj. o. subst. 'pɜːfekt, ss. vb pə'fekt] **I** *adj* **1** perfekt [*in* i; *the* ~ *crime*], fulländad [*a* ~ *gentleman*], fullkomlig; *practice makes* ~ övning ger färdighet **2** fullständig, full; ren; ~ *circle* exakt cirkel **3** end. attr. fullkomlig, fullständig [~ *stranger*], riktig, verklig [*he is a* ~ *nuisance* (plåga)]; ~ *nonsense* rent nonsens **4** vard. underbar, utmärkt, perfekt, fantastisk, väldigt fin [*a* ~ *day*]; *in* ~ *harmony* i fullkomlig (rörande) harmoni **5** gram., ~ *participle* perfekt particip; supinum; *the* ~ *tense* perfekt **II** *s* gram., *the* [*present*] ~ perfekt; *the past* ~ pluskvamperfekt **III** *vb tr* göra perfekt etc.; fullkomna, fullända, förfina, finslipa [~ *a method*]; förbättra [~ *an invention*]; ~ *one's skill* träna upp sin skicklighet
perfectible [pə'fektəbl] *adj* utvecklingsbar, utvecklingsduglig
perfection [pə'fekʃ(ə)n] *s* **1** fullkomnande etc., jfr *perfect III*, finslipning [~ *of details*] **2** fulländning, fullkomlighet, perfektion; höjd[punkt]; *to* ~ perfekt, på ett fulländat sätt; *bring to* ~ fullända

perfectionist [pə'fekʃənɪst] *s* vard. perfektionist
perfidious [pə'fɪdɪəs] *adj* trolös, svekfull, förrädisk [*to* mot]; gemen, perfid
perfidy ['pɜːfɪdɪ] *s* trolöshet, svek[fullhet], förräderi; gemenhet, perfiditet
perforate [ss. vb 'pɜːfəreɪt, ss. adj. 'pɜːfərət] **I** *vb tr* perforera; borra (sticka) igenom; ~*d ulcer* med. brustet magsår **II** *adj* perforerad; genomborrad
perforation [ˌpɜːfə'reɪʃ(ə)n] *s* perforering; genomborrande; tandning, tand på frimärke; hål, öppning; med. el. tekn. perforation
perforce [pə'fɔːs] *adv* nödvändigt[vis], ovillkorligen, nödtvunget, av tvång
perform [pə'fɔːm] (se äv. *performing*) **I** *vb tr* **1** utföra [~ *a task*], verkställa [~ *a command*], uträtta [~ *an errand*]; förrätta [~ *a marriage ceremony* (en vigsel)]; fullgöra [~ *a contract*; ~ *a duty*] **2** framföra, spela, utföra [~ *a piece of music*], uppföra, ge [~ *a play*]; ~ *tricks* om djur göra konster **II** *vb itr* **1** uppträda [~ *in the role of Hamlet*]; spela; sjunga; om djur göra konster **2** fungera, arbeta [effektivt]; tjänstgöra
performance [pə'fɔːməns] *s* **1** utförande, verkställande etc., jfr *perform* **2** prestation; verk **3** prestanda, prestationsförmåga **4** föreställning [*give a* ~, *a theatrical* ~], konsert, uppförande av pjäs o.d.; uppträdande; föredrag, framställning, spel; *first* ~ urpremiär; premiär; *first night* ~ premiär
performer [pə'fɔːmə] *s* uppträdande om person el. djur; spelande; spelare; artist, aktör, skådespelare
performing [pə'fɔːmɪŋ] **I** *pres p o. s* utförande etc., jfr *perform*; ~ *rights* uppföranderätt **II** *adj* dresserad [*a* ~ *elephant*]; utövande [*a* ~ *artist*]
perfume [ss. subst. 'pɜːfjuːm, ss. vb vanl. pə'fjuːm] **I** *s* **1** doft, vällukt **2** parfym **II** *vb tr* parfymera, fylla med vällukt
perfumer [pə'fjuːmə] *s* parfymhandlare, parfymtillverkare
perfumery [pə'fjuːmərɪ] *s* **1** parfymeri; parfymaffär **2** parfymer
perfunctory [pə'fʌŋ(k)t(ə)rɪ] *adj* slentrianmässig, rutinmässig, mekanisk; oengagerad
pergola ['pɜːɡələ] *s* pergola
perhaps [pə'hæps, præps] *adv* kanske, kanhända; möjligen; ~ *so* kanske det; *if*, ~, *you* [*should see him*] om du händelsevis…
peril ['per(ə)l, 'perɪl] *s* högtidl. fara, våda, farlighet; risk; *at the* ~ *of one's life* med fara för livet
perilous ['perələs] *adj* farlig, vådlig, riskabel, farofylld
perimeter [pə'rɪmɪtə] *s* omkrets; matem. el. med. äv. perimeter

period ['pɪərɪəd] *s* **1** period; tidsperiod, skede, tid [rymd], tidevarv; *the Elizabethan* ~ den elisabetanska tiden (perioden); *~ furniture* stilmöbler; *~ of rest* viloperiod; *at no ~* [*has there been so much prosperity*] aldrig [någon gång]…; *over a ~ of years* under en följd av år, i åratal **2** lektion; *free ~* håltimme; *20 ~s a week* äv. 20 veckotimmar **3** a) punkt isht tecknet; slut b) paus; *~!* amer. punkt och slut!, och därmed basta! **4** menstruation, mens [äv. pl. *~s*]
periodic [ˌpɪərɪ'ɒdɪk] *adj* periodisk; periodiskt återkommande
periodical [ˌpɪərɪ'ɒdɪk(ə)l] **I** *adj* se *periodic* **II** *s* periodisk skrift, tidskrift; *~ room* tidskriftsrum
peripheral [pə'rɪfər(ə)l] *adj* perifer[isk], yttre
periphery [pə'rɪfərɪ] *s* periferi, omkrets
periphras|is [pə'rɪfrəs|ɪs] (pl. -es [-iːz]) *s* omskrivning [*the 'do'-periphrasis* omskrivning[en] med *do*]
periscope ['perɪskəʊp] *s* periskop
perish ['perɪʃ] (se äv. *perishing*) **I** *vb itr* **1** omkomma, förgås [*~ with* (av) *hunger*], dö, gå under; *~ the thought!* Gud förbjude!, det skulle aldrig falla mig in!; *be ~ing with cold* hålla på att frysa ihjäl **2** gå förlorad; förstöras, fördärvas; avtyna, vissna bort **II** *vb tr* förstöra, fördärva; *be ~ed with cold* vara halvt ihjälfrusen
perishable ['perɪʃəbl] **I** *adj* **1** förgänglig **2** lättförstörbar, ömtålig [*~ goods*] **II** *s*, pl. *~s* hand. halvkonserver, dagligvaror
perisher ['perɪʃə] *s* sl. jäkel [*that ~!*]
perishing ['perɪʃɪŋ] **I** *adj* förfärlig, förödande; förbaskad **II** *adv* förfärligt, förbaskat
peritonitis [ˌperɪtə(ʊ)'naɪtɪs] *s* med. bukhinneinflammation, peritonit
1 periwinkle ['perɪˌwɪŋkl] *s* bot. vintergröna
2 periwinkle ['perɪˌwɪŋkl] *s* ätbar strandsnäcka
perjure ['pɜːdʒə] *vb tr*, *~ oneself* begå mened, svära falskt; vittna falskt
perjury ['pɜːdʒ(ə)rɪ] *s* mened; *commit ~* begå mened
1 perk [pɜːk] **I** *vb itr*, *~ up* piggna till, repa sig **II** *vb tr* sätta upp, höja, lyfta på; *the horse ~ed up its head* hästen lyfte huvudet
2 perk [pɜːk] *vb itr* o. *vb tr* vard., se *percolate*
3 perk [pɜːk] *s* vard. kortform för *perquisite*; vanl. pl. *~s* löneförmåner, fringisar; dricks
perky ['pɜːkɪ] *adj* **1** käck, ärtig [*a ~ hat*]; pigg **2** morsk, kavat; framfusig, näsvis
1 perm [pɜːm] **I** *s* (kortform för *permanent wave*) **1** permanent; *have a ~* [låta] permanenta sig **2** permanentat hår **II** *vb tr* permanenta; *~ one's hair* [låta] permanenta sig
2 perm [pɜːm] vard. **I** *s* (kortform för *permutation*) system vid tippning; systemtips **II** *vb itr* (kortform för *permute*) tippa system

permafrost ['pɜːməfrɒst] *s* permafrost, ständig tjäle
permanence ['pɜːmənəns] *s* beständighet; varaktighet, oföränderlighet; permanens
permanent ['pɜːmənənt] *adj* permanent, bestående [*of ~ value*], ständig; varaktig, stadigvarande, ordinarie [*~ position*], fast, stående [*~ address*]; *~ wave* permanentning
permanently ['pɜːmənəntlɪ] *adv* permanent, varaktigt, beständigt, för framtiden; ständigt
permanganate [pɜː'mæŋgənət] *s* kem. permanganat
permeability [ˌpɜːmjə'bɪlətɪ] *s* genomtränglighet, permeabilitet
permeable ['pɜːmjəbl] *adj* genomtränglig, permeabel [*to* (*by*) för]
permeate ['pɜːmɪeɪt] **I** *vb tr* tränga igenom (in i, ner i); sprida (breda ut) sig i; bildl. äv. genomsyra **II** *vb itr* tränga igenom (in); sprida (breda ut) sig
permissible [pə'mɪsəbl] *adj* tillåtlig, tolererbar; *it is ~* äv. det är tillåtet
permission [pə'mɪʃ(ə)n] *s* tillåtelse, tillstånd, lov; *by ~ of…* med tillstånd av…; *with your ~* äv. med förlov [sagt]; *~ to speak* [, *Mr Chairman*] jag begär ordet…
permissive [pə'mɪsɪv] *adj* **1** som tillåter valfrihet, fakultativ [*~ legislation*] **2** tolerant, släpphänt; frigjord; *the ~ society* det kravlösa samhället
permissiveness [pə'mɪsɪvnəs] *s* tolerans; släpphänthet, låt-gåattityd
permit [ss. *vb* pə'mɪt, ss. subst. 'pɜːmɪt] **I** *vb tr* tillåta, medge; *weather ~ting* om vädret tillåter; *be ~ted to* ha [fått] tillåtelse (tillstånd, lov) att **II** *vb itr*, *~ of* tillåta, medge **III** *s* tillstånd; licens; passersedel; *fishing ~* fiskekort; *work ~* arbetstillstånd
permutation [ˌpɜːmjʊ'teɪʃ(ə)n] *s* **1** matem. permutation **2** systemtips
permute [pə'mjuːt] **I** *vb tr* kasta (flytta) om **II** *vb itr* tippa system
pernicious [pə'nɪʃəs] *adj* [ytterst] skadlig [*to* för]; livsfarlig, elakartad [*~ disease*]
pernickety [pə'nɪkətɪ] *adj* vard. [pet]noga, petig, pedantisk; fjäskig
peroration [ˌperə'reɪʃ(ə)n] *s* **1** [sammanfattande] avslutning av ett tal **2** längre anförande, tal
peroxide [pə'rɒksaɪd] **I** *s* kem. peroxid; *hydrogen ~* el. *~* [*of hydrogen*] väteperoxid, vätesuperoxid **II** *adj* **1** peroxid- **2** blekt, blonderad; *a ~ blonde* en platinablond kvinna
perpendicular [ˌpɜːp(ə)n'dɪkjʊlə] **I** *adj* lodrät, vertikal; geom. perpendikulär; vinkelrät; skämts., om pers. upprätt [*be* (stå) *~*], stående rätt upp och ner, på stående fot **II** *s* **1** geom. normal, perpendikel **2** lodrätt plan (läge); *a little out of the ~* inte riktigt lodrät
perpetrate ['pɜːpətreɪt] *vb tr* föröva, begå

perpetration [ˌpɜːpəˈtreɪʃ(ə)n] *s* förövande, begående
perpetrator [ˈpɜːpətreɪtə] *s* förövare, gärningsman
perpetual [pəˈpetʃʊəl, -tjʊəl] *adj* ständig, oavbruten [~ *chatter*]; evig [~ *nagging*; ~ *damnation*]; ~ *calendar* evighetskalender
perpetuate [pəˈpetʃʊeɪt, -ˈpetjʊ-] *vb tr* föreviga; bevara för all framtid, vidmakthålla, låta bestå
perpetuity [ˌpɜːpəˈtjuːətɪ] *s* beständighet; evighet; *in* (*to, for*) ~ för evärdlig tid, för all framtid
perplex [pəˈpleks] *vb tr* förvirra, förbrylla
perplexity [pəˈpleksətɪ] *s* **1** förvirring, rådlöshet, bryderi **2** trasslighet
perquisite [ˈpɜːkwɪzɪt] *s* extra förmån, naturaförmån, löneförmån
persecute [ˈpɜːsɪkjuːt] *vb tr* **1** förfölja [*the Christians were ~d*] **2** ansätta, plåga
persecution [ˌpɜːsɪˈkjuːʃ(ə)n] *s* förföljelse; ~ *mania* (*complex*) förföljelsemani
persecutor [ˈpɜːsɪkjuːtə] *s* förföljare
perseverance [ˌpɜːsɪˈvɪər(ə)ns] *s* ihärdighet, uthållighet, ståndaktighet
persevere [ˌpɜːsɪˈvɪə] *vb itr* framhärda, hålla ut [*with* (*at, in*) i (med)], hålla fast [*in* vid]
persevering [ˌpɜːsɪˈvɪərɪŋ] *adj* ihärdig, uthållig
Persia [ˈpɜːʃə] Persien
Persian [ˈpɜːʃ(ə)n] **I** *adj* persisk; ~ *blinds* utvändiga persienner, spjälluckor; ~ *cat* perserkatt; ~ *lamb* persian skinn **II** *s* **1** perser **2** persiska [språket] **3** perserkatt
persist [pəˈsɪst] *vb itr* **1** ~ *in* framhärda i, hålla fast vid [~ *in one's opinion*] **2** envisas **3** fortsätta, hålla 'på, bestå, leva kvar; härda ut
persistence [pəˈsɪst(ə)ns] *s* o. **persistency** [pəˈsɪst(ə)nsɪ] *s* **1** framhärdande, ståndaktighet; uthållighet; envishet **2** fortlevande, fortbestånd
persistent [pəˈsɪst(ə)nt] *adj* ihärdig, uthållig; ståndaktig, envis, orubblig; efterhängsen
person [ˈpɜːsn] *s* **1** person äv. gram. [*the first* (*second, third*) ~]; människa ofta neds. [*who is this ~?*]; *a* ~ äv. någon; *in* ~ personligen, själv; *in one's own* ~ i egen hög person; *without respect of* ~*s* utan anseende till person; *he had no money on his* ~ han hade inga pengar på sig **2** litt. yttre; *she was always neat about her* ~ hon var alltid noga med sitt yttre
personable [ˈpɜːs(ə)nəbl] *adj* attraktiv, charmig
personage [ˈpɜːs(ə)nɪdʒ] *s* **1** [betydande] personlighet; person äv. skämts. **2** person, figur, gestalt i drama, roman o.d.; karaktär, roll
persona grata [pɜːˌsəʊnəˈɡrɑːtə] (pl. *personae gratae* [pɜːˌsəʊniːˈɡrɑːtiː]) *s* lat. persona grata
personal [ˈpɜːsənl] **I** *adj* **1** personlig, privat, egen; *make a ~ call* a) göra ett personligt besök b) ringa ett personligt samtal; ~ *column* i tidning personligt; *from* ~ *experience* av egen erfarenhet; ~ *life* privatliv; *a* ~ *matter* en privatsak; ~ *organizer* planeringskalender; ~ *record* sport. personbästa **2** person- [~ *name*], personlig [~ *pronoun*] **3** *be* (*become*) ~ gå (komma) in på personligheter **4** yttre, kroppslig; ~ *hygiene* personlig hygien **II** *s* **1** personnytt **2** ung. personligt ss. annonsrubrik
personality [ˌpɜːsəˈnælətɪ] *s* **1** psykol. personlighet, individualitet; väsen, person; *have a dual* (*split*) ~ vara en dubbelnatur **2** personlighet, personlig karaktär (utstrålning) **3** känd person[lighet], kändis; ~ *cult* el. *cult of* ~ personkult **4** mest pl. *personalities* personligheter [*indulge in* (gå in på) *personalities*]
personally [ˈpɜːsnəlɪ] *adv* **1** personligen, personligt; i egen person **2** som människa (person) [*I dislike him ~, but admire his ability*]
persona non grata [pɜːˌsəʊnənɒnˈɡrɑːtə] (pl. *personae non gratae* [pɜːˌsəʊniːnɒnˈɡrɑːtiː]) *s* lat. persona non grata
personification [pɜːˌsɒnɪfɪˈkeɪʃ(ə)n] *s* personifikation; förkroppsligande
personify [pɜːˈsɒnɪfaɪ] *vb tr* personifiera; förkroppsliga
personnel [ˌpɜːsəˈnel] *s* personal; ~ *carrier* mil. trupptransportfordon; ~ *manager* (*chief, officer*) personalchef
perspective [pəˈspektɪv] *s* **1** a) perspektivritning b) perspektivlära [äv. *theory of* ~] **2** perspektiv äv. bildl.; syn; utsikt; *in* ~ i [rätt] perspektiv; perspektiviskt; *out of* ~ i felaktigt perspektiv
Perspex [ˈpɜːspeks] *s* ® plexiglas
perspicacious [ˌpɜːspɪˈkeɪʃəs] *adj* klarsynt; skarpsinnig
perspicacity [ˌpɜːspɪˈkæsətɪ] *s* klarsynthet; skarpsinne
perspicuity [ˌpɜːspɪˈkjuːətɪ] *s* klarhet, tydlighet, åskådlighet
perspicuous [pəˈspɪkjʊəs] *adj* klar, tydlig, åskådlig
perspiration [ˌpɜːspəˈreɪʃ(ə)n] *s* **1** svettning, transpiration, utdunstning **2** svett
perspire [pəˈspaɪə] **I** *vb itr* svettas, transpirera **II** *vb tr* svettas [ut], utdunsta
persuade [pəˈsweɪd] *vb tr* **1** övertyga [*that* om att; *of a th.* om ngt]; intala **2** övertala, förmå
persuasion [pəˈsweɪʒ(ə)n] *s* **1** övertalning; övertygande **2** övertalningsförmåga [äv. *power*[*s*] (*gift*) *of* ~] **3** övertygelse äv. religiös
persuasive [pəˈsweɪsɪv] *adj* övertalande; övertygande; bevekande
pert [pɜːt] *adj* **1** näsvis, näbbig **2** isht amer. livlig, pigg
pertain [pɜːˈteɪn, pəˈt-] *vb itr*, ~ *to* a) tillhöra b) hänföra sig till, gälla

pertinacious [ˌpɜːtɪˈneɪʃəs] *adj* envis äv. om sjukdom; ihållande; ståndaktig, orubblig
pertinacity [ˌpɜːtɪˈnæsətɪ] *s* envishet; ståndaktighet
pertinence [ˈpɜːtɪnəns] *s* o. **pertinency** [ˈpɜːtɪnənsɪ] *s* relevans, samband [med saken]; tillämplighet
pertinent [ˈpɜːtɪnənt] *adj* relevant [*to* för], som hör till saken; tillämplig; lämplig, träffande
perturb [pəˈtɜːb] *vb tr* oroa, förvirra, störa
Peru [pəˈruː]
perusal [pəˈruːz(ə)l] *s* [genom]läsning
peruse [pəˈruːz] *vb tr* läsa igenom [noggrant], läsa
Peruvian [pəˈruːvjən] I *adj* peruansk, Peru-; ~ *bark* farmakol. kinabark II *s* peruan
pervade [pəˈveɪd, pɜːˈv-] I *vb tr* gå (tränga) igenom, genomsyra, prägla II *vb itr* vara förhärskande [*a place where this spirit* ~*s*]
pervasive [pəˈveɪsɪv, pɜːˈv-] *adj* genomträngande [~ *smell*]; genomgripande
perverse [pəˈvɜːs] *adj* **1** motsträvig, vresig; egensinnig; halsstarrig **2** vrång, avog
perversion [pəˈvɜːʃ(ə)n] *s* **1** förvrängning [*a* ~ *of facts*], förvanskning **2** onaturlighet, abnorm förändring **3** perversitet; sexuell perversion
perversity [pəˈvɜːsətɪ] *s* **1** fördärv, ondska; förvändhet **2** förstockelse
pervert [ss. vb pəˈvɜːt, ss. subst. ˈpɜːvɜːt] I *vb tr* **1** förvränga, förvanska [~ *the truth*] **2** fördärva, förföra, förleda II *s* pervers [individ]
perverted [pəˈvɜːtɪd] *perf p* o. *adj* **1** förvrängd etc., jfr *pervert* I **2** pervers; abnorm, onaturlig
peseta [pəˈseɪtə, -ˈsetə] *s* peseta myntenhet
pesky [ˈpeskɪ] *adj* isht amer. vard. förbaskad, odräglig
peso [ˈpeɪsəʊ] (pl. ~*s*) *s* peso myntenhet
pessary [ˈpesərɪ] *s* **1** pessar **2** vagitorium
pessimism [ˈpesɪmɪz(ə)m] *s* pessimism
pessimist [ˈpesɪmɪst] *s* pessimist
pessimistic [ˌpesɪˈmɪstɪk] *adj* pessimistisk
pest [pest] *s* **1** plåga, otyg, odjur äv. om pers. **2** skadedjur, skadeinsekt; skadeväxt
pester [ˈpestə] *vb tr* **1** plåga, besvära, ansätta, trakassera **2** vard. tjata på
pesticide [ˈpestɪsaɪd] *s* pesticid, bekämpningsmedel mot skadeinsekter
pestilence [ˈpestɪləns] *s* pest, farsot; bildl. äv. pestsmitta
pestilent [ˈpestɪlənt] *adj* **1** dödsbringande; förpestad **2** fördärvlig **3** pestartad
pestle [ˈpesl, -stl] *s* mortelstöt
1 pet [pet] I *s* **1** sällskapsdjur **2** kelgris, gullgosse; älskling, favorit; *you're a perfect* ~ du är en ängel (raring) **3** attr. älsklings-, favorit- [~ *pupil*; ~ *phrase*]; sällskaps- [~ *dog*]; *my* ~ *aversion* det värsta jag vet, min fasa; ~ *name* smeknamn; ~ *shop* zoologisk affär II *vb tr* **1** kela med, smeka; hångla med **2** skämma bort III *vb itr* pussas, kela; hångla
2 pet [pet] I *s* anfall av dåligt humör; *be in a* ~ se *II* II *vb itr* vara ur humör, tjura
petal [ˈpetl] *s* bot. kronblad, blomblad
petard [peˈtɑːd, pɪˈt-] *s* mil. petarder; se äv. *hoist I*
Pete [piːt] kortform för *Peter*; *for the love of* ~*!* el. *for* ~*'s sake!* för Guds skull!
Peter [ˈpiːtə] mansnamn; bibl. Petrus; *St.* ~ Sankte Per; *St.* (*Saint*) ~ [*the Apostle*] aposteln Petrus; *rob* ~ *to pay Paul* ordspr. ta från en för att ge åt en annan; låna av en för att betala en annan
peter [ˈpiːtə] *vb itr* vard., ~ *out* ebba ut, sina, ta slut
Peter Pan [ˌpiːtəˈpæn] *s* **1** a) Peter Pan sagofigur b) bildl. pojke som aldrig blir vuxen **2** ~ *collar* slags krage
petit bourgeois [ˌpetɪˈbʊəʒwɑː] (pl. *petits bourgeois* [ˌpetɪˈbʊəʒwɑːz]) *s* småborgare
petite [pəˈtiːt] *adj* liten och nätt om kvinna
petition [pəˈtɪʃ(ə)n] I *s* **1** begäran, anhållan, bön **2** petition; ansökan; jur. [skriftlig] framställning, skrivelse till domstol; inlaga, hemställan; *file a* ~ inlämna en ansökan [*for* om]; *address* (*present*) *a* ~ *for* ingå med en petition om; ~ *for mercy* nådeansökan II *vb tr* **1** begära, anhålla om [~ *assistance*] **2** göra framställning (hemställa) hos, inlämna en petition till
petitioner [pəˈtɪʃ(ə)nə] *s* **1** kärande i skilsmässoprocess **2** supplikant; petitionär
petrel [ˈpetr(ə)l] *s* **1** zool. stormfågel; *storm* (*stormy*) ~ se *storm petrel* o. *stormy 2* **2** bildl. *stormy* ~ orosstiftare, oroselement
petrifaction [ˌpetrɪˈfækʃ(ə)n] *s* förstening äv. konkr.
petrify [ˈpetrɪfaɪ] I *vb tr* förvandla till sten; förstena, petrifiera båda äv. bildl.; *petrified with terror* förstenad (lamslagen) av skräck II *vb itr* förstenas äv. bildl.
petrochemical [ˌpetrə(ʊ)ˈkemɪkl] *adj* petrokemisk
petrodollar [ˈpetrə(ʊ)ˌdɒlə] *s* ekon. petrodollar
petrol [ˈpetr(ə)l, -ɒl] *s* bensin; ~ *can* bensindunk; ~ *station* bensinstation, bensinmack
petroleum [pəˈtrəʊljəm] *s* petroleum, bergolja; ~ *jelly* vaselin
petrology [pəˈtrɒlədʒɪ] *s* petrologi
petticoat [ˈpetɪkəʊt] *s* underkjol; pl. ~*s* fruntimmer, kjoltyg
pettifogger [ˈpetɪfɒɡə] *s* **1** brännvinsadvokat, lagvrängare **2** krångelmakare
pettifogging [ˈpetɪfɒɡɪŋ] I *s* **1** lagvrängning, advokatyr **2** krångel II *adj* **1** lagvrängande **2** småaktig [~ *critic*]; trivial
pettiness [ˈpetɪnəs] *s* **1** småaktighet, futtighet; trivialitet **2** bagatell
petty [ˈpetɪ] *adj* **1** liten, obetydlig, ringa; trivial, futtig, strunt-; ~ *cash* a) småposter

b) handkassa **2** småsint, småskuren **3** lägre, i liten skala; små- [~ *kings*; ~ *states*]; ~ ***bourgeois*** småborgare **4** i marina grader: ~ ***officer*** sergeant; yngre överfurir
petty-minded ['petɪˌmaɪndɪd] *adj* småsint, småskuren
petulance ['petjʊləns] *s* retlighet; grinighet
petulant ['petjʊlənt] *adj* retlig; grinig
petunia [pə'tju:njə] *s* bot. petunia
pew [pju:] *s* [fast] kyrkbänk; vard. sittplats, stol; ***take a ~!*** slå dig ner!
pewter ['pju:tə] *s* **1** tenn[legering]; attr. tenn- [~ *ware*] **2** tennkärl, tennsaker
PG [ˌpi:'dʒi:] (förk. för *parental guidance*) film. tillåten för barn endast i vuxens sällskap
PG-13 [ˌpi:'dʒi:ˌθɜ:'ti:n] amer. (förk. för *parental guidance under 13*) film. tillåten för barn under 13 endast i vuxens sällskap
pH [ˌpi:'eɪtʃ] kem. pH; ~ ***value*** el. ***index of*** ~ pH-värde
phagocyte ['fægə(ʊ)saɪt] *s* fysiol. fagocyt, ätcell
phalanx ['fælæŋks] *s* falang; [kompakt] massa, grupp
phallic ['fælɪk] *adj* fallos-
phallus ['fæləs] *s* fallos
phantasmagoria [ˌfæntæzmə'gɔ:rɪə] *s* fantasmagori, bländverk, gyckelspel
phantasy ['fæntəzɪ] *s* se *fantasy*
phantom ['fæntəm] *s* **1** fantasifoster, inbillningsfoster; vision **2** spöke; vålnad, skepnad
pharmaceutical [ˌfɑ:mə'su:tɪk(ə)l, -'sju:-] *adj* farmaceutisk, attr. äv. apotekar- [*the Pharmaceutical Society*]; ~ ***chemist*** [examinerad] apotekare, farmaceut; ***the ~ industry*** läkemedelsindustrin
pharmaceutics [ˌfɑ:mə'su:tɪks, -'sju:-] (konstr. ss. sg.) *s* farmaci
pharmacist ['fɑ:məsɪst] *s* apotekare, farmaceut
pharmacologist [ˌfɑ:mə'kɒlədʒɪst] *s* farmakolog
pharmacology [ˌfɑ:mə'kɒlədʒɪ] *s* farmakologi
pharmacopoeia [ˌfɑ:məkə'pi:ə] *s* farmakopé
pharmacy ['fɑ:məsɪ] *s* **1** apotek **2** farmaci
pharyngitis [ˌfærɪn'dʒaɪtɪs] *s* med. faryngit, svalginflammation, svalgkatarr
pharynx ['færɪŋks] (pl. *pharynges* [fæ'rɪndʒi:z] el. *~es*) *s* anat. svalg
phase [feɪz] **I** *s* fas äv. fys., tekn. el. astron. [*the ~s of the moon*]; skede [*the early ~s of the revolution*]; stadium **II** *vb tr* **1** planera **2** synkronisera; ~ ***out*** gradvis (etappvis) avveckla (reducera), ta bort
phased [feɪzd] *adj* [som sker] i faser (stadier, etapper); gradvis [*a ~ withdrawal*], stegvis; elektr. synkroniserad, fasad
phase-out ['feɪzaʊt] *s* nedskärning (avveckling, reduktion) i etapper
Ph. D. [ˌpi:eɪtʃ'di:] förk. för *Doctor of Philosophy*
pheasant ['feznt] *s* fasan; ***hen ~*** fasanhöna

phenol ['fi:nɒl] *s* kem. fenol
phenomena pl. av *phenomenon*
phenomenal [fə'nɒmɪnl] *adj* fenomenal, enastående
phenomen|on [fə'nɒmɪn|ən] (pl. *-a* [-ə]) *s* fenomen; företeelse; ***infant ~*** underbarn
phew [fju:] *interj* uttr. otålighet, utmattning, besvikelse el. lättnad; ~*!* puh!; usch!, äsch!, äh!
phial ['faɪ(ə)l] *s* liten [medicin]flaska
Phi Beta Kappa [ˌfaɪbeɪtə'kæpə, -bi:tə-] amer. akademikersällskap vars medlemmar är framstående akademiker
Philadelphia [ˌfɪlə'delfjə] geogr. egenn.; ~ ***lawyer*** amer. skicklig jurist (advokat)
philander [fɪ'lændə] *vb itr* flörta
philanderer [fɪ'lændərə] *s* flört person; kurtisör
philanthropic [ˌfɪlən'θrɒpɪk] *adj* o.
philanthropical [ˌfɪlən'θrɒpɪk(ə)l] *adj* filantropisk, människovänlig
philanthropist [fɪ'lænθrəpɪst] *s* filantrop, människovän
philanthropy [fɪ'lænθrəpɪ] *s* filantropi, filantropisk verksamhet
philatelist [fɪ'lætəlɪst] *s* filatelist, frimärkssamlare; attr. filatelist-
philately [fɪ'lætəlɪ] *s* filateli
philharmonic [ˌfɪlɑ:'mɒnɪk, -lhɑ:'m-, ˌfɪlə'mɒnɪk] **I** *adj* filharmonisk; ~ ***concert*** vanl. symfonikonsert **II** *s* filharmoniker pl.; filharmoniskt sällskap, orkesterförening
Philip ['fɪlɪp] mansnamn; ss. kunganamn Filip
Philippine ['fɪlɪpi:n] *adj*, ***the ~ Islands*** Filippinerna
Philippines ['fɪlɪpi:nz] geogr.; ***the ~*** Filippinerna
philistine ['fɪlɪstaɪn] **I** *s* **1** bracka, kälkborgare **2** *P~* bibl. filisté **II** *attr adj* **1** brackig, kälkborgerlig **2** *P~* filisteisk
Phillips ['fɪlɪps] egenn.; ~ ***screwdriver*** ® stjärnskruvmejsel
philological [ˌfɪlə'lɒdʒɪk(ə)l] *adj* filologisk, språkvetenskaplig
philology [fɪ'lɒlədʒɪ] *s* filologi, språkvetenskap
philosopher [fɪ'lɒsəfə] *s* filosof
philosophical [ˌfɪlə'sɒfɪk(ə)l] *adj* filosofisk; lugn; vis
philosophize [fɪ'lɒsəfaɪz] *vb itr* filosofera
philosoph|y [fɪ'lɒsəfɪ] *s* **1** filosofi **2** [livs]filosofi, livssyn, livsåskådning [*men of widely different -ies*]
phlebitis [flɪ'baɪtɪs, fle'b-] *s* med. flebit, åderinflammation
phlegm [flem] *s* **1** slem **2** flegma, tröghet
phlegmatic [fleg'mætɪk] **I** *adj* flegmatisk, trög **II** *s* flegmatiker
phlox [flɒks] *s* bot. flox
phobia ['fəʊbɪə] *s* fobi, skräck
phoenix ['fi:nɪks] *s* mytol., ***the P~*** fågel Fenix
phon [fɒn] *s* fys. phon, fon akustisk enhet
phone [fəʊn] vard. (för ex. se *telephone*) **I** *s*

phone booth

1 telefon **2** telefonlur **II** *vb tr* o. *vb itr* ringa [till], telefonera [till]; ringa upp
phone booth ['fəʊnbuːð] *s* o. **phone box** ['fəʊnbɒks] *s* telefonkiosk, telefonhytt
phonecard ['fəʊnkɑːd] *s* telefonkort
phone-in ['fəʊnɪn] *s* radio. el. TV. telefonväktarprogram
phoneme ['fəʊniːm] *s* fonet. fonem
phone-tapping ['fəʊnˌtæpɪŋ] *s* telefonavlyssning
phonetic [fə(ʊ)'netɪk] *adj* fonetisk; ljud-; ljudenlig; *~ transcription* fonetisk skrift, ljudskrift
phonetician [ˌfəʊnə'tɪʃ(ə)n, ˌfɒn-] *s* fonetiker
phonetics [fə(ʊ)'netɪks] (konstr. ss. sg.) *s* fonetik, ljudlära
phoney ['fəʊnɪ] sl. **I** *adj* falsk, bluff-, humbug-; dum; misstänkt, skum; *he is ~* han är en bluff (humbug) **II** *s* bluff, humbug; bluffmakare
phonograph ['fəʊnəgrɑːf, -græf] *s* fonograf; amer. äv. grammofon
phonology [fə(ʊ)'nɒlədʒɪ] *s* språkv. fonologi
phony ['fəʊnɪ] *adj* o. *s* se *phoney*
phooey ['fuːɪ] *interj* isht amer. vard., *~!* fy!, usch!, dumheter!
phosphate ['fɒsfeɪt] *s* kem. fosfat
phosphorescence [ˌfɒsfə'resns] *s* fosforescens
phosphorescent [ˌfɒsfə'resnt] *adj* fosforescerande, självlysande
phosphorus ['fɒsf(ə)rəs] *s* kem. fosfor; *~ chloride* fosforklorid
photo ['fəʊtəʊ] vard. **I** *s* foto, kort, bild **II** *vb tr* o. *vb itr* fota, fotografera, ta kort [av]
photocall ['fəʊtəʊkɔːl] *s* fotografering tillfälle då pressfotografer ges möjlighet att fotografera celebriteter
photocell ['fəʊtə(ʊ)sel] *s* fotocell
photocopier ['fəʊtəʊˌkɒpɪə] *s* kopieringsapparat
photocopy ['fəʊtə(ʊ)ˌkɒpɪ] **I** *s* fotokopia **II** *vb tr* fotokopiera
photoelectric [ˌfəʊtə(ʊ)ɪ'lektrɪk] *adj* fotoelektrisk; *~ cell* fotocell; *~ effect* fys. fotoeffekt
photo-finish [ˌfəʊtə(ʊ)'fɪnɪʃ] *s* sport. fotofinish, [avgörande genom] målfoto
Photofit ['fəʊtəʊfɪt] *s* ® polis. konstruerad identifieringsbild
photogenic [ˌfəʊtə(ʊ)'dʒenɪk] *adj* fotogenisk
photograph ['fəʊtəgrɑːf, -græf] **I** *s* fotografi, foto, kort; *take a p.'s ~* fotografera (ta ett foto el. kort av) ngn; *have one's ~ taken* [låta] fotografera sig **II** *vb tr* o. *vb itr* fotografera
photographer [f(ə)'tɒgrəfə] *s* fotograf
photographic [ˌfəʊtə'græfɪk] *adj* fotografisk
photography [f(ə)'tɒgrəfɪ] *s* fotografering, fotografi ss. konst.
photosensitive [ˌfəʊtə(ʊ)'sensɪtɪv] *adj* ljuskänslig
photosetting ['fəʊtəʊˌsetɪŋ] *s* boktr. fotosättning
photostat ['fəʊtə(ʊ)stæt] **I** *s* **1** *P~* ® fotostat kopieringsapparat **2** ~ [*copy*] fotostatkopia **II** *vb tr* o. *vb itr* [fotostat]kopiera
photosynthesis [ˌfəʊtə(ʊ)'sɪnθəsɪs] *s* bot. fotosyntes
phrasal ['freɪz(ə)l] *adj* fras-; *~ verb* partikelverb, verbförbindelse med adverb eller andra småord [t.ex. *sit down, turn up*]
phrase [freɪz] **I** *s* fras äv. mus.; uttryck, [ord]vändning; uttryckssätt; *set ~* stående uttryck, talesätt **II** *vb tr* **1** uttrycka, ge uttryck åt, formulera; beteckna, benämna **2** mus. frasera
phrase book ['freɪzbʊk] *s* parlör
phrasemonger ['freɪzˌmʌŋɡə] *s* frasmakare
phraseology [ˌfreɪzɪ'ɒlədʒɪ] *s* **1** fraseologi; uttryck, fraser **2** språkbruk
phrenology [frɪ'nɒlədʒɪ, fre'n-] *s* frenologi
phut [fʌt] vard. **I** *adv*, *go ~* gå sönder, paja; bildl. gå åt skogen, gå i stöpet, spricka **II** *s* paff, puff ljud
physical ['fɪzɪk(ə)l] **I** *adj* **1** fysisk, materiell, konkret; yttre i mots. till själslig; *~ features* fysiska förhållanden, naturförhållanden; *~ geography* fysisk geografi; *~ violence* fysiskt (yttre) våld **2** fysikalisk; *~ chemistry* fysikalisk kemi; *~ science* naturvetenskap ss. fysik, kemi **3** fysisk, kroppslig [*~ beauty*; *~ love*], kropps- [*~ exercise* (*strength, type*)]; *~ culture* kroppskultur; *~ education* (fork. *PE*) idrott, gymnastik ss. skolämne; *~ examination* läkarundersökning, hälsokontroll; *~ jerks* vard. bensprattel, gymnastik; *~ training* (fork. *PT*) idrott, gymnastik; *~ training instructor* idrottslärare, gymnastiklärare **II** *s* vard. läkarundersökning; hälsokontroll
physician [fɪ'zɪʃ(ə)n] *s* läkare; medicinare
physicist ['fɪzɪsɪst] *s* fysiker
physics ['fɪzɪks] (konstr. ss. sg.) *s* fysik ss. vetenskap
physio ['fɪzɪəʊ] *s* förk. för *physiotherapy*
physiognomy [ˌfɪzɪ'ɒnəmɪ] *s* fysionomi, ansiktstyp, utseende; ansiktsuttryck, uppsyn
physiological [ˌfɪzɪə'lɒdʒɪk(ə)l] *adj* fysiologisk
physiologist [ˌfɪzɪ'ɒlədʒɪst] *s* fysiolog
physiology [ˌfɪzɪ'ɒlədʒɪ] *s* fysiologi
physiotherapist [ˌfɪzɪə(ʊ)'θerəpɪst] *s* sjukgymnast
physiotherapy [ˌfɪzɪə(ʊ)'θerəpɪ] *s* fysioterapi; sjukgymnastik
physique [fɪ'ziːk] *s* fysik [*a man of* (med) *strong ~*], kroppsbyggnad
pi [paɪ] *s* grekisk bokstav el. matem. pi
pianissimo [pjæ'nɪsɪməʊ] *adv* o. *s* mus. (it.) pianissimo
pianist ['pjænɪst, 'pɪənɪst] *s* pianist
piano [ss. subst. pɪ'ænəʊ, ss. adv. o. adj. 'pjɑːnəʊ] (pl. *~s*) **I** *s* piano; *cottage ~* mindre

piano; **grand** ~ flygel; **upright** ~ större piano; **play the** ~ el. ibl. (vard.) **play** ~ spela piano **II** *adv* o. *adj* mus. (it.) piano, tyst
piano accordion [pɪˌænəʊəˈkɔːdjən] *s* pianodragspel
piano duet [ˌpɪænəʊdjuːˈet] *s* fyrhändigt stycke för piano; **play a** ~ spela fyrhändigt
pianoforte [ˌpjænə(ʊ)ˈfɔːtɪ] *s* piano, pianoforte
piano-tuner [pɪˈænəʊˌtjuːnə] *s* pianostämmare
piazza [pɪˈætsə] *s* **1** piazza, torg i Italien **2** arkad, galleri
picador [ˈpɪkədɔː] *s* picador i tjurfäktning
picaresque [ˌpɪkəˈresk] *adj* litt. pikaresk-, skälm-; ~ *novel* pikareskroman, skälmroman
Piccadilly [ˌpɪkəˈdɪlɪ] egenn.; ~ *Circus* känd trafikkorsning och mötesplats i London
piccalilli [ˌpɪkəˈlɪlɪ, '----] *s* slags stark pickels
piccaninny [ˈpɪkənɪnɪ] **I** *s* sl. liten [svart] unge; neds. negerunge **II** *adj* pytteliten
piccolo [ˈpɪkələʊ] (pl. ~*s*) *s* piccolaflöjt
1 pick [pɪk] **I** *vb tr* o. *vb itr* **1** plocka [~ *flowers*] **2** peta [~ *one's teeth*], pilla (peta) [på (i)]; ~ *a bone* gnaga [av] ett ben; **have a bone to** ~ **with a p.** bildl. ha en gås oplockad med ngn; ~ *a lock* dyrka upp ett lås; ~ *one's nose* peta sig i näsan **3** plocka sönder, riva [sönder] [äv. ~ *apart*, ~ *to pieces*]; ~ **to pieces** bildl. göra ner, kritisera sönder **4** hacka (hugga) [upp] [~ *a hole in the ice*]; ~ *holes* (*a hole*) *in* hacka hål i (på); bildl. slå hål på, hitta fel hos; *they always* ~ *on* (*at*) *him* vard. de hackar alltid på honom, han är deras hackkyckling **5** picka; ~ [*at*] *one's food* [sitta och] peta i maten **6** rensa, plocka [~ *a fowl*] **7** välja [ut], plocka ut [~ *the best*]; ~ *and choose* välja och vraka; ~ *a quarrel* söka (mucka) gräl; ~ *sides* välja lag; ~ *the winner* (*winning horse*) satsa (hålla) på rätt häst **8** stjäla ur, plundra; ~ *a p.'s brains* se *brain I 2*; ~ *a p.'s pocket* stjäla ur (gå i) ngns ficka
9 förb. med adv. med spec. övers.:
~ **off** skjuta ner [en efter en]
~ **out: a)** välja [ut], plocka ut **b)** peka ut **c)** [kunna] urskilja [~ *out one's friends in a crowd*] **d)** ta ut [~ *out a tune on the piano*]
~ **up: a)** plocka upp, ta upp; lyfta [på] [~ *up the phone*]; hämta [*I'll* ~ *you up by car*] **b)** ~ *up the bill* (isht amer. *tab*) vard. betala, ta [stå för] notan **c)** *this will* ~ *you up* det här kommer att pigga upp dig **d)** komma över [~ *a th. cheap*], hitta, få tag i; lägga sig till med [~ *up a bad habit*]; ~ *up a girl* vard. få tag på (ragga upp) en flicka; ~ *up speed* öka farten **e)** återfå, återvinna [~ *up strength*], krya på sig, repa sig, komma på fötter [*his business is beginning to* ~ *up again*]; ~ *up courage* repa mod **f)** tillägna sig, lära sig [~ *up the correct intonation*] **g)** fånga upp, uppfatta; ta (få) in [~ *up a radio station*]
II *s* val något utvalt; *the* ~ det bästa, eliten; *the* ~ *of the bunch* den (det, de) bästa i hela samlingen; *have one's* ~ få välja [efter behag]; *take your* ~ varsågod och välj; det är bara att välja
2 pick [pɪk] *s* **1** [spets]hacka, korp **2** mus. plektrum
pickaback [ˈpɪkəbæk] *s* se *piggyback*
pickaxe [ˈpɪkæks] **I** *s* [spets]hacka, korp **II** *vb tr* hacka med spetshacka
picker [ˈpɪkə] *s* plockare, plockerska [*cotton* ~; *fruit* ~]
picket [ˈpɪkɪt] **I** *s* **1** [spetsad] påle, stake **2** strejkvakt[er]; ~ *line* [linje av] strejkvakter; vaktlinje **3** demonstrant[er] **4** mil. postering, utpost, förpost; vakt; piket **II** *vb tr* **1** a) sätta ut strejkvakter vid [~ *a factory*] b) gå strejkvakt vid, bevaka **2** mil. a) sätta ut postering vid b) skicka ut på post **III** *vb itr* vara (gå) strejkvakt
picking [ˈpɪkɪŋ] *s* **1** plockning, plockande etc., jfr *1 pick I*; *have the* ~ *of* (*from*) få välja bland **2** pl. ~*s* rester, smulor äv. bildl. **3** pl. ~*s* biförtjänster genom fifflande o.d.; utbyte
pickle [ˈpɪkl] **I** *s* **1** lag för inläggning; saltlake, ättikslag **2** vanl. pl. ~*s* koll. pickles; *onion* ~*s* syltlök **3** vard. [brydsam] belägenhet, knipa [*a nice* (*pretty, sad*) ~]; *be in a pretty* ~ sitta i en riktig knipa, sitta där vackert **II** *vb tr* lägga in [i lag], förvara i lag; marinera; salta ned (in)
pickled [ˈpɪkld] *adj* **1** inlagd; marinerad; salt[ad], rimmad, sprängd; ~ *cucumber* saltgurka; ättiksgurka; ~ *herring* inlagd sill; kryddsill; ~ *onions* syltlök **2** dragen, på lyran berusad
pick-me-up [ˈpɪkmɪʌp] *s* vard. uppiggande dryck; drink [som piggar upp]; återställare
pickpocket [ˈpɪkˌpɒkɪt] *s* ficktjuv
pick-up [ˈpɪkʌp] *s* **1** på skivspelare pickup; ~ *arm* tonarm **2** liten, öppen varubil, pickup [äv. ~ *truck*.] **3** vard. tillfällig bekantskap, person som man raggat upp **4** vard. liftare [som man plockat upp]; om taxi o.d. körning, hämtning; passagerare; varor [som hämtas] **5** vard. acceleration[sförmåga], ax **6** vard. uppgång, upphämtning [*a brisk business* ~]
picky [ˈpɪkɪ] *adj* vard. kinkig, kräsen; *be a* ~ *eater* vara kinkig i maten, vara kräsen
picnic [ˈpɪknɪk] **I** *s* **1** picknick [*go for* (*on*) *a* ~], utflykt; ~ *hamper* picknickkorg, matsäckskorg **2** vard. enkel sak; *it's no* ~ äv. det är inget nöje (ingen dans på rosor) **II** (imperf. o. perf. p. ~*ked*) *vb itr* göra en utflykt, ha en picknick, picknicka
picnicker [ˈpɪknɪkə] *s* picknickdeltagare
pictorial [pɪkˈtɔːrɪəl] **I** *adj* illustrerad, bild-, i bildform **II** *s* bildtidning
picture [ˈpɪktʃə] **I** *s* **1** bild, illustration; tavla, målning; porträtt [*old* ~*s of the family*]; kort, foto [*take a* ~ *of a p.*] **2** skildring [*a vivid* ~ *of that time*], beskrivning, framställning **3** bild, situation [*the political* ~]; *do you get the* ~*?*

picture book

vard. har du bilden klar för dig?, fattar du [situationen]?; ***put a p. in the*** ~ vard. sätta in ngn i saken, förklara situationen för ngn, informera ngn; ***he is out of the*** ~ vard. han är borta ur bilden **4** avbild; ***he is the [very]*** ~ ***of his father*** äv. han är sin far upp i dagen; ***be (look) the*** ~ ***of health*** se ut som hälsan själv **5** film [äv. *motion* ~]; ***the*** ~***s*** vard. bio; ***go to the*** ~***s*** gå på bio **6** TV. bild; bildruta, bildskärm [*a 21-inch* ~] **II** *vb tr* **1** avbilda, måla, framställa i bild **2** ge en bild av, skildra, beskriva **3** föreställa sig [ofta ~ *to oneself*]
picture book ['pɪktʃəbʊk] *s* bilderbok; pekbok
picture card ['pɪktʃəkɑːd] *s* kortsp. (knekt, dam el. kung) klätt kort, målare
picture gallery ['pɪktʃəˌgælərɪ] *s* konstgalleri
picturegoer ['pɪktʃəˌgəʊə] *s* biobesökare
picture hat ['pɪktʃəhæt] *s* bredbrättad [strå]hatt, schäferhatt
picture postcard [ˌpɪktʃəˈpəʊs(t)kɑːd] *s* vykort
picture rail ['pɪktʃəreɪl] *s* tavellist
picturesque [ˌpɪktʃəˈresk] *adj* **1** pittoresk, målerisk **2** målande, livfull
picture tube ['pɪktʃətjuːb] *s* TV. bildrör
picture window ['pɪktʃəˌwɪndəʊ] *s* perspektivfönster
piddle ['pɪdl] **I** *vb itr* **1** ngt vulg. pinka **2** kasta (slösa) bort tiden [äv. ~ *about*] **II** *s* ngt vulg. pink
piddling ['pɪdlɪŋ] *adj* vard. obetydlig, futtig
pidgin ['pɪdʒɪn] *s*, ~ ***English*** pidginengelska starkt förenklat halvengelskt blandspråk
pie [paɪ] *s* **1** paj; pastej; amer. äv. tårta med flera bottnar **2** bildl. ***have a finger in the*** ~ ha ett finger med i spelet; ~ ***in the sky*** vard. tomma löften; ibl. valfläsk; utopi; ***promise*** ~ ***in the sky*** vard. lova guld och gröna skogar; ***it's as easy as*** ~ vard. det är lätt som en plätt
piebald ['paɪbɔːld] **I** *adj* **1** fläckig, [svart]skäckig häst **2** bildl. brokig, blandad **II** *s* [svart]skäck häst
piece [piːs] **I** *s* **1** bit, stycke [*a* ~ *of bread (chalk, ground)*]; del [*a dinner service of 60* ~*s*]; ***a*** ~ ***of advice*** ett råd; ***he did a good*** ~ ***of business*** han gjorde en god affär; ***a*** ~ ***of furniture*** en enstaka möbel; ***a*** ~ ***of information*** en upplysning; ***a*** ~ ***of news*** en nyhet; ***a*** ~ ***of paper*** en papperslapp, ett papper; ***give a p. a*** ~ ***of one's mind*** säga ngn sin mening (sitt hjärtas mening); ***pick up the*** ~***s*** börja om på nytt, börja bygga upp igen; ***a (the, per)*** ~ per styck (exemplar), styck[et]; ***all in one*** ~ [allt] i ett stycke; vard. helskinnad, välbehållen; ***in*** ~***s*** i bitar, i stycken, trasig; ***of a*** ~ av samma slag, i samma stil [*with* som]; helt i stil [*with* med]; alldeles lika; ***it's all of a*** ~ det är likadant helt igenom; ***break to*** ~***s*** slå (bryta) sönder, slå i bitar; ***come to*** ~***s*** gå sönder, gå i kras, falla i bitar; ***fall (tear) to*** ~***s*** falla (slita) i stycken (i bitar, sönder); ***go to*** ~***s*** a) se *come to* ~*s* b) vard. bli alldeles upplriven (förstörd, knäckt) [*after his wife's death he went all to* ~*s*] **2** stycke, verk; musikstycke, stycke musik [äv. ~ *of music*] **3** mynt [*a fifty-cent* ~, *a five-penny* ~] **4** ackord; ***work by the*** ~ arbeta på ackord; ***payment by the*** ~ el. ~ ***wages*** ackordslön; ~ ***rate*** ackordssats, ackord **5** pjäs i schackspel; bricka i brädspel o.d. **II** *vb tr* **1** laga, lappa [äv. ~ *up*] **2** sy ihop [~ *a quilt*]; ~ ***together*** sy ihop; sätta ihop, foga (lägga) ihop äv. bildl. [~ *together bits of information*]; skarva (lappa) ihop **III** *vb itr*, ~ ***on to*** hänga (passa) ihop med
piecemeal ['piːsmiːl] **I** *adv* **1** stycke för stycke, styckevis, bit för bit **2** i stycken (bitar) **II** *adj* gradvis; [gjord] bit för bit; lappverks-
piecework ['piːswɜːk] *s* ackordsarbete; ***do*** ~ arbeta på ackord
pie chart ['paɪtʃɑːt] *s* tårtdiagram, cirkeldiagram
piecrust ['paɪkrʌst] *s* pajskorpa, [gräddat] pajskal
pied [paɪd] *adj* fläckig, skäckig [~ *horse*], brokig
Piedmont ['piːdmənt] geogr. Piemonte
Piedmontese [ˌpiːdmənˈtiːz] **I** *adj* piemontesisk **II** (pl. lika) *s* piemontesare
pier [pɪə] *s* **1** pir, vågbrytare; [landnings]brygga **2** bropelare
pierce [pɪəs] *vb tr* **1** genomborra, sticka hål på, borra sig in i; tränga fram genom, tränga (skära) igenom [*a shriek* ~*d the air*] **2** borra hål i; ***have one's ears*** ~*d* låta ta hål i öronen för örhängen o.d.
piety ['paɪətɪ] *s* **1** fromhet; from handling **2** pietet
piezoelectric [ˌpiːzəʊɪˈlektrɪk] *adj* piezoelektrisk
piffle ['pɪfl] vard. **I** *s* trams, strunt[prat], skräp **II** *vb itr* **1** tramsa, svamla, dilla **2** fjanta [~ *about*]
piffling ['pɪflɪŋ] *adj* vard. fjantig, värdelös, strunt- [*a* ~ *matter*]
pig [pɪɡ] *s* **1** gris, svin; ***buy a*** ~ ***in a poke*** köpa grisen i säcken; ***make a*** ~'***s ear of a th.*** göra pannkaka av ngt **2** vard., om person [lort]gris; svin, äckel; matvrak; ***make a*** ~ ***of oneself*** äta (dricka) massor, glufsa i sig
1 pigeon ['pɪdʒ(ə)n] *s* zool. duva; ***wood*** ~ ringduva
2 pigeon ['pɪdʒ(ə)n] *s*, ***that's not my*** ~ vard. det är inte mitt bord (min huvudvärk)
pigeon breast ['pɪdʒ(ə)nbrest] *s* o. **pigeon chest** ['pɪdʒ(ə)ntʃest] *s* med. hönsbröst, gåsbröst
pigeonhole ['pɪdʒ(ə)nhəʊl] **I** *s* [post]fack i hylla, skrivbord o.d. **II** *vb tr* **1** stoppa in i [ett] fack, sortera [i fack] **2** bildl. a) [tillsvidare] lägga undan b) ordna in, placera i rätt (ett) fack, kategorisera

pigeon-toed ['pɪdʒ(ə)ntəʊd] *adj* som går inåt med tårna
piggy ['pɪgɪ] *s* vard. griskulting; liten gris äv. bildl.; barnspr. nasse
piggyback ['pɪgɪbæk] **I** *s* ridtur [på ryggen (axlarna)]; *give a child a ~* låta ett barn rida på ryggen **II** *adv*, *ride ~* rida på ryggen (axlarna)
piggy bank ['pɪgɪbæŋk] *s* spargris
pigheaded [,pɪg'hedɪd, attr. '---] *adj* tjurskallig, envis; egensinnig
pig iron ['pɪg,aɪən] *s* tackjärn
piglet ['pɪglət] *s* spädgris; pl. *~s* smågrisar
pigment ['pɪgmənt] *s* pigment, färgämne
pigmentation [,pɪgmən'teɪʃ(ə)n] *s* pigmentering; färg
pigskin ['pɪgskɪn] *s* svinläder
pigsty ['pɪgstaɪ] *s* svinstia äv. bildl.
pigtail ['pɪgteɪl] *s* råttsvans fläta
1 pike [paɪk] *s* **1** tullbom, tullgrind **2** vägtull, vägavgift **3** landsväg med tullbommar; amer. [avgiftsbelagd] motorväg; landsväg
2 pike [paɪk] *s* **1** i Nordengland spetsig bergstopp, pik **2** mil. hist. pik, spjut
3 pike [paɪk] (pl. lika el. ibl. *~s*) *s* zool. gädda
pike-perch ['paɪkpɜːtʃ] *s* zool. gös
pikestaff ['paɪkstɑːf] *s* pikskaft, spjutskaft; *as plain as a ~* klart som korvspad, solklart
pilaf[f] ['pɪlæf] *s* kok. pilaff
pilaster [pɪ'læstə] *s* arkit. pilaster, väggpelare
Pilate ['paɪlət] bibl. Pilatus
pilau [pɪ'laʊ] *s* o. **pilaw** [pɪ'lɔː] *s* kok. pilaff
pilchard ['pɪltʃəd] *s* större sardin, pilchard
1 pile [paɪl] **I** *s* **1** hög, stapel, trave [*a ~ of books* (*wood*)]; massa [*a ~ of work*] **2** vard., *a ~* en massa pengar; *make a* (*one's*) *~* tjäna storkovan **3** bål; *funeral ~* likbål **4** elektr. element [*galvanic ~*], batteri **5** fys. reaktor; *atomic ~* atomreaktor, kärnreaktor **II** *vb tr* a) [ofta *~ up*] stapla [upp], trava [upp], lägga upp [i en hög], hopa, samla b) lassa på, lasta [*~ a cart*]; *~ it on* vard. bre (späa) på, överdriva; *~ up* (*on*) *the agony* vard. bre på; frossa i skakande detaljer **III** *vb itr* **1** hopas, samla (hopa) sig, torna upp sig **2** välla [*people ~d in*], pressa sig; *~ into a train* tränga sig på ett [överfullt] tåg **3** *~ up* om bilar o.d. seriekrocka
2 pile [paɪl] *s* **1** hår[beklädnad] på djur; fjun **2** lugg på tyg o.d.; flor på sammet
pile-driver ['paɪl,draɪvə] *s* **1** pålkran, hejare **2** vard. våldsamt slag, stöt **3** fotb. rökare
piles [paɪlz] *s pl* hemorrojder
pile-up ['paɪlʌp] *s* trafik. seriekrock
pilfer ['pɪlfə] *vb tr* o. *vb itr* snatta
pilgrim ['pɪlgrɪm] *s* pilgrim; amer. äv. invandrare
pilgrimage ['pɪlgrɪmɪdʒ] *s* pilgrimsfärd, vallfart, vallfärd; *go on a ~* göra en pilgrimsfärd, vallfärda
pill [pɪl] *s* **1** tablett, piller; *a bitter ~* bildl. ett beskt (bittert) piller; *sugar* (*sweeten*) *the ~* sockra det beska pillret; *take* (*be on, go on*) *the ~* ta (använda) p-piller **2** sl. boll, kula; pl. *~s* äv. biljard
pillage ['pɪlɪdʒ] **I** *s* **1** plundring, skövling **2** byte **II** *vb tr* **1** skövla, plundra **2** röva [bort]
pillar ['pɪlə] *s* **1** pelare; *~ of fire* eldpelare **2** stolpe; *run from ~ to post* jaga hit och dit **3** bildl. stöttepelare [*the ~s of society*]
pillar box ['pɪləbɒks] *s* [pelarformig] brevlåda
pillbox ['pɪlbɒks] *s* **1** pillerask, pillerburk äv. om huvudbonad **2** mil. sl. betongvärn, [rund] bunker
pillion ['pɪljən] *s* damsadel bakom huvudsadeln; på motorcykel o.d. passagerarsadel, bönpall; *ride ~* åka (rida) bakpå
pillory ['pɪlərɪ] **I** *s* skampåle; bildl. schavottering **II** *vb tr* ställa vid skampålen
pillow ['pɪləʊ] **I** *s* **1** [huvud]kudde; *~ case* (*slip*) örngott; *~ fight* kuddkrig; *~ talk* ung. intim (förtrolig) konversation i sängen **2** dyna **II** *vb tr* **1** lägga (låta vila) på en kudde (kuddar) **2** tjänstgöra som (vara) kudde åt
pilot ['paɪlət] **I** *s* **1** sjö. lots **2** pilot, flygare, flygförare; *automatic ~* autopilot; *senior ~* förste pilot **3** ledare, anförare; lots **II** *vb tr* **1** lotsa; bildl. äv. leda [*~ the country through a crisis*] **2** flyga flygplan; vara pilot på flygplan
pilot boat ['paɪlətbəʊt] *s* lotsbåt
pilot lamp ['paɪlətlæmp] *s* kontrollampa, röd lampa
pilot light ['paɪlətlaɪt] *s* **1** tändlåga på gasspis o.d. **2** kontrollampa, röd lampa
pilot officer ['paɪlət,ɒfɪsə] *s* mil. fänrik inom flyget
pimp [pɪmp] **I** *s* hallick, kopplare **II** *vb itr* [leva på att] vara hallick [*for åt*]
pimple ['pɪmpl] *s* finne
PIN [pɪn] (förk. för *personal identification number*) personlig kod till t.ex. kreditkort
pin [pɪn] **I** *s* **1** knappnål; nål; brosch; [*it was so quiet*] *you could hear a ~ drop* ...att man kunde höra en knappnål falla; *be on ~s and needles* sitta som på nålar; *~s and needles* stickningar, stickande känsla efter domning o.d., myrkrypning **2** bult, sprint; tapp; stift; pinne, [trä]plugg **3** vard., pl. *~s* ben, påkar **4** sport. kägla; golf. flaggstång; *~ alley* kägelbana; bowlinghall **II** *vb tr* **1** nåla fast, sätta fast, fästa [med knappnål (stift, sprint)] [*to* vid]; *~ up a notice* sätta upp ett anslag **2** klämma (kila) fast [ofta *~ down*; *~ned down by a falling tree*], stänga inne; *~ a p.'s arm* hålla fast ngn i armen **3** spetsa på nål; sätta upp [på nål] **4** bildl. *~ one's faith* (*hopes*) *on* sätta sin lit till, tro (lita) blint på; *~ a th. on a p.* binda ngn vid ngt brott o.d.; ge ngn skulden för ngt; *~ a p. down* tvinga (få) ngn att ge klart besked; *~ a p.* [*down*] *to* [*a definite statement*] tvinga ngn till...
pinafore ['pɪnəfɔː] *s* [skydds]förkläde

pinball ['pɪnbɔ:l] *s* flipper[spel]; ~ *machine* flipperautomat
pince-nez ['pænsneɪ] *s* pincené
pincers ['pɪnsəz] *s pl* **1** kniptång, tång; *a pair of* ~ en kniptång; *large* (*heavy*) ~ hovtång **2** klo på kräftdjur
pinch [pɪn(t)ʃ] **I** *vb tr* **1** nypa, knipa [ihop]; klämma; *these shoes* ~ *my toes* de här skorna klämmer (är för trånga) i tårna **2** pina, plåga, hårt ansätta [*be* ~*ed with poverty* (*cold, hunger*)], härja, svida; ~*ed face* infallet (tärt) ansikte **3** tvinga att inskränka sig (spara) [*in* (*of, for*) *a th.* ifråga om ngt]; inskränka [på]; *be* ~*ed for money* vara i penningknipa, ha ont om pengar **4** vard. sno, knycka, stjäla **5** sl. a) haffa arrestera b) göra en razzia i **II** *vb itr* **1** klämma äv. bildl. [*know where the shoe* ~*es*]; värka **2** snåla; ~ *and scrape* (*save*) snåla och spara, vända på slantarna **III** *s* **1** nyp, nypning, klämning, knipning; *give a* ~ ge ett nyp, nypa till, knipa till (åt) **2** nypa [*a* ~ *of salt* äv. bildl.]; *a* ~ *of snuff* en pris snus **3** [svår] knipa, klämma; trångmål; *at a* ~ a) i nödfall, om det kniper (gäller) b) i knipa, i trångmål; *if it comes to the* ~ om det [verkligen] gäller **4** tryck [*feel the* ~ *of foreign competition*]; *feel the* ~ få känna av de svåra tiderna **5** sl. a) haffande, arrestering b) razzia
pinch-hitter [,pɪntʃ'hɪtə] *s* amer. baseball ersättare, stand-in; bildl. äv. vikarie
pincushion ['pɪn,kʊʃ(ə)n] *s* nåldyna
1 pine [paɪn] *vb itr* **1** tyna av, tyna bort [ofta ~ *away*]; försmäkta **2** tråna, trängta [*for a th.* efter ngt; *to do a th.* efter att göra ngt]
2 pine [paɪn] *s* **1** tall, fura; pinje **2** furu[trä]
pineapple ['paɪn,æpl] *s* ananas
pine cone ['paɪnkəʊn] *s* tallkotte
ping [pɪŋ] **I** *s* smäll av resär o.d.; vinande, visslande av gevärskula o.d. **II** *vb itr* smälla; vina, vissla
ping-pong ['pɪŋpɒŋ] *s* pingpong bordtennis
pinhead ['pɪnhed] *s* **1** knappnålshuvud **2** vard. dumbom, idiot, fårskalle
1 pinion ['pɪnjən] **I** *s* vingspets **II** *vb tr* **1** vingklippa **2** bakbinda, hålla fast [i armarna]
2 pinion ['pɪnjən] *s* mek. drev, litet kugghjul
1 pink [pɪŋk] **I** *s* **1** mindre nejlika **2** skärt, rosarött, ljusrött; *rose* ~ ung. rosa **3** *the* ~ bildl. höjden [*the* ~ *of elegance* (*perfection*)]; *be in the* ~ [*of health*] vara vid bästa hälsa, vara frisk som en nötkärna **II** *adj* **1** skär, rosaröd, ljusröd; om hy äv. rödlätt; ~ *gin* gin med angostura drink; *see* ~ *elephants* vard. se skära elefanter **2** vard. polit. ljusröd, salongsradikal; *he is* ~ äv. han är vänstersympatisör **3** *strike me* ~*!* sl. det var som sjutton!
2 pink [pɪŋk] *vb itr* om motor knacka
pinkish ['pɪŋkɪʃ] *adj* rosaaktig

pinky ['pɪŋkɪ] *s* isht amer. el. skotsk. vard. lillfinger
pinmoney ['pɪn,mʌnɪ] *s* nålpengar; fickpengar
pinnacle ['pɪnəkl] **I** *s* **1** byggn. tinne, småtorn **2** spetsig bergstopp **3** bildl. höjd[punkt], tinnar, topp [~ *of fame*] **II** *vb tr* **1** förse med tinnar (småtorn) **2** kröna, bilda höjdpunkten av
pinny ['pɪnɪ] *s* (barnspr. för *pinafore*) förkläde
pinoc[h]le ['pi:nʌk(ə)l, -nɒk-] *s* isht amer. kortsp. pinochle
pinpoint ['pɪnpɔɪnt] **I** *s* **1** nålspets, knappnålsspets **2** mil. punktmål, mål för precisionsbombning [äv. ~ *target*]; ~ *bombing* precisionsbombning **II** *vb tr* **1** precisera, noggrant ange, sätta fingret på [~ *the problem*], slå fast **2** mil. precisionsbomba
pinprick ['pɪnprɪk] *s* nålstick, nålsting äv. bildl.; pl. ~*s* bildl. äv. trakasserier, småelakheter
pinscher ['pɪnʃə] *s* pinscher hundras
pinstripe ['pɪnstraɪp] textil. **I** *s* kritstreck[srand] **II** *attr adj* kritstrecksrandig [~ *suit*]
pint [paɪnt] *s* ung. halvliter mått för våta varor = 1/8 *gallon* = 0,568 l, i USA = 0,473 l
pinta ['paɪntə] *s* vard. [eg. *pint of* [*milk* (*beer*)]]; ung. halvliter [mjölk (öl)]
pintable ['pɪn,teɪbl] *s* flipperspel konkr.; ~ *machine* flipperautomat
pint-size ['paɪntsaɪz] *adj* o. **pint-sized** ['paɪntsaɪzd] *adj* vard. i miniatyrformat, småväxt; pytteliten [*a* ~ *typewriter*], i litet format
pin-up ['pɪnʌp] *s* vard. **1** utvikningsbrud, pinuppa [äv. ~ *girl*] **2** bild av utvikningsbrud, herrtidningsbild **3** amer. (attr.) vägg- [~ *lamp*]
pinworm ['pɪnwɜ:m] *s* isht med. springmask
pioneer [,paɪə'nɪə] **I** *s* pionjär, banbrytare **II** *vb itr* vara pionjär, bana väg **III** *vb tr* **1** öppna [vägen till]; bana väg för, vara först med **2** gå före, leda
pious ['paɪəs] *adj* from, gudfruktig
1 pip [pɪp] *s* **1** [*the*] ~ pips hönssjukdom **2** *he has* [*got*] *the* ~ sl. han deppar (tjurar); *he gives me the* ~ sl. han går mig på nerverna
2 pip [pɪp] *s* **1** kärna i apelsin, äpple o.d. **2** *squeeze a p. until* (*till*) *the* ~*s squeak* klämma åt ngn ordentligt **3** *a* ~ vard. något alldeles extra; *she's a* ~ vard. hon är jättesöt
3 pip [pɪp] **I** *s* **1** prick på tärning, spelkort m.m. **2** mil. stjärna ss. gradbeteckning **II** *vb tr* vard. slå, besegra; *be* ~*ped at the post* bli slagen på mållinjen äv. bildl. **III** *vb itr* sl. köra i examen
4 pip [pɪp] *s* i tidssignal o.d. pip; *the* ~*s* radio. tidssignalen
pipe [paɪp] **I** *s* **1** [lednings]rör, ledning [*water pipe*; *gas pipe*], rörledning **2** [tobaks]pipa; ~ *of peace* fredspipa; *put that in your* ~ *and smoke it!* det får du finna dig i [vare sig du

vill eller inte]! **3** mus. pipa; pl. **~s** äv. säckpipa
II *vb itr* **1** blåsa (spela) på pipa (flöjt, säckpipa) **2** pipa, tala (skrika) gällt; ~ *down* sl. hålla käften; stämma ned tonen **III** *vb tr* **1** lägga in rör i [~ *a house*]; leda i rör **2** ~*d music* skvalmusik, bakgrundsmusik **3** kok. spritsa **4** spela (blåsa) [på pipa (flöjt, säckpipa) [~ *a tune*]
pipe bowl ['paɪpbəʊl] *s* piphuvud
pipe-cleaner ['paɪpˌkliːnə] *s* piprensare
pipe dream ['paɪpdriːm] *s* önskedröm
pipeline ['paɪplaɪn] **I** *s* rörledning; oljeledning; pipeline; bildl. kanal, direkt förbindelse; *in the* ~ under planering (utarbetande), på gång; om varor på väg, under leverans **II** *vb tr* leda genom rör[ledning] (pipeline)
piper ['paɪpə] *s* pipblåsare; i Skottl. isht säckpip[s]blåsare; *pay the* ~ betala kalaset, stå för fiolerna; *he who pays the* ~ *calls the tune* den som betalar får bestämma hur det skall vara
pipette [pɪ'pet] *s* pipett
piping ['paɪpɪŋ] **I** *s* pipande etc., jfr *pipe II* o. *III* **II** *adj* pipande, pipig [*a* ~ *voice*] **III** *adv*, ~ *hot* rykande varm, kokhet; bildl. rykande färsk
pipit ['pɪpɪt] *s* zool. piplärka
pippin ['pɪpɪn] *s* pipping äppelsort
pipsqueak ['pɪpskwiːk] *s* sl. **1** om pers. fjant, skit **2** strunt; ynkedom; struntsak
piquancy ['piːkənsɪ] *s* pikant (skarp) smak
piquant ['piːkənt] *adj* pikant [~ *taste*, *a* ~ *face*]; om t.ex. intellekt skarp [*a* ~ *wit*]
pique [piːk] **I** *s* förtrytelse, sårad stolthet [*in a fit of* ~]; irritation **II** *vb tr* **1** såra, kränka [~ *a p.'s pride*]; stöta **2** ~ *oneself* [*up*]*on* yvas över
piquet [pɪ'ket] *s* piké, piquet kortspel
piracy ['paɪərəsɪ] *s* **1** sjöröveri **2** pirattryck; olagligt eftertryck; piratkopiering
piranha [pəˈrɑːnə, pɪ-, -jə] *s* piraya sydam. fisk
pirate ['paɪərət] **I** *s* **1** pirat, sjörövare **2** pirattryckare, piratförläggare; piratkopierare; radio. piratsändare, piratradio **II** *vb tr* **1** om sjörövare röva, plundra **2** olovligt reproducera, tjuvtrycka; piratkopiera; ~*d edition* piratutgåva **III** *vb itr* bedriva sjöröveri
pirouette [ˌpɪrʊ'et] **I** *s* piruett **II** *vb itr* piruettera
Pisces ['paɪsiːz, 'pɪsiːz, 'pɪskiːz] *s* o. *adj* astrol. Fiskarna; *he is* [*a*] ~ han är fisk
piss [pɪs] vulg. **I** *s* piss; *take the* ~ *out of a p.* driva (jävlas) med ngn **II** *vb itr* **1** pissa **2** ~ *off!* stick!, far åt helvete! **III** *vb tr* **1** pissa [~ *blood*] **2** pissa på, pissa ner (i) [~ *the bed*] **3** ~ *oneself* [*laughing*] skratta på sig
pissed [pɪst] *adj* vulg. **1** asfull, packad **2** skitförbannad
pissed-off [ˌpɪst'ɒf] *adj* vulg. **1** skitförbannad **2** deppig, utled [på allting]
pistachio [pɪ'stɑːʃɪəʊ] *s* **1** pistaschmandelträd **2** pistasch[mandel] [äv. ~ *nut*]

piste [piːst] *s* pist; [skid]spår
pistil ['pɪstɪl] *s* bot. pistill
pistol ['pɪstl] *s* pistol
piston ['pɪstən] *s* mek. pistong äv. i blåsinstrument; kolv; ~ *ring* kolvring; ~ *rod* kolvstång
1 pit [pɪt] **I** *s* **1** a) grop, hål i marken b) fallgrop; *the* ~ *of the stomach* maggropen **2** gruvhål, gruvschakt; [kol]gruva **3** avgrund; *the* ~ [*of hell*] helvetet, avgrunden **4** [kopp]ärr **5** teat. [isht bortre] parkett; *orchestra* ~ orkesterdike **6** bil. a) depå vid racerbana b) smörjgrop vid bilverkstad **II** *vb tr* **1** lägga t.ex. potatis i grop (grav) **2** göra gropig (full av hål) **3** ~ *oneself* (*one's strength*) *against* mäta sina krafter med; ~ *one's brain against* mäta sig intellektuellt med
2 pit [pɪt] amer. **I** *s* [frukt]kärna **II** *vb tr* kärna ur
pit-a-pat [ˌpɪtə'pæt] **I** *adv*, *it makes my heart go* ~ det får mitt hjärta att slå fortare **II** *s* hjärtas dunkande; regns, hagels smatter
1 pitch [pɪtʃ] *s* **1** beck; *black* (*dark*) *as* ~ kolsvart, becksvart, beckmörk **2** kåda
2 pitch [pɪtʃ] **I** *vb tr* **1** sätta (ställa) upp i fast läge; slå upp, resa [~ *a tent*]; ~ [*one's*] *camp* slå läger **2** kasta, slänga; slunga; ~ *hay* lassa hö med högaffel; ~ *him out!* släng (kasta) ut honom! **3** mus. stämma [~*ed too high* (*low*)]; sätta i viss tonart; bildl. anslå, hålla en viss ton; anpassa, medvetet lägga på viss nivå **4** ~*ed battle* ordnad (regelrätt) batalj, fältslag, drabbning **5** ~ *a yarn* vard. dra en historia; ~ *it strong* vard. bre på överdriva **II** *vb itr* **1** slå läger **2** om fartyg stampa; om flygplan tippa, kränga i ingdriktningen **3** falla huvudstupa [~ *on one's head*]; störta, tumla; ~ *in* vard. a) hugga in, hugga i b) vara med, bidra; ~ *into* vard. kasta sig över [*he* ~*ed into his supper*], flyga på, gå lös på, skälla ut [*the teacher* ~*ed into the boy*] **III** *s* **1** grad [*a high* ~ *of efficiency*], höjd, höjdpunkt [*come to a* ~], topp; *at its highest* ~ på höjdpunkten; *at its lowest* ~ på bottennivå; *he was roused to a* ~ *of frenzy* han blev utom sig av raseri **2** mus. el. fonet. tonhöjd, tonläge; tonfall [*falling* ~, *rising* ~]; *absolute* (*perfect*) ~ absolut gehör; *standard* ~ normalton; *at concert* ~ konsertstämd något över normalton **3** kast **4** [kricket]plan mellan grindarna; fotbollsplan **5** torgplats, fast plats för gatuförsäljare, gatumusikant o.d.; *queer a p.'s* ~ se *queer III* **6** vard., [*sales*] ~ försäljarjargong, försäljningsknep, säljsnack **7** fiskeplats **8** tältplats **9** fartygs stampning; flygplans tippning, längdlutning
pitch-black [ˌpɪtʃ'blæk, attr. '--] *adj* kolsvart, becksvart
pitchblende ['pɪtʃblend] *s* kem. pechblände
1 pitcher ['pɪtʃə] *s* [hand]kanna; amer. äv.

tillbringare; kruka, krus för vatten o.d.; *little ~s have long ears* ordspr. små grytor har också öron
2 pitcher ['pɪtʃə] *s* i baseball kastare
pitchfork ['pɪtʃfɔːk] **I** *s* högaffel, hötjuga **II** *vb tr* **1** lyfta (lassa) med högaffel **2** bildl. kasta [in] [*~ troops into a battle*]
piteous ['pɪtɪəs] *adj* ömklig, ömkansvärd
pitfall ['pɪtfɔːl] *s* fallgrop; bildl. äv. fälla
pith [pɪθ] *s* **1** bot. el. zool. märg **2** ryggmärg **3** bildl. a) *the ~ of* kärnan i, det väsentliga (viktigaste) i (av) [*the ~ of the speech*] b) märg, kraft [*the speech lacked ~*]
pithead ['pɪthed] *s* gruvöppning
pith helmet ['pɪθˌhelmɪt] *s* tropikhjälm
pithy ['pɪθɪ] *adj* **1** full av märg, märgfylld; märgliknande **2** bildl. märgfull, kärnfull
pitiable ['pɪtɪəbl] *adj* **1** ömklig, sorglig [*~ sight*], beklagansvärd, som väcker medlidande **2** ynklig, erbarmlig; beklaglig [*a ~ lack of character*]
pitiful ['pɪtɪf(ʊ)l] *adj* **1** ömklig, sorglig, beklagansvärd; patetisk [*a ~ spectacle*] **2** ynklig, usel [*~ wages*]
pitiless ['pɪtɪləs] *adj* skoningslös, obarmhärtig
pit pony ['pɪtˌpəʊnɪ] *s* gruvponny, gruvhäst
pittance ['pɪt(ə)ns] *s* knapp (torftig) lön, ringa ersättning; ringa penning
pitter-patter [ˌpɪtə'pætə] **I** *s* smatter [*the ~ of the rain*]; tipp-tapp, trippande, tassande **II** *vb itr* trippa; tassa **III** *adv*, *go* (*run*) *~* trippa, tassa
pituitary [pɪ'tjuːɪt(ə)rɪ] **I** *adj* slemavsöndrande; *~ gland* (*body*) anat. hypofys **II** *s* anat. hypofys
pity ['pɪtɪ] **I** *s* **1** medlidande, medömkan [*for* med]; *feel ~ for* tycka synd om, känna medlidande med; *for ~'s sake* för Guds skull; *out of ~* av medlidande **2** synd, skada; *what a ~!* så (vad) synd!, så tråkigt!; *more's the ~* sorgligt nog, tyvärr **II** *vb tr* tycka synd om, ömka; *he is to be pitied* det är synd om honom, han är att beklaga
pivot ['pɪvət] **I** *s* **1** a) pivåtapp, svängtapp, axeltapp b) spets; stift; *~ tooth* stifttand **2** bildl. medelpunkt [*the ~ of her life*] **II** *vb tr* hänga (anbringa) på pivå etc.; förse med pivå etc.; *~ed* äv. pivåhängd, svängbar [*~ed window*] **III** *vb itr* pivotera, svänga (vrida sig) kring en pivå etc.
pivotal ['pɪvətl] *adj* pivå-, svängbar; bildl. central, väsentlig, huvudsaklig, nyckel- [*~ industry*]
pixel ['pɪks(ə)l] *s* TV., foto. el. data. pixel, bildpunkt
pixie ['pɪksɪ] *s* **1** skälmskt naturväsen, odygdig tomtenisse **2** *~* [*cap*] toppluva, tomteluva
pizza ['piːtsə] *s* kok. pizza [äv. *~ pie*]
pizzazz [pə'zæz] *s* vard. **1** fart, fräs, vitalitet; schvung, fräsighet **2** prål, grannlåt, ståt

pizzicato [ˌpɪtsɪ'kɑːtəʊ] *adv* o. *adj* o. *s* mus. pizzicato
placard ['plækɑːd] **I** *s* plakat, affisch, anslag; löpsedel **II** *vb tr* sätta upp plakat osv. på (i)
placate [plə'keɪt] *vb tr* blidka, försona, avvärja
placatory [plə'keɪt(ə)rɪ, 'plækət(ə)rɪ] *adj* blidkande, försonande; försonlig
place [pleɪs] **I** *s* **1** a) ställe, plats b) utrymme, [sitt]plats; *there's a ~ for everything* var sak har sin plats; *my* (*your* etc.) *~* se *I 3*; *six ~s were laid* det var dukat för sex; *any* (*some*) *~* amer. någonstans; *about the ~* på stället, i huset; *be in ~* a) ligga på sin plats b) bildl. vara på sin plats, vara lämplig; *hold in ~* hålla kvar (fast); *in the first* (*second, last*) *~* se *first* osv.; *put yourself in my ~* sätt dig i min situation; *in ~ of* i stället för; *fall into ~* ordna sig i rätt ordning; *put a th. into ~* sätta ngt på plats, sätta fast ngt; *out of ~* inte på sin plats; malplacerad, olämplig; *feel out of ~* känna sig bortkommen; *the chair looks out of ~ there* stolen passar inte där; *all over the ~* överallt, lite varstans, huller om buller, i oordning; *change ~s* byta plats; *I have lost the* (*my*) *~* jag har tappat bort var jag var [i boken o.d.]; *take ~* äga rum, hända; *take the ~ of a p.* avlösa ngn, inta ngns plats **2** a) ort, plats [*~ of birth*; *~ of work*] b) lokal, plats c) öppen plats, i namn -platsen [*St. James's P~*], -gatan; *~ of business* affärslokal; *go ~s* vard. gå långt [i livet] **3** vard. hus, bostad, ställe; *he was at my* (*your* etc.) *~* han var hemma hos mig (dig etc.); *come round to my ~* kom över till mig **4** ställning, rang; position, plats; *keep* (*put*) *a p. in his ~* el. *teach a p. his ~* visa ngn hans rätta plats, sätta ngn på plats **5** anställning, plats; *it's not my ~ to...* det är inte min sak att... **6** matem., *calculate to the third ~ of decimals* (*to three decimal ~s*) räkna med tre decimaler **II** *vb tr* **1** placera, sätta, ställa [upp], lägga; *~ confidence* (*faith*) *in* sätta sin tillit till **2** skaffa plats (anställning) åt **3** hand. placera [*~ an order with* (hos)] **4** placera, erinra sig [*~ a face*], inrangera, identifiera **5** sport. placera isht bedöma ordningen i mål; *be ~d* bli placerad (placera sig) [bland de tre bästa]
placebo [plə'siːbəʊ] *s* (pl. vanl. *~s*) *s* med. placebo, blindtablett
place mat ['pleɪsmæt] *s* [bords]tablett för dukning
placement ['pleɪsmənt] *s* placering äv. om arbete
place name ['pleɪsneɪm] *s* ortnamn
placenta [plə'sentə] *s* anat. moderkaka, placenta
place-seeker ['pleɪsˌsiːkə] *s* karriärist
placid ['plæsɪd] *adj* lugn, mild, blid; fridfull
placidity [plæ'sɪdətɪ, plə's-] *s* o. **placidness**

['plæsɪdnəs] s lugn, mildhet, blidhet; fridfullhet
plagiarism ['pleɪdʒərɪz(ə)m] s plagiering; plagiat
plagiarize ['pleɪdʒəraɪz] vb tr o. vb itr plagiera
plague [pleɪg] I s 1 a) [lands]plåga, hemsökelse b) vard. plåga, plågoris [*what a ~ that child is!*], pest, otyg 2 pest; farsot; *bubonic* ~ böldpest II vb tr 1 vard. plåga, pina, besvära 2 hemsöka, plåga
plaice [pleɪs] s zool. [röd]spätta, rödspotta
plaid [plæd] s 1 pläd, schal buren till skotsk dräkt 2 skotskrutigt [pläd]tyg (mönster)
plain [pleɪn] I adj 1 klar, tydlig [*~ meaning, ~ type* (stil)], lättfattlig, enkel [*~ talk*]; *it's ~ sailing* bildl. det går lekande lätt (som smort) 2 ärlig, uppriktig [*with* mot; *a ~ answer*]; rättfram, oförbehållsam; *I told him in ~ English* (*in ~ language*) jag sa honom det rent ut (på ren svenska); *~ speaking* rent språk, ord och inga visor; *in ~ terms* klart och tydligt, rent ut 3 uppenbar, ren, enkel; riktig [*a ~ fool*]; *a ~ fact* ett enkelt (rent, uppenbart) faktum; *the ~ truth* [*of the matter*] den enkla sanningen 4 enkel, vardags- [*~ dress; ~ dinner*]; slät, slätkammad [*~ hair*]; enfärgad, omönstrad [*~ blue dress*]; *~ bread and butter* smörgås utan pålägg, smör och bröd; *~ chocolate* mörk choklad; *~ clothes* civila kläder; *~ cooking* enklare matlagning; vardagsmat, husmanskost; *~ flour* vanligt mjöl utan tillsats av jästpulver o.d.; *~ omelette* ofylld omelett; *~ ring* slät ring 5 vanlig [enkel], enkel [och anspråkslös]; simpel 6 om utseende alldaglig, slätstruken; ibl. ful; *she is ~* hon ser [just] ingenting ut 7 slät, jämn, plan, flat, flack 8 kortsp., *~ card* hacka inte trumfkort eller klätt kort II adv 1 tydligt, klart [*speak* (*see*) *~*] 2 rent ut sagt [*he is ~ stupid*], helt enkelt III s slätt; jämn mark
plain-clothes ['pleɪnkləʊðz] s pl attr., *~ policeman* (*officer*) civilklädd polis, detektiv
plain-looking ['pleɪn‚lʊkɪŋ] adj, *it* (*she*) *is ~* det (hon) har ett alldagligt (slätstruket) utseende
plainness ['pleɪnnəs] s 1 jämnhet 2 tydlighet 3 enkelhet; konstlöshet; alldaglighet
plain-spoken [‚pleɪn'spəʊk(ə)n] adj uppriktig, öppen, oförbehållsam, frispråkig
plaintiff ['pleɪntɪf] s jur. kärande i civilmål; målsägare, målsägande
plaintive ['pleɪntɪv] adj klagande, sorgsen
plait [plæt] I s fläta av hår m.m. II vb tr fläta
plan [plæn] I s 1 plan [*of* (*for*) för (till); *for* till]; *~ of campaign* bildl. krigsplan; *according to ~* enligt planerna, planenlig[t], efter ritningarna 2 plan, karta; ritning [*of* över] 3 sätt, metod, system; *the best* (*better*) *~ is to* det bästa [sättet] är att II vb tr 1 planera, göra upp en plan (planer); *~ned*

economy planhushållning; *~ned parenthood* familjeplanering 2 ha för avsikt, planera; *~ to* äv. ha planer på att III vb itr planera; *~ ahead* planera för framtiden (i förväg), tänka framåt
1 plane [pleɪn] s bot. platan
2 plane [pleɪn] I s 1 plan yta, plan 2 bildl. nivå, plan 3 (kortform av *aeroplane* o. *airplane*) [flyg]plan 4 vinge, bärplan II adj plan, jämn, slät; *~ sailing* a) sjö. segling efter platt kort b) se *plain I 1*
3 plane [pleɪn] I s hyvel II vb tr o. vb itr hyvla [av]
planet ['plænɪt] s astron. planet
planetarium [‚plænɪ'teərɪəm] (pl. *-ums* el. *-a* [-ə]) s planetarium
planetary ['plænət(ə)rɪ] adj planetarisk, planet- [*~ system*]
plank [plæŋk] I s 1 planka, [grövre] bräda; koll. plank; *walk the ~* a) 'gå på plankan' av pirater tvingas överbord med förbundna ögon b) bildl. ung. bli avpolletterad (avsågad) 2 [politisk] programpunkt [*a ~ supporting civil rights*] II vb tr 1 belägga (klä) med plankor 2 vard., *~ down* a) placera resolut; slänga fram (på bordet) b) lägga upp, punga ut med [*~ down the money*]; *~ out* punga ut med 3 kok., *~ed steak* plankstek
plankton ['plæŋktən, -ɒn] s biol. plankton
planner ['plænə] s 1 planerare [*town ~*]; planläggare; planekonom 2 planeringskalender
planning ['plænɪŋ] s planering; planläggning, planlösning; *~ permission* byggnadslov
plant [plɑːnt] I s 1 planta, växt; ört 2 verk [*lighting ~*], anläggning; fabrik; utrustning; *nuclear ~* kärnkraftverk 3 sl. a) gömt tjuvgods (knark) b) falskt spår c) [polis]fälla d) spion; infiltratör II vb tr 1 sätta, plantera, så [*~ wheat*]; plantera ut [*~ young fish, ~ oysters*] 2 placera [stadigt], sätta, ställa [*~ a kiss on a p.'s cheek; ~ one's feet on the carpet*]; fästa, anbringa 3 sl. a) gömma, dölja [*~ stolen goods*] b) placera (lägga) [ut] för att vilseleda [*they ~ed gold nuggets in the worthless mine*]; *~ evidence on a p.* i hemlighet stoppa på ngn bevismaterial c) placera, smuggla in [*~ a spy in the opposing camp*] d) plantera, sätta in [*he ~ed a blow on his opponent's chin*]
Plantagenet [plæn'tædʒənət, -net] egenn.; *the House of ~* huset Plantagenet kungaätt (1154-1485)
plantain ['plæntɪn, 'plɑː-] s bot. groblad
plantation [plɑːn'teɪʃ(ə)n, plæn-] s 1 plantage 2 plantering [*fir ~*]; odling
planter ['plɑːntə] s 1 odlare, planterare 2 plantageägare 3 planteringsmaskin
plaque [plæk, plɑːk] s 1 platta, [minnes]tavla, plåt 2 plaque 3 [*dental*] *~* tandläk. plack
plasma ['plæzmə] s fysiol. el. fys. plasma
plaster ['plɑːstə] I s 1 murbruk, puts[bruk]

plastered

2 ~ [*of Paris*] gips; ~ *cast* a) gipsavgjutning b) med. gipsförband; ~ *impression* gipsavtryck **3** plåster **II** *vb tr* **1** putsa, rappa; kalkslå **2** a) lägga gips (gipsbruk) på; *~ed ceiling* gipstak b). gipsa **3** plåstra om, sätta plåster på; bildl. lindra **4** smeta på (över), täcka, klistra (kleta) full [*the suitcase was ~ed with hotel labels*]; belamra; *his hair was ~ed down* han hade slickat hår
plastered ['plɑ:stəd] *adj* sl. packad berusad
plasterer ['plɑ:st(ə)rə] *s* murare för putsarbete; gipsarbetare
plastic ['plæstɪk] **I** *adj* **1** plast-, av plast; ~ *money* plastkort kreditkort **2** plastisk, formbar äv. bildl.; mjuk **3** ~ *art* plastik, formbildande (plastisk) konst **4** med., ~ *surgery* plastikkirurgi, plastik **5** bildl. plast- [*we live in the ~ age*] **II** *s* plast
Plasticine ['plæstɪsi:n] *s* ® slags modellera
plasticity [plæ'stɪsətɪ] *s* plasticitet, formbarhet; bildbarhet
plastics ['plæstɪks] *s* **1** (konstr. ss. pl.) plast, plaster; *the ~ industry* plastindustrin **2** (konstr. ss. sg. el. pl.) a) plastteknik b) med. plastikkirurgi
plate [pleɪt] **I** *s* **1** tallrik, fat [*a ~ of* (med) *cakes*]; amer. kuvert; [*small*] ~ assiett; [*a wedding breakfast costing $30*] a ~ amer. ...kuvertet (per kuvert); *hand a p. a th. on a ~* vard. ge ngn ngt alltför lätt (gratis), servera ngn ngt på en bricka; *have enough on one's ~* vard. ha fullt upp, redan ha händerna fulla **2** kollekttallrik **3** koll. [bords]silver; [ny]silversaker, [silver]servis **4** pläter; plätering **5** platta av metall, trä, glas o.d.; plåt [*steel ~s*]; lamell [*clutch ~*]; namnplåt, skylt **6** a) tryckplåt; kliché b) avtryck; plansch [*colour ~*]; kopparstick, stålstick, trägravyr **7** [*dental*] ~ lösgom, [tand]protes **8** kapplöpn. a) pris av silver el. guld; pokal b) priskapplöpning **9** i baseboll *the home ~* innemålet; *the pitcher's ~* kastarens platta **10** sl., *~s* [*of meat*] fötter, blan **II** *vb tr* **1** klä över med plåt, plåtbeslå; bepansra **2** plätera; försilvra, förgylla
plateau ['plætəʊ, plæ'təʊ] (pl. *~s* el. *~x* [-z]) *s* platå, högslätt; bildl. konstant nivå, platå äv. psykol.
plateful ['pleɪtfʊl] (pl. *~s* el. *platesful*) *s* tallrik ss. mått
plate glass [‚pleɪt'glɑ:s] *s* spegelglas, slipat planglas
platelet ['pleɪtlət] *s* fysiol., [*blood*] *~* blodplätt
plate rack ['pleɪtræk] *s* **1** tallrikshylla **2** diskställ, torkställ
platform ['plætfɔ:m] *s* **1** plattform äv. på buss, järnvägsvagn o.d.; perrong; *~ car* amer. öppen godsvagn utan sidor **2** estrad, podium, tribun; talarstol **3** ~ [*sole*] platåsula; ~ [*shoe*] platåsko **4** polit. [parti]program; [ideologisk] plattform

platinum ['plætɪnəm] *s* platina
platitude ['plætɪtju:d] *s* plattityd; platthet
platitudinous [‚plætɪ'tju:dɪnəs] *adj* platt, banal
Plato ['pleɪtəʊ] Platon
Platonic [plə'tɒnɪk] *adj* platonisk [*~ love*]
platoon [plə'tu:n] *s* [infanteri]pluton
platter ['plætə] *s* amer. [stort] uppläggningsfat
platy ['plætɪ] (pl. även lika) *s* zool. platy
platyp|us ['plætɪp|əs] (pl. *-uses*) *s* zool., [*duck-billed*] ~ näbbdjur
plausible ['plɔ:zəbl] *adj* **1** plausibel, antaglig, rimlig [*~ excuse*]; lämplig; ofta neds. bestickande [*~ argument*] **2** förledande, [som verkar] förtroendeingivande; *a ~ rogue* en riktig filur
play [pleɪ] **I** *vb itr* (se äv. *III*) **1** leka [*with* med], roa sig; *just what are you ~ing at?* vard. vad [sjutton] håller du på med?; *~ fast and loose with* se *2 fast II 1*; *~ on words* leka med ord **2** spela i spel, äv. sport. o. bildl.; *~ false* spela falskt [spel]; *~ safe* ta det säkra för det osäkra; gardera sig; *~ for safety* gardera sig, inte ta några risker; *~ for time* försöka vinna tid; maska; *~ in goal* stå i mål; *~ into a p.'s hands* spela ngn i händerna **3** spela äv. bildl., musicera [*to* för]; *~ on a p.'s fears* utnyttja ngns rädsla **4** spela äv. bildl., uppträda [*they ~ed to a full house*] **5** a) fladdra; sväva, leka, spela, skimra [*the lights ~ed over their faces*] b) vara i gång, vara på, spela [*the fountains ~ every Sunday*]

II *vb tr* (se äv. *III*) **1** leka [*~ hide-and-seek*] **2** spela spel, äv. sport. o. bildl. [*~ a game*]; *~ a p.* a) spela mot ngn [*England ~ed Brazil*] b) låta ngn spela i match o.d.; sätta in (ställa upp) ngn [*England ~ed Smith as goalkeeper*]; *~ a joke* (*prank*) [*up*]*on a p.* spela ngn ett spratt **3** spela äv. bildl. [*~ the piano*], framföra; *~* [*it*] *by ear* se *2 ear 1* **4** spela äv. bildl. [*~ a part* (en roll)]; *~ hell* (*old Harry*) *with* se resp. ord; *~ truant* (amer. vard. *hook*[*e*]*y*) skolka [från skolan] **5** låta spela [*on* mot (över); *~ a hose on a fire*]

III *vb itr* o. *vb tr* med adv. isht i specialbet.:
~ about springa omkring och leka; *stop ~ing about!* sluta larva dig (bråka)!, lägg av!; *~ about with* leka med, fingra (pilla) på
~ around: **a**) ha [en massa] kärleksaffärer; *~ around with a p.'s affections* leka med ngns känslor **b**) se *~ about*
~ back a recorded tape spela av (spela upp, köra) ett inspelat band
~ down tona ner, avdramatisera; *he ~ed down* [*his own part in the affair*] han bagatelliserade...
~ off: **a**) spela 'om; *the match will be ~ed off next week* matchen kommer att spelas om (det blir omspel) nästa vecka **b**) *~ one person off against another* spela ut en person mot en annan

~ out spela till slut; spela ut; *the matter is ~ed out* saken är utagerad **~ over** spela igenom [*~ over a tape*] **~ up** a) göra sitt bästa b) vard. bråka, ställa till besvär c) förstora upp, göra stora rubriker av; *~ up to a p.* fjäska för ngn [*~ up to one's teachers*]; [*my bad leg*] *is ~ing up again* ...gör sig påmint (krånglar) igen **IV** s **1** lek; spel; *no child's ~* ingen barnlek; *~ on words* lek med ord; *in ~* om boll i spel; *out of ~* om boll död, ur spel, ute **2** a) spel, framförande b) skådespel, teaterstycke, pjäs; *let's go to a ~!* vi går på teatern!; *make great (much, a lot of) ~ of (with, about)* göra stor affär (mycket väsen) av; *make great ~ with* skryta med **3** a) spel, spelande [*the ~ of the muscles*] b) gång, verksamhet, rörelse; *~ of colours* färgspel; *the ~ of sunlight upon the water* solglittret i vattnet; *be at ~* vara i gång; *be in full ~* vara i full gång; *bring (call) into ~* sätta i gång (i rörelse), sätta in; *come (be brought, be called) into ~* komma i gång, träda i funktion; göra sig gällande **4** a) [fritt] spelrum; bildl. äv. rörelsefrihet; fritt lopp (spel) b) glapprum; glappning; *give the rope more ~* släcka på repet; *have free (full) ~* ha fritt spelrum
playable ['pleɪəbl] *adj* spelbar; som man kan (det går att) spela [på (med)]
play-act ['pleɪækt] *vb itr* spela [teater] mest bildl. (neds.), låtsas
playback ['pleɪbæk] *s* **1** playback; avspelning, uppspelning; *~ head* avspelningshuvud på bandspelare **2** TV. repris (i slow-motion)
playbill ['pleɪbɪl] *s* teateraffisch
playboy ['pleɪbɔɪ] *s* playboy
player ['pleɪə] *s* **1** sport. o.d. spelare, spelande, lekande, deltagare [i spel (lek)]; [*he outshone*] *the other ~s* ...sina medspelare **2** skådespelare **3** a) musikant b) i sms. -spelare [*record-player*]
player-piano [ˌpleɪəpɪˈænəʊ] *s* självspelande piano, pianola
playful ['pleɪf(ʊ)l] *adj* lekfull, skämtsam
playgirl ['pleɪgɜ:l] *s* playgirl, nöjeslysten kvinna
playgoer ['pleɪˌgəʊə] *s* teaterbesökare, teaterhabitué
playground ['pleɪgraʊnd] *s* **1** skolgård; lekplats **2** bildl. rekreationsområde, semesterparadis
playgroup ['pleɪgru:p] *s* lekskola, lekgrupp
playhouse ['pleɪhaʊs] *s* teater[byggnad]
playing-card ['pleɪɪŋkɑ:d] *s* spelkort
playing-field ['pleɪɪŋfi:ld] *s* idrottsplan, bollplan; lekplats
playmaker ['pleɪˌmeɪkə] *s* sport. speluppläggare, 'playmaker'
playmate ['pleɪmeɪt] *s* lekkamrat

play-off ['pleɪɒf] *s* sport. **1** omspel; extra avgörande match **2** slutspel
playpen ['pleɪpen] *s* lekhage
playschool ['pleɪsku:l] *s* lekskola
playsuit ['pleɪsu:t, -sju:t] *s* lekdräkt
plaything ['pleɪθɪŋ] *s* leksak; bildl. äv. lekboll
playtime ['pleɪtaɪm] *s* lektid, lekstund, rast, fritid
playwright ['pleɪraɪt] *s* dramatiker, skådespelsförfattare
plaza ['plɑ:zə] *s* **1** torg, öppen plats **2** amer. affärscentrum, shoppingcentrum
PLC o. **Plc** [ˌpi:el'si:] förk. för *public limited company* börsnoterat företag
plea [pli:] *s* **1** försvar, ursäkt, rättfärdigande; förevändning; *put in a ~ for a p.* lägga ett gott ord för ngn, göra ett inlägg till ngns försvar; *on (under) the ~ that* med den motiveringen att, under förevändning (förebärande av) att **2** enträgen bön, vädjan [*~ for* (om) *mercy*] **3** jur. a) parts påstående, åberopande; svar; inlaga b) svaromål [*defendant's ~*]; *~ bargaining* amer. förhandling om erkännande som ger lindrigare straff; *~ of guilty* erkännande; *~ of not guilty* nekande
plead [pli:d] (*~ed ~ed*; amer. äv. *pled pled* [pled]) jur. el. allm. **I** *vb itr* **1** a) be, vädja; *~ for* plädera (tala) för; be för [*~ for one's life*]; *~ with a p.* vädja till (bönfalla) ngn b) plädera, tala [inför rätta]; vädja (be) om, söka utverka [*~ for mercy*]; *~ for a p.* föra ngns talan [*with* hos] **2** genmäla [*to* mot]; *~ guilty* erkänna [sig skyldig]; *~ not guilty* neka **II** *vb tr* **1** sköta, åta sig, ta sig an [*~ a cause*] **2** åberopa [sig på], hänvisa till, anföra som (till sitt) försvar [*~ one's youth*]
pleasant ['pleznt] *adj* behaglig, angenäm, tilltalande, trevlig, glad [*a ~ surprise*], vänlig [*a ~ smile*]; [*a*] *~ journey!* trevlig (lycklig) resa!
pleasantry ['plezntrɪ] *s* skämt, lustighet; *they exchanged pleasantries* de utbytte artigheter
please [pli:z] **I** *vb itr* **1** behaga, finna lämpligt (för gott), vilja; *~ God* om Gud vill; *as you ~* som du vill (behagar); *take as many as you ~* ta så många du vill; *cool as you ~* vard. hur lugn som helst; *if you ~* a) om du vill, var så god; ss. svar på fråga med erbjudande ja tack, ja jag tackar b) om du tillåter c) om jag får be d) iron. kan du tänka dig! [*he wanted me to work more for lower pay, if you ~!*] **2** behaga [*a desire to ~*] **3** imper. i hövligt tilltal: *coffee, ~* a) får jag be om kaffe; kan jag få kaffe, tack b) kaffe, tack; *~ daddy!* snälla, pappa!; [*yes*] *~* ja tack b) ja, varsågod; *come in, ~!* var så god och stig (kom) in!; *~ do!* javisst!, varsågod!, gör det [för all del]!; *~ give it to me* var snäll (vänlig) och ge mig

den **II** *vb tr* (se äv. *pleased*) behaga, tilltala, roa; glädja, göra glad [*I'll do it to ~ my mother*]; **do it just to ~ me!** gör det för min skull!; **hard to ~** svår att göra till lags; **~ oneself** finna nöje [*in (with)* i]; göra som det passar en [själv]; **~ yourself!** [gör] som du vill!, gör som du har lust!

pleased [pli:zd] *adj* **1** nöjd, belåten, tillfreds, tillfredsställd [*with* med], glad [*at (about)* över (åt)]; **~ to meet you!** [det var] roligt att träffas!; angenämt!; goddag! **2** tilltalad, road [*with* av]

pleasing ['pli:zɪŋ] *adj* behaglig, angenäm, tilltalande [*to* för; *a ~ face*], vinnande

pleasurable ['pleʒ(ə)rəbl] *adj* angenäm, behaglig, välgörande, lustbetonad, lust- [*~ sensation*]

pleasure ['pleʒə] *s* **1** nöje, glädje [*to* för]; välbehag, njutning, behag; lust; vällust; *afford* **(give) ~ to a p.** glädja ngn, bereda (skänka) ngn nöje (glädje); *derive* **~ from** el. *find* **~ in** ha nöje av, finna nöje i; *do me the* **~ of dining with me** gör mig [det] nöjet ([den] glädjen) att äta middag med mig; [*oh do come -*] *it would give me such ~* ...det skulle verkligen glädja mig (vara en stor glädje för mig); *I have much ~ in awarding* [*the prize to*] jag har det stora nöjet att överlämna...; *I have the ~ of informing you* jag har nöjet att meddela er; *may I have the ~ of the next dance (of dancing) with you?* får jag lov till nästa dans?; *take ~ in* finna nöje i, ha (få) nöje av; *with ~* med nöje, gärna **2** önskan, vilja; gottfinnande; *at ~* efter behag; *during His* **(Her)** *Majesty's ~* på obestämd tid; eg. så länge konungen (drottningen) finner för gott

pleasure ground ['pleʒəgraʊnd] *s* nöjesfält

pleasure-seeking ['pleʒə,si:kɪŋ] *adj* nöjeslysten; njutningslysten

pleasure trip ['pleʒətrɪp] *s* nöjesresa

pleat [pli:t] **I** *s* veck; plissé **II** *vb tr* vecka; plissera

pleb [pleb] *s* vard. kortform för *plebeian*

plebeian [plɪ'bi:ən] hist. o. bildl. **I** *adj* plebejisk; underklassig, simpel, tarvlig **II** *s* plebej; underklassare

plebiscite ['plebɪsaɪt, -sɪt] *s* [allmän] folkomröstning, referendum, plebiscit

plectr|um ['plektr|əm] (pl. -*ums* el. -*a* [-ə]) *s* mus. plektrum

pled [pled] amer. el. skotsk. imperf. o. perf. p. av *plead*

pledge [pledʒ] **I** *s* **1** pant, underpant äv. bildl.; *in ~ of* som pant (säkerhet) för; *take a th. out of ~* lösa ut (in) ngt **2** [högtidligt] löfte, utfästelse [*~ of* (om) *aid*]; *take* **(sign)** *the ~* avlägga nykterhetslöfte; *under ~ of secrecy* under tysthetslöfte **3** skål [*a ~ for the happy couple*] **II** *vb tr* **1** lämna som säkerhet, pantsätta; **~ oneself for** gå i borgen för,

ansvara för; **~ one's word** [*of honour*] ge sitt hedersord [på] **2** förbinda, förplikta [*a p. to a th.* ngn till ngt]; *be ~d to secrecy* vara bunden av tysthetslöfte **3** [högtidligt] lova, utlova, göra utfästelser om [*the country ~ed its support*] **4** dricka en skål för, dricka till [*~ the happy couple*]

Pleistocene ['plaɪstə(ʊ)si:n] geol. **I** *adj* pleistocen **II** *s*, **the ~** Pleistocen

plenary ['pli:nərɪ] *adj* **1** fulltalig, fullständig; **~ meeting** plenarmöte, plenarförsamling, plenum **2 ~ powers** oinskränkt fullmakt

plenipotentiary [,plenɪpə(ʊ)'tenʃ(ə)rɪ] **I** *adj* med oinskränkt fullmakt, befullmäktigad **II** *s* person försedd med oinskränkt fullmakt; befullmäktigad ambassadör (envoyé, minister) [*to* hos]

plenteous ['plentjəs] *adj* mest poet. riklig, ymnig

plentiful ['plentɪf(ʊ)l] *adj* riklig, ymnig; talrik

plenty ['plentɪ] **I** *s* **1** [stor] mängd, massor; överflöd, ymnighet; *~ of* gott om, massor av (med), massvis med; *~ of things to be done* en mängd (en massa, ett otal) saker som måste göras; *we have* **(there's) ~ of time** vi har (det är) gott om tid (god tid); *I've got ~ to do* jag har massor (fullt upp, mer än nog) att göra; *horn of ~* ymnighetshorn **2** välstånd, rikedom **II** *adj* vard., *six will be ~* sex räcker (är mer än nog) **III** *adv* isht amer. vard. ganska [så] [*he was ~ nervous*]

pleonastic [plɪə'næstɪk] *adj* språkv. pleonastisk

plethora ['pleθərə] *s* bildl. övermått, överflöd; övermättnad

pleurisy ['plʊərəsɪ] *s* med. lungsäcksinflammation, pleurit

plexus ['pleksəs] *s* nätverk, nät [*~ of nerves*; *~ of routes*]; *solar ~* anat. solarplexus

pliable ['plaɪəbl] *adj* böjlig, smidig, mjuk; bildl. äv. eftergiven, foglig, lättpåverkad

pliant ['plaɪənt] *adj* se *pliable*

pliers ['plaɪəz] (konstr. ss. sg. el. pl.) *s* tång, flacktång; avbitare; *a pair of ~* en tång osv.; *flat*[*-nosed*] *~* plattång; *universal ~* universaltång

plight [plaɪt] *s* tillstånd, [svår] belägenhet [*be in a hopeless (miserable, sorry) ~*], svår situation

Plimsoll ['plɪms(ə)l, -sɒl] **I** egenn.; **~ mark (line)** sjö. lastmärke; fribordsmärke; åld. plimsollmärke **II** *s*, *plimsolls* pl. gymnastikskor, tennisskor

plinth [plɪnθ] *s* plint under pelare; fot, sockel

Pliocene ['plaɪə(ʊ)si:n] geol. **I** *adj* pliocen **II** *s*, *the ~* Pliocen

PLO [,pi:el'əʊ] (förk. för *Palestine Liberation Organization*) PLO palestinska befrielsefronten

plod [plɒd] **I** *vb itr* **1** lunka, knoga, traska [ofta *~ on (along)*] **2** kämpa, slita, knoga; plugga; *~ away* kämpa (knoga) 'på [*at a th.* med ngt] **II** *vb tr* lunka [på] en väg o.d.; ~ *one's way* lunka [sin väg] fram

plodder ['plɒdə] *s* [plikttrogen] arbetsmyra, oinspirerad knegare

plodding ['plɒdɪŋ] *adj* trög, tungfotad; knogande, strävsam

1 plonk [plɒŋk] **I** *s* duns, plask, plums **II** *vb tr* ställa ner (lägga, släppa) med en duns [*he ~ed the books* [*down*] *on the table*]; ~ *down* bildl. punga ut med, lägga upp [på bordet] [*he ~ed down 14, 000 dollars for the car*]; ~ *oneself down* slänga sig ner [~ *oneself down on the sofa*] **III** *vb itr* falla med en duns, dunsa ner; ~ *down* [*somewhere and take a nap*] slänga sig... **IV** *adv* [med en] duns

2 plonk [plɒŋk] *s* vard. enklare vin

plop [plɒp] **I** *interj* o. *s* plums, plupp **II** *vb itr* **1** plumsa **2** pluppa **III** *adv* [med ett] plums (plupp)

plosive ['pləʊsɪv] *s* fonet. klusil, explosiva

1 plot [plɒt] **I** *s* **1** [liten] jordbit; [trädgårds]land, täppa [*a ~ of vegetables*]; [*building*] ~ [byggnads]tomt **2** amer. plan[karta] **II** *vb tr* **1** markera, pricka in, rita [in, upp], lägga ut [~ *a ship's course*]; plotta [~ *aircraft movements by radar*; ~ *a curve*], rita (göra upp) ett diagram över **2** kartlägga **3** ~ [*out*] indela i tomter; stycka [upp] [*into i*]

2 plot [plɒt] **I** *s* **1** komplott, sammansvärjning **2** intrig, handling i roman o.d. **II** *vb itr* konspirera, sammansvärja sig [*against* mot] **III** *vb tr* planera [~ *a p.'s ruin*], förbereda, anstifta [~ *mutiny*]

plough [plaʊ] **I** *s* **1** plog; *put* (*lay, set*) *one's hand to the* ~ bildl. sätta handen till plogen, ta itu med saken **2** plöjd mark **3** astron., *the P~* Karlavagnen **II** *vb tr* **1** plöja; snick. nota, sponta; bildl. fåra; ~ *a lonely furrow* bildl. arbeta ensam, gå sin egen väg; ~ *one's way* bana sig väg, plöja sig fram; ~ *back profits into the company* plöja ner (återinvestera) vinsten i företaget **2** univ. sl. kugga [*the examiners ~ed him*]; *be ~ed* äv. spricka i examen **III** *vb itr* **1** plöja; ~ *through* bildl. knoga (sig) (plöja) igenom [~ *through a book*] **2** gå att plöja [*land that ~s easily*] **3** univ. sl. spricka, kuggas

ploughman ['plaʊmən] *s* **1** plöjare **2** bonde; dräng **3** *~'s* [*lunch*] ung. lunchtallrik [med bröd, ost och pickles o.d.]

ploughshare ['plaʊʃeə] *s* plogbill

plover ['plʌvə] *s* brockfågel; *golden* ~ ljungpipare; *ringed* (*little ringed*) ~ större (mindre) strandpipare

plow [plaʊ] *s* o. *vb tr* o. *vb itr* samt sms. amer., se *plough* samt sms.

ploy [plɔɪ] *s* **1** trick, knep **2** ploj, skämt **3** hobby, grej [*golf is his latest ~*]

pluck [plʌk] **I** *vb tr* **1** plocka [~ *a flower* (*fruit*); ~ *a bird* (*chicken*)]; ~ *up* [*one's*] *courage* (*spirits*) ta mod till sig, repa (hämta) mod **2** rycka, dra **3** knäppa på gitarr o.d. **4** vard. skinna, klå, plocka på pengar **II** *vb itr* rycka, dra [*at* i] **III** *s* vard. [friskt] mod, kurage; styrka

plucky ['plʌkɪ] *adj* vard. modig, djärv

plug [plʌg] **I** *s* **1** plugg av plast el. trä; propp, tapp **2** elektr. o.d. stickpropp, stickkontakt; vard. vägguttag, jackpropp **3** knopp till spolningsanordning på wc **4 a**) tobaksstång pressad tobak; *cut* ~ pressad och skuren tobak, cut plug **b**) tobaksbuss **5** sl. lovord; i radio m.m. reklam[inslag], plugg **II** *vb tr* **1** plugga igen, stoppa till [med en plugg (propp)], sätta en plugg (propp) i [~ *a hole*; äv. ~ *up*]; plugga fast **2** ~ *in* elektr. ansluta, koppla in [~ *in the radio*] **3** sl. göra intensiv reklam (puffa kraftigt) för, gå ut hårt med, sälja in [~ *a new song on* (hos) *the audience*] **III** *vb itr* vard., ~ *away at* knoga (jobba) 'på med [~ *away at a piece of work*]

plughole ['plʌghəʊl] *s* avloppshål i t.ex. badkar; *go down the* ~ bildl. vara (bli) bortkastad

plum [plʌm] *s* **1** plommon **2** plommonträd [äv. *plum tree*] **3** russin i t.ex. *plum cake* o. *plum pudding* **4** vard. läckerbit, godbit; eftertraktad befattning (roll); *the best ~s* [*went to his friends*] de bästa bitarna..., russinen i kakan...

plumage ['pluːmɪdʒ] *s* fjäderdräkt, fjädrar

plumb [plʌm] **I** *s* blylod, sänklod; blykula, sänke **II** *adj* **1** lodrät **2** isht amer. vard. ren, fullkomlig [~ *nonsense*] **III** *adv* **1** lodrätt **2** vard. precis; rakt, pladask; alldeles, fullkomligt [~ *crazy*] **IV** *vb tr* loda, sondera, pejla [djupet av]; ~ *the depth of a mystery* gå till botten med ett mysterium

plumber ['plʌmə] *adj* rörmontör, rörmokare **2** rörledningsentreprenör

plumbing ['plʌmɪŋ] *s* **1** rörsystem, sanitära anläggningar i byggnad o.d. **2** rörarbete, rörmokeri

plumb line ['plʌmlaɪn] *s* lodlina, lodsnöre

plume [pluːm] **I** *s* stor fjäder, plym; fjäderbuske; [*strut in*] *borrowed ~s* [lysa med] lånta fjädrar **II** *vb tr* **1** förse (pryda) med fjädrar (plymer) **2** om fågel putsa [~ *itself*, ~ *its feathers*] **3** ~ *oneself* bildl. yvas, brösta sig [*on* över]

plummet ['plʌmɪt] **I** *s* **1** tekn. sänklod, riktlod, [bly]lod **2** sjö. lod för lodning **3** sänke på metrev **4** bildl. tyngd **II** *vb itr* bildl. rasa, sjunka kraftigt [*share prices have ~ed*]

plummy ['plʌmɪ] *adj* **1** vard. finfin, toppen- [*a ~ job*]; läcker, härlig **2** vard. fyllig, [affekterat] sonor [*a ~ voice*]

1 plump [plʌmp] **I** *adj* fyllig, knubbig, mullig, trind, rund [~ *cheeks*]; fet, välgödd [*a ~ chicken*] **II** *vb itr*, ~ [*out* (*up*)] bli fyllig (rundare), lägga ut

2 plump [plʌmp] **I** *vb itr* **1** ~ [*down*] dimpa

plunder

[ner] [~ *into* (~ *down in*) *a chair*], plumsa [~ *down into the water*] **2** ~ *for* a) polit. ge alla sina röster åt, stödja [~ *for the Labour candidate*] b) rösta (hålla) på, bestämma sig (fastna) för [~ *for one alternative*] **II** *vb tr* låta dimpa ner (plumsa 'i), slänga; ~ *down a heavy bag* släppa en tung väska i golvet
plunder ['plʌndə] **I** *vb tr* o. *vb itr* plundra, skövla; röva **II** *s* **1** plundring, skövling **2** byte, rov
plunge [plʌn(d)ʒ] **I** *vb itr* **1** störta sig, rusa [~ *into* (in i) *a room* (*the thicket*)], kasta sig, dyka ner [~ *into* (i) *a swimming pool*]; ~ *into* bildl. kasta sig in i, ge sig in på, fördjupa sig i [~ *into an argument*] **2** ekon. rasa **II** *vb tr* störta, kasta, stöta [*into* [in (ner)] i], köra (sticka, doppa) ner [*into* i]; bildl. försätta, störta [~ *a country into war*]; *a room ~d in darkness* ett rum sänkt (höljt) i mörker **III** *s* **1** språng, dykning; bildl. äv. djupdykning, störtande, sänkande; *take the ~* bildl. våga språnget, ta det avgörande steget **2** ekon. fall
plunger ['plʌn(d)ʒə] *s* tekn. **1** pistong, kolv, plunsch **2** vaskrensare sugklocka med skaft
plunging ['plʌn(d)ʒɪŋ] *adj* **1** ~ *fire* mil. kasteld **2** ~ *neckline* djup urringning
plunk [plʌŋk] **I** *s* **1** duns, plums **2** knäpp[ande], spel, klink [*the ~ of a banjo*] **II** *vb tr* **1** se *1 plonk II* **2** knäppa (spela) på, klinka på **III** *vb itr* **1** se *1 plonk III* **2** spela, klinka **3** ~ *for* vard. rösta (heja) på [~ *for a candidate*], rösta (gå in) för [~ *for an idea*]
pluperfect [‚plu:'pɜ:fɪkt] *s* gram., *the ~* pluskvamperfekt
plural ['plʊər(ə)l] **I** *adj* gram. plural **II** *s* gram. plural[form] [*Latin ~s*]; *the ~* äv. plural
pluralistic [‚plʊərə'lɪstɪk] *adj* pluralistisk
plus [plʌs] **I** (pl. ~*es* el. ~*ses*) *s* **1** matem. a) plus, plustecken b) positivt tal **2** plus; tillskott **II** *adj* **1** matem. el. elektr. plus-, positiv; ~ *quantity* positivt tal; ~ *sign* plustecken **2** extra, överskjutande; *he's 40 ~* han är drygt fyrtio **III** *prep* plus [*one ~ one*], samt, med [*carrying a case ~ books*]
plus-fours [‚plʌs'fɔ:z] *s pl* plusfours, golfbyxor
plush [plʌʃ] **I** *s* plysch **II** *adj* **1** plysch-, plyschaktig **2** sl. flott, vräkig, lyxig [*a ~ night club*]
Pluto ['plu:təʊ] mytol. el. astron. Pluto; guden äv. Pluton
plutocracy [plu:'tɒkrəsɪ] *s* plutokrati, penningvälde; penningaristokrati
plutocratic [‚plu:tə(ʊ)'krætɪk] *adj* plutokratisk
plutonium [plu:'təʊnjəm] *s* kem. plutonium
1 ply [plaɪ] *s* **1** veck **2** lager, skikt; tråd, enkelgarn; ss. efterled i smns. -dubbel, -skikts, -skiktad [*three-ply serviettes*; *three-ply wood*], -trådig [*three-ply wool*]
2 ply [plaɪ] **I** *vb tr* **1** använda (bruka) [flitigt], arbeta flitigt med; ~ *the oars* ro med kraftiga tag **2** bedriva, utöva [~ *a trade*]

3 förse [~ *a fire with fuel*]; ~ *a p. with food and drink* bjuda ngn på rikligt med mat och dryck **4** ansätta, bearbeta, överhopa [~ *a p. with questions* (*petitions*)] **5** trafikera, gå [i trafik] på (över) **II** *vb itr* **1** arbeta [träget] [*at a th.* på ngt], vara i full gång [*at a th.* med ngt] **2** göra regelbundna turer, gå [i trafik] mellan två platser
plywood ['plaɪwʊd] *s* plywood, kryssfaner
PM förk. för *Prime Minister*
p.m. [‚pi:'em] (förk. för *post meridiem* lat.) efter middagen, [på] eftermiddagen, e.m.
pneumatic [njʊ'mætɪk] **I** *adj* **1** pneumatisk, trycklufts- [~ *drill*], luft-, luftfylld **2** teol. andlig **3** vard. välpumpad, kurvig **II** *s* **1** [inner]slang på cykel o.d. **2** ~*s* (konstr. ss. sg.) fys. pneumatik, aeromekanik
pneumonia [njʊ'məʊnjə] *s* med. lunginflammation
PO [‚pi:'əʊ] förk. för *Post Office*
po [pəʊ] (pl. ~*s*) *s* vard. potta, [natt]kärl
1 poach [pəʊtʃ] *vb tr* pochera; ~*ed eggs* äv. förlorade ägg
2 poach [pəʊtʃ] **I** *vb itr* bedriva tjuvskytte (tjuvfiske), tjuvjaga, tjuvfiska; ~ *for salmon* tjuvfiska lax; ~ [*up*]*on a p.'s preserves* komma (tränga) in på ngns jaktmarker, jaga på ngns mark äv. bildl. **II** *vb tr* bedriva olaglig jakt (olagligt fiske) på, tjuvjaga, tjuvfiska [~ *hares*; ~ *salmon*]
1 poacher ['pəʊtʃə] *s* äggförlorare kokkärl; pocheringspanna
2 poacher ['pəʊtʃə] *s* tjuvskytt; tjuvfiskare
poaching ['pəʊtʃɪŋ] *s* tjuvskytte; tjuvfiske
pochette [pɒ'ʃet] *s* kuvertväska
pock [pɒk] *s* med. **1** koppa **2** kopparr
pocket ['pɒkɪt] **I** *s* **1** ficka; fack, fodral; hål, fördjupning; attr. fick-, i fickformat; *have a th. in one's ~* bildl. ha ngt som i en liten ask; *I have got him (he is) in my ~* bildl. jag har honom helt i min hand (mitt ledband); *put a th. in one's ~* bildl. stoppa ngt i egen ficka; *I'm £10 in ~* a) jag äger tio pund b) jag har vunnit (tjänat) tio pund [*by*, *over* på]; *I'm £10 out of ~* (*out of ~ by £10*) a) jag har lagt (gett) ut tio pund b) jag har förlorat tio pund [*by*, *over* på] **2** bilj. hål; påse **3** mil. grupp, ficka; ~*s of resistance* isolerade motståndsgrupper (motståndsfickor) **4** flyg. luftgrop [äv. *air pocket*] **II** *vb tr* **1** stoppa (sticka) i fickan, stoppa på sig; tjäna [*he ~ed a large sum*]; lägga sig till med, stoppa i egen ficka [*he ~ed the profits*]; ~ *a ball* bilj. göra (sänka) en boll **2** bildl. svälja [~ *one's pride*], finna sig i [~ *an insult*]
pocket book ['pɒkɪtbʊk] *s* **1** anteckningsbok, fickalmanack **2** plånbok **3** isht amer. pocketbok
pocket edition ['pɒkɪtɪˌdɪʃ(ə)n] *s* **1** fickupplaga, pocketupplaga **2** bildl. miniatyrupplaga

pocket flask ['pɒkɪtflɑːsk] s fickplunta
pocketful ['pɒkɪtfʊl] (pl. **~s** el. *pocketsful*) s, *a ~ of* en ficka (fickan) full med
pocketknife ['pɒkɪtnaɪf] s pennkniv, fickkniv
pocket money ['pɒkɪt,mʌnɪ] s fickpengar, veckopeng[ar]; *£15* ~ 15 pund i veckopeng
pocket pistol ['pɒkɪt,pɪstl] s vard. [fick]plunta
pocket-size ['pɒkɪtsaɪz] *adj* o. **pocket-sized** ['pɒkɪtsaɪzd] *adj* i fickformat
pockmarked ['pɒkmɑːkt] *adj* koppärrig
pod [pɒd] s [frö]skida, balja, kapsel
podgy ['pɒdʒɪ] *adj* vard. knubbig, rultig
podi|um ['pəʊdɪ|əm] (pl. *-a* [-ə]) s podium
poem ['pəʊɪm, -em] s dikt, vers, poem
poet ['pəʊɪt, -et] s poet; diktare, skald
poetic [pəʊ'etɪk] *adj* o. **poetical** [ˌpəʊ'etɪk(ə)l] *adj* poetisk; diktar-, skalde- [*~ talent*]; versifierad [*a ~ version*]; *in poetic form* i versform, på vers; *poetic licence* poetisk frihet, licentia poetica; *poetical works* dikter, diktalster
poetry ['pəʊətrɪ] s poesi äv. bildl.; diktning, diktkonst, skaldekonst; *book of ~* diktbok; *write ~* skriva poesi (dikter, vers)
po-faced ['pəʊfeɪst] trångsynt, inskränkt; tråkig
pogo stick ['pəʊgəʊstɪk] s kängurustylta
pogrom ['pɒgrəm, pə'grɒm] s pogrom
poignancy ['pɔɪnənsɪ] s bitterhet; *the ~ of the situation* det gripande i situationen
poignant ['pɔɪnənt] *adj* **1** stark, gripande [*~ scene*], intensiv, djup, stor [*~ experience*; *~ interest*] **2** bitter [*~ sorrow*], bitande [*~ sarcasm*]
poignantly ['pɔɪnəntlɪ] *adv* starkt etc., jfr *poignant*; innerligt
poinsettia [pɔɪn'setjə] s bot. julstjärna, poinsettia
point [pɔɪnt] **I** s **1** punkt, prick **2** bildl. punkt, moment, sak; *the fine[r] ~s of the game* spelets finesser; *~ of contact* beröringspunkt; *~ of honour* hederssak; *~ of view* se *view I 5 b*; *at all ~s* på alla punkter, överallt; *up to a ~* till en viss grad **3** punkt äv. geom.; *~ diagram* statistik. punktdiagram; *decimal ~* [decimal]komma; *one ~ five* (*1.5*, *1·5*) ett komma fem (1,5) **4** [tid]punkt, ögonblick; *I was on the ~ of leaving* jag skulle just gå, jag stod i begrepp att gå; *when it came to the ~* när det kom till kritan **5** spets, udd; på horn tagg; *the ~ of the jaw* hakspetsen, hakan; *at the ~ of the bayonet* med bajonettanfall; *at the ~ of the sword* a) med kniven på strupen, under vapenhot b) med svärd i hand; *not to put too fine a ~ on it* för att tala rent ut **6** udde, [land]tunga; [berg]spets **7** a) grad; punkt [*boiling ~*] b) streck, enhet [*the cost of living went up several ~s*] **8** poäng i sport m.m. [*win by* (med) *ten ~s*; *win on* (på) *~s*]; *match ~* i tennis matchboll; *set ~* i tennis o.d. setboll

9 streck på kompass; *from all four ~s of the compass* från alla fyra väderstrecken **10** a) kärnpunkt, huvudsak; slutkläm, poäng [*the ~ of the story*] b) syfte, mål; åsikt; *the ~ is that...* saken är den att...; *the ~ was to* huvudsaken var att; *that's just the ~* det är det som är det fina i saken; *that's not the ~* det är inte det saken gäller; *my ~ is that...* vad jag menar är...; *get the ~* förstå vad saken gäller, fatta galoppen; *you have [got] a ~ there!* det ligger något i vad du säger; *make a ~ of* hålla [styvt] på, vara noga med; *make a ~ of getting up early* göra det till en regel att stiga upp tidigt; *make one's ~* [lyckas] klargöra vad man menar; *you've made your ~!* du har sagt det!, jag hör vad du säger!; *I take your ~* jag förstår vad du menar (vill ha sagt); *it's quite beside the ~* det har inget med saken att göra; *a case in ~* ett bra (belysande) exempel; *in ~ of fact* i själva verket, faktiskt; *come* (*keep*) *to the ~* komma (hålla sig) till saken **11** mening, nytta; *there's no ~ in doing that* det är ingen mening med att göra det; *I can't see the ~ of it* jag kan inte se vitsen med det; *is there any ~ in it?* är det någon idé?; *what's the ~?* vad är det för mening med det? **12** sida, egenskap; *he has his [good] ~s* han har sina goda sidor; *that is not his strong ~* det är inte hans starka sida **13** sydd[a] spets[ar], knypplad spets **14 a)** järnv. växeltunga, växelspets; pl. *~s* växel **b)** elektr., [*power*] ~ vägguttag
II *vb tr* **1** peka med [*at* (*towards*) på (mot)]; rikta, sikta (lägga an) med [*at* (*towards*) på (mot); *~ gun at a p.*]; rikta (ställa) in [*~ a telescope*] **2** *~ out* peka ut, peka på, bildl. äv. påpeka, poängtera [*~ out the defects*] **3** vässa, formera [*~ a pencil*]
III *vb itr* peka [*at* mot; *towards* [i riktning] mot]; vara vänd (riktad) [*to, towards* mot]; *~ to* äv. peka (tyda) på

point-blank [ˌpɔɪnt'blæŋk, attr. '--] **I** *adj* **1** [riktad] rakt mot målet; *~ fire* mil. eld på nära håll; *~ range* mil. kärnskotts avstånd skottvidd där banan är praktiskt taget rak; *at ~ range* äv. från (på) mycket nära håll **2** om yttrande rakt på sak, direkt, rättfram; blank [*~ denial*, *~ refusal*] **II** *adv* **1** rakt [på målet] **2** bildl. direkt, rent ut, rakt på sak [*tell a p. ~*]; utan vidare, på stället; *he refused ~* han vägrade blankt
point duty ['pɔɪnt,djuːtɪ] s tjänstgöring som trafikpolis; *be on ~* ha trafiktjänst, dirigera trafiken
pointed ['pɔɪntɪd] *adj* **1** spetsig **2** bildl. spetsig, skarp [*a ~ reply*; *a ~ remark*], tydligt riktad [*~ criticism*] **3** tydlig, avsiktlig [*~ allusion*], markant, påfallande [*~ ignorance*], uttrycklig **4** precis, exakt, klar, koncis, noggrann
pointer ['pɔɪntə] s **1** pekpinne **2** visare på

klocka, våg o.d. **3** vard. vink, fingervisning, påpekande; tips, förslag **4** pointer, slags fågelhund
pointless ['pɔɪntləs] *adj* **1** meningslös; svag, tam, lam [*a ~ attempt*] **2** poänglös, utan poäng
poise [pɔɪz] **I** *s* **1** jämvikt, balans [äv. *equal (even~*)]; svävande **2** sätt att föra sig, hållning; värdighet **II** *vb tr* (se äv. *poised*), bringa (hålla) i jämvikt, balansera **III** *vb itr* (se äv. *poised*), balansera, befinna sig (vara) i jämvikt; sväva
poised [pɔɪzd] *perf p* o. *adj* **1** samlad, värdig, säker, balanserad, i jämvikt; beredd **2** balanserande [*a ball ~ on the nose of a seal*], lyft, lyftad; svävande
poison ['pɔɪzn] **I** *s* gift äv. bildl.; *~ fang* gifttand; *~ gas* giftgas; *~ pen* anonym brevskrivare av hatbrev; *hate like ~* avsky som pesten; *what's your ~?* el. *name your ~* vard. vad vill du ha [att dricka]? **II** *vb tr* förgifta äv. bildl.; *~ a p.* (*a p.'s mind*) *against* göra ngn avogt inställd mot
poisoner ['pɔɪz(ə)nə] *s* giftblandare, giftmördare
poisonous ['pɔɪz(ə)nəs] *adj* **1** giftig, gift- **2** skadlig, fördärvlig **3** illvillig, giftig [*a ~ tongue*]
poison-pen ['pɔɪznpen] *adj* [anonym] hat- [*a ~ letter*], smutskastnings- [*a ~ campaign*]
1 poke [pəʊk] *s*, *buy a pig in a ~* köpa grisen i säcken
2 poke [pəʊk] **I** *vb tr* **1** stöta (knuffa, puffa) [till] med spetsigt föremål, finger o.d.; peta [på]; *~ a hole in* peta hål på (i) **2** röra om [i] eld o.d.; *~ the fire* [*up*] röra om i brasan **3** sticka [fram (ut, in)]; *~ fun at* göra narr av, driva med; *~ one's nose into a th.* sticka näsan (nosa) i ngt, lägga sig 'i ngt; *~ one's nose into other people's affairs* (*business*) äv. lägga näsan i blöt **4** *be ~d up* vara instängd (isolerad) **5** vulg. knulla **II** *vb itr* **1** peta [*at* på; *~ with a stick in a th.*] **2** snoka [*~ into a p.'s private affairs*]; *~ about* (*around*) [gå och] rota (snoka) [*~ about in the attic*], hålla på och stöka (påta) [*~ about in the garden*]; *~ about in the dark* famla (treva) omkring i mörkret **3** *~* [*out*] sticka fram (ut) [*his head ~d through the door*] **III** *s* **1** stöt, knuff [*give a p. a ~ in the ribs* (i sidan)]; *give the fire a ~* röra om lite i brasan **2** a) [bahytt]brätte b) bahytt
1 poker ['pəʊkə] *s* kortsp. poker
2 poker ['pəʊkə] *s* **1** eldgaffel **2** glödritningsstift
poker face ['pəʊkəfeɪs] *s* pokeransikte
poky ['pəʊkɪ] *adj* **1** trång, kyffig [*a ~ room* (*flat*)], torftig **2** amer. vard. långsam, trög [*~ traffic*]
Poland ['pəʊlənd] Polen

polar ['pəʊlə] *adj* polar, pol-; fackspr. el. bildl. polär; *~ bear* isbjörn; *~ circle* polcirkel
polarity [pə(ʊ)'lærətɪ] *s* fackspr. el. bildl. polaritet
polarization [,pəʊləraɪ'zeɪʃ(ə)n, -rɪ'z-] *s* fys. o. TV. polarisation, polarisering äv. bildl.
polarize ['pəʊləraɪz] *vb tr* o. *vb itr* fackspr. el. bildl. polarisera
Polaroid ['pəʊlərɔɪd] *s* ® Polaroid [*~ camera; ~ glasses*]
Pole [pəʊl] *s* polack
1 pole [pəʊl] *s* påle, stolpe, stång, stake, stör; sport. stav; amer. äv. [skid]stav; *up the ~* vard. a) galen, tokig, knasig b) på fel spår
2 pole [pəʊl] *s* pol [*negative ~; the North P~*]; *they are ~s apart* de står långt ifrån varandra; de är diametralt motsatta
pole-axe ['pəʊlæks] **I** *s* slaktyxa, slaktklubba **II** *vb tr* hugga ner [med yxa], klubba ner äv. bildl.; *as if he had been ~d* som om han hade fått ett klubbslag
polecat ['pəʊlkæt] *s* zool. iller; amer. äv. skunk
pole dab ['pəʊldæb] *s* zool. mareflundra
polemic [pə'lemɪk] **I** *adj* polemisk **II** *s* polemik; *~s* (konstr. vanl. ss. sg.) isht teol. polemik
polenta [pə'lentə] *s* kok. polenta, majsgröt
pole position ['pəʊlpə,zɪʃ(ə)n] *s* **1** pole position startposition i första ledet och på innerbana i biltävling **2** bildl. fördelaktig position; tätposition [*the company retained a ~ in hormone research*], ledande ställning
pole star ['pəʊlstɑ:] *s*, *the ~* Polstjärnan
pole-vault ['pəʊlvɔ:lt] sport. **I** *s* stavhopp **II** *vb itr* hoppa stavhopp
police [pə'li:s] **I** (konstr. ss. pl.) *s* polis myndighet [*the ~ have caught him*]; poliser [*several hundred ~ were on duty*]; *~ academy* amer. polisskola; *~ cell* arrest[lokal], cell; *~ college* polisskola; *~ commissioner* (*inspector*) se *commissioner* (resp. *inspector*); *~ constable* polis, polisman; *~ cordon* poliskedja, polisspärr; *~ court* polisdomstol; *~ department* amer. a) högsta statliga polismyndighet b) se *~ force*; *~ force* poliskår, polisstyrka; *~ magistrate* polisdomare; *~ officer* polis; *~ raid* [polis]razzia; *~ sergeant* se *sergeant* 2; *~ state* polisstat; *~ station* polisstation, poliskontor; *~ van* polispiket; *chief of ~* polischef; ss. titel polismästare **II** *vb tr* **1** behärska, bevaka, kontrollera; *UN forces ~d the area* FN-trupper övervakade (kontrollerade) området **2** förse med polis [*~ the city*]
police|man [pə'li:s|mən] (pl. *-men* [-mən]) *s* polis[man], poliskonstapel; *~'s badge* polisbricka
police|woman [pə'li:s|wʊmən] (pl. *-women* [-wɪmɪn]) *s* kvinnlig polis
1 policy ['pɒlɪsɪ] *s* **1** klok politik, klokhet, förnuftigt handlingssätt **2** politik [*foreign ~*]; policy [*a new company ~*]; linje, hållning äv.

polit.; *honesty is the best* ~ ordspr. ärlighet varar längst; *pursue a* ~ föra en politik **2 policy** ['pɒlısı] *s* försäkringsbrev [äv. *insurance* ~]
policy-holder ['pɒlısı,həʊldə] *s* försäkringstagare, försäkringshavare; *the* ~ äv. den försäkrade
policy-maker ['pɒlısı,meıkə] *s* person som drar upp riktlinjerna för politiken (policyn), 'policymaker'; *the* ~*s* äv. de makthavande, de politiskt ansvariga
polio ['pəʊlıəʊ] *s* med. vard. polio
poliomyelitis [,pəʊlıə(ʊ)maıə'laıtıs] *s* med. poliomyelit[is], polio
Polish ['pəʊlıʃ] **I** *adj* polsk **II** *s* polska [språket]
polish ['pɒlıʃ] **I** *s* **1** polering, putsning **2** glans, polityr äv. bildl.; bildl. förfining, stil; belevat sätt; polerad yta; *high* ~ högglans **3** polermedel, putsmedel; polityr, polish [*furniture* ~]; *nail* ~ nagellack; *shoe* ~ skokräm; *silver* ~ silverputs[medel] **II** *vb tr* (se äv. *polished*) **1** polera [~ *brass*], skura; bona [~ *floors*]; putsa, borsta [~ *shoes*] **2** bildl. slipa av, polera, putsa; fila på [~ *one's verses*]; ~ *up* vard. bättra på [~ *up one's French*] **3** ~ *off* vard. snabbt klara av (få ur händerna) [~ *off a job*], [snabbt] expediera [~ *off an opponent*]; svepa, sätta i sig [~ *off a bottle of wine*]
polished ['pɒlıʃt] *adj* **1** polerad etc., jfr *polish II* blank **2** bildl. förfinad, kultiverad, belevad
polite [pə'laıt] *adj* artig, hövlig [*to, towards* mot]; belevad, bildad, kultiverad, fin, förfinad
politeness [pə'laıtnəs] *s* hövlighet, artighet
politic ['pɒlıtık] (adv. *politicly*) *adj* **1** klok, försiktig, diplomatisk [*a* ~ *retreat*] **2** *the body* ~ staten, statskroppen
political [pə'lıtık(ə)l] *adj* politisk; stats-; ~ *science* statsvetenskap; statskunskap
politician [,pɒlı'tıʃ(ə)n] *s* **1** [parti]politiker, yrkespolitiker **2** statsman
politicize [pə'lıtısaız] *vb itr* o. *vb tr* politisera
politics ['pɒlıtıks] (konstr. ss. sg. el. pl.) *s* **1** politik; statskonst; *talk* ~ politisera, prata politik **2** politisk åsikt, politiska idéer [*I don't like his* ~]
polity ['pɒlıtı] *s* **1** statsform, statsskick, styrelseform, författning **2** statsbildning, statlig organisation; stat, samhälle
polka ['pɒlkə] *s* polka dans el. melodi
polka-dot ['pɒlkədɒt] *adj* storprickig
poll [pəʊl] **I** *s* **1** a) röstning, val b) röstlängd c) röstetal, röstsiffror; *heavy* (*light*) ~ stort (högt resp. litet, lågt, ringa) valdeltagande; *70% of the total* ~ 70% av [de avgivna] rösterna; *declare the* ~ tillkännage valresultatet; *go to the* ~*s* gå till val (valurnorna) **2** undersökning [*Gallup* ~]; [*public*] *opinion* ~ opinionsundersökning **II** *vb tr* **1** a) få (samla) antal röster vid val [*he* ~*ed 3,000 votes*] b) registrera (räkna) väljare, röster **2** intervjua, göra en [opinions]undersökning bland (inom) **3** toppa, hamla träd **III** *vb itr* rösta, avge sin[a] röst[er]
pollen ['pɒlən] *s* bot. pollen, frömjöl; ~ *count* [uppmätt] pollenhalt, pollenrapport för allergiker
pollinate ['pɒlıneıt] *vb tr* pollinera, föra frömjöl till
pollination [,pɒlı'neıʃ(ə)n] *s* pollinering
polling-booth ['pəʊlıŋbu:ð, -bu:θ] *s* vallokal, valbås
polling-day ['pəʊlıŋdeı] *s* valdag; *on* ~ på valdagen
polling-station ['pəʊlıŋ,steıʃ(ə)n] *s* vallokal
poll parrot ['pɒl,pærət] *s* [pape]goja
pollster ['pəʊlstə] *s* opinionsundersökare, intervjuare
poll tax ['pəʊltæks] *s* standardskatt per person, kapitationsskatt
pollutant [pə'lu:tənt, -'lju:-] *s* **1** förorening, förorenande (miljöfarligt) ämne **2** nedsmutsare, miljöförstörare
pollute [pə'lu:t, -'lju:t] *vb tr* **1** förorena, smutsa ned, förstöra **2** bildl. besudla, befläcka
pollution [pə'lu:ʃ(ə)n, -'lju:-] *s* **1** förorenande, miljöförstöring; *air* ~ luftförorening **2** bildl. besudlande, nedsmutsning
Polly ['pɒlı] **I** smeknamn för *Mary* **II** *s* [pape]goja
polo ['pəʊləʊ] *s* sport. polo[spel] [*water* ~]; ~ *shirt* tenniströja; ~ *sweater* polotröja
polonaise [,pɒlə'neız] *s* polonäs dans el. musikstycke
polo neck ['pəʊləʊnek] *s* polokrage; ~ [*sweater*] polotröja, tröja med polokrage
poltergeist ['pɒltəgaıst] *s* spirit. poltergeist
polyandry ['pɒlıændrı, ,pɒlı'æ-] *s* polyandri äv. bot.; månggifte med flera män
poly bag ['pɒlıbæg] *s* vard. plastpåse, fryspåse
polyclinic [,pɒlı'klınık, '----] *s* poliklinik allmänt sjukhus
polyester [,pɒlı'estə, 'pɒlı,estə] *s* polyester
polygamist [pə'lıgəmıst] *s* polygamist
polygamous [pə'lıgəməs] *adj* polygam äv. bot.
polygamy [pə'lıgəmı] *s* polygami, månggifte
polyglot ['pɒlıglɒt] **I** *adj* flerspråkig **II** *s* polyglott, flerspråkig person (bok)
polygon ['pɒlıgən] *s* geom. polygon, månghörning
polygraph ['pɒlıgrɑ:f] *s* **1** polygraf, lögndetektor **2** person polygraf som skriver i skilda ämnen
polyhedr|on [,pɒlı'hedr|(ə)n, -'hi:d-] (pl. -*ons* el. -*a* [-ə]) *s* geom. polyeder
polymer ['pɒlımə] *s* kem. **1** polymer, makromolekyl **2** vard. polymerisat
Polynesia [,pɒlı'ni:zjə, -ʒjə, -ʒə] geogr. Polynesien

Polynesian [ˌpɒlɪˈniːzjən, -ʒjən, -ʒ(ə)n] **I** adj polynesisk **II** s polynesier
polyphony [pəˈlɪfənɪ] s mus. el. språkv. polyfoni
polystyrene [ˌpɒlɪˈstaɪriːn, -ˈstɪ-] s kem. polystyren, styrenplast
polysyllabic [ˌpɒlɪsɪˈlæbɪk] adj o.
polysyllabical [ˌpɒlɪsɪˈlæbɪk(ə)l] adj flerstavig, mångstavig
polysyllable [ˈpɒlɪˌsɪləbl] s flerstavigt ord
polytechnic [ˌpɒlɪˈteknɪk] **I** adj polyteknisk **II** s ung. högskola för teknisk yrkesutbildning
polytheism [ˈpɒlɪθiːɪz(ə)m] s polyteism
polytheistic [ˌpɒlɪθiːˈɪstɪk] adj polyteistisk
polythene [ˈpɒlɪθiːn] s kem. polyeten, etenplast; ~ *bag* plastpåse
polyunsaturate [ˌpɒlɪʌnˈsætjʊreɪt] s fleromättad fettsyra
polyunsaturated [ˌpɒlɪʌnˈsætʃʊreɪtɪd] adj fleromättad [~ *fats*]
polyvinyl [ˌpɒlɪˈvaɪn(ə)l, -ˈvɪn-] adj, ~ *chloride* polyvinylklorid, vinylkloridplast; galon ®
pomade [pəˈmɑːd, pɒˈm-] **I** s pomada **II** vb tr pomadera
pomander [pəˈ(ʊ)ˈmændə] s pomander, doftkula, kryddnejlikspäckad apelsin o.d. ss. julprydnad
pomegranate [ˈpɒmɪˌɡrænɪt] s **1** granatäpple **2** granatäppelträd
Pomerania [ˌpɒməˈreɪnjə] geogr. Pommern
Pomeranian [ˌpɒməˈreɪnjən] **I** adj pommersk; ~ *dog* dvärgspets **II** s **1** pomrare **2** dvärgspets
pommel [ˈpʌml] **I** s **1** svärdsknapp **2** sadelknapp **II** vb tr se *pummel*
pommy [ˈpɒmɪ] s i Australien o. Nya Zeeland, sl. [nyanländ] engelsk invandrare; engelsman
pomp [pɒmp] s pomp, ståt, prakt; ~ *and circumstance* pomp och ståt
pompom [ˈpɒmpɒm] s rund tofs, boll, pompong
pomposity [pɒmˈpɒsətɪ] s uppblåsthet etc., jfr *pompous 1*
pompous [ˈpɒmpəs] adj uppblåst; dryg; om språk el. stil pompös, högtravande, svulstig
ponce [pɒns] sl. **I** s **1** hallick **2** feminin typ, mes, vekling **3** bög, fikus **II** vb itr **1** [leva på att] vara hallick **2** ~ *about* larva omkring
pond [pɒnd] s damm; tjärn, liten sjö; *the* [*big* (*herring*)] *P*~ vard. pölen Atlanten
ponder [ˈpɒndə] **I** vb tr överväga; begrunda, fundera över (på) [~ *a problem*] **II** vb itr grubbla, fundera [*on, over* på, över]
ponderous [ˈpɒnd(ə)rəs] adj **1** tung, klumpig [~ *movements*] **2** bildl. tung, trög [*a ~ style*]
pone [pəʊn] s, [*corn*] ~ amer., slags majsbröd
pong [pɒŋ] sl. **I** vb itr stinka **II** s stank
pontiff [ˈpɒntɪf] s påve [äv. *sovereign* ~]
pontifical [pɒnˈtɪfɪk(ə)l] **I** adj påvlig, påve- **II** s, pl. *~s* biskopsskrud, biskopsinsignier; mässkruda
pontificate [ss. subst. pɒnˈtɪfɪkət, ss. vb pɒnˈtɪfɪkeɪt] **I** s pontifikat, påvedöme;

påvevärdighet; påves ämbetstid **II** vb itr
1 fungera som påve **2** uttala sig pompöst [*about, on* om]
1 pontoon [pɒnˈtuːn] s ponton; flyg. äv. flottör; ~ *bridge* pontonbro
2 pontoon [pɒnˈtuːn] s kortsp., ung. tjugoett
pony [ˈpəʊnɪ] **I** s **1 a**) ponny; [liten] häst **b**) *play* (*bet on*) *the ponies* sl. spela på hästar **2** sl. 25 pund **3** amer. sl. fusklapp, lathund **II** vb itr amer. sl. fuska med lathund
pony-tail [ˈpəʊnɪteɪl] s hästsvans [frisyr]
pooch [puːtʃ] s sl. jycke hund
poodle [ˈpuːdl] s pudel
poof [pʊf, puːf] s o. **poofter** [ˈpʊftə, puː-] s sl. **1** bög, fikus **2** feminin typ, vekling, mes
pooh [phuː] *interj* uttr. otålighet el. förakt, ~*!* äh!, asch!, pytt [san]!
pooh-pooh [ˌpuːˈpuː] **I** *interj* se *pooh* **II** vb tr rynka på näsan (fnysa) åt, bagatellisera [*he ~ed the idea*]
1 pool [puːl] s **1** pöl, göl, damm **2** pool, bassäng
2 pool [puːl] **I** s **1** kortsp. pulla; pott **2** insatsskjutning, prisskjutning **3** pool slags biljard **4** *the football ~s* ung. tipstjänst, tipsbolaget; [*football*] ~*s coupon* tipskupong; *do* (*play*) *the* ~*s* tippa; *win money on the* [*football*] ~*s* vinna [pengar] på tips[et] **5** isht hand. pool, [monopol]sammanslutning för begränsning av inbördes konkurrens; trust **6 a**) central; *typing* (*typists'*) ~ skrivcentral **b**) reserv, [gemensamt] förråd **II** vb tr slå samman, förena [~ *one's resources*] **III** vb itr gå samman
poolhall [ˈpuːlhɔːl] s isht amer., se *poolroom 1*
poolroom [ˈpuːlruːm] s **1** isht amer. biljardhall **2** amer. tipslokal, vadhållningslokal
1 poop [puːp] s sjö. akter
2 poop [puːp] amer. sl. **I** vb tr ta andan (musten) ur, matta (slita) ut **II** vb itr, ~ *out* ta slut; ge upp **III** s, *lose one's* ~ tappa andan, ta slut
3 poop [puːp, pʊp] **I** s **1** barnspr. bajs **2** sl. skit, smörja **II** vb itr barnspr. bajsa
pooper-scooper [ˌpuːpəˈskuːpə] s o.
poop-scoop [ˈpuːpskuːp] s spade att ta upp hundlort med
poo-poo [ˌpuːˈpuː, ˈ--] vard. el. barnspr. **I** s bajs **II** vb itr bajsa
poor [pʊə] adj **1** fattig [*in* på]; *the* ~ de fattiga; *the* (*a*) ~ *man's lawyer* ung. rättshjälpen **2** klen, mycket liten [*a ~ consolation, a ~ chance*]; skral, mager, torftig, dålig, ynklig, usel [*a ~ meal, a ~ salary*]; *he made a very ~ show* han gjorde en mycket slät figur; *be ~ at a th.* vara svag i ngt **3** stackars, arm; ~ *fellow!* stackars karl (han)!; ~ *me!* stackars mig (jag)!; [*are you hungry,*] ~ *thing* ...stackars liten **4** vard. (om avliden) salig; *my ~ father* min salig (gamle) far

poorly ['pʊəlɪ] I *pred adj* vard. klen till hälsan; dålig, krasslig, hängig [*look* ~] II *adv* fattigt, klent etc., jfr *poor*, illa; *be ~ off* ha det dåligt ställt
poorness ['pʊənəs] *s* klen (dålig) beskaffenhet; magerhet; torftighet
1 pop [pɒp] I *interj* o. *adv* pang, paff, vips; *it went* [*off*] *~* det sa pang om den, den sa pang II *s* **1** knall, smäll, puff **2** skott; *have a ~ at* skjuta efter; *take* (*have*) *a ~ at* bildl. göra ett försök med **3** vard. läsk, [kolsyrad] läskedryck **4** sl., *in ~* i pant; på stampen pantsatt III *vb itr* **1** smälla, knalla; knäppa **2** vard. skjuta [~ [*away*] *at* (på, efter) *birds*] **3** kila, rusa; *I'll ~ along now* nu kilar (sticker) jag; *I'll ~ along* (*round*) *to see you* jag tittar in till dig; *~ home* sticka (kila) hem; *~ in* titta in; *~ off* a) sl. kola [av], kila vidare dö b) kila (sticka) i väg; *~ out* titta fram (ut), dyka fram; *his eyes were ~ping out of his head* han höll på att stirra ögonen ur sig [av förvåning]; *he's always ~ping up unexpectedly* han dyker alltid upp helt oväntat **4** brista (öppna sig) med en smäll IV *vb tr* **1** smälla [*~ a paper bag*]; skjuta **2** stoppa (sticka, lägga, ställa) [undan] [*she ~ped the gin bottle into the cupboard as the vicar entered*]; *~ one's head out of the window* sticka ut huvudet genom fönstret; *~ on* slänga på sig **3** *~ down* skriva upp (ner), kasta ner **4** sl. stampa på pantsätta [*I'll ~ my watch*] **5** *~ corn* göra popcorn, 'poppa' [majs]
2 pop [pɒp] vard. I *adj* (kortform för *popular*) populär-, pop- [*~ art, a ~ singer*] II *s* pop
3 pop [pɒp] *s* isht amer. vard. kortform för *poppa*
popcorn ['pɒpkɔ:n] *s* popcorn
pope [pəʊp] *s, the P~* påven
popery ['pəʊpərɪ] *s* neds. papism, papisteri
popeye ['pɒpaɪ] I *s, have ~s* vard. vara glosögd, ha utstående ögon II egenn.; *P~* [*the Sailor*] Karl Alfred seriefigur
popeyed ['pɒpaɪd] *adj* vard. glosögd, med utstående ögon; storögd mest bildl.
popgun ['pɒpɡʌn] *s* barns luftbössa, korkbössa
popish ['pəʊpɪʃ] *adj* neds. papistisk
poplar ['pɒplə] *s* bot. poppel; *white ~* silverpoppel
poplin ['pɒplɪn] *s* poplin
poppa ['pɒpə] *s* amer. vard. pappa
popper ['pɒpə] *s* vard. **1** tryckknapp **2** skytt **3** popcornapparat **4** uppåttjack
poppet ['pɒpɪt] *s* om barn el. flicka el. i tilltal raring, sötnos
poppy ['pɒpɪ] *s* bot. vallmo; *P~ Day* söndag närmast 11 nov. då konstgjorda vallmoblommor säljs till minne av de stupade under världskrigen; *~ seed* vallmofrö
poppycock ['pɒpɪkɒk] *s* vard. strunt[prat]
Popsicle ['pɒpsɪk(ə)l] *s* ® isht amer. isglass[pinne]

pop-top ['pɒptɒp] I *adj* [försedd] med rivöppnare [*a ~ beer can*] II *s* rivöppnare
populace ['pɒpjʊləs] *s, the ~* a) [den breda] massan; populasen, pöbeln b) befolkningen
popular ['pɒpjʊlə] *adj* **1** folk-, folkets [*a ~ revolution*], allmän [*~ discontent*]; *~ opinion* den allmänna meningen, folkopinion[en]; *~ vote* folkomröstning **2** populär, omtyckt, populär- [*a ~ concert, ~ science*]; allmän, folklig, folk-; lättfattlig, enkel [*in a ~ style*]; *~ feature* glansnummer, publiknummer; *~ prices* låga priser
popularity [,pɒpjʊ'lærətɪ] *s* popularitet; folkgunst; *gain* (*win*) *~* vinna popularitet, bli populär
popularization [,pɒpjʊləraɪ'zeɪʃ(ə)n] *s* popularisering
popularize ['pɒpjʊləraɪz] *vb tr* popularisera; göra populär, göra allmänt omtyckt (känd)
popularly ['pɒpjʊləlɪ] *adv* **1** allmänt, i allmänhet, bland (av) folket, i folkmun **2** populärt; lättfattligt
populate ['pɒpjʊleɪt] *vb tr* befolka
population [,pɒpjʊ'leɪʃ(ə)n] *s* befolkning; folkmängd; statistik. population; attr. befolknings- [*~ explosion, ~ pyramid*]
populous ['pɒpjʊləs] *adj* folkrik, tätbefolkad
pop-up ['pɒpʌp] *adj* **1** *~ toaster* brödrost där skivorna hoppar upp **2** *~ picture book* popupp-bok med rörliga delar som reser sig när boken öppnas **3** *~ menu* data. fönstermeny, rullgardinsmeny
porcelain ['pɔ:s(ə)lɪn] *s* finare porslin
porch [pɔ:tʃ] *s* **1** överbyggd entré, förstukvist, portal; amer. veranda **2** förhall, förstuga
porcupine ['pɔ:kjʊpaɪn] *s* zool. piggsvin
1 pore [pɔ:] *s* por
2 pore [pɔ:] *vb itr* stirra, se oavvänt [*at*, [*up*]*on* på]; *~ over* hänga (sitta) med näsan över [*~ over one's books*]; studera noga (flitigt) [*~ over a map*]
pork [pɔ:k] *s* griskött, fläsk isht osaltat
pork butcher ['pɔ:k,bʊtʃə] *s* **1** svinslaktare **2** fläskhandlare
pork chop [,pɔ:k'tʃɒp] *s* fläskkotlett, griskotlett
porker ['pɔ:kə] *s* gödsvin
pork pie [,pɔ:k'paɪ] *s* **1** fläskpastej **2** *pork-pie* [*hat*] flatkullig [herr]hatt med uppvikt brätte
porky ['pɔ:kɪ] *adj* **1** gris-, fläsk-, av griskött (fläsk) **2** vard. fläskig, fet
porn [pɔ:n] *s* o. **porno** ['pɔ:nəʊ] *s* vard. porr
pornographic [,pɔ:nə(ʊ)'ɡræfɪk] *adj* pornografisk
pornography [pɔ:'nɒɡrəfɪ] *s* pornografi
porous ['pɔ:rəs] *adj* porös, full av porer
porphyry ['pɔ:fɪrɪ] *s* miner. porfyr
porpoise ['pɔ:pəs] *s* zool. tumlare
porridge ['pɒrɪdʒ] *s* **1** [havre]gröt **2** sl. fängelse; *do ~* sitta på kåken, sitta inne
1 port [pɔ:t] *s* portvin
2 port [pɔ:t] *s* hamn äv. bildl.; hamnstad,

hamnplats; ~ **authority** hamnmyndighet; **any ~ in a storm** ordst. i en nödsituation duger vad som helst; ~ **of arrival** ankomsthamn; ~ **of call** anlöpningshamn; ~ **of destination** destination[shamn]; ~ **of entry** tullhamn; **free** ~ frihamn **3 port** [pɔ:t] sjö. I s babord II vb tr, ~ **the helm!** [lägg] rodret babord!, styrbord hän!
portability [,pɔ:tə'bɪlətɪ] s bärbarhet
portable ['pɔ:təbl] I adj bärbar, portabel; flyttbar, transportabel; lös; ~ **radio** bärbar (portabel) radio II s bärbar (portabel) apparat (TV, dator etc.)
portal ['pɔ:tl] s portal, valvport
portend [pɔ:'tend] vb tr förebåda, varsla [om]
portent ['pɔ:tent, -t(ə)nt] s förebud isht olyckligt; varsel; järtecken; omen
portentous [pɔ:'tentəs] adj **1** illavarslande, olycksbådande; hotande **2** vidunderlig; imponerande
1 porter ['pɔ:tə] s **1** portvakt, dörrvakt, grindvakt **2** vaktmästare; [hotell]portier
2 porter ['pɔ:tə] s **1** bärare, stadsbud vid järnvägsstation o.d. **2** amer. sovvagnskonduktör **3** amer. städare **4** (kortform för ~**'s beer**) porter
porterhouse ['pɔ:təhaʊs] s, ~ [**steak**] tjock skiva av rostbiffen närmast dubbelbiffen
portfolio [,pɔ:t'fəʊljəʊ] (pl. ~s) s **1** portfölj äv. ministers [**Minister without** ~]; ministerpost **2** aktieportfölj
porthole ['pɔ:thəʊl] s **1** sjö. hyttventil; sidventil **2** sjö. [last]port; kanonport **3** skottglugg, öppning
portion ['pɔ:ʃ(ə)n] I s **1** del, stycke **2** andel, lott; arvedel, arvslott; bildl. lott, öde **3** [mat]portion [a **small** ~] **4** hemgift II vb tr **1** ~ [**out**] dela, fördela, dela ut [**among** bland; **to** till] **2** ~ **off** skärma av
portly ['pɔ:tlɪ] adj korpulent, fetlagd
portmanteau [pɔ:t'mæntəʊ] (pl. ~s el. ~x [-z]) s [stor] kappsäck; attr. tänjbar [a ~ **term**]
portrait ['pɔ:trət, -treɪt] s **1** porträtt; **have one's ~ taken** a) låta måla sitt porträtt b) [låta] fotografera sig **2** bildl. bild, avbild
portray [pɔ:'treɪ] vb tr **1** porträttera, avbilda, måla av **2** bildl. framställa (skildra, teckna) [livfullt]
portrayal [pɔ:'treɪəl] s **1** porträttmålning, porträttering **2** framställning, bild
Portugal ['pɔ:tjʊg(ə)l]
Portuguese [,pɔ:tjʊ'gi:z] I adj portugisisk II s **1** (pl. lika) portugis **2** portugisiska [språket]
pose [pəʊz] I s **1** pose, attityd äv. bildl.; [konstlad] ställning **2** posering, poserande II vb tr **1** framställa, lägga fram [~ **a claim**, ~ **a question**]; ~ **a problem** (**threat**) utgöra ett problem (hot) **2** placera [i önskad pose] III vb itr posera; inta en pose, göra sig till; ~ **as** ge sig ut för att vara
poseur [pəʊ'zɜ:] s posör

posh [pɒʃ] vard. I adj flott [a ~ **hotel**], fin [**her** ~ **friends**] II vb tr, ~ **up** snofsa upp, göra fin
position [pə'zɪʃ(ə)n] I s **1** position, ställning äv. bildl.; läge, plats; ~ **finder** a) sjö. [radio]pejlapparat b) mil. avståndsinstrument; ~ **finding** mil. lägesbestämning; **they were manœuvring for** ~ de försökte skaffa sig en bra position (ett övertag); **in** ~ på sin [rätta] plats, på plats; **be in a** ~ **to** vara i stånd (tillfälle) att; **move into** ~ mil. gå i ställning; **out of** ~ inte på [sin] plats, ur position **2** [social] position [a ~ **in society**], samhällsställning **3** plats, anställning; befattning **4** ståndpunkt [**what's your ~ on** (i) **this controversy?**], synpunkt II vb tr **1** placera, anbringa **2** lokalisera, ange platsen (positionen) för
positive ['pɒzɪtɪv] I adj **1** allm. positiv äv. vetensk. [a ~ **photo**]; ~ **feedback** elektr. medkoppling; **the ~ sign** plustecknet **2** a) uttrycklig, bestämd [a ~ **denial**; ~ **orders**]; absolut b) verklig c) jakande [a ~ **answer**] **3** säker [**of** på], övertygad [**of** om]; tvärsäker, påstridig **4** vard. riktig, verklig, ren [a ~ **lie**], fullkomlig [a ~ **fool**] **5** gram., **the ~ degree** positiv II s **1** gram. positiv **2** elektr. anod, positiv pol (elektrod) **3** foto. positiv [bild]
positively ['pɒzətɪvlɪ] adv **1** positivt; uttryckligen, bestämt, direkt **2** säkert, med visshet, fullt och fast **3** absolut, i sig själv, i och för sig **4** verkligt, verkligen, faktiskt, rent av, formligen
positron ['pɒzɪtrɒn] s fys. positron, positiv elektron
posse ['pɒsɪ] s isht amer. polisstyrka, [polis]uppbåd
possess [pə'zes] vb tr (se äv. **possessed**) **1** äga, ha, besitta; inneha; sitta inne med [~ **information**]; **all I** ~ allt jag äger [och har]; ~ **great skill** vara mycket skicklig **2** bildl. a) om idé, känsla o.d. behärska, regera, fylla [**the joy that ~ed him**] b) vara förtrogen med, behärska ett språk o.d.; **what ~ed you to do that?** hur i all världen kunde du göra så?
possessed [pə'zest] perf p o. adj **1** besatt, behärskad etc., jfr **possess**; intagen; ~ **by** (**with**) **an idea** (**love**) besatt (behärskad, fylld) av en idé (av kärlek); **like one** ~ som en besatt **2 be** ~ **of** (**with**) vara i besittning av, äga, ha [**be** ~ **of money** (**good sense**)]
possession [pə'zeʃ(ə)n] s **1** besittande, besittning, innehav[ande], ägande; ägo; **get** ~ **of** få tag i, komma över; **keep** (**retain**) ~ **of** a) mil. hålla besatt b) behålla, förbli i besittning av; **take** ~ **of** a) ta i besittning, komma i besittning (åtnjutande) av b) sätta sig i besittning av, bemäktiga sig, ta; mil. besätta; **in**[**to**] **my** ~ i min ägo; **in** ~ **of one's senses** vid sina sinnens fulla bruk (sina sinnen); **be in** ~ sport. ha spelet (bollen); **be**

in ~ *of* äga, besitta, [inne]ha; *come into* ~ *of* se *take* ~ *of a*) ovan **2** konkr. egendom, besittning; pl. ~*s* äv. ägodelar, tillhörigheter **3** [politisk] besittning [*foreign* ~*s*]
possessive [pə'zesɪv] **I** *adj* **1** hagalen; härsklysten; dominerande; *the* ~ *instinct* habegäret; begäret att få behärska; *my husband is very* ~ min man behandlar mig som om han ägde mig; *some people are very* ~ somliga har ett stort habegär **2** gram. possessiv; *the* ~ *case* genitiv; ~ *pronoun* possessivpronomen **II** *s* gram. **1** possessivpronomen **2** *the* ~ genitiv
possessiveness [pə'zesɪvnəs] *s* habegär, ägandebegär; härsklystnad
possessor [pə'zesə] *s* ägare
possibility [ˌpɒsə'bɪlətɪ] *s* möjlighet [*of* av, till]; eventualitet; *by any* ~ på något [möjligt] vis; *within the range* (*bounds*) *of* ~ inom det möjligas gräns
possible ['pɒsəbl, -sɪbl] **I** *adj* **1** möjlig [*for a p.* för ngn; *to do a th.* att göra ngt], tänkbar; eventuell [*for* ~ *emergencies*]; *if* ~ om möjligt; *as far as* ~ a) så vitt möjligt b) så långt som möjligt; *by all means* ~ med alla möjliga (till buds stående) medel; *the only thing* ~ det enda möjliga (tänkbara) **2** vettig, rimlig, acceptabel **II** *s* tänkbar kandidat (deltagare, spelare etc.); tänkbar vinnare
possibly ['pɒsəblɪ] *adv* **1** möjligt, möjligtvis, möjligen; eventuellt; *not* ~ omöjligt, omöjligen, överhuvudtaget inte; *I cannot* ~ *come* äv. jag har ingen [som helst] möjlighet att komma **2** kanske, kanhända; [det är] mycket möjligt
possum ['pɒsəm] *s* (vard. kortform för *opossum*) pungråtta; *play* (*act*) ~ spela sjuk, simulera
1 post [pəʊst] **I** *s* **1** post vid dörr, fönster o.d.; stolpe **2** kapplöpn. [mål]stolpe; *the* ~ äv. målet; *the finishing* (*winning*) ~ mållinjen, målet, målstolpen; *the starting* ~ startlinjen, startstolpen **II** *vb tr* **1** ~ [*up*] sätta (klistra) upp, anslå [~ *a notice*, ~ *a bill*]; ~ *no bills!* affischering förbjuden! **2** ~ [*up*] offentliggöra, tillkännage [genom anslag]; ~*ed missing* om fartyg anmält saknat **3** affischera på, sätta (klistra) upp affischer på
2 post [pəʊst] **I** *s* **1** befattning, post, plats, tjänst **2** mil. post[ställe]; *at one's* ~ på sin post äv. bildl. **3** mil. ställe (ställning) besatt av trupp; strategisk ställning **4** mil. ung. tapto[t] **II** *vb tr* isht mil. postera, placera; förlägga [*be* ~*ed overseas*]; kommendera [*to* till]
3 post [pəʊst] **I** *s* **1** a) post brev o.d. [*we had a heavy* (mycket) ~ *today*] b) [post]tur, utbärning [*how many* ~*s are there per day?*] c) postvagn, postskjuts, postbåt **2** a) post[kontor], postexpedition, postanstalt b) post[befordran]; postverk, postväsen; *catch the* ~ hinna posta före tömning av brevlådan; *send it by* (*per*) ~ skicka det med post[en]; *reply by return of* ~ svar (svara) per omgående (med vändande post) **II** *vb tr* **1** posta, skicka [med (på) posten] [~ *a letter*] **2** hand. föra in (över) en post; bokföra; ~ *up* föra à jour, avsluta, slutföra, jfr *3* **3** bildl. informera, underrätta; *keep a p.* ~*ed* hålla ngn à jour
post- [pəʊst oftast med huvudtryck] *prefix* efter-, post- [*post-Victorian*]; senare än, efter; *post-Beethoven* [*period*] ...efter Beethoven
postage ['pəʊstɪdʒ] *s* porto, postbefordringsavgift; ~ *rate* posttaxa; [post]porto; ~ *stamp* frimärke; frankotecken; ~ *and packing* (förk. *p & p*) porto och expeditionskostnader
postal ['pəʊst(ə)l] *adj* post-, postal; ~ *card* isht amer., frankerat postkort; ~ *code* se *postcode*; ~ *giro account* postgirokonto; ~ *giro service* postgiro; ~ *order* postanvisning på lägre belopp; ~ *rate* posttaxa, porto; ~ *service* postförbindelse, posttrafik; ~ *tuition* korrespondensundervisning; *the P~ Union* världspostunionen; ~ *vote* poströst
postbag ['pəʊs(t)bæg] *s* **1** postsäck; postväska **2** bildl. (i tidskrift o.d.) brevlåda
postbox ['pəʊs(t)bɒks] *s* brevlåda
postcard ['pəʊs(t)kɑ:d] *s* frankerat postkort; [*picture*] ~ vykort
postcode ['pəʊs(t)kəʊd] *s* postnummer
postdate [ˌpəʊst'deɪt] *vb tr* postdatera, efterdatera
1 poster ['pəʊstə] *s* avsändare
2 poster ['pəʊstə] *s* **1** anslag; [stor] affisch, poster, plakat; löpsedel; ~ *paint* plakatfärg **2** affischör
poste restante [ˌpəʊst'restɒnt] **I** *s* **1** poste restante kvarliggande post **2** poste restante[avdelning] **II** *adv* poste restante
posterior [pɒ'stɪərɪə] *s*, ~[*s* isht amer.] skämts. bak[del], rumpa
posterity [pɒ'sterətɪ] *s* **1** efterkommande ättlingar **2** eftervärld[en], kommande generationer
post-free [ˌpəʊst'fri:] **I** *adj* portofri **II** *adv* portofritt, franko
postgraduate [ˌpəʊs(t)'grædjʊət] **I** *adj* efter avlagd (som avlagt) [första] examen vid universitet, i USA äv. vid *high school*; ung. doktorand- [~ *level*]; ~ *studies* forskarutbildning, doktorandstudier **II** *s* forskarstuderande, doktorand
post-haste [ˌpəʊst'heɪst] *adv* i ilfart (sporrsträck)
posthumous ['pɒstjʊməs] *adj* postum, utgiven efter författarens död [*a* ~ *novel*]
postiche [pɒ'sti:ʃ, '--] *s* postisch löshår; peruk
postilion o. **postillion** [pə'stɪljən, pɒs-] *s* spannryttare, ryttare på [vänster] parhäst
post|man ['pəʊs(t)|mən] (pl. -*men* [-mən]) *s*

postmark

brevbärare, postiljon; **~'s knock** lek, ung. ryska posten
postmark ['pəʊs(t)mɑːk] *s* poststämpel
postmaster ['pəʊs(t)ˌmɑːstə] *s* postmästare; postföreståndare; *the P~ General* i USA ministern för postväsendet
postmistress ['pəʊs(t)ˌmɪstrəs] *s* [kvinnlig] postmästare (postföreståndare); vard. postfröken
postmortem [ˌpəʊs(t)'mɔːtəm] **I** *adj*, *~ examination* obduktion; *perform a ~ examination on* vanl. obducera; *~ examiner* obducent **II** *s* **1** obduktion **2** efterhandsundersökning
postnatal [ˌpəʊs(t)'neɪtl] *adj* [som sker] efter födelsen; *~ care* mödravård efter förlossningen; *~ exercises* mödragymnastik efter förlossningen
post office ['pəʊstˌɒfɪs] *s* **1** post[kontor, -expedition, -anstalt]; *~ box* postfack, postbox; *~ [telephone] directory* telefonkatalog **2** *the Post Office* el. *the Post Office Department* postverket, poststyrelsen; *the General Post Office* a) huvudpostkontoret b) postverket; *~ order* postanvisning som skall åtföljas av brev med remittentens namn; *~ savings-bank* postsparbank **3** amer., se *postman's knock* under *postman*
post-paid [ˌpəʊs(t)'peɪd] **I** *adj* portofri, frankerad, med betalt porto **II** *adv* franko, portofritt
postpone [pəʊs(t)'pəʊn, pəs'p-] *vb tr* **1** skjuta upp, bordlägga, senarelägga **2** sätta i andra rummet [*to* efter], låta stå tillbaka [*to* för]
postponement [pəʊs(t)'pəʊnmənt, pəs'p-] *s* **1** uppskjutande, bordläggning, uppskov, senareläggning **2** åsidosättande
postprandial [ˌpəʊst'prændɪəl] *adj* mest skämts. efter middagen [*~ eloquence*]
postscript ['pəʊsskrɪpt] *s* postskriptum
postulate [ss. subst. 'pɒstjʊlət, -leɪt, ss. vb -leɪt] **I** *s* postulat, [självklar] sats **II** *vb tr* **1** begära, göra anspråk på **2** postulera, anta
posture ['pɒstʃə, -tjʊə] **I** *s* **1** [kropps]ställning, pose; hållning **2** attityd, inställning **II** *vb itr* posera äv. bildl.; vard. göra sig till
postwar [ˌpəʊst'wɔː, attr. '--] *adj* efterkrigs-, efter kriget
post|woman ['pəʊs(t)ˌwʊmən] (pl. *-women* [-ˌwɪmɪn]) *s* [kvinnlig] brevbärare (postiljon)
posy ['pəʊzɪ] *s* [liten] bukett äv. bildl.
pot [pɒt] **I** *s* **1** a) burk [*a ~ of honey (jam)*], kruka [*flowerpot*], pyts [*paint pot*] b) gryta c) kanna [*a tea pot*; *a ~ of tea*]; mugg, stop [*a ~ of ale*] d) potta, nattkärl e) sport. vard. buckla; pris f) tina [*lobsterpot*]; *~ of gold* bildl. guldgruva; lyckträff; *the ~ is calling the kettle black* ung. du är inte bättre själv, de (ni) är lika goda kålsupare [båda två]; *keep the ~ boiling* bildl. hålla grytan kokande,

hålla det hela i gång; *go to ~* vard. gå åt pipan, stryka med **2** bildl. a) vard. massa [*make a ~ of money*] b) vard., [*big*] *~* [stor]pamp c) kortsp. o.d. pott d) sl., se *potbelly* **3** sl. hasch, brass **II** *vb tr* **1** a) lägga (förvara) i en kruka etc. b) lägga (salta) in, konservera [*~ted shrimps (ham)*] **2** *~* [*up*] plantera (sätta) i en kruka (krukor); *~ted plant* krukväxt **3** vard. sätta på pottan [*~ the baby*] **4** vard. knäppa skjuta [*~ a rabbit*] **5** bilj., *~ a ball* göra (sänka) en boll **6** förkorta [*a ~ted version*] **III** *vb itr* vard., *~ at* skjuta på (efter) [*~ at a hare*]
potash ['pɒtæʃ] *s* **1** pottaska **2** kali
potassium [pə'tæsjəm] *s* kem. kalium; *~ bromide* bromkalium, kaliumbromid; *~ cyanide* cyankalium, kaliumcyanid; *~ nitrate* [kali]salpeter, kaliumnitrat
potato [p(ə)'teɪtəʊ] (pl. *~es*) *s* **1** potatis; *sweet ~* batat, sötpotatis; *~ beetle* coloradoskalbagge; *~ peeler* potatisskalare; *~ race* potatiskapplöpning med potatis i sked **2** vard. hål på strumpan
potbellied ['pɒtˌbelɪd] *adj*, *be ~* ha stor mage
potbelly ['pɒtˌbelɪ] *s* kalaskula; isterbuk äv. om pers.
potboiler ['pɒtˌbɔɪlə] *s* vard. bok (konstverk o.d.) som kommit till endast för brödfödans skull
potency ['pəʊt(ə)nsɪ] *s* **1** makt, kraft; styrka **2** fysiol. potens
potent ['pəʊt(ə)nt] *adj* **1** mäktig, kraftig; stark [*~ reasons*], kraftig[t verkande] [*a ~ remedy*], stark **2** fysiol. potent
potentate ['pəʊt(ə)nteɪt, -tət] *s* potentat
potential [pə(ʊ)'tenʃ(ə)l] **I** *adj* potentiell, eventuell [*a ~ enemy*] **II** *s* potential [*war ~*]; möjlighet[er]
potentialit|y [pə(ʊ)ˌtenʃɪ'ælətɪ] *s* **1** [slumrande] möjlighet, utvecklingsmöjlighet [*a country with great -ies*]; potentialitet **2** makt
pot herb ['pɒtɜːb] *s* köksväxt; pl. *~s* äv. sopprutter
pot-holder ['pɒtˌhəʊldə] *s* grytlapp
pot-hole ['pɒthəʊl] *s* **1** geol. jättegryta **2** i väg potthål, grop; tjälskott
pot-holing ['pɒtˌhəʊlɪŋ] *s* grottforskning
potion ['pəʊʃ(ə)n] *s* dryck isht med helande, giftiga el. magiska egenskaper [*love ~*]
pot luck [ˌpɒt'lʌk] *s*, *take ~* hålla tillgodo med vad huset förmår; *~ [supper]* isht amer. knytkalas
potpourri [pəʊ'pʊrɪ, pɒt-, ˌ--'-] *s* potpurri
pot-roast ['pɒtrəʊst] **I** *s* grytstek **II** *vb tr* bräsera
pot shot [ˌpɒt'ʃɒt] *s* vard. slängskott; bildl. a) känga pik b) gissning; *take a ~ at* slänga i väg ett skott efter; bildl. a) ge ngn en känga b) [försöka] gissa på
potted ['pɒtɪd] *perf p* o. *adj* **1** se *pot II* o. *III*

2 sammandragen, koncentrerad, förkortad [*a ~ version of the film*] **3** amer. sl. full [som en alika]

1 potter ['pɒtə] *vb itr*, *~ [about]* knåpa, pyssla, pilla [*at* med], fuska [*in* i]; *~ about [in] the garden* [gå och] påta (pyssla) i trädgården

2 potter ['pɒtə] *s* krukmakare; keramiker; *~'s clay* (*earth*) krukmakarlera; *~'s wheel* drejskiva

pottery ['pɒtərɪ] *s* **1** porslinsfabrik; keramikfabrik **2** porslinstillverkning; keramiktillverkning; krukmakeri **3** porslin; keramik; lergods

potting-shed ['pɒtɪŋʃed] *s* trädgårdsskjul, trädgårdsbod

pot training ['pɒtˌtreɪnɪŋ] *s* potträning

potty ['pɒtɪ] vard. **I** *adj* **1** knasig; tokig [*about* i] **2** pluttig, futtig; *that ~ little car* den där lilla pluttbilen **II** *s* barnspr. potta; *~ training* potträning

pouch [paʊtʃ] *s* **1** pung [*tobacco* ~], [liten] påse **2** biol.: t.ex. pungdjurs pung; pelikaners påse **3** *have ~es under the eyes* ha påsar under ögonen **4** mil. patronväska

poulterer ['pəʊlt(ə)rə] *s* fågelhandlare, vilthandlare

poultice ['pəʊltɪs] **I** *s* gröt[omslag] **II** *vb tr* lägga grötomslag på

poultry ['pəʊltrɪ] *s* fjäderfä[n], [tam]fågel, [tam]fåglar, höns; *~ breeding* fjäderfäavel, hönsavel

poultry farm ['pəʊltrɪfɑ:m] *s* hönsfarm, hönseri

pounce [paʊns] **I** *s* isht rovfågels (rovdjurs) nedslag på sitt byte; [plötsligt] anfall; *make a ~ [up]on* slå ner på, kasta sig över **II** *vb itr* **1** *~ [up]on* (*at*) slå ner på äv. bildl. [*~ on a mistake*]; slå klorna (sina klor) i; kasta sig över äv. bildl. [*~ at the first opportunity*] **2** rusa, störta [*he ~d into the room*] **III** *vb tr* slå ner på; gripa [med klorna]

1 pound [paʊnd] *s* **1** vikt [skål]pund (vanl. = 16 *ounces* 454 gram) **2** myntv. pund (= 100 pence, före 1971 = 20 shilling); *five ~s* (£5; ibl. *five ~*) 5 pund; *in the ~* per pund, på pundet

2 pound [paʊnd] **I** *s* **1** fålla, inhägnad isht för bortsprungna husdjur **2** uppställningsplats för felparkerade motorfordon **II** *vb tr* **1** *~ [up]* stänga in **2** ställa upp motorfordon på uppställningsplats

3 pound [paʊnd] **I** *vb tr* **1** dunka (banka, hamra) på [*~ the piano*]; hamra mot [*our guns ~ed the walls of the fort*]; puckla 'på, gå lös på [med knytnävarna] [*~ a p.*]; bulta (slå) 'i **2** stöta [*~ spices in a mortar*], pulvrisera; krossa **II** *vb itr* **1** dunka, banka, hamra, bulta [*at, on* på, i]; *~ away* dunka 'på; slamra 'på; *~ on the wall* bulta (dunka) i väggen **2** trampa tungt, klampa [*I could hear feet ~ing on* (i) *the stairs*], klampa 'på (i väg) [*he ~ed along the road*]; om fartyg stampa

pounder ['paʊndə] *s* ss. efterled i sms.: -[skål]pundare; [*he caught only one fish*] *but it was an eight-pounder* ...men den var på [bortåt] 4 kilo

pour [pɔ:] **I** *vb tr* **1** hälla, ösa, slå; gjuta [*~ oil on troubled waters* (vågorna)]; *~ out* a) slå (hälla) ut b) slå i, hälla i (upp), servera [*~ [out] a cup of tea* (*some wine*)] **2** låta strömma ut, sända ut; *the factories ~ out* (*forth*) [*millions of cars every year*] fabrikerna spottar (vräker) ut... **3** avlossa [*they ~ed 30 bullets into* (mot) *the plane*] **4** *the river ~s itself into the sea* floden faller ut i havet **II** *vb itr* strömma, forsa, flöda, rinna; välla; ösa, ösregna, hällregna; *the sweat was ~ing down his face* svetten strömmade (rann) nedför ansiktet på honom; [*people* (*letters*)] *came ~ing in* ...strömmade in; *it is ~ing* [*with rain*] el. *it is ~ing down* det (regnet) öser [ner]; *in ~ing rain* i hällande regn, i ösregn

pout [paʊt] **I** *vb itr* truta (pluta) med munnen; se sur[mulen] (trumpen) ut; tjura **II** *vb tr*, *~ one's lips* truta (puta, pluta) med munnen **III** *s* sur[mulen], (trumpen) uppsyn

poverty ['pɒvətɪ] *s* **1** fattigdom, armod **2** brist, knapp tillgång [*of, in* på]

poverty-stricken ['pɒvətɪˌstrɪkn] *adj* utfattig, utarmad äv. bildl.; torftig, eländig

POW [ˌpi:əʊ'dʌbljʊ] förk. för *prisoner of war*

powder ['paʊdə] **I** *s* **1** pulver äv. ss. läkemedel; stoft, mjöl, damm; *take a ~* vard. sticka, smita **2** puder äv. kosmetiskt **3** krut; *keep one's ~ dry* hålla sitt krut (krutet) torrt **II** *vb tr* **1** pudra; bepudra, beströ **2** strö ut **3** pulvrisera, smula (mala) sönder; *~ed egg* äggpulver; *~ed milk* torrmjölk

powder keg ['paʊdəkeg] *s* **1** kruttunna **2** bildl. krutdurk

powder puff ['paʊdəpʌf] *s* pudervippa

powder room ['paʊdəru:m] *s* damrum, damtoalett

powdery ['paʊdərɪ] *adj* **1** puderfin, pulverfin **2** pudrad, pudrig; betäckt med damm (stoft)

power ['paʊə] **I** *s* **1** förmåga [*of doing* el. *to do* att göra]; pl.: *~s* förmåga, begåvning, talang[er]; *~[s] of endurance* uthållighet; *~s of persuasion* övertalningsförmåga; *~ of speech* talförmåga; *I will do everything in my ~* jag skall göra allt som står i min makt **2** makt [*of, over* över] äv. konkr.; *the Great Powers* stormakterna; *naval ~* sjömakt; *the ~s of darkness* (*light*) mörkrets (ljusets) makter; *the ~ of life and death* makt[en] över liv och död; *he is a ~* [*in politics*] han är en maktfaktor...; *the ~s that be* el. *those in ~* de som har makten, makthavarna; *be in ~* vara (sitta) vid makten, ha makten; *be in a p.'s ~* vara i ngns våld; *come* (*get*) *into ~*

power bloc

komma till makten 3 [makt]befogenhet; ~ [*of attorney*] bemyndigande, fullmakt 4 kraft [*the* ~ *of a blow*]; styrka [*the* ~ *of a lens*]; fys. el. tekn. äv. effekt [*100-watt* ~]; kapacitet; ~ *of attraction* dragningskraft 5 [guda]makt; *merciful* ~*s!* milda makter! 6 matem. dignitet, potens; *3 raised to the second* ~ 3 upphöjt till 2; 3 i kvadrat **II** *vb tr* driva; ~*ed* motordriven, motor- [*a* ~*ed lawn-mower*]; *a new aircraft* ~*ed by* [*Rolls-Royce engines*] ett nytt flygplan [utrustat] med...
power bloc ['paʊəblɒk] *s* polit. maktblock
power boat ['paʊəbəʊt] *s* snabb motorbåt
power brake ['paʊəbreɪk] *s* servobroms
power cut ['paʊəkʌt] *s* elektr. strömavbrott, elavbrott; strömavstängning
power drill ['paʊədrɪl] *s* elektrisk borr[maskin]; motorbórr
power failure ['paʊəˌfeɪljə] *s* strömavbrott
powerful ['paʊəf(ʊ)l] *adj* mäktig [*a* ~ *nation*], kraftfull [*a* ~ *ruler*]; kraftig [*a* ~ *blow*], stark [*a* ~ *engine*]; kraftigt verkande [*a* ~ *remedy*]
powerhouse ['paʊəhaʊs] *s* **1** kraftstation, kraftverk; elverk **2** vard. kraftkarl, energiknippe
powerless ['paʊələs] *adj* maktlös, vanmäktig, kraftlös; ~ *to help* ur stånd att hjälpa
power-mower ['paʊəˌməʊə] *s* motorgräsklippare
power-operated [ˌpaʊər'ɒpəreɪtɪd] *adj* motordriven; eldriven; servodriven
power pack ['paʊəpæk] *s* nätdel, nätanslutningsaggregat, strömförsörjningsdel
power plant ['paʊəplɑːnt] *s* **1** kraftanläggning, kraftstation, kraftverk **2** amer. elverk
power point ['paʊəpɔɪnt] *s* elektr. vägguttag
power politics ['paʊəˌpɒlɪtɪks] (konstr. ss. sg. el. pl.) *s* maktpolitik
power station ['paʊəˌsteɪʃ(ə)n] *s* **1** elverk **2** kraftanläggning, kraftstation, kraftverk
power-steering ['paʊəˌstɪərɪŋ] *s* servostyrning
pow-wow ['paʊwaʊ] **I** *s* **1** rådslag mellan eller med indianer **2** vard. möte; samtal, pratstund; rådslag **II** *vb itr* rådslå; vard. pratas vid
pox [pɒks] *s*, [*the*] ~ vard. syffe syfilis
pp. förk. för *pages*
p.p. förk. för *past participle*
PPS 1 förk. för *Parliamentary Private Secretary* **2** (förk. för *post postscriptum*) P.P.S., post postskriptum
PR förk. för *public relations*
practicability [ˌpræktɪkə'bɪlətɪ] *s* **1** görlighet, möjlighet, utförbarhet, genomförbarhet; användbarhet **2** farbarhet, framkomlighet
practicable ['præktɪkəbl] *adj* **1** görlig, möjlig, utförbar, [praktiskt] genomförbar; användbar [~ *methods*] **2** farbar, framkomlig
practical ['præktɪk(ə)l] *adj* **1** praktisk i olika bet.; ändamålsenlig; ~ *joke* se *joke*

2 [praktiskt] användbar (genomförbar) [*a* ~ *scheme*]
practicalit|y [ˌpræktɪ'kælətɪ] *s* praktiskhet; praktisk läggning; praktisk möjlighet; pl. *-ies* praktiska saker (frågor, förhållanden)
practically [i bet. *1* vanl. 'præktɪkəlɪ, i bet. *2* vanl. 'præktɪklɪ] *adv* **1** praktiskt, på ett praktiskt sätt **2** praktiskt taget, så gott som
practice ['præktɪs] **I** *s* **1** praktik [*theory and* ~]; *in* ~ i praktiken; *put a th. in*[*to*] ~ tillämpa (genomföra) ngt i praktiken, sätta ngt i verket **2** praxis; bruk [*the* ~ *of closing* (att stänga) *shops on Sundays*]; sed[vänja], [sed]vana, kutym; *religious* ~*s* religiösa bruk; *it is the* ~ *to...* det är [allmän] praxis (brukligt) att...; *it is his* ~ *to...* han har för vana att...; *as is my usual* ~ som jag har för vana [att göra]; *we don't make a* ~ *of* [*doing*] *it* vi brukar inte göra så (det) **3** övning[ar], träning; ~ *makes perfect* övning ger färdighet; *be* (*keep*) *in* ~ vara (hålla sig) i form genom övning (träning); *I am out of* ~ jag är otränad; *for want of* ~ av brist på övning (träning) **4** läkares o. advokats praktik; *be in* ~ *as a doctor* praktisera som läkare **5** utövande [*the* ~ *of a profession*]; tillämpning **6** ofta pl. ~*s* [tvivelaktiga] metoder [*we don't approve of these* ~*s*], knep, trick[s] **II** *vb tr* o. *vb itr* amer., se *practise*
practise ['præktɪs] **I** *vb tr* **1** öva sig i [~ *English*], öva [~ *music*; ~ *scales on the piano*]; ~ *the piano* öva [på] piano **2** praktisera, tillämpa [i praktiken], använda [~ *a method*]; ~ *what one preaches* leva som man lär **3** utöva [~ *a profession*]; idka; visa [~ *politeness*]; ~ *strict economy* iaktta den största sparsamhet; ~ *medicine* ([*the*] *law*) vara praktiserande läkare (jurist) **II** *vb itr* **1** öva sig [*in* i]; öva, träna; ~ *on* (*at*) *the piano* öva [på] piano **2** om läkare o. advokat praktisera
practised ['præktɪst] *adj* **1** om pers. [durk]driven, skicklig; erfaren, rutinerad **2** inövad, uppövad
practising ['præktɪsɪŋ] *adj* praktiserande; aktivt troende; ortodox [*a* ~ *Jew*]
practitioner [præk'tɪʃənə] *s* praktiker; praktiserande läkare; praktiserande jurist; jfr *general I 1 o. medical*
pragmatic [præg'mætɪk] *adj* o. **pragmatical** [præg'mætɪk(ə)l] *adj* pragmatisk, praktisk, saklig
pragmatism ['prægmətɪz(ə)m] *s* pragmatism
pragmatist ['prægmətɪst] *s* pragmatiker
Prague [prɑːɡ] geogr. Prag
prairie ['preərɪ] *s* prärie
prairie dog ['preərɪdɒɡ] *s* präriehund
praise [preɪz] **I** *vb tr* berömma, prisa, lovorda, lovprisa; lova [~ *God*]; ~ *to the skies* höja till skyarna **II** *s* beröm, pris, lovord; *sing the* ~[*s*] *of a p.* el. *sing a p.'s* ~*s* sjunga ngns

lov, prisa ngn; *speak in* ~ *of* [lov]prisa; *full of* ~ *for* full av lovord över
praiseworthy ['preɪzˌwɜːðɪ] *adj* lovvärd, berömvärd, berömlig
praline ['prɑːliːn] *s* bränd mandel konfekt
pram [præm] *s* (förk. för *perambulator*) barnvagn
prance [prɑːns] **I** *vb itr* **1** om häst dansa på bakbenen **2** om pers. kråma sig **II** *s* **1** hästs dansande på bakbenen **2** kråmande rörelse[r] (steg)
prank [præŋk] *s* upptåg, hyss, busstreck, skoj; *childish* (*boyish*) ~*s* pojkstreck; *play a* ~ (~*s*) *on a p.* spela ngn ett spratt, skoja med ngn
prankster ['præŋkstə] *s* upptågsmakare
prat [præt] *s* **1** sl. nolla, tönt; *you* ~*!* klantskalle! **2** rumpa **3** vulg. fitta
prate [preɪt] **I** *vb itr* prata, snacka, pladdra, svamla [*about* om] **II** *s* prat, snack, pladder, svammel
pratfall ['prætfɔːl] *s* **1** fall på ändan, rova **2** komisk effekt; pl. ~*s* äv. bondkomik
prattle ['prætl] **I** *vb itr* **1** snacka, pladdra **2** jollra **II** *s* **1** snack, pladder **2** joller
prave [preɪv] *vb itr* dillumera
prawn [prɔːn] **I** *s* räka; *Dublin Bay* ~ havskräfta **II** *vb itr* fiska räkor
pray [preɪ] **I** *vb tr* högtidl. be, bönfalla [*for a th.* om ngt; *I* ~ *you not to do so*] **II** *vb itr* **1** be[dja] [*to* till; *for a p.* för ngn; *for a th.* om ngt]; ~ *to God for help* be [till] Gud om hjälp **2** ~ [*don't speak so loud!*] var vänlig [och]...; ~ *don't mention it!* å, för all del!
prayer [preə] *s* **1** bön [*to* till; *for a p.* för ngn; *for a th.* om ngt]; *morning* (*evening*) ~[*s*] morgonbön, morgonandakt (aftonbön, kvällsandakt); *read* (*say*) *one's* ~*s* el. *be at* ~*s* läsa sina böner, be[dja], förrätta [sin] andakt; läsa [sin] aftonbön; *the Book of Common P*~ el. *the P*~ *Book* namn på engelska kyrkans bön- och ritualbok **2** *not have a* ~ vard. inte ha en chans (suck)
prayer book ['preəbʊk] *s* bönbok
prayer rug ['preərʌg] *s* muslimsk bönematta
prayer wheel ['preəwiːl] *s* lamaistisk bönekvarn
pre- [priː ofta med huvudtryck, se f.ö. sms. nedan] prefix för- [*pre-Victorian*], pre- [*pre-existence*], förut-, före-; före, i förväg [*prearrange*]
preach [priːtʃ] **I** *vb itr* predika, hålla predikan [*to* för; *on* över, om] **II** *vb tr* predika äv. bildl. [~ *abstinence*]; förkunna [~ *the Gospel*]; ~ *a sermon* hålla en predikan, predika
preacher ['priːtʃə] *s* predikant, förkunnare, predikare
preamble [priːˈæmbl] **I** *s* inledning, företal **II** *vb tr* o. *vb itr* inleda, göra en inledning [till]
preamp [ˌpriːˈæmp] *s* vard. förk. för *preamplifier*
preamplifier [ˌpriːˈæmplɪfaɪə] *s* elektr. förförstärkare
prearrange [ˌpriːəˈreɪn(d)ʒ] *vb tr* ordna (avtala) på förhand; *at a* ~*d signal* på en [på förhand] given signal
precarious [prɪˈkeərɪəs] *adj* **1** osäker [*a* ~ *foothold* (*income*)], oviss, prekär; ~ *health* vacklande hälsa **2** farlig, riskabel
precaution [prɪˈkɔːʃ(ə)n] *s* **1** försiktighet, varsamhet; *by way of* ~ av försiktighetsskäl, för säkerhets skull, försiktigtvis **2** [*measure of*] ~ försiktighetsåtgärd; *take* ~*s* vidta försiktighetsåtgärder; [*take an umbrella*] *as a* ~ ...för säkerhets skull
precautionary [prɪˈkɔːʃnərɪ] *adj* försiktighets-, säkerhets- [~ *measures* (åtgärder)]
precede [prɪˈsiːd] **I** *vb tr* **1** föregå; gå före [*such duties* ~ *all others*], komma före, ligga före [*countries that* ~ *ours in wealth*], stå över [*dukes* ~ *earls*] **2** låta föregås; inleda [*with, by* med] **II** *vb itr* gå (komma) före [*in the chapter that* ~*s*]
precedence ['presɪd(ə)ns, 'priːs-] *s* företräde; försteg; [*right of*] ~ företrädesrätt; *have* (*take*) ~ *of* (*over*) gå (komma) före, ha företräde framför; ha högre rang än; [*order of*] ~ rangordning
precedent ['presɪd(ə)nt, 'priːs-] *s* precedensfall, tidigare [likartat] fall (exempel); isht jur. prejudikat [*for* på]
preceding [prɪˈsiːdɪŋ] *adj* föregående
precept ['priːsept] *s* regel; rättesnöre
precinct ['priːsɪŋ(k)t] *s* **1** [inhägnat] område [*the* ~ *of the cathedral* (*school*)] **2** [reserverat] område; *pedestrian* ~ område med gågator, gågata; *shopping* ~ shoppingcenter, galleria **3** amer. valdistrikt; [*police*] ~ polisdistrikt **4** vanl. pl. ~*s* a) omgivningar [*the* ~*s of the town*] b) gräns[er]; *within the city* ~*s* innanför stadsgränsen
precious ['preʃəs] **I** *adj* **1** a) dyrbar, kostbar, värdefull; ~ *metals* ädelmetaller; ~ *stone* ädelsten b) kär [~ *memories*] **2** affekterad **3** vard. iron. snygg, skön [*a* ~ *mess* (röra)] **II** *s*, *my* ~ min älskling (skatt) **III** *adv* vard. väldigt [*take* ~ *good care of it*], fasligt, förbaskat [~ *little you care!*]
precipice ['presɪpɪs] *s* brant, stup, bråddjup; *be on the brink* (*edge*) *of the* ~ stå vid avgrundens rand
precipitate [ss. adj. prɪˈsɪpɪtət, ss. vb -eɪt] **I** *adj* **1** brådstörtad [*a* ~ *flight*]; brådskande **2** överilad, förhastad [*a* ~ *marriage*]; besinningslös **II** *vb tr* **1** bildl. störta [~ *the country into war*] **2** påskynda [*events that* ~*d his ruin*], plötsligt framkalla [~ *a crisis*] **3** kem. fälla ut
precipitation [prɪˌsɪpɪˈteɪʃ(ə)n] *s* **1** nedstörtande, fall **2** [besinningslös] brådska **3** *with* ~ överilat, förhastat **4** påskyndande **5** meteor. nederbörd [*a heavy* (riklig) ~]
precis o. **précis** ['preɪsiː] **I** (pl. *precis* el. *précis* [-z]) *s* sammandrag, resumé,

sammanfattning; ~ [*writing*] skol. (ung.) referat[övning], referande sammanfattning II *vb tr* sammanfatta, resumera
precise [prɪˈsaɪs] *adj* **1** exakt [*the* ~ *meaning of a word*], precis; noggrann, fin [~ *measurements* (mätningar)] **2** överdrivet noggrann, pedantisk
precisely [prɪˈsaɪslɪ] *adv* exakt, precis [*at 2 o'clock* ~]; noggrant; just, alldeles; egentligen [*what* ~ *does that mean?*]; ~*!* just det [ja]!, precis [så]!
precision [prɪˈsɪʒ(ə)n] *s* precision, noggrannhet; attr. precisions- [~ *bombing*]; fin- [~ *mechanics*]
preclude [prɪˈkluːd] *vb tr* förebygga [~ *misunderstanding*], utesluta [~ *a possibility*], undanröja [~ *all doubt*]
preclusion [prɪˈkluːʒ(ə)n] *s* förebyggande, uteslutande, undanröjande
precocious [prɪˈkəʊʃəs] *adj* brådmogen [*a* ~ *child*]
precocity [prɪˈkɒsətɪ] *s* brådmogenhet
preconceive [ˌpriːkənˈsiːv] *vb tr* bilda sig en uppfattning om (föreställa sig) på förhand; ~*d opinions* (*ideas*) förutfattade meningar
preconception [ˌpriːkənˈsepʃ(ə)n] *s* förutfattad mening; fördom
precondition [ˌpriːkənˈdɪʃ(ə)n] *s* nödvändig förutsättning, förhandsvillkor
precook [ˌpriːˈkʊk] *vb tr* 'förkoka; laga [till] i förväg; ~*ed* äv. färdiglagad
precursor [prɪˈkɜːsə] *s* förelöpare, föregångare [*of* till]; förebud
predate [ˌpriːˈdeɪt] *vb tr* **1** fördatera, antedatera **2** föregå, vara före (äldre än)
predator [ˈpredətə] *s* **1** rovdjur, predator **2** bildl. rövare, rovgirig (rovlysten) person
predatory [ˈpredət(ə)rɪ] *adj* **1** plundrings-, plundrande; rövar- [~ *bands*] **2** rov- [~ *animals*], rovdjurs- **3** rovgirig, rovlysten
predecessor [ˈpriːdɪsesə, ˌpriːdɪˈs-] *s* **1** företrädare, föregångare **2** förfader
predestination [prɪˌdestɪˈneɪʃ(ə)n] *s* predestination, förutbestämmelse; öde
predestine [prɪˈdestɪn] *vb tr* predestinera, förutbestämma
predetermination [ˈpriːdɪˌtɜːmɪˈneɪʃ(ə)n] *s* bestämmande (fastställande) i förväg; förutbestämmande
predetermine [ˌpriːdɪˈtɜːmɪn] *vb tr* bestämma (fastställa) i förväg; förutbestämma
predicament [prɪˈdɪkəmənt] *s* predikament, obehaglig (besvärlig) situation; belägenhet
predicate [ss. subst. ˈpredɪkət, -eɪt, ss. vb -eɪt] **I** *s* gram. predikat; satsens predikatsled **II** *vb tr* påstå, [ut]säga; förkunna, proklamera
predicative [prɪˈdɪkətɪv] *adj* predikativ, predikats-; utsägande
predict [prɪˈdɪkt] **I** *vb tr* förutsäga, [förut]spå; profetera [*a th.* om ngt] **II** *vb itr* spå
predictable [prɪˈdɪktəbl] *adj* förutsägbar

predictably [prɪˈdɪktəblɪ] *adv* som kan (kunde) förutsägas; som man kan (kunde) tänka sig
prediction [prɪˈdɪkʃ(ə)n] *s* förutsägelse, spådom, profetia [*of* om]
predilection [ˌpriːdɪˈlekʃ(ə)n] *s* förkärlek [*for* för]
predispose [ˌpriːdɪˈspəʊz] *vb tr* göra [på förhand] mottaglig (benägen), predisponera [*to* för; *to* + inf. för att + inf.]; *be ~d to* vara mottaglig etc. för, ha anlag för (för att); *be ~d in a p.'s favour* vara på förhand gynnsamt inställd (stämd) mot ngn
predisposition [ˈpriːˌdɪspəˈzɪʃ(ə)n] *s* mottaglighet, känslighet, disposition, benägenhet, anlag [*to* för]
predominance [prɪˈdɒmɪnəns] *s* [över]makt, övervikt; övervägande del
predominant [prɪˈdɒmɪnənt] *adj* dominerande, [för]härskande, rådande
predominate [prɪˈdɒmɪneɪt] *vb itr* dominera, ha (få) överhanden, överväga; vara förhärskande; *workers* ~ [*in the district*] det bor övervägande (huvudsakligen) arbetare…
pre-eminence [prɪˈemɪnəns] *s* överlägsenhet [*over* över]; företräde [*to* framför]
pre-eminent [prɪˈemɪnənt] *adj* mest framstående (framträdande); överlägsen [*above a p.* ngn]
pre-eminently [prɪˈemɪnəntlɪ] *adv* i allra högsta grad
pre-empt [prɪˈem(p)t] *vb tr* **1** a) förvärva genom förköpsrätt b) hävda sin förköpsrätt till **2** i förväg lägga beslag på **3** förekomma, förebygga; ersätta [*the programme was ~ed by a special coverage of the match*]
pre-emptive [prɪˈem(p)tɪv] *adj* **1** förköps- **2** kortsp., ~ *bid* spärrbud, stoppbud **3** förebyggande; föregripande [*a* ~ *air strike* (flygräd)]
preen [priːn] *vb tr* **1** om fågel putsa [~ *its feathers*] **2** om pers., ~ *oneself* a) snygga till sig b) kråma sig; berömma sig [*on* av], yvas, skryta [*on* över]
prefab [ˈpriːfæb] *s* o. *adj* vard., ~ [*house*] se *prefabricated house* under *prefabricate*
prefabricate [ˌpriːˈfæbrɪkeɪt] *vb tr* fabrikstillverka delarna till, prefabricera; ~*d* äv. monteringsfärdig; ~*d house* äv. monteringshus, elementhus
preface [ˈprefəs] **I** *s* förord, inledning [*a* ~ *to a speech*] **II** *vb tr* inleda
prefaded [ˌpriːˈfeɪdɪd] *adj* blekt [~ *denims*]
prefatory [ˈprefət(ə)rɪ] *adj* inlednings-, inledande
prefect [ˈpriːfekt] *s* **1** i vissa brittiska skolor (ung.) ordningsman **2** i Frankrike, Italien o. antikens Rom prefekt
prefecture [ˈpriːfektjʊə] *s* prefektur
prefer [prɪˈfɜː] *vb tr* **1** föredra [*to* framför; *I* ~

coffee to tea], tycka mest (bäst) om; helst (hellre) vilja göra (ha) [*which would* (*do*) *you ~, tea or coffee?*]; *I would* (*should*) *~ you to stay* (*that you stayed*, amer. *for you to stay*) jag föredrar (vill helst, ser helst, skulle helst se) att du stannar [här]; *~red share* (amer. *stock*) preferensaktie (-aktier) **2** lägga fram [*~ a bill*; *~ a statement* (rapport)]; framställa [*~ a claim*]
preferable ['pref(ə)rəbl] *adj* som är att föredra [*to* framför]; *...is ~ ...*är att föredra; ...är bättre [*to* än]
preferably ['pref(ə)rəblɪ] *adv* företrädesvis, helst [*~ today*]; *~ to all others* framför alla andra
preference ['pref(ə)r(ə)ns] *s* **1** a) förkärlek [*have a ~ for French novels*] b) företräde [*over* framför]; *give the ~* [*to*] ge företräde [åt]; *by* (*for*) *~* helst; *in ~ to* framför [*in ~ to all others*], hellre än **2** preferens; *my ~* isht det (den) jag föredrar (sätter högst) [*of the two this is my ~*] **3** isht ekon. a) preferens, förmånsrätt b) *~* [*share*] preferensaktie; *~ stock* preferensaktier **4** befordran
preferential [ˌprefə'renʃ(ə)l] *adj* preferens-, företrädes-, förmåns- [*~ right*], förmånsberättigad, med förmånsrätt, prioriterad; *~ treatment* preferensbehandling; *you are always getting ~ treatment* du blir alltid favoriserad
prefix [ss. subst. 'priːfɪks, ss. vb vanl. -'-] **I** *s* språkv. förstavelse, prefix **II** *vb tr* **1** *~ a th. to a th.* lägga till ngt i början av ngt isht en bok o.d. **2** språkv. prefigera, sätta som prefix
preggers ['pregəz] *adj* sl., *be ~* vara på smällen
pregnancy ['pregnənsɪ] *s* a) graviditet, havandeskap b) hos djur dräktighet
pregnant ['pregnənt] *adj* **1** gravid, havande; *become* (*get a p.*) *~* äv. bli (göra ngn) med barn; om djur dräktig **2** *~ with* rik på, fylld av **3** a) om stil, ord pregnant, betydelsemättad b) om handling, händelse betydelsefull; ödesdiger; *a ~ silence* en laddad (förtätad) tystnad
preheat [ˌpriː'hiːt] *vb tr* förvärma; *in a ~ed oven* äv. i varm ugn
prehensile [prɪ'hensaɪl, amer. -sl] *adj* grip- [*~ claws, ~ tail*], med gripförmåga
prehistoric [ˌpriː(h)ɪ'stɒrɪk] *adj* o.
prehistorical [ˌpriː(h)ɪ'stɒrɪk(ə)l] *adj* förhistorisk, urtids- [*~ animals*]; vard. urgammal; *~ times* förhistorisk tid, forntid, urtid[en]
prehistory [ˌpriː'hɪst(ə)rɪ] *s* förhistoria
prejudge [ˌpriː'dʒʌdʒ] *vb tr* döma på förhand (i förväg); avge ett för tidigt omdöme om
prejudice ['predʒʊdɪs] **I** *s* **1** a) fördom[ar]; avoghet, motvilja [*his ~ against foreigners*]; fördomsfullhet b) förutfattad mening,

förutfattade meningar [*listen without ~*] **2** förfång, men, nackdel; *to the ~ of* el. *in ~ of* till förfång (men) för **II** *vb tr* **1** inge ngn fördomar, göra ngn partisk; påverka [*~ a jury member*]; *~ a p. against* (*in favour of*) göra ngn avogt inställd mot el. till (välvilligt inställd till) **2** inverka menligt på; *~ a p.'s case* skada ngns sak
prejudiced ['predʒʊdɪst] *adj* fördomsfull, partisk; *be ~* äv. ha en förutfattad mening
prejudicial [ˌpredʒʊ'dɪʃ(ə)l] *adj* skadlig, menlig, till skada (förfång) [*to för*]
prelacy ['preləsɪ] *s* **1** prelatvärdighet, prelatämbete **2** koll. *the ~* prelaterna, prelatståndet
prelate ['prelət] *s* prelat
preliminar|y [prɪ'lɪmɪnərɪ] **I** *adj* preliminär, förhands-; förberedande [*~ negotiations*]; inledande [*~ remarks*]; *~ examination* förtentamen; inträdesprövning; *~ exercise* förövning; *~ heat* försöksheat; *~ investigation* förundersökning **II** *s* **1** förberedande åtgärd; pl. *-ies* äv. preludier, preliminärer; förberedelser [*-ies to* (för) *negotiations*]; *peace -ies* inledande fredsförhandlingar **2** se *~ examination* ovan **3** utslagningstävling, kvalificeringstävling **4** i USA förmatch
prelude ['preljuːd] **I** *s* förspel, upptakt, inledning, preludium äv. mus. [*to, of* till] **II** *vb tr* utgöra förspelet till
premarital [priː'mærɪtl] *adj* föräktenskaplig [*~ relations*]
premature [ˌpremə'tjʊə, ˌpriːm-, 'premətjʊə, 'priːm-] *adj* **1** för tidig [*~ death*], som inträffar [allt]för tidigt (i förtid); för tidigt född [*a ~ baby*]; brådmogen **2** förhastad [*a ~ conclusion*]
prematurely [ˌpremə'tjʊəlɪ, ˌpriːm-, 'premətjʊəlɪ, 'priːm-] *adv* **1** [allt]för tidigt, i förtid; i otid **2** förhastat, överilat
premeditated [prɪ'medɪteɪtɪd] *adj* överlagd [*~ murder*]; avsiktlig, uppsåtlig
premeditation [prɪˌmedɪ'teɪʃ(ə)n] *s* [föregående] överläggning; uppsåt, berått mod [*with ~*]
premier ['premjə] **I** *adj* första [*~ place*], främsta, förnämst; *the ~ league* fotb. elitserien **II** *s* premiärminister; statsminister
première ['premɪeə] *s* premiär
premiership ['premjəʃɪp] *s* premiärministerpost; statsministerpost
premise ['premɪs] *s* **1** antagande, förutsättning; premiss **2** pl. *~s* fastighet[er], fastighetsområde; lokal[er]; *business ~s* affärslokal[er]; *on the ~s* inom fastigheten (lokalen); på stället, på platsen [*to be consumed on the ~s*]
premium ['priːmjəm] *s* **1** [försäkrings]premie **2** premie, pris, belöning; premium; *~* [*savings*] *bonds* premieobligationer; *put*

premonition 636

(*set*) *a* ~ *on* premiera, sätta värde på **3** extra belopp, extrasumma utöver ordinarie pris o.d. **4** hand. överkurs
premonition [ˌpriːməˈnɪʃ(ə)n] *s* **1** förvarning; varsel **2** förkänsla, föraning; *have a* ~ *of danger* ha en förkänsla av annalkande fara
prenatal [ˌpriːˈneɪtl] *adj* före födelsen (födseln); ~ *clinic* mödravårdscentral
preoccupation [priˌɒkjʊˈpeɪʃ(ə)n] *s* **1 a**) tankfullhet **b**) förströddhet, tankspriddhet **2** främsta intresse, huvudsaklig sysselsättning; sysslande [*his constant* ~ *with lexicography*]
preoccupied [prɪˈɒkjʊpaɪd] *adj* **1** helt upptagen av sina tankar, förströdd, tankspridd **2** helt upptagen [*with* av], djupt försjunken [*with* i]
preoccupy [prɪˈɒkjʊpaɪ] *vb tr* helt sysselsätta (uppta) [~ *a p.'s mind* (ngns tankar)]
preordain [ˌpriːɔːˈdeɪn] *vb tr* förut (på förhand) bestämma
prep [prep] **I** *s* skol. vard. **1** (förk. för *preparation*) läxläsning, [läx]plugg; *do* ~ göra läxorna, plugga **2** [*school*] (förk. för *preparatory school*), se *preparatory I I* **II** *vb itr* amer. vard. **1** gå i *preparatory school* **2** göra läxorna, plugga
prepacked [ˌpriːˈpækt] *adj* färdigförpackad, konsumentförpackad
prepaid [ˌpriːˈpeɪd] *adj* se *prepay*
preparation [ˌprepəˈreɪʃ(ə)n] *s* **1 a**) förberedelse [*make* ~s *for* (för)] **b**) tillagning, tillredning [~ *of food*] **c**) framställning [*the* ~ *of a vaccine*]; *in* ~ under förberedelse (tillagning etc.) **2 a**) läxläsning[sstund] **b**) preparering av läxa el. elev **3** preparat [*pharmaceutical* ~s]
preparatory [prɪˈpærət(ə)rɪ] **I** *adj* **1** förberedande; för- [~ *work*]; ~ *school* **a**) [privat] förberedande skola för inträde i 'public school' **b**) i USA högre internatskola för inträde i college **2** ~ *to* som en förberedelse för (till), före, inför; ~ *to leaving* [*he locked the safe*] innan han gav sig i väg... **II** *s* se ~ *school* under *I 1*
prepare [prɪˈpeə] **I** *vb tr* (jfr *prepared*) **1 a**) förbereda; preparera, färdigställa; ~ *oneself for* göra sig beredd på; ~ *the ground for* bearbeta (bildl. bereda) marken för; ~ *the way for* bildl. bereda (bana) väg för, bereda marken för **b**) tillreda, laga [till] [~ *food*], bereda; ~*d from* tillagad (beredd) av **c**) framställa [~ *a vaccine*]; blanda till [~ *a medicine*] **2** läsa [på], preparera [~ *one's homework*] **3** tekn. preparera **II** *vb itr* förbereda sig, göra sig redo, göra sig i ordning [~ *for a journey*]; göra sig beredd, bereda sig [~ *for* (på) *the worst*]; ~ *for an exam* läsa på (förbereda sig för) en examen
prepared [prɪˈpeəd] *adj* **1** förberedd m.m., jfr *prepare* **2** beredd, inställd [*for* på; *to do a th.*

på att göra ngt]; i ordning, färdig; redo [*be* ~*!*]; benägen [*I'm* ~ *to believe*], villig, hågad [*I'm not* ~ *to*...]
preparedness [prɪˈpeədnəs, -ˈpeərɪdnəs] *s* mil., [*military*] ~ [försvars]beredskap
prepay [ˌpriːˈpeɪ] *vb tr* betala i förväg (förskott); frankera [~ *a letter*]; *reply prepaid* om telegram svar betalt
preponderance [prɪˈpɒnd(ə)r(ə)ns] *s* övervikt, överlägsenhet, övermakt; överskott [*of* på], [övervägande] flertal
preponderant [prɪˈpɒnd(ə)r(ə)nt] *adj* övervägande, förhärskande
preponderate [prɪˈpɒndəreɪt] *vb itr* väga mer, väga tyngre [*over* än]; ha (få) övervikt[en] [*over* över]; vara (bli) förhärskande; dominera
preposition [ˌprepəˈzɪʃ(ə)n] *s* gram. preposition
prepositional [ˌprepəˈzɪʃənl] *adj* gram. prepositions- [~ *phrase*]
prepossessing [ˌpriːpəˈzesɪŋ] *adj* intagande, vinnande, sympatisk [*not very* ~]
preposterous [prɪˈpɒst(ə)rəs] *adj* orimlig [*a* ~ *claim*], befängd, omöjlig, löjlig [*a* ~ *idea*], absurd
preppy [ˈprepɪ] vard. **I** *adj* i amerikansk collegestil **II** *s* medelklassungdom
prepuce [ˈpriːpjuːs] *s* anat. förhud
prerecord [ˌpriːrɪˈkɔːd] *vb tr* spela in (banda) i förväg (på förhand); perf. p. ~*ed* äv. färdiginspelad, bandad
prerequisite [ˌpriːˈrekwɪzɪt] **I** *s* [nödvändig] förutsättning [*of* för] **II** *adj* nödvändig
prerogative [prɪˈrɒgətɪv] *s* prerogativ [*royal* ~], privilegium, företrädesrätt
presage [ˈpresɪdʒ] **I** *s* **1** förebud, omen **2** föraning [*of* om] **II** *vb tr* **1** förebåda, varsla om **2** spå, förutsäga
Presbyterian [ˌprezbɪˈtɪərɪən] kyrkl. **I** *adj* presbyteriansk; episkopal **II** *s* presbyterian
preschool [ˈpriːskuːl] **I** *adj* förskole- [~ *age* (*child*)] **II** *s* förskola
prescience [ˈpresɪəns] *s* förutseende; vetskap på förhand
prescient [ˈpresɪənt] *adj* förutseende
prescribe [prɪˈskraɪb] *vb tr* **1** föreskriva, bestämma, fastställa **2** med. ordinera **II** *vb itr* **1** ge föreskrifter **2** med. ordinera medicin; ge ordination[er]
prescript [ˈpriːskrɪpt] *s* föreskrift, förordning
prescription [prɪˈskrɪpʃ(ə)n] *s* **1** åläggande, stadgande **2** med. **a**) recept [*make up* (expediera) *a* ~]; *be* (*be placed*) *on* ~ vara (bli) receptbelagd **b**) ordination, föreskrift **c**) medicin [*take this* ~ *three times a day*]
prescriptive [prɪˈskrɪptɪv] *adj* **1** med (som ger) föreskrifter; normativ [*a* ~ *grammar*] **2** hävdvunnen [~ *right*]
presence [ˈprezns] *s* **1** närvaro; närhet; förekomst [*the* ~ *of ore in the rock*]; ~ *of mind* sinnesnärvaro **2** imponerande (ståtlig)

gestalt (person) **3** hållning, yttre [*a man of* [*a*] *noble* ~]; pondus; personlig framtoning; *he has a good* ~ han är representativ, han har verklig pondus
1 present ['preznt] **I** *adj* **1** närvarande [*at* vid; *in* i, på; *to* för tanken o.d.]; *be* ~ *at* äv. övervara; *those* (*the people*) ~ de närvarande **2** nuvarande, innevarande [*the* ~ *month*], [nu] pågående, aktuell [*the* ~ *boom*], nu levande [*the* ~ *generation*], nu gällande [*the* ~ *system*]; närvarande; *in the* ~ *circumstances* under nuvarande förhållanden; *the* ~ *day* (*age*) nutiden, vår tid; *at the* ~ *time* nuförtiden **3** föreliggande, ifrågavarande; *in the* ~ *case* i föreliggande (detta) fall, i det [nu] aktuella fallet; *the* ~ *writer* författaren till dessa rader **4** gram. presens-; *the* ~ *tense* presens **II** *s* **1** *the* ~ nuet [*we must live in the* ~]; *at* ~ för närvarande, just nu; *for the* ~ för närvarande, tills vidare, så länge [*that will do for the* ~]; *there is no time like the* ~ det är lika bra att göra det med en gång, ju förr dess hellre **2** gram., *the* ~ presens; ~ *continuous* progressiv presensform
2 present [ss. subst. 'preznt, ss. vb prɪ'zent] (mil. o.d. se *3 present*) **I** *s* present, gåva, skänk; *he gave it to me as a* ~ jag har fått den i present av honom **II** *vb tr* **1** föreställa, introducera, presentera isht formellt [*to* för; *be* ~*ed at Court*] **2** förete, uppvisa [*this case* ~*s some interesting features*] **3 a)** lägga fram [~ *a bill* (lagförslag), ~ *a plan*], presentera, komma in med, lämna in, överlämna, lämna fram [~ *a petition*] **b)** hand. o.d. presentera [~ *a cheque at the bank*] **4 a)** överlämna [*to* åt, till], överräcka [~ *prizes*], räcka fram [*to* till]; framföra [~ *a message*], sända **b)** skänka, donera; ~ *a p. with a th.* el. ~ *a th. to a p.* ge ngn ngt i present, överlämna (överräcka) ngt till (åt) ngn; *he* ~*ed them with* [*an ultimatum*] han ställde dem inför... **5** teat. o.d. presentera, uppföra, framföra [~ *a new play*] **III** *vb rfl* **1** ~ *oneself* om pers. a) presentera sig b) infinna (inställa) sig; visa sig **2** ~ *oneself* om sak erbjuda sig [*a good opportunity* ~*ed itself*]
3 present [prɪ'zent] *vb tr* mil. o.d. **1** ~ *arms* skyldra gevär **2** lägga an med, rikta [*he* ~*ed a pistol at* (mot) *me*]
presentable [prɪ'zentəbl] *adj* **1** som kan läggas fram etc.; möjlig att lägga fram etc., jfr *2 present II 3* **2** presentabel
presentation [ˌprez(ə)n'teɪʃ(ə)n] *s* **1** presentation av ngn [*to* för] **2** överlämnande m.m., jfr *2 present II 3*; framställning, skildring; utformning; presentation, företeende; *on* ~ *of* mot uppvisande av **3 a)** överlämnande m.m., jfr *2 present II 4* **b)** gåva; ~ *copy* gratisexemplar, friexemplar **4** teat. presentation, uppförande,

framförande [*the* ~ *of a new play*]; skådespel **5** med. fosterläge; *face* ~ ansiktsbjudning
present-day ['prezntdeɪ] *adj* nutidens, nutids-, modern
presenter [prɪ'zentə] *s* **1** person som presenterar **2** radio. el. TV. presentatör
presentiment [prɪ'zentɪmənt] *s* förkänsla isht av något ont; [för]aning
presently ['prezntlɪ] *adv* **1** snart, om en [liten] stund, inom kort; kort därefter **2** för närvarande, nu
preservation [ˌprezə'veɪʃ(ə)n] *s* (jfr *preserve I*) **1** bevarande, skydd[ande] **2** bevarande, bibehållande; *in a good state of* (*in good*) ~ i gott tillstånd, i välbevarat skick **3** konservering **4** vård, fridlysning; ~ *of game* viltvård
preservative [prɪ'zɜ:vətɪv] **I** *adj* bevarande, skyddande; konserverande **II** *s* **1** konserveringsmedel **2** preservativ, skyddsmedel [*against* mot]
preserve [prɪ'zɜ:v] **I** *vb tr* **1** bevara, skydda **2** bibehålla [*she is well* ~*d*]; behålla [~ *one's eyesight*]; upprätthålla **3** konservera [~ *fruit* (*vegetables*)], lägga in, sylta [in], koka in; ~*d foods* [livsmedels]konserver **4** vårda, freda, fridlysa; ~ *game* bedriva [rationell] viltvård; *the fishing is strictly* ~*d* ung. fisket är strängt reglerat **II** *s* **1** ofta pl. ~*s* sylt; marmelad; konserverad frukt **2 a)** [*nature*] ~ [natur]reservat, nationalpark **b)** [*game*] ~ viltreservat, jaktmarker **c)** fiskevatten [med reglerat fiske] **3** bildl. privilegium; reservat
preset [ˌpri:'set] **I** (*preset preset*) *vb tr* ställa in på förhand **II** *adj* i förväg inställd, förinställd
preshrink [ˌpri:'ʃrɪŋk] (*preshrank preshrunk*) *vb tr* krympa, krympfribehandla textilier
preside [prɪ'zaɪd] *vb itr* presidera, sitta (fungera) som (vara) ordförande [*at, over* vid]
presidency ['prezɪd(ə)nsɪ] *s* **1 a)** presidentskap, presidentpost, presidentämbete, presidentperiod; *candidate for the* ~ presidentkandidat **b)** ordförandeskap, ordförandepost, tid som ordförande; presidium **2** amer. befattning (tid) som verkställande direktör
president ['prezɪd(ə)nt] *s* **1 a)** president **b)** ordförande; preses **2** amer. verkställande direktör **3** univ. rektor i Storbritannien vid vissa college, i USA vid ett universitet el. college
presidential [ˌprezɪ'denʃ(ə)l] *adj* president- [~ *election*]; ordförande-; ~ *campaign* presidentvalskampanj; ~ *primary* i USA primärval
presidi|um [prɪ'sɪdɪ|əm] (pl. -*ums* el. -*a* [-ə]) *s* presidium
press [pres] **I** *s* **1 a)** tryckning [*a* ~ *of* (med) *the thumb; a* ~ *of* (på) *the button*] **b)** jäkt[ande] [*the* ~ *of modern life*], nervös brådska, press, tryck [*the* ~ *of many duties*]

press 638

c) trängsel; folkmassa **2 a)** press [*a hydraulic* ~] **b)** pressande, pressning äv. av kläder; press[veck] **3** [tryck]press; *correct the* ~ läsa korrektur; *freedom* (*liberty*) *of the* ~ tryckfrihet; *go to* ~ gå i press **4 a)** tryckeri[företag] **b)** förlag **5** [tidnings]press; *The P*~ *Association* namn på de brittiska tidningarnas telegrambyrå; *the book had a good* ~ boken fick bra recensioner (god press); *a member of the P*~ en representant för pressen **II** *vb tr* **1** pressa [~ *grapes*; ~ *one's trousers*]; trycka [~ *a p.'s hand*]; tränga [*the policemen* ~*ed the crowd back*]; pressa (tränga) in [~ *a p. into* (i) *a corner*]; krama, klämma; ~ [*down*] *the accelerator* trampa ner gaspedalen; ~ *the button* trycka på knappen; ~ *sail* sjö. sätta till alla segel; ~ *the trigger of a gun* trycka av ett gevär (en pistol etc.) **2** truga; pressa, [försöka] tvinga [~ *a p. to do a th.*]; försöka övertala (förmå) [~ *a p. to stay*]; ~ *a th.* [*up*]*on a p.* truga (tvinga) 'på ngn ngt **3 a)** ansätta [~ *the enemy; be hard* ~*ed*], pressa [~ *one's opponent*]; ligga efter [*I* ~*ed him to do it* (för att få honom att göra det)]; hetsa; *he* ~*ed me for the money* [*I owed him*] han krävde mig på de pengar... **b)** *be* ~*ed for* ha ont om (knappt med) [*be* ~*ed for money* (*space*)]; *be* ~*ed for time* ha ont om tid, ha bråttom **4** driva (skynda) på, forcera; *I did not* ~ *the point* jag framhärdade (insisterade) inte **III** *vb itr* **1** pressa, trycka [[*up*]*on* på]; ~ *upon a p.* hårt ansätta ngn; *it* ~*es on my mind* det trycker (tynger) mig; ~ *up to* (*close against*) *a p.* trycka (pressa) sig intill ngn **2** ~ *for* energiskt kräva, yrka på [~ *for higher wages*], ivrigt sträva efter **3** trängas [*crowds* ~*ing round the visitors*] **4** brådska; *time* ~*es* det är bråttom, det brådskar **5** ~ *on* (*forward*) pressa på [*the English were* ~*ing on hard*], pressa (tränga) sig fram, bana sig väg, skynda framåt (på), fortsätta; ~ *on with* [*a new scheme*] energiskt fortsätta med (arbeta på)...
2 press [pres] *vb tr* **1** rekvirera **2** friare ~ *into service* beslagta, ta i bruk, rekvirera [*taxis were* ~*ed into service as troop transports*]
press agency ['pres,eɪdʒ(ə)nsɪ] *s* nyhetsbyrå
press agent ['pres,eɪdʒ(ə)nt] *s* presschef, informationschef, presskommissarie
press box ['presbɒks] *s* pressbås
press-clipping ['pres,klɪpɪŋ] *s* o. **press-cutting** ['pres,kʌtɪŋ] *s* [tidnings]urklipp, pressklipp
press conference ['pres,kɒnfərəns] *s* presskonferens
press gallery ['pres,gælərɪ] *s* pressläktare
pressing ['presɪŋ] **I** *s* upplaga av en grammofonskiva; pressning från grammofonskivematris; skiva **II** *adj* **1** tryckande **2** brådskande [~ *business*]; trängande [~ *need*] **3** enträgen [*a* ~ *invitation*]

press lord ['preslɔ:d] *s* tidningskung, tidningsmagnat
press|man ['pres|mən] (pl. -*men* [-mən]) *s* **1** tidningsman, journalist **2** tryckare
press release ['presrɪ,li:s] *s* se *release I 4*
press stud ['pres stʌd] *s* tryckknapp
press-up ['presʌp] *s* gymn. armhävning från golvet
pressure ['preʃə] **I** *s* **1** tryck äv. bildl.; tryckning [~ *of the hand*], tryckande; press [*he works under* ~], pressning; ~ *of taxation* skattetryck; ~ *of work* arbetsbelastning; *high* ~ högtryck; *work at high* ~ arbeta för högtryck **2** påtryckning[ar]; *put* ~ (*bring* ~ *to bear*) [*up*]*on a p.* el. *put a p. under* ~ utöva påtryckningar (tryck, press) på ngn **3** stress, påfrestning **4** trångmål, nöd; *be under financial* ~ ha ekonomiska svårigheter **5** jäkt[ande], tidspress **II** *vb tr* pressa, sätta press på, tvinga
pressure cabin ['preʃə,kæbɪn] *s* tryckkabin
pressure-cooker ['preʃə,kʊkə] *s* tryckkokare
pressure gauge ['preʃəɡeɪdʒ] *s* manometer, tryckmätare
pressure group ['preʃəɡru:p] *s* påtryckningsgrupp
pressurize ['preʃəraɪz] *vb tr* **1** vidmakthålla normalt lufttryck i; ~*d cabin* tryckkabin; ~*d tennis ball* gasboll **2** utöva påtryckningar på, sätta press på
prestige [pre'sti:ʒ] *s* prestige, status; anseende
prestigious [pre'stɪdʒəs] *adj* ansedd, prestigebetonad, prestigefylld
presto ['prestəʊ] **I** *adv* **1** mus. (it.) presto **2** hastigt, snabbt; *hey* ~! hokuspokus!, vips! **II** (pl. ~*s*) *s* mus. presto
presumably [prɪ'zju:məblɪ] *adv* antagligen, förmodligen, troligen
presume [prɪ'zju:m] *vb tr* o. *vb itr* **1** anta, förmoda; förutsätta; ~ *a p.* (~ *that a p. is*) *innocent* utgå från (förutsätta) att ngn är oskyldig **2 a)** tillåta sig, drista sig, understå sig, ta sig friheten [*to* att; *may I* ~ *to advise you?*]; våga sig på **b)** vara förmäten, ta sig friheter
presumption [prɪ'zʌm(p)ʃ(ə)n] *s* **1 a)** antagande, förmodan; förutsättning **b)** sannolikhet **2** förmätenhet, övermod, arrogans
presumptive [prɪ'zʌm(p)tɪv] *adj* presumtiv; sannolik, grundad på sannolikhet[en], antaglig
presumptuous [prɪ'zʌm(p)tjʊəs] *adj* förmäten, djärv; [alltför] självsäker, övermodig, arrogant
presuppose [,pri:sə'pəʊz] *vb tr* **1** anta [på förhand] **2** förutsätta
pretax ['pri:tæks] *adj* före skatt [~ *earnings*]
pretence [prɪ'tens] *s* **1** förevändning [*for* för; *of* av], svepskäl, undanflykt; föregivande, förebärande, förespegling; [falskt] sken [*a* ~

of friendship]; *by* (*on, under*) *false ~s* genom (under) falska förespeglingar; *on the slightest ~* vid minsta förevändning **2** anspråk [*to* (*at*) på; *without any ~ to wit or style*]; *I make no ~ to being* [*infallible*] jag gör inga anspråk på att vara... **3** anspråksfullhet, skrytsamt uppträdande, pretentioner; tomt prål
pretend [prɪ'tend] **I** *vb tr* **1** låtsas, leka [*let's ~ that we are pirates*] **2** göra anspråk på [*he did not ~ to know much about it*], göra gällande, påstå [*I won't ~ that I know the answer*] **II** *vb itr, ~ to* göra anspråk på [*~ to a title*], göra anspråk på att ha (äga) [*few people ~ to an exact knowledge of the subject*]
pretender [prɪ'tendə] *s* **1** pretendent; tronpretendent **2** hycklare, charlatan, simulant
pretense [prɪ'tens] *s* amer., se *pretence*
pretension [prɪ'tenʃ(ə)n] *s* anspråk [*to* på]; krav, yrkande; pretention [*without literary ~s*]
pretentious [prɪ'tenʃəs] *adj* anspråksfull, pretentiös
preterite o. **preterit** ['pret(ə)rət] *adj* o. *s* gram., *the ~* [*tense*] preteritum, imperfekt
preternatural [ˌpriːtə'nætʃrəl] *adj* onaturlig; övernaturlig
pretext [ss. subst. 'priːtekst, ss. vb ˌpriː'tekst] *s* förevändning, svepskäl, ursäkt [*for* för]; *on* (*under*) [*the*] *~ of* under förevändning (förebärande, föregivande) av
prettify ['prɪtɪfaɪ] *vb tr* piffa upp, snygga till
prettiness ['prɪtɪnəs] *s* söthet, näpenhet osv., jfr *pretty I*
pretty ['prɪtɪ] **I** *adj* **1** söt [*a ~ face* (*girl*)], näpen, gullig, nätt; snygg, vacker [*~ things*]; om sak äv. trevlig, bra; utmärkt; *~ as a picture* vacker som en dag **2** iron. skön, fin, snygg; *a ~ mess* en skön röra **3** betydande, vacker, nätt; *a ~ sum* (*penny*) en nätt summa, en vacker slant **II** *adv* vard. rätt, ganska, tämligen; *~ much* nästan, ungefär, så gott som [*~ much the same*]; *~ well* nästan, praktiskt taget [*we've ~ well finished*], snart sagt; *be sitting ~* a) ha det bra b) ha sitt på det torra c) ligga bra till
pretty-pretty ['prɪtɪˌprɪtɪ] *adj* vard. tvålfager, snutfager; alltför gullig; om färg söt[sliskig]
pretzel ['pretsl] *s* kok. [salt]kringla, salt pinne
prevail [prɪ'veɪl] *vb itr* **1** segra [*truth will ~*], få övertaget [*over* över], ha framgång; [*his ideas*] *have ~ed* äv. ...har stått sig, ...har trängt igenom **2** råda, vara rådande, vara utbredd [*the custom still ~s in the north*], florera, grassera **3** *~* [*up*]*on* förmå, övertala, beveka [*~* [*up*]*on a p. to do a th.*]
prevailing [prɪ'veɪlɪŋ] *adj* rådande [*~ winds*], förhärskande, allmän [*the ~ opinion*], aktuell [*the ~ situation*], [allmänt (vida)] utbredd
prevalence ['prevələns] *s* allmän förekomst, allmänt bruk, utbredning

prevalent ['prevələnt] *adj* rådande, förhärskande, gängse, allmän [*the ~ opinion*], utbredd, i allmänt bruk; *be ~* äv. råda, florera, grassera [*drug-taking is ~ in the big cities*]
prevaricate [prɪ'værɪkeɪt] *vb itr* komma med (göra) undanflykter, slingra sig
prevarication [prɪˌværɪ'keɪʃ(ə)n] *s* undanflykt[er]; undvikande svar
prevent [prɪ'vent] *vb tr* hindra [*from* från], förhindra, förebygga, förekomma; *I ~ed him* [*from*] (*~ed his*) *doing it* jag hindrade honom [från] att göra det
preventable [prɪ'ventəbl] *adj* som kan [för]hindras (förebyggas)
prevention [prɪ'venʃ(ə)n] *s* förhindrande, förebyggande, förekommande; med. profylax; *~ is better than cure* bättre förekomma än förekommas; *the ~ of cruelty to animals* ung. djurskydd; *the ~ of cruelty to children* förhindrande av barnmisshandel
preventive [prɪ'ventɪv] *adj* preventiv, preventiv- [*~ war*], hindrande, förebyggande [*~ measures*]; med. äv. profylaktisk; *~ medicine* profylax
preview ['priːvjuː] **I** *s* förhandsvisning **II** *vb tr* förhandsvisa
previous ['priːvjəs] **I** *adj* **1** föregående, tidigare; *~ knowledge* (*training*) förkunskaper **2** vard. förhastad, för tidig **II** *adv, ~ to* före; innan, förrän
previously ['priːvjəslɪ] *adv* förut, tidigare; i förväg, på förhand; *~ to*, se *previous II*
prewar [ˌpriː'wɔː, attr. '--] *adj* förkrigs-, före kriget
prey [preɪ] **I** *s* rov, byte; bildl. äv. offer, villebråd; *be* (*become, fall*) [*a*] *~ to* vara (bli) ett rov för, vara ett (bli ett, falla) offer för; *beast of ~* rovdjur; *bird of ~* rovfågel **II** *vb itr, ~* [*up*]*on* a) jaga, leva på [*hawks ~ing on small birds*] b) plundra c) tära (tynga) på, trycka [*~ on a p.'s mind* (ngn)]
price [praɪs] **I** *s* **1** pris; hand. äv. kurs; *fixed* (*set*) *~* fast pris; [*you can get fresh asparagus*] *at a ~* ...om man är villig (beredd) att betala; *cheap at the ~* prisbillig, prisvärd; *at any ~* a) till varje pris b) för allt i världen [*I wouldn't have missed it at any ~*]; *at reduced ~s* till nedsatta priser **2** odds; *starting ~s* odds omedelbart före loppet **3** vard., *what ~ democracy now?* iron. vad ger du för demokratin nu då? **II** *vb tr* **1** prissätta, fastställa priset på **2** *~ oneself out of the market* tappa marknad genom för hög prissättning
price bracket ['praɪsˌbrækɪt] *s* prisklass
price ceiling ['praɪsˌsiːlɪŋ] *s* pristak
price control ['praɪskənˌtrəʊl] *s* o. **price curb** ['praɪskɜːb] *s* priskontroll
price-fixing ['praɪsˌfɪksɪŋ] *s* prissättning, prisreglering

price freeze ['praɪsfriːz] *s* prisstopp
price index ['praɪsˌɪndeks] *s* prisindex; *retail* (amer. *consumer*) ~ konsumentprisindex
priceless ['praɪsləs] *adj* **1** oskattbar, oersättlig [*a* ~ *painting*] **2** ovärderlig **3** vard. obetalbar
price level ['praɪsˌlevl] *s* prisnivå, prisläge
price list ['praɪslɪst] *s* prislista
price range ['praɪsreɪn(d)ʒ] *s* prisklass
pricey ['praɪsɪ] *adj* vard. dyrbar, dyr
prick [prɪk] **I** *s* **1** stick, styng; sting; stickande; **~s of conscience** samvetskval **2** *kick against the ~s* spjärna emot **3** tagg **4** vulg. kuk, pitt **5** vulg., om person jävla idiot **II** *vb tr* **1** sticka; sticka hål i (på) [~ *a balloon*]; ~ *one's finger* [*with* (*on*) *a needle*] sticka sig i fingret [på en nål] **2** stinga; *his conscience ~ed him* han kände ett styng i samvetet **3** pricka av (för) på en lista o.d. **4** ~ [*up*] *one's ears* spetsa öronen
prickle ['prɪkl] **I** *s* **1** tagg; törntagg, törne **2** stickande [känsla] **II** *vb tr* o. *vb itr* sticka; stickas
prickly ['prɪklɪ] *adj* **1** taggig **2** stickande känsla
prickteaser ['prɪkˌtiːzə] *s* se *cockteaser*
pride [praɪd] **I** *s* **1** stolthet [*in* över]; självkänsla; högmod, övermod; *false* ~ ogrundad stolthet, högfärd; ~ *goes before* (*will have*) *a fall* högmod går före fall; *take* [*a*] ~ *in* a) vara stolt (känna stolthet) över b) sätta sin stolthet (ära) i; *that wounded* (*hurt*) *his* ~ det gick hans ära för när, det sårade hans stolthet **2** glans, prakt **3** *the* ~ *of* blomman (de bästa) av; *this pup is the* ~ *of the litter* den här valpen är den finaste i kullen **4** *give* ~ *of place to* sätta främst (i första rummet) **5** flock [*a* ~ *of lions* (*peacocks*)] **II** *vb rfl*, ~ *oneself* [*up*]*on* vara stolt över, berömma sig av
priest [priːst] *s* **1** präst isht katolsk el. icke-kristen **2** (isht) officiell beteckning för präst inom anglikanska kyrkan med rang mellan biskop o. diakon
priestess [ˌpriːst'es, 'priːstəs] *s* prästinna
priesthood ['priːsthʊd] *s* **1** prästerlig värdighet, prästerligt ämbete **2** prästerskap; prästvälde
prig [prɪg] *s* självgod person (pedant)
priggish ['prɪgɪʃ] *adj* självgod, petig, pedantisk
prim [prɪm] *adj* **1** prudentlig, strikt; prydlig [*a* ~ *garden*], sirlig **2** pryd, sipp
prima ballerina [ˌpriːməbælə'riːnə] *s* prima ballerina
primacy ['praɪməsɪ] *s* **1** företräde, överlägsenhet **2** kyrkl. primat, ärkebiskopsvärdighet
prima donna [ˌpriːmə'dɒnə] *s* primadonna
primaeval [praɪ'miːv(ə)l] *adj* se *primeval*
prima facie [ˌpraɪmə'feɪʃɪ] *adv* o. *adj* lat. vid första påseendet (anblicken), i första ögonblicket
primarily ['praɪm(ə)rəlɪ] *adv* **1** primärt, ursprungligen **2** huvudsakligen, först och främst, i första hand, i främsta rummet
primary ['praɪmərɪ] **I** *adj* **1** primär, första, ursprunglig, grund-, grundläggande, elementär; ~ *colours* fys. grundfärger; ~ *education* grundläggande undervisning, lågstadieundervisning, jfr ~ *school* nedan; ~ *election* se *II 1*; ~ *rocks* urberg; ~ *school* primärskola, lågstadieskola: a) britt. motsv. 6-årig grundskola för åldrarna 5-11 b) amer. motsv. 3-(4-)årig grundskola **2** huvudsaklig, huvud-, förnämst, störst [*of* ~ *importance*] **II** *s* i USA **1** primärval **2** förberedande valmöte isht mellan valledarna; nomineringsmöte
primate [i bet. *1* 'praɪmət, i bet. *2* 'praɪmeɪt] *s* **1** kyrkl. primas; *the P~ of England* benämning på ärkebiskopen av York; *the P~ of all England* benämning på ärkebiskopen av Canterbury **2** (pl. ~*s* ['praɪmeɪts el. praɪ'meɪtiːz]) zool. primat
prime [praɪm] **I** *adj* **1** främsta, viktigast, förnämst, huvud-; ~ *minister* premiärminister; statsminister; ~ [*television*] *time* bästa sändningstid i TV **2** prima, förstklassig **3** primär, ursprunglig, tidig, första **4** matem., ~ *number* primtal **5** bank., ~ [*interest*] *rate* lägsta [utlånings]ränta **II** *s*, *in one's* ~ el. *in the* ~ *of life* i sin krafts dagar, i sina bästa år; *he is past his* ~ han har sina bästa år bakom sig; *it is past its* ~ den har sett sina bästa dagar **III** *vb tr* **1** tekn. o.d. flöda [~ *a carburettor*]; aptera [~ *a gun*, ~ *a charge* (sprängladdning)] **2** instruera, preparera [*the witness had been* ~*d beforehand*] **3** vard. proppa full med mat o.d.; ~ *with liquor* fylla [med sprit]; *well* ~*d* överförfriskad, påstruken **4** grunda, grundmåla
1 primer ['praɪmə] *s* nybörjarbok; abc-bok
2 primer ['praɪmə] *s* **1** tändrör, tändhatt, knallhatt **2** grundfärg, 'primer'
primeval [praɪ'miːv(ə)l] *adj* urtids-, ursprunglig, ur-, första; ~ *forest* urskog
primitive ['prɪmɪtɪv] **I** *adj* **1** primitiv, ursprunglig, ur-, äldst; *in* [*the*] ~ *ages* i urtiden **2** enkel, gammaldags, primitiv [~ *weapons*] **II** *s* urinnevånare
primness ['prɪmnəs] *s* **1** prudentlighet; prydlighet **2** prydhet, sipphet etc., jfr *prim*
primogeniture [ˌpraɪməʊ'dʒenɪtʃə] *s* **1** [*right of*] ~ förstfödslorätt **2** förstfödsel
primordial [praɪ'mɔːdjəl] *adj* primitiv, ursprunglig; ~ *force* urkraft
primp [prɪmp] **I** *vb tr* fiffa upp, snygga till; ~ *oneself* se *II* **II** *vb itr* göra (klä) sig fin, göra sig vacker
primrose ['prɪmrəʊs] *s* bot. primula, viva; isht jordviva
primula ['prɪmjʊlə] *s* bot. primula
Primus ['praɪməs] *s* ®, ~ [*stove*] primus[kök]
prince [prɪns] *s* prins, jfr *Wales*; furste; *P~*

Charming sagoprins[en], drömprins[en]; prinsen i sagor; ~ *consort* prinsgemål; *live like a* ~ leva furstligt (som en prins)
princely ['prɪnslɪ] *adj* furstlig äv. bildl.; furste-
princess [prɪn'ses, attr. '--] *s* prinsessa; furstinna
Princeton ['prɪnstən] geogr. egenn.; amer. universitetsstad
principal ['prɪnsəp(ə)l] I *adj* huvudsaklig, huvud-, främsta, förnämst, viktigast, väsentligast; i titlar första [~ *librarian*]; ~ *actor* huvudrollsinnehavare; ~ *clause* (*sentence*) gram. huvudsats; ~ *parts* [*of a verb*] [ett verbs] tema[former]; ~ *town* huvudort II *s* 1 chef, principal; skol. o.d. rektor, föreståndare 2 solist i orkesterstämma; teat. huvudperson 3 jur. el. hand. huvudman, uppdragsgivare 4 duellant [*the ~s and their seconds*] 5 kapital på vilket ränta betalas
principality [ˌprɪnsɪ'pælətɪ] *s* furstendöme; *the P~* benämning på Wales
principally ['prɪnsəp(ə)lɪ] *adv* huvudsakligen, väsentligen, i främsta rummet
principle ['prɪnsəpl] *s* 1 princip; grund; grundsats; *make it a* ~ ha som (göra det till) princip; *in* ~ i princip, principiell[t]; *a man of* ~ en man med principer (grundsatser); *as a matter of* ~ av princip; av principskäl; *question of* ~ principfråga 2 princip [*Archimedes' ~*], lag
principled ['prɪnsəpld] *adj* ss. efterled i sms. med...principer [*high-principled* jfr d.o.]
prink [prɪŋk] I *vb tr* pryda, fiffa upp; ~ *oneself up* se II II *vb itr*, ~ [*up*] göra sig fin (vacker)
print [prɪnt] I *s* 1 boktr. tryck; stil; *large* (*small*) ~ stor (liten, fin) stil; *the small* ~ det finstilta; *be in* ~ a) föreligga i tryck b) finnas [att få (tillgå)]; *out of* ~ utgången på förlaget, utsåld [från förlaget] 2 avtryck [~ *of a finger* (*foot*)], intryck, märke, spår [*the ~s of a squirrel in the snow*] 3 [*cotton*] ~ tryckt bomullstyg, kattun; *a* ~ *dress* en klänning i tryckt bomullstyg 4 a) konst. o.d. tryck, gravyr [*old Japanese ~s*; *colour-print*]; stick; [tryckt] plansch; reproduktion b) foto. kopia; kort II *vb tr* 1 trycka bok o.d.; publicera; *~ed circuits* elektr. tryckta kretsar; *~ed matter* trycksak[er]; ~ *out* data. printa, skriva ut (göra utskrift av) på skrivare 2 skriva med tryckstil (tryckbokstäver), texta [*please ~*] 3 a) märka genom påtryck; trycka 'på (in, av); bildl. inprägla [*the scene is ~ed in* (*on*) *my memory*] b) trycka [~ *a design*] 4 a) konst. o.d. ta (göra) [ett] avtryck av, trycka b) foto. kopiera
printable ['prɪntəbl] *adj* tryckbar
printer ['prɪntə] *s* 1 [bok]tryckare, tryckeriarbetare; *~'s error* tryckfel; *~'s ink* trycksvärta 2 data. skrivare, skrivenhet, printer

printing ['prɪntɪŋ] *s* 1 a) tryckning [*second ~*], tryck b) tryckeriverksamhet; kopiering 2 [*art of*] ~ boktryckarkonst
printing-house ['prɪntɪŋhaʊs] *s* större [bok]tryckeri
printing-press ['prɪntɪŋpres] *s* tryckpress
print-out ['prɪntaʊt] *s* data. utskrift
prior ['praɪə] I *adj* föregående; tidigare, äldre [*to* än]; förhands- [*~ right*], i förväg; *have a ~ claim to* ha förhandsrätt till II *adv*, ~ *to* före [~ *to his marriage*]; ~ *to leaving* [, *he...*] innan han gav sig i väg... III *s* prior
prioress ['praɪərəs] *s* priorinna
priority [praɪ'ɒrətɪ] *s* prioritet, företräde[srätt], förtur[srätt] [*over* framför], förmånsrätt; trafik. förkörsrätt; *be a first* (*top*) ~ ha högsta prioritet; *give ~ to* prioritera; *take ~ over* gå före
priory ['praɪərɪ] *s* priorskloster, priorinnekloster
prise [praɪz] *vb tr* 1 bända, baxa; ~ *off* bända av (loss); ~ *open* bända (bryta) upp 2 bildl. ~ *a secret out of a p.* lirka ur ngn en hemlighet
prism ['prɪz(ə)m] *s* prisma
prison ['prɪzn] *s* fängelse, fångvårdsanstalt; *in* ~ i fängelse[t]; *be in* ~ sitta i fängelse (häktad); *put in* (*go to*) ~ sätta (bli satt) i fängelse; *take to* ~ föra i fängelse, fängsla
prison camp ['prɪznkæmp] *s* fångläger, krigsfångeläger
prisoner ['prɪznə] *s* fånge; *the* ~ äv. den häktade; ~ *of war* krigsfånge; *keep* (*hold*) *a p.* ~ hålla ngn fången äv. bildl.; *make a p.* [*a*] ~ el. *take a p.* ~ ta ngn till fånga, fånga in ngn
prissy ['prɪsɪ] *adj* vard. 1 pimpinett, prudentlig; sipp, pryd 2 feminin
pristine ['prɪstiːn, -taɪn] *adj* forntida, gammaldags; primitiv; oförsdärvad, ursprunglig [*~ freshness*]
privacy ['prɪvəsɪ, 'praɪv-] *s* avskildhet, ostördhet; privatliv; *in* ~ a) i enrum b) i stillhet [*live in ~*]
private ['praɪvət] I *adj* 1 privat, personlig [*my ~ opinion*]; enskild; privat- [~ *school* (*secretary*)]; ~ *account* eget (privat) konto; ~ *bar* finare avdelning på en pub; ~ *branch exchange* m.fl. (tele.), se *exchange I 3*; *in his ~ capacity* [*he is...*] som privatperson...; *with ~ entrance* med egen ingång; ~ *detective* (*investigator*, vard. *eye*) privatdetektiv, vard. privatdeckare; ~ *member* vanlig parlamentsmedlem som inte är minister; ~ *practice* privatpraktik; *doctor in ~ practice* privatpraktiserande läkare; ~ *soldier* menig (vanlig) soldat; ~ *theatricals* amatörteater; ~ *ward* (*room*) enskilt rum på sjukhus; [*the funeral*] *will be strictly* ~ ...sker i stillhet 2 avskild; hemlig, privat, sluten [*a ~ meeting*]; dold; ~ *and confidential* privat,

privateer

[meddelad] i förtroende; *a ~ conversation (interview)* ett samtal mellan fyra ögon (på tu man hand); *~ number* tele. hemligt nummer; *~ parts* könsdelar; *keep ~ hemlighålla* **II** *s* **1** mil. menig **2** *in ~* privat, enskilt, mellan fyra ögon, på tu man hand, i [all] tysthet, i hemlighet; i stillhet **3** pl. *~s* könsdelar
privateer [ˌpraɪvəˈtɪə] *s* **1** kapare, kaparfartyg **2** kaparkapten; kapare
privately [ˈpraɪvətlɪ] *adv* privat, personligt; enskilt
privation [praɪˈveɪʃ(ə)n] *s* umbärande[n], försakelse
privatization [ˌpraɪvətaɪˈzeɪʃ(ə)n] *s* privatisering
privatize [ˈpraɪvətaɪz] *vb tr* privatisera
privet [ˈprɪvɪt] *s* bot. liguster
privilege [ˈprɪvəlɪdʒ] **I** *s* **1** privilegium; [ensam]rätt; rättighet; [särskild] förmån [*I had the ~ of hearing her sing*]; *it is my ~ to* [*introduce…*] det är en glädje och ära för mig att… **2** parl. immunitet **II** *vb tr* privilegiera
privileged [ˈprɪvəlɪdʒd] *adj* **1** privilegierad [*the ~ classes*], gynnad **2** konfidentiell, avgiven under tystnadsplikt [*a ~ communication*]
privy [ˈprɪvɪ] **I** *adj* **1** *~ to* [hemligt] medveten om, invigd (delaktig, jur. medintresserad, berörd) i **2** *the P~ Council* ung. riksrådet med numera huvudsakligen formella funktioner **3** *~ parts* könsdelar **II** *s* toalett, [ute]dass
1 prize [praɪz] **I** *s* **1** pris; premie; premium; belöning, lön **2** [lotteri]vinst; *the first ~* högsta vinsten **3** attr. pris- [*~ competition* (tävling)]; prisbelönt, premierad [*~ cattle*]; vard. värd ett pris, prima **II** *vb tr* värdera (skatta) [högt]
2 prize [praɪz] sjö. **I** *s* pris, uppbringat fartyg (gods) **II** *vb tr* uppbringa
3 prize [praɪz] *vb tr* se *prise*
prize-day [ˈpraɪzdeɪ] *s* skol. avslutningsdag
prizefight [ˈpraɪzfaɪt] *s* proffsboxningsmatch
prizefighter [ˈpraɪzˌfaɪtə] *s* proffsboxare
prize-giving [ˈpraɪzˌgɪvɪŋ] *s* premieutdelning; prisutdelning
prize money [ˈpraɪzˌmʌnɪ] *s* prissumma, prispengar, prisbelopp
prizewinner [ˈpraɪzˌwɪnə] *s* pristagare
PRO [ˌpiːɑːrˈəʊ] förk. för *Public Relations Officer*
1 pro [prəʊ] lat. **I** *prefix* **1** pro-, -vän[lig] [*pro-British*] **2** pro- [*proconsul*], vice- **II** (pl. *~s*) *s* (ibl. *adv*) skäl för; *~ and con* för och emot; *the ~s and cons* skälen för och emot; *weigh the ~s and cons* äv. väga för- och nackdelar mot varandra
2 pro [prəʊ] (pl. *~s*) *s* förk. för *professional* **1** vard. proffs [*a golf ~*] **2** sl. fnask
probabilit|y [ˌprɒbəˈbɪlətɪ] *s* sannolikhet, probabilitet båda äv. matem. [*of* för, av]; rimlighet; möjlighet; chans [*what are the*

-*ies?*]; *in all ~* med all sannolikhet, antagligen
probable [ˈprɒb(ə)bl] **I** *adj* **1** sannolik, trolig [*a ~ winner*] **2** trovärdig [*a ~ character in a book*] **II** *s* sannolik deltagare
probably [ˈprɒb(ə)blɪ] *adv* sannolikt, troligen, troligtvis, förmodligen; rimligtvis
probate [ˈprəʊbeɪt, -bət] *s* jur. testamentsbevakning
probation [prəˈbeɪʃ(ə)n] *s* **1** prov [*two years on ~*], prövning **2** jur. skyddstillsyn; övervakning; villkorlig dom; *be put on ~* dömas till skyddstillsyn, få villkorlig dom; *be released on ~* bli villkorligt frigiven
probationer [prəˈbeɪʃnə] *s* kandidat, elev, aspirant; novis; *~* [*nurse*] sjuksköterskeelev
probe [prəʊb] **I** *s* **1** sond äv. för utforskning av rymden [*a lunar ~*] **2** [offentlig] undersökning [*into* beträffande, av] **II** *vb tr* **1** sondera **2** undersöka grundligt, utforska, tränga in i; söka igenom **III** *vb itr* **1** sondera **2** tränga in [*into* i]
probity [ˈprəʊbətɪ, ˈprɒb-] *s* redlighet, redbarhet
problem [ˈprɒbləm] *s* problem, fråga; uppgift; *no ~!* inga problem!, inga bekymmer!; *have you got a ~?* el. *what's your ~?* isht amer. vard. vad tjafsar (bråkar) du om?, vad är det?; *~ child* problembarn; bildl. sorgebarn
problematic [ˌprɒbləˈmætɪk] *adj* o.
problematical [ˌprɒbləˈmætɪk(ə)l] *adj* problematisk, tvivelaktig
problem-ridden [ˈprɒbləmˌrɪdn] *adj* problemfylld
proboscis [prə(ʊ)ˈbɒsɪs] *s* snabel
procedural [prəˈsiːdʒər(ə)l] *adj* procedur-, procedurmässig
procedure [prəˈsiːdʒə, -djʊə] *s* procedure äv. jur.; förfarande, förfaringssätt
proceed [prəˈsiːd] *vb itr* **1** fortsätta [sin väg], gå (köra o.d.) vidare (framåt); *~ on one's journey* (*way*) fortsätta sin resa (sin väg, vägen framåt) **2 a)** fortsätta [*please ~ with your work*] **b)** fortskrida, fortgå, försiggå, pågå **3 a)** övergå [*from* från; *to* till]; *~ to take action* skrida till handling; *let's ~ to business* låt oss sätta i gång (börja arbeta) **b)** *~ to* + inf. börja [*he ~ed to get angry*], övergå till att, gripa sig an (ta itu) med att **4** gå till väga, förfara [*in vid*]; handla [*~ on* (efter) *certain principles*]; bära sig åt [*with* med]
proceeding [prəˈsiːdɪŋ] *s* **1** förfarande, förfaringssätt, tillvägagångssätt, handlingssätt, procedur, åtgärd **2** pl. *~s* **a)** förehavanden, handlingar **b)** i domstol, sällskap o.d. förhandlingar; protokoll, [tryckta] handlingar, skrifter **c)** [*legal*] *~s* lagliga åtgärder, rättegång[sförfarande]; *institute* (*take*, *start*) *legal* (*judicial*) *~s against* vidta rättsliga åtgärder mot

proceeds ['prəʊsi:dz] *s pl* intäkter, inkomster
process ['prəʊses, amer. vanl. 'prɒs-] **I** *s* **1** gång, fortgång, förlopp; *in the* ~ samtidigt, på samma gång; *be in* ~ pågå, försiggå, vara i gång; *in* ~ *of construction* under byggnad (uppförande); *I was in the* ~ *of washing [my car when...]* jag höll just på med att tvätta... **2** process [*chemical* ~*es*]; isht tekn. äv. metod [*the Bessemer* ~]; procedur, förfaringssätt, förfarande; *manufacturing* ~ tillverkningsmetod, framställningssätt **II** *vb tr* **1** tekn. o.d. behandla äv. data.; preparera, bereda [~ *leather*]; ~*ed cheese* smältost; ~*ed milk* mejeribehandlad mjölk **2** reproducera på fotomekanisk väg; framkalla [~ *a film*] **3** [rutin]behandla [*his application was quickly* ~*ed*]
procession [prə'seʃ(ə)n] *s* procession, kortege, [fest]tåg
processor ['prəʊsesə, amer. vanl. 'prɒ-] *s* **1** data. processor, dator; centralenhet **2** *food* ~ matberedare
proclaim [prə'kleɪm] *vb tr* **1** proklamera, tillkännage, deklarera, kungöra, [offentligt] förkunna; påbjuda; utropa till [*he was* ~*ed king*] **2** avslöja ...såsom
proclamation [,prɒklə'meɪʃ(ə)n] *s* proklamation, tillkännagivande; *issue* (*make*) *a* ~ utfärda en proklamation (en kungörelse)
proclivity [prə(ʊ)'klɪvətɪ] *s* benägenhet, böjelse
procrastinate [prə'kræstɪneɪt] *vb itr* dra ut på (förhala) tiden, skjuta upp saken
procrastination [prə,kræstɪ'neɪʃ(ə)n] *s* förhalande, förhalning
procreate ['prəʊkrɪeɪt] *vb tr* avla, alstra
procreation [,prəʊkrɪ'eɪʃ(ə)n] *s* **1** avlande, alstrande, alstring; fortplantning **2** alster
proctor ['prɒktə] *s* univ. a) 'proctor' ämbetsman med uppgift att övervaka disciplinen m.m. b) amer. examensövervakare, skrivvakt
procure [prə'kjʊə] **I** *vb tr* **1** skaffa, skaffa fram (in); [för]skaffa sig; utverka, lyckas uppnå **2** bedriva koppleri med **II** *vb itr* bedriva koppleri
procurer [prə'kjʊərə] *s* **1** anskaffare **2** kopplare
prod [prɒd] **I** *vb tr* **1** sticka [~ *a p. with a bayonet*], sticka till, stöta till, peta hårt på [~ *a p. with a stick*]; stoppa [*into* in i] **2** bildl. sporra, egga, stimulera, reta; ~ *a p.'s memory* ge ngns minne lite hjälp på traven **II** *vb itr,* ~ *at* sticka [till], stöta till **III** *s* **1** stöt, stick; *give a p. a* ~ stöta (sticka) till ngn, peta hårt på ngn **2** spets, spetsigt föremål; pik[stav]
prodigal ['prɒdɪg(ə)l] **I** *adj* slösaktig [*of* med]; frikostig, rundhänt; *the P~ Son* bibl. den förlorade sonen **II** *s* slösare
prodigious [prə'dɪdʒəs] *adj* **1** häpnadsväckande, vidunderlig, fantastisk **2** ofantlig, fenomenal
prodigy ['prɒdɪdʒɪ] *s* under [*the -ies of nature*], underverk; vidunder; [*infant*] ~ underbarn
produce [*ss.* vb prə'dju:s, *ss. subst.* 'prɒdju:s] **I** *vb tr* **1** a) producera, framställa, tillverka; skapa b) alstra, frambringa [~ *a sound*]; ge, bära [*the tree* ~*s fruit*], avkasta c) åstadkomma, framkalla [~ *a reaction*], vålla, väcka [*the film* ~*d a sensation*], utlösa; leda till [~ *results*] **2** ta (plocka, dra, få) fram [~ *a paper from one's pocket*], skaffa [fram] [~ *a witness*], visa upp (fram) [~ *one's passport*] **3 a)** film. producera, spela in [~ *a film*] **b)** teat. regissera, iscensätta, sätta upp; framföra, uppföra **c)** film. producera, spela in [~ *a film*] **4** geom. förlänga, dra [ut] **II** *s* **1** produkter av jordbruk o.d. [*dairy* (*garden*) ~]; alster, varor; *farm* (*agricultural*) ~ jordbruksprodukter **2** produktion
producer [prə'dju:sə] *s* **1** producent, fabrikant, tillverkare; ~ *goods* produktionsvaror, kapitalvaror **2 a)** film., radio. el. TV. producent; *executive* ~ produktionsledare **b)** teat. regissör; amer. äv. teaterchef, teaterdirektör
product ['prɒdʌkt, -dəkt] *s* produkt i olika bet.; vara, alster; verk; bildl. frukt, foster
production [prə'dʌkʃ(ə)n] *s* **1 a)** produktion, framställning, tillverkning **b)** alstring, frambringande **2** produkt, alster; isht litterärt o. konstnärligt verk **3** framskaffande; framläggande, företeende, uppvisande (jfr *produce I 2*) **4 a)** teat. regi, iscensättning, uppsättning; framförande, uppförande **b)** film. produktion, inspelning
productive [prə'dʌktɪv] *adj* **1** produktiv, fruktbar [~ *work*]; bördig; rik [*of* på; *a* ~ *oilfield*] **2** produktions- [~ *capacity*; ~ *apparatus*]
productivity [,prɒdʌk'tɪvətɪ] *s* produktivitet [*increase* ~]; produktionsförmåga
prof [prɒf] *s* vard. profet professor
profanation [,prɒfə'neɪʃ(ə)n] *s* profanering, vanhelgande, vanhelgd, missbruk
profane [prə'feɪn] **I** *adj* **1** världslig, icke-kyrklig, profan [~ *literature*] **2** hädisk, gudlös; vanvördig; ~ *language* svordomar **II** *vb tr* profanera, vanhelga
profanity [prə'fænətɪ] *s* **1** hädelse[r], svordom[ar] **2** gudlöshet, hädiskhet **3** världslighet
profess [prə'fes] *vb tr* **1** förklara [*they* ~*ed themselves content*]; tillkännage att man har [*he* ~*ed a great interest in my welfare*] **2** göra anspråk på, ge sig ut för [~ *to be an authority on...*]; låtsas **3** bekänna sig till [~ *Christianity*], bekänna sin tro på **4** utöva [~ *medicine* (läkaryrket)], praktisera
professed [prə'fest] *adj* förklarad, avgjord, svuren [*a* ~ *enemy of reform*]

profession [prə'feʃ(ə)n] *s* **1** yrke isht med högre utbildning; yrkesområde; *the learned ~s* ung. de akademiska yrkena; *the military ~* militäryrket, den militära banan; *by ~* till yrket (professionen) **2** yrkeskår **3** [högtidlig] förklaring [*~s of loyalty*], försäkring, bedyrande **4** bekännelse; *~ of faith* trosbekännelse

professional [prə'feʃ(ə)nl] **I** *adj* **1** yrkes- [*a ~ politician*], förvärvs- [*~ life*], yrkesutövande, yrkesmässig; professionell [*~ football*], proffs-, proffsig; *~ duties* plikter som yrkesman **2** professionell, proffs-, för proffs, [avsedd] för yrkesmässigt bruk [*a ~ tape-recorder*] **II** *s* yrkesman, fackman; professionell, proffs

professionalism [prə'feʃ(ə)nəlɪz(ə)m] *s* **1** yrkesmässighet, yrkesanda, yrkeskunnighet **2** professionalism

professionally [prə'feʃnəlɪ] *adv* yrkesmässigt, professionellt; som yrkesman (fackman); i yrket

professor [prə'fesə] *s* **1** univ. professor [*~ of* (i) *English at* (in) *the university of O.*] **2** bekännare

professorship [prə'fesəʃɪp] *s* professur

proffer ['prɒfə] litt. **I** *vb tr* räcka (sträcka) fram [*~ a gift*]; erbjuda [*~ one's services*] **II** *s* erbjudan

proficiency [prə'fɪʃ(ə)nsɪ] *s* färdighet, skicklighet, kunnighet [*in* (*at*) [*doing*] *a th.* i [att göra] ngt], [behöriga] kunskaper; *certificate of ~* kompetensbevis

proficient [prə'fɪʃ(ə)nt] *adj* skicklig, kunnig, duktig [*in* (*at*) [*doing*] *a th.* i [att göra] ngt]; *make oneself ~* förkovra sig

profile ['prəʊfaɪl] **I** *s* **1** profil äv. fackspr. i div. bet.; [porträtt i] profil; *keep a low ~* ligga lågt, hålla en låg profil **2** porträtt levnadsbeskrivning [*a ~ of the new prime minister*] **II** *vb tr* profilera äv. tekn.; framställa (avbilda) i profil

profit ['prɒfɪt] **I** *s* **1** vinst, förtjänst, profit; vinning, utbyte; behållning, avkastning [äv. pl. *~s*]; *~ and loss account* vinst- och förlustkonto; *~ margin* vinstmarginal; *make a* [*clear*] *~ of* [*£1000*] göra en (ren) förtjänst (vinst) på…; *make a ~ on* (*by*) tjäna på **2** *derive* (*gain*) *~ from* dra (ha) nytta (fördel) av, ha utbyte (behållning) av **II** *vb itr*, *~ by* (*from*) dra (ha) nytta (fördel) av, tillgodogöra sig, utnyttja; vinna på, tjäna på [*~ by a transaction*], profitera på

profitable ['prɒfɪtəbl] *adj* **1** nyttig, givande, fruktbar [*~ discussions*]; tacksam **2** vinstgivande, förmånlig, lönande [*~ investments*]

profiteer [ˌprɒfɪ'tɪə] **I** *s* profitör, profithaj **II** *vb itr* ockra; profitera

profiteering [ˌprɒfɪ'tɪərɪŋ] *s* svartabörsaffärer, jobberi, ocker [med varor]

profit-sharing ['prɒfɪtˌʃeərɪŋ] *s* vinstdelning; vinstandelssystem; *~ scheme* vinstandelsplan

profligacy ['prɒflɪɡəsɪ] *s* **1** utsvävande (vilt) liv, omoral, sedeslöshet **2** [hejdlöst] slöseri, överdåd

profligate ['prɒflɪɡət] **I** *adj* **1** utsvävande, omoralisk, sedeslös **2** [hejdlöst] slösaktig [*of med*], överdådig **II** *s* utsvävande människa

profound [prə'faʊnd] *adj* **1** djup [*~ anxiety* (*interest, silence, sleep*)] **2** djupsinnig **3** grundlig, djupgående [*~ studies*]; mycket lärd (insiktsfull); *~ knowledge* grundliga kunskaper **4** outgrundlig [*~ mysteries*], dunkel

profoundly [prə'faʊndlɪ] *adv* djupt (etc., jfr *profound*); innerligt [*~ grateful*]; ytterst [*~ silly*]; i grunden [*the country changed ~*]

profundit|y [prə'fʌndətɪ] *s* **1** djup **2** djupsinnighet [*philosophical -ies*], djupsinne; grundlighet

profuse [prə'fju:s] *adj* **1** översvallande [*~ hospitality*]; *offer ~ apologies* be tusen gånger om ursäkt **2** ymnig, riklig

profusely [prə'fju:slɪ] *adv* ymnigt, rikligt, våldsamt [*sweat ~*]; *~ illustrated* rikt illustrerad

profusion [prə'fju:ʒ(ə)n] *s* **1** slöseri **2** ymnighet; överflöd [*roses grew there in ~*]; rikedom, [riklig] mängd

progenitor [prə(ʊ)'dʒenɪtə] *s* stamfader

progeny ['prɒdʒənɪ] *s* avkomma

prognos|is [prɒɡ'nəʊsɪs] (pl. *-es* [-i:z]) *s* isht med. prognos

prognosticate [prɒɡ'nɒstɪkeɪt] **I** *vb tr* förutsäga, prognosticera **II** *vb itr* ställa en prognos, prognosticera

prognostication [prɒɡˌnɒstɪ'keɪʃ(ə)n] *s* **1** prognos; förutsägelse **2** förebud, varsel

program ['prəʊɡræm] **I** *s* **1** data. program **2** isht amer. a) se *programme I* b) dagordning **II** *vb tr* **1** isht amer., se *programme II* **2** isht data. programmera [*~ a computer*]; programstyra

programme ['prəʊɡræm] **I** *s* program; skol. o.d. äv. kurs, [läro]plan **II** *vb tr* göra upp program för, planlägga; programmera

programmer ['prəʊɡræmə] *s* data. programmerare

progress [ss. subst. 'prəʊɡres, isht amer. 'prɒɡ-; ss. vb prə'ɡres] **I** *s* **1** a) framsteg, framåtskridande, utveckling; utbredning [*the ~ of Fascism*] b) förlopp, [fort]gång c) framryckning; *~ report* statusrapport, lägesrapport; *the ~ of events* händelseutvecklingen, händelseförloppet; *make ~* göra framsteg, gå framåt; *in ~* [som är] på (i) gång, [som är] under utförande (utarbetande); *be in ~* äv. pågå [*negotiations are in ~*], försiggå **2** färd, resa **II** *vb itr* göra framsteg, utvecklas; fortskrida

progression [prə'ɡreʃ(ə)n] *s* **1** förflyttning

framåt; fortgång; *in* ~ i följd, efter varandra
2 progression
progressive [prə'gresɪv] **I** *adj* **1** progressiv, framstegsvänlig [~ *policy*], reformvänlig; framstegs- [~ *party*]; avancerad [~ *music* (*views*)], modern **2** [gradvis] tilltagande [~ *deterioration*], fortlöpande, successiv, fortskridande; *on a* ~ *scale* i stigande skala; ~ *taxation* progressiv beskattning **3** framåtgående, framåtskridande **4** språkv., ~ *tense* progressiv (pågående) form **II** *s* framstegsvän, framstegsman
prohibit [prə'hɪbɪt] *vb tr* **1** förbjuda [~ *a p. from doing* (att göra) *a th.*] **2** förhindra; hindra [~ *a p. from doing* ([från] att göra) *a th.*]
prohibition [ˌprəʊ(h)ɪ'bɪʃ(ə)n] *s* förbud [*against, on* mot]; rusdrycksförbud, spritförbud
prohibitionist [ˌprəʊ(h)ɪ'bɪʃənɪst] *s* förbudsanhängare, förbudsvän, förbudsivrare
prohibitive [prə'hɪbɪtɪv] *adj* prohibitiv; *a* ~ *price* ett oöverkomligt (prohibitivt) pris
prohibitory [prə'hɪbɪt(ə)rɪ] *adj* förbuds- [~ *law*]
project [ss. vb prə'dʒekt, ss. subst. 'prɒdʒekt] **I** *vb tr* **1** projektera [~ *a new dam*], göra utkast (lägga fram förslag) till, planera, planlägga; perf. p. ~*ed* äv. påtänkt, tilltänkt **2** projicera äv. psykol. [*she* ~*ed her own fears on to* (på) *her husband*] **3** framhäva, låta framträda **4** slunga (skjuta) [ut], kasta [ut] **5** kasta [~ *a shadow*]; rikta [~ *a beam of light on to a th.*]; ~*ed shadow* slagskugga **II** *vb itr* skjuta fram (ut), sticka fram; ~*ing* framskjutande, utstående; utbyggd [~*ing window*] **III** *s* projekt, företag, plan, uppslag; skol. specialarbete
projectile [prə'dʒektaɪl, amer. -'dʒektl] **I** *adj* **1** framdrivande, driv- [~ *force*], kast- **2** som kan avskjutas [*a* ~ *missile*] **II** *s* projektil
projection [prə'dʒekʃ(ə)n] *s* **1** projektering [*the* ~ *of a new dam*], planering, planläggning **2** a) projektion; projektionsritning b) projektionsbild, filmbild **3** psykol. o.d. projektion; projicering **4** utslungande, utskjutande, utskjutning, utkastande **5** utstående del, utsprång
projector [prə'dʒektə] *s* projektor, projektionsapparat; *film* ~ filmprojektor
prole [prəʊl] *s* vard. proletär
proletarian [ˌprəʊlɪ'teərɪən] **I** *s* proletär **II** *adj* proletär-, proletär
proletariat [ˌprəʊlɪ'teərɪət, -ɪæt] *s* proletariat; *the dictatorship of the* ~ proletariatets diktatur
pro-life [ˌprəʊ'laɪf] *adj* abortfientlig, mot abort
pro-lifer [ˌprəʊ'laɪfə] *s* abortmotståndare
proliferate [prə'lɪfəreɪt] *vb itr* snabbt föröka sig; sprida sig

proliferation [prəˌlɪfə'reɪʃ(ə)n] *s* bildl. förökning, mångfaldigande; spridning
prolific [prə'lɪfɪk] *adj* fruktsam, som förökar sig snabbt; produktiv [*a* ~ *writer*]
prolix ['prəʊlɪks, -'-] *adj* långrandig, omständlig
prologue ['prəʊlɒg] **I** *s* prolog; bildl. äv. förspel **II** *vb tr* inleda (förse) med en prolog
prolong [prə'lɒŋ] *vb tr* förlänga, dra ut, prolongera; dra ut på, tänja ut; ~*ed* äv. lång[dragen], långvarig [*after* ~*ed negotiations*], ihållande [~*ed rain*]
prolongation [ˌprəʊlɒŋ'geɪʃ(ə)n, ˌprɒl-] *s* förlängning, prolongation
prom [prɒm] *s* vard. **1** promenadkonsert **2** [strand]promenad **3** amer. studentbal, skolbal
promenade [ˌprɒmə'nɑːd, amer. vanl. -'neɪd, attr. '---] **I** *s* **1 a)** abstr. promenad; tur; ~ *concert* promenadkonsert **b)** konkr. [strand]promenad **2** amer., se *prom 3* **II** *vb itr* promenera **III** *vb tr* **1** promenera på [~ *the streets*] **2** promenera med
promenader [ˌprɒmə'nɑːdə, -'neɪdə] *s* **1** flanör, promenerande **2** åhörare [vid promenadkonsert]
prominence ['prɒmɪnəns] *s* **1** framskjuten ställning, framträdande plats; bemärkthet, prominens; *come into* ~ träda i förgrunden **2** utsprång; upphöjning [*a* ~ *in the middle of a plain*]
prominent ['prɒmɪnənt] *adj* **1** utstående [~ *eyes*], utskjutande, framskjutande **2** iögonenfallande, framträdande [*in a* ~ *place*] **3** framstående, prominent, bemärkt; framträdande [*play a* ~ *part* (*role*)], framskjuten, ledande [~ *position*]; ~ *figure* förgrundsfigur
promiscuity [ˌprɒmɪ'skjuːətɪ] *s* promiskuitet
promiscuous [prə'mɪskjʊəs] *adj* **1** promiskuös, lösaktig; ~ *sexual relations* äv. tillfälliga sexuella förbindelser **2 a)** urskillningslös **b)** blandad, brokig [*a* ~ *audience*]; oordnad [*a* ~ *mass*]; ~ *bathing* gemensamhetsbad
promise ['prɒmɪs] **I** *s* löfte [*of* om; *a* ~ *of assistance*]; förespegling; *there was every* ~ *of...* det fanns (var) alla utsikter till…; *make* (*give*) *a* ~ ge (avlägga) ett löfte; *show* ~ vara lovande, se lovande ut; *of great* (*high*) ~ el. *full of* ~ löftesrik, mycket lovande **II** *vb tr* o. *vb itr* **1** lova; utlova; *I* ~ jag lovar, det lovar jag; *I* ~ *you* vard. jag försäkrar (lovar) [*I* ~ *you it won't be easy*]; ~ *the moon* [*and the stars*] el. ~ *the earth* (*pie in the sky*) lova guld och gröna skogar; *the Promised Land* bibl. o. bildl. det förlovade landet **2** förebåda [*the clouds* ~ *rain*]; *it* ~*s to be* [*a fine day*] det artar sig till [att bli]…, det ser ut att bli…

promising ['prɒmɪsɪŋ] *adj* lovande [*a ~ beginning* (*boy*)], löftesrik
promissory ['prɒmɪsərɪ, prə'mɪs-] *adj* löftes-; *~ note* revers, betalningsförbindelse, skuldsedel
promontory ['prɒməntrɪ] *s* hög udde
promote [prə'məʊt] *vb tr* **1 a**) befordra, upphöja; *be ~d* äv. få befordran, avancera, gå vidare; *~ a p.* [*to be*] *captain* befordra ngn till kapten **b**) sport. flytta upp **2** främja, gynna, verka för **3** puffa för, lansera [*~ certain products*]; *~ sales* aktivera försäljningen **4** grunda, stifta, [vara med om att] starta [*~ a new business company*] **5** vara promotor för [*~ a boxing match*]
promoter [prə'məʊtə] *s* **1** främjare, gynnare **2** initiativtagare, upphovsman [*of* till]; *company ~* stiftare av [ett] aktiebolag **3** promotor
promotion [prə'məʊʃ(ə)n] *s* **1 a**) befordran, avancemang; *be due for ~* vänta på (ha utsikt till) befordran **b**) sport. uppflyttning **2** främjande [*the ~ of a scheme*], gynnande, befordrande **3** marknadsföring; *~ campaign* säljkampanj **4** stiftande [*~ of a company*]
prompt [prɒm(p)t] **I** *adj* snabb, snar, omgående, omedelbar, skyndsam [*~ help*; *a ~ reply*], kvick, prompt; *take ~ action* vidta snabba åtgärder **II** *adv* precis, på slaget **III** *s* teat. sufflering, viskning [från sufflören] **IV** *vb tr* **1** driva [*he was ~ed by patriotism*], förmå, tvinga, mana; *~ a p. to* äv. få ngn att [*what ~ed him to say that?*] **2 a**) teat. sufflera **b**) lägga orden i munnen på, påverka [*don't ~ the witness*]; hjälpa på traven **3** föranleda, ge anledning till, orsaka [*what ~ed his resignation?*]
prompter ['prɒm(p)tə] *s* **1** teat. sufflör, sufflös; *~'s box* sufflörlucka **2** tillskyndare, anstiftare
promptitude ['prɒm(p)tɪtju:d] *s* snabbhet, beredvillighet, skyndsamhet
promulgate ['prɒm(ə)lgeɪt, amer. vanl. prə'mʌlgeɪt] *vb tr* **1** utfärda, kungöra, promulgera, offentliggöra [*~ a law* (*a decree*)] **2** förkunna [*~ a creed*]; sprida [*~ learning*]; föra fram [*~ a theory*]
promulgation [ˌprɒm(ə)l'geɪʃ(ə)n] *s* **1** utfärdande, promulgation etc., jfr *promulgate 1* **2** förkunnande etc., jfr *promulgate 2*
pron. fork. för *pronoun*, *pronunciation*
prone [prəʊn] *adj* **1** framstupa [*fall* (*lie*) *~*]; framåtlutad; *in a ~ position* [liggande] på magen **2** raklång, utsträckt **3** fallen, benägen; utsatt [*to* för], hemfallen [*to* åt]; *be ~ to* äv. ha anlag (benägenhet) för [*be ~ to idleness*]; *they are ~ to accidents* de råkar ofta ut för olyckor [i trafiken]
prong [prɒŋ] *s* på gaffel o.d. klo, spets, udd; på räfsa pinne

pronominal [prə(ʊ)'nɒmɪnl] *adj* gram. pronominell
pronoun ['prəʊnaʊn] *s* gram. pronomen
pronounce [prə'naʊns] **I** *vb tr* **1** uttala; *how do you ~ it?* hur uttalas det? **2** avkunna, uttala, fälla [*~ judgement* (*sentence*)] **3** förklara [*the judge ~d the man guilty*], deklarera; *I now ~ you man and wife* jag förklarar er härmed för äkta makar **II** *vb itr* **1** uttala sig [[*up*]*on* om; *for* (*in favour of*) för; *against* mot] **2** *~ badly* ha dåligt uttal
pronounced [prə'naʊnst] *adj* **1** uttalad **2** tydlig, avgjord [*a ~ difference*], klar [*a ~ tendency*]; utpräglad, stark [*~ accent*]; [starkt] markerad [*~ features*]; uttalad [*~ symptoms*]; pronocerad
pronouncement [prə'naʊnsmənt] *s* proklamation, uttalande, förklaring
pronto ['prɒntəʊ] *adv* vard. på momangen
pronunciation [prəˌnʌnsɪ'eɪʃ(ə)n] *s* uttal
proof [pru:f] **I** *s* **1** bevis [*of* på, för; *that* för (på) att; *to the contrary* på (för) motsatsen]; bevisföring; *give ~ of* a) bevisa b) vittna om, ge ett (visa) prov på **2** prov; *put a p.* (*a th.*) *to the ~* pröva ngn (ngt), sätta ngn (ngt) på prov; *the ~ of the pudding is in the eating* först när man prövat en sak vet man vad den går för **3** a) boktr. korrektur b) foto. provkort, råkopia **4** hos spritdrycker normalstyrka ung. 50 volymprocent alkohol; *86*[*%*] *~* 43% alkohol **II** *adj* motståndskraftig [*against* mot], oemottaglig [*~ against* (för) *flattery*] **III** *vb tr* göra vattentät, impregnera; preparera [*against* mot]
proofread ['pru:fri:d] (*proofread proofread*) *vb tr* o. *vb itr* korrekturläsa
proofreader ['pru:fˌri:də] *s* korrekturläsare
proof sheet ['pru:fʃi:t] *s* korrektur
proof spirit ['pru:fˌspɪrɪt] *s* spritdryck med normalstyrka, jfr *proof I 4*
1 prop [prɒp] **I** *s* stötta, stöd, stöttepelare äv. bildl. **II** *vb tr*, *~* [*up*] stötta (palla) [upp (under)], sätta stöttor under, hålla uppe, bära upp, stödja äv. bildl.; luta, ställa
2 prop [prɒp] *s* sl. propeller
propaganda [ˌprɒpə'gændə] *s* propaganda; *~ machine* propagandaapparat
propagandist [ˌprɒpə'gændɪst] *s* propagandist
propagandize [ˌprɒpə'gændaɪz] *vb itr* bedriva propaganda, propagera
propagate ['prɒpəgeɪt] **I** *vb tr* **1** biol. o.d. föröka, fortplanta **2** sprida [ut] [*~ rumours*], utbreda [*~ beliefs*]; propagera [för] **II** *vb itr* **1** föröka (fortplanta) sig **2** sprida (utbreda) sig
propagation [ˌprɒpə'geɪʃ(ə)n] *s* **1** biol. o.d. fortplantning, förökning **2** spridning, utbredning
propagator ['prɒpəgeɪtə] *s* spridare [*~ of slander*]; propagandist
propane ['prəʊpeɪn] *s* kem. propan

propel [prə'pel] *vb tr* [fram]driva [*~led by electricity*]; *~ling pencil* stiftpenna, skruvpenna
propellant [prə'pelənt] *s* **1** drivmedel, drivladdning, bränsle t.ex. för raketer **2** drivkraft
propeller [prə'pelə] *s* propeller
propensity [prə'pensətɪ] *s* benägenhet, anlag
proper ['prɒpə] *adj* **1** rätt [*in the ~ way*], riktig [*a ~ doctor*; *a ~ job*]; lämplig, passande; tillbörlig, vederbörlig, behörig; *in a ~ condition* i gott skick; *the ~ owner* rätt ägare, den rättmätige ägaren **2** anständig [*~ behaviour*], passande, korrekt **3** särskild; därtill hörande; *~ to* som [normalt] hör ihop med [*a game ~ to the winter*], som passar för [*a hat ~ to the occasion*] **4** egentlig; *~ fraction* egentligt bråk; *London ~* det egentliga London, själva London; *in a ~ sense* i egentlig mening (betydelse) **5** gram., *~ noun* (*name*) egennamn **6** vard. riktig [*a ~ idiot* (*nuisance*)], rejäl, ordentlig [*a ~ beating* (*row*)], verklig
properly ['prɒpəlɪ] *adv* **1** rätt, på rätt sätt [*the matter was not ~ handled* (skött)], riktigt [*as you very ~ remark*]; ordentligt [*she likes to do a thing ~*], väl [*behave ~*], som sig bör, passande, lämpligt [*~ dressed*], anständigt; vederbörligen; *he very ~ refused* han vägrade med rätta **2** *~ speaking* i egentlig mening **3** vard. riktigt, ordentligt
propertied ['prɒpətɪd] *adj* besutten [*the ~ classes*]
propert|y ['prɒpətɪ] *s* **1** egendom [*these books are my ~*], ägodelar, förmögenhet; *personal* (*movable*) *~* [personlig] lösegendom, lösöre; *law of ~* förmögenhetsrätt **2** egendom[ar], fastighet[er] [äv. *house ~*]; ägor; *~ speculator* fastighetsspekulant, markspekulant, tomtjobbare **3** egenskap [*the -ies of iron*] **4** teat. o.d., mest pl. *-ies* rekvisita
prophecy ['prɒfəsɪ] *s* profetia; spådom, förutsägelse; *have the gift of ~* ha siargåva
prophesy ['prɒfəsaɪ] *vb tr* o. *vb itr* profetera, [före]spå, sia, förutsäga
prophet ['prɒfɪt] *s* profet; spåman, siare
prophetic [prə'fetɪk] *adj* o. **prophetical** [prə'fetɪk(ə)l] *adj* **1** profetisk [*~ inspiration* (*writings*)] **2** *be ~ of* förebåda
prophylactic [ˌprɒfɪ'læktɪk] med. **I** *adj* profylaktisk, förebyggande **II** *s* profylaktiskt medel
prophylaxis [ˌprɒfɪ'læksɪs] *s* med. profylax
propitiate [prə'pɪʃɪeɪt] *vb tr* blidka
propitiation [prəˌpɪʃɪ'eɪʃ(ə)n] *s* blidkande
propitiatory [prə'pɪʃɪət(ə)rɪ] *adj* försonande, blidkande
propitious [prə'pɪʃəs] *adj* **1** gynnsam [*to, for* för; *~ weather* (*occasion*)], fördelaktig **2** nådig, välvillig

propjet ['prɒpdʒet] *adj* turboprop- [*~ aircraft* (*engine*)]
proportion [prə'pɔːʃ(ə)n] **I** *s* **1** proportion, [storleks]förhållande; *in ~* i proportion [därtill], proportionsvis, i motsvarande omfattning (mängd); *be in due ~ to* stå i rätt proportion (förhållande) till; *out of* [*all*] *~* oproportionerlig[t]; *be out of* [*all*] *~ to* el. *bear no ~ to* inte stå i [rimlig] proportion till **2** isht pl. *~s:* **a**) harmoniska proportioner [*a room of* (med) *beautiful ~s*]; *have a sense of ~* ha sinne för proportioner **b**) dimensioner, proportioner [*assume* (anta) *alarming ~s*], omfång, omfattning [*of considerable ~s*] **3** del [*a large ~ of the population*], andel; *in equal ~s* i lika delar **4** matem. a) analogi b) reguladetri **II** *vb tr* avpassa, anpassa, avväga, jämka, proportionera [*to* efter]
proportional [prə'pɔːʃnl] **I** *adj* proportionell [*to* mot]; *~ representation* proportionellt valsystem, proportionalism **II** *s* matem. proportional
proportionally [prə'pɔːʃnəlɪ] *adv* proportionellt; proportionsvis, förhållandevis, i proportion
proportionate [prə'pɔːʃ(ə)nət] *adj* proportionerlig, proportionell [*to* mot, till]
proportionately [prə'pɔːʃ(ə)nətlɪ] *adv* se *proportionally*
proposal [prə'pəʊz(ə)l] *s* **1** förslag [*for* om, till], uppslag **2** frieri, giftermålsanbud
propose [prə'pəʊz] **I** *vb tr* **1** föreslå **2** lägga fram [*~ a plan*], framställa **3** ämna, tänka [*I ~ to start* (*~ starting*) *early*] **II** *vb itr* **1** fria [*to* till] **2** *Man ~s, God disposes* människan spår, men Gud rår
proposer [prə'pəʊzə] *s*, *~* [*of a motion*] förslagsställare, motionär
proposition [ˌprɒpə'zɪʃ(ə)n] **I** *s* **1** påstående; *as a general ~* [*it may be said that*] rent allmänt... **2** förslag **3** logik. el. matem. sats **4** vard. **a**) affär [*a paying ~*]; historia, sak [*that's quite another ~*], grej; företag; *it's a tempting ~* det (tanken) är verkligen frestande (lockande); *that was a tough ~* det var hårda bud (en svår match) **b**) *he is a tough ~* han är svår (inte god) att tas med **II** *vb tr*, *~ a p.* vard. a) göra ngn ett skamligt förslag b) komma med ett affärsförslag till ngn
propound [prə'paʊnd] *vb tr* lägga fram, föreslå [*~ a scheme*], framställa, uppställa [*~ a theory*]
proprietary [prə'praɪət(ə)rɪ] *adj* ägande, ägar-; i enskild ägo, privatägd; *~ articles* märkesvaror; *the ~ classes* de besuttna klasserna; *~ medicine* patentskyddad medicin; *~ name* varumärke
proprietor [prə'praɪətə] *s* ägare, innehavare
proprietress [prə'praɪətrəs] *s* ägarinna, innehavarinna

propriety [prə'praɪətɪ] *s* **1** anständighet, dekorum; konvenans; *overstep the bounds of ~* överskrida gränserna för det tillåtna; *sense of ~* känsla för det passande, anständighetskänsla **2** riktighet, lämplighet
props [prɒps] *s pl* (förk. för *properties*) teat. vard. rekvisita
propulsion [prə'pʌlʃ(ə)n] *s* framdrivning; *jet ~* jetdrift
propulsive [prə'pʌlsɪv] *adj* framdrivande
prosaic [prə'zeɪɪk] *adj* prosaisk; enformig
proscenium [prə'siːnjəm] *s* teat. proscenium
proscribe [prə'skraɪb] *vb tr* **1** proskribera; förklara fredlös; landsförvisa **2** förbjuda
prose [prəʊz] *s* prosa
prosecute ['prɒsɪkjuːt] I *vb tr* **1** jur. åtala; lagligen beivra [*~ a crime*]; *offenders will be ~d* överträdelse beivras **2** fullfölja, [söka] slutföra (genomföra) [*~ an investigation*] II *vb itr* väcka åtal
prosecution [ˌprɒsɪ'kjuːʃ(ə)n] *s* **1** jur. a) åtal; *director of public ~s* riksåklagare b) *the ~* åklagarsidan; kärandesidan; *witness for the ~* åklagarvittne **2** fullföljande, slutförande **3** bedrivande, utövande [*in the ~ of his duties*]
prosecutor ['prɒsɪkjuːtə] *s* kärande isht i brottmål; åklagare; *public ~* allmän åklagare
proselyte ['prɒsəlaɪt] I *s* proselyt; nyomvänd [*to* till] II *vb tr* o. *vb itr* se *proselytize*
proselytize ['prɒsəlɪtaɪz] I *vb tr* göra till proselyt; omvända II *vb itr* [söka] värva (vinna) proselyter
prosody ['prɒsədɪ] *s* språkv. prosodi; litt. metrik
prospect [ss. subst. 'prɒspekt, ss. vb prə'spekt, 'prɒspekt] I *s* **1** [vidsträckt] utsikt (vy) **2** sceneri[er], landskap; ibl. vidd[er] **3** utsikt [*there is no ~ of* (till) *success*], framtidsperspektiv [*it's not a very cheerful* (roligt) *~*]; förespegling [*of* om]; pl. *~s* äv. framtidsutsikter, möjligheter [*a job offering good ~s*]; förhoppningar; *~s in life* framtidsutsikter; *hold out the ~s of a th. to a p.* förespegla ngn ngt, ställa ngt i utsikt för ngn **4** vard. [eventuell] kandidat [*for* till]; *he is a good ~* han är ett framtidslöfte (en påläggskalv), han är någonting att satsa på II *vb itr* prospektera [*for* efter], leta [*for oil* (efter) olja]; söka, forska III *vb tr* genomsöka, undersöka, leta igenom [*~ a region for gold*]
prospective [prə'spektɪv] *adj* eventuell, framtida [*~ profits*], motsedd; blivande [*your ~ son-in-law*]; *~ buyer* eventuell (potentiell) köpare (kund), spekulant
prospector [prə'spektə] *s* prospektor, oljeletare, malmletare; isht guldgrävare
prospectus [prə'spektəs] *s* prospekt, broschyr; [tryckt] program för kurs o.d.
prosper ['prɒspə] *vb itr* ha framgång, lyckas; blomstra [upp], gå bra
prosperity [prɒ'sperətɪ] *s* välstånd [*live in ~*], välmåga; blomstring [*time of ~*]; lycka, välgång, medgång, framgång; högkonjunktur
prosperous ['prɒsp(ə)rəs] *adj* **1** [upp]blomstrande; välmående, välbärgad [*a ~ merchant* (*nation*)]; lyckosam [*a ~ enterprise*], lycklig; framgångsrik [*a ~ year*] **2** gynnsam [*a ~ moment*]
prostaglandin [ˌprɒstə'glændɪn] *s* fysiol. prostaglandin
prostate ['prɒsteɪt, -tɪt] *s* anat., *~* [*gland*] prostata; *he had a ~* [*operation*] han opererades för prostata
prostatitis [ˌprɒstə'taɪtɪs] *s* med. prostatit
prostitute ['prɒstɪtjuːt] I *s* prostituerad, fnask II *vb tr* prostituera; prisge, sälja [*~ one's honour*], kasta bort [*~ one's talents*] III *vb rfl*, *~ oneself* prostituera sig äv. bildl.; sälja sig
prostitution [ˌprɒstɪ'tjuːʃ(ə)n] *s* prostitution; prisgivande etc., jfr *prostitute II*
prostrate [ss. adj. 'prɒstreɪt, -rɪt, ss. vb prɒ'streɪt] I *adj* **1** framstupa [*fall ~*], utsträckt [på magen] [*lie ~*] **2** bildl. slagen [till marken], besegrad, krossad; nedbruten II *vb tr* **1** slå till marken, slå ned **2** *~ oneself* kasta sig (buga sig) till marken **3** utmatta; bryta ner [*~d with* (av) *grief*]
prostration [prɒ'streɪʃ(ə)n] *s* **1** a) nedfallande [till marken] b) bildl. ödmjukhet, undergivenhet; förnedring **2** fullständig utmattning; nedbrutenhet
prosy ['prəʊzɪ] *adj* prosaisk; långtråkig, andefattig
protagonist [prə'tægənɪst] *s* **1** huvudperson i ett drama o.d.; protagonist **2** förkämpe, förgrundsgestalt
protect [prə'tekt] *vb tr* skydda [*from, against* för, mot], beskydda, värna
protection [prə'tekʃ(ə)n] *s* **1** skydd [*from, against* för, mot], beskydd, protektion, hägn [*under* (i) *the ~ of the law*], värn; *be under a p.'s ~* stå under ngns beskydd **2** vard., *~* [*money*] beskyddarpengar, mutor till gangsterorganisation **3** ekon. tullskydd
protectionism [prə'tekʃənɪz(ə)m] *s* protektionism, tullskydd
protective [prə'tektɪv] *adj* **1** skyddande, skydds- [*~ clothing*]; *~ colouring* (*coloration*) biol. skyddsfärg **2** beskyddande [*towards* [gent]emot]; beskyddar- [*~ instincts*]
protector [prə'tektə] *s* beskyddare
protectorate [prə'tekt(ə)rət] *s* protektorat
protégé ['prəʊteʒeɪ, 'prɒt-] *s* (kvinna *protégée* [samma utt.]) *s* fr. skyddsling, protegé
protein ['prəʊtiːn] *s* kem. protein, äggviteämne
protest [ss. subst. 'prəʊtest, ss. vb prə(ʊ)'test] I *s* protest, gensaga; *~ meeting* protestmöte; *enter* (*lodge, make, register*) *a ~* inge (lägga in, avge) en protest; *under ~* under protest[er] II *vb itr* protestera, inlägga protest [*against* mot]; *~ about* (*at*) beklaga sig

(klaga) över, reagera mot III *vb tr* **1** bedyra [*~ one's innocence*] **2** hand., *~ a bill* [låta] protestera en växel **3** isht amer. protestera mot
protestant ['prɒtɪst(ə)nt] I *s* **1** *P~* protestant **2** person som protesterar II *adj* **1** *P~* protestantisk **2** protesterande
Protestantism ['prɒtɪst(ə)ntɪz(ə)m] *s* protestantism[en]
protestation [ˌprəʊte'steɪʃ(ə)n] *s* **1** bedyrande, försäkran, försäkring [*of* om] **2** protest
protocol ['prəʊtəkɒl] *s* **1** protokoll, utkast till fördrag **2** protokoll, [diplomatiska] etikettsregler
proton ['prəʊtɒn] *s* fys. proton
protoplasm ['prəʊtə(ʊ)ˌplæz(ə)m] *s* biol. protoplasma
prototype ['prəʊtə(ʊ)taɪp] *s* prototyp; urtyp, urbild [*of* för], förebild [*of* för, till]
protozoan [ˌprəʊtə(ʊ)'zəʊən] zool. I *s* urdjur, protozo II *adj* urdjurs-, protozoisk
protract [prə'trækt] *vb tr* dra ut på [*~ a visit*], förhala; fördröja [*bad weather ~ed the work*]; förlänga, utsträcka
protracted [prə'træktɪd] *adj* utdragen, långdragen [*~ negotiations*]
protractor [prə'træktə] *s* gradskiva, [kart]vinkelmätare
protrude [prə'tru:d] I *vb tr* sticka fram (ut) [*~ the tongue*], skjuta fram (ut) II *vb itr* skjuta fram (ut), stå ut [*his ears ~*]
protruding [prə'tru:dɪŋ] *adj* framskjutande, utskjutande, utstående [*~ ears (eyes)*]; *~ jaw* äv. underbett; *~ teeth* äv. överbett
protrusion [prə'tru:ʒ(ə)n] *s* **1** framstickande, framskjutande **2** framskjutande del, utsprång
protuberance [prə'tju:b(ə)r(ə)ns] *s* utbuktning; protuberans, knöl, utväxt; bula
protuberant [prə'tju:b(ə)r(ə)nt] *adj* framskjutande, utskjutande, utstående
proud [praʊd] I *adj* **1** stolt [*of* över]; *I'm ~ of knowing* (*~ to know*) *him*]; högmodig **2** ståtlig [*a ~ sight* (anblick)], lysande, imponerande **3** uppsvälld [*a ~ stream*]; *~ flesh* svallkött, dödkött II *adv* vard., *do a p. ~* a) hedra ngn [*his conduct did him ~*] b) göra sig en massa besvär för ngns skull, slå på stort för ngn; *do oneself ~* slå på stort
prove [pru:v] (*proved proved*; perf.p. isht amer. äv. *proven*) I *vb tr* bevisa, styrka; visa [*experience ~s that...*]; *~ oneself* visa vad man duger till (går för); *the exception ~s the rule* undantaget bekräftar regeln; *~ a p.* (*a th.*) *to be* bevisa att ngn (ngt) är; *he ~d himself* [*to be*] *a brave man* han visade sig vara tapper II *vb itr*, *~* [*to be*] visa sig vara [*all ~d in vain*]
provenance ['prɒvənəns] *s* ursprung [*antique furniture of doubtful ~*], härkomst, ursprungsort; proveniens [*the ~ of a manuscript*]

Provence [prɒ'vɑ:ns] geogr.
provender ['prɒvəndə] *s* **1** [torr]foder för husdjur **2** skämts. käk, foder
proverb ['prɒvɜ:b] *s* ordspråk; [*the Book of*] *Proverbs* bibl. Ordspråksboken
proverbial [prə'vɜ:bjəl] *adj* ordspråksmässig, ordspråksartad; ordspråks-, i ordspråket [*like the ~ fox*]; allmänt känd, legendarisk, ökänd; *~ saying* ordstäv; *become ~* bli [till] ett ordspråk
proverbially [prə'vɜ:bjəlɪ] *adv* ordspråksmässigt; *he is ~ stupid* han är känd för sin dumhet
provide [prə'vaɪd] I *vb tr* **1** anskaffa, skaffa, sörja för, ordna med, stå för [*who'll ~ the food?*]; *~ one's own food* ta med sig (hålla sig med) egen mat; *towels not ~d* handdukar tillhandahålls inte; *~ oneself with* förse sig med, skaffa sig **2** ge, skänka [*the tree ~s shade*], lämna, utgöra **3** om lag o.d. föreskriva, stadga [*the law ~s that* (att)...] II *vb itr*, *~ against* a) vidta åtgärder [för att skydda sig] mot b) jur. förbjuda [*this clause ~s against the use of...*]; *~ for* a) vidta åtgärder för (med tanke på) b) försörja [*~ for a large family*]; sörja (ordna, svara) för [*he ~s for his son's education*]; tillgodose [*~ for one's needs*] c) jur. tillåta [*our statutes ~ for a certain flexibility*]; *~ for oneself* försörja sig; *she is well ~d for* det är väl sörjt för henne
provided [prə'vaɪdɪd] *konj*, *~* [*that*] förutsatt att, på villkor att, om [bara], såvida
providence ['prɒvɪd(ə)ns] *s*, *P~* försynen; *divine P~* el. *the P~ of God* Guds försyn
provident ['prɒvɪd(ə)nt] *adj* **1** förutseende **2** sparsam **3** understöds- [*~ fund*]
providential [ˌprɒvɪ'denʃ(ə)l] *adj* bestämd av försynen; *he had a ~ escape* det var en försynens skickelse att han klarade sig
provider [prə'vaɪdə] *s* vard. familjeförsörjare
providing [prə'vaɪdɪŋ] *konj*, *~* [*that*] se *provided*
province ['prɒvɪns] *s* **1** provins; landskap **2** pl. *the ~s* landsorten, provinsen **3** [verksamhets]fält, område, fack; *it is not* [*within*] *my ~* det är inte mitt område (min sak)
provincial [prə'vɪnʃ(ə)l] I *adj* **1** regional; provins-; landskaps- **2** provinsiell, landsorts-, landsortsmässig, lantlig, småstadsaktig II *s* landsortsbo, småstadsbo
provincialism [prə'vɪnʃəlɪz(ə)m] *s* **1** provinsialism **2** lantlighet, småstadsaktighet
provision [prə'vɪʒ(ə)n] I *s* **1** a) anskaffande, ombesörjande, tillhandahållande b) försörjning, underhåll c) åtgärd, förberedelse **2** pl. *~s* livsmedel, matvaror, proviant; *~ dealer* (*merchant*) livsmedelshandlare, matvaruhandlare

3 bestämmelse, stadga[nde]; villkor II *vb tr* proviantera
provisional [prə'vɪʒənl] *adj* provisorisk, tillfällig, interimistisk; preliminär; ~ *arrangement* äv. provisorium; ~ *government* provisorisk regering, interimsregering
provis|o [prə'vaɪzəʊ] (pl. *-os*, ibl. *-oes*) *s* förbehåll, reservation; [förbehålls]klausul, bestämmelse
provocation [ˌprɒvə'keɪʃ(ə)n] *s* provokation, utmaning; incitament, impuls, anledning [*to* till]; *at* (*on*) *the slightest* ~ vid minsta anledning
provocative [prə'vɒkətɪv] I *adj* utmanande [*a* ~ *dress*], provokativ, provocerande [~ *language*], provokatorisk II *s* stimulerande medel, något som stimulerar (eggar)
provoke [prə'vəʊk] *vb tr* **1** reta [upp], förarga **2** provocera, reta, förmå, sporra, driva [*to* till; *to do* (*into doing*) *a th.* att göra ngt]; *be easily ~d to anger* lätt bli arg **3** framkalla [~ *a storm*; ~ *a reaction*], utlösa, provocera [fram] [~ *riots*]; väcka [~ *indignation*], uppväcka, vålla
provoking [prə'vəʊkɪŋ] *adj* retsam, förarglig, irriterande; *how ~!* så förargligt!
prow [praʊ] *s* för[stäv], framstam; poet. skepp
prowess ['praʊɪs] *s* mest litt. **1** tapperhet, mannamod; bravur **2** skicklighet, framgång
prowl [praʊl] I *vb itr* stryka omkring isht efter byte II *vb tr* stryka omkring i (på) [*wolves ~ the forest*] III *s* **1** *be* (*go*) *on the* ~ vara ute (gå ut) på jakt, stryka omkring [*for* [på jakt] efter] **2** *~ car* amer. polisbil, radiobil
prowler ['praʊlə] *s* **1** person (djur) som stryker omkring **2** smygande tjuv
proximity [prɒk'sɪmətɪ] *s* närhet; *in close ~ to* i omedelbar närhet av
proxy ['prɒksɪ] *s* fullmakt; ställföreträdare, fullmaktsinnehavare; *by ~* genom fullmakt (ombud)
prude [pruːd] *s* pryd (sipp) människa
prudence ['pruːd(ə)ns] *s* klokhet, försiktighet, förståndighet
prudent ['pruːd(ə)nt] *adj* klok, försiktig, förståndig; välbetänkt
prudery ['pruːdərɪ] *s* pryderi; prydhet, sipphet
prudish ['pruːdɪʃ] *adj* pryd, sipp, sedesam
1 prune [pruːn] *s* **1** sviskon; torkat katrinplommon; *full of ~s* amer. sl. a) dum, enfaldig b) uppåt, livad **2** tönt, dönick, knasboll
2 prune [pruːn] *vb tr* **1** beskära, kvista ur, tukta träd o.d. [ofta *~down*]; klippa [*~ a hedge*]; ~ [*away* (*off*)] skära av (bort) grenar o.d. **2** bildl. skära ner [*~ an essay*]; rensa [*of* från]
prurience ['prʊərɪəns] *s* lystnad, liderlighet
prurient ['prʊərɪənt] *adj* lysten, liderlig
Prussia ['prʌʃə] Preussen

Prussian ['prʌʃ(ə)n] I *adj* preussisk II *s* preussare
prussic ['prʌsɪk] *adj* kem., *~ acid* blåsyra
1 pry [praɪ] *vb itr* **1** snoka [*about* omkring (runt); *for* efter; *~ into* (i) *a p.'s affairs*], nosa [*~ into* (i) *everything*] **2** titta (kika) [nyfiket]
2 pry [praɪ] *vb tr* amer., se *prise*
PS [ˌpiː'es] förk. för *postscript*, *private secretary*
psalm [sɑːm] *s* **1** psalm i Psaltaren; [*the Book of*] *Psalms* Psaltaren, Davids psalmer **2** psalm, andlig sång
psalmist ['sɑːmɪst] *s* psalmist, psalmförfattare
psalter ['sɔːltə] *s* psaltare
psephologist [se'fɒlədʒɪst] *s* polit. valanalytiker, valexpert
pseud [sjuːd] *s* vard., se *pseudo III*
pseudo ['sjuːdəʊ, 'suːdəʊ] I *prefix* pseudo- [*pseudo-classic*], kvasi- [*pseudo-scientific*], sken- [*pseudo-life*], föregiven, falsk, oäkta II *adj* vard., *he is very ~* han är en stor bluff (posör) III (pl. *~s*) *s* vard. bluff, posör
pseudo-event [ˌsjuː'dəʊɪ'vent, ˌsuː'dəʊ-] *s* pseudohändelse
pseudonym ['sjuːdənɪm, 'suː-] *s* pseudonym
pseudonymous [sjuː'dɒnɪməs, suː-] *adj* pseudonym; *~ name* pseudonym
psoriasis [sɒ'raɪəsɪs] *s* med. psoriasis
PST förk. för *Pacific Standard Time*
psych [saɪk] *vb tr* o. *vb itr* **1** psykoanalysera **2** *~ out* a) ana (känna på sig) vad ngn tänker göra b) lösa psykologiskt c) psyka d) itr. deppa ihop, kollapsa **3** *~ up* peppa upp; *be ~ed up* ung. vara i högform
psyche ['saɪkɪ, ss. vb saɪk] I *s* psyke; själsliv, själ II *vb tr* o. *vb itr* se *psych*
psychedelic [ˌsaɪkə'delɪk] *adj* psykedelisk
psychiatric [ˌsaɪkɪ'ætrɪk] *adj* psykiatrisk
psychiatrist [saɪ'kaɪətrɪst, sɪ'k-] *s* psykiater
psychiatry [saɪ'kaɪətrɪ, sɪ'k-] *s* psykiatri
psychic ['saɪkɪk] I *adj* **1** psykisk; själslig **2** parapsykisk [*~ research*]; övernaturlig, översinnlig [*~ forces*] **3** medial; medialt lagd; spiritistisk [*a ~ medium*]; *be ~* vara synsk, ha medial förmåga II *s* person med medial förmåga
psycho ['saɪkəʊ] vard. I *s* **1** (pl. *~s*) psykopat **2** psykoanalys II *vb tr* psykoanalysera III *adj* psykopatisk
psychoanalyse [ˌsaɪkəʊ'ænəlaɪz] *vb tr* psykoanalysera
psychoanalysis [ˌsaɪkəʊə'næləsɪs] *s* psykoanalys
psychoanalyst [ˌsaɪkəʊ'ænəlɪst] *s* psykoanalytiker
psychoanalytic ['saɪkəʊˌænə'lɪtɪk] *adj* o.
psychoanalytical ['saɪkəʊˌænə'lɪtɪk(ə)l] *adj* psykoanalytisk
psychological [ˌsaɪkə'lɒdʒɪk(ə)l] *adj* psykologisk i olika bet. [*a ~ novel*; *~ moment*; *~ warfare*]
psychologist [saɪ'kɒlədʒɪst] *s* psykolog

psychology [saɪ'kɒlədʒɪ] s psykologi
psychopath ['saɪkə(ʊ)pæθ] s psykopat
psychopathic [ˌsaɪkə(ʊ)'pæθɪk] adj psykopatisk
psychopathology [ˌsaɪkə(ʊ)pə'θɒlədʒɪ] s psykopatologi
psychos|**is** [saɪ'kəʊs|ɪs] (pl. -es [-iːz]) s psykos
psychosomatic [ˌsaɪkə(ʊ)sə(ʊ)'mætɪk] adj psykosomatisk
psychotherapist [ˌsaɪkəʊ'θerəpɪst] s psykoterapeut
psychotherapy [ˌsaɪkə(ʊ)'θerəpɪ] s psykoterapi
psychotic [saɪ'kɒtɪk] **I** adj psykotisk, mentalt störd **II** s psykotisk (mentalt störd) människa
PT förk. för *physical training*
p.t. förk. för *past tense*
PTA [ˌpiːtiː'eɪ] förk. för *parent-teacher association*
ptarmigan ['tɑːmɪgən] s zool. fjällripa; *willow* ~ amer. dalripa
pterodactyl [ˌ(p)terə(ʊ)'dæktɪl] s zool. flygödla
PTO [ˌpiːtiː'əʊ] (förk. för *please turn over*) [var god] vänd!, v.g.v.
ptomaine ['təʊmeɪn, tə(ʊ)'meɪn] s ptomain förruttnelsegift; ~ *poisoning* matförgiftning
pub [pʌb] **I** s vard. (kortform för *public house*) pub; ~ *grub* pubmat **II** vb itr, *go ~bing* gå pubrond
pub-crawl ['pʌbkrɔːl] **I** s pubrond, krogrunda [*go on* (göra) *a* ~] **II** vb itr, *go ~ing* gå pubrond, göra en krogrunda
puberty ['pjuːbətɪ] s pubertet; *reach the age of* ~ komma i puberteten (pubertetsåldern)
1 pubes ['pjuːbiːz] s anat. **1** blygd **2** blygdhår
2 pubes ['pjuːbiːz] s pl. av *pubis*
pubic ['pjuːbɪk] adj anat. **1** blygd- [~ *bone* (*hairs*)] **2** blygdbens-
pub|**is** ['pjuːb|ɪs] (pl. -es [-iːz]) s anat. blygdben
public ['pʌblɪk] **I** adj **1** offentlig [~ *building*], allmän [~ *holiday*]; folk- [~ *library*]; statlig, stats- [~ *finances*]; publik; *make* ~ offentliggöra, tillkännage, göra allmänt bekant; ~ *assistance* socialhjälp; ~ *bar* enklare avdelning på en pub; ~ *call-box* telefonkiosk; ~ *convenience* offentlig toalett, bekvämlighetsinrättning; ~ *corporation* affärsdrivande verk, statligt företag; ~ *debt* statsskuld; ~ *enterprise* statligt företag; ~ *figure* offentlig person; ~ *gallery* parl. åhörarläktare; ~ *health* folkhälsa; ~ *house* a) pub b) amer. litet hotell, värdshus; *it is a matter of* ~ *knowledge* det är offentligt (allmänt) bekant; ~ *library* offentligt bibliotek; ~ *life* det offentliga (politiska) livet; ~ *opinion* [den] allmänna opinionen (meningen), folkopinionen; ~ *opinion poll* opinionsundersökning; ~ *relations* PR, public relations; ~ *school* a) britt. 'public school' exklusivt privatinternat b) amer. allmän (kommunal) skola; *the* ~ *sector* den offentliga sektorn; ~ *services* offentliga verk och inrättningar; ~ *transport* se *transport II* **2**; ~ *works* offentliga kommunala el. statliga arbeten **2** börsnoterad [*a* ~ *company*]; *go* ~ bli börsnoterad; ~ *limited company* börsnoterat aktiebolag; ~ *utility* [*company*] se *utility* **II** s allmänhet [*the general* (stora) ~]; publik [*it reaches a large* ~]; *the* ~ *are* (*is*) *not admitted* allmänheten äger icke tillträde; [*the book will appeal to*] *a large* ~ ...en stor läsekrets; *in* ~ offentligt, inför publik; *open to the* ~ öppen för allmänheten
public-address [ˌpʌblɪkə'dres] s, ~ *system* högtalaranläggning, högtalare t.ex. på flygplats
publican ['pʌblɪkən] s pubinnehavare; krogvärd
publication [ˌpʌblɪ'keɪʃ(ə)n] s **1** publicering, utgivning; *date* (*year*) *of* ~ tryckår, utgivningsår; *place of* ~ tryckort **2** publikation, tryckalster, skrift **3** offentliggörande; kungörande; ~ *of the banns* lysning
publicity [pʌb'lɪsətɪ] s publicitet, offentlighet [*avoid* ~]; reklam; *give a th.* ~ ge ngt publicitet; göra reklam (PR) för ngt; ~ *agent* manager för artist; ~ *campaign* reklamkampanj; ~ *manager* reklamchef
publicize ['pʌblɪsaɪz] vb tr offentliggöra, ge publicitet åt; göra reklam för; annonsera
publicly ['pʌblɪklɪ] adv offentligt; av (inför) allmänheten; statligt
public-minded [ˌpʌblɪk'maɪndɪd] adj o.
public-spirited [ˌpʌblɪk'spɪrɪtɪd] adj socialt ansvarskännande, med samhällsansvar
publish ['pʌblɪʃ] **I** vb tr **1** publicera, ta in; ge ut, förlägga; *the book is ~ed by D.* boken är utgiven (har kommit ut) på D.:s förlag **2** offentliggöra; kungöra; utfärda; ~ *the banns* [*of marriage*] avkunna lysning **II** vb itr om tidning komma ut
publisher ['pʌblɪʃə] s [bok]förläggare; utgivare [*newspaper* ~]; ~[*s*] äv. förlag [*HarperCollins Publishers*]; ~*'s catalogue* förlagskatalog
publishing ['pʌblɪʃɪŋ] s förlagsverksamhet; förlagsbranschen; ~ *house* (*company, firm*) [bok]förlag
puce [pjuːs] **I** s rödbrunt **II** adj rödbrun
1 puck [pʌk] s ung. tomte[nisse]
2 puck [pʌk] s puck i ishockey
pucker ['pʌkə] **I** vb tr rynka, vecka; ~ [*up*] rynka, vecka, lägga i veck [~ [*up*] *one's brows*], snörpa ihop, spetsa [~ [*up*] *one's lips*] **II** vb itr, ~ [*up*] rynka (vecka) sig **III** s rynka, veck; rynkning
puckish ['pʌkɪʃ] adj skälmsk, okynnig; nyckfull; småelak [~ *humour*]
pudding ['pʊdɪŋ] s **1 a)** pudding **b)** efterrätt **c)** gröt; *black* ~ blodkorv, blodpudding; *rice* ~ **a)** risgrynsgröt **b)** risgrynskaka; *be in the* ~ *club* sl. vara på smällen gravid; ~ *mould* puddingform **2** sjö. fender
puddle ['pʌdl] s pöl, [vatten]puss
pudgy ['pʌdʒɪ] adj se *podgy*

puerile ['pjʊəraɪl, amer. -rl] adj barnslig, pueril
puerility [pjʊə'rɪlətɪ] s barnslighet, puerilitet
Puerto Rican [ˌpwɜːtə(ʊ)'riːkən] **I** s puertorican **II** adj puertoricansk
Puerto Rico [ˌpwɜːtə(ʊ)'riːkəʊ]
puff [pʌf] **I** s **1** pust; puff, [rök]moln; bloss [*have a ~ at a pipe*]; *~ of wind* vindpust, vindstöt; *be out of ~* vard. vara andfådd **2** puff, [svag] knall; *the ~s* [*from an engine*] tuffandet… **3** [puder]vippa **4** sömnad. puff; pl. *~s* pösiga veck; *~ sleeve* puffärm **5** kok. a) smördegskaka; *jam ~* smörbakelse med sylt i; *~ pastry* smördeg b) [*cream*] *~* petit-chou **6** [grov] reklam, puff **II** vb itr **1** pusta, flåsa, flämta **2** bolma [*smoke ~ed up from the crater*]; *~* [*away*] *at a cigar* bolma (blossa) på en cigarr **3** blåsa [i stötar] **4** tuffa [*the engine ~ed out of the station*], ånga **5** *~* [*up*] svälla [upp], svullna **III** vb tr **1** blåsa [*~ out a candle*] **2** stöta (pusta) ut [*~ smoke*] **3** blossa (bolma) på [*~ a cigar*] **4** *~ out* blåsa upp [*~ out one's cheeks*]; *~ out one's chest with pride* brösta sig (svälla) av stolthet; *~ed up* uppblåst äv. bildl., pösig, svällande
puff adder ['pʌfˌædə] s zool. puffadder slags afrikansk huggorm
puffin ['pʌfɪn] s zool. lunnefågel
puffy ['pʌfɪ] adj **1** byig om vind **2** andfådd, andtruten **3** uppsvälld, svullen; påsig [*~ under the eyes*]; korpulent **4** pösande, pösig äv. bildl.
pug [pʌg] s mops
pugilism ['pjuːdʒɪlɪz(ə)m] s pugilism, boxning
pugilist ['pjuːdʒɪlɪst] s pugilist, [proffs]boxare
pugnacious [pʌg'neɪʃəs] adj stridslysten; stridbar
pugnacity [pʌg'næsətɪ] s stridslystnad
pug nose ['pʌgnəʊz] s trubbnäsa
puke [pjuːk] **I** vb tr o. vb itr vard. spy, kräkas **II** s **1** kräkning **2** kräkmedel
pulchritude ['pʌlkrɪtjuːd] s [fysisk] skönhet
Pulitzer ['pʊlɪtsə, 'pjuː-] egenn.; *the ~ Prize* Pulitzerpriset pris i USA i litteratur, musik o. journalistik
pull [pʊl] **I** vb tr (se äv. *III*) o. *pulled* samt fraser med *pull* under bl.a. *face, leg, 2 punch, weight, wire*) **1** dra, rycka; hala; dra (rycka) i; dra ut [*~ a tooth*]; *~ a p.'s hair* el. *~ a p. by the hair* dra ngn i håret; *~ to pieces* (*bits*) rycka (plocka) sönder, slita i stycken, bildl. göra ned, kritisera sönder **2** dra för [*~ the curtains*], dra ned [*~ the blind*] **3** med. sträcka [*~ a muscle*] **4** göra, sätta i gång med [*~ a raid*]; *he ~ed a fast one* [*on* (*over*) *me*] vard. han drog mig vid näsan; *don't try to ~ that one on* (*that* [*stuff*] *with*) *me* vard. det där ska du inte försöka slå i mig
 II vb itr (se äv. *III*) **1** dra, rycka, slita [*at, on* i], hala **2** ro
 III vb itr o. vb itr med adv. isht med spec. övers.:
~ apart: a) rycka (plocka) isär (sönder) b) bildl. göra ned, kritisera ihjäl
 ~ away om fordon köra ut från trottoarkanten
 ~ down: a) riva [ned] [*~ down a house*]; dra ned; bildl. störta [*~ down a government*] b) driva ned [*~ down prices*]
 ~ in: a) dra in, dra åt; hålla in [*~ in a horse*] b) bromsa in; *~ in at* stanna till i (hos) c) köra in [*the train ~ed in at the station*]; svänga in [*~ in to the left*]
 ~ off: a) dra (ta) av [sig] b) vard. greja, fixa, klara [av] [*he'll ~ it off*]; lägga beslag på, lyckas få [*~ off a job*] c) köra av [*~ off the road*]
 ~ out: a) dra ut (upp) [*~ out a tooth*]; ta ur (loss); dra (hala) fram (upp) b) dra sig tillbaka [*the troops ~ed out of the country*]; bildl. dra sig (backa) ur c) köra ut [*the train ~ed out of the station*]; svänga ut [*the car ~ed out from the kerb*]
 ~ through klara sig, gå igenom [krisen] [*the patient ~ed through*]
 ~ together: a) hjälpas åt, samarbeta b) *~ oneself together* ta sig samman; ta sig i kragen
 ~ up: a) dra (rycka) upp b) stanna [*he ~ed up the car; the train ~ed up*]
 IV s **1** drag[ning], ryck[ning]; tag; *give a strong ~* ta ett kraftigt tag; *give a ~ at* dra ett tag i **2** [år]tag; simtag **3** a) klunk b) drag, bloss; *take a ~ at one's pipe* dra ett bloss på pipan **4** dragningskraft äv. bildl. **5** fördel; *have a* (*the*) *~ on a p.* ha övertag över ngn **6** vard. försänkningar, [goda] förbindelser [*he got the job through ~*]
pullet ['pʊlɪt] s unghöna, unghöns
pulley ['pʊlɪ] **I** s **1** block[skiva], trissa; talja; *~ block* hissblock, talja **2** [*belt*] *~* remskiva **II** vb tr **1** hissa [med talja] **2** förse med block
pull-in ['pʊlɪn] s se *pull-up 1*
pull-out ['pʊlaʊt] **I** s **1** utvikningssida; löstagbar bilaga **2** tillbakadragande [*~ of troops*] **II** adj utdrags- [*~ bed*]; *~ supplement* löstagbar bilaga
pullover ['pʊlˌəʊvə] **I** s **1** pullover **2** amer. utanpåskjorta **II** adj pådrags-
pull-tab [pʊltæb] s rivöppnare på burk
pull-up ['pʊlʌp] s **1** rastställe, [väg]kafé vid bilväg **2** gymn. armhävning från t.ex. trapets **3** flyg. brant stigning
pulmonary ['pʌlmənərɪ] adj lung- [*~ diseases*]
pulp [pʌlp] **I** s **1** mos; mjuk massa, gröt; *beat a p. to a ~* slå ngn sönder och samman **2** [frukt]kött; innanmäte i frukt o.d.; märg i stam **3** [pappers]massa, [trä]massa **4** anat. el. bot. pulpa **5** vard., *~ magazine* billig veckotidning; *~ literature* skräplitteratur **II** vb tr **1** krossa till massa; mosa; *~ed copies* makulerade exemplar **2** ta ur [frukt]köttet ur **III** vb itr bli till mos, mosa sig

pulpit ['pʊlpɪt] s predikstol
pulpy ['pʌlpɪ] adj lös, mjuk; köttig; mosig
pulsar ['pʌlsɑ:] s astron. pulsar
pulsate [pʌl'seɪt, 'pʌlseɪt] vb itr pulsera äv. bildl.; slå, dunka; vibrera
pulsation [pʌl'seɪʃ(ə)n] s **1** pulserande, pulsering; hjärtats klappande **2** pulsslag, hjärtslag
pulse [pʌls] **I** s **1** puls äv. bildl.; *feel (take) a p.'s* ~ ta pulsen på ngn; bildl. äv. känna ngn på pulsen **2** pulsslag **3** vibration[er], dunk [*the* ~ *of an engine*] **4** elektr. el. radio. puls, puls- [~ *modulation*] **II** vb itr pulsera äv. bildl.; slå; vibrera
pulverize ['pʌlvəraɪz] **I** vb tr pulvrisera; bildl. äv. smula sönder, krossa **II** vb itr pulvriseras
puma ['pju:mə] s zool. puma
pumice ['pʌmɪs] **I** s pimpsten **II** vb tr göra ren (gnida) med pimpsten
pumice stone ['pʌmɪsstəʊn] s pimpsten
pummel ['pʌml] vb tr puckla på, mörbulta
1 pump [pʌmp] s, pl. ~*s* a) släta herrskor utan snörning b) amer. [dam]pumps c) gymnastikskor
2 pump [pʌmp] **I** s pump **II** vb tr **1** pumpa [~ *water out*; ~ *air into a tyre*]; ~ [*dry* (*empty*)] länspumpa; ~ *up* pumpa upp [~ *up a tyre*]; *have one's stomach* ~*ed out* bli magpumpad **2** pumpa, fråga ut [~ *a witness*] **3** vard., *be completely* ~*ed* [*out*] vara fullkomligt utpumpad (tröttkörd)
pumpernickel ['pʌmpənɪkl, 'pʊmp-] s pumpernickel
pumpkin ['pʌm(p)kɪn] s bot. pumpa
pun [pʌn] **I** s ordlek, vits **II** vb itr göra en ordlek (ordlekar), vitsa [[*up*]*on* på]
Punch [pʌn(t)ʃ] teat., motsv. Kasper; ~ *and Judy* [*show*] motsv. kasperteater; *be as pleased as* ~ vard. vara helbelåten (stormförtjust); *be as proud as* ~ vard. vara jättestolt
1 punch [pʌn(t)ʃ] **I** s **1** stans; hålslag; biljettång, tång **2** dorn **3** stämpel **4** klipp i biljett **II** vb tr stansa [~ *holes*], slå hål i [~ *paper*], klippa [~ *tickets*] **III** vb itr, ~ *in* (*out*) stämpla in (ut) med stämpelur
2 punch [pʌn(t)ʃ] **I** s **1** knytnävsslag; kort slag; slagkraft äv. bildl.; *I gave him a* ~ *on the nose* jag klippte (slog) till honom; *he did not pull his* ~*es* el. *he pulled no* ~*es* bildl. han lade inte fingrarna emellan, han gick rakt på sak **2** vard. snärt, sting; kraft **II** vb tr puckla på, klippa (slå) till; *I* ~*ed him on the nose* jag klippte (slog) till honom; [*the goalkeeper*] ~*ed the ball away* ...boxade ut bollen
3 punch [pʌn(t)ʃ] s bål; toddy; *hot rum* ~ romtoddy; *Swedish* ~ punsch
punchbag ['pʌn(t)ʃbæg] s boxn. sandsäck; bildl. slagpåse, syndabock
punchball ['pʌn(t)ʃbɔ:l] s **1** boxn. boxboll **2** amer., slags baseball där bollen slås med knytnäven
punchbowl ['pʌn(t)ʃbəʊl] s bål[skål]
punchcard ['pʌn(t)ʃkɑ:d] s hålkort
punch-drunk [,pʌn(t)ʃ'drʌŋk] adj **1** boxn. punch-drunk, boxningsskadad; omtöcknad **2** vard. vimmelkantig, halvt bedövad
punch line ['pʌn(t)ʃlaɪn] s slutkläm, poäng i rolig historia
punch-up ['pʌn(t)ʃʌp] s sl. råkurr, slagsmål
punctilious [pʌŋ(k)'tɪlɪəs] adj etikettsbunden, formalistisk; pedantisk, petnoga
punctual ['pʌŋ(k)tjʊəl] adj punktlig
punctuality [,pʌŋ(k)tjʊ'ælətɪ] s punktlighet
punctuate ['pʌŋ(k)tjʊeɪt] vb tr **1** interpunktera, kommatera **2** [ideligen] avbryta [~ *a speech with cheers*]
punctuation [,pʌŋ(k)tjʊ'eɪʃ(ə)n] s interpunktion, kommatering; ~ *mark* skiljetecken
puncture ['pʌŋ(k)tʃə] **I** s **1** punktering; stick **2** med. punktion **II** vb tr **1** punktera, sticka hål på (i) **2** få punktering på [*he* ~*d his tyre*] **3** bildl. slå hål på, gå illa åt [~ *a p.'s self-esteem*], punktera **III** vb itr punktera, få punktering
pundit ['pʌndɪt] s skämts. förståsigpåare, orakel
pungency ['pʌndʒ(ə)nsɪ] s **1** skarphet etc., jfr *pungent* **2** skarp smak (lukt)
pungent ['pʌndʒ(ə)nt] adj skarp, besk, frän [~ *smell* (*taste*)]; bildl. äv. bitande, vass, frän [~ *remarks*], kärv; stickande [~ *gas* (*smoke*)]
punish ['pʌnɪʃ] vb tr **1** straffa [*for* för], bestraffa [*by, with* med]; ibl. tukta **2** vard. a) gå hårt (illa) åt b) pressa, suga musten ur; ~*ing* pressande, påfrestande [*a* ~*ing race*]
punishable ['pʌnɪʃəbl] adj straffbar, straffvärd
punishment ['pʌnɪʃmənt] s **1** straff, bestraffning **2** vard. stryk, spö; *take a lot of* ~ a) få mycket stryk, få stryk efter noter b) tåla mycket stryk
punitive ['pju:nətɪv] adj straff-; ~ *expedition* straffexpedition
Punjab [pʌn'dʒɑ:b, '--] geogr.; *the* ~ Punjab
Punjabi [pʌn'dʒɑ:bɪ] s punjabi språk
punk [pʌŋk] sl. **I** s **1** skräp; skit äv. pers. **2** skurk **3** punk aggressiv ungdomsstil; om pers. punkare **II** adj **1** urusel, dassig, vissen **2** punk- [~ *rock*]; punkig
punnet ['pʌnɪt] s spånkorg; liten [papp]kartong för bär; bärkorg, bärkartong
punster ['pʌnstə] s vitsare, vitsmakare
1 punt [pʌnt] **I** s punt, stakbåt **II** vb tr staka [fram], 'punta' **III** vb itr staka sig fram; [vara ute och] 'punta'
2 punt [pʌnt] **I** s insats i hasardspel **II** vb itr **1** satsa i hasardspel; spela mot banken **2** spela på kapplöpning; tippa
1 punter ['pʌntə] s 'puntare', [båt]stakare
2 punter ['pʌntə] s **1** satsare, spelare i

hasardspel **2** vadhållare på kapplöpning; [fotbolls]tippare
puny ['pju:nɪ] *adj* ynklig, liten, klen, svag äv. bildl.
pup [pʌp] **I** *s* **1** [hund]valp **2** [pojk]valpr, spoling **3** vard., *sell a p. a ~* lura ngn [att göra ett dåligt köp] **II** *vb itr* valpa, få valpar
pup|a ['pju:p|ə] (pl. *-ae* [-i:] el. *-as*) *s* zool. puppa
1 pupil ['pju:pl] *s* **1** elev, lärjunge [*of a p.* till ngn]; *~ teacher* lärarkandidat **2** jur. myndling
2 pupil ['pju:pl] *s* anat. pupill
puppet ['pʌpɪt] *s* **1** teat. docka, marionett; *glove ~* handdocka **2** bildl. marionett; attr. marionett- [*~ government* (*state*)] **3** liten docka
puppeteer [ˌpʌpɪ'tɪə] *s* teat. dockspelare, marionettspelare
puppetry ['pʌpɪtrɪ] *s* **1** dockteater[n], marionetteater[n] ss. konstart **2** dockor, marionetter
puppet theatre ['pʌpɪtˌθɪətə] *s* dockteater, marionetteater
puppy ['pʌpɪ] *s* **1** [hund]valp **2** bildl. [pojk]valp, spoling; *~ fat* vard. tonårsfetma; *~ love* vard. tonårsförälskelse
purchase ['pɜ:tʃəs, -tʃɪs] **I** *s* **1** köp; inköp äv. konkr.; uppköp; jur. förvärv; *make ~s* göra inköp **2** tag, grepp [*get a ~ on a th.*], [fot]fäste, stöd **II** *vb tr* köpa; jur. förvärva; bildl. köpa (tillkämpa) sig; *purchasing power* köpkraft
purchaser ['pɜ:tʃəsə] *s* köpare, avnämare
pure [pjʊə] *adj* **1** ren [*~ air* (*colours, tones*)], oblandad; äkta, gedigen; hel- [*~ silk*]; *~ mathematics* teoretisk (ren) matematik; *~ wool* ren ull, helylle **2** ren, idel, bara [*it's ~ envy*]; *the truth ~ and simple* rena [rama] sanningen
purée ['pjʊəreɪ] kok. **I** *s* puré; mos [*fruit ~*] **II** *vb tr* göra puré av
purely ['pjʊəlɪ] *adv* **1** rent etc., jfr *pure* **2** rent [*a ~ formal request*], uteslutande, bara, enbart, helt och hållet; *~ by accident* av en ren händelse
purgative ['pɜ:gətɪv] **I** *s* med. laxermedel **II** *adj* **1** med. laxerande **2** renande
purgatory ['pɜ:gət(ə)rɪ] *s* **1** skärseld, prövning, lidande; *P~* relig. skärseld[en], purgatorium **2** vard. pina, lidande
purge [pɜ:dʒ] **I** *vb tr* **1** rena [*of, from* från], luttra; *~ away* rensa bort **2** polit. rensa [upp i], göra utrensningar i [*~ a party*] **3** med. laxera **II** *vb itr* med. laxera **III** *s* **1** rening, renande **2** polit. utrensning **3** med. laxermedel
purification [ˌpjʊərɪfɪ'keɪʃ(ə)n] *s* **1** rening, renande; bildl. äv. luttring; *~ plant* reningsverk **2** relig. reningsceremoni

purify ['pjʊərɪfaɪ] **I** *vb tr* rena [*of, from* från]; bildl. äv. luttra **II** *vb itr* renas
purist ['pjʊərɪst] *s* purist
puritan ['pjʊərɪt(ə)n] (hist. *P~*) **I** *s* puritan **II** *adj* puritansk
puritanical [ˌpjʊərɪ'tænɪk(ə)l] *adj* puritansk
puritanism ['pjʊərɪtənɪz(ə)m] *s* puritanism[en]
purity ['pjʊərətɪ] *s* renhet i olika bet.
purl [pɜ:l] **I** *s* avig [maska] [äv. *~ stitch*] **II** *vb tr, ~ one* sticka en avig [maska] **III** *vb itr* sticka avigt
purloin [pɜ:'lɔɪn] *vb tr* stjäla, snatta
purple ['pɜ:pl] **I** *s* **1** mörklila, purpur[färg] **2** purpur[dräkt], purpurskrud; *the ~* kunglig (kardinals, biskops) värdighet **II** *adj* mörklila; purpurfärgad, purpur-; purpurröd, mörkröd [*his face turned ~*], blodröd [*a ~ sunset*]; *the P~ Heart* Purpurhjärtat amerikansk krigsdekoration **III** *vb tr* purpurfärga
purport ['pɜ:pɔ:t, 'pɜ:pət, ss. vb pə'pɔ:t] **I** *vb tr* ge sig ut för, avse [*the book ~s to be...*], påstå sig [*to be* vara] **II** *s* innebörd, innehåll, andemening [*the ~ of what he said*]
purpose ['pɜ:pəs] **I** *s* **1** syfte, avsikt [*of* med; *in doing* med att göra], mening, föresats; ändamål; *answer* (*serve, suit*) *a p.'s ~* tjäna (passa) ngns syfte, täcka ngns behov; *it answers* (*serves, suits*) *its ~* den fyller sin funktion, den tjänar sitt syfte; *for* (*with*) *the ~ of buying...* i avsikt (syfte) att köpa..., för att köpa...; *for cooking ~s* till (för) matlagning; *for household ~s* till (för) hushållet, för hushållsbruk; *for peaceful ~s* för fredliga ändamål (fredsändamål); *for all practical ~s* i praktiken, i själva verket; *on ~* med avsikt (flit), avsiktligt; *be to the ~* a) ha med saken (ämnet) att göra b) vara ändamålsenlig, vara just det rätta; *to little ~* till föga nytta; *it's to no ~* det är till ingen nytta; *to what ~?* vad tjänar det till?, varför [det]? **2** mål [*have a definite ~ in life*], uppgift; mening [*there is a ~ in the world* (tillvaron)]; *strength of ~* viljestyrka, beslutsamhet; *work with a ~* arbeta målmedvetet **II** *vb tr* ha för avsikt, ämna
purposeful ['pɜ:pəsf(ʊ)l] *adj* **1** målmedveten **2** meningsfull, betydelsefull
purposeless ['pɜ:pəsləs] *adj* meningslös, ändamålslös
purposely ['pɜ:p(ə)slɪ] *adv* **1** avsiktligt, med avsikt (flit) **2** *~ to* endast för att
purr [pɜ:] **I** *vb itr* spinna [*the cat* (*engine*) *~ed*] **II** *s* spinnande; spinnande ljud
purse [pɜ:s] **I** *s* **1** a) portmonnä, börs; amer. [dam]handväska b) kassa, pengar [*out of my own ~*] **2** [insamlad] penninggåva; [penning]pris, prissumma **II** *vb tr, ~* [*up*] rynka, dra ihop [*~* [*up*] *one's brows*]; *~ one's* (*the*) *lips* snörpa på mun
purser ['pɜ:sə] *s* sjö. el. flyg. purser

purse strings ['pɜːsstrɪŋz] *s pl* bildl. *hold (control) the* ~ ha hand om (bestämma över) kassan; *tighten the* ~ hålla igen på utgifterna
pursuance [pə'sjuːəns] *s* fullföljande [*the* ~ *of a plan (idea)*], utövande [*the* ~ *of one's duties*]; *in* ~ *of* a) vid (under) fullföljande (utövande) av b) i enlighet (överensstämmelse) med, i följd (kraft) av
pursue [pə'sjuː] *vb tr* **1** förfölja, ansätta, jaga [~ *a thief (a bear)*]; bildl. [för]följa [*bad luck ~d him*] **2** jaga efter [~ *pleasure*], sträva efter, söka nå [~ *one's object*] **3** följa, gå efter [~ *a method*], driva, föra [~ *a policy*] **4** a) fullfölja [~ *a plan*]; fortsätta [~ *a journey*], gå vidare med [~ *an inquiry (a subject)*] b) ägna sig åt, utöva [~ *a profession*]
pursuer [pə'sjuːə] *s* förföljare
pursuit [pə'sjuːt] *s* **1** förföljande, förföljelse [*of* av], jakt [*of* på]; bildl. jagande, jakt, strävan [*of* efter]; *be in* ~ *of* förfölja, jaga, vara på jakt efter; *set out in* ~ *of* sätta efter, börja jaga; *with [the hounds] in full (hot)* ~ med...tätt i hälarna, tätt förföljd av... **2** bedrivande, utövande [*in* (under) ~ *of*], skötsel **3** sysselsättning [*a pleasant* ~]; syssla; *literary ~s* litterär verksamhet
purulence ['pjʊərʊləns] *s* med. varbildning; varighet
purulent ['pjʊərʊlənt] *adj* med. varig, full av var
purveyor [pɜː'veɪə] *s* [livsmedels]leverantör; *P~ to His (Her) Majesty* [kunglig] hovleverantör
purview ['pɜːvjuː] *s* **1** [verknings]område, räckvidd, sfär **2** synvidd, synkrets
pus [pʌs] *s* med. var; ~ *basin* rondskål
push [pʊʃ] **I** *vb tr* **1** a) skjuta, fösa; skjuta 'på [~ *a car*], leda [~ *a bike*], dra [~ *a pram*] b) knuffa, stöta; knuffa (stöta) till c) driva [~ *the enemy troops into the sea*] d) trycka på [~ *a button*]; ~ *one's way* tränga (knuffa) sig fram; ~ *a p. around* vard. hunsa (köra) med ngn; ~ *over* knuffa (stöta) omkull **2** a) driva, pressa [~ *a p. into doing a th.*] b) tvinga, driva 'på [*he'll do it if you* ~ *him*]; *be ~ed* vara i trångmål (knipa); *be ~ed for money* vara i penningknipa; *be ~ed for time* ha ont om tid **3** framhärda i, driva (få) igenom [~ *one's claims*]; ~ [*on*] påskynda, driva på, forcera [~ [*on*] *the work*]; *don't* ~ *it* (~ *your luck*) [*too far*]*!* utmana inte ödet! **4** göra reklam (puffa) för [~ *goods*] **5** foto. pressa **6** sl. langa [~ *drugs*] **7** vard. närma sig [*he is ~ing eighty*] **II** *vb itr* **1** a) tränga sig [fram], knuffa sig [*he ~ed past me*] b) knuffas [*don't* ~*!*] c) skjuta 'på; ~ *ahead* se ~ *on*; ~ *along* vard. kila [i väg], ge sig i väg; ~ *forward* tränga sig fram; ~ *off* a) lägga (skjuta) ut b) vard. ge sig av, sticka; ~ *on* a) tränga vidare (på); fortsätta, köra (gå) vidare [*to* till] b) skynda på [~ *on with one's work*] **2** ~ *for* yrka på, kräva [~ *for higher wages*], kämpa (verka) för **III** *s* **1** knuff, puff, stöt; *give the car a* ~ skjuta på bilen **2** [kraft]ansträngning **3** mil. framstöt **4** vard. framåtanda **5** försänkningar [*use* (utnyttja) ~ *to get a job*] **6** *at a* ~ om det gäller (kniper); *when it comes to the* ~ vard. när det verkligen gäller **7** sl., *get the* ~ a) få sparken b) bli spolad; *give a p. the* ~ a) ge ngn sparken b) spola ngn
pushbike ['pʊʃbaɪk] *s* vard. trampcykel, vanlig cykel
push-button ['pʊʃˌbʌtn] *s* elektr. tryckknapp; attr. tryckknapps- [~ *tuning* (inställning)]; ~ *telephone* knapptelefon
pushcart ['pʊʃkɑːt] *s* [hand]kärra
pushchair ['pʊʃtʃeə] *s* sittvagn, sulky för barn
pusher ['pʊʃə] *s* **1** vard. streber, gåpåare **2** påpetare för barn **3** sl., [*drug (dope)*] ~ [knark]langare
pushing ['pʊʃɪŋ] *adj* **1** driftig, framåt[strävande], företagsam **2** streberaktig, gåpåaraktig
pushover ['pʊʃˌəʊvə] *s* vard. **1** smal (enkel) sak, barnlek **2** lätt[fångat] byte; lätt motståndare
push-up ['pʊʃʌp] *s* gymn. armhävning från golvet
pushy ['pʊʃɪ] *adj* vard., se *pushing* 2
pusillanimous [ˌpjuːsɪ'lænɪməs] *adj* försagd, klenmodig; räddhågad
1 puss [pʊs] *s* kisse; ~, ~! kiss! kiss!; *P~ in Boots* Mästerkatten i stövlar
2 puss [pʊs] *s* sl. nylle, tryne
3 puss [pʊs] *s* vulg. mus, fitta
1 pussy ['pʊsɪ] *s* se *pussy-cat*
2 pussy ['pʊsɪ] *s* vulg. mus, fitta äv. kvinna som sexobjekt
pussy-cat ['pʊsɪkæt] *s* **1** kissekatt, kissemisse **2** bot. [vide]kisse **3** smeks., i tilltal gullunge, raring
pussyfoot ['pʊsɪfʊt] *vb itr* vard. **1** tassa, smyga **2** bildl. vara hal (undanglidande); *stop ~ing around!* sluta gå som katten kring het gröt!, kom till saken!
pussy willow ['pʊsɪˌwɪləʊ] *s* bot. **1** sälg **2** [vide]kisse
pustule ['pʌstjuːl] *s* med. koppa, varblåsa; finne
1 put [pʊt] (*put put*) **I** *vb tr* (se äv. *III*; för *put* i spec. förbindelser ss. ~ *right* (*1 wise*), ~ *in mind*, ~ *to shame* se under resp. huvudord) **1** lägga, sätta, ställa [*in*[*to*] i; *on* på]; stoppa [~ *a th. into one's pocket*]; hälla, slå [~ *milk in the tea*]; *stay* ~ vard. stanna kvar där man är; ~ *yourself in my place!* sätt dig in i min situation!; ~ *a p. into a rage* försätta ngn i raseri; ~ *a p. through a th.* låta ngn gå igenom ngt [~ *a p. through a test*]; ~ *a p. through it* vard. klämma åt ngn; ~ *a p. to trouble* förorsaka (vålla) ngn [~ *a p. to trouble*

put

(*expense*)]; ~ **oneself to** göra (skaffa) sig, dra på sig [~ *oneself to a lot of trouble (expense)*]; **be ~ to a lot of expense** få en massa utgifter; **be hard ~ to it** ha det svårt **2** uppskatta, beräkna [*I ~ the value at* (till)...], värdera [*at* till] **3** uttrycka, säga [*it can all be ~ in a few words*], framställa [~ *matter clearly*], formulera; **to ~ it bluntly** för att tala rent ut; **to ~ it briefly** för att fatta mig kort **4** [fram]ställa, rikta [~ *a question to a p.*]; ~ *a th. before* (*to*) *a p.* förelägga ngn ngt, lägga fram ngt för ngn; *I ~ it to you that* [*you were there*] jur. är det inte [faktiskt] så att...?, jag vill göra gällande att... **5** översätta [~ *into* (till) *English*]; ~ **into verse** sätta på vers **6** satsa, hålla, sätta [~ *money on a horse*]; placera, lägga ner [~ *money into a business*] **7** sport., ~ *the shot* (*weight*) stöta kula

II *vb itr* (se äv. *III*) **1** sjö. löpa, gå, styra [~ *into the harbour*]; ~ **into port** söka hamn; ~ *to sea* löpa ut; sticka till sjöss **2** vard., *don't be ~ upon by him!* låt inte honom sätta sig på (topprida) dig!

III *vb tr* o. *vb itr* med adv. o. prep. med spec. övers.:

~ **about** sprida [ut] [~ *about a rumour*]
~ **across: a)** sätta (forsla) över **b)** sjö. gå (styra) över [*to* till] **c)** vard. föra (få) fram [*he has plenty to say but he cannot ~ it across*]
~ **aside: a)** lägga (sätta, ställa) bort (ifrån sig) **b)** lägga undan [~ *aside a bit of money*]
~ **away: a)** lägga etc. undan (bort, ifrån sig); ~ *the car away* ställa in (undan) bilen **b)** lägga undan, spara [~ *some money away*] **c)** vard. avliva [*my dog had to be ~ away*]
~ **back: a)** lägga etc. tillbaka (på sin plats) **b)** vrida (ställa) tillbaka [~ *the clock back*] **c)** hålla tillbaka **d)** häva (hälla) i sig
~ **by: a)** lägga etc. undan (ifrån sig) **b)** lägga undan, spara [ihop] [~ *money by*]
~ **down: a)** lägga etc. ned (ifrån sig), släppa [~ *down a burden*]; sätta (släppa) av [~ *me down at the corner*] **b)** slå ned, kuva, undertrycka [~ *down a rebellion*], sätta stopp för **c)** anteckna, skriva upp [~ *down the address*], sätta (föra) upp [~ *it down to* (på) *my account*] **d)** fälla ihop [~ *down one's umbrella*] **e)** uppskatta [*at, as* till]; anse, betrakta [*as, for* som, för; *they ~ him down as a fool*] **f)** ~ *down to* tillskriva, skylla på [*he ~s it down to nerves*]
~ **forth: a)** uppbjuda [~ *forth all one's strength*] **b)** framställa, framlägga [~ *forth a theory*] **c)** skjuta [~ *forth shoots*]; ~ *forth* [*leaves*] slå ut
~ **forward: a)** lägga fram, framställa [~ *forward a theory*] **b)** förorda, föreslå, nominera [~ *a p. forward as a candidate*]; ~ *oneself forward as a candidate* ställa upp som kandidat **c)** vrida (ställa) fram [~ *the clock forward*]

~ **in: a)** lägga etc. in, dra in, installera [~ *in central heating*], sticka in [*he ~ his head in at the window*]; lägga ner [~ *in a lot of work*]; ~ *in a good word for* lägga ett gott ord för **b)** skjuta in [...*he ~ in*], sticka emellan med [~ *in a word*] **c)** lämna (ge) in, komma in med; lämna, komma med [~ *in an offer*]; ~ *in for* lägga in (ansöka) om, söka, anmäla sig [som sökande] till [*he ~ in for the job*] **d)** hinna med, avverka [~ *in an hour's work before breakfast*] **e)** sjö. löpa (gå) in [~ *in to* (i) *harbour*]; ~ *in at* [*a harbour*] anlöpa...
~ **inside** sl. bura (spärra, sy) in
~ **off: a)** lägga bort (av); ta av [sig]; sätta (släppa) av [*he ~ me off at the station*] **b)** skjuta upp, vänta (dröja) med [*doing a th.* att göra ngt] **c)** avfärda [~ *a p. off with a lot of talk*], avspisa, låta ngn vänta på svar o.d. [*I can't ~ him off any longer*] **d)** hindra, avråda [*from* från]; ~ *a p. off his game* störa ngn i hans spel **e)** vard. förvirra, göra konfys, distrahera [*the noise ~ me off*]; stöta [*his manners ~ me off*]; få att tappa lusten
~ **on: a)** lägga (sätta) på [~ *on the lid*]; sätta (ta) på [sig] [~ *on one's coat*], ta på sig [~ *on an air of innocence*], anta, anlägga; [*her modesty is only*] ~ *on* ...spelad (låtsad); ~ *it on* vard. göra sig till (viktig); överdriva, bre på [~ *it on thick* (för mycket)]; lägga på [priserna] **b)** öka, sätta upp [~ *on speed*]; ~ *on flesh* (*fat*) lägga på hullet, bli tjock; ~ *on weight* öka (gå upp) i vikt; ~ *on the clock* ställa (vrida) fram klockan **c)** sätta på [~ *on the radio*], sätta i gång, släppa på; ~ *on the brakes* använda bromsen; ~ *on the light* tända [ljuset] **d)** ta upp, ge, spela [~ *a play on*] **e)** ~ *a p. on* driva med ngn **f)** ~ *on to* tele. koppla till; *please ~ me on to...* kan jag få...
~ **out: a)** lägga etc. ut (fram); räcka (sträcka) fram [~ *out one's hand*], räcka ut [~ *out one's tongue*]; hänga ut [~ *out flags*], sätta upp; ~ *out leaves* slå (spricka) ut **b)** köra (kasta) ut; ~ *out of business* konkurrera ut; ~ *a p. out of his misery* göra slut på ngns lidanden; ~ *a p. out of the way* röja ngn ur vägen **c)** släcka [~ *out the fire*]; ~ *out the light* släcka [ljuset] **d)** vrida (sträcka) ur led [~ *one's shoulder out*]; ~ *out of joint* dra (få) ur led **e)** göra stött; störa [*these interruptions ~ me out*]; *be ~ out about a th.* ta illa vid sig över ngt **f)** vålla besvär, vara besvärlig för [*would it ~ you out to do it?*]; ~ *oneself out* göra sig besvär **g)** ta till, uppbjuda [~ *out all one's strength*] **h)** producera, framställa **i)** offentliggöra **j)** släppa ut; sätta (plantera) ut **k)** låna ut pengar [*at interest* mot ränta] **l)** sjö. sticka ut [*to sea* till sjöss]
~ **over** vard.:, ~ *it* (*one*) *over on a p.* lura ngn
~ **through: a)** genomföra, slutföra **b)** tele.

koppla [in] [*to* till]; *I'm ~ting you through* påringt!, varsågod!
~ together a) lägga ihop (samman); sätta ihop, montera [*~ together a machine*] b) samla ihop, ordna [*~ together one's thoughts*]
~ up: a) sätta upp i olika bet. [*~ up a notice (one's hair)*]; uppföra, slå upp, resa [*~ up a tent*]; ställa upp [*~ up a team*] **b)** räcka (sträcka) upp [*~ up one's hand*]; spänna (fälla) upp [*~ up one's umbrella*], hissa [*~ up a flag*] **c)** höja, driva upp [*~ up a price*] **d)** utbjuda [*~ up for* (till) *sale*] **e)** vard. prestera, göra [*~ up a good game*], komma med [*~ up excuses*]; **~ up a defence** försvara sig; **~ up a fight** göra motstånd, kämpa emot; **~ up a good show** göra bra ifrån sig, klara sig fint **f)** lägga (packa) in [*~ up a th. in a parcel*] **g)** teat. iscensätta, sätta upp [*~ up a play*] **h)** föreslå [*~ up a candidate for* (vid) *an election*] **i)** hysa, ta emot [*~ a p. up for the night*]; **~ up at a hotel** (*with a p.*) ta in (bo) på ett hotell (hos ngn) **j)** betala, stå för; **~ up the money** skaffa [fram] pengarna **k)** **~ a p. up to** sätta ngn in i; lära ngn [*~ a p. up to a trick*]; förleda (lura) ngn till [*he ~ me up to doing* (att göra) *it*] **l)** **~ up with** stå ut med, finna sig i, tåla, tolerera
~ upon: **~ upon a p.** vålla ngn besvär (omak); trycka ner ngn
2 put [pʌt] *vb tr* o. *vb itr* o. *s* golf., se *putt*
putative ['pju:tətɪv] *adj* förment, förmodad
put-on ['pʊtɒn] *s* **1** vard. bluff, båg **2** affekterat sätt
putrefaction [ˌpju:trɪˈfækʃ(ə)n] *s* **1** förruttnelse, röta **2** ruttenhet
putrefy ['pju:trɪfaɪ] **I** *vb itr* bli rutten, ruttna **II** *vb tr* göra rutten, åstadkomma förruttnelse i
putrescent [pju:ˈtresnt] *adj* stadd i förruttnelse, ruttnande; rutten
putrid ['pju:trɪd] *adj* **1** rutten äv. bildl. **2** vard. urusel, värdelös [*~ weather; a ~ film*]
putsch [pʊtʃ] *s* ty. [stats]kupp, uppror
putt [pʌt] golf. **I** *vb tr* o. *vb itr* putta **II** *s* putt
putter ['pʌtə] *s* golf. putter
putting-green ['pʌtɪŋgri:n] *s* golf. **1** green, inslagsplats **2** minigolfbana på gräs
putty ['pʌtɪ] **I** *s* **1** [*glaziers'*] ~ [glasmästar]kitt; [*plasterers'*] ~ spackel **2** *he's like ~ in her hands* han är som vax i hennes händer **II** *vb tr* kitta; spackla [*up* igen]
put-up ['pʊtʌp] *adj* vard. [hemligt] förberedd; *it's a ~ job* det är ett beställningsjobb; det var fixat i förväg
put-you-up ['pʊtjʊʌp] *s* bäddsoffa
puzzle ['pʌzl] **I** *vb tr* **1** förbrylla, sätta myror i huvudet på; *I am ~d* [*as to*] *how to...* jag är villrådig om hur jag ska...; *look ~d* se förbryllad (häpen, frågande) ut; *~ one's brain[s] (head) about* bry sin hjärna med,

grubbla på **2** **~ out** fundera (lura) ut **II** *vb itr* bry sin hjärna [*over, about* med], grubbla [*over, about* över] **III** *s* **1** bryderi, villrådighet **2** gåta [*it's a ~ to* (för) *me*]; problem, svår nöt [att knäcka] **3** pussel, läggspel
puzzlement ['pʌzlmənt] *s* bryderi, förvirring
puzzler ['pʌzlə] *s* förbryllande person (sak), gåta; knepig fråga
puzzling ['pʌzlɪŋ] *adj* förbryllande, gåtfull
PVC (förk. för *polyvinyl chloride*) PVC
PW förk. för *policewoman*
PWA [ˌpi:dʌbljʊˈeɪ] förk. för *person with Aids* sjukdomen
pygmy ['pɪgmɪ] *s* **a)** *P~* pygmé folkslag **b)** pygmé, dvärg, lilleputt; nolla
pyjama [pəˈdʒɑ:mə] *attr adj* pyjamas- [*~ jacket*]
pyjamas [pəˈdʒɑ:məz] *s pl* pyjamas; *a pair of ~* en pyjamas
pylon ['paɪlən] *s* **1** [kraft]ledningsstolpe; *radio ~* radiomast **2** flyg. pylon, motorfäste
pyramid ['pɪrəmɪd] *s* pyramid
pyre ['paɪə] *s* bål; *funeral ~* likbål
Pyrenees [ˌpɪrəˈni:z] geogr.; *the ~* Pyrenéerna
pyrites [paɪˈraɪti:z, pɪˈr-] (pl. lika) *s* miner. kis; *copper ~* kopparkis; *iron ~* svavelkis
pyromania [ˌpaɪrə(ʊ)ˈmeɪnjə] *s* pyromani
pyromaniac [ˌpaɪrə(ʊ)ˈmeɪnɪæk] *s* pyroman
pyrotechnics [ˌpaɪrə(ʊ)ˈtekniks] *s* **1** (konstr. ss. sg.) fyrverkerikonst, pyroteknik **2** (konstr. ss. sg. el. pl.) fyrverkeri äv. bildl.
Pyrrhic ['pɪrɪk] *adj* pyrrhisk; *~ victory* pyrrhusseger
Pythagoras [paɪˈθæɡəræs]
python ['paɪθ(ə)n] *s* zool. pytonorm

Q

Q, q [kjuː] (pl. *Q's* el. *q's* [kjuːz]) *s* Q, q
Q förk. för *Queen, Question*
Qatar [kæ'tɑː, '--]
Qatari [kæ'tɑːrɪ] **I** *s* qatarier **II** *adj* qatarisk
QC [ˌkjuːˈsiː] förk. för *Queen's Counsel*
qt. förk. för *quantity, quart*[*s*]
q.t. [ˌkjuːˈtiː] *s* (sl. för *quiet*), *on the* [*strict*] ~ i hemlighet, i smyg, i [all] tysthet
1 quack [kwæk] **I** *vb itr* om ankor snattra, bildl. äv. tjattra **II** *s* snatter, bildl. äv. tjatter
2 quack [kwæk] **I** *s* kvacksalvare, vard. kvackare; charlatan; ~ *doctor* kvacksalvare; ~ *remedies* kvacksalvarmediciner **II** *vb itr* kvacka
quackery ['kwækərɪ] *s* kvacksalveri; charlataneri
quad [kwɒd] *s* **1** vard., kortform för *quadrangle* 2 **2** vard., kortform för *quadruplet*
Quadragesima [ˌkwɒdrəˈdʒesɪmə] *s*, ~ [*Sunday*] första söndagen i fastan
quadrangle ['kwɒdræŋgl] *s* **1** geom. fyrhörning; fyrkant **2** [fyrkantig kringbyggd] gård i college, palats o.d.
quadrant ['kwɒdr(ə)nt] *s* geom., astron. m.m. kvadrant
quadratic [kwɒˈdrætɪk, kwəˈd-] *adj* kvadratisk; ~ *equation* kvadratisk ekvation, andragradsekvation
quadrennial [kwɒˈdrenɪəl] *adj* **1** fyraårig, fyraårs- **2** som inträffar [en gång] vart fjärde år
quadrilateral [ˌkwɒdrɪˈlæt(ə)r(ə)l] **I** *adj* fyrsidig **II** *s* fyrsiding
quadrille [kwɒˈdrɪl, kwə-] *s* kadrilj
quadrillion [kwɒˈdrɪljən, kwəˈd-] *s* matem. kvadriljon 1 följt av 24 nollor; amer. 1000 biljoner 1 följt av 15 nollor
quadruped ['kwɒdrʊped] **I** *s* fyrfotadjur, fyrfoting **II** *adj* fyrfotad, fyrbent
quadruple ['kwɒdrʊpl, ˌkwɒˈdruːpl] **I** *adj* **1** fyrdubbel, fyrfaldig; kvadrupel- **2** fyrparts- **3** mus., ~ *time* (*measure*) fyrtakt **II** *vb tr* o. *vb itr* fyrdubbla[s]
quadruplet ['kwɒdrʊplət, -plet] *s* fyrling
quadruplicate [ss. adj. o. subst. kwɒˈdruːplɪkət, ss. vb kwɒˈdruːplɪkeɪt] **I** *adj* fyrfaldig **II** *s*, *in* ~ i fyra [likalydande] exemplar **III** *vb tr*
1 fyrdubbla **2** utfärda i fyra [likalydande] exemplar
quaff [kwɒf, isht amer. kwɑːf] litt. **I** *vb tr* o. *vb itr* dricka i stora klunkar, stjälpa i sig **II** *s* [stor] klunk
quagmire ['kwægmaɪə, 'kwɒg-] *s* **1** gungfly, moras, sumpmark; ~ [*of mud*] lervälling, leråker, sörja **2** bildl. gungfly; träsk
1 quail [kweɪl] *s* zool. vaktel

2 quail [kweɪl] *vb itr* bäva, rygga tillbaka, tappa modet [*at, before* inför]; vika undan [*her eyes* ~*ed before his angry looks*]
quaint [kweɪnt] *adj* **1** lustig, pittoresk [*a* ~ *old house* (*village*)]; pikant; [gammaldags] originell [~ *customs*] **2** märklig, kuriös, befängd [*a* ~ *idea*]
quake [kweɪk] **I** *vb itr* skaka, skälva, darra [*he* ~*d with* (av) *cold* (*fear*)], bäva; gunga **II** *s* **1** skakning, skälvning, darrning **2** [jord]skalv, jordbävning
Quaker ['kweɪkə] *s* kväkare
qualification [ˌkwɒlɪfɪˈkeɪʃ(ə)n] *s*
1 a) kvalifikation, merit; [lämplig] egenskap, förutsättning b) behörighet; utbildning, examen [*a university* ~]; *list of* ~*s* meritförteckning **2** villkor, krav [~*s for* (för [att få]) *membership*] **3** inskränkning, förbehåll, modifikation [*accept a th. with certain* ~*s*]
qualified ['kwɒlɪfaɪd] *adj* **1** kvalificerad, kompetent, meriterad [*for* för]; utbildad [*a* ~ *nurse*], behörig; berättigad; *be* ~ *to* äv. ha behörighet att **2** förbehållsam, reserverad [~ *praise*], begränsad, inskränkt; blandad [~ *joy*]; *give a th. one's* ~ *approval* godkänna ngt med vissa förbehåll
qualifier ['kwɒlɪfaɪə] *s* gram. bestämning, bestämningsord; *adjectival* ~ adjektivattribut
qualify ['kwɒlɪfaɪ] **I** *vb tr* **1** kvalificera, meritera; ~*ing match* sport. kvalmatch, kvalificeringsmatch; ~*ing period* karenstid; ~*ing round* sport. kvalomgång, kvaliciferingsomgång **2** modifiera, begränsa, inskränka [~ *a statement*] **3** gram. bestämma, stå som bestämning till **II** *vb itr* o. *vb rfl*, ~ [*oneself*] kvalificera sig äv. sport.; meritera sig [*for* för]; ~ *for* (*to* inf.) uppfylla kraven (villkoren) för (för att [få]), vara berättigad till ([till] att) [~ *for membership,* ~ *to vote*]; ~ *for* [*the world championship*] kvala in till...; *he qualified as a teacher last year* han tog sin lärarexamen (blev behörig lärare) förra året
qualitative ['kwɒlɪtətɪv, -teɪt-] *adj* kvalitativ
quality ['kwɒlɪtɪ] *s* **1** kvalitet; beskaffenhet; sort, slag; *have* ~ ha kvalitet, vara utmärkt; ~ *of life* livskvalitet; ~ *goods* kvalitetsvaror **2** egenskap [*he has many good -ies*], drag; -*ies of leadership* ledaregenskaper; *in the* ~ *of* i egenskap av **3** [naturlig] förmåga [*he has the* ~ *of inspiring confidence*], talang; förtjänst [*moral -ies*]
qualm [kwɑːm, kwɔːm] *s* **1** betänklighet, skrupel; ~*s* [*of conscience*] samvetskval **2** farhåga, ond aning **3** illamående; pl. ~*s* kväljningar
quandary ['kwɒndərɪ] *s* bryderi, dilemma
quantifiable [ˌkwɒntɪˈfaɪəbl] *adj* kvantifierbar
quantifier ['kwɒntɪfaɪə] *s* myckenhetsord

quantify ['kwɒntɪfaɪ] *vb tr* kvantifiera, bestämma (ange) mängden av
quantitative ['kwɒntɪtətɪv] *adj* kvantitativ
quantit|y ['kwɒntətɪ] *s* **1** kvantitet, mängd; kvantum, mått; hand. parti [*in* ~]; pl. *-ies* äv. [stora] mängder, massor **2 a)** matem. storhet; *unknown* ~ obekant [storhet] **b)** bildl. *an unknown* ~ ett oskrivet blad; en okänd faktor **3** ~ *surveyor* byggnadskalkylator, byggnadsingenjör
quant|um ['kwɒnt|əm] (pl. *-a* [-ə]) *s* **1** kvantum, mängd; del, lott **2** fys. kvant; attr. kvant- [~ *mechanics*, ~ *theory*]
quarantine ['kwɒr(ə)nti:n] **I** *s* karantän; *keep in* ~ äv. hålla isolerad **II** *vb tr* lägga (sätta) i karantän
quarrel ['kwɒr(ə)l] **I** *s* **1** gräl, strid, träta, tvist; *we had a* ~ vi grälade; *pick a* ~ söka (mucka) gräl **2** invändning [*with* mot]; orsak till missämja, tvistefrö; *I have no* ~ *with* (*against*) *him* a) jag har inget otalt med honom b) jag har inget att invända mot honom **II** *vb itr* **1** gräla, strida, träta, tvista, kivas; råka i gräl, bli ovänner (osams) **2** klaga, anmärka [*with* på], ha något att invända [*with* mot]
quarrelsome ['kwɒr(ə)lsəm] *adj* grälsjuk
1 quarry ['kwɒrɪ] *s* [jagat] villebråd, [jakt]byte; bildl. eftertraktat byte
2 quarry ['kwɒrɪ] **I** *s* **1** stenbrott; *slate* ~ skifferbrott **2** bildl. kunskapskälla, guldgruva **II** *vb tr* **1** bryta [~ *stone*] **2** bildl. leta (gräva) fram [~ *facts*] **III** *vb itr* **1** bryta sten **2** bildl. forska, gräva [~ *in old manuscripts for* (efter)]
quart [kwɔ:t] *s* quart rymdmått för våta varor = 2 *pints* = britt. 1,136 l, amer. = 0,946 l; *try to put a* ~ *into a pint pot* försöka göra det omöjliga
quarter ['kwɔ:tə] **I** *s* **1** fjärdedel; *a* ~ *of a* [*mile*] en fjärdedels (kvarts)...; *a* ~ *of a century* ett kvartssekel; ~ *note* amer. mus. fjärdedelsnot **2** ~ [*of an hour*] kvart; [*a*] ~ *past* (amer. *after*) *ten* [en] kvart över tio; [*a*] ~ *to* (amer. *of*) *ten* [en] kvart i tio; *the clock strikes the* ~*s* klockan slår kvartsslag (kvarter) **3** kvartal **4** kvarts(delen) **5** ~ *sessions* se *session I* **4** ss. mått **a)** rymdmått för torra varor = 8 *bushels* = 290,9 l **b)** viktmått: a) 1/4 *hundredweight* britt. = 28 *pounds* = 12,7 kg; amer. = 25 *pounds* = 11,3 kg b) 1/4 *pound* = 112 gr = ung. 1 hekto [*a* ~ *of sweets*] **5** amer. 25 cent **6** [mån]kvarter **7** kvarter [*a slum* ~]; *this* ~ *of the town* denna stadsdel **8** håll äv. bildl., sida [*the winds blows from all* ~*s*]; *at close* ~*s* o. *come to close* ~*s* se *2 close I 1*; *from all* ~*s* (*every* ~) från alla håll [och kanter]; [*hear a th.*] *from a reliable* ~ ...från säkert håll; *in high* (*the highest*) ~*s* på högre (högsta) ort **9** pl. ~*s* logi, bostad, isht mil. kvarter, förläggning; *take up one's* ~*s* inkvartera sig, ta in **II** *vb tr* **1** dela i fyra delar, fyrdela **2** mil. inkvartera, förlägga [*on* (*with*) *a p.* hos ngn] **3** hist. stycka [*hanged, drawn* (uppsprättad) *and* ~*ed*]
quarterback ['kwɔ:təbæk] *s* amer. fotb. kvartsback; *Monday-morning* ~ amer. a) sport. åskådare som agerar lagledare [och yttrar sig i efterhand] b) vard. allvetare (efterklok person) som har facit på hand
quarter day ['kwɔ:tədeɪ] *s* dag för kvartalsinbetalning i England 25 mars, 24 juni, 29 sept., 25 dec.
quarterdeck ['kwɔ:tədek] *s* sjö. a) halvdäck, akterdäck b) officerare
quarterfinal [ˌkwɔ:tə'faɪnl] *s* sport. kvartsfinal; *enter the* ~*s* gå till kvartsfinal[en]
quarterly ['kwɔ:təlɪ] **I** *adj* kvartals-; [som återkommer (utkommer)] en gång i kvartalet **II** *adv* kvartalsvis; en gång i kvartalet, varje kvartal **III** *s* kvartalstidskrift
quartermaster ['kwɔ:təˌmɑ:stə] *s* mil. [regements]kvartermästare, intendent
quartet o. **quartette** [kwɔ:'tet] *s* kvartett mus. o. bildl.
quarto ['kwɔ:təʊ] (pl. ~*s*) *s* **1** kvart[s]format, kvarto **2** bok i kvart[s]format, bok i kvarto
quartz [kwɔ:ts] *s* miner. kvarts; ~ *clock* (*watch*) kvartsur; ~ *crystal* kvartskristall
quasar ['kweɪzɑ:] *s* astron. kvasar
quash [kwɒʃ] *vb tr* **1** jur. ogilla, ogiltigförklara **2** krossa, slå ned, kuva [~ *a rebellion*]
quasi ['kweɪzaɪ, 'kwɑ:zɪ] **I** *adv* liksom, på sätt och vis [*a* ~ *humorous remark*] **II** *prefix* halv- [*quasi-official*], kvasi- [*quasi-scientific literature*]
quatrain ['kwɒtreɪn] *s* metrik. fyrradig strof
quaver ['kweɪvə] **I** *vb itr* isht om röst darra, skälva [*in* (med) *a* ~*ing voice*]; vibrera **II** *s* **1** skälvning; darrande (skälvande) röst **2** mus. åtton[de]delsnot
quay [ki:] *s* kaj
quayside ['ki:saɪd] *s* kaj[område]
queasy ['kwi:zɪ] *adj* **1** kväljande [~ *food*] **2** ömtålig, känslig [*a* ~ *stomach* (*conscience*)] **3** illamående
queen [kwi:n] **I** *s* **1** drottning [*the Q*~ *of England*; *beauty* ~] **2** zool. drottning; ~ *bee* bidrottning, vise **3 a)** schack. drottning, dam; ~*'s pawn* drottningbonde, dambonde **b)** kortsp. dam; ~ *of hearts* hjärterdam **II** *vb tr* **1** ~ *it* [*over*] spela översittaren [mot] **2** schack., ~ *a pawn* göra en bonde till drottning
queenly ['kwi:nlɪ] *adj* **1** drottninglik; majestätisk **2** drottning- [*her* ~ *duties*]
Queensland ['kwi:nzlənd] geogr.
queer [kwɪə] **I** *adj* **1** konstig, underlig, egendomlig, besynnerlig [*a* ~ *story*]; *a* ~ *fellow* (*fish*) en konstig typ (figur); *he's a bit* ~ [*in the head*] han är lite konstig [i huvudet], han är lite knäpp; *I feel* ~ jag känner mig konstig (illamående), det går runt för mig **2** misstänkt, skum, mystisk [*a* ~

quench 660

character (figur)] **3** sl. homosexuell **4** vard., *in Q~ Street* i [penning]knipa II *s* sl. bög, fikus III *vb tr* sl. fördärva [*~ a p.'s chances*]; stjälpa; *~ the pitch for a p.* el. *~ a p.'s pitch* [komma och] förstöra allting (det hela) för ngn

quench [kwen(t)ʃ] *vb tr* **1** släcka [*~ a fire*]; *~ one's thirst* släcka törsten **2** dämpa [*~ a p.'s enthusiasm*], undertrycka, stilla, kväva [*~ an uprising*]

querulous ['kwerʊləs, -rjʊl-] *adj* grinig, gnällig, kverulantisk, knarrig [*a ~ old man*]; klagande

query ['kwɪərɪ] I *s* **1** fråga [*raise* (väcka) *a ~*], förfrågan; fundering **2** frågetecken som sätts i marginal o.d. II *vb tr* **1** fråga om, ta reda på, undersöka, kolla; *~ whether (if)* undra (ställa frågan) om **2** ifrågasätta, betvivla **3** sätta frågetecken för **4** amer. fråga, förhöra sig hos [*~ a p. on* (om)]

quest [kwest] I *s* sökande [*of, for* efter], strävan [*the ~ for* (efter) *power*]; *in ~ of* på spaning (jakt) efter II *vb itr*, *~ for (after)* söka (leta) efter [*~ for treasure*], vara på jakt efter

question ['kwestʃ(ə)n] I *s* fråga i olika bet.; spörsmål, problem; tvistefråga; sak, angelägenhet; parl. interpellation; *indirect (oblique) ~* gram. indirekt fråga (frågesats); *~ paper* examensuppgift, [examens]skrivning; *~ tag* språkv. påhängsfråga, eller-hur-fråga [t.ex. *nice, isn't it?*]; *when it is a ~ of...* när det gäller (är fråga om)…; *there is no ~ about it* det råder inget tvivel (ingen tvekan) om det, det är inte tu tal om det; *there has been some ~ of it* det har varit tal om det, det har varit på tal; *put the ~* om ordförande föreslå omröstning; [fram]ställa proposition; *that is beside the ~* det hör inte till ämnet (saken [i fråga]); *beyond [all] ~* utom (höjd över) allt tvivel; *be in ~* a) vara aktuell (i fråga) b) ha ifrågasatts, vara diskutabel (tvivelaktig); *the case in ~* fallet i fråga, ifrågavarande fall, det aktuella fallet; *call in[to] ~* ifrågasätta, betvivla, bestrida; *come into ~* komma på tal, komma upp [till diskussion], bli aktuell; [*whether this is possible*] *is open to ~* …är en öppen fråga, …är diskutabelt; *it is out of the ~* det kommer aldrig på (i) fråga, det kan inte bli tal (fråga) om det

II *vb tr* **1** fråga, ställa frågor till [*~ a p. on* (om) *his views*]; förhöra [*he was ~ed by the police*], fråga ut **2** ifrågasätta

III *vb itr* fråga, ställa frågor

questionable ['kwestʃ(ə)nəbl] *adj* **1** tvivelaktig, diskutabel **2** tvivelaktig, misstänkt [*~ conduct*]

questioner ['kwestʃ(ə)nə] *s* frågare, frågeställare; parl. interpellant

questioning ['kwestʃ(ə)nɪŋ] I *s* förhör [*detain a p. for ~*] II *adj* frågande [*a ~ look*]

question mark ['kwestʃ(ə)nmɑ:k] *s* frågetecken

question master ['kwestʃ(ə)n‚mɑ:stə] *s* **1** frågesportsledare **2** utfrågare, frågeställare i paneldebatt

questionnaire [‚kwestʃə'neə] *s* frågeformulär

queue [kju:] I *s* kö; *jump the ~* vard. tränga sig (smita) före [i kön] II *vb itr*, *~ [up]* köa, ställa sig (stå) i kö

quibble ['kwɪbl] I *s* **1** spetsfundighet **2** liten anmärkning II *vb itr* **1** rida på ord, slingra sig; *~ about (over)* käbbla om, munhuggas om **2** anmärka, komma med anmärkningar

quibbler ['kwɪblə] *s* ordryttare; person som käbblar om småsaker, petimäter; *be a ~* äv. rida på ord

quibbling ['kwɪblɪŋ] I *adj* spetsfundig; småaktig, kitslig [*~ criticism*] II *s* spetsfundigheter, advokatyr, ordrytteri

quiche [ki:ʃ] *s* kok. quiche slags ostpaj

quick [kwɪk] I *adj* **1** snabb [*a ~ train*], hastig [*a ~ look (pulse)*], rask; rapp [*a ~ answer*]; kvick, livlig [*~ movements*], flink; pigg [och vaken] [*a ~ child*]; *be ~ [about it]!* skynda (snabba) dig [på]!, raska på!; *be ~ to* vara snar till (att) [*be ~ to anger (to do a th.)*], ha lätt för att [*be ~ to understand*]; *a ~ one* vard. en snabbis, isht en drink i all hast; *~ march* hastig marsch 128 steg i minuten **2** häftig, hetsig [*a ~ temper*], lättretlig II *adv* vard. fort, kvickt [*come ~!*], snabbt III *s* **1** nagelrot [*bite (cut) one's nails to* (ända in till) *the ~*], ömt ställe isht i sår o.d. **2** bildl. öm punkt; *it cuts me to the ~* det skär mig i hjärtat (in i själen); *hurt (sting, touch) a p. to the ~* såra ngn djupt (in i själen), träffa ngns ömmaste punkt

quick-change ['kwɪktʃeɪn(d)ʒ] *attr adj* teat., *~ artist* förvandlingskonstnär; *~ number (turn)* förvandlingsnummer

quicken ['kwɪk(ə)n] I *vb tr* **1** påskynda [*~ one's steps*], öka [*~ one's pace (the pulse)*] **2** stimulera, egga, sätta i rörelse [*~ the imagination*] II *vb itr* **1** bli hastigare, påskyndas, öka [*our pace (the pulse) ~ed*] **2** stimuleras, eggas **3** a) om havande kvinna känna de första fosterrörelserna b) om foster börja röra sig

quick-freeze [‚kwɪk'fri:z] (*quick-froze quick-frozen*) *vb tr* snabbfrysa, djupfrysa

quickie ['kwɪkɪ] *s* vard. **1** snabbis **2** hastverk, hafsverk t.ex. om kortfilm, bok

quicklime ['kwɪklaɪm] *s* osläckt kalk

quickly ['kwɪklɪ] *adv* **1** snabbt, hastigt, fort, raskt, kvickt **2** inom kort

quickness ['kwɪknəs] *s* snabbhet, raskhet [*of i*]

quicksand ['kwɪksænd] *s* kvicksand

quicksilver ['kwɪkˌsɪlvə] s bildl. *[he is] like ~* …som ett kvicksilver
quickstep ['kwɪkstep] s mil. hastig marschtakt **2** snabb dans; isht snabb foxtrot
quick-tempered [ˌkwɪk'tempəd], attr. '---] *adj* häftig, lättretad, hetlevrad
quick-witted [ˌkwɪk'wɪtɪd], attr. '---] *adj* kvicktänkt
1 quid [kwɪd] (pl. lika) s sl. pund *[it cost me ten ~]*
2 quid [kwɪd] s tuggbuss
quid pro quo [ˌkwɪdprəʊ'kwəʊ] (pl. *quid pro quos*) s lat. motprestation; vederlag
quiescence [kwɪ'esns, kwaɪ-] s ro, lugn, vila
quiescent [kwɪ'esnt, kwaɪ-] *adj* orörlig, overksam, vilande, slumrande; lugn, stilla
quiet ['kwaɪət] **I** *adj* **1** lugn, stilla *[a ~ evening]*, tyst *[~ footsteps]*; *be ~!* var stilla (lugn)!; var tyst!, tig!; *the room was ~* det var tyst i rummet; *anything for a ~ life!* vad gör man inte för husfridens skull! **2** stillsam *[~ children]*, fridsam, tystlåten, tillbakadragen; lågmäld *[a ~ voice]* **3** stillsam, i stillhet, i lugn och ro *[a ~ chat (cup of tea)]* **4** hemlig, dold *[~ resentment]*; *keep a th. ~* el. *keep ~ about a th.* hålla tyst med (om) ngt, inte tala om ngt; *on the ~* vard. i hemlighet, i smyg, i [all] tysthet **II** *s* stillhet, lugn, ro, frid; tystnad; *in peace and ~* i lugn och ro
quieten ['kwaɪətn] **I** *vb tr* lugna *[~ a crying baby (a p.'s fears)]*, stilla, få tyst på [äv. *~ down*] **II** *vb itr*, *~ down* lugna sig, bli lugn[are]
quietly ['kwaɪətlɪ] *adv* lugnt, stilla etc., jfr *quiet I*; i [all] stillhet (tysthet); *come ~* komma godvilligt
quietness ['kwaɪətnəs] s o. **quietude** ['kwaɪɪtjuːd] s lugn, ro, vila, stillhet, frid
quiff [kwɪf] s pannlock
quill [kwɪl] s **1** vingpenna, stjärtpenna **2** a) gåspenna b) mus. plektrum **3** piggsvins pigg; igelkotts tagg
quill pen ['kwɪlpen] s gåspenna, fjäderpenna
quilt [kwɪlt] **I** s [säng]täcke; *~ cover (case)*, påslakan; *[down] continental ~* [dun]täcke **II** *vb tr* vaddera; matelassera; sticka täcke; vaddsticka, quilta; *~ed jacket* äv. täckjacka
quince [kwɪns] s bot. kvitten[frukt]; kvitten[träd]
quinine [kwɪ'niːn, '--] s kem. kinin, kina
Quinquagesima [ˌkwɪŋkwə'dʒesɪmə] s, *~ [Sunday]* fastlagssöndag[en]
quinsy ['kwɪnzɪ] s med. halsböld
quintessence [kwɪn'tesns] s **1** kvintessens; *the ~* äv. kärnan, det väsentliga (bästa) **2** inbegrepp *[of* av]; *the ~ of politeness* äv. hövligheten själv
quintet o. **quintette** [kwɪn'tet] s kvintett mus. o. bildl.

quintuple ['kwɪntjʊpl] *adj* **1** femdubbel, femfaldig **2** mus., *~ time (measure)* femtakt
quintuplet ['kwɪntjʊplət, -plet] s femling
quip [kwɪp] **I** *s* gliring; kvickhet, vits **II** *vb itr* vara spydig (sarkastisk); skämta, säga ngt fyndigt **III** *vb tr* vara spydig mot, pika
quirk [kwɜːk] *s* **1** egendomlighet, besynnerlighet; tilltag, påhitt; *by a ~ of fate* genom en ödets nyck **2** fint, listig undanflykt
quisling ['kwɪzlɪŋ] s quisling, landsförrädare
quit [kwɪt] **I** *pred adj* fri, befriad, fritagen *[of* från]; *be (get) ~ of* äv. vara (bli) kvitt **II** *(~ted ~ted* el. *quit quit) vb tr* **1** lämna *[~ a p. (the country)]*, sluta [på] *[~ one's job]*; flytta från *[~ one's house]* **2** sluta (höra) upp med, lägga av *[doing a th.* att göra ngt]; avstå från, ge upp *[~ one's claim]*; *~ that!* sluta [upp] med det där!, lägg av! **3** avbörda sig, betala *[~ a debt]* **III** *(~ted ~ted* el. *quit quit) vb itr* **1** flytta om hyresgäst; sluta *[~ because of poor pay]*; ge sig i väg; vard. sticka; *give a p. notice to ~* säga upp ngn; *get notice to ~* bli uppsagd **2** lägga av; ge upp, tröttna
quite [kwaɪt] *adv* **1** a) alldeles, fullkomligt, helt [och hållet], absolut *[~ impossible]*, precis, exakt *[is your watch ~ right?]*, fullt *[~ sufficient]*, helt *[she is ~ young]*, mycket *[~ possible]*, riktigt, inte så litet *[he was ~ angry]* b) ganska *[~ a nice party]*, rätt, nog så *[the situation is ~ critical]* c) faktiskt, rent av *[I'd ~ like it]*; *I ~ agree* jag håller helt med dig etc.; *that I can ~ believe* det tror jag gärna (visst); *I don't ~ know* jag vet inte riktigt; *she ~ likes him* hon tycker rätt bra om honom; *I ~ understand [how you feel]* jag förstår så väl (precis)…; *~ as much* [precis] lika mycket; *~ six weeks* hela (drygt) sex veckor; *not ~ [six weeks]* knappt (inte fullt)…; *~ another (~ a different) thing* en helt annan sak; *~ a beauty* en riktig (verklig) skönhet; *she is ~ a child* hon är bara barnet; *when ~ a child* redan som barn; *[we walked] ~ a distance* …en bra (ordentlig) sträcka; *he is ~ a man* a) han är en riktig karl b) han är stora karlen; *it's ~ a problem* det är verkligen (faktiskt) ett problem; *~ the best* det allra bästa; *~ the contrary (reverse)* raka motsatsen, [precis] tvärtom; *he is ~ the gentleman* han är en verklig gentleman; *that's ~ something!* det var inte [så] illa! **2** *~ [so]!* just det, ja!, alldeles riktigt!
quits [kwɪts] *pred adj* kvitt *[we are ~ now]*; *I'll be ~ with him yet* det här ska han få igen; *we'll call it ~ now* a) vi säger att vi är kvitt nu b) nu slutar vi
quitter ['kwɪtə] s vard. person som lätt ger upp
1 quiver ['kwɪvə] s [pil]koger
2 quiver ['kwɪvə] **I** *vb itr* darra, skälva, skaka *[with* av]; dallra *[a ~ing leaf]*; fladdra **II** *vb tr* få att darra etc., jfr *I* **III** *s* darrning etc., jfr *I*;

there was a ~ in her voice hon darrade (skälvde) på rösten
Quixote ['kwɪksət, -səʊt] *s* donquijote-figur, verklighetsfrämmande idealist
quixotic [kwɪk'sɒtɪk] *adj* donquijotisk, idealistisk; ridderlig
quiz [kwɪz] **I** *s* **1** frågesport, frågelek; *~ programme (show)* frågesportsprogram **2** isht amer. skol. [muntligt] förhör; lappskrivning **II** *vb tr* **1** fråga ut, förhöra **2** isht amer. skol. hålla förhör med, ge lappskrivning [*~ a class*]
quizmaster ['kwɪzˌmɑːstə] *s* frågesportsledare
quizzical ['kwɪzɪk(ə)l] *adj* **1** frågande, undrande, häpen [*a ~ look*] **2** spefull, retsam [*~ remarks*]
quod [kwɒd] *s* sl., *be in ~* sitta på kåken, sitta inne
quoit [kɔɪt, kwɔɪt] *s* sport. **1** [kast]ring, [kast]skiva **2** *~s* (konstr. ss. sg.) ringkastning, quoits
quorum ['kwɔːrəm] *s* beslutsmässigt antal [närvarande ledamöter], kvorum
quota ['kwəʊtə] *s* kvot; fördelningskvot; andel; kontingent; tilldelning [*bacon ~*]
quotable ['kwəʊtəbl] *adj* värd att citera[s]
quotation [kwə(ʊ)'teɪʃ(ə)n] *s* **1** a) citat b) citerande, anförande; *~ mark* citationstecken, anföringstecken **2** hand. a) kurs [*for* på]; notering [*the latest ~s from the Stock Exchange*] b) kostnadsförslag, prisuppgift, offert
quote [kwəʊt] **I** *vb tr* **1** citera, anföra [*~ a verse from* (ur) *the Bible*]; *he is ~d as having said that...* han uppges ha sagt att... **2** åberopa, uppge **3** nämna, ge exempel på; *can you ~* [*me*] *an instance?* kan du ge [mig] ett exempel? **4** hand. a) notera [*at* till] b) offerera, lämna [*~ a price*]; *~d on the Stock Exchange* börsnoterad **II** *vb itr* citera; *~* jag citerar, citat [*the leader of the rebels said, ~, We shall never give in, unquote*]; *~ from a p.* citera ngn **III** *s* vard. **1** citat **2** *~s* pl. anföringstecken, citationstecken **3** se *quotation 2*
quotient ['kwəʊʃ(ə)nt] *s* kvot äv. matem.

R

R, r [ɑː] (pl. *R's* el. *r's* [ɑːz]) *s* R, r; *the three R's = reading,* [*w*]*riting and* [*a*]*rithmetic* läsning, skrivning och räkning grundläggande skolämnen
R förk. för *Regina, Rex, River, Royal*
rabbi ['ræbaɪ] *s* **1** i tilltal o. ss. hederstitel *R~* rabbi **2** rabbin; judisk lärd
rabbinical [ræ'bɪnɪk(ə)l] *adj* rabbinsk
rabbit ['ræbɪt] **I** *s* **1** zool. kanin; amer. äv. hare; *~'s foot* a) ss. lyckobringare hartass b) amer. bot. harklöver **2** vard. kanin[skinn]; billigt pälsverk **3** amer. hare attrapp vid hundkapplöpning **4** *Welsh ~* se under *Welsh I* **II** *vb itr* jaga (fånga) kaniner (amer. äv. harar)
rabbit burrow ['ræbɪtˌbʌrəʊ] *s* o. **rabbit hole** ['ræbɪtˌhəʊl] *s* kaninhål
rabbit hutch ['ræbɪthʌtʃ] *s* kaninbur
rabbit punch ['ræbɪtpʌntʃ] *s* boxn. nackslag
rabbit warren ['ræbɪtˌwɒrən] *s* a) kaningård, kaninhus b) område fullt av kaninhål
rabble ['ræbl] *s* larmande folkhop, pack, slödder; *the ~* äv. pöbeln, patrasket
rabble-rouser ['ræblˌraʊzə] *s* folkuppviglare, demagog, rabulist
rabble-rousing ['ræblˌraʊzɪŋ] **I** *s* folkuppviglande, demagogi, rabulism **II** *adj* folkuppviglande, demagogisk, rabulistisk
Rabelaisian [ˌræbə'leɪzɪən] *adj* Rabelais-, i Rabelais' stil
rabid ['ræbɪd] *adj* rabiat, fanatisk [*a ~ nationalist*]; ursinnig
rabies ['reɪbiːz] *s* med. rabies
RAC [ˌɑːreɪ'siː] förk. för *Royal Armoured Corps, Royal Automobile Club*
raccoon [rə'kuːn] *s* zool. sjubb, tvättbjörn
1 race [reɪs] *s* **1** ras [*the white ~*], släkt, stam; *~ hatred* rashat; *~ riot* rasupplopp **2** släkte; *the human ~* människosläktet
2 race [reɪs] **I** *s* [kapp]löpning, lopp; kappkörning, kapprodd, kappsegling o.d.; *the ~s* kapplöpningarna; *flat ~* slätlöpning, slätlopp; *a ~ against time* en kapplöpning med tiden; *run a ~* springa (löpa) i kapp, tävla i löpning **II** *vb itr* **1** springa (löpa, köra, rida, segla o.d.) i kapp; kappas; tävla i löpning; kappköra; kappsegla; *~ against time* kämpa mot tiden **2** delta (vara med) i kapplöpningar **3** springa (löpa, köra, rida, segla o.d.) [snabbt], rusa (störta) [i väg] [*~ home*], jaga; om motor, propeller o.d. rusa **4** skena; börja bulta, slå häftigt [*my heart ~d*] **III** *vb tr* **1** springa (löpa, köra, rida, segla o.d.) i kapp med, kappas med [*I'll ~ you home*] **2** låta tävlingslöpa (tävla), tävla med [*~ a horse*] **3** köra i rasande fart [*he ~d me to the*

station]; snabbtransportera; rusa [~ *an engine*]
racecard ['reɪskɑ:d] *s* kapplöpningsprogram
racecourse ['reɪskɔ:s] *s* kapplöpningsbana
racegoer ['reɪsˌgəʊə] *s*, *he is a* ~ han går ofta på kapplöpningar; pl. **~s** kapplöpningspubliken
racehorse ['reɪshɔ:s] *s* kapplöpningshäst
raceme [rə'si:m] *s* bot. [blom]klase
race meeting ['reɪsˌmi:tɪŋ] *s* kapplöpning
racer ['reɪsə] *s* **1** kapplöpningshäst; racerbil, racercykel, racerbåt **2** kapplöpningsdeltagare; kappseglare, kapproddare; tävlingscyklist
racetrack ['reɪstræk] *s* **1** kapplöpningsbana **2** löparbana **3** racerbana
Rachel ['reɪtʃ(ə)l] kvinnonamn
racial ['reɪʃ(ə)l] *adj* ras- [~ *discrimination* (*hatred, policy*)], folk-; ~ *disturbances* rasoroligheter; ~ *tension* rasmotsättningar
racialism ['reɪʃəlɪz(ə)m] *s* rasism, rashat
racialist ['reɪʃəlɪst] *s* rasist
raciness ['reɪsɪnəs] *s* **1** kärnfullhet, livfullhet [*the* ~ *of the style*]; kraft, spänst **2** mustighet, pikanteri
racing ['reɪsɪŋ] *s* [häst]kapplöpning, [hastighets]tävling; attr. kapplöpnings- [*a* ~ *horse*], tävlings-, racer-; ~ *track* löparbana
racism ['reɪsɪz(ə)m] *s* rasism, rashat
racist ['reɪsɪst] *s* rasist
1 rack [ræk] **I** *s* **1** ställ [*pipe-rack*], ställning, räcke; lång klädhängare; hållare; hylla [*hatrack*]; bagagehylla; tidningshylla; *clothes* ~ torkställ för kläder; *off the* ~ vard. konfektionssydd, färdigsydd **2** [foder]häck **3** mek. kuggstång; ~ *and pinion* kuggstångsväxel, drev med kuggstång **4** sträckbänk, pinbänk; bildl. äv. pina; *be* (*put, set*) *on the* ~ ligga (lägga) på sträckbänk[en] äv. bildl. **II** *vb tr* bildl. hålla på sträckbänken, pina, plåga; ~ *one's brains* (*wits*) bråka (bry) sin hjärna; *~ed with pain* (*by remorse*) plågad av värk (av samvetskval); *~ing cough* ryslig [hack]hosta
2 rack [ræk] *s*, *go to* ~ *and ruin* falla sönder (samman); gå åt pipan (skogen); gå under
1 racket ['rækɪt] *s* **1** sport. racket; vard. rack, spade; ~ *case* racketfodral; pl. **~s** rackets[spel] mot vägg, liknande squash **2** snösko
2 racket ['rækɪt] *s* **1** oväsen, larm, stoj, ståhej; *what's the ~?* vard. vad är det [som står på]?; *kick up* (*make*) *a* ~ vard. föra ett förfärligt oväsen (liv) **2** vard. a) knep; skoj, bluff, båg b) skojarverksamhet, skumraskaffär; utpressning; *it's a proper* ~ det är rena [rama] bluffen; *narcotics* ~ olaglig narkotikahandel; narkotikasmuggling; *run a* ~ driva organiserad utpressning; *work a* ~ fiffla, båga, bluffa; *be in on a* ~ vara med om en skum affär **3** *stand the* ~ a) hålla ut (stånd), klara sig [*of* mot], bestå provet b) bära hundhuvudet [*of* för] c) betala kalaset
racketeer [ˌrækɪ'tɪə] *s* vard. svindlare, skojare
racketeering [ˌrækɪ'tɪərɪŋ] *s* vard. svindleri, skoj[eri], fiffel [och båg], bluff[ande]
raconteur [ˌrækɒn'tɜ:] (om kvinna *raconteuse* [ˌrækɒn'tɜ:z]) *s*, *a* [*good*] ~ en god (skicklig) historieberättare
racoon [rə'ku:n] *s* se *raccoon*
racquet ['rækɪt] *s* isht amer., se *1 racket*
racy ['reɪsɪ] *adj* **1** kärnfull [*a* ~ *style*], livfull **2** mustig, pikant, vågad [*a* ~ *story*]
radar ['reɪdɑ:, -də] *s* radar; radarsystem; attr. radar- [~ *impulse* (*screen, station*)]; ~ *trap* radarkontroll fartkontroll i trafiken
radial ['reɪdjəl] **I** *adj* radial; radiär, radierande; tekn. äv. radiell; ~ *tyre* bil. radialdäck, gördeldäck **II** *s* bil. radialdäck, gördeldäck
radial-ply ['reɪdjəlplaɪ] *adj*, ~ *tyre* bil. radialdäck, gördeldäck
radiance ['reɪdjəns] *s* strålglans; *the* ~ *of her smile* hennes strålande leende
radiant ['reɪdjənt] *adj* **1** utstrålande; strålande äv. bildl. [~ *beauty, a* ~ *smile*] **2** strål[nings]- [~ *heat*]; ~ *energy* strålningsenergi
radiat|e ['reɪdɪeɪt] **I** *vb tr* **1** utstråla äv. bildl. [~ *light* (*warmth*)]; radiera **2** bestråla **3** bildl. sprida [~ *joy* (*love*)] **4** radio. sända [ut], radiera **II** *vb itr* stråla ut, stråla äv. bildl. [*heat -ing from a stove*; *roads -ing from Oxford*]
radiation [ˌreɪdɪ'eɪʃ(ə)n] *s* **1** [ut]strålning, utstrålande **2** radioaktivitet
radiator ['reɪdɪeɪtə] *s* **1** värmeelement, radiator **2** kylare på bil; kyl[nings]apparat
radical ['rædɪk(ə)l] **I** *adj* radikal äv. polit. [*a* ~ *cure* (*measure, reform*)]; grundlig, genomgripande [~ *changes*] **II** *s* **1** polit. radikal **2** matem. radikal; rot[tecken] **3** språkv. rot, ordstam; rotord
radicalism ['rædɪkəlɪz(ə)m] *s* radikalism
radically ['rædɪk(ə)lɪ] *adv* radikalt, grundligt; från grunden, helt och hållet [*revise a th.* ~]
radicle ['rædɪkl] *s* bot. rotämne; liten rot
radii ['reɪdɪaɪ] *s* pl. av *radius*
radio ['reɪdɪəʊ] **I** *s* radio; radioapparat, radiomottagare; ~ *commentary* radioreferat, radioreportage; ~ *jamming* radiostörning; ~ *link* radioförbindelse; *radiolänk*[förbindelse]; *the R~ Times* brittisk radio- och TV-tidning **II** *vb tr* o. *vb itr* radiotelegrafera [till]; radiosända
radioactive [ˌreɪdɪəʊ'æktɪv] *adj* radioaktiv; ~ *dust* radioaktivt stoft
radioactivity [ˌreɪdɪəʊæk'tɪvətɪ] *s* radioaktivitet
radio beacon ['reɪdɪəʊˌbi:k(ə)n] *s* flyg. radiofyr
radio-controlled [ˌreɪdɪəʊkən'trəʊld] *adj* radiostyrd
radio engineer [ˌreɪdɪəʊen(d)ʒɪ'nɪə] *s* radiotekniker
radiogram ['reɪdɪə(ʊ)græm] *s* radiotelegram

radiograph ['reɪdɪə(ʊ)grɑ:f, -græf] I *s*
1 röntgenbild 2 radiogram II *vb tr*
1 röntgenfotografera 2 radiografera
radiography [ˌreɪdɪ'ɒgrəfɪ] *s*
1 röntgenfotografering 2 [auto]radiografi
radiologist [ˌreɪdɪ'ɒlədʒɪst] *s* radiolog, röntgenolog
radiology [reɪdɪ'ɒlədʒɪ] *s* radiologi, röntgenologi
radio patrol car [ˌreɪdɪəʊpə'trəʊlkɑ:] *s* radiobil hos polisen
radiosonde ['reɪdɪəʊsɒnd] *s* fys. radiosond
radiotelegram [ˌreɪdɪəʊ'telɪgræm] *s* radiotelegram
radiotelegraphy [ˌreɪdɪəʊtə'legrəfɪ] *s* radiotelegrafi, trådlös telegrafi
radiotelephone [ˌreɪdɪəʊ'telɪfəʊn] *s* mobiltelefon; trådlös telefon
radiotelephony [ˌreɪdɪəʊtə'lefənɪ] *s* radiotelefoni, trådlös telefoni
radio telescope [ˌreɪdɪəʊ'telɪskəʊp] *s* radioteleskop
radiotherapy [ˌreɪdɪəʊ'θerəpɪ] *s* radioterapi, strålbehandling
radish ['rædɪʃ] *s* rädisa; *black* ~ rättika
radium ['reɪdjəm] *s* fys. radium
ra|dius ['reɪ|djəs] (pl. *-dii* [-dɪaɪ]) *s* geom. radie; ~ *of action* aktionsradie
radon ['reɪdɒn] *s* kem. radon
RAF [ˌɑ:reɪ'ef, vard. ræf] förk. för *Royal Air Force*
raffia ['ræfɪə] *s* bot. 1 rafia[bast] 2 rafiapalm
raffish ['ræfɪʃ] *adj* 1 utsvävande 2 prålig, skrikig [~ *clothes*], vulgär; vräkig [*a* ~ *car*]
raffle ['ræfl] I *s* tombola[lotteri] II *vb tr* lotta ut [genom tombola]
raft [rɑ:ft] I *s* 1 flotte [*a rubber* ~]
2 timmerflotte, timmerbunt II *vb tr* flotta
1 rafter ['rɑ:ftə] *s* flottare, flottkarl
2 rafter ['rɑ:ftə] I *s* taksparre II *vb tr* förse med [synliga] tasksparrar [*a ~ed roof*]
1 rag [ræg] *s* 1 trasa äv. skämts. om flagga, näsduk o.d.; pl. *~s* äv. lump; *red* ~ se *red I*; *torn to ~s* utsliten, i trasor 2 vard. [kläd]trasa; pl. *~s* äv. lump[or]; *glad ~s* se *glad 2*; *the* ~ *trade* vard. klädbranschen; *from ~s to riches* ung. från yttersta fattigdom till rikedom och välstånd 3 vard. [tidnings]blaska [*the local* ~]
2 rag [ræg] ngt åld. (vard.) I *vb tr* reta; isht univ. el. skol. skoja med, skända II *s* [student]upptåg; skändning
ragamuffin ['rægəˌmʌfɪn] *s* rännstensunge, trashank; slusk
ragbag ['rægbæg] *s* 1 lumpsäck 2 vard. trashank 3 brokig samling; virrvarr
rage [reɪdʒ] I *s* 1 raseri, våldsam vrede (häftighet), ursinne; *in a* ~ i raseri; *be in* (*fly into*) *a* ~ vara (bli) [topp tunnor] rasande
2 *be* [*all*] *the* ~ vard. vara sista skriket II *vb itr*
1 rasa [*at* (*against*) *a th.* mot ngt], vara

rasande [*against a p.* på ngn, *at a th.* över (på) ngt]; *have a raging toothache* ha [en] häftig (intensiv) tandvärk 2 grassera, rasa
ragged ['rægɪd] *adj* 1 trasig, söndrig [*a* ~ *coat*], sönderriven, söndersliten [~ *clouds*]; [klädd] i trasor; *run* ~ köra slut på, slita ut
2 ruggig, raggig [*a dog with a* ~ *coat of hair*]; fransig [*a sleeve with* ~ *edges*]; ovårdad [*a* ~ *appearance*] 3 skrovlig, taggig [~ *rocks*]
4 ojämn äv. bildl. [*a* ~ *performance*]; ryckig [~ *rhythm*]
raglan ['ræglən] *s* raglan[rock]; attr. raglan- [~ *coat* (*sleeve*)]
ragout ['rægu:] *s* kok. ragu
ragtime ['rægtaɪm] *s* ragtime[musik], ragtimemelodi, ragtimelåt; synkoperad takt (rytm)
ragwort ['rægwɜ:t] *s* bot. korsört, stånds
raid [reɪd] I *s* 1 räd, plundringståg [*into* [in] i, till] 2 kupp [*on* mot] 3 [polis]razzia [*on* mot, i], husundersökning [*on* hos] II *vb itr* göra (deltaga i) en räd (räder); plundra III *vb tr* göra en räd (razzia) mot (i), göra husundersökning hos; plundra äv. bildl.
raider ['reɪdə] *s* 1 deltagare i räd (razzia); angripare 2 kommandosoldat; pl. *~s* äv. anfallskommando 3 attackflygplan
1 rail [reɪl] I *s* 1 [vågrät] stång i räcke o.d.; ledstång; *~*[*s* pl.] räcke[n], [järn]staket; *altar ~*[*s*] altarskrank; *towel* ~ handdukstång, handdukshängare 2 sjö. reling 3 a) skena, räl[s] b) järnväg; *travel* (*go*) *by* ~ resa med (åka) tåg, ta tåg[et]; [*send goods*] *by* ~ ...med (på) järnväg; *go off the ~s* bildl. a) spåra ur, komma på avvägar; komma i olag (oordning) b) vard. tappa jämvikten, bli nervös (tokig), få snurren II *vb tr* sätta upp räcke (staket) omkring, inhägna [äv. ~ *in*]
2 rail [reɪl] *vb itr* vara ovettig [*against* (*at*) mot (på)], rasa [*at* mot]
3 rail [reɪl] *s* zool. rallfågel, rall; *water* ~ vattenrall
railcar ['reɪlkɑ:] *s* järnv. motorvagn
railing ['reɪlɪŋ] *s*, *~*[*s* pl.] [järn]staket, räcke[n]
raillery ['reɪlərɪ] *s* raljeri, [godmodigt] skämt[ande], gyckel
rail|man ['reɪl|mən, -mæn] (pl. *-men* [-mən el. -men]) *s* järnvägs[tjänste]man
railroad ['reɪlrəʊd] I *s* amer., se *railway I* II *vb itr* amer. resa med (åka) tåg, ta tåg[et] III *vb tr*
1 amer. skicka med (på) järnväg 2 vard. forcera (trumfa) igenom [~ *a bill*]; ~ *a p. into doing a th.* tvinga (lura) ngn att snabbt göra ngt
railway ['reɪlweɪ] I *s* järnväg; järnvägsanläggning; järnvägsbolag; attr. vanl. järnvägs- [~ *station* (*bridge, transport*)]; [*send goods*] *by* ~ ...med (på) järnväg II *vb itr* resa med (åka) tåg
railway|man ['reɪlweɪ|mən, -mæn] (pl. *-men* [-mən el. -men]) *s* järnvägs[tjänste]man

rain [reɪn] **I** s regn; regnväder; *the ~s regntiden* i tropikerna; *the ~ was coming down in buckets* regnet stod som spön i backen; *a ~ of bullets* en skur av kulor, ett kulregn, en kulkärve; [*as*] *right as ~* vard. prima; helt i sin ordning; pigg och kry **II** *vb itr* regna; hagla [*the blows ~ed* [*down*] [*up*]*on* (över) *him*]; *it never ~s but it pours* ordspr. en olycka kommer sällan ensam **III** *vb tr* låta regna, ösa, låta hagla [*~ blows* [*up*]*on* (över) *a p.*]; *it's ~ing buckets* el. *it's ~ing cats and dogs* regnet står som spön i backen, det öser ner; *~ gifts* [*up*]*on a p.* överösa ngn med gåvor; *be ~ed off* (amer. *out*) amer. inställas på grund av regn, regna inne
rainbow ['reɪnbəʊ] s **1** regnbåge; attr. regnbågs- [*~ colours*], regnbågsfärgad; *be at the end of the ~* bildl. vara skatten vid regnbågens slut, vara en ouppnåelig dröm [*for many Australia is at the end of the ~*] **2** zool., *~ trout* regnbågsforell
raincheck ['reɪntʃek] s isht amer. **1** ersättningsbiljett för evenemang som inställts på grund av regn, tillgodokvitto **2** vard., [*I don't want it now,*] *but I'll take a ~ on it* ...men jag kanske får ha den innestående (kan få återkomma); *let's take a ~ on it!* det får bli en annan gång!
raincoat ['reɪnkəʊt] s regnrock
raindrop ['reɪndrɒp] s regndroppe
rainfall ['reɪnfɔ:l] s **1** regn[skur] **2** regnmängd, nederbörd
rain forest ['reɪnˌfɒrɪst] s regnskog
rain gauge ['reɪngeɪdʒ] s regnmätare
rainproof ['reɪnpru:f] *adj* regntät, vattentät
rainy ['reɪnɪ] *adj* regnig, regn- [*~ weather* (*season*)], regnväders- [*a ~ day*], regnförande [*a ~ wind*]; *save* (*provide, put away, keep*) *money for a ~ day* el. *provide against* (*put money by for*) *a ~ day* rusta sig (spara) för sämre tider
raise [reɪz] **I** *vb tr* **1** resa [upp], lyfta [upp], ta upp; hissa (dra) upp [*~ the curtain* (ridån)]; röra upp [*~ a cloud of dust*]; *~ one's arm* (*hand*) räcka (sträcka) upp armen (handen); *~ one's hand against a p.* lyfta sin hand mot ngn hota ngn; *~ one's eyebrows* höja på ögonbrynen; *~ one's glass to a p.* höja sitt glas för ngn, dricka ngn till; *~ one's hat to a p.* a) lyfta på hatten för ngn b) bildl. ta av sig hatten för ngn; *~ the roof* se *roof I* **2** höja [*~ prices*] **3** uppföra, resa [*~ a monument*] **4** föda upp [*~ cattle*], dra upp, odla [*~ vegetables*]; isht amer. äv. [upp]fostra [*~ children*]; *~ a family* amer. bilda familj, skaffa barn **5** befordra [*~ a captain to* [*the rank of*] (till) *major*]; *~ a p. to the peerage* upphöja ngn till pär, adla ngn **6** uppväcka [*~ from the dead*]; frammana [*~ spirits*]; *~ a p.'s spirits* pigga (liva) upp ngn; *~ Cain* (*hell, the devil*) vard. leva rövare, röra upp himmel och jord, föra ett helvetes liv; *~ the wind* vard. skaffa pengar **7** [för]orsaka, väcka [*~ a p.'s hopes*]; *~ the alarm* slå larm; *~ a laugh* framkalla skratt **8** lägga (dra) fram, framställa [*~ a claim*], väcka, ta upp [*~ a question*], föra på tal; *~ an objection* göra en invändning **9** samla [ihop], [lyckas] skaffa, skrapa ihop [*~ money*]; ta [upp] [*~ a loan*] **10** häva [*~ an embargo*] **11** matem. upphöja **II** *s* isht amer. [löne]förhöjning, lönelyft
raised [reɪzd] *perf p* o. *adj* [upp]rest etc., jfr *raise I*; upphöjd; uppstående [*a ~ edge*]; i relief; *with ~ hands* med uppsträckta händer; *~ platform* upphöjd plattform, estrad
raisin ['reɪzn] s russin
1 rake [reɪk] **I** s räfsa, kratta; raka, skrapa; *thin as a ~* smal som en sticka **II** *vb tr* **1** räfsa, kratta; raka, skrapa; *~ in* [*a lot of money*] håva in (inkassera)...; *~ together* (*up*) räfsa ihop; skrapa ihop äv. bildl. [*~ together* (*up*) *a bit of cash*]; *~* [*up*] *the fire* täcka elden med aska; *~ up* [*the past* (*an old story*)] riva upp (rota fram)... **2** leta i **3** skrapa över, snudda vid; mil. bestryka, flankera; beskjuta långskepps [*~ a ship*] **III** *vb itr* riva, rota, söka [*in* i; *for* efter]; *~* [*about*] *among* [*some old papers*] rota i...
2 rake [reɪk] s rumlare, rucklare, vivör
3 rake [reɪk] s lutning [*the ~ of a mast* (*of the stage of a theatre*)], fall [*the ~ of a ship's bow* (*of a gable*)]
rake-off ['reɪkɒf] s vard. [olaglig] vinstandel (profit); *get a ~* få [sin] del av bytet
1 rakish ['reɪkɪʃ] *adj* utsvävande; depraverad
2 rakish ['reɪkɪʃ] *adj* stilig, flott; snitsig; *set one's hat at a ~ angle* sätta hatten käckt på svaj
1 rally ['rælɪ] **I** *vb tr* [åter] samla, samla ihop [*~ troops*; *~ one's strength*]; bildl. äv. få att samla sig; *~ing cry* a) krigsrop b) flammande appell (uppmaning) **II** *vb itr* **1** [åter] samlas, samla sig [*round* (*to*) *a p.* kring ngn]; *~ to a p.'s cause* sluta sig till ngns sak; *~ to a p.'s defence* komma till ngns försvar (hjälp); *~ing point* samlingspunkt **2** [åter]hämta sig [*~ from an illness*], samla (få) nya krafter; ta sig upp; få nytt liv; *the market rallied* hand. marknaden blev [åter] fast **3** sport. ha en [lång] slagväxling, spela en lång boll **III** *s* **1** möte [*a peace ~*]; massmöte **2** rally [*the Monte Carlo R~*] **3** bildl. återhämtning [*~ from an illness*]; uppgång [*a ~ in prices*] **4** sport. [lång] slagväxling, lång boll (bollduell) i tennis o.d.
2 rally ['rælɪ] *vb tr* raljera (driva) med
Ralph [reɪf, amer. rælf] mansnamn
ram [ræm] **I** s **1** bagge, gumse, vädur; bildl. bock [*he is an old ~*] **2** murbräcka jfr *battering-ram* **3** sjö. ramm **4** tekn. hejare, fallvikt; [arbets]kolv, pistong **II** *vb tr* **1** slå

ramble 666

(stöta, driva, pressa, stampa, bulta) ned (in, mot); ~ *a th. down a p.'s throat* bildl. pracka (tvinga) på ngn ngt; köra ngt i halsen på ngn; ~ *it into a p. that...* slå 'i ngn att...; ~ *a p.'s hat over his head* trycka ned hatten [över huvudet] på ngn; ~ *a th. home* klargöra (understryka) ngt med önskvärd tydlighet **2** vard. stoppa, proppa [~ *clothes into a bag*] **3** ramma [~ *a car*]
ramble ['ræmbl] **I** *vb itr* **1** ströva (vandra) omkring [*about* i (på)]; irra hit och dit; ~ [*on*] prata (pladdra) på, prata smörja **2** växa åt alla håll **II** *s* [ströv]tur, strövtåg äv. bildl.; vandring utan mål
rambler ['ræmblə] *s* **1** vandrare **2** klängros, klätterros [äv. ~ *rose*]; klängväxt
rambling ['ræmblɪŋ] **I** *s* kringirrande, kringströvande **II** *adj* **1** kringirrande, kringströvande **2** oredig, osammanhängande, virrig [*a* ~ *conversation*, ~ *thoughts*] **3** klängande, kläng-, klätter- [~ *rose*] **4** oregelbundet byggd, stor och oregelbunden [*a* ~ *house*], oregelbundet planerad, utspridd [*a* ~ *town*]
ramification [‚ræmɪfɪ'keɪʃ(ə)n] *s* **1** förgrening, utlöpare äv. bildl. [*an organization with many* ~*s*] **2** följd, komplikation
ramify ['ræmɪfaɪ] *vb itr* förgrena (grena ut) sig
ramp [ræmp] *s* **1** [sluttande] ramp; uppfart[sväg], nerfart[sväg]; påfart[sväg], avfart[sväg] vid motorväg **2** amer. flyg., [*boarding*] ~ flygplanstrappa; [*parking*] ~ platta **3** böjt räcke i trappavsats o.d. **4** reparationsbrygga
rampage ['ræmpeɪdʒ, -'-] **I** *s*, *be* (*go*) *on the* ~ vara ute och härja (leva rövare) **II** *vb itr* härja (rusa) omkring
rampant ['ræmpənt] *adj* **1** vild; hejdlös, otyglad; grasserande, som tar överhand[en], som griper omkring sig; *be* ~ sprida sig, frodas; *the epidemic is becoming* ~ epidemin håller på att få (ta) överhand[en] **2** om växt alltför frodig (tät[vuxen]) **3** herald. stående på bakbenen [*a lion* ~]
rampart ['ræmpɑːt, -pət] *s* [fästnings]vall; bildl. skydd[svärn], bålverk, försvar
ramrod ['ræmrɒd] *s* **1** mil. laddstake; *stiff as a* ~ styv som en pinne **2** bildl. stelbent person
ramshackle ['ræmˌʃækl, ‚-'--] *adj* fallfärdig [*a* ~ *house*], rankig, skranglig, skraltig [*a* ~ *car*]
ran [ræn] imperf. av *run*
ranch [rɑːn(t)ʃ, ræn(t)ʃ] *s* i Nordamerika ranch, [boskaps]farm; för djuruppfödning farm [*mink* ~]
rancher ['rɑːn(t)ʃə, 'ræn-] *s* ranchägare, ranchförvaltare, rancharbetare
rancid ['rænsɪd] *adj* **1** härsken [~ *butter*] **2** avskyvärd; stinkande
rancorous ['ræŋkərəs] *adj* hätsk, hatisk
rancour ['ræŋkə] *s* hätskhet, hat[iskhet]; agg
random ['rændəm] **I** *s*, *at* ~ på måfå, på en höft **II** *adj* [gjord (som sker)] på måfå, slumpvis; förlupen [*a* ~ *bullet*]; lösryckt [*a* ~ *remark*]; slumpartad, slumpmässig [*a* ~ *choice*]; blandad; *a* ~ *guess* en lös gissning; ~ *sampling* statistik. slumpsampling
randomly ['rændəmlɪ] *adv* på måfå
R & R [‚ɑːrən'ɑː] förk. för *rest and recreation*
randy ['rændɪ] *adj* vard. kåt
rang [ræŋ] imperf. av *1 ring*
range [reɪn(d)ʒ] **I** *s* **1** rad [*a wide* (lång) ~ *of buildings*], räcka; ~ *of mountains* bergskedja **2** riktning; *in* [*a*] ~ *with* i linje med **3** skjutbana [äv. *rifle-range*]; provningsbana för robot **4** räckvidd, spännvidd, utsträckning, omfång, aktionsradie; foto. el. radar. avstånd; distans; mil. skjutavstånd; *frequency* ~ frekvensområde; *at long* (*short*, *close*) ~ på långt (nära) håll; *medium* ~ medeldistans; *price* ~ prisklass, prisskala; *a wide* ~ *of colours* en vidsträckt färgskala; ett stort urval av färger; *a wide* ~ *of topics* ett brett ämnesurval; *within* ~ *of hearing* inom hörhåll; *the* ~ *of her voice* hennes röstomfång (register) **5** hand. urval, sortiment; klass [*price* ~]; *a wide* ~ *of* ett stort sortiment **6** *out of* (*beyond*) ~ *of* utom skotthåll för; *within* ~ *of* inom skotthåll för **7** djurs, växters utbredningsområde **8** amer. [vidsträckt] betesmark; öppet landområde, strövområde **9** [köks]spis **II** *vb tr* **1** ställa [upp] i (på) rad **2** klassificera; inrangera, [in]ordna **3** ströva (vandra) i (igenom) [~ *the woods*], fara omkring på [~ *seas*] **III** *vb itr* **1** sträcka sig, löpa, ligga, gå [*with* i samma riktning (plan) som, utmed]; ~ *over* bildl. sträcka sig över **2** ha sin plats, ligga [*with* bland, jämte], kunna inrangeras (inordnas) **3** variera inom vissa gränser; *children ranging in age from two to twelve* barn i åldrar mellan två och tolv **4** ströva (vandra) [~ *over the hills*] **5** nå, ha en räckvidd av [*this gun* ~*s over ten kilometres*]
range-finder ['reɪn(d)ʒˌfaɪndə] *s* mil. avståndsmätare
ranger ['reɪn(d)ʒə] *s* **1** a) kronojägare b) amer. skogvaktare; parkvakt i nationalpark i USA **2** amer. ridande polis i lantdistrikt
1 rank [ræŋk] **I** *s* **1** rad, räcka; *a* ~ *of taxis* (*cabs*) äv. en taxihållplats **2** mil. o. bildl. led; *the* ~*s* el. *the* ~ *and file* a) mil. de meniga, manskapet b) bildl. gemene (menige) man, de djupa leden [*the* ~ *and file of* (inom) *the party*]; *front* (*rear*) ~ främre (bakre) led; *other* ~*s* gruppbefäl och meniga (manskap); *break* ~[*s*] falla ur ledet, bryta rättningen (ordningen); råka i oordning; *close* ~*s* sluta leden vanl. bildl.; *rise from the* ~*s* a) mil. tjäna sig upp ur ledet b) bildl. arbeta sig upp; *reduce a p. to the* ~*s* degradera ngn till menig **3** rang; [samhälls]klass, stånd; mil. grad [*military* ~*s*]; *hold the* ~ *of colonel* ha

överstes grad (rang); *pull [one's]* ~ *[on a p.]* vard. utnyttja sin ställning [för att kommendera ngn], spela översittare [mot ngn]
II *vb tr* **1** ställa upp i (på) led (linje); ordna **2** placera, sätta, inrangera, rangordna, inordna [*among, with* bland, jämte]; räkna [~ *a p. as a great poet*], klassificera [~ *an act as a crime*]; sport. ranka **3** amer. ha högre grad (rang) än [*a colonel ~s a major*]
III *vb itr* **1** ha en plats [*among, with* bland], ha rang [*as, with* som, av; *above* över; *next to* närmast efter]; räknas [*among, with* bland, till], anses vara [*among, with* bland]; vara likställd (jämställd) [*among, with* med]; sport. rankas; *he ~s among the best* han räknas bland (hör till) de bästa; *he ~s third on the list* han står som (ligger) trea på listan **2** amer. vara högst i rang, ha högsta graden
2 rank [ræŋk] *adj* **1** alltför yppig (frodig, tät[växande]) [~ *grass*] **2** överfet [~ *soil*]; övervuxen [~ *with thistles*] **3** illaluktande, stinkande [~ *tobacco*] **4** grov [~ *injustice*] **5** fullkomlig [*a ~ outsider*], ren [~ *lunacy*]
ranking list ['ræŋkɪŋlɪst] *s* ranglista, rankningslista; sport. rankinglista
rankle ['ræŋkl] **I** *vb itr* ligga och gnaga (värka) [i hjärtat (sinnet)] **II** *vb tr* gräma
ransack ['rænsæk] *vb tr* **1** söka (leta) igenom [~ *a drawer for* (för att finna) *a th.*]; rannsaka [~ *one's conscience (heart)*] **2** gå igenom (undersöka, studera) grundligt **3** plundra [*of a th.* på ngt]
ransom ['rænsəm] **I** *s* lösen; lösensumma; *hold a p.* [*up*] *to* ~ a) hålla ngn som gisslan [tills lösen betalts], kräva lösensumma för att frige ngn b) utöva utpressning mot ngn **II** *vb tr* **1** köpa fri, lösa ut **2** frige mot lösen
rant [rænt] *vb itr* orera, tala högtravande; gorma; skräna; ~ *and rave* gorma och skrika; skälla och gorma
ranter ['ræntə] *s* högtravande talare (predikant); pratmakare; skränfock, gaphals
1 rap [ræp] **I** *s* **1** rapp, smäll, slag; vard. tillrättavisning, skrapa; *give a p. a ~ on (over) the knuckles* slå ngn (ge ngn smäll) på fingrarna; vard. ge ngn en skrapa, racka ner på ngn; *take the ~* vard. få skulden (bära hundhuvudet) **2** knackning; *there was a ~ at the door* det knackade på dörren **3** isht amer. sl., *a murder ~* en mordanklagelse; *a thirty-year ~* ett trettioårigt fängelsestraff; *beat the ~* klara sig undan (ur det hela) **4** ~ [*music*] rap[musik] **II** *vb tr* **1** slå, smälla, knacka på [~ *at (on) the door*] **2** ~ *out* a) slunga ut [~ *out an oath (orders)*] b) spirit. el. tele. knacka [fram] [~ *out a message*] **3** vard. ge en skrapa, racka ner på, tillrättavisa; ~ *over the knuckles* se *give a p. a ~ on (over) the knuckles* under *I*

2 rap [ræp] *s* vard., *I don't care (give) a ~* jag bryr mig inte ett dugg (skvatt) om det
rapacious [rə'peɪʃəs] *adj* **1** rovgirig; girig, glupsk **2** rov- [~ *birds*]
1 rape [reɪp] **I** *vb tr* våldta **II** *s* våldtäkt
2 rape [reɪp] *s* bot. raps
rapid ['ræpɪd] **I** *adj* **1** hastig [*a ~ pulse*], snabb, rask [*a ~ worker*]; strid [*a ~ stream*]; ~ *reading* kursivläsning, extensivläsning **2** brant [*a ~ slope*] **II** *s*, vanl. pl. *~s* fors
rapid-fire ['ræpɪdˌfaɪə, pred. ˌ--'--] *adj* mil. snabbelds- [~ *weapons*]; bildl. oerhört snabb, kulsprutesnabb [~ *talk*]; ~ *questions* frågor i snabb följd, snabba frågor
rapidity [rə'pɪdətɪ] *s* hastighet, snabbhet; hög fart
rapier ['reɪpjə] *s* [stick]värja; ~ *thrust* värjstöt; bildl. kvick [och skarp] replik
rapist ['reɪpɪst] *s* våldtäktsman
rapport [ræ'pɔː] *s* [nära] förbindelse, [god] relation
rapprochement [ræ'prɒʃmɑːŋ] *s* [förnyat] närmande
rapt [ræpt] *adj* **1** försjunken, fördjupad [*in* (i) *a book*; *upon* (i tankar på) *a th.*]; ~ *in thought* försjunken i tankar **2** hänryckt, hänförd; *listen with ~ attention* lyssna hänryckt
rapture ['ræptʃə] *s* hänryckning, extas, förtjusning, begeistring; *be in* (*go into*) *~s* vara (bli) begeistrad (överförtjust) [*over (about) a th.*]
rapturous ['ræptʃ(ə)rəs] *adj* **1** hänryckt; begeistrad [~ *applause*] **2** hänryckande
1 rare [reə] **I** *adj* **1** sällsynt [*a ~ stamp*], ovanlig [*a ~ occurrence*], osedvanlig; sällan förekommande, rar [~ *flowers*]; ~ *gas* kem. ädelgas; *at ~ intervals* el. *on ~ occasions* någon enstaka gång, högst sällan **2** enastående; *we had a ~* [*old*] *time* vi hade väldigt roligt **3** tunn; gles; *the ~ air of the mountains* den tunna bergsluften **II** *adv* vard. sällsynt, enastående
2 rare [reə] *adj* lätt stekt, blodig
rarebit ['reəbɪt] *s*, *Welsh ~* se under *Welsh I*
rarefy ['reərɪfaɪ] **I** *vb tr* **1** förtunna; *-ied air* tunn luft **2** rena, förfina **II** *vb itr* förtunnas
rarely ['reəlɪ] *adv* **1** sällan **2** sällsynt, ovanligt **3** utmärkt, synnerligen
raring ['reərɪŋ] *adj* vard., *they were ~ to go* de kunde knappt vänta, de var heltända på att börja
rarity ['reərətɪ] *s* **1** tunnhet **2** sällsynthet, raritet; sällsynt sak (händelse); *occur with great ~* förekomma mycket sällan
rascal ['rɑːsk(ə)l] *s* lymmel, slyngel, skurk; skojare; skämts. rackare
rascally ['rɑːsk(ə)lɪ] *adj* lymmelaktig, slyngelaktig
1 rash [ræʃ] *s* **1** med. [hud]utslag **2** bildl.

epidemi, våg, ström [*a* ~ *of books about crime*]
2 rash [ræʃ] *adj* överilad, obetänksam, förhastad
rasher ['ræʃə] *s* [tunn] skinkskiva, baconskiva [äv. ~ *of bacon*]
rashness ['ræʃnəs] *s* överilning, obetänksamhet
rasp [rɑːsp] **I** *s* **1** rasp, [grov] fil **2** raspande [ljud] **II** *vb tr* o. *vb itr* **1** raspa, grovfila, grovputsa; slipa, riva, skrapa **2** skära (skorra, gnissla) [i]; irritera, reta [~ *a p.'s feelings* (*nerves*)]; *a ~ing sound* ett skärande (skorrande) ljud; *a ~ing voice* en skrovlig röst
raspberry ['rɑːzb(ə)rɪ] *s* **1** hallon; hallonbuske [äv. ~ *bush*] **2** sl. a) föraktfull fnysning (gest); buande; *blow a p. a* ~ el. *give a p. a* (*the*) ~ vissla (bua) ut ngn b) fis, fjärt [*blow* (*släppa*) *a* ~]
Rastafarian [ˌræstə'feərɪən] *s* relig. el. polit. rastafari
rat [ræt] **I** *s* **1** råtta; *he's a* [*little*] ~ vard. han är en [riktig] skit[stövel]; *smell a* ~ vard. ana oråd (ugglor i mossen) **2** sl. a) isht polit. överlöpare; förrädare; desertör b) tjallare angivare **II** *vb itr* **1** jaga (döda) råttor **2** sl. a) bli överlöpare; gå över [~ *to another party*]; desertera; smita b) tjalla skvallra c) vara strejkbrytare d) vara lockfågel
ratable ['reɪtəbl] *adj* kommunalt beskattningsbar, taxerbar [~ *income* (*property*)]; ~ *value* taxeringsvärde
ratatouille [ˌrætə'twiː, -'tuːi] *s* kok. ratatouille
ratbag ['rætbæg] *s* sl. knöl, skitstövel
1 rate [reɪt] *vb tr* gräla på, skälla ut
2 rate [reɪt] **I** *s* **1** a) hastighet[sgrad], fart, takt [~ *of increase* (*progress*)]; *growth* ~ tillväxttakt; ~ *of climb* flyg. stighastighet; *at a furious* ~ i rasande (vild) fart; *at a great* (*high*) ~ i hög hastighet, i full fart; i snabb takt; *at the* (*a*) ~ *of* [*70 kilometres an hour*] med en hastighet av…; *at the* ~ *he goes on* bildl. som han håller på b) grad, mått; *at a certain* ~ i [en] viss grad, i visst mått, i viss mån; *at a great* ~ bildl. i hög grad; i stor skala c) *at any* ~ bildl. i alla fall (händelser), i varje fall, i vilket fall som helst; *at this* ~ vard. om den fortsätter sa här, på det här viset **2** tal, frekvens; *marriage* ~ giftermålsfrekvens **3** a) taxa, tariff b) sats; kurs [*at* (*till*) *a* ~ *of*…; ~ *of exchange*]; ~ [*of interest*] räntefot, räntesats, ränta **4** pris, belopp; kostnad; värde; *at a cheap* ~ till (för) [ett] lågt pris, billigt; *at a high* ~ för (till) [ett] högt pris, dyrt; *at the* ~ *of* till (för, efter) ett pris av **5** pl. *~s* ung. kommunalskatt[er] [*taxes and ~s*] **6** klass, rang; *a*[*n*] *hotel of the first* ~ ett förstaklasshotell **II** *vb tr* **1** uppskatta, värdera, taxera [*at* till]; åsätta ett värde (pris) [~ *a th.*

high] **2** räkna [*I* ~ *him among my friends*], anse [*he is ~d* [*as*] *kind and hospitable*], [upp]skatta, gilla **3** taxera för kommunal beskattning; beskatta kommunalt **4** klassificera, klassa; gradera **5** amer. vara berättigad till; förtjäna, vara värd **III** *vb itr* räknas [*as* för, som], betraktas [*as* som]; amer. äv. betyda något, ha betydelse [*with* i jämförelse med]; *he doesn't* ~ äv. han är inget att räkna med
rateable ['reɪtəbl] *adj* se *ratable*
ratepayer ['reɪtˌpeɪə] *s* [kommunal]skattebetalare
ratfink ['rætfɪŋk] *s* sl. **1** knöl, skitstövel **2** isht amer. tjallare angivare
rather ['rɑːðə, i bet. *3* äv. ˌrɑː'ðɜː] *adv* **1** hellre, helst; snarare, snarast, rättare sagt; *I would* (*I had, I'd*) ~ *you didn't* jag skulle hellre (helst) vilja (se) att du inte gjorde det; *I'd* ~ *not* [nej] helst inte, jag ser helst att jag slipper **2** rätt, ganska, något, tämligen, nog (väl) så [~ *good* (*well, pretty, ugly*)]; nästan, närmast, något av [*it was* ~ *a disappointment*]; *I* ~ *like it* jag tycker faktiskt rätt (ganska, riktigt) bra om det; *I* ~ *think that* jag tror nästan (skulle nästan tro) att **3** vard., ss. svar ja (jo) visst; alla gånger!; gärna!
ratification [ˌrætɪfɪ'keɪʃ(ə)n] *s* ratificering [~ *of a treaty*], ratifikation, stadfästelse
ratify ['rætɪfaɪ] *vb tr* ratificera, stadfästa
1 rating ['reɪtɪŋ] *s* uppsträckning, skrapa
2 rating ['reɪtɪŋ] *s* **1** uppskattning; värdering; *~s* lyssnarsiffror, tittarsiffror **2** klassificering, sjö. el. mil. äv. klassning; klass **3** a) [tjänste]grad, rang b) mil. äv. matros; pl. *~s* manskap, meniga [*officers and ~s*] **4** [relativ] ställning **5** tekn. prestationsförmåga; data; *octane* ~ oktantal
ratio ['reɪʃɪəʊ] *s* förhållande, proportion; *the* ~ *of 1 to 5* förhållandet mellan 1 och 5; [*the population contained*] *a high* ~ *of old people* …en förhållandevis stor del gamla människor
ration ['ræʃ(ə)n] **I** *s* ranson, tilldelning; portion; pl. *~s* äv. mat, livsmedel; *iron* ~ isht mil. reservproviant, nödranson; *be* (*be put*) *on short ~s* vara satt (bli satt) på knapp ranson **II** *vb tr* **1** ransonera [~ *sugar*], ransonera (portionera) ut [äv. ~ *out*] **2** sätta på ranson[ering] **3** förse med ransoner (mat)
rational ['ræʃənl] *adj* rationell äv. matem. [*a* ~ *method, a* ~ *quantity* (storhet)]; förnuftig [*a* ~ *explanation*]; förståndig [*a* ~ *man,* ~ *conduct*]
rationalist ['ræʃnəlɪst] *s* rationalist, förnuftsmänniska
rationalistic [ˌræʃnə'lɪstɪk] *adj* rationalistisk, förståndsmässig
rationality [ˌræʃə'nælətɪ] *s* förnuft[ighet], förnuftsmässighet
rationalization [ˌræʃnəlaɪ'zeɪʃ(ə)n, -lɪ'z-] *s*

1 rationalisering **2** efterrationalisering; bortförklaring
rationalize ['ræʃnəlaɪz] *vb itr* o. *vb tr* rationalisera
rat race ['rætreɪs] *s* vard. karriärjakt; vild jakt (tävlan); allas kamp mot alla
rattle ['rætl] **I** *s* **1** skallra [*a baby's ~*; *a snake's ~*], [har]skramla **2** skrammel, skallrande **3** rossling **II** *vb itr* **1** skramla, slamra, skallra; rassla; smattra [*the gunfire ~d*] **2** rossla **3** pladdra; rabbla; *~ on* (*away*) pladdra 'på; rabbla 'på **III** *vb tr* **1** skramla (slamra, rassla) med; få att skallra (skaka) **2** rabbla; *~ off* (*out*) rabbla [upp] **3** vard. irritera [*it ~ s my nerves*], göra nervös (förvirrad); perf. p. *~d* äv. skraj
rattlesnake ['rætlsneɪk] *s* zool. skallerorm
rattling ['rætlɪŋ] **I** *adj* **1** skramlande etc., jfr *rattle II*; *a ~ cough* en skrällande hosta **2** vard. frisk [*~ wind*]; snabb; *go at a ~ pace* fara i rasande (vild) fart **3** vard. finfin, jättebra; hejdundrande [*a ~ party*] **II** *adv* vard. rasande, fantastiskt, jätte- [*a ~ good dinner*]
ratty ['rætɪ] *adj* vard. sur, irriterad, ilsken
raucous ['rɔːkəs] *adj* hes, skrovlig [*a ~ voice*]
raunch [rɔːntʃ] *s* o. **raunchiness** ['rɔːntʃɪnəs] *s* vard. slipprighet etc., jfr *raunchy*
raunchy ['rɔːntʃɪ] *adj* vard. slipprig, oanständig; kåt, liderlig
ravage ['rævɪdʒ] **I** *vb tr* härja [*his ~d face*], ödelägga [*forest ~d by fire*], förhärja, föröda, hemsöka [*a country ~d by war*]; plundra **II** *s* **1** ödeläggelse, förödelse [*secure from ~ by fire*] **2** pl. *~s* härjning[ar], hemsökelse[r]; förödelse
rav|e [reɪv] **I** *vb itr* **1** yra, tala i yrsel (virrigt); fantisera [sjukligt] **2** rasa; *~ against* (*at*) [*the new policy*] rasa mot... **3** tala med hänförelse (lidelse) [*about*, *over* om]; *~ about* äv. vara (bli) tokig i; *he ~d about her beauty* äv. han var begeistrad över hennes skönhet **II** *s* vard. entusiastiskt beröm; *a ~ notice* (*review*) en översvallande (hänförd, begeistrad) recension
ravel ['ræv(ə)l] **I** *vb tr* **1** *~* [*out*] riva (repa) upp [*~* [*out*] *a cardigan*], trassla upp; bildl. reda ut **2** trassla ihop (till, in); bildl. förvirra **II** *vb itr*, *~* [*out*] rivas (repas) upp
raven ['reɪvn] *s* zool. korp; attr. korpsvart, svartglänsande [*~ looks*]
ravenous ['ræv(ə)nəs] *adj* vard. hungrig som en varg, döhungrig
rave-up ['reɪvʌp] *s* vard. röjarskiva, hålligång
ravine [rə'viːn] *s* ravin, bergsklyfta; hålväg
raving ['reɪvɪŋ] **I** *adj* **1** yrande; [sjukligt] fantiserande, förvirrad [*a ~ lunatic*] **2** vard. hänförande, strålande [*a ~ beauty*] **II** *adv* vard. spritt [språngande], komplett [*~ mad*] **III** *s*, pl. *~s* yrande; [sjukliga] fantasier
ravioli [ˌrævɪ'əʊlɪ] *s* kok. ravioli

ravish ['rævɪʃ] *vb tr* **1** hänföra, hänrycka; *~ed by* (*with*) hänförd av (över) **2** litt. skända, våldta
ravishing ['rævɪʃɪŋ] *adj* hänförande, förtjusande
raw [rɔː] **I** *adj* **1** rå; obearbetad; *~ material* (*product*) råmaterial, råvara; *~ silk* råsilke, råsiden **2** grön, otränad, oövad [*~ recruits*] **3** hudlös; öm; oläkt, blodig [*a ~ wound*] **4** rå, råkall, ruskig, ruggig [*~ weather*] **5** vard. tarvlig, rå[barkad] [*~ humour*], grov [*a ~ joke*] **II** *s*, *in the ~* naket och osminkat; *touch a p. on the ~* a) [råka] komma åt det ömma stället [hos ngn] b) bildl. [råka] röra vid ngns ömma punkt
1 ray [reɪ] *s* zool. rocka
2 ray [reɪ] *s* stråle äv. bildl.; *a ~ of hope* en stråle (strimma, gnista) av hopp; *a ~ of sunshine* en solstråle äv. bildl.
rayon ['reɪɒn] *s* textil. rayon[silke] [*~ shirts*]
raze [reɪz] *vb tr*, *~* [*to the ground*] rasera, jämna med marken; förstöra
razor ['reɪzə] *s* **1** rakkniv; rakhyvel; rakapparat **2** *be on the ~'s edge* befinna sig (vara) i en prekär (kritisk) situation
razorback ['reɪzəbæk] *s* zool. fenval
razorbill ['reɪzəbɪl] *s* zool. tordmule
razor blade ['reɪzəbleɪd] *s* rakblad
razzle ['ræzl] *s* vard., *be* (*go*) *on the ~* vara ute och (gå ut och) rumla (festa) [om]
razzmatazz [ˌræzmə'tæz] *s* vard. **1** hålligång **2** snack; skit **3** jönsig jazz[låt]
RC förk. för *Red Cross*, *Roman Catholic*
RCP förk. för *Royal College of Physicians*
RCS förk. för *Royal College of Surgeons*
Rd o. **Rd.** förk. för *Road*
1 re [reɪ, riː] *s* mus. re
2 re [riː] *prep* jur. el. hand. vard. rörande, beträffande, avseende
're [ə] = *are* [*they're*; *we're*]
reach [riːtʃ] **I** *vb tr* **1** sträcka; *~ out one's hand for a th.* sträcka (räcka) ut (fram) handen efter ngt **2** räcka, ge [*~ me that book!*] **3** nå; nå upp till; komma (anlända) till, komma (nå) fram till, hinna fram till [*as soon as they had ~ed the station*]; *~ a decision* nå (träffa, komma till) ett avgörande (beslut); *~ the end* [*of the chapter*] komma till slutet...; *~ home* nå hemmet, komma hem; *~ a p. by phone* få tag i ngn (nå ngn) på telefon
II *vb itr* **1** *~* [*out*] sträcka sig [*for*, *at* efter]; *~ out to* nå fram till [*the churches are trying to ~ out to young people*]; *~ for the sky!* vard. upp med händerna!; *~ for the stars* sikta mot stjärnorna **2** sträcka (breda ut) sig, nå [*the land ~es as far as the river*] **3** räcka, nå; gå [*a curtain ~ing from floor to ceiling*]; *as far as the eye can ~* (*could ~*) så långt ögat når (kunde nå, nådde)
III *s* **1** räckande, gripande [*for* efter];

reachable

2 räckhåll; mil. skotthåll; t.ex. boxares räckvidd; omfång, vidd, utsträckning; *out of* ~ utom räckhåll, oåtkomlig, ouppnåelig, oupphinnelig [*of a p.* för ngn]; *to be kept out of children's* ~ (*the* ~ *of children*) förvaras oåtkomligt (utom räckhåll) för barn; *within* ~ inom räckhåll, åtkomlig, uppnåelig, tillgänglig [*of a p.* för ngn]; *within easy* ~ *of the station* i omedelbar närhet av stationen, på bekvämt avstånd från (till) stationen **3** [rak] sträcka [*the beautiful ~es of a river*]; sträckning [*~es of forest and meadow*]; *the upper ~es of the river* äv. flodens övre lopp
reachable ['riːtʃəbl] *adj* åtkomlig, tillgänglig, uppnåelig
reach-me-down ['riːtʃmɪdaʊn] **I** *adj* **1** konfektionssydd **2** begagnad **3** föga originell **II** *s* vard., pl. *~s* färdigsydda (begagnade) kläder
react [rɪ'ækt] *vb itr* **1** reagera [*to* för, på] **2** ~ [*up*]*on* [åter]verka på, påverka **3** reagera, göra motstånd, opponera sig [*against* mot] **4** kem. reagera [[*up*]*on* med]
reaction [rɪ'ækʃ(ə)n] *s* **1** reaktion; bakslag; omslag; ~ [*up*]*on* [åter]verkan på **2** motstånd, opposition, reaktion [*against* mot] **3** reaktion [*to* för, på]; ~ *time* reaktionstid
reactionary [rɪ'ækʃ(ə)nərɪ] **I** *adj* reaktionär, bakåtsträvande **II** *s* reaktionär, bak[åt]strävare
reactivate [rɪ'æktɪveɪt] *vb tr* reaktivera, aktivera på nytt
reactor [rɪ'æktə] *s* **1** reaktor; *nuclear* ~ kärnreaktor, atomreaktor **2** kem. reagens
read [inf. o. subst. riːd; imperf., perf. p. o. adj. red] **I** (*read read*) *vb tr* **1** läsa, läsa upp, läsa högt [*to a p.* för ngn]; recitera; tolka [~ *a face* (uppsyn)], tyda [~ *a dream*]; ~ *the gas-meter* läsa av gasmätaren; ~ *only memory* data. läsminne; ~ *music* läsa noter; ~ *a paper* a) läsa [i (igenom)] en tidning b) hålla [ett] föredrag; ~ *a riddle* lösa en gåta; ~ *a p.'s thoughts* läsa (tyda) ngns tankar; *take the minutes as* ~ godkänna protokollet utan uppläsning; *take a th. as* ~ bildl. godta (acceptera) ngt utan ytterligare undersökning; ~ *between the lines* läsa mellan raderna; ~ *off* läsa av instrument, resultat o.d.; ~ *out* läsa upp; läsa högt; ~ *out aloud* läsa [upp] högt; ~ *out names* läsa (ropa) upp namn; ~ *over* (*through*) läsa igenom **2** läsa, studera; ~ *law* läsa juridik; ~ *up* [*on*] *a subject* sätta sig in i ett ämne; läsa upp sig i ett ämne **II** (*read read*) *vb itr* **1** läsa [*in* i; *of, about* om], läsa högt [*to* för; *from* ur, i]; studera; ~ *aloud* läsa högt; ~ *for the church* (*law*) läsa till präst (jurist); ~ *for one's degree* läsa på sin examen **2** kunna läsas (tydas); stå [att läsa] **3** lyda, låta [~ *like*

a threat]; *it ~s better now* det låter (gör sig) bättre nu **4** visa [på] [*the thermometer ~s 10°*] **III** *adj* o. *perf p* (se äv. *I*), *be well* ~ vara [mycket] beläst **IV** *s* lässtund
readability [ˌriːdə'bɪlətɪ] *s* **1** läsbarhet, läsvärdhet; ~ *index* läsbarhetsindex **2** läslighet, läsbarhet
readable ['riːdəbl] *adj* **1** läsbar, läsvärd **2** läslig, läsbar
readdress [ˌriːə'dres] *vb tr* adressera om, ändra adressen på, eftersända [~ *a letter*]
reader ['riːdə] *s* **1** läsare, läsande; *be a great* ~ vara en ivrig (flitig) läsare, läsa mycket; *Reader's Digest* amerikanska moderupplagan till Det Bästa **2** uppläsare, recitatör **3** univ., ung. docent, högskolelektor **4** korrekturläsare **5** [*publisher's*] ~ lektör **6** läsebok, textbok **7** data. läsare
readership ['riːdəʃɪp] *s* **1** ung. [högskole]lektorstjänst, [högskole]lektorat, docentur **2** läsekrets
readily ['redəlɪ] *adv* **1** [bered]villigt, gärna **2** raskt, snabbt; lätt, med lätthet [~ *recognize a th.*]
readiness ['redɪnəs] *s* **1** [bered]villighet [*to do a th.* att göra ngt] **2** raskhet, snabbhet; lätthet; ~ *of wit* snarfyndighet, slagfärdighet **3** beredskap; *in* ~ i beredskap, redo, i ordning, färdig; ~ *for action* mil. stridsberedskap
Reading ['redɪŋ] geogr.
reading ['riːdɪŋ] **I** *adj* läsande, läs[e]-; intresserad av läsning **II** *s* **1** läsning, läsande **2** beläsenhet, belästhet; *a person of wide* (*vast*) ~ en mycket beläst person **3** lektyr [*good* (*dull*) ~]; läsmaterial, läsbart stoff, läsning [*there is plenty of* ~ *in that magazine*]; *light* ~ lättare lektyr, lätt läsning **4** avläsning på instrument; värde [*blood sugar* ~]; [avläst (utvisat)] gradtal; *barometer* ~ barometerstånd; [*the thermometer*] *has a* ~ *of 10°* ...visar [på] 10° **5** uppfattning, tolkning [*the actor's* ~ *of the part*] **6** uppläsning [*~s from* (ur) *Shakespeare*], recitation **7** parl. läsning, behandling [*first* ~]
reading-lamp ['riːdɪŋlæmp] *s* läslampa
reading-room ['riːdɪŋruːm] *s* läsesal, läsrum
readjust [ˌriːə'dʒʌst] *vb tr* **1** ~ *oneself to* återanpassa sig till **2** [åter] ordna, rätta (ordna) till [~ *one's dress*], åter sätta (lägga) till rätta; ställa om [~ *one's watch*]; ändra [~ *prices*]
read-out ['riːdaʊt] *s*, *digital* ~ digital avläsning, sifferindikator
ready ['redɪ] **I** *adj* **1** färdig, klar, redo, i ordning [*for* för, till; *to do a th.* att göra ngt], beredd [*for* på, för, till], till hands; [bered]villig [~ *to forgive*]; ~ *cash* (*money*) kontanter, reda pengar; *he has always got a* ~ *excuse* (*answer*) han har alltid en ursäkt (ett svar) till hands; ~ *for action* (*battle*)

stridsberedd, stridsfärdig, stridsklar äv. bildl.; ~ *for anything* redo till (beredd på, pigg på) vad som helst; ~ *for sea* (*to sail*) segelklar; ~ *for use* färdig (klar) för användning (att använda[s]), bruksfärdig; *get* ~ el. *get* (*make*) *oneself* ~ göra sig i ordning (klar) [*for* för, till; *to do a th.* att göra ngt]; bereda sig [*for* på, för]; *get* ~, *get set, go!* el. ~, *steady, go!* klara (på era platser), färdiga, gå! **2** snar, benägen, ivrig [*don't be so* ~ *to find fault*]; kvicktänkt; *a* ~ *memory* ett gott minne; *he has a* ~ *wit* han är slagfärdig **3** lätt, bekväm; *a* ~ *example* ett exempel som ligger nära till hands; *a* ~ *pen* en lätt penna; ~ *reckoner* snabbräknare, lathund, räknetabell **II** *adv* färdig- [~ *cooked* (lagad)] **III** *s, the* ~ **a)** vard. kontanter[na] [*plank down the* ~], reda pengar **b)** mil. färdigställning, i färdigställning, skjutklar äv. bildl. [*cameras at the* ~]; *come to the* ~ inta färdigställning
ready-made [ˌredɪˈmeɪd, attr. ˈ---] **I** *adj* färdigsydd, färdiggjord äv. bildl. [~ *ideas*]; konfektionssydd **II** *s* konfektion
ready-to-wear [ˌredɪtʊˈweə, -tə-] isht amer. **I** *adj* färdigsydd, konfektions- [~ *clothes*] **II** *s* konfektion
reafforest [ˌriːəˈfɒrɪst] *vb tr* nyplantera [med skog]
reagent [rɪˈeɪdʒ(ə)nt] *s* kem. reagens
real [rɪəl, ˈriː(ə)l] **I** *adj* verklig, riktig, faktisk, reell, sak-; äkta [~ *gold* (*pearls*)]; ~ *action* jur. ägotvist; ~ *estate* (*property*) jur. fast egendom; ~ *estate agent* fastighetsmäklare; *the* ~ *thing* vard. äkta vara, den rätta grejen, just det rätta; *in* ~ *earnest* på fullt allvar; *in* ~ *life* i verkliga livet, i verkligheten **II** *adv* vard. riktigt, verkligt [*have a* ~ *good time*]; verkligen [*I'm* ~ *sorry*] **III** *s* isht amer. vard., *for* ~ på riktigt [*they were fighting for* ~]
realign [ˌriːəˈlaɪn] *vb tr* **1** räta ut [~ *a road*] **2** omgruppera [~ *political parties*]; omstrukturera
realignment [ˌriːəˈlaɪnmənt] *s* **1** uträtning **2** omgruppering; omstrukturering
realism [ˈrɪəlɪz(ə)m] *s* realism
realist [ˈrɪəlɪst] *s* realist
realistic [rɪəˈlɪstɪk] *adj* realistisk; verklighetsbetonad, verklighetstrogen
reality [rɪˈælətɪ] *s* verklighet, realitet; realism, verklighetsprägel; *in* ~ i verkligheten (realiteten)
realizable [ˈrɪəlaɪzəbl] *adj* möjlig att förverkliga etc., jfr *realize 2-4*; realiserbar
realization [ˌrɪəlaɪˈzeɪʃ(ə)n, -lɪˈz-] *s* **1** förverkligande etc., jfr *realize 2-4* **2** insikt
realize [ˈrɪəlaɪz] *vb tr* **1** inse, fatta **2** förverkliga, realisera; *his fondest dreams were* ~*d* hans vildaste drömmar gick i uppfyllelse; *her worst fears were* ~*d* hennes värsta farhågor besannades **3** realisera, avyttra, omsätta i pengar [~ *shares* (aktier)]

4 [för]tjäna, förvärva, vinna [~ *a profit*]; inbringa
really [ˈrɪəlɪ] *adv* **1** verkligen, faktiskt, sannerligen; ~? verkligen?, jaså [minsann]?, säger du det?; [*need any help?*] - *not* ~! ...-inte direkt (precis)! **2** riktigt, verkligt [~ *bad* (*good*)]
realm [relm] *s* **1** bildl. sfär, värld, rike; *the* ~ *of the imagination* el. *the* ~*s of fancy* fantasins värld; *within the* ~[*s*] *of possibility* inom möjligheternas gräns[er] **2** litt. [konunga]rike
realtor [ˈrɪəltə] *s* amer. fastighetsmäklare
ream [riːm] **I** *s* **1** ris; *a* ~ *of paper* ett rispapper **2** pl. ~*s* vard. massa, massor **II** *vb tr* **1** tekn. brotscha **2** amer. pressa citrusfrukter
reap [riːp] *vb tr* **1** meja [av], skära [~ *the crop*] **2** bärga, skörda, bildl. äv. inhösta, få, vinna
reaper [ˈriːpə] *s* **1** skördearbetare, skördeman **2** skördemaskin **3** *the R*~ liemannen döden
reappear [ˌriːəˈpɪə] *vb itr* åter visa sig, på nytt uppträda (framträda)
reappearance [ˌriːəˈpɪər(ə)ns] *s* förnyat framträdande, återuppträdande
reappraisal [ˌriːəˈpreɪz(ə)l] *s* omvärdering, omprövning
1 rear [rɪə] **I** *vb tr* **1 a)** föda upp [~ *poultry* (*cattle*)] **b)** fostra, uppfostra [~ *a child*] **c)** odla [~ *crops*]; ~ *a family* bilda (skaffa sig) familj **2** lyfta (höja) [på] [*the snake* ~*ed its head*]; bildl. sticka fram **II** *vb itr* o. *vb rfl*, ~ [*oneself*] stegra sig [äv. ~ *up*]
2 rear [rɪə] *s* **1** bakre (bakersta) del, bakdel; baksida [*the* ~ *of a house*]; mil. el. bildl. eftertrupp, arriärgarde; *bring up* (*close*) *the* ~ bilda eftertrupp[en]; *in* (*at*) *the* ~ *of* på baksidan av, bakom **2** attr. bak- [~ *axle*] **3** vard. bak, rumpa
rear-admiral [ˌrɪə(r)ˈædm(ə)r(ə)l] *s* sjö. konteramiral
rearguard [ˈrɪəɡɑːd] *s* mil. eftertrupp, arriärgarde; ~ *action* reträttstrid, eftertruppsaktion
rear lamp [ˈrɪəlæmp] *s* o. **rear light** [ˈrɪəlaɪt] *s* bil. baklykta
rearm [ˌriːˈɑːm] **I** *vb tr* [åter]upprusta, på nytt beväpna **II** *vb itr* [åter]upprusta
rearmament [riːˈɑːməmənt, riːˈɑː-] *s* [åter]upprustning
rearmost [ˈrɪəməʊst] *adj* bakerst, längst bak, efterst, sist; sjö. akterst
rearrange [ˌriːəˈreɪn(d)ʒ] *vb tr* arrangera (ordna, ställa, arbeta) om, bestämma ny tid för [~ *an appointment*]; ~ *the furniture* möblera om
rear reflector [ˌrɪərɪˈflektə] *s* reflex[anordning]; på cykel äv. kattöga
rear-view [ˈrɪəvjuː] *adj*, ~ *mirror* backspegel
reason [ˈriːzn] **I** *s* **1** skäl, anledning, grund, orsak [*for* för, till]; hänsyn [*for political* ~*s*]; *all the more* ~ *why* så mycket större

reasonable 672

anledning [till] att; *by* ~ *of* på grund av; *for certain ~s* av vissa skäl (orsaker); *for a [very] good* ~ på [mycket] goda grunder, av giltig anledning; *for some unknown* ~ av någon okänd anledning; *without* ~ utan anledning (orsak) **2** förstånd, förnuft **3** förnuft, reson, skälighet, rimlighet, rätt, fog; *there is [some]* ~ *in that* det är reson (förnuft) i det; *it stands to* ~ det är [självk]lart (uppenbart), det faller av (säger) sig själv[t]; [*he complains,*] *and with* ~ ...och det med rätta (all rätt), ...och det på goda grunder; *prices are within* ~ priserna är rimliga **II** *vb itr* **1** göra slutledningar, dra slutsatser, resonera **2** resonera, argumentera [*about,* [*up*]*on* om; *with* med] **III** *vb tr* **1** resonera [som så] [*he ~ed that*...]; ~ *away* resonera bort; ~ *things out* resonera igenom (diskutera) saker [och ting] (saken) **2** ~ *a p. into a th.* (*into doing a th.*) övertala ngn till ngt ([till] att göra ngt)
reasonable ['ri:z(ə)nəbl] *adj* **1** förnuftig, förståndig [*a* ~ *decision*], resonlig, resonabel; *beyond* ~ *doubt* utom rimligt tvivel **2** rimlig, skälig [*a* ~ *price*], hygglig [*a* ~ *salary*]
reasonably ['ri:z(ə)nəblɪ] *adv* skäligt, skäligen; rimligt[vis]; förnuftigt; tämligen, någorlunda
reasoning ['ri:z(ə)nɪŋ] *s* resonerande, resonemang; tankegång, bevisföring; slutledning
reassurance [ˌri:ə'ʃʊər(ə)ns] *s* **1** uppmuntran [*in constant need of* ~]; nytt lugn, ny tillförsikt **2** förnyad försäkring, ny försäkran
reassure [ˌri:ə'ʃʊə] *vb tr* **1** uppmuntra, inge ny tillförsikt; lugna **2** på nytt försäkra
reassuring [ˌri:ə'ʃʊərɪŋ] *adj* lugnande
rebate ['ri:beɪt, rɪ'beɪt] **I** *s* **1** rabatt, avdrag **2** återbäring [*tax* ~] **II** *vb tr* rabattera; slå av, dra av (ifrån); ge tillbaka
rebel [ss. subst. 'rebl, ss. vb rɪ'bel] **I** *s* rebell, upprorsman; attr. upprorisk, upprors-, rebell-, rebellisk [*the* ~ *forces*] **II** *vb itr* göra uppror, resa sig, rebellera, protestera [*against* mot]
rebellion [rɪ'beljən] *s* uppror [*against* mot]; *rise in* ~ göra uppror, rebellera
rebellious [rɪ'beljəs] *adj* upprorisk, rebellisk; motspänstig
rebirth [ˌri:'bɜ:θ] *s* pånyttfödelse
reborn [ˌri:'bɔ:n] *adj* pånyttfödd
rebound [ss. vb rɪ'baʊnd, ri:'b-, ss. subst. 'ri:baʊnd] **I** *vb itr* [åter]studsa, studsa tillbaka; mil. rikoschettera; bildl. återfalla, falla tillbaka [*what you do may* ~ [*up*]*on yourselves*] **II** *s* återstuds; *on the* ~ sport. på studsen, på returen [*hit a ball on the* ~]; bildl. omslag, bakslag; [*she didn't love him, she married him*] *on the* ~ ...som plåster på såren, ...i besvikelsen över förlusten av en annan
rebuff [rɪ'bʌf] **I** *s* **1** [snäsigt] avslag, avvisande;

avsnäsning; *meet with (suffer) a* ~ få avslag, bli avvisad; bli avsnäst **2** bakslag **II** *vb tr* avvisa, tillbakavisa; snäsa av
rebuild [ˌri:'bɪld] (*rebuilt rebuilt*) *vb tr* återuppbygga, återuppföra; bygga om
rebuke [rɪ'bju:k] **I** *vb tr* [skarpt] tillrättavisa, ge en skrapa, banna **II** *s* [skarp] tillrättavisning
rebut [rɪ'bʌt] *vb tr* **1** vederlägga, motbevisa **2** avvisa [~ *an offer*]
recalcitrance [rɪ'kælsɪtr(ə)ns] *s* motspänstighet, gensträvighet
recalcitrant [rɪ'kælsɪtr(ə)nt] **I** *adj* motspänstig, bångstyrig **II** *s* motsträvig person
recall [rɪ'kɔ:l, ss. sb äv. '--] **I** *vb tr* **1** kalla tillbaka [~ *troops from the front*], kalla hem [~ *an ambassador*], återkalla; teat. ropa in; mil. återinkalla **2** erinra (påminna) sig, minnas **3** återkalla, upphäva [~ *a decision*] **II** *s* **1** tillbakakallande, återkallande, hemkallande **2** återkallande, upphävande; *past (beyond)* ~ oåterkallelig[t] **3** hågkomst, minne; *have total* ~ ha perfekt minne
recant [rɪ'kænt] *vb tr o. vb itr* återkalla, ta tillbaka [~ *a statement*]; avsvärja [sig] [~ *one's faith*]; ta tillbaka [sina ord]
recantation [ˌri:kæn'teɪʃ(ə)n] *s* återkallelse, återtagande; avsvärjelse
1 recap [ss. vb ˌri:'kæp, ss. subst. '--] *vb tr o. s se retread*
2 recap ['ri:kæp] vard. förk. för *recapitulate, recapitulation*
recapitulate [ˌri:kə'pɪtjʊleɪt] *vb tr o. vb itr* rekapitulera, sammanfatta
recapitulation ['ri:kəˌpɪtjʊ'leɪʃ(ə)n] *s* **1** rekapitulering, sammanfattning **2** mus. repris
recapture [ˌri:'kæptʃə] **I** *vb tr* **1** återta, återerövra **2** dra sig till minnes, frambesvärja **II** *s* återtagande, återerövring
recede [rɪ'si:d] *vb itr* **1** gå (träda, dra sig) tillbaka; *his hair is receding* han börjar bli tunnhårig framtill **2** gå tillbaka, falla, sjunka, vika
receipt [rɪ'si:t] **I** *s* **1** kvitto [*for* på]; [*advice of*] ~ mottagningsbevis **2** vanl. pl. *~s* intäkter, kassa [*daily ~s*] **3** mottagande, erhållande, uppbärande; *I am in* ~ *of your letter* hand. jag har mottagit (erhållit) ert brev; *on* ~ *of* vid (efter) mottagandet av **II** *vb tr* kvittera [~ *a bill*]
receive [rɪ'si:v] **I** *vb tr* **1** ta emot, motta[ga], erhålla, få, uppbära [~ *money*]; ~ *stolen goods* ta emot stöldgods, göra sig skyldig till häleri; *orders will* ~ *prompt attention* order [kommer att] effektueras omgående; [*payment*] *~d* [betalt] kvitteras **2** ofta pass. *be ~d* bli upptagen [som medlem] [*be ~d into* (i) *the Church*] **II** *vb tr* **1** ta emot, hålla (ha) mottagning [~ *on Sundays*] **2** göra sig skyldig till häleri

received [rɪ'siːvd] *adj* o. *perf p* mottagen etc., jfr *receive I*; vedertagen, [allmänt] erkänd, allmän [*the ~ opinion (view)*]; *~ pronunciation* (förk. *RP*) ung. vedertaget uttal av brittisk engelska
receiver [rɪ'siːvə] *s* **1** mottagare; uppbördsman; inkasserare **2** jur., [*Official*] *R~* konkursförvaltare, god man **3** *~* [*of stolen goods*] hälare **4** TV. o.d. mottagare; [telefon]lur; tele. mikrofon; *put down the ~* lägga på [telefon]luren
recent ['riːsnt] *adj* ny; färsk [*~ news*; *a ~ wound*]; nyligen (senast) skedd (inträffad) [*a ~ event*]; nyare, senare; *a ~ book* en nyutkommen bok; *in (during) ~ years* under senare år
recently ['riːsntlɪ] *adv* nyligen, på sista tiden; *~ acquired* nyförvärvad; *as ~ as* så sent som
receptacle [rɪ'septəkl] *s* **1** [förvarings]kärl, behållare **2** bot. blomfäste
reception [rɪ'sepʃ(ə)n] *s* **1** mottagande, mottagning i olika bet.; *~ centre* mottagningscentral, uppsamlingscentral för flyktingar o.d.; *~ clerk* portier; *~* [*desk*] reception, receptionsdisk på hotell; *~ room* a) mottagningsrum b) sällskapsrum; *~ rooms* festvåning, representationsvåning; *get (meet with) a warm ~* få ett varmt mottagande (välkomnande) **2** upptagande [som medlem] **3** radio. mottagning[sförhållanden]
receptionist [rɪ'sepʃ(ə)nɪst] *s* receptionist; [över]portier; kundmottagare
receptive [rɪ'septɪv] *adj* receptiv, mottaglig [*of, to* för]
recess [rɪ'ses, ss. subst. äv. 'riːses] **I** *s* **1** a) isht om parlamentet, kongressen o. domstolar uppehåll, avbrott, paus, ferier b) amer. skol. rast **2** vrå, skrymsle, gömsle; *in the innermost ~es of the heart* i hjärtats djupaste vrår, innerst inne **3** nisch, alkov; fördjupning **II** *vb tr* göra en fördjupning (fördjupningar) i, göra en nisch (nischer) i [*~ a wall*] **III** *vb itr* amer. göra uppehåll, ta rast
recession [rɪ'seʃ(ə)n] *s* **1** ekon. konjunkturnedgång, konjunktursvacka **2** tillbakavikande, återgång; tillbakadragande
recharge [ˌriː'tʃɑːdʒ] *vb tr* elektr. ladda om (upp) [*~ a battery*]; *~ one's batteries* bildl. ladda upp, ladda batterierna
rechargeable [ˌriː'tʃɑːdʒəbl] *adj* uppladdningsbar
recidivist [rɪ'sɪdɪvɪst] *s* jur. recidivist, återfallsförbrytare
recipe ['resɪpɪ] *s* kok. recept äv. bildl. [*a ~ for* (på) *happiness*]
recipient [rɪ'sɪpɪənt] **I** *s* mottagare; *~ country* mottagarland **II** *adj* mottaglig, receptiv
reciprocal [rɪ'sɪprək(ə)l] *adj* **1** ömsesidig [*~ affection*]; till (i) gengäld, motsvarande, gen- [*~ services*] **2** gram. reciprok [*~ pronouns*]
reciprocate [rɪ'sɪprəkeɪt] **I** *vb itr* **1** göra en gentjänst, göra något i gengäld **2** mek. gå (röra sig) fram och tillbaka **II** *vb tr* [inbördes] utbyta, utväxla, ge och ta; gengälda, återgälda, besvara [*~ a p.'s affection (love)*]
reciprocation [rɪˌsɪprə'keɪʃ(ə)n] *s* **1** utbyte, utväxling; gengäldande, återgäldande, besvarande **2** växelverkan
reciprocity [ˌresɪ'prɒsətɪ] *s* ömsesidighet
recital [rɪ'saɪtl] *s* **1** [detaljerad] redogörelse [*of* för], uppräkning **2** recitation, uppläsning, deklamation **3** mus. [solist]uppförande, [solist]uppträdande, [solo]konsert
recitation [ˌresɪ'teɪʃ(ə)n] *s* **1** recitation, uppläsning, deklamation; reciterat stycke; recitationsstycke **2** uppräkning
recite [rɪ'saɪt] **I** *vb tr* **1** recitera, läsa upp, föredra[ga], deklamera [*~ poems*] **2** redogöra för; räkna (rabbla) upp [*~ one's grievances*] **II** *vb itr* recitera, deklamera
reckless ['rekləs] *adj* **1** obekymrad [*of* för, om], likgiltig [*of* för]; *~ of* äv. utan tanke på **2** hänsynslös; obetänksam [*~ conduct*], vårdslös, lättsinnig [*~ extravagance*]; *~ driving* vårdslöshet i trafik
reckon ['rek(ə)n] **I** *vb tr* **1** räkna; *~ in* räkna 'med (in), inberäkna, inkludera [*~ in the tip*]; *~ up* a) räkna ihop (samman), summera [*~ up the bill*] b) räkna upp **2** räkna ut [äv. *~ out*; *~ the cost*], beräkna, uppskatta, bedöma **3** räkna [*among, with* bland, till]; *we ~ him among our supporters*] **4** räkna, anse [*as* som; *for* för] **5** vard. anse, tycka; [*he's pretty good,*] *I ~* ...tycker jag **6** räkna med [*I ~ that he will come*], anta, förmoda [*this was not meant for me, I ~*] **II** *vb itr* **1** räkna [*the child can't ~ yet*]; *~ with* a) bildl. göra upp [räkningen] med b) räkna med, ta med i beräkningen; *a man to be ~ed with* en man att räkna med **2** *~* [*up*]*on* räkna (lita) på; räkna med, ta med i beräkningen **3** räkna, uppgå till **4** räknas [*he ~s among* (bland, till) *the best*], gälla
reckoning ['rek(ə)nɪŋ] *s* **1** [upp]räkning, beräkning etc., jfr *reckon*; *be out in one's ~* ha räknat fel, bildl. äv. ha missräknat sig **2** räkenskap, vidräkning; *the day of ~* räkenskapens dag
reclaim [rɪ'kleɪm] **I** *vb tr* **1** återvinna, odla upp; *~ed land* uppodlad (nyodlad) mark, nyodling **2** återvinna avfall m.m. **II** *s* förbättring; *beyond (past) ~* oförbätterlig[t], ohjälplig[t]
reclamation [ˌreklə'meɪʃ(ə)n] *s* **1** återvinning av mark; uppodling, nyodling **2** återvinning av avfall
reclassify [ˌriː'klæsɪfaɪ] *vb tr* klassificera om, indela i nya klasser; ordna (gruppera) om
recline [rɪ'klaɪn] **I** *vb tr* vila, lägga [ned], luta

recluse

[tillbaka]; perf. p. **-ed** tillbakalutad **II** vb itr luta (lägga) sig [tillbaka], vila, ligga (sitta) tillbakalutad [~ *on a couch*]; **-ing chair** (*seat*) vilstol
recluse [rɪ'kluːs] s ensling, eremit
recognition [ˌrekəg'nɪʃ(ə)n] s **1** erkännande; *in ~ of* som ett erkännande av, som tack för; *receive* (*meet with*) *due ~* röna vederbörligt erkännande **2** igenkännande; *aircraft ~* flygplansigenkänning; *beyond* (*out of* [*all*], *past*) *~* oigenkännlig, [ända] till oigenkännlighet
recognizable ['rekəgnaɪzəbl, ˌ--'---] adj igenkännlig [*by a th.* på ngt]
recognize ['rekəgnaɪz] vb tr **1** känna igen [*by a th.* på ngt] **2** erkänna [*~ a p. as lawful heir*; *~ a new government*]; kännas vid [*he no longer ~s me*], vidkännas [*~ an obligation*]; *it's the ~d method* det är den [allmänt] vedertagna (den gängse) metoden **3** erkänna [för sig själv], inse [*he ~d the danger*] **4** ge ett erkännande, erkänna, värdesätta [*his services to the State were ~d*]
recoil [rɪ'kɔɪl, ss. sb. äv. '--] **I** vb itr **1** dra sig tillbaka **2** rygga, rygga (vika) tillbaka [*from* för; *at* vid] **3** studsa tillbaka, studsa; mil. rekylera; vard. stöta **4** återfalla, falla tillbaka [[*up*]*on a p.* på ngn] **II** s **1** återstuds[ning], studs; mil. rekyl; vard. stöt **2** tillbakaryggande
recollect [ˌrekə'lekt] vb tr o. vb itr erinra (påminna) sig, komma ihåg, minnas
recollection [ˌrekə'lekʃ(ə)n] s hågkomst, minne äv. ss. förmåga; erinring; pl. *~s* minnen [*~s from a long life*]; *I have no ~ of it* jag har inget minne av det; *to the best of my ~* såvitt jag kan erinra (påminna) mig
recommence [ˌriːkə'mens] **I** vb itr börja på nytt (om igen) **II** vb tr [på]börja på nytt
recommend [ˌrekə'mend] vb tr **1** rekommendera, förorda; *~ed price* äv. cirkapris **2** [till]råda, tillstyrka **3** göra attraktiv (uppskattad), gagna [*behaviour of that kind will not ~ you*], tala för; *the idea has little to ~ it* idén har föga som gör den attraktiv; *this plan has much to ~ itself* det är mycket som talar för denna plan; *the book will hardly ~ itself to laymen* boken kommer knappast att falla lekmän i smaken **4** anbefalla, anförtro [*to a p.* [åt] ngn; *to a p.'s care* i ngns vård]
recommendable [ˌrekə'mendəbl] adj rekommendabel; tillrådlig
recommendation [ˌrekəmen'deɪʃ(ə)n] s rekommendation; förordande, anbefallande; *~[s]* förslag [*the ~[s] of the committee*]; *letter of ~* rekommendationsbrev; *at* (*on*) *his ~* på hans rekommendation (tillrådan, förslag)
recompense ['rekəmpens] **I** vb tr gottgöra, ersätta, rekompensera [*for* för] **II** s gottgörelse, ersättning

reconcilable [ˌrekən'saɪləbl, '-----] adj **1** försonlig **2** förenlig
reconcile ['rekənsaɪl] vb tr **1** försona, förlika [*with* med]; *become ~d* försonas, förlikas, försona (förlika) sig [*with* med] **2** förena, göra förenlig, få att stämma [överens] (gå ihop) **3** *~ oneself to* el. *be* (*become*) *~d to* förlika (försona) sig med, finna sig i
reconciliation [ˌrekənsɪlɪ'eɪʃ(ə)n] s **1** försoning, förlikning **2** biläggning, uppgörelse **3** förening, sammanjämkning; samklang, förenlighet
recondite [rɪ'kɒndaɪt, 'rekəndaɪt] adj svårfattlig
recondition [ˌriːkən'dɪʃ(ə)n] vb tr reparera (rusta) upp, renovera [upp]
reconnaissance [rɪ'kɒnɪs(ə)ns] s isht mil. spaning, rekognoscering; *~ aircraft* spaningsflygplan, rekognosceringsflygplan; *~ party* spaningsavdelning, rekognosceringstrupp
reconnoitre [ˌrekə'nɔɪtə] vb tr o. vb itr isht mil. spana, rekognoscera, utforska; sondera
reconsider [ˌriːkən'sɪdə] vb tr ta i (under) förnyat övervägande, på nytt överväga, ompröva, ta under omprövning
reconsideration ['riːkənˌsɪdə'reɪʃ(ə)n] s förnyat (nytt) övervägande, omprövning
reconstitute [ˌriː'kɒnstɪtjuːt] vb tr rekonstruera; ombilda; återuppbygga
reconstruct [ˌriːkən'strʌkt] vb tr rekonstruera [*~ a crime* (*text*); *~ a cathedral*], återuppbygga; bygga om [*~ a ship*]; ombilda [*~ a cabinet*]
reconstruction [ˌriːkən'strʌkʃ(ə)n] s **1** rekonstruktion; återuppbyggande, återuppbyggnad **2** omläggning, ombildning
record [ss. subst. 'rekɔːd, ss. vb rɪ'kɔːd] **I** s **1** upptecknig, registrering; förteckning, register; protokoll äv. jur.; redogörelse [*of* för]; urkund, dokument; vittnesbörd; pl. *~s* äv. arkiv; *for the ~* för att undvika missförstånd; *off the ~* a) utom protokollet b) på stående fot, improviserat; *this is strictly off the ~* detta är strängt inofficiellt (konfidentiellt), detta säger jag (är sagt) i all förtrolighet; *the greatest footballer on ~* den störste fotbollsspelare som funnits; *it is the worst on ~* det är det värsta (sämsta) som någonsin funnits, det sätter bottenrekord; *I don't want to go on ~ as saying...* jag vill inte att man skall kunna påstå om mig att jag sagt... **2** ngns förflutna, antecendentia [*his ~ is against him*]; vitsord, meritlista, meriter [*his ~ as a tennis-player*]; rykte; *a clean ~* ett fläckfritt förflutet; *have a* [*criminal*] *~* vard. se *criminal I 2* **3** isht sport. rekord; attr. rekord- [*~ crop*]; *world ~* världsrekord; *~ for speed* hastighetsrekord; *this was a ~* äv. detta var något enastående; *beat* (*break, cut*) *the ~* slå rekord[et]; *establish* (*make*) *a ~* sätta

[ett] rekord 4 [grammofon]skiva, [grammofon]platta **II** *vb tr* **1** a) protokollföra; föra protokoll vid sammanträde; [in]registrera, föra register över; uppteckna, ta ned, bevara i skrift b) förtälja, återge 2 radio. o.d. spela (sjunga, tala) in 3 om termometer m.m. registrera, visa
recorder [rɪ'kɔ:də] *s* **1** jur. (ung.) domare vid bl.a. tingsrätt 2 inspelningsapparat 3 blockflöjt
recording [rɪ'kɔ:dɪŋ] *s* [in]registrering etc., jfr *record II*; radio., film. o.d. inspelning [*I have a good ~ of the opera*]; **~ apparatus** inspelningsapparat; **~ head** inspelningshuvud på bandspelare; **~ studio** inspelningsstudio; [*mobile*] **~ unit** inspelningsbuss, OB-buss
record-player ['rekɔ:d‚pleɪə] *s* skivspelare
recorsion [rɪ'kɔ:ʃn] *s* rekortering
recount [i bet. *I 1* rɪ'kaʊnt, i bet. *I 2* ‚rɪ:'kaʊnt, i bet. *II* 'ri:kaʊnt] **I** *vb tr* **1** [omständligt] berätta, relatera, förtälja; räkna upp [*to a p. för ngn*] 2 räkna om, åter räkna [*~ the votes*] **II** *s* omräkning
recoup [rɪ'ku:p] *vb tr* gottgöra, ersätta [*~ a loss*; *~ a p. for a loss*]; *~ oneself* hålla sig [själv] skadeslös; *~ one's losses* ta skadan igen, ta igen det man har förlorat
recourse [rɪ'kɔ:s] *s* tillflykt; utväg; *have ~ to* ta sin tillflykt till, tillgripa
recover [rɪ'kʌvə] **I** *vb tr* **1** återvinna, återfå, få tillbaka [*~ one's health (voice)*]; *~ one's breath* [åter] hämta andan; *~ lost ground* återvinna förlorad terräng äv. bildl.; vinna tillbaka det förlorade; *~ one's senses (consciousness)* komma till sans igen, återfå medvetandet 2 hämta in, ta igen [*~ lost time (a loss)*] **II** *vb itr* [åter]hämta (repa) sig [*from från, efter*]; tillfriskna [*from från, efter*]; återfå jämvikten; *he has completely ~ed* han är helt återställd, han har helt kommit över det
re-cover [‚ri:'kʌvə] *vb tr* **1** åter täcka, täcka över igen 2 klä om, förse med nytt överdrag
recoverable [rɪ'kʌv(ə)rəbl] *adj* möjlig att återvinna etc., jfr *recover I*
recovery [rɪ'kʌvərɪ] *s* **1** återvinnande, återfående, återfinnande [*the ~ of a lost article*] 2 återställande, tillfrisknande, återhämtning, bättring [*from från, efter*]; *make a quick ~* [åter]hämta sig (tillfriskna) snabbt; *he is beyond (past) ~* han står (går) inte att rädda (bota), han är hopplöst förlorad 3 återvinning av avfall m.m.
re-create [‚ri:krɪ'eɪt] *vb tr* skapa på nytt, nyskapa, omskapa; återupprätta
recreation [‚rekrɪ'eɪʃ(ə)n] *s* rekreation, förströelse; nöje, tidsfördriv, fritidssysselsättning; sport; *~ area* (*ground*) rekreationsområde, fritidsområde; lekplats; idrottsplats; *~ centre* rekreationscenter, fritidscenter; *~ room* gillestuga; hobbyrum

recreational [‚rekrɪ'eɪʃənl] *adj* rekreations-, fritids-
recreative ['rekrɪeɪtɪv] *adj* roande, rekreerande, förströelse-, rekreations-
recrimination [rɪ‚krɪmɪ'neɪʃ(ə)n] *s* motbeskyllning, motanklagelse; pl. *~s* äv. ömsesidiga beskyllningar
recriminatory [rɪ'krɪmɪnət(ə)rɪ] *adj* motbeskyllnings-, motanklagelse-
recrudescence [‚ri:kru:'desns] *s* förnyat (nytt) utbrott, [åter]uppblossande
recrudescent [‚ri:kru:'desnt] *adj* åter utbrytande, [åter]uppblossande
recruit [rɪ'kru:t] **I** *s* rekryt äv. bildl.; nykomling, ny medlem **II** *vb tr* **1** rekrytera, värva äv. bildl. [*~ an army, ~ adherents*] 2 värva (anställa) som rekryt[er] **III** *vb itr* värva rekryter; *~ing office* värvningsbyrå; mönstringslokal; *~ing officer* rekryteringsofficer
recruitment [rɪ'kru:tmənt] *s* rekrytering, värvning
rectal ['rekt(ə)l] *adj* anat. ändtarms-, rektal
rectangle ['rektæŋgl] *s* rektangel
rectangular [rek'tæŋgjʊlə] *adj* rektangulär, rätvinklig
rectifiable ['rektɪfaɪəbl] *adj* som kan rättas [till] etc., jfr *rectify*; *be ~* vara lätt att rätta [till] etc.
rectification [‚rektɪfɪ'keɪʃ(ə)n] *s* rättande, rättelse, korrigering [*~ of an error*], beriktigande [*~ of a statement*]
rectify ['rektɪfaɪ] *vb tr* rätta [till] [*~ an error*], korrigera [*~ a method*], beriktiga [*~ a statement*]; reglera
rectitude ['rektɪtju:d] *s* rättskaffenhet
rector ['rektə] *s* **1** kyrkoherde 2 rektor vid vissa universitet, skolor o.d.
rectory ['rekt(ə)rɪ] *s* **1** prästgård 2 pastorat
rect|um ['rekt|əm] (pl. *-a* [-ə] el. *-ums*) *s* anat. ändtarm, rektum
recumbent [rɪ'kʌmbənt] *adj* tillbakalutad, lutande, [halv]liggande, vilande
recuperate [rɪ'kju:p(ə)reɪt] **I** *vb itr* hämta sig, repa sig; återfå krafterna, rekreera sig [*go to the seaside to ~*] **II** *vb tr* återfå [*~ one's health*], återvinna
recuperation [rɪ‚kju:pə'reɪʃ(ə)n] *s* återhämtning, tillfrisknande, konvalescens; återvinnande
recuperative [rɪ'kju:p(ə)rətɪv] *adj* stärkande, återställande
recur [rɪ'kɜ:] *vb itr* återkomma, komma tillbaka (igen), dyka (komma) upp igen [*a problem which ~s periodically*]; upprepas [*this accident must never ~*]; *~ring decimal* periodiskt decimalbråk
recurrence [rɪ'kʌr(ə)ns] *s* återkommande, återkomst; återgång; upprepande, upprepning
recurrent [rɪ'kʌr(ə)nt] *adj* [regelbundet (ofta)]

återkommande, periodisk; ~ *expenses* [fasta] återkommande utgifter
recycle [,ri:'saɪkl] *vb tr* återanvända [~ *scrap metal*], återvinna; **~d *paper*** återvinningspapper
red [red] **I** *adj* röd äv. polit.; *as ~ as a beetroot* (*lobster*) röd som en tomat (kokt kräfta); ***R~ Brick*** nyare universitet, de nyare universiteten i mots. till Oxford o. Cambridge; *get the ~ card* fotb. få rött kort; *the ~ carpet* vard. röda mattan; *give a p. a ~ carpet reception* el. *give a p. ~ carpet treatment* vard. rulla ut röda mattan för ngn; *a ~ cent* amer. vard. ett rött öre [*not worth a ~ cent*]; *the R~ Cross* Röda korset; *~ fir* gran; *~ flag* a) röd flagga isht ss. varningssignal b) upprorsfana, revolutionsflagga; *~ herring* a) rökt sill b) vard. falskt spår, villospår, avledande manöver; *be a ~ herring* äv. vara ovidkommande; *draw a ~ herring across the trail* (***track***) avleda uppmärksamheten från huvudfrågan; ***R~ Indian*** indian; *~ lead* mönja; *at the ~ light*[*s*] trafik. vid rött ljus; *see the ~ light* bildl. inse faran; *~ pepper* kajennpeppar; rödpeppar; paprika[pulver]; *~ rag* bildl. rött skynke; *it's like a ~ rag* [*to a bull*] *to him* det verkar som ett rött skynke på honom; *the R~ Sea* Röda havet; *~ tape* se *red-tape*
II *s* **1** rött [*dressed in ~*]; röd färg; röd nyans **2** polit. röd **3** vard., *in the ~* med underskott (förlust); *be in* (*get into*) *the ~* vara (bli) skuldsatt, stå (komma) på minus; *be* (*get*) *out of the ~* vara (bli) skuldfri **4** rött, rödvin [*a bottle of ~*]
red-blooded [,red'blʌdɪd] *adj* vard. kraftig, kraftfull; varmblodig; stark
redbreast ['redbrest] *s* zool., [*robin*] *~* rödhake[sångare]
redbrick ['redbrɪk] *adj*, *~ university* nyare universitet i mots. till Oxford o. Cambridge
redcurrant [,red'kʌrənt, attr. '---] *s* rött vinbär; *~ jam* rödavinbärssylt, rödavinbärsmarmelad
redden ['redn] **I** *vb tr* färga röd **II** *vb itr* bli (färgas) röd; rodna
reddish ['redɪʃ] *adj* rödaktig
redecorate [,ri:'dekəreɪt] *vb tr* o. *vb itr* måla och tapetsera om, reparera; nyinreda
redeem [rɪ'di:m] *vb tr* **1** lösa ut [*~ a pawned watch*], lösa in [*~ a mortgage*] **2** infria [*~ one's promise* (*engagement*)] **3** friköpa [*~ a slave*], lösa ut [*~ a prisoner*], befria, rädda; isht teol. återlösa, förlossa, frälsa **4** gottgöra, sona [*~ an error*]; uppväga [*his faults are ~ed by...*], kompensera, bilda motvikt mot; *a ~ing feature* ett försonande drag
redeemable [rɪ'di:məbl] *adj* inlösbar, som kan lösas in etc., jfr *redeem*
redemption [rɪ'dem(p)ʃ(ə)n] *s* **1** friköp[ande], utlösande, befrielse, räddning; *beyond* (*past*, ***without***) *~* ohjälplig[t] (hopplös[t], räddningslös[t]) förlorad **2** sonande [*the ~ of a crime*] **3** teol. återlösning, förlossning, frälsning
redeploy [,ri:dɪ'plɔɪ] *vb tr* placera om, omplacera [*~ workers*]; mil. gruppera om
redeployment [,ri:dɪ'plɔɪmənt] *s* omplacering; mil. omgruppering
redevelop [,ri:dɪ'veləp] *vb tr* sanera [*~ slum areas*]
redevelopment [,ri:dɪ'veləpmənt] *s* sanering
red-faced ['redfeɪst] *adj* röd i ansiktet; rödbrusig
red-handed [,red'hændɪd] *adj*, *catch* (***take***) *a p. ~* ta (gripa) ngn på bar gärning
redhead ['redhed] *s* vard. rödhårig [person]
red-hot [,red'hɒt] *adj* glödhet, rödglödgad, glödande äv. bildl. [*~ enthusiasm*]; intensiv
redirect [,ri:dɪ'rekt, -daɪ'r-] *vb tr* **1** åter leda (rikta, styra), leda i en ny riktning **2** eftersända, adressera om [*~ letters* (*mail*)]; dirigera om [*~ a cargo*; *~ traffic*]
rediscover [,ri:dɪ'skʌvə] *vb tr* återupptäcka
redistribute [,ri:dɪ'strɪbjʊt] *vb tr* **1** omfördela **2** dela ut (distribuera) på nytt
red-light ['redlaɪt] *attr adj*, *~ district* bordellkvarter, glädjekvarter
redneck ['rednek] *s* amer. sl. bondlurk isht om obildad, vit sydstatsfarmare
redness ['rednəs] *s* rödhet; rodnad; röd färg
redo [,ri:'du:] (*redid redone*) *vb tr* göra om; tapetsera (måla) om [*have* (*få*) *the walls redone*]
redolence ['redə(ʊ)l(ə)ns] *s* vällukt, doft
redolent ['redə(ʊ)l(ə)nt] *adj* välluktande, doftande; stark [*a ~ odour*]; *~ of* (*with*) som påminner om
redouble [rɪ'dʌbl] **I** *vb tr* fördubbla [*~ one's efforts*], öka [*he ~d his pace*]; intensifiera **II** *vb itr* fördubblas, öka[s]
redoubt [rɪ'daʊt] *s* bildl. fäste
redoubtable [rɪ'daʊtəbl] *adj* fruktansvärd, skräckinjagande
redound [rɪ'daʊnd] *vb itr* **1** lända; *~ to a p.'s credit* (***advantage***) lända ngn till heder (fördel) **2** *~ on* återfalla på
redress [rɪ'dres] **I** *vb tr* **1** [åter] ställa till rätta; återställa [*~ the balance*]; avhjälpa [*~ an abuse* (*a grievance*)], rätta till, råda bot på **2** gottgöra [*~ an injury* (*a wrong*)] **II** *s* **1** avhjälpande [*~ of a grievance*] **2** gottgörelse; upprättelse
redskin ['redskɪn] *s* åld. (vard.) rödskinn indian
red-tape [,red'teɪp] **I** *s* vard. byråkrati, pedanteri, paragrafrytteri **II** *adj* byråkratisk, pedantisk
reduc|e [rɪ'dju:s] **I** *vb tr* **1** reducera; skära ned, minska, inskränka, dra in på [*~ one's expenses*], sätta (pressa) ned, sänka [*~ the price*]; försvaga [*~d health*]; förminska [*~ a reproduction*]; *~ speed* minska (sänka) farten;

~ one's weight gå ned [i vikt], banta; *the whole thing ~s itself to* det hela inskränker sig till (går i korthet ut på); **~d circumstances** knappa[re] omständigheter; *to be sold at ~d prices* till salu till nedsatta priser; *on a ~d scale* i förminskad skala; *in a very ~d state* i ett mycket försvagat (nedsatt) tillstånd **2** försätta [*to* i ett tillstånd]; bringa [*to* till]; förvandla [[*in*]*to* till]; tvinga [*to do a th.* [till]] att göra ngt]; ~ *to ashes* lägga i (förvandla till) aska; *be ~d to beggary (begging)* vara (bli, se sig) hänvisad till tiggeri; ~ *to despair* göra förtvivlad, bringa till förtvivlan; ~ *to subjection (submission)* tvinga till underkastelse; ~ *a p. to tears* få ngn att gråta (brista i gråt) **3** föra in [*to* (under) *a rule*]; hänföra [*to a class* till en klass]; ~ *a th. to a system* inordna ngt i ett system **4** degradera, flytta ned; ~ *to the ranks* degradera till menig **5** matem. reducera; ~ *an equation* förenkla en ekvation; ~ *a fraction* förkorta ett bråk **6** besegra [~ *an enemy*], lägga under sig, erövra [~ *a country*] **II** *vb itr* **1** reduceras, minskas **2** banta, gå ned [i vikt]
reducible [rɪ'dju:səbl] *adj* som kan reduceras (etc., jfr *reduce I*), reducerbar
reduction [rɪ'dʌkʃ(ə)n] *s* (jfr *reduce I*) **1** reduktion, reducering, minskning, inskränkning; förminskning; nedsättning, rabatt, avdrag; *sell at a ~* sälja till nedsatt pris **2** försättande [*to* i ett tillstånd]; förvandling [[*in*]*to* till] **3** införande etc. **4** degradering **5** matem. reduktion etc.
redundance [rɪ'dʌndəns] *s* se *redundancy*
redundancy [rɪ'dʌndənsɪ] *s* **1** överflöd; överskott **2** ekon. arbetslöshet [till följd av strukturrationalisering]; ~ *payment* ung. avgångsvederlag
redundant [rɪ'dʌndənt] *adj* **1** överflödig, övertalig [~ *workers*]; friställd; *be made ~* friställas, bli friställd; ~ *manpower* överflödig (friställd) arbetskraft **2** vidlyftig [*a ~ style*]
reduplicate [rɪ'dju:plɪkeɪt] *vb tr* fördubbla
reduplication [rɪˌdju:plɪ'keɪʃ(ə)n] *s* fördubbling
redwood ['redwʊd] *s* redwood[träd]
reed [ri:d] *s* **1** bot. vasstrå, [vass]rör; vass; bibl. el. poet. rö; pl. *~s* äv. [tak]halm; *a broken ~* bildl. ett bräckligt rö, ett svagt käril **2** i blåsinstrument rörblad, tunga; *the ~s* äv. rörbladsinstrumenten; ~ *instrument* rörbladsinstrument
re-educate [ˌri:'edjʊkeɪt] *vb tr* omskola, skola om, lära upp (uppfostra) på nytt
reedy ['ri:dɪ] *adj* **1** vassbevuxen **2** gäll, pipig [*a ~ voice*]
1 reef [ri:f] **I** *s* sjö. rev; *take in a ~* a) ta in ett rev b) bildl. ta det försiktigt (lugnt) **II** *vb tr* reva

2 reef [ri:f] *s* rev; *coral ~* korallrev
reefer ['ri:fə] *s* åtsittande sjömanskavaj, sjömansjacka
reefknot ['ri:fnɒt] *s* sjö. råbandsknop
reek [ri:k] **I** *s* dålig lukt, stank [*the ~ of bad tobacco*]; **II** *vb itr* **1** lukta [illa], stinka [*he ~s of whisky (garlic)*]; bildl. lukta lång väg [*the book ~s of predjudice*] **2** ånga [~ *with* (av) *sweat*], ryka
Reekie ['ri:kɪ] *s*, *Auld ~* vard. beteckn. för *Edinburgh*
reel [ri:l] **I** *s* **1** rulle, spole [~ *of film*]; vard. [film]rulle; ~ *of cotton* trådrulle; [*straight*] *off the ~* vard. i ett svep **2** [nyst]vinda; härvel, haspel **3** ragling, raglande gång **4** skotsk. reel dans **II** *vb tr* rulla (veva, spola) upp på rulle [äv. ~ *up* (*in*)]; haspla; ~ *off* bildl. rabbla upp [~ *off a long list of names*], haspla ur sig **III** *vb itr* **1** virvla, snurra [runt]; *my brain (head) ~s* det går runt i huvudet på mig, det snurrar [runt] för mig **2** vackla [~ *under a burden*]; ragla [~ *like a drunken man*]; *he ~ed under the blow* slaget fick honom att vackla
re-elect [ˌri:ɪ'lekt] *vb tr* välja om, återvälja
re-election [ˌri:ɪ'lekʃ(ə)n] *s* omval, återval
re-enter [ˌri:'entə] **I** *vb itr* gå (komma, träda, stiga) in igen **II** *vb tr* åter gå (komma, träda, stiga) in i
re-entry [ri:'entrɪ] *s* **1** återkomst, rentré; återinresa; ~ *visa* återinresevisum **2** återinträde; återinträde i [jord]atmosfären av satellit o.d. **3** ny anteckning; återinförande
re-establish [ˌri:ɪ'stæblɪʃ] *vb tr* återupprätta, återinföra, återställa, återknyta; reetablera, etablera på nytt
re-examine [ˌri:ɪg'zæmɪn] *vb tr* undersöka (pröva, granska, förhöra, examinera) på nytt
re-export [ˌri:ek'spɔ:t] *vb tr* reexportera, åter föra ut ur landet
ref [ref] vard. sport. (kortform av *referee*) **I** *s* domare; överdomare **II** *vb itr* o. *vb tr* döma
ref. förk. för *refer, reference, referred*
refashion [ˌri:'fæʃ(ə)n] *vb tr* ombilda, omgestalta
refectory [rɪ'fekt(ə)rɪ] *s* refektorium; matsal i skola o.d.
refer [rɪ'fɜ:] **I** *vb tr* **1** hänskjuta, remittera [~ *a bill to a committee* (utskott)]; ~ *a patient*]; överlämna [*to* till, åt] **2** ~ *a p. to* hänvisa (remittera) ngn till, råda ngn att vända sig till; ~ *to drawer* bank., ung. bristande täckning **3** kugga i tentamen; *be ~red in one subject* få rest i ett ämne **II** *vb itr*, *~to* a) hänvisa till, referera till, åberopa [sig på]; vädja till; vända sig till; *~ring to your letter* åberopande ert brev b) syfta på, avse, ha avseende på, hänföra sig till c) syfta på, anspela på, mena; *above ~red to* ovannämnd

referable [rɪ'fɜ:rəbl, 'ref(ə)rəbl] *adj*, ~ *to* som kan hänföras till (tillskrivas)
referee [ˌrefə'ri:] **I** *s* **1** skiljedomare **2** sport. domare i t.ex. fotboll; [ring]domare i boxning; referee, överdomare i tennis **3** referens pers. **II** *vb itr* o. *vb tr* fungera som skiljedomare (domare) [i]; döma [~ *a football match*]
reference ['ref(ə)r(ə)ns] *s* **1** hänvisning, hänskjutning, hänskjutande [*to* till]; åberopande; avseende, syftning; *frame of* ~ referensram; *terms of* ~ a) direktiv b) kompetensområde c) bildl. givna ramar; *have* ~ *to* ha avseende på, avse, angå; *with* ~ *to* a) i början av brev refererande till, åberopande b) med hänsyn till, med avseende på, i fråga om, angående [äv. *in* ~ *to*] **2** anspelning, [hän]syftning, omnämnande; *make* ~ *to* omnämna, åsyfta, beröra **3** hänvändelse [*to* till]; *make* ~ *to* vända sig till; rådfråga; ~ *book* a) uppslagsbok, uppslagsverk; handbok b) referensexemplar; handbok ~ *books* el. *works of* ~ referenslitteratur; ~ *library* referensbibliotek **4** hänvisning i bok [*to* till] **5** referens äv. pers.; [tjänstgörings]betyg
referend|um [ˌrefə'rend|əm] (pl. äv. *-a* [-ə]) *s* referendum, folkomröstning
referral [rɪ'fɜ:r(ə)l] *s* **1** hänskjutande etc., jfr *refer I*; remittering [*the* ~ *of the patient to a specialist*], remiss **2** remitterad patient
refill [ss. vb ˌri:'fɪl, ss. subst. 'ri:fɪl] **I** *vb tr* åter fylla, fylla på; tanka **II** *s* påfyllning; refill; patron till kulpenna m.m.; [*lead*] ~ blyertsstift till stiftpenna
refine [rɪ'faɪn] **I** *vb tr* **1** raffinera [~ *sugar* (*oil*)], förädla, rena **2** förfina [~ *one's style*], förädla; raffinera **II** *vb itr*, ~ [*up*]*on* förfina [~ *upon one's methods*], förbättra
refined [rɪ'faɪnd] *perf p* o. *adj* **1** raffinerad etc., jfr *refine I 1* **2** raffinerad, förfinad [~ *manners*, ~ *taste*]
refinement [rɪ'faɪnmənt] *s* **1** raffinering, renande, rening **2** förfining, elegans; *a man of* ~ en förfinad man **3** raffinemang, finess
refinery [rɪ'faɪnərɪ] *s* raffinaderi [*an oil* ~]
refit [ˌri:'fɪt] **I** *vb tr* [åter] utrusta; rusta upp, sätta i stånd, reparera [~ *a ship*] **II** *vb itr* [åter] sättas i stånd, repareras
reflate [ri:'fleɪt] *vb tr* ekon. åstadkomma (genomföra) en reflation av (i) [~ *the economy*]
reflation [rɪ'fleɪʃ(ə)n] *s* ekon. reflation
reflationary [rɪ'fleɪʃn(ə)rɪ] *adj* ekon. reflations- [~ *measures*]
reflect [rɪ'flekt] **I** *vb tr* **1** reflektera, kasta tillbaka, återkasta [~ *light*, ~ *heat*] **2** reflektera, [av]spegla, återspegla äv. bildl. [*his face* ~*ed what was passing through his mind*]; ~*ed image* spegelbild **3** ~ *credit* (*honour*) [*up*]*on a p.* lända ngn till heder **4** tänka på, betänka [*that* att, *how* hur] **II** *vb itr* **1** reflektera, fundera, tänka [tillbaka] [*on, upon* på, över], tänka efter; ~ [*up*]*on* äv. överväga, tänka över, begrunda; *I want time to* ~ jag vill ha betänketid **2** ~ [*up*]*on* kasta en skugga över, ställa i en ofördelaktig dager; ~ *favourably* [*up*]*on* ställa i en fördelaktig dager **3** reflekteras; återkastas; återspeglas
reflection [rɪ'flekʃ(ə)n] *s* **1** reflexion, återkastning **2** spegelbild, bild [*see one's* ~ *in a mirror*]; återsken, reflex **3** reflexion; eftertanke, begrundan; betraktelse[r]; ~*s on* äv. funderingar kring; *on* [*further*] ~ vid närmare eftertanke (betänkande, övervägande) **4** kritik, klander, anmärkning [*on, upon* mot]; fläck [*a* ~ *on a p.'s honour*]
reflector [rɪ'flektə] *s* reflektor i div. tekn. bet.; reflex[anordning]; ~ *tape* reflexband
reflex ['ri:fleks] **I** *s* **1** reflex, reflexrörelse **2** se *reflection 2* **II** *adj* **1** reflekterad; reflex- [~ *action*]; ~ *camera* spegelreflexkamera **2** ~ *angle* övertrubbig vinkel mer än 180° men mindre än 360°
reflexion [rɪ'flekʃ(ə)n] *s* se *reflection*
reflexive [rɪ'fleksɪv] gram. **I** *adj* reflexiv **II** *s* **1** reflexiv[pronomen] **2** reflexivt verb
reform [rɪ'fɔ:m] **I** *vb tr* **1** reformera, [för]bättra, omdana **2** omvända [~ *a sinner*] **II** *vb itr* bättra sig **III** *s* reform, förbättring
reformation [ˌrefə'meɪʃ(ə)n] *s* **1** reformation; förbättring **2** *the R*~ hist. reformationen
reformatory [rɪ'fɔ:mət(ə)rɪ] **I** *adj* reformatorisk, reformerande, reform-; uppfostrande **II** *s* amer. (förr äv. britt.) ungdomsvårdsskola
reformer [rɪ'fɔ:mə] *s* reformator; reformvän, reformivrare
reformist [rɪ'fɔ:mɪst] **I** *s* reformist, reformator, reformvän **II** *adj* reformistisk, reformvänlig
refract [rɪ'frækt] *vb tr* fys. bryta ljus; ~*ing angle* brytande vinkel; ~*ing telescope* refraktor
refraction [rɪ'frækʃ(ə)n] *s* fys. refraktion, [ljus]brytning; *angle of* ~ brytningsvinkel
refractory [rɪ'frækt(ə)rɪ] *adj* motspänstig, oregerlig, trotsig [*a* ~ *child*]; envis [*a* ~ *disease*]
1 refrain [rɪ'freɪn] *s* refräng; omkväde
2 refrain [rɪ'freɪn] *vb itr* avhålla sig, avstå [~ *from hostile action*]; ~ *from a th.* (*doing a th.*) äv. låta bli ngt (att göra ngt); *please* ~ *from smoking* rökning undanbedes
refresh [rɪ'freʃ] *vb tr* **1** friska upp; liva (pigga) upp; ~*ed* äv. utvilad; ~ *oneself* a) styrka sig, pigga upp sig [~ *oneself with a cup of tea*], vederkvicka sig b) förfriska sig, läska sig [~ *oneself with a cool drink*], inta förfriskningar; ~ *one's memory* friska upp minnet **2** bättra på, snygga (piffa) upp [~ *the paintwork*]
refresher [rɪ'freʃə] *s* **1** ~ [*course*] repetitionskurs, fortbildningskurs **2** vard.

förfriskning, drink, styrketår 3 extraarvode åt advokat
refreshing [rɪ'freʃɪŋ] *adj* **1** uppfriskande, styrkande, uppiggande [*a ~ sleep*]; läskande [*a ~ drink*] **2** välgörande [*~ simplicity*], uppfriskande
refreshment [rɪ'freʃmənt] *s* **1** uppfriskning **2** vanl. pl. *~s* förfriskningar; *~ car* byffévagn; *~ room*[*s*] restaurang, servering, byffé på järnvägsstation; *take some ~*[*s*] inta förfriskningar
refrigerate [rɪ'frɪdʒəreɪt] *vb tr* **1** svalka; kyla [av] **2** frysa [in] [*~ provisions*]
refrigeration [rɪˌfrɪdʒə'reɪʃ(ə)n] *s* **1** [av]kylning **2** [in]frysning
refrigerator [rɪ'frɪdʒəreɪtə] *s* **1** kylskåp; kylrum; *~ car* (*van*) kylvagn **2** kylare kondensor; kylapparat
refrigerator-freezer [rɪˌfrɪdʒəreɪtə'friːzə] *s* kyl och frys
refuel [ˌriː'fjʊəl] *vb tr* o. *vb itr* tanka; fylla på [nytt bränsle]
refuge ['refjuːdʒ] *s* **1** tillflykt, tillflyktsort, fristad [äv. *place of ~*]; *seek ~* söka sin tillflykt, söka skydd [*from* undan, från; *in, at* i, på; *with* hos]; *take ~* ta sin tillflykt [*in, at* till; *with* hos] **2** refug
refugee [ˌrefjʊ'dʒiː] *s* isht polit. flykting; *~ camp* flyktingläger
refulgent [rɪ'fʌldʒ(ə)nt] *adj* glänsande, skinande
refund [ss. vb riː'fʌnd, ss. subst. 'riːfʌnd] **I** *vb tr* återbetala, återställa [*~ money*]; ersätta, gottgöra ngn för förlust m.m. **II** *s* återbetalning, restitution; återbäring; ersättning, gottgörelse
refurbish [ˌriː'fɜːbɪʃ] *vb tr* putsa (polera) upp; snygga upp; renovera
refusal [rɪ'fjuːz(ə)l] *s* **1** vägran; avslag **2** *give a p.* [*the*] *first ~ of* ge ngn förköpsrätt till
refuse [ss. vb rɪ'fjuːz, ss. subst. 'refjuːs] **I** *vb tr* **1** vägra, neka; förvägra **2** avslå [*~ a request*], tillbakavisa, avvisa [*~ a candidate*], refusera [*~ an offer*], säga nej till [*~ an office*], avböja, försmå; ge ngn korgen **II** *vb itr* vägra, neka, säga nej **III** *s* skräp, bråte, avfall, sopor, avskräde [äv. *~ matter*]; drägg, avskum [*the ~ of society*]; *~ chute* sopnedkast; *~ collection* sophämtning, renhållning; *~ collector* sophämtare, renhållningsarbetare; *~ dump* (*tip*) soptipp
refusenik [rɪ'fjuːznɪk] *s* vard. 'refusenik', oliktänkande, dissident
refutable [rɪ'fjuːtəbl, 'refjʊt-] *adj* som kan vederläggas, vederlägglig
refutation [ˌrefjʊ'teɪʃ(ə)n] *s* vederläggning; motargument
refute [rɪ'fjuːt] *vb tr* vederlägga, motbevisa
Reg [redʒ] kortform för *Reginald*
regain [rɪ'geɪn, riː'g-] *vb tr* **1** återfå [*~ consciousness*], återvinna; *~ one's feet*

(*footing*) komma på fötter igen; få fotfäste igen **2** åter uppnå
regal ['riːg(ə)l] *adj* kunglig; majestätisk
regale [rɪ'geɪl] **I** *vb tr* traktera, undfägna [*with* med], underhålla [*~ with stories*] **II** *vb itr* o. *vb rfl*, *~* [*oneself*] *with* (*on*) kalasa på, njuta av
regalia [rɪ'geɪljə] *s pl* a) regalier, [kungliga] insignier b) full stass
regard [rɪ'gɑːd] **I** *vb tr* **1** anse, betrakta [*I ~ him as the best*] **2** uppfatta, se på [*how is he ~ed locally?*], betrakta [*I ~ him with suspicion* (misstro)] **3** angå, röra, beträffa; *as ~s* vad... beträffar, beträffande **II** *s* **1** avseende, hänseende; *in this ~* i detta hänseende (avseende); *with ~ to* med avseende på, med hänsyn to **2** hänsyn, uppmärksamhet; aktning; *I have* [*a*] *great ~ for him* jag hyser (har) stor aktning för honom; *he has little ~ for* han tar föga hänsyn till; han hyser föga aktning för; *pay ~ to* ta hänsyn till, fästa avseende vid, bry sig om; *out of ~ for* av hänsyn till, av aktning för; *without ~ to* utan hänsyn till **3** pl. *~s* hälsningar; *kind ~s to you all* hjärtliga hälsningar till er alla; *give him my* [*best*] *~s* hälsa honom [så mycket] från mig; *he sends his* [*best*] *~s* han hälsar [så mycket]
regarding [rɪ'gɑːdɪŋ] *prep* beträffande, rörande, angående, med avseende på
regardless [rɪ'gɑːdləs] **I** *adj* utan hänsyn [*~ of* (till) *expense*], obekymrad [*of* om] **II** *adv* vard. under alla omständigheter, trots allt
regatta [rɪ'gætə] *s* sport. regatta, kappsegling
regency ['riːdʒ(ə)nsɪ] *s* regentskap; tillförordnad regering; interimsregering; förmyndarregering
regenerate [ss. adj. rɪ'dʒenərət, ss. vb rɪ'dʒenəreɪt] **I** *adj* pånyttfödd **II** *vb tr* o. *vb itr* bildl. pånyttföda[s], väcka[s] till nytt liv; förnya[s]; biol. m.m. regenerera[s]; föryngra[s]
regeneration [rɪˌdʒenə'reɪʃ(ə)n] *s* bildl. pånyttfödelse; nyskapelse, nydaning; biol. m.m. regeneration, regenerering; föryngring; teol. nyfödelse
regent ['riːdʒ(ə)nt] **I** *s* **1** regent, riksföreståndare **2** amer. medlem av styrelsen för delstatsuniversitet **II** *adj* efter subst. regerande; *the Prince R~* prinsregenten
reggae ['regeɪ] *s* reggae västindisk musikform
Reggie ['redʒɪ] kortform för *Reginald*
regicide ['redʒɪsaɪd] *s* **1** kungamördare **2** kungamord
regime [reɪ'ʒiːm, '--] *s* **1** regim, styrelse, regering **2** system, skick, ordning **3** se *regimen*
regimen ['redʒɪmen] *s* kur; diet; levnadsregler, regim; träningsprogram
regiment [ss. subst. 'redʒɪmənt, ss. vb. 'redʒɪment] **I** *s* mil. regemente; bildl. äv. armé [*a ~ of ants*] **II** *vb tr* **1** mil. formera i ett

regemente (regementen) 2 organisera, gruppera; disciplinera; likrikta
regimental [ˌredʒɪˈmentl] *adj* regements-; ~ **band** regementsorkester
regimentation [ˌredʒɪmenˈteɪʃ(ə)n] *s* organisering, gruppering; likriktning
Regina [rɪˈdʒaɪnə] *s* lat. [regerande] drottning; ~ *versus Smith* jur. kronan (staten) mot Smith
Reginald [ˈredʒɪn(ə)ld] mansnamn
region [ˈriːdʒ(ə)n] *s* **1** region, område, trakt, nejd; bildl. äv. rymd, rike; *the abdominal* ~ magtrakten; *something in the* ~ *of £1,000* någonting i storleksordningen 1000 pund **2** geogr. (polit.) distrikt, område i Skottland motsv. *county* i England o. Wales
regional [ˈriːdʒənl, -dʒnəl] *adj* **1** regional, regions-; lokal, lokal- **2** regionalistisk
register [ˈredʒɪstə] I *s* **1** register, förteckning, längd, rulla; liggare; ~ *of voters* röstlängd; *attendance* ~ skol. närvarolista; *class* ~ skol. klassbok; *parish* ~ kyrkobok **2** mus. a) register; tonläge b) [orgel]register **3** spjäll; tekn. regulator; *hot-air* ~ värmeregulator **4** registreringsapparat; mätare; räkneverk; *cash* ~ kassaapparat II *vb tr* **1** [in]registrera; anteckna, förteckna, föra in; skriva in; anmäla [~ *the birth of a child*]; protokollföra; ung. mantalsskriva; ~ *oneself* skriva in sig; registrera sig; anmäla sig; ~ *a protest* inlägga (avge) protest; ~ *one's vote* avge sin röst; *~ed nurse* legitimerad sjuksköterska; *~ed trade mark* inregistrerat varumärke **2** lägga på minnet; registrera, lägga märke till **3** järnv. pollettera **4** post. rekommendera; *~ed letter* rekommenderat brev, rek **5** om instrument registrera, [ut]visa, visa på **6** uttrycka [*her face ~ed surprise*] III *vb itr* **1** skriva in sig [~ *at a hotel*], anmäla sig [~ *for* (till) *a course*] **2** uppfatta
registrar [ˌredʒɪˈstrɑː, ˈ---] *s* **1** registrator; *court* ~ ung. inskrivningsdomare **2** borgerlig vigselförrättare; *~'s office* folkbokföringsmyndighet; *get married before the* ~ gifta sig borgerligt
registration [ˌredʒɪˈstreɪʃ(ə)n] *s* **1** [in]registrering; inskrivning; ung. folkbokföring, mantalsskrivning; ~ *document* bil., ung. besiktningsinstrument; ~ *number* bils registreringsnummer **2** post. rekommendation
registry [ˈredʒɪstrɪ] *s* **1** ~ [*office*] registreringskontor, inskrivningskontor; byrå för borgerlig vigsel; *married at a* ~ [*office*] borgerligt gift **2** sjö. registrering; *port of* ~ registreringsort, hemort
regress [rɪˈgres] *vb itr* återgå, gå (vända) tillbaka
regression [rɪˈgreʃ(ə)n] *s* regression, återgång, tillbakagång, förfall
regressive [rɪˈgresɪv] *adj* regressiv

regret [rɪˈgret] I *vb tr* **1** beklaga; ångra [*I* ~ *doing* (att jag gjorde) *it*]; ~ *it* äv. ångra sig; *I* ~ *to say* jag får tyvärr säga; *we* ~ *to inform you* vi måste tyvärr meddela [Er]; *I* ~ *not having been able to come* jag beklagar (är ledsen) att jag inte kunde komma; *it is to be ~ted* det är att beklaga (beklagligt) **2** sakna, känna saknad efter II *s* **1** ledsnad, sorg [*for, at* över], beklagande; ånger [*at* över]; *I have no ~s* jag ångrar ingenting; *it is a matter of (for)* [*deep*] ~ det är [mycket] att beklaga (beklagligt); *much to my* ~ [*he never came back*] till min stora sorg... **2** saknad [*for* efter]
regretful [rɪˈgretf(ʊ)l] *adj* ångerfull, ångerköpt; full av saknad; beklagande
regretfully [rɪˈgretf(ʊ)lɪ] *adv* **1** ångerfullt, beklagande **2** se *regrettably*
regrettable [rɪˈgretəbl] *adj* beklaglig, beklagansvärd
regrettably [rɪˈgretəblɪ] *adv* beklagligt nog, tyvärr
regroup [ˌriːˈgruːp] *vb tr* o. *vb itr* omgruppera [sig]
regular [ˈregjʊlə] I *adj* **1** regelbunden, regelmässig, reguljär; fast, stadig [~ *work*]; jämn [~ *breathing*]; vanlig [*the* ~ *route*]; ordentlig, ~ *army* stående (reguljär) armé; ~ *churchgoer* flitig kyrkobesökare; ~ *customer* stamkund, stadig (fast) kund; *at* ~ *intervals* med jämna mellanrum **2** reglementarisk, regelrätt, stadgeenlig [*a* ~ *procedure*], formlig, korrekt **3** gram. el. matem. regelbunden **4** vard. riktig [*a* ~ *hero*], äkta, sannskyldig, veritabel [*a* ~ *rascal*]; rejäl; ~ *guy* hedersprick **5** normal; medelstor; regular, 96-oktanig [~ *petrol* (*gasolene*)] II *s* **1** vanl. pl. *~s* reguljära trupper; stamanställda (fast anställda) [soldater] **2** vard. stamkund, stadig (fast) kund; stamgäst **3** vard. fast anställd [person]
regularity [ˌregjʊˈlærətɪ] *s* regelbundenhet; ~ *of attendance* regelbunden närvaro
regularization [ˌregjʊlərʌɪˈzeɪʃ(ə)n] *s* reglering, normering
regularize [ˈregjʊləraɪz] *vb tr* göra regelbunden; reglera, normera [~ *the proceedings*]
regularly [ˈregjʊləlɪ] *adv* regelbundet etc., jfr *regular I*; vard. riktigt, ordentligt
regulate [ˈregjʊleɪt] *vb tr* reglera; normera; styra; rucka [~ *a watch*], justera, ställa in
regulation [ˌregjʊˈleɪʃ(ə)n] *s* **1** reglering, reglerande etc., jfr *regulate* **2 a)** regel, föreskrift, bestämmelse; pl. *~s* äv. [ordnings]stadga, reglemente, förordning [*traffic ~s*]; *King's* (*Queen's*) *~s* mil. reglemente **b)** attr. reglementerad, reglementsenlig [~ *size,* ~ *uniform*]
regulator [ˈregjʊleɪtə] *s* **1** tekn. reglage; regulator **2** reglerare, justerare

regurgitate [rɪ'gɜ:dʒɪteɪt] *vb tr* **1** stöta upp [igen] isht ur magen **2** bildl. rapa upp [~ *what other people have said*]
rehabilitate [ˌri:ə'bɪlɪteɪt, ˌri:hə-] *vb tr* **1** rehabilitera äv. med.; [åter]upprätta, ge upprättelse; återanpassa [till samhället] **2** återställa; restaurera
rehabilitation ['ri:əˌbɪlɪ'teɪʃ(ə)n, 'ri:hə-] *s* **1** rehabilitering äv. med.; [åter]upprättelse; återanpassning [till samhället] **2** återställande; restauration
rehash [ss. vb ˌri:'hæʃ, ss. subst. 'ri:hæʃ] I *vb tr* **1** kok. göra ett uppkok på, bildl. äv. stuva om, servera i ny form **2** amer. gå (snacka) igenom [efteråt] II *s* bildl. omstuvning; uppkok
rehearsal [rɪ'hɜ:s(ə)l] *s* **1** teat. repetition, instudering, inövning; *dress* ~ generalrepetition, genrep **2** upprepning; uppräkning, återgivande
rehearse [rɪ'hɜ:s] I *vb tr* **1** repetera, studera in [~ *a part* (*play*)], öva [in] [~ *one's lines* (repliker)] **2** upprepa; räkna upp, gå igenom, återge II *vb itr* repetera, öva
rehouse [ˌri:'haʊz] *vb tr* skaffa ny bostad åt, flytta till bättre (nyare) bostad
reign [reɪn] I *s* regering, välde; regeringstid; ~ *of terror* skräckvälde, skräckregemente II *vb itr* regera, härska [*over* över], råda äv. bildl. [*silence* ~ed *everywhere*]; *she was the* ~*ing beauty* hon var den mest firade skönheten; ~*ing champion* regerande mästare; ~ *supreme* härska enväldigt; vara allenarådande; vara helt suverän
reimburse [ˌri:ɪm'bɜ:s] *vb tr* återbetala, ersätta, gottgöra [~ *a p.* [*for*] *his costs*], täcka
reimbursement [ˌri:ɪm'bɜ:smənt] *s* återbetalning, ersättning, gottgörelse, täckning
reimport [ˌri:ɪm'pɔ:t] *vb tr* återimportera, återinföra
rein [reɪn] I *s* **1** tygel, töm; *draw* ~ hålla in häst; sakta farten; *give a horse the* ~[*s*] (*a free* ~) ge en häst lösa tyglar; *give* [*free*] ~ (*give the* ~[*s*]) *to one's imagination* ge fria tyglar åt (släppa lös) sin fantasi; *hold the* ~*s* bildl. hålla i tyglarna; *hold* (*keep*) *a tight* ~ *on* (*over*) hålla i strama tyglar, hålla kort **2** pl. ~*s* sele för barn II *vb tr* tygla
reincarnate [ss. vb ˌri:'ɪnkɑ:neɪt, ss. adj. ˌri:ɪn'kɑ:nət] I *vb tr* reinkarnera II *adj* reinkarnerad
reincarnation [ˌri:ɪnkɑ:'neɪʃ(ə)n] *s* reinkarnation
reindeer ['reɪndɪə] (pl. lika) *s* zool. ren
reinforce [ˌri:ɪn'fɔ:s] *vb tr* förstärka; bildl. underbygga; ~*d concrete* armerad betong
reinforcement [ˌri:ɪn'fɔ:smənt] *s* **1** förstärkning **2** mil. armering
reinstate [ˌri:ɪn'steɪt] *vb tr* återinsätta [*in* i ämbete m.m.; *to* i rättigheter]; återställa

reinstatement [ˌri:ɪn'steɪtmənt] *s* återinsättande; återställande
reinterpret [ˌri:ɪn'tɜ:prɪt] *vb tr* tolka om, ge ny tolkning [av (åt)]
reinterpretation ['ri:ɪnˌtɜ:prɪ'teɪʃ(ə)n] *s* omtolkning; nytolkning
reintroduce ['ri:ˌɪntrə'dju:s] *vb tr* återinföra; presentera (introducera) på nytt; jfr vid. *introduce*
reintroduction ['ri:ˌɪntrə'dʌkʃ(ə)n] *s* återinförande, återinföring
reinvestment [ˌri:ɪn'vestmənt] *s* reinvestering, nyinvestering, omplacering
reissue [ˌri:'ɪʃu:, -'ɪsju:] I *vb tr* åter släppa ut; åter ge ut (publicera); åter emittera; åter utfärda II *s* nyutsläppande; nyutgivning; nytryck[ning]; nyemission; utfärdande på nytt
reiterate [ri:'ɪtəreɪt] *vb tr* upprepa [på nytt (gång på gång)]
reiteration [ˌri:ɪtə'reɪʃ(ə)n] *s* [ideligt] upprepande; upprepning
reject [ss. vb rɪ'dʒekt, ss. subst. 'ri:dʒekt] I *vb tr* förkasta [~ *a scheme*], avslå [~ *a proposal*, ~ *a request*], tillbakavisa, avvisa [~ *an offer*]; refusera [~ *a book*]; kassera, rata, vraka; ogilla II *s* **1** utskottsvara, defekt vara **2** utslagen [person]
rejection [rɪ'dʒekʃ(ə)n] *s* förkastande, förkastelse, avvisande; refusering [*the* ~ *of a book*]; kassering; avslag
rejoice [rɪ'dʒɔɪs] I *vb tr* glädja, fröjda II *vb itr* glädja sig, glädjas, fröjdas [*at*, *in*, *over* åt, över]
rejoicing [rɪ'dʒɔɪsɪŋ] *s* glädje, fröjd, jubel; pl. ~*s* festligheter, [glädje]fest, jubel; *day of* ~ glädjedag
rejoin [ˌri:'dʒɔɪn, i bet. 3 rɪ'dʒɔɪn] *vb tr* **1** åter sammanfoga **2** återförena sig med, återvända till, åter sluta sig till (uppsöka) **3** genmäla, svara, replikera
rejoinder [rɪ'dʒɔɪndə] *s* genmäle, svar, replik
rejuvenate [rɪ'dʒu:vəneɪt] I *vb tr* föryngra; vitalisera II *vb itr* **1** föryngras **2** föryngras
rejuvenation [rɪˌdʒu:və'neɪʃ(ə)n] *s* föryngring; vitalisering; ~ *treatment* föryngringskur
rekindle [ˌri:'kɪndl] *vb tr* återuppväcka[s], tända[s] på nytt
relapse [rɪ'læps] I *vb itr* **1** återfalla [~ *into* (i, till) *crime* (brottslighet)]; åter försjunka [~ *into* (i) *silence*] **2** med. få återfall (recidiv) II *s* återfall
relate [rɪ'leɪt] I *vb tr* **1** berätta, skildra **2** sätta (ställa) i relation (samband) [*to* till; *with* med], relatera [*to* till]; *be* ~*d to* äv. stå i samband med II *vb itr*, ~ *to* stå i relation till, stå i samband med, hänföra sig till; *relating to* angående, om, som avser
related [rɪ'leɪtɪd] *adj* besläktad, släkt [*to* med]; *closely* ~ nära släkt, närbesläktad
relation [rɪ'leɪʃ(ə)n] *s* **1** berättelse, skildring

relationship

2 relation, förhållande; samband; *in ~ to* a) i förhållande (relation) till b) med hänsyn till, angående [äv. *with ~ to*] **3** vanl. pl. *~s* a) [inbördes] förhållande, relationer; *their ~s are rather strained* det råder ett ganska spänt förhållande mellan dem b) förbindelse[r]; *break off diplomatic ~s* avbryta de diplomatiska förbindelserna; *establish ~s with* knyta förbindelser med **4** släkting [*a ~ of mine*]
relationship [rɪ'leɪʃ(ə)nʃɪp] *s* **1** förhållande [*the ~ between buyer and seller*], relation[er], samband [*to* med] **2** släktskap, släktskapsförhållande
relative ['relətɪv] **I** *adj* **1** relativ [*everything is ~*]; *he did it with ~ ease* han gjorde det förhållandevis (relativt) lätt; *their ~ position* deras relativa (inbördes) läge **2** gram. relativ **3** *~ to* a) som hänför sig till, som har avseende på b) i förhållande (relation) till; *be ~ to* stå i relation till, motsvara **II** *s* **1** släkting **2** gram. relativ[pronomen]; relativt adverb
relatively ['relətɪvlɪ] *adv* relativt, jämförelsevis, förhållandevis; *~ speaking* relativt sett; *~ to* i förhållande till
relativity [ˌrelə'tɪvətɪ] *s* vetensk. relativitet; *the theory of ~* relativitetsteorin
relax [rɪ'læks] **I** *vb tr* **1** slappa, låta slappna, slappna av i [*~ one's muscles*]; lossa [på] [*~ one's hold (grip)*]; verka avslappnande på; *~ one's guard* ge en blotta på sig **2** släppa efter på [*~ discipline*]; mildra [*~ one's severity*], lätta på [*~ restrictions*]; dämpa **3** minska [*~ one's efforts*] **II** *vb itr* **1** koppla av [*let's ~ for an hour*]; slappna av [*learn to ~*]; lugna [ner] sig; [*feel*] *~ed* ...avspänd (avslappnad); *~!* vard. spänn av!, lugna ner dig! **2** slappas, förslappas [*we must not ~ in our efforts*] **3** mildras; dämpas
relaxation [ˌriːlæk'seɪʃ(ə)n] *s* **1** avkoppling **2** avslappnande; avslappning, lindring; mildrande; *~ of discipline* uppluckring av disciplinen; *~ of tension* polit. avspänning
relaxing [rɪ'læksɪŋ] *adj* avslappnande, avkopplande; *~ climate* äv. förslappande klimat
1 relay ['riːleɪ, ss. vb äv. rɪ'leɪ] **I** *s* **1** skift [*work in ~s*], arbetslag, omgång; ombyte **2** sport., *~ [race]* stafett[löpning], stafettlopp **3** fys. el. tekn. relä; radio. återutsändning **II** *vb tr* radio. reläa, återutsända
2 relay [ˌriː'leɪ] (*relaid relaid*) *vb tr* lägga om
relearn [ˌriː'lɜːn] *vb tr* lära om
release [rɪ'liːs] **I** *s* **1** frigivning, frisläppande, lössläppande, befrielse; *~ on probation* jur. villkorlig frigivning **2** utsläpp, släppande, lossande; fällning, fällande [*~ of bombs*]; frigörande, utlösning äv. bildl.; utlösningsmekanism [äv. *~ gear*] **3** befrielse, lösande, frikallelse, frigörelse [*from* från]

4 [ut]släppande [*~ of a film*]; publicering, offentliggörande; utgåva; *press ~* pressrelease, pressmeddelande för publicering vid viss tidpunkt **II** *vb tr* **1** frige, släppa [lös], släppa fri, befria **2** släppa [*~ one's hold*], lossa [på] [*~ the handbrake*]; frigöra, utlösa [*~ a parachute*] **3** befria, lösa [*~ a p. from an obligation*], frikalla, frigöra **4** släppa ut [*~ a film*]; [låta] publicera, [låta] offentliggöra [*~ news*]
relegate ['relǝɡeɪt] *vb tr* **1** hänskjuta, överlämna **2** degradera; sport. flytta ned
relegation [ˌrelǝ'ɡeɪʃ(ə)n] *s* **1** hänskjutande, överlämnande; delegerande **2** förvisning; degradering; sport. nedflyttning
relent [rɪ'lent] *vb itr* vekna, mjukna, ge efter
relentless [rɪ'lentləs] *adj* obeveklig
relevance ['relǝvǝns] *s* relevans, betydelse, samband
relevant ['relǝvǝnt] *adj* relevant [*to* för, i], av betydelse [*to, för*], tillämplig [*to* på], som hör till saken, hithörande, dithörande; [*study the facts*] *~ to the case* ...som rör fallet
reliability [rɪˌlaɪə'bɪlətɪ] *s* pålitlighet, tillförlitlighet, vederhäftighet; driftsäkerhet
reliable [rɪ'laɪəbl] *adj* pålitlig, tillförlitlig
reliably [rɪ'laɪəblɪ] *adv* pålitligt etc., jfr *reliable*; *we are ~ informed that* från säker källa (tillförlitligt håll) rapporteras att
reliance [rɪ'laɪəns] *s* tillit, förtröstan [*on* till, på]; *have (place, put) ~ on (upon, in)* hysa tillit till
reliant [rɪ'laɪənt] *adj* **1** tillitsfull, förtröstansfull **2** beroende [*on* av]
relic ['relɪk] *s* **1** relik **2** kvarleva, rest, lämning, minne [*of* från, av, efter]; minnesmärke; *~ of the past* fornminne; kvarleva från det förgångna **3** pl. *~s* kvarlevor, stoft
relief [rɪ'liːf] *s* **1** lättnad, lindring **2** understöd; bistånd, hjälp; amer. socialhjälp [äv. *public ~*]; *~ measures* hjälpaktion, hjälpåtgärder; *~ organization* hjälporganisation; *~ work* beredskapsarbete[n], nödhjälpsarbete[n]; *be on ~* amer. få socialhjälp **3** avdrag; lättnad [*tax ~*] **4** undsättning [*~ of a besieged town*]; befrielse **5** avhjälpande [*~ of unemployment*]; avlastning, hjälp; avlösning; *run a ~ train* sätta in ett extratåg **6** omväxling; *by way of ~* som omväxling; *by way of light ~* som avkoppling **7** konst. el. boktr. relief äv. bildl.; *~ map* reliefkarta; *stand out in bold (sharp) ~ against* avteckna sig (framträda) skarpt mot; *bring (throw) into strong ~* starkt framhäva
relieve [rɪ'liːv] *vb tr* **1** lätta, lugna, lindra, avhjälpa [*~ distress, ~ suffering*], mildra; *~ one's feelings* ge luft (utlopp) åt sina känslor, avreagera sig; *~ the pressure* minska (lätta på) trycket **2** understödja, bispringa, bistå, hjälpa **3** undsätta; befria **4** avlösa [*~ the guard, ~ a sentry*] **5** ge

omväxling åt, variera; lätta upp 6 ~ *oneself* förrätta sina [natur]behov 7 ~ *a p. of a th.* a) befria ngn från ngt, hjälpa ngn med ngt [*let me* ~ *you of your suitcase*] b) skämts. ta (knycka) ngt från ngn [~ *a p. of his wallet*] c) befria (frita, lösa) ngn från ngt [~ *a p. of his duties* (*responsibility*)], frånta ngn ngt
religion [rɪ'lɪdʒ(ə)n] *s* religion; skol. religionskunskap; *minister of* ~ protestantisk präst
religious [rɪ'lɪdʒəs] I *adj* 1 religiös, religions-; gudfruktig, from; andlig; ~ *instruction* religionskunskap, religionsundervisning 2 som hör till ett kloster, kloster- [~ *life*]; ~ *house* kloster 3 samvetsgrann; noga II (pl. lika) *s* klosterbroder, klostersyster, munk, nunna
religiously [rɪ'lɪdʒəslɪ] *adv* 1 religiöst 2 samvetsgrant, plikttroget
relinquish [rɪ'lɪŋkwɪʃ] *vb tr* 1 lämna, avstå från [~ *a right*], avträda, avsäga sig, överlåta, lämna ifrån sig; efterskänka; frångå, överge [~ *a plan*], ge upp, låta fara [~ *a hope*, ~ *an idea*] 2 släppa [~ *one's hold*]
reliquary ['relɪkwərɪ] *s* relikskrin
relish ['relɪʃ] I *s* 1 [angenäm] smak; bildl. äv. krydda, piff 2 smak, tycke; aptit; [väl]behag, njutning; *with* ~ med förtjusning (nöje) 3 kok.: a) smaktillsats, smakämne, krydda; kryddad sås b) slags pickles på t.ex. gurka o. majonäs c) aptitretare II *vb tr* njuta av, uppskatta
relive [ˌriː'lɪv] *vb tr* leva om [~ *one's life*]; återuppleva [~ *a th. in the memory*]
reload [ˌriː'ləʊd] *vb tr* 1 lasta (lassa) om 2 ladda om
relocate [ˌriːlə(ʊ)'keɪt] *vb tr* o. *vb itr* omlokalisera[s], omflytta[s]; [tvångs]förflytta[s]
relocation [ˌriːlə(ʊ)'keɪʃ(ə)n] *s* omlokalisering, omflyttning; [tvångs]förflyttning
reluctance [rɪ'lʌktəns] *s* motsträvighet, motvillighet
reluctant [rɪ'lʌktənt] *adj* motsträvig, motvillig
rely [rɪ'laɪ] *vb itr*, ~ [*up*]*on* a) lita på, förtrösta på b) vara beroende av, vara hänvisad till
REM [rem] *s* (förk. för *rapid eye-movement*) fysiol. REM; ~ *sleep* REM-sömn
remain [rɪ'meɪn] *vb itr* 1 återstå; finnas (vara, bli, leva) kvar; restera; *it* ~*s to be seen* det återstår att se 2 förbli, fortfara att vara; *I* ~, *Yours truly* i brev jag förblir Er förbundne 3 stanna [kvar]; stå kvar; ~ *behind* stanna kvar som siste man
remainder [rɪ'meɪndə] I *s* 1 återstod, rest 2 matem. rest 3 pl. ~*s* restexemplar, restupplaga II *vb tr* sälja ut, realisera; slumpa bort restupplaga
remains [rɪ'meɪnz] *s pl* 1 återstod[er], lämningar, kvarlevor, rester, ruiner, minnen [*of* av, efter] 2 kvarlevor, stoft [*his mortal* ~]

remake [ˌriː'meɪk] I *s* (*remade remaded*) *vb tr* 1 a) göra om, skapa om b) sy om 2 göra en nyinspelning av [~ *a film*] II *s* nyinspelning av film
remand [rɪ'mɑːnd] I *vb tr* återsända; isht jur.: skicka tillbaka [i häkte]; ~ *on bail* frige mot borgen II *s* jur.: a) återsändande [i häkte] b) återförvisning av mål; ~ *centre* ungdomshäkte; *be kept under* ~ sitta i rannsakningshäkte
remark [rɪ'mɑːk] I *s* anmärkning, yttrande; *make a* ~ (*some* ~*s*) fälla ett yttrande, yttra sig; *pass* ~*s on* (*about*) göra anmärkningar rörande (med avseende på), kommentera; II *vb tr* 1 anmärka, yttra, säga 2 iaktta, märka, lägga märke till III *vb itr*, ~ [*up*]*on* kommentera; anmärka på [~ [*up*]*on the faults of others*]
remarkable [rɪ'mɑːkəbl] *adj* anmärkningsvärd, märklig, märkvärdig, beaktansvärd, remarkabel; utomordentlig
remarkably [rɪ'mɑːkəblɪ] *adv* anmärkningsvärt etc., jfr *remarkable*; synnerligen
remarry [ˌriː'mærɪ] *vb tr* o. *vb itr* gifta om sig [med]
remediable [rɪ'miːdjəbl] *adj* botbar; avhjälpbar
remedial [rɪ'miːdjəl] *adj* läkande, bote-; [av]hjälpande; hjälp-, stöd- [~ *measures*]; ~ *class* specialklass; ~ *exercises* sjukgymnastik; ~ *teaching* (*instruction*) specialundervisning, stödundervisning
remedy ['remɪdɪ] I *s* botemedel, läkemedel [*for* för, mot; *for*, *against* för, mot]; utväg; *household* (*home*) ~ huskur; *beyond* (*past*) ~ obotlig[t], ohjälplig[t], bortom all hjälp II *vb tr* bota sjukdomar m.m.; råda bot på (för), avhjälpa [~ *a deficiency*], rätta till, reparera
remember [rɪ'membə] I *vb tr* minnas, komma ihåg; erinra sig, påminna sig; lägga på minnet; ha i åtanke; ~ *me to them* hälsa dem [så mycket] från mig; *he asks to be* ~*ed to you* han hälsar så mycket [till dig] II *vb itr* minnas, komma ihåg; *not that I* ~ inte vad (såvitt) jag minns
remembrance [rɪ'membr(ə)ns] *s* 1 minne, hågkomst; *R*~ *Day* (*Sunday*) firas i november till minne av de stupade under världskrigen, se äv. *Poppy Day* under *poppy*; *in* ~ *of* till minne[t] av 2 minne, minnessak
remind [rɪ'maɪnd] *vb tr* påminna, erinra [*of* om]; *which* ~*s me* [och] apropå det, förresten
reminder [rɪ'maɪndə] *s* påminnelse, erinran, påstötning; kravbrev
reminisce [ˌremɪ'nɪs] *vb itr* minnas [gamla (gångna) tider]; gå upp i sina minnen; prata [gamla] minnen
reminiscence [ˌremɪ'nɪsns] *s* 1 minne,

hågkomst; pl. ~s minnen [of från]; memoarer 2 reminiscens
reminiscent [ˌremɪˈnɪsnt] *adj*, ~ *of* som påminner (erinrar) om
remiss [rɪˈmɪs] *adj* försumlig, slarvig [*in* i]
remission [rɪˈmɪʃ(ə)n] *s* **1** förlåtelse [*of* för]; tillgift **2** efterskänkning, eftergift [~ *of a debt*]; ~ *of a sentence* straffeftergift; ~ *for good conduct* strafflindring för gott uppförande
remit [rɪˈmɪt] **I** *vb tr* **1** isht om Gud förlåta [~ *sins*], tillgiva **2** efterskänka [~ *a debt*] **3** remittera, hänskjuta, hänvisa; jur. återförvisa **4** hand. remittera, översända [~ *money*], tillställa **II** *vb itr* hand. remittera pengar; *kindly* ~ *by cheque* var vänlig betala med checkremissa
remittance [rɪˈmɪt(ə)ns] *s* **1** remittering, översändande av pengar **2** remissa, penningförsändelse
remnant [ˈremnənt] *s* rest, återstod, lämning, kvarleva; hand. stuv[bit]
remonstrance [rɪˈmɒnstr(ə)ns] *s* invändning, gensaga, protest [*against* mot]
remonstrate [ˈremənstreɪt, rɪˈmɒns-] *vb itr* protestera, göra invändningar [*against* mot]
remorse [rɪˈmɔːs] *s* samvetskval, ånger
remorseful [rɪˈmɔːsf(ʊ)l] *adj* ångerfull
remorseless [rɪˈmɔːsləs] *adj* samvetslös; hjärtlös, obarmhärtig; obeveklig [*a* ~ *fate*]
remote [rɪˈməʊt] *adj* **1** avlägsen i tid, i rum o. bildl.; fjärran; avsides [liggande (belägen)]; ~ *control* fjärrstyrning, fjärrkontroll, fjärrmanövrering; *a* ~ *possibility* en ytterst liten möjlighet; *I have not the remotest idea of...* jag har inte den ringaste (avlägsnaste) aning om...; *I haven't got the remotest* vard. jag har inte den blekaste aning [om det] **2** otillgänglig [*his* ~ *manner*]
remote-controlled [rɪˌməʊtkənˈtrəʊld] *adj* fjärrstyrd, fjärrmanövrerad [~ *aircraft*]
remotely [rɪˈməʊtlɪ] *adv* **1** avläget, fjärran, på långt håll **2** inte tillnärmelsevis, inte det minsta
remoteness [rɪˈməʊtnəs] *s* avlägsenhet, [stort] avstånd, avlägset läge
remould [ˌriːˈməʊld] *vb tr* stöpa om, omforma, omdana, omgestalta
remount [riːˈmaʊnt] **I** *vb tr* **1** stiga (gå, klättra, sitta) upp på (i) igen; gå uppför (bestiga) igen **2** montera om **II** *vb itr* stiga upp igen; gå uppför igen
removable [rɪˈmuːvəbl] *adj* **1** avsättlig, avsättbar **2** flyttbar **3** urtagbar, löstagbar
removal [rɪˈmuːv(ə)l] *s* **1** flyttning, flyttande; avflyttning; ~ *van* flyttbil; *furniture* ~ möbelflyttning **2** avlägsnande; bortförande; urtagning; bortskaffande **3** avsättning
remove [rɪˈmuːv] **I** *vb tr* (se äv. *removed*) **1** flytta [bort (undan)]; förflytta; föra (forsla) bort; avlägsna, ta bort (ur) [~ *stains*]; ta av

[~ *one's coat*]; skaffa undan (bort); röja undan [~ *an obstacle*; ~ *the traces*], röja ur vägen; ~ *furniture* flytta möbler, utföra flyttningar; ~ *mountains* bibl. flytta (försätta) berg **2** avsätta, avskeda **3** skol. flytta [upp] [~ *into* (till) *the sixth form*] **II** *vb itr* flytta; avflytta; dra bort, försvinna **III** *s* **1** skol. [upp]flyttning [*into* till] **2** grad, steg; *only one (a)* ~ *from* blott ett steg från **3** släktled
removed [rɪˈmuːvd] *adj* avlägsen, fjärran, skild [*from* från]; *first cousin once* ~ kusinbarn
remover [rɪˈmuːvə] *s* **1** [*furniture*] ~ flyttkarl **2** remover; ss. efterled i sms. -urtagningsmedel [*stain* ~], -borttagningsmedel [*hair* ~], -remover [*nail-varnish* ~]
remunerate [rɪˈmjuːnəreɪt] *vb tr* ersätta, gottgöra, belöna [*he was* ~*d for his services*]
remuneration [rɪˌmjuːnəˈreɪʃ(ə)n] *s* ersättning, gottgörelse; lön, belöning
remunerative [rɪˈmjuːn(ə)rətɪv] *adj* lönande, lönsam; räntabel, vinstgivande; välbetald [*a* ~ *post*]; ~ *salary* rundlig lön
renaissance [rəˈneɪs(ə)ns] *s* **1** renässans; *the R*~ hist. renässansen **2** pånyttfödelse
renal [ˈriːnl] *adj* njur-; ~ *calculus* njursten
rename [ˌriːˈneɪm] *vb tr* ge nytt namn, döpa om
renascence [rɪˈnæsns, -ˈneɪsns] *s* **1** pånyttfödelse **2** renässans; *the R*~ se *the Renaissance*
renascent [rɪˈnæsnt, -ˈneɪsnt] *adj* pånyttfödd, nyvaknad, återuppstånden; nyvaknande
rend [rend] (*rent rent*) *vb tr* litt. slita; splittra, riva (slita) sönder
render [ˈrendə] *vb tr* **1** återgälda; ~ *thanks* framföra tack, tacka **2** återge t.ex. roll; tolka, framställa; framföra [~ *a piece of music*] **3** återge [*by a th.* med ngt; ~ *in* (på) *another language*], översätta [~ *into* (till) *Swedish*] **4** ~ [*up*] överlämna, ge upp [~ *up a fortress*], [ut]lämna **5** överlämna; avlämna, avge [~ *an answer*]; anföra [~ *a reason*]; ~ *an account of* a) lämna redovisning för, avlägga räkenskap för b) lämna (avge) redogörelse för **6** erlägga [~ *tribute*], visa [~ *honour* (*obedience*)], bevisa, ådagalägga; ~ *assistance* (*help*) lämna (ge) hjälp **7** isht med pred. adj. göra [*this* ~*s it probable*; ~ *superfluous*]; ~ *impossible* omöjliggöra
rendering [ˈrend(ə)rɪŋ] *s* återgäldande, återgivande, tolkning; framförande; översättning
rendezvous [ˈrɒndɪvuː] (pl. *rendezvous* [-z]) *s* rendezvous, [avtalat] möte, träff, samlingsplats, mötesplats [äv. *place of* ~]
rendition [renˈdɪʃ(ə)n] *s* återgivande, tolkning; översättning; framförande
renegade [ˈrenɪgeɪd] **I** *s* renegat, överlöpare, avfälling; attr. avfällig **II** *vb itr* avfalla
renege [rɪˈniːg, -ˈneɪg] *vb itr* **1** kortsp. inte

bekänna färg **2** isht amer. bryta ett löfte (löftet) [*on doing a th.* att göra ngt]
renegotiate [ˌriːnɪˈgəʊʃɪeɪt] *vb itr* o. *vb tr* förhandla på nytt [om], återuppta förhandlingar[na] [om]
renew [rɪˈnjuː] **I** *vb tr* **1** återuppliva, återuppväcka; förnya, göra ny igen; **~ed strength** friska (nya, förnyade) krafter **2** ersätta, byta, förnya **3** förnya [~ *an attack*; ~ *a loan* (*passport*); ~ *a promise*]; upprepa [~ *an offer*]; förlänga, prolongera **II** *vb itr* förnyas; börja på nytt
renewal [rɪˈnjuːəl] *s* **1** förnyande; förnyelse; byte; återupplivande; upprepning; återupptagande **2** förlängning, prolongation, omsättning av lån o.d.
rennet [ˈrenɪt] *s* [kalv]löpe
Reno [ˈriːnəʊ] stad i USA med liberala lagar; ~ *divorce* snabbskilsmässa
renounce [rɪˈnaʊns] *vb tr* **1** avsäga sig [~ *a claim* (*right*)], avstå från, ge upp [~ *an attempt*] **2** förneka, inte [vilja] kännas vid [~ *a friend* (*one's son*)] **3** kortsp. vara renons i
renovate [ˈrenə(ʊ)veɪt] *vb tr* renovera; förnya
renovation [ˌrenə(ʊ)ˈveɪʃ(ə)n] *s* renovering; förnyelse, återställande; upprustning
renovator [ˈrenə(ʊ)veɪtə] *s* person som renoverar; målare; förnyare
renown [rɪˈnaʊn] *s* rykte, ryktbarhet
renowned [rɪˈnaʊnd] *adj* ryktbar, [vida] berömd, namnkunnig, frejdad
1 rent [rent] imperf. o. perf. p. av *rend*
2 rent [rent] *s* spricka; reva; rämna; klyfta
3 rent [rent] **I** *s* hyra; arrende; jur. avgäld; *collect the ~*[*s*] inkassera hyran (hyrorna) **II** *vb tr* **1** hyra, arrendera [*for* för pris] **2** hyra ut, arrendera ut [*to a p.* till ngn; *at, for* för, till pris; äv. *~ out*]
rental [ˈrentl] *s* **1** hyra; arrende[avgift]; attr. uthyrnings-; *telephone ~* telefonavgift, abonnemangsavgift **2** hyresintäkt, arrendeintäkt
renunciation [rɪˌnʌnsɪˈeɪʃ(ə)n] *s* **1** avsägelse, avstående, uppgivande; avsvärjelse **2** förnekande **3** försakelse **4** självförnekelse
reoccur [ˌriːəˈkɜː] *vb itr* hända (inträffa) igen (på nytt)
reopen [ˌriːˈəʊp(ə)n] *vb tr* o. *vb itr* åter öppna[s], öppna igen; börja på nytt; återuppta[s]
reorganize [ˌriːˈɔːgənaɪz] *vb tr* omorganisera, reorganisera; lägga om; ombilda, rekonstruera; nydana; sanera [~ *finances*]
Rep. förk. för *Republican*
1 rep [rep] *s* rips tygsort
2 rep [rep] *s* vard., se *repertory company* (*theatre*) under *repertory 1*
3 rep [rep] *s* (kortform för *representative*); isht hand. vard. representant; säljare, handelsresande
4 rep [rep] *s* amer. vard., se *reputation*

repair [rɪˈpeə] **I** *vb tr* **1** reparera, laga, sätta i stånd **2** bildl. reparera, rätta till, avhjälpa [~ *an error*]; gottgöra, ersätta [~ *a loss*] **II** *s* **1** reparation, lagning; återställande; läkning; *~ kit* (*outfit*) verktygslåda; *~ shop* reparationsverkstad; *beyond ~* a) omöjlig att reparera, ohjälpligt förfallen b) bildl. oersättlig, irreparabel, obotlig; *it is under ~* den är under reparation (lagning) **2** [gott] skick (stånd); *keep in ~* hålla i [gott] skick; underhålla; *in good* (*bad*) *~* el. *in a good* (*bad*) *state of ~* i gott (dåligt) skick, bra (illa) underhållen
repairable [rɪˈpeərəbl] *adj* möjlig att reparera (laga), reparerbar
reparable [ˈrep(ə)rəbl] *adj* **1** bildl. möjlig att reparera (avhjälpa); ersättlig [*a ~ loss*] **2** möjlig att reparera (laga)
reparation [ˌrepəˈreɪʃ(ə)n] *s* gottgörelse, ersättning [*for* för]; upprättelse; isht pl. *~s* [krigs]skadestånd
repartee [ˌrepɑːˈtiː] *s* kvickt (bitande) svar, [snabb] replik; slagfärdighet; *he is quick at ~* han är snabb i repliken (slagfärdig)
repast [rɪˈpɑːst] *s* litt. måltid; *a good ~* ett gott mål [mat]
repatriate [ss. vb riːˈpætrɪeɪt, ss. subst. -ɪət] **I** *vb tr* repatriera, sända hem **II** *s* repatrierad [person]
repatriation [ˌriːpætrɪˈeɪʃ(ə)n] *s* repatriering, hemsändning
repay [riːˈpeɪ, rɪˈp-] (*repaid repaid*) *vb tr* **1** återbetala, betala tillbaka (igen) [~ *a loan*] **2** återgälda, gengälda [~ *a visit*]; löna, ersätta, gottgöra [*for* för]
repayment [riːˈpeɪmənt, rɪˈp-] *s* **1** återbetalning **2** återgäldande; vedergällning; lön, ersättning
repeal [rɪˈpiːl] **I** *vb tr* återkalla, upphäva, avskaffa [~ *a law*] **II** *s* återkallelse, upphävande, avskaffande
repeat [rɪˈpiːt] **I** *vb tr* **1** repetera, upprepa; göra (säga m.m.) om, ta om äv. mus.; förnya **2** läsa upp [ur minnet], recitera **3** föra (bära) vidare, tala 'om; återge; *the story won't bear ~ing* historien lämpar sig inte för återgivning (att återges) **4** radio. el. TV. ge (sända) i repris, reprisera; *be ~ed* gå (ges) i repris **II** *vb rfl*, *~ oneself* upprepa sig [själv] [*history ~s itself*]; återkomma, komma igen; *do you find that onions ~?* får du uppstötningar av lök? **IV** *s* **1** repeterande, upprepning **2** ~ [*order*] efterbeställning, förnyad beställning **3** radio. el. TV. repris [äv. *~ broadcast*]; *~ performance* repris[föreställning] **4** mus. repris[tecken]
repeatedly [rɪˈpiːtɪdlɪ] *adv* upprepade gånger, gång på gång
repeating [rɪˈpiːtɪŋ] *adj*, *~ action* pianos

repetition; ~ *rifle* repetergevär; ~ *watch* repeterur
repel [rɪ'pel] *vb tr* **1** driva tillbaka [~ *an invader*], slå tillbaka, avvärja [~ *an attack*]; stå emot [~ *temptation*] **2** stå emot, avvisa [~ *moisture*] **3** avvisa, tillbakavisa [~ *a suggestion*] **4** verka frånstötande på [*his beard ~led her*], stöta bort (ifrån sig) [*he ~led her with his meanness*]
repellent [rɪ'pelənt] **I** *adj* **1** tillbakadrivande; avvisande **2** frånstötande, motbjudande, avskräckande **II** *s* insektsmedel
repent [rɪ'pent] **I** *vb tr* ångra **II** *vb itr* ångra sig; ~ *of a th.* ångra ngt
repentance [rɪ'pentəns] *s* ånger [*for, of* över], ruelse
repentant [rɪ'pentənt] *adj* ångerfull, botfärdig
repercussion [ˌriːpəˈkʌʃ(ə)n] *s* **1** återstudsning **2** bildl. återverkan; isht pl. *~s* återverkningar; efterverkningar, efterdyningar; *have ~s on* få återverkningar på, återverka på
repertoire ['repətwɑː] *s* repertoar
repertory ['repət(ə)rɪ] *s* **1** repertoar; ~ *company* ensemble vid [en] repertoarteater; ~ *theatre* repertoarteater **2** bildl. repertoar, register, förråd
repetition [ˌrepəˈtɪʃ(ə)n] *s* upprepning, repetition
repetitious [ˌrepəˈtɪʃəs] *adj* ständigt återkommande; enformig, tjatig
repetitive [rɪ'petətɪv] *adj* **1** upprepande, repeterande **2** enformig, tjatig
rephrase [ˌriːˈfreɪz] *vb tr* formulera om
repine [rɪ'paɪn] *vb itr* gräma sig, knota, klaga [*at, against* över]
replace [rɪ'pleɪs, riː'p-] *vb tr* **1** sätta (ställa, lägga) tillbaka (på plats); återinsätta; återställa, återanskaffa, ersätta [~ *a broken cup*]; ~ *the receiver* lägga på [telefon]luren **2** avlösa; ersätta; byta ut; ~ *Brown by Smith* ersätta Brown med Smith
replaceable [rɪ'pleɪsəbl] *adj* ersättlig
replacement [rɪ'pleɪsmənt, riː'p-] *s* **1** åter[in]sättande; återställande; ersättande; ersättning; avlösning; utbyte [*the ~ of worn-out parts*]; ~ *part* reservdel **2** ersättare; pl. *~s* mil. reserver
replay [ss. vb ˌriː'pleɪ, ss. subst. 'riːpleɪ] **I** *vb tr* spela om **II** *s* omspelning; sport. omspel; *action* (isht amer. *instant*) ~ TV. repris [i slow-motion]
replenish [rɪ'plenɪʃ] *vb tr* åter fylla, fylla på
replenishment [rɪ'plenɪʃmənt] *s* påfyllning
replete [rɪ'pliːt] *adj* **1** fylld [*with* med, av] **2** [över]mätt **3** överfylld, proppfull
replica ['replɪkə] *s* konst. replik; bildl. [exakt] kopia
reply [rɪ'plaɪ] **I** *vb tr* o. *vb itr* svara, genmäla, replikera; ~ *to* svara [på], besvara **II** *s* svar, genmäle, replik; ~ *paid* på brev mottagaren betalar portot; svar betalt; ~ *coupon* svarskupong; *in* ~ *to* som (till) svar på
reply-paid [rɪ'plaɪpeɪd] *adj* med betalt svar (svar betalt); ~ *envelope* svarskuvert
report [rɪ'pɔːt] **I** *vb tr* **1** rapportera, avge rapport (berättelse) om, anmäla [*to a p.* för (till) ngn], redogöra för; meddela, inrapportera; ~ *oneself* anmäla sig (sin närvaro), inställa sig [*to* för, hos] **2** berätta, förmäla, omtala; *it is ~ed that* det berättas (heter) att, det går ett rykte att; *~ed speech* indirekt tal (anföring) **3** referera, göra [ett] referat (reportage) från **4** rapportera [*to* till], anmäla [*to* för]; ~ *a p. sick* sjukanmäla ngn; *he was ~ed to the police* han blev polisanmäld
II *vb itr* **1** avge (avlägga) rapport, avge berättelse, rapportera [*to* för, till; *on, upon* om, över], redogöra [*on* (*upon*) *a th.* för ngt] **2** vara reporter (referent) **3** anmäla sig [*to* för, hos]; ~ *sick* sjukanmäla sig; ~ *for duty* anmäla (inställa) sig till tjänst[göring]
III *s* **1** rapport, redogörelse, [officiell] berättelse, betänkande, utlåtande [*on, about* om, för, över]; anmälan [*of* om]; *progress* ~ lägesrapport; *make a* ~ avge [en] rapport, avge redogörelse (ett utlåtande); ~ *of the proceedings* protokoll från domstolsförhandlingar m.m. **2** referat, reportage [*on, of* av, över, om]; meddelande **3** rykte; *according to* ~ el. *by* [*common*] ~ efter (enligt) vad ryktet förmäler (säger) **4** skol. [termins]betyg **5** knall, smäll [*the* ~ *of a gun*]
reportage [ˌrepɔːˈtɑːʒ] *s* **1** reportage **2** reportagestil
reporter [rɪ'pɔːtə] *s* reporter, referent
1 repose [rɪ'pəʊz] *vb tr,* ~ *trust* (*confidence*) *in* sätta [sin] tillit till
2 repose [rɪ'pəʊz] **I** *vb tr* vila, lägga till vila **II** *vb itr* **1** vila [sig] [*from* efter] **2** bildl. vila, vara grundad [*on* på] **III** *s* vila, ro, lugn
repository [rɪ'pɒzɪt(ə)rɪ] *s* **1** förvaringsrum, förvaringsplats, upplag[splats] [*the drawer is a ~ for useless papers*], förråd **2** bildl. förråd, fond; skattkammare
reprehend [ˌreprɪˈhend] *vb tr* klandra, tadla; tillrättavisa
reprehensible [ˌreprɪˈhensəbl] *adj* klandervärd, förkastlig
represent [ˌreprɪˈzent] *vb tr* **1** representera, beteckna, stå för [*the symbols ~ sounds*]; om bild o.d. föreställa; motsvara [*one centimetre ~s one kilometre*]; utgöra **2** framställa i ord el. bild [*he ~ed himself as an expert*] **3** framhålla, påpeka [*to a p.* för ngn] **4** representera, företräda
representation [ˌreprɪzenˈteɪʃ(ə)n] *s* **1** framställande; framställning, bild; symbol **2** [teater]föreställning **3** polit. representation [*no taxation without* ~]; representantskap;

representantförsamling; **proportional ~** proportionellt valsystem

representative [ˌreprɪ'zentətɪv] **I** *adj* **1** representativ **2** ~ *of* representerande, föreställande, framställande i bild o.d. **II** *s* **1** representant [*of* för], typ[exempel] [*of* på] **2** säljare, handelsresande **3** representant, ställföreträdare, ombud **4** polit. (i USA) representant; *the House of Representatives* representanthuset

repress [rɪ'pres] *vb tr* **1** undertrycka [~ *a revolt*], kväva [~ *a cough*]; kuva, dämpa; hejda [~ *an impulse*] **2** psykol. förtränga; ~*ed* hämmad

repression [rɪ'preʃ(ə)n] *s* **1** undertryckande; repression; förtryck, tvångsåtgärder **2** dämpande **3** psykol. bortträngning, förträngning

repressive [rɪ'presɪv] *adj* **1** repressiv; undertryckande; repressions-; dämpande; hejdande **2** [utvecklings]hämmande

reprieve [rɪ'priːv] **I** *vb tr* ge anstånd (en frist); ge uppskov **II** *s* **1** anstånd, frist; uppskov isht med dödsdoms verkställighet **2** benådning

reprimand ['reprɪmɑːnd, ss. vb äv. ˌreprɪ'mɑː-] **I** *s* tillrättavisning, reprimand; vard. skrapa **II** *vb tr* [skarpt] tillrättavisa, ge en reprimand; vard. läxa upp

reprint [ss. vb ˌriː'prɪnt, ss. subst. 'riːprɪnt] **I** *vb tr* trycka om; *the book is ~ing* boken är under omtryckning **II** *s* omtryck, nytryck

reprisal [rɪ'praɪz(ə)l] *s* vedergällning; repressalieåtgärd; pl. ~*s* repressalier

reproach [rɪ'prəʊtʃ] **I** *s* **1** förebråelse; klander; *a look of* ~ en förebrående blick **2** *above* (*beyond*) ~ klanderfri, oklanderlig **II** *vb tr* förebrå [*for, with* för; *he ~ed her for being late*]

reproachful [rɪ'prəʊtʃf(ʊ)l] *adj* förebrående, klandrande

reprobate ['reprə(ʊ)beɪt] *s* fördärvad (förfallen) individ

reproduce [ˌriːprə'djuːs] **I** *vb tr* **1** reproducera [~ *a picture*], återge [~ *a sound*; ~ *a p.'s features*]; avbilda **2** biol. förnya, regenerera; fortplanta; reproducera **II** *vb itr* fortplanta sig

reproduction [ˌriːprə'dʌkʃ(ə)n] *s* **1** reproducering, återgivande; återgivning [*sound* ~]; avbildning; [konst]reproduktion; ~ *furniture* nytillverkade stilmöbler **2** biol. fortplantning; reproduktion

reproductive [ˌriːprə'dʌktɪv] *adj* reproducerande; fortplantnings- [~ *organs*]

1 reproof [rɪ'pruːf] *s* förebråelse, tillrättavisning

2 reproof [ˌriː'pruːf] *vb tr* impregnera om (på nytt)

reprove [rɪ'pruːv] *vb tr* tillrättavisa, förebrå

reproving [rɪ'pruːvɪŋ] *adj* förebrående

reptile ['reptaɪl] *s* **1** reptil, kräldjur **2** vard. om person reptil, 'orm'

reptilian [rep'tɪlɪən] **I** *adj* reptilartad, reptilliknande, reptil- **II** *s* reptil

republic [rɪ'pʌblɪk] *s* republik; fristat

republican [rɪ'pʌblɪkən] **I** *adj* republikansk; *the R~ Party* polit. (i USA) republikanska partiet **II** *s* republikan; *R~* polit. (i USA) republikan

republicanism [rɪ'pʌblɪkənɪz(ə)m] *s* republikanism

repudiate [rɪ'pjuːdɪeɪt] *vb tr* **1** förkasta, tillbakavisa **2** förneka; vägra att erkänna

repudiation [rɪˌpjuːdɪ'eɪʃ(ə)n] *s* **1** förkastande **2** förnekande

repugnance [rɪ'pʌgnəns] *s* motvilja, ovilja [*to, against* mot], avsky [*to, against* för], olust

repugnant [rɪ'pʌgnənt] *adj* motbjudande, stötande [*to a p.* för ngn]; frånstötande

repulse [rɪ'pʌls] *vb tr* **1** slå tillbaka, avvärja [~ *an attack*], driva tillbaka [~ *an enemy*] **2** avslå [~ *a request*], avvisa, tillbakavisa

repulsion [rɪ'pʌlʃ(ə)n] *s* tillbakaslående, tillbakadrivande, avvärjande

repulsive [rɪ'pʌlsɪv] *adj* frånstötande; motbjudande

reputable ['repjʊtəbl] *adj* aktningsvärd, hedervärd, hederlig; aktad, ansedd [*a ~ firm*]

reputation [ˌrepjʊ'teɪʃ(ə)n] *s* [gott] rykte, [gott] anseende, [gott] namn, renommé; *have* (*earn*) *the ~ of being...* ha (få) rykte (ord) om sig att vara..., vara känd för att vara...; *make a ~ for oneself* el. *make one's ~* göra sig ett namn

repute [rɪ'pjuːt] **I** *vb tr*, vanl. passivum: *be ~d* anses; *he is ~d to be the best doctor* han har rykte (namn) om sig att vara den bäste läkaren; *be well* (*ill*) *~d* ha gott (dåligt) anseende (rykte, renommé) **II** *s* [gott] rykte, [gott] namn, renommé; *be* [*held*] *in good* (*bad*) *~* ha gott (dåligt) rykte, vara väl (illa) känd; *be* [*held*] *in* [*high*] *~* åtnjuta högt (stort) anseende [*among* bland]

reputedly [rɪ'pjuːtɪdlɪ] *adv* enligt allmänna omdömet (meningen); *he is ~ the best doctor* han har rykte (namn) om sig att vara den bäste läkaren

request [rɪ'kwest] **I** *s* **1** anhållan, begäran; önskan, bön; önskemål; anmodan; ~ *programme* önskeprogram; ~ *stop* hållplats [där bussen stannar på anmodan]; *grant a ~* uppfylla en önskan (ett önskemål); *make a ~ to a p. for a th.* anhålla om ngt hos ngn; *by* (*on*) ~ på begäran; *no flowers by ~* blommor undanbedes **2** efterfrågan; *be in great ~* vara mycket eftersökt (begärlig, eftertraktad) **II** *vb tr* **1** anhålla om [*from, of* hos; *to do a th.* att få göra ngt]; begära [*from, of* av] **2** anmoda, be, uppmana

requiem ['rekwɪem] *s* rekviem, själamässa

require [rɪ'kwaɪə] **I** *vb tr* **1** behöva, [er]fordra; tarva; perf. p. *~d* äv. erforderlig, nödvändig; ~

care kräva omsorg; ***as ~d*** efter behov [*pepper as ~d*]; ***delete as ~d*** stryk vad (det) som ej önskas; ***if ~d*** vid behov, om det (så) behövs **2** begära, fordra, kräva [*of, from* av, från; *a p. to do a th.* att ngn skall göra ngt]; ***the books ~d*** i brev de önskade (begärda) böckerna; ***you are ~d to*** [det krävs av dig att] du skall; ***these books are ~d reading*** dessa böcker är obligatoriska t.ex. för en examen **II** *vb itr* begära [*do as he ~s*]
requirement [rɪ'kwaɪəmənt] *s* **1** behov [*for* av] **2** krav, anspråk, fordran; pl. ~s äv. fordringar [*for* för]
requisite ['rekwɪzɪt] **I** *adj* erforderlig, nödvändig [*for, to* för] **II** *s* behov, krav; förnödenhet; nödvändig (erforderlig) sak (attiral); ***toilet ~s*** toalettartiklar
requisition [ˌrekwɪ'zɪʃ(ə)n] **I** *s* **1** [skriftlig] anhållan [*for* om], rekvisition [*for* på] **2** isht mil. rekvisition, [tvångs]utskrivning; ***be under*** (*in*) ***~*** vara i användning (bruk); ***put in*** (*call into*) ***~*** rekvirera; lägga beslag på, ta i anspråk **II** *vb tr* **1** mil. rekvirera, [tvångs]utskriva **2** lägga beslag på, ta i anspråk
requital [rɪ'kwaɪtl] *s* lön, gengäld, vedergällning [*for, of* för]
requite [rɪ'kwaɪt] *vb tr* löna [*with* med; *for* för]; återgälda, gengälda [~ *a service*]; vedergälla [~ *a wrong*]; gottgöra; besvara [~ *a p.'s love*]
reread [ˌriː'riːd] (*reread reread*) *vb tr* läsa 'om (på nytt)
reroute [ˌriː'ruːt] *vb tr* dirigera om [~ *traffic*]
resale [ˌriː'seɪl] *s* återförsäljning; ***~ price maintenance*** hand. (ung.) riktprissystem, bruttoprissystem
rescue ['reskjuː] **I** *vb tr* rädda [*from* från, ur, undan], undsätta, bärga, befria **II** *s* räddning, undsättning, bärgning; befrielse; ***~ operation*** räddningsaktion; ***~ party*** räddningsmanskap, räddningspatrull; ***come to a p.'s ~*** komma till ngns undsättning (hjälp)
research [rɪ'sɜːtʃ, 'riːsɜːtʃ] **I** *s* **1** forskning, [vetenskaplig] undersökning; ***~ team*** forskargrupp, forskarteam; ***do*** (***carry on***) ***~*** forska, bedriva forskning **2** [noggrant] sökande (letande), efterspaning [*after, for* efter] **II** *vb itr* forska [~ *into* (i) *the causes of cancer*]
researcher [rɪ'sɜːtʃə] *s* o. **research-worker** [rɪ'sɜːtʃˌwɜːkə] *s* forskare
resell [ˌriː'sel] (*resold resold*) *vb tr* **1** återförsälja **2** sälja igen (på nytt); sälja vidare
resemblance [rɪ'zembləns] *s* likhet [*to* med]; överensstämmelse [*verbal ~*]; ***bear a close*** (***strong***) ***~ to*** påminna starkt om
resemble [rɪ'zembl] *vb tr* likna, vara lik, påminna om

resent [rɪ'zent] *vb tr* bli förbittrad (stött, förnärmad) över
resentful [rɪ'zentf(ʊ)l] *adj* harmsen, förtrytsam, förbittrad, stött [*at* över]
resentment [rɪ'zentmənt] *s* förtrytelse, harm, förbittring [*at* över]
reservation [ˌrezə'veɪʃ(ə)n] *s* **1** reservation, förbehåll; ***mental ~*** tyst förbehåll **2** reserverande; undantagande **3** i USA [indian]reservat **4** a) beställning, bokning b) reserverat rum; reserverad plats; ***make ~s*** äv. reservera (beställa, boka) plats (rum, bord)
reserve [rɪ'zɜːv] **I** *vb tr* **1** reservera, spara [på], lägga av (undan), hålla inne med [*for, to* åt, för, till]; förbehålla [~ *a th. for* (*to*) *oneself* (sig ngt)]; ***~ oneself for*** spara sig för; ***the management ~ the right to make alterations in the programme*** ledningen förbehåller sig rätten till ändringar i programmet; ***~ a seat for a p.*** hålla en plats åt ngn **2** reservera, [förhands]beställa, boka [~ *seats on a train*] **II** *s* **1** reserv; reservförråd, reservlager; reservfond; ***have*** (***hold***) ***in ~*** ha i reserv **2** mil. reserv; reservare, reservofficer; pl. ~s äv. reservtrupper; ***the R~*** reserven **3** sport. reserv[spelare]; ***~ team*** B-lag; ***play a ~*** sätta in en reserv **4** reservat; ***game ~*** viltreservat; ***nature ~*** naturreservat **5** reservation, förbehåll, inskränkning **6** [*central*] ~ trafik. mittremsa, skiljeremsa på väg
reserved [rɪ'zɜːvd] *perf p* o. *adj* **1** reserverad, förbehållsam, tillbakadragen **2** reserverad [*a ~ seat*] **3** mil. reserv-; ***be on the ~ list*** i marinen: ung. vara på reservstat, tillhöra reserven
reservist [rɪ'zɜːvɪst] *s* mil. reservare, reservofficer
reservoir ['rezəvwɑː] *s* reservoar; behållare
reset [ˌriː'set] (*reset reset*) *vb tr* **1** lägga rätt [~ *a broken bone*], dra i led igen; infatta på nytt [~ *a diamond in a ring*] **2** ställa om klocka o.d.
reshuffle [ˌriː'ʃʌfl] **I** *vb tr* **1** blanda om kort **2** polit. m.m. möblera om [i], rekonstruera, ombilda **II** *s* **1** omblandning av kort **2** polit. m.m. ommöblering, rekonstruktion, ombildning [*a Cabinet ~*]
reside [rɪ'zaɪd] *vb itr* **1** vistas, bo, residera, uppehålla sig **2** ~ *in* bildl. ligga hos, tillhöra, tillkomma [*authority ~s in the President*]
residence ['rezɪd(ə)ns] *s* **1** vistelse, uppehåll; ***~ permit*** uppehållstillstånd; ***have one's ~*** vara bosatt, residera; ***take up one's ~ in a place*** bosätta sig på en plats **2** [*place of*] ~ hemvist, vistelseort, uppehållsort **3** bostad, boning; residens; ***official ~*** ämbetsbostad, tjänstebostad
resident ['rezɪd(ə)nt] **I** *adj* bofast, bosatt [på platsen] **II** *s* **1** [*permanent*] ~ bofast

[person], invånare [på orten]; *be a ~ of* vara bosatt i (på) **2** gäst på hotell
residential [ˌrezɪ'denʃ(ə)l] *adj* **1** villa- [*a ~ suburb*]; bostads- [*a ~ district*]; *~ university* ung. universitet där studenterna bor på college **2** *~ qualification* vid t.ex. röstning bostadsband, bostadsstreck; valkretstillhörighet
residual [rɪ'zɪdjʊəl] *adj* vetensk. överbliven, övrig, resterande; residual-
residue ['rezɪdjuː] *s* återstod, rest, överskott
resign [rɪ'zaɪn] **I** *vb tr* **1** avsäga sig, avstå från [*~ a claim (right)*]; lägga ned; ta avsked från, avgå från [*~ an (one's) office* (befattning)]; *~ office* träda tillbaka, avgå, frånträda ämbetet **2** avstå; överlämna [*to* åt, till; *into* (i) *a p.'s hands*]; *~ oneself to* finna (foga) sig i [*~ oneself to one's fate*], resignera inför **II** *vb itr* **1** avgå, ta avsked [*from* från]; träda tillbaka [*from* från] **2** resignera [*to* inför], finna (foga) sig i sitt öde; ge upp
resignation [ˌrezɪg'neɪʃ(ə)n] *s* **1** avsägelse; avgång; avsked[stagande]; *send (give) in one's ~* lämna in sin avskedsansökan **2** resignation [*to* inför], undergivenhet, underkastelse [*to* under]
resigned [rɪ'zaɪnd] *adj* **1** resignerad, undergiven; *be ~ to* finna (foga) sig i; *feel ~ to* äv. ha funnit sig i, ha accepterat **2** avgången [ur tjänst]
resilience [rɪ'zɪlɪəns] *s* o. **resiliency** [rɪ'zɪlɪənsɪ] *s* **1** elasticitet, spänst[ighet] äv. bildl.; fjädring **2** bildl. [snabb] återhämtningsförmåga
resilient [rɪ'zɪlɪənt] *adj* **1** elastisk, spänstig äv. bildl.; fjädrande **2** bildl. som har lätt för att återhämta sig
resin ['rezɪn] **I** *s* kåda, harts **II** *vb tr* gnida med kåda, hartsa
resinous ['rezɪnəs] *adj* kådig, kådaktig, hartsig, hartsartad
resist [rɪ'zɪst] **I** *vb tr* stå (spjärna) emot, motstå; göra motstånd mot [*~ the enemy*]; motsätta sig [*~ arrest*], motarbeta; vara motståndskraftig (beständig) mot, tåla [*~ heat*] **II** *vb itr* göra motstånd [*to* mot]; stå emot, streta emot
resistance [rɪ'zɪst(ə)ns] *s* motstånd äv. fackspr. o. konkr. [*to* mot]; motvärn [*to* mot]; motståndskraft, resistens; elektr. resistans; *~ coil* elektr. motståndsspole; *take (choose, follow) the line of least ~* följa minsta motståndets lag
resistant [rɪ'zɪst(ə)nt] *adj* motståndskraftig [*to* mot]
resistor [rɪ'zɪstə] *s* elektr. (konkr.) resistor, motstånd
resolute ['rezəluːt, -zəljuːt] *adj* resolut, beslutsam
resolution [ˌrezə'luːʃ(ə)n, -zə'ljuː-] *s* **1** beslutsamhet, fasthet **2** beslut; resolution, uttalande; föresats [*good ~s*]; *New Year's (Year) ~* nyårslöfte; *pass (adopt) a ~* anta en resolution **3** upplösning äv. fys., mus. m.m.; sönderdelning [*into* i] **4** lösning [*the ~ of a problem*]
resolv|e [rɪ'zɒlv] **I** *vb tr* **1** besluta [sig för], föresätta sig [*to do a th.* att göra ngt; *that* att]; resolvera; *~d, that...* i protokoll beslöts att... **2** lösa [*~ a problem*]; skingra [*~ a p.'s doubts*] **3** lösa upp, upplösa, sönderdela [*~ a th. into* (i) *its components*]; analysera; förvandla; med. resolvera, fördela **II** *vb itr* **1** besluta sig [*on, upon* för]; *~ [up]on* äv. föresätta sig **2** lösas upp, upplösas, sönderdelas [*it ~d into* (i) *its elements*]; förvandlas **III** *s* beslut, föresats [*keep one's ~*]
resolved [rɪ'zɒlvd] *adj* **1** bestämd, [fast] besluten **2** beslutsam
resonance ['rez(ə)nəns] *s* resonans; genklang
resonant ['rez(ə)nənt] *adj* genljudande; resonansrik, klangfull; ljudlig; ekande
resonate ['rezəneɪt] *vb itr* genljuda, eka; ge resonans
resort [rɪ'zɔːt] **I** *vb itr*, *~ to* a) ta sin tillflykt till; tillgripa [*~ to force*], anlita b) frekventera **II** *s* **1** tillflykt; tillgripande [*to* av]; utväg; *have ~ to* ta sin tillflykt till; tillgripa, ta till, bruka; *in the last ~* el. *as a last ~* som en sista utväg, i sista hand, i nödfall **2** tillhåll [*a ~ of* (för) *thieves*]; tillflyktsort; rekreationsort; *health ~* kurort, rekreationsort; *holiday ~* semesterort; *seaside ~* badort
resound [rɪ'zaʊnd] **I** *vb itr* **1** genljuda, återskalla, eka [*with* av]; ge genljud; bildl. äv. ge eko [*through* i]; *~ing* äv. ljudlig, rungande **2** dundrande, brak- [*a ~ing success (victory)*] **II** *vb tr* **1** återkasta ljud **2** besjunga, sjunga [*~ a p.'s praise*]
resource [rɪ'sɔːs] *s* **1** vanl. pl. *~s* resurser, tillgångar; rikedomar, [penning]medel; *natural ~s* naturtillgångar; *make the most of one's ~s* använda sina resurser på bästa möjliga sätt; *be at the end of one's ~s* a) ha uttömt alla resurser; stå på bar backe b) inte veta någon råd **2** utväg [*as a last ~*], resurs; tillflykt **3** *be full of ~* alltid finna en utväg; *leave a p. to his own ~s* låta ngn ta vara på (sköta) sig själv
resourceful [rɪ'sɔːsf(ʊ)l] *adj* rådig, fyndig
respect [rɪ'spekt] **I** *s* **1** respekt, aktning, vördnad [*for* för]; *be held in ~* åtnjuta aktning (respekt) **2** hänsyn; *have (pay) ~ to* ta hänsyn till; *without ~ of persons* utan anseende till person, utan avseende på person; *without ~ to* utan hänsyn till (tanke på) **3** avseende, hänseende, hänsyn; *in all (many) ~s* i alla (många) avseenden (hänseenden, stycken); *with ~ to* med avseende på, med hänsyn till, beträffande **4** pl. *~s* vördnadsbetygelser, vördnadsfull[a] hälsning[ar]; *my ~s to...* [jag ber om] min

vördnadsfulla (vördsamma) hälsning till...; *pay one's ~s to a p.* betyga ngn sin aktning (vördnad) **II** *vb tr* respektera; [hög]akta; ta hänsyn till
respectability [rɪˌspektə'bɪlətɪ] *s* anständighet, aktningsvärdhet
respectable [rɪ'spektəbl] *adj* **1** respektabel, aktningsvärd, aktad [*a ~ citizen*], väl ansedd [*a ~ firm*]; 'bättre' folk; anständig [*a ~ girl*], hederlig; prydlig, proper, städad; passande **2** ansenlig, aktningsvärd; hygglig, hyfsad [*a ~ income*]
respectful [rɪ'spektf(ʊ)l] *adj* aktningsfull, vördnadsfull, respektfull, vördsam
respectfully [rɪ'spektf(ʊ)lɪ] *adv* aktningsfullt etc., jfr *respectful*; *Yours ~* i brevslut Vördsamt
respecting [rɪ'spektɪŋ] *prep* med hänsyn till, beträffande, avseende
respective [rɪ'spektɪv] *adj* respektive, var [och en] sin, särskild; *the ~ merits of the candidates* respektive kandidaters förtjänster
respectively [rɪ'spektɪvlɪ] *adv* respektive; var för sig; *they were given £5 and £10 ~* de fick 5 respektive 10 pund
respiration [ˌrespə'reɪʃ(ə)n] *s* **1** andning [*artificial ~*], andhämtning, respiration **2** andedrag, andetag
respirator ['respəreɪtə] *s* **1** respirator **2** gasmask
respiratory [rɪ'spɪrət(ə)rɪ, -'spaɪər-, 'respərət(ə)rɪ] *adj* respiratorisk, andnings-, respirations- [*~ organs*]
respire [rɪ'spaɪə] *vb itr* andas, respirera
respite ['respaɪt, -pɪt] *s* respit, uppskov, anstånd; frist; andrum [*~ from toil*], rådrum; *~ [for payment]* betalningsanstånd
resplendence [rɪ'splendəns] *s* o.
resplendency [rɪ'splendənsɪ] *s* prakt, glans, skimmer
resplendent [rɪ'splendənt] *adj* praktfull, glänsande, lysande, skimrande
respond [rɪ'spɒnd] *vb itr* **1** svara [*~ to* (på)]; *~ to* äv. besvara **2** *~ to* visa sig känslig för, reagera för, låta sig påverkas av [*~ to treatment*]
respondent [rɪ'spɒndənt] *s* jur. svarande isht i skilsmässoprocess
response [rɪ'spɒns] *s* **1** svar i ord el. handling; genmäle; *he made no ~* han svarade inte; *in ~ to* som (till) svar på **2** gensvar, genklang, respons; reaktion; *meet with* [*a*] *~* finna gensvar, få respons
responsibility [rɪsˌpɒnsə'bɪlətɪ] *s* **1** ansvar [*to* inför; *for* för], ansvarighet; *assume* (*undertake*) *the ~ for* ta på sig ansvaret för; *on one's own ~* på eget ansvar **2** plikt, förpliktelse
responsible [rɪ'spɒnsəbl] *adj* **1** ansvarig [*for* för; *to* inför]; ansvarsfull; ansvarskännande; *~ government* polit. parlamentariskt styrelsesätt; *~ position* ansvarsfull (ansvarig) ställning; förtroendepost; *make oneself ~ for* ta på sig ansvaret för **2** vederhäftig, solid **3** tillräknelig [äv. *~ for one's conduct* (*actions*)]
responsive [rɪ'spɒnsɪv] *adj* **1** svars-, som (till) svar [*a ~ gesture*] **2** mottaglig, tillgänglig, lyhörd [*to* för], lättpåverkad [*to* av]; förstående [*~ sympathy*]; engagerad, intresserad [*a ~ audience*]
1 rest [rest] **I** *vb itr* förbli [*it ~s a mystery*]; *you may ~ assured that* du kan vara säker (lita) på att **II** *s* **1** *the ~* resten, återstoden [*of* av]; *the ~ of us* [*have not been there*] vi andra...; *as to* (*for*) *the ~* a) vad det övriga (de övriga) beträffar b) för (i) övrigt, eljest **2** reserv[fond]
2 rest [rest] **I** *s* **1** vila; lugn, ro, frid; sömn; vilopaus, rast; *day of ~* vilodag; *give it a ~!* vard. sluta [med det där]!, lägg av!, nu får det vara nog!; *have* (*take*) *a ~* vila sig; *have* (*take*) *a good ~* vila ut (upp sig); *she had a good night's ~* hon sov gott hela natten; *at ~* i vila; lugn[ad], stilla; i viloläge (vilställning); *set a p.'s mind* (*fears*) *at ~* lugna ngn, lugna (stilla) ngns farhågor; *you can set your mind at ~* [*on that score*] du kan vara (känna dig) lugn [på den punkten]; *lie down for a ~* lägga sig och vila; [*the ball*] *came to ~* ...stannade; *go* (*be laid*) *to ~* begravas, föras till den sista vilan; *without ~* utan rast eller ro, rastlöst **2** viloplats; hem [*a sailors' ~*] **3** mus. paus[tecken] **4** stöd [*a ~ for the feet*] **II** *vb tr* **1** vila [sig] [*from* efter]; slumra; ta igen sig; få lugn (ro, frid); *he will not ~* [*until he knows the truth*] han får (ger sig) ingen ro...; *let the matter ~* låta saken bero (vila); *you may ~ assured that* se *1 rest I* **2** *~ with* ligga hos ngn (i ngns händer), vila hos [*the decision ~s with you*], bero på **3** vila [*his glance ~ed on me*], stödja sig, ligga, vara stödd [*on, upon* på] **III** *vb tr* **1** låta vila, vila, ge vila åt; *~ oneself* vila sig, vila ut; *God ~ his soul!* må han vila i frid!, Gud signe hans själ!; perf. p. *~ed* utvilad **2** vila, luta, stödja, lägga [*~ one's elbows on* (på) *the table*]
restart [ss. vb riː'stɑːt, ss. subst. 'riːstɑːt] **I** *vb tr* o. *vb itr* starta om [*~ the car*]; börja om [på nytt] **II** *s* omstart, återgång till förvärvslivet
restate [ˌriː'steɪt] *vb tr* ge en ny version av [*~ a case*]; upprepa
restaurant ['rest(ə)rɒnt, -rɑːnt] *s* restaurang
restaurant car ['restrɒntkɑː] *s* restaurangvagn
restaurateur [ˌrestərə'tɜː] *s* restauratör, restauranginnehavare, källarmästare
rest cure ['rest(t)ˌkjʊə] *s* med. vilokur, liggkur
restful ['restf(ʊ)l] *adj* lugn, vilsam, fridfull
rest home ['resthəʊm] *s* ålderdomshem, vilohem
resting-place ['restɪŋpleɪs] *s* **1** rastplats,

rastställe; viloplats **2** [*last*] ~ [sista] vilorum grav
restitution [ˌrestɪ'tju:ʃ(ə)n] *s* återställande, återlämnande [~ *of property* (*rights*)], restitution; [skade]ersättning, vederlag; upprättelse
restive ['restɪv] *adj* **1** om häst istadig, bångstyrig **2** om pers. bångstyrig, oregerlig; otålig
restless ['restləs] *adj* rastlös, orolig, nervös, otålig; *I had a ~ night* jag sov oroligt i natt
restock [ˌri:'stɒk] *vb tr* fylla på (förnya) lagret (förrådet) av ngt i
restoration [ˌrestə'reɪʃ(ə)n, -tɔ:'r-] *s*
1 återställande; återupprättande; återlämnande; återinförande, återupplivande; återinsättande [*to* i]; *the R~* britt. hist. restaurationen monarkins återupprättande 1660 med Karl II; *R~ drama* restaurationstidens drama **2** tillfrisknande **3** restaurering, restauration, renovering
restorative [rɪ'stɒrətɪv] **I** *adj* återställande, stärkande **II** *s* stärkande medel
restore [rɪ'stɔ:] *vb tr* **1** återställa [~ *order*]; återlämna [~ *stolen property*]; återupprätta; rehabilitera; återuppliva, återinföra [~ *old customs*]; ~ *a book to its place* ställa tillbaka en bok på dess plats; ~ *to life* återkalla till livet; *he is ~d* [*to health*] han är återställd, han har återfått hälsan; ~ *finances to a sound basis* sanera finanserna **2** restaurera, renovera, reparera, sätta i stånd [~ *a church* (*picture*)] **3** rekonstruera [~ *a text*] **4** återinsätta [*to* i]; ~ *a p. to power* återföra ngn till makten, återge ngn makten; *they were ~d to the throne* de återinsattes på tronen
restrain [rɪ'streɪn] *vb tr* **1** hindra, avhålla [*from* från] **2** hålla tillbaka [~ *one's tears*], lägga band på, tygla; ~ *oneself* behärska (lägga band på) sig
restrained [rɪ'streɪnd] *adj* återhållen, återhållsam; behärskad [~ *tone*]
restraint [rɪ'streɪnt] *s* **1** återhållande, tyglande **2** tvång; band [*upon, on* på]; hinder; inskränkning; *break loose from all ~*[*s*] bryta sig loss från alla band; *lay* (*put*) *a ~ on* lägga band (hämsko) på; *throw off all ~* kasta alla hämningar; *without ~* ohämmat, ohejdat, fritt **3** *show ~* visa återhållsamhet **4** bundenhet, ofrihet
restrict [rɪ'strɪkt] *vb tr* inskränka, begränsa [*to* till]; *we are ~ed to* [*40 miles an hour in this area*] det råder hastighetsbegränsning på...
restricted [rɪ'strɪktɪd] *adj* begränsad, inskränkt; ~ *area* mil. skyddsområde; *in a ~ sense* i inskränkt (snävare) bemärkelse
restriction [rɪ'strɪkʃ(ə)n] *s* **1** inskränkning, begränsning; restriktion; *place ~s on* göra inskränkningar i **2** förbehåll

restrictive [rɪ'strɪktɪv] *adj* inskränkande, begränsande, restriktiv; ~ *practices* konkurrensbegränsning; konkurrensbegränsande (restriktiva) metoder
restring [ˌri:'strɪŋ] *vb tr* stränga om
rest room ['restru:m] *s* amer. toalett på arbetsplats o.d.
restructure [ˌri:'strʌktʃə] *vb tr* omstrukturera, strukturera om; ge ny struktur åt
result [rɪ'zʌlt] **I** *vb itr* **1** vara (bli) resultatet (följden) [*from* av], härröra, härflyta, härleda sig [*from* från]; *the ~ing war* det krig som blev följden **2** sluta [*their efforts ~ed badly*]; ~ *in* resultera i, sluta med **II** *s* resultat; följd, utgång; *as a* (*the*) ~ *of* till följd av
resultant [rɪ'zʌlt(ə)nt] **I** *adj* resulterande; ~ *from* härrörande från **II** *s* resultat, produkt
resume [rɪ'zju:m] **I** *vb tr* **1** återta, ta tillbaka [~ *a gift*]; ~ *one's seat* återta sin plats, sätta sig igen **2** åter[upp]ta, ta upp igen, åter börja, fortsätta [~ *a conversation*, ~ *work*] **II** *vb itr* återupptas; börja igen (på nytt), fortsätta [*the dancing is about to ~*]
résumé ['rezjʊmeɪ] *s* fr. **1** resumé, sammanfattning **2** amer. levnadsbeskrivning, meritförteckning
resumption [rɪ'zʌm(p)ʃ(ə)n] *s* **1** återtagande **2** åter[upp]tagande
resurgence [rɪ'sɜ:dʒ(ə)ns] *s* återuppvaknande, återuppstående, återuppblomstring, förnyelse
resurgent [rɪ'sɜ:dʒ(ə)nt] *adj* återuppvaknande, återuppstående, återuppblomstrande, förnyad
resurrect [ˌrezə'rekt] *vb tr* **1** uppväcka från de döda; återkalla till livet; *be ~ed* äv. återuppstå **2** återuppliva, återuppta [~ *an old custom*]
resurrection [ˌrezə'rekʃ(ə)n] *s*
1 [åter]uppståndelse från de döda
2 återupplivande, återupptagande
resuscitate [rɪ'sʌsɪteɪt] **I** *vb tr* återuppväcka; åter få liv i, återuppliva **II** *vb itr* åter vakna till liv
resuscitation [rɪˌsʌsɪ'teɪʃ(ə)n] *s* återuppväckande [till liv]; återupplivande
retail [ss. subst. adj. o. adv. 'ri:teɪl, ss. vb ri:'teɪl] **I** *s* försäljning i minut; *by* (*in*, amer. *at*) ~ i minut **II** *adj* detalj-, minut- [~ *business* (*trade*)], detaljhandels-; ~ *dealer* detaljhandlare, minuthandlare, detaljist; ~ *price* detaljhandelspris; ~ *price index* konsumentprisindex; *recommended ~ price* [rekommenderat] cirkapris **III** *adv*, *buy* (*sell*) ~ köpa (sälja) i minut **IV** *vb tr* **1** sälja i minut; utminutera **2** berätta i detalj [~ *a story*], återge; återuppreppa; föra vidare, sprida [~ *gossip*]
retailer ['ri:teɪlə] *s* **1** detaljist, detaljhandlare, återförsäljare **2** berättare, spridare [~ *of gossip*]

retain [rɪ'teɪn] *vb tr* **1** hålla kvar [~ *servants*; ~ *a th. in its place*], behålla; hålla tillbaka [~ *the flood waters*]; *~ing wall* stöd[je]mur **2** [bi]behålla, ha i behåll (kvar); bevara **3** *~ing fee* se *retainer 2*

retainer [rɪ'teɪnə] *s* **1** trotjänare [*an old* ~] **2** engagemangsarvode åt t.ex. advokat, frilansjournalist m.m.

retake [ss. vb ˌriː'teɪk, ss. subst. 'riː'teɪk] **I** (*retook retaken*) *vb tr* **1** återta, återerövra **2** ta om film **II** *s* omtagning av film; omtagen scen i film

retaliate [rɪ'tælɪeɪt] *vb itr* öva vedergällning, vidta motåtgärder [*upon* mot], ge igen

retaliation [rɪˌtælɪ'eɪʃ(ə)n] *s* vedergällning

retard [rɪ'tɑːd] *vb tr* **1** försena, fördröja; bromsa, hämma, uppehålla; *mentally ~ed* [psykiskt] utvecklingsstörd, förståndshandikappad **2** ~ *the ignition* tekn. sänka tändningen

retardation [ˌriːtɑː'deɪʃ(ə)n] *s* försening, fördröjning; dröjsmål; bildl. broms; retardering

retch [retʃ, riːtʃ] *vb itr* försöka kräkas

retell [ˌriː'tel] (*retold retold*) *vb tr* berätta på nytt (om), återberätta

retention [rɪ'tenʃ(ə)n] *s* **1** kvarhållande, fasthållande **2** [bi]behållande, bevarande **3** [*power of*] ~ minnesförmåga

retentive [rɪ'tentɪv] *adj* säker, fast [*a* ~ *grasp*]; *a* ~ *memory* gott minne

retentiveness [rɪ'tentɪvnəs] *s* kvarhållningsförmåga; ~ [*of memory*] minnesgodhet

rethink [ˌriː'θɪŋk] **I** (*rethought rethought*) *vb tr* ompröva, ta under omprövning, överväga på nytt **II** (*rethought rethought*) *vb itr* tänka om **III** *s* nytänkande; omprövning; *have a* ~ ta sig en ny funderare

reticence ['retɪs(ə)ns] *s* tystlåtenhet, förtegenhet

reticent ['retɪs(ə)nt] *adj* tystlåten, förtegen

reticule ['retɪkjuːl] *s* påsväska; sypåse

retin|a ['retɪn|ə] (pl. -*as* el. -*ae* [-iː]) *s* anat., ögats näthinna, retina

retinue ['retɪnjuː] *s* följe, svit

retire [rɪ'taɪə] **I** *vb itr* **1** dra sig tillbaka (undan) [*to*, *into* till]; vika (träda, sjunka) tillbaka **2** gå till sängs (vila) [äv. ~ *to bed* (*rest*)] **3** mil. retirera **4** gå i pension, pensionera sig; avgå [~ *from office* (från tjänsten)]; ~ *on a pension* avgå med pension **II** *vb tr* **1** mil. dra (föra) tillbaka trupper o.d. **2** *be ~d on a pension* få avsked med pension

retired [rɪ'taɪəd] *adj* **1** tillbakadragen [*lead* (leva) *a* ~ *life*] **2** som dragit sig tillbaka (avgått, tagit avsked), avgången, pensionerad, f.d.; ~ *pay* pension; *put* (*place*) *on the* ~ *list* bevilja avsked med pension, pensionera

retirement [rɪ'taɪəmənt] *s* **1** tillbakadragenhet, avskildhet; *live in* ~ leva tillbakadraget, leva i stillhet **2** mil. återtåg, reträtt **3** tillbakaträdande, pension[ering], avgång [~ *from an office*], avsked[stagande]; ~ *age* pensionsålder; ~ *pension* ålderspension; *early* ~ förtidspension[ering]

retiring [rɪ'taɪərɪŋ] *adj* tillbakadragen, försynt, reserverad

retort [rɪ'tɔːt] **I** *vb tr* genmäla, svara [skarpt], replikera; besvara **II** *s* **1** [skarpt] svar, genmäle, svar på tal, replik; motbeskyllning **2** kem. retort

retouch [ˌriː'tʌtʃ] *vb tr* retuschera äv. foto.

retrace [rɪ'treɪs] *vb tr* följa tillbaka spår m.m.; spåra; ~ *one's steps* (*way*) gå samma väg tillbaka

retract [rɪ'trækt] **I** *vb tr* **1** dra tillbaka, dra in [*the cat ~ed its claws*], fälla in **2** ta tillbaka, återkalla [~ *a statement*]; dementera **II** *vb itr* **1** dra sig tillbaka; dras in; fällas in **2** ta tillbaka sina ord

retractable [rɪ'træktəbl] *adj* infällbar, indragbar

retractile [rɪ'træktaɪl, amer. -tl] *adj* indragbar, som kan dras tillbaka

retraining [ˌriː'treɪnɪŋ] *s* omskolning

retread [ss. vb ˌriː'tred, ss. subst. 'riː'tred] bil. **I** *vb tr* regummera [~ *a tyre*] **II** *s* regummerat däck

retreat [rɪ'triːt] **I** *s* **1** reträtt, återtåg; *beat a* [*hasty*] ~ [hastigt] slå till reträtt (ta till reträtten); *sound* (*blow*) *the* (*a*) ~ blåsa till reträtt; *leave a line of* ~ *open for oneself* bildl. se till att man har reträtten (ryggen) fri; *be in full* ~ vara stadd på reträtt över hela linjen **2** tillflykt[sort], fristad, reträtt **II** *vb itr* retirera, slå till reträtt; dra sig tillbaka; vika [tillbaka el. undan]; [*we heard*] *~ing footsteps* …steg som avlägsnade sig; *~ing forehead* bakåtlutande (sluttande) panna

retrench [rɪ'tren(t)ʃ] **I** *vb tr* **1** skära ned, korta av [på], inskränka, reducera, nedbringa [~ *expenses*] **2** ~ *oneself* förskansa sig **II** *vb itr* inskränka sig, spara, dra in på staten

retrenchment [rɪ'tren(t)ʃmənt] *s* **1** inskränkning, nedskärning, åtstramning, besparing **2** fort. förskansning

retrial [ˌriː'traɪ(ə)l] *s* jur. förnyad prövning (rättegång); förnyat förhör

retribution [ˌretrɪ'bjuːʃ(ə)n] *s* vedergällning; straff

retrievable [rɪ'triːvəbl] *adj* som kan återvinnas; ersättlig

retrieval [rɪ'triːv(ə)l] *s* **1** återvinnande, återfående **2** återupprättande, återställande [*the* ~ *of one's fortunes*]; räddning **3** *beyond* (*past*) ~ ohjälplig[t], hopplös[t] **4** i tennis o.d. räddning **5** data. återvinnande; ~ *system* återvinningssystem

retrieve [rɪ'triːv] *vb tr* **1** återvinna, återfå, få tillbaka [~ *one's umbrella*]; återfinna; ta (plocka) upp igen **2** i tennis o.d. hinna

returnera, hinna upp [~ *the ball*] **3** rädda [*from, out of* från; ~ *the situation*]; återställa [~ *one's fortunes*] **4** jakt., om hundar apportera **5** gottgöra, reparera [~ *an error*], ersätta; få ersatt [~ *one's loss*] **6** data. ta fram, hämta; öppna; få tillbaka
retriever [rɪ'triːvə] *s* **1** om hund apportör **2** retriever hundras
retroactive [ˌretrəʊ'æktɪv] *adj* retroaktiv, tillbakaverkande
retrograde ['retrə(ʊ)greɪd] *adj* **1** tillbakagående, tillbakariktad, retrograd, i motsatt riktning; bakvänd, omvänd [~ *order*]; ~ *step* steg tillbaka äv. bildl.; steg baklänges **2** bildl. a) bakåtsträvande, reaktionär b) tillbakagående
retrogress [ˌretrə(ʊ)'gres] *vb itr* **1** gå tillbaka äv. bildl.; isht biol. urarta **2** psykol. regrediera
retrogression [ˌretrə(ʊ)'greʃ(ə)n] *s* **1** astron. retrogradation **2** gående tillbaka, tillbakagång äv. bildl.; isht biol. urartning
retrogressive [ˌretrə(ʊ)'gresɪv] *adj* tillbakagående, bakåtsträvande; fackspr. regressiv
retrorocket ['retrəʊˌrɒkɪt] *s* bromsraket
retrospect ['retrə(ʊ)spekt] *s* tillbakablick, återblick [*of* på]; *in* ~ [, *the whole business seems ridiculous*] [så här] i efterhand..., när man ser tillbaka...
retrospection [ˌretrə(ʊ)'spekʃ(ə)n] *s* tillbakablickande; återblick
retrospective [ˌretrə(ʊ)'spektɪv] *adj* **1** retrospektiv, tillbakablickande **2** retroaktiv
retroussé [rə'truːseɪ, rɪ't-] *adj*, ~ *nose* uppnäsa
retry [ˌriː'traɪ] *vb tr* jur. underställa förnyad prövning [~ *a case*]
return [rɪ'tɜːn] **I** *vb itr* **1** återvända, återkomma, komma (vända) tillbaka (hem); återgå [~ *to work*] **2** återgå [~ *to the original owner*] **II** *vb tr* **1** ställa (lägga, sätta etc.) tillbaka [på sin plats] **2** a) returnera b) återlämna, lämna igen (tillbaka) c) återbetala [~ *a loan*]; ~ *to* [*the*] *sender* på brev retur avsändaren, eftersändes ej **3** besvara, återgälda, gengälda; ~ *a blow* slå tillbaka; ~ *good for evil* löna ont med gott; ~ *a service* göra en gentjänst (motprestation) **4** genmäla, svara **5** om valkrets välja [till parlamentetsledamot] **6** [in]rapportera, anmäla, officiellt förklara; ~ *a verdict* avkunna en dom **7** avge svar, redogörelse, inge, lämna in till myndighet [~ *a report*] **8** avkasta, inbringa [~ *a profit*]; ~ *interest* ge ränta **III** *s* **1** återkomst, hemkomst, återvändande; återresa, återgång, återväg; attr. ofta retur-, åter-; ~ [*ticket*] [turoch]returbiljett; ~ *fare* pengar till återresan; *many happy* ~*s* [*of the day*] har den äran [att gratulera]; *we are at the point of no* ~ det finns ingen återvändo; *by* ~ [*of post*] [per] omgående **2** återsändande [~ *of a book*]; återbetalning [~ *of a loan*]; returnering; ~ *postage* svarsporto, returporto **3** med. återfall [~ *of an illness*]; *have a* ~ få ett återfall **4** besvarande, gengäldande; lön; ~ *service* gentjänst; ~ *visit* svarsvisit; *in* ~ i (till) gengäld, som lön (motprestation) [*for* till], till svar **5** sport. retur[boll]; ~ [*match* (*game*)] returmatch, revanschmatch, revanschparti; *play a p. a* ~ *match* (*game*) äv. ge ngn revansch; ~ [*of service*] serveretur **6** avkastning, utbyte, vinst [äv. pl. ~*s*]; pl. ~*s* äv. intäkter, omsättning; *the law of diminishing* ~*s* ekon. avtagande avkastningens lag **7** officiell anmälan, rapport, berättelse; pl. ~*s* äv. statistiska uppgifter; resultat [*election* ~*s*]; [*income-tax*] ~ [själv]deklaration; *make one's* ~ *of income* deklarera, göra sin självdeklaration **8** val till parlamentet
returnable [rɪ'tɜːnəbl] *adj* som kan (ska) lämnas (skickas) tillbaka; retur- [~ *bottles*]
reunification [ˌriːjuːnɪfɪ'keɪʃ(ə)n] *s* återförening, återförenande [*the* ~ *of Germany*]
reunify [ˌriː'juːnɪfaɪ] *vb tr* återförena, åter ena
reunion [ˌriː'juːnjən] *s* **1** återförening **2** sammankomst, samling, samkväm; möte; *family* ~ äv. familjehögtid
reunite [ˌriːjuː'naɪt] *vb tr* o. *vb itr* återförena[s], åter ena[s]
re-use [ˌriː'juːz] *vb tr* använda på nytt (igen)
Reuters ['rɔɪtəz] brittisk nyhetsbyrå
Rev. förk. för *Reverend*
rev [rev] vard. **I** *vb tr* o. *vb itr*, ~ [*up*] rusa motor **II** *s* varv; ~ *counter* varvräknare
revaluation [ˌriːvæljʊ'eɪʃ(ə)n, riːˌvæl-] *s* **1** revalvering, uppskrivning av valuta **2** omvärdering
revalue [ˌriː'væljuː] *vb tr* **1** revalvera, skriva upp valuta **2** omvärdera
revamp [ˌriː'væmp] *vb tr* **1** sätta nytt ovanläder på **2** vard. lappa ihop; göra (skriva) om, fräscha upp
reveal [rɪ'viːl] *vb tr* avslöja, röja, yppa, uppdaga [*to* för]; uppenbara; visa
revealing [rɪ'viːlɪŋ] *adj* avslöjande
reveille [rɪ'vælɪ, -'vel-, amer. 'rev(ə)liː] *s* revelj; *sound the* ~ blåsa revelj
revel ['revl] **I** *vb itr* festa [om], rumla [om], svira; frossa, kalasa; ~ *in* frossa i [~ *in luxury*] **II** *s*, ofta pl. ~*s* [uppsluppen] fest, dryckeslag; festande
revelation [ˌrevə'leɪʃ(ə)n] *s* **1** avslöjande; yppande, uppdagande, uppenbarande; *it was a* ~ *to me* det kom som en överraskning för mig **2** gudomlig uppenbarelse; *Revelations* Uppenbarelseboken, Johannes' uppenbarelse
reveller ['revələ] *s* rumlare; frossare; hålligångare

revelry ['revlrɪ] s festande, rumlande
revenge [rɪ'ven(d)ʒ] I vb tr hämnas [~ *an injury*]; ~ *oneself on a p. for a th.* äv. ta revansch på ngn för ngt II s hämnd [*on*, *upon* på; *for* för], vedergällning; revansch äv. sport. el. kortsp.; *take* ~ *on a p.* hämnas på ngn; ta revansch på ngn
revengeful [rɪ'ven(d)ʒf(ʊ)l] adj hämndlysten
revenue ['revənju:] s statsinkomster [äv. *Public Revenue*[*s*]]; inkomst, avkastning av investering
reverberate [rɪ'vɜ:b(ə)reɪt] I vb tr återkasta ljud; reflektera ljus, värme II vb itr återkastas; om ljud äv. eka, genljuda
reverberation [rɪˌvɜ:bə'reɪʃ(ə)n] s genljudande; återkastande; genljud, eko
revere [rɪ'vɪə] vb tr vörda, hålla i ära
reverence ['rev(ə)r(ə)ns] I s vördnad, aktning; *pay* ~ *to a p.* betyga ngn sin vördnad II vb tr vörda
reverend ['rev(ə)r(ə)nd] I adj 1 vördnadsvärd 2 i kyrkliga titlar (ofta förkortat *Rev*.): [*the*] *R~ J. Smith* pastor (kyrkoherde) J. Smith; *the Most R~ Archbishop of York* Hans högvördighet ärkebiskopen av York; *the Right R~ the Bishop of Barchester* Hans högvördighet biskopen av Barchester; *the R~ Father O'Higgins* fader O'Higgins II s, mest pl. ~*s* präster; *right* ~*s* biskopar
reverent ['rev(ə)r(ə)nt] adj vördnadsfull
reverential [ˌrevə'renʃ(ə)l] adj vördnadsfull; vördnadsbjudande
reverie ['revərɪ] s 1 drömmeri; [dag]dröm; *be lost in* [*a*] ~ vara försjunken i drömmerier (drömmar) 2 drömbild; pl. ~*s* äv. fantasier
revers [rɪ'vɪə] (pl. *revers* [rɪ'vɪəz]) s slag på klädesplagg
reversal [rɪ'vɜ:s(ə)l] s omkastning, omsvängning [*a* ~ *of public opinion*]; omslag
reverse [rɪ'vɜ:s] I adj motsatt [~ *direction*], omvänd, bakvänd [*in* ~ *order*], omkastad; spegelvänd; ~ *gear* back[växel]; *the* ~ *side of the cloth* tygets avigsida; *the* ~ *side of a coin* reversen (baksidan) av ett mynt; *the* ~ *side of the picture* bildl. medaljens baksida (frånsida) II s 1 motsats; *just* (*quite*) *the* ~ alldeles tvärtom; *the exact* (*very*) ~ raka motsatsen [*of* till, mot] 2 baksida, frånsida, avigsida; på mynt o.d. revers; mil. rygg; *in* ~ i motsatt ordning 3 omkastning, [plötslig] växling; motgång, bakslag; nederlag; *suffer a* ~ röna motgång; lida ett nederlag; [*after this success*] *he suffered a* ~ *of fortune* ...rönte han motgång 4 tekn. omkastning; motor. back[växel]; *put the car in* ~ lägga i backen III vb tr 1 vända på, vända om, vända upp och ned (ut och in) på; vända äv. bildl. [~ *the trend*]; kasta om, slå om; vrida tillbaka; upphäva, reparera [~ *the ill effects*]; backa [~ *one's car*]; ~ *the charges* tele. låta mottagaren betala samtalet; ~ *the engines* backa, slå back [i maskinen]; flyg. reversera motorerna 2 ändra [om], kasta om [~ *the order*]; ~ *one's policy* ändra sin politik, sadla om, göra en helomvändning IV vb itr 1 vända, slå om [*the trend has* ~*d*] 2 backa 3 svänga motsols i dans, isht vals
reversible [rɪ'vɜ:səbl] adj omkastbar; vändbar [*a* ~ *coat*]; reversibel; ~ *material* genomvävt tyg
reversing-light [rɪ'vɜ:sɪŋlaɪt] s backljus, backlykta
reversion [rɪ'vɜ:ʃ(ə)n] s 1 jur. återgång av egendom till överlåtare el. hans lagliga arvingar; hemfall; bakarv 2 återgång; biol., ~ [*to type*] atavism
revert [rɪ'vɜ:t] vb itr 1 återgå, gå tillbaka [~ *to an earlier stage*]; återkomma, återvända [*to* till]; med. återfalla; ~ *to a p.* återgå ngn i ägo; ~ *to type* a) biol. undergå atavism b) bot. återgå till ursprungstypen c) bildl. visa atavistiska drag 2 jur. återgå, hemfalla [~ *to the State*]
review [rɪ'vju:] I s 1 granskning, [förnyad] undersökning; genomgång; isht amer. skol. repetition; *pass in* ~ [låta] passera revy; se tillbaka på; mönstra; *in the period under* ~ under ifrågavarande period; *come under* ~ bli föremål för (tas upp till) granskning (omprövning) 2 översikt, överblick [*of* över, av]; återblick [*of* på]; redogörelse, krönika 3 mil. mönstring, inspektion 4 recension, anmälan av bok m.m. 5 tidskrift, revy II vb tr 1 granska (betrakta, undersöka) på nytt, gå igenom på nytt; isht amer. skol. repetera 2 ta en överblick över, överblicka 3 mil. inspektera, mönstra [~ *the troops*] 4 recensera, anmäla bok m.m. 5 jur. ompröva
reviewer [rɪ'vju:ə] s recensent, anmälare
revile [rɪ'vaɪl] vb tr smäda, skymfa, okväda
revise [rɪ'vaɪz] vb tr 1 revidera, ändra; se igenom (över); granska; omarbeta, bearbeta; ~ *one's opinion* revidera sin (ändra) åsikt 2 skol. repetera
revision [rɪ'vɪʒ(ə)n] s 1 revidering, revision; granskning; omarbetning, bearbetning 2 reviderad upplaga 3 skol. repetition; *do some* ~ repetera
revisionism [rɪ'vɪʒ(ə)nɪz(ə)m] s polit. revisionism
revisionist [rɪ'vɪʒ(ə)nɪst] s I polit. revisionist II adj revisionistisk
revisit [ˌri:'vɪzɪt] vb tr besöka igen (på nytt), återbesöka
revitalize [ˌri:'vaɪtəlaɪz] vb tr återuppliva; ge ny livskraft, vitalisera, liva upp
revival [rɪ'vaɪv(ə)l] s 1 återupplivande äv. bildl. [~ *of old customs*]; återuppvaknande till sans, liv; återhämtning; återinförande; förnyelse; renässans 2 repris, återupptagande [~ *of a play*], nypremiär 3 ~ [*meeting*] väckelsemöte

revivalism [rɪ'vaɪvəlɪz(ə)m] s väckelse[rörelse]
revivalist [rɪ'vaɪvəlɪst] s väckelsepredikant, väckelseledare; ~ *meeting* väckelsemöte
revive [rɪ'vaɪv] I *vb tr* **1** återuppliva, åter få liv i, återkalla till sans **2** bildl. återuppliva, blåsa nytt liv i; återinföra [~ *a law*]; återupprätta; förnya; återuppväcka [~ *memories*]; ~ *a p.'s hopes* inge (ge) ngn nytt hopp **3** ge i repris, reprisera, ta upp igen [~ *a play*], ha nypremiär på II *vb itr* **1** vakna till liv igen, återfå sansen, kvickna till **2** bildl. återupplivas, få nytt liv
revivify [rɪ'vɪvɪfaɪ] *vb tr* återuppliva, åter väcka till liv, ge nytt liv åt; *~ing* uppfriskande, upplivande
revoke [rɪ'vəʊk] I *vb tr* återkalla, annulera, upphäva [~ *a decree*]; dra in [~ *a driving licence*]; ta tillbaka [~ *an order*] II *vb itr* kortsp. underlåta att bekänna färg, göra 'revoke' III *s* kortsp. underlåtenhet att bekänna färg, 'revoke'
revolt [rɪ'vəʊlt] I *vb itr* **1** revoltera, göra uppror (revolt) **2** upproras, bli (vara) upprörd, känna avsky [*at, against, from* över, vid, inför, mot] II *vb tr* uppröra, bjuda emot, väcka avsky hos; *be ~ed* bli (vara) upprörd, känna vämjelse (avsky) [*by* vid, inför, över] III *s* **1** revolt, uppror, resning [*against* mot]; *rise in ~* revoltera, göra uppror, resa sig **2** avfall [*from* från] **3** upprördhet
revolting [rɪ'vəʊltɪŋ] I *adj* **1** upprorisk **2** upprörande, motbjudande [*to* för; *a ~ sight* (*manner*)]; äcklig II *s* revolt, resning
revolution [ˌrevə'luːʃ(ə)n, -'ljuː-] *s* **1** rotation, [kring]svängning kring en axel; varv; slag; *~ counter* varvräknare **2** astron. omlopp, kretslopp **3** revolution [*the French R~, the Industrial R~*]
revolutionary [ˌrevə'luːʃənərɪ, -'ljuː-] I *adj* revolutionär, revolutions-, [samhälls]omstörtande; revolutionerande [~ *ideas*] II *s* revolutionär, [samhälls]omstörtare
revolutionize [ˌrevə'luːʃənaɪz, -'ljuː-] *vb tr* revolutionera
revolve [rɪ'vɒlv] I *vb itr* vrida (röra) sig, rotera, svänga [*about, round, on* [om]kring sin axel]; kretsa [*round, about* kring]; snurra [runt] II *vb tr* **1** snurra [på] [~ *a wheel*], låta rotera, sätta i rotation (svängning) **2** ~ [*in one's mind*] välva, umgås med; grubbla över
revolver [rɪ'vɒlvə] *s* revolver
revolving [rɪ'vɒlvɪŋ] *adj* roterande, kringsvängande; kretsande; *~ chair* kontorsstol, svängstol, snurrstol; *~ door* [roterande] svängdörr; *~ light* blänkfyr; *~ stage* vridscen
revue [rɪ'vjuː] *s* teat. revy
revulsion [rɪ'vʌlʃ(ə)n] *s* **1** omsvängning, omslag [*a ~ of* (i) *their feelings*] **2** motvilja [*against* mot]

reward [rɪ'wɔːd] I *s* belöning, lön; hittelön; ersättning; *the financial ~s* den ekonomiska behållningen; *offer a ~ of £100 for* utfästa en belöning på (om) hundra pund för II *vb tr* belöna; löna, vedergälla
rewarding [rɪ'wɔːdɪŋ] *adj* givande, tacksam, lönande
rewind [ss. vb riː'waɪnd, ss. subst. '--] I (*rewound rewound*) *vb tr* spola tillbaka film, band m.m. II *s* återspolning (tillbakaspolning) av ljudband o.d.
rewire [ˌriː'waɪə] *vb tr* elektr. dra (lägga in) nya ledningar i [~ *a house*]
reword [ˌriː'wɜːd] *vb tr* formulera om
rewrite [ss. vb ˌriː'raɪt, ss. subst. 'riː'raɪt] I (*rewrote rewritten*) *vb tr* skriva om; arbeta om, redigera om II *s* omredigering
Rex [reks] *s* lat. [regerande] konung; ~ *versus Smith* jur. kronan (staten) mot Smith
Rh fork. för *Rhesus* [*factor*] [~ *negative* (*positive*)]
rhapsodic [ræp'sɒdɪk] *adj* o. **rhapsodical** [ræp'sɒdɪk(ə)l] *adj* **1** rapsodisk **2** extatisk, hänförd, entusiastisk
rhapsodize ['ræpsədaɪz] *vb itr*, ~ *over* (*about, on*) uttala sig entusiastiskt (i hänförda ordalag) om
rhapsod|y ['ræpsədɪ] *s* **1** rapsodi **2** extas; *go into -ies over* råka i extas över
rhesus ['riːsəs] *s* **1** zool. rhesusapa [äv. ~ *monkey*] **2** med., *the R~ factor* rhesusfaktorn, Rh-faktorn; *R~ positive* Rh-positiv; *R~ negative* Rh-negativ
rhetoric ['retərɪk] *s* retorik; vältalighet
rhetorical [rɪ'tɒrɪk(ə)l] *adj* retorisk; ~ *pause* konstpaus; ~ *question* retorisk fråga
rheumatic [rʊ'mætɪk] I *adj* reumatisk II *s* **1** reumatiker **2** pl. *~s* vard. reumatism
rheumatism ['ruːmətɪz(ə)m] *s* reumatism
Rhine [raɪn] geogr.; *the ~* Rhen; ~ *wine* rhenvin
rhino ['raɪnəʊ] (pl. *~s* el. koll. lika) *s* vard. kortform för *rhinoceros*
rhinoceros [raɪ'nɒs(ə)rəs] (pl. *~es* el. koll. lika) *s* zool. noshörning
Rhodes [rəʊdz] geogr. Rhodos
rhombus ['rɒmbəs] (pl. *~es* el. *rhombi* ['rɒmbaɪ]) *s* romb
rhubarb ['ruːbɑːb] *s* **1** rabarber; *stewed ~* rabarberkompott **2** sl. nonsens, smörja
rhyme [raɪm] I *s* rim; rimord; [rimmad] vers; *nursery ~* barnramsa, barnkammarrim; *without ~ or reason* utan rim och reson II *vb itr* rimma [*to* på, *with* med, på]; *rhyming dictionary* rimlexikon; *rhyming slang* 'rimslang' [t.ex. *Kate and Sidney* för *steak and kidney*] III *vb tr* rimma, låta rimma [*with* med, på]; sätta på (i) rim, sätta på vers; *~d couplet* rimpar verspar; *~d verse* rimmad vers

rhythm ['rɪð(ə)m] *s* rytm, takt; ~ *section* mus. rytmsektion
rhythmic ['rɪðmɪk] *adj* o. **rhythmical** ['rɪðmɪk(ə)l] *adj* rytmisk; taktfast
RI förk. för *Rhode Island*
rib [rɪb] **I** *s* **1** anat. revben; slakt. högrev av nötkött; rygg av kalv, lamm; ~ *cage* anat. bröstkorg; *~s of pork* kok. revbensspjäll; *poke (dig) a p. in the ~s* puffa (stöta) till ngn i sidan **2** räffla, [upphöjd] rand; i ribbstickning ribba **II** *vb tr* **1** förse med räfflor (ribbor, spröt m.m.); räffla, ribba; jfr *ribbed* **2** vard. skoja (retas) med
ribald ['rɪb(ə)ld] *adj* oanständig, rått skämtsam
ribaldry ['rɪb(ə)ldrɪ] *s* oanständigheter; råa skämt
ribbed [rɪbd] *adj* ribbad [~ *cloth*, ~ *stockings*], ribbstickad, resårstickad; randig; ~ *knitting* ribbstickning, resårstickning
ribbon ['rɪbən] *s* **1** band; ordensband; ~ *microphone* bandmikrofon **2** remsa, strimla; *torn to ~s* [riven] i trasor, sönderriven **3** [*typewriter*] ~ färgband
riboflavin [ˌraɪbəʊˈfleɪvɪn] *s* o. **riboflavine** [ˌraɪbəʊˈfleɪviːn, -vaɪn] *s* riboflavin
rice [raɪs] **I** *s* bot. ris; risgryn; *brown* ~ opolerat ris, råris; *ground* ~ rismjöl; *polished* ~ polerat ris **II** *vb tr* isht amer. pressa potatis
rice paper ['raɪsˌpeɪpə] *s* rispapper
rich [rɪtʃ] *adj* **1** rik [*in* på]; förmögen; *the* ~ de rika; ~ *in calories* kaloririk **2** riklig, stor [~ *vocabulary*], rikhaltig [~ *supply* (förråd)], rik [~ *harvest*, ~ *vegetation*], ymnig **3** bördig, fet [~ *soil*] **4** fet, kraftig [~ *food*], mäktig [~ *cake*]; ~ *mixture* fet blandning **5** fyllig [~ *tone*, ~ *voice*], varm, djup [~ *colour*], mustig **6** vard. rolig; kostlig, dråplig, obetalbar [~ *joke*]; *that's pretty ~!* det var väl ändå att gå för långt!
riches ['rɪtʃɪz] *s pl* rikedom[ar]
richly ['rɪtʃlɪ] *adv* rikt; rikligt, rikligen etc., jfr *rich*; i rikt mått, till fullo [*he* ~ *deserved his punishment*]
richness ['rɪtʃnəs] *s* rikedom [*in* på]; rikhet, rikhaltighet etc., jfr *rich*
Richter ['rɪktə] egenn.; ~ *scale* Richterskala
1 rick [rɪk] **I** *s* stack av hö, halm o.d. **II** *vb tr* stacka
2 rick [rɪk] **I** *vb tr* vricka, stuka; sträcka **II** *s* vrickning, stukning; sträckning
rickets ['rɪkɪts] (konstr. ss. sg. el. pl.) *s* med. rakitis, engelska sjukan
rickety ['rɪkətɪ] *adj* **1** rankig, skranglig, vinglig [*a* ~ *chair*], skraltig; fallfärdig [*a* ~ *old house*] **2** med. rakitisk
rickshaw ['rɪkʃɔː] *s* riksha, rickshaw
ricochet ['rɪkəʃeɪ, -ʃet] *s* rikoschett; studsning **II** *vb itr* rikoschettera; studsa
rid [rɪd] (*rid rid*, ibl. *~ded ~ded*) *vb tr* befria,

göra fri, rensa [*of* från]; ~ *the house of mice* få huset fritt från råttor; ~ *oneself of* bli fri från, befria sig från, göra sig kvitt, göra sig av med; *be* ~ *of* vara av med, vara fri från, slippa; *get* ~ *of* a) bli av med, bli (göra sig) fri från, bli kvitt b) göra sig av med
riddance ['rɪd(ə)ns] *s* befrielse, befriande; [*a*] *good* ~ [*of (to) bad rubbish*]*!* skönt att bli av med (slippa) honom (dem, det etc.)!
ridden ['rɪdn] (perf. p. av *ride*) ss. efterled i sms. -härjad [*crisis-ridden*], ansatt (plågad, hemsökt) av [*fear-ridden*]; jfr *bedridden*, *hagridden* m.fl.
1 riddle ['rɪdl] *s* gåta äv. om person
2 riddle ['rɪdl] **I** *s* [grovt] såll, harpa, rissel **II** *vb tr* **1** sålla, harpa t.ex. sand **2** genomborra [med kulor], peppra [~ *a p. with bullets*]; bombardera [~ *a p. with questions*]
ride [raɪd] **I** (*rode ridden*) *vb itr* **1** rida [~ *on a horse*, ~ *on a p.'s back (shoulders)*]; sitta grensle, sitta, gunga [~ *on a seesaw* (gungbräda)]; *he is riding for a fall* bildl. det kommer att gå illa för honom; högmod går före fall **2** fara, åka [~ *in a bus*; ~ *on a bicycle*], köra [~ *on a motorcycle*]; gå [*the car ~s smoothly*] **3** om fartyg rida [~ *on the waves*]; ~ *at anchor* rida för ankar (till ankars) **II** (*rode ridden; jfr ridden*) *vb tr* **1** rida [på] [~ *a horse*]; ~ *one's (the) high horse* vard. sätta sig på sina höga hästar; ~ *the storm* rida ut stormen äv. bildl.; ~ *the whirlwind* bildl. besvärja stormen; ~ *out the storm* rida ut stormen äv. bildl. **2** åka; köra [~ *a motorcycle*]; ~ *a bicycle* åka cykel, cykla **3** låta rida [~ *a child on one's back*] **III** *s* ritt, [rid]tur; åktur, tur [*bus-ride*], resa, färd; skjuts, lift [*can you give me a* ~ *into town?*]; *bicycle* ~ cykeltur; *be (come, go) along for the* ~ vard. vara med för skojs skull; *take (go for, have) a* ~ rida (åka) ut, göra en ridtur (åktur), ta sig en tur; *take a p. for a* ~ sl. a) föra bort (kidnappa) och mörda ngn b) föra ngn bakom ljuset, lura ngn
rider ['raɪdə] *s* **1** ryttare, ryttarinna **2** [*bicycle*] ~ cykelåkare, cyklist; *train* ~ tågpassagerare **3** tillägg till dokument o.d.; tilläggsklausul, kodicill
ridge [rɪdʒ] *s* **1** rygg, kam [~ *of a wave*]; upphöjd rand (kant); ~ *of high pressure* meteor. högtrycksrygg; *teeth* ~ tandvall **2** [*mountain*] ~ [bergs]rygg, [berg]ås, [bergs]kam
ridicule ['rɪdɪkjuːl] **I** *s* åtlöje, löje, spe; *hold up* (*expose*) *to* ~ förlöjliga, göra till ett åtlöje **II** *vb tr* förlöjliga, göra till ett åtlöje
ridiculous [rɪˈdɪkjʊləs] *adj* löjlig, fånig, skrattretande; absurd
riding ['raɪdɪŋ] *s* ridning; ridsport; *Little Red R~ Hood* Rödluvan; ~ *horse* ridhäst
riding-boot ['raɪdɪŋbuːt] *s* ridstövel
riding-breeches ['raɪdɪŋˌbrɪtʃɪz] *s pl* ridbyxor

riding-school ['raɪdɪŋskuːl] s ridskola, ridhus
rife [raɪf] *pred adj* mycket vanlig, utbredd, förhärskande; talrik; *be ~* vara (komma) i svang (omlopp), grassera; *~ with* uppfylld (full) av
riffle ['rɪfl] *vb tr* **1** [hastigt] bläddra igenom [äv. *~ through*] **2** kortsp. 'blädderblanda' blanda genom att bläddra ihop spelkorten
riff-raff ['rɪfræf] s slödder, pack, patrask
1 rifle ['raɪfl] *vb tr* rota igenom för att stjäla; plundra, länsa [*of* på ngt]
2 rifle ['raɪfl] s gevär, bössa; *~ association (club)* skytteförening
rifleman ['raɪflmən] s **1** mil. [gevärs]skytt **2** skicklig [gevärs]skytt
rifle range ['raɪflreɪn(d)ʒ] s **1** gevärshåll, skotthåll **2** skjutbana
rift [rɪft] s spricka äv. bildl. [*a ~ in the ice*; *a ~ in the party*]; rämna, reva [*a ~ in the clouds*]; bildl. äv. klyfta, brytning; *a ~ in the lute* en fnurra på tråden
rift-valley ['rɪft‚vælɪ] s geol. sprickdal
1 rig [rɪg] *vb tr* lura, svindla; manipulera, fixa, göra upp på förhand; *~ an (the) election* bedriva valfusk
2 rig [rɪg] **I** *vb tr* **1** sjö. rigga, tackla **2** *~ [out]* förse med kläder, utrusta, ekipera; vard. rigga [upp]; styra ut **3** *~ [up]* a) montera flygplan o.d. b) vard. rigga [till], rigga upp [*~ up a shelter*]; *~ up* se *2* ovan **II** s **1** sjö. rigg **2** vard. rigg, stass
Riga ['riːgə, i limericken 'raɪgə] geogr.
rigging ['rɪgɪŋ] s **1** sjö. rigg[ning] **2** vard. rigg, stass
right [raɪt] **I** *adj* **1** rätt, riktig; rättmätig [*the ~ owner*]; *all ~* se under *all III*; [*as*] *~ as rain (as a trivet)* se *rain I* o. *trivet*; [*isn't that*] *~?* va?, eller hur?, inte sant?; *he made a ~ mess of it* han gjorde en riktig soppa av det; *be on the ~ side of fifty* vara under femtio [år]; *get on the ~ side of a p.* komma på god fot med ngn; *do the ~ thing by a p.* handla rätt mot ngn; *is this ~ for* [*Highbury*]*?* är det här rätt väg till...?; *that's ~!* just det!, det var rätt!, det stämmer!; *~ you are!* el. *~ oh!* O.K.!, kör för det!; *you're ~* [*there*]*!* det har du rätt i!; *put (set) ~* a) ställa till rätta b) ställa (göra) i ordning, ordna; sätta i stånd, reparera c) rätta till, avhjälpa fel; *put a watch ~* ställa en klocka **2** höger, höger- äv. polit.; *~ back* högerback; *~ hand* höger hand; bildl. högra hand [*he is my ~ hand*]; *~ turn* högersväng; *the ~ wing* högra flygeln **3** om vinkel rät; *at ~ angles with* i rät vinkel mot
II *adv* **1** rätt, rakt; *~ ahead* rakt fram, sjö. rätt förut **2** just, precis [*~ here*]; isht amer. genast, strax, med detsamma [*I'll be ~ back*]; *~ then, let's do it* bra (okej), då gör vi det då; *~ away* (isht amer. *~ off*) a) genast, strax, med detsamma b) utan vidare, direkt; *~ now* just nu; omedelbart, ögonblickligen **3** alldeles, helt; ända [*~ to the bottom*] **4** rätt, riktigt; *~ first time!* rätt gissat!; *act (judge) ~* handla (döma) rätt **5** till höger [*of* om], åt höger; *~ and left* till höger och vänster, bildl. äv. från alla håll; *~ turn!* mil. höger om!; *turn ~* svänga (gå, köra) till höger, ta av åt höger **6** i titlar *the R~ Honourable (Reverend)* se under *honourable* o. *reverend*

III s **1** rätt [*~ and wrong* (orätt)]; *by ~s* rätteligen, om rätt ska vara rätt **2** rättighet, rätt [*to* till]; *fishing ~*[*s*] fiskerätt; *all ~s reserved* med ensamrätt; eftertryck förbjudes; *human ~s* de mänskliga rättigheterna; *women's ~s* kvinnans rättigheter; *~ of assembly* församlingsrätt; *~ of way* a) förkörsrätt b) [hävd]vunnen rätt att passera över annans mark, allemansrätt till väg; [*this path is*] *a* [*public*] *~ of way* ...allmän väg; *by ~ of* i kraft av, på grund av; *in one's own ~* genom börd (arv); egen [*she has a fortune in her own ~*]; genom egna meriter; *stand on one's ~s* hålla på sin rätt; *he is quite within his ~s* han är i sin fulla rätt **3** *the ~s of the case* rätta förhållandet; *the ~s and wrongs of the case* de olika sidorna av saken **4** höger sida (hand), höger flygel; *the R~* polit. högern; *a straight ~* boxn. en rak höger; *on your ~* till höger om dig; *keep to your ~* håll (kör) till höger; *in Sweden you keep to the ~* det är högertrafik i Sverige

IV *vb tr* **1** räta upp [*~ a car*], få på rätt köl [*~ a boat*] **2** gottgöra [*~ an injury*] **3** *things will ~ themselves* det kommer att rätta till sig
right-about ['raɪtəbaʊt] *adv*, *~ turn (face)!* helt höger om!; *turn ~* göra helt [höger] om
right-angled [‚raɪt'æŋgld, attr. '-‚--] *adj* rätvinklig [*~ triangle*]; *a ~ bend* en 90-graders kurva
righteous ['raɪtʃəs] *adj* **1** rättfärdig, rättskaffens **2** rättmätig [*~ indignation*]
righteousness ['raɪtʃəsnəs] s **1** rättfärdighet **2** rättmätighet **3** teol. rättfärdiggörelse
rightful ['raɪtf(ʊ)l] *adj* **1** rättmätig [*~ heir*], rätt [*~ owner*] **2** rättfärdig
right-hand ['raɪthænd] *attr adj* höger, höger- [*~ side*; *~ traffic*], med höger hand [*~ blow*]; *~ drive* högerstyrd; *his ~ man* bildl. hans högra hand
right-handed [‚raɪt'hændɪd] *adj* högerhänt
right-hander [‚raɪt'hændə] s **1** högerhänt person; sport. högerhandsspelare **2** högerslag, högerstöt
rightist ['raɪtɪst] **I** s högeranhängare **II** *adj* högerorienterad, höger- [*~ supporter*]
rightly ['raɪtlɪ] *adv* **1** rätt; riktigt [*I don't ~ know whether...*]; *~ or wrongly* med rätt eller orätt; [*he came at 5 o'clock*] *if I*

remember ~ ..., vill jag minnas **2** med rätta [~ *proud of its ancient buildings*]
right-minded [ˌraɪtˈmaɪndɪd] *adj* rättsinnad, rättänkande
righto [ˌraɪtˈəʊ] *interj*, ~! O.K.!, kör för det!, ja, då säger vi det då!, gärna [för mig]!
right-of-way [ˌraɪtəvˈweɪ] *s* se *right of way* under *right III 2*
right-wing [ˈraɪtwɪŋ] *adj* polit. [som befinner sig] på högerkanten; högerorienterad, högervriden
right-winger [ˌraɪtˈwɪŋə] *s* **1** högeranhängare **2** sport. högerytter
rigid [ˈrɪdʒɪd] **I** *adj* **1** styv, stel; rigid, stelbent äv. bildl. **2** sträng, rigorös, strikt **II** *adv* vard., *it shook me* ~ jag blev helt paff
rigidity [rɪˈdʒɪdətɪ] *s* **1** styvhet, stelhet, oböjlighet äv. bildl.; rigiditet, stelbenthet **2** stränghet
rigmarole [ˈrɪgm(ə)rəʊl] *s* **1** svammel, tjafs; harang, tirad; långrandig skrivelse **2** [omständlig] procedur [*the* ~ *of a formal dinner*]
rigorous [ˈrɪg(ə)rəs] *adj* **1** rigorös, sträng [~ *conditions*, ~ *discipline*], hård **2** [ytterst] noggrann **3** bister, sträng, hård [~ *climate*, ~ *winter*]
rigour [ˈrɪgə] *s* **1** stränghet, hårdhet; pl. ~*s* hårda villkor, strapatser, vedermödor; *the utmost* ~ *of the law* lagens strängaste straff **2** *the* ~*s of winter* den stränga vintern
rig-out [ˈrɪgaʊt] *s* o. **rig-up** [ˈrɪgʌp] *s* vard. rigg, stass
rile [raɪl] *vb tr* vard. reta [upp], förarga
rim [rɪm] **I** *s* **1** kant, fals, rand; infattning **2** fälg, hjulring **II** *vb tr* förse med kant etc., jfr *I*; kanta
rime [raɪm] poet. **I** *s* rimfrost **II** *vb tr* [be]täcka med rimfrost
rimless [ˈrɪmləs] *adj*, ~ *spectacles* glasögon utan bågar
rind [raɪnd] *s* **1** skal [~ *of a melon*]; svål [*bacon* ~]; kant, skalk [*cheese* ~]; ibl. skinn, hud **2** bark
1 ring [rɪŋ] **I** (*rang rung*) *vb itr* ringa äv. tele.; klinga, ljuda, skalla; *the bell* (*the telephone*) *is* ~*ing* äv. det ringer; *my ears are* ~*ing* det ringer i öronen på mig; ~ *false* (*true*) om mynt o. bildl. klinga falskt (äkta); [*his story*] ~*s true* ...låter sann; ~ *for a taxi* (*for a p.*) ringa efter en taxi (efter ngn, på ngn); ~ *off* tele. ringa av, lägga på [luren]; ~ *out* ringa [ut], klinga, ljuda, skalla **II** (*rang rung*) *vb tr* **1** ringa med (i, på) klocka o.d.; ringa (telefonera) [till]; ringa upp [ofta ~ *up*]; ~ *back* ringa upp igen; ~ *in* ringa in [~ *in the New Year*]; ~ *out* ringa ut [~ *out the Old Year*]; ~ *up* (*down*) *the curtain* teat. ge signal till att ridån skall gå upp (falla); ~ *up the curtain* bildl. börja föreställningen; ~ *up the curtain on* bildl. bilda upptakten till,

inleda **2** slå [*the bell* ~*s the hours*] **III** *s* ringning, signal; klingande, klang [*an aristocratic* ~]; ton[fall]; *it has a* ~ *of sincerity* det känns (låter) äkta; *there's a* ~ [*at the bell* (*door, phone*)] det ringer [på klockan (på dörren, i telefonen)]; *give me a* ~ *sometime* slå en signal (ring [upp] mig) någon gång
2 ring [rɪŋ] **I** *s* **1** ring i div. bet.; krans äv. bakverk; cirkel, krets[lopp]; *run* (*make*) ~*s round* (amer. *around*) *a p.* vard. slå (besegra) ngn hur lätt som helst, vara ngn vida överlägsen; *throw one's hat* [*into*] *the* ~ [förklara sig villig att] ställa upp (kandidera) [i tävlingen (striden)]; ~*s of smoke* rökringar **2** [rund] bana, arena, manege; utställningsplats för boskap o.d.; boxn. el. brottn. ring **3** liga [*spy* ~, *a* ~ *of smugglers*]; klick; hand. ring **II** *vb tr* **1** göra (rita) en ring runt, ringmärka fåglar **2** ~ [*in* (*round, about*)] ringa in, omge, innesluta
ring binder [ˈrɪŋˌbaɪndə] *s* ringpärm
ring finger [ˈrɪŋˌfɪŋgə] *s* ringfinger
ringing [ˈrɪŋɪŋ] **I** *s* ringning, ringande, klingande, klang av mynt, metall **II** *adj* ljudlig, klingande [~ *laugh*], rungande [~ *cheers*]
ringleader [ˈrɪŋˌliːdə] *s* ledare, anstiftare av myteri o.d.; upprorsledare
ringlet [ˈrɪŋlət] *s* **1** [liten] ring (krets) **2** hårlock
ringmaster [ˈrɪŋˌmɑːstə] *s* cirkusdirektör
ring-opener [ˈrɪŋˌəʊp(ə)nə] *s* rivöppnare på burk
ring ouzel [ˈrɪŋˌuːzl] *s* zool. ringtrast
ring road [ˈrɪŋrəʊd] *s* kringfartsled, ringled
ringside [ˈrɪŋsaɪd] *s* boxn. ringside; *have a* ~ *seat* sitta vid ringsiden; vard. sitta på [första] parkett
ringworm [ˈrɪŋwɜːm] *s* med. revorm
rink [rɪŋk] *s* **1** rink, isbana; bana för rullskridskoåkning, curling **2** ishall; hall för rullskridskoåkning, curling
rinse [rɪns] **I** *vb tr* skölja [~ *the clothes*], skölja (spola) av; ~ [*out*] skölja ur (ren); ~ *down* skölja ned [~ *it down with a glass of beer*] **II** *s* **1** [av]sköljning; *give a th. a* ~ skölja av ngt **2** sköljmedel; *hair* ~ toningsvätska
Rio de Janeiro [ˌriːəʊdədʒəˈnɪərəʊ, -ˈneərəʊ] geogr.
riot [ˈraɪət] **I** *s* **1** upplopp, tumult; rabalder, oväsen, bråk; pl. ~*s* äv. kravaller, [gatu]oroligheter; *the R*~ *Act* upploppslagen; *read the* ~ *act to* bildl. läsa lagen för (lusen av); ~ *barrier* kravallstaket; ~ *shield* kravallsköld; *run* ~ a) fara vilt (våldsamt) fram, härja [vilt]; bildl. skena iväg [*his imagination runs* ~] b) växa ohejdat **2** *a* ~ *of* en orgie i, ett överflöd (myller, hav) av **3** [våldsamt] utbrott; *a* ~ *of laughter* en våldsam skrattsalva **4** vard. knallsuccé, stormande succé; *he's a* ~ han är jätterolig

(helfestlig) **II** *vb itr* **1** ställa till (deltaga i) upplopp (kravaller etc.); störa lugnet, bråka **2** fira orgier äv. bildl. [*in* i]; leva om
rioter ['raɪətə] *s* upprorsmakare, bråkmakare
riotous ['raɪətəs] *adj* **1** upploppsartad; upprorisk [~ *mob*] **2** tygellös, utsvävande [~ *living*]
riotously ['raɪətəslɪ] *adv* tumultartat etc., jfr *riotous*; ~ *funny* hejdlöst rolig
RIP (förk. för *requiescat* el. *requiescant in pace* lat.) [må han (hon, de)] vila i frid
1 rip [rɪp] **I** *vb tr* riva, slita, fläka, skära [*open, up* upp; *off* av, lös, loss], sköra; ~ [*the seams of*] *a garment* sprätta upp [sömmarna i] ett plagg; ~ *off* sl. a) skörta upp; blåsa b) isht amer. sno, knycka; råna **II** *vb itr* **1** rivas sönder (isär) **2** klyvas, splittras **3** vard. skjuta fart; *let it* (*her*) ~*!* sätt full fart!, gasa på för fullt!; *let things* ~ låta sakerna ha sin gång **III** *s* [lång] reva (rispa)
2 rip [rɪp] *s* tidvattenväg
riparian [raɪ'peərɪən] **I** *adj* strand-; ~ *rights* strandrätt **II** *s* strandägare
ripcord ['rɪpkɔːd] *s* utlösningslina på fallskärm
ripe [raɪp] *adj* mogen äv. bildl. [~ *beauty*, ~ *judgement*]; färdig; *die at a* ~ *age* dö vid framskriden ålder; ~ *cheese* mogen (lagrad) ost
ripen ['raɪp(ə)n] **I** *vb itr* mogna; ~ *into* äv. utvecklas (övergå) till **II** *vb tr* få att (låta) mogna
ripeness ['raɪpnəs] *s* mognad
rip-off ['rɪpɒf] *s* sl. **1** blåsning; *it's a* ~ äv. det är rena rövarpriset **2** amer. stöt, stöld
ripost[e] [rɪ'pɒst, -'pəʊst] fäktn. **I** *s* ripost[ering] **II** *vb itr* ripostera
ripple ['rɪpl] **I** *vb itr* **1** om vattenyta o.d. krusa sig **2** porla; skvalpa **II** *vb tr* krusa; bilda ränder (räfflor) i [*the tide ~d the sand*] **III** *s* **1** krusning på vattnet; vågrörelse; rand, räffla i sanden; ~ *of muscles* muskelspel **2** porlande; [våg]skvalp; *a* ~ *of laughter* a) ett porlande skratt b) en skrattsalva
rip-roaring ['rɪpˌrɔːrɪŋ] *adj* vard. **1** uppsluppen, vild, livad; *we had a* ~ [*good*] *time* vi hade hejdlöst roligt **2** *a* ~ *success* en jättesuccé
ripsaw ['rɪpsɔː] *s* klyvsåg
rise [raɪz] **I** (*rose risen*, jfr äv. *rising*) *vb itr* **1** resa sig, resa (ställa) sig upp; stiga upp, gå upp äv. om himlakroppar [*the sun ~s in the East*]; ~ *and shine!* upp och hoppa!, upp med dig (er)! **2** stiga; höja sig, höjas [*his voice rose in anger*]; *the glass is rising* barometern stiger; ~ *to the occasion* (*emergency*) [visa sig] vara situationen vuxen **3** tillta, öka, ökas, stiga; *the wind is rising* vinden tilltar (ökar); *his colour rose* han rodnade **4** resa sig, göra uppror **5** ~ *to the bait* nappa på kroken äv. bildl. **6** stiga [i graderna], avancera [~ *to be* (till) *a general*]; ~ *in the world* komma upp sig här i världen **7** uppkomma, uppstå [*from* av; *the quarrel rose from a mere trifle*]; om flod rinna upp [*the river ~s in the mountains*] **8** uppstå [~ *from the dead*]; *Christ is ~n* Kristus är uppstånden **9** *it made his gorge* (*stomach*) ~ det äcklade (kväljde) honom **10** kok. jäsa [upp] om bröd **II** *s* **1** stigning [*a* ~ *in the ground*], [upp]höjning, höjd, backe **2** stigande, tillväxt, tilltagande, höjning, stegring, ökning; [löne]förhöjning; börs. [kurs]uppgång, hausse **3** uppgång [*the* ~ *of the Roman Empire*]; uppkomst, upphov, upprinnelse; *give* ~ *to* ge upphov till; *have* (*take*) *its* ~ *in* a) om flod rinna upp i, ha sin källa i b) bildl. ha sin upprinnelse (uppkomst) i; *the* ~ *of industrialism* industrialismens genombrott **4** *get a* ~ få napp; *take a* ~ *out of a p.* retas (driva) med ngn
riser ['raɪzə] *s*, *be an early* ~ vara morgontidig [av sig]; *be a late* ~ ligga länge på morgnarna
risible ['rɪzəbl] **I** *adj* **1** skrattlysten **2** skratt-; ~ *muscles* skrattmuskler **3** löjlig **II** *s* vard., pl. *~s* skrattmuskler
rising ['raɪzɪŋ] **I** *adj* stigande; ~ *damp* byggn. stigande fukt [i väggar (golv)]; *the* ~ *generation* det uppväxande släktet; *a* ~ *young politician* en kommande ung politiker; *the Land of the R~ Sun* den uppgående solens land Japan **II** *s* **1** resning, uppror **2** uppstigning, uppstigande **3** upphöjning, stigning, höjd, backe **4** solens o.d. uppgång
risk [rɪsk] **I** *s* **1** risk, fara; *run a* ~ löpa en risk; *be at* ~ stå på spel; vara i farozonen; *at one's own* (*at owner's*) ~ på egen (på ägarens) risk; *put at* ~ sätta på spel, riskera **2** försäkr. risk **II** *vb tr* riskera [~ *losing one's life*]; våga [~ *one's life*], sätta på spel
risky ['rɪskɪ] *adj* **1** riskabel **2** vågad [~ *story*]
risqué ['riːskeɪ, 'rɪs-] *adj* vågad, ekivok
rissole ['rɪsəʊl] *s* kok. krokett; flottyrkokt risoll
rite [raɪt] *s* rit; kyrkobruk, ceremoni; *the last ~s* relig. sista smörjelsen; *the Rites of Spring* mus. Våroffer
ritual ['rɪtjʊəl] **I** *adj* rituell **II** *s* ritual; ritualbok
ritualism ['rɪtjʊəlɪz(ə)m] *s* ritualism
ritualistic [ˌrɪtjʊə'lɪstɪk] *adj* ritualistisk
ritzy ['rɪtsɪ] *adj* sl. flott, elegant, fashionabel
rival ['raɪv(ə)l] **I** *s* rival, konkurrent **II** *attr adj* rivaliserande, konkurrerande [~ *companies*] **III** *vb tr* o. *vb itr* tävla (rivalisera, konkurrera) [med]
rivalry ['raɪv(ə)lrɪ] *s* rivalitet, konkurrens, tävlan
river ['rɪvə] *s* flod, älv; ström [*a* ~ *of lava*]; [*small*] ~ äv. å; *~s of blood* strömmar av blod; *the R~ Thames* Temsen[floden]; *sell a p. down the* ~ sl. förråda (offra) ngn
riverside ['rɪvəsaɪd] *s* flodstrand; *by the* ~ äv.

vid [stranden av] floden; ~ *house* strandvilla vid flod
rivet ['rɪvɪt] **I** *s* tekn. nit **II** *vb tr* **1** nita; nita fast äv. bildl.; *he was ~ed on the spot* han stod som fastnitad [på stället]; *be ~ed to the TV* vara (sitta) som [fast]klistrad framför TV:n **2** fästa; *~ one's eyes on* fästa blicken på; *keep one's eyes ~ed on* stirra oavvänt på **3** fånga, väcka, tilldra sig [*the scene ~ed our attention*]
riveting ['rɪvɪtɪŋ] *s* tekn. nitning
Riviera [ˌrɪvɪ'eərə] geogr.; *the ~* Rivieran
rivulet ['rɪvjʊlət] *s* [liten] å, bäck
RN förk. för *Royal Navy* [*Captain Smith ~*]
1 roach [rəʊtʃ] *s* zool. mört
2 roach [rəʊtʃ] *s* vard. kortform för *cockroach*
road [rəʊd] *s* **1** väg äv. bildl.; landsväg; körbana; *the ~* [stora] landsvägen; *~ accident* vägolycka, trafikolycka; *~ fund licence* se *vehicle licence* under *vehicle 1*; i gatunamn -vägen, -gatan [*Kelross R~*]; *R~ Up* på skylt vägarbete [pågår]; *the royal ~ to success* kungsvägen till framgång; *take the ~* a) ge sig iväg, starta [resan] b) fara stora vägen; *travel* (*go*) *by ~* fara landsvägen; *one for the ~* vard. en färdknäpp, en avskedsdrink; *they've come to the end of the ~* bildl. de är slut, de har misslyckats; *be on the ~* a) vara på väg b) teat. o.d. vara på turné, turnera c) om handelsresande resa; *on the* [*right*] *~ to being* på [god] väg att bli **2** amer. vard. järnväg
roadblock ['rəʊdblɒk] *s* vägspärr
roadcraft ['rəʊdkrɑːft] *s* körskicklighet, körförmåga; trafikvett
roadhog ['rəʊdhɒg] *s* vard. bildrulle, fartdåre
roadholder ['rəʊdˌhəʊldə] *s*, *the car is a good ~* bilen ligger bra på vägen (har goda vägegenskaper)
roadholding ['rəʊdˌhəʊldɪŋ] *adj*, *~ ability* väghållning[sförmåga]; *~ qualities* vägegenskaper
roadhouse ['rəʊdhaʊs] *s* finare värdshus (hotell) vid landsvägen
roadie ['rəʊdɪ] *s* vard. roadie, rodda
roadmap ['rəʊdmæp] *s* vägkarta
road metal ['rəʊdˌmetl] *s* krossten för vägbygge, makadam
road safety ['rəʊdˌseɪftɪ] **I** *s* trafiksäkerhet **II** *attr adj*, *road-safety measures* trafiksäkerhetsåtgärder
road-scraper ['rəʊdˌskreɪpə] *s* vägskrapa
roadside ['rəʊdsaɪd] *s* **1** vägkant, vägens sida **2** attr. vid vägen [*a ~ inn*]; *~ repairs* nödreparation vid vägkanten
roadsign ['rəʊdsaɪn] *s* **1** vägmärke; trafikmärke, trafikskylt **2** vägvisare
roadster ['rəʊdstə] *s* **1** öppen tvåsitsig sportbil, roadster **2** standardcykel
road test ['rəʊdtest] *s* provkörning på väg av bil o.d.

road-user ['rəʊdˌjuːzə] *s* vägtrafikant
roadway ['rəʊdweɪ] *s* körbana; väg[bana]
roadworks ['rəʊdwɜːks] *s pl* vägarbete
roadworthy ['rəʊdˌwɜːðɪ] *adj* trafikduglig
roam [rəʊm] **I** *vb itr* ströva [omkring], flacka omkring; *~ over* fara (glida) över **II** *vb tr* ströva igenom [*~ the country*]
roamer ['rəʊmə] *s* kringströvare
roan [rəʊn] **I** *adj* om häst skimmelfärgad; om vissa djur rödgrå, gråmelerad **II** *s* skimmel häst
roar [rɔː] **I** *s* **1** rytande, vrål, tjut, gallskrik; *set up a ~* ge sig till att gallskrika (tjuta), börja tjuta (vråla); *~ of applause* bifallsstorm, stormande bifall; *~ of laughter* [rungande] skrattsalva, skallande skratt **2** dån, larm, brus [*the ~ of the sea* (*the traffic*)] **II** *vb itr* **1** ryta; vråla [*~ with pain*]; tjuta, skrika, gallskrika; *~ with laughter* gapskratta, tjuta av skratt **2** dåna, larma, brusa; eka **III** *vb tr*, *~ one's head off* skratta sig fördärvad; *~ out one's orders* ryta sina order
roaring ['rɔːrɪŋ] **I** *adj* rytande etc., jfr *roar II*; stormig; vard. strålande, hejdundrande; *do a ~ business* (*trade*) göra glänsande (lysande) affärer; *a ~ success* en stormande succé **II** *s* rytande, vrål[ande] etc., jfr *roar II*
roast [rəʊst] **I** *vb tr* steka i ugn el. på spett [*~ meat*, *~ apples*]; ugnsteka; rosta [*~ chestnuts*, *~ coffee*]; *~ oneself* steka sig vid elden, i solen; *~ing pan* långpanna **II** *vb itr* stekas [*~ in the oven*]; *he was ~ing in the sun* han låg och stekte sig i solen **III** *s* **1** stek **2** stekning **3** amer. grillparty utomhus **IV** *adj* stekt; rostad; *~ beef* rostbiff; oxstek; *~ pork* skinkstek; *~ potatoes* ugnstekt potatis
roaster ['rəʊstə] *s* **1** fågel som passar att stekas, stekkyckling, stekhöns o.d.; spädgris [för helstekning] **2** kafferostningsapparat
roasting ['rəʊstɪŋ] *s* utskällning, överhalning
rob [rɒb] *vb tr* plundra, råna, bestjäla [*of* på]; beröva [*a p. of a th.* ngn ngt]
robber ['rɒbə] *s* rånare, rövare
robbery ['rɒbərɪ] *s* rån [jur. äv. *~ with violence*]; röveri, plundring; *it's daylight ~* se *daylight 1*
robe [rəʊb] **I** *s* **1** *~*[*s* pl.] ämbetsdräkt [*judge's ~*, *the long ~*], skrud **2** galaklänning, robe **3** badkappa, badrock [vanl. *bathrobe*, *beach ~*]; amer. morgonrock, nattrock **II** *vb tr* kläda, skruda [*in* i]
robin ['rɒbɪn] *s* **1** zool. rödhake[sångare] [äv. *~ redbreast*]; [*American*] *~* vandringstrast, rödtrast **2** *round ~* se under *round I 1*
Robin Hood [ˌrɒbɪn'hʊd]
robot ['rəʊbɒt] *s* robot; *~ bomb* robotbomb; *~ pilot* autopilot, automatisk styrinrättning
robotics [rəʊ'bɒtɪks] (konstr. ss. sg.) *s* robotteknik
robust [rə(ʊ)'bʌst] *adj* **1** robust [*a ~ man*, *~ health*, *~ humour*]; kraftig, kraftfull, stark; handfast, stadig, bastant, grov[växt]; härdig

[~ *plant*]; *a ~ appetite* frisk aptit 2 fysiskt krävande, hård [~ *exercise*]
1 **rock** [rɒk] *s* 1 klippa äv. bildl.; skär; *as firm as* [*a*] ~ el. ~ *solid* klippfast, bergfast; pålitlig [som en klippa]; [*whisky*] *on the ~s* ...med is[bitar]; *be on the ~s* vard. vara pank (barskrapad), stå på bar backe; [*their marriage*] *went on the ~s* ...havererade (gick i kras) 2 a) stenblock, klippblock, stor sten b) amer. sten i allm. [*throw ~s*] 3 berg, berggrund [*a house built upon ~*], hälleberg; berghäll 4 bergart 5 ung. polkagris[stång]; ung. mandelstång; *peppermint ~* ung. polkagris 6 sl. ädelsten; isht diamant 7 sl., pl. *~s* kulor, stålar; *pile up the ~s* tjäna [grova] pengar 8 vulg., pl. *~s* ballar testiklar; *get one's ~s off* spruta få orgasm (om man)
2 **rock** [rɒk] I *vb tr* 1 vagga, [få att] gunga, vyssja [*~ a child to sleep*] 2 skaka [*the town was ~ed by an earthquake*]; chocka; *~ the boat* a) vicka [på] båten b) bildl. trassla till (fördärva) det hela II *vb itr* vagga, gunga; om fordon äv. kränga; *~ with laughter* skaka av skratt III *s* gungning etc., jfr *I*
3 **rock** [rɒk] mus. I *s* rock; rock'n'roll II *vb itr* rocka, dansa rock; spela rock
rock-and-roll [ˌrɒkn'rəʊl] *s* o. *vb itr* se *rock-'n'-roll*
rock-bottom [ˌrɒk'bɒtəm] *s* bildl. vard. absoluta botten; *~ prices* absoluta bottenpriser; *prices were ~* det var bottenpriser
rock cake ['rɒkkeɪk] *s* kok., ung. hastbulle med russin
rock candy [ˌrɒk'kændɪ] *s* amer. 1 ung. polkagris 2 kandisocker
rock-climbing ['rɒkˌklaɪmɪŋ] *s* bergbestigning, alpinism
rock crystal [ˌrɒk'krɪstl] *s* bergkristall
rocker ['rɒkə] *s* 1 med[e] på vagga, gungstol o.d. 2 isht amer. gungstol 3 tekn. balans, vippa; ventillyftare; *~ arm* pendelarm, vipparm, avbrytarspak 4 sl., *off one's ~* vrickad, knasig, knäpp 5 vard. rocksångare
rockery ['rɒkərɪ] *s* stenparti
rocket ['rɒkɪt] I *s* raket äv. fyrverkeripjäs; *~ missile* raketvapen, robot; *~ propulsion* raketdrift; *~ stage* raketsteg; *launch a ~* skjuta (sända) upp en raket raketfarkost II *vb itr* 1 flyga (fara [upp]) som en raket; fara med raketfart; bildl. skjuta i höjden [*prices ~ed after the war*]; *~ into fame* bli berömd rekordsnabbt 2 flyga med en raket [*~ into outer space*]
rocket-assisted ['rɒkɪtəˌsɪstɪd] *adj*, *~ take-off* raketstart
rocket-launcher ['rɒkɪtˌlɔːntʃə] *s* 1 raketavfyrningsramp 2 raketgevär
rock garden ['rɒkˌgɑːdn] *s* stenparti
Rockies ['rɒkɪz] geogr. (vard.), *the ~* pl. Klippiga bergen
rocking-chair ['rɒkɪŋtʃeə] *s* gungstol

rocking-horse ['rɒkɪŋhɔːs] *s* gunghäst
rock-'n'-roll [ˌrɒkn'rəʊl] I *s* rock'n'roll, rock II *vb itr* rocka, dansa rock['n'roll]; spela rock['n'roll]
rock plant ['rɒkplɑːnt] *s* stenpartiväxt
rock salmon [ˌrɒk'sæmən] *s* handelsnamn för olika fiskar ss. *catfish, dogfish, pollack*, se d.o.
rock salt [ˌrɒk'sɔːlt] *s* bergsalt
rocky ['rɒkɪ] *adj* 1 klippig, klipp-, sten-; *the R~ Mountains* Klippiga bergen 2 stenhård [*~ soil*]
rococo [rə(ʊ)'kəʊkəʊ] I *s* rokoko II *adj* rokoko-
rod [rɒd] *s* 1 käpp; stång äv. av metall; *the rain came down in ~s* regnet stod som spön i backen 2 [met]spö 3 spö, ris; *make a ~ for one's own back* binda ris åt egen rygg; *spare the ~* [*and spoil the child*] ung. spar på riset och du fördärvar barnet; den man älskar agar man; *I have a ~ in pickle for him* han ska få sina fiskar varma [vid lämpligt tillfälle] 4 [ämbets]stav; bildl. äv. spira; *rule with a ~ of iron* styra med järnhand (järnspira) 5 anat., pl. *~s* stavar i ögat 6 tekn. vevstake 7 amer. sl., *hot ~* hotrod upptrimmad äldre bil 8 sl. puffra revolver
rode [rəʊd] imperf. av *ride*
rodent ['rəʊd(ə)nt] I *s* zool. gnagare II *adj* gnagande, gnagar-
rodeo [rə(ʊ)'deɪəʊ, 'rəʊdɪəʊ] (pl. *~s*) *s* amer. 1 rodeo riduppvisning av cowboys 2 samling (hopdrivning) av boskap
rodomontade [ˌrɒdəmɒn'teɪd, -'tɑːd] I *s* skryt, skrävel II *adj* skrytsam, skrävlande
1 **roe** [rəʊ] *s* rom, fiskrom [äv. *hard ~*]; *soft ~* mjölke
2 **roe** [rəʊ] *s* rådjur
Roentgen ['rɜːntgən, -tjən] I egenn. Röntgen II *s* o. attr adj fys., *r~* röntgen[-]
rogue [rəʊg] *s* 1 bov, skurk; lymmel; skojare; *~s' gallery* förbrytaralbum, förbrytargalleri 2 skämts. skälm, spjuver, kanalje 3 vildsint djur som lever utanför flocken; *~ elephant* vildsint ensam elefant
roguery ['rəʊgərɪ] *s* 1 bovaktighet, skurkaktighet 2 skälmskhet, spjuveraktighet, skalkaktighet
roguish ['rəʊgɪʃ] *adj* 1 bovaktig, skurkaktig 2 skälmsk [*~ eyes*], skälmaktig, spjuveraktig
role o. **rôle** [rəʊl] *s* roll äv. psykol.; uppgift, funktion
role model ['rəʊlˌmɒdl] *s* psykol. rollmodell, förebild
roll [rəʊl] I *s* 1 rulle 2 valk [*~s of fat*] 3 kok. a) småfranska, kuvertbröd b) [*Swiss*] *~* se *Swiss I* c) rulad [*~ of pork*] d) ung. pirog [*meat ~*] 4 rulla, lista, förteckning, register; *~ of honour* lista över stupade [hjältar]; *call the ~* förrätta (hålla) [namn]upprop 5 rullande, rullning [*the ~ of the ship*], rullande gång 6 muller, dunder, rullande [*~ of thunder*]; *~ of drums* äv. trumvirvlar II *vb*

tr **1** rulla [~ *a cigarette*]; ~ *one's eyes* rulla med ögonen; ~ *one's r's* rulla på r-en; ~ *back* mil. driva (slå) tillbaka; ekon. skära ner; göra inskränkningar i; [*all*] ~*ed into one* a) i en och samma person b) allt på en gång; ~ *up* rull ihop **2** kavla [ut], valsa [ut] [äv. ~ *out*]; välta åker, gräsplan; ~*ed gold* gulddoublé; ~*ed oats* [valsade] havregryn **III** *vb itr* **1** rulla; rulla sig, vältra sig; ~ *in luxury* vard. vältra sig i lyx; *he's* ~*ing in money* (*in it*) vard. han har pengar som gräs; *he had them* ~*ing in the aisles* han fick dem att vrida sig av skratt i bänkarna; ~ *along* a) rulla [vägen] fram b) vard. rulla på gå stadigt framåt; ~ *in* rulla in; strömma in, strömma till; ~ *over* ramla omkull; rulla runt, vända sig; ~ *over in bed* vända sig i sängen; *heads will* ~ se *head I 1 c*); *the years* ~ *on* (*by*) åren rullar vidare (förbi); ~ *on* [*my holiday*]*!* vard. å, vad jag längtar efter...; ~ *up* a) rulla ihop sig b) vard. dyka upp, komma antågande; *R*~ *up! R*~ *up!* på tivoli o.d. välkomna hit[, mina damer och herrar]! **2** om åska o.d. mullra **3** sjö. rulla **4** gå med rullande gång; vingla
rollback ['rəʊlbæk] *s* **1** officiell prissänkning, lönesänkning **2** återgång till en tidigare nivå
roll call ['rəʊlkɔ:l] *s* [namn]upprop; mil. appell
roll collar ['rəʊlˌkɒlə] *s* rullkrage
roller ['rəʊlə] *s* **1** rulle; trissa; ~ *bandage* binda, bandage; ~ *towel* rullhandduk **2** vals, rullvals; kavel, kavle; lantbr. o.d. vält; mål. roller **3** [hår]spole **4** [lång] dyning, svallvåg
roller-coaster ['rəʊləˌkəʊstə] *s* **1** berg- och dalbana **2** berg- och dalbanevagn[ar]
roller-skate ['rəʊləskeɪt] **I** *s* rullskridsko **II** *vb itr* åka rullskridsko
rollicking ['rɒlɪkɪŋ] *adj* uppsluppen, munter, livad; *have a* ~ *time* ha jättekul
rolling ['rəʊlɪŋ] **I** *adj* rullande etc., jfr *roll II* o. *III*; som går i vågor, vågformig, vågig; rull- [*a* ~ *collar*]; ~ *country* ett böljande (kuperat) landskap; *a* ~ *stone gathers no moss* på en rullande sten växer ingen mossa; ~ *stone* bildl. orolig ande **II** *s* rullning, rullande
rolling-mill ['rəʊlɪŋmɪl] *s* valsverk
rolling-pin ['rəʊlɪŋpɪn] *s* brödkavel, brödkavle
rolling-stock ['rəʊlɪŋstɒk] *s* rullande materiel; vagnpark
roll-neck ['rəʊlnek] *s* polo, polokrage, polotröja; attr. polo- [~ *sweater*]
roll-on ['rəʊlɒn, ˌrəʊl'ɒn] *s* **1** resårgördel **2** roll-on[-flaska]
roll-on-roll-off [ˌrəʊlɒn'rəʊlɒf] **I** *s* roll-on-roll-off slags rationellt transportmetod **II** *adj* roll-on-roll-off-, ro-ro-
Rolls [rəʊlz] vard. kortform för *Rolls-Royce*
Rolls-Royce [ˌrəʊlz'rɔɪs] ®
roll-top [ˌrəʊl'tɒp, attr. '--] *s* **1** rulljalusi **2** jalusiskrivbord [äv. ~ *desk*]
roly-poly [ˌrəʊlɪ'pəʊlɪ] **I** *s* **1** kok., ~ [*pudding*] ångkokt el. gräddad rulle (pudding) med syltfyllning **2** vard. liten rulta (tjockis) **II** *adj* knubbig, rultig
ROM [rɒm] (förk. för *read only memory*) data. ROM
Roman ['rəʊmən] **I** *adj* romersk; romar- [*the* ~ *Empire*]; romersk-katolsk; ~ *candle* romerskt ljus fyrverkeripjäs; ~ *Catholic* a) [romersk-]katolsk b) [romersk] katolik; *have* (*make*) *a* ~ *holiday* [*at a p.'s expense*] gotta sig åt ngns olycka; ~ *law* romersk rätt; ~ (*r*~) *letter*[*s*] (*type*) typogr. antikva; ~ (*r*~) *numerals* romerska siffror **II** *s* **1** romare **2** bibl., [*the Epistle to the*] ~*s* (konstr. ss. sg.) Romarbrevet **3** ibl. neds. romersk katolik
romance [rə(ʊ)'mæns] **I** *s* **1** romantik; *an air of* ~ en romantisk stämning **2** romans kärlekshistoria; romantisk upplevelse **3** äventyrsroman; romantisk berättelse **II** *adj*, *R*~ romansk [*R*~ *languages*] **III** *vb itr* **1** fabulera, skarva, berätta rövarhistorier **2** svärma, vara svärmisk
Romanesque [ˌrəʊmə'nesk] **I** *adj* isht arkit. romansk [~ *architecture*, ~ *style*]; rundbåge- **II** *s* arkit. romansk stil, rundbågestil
Romania [rəʊ'meɪnjə, ru:-] Rumänien
Romanian [rəʊ'meɪnjən, ru:-] **I** *adj* rumänsk **II** *s* **1** rumän; rumänska **2** rumänska [språket]
romantic [rə(ʊ)'mæntɪk] **I** *adj* romantisk [*a* ~ *girl*, *a* ~ *old castle*] **II** *s* **1** romantiker **2** pl. ~*s* romantiska känslor (stämningar, idéer)
romanticism [rə(ʊ)'mæntɪsɪz(ə)m] *s* romantik
romanticize [rə(ʊ)'mæntɪsaɪz] **I** *vb tr* romantisera **II** *vb itr* vara romantisk; svärma
Romany ['rɒmənɪ] **I** *s* **1** zigenare **2** romani, zigenska [språket] **II** *attr adj* zigensk, zigenar-
Rome [rəʊm] Rom; *the Church of* ~ romersk-katolska kyrkan; ~ *was not built in a day* Rom byggdes inte på en dag; *when in* (*at*) ~ [*you must*] *do as the Romans do* ung. man får ta seden dit man kommer; *all roads lead to* ~ alla vägar bär till Rom
Romeo ['rəʊmɪəʊ] **I** mansnamn **II** *s* (pl. ~*s*) Romeo romantisk älskare
romp [rɒmp] **I** *vb itr* **1** isht om barn stoja, rasa, leka vilt, tumla om **2** vard., ~ *in* (*home*) isht kapplöpn. 'flyga' fram till målet, vinna lätt (stort) **II** *s* **1** yrhätta, vildbasare **2** vild lek, stoj **3** isht kapplöpn., *win in a* ~ vinna lätt (stort)
rondo ['rɒndəʊ] (pl. ~*s*) *s* mus. rondo
rood [ru:d] *s* [triumf]krucifix i kyrka
rood screen ['ru:dskri:n] *s* korskrank
roof [ru:f] **I** *s* tak äv. bildl.; yttertak, hustak; *the* ~ *of a car* ett biltak; *the* ~ *of the mouth* anat. [hårda] gommen; *have a* ~ *over one's head* ha tak över huvudet; *hit* (*go through*) *the* ~ vard. a) flyga (gå) i taket, bli rasande b) rusa i höjden om priser; *raise the* ~ vard. a) leva rövare, röra upp himmel och jord

b) bli ursinnig c) få taket att lyfta sig av bifall **II** *vb tr* **1** lägga tak på, taklägga, täcka [äv. ~ *in* (*over*); ~ [*in*] *a house*] **2** bilda tak över, täcka [äv. ~ *in*] **3** ge husrum åt, hysa
roof garden ['ru:f‚gɑ:dn] *s* **1** takträdgård, takterrass **2** amer. takservering
roofing ['ru:fɪŋ] *s* **1** takläggning, taktäckning **2** tak **3** taktäckningsmaterial; ~ *felt* takpapp
roof rack ['ru:fræk] *s* takräcke på bil
rooftop ['ru:ftɒp] *s* hustak; *shout* (*cry, proclaim*) *a th. from the ~s* basunera (skrika) ut ngt
1 rook [rʊk] **I** *s* **1** zool. råka **2** vard. falskspelare isht i kortspel; lurendrejare **II** *vb tr* vard. plocka på pengar [genom falskspel]; skinna
2 rook [rʊk] *s* schack. torn
rookie ['rʊkɪ] *s* sl. gröngöling, novis; mil. färsking; sport. nykomling, blåbär
room [ru:m, rʊm] **I** *s* **1** rum i hus; pl. ~*s* äv. hyresrum, [hyres]lägenhet, bostad; ~ *and board* kost och logi, mat och husrum; *ladies'* ~ damrum, damtoalett; *men's* ~ herrtoalett; *set of* ~*s* våning **2** utan pl. plats, rum, utrymme; *standing* ~ ståplats[er]; *there's no* ~ *for* [*the table*] ...får inte plats; *there's no* (*not enough*) ~ *to swing a cat* [*in*] vard. det är trångt om saligheten; *there's plenty of* ~ det är gott om plats; *find* ~ *for* få rum (plats) med; *make* ~ göra (lämna) plats, maka på sig; *make* ~ *for* lämna (bereda) plats för äv. bildl. **II** *vb itr* isht amer. hyra [rum], vara inneboende, bo; *they* ~ *together* de delar bostad (rum), de bor ihop
room clerk ['ru:mklɜ:k] *s* amer. receptionschef
roomful ['ru:mfʊl, 'rʊm-] *s* nog för att fylla ett rum; *a* ~ *of people* ett rum fullt (rummet fullt) med folk
rooming house ['ru:mɪŋhaʊs] *s* amer. hus med uthyrningsrum, [enklare] pensionat
roommate ['ru:mmeɪt, 'rʊm-] *s* **1** rumskamrat **2** sambo
room service ['ru:m‚sɜ:vɪs] *s* rumservice
roomy ['ru:mɪ] *adj* rymlig [*a* ~ *cabin*]
Roosevelt ['rəʊzəvelt, 'ru:z(ə)-, britt. ofta 'ru:svelt]
roost [ru:st] **I** *s* sittpinne; hönsstång, hönspinne, hönsvagel; ibl. hönshus, hönsbur; *rule the* ~ vard. vara herre på täppan; *go to* ~ vard. krypa till kojs; *come home to* ~ falla tillbaka på ngn; *his chickens have come home to* ~ bildl. hans missdåd (missgärningar etc.) har fallit tillbaka på honom själv **II** *vb itr* om fågel slå sig ner [för att sova]
rooster ['ru:stə] *s* tupp
1 root [ru:t] **I** *s* **1** rot, bildl. äv. upphov, grund; *the* ~ *cause* den grundläggande orsaken, grundorsaken; [*destroy a th.*] ~ *and branch* ...i grunden, ...radikalt; ~ *of a tooth* tandrot; *the* ~ *of the trouble* orsaken till besvärligheterna; boven i dramat; *it has its* ~[*s*] *in* det har sin rot (grund) i; *put down new* ~*s* bildl. slå rot (rota sig) [på nytt]; *take* (*strike*) ~ slå rot, rota sig, få rotfäste äv. bildl.; *be at the* ~ *of* vara roten och upphovet till; *strike at the* ~[*s*] *of the evil* angripa det onda vid roten, gå till roten med det onda; *pull* (*pluck, tear*) *up by the* ~*s* rycka upp med roten (rötterna) **2** vanl. pl. ~*s* rotfrukter **3** planta **4** matem. rot; *cube* ~ kubikrot; *square* ~ kvadratrot **5** språkv. rot **II** *vb itr* slå rot, rota sig, få rotfäste **III** *vb tr* **1** låta slå rot, rotfästa; [*deeply*] ~*ed* djupt rotad; inrotad; fast förankrad; *be* ~*ed in* ha sin grund (rot) i **2** nagla fast [*fear* ~*ed him to the ground*]; *stand* ~*ed to the spot* stå som fastnaglad (fastvuxen) **3** ~ *out* utrota; ~ *up* rycka (dra) upp med rötterna
2 root [ru:t] **I** *vb itr* rota, böka [*for* efter]; ~ *about* (*around*) *among* [*one's papers*] rota om[kring] i..., rota igenom... **II** *vb tr* **1** ~ [*up*] a) rota (böka) i b) rota (böka) upp **2** ~ [*out*] rota (leta) fram
root beer [‚ru:t'bɪə] *s* läskedryck smaksatt med växtextrakt
root filling [‚ru:t'fɪlɪŋ] *s* tandläk. rotfyllning
rope [rəʊp] **I** *s* **1** rep, lina, tåg; isht sjö. tross, ända; amer. äv. lasso; ~ *of sand* bildl. löst (skört) band; *the* ~ bildl. galgen, repet hängning; *know the* ~*s* vard. känna till knepen, kunna tekniken; *walk the* ~ gå på lina; *give a p. plenty of* ~ ge ngn fria (lösa) tyglar, ge ngn fritt spelrum; *give him enough* ~ [*to hang himself* (*and he will hang himself*)]*!* låt honom hållas [, så kommer han att gräva sin egen grav]!; *be at the end of one's* ~ amer. inte förmå (orka) mer; *be on the* ~*s* a) boxn. hänga på repen b) bildl. vara i knipa (illa ute, hårt trängd) **2** [hals]band, rad; fläta [~ *of onions*]; ~ *of pearls* [långt] pärl[hals]band **II** *vb tr* **1** binda [ihop (fast)] med rep **2** ~ [*in*] inhägna med rep; ~ *off* (*out*) spärra av [med rep] **3** vard., ~ *a p. in* a) förmå ngn att hjälpa till (vara med, medverka) b) dra in (lura in) ngn [*into* i]; fånga in ngn; ~ *in new customers* ragga upp nya kunder
ropeladder ['rəʊp‚lædə] *s* repstege
ropetrick ['rəʊptrɪk] *s* reptrick [*the Indian* ~]
ropey ['rəʊpɪ] *adj* sl. urusel
ropy ['rəʊpɪ] *adj* **1** om vätska seg, klibbig, 'lång'; om kött trådig [~ *meat*] **2** sl. urusel
Roquefort ['rɒkfɔ:] *s* roquefort[ost]
ro-ro ['rəʊrəʊ] *adj* se *roll-on-roll-off II*
rosary ['rəʊzərɪ] *s* relig. radband, rosenkrans; bönbok
1 rose [rəʊz] imperf. av *rise*
2 rose [rəʊz] **I** *s* **1** bot. ros; [*life is*] *not a bed of* ~*s* (*not all* ~*s*) ...ingen dans (inte bara en dans) på rosor; *no* ~ *without a thorn* ingen ros utan törnen **2** stril på vattenkanna

3 rosa[färg], rosenrött **II** *adj* **1** i sms. ros-, rosen- [*rosebush*] **2** rosa, rosenröd
rosebud ['rəʊzbʌd] *s* rosenknopp; ~ *mouth* rosenmun
rosebush ['rəʊzbʊʃ] *s* ros[en]buske
rosehip ['rəʊzhɪp] *s* bot. nypon
rosemary ['rəʊzm(ə)rɪ] *s* bot. el. krydda rosmarin
rosette [rə(ʊ)'zet] *s* rosett äv. bot. el. arkit.; bandros, bandrosett, kokard
rosewater ['rəʊz,wɔːtə] *s* rosenvatten
rose window ['rəʊz,wɪndəʊ] *s* arkit. rosettfönster
rosewood ['rəʊzwʊd] *s* rosenträ
rosin ['rɒzɪn] **I** *s* harts; isht kolofonium **II** *vb tr* hartsa stråke o.d.
roster ['rɒstə] *s* **1** mil. tjänstgöringslista **2** lista, förteckning, register
rostr|um ['rɒstr|əm] (pl. -a [-ə] el. -*ums*) *s* **1** talarstol, kateder; tribun, estrad, podium, pult **2** prispall i olympiska spel
rosy ['rəʊzɪ] *adj* **1** rosig, rödblommig, rosenkindad **2** rosenfärgad, rosenröd äv. bildl.; ljus [*a ~ future*]; *take a ~ view of* se ngt i rosenrött, se ljust på; *paint everything in ~ colours* måla allt i rosenrött **3** i sms. rosen- [*rosy-cheeked*]
rot [rɒt] **I** *vb itr* ruttna, murkna **II** *vb tr* få att ruttna (murkna) **III** *s* **1** röta, ruttenhet; förruttnelse **2** vet. med., *the ~* leverflundresjuka isht hos får [äv. *liver ~*] **3** vard. dumheter; strunt, smörja **IV** *interj*, *~!* struntprat!, dumheter!
rota ['rəʊtə] *s* tjänstgöringsordning, tjänstgöringslista
rotary ['rəʊtərɪ] **I** *adj* roterande, rotations- **II** *s* amer. cirkulationsplats, rondell
rotate [rə(ʊ)'teɪt] **I** *vb itr* **1** rotera, svänga [*~ round* (kring) *an axis*] **2** växla [regelbundet]; gå runt **II** *vb tr* **1** bringa i rotation, låta rotera **2** låta växla [regelbundet]; låta cirkulera; byta successivt; *~ crops* bedriva växelbruk
rotation [rə(ʊ)'teɪʃ(ə)n] *s* **1** rotation; varv [*five ~s an hour*] **2** växelföljd, [regelbunden] växling [*the ~ of the seasons*]; turordning; [ömsesidig] avlösning i arbete; *in* (*by*) *~* i tur och ordning, växelvis, turvis **3** lantbr., *~ [of crops]* el. *crop ~* växelbruk, skiftesbruk; växtföljd
rote [rəʊt] *s*, *by ~* utantill [*know a th. by ~*]; av gammal vana, mekaniskt, utan att tänka [*do a th. by ~*]
rotgut ['rɒtɡʌt] *s* sl. rävgift dålig sprit; blask dåligt öl
rotisserie [rəʊ'tɪsərɪ] *s* **1** [grill med] roterande stekspett **2** rotisseri stekrestaurang
rotor ['rəʊtə] *s* rotor
rotten ['rɒtn] *adj* **1** rutten äv. bildl.; skämd; murken; *~ to the core* genomrutten **2** vard. urusel [*~ weather*], urdålig, vissen [*feel ~*], eländig, erbarmlig; skamlig; taskig [*a ~ thing to have done that*]; om sak äv. jäklig; *~ luck!* en sån förbaskad otur!; *a ~* [*dirty*] *trick* ett mycket fult trick
rottenness ['rɒtnnəs] *s* ruttenhet etc., jfr *rotten*
Rotten Row [,rɒtn'rəʊ] rid- o. körväg i Hyde Park
rotund [rə(ʊ)'tʌnd] *adj* rund [*a ~ face* (*melon*); *a ~ little man*], trind, knubbig, rultig
rotundity [rə(ʊ)'tʌndətɪ] *s* rundhet etc., jfr *rotund*
rouble ['ruːbl] *s* rubel
roué ['ruːeɪ, ruː'eɪ] *s* roué, rucklare, rumlare
rouge [ruːʒ] **I** *s* **1** rouge, rött puder **2** putspulver för metall, glas o.d.; *jeweller's ~* ung. silverputs[pulver] **II** *vb tr* o. *vb itr* sminka [sig] med rouge, lägga rouge på, lägga på rouge
rough [rʌf] **I** *adj* **1** grov, ojämn, skrovlig, sträv **2** svår[forcerad] [*~ country*] **3** svår, hård [*~ weather*]; gropig [*a ~ sea*] **4** hårdhänt, omild [*~ handling*], rå, våldsam; ruffig; *it was ~ going* det var en svår pärs; *~ luck* vard. otur; *~ play* sport. ojust spel, ruff; *have a ~ time* [*of it*] vard. ha det svårt, slita ont; *it is ~ on her* vard. det är synd om henne **5** ohyfsad, råbarkad; *a ~ customer* en rå typ **6** *lead a ~ life* leva primitivt **7** obehandlad, obearbetad, rå, oslipad [*~ diamond*]; *~ diamond* bildl., se *diamond 1* **8** grov; *~ copy* kladd, koncept; *~ outline* skiss, utkast; *in ~ outlines* i grova drag; *a ~ sketch* en grov skiss **9** ungefärlig; *a ~ estimate* en ungefärlig beräkning; *at a ~ estimate* äv. uppskattningsvis; *a ~ guess* en lös gissning; *it is ~ justice* ung. allting jämnar ut sig, betalt kvitteras **10** *~ and ready* se *rough-and-ready*; *~ and tumble* se *rough-and-tumble* **II** *adv* grovt; rått; hårt; ojust; *cut up ~* börja bråka, ilskna till; *play ~* spela ojust, ruffa; *treat a p. ~* behandla ngn kärvt (barskt) **III** *s* **1** *take the ~ with the smooth* bildl. ta det onda med det goda **2** *in the ~* i obearbetat tillstånd (skick) **3** buse, ligist **IV** *vb tr* **1** *~ it* slita ont; leva primitivt **2** *~ in* (*out*) teckna konturerna av **3** *~ up* riva upp; rufsa till
roughage ['rʌfɪdʒ] *s* **1** grovfoder, klifoder **2** fiberrik kost; växtfibrer, kostfiber
rough-and-ready [,rʌfnd'redɪ] *adj* **1** grov, ungefärlig [*a ~ estimate*], lättvindig **2** om pers. rättfram, otvungen
rough-and-tumble [,rʌfn'tʌmbl] **I** *s* vard. nappatag; bråk; hårda tag äv. bildl. **II** *adj* oordnad [*lead a ~ life*]
roughcast ['rʌfkɑːst] *s* byggn. grovputs, grovrappning; revetering
roughen ['rʌf(ə)n] *vb tr* o. *vb itr* göra (bli) grov (grövre) etc., jfr *rough I*
roughly ['rʌflɪ] *adv* **1** grovt etc., jfr *rough I*; *treat ~* behandla omilt (hårt, hårdhänt) **2** cirka, [på ett] ungefär; på en höft, grovt

räknat; något så när; ~ *speaking* i stort sett, på ett ungefär, i runt tal
roughneck ['rʌfnek] *s* sl. ligist, hårding
roughness ['rʌfnəs] *s* grovhet, strävhet etc., jfr *rough I*
roughshod ['rʌfʃɒd] *adj* **1** om häst broddad, skarpskodd **2** *ride ~ over* bildl. topprida, trampa ner; behandla hänsynslöst
roulette [ru'let] *s* roulett[spel]
round [raʊnd] **I** *adj* **1** rund, cirkelrund, klotrund, [av]rundad; ~ *robin* inlaga (protestskrivelse) med undertecknarnas namnteckningar i cirkel för att dölja ordningsföljden; ~ *tour* rundtur, rundresa; ~ *trip* a) rundtur, rundresa b) amer. turochreturresa **2** a) jämn, rund, avrundad [*a ~ sum*]; hel [*a ~ dozen*] b) ungefärlig [*a ~ estimate*]; *a good ~* [*sum*] en rundlig...; *in ~ figures* i runda (runt) tal; *at a ~ guess* gissningsvis **3** *scold a p. in good ~ terms* ge ngn en ordentlig (rejäl) utskällning
II *s* **1** ring, krets; rund; klot; *theatre in the ~* arenateater **2** skiva av bröd el. korv; *a ~ of beef* a) ett lårstycke av oxkött b) en [dubbel]smörgås med oxkött; *a ~ of toast* en skiva rostat bröd **3** kretslopp; rond, runda, tur; serie, rad; *the daily ~* de dagliga bestyren; *do a newspaper ~* bära ut tidningar; *the doctor's ~ of visits* läkarens besöksrond; *the milkman's ~* mjölkbudets runda; *the postman's ~* brevbärarens utbärningstur; *a ~ of pleasures* en enda lång rad av nöjen; *go the ~s* a) göra sin inspektionsrunda, gå sin rond b) bildl. gå runt, cirkulera [*the news went the ~s*]; grassera, härja [*an infection is going the ~s*]; *go the ~* of a) gå runt i b) gå laget runt bland; *make one's ~s* gå ronden på sjukhus **4** omgång, varv; ~ *of ammunition* mil. a) [skott]salva b) skott [*he had three ~s of ammunition left*]; *a ~ of applause* en applåd; *a ~ of cheers* leverop, hurrarop; *stand a ~ of drinks* bjuda på en omgång drinkar; ~ *of negotiations* (*talks*) förhandlingsomgång, diskussionsrunda **5** sport. o.d. rond, omgång; *a ~ of golf* en golfrunda **6** mus. kanon
III *adv* **1** runt [*show a p. ~*], [runt]omkring, runtom, i omkrets [*6 metres ~*]; om tillbaka [*don't turn ~!*]; ~ *about* [runt]omkring, runtom; *all ~* a) runtom[kring] b) överallt c) överlag, laget runt; *taking it all ~* om man ser på saken ur alla synvinklar; *all the year ~* hela året [om], året runt (om); *go a long way ~* ta en lång omväg; *bring* (*come, go* m.fl.) ~ se under resp. vb **2** här [*when he was ~*]; hit, över [till mig (oss)] [*he came ~ one evening*]; *ask a p. ~* be ngn hem till sig **3** ~ [*about*] [så där] omkring [~ [*about*] *lunchtime*]
IV *prep* om[kring] [*he had a scarf ~ his neck*], runt, [runt]omkring, kring [*sit ~ the table*];

runtom; omkring (runt) i (på) [*walk ~ the town*]; ~ *the clock* dygnet runt, jfr *round-the-clock*; ~ *the world* jorden runt
V *vb tr* **1** göra rund; runda [~ *the lips*]; *~ed bosom* rund (fyllig) barm; ~ *off* a) runda [av] t.ex. hörn b) runda av summa c) avrunda, avsluta [~ *off an evening*], fullborda [~ *off one's career*] **2** runda, svänga om (runt) [~ *a street corner*], gå (fara, segla) runt, sjö. äv. dubblera [~ *a cape*] **3** ~ *up* samla (driva) ihop; mobilisera, samla [~ *up volunteers*]
VI *vb tr* **1** ~ *out* bli fyllig[are] (rundare) **2** vända sig om; ~ *on a p.* fara ut mot ngn
roundabout ['raʊndəbaʊt] **I** *adj* tillkrånglad, omständlig [~ *paragraphs*]; *use ~ methods* bildl. gå omvägar; ~ *way* (*route*) omväg; *in a ~ way* indirekt, på omvägar; i förtäckta ordalag **II** *s* **1** karusell **2** trafik. rondell, cirkulationsplats **3** omväg
rounders ['raʊndəz] (konstr. ss. sg.) *s* rounders slags brännboll
roundly ['raʊndlɪ] *adv* **1** [cirkel]runt etc., jfr *round I* **2** öppet [*his methods were ~ condemned*], oförblommerat, rent ut [*I told him ~ that he was wrong*] **3** fullständigt, grundligt
round-shouldered [,raʊnd'ʃəʊldəd] *adj* kutryggig, rundryggad
round-table [,raʊnd'teɪbl] **I** *adj* rundabords- [~ *conference* (*discussion*)] **II** *s* rundabordskonferens
round-the-clock ['raʊndðəklɒk, ,--'-] *attr adj* dygnslång [*a ~ attack*], som pågår (pågick) hela dygnet [~ *meetings*]; [*they have*] ~ *service* ...dygnetruntservice, ...öppet (jourtjänst) dygnet runt
round-trip ['raʊndtrɪp] *attr adj* amer. turochretur- [*a ~ ticket*]
roundup ['raʊndʌp] *s* **1** hopsamlande, hopdrivning **2** [*police*] ~ [polis]razzia [*of bland*]; *the police made a ~ of* [*suspects*] polisen gjorde en razzia och grep... **3** sammanfattning, sammandrag [*a news ~*], översikt [*a sports ~*]; *Sports ~* radio. el. TV. sportextra
rouse [raʊz] *vb tr* **1** väcka [upp] **2** bildl. a) väcka, rycka upp [*from* ur], sätta liv (fart) i; sätta i rörelse [~ *the imagination*]; egga, sporra [~ *a p. to action*], elda [upp] [~ *the masses*] b) reta [upp] [~ *a p. to anger*]; ~ *oneself* rycka upp sig, vakna upp; ~ *a p.'s passions* väcka ngns lidelser; sätta ngns känslor i svallning
rousing ['raʊzɪŋ] *adj* **1** väckande, eldande; *a ~ appeal* en flammande appell; *a ~ tune* en medryckande melodi **2** översvallande [*a ~ welcome*]

1 rout [raʊt] **I** *s* vild (oordnad) flykt; sammanbrott, [fullständigt] nederlag; sport. äv. skräll; *the army is in full ~* armén befinner sig i fullständig upplösning (är på

vild flykt); *put to* ~ driva (jaga, slå) på flykten II *vb tr* driva (jaga, slå) på flykten; fullständigt besegra
2 rout [raʊt] I *vb itr*, ~ [*about*] rota, böka, gräva [*for* efter] II *vb tr* **1** om svin böka (rota) upp **2** ~ *out* gräva (leta) fram (upp)
route [ruːt, mil. o. ibl. amer. äv. raʊt] I *s* **1** rutt, route, [färd]väg, led; amer. huvudväg [*R~ 22*]; sträcka, linje för trafik; [*the buses*] *on* ~ *number 50* ...på linje 50 **2** mil. marschrutt, marschruta II *vb tr* sända viss väg [*all mail was ~d via the Cape*]; dirigera
route march ['ruːtmɑːtʃ, 'raʊt-] *s* mil. [tränings]marsch; marsch under formering till tåg
routine [ruːˈtiːn] I *s* **1** rutin, praxis; *office* ~ kontorsrutiner, rutinerna (arbetsgången) på ett kontor; *it's just a matter of* ~ det är bara en rutinsak (formalitet) **2** slentrian **3** teat. nummer på repertoaren [*a dance* ~] II *adj* **1** rutin- [~ *duties*], rutinmässig; vanemässig; vanlig [*the* ~ *procedure*]; [*things like this*] *are* ~ *these days* ...hör till regeln (vanligheten) nu för tiden **2** slentrianmässig
rove [rəʊv] I *vb itr* ströva [omkring], vandra; flacka [omkring] [~ *from place to place*], irra [*his eyes ~d from one place to another*] II *vb tr* genomströva, ströva omkring i [~ *the woods*] III *s*, *be on the* ~ vara ute och vandra
rover ['rəʊvə] *s* **1** vandrare; rastlös person **2** ~ [*scout*] 'roverscout' över 18 år
roving ['rəʊvɪŋ] *adj* kringströvande, [kring]irrande, [kring]flackande; ~ *ambassador* resande ambassadör; ~ *commission* rörligt uppdrag, uppdrag med stor rörelsefrihet; *he has a* ~ *eye* han har en flackande (irrande, vaksam) blick; ~ *reporter* flygande reporter
1 row [rəʊ] *s* **1** rad, räcka, länga [*a* ~ *of houses*]; led; ~ *house* amer. radhus; *in a* ~ i rad, i följd; i sträck **2** bänk[rad] **3** i stickning varv **4** gata isht i gatunamn
2 row [rəʊ] I *vb tr* **1** ro [~ *a boat*]; ~ *a race* ro ikapp **2** ro mot, tävla med II *vb itr* ro; *the boat ~s easily* båten är lättrodd III *s* rodd[tur]; *be out for a* ~ vara ute och ro; *go for a* ~ ta en roddtur
3 row [raʊ] I *s* **1** oväsen, bråk, liv, stoj; [*the children*] *made* (*were kicking up*) *an awful* ~ ...förde ett förskräckligt liv (oväsen), ...levde bus; *stop that* ~*!* för inte ett sånt liv! **2** gräl, bråk, slagsmål, gruff, uppträde, spektakel; strid; *have a* ~ bråka, gräla; *what's the* ~? vad bråkar ni om?; *make* (*kick up*) *a* ~ ställa till bråk, bråka, gruffa [*about* om] II *vb tr* skälla ut, läxa upp, gräla på III *vb itr* **1** väsnas, bråka **2** gräla, gruffa; ~ *with a p.* gräla med ngn
rowan ['rəʊən, 'raʊ-] *s* isht nordeng. el. skotsk. **1** rönn **2** rönnbär
rowanberry ['rəʊənˌberɪ, 'raʊən-] *s* rönnbär

rowboat ['rəʊbəʊt] *s* isht amer. roddbåt
rowdy ['raʊdɪ] I *s* bråkmakare, bråkstake, råskinn II *adj* bråkig, våldsam [~ *scenes*]
rowdyism ['raʊdɪɪz(ə)m] *s* busliv, busfasoner
rower ['rəʊə] *s* roddare
rowing-boat ['rəʊɪŋbəʊt] *s* roddbåt
rowlock ['rɒlək, 'rʌl-, 'rəʊlɒk] *s* årtull, årklyka
royal ['rɔɪ(ə)l] I *adj* a) kunglig [~ *blood*; *His R~ Highness*], kunga- [~ *power*] b) bildl. kunglig, furstlig, storartad [*a* ~ *welcome*]; strålande [*in* ~ *spirits*]; *R~ Commission* statlig utredning; *the* ~ *family* den kungliga familjen, de kungliga; kungahuset; ~ *road* bildl. kungsväg; *the* ~ *speech* trontalet; *have a* ~ *time* roa sig kungligt, stornjuta II *s* vard. kunglig [person] [*a* ~, *the* ~*s*]
royalism ['rɔɪəlɪz(ə)m] *s* rojalism
royalist ['rɔɪəlɪst] *s* rojalist
royalistic [ˌrɔɪəˈlɪstɪk] *adj* rojalistisk
royalty ['rɔɪ(ə)ltɪ] *s* **1** kunglighet, kungamakt, kungavärdighet **2** a) kunglig person b) koll. kungligheter [*in the presence of* ~] **3** royalty
RP [ˌɑːˈpiː] förk. för *received pronounciation*
RPI förk. för *retail price index*
rpm förk. för *revolutions* (*rounds*) *per minute*
R & R [ˌɑːrənˈɑː] förk. för *rest and recreation*
RRP förk. för *recommended retail price*
RSPCA förk. för *Royal Society for the Prevention of Cruelty to Animals*
RSVP (förk. för *répondez s'il vous plaît* fr.) på bjudningskort o.s.a (förk. för *om svar anhålles*)
Rt. Hon. förk. för *Right Honourable*
Rt. Rev. förk. för *Right Reverend*
rub [rʌb] I *vb tr* (se äv. *II*) gnida, gno, gnugga, skava; frottera; polera, putsa; ~ *shoulders* (*elbows*) *with* umgås med, neds. frottera (beblanda) sig med; ~ *a tombstone* (*brass*) göra frottage (en gnuggbild) av en gravsten (minnestavla); ~ *a p.* [*up*] *the wrong* (*right*) *way* bildl. stryka ngn mothårs (medhårs)

II *vb tr* o. *vb itr* med adv.:

~ *along* vard.: **a)** klara sig, dra (hanka) sig fram **b)** *we manage to* ~ *along together* vi kommer [ganska] bra överens

~ *down* gnida (gnugga) ren; gnida slät, slipa av, putsa av; frottera; rykta

~ *in*: **a)** gnida in **b)** bildl. *don't* ~ *it in!* du behöver inte tjata om (påminna mig om) det!

~ *off*: **a)** gnida (putsa, nöta) av (bort); sudda ut (bort); sudda ren **b)** gå att gnida av (bort) osv. **c)** nötas av (bort) **d)** vulg. runka

~ *out* **a)** sudda (stryka) ut (bort); gnida (putsa, nöta) av (bort) **b)** gå att sudda av (bort) [~ *out easily*]; gå att gnida bort

~ *up*: **a)** putsa (polera) [upp]; gnida (putsa) av; ~ *a p. up the wrong* (*right*) *way* se *I* **b)** bildl. friska upp [~ *up one's French*]

III *s* **1** gnidning, frottering **2** *there's the* ~ det är där problemet ligger

1 rubber ['rʌbə] s kortsp. robbert; spel
2 rubber ['rʌbə] s **1** kautschuk, gummi [äv. *India ~*]; radergummi; pl. *~s* isht amer. vard. galoscher; *~ solution* gummilösning **2** person (sak) som gnider (skrapar etc., jfr *rub I*); *board ~* tavelsudd **3** isht amer. sl. gummi kondom
rubber band [ˌrʌbə'bænd] s gummisnodd, gummiband
rubberize ['rʌbəraɪz] vb tr gummera, preparera med gummi
rubberneck ['rʌbənek] s isht amer. vard. nyfiken person; [nyfiken] turist
rubber-stamp [ˌrʌbə'stæmp] **I** s **1** gummistämpel; *get the ~* bildl. få [ett] godkännande (ett ja) **2** bildl. a) kliché b) nickedocka **II** vb tr stämpla; vard. skriva under [obesett], godkänna (anamma) utan vidare
rubbery ['rʌbərɪ] adj seg [som gummi], gummiartad
rubbish ['rʌbɪʃ] **I** s **1** avfall; sopor; skräp; *~ chute* sopnedkast **2** bildl. a) skräp, strunt, smörja b) nonsens, goja, struntprat **II** vb tr racka ner på, göra ner **III** *interj*, *~!* struntprat!
rubbishy ['rʌbɪʃɪ] adj **1** skräp-, strunt- [*~ novel* (*film*)]; futtig **2** skräpig
rubble ['rʌbl] s **1** stenskärv; packsten, stenflis, stenfyllnad **2** spillror, grus; *a heap of ~* en grushög
rubicund ['ru:bɪkənd] adj rödblommig; rödbrusig
ruble ['ru:bl] s rubel myntenhet
ruby ['ru:bɪ] **I** s **1** rubin; i ur äv. sten **2** rubinrött **II** adj rubinröd, rubinfärgad, rubin-; *~ lips* purpurröda läppar
1 ruck [rʌk] s hop, massa, mängd; *the ~* sport. klungan; bakre [delen av] fältet; *anxious to get out of the* [*common*] *~* angelägen att bryta av från mängden (bryta sig ut ur den stora grå massan); *leave the ~* sport. löpa (köra) ifrån det övriga fältet
2 ruck [rʌk] **I** s veck, rynka **II** vb tr, *~* [*up*] vecka [ihop], rynka, skrynkla [ned (till)]
rucksack ['rʌksæk, 'rʊk-] s ryggsäck
rudder ['rʌdə] s roder; flyg. sidoroder
ruddy ['rʌdɪ] **I** adj **1** rödblommig [*a ~ complexion*, *a ~ face*] **2** röd, rödaktig; rödbrun **3** sl. (eufem. för *bloody*) förbenad, förbaskad, jäkla **II** adv sl. (eufem. för *bloody*) förbenat, förbaskat, jäkla
rude [ru:d] adj **1** ohövlig, ohyfsad, oförskämd, grov [*~ remarks*], rå, ful [*~ words on the wall*] **2** våldsam, häftig [*a ~ reminder, a ~ shock*]; hård [*a ~ hand*; *~ realities*]; *he had a ~ awakening* bildl. det blev ett smärtsamt uppvaknande för honom
rudeness ['ru:dnəs] s vard. ohövlighet, oförskämdhet
rudiment ['ru:dɪmənt] s **1** rudiment, anlag, ansats, antydan [*of* till] **2** pl. *~s* första

grunder, grund[drag], elementa; *learn the ~s of a language* lära sig de första grunderna i ett språk
rudimentary [ˌru:dɪ'ment(ə)rɪ] adj **1** rudimentär, outvecklad, förkrympt; begynnelse- **2** elementär; *only a ~ knowledge of the language* endast elementära kunskaper i språket
1 rue [ru:] s bot. [vin]ruta
2 rue [ru:] vb tr ångra; beklaga, sörja över; *~ the day* (*hour*) *when* ångra (sörja över) den dag (stund) då
rueful ['ru:f(ʊ)l] adj **1** bedrövlig, sorglig, beklaglig; *a ~ smile* ett beklagande leende **2** nedslagen, bedrövad
ruff [rʌf] s **1** pipkrage; krås, krus **2** zool. halskrage, fjäderprydnad
ruffian ['rʌfjən] s råskinn, buse, skurk, bandit
ruffianly ['rʌfjənlɪ] adj skurkaktig, rå
ruffle ['rʌfl] **I** vb tr **1** *~* [*up*] rufsa till [*~ a p.'s hair*], bringa i oordning; skrynkla; burra upp [*the bird ~d up its feathers*] **2** sätta i rörelse, röra upp, göra orolig, krusa [*a breeze ~d the surface of the lake*] **3** *~ a p.'s temper* förarga ngn; *be ~d* bli stött **4** rynka, vecka, krusa; förse med krås (krus) **II** s krås, krus, rynkad remsa; volang; spetsmanschett
rug [rʌg] s **1** [liten] matta; *bedside ~* sängmatta **2** filt; vagnstäcke; [*travelling*] *~* [res]pläd
Rugby ['rʌgbɪ] **I** stad och berömd *Public School* **II** s, *~* el. *r~* [*football*] rugby[fotboll]; *~ League* professionell rugby med trettonmannalag; *~ Union* amatörrugby med femtonmannalag
rugged ['rʌgɪd] adj **1** ojämn, knottrig, skrovlig [*~ bark*]; oländig, kuperad [*~ ground, ~ country*]; klippig [*a ~ coast, ~ mountains*] **2** fårad [*a ~ face*], oregelbunden, grov[skuren], kraftigt markerad [*~ features*] **3** sträv, kärv, barsk, bister [*a ~ old peasant*], kantig, oslipad, opolerad, ohyfsad [*~ manners*] **4** otymplig, knagglig [*~ verse*] **5** kraftfull, härdad [*the pioneers were ~ people*], stark, kraftig, robust [*~ physique*]; *~ health* järnhälsa **6** bister, hård, svår [*~ times; ~ weather*]
rugger ['rʌgə] s vard. rugby[fotboll]
ruin ['ru:ɪn] **I** s **1** ruin[er]; spillror **2** bildl. ruin, undergång, fall, fördärv, förfall, förstörelse, ödeläggelse; *this will be the ~ of us* detta blir vårt fördärv (fall) **II** vb tr **1** ödelägga, förstöra **2** ruinera, störta [i fördärvet], bringa på fall; krossa, grusa **3** fördärva, förstöra [*~ one's health*]
ruination [ˌru:ɪ'neɪʃ(ə)n] s **1** ödeläggelse **2** ruin, fördärv
ruinous ['ru:ɪnəs] adj **1** förfallen; i ruiner; *be in a ~ state* ligga i ruiner; vara alldeles förfallen **2** förödande, fördärvbringande **3** ruinerande

rule [ru:l] **I** s **1** regel äv. gram.; norm, rättesnöre; vana, sedvänja; *~ of thumb* tumregel; *by ~ of thumb* efter ögonmått; godtyckligt; på ett ungefär (en höft); *as a [**general**] ~* som (i) regel, för det mesta, vanligen; *be the ~* vara [en] regel (det vanliga, vanlig); *the exception proves the ~* undantaget bekräftar regeln **2** regel, bestämmelse, föreskrift, stadgande; pl. *~s* äv. stadgar [*club ~s*], reglemente; *hard and fast ~* sträng[a] föreskrift[er]; *standing ~* [officiellt] reglemente; *the ~[s] of the road* trafikreglerna, körreglerna; *according to ~* enligt regeln (reglerna); regelrätt; *against* (*contrary to*) [*the*] *~s* mot regeln (reglerna); *work to ~* följa reglementet till punkt och pricka med sänkt arbetstakt som följd **3** styre, [herra]välde [*under British ~*], styrelseskick, makt, myndighet [*over* (*of*) *över*]; regering; *society founded on the ~ of law* rättssamhälle **4** tumstock, måttstock

II *vb tr* **1** regera [över], styra, leda, härska över; bildl. behärska; prägla **2** fastställa, förordna, stadga; avgöra, bestämma; *~ out [the possibility]* utesluta (avfärda)...; *~ a th. out of order* förklara ngt strida[nde] mot ordningen **3** linjera; *~d paper* linjerat papper; *~ a line* dra en linje med linjal

III *vb itr* **1** regera, härska [*over* över]; råda äv. bildl. [*silence ~d in the assembly*] **2** isht jur. meddela utslag [*the court ~d on* (i) *the case*]
ruler ['ru:lə] s **1** härskare, styresman [*over, of* över] **2** linjal
ruling ['ru:lɪŋ] **I** *adj* **1** regerande, härskande etc., jfr *rule II* o. *III*; *~ prices* gällande priser (kurser); ibl. genomsnittspriser **2** dominerande, förhärskande; *~ passion* stor passion, allt överskuggande lidelse **II** *s* **1** isht jur. utslag, avgörande **2** linjering; linjer
1 rum [rʌm] *s* rom dryck; amer. vard. sprit
2 rum [rʌm] *adj* ngt åld. vard. konstig, underlig, besynnerlig; *a ~ start* (*go*) en underlig (mystisk) historia tilldragelse
rumba ['rʌmbə] **I** *s* rumba **II** *vb itr* dansa rumba
rumble ['rʌmbl] **I** *vb itr* **1** mullra, dåna; dundra (skramla) [fram] **2** om mage kurra, knorra **3** *~ on* mala (prata) på **II** *vb tr* sl. komma underfund med, genomskåda [*we have ~d their game*] **III** *s* **1** mullrande, dån; radio. o.d. 'rumble', brummande lågfrekventa störningar **2** mummel, mumlande **3** a) på bil [reservsäte i] baklucka [äv. *~ seat*]; bagageutrymme b) betjäntsäte bakpå vagn
rumble-strip ['rʌmblstrɪp] *s* trafik. skakräfflor, bullerräffla
rumbustious [rʌm'bʌstjəs] *adj* vard. larmande, skränig, bullrande, stojande; oregerlig
ruminant ['ru:mɪnənt] *s* idisslare
ruminate ['ru:mɪneɪt] *vb itr* **1** idissla **2** grubbla, fundera, älta, ruva [*about, over, upon* på, över]
rumination [,ru:mɪ'neɪʃ(ə)n] *s* **1** idisslande **2** grubbel, grubblande, ältande
rummage ['rʌmɪdʒ] **I** *vb tr* söka (leta, snoka, rota) igenom [*~ a house, ~ one's pockets*] **II** *vb itr* leta, snoka, gräva, rumstera, rota [*among* bland]; *~ for* rota igenom på jakt efter
rummy ['rʌmɪ] *s* rummy slags kortspel
rumour ['ru:mə] **I** *s* rykte [*a false ~*]; *~ has it* (*there is a ~*) *that* se *it is ~ed that* under *II*
II *vb tr, it is ~ed that* det ryktas att, ryktet går (säger) att
rumourmonger ['ru:məˌmʌŋgə] *s* ryktessmidare, ryktespridare
rump [rʌmp] *s* **1** bakdel, rumpa; gump på fågel **2** slakt. (ung.) tjock fransyska
rumple ['rʌmpl] *vb tr* skrynkla ned [*~ one's collar*]; rufsa (tufsa) till [*~ one's hair*]
rumpsteak [ˌrʌmp'steɪk, '--] *s* rumpstek
rumpus ['rʌmpəs] *s* vard. bråk; gruff, uppträde; *kick up* (*make*) *a ~* ställa till bråk etc.
rumpus room ['rʌmpəsru:m] *s* isht amer. gillestuga
run [rʌn] **I** (*ran run*) *vb itr* (se äv. *III*) **1** springa, ränna, löpa; gå; skynda, rusa [*at a p.* mot (på) ngn] **2** fly [*from* från (för)]; om tid äv. gå; *cut and ~* se *cut A II 3* **3** sport. o.d. löpa, springa; *Blue Peter also ran* dessutom deltog Blue Peter i loppet utan att placera sig; se äv. *also-ran* **4** polit. o.d. (isht amer.) ställa upp, kandidera [*for* till] **5** glida, löpa, rulla, köra; bildl. [för]löpa [*his life has ~ smoothly* (lugnt)]; *the verses ~ smoothly* versen flyter bra **6** a) om maskin o.d. gå, vara i gång, vara på; *leave the engine ~ning* låta motorn gå [på tomgång] b) gå [i trafik], köra [*the buses ~ every five minutes*] c) segla **7** bildl. sprida sig [*the news ran like wildfire* (en löpeld)] **8** om färg o.d. fälla [*these colours won't ~*]; flyta [ut (ihop, omkring)] **9** rinna, droppa [*your nose is ~ning*], flyta, flöda; om sår vätska (vara) sig **10** i vissa förb. med adj. el. adv.: bli, tendera att bli (vara); *~ foul* (*wild* m.fl.) se d.o.; *~ dry* torka [ut], sina; *~ high* a) om tidvatten, pris m.m. stiga högt, om sjö gå hög[t] b) om känslor o.d. svalla [högt]; *~ low* bildl. ta slut, tryta [*supplies are ~ning low*]; *~ short* se under *short II 2* **11** om växt slingra sig, klättra **12** a) löpa, gälla om kontrakt o.d. b) pågå, gå; *the play ran for six months* pjäsen gick i sex månader **13** lyda, låta; *it ~s as follows* det lyder på följande sätt **14** *my stocking has ~* det har gått en maska på min strumpa

II (*ran run*) *vb tr* (se äv. *III*) **1** springa [*~ a race*], löpa äv. bildl. [*~ a risk*]; *~ errands* (*messages*) springa ärenden [*for* åt (för)]; *you're ~ning it fine* (*close*) du är sent ute, du tar till lite väl knappt med tid; *~ the rapids* fara utför forsarna **2** springa efter, springa i kapp med [*I ran him to the corner*]; ~ *a p.* **close** (*hard*) a) följa ngn hack i häl b) kunna konkurrera med ngn 3 fly ur (från) [~ *the country*] 4 låta löpa, ställa upp med [~ *a horse in the Derby*] 5 driva [~ *a business*]; leda, styra; sköta, förestå; ~ *a course* ha (leda, hålla) en kurs 6 a) köra, skjutsa [*I'll ~ you home in my car*] b) låta glida (löpa), dra, köra [~ *one's fingers through one's hair*] c) köra [~ *a splinter into one's finger*], ränna, sticka 7 a) köra [~ *a taxi*]; hålla (sätta) i gång; ~ *a film* köra (visa) en film; ~ *a tape* spela ett band b) segla, föra, köra [med]; sätta in (i trafik) [~ *extra buses*] 8 driva på bete, låta beta 9 bryta [~ *a blockade*] 10 a) låta rinna, tappa [~ *water into a bath-tub*] b) strömma (rinna, flöda) av; spruta [fram]; ~ *blood* blöda, drypa av blod 11 smuggla [in] [~ *arms*] 12 dra [~ *a telephone cable*] 13 ytterligare förb.: *I cannot afford to* ~ *a car* jag har inte råd att ha bil; *a car that is expensive to* ~ en bil som är dyr i drift; ~ *a temperature* vard. ha feber **III** (*ran run*) *vb itr* o. *vb tr* med adv. o. prep. isht med spec. övers.:

~ **about** springa (löpa, fara) omkring

~ **across**: a) löpa (gå) tvärs över b) stöta (råka, springa, träffa) 'på

~ **against**: a) stöta (råka, träffa) 'på, stöta ihop med; rusa emot b) sport. o.d. tävla (springa) mot; polit. o.d. (isht amer.) ställa upp (kandidera mot) c) ~ *one's head against the wall* bildl. köra huvudet i väggen

~ **aground** gå (segla, ränna) på grund

~ **along**! vard. i väg med dig!

~ **away** springa i väg (bort), rymma

~ **away with**: a) rymma (sticka) med; stjäla b) vinna lätt, ta lätt [hem]; *she ran away with the show* hon stal hela föreställningen c) *don't* ~ *away with the idea that* gå nu inte omkring och tro att d) rusa i väg med [*his feelings* ~ *away with him*]

~ **down**: a) springa (löpa, fara, rinna) ner (nedför, nedåt); *a cold shiver ran down my back* det gick kalla kårar efter ryggen på mig b) om ur o.d. [hålla på att] stanna c) *be (feel)* ~ *down* vara (känna sig) trött och nere d) ta slut; köra slut på; *the battery has (is)* ~ *down* batteriet är slut (har laddat ur sig) e) förfalla, försämras f) minska, gå tillbaka g) fara (resa) ut från storstad [~ *down to the country*] h) köra över (ner), springa (köra) omkull i) tala illa om, racka ner på

~ **for**: a) springa till; springa efter b) ~ *for it* vard. skynda sig, springa fort (för livet); ~ *for one's life* springa för livet c) polit. o.d. ställa upp som (till, för, i); ~ *for the Presidency* kandidera till presidentposten d) löpa [i], gälla [för] om kontrakt o.d.; pågå; *the play ran for 200 performances* pjäsen gick (uppfördes) 200 gånger

~ **in**: a) rusa in b) *it* ~*s in the family* det ligger (går) i släkten; *it keeps* ~*ning in my head* om melodi, tanke, o.d. jag har den ständigt i huvudet c) vard. haffa [*the police ran him in*] d) köra in [~ *in a new car* (*an engine*)]; ~*ning in* om bil under inkörning

~ **into**: a) köra (rusa) 'på ([in] i, emot), ränna in i (emot), kollidera med [~ *into a wall*] b) stöta (råka, träffa) 'på c) råka [in] i, stöta på; försätta i [~ *into difficulties*; ~ *into debt*] d) [upp]nå; [*a book that has*] ~ *into six editions* ...uppnått sex upplagor

~ **off**: a) springa [bort (sin väg)]; rymma b) kasta ned [~ *off an article*], skriva ihop c) trycka [*the machine* ~*s off 500 copies a minute*]; köra, dra [~ *off fifty copies of a stencil*] d) spela upp, köra [~ *off a tape*] e) sport. avgöra [genom omtävling]; ~ *off the preliminary heats* avverka försökssheaten

~ **on**: a) gå 'på, springa (köra) vidare b) fortsätta, löpa vidare c) om bokstäver hänga ihop, skrivas sammanhängande d) prata 'på, hålla 'på e) röra sig (kretsa) kring; röra sig om f) gå på, drivas med [~ *on petrol*]

~ **out**: a) springa (löpa, gå) ut; ~ *out on* vard. a) springa (löpa) ifrån [*time is* ~*ning out on me*] b) sticka ifrån, överge [~ *out on a p.*], lämna i sticket b) löpa (gå) ut [*my subscription has* ~ *out*]; hålla på att ta slut, börja sina (tryta) [*our stores are* ~*ning out*]; rinna ut (ur); *we are* ~*ning out of sugar* vi börjar få int om socker, sockret håller på att ta slut c) jaga (köra) bort (ut) [~ *a p. out of* (*från, ur*) *town*] d) sport., ~ *out a winner* utgå som segrare, vinna; *be* ~ *out* i kricket (om slagman som inte nått grinden under en 'run') bli utslagen

~ **over**: a) kila (titta) över [på besök] b) rinna (flöda) över c) ~ [*one's eyes* (*eye*)] *over* titta (ögna) igenom, granska [*they ran over the report*] d) gå igenom på nytt e) köra (rida) över; *he was* ~ *over* han blev överkörd f) [*I'll ask John*] *to* ~ *you over to my place* ...köra (skjutsa) dig över till mig g) ~ *over the time* dra över [tiden]

~ **round**: a) löpa (gå) runt b) kila (titta, köra) över, titta in

~ **through**: a) gå (löpa) igenom; genomsyra b) genomborra c) göra slut på [~ *through one's fortune*] d) ögna igenom; repetera

~ **to**: a) skynda (ila) till [~ *to his help*] b) uppgå till, gå på [*that will* ~ *to a pretty sum*] c) omfatta [*the story* ~*s to 5,000 words*], komma upp till (i) d) vard. ha råd med (till); *my income doesn't* ~ *to it* min inkomst räcker inte till det

~ **up**: a) springa (löpa) uppför b) sport. ta sats c) växa [upp], skjuta (ränna, rusa) i höjden; gå upp, öka [snabbt]; ~ *up an account with* skaffa sig konto hos; ~ *up a debt* dra på sig (skaffa sig) skulder d) om vikt,

pris m.m., **~ up to** ligga på, uppgå till, nå **e)** fara (resa) in [*~ up to town (London)*] **f) ~ up against** stöta på [*~ up against difficulties*], råka 'på (in i) **g)** smälla (smäcka) upp [*~ up a house*] **h)** summera, addera [*~ up a column of figures*]
IV *s* **1 a)** löpning, lopp; språng **b)** språngmarsch; **have a ~ for one's money a)** få valuta för pengarna **b)** få en hård match; **at a (the) ~** i språngmarsch, springande, mil. med språng; **on the ~** vard. på flykt, på rymmen **2** ansats för hopp; **take a ~** ta sats **3** sport. i kricket o.d. 'run', poäng **4** kort färd; resa, körning; **trial ~** se *trial 1*; **a ~ in the car** en [liten] biltur (åktur) **5** rutt, väg, runda **6 a)** tendens [*the ~ of the market*] **b)** riktning; sträckning c) förlopp; gång, rytm; **the daily ~ of affairs** den dagliga rutinen; **in the normal ~ of events** under normala förhållanden, se äv. *event 1* **7** serie, följd, räcka [*a ~ of misfortunes*], period [*a ~ of good weather*]; **have a good ~** ha framgång, gå bra; **have a long ~** a) vara på modet länge b) om pjäs o. film gå länge; **a ~ of good (bad) luck** ständig tur (otur); **in the long ~** i längden, i det långa loppet, på lång sikt **8** plötslig (stegrad) efterfrågan [*there was a ~ on* (på) *copper*]; rusning **9 the common (ordinary, general) ~ of mankind (men)** vanligt folk, vanliga människor **10** inhägnad, rastgård för djur, jfr *chicken run* **11** vard. fritt tillträde, tillgång [*of till*] **12** [löp]maska på strumpa o.d.
runabout ['rʌnəbaʊt] *s* liten lätt bil (vagn)
runaround ['rʌnəraʊnd] *s* vard., **get the ~** bli nonchalant behandlad, skickas hit och dit; [*I asked for a raise and*] **he gave me the ~** ...han försökte bara att slingra sig [undan], ...han kom med [en massa] undanflykter; **give a p. the ~** äv. ställa till trassel för ngn
runaway ['rʌnəweɪ] **I** *s* **1** flykting, rymmare, desertör **2** skenande häst **II** *adj* förrymd, förlupen; bortsprungen; skenande [*a ~ horse*]; **~ inflation** galopperande (skenande) inflation; **~ victory** överlägsen seger
run-down ['rʌndaʊn] **I** *adj* **1** slutkörd, överansträngd; nedgången; medtagen; trött och nere **2** nerkörd [*a ~ car*], förfallen **II** *s* vard. sammandrag [*on* av], rapport [*on* om]
rune [ruːn] *s* runa
1 rung [rʌŋ] perf. p. av *1 ring*
2 rung [rʌŋ] *s* **1** pinne på stege; steg; **start on the lowest ~** [*of the ladder*] bildl. starta från botten [av samhällsstegen] **2** tvärpinne mellan stolsben **3** eker; sjö. o.d. handspak på ratt
run-in ['rʌnɪn] *s* isht amer. **1** inflygning mot mål **2** uppvärmning; inledning, upptakt **3** kapplöpn. o.d. upplopp, slut
runner ['rʌnə] *s* **1** sport. o.d. löpare **2** bud, budbärare; mil. ordonnans **3** agent; kundvärvare; inkasserare **4 a)** sjö. snällseglare **b)** blockadbrytare **c)** smugglare ofta i sms. **5** gångmatta; [*central*] **~** [bord]löpare **6** med på släde o.d.; [skridsko]skena **7** bot. **a)** reva, utlöpare, skott **b)** växt som förökar sig genom utlöpare; **scarlet ~** el. **~ bean** rosenböna
runner-up [,rʌnər'ʌp] (pl. *runners-up* ['rʌnəz'ʌp]) *s*, **be ~** komma på andra plats, bli tvåa
running ['rʌnɪŋ] **I** *pres p* o. *adj* **1** löpande, springande; rinnande [*~ water*], flytande etc., jfr *run I*; **~ fight** strid under reträtt (flykt); **take a ~ jump (leap)** hoppa med [an]sats, **tell him to take a ~ jump at himself!** vard. säg åt honom att dra åt skogen (gå och hänga sig)!; **~ mate a)** kapplöpn. draghjälp **b)** amer. parhäst, vicepresidentkandidat; **in good ~ order** körklar och i gott skick, i god trim; **~ sore a)** varigt (vätskande) sår, sår som vätskar sig **b)** bildl. blödande (öppet) sår; **~ start** sport. el. bildl. flygande start; **~ time** körtid; films speltid **2** [fort]löpande; i följd (rad, sträck) [*three times (days) ~*]; **~ account** löpande räkning; **~ commentary** fortlöpande kommentar, direktreferat i radio el. TV; **keep up a ~ commentary on** fortlöpande (hela tiden) kommentera; **~ expenses** löpande utgifter, driftskostnader; **~ fire** mil. snabbeld, trumeld **II** *s* **1 a)** springande, löpande; lopp **b)** gång [*the smooth ~ of an engine*]; **make the ~ a)** vid löpning bestämma farten, leda b) bildl. ha initiativet, leda; ange tonen; **make all the ~** vard. hålla det hela i gång ensam, sköta hela ruljangsen själv; **take up the ~** ta ledningen äv. bildl.; **be in the ~** vara med i leken (tävlingen); **be in the ~ for** vara med i tävlingen (kapplöpningen) om, komma i fråga för; **be out of the ~** vara ur leken (spelet, räkningen), vara utan utsikt att vinna **2** kraft[er] att springa [i kapp] **3** körförhållanden, löpningsförhållanden o.d.; bana [*the ~ is good*]; förgörelse
running-board ['rʌnɪŋbɔːd] *s* fotsteg på bil, tåg o.d.
runny ['rʌnɪ] *adj* vard. rinnande, droppande [*a ~ nose*]; lös, tunn, för litet kokt [*a ~ egg*]
run-off ['rʌnɒf] *s* **1** sport. omtävling, omlöpning, omspel; slutspel **2** bildl. avgörande [omgång] **3** amer., **~ primary** nytt primärval, omval
run-of-the-mill [,rʌnəvðə'mɪl] *adj* ordinär, medelmåttig, genomsnitts- [*a ~ performance*]
runt [rʌnt] *s* vard. neds. puttefnask, liten skit
run-through ['rʌnθruː] *s* [snabb] repetition; snabbgenomgång
run-up ['rʌnʌp] *s* **1** sport. sats, ansats **2** bildl. inledning, upptakt **3** amer. [plötslig] ökning
runway ['rʌnweɪ] *s* **1** flyg. startbana, landningsbana **2** sport. ansatsbana

rupee [ru:'pi:, rʊ'p-] *s* rupie mynt[enhet]
rupture ['rʌptʃə] **I** *s* **1** a) bristning i muskel, jordytan m.m.; ruptur, rämna, klyfta b) [sönder]brytande, bristning **2** bildl. brytning **3** med. ruptur, bristning; bråck **II** *vb itr* brista **III** *vb tr* spräcka, spränga
rural ['rʊər(ə)l] *adj* lantlig [~ *idyll*]; lant- [~ *postman*], lands-; lantmanna-; lantbruks-; ~ *dean* kontraktsprost; ~ *life* lantliv[et], liv[et] på landet; *the* ~ *population* folket på landsbygden, landsbygdsbefolkningen; ~ *schools* skolor på landet; *in* ~ *parts* (*districts*) på landsbygden
ruse [ru:z] *s* list, knep, fint
1 rush [rʌʃ] *s* bot. säv; tåg[växt]
2 rush [rʌʃ] **I** *vb itr* **1** rusa, storma, störta, störta sig [*into* in i, i]; bildl. äv. kasta sig [*into* in i]; ~ *[and tear]* jäkta; ~ *at* rusa 'på (mot), störta sig över; storma fram mot **2** forsa, rusa, brusa [fram], välla, strömma [*a river* ~*es past*] **II** *vb tr* **1** störta [~ *the nation into war*], driva; rusa (jaga, störta) i väg med, föra i all hast (i ilfart) [*he was* ~*ed to hospital*]; forcera, driva (skynda, jäkta) 'på [äv. ~ *on* (*up*)]; ~ *a bill through* trumfa igenom (forcera behandlingen av) ett lagförslag; ~ *an order through* snabbexpediera en beställning; ~ *a p. off his feet* a) bringa ngn ur fattningen b) få ngn att springa benen av sig; *don't* ~ *me!* jäkta mig inte!; *don't try to* ~ *things* försök inte att skynda på (forcera) saken **2** mil. o. bildl. storma, välla in över (invadera) och ockupera [~ *a platform*]; kasta sig över, angripa, gå lös på **3** kasta (störta) sig över, forcera [~ *a fence*, ~ *a stream*] **4** sl. skörta upp; skinna, pungslå, lura [*a p. for a th.* ngn på ngt]; *how much did they* ~ *you for this?* hur mycket måste du punga ut med för det här? **III** *s* **1** rusning, rush, tillströmning [*on* (*to*, *into*) till]; anstormning, framstormande, framstörtande, anlopp, anfall [*at* mot]; *the Christmas* ~ julrushen, julbrådskan; *gold* ~ guldrush, guldfeber; *a* ~ *on the dollar* [en] livlig efterfrågan på dollarn, rusning efter dollarn; *make a* ~ a) rusa fram b) skynda sig **2** jäkt, jäktande [äv. ~ *and tear*]; brådska; *be in a* ~ ha det jäktigt, ha bråttom; *it was a bit of* ~ det var lite jäktigt; *what's all the* ~*?* varför har ni så bråttom?, vad jäktar ni för? **3** [fram]brusande, framvällande, forsande; *there was a* ~ *of blood to his head* blodet rusade åt huvudet på honom **4** film., pl. ~*es* arbetskopia, direktkopia
rush hour ['rʌʃˌaʊə] *s, the* ~ rusningstid[en]; *the five-o'clock* ~ femrusningen; ~ *traffic* rusningstrafik
rusk [rʌsk] *s* skorpa bakverk
russet ['rʌsɪt] **I** *adj* rödbrun; gulbrun **II** *s* rödbrunt, gulbrunt

Russia ['rʌʃə] Ryssland
Russian ['rʌʃ(ə)n] **I** *adj* rysk; ~ *roulette* rysk roulett; ~ *salad* legymsallad **II** *s* **1** ryss; ryska **2** ryska [språket]
Russo- ['rʌsəʊ] i sms. rysk- [*Russo-Japanese*]
Russophile ['rʌsə(ʊ)faɪl] **I** *s* ryssvän, russofil **II** *adj* ryssvänlig
Russophobe ['rʌsə(ʊ)fəʊb] **I** *s* rysshatare, russofob **II** *adj* ryssfientlig
rust [rʌst] **I** *s* rost på metaller o. växter **II** *vb itr* rosta, bli rostig; ~ *away* rosta sönder **III** *vb tr* göra rostig
rustic ['rʌstɪk] **I** *adj* lantlig, lant-, bonde-; rustik; ~ *style* allmogestil, rustik stil **II** *s* lantbo; neds. bonde, bondtölp
rusticate ['rʌstɪkeɪt] *vb itr* flytta ut (bo på, vistas på) landet
rusticity [rʌ'stɪsətɪ] *s* **1** lantlighet; lantliv **2** bondskhet, tölpighet
rustle ['rʌsl] **I** *vb itr* **1** prassla, rassla **2** röra med ett prasslande (rasslande, frasande) ljud [ofta ~ *along*] **3** amer. vard. hugga (ligga) 'i, jobba 'på [äv. ~ *around*]; tränga sig fram **4** amer. vard. stjäla boskap **II** *vb tr* **1** prassla (rassla, frasa) med **2** amer. vard. stjäla [~ *cattle*] **3** vard. hugga (ligga) 'i med; ~ *[up]* skaffa [fram], ordna, fixa [~ *up some food*] **III** *s* prassel, rassel, fras[ande]; sus
rustler ['rʌslə] *s* amer. boskapstjuv
rustproof ['rʌstpru:f] **I** *adj* rostbeständig, rostfri **II** *vb tr* göra rostbeständig (rostfri)
1 rusty ['rʌstɪ] *adj* **1** rostig; rostfläckig **2** rostfärgad **3** a) om pers. stel, ur form, otränad [*a bit* ~ *at tennis*], ringrostig b) försummad, rostig; *get* (*grow*) ~ ligga av sig [*she has got* (*grown*) ~ *in Latin*]; komma ur form
2 rusty ['rʌstɪ] *adj* motsträvig, istadig [~ *horse*]; *cut up* (*turn*) ~ vard. ilskna till, sätta sig på tvären [*on* mot]; bli förbaskad
1 rut [rʌt] **I** *vb itr* om hjort, get m.fl. vara brunstig **II** *s* brunst[tid]
2 rut [rʌt] *s* hjulspår äv. bildl.; slentrian; *get* (*fall*) *into a* ~ fastna i slentrian, fastna (gå) i gamla hjulspår (spår)
rutabaga [ru:tə'beɪgə] *s* amer. bot. kålrot
Ruth [ru:θ] kvinnonamn
ruthless ['ru:θləs] *adj* obarmhärtig, skoningslös, hänsynslös [*to* mot], utan medömkan [*to* med]
rye [raɪ] *s* **1** råg **2** i USA o. Canada, ~ [*whiskey*] whisky gjord på råg **3** rågbröd
Ryvita [raɪ'vi:tə] *s* ® slags knäckebröd

S

S, s [es] (pl. *S's* el. *s's* ['esɪz]) *s* S, s
S förk. för *Southern* (postdistrikt i London), *south[ern]*, *Sunday*
$ = *dollar[s]*
's = *has* [*what's he done?*]; *is* [*it's*, *she's*]; *does* [*what's he want?*]; *us* [*let's see*]
s. förk. för *second[s]*, *shilling[s]*, *singular*, *substantive*
SA förk. för *Salvation Army*
Saar [sɑ:] geogr.; *the* ~ a) Saar[området] b) Saar floden
Sabbath ['sæbəθ] *s* sabbat; vilodag; ~ *day* sabbatsdag, vilodag
sabbatical [sə'bætɪk(ə)l] I *adj* sabbats-; ~ *year* (*leave*) isht univ. sabbatsår II *s* isht univ. sabbatsår; *be on* ~ ha sabbatsår
sable ['seɪbl] I *s* 1 zool. sobel 2 sobelskinn; sobelpäls II *adj* sobel-
sabotage ['sæbətɑ:ʒ] I *s* sabotage II *vb tr* sabotera [~ *a meeting*]; utsätta för sabotage III *vb itr* sabotera, begå sabotage
saboteur [ˌsæbə'tɜ:] *s* sabotör
sabre ['seɪbə] *s* sabel
sabre-rattling ['seɪbəˌrætlɪŋ] bildl. I *s* sabelskrammel II *adj* sabelskramlande
sac [sæk] *s* zool. el. bot. säck
saccharin ['sækərɪn, -ri:n] *s* kem. sackarin
saccharine ['sækəri:n] *adj* sackarin-, socker-; bildl. sockersöt, sirapssöt, sirap- [*a* ~ *smile*]
sachet ['sæʃeɪ] *s* 1 doftpåse 2 [plast]kudde med schampo, badolja o.d. 3 [liten] påse, portionspåse för te, kaffe m.m.
1 sack [sæk] I *s* 1 säck äv. ss. mått; amer. äv. påse, plastkasse 2 vard., *get the* ~ få sparken, få avsked på grått papper; *give a p. the* ~ sparka ngn 3 vard., *hit the* ~ krypa till kojs, gå och knyta sig II *vb tr* vard. sparka, avskeda
2 sack [sæk] I *s* plundring II *vb tr* plundra [och härja i]
sackcloth ['sækklɒθ] *s* säckväv, säckduk; *in* ~ *and ashes* i säck och aska
sacking ['sækɪŋ] *s* säckväv
sacrament ['sækrəmənt] *s* kyrkl. sakrament; *the Blessed* (*Holy*) *S*~ [den heliga] nattvarden
sacramental [ˌsækrə'mentl] I *adj* sakramental, sakraments-; nattvards- [~ *wine*] II *s* katol., pl. ~*s* sakramentalier
sacred ['seɪkrɪd] *adj* 1 helgad, invigd [*to* åt, till]; ~ *to* äv. ägnad [åt]; förbehållen 2 helig [*to a p.* för ngn; *a* ~ *book* (*duty*)]; okränkbar [~ *rights*]; ~ *cow* vard. helig ko 3 religiös [~ *poetry*], andlig [~ *songs*], kyrklig, kyrko-, sakral [~ *music*]; högtidlig
sacrifice ['sækrɪfaɪs] I *s* 1 offer; offrande 2 uppoffring; uppoffrande; *at* (*by*) *the* ~ *of* på bekostnad av, med uppoffrande av II *vb itr* offra [*to* åt] III *vb tr* 1 offra [*to* åt] 2 uppoffra, offra [*for*, *to* för]
sacrificial [ˌsækrɪ'fɪʃ(ə)l] *adj* offer- [~ *animal*]
sacrilege ['sækrɪlɪdʒ] *s* isht bildl. helgerån, vanhelgande
sacrilegious [ˌsækrɪ'lɪdʒəs] *adj* isht bildl. som begår helgerån, vanhelgande, skändlig
sacristy ['sækrɪstɪ] *s* kyrkl. sakristia
sacrosanct ['sækrə(ʊ)sæŋ(k)t] *adj* sakrosankt, okränkbar, helig
sad [sæd] *adj* 1 ledsen, sorgsen 2 sorglig [*a* ~ *day* (*fate*)], tråkig; bedrövlig [*in a* ~ *state*]
sadden ['sædn] I *vb tr* göra ledsen (sorgsen) II *vb itr* bli ledsen (sorgsen)
saddle ['sædl] I *s* sadel; ~ *of mutton* kok. fårsadel; *be firmly* [*seated*] (*sit firmly*) *in the* ~ bildl. sitta säkert i sadeln; *get into the* ~ stiga upp i sadeln, sitta upp II *vb tr* 1 sadla; ~ *up* sadla på 2 bildl. betunga, belasta [*with* med]; ~ *a th. on a p.* a) se nedan ~ *a p. with a th.* b) skjuta (lägga) skulden för ngt på ngn; ~ *a p. with a th.* lägga (lasta) på ngn ngt
saddlebag ['sædlbæg] *s* 1 sadelficka, sadelpåse 2 verktygsväska på cykel; cykelväska, packväska
saddlecloth ['sædlklɒθ] *s* sadeltäcke, vojlock
saddler ['sædlə] *s* sadelmakare
saddlery ['sædlərɪ] *s* sadelmakeri
Sade [fransk författare sɑ:d]
Sadie ['seɪdɪ] smeknamn för *Sarah*
sadism ['seɪdɪz(ə)m] *s* sadism äv. psykol.
sadist ['seɪdɪst] *s* sadist
sadistic [sə'dɪstɪk] *adj* sadistisk äv. psykol.
sadly ['sædlɪ] *adv* 1 sorgset 2 ~, [*I must admit*] tråkigt nog...; *be* ~ *in need of* vara i stort behov av
sadness ['sædnəs] *s* sorgsenhet
sado-masochism [ˌseɪdəʊ'mæzəkɪzm] *s* psykol. sado-masochism
safari [sə'fɑ:rɪ] *s* safari; ~ *park* safaripark
safe [seɪf] I *adj* 1 a) säker, trygg [*from* för; *in a* ~ *place*; *feel* ~], utom fara b) riskfri, ofarlig; *not* ~ äv. inte [till]rådlig; *at a* ~ *distance* på behörigt (säkert) avstånd; ~ *sex* säker sex med skyddsmedel mot sjukdomar; *to be on the* ~ *side* att ta det vara på den säkra sidan, för säkerhets skull; [*they preferred*] *to be on the* ~ *side* ...att ta det säkra för det osäkra; *better* [*to be*] ~ *than sorry* bäst att ta det säkra för det osäkra, bäst att inte ta onödiga risker; *it is* ~ *to say that...* man kan lugnt (tryggt) säga att...; *play* ~ ta det säkra för det osäkra; gardera sig 2 ~ [*and sound*] välbehållen, oskadd; *arrive* ~ [*and sound*] anlända välbehållen (lyckligt [och väl]) 3 säker, pålitlig [*a* ~ *method*], som man kan lita på; *as* ~ *as houses* se *house I 1* II *s* 1 kassaskåp 2 [mat]skåp med nätväggar, flugskåp 3 sl. kondom

safe-breaker ['seɪfˌbreɪkə] s kassaskåpstjuv
safe conduct [ˌseɪf'kɒndʌkt] s **1** [fri] lejd **2** lejdebrev, pass
safe-cracker ['seɪfˌkrækə] s kassaskåpstjuv
safe-deposit ['seɪfdɪˌpɒzɪt] s **1** kassavalv, bankvalv **2** attr., ~ *box* bankfack
safeguard ['seɪfgɑ:d] **I** s garanti, säkerhet, skydd; säkerhetsanordning **II** *vb tr* garantera, säkra, trygga, skydda
safe-keeping [ˌseɪf'ki:pɪŋ] s förvar, förvaring; säkert förvar; *leave a th. for* ~ lämna ngt i förvar
safely ['seɪflɪ] *adv* säkert, tryggt, utan fara (risk); lyckligt och väl; i gott skick; *it may* ~ *be said that*... man kan lugnt (tryggt) säga att...
safety ['seɪftɪ] s säkerhet, trygghet; ofarlighet [*the* ~ *of an experiment*]; *S~ First* säkerheten framför allt; *for* ~ el. *for* ~*'s sake* för säkerhets skull
safety belt ['seɪftɪbelt] s säkerhetsbälte, bilbälte
safety catch ['seɪftɪkætʃ] s säkring på vapen; [säkerhets]spärr; *release the* ~ osäkra [vapnet (geväret o.d.)]
safety curtain ['seɪftɪˌkɜ:tn] s teat. järnridå
safety-deposit ['seɪftɪdɪˌpɒzɪt] s se *safe-deposit*
safety island ['seɪftɪˌaɪlənd] s trafik. (amer.) refug
safety match ['seɪftɪmætʃ] s [säkerhets]tändsticka
safety pin ['seɪftɪpɪn] s säkerhetsnål
safety razor ['seɪftɪˌreɪzə] s rakhyvel
safety valve ['seɪftɪvælv] s säkerhetsventil äv. bildl. [*for* för]; *sit on the* ~ undertrycka oppositionen
saffron ['sæfr(ə)n] **I** s **1** saffran **2** saffransgult **II** *adj* saffransgul
sag [sæg] **I** *vb itr* **1** svikta, ge efter [*the plank ~ged under his weight*]; sjunka, sätta sig, bågna [*the roof has ~ged*] **2 a)** hänga [ojämnt] [*her skirt is ~ging*]; hänga slappt (löst); *~ging breasts* hängbröst **b)** slutta [*~ging shoulders*] **c)** vara (bli) påsig [*her cheeks are beginning to ~*] **3** bildl. sjunka, dala [*prices (our spirits) began to ~*]; mattas [*his novel ~s at the end*] **II** s **1** sjunkande, sättning; insjunkning; sänka; fördjupning, grop **2** bildl. nedgång, [pris]fall; avmattning
saga ['sɑ:gə] s **1** fornnordisk saga **2** släktkrönika, [historisk] krönika **3** vard. fantastisk historia [*of* om]
sagacious [sə'geɪʃəs] *adj* skarpsinnig, klok
sagacity [sə'gæsətɪ] s skarpsinne, klokhet
1 sage [seɪdʒ] s bot. el. kok. salvia
2 sage [seɪdʒ] **I** *adj* vis, klok, förståndig; iron. snusförnuftig **II** s vis man
Sagittarian [ˌsædʒɪ'teərɪən] s o. *adj* astrol., *he is* [*a*] ~ han är skytt
Sagittarius [ˌsædʒɪ'teərɪəs] s o. *adj* astrol. Skytten; *he is* [*a*] ~ han är skytt

sago ['seɪgəʊ] s sago; [äkta] sagogryn
Sahara [sə'hɑ:rə] geogr.; *the* ~ Sahara[öknen]
said [sed] **I** imperf. o. perf. p. av *say* **II** *adj* isht jur. sagd, [förut] bemäld (nämnd) [*the* ~ *Mr. Smith*]
sail [seɪl] **I** s **1** segel; *make* (*set*) ~ hissa (sätta) segel; *make* (*set*) ~ *for* avsegla (avgå) till; *strike* ~ hala segel; bildl. ge tappt; *take in* ~ bärga segel **2** (pl. lika) skepp, [segel]fartyg [*a fleet of 20* ~]; segelbåt [*there wasn't a* ~ *in sight*] **3** seglats, segling [*two days'* ~], segeltur, [segel]färd **4** [kvarn]vinge **II** *vb itr* **1** segla; om fartyg äv. gå; *be out ~ing* vara ute och segla (ute på seglats); ~ *into harbour* segla i hamn; ~ *through a th.* bildl. klara av ngt lekande lätt (som ingenting); ~ *home the winner* vard. komma in som etta, segra lätt **2** [av]segla; avgå [*for* till] **3** sväva, flyga, segla [~ *through the air*], skrida; *she ~ed in* hon kom inseglande **4** vard., ~ *in* a) hugga (suga) i b) sätta i gång och gräla (käfta); ~ *into* a) hugga in på [~ *into a meal*] b) skälla ut **III** *vb tr* **1** segla [~ *a boat*] **2** segla på, befara [~ *the seven seas*]
sailboard ['seɪlbɔ:d] s vindsurfingbräda
sailboarding ['seɪlˌbɔ:dɪŋ] s vindsurfning
sailboat ['seɪlbəʊt] s isht amer. segelbåt
sailcloth ['seɪlklɒθ] s segelduk
sailer ['seɪlə] s om fartyg seglare [*a bad* ~]; segelfartyg; *fast* ~ snabbseglare; snällseglare; [*the yacht*] *is a good* ~ ...seglar bra (är en bra seglare)
sailing ['seɪlɪŋ] **I** s **1** segling **2** avgång, avsegling; *list of ~s* [båt]turlista **II** *adj* seglande; segel- [*a* ~ *canoe*]
sailing-boat ['seɪlɪŋbəʊt] s segelbåt
sailing-ship ['seɪlɪŋʃɪp] s o. **sailing-vessel** ['seɪlɪŋˌvesl] s segelfartyg
sailor ['seɪlə] s sjöman; matros; *~'s knot* råbandsknop, sjömansknop; *be a bad* ~ ha lätt för att bli sjösjuk; *be a good* ~ tåla sjön bra
sailor hat ['seɪləhæt] s matroshatt för barn el. dam
sailor|man ['seɪləˌmæn] (pl. *-men* [-men]) s vard. el. skämts. sjöman
sailor suit ['seɪləsu:t] s sjömanskostym för barn
sailplane ['seɪlpleɪn] s segelflygplan
saint [seɪnt, obeton. sən(t), sn(t)] **I** *adj*, *S~* framför namn (förk. *St*, *St.*, *S.*) Sankt[a], Helige, Heliga; se f.ö. under resp. namn el. under uppslagsord med *St*. **II** s helgon äv. bildl.; *the ~s* äv. de saliga; bibl. de heliga; *~'s day* kyrkl. helgondag, helgons namnsdag
sake [seɪk] s, *for a p.'s* (*a th.'s*) ~ för ngns (ngts) skull, av hänsyn till ngn (ngt); *for conscience'* ~ av samvetsskäl, för sitt (mitt etc.) samvetes skull, för att lugna samvetet; *for old friendship's* (*times'*) ~ el. *for old ~'s* ~ för gammal vänskaps skull; *for goodness'* (*heaven's*) ~ o.d. ex., se resp. ord;

art for art's ~ konst för konstens egen skull; *die for the* ~ *of one's country* dö för sitt fosterland; *talking for mere talking's* ~ prata för pratandets egen skull; *~s* [*alive*]*!* isht amer. jösses!
sake o. **saké** ['sɑːkɪ] *s* saké japanskt risbrännvin
salable ['seɪləbl] *adj* säljbar, kurant; lättsåld
salacious [sə'leɪʃəs] *adj* slipprig; liderlig
salad ['sæləd] *s* **1** [blandad] sallad ss. rätt; *fruit* ~ fruktsallad **2** [grön]sallad äv. växt
salad dressing ['sæləd͵dresɪŋ] *s* salladsdressing
salamander ['sæləˌmændə] *s* zool. el. mytol. salamander; mytol. äv. eldande
salami [sə'lɑːmɪ] *s* **1** salami[korv] **2** polit., ~ *tactics* salamitaktik
sal ammoniac [ˌsælə'məʊnɪæk] *s* kem. ammoniumklorid, salmiak
salaried ['sælərɪd] *adj* [fast] avlönad; *the* ~ *classes* tjänstemannagruppen; ~ *employee* tjänsteman
salary ['sælərɪ] **I** *s* [månads]lön **II** *vb tr* avlöna
sale [seɪl] *s* **1** försäljning; avsättning; *~s department* försäljningsavdelning; *~s manager* försäljningschef; *~s promotion* sales promotion, säljfrämjande åtgärder, säljstöd; *~s representative* [för]säljare, representant; *~s talk* (*pitch*) försäljningsargument pl.; *~s tax* allmän varuskatt; ung. omsättningsskatt; *conditions of* ~ försäljningsvillkor; *for* ~ till salu (försäljning); *put up* (*offer*) *for* ~ bjuda ut till försäljning, saluföra, salubjuda; *on* ~ a) till salu, att köpa [*on* ~ *in most shops*] b) amer. på rea (realisation) **2** realisation, rea; *bargain* ~ utförsäljning till vrakpriser; *clearance* (*disposal*) ~ utförsäljning, lagerrensning; utskottsförsäljning; [*buy a th.*] *at the ~s* ...på realisation (rea) **3** auktion
saleable ['seɪləbl] *adj* se *salable*
Salem ['seɪləm, -em] geogr.
saleroom ['seɪlruːm] *s* se *salesroom*
salesclerk ['seɪlzklɜːk] *s* amer., se *salesman* 2 o. *saleswoman* 2
salesgirl ['seɪlzɡɜːl] *s* isht amer., se *saleswoman* 2
sales|man ['seɪlz|mən] (pl. *-men* [-mən]) *s* **1** representant, säljare för firma **2** isht amer. försäljare; expedit, affärsbiträde
salesmanship ['seɪlzmənʃɪp] *s* försäljningsteknik; *the art of* ~ konsten att sälja
salesperson ['seɪlzˌpɜːsn] *s* **1** isht amer. expedit, affärsbiträde **2** representant, säljare för firma
salesroom ['seɪlzruːm] *s* **1** auktionslokal **2** försäljningslokal
sales|woman ['seɪlzˌwʊmən] (pl. *-women* [-ˌwɪmɪn]) *s* **1** [kvinnlig] representant

(säljare) för firma **2** isht amer. [kvinnlig] försäljare, expedit, affärsbiträde
salient ['seɪljənt] *adj* **1** [starkt] framträdande [*a* ~ *feature*] **2** utskjutande [*a* ~ *angle*] **II** *s* utskjutande vinkel, utbuktning isht på frontlinje
saline ['seɪlaɪn] **I** *s* saltlösning **II** *adj* salt-; saltaktig, salthaltig
salinity [sə'lɪnətɪ] *s* salthalt, sälta
Salisbury ['sɔːlzb(ə)rɪ, 'sɒlz-] geogr.
saliva [sə'laɪvə] *s* saliv, spott
salivary ['sælɪvərɪ, sə'laɪvərɪ] *adj* saliv-, spott-; ~ *glands* spottkörtlar
salivate ['sælɪveɪt] *vb itr* avsöndra saliv
1 sallow ['sæləʊ] *s* bot. sälg
2 sallow ['sæləʊ] *adj* isht om hy gulblek
Sally ['sælɪ] smeknamn för *Sarah*
sally ['sælɪ] **I** *s* **1** mil. utfall [*make a ~*] **2** utflykt **3** utbrott **4** infall, kvickhet **II** *vb itr* **1** mil. göra utfall [ofta ~ *out*] **2** ~ *forth* (*out*) fara (bege sig) ut (i väg)
salmon ['sæmən] (pl. lika) *s* zool. lax
salmonella [ˌsælmə'nelə] *s* med. salmonella
salmon trout ['sæməntraʊt] (pl. lika) *s* zool. laxöring
salon ['sælɒn] *s* salong [*literary* ~; *beauty* ~]; konstsalong
saloon [sə'luːn] *s* **1** salong [*billiard* (*shaving*) ~; sjö. *dining* ~], sal i hotell o.d.; *the* ~ *bar* i pub den 'finaste' avdelningen **2** amer. saloon, krog
saloon car [sə'luːnkɑː] *s* **1** bil. sedan **2** järnv. salongsvagn
salsify ['sælsɪfɪ] *s* bot. haverrot; *black* ~ svartrot
SALT [sɔːlt] (fork. för *Strategic Arms Limitation Talks*) SALT förhandlingar om begränsning av strategiska vapen
salt [sɔːlt, sɒlt] **I** *s* **1** salt äv. kem. o. bildl.; *common* ~ koksalt; *earn one's* ~ tjäna till födan (livsuppehället); *be worth* (*not be worth*) *one's* ~ göra skäl (inte göra skäl) för sin lön (för sig, för maten); *rub* ~ *into a p.'s* (*into the*) *wounds* strö salt i såren på ngn; *the* ~ *of the earth* bildl. jordens salt; *take a th. with a pinch* (*grain*) *of* ~ ta ngt med en nypa salt **2** saltkar **3** pl. *~s* a) vard. för *smelling-salts* b) med. [bitter]salt [*Epsom* ~[*s*]] **4** vard., [*old*] ~ sjöbuss, sjöbjörn **II** *adj* salt, salt-; saltad **III** *vb tr* **1 a**) salta, strö salt på (i) **b**) salta in (ned) [äv. ~ *down*] **2** vard. salta [~ *a bill*]
saltcellar ['sɔːltˌselə] *s* saltkar; saltströare
saltpetre [ˌsɔːlt'piːtə] *s* salpeter
saltshaker ['sɔːltˌʃeɪkə] *s* amer. saltströare
salty ['sɔːltɪ] *adj* salt, saltaktig, salthaltig
salubrious [sə'luːbrɪəs, sə'ljuː-] *adj* hälsosam
salutary ['sæljʊt(ə)rɪ] *adj* nyttig, hälsosam [~ *exercise*; *a* ~ *lesson* (läxa)], välgörande [~ *influence*]
salutation [ˌsæljʊ'teɪʃ(ə)n] *s* **1** hälsning [*he*

raised his hat in (till) ~] **2** hälsningsfras i brev o.d.
salute [sə'lu:t, sə'lju:t] **I** s **1** hälsning med gest, mössa e.d. **2** mil. honnör, hälsning; *take the* ~ ta emot truppens hälsning **3** mil. salut; *exchange ~s* salutera varandra **II** vb tr **1** hälsa **2** mil. göra honnör för, hälsa **3** mil. salutera **III** vb itr **1** hälsa **2** mil. göra honnör, hälsa; salutera
salvage ['sælvɪdʒ] **I** s **1** bärgning, räddning från skeppsbrott o.d. **2** bärgat gods [äv. *~ goods*] **3** a) återanvändning, återvinning [*collect old newspapers for ~*] b) [insamling (tillvaratagande) av] avfall (skrot, lump o.d.) **II** vb tr **1** bärga, rädda från skeppsbrott o.d. **2** samla in (ta tillvara) [för återanvändning (återvinning)]
salvation [sæl'veɪʃ(ə)n] s frälsning; friare äv. räddning [*tourism was their economic ~*]; *the S~ Army* Frälsningsarmén; *find ~* bli frälst (omvänd)
salve [sælv, sɑ:v] **I** s **1** [sår]salva **2** bildl. balsam [*to för*]; botemedel [*for mot*] **II** vb tr bildl. stilla, mildra, lindra; lugna [ner] [*~ one's conscience*]
salver ['sælvə] s [serverings]bricka; presenterbricka
salvo ['sælvəʊ] (pl. *~s* el. *~es*) s **1** mil. a) [salut]salva; skottsalva b) bombserie **2** bildl. salva, skur [*a ~ of questions*]; *~ of laughter* skrattsalva
sal volatile [,sælvə'lætəlɪ] s lat. luktsalt
Sam [sæm] kortform för *Samuel*; *stand ~* sl. betala kalaset; *~ Browne* [*belt*] mil. sl. [officers]koppel
Samaritan [sə'mærɪtn] **I** adj samaritisk **II** s **1** bibl. o. bildl. samarit; *the Good ~* den barmhärtige samariten **2** *the ~s* organisation av frivilliga för människor i behov av hjälp
samba ['sæmbə] **I** s mus. samba **II** vb itr dansa samba
same [seɪm] adj o. adv o. pron **1** a) *the ~* samma; densamma [*she is no longer the ~*], detsamma, desamma; samma sak [*it is the ~ with me*]; likadan [*they all look the ~*]; lika, likadant, på samma sätt [*he treats everybody the ~*]; [*the*] *~ here!* a) jag med (också)!, samma här! b) tack detsamma!; [*the*] *~ to you!* [tack] detsamma!, iron. äv. det kan du vara själv!; *he is the ~ as ever* han är sig [precis] lik, han är densamma som förr; *all the ~* a) i alla fall [*thank you all the ~*], ändå, inte desto mindre b) på samma sätt, på samma sätt, lika[dant] [*he treats them all the ~*]; *it's all the ~* [*to me*] det gör [mig] detsamma, det kommer på ett ut; *if it's all the ~ to you* om du inte har något emot det; om det gör dig detsamma; *the very ~* hela (precis exakt) samma, just den [*the very ~ place*] b) *this* (*that*) *~ man* samme man, just den mannen **c**) *~ as* vard. precis (likaväl) som [*he has to do it ~ as*

everyone else] **2** hand. el. jur., [*the*] *~* densamme, denne; dito
sameness ['seɪmnəs] s **1** det att vara likadan (identisk) **2** enformighet, monotoni, enahanda
samovar ['sæmə(ʊ)vɑ:, ,--'-] s samovar
sample ['sɑ:mpl] **I** s prov; varuprov, provbit; provexemplar; smakprov äv. bildl.; exempel [*of* på]; statistik. sampel; *random ~* stickprov; statistik. sampel **II** vb tr **1** ta prov (stickprov) på; statistik. sampla **2** smaka av, provsmaka
sampler ['sɑ:mplə] s **1** sömnad. märkduk **2** provtagare; provsmakare
Samson ['sæmsn] bibl. Simson
Samuel ['sæmjʊəl, -mjʊl] mansnamn; *the First Book of ~* bibl. Första Samuelsboken
samurai ['sæmʊraɪ] (pl. lika) s samuraj
sanatori|um [,sænə'tɔ:rɪ|əm] (pl. *-ums* el. *-a* [-ə]) s sanatorium; kuranstalt, konvalescenthem
sanctify ['sæŋ(k)tɪfaɪ] vb tr helga, förklara (göra, hålla) helig; rättfärdiga
sanctimonious [,sæŋ(k)tɪ'məʊnjəs] adj gudsnådelig, skenhelig
sanction ['sæŋ(k)ʃ(ə)n] **I** s **1** bifall, godkännande, tillstånd av myndighet o.d.; sanktion **2** vanl. pl. *~s* sanktioner [*economic ~s*] **3** [moraliskt] stöd, gillande **II** vb tr **1** bifalla, godkänna, sanktionera; stadfästa, gilla; *~ed by usage* hävdvunnen **2** ge sitt [moraliska] stöd åt
sanctity ['sæŋ(k)tətɪ] s **1** fromhet, renhet, helighet **2** okränkbarhet, helighet, helgd; *the ~ of private life* privatlivets helgd
sanctuary ['sæŋ(k)tjʊərɪ] s **1** helgedom, helig plats **2** kyrkl. det allra heligaste **3** asyl, fristad, skydd, asylrätt; *seek ~* söka asylrätt; *take ~* söka sin tillflykt **4** [djur]reservat [*bird ~*]; *nature ~* naturskyddsområde
sanctum ['sæŋ(k)təm] s lat. helgedom, heligt rum; *a p.'s ~* vard. ngns allra heligaste (inre rum)
sand [sænd] **I** s **1** sand; med. grus; *bury one's head in the ~* sticka huvudet i busken **2** vanl. pl. *~s* sandkorn, sand; *the ~s are running out* bildl. tiden är snart ute **3** vanl. pl. *~s* a) sandstrand, dyner, sandslätt b) sandbank, sandrev **II** vb tr **1** sanda, strö sand på [*~ a road*] **2** blanda sand i, blanda med sand **3** *~* [*down*] slipa (putsa) med sandpapper
1 sandal ['sændl] s sandal, sandalett
2 sandal ['sændl] s se *sandalwood*
sandalwood ['sændlwʊd] s **1** sandelträd **2** sandelträ; sandel pulver; *~ oil* sandelolja
sandbag ['sæn(d)bæg] **I** s sandsäck, sandpåse **II** vb tr **1** barrikadera (stoppa till) med sandsäckar **2** slå till marken (drämma till) [liksom] med en sandpåse **3** amer. vard. bombardera, överösa [*with med*]
sandbank ['sæn(d)bæŋk] s sandbank
sandbin ['sæn(d)bɪn] s sandlåda, sandlår

sandblast ['sæn(d)blɑ:st] **I** *s* sandbläster **II** *vb tr* sandblästra
sandbox ['sæn(d)bɒks] *s* **1** sandlåda för barn **2** sandgjutform **3** åld. sanddosa
sandboy ['sæn(d)bɔɪ] *s*, [*as*] *happy* (*jolly*) *as a ~* ung. glad som en lärka
sandcastle ['sæn(d)ˌkɑ:sl] *s* barns sandslott
sand dab ['sæn(d)dæb] *s* zool. sandflundra
sand dune ['sæn(d)dju:n] *s* sanddyn
Sandhurst ['sændhɜ:st] geogr. egenn.; Storbritanniens förnämsta krigsskola
sandpaper ['sæn(d)ˌpeɪpə] **I** *s* sandpapper **II** *vb tr* sandpappra, slipa (putsa) med sandpapper
sandpiper ['sæn(d)ˌpaɪpə] *s* zool. [små]snäppa; *common ~* drillsnäppa
sandpit ['sæn(d)pɪt] *s* **1** sandlåda för barn **2** sandtag, sandgrop
sandstone ['sæn(d)stəʊn] *s* sandsten
sandwich ['sænwɪdʒ, -wɪtʃ] **I** *s* **1** engelsk lunchsmörgås; vard. sandvikare, dubbelmacka; *open ~* smörgås med pålägg; vard. macka **2** univ. o.d., *~ course* varvad kurs **II** *vb tr* skjuta (klämma) in, sticka emellan [med] [*~ an appointment between two meetings*]
sandwich man ['sænwɪdʒmæn, -wɪtʃ-] *s* sandwichman, plakatbärare med plakat på bröst och rygg
Sandy ['sændɪ] **I** smeknamn för *Alexander, Alexandra* o. *Sandra* **II** *s* skämts. om el. till skotte
sandy ['sændɪ] *adj* **1** sandig, sand-; lik (lös som) sand; grynig **2** sandfärgad; om hår rödblond
sane [seɪn] *adj* **1** vid sina sinnens fulla bruk, tillräknelig **2** sund, förnuftig [*~ views, a ~ proposal*]
San Francisco [ˌsænfr(ə)n'sɪskəʊ]
sang [sæŋ] imperf. av *sing*
sang-froid [ˌsɒŋ'frwɑ:, ˌsæŋ-, ˌsɑ:ŋ-] *s* fr. kallblodighet
sanguinary ['sæŋgwɪnərɪ] *adj* **1** blodig [*a ~ battle* (*war*)]; bloddrypande; blodfläckad; blod- **2** blodtörstig [*a ~ tyrant*]
sanguine ['sæŋgwɪn] *adj* **1** sangvinisk, optimistisk **2** rödblommig, blomstrande [*~ complexion*] **3** blodröd, blod-
sanitarium [ˌsænɪ'teərɪəm] *s* amer., se *sanatorium*
sanitary ['sænɪt(ə)rɪ] **I** *adj* sanitär [*~ conditions*], hygienisk; attr. hälsovårds-, sanitets-; hygien- [*~ wrapper* (förpackning)]; renhållnings-; *~ engineering* sanitetsteknik; *~ man* amer. renhållningsarbetare; *~ towel* (amer. *napkin*) sanitetsbinda, dambinda; *~ truck* amer. sopbil **II** *s* amer. [offentlig] toalett
sanitation [ˌsænɪ'teɪʃ(ə)n] *s* sanitär utrustning, sanitära anläggningar
sanity ['sænətɪ] *s* **1** [själslig] sundhet, mental hälsa **2** sunt förstånd (omdöme)
sank [sæŋk] imperf. av *sink*

San Marinese [ˌsænˌmærɪ'ni:z] **I** *adj* sanmarinesare **II** (pl. lika) *s* sanmarinesisk
San Marino [ˌsænmə'ri:nəʊ] geogr.
Sanskrit ['sænskrɪt] *s* sanskrit
Santa Claus ['sæntəklɔ:z, ˌ--'-] *s* jultomten
Santa Cruz [ˌsæntə'kru:z] geogr.
1 sap [sæp] **I** *s* **1** sav, växtsaft **2** sl. dumbom, nöt; *you poor ~!* ditt nöt! **II** *vb tr* tappa [sav (saven) ur], sava; torka
2 sap [sæp] **I** *s* mil. tunnel, [täckt] löpgrav **II** *vb itr* mil. gräva tunnel (löpgrav[ar]) **III** *vb tr* **1** bildl. äv. undergräva [*~ a p.'s faith* (*confidence*)] **2** bildl. tära på, försvaga [*~ a p.'s energy* (*health*)]
sapient ['seɪpjənt] *adj* litt. (ofta iron.) vis, förnumstig
sapling ['sæplɪŋ] *s* ungt träd, telning
sapper ['sæpə] *s* mil. ingenjörssoldat, pionjär
sapphire ['sæfaɪə] *s* **1** safir **2** safirblått
sappy ['sæpɪ] *adj* savfull, savfylld, saftig
Sarah ['seərə] kvinnonamn; bibl. Sara
sarcasm ['sɑ:kæz(ə)m] *s* sarkasm, spydighet
sarcastic [sɑ:'kæstɪk] *adj* sarkastisk, spydig
sarcophagus [sɑ:'kɒfəgəs] (pl. *-gi* [-gaɪ el. -dʒaɪ] el. *-guses*) *s* sarkofag
sardine [sɑ:'di:n] *s* zool. sardin
Sardinia [sɑ:'dɪnjə] Sardinien
Sardinian [sɑ:'dɪnjən] **I** *adj* sardisk, sardin[i]sk **II** *s* **1** sard, sardinare; sardiska, sardinska **2** sardiska [språket]
sardonic [sɑ:'dɒnɪk] *adj* sardonisk, bitter, hånfull
sarge [sɑ:dʒ] *s* vard., se *sergeant*
sari ['sɑ:rɪ] *s* sari indiskt plagg
sarky ['sɑ:kɪ] *adj* vard., se *sarcastic*
sarnie ['sɑ:nɪ] *s* vard. smörgås, macka
sarong [sə'rɒŋ, 'sɑ:r-, 'sær-] *s* sarong höftskynke
sartorial [sɑ:'tɔ:rɪəl] *adj* skräddar-; kläd-
1 sash [sæʃ] *s* skärp; gehäng
2 sash [sæʃ] *s* fönsterram, fönsterbåge; skjutfönster rörligt uppåt och nedåt [äv. *sliding ~*]; drivbänksfönster
sash window ['sæʃˌwɪndəʊ] *s* skjutfönster rörligt uppåt och nedåt
Saskatchewan [sæ'skætʃəwən] geogr.
Sassenach ['sæsənæk] skotsk. (ofta neds.) **I** *s* [typisk] engelsman **II** *adj* [typiskt] engelsk
sassy ['sæsɪ] *adj* amer. vard., se *saucy*
Sat. förk. för *Saturday*
sat [sæt] imperf. o. perf. p. av *sit*
Satan ['seɪt(ə)n]
satanic [sə'tænɪk] *adj* satanisk, djävulsk
satchel ['sætʃ(ə)l] *s* [axel]väska, skolväska vanl. med axelrem
satellite ['sætəlaɪt] *s* **1** satellit **2** [rymd]satellit [*communications ~*]; *~ broadcast* (*transmission*) TV. satellitsändning
satiate ['seɪʃɪeɪt] *vb tr* mätta, tillfredsställa [mer än nog]; *be ~d with* vara mätt (utled) på
satiation [ˌseɪʃɪ'eɪʃ(ə)n] *s* mättnad; mättande

satiety [sə'taɪətɪ, 'seɪʃjətɪ] *s* övermättnad; leda
satin ['sætɪn] **I** *s* satäng, [atlas]siden **II** *vb tr* satinera papper
satiny ['sætɪnɪ] *adj* satängliknande, sidenartad
satire ['sætaɪə] *s* satir [[*up*]on (*over*) över]
satirical [sə'tɪrɪk(ə)l] *adj* satirisk
satirist ['sætərɪst] *s* satiriker
satirize ['sætəraɪz] *vb tr* satirisera [över], förlöjliga
satisfaction [,sætɪs'fækʃ(ə)n] *s*
1 tillfredsställelse, belåtenhet [*at* (*with*) över (med)]; *give* ~ a) utfalla till (vara till, väcka) belåtenhet b) räcka till, vara tillräcklig; *if you can prove it to my* ~ om du kan ge mig tillräckliga bevis på det **2** tillfredsställande [*the* ~ *of one's hunger*]; uppfyllande [*the* ~ *of a p.'s hopes*] **3** hand. el. jur. uppgörelse av skuld; gottgörelse, ersättning; *make* ~ ge gottgörelse **4** upprättelse, revansch [*give a p.* ~]
satisfactory [,sætɪs'fækt(ə)rɪ] *adj* tillfredsställande [*to* för], nöjaktig [~ *compromise*, ~ *result*]; fullt tillräcklig [~ *proof*]
satisfied ['sætɪsfaɪd] *perf p* o. *adj*
1 tillfredsställd, tillfreds, nöjd, belåten [*with* med; *to hear* [med] att [få] höra]; mätt [*eat till one is* ~]; *be* ~ vara (bli) nöjd (belåten, tillfreds) **2** övertygad [*about* (*as to, of*) om (angående); *that* om att]
satisfy ['sætɪsfaɪ] **I** *vb tr* **1** tillfredsställa [~ *a p.*; ~ *one's curiosity*; ~ *a demand* (*need*)], tillgodose, göra till lags; gottgöra [~ *one's creditors*]; uppfylla [~ *a condition*]; mätta [~ *a p.*], stilla [~ *one's hunger*]; ~ *one's thirst* släcka sin törst **2** övertyga [*of* om; *that* om att] **II** *vb itr* vara tillfredsställande ([fullt] tillräcklig)
satisfying ['sætɪsfaɪɪŋ] *adj* tillfredsställande; tillräcklig
saturate ['sætʃəreɪt] *vb tr* **1** [genom]dränka, göra genomblöt; *~d with* bildl. fylld (full, genomsyrad) av **2** mätta [*the market is ~d*]
saturation [,sætʃə'reɪʃ(ə)n] *s* mätthet, mättning; mättnad; kem. äv. saturering; *the market has reached* ~ *point* marknaden är mättad
Saturday ['sætədeɪ, -dɪ *isht attr.*] *s* lördag; ~ *night special* isht amer. liten pistol; jfr vid. *Sunday*
Saturn ['sætən, -tɜːn] mytol. el. astron. Saturnus
saturnine ['sætənaɪn] *adj* tungsint, dyster, mörk, tystlåten
satyr ['sætə] *s* mytol. o. bildl. satyr
sauce [sɔːs] **I** *s* **1** sås; amer. äv. mos, sylt [*cranberry* ~]; bildl. krydda; *hunger is the best* ~ hungern är den bästa kryddan; [*what's*] ~ *for the goose is* ~ *for the gander* det som gäller för (duger åt) den ene gäller för (duger åt) den andre **2** vard. uppkäftighet etc., jfr *saucy 1*; *none of your* ~! var inte uppkäftig! **II** *vb tr* vard. vara uppkäftig (kaxig) mot
sauceboat ['sɔːsbəʊt] *s* smal såsskål, såssnipa
saucepan ['sɔːspən] *s* kastrull
saucer ['sɔːsə] *s* tefat; *flying* ~ flygande tefat
saucy ['sɔːsɪ] *adj* vard. **1** näsvis, uppnosig, näbbig, uppkäftig, kaxig **2** piffig, ärtig [*a* ~ *hat*]; flott
Saudi ['saʊdɪ, 'sɔːdɪ] **I** *adj* saudisk **II** *s* saudier
Saudi Arabia [,saʊdɪə'reɪbɪə, ,sɔː-] Saudi-Arabien
Saudi Arabian [,saʊdɪə'reɪbɪən, ,sɔː-] **I** *adj* saudisk, saudiarabisk **II** *s* saudier, saudiarab
sauerkraut ['saʊəkraʊt] *s* ty. surkål
sauna ['sɔːnə, 'saʊnə] *s* sauna, bastu
saunter ['sɔːntə] **I** *vb itr* flanera, spankulera; strosa, släntra **II** *s* **1** promenad **2** flanerande
sausage ['sɒsɪdʒ] *s* **1** korv **2** vard., *not a* ~ inte ett enda dugg; *I haven't a* ~ *left* äv. jag har inte ett korvöre kvar **3** vard., till person *you silly old* ~ din dumsnut; *sweet little* ~ till barn lilla gosingen
sausage meat ['sɒsɪdʒmiːt] *s* korvmassa, korvsmet; [malet] kött för korvstoppning
sausage roll [,sɒsɪdʒ'rəʊl] *s* slags korvpirog
sauté ['səʊteɪ] kok. (fr.) **I** *s* sauté **II** *vb tr* sautera, fräsa [*upp*] **III** *adj* sauterad, fräst
savage ['sævɪdʒ] **I** *adj* **1** vild [~ *beasts*; ~ *region*; ~ *tribes*], barbarisk [~ *customs*] **2** grym [*a* ~ *blow*], hänsynslös [*a* ~ *critic*; ~ *persecution*], omänsklig [*a* ~ *ruler*], våldsam, svidande; *a* ~ *dog* en bitsk (ilsken) hund; *a* ~ *sentence* en orimligt hård dom **II** *s* **1** vilde **2** barbar, rå (grym) sälle **III** *vb tr* misshandla; om hund o.d. anfalla, bita
savageness ['sævɪdʒnəs] *s* o. **savagery** ['sævɪdʒ(ə)rɪ] *s* **1** vildhet; barbari **2** råhet, grymhet, omänsklighet
savant ['sævənt] *s* lärd, vetenskapsman
save [seɪv] **I** *vb tr* **1** rädda äv. sport. o.d. [*from* från]; bärga; bevara, skydda; *God* ~ *the King!* Gud bevare konungen!; ~ *the day* (*situation*) rädda situationen; ~ *oneself* rädda sig, komma undan; *he couldn't sing to* ~ *his life* han skulle inte kunna sjunga ens om hans liv hängde på det; ~ *one's skin* rädda sitt eget skinn **2** relig. frälsa **3** spara [~ *a sum of money*], lägga undan, spara ihop; hålla [~ *a seat for me*]; amer. äv. reservera [*I asked him to* ~ *me a room*]; ~ *up for* spara [ihop] till, lägga undan till, spara för **4** spara [på]; ~ *oneself* spara sig ([på] sina krafter); ~ *one's strength* spara på krafterna (sina krafter) **5** spara [in]; bespara [*we've been ~d a lot of expense*]; *you may* ~ *your pains* (*trouble*) du kan bespara dig besväret **II** *vb itr* **1** ~ [*up*] spara [pengar] **2** sport. rädda, göra en räddning **III** *s* sport. räddning; *a great* ~ en paradräddning **IV** *prep* o. *konj* litt. el. poet. utom, med undantag av, så när som på [*all* ~ *him* (*he*)]; om icke; ~ *for* utom, så

när som på; ~ *that* konj. utom att [*I'm well ~ that I have a cold*], om det inte vore så att
saveloy [ˌsævə'lɔɪ, 'sævəlɔɪ] s kok. cervelatkorv
Savile Row [ˌsævɪl'rəʊ] gata i London känd för fina skrädderifirmor [~ *tailoring*]
saving ['seɪvɪŋ] **I** adj **1** räddande, frälsande; försonande; ~ *grace* (*feature, quality*) försonande drag **2** sparsam, ekonomisk; (ss. efterled) -besparande [*labour-saving*] **3** ~ *clause* undantagsklausul, reservation, förbehåll **II** s **1** räddning, frälsning **2** sparande; besparing; pl. ~*s* besparingar, sparmedel; ~*s bond* sparobligation **III** *prep* litt. utom, undantagandes; ~ *your presence* (*reverence*) med förlov sagt, med er tillåtelse
savings account ['seɪvɪŋzəˌkaʊnt] s sparkonto; sparkasseräkning
savings bank ['seɪvɪŋzbæŋk] s sparbank; *post-office* ~ postsparbank; ~ *book* sparbanksbok
saviour ['seɪvjə] s **1** frälsare; *the S*~ Frälsaren **2** räddare
savoir-faire [ˌsævwɑː'feə] s fr. savoir-faire, [gott] handlag
1 savory ['seɪv(ə)rɪ] s bot. el. kok. kyndel
2 savory ['seɪv(ə)rɪ] adj amer., se *savoury I*
savour ['seɪvə] **I** s [karakteristisk] smak; bildl. doft, atmosfär [*of* av], krydda **II** *vb itr*, ~ *of* lukta, smaka, vittna om [*it* ~*s of impudence*] **III** *vb tr* litt. **1** smaka (lukta) på äv. bildl. **2** njuta av
savoury ['seɪv(ə)rɪ] **I** adj **1** välsmakande, aptitlig, aromatisk, välluktande, doftande **2** behaglig **3** om maträtt o.d. kryddad, pikant, salt **II** s aptitretare; entrérätt, smårätt
savvy ['sævɪ] *vb itr* o. *vb tr* sl. haja, fatta
1 saw [sɔː] imperf. av *2 see*
2 saw [sɔː] **I** s såg **II** (~*ed* ~*n*, isht amer. äv. ~*ed* ~*ed*) *vb tr* o. *vb itr* såga; ~ *the air* [*with the arms*] vifta med armarna; ~ *off* (*away*) såga av (bort); ~ *up* såga upp; ~*n timber* [upp]sågat virke
3 saw [sɔː] s ordstäv, talesätt, ord
sawdust ['sɔːdʌst] s sågspån
sawmill ['sɔːmɪl] s sågverk
sawn-off ['sɔːnɒf] *attr adj* **1** ~ *shotgun* avsågat gevär **2** vard. (mest om pers.) pluttig, liten [~ *runt*]
sax [sæks] s vard. sax saxofon
saxifrage ['sæksɪfrɪdʒ] s bot. [sten]bräcka
Saxon ['sæksn] **I** s **1** saxare i England el. Tyskland **2** anglosaxare, engelsman; i Skottland låglänare **3** språkv. saxiska **II** *adj* **1** saxisk **2** anglosaxisk, engelsk
Saxony ['sæksənɪ] geogr. Sachsen
saxophone ['sæksəfəʊn] s mus. saxofon
saxophonist ['sæksəfəʊnɪst, sæk'sɒfənɪst] s saxofonist
say [seɪ] **I** (*said said*; se äv. *said* o. *saying*) *vb tr* o. *vb itr* **1** säga, yttra; *he is,* ~*, fifty* han är sådär en (runt de) femtio; *I* ~ a) hör du, säg [mig] [*I* ~, *do you want this?*] b) uttr. överraskning jag måste [då] säga att, vet du vad [*I* ~, *that's a pretty dress!*]; *I'll* ~ *he didn't like it* vard. han tyckte inte om det, det kan du skriva upp; *to* ~ *the least* minst sagt, milt talat; *to* ~ *nothing of...* för att [nu] inte tala om...; *strange to* ~ egendomligt nog; *that is to* ~ det vill säga, alltså; *just as you* ~ vard. som du vill; *and so* ~ *all of us* [och] det tycker vi allihop; *I should* ~ *so!* det tror jag det!; *you don't* ~ [*so*]*!* vad 'säger du!; *if I may* ~ *so* el. *if you don't mind my* ~*ing so* om jag får säga så, med förlov sagt; *what does the doggy* ~*?* till barn vad (hur) säger vovven?; *it* ~*s in the paper* det står i tidningen; *you can* ~ *that again!* det kan du skriva upp!; *who shall I* ~*?* hur var namnet?, vem får jag hälsa ifrån?; *just* ~ *the word!* säg bara till!; *he is said to be* (*they* ~ *he is*) *the only one who...* man ska (lär) vara den ende som...; *it it said* el. *they* ~ de (man) säger, det sägs; *I'll* ~ *this for him that...* det måste jag säga till hans fördel att...; *have you nothing to say for yourself?* har du inget att säga till ditt försvar?; *he has nothing to* ~ *for himself* han säger aldrig någonting; *there is much to be said for both sides* det är mycket som talar för båda parter; *what do you* ~ *to...?* vad säger du om...?; *easier said than done* lättare sagt än gjort; *no sooner said than done* sagt och gjort; *when* (*after*) *all is said and done* el. *all said and done* när allt kommer omkring **2** läsa, be [~ *a prayer*] **II** s, *have* (*say*) *one's* ~ säga sin mening, sjunga ut; *he has no* (*a great deal of*) ~ han har ingenting (en hel del) att säga till om; *I want a* ~ *in the matter* jag vill ha ett ord med i laget
Sayers ['seɪəz]
saying ['seɪɪŋ] *pres p* o. s **1** ~ *that* el. *so* ~ med dessa ord; *that is* ~ *too much* det är för mycket sagt; *that is not* ~ *much* det säger inte så mycket; *that is* ~ *something* det vill inte säga så litet; *that goes without* ~ det säger sig självt, det är självklart **2** uttalande, yttrande **3** ordstäv, ordspråk, tankespråk; *as the* ~ *is* (*goes*) som ordspråket säger
says [sez, obeton. səz] 3 pers. sg. pres. av *say*
say-so ['seɪsəʊ] s vard. **1** påstående, uttalande **2** tillåtelse
sb. förk. för *substantive*
Sc. förk. för *science, scientific, Scotch, Scots*
scab [skæb] s **1** [sår]skorpa **2** skabb isht hos får **3** vard. a) strejkbrytare b) organiserad arbetare
scabbard ['skæbəd] s skida, slida för svärd o.d.
scabby ['skæbɪ] adj **1** [full] med sårskorpor **2** skabbig isht om får **3** svinaktig; ful [~ *trick*]
scabies ['skeɪbiːz] s med. skabb

scabrous ['skeɪbrəs] *adj* skabrös, oanständig
scads [skædz] *s pl* sl. massor [~ *of money* (*work*)]
scaffold ['skæf(ə)ld] *s* **1** [byggnads]ställning **2** schavott **3** [åskådar]läktare; estrad, podium
scaffolding ['skæf(ə)ldɪŋ] *s* [material för] byggnadsställning; *tubular* ~ a) ställningsrör b) rörställning
scalawag ['skæləwæg] *s* se *scallywag*
scald [skɔ:ld] **I** *vb tr* **1** skålla sig på [~ *one's hand*] **2** skålla [~ *tomatoes*], koka, skölja i kokande vatten **3** hetta upp [till nära kokpunkten] [~ *milk*] **II** *vb itr* **1** skållas **2** börja sjuda [*heat the milk till it* ~*s*] **III** *s* skållning; [*burns and*] ~*s* brännskador
1 scale [skeɪl] **I** *s* vågskål; ~[*s* pl.] våg; *a pair of* ~*s* en våg; *turn* (*tip*) *the* ~[*s*] bildl. fälla utslaget, vara tungan på vågen; *tip* (*turn*) *the* ~*s at* [*90 kg.*] väga... **II** *vb itr* väga [~ *90 kg.*]
2 scale [skeɪl] **I** *s* skala; måttstock äv. bildl.; ~ *of pay* lönetariff; *the* ~ *of F* mus. F-skalan; *practise* ~*s* mus. öva skalor; *be high in the social* ~ stå högt på den sociala rangskalan; *sink in the social* ~ sjunka socialt; *on a large* (*small*) ~ i stor (liten) skala äv. bildl.; *on the* ~ *of 1 to 50,000* i skala 1:50 000; *out of* ~ oproportionerlig; *to* ~ skalenlig **II** *vb tr* **1** klättra uppför (upp på), bestiga [~ *a hill*], klättra upp i; mil. storma; ~ *new heights* bildl. nå nya höjdpunkter (toppar) **2** avbilda (rita) skalenligt [~ *a map*]; ordna efter [viss] skala, gradera [~ *tests*] **3** ~ *down* [för]minska skalenligt; bildl. minska, trappa ner; ~ *up* öka (förstora) skalenligt; bildl. öka, trappa upp
3 scale [skeɪl] **I** *s* **1** fjäll zool., bot. o.d. **2** flaga, [tunn] skiva; blad av metall o.d.; beläggning **3** pannsten **II** *vb tr* **1** fjälla [~ *fish*] **2** rensa [från pannsten], knacka ren [~ *a boiler*]; skrapa bort [tandsten från] **3** skala [av]
scalene ['skeɪli:n] geom. **I** *adj* oliksidig [~ *triangle*]; sned [~ *cone*] **II** *s* oliksidig triangel
scallion ['skæljən] *s* salladslök, knipplök
scallop ['skɒləp, 'skæl-] *s* **1** zool. kammussla **2** ~ [*shell*] musselskal, snäckskal
scallywag ['skælɪwæg] *s* odåga, skojare, rackare
scalp [skælp] **I** *s* **1** hårbotten, huvudsvål **2** skalp **II** *vb tr* skalpera; bildl. hudflänga, gå hårt åt
scalpel ['skælp(ə)l] *s* kir. skalpell operationskniv
scam [skæm] **I** *s* sl. **1** svindel, skoj; konster **2** info; rykte **II** *vb tr* o. *vb itr* svindla (åt sig), skoja (lura) [till sig]
scamp [skæmp] **I** *s* rackarunge [*you little* ~!] **II** *vb tr* fuska (slarva) med [~ *work*]
scamper ['skæmpə] **I** *vb itr* kila (kuta) i väg; hoppa och skutta [omkring] **II** *s* rusning, skuttande; galopp
scan [skæn] **I** *vb tr* **1** [noga] granska, studera

[~ *a face*, ~ *proposals*]; spana ut över **2** ögna igenom, skumma [~ *a newspaper*] **3** metrik. skandera **4** tekn. avsöka, scanna **II** *vb itr* om vers gå att skandera [*this line does not* ~]
scandal ['skændl] *s* **1** skandal [*grave* ~*s*]; *cause a* ~ göra skandal; *create* (*raise*) *a* [*public*] ~ ställa till (väcka) [allmän] skandal **2** skam[fläck], vanära **3** skvallerhistorier, skandalhistorier
scandalize ['skændəlaɪz] *vb tr* chockera, väcka anstöt hos; *be* ~*d at* bli chockerad (indignerad) över
scandalmonger ['skændl,mʌŋgə] *s* skandalspridare; skvallerkärring
scandalous ['skændələs] *adj* **1** skandalös; skamlig **2** skandal- [~ *story*]
Scandinavia [,skændɪ'neɪvjə] Skandinavien, Norden
Scandinavian [,skændɪ'neɪvjən] **I** *adj* skandinavisk, nordisk; *the* ~ *languages* de nordiska språken **II** *s* skandinav; nordbo
Scania ['skeɪnɪə] geogr. Skåne
scanner ['skænə] *s* tekn. avsökare, bildläsare, inläsare, scanner
scanning ['skænɪŋ] *s* tekn. avsökning, läsning, scanning
scant [skænt] **I** *adj* knapp [~ *measure* (mått)]; ringa [*a* ~ *amount*], sparsam [~ *vegetation*]; knapphändig [~ *in documentation*]; minimal [*a* ~ *chance*]; *pay* ~ *attention to* ta föga notis om; ~ *of breath* andtäppt **II** *vb tr* knappa in på, snåla på (med) [*don't* ~ *the butter*]
scantily ['skæntəlɪ] *adv* knappt etc., jfr *scanty*; ~ *clad* (*dressed*) lättklädd, minimalt påklädd
scantiness ['skæntɪnəs] *s* knapphet, brist, ringa tillgång [*of på*], otillräcklighet
scanty ['skæntɪ] *adj* knapp [~ *supply*], knappt tillmätt [~ *leisure*]; ringa [~ *ability*], inskränkt [~ *knowledge*]; mager, klen, torftig [~ *fare*], sparsam; otillräcklig, snål; knapphändig; minimal [*a* ~ *negligee*]
scapegoat ['skeɪpgəʊt] *s* syndabock
scapegrace ['skeɪpgreɪs] *s* vildhjärna; om barn vildbasare; *her* ~ *son* hennes olycka till son
scar [ska:] **I** *s* ärr äv. bildl. **II** *vb tr* **1** tillfoga ärr; bildl. efterlämna [ett] ärr (bestående men), märka [för livet] **2** märka, repa
scarab ['skærəb] *s* skarabé äv. zool.
Scarborough ['ska:brə] geogr.
scarce [skeəs] *adj* **1** otillräcklig, knapp; *food* (*money*) *is* ~ det är ont om mat (pengar); *make oneself* ~ vard. sticka, försvinna, dunsta [av]; hålla sig undan; *make yourself* ~! vard. stick! **2** sällsynt [*a* ~ *book*; *such stamps are* ~]
scarcely ['skeəslɪ] *adv* knappt [*she is* ~ *twenty*]; knappast; inte gärna, näppeligen; ~ *anybody* nästan ingen, knappt (knappast) någon; ~ *ever* nästan aldrig; ~ *had he come*

when (*before*, ibl. *than*)... han hade knappt kommit förrän...
scarcity ['skeəsətɪ] *s* **1** brist, knapphet **2** sällsynthet
scare [skeə] **I** *vb tr* skrämma; ~ [*off* (*away*)] skrämma bort; bildl. äv. avskräcka; ~ *a p. out of his wits* skrämma ngn från vettet; ~ *a p. to death* el. ~ *the life* (sl. *hell* el. vulg. *shit*) *out of a p.* skrämma slag på (livet ur) ngn **II** *vb itr* bli skrämd (rädd); ~ *easily* vara lättskrämd **III** *s* **1** skräck, skrämsel; panik; hot [*bomb* ~]; oro; attr. skräck- [~ *story*]; *get* (*have*) *a* ~ bli [upp]skrämd (rädd); bildl. bli avskräckt; känna oro (panik); *give a* ~ skrämma [upp]; bildl. avskräcka; skapa oro (panik[stämning]); *war* ~ a) krigspanik b) krigshot **2** larmrapport [*food* ~]
scarecrow ['skeəkrəʊ] *s* fågelskrämma äv. bildl.
scared [skeəd] *adj* **1** skrämd; panikslagen; rädd [*of för*]; ~ *shitless* vulg. skiträdd; ~ *stiff* (*to death*) livrädd, dödsrädd, vettskrämd **2** orolig, ängslig
scaremonger ['skeə‚mʌŋgə] *s* panikspridare
scar|f [skɑ:f] (pl. *-fs* el. *-ves*) *s* **1** scarf, halsduk; sjal, sjalett **2** amer. långsmal duk, löpare
scarlet ['skɑ:lət] **I** *s* scharlakan[srött] **II** *adj* scharlakansröd; ~ *fever* med. scharlakansfeber; ~ *runner* [*bean*] bot. rosenböna; *blush* ~ bli högröd (blodröd) i ansiktet
scarp [skɑ:p] *s* brant, stup
scarper ['skɑ:pə] *vb itr* sl. sticka [iväg]; sjappa
scarves [skɑ:vz] *s* pl. av *1 scarf I*
scary ['skeərɪ] *adj* vard. hemsk, skrämmande, kuslig
scathing ['skeɪðɪŋ] *adj* skarp, dräpande [~ *criticism* (*remarks*)], bitande, svidande, blodig [~ *irony*]
scatological [‚skætə'lɒdʒɪk(ə)l] *adj* vetensk. skatologisk; friare obscen, exkremental
scatter ['skætə] **I** *vb tr* (se äv. *scattered*) **1** sprida [ut] [~ *light* (*one's troops*)]; strö ut [~ *seeds* (*hints*)], strö omkring; stänka [~ *mud* (*water*)] **2** skingra [~ *a crowd* (*the clouds*)] **3** beströ [~ *a road with gravel*]; *the floor was ~ed with books* det låg böcker överallt (kringströdda) på golvet **II** *vb itr* skingras, skingra sig [*the crowd ~ed*], fördela sig **III** *s* spridning
scatterbrain ['skætəbreɪn] *s* virrig (tanklös) person
scatterbrained ['skætəbreɪnd] *adj* virrig, tanklös
scatter diagram ['skætə‚daɪəgræm] *s* statistik. punktdiagram
scattered ['skætəd] *adj* spridd, strödd, sporadisk [~ *instances*]; ~ *clouds* meteor. halvklart; ~ *showers* meteor. spridda skurar
scatty ['skætɪ] *adj* vard. knasig, tokig
scavenge ['skævɪn(d)ʒ] **I** *vb tr* **1** rota (söka) i avfall o.d. [*for* efter] **2** rengöra, spola, sopa [~ *the streets*], rensa **II** *vb itr* **1** ~ *for* rota efter **2** hålla rent
scavenger ['skævɪn(d)ʒə] *s* **1** person som letar (rotar) bland sopor **2** zool. asätare
scenario [sɪ'nɑːrɪəʊ] (pl. ~*s*) *s* teat., film. el. bildl. scenario
scene [si:n] *s* **1** teat., film. o.d. scen [*Act II, S~ 1*; *a love* ~]; scen[bild] [*the* ~ *is* (föreställer) *a street*], fond[kuliss] [*change ~s*]; *change of* ~ a) scenförändring b) bildl. miljöombyte; *the* ~ *of the novel* (*film*) *is laid in London* romanen (filmen) utspelar sig i London; *behind the ~s* bakom kulisserna äv. bildl. **2** skådeplats [äv. ~ *of action*]; *leave the* ~ *of the accident* smita [från olycksplatsen]; *the* ~ *of the crime* platsen för brottet, brottsplatsen; *appear* (*come*) *on the* ~ bildl. dyka upp på scenen, komma in i bilden **3** scen, bild [*a domestic* ~], anblick, syn, skådespel [*a lively* ~] **4** scen, uppträde; *make* (*create*) *a* ~ ställa till en scen (ett uppträde), ställa till skandal **5** vard. värld, kretsar [*the fashion* ~], scen, skådebana [*the political* ~]; *it's not my* ~ det gillar jag inte, det är inte min likör
scenery ['si:nərɪ] *s* **1** teat. scenbild[er], dekorationer **2** (vacker) natur [*admire the* ~]; landskap; [*natural*] ~ naturscen[eri]; *mountain* ~ bergslandskap
scenic ['si:nɪk] *adj* **1** teat. scenisk, teater- [~ *effects*]; dramatisk **2** naturskön; ~ *beauty* naturskönhet; ~ *railway* a) lilleputtåg som går genom ett konstgjort landskap b) berg- och dalbana
scent [sent] **I** *vb tr* **1** vädra äv. bildl. [~ *a hare*, ~ *trouble*]; jakt. äv. spåra; ~ *a th. out* bildl. lukta sig till ngt **2** a) parfymera b) sprida [sin] doft i [*roses that* ~ *the air*] **II** *s* **1** doft, lukt **2** parfym **3** väderkorn; *get* ~ *of* få väderkorn på; bildl. äv. få nys om **4** vittringsspår, spår äv. bildl.; *false* ~ villospår; *throw* (*put*) *a p. off the* ~ el. *put a p. on the wrong* ~ leda ngn på villospår, vilseleda ngn
sceptic ['skeptɪk] *s* skeptiker äv. filos.; tvivlare
sceptical ['skeptɪk(ə)l] *adj* skeptisk; tvivlande, klentrogen; *be* ~ *of* tvivla på
scepticism ['skeptɪsɪz(ə)m] *s* skepsis, skepticism
sceptre ['septə] *s* spira härskarstav
schedule [ˈʃedju:l, 'sked-, -dʒ-, amer. 'skedʒ(ʊ)l] **I** *s* **1** a) [tids]schema, tidtabell; program, plan b) isht amer. tågtidtabell; [*time*] ~ amer. [skol]schema; *according to* ~ enligt programmet; *be ahead of* ~ ha hunnit längre än beräknat, ligga före i tidsschemat; *be behind* ~ vara försenad; ligga (släpa) efter [i tid]; *the trains run to* ~ tågen går efter (håller) tidtabellen **2** lista, förteckning, tabell [*of* över]; inventarieförteckning

3 tariff; ~ *of wages* lönetariff, löneskala **II** *vb tr* **1** a) fastställa tidpunkten för b) planera, göra upp program för c) sätta in [~ *a new train*]; *it is* ~*d for tomorrow* det skall enligt planerna ske i morgon; ~*d flights* reguljära flygturer **2** föra (ta) upp på en lista, registrera

schematic [skɪ'mætɪk] *adj* schematisk

scheme [ski:m] **I** *s* **1** system, schema; ordning; *the* ~ *of things* tingens ordning, världsordningen **2** plan, förslag, projekt; utkast **3** intrig, listig plan; pl. ~*s* äv. ränker **4** schematisk (grafisk) framställning, översikt; diagram **5** horoskop **II** *vb itr* **1** göra upp planer, planera [*for* för] **2** intrigera, stämpla, smida ränker

schemer ['ski:mə] *s* intrigmakare, ränksmidare

scheming ['ski:mɪŋ] **I** *adj* beräknande, intrigant **II** *s* **1** planerande **2** intrigerande

scherzo ['skeətsəʊ] (pl. ~*s* el. *scherzi*) *s* mus. scherzo

schism ['skɪz(ə)m, isht kyrkl. 'sɪz-] *s* schism äv. kyrkl., söndring, splittring

schismatic [ˌskɪz'mætɪk, isht kyrkl. sɪz-] **I** *adj* schismatisk **II** *s* schismatiker

schizo ['skɪtsəʊ] vard. **I** (pl. ~*s*) *s* **1** schizofreni **2** schizofren, schizzig [person] **II** *adj* schizzig

schizoid ['skɪtsɔɪd] *adj* o. *s* psykol. schizoid [person]

schizophrenia [ˌskɪtsə(ʊ)'fri:njə] *s* psykol. schizofreni

schizophrenic [ˌskɪtsə(ʊ)'frenɪk] *adj* o. *s* psykol. schizofren [person]

schlimazel [ʃlɪ'mɒzl] *s* isht amer. sl. klantskalle, tönt; förlorare

schmal[t]z [ʃmɔ:lts, ʃmælts] *s* vard. ngt tårdrypande (sliskigt) isht musik

schmal[t]zy ['ʃmɔ:ltsɪ, 'ʃmæltsɪ] *adj* vard. tårdrypande, sliskig

schmuck [ʃmʌk] *s* isht amer. sl. klantskalle, tönt; tölp

schnitzel ['ʃnɪtsəl] *s* kok. schnitzel

schnozzle ['ʃnɒzl] *s* sl. kran, snok näsa

scholar ['skɒlə] *s* **1** lärd (skolad) person, forskare [*a famous Shakespeare* ~] **2** stipendiat

scholarly ['skɒləlɪ] *adj* **1** lärd [*a* ~ *woman*], som vittnar om lärdom **2** akademisk, vetenskaplig; utförd med vetenskaplig noggrannhet [*a* ~ *translation*]

scholarship ['skɒləʃɪp] *s* **1** lärdom isht humanistisk **2** vetenskaplig noggrannhet **3** skol. el. univ. stipendium; *travelling* ~ resestipendium

scholastic [skə'læstɪk] **I** *adj* **1** skol- [~ *attainments* (kunskaper)], skolmässig; lärar- [*the* ~ *profession*]; pedagogisk; ~ *year* skolår, läsår **2** skolastisk **II** *s* skolastiker

1 school [sku:l] **I** *s* **1 a)** skola äv. bildl. [*the hard school of life*]; institut [*correspondence* ~];
skolgång [*three years of* ~]; skoltid, skollektioner, skolundervisning; *elementary* (*secondary* etc.) ~ se under *elementary* etc.; ~ *for girls* el. *girls'* ~ flickskola; ~ *of dentistry* tandläkarhögskola; *teach* ~ amer. vara lärare [till yrket]; *be at* ~ *together* vara skolkamrater, gå i samma skola; *go to* ~ a) gå till skolan b) gå i skola[n] **b)** attr. skol- [~ *friend*; ~ *yard* (gård)]; ~ *attendance* skolgång, deltagande i undervisning; *compulsory* ~ *attendance* skolplikt **c)** univ. fakultet [*the Medical S*~]; sektion [*the History* ~]; institution [*the S*~ *of* (för) *Oriental Studies*] **2** konst. o. friare skola [*the Frankfurt* ~], strömning, [konst]riktning [*the Flemish* ~]; ~ *of thought* meningsinriktning **II** *vb tr* högtidl. skola [~ *one's voice*]; häst äv. dressera; öva upp

2 school [sku:l] *s* stim, flock [*a* ~ *of dolphins*]

schoolboy ['sku:lbɔɪ] *s* skolpojke

schoolday ['sku:ldeɪ] *s* skoldag; pl. ~*s* äv. skoltid

school dinner [ˌsku:l'dɪnə] *s* skollunch

schoolfellow ['sku:lˌfeləʊ] *s* skolkamrat

schoolgirl ['sku:lgɜ:l] *s* skolflicka

schoolhouse ['sku:lhaʊs] *s* skolhus, skolbyggnad

schooling ['sku:lɪŋ] *s* **1** bildning, skolunderbyggnad [*he had very little* ~] **2** skolundervisning; skolgång

school-leaver ['sku:lˌli:və] *s* elev i avgångsklass; person som just gått ut skolan

school-leaving ['sku:lˌli:vɪŋ] *attr adj* avgångs- [~ *certificate* (*examination*)]; [*minimum*] ~ *age* ålder då skolplikten upphör

schoolma'am ['sku:lmɑ:m] *s* vard. [skol]fröken

schoolmarm ['sku:lmɑ:m] *s* vard. [skol]fröken

schoolmaster ['sku:lˌmɑ:stə] *s* [skol]lärare

schoolmate ['sku:lmeɪt] *s* skolkamrat

schoolmistress ['sku:lˌmɪstrɪs] *s* [skol]lärarinna

schoolroom ['sku:lru:m] *s* skolsal, lärosal

schoolteacher ['sku:lˌti:tʃə] *s* skollärare, skollärarinna

schoolteaching ['sku:lˌti:tʃɪŋ] *s* [skol]undervisning; lärarverksamhet

schooltie [ˌsku:l'taɪ] *s* skolslips slips i skolans färger som bärs isht av f.d. elever vid *public schools*

schooner ['sku:nə] *s* sjö. skonert, skonare

Schubert [tonsättaren 'ʃu:bət]

Schumann [tonsättaren 'ʃu:mən, -mæn]

sciatica [saɪ'ætɪkə] *s* med. ischias

science ['saɪəns] *s* **1 a)** vetenskap; lära, kunskap **b)** vetenskaplighet, vetenskapligt arbete, vetenskaplig forskning; [*natural*] ~ naturvetenskap; *branch of* ~ vetenskapsgren; *Bachelor* (*Master*) *of* ~ ung. filosofie kandidat vid naturvetenskaplig institution efter tre års studier (vid vissa universitet är Master of Arts en högre examen); *Doctor of*

science fiction 722

S~ filosofie doktor vid naturvetenskaplig fakultet **2** teknik, skicklighet, kunnande; konst; ~ *of fencing* fäktkonst
science fiction [ˌsaɪəns'fɪkʃ(ə)n] *s* litt. science fiction
scientific [ˌsaɪən'tɪfɪk] *adj* **1** a) vetenskaplig [~ *books* (*methods*)] b) naturvetenskaplig **2** metodisk; tekniskt skicklig, teknisk [*a* ~ *boxer*]
scientifically [ˌsaɪən'tɪfɪk(ə)lɪ] *adv* **1** vetenskapligt, naturvetenskapligt **2** rationellt; metodiskt, efter alla konstens regler
scientist ['saɪəntɪst] *s* [natur]vetenskapsman; forskare
sci-fi [ˌsaɪ'faɪ] *s* (vard. kortform för *science fiction*) sf
Scilly ['sɪlɪ] geogr.; *the Scillies* el. *the* ~ *Isles* (*Islands*) Scillyöarna
scimitar ['sɪmɪtə] *s* kroksabel
scintilla [sɪn'tɪlə] *s* gnutta; *not a* ~ *of* inte ett spår (en gnutta) av, inte en tillstymmelse till
scintillate ['sɪntɪleɪt] *vb itr* gnistra, tindra; blixtra [~ *with* (av) *wit*]
scion ['saɪən] *s* **1** avkomling, ättling, telning **2** ympkvist
scissors ['sɪzəz] *s* **1** (konstr. vanl. ss. pl.) sax; *a pair of* ~ (ibl. *a* ~) en sax **2** (konstr. ss. sg.) a) brottn. sax[grepp] **b)** gymn. bensax; saxning **c)** ~ *kick* sport. bicicletas
scleros|is [sklə'rəʊs|ɪs] (pl. *-es* [-iːz]) *s* med. skleros
1 scoff [skɒf] *vb tr* sl. sätta (glufsa) i sig
2 scoff [skɒf] *vb itr* hånskratta
scold [skəʊld] **I** *vb tr* skälla på (ut); *be* (*get*) ~*ed* bli utskälld **II** *vb itr* skälla om pers.
scolding ['skəʊldɪŋ] *s* skäll, utskällning; *get a* ~ få en utskällning
scollop ['skɒləp] *s* o. *vb tr* se *scallop*
scone [skɒn, skəʊn] *s* kok. scone
scoop [skuːp] **I** *s* **1** skopa; glasskopa; skovel, skyffel [*coal* (*sand*) ~]; sjö. öskar; med. slev; tekn. hålmejsel; [*measuring*] ~ mått, måttskopa; ~ *of ice cream* glasskula **2** skoptag, skoveltag, östag **3** tidn. (vard.) scoop, pangnyhet; *pull off a* ~ göra ett scoop, bli först med en toppnyhet **4** vard. kap, fångst, vinst **II** *vb tr* **1** ösa, skopa [upp] [äv. ~ *up*], skyffla [*away* undan; *into* ned i; *out* bort]; skrapa, gröpa [~ *the centre out of a melon*] **2** ~ *out* holka (gröpa) ur [~ *out a melon*]; gräva [~ *out a tunnel*] **3** vard. kapa åt sig; kamma (ta) hem [~ *the pool*]; ~ *in* håva in, kamma hem [~ *in the profits*]
scoot [skuːt] *vb itr* vard. kila, kuta, sticka
scooter ['skuːtə] *s* **1** sparkcykel **2** skoter
scope [skəʊp] *s* **1** [räck]vidd, omfattning, omfång; ram; spännvidd; *it is beyond the* ~ *of a child's mind* (*understanding*) det går över ett barns horisont, det ligger utanför ett barns fattningsförmåga; *an enterprise of*

wide (*vast*) ~ ett [vitt]omfattande företag; *it is within the* ~ *of* [*this book*] det faller (ligger) inom ramen för...; *within the* ~ *of possibility* inom möjligheternas gräns[er]; *within the* ~ *of my work* inom mitt arbetsområde **2** spelrum, utrymme; *have free* (*full*) ~ ha fritt spelrum
scorch [skɔːtʃ] **I** *vb tr* sveda, bränna, förbränna; kok. bränna vid; *the* ~*ed earth policy* den brända jordens taktik (politik) **II** *vb itr* **1** svedas, brännas; förtorkas; kok. brännas vid **2** vard. vrålköra, köra i vild fart; susa [*off* i väg] **III** *s* **1** [ytlig] brännskada; svedd ([brun]bränd) fläck **2** vard. vansinnesfärd
scorcher ['skɔːtʃə] *s* vard. **1** stekhet dag [*yesterday was a* ~] **2** panggrej, toppengrej; baddare
scorching ['skɔːtʃɪŋ] **I** *adj* **1** stekhet, brännhet [*a* ~ *day*]; *the sun is* ~ solen steker **2** bitande, svidande [~ *sarcasm*] **II** *adv*, ~ *hot* stekande het, stekhet
score [skɔː] **I** *s* **1** repa, skåra, märke; streck **2** räkning, skuld; konto; *pay off* (*settle*) *old* ~*s* ge betalt för gammal ost **3** sport. o.d. a) ställning, läge [*the* ~ *was 2-1*]; *what's the* ~? hur är ställningen (läget)?, vad står det?; *the final* ~ slutställningen, [slut]resultatet b) [poäng]räkning; protokoll; *keep the* ~ räkna, sköta räkningen **c)** poängtal, målsiffra **4** skol. el. statistik. poäng; poängvärde **5** anledning, orsak [*on* (av) *what* ~?]; *you may be easy on that* ~ du kan vara lugn på den punkten; *on the* ~ *of* [*ill health*] på grund av... **6** tjog; *a* ~ *of people* ett tjugotal människor; *three* ~ *and ten* sjuttio [år]; ~*s of* tjogtals (massvis) med **7** mus. partitur **II** *vb tr* **1** a) göra repor (skåror, märken) i (på), repa b) strecka (stryka) för; ~ *out* stryka över [*two words were* ~*d out*]; ~ *under* stryka under **2** föra räkning över, sport. o.d. äv. föra protokoll över, räkna poäng [ofta ~ *up*]; ~ *a th. up against* (*to*) *a p.* sätta upp ngt på ngns räkning (nota) **3** vinna, [kunna] notera [~ *a success* (framgång)]; få, göra [~ *five points*]; ~ *a goal* göra [ett] mål **4** räknas som **5** mus. orkestrera, instrumentera **6** vard., ~ *off a p.* sätta ngn på plats **III** *vb itr* **1** sport. o.d. sköta räkningen, föra protokoll[et] **2** a) sport. o.d. få (ta) poäng, göra mål b) vinna **c)** vard. göra lycka (succé); *that's where he* ~*s* det är det han vinner (tar hem poäng) på; ~ *over* vinna över; överträffa
scoreboard ['skɔːbɔːd] *s* sport. poängtavla, resultattavla, matchtavla
scorer ['skɔːrə] *s* sport. **1** protokollförare **2** poängtagare; målgörare
scoresheet ['skɔːʃiːt] *s* sport. o.d. [spel]protokoll; *keep a clean* (*blank*) ~ hålla nollan
scorn [skɔːn] **I** *s* **1** förakt; hån; hånfullhet,

spotskhet; *be put to* ~ bli hånad, bli utsatt för förakt (hån) **2** föremål för förakt (hån) **II** *vb tr* försmå [*he ~ed my advice*]; håna
scornful ['skɔ:nf(ʊ)l] *adj* föraktfull; hånfull, spotsk; *be ~ of* vara full av förakt för, förakta
scornfully ['skɔ:nfʊlɪ] *adv* föraktfullt, med förakt; hånfullt; *smile ~* äv. hånle
Scorpian ['skɔ:pjən] *s* o. *adj* astrol., *he is* [*a*] ~ han är Skorpion
Scorpio ['skɔ:pɪəʊ] *s* o. *adj* astrol. el. astron. skorpionen; *he is* [*a*] ~ han är Skorpion
scorpion ['skɔ:pjən] *s* zool. skorpion
Scot [skɒt] *s* **1** skotte; *the ~s* skottarna **2** hist., pl. *~s* skoter
Scot. förk. för *Scotch, Scotland, Scottish*
Scotch [skɒtʃ] **I** *adj* skotsk; *~ fir* tall; *~ mist* regndimma, regndis; vard. duggregn; *~ pancake* se *drop scone*; *~ tape* se *Sellotape*; *~ terrier* skotsk terrier, skotte **II** *s* **1** *the ~* skottarna **2** skotska [språket] **3** skotsk whisky; *~ and soda* whisky och soda
scotch [skɒtʃ] *vb tr* **1** kväva, kuva [*~ a plot*], sätta stopp för, göra slut på [*~ rumours*] **2** såra [utan att döda], oskadliggöra [*~ a snake*]
Scotch|man ['skɒtʃ|mən] (pl. *-men* [-mən]) *s* skotte
Scotch|woman ['skɒtʃ|ˌwʊmən] (pl. *-women* [-ˌwɪmɪn]) *s* skotska kvinna
scot-free [ˌskɒt'fri:] *adj* oskadd; ostraffad; *go* (*get off, escape, pass*) *~* komma (slippa) undan oskadd (ostraffad), gå skottfri
Scotland ['skɒtlənd] Skottland; [*New*] *~ Yard* Scotland Yard Londonpolisens högkvarter
Scots [skɒts] **I** *adj* skotsk **II** *s* skotska [språket]; *Lowland ~* låglandsskotsk dialekt
Scots|man ['skɒts|mən] (pl. *-men* [-mən]) *s* skotte
Scots|woman ['skɒts|ˌwʊmən] (pl. *-women* [-ˌwɪmɪn]) *s* skotska kvinna
Scotticism ['skɒtɪsɪz(ə)m] *s* skotskt ord (uttryck)
Scottish ['skɒtɪʃ] i vårdat språk o. isht skotsk. **I** *adj* skotsk; *~ terrier* skotsk terrier, skotte **II** *s* skotska [språket]
scoundrel ['skaʊndr(ə)l] *s* skurk, bov, usling
1 scour ['skaʊə] **I** *vb tr* **1** skura [*~ a floor* (*saucepan*)], skrubba (gnugga) ren [*~ clothes*]; *~ out* skura ur **2** spola ren, rensa [*~ a channel*] **3** *~* [*out*] plöja [upp], gräva [sig] [*the torrent had ~ed* [*out*] *a channel*] **II** *s* **1** skurning **2** renspolning, sköljning; erosion
2 scour ['skaʊə] *vb tr* **1** söka (leta) igenom, söka (leta) överallt på (i) [*for* för att hitta (få tag på*)*] **2** genomströva [*~ the woods*]; dra fram genom [*they ~ed the streets*]
scourer ['skaʊərə] *s* stålull, kökssvamp
scourge [skɜ:dʒ] **I** *s* gissel, hemsökelse, plågoris; landsplåga **II** *vb tr* gissla, hemsöka; tukta; hudflänga

Scouse [skaʊs] *s* vard. **1** liverpoolbo **2** liverpooldialekten
scout [skaʊt] **I** *s* **1** mil. a) spanare, spejare, observatör b) spaningsfartyg c) spanings[flyg]plan **2** motsv. juniorscout 11-12 år; patrullscout 13-15 år; [*cub*] *~* miniorscout; [*girl*] *~* amer. [flick]scout; *venture ~* seniorscout 16-20 år **3** [*talent*] *~* talangscout **4** vägpatrullman [*AA* (*RAC*) *~*] **5** spaning; *be on the ~ for* vara [ute] på spaning (jakt) efter **II** *vb itr* spana, speja, rekognoscera; *~ about* (*around*) *for* spana (vara på jakt) efter **III** *vb tr* **1** undersöka, skaffa sig kännedom om [*~ the enemy's defence*] **2** vard., *~ out* (*up*) a) skaffa sig, ragga upp b) leta ut (upp)
scoutmaster ['skaʊtˌmɑ:stə] *s* scoutledare
scowl [skaʊl] **I** *vb itr* rynka ögonbrynen; se bister (hotfull) ut; *~ at* blänga på **II** *s* bister (hotfull) uppsyn (blick)
Scrabble ['skræbl] *s* ® Alfapet slags bokstavsspel
scrabble ['skræbl] *vb itr* krafsa, skrapa [*~ with one's nails*]; *~ about for* rota [runt] (leta) efter
scrag [skræg] **I** *s* slakt. halsstycke av får o. kalv **II** *vb tr* **1** nacka [*~ a chicken*] **2** vard. vrida nacken av, slå ihjäl [*I'll ~ you!*]
scraggy ['skrægɪ] *adj* **1** mager, tanig [*a ~ neck*], skinntorr **2** skrovlig [*~ rocks*], knagglig
scram [skræm] *vb itr* vard. sticka, smita; *~!* stick!
scramble ['skræmbl] **I** *vb itr* **1** klättra, kravla [*~ up a cliff* (*over rocks*)]; krångla (streta) sig fram **2** rusa [*they ~d for* (till) *the door*]; slåss, kivas, nappas, kappas [*for* om; *to* om att] **3** hafsa; *~ into one's clothes* kasta på sig (kasta sig i) kläderna; *~ through* [*one's work*] hafsa (slarva) igenom…; *~ to one's feet* resa sig hastigt, fara (rusa) upp **II** *vb tr* **1** a) blanda (röra) ihop [*~ names and faces*] b) kok., *~d eggs* äggröra **2** tele. o.d. förvränga tal, slumpkoda [*~ a message*] **3** *~ away* (*off*) rafsa undan; *~ up* (*together*) rafsa ihop **III** *s* **1** [mödosam] klättring; klättrande, kravlande, stretande **2** rusning [*a ~ for* (till) *the door*] **3** rusning, riv och slit [*for* efter, för att få] **4** virrvarr, röra **5** slags motocross
scrambler ['skræmblə] *s* tele. o.d. talförvrängare, slumpkodare, skramlare
1 scrap [skræp] **I** *s* **1** bit, stycke, lapp; smula; fragment, brottstycke [*~s of a letter*], snutt; *not a ~* inte ett dugg (uns), inte en gnutta; *a ~ of paper* en papperslapp (pappersbit); iron. om traktat o.d. bara en bit papper **2** pl. *~s* a) [mat]rester, smulor b) [små]plock, smått och gott **3** avfall, skräp **4** skrot [*sell one's car for* (till, som) *~*]; attr. skrot- [*~ value*] **II** *vb tr* **1** skrota [ned] [*~ a ship*], utrangera **2** vard. kassera; slopa, spola
2 scrap [skræp] vard. **I** *s* gräl, gruff; slagsmål **II** *vb itr* gräla, gruffas; slåss

scrapbook ['skræpbʊk] *s* **1** [urklipps]album, urklippsbok, bok för tidningsurklipp **2** återblickar [*~ for* (på) *1989*], minnesbilder; *~ for* äv. kavalkad (krönika) över
scrape [skreɪp] **I** *vb tr* **1** skrapa, krafsa; skrapa (skava) av (bort) [*~ the rust off (from) a th.*]; skrapa av (ren), hyvla väg; sickla; skrapa på (i) [*~ the floor with one's shoes*]; skrapa mot [*the ship ~d the bottom*]; *~ a living* skrapa ihop pengar till brödfödan, hanka sig fram [*by på*]; *~ off* (*away*) skrapa (skava) av (bort); *~ out* a) skrapa ur (ren) [*~ out a saucepan*] b) skrapa ur (bort); *~ up* (*together*) skrapa (samla) ihop [*~ together a few pounds, ~ up a team*]; *~* [*up*] *an acquaintance with a p.* försöka inleda bekantskap med ngn **2** skrapa med [*~ one's feet*] **3** vard. gnida [på], fila på [*~ a fiddle*]; *~ out a tune* [*on the violin*] gnida [fram] en melodi [på fiolen] **II** *vb itr* **1** skrapa, krafsa; raspa **2** trassla (krångla) sig [*~ home*]; *~ along* (*by*) vard. hanka sig fram, klara sig någotsånär [*on på*]; *~ through* [*an exam* (*a test*)] vard. klara sig med nöd och näppe (någotsånär) **3** vard. gnida, fila [*~ at a violin*] **4** skrapa med foten och buga sig; *bow and ~ to a p.* bildl. skrapa med foten för ngn **5** snåla, spara **III** *s* **1** skrapning, skrapande [ljud], raspande [ljud] **2** fotskrapning [*bows and ~s*] **3** skrapsår, skrubbsår **4** vard., *bread and ~* bröd med ett tunt lager smör (margarin) **5** vard. knipa, klämma [*get into a ~*]; gräl, bråk
scraper ['skreɪpə] *s* **1** skrapa, skrapverktyg, putskniv, sickel **2** fotskrapa, skrapjärn **3** vägskrapa, väghyvel
scrap heap ['skræphi:p] *s* skrothög; *throw a th. on the ~* bildl. kasta ngt på skrothögen (sophögen)
scrap metal ['skræpˌmetl] *s* metallskrot
scrappy ['skræpɪ] *adj* hopplockad, hoprafsad, plockig; osammanhängande, planlös
scrapyard ['skræpjɑ:d] *s* skrotupplag
scratch [skrætʃ] **I** *vb tr* **1** a) klösa, riva b) rispa, repa; göra repor i [*~ the paint*] c) skrapa, krafsa; *~ the surface* skrapa på ytan; bildl. äv. snudda vid ytan [*of av*], ytligt beröra; *~ out* a) klösa ut [*~ a p.'s eyes out*]; skrapa (krafsa) bort b) krafsa fram; *~ up* krafsa upp (fram) [*the dog ~ed up a bone*] **2** klia [på], riva [på]; *~ a p.'s back* klia ngn på ryggen; bildl. stryka ngn medhårs; *~ my back and* (*if you ~ my back,*) *I'll ~ yours* ung. hjälper du mig så ska jag hjälpa dig **3** rista i [*~ glass*]; rista in [*~ one's name on glass*] **4** *~* [*out*] krafsa [upp] [*~* [*out*] *a hole*] **5** *~ up* (*together*) skrapa ihop; skrapa åt sig **6** stryka, utesluta; sport. stryka från anmälningslistan [*~ a horse*]; *~ out* a) stryka [*~ out a name from a list*] b) stryka (radera) ut; *~ through* (*out*) stryka över **II** *vb itr* **1** klösas, rivas **2** klia sig, riva sig [*stop ~ing*] **3** krafsa, skrapa [*~ at the door*]; raspa [*the pen ~es*]; *~ about for* [gå och] krafsa efter **III** *s* **1** skråma, rispa; repa; skrubbsår; *escape without a ~* äv. komma helskinnad undan **2** skrap, skrapande [ljud], raspande [ljud] **3** klösning etc., jfr *I*; *give oneself a good ~* klia sig ordentligt **4** sport. a) startlinje b) scratch, utan handikapp (försprång) **5** bildl. scratch, nolläge; *start from ~* börja från scratch, börja [om] från början, starta från ingenting; *be* (*come*) *up to ~* hålla måttet, [upp]fylla kraven, vara mogen sin uppgift; *bring a p. up to ~* a) få ngn att hålla måttet ([upp]fylla kraven) b) få ngn i trim (slag) **IV** *attr adj* **1** tillfälligt (provisoriskt) hopplockad [*a ~ team*], slumpvis hopkommen **2** sport. utan handikapp
scratch pad ['skrætʃpæd] *s* **1** kladdblock, anteckningsblock **2** data. slaskarea
scratchy ['skrætʃɪ] *adj* **1** krafsig, klottrig [*~ writing*] **2** raspig [*a ~ pen*]
scrawl [skrɔ:l] **I** *vb itr* klottra **II** *vb tr* klottra [ned], krafsa (rafsa) ned (ihop) [*~ a few words*] **III** *s* klotter, krafs
scrawny ['skrɔ:nɪ] *adj* mager, tanig; skinntorr
scream [skri:m] **I** *vb itr* **1** skrika [*~ with* (av) *pain*]; skria **2** *~* [*with laughter*] tjuta av skratt **3** tjuta [*the sirens ~ed*], vina **II** *vb tr* skrika [ut] **III** *s* **1** skrik [*a ~ of pain*], skri; tjut [*the ~ of* (från) *a siren*]; *~s of laughter* tjut av skratt **2** vard., *be a ~* vara helfestlig (jätterolig)
screaming ['skri:mɪŋ] **I** *adj* **1** skrikande; tjutande; gäll, skrikig **2** skrikig [*~ colours* (*design*)], gräll; braskande [*~ headlines*] **3** vard. helfestlig, jätterolig **4** sl. fenomenal, makalös **II** *s* skrik[ande]; tjut[ande]
screamingly ['skri:mɪŋlɪ] *adv* fenomenalt; *~ funny* jätterolig, helfestlig
scree [skri:] *s* [bergssluttning täckt med] stenras
screech [skri:tʃ] **I** *vb itr* gallskrika; skrika, tjuta, gnissla [*the brakes ~ed*] **II** *vb tr, ~* [*out*] skrika [ut (fram)] **III** *s* gallskrik; tjut, gnissel
screech owl ['skri:tʃaʊl] *s* zool. tornuggla; hornuggla
screed [skri:d] *s* långt brev, epistel; lång uppsats (avhandling); harang, tirad
screen [skri:n] **I** *s* **1** a) skärm, skyddsskärm b) skiljevägg, mellanvägg; kyrkl. korskrank c) bildl. ridå, mur [*a ~ of secrecy*], fasad; mask [*~ of indifference*] **2** skärm [*radar* (*X-ray*) *~*], [film]duk [*cinema* (*projection*) *~*]; [*television*] *~* bildruta; [*viewing*] *~* bildskärm **3** film. a) *the ~* filmen [*go on* (in vid) *the ~*]; *adapt for the ~* filmatisera, bearbeta för film[en] b) attr. film- [*~ actor*]; *the ~ version* filmversionen, filmatiseringen **4** a) [grovt] såll, sikt, harpa b) filter **5** bil. vindruta **II** *vb tr* **1** skydda, skyla, dölja [*from*

för, mot]; bildl. äv. skyla (släta) över [~ *a p.'s faults*] 2 a) skärma [av] [~ *a light*]; bildl. kringgärda [~*ed by regulations*] b) förse med en skärm (skärmar); sätta nät för [~ *a window*]; ~ *off* skärma (skilja) av [~ *off a corner of the room*] 3 a) sikta, sålla; harpa [~*ed coals*] b) bildl. sålla bort (ut), gallra bort (ut) [äv. ~ *out*]; sålla fram 4 film. a) filma, spela in b) filmatisera
screenplay ['skri:nplei] *s* filmmanus, scenario
screen-struck ['skri:nstrʌk] *adj* filmbiten
screen test ['skri:ntest] I *s* provfilmning, provfotografering II *vb tr* låta provfilma
screenwriter ['skri:nˌraitə] *s* filmförfattare
screw [skru:] I *s* 1 skruv; *he has a ~ loose* el. *there is a ~ loose somewhere* bildl. han har en skruv lös, han är inte riktigt klok; *put the ~s on* el. *turn the ~* bildl. dra åt tumskruvarna, öka pressen 2 sport. skruv 3 vard. lön; *he's paid a good ~* han får bra pröjs 4 vard. snåljåp 5 vulg. knull II *vb tr* 1 a) skruva äv. sport. b) skruva fast (i) [*on* på (i); *to* vid] c) skruva till (åt); ~ *down* skruva igen (till, åt) [~ *down a lid*]; ~ *off* skruva av (loss); ~ *the lid off* (*on*) *a jar* skruva av (på) locket på en burk; *his head is ~ed on the right way* (*all right*) vard. han har huvudet på skaft; ~*up* a) skruva igen (till, åt) b) knyckla ihop c) skruva (skörta, trissa) upp [~ *up prices*]; ~ *up* [*one's*] *courage* ta mod till sig, samla mod; ~ *up the strings of a violin* stämma en fiol 2 förvrida; ~ *up one's eyes* kisa med (knipa ihop) ögonen; ~ *up one's lips* snörpa på munnen 3 pressa, klämma åt; ~ *money out of a p.* pressa ngn på pengar 4 sl. förstöra, sabba [*it ~ed up our plans*]; trassla (röra, strula) till 5 vulg. knulla 6 ~ *you!* sl. dra åt helvete! III *vb itr* 1 skruvas [*a lid which ~s on*] 2 sl., ~ *around* a) gå och driva, slå dank, strula [omkring] b) vänsterprassla; ligga med vem som helst 3 ~ *up* misslyckas, göra bort sig
screwball ['skru:bɔ:l] isht amer. vard. I *s* 1 sport. skruvboll 2 knasboll, galning II *adj* knasig, knäpp, prillig [~ *ideas*]
screwcap ['skru:kæp] *s* skruvlock, skruvkapsyl
screwdriver ['skru:ˌdraivə] *s* 1 skruvmejsel 2 vard., drink på vodka och apelsinjuice
screwtop ['skru:tɒp] *s* se *screwcap*
screwy ['skru:I] *adj* sl. tokig, [hel]knäpp; mysko
1 scribble ['skribl] *vb tr* grovkarda [~ *wool* (*cotton*)]
2 scribble ['skribl] I *vb tr* klottra, klottra (rafsa) ihop (ned) [~ *a letter*] II *vb itr* klottra, kladda III *s* klotter, kladd
scribbler ['skriblə] *s* 1 klottrare 2 mångskrivare; pennfäktare, struntförfattare
scribbling-block ['skriblɪŋblɒk] *s* o.
scribbling-pad ['skriblɪŋpæd] *s* kladdblock, anteckningsblock

scribe [skraib] *s* skämts. skribent
scrimmage ['skrimidʒ] I *s* 1 tumult, handgemäng, slagsmål 2 amer. fotb. närkamp om bollen då bollen sätts i spel II *vb itr* slåss, delta i ett handgemäng
scrimp [skrimp] I *vb tr* 1 snåla på (med), knussla med [~ *food*] 2 vara snål mot, hålla kort [~ *one's family*] II *vb itr* snåla, spara; ~ *and save* (*scrape*) snåla (gnida) och spara
script [skript] I *s* 1 [hand]skrift [*in* (med) ~]; skrivtecken 2 boktr. skrivstil 3 jur. handskrift, originalhandling, urkund 4 film., radio. o.d. manus, manuskript; [*film*] ~ filmmanus 5 skol. skrivning, [skriftligt] examensprov II *vb tr* skriva [manuskript till]
scriptgirl ['skriptgɜ:l] *s* scripta, scriptgirl
scriptural ['skriptʃ(ə)r(ə)l] *adj* biblisk, bibel-
scripture ['skriptʃə] *s* 1 [*Holy*] *S~* el. *the* [*Holy*] *Scriptures* den heliga skrift, Skriften, Bibeln 2 bibelställe, bibelspråk 3 helig skrift (bok) [*Buddhist ~*] 4 skol. religionskunskap
scriptwriter ['skriptˌraitə] *s* film., radio. o.d. manusförfattare
scrofula ['skrɒfjʊlə] *s* med. skrofler
scroll [skrəʊl] I *s* 1 [skrift]rulle 2 a) slinga, snirkel; släng på namnteckning b) isht herald. bandslinga [med devis] c) konst. snäcklinje, rullform; scrollornament II *vb tr* pryda med slingor etc.; perf. p. ~*ed* äv. i form av slingor etc.
Scrooge [skru:dʒ] I person i Dickens bok 'A Christmas Carol' II *s* girigbuk, snålvarg
scrot|um ['skrəʊt|əm] (pl. -*a* [-ə] el. -*ums*) *s* anat. [testikel]pung, skrotum
scrounge [skraʊn(d)ʒ] vard. I *vb tr* lura till sig; tigga till sig, bomma [~ *a cigarette from a p.*] II *vb itr*, ~ *around for* sno (snoka) omkring efter; tigga III *s, be on the ~* sno omkring (leta) efter; tigga
scrounger ['skraʊn(d)ʒə] *s* vard. snyltare; tiggare
1 scrub [skrʌb] I *vb tr* skura, skrubba [~ *the floor*]; ~ *out* skura ur; skura (skrubba) bort; ~ [*out*] vard. slopa, spola, skippa [~ *your plans*] II *vb itr* skura, skrubba III *s* skurning, skrubbning; *it needs a good ~* den behöver skuras (skrubbas) ordentligt
2 scrub [skrʌb] *s* 1 buskskog, busksnår 2 förkrympt buske (träd)
scrubbing-board ['skrʌbɪŋbɔ:d] *s* tvättbräde
scrubbing-brush ['skrʌbɪŋbrʌʃ] *s* skurborste
scrubby ['skrʌbi] *adj* 1 förkrympt; ynklig 2 risig, snårig, snårbevuxen 3 ovårdad, sjabbig
scruff [skrʌf] *s, take* (*seize*) *by the ~ of the neck* ta i nackskinnet (hampan)
scruffy ['skrʌfi] *adj* vard. sjaskig, sjabbig, sluskig
scrum [skrʌm] rugby. (kortform för *scrummage*) I *s* klunga; ~ *half* klunghalva II *vb itr* bilda klunga

scrummage ['skrʌmɪdʒ] rugby., se *scrum*
scrumptious ['skrʌm(p)ʃəs] *adj* vard. smaskens; kalas-, toppen- [~ *food*]; härlig; jättesnygg
scrunch [skrʌn(t)ʃ] **I** *vb tr* **1** krossa, krasa (trycka) sönder **2** skrynkla (knyckla) ihop **3** kamma håret med fingrarna medan man fönar **II** *vb itr* **1** knastra, krasa **2** isht amer. krypa ihop, kura [ihop sig] **III** *s* knaster
scrunch-drying ['skrʌn(t)ʃ,draɪɪŋ] *s* hårrotsföning
scruple ['skru:pl] **I** *s* **1** ~[*s* pl.] skrupler, samvetsbetänkligheter, samvete; tvivel, tvekan; *have* **~s** *about* ha samvetsbetänkligheter mot (beträffande), dra sig för; *make no* ~ *to* inte dra (genera) sig för att **2** skrupel medicinalvikt (= 1,296 g) **II** *vb itr* hysa samvetsbetänkligheter [*at* mot]; *not* ~ *to* inte dra (genera) sig för att
scrupulous ['skru:pjʊləs] *adj* **1** nogräknad, noga [*about, as to* i fråga om], samvetsöm **2** [mycket] samvetsgrann, [ytterst] noggrann; sorgfällig; skrupulös [~ *cleanliness*]
scrutineer [,skru:tə'nɪə] *s* granskare; isht röstkontrollant vid val
scrutinize ['skru:tənaɪz] *vb tr* noga undersöka, syna [i sömmarna], [fin]granska, studera
scrutiny ['skru:tənɪ] *s* **1** noggrann undersökning, [fin]granskning **2** forskande blick
scuba ['sku:bə, 'skju:-] *s* (förk. för *self-contained underwater breathing apparatus*) dykapparat
scud [skʌd] *vb itr* jaga [*the clouds ~ded across the sky*], ila, löpa, rusa [*along* fram]
scuff [skʌf] **I** *vb itr* **1** hasa [sig fram], gå med släpande steg **2** skavas, nötas, slitas **II** *vb tr* **1** ~ *one's feet* släpa med fötterna, hasa sig fram **2** nöta (slita) ned [~ *one's shoes*] **III** *s* **1** hasande [ljud] **2** ~ *marks* märken (repor) efter skor
scuffle ['skʌfl] **I** *vb itr* **1** slåss; knuffas och bråka **2** hasa [sig fram], släpa med fötterna, sjava [omkring] **II** *s* slagsmål, handgemäng, tumult
scull [skʌl] **I** *s* **1** [mindre] åra **2** vrickåra **3** se *sculler 1* **II** *vb tr* o. *vb itr* ro; vricka båt
sculler ['skʌlə] *s* **1** roddbåt för två åror **2** roddare
scullery ['skʌlərɪ] *s* diskrum
sculpt [skʌlpt] *vb tr* o. *vb itr* vard. skulptera
sculptor ['skʌlptə] *s* skulptör, bildhuggare
sculptress ['skʌlptrəs] *s* skulptris
sculptural ['skʌlptʃər(ə)l] *adj* skulptural, statyliknande; skulptur-, bildhuggar- [*the ~ arts*]
sculpture ['skʌlptʃə] **I** *s* **1** skulptur, bildhuggarkonst[en] **2** skulptur **II** *vb tr* o. *vb itr* skulptera
scum [skʌm] **I** *s* **1** skum vid kokning o. jäsning **2** [smuts]hinna på stillastående vatten **3** bildl.

avskum [*the* ~ *of the earth*] **II** *vb tr* **1** skumma [av] **2** täcka med skum
scupper ['skʌpə] **I** *s* sjö. spygatt **II** *vb tr* **1** sänka [~ *a ship*] **2** vard. torpedera, stjälpa, kullkasta [~ *plans*]; we're ~ed! nu är det klippt!
scurf [skɜ:f] *s* **1** skorv, mjäll[kaka] **2** flagor
scurrility [skə'rɪlətɪ] *s* plumphet, råhet [*indulge in -ies*], oanständighet; rått språk
scurrilous ['skʌrɪləs] *adj* plump, grov[kornig]; ovettig
scurry ['skʌrɪ] **I** *vb itr* kila, rusa; bildl. jaga, jäkta [~ *through one's work*] **II** *s* rusning; bildl. äv. jäkt
scurvy ['skɜ:vɪ] **I** *adj* tarvlig, lumpen, gemen, nedrig **II** *s* med. skörbjugg
1 scuttle ['skʌtl] *s* se *coalscuttle*
2 scuttle ['skʌtl] *vb itr* rusa, kila, skutta [~ *off (away)*]
3 scuttle ['skʌtl] **I** *s* glugg med lucka i tak o. vägg; lucka; sjö. ventil; [ventil]lucka **II** *vb tr* **1** sjö. borra i sank [~ *a ship*] **2** torpedera, kullkasta [~ *plans*]
scythe [saɪð] **I** *s* lie **II** *vb tr* slå med lie, meja
SE förk. för *South-Eastern* (postdistrikt i London), *south-east[ern]*
sea [si:] *s* **1** hav [*the Caspian S~*], sjö [*the North S~*]; attr. havs- [~ *ice*], sjö- [~ *scout*]; *the high* **~s** öppna havet utanför territorialgränsen; *at* ~ till sjöss (havs), på havet (sjön), i sjön; *I'm* [*all*] *at* ~ vard. jag förstår inte ett dugg [av det hela]; *beyond the* **~[s]** bortom haven, på andra sidan havet; *by* ~ således, sjövägen [*go by* ~]; *by* ~ *and land* till lands och till sjöss; *on the* ~ a) på havet b) vid havet (kusten) [*Brighton is* (ligger) *on the* ~]; *over the* ~ a) över havet b) på andra sidan havet; *go to* ~ a) gå till sjöss, bli sjöman b) ge sig ut på en sjöresa; *put to* ~ a) om fartyg löpa ut, avsegla b) sjösätta, sätta i sjön **2** a) sjö [*a choppy* el. *short* (krabb) ~], sjögång b) [stört]sjö, våg; *there is a heavy* (*high*) ~ det är hög sjö, det är svår sjögång **3** bildl. hav [*a* ~ *of people*], ström [~*s of blood*]; *a* ~ *of flame* ett eldhav
sea anemone ['si:ə,nemənɪ] *s* zool. havsanemon
seabed ['si:bed] *s* havsbotten
seabird ['si:bɜ:d] *s* sjöfågel
seaboard ['si:bɔ:d] *s* strandlinje; kust[sträcka]
seaborne ['si:bɔ:n] *adj* sjöburen [~ *goods*]
sea breeze ['si:bri:z] *s* sjöbris; havsbris
sea cow ['si:kaʊ] *s* zool. sirendjur, sjöko
sea dog ['si:dɒg] *s* vard. sjöbjörn, sjöbuss
sea elephant ['si:,eləfənt] *s* zool. sjöelefant
seafarer ['si:,feərə] *s* sjöfarare; pl. ~s äv. sjöfolk
seafaring ['si:,feərɪŋ] **I** *adj* sjöfarande, sjöfarar-; ~ *life* livet till sjöss (havs); ~ *man* sjöfarare, sjöman **II** *s* **1** seglats[er] **2** sjömansyrke[t]
seafood ['si:fu:d] *s* [fisk och] skaldjur, 'havets läckerheter'; ~ *restaurant* fiskrestaurang

seafront ['si:frʌnt] s sjösida av ort; strand[promenad]; ~ *hotel* strandhotell
seagoing ['si:,gəʊɪŋ] adj **1** sjögående [*a ~ vessel*] **2** sjöfarande; *without ~ experience* utan sjövana
seagull ['si:gʌl] s zool. fiskmås
sea horse ['si:hɔ:s] s zool. a) sjöhäst b) valross
seakale ['si:keɪl] s bot. strandkål
1 seal [si:l] **I** s zool. säl; *ringed ~* ringsäl, vikare **II** vb itr jaga säl
2 seal [si:l] **I** s **1** sigill; lack[sigill]; försegling, plombering, plomb; sigillstamp; *put the ~ of one's approval on a th.* bildl. sanktionera ngt **2** beseglande [*a ~ of friendship*], bekräftelse **3** prägel, stämpel [*have the ~ of genius*]; *set one's ~ to* sätta sin prägel (stämpel) på **4** tekn. a) vattenlås; spärrventil b) packning, tätning c) förslutning **II** vb tr **1** sätta sigill på (under) [*~ a document*]; ~ [*down*] försegla, klistra (lacka) igen [*~ a letter*]; *~ up* försegla, plombera **2** besegla [*~ friendship with a kiss; his fate is ~ed*], bekräfta; avgöra [*this ~ed his fate*], bestämma **3** prägla, stämpla, sätta sin stämpel på **4** tillsluta [hermetiskt], försluta; täta, stoppa (täppa) till (igen) [*~ a leak*]; perf. p. *~ed* äv. sluten [*~ed cooling system*], lufttät [*~ed cabins*], hermetisk; *~ up* täta, klistra igen [*~ up a window*] **5** *~ off* spärra av
sea lane ['si:leɪn] s farled, sjöväg
sealed-beam ['si:ldbi:m] adj, *~ headlight* bil. sealedbeam-strålkastare
sea legs ['si:legz] s pl vard., *find (get) one's ~* få sjöben, bli sjövan
sea level ['si:,levl] s vattenstånd i havet; *mean ~* medelvattenstånd; *above (below) ~* över (under) havet (havsytan)
sealing wax ['si:lɪŋwæks] s sigillack, lack; buteljlack, buteljharts; *stick of ~* lackstång
sea lion ['si:,laɪən] s zool. sjölejon
sealskin ['si:lskɪn] s **1** sälskinn **2** sälskinnsplagg
seam [si:m] **I** s **1** söm; *burst at the ~s* spricka (gå upp) i sömmarna; bildl. vara sprickfärdig (fullproppad); *rip* [*up*] (*split*) *at the ~* spricka (gå upp) i sömmen **2** fog, skarv **3** geol. flöts; skikt, lager av kol o.d. **4** med. el. anat. sutur **II** vb tr **1** foga (sy) ihop; förse med en söm (sömmar) **2** göra fårad (ärrig); *~ed* fårad [*a face ~ed with* (av) *care*]; ärrig
sea|man ['si:|mən] (pl. *-men* [-mən]) s sjöman
seamanlike ['si:mənlaɪk] adj o. **seamanly** ['si:mənlɪ] adj sjömansmässig; sjömans-
seamanship ['si:mənʃɪp] s sjömanskap
sea mile ['si:maɪl] s sjömil, nautisk mil
seamless ['si:mləs] adj sömlös, utan söm[mar]
seamstress ['semstrəs] s sömmerska
seamy ['si:mɪ] adj, *~ side* avigsida av plagg o.d.; bildl. äv. frånsida, skuggsida [*the ~ side of life*]

Sean [ʃɔ:n] mansnamn
seance ['seɪɑ:(n)s, -ɑ:ns, -ɒns] s spirit. seans
sea nymph ['si:nɪmf] s mytol. havsnymf
seaplane ['si:pleɪn] s sjöflygplan, hydroplan
seaport ['si:pɔ:t] s hamnstad, sjöstad [äv. *~ town*]
sea power ['si:,paʊə] s sjömakt
sear [sɪə] vb tr **1** bränna äv. med.; sveda **2** kok. bryna
search [sɜ:tʃ] **I** vb tr söka (leta) igenom, undersöka [*for* för att hitta], leta (söka) i [*for* efter; *~ one's memory*]; gå skallgång [*for* efter]; visitera [*~ a ship*], kroppsvisitera; rannsaka; se forskande (prövande) på [*~ a p.'s face*]; *~ one's heart (conscience)* rannsaka sitt hjärta (samvete); *~ a p.'s house* göra husrannsakan hos ngn; *~ me!* vard. inte vet jag!, ingen aning!; *~ out* a) leta fram b) söka (leta) upp, ta kontakt med c) utforska, ta reda på **II** vb itr söka, leta, forska, spana, speja [*for* efter]; göra efterforskningar, gå skallgång; *~ after* söka [finna] [*~ after the truth*]; *~ for a p.* efterforska (efterspana) ngn **III** s sökande, letande, forskande, spaning [*for, after* efter], efterforskning[ar], efterspaning[ar]; skallgång; undersökning, genomsökning; husrannsakan, husundersökning; visitation, visitering; [*personal (bodily)*] *~* kroppsvisitation; *right of ~* jur. visiteringsrätt; *in ~ of* på spaning (jakt) efter, som söker (letar) efter
searching ['sɜ:tʃɪŋ] **I** adj **1** forskande, prövande, spanande [*a ~ look*] **2** grundlig, ingående [*a ~ test*] **II** s **1** sökande, letande; undersökning etc., jfr *search I* **2** *~s of heart* (*conscience*) självrannsakan
searchlight ['sɜ:tʃlaɪt] s strålkastarljus, sökarljus
search party ['sɜ:tʃ,pɑ:tɪ] s spaningspatrull, skallgångskedja
search warrant ['sɜ:tʃ,wɒr(ə)nt] s husrannsakningsorder
sea route ['si:ru:t] s sjöväg
seascape ['si:skeɪp] s konst. havsbild, havsmålning
seashell ['si:ʃel] s snäckskal, musselskal
seashore ['si:ʃɔ:, ,-'-] s [havs]strand
seasick ['si:sɪk] adj sjösjuk
seasickness ['si:,sɪknəs] s sjösjuka
seaside ['si:saɪd] s **1** kust; attr. kust- [*~ town*]; strand-; *~ place (resort)* badort; [*spend one's holidays*] *at the ~* ...vid kusten (havet), ...på badort **2** sjösida av ort
season ['si:zn] **I** s **1** årstid [*the four ~s*]; *the rainy (dry) ~* regntiden (torrtiden) i tropikerna; *at this ~* [*of the year*] vid den här årstiden
2 säsong [*the football ~*], tid [*the mating ~*]; *the close ~* förbjuden (olaga) tid för jakt o.

seasonable

fiske; fridlysningstid; *the open* ~ lovlig (tillåten) tid för jakt o. fiske
in ~: **a)** i rätt[an] tid [*a word in* ~]; *in due (good)* ~ i [rätt (laga)] tid, i sinom tid **b)** när det är säsong [*I only eat oysters in* ~]; *oysters are in* ~ det är säsong för ostron, det är ostrontid (ostronsäsong) **c)** jakt. el. fiske. lovlig, tillåten [*hares are in* ~]
out of ~: **a)** i otid, olämplig[t], opassande **b)** när det inte är säsong [*plums are hard to get out of* ~]; *oysters are out of* ~ det är inte ostrontid (ostronsäsong) **3** helg, tid, se äv. *compliment I 2*; *Christmas* ~ julhelgen, jultiden; ~*'s greetings* jul- och nyårshälsningar
II *vb tr* **1** vänja [~ *the soldiers to* (vid) *the climate*], acklimatisera; perf. p. ~*ed van*, härdad, garvad [~*ed soldiers* (*veterans*)]; väderbiten **2** lagra [~*ed cheese* (*cigars*)], låta mogna; torka [~*ed timber* (*wood*)]; *a* ~*ed pipe* en inrökt pipa **3** krydda äv. bildl. [~ *food*; ~ *the conversation with wit*]; smaksätta, salta och peppra; *highly* ~*ed* starkt kryddad
seasonable ['si:z(ə)nəbl] *adj* **1** typisk för årstiden [~ *weather*]; som passar för årstiden **2** läglig, lämplig [*at a* ~ *time*]
seasonal ['si:z(ə)nl] *adj* **1** säsong- [~ *article* (*work*)], säsongbetonad [~ *trade*], säsongmässig, säsongbetingad **2** årstidsmässig, årstidsbetingad
seasoning ['si:z(ə)nɪŋ] *s* **1** krydda äv. bildl.; smaktillsats; *add* ~ *to taste* krydda efter smak **2** kryddning, smaksättning **3** lagring; torkning
season ticket ['si:zn,tɪkɪt] *s* [period]kort, rabattkort, abonnemangskort; säsongbiljett; ~ [*for a year*] årskort; *monthly* ~ månadskort
seat [si:t] **I** *s* **1** sittplats; stol, bänk, [sitt]pall; säte [*there are two* ~*s in the car*]; plats [*lose* (bli av med) *one's* ~]; biljett [*book four* ~*s for* (till) '*Hamlet*']; ~ *reservation* **a)** [sitt]platsbeställning **b)** [sitt]platsbiljett; *get a* ~ få sittplats, få sitta; *have a good* ~ [*at the theatre*] ha bra plats..., sitta bra...; *keep one's* ~ sitta kvar; *take a* ~ sätta sig, sitta ned, ta plats [*won't you take a* ~*?*]; *take one's* ~ inta sin plats; *this* ~ *is taken* den här platsen är upptagen, det är upptaget här; [*take your*] ~*s, please!* järnv. tag plats! **2** sits på möbel o.d. **3** bak[del], stuss, anat. äv. säte; *the* ~ *of one's trousers* (*pants*) byxbaken **4** plats, mandat [*a* ~ *in the House of Commons, the party gained 100* ~*s*]; säte; medlemskap; *have a* ~ *on the board* sitta med (ha säte) i styrelsen; *lose one's* ~ förlora sitt mandat, inte bli återvald **5** säte, centrum, härd [*of* för]; ~ *of learning* lärdomssäte
II *vb tr* **1** sätta, placera, låta sitta (sätta sig), anvisa (bereda) [sitt]plats åt [*he* ~*ed us in the*

front row]; ta plats, sätta sig [*please be* ~*ed!*]; ha sitt säte, ligga [*in* i] **2** installera; få in[vald] [~ *a candidate*] **3 a)** ha [sitt]plats för, rymma [*the car* ~*s five*] **b)** skaffa sittplats åt [*we can't* ~ *them all*]
seat belt ['si:tbelt] *s* bilbälte, säkerhetsbälte
seater ['si:tə] *s* ss. efterled i sms. -sitsigt fordon [*two-seater*]
seating ['si:tɪŋ] **I** *s* **1 a)** placerande etc., jfr *seat II* **b)** [bords]placering **2** sittplatser **3** tekn. underlag; säte [*valve* ~] **II** *adj*, ~ *accommodation* sittplatser, sittmöjligheter; ~ *room* sittplatser
sea trout ['si:traʊt] (pl. lika) *s* zool. laxöring, havsöring
Seattle [sɪ'ætl] geogr.
sea urchin ['si:ˌɜ:tʃɪn, ˌ-'--] *s* zool. sjöborre
sea wall [ˌsi:'wɔ:l] *s* skyddsmur mot havet
seaward ['si:wəd] **I** *adj* [vänd] mot havet; mot sjösidan **II** *adv* mot (åt) havet **III** *s* sjösida
seaweed ['si:wi:d] *s* bot. havsväxt[er]; sjögräs, alg[er], tång
seaworthy ['si:ˌwɜ:ðɪ] *adj* sjöduglig, sjösäker
sec [sek] *s* vard. (kortform för *second*) sekund, ögonblick [*wait a* ~*!*]
sec. förk. för *second*[*s*], *secretary*
secateurs [ˌsekə'tɜ:z] *s pl* sekatör, trädgårdssax
secede [sɪ'si:d] *vb itr* utträda [~ *from* (ur) *a federation*]
secession [sɪ'seʃ(ə)n] *s* utträde [~ *from* (ur) *the church*], utbrytning, secession
seclude [sɪ'klu:d] *vb tr* avstänga, isolera
secluded [sɪ'klu:dɪd] *adj* avskild, undangömd [*a* ~ *spot*]; tillbakadragen, isolerad [*a* ~ *life*]
seclusion [sɪ'klu:ʒ(ə)n] *s* avstängdhet, avskildhet, tillbakadragenhet, ensamhet; *live in* ~ äv. leva tillbakadraget
1 second ['sek(ə)nd] (jfr *fifth*) **I** *adj* **1** (äv. räkn.) andra, andre; andra- [~ *car*, ~ *tenor*]; näst [*the* ~ *largest*]; i förb. m. vissa subst. ss. *childhood, thought* o. *1 wind* se under dessa; *a* ~ **a)** en ny (annan) [*a* ~ *Hitler*] **b)** ännu (ytterligare) en, en till [*you need a* ~ *bag*]; *the* ~ *floor* [våningen] två trappor (amer. en trappa upp); *give a th. a* ~ *look* titta på ngt igen (en gång till); ~ *name* amer. efternamn; *in the* ~ *place* i andra rummet (hand), för det andra; ~ *sight* klärvoajans, synskhet; ~ *in command* ha näst högsta befälet **2** underlägsen [*to a p.* ngn]; *be* ~ *to none* inte vara sämre än någon annan, kunna mäta sig med vem som helst, inte stå någon efter **3** isht hand. sekunda [~ *quality*] **II** *adv* **1** näst **2** [i] andra klass [*travel* ~] **3** som tvåa, som nummer två i ordningen [*he spoke* ~]; i andra hand [*that will have to come* ~]; *come* [*in*] (*finish*) ~ komma [in som] (bli) tvåa, komma på andra plats, få en andraplacering **III** *s* **1** sport. **a)** tvåa, andra man; *he was an easy* ~ han kom som god tvåa

b) andraplacering **2** motor. tvåans växel, tvåan; *put the car in* ~ lägga in tvåan **3 a)** sekundant [~ *in a duel*] **b)** boxn. sekond **4** hand. **a)** pl. ~*s* utskottsvaror, andrasortering [*these cups are* ~*s*] **b)** ~ *of exchange* sekunda [växel] **IV** *vb tr* **1** understödja, biträda, ansluta sig till [~ *a proposal (a p.)*], instämma i; instämma med, sekundera [~ *a p.*] **2** sekundera, vara sekundant (boxn. sekond) åt
2 second ['sek(ə)nd] *s* **1** sekund; ögonblick [*I'll be back in* (om) *a* ~]; för ex. jfr *2 minute*; *five metres per* ~ sjö. fem meter i sekunden **2** sekund del av grad
secondary ['sek(ə)nd(ə)rɪ] *adj* sekundär; underordnad [*of* ~ *importance*]; andrahands- [~ *source*]; bi- [~ *accent (meaning)*]; *be* ~ *to* vara mindre viktig (väsentlig) än [*reading fast is* ~ *to reading well*]; ~ *colours* sekundärfärger, blandfärger; ~ *education* påbyggnadsundervisning, jfr ~ *school*; ~ *school* obligatorisk skola för elever mellan 11 och 16 (18) år
second-best [,sek(ə)n(d)'best, attr. '---] **I** *adj* näst bäst [*my* ~ *suit*] **II** *adv* näst bäst; *come off* ~ bildl. dra det kortaste strået, förlora **III** *s* näst bästa alternativ
second-class [,sek(ə)n(d)'klɑ:s, attr. '---] **I** *adj* andraklass- [*a* ~ *ticket*]; andra klassens [*a* ~ *hotel*], sekunda; ~ *mail* **a)** britt. andraklasspost, B-post **b)** amer. trycksaker ss. tidningar **II** *adv* [i] andra klass [*travel* ~]
seconder ['sek(ə)ndə] *s*, *a* ~ *of*... en som instämmer med (understöder)...
second hand ['sek(ə)ndhænd] *s* sekundvisare
second-hand [,sek(ə)nd'hænd, attr. '---] **I** *adj* [köpt] begagnad, second hand [~ *clothes (furniture)*], antikvarisk [~ *books*], andrahands- [~ *information*, ~ *shop*]; lånad [~ *ideas*]; ~ *bookshop* antikvariat **II** *adv* i andra hand [*get news* ~], begagnat, second hand [*buy* ~] **III** *s*, *at* ~ i andra hand, genom hörsägner
secondly ['sek(ə)ndlɪ] *adv* för det andra
second-rate [,sek(ə)n(d)'reɪt, attr. '---] *adj* andra klassens [*a* ~ *hotel*], sekunda, andrarangs- [*a* ~ *poet*], medelmåttig
second-rater [,sek(ə)n(d)'reɪtə] *s* medelmåtta
secrecy ['si:krəsɪ] *s* tystlåtenhet, förtegenhet [*on* beträffande]; sekretess
secret ['si:krət] **I** *adj* hemlig; sekret; lönn- [~ *door (drawer)*]; avskild, undangömd, dold [*a* ~ *place*]; ~ *passage* hemlig gång, lönngång; ~ *police* hemlig polis, säkerhetspolis; ~ *service* polit. underrättelsetjänst, säkerhetstjänst; *keep a th.* ~ *from a p.* hålla ngt hemligt (förtiga ngt) för ngn **II** *s* hemlighet [*an open* (offentlig) ~]; *keep a th. a* ~ *from a p.* hålla ngt hemligt för ngn;

let (take) a p. into a ~ inviga ngn i en hemlighet
secretarial [,sekrə'teərɪəl] *adj* sekreterar- [~ *work*]
secretariat [,sekrə'teərɪət] *s* **1** sekretariat, kansli **2** sekreterarskap
secretary ['sekrət(ə)rɪ] *s* **1** sekreterare **2** polit. minister; *S*~ *of State* **a)** i Storbritannien departementschef, minister **b)** i USA utrikesminister; *S*~ *of State for Defence* el. *Defence S*~ i Storbritannien försvarsminister; *S*~ *of Defense* i USA försvarsminister
secretary-general [,sekrət(ə)rɪ'dʒen(ə)r(ə)l] (pl. *secretaries-general*) *s* generalsekreterare
secrete [sɪ'kri:t] *vb tr* fysiol. avsöndra, utsöndra
secretion [sɪ'kri:ʃ(ə)n] *s* fysiol. avsöndring, utsöndring, sekretion; sekret
secretive ['si:krətɪv] *adj* hemlighetsfull, förtegen
secretly ['si:krɪtlɪ] *adv* hemligt, i hemlighet, i [all] tysthet, i lönndom; i sitt stilla sinne; innerst inne
sect [sekt] *s* relig. m.m. sekt; polit. äv. falang, fraktion
sectarian [sek'teərɪən] **I** *adj* sekteristisk **II** *s* sekterist
sectarianism [sek'teərɪənɪz(ə)m] *s* sekterism, sektväsen; sektanda
section ['sekʃ(ə)n] **I** *s* **1 a)** del, avdelning; avsnitt; paragraf **b)** [bestånds]del, sektion [*a bookcase in five* ~*s*] **c)** stycke, bit [*a* ~ *of a cake*], klyfta [*the* ~*s of an orange*] **d)** [del]sträcka [*a* ~ *of a road*]; *the sports* ~ [*of a newspaper*] sportsidorna... **2** område, sektor [*the industrial* ~ *of a country*] **3** mus. sektion, [instrument]grupp **4** [tvär]snitt, genomskärning **5** med. o.d. **a)** [in]snitt, sektion **b)** [mikroskop]preparat, snitt **II** *vb tr* **1** dela upp, indela i avdelningar (avsnitt etc., jfr *I*) **2** visa (framställa) i genomskärning
sectional ['sekʃ(ə)nl] *adj* sektions- [~ *sofa*], isärtagbar, i delar [~ *fishing-rod*]; tekn. profil- [~ *iron (steel)*]; ~ *furniture* kombimöbler, sektionsmöbler
sector ['sektə] *s* sektor äv. matem.; område; mil. äv. [front]avsnitt; *the public* ~ den offentliga (statliga) sektorn
secular ['sekjʊlə] *adj* världslig [*the* ~ *power*], profan [~ *art (music)*], sekulariserad [~ *education*]; utomkyrklig, icke-kyrklig [~ *marriage*]
secularize ['sekjʊləraɪz] *vb tr* sekularisera
secure [sɪ'kjʊə] **I** *adj* **1** säker, trygg, skyddad [*from, against* för, emot]; tryggad, säkrad [*a* ~ *future*] **2** stadig, säker [*a* ~ *grasp (lock)*], stabil **3** i säkert förvar [*the papers are* ~; *the prisoner is* ~], säker, i säkerhet **II** *vb tr* **1** befästa äv. bildl. [~ *a town with a wall*; ~ *one's position*]; säkra, säkerställa, trygga, skydda, ge skydd åt [*against, from* mot, för];

Securicor

~ *oneself against* skydda (gardera, trygga) sig mot **2** säkra, göra (haka) fast, låsa [~ *the doors* (*windows*)]; binda [fast] [~ *a prisoner with ropes*]; fästa; sjö. surra **3** försäkra sig om, [lyckas] skaffa [sig] [~ *seats at a theatre*]; lyckas få, vinna, lägga beslag på [~ *a prize*], belägga [*he ~d the second place*] **4** skaffa **5** spärra in, sätta i säkert förvar [~ *a prisoner*] **6** hand. ställa säkerhet för [~ *a loan*]

Securicor [sɪˈkjʊərɪkɔː] *s* ® säkerhetstransportbolag; ~ *van* säkerhetsbil för värdetransporter

security [sɪˈkjʊərətɪ] *s* **1** trygghet [*the child lacks ~*], trygghetskänsla; säkerhet, skydd [*from* (*against*) mot] **2** säkerhetsåtgärd[er]; attr. säkerhets- [~ *guard* (*risk*)]; *the S~ Council* säkerhetsrådet i FN; ~ *police* säkerhetspolis, säkerhetstjänst; ~ *precautions* säkerhetsanordningar, säkerhetsåtgärder **3** hand. a) säkerhet, borgen [*lend money on* (mot) ~], garanti; hypotek b) borgensman; *become* (*stand*, *go*) ~ *for a p.* gå i borgen för ngn **4** värdepapper; *government* ~ statsobligation

sedan [sɪˈdæn] *s* **1** isht amer. sedan bil **2** hist. bärstol

sedate [sɪˈdeɪt] **I** *adj* stillsam, lugn, sansad **II** *vb tr* ge lugnande medel åt

sedation [sɪˈdeɪʃ(ə)n] *s*, *be under* ~ a) ha fått lugnande medel b) vara nedsövd

sedative [ˈsedətɪv] **I** *adj* lugnande; med. sedativ **II** *s* [nerv]lugnande medel; med. sedativ

sedentary [ˈsednt(ə)rɪ] *adj* stillasittande [*a ~ life* (*occupation*)]

sedge [sedʒ] *s* bot. starr[gräs]

sedge warbler [ˈsedʒˌwɔːblə] *s* zool. sävsångare

sediment [ˈsedɪmənt] *s* sediment, avlagring, fällning, bottensats

sedimentary [ˌsedɪˈment(ə)rɪ] *adj* sedimentär [~ *rocks*]; bestående av (bildad genom) avlagring[ar]

sedition [sɪˈdɪʃ(ə)n] *s* **1** upproriskhet **2** uppvigling

seditious [sɪˈdɪʃəs] *adj* upprorisk, uppviglings- [~ *speeches*]

seduce [sɪˈdjuːs] *vb tr* **1** förföra **2** förleda

seduction [sɪˈdʌkʃ(ə)n] *s* förförelse, lockelse

seductive [sɪˈdʌktɪv] *adj* förförisk [*a ~ smile* (*melody*)], lockande, frestande [*a ~ offer*]

sedulous [ˈsedjʊləs] *adj* trägen, oförtruten, flitig

1 see [siː] *s* kyrkl. [biskops]stift [*the ~ of Canterbury*]; biskopssäte, biskopsstol, biskopsämbete; *the Holy S~* el. *the S~ of Rome* påvestolen

2 see [siː] (*saw seen*) *vb tr* o. *vb itr* **1 a)** se; se (titta) på, bese [~ *the sights of London*]; se (titta) efter [*I'll ~ who it is*], kolla; tänka sig [*I can't ~ him as a president*]; se till, ordna [*I'll ~ that it is done at once*]; *we'll ~* vi får [väl] se; ~ *you don't fall!* se till (akta dig så) att du inte faller!; *what you ~ is what you get* vard. det blir inte bättre än så här, precis så här är (blir) det; *nobody was to* (*could*) *be ~n* ingen syntes till; ~ *the world* se sig om[kring] i världen; *I'll ~ you damned* (*hanged*) *first!* vard. sällan!, tusan heller! **b)** med prep. o. adv. isht med spec. övers.:

~ **about** sköta om, ta hand om [*he promised to ~ about the matter*], sörja för, ordna [med]; *we'll ~ about that* a) det sköter vi om b) det ska vi fundera på c) det får vi allt se

~ **by** se vid (i) [*can you ~ by this light?*]; *I can ~ by your face* (*looks*) *that...* jag ser på dig att...

~ **from** se i (av, på) [*I ~ from the letter that...*]

~ **in**: ~ *the New Year in* vaka in det nya året

~ **into** titta närmare på, undersöka [*I'll ~ into the matter*]

~ **off** se 5 nedan

~ **over** se på, inspektera

~ **through** a) genomskåda [*we all saw through him*] b) slutföra, föra i hamn [~ *a task through*], klara sig igenom c) hjälpa igenom [~ *a p. through*]; *I'll ~ you through* jag ska ordna saken åt dig; *this will ~ you through* [*another week*] på det här klarar (reder) du dig...

~ **to** a) ta hand om, se till (efter) b) sköta [om], ordna; ~ *to it that...* se till att..., laga (ordna) [så] att...; *have one's car ~n to* lämna in bilen på kontroll

2 förstå [*I ~ what you mean*], inse, se [*I can't ~ the use of it*]; *oh, I ~* å, jag förstår; jaså; *I was there, you ~* jag var där förstår (ser) du **3** hälsa 'på, besöka; gå till, söka [*you must ~ a doctor about* (för) *it*]; *can I ~* [*the manager*]? kan jag få tala med...?, träffas...?; *there is a lady to ~ you* det är en dam som söker er; *I'm ~ing him tonight* jag ska träffa honom i kväll; [*I'll*] *be ~ing you!* el. ~ *you* [*later* (*around*)]! vard. vi ses [senare]!, hej så länge! **4** ta emot [*the manager can ~ you now*] **5** följa [*he saw me home*]; ~ *a p. off* vinka av (följa) ngn; ~ *a p. out* följa ngn ut

seed [siːd] **I** *s* **1** frö; ~[*s* pl.] koll. frö, utsäde, säd; *go* (*run*) *to* ~ a) gå i frö, fröa sig b) bildl. råka i förfall **2** kärna [*melon* (*raisin*) *~s*] **3** bildl. frö; upprinnelse [*be the ~ of* (till)]; *sow the ~s of dissension* så ett tvistefrö **4** sport. seedad spelare; *he is No. 1 ~* han är seedad som etta **II** *vb tr* **1** [be]så [~ *a field with wheat*] **2** kärna ur [~ *raisins*] **3** sport. seeda

seedcake [ˈsiːdkeɪk] *s* kok. sockerkaka med kummin

seedless [ˈsiːdləs] *adj* kärnfri [~ *raisins*]

seedling ['si:dlɪŋ] **I** *s* [frö]planta, groddplanta; späd planta **II** *attr adj* uppdragen ur frö
seed pearl ['si:dpɜ:l] *s* sandpärla
seed potatoes [ˌsi:dpə'teɪtəʊz] *s pl* sättpotatis
seedy ['si:dɪ] *adj* **1** kärnig [~ *raisins*] **2** vard. luggsliten, sjaskig [~ *clothes*]; avsigkommen **3** vard. krasslig, vissen [*feel* ~]
seeing ['si:ɪŋ] **I** *s* **1** seende; ~ *is believing* man tror det man ser [med egna ögon], att se är att tro **2** syn[förmåga] **II** *adj* o. *pres p* seende; *worth* ~ värd att se[s], sevärd **III** *konj,* ~ [*that*] eftersom, med tanke på att
seek [si:k] (*sought sought*) mest litt. **I** *vb tr* **1** söka [~ *one's fortune*; ~ *shelter from* (för) *the rain*]; sträva efter, eftersträva [~ *fame*]; ~ [*a p.'s*] *advice* be [ngn] om råd; ~ *out a p.* söka upp ngn, söka ngns sällskap; ~ *through* söka (leta) igenom; [*the reason*] *is not far to* ~ ...ligger nära till hands, ...är inte svår att finna **2** söka sig till, uppsöka [~ *the shade*] **3** ~ *to do a th.* [för]söka göra ngt **II** *vb itr* söka; *be* [*much*] *sought after* vara [mycket] eftersökt
seeker ['si:kə] *s* **1** sökare, sökande människa; *a* ~ *after (for) the truth* en sanningssökare **2** mil. [mål]sökare på missil
seem [si:m] *vb itr* verka, tyckas, förefalla, se ut [*it isn't as easy as it* ~*s*]; verka (tyckas) vara, förefalla (se ut) att vara [*he* ~*ed an old man*]; ~ *to* tyckas [*he* ~*s to know everybody*], verka, förefalla, se ut att [*this* ~*s to be a good idea*]; *I* ~ *to remember that...* jag vill minnas att...; *it* ~*s that* (*as if*) det verkar (tycks, förefaller) som om; *it would* ~ *that* det verkar (torde) vara så att; *that is how it* ~*s to me* så ser jag det; [*he can't,*] *it* ~*s* ...tydligen, ...efter vad det verkar (sägs); *so it* ~*s* det verkar så, det ser så ut; *it may* ~ *so* det kan verka (tyckas) så
seeming ['si:mɪŋ] *adj* skenbar, låtsad [~ *friendship*]
seemingly ['si:mɪŋlɪ] *adv* skenbart, till synes
seemly ['si:mlɪ] *adj* passande, tillbörlig
seen [si:n] perf. p. av *2 see*
seep [si:p] *vb itr* **1** sippra, droppa, läcka in **2** bildl. smyga sig [*into* in i (på)]; sprida sig så sakta
seer ['si:ə] *s* siare, profet
seesaw ['si:sɔ:, ˌ-'-] **I** *s* **1** a) gungbräde b) [gungbrädes]gungning **2** bildl. pendling, kast [*a* ~ *between the defensive and the offensive*] **II** *adj* vacklande, ombytlig, växlande [~ *policy*]; *a* ~ *battle* a) en strid som böljar fram och tillbaka b) en strid med växlande framgång **III** *vb itr* **1** gunga gungbräde; gunga upp och ned **2** bildl. svänga fram och tillbaka, pendla, vackla
seethe [si:ð] *vb itr* sjuda, koka äv. bildl. [~ *with* (av) *rage*]; myllra [*the streets* ~*d with* (av) *people*]

see-through ['si:θru:] *adj* genomskinlig [*a* ~ *blouse*]
segment [ss. subst. 'segmənt, ss. vb seg'ment] **I** *s* segment äv. geom. [*the* ~ *of a circle*]; klyfta [*orange* ~]; del, avsnitt **II** *vb tr* o. *vb itr* segmentera[s]
segregate ['segrɪgeɪt] *vb tr* **1** avskilja, isolera [~ *people with infectious diseases*] **2** segregera, genomföra [ras]segregation mellan [~ *races*] **3** åtskilja, dela upp; ~ *the sexes* hålla könen åtskilda
segregation [ˌsegrɪ'geɪʃ(ə)n] *s* **1** avskiljande, isolering **2** segregation; *racial* ~ [ras]segregation, rasåtskillnad **3** åtskiljande, uppdelning
segregationist [ˌsegrɪ'geɪʃ(ə)nɪst] *s* segregationist, anhängare av [ras]segregation
seismic ['saɪzmɪk] *adj* seismisk, jordbävnings-, jordskalvs-
seismograph ['saɪzməgrɑ:f, -græf] *s* seismograf
seismological [ˌsaɪzmə'lɒdʒɪk(ə)l] *adj* seismologisk
seismology [saɪz'mɒlədʒɪ] *s* seismologi
seize [si:z] **I** *vb tr* **1** gripa [~ *a p. by* (i) *the arm*], fatta [~ *a p.'s hand*], ta tag i, hugga [tag i]; rycka (slita) [till sig]; ta fast, fånga [in]; ~ *the opportunity* (*occasion*) ta tillfället i akt, gripa (begagna, ta vara på) tillfället; *be* ~*d with apoplexy* drabbas av ett slaganfall **2** sätta sig i besittning av, bemäktiga sig [~ *the throne*] **3** ngt jur. ta i beslag, beslagta [~ *smuggled goods*], konfiskera **II** *vb itr* **1** ~ [*up*]*on* [ivrigt] gripa tag i, rycka till sig, [med våld] tillägga sig; kasta sig över, hoppa 'på, nappa på [~ [*up*]*on an offer* (*a suggestion*)] **2** ~ [*up*] om motor skära [ihop]
seizure ['si:ʒə] *s* **1** gripande etc., jfr *seize I 1*; ~ *of power* maktövertagande **2** besittningstagande, intagande, erövring **3** jur. beslagtagande, konfiskering **4** om motor hopskärning
seldom ['seldəm] *adv* sällan
select [sə'lekt] **I** *adj* vald [~ *passages from Milton*]; utvald [*a* ~ *company* el. *group* (sällskap)]; utsökt, fin, exklusiv [*a* ~ *club*]; ~ *bibliography* bibliografi i urval; ~ *committee* (*body*) särskilt utskott **II** *vb tr* **1** välja [ut], söka ut [åt sig], plocka ut; *a* ~*ed few* några få utvalda; ~*ed poems* valda dikter, dikter i urval **2** välja, utse [~ *to* (till) *an office; as* till]
selection [sə'lekʃ(ə)n] *s* **1** [ut]väljande, val; isht sport. uttagning; ~ *board* antagningskommission; ~ *committee* a) bedömningsnämnd; valkommitté b) isht sport. uttagningskommitté **2** urval äv. biol. [*natural* ~]; selektion; sortiment **3** pl. ~*s* valda stycken (texter); ~*s from Shakespeare* Shakespeare i urval

selective [sə'lektɪv] *adj* selektiv; ~ *strike* punktstrejk
selector [sə'lektə] *s* sport. medlem av en uttagningskommitté
selenium [sə'li:njəm] *s* kem. selen; attr. selen-
self [self] (pl. *selves* [selvz]) *s* o. *pron* **1** jag [*he showed his true* ~]; person [*my humble* (ringa) ~]; *he is not like his own* ~ han är sig inte riktigt lik **2** hand., [*pay*] ~ [betala till] mig själv; *cheque drawn to* ~ check utställd på en själv
self-acting [,self'æktɪŋ] *adj* självverkande; automatisk
self-addressed [,selfə'drest] *adj*, ~ *envelope* [adresserat] svarskuvert
self-adhesive [,selfəd'hi:sɪv] *adj* självhäftande, häft-
self-appointed [,selfə'pɔɪntɪd] *adj* självutnämnd
self-assertion [,selfə'sɜ:ʃ(ə)n] *s* självhävdelse
self-assertive [,selfə'sɜ:tɪv] *adj*, *be* ~ ha ett självhävdelsebehov
self-assurance [,selfə'ʃʊər(ə)ns] *s* självsäkerhet; säkerhet i uppträdandet
self-assured [,selfə'ʃʊəd] *adj* självsäker, självmedveten
self-catering [,self'keɪt(ə)rɪŋ] *adj* med självhushåll [~ *holidays*]
self-centred [,self'sentəd] *adj* självupptagen
self-conceited [,selfkən'si:tɪd] *adj* inbilsk, självgod
self-confidence [,self'kɒnfɪdəns] *s* självförtroende, tillförsikt, självtillit
self-confident [,self'kɒnfɪd(ə)nt] *adj* full av självförtroende; säker, obesvärad; självsäker
self-conscious [,self'kɒnʃəs] *adj* förlägen, osäker, besvärad; utan självförtroende
self-consciousness [,self'kɒnʃəsnəs] *s* förlägenhet, osäkerhet
self-contained [,selfkən'teɪnd] *adj* som bildar en enhet (ett slutet helt), [i sig] komplett; självständig, oavhängig; ~ *flat* våning, lägenhet komplett med eget kök, egen ingång m.m.
self-control [,selfkən'trəʊl] *s* [själv]behärskning, självkontroll
self-controlled [,selfkən'trəʊld] *adj* behärskad
self-defeating [,selfdɪ'fi:tɪŋ] *adj* självförgörande, kontraproduktiv, som motverkar sitt eget syfte
self-defence [,selfdɪ'fens] *s* självförsvar, nödvärn; *the* [*noble*] *art of* ~ självförsvarets ädla konst boxningen
self-denial [,selfdɪ'naɪ(ə)l] *s* självförnekelse, självförsakelse
self-determination [,selfdɪ,tɜ:mɪ'neɪʃ(ə)n] *s*, [*right of*] ~ självbestämmande[rätt]
self-discipline [,self'dɪsɪplɪn] *s* självdisciplin
self-drive [,self'draɪv] *adj*, ~ *car* hyrbil; ~ *car hire* biluthyrning
self-educated [,self'edjʊkeɪtɪd] *adj* självlärd

self-effacing [,selfɪ'feɪsɪŋ] *adj* självutplånande
self-employed [,selfɪm'plɔɪd] *adj*, *be* ~ vara sin egen, vara egen företagare
self-esteem [,selfɪ'sti:m] *s* **1** självaktning, självkänsla **2** egenkärlek; självöverskattning
self-evident [,self'evɪd(ə)nt] *adj* självklar, självfallen
self-governing [,self'gʌv(ə)nɪŋ] *adj* självstyrande, med självstyre
self-government [,self'gʌvnmənt, -vəmənt] *s* självstyre
self-help [,self'help] *s* självhjälp
self-important [,selfɪm'pɔ:t(ə)nt] *adj* självtillräcklig
self-imposed [,selfɪm'pəʊzd] *adj* självpåtagen [*a* ~ *penalty* (*task*)], självpålagd
self-indulgent [,selfɪn'dʌldʒ(ə)nt] *adj* njutningslysten
self-inflicted [,selfɪn'flɪktɪd] *adj* självförvållad
self-interest [,self'ɪntrəst, -t(ə)rest] *s* egennytta; eget intresse, egenintresse
self-interested [,self'ɪntrəstɪd, -t(ə)rest-] *adj* egennyttig; i eget intresse
selfish ['selfɪʃ] *adj* självisk, egoistisk, egennyttig
selfishness ['selfɪʃnəs] *s* själviskhet, egoism, egennytta
selfless ['selfləs] *adj* osjälvisk
self-made [,self'meɪd, attr. '--] *adj* **1** selfmade, som själv har arbetat sig upp [*a* ~ *man*] **2** självgjord
self-opinionated [,selfə'pɪnjəneɪtɪd] *adj* o.
self-opinioned [,selfə'pɪnjənd] *adj* självgod, inbilsk, egenkär
self-pity [,self'pɪti] *s* självömkan
self-portrait [,self'pɔ:trət, -treɪt] *s* självporträtt
self-possessed [,selfpə'zest] *adj* behärskad, lugn
self-preservation ['self,prezə'veɪʃ(ə)n] *s* självbevarelse; [*instinct of*] ~ självbevarelseinstinkt, självbevarelsedrift
self-raising [,self'reɪzɪŋ] *adj*, ~ *flour* mjöl blandat med bakpulver
self-reliance [,selfrɪ'laɪəns] *s* självförtroende, självtillit; självständighet
self-reliant [,selfrɪ'laɪənt] *adj* full av självförtroende (självtillit); självständig
self-respect [,selfrɪ'spekt] *s* självaktning
self-respecting ['selfrɪ,spektɪŋ] *adj* med självaktning [*no* ~ *man*]
self-restraint [,selfrɪ'streɪnt] *s* [själv]behärskning
self-righteous [,self'raɪtʃəs] *adj* självrättfärdig
self-rule [,self'ru:l] *s* självstyre
self-sacrificing [,self'sækrɪfaɪsɪŋ] *adj* självuppoffrande
selfsame ['selfseɪm] *adj*, *the* ~ precis samma
self-satisfied [,self'sætɪsfaɪd] *adj* självbelåten
self-seeking [,self'si:kɪŋ] **I** *adj* självisk, egennyttig **II** *s* själviskhet, egennytta
self-service [,self'sɜ:vɪs] *s* självbetjäning,

självservering; snabbtank[ning]; ~ [*restaurant*] [restaurang med] självservering; ~ [*store*] snabbköp[sbutik]
self-starter [ˌself'stɑːtə] *s* självstart
self-styled [ˌself'staɪld] *adj* föregiven; *that ~ expert* iron. denne självutnämnde expert
self-sufficient [ˌselfsə'fɪʃ(ə)nt] *adj* **1** självförsörjande [*the nation is now ~ in* (med) *wheat*], självständig **2** självtillräcklig, självgod; *be ~* äv. vara sig själv nog
self-supporting [ˌselfsə'pɔːtɪŋ] *adj* självförsörjande; *a ~ enterprise* ett finansiellt självförsörjande företag
self-taught [ˌself'tɔːt] *adj* självlärd
self-willed [ˌself'wɪld] *adj* självrådig, egensinnig, självsvåldig
sell [sel] (*sold sold*) *vb* I *tr* (i förb. med adv. se *III*) **1 a**) sälja, avyttra [*at* (*for*) för; *to* åt, till; *~ cheap* (*dear*) (billigt resp. dyrt) *~ by the dozen* (dussinvis)] **b**) sälja, handla med [*he ~s antiques*], föra, ha [*this shop ~s my favourite brand*] **c**) leda till försäljning av, sälja; [*his name on the cover*] *~s the book* ...gör att boken säljs **d**) bildl. sälja [*~ oneself*; *~ one's country*] **e**) vard. sälja [in], popularisera, skapa intresse för [*~ an idea*]; *~ a p. on* [*an idea*] få ngn med på...; *he was sold on* [*the idea*] han var helt med (helsåld, tänd) på... **2** sl. blåsa, lura, bedra; *~ a p. down the river* förråda ngn
II *itr* (i förb. med adv. se *III*) sälja[s], gå [*at* (*for*) för]; *your car ought to ~ for* [*£500*] du borde kunna få...för din bil; *~ well* sälja[s] (gå) bra, ha (finna) god avsättning, ha stor åtgång; *~ like hot cakes* gå åt som smör [i solsken]
III *tr* o. *itr* med adv.
~ off realisera [bort], slumpa bort; sälja av
~ out: **a**) sälja slut [på] **b**) sälja [alltsammans] **c**) utförsälja **d**) vard. förråda; bli förrädare, sälja sig
IV *s* vard. **1** besvikelse, fiasko **2** skoj
sell-by ['selbaɪ] *adj*, *~ date* sista försäljningsdag på matvaror
seller ['selə] *s* [för]säljare; ss. efterled i sms. -handlare [*bookseller*]; *~'s* (*~s'*) *market* säljarens marknad
Sellotape ['seləteɪp] *s* ® tejp, klisterremsa
sell-out ['selaʊt] *s* vard. **1** förräderi, svek **2** försäljningssuccé; utsålt hus **3** utförsäljning
selves [selvz] *s* pl. av *self*
semantics [sɪ'mæntɪks] (konstr. ss. sg.) *s* språkv. semantik, betydelselära
semaphore ['seməfɔː] I *s* **1** semafor **2** semaforering II *vb tr* o. *vb itr* semaforera
semblance ['sembləns] *s* skepnad; sken; *under the* (*a*) *~ of friendship* under sken av vänskap, under vänskapens täckmantel; [*he was convicted*] *without even the ~ of a trial* ...utan en tillstymmelse till rättegång
semen ['siːmən] *s* sädesvätska, sperma, säd

semester [sə'mestə] *s* univ. el. skol. (isht amer.) termin
semibreve ['semɪbriːv] *s* mus. helnot
semicircle ['semɪˌsɜːkl] *s* halvcirkel
semicircular [ˌsemɪ'sɜːkjʊlə] *adj* halvcirkelformig
semicolon [ˌsemɪ'kəʊlən] *s* semikolon
semiconductor [ˌsemɪkən'dʌktə] *s* fys. halvledare
semidetached [ˌsemɪdɪ'tætʃt] *adj*, *a ~ house* [ena hälften av] ett parhus, en parvilla
semifinal [ˌsemɪ'faɪnl] *s* semifinal; *enter the ~s* gå till semifinal[en]
semifinalist [ˌsemɪ'faɪnəlɪst] *s* semifinalist
semimanufactures ['semɪˌmænjʊ'fæktʃəz] *s pl* halvfabrikat
seminal ['semɪnl] *adj* biol. frö-; sädes-; *~ fluid* fysiol. sädesvätska
seminar ['semɪnɑː] *s* seminarium; seminarieövning[ar]; examinatorium
seminary ['semɪnərɪ] *s* rom. katol. [präst]seminarium
semi-official [ˌsemɪə'fɪʃ(ə)l] *adj* halvofficiell, officiös
semiprecious [ˌsemɪ'preʃəs] *adj*, *~ stone* halvädelsten
semiquaver ['semɪˌkweɪvə] *s* mus. sextondelsnot
semiskilled [ˌsemɪ'skɪld, attr. '---] *adj*, *~ worker* kvalificerad tempoarbetare
Semite ['siːmaɪt, 'sem-] I *s* semit II *adj* semitisk
Semitic [sə'mɪtɪk] *adj* semitisk
semitone ['semɪtəʊn] *s* mus. halvton, halvt tonsteg
semitropical [ˌsemɪ'trɒpɪk(ə)l] *adj* subtropisk
semivowel ['semɪˌvaʊ(ə)l] *s* halvvokal
semolina [ˌsemə'liːnə] *s* semolina[gryn]; mannagryn
Sen. o. **sen.** förk. för *senate, senator, senior*
senator ['senətə] *s* senator
senatorial [ˌsenə'tɔːrɪəl] *adj* senators-; senats-
send [send] (*sent sent*) I *vb tr* **1** sända, skicka; kasta, slunga; driva; *~ word* skicka bud, låta meddela, lämna besked; *he ~s word that...* han hälsar (låter hälsa) att...; *~ a p. to hospital* lägga in ngn på (remittera ngn till) sjukhus; *be sent to prison* bli satt (åka) i fängelse **2** bringa, sända **3** göra [*~ a p. mad* (*crazy*)] **4** *~ flying* (*packing*) se *1 fly* o. *1 pack* II **4**; *the rain sent them hurrying home* regnet fick (tvingade) dem att skynda sig hem **5** sl. få att tända; *it ~s me* det tänder jag på
6 med adv. isht med spec. övers.
~ along eftersända [*~ along a letter*], vidarebefordra
~ away **a**) skicka (köra, driva) bort **b**) avvisa, avfärda
~ down **a**) pressa ner [*~ prices* (*the temperature*) *down*] **b**) univ. relegera [från universitetet]

~ **in** sända (skicka, lämna) in [~ *in one's resignation* (avskedsansökan)]
~ **off** a) avsända [~ *off a letter (parcel)*], expediera b) sport. utvisa [~ *a player off*] c) avskjuta; slunga i väg d) se ~ *away*; ~ *a p. off* ta farväl av (vinka av) ngn [*a large crowd went to the airport to* ~ *him off*]
~ **on** sända vidare, eftersända, vidarebefordra
~ **round** *to a p.* skicka (låta gå) runt; skicka över [~ *it round [to me] tomorrow*]
~ **up** a) sända (skicka) upp (ut) [~ *up a rocket*] b) driva (pressa) upp [~ *prices (the temperature) up*] c) parodiera, karikera; förlöjliga
II *vb itr* **1** skicka bud [*he sent to* (för att) *warn me*]; *he sent [round] to ask if...* han hälsade och frågade om... **2** ~ *for* skicka [bud] efter [~ *for a doctor*], [låta] hämta, låta avhämta; rekvirera
send-off ['sendɒf] *s* **1** avsked[shälsning]; *they gave us a good* ~ [*at the station*] de tog ett hjärtligt farväl av oss...; *have a* ~ *party for* festa av, ha avskedsfest för **2** [god] start, igångsättande
send-up ['sendʌp] *s* vard. parodi; förlöjligande
Senegal [ˌsenɪ'ɡɔːl] geogr.
Senegalese [ˌsenɪɡə'liːz] I *adj* senegalesisk II (pl. lika) *s* senegales
senescent [sɪ'nesnt] *adj* åldrande, till åren kommen
senile ['siːnaɪl] *adj* senil, ålderdomssvag, ålderdoms-; ~ *dementia* med. senildemens
senility [sə'nɪlətɪ, se'n-] *s* senilitet, ålderdomssvaghet
senior ['siːnjə] I *adj* **1** äldre äv. i tjänsten o.d. [*to än*]; den äldre, senior [*John Smith, S*~]; senior- [~ *team*]; högre i rang; överordnad; ~ *citizen* pensionär; ~ *college* amer. a) college b) högre college omfattande de två sista åren; ~ *high school* se *high school*; ~ *partner* äldre [och mer betydande] kompanjon; ~ *pilot* förste pilot; *the* ~ *service* flottan i mots. till armén **2** äldre, av tidigare datum, tidigare II *s* **1** [person som är] äldre i tjänsten o.d. [*the* ~*s*]; äldre medlem; *my* ~*s* de som är äldre än jag [i tjänsten], mina äldre kolleger; *he is six years my* ~ el. *he is my* ~ *by six years* han är sex år äldre än jag; *the village* ~*s* byns äldste **2** isht sport. senior **3** elev i sista (högsta) årskursen
seniority [ˌsiːnɪ'ɒrətɪ] *s* anciennitet, tjänsteålder
senna ['senə] *s* farmakol. senna[blad]
sensation [sen'seɪʃ(ə)n] *s* **1** förnimmelse, känsla [*a* ~ *of cold (pain, thirst)*], sinnesförnimmelse; sensation; känsel [*lose all* ~ *in one's legs*] **2** sensation, uppseende; [*just*] *a cheap* ~ [bara] billigt raffel (sensationsmakeri); *make (cause, create) a great* ~ göra (vålla, skapa) stor sensation, väcka stort uppseende (stor uppståndelse)
sensational [sen'seɪʃ(ə)nl] *adj* **1** sensationell, uppseendeväckande; sensations- [*a* ~ *novel*] **2** sinnes-, känsel-
sensationalism [sen'seɪʃ(ə)nəlɪz(ə)m] *s* sensationsmakeri, sensationslystnad
sensationalist [sen'seɪʃ(ə)nəlɪst] *s* sensationsmakare
sense [sens] I *s* **1** sinne [*the five* ~*s*]; *the* ~ *of hearing* hörselsinnet, hörseln; *a sixth* ~ ett sjätte sinne; *lose one's* ~*s* a) förlora besinningen b) förlora sansen (medvetandet); *recover one's* ~*s* komma till sans [igen]; *no man in his* ~*s* ingen vettig människa, ingen som har förnuftet i behåll; *be in one's right* ~*s* vara vid sina sinnens fulla bruk; *are you out of your* ~*s?* är du från vettet?; *frighten a p. out of his* ~*s* skrämma ngn från vettet; *bring a p. to his* ~*s* få ngn att ta reson, tala ngn till rätta; *come to one's* ~*s* a) komma till besinning, sansa sig b) återfå sansen (medvetandet) **2** känsla [*of* av, för; *for* för], sinne [*of (for)* för]; *ball* ~ bollsinne; ~ *of duty* pliktkänsla; [*he has*] *no* ~ *of humour* ...inget sinne för humor, ...ingen humor; ~ *of occasion* a) känsla för vad som passar sig [i viss situation] b) förmåga att ta tillfället i akt **3** vett, förstånd, förnuft, klokhet; *common* ~ vanligt sunt (enkelt) bondförstånd, sunt förnuft; *he has a good (great) deal of* ~ han är en förståndig karl; *there's a lot of* ~ *in what he says* det han säger är ganska vettigt; *he had* ~ *enough (the [good]* ~) *not to say anything* han var klok nog att tiga; [*he ought to have had*] *more* ~ ...bättre förstånd (vett); *talk* ~ säga ngt vettigt (förnuftigt) **4** mening, anledning; *there is no (little)* ~ *in waiting* det är ingen mening att vänta **5** betydelse [*a word with several* ~*s*], bemärkelse [*in what* ~ *are you using the word?*]; mening; *it makes* ~ det är begripligt, det låter vettigt; *it makes no (does not make)* ~ a) det är obegripligt [för mig], jag fattar det inte b) jag blir inte klok på det, det stämmer inte; *in a broader (wider, larger)* ~ i vidare bemärkelse (mening); *in a legal (literal)* ~ i juridisk (bokstavlig) mening **6** förhärskande mening, stämning; *take the* ~ *of the meeting* sondera (pejla) stämningen bland mötesdeltagarna II *vb tr* känna, ha på känn, känna på sig, märka; uppfatta
senseless ['senslɪs] *adj* **1** meningslös, sanslös [*a* ~ *war*]; vansinnig, vettlös [~ *killing*] **2** medvetslös; *become* ~ förlora sansen (medvetandet)
sense organ ['sensˌɔːɡən] *s* sinnesorgan
sensibility [ˌsensə'bɪlətɪ] *s* mottaglighet, känslighet [*to* för], känsligt sinne, ömtålighet; pl. *-ies* känslor [*wound a p.'s -ies*]

sensible ['sensəbl] *adj* **1** förståndig, förnuftig, klok [~ *advice*; *a* ~ *man*], vettig [~ *shoes*], resonabel **2** medveten [*of* om; *that* om att]
sensitive ['sensətɪv] *adj* **1** känslig, mottaglig [*to* för]; ömtålig [*a* ~ *skin*]; sensitiv, sensibel, öm, uttrycksfull [~ *hands*]; **have a ~ ear** ha fint öra, vara lyhörd; *a* ~ *spot* en känslig (öm) punkt **2** om instrument o.d. känslig [*a* ~ *thermometer*]
sensitivity [ˌsensə'tɪvətɪ] *s* känslighet, sensibilitet äv. kem.; mottaglighet; ~ *training* psykol. sensitivitetsträning, sensiträning
sensitize ['sensətaɪz] *vb tr* foto. el. med. sensibilisera; *~d paper* ljuskänsligt papper
sensor ['sensə] *s* tekn. sensor, avkännare; detektor
sensory ['sensərɪ] *adj* fysiol. sensorisk, sinnes- [~ *cell (nerve, organ)*]
sensual ['sensjʊəl, -nʃʊəl] *adj* sensuell [~ *lips*], sinnlig, vällustig
sensuality [ˌsensjʊ'ælətɪ, -nʃʊ-] *s* sensualitet, sinnlighet
sensuous ['sensjʊəs, -nʃʊ-] *adj* sinnes- [~ *impressions*], som påverkar (talar till) sinnena (känslan) [~ *poetry*]; känslig; skön
sent [sent] imperf. o. perf. p. av *send*
sentence ['sentəns] **I** *s* **1** jur. dom [*on* över], utslag isht i brottmål; *pass* ~ *on* avkunna dom över; *serve one's* ~ avtjäna sitt straff; *under* ~ *of death* dödsdömd **2** gram. mening; sats, isht huvudsats **3** sentens, tänkespråk **II** *vb tr* döma [*to* till], avkunna dom över
sententious [sen'tenʃəs] *adj* **1** sententiös, kärnfull **2** docerande, moraliserande; snusförnuftig
sentient ['senʃ(ə)nt, -ʃɪənt] *adj* kännande, förnimmande; sinnes- [~ *nerve*]; känslo- [~ *life*]; ~ *of* a) medveten om b) känslig för
sentiment ['sentɪmənt] *s* **1** ofta pl. *~s* stämning, uppfattning, mening; tankar, åsikter **2** känsligt sinne; känslosamhet, sentimentalitet; *a man of* ~ en känslomänniska **3** [inre] mening, grundtanke, ledande idé
sentimental [ˌsentɪ'mentl] *adj* **1** sentimental, känslosam, gråtmild **2** känslo- [~ *reason*]; ~ *value* affektionsvärde
sentimentality [ˌsentɪmen'tælətɪ] *s* sentimentalitet, känslosamhet, gråtmildhet
sentimentalize [ˌsentɪ'mentəlaɪz] **I** *vb itr* bli (vara) sentimental **II** *vb tr* sentimentalisera, romantisera
sentinel ['sentɪnl] *s* [vakt]post, [skilt]vakt; *stand* ~ stå på vakt (post)
sentry ['sentrɪ] *s* [vakt]post, [skilt]vakt; *keep (stand)* ~ el. *be on* ~ [*duty*] stå på (hålla) vakt
sentry box ['sentrɪbɒks] *s* [vakt]kur
sepal ['sepəl, 'si:p-] *s* bot. foderblad
separable ['sep(ə)rəbl] *adj* **1** skiljbar **2** avtagbar

separate [ss. adj. 'sep(ə)rət, ss. vb 'sepəreɪt] **I** *adj* skild [*from* från], avskild, enskild, särskild [*each* ~ *case*], separat; åtskild; *on three* ~ *occasions* vid tre skilda (olika) tillfällen; *they went their* ~ *ways* de gick åt var sitt håll **II** *vb tr* **1** skilja [~ *the sheep from the goats*]; avskilja, avsöndra, frånskilja [~ *the cream*], särskilja; separera [~ *milk*]; sortera [~ *fruit*]; skilja [åt] [~ *two fighting boys*]; sära [på]; *only a few years ~d them* det var bara några år mellan dem **2** ~ [*up*] dela [upp] **III** *vb itr* **1** skiljas [åt], skiljas från varandra, gå åt var sitt håll **2** separera; *she has ~d from her husband* äv. hon har flyttat ifrån sin man **3** dela [upp] sig
separately ['seprətlɪ, -pər-] *adv* separat; var för sig
separation [ˌsepə'reɪʃ(ə)n] *s* **1** [av]skiljande [*from* från], avsöndring, frånskiljande, särskiljande, separering **2** skilsmässa [*after a* ~ *of five years*], separation; [*judicial (legal)*] ~ av domstol ådömd hemskillnad **3** avstånd, mellanrum
separatist ['sep(ə)rətɪst] **I** *s* separatist; ~ *movement* separatiströrelse **II** *adj* separatistisk
sepia ['si:pjə] *s* sepia[brunt]
sepsis ['sepsɪs] (pl. *-es* [-i:z]) *s* med. sepsis, sårinfektion, blodförgiftning
Sept. förk. för *September, Septuagint*
September [sep'tembə] *s* september
septet[te] [sep'tet] *s* mus. septett
septic ['septɪk] *adj* septisk, infekterad [~ *wound*]
septic[a]emia [ˌseptɪ'si:mjə] *s* med. septikemi, [allmän] blodförgiftning
sepulchral [sɪ'pʌlkr(ə)l] *adj* grav-; begravnings- [~ *rites*; ~ *looks* (min)]; gravlik [*in a* ~ *voice*]
sepulchre ['sep(ə)lkə] *s* litt. grift, grav isht uppbyggd el. uthuggen; *the Holy S~* den heliga graven
sequel ['si:kw(ə)l] *s* **1** följd, resultat, utgång [*to, of* av] **2** fortsättning isht på ett litterärt verk [*to, of* på]
sequence ['si:kwəns] *s* ordningsföljd, ordning, följd [*in rapid* ~], räcka, rad, serie; isht film., mus. el. data. sekvens; kortsp. svit [*a* ~ *of* (i) *hearts*]; ~ *of events* händelseförlopp
sequestrate [sɪ'kwestreɪt] *vb tr* jur. **1** belägga med kvarstad, ta i beslag, beslagta **2** konfiskera
sequin ['si:kwɪn] *s* paljett
seraph ['serəf] (pl. *~s* el. *~im* [-ɪm]) *s* seraf
Serb [s3:b] **I** *s* **1** serb **2** serbiska [språket] **II** *adj* serbisk
Serbia ['s3:bjə] Serbien
Serbian ['s3:bjən] *s* o. *adj* se *Serb*
Serbo-Croatian [ˌs3:bəʊkrəʊ'eɪʃ(ə)n] **I** *s* serbokroatiska [språket] **II** *adj* serbokroatisk

serenade [ˌserə'neɪd] **I** *s* serenad **II** *vb tr* o. *vb itr* ge [en] serenad [för]
serene [sə'riːn] *adj* **1** klar [~ *sky*], stilla [~ *smile*], lugn [~ *look*], ogrumlad, fridfull [~ *life*], rofylld, seren **2** *His* (*Her*) *S~ Highness* ung. Hans (Hennes) Höghet
serenity [sə'renətɪ] *s* klarhet, stillhet, lugn, frid, ro, serenitet, jämnmod
serf [sɜːf] *s* livegen, träl
serge [sɜːdʒ] *s* cheviot [*a blue ~ suit*]; sars
sergeant ['sɑːdʒ(ə)nt] *s* **1** mil. a) sergeant inom armén o. flyget b) amer. furir inom armén, korpral inom flyget; *~ first class* amer. sergeant inom armén; *~ major* ung. fanjunkare, 'förvaltare'; *flight ~* fanjunkare inom flyget **2** [*police*] *~* a) britt., ung. polisinspektör grad mellan *constable* och *inspector* b) amer., ung. polisinspektör grad mellan *patrolman* och *lieutenant* el. *captain*
serial ['sɪərɪəl] **I** *adj* **1** serie-, i serie, periodisk; *~ killer* seriemördare förövare en rad [likartade] mord; *~ murder* seriemord; *~ number* serienummer, löpande nummer; mil. värnpliktsnummer, identitetsnummer **2** a) serie- b) som publiceras häftesvis; *~ story* följetong **II** *s* följetong; periodisk publikation; [avsnitt av en] serie i t.ex. radio
serialize ['sɪərɪəlaɪz] *vb tr* publicera som följetong (häftesvis); sända (ge) som serie i t.ex. radio
series ['sɪəriːz, -rɪz] (pl. lika) *s* serie äv. matem.; rad, räcka, följd; *in ~* i serie, serievis, i [ordnings]följd
serious ['sɪərɪəs] *adj* **1** allvarlig [*a ~ attempt*], allvarsam; seriös [*a ~ interest*]; bildl. äv. viktig [*a ~ question*], betydande; riktig, verklig; ivrig; betänklig; *are you ~?* är det ditt (menar du) allvar? **2** vard. i stor skala, stor [*~ money*; *a ~ drinker*]
seriously ['sɪərɪəslɪ] *adv* allvarligt etc., jfr *serious*; på allvar; *~?* menar du (är det ditt) allvar?; *quite ~* på fullt allvar; *take ~* ta på allvar
seriousness ['sɪərɪəsnəs] *s* allvar [*the ~ of life* (*the situation*)], allvarlighet, allvarsamhet; *in all ~* på fullt (fullaste) allvar
sermon ['sɜːmən] *s* **1** predikan [*on* över, om]; *the S~ on the Mount* bergspredikan; *deliver* (*preach*) *a ~* hålla en predikan, predika **2** straffpredikan
serous ['sɪərəs] *adj* fysiol. serös, serumartad; vattnig
serpent ['sɜːp(ə)nt] *s* **1** [stor] orm **2** bibl. el bildl. orm; *the old S~* den gamle ormen Satan
serpentine ['sɜːp(ə)ntaɪn] *adj* ormlik[nande]; slingrande
serried ['serɪd] *adj* tätt sluten, hopträngd; *in ~ ranks* i slutna led
ser|um ['sɪər|əm] (pl. *-ums* el. *-a* [-ə]) *s* serum
serval ['sɜːv(ə)l] *s* zool. serval kattdjur
servant ['sɜːv(ə)nt] *s* **1** tjänare, tjänarinna; pl. *~s* äv. tjänstefolk; [*domestic*] *~* hembiträde, hemhjälp; betjänt **2** *civil ~* statstjänsteman (eg. tjänsteman inom civilförvaltningen)
servant girl ['sɜːv(ə)ntgɜːl] *s* o. **servant maid** ['sɜːv(ə)ntmeɪd] *s* tjänsteflicka, hembiträde
serve [sɜːv] **I** *vb tr* **1** tjäna, vara tjänare hos **2** stå till tjänst **3** servera; sätta fram; *dinner is ~d* middagen är serverad; [*refreshments*] *were ~d* det bjöds på...; *are you being ~d?* på restaurang är det beställt [här]? **4** expediera i butik; *are you being ~d?* är det tillsagt? **5** betjäna, sköta **6** förse, försörja **7** duga åt (för) [*it isn't very good but it will ~ me*], duga till, passa [för]; *~ ([it] ~s) you right!* [det var] rätt åt dig!, där fick du!; *~ a p.'s purpose* (*turn*) m.fl. fraser se under *purpose I 1* o. *turn IV 7* **8** fullgöra [*~ one's apprenticeship* (lärotid)]; *~ one's sentence* el. *~ [one's] time* avtjäna sitt straff, sitta i fängelse **9** sport. serva [*~ a ball*] **10** jur., *~ p. with a writ* (*summons*) el. *~ a writ* (*summons*) *on a p.* delge ngn en stämning **II** *vb itr* **1** tjänstgöra, tjäna, göra tjänst; *~ on* [*a committee* (*jury*)] vara medlem i (av)..., sitta i... **2 a)** fungera, (få) duga, passa, tjäna [*as, for* som, till]; *it will ~* det duger (får duga); *~ as a warning* tjäna som varning **b)** vara ägnad [*to* att], tjäna [*to* till att]; *an example will ~ to* [*illustrate the point*] ett exempel räcker för att... **3** *~* [*at table*] servera; *serving hatch* serveringslucka **4** expediera; vara expedit [*she ~s in a florist's shop*] **5** sport. serva **III** *s* sport. serve
server ['sɜːvə] *s* **1** person som serverar t.ex. mat **2 a)** [serverings]bricka **b)** uppläggningssked **c)** pl. *~s* bestick [*salad ~s*] **3** sport. servare
service ['sɜːvɪs] **I** *s* **1** tjänst, tjänstgöring; *~ revolver* tjänstepistol; *do* (*render*) *~* göra tjänst, tjänstgöra [*as* (*for*) som]; *On His* (*Her*) *Majesty's S~* ss. påskrift tjänste[försändelse] **2** mil. a) tjänst[göring]; *on active ~* i aktiv tjänst; *see active ~* vara med i kriget; [*this coat*] *has seen* [*good*] *~* ...har hängt med länge; *military ~* militärtjänst[göring]; *national ~* allmän värnplikt; *~ manual* tjänstereglemente; *~ medal* krigsmedalj; *~ rifle* armégevär; *fit for ~* tjänstduglig **b)** [*fighting*] *~* försvarsgren **3** *~* [*s* pl.] [samhälls]service, tjänst [*information ~[s]*], [samhällets] hjälpverksamhet, vård [*dental ~*]; *health ~* hälsovård; [*public*] *medical ~* [allmän] sjukvård; *the postal ~s* postväsendet; *social ~s* socialvård[en] **4** regelbunden översyn, service [*take the car in for ~*]; *~ area* rastplats vid motorväg med bensinstation, restaurang m.m.; *~ manual* servicehandbok; *~ station* bensinstation, servicestation **5 a)** servering, betjäning, service [*the ~ was poor*]; *~ charge* serveringsavgift; expeditionsavgift; *~*

entrance personalingång; köksingång; ~ *flat* lägenhet där städning m.m. ingår i hyran vanl. för ungkarlar **b**) servis [*dinner-service*] **6** tjänst [*you have done me a* ~]; hjälp; nytta [*it may be of* (till) *great* ~ *to you*]; bruk [*still in* ~]; *can I be of* [*any*] ~ *to you?* kan jag hjälpa dig med något? **7** trafik. förbindelse [*direct* ~], turer [*regular* ~], linje; trafik [*maintain* (upprätthålla) *the* ~ *between*]; *air ~s* trafikflyg; *postal* ~ postgång, postförbindelse; *put into* ~ sätta i trafik; *out of* ~ ur trafik **8** kyrkl. a) gudstjänst, mässa [äv. *divine* ~] b) förrättning, akt **9** sport. serve; ~ *court* serveruta **10** jur. delgivning [~ *of a writ* (stämning)] **11** ekon. tjänst [*goods and ~s*] **II** *vb tr* ta in för service [~ *a car*]
serviceable ['sɜːvɪsəbl] *adj* **1** användbar, nyttig [*a* ~ *reminder* (påminnelse)] **2** slitstark, hållbar
service|man ['sɜːvɪs|mæn] (pl. -*men* [-men]) *s* **1** militär; *national* ~ värnpliktig **2** serviceman
serviette [ˌsɜːvɪ'et] *s* servett
servile ['sɜːvaɪl, amer. äv. 'sɜːvl] *adj* **1** servil, devot, krypande **2** slavisk [~ *obedience*]
servility [sɜː'vɪlətɪ] *s* servilitet, kryperi
serving ['sɜːvɪŋ] *s* portion [*a large* ~ *of potatoes*]
servitude ['sɜːvɪtjuːd] *s* **1** träldom, slaveri **2** *penal* ~ straffarbete; fängelse
servo ['sɜːvəʊ] *s* tekn. vard. servo
servo-assisted [ˌsɜːvəʊə'sɪstɪd] *adj* tekn., ~ *brake* servobroms
sesame ['sesəmɪ] *s* **1** bot. sesam **2** *open ~!* sesam, öppna dig! magiskt lösenord
session ['seʃ(ə)n] *s* **1** parl. el. jur. session, sammanträde; *extraordinary* ~ extra sammanträde, urtima möte; *full* ~ plenum; *petty ~s* (konstr. ss. sg. el. pl.) distriktsdomstol, distriktsting för småförseelser (under ledning av fredsdomare); *go into secret* ~ börja hemliga förhandlingar; *be in* ~ el. *hold* ~ sammanträda, vara samlad [*Congress* (*the court*) *was in* ~] **2** sammankomst; *recording* ~ inspelning[stillfälle], [inspelnings]session; *training* ~ träningspass
set [set] **A** (*set set*) *vb* **I** *tr* (se äv. under *III*; för *set* i spec förb. ss. ~ *free* (*right*), ~ *a good example* se under resp. huvudord] **1** sätta, ställa, lägga; *he has* ~ *his mind on having* [*a bicycle*] han har satt sig i sinnet att han ska ha...; ~ *one's hand to a document* skriva under ett dokument **2** ~ *the table* duka [bordet] **3** lägga håret **4** trädg. sätta [~ *potatoes*], så **5** besätta [~ *with jewels*], infatta [~ *in gold*] **6** ställa [~ *a watch by* (efter) *the time signal*]; ~ *the alarm clock* [*for six o'clock*] ställa väckarklockan... **7** bestämma, fastställa [~ *a time for the meeting*]; förelägga, ge [~ *a p. a task*]; ~ *an exam paper* sätta ihop en skrivning; ~ *the fashion* diktera modet; vara tongivande **8** teat. o.d., ~ *the scene* [*in France*] förlägga scenen...; *the scene* (*stage*) *is* ~ allt är klart på scenen; bildl. allt är klart (upplagt) [*for för*] **9** mus., ~ *a th. to music* sätta musik till ngt, tonsätta ngt **10** boktr. sätta [upp] [~ *a page*] **11** med. återföra i rätt läge [~ *a broken bone*]
II *itr* (se äv. under *III*) **1** om himlakropp gå ner [*the sun ~s at 8*] **2** stelna [*the jelly has not ~ yet*]; hårdna; stadga sig [*his character has ~*] **III** *tr* o. *itr* med prep. o. adv., isht med spec. övers.:
~ **about: a**) ta itu med [~ *about a task*] **b**) vard. gå lös på
~ **against: a**) väga mot [*the advantages must be* ~ *against the disadvantages*] **b**) *everyone was* ~ *against him* alla var klart emot honom; ~ *oneself against* sätta sig mot
~ **aside: a**) lägga undan, sätta av [~ *aside part of one's income*], anslå [*for* till, för] **b**) bortse från; *~ting aside...* bortsett från... **c**) avvisa, förkasta [~ *aside an offer*] **d**) jur. ogiltigförklara [~ *aside a will* (testamente)]
~ **at: a**) anfalla **b**) ~ *at ease* (*liberty*) se resp. subst.; ~ *at large* försätta på fri fot, frige
~ **back: a**) försena [*it* ~ *us back two hours*] **b**) vrida (ställa) tillbaka [~ *back the clock*] **c**) vard. kosta; *it* ~ *me back* [£50] äv. jag fick punga ut med...
~ **down: a**) sätta ner; sätta (släppa) av [*I'll* ~ *you down at the corner*] **b**) skriva upp (ner); sätta upp; ställa upp [~ *down rules*]; ~ *down in writing* skriva ner **c**) anse [*as* som]
~ **forth: a**) lägga fram [~ *forth a theory*] **b**) ge sig i väg [~ *forth on a journey*]
~ **in**: börja [på allvar] [*the rainy season has ~ in*]; inträda, falla på [*darkness* ~ *in*]
~ **off: a**) ge sig i väg (ut) [~ *off on a journey*], starta, [av]resa [*for* till]; sätta i väg [~ *off after a p.*] **b**) framkalla [*the explosion was* ~ *off by...*] **c**) sätta i gång, starta, utlösa [~ *off a chain reaction*] **d**) framhäva [*the white dress* ~ *off her suntan*] **e**) uppväga; balansera [*against* mot, mod]
~ **on: a**) överfalla, anfalla [*I was* ~ *on by a dog*] **b**) egga, hetsa, sporra [~ *on a p. to a th.*]
~ **out: a**) ge sig av (ut, i väg) [~ *out on a journey*], starta, [av]resa [*for* till] **b**) börja [sin verksamhet]; ~ *out in life* (*in the world*) börja sin bana, gå ut i livet **c**) lägga fram, framföra [~ *out one's reasons*]; framställa, lägga ut, skildra **d**) lägga (visa) fram, ställa ut [~ *out merchandise*]
~ **to: a**) sätta i gång för fullt, hugga i; kasta sig över maten [*they were hungry and at once* ~ *to*]; ~ *to work* sätta i gång **b**) sätta i gång att slåss (gräla)
~ **up: a**) sätta upp [~ *up a fence*]; ställa upp, resa [upp] [~ *up a ladder*]; slå upp [~ *up a tent*]; rigga upp, montera [upp]; ~ *up a record* sätta rekord **b**) upprätta [~ *up an*

institution], anlägga [~ *up a factory*], grunda, inrätta; införa [~ *up a new system*]; tillsätta [~ *up a committee*]; ~ *up house* (*shop*) se *house I* 6 o. *shop I 1* **c**) framkalla, vålla [~ *up an irritation*] **d**) ~ *up a protest* protestera högljutt **e**) ~ sätta [upp] **g**) etablera sig [~ [*oneself*] *up in business* (som affärsman)]; hjälpa att etablera sig **h**) ~ *up to be* el. ~ *oneself up as* göra anspråk på att vara, ge sig ut för **i**) isht amer. vard. sätta dit, gillra en fälla för
B *perf* p o. *adj* **1** fast, fastställd [~ *price*]; bestämd [~ *rules*]; *a* ~ *battle* en regelrätt strid; ~ *books* skol. el. univ. kursböcker, obligatoriska böcker; *a* ~ *phrase* en stående fras, ett talesätt; *at a* ~ *time* vid en fastställd tidpunkt; *in* [*good*] ~ *terms* i klara termer (ord); otvetydigt **2** stel, orörlig; *he is very* ~ *in his ways* han har mycket bestämda vanor **3** belägen [*a town* ~ *on a hill*]; *with eyes deep* ~ med djupt liggande ögon **4** *be* ~ [*up*]*on* **a**) vara fast besluten [*be* ~ *on doing it* (att göra det)]; *he is dead* ~ *on having* [*the job*] vard. han har gett sig katten på att han ska ha… **b**) ha slagit in på [*he is* ~ *on a dangerous course*] **5** vard. klar, färdig; *all* ~ allt klart; *are we all* ~? är vi färdiga?; *get* ~! sport. färdiga! [*on your marks! get* ~! *go!*]
C *s* **1** uppsättning [*a* ~ *of golf clubs*], sats; uppsats, saker [*toilet set*]; omgång, sätt [*a* ~ *of underwear*]; servis [*tea set*]; serie [~ *of lectures*]; *a chess* ~ ett schackspel; [*the encyclopedia costs £850*] *the* ~ …komplett **2** umgängeskrets, grupp; krets, kotteri; *the literary* ~ de litterärt intresserade [kretsarna] **3** apparat [*radio* (*TV*) ~] **4 a**) [rörelse]riktning [*the* ~ *of the tide*] b) bildl. inriktning, tendens **5** passform, fall **6** i tennis o.d. set; ~ *point* setboll **7** *make a dead* ~ *at* **a**) gå lös på b) lägga an på, lägga ut sina krokar för [*the girl made a dead* ~ *at the young man*] **8** teat. el. film. a) scenbild; kuliss[er], dekor b) scen, inspelningsplats; ~ *designer* scenograf; filmarkitekt **9** läggning av håret **10** matem. mängd; *theory of* ~*s* el. ~ *theory* mängdlära
setback ['setbæk] *s* bakslag, motgång, avbräck
set piece [,set'pi:s] *s* **1** konventionell roman (pjäs, musik etc.); *a* ~ *attack* ett anfall enligt klassiskt mönster **2** teat. fristående (del av) dekor (kuliss) **3** sport. fast situation
set point [,set'pɔint] *s* tennis setboll
set square ['setskweə] *s* vinkelhake för konstruktionsritning o.d.
settee [se'ti:] *s* **1** [mindre] soffa, kanapé **2** långbänk [med ryggstöd] **3** ~ *bed* bäddsoffa
setter ['setə] *s* **1** person som sätter (ställer etc., jfr *set A I*) [*of a th.* ngt] **2** setter fågelhund
setting ['setɪŋ] **I** *s* **1** allm. (abstr.) sättande,

sättning etc., jfr *set A* **2** infattning för ädelstenar o.d. **3** a) teat. o.d. iscensättning, uppsättning; scenbild[er] b) bildl. ram, inramning [*a beautiful* ~ *for the procession*], bakgrund; miljö, omgivning; *the* ~ *is Naples* handlingen tilldrar sig i Neapel **4** mus. tonsättning **5** himlakropps nedgång [*the* ~ *of the sun*] **II** *adj* nedgående [*the* ~ *sun*]
setting-lotion ['setɪŋ,ləʊʃ(ə)n] *s* läggningsvätska
1 settle ['setl] *s* högryggad träsoffa ofta med sofflock o. låda
2 settle ['setl] **I** *vb tr* (se äv. *III*) **1** sätta (lägga) till rätta; *be* ~*d in a new house* vara installerad i ett nytt hus **2** kolonisera; slå sig ner i [*they* ~*d parts of the South*] **3** avgöra [*that* ~*s the matter* (*question*)]; göra slut på; ~ *a conflict* lösa en konflikt; ~ *a dispute* avgöra (bilägga) en tvist; ~ *a quarrel* äv. göra upp (bli sams) efter ett gräl; *that's* ~*d!* det är avgjort!, då säger vi det! **4** ordna, klara upp, klara [av]; *you must get it* ~*d* [*up*] du måste få saken ordnad; *I'll* ~ *him!* jag ska fixa honom! **5** lugna [*these pills will* ~ *your nerves*] **6** ~ *oneself* slå sig ner, slå sig till ro [*he* ~*d himself in a sofa*] **7** betala, göra upp [~ *a bill*]; ~ [*up*] *accounts* göra upp **8** fastställa, avtala, bestämma [~ *a date* (*day*)] **9** hjälpa att etablera sig (sätta bo) **II** *vb itr* (se äv. *III*) **1** bosätta sig, slå sig ner [*the Dutch* ~*d in South Africa*]; sätta bo **2** sätta sig till rätta, slå sig ner **3** om bevingade djur slå sig ner, sätta sig **4** utbreda (lägra) sig [*the fog* ~*d on* (över) *the town*]; lägga sig [*the dust* ~*d on the furniture*] **5** om väder stabilisera sig **6** om hus, grundval o.d. sätta sig [*the roadbed* ~*d*] **7** om vätskor klarna, sätta sig, stå och sjunka [*let the wine* ~]; om grums o.d. i vätska sjunka till botten, avsätta sig, stå och sjunka **8** göra upp, betala; ~ *with one's creditors* göra upp med sina fordringsägare
III *vb itr* o. *vb tr* med prep. o. adv., isht med spec. övers.:
~ **down:** a) bosätta sig, slå sig ner [~ *down in New York*] b) slå sig till ro, stadga sig [*marry and* ~ *down*], slå av på takten [~ *down after a hectic life*]; ~ *down in life* äv. finna sig till rätta i tillvaron c) sätta sig till rätta, slå sig ner [*they* ~*d down for a chat*] d) etablera sig [~ *down in business* (som affärsman)] e) stabilisera sig [*the financial situation had* ~*d down*], lägga sig [*the excitement* ~*d down*]
~ **for:** a) nöja sig med b) bestämma sig för [*we* ~*d for the leather sofa*]
~ **in** [flytta in och] komma i ordning [*you must come and see our new house when we've* ~*d in*]
~**on** bestämma (besluta) sig för; ~ *on a day for…* bestämma en dag för…
~ **up** göra upp [~ *up differences* (mellanhavanden)], betala

settled ['setld] *adj* **1** avgjord, bestämd, uppgjord; på räkning betalt **2** fast, stadgad, stadig, ihållande; om väder lugn och vacker; [*a man*] *of* ~ *convictions* ...med fasta grundsatser; *he has no* ~ *home* han har ingen fast bostad **3** a) bofast; fast bosatt b) bebodd, bebyggd [*a thinly* (glest) ~ *area*]
settlement ['setlmənt] *s* **1** avgörande, uppgörelse; lösning av en konflikt; biläggande av en tvist; förlikning **2** fastställande; överenskommelse, avtal **3** hand. o.d. betalning, likvid, utjämnande [*in* ~ *of our account*] **4** jur. o.d., *marriage* ~ äktenskapsförord **5** a) bosättning, bebyggelse, kolonisering [*empty lands awaiting* ~] b) nybygge, koloni, settlement; *penal* (*convict*) ~ straffkoloni c) boplats
settler ['setlə] *s* nybyggare, kolonist
set-to [,set'tu:] *s* vard. slagsmål; gräl
set-up ['setʌp] *s* **1** uppbyggnad, struktur [*the* ~ *of an organization*], organisation [*the* ~ *of a company*]; planläggning; arrangemang **2** läge, situation; *in the present* ~ som läget nu är, som sakerna nu ligger till **3** vard. a) [på förhand] uppgjord match b) fälla där ngn försöker sätta dit ngn
seven ['sevn] (jfr *five* med ex. o. sms.) **I** *räkn* sju; *the S*~ *Seas* de sju världshaven **II** *s* sjua
seven-league ['sevnli:g] *adj* sjumila-; ~ *boots* sjumilastövlar
seventeen [,sevn'ti:n, attr. '---] *räkn* o. *s* sjutton; jfr *fifteen* med sms.; *she is sweet* ~ hon är i den ljuva sjuttonårsåldern (bara sjutton år)
seventeenth [,sevn'ti:nθ, attr. '---] *räkn* o. *s* sjuttonde; sjutton[de]del; jfr *fifth*
seventh ['sevnθ] (jfr *fifth*) **I** *räkn* sjunde; *in* [*the*] ~ *heaven* i sjunde himlen **II** *s* mus. septima
seventhly ['sevnθlɪ] *adv* för det sjunde
seventieth ['sevntɪɪθ, -tɪəθ] *räkn* o. *s* **1** sjuttionde **2** sjuttion[de]del
seventy ['sevntɪ] (jfr *fifty* med sms.) **I** *räkn* sjutti[o] **II** *s* sjutti[o]; sjutti[o]tal
sever ['sevə] **I** *vb tr* skilja, avskilja; hugga av, klippa av, slita av [*a sudden jerk* ~*ed the rope*], skära av [~ *the enemy's communications*]; rycka av (loss); [av]bryta [~ *all connections with a p.*]; splittra [~ *an army*]; söndra, avsöndra; ~ *oneself from* [*one's party*] bryta med..., lösgöra sig från... **II** *vb itr* **1** brista [*the rope* ~*ed*] **2** skiljas [åt], gå isär
several ['sevr(ə)l] *adj* o. *pron* **1** flera, åtskilliga [~ [*of them*] *failed*]; *a number running into* ~ *figures* ett flersiffrigt tal **2** enskild, särskild [*each* ~ *ship*]; skild, respektive
severally ['sevrəlɪ] *adv* var för sig, en och en
severance ['sevər(ə)ns] *s* **1** avskiljande, avhuggande etc., jfr *sever I*; splittring, söndring **2** ~ *pay* (*payment*) avgångsvederlag

severe [sɪ'vɪə] *adj* **1** sträng [*a* ~ *look* (*teacher*)]; *be* ~ *on* (*with*) *a p.* vara sträng (hård) mot ngn **2** hård, skarp, svår [~ *competition*], sträng [~ *punishment*], kännbar; *a* ~ *reprimand* en skarp (allvarlig) tillrättavisning **3** om klimat o.d. sträng, bister [*a* ~ *climate* (*winter*)], hård, svår **4** om sjukdom o.d. svår [*a* ~ *illness* (*cold*)], häftig [~ *pain*] **5** om stil o.d. sträng [~ *beauty*], stram [~ *architecture*]
severity [sə'verətɪ] *s* **1** stränghet, hårdhet, skärpa etc., jfr *severe*; allvar; *the* ~ *of the winter* [*in Canada*] den stränga (bistra) vintern... **2** pl. *severities* svåra påfrestningar [*the severities of the winter campaign*]
Seville [sə'vɪl, 'sevɪl] geogr. Sevilla; ~ [*orange*] pomerans
sew [səʊ] (imperf. *sewed*, perf. p. *sewn* el. *sewed*) *vb tr* o. *vb itr* sy; sy i (fast) [~ *a button on* (i) *the coat*], sy in [~ *money into* (i) *a bag*]; ~ *down* sy fast; ~ *on* sy fast (i) [~ *on a button*]; ~ *up* a) sy till; sy ihop (igen) [~ *up a hole*] b) sy in [~ *up money in a bag*] c) kir. sy [ihop] [~ *up a wound*] d) vard. säkra, kamma ihop (in) [*he tried to* ~ *up as many votes as possible*] e) vard. greja, göra upp [~ *up a deal*]
sewage ['su:ɪdʒ, 'sju:-] *s* avloppsvatten, kloakvatten, kloakinnehåll; ~ *disposal* bortledande (rening) av avloppsvatten
sewage farm ['su:ɪdʒfɑ:m, 'sju:-] *s* **1** lantgård där avloppsvattnet [renas och] används som gödningsämne **2** *se sewage works*
sewage works ['su:ɪdʒwɜ:ks, 'sju:-] (konstr. ss. sg. el. pl.; pl. *sewage works*) *s* reningsverk
sewer ['su:ə, 'sju:ə] *s* kloak, avloppsledning, avloppsrör, avloppstrumma, avlopp
sewerage ['su:ərɪdʒ, 'sju:-] *s* **1** ~ [*system*] avloppsnät, kloaksystem **2** bortledande (rening) av avloppsvatten **3** *se sewage*
sewing ['səʊɪŋ] *s* sömnad, sömnadsarbete, handarbete; ~ *circle* (amer. äv. *bee*) syjunta, syförening; ~ *materials* sybehör; ~ *needle* synål
sewing-machine ['səʊɪŋməˌʃi:n] *s* symaskin
sewn [səʊn] perf. p. av *sew*
sex [seks] **I** *s* **1** kön; attr. köns- [~ *hormone*]; *the fair* (*gentle, weaker, softer*) ~ det täcka (svaga) könet; *the sterner* ~ det starka könet; ~ *equality* jämställdhet mellan könen **2** a) sex, erotik [*a film with a lot of* ~ *in it*], det sexuella; attr. sex- [~ *object*; ~ *life*], sexual- [~ *instruction* (undervisning)]; ~ *drive* sexualdrift; ~ *harassment* sg. sexuella trakasserier; ~ *maniac* sexgalning, sexniding b) vard. sexuellt umgänge, samlag; *have* ~ älska, ligga med varandra **II** *vb tr* **1** könsbestämma, fastställa könet på **2** vard. ~ *up* göra sexig
sex appeal ['seksəˌpi:l] *s se appeal II 3*
sexed [sekst] *adj* **1** *highly* ~ översexuell **2** könsdifferentierad

sexiness ['seksɪnəs] *s* sexighet
sexism ['seksɪz(ə)m] *s* sexism, könsdiskriminering
sexist ['seksɪst] **I** *s* sexist **II** *adj* sexistisk, könsdiskriminerande
sex kitten ['seks‚kɪtn] *s* vard. sexbrud
sexless ['sekslǝs] *adj* könlös; ej sexuellt attraktiv
sexology [sek'sɒlǝdʒɪ] *s* sexologi, sexualvetenskap
sex-starved ['sekstɑːvd] *adj* sexuellt utsvulten, sexhungrig
sextant ['sekst(ə)nt] *s* isht sjö. sextant
sextet[te] [seks'tet] *s* sextett mus. o. bildl.
sexton ['sekst(ə)n] *s* kyrkvaktmästare, kyrkvaktare; ringare; dödgrävare
sex-typing ['seks‚taɪpɪŋ] *s* könsrollstänkande
sexual ['seksjʊəl, -kʃʊəl] *adj* sexuell, sexual-, köns-; erotisk; *the ~ act* könsakten; *~ attraction* erotisk dragningskraft; *~ drive* könsdrift, sexualdrift; *~ harassment* sg. sexuella trakasserier; *~ intercourse* samlag, sexuellt umgänge, könsumgänge; *~ offender* sexualförbrytare; *~ organs* könsorgan, sexualorgan; *~ reproduction* könslig fortplantning; *~ role* könsroll
sexuality [‚seksjʊ'ælǝtɪ, -kʃʊ-] *s* sexualitet
sexy ['seksɪ] *adj* vard. sexig
SF (förk. för *science fiction*) sf
sh [ʃː] *interj*, *~!* sch!, hysch!
shabby ['ʃæbɪ] *adj* **1** sjabbig [*a ~ hotel*], sjaskig, ruskig, sluskig; luggsliten **2** ynklig [*a ~ excuse*], tarvlig [*~ behaviour*]; usel [*a ~ performance*]; *play a ~ trick on a p.* spela ngn ett fult spratt **3** snål
shabby-genteel [‚ʃæbɪdʒen'tiːl] *adj* som försöker uppehålla ett yttre sken av välstånd trots fattigdom
shack [ʃæk] **I** *s* timmerkoja, hydda; kåk **II** *vb itr* sl., *~ up with* a) bo (flytta) ihop med, sammanbo med b) prassla (ha ihop det) med
shackle ['ʃækl] **I** *s* boja; pl. *~s* bojor, fjättrar äv. bildl. [*the ~s of convention*] **II** *vb tr* **1** sätta bojor på, fjättra; bildl. klavbinda; *be ~d with* bildl. vara [upp]bunden av **2** fästa, koppla; sjö. schackla
shad [ʃæd] *s* shad fisk av sillsläktet
shade [ʃeɪd] **I** *s* **1** skugga [*keep in the ~, it's cooler; 30° in the ~*]; *be in the ~* bildl. leva ett liv i skymundan (ett undanskymt liv); *throw (cast, put) into the ~* bildl. ställa i skuggan, ta loven av, överglänsa; *be thrown (put) into the ~* bildl. komma helt i skymundan **2** konst., *light*[*s*] *and ~*[*s*] skuggor och dagrar, ljus och skugga **3** nyans, skiftning, schattering; anstrykning, färgton; *~ of opinion* åsiktsriktning **4** aning, smula [*I am a ~ better today*], skymt, hårsmån **5 a)** skärm [*lamp-shade*] **b)** [skydds]kupa **c)** [*window*] *~* amer. rullgardin **d)** vard., pl. *~s* solbrillor **6** litt., pl. *~s* skymning; *the ~s of night* nattens skuggor (mörker) **II** *vb tr* **1** skugga [för] [*he ~d his eyes with his hand*], beskugga; skydda [*~ a th. from* (mot) *the sun*]; bildl. fördunkla **2** skärma av, dämpa; *a ~d lamp* en lampa med skärm **3** skugga vid teckning; schattera
shadow ['ʃædǝʊ] **I** *s* **1** skugga [*the ~ of a man against* (på) *the wall*] **2** skuggbild, skenbild; *he is only a ~ of his former self* han är bara en skugga av sitt forna jag **3** skugga, ständig följeslagare **4** skymt, hårsmån; *without (beyond) a ~ of doubt* (*the ~ of a doubt*) utan skuggan av ett tvivel, utan minsta spår av tvivel **II** *vb tr* skugga [*the detective ~ed him*]
shadow-boxing ['ʃædǝʊ‚bɒksɪŋ] *s* **1** skuggboxning **2** bildl. skenfäkteri, spegelfäkteri
shadowy ['ʃædǝʊɪ] *adj* **1** skuggig **2** skugglik; *lead a ~ existence* föra ett skuggliv
shady ['ʃeɪdɪ] *adj* **1** skuggig; skuggande [*a ~ tree*]; skuggrik **2** vard. skum [*~ dealings* (*transactions*); *a ~ customer* (figur)], skumrask-, tvivelaktig, tvetydig, suspekt, ljusskygg; *the ~ side of politics* politikens skumraskspel
shaft [ʃɑːft] *s* **1** skaft på spjut, vissa verktyg m.m. **2** pil äv. bildl. [*~s of satire*]; spjut **3** skakel, skalm **4** schakt i gruva m.m. **5** trumma [*lift ~*]; [*ventilating*] *~* lufttrumma **6** mek. axel **7** [ljus]stråle; *a ~ of sunlight* en solstråle
1 shag [ʃæg] *s* shag[tobak]
2 shag [ʃæg] vulg. **I** *vb tr* **1** knulla [med] **2** trötta ut; perf. p. *~ged* tröttkörd **II** *vb itr* knulla; runka onanera **III** *s* knull; sexorgie
shaggy ['ʃægɪ] *adj* **1** raggig, lurvig [*a ~ dog*]; luden; buskig [*~ eyebrows*] **2** snårbevuxen, skogbevuxen
shah [ʃɑː] *s* shah
shake [ʃeɪk] **A** (*shook shaken*) *vb* **I** *tr* (se äv. *III* o. fraser med *shake* under *fist* o. *side* m.fl.) **1** skaka [ur], ruska, rista; skaka (ruska) ner [*~ fruit from a tree*]; ruska (skaka) på [*I shook the door*]; *~ the dust from* (*off*) *one's feet* bildl. skudda stoftet av sina fötter; *~ one's finger at a p.* höta med fingret åt ngn; *~ hands* skaka hand, ta varandra i hand; *~ hands on a th.* ta varandra i hand på ngt, tumma på ngt; *~ one's head* skaka (ruska) på huvudet [*over* (*at*) åt] **2** [upp]skaka, göra upprörd; *he was much ~n by (at, with) the news* han blev mycket [upp]skakad av nyheten **3** skaka, komma att skaka [*the blast shook the building*], komma att skälva (darra); komma att vackla (svikta), rubba, försvaga [*~ a p.'s alibi*]; störa [*~ a p.'s composure*]; *~ a p.'s faith* rubba ngn i hans tro

II *itr* (se äv. *III*) **1** skaka, skälva, darra, bäva [*with* av]; *~ all over* darra (skaka) i hela kroppen; *his hand is shaking* han darrar (är

darrig) på handen **2** mus. drilla **3** vard. skaka hand
III *tr* o. *itr* i förb. med adv.:
~ **down: a)** skaka (ruska) ner **b)** prova, testa **c)** amer. sl. pressa pengar av **d)** amer. sl. [kropps]visitera; göra en razzia i (hos) **e)** vard. ordna en provisorisk bädd åt sig, kinesa; slå sig ner tillfälligt [*I'll* ~ *down in London*]
~ **off** skaka av [sig] [~ *off the dust*; *he could not* ~ *off the beggar*]
~ **up: a)** skaka [till], skaka om [~ *a bottle of medicine*] **b)** ~ *up a p.* rycka upp ngn [*from ur*]; ruska liv i ngn; ruska om ngn; ~ *up things* skaka om [bland (i) ngt] **c)** polit. m.m. möblera om [i], omorganisera, rekonstruera [~ *up the cabinet*]
B *s* **1** skakning, ruskning; skälvning, darrning; *a* ~ *of the head* en skakning på huvudet, en huvudskakning; *give it a good* ~*!* skaka [av (om, på)] det ordentligt!
2 spricka i träd **3** se *milkshake* **4** mus. drill
5 shake dans **6** vard., *in* [*half*] *a* ~ på nolltid (ett litet kick) **7** vard., *fair* ~ chans
shakedown ['ʃeɪkdaʊn] *s* **1** provisorisk bädd **2** amer. sl. utpressning **3** amer. sl. razzia
shaken ['ʃeɪk(ə)n] perf. p. av *shake A*
shaker ['ʃeɪkə] *s* **1** shaker [*cocktail* ~], [drink]blandare **2** relig. shaker, skakare
shakes [ʃeɪks] *s pl* vard. **1** *the* ~ (konstr. ss. sg.) frossa[n] **2** *no great* ~ inte mycket att hurra för, inget vidare; *in two* ~ [*of a lamb's tail*] el. *in a brace of* ~ på nolltid, på ett litet kick; med detsamma
Shakespeare ['ʃeɪkˌspɪə]
Shakespearian [ʃeɪk'spɪərɪən] *adj* Shakespeare-; i Shakespeares stil
shake-up ['ʃeɪkʌp] *s* vard. **1** omskakning, omvälvning **2** polit. m.m. ommöblering i t.ex. en regering; omorganisering, rekonstruktion
shaking ['ʃeɪkɪŋ] *s* **1** skakning, ruskning; *get a* ~ bli skakad; *give a th. a good* ~ skaka om ngt ordentligt **2** se *shake-up 1*
shaky ['ʃeɪkɪ] *adj* **1** skakig, skakande, skälvande, darrande [*speak in a* ~ *voice*]; *his hands are* ~ han är darrhänt **2** ostadig, skakig, rankig, ranglig [*a* ~ *old table*]
3 vacklande; osäker [*a* ~ *position*]; *a* ~ *government* en vacklande (svag) regering
4 darrig, skral, skraltig [*feel* (*look*) ~]; svag [~ *in English grammar*; *a* ~ *argument*]
shale [ʃeɪl] *s* skifferlera; skiffer [*oil* ~; ~ *oil*]
shall [ʃæl, obeton. ʃəl, ʃl] (imperf. *should*, jfr d.o.) hjälpvb pres. ska, skall [~ *I come later?*]; *I* ~ *come tomorrow* jag kommer i morgon; *I* ~ *meet him tomorrow* jag träffar (kommer att träffa, ska träffa) honom i morgon; *what* ~ *it be?* vad får det lov att vara?, vad får jag bjuda på?
shallot [ʃə'lɒt] *s* bot. schalottenlök
shallow ['ʃæləʊ] **I** *adj* **1** grund [~ *water*]; flat [*a* ~ *dish*] **2** ytlig [*a* ~ *argument*, ~ *talk*], grund, flack **II** *s* vanl. ~*s* (konstr. ss. sg. el. pl.) grund, grunt ställe
sham [ʃæm] **I** *vb tr* simulera, hyckla, låtsas ha [~ [*a*] *headache*]; ~ *illness* spela sjuk, simulera [sjukdom] **II** *vb itr* simulera, förställa sig, låtsas [*she's only* ~*ming*]; spela [~ *dead* (*mad*)] **III** *s* **1** förställning, hyckleri [*his religion is all a* (bara) ~], spel, skoj, bluff, sken **2** imitation [*these pearls are all* ~*s*]
3 bluffmakare, skojare; hycklare; simulant **IV** *attr adj* hycklad [~ *piety*], låtsad, fingerad, sken- [*a* ~ *attack* (*agreement*, *democracy*)], låtsas-; imiterad, oäkta, falsk [~ *pearls*]; ~ *battle* bildl. skenfäktning, spegelfäkteri
shamble ['ʃæmbl] **I** *vb itr* lufsa, sjava, hasa [sig]; *shambling gait* se *II* **II** *s* lufsande [gång], tunga (släpande, hasande) steg
shambles ['ʃæmblz] (konstr. ss. sg.) *s* vard. förödelse; röra, soppa; *her room is a* ~ hennes rum ser ut som ett slagfält
shame [ʃeɪm] **I** *s* skam, skamsenhet, blygsel; vanära, nesa; ~ [*up*]*on you!* fy skam!, fy skäms [på dig]!; *what a* ~*!* så (vad) tråkigt (synd, förargligt)!; så skamligt!; *it's a great* (*crying*) ~ det är stor (en evig) skam, det är synd och skam; *bring* ~ [*up*]*on* dra vanära (skam) över; *he has no sense of* ~ han har ingen skam i kroppen; *put a p. to* ~
a) skämma ut ngn, dra skam över ngn b) få ngn att känna sig underlägsen, ställa ngn i skuggan; *he is without* (*is lost to, is past, has no*) ~ han har ingen skam (hut) i kroppen **II** *vb tr* göra skamsen, få att skämmas (blygas); skämma ut, dra vanära (skam) över [~ *one's family*]
shamefaced ['ʃeɪmfeɪst] **1** blyg, försagd, anspråkslös **2** skamsen [*a* ~ *air* (min)]
shameful ['ʃeɪmf(ʊ)l] *adj* skamlig, neslig
shameless ['ʃeɪmləs] *adj* skamlös, fräck, oblyg
shammy ['ʃæmɪ] *s*, ~ [*leather*] sämskskinn
shampoo [ʃæm'pu:] **I** (pl. ~*s*) *s* **1** schampo
2 schamponering; hårtvätt; *give a p. a* ~ *and set* tvättning och läggning **II** *vb tr* schamponera; tvätta håret
shamrock ['ʃæmrɒk] *s* bot. treklöver, [tre]väppling äv. Irlands nationalemblem
shandy ['ʃændɪ] *s* blandning av öl och sockerdricka
Shanghai [ʃæŋ'haɪ] **I** geogr. egenn. **II** *vb tr* sl., *s*~ sjanghaja
shank [ʃæŋk] *s* **1** a) skenben, skank b) kok. lägg; *rest one's weary* ~*s* vard. vila sina trötta ben; *ride* (*go on*) *Shanks's* (*Shanks', Shank's*) *mare* (*pony*) använda apostlahästarna **2** skaft på verktyg, pipa m.m.; [hög] fot på glas
shan't [ʃɑːnt] = *shall not*
1 shanty ['ʃæntɪ] *s* skjul, kåk, hydda
2 shanty ['ʃæntɪ] *s* shanty arbetssång för sjömän

shanty town ['ʃæntɪtaʊn] *s* kåkstad, slumkvarter
SHAPE [ʃeɪp] förk. för *Supreme Headquarters Allied Powers Europe*
shape [ʃeɪp] **I** *s* **1** a) form, fason, gestalt[ning], utformning; skapnad b) ordning, fason, hyfs; *the ~ of the nose* formen på näsan, näsans form; *assume a [more] definite ~* ta fast[are] form; *give ~ to* a) ge [fast] form åt, utforma b) formulera [*give ~ to one's ideas*]; *lose [its] ~* förlora formen (fasonen); *take ~* ta [fast] form; *take the ~ of* [an]ta formen av; [*spherical*] *in ~* ...till formen; *in any ~ or form* i någon [som helst] form, på något [som helst] sätt, av något [som helst] slag; *in the ~ of* i form av [*reward in the ~ of an extra holiday*]; *get* (*put*) *a th. into ~* få ordning (fason) på ngt; *knock* (*lick*) *into ~* se resp. vb; *get out of ~* förlora formen (fasonen) **2** tillstånd, skick [*the old house was in bad ~*]; *in ~* i bra kondition; *his finances are in good ~* hans ekonomi är bra; *he is in good ~* han är i fin (god) form; *out of ~* i dålig kondition **3** skepnad, gestalt; *in human ~* i människogestalt **II** *vb tr* **1** forma [*~ clay into* (*till*) *an urn*]; staka ut [*~ one's future*]; skapa, gestalta, dana; tekn. profilera; *~d like a pear* päronformig **2** avpassa, lämpa **III** *vb itr* **1** forma (gestalta) sig; formas, bildas [*clouds shaping on the horizon*]; utveckla sig [*I don't like the way events are shaping*]; *be shaping* [*up*] *well* arta sig [bra], se lovande ut **2** *~ up to* göra sig beredd att slåss mot, utmana
shapeless ['ʃeɪpləs] *adj* formlös, oformlig
shapeliness ['ʃeɪplɪnəs] *s* vacker form; [*I admired*] *the ~ of her legs* ...hennes välsvarvade ben
shapely ['ʃeɪplɪ] *adj* välformad, välskapad, välbildad, välväxt, välsvarvad [*~ legs*]
shard [ʃɑːd] *s* **1** zool. täckvinge **2** [kruk]skärva
1 share [ʃeə] **I** *s* **1** del, andel [*~ of* (*in*) *the profit* (*success*)]; lott; *do one's ~* göra sitt, dra sitt strå till stacken; *do one's ~ towards solving* [*the problem*] göra sin insats för (vara med om, bidra till) att lösa...; *go ~s with a p. in a th.* dela [på] kostnaderna för ngt med ngn, dela ngt lika med ngn; *have a ~ in* a) vara medansvarig i b) få del av; *everybody had his ~* var och en fick sitt (sin del); *I've had my ~ of luck* jag har haft en god portion tur **2** aktie; andel; *hold ~s* ha aktier **II** *vb tr* **1** dela [*with a p.* med ngn]; ha del i, vara delaktig av (i); ha gemensamt; *~ the responsibility* dela ansvaret, vara medansvarig; *~ the same room* [*with*] dela rum [med] **2** *~* [*out*] dela ut, fördela [*among bland*] **III** *vb itr* **1** dela; *~ and ~ alike* dela broderligt (lika); *we must ~ alike* (*even*) vi måste dela jämnt **2** *~ in* dela [*I will ~ in the cost with you*]; delta i [*he ~d in the planning of it*], ha del i, vara delaktig i, vara med i (om)

2 share [ʃeə] *s* plogbill
shareholder ['ʃeə,həʊldə] *s* aktieägare; *~s' meeting* el. *meeting of ~s* bolagsstämma
1 shark [ʃɑːk] *s* zool. haj
2 shark [ʃɑːk] **I** *s* vard. [börs]haj, svindlare, bondfångare **II** *vb itr* leva på svindelaffärer (bondfångeri)
sharp [ʃɑːp] **I** *adj* **1** skarp, vass [*a ~ knife*; *a ~ tongue*], spetsig [*a ~ pin* (*summit*)]; mycket smal [*a ~ ridge*] **2** skarp [*~ outlines*], markant, klar [*a ~ difference*]; skarpskuren [*~ features*]; skarp [och tydlig] [*a ~ photo*] **3** skarp, tvär [*a ~ curve* (*turn, transition*)]; stark, brant [*a ~ incline* (*rise*)] **4** stark [*a ~ taste*], stickande [*a ~ pang*], syrlig [*a ~ flavour*] **5** skarp [*~ eyes* (*ears*)]; lyhörd [äv. *with a ~ ear*]; intelligent, pigg [*a ~ child*], kvick, fyndig; *be ~ at* [*arithmetic*] vara bra (fin) på..., vara styv (slängd) i... **6** smart [*a ~ lawyer*], slipad, listig, knipslug; *~ practice*[*s*] vard. fula knep (trick), ogenerade metoder **7** mus.: **a**) höjd en halv ton; med #-förtecken; *A ~* m.fl., se under resp. bokstav **b**) en halv ton för hög; [lite] falsk **II** *s* mus.: a) kors, #-förtecknen, # b) ton med förtecknet # c) halvt tonsteg uppåt; *~s and flats* svarta tangenter på t.ex. piano **III** *adv* **1** på slaget, på pricken, prick [*at six* [*o'clock*] *~*] **2** skarpt; tvärt [*turn* (ta av) *~ left*]; fort [*~!*], bums; *look ~* a) se upp, se noga efter, passa på b) isht amer. vard. se bra ut; vara snyggt klädd; *look ~!* sno (raska) på!
sharpen ['ʃɑːp(ə)n] **I** *vb tr* **1** göra skarp[are] etc., jfr *sharp I*; skärpa äv. bildl. [*~ the tone*], vässa, formera [*~ a pencil*]; bryna; spetsa; [skarp]slipa **2** mus. höja [ett halvt tonsteg]; sätta # för **II** *vb itr* bli skarp[are] etc., jfr *sharp I*; skärpas etc., jfr *I 1*
sharpener ['ʃɑːpnə] *s* pennvässare; knivslipare
sharper ['ʃɑːpə] *s* vard. falskspelare, skojare
sharpness ['ʃɑːpnəs] *s* skärpa
sharp-shooter ['ʃɑːp,ʃuːtə] *s* prickskytt, skarpskytt
sharp-witted [ˌʃɑːpˈwɪtɪd, attr. '---] *adj* skarpsinnig; bitande kvick
shat [ʃæt] imp. o. perf. p. av *shit II*
shatter ['ʃætə] **I** *vb tr* **1** splittra, bryta sönder, slå sönder [*ships ~ed by storms*], spränga sönder, krossa [*fifty windows were ~ed*]; ramponera **2** bryta ner, ödelägga, förstöra [*~ one's health*]; krossa [*~ a p.'s illusions* (*power*)], tillintetgöra, omintetgöra [*~ a p.'s hopes*] **II** *vb itr* splittras, brytas sönder etc., jfr *I* gå i kras
shattering ['ʃætərɪŋ] *adj* förödande, förkrossande [*a ~ defeat*]; öronbedövande [*a ~ noise*]
shatterproof ['ʃætəpruːf] *adj* splitterfri
shave [ʃeɪv] **I** (imperf. *~d*; perf. p. *~d* el. isht ss. adj. *~n*) *vb tr* **1** raka [*~ one's beard*; *~ a p.*]; *be* (*get*) *~d* [låta] raka sig, bli rakad **2** skrapa,

shell

skava [~ *hides*], hyvla; ~ [*off*] skrapa (skava, hyvla, raka) av **3** [nästan] snudda (nudda) v:d, [nästan] tuscha **II** (imperf. ~*d*; perf. p. ~*d*) *vb itr* **1** raka sig **2** ~ *past* stryka förbi [*the bullet* ~*d past me*] **III** *s* **1** rakning; [*a sharp razor*] *gives a good* ~ ...rakar bra; *have* (*get*) *a* ~ [låta] raka sig **2** vard. snudd; *it was a close* (*narrow, near*) ~ det var nära ögat, det var på håret
shaven [ˈʃeɪvn] **I** perf. p. av *shave* **II** *adj* rakad [*clean-shaven*]
shaver [ˈʃeɪvə] *s* **1** rakapparat [*electric* ~] **2** vard., [*young*] ~ pojkvasker, [liten] grabb
shaving [ˈʃeɪvɪŋ] *s* **1** rakning; attr. rak- [~ *brush* (*cream, foam*)]; ~ *stick* raktvål **2** pl. ~*s* [hyvel]spån
Shaw [ʃɔː]
shawl [ʃɔːl] *s* sjal, schal
she [ʃiː, obeton. ʃɪ] **I** (objektsform *her*) *pron* **1** pers. hon; om tåg, bil, land m.m. den, det; *who is* ~? äv. vem är det? **2** determ. den om kvinnliga pers. i allm. bet. [~ *who listens learns*] **II** (pl. ~*s*) *s* kvinna, flicka; hona; hon [*is the child a he or a* ~?] **III** *adj* ss. förled i sms. vid djurnamn hon-, -hona [*she-fox*]
sheaf [ʃiːf] **I** (pl. *sheaves*) *s* **1** [sädes]kärve **2** bunt [*a* ~ *of papers*]; knippe [*a* ~ *of arrows*] **II** *vb tr* **1** binda i kärvar **2** bunta
shear [ʃɪə] (imperf. ~*ed*; perf. p. *shorn* el. ~*ed*) *vb tr* **1** klippa [~ *sheep* (*wool*)]; klippa av; [över]skära [~ *cloth* (kläde)] **2** bildl. *shorn of* berövad [*shorn of his money* (*power*)]
shearer [ˈʃɪərə] *s* **1** fårklippare **2** klippmaskin
shears [ʃɪəz] *s pl* [större] sax ullsax, trädgårdssax o.d.; *a pair of* ~ en sax
sheatfish [ˈʃiːtfɪʃ] *s* zool. mal
sheath [ʃiːθ, i pl. ʃiːðz] *s* **1** fodral, slida, balja; [*contraceptive*] ~ kondom **2** bot. slida, balja
sheathe [ʃiːð] *vb tr* **1** lägga i fodral[et], sticka i slida[n] **2** beklä, betäcka, överdra
sheath knife [ˈʃiːθnaɪf] *s* slidkniv
sheaves [ʃiːvz] *s* pl. av *sheaf I*
shebang [ʃɪˈbæŋ] *s* isht amer. sl. sak, affär; *the whole* ~ hela härligheten (rasket)
1 shed [ʃed] *s* skjul, lider; bod [*tool* ~]; *engine* ~ lokstall
2 shed [ʃed] (*shed shed*) *vb tr* **1** utgjuta [~ *blood*], gjuta; *blood will be* ~ blod kommer att flyta; ~ *tears* fälla (gjuta) tårar **2 a**) fälla [~ *feathers* (*horns, leaves*)], tappa, släppa; *the snake* ~*s its skin* ormen byter (ömsar) skinn **b**) ta (kasta) av sig [~ *one's clothes*] **c**) lägga bort [~ *a habit*] **3** sprida [~ *warmth*], ge ifrån sig, sända ut; ~ *light on* isht bildl. sprida ljus över, belysa
she'd [ʃiːd] = *she had* o. *she would*
she-devil [ˈʃiːˌdevl] *s* djävulsk kvinna, hondjävul
sheen [ʃiːn] *s* glans [*the* ~ *of silk*], lyster
sheep [ʃiːp] (pl. lika) *s* **1** får; jfr *black* o. *wolf I*; *separate the* ~ *from the goats* bildl. skilja fåren från getterna; *make* (*cast*) ~*'s eyes at* kasta förälskade (smäktande) blickar på; [*he thought*] *he might as well be hanged for a* ~ *as for a lamb* ung. ...om han nu ändå skulle åka dit kunde han åka dit ordentligt **2** fårskinn
sheepdog [ˈʃiːpdɒɡ] *s* fårhund
sheepfaced [ˈʃiːpfeɪst] *adj* förlägen, generad
sheepfold [ˈʃiːpfəʊld] *s* fårfålla
sheepish [ˈʃiːpɪʃ] *adj* förlägen, generad; fåraktig
sheepskin [ˈʃiːpskɪn] *s* fårskinn; fårhud; ~ *coat* fårskinnspäls
1 sheer [ʃɪə] **I** *adj* **1** ren [~ *force* (*nonsense, waste*)], idel [~ *envy*], pur [~ *surprise*]; ~ *folly* (*madness*) rena [rama] galenskapen (idiotin) **2** mycket tunn, [nästan] genomskinlig, skir [~ *material* (tyg)] **3** tvärbrant [*a* ~ *rock*], lodrät [*a* ~ *drop* (fall) *of 100 metres*], tvär **II** *adv* tvärbrant, lodrätt, rakt upp [*it rises* ~ *out of the sea*]
2 sheer [ʃɪə] **I** *vb itr* isht sjö. gira; ~ *off* (*away*) a) isht sjö. gira (vika) av b) ge (laga, pallra) sig i väg; ~ *off* (*away*) *from a p.* vard. undvika ngn **II** *s* sjö. gir
sheet [ʃiːt] *s* **1** lakan **2** [tunn] plåt [~ *of metal*], platta, [tunn] skiva [~ *of glass*]; ~ *iron* bleck[plåt], valsat järn; ~ *metal* plåt **3** ark, blad; *some* ~*s of paper* några papper (pappersark); *a blank* ~ ett rent (oskrivet) blad (ark); *a clean* ~ bildl. ett fläckfritt förflutet; *keep a clean* ~ sport. hålla nollan **4** vidsträckt yta, vidd, flak, lager, täcke; ~ *lightning* kornblixt[ar]; ~ *of fire* (*flame*) eldhav; *the rain was coming down in* ~*s* regnet stod som spön i backen **5** sjö. skot; *three* ~*s in the wind* (amer. äv. *to the wind*) stagad, packad berusad
sheet anchor [ˈʃiːtˌæŋkə] *s* **1** sjö. pliktankare **2** bildl. räddningsplanka, sista utväg
sheeting [ˈʃiːtɪŋ] *s* lakansväv
Sheffield [ˈʃefiːld] geogr. egenn.; ~ *plate* pläter silver på koppar
sheik[h] [ʃeɪk, ʃiːk] *s* schejk
Sheila [ˈʃiːlə] kvinnonamn
shekel [ˈʃekl] *s* **1** bibl. sikel **2** sl., pl. ~*s* schaber pengar
shelduck [ˈʃeldʌk] *s* zool. gravand; gravandshona
shelf [ʃelf] (pl. *shelves*) *s* **1** hylla; [*laid*] *on the* ~ lagd på hyllan, skrinlagd, skjuten åt sidan; *she'll be left on the* ~ *if...* vard. hon kommer på överblivna kartan (hamnar på glasberget) om... **2** klipphylla, avsats; *the continental* ~ kontinentalhyllan
shell [ʃel] **I** *s* **1** a) hårt skal; musselskal, mussla; snäckskal, snäcka; snigels hus b) [ärt]skida, [ärt]balja; bot. hylsa c) bildl. skal; yttre sken, yttre skal [*a mere* ~ *of religion*]; *go* (*retire*) *into one's* ~ dra (sluta) sig inom sitt skal; *come out of one's* ~ krypa

ur sitt skal **2** [byggnads]stomme, skrov, skelett; *only the ~ of the building is left* äv. endast ytterväggarna av huset står kvar **3** mil. a) granat b) patron, patronhylsa **II** *vb tr* **1** skala, rensa [~ *shrimps*], sprita [~ *peas*], ta ut ur skalet [~ *mussels*] **2** mil. bombardera, beskjuta [med granater] **3** vard., ~ *out* punga ut med [~ *out money*] **III** *vb itr* **1** släppa skalet; ~ *easily* äv. vara lätt att skala etc., jfr *II 1* ovan **2** vard., ~ *out* punga ut med pengar
she'll [ʃi:l] = *she will* (*shall*)
shellac [ʃəˈlæk, ˈʃelæk] **I** *s* schellack **II** *vb tr* behandla (polera) med schellack
Shelley [ˈʃelɪ]
shellfish [ˈʃelfɪʃ] *s* skaldjur
shellshock [ˈʃelʃɒk] *s* krigsneuros
shellshocked [ˈʃelʃɒkt] *adj*, *be* ~ a) lida av krigsneuros b) vara bestört
shelter [ˈʃeltə] **I** *s* **1** skydd [*from*, *against* för, mot], skyddad plats; lä; tillflykt, tillflyktsort; tak över huvudet, logi, husrum [*food*, *clothing*, *and* ~] **2** regnskydd, vindskydd, skydd; härbärge [*Salvation Army* ~*s*]; [*air-raid*] ~ skyddsrum; *bus* ~ busskur **II** *vb tr* skydda, ge skydd [*from* för (mot)]; ge logi (husrum, tak över huvudet), inkvartera; ~*ed from the wind* i skydd (i lä, skyddad) för vinden **III** *vb itr* **1** ta (finna, söka) skydd [*from* för (mot); ~ *under the trees* (*in a barn*)] **2** skydda [*trees that* ~ *from* (för) *the wind*]
sheltered [ˈʃeltəd] *adj* skyddad, lugn; *a* ~ *life* en skyddad tillvaro; *a* ~ *spot* en skyddad plats, en lugn vrå; ~ *trades* skyddade industrier utan konkurrens från utlandet
shelve [ʃelv] *vb tr* **1** ställa upp på (sätta in i) hyllan (hyllorna) [~ *books*] **2** lägga på hyllan, skrinlägga
shelves [ʃelvz] *s* pl. av *shelf*
shepherd [ˈʃepəd] **I** *s* herde äv. bildl.; fåraherde **II** *vb tr* **1** vakta, valla **2** driva som en fårskock, fösa; ledsaga, leda
shepherdess [ˌʃepəˈdes, ˈ---] *s* herdinna
shepherd's pie [ˌʃepədzˈpaɪ] *s* kok., slags köttpudding [med potatismos]
sherbet [ˈʃɜːbət] *s* **1** ~ [*powder*] tomtebrus **2** sorbet, vattenglass
sheriff [ˈʃerɪf] *s* **1** britt. sheriff ämbetsman i ett grevskap **2** amer. sheriff polischef inom ett förvaltningsområde
Sherlock [ˈʃɜːlɒk]
sherry [ˈʃerɪ] *s* sherry
Sherwood [ˈʃɜːwʊd] geogr. egenn.; ~ *Forest* Sherwoodskogen skogsområde förknippat med berättelserna om Robin Hood
she's [ʃiːz, ʃɪz] = *she is* o. *she has*
Shetland [ˈʃetlənd] geogr. egenn.; ~ el. *the* ~*s* pl. el. *the* ~ *Islands* pl. Shetlandsöarna; ~ [*pony*] shetlandsponny
shibboleth [ˈʃɪbəleθ] *s* **1** schibbolet igenkänningstecken; lösen[ord]; slagord **2** [*outworn*] ~ förlegad doktrin (trossats)

shield [ʃiːld] **I** *s* **1** sköld i div. bet.; bildl. äv. [be]skydd, värn **2** herald. [vapen]sköld **3** på maskin skyddsplåt, skärm **4** amer. [polis]bricka **II** *vb tr* skydda [*from* mot, för], värna [*from* mot]; ~ *the ball* sport. täcka bollen; ~ *one's eyes with one's hand* skugga [för] ögonen med handen
shift [ʃɪft] **I** *vb tr* skifta [~ *wheels*], flytta [om], stuva om; flytta över; ~ *the blame* (*responsibility*) *on to a p.* skjuta (vältra) över skulden (ansvaret) på ngn; ~ *the furniture* flytta [om] möblerna, möblera om; ~ *gears* motor. växla; ~ *one's ground* ändra ståndpunkt (taktik) **II** *vb itr* **1** skifta, växla [*the scene* (*weather*) ~*s*], ändra sig; ändra ställning [*he* ~*ed in his seat*], flytta [på] sig; *he* ~*ed into second gear* han lade in tvåans växel; ~ *about* svänga hit och dit; flytta omkring (runt); *he was* ~*ing about restlessly* han vände och vred oroligt på sig **2** förskjuta sig [*the cargo has* ~*ed*], förskjutas **3** klara (reda) sig; *he must* ~ *for himself* han måste klara (reda) sig själv (på egen hand) **III** *s* **1** förändring, omsvängning, [om]byte, skifte; växling; övergång [*the* ~ *from offensive to defensive*]; omläggning [*a* ~ *of policy*]; *a* ~ *of clothes* ett ombyte kläder; ~ *of crops* växelbruk; ~ *of* [*the*] *wind* vindkantring **2** [arbets]skift [*work in three* ~*s*] **3** utväg [*my last* ~]; [hjälp]medel; nödfallsutväg; *make* [*a*] ~ *with* (*without*) *a th.* försöka klara (reda) sig så gott man kan med (utan) ngt **4** växel[spak]; [ut]växling; *automatic* ~ automatväxel
shift key [ˈʃɪftkiː] *s* skifttangent på skrivmaskin
shiftless [ˈʃɪftləs] *adj* hjälplös, opraktisk, oduglig
shifty [ˈʃɪftɪ] *adj* opålitlig, lömsk [*a* ~ *customer* (figur)]; ~ *eyes* [en] ostadig blick
Shiite [ˈʃiːaɪt] *s* relig. shiit, shiamuslim
shilling [ˈʃɪlɪŋ] *s* hist. shilling eng. mynt = 1/20 pund
shilly-shally [ˈʃɪlɪˌʃælɪ] **I** *vb itr* vela [hit och dit], vackla, tveka **II** *s* velande, vacklan[de] [*I'm tired of all this* ~] **III** *adj* velande, vacklande, tvekande [*a* ~ *attitude*]
shimmer [ˈʃɪmə] **I** *vb itr* skimra, glimma; ~*ing blue* blåskimrande **II** *s* skimmer
shin [ʃɪn] **I** *s* skenben, smalben **II** *vb itr* klättra; ~ *up* [*a tree* (*a drain-pipe*)] klättra upp i (uppför)...
shinbone [ˈʃɪnbəʊn] *s* skenben
shindig [ˈʃɪndɪɡ] *s* sl. brakfest, jätteparty
shindy [ˈʃɪndɪ] *s* bråk, gruff, gräl; [o]väsen
shine [ʃaɪn] **I** (*shone shone*) *vb itr* skina [*the sun was* ~*ing*], lysa [*the moon shone bright*]; glänsa äv. bildl.; vara lysande [~ *at* (i) *tennis*]; stråla; *a* ~*ing example* ett lysande exempel (föredöme) **II** (*shone*, *shone*, i bet. *1* äv. ~*d* ~*d*) *vb tr* **1** vard. putsa [~ *shoes*], polera **2** lysa med; ~ *a torch in a p.'s face* lysa ngn i

ansiktet med en ficklampa III *s* **1** glans, sken, blankhet; *give a good ~ to* el. *put a good ~ on* putsa riktigt fin (blank); *take a ~ to* vard. fatta tycke för; *take the ~ out of* a) ta (få) bort glansen från; skada glansen på b) bildl. förta glansen av, fördunkla **2** vard. solsken
shiner ['ʃaɪnə] *s* sl. blåtira
1 shingle ['ʃɪŋgl] *s* klappersten på sjöstrand o.d.
2 shingle ['ʃɪŋgl] *s* **1** [tak]spån; [tak]platta **2** shingel frisyr
shingles ['ʃɪŋglz] (konstr. ss. sg.) *s* med. bältros
shinguard ['ʃɪŋɡɑ:d] *s* o. **shinpad** ['ʃɪnpæd] *s* sport. benskydd
shiny ['ʃaɪnɪ] *adj* **1** skinande, glänsande; skinande blank, blankputsad [~ *shoes*]; *my nose is ~* jag är blank om näsan **2** blanksliten
ship [ʃɪp] I *s* **1** skepp, fartyg; ~['s] *biscuit* skeppsskorpa; *when my ~ comes home* bildl. när jag kommer på grön kvist **2** vard. flygplan; luftskepp; rymdskepp II *vb tr* **1** skeppa in, ta (föra) ombord [~ *goods* (*passengers*)], ta in; ~ [*the*] *oars* ta in årorna; ~ *a sea* få en sjö över sig; ~ *water* ta in vatten **2** sända, skicka, transportera [~ *goods by boat* (*rail, train*)], avlasta, skeppa
shipbuilder ['ʃɪpˌbɪldə] *s* skeppsbyggare
shipbuilding ['ʃɪpˌbɪldɪŋ] *s* skeppsbyggeri, skeppsbyggnadskonst; ~ *yard* skeppsvarv
shipload ['ʃɪpləʊd] *s* skeppslast, fartygslast
shipmate ['ʃɪpmeɪt] *s* skeppskamrat; medpassagerare
shipment ['ʃɪpmənt] *s* **1** inskeppning **2** sändning, transport, avlastning, skeppning; [skepps]last
shipowner ['ʃɪpˌəʊnə] *s* [skepps]redare; [*firm of*] ~*s* [skepps]rederi
shipper ['ʃɪpə] *s* avlastare, befraktare; speditör
shipping ['ʃɪpɪŋ] *s* **1** tonnage **2** sjöfart; skeppning; [av]sändande; ~ *agent* skeppsklarerare; ~ *company* rederi; ~ *office* a) skeppsklarerarkontor; rederikontor b) sjömanshus
shipshape ['ʃɪpʃeɪp] *adj* o. *adv* **1** sjömansmässig[t] **2** i mönstergill (god) ordning [*the room was snug and ~*], välordnad, välordnat; snygg[t] och prydlig[t]; ~ *and Bristol fashion* klappat och klart; fix och färdig; i fin (mönstergill) ordning
shipwreck ['ʃɪprek] I *s* skeppsbrott, förlisning, haveri äv. bildl. II *vb tr* komma att förlisa (haverera); bildl. förstöra, tillintetgöra, slå sönder; perf. p. ~*ed* skeppsbruten, förlist, förolyckad, havererad; *be* ~*ed* lida skeppsbrott, förlisa, haverera äv. bildl.
shipwright ['ʃɪpraɪt] *s* skeppsbyggare
shipyard ['ʃɪpjɑ:d] *s* skeppsvarv
shire ['ʃaɪə] *s* grevskap
shirk [ʃɜ:k] I *vb tr* [försöka] dra sig undan, smita från [~ *hard work*, ~ *a duty*] II *vb itr*

[försöka] dra sig undan [sina skyldigheter], [försöka] smita
shirt [ʃɜ:t] *s* **1** skjorta; sport. tröja; *keep your ~ on!* sl. ta't lugnt!; *put one's ~ on* [*a horse*] sl. sätta sitt sista öre på...; *he would sell the* [*very*] ~ *off his back for her* vard. han skulle sälja sin sista skjorta för henne **2** [skjort]blus
shirtfront ['ʃɜ:tfrʌnt] *s* skjortbröst
shirting ['ʃɜ:tɪŋ] *s* skjorttyg
shirtsleeve ['ʃɜ:tsli:v] I *s* skjortärm; *in one's* ~*s* i [bara] skjortärmarna II *adj* informell, rättfram
shirtwaist ['ʃɜ:tweɪst] *s* isht amer. [skjort]blus
shirty ['ʃɜ:tɪ] *adj* sl. förbannad arg; stött förnärmad
shit [ʃɪt] I *s* vulg. skit äv. bildl. [*it's just a lot of* ~]; *I don't give a ~!* det skiter jag!, det ger jag fan i!; *when the ~ hits the fan* när det hettar till (brakar loss); *beat* (*knock*) *the ~ out of a p.* slå ngn sönder och samman; *scare the ~ out of a p.* göra ngn skiträdd II (*shit shit*; ibl. *shat shat* el. ~*ted* ~*ted*) *vb itr* vulg. skita III *interj*, ~*!* vulg. fan [också]!, skit [också]! IV *adj* vulg. skit-; jävla; *be up ~ creek* ligga taskigt till vara illa ute
shitless ['ʃɪtləs] *adj* vulg., *be scared* ~ vara skiträdd (skitskraj)
shits [ʃɪts] (konstr. ss. sg.) *s* vulg., *the ~* rännskita
shitty ['ʃɪtɪ] *s* vulg. **1** skitig **2** kass, skit-, urusel
1 shiver ['ʃɪvə] I *s* skärva, flisa, [små]bit II *vb itr* splittras, gå (flyga) i bitar, gå i kras; flisa sig
2 shiver ['ʃɪvə] I *vb itr* darra, skälva, huttra, rysa II *s* darrning, skälvning, rysning; *a cold ~ ran down my back* det gick kalla kårar efter ryggen på mig; *it gives me the ~s* vard. det får mig att rysa
shivery ['ʃɪvərɪ] *adj* darrig; rysande
1 shoal [ʃəʊl] *s* **1** stim [*a ~ of herring*] **2** massa, mängd [~*s of people*]; *in* ~*s* i massor
2 shoal [ʃəʊl] *s* grund, [sand]rev
1 shock [ʃɒk] *s* **1** skyl [*a ~ of 12 sheaves* (kärvar)] **2** *a ~ of hair* en massa hår, en [stor (tjock)] kalufs
2 shock [ʃɒk] I *s* **1** [våldsam] stöt, [kraftig] törn; ~ *wave* stötvåg, chockvåg, tryckvåg; *earthquake* ~ jordstöt **2** [*electric*] ~ [elektrisk] stöt **3** chock äv. med.; ~ *therapy* (*treatment*) chockbehandling **4** ~ *tactics* chocktaktik äv. friare; ~ *troops* stöttrupper, stormtrupper II *vb tr* **1** uppröra, chockera, chocka, stöta **2** med. ge en chock
shock-absorber ['ʃɒkəbˌsɔ:bə, -əbˌz-] *s* stötdämpare
shocking ['ʃɒkɪŋ] *adj* upprörande, chockerande; vard. förskräcklig, förfärlig [*a ~ blunder*]
shockproof ['ʃɒkpru:f] *adj* stötsäker [*a ~ watch*]
shod [ʃɒd] imperf. o. perf. p. av *shoe* II

shoddy ['ʃɒdɪ] **I** s smörja, skräp **II** adj **1** falsk; humbug- [~ *methods*] **2** tarvlig, lumpen [*a ~ trick*]; sjabbig, sjaskig [*a ~ hotel* (*suit*)]
shoe [ʃu:] **I** s **1** sko; isht lågsko; amer. äv. känga; pl. ~s äv. skodon; *if the ~ fits* amer., se *if the cap fits* under *1 cap I 1*; *fill a p.'s ~s* vard. fylla ngns plats; *he's too big for his ~s* vard. han är [för] stöddig (mallig, styv i korken); *I wouldn't be in your ~s* [*for a million pounds*] vard. jag skulle inte vilja vara i dina skor (kläder)…; *put yourself in my ~s!* sätt dig in i min situation!; *step into a p.'s ~s* vard. axla ngns kappa, efterträda ngn **2** skoning; doppsko; beslag; bromsback **II** (*shod shod*) vb tr sko [~ *a horse*]; sätta en sko (skor) på
shoeblack ['ʃu:blæk] s skoputsare, skoborstare
shoehorn ['ʃu:hɔ:n] s skohorn
shoelace ['ʃu:leɪs] s skosnöre, skoband
shoemaker ['ʃu:ˌmeɪkə] s skomakare
shoeshine ['ʃu:ʃaɪn] s amer. **1** skoputsning, skoborstning **2** ~ [*boy*] skoputsare
shoestring ['ʃu:strɪŋ] **I** s **1** amer. skosnöre **2** [*start business*] *on a ~* …med små medel, …på lösa boliner; *happily married on a ~* lyckligt men fattigt gift **II** adj **1** med små (otillräckliga) medel **2** knapp, som hänger på ett hår [*a ~ majority*]
shoetree ['ʃu:tri:] s skoblock, läst
shone [ʃɒn, amer. vanl. ʃəʊn] imperf. o. perf. p. av *shine I* o. *II*
shoo [ʃu:] **I** *interj*, *~!* schas! **II** vb tr, *~ away* (*off*) schasa bort
shook [ʃʊk] imperf. av *shake A*
shoot [ʃu:t] **I** (*shot shot*) vb itr (se äv. *III*) **1** skjuta [*at* på, mot, efter] **2** jaga; *be* (*go*) *out ~ing* vara [ute] (gå [ut]) på jakt **3** [blixtsnabbt] fara [*he shot out of the door*], rusa, störta, pila [~ *away*], susa [*he shot past me on his bike*], flyga, vina [*the arrow shot past him*], skjuta [*the thought shot through his mind* (hjärna)]; *I have ~ing pains in my tooth* det ilar i tanden [på mig] **4** fotografera, filma, skjuta **5** *~!* vard. ut med språket!; sätt igång!
II (*shot shot*) vb tr **1** skjuta; arkebusera; skjuta av [~ *an arrow*; ~ *a pistol at* (mot) *a p.*]; *you'll get shot if…* vard. du kommer att få på nöten om…; ~ *a line* sl. skryta, vilja imponera **2** kasta [~ *rays*; *the rider was shot over the horse's head*]; ~ *a hasty glance at a p.* kasta en hastig blick på ngn **3** jaga [~ *hares*] **4** fotografera, filma, skjuta; spela in [~ *a film*], ta [~ *a scene*] **5** sport. skjuta [~ *the ball against the bar*] **6** stjälpa av [~ *rubbish*], vräka [ned] **7** ~ *the rapids* fara (driva, kasta sig) utför forsarna, göra en forsfärd; ~ *the traffic lights* vard. köra mot rött ljus **8** amer. vard. spela [~ *craps* (*dice, golf, pool*)]

III vb tr o. vb itr m. prep. o. adv., isht med spec. övers.:
~ down: **a**) skjuta ned [~ *down a p.* (*a plane*)] **b**) bildl. göra (slå) ned, krossa, tillintetgöra [~ *down a p. in an argument*]
~ forth spira upp (fram)
~ off: **a**) skjuta (fyra) av [~ *off a rifle*]; skjuta bort; vard. bli av med **b**) sl., *one's mouth off* el. *~ off one's mouth* snacka skit, snacka för mycket, pladdra
~ out: **a**) om en udde o.d. skjuta ut (fram), sticka fram; [*the snake*] *shot its tongue out* …sköt ut tungan **b**) vard., ~ *it out* göra upp med skjutvapen
~ up: skjuta (slå) upp [*flames were ~ing up*]; ränna i höjden (i vädret) [*the boy is ~ing up fast*]; rusa i höjden [*prices shot up*]; *the pain shot up his arm* det värkte till uppåt armen på honom
IV s **1** bot. skott **2** [timmer]ränna, rutschbana **3** [sop]nedkast **4** jaktsällskap; jakttur; jaktmark; jakt **5** vard., *the whole ~* hela klabbet; *go the whole ~* sätta allt på spel
shooter ['ʃu:tə] s puffra skjutvapen
shooting ['ʃu:tɪŋ] s **1** skjutning, skjutande; attr. skjut- [~ *position* (*practice*)]; skjutskicklighet; *~ incident* skott[lossnings]intermezzo **2** jakt; jakträtt; jaktmark; jaktsällskap [äv. ~ *party*]; *~ rights* jakträtt[igheter]; *~ season* jakttid, jaktsäsong **3** fotografering, filmning, skjutning
shooting-brake ['ʃu:tɪŋbreɪk] s herrgårdsvagn, kombivagn, stationsvagn
shooting-gallery ['ʃu:tɪŋˌgælərɪ] s täckt skjutbana
shooting-range ['ʃu:tɪŋreɪn(d)ʒ] s skjutbana
shooting-star ['ʃu:tɪŋstɑ:] s stjärnskott, stjärnfall
shoot-out ['ʃu:taʊt] s **1** [avgörande] eldstrid, väpnad uppgörelse **2** [*penalty*] ~ fotb. straffsparksläggning
shop [ʃɒp] **I** s **1** affär, butik, [handels]bod, shop; *keep ~* sköta butiken; *keep a ~* ha [en] affär (en butik); *set up ~* öppna affär (butiket, eget); *set up ~ in* [*London*] vard. slå sig ner i…; *shut up ~* vard. slå igen butiken sluta; *it was all over the ~* vard. det var en enda röra; det låg saker överallt **2** verkstad, [mindre] fabrik **3** vard., *talk ~* prata jobb **II** vb itr **1** göra [sina] inköp, handla, shoppa; *~ around* se sig omkring före köpet; *~* [*around*] *for* leta efter, vara ute efter; *go ~ping* gå [ut] och handla (shoppa), gå i affärer **2** sl., *~ on a p.* tjalla på ngn
shopaholic [ʃɒpəˈhɒlɪk] s person som är tokig i att handla, köpoman
shop assistant ['ʃɒpəˌsɪstənt] s expedit, affärsanställd, affärsbiträde
shopbreaker ['ʃɒpˌbreɪkə] s inbrottstjuv i butik, butikstjuv

shopbreaking ['ʃɒpˌbreɪkɪŋ] s butiksinbrott
shopfloor [ʃɒp'flɔ:, '--] s verkstadsgolv [*on the* ~]; *the* ~ äv. arbetarna på verkstadsgolvet
shopfront ['ʃɒpfrʌnt] s **1** skyltfönster **2** bildl. fasad
shopkeeper ['ʃɒpˌki:pə] s butiksinnehavare, affärsinnehavare; neds. krämare
shoplifter ['ʃɒpˌlɪftə] s snattare, butiksråtta
shoplifting ['ʃɒpˌlɪftɪŋ] s snatteri, butiksstölder
shopper ['ʃɒpə] s person som är ute och handlar (shoppar)
shopping ['ʃɒpɪŋ] s inköp, shopping; [inhandlade] varor [*unpack the* ~]; *do some* ~ göra några inköp, handla (shoppa) lite [grand]; ~ *bag* shoppingväska; ~ *cart* (*trolley*) shoppingvagn; ~ *centre* köpcentrum, shoppingcenter; ~ *list* inköpslista
shopsoiled ['ʃɒpsɔɪld] *adj* butiksskadad, lagerskadad, skyltskadad
shop steward [ʃɒp'stjʊəd, '-ˌ-] s arbetares förtroendeman; fackföreningsrepresentant, fackligt ombud
shopwalker ['ʃɒpˌwɔ:kə] s avdelningschef på varuhus
shopwindow [ʃɒp'wɪndəʊ] s skyltfönster, butiksfönster; *put all one's goods in the* ~ bildl. försöka visa sig från sin bästa sida
shopworn ['ʃɒpwɔ:n] *adj* butiksskadad, lagerskadad, skyltskadad; nött, urblekt
1 shore [ʃɔ:] s strand; kust [*a rocky* ~]; ~ *leave* sjö. landpermission
2 shore [ʃɔ:] **I** s stötta **II** *vb tr* stötta [*up* upp]
shorn [ʃɔ:n] perf. p. av *shear*
short [ʃɔ:t] **I** *adj* **1** kort, kortvarig, kortfattad [*a* ~ *speech*], kortvuxen [*a* ~ *man*]; ~ *for* [en] förkortning för; ~ *circuit* elektr. kortslutning; ~ *cut* genväg; *a* ~ *memory* [ett] dåligt minne; ~ *sight* närsynthet; ~ *story* novell; *cut a p.* (*a th.*) ~ avbryta ngn (ngt) [tvärt]; *to cut it* (*a long story*) ~ kort sagt, för att fatta mig kort; ~ *and sweet* kort [och bra] **2** knapp [*a* ~ *allowance*], för kort [*the coat was 10 centimetres* ~]; *we are £5* ~ det fattas 5 pund för oss; ~ *commons* se *commons 2*; *win by a* ~ *head* vinna med en knapp huvudlängd; *fuel is in* ~ *supply* det är knappt tillgång på bränsle; *give* ~ *weight* väga knappt (snålt) **3** ~ *of* a) otillräckligt försedd med b) så när som på, utom [*he will do everything* ~ *of that*]; ~ *of breath* andfådd, andtäppt; [*no improvement is possible*] ~ *of the abolition of the whole system* ...med mindre [än att] hela systemet avskaffas; *little* ~ *of* närapå, snudd på [*it was little* ~ *of a scandal*]; *little* ~ *of a miracle can* [*save him*] det behövs nära nog ett under för att...; *be* ~ *of* ha ont om [*I am* ~ *of money*], ha brist på; *it's a few minutes* ~ *of ten* klockan fattas några minuter i tio; *come* (*fall, go, run*) ~ [*of*] se under *II 2* **4** *be* ~ *on* sakna, vara utan [*be* ~ *on ideas*] **5** kort, tvär, brysk [*with* mot]
II *adv* **1** tvärt, plötsligt; *bring up* ~ stoppa (hejda) tvärt; *pull up* (*stop*) ~ tvärstanna **2** otillräckligt; *come* (*fall*) ~ *of* inte gå upp mot; understiga [*fall* ~ *of demand by* (med) *17 per cent*]; inte motsvara, svika [*fall* ~ *of a p.'s expectations*]; *go* ~ bli utan [*of a th.* ngt]; *run* ~ [börja] lida brist [*of* på]; [börja] ta slut **3** ~ *of* se *I 3*
III s **1** a) kort stavelse b) kort [signal] i morsealfabetet **2** *for* ~ för korthetens skull; *in* ~ kort sagt, kort och gott; *the long and the* ~ *of it* (*of the matter*) summan av kardemumman **3** vard. kortfilm **4** vard. kortslutning
shortage ['ʃɔ:tɪdʒ] s brist, knapphet; underskott [*of* på]; *teacher* ~ lärarbrist
shortbread ['ʃɔ:tbred] s o. **shortcake** ['ʃɔ:tkeɪk] s mördegskaka
shortchange ['ʃɔ:tʃeɪn(d)ʒ] *vb tr* **1** ge för litet växel tillbaka **2** lura, bedra
short-circuit [ˌʃɔ:t'sɜ:kɪt] **I** s elektr. kortslutning **II** *vb tr* **1** elektr. orsaka kortslutning i, kortsluta **2** hindra, lägga hinder i vägen för **3** förkorta, förenkla
shortcoming [ʃɔ:t'kʌmɪŋ] s brist, fel
short-crust ['ʃɔ:tkrʌst] *adj*, ~ *paste* mördeg; ~ *pastry* mördegsbakelse; mördeg
shorten ['ʃɔ:tn] **I** *vb tr* förkorta, göra kortare, minska, korta [av], ta av **II** *vb itr* bli kortare [*the days are beginning to* ~], förkortas, minska[s], avta
shortening ['ʃɔ:tnɪŋ] s **1** förkortning **2** matfett (smör, margarin o.d.) till bakning
shortfall ['ʃɔ:tfɔ:l] s brist, underskott [*a* ~ *of £50*]; underproduktion [*a* ~ *of coal*]; nedgång
shorthand ['ʃɔ:thænd] s stenografi; attr. äv. stenografisk [~ *report*]; ~ *typist* stenograf och maskinskriverska; *write* ~ stenografera; *take a th. down in* ~ stenografera [ner] ngt
short-handed [ʃɔ:t'hændɪd] *adj* isht sjö. underbemannad; *be* ~ ha otillräcklig besättning, ha brist på (ont om) arbetskraft (personal)
shorthorn ['ʃɔ:thɔ:n] s korthornsboskap
short-list ['ʃɔ:tlɪst] **I** s lista över dem som är kvar i slutomgången, slutlista **II** *vb tr* sätta upp (ta med) på slutlistan
short-lived [ʃɔ:t'lɪvd, attr. '--] *adj* kortlivad, kortvarig
shortly ['ʃɔ:tlɪ] *adv* **1** kort [~ *after*[*wards*]], strax [~ *before noon*]; inom kort [*he is* ~ *to leave for Mexico*] **2** kortfattat
shortness ['ʃɔ:tnəs] s **1** korthet, kortvarighet [*the* ~ *of life*]; ringa längd [*the* ~ *of* (på) *a skirt*] **2** knapphet, otillräcklighet; ~ *of breath* andtäppa, andfåddhet
short-range [ʃɔ:t'reɪndʒ, attr. äv. '--] *adj*

kortdistans- [~ *missile*], korthålls- [~ *shot*]; kortsiktig [~ *plans*]
shorts [ʃɔːts] *s pl* shorts äv. sport.; kortbyxor; amer. boxershorts, kalsonger
short-sighted [ˌʃɔːtˈsaɪtɪd, attr. ˈ-ˌ--] *adj* **1** närsynt **2** kortsynt, korttänkt
short-staffed [ˌʃɔːtˈstɑːft] *adj* underbemannad
short-story [ˈʃɔːtˌstɔːrɪ] *attr adj*, ~ *writer* novellförfattare
short-tempered [ˌʃɔːtˈtempəd, attr. äv. ˈ-ˌ--] *adj* häftig, lättretad; *be* ~ äv. ha kort stubin
short-term [ˈʃɔːttɜːm] *adj* **1** hand. kortfristig [~ *loan*] **2** kortsiktig [~ *policy*]
short-wave [ˈʃɔːtweɪv] *s* radio. kortvåg; attr. kortvågs- [~ *receiver* (*transmitter*)]
short-winded [ˌʃɔːtˈwɪndɪd] *adj* [som lätt blir] andfådd
shorty [ˈʃɔːtɪ] *s* vard. lillen, knatten, pysen [*hallo*, ~*!*]
1 shot [ʃɒt] **I** imperf. o. perf. p. av *shoot* **II** *adj* **1** skiftande; vattrad [~ *silk*]; ~ *with blue* blåskiftande, skiftande i blått **2** vard., *get* ~ *of a th.* [kunna] spola (bli kvitt) ngt
2 shot [ʃɒt] *s* **1** skott [*at* mot, på, efter; *hear* ~*s in the distance*]; *blank* ~ löst skott; *he was off like a* ~ vard. han for i väg som ett skott (en pil); *he did it like a* ~ vard. han gjorde det på fläcken (jättesnabbt) **2** (pl. lika) kula **3** skytt; *he is a good* (*bad*) ~ äv. han skjuter bra (dåligt) **4** a) foto, kort [*a nice* ~ *of my kids*] b) tagning; scen [*exterior* ~*s*]; *long* ~ avståndsbild, helbild **5** vard. försök, gissning; *a* ~ *in the dark* en lös gissning; *have a* ~ *at a th.* försöka sig på ngt; *a long* ~ en lös gissning; en vild chansning; *not by a long* ~ inte på långt när **6** sport. o.d. **a**) fotb. o.d. skott, boll; *a* ~ *at goal* ett skott på mål **b**) *put the* ~ stöta kula; *putting the* ~ kulstötning, kula **c**) bilj. o.d. stöt **7** vard. dos[is]; spruta [*get a* ~ *of morphine*]; styrketår, glas [*a* ~ *of whisky*]; sl. sil narkotikainjektion; *give industry a* ~ *in the arm* stimulera (sätta fart på) industrin; *pay one's* ~ betala sin andel **8** *call the* ~*s* sl. vara den som bestämmer, basa
shotgun [ˈʃɒtɡʌn] **I** *s* hagelgevär, hagelbössa **II** *adj* tvångs-; *it was a* ~ *marriage* (*wedding*) vard. de var tvungna att gifta sig [därför att hon var med barn]
should [ʃʊd, obeton. äv. ʃəd] *hjälpvb* (imperf. av *shall*) skulle; borde, bör [*you* ~ *see a doctor*]; torde; ska, skall [*it is surprising that he* ~ *be so foolish*]; *they* ~ *be there by now, I think* jag skulle tro att de är där nu; *how* ~ *I know?* hur ska (skulle) jag kunna veta det?; *I'm anxious that it* ~ *be done at once* jag är angelägen om att det blir gjort genast
shoulder [ˈʃəʊldə] **I** *s* **1** skuldra, axel [*ride on a p. 's* ~*s*]; på kreatur o. kok. bog[parti]; ~ *of mutton* fårbog; ~ *to* ~ skuldra vid skuldra, sida vid sida äv. bildl.; *broad in the* ~*s* bred över axlarna (skuldrorna), bredaxlad, axelbred; *put* (*set*) *one's* ~ *to the wheel* bildl. lägga manken till; *speak straight from the* ~ tala (säga sin mening) rent ut, sjunga ut; *take a th. on one's* ~*s* bildl. ta ngt på sitt ansvar **2 a**) vägkant; *hard* ~ vägren, bankett **b**) typogr. o. på bildäck skuldra **II** *vb tr* **1** lägga på (över) axeln [~ *a burden*], axla; ~ *arms!* mil. på axel gevär! **2** knuffa [med axeln] [~ *one's way* (sig fram) *through a crowd*] **3** ta på sig [~ *the blame*, ~ *a debt* (*task*)]
shoulder bag [ˈʃəʊldəbæɡ] *s* axel[rems]väska
shoulder blade [ˈʃəʊldəbleɪd] *s* skulderblad
shoulder strap [ˈʃəʊldəstræp] *s* **1** mil. axelklaff **2** axelrem **3** axelband på damplagg
shouldn't [ˈʃʊdnt] = *should not*
shout [ʃaʊt] **I** *vb itr* o. *vb tr* skrika [~ *for* (av) *joy*; ~ *with* (av) *pain*], ropa, hojta, gapa [och skrika] [~ *for* (efter) *more*]; ropa (skrika) ut [~ *one's disapproval*]; *he* ~*ed with laughter* han tjöt av skratt; ~ *at* skrika åt [*don't* ~ *at me!*]; ~ *a p. down* överrösta ngn; bua ut ngn; ~ *out* ropa (skrika) högt; skrika (ropa) ut [~ *out one's orders*] **II** *s* skrik, rop, hojtande; ~ *of joy* glädjeskrik, glädjerop; *give* (*raise*, *set up*) *a* ~ ge upp (till) ett [högt] skrik (rop)
shouting [ˈʃaʊtɪŋ] *s* skrik[ande]; *it's all over bar* (*but*) *the* ~ vard. saken är klar (avgjord)
shove [ʃʌv] **I** *vb tr* **1** skuffa, skjuta, knuffa, fösa, skjutsa **2** vard. stoppa [~ *it in the drawer*], lägga; ~ *one's clothes on* sätta på sig kläderna **II** *vb itr* knuffas, skuffas; ~ *along* knuffa (skuffa) sig fram; ~ *off* a) stöta (lägga) ut [från land] [äv. ~ *out*] b) vard. sticka [i väg] **III** *s* knuff, stöt, puff, skjuts [i väg]; *give a p. a* ~ a) vard. knuffa till ngn b) ge ngn en skjuts (puff)
shove-ha'penny [ˌʃʌvˈheɪpnɪ] *s* 'myntknuff' spel med mynt som petas till på ett bräde
shovel [ˈʃʌvl] **I** *s* skovel; skyffel **II** *vb itr* o. *vb tr* skovla, skyffla, skotta; ~ *in* (*up*) *money* vard. kamma (raka) in pengar
show [ʃəʊ] **I** (*showed shown*, ibl. *showed*) *vb tr* (se äv. *III*) **1** visa, visa fram, förete, visa upp [~ *one's passport*], ställa ut [~ *pictures*], se äv. ex. under *face* o. *leg*; *time will* ~ det får framtiden utvisa; ~ *one's hand* (*cards*) bildl. bekänna färg, lägga korten på bordet; *that just* ~*s you!* vard. där ser du!; *that'll* ~ *them!* vard. då ska dom få se!; *we had nothing to* ~ *for our pains* (*efforts*) våra ansträngningar ledde inte till något resultat; *I had something to* ~ *for my money* jag fick verkligen ut någonting för pengarna; ~ *up* a) visa upp b) avslöja [~ *up a fraud*] **2** ange, visa [*a barometer* ~*s the air pressure*] **3** visa [vägen]; följa, ledsaga [~ *a p. to the door*]; ~ *a p. the door* visa ngn på dörren **4** påvisa, bevisa [*we have* ~*n that the story is false*]; *it goes to* ~ *that...* det visar bara att...
II (*showed, shown*, ibl. *showed*) *vb itr* (se äv.

III) **1** visa sig, synas, vara (bli) synlig; *it doesn't ~ det syns inte; your slip is ~ing* din underkjol syns; *~ to advantage* visa sig från sin bästa sida **2** visas, spelas, gå [*the film is ~ing at the Grand*] **III** *vb tr* o. *vb itr* med adv. el prep., isht med spec. övers.:
~ **in** visa (föra) in, be ngn stiga in [*~ him in.*]
~ **off**: **a)** visa upp [*~ off one's children*] **b)** [försöka] briljera, [vilja] glänsa (skylta, skryta) [med] [*~ off one's knowledge*]; visa sig på styva linan, göra sig till, stila **c)** visa, framhäva [*the tight dress ~ed off her figure*] **d)** *~ oneself off* se *b*)
~ **out**: **a)** följa (ledsaga) ngn ut **b)** visa på dörren
~ **over** se *~ round*
~ **round**: *he ~ed us round* (*over*) *the house* han visade oss omkring (runt) huset
~ **up a)** visa upp **b)** avslöja [*~ up a fraud* (*an impostor*)] **c)** *~ a p.* (*a th.*) *up to ridicule* förlöjliga ngn (ngt) **d)** synas tydligt [*her wrinkles ~ed up in the sunlight*], framträda
e) vard. visa sig, dyka upp, komma [*he never ~ed up at the party*]
IV *s* **1** utställning [*flower show*]; uppvisning [*air ~*]; [teater]föreställning, revy, show; *good ~!* ngt åld. vard. bravo!, fint!; *put up a good ~* göra mycket bra ifrån sig; *be on ~* vara utställd, kunna beses **2 a)** anblick, syn [*it was a beautiful ~*] **b)** yttre glans, ståt, prål [*empty ~*] **c)** sken [*a ~ of truth*] **d)** skymt [*there is a ~ of reason in it*]; *he made a poor ~* han gjorde en slät figur; *it would be a poor ~* [*if we didn't manage*] det vore väl strunt...; *make a ~ of* [vilja] lysa (briljera) med; *make a ~ of being* [*rich*] ge sken av att vara...; *make a ~ of oneself* göra bort sig; *he didn't offer even a ~ of resistance* han gjorde inte ens en min av att vilja göra motstånd; *it's all over the ~* det är en enda röra **3** *~ of force* (*strength*) styrkedemonstration; [*a*] *~ of hands* handuppräckning vid votering **4** vard. affär, historia; *give the* [*whole*] *~ away* avslöja alltihop; *run the ~* basa för det hela, sköta ruljangsen
show biz ['ʃəʊbɪz] *s* vard. kortform för *show business*
showboat ['ʃəʊbəʊt] *s* isht amer. teaterbåt
show business ['ʃəʊˌbɪznəs] *s* showbusiness, showbiz, nöjesbranschen, nöjesvärlden
showcase ['ʃəʊkeɪs] *s* **1** monter, utställningsskåp, skyltskåp **2** PR-nummer, reklamjippo
showdown ['ʃəʊdaʊn] *s* **1** i poker uppläggning av korten på bordet **2** bildl. uppgörelse; kraftmätning; *there was a ~* det kom till en kraftmätning [mellan dem], de lade korten på bordet

shower ['ʃaʊə] **I** *s* **1** skur [*a ~ of hail* (*stones*)]; bildl. äv. ström, regn [*a ~ of gifts* (*honours*)] **2** dusch; *take* (*have*) *a ~* ta en dusch, duscha **3** amer. lysningsmottagning, lysningskalas; möhippa **4** sl. skit[stövel], knöl **II** *vb itr* **1** falla i skurar, strömma ned [*ofta ~ down*]; bildl. äv. hagla [*upon* över] **2** duscha **III** *vb tr* **1** låta regna ned; bildl. överhopa, översa; *~ abuse* [*up*]*on a p.* översa ngn med ovett **2** duscha [över]
shower bath ['ʃaʊəbɑ:θ] *s* dusch äv. duschrum; duschapparat; *take* (*have*) *a ~* ta en dusch, duscha
showerproof ['ʃaʊəpru:f] *adj* regntät, vattentät
shower room ['ʃaʊəru:m] *s* duschrum
showery ['ʃaʊərɪ] *adj* regnig, regn-; *~ rain* regnskurar; *~ season* regnig årstid, regntid
showgirl ['ʃəʊgɜ:l] *s* balettflicka; [kvinnlig] nattklubbsartist (revyartist)
showiness ['ʃəʊɪnəs] *s* ståt, prål[ighet]; skryt[samhet]
showing ['ʃəʊɪŋ] *s* **1** [före]visning [*the ~ of a film*]; utställning [*a ~ of flowers*] **2** [*the accounts*] *make* [*a*] *good ~* ...ser bra ut **3** *on your own ~* som du själv har påpekat (visat)
show-jumper ['ʃəʊˌdʒʌmpə] *s* ridn. häst (ryttare) i hinderhoppning
show-jumping ['ʃəʊˌdʒʌmpɪŋ] *s* ridn. hinderhoppning
show|man ['ʃəʊ|mən] (pl. *-men* [-mən]) *s* **1** utställningschef **2** cirkusdirektör **3** teaterdirektör, revyskådespelare; showman
showmanship ['ʃəʊmənʃɪp] *s* **1** artisteri **2** sinne för PR
shown [ʃəʊn] perf. p. av *show*
show-off ['ʃəʊɒf] *s* vard. skrytmåns, skrävlare; *he's a ~* äv. han vill alltid visa sig på styva linan
showpiece ['ʃəʊpi:s] *s* **1** utställningsföremål; turistattraktion **2** paradnummer
showroom ['ʃəʊru:m] *s* utställningslokal, demonstrationslokal, visningssal
show-stopping ['ʃəʊˌstɒpɪŋ] *adj* som drar ned applådåskor [*~ song*]
showy ['ʃəʊɪ] *adj* grann, prålig; flärdfull
shrank [ʃræŋk] imperf. av *shrink*
shrapnel ['ʃræpn(ə)l] *s* mil. **1** granatsplitter **2** granatkartesch [äv. *~ shell*]
shred [ʃred] **I** *s* remsa, strimla, trasa, lapp, stycke, bit, stump; *without a ~ of clothing on him* (*her* etc.) utan en tråd på kroppen; *not a ~ of evidence* en tillstymmelse till (skymt av) bevis; *in ~s* i trasor, söndertrasad **II** *vb tr* skära (klippa, riva) i remsor (strimlor etc.), jfr *I*), strimla; riva (slita, trasa) sönder; *~ded tobacco* finskuren tobak; *~ded wheat* slags vetekuddar som äts med mjölk till frukost
shredder ['ʃredə] *s* **1** grovt rivjärn, råkostkvarn **2** dokumentförstörare

shrew [ʃruː] s **1** argbigga, ragata **2** zool. näbbmus

shrewd [ʃruːd] adj skarp[sinnig], klipsk, klyftig [a ~ *remark* (*reply*)]; knipslug, listig [a ~ *old man*]; slug, smart [a ~ *businessman*]

shrewdness ['ʃruːdnəs] s skarpsinne, klipskhet etc., jfr *shrewd*

shrewish ['ʃruːɪʃ] adj argsint, grälsjuk, trätgirig

shriek [ʃriːk] **I** vb itr [gall]skrika; tjuta [~ *with* (av) *laughter*] **II** vb tr, ~ [*out*] skrika [ut] **III** s [gällt] skrik, gallskrik; tjut [~s *of laughter*]

shrift [ʃrɪft] s, *short* ~ jur. kort frist; *give a p. short* ~ göra processen kort med ngn

shrike [ʃraɪk] s zool. törnskata

shrill [ʃrɪl] adj gäll, genomträngande

shrimp [ʃrɪmp] **I** s **1** [liten] räka, tångräka **2** bildl. puttefnask, plutt; kryp **II** vb itr fånga räkor

shrine [ʃraɪn] s **1** relikskrin, helgonskrin; helgongrav; helgonaltare **2** helgedom

shrink [ʃrɪŋk] **I** (imperf. *shrank*, ibl. *shrunk*; perf. p. *shrunk*) vb itr **1** krympa [*the shirt does* (*will*) *not* ~ *in the wash*], krympa (krypa) ihop; bildl. äv. minska; sjunka ihop; skrumpna; bli mycket rynkig; *warranted not to* ~ hand. garanterat krympfri **2** ~ [*back*] rygga [tillbaka], skygga [*at* vid, för; *from* för]; ~ *from doing a th.* dra (gruva) sig för att göra ngt **II** (för tema se *I*) vb tr [få att] krympa [*hot water* ~s *woollen clothes*] **III** s **1** krympning **2** sl. hjärnskrynklare psykiater

shrinkage ['ʃrɪŋkɪdʒ] s krympning; bildl. äv. minskning [*the* ~ *in our export trade is serious*]; *allowance for* ~ krympmån

shrinkproof ['ʃrɪŋkpruːf] adj o. **shrink-resistant** ['ʃrɪŋkrɪˌzɪst(ə)nt] adj krympfri

shrink-wrap ['ʃrɪŋkræp] vb tr krympplasta, svepa in i plastfolie

shrivel ['ʃrɪvl] vb itr o. vb tr **1** ~ *up* [få att] skrumpna [skrynkla ihop sig], bli (göra) rynkig **2** bildl. ~ [*up*] [få att] förtorka (vissna bort)

shroud [ʃraʊd] **I** s **1** [lik]svepning **2** bildl. hölje, slöja [a ~ *of mystery*] **3 a**) sjö. vant **b**) flyg., ~ [*line*] bärlina på fallskärm **II** vb tr **1** svepa lik **2** hölja, dölja [~*ed in fog*]; ~*ed in mystery* höljd i dunkel

shrub [ʃrʌb] s buske

shrubbery ['ʃrʌbərɪ] s buskage

shrug [ʃrʌg] **I** vb tr, ~ *one's shoulders* rycka på axlarna [*at* åt]; ~ *off* (*away*) avfärda med en axelryckning, strunta i **II** s, ~ [*of the shoulders*] axelryckning

shrunk [ʃrʌŋk] perf. p. o. ibl. imperf. av *shrink*

shrunken ['ʃrʌŋk(ə)n] adj hopfallen, insjunken [~ *cheeks*, *a* ~ *chest*], skrumpen [*a* ~ *apple* (*face*)]

shudder ['ʃʌdə] **I** vb itr rysa, bäva [~ *with* (av) *horror*]; skaka, skälva, huttra [~ *with* (av) *cold*]; *I* ~ *to think* jag ryser när jag tänker på det **II** s rysning; skakning; skälvning; *give a* ~ rysa till; *it gives me the* ~s vard. det kommer (får) mig att rysa

shuffle ['ʃʌfl] **I** vb itr **1** gå släpande (släpigt), hasa, sjava, lunka, lufsa; dansa släpigt **2** kortsp. blanda **3** bildl. slingra sig, göra undanflykter; smussla, fiffla; ~ *out of* krångla sig ifrån (ur) **II** vb tr **1** hasa med; ~ *one's feet* släpa (skrapa) med fötterna **2 a**) blanda [~ *cards*] **b**) bildl. flytta om [*war has* ~*d the population*]; möblera om bland (i) [~ *the Cabinet*] **3** fösa, skyffla, skuffa [*together* ihop]; smussla [~ *a p. into a firm*]; ~ *off* kasta av sig [~ *off a burden* (*one's clothes*)]; slänga ifrån sig, göra sig kvitt; skjuta ifrån sig (över) [~ *off the responsibility upon others*] **III** s **1** släpande rörelse (sätt att röra sig); hasande; släpig dans **2 a**) kortsp. blandande; *it's your* ~ det är din tur att blanda **b**) bildl. omflyttning; ommöblering [*a Cabinet* ~]

shun [ʃʌn] vb tr undvika, fly, hålla sig undan från [~ *publicity*], sky [~ *a p. like the plague*]

shunt [ʃʌnt] **I** vb tr **1** järnv. växla [~ *a train on to* (över på) *a sidetrack*], rangera [~ *railway cars*] **2** elektr. shunta **3** vard. fösa (skyffla) omkring **II** vb itr växla [*the train is* ~*ing*]

shunting ['ʃʌntɪŋ] s **1** järnv. växling, rangering; ~ *box* ställverk; ~ *engine* växellok; ~ *yard* rangerbangård **2** elektr. shuntning

shush [ʃəʃ, ʃʊʃ, ʃʌʃ, interj. vanl. ʃː] **I** vb tr hyssja ner, tysta [ner] **II** vb itr **1** hyssja [*to a p.* åt ngn] **2** tystna **III** interj, ~! sch!, [var] tyst!, hyssj!

shut [ʃʌt] **I** (*shut shut*) vb tr **1** stänga [~ *a door*]; stänga av, stänga in [~ *the dog in the kitchen*]; fälla ned (igen) [~ *a lid*]; slå ihop (igen) [~ *a book*]; ~ *one's ears* to bildl. sluta till sina öron för; ~ *one's eyes* blunda; ~ *one's eyes to* bildl. blunda för; ~ *your mouth* (*face*)! sl. håll käft! **2** klämma, få i kläm [~ *one's finger in a door*] **II** (*shut shut*) vb itr stänga[s], slutas till; gå att stänga [*the door* ~s *easily*]

III vb tr o. vb itr med adv. o. prep., med spec. övers.:

~ *away* isolera, stänga in [~ *oneself away*]

~ *down*: **a**) tr. slå igen, stänga [~ *down a lid*], bildl. äv. lägga ned [~ *down a factory*] **b**) itr. slå igen, läggas ner [*the factory has* ~ *down*]

~ *in* stänga inne; innesluta, kringgärda, omge [*a plain* ~ *in by hills*]; ~ *oneself in* stänga (låsa) in sig

~ *off*: **a**) stänga av **b**) bildl. utestänga, stänga ute [*from* från], utesluta [*from* ur]

~ *out* stänga ute, hålla utestängd från äv. bildl. [*from* från]; utesluta [*from* ur]; [*the trees*] ~ *out the view* ...skymmer (skymde) utsikten

~ *to* stänga till [~ *a door to*]

~ *up*: **a**) stänga (bomma) till (igen) [~ *up a*

house]; ~ *up shop* vard. slå igen butiken sluta b) låsa in [~ *up one's valuables*] c) vard. tystna; tiga, hålla mun, hålla käft[en] [*he ~ up about* (med) *it*; ~ *up!*]; ~ *a p. up* tysta ned ngn; få ngn att hålla mun (käft) **IV** *perf p* o. *adj* stängd etc., jfr *I*; *keep one's eyes* ~ blunda

shutdown ['ʃʌtdaʊn] *s* stängning [*the temporary ~ of a factory (frontier)*], nedläggning

shut-eye ['ʃʌtaɪ] *s* vard. sömn; *let's get some ~* nu ska vi sussa

shutter ['ʃʌtə] **I** *s* **1** [fönster]lucka; *put up the ~s* stänga (slå igen) fönsterluckorna; vard. slå igen butiken sluta **2** foto. slutare; ~ *release* utlösare **II** *vb tr* förse (stänga) med fönsterluckor

shuttle ['ʃʌtl] **I** *s* **1** skyttel; vävn. äv. skottspole **2 a)** ~ *diplomacy* skytteldiplomati; ~ *service* skytteltrafik, pendeltrafik **b)** pendelbuss, pendelplan, pendelbåt, pendeltåg; matarbuss **II** *vb itr* o. *vb tr* **1** skicka (fara, springa) fram och tillbaka (som en skottspole) **2** transportera (fara, gå) i skytteltrafik; gå i pendeltrafik **3** pendla

shuttlecock ['ʃʌtlkɒk] **I** *s* badmintonboll; fjäderboll **II** *vb tr* bolla (jonglera) med; skicka fram och tillbaka [mellan sig] **III** *vb itr* sno som en skottspole

1 shy [ʃaɪ] **I** *adj* blyg, skygg [*of* för; *a ~ look* (*smile*)]; *fight ~ of* [söka] undvika, dra sig för [*fight ~ of making a decision*], gå ur vägen för [*fight ~ of a p.*] **II** *vb itr* skygga [*at* för]; ~ *away* dra sig undan; ~ *away from doing a th.* dra sig för att göra ngt

2 shy [ʃaɪ] vard. **I** *vb tr* slänga, kasta [~ *stones at* (på) *a th.*] **II** *s* kast; bildl. försök; *have a ~ at a th.* försöka träffa ngt; bildl. försöka sig på ngt

shyly ['ʃaɪlɪ] *adv* blygt, skyggt etc., jfr *1 shy I*

shyness ['ʃaɪnəs] *s* blyghet, skygghet etc., jfr *1 shy I*

shyster ['ʃaɪstə] *s* amer. vard. **1** skojare, skurk **2** brännvinsadvokat, lagvrängare

SI (förk. för *Système International* [*d'Unités*]) SI-systemet; ~ *unit* SI-enhet

Siamese [ˌsaɪə'miːz] **I** *adj* **1** hist. siamesisk **2** ~ *cat* siameskatt; ~ *twins* siamesiska tvillingar **II** *s* **1** hist. (pl. lika) siames **2** siamesiska [språket] **3** (pl. lika) siames[katt]

Siberia [saɪ'bɪərɪə] Sibirien

Siberian [saɪ'bɪərɪən] **I** *adj* sibirisk; ~ *crab* [*apple*] paradisäpple **II** *s* sibirier

sibilant ['sɪbɪlənt] *s* väsljud

sibling ['sɪblɪŋ] *s* syskon; halvsyskon

sic [sɪk] *adv* lat. sic så står det verkligen

Sicilian [sɪ'sɪljən] **I** *adj* siciliansk **II** *s* sicilianare

Sicily ['sɪsəlɪ] Sicilien

1 sick [sɪk] *vb tr* bussa [~ *a dog on a p.*]

2 sick [sɪk] **I** *adj* **1 a)** isht attr., amer. äv. pred. sjuk [*her ~ husband*; *he has been ~ for a week*

amer.]; *a ~ man* en sjuk [man]; *go* (*report*) ~ mil. sjukanmäla sig; *the ~* de sjuka **b)** illamående [*become ~*]; *be ~* a) vara (bli) illamående, må illa, ha (få) kväljningar b) kräkas, spy [*he was ~ three times*]; *be ~ at* (*to, in*) *one's stomach* amer. må illa, ha (få) kväljningar; *feel ~* känna sig illamående, må illa, ha kväljningar; *you make me ~* jag mår illa bara jag ser dig; *it's enough to make one ~* det är så man kan må illa [åt det] **2** sjuklig, morbid [~ *thoughts*]; vard. sjuk [*a ~ joke*; ~ *humour*] **3** ~ [*and tired*] *of* [grundligt] led (less) på, [innerligt] trött på; *I am ~ to death of it* jag är utled på det, det står mig upp i halsen **II** *vb tr* o. *vb itr*, ~ [*up*] vard. spy [upp]

sick bay ['sɪkbeɪ] *s* sjuk[vårds]avdelning; läkarmottagning; *the ~* äv. sjukan

sickbed ['sɪkbed] *s* sjuksäng, sjukbädd, sjukläger

sick benefit ['sɪkˌbenɪfɪt] *s* sjukpenning, sjukersättning

sicken ['sɪk(ə)n] **I** *vb itr* **1** [in]sjukna, [börja] bli sjuk [*the child is ~ing for* (i) *something*] **2** äcklas [*at* vid, över] **II** *vb tr* göra illamående; äckla; *it ~s me to think of it* jag mår illa när jag tänker på det

sickening ['sɪk(ə)nɪŋ] *adj* **1** vämjelig, vidrig, vedervärdig, beklämmande [*a ~ sight*], äcklig; *it's ~* det är så man kan må illa, det är hopplöst **2** vard. irriterande, retsam [*a ~ mistake*]

sickle ['sɪkl] *s* skära skörderedskap

sick leave ['sɪkliːv] *s* sjukledighet; *be on ~* vara sjukledig (sjukskriven)

sickly ['sɪklɪ] **I** *adv* sjukligt **II** *adj* **1** sjuklig [*a ~ child*] **2** svag, matt, blek [~ *colours*; *a ~ smile*] **3** äcklig, vämjelig [*a ~ taste*], kväljande, kvalmig [*a ~ smell*]; sötsliskig [~ *sentimentality*]

sickness ['sɪknəs] *s* **1** sjukdom; ss. efterled i sms. -sjuka [*mountain ~*]; ~ *benefit* sjukpenning, sjukersättning; *there is a great deal of ~* [*in the town*] det är många sjuka... **2** kväljningar, illamående; kräkningar

sick pay ['sɪkpeɪ] *s* sjuklön

sickroom ['sɪkruːm] *s* sjukrum

side [saɪd] **I** *s* **1** a) sida, bildl. äv. part [*hear both ~s*] b) håll, kant c) sport. lag [*choose ~s*] d) attr. sido- [*a ~ door*], sid-; *this ~ up* denna sida upp!; *there are two ~s to the matter* saken har två sidor; *let the ~ down* vard. svika laget (gänget); *pick ~s* välja lag; *split* (*burst*) *one's ~s laughing* skaka (kikna) av skratt; *his ~s were shaking with laughter* han skakade av skratt; *take ~s* ta parti (ställning) [*with a p.* för ngn]

at the ~ of bredvid, vid sidan av; *at a p.'s ~* vid ngns sida äv. bildl.

sideboard 752

~ **by** ~ sida vid sida äv. bildl., bredvid varandra
from *all* ~*s* el. *from every* ~ från alla sidor, från alla håll [och kanter]; ur alla synpunkter [*consider a th.* *from all* ~*s*]
on *all* ~*s* på (från) alla sidor, på alla håll [och kanter]; *it was agreed on all* ~*s that...* samtliga enades om att...; *on the father's* (*mother's*) ~ på faderns (moderns) sida, på fädernet (mödernet); *on one* ~ a) på en sida, på ena sidan b) avsides [*take a p. on one* ~] c) på sned [*put one's head on one* ~], snett; *put on one* ~ lägga åt sidan; *on the* ~ vid sidan 'om [*earn money on the* ~]; *look on the bright* ~ *of life* se livet från den ljusa sidan; *on the large* (*small*) ~ i största (minsta) laget; stort (smått) tilltaget; *business is on the quiet* ~ affärerna står i stort sett stilla [*put a th.*] **to** *one* ~ ...åt sidan (undan) **2** ss. efterled i sms. a) sluttning [*mountainside*] b) strand [*riverside*] **3** vard., *he has no* ~ han är inte mallig [av sig]; *put on* ~ malla sig **II** *vb itr*, ~ *against* (*with*) *a p.* ta parti mot (för) ngn
sideboard ['saɪdbɔ:d] *s* **1** serveringsbord, byffé, skänk, sideboard **2** pl. ~*s* vard. polisonger
sideburns ['saɪdbɜ:nz] *s pl* isht amer. vard. polisonger
sidecar ['saɪdkɑ:] *s* sidvagn till motorcykel
side dish ['saɪddɪʃ] *s* **1** a) tillbehör [till huvudrätten]; [*steak*] *with peas as a* ~ ...med ärtor till b) mellanrätt **2** assiett
side drum ['saɪddrʌm] *s* liten trumma, militärtrumma
side effect ['saɪdɪˌfekt] *s* **1** med. biverkan **2** bildl. biverkan, sidoeffekt
side glance ['saɪdglɑ:ns] *s* sidoblick
side issue ['saɪdˌɪʃu:, -ˌɪsju:] *s* bisak, underordnat spörsmål (problem)
sidekick ['saɪdkɪk] *s* vard. kompis, högra hand
sidelight ['saɪdlaɪt] *s* **1** sidoljus, sidobelysning **2** a) sjö. sidolanternan b) bil. sidomarkeringsljus **3** bildl. sidobelysning; vinkling, aspekt
sideline ['saɪdlaɪn] *s* **1** sport. sidlinje; pl. ~*s* äv. åskådarplats; *from the* ~*s* a) från åskådarplats b) bildl. utifrån [sett]; *on the* ~*s* sport. på reservbänken; bildl. som åskådare, passivt **2** bisyssla; *a job as a* ~ ett jobb vid sidan 'om, ett extraknäck
sidelong ['saɪdlɒŋ] **I** *adj* från sidan, sned; sido- [*a* ~ *glance*] **II** *adv* från (på) sidan, på sned
side order ['saɪdˌɔ:də] *s* sidorätt, tillbehör
side road ['saɪdrəʊd] *s* sidoväg
side-saddle ['saɪdˌsædl] **I** *s* damsadel **II** *adv* i damsadel [*ride* ~]
sideshow ['saɪdʃəʊ] *s* **1** mindre attraktion (utställning) **2** stånd, bod på nöjesfält o.d.

side-splitting ['saɪdˌsplɪtɪŋ] *adj* hejdlöst rolig [*a* ~ *farce*]; hejdlös [~ *laughter*]
sidestep ['saɪdstep] **I** *vb itr* ta ett steg åt sidan; boxn. sidsteppa **II** *vb tr* undvika genom ett steg åt sidan; boxn. sidsteppa för [~ *a blow*]; bildl. förbigå, sidsteppa [~ *a p.*]; undvika, kringgå
side street ['saɪdstri:t] *s* sidogata
sidetrack ['saɪdtræk] **I** *s* sidospår **II** *vb tr* **1** växla in på ett sidospår **2** bildl. a) leda in på ett sidospår b) skjuta åt sidan, bordlägga [~ *a proposal*]
sidewalk ['saɪdwɔ:k] *s* amer. trottoar, gångbana
sideward ['saɪdwəd] **I** *adj* [som riktar sig] åt sidan [*a* ~ *movement*] **II** *adv* se *sidewards*
sidewards ['saɪdwədz] *adv* åt sidan [*move* ~]
sideways ['saɪdweɪz] **I** *adv* från sidan [*viewed* ~]; åt sidan, sidledes, i sidled [*jump* ~]; på snedden (tvären) [*carry a th.* ~ *through a door*]; på sidan [*lie* ~] **II** *adj* från sidan; [som riktar sig] åt sidan [*a* ~ *movement*], sido- [*a* ~ *glance*]
side-whiskers ['saɪdˌwɪskəz] *s pl* polisonger
siding ['saɪdɪŋ] *s* järnv. sidospår; stickspår
sidle ['saɪdl] *vb itr* **1** gå (tränga sig) i sidled (på tvären) [~ *through a narrow opening*] **2** smyga sig [~ *away from a p.*]; ~ *up to a p.* smyga (komma smygande) fram till ngn
siege [si:dʒ] *s* belägring; *lay* ~ *to* [börja] belägra; *raise the* ~ *of* upphäva belägringen av; *state of* ~ belägringstillstånd
sienna [sɪˈenə] *s* sienajord; siena[färg]
Sierra Leone [sɪˌerəliˈəʊn, -ˈəʊni] geogr.
siesta [sɪˈestə] *s* siesta, middagsvila; *take a* ~ ta siesta, sova middag
sieve [sɪv] **I** *s* såll, sikt; bildl. lösmynt person, sladdrare; *he has a memory like a* ~ han har ett hönsminne, hans minne är [som] ett såll **II** *vb tr* sålla äv. bildl.; sikta
sift [sɪft] **I** *vb tr* **1** sålla; sikta [~ *flour*]; skilja [ifrån]; ~ *sugar* [*on to a cake*] strö socker...; ~ *out* sålla bort, skilja ifrån; ~ [*out*] *the wheat from the chaff* skilja agnarna från vetet **2** bildl. sålla, sovra; noga pröva, granska [~ *the evidence*], noga undersöka [~ *facts*]; skilja [~ *propaganda from facts*] **II** *vb tr* sila [*the sunlight* ~*ed through the curtains*], sippra
sifter ['sɪftə] *s* sikt [*flour-sifter*]; ströare [*sugar-sifter*]
sigh [saɪ] **I** *vb itr* **1** sucka [~ *with* (av) *disappointment*]; susa [*trees* ~*ing in the wind*] **2** tråna, längta, sucka, sukta [*for* efter] **II** *s* suck; pl. ~*s* äv. suckan; *breathe* (*draw, fetch, heave*) *a* ~ *of relief* dra en suck av lättnad
sight [saɪt] **I** *s* **1** syn[förmåga]; *short* (*second*) ~ se under resp. adj **2** åsyn, anblick; *I'm sick of the* ~ *of him* jag är utled på att se honom; *catch* (*get*) ~ *of* få syn på, få se; *lose* ~ *of* förlora ur sikte; *lose* ~ *of the fact that...*

signify

glömma [bort] att...; *at (on)* ~ på fläcken [*shoot a p. at (on) sight*]; *play* [*music*] *at* ~ spela [musik] från bladet; *payable at (on)* ~ hand. betalbar vid sikt (a vista); *at first* ~ vid första anblicken (påseendet); *love at first* ~ kärlek vid första ögonkastet; *I only know him by* ~ jag känner honom bara till utseendet **3** synhåll; sikte; *be within (in)* ~ *of a th.* ha ngt i sikte (inom synhåll), sikta ngt [*we were within (in)* ~ *of land*]; [*freedom*] *is within (in)* ~ ...är inom räckhåll; [*the end of the war*] *was in* ~ man började skönja...; *come into (in)* ~ komma inom synhåll, bli synlig [*of a p.* för ngn], komma i sikte; *be out of* ~ [*of a p.* för ngn], vara ur sikte; *out of* ~, *out of mind* ur syn ur sinn; [*get*] *out of my* ~*!* försvinn!; *go out of* ~ försvinna ur sikte; *keep out of* ~ hålla sig gömd, inte visa sig; *don't let him out of your* ~ släpp honom inte ur sikte **4 a)** sevärdhet [*see the* ~*s of the town*]; [*our garden*] *is a wonderful* ~ ...är underbar att se (en fröjd för ögat) **b)** syn [*a sad* ~]; *a* ~ *for sore eyes* en fröjd för ögat **c)** vard., *you look a* [*perfect (proper)*] ~ du ser [alldeles] förfärlig ut **5** sikte, siktinrättning; pl. ~*s* riktmedel [*the* ~*s of a rifle*] **6 a)** sikte, siktning; observation; *take* ~ *at* sikta (ta sikte) på **b)** bildl. *raise one's* ~*s* sikta högre (mot högre mål) **7** vard. massa, mängd; *a damned* ~ *better* bra mycket bättre **II** *vb tr* **1** isht sjö. sikta [~ *land*] **2** bli sedd; [*the missing woman*] *has been* ~*ed* ...har setts **3** rikta in [~ *a gun at* (mot)]

sighted ['saɪtɪd] *adj* ss. efterled i sms. -synt [*near-sighted*]; *partially* ~ synskadad, synsvag; *the* ~ de seende

sight-read ['saɪtriːd] (*sight-read* [-red] *sight-read* [-red]) *vb tr* o. *vb itr* spela (sjunga, läsa) från bladet

sightseeing ['saɪtˌsiːɪŋ] **I** *pres p, go* ~ gå (åka) på sightseeing **II** *s* sightseeing; attr. sightseeing-, rundturs- [*a* ~ *bus (flight)*]; *a* ~ *tour* en sightseeing[tur], en rundtur

sightseer ['saɪtˌsiːə] *s* person [som går (är)] på sightseeing, turist

sign [saɪn] **A** *s* **1** tecken [*of* för, till, på]; märke, spår; symbol; *there is every* ~ *that* el. *all the* ~*s are that* allt tyder på att; *bear* ~*s of* bära spår av (märken efter); *make the* ~ *of the cross* göra korstecknet; *make no* ~ inte ge något tecken ifrån sig; *make a* ~ (~*s*) *to a p. to...* göra [ett] tecken till ngn att..., ge ngn tecken att... **2** skylt [*street* ~*s*], trafik. äv. märke [*warning* ~*s*]; *electric* ~ ljusskylt; *traffic* ~*s* vägmärken, trafikmärken **B** *vb* **I** *tr* (se äv. *III*) **1** underteckna [~ *a letter*], skriva under (på) [~ *a petition*], signera [~ *a picture*]; skriva in sig i [~ *the hotel register*]; skriva, signera med [~ *your initials here*]; ~*ed, sealed and delivered* bildl.

klappad och klar, fix och färdig **2** engagera, värva [~ *a new football player*] **3 a)** visa med [ett] tecken **b)** ge tecken åt [~ *a p. to stop*] **II** *itr* (se äv. *III*) **1** skriva sitt namn, skriva under [~ *here!*]; ~ *for* kvittera ut [~ *for a parcel*] **2** ge tecken, teckna, vinka [*he* ~*ed to* (åt) *me to come*]

III *tr* o. *itr* med adv. isht med spec. översättn.:
~ *in* skriva upp sin ankomsttid; stämpla in på stämpelur
~ *off:* **a)** radio. sluta sändningen **b)** vard. sluta, lägga av; gå och lägga sig
~ *on:* **a)** tr. anställa [~ *on workers*], engagera [~ *on actors*], värva äv. mil., sjö. mönstra på; itr. ta anställning, ta engagemang [~ *on with a theatre company*]; mil. ta värvning; sjö. mönstra på **b)** anmäla sig, skriva in sig **c)** stämpla in på stämpelur
~ *up* anmäla sig [~ *up for a course*], skriva in (upp) sig

signal ['sɪgn(ə)l] **I** *s* signal [*for a th.* till ngt; *to do a th.* till att göra ngt; *radio (traffic)* ~*s*]; tecken [*policeman's* ~*s*]; *danger* ~ varningssignal; *at a given* ~ på ett givet tecken **II** *adj* märklig, märkvärdig [*a* ~ *achievement*], framstående [~ *service for the country*]; kapital, fullständig [*a* ~ *failure*]
III *vb tr* o. *vb itr* signalera; ge signal (tecken) till [~ *the advance*]; ~ *the car to stop* göra tecken att bilen ska stanna; ~ [*to*] *a p.* signalera till ngn, ge tecken åt ngn; vinka på [~ [*to*] *the waiter*]

signal box ['sɪgn(ə)lbɒks] *s* järnv. ställverk

signal|man ['sɪgn(ə)l|mən] (pl. -*men* [-mən]) *s* **1** järnv. ställverksskötare **2** signalist

signatory ['sɪgnət(ə)rɪ] **I** *adj* signatär-; ~ *power* signatärmakt **II** *s* undertecknare [~ *to* (av) *a treaty*]; signatärmakt

signature ['sɪgnətʃə] *s* **1** signatur, namnteckning; underskrift **2** ~ *tune* signaturmelodi **3** mus., [*key*] ~ förtecken; ~ *time* ~ taktbeteckning

signboard ['saɪnbɔːd] *s* skylt; anslagstavla

signet ['sɪgnɪt] *s* signet; privat (ofta kungligt) sigill

signet ring ['sɪgnɪtrɪŋ] *s* signetring, klackring

significance [sɪg'nɪfɪkəns] *s* **1** betydelse, mening, innebörd **2** vikt, betydelse

significant [sɪg'nɪfɪkənt] *adj* **1** betydelsefull, viktig [*a* ~ *speech*], betydande [*a* ~ *event*] **2** meningsfull [~ *words*]; menande, talande [*a* ~ *look*] **3** ~ *of* betecknande för **4** markant, signifikant, betydelsefull [*a* ~ *improvement*]

significantly [sɪg'nɪfɪkəntlɪ] *adv* **1** betydligt, påtagligt, markant **2** betecknande nog, vad som är betecknande [*and* ~, *he refused to answer*]

signify ['sɪgnɪfaɪ] **I** *vb tr* **1** innebära, beteckna; tyda på, vara ett tecken på **2** uttrycka, ge uttryck för [~ *one's agreement (approval)*]

3 betyda [*what does this phrase ~?*] **II** *vb itr* vara av betydelse (vikt)
sign language ['saɪnˌlæŋɡwɪdʒ] *s* teckenspråk
signpost ['saɪnpəʊst] **I** *s* **1** vägvisare, [väg]skylt **2** bildl. vägledning **II** *vb tr* förse med vägskyltar; *the roads are well ~ed* vägarna är väl skyltade
Sikh [siːk] **I** *s* ind. relig. sikh **II** *adj* sikhisk
silage ['saɪlɪdʒ] *s* lantbr. ensilage, pressfoder
silence ['saɪləns] **I** *s* tystnad, tysthet; tystlåtenhet [*on a th.* [i fråga] om ngt]; *~!* tystnad!, [var] tyst[a]!; *there was a dead ~* det blev dödstyst; *~ gives consent* den som tiger han samtycker **II** *vb tr* tysta [ned] [*~ an objection*], få (komma) att tystna; få tyst på [*~ the noise*]; *~ one's critics* äv. få sina kritiker att förstummas
silencer ['saɪlənsə] *s* tekn. ljuddämpare
silent ['saɪlənt] **I** *adj* tyst [*~ footsteps, a ~ prayer*], tystlåten [*she is a ~ child*]; tystgående [*a ~ car*]; *be ~* äv. tiga; *become ~* äv. tystna; *~ film* stumfilm; *~ partner* isht amer. hand. passiv delägare; *keep* (*be, remain*) *~ about a th.* tiga (hålla tyst) med (angående) ngt **II** *s* stumfilm
silently ['saɪləntlɪ] *adv* tyst; under tystnad, [stilla]tigande; stilla; i [all] tysthet, i stillhet
Silesia [saɪˈliːzjə, -ʒə] Schlesien
silhouette [ˌsɪluˈet] **I** *s* silhuett, [skugg]profil, skuggbild **II** *vb tr* avbilda i silhuett; *be ~d against the sky* avteckna sig [i silhuett] mot himlen
silica ['sɪlɪkə] *s* kem. kiseldioxid, kiselsyra
silicate ['sɪlɪkət, -eɪt] *s* kem. silikat
silicon ['sɪlɪkən] *s* kem. kisel, silicium
silicone ['sɪlɪkəʊn] *s* kem. silikon
silicosis [ˌsɪlɪˈkəʊsɪs] *s* med. silikos, stendammslunga
silk [sɪlk] *s* silke; siden, sidentyg; *artificial ~* konstsilke; konstsiden; *pure ~* helsilke, natursilke; helsiden
silken ['sɪlk(ə)n] *adj* silkeslen äv. bildl. [*a ~ voice*]; silkesfin, silkesmjuk [*~ hair*], [fin] som silke
silkiness ['sɪlkɪnəs] *s* silkeslenhet
silkworm ['sɪlkwɜːm] *s* zool. silkesmask
silky ['sɪlkɪ] *adj* **1** silkeslen, silkesmjuk [*~ hair* (*skin*)], sidenglänsande, silkig [*a ~ surface*], silkes- [*~ hair*] **2** bildl. [silkes]len [*a ~ voice*]
sill [sɪl] *s* **1** fönsterbräda [äv. *windowsill*] **2** byggn. syll, bottenbjälke **3** tröskel t.ex. i bil
silly ['sɪlɪ] **I** *adj* a) dum [*a ~ remark; don't be ~!*], enfaldig b) tokig, idiotisk [*a ~ idea*] c) vard. medvetslös [*beat* (*knock*) *a p. ~*]; *the ~ season* dödssäsongen för tidningar under semestertider **II** *s* vard. dumbom, dummerjöns, dumsnut
silo ['saɪləʊ] *s* lantbr. el. mil. silo
silt [sɪlt] **I** *s* [botten]slam, dy, mudder **II** *vb tr*, *~ up* slamma igen
silver ['sɪlvə] **I** *s* silver [*a ~ cup*; *~ hair*];

silver[mynt], silverpengar [*£5 in ~*]; bordssilver; *~ birch* vårtbjörk, masurbjörk; *~ fir* silvergran; *~ foil* silverfolie, bladsilver; metallfolie; *~ jubilee* 25-årsjubileum; *~ lining* se *lining*; *~ paper* a) stanniolpapper b) silkespapper för silver; *~ plate* a) bordssilver b) nysilver, [silver]pläter c) silvertallrik; *~ screen* bioduk; *the ~ screen* äv. vita duken; *~ wedding* silverbröllop **II** *vb tr* försilvra äv. bildl.; göra [silver]vit [*the years had ~ed her hair*] **III** *vb itr* försilvras, bli [silver]vit (silvergrå) [*her hair had ~ed*]
silver-plated [ˌsɪlvəˈpleɪtɪd, attr. '--,--] *adj* försilvrad, pläterad; *~ set* pläterservis
silversmith ['sɪlvəsmɪθ] *s* silversmed
silverware ['sɪlvəweə] *s* silversaker, silvervaror
silvery ['sɪlv(ə)rɪ] *adj* **1** silverglänsande, silver- [*~hair*] **2** silverklar [*a ~ voice*]
simian ['sɪmɪən] *adj* ap-; [människo]apliknande
similar ['sɪmɪlə] *adj* lik [*to a p.* ngn; *to a th.* ngt], lika [*to* med], liknande, likartad; likadan, nästan samma [*to* som]; dylik
similarity [ˌsɪmɪˈlærətɪ] *s* likhet [*between* mellan; *of* i]; *points of ~* likheter
similarly ['sɪmɪləlɪ] *adv* på liknande (lika[dant]) sätt, likadant, likaledes, sammaledes
simile ['sɪmɪlɪ] *s* liknelse; liknelser [*rich in* (på) *~*]
similitude [sɪˈmɪlɪtjuːd] *s* likhet [*~ of* (i) *habits*]
simmer ['sɪmə] **I** *vb itr* småkoka, puttra; sjuda äv. bildl. [*~ with* (av) *anger*]; bildl. äv. gro; *~ down* a) koka ihop; bildl. reduceras [*to* till] b) lägga sig, lugna ner sig **II** *vb tr* [låta] småkoka (sjuda), låta puttra **III** *s* sakta kokning
simper ['sɪmpə] **I** *vb itr* le tillgjort (fånigt) **II** *s* tillgjort (fånigt) leende
simple ['sɪmpl] *adj* **1** enkel, osammansatt [*a ~ substance*], okomplicerad [*a ~ machine*]; *~ equation* förstagradsekvation; *~ fraction* enkelt bråk; *~ majority* enkel majoritet; *~ tense* enkelt tempus; *~ time* mus. enkel taktart **2** enkel, konstlös [*~ style*] **3** enkel, anspråkslös [*~ food, a ~ life*], simpel [*a ~ soldier*] **4** enfaldig, godtrogen, beskedlig **5** a) enkel, lätt [*a ~ problem*] b) tydlig, klar [*a ~ statement*]; självklar **6** ren [*~ madness*]; *fraud pure and ~* rent bedrägeri, rena [rama] bedrägeriet
simple-minded [ˌsɪmplˈmaɪndɪd] *adj* godtrogen, enfaldig, naiv
simpleton ['sɪmplt(ə)n] *s* dummerjöns; tok[stolle]
simplicity [sɪmˈplɪsətɪ] *s* **1** enkelhet; enkel form (byggnad) **2** enkelhet, anspråkslöshet [*~ in* (*of*) *dress*] **3** lätthet, enkelhet [*the ~ of a*

sink

problem (*task*)]; lättfattlighet; *it's ~ itself* vard. det är jättelätt (jätteenkelt)
simplification [ˌsɪmplɪfɪ'keɪʃ(ə)n] *s* förenkling, simplifiering
simplify ['sɪmplɪfaɪ] *vb tr* förenkla, simplifiera
simplistic [ˌsɪm'plɪstɪk] *adj* [alltför] förenklad; naiv
simply ['sɪmplɪ] *adv* **1** enkelt etc., jfr *simple I* **2** helt enkelt (simpelt), rent av [~ *awful* (*impossible*)]; rätt och slätt, bara [*he is ~ a workman*]
simulate ['sɪmjʊleɪt] *vb tr* **1** simulera, hyckla, låtsas ha (känna) [~ *enthusiasm*] **2** härma [efter], [efter]likna, imitera
simulation [ˌsɪmjʊ'leɪʃ(ə)n] *s* **1** simulation, simulering, hycklande **2** förfalskning
simulator ['sɪmjʊleɪtə] *s* **1** simulant, hycklare **2** vetensk. simulator [*flight* ~]
simultaneous [ˌsɪm(ə)l'teɪnjəs, amer. vanl. ˌsaɪm-] *adj* samtidig, simultan [~ *movements*] **1 sin** [sɪn] **I** *s* synd, försyndelse; *~ of omission* underlåtenhetssynd; *the seven deadly ~s* de sju dödssynderna; *it is a ~* [*to stay indoors on such a fine day*] vard. det är synd...; *ugly as ~* ful som synden (stryk) **II** *vb itr* synda, försynda sig
2 sin [saɪn] *s* se *sine*
Sinai ['saɪnaɪ, -nɪaɪ] geogr.; *Mount ~* berget Sinai; *the Peninsula of ~* el. *the ~ Peninsula* Sinaihalvön
sin-bin ['sɪnbɪn] *s* sport. (vard.) syndabås
since [sɪns] **I** *adv* **1** sedan dess [*I have not been there ~*]; *ever ~* alltsedan dess [*he has lived there ever ~*] **2** sedan [*how long ~is it?*], för...sedan; *long ~* äv. för länge sedan; sedan länge (långt tillbaka); *many years ~* för många år sedan **II** *prep* [allt]sedan, [allt]ifrån; *~ a child* alltsedan barndomen; *~ when have you had...?* hur länge har du haft...?, när fick du...? **III** *konj* **1** sedan; *ever ~* alltsedan, ända sedan [*ever ~ I left*], så långt [*ever ~ I can remember*] **2** eftersom, då [ju] [*~ you are here*], emedan
sincere [sɪn'sɪə] *adj* uppriktig, ärlig [*a ~ wish*]; sann
sincerely [sɪn'sɪəlɪ] *adv* uppriktigt, verkligt, i sanning [~ *grateful*]; *Yours ~* i brevslut Din (Er) tillgivne, med vänlig hälsning
sine [saɪn] *s* matem. sinus
sinecure ['sɪnɪkjʊə, 'saɪn-] *s* sinekur
sinew ['sɪnjuː] *s* **1** sena; pl. *~s* äv. muskler **2** ofta pl. *~s* styrka, kraft
sinewy ['sɪnjʊɪ] *adj* **1** senig [~ *arms*; ~ *meat*] **2** bildl. kraftig; kraftfull, kärnfull [~ *prose*]
sinful ['sɪnf(ʊ)l] *adj* syndfull, syndig; upprörande
sing [sɪŋ] **I** (*sang sung*) *vb itr* **1** sjunga; *~ out* a) ropa, hojta [*for efter*] b) sjunga ut, säga ifrån (till); *~ up* sjunga högre (ut) **2** susa, sjunga, vina, vissla [*a bullet sang past* (förbi) *his ear*] **II** (*sang sung*) *vb tr* sjunga; *~ a p.'s praises* sjunga ngns lov; *~ the New Year in* (*Old Year out*) sjunga (ringa) in det nya (ut det gamla) året; *~ out* ropa (skrika) ut [*~ out an order*]
Singapore [ˌsɪŋgə'pɔː]
singe [sɪn(d)ʒ] **I** *vb tr* sveda [~ *hair*, ~ *a chicken*], bränna [~ *cloth with an iron* (strykjärn)]; *~ one's wings* (*feathers*) bildl. sveda vingarna, råka illa ut **II** *vb itr* svedas **III** *s* lätt brännskada, svett märke
singer ['sɪŋə] *s* sångare; sångerska
singing ['sɪŋɪŋ] **I** *adj* sjungande **II** *s* sjungande; attr. sång- [~ *lessons*]; *teach ~* undervisa i sång
single ['sɪŋgl] **I** *adj* **1** enda [*not a ~ man*], enstaka [*in ~ places*], ensiffrig [~ *figure*] **2** enkel, odelad; enhetlig [*a ~ rule*]; *~ bed* enkelsäng, enmanssäng; *~ combat* (*fight*) envig, tvekamp; *in ~ file* i gåsmarsch, på ett led; *~ room* enkelrum; *~ ticket* enkel biljett **3** ensam [*in ~ majesty*] **4** ogift [*a ~ man* (*woman*)], ensamstående [~ *parent*] **5** ärlig, uppriktig [~ *devotion*] **6** *~ cream* tunn grädde, kaffegrädde **II** *s* **1** tennis. o.d.: *~s* (konstr. ss. sg.) singel, singelmatch; *men's* (*women's*) *~s* el. (med. ~ *match*) (damsingel); *play ~s* spela singel **2** enkel [biljett] **3** mus. singel[platta] **III** *vb tr*, *~ out* välja (ta, peka) ut; skilja ut
single-breasted [ˌsɪŋgl'brestɪd] *adj* enkelknäppt, enradig [*a ~ suit*]
single-handed [ˌsɪŋgl'hændɪd] **I** *adj* **1** enhänt **2** enhands- [*a ~ fishing-rod*] **II** *adv* på egen hand, ensam
single-lens ['sɪŋgllenz] *adj*, *~ reflex* [*camera*] enögd reflexkamera
single-minded [ˌsɪŋgl'maɪndɪd, attr. '--,--] *adj* målmedveten; ensidig
single-parent ['sɪŋglˌpeər(ə)nt] *attr adj*, *~ family* enföräldersfamilj
singlet ['sɪŋglət] *s* [sport]tröja; undertröja
singly ['sɪŋglɪ] *adv* **1** en åt gången, en och en, var för sig [*arrive ~*] **2** på egen hand, ensam **3** ensam, utan sällskap; [som] ogift
singsong ['sɪŋsɒŋ] **I** *s* sångstund; *a ~* äv. allsång; *in a ~* i en enformig ton **II** *adj* halvsjungande [*in a* (med) *~ voice*]
singular ['sɪŋgjʊlə] **I** *adj* **1** gram. singular **2** enastående [~ *courage*] **3** [sär]egen; besynnerlig **4** ensam [i sitt slag]; enstaka **II** *s* gram. singular[form]; *the ~* äv. singular, ental
singularity [ˌsɪŋgjʊ'lærətɪ] *s* **1** säregenhet, singularitet, ovanlighet **2** egenhet
Sinhalese [ˌsɪnhə'liːz, ˌsɪŋ-] **I** *s* **1** (pl. lika) singales; singalesiska kvinna **2** singalesiska [språket] **II** *adj* singalesisk, från (på) Sri Lanka
sinister ['sɪnɪstə] *adj* **1** olycksbådande **2** illvillig, elak; lömsk **3** ond, fördärvlig [~ *influence*]
sink [sɪŋk] **I** (*sank sunk*; se äv. *sunk*) *vb itr*

sinking-fund 756

1 sjunka; sänka sig [ned], gå ned [*the sun was ~ing in the west*]; sätta sig [*the foundations have sunk*]; *it's a case of ~ or swim* det må bära eller brista; **~ in** störta in, ge vika [*the roof sank in*]; *it hasn't sunk in* vard. han (hon etc.) har inte riktigt fattat det; **~ *into a deep sleep*** falla i djup sömn; **~ *on one's knees*** sjunka [ned] på knä **2** avta, minska[s]; sjunka, falla, dala [*the prices have sunk*] **3** slutta [*the ground ~s to* ([ned] mot) *the sea*] **4** sjunka [*~ into* (ned i) *poverty*], förfalla **II** (*sank sunk*; se äv. *sunk*) *vb tr* **1** sänka [*~ a ship*, *~ one's voice*], få att sjunka; låta sjunka [*~ one's head on* (ned mot) *one's chest*]; borra (segla, skjuta) i sank; *let us ~ our differences* låt oss glömma (bilägga) våra tvister **2** gräva ned [*~ a post into the ground*], lägga ned [*~ a drainpipe*] **3** sänka, få (förmå) att sjunka, minska [*~ prices*]; amortera [på], betala av [*~ a debt*] **4** a) låsa fast, plöja ner [*~ money into a firm*] b) förlora [*~ money in an unfortunate enterprise*] **III** *s* **1** slask, vask; diskho; amer. äv. handfat; *~ tidy* sophink, avfallskorg; **~ *unit*** diskbänk **2** a) avloppsrör b) avloppsbrunn, kloak; bildl. dypöl
sinking-fund ['sɪŋkɪŋfʌnd] **I** *s* amorteringsfond **II** *adj*, **~ *loan*** amorteringslån
sinner ['sɪnə] *s* syndare
Sinn Fein [ʃɪn'feɪn, ˌsɪn-] Sinn Fein irländsk frihetsrörelse
Sino- ['saɪnəʊ] ss. förled i sms. kines-, kinesisk- [*Sino-Japanese*]
sinuous ['sɪnjʊəs] *adj* **1** slingrande, krokig, kurvig [*a ~ road*] **2** smidig, mjuk, vig [*~ dancers*]
sinusitis [ˌsaɪnə'saɪtɪs] *s* med. sinuit, sinusit, bihåleinflammation
sip [sɪp] **I** *vb tr* läppja (smutta) på **II** *vb itr* läppja, smutta [*at* på] **III** *s* smutt; *take a ~* äv. smutta
siphon ['saɪf(ə)n] **I** *s* **1** hävert **2** *~* [*bottle*] sifon **II** *vb tr*, *~ off* (*out*) suga upp, tappa upp
sir [sɜː, obeton. sə] **I** *s* **1** i tilltal: *~* el. *S~* a) herrn, sir; skol. magistern; ofta utan motsv. i sv. [*yes*, *~!*] b) iron. gunstig herrn, min bäste herre [*no*, *~*, *I won't put up with it!*]; [*Sergeant Jones!* -] *S~?* mil. ...ja, kapten (överste o.d.)!; *can I help you*, *~?* kan jag hjälpa er (till)?; [*Dear*] *Sir*[*s*] inledning i formella brev: utan motsv. i sv. **2** *S~* före förnamnet ss. titel åt *baronet* el. *knight* sir [*S~ John* [*Moore*]] **II** *vb tr* tilltala med *sir*, säga *sir* till [*don't ~ me!*]
sire ['saɪə] **I** *s* om djur, isht hästar fader **II** *vb tr*, *be ~d by* vara fallen efter
siren ['saɪərən] *s* **1** mytol. o. bildl. siren **2** siren signalapparat; *air-raid ~* flyglarmssiren
sirloin ['sɜːlɔɪn] *s* kok. ländstycke; *~ of beef* dubbelbiff; rostbiff; *~ steak* utskuren biff

sirocco [sɪ'rɒkəʊ] (pl. *~s*) *s* meteor. sirocko sydostvind i Italien
sirup ['sɪrəp] *s* amer., se *syrup*
sis [sɪs] *s* vard. (kortform för *sister*) syrra[n]
sissy ['sɪsɪ] vard. **I** *s* **1** feminin typ; vekling, morsgris, mes **2** isht amer. syrra; liten tjej **II** *adj* pjoskig, klemig; fjompig
sister ['sɪstə] *s* **1** syster; bildl. äv. medsyster; attr. syster- [*a ~ ship* (*language*)]; *they are brother*[*s*] *and ~*[*s*] de är syskon **2** syster sjuksköterska el. nunna; avdelningssköterska **3** isht amer. vard. (i tilltal) tjejen, du vanl. utan motsv. i sv.
sisterhood ['sɪstəhʊd] *s* systerskap äv. bildl.; systerförbund, systerorden
sister-in-law ['sɪst(ə)rɪnlɔː] (pl. *sisters-in-law* ['sɪstəzɪnlɔː]) *s* svägerska
sisterly ['sɪstəlɪ] *adj* systerlig
sit [sɪt] **I** (*sat sat*) *vb itr* (jfr *III*) **1** sitta; sätta sig; *~ talking* sitta och prata; *be ~ting pretty* se *pretty II*; *~ tight* vard. stanna kvar, hålla sig avvaktande; *~ at table* sitta till bords; *~ for a constituency* representera en valkrets; *~ for an examination* gå upp i en [skriftlig] examen **2** parl., om domstol o.d. hålla sammanträde, sammanträda [*the House is ~ting*] **II** (*sat sat*) *vb tr* (jfr *III*); *~ an examination* gå upp i en examen **III** *vb itr* o. *vb tr* med prep. o. adv. isht med spec. övers.:
~ back: a) sätta sig till rätta b) vila sig, koppla av c) sitta med armarna i kors
~ down sätta sig [ned], slå sig ned; *~ down to dinner* sätta sig till bords [för att äta middag]; *~ down under an insult* finna sig i en förolämpning
~ in: a) närvara [*on* vid], deltaga [*~ in on* (i, vid) *a meeting*] b) sittstrejka
~on: a) vard. sätta sig på, trycka ner, platta till [*I was completely sat on*]; huta 'åt, ge en skrapa; *~* [*heavy*] *on a p.* tynga (trycka) ngn; *his years sit lightly on him* han bär sina år med heder; *~ on the lid* undertrycka (tysta ner) oppositionen b) mest jur. sitta i, tillhöra [*~ on the board* (*on a jury*)]; *~ on the bench* sitta som (vara) domare; *~ on a case* undersöka (behandla) ett fall c) vard. sitta (ligga) på, förhala [*~ on bad news*] d) isht amer. vard., *~ on one's hands* a) låta bli att applådera b) hålla sig passiv, sitta med armarna i kors e) *~ on eggs* om fåglar ligga på ägg, ruva
~ out: a) sitta ute b) sitta över [*~ out a dance*] c) sitta kvar (stanna) till slutet [av [*~ it out*; *~ a play out*] d) stanna längre än [*~ out the other guests*]; vänta ut [*~ out one's rival*]
~ through sitta (stanna kvar) [till slutet]
~ up: a) sitta upprätt (rak); sätta sig (sitta) upp [*~ up in bed*]; om hund sitta [vackert]; *~ a p. up* hjälpa ngn att sitta upp, resa upp ngn b) sitta uppe [*~ up late*]; *make a p. ~ up* [*and take notice*] vard. få ngn att baxna;

that'll make them ~ up! det ska nog få dem att reagera!
sitcom ['sɪtkɒm] *s vard.* situationskomedi
sit-down ['sɪtdaʊn] **I** *s* 1 *vard.*, ***have a pleasant ~ [by the fire]*** ha en trevlig stund..., sitta en stund och ha det trevligt... 2 = ~ *strike*, se *II 1* **II** *adj* **1** ~ ***strike*** sittstrejk 2 sittande [*a ~ supper*]; sitt- [*a ~ bath*]
site [saɪt] *s* **1** tomt; byggplats [äv. *building ~*] **2** plats; ***the ~ of the murder*** mordplatsen **3** läge [*the ~ of a city (house)*] **4** mil. ställning
sit-in ['sɪtɪn] *s* sittstrejk; ockupation
sitter ['sɪtə] *s* **1** modell, person som sitter (poserar) isht för porträtt **2** ligghöna [*a good (bad) ~*], ruvande fågel **3** bildl. lätt byte (sak, uppgift); jättechans [*he missed a ~*] **4** *vard.* barnvakt
sitting ['sɪtɪŋ] **I** *adj* **1** sittande äv. bildl. [*the ~ government*]; tjänsteförrättande [*a ~ magistrate*] **2** ruvande [*a ~ bird*]; ~ ***hen*** ligghöna **3** bildl. ~ ***target*** (vard. ***duck***) tacksamt offer, lätt offer (byte) **II** *s* **1** sittande; sittning, posering [*~ for a painter*] **2** sammanträde [*a ~ of Parliament*], session, sittning [*a long ~*] **3** ***at one (a single)*** ~ i ett sträck (tag, svep) [*read a book at one ~*]; på en gång, vid en sittning [*100 people can be served at one ~*]
sitting-room ['sɪtɪŋruːm] *s* **1** vardagsrum **2** sittplats[er], sittutrymme
situate ['sɪtjʊeɪt] *vb tr* placera, lägga, sätta, ställa
situated ['sɪtjʊeɪtɪd] *adj* **1** belägen **2** situerad; ***comfortably ~*** välsituerad
situation [ˌsɪtjʊ'eɪʃ(ə)n] *s* **1** läge, belägenhet **2** bildl. situation, läge [*the political ~*], belägenhet [*an awkward ~*], förhållande[n], omständighet[er] **3** plats, anställning, arbete; ***~s vacant*** ss. rubrik lediga platser; ***~s wanted*** ss. rubrik platssökande **4** teat., ~ ***comedy*** situationskomedi
sit-up ['sɪtʌp] *s* gymn. sit-up
six [sɪks] (jfr *five* med ex. o. sms.) **I** *räkn* sex; ~ ***months*** äv. ett halvår; ***it is ~ of one and half a dozen of the other*** det är hugget som stucket **II** *s* **1** sexa; ***at ~es and sevens*** a) huller om buller b) villrådig **2** kricket. 'sexa' sex lopp på ett slag; ***knock for ~*** bildl. a) förbluffa, göra paff b) kullkasta, stjälpa
six-cylinder ['sɪksˌsɪlɪndə] *attr adj* sexcylindrig
sixfold ['sɪksfəʊld] **I** *adj* sexdubbel, sexfaldig **II** *adv* sexdubbelt, sexfaldigt, sexfalt, sex gånger så mycket
six-footer [ˌsɪks'fʊtə] *s vard.* sex fot (=183 cm) lång person (sak)
sixpence ['sɪkspəns] *s* åld. sex pence; sexpence[mynt]
sixteen [ˌsɪks'tiːn, attr. '--] *räkn o. s* sexton; jfr *fifteen* med sms.
sixteenth [ˌsɪks'tiːnθ, attr. '--] *räkn o. s*

sextonde; sexton[de]del; jfr *fifth*; ~ ***note*** amer. mus. sextondelsnot
sixth [sɪksθ] (jfr *fifth*) **I** *räkn* sjätte **II** *s* **1** sjättedel **2** mus. sext-; ***major (minor)*** ~ stor (liten) sext
sixthly ['sɪksθlɪ] *adv* för det sjätte
sixtieth ['sɪkstɪɪθ, -tɪəθ] *räkn o. s* **1** sextionde **2** sextion[de]del
sixty ['sɪkstɪ] (jfr *fifty* med sms.) **I** *räkn* sexti[o] **II** *s* sexti[o]; sexti[o]tal
sizable ['saɪzəbl] *adj* rätt (ganska) stor, ansenlig [*a ~ park (town, fortune)*], av betydande storlek
1 size [saɪz] **I** *s* a) storlek, mått, format b) nummer, storlek; ***that's about the ~ of it*** vard. [ungefär] så ligger det till; ***be just the right ~*** vara lagom stor; ***what ~ is it?*** hur stor är den?, vad är det för nummer (storlek)?; ***take ~ 7 in gloves*** ha nummer (storlek) 7 i handskar; ***take the ~ of*** ta mått på, mäta; ***what ~ shoes do you take?*** vad har du för storlek i skor? **II** *vb tr*, ~ ***up*** vard. mäta värdera [*~ a p. (a th.)* *up with a look*]; bedöma [*~ up one's chances (the situation)*], taxera; ~ ***up a p.*** äv. se vad ngn går för
2 size [saɪz] **I** *s* lim för papper, väv o.d.; limvatten **II** *vb tr* limma [*~d paper*], lim[vatten]behandla
sizeable ['saɪzəbl] *adj* se *sizable*
sizzle ['sɪzl] **I** *vb itr* **1** fräsa [*sausages -ing in the pan*] **2** susa **II** *s* fräsande
sizzler ['sɪzlə] *s vard.* **1** sport. fräsare, rökare hård boll **2** stekhet dag [*what a ~!*]
1 skate [skeɪt] **I** *s* skridsko; rullskridsko; ***sailing on ~s*** el. ~ ***sailing*** skridskosegling **II** *vb itr* åka skridsko[r]; åka rullskridsko[r]; ~ ***on (over) thin ice*** bildl. vara ute (ge sig ut) på hal is; ~ ***over (round)*** [*a delicate problem*] bildl. endast snudda vid...
2 skate [skeɪt] *s* zool. [slät]rocka
skateboard ['skeɪtbɔːd] *s* skateboard, rullbräda
skater ['skeɪtə] *s* skridskoåkare, skrinnare; rullskridskoåkare
skating ['skeɪtɪŋ] *s* skridskoåkning; rullskridskoåkning; attr. skridsko-, rullskridsko- [*~ competition*]
skating-rink ['skeɪtɪŋrɪŋk] *s* skridskobana; rullskridskobana
skedaddle [skɪ'dædl] vard. **I** *vb itr* ge sig av, sjappa **II** *s* flykt hals över huvud
skein [skeɪn] *s* härva [*a ~ of wool*], garndocka
skeleton ['skelɪtn] *s* **1** skelett; benstomme, benbyggnad; ~ ***at the feast*** glädjedödare; ***have a ~ in the cupboard*** (amer. ***closet***) ha ett lik i garderoben **2** vard. benrangel; levande lik; ***reduced (worn) to a ~*** alldeles utmärglad **3** bildl. skelett: a) stomme, ställning b) utkast, plan; ~ ***key*** huvudnyckel; dyrk; ~ ***staff (crew, service)*** minimistyrka
skeptic ['skeptɪk] *s o. adj* isht amer., se *sceptic*

sketch

sketch [sketʃ] **I** s **1** skiss [*of* över]; utkast [*of* till] **2** teat. sketch **II** vb tr skissera, göra [ett] utkast till **III** vb itr göra en skiss (skisser)
sketchbook ['sketʃbʊk] s skissbok, skissblock
sketchy ['sketʃɪ] adj **1** skissartad; löst planerad **2** lös, knapp [händig], ytlig [~ *knowledge*]
skew [skju:] s, *on the* ~ på sned, snett, skevt
skewer [skjʊə] **I** s steknål; stekspett, grillspett **II** vb tr fästa med steknål etc.; trä upp på spett
skew-whiff [ˌskju:'wɪf] adj o. adv vard. skev[t], på sned
ski [ski:] **I** (pl. ~[s]) s skida **II** vb itr åka skidor
skid [skɪd] **I** s **1** broms [kloss], hämsko **2** slirning, sladd [ning]; ~ *marks* sladdmärken, sladdspår **3** bildl. i div. uttr.: *put the ~s under* sl. a) sätta p för, sabba b) sätta fart på; *on the ~s* vard. på väg utför [*their marriage is on the ~s*], på fallrepet (glid) **II** vb itr slira, sladda, kana
skidpan ['skɪdpæn] s halkbana för träningskörning
skidproof ['skɪdpru:f] adj slirsäker, slirfri, sladdfri
skier ['ski:ə] s skidåkare, skidlöpare
skiff [skɪf] s eka; jolle; poet. farkost
skiing ['ski:ɪŋ] s skidåkning, skidlöpning, skidsport
skijoring ['ski:ˌdʒɔ:rɪŋ] s skidtolkning [efter häst (fordon)]
ski jump ['ski:dʒʌmp] s **1** hoppbacke **2** backhoppning
skijumping ['ski:ˌdʒʌmpɪŋ] s backhoppning
skilful ['skɪlf(ʊ)l] adj skicklig, duktig [*at, in* i]
skilift ['ski:lɪft] s skidlift
skill [skɪl] s skicklighet [*at, in* i], händighet; färdighet [*~s in English*], teknik
skilled [skɪld] adj **1** skicklig, duktig [*at, in* i], händig **2** yrkesskicklig, yrkesutbildad, [yrkes]kunnig; rutinerad [*a* ~ *typist*]; ~ *worker* yrkesarbetare
skillet ['skɪlɪt] s **1** [liten] kastrull med långt skaft o. ofta med fötter **2** amer. stekpanna
skim [skɪm] **I** vb tr **1** skumma [~ *milk*]; ~ [*off*] skumma av 2 stryka (glida, fara) fram över [~ *the ice*] **3** [flyktigt] ögna (titta) igenom, skumma [~ *a book*] **4** singla, kasta i glidflykt; ~ *a flat stone* [*across the pond*] kasta smörgås [med en flat sten]... **II** vb itr **1** ~ *over* täckas av skum (ett tunt lager is o.d.) **2** stryka (glida, fara) fram [~ *along* (*over*) *the ice*] **3** läsa flyktigt, ögna igenom, skumma
skimp [skɪmp] vb itr snåla med, knappa in på
skimpy ['skɪmpɪ] adj **1** knapp, torftig **2** för liten (trång) **3** snål
skin [skɪn] **I** s **1** hud; skinn; pl. ~s äv. skinnvaror; ~ *specialist* hudspecialist, hudläkare; *be mere* (*only*) ~ *and bone*[*s*] vara bara skinn och ben; *change one's* ~ ömsa skinn, förvandlas; *have a thick* ~ ha tjock hud, vara tjockhudad (bildl. äv. okänslig); *by* (*with*) *the* ~ *of one's teeth* med knapp nöd, med nöd och näppe; *fear for one's* ~ vara rädd om sitt [eget] skinn; *next to the* ~ närmast kroppen; *wet to the* ~ våt inpå bara kroppen, genomvåt; *get under a p.'s* ~ vard. irritera ngn, gå ngn på nerverna; *get a p. under one's* ~ vard. bli besatt av ngn **2** skal [*banana* ~], skinn [*the* ~ *of* (på) *a peach, sausage* ~]; bark; *potatoes in their ~s* skalpotatis **3** hinna på vätska; skinn; *there's a* ~ *on the milk* det är skinn på mjölken **II** vb tr **1** a) flå, dra av huden (skinnet) på [~ *a rabbit*] b) skrapa [av huden på] [*fall and* ~ *one's knee*] c) skala [~ *a banana*]; *keep one's eyes ~ned* vard. hålla ögonen öppna; ~ *alive* flå levande äv. bildl. **2** vard. skinna, klå [~ *a p. of* (på) *all his money*], lura; *~ned* äv. pank, utblottad
skin-deep [ˌskɪn'di:p, attr. '--] adj ytlig äv. bildl.
skindiver ['skɪnˌdaɪvə] s sportdykare
skindiving ['skɪnˌdaɪvɪŋ] s sportdykning
skinflick ['skɪnflɪk] s sl. porrfilm, sexfilm
skinflint ['skɪnflɪnt] s gnidare, snåljåp
skinhead ['skɪnhed] s vard. skinhead, skinnhuvud
skinny ['skɪnɪ] adj skinntorr [*a* ~ *old spinster*], utmärglad [*a* ~ *horse*], [av] bara skinn och ben
skinny-dip ['skɪnɪdɪp] vb itr vard. bada näck
skint [skɪnt] adj sl. ren, barskrapad, pank
skintight [ˌskɪn'taɪt, attr. '--] adj [tätt]åtsittande
1 skip [skɪp] **I** vb itr **1** hoppa äv. bildl. [~ *from one subject to another*]; skutta; ~ *about* hoppa (skutta) omkring; ~ *through a book* ögna (bläddra) igenom en bok **2** hoppa rep **II** vb tr **1** ~ [*over*] hoppa (skutta) över [~ [*over*] *a brook*] **2** bildl. hoppa över, skippa [~ *the dull parts of a book*]; ~ *a school class* amer. skolka från en lektion; ~ *it!* vard. strunt i det!, det gör detsamma! **3** ~ *stones across* (*on*) *the water* kasta smörgås **III** s **1** hopp, skutt **2** överhoppning vid läsning
2 skip [skɪp] s byggn. [avfalls]container
skipper ['skɪpə] **I** s **1** skeppare; befälhavare; flygkapten **2** sport. [lag]kapten; lagledare **II** vb tr **1** vara skeppare etc. på [~ *a boat*] **2** vara [lag]kapten för [~ *a team*]
skipping-rope ['skɪpɪŋrəʊp] s hopprep
skirl [skɜ:l] **I** s gällt ljud [*the* ~ *of the bagpipes*], säckpipljud **II** vb itr ljuda (skrika) gällt
skirmish ['skɜ:mɪʃ] **I** s skärmytsling **II** vb itr drabba samman, skärmytsla
skirt [skɜ:t] **I** s **1** kjol **2** vard. kjoltyg, fruntimmer [*run after ~s*] **3** skört [*the ~s of a coat*] **4** pl. ~s kant, bryn; utkant [*on* (i) *the ~s of the town*] **II** vb tr **1** kanta; gå (löpa) längs ([ut]efter, utmed) [*our road ~s the forest*], ligga utmed [*the town ~s the river*]; passera

(gå) i utkanten av (runtom, förbi) [*the traffic ~s the town*] **2** bildl. kringgå, undvika
skirting-board ['skɜːtɪŋbɔːd] *s* byggn. golvlist
ski run ['skiːrʌn] *s* skidbacke; skidspår
ski·stick ['skiːstɪk] *s* skidstav
skit [skɪt] *s* sketch; satir, parodi; burlesk
skittish ['skɪtɪʃ] *adj* **1** skygg, lättskrämd; nervös [*a ~ horse*] **2** lekfull, sprallig, uppsluppen **3** ombytlig, nyckfull, oberäknelig
skittle ['skɪtl] *s* **1** kägla **2** *~s* (konstr. ss. sg.) kägelspel; *life (it) isn't all beer and ~s* bildl. livet är inte bara en dans på rosor; *play ~s* spela kägel[spel], slå käglor
skittle alley ['skɪtl,ælɪ] *s* kägelbana
skivvy ['skɪvɪ] **I** *s* neds. piga **II** *vb itr* slava, gno
skua ['skjuːə] *s* zool. labb [äv. *arctic ~*]
skulduggery [skʌl'dʌgərɪ] *s* skurkstreck
skulk [skʌlk] *vb itr* **1** smyga [omkring (i, bland)]; *~ away* smyga sig i väg **2** stå (ligga) på lur; gömma sig, hålla sig undan
skull [skʌl] *s* skalle, kranium; huvudskål; *~ and* [*cross*]*bones* dödskalle med [två] korslagda benknotor dödssymbol; *have a thick ~* vard. vara tjockskallig (dum i huvudet)
skullcap ['skʌlkæp] *s* kalott
skunk [skʌŋk] *s* **1** zool. skunk **2** vard. kräk, skitstövel
sky [skaɪ] **I** *s* **1** *~* el. *skies* pl. himmel [*a clear ~, clear skies*]; poet. sky; *the ~'s the limit* vard. det finns ingen gräns, hur mycket som helst; *in the ~* på himlen, i skyn; *cry to the skies* skrika i högan sky; *praise* (*laud, extol, raise*) *to the skies* höja till skyarna; *under the open ~* under bar himmel **2** vanl. pl. *skies* klimat [*the sunny skies of southern Italy*] **II** *vb tr* vard. slå högt [upp i luften] [*~ a ball*]
sky-blue [,skaɪ'bluː, attr. '--] **I** *adj* himmelsblå **II** *s* himmelsblått
skycap ['skaɪkæp] *s* amer. vard. bärare på flygplats
skydiver ['skaɪ,daɪvə] *s* fallskärmshoppare, jfr *skydiving*
skydiving ['skaɪ,daɪvɪŋ] *s* fallskärmshoppning där vissa konster utförs innan fallskärmen utlöses för landning
sky-high [,skaɪ'haɪ] **I** *adj* skyhög [*~ prices*] **II** *adv* skyhögt [*prices went ~*]; himmelshögt; *blow a th. ~* få ngt att flyga i luften (explodera); bildl. fullständigt rasera (förinta)
skyjack ['skaɪdʒæk] vard. **I** *vb tr* kapa flygplan **II** *s* **1** flygplanskapning **2** flygplanskapare
skylark ['skaɪlɑːk] **I** *s* **1** zool. [sång]lärka **2** vard. stoj, lek, skoj **II** *vb itr* vard. stoja [och leka]
skylight ['skaɪlaɪt] *s* takfönster; sjö. skylight
skyline ['skaɪlaɪn] *s* **1** horisont; himlarand **2** kontur, silhuett [*the ~ of New York*]
skyscraper ['skaɪ,skreɪpə] *s* skyskrapa

skywards ['skaɪwədz] *adv* mot himlen, upp i luften, uppåt
skywriting ['skaɪ,raɪtɪŋ] *s* rökskrift från flygplan
slab [slæb] *s* platta [*~ of stone*], häll; tjock skiva [*~ of cheese*], kaka
slack [slæk] **I** *adj* **1** slö, slapp, loj, trög **2** slapp [*~ control, ~ discipline*], slak; sjö. slack, slabb [*~ rope*] **3** sjö. långsam; *~ water* stillvatten mellan ebb o. flod **4** stilla, död [*~ season*]; trög [*trade is ~*]; *~ demand* svag efterfrågan **II** *s* **1** slak del (ända o.d.); slakhet; *take up the ~* a) strama till (styvhala) repet o.d. b) bildl. strama åt **2** pl. *~s* slacks, bekväma långbyxor, fritidsbyxor **III** *vb itr, ~* [*off*] slappna [av], slöa [till], bli slöare (trögare)
slacken ['slæk(ə)n] **I** *vb tr* **1** minska [*~ one's efforts*], sakta [*~ the speed*]; slappa **2** släppa (lossa) på **II** *vb itr* **1** slakna, bli slak[are] **2** *~* [*off*] slappna av, slöa till [*~ at (in) one's work*], bli slapp (loj, trög); gå trögt **3** minska [*the speed ~ed*], avta
slacker ['slækə] *s* vard. slöfock, latmask; skolkare
slag [slæg] *s* slagg
slag heap ['slæghiːp] *s* slagghög
slain [sleɪn] perf. p. av *slay*
slake [sleɪk] *vb tr* släcka [*~ lime; ~ one's thirst*]
slalom ['slɑːləm] *s* sport. slalom[åkning]; *giant ~* storslalom
slam [slæm] **I** *vb tr* **1** slå (smälla, dänga, slänga) igen [äv. *~ to, ~ down*]; slå, smälla, dänga, slänga; *~ the window shut* slå igen fönstret; *~ the brakes on* tvärbromsa, ställa sig på bromsen; *~ the door on* [*a proposal*] förkasta...; *~ the door on a p.* (*in a p.'s face*) slå igen dörren mitt framför [näsan på] ngn **2** sl. skälla ner, skälla ut **II** *vb itr* slå[s] igen, smälla[s] igen [äv. *~ to*] **III** *s* **1** smäll, skräll **2** kortsp. slam; *grand ~* storslam; *little ~* lillslam **IV** *adv* med en smäll; rätt, tvärt
slammer ['slæmə] *s* sl., *the ~* kåken, finkan fängelse
slander ['slɑːndə] **I** *s* förtal, baktal[eri] **II** *vb tr* förtala, baktala
slanderer ['slɑːnd(ə)rə] *s* förtalare, baktalare
slanderous ['slɑːnd(ə)rəs] *adj* belackar-, ärekränkande; *~ tongue* skvalleraktig (ond) tunga
slang [slæŋ] **I** *s* språkv. slang[språk]; *~ word* slangord **II** *vb tr* skälla ut, skälla på
slangy ['slæŋɪ] *adj* slangartad, full av slang
slant [slɑːnt] **I** *vb itr* slutta, luta **II** *vb tr* **1** göra lutande (sned), luta **2** vinkla [*~ the news*] **III** *s* **1** lutning, sluttning; sned riktning **2** vinkling; synvinkel; *get a new ~ on a th.* få en ny syn på ngt, se ngt ur en ny synvinkel
slap [slæp] **I** *vb tr* **1** smälla (slå, daska, dänga) ['till]; *~ a p. on the back* dunka ngn i ryggen; *~ a p.'s face* el. *~ s p. on the face* slå ngn i ansiktet; *~ down* a) slå ner [*~ a p.*

slap-bang 760

down] b) vard. sätta på plats, stuka, kritisera skarpt c) vard. slänga [ner] [*he ~ped the book down on the table*] **2** vard. kleta 'på, lägga 'på **II** *s* smäll, slag; *a ~ on the back* en dunk i ryggen; *a ~ in the face (eye)* ett slag i ansiktet; *have a ~ at* vard. a) göra ett försök med b) göra ner **III** *adv* vard., se *slap-bang*
slap-bang [,slæp'bæŋ] *adv* vard. **1** handlöst, huvudstupa **2** rakt, rätt [*~ in the middle*], pang [på]
slapdash ['slæpdæʃ] vard. **I** *adv* hafsigt, vårdslöst, på en höft **II** *adj* hafsig, vårdslös
slaphappy [,slæp'hæpɪ, attr. '---] *adj* vard. **1** uppåt, sprallig, uppsluppen; tokig **2** groggy
slapstick ['slæpstɪk] **I** *s* **1** buskis, filmfars, slapstick **2** film. [synkron]klappa **II** *adj* farsartad, tokrolig; stojig; *~ comedy* se *I 1*
slap-up ['slæpʌp] *adj* vard. flott [*~ dinner*], pampig
slash [slæʃ] **I** *vb tr* **1** rista (fläka) upp, skära (hugga) sönder (upp) **2** slitsa upp [*~ed sleeves*] **3** piska ['på], slå (snärta) ['till] **4** göra (sabla) ner [fullständigt] **5** vard. sänka (skära ner) kraftigt, reducera starkt [*~ prices (salaries)*] **II** *vb itr*, *~ at* a) slå (piska) på (mot); hugga in på b) vard. göra ner **III** *s* **1** [snabbt och våldsamt] hugg, slag; rapp **2** djup skåra, djupt hack
slat [slæt] *s* **1** spjäla, lamell i persienn o.d. **2** tvärpinne på stol; [tvär]slå, latta
slate [sleɪt] **I** *s* **1** skiffer **2** skifferplatta, takskiffer; *have a ~ loose* vard. ha en skruv lös **3** griffeltavla; *start with a clean ~* bildl. [dra ett streck över det förflutna och] börja ett nytt liv; *wipe the ~ clean* bildl. dra ett streck över det förflutna; *put it on the ~* vard. skriv upp det [på mitt konto] **II** *vb tr* **1** täcka med skiffer, skiffertäcka **2** vard. göra (sabla) ner
slating ['sleɪtɪŋ] *s* **1** koll. skiffer; skiffertäckning, skiffertak **2** vard. nedgörande kritik, uppläxning [*give (get) a severe ~*]
slattern ['slætən, -tɜːn] *s* neds. **1** slarva **2** slampa
slatternly ['slætənlɪ, -tɜːn-] *adj* neds. **1** slarvig, slafsig **2** slampig
slaughter ['slɔːtə] **I** *s* slakt[ande]; blodbad [*of* på (bland)], massaker **II** *vb tr* slakta; massakrera
slaughterhouse ['slɔːtəhaʊs] *s* slakteri, slakthus
Slav [slɑːv] **I** *s* slav medlem av ett folkslag **II** *adj* slavisk
slave [sleɪv] **I** *s* slav, slavinna, träl **II** *vb itr* slava, träla [*at* med (på)]; *~ away* slita och slava [*at* med], stå och slava [*at, over* vid]
slave-driver ['sleɪv,draɪvə] *s* slavdrivare
1 slaver ['sleɪvə] *s* **1** slavhandlare **2** slavskepp
2 slaver ['slævə] **I** *vb itr* dregla **II** *s* dregel
slavery ['sleɪvərɪ] *s* **1** slaveri **2** slavgöra
slave trade ['sleɪvtreɪd] *s* slavhandel

Slavic ['slɑːvɪk] *adj* o. *s* se *Slavonic*
slavish ['sleɪvɪʃ] *adj* slavisk äv. bildl. [*a ~ imitation*]
Slavonic [slə'vɒnɪk] **I** *adj* slavisk **II** *s* slaviska språk
slaw [slɔː] *s* isht amer. vitkålsallad
slay [sleɪ] (*slew slain*) *vb tr* litt. dräpa, slå ihjäl
slayer ['sleɪə] *s* vard. mördare, baneman
sleaze [sliːz] *s* vard. äckel, sliskig (sjabbig) person
sleazebag ['sliːzbæg] *s* sl., se *sleaze*
sleazy ['sliːzɪ] *adj* vard. **1** sjabbig, sjaskig [*~ coat, ~ houses*]; sliskig, sladdrig **2** bildl. taskig, gemen; *a ~ excuse* en dålig ursäkt
sled [sled] *s* o. *vb itr* o. *vb tr* se *1 sledge*
1 sledge [sledʒ] **I** *s* släde; kälke **II** *vb itr* åka släde (kälke) **III** *vb tr* dra (forsla) på släde (kälke)
2 sledge [sledʒ] *s* o. **sledge-hammer** ['sledʒ,hæmə] *s* [smed]slägga
sleek [sliːk] **I** *adj* **1** om hår o. skinn slät, glatt; slätkammad **2** slät i hullet; skinande [av välmåga] **3** fin, elegant, snygg [*a ~ car*] **II** *vb tr* glätta
sleep [sliːp] **I** (*slept slept*) *vb itr* sova [*~ well, ~ badly*]; ligga 'över; bildl. [sitta (stå) och] sova, dåsa; *~ with* vard. hoppa i säng (ligga) med ha samlag med; *~ around* vard. hoppa i säng med vem som helst; *~ in* a) om tjänstefolk o.d. bo på arbetsplatsen (i familjen) b) försova sig; sova länge [på morgonen] **II** (*slept slept*) *vb tr* **1** sova; *~ away* sova bort [*~ away the time*]; *~ off a headache* sova bort huvudvärk **2** ha (ordna) liggplats åt, ge nattlogi åt, lägga [*I can ~ two of you in the living-room*]; *the hotel can ~ 300 people* äv. hotellet har 300 bäddar **III** *s* sömn; *try to get a ~* försöka sova litet; *I have a little (short) ~ every afternoon* jag sover en liten stund (tar mig en liten lur) varje eftermiddag; *she had a good night's ~* hon sov gott hela natten; *I won't lose any ~ over that* jag kommer inte att ligga sömnlös för det; *talk (walk) in one's ~* tala (gå) i sömnen; *lack of ~* sömnbrist, sömnlöshet; *drop off to ~* somna (lura) 'till; *I couldn't get to ~* jag kunde inte somna; *go to ~* somna; *put (send) to ~* a) söva; få att somna [*reading in bed always puts (sends) me to ~*] b) avliva; *put a child to ~* få ett barn att somna, lägga ett barn [att sova]; *read oneself to ~* läsa sig till sömns
sleeper ['sliːpə] *s* **1** *the ~* den sovande; *be a good (sound) ~* ha god sömn, sova bra; *a great ~* en sjusovare, en sömntuta; *be a heavy ~* sova hårt (tungt); *be a light ~* sova lätt **2** järnv. sovvagn; sovplats **3** järnv. sliper, syll **4** vard. plötslig [och] oväntad succé **5** vard. sömntabett, sömnpiller
sleeperette [,sliːpə'ret] *s* sittplats med nedfällbart ryggstöd på tåg, flyg o.d., sovfåtölj
sleeping ['sliːpɪŋ] *pres p* o. *attr adj* sovande,

sov-, sömn-, säng-; ~ *accommodation* sovplats[er], sängplats[er]; nattlogi; *let* ~ *dogs lie* se *dog I 1*
sleeping-bag ['sli:pɪŋbæg] *s* **1** sovsäck; *sheet* ~ reselakan, lakanspåse **2** sovpåse; åkpåse
Sleeping Beauty [ˌsli:pɪŋ'bju:tɪ] *s, the* ~ törnrosa
sleeping-car ['sli:pɪŋkɑ:] *s* o.
sleeping-carriage ['sli:pɪŋˌkærɪdʒ] *s* järnv. sovvagn
sleeping-compartment ['sli:pɪŋkəmˌpɑ:tmənt] *s* järnv. sovkupé
sleeping-partner [ˌsli:pɪŋ'pɑ:tnə] *s* **1** hand. passiv delägare **2** vard. sängkamrat
sleeping-pill ['sli:pɪŋpɪl] *s* sömntablett, sömnpiller
sleeping policeman [ˌsli:pɪŋpə'li:smən] *s* trafik. vard. farthinder, fartgupp
sleeping sickness [ˌsli:pɪŋ'sɪknəs] *s* med. sömnsjuka
sleeping-tablet ['sli:pɪŋˌtæblət] *s* sömntablett, sömnpiller
sleepless ['sli:pləs] *adj* sömnlös, vaken
sleepwalker ['sli:pˌwɔ:kə] *s* sömngångare
sleepy ['sli:pɪ] *adj* **1** sömnig; sömnaktig; sövande **2** bildl. död; sömnig
sleet [sli:t] *s* snöblandat regn, snöglopp, snöslask; regn och hagel
sleety ['sli:tɪ] *adj* med snöblandat regn (regn och hagel) [*a cold* ~ *wind*], slaskig
sleeve [sli:v] *s* **1** ärm; *laugh up one's* ~ skratta i mjugg; *have a th. up one's* ~ ha ngt i bakfickan (på lut) **2** tekn. muff; foder; hylsa **3** [skiv]fodral, [skiv]omslag **4** vindstrut
sleeveless ['sli:vləs] *adj* ärmlös
sleigh [sleɪ] **I** *s* släde; kälke **II** *vb itr* åka släde (kälke) **III** *vb tr* dra (forsla) på släde (kälke)
sleight [slaɪt] *s* händighet, skicklighet; slughet; ~ *of hand* a) fingerfärdighet b) taskspelarkonst, trick
slender ['slendə] *adj* **1** smärt, smal, slank [~ *waist*], smäcker [~ *stem*], spenslig, späd **2** bildl. klen, skral [~ *hopes*], knapp, mager [~ *income*]
slept [slept] imperf. o. perf. p. av *sleep*
sleuth [slu:θ] *s* vard. deckare, blodhund, snok
slew [slu:] imperf. av *slay*
slice [slaɪs] **I** *s* **1** skiva [*a* ~ *of bread, a* ~ *of meat*]; ~ *of bread and butter* smörgås **2** del, andel [*a* ~ *of the profits*], stycke, bit, smula; ~ *of apple* äppelbit, äppelklyfta; *a* ~ *of life* ett stycke verklighet (ur levande livet); *that was a* ~ *of luck!* vilken tur! **3** stekspade; fiskspade; tårtspade **4** sport. 'slice', skruv, sned boll **II** *vb tr* **1** skära upp [i skivor], skiva [äv. ~ *up*]; ~ *off* skära av **2** sport., ~ *a ball* 'slica' (skruva) en boll, slå en boll snett
sliced [slaɪst] *adj* i skivor; ~ *bread* skivat bröd
slicer ['slaɪsə] *s* kniv; förskärare; skärmaskin; *bread* ~ brödkniv, brödsåg; *cheese* ~ ostkniv, osthyvel

slick [slɪk] **I** *adj* **1** a) glättad, driven [~ *style*] b) lättköpt [~ *solution*] **2** smart [~ *business deal*; ~ *salesman*]; förbindlig **II** *s* slät (hal) fläck; oljefläck
slicker ['slɪkə] *s* vard. **1** skojare, smart figur; [*city*] ~ storstadssnobb **2** amer. regnrock; lång oljerock
slid [slɪd] imperf. o. perf. p. av *slide*
slide [slaɪd] **I** (*slid slid*) *vb itr* glida; halka; slinka, smyga; rutscha, kana; åka (slå) kana; *let things* ~ bildl. strunta i allting **II** (*slid slid*) *vb tr* **1** låta glida, skjuta [fram (in osv.)] **2** sticka, smussla [*he slid a coin into my hand*] **III** *s* **1** glidning; glidande **2** isbana, kana, kälkbacke **3** rutschbana, rutschkana; störtränna **4** diapositiv, dia[bild]; ~ *projector* diaprojektor, diabildsprojektor; *colour* ~ färgdia **5** a) objektglas b) försättsglas för lanterna **6** hårspänne
slide calliper ['slaɪdˌkælɪpə] *s* skjutmått
slide rule ['slaɪdru:l] *s* räknesticka
sliding ['slaɪdɪŋ] *adj* glidande, skjutbar; glid- [~ *surface*]; skjut- [~ *door,* ~ *lid*]; ~ *roof* soltak, skjutbart tak; ~ *scale* a) glidande (rörlig) skala för priser o.d. b) glidande löneskala; ~ *tackle* fotb. glidtackling
slight [slaɪt] **I** *adj* **1** spenslig, spensligt byggd, späd[lemmad] [~ *figure*] **2** klen, svag, bräcklig [~ *foundation*] **3** lätt [~ *cold*]; obetydlig, ringa, liten [~ *possibility*]; *not the* ~*est doubt* inte det minsta tvivel; *not in the* ~*est* inte på minsta sätt, inte alls **II** *vb tr* ringakta, ignorera; skymfa, förolämpa; *she felt* ~*ed* hon kände sig förbisedd **III** *s* **1** ringaktning, likgiltighet [*to* ([*up*]*on*) mot (för)] **2** skymf, förolämpning, gliring
slightly ['slaɪtlɪ] *adv* lätt [~ *wounded*; *touch a th.* ~], lindrigt, svagt, obetydligt, något [~ *better*]
slim [slɪm] **I** *adj* **1** [lång och] smal, slank, smärt, spenslig **2** vard. klen; svag, liten [~ *possibility*] **II** *vb itr,* ~ [*down*] banta, [försöka att] magra **III** *vb tr* göra smal (slank)
slime [slaɪm] *s* **1** slam, dy äv. bildl.; gyttja **2** slem
slimming ['slɪmɪŋ] **I** *s* bantning; *do some* ~ banta litet **II** *adj,* ~ *exercises* bantningsgymnastik; ~ *treatment* avmagringskur
slimy ['slaɪmɪ] *adj* **1** gyttjig, dyig **2** slemmig **3** vard. äcklig, slemmig, inställsam; hal
sling [slɪŋ] **I** (*slung slung*) *vb tr* **1** slunga, slänga, kasta [~ *stones at* (på) *a p.*] **2** hänga upp [med rep o.d.], hissa (lyfta, fira) i repslinga; *with his rifle slung* [*over his shoulder*] med geväret [hängande (i en rem)] över axeln **3** ~ *hash* amer. sl. servera på en sylta (ett billigt lunchställe) **II** *s* **1** a) slunga b) slangbåge c) kast [med slunga] **2** [axel]rem; gevärsrem **3** med.

slink

mitella; *carry* (*have*) *one's arm in a* ~ ha armen i mitella
slink [slɪŋk] (*slunk slunk*) *vb itr* smyga [sig], slinka [~ *away* (*off, in, out, by* etc.)]
slinky ['slɪŋkɪ] *adj* åtsmitande [~ *dress*]
slip [slɪp] **I** *vb itr* **1** glida; halka [omkull]; *the ladder ~ped* stegen gled; *let* ~ se *1 let III 2*; ~ *up* halka; *the name has ~ped from my mind* jag har tappat bort namnet; ~ *into a dress* slänga (dra) på sig en klänning; *the opportunity ~ped through my fingers* (*hands*) tillfället gled (gick) mig ur händerna **2** smyga [sig], slinka [~ *away* (*out, past*)]; ~ *along* (*across, round, over*) *to* vard. kila i väg (över) till **3** göra fel; ~ *up* vard. dabba sig, göra en tabbe **4** tappa stilen (greppet) [*he has been ~ping lately*] **II** *vb tr* **1** låta glida, smyga, sätta [~ *a ring on to a finger*], sticka [~ *a coin into a p.'s hand*]; ~ *one's clothes off* (*on*) slänga (dra) av (på) sig kläderna **2** släppa [i väg (lös)]; sjö. fira loss [~ *anchor*] **3** undkomma, undslippa [~ *one's captors*]; *the name has ~ped my memory* (*mind*) namnet har fallit mig ur minnet **4** med., ~ *a disc* (amer. *disk*) få diskbråck **III** *s* **1** glidning; halkning, slintning; *there's many a* ~ '*twixt* [*the*] *cup and* [*the*] *lip* ung. man ska inte ropa hej förrän man är över bäcken; *give a p. the* ~ vard. lyckas smita ifrån ngt **2** [litet] fel, lapsus [*make a* ~]; misstag, felsteg; ~ *of the pen* skrivfel; ~ *of the tongue* felsägning **3** örngott, örngottsvar **4** underklänning; underkjol; gymnastikdräkt [för flickor] **5** remsa, bit, stycke; ~ *of paper* papperslapp **6** typogr., ~ [*proof*] spaltkorrektur **7** trädg. stickling **8** *a* [*mere*] ~ *of a girl* ett litet flickebarn; *a* [*mere*] ~ *of a boy* en pojkvasker **9** teat., pl. ~*s* kulisser
slipcase ['slɪpkeɪs] *s* skyddskassett för bok
slipcover ['slɪpˌkʌvə] *s* **1** [möbel]överdrag **2** amer. skyddsomslag till bok
slip-knot ['slɪpnɒt] *s* löpknut
slip-on ['slɪpɒn] *s* vard. sko (plagg) som man kan dra på (slinka i)
slipper ['slɪpə] *s a*) toffel, slipper b) lätt aftonsko, ballerinasko
slippered ['slɪpəd] *adj* klädd i tofflor
slippery ['slɪpərɪ] *adj* **1** hal [*as* ~ *as an eel*], glatt **2** opålitlig, hal
slippy ['slɪpɪ] *adj* vard. **1** hal **2** kvick; *look~!* el. *be ~ about it!* raska på!
sliproad ['slɪprəʊd] *s* **1** påfartsväg, avfartsväg till motorväg **2** mindre förbifartsled
slipshod ['slɪpʃɒd] *adj* slarvig, vårdslös, hafsig
slip-up ['slɪpʌp] *s* vard. tabbe, fel
slipway ['slɪpweɪ] *s* **1** sjö. slip, stapelbädd **2** ränna, bana
slit [slɪt] **I** (*slit slit* el. *slitted slitted*) *vb tr* skära (sprätta, klippa) upp, fläka upp, klyva **II** *s* **1** reva, rämna, skåra, snitt **2** sprund **3** springa, öppning
slither ['slɪðə] *vb itr* hasa [sig fram], halka; glida
slithery ['slɪð(ə)rɪ] *adj* hal äv. bildl.
sliver ['slɪvə, 'slaɪvə] **I** *vb tr* klyva, spjälka [sönder], skära i remsor (strimlor) **II** *s* spjäla, spån, flisa, sticka; tunn skiva; strimla
slob [slɒb] *s* sl. tölp, drummel, luns; fårskalle
slobber ['slɒbə] **I** *vb itr* dregla; ~ *over a p.* pjollra (kladda) med ngn **II** *vb tr* dregla ner; slabba ner **III** *s* **1** dregel **2** pjoller
sloe [sləʊ] *s* bot. slån[buske]; slånbär
slog [slɒg] **I** *vb tr* **1** sport. slugga; dänga (drämma) 'till **2** traska [mödosamt]; knoga; knega; ~ *away* [*at one's work*] knoga 'på (knega vidare) [med sitt arbete] **II** *vb tr* dänga (drämma) 'till [~ *a man over the head*] **III** *s* **1** hårt slag **2** hård marsch; slit
slogan ['sləʊgən] *s* slogan, slagord; paroll
sloop [sluːp] *s* sjö. slup enmastat segelfartyg
slop [slɒp] **I** *s* **1** pl. ~*s* a) slaskvatten, diskvatten; tvättvatten b) bottensats, teblad i tekopp; *empty the* ~*s* tömma toalettinken; tömma ut slaskvattnet **2** vanl. pl. ~*s* a) flytande föda isht för sjuk b) om mat o. dryck tunt blask, 'diskvatten' c) svinmat, skulor d) mäsk **3** sentimental smörja **II** *vb itr* **1** spillas ut, skvalpa (skvimpa) över [äv. ~ *over* (*out*)] **2** plaska; ~ *about* (*around*) a) plaska [omkring], slabba b) driva (dra) omkring **III** *vb tr* spilla [ut]
slope [sləʊp] **I** *s* **1** lutning; *on the* ~ sluttande, lutande, på sned **2** sluttning; backe **II** *vb itr* slutta, luta
sloppy ['slɒpɪ] *adj* **1** slaskig **2** om mat o. dryck blaskig, vattnig **3** vard. hafsig [*a* ~ *piece of work*], slarvig, lös, slapp [~ *style*]; slafsig **4** sladdrig, säckig [~ *trousers*]; *S~ Joe* [*sweater*] vard. säckig [flick]tröja **5** vard. sentimental, pjollrig
slosh [slɒʃ] **I** *s* **1** se *slush 1* o. *2* **2** sl. snyting, smocka **3** skvalp, plask **II** *vb tr* **1** sl. klippa till, slå **2** kladda 'på, bre på tjockt med [~ *paint*]; skvätta **3** skvalpa omkring med **III** *vb itr* **1** vada, plaska, klafsa [~ *about in the water* (*mud*)] **2** skvalpa, plaska
sloshed [slɒʃt] *adj* sl. mosig, packad berusad
slot [slɒt] **I** *s* **1** springa, [smal] öppning, slits; myntkast; brevinkast **2** spår, fals, ränna **II** *vb tr* **1** göra en springa (springor etc.) i **2** placera, stoppa in [~ *a recital into a radio programme*]
sloth [sləʊθ] *s* **1** tröghet, slöhet, lättja **2** zool. sengångare
slothful ['sləʊθf(ʊ)l] *adj* trög, lat, lättjefull
slot machine ['slɒtməˌʃiːn] *s* **1** [varu]automat **2** spelautomat **3** amer. enarmad bandit
slouch [slaʊtʃ] **I** *s* **1** hopsjunken (slapp) hållning (gång); lutande; slokande; *walk with a* ~ hasa sig fram **2** sl. oduglig,

slöfock, slarver; *he's no ~ at* han är inte bortkommen i (i fråga om) **II** *vb itr* **1** gå (stå, sitta) hopsjunken; *~ about* stå (sitta) och hänga **2** sloka om hattbrätte; hänga
slouch hat [ˌslaʊtʃˈhæt] *s* slokhatt
1 slough [slaʊ] *s* träsk, moras; bildl. äv. dy, avgrund
2 slough [slʌf] **I** *s* ormskinn, ömsat (fällt) skal o.d. **II** *vb itr* ömsa skinn (skal) **III** *vb tr* kasta av, fälla; byta; kortsp. kasta, göra sig av med; *~ [off]* bildl. lägga bort [*~ [off]* *old habits*]
Slovak [ˈsləʊvæk] **I** *adj* slovakisk; *the ~ Republic* Slovakiska republiken **II** *s* **1** slovak; slovakiska kvinna **2** slovakiska [språket]
Slovakia [sləˈ(ʊ)ˈvækɪə] geogr. Slovakien
Slovakian [sləˈ(ʊ)ˈvækɪən] *adj* slovakisk
sloven [ˈslʌvn] *s* **1** slusk, smutsgris, ovårdad person **2** slarver, latmask, klåpare
Slovene [ˈsləʊviːn, sləˈ(ʊ)ˈviːn] *s* sloven; slovenska kvinna
Slovenia [sləˈ(ʊ)ˈviːnjə] geogr. Slovenien
Slovenian [sləˈ(ʊ)ˈviːnjən] **I** *adj* slovensk **II** *s* slovenska [språket]
slovenly [ˈslʌvnlɪ] *adj* **1** ovårdad, slarvigt klädd, sjabbig, sjaskig **2** slarvig, hafsig [*~ fellow*, *~ work*]
slow [sləʊ] **I** *adj* **1** långsam, sakta [*~ speed*]; trög, senfärdig; *~ but (and) sure* långsam men säker; *~ to take offence* inte lättstött **2** som går för sakta [*a ~ clock*]; *be ~* gå efter (för sakta) [*be ten minutes ~*]; *you are two minutes ~* din [klocka] går två minuter efter **II** *adv* långsamt, sakta [*read (speak) ~*]; *go ~* a) gå (springa, köra) sakta (långsamt), sakta farten b) maska vid arbetskonflikt c) ta det lugnt, slå av på takten i arbete o.d. d) om klocka gå efter **III** *vb itr*, *~ down (up)* a) sakta in, sakta farten b) sänka (slå av på) takten **IV** *vb tr*, *~ down (up)* a) sakta [in] [*~ a car down*] b) fördröja, försena; hejda, hålla tillbaka
slowcoach [ˈsləʊkəʊtʃ] *s* vard. slöfock, sölkorv
slowly [ˈsləʊlɪ] *adv* långsamt, sakta [*~ but surely*]
slow-motion [ˌsləʊˈməʊʃ(ə)n] **I** *s* slow motion, ultrarapid [*in ~*] **II** *adj*, *a ~ film* en film i slow motion (ultrarapid)
sludge [slʌdʒ] *s* **1** dy, gyttja **2** slam; rötslam; bottensats **3** snösörja, snöslask; issörja
1 slug [slʌg] *s* zool. [skallös] snigel
2 slug [slʌg] *s* **1** kula isht för luftbössa **2** metallklump **3** [spel]pollett; [falskt] mynt
3 slug [slʌg] **I** *vb tr* vard. dänga (drämma) 'till; damma (puckla) 'på **II** *vb itr* sport. slugga
sluggard [ˈslʌgəd] *s* latmask, drönare, slöfock
sluggish [ˈslʌgɪʃ] *adj* **1** lat, långsam [*~ worker*], trög [*~ digestion*, *~ temperament*] **2** trög [*~ market*]
sluice [sluːs] **I** *s* **1** a) sluss; slussport, slusslucka b) ränna, kvarnränna, vaskningsränna, flottningsränna **2** slussningsvatten; uppdämt vatten **II** *vb tr* **1** släppa ut (spola) vatten över (genom); skölja, spola [*~ the decks*] **2** öppna slussen ovanför, översvämma **3** släppa 'på (ut) vatten o.d. **4** slussa
slum [slʌm] **I** *s* **1** slumkvarter, fattigkvarter; *~ landlord* slumhusägare; *turn into (become) a ~* förslummas **2** *the ~s* (konstr. ss. pl.) slummen **II** *vb itr*, *go ~ming* ta en titt på slummen
slumber [ˈslʌmbə] litt. o. poet. **I** *vb itr* slumra, vila **II** *s*, *~[s* pl.] slummer
slummy [ˈslʌmɪ] *adj* förslummad, slum-
slump [slʌmp] **I** *s* **1** hand. [plötsligt] prisfall, depression, lågkonjunktur **2** bildl. [kraftig] nedgång (tillbakagång); nedgångsperiod **II** *vb itr* **1** rasa, falla plötsligt [*prices ~ed*], sjunka (gå ner) plötsligt [*sales ~ed*] **2** sjunka ner (ihop)
slung [slʌŋ] imperf. o. perf. p. av *sling*
slunk [slʌŋk] imperf. o. perf. p. av *slink*
slur [slɜː] **I** *vb tr* **1** uttala (skriva) otydligt (suddigt); *~ one's words* sluddra **2** *~ over* a) halka över, beröra flyktigt, bagatellisera b) slarva igenom **3** tala nedsättande om, förtala, svärta ner **II** *vb itr* tala (skriva, sjunga) fort och slarvigt **III** *s* **1** a) nedsättande anmärkning b) [skam]fläck [*a ~ on a p.'s good name*]; *cast (put) a ~ [up]on a p.* förtala (svärta ner) ngn **2** mus. legatobåge
slurp [slɜːp] **I** *vb tr* sörpla (smaska) i sig **II** *vb itr* sörpla, smaska **III** *s* **1** sörplande, smaskande **2** klunk
slush [slʌʃ] *s* **1** snösörja, snöslask; issörja **2** gyttja, dy **3** vard. sentimentalt dravel; strunt[prat]
slushy [ˈslʌʃɪ] *adj* **1** slaskig, sörjig; smutsig; smörjig **2** vard. sentimental
slut [slʌt] *s* **1** slarva, subba **2** slampa **3** skämts. jänta, jäntunge [*a saucy ~*]
sluttish [ˈslʌtɪʃ] *adj* **1** slarvig, sjaskig **2** slampig
sly [slaɪ] (adv. *slyly*, äv. *slily*) *adj* **1** [knip]slug, listig, illmarig; *a ~ dog* vard. en lurifax, en filur; *on the ~* i smyg (hemlighet), förstulet **2** skälmsk, spjuveraktig
slyly [ˈslaɪlɪ] *adv* slugt etc., jfr *sly*
1 smack [smæk] **I** *s* **1** smack, smackning [*~ of (med) the lips*] **2** smäll, slag, dask, klatsch [*~ of the whip*]; *a ~ in the eye (face)* vard. ett slag i ansiktet; *have a ~ at* vard. försöka sig på **II** *vb tr* **1** smälla (till), daska (till) [*~ a naughty child*], slå; klatscha med [*~ a whip*] **2** smacka med; *~ one's lips* smacka med läpparna; slicka sig om munnen **III** *adv* vard. rakt, rätt [*~ in the middle*]; tvärt; bums; pladask
2 smack [smæk] *s* sjö. [fiske]smack
3 smack [smæk] **I** *s* **1** [svag] smak, bismak, liten aning **2** smakbit, munfull; aning, smula **II** *vb itr*, *~ of* smaka; bildl. äv. ha en anstrykning av

smacker ['smækə] *s* vard. pund; dollar [*fifty ~s*]

small [smɔːl] **I** *adj* **1** liten; pl. små; små-; obetydlig, ringa; *~ change* a) småpengar, växel[pengar] b) triviala anmärkningar; alldagligt prat; vardagsmat; *be on the ~ side* vara tämligen liten, höra till de mindre; *~ talk* småprat, kallprat; *in a ~ way* i liten skala, i smått; *feel ~* känna sig liten (obetydlig); *he made me look ~* [*in front of everyone*] han fick mig att känna mig liten... **2** tunn, svag [*~ voice*]; fin [*~ rain*]; *~ beer* a) ngt åld. svagt öl; svagdricka b) vard. småprat, struntprat; struntsaker; *he is very ~ beer* han är en stor nolla **3** småsint, småskuren **II** *s*, *the ~* den smala (tunna) delen; *the ~ of the back* korsryggen **III** *adv* smått, i små bitar [*cut it ~*]

small-arms ['smɔːlɑːmz] *s pl* mil. handeldvapen; *~ factory* gevärsfabrik, gevärsfaktori

smallholder ['smɔːlˌhəʊldə] *s* småbrukare

smallholding ['smɔːlˌhəʊldɪŋ] *s* småbruk

smallish ['smɔːlɪʃ] *adj* ganska (rätt så) liten

small-minded [ˌsmɔːlˈmaɪndɪd] *adj* småaktig, småsint

smallpox ['smɔːlpɒks] *s* [smitt]koppor

smalls [smɔːlz] *s pl* **1** underkläder, småplagg **2** småtvätt

small-scale ['smɔːlskeɪl] *adj* i liten skala, småskalig

small-time ['smɔːltaɪm] *adj* vard. obetydlig, andra klassens [*~ tennis pro*], amatör- [*~ criminal*]

smarmy ['smɑːmɪ] *adj* vard. [obehagligt] inställsam, smääcklig, sliskig; *~ type* äv. smilfink

smart [smɑːt] **I** *adj* **1** skicklig, smart [*~ politician*]; slipad [*a ~ businessman*], finurlig **2** fyndig, kvick [*a ~ answer*]; fiffig, smart **3** skärpt, duktig, vaken [*a ~ lad*]; *a ~ piece of work* ett gott arbete **4** stilig, flott, tuff [*~ clothes*]; snygg **5** fashionabel, fin; *the ~ set* fint folk, innefolket **6** skarp, svidande [*~ blow*] **7** rask, snabb [*at a ~ pace*]; *look ~* [*about it*]*!* raska på! **II** *vb itr* **1** göra ont, svida **2** plågas; *~ under* lida (plågas) av [*she ~ed under their criticism*] **3** *~ for* [få] sota (plikta) för

smart-alec[k] ['smɑːtˌælɪk, ˌ-'--] *s* vard. viktigpetter, stropp, besserwisser

smart-arse ['smɑːtɑːs] *s* sl., se *smart-alec[k]*

smart-ass ['smɑːtæs] *s* amer. sl., se *smart-alec[k]*

smart card ['smɑːtkɑːd] *s* smartcard, aktivkort

smarten ['smɑːtn] **I** *vb tr* snygga (piffa, snofsa) upp [äv. *~ up*; *~ oneself* [*up*]] **II** *vb itr*, *~ up* göra sig fin (snygg), piffa (snofsa) upp

smash [smæʃ] **I** *vb tr* (se äv. *smashing*) **1** slå sönder (i kras), krossa [äv. *~ up*; *~ an egg*], krascha; spränga [*~ an atom*]; *~ in* (*down*) *a door* el. *~ a door open* slå in (spränga) en dörr; *~ up a car* kvadda en bil **2** i tennis o.d. smasha **3** bildl. a) krossa, slå ner [*~ all resistance*], tillintetgöra, mosa b) ruinera **II** *vb itr* **1** gå sönder (i kras, i bitar), krossas [äv. *~ to pieces*], krascha; flyg. äv. störta **2** *~ into* rusa (köra, smälla) emot [*the car ~ed into the wall*] **3** i tennis o.d. smasha **III** *s* **1** slag, smäll [*a ~ on the jaw*] **2** brak, skräll [*fall with a ~*] **3** a) krock, kollision, sammanstötning; haveri, störtning, krasch b) konkurs, krasch c) katastrof, sammanbrott; vard. stor skräll **4** i tennis o.d. smash **5** vard. jättesuccé; succémelodi, hit **IV** *adv* vard. med ett brak; rakt; *go* (*run*) *~ into* rusa rakt (rätt) på (in i); *go ~* bildl. gå i konkurs; klappa ihop

smash-and-grab [ˌsmæʃ(ə)nˈgræb] *adj*, *~ raid* (*robbery*) smash-and-grab[kupp]

smasher ['smæʃə] *s* vard. a) panggrej, toppgrunka, jättefin sak b) snygging; toppenkille; toppentjej

smash-hit ['smæʃhɪt] *s* vard. jättesuccé; dundersuccé; succémelodi, hit

smashing ['smæʃɪŋ] *adj* **1** krossande; förkrossande, väldig; *~ blow* dråpslag; *~ victory* förkrossande seger **2** vard. jättefin, fantastisk [*~ dinner*], toppen[-], kalas[-], pang- [*~ girl*]

smattering ['smæt(ə)rɪŋ] *s* ytlig kännedom [*of* om], ytliga kunskaper [*of* i]

smear [smɪə] **I** *s* **1** fläck, fettfläck, smutsfläck **2** smutskastning, förtal **3** med. utstryk[sprov] [*cervical ~*] **II** *vb tr* **1** smeta (smutsa) [ner]; fläcka; bildl. äv. smutskasta, svärta ner [*~ a p.'s reputation*] **2** smörja [in] [*~ one's hands with grease*]; breda [på] **3** sudda till [*~ a blot* (*word*)] **III** *vb itr* **1** smeta [ifrån (av) sig] **2** sudda, bli suddig (fläckig)

smear campaign ['smɪəkæmˌpeɪn] *s* nedsvärtningskampanj, förtalskampanj

smear test ['smɪətest] *s* med. cellprov, cytologprov

smeary ['smɪərɪ] *adj* **1** fläckig, nedsmord; suddig **2** smetig, kladdig, smörjig, flottig

smell [smel] **I** (*smelt smelt* el. *~ed ~ed*) *vb tr* **1** känna lukten av, vädra (känna); bildl. misstänka, ana [*~ treason*]; *I can ~ something burning* jag känner lukten av något bränt, det luktar bränt; *I can ~ that you* [*have eaten garlic*] jag känner på lukten att du... **2** lukta [*på a rose*] **II** (för tema se *I*) *vb itr* **1** lukta [*at på*; *~ at a flower*] **2** lukta, dofta; stinka; *~ good* (*bad*) lukta gott (illa); *~ of* lukta [*~ of brandy* (*tobacco*)]; bildl. äv. ha en anstrykning av, tyda på, verka; vard. vara snudd på [*~ of heresy*] **III** *s* lukt; luktsinne; *there's a ~ of cooking* det luktar mat; *I noticed a ~ of gas* jag kände gaslukt[en]

smelling-salts ['smelɪŋsɔːlts] *s pl* luktsalt
smelly ['smelɪ] *adj* vard. illaluktande, stinkande
1 smelt [smelt] *vb tr* **1** smälta malm **2** utvinna metall
2 smelt [smelt] *s* zool. nors
3 smelt [smelt] imperf. o. perf. p. av *smell*
smile [smaɪl] **I** *vb itr* le, småle [*at* åt; [*up*]*on* mot]; ~*!* se glad ut!; ~ [*up*]*on* bildl. le mot, gynna **II** *vb tr* ge uttryck åt (visa) genom ett leende **III** *s* leende, småleende; *he was all ~s* el. *his face was wreathed in ~s* han log med hela ansiktet, han var idel solsken
smiling ['smaɪlɪŋ] *adj* leende äv. bildl. [*~ landscape*]; *come up ~* bildl. ta det med ett leende, se glad ut [trots allt]; *keep ~!* var glad!, lev livet leende!
smirch [smɜːtʃ] **I** *vb tr* smutsa [ner], fläcka äv. bildl. [*~ a p.'s fair name (reputation)*]; besudla **II** *s* fläck äv. bildl. [*a ~ on his reputation*]
smirk [smɜːk] **I** *vb itr* [hån]flina, smila **II** *s* flin, smil
smite [smaɪt] (*smote smitten*) *vb tr* (se äv. *smitten*) åld. el. litt. el. skämts. **1** slå [*~ a p. on the head*]; *he smote his breast* han slog sig för sitt bröst; *my conscience smote me* samvetet slog mig, jag fick samvetskval **2** slå ned, förgöra, dräpa
smith [smɪθ] *s* smed
smithereens [ˌsmɪðəˈriːnz] *s pl* vard. småbitar, flisor; *break (smash)* [*in*]*to ~* slå i tusen bitar
smithy ['smɪðɪ, 'smɪθɪ] *s* smedja
smitten ['smɪtn] perf *p* o. *adj* slagen; *~ with (by) a p.* (*a p.'s charms*) betagen (förälskad) i ngn; *~ with the plague* drabbad av pest[en], pestsmittad
smock [smɒk] *s* **1** skyddsrock **2** lekdräkt för barn
smog [smɒg] *s* smog rökblandad dimma
smoke [sməʊk] **I** *s* **1** rök; *the* [*Big*] *S~* vard. beteckn. för London; *no ~ without fire* ingen rök utan eld **2** vard. rök, bloss [*long for a ~*]; *have (take) a ~* ta sig en rök (ett bloss) **3** vard. röka, rökverk, tobak [äv. pl. *~s*] **II** *vb itr* **1** ryka [*the chimney ~s*], osa [*the lamp ~s*], ånga; ryka in **2** röka [*may I ~?*]; vard. röka [marijuana (hasch)] **III** *vb tr* röka [*~ bacon; ~ tobacco*]; *~d ham* rökt skinka; *~ out* a) röka ut [*~ out rats*] b) bildl. tvinga fram, avslöja
smokeless ['sməʊkləs] *adj* rökfri [*~ combustion (air)*], som inte avger rök[gaser]
smoker ['sməʊkə] *s* **1** rökare; *a heavy ~* en storrökare; *~'s cough* rökhosta **2** vard. rökkupé; vagn för rökare
smoke screen ['sməʊkskriːn] *s* mil. rökslöja; rökridå äv. bildl.
smokestack ['sməʊkstæk] *s* fartygsskorsten
smoking ['sməʊkɪŋ] **I** *adj* rökande; rykande **II** *s* rökning; *no ~* [*allowed*] rökning förbjuden

smoking-compartment ['sməʊkɪŋkəmˌpɑːtmənt] *s* rökkupé
smoking-room ['sməʊkɪŋruːm] *s* rökrum
smoky ['sməʊkɪ] *adj* **1** rykande [*~ chimney*], osande **2** rökig [*~ room*], rökfylld, full av rök **3** röklik, rökaktig, rök- [*~ taste*]; rökfärgad
smolder ['sməʊldə] *vb itr* o. *s* amer., se *smoulder*
smooch [smuːtʃ] vard. **I** *vb itr* **1** pussas **2** småhångla **II** *s* puss
smooth [smuːð] **I** *adj* **1** slät, jämn [*~ road, ~ surface*]; glatt [*~ muscle*]; blank [*~ paper*]; blanksliten [*~ tyre*]; *make things ~ for a p.* bildl. jämna vägen för ngn **2** len, fin, slät [*~ skin (chin)*] **3** lugn, stilla [*~ sea (crossing)*], jämn [*~ flight*] **4** välblandad, slät, jämn [*~ paste (consistency)*] **5** bildl. [jämn]flytande, jämn, lätt[flytande], ledig [*~ motion (style, verse)*], lugn, friktionsfri **6** mild, mjuk [*~ wine (voice, music)*] **7** a) lugn, jämn, vänlig [*~ temper*], artig, smidig [*~ manners*] b) inställsam, hal [*~ manner*], silkeslen [*~ tongue*] **II** *adv* jämnt [*run ~*]; *things have gone ~ with me* allt har gått bra (smidigt) [för mig] **III** *vb tr* **1** göra jämn (slät), jämna av äv. bildl. [*~ a p.'s path*]; släta 'till **2** *~ down* a) släta 'till [*~ down one's dress (hair)*] b) jämna ut, mildra [*~ down differences*]; bilägga [*~ down a quarrel*] **3** *~ out* a) släta ut [*~ out creases (a sheet)*]; jämna ut b) släta över [*~ out faults*] **4** *~ over* släta över
smoothie ['smuːðɪ] *s* vard. hal individ
smoothing-iron ['smuːðɪŋˌaɪən] *s* strykjärn, pressjärn
smoothly ['smuːðlɪ] *adv* jämnt etc., jfr *smooth I*; *a ~ running engine* en motor med jämn gång
smorgasbord ['smɔːɡəsbɔːd, 'smɜː-] *s* smörgåsbord
smote [sməʊt] imperf. av *smite*
smother ['smʌðə] *vb tr* **1** kväva äv. bildl. [*~ a yawn, ~ one's anger*] **2** täcka, 'begrava'; [*the meat*] *was ~ed with sauce* ...var dränkt i sås **3** [över]hölja [*~ with caresses (gifts; dust)*]
smoulder ['sməʊldə] **I** *vb itr* [ligga och] ryka; pyra, glöda under askan äv. bildl. **II** *s* glöd; pyrande
smudge [smʌdʒ] **I** *s* [smuts]fläck, suddigt märke **II** *vb tr* sudda (kludda, kladda) ner (till); bildl. fläcka; *~ out* sudda ut **III** *vb itr* bli suddig, sudda; smeta
smug [smʌɡ] *adj* självbelåten; trångsynt
smuggle ['smʌɡl] *vb tr* o. *vb itr* smuggla äv. bildl.
smuggler ['smʌɡlə] *s* smugglare
smuggling ['smʌɡlɪŋ] *s* smuggling
smut [smʌt] *s* **1** sotflaga; sotfläck, smuts **2** rost på säd **3** bildl. oanständighet[er]
smutty ['smʌtɪ] *adj* **1** sotig, nersotad, nersmutsad **2** om säd angripen av rost **3** oanständig, snuskig [*~ stories*], smuts-
snack [snæk] *s* matbit, lätt [mellan]mål;

snack bar

munsbit; **~s** äv. tilltugg, snacks [~s *with the drinks*]
snack bar ['snækbɑː] *s* o. **snackery** ['snækərɪ] *s* snackbar, [lunch]bar, barservering
snaffle ['snæfl] *s*, ~ [*bit*] träns, tränsbetsel
snafu [snæ'fuː] mil. sl. (förk. för *situation normal: all fouled* (el. *fucked*) *up*) **I** *adj* kaotisk, i en hopplös röra, åt helvete **II** *vb tr* röra (trassla) till **III** *s* kaos, röra, virrvarr
snag [snæg] *s* **1** avbruten (utstående) grenstump; knagg **2** a) uppriven tråd (maska) b) reva **3** vard., *there's* (*that's*) *the ~!* det är det som är kruxet (stötestenen)!; *there's a ~ in it somewhere* det finns en hake någonstans
snail [sneɪl] *s* snigel med skal, om pers. äv. sölkorv; *at a ~'s pace* med snigelfart
snake [sneɪk] *s* orm äv. bildl.; ~ *in the grass* a) oanad (dold) fara b) orm i paradiset, falsk vän; **~s and ladders** slags sällskapsspel med tärningar och brickor
snakebite ['sneɪkbaɪt] *s* ormbett
snake-charmer ['sneɪkˌtʃɑːmə] *s* ormtjusare
snap [snæp] **I** *vb itr* **1** nafsa, snappa, hugga [*at* efter] **2** fräsa, fara ut [äv. ~ *out*; *she ~ped at* (åt, mot) *him*] **3** gå av (itu), brytas av (itu), knäckas [äv. ~ *off* (*in two*); *the branch ~ped*]; *his nerves ~ped* hans nerver sviktade **4** knäppa [till]; *the lid ~ped down* (*shut*) locket smällde igen **5** vard., ~ [*in*]*to it* raskt ta itu med saken, sätta i gång omedelbart; *try to ~ out of it!* försök att komma över det!, ryck upp dig! **II** *vb tr* **1** ~ *up* nafsa (nappa) åt sig, snappa [upp] **2** ~ *a p.'s head off* bita (snäsa) av ngn **3** bryta av (itu) [äv. ~ *off*]; slita av [~ *a thread*] **4** knäppa med [~ *one's fingers*], smälla med [~ *a whip*]; ~ *one's fingers at a p.* (*in a p.'s face*) bildl. strunta i ngn; visa förakt för ngn **5** knäppa igen [~ *a clasp*]; ~ *the lid down* (*shut*) smälla (slå) igen locket **6** knäppa, fotografera **III** *s* **1** nafsande **2** a) knäpp, knäppande [*a ~ with one's fingers*] b) knäck; smäll [*the oar broke with a ~*] **3** [tryck]knäppe, lås [*the ~ of a bracelet*]; tryckknapp **4** vard. fart, kläm; *put some ~ into it* sätta lite fart på det hela **5** kort period (ryck); *cold ~* köldknäpp **6** slags småkaka; *ginger ~s* ung. [hårda] pepparkakor **7** slags kortspel för barn **8** se *snapshot* **IV** *adj* **1** snabb, snabb-, på stående fot [*a ~ decision*] **2** parl. plötslig, överrumplings- [~ *division* (*vote*) (votering)] **V** *adv, go ~* gå av med ett smäll (knäpp)
snapdragon ['snæpˌdræɡ(ə)n] *s* bot. lejongap
snap fastener ['snæpˌfɑːsnə] *s* tryckknapp
snappy ['snæpɪ] *adj* **1** knäppande, smällande, knastrande [~ *sound*] **2** kvick; *make it* (*look*) *~!* vard. raska (snio) på!, lägg på en rem!
snapshot ['snæpʃɒt] foto. **I** *s* kort, snapshot, ögonblicksbild **II** *vb tr* knäppa

snare [sneə] **I** *s* snara; bildl. äv. försåt; *lay ~s for* lägga ut snaror för **II** *vb tr* snara, snärja
1 snarl [snɑːl] **I** *vb itr* morra [*at* åt]; om pers. brumma ilsket [*at* åt (över)] **II** *vb tr, ~ out* brumma [fram] ilsket **III** *s* morrande; brummande
2 snarl [snɑːl] **I** *s* trassel, tova, fnurra, knut; härva [*traffic ~*]; bildl. äv. förveckling **II** *vb tr* trassla till (in, ihop); *be ~ed up* vard. vara tilltrasslad (kaotisk), ha kört ihop sig
snarl-up ['snɑːlʌp] *s* trassel, röra, kaos; trafiksammanbrott, trafikkaos [äv. *traffic ~*]
snatch [snætʃ] **I** *vb tr* **1** rycka till sig, rafsa (nappa) åt sig [äv. ~ *up*], gripa (hugga) [tag i]; ~ *away* rycka bort (undan); ~ *off* rycka (slita) av [sig] **2** stjäla [sig till] [~ *a kiss*, ~ *a nap*] **3** sl. a) kidnappa b) haffa; *be ~ed* torska, åka dit **c)** sno, stjäla **II** *vb itr* **1** hugga 'för sig **2** ~ *at* gripa efter **III** *s* **1** hugg, grepp, napp **2** a) kort period (stund) b) [brott]stycke; stump; bit; *~es of verse* versstumpar **3** i tyngdlyftning ryck **4** sl. a) stöld; kidnappning b) gripande [av brottsling] **5** vulg. a) fitta b) knull
snazzy ['snæzɪ] *adj* sl. flott, läcker; prålig
sneak [sniːk] **I** (imperf. o. perf. p. *~ed*, amer. äv. *snuck snuck*) *vb itr* **1** smyga [sig]; ~ *away* smyga sig i väg, lomma av **2** skol. sl. skvallra **II** *vb tr* smyga (smussla, smuggla) in (ut) [~ *a gun into one's pocket*] **III** *s* **1** skol. sl. skvallerbytta **2** amer., pl. ~*s* se *sneakers* **IV** *adj* överrasknings- [~ *raid*], smyg-; ~ *preview* film. förhandsvisning, försöksvisning
sneakers ['sniːkəz] *s pl* amer. vard. gymnastikskor
sneaking ['sniːkɪŋ] *adj* **1** hemlig, outtalad, dold [~ *sympathy*] **2** smygande; dunkel [~ *suspicion*]; lömsk
sneak thief ['sniːkθiːf] *s* småtjuv, ficktjuv
sneer [snɪə] **I** *vb itr* **1** hånle [*at* åt], hångrina **2** ~ *at* håna, driva med, pika **II** *s* hånleende, hångrin
sneeze [sniːz] **I** *vb itr* **1** nysa **2** vard., ~ *at* fnysa åt, strunta i; *it's not to be ~d at* det är inte att förakta (inga dåliga grejor) **II** *s* nysning
snick [snɪk] **I** *vb tr* göra en lätt skåra (inskärning) i **II** *s* [lätt] skåra
snicker ['snɪkə] **I** *vb itr* **1** gnägga [svagt] **2** isht amer., se *snigger* **I** **II** *s* isht amer., se *snigger* **II**
snide [snaɪd] *adj* vard. spydig [~ *remarks*]
sniff [snɪf] **I** *vb itr* **1** a) vädra, dra in luften genom näsan, lukta (nosa) [*at* på], snusa, sniffa b) snörvla **2** fnysa, rynka på näsan [*at* åt] **II** *vb tr* **1** andas in, insupa; snusa (sniffa) [på]; lukta (nosa) på; ~ *up* dra upp (in) [genom näsan] **2** känna lukten av **3** bildl. vädra [~ *a scandal*] **III** *s* **1** inandning, snusande; snörvling; fnysning **2** andetag, sniff; doft [~ *of perfume*]
sniffer ['snɪfə] *s* vard. **1** sniffare **2** ~ *dog*

narkotikahund **3** [elektronisk] avsökare, detektor **4** kran, snok näsa
sniffle ['snɪfl] *vb itr* o. *s* se *snuffle*
snifter ['snɪftə] *s* **1** aromglas, konjakskupa **2** sl. sup, hutt
snigger ['snɪgə] **I** *vb itr* fnissa, flina [*at* (*over*) åt] **II** *s* fnissande, flinande; flin
snip [snɪp] **I** *vb itr* klippa [*at* i] **II** *vb tr* klippa (nypa, knipsa) ['av] **III** *s* **1** klipp; klippande **2** a) avklippt bit, remsa b) liten bit **3** vard. kap, fynd [till vrakpris]
snipe [snaɪp] **I** *s* **1** zool. beckasin; snäppa **2** skott från bakhåll **II** *vb itr* **1** mil. skjuta från bakhåll [*at* på] **2** vard., ~ *at* slå ned på, hacka på
sniper ['snaɪpə] *s* mil. prickskytt; krypskytt
snippet ['snɪpɪt] *s* **1** avklippt bit, remsa, [tidnings]urklipp **2** pl. ~*s* bildl. lösryckta stycken, fragment, stumpar, småbitar, småplock
snitch [snɪtʃ] sl. **I** *s* **1** kran, snok näsa **2** angivare, tjallare **II** *vb itr* skvallra, tjalla [*on* på], uppträda som angivare [*on* mot] **III** *vb tr* knycka, sno
snivel ['snɪvl] **I** *vb itr* **1** gnälla, lipa, snyfta **2** snörvla **II** *s* gnäll, lip[ande]
sniveller ['snɪv(ə)lə] *s* lipsill, grinolle
snivelling ['snɪv(ə)lɪŋ] **I** *adj* **1** gnällig **2** snorig **II** *s* **1** gnäll **2** snörvlande, snorande
snob [snɒb] *s* snobb; *intellectual* ~ intelligenssnobb
snobbery ['snɒbərɪ] *s* snobberi, högfärd
snobbish ['snɒbɪʃ] *adj* snobbig, snobb-
snog [snɒg] *vb itr* sl. hångla, kela
snook [snu:k, snʊk] *s* vard., *cock a* ~ *at* räcka lång näsa åt; ge blanka den i; ~*s!* bää!, blää!
snooker ['snu:kə] **I** *s* snooker slags biljard **II** *vb tr* vard., *be* ~*ed* bli ställd (försatt i en besvärlig situation)
snoop [snu:p] vard. **I** *vb itr* [gå och] snoka, spionera [äv. ~ *around*] **II** *vb tr* snoka i (efter), spionera på **III** *s* snok, spion
snooper ['snu:pə] *s* vard. snok, spion
snooty ['snu:tɪ] *adj* vard. snorkig, mallig; vresig
snooze [snu:z] vard. **I** *vb itr* ta sig en lur **II** *s* [tupp]lur
snore [snɔ:] **I** *vb itr* snarka **II** *s* snarkning
snorkel ['snɔ:k(ə)l] *s* snorkel
snort [snɔ:t] **I** *vb itr* fnysa; frusta **II** *vb tr* **1** fnysa, frusta [*out* fram] **2** snorta, sniffa [~ *cocaine*] **III** *s* **1** fnysning; frustande **2** sl. hutt **3** sl. sniff dos kokain
snot [snɒt] *s* sl. snor
snotty ['snɒtɪ] *adj* **1** sl. snorig **2** vard. ynklig; osnuten **3** vard. arg, förbaskad **4** vard. snorkig
snotty-nosed ['snɒtɪnəʊzd] *adj* sl., ~ *kid* snorunge
snout [snaʊt] *s* **1** nos, tryne vard. äv. om näsa, ansikte **2** pip, tut; utsprång **3** sl. cigg cigarett; tobak

snow [snəʊ] **I** *s* **1** snö; snöfall; pl. ~*s* a) snödrivor, snömassor b) snöfall c) snövidder; ~ *clearance* snöröjning, snöskottning; *S*~ *White* Snövit **2** sl. snö kokain **II** *vb itr* snöa äv. bildl.; ~ *in* bildl. strömma in **III** *vb tr*, *be* ~*ed in* (*up*) bli (vara) insnöad
snowball ['snəʊbɔ:l] **I** *s* snöboll äv. bildl.; ~ *effect* vard. snöbollseffekt; *he hasn't a* ~*'s chance in hell* [*of passing the exam*] han har inte skuggan av en chans... **II** *vb itr* **1** kasta snöboll **2** bildl. växa (tilltaga) i allt snabbare takt [*opposition to the war* ~*ed*] **III** *vb tr* **1** kasta snöboll på **2** bildl. låta (få att) växa (tilltaga) i allt snabbare takt; ~*ing effect* vard. snöbollseffekt
snow-blind ['snəʊblaɪnd] *adj* snöblind
snow-bound ['snəʊbaʊnd] *adj* insnöad
snow-capped ['snəʊkæpt] *adj* snötäckt
Snowdon ['snəʊdn] geogr.
snowdrift ['snəʊdrɪft] *s* snödriva
snowdrop ['snəʊdrɒp] *s* bot. snödroppe
snowfall ['snəʊfɔ:l] *s* **1** snöfall **2** snömängd
snowflake ['snəʊfleɪk] *s* snöflinga
snowline ['snəʊlaɪn] *s* snögräns
snowman ['snəʊmæn] *s* **1** snögubbe **2** *the* [*Abominable*] *S*~ Snömannen i Himalaya
snowplough ['snəʊplaʊ] *s* snöplog
snowstorm ['snəʊstɔ:m] *s* snöstorm, snöoväder
snow tyre ['snəʊˌtaɪə] *s* vinterdäck, snödäck
snowy ['snəʊɪ] *adj* **1** snöig, snötäckt; snö- [~ *weather*] **2** snövit
Snr. o. **snr.** ['si:njə] förk. för *senior*
snub [snʌb] **I** *vb tr* snäsa [av], snoppa av; stuka **II** *s* avsnäsning, avsnoppning **III** *adj*, ~ *nose* trubbnäsa
snub-nosed ['snʌbnəʊzd] *adj* trubbnosig, trubbnäst
snuck [snʌk] amer., imperf. o. perf. p. av *sneak*
1 snuff [snʌf] **I** *vb tr* andas in, vädra; snusa [~ *tobacco*] **II** *s* [torrt] snus, luktsnus; *take* ~ snusa
2 snuff [snʌf] *vb tr* **1** snoppa, putsa, snyta [~ *a candle*]; ~ *out* släcka med ljussläckare o.d. **2** ~ [*out*] bildl. kväva, undertrycka [~ [*out*] *hopes*, ~ [*out*] *a rebellion*] **3** sl. döda [*get* ~*ed*]; ~ *it* lämna in, kola dö
snuffbox ['snʌfbɒks] *s* snusdosa
snuffle ['snʌfl] **I** *vb itr* snörvla, tala i näsan **II** *s* snörvling; näston; *have the* ~*s* vara täppt i näsan
snuff movie [ˌsnʌf'mu:vɪ] *s* våldsporrfilm där verkligt mord begås under filmens gång
snug [snʌg] *adj* **1** varm och skön, väl skyddad, ombonad; trygg, lugn; *be* ~ *in bed* ha det varmt och skönt i sängen; *be as* ~ *as a bug* [*in a rug*] ha det riktigt (varmt och skönt) **2** snygg, prydlig **3** åtsittande [*a* ~ *jacket*], stram; tättslutande; *fit* ~ *around the waist* sitta tätt kring midjan

snuggle ['snʌgl] *vb itr* **1** sätta (lägga) sig bekvämt till rätta, ordna det skönt för sig, krypa ihop; ~ *down* kura ihop, krypa ner **2** ~ *up to* (*against*) trycka (smyga) sig intill
1 so [səʊ] **I** *adv* **1** så; [så] till den grad; *it's ~ kind of you* det är mycket vänligt av dig; *be ~ fortunate as to get away* vara lycklig nog att komma undan **2** så, sålunda, på detta sätt, på så sätt; ~ *and* ~ se *so-and-so*; [*rather*] ~ ~ vard. si och så, så där; *is that ~?* jaså?, säger du det? **3** spec. förbindelser: ~ *as to* för att [*he hit the snake on the head ~ as to stun it*]; ~ *far* se *far II 1*; ~ *help me God* så sant mig Gud hjälpe; ~ *long* se *2 long IV 2*; ~ *many* se *many*; ~ *much* se *much I* o. *II 4*; *and ~ on* (*forth*) och så vidare; *and ~ on and ~ forth* och så vidare i all oändlighet; ~ *to say* (*speak*) så att säga; ~ *that* a) för att [*he died ~ that we might live*] b) så att [*he tied me up ~ that I couldn't move*]; *if* ~ i så fall, om så är (vore); *just* ~ precis så; just det! **4** *I'm afraid* ~ jag är rädd för det; *I believe* ~ jag tror det; ~ *saying* med dessa ord; *I told you ~!* det var [ju] det jag sa! **5** därför, följaktligen [*she is ill, and ~ cannot come to the party*] **6** ss. svar: [*It was cold yesterday. -*] *S~ it was* ...Ja, det var det **7** *he is old and ~ am 'I* han är gammal och det är 'jag också **II** *konj* **1** a) så [att] [*check carefully ~ any mistake will be found*] b) så, och därför, varför [*she asked me to go, ~ I went*] **2** i utrop så, jaså, alltså [~ *you're back again!*]; ~ *there!* så är det!; ~ *what?* än sen då?
2 so [səʊ] *s* mus. sol
soak [səʊk] **I** *vb tr* **1** blöta, lägga i blöt, låta ligga i blöt **2** göra genomvåt, [genom]dränka äv. bildl.; *~ed through* genomvåt, genomblöt, genomsur **3** vard., ~ *in* insupa, suga i sig (upp, åt sig) [~ *in the atmosphere*], absorbera; ~ *up* suga upp (åt sig) [~ *up information*], absorbera **4** vard. skinna, köra upp [~ *the tourists*]; pressa pengar av; ~ *the rich* låta de rika betala **II** *vb itr* **1** ligga i blöt, blötas **2** ~ *in* sugas (tränga) in **III** *s* **1** [genom]blötning, urblötning; blötläggning; *give a* ~ el. *put in* ~ lägga i blöt **2** blötläggningsvatten, blötläggningsbad
soaking ['səʊkɪŋ] **I** *s* [upp]blötning; blötläggning **II** *adj* genomvåt, genomblöt, genomsur **III** *adv*, ~ *wet* genomvåt, genomblöt, genomsur
so-and-so ['səʊənsəʊ] *s* **1** den och den, det eller det; *Mr. S~* äv. herr N.N. **2** neds. (ung.) typ, människa, färskalle [*that old ~*]
soap [səʊp] **I** *s* tvål; såpa; *a* ~ en tvål[sort]; *a cake* (*piece, tablet*) *of* ~ en tvål; *soft* ~ a) såpa b) vard. smicker **II** såpa [in]; såptvätta
soapbox ['səʊpbɒks] *s* **1** tvålask **2** tvållåda; improviserad talarstol; ~ *orator* folktalare
soapflakes ['səʊpfleɪks] *s pl* tvålflingor
soap opera ['səʊpˌɒpərə] *s* vard. tvålopera
soapsuds ['səʊpsʌdz] *s pl* tvållödder, såplödder; tvålvatten, såpvatten
soapy ['səʊpɪ] *adj* **1** tvålig, tvål-, tvålaktig; såpig **2** bildl. inställsam
soar [sɔː] *vb itr* **1** flyga (sväva) högt, stiga, höja sig **2** bildl. a) svinga sig upp till (sväva i) högre rymder b) stiga (stegras) våldsamt, skjuta i höjden [*prices are ~ing*]
sob [sɒb] **I** *vb itr* **1** snyfta **2** flämta **II** *vb tr*, ~ *out* snyfta fram; ~ *one's heart out* snyfta så att hjärtat kan brista **III** *s* snyftning, snyftande
s.o.b. sl. förk. för *son of a bitch, silly old bastard* skällsord
sober ['səʊbə] **I** *adj* **1** nykter; måttlig; *as* ~ *as a judge* vard. spik nykter; *become* ~ [*again*] nyktra till **2** a) måttfull, sansad [~ *judgement*], behärskad, besinningsfull, lugn b) nykter, klar, enkel [~ *facts*] c) allvarsam, saklig **3** sober, dämpad, diskret [~ *colours*] **II** *vb tr* få (göra) nykter [äv. ~ *up* (*down*)] **III** *vb itr* nyktra till, bli nykter [vanl. ~ *up* (*down*)]
sobriety [sə(ʊ)'braɪətɪ] *s* **1** nykterhet; måttlighet **2** måttfullhet, sans, besinning
sob sister ['sɒbˌsɪstə] *s* vard. **1** snyftjournalist; redaktör för hjärtespalt **2** sentimental och beskäftig idealist
sob story ['sɒbˌstɔːrɪ] *s* vard. snyfthistoria; snyftvals uvsäkt, undanflykt
sob stuff ['sɒbstʌf] *s* vard. sentimentalt larv
Soc. förk. för *Socialist, Society*
so-called [ˌsəʊ'kɔːld, attr. '--] *adj* mest neds. s.k., så kallad
soccer ['sɒkə] *s* vard. (kortform för *Association football*) fotboll i motsats till rugby el. amerikansk fotboll
sociability [ˌsəʊʃə'bɪlətɪ] *s* sällskaplighet
sociable ['səʊʃəbl] *adj* sällskaplig; ~ *person* sällskapsmänniska
social ['səʊʃ(ə)l] **I** *adj* **1** social, social-; samhällelig, samhälls-; ~ *care* samhällsvård; ~ *climbing* klättring på samhällsstegen; *S~ Democrat* socialdemokrat; *the ~ ladder* samhällsstegen; ~ *science* samhällsvetenskap[erna]; ~ *scientist* samhällsvetare; ~ *security* a) social trygghet b) amer. (ung.) socialförsäkring inklusive pension; *be on ~ security* ha (få) socialbidrag; ~ *security number* ung. personnummer; ~ *services* sociala förmåner; socialvård[en], socialtjänst[en]; ~ *standing* (*position*) socialt anseende, social ställning; ~ *studies* samhällsorienterande ämnen, samhällsvetenskap; ~ *welfare* socialvård; ~ *welfare office* social[vårds]byrå; ~ *welfare officer* socialkurator; ~ [*welfare*] *worker* socialarbetare **2** zool. samhällsbildande **3** sällskaplig; sällskaps- [~ *talents*], umgänges- **II** *s* samkväm, tillställning, bjudning

socialism ['səʊʃəlɪz(ə)m] *s* socialism
socialist ['səʊʃəlɪst] **I** *s* socialist; ofta *S~* socialdemokrat **II** *adj* socialistisk, socialist-; ofta *S~* socialdemokratisk [*the S~ Party*]
socialite ['səʊʃəlaɪt] *s vard.* societetslejon, kändis
socialize ['səʊʃəlaɪz] **I** *vb tr* förstatliga, socialisera; *~d medicine* amer. fri sjukvård genom samhällets försorg **II** *vb itr* **1** *~ with* umgås (fraternisera) med **2** delta i sällskapslivet
socially ['səʊʃ(ə)lɪ] *adv* **1** socialt, samhälleligt **2** sällskapligt [*I have known him ~ for six years*]
society [sə'saɪətɪ] *s* **1** samhälle[t] **2** samfund, sällskap, förening; *charitable ~* välgörenhetsförening; *learned ~* lärt (vetenskapligt) samfund; *the Royal S~* [brittiska] vetenskapsakademien **3** a) sällskap [*feminine ~*] b) krets[ar] [*musical* (*literary*) *~*]; vänkrets, umgängeskrets **4** [*high*] *~* societet[en], sällskapslivet, de högre [sällskaps]kretsarna [ofta *S~*]; *fashionable ~* de högre kretsarna, överklassen; *in polite ~* i bildade (kultiverade) kretsar [*move* (röra sig) *in polite ~*]
sociolinguistics [ˌsəʊʃɪəʊlɪŋ'gwɪstɪks] (konstr. ss. sg.) *s* sociolingvistik, språksociologi
sociological [ˌsəʊʃjəʊ'lɒdʒɪk(ə)l] *adj* sociologisk
sociologist [ˌsəʊʃɪ'ɒlədʒɪst] *s* sociolog
sociology [ˌsəʊʃɪ'ɒlədʒɪ] *s* sociologi
1 sock [sɒk] *s* **1** [kort]strumpa, socka; *pull one's ~s up* el. *pull up one's ~s* vard. ung. skärpa (rycka upp) sig, ta nya tag (ett krafttag), spotta i nävarna; *put a ~ in it!* sl. håll käften!, lägg av! **2** [inläggs]sula
2 sock [sɒk] sl. **I** *s* slag, smäll; *a ~ on the jaw* ett slag på käften, en snyting **II** *vb tr* slå, dänga (till), slänga; *~ it to a p.* ge ngn på käften, ge ngn så han (hon) tiger; *~ it to 'em!* ge järnet!, ge dom vad dom tål!
socket ['sɒkɪt] *s* **1** hålighet, håla; urtag; ledskål; *eye ~* ögonhåla **2** hållare, sockel, fattning [*lamp ~*]; uttag; *wall ~* vägguttag; *~ outlet* [el]uttag **3** mek. hylsa, hållare, kabelsko; *~ wrench* hylsnyckel
Socrates ['sɒkrəti:z] Sokrates
1 sod [sɒd] *s* **1** grässmatta, gräsmark, grästorv **2** grästorva
2 sod [sɒd] vulg. **I** *s* (kortform för *sodomite*) **1** bög **2** jävel, knöl, kräk [*you cheeky ~!*]; *poor ~!* stackars jävel (kräk)!; *~'s* (*Sod's*) *law* se *Murphy's law* under *Murphy II* **2 II** *vb tr*, *~ it!* fan!; *~ that!* det skiter jag (ger jag fan) i! **III** *vb itr*, *~ about* larva (drälla) omkring
soda ['səʊdə] *s* **1** a) soda; kem. natriumkarbonat b) kaustik soda c) bikarbonat; kem. natriumvätekarbonat d) natriumoxid; *bicarbonate of ~*

bikarbonat **2** sodavatten **3** amer. ice-cream soda; läsk
soda fountain ['səʊdəˌfaʊntən] *s* **1** läskedrycksautomat **2** ung. glassbar; läskedrycksbar
sodden ['sɒdn] *adj* **1** genomblöt, genomdränkt **2** a) om bröd o.d. degig, kladdig b) svampig
sodium ['səʊdjəm] *s* kem. natrium; *~ bicarbonate* natriumvätekarbonat, bikarbonat; *~ carbonate* natriumkarbonat: a) kalcinerad soda b) kristallsoda; *~ chloride* natriumklorid, koksalt
sodomite ['sɒdəmaɪt] *s* sodomit
sodomy ['sɒdəmɪ] *s* sodomi; analt samlag; tidelag
sofa ['səʊfə] *s* soffa; *on the ~* i (på) soffan
Sofia ['səʊfjə, sə(ʊ)'fi:ə] geogr.
soft [sɒft] *adj* **1** mjuk [*~ pillow*]; lös; *~ drink* alkoholfri dryck, läskedryck; *~ drugs* lätt ej vanebildande narkotika; *~ furnishings* inredningstextilier, hemtextilier; *~ landing* mjuklandning **2** dämpad, soft [*~ colour; ~ light; ~ music*], mjuk [*~ outline* (kontur)]; *~ focus* foto. softfokusbild; *~ pedal* mus. (vard.) vänsterpedal, sordin[pedal]; vard. sordin, hämsko **3** mild [*~ breeze* (*climate*)]; *~ words* (*eyes*)], blid [*~ day* (*winter*)]; god [*~ heart*]; *~ sell* mjuk försäljningsteknik **4** lätt, lindrig [*~ job*]; *~ touch* vard. a) lätt[lurat] offer, person som är lätt att klå på pengar b) lätt (snabb) affär c) person som är lätt att rå på; lätt match **5** vek[lig], pjoskig, beskedlig; *~ spot* svag punkt; *have a ~ spot for* vara svag för; *go ~* vard. bli blödig, tappa stinget **6** vard. tokig, fånig; *be ~ on* (*about*) *a p.* vara småkär i (svärma för) ngn; *you have gone a bit ~* [*in the head*]*!* du måste ha blivit [alldeles] snurrig!
softball ['sɒftbɔ:l] *s* amer. softball slags baseboll
soft-boiled [ˌsɒft'bɔɪld, attr. '--] *adj* löskokt [*~ eggs*]
soft-core ['sɒftkɔ:] *adj*, *~ porno*[*graphy*] mjukporr
soften ['sɒfn] **I** *vb tr* **1** mjuka upp, göra mjuk [bildl. ofta *~ up*] **2** dämpa, mildra, lindra [äv. *~ down*]; bildl. försvaga, förslappa **3** stämma mildare; *~ a p.'s heart* få ngns hjärta att vekna **II** *vb itr* mjukna, bli mildare, mildras; vekna alla äv. bildl.
softener ['sɒfnə] *s* mjuk[nings]medel, mjukgöringsmedel
soft-hearted [ˌsɒft'hɑ:tɪd] *adj* godhjärtad, ömsint, deltagande
soft-pedal [ˌsɒft'pedl] **I** *vb tr* **1** spela…med sordin[pedal] (vänsterpedal) **2** bildl. dämpa (tona) ner **II** *vb itr* **1** spela med sordin[pedal] (vänsterpedal) **2** bildl. stämma ner (dämpa) tonen
soft-soap [ˌsɒft'səʊp] *vb tr* vard. smickra
soft-spoken ['sɒftˌspəʊk(ə)n, ˌ-'--] *adj*, *be ~*

a) tala med mild (vänlig) röst b) vara vänlig (älskvärd)
software ['sɒftweə] *s* data. mjukvara, programvara
softy ['sɒftɪ] *s* **1** ynkrygg, mes, mammas gosse; våp **2** enfaldig stackare, fåne, tok, toka
soggy ['sɒgɪ] *adj* **1** blöt; om mark äv. uppblött, sumpig **2** om bröd degig, tung **3** trög, tung
soh [səʊ] *s* mus. sol
Soho ['səʊhəʊ, sə(ʊ)'həʊ] distrikt i London med utländska restauranger, nattklubbar o. affärer
1 soil [sɔɪl] *s* **1** jord, jordmån [*rich* (*poor*) ~], mull, mylla; grogrund äv. bildl. **2** mark, botten [*on foreign* ~]
2 soil [sɔɪl] **I** *vb tr* smutsa [ner], solka [ner] [~ *one's hands* (*clothes*)]; *~ed linen* smutskläder, smutstvätt **II** *vb itr* smutsas, bli smutsig [*material that ~s easily*]
soirée ['swɑːreɪ] *s* fr. soaré
sojourn ['sɒdʒɜːn] litt. **I** *vb itr* vistas, uppehålla sig [*with* hos; *at* vid; *in* i] **II** *s* vistelse
sol [sɒl] *s* mus. sol
solace ['sɒləs] **I** *s* tröst, lindring **II** *vb tr* trösta; *~ oneself* trösta sig
solar ['səʊlə] *adj* **1** sol- [~ *ray*; ~ *system*; ~ *year*, ~ *battery*; ~ *cell*; ~ *microscope*], solar- [~ *constant*]; ~ *day* soldygn; ~ *energy* solenergi **2** ~ *plexus* [ˌsəʊlə'pleksəs] anat. el. boxn. solarplexus
solari|um [sə(ʊ)'leərɪ|əm] (*pl. -ums* el. *-a* [-ə]) *s* solarium
sold [səʊld] imperf. o. perf. p. av *sell*
solder ['sɒldə, 'səʊldə] **I** *s* lod, lödmetall **II** *vb tr* löda [ihop (fast)] **III** *vb itr* löda
soldier ['səʊldʒə] **I** *s* soldat; *common* (*private*) ~ menig; *old* ~ a) gammal soldat, veteran b) gammal och erfaren man; *come the old ~ over a p.* vard. [försöka] trycka ner ngn åberopande sin långa erfarenhet; *tin* (*toy*) ~ tennsoldat **II** *vb itr* tjäna som (vara) soldat; ~ *on* kämpa 'på, hålla stånd (ut)
1 sole [səʊl] **I** *s* **1** [sko]sula; fotsula **2** zool. [sjö]tunga; *Dover ~* äkta sjötunga **II** *vb tr* [halv]sula
2 sole [səʊl] *adj* enda; ensam i sitt slag; ~ *agent* (*distributor*) ensamförsäljare, ensamagent; ~ *heir* universalarvinge; *in ~ possession of* i okvald besittning av; ~ [*and exclusive*] *right* ensamrätt
solecism ['sɒlɪsɪz(ə)m] *s* språkfel
solely ['səʊllɪ] *adv* **1** ensam [~ *responsible*] **2** endast, uteslutande, blott [och bart], allenast
solemn ['sɒləm] *adj* högtidlig, allvarlig
solemnity [sə'lemnətɪ] *s* högtidlighet
solemnization [ˌsɒləmnaɪ'zeɪʃ(ə)n] *s* firande, högtidlighållande; *~ of marriage* vigselakt
solemnize ['sɒləmnaɪz] *vb tr* **1** fira [~ *Christmas*], högtidlighålla; *~ a marriage*

förrätta en vigsel **2** ge en högtidlig prägel (stämning) åt
solenoid ['səʊlənɔɪd, 'sɒlə-] *s* elektr. solenoid
sol-fa [ˌsɒl'fɑː] *s* mus. **1** solmisation; solmisationsstavelse; solmisationsövning **2** [*tonic*] ~ Tonika-Do[metod]
solicit [sə'lɪsɪt] **I** *vb tr* **1** [enträget] be, hemställa hos, anropa [~ *a p. for* (om) *a th.*; ~ *a p. to* ([om] att) *do a th.*] **2** [enträget] be om, utbe sig, hemställa om [~ *a favour from* (*of*) *a p.* (av ngn)]; ~ *votes* [försöka] värva röster **3** om prostituerad bjuda ut sig åt, antasta **II** *vb itr* **1** tigga, be **2** om prostituerad bjuda ut sig, antasta (ofreda) presumtiva kunder
solicitor [sə'lɪsɪtə] *s* **1** i England advokat som förbereder mål för *barrister*, underrättsadvokat; jurist, juridiskt ombud **2** i USA stadsjurist; juridisk rådgivare **3** amer. [röst]värvare; ackvisitör, insamlare [av bidrag]; bettlare
Solicitor-General [səˌlɪsɪtə'dʒen(ə)r(ə)l] (*pl. Solicitors-General* el. *Solicitor-Generals*) *s* **1** i England: kronjurist; motsv. ung. biträdande (vice) justitiekansler **2** i USA: ung. biträdande justitieminister; i vissa delstater statsjurist
solicitous [sə'lɪsɪtəs] *adj* ivrig, angelägen [*for, of* om; *to do* [om] att göra]
solicitude [sə'lɪsɪtjuːd] *s* **1** [överdriven] omsorg **2** oro, ängslan [*for* för]; bekymmer
solid ['sɒlɪd] **I** *adj* **1** fast äv. bildl. [~ *bodies*]; i fast form; *~ food* fast föda; *~ fuel* fast bränsle; *it had become ~* den hade antagit fast form; *it was frozen ~* den var hårdfrusen (bottenfrusen); *packed ~* fullproppad **2** massiv [*a ~ ball* (*tyre*)], solid, gedigen; *~ chocolate* ren (ofylld) choklad; *~ gold* massivt (gediget) guld **3** bastant, stadig [*a ~ meal* (*pudding*)]; *~ flesh* fast hull; *~ ground* stadig (fast) grund **4** pålitlig, rejäl, vederhäftig [*a ~ man*]; säker, solid [*~ business, a ~ firm*]; hållbar [*~ arguments*] **5** enhällig, enig; *~ majority* kompakt (säker) majoritet; *the S~ South* den massivt demokratiska Södern de sydstater i USA som av tradition stöder demokratiska partiet **6** obruten, sammanhängande [*a ~ row of buildings*]; heldragen [*~ line, ~ wire*]; *for two ~ hours* (*two hours ~*) två timmar i sträck, i två hela timmar; *a ~ day's work* en hel dags arbete **7** kubik-; rymd-; *~ content*[*s*] kubikinnehåll; *~ geometry* rymdgeometri **II** *adv* enhälligt [*vote ~*] **III** *s* **1** fys. fast kropp **2** geom. solid (tredimensionell) figur, kropp **3** pl. *~s* a) fasta ämnen (beståndsdelar) b) fast föda
solidarity [ˌsɒlɪ'dærətɪ] *s* solidaritet, samhörighetskänsla
solidify [sə'lɪdɪfaɪ] **I** *vb tr* överföra till fast form; göra fast (solid); konsolidera **II** *vb itr* övergå till fast form; bli fast (solid), stelna
solidity [sə'lɪdətɪ] *s* **1** fasthet; soliditet etc., jfr *solid I* **2** kubikinnehåll

soliloquy [sə'lıləkwı] *s* samtal med sig själv; isht teat. monolog
solitaire [,sɒlı'teə] *s* **1** solitär diamant o.d.; smycke med en solitär **2** isht amer. kortsp. patiens
solitary ['sɒlıt(ə)rı] **I** *adj* **1** ensam [*a ~ traveller*]; som lever (bor) för sig själv; *~ confinement* [placering i] ensamcell (isoleringscell) **2** enda [*not a ~ instance* (*one*)], enstaka [*a ~ exception*] **3** enslig, avskild, undangömd [*a ~ village*], ödslig **II** *s* **1** ensling; eremit **2** vard. ensamcell
solitude ['sɒlıtju:d] *s* **1** ensamhet, avskildhet **2** enslighet, ödslighet
solmization [,sɒlmı'zeıʃ(ə)n] *s* mus. solmisation
sol|o ['səʊl|əʊ] **I** (pl. *-os*, mus. äv. *-i* [-i:]) *s* **1** a) mus. solo b) solouppträdande, solonummer m.m. **2** kortsp. solo **II** *adj* solo-, ensam- [*~ flight*]; *~ whist* tvåmanswhist **III** *adv* solo, ensam [*fly ~*]
soloist ['səʊləʊıst] *s* solist
so-long [,səʊ'lɒŋ] *interj*, *~!* vard. hej [så länge]!
solstice ['sɒlstıs] *s* solstånd [*summer* (*winter*) *~*]
solubility [,sɒljʊ'bılətı] *s* [upp]lösbarhet, löslighet
soluble ['sɒljʊbl] *adj* **1** [upp]lösbar, löslig [*~ in water*] **2** lösbar, som kan lösas [*a ~ problem*]
solution [sə'lu:ʃ(ə)n, sə'lju:-] *s* **1** lösande, lösning [*the ~ of* (av) *an equation*; *the ~ of* el. *to* (på) *a problem* (*a p.'s troubles*)] **2** kem. lösning
solvable ['sɒlvəbl] *adj* lösbar; tydbar
solve [sɒlv] *vb tr* lösa [*~ a problem* (*riddle*)], klara upp, tyda; matem. solvera
solvency ['sɒlv(ə)nsı] *s* hand. solvens, betalningsförmåga
solvent ['sɒlv(ə)nt] **I** *adj* **1** kem. [upp]lösande [*~ liquid*], lösnings- **2** hand. solvent, vederhäftig **II** *s* **1** kem. lösningsmedel **2** bildl. lösning [*for* på]
Somali [sə(ʊ)'mɑ:lı] **I** *adj* somalisk; *the ~ Republic* Somalia **II** *s* **1** (pl. *~[s]*) somalier **2** somali[språket]
Somalia [sə(ʊ)'mɑ:ljə]
Somalian [sə(ʊ)'mɑ:ljən] **I** *s* somalier **II** *adj* somalisk
sombre ['sɒmbə] *adj* mörk, dyster
some [sʌm, obeton. səm] **I** *fören* o. *självst indef pron* **1** a) någon, något, några [*~ person* (*child*) *might have seen it*; *I bought ~ stamps*], en [*there is ~ man at the door*] b) viss [*it is open on ~ days*], en viss [*there is ~ truth in what you say*] c) en del [*~* [*of it*] *was spoilt*], somlig [*~ work is pleasant*] d) litet [*~ bread* (*money*); *would you like ~ more?*]; *I have read it*] *in ~ book* [*or other*] ...i någon bok [någonstans]; *~ fool or other* [*has opened it*] någon dåre [vem det nu är]...; *~* [*people*]

somliga, en del; *~ other day* (*time*) en (någon) annan dag (gång) **2** åtskilliga, en hel del, inte så lite [*that will take ~ courage*]; [*I shall be away*] *for ~ time* ...en längre (någon) tid; *for ~ time yet* än på ett [bra] tag **3** vard. något till [en], som heter duga; *that was ~ party!* det var en riktig fest, det! **II** *adv* **1** framför räkneord o.d. ungefär, omkring, en [*~ twenty minutes*]; *~ dozen people* ett dussintal människor **2** vard. rätt, ganska [så], något till [*he seemed annoyed ~*]; *that's going ~!* vilken fart!
somebody ['sʌmbədı, -ˌbɒdı] **I** *självst indef pron* någon; *~ or other* någon [vem det nu är (var)]; *or ~* eller någon [annan] **II** *s* betydande (framstående) person, någon; *he thinks he is* [*a*] *~* han tror att han 'är något
somehow ['sʌmhaʊ] *adv* på något (ett eller annat) sätt [äv. *~ or other*]; i alla fall [*I managed it ~*]; så gott du (han osv.) kan (kunde) [*well, do it ~!*]; hur som helst [*~, I feel sure that*...]; av någon anledning, vad det nu beror på [*she never liked me, ~*]
someone [ˈsʌmwʌn] *självst indef pron* någon; jfr *somebody I*
someplace ['sʌmpleıs] *adv* amer. någonstans
somersault ['sʌməsɔ:lt, -sɒlt] **I** *s* kullerbytta äv. bildl.; volt, saltomortal; bildl. äv. helomvändning; *do* (*turn, throw*) *a ~* se *II* **II** *vb itr* slå en kullerbytta
Somerset ['sʌməsət] geogr.
something ['sʌmθıŋ] **I** *självst indef pron* o. *s* något, någonting; *a certain ~* något visst; *~ or other* någonting [vad det nu är (var)]; ett eller annat; *or ~* vard. eller något sådant (ditåt, i den stilen) [*he was a painter or ~*]; *~ of the kind* (*sort*) el. *~ to that effect* någonting ditåt (åt det hållet), någonting i den stilen (vägen); *he is ~ in the Customs* han är något vid tullen; *that's ~!* det är saker, det!; *there is ~ in that* det ligger något i det, det är något att ta fasta på; *you've got ~ there!* där sa du någonting!; *tell me ~* a) berätta [något] för mig b) säg mig [en sak]; *he thinks himself ~* el. *he thinks he is ~* han tror att han 'är något **II** *adv* **1** *~ like* se *1 like II 3* **2** vard. något [så], rent [*he swears ~ awful* (förfärligt)]; [*she treated me*] *~ shocking* ...på ett upprörande sätt
sometime ['sʌmtaım] **I** *adv* någon gång; *we will do it ~ or other* vi ska göra det någon gång [i framtiden] **II** *adj* förra, förutvarande [[*the*] *~ sheriff*]
sometimes ['sʌmtaımz] *adv* ibland, emellanåt, då och då, stundom
somewhat ['sʌmwɒt] *adv* något, rätt, ganska, tämligen [*it is ~ complicated*]; *~ to his astonishment* [*they left the room*] det förvånade honom något att...; *more than ~*

vard. inte så lite [*he was more than ~ perplexed*] **II** *självst indef pron* o. *s* litt. något, en del, litet; *he is ~ of a liar* han är en riktig (verklig) lögnare

somewhere ['sʌmweə] *adv* någonstans, någonstädes; *~ else* någon annanstans, annorstädes; *~ or other* någonstans [varsomhelst]; *~ about* (*round*) *Christmas* vid jultiden, kring jul; *~ about* (*round*) *ten pounds* ungefär (så där omkring) 10 pund; *get ~* bildl. komma någonvart [i livet], slå sig fram; *I've got to go ~* vard. jag måste gå nånstans (gå på ett visst ställe)

somnambulism [sɒm'næmbjʊlɪz(ə)m] *s* somnambulism, sömngång

somnambulist [sɒm'næmbjʊlɪst] *s* sömngångare, somnambul

somnolence ['sɒmnələns] *s* sömnighet, dåsighet

son [sʌn] *s* **1** son; *~ and heir* son och arvinge, 'arvprins'; *the S~ of Man* bibl. Människosonen **2** i tilltal [min] gosse, min pojke

sonar ['səʊnɑ:] *s* (förk. för *sound navigation and ranging*) ekolod; hydrofon; sonar

sonata [sə'nɑ:tə] *s* mus. sonat; sonat- [*~ form*]

sonde [sɒnd] *s* rymdsond

son et lumière [ˌsɒneɪ'lu:mɪeə] *s* fr. ljud- och ljusspel

song [sɒŋ] *s* sång; visa; *the S~ of Songs* el. *the S~ of Solomon* bibl. Höga Visan; *book of ~s* sångbok, visbok; *give a ~* sjunga en visa; *nothing to make a ~* [*and dance*] *about* vard. ingenting att göra [någon stor] affär av; *buy* (*sell*) *a th. for a* [*mere*] *~* (*an old ~*) köpa (sälja) ngt för en spottstyver; *be on ~* vard. vara i toppform; fungera perfekt

songbird ['sɒŋbɜ:d] *s* sångfågel

songbook ['sɒŋbʊk] *s* sångbok, visbok

songster ['sɒŋstə] *s* sångare äv. om fågel o. poet

sonic ['sɒnɪk] *adj* ljud-, sonisk; *~ bang* (*boom*) [ljud]bang överljudsknall; *the ~ barrier* ljudvallen

son-in-law ['sʌnɪnlɔ:] (pl. *sons-in-law* ['sʌnzɪnlɔ:]) *s* svärson, måg

sonnet ['sɒnɪt] *s* sonett

sonny [sʌnɪ] *s* vard., ss. tilltal [min] lille gosse (vän); gosse lilla [äv. *~ boy*]

son-of-a-bitch o. **sonofabitch** [ˌsʌnəvə'bɪtʃ] (pl. vanl. *sons-of-bitches*) *s* isht amer. sl. jävel, jävla knöl

son-of-a-gun [ˌsʌnəvə'gʌn] (pl. vanl. *sons-of-guns*) *s* vard. skojare; *hello, you ~!* hej din rackare!, tjänamors!

sonority [sə'nɒrəti] *s* mus. o.d. sonoritet, klangfullhet, fulltonighet

sonorous ['sɒnərəs, sə'nɔ:rəs] *adj* **1** ljudande, ljudlig **2** sonor, klangfull, fyllig, fulltonig

soon [su:n] *adv* **1** snart, strax; tidigt [*spring came ~ this year*]; *as* (*so*) *~ as* så snart (fort) [som]; *so ~ as* äv. så tidigt som; *too ~* för tidigt; *none too ~* inte [en minut] för tidigt, på tiden; *~ after* a) kort därefter b) kort efter att; *he arrived ~ after three* han kom strax efter tre **2** [*just*] *as ~* lika gärna; *I would just as ~ not go there* jag skulle helst vilja slippa gå dit

sooner ['su:nə] *adv* **1** förr, tidigare; *~ or later* förr eller senare; *the ~ the better* ju förr dess bättre; *no ~ did we sit down than* vi hade knappt satt oss förrän; *no ~ said than done* sagt och gjort **2** hellre, snarare; *I would ~ stay where I am than...* jag vill hellre stanna (jag stannar hellre) där jag är än...

soot [sʊt] **I** *s* sot **II** *vb tr* **1** sota [ner] **2** strö sot på

soothe [su:ð] *vb tr* **1** lugna [*~ a crying baby; ~ a p.'s nerves*] **2** lindra, stilla [*~ pains*] **3** blidka, lirka med

soothing ['su:ðɪŋ] *adj* lugnande, lindrande

sooty ['sʊti] *adj* sotig, sot-; sotsvart

sop [sɒp] **I** *s* **1** doppad (uppmjukad) brödbit **2** mutor för att tysta el. lugna ngn; uppmuntran, tröst **II** *vb tr* **1** doppa, blöta [upp] **2** *~ up* suga upp, torka upp [*~ up the water with a towel*]

Sophia [sə(ʊ)'faɪə, -'fi:ə] kvinnonamn

Sophie ['səʊfɪ] kvinnonamn

sophisticate [ss. vb sə'fɪstɪkeɪt, ss. subst. -kət] **I** *vb tr* **1** göra sofistikerad, förfina **2** förvränga [genom spetsfundigheter] **II** *vb itr* bruka sofisteri[er] (spetsfundigheter) **III** *s* sofistikerad (raffinerad) person

sophisticated [sə'fɪstɪkeɪtɪd] *adj* **1** sofistikerad, raffinerad; sinnrik, avancerad, komplicerad [*a ~ system*] **2** spetsfundig

sophistication [səˌfɪstɪ'keɪʃ(ə)n] *s* **1** raffinemang; förfining, finesser; subtiliteter **2** spetsfundigheter

sophistry ['sɒfɪstrɪ] *s* sofisteri[er], spetsfundighet[er], ordklyveri

Sophocles ['sɒfəkli:z] Sofokles

sophomore ['sɒfəmɔ:] *s* amer. univ. o.d. andraårsstuderande

soporific [ˌsɒpə'rɪfɪk] **I** *adj* sömngivande, sömn-, sövande **II** *s* sömnmedel

sopping ['sɒpɪŋ] *adv*, *~ wet* genomblöt, genomvåt

soppy ['sɒpɪ] *adj* **1** blöt, plaskvåt **2** vard. fånig; blödig, sentimental

soprano [sə'prɑ:nəʊ] mus. **I** (pl. *-os* el. *-i* [-i:]) *s* sopran **II** *adj* sopran-

sorbet ['sɔ:beɪ, -bət] *s* sorbet; vattenglass

sorcerer ['sɔ:s(ə)rə] *s* trollkarl, svartkonstnär, häxmästare

sorcery ['sɔ:s(ə)rɪ] *s* trolldom, svartkonst, häxeri

sordid ['sɔ:dɪd] *adj* **1** smutsig, eländig **2** lumpen, simpel, tarvlig, låg, oren

sore [sɔ:] **I** *adj* **1** öm [*~ feet*], mörbultad; *a sight for ~ eyes* se sight I 4; *be like a bear with a ~ head* bildl. vara vresig (irriterad,

butter); *a ~ spot* ett ont (ömt) ställe; *have a ~ throat* ha ont i halsen **2** bildl. känslig, ömtålig, öm; *a ~ point* (*spot*) en öm (känslig) punkt **3** isht amer. vard. sur, på dåligt humör, förbannad [*at, about, over över*] **II** *s* ont (ömt) ställe; [var]sår, varböld äv. bildl.; *reopen old ~s* bildl. a) riva upp gamla sår b) riva upp gamla misshälligheter
sorority [səˈrɒrətɪ] *s* **1** amer. kvinnoförening vid college el. universitet **2** nunneorden
sorrow [ˈsɒrəʊ] **I** *s* sorg, bedrövelse [*at, for, over över*]; [*he said it*] *more in ~ than in anger* ...mera ledsen än ond **II** *vb itr* sörja [*at, for, over över*]
sorrowful [ˈsɒrəf(ʊ)l] *adj* **1** sorgsen, bedrövad **2** sorglig, bedrövlig
sorry [ˈsɒrɪ] *adj* **1** ledsen, bedrövad; [*so*] *~!* el. *I'm* [*so*] *~!* förlåt!, ursäkta [mig]!; *~, but I can't come* jag är ledsen (jag beklagar) men jag kan inte komma, tyvärr kan jag inte komma; *I'm* [*very*] *~ that this should have happened* jag beklagar (är mycket ledsen över) att detta skulle hända; *I'm very ~ to hear it* det var tråkigt (det gör mig ont) att höra; *I'm ~ to say that...* tyvärr [måste jag säga att]..., jag beklagar, men...; *I'm ~ about* (*for*) [*what I said*] jag är ledsen över (för)..., jag beklagar (ångrar)...; *I'm* (*I feel*) *~ for you* jag tycker [det är] synd om dig, det gör mig ont om dig; *you'll be ~ for this!* det här kommer du att få ångra! **2** sorglig [*a ~ end; a ~ truth*] **3** ynklig [*a ~ sight*], jämmerlig, eländig [*a ~ performance*], dålig, klen [*a ~ excuse*]; *in a ~ plight* (*state*) i ett bedrövligt (sorgligt) tillstånd
sort [sɔːt] **I** *s* sort, slag; typ; *it takes all ~s* [*to make a world*] alla [människor] kan inte vara lika; *he is a good* (*decent*) *~* vard. han är bussig; *he is not the ~ to complain* han är inte den [typ] som klagar; *~ of* vard. liksom, på något vis, på sätt och vis [*I feel ~ of funny; he is very nice, ~ of*]; *it is a nice ~ of place* det är en [ganska] trevlig plats; *all ~s of things* alla möjliga saker; *that ~ of thing* sådant där; *these* (*this*) *~ of men* (*people*) sådana (den sortens, detta slags) människor; *what ~ of* vad [för] slags (sorts); hurudan; *after a ~* på sätt och vis; *nothing of the ~* inte alls så; ss. svar visst inte!, inte alls!; *something of the ~* något sådant; *of a ~* el. *of ~s* vard. någon sorts, ett slags; *out of ~s* a) krasslig, vissen b) ur gängorna, nere **II** *vb tr* sortera, ordna; *~ out* a) sortera [upp] b) sortera (gallra) ut (bort) c) vard. ordna (reda) upp [*~ out one's problems*] d) vard. ge på huden [*I'll ~ you out!*]; *things will ~ themselves out* vard. det ordnar [upp] sig; *get oneself ~ed out* vard. komma i ordning **III** *vb itr* litt., *~ well* (*ill*) *with* stämma väl (dåligt) överens med
sorter [ˈsɔːtə] *s* isht post. sorterare

sortie [ˈsɔːtiː] *s* mil. **1** utfall; utbrytningsförsök **2** flyg. flygning, uppstigning
SOS [ˌesəʊˈes] *s* **1** SOS; *~* [*signal*] nödsignal **2** radio. personligt meddelande (telegram)
so-so [ˈsəʊsəʊ] **I** *adj* dräglig, skaplig **II** *adv* drägligt, skapligt; inget vidare, si och så
sot [sɒt] *s* försupen stackare, fyllbult
Sotheby [ˈsʌðəbɪ] egenn.; berömd auktionsfirma i London
soufflé [ˈsuːfleɪ] *s* kok. sufflé
sough [saʊ] **I** *s* vindens sus, suckande; klagan **II** *vb itr* susa, sucka; klaga
sought [sɔːt] imperf. o. perf. p. av *seek*
soul [səʊl] *s* **1** själ äv. friare [*the ship sank with 300 ~s on board*]; *an honest* (*a good*) *~* vard. en hederlig (hygglig) själ; *poor ~* stackars människa, stackare; stackarn; *upon my ~* min själ, minsann; *with my whole ~* av hela mitt hjärta **2** soul[musik]
soul-destroying [ˈsəʊldɪˌstrɔɪɪŋ] *adj* själsdödande [*~ work*]
soulful [ˈsəʊlf(ʊ)l] *adj* själfull
soulless [ˈsəʊlləs] *adj* andefattig, själlös
soul mate [ˈsəʊlmeɪt] *s* själsfrände
soul-searching [ˈsəʊlˌsɜːtʃɪŋ] *s* självrannsakan
1 sound [saʊnd] **I** *adj* **1** a) frisk [*~ teeth*], sund b) felfri [*~ fruit*], oskadad, fullgod; *as ~ as a nut* (*bell*) frisk som en nötkärna **2** välgrundad, hållbar, klok [*~ advice; a ~ argument* (*opinion, policy*)], sund, riktig [*a ~ principle*] **3** säker, solid, bra [*a ~ investment* (*position*); *a ~ ship*] **4** grundlig, ordentlig; *~ sleep* djup (god) sömn; *a ~ thrashing* ett ordentligt kok stryk **II** *adv* sunt [*sound-thinking citizens*]; *sleep ~* el. *be ~ asleep* sova djupt (gott)
2 sound [saʊnd] **I** *s* **1** ljud; fys. äv. ljudet; *~ film strip* ljudbildband; *~ reproduction* ljudåtergivning; *the ~s of speech* språkljuden; [*the hall*] *is good for ~* ...har bra akustik (goda akustiska förhållanden); *within* (*out of*) *~* inom (utom) hörhåll [*of* för] **2** ton, klang; skall; *give a hollow ~* ljuda ihåligt; *I don't like the ~ of it* det låter inte bra, det låter (verkar) oroande **II** *vb itr* **1** ljuda [*the trumpet ~ed*], tona, klinga, skalla; ge ljud **2** låta [*the music ~s beautiful*]; *it ~s to me as if* jag tycker det låter som om **III** *vb tr* **1** a) låta ljuda, blåsa [i] [*~ a trumpet*], ringa med (på, i) [*~ a bell*], slå på [*~ a gong*] b) slå an [*~ a note* (ton)], stämma upp; spela c) uttala, ljuda [*~ each letter*]; *the alarm* trycka på alarmknappen, låta larmet gå, slå larm; *the all-clear* ge 'faran över' **2** isht mil. blåsa till, beordra; *~ an* (*the*) *alarm* slå (blåsa) alarm **3** förkunna, basunera ut; *~ a p.'s praise*[*s*] lovorda ngn
3 sound [saʊnd] **I** *vb tr* **1** sjö. loda [*~ the depth*] **2** med. sondera, undersöka med sond **3** bildl. sondera, pejla, söka utröna [*~ a p.'s views*]; *~ a p. out* [*about* (*on*) *a th.*] söka

sound 774

utröna (ta reda på) hur ngn ställer sig [till ngt] **II** *vb itr* **1** sjö. loda **2** bildl. sondera terrängen **3** sjunka; om val dyka **III** *s* med. sond
4 sound [saʊnd] *s* sund; *the S~* Sundet, Öresund
sound barrier ['saʊn(d)ˌbærɪə] *s* ljudvall
sound-broadcasting ['saʊn(d)ˌbrɔːdkɑːstɪŋ] *s* ljudradio
sound effect ['saʊndɪˌfekt] *s* ljudeffekt; radio. äv. ljudkuliss
sound engineer [ˌsaʊndendʒɪ'nɪə] *s* ljudtekniker
1 sounding ['saʊndɪŋ] *adj* ljudande, klingande
2 sounding ['saʊndɪŋ] *s* **1** sondering **2** sjö. pejling, lodning; *~ line* lodlina; *take ~s* loda; bildl. känna sig för, sondera terrängen **3** sjö., pl. *~s* a) djupförhållanden, vattendjup b) lodbart vatten [*be in (on) ~s, come into ~s*]
sounding board ['saʊndɪŋbɔːd] *s* **1** mus. resonansbotten, resonanslåda, resonanskropp **2** bildl. språkrör; opinionsspridare
soundproof ['saʊn(d)pruːf] **I** *adj* ljudtät, ljudisolerande **II** *vb tr* ljudisolera
soundtrack ['saʊn(d)træk] *s* film. **1** [inspelad] filmmusik [*a ~ album*] **2** ljudspår, ljudband
soundwave ['saʊn(d)weɪv] *s* ljudvåg
soup [suːp] **I** *s* kok. soppa; *clear ~* [klar] buljong, klar soppa; *thick ~* redd soppa; *be in the ~* vard. ha råkat (sitta) i klistret (knipa), sitta illa till **II** *vb tr* sl., *~* [*up*] a) trimma motor o.d. b) amer. skruva upp tempot på; liva upp, ge en kraftinjektion
souped-up ['suːptʌp] *adj* sl. **1** trimmad [*a ~ mini* (minibil)] **2** uppskruvad, dramatiserad, mera slagkraftig; flott, vräkig, påkostad
soup kitchen ['suːpˌkɪtʃɪn] *s* **1** soppkök; utspisningsställe för t.ex. katastroffer **2** mil. sl. kök
soup plate ['suːppleɪt] *s* sopptallrik, djup tallrik
sour ['saʊə] **I** *adj* **1** sur, syrlig; surnad; dålig, unken [*~ odour*]; *~ cream* a) sur grädde b) gräddfil, crème fraiche; *go ~* surna **2** bildl. sur, vresig, butter; bitter; *go* (*turn*) *~* a) bli sur [*on* på] b) tappa tron, bli besviken, tröttna [*on* på] c) misslyckas, gå galet, gå snett [*on* för] **II** *vb tr* **1** göra sur; syra; bleka **2** bildl. göra bitter, förarga, förbittra, förstöra **III** *vb itr* **1** surna, bli sur **2** bildl. bli sur (bitter); tröttna [*on* på], få nog
source [sɔːs] *s* källa; bildl. äv. upphov, upprinnelse, ursprung; *~ of energy* energikälla; *~ of information* bildl. källa, informationskälla; *~ of light* ljuskälla; *from a reliable ~* från säker källa
sourpuss ['saʊəpʊs] *s* vard. surpuppa, surkart
souse [saʊs] **I** *s* **1** ung. sylta; inkokt fisk m.m. **2** a) saltlake; marinad b) saltläggning;

marinering **3** blötning, blöta; *get a thorough ~* bli genomblöt **II** *vb tr* **1** lägga i saltlake (marinad), marinera; *~d herring* ung. inkokt sill (strömming) kokt i ättika o. vatten **2** doppa [*~ a p. in a pond*]; ösa; hälla vatten på, dränka med vatten; blöta; dränka [*he ~s everything he eats in tomato ketchup*] **3** vard. berusa; *~d* berusad, mosig
south [saʊθ] **I** *s* **1** söder, syd; för ex. jfr *east I 1* **2** *the ~* (*S~*) södern, sydliga länder; södra delen; södra halvklotet; *the S~* i USA Södern, sydstaterna **II** *adj* sydlig, södra, syd- [*on the ~ coast*], söder-, sunnan-; *S~ America* Sydamerika; *the S~ Country* södra England, Sydengland; *the S~ Downs* South Downs kritkullarna i Sussex o. Hampshire; *the S~ Pole* sydpolen; *the S~ Seas* Söderhavet; *the S~ Sea Islands* Söderhavsöarna **III** *adv* mot (åt) söder, söderut, sydvart; söder, syd, sydligt; för ex. jfr *east III* **IV** *vb itr* segla (stäva) mot söder; om solen o. månen passera meridianen
Southampton [saʊθ'(h)æm(p)tən] geogr.
southbound ['saʊθbaʊnd] *adj* sydgående
south-east [ˌsaʊθ'iːst] **I** *s* sydost, sydöst **II** *adj* sydostlig, sydöstlig, sydöstra; *South-East Asia* Sydostasien **III** *adv* mot (i) sydost (sydöst); *~ of* sydost om
south-eastern [ˌsaʊθ'iːstən] *adj* sydostlig, sydöstlig, sydöstra
southerly ['sʌðəlɪ] *adj* o. *adv* o. *s* sydlig; mot söder, från söder; sydlig vind; jfr vid. *easterly*
southern ['sʌðən] *adj* **1** sydlig; södra [*the S~ Cross, the ~ hemisphere*], söder-, syd-; för ex., jfr *eastern 1*; *~ lights* sydsken; *the S~ States* i USA sydstaterna **2** sydländsk
southerner ['sʌðənə] *s* **1** person från södra delen av landet (södra England); i USA sydstatsbo **2** sydlänning
southernmost ['sʌðənməʊst] *adj* sydligast
South Korea [ˌsaʊθkə'rɪə] Sydkorea
South Korean [ˌsaʊθkə'rɪən] **I** *adj* sydkoreansk **II** *s* sydkorean
southpaw ['saʊθpɔː] vard. **I** *s* **1** vänsterhänt person **2** boxn. southpaw, vänsterhandsboxare **II** *adj* vänsterhänt
southward ['saʊθwəd] **I** *adj* sydlig etc., jfr *eastward I* **II** *adv* mot (åt) söder, söderut; sjö. sydvart; *~ of* syd om
southwards ['saʊθwədz] *adv* se *southward II*
south-west [ˌsaʊθ'west] **I** *s* sydväst väderstreck **II** *adj* sydvästlig, sydvästra **III** *adv* mot (i) sydväst; *~ of* sydväst om
south-western [ˌsaʊθ'westən] *adj* sydvästlig, sydvästra
souvenir [ˌsuːv(ə)'nɪə] *s* souvenir, minne
sou'-wester [saʊ'westə] *s* sjö. **1** sydväst vind **2** sydväst huvudbonad
sovereign ['sɒvrən] **I** *adj* **1** högst, högsta [*~ power*] **2** suverän [*a ~ state*], enväldig, oinskränkt, regerande [*~ prince*] **3** ofelbar,

effektiv [*a* ~ *remedy*] **II** *s* **1** monark, regent **2** suverän stat **3** sovereign gammalt eng. guldmynt = £1
sovereignty ['sɒvr(ə)ntɪ] *s* **1** suveränitet, högsta makt **2** överhöghet
Soviet ['səʊvɪət, 'sɒv-, -vjet] hist. I *s*, *s~* sovjet, arbetarråd i Ryssland; *the Supreme* ~ Högsta Sovjet **II** *adj* sovjet-; Sovjet-; sovjetisk; *the* ~ *Union* el. *the Union of* ~ *Socialist Republics* hist. Sovjetunionen, Sovjet
1 sow [səʊ] (imperf. *sowed;* perf. p. *sown* el. *sowed*) I *vb tr* så äv. bildl. [~ *seeds;* ~ *the seeds of hatred*]; [be]så [~ *a field*] **II** *vb itr* så; *as a man ~s, so shall he reap* ordspr. som man sår får man skörda
2 sow [saʊ] *s* sugga, so; *you can't make a silk purse out of a* ~*'s ear* ung. man kan inte slipa en diamant av en gråsten
sown [səʊn] *adj* o. *perf p* **1** se *1 sow* **2** bildl. översållad, tätt besatt [~ *with pearls*]
soya ['sɔɪə] *s* **1** ~ *sauce* soja[sås] **2** se *soybean*
soybean ['sɔɪbi:n] *s* sojaböna; ~ *oil* soja[böns]olja
sozzled ['sɒzld] *adj* sl. stupfull, knall
spa [spɑ:] *s* **1** brunnsort **2** hälsobrunn
space [speɪs] I *s* **1** fys., filos. o.d. rymd[en], rum; världsrymden; attr. rymd- [~ *research, ~ rocket*]; *time and* ~ tid och rum; *outer* ~ yttre rymden **2** utrymme, plats; svängrum; avstånd, mellanrum, vidd, sträcka; areal; *blank* ~ tomrum, lucka; *living* ~ livsrum; *the wide open ~s* de stora vidderna; *vacant* ~ ledigt (tomt) utrymme, ledig plats; tomrum; *it takes up too much* ~ det tar för mycket (stor) plats **3** tidrymd [äv. ~ *of time*], period; *for (in) the* ~ *of a month* [under] en månad (en månads tid), under loppet av en månad; *within the* ~ *of* inom [loppet av], innan... förflutit **II** *vb tr* **1** ordna (ställa upp) med mellanrum (luckor, intervaller); göra mellanrum mellan; ~ *out* placera ut; sprida [ut], fördela **2** boktr. o.d. göra mellanslag mellan; ~ *out* spärra
spacebar ['speɪsbɑ:] *s* mellanslagstangent, framstegare på skrivmaskin
spacecraft ['speɪskrɑ:ft] (pl. lika) *s* rymdfarkost, rymdskepp
space|man ['speɪs|mæn] (pl. *-men* [-mən]) *s* rymdfarare, astronaut, kosmonaut
space probe ['speɪsprəʊb] *s* rymdsond
space-saving ['speɪsˌseɪvɪŋ] *adj* utrymmesbesparande, utrymmessnål
spaceship ['speɪsʃɪp, 'speɪʃʃɪp] *s* rymdskepp
space shuttle ['speɪsˌʃʌtl] *s* rymdfärja
spacesuit ['speɪssu:t, -sju:t] *s* rymddräkt
space travel ['speɪsˌtrævl] *s* rymdfärder, rymdfart
spacious ['speɪʃəs] *adj* **1** rymlig, vidsträckt; spatiös **2** bildl. omfattande, mångsidig
1 spade [speɪd] *s* kortsp. spaderkort; pl. *~s*

spader; *a* ~ äv. en spader; *the ten of ~s* spadertian
2 spade [speɪd] I *s* spade; *call a* ~ *a* ~ nämna en sak vid dess rätta namn, tala rent ut **II** *vb tr* gräva [med en spade], gräva upp [äv. ~ *up*]
spadeful ['speɪdfʊl] *s* spade ss. mått; *a* ~ *of earth* en spade jord
spadework ['speɪdwɜ:k] *s* förarbete, grovarbete [*he did all the* ~ *for our new society*]; pionjärarbete
spaghetti [spəˈɡetɪ] *s* spaghetti, spagetti
Spain [speɪn] Spanien
span [spæn] I *s* **1** avstånd mellan tumme och lillfinger utspärrade; spann (ca 9 tum el. 23 cm) **2** [bro]spann, valv; ~ *roof* byggn. sadeltak **3** spännvidd, räckvidd, omfång; *memory* ~ minnesvidd, minnesomfång **4** tid[rymd]; levnadslopp, utmätt [livs]tid [*man's* ~ *is short*]; *for a short* ~ *of time* under en kort tidrymd **5** flyg. vingbredd, spännvid **II** *vb tr* **1** om bro o.d. spänna (leda) över [~ *a river*]; bildl. omspänna, spänna (sträcka sig) över [*his life ~ned almost a century; ~ three octaves*]; *the Thames is ~ned by many bridges* Temsen korsas av många broar **2** slå [en] bro över; bildl. äv. överbrygga [~ *a gap*] **3** ta sig över, korsa [~ *a bay*] **4** mäta med fingrarna [utspärrade]; nå (räcka) över (om) [~ *an octave*] **5** uppskatta, bedöma [~ *the distance to a star*], uppskatta bredden av
spangle ['spæŋɡl] I *s* paljett; glittrande ting; pl. *~s* äv. glitter **II** *vb tr* paljettera, besätta (pryda) med paljetter (glitter); *~d with stars* stjärnbeströdd
Spaniard ['spænjəd] *s* spanjor; spanjorska
spaniel ['spænjəl] *s* spaniel hundras
Spanish ['spænɪʃ] I *adj* spansk; ~ *chestnut* äkta (ätlig) kastanj; ~ *cloak* slängkappa; ~ *onion* stor gul [stek]lök, spansk lök **II** *s* **1** spanska [språket] **2** *the* ~ spanjorerna **3** vard. lakrits
spank [spæŋk] I *vb tr* ge smäll (smisk); daska (slå) till; *be ~ed* få smäll (smisk) **II** *s* smäll, dask
1 spanking ['spæŋkɪŋ] *s* smäll, dask; *give a p. a* ~ ge ngn smäll (dask)
2 spanking ['spæŋkɪŋ] I *adj* **1** rask, snabb [~ *trot*] **2** vard. väldig; *have a* ~ *time* ha jätteroligt **II** *adv* vard. väldigt; ~ *new* splitterny
spanner ['spænə] *s* skruvnyckel; *adjustable* ~ skiftnyckel; *throw a* ~ *into the works* bildl. sabotera det hela, sätta en käpp i hjulet
1 spar [spɑ:] *s* miner. spat
2 spar [spɑ:] *s* sjö. mast, bom, spira
3 spar [spɑ:] I *vb itr* **1** sparra [*with a p.* mot ngn]; träningsboxas **2** munhuggas **II** *s* sparring; [tränings]boxning
spare [speə] I *adj* **1** ledig; extra[-], reserv- [*a* ~ *key (wheel)*], överlopps-, till övers, i reserv; ~ *bed* extrasäng, reservbädd; ~ *cash* pengar

[som blir] över; kontanter (pengar) i reserv; ~ *parts* reservdelar; ~ *room* (*bedroom*) gästrum; ~ *time* fritid, lediga stunder; ~ *tyre* a) reservdäck b) vard. bilring fettvalk **2** mager [*a* ~ *man; a* ~ *diet*]; knapp; klen **II** *vb tr* **1** avvara, undvara [*can you* ~ *a pound?*]; *can you* ~ *me a few minutes?* har du några minuter över [för mig]?; *enough and to* ~ nog och övernog, så det räcker och blir över; [*I have a few cigarettes*] *to* ~ ...som jag kan avvara, ...över (till övers); [*he caught the train*] *with a few minutes to* ~ ...med några minuter till godo, ...med några minuters marginal; *I have little time to* ~ jag har ont om tid; jag har inte mycket tid över [för (till) det] **2** a) skona [~ *a p.'s life* (*feelings*)] b) bespara [*a p. a th.* ngn ngt], förskona [*a p. a th.* ngn från (för) ngt]; ~ *oneself the trouble to* bespara sig besväret att **3** spara på, hushålla med; använda sparsamt; ~ *no pains* (*expense*) inte sky (spara) någon möda (några kostnader) **4** reservera, sätta (lägga) åt sidan **III** *s* reservdel, lös del; *I've got a* ~ äv. jag har ett [däck (batteri o.d.)] i reserv
spareribs ['speərɪbz, -'-] *s pl* kok. revbensspjäll
sparing ['speərɪŋ] *adj* måttlig, sparsam, njugg [*of* med, på; *in* med]
sparingly ['speərɪŋlɪ] *adv* sparsamt, med måtta
1 spark [spɑːk] *s, a bright* ~ ofta iron. a) ett ljushuvud b) en lustigkurre, en glad lax
2 spark [spɑːk] **I** *s* gnista äv. bildl. [*a* ~ *of hope*]; *not a* ~ *of interest* inte ett spår av (en gnutta) intresse **II** *vb itr* **1** gnistra **2** tända om motor **III** *vb tr,* ~ [*off*] utlösa, sätta i gång, vara den tändande gnistan till
sparking-plug ['spɑːkɪŋplʌg] *s* tändstift
sparkle ['spɑːkl] **I** *vb itr* **1** gnistra, spraka, tindra, glittra, lysa; bildl. spritta, sprudla; briljera, vara briljant **2** om vin moussera, pärla; skumma, bubbla **II** *s* **1** gnistrande, tindrande; glitter; glans; bildl. briljans **2** skum, bubblor
sparkler ['spɑːklə] *s* **1** tomtebloss **2** sl., pl. ~*s* glitter diamanter
spark plug ['spɑːkplʌg] *s* tändstift
sparring-partner ['spɑːrɪŋ,pɑːtnə] *s* sparring[partner]; bildl. äv. trätobroder
sparrow ['spærəʊ] *s* zool. sparv; *house* ~ gråsparv
sparrow hawk ['spærəʊhɔːk] *s* zool. sparvhök
sparse [spɑːs] *adj* gles [~ *hair*; *a* ~ *population*]
sparsely ['spɑːslɪ] *adv* glest [~ *populated*]; sparsamt [~ *furnished*]
sparseness ['spɑːsnəs] *s* o. **sparsity** ['spɑːsətɪ] *s* gleshet, tunnsåddhet, knapphet
Spartan ['spɑːt(ə)n] **I** *adj* spartansk äv. bildl. **II** *s* spartan äv. bildl.
spasm ['spæz(ə)m] *s* **1** spasm, kramp,

[kramp]ryckning, krampanfall **2** anfall [*a* ~ *of coughing* (*grief*)]; bildl. äv. ryck
spasmodic [spæz'mɒdɪk] *adj* **1** spasmodisk, krampaktig, krampartad **2** bildl. stötvis, ryckvis
spastic ['spæstɪk] **I** *adj* spastisk **II** *s* spastiker
1 spat [spæt] imperf. o. perf. p. av *2 spit*
2 spat [spæt] *s*, vanl. pl. ~*s* korta damasker för herrar
spate [speɪt] *s* **1** översvämning av flod; högvatten; *the river is in* ~ vattenståndet i floden är högt **2** bildl. ström, flöde [*a* ~ *of words*], [stört]flod, skur
spatial ['speɪʃ(ə)l] *adj* rumslig, rums-, spatial
spatter ['spætə] **I** *vb tr* stänka ned; stänka **II** *vb itr* stänka, droppa, skvätta; spruta **III** *s* stänkande; stänk; skur [*a* ~ *of rain*; *a* ~ *of bullets*]
spatula ['spætjʊlə] *s* **1** spatel; spackel, palettkniv **2** kok. stekspade; slickepott, degskrapa
spawn [spɔːn] **I** *vb tr* **1** lägga rom, ägg (om t.ex. fiskar) **2** producera i massor, spotta ut (fram) **II** *vb itr* **1** yngla, leka, lägga rom **2** yngla av sig **III** *s* **1** rom; ägg **2** bildl. avföda, yngel
spay [speɪ] *vb tr* sterilisera t.ex. tik, sugga
SPCA förk. för *Society for the Prevention of Cruelty to Animals*
SPCC förk. för *Society for the Prevention of Cruelty to Children*
speak [spiːk] (imperf. *spoke*; perf. p. *spoken*; se äv. *speaking*) **I** *vb tr* **1** tala [*he was* ~*ing about* (om) *politics*]; *actions* ~ *louder than words* gärningar säger mer än ord; *so to* ~ så att säga; ~*ing!* i telefon [ja] det är jag som talar!; *Smith* ~*ing!* i telefon [det här är] Smith!; *relatively* ~*ing* relativt sett; *seriously* ~*ing* allvarligt talat; *strictly* ~*ing* strängt taget, egentligen, noga räknat; *it* ~*s for itself* saken talar för sig själv; ~ *for yourself!* tala för dig själv!; ~ *of* tala om; vittna om; ~*ing of* på tal om, apropå; *not to* ~ *of* för att nu inte tala om (nämna); *nothing to* ~ *of* inget att tala om, inget nämnvärt; ~ *out* a) tala ut, sjunga ut, säga sin mening rent ut b) tala högre; ~ *up* a) tala högre, tala ur skägget b) tala ut; ~ *up for* höja sin röst (uppträda) till försvar för, ta i försvar **2** tala, hålla tal [~ *in public* (*at a meeting*) *on* om, över]; uttala sig, yttra sig [*against* mot; ~ *on* (i) *a question*] **II** *vb tr* **1** tala [~ *a language,* ~ *English*] **2** säga, yttra, uttala; ~ *the truth* säga sanningen; tala sanning
speakeasy ['spiːkˌiːzɪ] *s* amer. sl. (hist.) lönnkrog
speaker ['spiːkə] *s* **1** talare [*he is no* (*a fine*) ~]; speaker; *the* ~ äv. den talande **2** parl., *S*~ talman **3** högtalare
speaking ['spiːkɪŋ] **I** *attr adj* o. *pres p* talande; tal- [*a* ~ *part* (roll); *a* ~ *choir*]; *the S*~ *Clock* tele. Fröken Ur; *they are not on* ~ *terms* de

talar inte [längre] med varandra, de är osams II s tal, talande; **plain** ~ rent språk, ord och inga visor
spear [spɪə] I s spjut; ljuster II vb tr spetsa, genomborra [med spjut]; ljustra
spearhead ['spɪəhed] I s 1 spjutspets 2 förtrupp äv. bildl.; ledare II vb tr bilda förtrupp för; gå i spetsen för
spearmint ['spɪəmɪnt] s 1 bot. grönmynta 2 tuggummi med mintsmak
1 spec [spek] s vard. (kortform av *speculation*) spekulation; **on** ~ på spekulation, i spekulationssyfte; *I went there on* ~ jag chansade och gick dit
2 spec [spek] kortform av *specification* 2
special ['speʃ(ə)l] I adj speciell, särskild [~ *reasons*]; alldeles extra; special-, extra-; *S~ Branch* säkerhetspolisen i Storbritannien; ~ *correspondent* [speciellt] utsänd korrespondent (medarbetare); ~ *delivery* express[befordran]; ~ *edition* (*issue*) extraupplaga, extranummer; ~ *licence* speciellt utfärdad äktenskapslicens, dispens från lysning o.d.; ~ *train* extratåg II s 1 extrapolis som kallas in vid speciella tillfällen; pl. ~*s* äv. extrafolk, extramanskap, extrapersonal 2 extraupplaga, extranummer 3 *today's* ~ dagens rätt på matsedel 4 *on* ~ amer. till extrapris; [*lamb*] *is on* ~ det är extrapris på...
specialist ['speʃəlɪst] s specialist [*in, on* på, inom], fackman; ~ *knowledge* specialkunskaper, fackkunskaper; ~ *literature* facklitteratur
speciality [ˌspeʃɪ'ælətɪ] s 1 specialitet; specialtillverkning 2 utmärkande drag
specialization [ˌspeʃəlaɪ'zeɪʃ(ə)n, -ʃəlɪ'z-] s specialisering
specialize ['speʃəlaɪz] I vb tr specialisera; ~*d knowledge* fackkunskaper, specialkunskaper II vb itr specialisera sig [*in, on* på, inom]
specially ['speʃ(ə)lɪ] adv särskilt, speciellt, enkom
species ['spi:ʃi:z] (pl. lika) s 1 art, species; *the* [*human*] ~ människosläktet, mänskligheten; *the origin of* ~ arternas uppkomst 2 slag, sort, typ
specific [spə'sɪfɪk] adj 1 uttrycklig [*a* ~ *aim* (*promise, statement*)], bestämd, noggrann, [tydligt] angiven, specificerad, särskild, speciell [*a* ~ *purpose*]; *could you be a little more* ~? kan du (ni) precisera dig (er) närmare? 2 specifik, speciell, säregen, utmärkande [*to* för]; art- [~ *name*] 3 fys. specifik
specifically [spə'sɪfɪklɪ] adv uttryckligen, bestämt etc., jfr *specific*
specification [ˌspesɪfɪ'keɪʃ(ə)n] s 1 specificerande, specificering 2 ~[*s* pl.] specifikation, detaljerad beskrivning

specify ['spesɪfaɪ] vb tr specificera [*the sum -ied*], [i detalj] ange, räkna upp, noga uppge
specimen ['spesɪmən] s 1 prov, provexemplar, provbit [*of* på, av]; exemplar, specimen; preparat för mikroskopering; ~ *copy* provnummer; provexemplar av bok; ~ *of urine* urinprov 2 vard., om pers. original, typ [*what a* ~!]
specious ['spi:ʃəs] adj skenbar, skenbart riktig, bestickande; ~ *arguments* skenargument
speck [spek] s 1 [liten] fläck äv. på frukt; prick äv. bildl. [*the ship was a* ~ *on the horizon*] 2 korn [*a* ~ *of dust*], gnutta
speckled ['spekld] adj fläckig, spräcklig; prickig
1 specs [speks] s pl vard., kortform av *specifications*
2 specs [speks] s pl vard. (kortform av *spectacles*) brillor
spectacle ['spektəkl] s 1 bildl. skådespel 2 syn, anblick [*a charming* ~, *a sad* ~]; *make a* ~ *of oneself* göra sig löjlig (till ett spektakel) 3 pl. ~*s* glasögon [*a pair of* ~*s*]
spectacled ['spektəkld] adj med glasögon, glasögonprydd; ~ *cobra* zool. glasögonorm
spectacular [spek'tækjʊlə] I adj effektfull, imponerande; praktfull; spektakulär II s imponerande föreställning
spectator [spek'teɪtə] s åskådare
spectral ['spektr(ə)l] adj 1 spöklik, spök- 2 fys. spektral- [~ *analysis,* ~ *colours*]
spectre ['spektə] s spöke äv. bildl.; gengångare
spectroscope ['spektrəskəʊp] s fys. spektroskop
spectr|um ['spektr|əm] (pl. *-a* [-ə] el. *-ums*) s 1 fys. spektrum; *in all the colours of the* ~ i alla regnbågens färger 2 bildl. spektrum, skala
speculate ['spekjʊleɪt] vb itr 1 spekulera [*upon, on, about* över], fundera, ha [en del] funderingar 2 hand. spekulera [*in* i; *on* på]
speculation [ˌspekjʊ'leɪʃ(ə)n] s 1 spekulation; spekulerande 2 hand. spekulation
speculative ['spekjʊlətɪv] adj 1 spekulativ, begrundande 2 hand. spekulations-, på spekulation [~ *purchases*]
speculator ['spekjʊleɪtə] s hand. spekulant
sped [sped] imperf. o. perf. p. av *speed*
speech [spi:tʃ] s 1 tal, talande; talförmåga; muntlig framställning; talarkonst; ~ *balloon* pratbubbla; ~ *day* skol. avslutningsdag; ~ *impediment* talfel; ~ *therapy* talterapi, logopedisk behandling; ~ *therapist* talterapeut, logoped; *freedom* (*liberty*) *of* ~ yttrandefrihet; [*right of*] *free* ~ yttranderätt 2 språk; mål; sätt att tala (uttrycka sig) [*know a p. by his* ~]; ~ *habit* språkvana 3 tal; anförande; yttrande; *the King's* (*Queen's*) *S*~ el. *the S*~ *from the throne* trontalet; *after-dinner* ~ middagstal; *make* (*deliver,*

give) *a* ~ hålla [ett] tal (ett anförande) [*on, about* om, över] **4** teat. replik
speechify ['spi:tʃɪfaɪ] *vb itr* skämts. orera, hålla [långa] tal, predika
speechless ['spi:tʃləs] *adj* mållös, stum, förstummad [~ *with indignation*]
speed [spi:d] **I** *s* **1** fart, hastighet, tempo; snabbhet, skyndsamhet; hastighetsgrad; ~ *restrictions* hastighetsbegränsningar; ~ *trap* hastighetskontroll, fartkontroll; *increase the* ~ öka farten; *at a* ~ *of...* med en fart av...; *at full* (*top*) ~ i (med) full fart **2** tekn. växel **II** (*sped sped*, i bet. *2* ~*ed* ~*ed*) *vb itr* **1** rusa [i väg], ila, hasta, löpa, jaga [*on* (*along*) fram, framåt], skjuta i väg **2 a**) köra för fort; överskrida fartgränsen **b**) ~ *up* öka farten (takten), sätta full fräs **III** *vb tr* **1** skynda på, driva på, sätta fart på [äv. ~ *up;* ~ *up production*] **2** ~ *up* öka farten (hastigheten) på (hos), accelerera, sätta full fräs på
speedboat ['spi:dbəʊt] *s* snabb motorbåt, racer[båt]
speeding ['spi:dɪŋ] *s* fortkörning
speed limit ['spi:d‚lɪmɪt] *s* fartgräns, maximihastighet; hastighetsbegränsning
speed merchant ['spi:d‚mɜ:tʃ(ə)nt] *s* sl. fartdåre
speedometer [spɪ'dɒmɪtə] *s* hastighetsmätare
speedster ['spi:dstə] *s* vard. **1** fartdåre **2** snabb bil (motorcykel)
speedway ['spi:dweɪ] *s* **1** speedwaybana, motorbana; ~ [*racing*] speedway **2** amer. motorväg
speedwell ['spi:dwel] *s* bot. veronika; isht ärenpris
speedy ['spi:dɪ] *adj* hastig; snabb, rask [*a* ~ *answer* (*worker*)], skyndsam; snar [*a* ~ *recovery*]
1 spell [spel] (*spelt spelt* el. ~*ed* ~*ed*) **I** *vb tr* **1** stava, stava till; bokstavera; ~ *out* a) förklara bokstav för bokstav; redogöra detaljerat för; säga rent ut (klart och tydligt) b) förstå, [ut]tyda [~ *out a p.'s meaning*] **2** bli, 'säga' [*c-a-t* ~*s cat*] **3** innebära, medföra, betyda [*it* ~*s ruin*], vålla **II** *vb itr* stava, stava rätt [*he cannot* ~]
2 spell [spel] *s* **1** trollformel **2** förtrollning, trollkraft, förhäxning; *break the* ~ bryta förtrollningen; *cast a* ~ *on* (*over*) *a p.* el. *put a* ~ *on a p.* förtrolla ngn; *be under a* ~ vara trollbunden
3 spell [spel] *s* **1** skift [~ *of work*], omgång, tur; sjö. törn; *take* ~*s at the wheel* turas om att köra **2** [kort] period (tid) [*a cold* (*warm*) ~]; *breathing* ~ andrum; *for a* ~ ett tag, en stund [*sleep* (*wait*) *for a* ~]
spellbound ['spelbaʊnd] *adj* trollbunden
speller ['spelə] *s, he is a good* (*bad*) ~ han stavar bra (dåligt)
spelling ['spelɪŋ] *s* **1** stavning; bokstavering **2** rättskrivning, rättstavning

spelling-bee ['spelɪŋbi:] *s* stavningslek, stavningstävling
spelt [spelt] imperf. o. perf. p. av *1 spell*
spend [spend] (*spent spent*; se äv. *spent*) **I** *vb tr* **1 a**) ge (lägga) ut pengar; göra av med, lägga ned, offra, använda, spendera [*on* på], ge [*he spent £150 on* (för) *the coat*]; förbruka, göra slut på; slösa [bort]; ~ *a penny* se *penny* **b**) använda tid, krafter m.m.; lägga ned, offra [*on, in* på]; förbruka, uttömma [~ *one's strength*], ödsla bort, slösa [bort]; ~ *oneself* mattas, rasa ut [*the storm has spent itself*] **2** tillbringa, fördriva; ~ *a whole evening over* [*a job*] tillbringa (hålla på) en hel kväll med..., använda en hel kväll till... **II** *vb itr* göra av med pengar; slösa; ~ *freely* strö pengar omkring sig
spendaholic [‚spendə'hɒlɪk] *s* vard. köpgalen person; *he's a* ~ han är köpgalen
spender ['spendə] *s* slösare; [stor]förbrukare
spending ['spendɪŋ] *s* utgift[er]; ~ *cuts* nedskärning av utgifter[na]; ~ *money* fickpengar; ~ *power* köpkraft
spendthrift ['spen(d)θrɪft] **I** *s* slösare **II** *adj* slösaktig
spent [spent] **I** imperf. av *spend* **II** perf p o. adj utmattad [*a* ~ *horse*]; uttömd, förbrukad; förbi, slut; ~ *cartridge* använd patron; *time well* ~.väl använd tid
sperm [spɜ:m] *s* **1** sperma, sädesvätska; attr. sperma- [~ *bank*] **2** spermie, sädescell
spermatoz|oon [‚spɜ:mətə(ʊ)'zəʊɒn] (pl. *-oa* [-əʊə]) *s* spermie, sädescell, spermatozo
sperm whale ['spɜ:mweɪl] *s* zool. spermacetival, kaskelot
spew [spju:] **I** *vb itr* spy **II** *vb tr* spy [upp], spy ut **III** *s* spya
sphere [sfɪə] *s* **1** sfär, klot, glob, kula **2** bildl. sfär; område, gebit, fält, fack; [umgänges]krets, klass; ~ *of activity* (*activities*) verksamhetsområde, verksamhetsfält; ~ *of influence* intressesfär
spherical ['sferɪk(ə)l] *adj* sfärisk; klotrund
spheroid ['sfɪərɔɪd] *s* geom. sfäroid
sphincter ['sfɪŋ(k)tə] *s* anat. ringmuskel, slutmuskel, sfinkter
sphinx [sfɪŋks] *s* sfinx äv. bildl.
spice [spaɪs] **I** *s* **1** krydda; koll. kryddor **2** bildl. krydda; *variety is the* ~ *of life* ombyte förnöjer **II** *vb tr* krydda äv. bildl.; ge krydda åt
spick-and-span [‚spɪkən'spæn] *adj* **1** [putsad och] fin, prydlig, skinande ren **2** splitter ny
spicy ['spaɪsɪ] *adj* **1** kryddad, aromatisk **2** bildl. pikant, mustig [*a* ~ *story*], rafflande; vågad
spider ['spaɪdə] *s* zool. spindel; ~*'s web* spindelväv, spindelnät
spidery ['spaɪdərɪ] *adj* **1** spretig om handstil **2** spindelliknande, spindel-
spiel [ʃpi:l, spi:l] *s* vard. [övertalnings]snack, svada

spigot ['spɪgət] *s* **1** svicka, sprundtapp **2** kran
spike [spaɪk] **I** *s* **1** pigg, spets, tagg t.ex. på staket; spik, brodd under sko; dubb; ~ *heel* stilettklack **2** grov spik, nagel; rälsspik **3** pl. ~*s* spikskor **4** bot. ax **II** *vb tr* **1** förse med en pigg (piggar) etc.; brodda **2** spika [fast]; genomborra [med en spik (spikar)]; spetsa [*with* på] **3** förnagla kanon; ~ *a p.'s guns* bildl. omintetgöra (sätta stopp för) ngns planer **4** vard. spetsa, hälla sprit i
spiky ['spaɪkɪ] *adj* **1** full av piggar etc., jfr *spike I*; piggig, taggig **2** spetsig, vass; styv
1 spill [spɪl] **I** (*spilt spilt* el. ~*ed* ~*ed*) *vb tr* spilla [ut], hälla [ut], stjälpa ut [~ *gravy on the tablecloth*]; utgjuta [~ *blood*], låta flyta (strömma ut, rinna över); släppa ut; ~ *the beans* vard. prata bredvid mun[nen], skvallra, tjalla **II** (för tema se *I*) *vb itr* **1** spilla **2** rinna över, spillas ut; ~ *over* breda ut sig, sprida sig, flyta ut, svämma över; flöda **III** ~ **1** fall till marken från häst m.m. **2** spill; utsläpp
2 spill [spɪl] *s* tunn trästicka, hoprullad pappersremsa att tända med
spillage ['spɪlɪdʒ] *s* spill; utsläpp
spillikin ['spɪlɪkɪn] *s* **1** sticka i plockepinn **2** ~*s* (konstr. ss. sg.) plockepinn spel
spilt [spɪlt] imperf. o. perf. p. av *1 spill*
spin [spɪn] **I** (*spun spun*) *vb tr* **1** spinna **2** bildl., ~ *a yarn* vard. dra en historia; ~ *out* a) dra ut på [~ *out a discussion*], spinna på b) få att räcka [länge] **3** snurra [runt], sätta i snurrning (snurr på), snurra (leka) med [~ *a top*]; skruva boll; ~ *a coin* singla slant **II** (för tema se *I*) *vb itr* **1** spinna **2** snurra [runt], svänga runt; råka i spinn **3** ~ [*along*] glida (flyta, susa) [fram] **III** *s* **1** snurrande, kringsvängning; skruv på boll; *give* [*a*] ~ *to a ball* skruva en boll; *be in* (*get into*) *a flat* ~ vard. vara (bli) alldeles konfys, varken veta ut eller in **2** vard. liten [åk]tur **3** flyg. spinn; *flat* ~ flatspinn
spinach ['spɪnɪdʒ, -ɪtʃ] *s* spenat
spinal ['spaɪnl] *adj* ryggrads-; ryggmärgs- [~ *anaesthesia*]; ~ *column* ryggrad; ~ *cord* (*chord*) ryggmärg
spindle ['spɪndl] *s* **1** textil.: a) spindel b) rulle, spole **2** tekn. spindel, axel; axeltapp
spindly ['spɪndlɪ] *adj* spinkig; skrangig
spin-drier ['spɪnˌdraɪə, ˌ-'--] *s* centrifug för tvätt
spin-dry [ˌspɪn'draɪ] *vb tr* centrifugera tvätt
spine [spaɪn] *s* **1** ryggrad **2** tagg; pigg; torn **3** bokrygg
spine-chiller ['spaɪnˌtʃɪlə] *s* rysare
spine-chilling ['spaɪnˌtʃɪlɪŋ] *adj* skräck- [~ *story*], ryslig, som ger kalla kårar
spineless ['spaɪnləs] *adj* **1** ryggradslös **2** bildl. ryggradslös, karaktärslös
spinney ['spɪnɪ] *s* skogssnår, småskog
spinning ['spɪnɪŋ] **I** *adj* spinnande, spinn-; spånads- **II** *s* spinnande; spånad
spinning-wheel ['spɪnɪŋwiːl] *s* spinnrock

spin-off ['spɪnɒf] *s* spin-off, biprodukt; avläggare
spinster ['spɪnstə] *s* **1** jur. ogift kvinna **2** [gammal] fröken (ungmö); *old* ~ äv. nucka
spiral ['spaɪər(ə)l] **I** *adj* spiralformig, snäckformig, spiral- [~ *spring*], vindel-; ~ *staircase* spiraltrappa, vindeltrappa **II** *s* **1** spiral; snäcklinje; vindel; spiralfjäder **2** ekon. spiral [*inflationary* ~] **III** *vb itr* röra sig i (gå i, bilda) en spiral
spire [spaɪə] *s* tornspira; spira, spets, topp
spirit ['spɪrɪt] **I** *s* **1** ande äv. om pers. [*one of the greatest* ~*s of his day*]; själ, kraft [*the leading* ~*s*]; *the Holy S*~ den Helige Ande; *the* ~ *indeed is willing but the flesh is weak* anden är villig, men köttet är svagt **2** ande; spöke [*see a* ~] **3** anda, stämning; sinnelag; *community* ~ samhällsanda; ~ *of contradiction* oppositionslusta; *that's the* ~*!* så ska det låta!; *when the* ~ *moves him* när andan faller på [honom] **4** ~[*s* pl.] humör, lynne, [sinnes]stämning; *good* ~*s* gott humör (lynne, mod); *high* ~*s* gott humör, hög (glad, uppsluppen) stämning, uppsluppenhet; *keep up one's* ~*s* hålla modet (humöret) uppe; *recover one's* ~*s* känna sig bättre till mods, bli på bättre humör **5** kraft, liv; fart, energi; gnista; *recover one's* ~ repa mod; *put a little more* ~ *into it!* sätt litet [mera] fart på det hela! **6** andemening, anda; *the* ~ *of the law* lagens anda; *enter into the* ~ *of* fatta innebörden av, leva (sätta) sig in i **7** kem. sprit [*wood* ~], alkohol; ~[*s* pl.] sprit; essens, tinktur; *white* ~ lacknafta; ~[*s*] *of wine* vinsprit **8** pl. ~*s* sprit[drycker], spritvaror, spirituosa **II** *vb tr*, ~ *away* (*off*) smussla bort, trolla bort
spirited ['spɪrɪtɪd] *adj* livlig, livfull [*a* ~ *dialogue*], kraftfull; modig [*a* ~ *attack* (*attempt*), *a* ~ *girl*], käck; pigg, kvick [*a* ~ *reply*], eldig [*a* ~ *horse*]
spirit lamp ['spɪrɪtlæmp] *s* spritlampa
spirit level ['spɪrɪtˌlevl] *s* tekn. [rör]vattenpass
spiritual ['spɪrɪtjʊəl] **I** *adj* **1** andlig: a) själslig, själs-, ande- [~ *life*], själa- b) religiös [~ *songs*]; ~ *leader* andlig ledare **2** förandligad **II** *s* mus. negro spiritual [äv. *Negro* ~]
spiritualism ['spɪrɪtjʊəlɪz(ə)m] *s* spiritualism äv. filos.; spiritism
spirituality [ˌspɪrɪtjʊ'ælətɪ] *s* andlighet
spirituous ['spɪrɪtjʊəs] *adj* spirituös, sprithaltig; ~ *liquors* spritdrycker
1 spit [spɪt] **I** *s* [grill]spett, stekspett **II** *vb tr* sätta på spett
2 spit [spɪt] **I** (*spat spat*) *vb itr* **1** spotta [~ *on the floor*]; ~ *at* ([*up*]*on*) spotta på **2** spotta och fräsa [*the engine was* ~*ting*], [stänka och] fräsa i stekpannan **3** vard. stänka, smågräna **II** (*spat spat*) *vb tr* **1** spotta ut [vanl. ~ *out* (*forth*)]; ~ *it out!* [kläm] fram med det!, ut med språket! **2** sprätta; ~ *fire* spruta eld

3 *he's the ~ting image of his dad* han är sin pappa upp i dagen **III** *s* **1** spottning **2** spott; *~ curl* slickad lock, tjusarlock; *~ and polish* a) puts, putsning, polering b) pedanteri, prydlighet **3** *he's the ~ and image* (ibl. *the ~*) *of his dad* han är sin pappa upp i dagen

spite [spaɪt] **I** *s* ondska, illvilja, elakhet; motvilja, agg, groll; *in ~ of* trots, oaktat, i trots av; *in ~ of myself* mot min [egen] vilja; *in (from, out of) ~* av illvilja, av elakhet **II** *vb tr* bemöta med illvilja; reta, ställa till förtret för; *he is cutting off his nose to ~ his face* äv. det går bara ut över honom själv

spiteful ['spaɪtf(ʊ)l] *adj* ondskefull, illvillig, elak

spittle ['spɪtl] *s* spott, saliv

spittoon [spɪ'tuːn] *s* spottkopp

spiv [spɪv] *s* sl. småskojare; dagdrivare; parasit

splash [splæʃ] **I** *vb tr* **1** stänka ned [*~ a p. with mud*], slaska ned; stänka, skvätta [*~ paint all over one's clothes*], slaska, klatscha på; skvätta ut **2** plaska med [*~ one's toes*] **3** *~ one's money about* vard. strö pengar omkring sig **4** vard. slå upp, göra feta rubriker av nyheter i tidning **II** *vb itr* plaska, plumsa; skvalpa; stänka, skvätta **III** *s* **1** plaskande, skvalpande; plask, plums; skvalp; *make a ~* vard. väcka uppseende (sensation) **2** skvätt, stänk **3** [färg]stänk; *~ of colour* bildl. färgklick **4** vard. skvätt soda från sifon [*a whisky and ~*] **IV** *adv* pladask **V** *interj*, *~!* plask!, plums!

splashdown ['splæʃdaʊn] *s* rymd. landning i havet; landningsplats i havet

splatter ['splætə] **I** *vb itr* plaska; stänka, spruta **II** *vb tr* **1** stänka ned, plaska ned **2** stänka, plaska

splay [spleɪ] **I** *vb tr* **1** snedda [av], fasa [av], vidga inåt (utåt) [*~ a window (doorway)*] **2** breda ut; spreta [ut] med **II** *s* [av]sneddning, avfasning

spleen [spliːn] *s* **1** anat. mjälte **2** bildl. dåligt humör [*a fit of ~*]; *vent one's ~ on* utgjuta sin galla över

splendid ['splendɪd] *adj* **1** ståtlig, glänsande, lysande, storartad, praktfull, härlig, präktig **2** vard. finfin, utmärkt [*a ~ idea*]

splendiferous [splen'dɪfərəs] *adj* vard. finfin

splendour ['splendə] *s* glans, prakt, ståt

splice [splaɪs] **I** *vb tr* **1** splitsa rep; laska timmer; skarva [ihop] film, band m.m.; foga ihop **2** sl., *get ~d* gänga sig gifta sig **II** *s* splits; lask; skarv

splint [splɪnt] *s* kir. spjäla, skena; *put a bone in ~s* spjäla (spjälka) ett ben **II** *vb tr* spjäla, spjälka

splinter ['splɪntə] **I** *vb tr*, *~ [off]* splittra **II** *vb itr*, *~ [off]* splittras; skärva (flisa) sig **III** *s* flisa, skärva [*~ of glass*], sticka; splitter; *~ group* utbrytargrupp

splinterproof ['splɪntəpruːf] *adj* splitterfri

split [splɪt] **I** (*split split*) *vb tr* **1** splittra äv. bildl.; klyva [*~ the atom*], spränga [sönder]; *~ hairs* ägna sig åt hårklyverier; *~ the vote* orsaka splittring i väljarkåren; *~ up* klyva sönder; sönderdela; *the country is ~ on (over) the matter* landet är splittrat i frågan **2** dela upp, dela [på] [*~ a bottle of wine*; *~ the expenses*; ofta *~ up*], halvera; *~ the difference* dela på resten **II** (*split split*) *vb itr* **1** splittras, klyvas [*into* i], rämna, springa sönder, spricka [upp], gå sönder, brista; bildl. äv. sprängas, dela [upp] sig [*into* i]; *my head is ~ting* det sprängvärker i huvudet på mig; *~ off* avskiljas; *~ open* gå upp, brista [*the seam has ~ open*], spricka; *~ up* a) klyva sig, dela [upp] sig b) vard. skiljas, separeras; bryta upp **2** dela [*with* med; *~ equal*]; vard. dela på bytet (vinsten) **3** *~ on* sl. tjalla på kamrat o.d. **III** *s* **1** splittring, klyvning etc., jfr *I* **2** bildl. splittring, spricka [*a ~ in the party*] **3** spricka, rämna, reva **4** *do the ~s* gå ned i spagat **IV** *perf p* o. *adj* splittrad etc., jfr *I*; *~ peas* [spritade och tu]delade ärter; *~ personality* se *personality 1*

split infinitive [,splɪtɪn'fɪnɪtɪv] *s* gram. 'kluven infinitiv' med ett ord inskjutet mellan infinitivmärket och den följande infinitiven

split-level [,splɪt'levl, attr. '-,--] *adj* byggn. med förskjutet (förskjutna) [vånings]plan; i annat plan; *~ house* äv. sluttningshus, souterränghus

split-second [,splɪt'sek(ə)nd] **I** *adj* på sekunden [*~ timing*]; blixtsnabb **II** *s* [bråk]del av en sekund

splitting ['splɪtɪŋ] *adj*, *a ~ headache* en blixtrande huvudvärk

splosh [splɒʃ] **I** *s* se *splash* **2** sl. stålar pengar **II** *vb tr* o. *interj* o. *adv* se *splash*

splotch [splɒtʃ] *s* fläck, stänk

splurge [splɜːdʒ] vard. **I** *s* **1** frossande, orgie **2** köpfest, köporgie **II** *vb itr* frossa, vräka sig **III** *vb tr*, *~ [out]* vräka ut pengar

splutter ['splʌtə] **I** *vb itr* **1** sluddra [på målet]; snubbla på (över) orden **2** [spotta och] fräsa **II** *s* **1** sludder **2** spottande; stänkande; fräsande

spoil [spɔɪl] **I** *s*, *~ [s pl.]* rov, byte äv. bildl.; *~s of war* krigsbyte **II** (*spoilt spoilt* el. *~ed ~ed* [spɔɪlt el. spɔɪld]) *vb tr* **1** förstöra, fördärva [*~ a p.'s pleasure (appetite)*], spoliera, skämma; *he ~t it all* han förstörde alltsammans **2** skämma bort, klema bort [*~ a child*] **III** (för tema se *II*) *vb itr* **1** om frukt, fisk m.m. bli förstörd (oduglig, skämd) **2** *be ~ing for a fight* vara stridslysten, mucka gräl

spoiler ['spɔɪlə] *s* bil. el. flyg. spoiler

spoilsport ['spɔɪlspɔːt] *s* vard. glädjedödare

spoilt [spɔɪlt] *imperf.* o. *perf. p.* av *spoil*

1 spoke [spəʊk] *imperf.* av *speak*

2 spoke [spəʊk] *s* **1** eker i hjul **2** stegpinne

3 *put a ~ in a p.'s wheel* bildl. sätta en käpp i hjulet för ngn
spoken ['spəʊk(ə)n] **I** perf. p. av *speak* **II** *adj* talad; muntlig [*a ~ message*]; *he was pleasantly ~* a) han hade en trevlig (behaglig) röst b) han var trevlig att tala med
spokes|man ['spəʊks|mən] (pl. *-men* [-mən]) *s* talesman, språkrör [*of, for* för]; förespråkare [*for* för]
sponge [spʌn(d)ʒ] **I** *s* **1** [tvätt]svamp; svampig massa; *throw* (*chuck*) *up* (*in*) *the ~* vard. kasta yxan i sjön, kasta in handduken, ge upp **2** kok. **a**) uppjäst deg **b**) se *sponge cake* **3** vard. svamp, fyllgubbe **II** *vb itr* vard. snylta, parasitera [*on* (*off*) *a p.* på ngn; *for a th.* för att få ngt] **III** *vb tr* **1** tvätta (torka) [av] med [en] svamp [äv. *~ down* (*over*)]; *~ up* suga upp med [en] svamp **2** vard. snylta sig till [*~ a dinner*]
sponge bag ['spʌn(d)ʒbæg] *s* necessär, toalettväska
sponge cake ['spʌn(d)ʒkeɪk] *s* lätt sockerkaka
sponger ['spʌn(d)ʒə] *s* vard. snyltgäst, parasit
spongy ['spʌn(d)ʒɪ] *adj* **1** svampig; svampaktig, svampliknande; porös **2** om mark sumpig; blöt
sponsor ['spɒnsə] **I** *s* **1** sponsor; gynnare; garant **2** fadder vid dop **3** radio. el. TV. sponsor, finansiär, annonsör **II** *vb tr* **1** vara sponsor (garant) för; stå bakom; stå för; gynna, verka för **2** stå fadder åt **3** TV. el. sport. sponsra, finansiera
sponsorship ['spɒnsəʃɪp] *s* **1** sponsorskap, stöd **2** fadderskap
spontaneity [ˌspɒntə'niːətɪ] *s* spontanitet
spontaneous [spɒn'teɪnjəs] *adj* spontan; frivillig; *~ combustion* självantändning, självförbränning
spoof [spuːf] vard. **I** *vb tr* skoja med; lura, narra **II** *s* skoj; spratt
spook [spuːk] **I** *s* vard. spöke **II** *vb tr* vard. spöka i (på, hos); om spöke hemsöka
spooky ['spuːkɪ] *adj* vard. spöklik, kuslig; spök-
spool [spuːl] **I** *s* spole; [film]rulle; *~ of thread* amer. trådrulle **II** *vb tr* spola
spoon [spuːn] **I** *s* **1** sked; skopa **2** fiske. skeddrag **II** *vb tr* ösa (äta) med sked [vanl. *~ up*]; *~ out* ösa upp [med sked], servera **III** *vb itr* fiska med skeddrag
spoonfeed ['spuːnfiːd] (*spoonfed spoonfed*) *vb tr* **1** mata med sked **2** dalta (pjoska) med, klema bort **3** bildl. servera färdiga lösningar åt [*~ students*]
spoonful ['spuːnfʊl] (pl. *-s* el. *spoonsful*) *s* sked[blad] ss. mått; *a ~ of* en sked [med]
sporadic [spə'rædɪk] *s* o. **sporadical** [spə'rædɪk(ə)l] *adj* sporadisk, spridd
spore [spɔː] *s* bot. spor
sporran ['spɒr(ə)n] *s* [skinn]pung buren till skotsk kilt

sport [spɔːt] **I** *s* **1** sport; idrott, idrottsgren; pl. *~s* äv. a) koll. sport; idrott b) idrottstävling[ar] [*school ~s*]; *athletic ~s* friidrott, [allmän] idrott; friidrottstävling[ar]; *~s car* sportbil, sportvagn; *~s day* idrottsdag; *~s ground* idrottsplats; *~s jacket* blazer, [sport]kavaj; sportjacka; *~s master* idrottslärare **2** lek; tidsfördriv, avkoppling **3** skämt, skoj; *in ~* på skoj (skämt); *make ~ of* skämta (skoja, driva) med **4** vard. bra (reko) kille (karl); god förlorare; *a good ~* en trevlig (bussig) kamrat; *she's a real ~* hon är en verkligt bussig tjej (kamrat) **II** *vb itr* **1** leka, roa sig; *~ with* bildl. leka med **2** sporta; idrotta **III** *vb tr* vard. ståta med, skylta med [*~ a rose in one's buttonhole*]
sporting ['spɔːtɪŋ] *adj* **1 a**) sportande; sportälskande, sportig; sportslig; sport-, idrotts- [*a ~ event*]; *~ man* sportsman; sportig typ **b**) jakt-; jaktälskande; *~ gun* jaktbössa, jaktgevär **2** sportsmannamässig **3** vard., *a ~ chance* en sportslig (rimlig, ärlig) chans
sportive ['spɔːtɪv] *adj* lekfull; uppsluppen
sports|man ['spɔːts|mən] (pl. *-men* [-mən]) *s* **1** idrottsman; sportsman **2** renhårig (hygglig) person; god förlorare, sportsman **3** jägare, fiskare
sportsmanlike ['spɔːtsmənlaɪk] *adj* sportsmannamässig
sportsmanship ['spɔːtsmənʃɪp] *s* sportsmannaanda; renhårighet
sportswear ['spɔːtsweə] *s* sportkläder, idrottskläder
sports|woman ['spɔːts|wʊmən] (pl. *-women* [-ˌwɪmɪn]) *s* idrottskvinna
sporty ['spɔːtɪ] *adj* vard. **1** sportig; hurtig; sportsmannamässig **2** grann, prålig
spot [spɒt] **I** *s* **1** fläck äv. bildl. [*without a ~ on his reputation*]; prick **2** plats, ställe [*a lovely ~*]; punkt [*the highest ~ of the mountain*]; position, ställning; *bright ~* bildl. ljuspunkt; *tender ~* öm punkt, ömtåligt ämne; *weak ~* svaghet, svag sida hos ngn; *find* (*put a finger on*) *a p.'s weak ~* hitta (sätta fingret på) ngns svaga punkt; *change one's ~s* ändra livsstil, bryta en ovana; *knock ~s off* utklassa, slå med hästlängder; *be in a* [*tight*] *~* vard. vara i klämma (knipa, trubbel), ligga illa till; *in ~s* fläckvis, punktvis; då och då; *on the ~* a) på platsen (stället, ort och ställe) b) på stället (fläcken), genast [*act on the ~*]; *put a p. on the ~* försätta ngn i knipa, sätta ngn på det hala **3** [hud]utslag; finne, blema; *come out in ~s* få finnar (utslag) **4** droppe, stänk [*~s of rain*]; vard. skvätt [*~ of whisky*], tår; smula; *a ~ of bother* lite trassel; *a ~ of lunch* lite lunch **II** *vb tr* **1** fläcka ned [*~ one's fingers with ink*]; sätta prickar på; bildl. befläcka **2** få syn på, se; känna igen; lägga

spot-check

märke till [~ *mistakes*], upptäcka [~ *talent*]; ~ *the winner* tippa vem som vinner
spot-check [ˌspɒt'tʃek] **I** s stickprov; flygande kontroll **II** vb itr o. vb tr göra ett (ta) stickprov [bland]
spot fine [ˌspɒt'faɪn] s ung. ordningsbot
spotless ['spɒtləs] adj skinande ren, fläckfri
spotlight ['spɒtlaɪt] **I** s **1** spotlight; strålkastare; sökarljus på bil **2** strålkastarljus äv. bildl.; *be in (hold) the* ~ stå i rampljuset **II** vb tr **1** belysa med strålkastare **2** bildl. ställa i strålkastarljuset (rampljuset)
spot-on [ˌspɒt'ɒn, '--] adj vard. perfekt, på pricken
spotted ['spɒtɪd] adj **1** fläckig, prickig; ~ *red* rödprickig **2** [ned]smutsad; bildl. äv. fläckad
spotter ['spɒtə] s **1** observatör **2** mil. a) eldobservatör b) målspanare c) flygspanare äv. civil; spaningsflygplan **3** [*talent*] ~ talangscout
spotty ['spɒtɪ] adj **1** fläckig, prickig **2** finnig; med utslag
spouse [spaʊs, spaʊz] s **1** jur. el. litt. [äkta] make (maka) **2** relig. brud, brudgum
spout [spaʊt] **I** vb itr **1** spruta [ut] **2** vard. orera, låta munnen gå **II** vb tr **1** spruta [ut]; spy ut **2** vard. nysta (haspla) ur sig, deklamera [~ *verses*] **III** s **1** pip [~ *of a teapot*] **2** byggn. stupränna, stuprör **3** häftig stråle av vatten, ånga m.m.; vattenpelare **4** *down (up) the* ~ ruinerad, slut, helt borta; åt pipan [*the deal went down the* ~]
sprain [spreɪn] **I** vb tr vricka, stuka; sträcka **II** s vrickning, stukning; sträckning
sprang [spræŋ] imperf. av *spring*
sprat [spræt] s **1** zool. skarpsill, vassbuk, brissling; *tinned* ~*s* ansjovis i burk **2** skämts. liten (klen) stackare
sprawl [sprɔːl] **I** vb itr **1** sträcka (breda) ut sig, [ligga (sitta) och] vräka sig, ligga; [ligga och] kravla; krypa omkring; spreta [utåt] [*the puppy's legs* ~*ed in all directions*]; *send a p.* ~*ing* vräka omkull ngn **2** breda ut sig, sprida ut sig; om handstil m.m. spreta åt alla håll **II** vb tr spreta [utåt]; (skreva) med [äv. ~ *out*; ~ *one's legs*], sträcka ut **III** s spretande; vräkig (nonchalant) ställning
1 spray [spreɪ] s blomklase; liten bukett
2 spray [spreɪ] **I** s **1** stänk [*the* ~ *of a waterfall*]; yrande skum [*sea* ~]; stråle, dusch **2** sprej; besprutningsvätska, besprutningsmedel **3** sprej[flaska]; rafräschissör; spruta, spridare **II** vb tr spreja, spruta [*a p. with a th.* ngt på ngn]; besprutа **III** vb itr **1** stänka [omkring]; skumma **2** spreja, spruta [ut]
spray gun ['spreɪɡʌn] s sprutpistol, tryckluftspistol
spread [spred] **I** (*spread spread*) vb tr **1** breda ut [~ [*out*] *a carpet* (*map*)], sprida [ut] [~ [*out*] *manure*], lägga ut; spänna ut [*the bird* ~

its wings]; sträcka ut [~ [*out*] *one's arms*]; veckla ut [~ *a flag*]; ~ *a cloth on (over) the table* lägga [på] en duk på bordet; ~ *oneself* vard. a) bre ut sig b) bildl. bre ut sig, tala (skriva) vitt och brett [*on* om, över] **2** stryka, breda [*on* på]; täcka [*with* med] **3** bildl. sprida [~ *disease*; ~ *knowledge*; ~ *news*], sprida ut, föra vidare **4** platta ut **II** (*spread spread*) vb itr **1** breda ut sig [äv. ~ *out*]; sprida sig; gripa omkring sig; sträcka sig [*a desert* ~*ing for hundreds of miles*] **2** vara (gå) lätt att breda [på] [*butter* ~*s easily*] **III** s
1 utbredande, utbredning, spridande, spridning [*the* ~ *of disease*; *the* ~ *of education*] **2** utsträckning, sträcka; vidd, omfång [*the* ~ *of an arch*]; *the* ~ *of a bird's wings* en fågels vingbredd **3** vard. kalas[måltid] **4** vard., *middle-age[d]* ~ gubbfläsk; gumfläsk **5** bredbart pålägg; *cheese* ~ mjukost **6** flyg. vingbredd
spreadeagle [ˌspred'iːɡl, '-ˌ--] **I** vb tr **1** sträcka ut, breda ut **2** slå omkull **II** vb itr sträcka ut sig, breda ut sig, spreta med armar och ben
spree [spriː] s vard. **1** a) glad skiva; våt skiva, fylleskiva; krogrond b) festande, rummel; *go [out] on the* ~ gå ut och festa, gå krogrond **2** frossande; *go on a buying* ~ gripas av köperaseri; *spending* ~ köporgie; *go on a spending* ~ [vara ute och] sätta sprätt på pengar
sprig [sprɪɡ] s [liten] kvist [*a* ~ *of parsley*], skott
sprightly ['spraɪtlɪ] adj livlig, pigg, glad
spring [sprɪŋ] **I** (*sprang sprung*) vb itr **1** hoppa [~ *out of bed*; ~ *over a gate*], rusa [*at (on, upon) a p.* på ngn], fara, flyga [~ *up from one's chair*]; *the doors sprang open* dörrarna flög upp; ~ *into life* få liv, uppstå; ~ *to one's feet* rusa (fara) upp **2** rinna, spruta; *tears sprang to her eyes* hennes ögon fylldes av tårar **3** ~ [*up*] **a)** om växter spira, skjuta upp **b)** bildl. dyka upp; *industries spring up [in the suburbs*] industrier växte upp… **4** uppstå, uppkomma [*from, out of* av, ur] **II** (*sprang sprung*) vb tr **1** få att plötsligt öppna sig; spränga [~ *a mine*], utlösa; ~ *a trap* få en fälla att smälla (slå) igen [*upon* om] **2** [plötsligt] komma med [~ *a surprise on* (åt) *a p.*]; ~ *a th. on a p.* överraska ngn med ngt **3** spräcka; ~ *a leak* sjö. springa läck **III** s **1** vår äv. bildl. [*the* ~ *of life*], för ex. jfr *summer* **2** språng, hopp **3** källa [*hot* (*mineral*) ~]; *medicinal* ~ hälsobrunn **4** fjäder [*the* ~ *of a watch*]; resår; pl. ~*s* äv. fjädring; ~ *mattress* (*bed*) resårmadrass **5** bildl. drivfjäder
spring balance [ˌsprɪŋ'bæləns] s fjädervåg
springboard ['sprɪŋbɔːd] s **1** språngbräda äv. bildl. **2** trampolin, svikt
springbok ['sprɪŋbɒk] s zool. springbock
spring chicken [ˌsprɪŋ'tʃɪkɪn] s gödkyckling;

unghöns; **she's no** ~ hon är ingen ungdom längre
spring-clean [i bet. *I* vanl. ˌsprɪŋ'kli:n, i bet. *II* vanl. '--] **I** *vb tr* vårstäda, göra vårrengöring i, storstäda **II** *s*, *a* ~ en vårstädning (storstädning)
spring onion [ˌsprɪŋ'ʌnjən] *s* bot. el. kok. salladslök, knipplök
spring roll [ˌsprɪŋ'rəʊl] *s* kok. vårrulle
springtime ['sprɪŋtaɪm] *s* vår äv. bildl.; vårtid
springy ['sprɪŋɪ] *adj* fjädrande, elastisk; spänstig
sprinkle ['sprɪŋkl] **I** *vb tr* **1** strö [ut], stänka **2** beströ, bestänka, bespruta [*with* med], strila; fukta; stänka kläder; ~ *a th. with a th.* äv. strö (stänka) ngt på ngt **II** *vb itr* stänka, dugga, falla glest, strila **III** *s* **1** stänk [~ *of rain*], gnutta **2** amer. kok., ~**s** pl. strössel
sprinkler ['sprɪŋklə] *s* **1** [vatten]spridare; sprinkler; stril; stänkflaska; ~ *system* el. ~*s* pl. sprinkleranläggning **2** vattenvagn **3** [*holy-water*] ~ vigvattenskvast
sprinkling ['sprɪŋklɪŋ] *s* **1** [be]stänkande, utströende, besprutande **2** bildl. a) [mindre] inslag [*a* ~ *of Irishmen among them*], fåtal, litet antal b) stänk; smula, gnutta; *a* ~ *of* [*pepper*] en aning...; *a* ~ *of grey hairs* stänk av gråa hår; *a* ~ *of snow* ett lätt snöfall
sprint [sprɪnt] sport. **I** *vb itr* sprinta, spurta **II** *s* **1** sprinterlopp **2** spurt, slutspurt
sprite [spraɪt] *s* vattennymf, älva
sprocket ['sprɒkɪt] *s* tand, kugge på kedjekrans o.d.
sprout [spraʊt] **I** *vb itr* gro, spira [upp (fram)], skjuta skott, skjuta upp **II** *vb tr* **1** få att gro (skjuta skott) **2** få [~ *horns* (*leaves*)] **III** *s* **1** skott; grodd **2** se *Brussels sprouts*
1 spruce [spru:s] **I** *adj* prydlig, fin, nätt; piffig; sprättig **II** *vb tr* o. *vb itr*, ~ [*up*] piffa upp [sig]
2 spruce [spru:s] *s* bot. gran [äv. ~ *fir, Norway* ~]
sprung [sprʌŋ] **I** perf. p. av *spring* **II** *adj*, ~ *bed* resårsäng
spry [spraɪ] *adj* rask, flink; hurtig; pigg
spud [spʌd] *s* vard. plugg potatis
spume [spju:m] *s* skum, fradga
spun [spʌn] **I** imperf. o. perf. p. av *spin* **II** *adj* spunnen; ~ *glass* glasfibrer; ~ *sugar* spunnet socker
spunk [spʌŋk] **I** *s* **1** vard. mod; fart, liv, gnista; hetsighet **2** vulg. sats sädesvätska **II** *vb itr* vulg., ~ *off* satsa, spruta ejakulera
spunky ['spʌŋkɪ] *adj* vard. modig; livlig, fartig; hetsig
spur [spɜ:] **I** *s* **1** sporre äv. bot. el. zool.; *win one's* ~*s* bildl. vinna sina sporrar **2** bildl. sporre, eggelse, incitament, impuls, stimulans; *on the* ~ *of the moment* utan närmare eftertanke, spontant; oförberett, på rak arm **II** *vb tr* **1** ~ [*on*] sporra äv. bildl.; egga [*into, to* till], driva på **2** förse med sporrar **III** *vb itr* använda sporrarna; spränga (jaga) fram[åt] [äv. ~ *on* (*forward*)]
spurious ['spjʊərɪəs] *adj* falsk, förfalskad
spurn [spɜ:n] *vb itr* o. *vb tr*, ~ [*at*] försmå, förakta
Spurs [spɜ:z] kortform för *Tottenham Hotspurs* engelskt fotbollslag
1 spurt [spɜ:t] **I** *vb itr* spurta äv. bildl. **II** *s* spurt, slutspurt
2 spurt [spɜ:t] **I** *vb itr* spruta [ut (fram)], rusa [ut (fram)]; sprätta om penna **II** *vb tr* spruta [ut] **III** *s* [utsprutande] stråle
sputter ['spʌtə] *vb itr* o. *vb tr* o. *s* se *splutter*
spy [spaɪ] **I** *vb itr* spionera [*on* på; *for* åt]; ~ *into* snoka i **II** *vb tr* **1** ~ [*out*] få syn på, varsebli, se [~ [*out*] *the land*] **2** iaktta[ga] isht med kikare **3** spionera på **III** *s* spion; spejare
spy glass ['spaɪglɑ:s] *s* [liten] kikare
spy hole ['spaɪhəʊl] *s* titthål, kikhål
sq. förk. för *square*
sq. ft. förk. för *square foot* (*feet*)
sq. in. förk. för *square inch*[*es*]
sq. m. förk. för *square metre*[*s*], *square mile*[*s*]
squabble ['skwɒbl] **I** *s* käbbel, kiv, bjäbb **II** *vb itr* käbbla, kivas, bjäbba [*about* om]
squad [skwɒd] *s* **1** mil. grupp **2** [speciellt avdelad] grupp (styrka) [*bomb* ~], patrull, kommission; vanl. i sms. -rotel [*fraud* (*vice*) ~]; ~ *car* polisbil [från spaningsroteln] **3** sport. trupp; *the England* ~ engelska landslagstruppen
squadron ['skwɒdr(ə)n] *s* **1** mil. eskader inom flottan; division inom flyget; ~ *leader* major vid flyget **2** grupp, skara
squalid ['skwɒlɪd] *adj* snuskig, eländig, smutsig
squall [skwɔ:l] **I** *vb itr* skrika, gasta **II** *vb tr* skrika [fram] **III** *s* **1** skrik, vrål, tjut **2** by ofta av regn el. snö; kastby, stormby **3** vard. käbbel, gräl, bråk
squally ['skwɔ:lɪ] *adj* byig
squalor ['skwɒlə] *s* snusk, snuskighet, smuts, smutsighet; eländer
squander ['skwɒndə] *vb tr* slösa [bort], förslösa, ödsla (kasta) bort [~ *money*, ~ *time*; äv. ~ *away*]
square [skweə] **I** *s* **1** a) geom. kvadrat b) fyrkant, ruta; *we are back to* ~ *one* vi är tillbaka där vi började **2** torg, fyrkantig [öppen] plats; kvarter; *barrack* ~ mil. kaserngård **3** matem. kvadrat[tal] **4** vinkelhake, vinkellinjal, vinkel **5** sl. insnöad person **II** *adj* **1** kvadratisk, fyrkantig; *a room four metres* ~ ett rum [som mäter] fyra meter i kvadrat; ~ *foot* kvadratfot; ~ *measure* ytmått; ~ *root* kvadratrot **2** rätvinklig, vinkelrät [*to, with* mot] **3** satt, undersätsig, fyrkantig **4** reglerad, balanserad [*get one's accounts* ~]; uppgjord; jämn, kvitt; *get* ~ *with* vard. göra upp med [*get* ~ *with one's creditors*]; *get things* ~ vard. ordna upp

square-bashing 784

det hela **5** renhårig, ärlig; *get a ~ deal* se *2 deal I 3* **6** otvetydig, klar **7** vard. bastant, stadig, rejäl [*a ~ meal*] **8** sl. insnöad, mossig **III** *vb tr* **1** göra kvadratisk (fyrkantig); ruta, dela upp i kvadrater (fyrkanter) [äv. *~ off*]; *~d paper* rutpapper **2** matem. upphöja i kvadrat, kvadrera [*~ a number*] **3** reglera, utjämna, göra upp, betala [äv. *~ up*]; *~ one's conscience* freda (stilla) sitt samvete **4** avpassa, rätta, lämpa [*with, to, by* efter] **IV** *vb itr* **1** passa ihop, stämma [överens] [*with* med] **2** *~ up* a) göra sig beredd att slåss, inta gard[ställning] [*to* mot] b) göra upp [*it's time I ~d up with you*], betala **3** bilda en rät vinkel **V** *adv* **1** i rät vinkel, vinkelrätt [*to* mot] **2** rakt, rätt **3** vard. renhårigt, schysst
square-bashing ['skweəˌbæʃɪŋ] *s* mil. sl. drill[ande]
square-dance ['skweədɑːns] **I** *s* kontradans, square dance med 4 par **II** *vb itr* utföra (delta i) en kontradans (square dance)
squarely ['skweəlɪ] *adv* **1** i rät vinkel, vinkelrätt **2** rakt, rätt [*~ between the eyes*] **3** renhårigt, ärligt, schysst; *fairly and ~* öppet och ärligt **4** rakt på sak
1 squash [skwɒʃ] **I** *vb tr* **1** krama (klämma, pressa, mosa) sönder, krossa till mos, slå sönder; platta till [*sit on a hat and ~ it* [*flat*]]; *~ one's finger* [*in a door*] klämma fingret… **2** klämma in, pressa in [*into*, in i] **3** vard. krossa, kväsa, slå ner [*~ a rebellion (riot)*] **4** vard. platta till, stuka [till], snäsa av **II** *vb itr* **1** kramas (klämmas, pressas) sönder, mosas, mosa sig [*tomatoes ~ easily*] **2** trängas; *~ into (through)* tränga (klämma, pressa) sig in i (in genom) **III** *s* **1** [folk]trängsel [*there was an awful ~ at the gate*] **2** mosande; mos **3** saft, lemonad [*lemon ~*] **4** sport. squash
2 squash [skwɒʃ] (pl. lika el. *~es*) *s* bot. squash
squashy ['skwɒʃɪ] *adj* mosig, mjuk, lös
squat [skwɒt] **I** *vb itr* **1** sitta på huk; sätta sig på huk, huka sig [ned] [äv. *~ down*]; vard. sitta **2** trycka om djur **3** ockupera ett hus som står tomt; utan tillstånd bosätta sig på allmän mark **II** *vb rfl*, *~ oneself* [*down*] sätta sig på huk, huka sig [ned] **III** *adj* kort och tjock, satt
squatter ['skwɒtə] *s* **1** person som sitter på huk **2** husockupant, markockupant
squaw [skwɔː] *s* squaw indiankvinna
squawk [skwɔːk] **I** *vb itr* **1** isht om fåglar skria, skrika [gällt] **2** vard. klaga [högljutt], protestera **3** sl. tjalla **II** *s* **1** skri, skriande, [gällt] skrik **2** vard. högljudd protest
squeak [skwiːk] **I** *vb itr* **1** pipa om t.ex. råttor; skrika [gällt]; gnissla, gnälla om t.ex. gångjärn; knarra om t.ex. skor **2** sl. tjalla **II** *vb tr* pipa fram [äv. *~ out*] **III** *s* **1** pip; [gällt] skrik; gnissel, gnisslande, gnäll[ande], knarr[ande]; jfr *I 1* **2** vard., *it was a narrow ~* det var nära ögat (på håret)

squeal [skwiːl] **I** *vb itr* **1** skrika gällt o. utdraget; skria; *~ like a pig* skrika som en stucken gris **2** sl. tjalla **3** vard. klaga, gnälla **II** *vb tr* skrika ut (fram) **III** *s* skrik, skri; gnissel
squealer ['skwiːlə] *s* **1** sl. tjallare **2** vard. gnällspik
squeamish ['skwiːmɪʃ] *adj* **1** ömtålig, blödig; pryd, sipp **2** kräsen, granntyckt
squeegee ['skwiːdʒiː] *s* **1** gummiskrapa, raka med gummikant **2** foto. gummivals
squeeze [skwiːz] **I** *vb tr* **1** krama, klämma [på], pressa, trycka [hårt] [*~ a p.'s hand*]; *~* [*out*] a) krama ur [*~* [*out*] *a sponge*] b) pressa (klämma) fram [*~* [*out*] *a tear*]; *~ into a ball* pressa ihop till en boll **2** klämma in (ned), pressa in (ned) [*~ things into a box*]; *I can ~ you in tomorrow* jag kan klämma in (avsätta) en tid åt dig i morgon **3** bildl. pressa, [hårt] ansätta; suga ut; *~ a th. from (out of) a p.* pressa (klämma) ngn på ngt [*~ money from (out of) a p.*] **4** krama, omfamna **II** *vb itr* **1** tränga (pressa) sig [fram] [*through* genom; *into* in i]; *can you ~ in* [*a meeting tomorrow*]? kan du klämma in [en tid för]…?; *he managed to ~ through* [*the exam*] han lyckades klara sig med nöd och näppe i… **2** gå att klämma ihop (krama ur) **III** *s* **1** kramning, [hård] tryckning [*a ~ of the hand*], tryck, press; hopklämning; hopknipning; urkramning **2** trängsel; *it was a tight ~* det var väldigt trångt **3** droppe, skvätt [*a ~ of lemon*] **4** a) pressa, påtryckning; utpressning b) provision; *put the ~ on a p.* sätta press på ngn, öka trycket på ngn **5** vard., *it was a close (narrow, tight) ~* det var nära ögat **6** ekon. åtstramning [*credit ~*] **7** kram, omfamning
squeeze bottle ['skwiːzˌbɒtl] *s* klämflaska
squeezer ['skwiːzə] *s* [frukt]press
squelch [skwel(t)ʃ] **I** *vb itr* klafsa, slafsa; skvätta (smaska) ut **II** *vb tr* **1** krossa, klämma sönder **2** vard. snäsa av, huta åt; tysta ner **III** *s* klafs, smask
squib [skwɪb] *s* **1** pyrotekn. svärmare **2** smädeskrift, nidskrift; gliring **3** *damp ~* fiasko
squid [skwɪd] *s* zool. tioarmad bläckfisk
squiffy ['skwɪfɪ] *adj* sl. dragen, på örat berusad
squiggle ['skwɪgl] **I** *vb itr* **1** snirkla sig, slingra sig, skruva sig **2** klottra **II** *s* krumelur, släng, snirkel
squint [skwɪnt] **I** *s* **1** vindögdhet, skelögdhet; *have a ~* vara vindögd, skela **2** vard. titt; *have a ~ at* ta en titt på, kika på **II** *vb itr* **1** vara vindögd, skela **2** vard. skela, snegla [*at* på]
squire ['skwaɪə] **I** *s* **1** godsägare; *country ~* äv. lantjunkare **2** vard. (i titllal) min bäste herre; ofta utan motsv. i sv. [*what can I do for you, ~?*] **II** *vb tr* eskortera, uppvakta [*~ a lady*]
squirm [skwɜːm] **I** *vb itr* vrida sig, skruva [på]

sig; bildl. våndas, pinas; gruva sig **II** *s* skruvande
squirrel ['skwɪr(ə)l] *s* ekorre; *flying* ~ [mindre nordamerikansk] flygekorre
squirt [skwɜ:t] **I** *vb tr* o. *vb itr* spruta [ut] med tunn stråle **II** *s* **1** [tunn] stråle [~ *of water*] **2** [liten] spruta **3** vard. puttefnask; nolla
squishy ['skwɪʃɪ] *adj* vard. kladdig, kletig, geggig
sq. yd. förk. för *square yard*
SR förk. för *sedimentation rate*
Sr. o. **sr.** förk. för *senior*
SS förk. för *steamship*
S/S förk. för *steamship*
SSE (förk. för *south-south-east*) sydsydost
SSW (förk. för *south-south-west*) sydsydväst
1 St. o. **St** [sən(t), sɪn(t), sn(t)] (förk. för *saint*) jfr d.o.
2 St. förk. för *Strait, Street*
stab [stæb] **I** *vb tr* **1** genomborra, sticka [~ *a p. with a th.*]; sticka ned, knivhugga; ~ *to death* knivmörda, knivhugga till döds **2** sticka, stöta, köra [~ *a weapon into*], spetsa [~ *a piece of meat on the fork*] **3** bildl., ~ *a p. in the back* falla ngn i ryggen **II** *vb itr* **1** stöta, måtta (rikta) en stöt [*at* mot] **2** sticka 'till, värka 'till **III** *s* **1** stick, sting, stöt [*a* ~ *in the breast*]; knivhugg äv. bildl.; *a* ~ *in the back* bildl. en dolkstöt i ryggen **2** [plötslig] smärta, sting [*a* ~ *of pain*]; stark känsla **3** vard. försök; *a* ~ *in the dark* en vild gissning
stability [stə'bɪlətɪ] *s* stabilitet, stadga
stabilization [ˌsteɪbɪlaɪ'zeɪʃ(ə)n] *s* stabilisering
stabilize ['steɪbɪlaɪz] *vb tr* stabilisera; göra stabil etc., jfr *1 stable*
stabilizer ['steɪbɪlaɪzə] *s* **1** flyg. el. sjö. stabilisator **2** ~*s* stödhjul isht på barncykel
1 stable ['steɪbl] *adj* stabil [~ *currency*], fast [~ *prices*]; stadig, säker; värdebeständig; varaktig
2 stable ['steɪbl] *s* **1** [häst]stall äv. om uppsättning hästar; stallbyggnad; pl. ~*s* stall, stallbyggnad **2** vard. stall grupp racerförare, tennisspelare o.d. med gemensam manager
staccato [stə'kɑ:təʊ] **I** *adv* stackato äv. mus.; stötvis **II** (pl. ~*s*) *s* mus. stackato
stack [stæk] **I** *s* **1** stack av hö o.d. **2** trave [*a* ~ *of wood*; *a* ~ *of books*], stapel [*a* ~ *of boards*]; ordnad hög [*a* ~ *of papers*]; vard. massa, hög [*a* ~ *of things*, ~*s of work*] **3** skorstensgrupp av sammanbyggda pipor; skorsten på ångbåt, ånglok m.m. **II** *vb tr* **1** stacka; trava [upp], stapla [upp] [äv. ~ *up*]; ~*ing chairs* stapelbara stolar **2** ~ *the cards* fiffla med korten (kortleken); *the cards were* ~*ed against him* bildl. han hade alla odds mot sig
stadium ['steɪdjəm] *s* stadion, idrottsarena
staff [stɑ:f] **I** (pl. ~*s*; i bet. *5, 3 staves*) *s* **1** stav; bildl. stöd; *the* ~ *of life* brödet **2** [flagg]stång; långt skaft **3** personal [*office* ~], stab; ~ *nurse* sjuksköterska; ~ *room* lärarrum; personalrum; *editorial* ~ redaktion, redaktionspersonal; *teaching* ~ lärarkår; *temporary* ~ extrapersonal; *be on the* ~ höra till personalen (staben, kollegiet); vara fast anställd (ordinarie); *teacher on the permanent* ~ ordinarie lärare; *be on the* ~ *of a newspaper* vara medarbetare i en tidning **4** mil. stab; *General S*~ generalstab; ~ *college* krigshögskola **5** mus. notplan, notsystem **II** *vb tr* skaffa (anställa) personal till, förse med personal, bemanna
stag [stæg] *s* zool. kronhjort hanne, isht i o. efter femte året
stag beetle ['stægˌbi:tl] *s* zool. ekoxe
stage [steɪdʒ] **I** *s* **1** teat. scen; bildl. äv. skådeplats [*quit the political* ~]; estrad; teater [*the French* ~, *the comic* ~]; ~ *version* scenbearbetning; *hold the* ~ a) hålla sig kvar på repertoaren b) dominera (vara centrum i) sällskapet; *on the* ~ a) på scenen, på teatern b) på repertoaren; *go on the* ~ bli skådespelare (skådespelerska) **2** stadium, skede [*at an early* ~]; steg **3** etapp; avstånd mellan två hållplatser; skjutshåll; *by easy* ~*s* i [korta] etapper; bildl. i små portioner, lite i taget **4** hållplats **II** *vb tr* **1** sätta upp, iscensätta [~ *a play*]; uppföra **2** iscensätta, arrangera, organisera; ~ *a comeback* göra comeback
stagecoach ['steɪdʒkəʊtʃ] *s* hist. diligens, postvagn
stage design ['steɪdʒdɪˌzaɪn] *s* scenografi
stage designer ['steɪdʒdɪˌzaɪnə] *s* scenograf, scendekoratör
stage direction ['steɪdʒdɪˌrekʃ(ə)n] *s* scenanvisning
stage door [ˌsteɪdʒ'dɔ:, '--] *s* sceningång
stage fright ['steɪdʒfraɪt] *s* rampfeber
stage hand ['steɪdʒhænd] *s* scenarbetare
stage lighting ['steɪdʒˌlaɪtɪŋ] *s* scenbelysning
stage-manage ['steɪdʒˌmænɪdʒ, ˌ-'--] *vb tr* **1** vara inspicient (regiassistent, studioman) vid **2** iscensätta, arrangera **3** dirigera, leda
stage management ['steɪdʒˌmænɪdʒmənt] *s* regi
stage manager [ˌsteɪdʒ'mænɪdʒə, '-ˌ---] *s* inspicient, regiassistent; TV. studioman
stage-struck ['steɪdʒstrʌk] *adj* teaterbiten
stage whisper [ˌsteɪdʒ'wɪspə] *s* teaterviskning
stagflation [ˌstægˈfleɪʃ(ə)n] *s* (av *stagnation* o. *inflation*) ekon. stagflation
stagger ['stægə] **I** *vb itr* vackla, ragla, stappla, vingla; ~ *to one's feet* resa sig på vacklande ben **II** *vb tr* **1** få att vackla äv. bildl.; *be* ~*ed by the news* bli [upp]skakad av nyheterna **2** sprida [~ *lunch hours*]; ~*ed hours* flextid; skift **III** *s* vacklande etc.; vacklande (raglande) gång
staggering ['stægərɪŋ] *adj* **1** vacklande, raglande, vinglig, ostadig [*a* ~ *gait*] **2** *a* ~

blow ett dråpslag äv. bildl.
3 häpnadsväckande, förbluffande
staginess ['steɪdʒɪnəs] *s* [teatralisk] förkonstling, effektsökeri
staging ['steɪdʒɪŋ] *s* **1** byggnadsställning; plattform på byggnadsställning **2** teat. iscensättning, uppsättning; uppförande
stagnant ['stægnənt] *adj* **1** stillastående [~ *water*]; skämd, osund **2** bildl. stagnerande, stillastående
stagnate [stæg'neɪt, '--] *vb itr* **1** stå stilla, stagnera **2** bildl. stagnera, stanna av
stagnation [stæg'neɪʃ(ə)n] *s* stagnation; stillastående; stockning
stagy ['steɪdʒɪ] *adj* teatralisk, uppstyltad, konstlad
staid [steɪd] *adj* stadig, lugn, stadgad om person
stain [steɪn] **I** *vb tr* **1** fläcka [ned], smutsa [ned] [~ *one's fingers*, ~ *the cloth*]; missfärga **2** färga [~ *cloth*]; betsa [~ *wood*]; ***ed glass*** målat glas med inbrända färger **II** *vb itr* **1** få fläckar; missfärgas **2** fläcka ifrån sig, sätta en fläck (fläckar), färga av (ifrån) sig **III** *s* **1** fläck äv. bildl. [*without a* ~ *on one's character*]; ~ ***remover*** fläckborttagningsmedel **2** färgämne; bets
stainless ['steɪnləs] *adj* **1** fläckfri, obefläckad [*a* ~ *reputation*] **2** rostfri [~ *steel*]
stair [steə] *s* **1** trappsteg **2** vanl. ~s (konstr. ss. sg. el. pl.) trappa isht inomhus [*winding* ~s]; trappuppgång; ***a flight of*** ~s en trappa; ***the foot (head) of the*** ~s foten (översta delen) av trappan; ***on the*** ~s i trappan, i trappuppgången **3** [fisk]trappa
staircase ['steəkeɪs] *s* trappa; trappuppgång; ***corkscrew (spiral)*** ~ spiraltrappa
stake [steɪk] **I** *s* **1** stake, [gärdsgårds]stör, [liten] påle **2** hist. påle vid vilken den som dömts till bålet bands; ***be burnt (perish) at the*** ~ el. ***go to the*** ~ brännas på bål[et], dö på bålet **3** isht pl. ~s insats vid vad o.d.; pott; ***my honour is at*** ~ min heder står på spel, det gäller min heder; ***play for high*** ~s spela högt **4** intresse, del, andel [*have a* ~ *in an undertaking*] **5** pl. ~s a) pris[pengar] vid hästkapplöpningar m.m. b) [pris]lopp **II** *vb tr* **1** fästa vid (stödja med) en stake etc., jfr *I 1* **2** ~ [*off (out)*] a) staka ut [~ *off (out) an area*] b) sätta av; reservera; ~ [*out*] ***a claim*** resa anspråk; specificera ett krav **3** inhägna (stänga av) med störar (pålar, stolpar) **4** våga, sätta på spel, riskera [~ *one's future*; *on* pl.], satsa [~ *a fortune*; *on* pl.]
stalactite ['stæləktaɪt] *s* stalaktit; hängande droppsten
stalagmite ['stæləgmaɪt] *s* stalagmit; stående droppsten
stale [steɪl] **I** *adj* **1** gammal [~ *bread*], unken [~ *air*], avslagen [~ *beer*], instängd [~ *tobacco smoke*], fadd **2** förlegad, gammal [~ *news*],

nött, [ut]sliten [~ *jokes*] **3** övertränad, överansträngd **II** *vb tr* göra gammal (unken etc., jfr *I*) **III** *vb itr* bli gammal (unken etc., jfr *I*)
stalemate ['steɪlmeɪt] **I** *s* **1** schack. pattställning **2** dödläge, stockning, död punkt **II** *vb tr* **1** schack. göra patt **2** stoppa; få att gå i baklås (köra fast)
Stalinism ['stɑːlɪnɪzm] *s* polit. stalinism[en]
1 stalk [stɔːk] *s* **1** bot. stjälk; stängel, skaft **2** [hög] skorsten **3** hög fot på vinglas; skaft **4** bil. spak på rattstång (reglage för vindrutetorkare m.m.)
2 stalk [stɔːk] **I** *vb itr* **1** gå med stolta steg, skrida [fram] **2** gå sakta och försiktigt, smyga sig; sprida sig långsamt [*famine* ~*ed through the country*] **II** *vb tr* **1** smyga sig på (efter) [~ *game (an enemy)*]; sprida sig långsamt genom **2** skrida fram genom (på) [~ *the streets*]
stalker ['stɔːkə] *s* [gång]skytt, smygjägare
1 stall [stɔːl] *vb itr* vard. slingra sig, komma med undanflykter; ~ [*for time*] försöka vinna tid, maska; ***quit*** ~*ing!* inga fler undanflykter!
2 stall [stɔːl] **I** *s* **1** spilta, bås **2** [salu]stånd; kiosk, bod; bord, disk för varor **3** teat. parkettplats; ***orchestra*** ~s främre parkett; *in the* ~s på parkett **4** kyrkl. korstol **5** [finger]tuta **6** amer. parkeringsruta **7** motor. tjuvstopp **II** *vb tr* **1** sätta in (hålla) i en spilta (spiltor, bås), stalla **2** motor. få tjuvstopp i [~ *the engine*] **III** *vb itr* om motor o.d. tjuvstanna
stallion ['stæljən] *s* [avels]hingst
stalwart ['stɔːlwət] **I** *adj* **1** stor och stark, handfast, duktig **2** ståndaktig, trogen [*a* ~ *supporter*] **II** *s* ståndaktig (trogen) anhängare
stamen ['steɪmen] *s* bot. ståndare
stamina ['stæmɪnə] *s* uthållighet, kondition, [motstånds]kraft, styrka
stammer ['stæmə] **I** *vb itr* stamma **II** *vb tr*, ~ [*out*] stamma fram **III** *s* stamning, stammande
stamp [stæmp] **I** *vb itr* stampa [~ *on the floor*; ~ *with* (av) *rage*]; trampa, klampa [~ *upstairs*] **II** *vb tr* **1** stampa med [~ *one's foot*]; stampa på (i) [~ *the floor*]; ~ ***the mud off one's feet*** stampa av sig smutsen **2** trampa på, trampa ned [*ofta* ~ *down*]; ~ ***out*** a) trampa ut [~ *out a fire*] b) utrota [~ *out a disease*] c) krossa, slå ned, undertrycka [~ *out a rebellion*] d) göra (få) slut på **3** stämpla äv. bildl. [~ *a p. as a liar*; *with* med]; stämpla på; trycka [~ *patterns on cloth*]; ***he*** ~***ed his personality on…*** han satte sin personliga prägel på… **4** frankera, sätta frimärke på [~ *a letter*] **5** bildl. prägla, inprägla [~ *on* (i) *one's memory (mind)*] **III** *s* **1** stampning, stampande, stamp **2** stämpel verktyg; stamp äv. i stampverk; stans; stämpeljärn **3** stämpel; stämpling; prägel på mynt **4** frimärke; ***book of*** ~s frimärkshäfte **5** bildl. prägel, stämpel, kännemärke,

kännetecken 6 slag, sort, kaliber [*men of his* (*that*) ~]
stamp album ['stæmp͵ælbəm] *s* frimärksalbum
stamp-collector ['stæmpkə͵lektə] *s* frimärkssamlare
stamp duty ['stæmp͵dju:tɪ] *s* stämpelavgift
stampede [stæm'pi:d] **I** *s* **1** vild (panikartad) flykt; rusning [*for* efter]; panik **2** massrörelse **II** *vb itr* **1** råka i vild flykt, fly i panik **2** störta, rusa **III** *vb tr* **1** skrämma på flykten, försätta i panik **2** hetsa [~ *a p.* into [*doing*] *a th.*]
stamp hinge ['stæmphɪn(d)ʒ] *s* frimärksfastsättare
stamp pad ['stæmppæd] *s* stämpeldyna
Stan [stæn] kortform för *Stanley*
stance [stæns, stɑ:ns] *s* **1** stance, slagställning i golf m.m. **2** ställning; *he took his ~ by the exit* han fattade posto vid utgången **3** inställning, attityd
stanch [stɑ:n(t)ʃ] *vb tr* stilla, hämma, stoppa [~ *the bleeding*]; *~ a wound* stilla blodflödet från ett sår
stanchion ['stɑ:nʃ(ə)n] *s* **1** stötta, stolpe; sjö. däcksstötta **2** amer. flyttbart trafikmärke
stand [stænd] **I** (*stood stood*) *vb itr* (se äv. *III*) **1** stå; *~ condemned* vara dömd, ha dömts [*for* för]; *~ to lose* riskera att förlora; *~ still* stå stilla; *~ still for* amer. tåla, utstå; *~ to win* (*gain*) ha utsikt att (kunna) vinna; *as it now ~s, the text is* [*ambiguous*] som texten nu lyder är den…; *I want to know where I ~* jag vill ha klart besked **2** stiga (stå) upp, ställa sig upp [*we stood, to see better*] **3** ligga, vara belägen [*the house ~s by* (vid) *a river*; *London ~s on* (vid) *the Thames*] **4** a) stå kvar, stå fast, stå [*let the word ~*] b) hålla, stå sig [*the theory ~s*], [fortfarande] gälla **5** stå, förhålla sig; *as affairs* (*matters*) *now ~* som saken (det) nu förhåller sig **6** mäta, vara [*he ~s six feet in his socks*]
II (*stood stood*) *vb tr* (se äv. *III*) **1** ställa [upp], resa [upp] [~ *a ladder against the wall*] **2** tåla [*I cannot ~ that fellow*], stå ut med, uthärda; *~ one's ground* se 2 *ground I 2*; *~ the test* bestå provet; [*the material*] *will ~ washing* …tål att tvättas **3** *~ trial for murder* stå inför rätta anklagad för mord **4** bjuda på [~ [*a p.*] *a dinner*]; *~ treat* betala (bjuda på) kalaset, bjuda **5** *~ off* suspendera, friställa [*~ off an employee*]
III *vb tr* o. *vb itr* med adv. el. prep. isht med spec. övers.:
~ again polit. ställa upp för omval
~ apart: a) stå en bit bort; hålla sig på avstånd b) stå utanför c) stå i en klass för sig
~ aside: a) [bara] stå och se på, förhålla sig passiv b) stiga (träda) åt sidan
~ at uppgå till [*the number ~s at 170*]
~ back: a) dra sig bakåt, stiga tillbaka b) *the house ~s back from the road* huset ligger en bit från vägen c) förhålla sig passiv
~ by: a) stå bredvid, bara stå och se på [*how can you ~ by and let him ruin himself?*] b) hålla sig i närheten, stå redo; ligga i beredskap; *~ by for further news* avvakta ytterligare nyheter c) bistå [*~ by one's friends*], stödja; *~ by a p.* äv. stå vid ngns sida d) stå [fast] vid [*~ by one's promise*], stå för [*I ~ by what I said*]
~ down: a) träda tillbaka [*~ down in favour of a better candidate*] b) träda ned från vittnesbåset
~ for: a) stå för [*what do these initials ~ for?*], betyda b) kämpa för [*~ for liberty*] c) stå som (vara) sökande till [*~ for an office*]; kandidera för, ställa upp som kandidat till d) vard. finna sig i [*I won't ~ for that*]
~ on hålla på [*~ on one's dignity* (*rights*)]
~ out: a) stiga (träda) fram b) stå ut, skjuta fram c) framträda, avteckna sig, sticka av [*against, from* mot]; *it ~s out a mile* det syns (märks) lång väg; *~ out in a crowd* skilja sig från mängden; *make a melody ~ out* framhäva en melodi d) utmärka sig [*his work ~s out from* (framför) *that of others*], vara framstående e) hålla ut (stånd), stå på sig f) *~ out for* a) hålla fast vid [*~ out for a demand*], hålla på [*~ out for one's rights*] b) kräva, yrka på [*~ out for more pay*]
~ to: a) isht mil. ligga (förlägga) i larmberedskap b) *~ to reason* se *reason I 3*
~ up: a) stiga (stå, ställa sig) upp; *~ up against* sätta sig emot; *~ up for* försvara [*~ up for one's rights*]; hålla på; ta parti för; *he can ~ up for himself* han är karl för sin hatt; *~ up for yourself!* stå 'på dig!; *~ up to* trotsa, sätta sig upp mot b) stå [upprätt], stå (hålla sig) på benen c) hålla, stå sig; *~ up to* stå emot, tåla, stå pall för
~ with ligga till hos [*how do you ~ with your boss?*]; *~ well* (*high*) *with a p.* ligga väl till hos ngn
IV *s* **1** stannande, halt; *bring to a ~* stanna, stoppa, hejda; *come to a ~* stanna [av] **2** [försök till] motstånd [*his last ~*]; försvar; *make a ~* hålla stånd; *make a ~ for one's principles* kämpa för sina principer **3** plats; ställning, bildl. äv. ståndpunkt; *take* [*up*] *a ~* ta ställning, fatta ståndpunkt [*on* i]; *take one's ~* a) ställa sig [*take one's ~ on the platform*], fatta posto b) ta ställning **4** ställ, ställning; fot; hållare; stativ; jfr *hatstand* **5** stånd; kiosk; bord, disk; utställningsmonter **6** station [*a taxi ~*] **7** [åskådar]läktare; estrad, tribun; *winners' ~* prispall vid tävling **8** vard. uppträdande, spelning under turné; *one-night ~* se *one-night* **9** amer. vittnesbås; *take the ~* avlägga vittnesmål
standard ['stændəd] **I** *s* **1** standar [*the royal*

~], fana 2 likare, standardmått; standard[typ] 3 a) norm [*conform to the ~s of society*], mått[stock], mönster b) standard, nivå; kvalitet; ~ *of living* levnadsstandard; ~ *of reference* a) måttstock b) standardverk; *be a ~ for* vara normgivande för; *below* [*the*] ~ under det normala, undermålig; *by Swedish ~s* efter svenska mått; [*measured*] *by our ~s* med våra mått mätt; *come* (*be*) *up to* ~ hålla måttet, vara fullgod 4 myntfot [*gold* ~]; *monetary* ~ el. ~ *of currency* myntfot 5 stolpe, stötta; hög fot 6 bot. fristående [frukt]träd; buske (växt, träd) i stamform II *adj* standard-, normal- [~ *measures* (*weights*)], normal, fastställd som norm [*the* ~ *yard*], norm-, mönster-; fullgod, fullvärdig; [helt] vanlig [*a* ~ *pencil*]; ~ *deviation* statistik. standardavvikelse; *S~ English* engelskt riksspråk, det engelska rikspråket; ~ *gauge* järnv. normal spårvidd; ~ *pitch* mus. normalton; ~ *price* normalpris; enhetspris; cirkapris; ~ *rate* grundtaxa; enhetstaxa; normaltaxa; ~ *rate of taxation* normal skattesats; ~ *time* normaltid; ~ *work* standardverk, klassiskt verk
standard-bearer ['stændəd,beərə] *s* fanbärare, banerförare äv. bildl.
standardization [ˌstændədaɪ'zeɪʃ(ə)n] *s* standardisering; normalisering; likriktning
standardize ['stændədaɪz] *vb tr* standardisera; normalisera; likrikta
standard lamp ['stændədlæmp] *s* golvlampa
standby ['stæn(d)baɪ] *s* 1 reserv- [~ *power unit*]; flyg. standby- [~ *ticket*]; ~ *duty* bakjour; *on* ~ som snabbt kan sättas (kallas) in; som finns till hands 2 stöd, pålitlig vän, tillflykt; säkert kort 3 reserv, ersättare; springvikarie; ersättning
stand-in ['stændɪn, ˌ-'-] *s* stand-in; ersättare, vikarie
standing ['stændɪŋ] I *adj* 1 stående; upprättstående; stillastående; ~ *jump* sport. stående hopp, hopp utan ansats 2 bildl. stående [*a* ~ *army, a* ~ *dish, a* ~ *rule*]; ständig, permanent, fast; ständigt återkommande; *a* ~ *joke* ett stående skämt; ~ *orders* a) parl. ordningsstadga b) gällande föreskrifter, reglemente II *s* 1 ståplats; ~ *room* ståplats[er], utrymme för stående 2 ställning, status, position, anseende; *a man of* [*high*] ~ en ansedd man 3 *of long* ~ gammal, av gammalt datum; långvarig
stand-offish [ˌstænd'ɒfɪʃ] *adj* reserverad, högdragen, snörpig, avvisande
standpoint ['stæn(d)pɔɪnt] *s* ståndpunkt, ställningstagande, synpunkt
standstill ['stæn(d)stɪl] *s* stillastående, stopp, stockning; *be at a* ~ stå stilla, ha stannat av, ligga nere; *bring to a* ~ [få att] stanna, hejda, stoppa; *come to a* ~ stanna (av), stoppa, bli stående; köra fast

stand-up ['stændʌp] *adj* 1 uppstående; *a* ~ *collar* äv. ståndkrage 2 [som ätes (utförs, görs)] på stående fot [*a* ~ *meal*]; ~ *comedian* ståuppkomiker 3 ordentlig, regelrätt [*a* ~ *fight*]
Stanford ['stænfəd] egenn.; ~ [*University*] i Kalifornien USA
stank [stæŋk] imperf. av *stink*
stanza ['stænzə] *s* metrik. strof
1 staple ['steɪpl] I *s* 1 krampa, märla 2 häftklammer II *vb tr* 1 fästa (sätta fast) med krampa (märla) 2 häfta [samman]
2 staple ['steɪpl] I *s* 1 stapelvara, basvara, huvudprodukt 2 huvudbeståndsdel; stomme, kärna 3 råvara, råämne II *adj* 1 stapel-, huvud- [~ *article*, ~ *product*]; ~ *commodity* stapelvara, basvara 2 huvudsaklig, bas- [~ *food*]
stapler ['steɪplə] *s* häftapparat; bokb. häftmaskin
star [stɑː] I *s* 1 stjärna; *the Stars and Stripes* stjärnbaneret USA:s flagga; *see ~s* bildl. se [solar och] stjärnor; *thank one's lucky ~s that* tacka sin lyckliga stjärna [för] att; *reach for the ~s* bildl. sikta mot stjärnorna 2 film., sport. m.m. stjärna; ~ *system* stjärnkult II *vb tr* 1 pryda (märka) med stjärna (stjärnor); beströ med stjärnor 2 teat. o.d. presentera i huvudrollen; *be ~red* [*in a new film*] ha (få) huvudrollen..., vara (bli) stjärna...; *a film ~ring...* en film med...i huvudrollen III *vb itr* teat. o.d. spela (ha) huvudrollen, uppträda som stjärna (gäst)
starboard ['stɑːbəd, -bɔːd] *s* sjö. styrbord; *put the helm to* ~ lägga rodret styrbord
starch [stɑːtʃ] I *s* stärkelse II *vb tr* stärka med stärkelse
starchy ['stɑːtʃɪ] *adj* 1 stärkelsehaltig 2 bildl. stel, formell
stardom ['stɑːdəm] *s* film. o.d. 1 stjärnvärlden; berömdheter 2 stjärnstatus, berömmelse; *her rise to* ~ hennes upphöjelse till stjärna
stardust ['stɑːdʌst] *s* 1 stjärnstoft 2 romantik, [ett] förtrollat skimmer 3 amer. sl. kokain
stare [steə] I *vb itr* stirra [*at* på; *out at* emot]; glo II *vb tr* stirra på; glo på; *it ~d us in the face* a) det stirrade emot oss, vi stod ansikte mot ansikte med det b) vi hade det mitt framför ögonen (näsan) [på oss]; det var alldeles solklart; ~ *a p. down* tvinga ngn att slå ner ögonen (vända bort blicken) III *s* [stirrande (stel)] blick; stirrande, gloende; *give a p. a rude* ~ stirra ohövligt på ngn
starfish ['stɑːfɪʃ] *s* zool. sjöstjärna
stargazer ['stɑːˌgeɪzə] *s* skämts. 1 stjärnkikare astronom 2 [dag]drömmare; tankspridd person
stark [stɑːk] I *adj* 1 styv, stel isht av dödsstelhet [~ *and cold* (*stiff*)] 2 ren, fullständig [~ *nonsense*] 3 naken, bar [~ *rocks*] 4 skarp [~ *outlines*], markerad II *adv* fullständigt,

alldeles; ~ [*staring*] *mad* spritt [språngande] galen, helgalen; ~ *naked* spritt naken
starkers ['stɑːkəz] *adj* sl. **1** helnäck, spritt naken **2** skvatt galen, helgalen, flängd
starlet ['stɑːlət] *s* **1** liten stjärna **2** film. o.d. ung (blivande) stjärna
starlight ['stɑːlaɪt] **I** *s* stjärnljus [*walk home by* (i) ~] **II** *adj* stjärnklar [*a* ~ *night*], stjärnljus
starling ['stɑːlɪŋ] *s* zool. stare
starlit ['stɑːlɪt] *adj* stjärnbelyst, stjärnljus
starry ['stɑːrɪ] *adj* **1** stjärnbeströdd, stjärnklar **2** glänsande som stjärnor, tindrande [~ *eyes*]
starry-eyed ['stɑːrɪaɪd] *adj* vard. **1** romantisk **2** verklighetsfrämmande, blåögd [*a* ~ *idealist*]
star-spangled ['stɑːˌspæŋgld] *adj* stjärnbeströdd; *the Star-Spangled Banner* stjärnbaneret USA:s flagga o. nationalsång
star-studded ['stɑːˌstʌdɪd] *adj* **1** stjärnbeströdd; stjärnklar [*a* ~ *night*] **2** teat. o.d. stjärnspäckad, med idel stjärnor [*a* ~ *cast*]
start [stɑːt] **I** *vb itr* **1** börja, starta; *don't* ~*!* börja inte [nu]!, sätt inte i gång!; ~ *afresh* (*again*) börja på nytt, börja om; ~ *out* vard. börja, börja 'på; ~ *in business* börja som affärsman; ~ *on one's own* börja på egen hand; ~ *with nothing* börja med två tomma händer; *to* ~ *with* a) för det första b) till att börja med, till en början; ~*ing May 10...* med började den 10 maj... **2** starta, ge sig i väg; sätta [sig] i gång, [av]gå, [av]resa, bege sig [*for* till; *from* från]; ~ *on a journey* ge sig ut på en resa **3** rycka till [~ *at* (vid) *the shot*; ~ *with* (av) *horror*], haja till; ~ *back* rygga tillbaka [*at* för (vid)] **4** plötsligt tränga (rusa); *the tears* ~*ed to* (*in*) *her eyes* hon fick tårar i ögonen; *his eyes were* ~*ing out of his head* (~*ing* [*out*] *from their sockets*) ögonen höll på att tränga ut ur sina hålor [på honom] **II** *vb tr* **1** börja, påbörja [~ *a meal*]; ~ *a book* börja på en bok **2** starta [~ [*up*] *a car*], sätta i gång [med]; ~ *a business* starta en affär; *let's get* ~*ed!* nu sätter vi i gång!; *I can't get the engine* ~*ed* jag kan inte få i gång (starta) motorn; ~ *a fire* tända [en] eld; ~ *a fund* starta en insamling till en fond **3** hjälpa på traven; ~ *a p. in life* hjälpa fram ngn **4** ~ *a p. doing a th.* få (komma) ngn att [börja] göra ngt [*that* ~*ed us laughing*] **III** *s* **1** början, start; avfärd; *make a fresh* ~ börja om från början; *at the* ~ i början; *for a* ~ vard. för det första; *line up for the* ~ ställa upp till start[en] (på startlinjen); *from* ~ *to finish* från början till slut; från start till mål **2** försprång [*a few metres'* ~]; *get* (*have*) *the* ~ *of* komma i väg före; få försprång framför **3** startplats, start **4** ryck, sprittning; *give a* ~ rycka (haja) till; *by fits and* ~*s* ryckvis, stötvis

starter ['stɑːtə] *s* **1** starter startledare; ~*'s gun* (*pistol*) startpistol, ollonpistol; *be under* ~*'s orders* a) [vara] klar till start b) bildl. ligga i startgroparna **2** startande, tävlingsdeltagare **3** startkontakt; startknapp, [själv]start **4** förrätt; *as a* ~ till förrätt; *for* ~*s* vard. till att börja med, som en början (inledning); för det första [*well, for* ~*s he's not a good choice*]
starting-block ['stɑːtɪŋblɒk] *s* startblock, startpall
starting-point ['stɑːtɪŋpɔɪnt] *s* utgångspunkt äv. bildl.; startpunkt
starting-post ['stɑːtɪŋpəʊst] *s* kapplöpn. startstolpe; startlinje
starting-price ['stɑːtɪŋpraɪs] *s*, pl. ~*s* odds omedelbart före loppet
startle ['stɑːtl] *vb tr* **1** skrämma, göra bestört, överraska; *be* ~*d* bli förskräckt (bestört, häpen), baxna [*by* över] **2** skrämma upp [~ *a herd of deer*]
startling ['stɑːtlɪŋ] *adj* häpnadsväckande, uppseendeväckande, alarmerande [*a* ~ *discovery*]
star turn [ˌstɑːˈtɜːn] *s* teat. huvudnummer, paradnummer
starvation [stɑːˈveɪʃ(ə)n] *s* svält; uthungring, utsvältning; ~ *diet* svältkost; svältkur
starve [stɑːv] **I** *vb itr* svälta, hungra, [vara nära att] dö av svält; ~ *to death* svälta ihjäl; *I'm starving* vard. jag håller på att dö av hunger, jag är utsvulten (jättehungrig) **II** *vb tr* låta svälta [~ *a p. to death* (ihjäl)], låta förgås av hunger
starved [stɑːvd] *adj* utsvulten; ~ *to death* ihjälsvulten; *be* ~ *of* vara svältfödd på
stash [stæʃ] *vb tr* vard., ~ *away* gömma (stoppa, stuva) undan
state [steɪt] **I** *s* **1** tillstånd; skick [*in a bad* ~]; situation; ~ *of alarm* a) larmberedskap b) oro, ängslan; ~ *of health* hälsotillstånd, hälsa, befinnande; ~ *of mind* sinnestillstånd, mentalt (psykiskt) tillstånd; sinnesstämning; *in the present* ~ *of things* under nuvarande förhållanden; *S*~ *of the Union message* i USA budskap om tillståndet i unionen presidentens tal vid kongressens öppnande; ~ *of war* krigstillstånd; *what a* ~ *you are in!* vard. vad (så) du ser ut!; *he was in quite a* ~ *about it* vard. han var mycket upprörd över (alldeles ifrån sig för) det; *get into a* ~ vard. hetsa upp sig **2** stat; i USA m.fl. äv. delstat; attr. stats-, delstats-, statlig; statsägd [~ *forests*]; *the S*~ staten; *the States* Staterna Förenta staterna; *the welfare* ~ välfärdssamhället, välfärdsstaten; *the S*~ *Department* i USA utrikesdepartementet; *State's evidence* amer. jur. kronvittne; ~ *visit* statsbesök; *Secretary of S*~ se *secretary* 2 **3** stånd, ställning; [hög] rang, värdighet; *married* (*unmarried, single*) ~ gift (ogift) stånd; ~ *of life* [samhälls]ställning **4** ståt,

prakt, gala, stass; **~ *apartment*** representationsvåning, paradvåning; **~ *coach*** galavagn; ***lie in*** **~** ligga på lit de parade **II** *vb tr* **1** uppge, påstå; förklara, anföra, säga, berätta [*to för*]; upplysa om; ange; ***it is ~d that*** det uppges att **2** framlägga [**~** *one's case*], framföra [**~** *one's opinion*], framställa, redogöra för, klarlägga [**~** *one's position*]; meddela [**~** *one's terms*] **3** konstatera, fastslå; fastställa, bestämma
state-aided ['steɪtˌeɪdɪd] *adj* statsunderstödd
stateless ['steɪtləs] *adj* statslös
stately ['steɪtlɪ] *adj* ståtlig, storslagen; värdig; **~ *home*** herresäte, herrgård
statement ['steɪtmənt] *s* **1** uttalande; framställning, utsaga; uppgift, påstående; ***make a ~*** göra ett uttalande, uttala sig, lämna ett meddelande; ***on his own ~*** enligt [hans] egen utsago **2** rapport, redovisning, tablå, översikt, exposé; **~ *of account*[*s*]** redovisning [av räkenskaper] **3** framställning, uttryckssätt, formulering
state-of-the-art [ˌsteɪtəvðɪ'ɑːt] *adj* toppmodern, [som är] på aktuell teknisk nivå
stateroom ['steɪtruːm] *s* sjö. privat hytt, lyxhytt
states|man ['steɪts|mən] (pl. -*men* [-mən]) *s* statsman
statesmanlike ['steɪtsmənlaɪk] *adj* o. **statesmanly** ['steɪtsmənlɪ] *adj* statsmanna- [**~** *qualities*]
statesmanship ['steɪtsmənʃɪp] *s* stats[manna]konst; statsmannaegenskaper
static ['stætɪk] **I** *adj* **1** fys. statisk [**~** *electricity*] **2** stillastående, statisk, stagnerad **II** *s* **1** pl. **~*s*** (konstr. vanl. ss. sg.) fys. statik **2** statisk elektricitet
station ['steɪʃ(ə)n] **I** *s* **1** station **2** [samhälls]ställning, stånd, rang; ***all ~s of life*** alla samhällsklasser **3** [anvisad] plats, post; ***take up one's ~*** inta sin plats äv. bildl.; fatta posto **4** mil. bas; [***naval***] **~** flottbas, örlogsstation **II** *vb tr* **1** isht mil. stationera, förlägga [**~** *a regiment*]; placera ut, postera [**~** *a guard*] **2** **~ *oneself*** placera sig [**~** *oneself at the window*]
stationary ['steɪʃn(ə)rɪ] *adj* **1** stillastående [**~** *train*], orörlig **2** stationär [**~** *troops*]
stationer ['steɪʃ(ə)nə] *s* pappershandlare; **~'*s*** [***shop***] pappershandel
stationery ['steɪʃn(ə)rɪ] *s* skrivmateriel, kontorsmateriel, pappersvaror; skrivpapper, brevpapper [och kuvert]; ***the S~ Office*** ung. statstryckeriet, statsförlaget i England
stationmaster ['steɪʃ(ə)nˌmɑːstə] *s* stationsinspektor, stationsföreståndare, stins
station wagon ['steɪʃ(ə)nˌwægən] *s* isht amer. herrgårdsvagn, kombivagn
statistical [stə'tɪstɪk(ə)l] *adj* statistisk
statistician [ˌstætɪ'stɪʃ(ə)n] *s* statistiker
statistics [stə'tɪstɪks] (konstr. ss. pl.; i bet. 'statistisk vetenskap' ss. sg.) *s* statistik[en]
statue ['stætʃuː, -tjuː] *s* staty, bildstod; ***the S~ of Liberty*** frihetsgudinnan i New Yorks hamn
statuesque [ˌstætjʊ'esk] *adj* statylik, statuarisk; ståtlig
statuette [ˌstætjʊ'et] *s* statyett
stature ['stætʃə] *s* **1** växt, kroppsstorlek, längd; gestalt; ***short in*** (***of***) **~** liten (kort) till växten, småvuxen; ***tall in*** (***of***) **~** stor till växten, storväxt, högväxt **2** bildl. växt [*add something to one's ~*]; mått, format [*a man of ~*]
status ['steɪtəs, amer. äv. 'stætəs] *s* **1** [social (medborgerlig)] ställning, [hög] status, position, rang; ***civil ~*** civilstånd **2** ställning, status
status quo [ˌsteɪtəs'kwəʊ] *s* lat. status quo; ***revert to the ~*** återgå till status quo
statute ['stætjuːt] *s* [skriven] lag stiftad av parlament; författning; stadga
statute book ['stætjuːtbʊk] *s* lagbok; författningssamling
statutory ['stætjʊt(ə)rɪ] *adj* **1** lagstadgad, lagfäst, lagenlig; författningsenlig; **~ *offense*** (***crime***) amer. straffbart brott **2** stadgeenlig, reglementerad
1 staunch [stɑːn(t)ʃ] *vb tr* se *stanch*
2 staunch [stɔːn(t)ʃ, amer. äv. stɑːn(t)ʃ] *adj* trofast, pålitlig [**~** *ally*, **~** *supporter*]; ståndaktig
stave [steɪv] **I** *s* **1** stav i laggkärl; tunnstav **2** stegpinne **3** mus. notplan, notsystem **4** metrik. strof, stans **II** *vb tr* **1 ~** *in* slå in (sönder), slå hål på [**~** *in a barrel*] **2 ~** *off* avvärja [**~** *off defeat* (*ruin*)]; uppehålla, hålla borta [**~** *off creditors*]; uppskjuta **III** *vb itr*, **~** *in* gå sönder, tryckas in, krossas [*the boat ~d in when it struck the rock*]
1 stay [steɪ] **I** *vb itr* **1** stanna, stanna kvar; ***it has come*** (***it is here***) ***to ~*** vard. det har kommit för att stanna, det kommer att stå (hålla i) sig; **~ *the night*** stanna (ligga) kvar över natten, övernatta; **~ *for dinner*** el. **~ *dinner*** stanna [kvar] till middagen (över middagen, på middag); **~ *in bed*** stanna (ligga kvar, hålla sig) i sängen, ligga till sängs; **~ *to dinner*** (***to dine***) se **~** *for dinner* ovan; **~ *away*** stanna borta, utebli, hålla sig borta (undan), vara frånvarande [*from* från]; **~** *in* stanna (hålla sig) inne (hemma); **~ *on*** a) stanna kvar, bli kvar b) stå på, vara påkopplad; **~ *out*** stanna ute (utomhus); stanna utanför; **~ *up*** stanna (vara, sitta) uppe inte lägga sig **2** tillfälligt vistas, bo [**~** *at a hotel*; **~** *with* (hos) *a friend*], stanna, uppehålla sig; ***where are you ~ing?*** var bor du?, var har du tagit in?; ***I don't live here, I am only ~ing*** jag bor inte här utan är här bara tillfälligt **3** fortsätta att vara, förbli, hålla sig [**~** *calm* (*young*)]; ***if the weather ~s fine***

om det vackra vädret håller i sig (står sig)
4 ~ing power uthållighet **II** *vb tr* **1** hejda [~ *the progress of a disease*], hindra, hålla tillbaka; ~ *one's hunger* stilla den värsta hungern **2** jur. uppskjuta [~ *a decision*, ~ *the proceedings*], inställa, inhibera **III** *s* **1** uppehåll; vistelse; besök [*at the end of her ~*] **2** jur. uppskov, anstånd [*of* med], uppskjutande, inställande [*of* av]; ~ *of execution* uppskov med verkställigheten [av domen]
2 stay [steɪ] *s* **1** stöd, stötta **2** pl. *~s* äv. korsett, snörliv
3 stay [steɪ] sjö. **I** *s* stag **II** *vb tr* **1** staga [~ *a mast*] **2** stagvända med
stay-at-home [ˈsteɪəthəʊm] *adj* vard. hemmasittande, hemkär
stayer [ˈsteɪə] *s* vard. uthållig löpare (cyklist, häst), långdistansare
stay-ups [ˈsteɪʌps] *s pl* stay-ups damstrumpor
stead [sted] *s*, *in my* ~ i mitt ställe, i stället för mig; *stand a p. in good* ~ vara ngn till nytta (god hjälp), komma [ngn] väl till pass
steadfast [ˈstedfəst, -fɑːst] *adj* stadig [~ *gaze*]; fast, orubblig [~ *faith*], ståndaktig
steady [ˈstedɪ] **I** *adj* **1** stadig [*a ~ table*], fast, solid, stabil [~ *foundation*]; *hold the camera ~* hålla kameran stadigt (stilla) **2** jämn [*a ~ climate*, *a ~ speed*], stadig [*a ~ wind*; [*a*] *~ improvement*; *a ~ customer*]; ständig [*a ~ fight against corruption*], oavbruten; *a ~ downpour* ihållande regn **3** lugn [*a ~ temper*, *a ~ horse*], stadgad [*a ~ young man*], stadig [*a ~ character*], stabil [*a ~ man*]; *~ nerves* starka nerver **II** *adv* stadigt [*stand ~*]; *go ~* vard. ha sällskap, kila stadigt **III** *interj*, *~ [on]!* el. *~ does it!* sakta i backarna!, ta det lugnt! **IV** *vb tr* **1** göra stadig; stödja; ge stadga åt **2** lugna [~ *one's nerves*]; hålla stilla; stabilisera [~ *the prices*] **V** *vb itr* **1** bli stadig (stadgad); ~ [*down*] om pers. stadga sig **2** lugna sig, bli stilla, stanna; stabiliseras
steak [steɪk] *s* biff; skiva [kött (fisk) för stekning]; stekt köttskiva (fiskskiva)
steakhouse [ˈsteɪkhaʊs] *s* stekhus restaurang
steal [stiːl] (*stole stolen*) **I** *vb tr* **1** stjäla [~ *a watch*]; stjäla sig till; ~ *a glance* (*look*) *at* kasta en förstulen blick på; ~ *the show* stjäla föreställningen **2** smuggla, smussla [~ *a th. into a room*] **II** *vb itr* **1** stjäla **2** smyga [sig], slinka [*away* undan (bort); ~ *in* (*out*); ~ *after a p.*]; ~ *up on a p.* smyga sig på (över, inpå) ngn
stealth [stelθ] *s*, *by ~* i smyg (hemlighet), i det tysta; på smygvägar; oförmärkt, förstulet
stealthy [ˈstelθɪ] *adj* förstulen [~ *glance*], oförmärkt; smygande [~ *footsteps*]; lömsk, skygg [~ *owl*]
steam [stiːm] **I** *s* **1** ånga; *full ~ ahead!* full fart framåt!; *under* (*on*) *one's own ~* för egen maskin (kraft); *get up ~* a) få upp ångan äv. bildl. b) vard. bli upphetsad; *let* (*blow*) *off ~* a) släppa ut ånga b) vard. avreagera sig, lätta på trycket; *he ran out of ~* han tappade orken (farten), luften gick ur honom; *work off ~* få utlopp för sin energi, avreagera sig **2** imma [~ *on the windows*] **II** *vb itr* **1** ånga [*with* av; ~ *down the river*; ~ *into the station*]; ~ *along* (*ahead*, *away*) ånga i väg; bildl. äv. hålla god fart, gå raskt framåt **2** bildl. koka [~ *with* (av) *indignation*]; osa **III** *vb tr* **1** behandla med ånga, ånga; ångkoka; ~ *open a letter* ånga upp ett brev **2** bildl., *he gets ~ed up about nothing* han jagar (hetsar) upp sig för ingenting
steam engine [ˈstiːmˌen(d)ʒɪn] *s* **1** ångmaskin **2** ånglok
steamer [ˈstiːmə] *s* **1** ångare, ångfartyg **2** ångkokare
steam iron [ˈstiːmˌaɪən] *s* ångstrykjärn
steamroller [ˈstiːmˌrəʊlə] **I** *s* ångvält äv. bildl. **II** *vb tr* **1** mosa (mala) sönder, krossa [~ *all opposition*] **2** pressa, tvinga
steamship [ˈstiːmʃɪp] *s* ångfartyg
steamy [ˈstiːmɪ] *adj* **1** ångande, ång- **2** immig **3** vard. sexig, erotisk; het [~ *nights*]
steed [stiːd] *s* poet. el. skämts. springare, gångare
steel [stiːl] **I** *s* **1** stål äv. bildl. [*muscles of ~*]; ~ *band* (*orchestra*) steel band som nyttjar oljefat o.d. som slaginstrument **2** vapen, klinga, stål; *cold ~* blanka vapen; kallt stål **3** a) knivblad b) brynsticka c) eldstål **II** *vb tr* bildl. härda, stålsätta [~ *one's heart* (*oneself*) *against fear*]
steelwool [ˈstiːlwʊl] *s* stålull
steelworks [ˈstiːlwɜːks] (konstr. vanl. ss. sg.; pl. *steelworks*) *s* stålverk
steely [ˈstiːlɪ] *adj* stål-, av stål, stålartad; bildl. äv. obeveklig, hård som flinta, hårdsint
1 steep [stiːp] *vb tr* **1** a) lägga i blöt; låta [stå och] dra [~ *tea*]; dränka in, genomdränka; vattna ur b) röta [~ *flax*]; bryggeri. stöpa c) doppa, blöta, fukta; ~ *in vinegar* lägga i ättika **2** bildl. dränka, genomsyra; ~ *oneself in a subject* fördjupa sig (försjunka) i ett ämne
2 steep [stiːp] *adj* **1** brant [~ *hill*, ~ *roof*]; bildl. äv. våldsam, snabb [~ *increase*] **2** vard. barock, otrolig [~ *price*, ~ *story*]; *a bit ~* äv. väl magstark (grov)
steepen [ˈstiːp(ə)n] **I** *vb itr* bli brant[are] **II** *vb tr* göra brant[are]
steeple [ˈstiːpl] *s* [spetsigt] kyrktorn; tornspira
steeplechase [ˈstiːpltʃeɪs] *s* sport. **1** steeplechase **2** hinderlöpning
steeplejack [ˈstiːpldʒæk] *s* person som reparerar kyrktorn (höga skorstenar)
1 steer [stɪə] *s* stut, ungtjur
2 steer [stɪə] **I** *vb tr* styra [~ *a car*], manövrera [~ *a ship*]; bildl. lotsa [~ *a bill through Parliament*]; ~ *one's way* styra kosan (sin

steerage 792

kosa) **II** *vb itr* **1** styra [*for* till (mot)]; *~ clear of* bildl. undvika, hålla undan för, gå runt [om], hålla sig ifrån **2** [*a boat that*] *~s well (easily)* ...är lättmanövrerad (lättstyrd)
steerage ['stɪərɪdʒ] *s* sjö. **1** styrning **2** mellandäck, tredje klass [*~ passenger*]
steering-column ['stɪərɪŋˌkɒləm] *s* rattstång; styrkolonn; *~ gear-change* (*gearshift*) rattväxel; *~* [*gear-*]*lever* rattväxelspak
steering-lock ['stɪərɪŋlɒk] *s* bil. rattlås
steering-wheel ['stɪərɪŋwiːl] *s* ratt
stellar ['stelə] *adj* stjärn- [*~ light*], stellar-
1 stem [stem] **I** *s* **1** stam; stängel, stjälk **2** skaft äv. på pipa; fot på svamp m.m.; [hög] fot på glas; mus. [not]skaft **3** stapel på bokstav **4** språkv. [ord]stam **5** sjö. a) stäv, för, förstäv b) framstam **II** *vb itr*, *~ from* stamma (härröra) från, uppstå ur
2 stem [stem] *vb tr* stämma, stoppa, hejda, hämma [*~ the flow of blood*], dämma upp (för) [*~ a river*] [*~*] sträva emot äv. bildl.
stench [sten(t)ʃ] *s* stank
stencil ['stensl, -sɪl] **I** *s* stencil; *cut a ~* skriva en stencil **II** *vb tr* **1** stencilera **2** schablonera
stenographer [steˈnɒɡrəfə] *s* isht amer. [stenograf och] maskinskriverska
stenography [steˈnɒɡrəfɪ] *s* stenografi, stenografering
stentorian [stenˈtɔːrɪən] *adj* stentors- [*~ voice*]
step [step] **I** *s* **1** steg [*walk with slow ~s*]; [ljudet av] steg, fotsteg; [dans]steg; *keep ~* hålla takten, gå i takt; *keep* [*in*] *~ with* hålla jämna steg (gå i takt) med; *watch* (*mind*) *one's ~* a) gå försiktigt, se sig för b) bildl. se sig noga för, se upp; *~ by* el. *by ~s* steg för steg, gradvis; *in ~* i takt; *out of ~* i otakt, ur takt[en] **2** gång, sätt att gå; *go with a heavy ~* gå med tunga steg; *quick ~* snabb takt (marsch) **3** se *footstep 2* **4** åtgärd; *take ~s* vidta åtgärder (mått och steg), göra något [åt saken] [*to* för att]; *what's the next ~?* vad ska ske (vi göra) nu? **5** a) trappsteg b) stegpinne c) fotsteg; pl. *~s* a) [ytter]trappa b) [trapp]stege; *a flight of ~s* en trappa **6** steg, grad, pinnhål [*he rose several ~s in my opinion*] **II** *vb itr* stiga, kliva [*~ across a stream*], gå; träda; trampa [*~ on the brake*]; *~ this way!* var så god, [kom med] den här vägen!; *~ into a car* kliva (stiga) in i en bil; *~ on it* vard. a) ge mera gas, gasa på b) skynda på; *~ aside* stiga (kliva) åt sidan äv. bildl., gå ur vägen; *~ down* a) stiga (kliva) ner b) bildl. träda tillbaka; *~ forward* stiga (träda) fram; *~ in* a) stiga in (på) b) ingripa, träda emellan; *~ inside* stiga (kliva, gå) in; *~ out* a) stiga ut b) gå fortare, ta ut stegen c) isht amer. gå ut och roa sig **III** *vb tr* **1** *~ off* (*out*) stega upp (ut) [*~ off a distance of fifty metres*] **2** *~ down* gradvis minska, sänka [*~ down production*]; *~ up* driva upp, öka [*~ up production*]; intensifiera [*~ up the campaign*]

stepbrother ['stepˌbrʌðə] *s* styvbror
step|child ['step|tʃaɪld] (pl. *-children* [-ˌtʃɪldr(ə)n]) *s* styvbarn
step dance ['stepdɑːns] *s* stepp, steppdans
stepdaughter ['stepˌdɔːtə] *s* styvdotter
stepfather ['stepˌfɑːðə] *s* styvfar
Stephen ['stiːvn] **1** mansnamn; kunganamn o. helgonnamn Stefan **2** *even ~* se *even I 1*
stepladder ['stepˌlædə] *s* trappstege
stepmother ['stepˌmʌðə] *s* styvmor
stepparent ['stepˌpeərənt] *s* styvfar; styvmor
steppe [step] *s* stäpp, grässlätt
stepping-stone ['stepɪŋstəʊn] *s* **1** klivsten över vatten o.d.; sten att kliva på **2** bildl. trappsteg, språngbräde [*~ to fame* (*promotion*)]
stepsister ['stepˌsɪstə] *s* styvsyster
stepson ['stepsʌn] *s* styvson
stereo ['stɪərɪəʊ, 'stɪər-] **I** *adj* stereo-, stereofonisk; stereoskopisk **II** *s* stereo[anläggning]; stereo[foniskt ljud] [*listen to a concert in ~*]
stereophonic [ˌstɪərɪəˈfɒnɪk, ˌstɪər-] *adj* stereofonisk, stereo- [*~ reproduction*]
stereoscope ['stɪərɪəskəʊp, 'stɪər-] *s* stereoskop
stereotype ['stɪərɪətaɪp, 'stɪər-] **I** *s* sociol. o.d. stereotyp **II** *vb tr* göra stereotyp (kliché artad)
stereotyped ['stɪərɪətaɪpt, 'stɪər-] *adj* stereotyp, klichéartad [*~ characters in a soap opera*]; stel, stereotypisk [*~ behaviour*]; *~ phrase* kliché, sliten fras
sterile ['steraɪl, amer. 'ster(ə)l] *adj* steril, ofruktbar, ofruktsam
sterility [steˈrɪlətɪ] *s* sterilitet; ofruktbarhet, ofruktsamhet; andefattigdom
sterilization [ˌsteraɪlaɪˈzeɪʃ(ə)n, -lɪˈz-] *s* sterilisering
sterilize ['sterəlaɪz] *vb tr* sterilisera
sterling ['stɜːlɪŋ] **I** *s* sterling benämning på brittisk valuta [*five pounds ~*]; *payable in ~* betalbar i brittisk valuta (pund sterling) **II** *adj* **1** sterling- [*~ silver*]; fullödig **2** bildl. äkta, gedigen
1 stern [stɜːn] *adj* **1** sträng [*~ father, ~ look*], bister [*~ manner*]; *take a ~ view of a th.* se ngt med oblida ögon **2** hård [*~ discipline*]
2 stern [stɜːn] *s* sjö. akter, akterspegel, akterskepp, häck
steroid ['sterɔɪd, 'stɪər-] *s* kem. el. fysiol. steroid
stethoscope ['steθəskəʊp] med. **I** *s* stetoskop **II** *vb tr* undersöka med stetoskop, stetoskopera
Steve [stiːv] kortform för *Stephen*
stevedore ['stiːvədɔː] *s* sjö. stuvare, stuveriarbetare, hamnarbetare
Stevenson ['stiːvnsn]
stew [stjuː] **I** *vb tr* (se äv. *stewed*), låta småkoka (sjuda, långkoka) i kort spad **II** *vb itr* (se äv. *stewed*); småkoka; *let him ~ in his own juice* vard., ung. som man bäddar får man ligga **III** *s* **1** ragu, gryta [äv. *mixed ~*]; stuvning; *Irish ~*

se *Irish I* **2** bildl. **be in** (**get into**) **a** ~ vara (bli) utom sig (ifrån sig)
steward [stjʊəd] *s* **1** hovmästare i finare hus, på restaurang o.d.; intendent, skattmästare vid klubb, college o.d.; klubbmästare **2** sjö., flyg. m.m. steward, uppassare **3** marskalk vid fest o.d.; funktionär vid tävling, utställning o.d. **4** [gods]förvaltare, inspektor **5** förtroendeman, fackligt ombud
stewardess [ˌstjʊə'des, 'stjʊədəs] *s* sjö., flyg. m.m. kvinnlig steward, stewardess; flygvärdinna osv.
stewed [stju:d] *adj* **1** kokt; ~ *beef* ung. köttgryta; kalops; *the tea is* ~ teet är beskt (har dragit för länge) **2** sl. packad berusad
stewing steak [ˈstju:ɪŋsteɪk] *s* grytbitar
1 stick [stɪk] *s* **1** pinne, kvist [*gather dry ~s to make a fire*], sticka; blompinne, käpp, stör [*cut ~s to support the beans*]; *a few ~s of furniture* några få enkla möbler **2** käpp [*walk with a* (med) ~], stav [*ski* ~]; klubba [*hockey* ~]; i sms. -skaft [*broomstick*]; *get hold of* (*have*) *the wrong end of the* ~ vard. få (ha fått) alltsammans om bakfoten; *get a lot of* ~ få en massa stryk; få på huden; *give a p.* ~ ge ngn stryk; ge ngn på huden; *carry the big* ~ bildl. visa sin makt, sätta makt bakom orden **3** stång, bit; i sms. -stift [*lipstick*]; *~ of celery* selleristjälk; *a ~ of chalk* en krita; *a ~ of chewing-gum* ett tuggummi **4** mus. a) taktpinne b) trumpinne **5** flyg. vard. [styr]spak **6** vard., *a dry old* ~ en riktig torrboll **7** mil. bombsalva, bombserie [äv. *~ of bombs*]
2 stick [stɪk] (*stuck stuck*) **I** *vb tr* **1** sticka, köra [*~ a fork into a potato*] **2** vard. sticka [*~ one's head out of the window*], stoppa [*~ one's hands into one's pockets*]; sätta, ställa, lägga [*you can ~ it anywhere you like*] **3** klistra; fästa, sätta (limma) fast; klistra (sätta) upp [*~ bills on a wall*]; *~ no bills!* affischering förbjuden!; *~ a stamp on a letter* sätta [ett] frimärke på ett brev **4** vard. stå ut med, uthärda, tåla [*I can't ~ that fellow*]; *I can't ~ it* jag står inte ut (uthärdar inte längre) **5 be stuck** a) ha fastnat [*the lift was stuck*], ha hakat upp sig [*the door was stuck*] b) ha kört fast [*when you are stuck, ask for help*]; *get stuck* fastna; köra fast, gå bet på, inte komma någon vart **6** vard. sätta (skriva) upp [*~ it on the bill*] **7** sl. dra åt helvete med [*you can ~ your job!*]
II *vb itr* **1** vara (sitta) instucken [*in* i] **2** klibba (hänga, sitta) fast [*the stamp stuck to* (vid, på) *my fingers*], klibba (sitta) ihop [äv. *~ together*]; häfta [*to* vid] **3** a) fastna [*the key stuck in the lock*], haka upp sig [*the door has stuck*], kärva; bli sittande (stående, hängande) b) vard. komma av sig; *~ fast* sitta fast; *the nickname stuck* [*to him*] öknamnet hängde kvar (fick han behålla)

4 vard. stanna, hålla sig [*~ at home*], stanna [kvar], hålla sig [kvar] [*~ where you are*]
III *vb itr* o. *vb tr* med adv. o. prep. isht med spec. övers.:

~ **about** (**around**) vard. hålla sig (stanna) i närheten, stanna kvar

~ **at:** a) vard. hålla på med, ligga i med [*~ at one's work ten hours a day*] b) hänga upp sig på, fästa sig vid, fastna på [*~ at trifles*] c) ~ *at nothing* inte sky några medel

~ **by** vard.: a) vara (förbli) lojal mot (solidarisk med), hålla fast vid b) *I'm stuck by* [*this problem*] jag går bet på..., jag kan inte klara av...

~ **down:** a) sätta (ställa, lägga, stoppa) [ner] b) klistra igen [*~ down an envelope*] c) vard. skriva ner

~ **for:** a) vard., *be stuck for* bli (vara) förbryllad (ställd); sakna, plötsligt stå där utan; *be stuck for an answer* vara (bli) svarslös, inte ha något svar att komma med b) sl., *what did they ~ you for that?* vad fick du pröjsa (ville de ha) för det?

~ **in:** a) sätta (skjuta, stoppa) in [*~ in a few commas*] b) vard., *be stuck in* sitta fast i, inte kunna lämna [*he is stuck in Paris*]; *get stuck in* [*a job*] sätta igång [på allvar] med... c) *~ in a p.'s mind* fastna (fästa sig, stanna) i ngns minne; *~ in the mud* sitta fast (fastna) i dyn, bildl. äv. sitta fast i det förgångna; stå och stampa på samma fläck d) *~ one's heels in* bildl. sätta sig på tvären, spjärna emot

~ **into** se *get stuck in*

~ **on:** a) *~ on one's spectacles* sätta (ta) på [sig] glasögonen b) vard., *be stuck on* [*a girl*] ha kärat ner sig i..., vara tänd på...

~ **out:** a) räcka ut [*~ out one's tongue*], sticka (stå, skjuta) ut (fram); puta ut [med]; *~ one's chin* (*neck*) *out* se *chin I 1* o. *neck I 1* b) falla i ögonen, vara påfallande; vara tydlig; *it ~s out a mile* (*like a sore thumb*) vard. det syns (märks) lång väg, det kan man inte ta fel (miste) på c) vard. hålla (härda) ut; *~ it out!* håll ut! d) *~ out for* [*higher wages*] envist hålla (stå) fast vid sina krav på..., yrka på...

~ **to:** a) hålla sig till [*~ to the point* (*the truth*)]; hålla (stå) fast vid [*~ to one's word* (*promise*)], vara trogen [*~ to one's ideals*]; fortsätta med, stanna [kvar] på [*~ to one's work* (*post*)]; *~ to it!* fortsätt med det!, släpp inte taget!, stå på dig!; *~ to one's guns* (*knitting*) se *gun I 4* o. *knitting*; *~ to one's last* se *1 last I* b) *~ to a p.* hålla fast vid ngn, förbli ngn trogen, troget följa ngn

~ **together:** a) klistra (limma) ihop; klibba ihop b) vard. hålla ihop [som ler och långhalm]

~ **up:** a) sticka (skjuta) upp, stå på ända b) sätta upp [*~ up a poster*] c) vard., *~ up for* försvara [*~ up for one's rights*]; ta i försvar,

sticker

stödja [~ *up for a friend*]; ~ *up for oneself* stå 'på sig, hävda sig (sina rättigheter) **d**) sl. råna [under vapenhot] [~ *up a p.* (*a bank*)]; ~ *'em up!* el. ~ *your hands up!* upp med händerna. **e**) vard., ~ *up to* göra motstånd (sticka upp) mot; inte låta sig hunsas av [~ *up to a bully*] **f**) sätta (skriva) upp [~ *it up to* (*på*) *me*]
~ **with**: **a**) hålla ihop (vara tillsammans) med [*you need not* ~ *with me all the time*], hålla sig till, hålla fast vid **b**) vard., ~ *a p.* *with a th.* betunga ngn med ngt, tvinga på ngn ngt; *be stuck with* få på halsen, åka på, få dras med
sticker ['stɪkə] *s* **1** gummerad (självhäftande) etikett, klistermärke, dekal; amer. äv. plakat, affisch **2** vard. person som inte ger sig (ger upp) i första taget; efterhängsen person, kardborre
sticking-plaster ['stɪkɪŋˌplɑːstə] *s* häftplåster
stick insect ['stɪkˌɪnsekt] *s* zool. vandrande pinne
stick-in-the-mud ['stɪkɪnðəmʌd] vard. **I** *adj* trög, fantasilös **II** *s* stofil, reaktionär [*old* ~]
stickleback ['stɪklbæk] *s* zool. spigg
stickler ['stɪklə] *s* pedant [äv. ~ *for order*]; *be a* ~ *for* [*details*] vara kinkig (noga) med...
stick-on ['stɪkɒn] *adj* gummerad, självhäftande, klister- [~ *labels*]
sticks [stɪks] *s pl* vard., *the* ~ bondvischan [*live out in the* ~]
stick-up ['stɪkʌp] *s* sl. väpnat rån
sticky ['stɪkɪ] *adj* **1** klibbig, kladdig [~ *fingers*, ~ *toffee*], seg; lerig, moddig [*a* ~ *road*, ~ *soil*]; ~ *tape* tejp; ~ *wicket* i kricket klibbig plan som ger dålig studs; *be on a* ~ *wicket* bildl. vara illa ute **2** om väder tryckande, varm och fuktig, klibbig **3** besvärlig, kinkig [*a* ~ *problem*] **4** vard. a) ovillig, omedgörlig, avvisande [*I tried to pump him, but he was rather* ~] b) nogräknad, kinkig **5** vard. obehaglig, pinsam [*a* ~ *past*]; *he'll come to a* ~ *end* det kommer att gå illa för honom
stiff [stɪf] **I** *adj* **1** styv [~ *collar*], stel [~ *legs*], oböjlig, stram [*straight and* ~]; fast, hård [*a* ~ *mixture*; ~ *clay* (*soil*)]; trög [*a* ~ *lock*]; *have a* ~ *neck* vara stel i nacken; *be* ~ vara stel [i lederna]; ha träningsvärk; *beat the egg whites until* ~ vispa äggvitorna till hårt skum **2** stram, stel, formell [*a* ~ *bow* (bugning), *a* ~ *manner*], kylig [*a* ~ *reception*], tvungen, onaturlig; *keep a* ~ *upper lip* vara [likgiltig och] oberörd, inte förändra en min **3** styv [*a* ~ *breeze*], kraftig [*a* ~ *current*] **4** stark [*a* ~ *drink*]; *a* ~ *whisky* en stor (stadig) whisky **5** hård [~ *competition*, ~ *terms*], skarp [*a* ~ *protest*]; kraftig, saftig, hutlös [*a* ~ *price*]; ~ *demands* hårda krav (bud); *put up a* ~ *fight* kämpa hårt (hårdnackat) **6** vard. ansträngande, jobbig [*a* ~ *walk*], svår **II** *adv*, *bore a p.* ~ tråka ut

794

(ihjäl) ngn, se vid. under *3 bore*; *be frozen* ~ vara ihjälfrusen; *be scared* ~ se *scared 1* **III** *s* sl. **1** döing lik **2** *you big* ~*!* din fårskalle!
stiffen ['stɪfn] **I** *vb tr* **1** göra styv (stel); styva [~ *hat brims*]; stärka [~*ed petticoat*] **2** stärka [~ *one's position*] **3** bildl. skärpa [~ *one's demands* (krav)] **II** *vb itr* **1 a**) styvna, stelna, hårdna **b**) om pers. bli spänd **2** bli hårdare (besvärligare); om vind friska i **3** bildl. bli fastare, stärkas [*his resolution* ~*ed*], skärpas; stramas åt [*prices* ~*ed*]
stiff-necked [ˌstɪfˈnekt, attr. '--] *adj* bildl. nackstyv, styvsint; hårdnackad, halsstarrig
stifle ['staɪfl] **I** *vb tr* **1** kväva [~ *a fire*]; *we were* ~*d by the heat* vi höll på att kvävas av hettan **2** bildl. kväva, undertrycka **II** *vb itr* kvävas
stifling ['staɪflɪŋ] *adj* kvävande [~ *heat*]
stigma ['stɪɡmə] *s* **1** bildl. stigma, stämpel **2** bot. märke på pistill
stigmatize ['stɪɡmətaɪz] *vb tr* bildl. brännmärka, stigmatisera, stämpla [~ *a p. as a traitor*]
stile [staɪl] *s* **1** [kliv]stätta **2** se *turnstile*
stiletto [stɪˈletəʊ] (pl. ~*s*) *s* stilett
1 still [stɪl] **I** *adj* **1** stilla [*a* ~ *lake* (*night*)]; tyst; dämpad; sakta; ~ *waters run deep* i det lugnaste vattnet går de största fiskarna; *a* ~ *small voice* **a**) [ljudet av] en stilla susning **b**) samvetets röst; *keep* ~ hålla sig stilla **2** icke kolsyrad, utan kolsyra [~ *lemonade*]; ~ *wines* icke mousserande viner **II** *s* **1** poet. stillhet **2** stillbild, filmbild, reklambild ur film **III** *vb tr* **1** stilla [~ *a p.'s appetite*] **2** lugna, tysta [~ *one's conscience*] **IV** *adv* **1** tyst och stilla [*sit* ~] **2** ännu, fortfarande, alltjämt [*he is* ~ *busy*]; **when** (***while***) ~ *a child* redan som barn **3 a**) vid komp. ännu [~ *better* el. *better* ~] **b**) ~ *another* ännu (ytterligare) en **V** *konj* likväl, ändå, dock [*to be rich and* ~ *crave more*]; men ändå [*it was futile*, ~ *they fought*]; ~*, he is your brother* han är dock (i alla fall, trots allt) din bror
2 still [stɪl] *s* **1** destillationsapparat **2** bränneri
stillbirth [ˈstɪlbɜːθ] *s* **1** dödfödsel **2** dödfött barn
stillborn [ˈstɪlbɔːn] *adj* dödfödd äv. bildl.
still life [ˌstɪlˈlaɪf, '--] (pl. ~*s*) *s* stilleben
stilt [stɪlt] *s* stylta
stilted ['stɪltɪd] *adj* om stil o.d. uppstyltad, bombastisk, svulstig
Stilton ['stɪltn] **I** geogr. egenn. **II** *s*, ~ [*cheese*] stilton[ost]
stimulant ['stɪmjʊlənt] *s* stimulerande (uppiggande) medel; njutningsmedel; stimulans; pl. ~*s* äv. stimulantia
stimulate ['stɪmjʊleɪt] *vb tr* stimulera, pigga upp
stimulation [ˌstɪmjʊˈleɪʃ(ə)n] *s* stimulering, stimulation; retning
stimulus ['stɪmjʊləs] (pl. -*i* [-aɪ el. -iː]) *s*

stimulans; bildl. äv. eggelse, sporre, drivfjäder [*to* till]
sting [stɪŋ] **I** *s* **1** gadd; brännhår hos nässla **2** a) stick, sting, styng, bett av insekt o.d.
b) stickande, sveda, svidande smärta [*the ~ of a whip*] **3** bildl. skärpa, sting, udd; *take the ~ out of* bryta udden av **4** sl. blåsning **II** (*stung stung*) *vb tr* **1** sticka, stinga [*stung by a bee*]; svida i [*the blow stung his fingers*]; om nässla bränna; *the smoke began to ~ her eyes* röken började sticka (svida) i ögonen [på henne]; *I was stung by a nettle* jag brände mig på en nässla **2** bildl. a) såra, reta; plåga [*his conscience stung him*]; *be stung by remorse* ha samvetskval b) *~ to* (*into*) driva till [*his anger stung him to action*], reta upp till [att] **3** sl. blåsa, klå [*I was stung for* (på) *£5*], skinna **III** (*stung stung*) *vb itr* **1** om växter, insekter m.m. stickas; brännas **2** svida [*his face stung in the wind*]
stinging-nettle ['stɪŋɪŋˌnetl] *s* bot. brännässla
stingray ['stɪŋreɪ] *s* zool. stingrocka
stingy ['stɪn(d)ʒɪ] *adj* **1** snål, knusslig **2** njugg; ynklig
stink [stɪŋk] **I** (imperf. *stank*, el. ibl. *stunk*; perf. p. *stunk*) *vb itr* **1** stinka, lukta illa; *~ of* stinka av, lukta [*~ of garlic*] **2** vard. vara botten (rena pesten) [*this town ~s*] **3** vard. stinka [*the whole affair ~s*], ha dålig klang, vara ökänd **4** sl., *~ with* (*of*) vara nerlusad med [*~ with* (*of*) *money*] **II** (för tema se *I*) *vb tr, ~ out* förpesta [luften i] [*you will ~ the place out with your cheap cigars*] **III** *s* **1** stank, dålig lukt **2** vard. ramaskri; *raise* (*kick up, make*) *a ~* [*about a th.*] höja ett ramaskri [över ngt], ställa till rabalder [om ngt] **3** skol. sl., pl. *~s* (konstr. ss. sg.) kemi
stink bomb ['stɪŋkbɒm] *s* stinkbomb
stinker ['stɪŋkə] *s* vard. **1** lortgris, äckel; kräk, potta **2** a) hård nöt att knäcka; [*the exam*] *was a ~* ...var ursvår b) *come a ~* misslyckas, göra fiasko
stinking ['stɪŋkɪŋ] **I** *adj* **1** stinkande **2** vard. motbjudande, avskyvärd; rutten, nedrig **3** sl. a) dödfull, plakat b) *~* [*with money*] nerlusad med pengar **II** *adv* sl. ur-, as-; *~ drunk* dödfull, asfull; *~ rich* stormrik
1 stint [stɪnt] **I** *vb tr* **1** spara på, knussla (snåla) med [*~ the food*]; inskränka **2** missunna [*a p. of a th.* ngn ngt], vara snål mot; *~ oneself* snåla; *~ oneself of a th.* neka sig (inte unna sig, snåla med) ngt **II** *s* **1** a) inskränkning, begränsning b) snålhet; *without ~* obegränsat, utan knussel **2** [bestämd] uppgift, [portion] arbete, pensum [*do one's daily ~*]; andel
2 stint [stɪnt] *s* zool., *little ~* småsnäppa; *Temminck's ~* mosnäppa
stipend ['staɪpend] *s* fast lön, fast arvode isht till präst
stipendiary [staɪ'pendjərɪ] **I** *adj* avlönad; *~*

magistrate polisdomare i större stad, utnämnd och avlönad av staten **II** *s* se *~ magistrate* ovan
stipple ['stɪpl] *vb tr* o. *vb itr* **1** konst. punktera, pricka **2** mål. stöppla; marmorera
stipulate ['stɪpjʊleɪt] *vb tr* stipulera, bestämma, fastställa [*~ a price*], föreskriva; avtala
stipulation [ˌstɪpjʊ'leɪʃ(ə)n] *s* stipulation, stipulering, bestämmelse, avtal i kontrakt o.d.
stir [stɜː] **I** *vb tr* **1** röra, sätta i rörelse, bildl. äv. väcka [*~ a controversy*]; *he didn't ~ a finger* [*to help me*] han rörde inte ett finger (en fena)...; *~ the imagination* sätta fantasin i rörelse; [*a breeze*] *~red the lake* ...krusade sjön; *~ oneself* sätta i gång, rycka upp sig; *~ up* a) hetsa upp, få att resa sig [*~ up the people*], väcka [*~ up interest*] b) anstifta, sätta i gång, få att blossa upp [*~ up a revolt*], ställa till [*~ up trouble* (bråk)]; [*be quiet!*] *you're ~ring up the whole house* ...du väcker hela huset **2** röra, vispa [*~ an omelette*], röra i, röra om i [*~ the fire* (*porridge*)]; röra ned (i) [*~ milk into a cake mixture*]; *~ up* röra upp, virvla upp [*~ up dust*]; röra om väl **II** *vb itr* röra sig [*not a leaf ~red*], [börja] röra på sig; vakna; *be ~ring* vara i rörelse (farten); vara på benen; *he never ~red out of the house* han gick aldrig ut **III** *s* **1** omrör[n]ing; omskakning; *give the fire a ~!* rör om i elden ett tag! **2** rörelse; liv och rörelse **3** uppståndelse; *make* (*create*) *a great ~* åstadkomma stor uppståndelse
stir-fry ['stɜːfraɪ] **I** *vb tr* kok. snabbt fräsa [upp]; isht woka **II** *s* snabbfräst (isht wokad) mat (rätt)
stirring ['stɜːrɪŋ] **I** pres. p. av *1 stir* **II** *adj* **1** rörande, gripande, upplivande [*a ~ speech*], spännande, upphetsande [*~ events*] **2** rörlig, livlig [*a ~ scene*]
stirrup ['stɪrəp] *s* stigbygel äv. anat.
stirrup pump ['stɪrəppʌmp] *s* fotpump; fotspruta
stitch [stɪtʃ] **I** *s* **1** a) sömnad. el. med. stygn b) söm sömnad; *a ~ in time saves nine* ung. en enkel åtgärd i tid kan spara mycket arbete senare; bättre stämma i bäcken än i ån; *put ~es* (*a ~*) *into a wound* sy ihop ett sår **2** maska i stickning o.d. [*drop* (tappa) *a ~*]; slag i knyppling **3** vard. 'tråd', minsta bit (gnutta); *he did not have* (*had not*) *a ~ on* el. *he was without a ~ of clothing* han hade inte (var utan) en tråd på kroppen **4** håll [i sidan]; *keep a p. in ~es* få ngn att vrida sig av skratt; *I was in ~es* jag skrattade så jag höll på att dö (kikna) **II** *vb tr* sy, sticka söm; brodera; *~* [*together*] sy ihop, fästa ihop [med några stygn]; *~ on* sy (sticka, nästa) fast (på); *~ up* sy ihop, laga [*~ up a rip*]; med. sy [ihop] **III** *vb itr* sy; brodera
St. Louis [s(ə)nt'luːɪs] geogr.

stoat [stəʊt] *s* zool. **1** hermelin (lekatt) i sommardräkt **2** vessla
stock [stɒk] **I** *s* **1** stock, stubbe **2** stam av träd o.d. **3** underlag för ympning, grundstam **4** block, stock, kloss; gevärsstock; i sms. -skaft [*whipstock*] **5** a) härstamning, släkt [*of Dutch ~*] b) ras [*Mongoloid ~*] c) språkfamilj, språkgrupp; *he comes of Irish ~* han härstammar från en irländsk familj; *horses of good ~* hästar av god ras (avel) **6** bot. lövkoja **7** a) råmaterial, stoff b) kok. buljong, spad **8** lager [*~ of butter*], förråd äv. bildl.; *take a ~* a) inventera [lagret], göra en inventering b) bildl. granska läget; göra bokslut; *take ~ of* bildl. granska noga, överblicka, värdera; *have (keep) in ~* lagerföra, ha (föra) på (i) lager; *be out of ~* vara slut [på lagret], vara slutsåld **9** a) [kreaturs]besättning, kreatursbestånd b) inventarier på gård [*dead ~*]; redskap c) materiel [*rolling-stock*] **10** ekon. a) statslån; statsobligation[er] b) aktiekapital [äv. *capital ~*]; grundfond; aktier [äv. bildl.: *her ~ was* (stod) *not high*], värdepapper; *~s [and shares]* äv. börspapper, fondpapper **11** skeppsbygg., pl. *~s* stapel; *on the ~s* på stapelbädden, under byggnad; bildl. under arbete **12** hist., pl. *~s* stock ss. straffredskap [*sit (put) in the ~s*] **II** *attr adj* **1** a) som alltid finns på lager [*~ articles*], lager- b) bildl. stereotyp, klichéartad [*~ situations*]; *~ example* standardexempel, typexempel; *~ jokes* utnötta kvickheter; *~ phrase* stående uttryck, talesätt; *~ sizes* standardstorlekar, standardnummer **2** lantbr. avels- [*~ bull*] **III** *vb tr* **1** fylla [med lager] [*~ the shelves*], förse [*~ shop with goods*]; skaffa [kreaturs]besättning till [*~ a farm*]; *~ a pond [with fish]* plantera in fisk i en damm; *well ~ed with* välförsedd med, välsorterad i (med) **2** [lager]föra, ha på (i) lager; lagra; *~ up* fylla på lagret av **IV** *vb itr*, *~ up* fylla på lagret; lägga upp ett förråd (lager) [*with av*]
stockade [stɒ'keɪd] **I** *s* palissad, pålverk **II** *vb tr* omge (befästa) med palissader
stockbreeder ['stɒkˌbriːdə] *s* kreatursuppfödare, avelsdjursuppfödare
stockbroker ['stɒkˌbrəʊkə] *s* hand. fondmäklare, börsmäklare
stock certificate [ˌstɒksə'tɪfɪkət] *s* amer. ekon. aktiebrev
stock exchange ['stɒkɪksˌtʃeɪn(d)ʒ] *s* **1** börs, fondbörs; aktiemarknad **2** börskurs **3** börshandel
stockholder ['stɒkˌhəʊldə] *s* isht amer. aktieägare; *~s' meeting* el. *meeting of ~s* bolagsstämma
Stockholm ['stɒkhəʊm]
stockily ['stɒkəlɪ] *adv*, *~ built* kraftigt byggd, undersätsig

stockinet o. **stockinette** [ˌstɒkɪ'net] *s* slät trikå, underkläderväv
stocking ['stɒkɪŋ] *s* [lång] strumpa; *~ cap* toppluva; *a pair of ~s* ett par strumpor; *stand 180 cm. in one's ~s* vara 180 cm i strumplästen
stockinged ['stɒkɪŋd] *adj* i (med) strumpor, strumpklädd; *in one's ~ feet* i strumplästen
stock-in-trade [ˌstɒkɪn'treɪd] *s* **1** [varu]lager **2** uppsättning av redskap o.d.; utrustning **3** bildl. varumärke, yrkesknep, försäljningsargument [*a friendly smile is the salesman's ~*], repertoar [*an actor's ~ on the stage*]
stockist ['stɒkɪst] *s* återförsäljare; leverantör
stockmarket ['stɒkˌmɑːkɪt] *s* se *stock exchange*
stockpile ['stɒkpaɪl] **I** *s* förråd, upplag; reserv[lager]; beredskapslager; en stats vapenarsenal **II** *vb tr* lagra, lägga upp lager av; hamstra **III** *vb itr* lägga upp lager; hamstra
stockroom ['stɒkruːm] *s* förråd[srum], lager[lokal]
stock-still [ˌstɒk'stɪl] *adj* alldeles stilla (orörlig)
stocktaking ['stɒkˌteɪkɪŋ] *s* **1** hand. m.m. [lager]inventering **2** bildl. inventering, överblick
stocky ['stɒkɪ] *adj* undersätsig, satt
stodge [stɒdʒ] sl. *s* **1** bastant (tung) mat, bukfylla **2** vard. tråkmåns; tung (tråkig) läsning
stodgy ['stɒdʒɪ] *adj* **1** om mat tung, bastant, mäktig, mastig [*a ~ pudding*], hårdsmält **2** tung, livlös, tråkig; trögläst
stoic ['stəʊɪk] **I** *s* stoiker **II** *adj* stoisk
stoical ['stəʊɪk(ə)l] *adj* se *stoic II*
stoke [stəʊk] **I** *vb tr*, *~ [up]* förse med bränsle, fylla på bränsle på (i); lägga på ved [*~ [up] a fire*; *~ [up] the fire*] **II** *vb itr* **1** *~ up* elda, sköta elden, fylla på bränsle [*~ up twice a day*]; vara eldare **2** vard., *~ up* sätta i sig ett skrovmål, skyffla in
stoker ['stəʊkə] *s* eldare
1 stole [stəʊl] *s* [päls]stola; [lång] sjal
2 stole [stəʊl] imperf. av *steal*
stolen ['stəʊl(ə)n] perf. p. av *steal*
stolid ['stɒlɪd] *adj* trög, slö, likgiltig; dum, envis [*~ resistance*]
stomach ['stʌmək] **I** *s* **1** mage; buk; magsäck; *bad (weak) ~* dålig (klen) mage; *on an empty ~* på fastande (med tom) mage; *upset ~* magbesvär; *turn a p.'s ~* a) vända sig i magen på ngn, kvälja ngn b) bildl. äckla ngn, bära ngn emot; *be sick at (to, in) one's ~* amer. vara (bli) illamående, må illa, ha (få) kväljningar; *it sticks in my ~* det grämer mig **2** matlust; aptit; bildl. äv. lust; *have no ~ for* bildl. inte ha lust för (med), inte känna för **II** *vb tr* **1** kunna äta (få ner), tåla, fördra **2** bildl. tåla, smälta, finna sig i [*~ an insult*; *he cannot ~ it*], fördra

stomach-ache ['stʌməkeɪk] s magknip, magont; *I have got [a]* ~ jag har ont i magen
stomach pump ['stʌməkpʌmp] s magpump
stomp [stɒmp] **I** s vard. stampande **II** vb itr vard. stampa
stone [stəʊn] **I** s **1** sten [*built of* ~; äv. bildl. *a heart of* ~]; attr. äv. grå, gråstensfärgad [~ *paint*]; [*precious*] ~ ädelsten; *the S~ Age* stenåldern; *a ~'s throw from* el. *within a ~'s throw of* ett stenkast från; *leave no ~ unturned* pröva alla medel (sätt, vägar), inte lämna något ogjort [*to* för att] **2** kärna i stenfrukt **3** (pl. vanl. *stone*) viktenhet a) = 14 pounds (6,36 kg) [*two ~ of flour*; *he weighs 11 ~[s]*] b) ss. köttvikt = 8 pounds (3,63 kg) **II** vb tr **1** stena; kasta sten på; ~ *the crows!* el. ~ *me!* jösses!, det må jag säga! **2** kärna ur stenfrukt
stonechat ['stəʊntʃæt] s zool. svarthakad buskskvätta
stone-cold [ˌstəʊn'kəʊld] adj iskall
stoned [stəʊnd] adj **1** urkärnad, kärnfri **2** sl. packad berusad; stenad, hög narkotikapåverkad **3** isht amer. sl. upphetsad, upptänd, i extas
stone-dead [ˌstəʊn'ded] adj stendöd
stone-deaf [ˌstəʊn'def] adj stendöv
stonemason ['stəʊnˌmeɪsn] s stenmurare; stenhuggare
stonewall [ˌstəʊn'wɔːl] vb itr **1** om slagman i kricket spela defensivt; bildl. hålla sig på defensiven **2** parl. obstruera, maratontala
stoneware ['stəʊnweə] s stengods
stonewashed ['stəʊnwɒʃt] adj stentvättad [~ *denims*]
stony ['stəʊnɪ] adj **1** stenig [~ *road*] **2** stenhård, stel [~ *stare*], iskall, isande [~ *silence*]; känslolös
stony-broke [ˌstəʊnɪ'brəʊk] adj vard. luspank, renrakad
stood [stʊd] imperf. o. perf. p. av *stand*
stooge [stuːdʒ] **I** s **1** ung. driftkucku, 'skottavla' hjälpaktör till komiker **2** vard. underhuggare, springpojke, hejduk; strykpojke; lakej, nickedocka **II** vb itr **1** agera (vara) driftkucku (springpojke etc., jfr *I*) [*for* åt] **2** sl., ~ *about* (*around*) driva omkring
stool [stuːl] s **1** stol utan ryggstöd; taburett, barstol, pall; säte, tron[stol]; *fall between two ~s* bildl. sätta sig mellan två stolar **2** med. avföring
stool pigeon ['stuːlˌpɪdʒən] s **1** lockfågel äv. vard. **2** vard. tjallare, angivare
1 stoop [stuːp] **I** vb itr **1** luta (böja) sig [ner] [ofta ~ *down*] **2** gå (sitta) framåtböjd (krokig, [framåt]lutad) **3** bildl. nedlåta sig, sänka sig [*to* [*do*] *a th.* till [att göra] ngt] **II** vb tr luta, sänka, böja [ner] [~ *one's head*] **III** s lutning, böjning; kutryggighet; *walk with a ~* gå framåtlutad (framåtböjd)

2 stoop [stuːp] s amer. [öppen] veranda; förstukvist; yttertrappa
stop [stɒp] **I** vb tr **1** stoppa, stanna, hejda; hindra; uppehålla; ~ *thief!* ta fast tjuven! **2** sluta [med] [~ *that nonsense!*; ~ *talking* ([att] prata)], låta bli [~ *that!*]; inställa [~ *payment* (betalningarna)]; dra in, hålla inne [~ *a p.'s wages*]; ~ *it!* sluta!, låt bli!; ~ *work* sluta arbeta; lägga ner arbetet **3** stoppa (proppa, fylla) igen, täppa till (igen) [ofta ~ *up*; ~ *a leak*]; hämma (stoppa) blödningen från [~ *a wound*]; ~ *one's ears* hålla för öronen, bildl. slå dövörat till; ~ *one's nose* hålla för näsan; *my nose is ~ped up* jag är täppt i näsan; *the pipe is ~ped up* röret är igentäppt **4** mus. a) trycka ner sträng; trycka till hål på flöjt o.d. b) registrera orgel **II** vb itr **1** stanna, stoppa; ~*!* stopp!, halt!; ~ *at nothing* inte sky några medel; ~ *by for a chat* titta in för en pratstund; ~ *dead* (*short*) tvärstanna; ~ *short of* inte gå så långt som till att [~ *short of advocating withdrawal from NATO*]; ~ *off* (isht amer. *by*) *at a p.'s place* el. ~ *in on a p.* titta in hos ngn; ~ *off* (*over*) göra ett [kort] uppehåll, stanna till [under vägen] [*at* (*in*) i] **2** om ljud, naturföreteelse m.m. sluta, upphöra, avstanna **3** vard. **a)** stanna [~ *at home*], bo [~ *at a hotel*]; ~ *for* stanna och vänta på, stanna kvar till [*won't you ~ for dinner?*]; *he is ~ping here for a week* han bor här i en vecka; ~ *up late* stanna uppe länge **b)** ~ *the night* stanna över, ligga över **III** s **1** stopp; uppehåll, avbrott; *be at a* ~ ha stannat; *bring to a* ~ hejda; *come to a* [*full*] ~ avstanna helt; göra halt; *put a* ~ *to* sätta stopp (p) för; *without a* ~ om tåg o.d. utan [något] uppehåll **2** hållplats [*bus stop*] **3** mus. a) grepp b) tvärband på greppbräda c) hål, klaff på flöjt o.d. d) register; registerandrag, registertangent; [orgel]stämma; *pull out all the ~s* bildl. sätta till alla klutar **4** skiljetecken; tele. stop punkt; *full ~* punkt
stopcock ['stɒpkɒk] s [avstängnings]kran
stopgap ['stɒpgæp] **I** s **1** a) tillfällig ersättning (utfyllnad, åtgärd); spaltfyllnad b) mellanspel; [*emergency*] ~ nödfallsutväg **2** ersättare; vikarie **II** adj tillfällig, övergångs-, interims-
stop-go [ˌstɒp'gəʊ] adj **1** trafik. signalreglerad; ryckig [~ *driving*] **2** ~ *economy* ung. ekonomisk växelpolitik som växelvis bromsar o. stimulerar
stoplight ['stɒplaɪt] s trafik. **1** stoppljus, rött ljus **2** bromsljus
stop-over ['stɒpˌəʊvə] s **1** avbrott, uppehåll **2** anhalt, plats att göra uppehåll på
stoppage ['stɒpɪdʒ] s **1** tilltäppning **2** a) avbrytande; spärrning; stopp; stockning b) avbrott, uppehåll c) driftstörning,

driftstopp d) arbetsnedläggelse; ~ *of payment* betalningsinställelse
stopper ['stɒpə] I *s* **1** propp i flaska o.d.; kork, plugg; spärr; *put a (the)* ~ *on* vard. sätta stopp (p) för **2** fotb. stopper defensiv mittfältare II *vb tr* proppa igen (till), korka igen
stop-press ['stɒppres] *s*, ~ [*news*] presstopp-nyheter, pressläggningsnytt
stopwatch ['stɒpwɒtʃ] *s* stoppur, tidtagarur
storage ['stɔ:rɪdʒ] *s* **1** lagring, magasinering; ~ *battery* (*cell*) elektr. ackumulator; batteri; *put furniture in* ~ magasinera möbler, lämna möbler till förvaring **2** magasinsutrymme, lagerutrymme; [lagrings]kapacitet **3** data. lagring; minne; ~ *device* minnesanordning; minne
store [stɔ:] I *s* **1** förråd, lager äv. bildl.; pl. ~*s* förråd [*military* ~*s*], förnödenheter, proviant [*ship's* ~*s*]; *cold* ~ kyl[lager]hus; *a* ~ *of information* en rik informationskälla; *a* ~ *of knowledge* en fond av vetande; *in* ~ i förråd (reserv), på lager, i beredskap; *be in* ~ *for a p.* förestå (vänta) ngn; *that's a treat in* ~ det är något [trevligt] att se fram emot; *what has the future (will the future hold) in* ~ *for us?* vad har framtiden i beredskap åt oss?; *lay in* ~*s for the winter* lägga upp vinterförråd **2** varuhus [vanl. *department* ~]; isht amer. butik, affär; *general* ~*s* pl. (konstr. ss. sg. el. ibl. pl.) lanthandel, diversehandel **3** magasin, förrådshus **4** data. minne **5** *set (lay) great (little)* ~ *by* a) sätta stort (föga) värde på b) lägga stor (ringa) vikt vid II *vb tr* **1** lägga upp [lager av], samla [på lager (hög)], lagra [ofta ~ *away* (*up*)]; förvara, magasinera [~ *furniture*]; elektr. o.d. ackumulera **2** ha utrymme (kapacitet) för, [kunna] rymma **3** data. el. elektr. lagra **4** utrusta [med proviant] [~ *a ship*]; förse
storefront ['stɔ:frʌnt] *s* amer. **1** skyltfönster **2** attr. [som ligger] i gatuplan [*a* ~ *church* (*school*)]
storehouse ['stɔ:haʊs] *s* **1** magasin, lager[byggnad], förrådshus **2** bildl., *he is a* ~ *of information* han är en riktig guldgruva (en rik informationskälla)
storekeeper ['stɔ:ˌki:pə] *s* **1** isht mil. förrådsförvaltare **2** amer. butiksinnehavare
storeroom ['stɔ:ru:m] *s* **1** förrådsrum; skräpkammare; vindskontor **2** lagerlokal
storey ['stɔ:rɪ] *s* våning, våningsplan, etage; *on the first* ~ en trappa upp, amer. på nedre botten
storeyed ['stɔ:rɪd] *adj* ss. efterled i sms. med...våningar, -vånings- [*a three-storeyed house*]
stork [stɔ:k] *s* zool. stork
storm [stɔ:m] I *s* **1** oväder, storm äv. bildl. [*political* ~*s*]; *a* ~ *of applause* stormande applåder, ett orkanartat bifall; *a* ~ *of protest*[*s*] en proteststorm, en storm av protester; *a* ~ *in a teacup* en storm i ett vattenglas **2** störtskur, skur äv. bildl. [*a* ~ *of rain* (*hail*); *a* ~ *of arrows*]; *a* ~ *of abuse* en skur av ovett **3** isht mil. stormning; *take by* ~ storma, ta med storm äv. bildl. II *vb itr* **1** bildl. rasa [*at* över (mot)], vara ursinnig [*at* över (på)] **2** a) isht mil. storma [~ *into a fort*] b) bildl. rusa häftigt (i raseri, storma) [~ *out of a room*] III *vb tr* storma [~ [*one's way into*] *a fort*], gå till storms mot
storm centre ['stɔ:mˌsentə] *s* oväderscentrum, stormcentrum; bildl. äv. oroshärd
storm cloud ['stɔ:mklaʊd] *s* ovädersmoln, stormmoln äv. bildl.
storm petrel ['stɔ:mˌpetr(ə)l] *s* zool. stormsvala
storm-swept ['stɔ:mswept] *adj* stormpinad
stormy ['stɔ:mɪ] *adj* **1** ovädars- [*a* ~ *day*], stormig, hemsökt av oväder (stormar) [*a* ~ *region*] **2** ~ *petrel* a) zool. stormsvala b) bildl. orosstiftare **3** bildl. stormig [*a* ~ *debate*; ~ *scenes*]
1 story ['stɔ:rɪ] *s* **1** a) historia, berättelse, saga, sägen [*stories of* (från) *old Greece*] b) anekdot, historia [*a good* (*funny*) ~] c) bakgrund, historia [*get the whole* ~ *before commenting*]; *it's the same old* ~ det är samma visa; *that's not the whole* ~ det är inte hela sanningen; *it is* [*quite*] *another* ~ *now* det är helt andra tider nu **2** [*short*] ~ novell **3** handling i bok, film o.d.; story **4** nyhetsstoff, story; nyhetsartikel **5** vard. osanning, påhitt isht barns; *tell a* ~ el. *tell stories* narras, tala osanning
2 story ['stɔ:rɪ] *s* isht amer., se *storey*
story book ['stɔ:rɪbʊk] *s* sagobok; novellsamling
story-teller ['stɔ:rɪˌtelə] *s* **1** historieberättare; novellförfattare; sagoberättare **2** vard. lögnare
stoup [stu:p] *s* stop, dryckeskanna
stout [staʊt] I *adj* **1** stark, kraftig, bastant [*a* ~ *rope* (*stick*)]; robust, hållbar, solid **2** modig; ståndaktig, hårdnackad [~ *resistance*]; duktig **3** om pers. kraftigt byggd, stadig, bastant, tjock, fet[lagd] II *s* ung. porter
stoutly ['staʊtlɪ] *adv* starkt etc., jfr *stout I*; ~ *deny* förneka fullständigt
stove [stəʊv] *s* [köks]spis; [bränn]ugn; kamin [*iron* ~]; spis; [*tiled* (*porcelain, Dutch*)] ~ kakelugn
stow [stəʊ] I *vb tr* **1** a) stuva [in] [äv. ~ *in*], packa [~ *clothes into a trunk*] b) packa [full] [~ *a trunk with clothes*] c) rymma; ~ *cargo in* [*a ship's holds*] lasta..., ta in last i...; ~ *away* stuva undan; gömma; äv., ~ *it!* håll käften! II *vb itr* **1** ~ *away* gömma sig ombord o.d.; fara som fripassagerare **2** rymmas [*the box* ~*s easily on the rack*]
stowage ['stəʊɪdʒ] *s* **1** lastning, stuvning **2** stuvningsutrymme; lagringskapacitet **3** gods
stowaway ['stəʊəweɪ] *s* fripassagerare

St. Pancras [s(ə)n(t)'pæŋkrəs] en av Londons viktigaste järnvägsstationer
St. Patrick [s(ə)n(t)'pætrɪk] se *Patrick*
St. Paul [s(ə)n(t)'pɔːl] se *Paul*
St. Peter [s(ə)n(t)'piːtə] se *Peter*
straddle ['strædl] **I** *vb itr* skreva [med benen], stå (gå, sitta) bredbent; sitta grensle **II** *vb tr* **1** stå (ställa sig) grensle över [~ *a ditch*]; sitta (sätta sig) grensle på (över), grensla [~ *a horse*] **2** skreva med, spärra ut [~ *one's legs*] **III** *s* skrevande; bredbent ställning
strafe [strɑːf, streɪf] *vb tr* **1** mil. beskjuta; bomba; bestryka [med eld] **2** vard. straffa
straggl|e ['strægl] *vb itr* **1** komma bort från vägen (de andra); sacka (bli) efter; mil. äv. lämna ledet; hålla sig undan, avvika **2** ~ [*along*] ströva omkring i spridda grupper; ~ *off* troppa av, vandra i väg i spridda grupper **3** vara (ligga, stå) [ut]spridd [*houses that ~ round the lake*], förekomma sporadiskt **4** grena (bre) ut sig [*vines -ing over the fences*]; hänga i stripor [*hair -ing over one's collar*]; spreta
straggler ['stræglə] *s* **1** eftersläntrare, person som kommit bort från de andra **2** vildvuxen (otuktad) växt
straight [streɪt] **I** *adj* (se äv. ex. under *1 die* o. *face* o. *4 flush*) **1** rak [~ *hair*; *a ~ line*], rät; stram; *as ~ as an arrow* spikrak; *keep to the ~ and narrow path* bildl. vandra den smala (rätta) vägen; *is my hat on ~?* sitter min hatt rätt?; *put* ~ rätta till, lägga rakt **2** i följd, rak [*ten ~ wins*] **3** i ordning; *get* (*put*) ~ a) få ordning (rätsida) på, ordna upp [*get one's affairs ~*], reda upp b) städa, göra i ordning på (i) [*put a room ~*], ordna; *I'll put you ~!* jag ska lära dig, jag!; *now get this ~!* det här måste du ha klart för dig!
4 uppriktig, ärlig, öppenhjärtig [*a ~ answer*]; *a ~ fight* en ärlig strid; en tvekamp **5** ärlig, hederlig, rättskaffens [*a ~ businessman*]; *keep ~* föra ett hederligt liv, sköta sig **6** vard. pålitlig, tillförlitlig; *a ~ tip* ett förstahandstips (stalltips) **7** a) oblandad, ren [~ *whisky*] b) amer. genomgående [~ *A's*] **8** teat. naturalistisk [*a ~ performance*]; *a ~ comedy* ett rent lustspel **II** *adv* **1** a) rakt, rätt [~ *up* (*through*)], mitt, tvärs [~ *across the street*], rak[t], upprätt [*sit* (*stand*, *walk*) ~]; ~ *on* rakt fram; *sit up* ~ sitta rakt b) rätt, riktigt; logiskt [*think* ~] **2** direkt, raka vägen [*go ~ to London*], rakt [*he went ~ into...*]; genast [*I went ~ home after...*]; *come ~ to the point* bildl. komma till saken utan omsvep **3** bildl. hederligt [*live* ~]; *go* ~ vard. bli hederlig, börja föra ett skötsamt (hederligt) liv **4** ~ *away* (*off*) genast, på ögonblicket; tvärt; [*I can't tell you*] ~ *off* ...på rak arm (stående fot) **5** ~ [*out*] direkt, rent ut [*I told him* ~ [*out*] *that...*] **III** *s* rak (rät) linje; raksträcka, sport. äv. upplopp[ssida]; *keep to the* ~ *and narrow* vandra den smala (rätta) vägen
straightaway ['streɪtəweɪ, ˌ--'-] **I** *adv* genast, omedelbart **II** *adj* amer. **1** rak, direkt **2** omedelbar
straighten ['streɪtn] **I** *vb tr* räta [ut]; tekn. äv. rikta; räta på [~ *one's back*]; rätta till [~ *one's tie*]; släta ut [~ *the bedclothes*]; ~ *out* a) räta ut, sträcka ut [~ *oneself out on a bed*]; räta upp [~ *out a car*] b) ordna, reda upp c) få att bättra sig [~ *a p. out*]; *it will ~ itself out* det ordnar (reder upp) sig; ~ *up* a) städa (ordna) upp i [~ *up a room*] b) bildl. få ordning på (i) [~ *up the finances*]; ~ *oneself up* räta (sträcka) på sig, räta upp sig **II** *vb itr* räta ut sig, rakna; ~ *out* ordna (reda) upp sig [*things will ~ out*]
straight-faced [ˌstreɪt'feɪst, attr. '--] *adj* med orörligt ansikte, utan att röra en min
straightforward [ˌstreɪt'fɔːwəd] *adj* **1** uppriktig, ärlig [*a ~ answer* (*person*)], rättfram; direkt [*a ~ question*] **2** enkel, okomplicerad [*a ~ problem*], lättfattlig [*in ~ language*] **3** vanlig, normal
1 strain [streɪn] **I** *vb tr* (se äv. *strained*) **1** spänna, sträcka **2** a) anstränga, slita (fresta) på b) överanstränga, överbelasta; ~ *one's ears* lyssna spänt; ~ *every nerve* anstränga sig till det yttersta; ~ *oneself* a) anstränga sig så mycket man kan b) överanstränga sig **3** med. sträcka [~ *a muscle*] **4** fresta, pröva [~ *a p.'s patience*] **5** hårdra, pressa [~ *the meaning of a word*] **6** sila, filtrera; passera **II** *vb itr* **1** anstränga (spänna) sig; streta, slita; sträva [*plants ~ing upwards*]; krysta vid avföring; ~ *at* a) streta (slita) med [~ *at the oars*] b) slita [och dra] i [~ *at a chain*] **2** a) silas, filtreras **b**) sila, sippra **c**) ~ *at a gnat and swallow a camel* bildl. sila mygg och svälja kameler **III** *s* **1** spänning, töjning; tekn. äv. påkänning, påfrestning, tryck **2** a) ansträngning, påfrestning [*on fit*]; press, stress [*the ~ of modern life*]; *mental* ~ psykisk påfrestning; *nervous* ~ nervpress, stress; *it's a ~ on the eyes* det är ansträngande för ögonen; *it's a ~ on my nerves* det sliter på nerverna; *put a great ~ on* ta hårt på, hårt anstränga; *stand the* ~ stå rycken, stå pall; *be under severe* ~ vara utsatt för hårda påfrestningar b) utmattning, överansträngning **3** med. sträckning **4** ton; stil [*and much more in the same ~*]; *in lofty ~s* i högstämda ordalag **5** vanl. pl. *~s* toner, musik
2 strain [streɪn] *s* **1** ätt, familj [*she comes of a good ~*]; påbrå [*his Irish ~*], härkomst **2** biol. stam [*a ~ of bacteria*], ras; sort, art [*a new ~ of wheat*] **3** [släkt]drag, inslag [*a ~ of insanity in the family*]
strained [streɪnd] *adj* **1** spänd etc., jfr *1 strain I* **2** bildl. **a**) spänd [~ *attention*]; ~ *relations*

strainer

spänt förhållande, spänning **b)** ansträngd, tvungen, forcerad [~ *laughter*] **c)** sökt [~ *interpretation*]
strainer ['streɪnə] *s* sil; filter
strait [streɪt] *s* **1** ~ el. ~**s** (konstr. ss. sg.) sund; *the Strait*[*s*] *of Gibraltar* Gibraltar sund **2** ~[*s* pl.] trångmål, knipa, klämma [*be in a* ~]; *in financial* ~*s* el. *in* ~*s for money* i penningknipa
strait|jacket ['streɪt,dʒækɪt] **I** *s* tvångströja äv. bildl. **II** *vb tr* sätta tvångströja på; bildl. äv. förkväva
strait-laced [,streɪt'leɪst, attr. '--] *adj* trångbröstad, moraliskt sträng, bigott; pryd
1 strand [strænd] *s* **1 a)** [rep]sträng **b)** tråd, fiber **2** rep, tåg **3** [hår]slinga **4** pärlband **5** bildl. a) tråd, linje [*the* ~*s of a plot*] b) slinga [~*s of melody*]
2 strand [strænd] **I** *s* poet. strand; *the Strand* berömd gata i centrala London **II** *vb tr* driva upp på stranden; sätta på grund [~ *a ship*]; *be* ~*ed* stranda, sitta (köra) fast, fastna; *be* [*left*] ~*ed* bildl. vara (bli) strandsatt; vara (bli) övergiven
strange [streɪn(d)ʒ] *adj* **1** främmande, obekant, ny [*to a p.* för ngn] **2** egendomlig, märkvärdig, märklig, underlig, konstig; ~ *to say* egendomligt (märkvärdigt etc.) nog; *fact* (*truth*) *is* ~*r than fiction* verkligheten är underbarare än dikten **3** *be* ~ *to* inte känna till [*he is* ~ *to the district*]
stranger ['streɪn(d)ʒə] *s* **1** främling, pl. ~*s* äv. främmande människor, obekanta; utomstående; *hallo* ~*!* vard. det var längesen!; *feel a* ~ känna sig främmande (som en främling); *say,* ~*!* [*can you...*] amer. vard. hör du... **2** *be a* ~ *to* bildl. vara obekant med, vara (stå) främmande för
strangle ['stræŋgl] *vb tr* **1** strypa **2** kväva, undertrycka [~ *an oath* (*a sob*)] **3** strypa åt [~ *trade*]; förkväva, hämma
stranglehold ['stræŋglhəʊld] *s* **1** sport. strupgrepp, struptag **2** bildl. järngrepp [*be held in a* ~]; *put a* ~ *on* strypa åt
strangler ['stræŋglə] *s* strypmördare
strangulate ['stræŋgjʊleɪt] *vb tr* **1** strypa **2** med. snöra av (åt), strypa till [~ *a vein* (*duct*)]
strangulation [,stræŋgjʊ'leɪʃ(ə)n] *s* **1** strypning **2** med. avsnörning, åtsnörning
strap [stræp] **I** *s* **1** rem; [sko]slejf; band; packrem; armband [*watch* ~] **2** stropp **3** [byx]hälla **4** strigel **II** *vb tr* **1** fästa (spänna fast) med rem[mar]; ~ *down* (*in*) spänna fast; ~ *on* spänna (sätta) på sig; ~ *up* a) spänna igen (ihop) b) bunta ihop [med en rem] **2** prygla (med rem) **3** strigla
strapless ['stræpləs] *adj* axelbandslös, utan axelband [*a* ~ *dress*]
strapping ['stræpɪŋ] *adj* vard. stor och kraftig
strata ['strɑːtə, 'streɪ-] *s* pl. av *stratum*

stratagem ['strætədʒəm] *s* krigslist; fint, knep
strategic [strə'tiːdʒɪk] *adj* o. **strategical** [strə'tiːdʒɪk(ə)l] *adj* strategisk
strategist ['strætədʒɪst] *s* strateg
strategy ['strætədʒɪ] *s* strategi; bildl. äv. taktik; taktiskt grepp, manöver
Stratford-on-Avon [,strætfədɒn'eɪv(ə)n] el.
Stratford-upon-Avon [,strætfədəpɒn'eɪv(ə)n] Shakespeares födelsestad
stratification [,strætɪfɪ'keɪʃ(ə)n] *s* **1** geol. skiktning, [av]lagring, varvning; lagerföljd **2** sociol. skiktindelning, stratifiering
stratify ['strætɪfaɪ] **I** *vb tr* **1** geol. skikta, lagra **2** sociol. dela upp i skikt (strata) **II** *vb itr* geol. [av]lagra sig
stratosphere ['strætə(ʊ)sfɪə] *s* meteor. stratosfär
strat|um ['strɑːt|əm, 'streɪt-] (pl. -*a* [-ə]) *s* geol., sociol. el. bildl. stratum, skikt, lager, samhällsskikt
straw [strɔː] **I** *s* **1** strå, halmstrå; rö; *it was the last* ~ el. *it was the* ~ *that broke the camel's back* bildl. det [var droppen som] kom bägaren att rinna över, det rågade måttet; *not a* ~ bildl. inte ett dugg [*it doesn't matter a* ~]; *I don't care a* ~ (*two* ~*s*) det bryr jag mig inte det minsta om; *catch* (*clutch, grasp, pluck, snatch*) *at a* ~ (*at* ~*s*) bildl. gripa efter ett halmstrå **2** halm; strå; *man of* ~ a) halmdocka b) fingerad motståndare; skenargument c) galjonsfigur, skyltdocka **3** sugrör **4** vard. halmhatt **II** *attr adj* **1** halm-, strå- [~ *hat* (*mattress*)] **2** halmfärgad, halmgul [~ *hair*]
strawberry ['strɔːb(ə)rɪ] *s* jordgubbe; *wild* ~ [skogs]smultron
strawberry blonde [,strɔːb(ə)rɪ'blɒnd] *s* kvinna med rödblont hår
strawberry mark ['strɔːb(ə)rɪmɑːk] *s* rödaktigt födelsemärke
straw vote [,strɔː'vəʊt] *s* provomröstning, opinionspejling
stray [streɪ] **I** *vb itr* **1** ströva; bildl. irra hit och dit; förirra sig, gå vilse; ~ *from the point* bildl. avvika från ämnet **2** glida, vandra [*his hand* ~*ed towards his pocket*] **II** *s* vilsekommet (kringirrande) djur **III** *attr adj* **1** kringdrivande, vilsekommen [~ *cattle*], bortsprungen, herrelös [*a* ~ *cat* (*dog*)] **2** tillfällig, strö- [*a* ~ *customer*], strödd, spridd [~ *remarks*], sporadisk, enstaka [~ *shots*]; förlupen [*a* ~ *bullet*]; *a few* ~ *hairs* några hårstrån
streak [striːk] **I** *s* **1** strimma, rand; streck äv. miner.; ådring; ~ *of lightning* blixt; *like a* ~ [*of lightning*] bildl. som en oljad blixt **2** drag, inslag [*a* ~ *of cruelty* (*humour*)]; anstrykning **3** ryck; period, serie; *he had a* ~ *of* [*good*] *luck* han hade tur ett tag **II** *vb tr* göra strimmig, randa; tekn. ådra **III** *vb itr* **1** vard. susa, svepa [*the car* ~*ed along*]; rusa,

kila [~ *off*] **2** vard. streaka, springa näck på offentliga platser för att väcka uppseende
streaky ['stri:kı] *adj* strimmig, randig [~ *bacon*]; ådrig; melerad
stream [stri:m] **I** *s* **1** ström äv. bildl. [*a* ~ *of blood* (*gas, lava*); ~*s of people*]; vattendrag, å, flod, bäck; *a constant* (*continuous*) ~ bildl. en jämn ström; *go with* (*against*) *the* ~ bildl. följa med (gå emot) strömmen **2** stråle [*a* ~ *of water*], flöde **3** bildl. riktning, strömning[ar] [~ *of opinion* (*thought*)] **II** *vb itr* **1** strömma äv. bildl. [*people began to* ~ *in again*]; rinna, flöda [*sweat was* ~*ing down his face*] **2** rinna [~*ing cold* (snuva)]; ~ *with* rinna (drypa) av [*his face was* ~*ing with sweat*] **3** fladdra [*the flag* (*her hair*) ~*ed in* (för) *the wind*], vaja; veckla (bre) ut sig; sträckas ut **III** *vb tr* **1** spruta [ut] [~ *blood*] **2** ped. nivågruppera
streamer ['stri:mə] *s* **1** vimpel, banderoll **2** serpentin; remsa, steamer reklamremsa **3** flerspaltig rubrik, jätterubrik [äv. ~ *headline*]
streamline ['stri:mlaın] **I** *s* strömlinje; strömlinjeform **II** *vb tr* strömlinjeforma; bildl. äv. rationalisera, effektivera, strama upp
street [stri:t] *s* gata; *in* (amer. *on*) *the* ~ på gatan; börs. [som företas] efter stängningsdags (på efterbörsen); *they are not in the same* ~ [*as* (*with*)] vard. de står inte i samma klass [som], de kan inte jämföras [med]; *walk* (*be, go*) *on the* ~[*s*] el. *walk the* ~*s* om prostituerad gå på gatan; *it's just* (*right*) *up* (amer. *down*) *my* ~ vard. det passar mig precis, här är jag på min mammas gata; *be* ~*s ahead* [*of a p.*] vard. ligga långt före [ngn], vara [ngn] helt överlägsen
streetcar ['stri:tkɑ:] *s* amer. spårvagn; trådbuss
street cred ['stri:tkred] *s* vard., se *street credibility*
street credibility ['stri:t͵kredə'bılətı] *s, he's got* ~ han är äkta enligt de normer och värderingar som gäller på gatan
street-sweeper ['stri:t͵swi:pə] *s* **1** gatsopare, renhållningsarbetare **2** sopmaskin
street-walker ['stri:t͵wɔ:kə] *s* gatflicka
streetwise ['stri:twaız] *adj* som kan konsten att överleva på gatan (i storstadsdjungeln); som har gått livets hårda skola
strength [streŋθ] *s* **1** styrka äv. bildl. [*his* ~ *lay* (*was*) *in*…]; kraft, krafter [*it has weakened* (satt ner) *her* ~]; bildl. stark sida [*one of his* ~*s is*…]; ~ *of mind* andlig styrka; *feat of* ~ kraftprov; *try one's* ~ *at* pröva sina krafter på; *go from* ~ *to* ~ gå från klarhet till klarhet, bli bättre och bättre; gå stadigt framåt **2** styrka, styrkegrad [*the* ~ *of alcohol*] **3** styrka, hållfasthet, hållbarhet, fasthet **4** styrka, numerär [*the* ~ *of the enemy*]; *be*

below ~ vara underbemannad; *in* [*great*] ~ i stort antal; *be in full* ~ el. *be up to* ~ vara fulltalig
strengthen ['streŋθ(ə)n] **I** *vb tr* stärka, styrka; förstärka; ~ *a p.'s hand*[*s*] styrka ngn, inge ngn mod **II** *vb itr* bli starkare; förstärkas, växa i styrka
strenuous ['strenjʊəs] *adj* **1** ansträngande, krävande, påfrestande **2** energisk, nitisk [*a* ~ *worker*], ihärdig [*make* ~ *efforts*]
streptococc|us [͵streptə(ʊ)'kɒk|əs] (pl. -*i* [-aı]) *s* med. streptokock
stress [stres] **I** *s* **1** tryck [*under the* ~ *of circumstances* (*poverty*)], påfrestning; psykol. stress; *the* ~*es and strains of everyday life* vardagslivets stress (påfrestningar); *be suffering from* ~ vara stressad; *put a p. under* ~ vara stressande för ngn, stressa ngn **2** vikt, eftertryck; *lay* ~ *on* framhålla, betona, poängtera, ge eftertryck åt **3** fonet. betoning, tonvikt, tryck [*the* ~ *is on the first syllable*]; *even* ~ jämn betoning; *secondary* ~ biton, bitryck **4** mek. spänning; tryck, påfrestning, påkänning, belastning **II** *vb tr* (se äv. *stressed*) **1** betona, framhålla, poängtera, understryka; ~ *the point that*… betona etc. att… **2** fonet. betona **3** psykol. stressa
stressed [strest] *adj* **1** fonet. betonad, tryckstark **2** psykol. stressad **3** mek. belastad
stressful ['stresf(ʊ)l] *adj* stressande [~ *days*]
stretch [stretʃ] **I** *vb tr* **1** spänna [~ *the strings of a violin*], sträcka; tänja (töja) ut [~ *a jacket at the elbows*]; sträcka (bre) ut [*over* över]; sträcka på [~ *one's neck*]; ~ *one's legs* sträcka på benen; röra på sig; ~ *out* sträcka ut [~ *out one's arm for* (efter)], räcka fram; ~ *oneself out* sträcka ut sig [raklång]; *be* ~*ed out* [*on the sofa*] ligga raklång… **2** bildl. a) tänja på, tumma på [~ *the law*], släppa efter på; utvidga, bredda [~ *the meaning of a word*]; ~ *a point* a) göra ett undantag b) ta till i överkant, gå för långt, överdriva b) anstränga; ~ *oneself* (*one's powers*) el. *be fully* ~*ed* anstränga sig till det yttersta **3** med. sträcka [~ *a muscle*] **II** *vb itr* **1** sträcka [på] sig [*he* ~*ed and yawned*], sträcka på benen **2** sträcka sig [*the wood* ~*es for miles*], bre ut sig **3** a) tänja sig, töja [ut] sig [*the cardigan has* ~*ed*] b) gå att sträcka (spänna, töja ut) [*rubber* ~*es easily*] **III** *s*
1 a) sträckning, spänning; töjning, tänjning b) elasticitet, töjbarhet; *be at full* ~ arbeta för fullt (med fullt pådrag) **2** överansträngande [*a* ~ *of authority*]; *not by any* ~ *of the imagination* [*could he*…] inte [ens] i sin vildaste fantasi… **3** sträcka; trakt, område [*a* ~ *of meadow*]; *a* ~ *of road* en vägsträcka; *a* ~ *of water* en vattenyta (vattenvidd) **4** period, tid [*for long* ~*es she forgot it*], avsnitt, stycke [*for long* ~*es the story is dull*] **5** *at a* ~ i ett sträck [*ten miles at a* ~] **6** sport. raksträcka

7 sl. vända [på kåken]; *do a* [*five-year*] ~ sitta [fem år] på kåken, sitta inne [fem år]
stretcher ['stretʃə] *s* [sjuk]bår
stretching ['stretʃɪŋ] *s* stretching, smidighetsträning; *do* ~ *exercises* stretcha
stretchmarks ['stretʃmɑːks] *s pl* graviditetsstrimmor, bristningar [i huden] efter graviditet
stretch tights [ˌstretʃ'taɪts] *s pl* strumpbyxor
strew [struː] (~*ed* ~*ed* el. ~*ed* ~*n*) *vb tr* **1** strö [ut] [~ *flowers over a path*] **2** beströ; översålla
stricken ['strɪk(ə)n] *adj* (åld. perf. p. av *strike*) **1 a)** [olycks]drabbad, bedrövad; ~ *in years* ålderstigen, till åren kommen; ~ *with panic* gripen av panik, panikslagen **b)** ss. efterled i sms. -slagen [*panic-stricken*], -drabbad, -härjad [*plague-stricken*] **2** sårad; slagen
strict [strɪkt] *adj* sträng [*with* mot; *a* ~ *father*, ~ *accuracy*], hård [~ *but fair*]; noggrann, noga, rigorös [*about* med]; strikt; absolut, exakt [*the* ~ *truth*]; *in a* ~ *sense* i egentlig mening
strictly ['strɪktlɪ] *adv* strängt [~ *forbidden*]; noggrant, noga etc., jfr *strict 1*; i egentlig mening; ~ *speaking* strängt taget, egentligen, noga räknat
strictness ['strɪktnəs] *s* stränghet; noggrannhet; bestämdhet, fasthet
stricture ['strɪktʃə] *s* **1** isht pl. ~*s* anmärkningar, kritik [*on* (*upon*) mot, över] **2** restriktion, inskränkning **3** med. förträngning, striktur
stride [straɪd] **I** (*strode stridden*) *vb itr* gå med långa (beslutsamma) steg [~ *off* (*away*)], skrida [*along the road* vägen fram], stega, kliva **II** (*strode stridden*) *vb tr* **1** kliva över (ta) med ett steg [~ *a ditch*] **2** mäta med långa steg [~ *the deck*] **III** *s* [långt] steg, kliv; gång [*with a vigorous* (energisk) ~]; *make* [*great* (*rapid*)] ~*s* bildl. göra [stora (snabba)] framsteg, gå framåt [med stormsteg]; *get into* (*hit*) *one's* ~ börja komma i gång (i tagen); *take a th. in one's* ~ (amer. *in* ~) klara ngt [utan svårighet], ta ngt med fattning; *throw a p. off* (*out of*) *his* ~ få ngn att förlora fattningen (tappa koncepterna, komma av sig)
stridency ['straɪd(ə)nsɪ] *s* skärande ljud; grällhet, skrikighet
strident ['straɪd(ə)nt] *adj* **1** skärande, genomträngande [*a* ~ *sound*], gäll [*a* ~ *voice*]; gnisslande, knarrande [~ *hinges*]; gräll, skrikig [~ *colours*] **2** högröstad
strife [straɪf] *s* **1** stridighet, missämja, tvist, split; strid, kamp [*armed* ~]; *industrial* ~ ung. konflikter på arbetsmarknaden **2** tävlan, rivalitet
strike [straɪk] **A** (*struck struck*) *vb* (se äv. *struck*; för *strike* i spec. förbindelser se under resp. huvudord, t.ex. *balance, home III, oil*) **I** *tr* (se äv. *III*) **1** slå; slå till; slå på; ~ *a p. a blow* ge ngn ett slag; *who struck the first blow?* vem slog [till] först?; ~ *dead* slå ihjäl; ~ *dumb* göra stum; ~ *me dead* (*dumb, pink, up a gum-tree*)*!* vard. förbaske mig!, det var som sjutton! **2 a)** träffa [*the blow struck him on the chin*] **b)** drabba [*be struck with* (av) *cholera*], hemsöka **3 a)** slå (stöta, köra) emot [*the car struck a tree*], sjö. gå (ränna, stöta) på [*the ship struck a mine*]; ~ *bottom* få bottenkänning **b)** bildl. stöta på [*they struck various difficulties*] **4 a)** träffa på, finna, upptäcka [~ *gold*]; ~ [*it*] *lucky* ha tur **b)** stöta (träffa) på; komma fram till [~ *the main road*] **5 a)** stöta [*he struck his stick on* (i) *the floor*], sticka [~ *one's dagger into* (i) *a p.*] **b)** om orm hugga **6 a)** slå, frappera [*what struck me was...*] **b)** förefalla, tyckas [*it* ~*s me as* [*being*] *the best*] **c)** slå, komma för [*the thought struck me that...*]; *it* (*the idea*) *struck me* jag kom att tänka på det, det föll mig in; *he* ~*s me as* [*being*]... jag tycker han verkar [vara]...; *be struck all of a heap* vard. bli alldeles paff **7 a)** nå [*the sound struck my ear*] **b)** fånga, fängsla [*it* ~*s the imagination*] **8 a)** slå, fylla [*the sight struck them with terror*] **b)** injaga [~ *fear into* (i, hos)] **9** prägla, slå [~ *a coin* (*medal*)] **10** mus. slå an [~ *a chord* (*note*)]; ~ *a discordant* (*false* etc.) *note* bildl., se *note I 7* **11** ~ *a light* (*match*) tända (stryka eld på) en tändsticka **12** stryka [~ *a name from the list*; ~ *a p. off* (från, ur) *the register*] **13** sjö. stryka [~ *sail*]; ~ *the* (*one's*) *flag* el. ~ *one's colours* stryka flagg, bildl. äv. kapitulera [*to* för] **14** ta ned [~ *a tent*]; ~ *tents* (*camp*) bryta förläggningen **15** avsluta, göra upp, träffa [~ *a bargain with a p.*]

II *itr* (se äv. *III*) **1** slå, stöta [*against a th.* emot ngn]; slå ned [*the lightning struck*]; ~ *at* a) slå (hugga) efter b) bildl. angripa; ~ *at the foundation* (*the root*[*s*]) *of a th.* hota att undergräva ngt; ~ *lucky* ha tur **2** om klocka slå [*the clock struck*]; *his hour has struck* hans timme har slagit **3 a)** mil. gå till anfall [*at* mot], anfalla **b)** slå till, sätta in [*when the epidemic struck*] **4** strejka **5** gå, ta vägen [*they struck across the field*], bege sig, styra kosan [*for* till; ~ *north*] **6** sjö. gå på grund, gå på

III *tr* o. *itr* med adv., isht med spec. övers.:

~ **back** slå igen (tillbaka)

~ **down** slå ned, fälla; knäcka, bryta ned [*apoplexy struck him down*]; *be struck down by* [*disease*] drabbas av..., ryckas bort...

~ **off:** a) hugga (slå) av b) stryka [~ *off a name from the list*]

~ **out: a)** slå [fram] [~ *out sparks*] **b)** stryka [ut (över)] [~ *out a name* (*word*)] **c)** bryta [~ *out new paths*]; ~ *out* [*a path*] *for oneself* el. ~ *out on one's own* gå sin egen väg, slå sig fram på egen hand **d)** slå omkring sig [*he*

began to ~ *out wildly*] **e)** sätta i väg [*the boys struck out across the field*] ~ **up: a)** inleda, knyta [~ *up a friendship*]; ~ *up an acquaintance with* råka bli bekant med; ~ *up a conversation with* inleda samtal med **b)** stämma (spela) upp [*the band struck up* [*a waltz*]]; ~ *up the band!* spela upp!, musik! **c)** slå upp [~ *up a tent*] **B** *s* **1** strejk; ~ *fund* strejkkassa; *general* ~ storstrejk, generalstrejk; *sympathetic* ~ sympatistrejk; *call a* ~ utlysa strejk; *be* [*out*] *on* ~ strejka; *go* [*out*] *on* ~ el. *come out on* ~ gå i strejk, lägga ner arbetet **2** mil., isht flyg. räd; *air* ~ flygangrepp, luftangrepp; *nuclear* ~ kärnvapenanfall **3** fynd [av olja (malm)]
strike benefit ['straɪkˌbenɪfɪt] *s* strejkunderstöd
strikebreaker ['straɪkˌbreɪkə] *s* strejkbrytare
strike notice ['straɪkˌnəʊtɪs] *s* strejkvarsel
strike pay ['straɪkpeɪ] *s* strejkunderstöd
striker ['straɪkə] *s* **1 a)** *the* ~ den som slår **b)** fotb. anfallsspelare **2** strejkare, strejkande
striking ['straɪkɪŋ] **I** *adj* **1** slående, påfallande, frapperande, markant [*a* ~ *likeness*]; frappant [*a* ~ *beauty*], särdeles; särpräglad [*a* ~ *personality*]; effektfull, imponerande; anslående **2** *within* ~ *distance* inom skotthåll; bildl. inom räckhåll [*of* för]; ~ *power* (*capacity*) mil. slagkraft **3** strejkande **II** *s* slående; klockas slag
strikingly ['straɪkɪŋlɪ] *adv* slående, påfallande [~ *beautiful*], frappant; markant etc., jfr *striking I 1*; på ett slående (träffande) sätt
string [strɪŋ] **I** *s* **1** snöre; band, snodd; *piece of* ~ snöre, snörstump **2 a)** sträng [*the* ~*s of a violin*], sena [*the* ~*s of a tennis racket*] **b)** pl. ~*s* stråkinstrument, stråkar **c)** attr. stråk- [~ *orchestra* (*quartet*)], sträng- [~ *instruments*] **d)** bildl., *have two* (*many*) ~*s to one's bow* ha flera (många) strängar till sin båge (på sin lyra); *second* ~ andrahandsval **3 a)** tråd för marionetter **b)** bildl., *pull the* ~*s* hålla (dra) i trådarna; *pull* ~*s* använda sitt inflytande, mygla; *have* (*keep*) *a p. on a* ~ hålla ngn i ledband; [*he lent me £100*] *without* ~*s* (*with no* ~*s attached*) vard. ...utan några förbehåll **4** ~ *of pearls* pärl[hals]band; *a* ~ *of garlic* en vitlöksfläta **5** [lång] rad, fil [*a* ~ *of cars*]; serie, följd [*a* ~ *of events*]; kedja [*a* ~ *of hotels*] **II** (*strung strung*) *vb tr* **1 a)** sätta sträng[ar] på, stränga [~ *a racket* (*violin*)] **b)** spänna [~ *a bow*]; stämma [~ *a violin*] **2** ~ [*up*] hänga upp [på snöre o.d.] **3** behänga [*a room strung with festoons* (girlander)] **4** trä upp [på band (snöre)] [~ *pearls*] **5** ~ *up a parcel* slå ett snöre om ett paket **6 a)** placera (ordna) i en lång rad, rada upp; ~ *out* sprida ut **b)** ~ *together* sätta (foga, länka) ihop [~ *words together*] **7** rensa, spritta [~ *beans*] **8** bildl., *be all strung up* vara på helspänn **III** (*strung strung*) *vb itr* **1** ~ *out* sprida ut sig

(vara utspridd) i en lång rad **2** ~ *along with* vard. hålla ihop med **3** ~ *together* hänga ihop
string bean [ˌstrɪŋ'biːn, '--] *s* skärböna
stringed [strɪŋd] *adj* strängad; ~ *instrument* stränginstrument, stråkinstrument
stringency ['strɪn(d)ʒ(ə)nsɪ] *s* **1** stränghet, skärpa; eftertryck **2** logisk skärpa, stringens
stringent ['strɪn(d)ʒ(ə)nt] *adj* **1** sträng [~ *laws* (*rules*)]; eftertrycklig; drastisk [*take* ~ *measures against*] **2 a)** strängt logisk, stringent [~ *thinking*] **b)** övertygande, slagkraftig [~ *arguments*], bindande **3** tvingande, ofrånkomlig [~ *necessity*] **4** ekon. stram, tryckt; kärv [~ *money policy*]
string vest [ˌstrɪŋ'vest] *s* nätundertröja
stringy ['strɪŋɪ] *adj* trådig, senig, seg [~ *meat*]
1 strip [strɪp] **I** *vb tr* **1 a)** skrapa (riva, dra, skala) av (bort) [*from, off* från]; ~ *off* ta (dra) av [sig] [~ *off one's shirt*]; repa av **b)** klä av; skrapa (skala, plocka) ren [*of* från, på]; ~ *of* äv. plundra (tömma) på; ~ *a p. of a th.* beröva (ta ifrån) ngn ngt [~ *a p. of all illusions* (*possessions*)], plocka ngn på ngt, avhända ngn ngt; ~ *a p. naked* (*to the skin, bare*) klä av ngn inpå bara kroppen; ~*ped to the waist* naken (avklädd, blottad) till midjan, med bar överkropp **2** sjö. rigga av [~ *a mast*] **3 a)** ~ [*down*] ta (plocka) isär [~ *a car*], slakta; ~ *down* [*an engine*] demontera... **b)** ~ *a th. down to its essentials* skala av alla detaljer **II** *vb itr* klä av sig; strippa **III** *s* striptease, avklädningsscen; *do a* ~ strippa
2 strip [strɪp] *s* **1** remsa [*a* ~ *of cloth* (*land*)], list, skena [*a* ~ *of metal* (*wood*)]; *a mere* ~ *of a boy* en pojkvasker; ~ *farming* a) bandodling b) mångskifte; *tear a* ~ *off a p.* el. *tear a p. off a* ~ sl. skälla ut ngn **2** serie; *comic* ~ skämtserie, tecknad serie; *film* ~ bildband **3** sport. vard. [lag]dräkt
strip artist [ˌstrɪp'ɑːtɪst] *s* stripteasedansös
strip cartoon [ˌstrɪpkɑː'tuːn] *s* tecknad serie
stripe [straɪp] **I** *s* **1** rand, strimma; linje **2** randning, randmönster [äv. ~ *design*]; randigt tyg; ~ *pattern* randigt mönster, randmönster **3** mil. galon; streck i gradbeteckning; *lose one's* ~*s* bli degraderad **4** amer. typ, slag [*a man of a different* ~]; inriktning **II** *vb tr* randa, göra randig
striped [straɪpt] *adj* randig, strimmig
strip-lighting ['strɪpˌlaɪtɪŋ] *s* lysrörsbelysning
stripling ['strɪplɪŋ] *s* pojkvasker; spoling
stripper ['strɪpə] *s* vard. stripteasedansös, strippa; *male* ~ striptör, manlig strippa
striptease ['strɪptiːz] **I** *s* striptease[nummer] **II** *vb itr* dansa (göra) striptease, strippa
stripy ['straɪpɪ] *adj* randig, strimmig
strive [straɪv] (*strove striven*) *vb itr* **1** sträva [*to do* efter att göra; *for, after* efter], bemöda (vinnlägga) sig [*to do* om att göra; *for, after*

strobe lighting 804

om] **2** litt. kämpa, strida [*against* mot; *with* med; *for* för, om], tävla
strobe lighting [ˌstrəʊbˈlaɪtɪŋ] *s* stroboskop på diskotek o.d.
stroboscope ['strəʊbəskəʊp, 'strɒb-] *s* fys. stroboskop
strode [strəʊd] imperf. av *stride*
1 stroke [strəʊk] *s* **1** slag [*the* ~ *of a hammer*], hugg [*the* ~ *of an axe*], stöt; rapp **2** [klock]slag; *on the* ~ [*of two*] på slaget [två] **3** med., [*apoplectic*] ~ stroke, slag[anfall]; *paralytic* ~ slaganfall med förlamning **4** tekn. a) [kolv]slag b) slaglängd c) takt [*four-stroke engine*] **5** mus. stråk[drag], stråktag **6** i bollspel slag; i tennis äv. boll; bilj. stöt **7** simn. **a)** [sim]tag **b)** simsätt [*the crawl is a fast* ~]; *do the butterfly* ~ simma fjärilsim **8** rodd. **a)** [år]tag **b)** rodd, roddsätt [*a fast (slow)* ~] **c)** takt [*set* (bestämma) *the* ~]; *keep* ~ ro i takt; *put a p. off his* ~ bildl. störa (distrahera) ngn **d)** akterroddare, stroke **9** nedslag på skrivmaskin [65 ~*s to the* (per) *line*] **10** streck [*thin* ~*s*]; bråkstreck, snedstreck; drag [*a* ~ *of the brush*]; *with a* ~ *of the pen* med ett penndrag **11** bildl. drag, grepp [*a clever* (*masterly*) ~], schackdrag [*a diplomatic* ~], steg [*that was a bold* ~ *on his part*], handling; *do a* [*good*] ~ *of business* göra en god (bra) affär; *that was a* ~ *of genius* det var ett snilledrag; *what a* ~ *of luck!* vilken lyckträff!; *he doesn't do a* ~ [*of work*] han gör inte ett handtag
2 stroke [strəʊk] **I** *vb tr* **1** stryka, smeka [~ *a cat*]; ~ *one's beard* stryka sig om skägget; ~ *a p. the wrong way* bildl. stryka ngn mothårs **2** släta [till (ut)], glätta **II** *s* strykning [med handen]
stroll [strəʊl] **I** *vb itr* promenera, ströva, vandra, flanera **II** *vb tr* promenera (flanera) på [~ *the streets*], ströva [omkring] i (på) **III** *s* promenad [*go for (take) a* ~]
stroller ['strəʊlə] *s* **1** promenerande, flanör **2** isht amer. sittvagn, sulky[vagn], paraplyvagn för barn
strong [strɒŋ] **I** *adj* (se äv. *breeze, drink, language* m.fl. subst.) **1** stark; kraftig, energisk [~ *efforts*], kraftfull; stor [*there is a* ~ *likelihood that*...]; fast [~ *character*], orubblig [~ *conviction*], strong **2** frisk och stark, återställd **3** stabil, solid [*a* ~ *economy*] **4** [numerärt] stark; ss. efterled i sms. äv. -manna- [*a 10-strong orchestra*]; ~ *in numbers* manstark **5** bestämd, utpräglad [~ *views*] **6** skarp, stark, främ [*a* ~ *odour*] **7** gram. stark [*a* ~ *verb*] **II** *adv* starkt, kraftigt [*smell* ~]; *come* (*go*) *it rather* ~ vard. gå lite väl långt; ta till i överkant; *be still going* ~ vard. ännu vara i sin fulla kraft; vara i full gång
strong-arm ['strɒŋɑːm] vard. **I** *vb tr* **1** misshandla, gå illa åt **2** råna **3** tvinga med våld **II** *attr adj* hårdhänt, vålds- [~ *methods*]

strongbox ['strɒŋbɒks] *s* kassaskrin, kassaskåp; bankfack
stronger ['strɒŋgə] *adj* komp. av *strong*
strongest ['strɒŋgɪst] *adj* superl. av *strong*
stronghold ['strɒŋhəʊld] *s* **1** fäste, borg **2** bildl. högborg, fäste
strongly ['strɒŋlɪ] *adv* starkt, kraftigt etc., jfr *strong I*; på det bestämdaste, absolut [*I* ~ *advise you to go*]
strong-minded [ˌstrɒŋˈmaɪndɪd, attr. '-ˌ--] *adj* **1** karaktärsfast **2** viljestark, energisk
strong room ['strɒŋruːm] *s* kassavalv, bankvalv
strong-willed [ˌstrɒŋˈwɪld, attr. '--] *adj* viljestark, viljekraftig, bestämd [av sig], orubblig
strontium ['strɒntɪəm, -ʃɪəm] *s* kem. strontium
strop [strɒp] **I** *s* [rak]strigel **II** *vb tr* strigla
strove [strəʊv] imperf. av *strive*
struck [strʌk] **I** imperf. o. perf. p. av *strike A* **II** *adj* **1 a)** ~ *on* (*with*) vard. förtjust (kär) i **b)** ss. efterled i sms. -biten [*filmstruck*] **2** amer. jur., ~ *jury* specialjury [som godkänts av båda parterna]
structural ['strʌktʃ(ə)r(ə)l] *adj* strukturell, strukturell [~ *grammar*]; struktur- [~ *analysis*; ~ *formula*]; konstruktions- [~ *part*], byggnads- [~ *material*]; biol. äv. organisk [~ *disease*]; ~ *alterations* ändring[ar] av byggnad; ombyggnad
structurally ['strʌktʃ(ə)rəlɪ] *adv* strukturellt, i strukturellt hänseende; byggnadsmässigt, konstruktionsmässigt
structure ['strʌktʃə] **I** *s* **1** struktur, [upp]byggnad; konstruktion; sammansättning **2** byggnadsverk **II** *vb tr* strukturera
struggle ['strʌgl] **I** *vb itr* **1** kämpa, strida, brottas äv. bildl. [~ *against* (*with*) *difficulties*; ~ *to* (för att) *get a th.*]; anstränga sig [~ *to be polite*]; ~ *on* kämpa vidare **2** streta, sprattla, kämpa [~ *to get free*], vrida (slingra) sig **3** streta, knoga [~ *up a hill*; ~ *with heavy boxes*]; kämpa (arbeta, knaggla) sig [~ *through* (*to the end of*) *a book*]; ~ *along* knaggla (dra) sig fram; ~ *on* streta (knoga) på **II** *vb tr*, ~ *one's way* kämpa sig fram, bana sig väg **III** *s* **1** kamp, strid äv. bildl.; *the* ~ *for existence* (*life*) kampen för tillvaron; ~ *for power* maktkamp; *they put up a* ~ de bjöd (gjorde) motstånd **2** ansträngning, kämpande
strum [strʌm] **I** *vb itr* klinka [~ *on the piano*], knäppa [~ *on the banjo*]; trumma **II** *vb tr* **1** klinka på [~ *the piano*], knäppa på [~ *the banjo*]; trumma med [~ *one's fingers on the table*] **2** klinka, knäppa
strumpet ['strʌmpɪt] *s* åld. sköka
strung [strʌŋ] **I** imperf. o. perf. p. av *string* **II** *adj*, *highly* ~ se *highly-strung*
1 strut [strʌt] **I** *vb itr* svassa [~ *about* (*in*,

out)], [gå och] stoltsera; kråma sig **II** *s* svassande [gång]
2 strut [strʌt] byggn. **I** *s* stötta, sträva, stag, tvärbjälke, tvärslå; [bro]balk **II** *vb tr* stötta, staga
strychnine ['strɪkniːn] *s* kem. stryknin
stub [stʌb] **I** *s* **1** stump; *cigar* ~ cigarrstump, cigarrfimp **2** stubbe **3** a) grov nubb; nabb; spikstump b) trubbigt [penn]stift **4** a) talong, stam på biljetthäfte o.d. b) kontramärke del av biljett **II** *vb tr* **1** ~ *one's toe* stöta tån [*against mot*] **2** ~ [*out*] släcka, fimpa [~ *a cigarette*]
stubble ['stʌbl] *s* stubb; ~ [*of beard*] skäggstubb
stubbly ['stʌblɪ] *adj* stubbig [*a* ~ *field*]; sträv, borstig [*a* ~ *beard*]
stubborn ['stʌbən] *adj* **1** envis äv. bildl. [*a* ~ *illness* (*stain*)]; hårdnackad [~ *resistance*] **2** besvärlig, krånglig
stubby ['stʌbɪ] *adj* **1** stubbig **2** kort och bred; knubbig [~ *fingers*], satt
stucco ['stʌkəʊ] (pl. ~*es* el. ~*s*) *s* **1** stuck; gipsmurbruk **2** ~ [*work*] stuckatur, stuckarbete
stuck [stʌk] imperf. o. perf. p. av *2 stick*
stuck-up [ˌstʌk'ʌp] *adj* vard. mallig, uppblåst
1 stud [stʌd] *s* **1** stall uppsättning hästar [*racing* ~] **2** stuteri **3** avelshingst; avelsdjur **4** sl. hingst sexig viril man
2 stud [stʌd] **I** *s* **1** lös [krag]knapp; [*shirt* (*dress*)] ~ skjortknapp, bröstknapp **2** a) stift b) dubb **II** *vb tr* **1** a) besätta med stift b) dubba [~*ded tyres*] **2** bildl. översålla, beströ [~*ded with stars*], späcka [~*ded with quotations*] **3** stödja, stötta
student ['stjuːd(ə)nt] *s* a) studerande [*medical* ~]; student [*university* ~*s*], elev; amer. äv. [skol]elev; ~*s' union* studentkår; kårhus b) attr. student-, elev- [~ *council*]; *the ~ body* studenterna, studentkåren, eleverna, elevkåren; ~ *nurse* sjuksköterskeelev; ~ *teacher* lärarkandidat
studfarm ['stʌdfɑːm] *s* stuteri
studied ['stʌdɪd] *adj* medveten, överlagd, avsiktlig [~ *insult*], utstuderad, raffinerad
studio ['stjuːdɪəʊ] (pl. ~*s*) *s* **1** ateljé; studio;pl. ~*s* filmstad; *film* ~ filmateljé, filmstudio **2** attr. ateljé-; studio- [~ *camera* (*audience*)]; ~ *apartment* amer. enrumsvåning, ungkarlsvåning
studious ['stjuːdjəs] *adj* **1** flitig [i sina studier] **2** lärd, boklig **3** medveten, avsiktlig [~ *efforts*]
studiously ['stjuːdjəslɪ] *adv* **1** omsorgsfullt, noggrant, minutiöst **2** avsiktligt, med flit
study ['stʌdɪ] **I** *s* **1** studier [*fond of* ~], studerande; studium, undersökning, forskning; granskning, utforskning; analys [*word* ~]; *home* ~ *course* korrespondenskurs; *private* ~ självstudium, studier på egen hand; ~ *circle* studiecirkel; *make a* ~ *of a th.* studera

ngt, göra en undersökning (analys) av ngt **2** a) studieobjekt, föremål för studium b) [studie]ämne **3** studie [*a* ~ *for* (till) *a portrait*; *Iago is a* ~ *of* (i) *evil*]; [*publish*] *a* ~ *of* ...en studie över **4** mus. etyd **5** arbetsrum, skrivrum, läsrum; *headmaster's* ~ rektorsexpedition **6** *in a brown* ~ försjunken i grubbel (drömmerier) **II** *vb tr* (se äv. *studied*) **1** studera, läsa [~ *medicine*], lära sig [~ *typewriting*]; studera (lära) in [~ *a part*], läsa på (över); ~ *up* vard. läsa (lära, plugga) in **2** studera [~ *the map*], undersöka, försöka sätta sig in i [~ *a problem*], ta del av, granska, utforska **3** ta hänsyn till, rätta sig efter, tillmötesgå [~ *a p.'s wishes*]; tänka på, vara mån om [~ *one's* (*own*) *interests*]; ~ *one's own comfort* [bara] tänka på sin egen bekvämlighet **III** *vb itr* studera, bedriva studier; ~ *for the medical profession* el. ~ *to be a doctor* studera till läkare; ~ *with* (*under*) *a p.* studera för ngn
stuff [stʌf] **I** *s* **1** material, ämne; materia **2** bildl. stoff [*the* ~ *that dreams are made of*]; innehåll, väsen [*the* ~ *of freedom*]; [*we must find out*] *what* ~ *he is made of* ...vad han går för; *he is not the* ~ *heroes are made of* han är inte skapt till hjälte precis **3** material [*the cushion was filled with some soft* ~], gods; *drink some of this* ~ drick lite av det här; *light* ~ bildl. lätt gods; *it's old* ~ det är gammalt; *the same old* ~ det gamla vanliga; *it's poor* ~ det är ingenting att ha; *some sticky* ~ något klibbigt **4** [ylle]tyg; ~ *gown* yngre jurists ylletalar **5** vard. a) saker, prylar, grejor [*I've packed my* ~] b) sätt, fasoner; grej; *kid* ~ se *1 kid 3*; *no rough* ~*!* inga hårda tag!; *do your* ~*!* visa vad du kan!; *that's the* ~*!* så ska det vara!, det är grejor det!; *he knows his* ~ han kan sin sak **6** smörja, strunt; ~ *and nonsense* struntprat **7** vard., *a* [*nice*] *bit of* ~ en snygg tjej (brud) **8** sl. stöldgods, smugglegods **II** *vb tr* (se äv. *stuffed*) **1** stoppa [~ *a cushion with feathers*], stoppa (proppa) full [*with* med]; ~ *oneself with food* proppa i sig mat **2** packa, proppa in [*into* i]; ~ *away* stoppa undan **3** ~ [*up*] täppa till; *my nose* ~ed *up* jag är täppt i näsan **4** stoppa upp [~ *a bird*] **5** kok. fylla, färsera **6** sl., *tell him to* [*go and*] ~ *himself!* säg åt honom att han kan dra åt helvete!; *you can* ~ [*that present*]*!* du kan dra åt helvete med...! **7** vulg. knulla **III** *vb itr* proppa i sig mat
stuffed [stʌft] *adj* **1** stoppad; fullstoppad, fullproppad etc., jfr *stuff II*; ~ *with facts* fullproppad med fakta; faktaspäckad **2** kok. fylld [~ *turkey*], färserad; späckad; ~ *cabbage rolls* kåldolmar **3** uppstoppad [~ *birds*] **4** sl., ~ *shirt* stropp, uppblåst stofil **5** sl., *get* ~*!* dra åt helvete!, stick!
stuffing ['stʌfɪŋ] *s* **1** stoppning; uppstoppning;

stoppningsmaterial 2 kok. fyllning [*turkey* ~], färs; inkråm 3 vard., *knock* (*beat*) *the* ~ *out of a p.* a) göra mos av ngn b) ta knäcken på ngn
stuffy ['stʌfɪ] *adj* **1** instängd, kvav, kvalmig [~ *air* (*room*)] **2** täppt [~ *nose*], tjock [~ *throat*] **3** vard. långtråkig, träig **4** vard. förstockad, inskränkt
stultify ['stʌltɪfaɪ] *vb tr* **1** omintetgöra, motverka, gäcka [~ *a p.'s plans*] **2** försoffa, förslöa
stumble ['stʌmbl] **I** *vb itr* **1** snava, snubbla [*against* mot; *at* på; *over* över, på]; stappla; ~ *across* ([*up*]*on*) stöta (råka) på, av en slump komma på (över), ramla över; ~ *against a problem* stöta på ett problem **2** staka sig, stappla; stamma, hacka; ~ *over one's words* staka sig på orden, snubbla över orden **II** *s* **1** snavande, snubblande, snubbling **2** fel[steg]; misstag
stumbling-block ['stʌmblɪŋblɒk] *s* stötesten [*to a p.* för ngn]
stump [stʌmp] **I** *s* **1** stubbe; rot **2** [avskalad] stam (stjälk); stock [*cabbage* ~] **3** stump [*pencil* ~] **4** i kricket grindpinne **5** isht amer. a) valmöte b) talarstol; *go on* (*take*) *the* ~ vard. ge sig ut på valturné **II** *vb tr* **1** vard. förbrylla, göra ställd; sätta på det hala; *I'm* ~*ed* [*for an answer*] jag vet faktiskt inte [vad jag ska svara]; *the question* ~*ed him* han gick bet på frågan, han gav upp inför frågan **2** i kricket slå ut slagman genom att slå ned en grindpinne [äv. ~ *out*] **3** isht amer. hålla valtal i, agitera i [~ *a district*] **4** vard., ~ *up* punga ut med, pröjsa, hosta upp **III** *vb itr* **1** stulta, linka, stövla [~ *about*] **2** isht amer. hålla valtal, agitera **3** vard., ~ *up* punga ut med pengar[na], pröjsa [*for* för]
stumpy ['stʌmpɪ] *adj* **1** kort och tjock, satt, knubbig **2** kort [*a* ~ *umbrella*], stubbig [~ *grass*]
stun [stʌn] *vb tr* **1** bedöva [~ *a p. with a blow*]; göra döv **2** överväldiga, förbluffa; chocka [*the news* ~*ned him*]
stung [stʌŋ] imperf. o. perf. p. av *sting*
stun gun ['stʌnɡʌn] *s* chockpistol
stunk [stʌŋk] imperf. o. perf. p. av *stink*
stunner ['stʌnə] *s* vard. jättejusig sak; verklig snygging; *she is a* ~ äv. hon är jättesnygg
stunning ['stʌnɪŋ] *adj* **1** bedövande [*a* ~ *blow*] **2** chockande **3** vard. fantastisk, överdådig [*a* ~ *performance*]; jättejusig, jättesnygg
1 stunt [stʌnt] *s* vard. **1** konst[nummer] [*do* ~*s on horseback*], trick; konststycke; *acrobatic* ~*s* akrobatkonster **2** jippo; trick; *advertising* (*publicity*) ~ reklamtrick, reklamjippo, PR-grej
2 stunt [stʌnt] *vb tr* (se äv. *stunted*) hämma [~ *a p.'s personality*]; hämma i växten (utvecklingen)
stunted ['stʌntɪd] *adj* förkrympt, dvärgliknande, dvärg- [~ *trees*], outvecklad [*a* ~ *mind*]; *be* ~ äv. vara hämmad (ha stannat) i växten (utvecklingen)
stunt flying ['stʌntˌflaɪɪŋ] *s* konstflygning
stunt man ['stʌntmæn] (pl. *men* [-men]) *s* film. stuntman ersättare i farliga scener
stupefaction [ˌstjuːpɪˈfækʃ(ə)n] *s* **1** bedövning; bedövat tillstånd **2** häpnad
stupefy ['stjuːpɪfaɪ] *vb tr* **1** [be]döva; förslöa; göra omtöcknad [-*ied with* (av) *drink*] **2** göra häpen (bestört, mållös), förlama, överväldiga
stupendous [stjuːˈpendəs] *adj* häpnadsväckande, otrolig [*a* ~ *achievement* (*error*)], förbluffande; kolossal, enorm [*a* ~ *mass*]
stupid ['stjuːpɪd] **I** *adj* **1** dum, enfaldig, stupid **2** tråkig, usel [*a* ~ *party*] **II** *s* vard. dumbom, dumsnut [~*!*]
stupidity [stjʊˈpɪdətɪ] *s* dumhet, enfald
stupor ['stjuːpə] *s* dvala, omtöcknat tillstånd
sturdiness ['stɜːdɪnəs] *s* robusthet, kraftighet, kraftig byggnad; styrka, stabilitet etc., jfr *sturdy*
sturdy ['stɜːdɪ] *adj* **1** robust, kraftig, kraftigt byggd [*a* ~ *child*], handfast; stark, stabil, bastant [~ *walls*], rejäl **2** fast, orubblig [~ *resistance*]
sturgeon ['stɜːdʒ(ə)n] *s* zool. stör
stutter ['stʌtə] **I** *vb itr* stamma **II** *vb tr*, ~ [*out*] stamma [fram] **III** *s* stamning
1 sty [staɪ] *s* [svin]stia, svinhus äv. bildl.
2 sty o. **stye** [staɪ] *s* med. vagel
style [staɪl] **I** *s* **1** a) stil [*she has* ~]; stilart; språk [*written in* (på) *a delightful* ~], språkbehandling; framställningssätt, maner; teknik b) sätt [*he has a patronizing* ~] c) typ, sort, modell, utförande, fason [*made in all sizes and* ~*s*], mönster, utseende d) mode [*dressed in* (efter) *the latest* ~]; [*hair*] ~ frisyr; *that's just my* ~ det är precis min melodi (vad jag gillar); ~ *of life* livsform, livsstil; *in* ~ elegant, flott, modernt [*dressed in* ~], i stor stil, vräkigt; ståndsmässigt; *do things* (*it*) *in* ~ slå på stort; *live in* [*great* (*grand*)] ~ leva på stor fot, leva flott **2** titel; *assume the* ~ *of* [*Colonel*] anta titeln…, i låta titulera sig…; *the correct* ~ *of* (*for*) *addressing a p.* rätta sättet att titulera ngn **II** *vb tr* **1** utforma [*carefully* ~*d prose*], forma; formge, rita, designa [~ *cars* (*dresses*)] **2** titulera [*he is* ~*d 'Colonel'*]; ~ *oneself* titulera (kalla) sig
styli ['staɪlaɪ] *s* pl. av *stylus*
stylish ['staɪlɪʃ] *adj* **1** stilfull, stilig, flott, elegant; snitsig **2** modern; moderiktig
stylist ['staɪlɪst] *s* **1** a) [fin] stilist, språkkonstnär b) tekniskt driven konstnär, mästare c) sport. [driven] tekniker **2** formgivare; modeskapare
stylistic [staɪˈlɪstɪk] *adj* stilistisk, stilmässig
stylize ['staɪlaɪz] *vb tr* stilisera [*in* ~*d form*]

stylus ['staɪl|əs] (pl. *-i* [-aɪ]) el. *-uses* s [pickup]nål
stymie ['staɪmɪ] **I** s **1** golf. stymie situation där motspelarens boll blockerar vägen fram till hålet **2** bildl. svårighet, hinder **II** vb tr **1** med golfboll blockera vägen fram till hålet för **2** bildl. hindra, stäcka [~ a p.'s plans]; *be ~d* äv. vara i knipa
styptic ['stɪptɪk] **I** adj blodstillande; *~ pencil* alunstift **II** s blodstillande medel
suave [swɑːv] adj förbindlig, älskvärd, [mjuk och] behaglig [a ~ person]; *~ manners* förbindligt (smidigt) sätt
sub [sʌb] vard. **I** s kortform av *sub-lieutenant, submarine, subscription* o. *substitute*; amer., se *subway* **II** vb itr (kortform av *substitute*) vicka, vikariera [*for* för]
sub- [sʌb- jfr f.ö. sms. nedan] *prefix* under-, sub- [*subtropical*], del-, halvt, delvis [*subaquatic*]
subaltern ['sʌblt(ə)n, amer. sʌb'ɔːltən] **I** adj underordnad **II** s underordnad [tjänsteman]; mil. subaltern [officer]
subcommittee ['sʌbkəˌmɪtɪ] s underutskott, underkommitté, subkommitté
subconscious [ˌsʌb'kɒnʃəs] **I** adj undermedveten, omedveten **II** s omedvetande; *the ~* äv. det omedvetna (undermedvetna)
subcontinent [ˌsʌb'kɒntɪnənt] s geogr. subkontinent [*the Indian ~*]
subcontractor [ˌsʌbkən'træktə] s underleverantör
subculture ['sʌbˌkʌltʃə] s subkultur
subcutaneous [ˌsʌbkjʊ'teɪnjəs] adj med. subkutan [~ *injection*]; underhuds- [~ *fat*]
subdivide [ˌsʌbdɪ'vaɪd] vb tr dela in (upp) i underavdelningar; dela in [i ännu mindre enheter]
subdivision ['sʌbdɪˌvɪʒ(ə)n] s **1** indelning (uppdelning) i underavdelningar etc., jfr *subdivide* **2** underavdelning
subdue [səb'djuː] vb tr **1** underkuva, besegra, lägga under sig [~ *a country*], undertrycka, kuva **2** dämpa [~ *the light (colours)*]
sub-edit [ˌsʌb'edɪt] vb tr tidn. **1** redigera [texten till] **2** vara redaktör vid
sub-editor [ˌsʌb'edɪtə] s tidn. redaktör, textredigerare; *chief ~* ung. redaktionssekreterare
subfusc ['sʌbfʌsk] **I** adj **1** mörk [a ~ *suit*], murrig **2** vard. trist, tråkig [a ~ *community*] **II** s **1** mörka kläder **2** univ. högtidsdräkt
subject [ss. subst., adj. o. adv. 'sʌbdʒekt, ss. vb səb'dʒekt] **I** s **1** undersåte; *a British ~* engelsk medborgare **2** ämne i skola, för samtal o.d.; *change the ~* byta [samtals]ämne; *wander from the ~* gå (komma bort) ifrån ämnet; *the ~ of the conversation* samtalsämnet; [*have you anything to say*] *on the ~?* …is ämnet (saken)?; *on the ~ of* angående, om **3** konst. el. litt. motiv, ämne [*of*

i, till] **4** mus. tema, motiv **5** ~ *of (for)* föremål för **6** gram., psykol. el. filos. subjekt **7** ~ [*for experiment*] försöksobjekt, försöksperson **II** adj **1** underlydande [~ *nations*], underkuvad; lyd- [a ~ *state*] **2** ~ to **a**) lydande (som lyder) under [~ *to the Crown*] **b**) underkastad [~ *to changes (customs duty)*]; *be ~ to* äv. utsättas för **c**) med anlag för; *be ~ to* ha anlag för, lida av [*be ~ to headaches*] **d**) beroende (avhängig) av; *be ~ to* äv. bero av (på); *be ~ to duty* vara tullpliktig; *it is ~ to certain retrictions* det gäller med vissa inskränkningar **III** adv, *~ to* under förutsättning av [~ *to your approval* (godkännande)], med förbehåll (reservation) för [~ *to alterations*]; *~ to certain restrictions* med vissa inskränkningar **IV** vb tr **1** underkuva; tvinga till underkastelse [*to* under]; *~ oneself* [*to a p.*] underkasta sig [ngn] **2** utsätta [*to* för]; göra till föremål för; belägga med [~ *to a fine*]; *be ~ed to* äv. vara föremål för, drabbas av
subject catalogue ['sʌbjektˌkætəlɒɡ] s ämneskatalog
subject index ['sʌbdʒektˌɪndeks] s sakregister
subjection [səb'dʒekʃ(ə)n] s underkuvande; underkastelse [*to* under]; *keep (hold) in ~* behärska, bestämma över
subjective [səb'dʒektɪv, sʌb-] adj subjektiv
subject matter ['sʌbdʒektˌmætə] s innehåll, stoff [*the ~ of the book*]; ämne
subjugate ['sʌbdʒʊɡeɪt] vb tr **1** underkuva, lägga under sig [~ *a country*] **2** bildl. betvinga [~ *one's feelings*], tygla, tämja
subjugation [ˌsʌbdʒʊ'ɡeɪʃ(ə)n] s **1** underkuvande **2** bildl. betvingande etc., jfr *subjugate 2*
subjunctive [səb'dʒʌŋ(k)tɪv] gram. **I** adj konjunktiv-; *the ~ mood* konjunktiv **II** s **1** *the ~* konjunktiv **2** konjunktivform
sublease [ˌsʌb'liːs] vb tr **1** hyra (arrendera) ut i andra hand **2** hyra (arrendera) i andra hand
sublet [ˌsʌb'let] (*sublet sublet*) vb tr hyra (arrendera) ut i andra hand
sub-lieutenant [ˌsʌblef'tenənt, amer. -luː-] s löjtnant inom flottan; *acting ~* fänrik inom flottan
sublimate ['sʌblɪmeɪt] **I** vb tr kem. el. psykol. sublimera **II** vb itr sublimeras
sublimation [ˌsʌblɪ'meɪʃ(ə)n] s kem. el. psykol. sublimering
sublime [sə'blaɪm] adj storslagen [~ *scenery* (*heroism*)]
sublimely [sə'blaɪmlɪ] adv **1** storslaget etc., jfr *sublime* **2** fullständigt, totalt [~ *unconscious of…*]
subliminal [ˌsʌb'lɪmɪnl] adj psykol. subliminal; *~ advertising* subliminal reklam
sublimity [sə'blɪmətɪ] s sublimitet, storslagenhet etc., jfr *sublime*; *the ~ of* äv. det sublima i

sub-machine-gun [ˌsʌbməˈʃiːngʌn] s kulsprutepistol, kpist
submarine [ˌsʌbməˈriːn, ˈsʌbməriːn] I *adj* undervattens- [~ *cables*], submarin II *s* ubåt, undervattensbåt; attr. ubåts- [~ *warfare*]
submerge [səbˈmɜːdʒ] I *vb tr* **1** doppa (sänka) ner [i vatten] **2** översvämma, dränka äv. bildl. II *vb itr* dyka; om ubåt äv. gå ner [under vatten]
submersion [səbˈmɜːʃ(ə)n] *s* nedsänkning [i vatten]; översvämning
submission [səbˈmɪʃ(ə)n] *s* **1** underkastelse [*to under*]; resignation [*to inför*] **2** underdånighet, undergivenhet **3** framläggande, föredragning etc., jfr *submit I 2*; presentation; föreläggande
submissive [səbˈmɪsɪv] *adj* undergiven, ödmjuk [*a ~ reply*], lydig, foglig [~ *servants*]; eftergiven
submit [səbˈmɪt] I *vb tr* **1** ~ *to* utsätta för [~ *metal to heat*]; ~ *oneself to* underkasta (underordna) sig [~ *oneself to discipline*] **2** framlägga, föredra, presentera [~ *one's plans to* (för) *a council*]; framställa, väcka [~ *a proposal*]; lämna in, inkomma med, avge [~ *a report to a p.*] II *vb itr* ge efter, ge vika, falla till föga [*to för*]
subnormal [ˌsʌbˈnɔːm(ə)l] *adj* [som är] under det normala [~ *temperatures*]
subordinate [ss. adj. o. subst. səˈbɔːdənət, ss. vb səˈbɔːdɪneɪt] I *adj* **1** underordnad [*a ~ position*]; lägre [*a ~ officer*], underlydande; bi- [*a ~ role*; *a ~ character*] **2** gram. underordnad; ~ *clause* äv. bisats II *s* underordnad, underlydande [*his ~s*] III *vb tr* underordna [*to* under], låta stå tillbaka [*to* för]; sätta (låta komma) i andra hand [~ *one's private interests*]; *be ~d to a th.* vara underordnad ngt
subordination [səˌbɔːdɪˈneɪʃ(ə)n] *s* **1** underordnande, underkastelse, lydnad [*to under*] **2** underordnad (lägre) ställning
suborn [sʌˈbɔːn, səˈb-] *vb tr* **1** besticka, muta, köpa [med mutor] **2** jur. tubba till mened
subplot [ˈsʌbplɒt] *s* sidohandling i roman o.d.
subpoena [səbˈpiːnə, səˈp-] jur. I *s* stämning [vid vite]; *serve a p. with a* [*writ of*] ~ delge ngn en stämning II *vb tr* delge en stämning; instämma, kalla inför rätta [*be ~ed as a witness*]
subscribe [səbˈskraɪb] I *vb tr* **1 a)** teckna [sig för], bidra med, skänka **b)** teckna [~ *shares*] **2** betala i medlemsavgift [~ *£5 to a club*] **3** skriva under (på), underteckna [~ *a document*] II *vb itr* **1** prenumerera, abonnera [~ *to* (på) *a newspaper*] **2** ge (teckna) bidrag, skänka [*he ~s liberally to charity*]; ~ *for* a) teckna sig för, skriva på [~ *for a large sum*] b) teckna [~ *for shares*] **3** ~ *to* skriva under [~ *to an agreement*]; bildl. ansluta sig till, dela [~ *to a p.'s opinion* (*views*)]

subscriber [səbˈskraɪbə] *s* **1** prenumerant [~ *to* (på) *a newspaper*], [telefon]abonnent; ~ *trunk dialling* tele. automatkoppling **2 a)** bidragsgivare **b)** anhängare, stödjare [*to* av] **c)** [aktie]tecknare
subscription [səbˈskrɪpʃ(ə)n] *s* **1 a)** teckning [~ *for* (av) *shares*]; insamling [*to* till]; *start* (*raise*) *a* ~ sätta i gång en insamling **b)** bidrag; insamlat belopp **2 a)** prenumeration [*to* på]; subskription [~ *for* (på) *a book*]; abonnemang; ~ *concert* abonnemangskonsert; ~ *dinner* subskriberad middag; *take out a ~ for* [*a year*] prenumerera (teckna prenumeration) för… **b)** prenumerationsavgift; medlemsavgift [~ *to* (i) *a club*] **3 a)** undertecknande **b)** underskrift
subsequent [ˈsʌbsɪkwənt] *adj* följande, efterföljande, påföljande
subsequently [ˈsʌbsɪkwəntlɪ] *adv* därefter, sedan, efteråt, senare; ~ *to* efter
subservience [səbˈsɜːvjəns] *s* undergivenhet, servilitet [*to* mot, inför]; underkastelse [*to* under]
subservient [səbˈsɜːvjənt] *adj* **1** underordnad [*to a p.* ngn]; *be ~ to a p.'s needs* svara mot ngns behov **2** undergiven, servil
subside [səbˈsaɪd] *vb itr* **1** sjunka [undan] [*the flood has ~d*] **2** sjunka, sätta sig [*the ground* (*house*) *will ~*]; geol. sänka sig **3** avta, lägga sig, dö bort [*the wind* (*his anger*) *began to ~*], lugna sig; om feber gå ned **4** sjunka (falla) till botten **5** försjunka; skämts. sjunka ner [~ *into a chair*]
subsidence [səbˈsaɪd(ə)ns, ˈsʌbsɪd-] *s* **1** sjunkande; sättning; geol. [land]sänkning **2** bottensats, avlagring
subsidiar|y [səbˈsɪdjərɪ] I *adj* **1** biträdande; understöds- [~ *fund*], hjälp- [~ *troops*]; stöd- [~ *farming*]; bi- [~ *roads*, ~ *stream*], sido- [~ *theme*], extra- [~ *details*]; ~ *company* dotterbolag; ~ *plot* sidohandling i roman o.d.; ~ *subject* skol. tillvalsämne **2** underordnad [*to a th.* ngt] II *s* dotterbolag
subsidize [ˈsʌbsɪdaɪz] *vb tr* subventionera, ge [stats]understöd till, understödja, subsidiera; perf. p. *~d* subventionerad [~ *lunches*]; statsunderstödd
subsidy [ˈsʌbsɪdɪ] *s* subvention, [stats]understöd, bidrag, anslag; subsidier
subsist [səbˈsɪst] *vb itr* **1** livnära sig, leva [~ *on a vegetable diet*], existera [*on* på]; förtjäna sitt uppehälle [~ *by* (genom, på) *work*] **2** leva kvar (vidare)
subsistence [səbˈsɪst(ə)ns] *s* **1** existens, tillvaro **2** underhåll, försörjning **3** uppehälle, utkomst, levebröd; ~ *allowance* traktamente; ~ *crops* husbehovsgröda, produkter [odlade] till husbehov; *on a ~ level* på existensminimum
subsoil [ˈsʌbsɔɪl] *s* lantbr. alv

substance ['sʌbst(ə)ns] s **1** ämne, materia, stoff; substans [*a chalky ~*]; massa **2 a)** substans, [verklighets]underlag **b)** innehåll [*~ and form*]; huvudinnehåll, innebörd, andemening [*give the ~ of a speech in one's own words*]; *in ~* i huvudsak, i allt väsentligt **3** fasthet, stadga äv. bildl. [*the material has some ~; there is no ~ in him*]
substandard [ˌsʌb'stændəd] *adj* **1** undermålig [*~ literature*] **2** *~ film* smalfilm under 35 mm **3** språkv. ovårdad, obildad [*~ English (pronunciation)*]
substantial [səb'stænʃ(ə)l] *adj* **1** verklig, reell, påtaglig **2** väsentlig, avsevärd, betydande, substantiell [*~ improvement (contribution)*], ansenlig [*a ~ sum of money*], stor [*a ~ audience*; *a ~ loan*] **3 a)** stabil, solid, gedigen [*a ~ house*], stark, kraftig [*a ~ physique*]; fast, hållbar, slitstark, stadig [*~ cloth*] **b)** stadig, bastant, rejäl [*a ~ meal*] **4** solid, väletablerad [*a ~ business firm*] **5** vederhäftig, saklig [*a ~ argument*], grundad [*a ~ claim*] **6** i huvudsak riktig
substantially [səb'stænʃəlɪ] *adv* **1** stabilt, kraftigt [*~ built*] **2** väsentligen, huvudsakligen; i allt väsentligt [*we ~ agree*]; väsentligt, avsevärt [*~ contribute to*] **3** i påtaglig form, kroppsligen
substantiate [səb'stænʃɪeɪt] *vb tr* bestyrka, underbygga, bevisa, dokumentera; bekräfta
substantiation [səbˌstænʃɪ'eɪʃ(ə)n] *s* bestyrkande, bevis; bekräftelse
substantive ['sʌbst(ə)ntɪv] *s* gram. substantiv; substantiverat ord
substantivize ['sʌbst(ə)ntɪvaɪz, -stæn-] *vb tr* gram. substantivera [*~d adjective*; *~ an adjective*]
substitute ['sʌbstɪtjuːt] **I** *s* **1** ställföreträdare, ersättare, vikarie; suppleant; sport. reserv, avbytare; *act as a ~* äv. vikariera; *the ~'s (~s') bench* sport. avbytarbänken **2** ersättning, ersättningsmedel, surrogat, substitut [*for* för] **II** *vb tr* **1** *~ for* använda (ta) i stället för [*~ saccharine for sugar*] **2** byta ut [*~ a player*], ersätta, vikariera för **3** *~ by (with)* ersätta med **III** *vb itr* vikariera, vara suppleant (ersättare, sport. avbytare) [*for* för]
substitution [ˌsʌbstɪ'tjuːʃ(ə)n] *s* ersättande, utbyte; ersättning; sport. [spelar]byte
substrat|um [ˌsʌb'strɑːt|əm] (pl. *-a* [-ə]) *s* **1** underliggande (undre) lager (skikt) [*a ~ of rock*]; underlag **2** bildl. underlag, grundval
subtenant [ˌsʌb'tenənt] *s* hyresgäst i andra hand; *be a ~* hyra i andra hand
subterfuge ['sʌbtəfjuːdʒ] *s* undanflykt[er], förevändning[ar], svepskäl
subterranean [ˌsʌbtə'reɪnjən] *adj* underjordisk
subtitle ['sʌbˌtaɪtl] **I** *s* **1** undertitel **2** film., pl. *~s* text [*an English film with Swedish ~s*] **II** *vb tr* **1** förse med en undertitel **2** film. texta
subtle ['sʌtl] *adj* **1** subtil, hårfin [*a ~ difference*]; obestämbar [*a ~ charm*], svag [*a ~ flavour*], diskret [*a ~ perfume*]; underfundig [*~ humour, a ~ smile*] **2** utstuderad, raffinerad [*~ methods*]; påhittig [*a ~ device*]; spetsfundig [*a ~ argument*]
subtlety ['sʌtltɪ] *s* **1** subtilitet, hårfinhet etc., jfr *subtle*; skärpa, skarpsinne **2** hårklyveri, ordklyveri; spetsfundighet, finess, subtilitet
subtly ['sʌtlɪ] *adv* subtilt, hårfint etc., jfr *subtle*
subtract [səb'trækt] *vb tr* subtrahera, dra ifrån [*~ 6 from 9*], dra av
subtraction [səb'trækʃ(ə)n] *s* matem. subtraktion [*a simple ~*]; frändragning; *~ sign* minustecken
subtropical [ˌsʌb'trɒpɪk(ə)l] *adj* subtropisk
suburb ['sʌbɜːb, -bəb] *s* förort, förstad; *~ garden* = villaförort, villastad
suburban [sə'bɜːb(ə)n] **I** *adj* **1** förorts-, förstads-, i (till) ytterområdena [*~ shops (buses)*]; *~ area* ytterområde **2** neds. småstadsaktig; småborgerlig **II** *s* förortsbo, förstadsbo
suburbanite [sə'bɜːbənaɪt] *s* förortsbo, förstadsbo
suburbia [sə'bɜːbjə] *s* **1** förorterna; förortsborna **2** förortsmentalitet; förortsliv
subvention [səb'venʃ(ə)n] *s* subvention, [stats]understöd, statsbidrag, statsanslag
subversion [səb'vɜːʃ(ə)n] *s* omstörtning
subversive [səb'vɜːsɪv] **I** *adj* [samhälls]omstörtande, subversiv [*~ activity (verksamhet)*] **II** *s* samhällsomstörtare
subway ['sʌbweɪ] *s* **1 a)** [gång]tunnel **b)** underjordisk ledning, ledningstunnel **2** amer. tunnelbana, T-bana
succeed [sək'siːd] **I** *vb itr* **1** lyckas [*the attack ~ed*], ha framgång; gå bra, slå väl ut; *not ~* äv. misslyckas; *nothing ~s like success* den ena framgången drar den andra med sig, framgång föder framgång **2** följa [*to* på, efter; *a long peace ~ed*]; *~ to* äv. överta, ärva; *~ [to the throne*] överta tronen, ärva kronan **II** *vb tr* efterträda, komma efter [*who ~ed her as Prime Minister?*]
success [s(ə)k'ses] *s* framgång, lycka [*with varying ~*], medgång; succé; *~ story* framgångssaga; *be (prove, turn out) a [great] ~* göra [stor] lycka (succé), vara (bli) [mycket] lyckad; *make a ~ of* ha framgång med, lyckas med; *meet with ~* ha framgång, göra succé; *with no great ~* utan större framgång
successful [s(ə)k'sesf(ʊ)l] *adj* framgångsrik [*in* i], lyckosam, lycklig; lyckad [*~ experiments*]; succé- [*~ play*]; som klarat sig (provet), godkänd [*~ candidates*]; *be ~* äv. ha framgång, göra lycka [*in* i], lyckas [*in doing* i (med) [att] göra], gå bra
successfully [s(ə)k'sesfʊlɪ] *adv* framgångsrikt, med framgång
succession [s(ə)k'seʃ(ə)n] *s* **1** följd [*a ~ of*

successive

years], serie, rad; ordning, ordningsföljd; växling [*the ~ of the seasons*]; *in ~* i följd (rad), efter varandra [*three years in ~*]; *in rapid (quick) ~* i snabb följd, slag i slag **2** succession; arvföljd; tronföljd **3** arvsrätt
successive [s(ə)k'sesɪv] *adj* på varandra följande; successiv [*~ changes*]; som följer (följde) på varandra [*the ~ governments*]; *three ~ days* tre dagar efter varandra (i rad, i följd)
successively [s(ə)k'sesɪvlɪ] *adv* **1** i [oavbruten] följd, efter varandra **2** undan för undan, efter hand [*he became ~ better*], successivt, i omgångar
successor [sək'sesə] *s* **1** efterträdare, efterföljare [*to a p.* till ngn]; *~* [*to the throne*] tronföljare **2** arvinge, arvtagare
succinct [sək'sɪŋ(k)t] *adj* koncis, kort[fattad]
succotash ['sʌkətæʃ] *s* amer. maträtt av majs o. bönor
succour ['sʌkə] litt. **I** *vb tr* bispringa, undsätta, bistå **II** *s* undsättning, bistånd
succulence ['sʌkjʊləns] *s* saftighet etc., jfr *succulent*
succulent ['sʌkjʊlənt] *adj* saftig [*~ meat*]; bot. äv. köttig, suckulent
succumb [sə'kʌm] *vb itr* duka under [*to* för], ge efter, falla [till föga] [*~ to* (för) *flattery*]; digna [*under* under]; *~ to* äv. dö av [*he ~ed to his injuries*]
such [sʌtʃ] *adj* o. *pron* **1** a) sådan [*~ books*], dylik; liknande [*tea, coffee and ~ drinks*] b) så [*~ big books; ~ long hair*] c) så stor [*~ was his joy that...*] d) det [*~ was not my intention*]; [*it was not*] *the first ~ case* ...det första fallet av det slaget; *we had ~ fun* vi hade verkligen kul; *~ a [book*] en sådan...; *~ a [big book]* en så...; *there is ~ a draught* det drar så [förfärligt]; *I've never heard of ~ a thing!* jag har väl aldrig hört på maken!; *no ~ thing!* visst inte!, ingalunda!; *I shall do no ~ thing* det gör jag definitivt inte; *some ~ thing* något sådant (liknande); *~ and ~* den och den [*~ and ~ a day*]; *as ~* a) som sådan, i sig [*I like the work as ~*] b) i den egenskapen [*he is my trainer and as ~ can tell me what to do*] **2** *~ as*: **a)** sådan som; de som [*~ as are poor*]; som [t.ex.], såsom [*vehicles ~ as cars*]; *~ books as these* sådana här böcker; *have you ~ a thing as a stamp?* har du möjligen ett frimärke?; *there is ~ a thing as loyalty* det finns något som heter lojalitet; *there are no ~ things as ghosts* det finns inga spöken; *be ~ as to cause alarm* vara ägnad att väcka oro; *how can you be ~ a fool as to do it?* hur kan du vara så dum att du gör det? **b)** [allt] vad, det lilla [som] [*I'll give you ~ as I have*]; *~ as it is* sådan den nu är; *the crowd, ~ as it was*[, *soon dispersed*] folksamlingen, liten som den var...
suchlike ['sʌtʃlaɪk] *adj* o. *pron* sådan,

liknande, dylik [*tennis, squash, and ~ games*]; *and ~* [*things*] med mera, och dylikt, o.d.; *or ~* [*things*] eller dylikt, e.d.
suck [sʌk] **I** *vb tr* (se äv. ex. under *brain I 2* o. *2 egg*) **1** a) suga [*~ the juice from* (ur) *an orange*], suga i sig, suga upp; insupa [*~ air*] b) suga ur [*~ an orange*]; bildl. suga ut c) suga på [*~ a sweet*]; *~ in* suga in, suga i sig; bildl. äv. insupa [*~ in knowledge*]; *~ out* suga ut [*from, of* ur]; *~ up* suga upp (åt sig) [*a sponge ~s up water*], suga in (i sig) **2** *~ in (into)* dra (blanda) in (in i); *get ~ed into a th.* bli indragen (inblandad) i ngt **3** *~* [*down*] suga (dra) ned **4** vulg., *~ off a p.* suga av ngn **II** *vb itr* **1** a) suga [*~ at* (på) *one's pipe*] b) dia **2** sl., *~ up to* ställa sig in hos, fjäska för **III** *s* **1** sugning, sug [*at* på]; *give a th. a ~* el. *have (take) a ~ at a th.* suga [ett tag] på ngt **2** sugljud **3** *give ~ to* amma
sucker ['sʌkə] *s* **1** sugapparat, suganordning, sugfot; zool. äv. sugorgan, sugskiva **2** vard. tönt, fårskalle; *be a ~ for* vara svag för, falla för
suckle ['sʌkl] *vb tr* **1** dia; ge di **2** amma
suckling ['sʌklɪŋ] *s* dibarn; *babes and ~s* barn och spenabarn
suction ['sʌkʃ(ə)n] *s* [in]sugning; sug; attr. sug- [*~ filter (system)*]; *~ fan* utsugsfläkt, utsugningsfläkt
suction pump ['sʌkʃ(ə)npʌmp] *s* sugpump
suction valve ['sʌkʃ(ə)nvælv] *s* sugventil, sugklaff
Sudan [sʊ'dɑ:n, -'dæn] geogr.; *the ~* Sudan
Sudanese [ˌsu:də'ni:z] **I** (pl. lika) *s* sudanes **II** *adj* sudanesisk
sudden ['sʌdn] **I** *adj* plötslig [*a ~ shower*], oväntad, överraskande; bråd [*~ death*]; hastig, häftig [*a ~ movement*]; tvär [*a ~ turn in the road*]; *~ death* sport. sudden death i oavgjord match beslut om att nästa mål o.d. avgör matchen **II** *s*, *all of a ~* helt plötsligt (hastigt), rätt som det är (var), med ens
suddenly ['sʌdnlɪ] *adv* plötsligt, med ens
suddenness ['sʌdnnəs] *s* plötslighet, hastighet etc., jfr *sudden I*; *the ~ of* det plötsliga (oväntade etc.) i
suds [sʌdz] *s* (konstr. ss. sg. el. pl.) *s* såplödder, tvållödder; såpvatten, tvålvatten
sue [sju:, su:] **I** *vb tr* **1** jur. stämma, åtala [äv. *~ at law*]; lagsöka [*~ a p. for debt* (gäld)]; *~ a p. for damages* begära skadestånd av ngn **2** bedja [*~ the enemy for* (om) *peace*] **II** *vb itr* **1** jur. inleda process, processa [*for* om, angående, för att få (vinna)]; väcka åtal [*threaten to ~*]; *~ for damages* begära skadestånd; *~ for a divorce* begära skilsmässa **2** *~ for* bedja om [*~ for peace*]
suede [sweɪd] *s* **1** mocka[skinn]; *~ gloves* mockahandskar **2** *~* [*cloth*] mockatyg
suet ['sʊɪt, 'sjʊɪt] *s* [njur]talg

Suez ['suːɪz, 'sjuːɪz] geogr.; *the ~ Canal* Suezkanalen
suffer ['sʌfə] I *vb tr* **1** a) lida [*~ wrong* (orätt)], [få] utstå [*~ punishment*], genomlida, få tåla, uthärda; drabbas av, få vidkännas [*~ loss*] b) undergå, genomgå [*~ change*]; *~ great pain* lida (plågas) mycket, ha svåra smärtor **2** tåla, finna sig i [*~ insolence*]; *I can't ~ him* jag tål honom inte; *I don't ~ fools gladly* jag kan inte med (har svårt att fördra) dumma människor II *vb itr* lida [*from* av; *under* under, av], plågas, ha ont [*the patient still ~s*]; ta (lida) skada, fara illa [*from* av], bli lidande [*by* på], lida avbräck (förluster); *~ heavily* lida stora förluster; *~ for* [få] umgälla, få plikta (sota) för [*you'll ~ for your insolence*]; lida för [*Christ ~ed for sinners*]; *~ from headaches* lida av huvudvärk
sufferance ['sʌf(ə)r(ə)ns] *s* tyst medgivande
sufferer ['sʌf(ə)rə] *s* lidande [person]; *hay-fever ~s* de som lider av hösnuva; *be the ~ by* bli lidande på, förlora på; *he will be the ~* det blir han som blir lidande
suffering ['sʌf(ə)rɪŋ] I *s* lidande [*the ~s of Christ*], nöd, kval II *adj* lidande
suffice [sə'faɪs] I *vb itr* vara nog, räcka [till], förslå; *~ it to say that* det räcker med att säga att... II *vb tr* vara tillräcklig för [*one meal a day won't ~ a growing boy*]; tillfredsställa
sufficiency [sə'fɪʃ(ə)nsɪ] *s* tillräcklig mängd [*of* av]; tillräcklighet
sufficient [sə'fɪʃ(ə)nt] I *adj* tillräcklig [*for* för; *to do a th.* för att göra ngt]; *be ~* äv. räcka [*for* till, för], vara nog, räcka till II *s*, *he ate till he had ~* han åt tills han hade fått nog (var mätt); *be ~ of an expert to...* vara tillräckligt mycket expert för att...
sufficiently [sə'fɪʃ(ə)ntlɪ] *adv* tillräckligt, nog
suffix ['sʌfɪks, ss. vb äv. -'-] I *s* språkv. suffix, ändelse II *vb tr* lägga till [*~ a syllable*]; bifoga
suffocate ['sʌfəkeɪt] I *vb tr* kväva äv. bildl. II *vb itr* kvävas; storkna [*~ with* (av) *rage*]
suffocating ['sʌfəkeɪtɪŋ] *adj* kvävande, kvalmig, kvav
suffocation [ˌsʌfə'keɪʃ(ə)n] *s* kvävning; *I have a feeling of ~* det känns som om jag skulle kvävas
Suffolk ['sʌfək] geogr.
suffrage ['sʌfrɪdʒ] *s* rösträtt [*universal* (allmän) *~*]; *woman* (*women's, female*) *~* kvinnlig rösträtt
suffragette [ˌsʌfrə'dʒet] *s* hist. rösträttskvinna, suffragett
suffuse [sə'fjuːz] *vb tr* sprida sig över [*a blush ~d her face*], fylla [*with* med]
sugar ['ʃʊgə] I *s* **1** a) socker b) sockerbit; *soft ~* strösocker; *brown ~* se *brown I 1 2* vard. (i tilltal) sötnos, älskling II *vb tr* sockra äv. bildl.; sockra i (på), söta [med socker]; *~ the pill* sockra det beska pillret; *~ed almonds* dragérade mandlar

sugar basin ['ʃʊgəˌbeɪsn] *s* sockerskål
sugar beet ['ʃʊgəbiːt] *s* sockerbeta
sugar bowl ['ʃʊgəbəʊl] *s* sockerskål
sugar candy ['ʃʊgəˌkændɪ] *s* kandisocker
sugar cane ['ʃʊgəkeɪn] *s* sockerrör
sugar daddy ['ʃʊgəˌdædɪ] *s* vard. äldre rik beundrare (älskare) till ung flicka
sugar-free ['ʃʊgəfriː] *adj* sockerfri [*~ chewing-gum*]
sugariness ['ʃʊgərɪnəs] *s* **1** söthet, sockrighet; sockerhalt **2** bildl. sötsliskighet; sötaktighet
sugar maple ['ʃʊgəˌmeɪpl] *s* bot. sockerlönn
sugar tongs ['ʃʊgətɒŋz] *s pl* sockertång; *a pair of ~* en sockertång
sugary ['ʃʊgərɪ] *adj* **1** sockrad, söt, sockrig; sockerhaltig **2** bildl. sötsliskig [*~ music*]
suggest [sə'dʒest, amer. səg'dʒ-] *vb tr* **1** föreslå [*~ a p. for* (till) *a post*]; framkasta, hemställa; *~ a th. to a p.* föreslå ngn ngt, framkasta [ett förslag om] ngt för ngn **2** antyda, låta förstå **3** tyda på, tala för; antyda [*as the name ~s*] **4** påminna om, väcka tanken på; väcka associationer till; låta ana; *what does it ~ to you?* vad påminner det dig om? **5** a) inspirera [*a drama ~ed by an actual incident*] b) väcka [*that ~ed the idea*] **6** påstå, mena [*do you ~* (vill du påstå) *that I'm lying?*]
suggestible [sə'dʒestəbl, amer. səg'dʒ-] *adj* lättpåverkad; lättsuggererad, suggestibel
suggestion [sə'dʒestʃ(ə)n, amer. səg'dʒ-] *s* **1** förslag [*~s for* (till) *improvement*], råd; *at* (*on*) *the ~ of* på förslag (inrådan) av **2** antydan, vink **3** uppslag, impuls, idé, föreställning; påminnelse [*of* om] **4** associering; [idé]association **5** anstrykning, nyans [*a ~ of mockery in his tone*], antydan, tillstymmelse [*of* till] **6** suggestion
suggestive [sə'dʒestɪv, amer. səg'dʒ-] *adj* **1** tankeväckande, uppslagsrik; suggestiv; talande; stimulerande; *be ~ of* a) väcka tanken på b) tyda på, vittna om **2** tvetydig, ekivok
suicidal [suːɪ'saɪdl, sjuː-] *adj* självmords- [*~ attempt*]; bildl. vansinnig, halsbrytande [*~ speed*], livsfarlig [*~ policy*]
suicide ['suːɪsaɪd, 'sjuː-] *s* **1** självmord [*commit* (begå) *~*; *political ~*] **2** självmördare
suit [suːt, sjuːt] I *s* **1** dräkt [*spacesuit*]; [*man's ~*] [herr]kostym; [*woman's*] *~* [dam]dräkt; *a ~ of armour* en rustning; *a ~ of clothes* en [hel] kostym; *dress ~* högtidsdräkt, frack; *two-piece ~* a) herrkostym [utan väst] b) tvådelad dräkt **2** jur. rättegång, process [äv. *~ at law*]; *divorce ~* skilsmässoprocess; *file a ~* börja process, inleda rättegång **3** kortsp. färg; *follow ~* bekänna (följa) färg; bildl. följa exemplet, göra likadant; *~ of clubs* klöverfärg; *his long* (*strong*) *~* bildl. hans starka sida II *vb tr* (se äv. *suited*) **1** a) passa

[*which day ~s you best?*] b) klä [*white ~s her*] c) tillfredsställa [*we try to ~ our customers*], vara (göra) till lags [*you can't ~ everybody*] d) passa (lämpa sig) för [*a climate that ~s apples*] e) passa in i, passa (gå) ihop med [*that will ~ my plans*], passa till; ***will tomorrow ~ you?*** passar det [dig] i morgon?, går det bra [för din del] i morgon?; ***that would ~ me fine*** det skulle passa mig utmärkt; [***I can come***] ***when it ~s your convenience*** …när det passar dig, …när det är bekvämast för dig; ***~ yourself!*** gör som du [själv] vill!; välj vad du vill! **2** anpassa, avpassa, lämpa [*to* efter; *~ the punishment to the crime*]; ***~ the action to the word*** omsätta ord i handling **III** *vb itr* passa, stämma överens, gå i stil [*with* med]; ***will tomorrow ~?*** passar det (går det bra) i morgon?
suitability [ˌsuːtəˈbɪlətɪ, ˌsjuː-] *s* lämplighet [*to, for* för], ändamålsenlighet
suitable [ˈsuːtəbl, ˈsjuː-] *adj* passande, lämplig [*to, for* för, till]; ändamålsenlig; *be ~* äv. passa, duga, lämpa sig
suitably [ˈsuːtəblɪ, ˈsjuː-] *adv* lämpligt, passande, som sig bör; riktigt, rätt
suitcase [ˈsuːtkeɪs, ˈsjuːt-] *s* resväska, kappsäck
suite [swiːt] *s* **1** svit, följe, uppvaktning **2 a)** *a ~* [*of furniture*] ett möblemang, en möbel; *a bedroom ~* en sovrumsmöbel **b)** [soff]grupp; *a three-piece ~* en soffgrupp [i tre delar] **3** svit [*a ~ at a hotel*]; lägenhet, våning [*a ~ of offices*] **4** uppsättning, omgång; serie, räcka **5** mus. svit
suited [ˈsuːtɪd, ˈsjuː-] *adj* **1** lämplig, passande, ägnad, lämpad [*for, to* för]; anpassad, avpassad [*to* efter]; *be ~ for (to)* äv. passa (lämpa sig) för; *they are well ~ to each other* de passar bra ihop (för varandra); *he is not ~ for teaching (to be a teacher)* han är inte lämpad för läraryrket, han passar inte till (att vara) lärare **2** vanl. ss. efterled i sms. -klädd [*grey-suited*]
suitor [ˈsuːtə, ˈsjuː-] *s* **1** jur. kärande[part] **2** friare **3** supplikant, petitionär, ansökande
sulk [sʌlk] **I** *vb itr* [gå (sitta) och] tjura, sura; vara sur **II** *s* surmulenhet; *be in the ~s (in a ~)* tjura, vara sur (butter); *have* [*a fit of*] *the ~s* vara (bli) sur
sulky [ˈsʌlkɪ] **I** *adj* sur [och trumpen], tjurig, butter **II** *s* sport. sulky
sullen [ˈsʌlən] *adj* surmulen, vresig; butter
Sullivan [ˈsʌlɪvən]
sully [ˈsʌlɪ] *vb tr* litt., vanl. bildl. fläcka, smutsa [*~ a p.'s reputation*], besudla
sulpha [ˈsʌlfə] *adj* med. sulfa-; *~ drug* sulfa[preparat]
sulphate [ˈsʌlfeɪt, -fət] *s* kem. sulfat
sulphide [ˈsʌlfaɪd] *s* kem. sulfid
sulphur [ˈsʌlfə] *s* kem. svavel

sulphuric [sʌlˈfjʊərɪk] *adj* kem. svavel-; *~ acid* svavelsyra
sulphurous [ˈsʌlfərəs, -fjʊr-] *adj* kem. svavelhaltig; svavel- [*~ smell*]
sultan [ˈsʌlt(ə)n] *s* sultan
sultana [sʌlˈtɑːnə, i bet. *2* vanl. s(ə)lˈtɑːnə] *s* **1** sultans hustru **2** sultanrussin
sultriness [ˈsʌltrɪnəs] *s* kvavhet, kvalmighet etc., jfr *sultry*
sultry [ˈsʌltrɪ] *adj* kvav, kvalmig, tung, tryckande [*~ air*]; gassig, brännande [*~ sun*]
sum [sʌm] **I** *s* **1** summa äv. bildl. [*the ~ of human knowledge*] **2** [penning]summa, belopp; *~ of money* penningsumma, summa pengar; *pay in one ~* betala på en gång (en engångssumma) **3** matematikexempel, matematikuppgift; pl. *~s* äv. matematik; *do ~s* lösa uppgifter; *get one's ~s right* räkna rätt; *be good at ~s* vara bra (duktig) i matematik **II** *vb tr* summera, addera [*up* ihop]; *~ up* äv. a) sammanfatta, göra en sammanfattning (resumé) av, resumera b) bedöma, bilda sig en uppfattning om [*he ~med up the situation at a glance*]; *that ~s him up* vard. det säger allt om honom; *to ~ it all up* kort sagt, med ett ord, sammanfattningsvis **III** *vb itr* **1** räkna **2** *~ up* göra en sammanfattning; *to ~ up* sammanfattningsvis
summarily [ˈsʌmərəlɪ] *adv* **1** i korthet, i sammandrag, summariskt **2** utan vidare [*this theory can't be dispatched ~*], summariskt; kort och gott; *deal ~ with* göra processen kort med
summarize [ˈsʌməraɪz] *vb tr* sammanfatta, göra en sammanfattning (resumé) av
summary [ˈsʌmərɪ] **I** *adj* **1** kortfattad, summarisk [*a ~ report*]; sammanfattande; *~ view* kort översikt **2** isht jur. summarisk, förenklad [*~ justice* (rättsförfarande)]; snabb, snabbt verkställd [*a ~ sentence* (dom)]; förenklad, enkel [*~ methods*]; *~ conviction* fällande dom utan jury; *~ court-martial* amer. mil. krigsrätt för disciplinmål **II** *s* sammanfattning, sammandrag, resumé, [kort] referat, översikt; summering
summer [ˈsʌmə] *s* sommar äv. bildl. [*the ~ of life*]; *last ~* förra sommaren, i somras; *this ~* den här sommaren, [nu] i sommar; *in* [*the*] *~* på (om) sommaren (somrarna); *in the ~ of 1998* [på] sommaren 1998; *in* [*the*] *early* (*late*) *~* på försommaren (sensommaren), tidigt (sent) på sommaren
summerhouse [ˈsʌməhaʊs] *s* **1** lusthus, paviljong **2** sommarhus, sommarvilla, sommarställe
summer school [ˈsʌməskuːl] *s* **1** sommarkurs **2** ferieskola
summer solstice [ˌsʌməˈsɒlstɪs] *s* sommarsolstånd
summertime [ˈsʌmətaɪm] *s* sommar äv. bildl.

[*the* ~ *of life*]; sommartid; *in* [*the*] ~ på (under) sommaren (somrarna), sommartid[en]
summer time ['sʌmətaɪm] *s* sommartid framflyttad tid
summery ['sʌmərɪ] *adj* sommarlik
summing-up [ˌsʌmɪŋ'ʌp] (pl. *summings-up* [ˌsʌmɪŋz'ʌp]) *s* isht jur. sammanfattning [av mål], rekapitulation; ung. uppföljning
summit ['sʌmɪt] *s* **1** topp, spets [*the* ~ *of a mountain*]; bildl. höjd, höjdpunkt [*be at the* ~ *of one's power*] **2** a) toppkonferens, toppmöte b) attr. topp- [~ *conference* (*meeting*)]
summon ['sʌmən] *vb tr* **1** kalla [på], tillkalla; kalla [samman] [~ *people to a meeting*]; kalla in [~ *Parliament*]; ~ *a meeting* sammankalla (kalla till) ett möte **2** jur. [in]stämma, kalla [in] [~ *a p. as a witness*]; ~ *a p.* [*before the court*] [in]stämma (kalla) ngn inför rätta **3** uppmana, uppfordra **4** ~ [*up*] **a**) samla, uppbjuda, uppbringa [~ [*up*] *one's courage* (*energy*)] **b**) framkalla, frammana; få fram
summons ['sʌmənz] **I** (pl. ~*es* [-ɪz]) *s* **1** kallelse, inkallelse; jur. stämning; mil. inkallelseorder; *writ of* ~ jur. stämning, stämningsorder; *serve a* ~ *on a p.* el. *serve a p. a* ~ delge ngn stämning, [in]stämma ngn **2** uppfordran, maning, signal **II** *vb tr* jur. [in]stämma
sumo ['suːməʊ] *s* sport. sumobrottning
sump [sʌmp] *s* **1** motor. oljetråg, oljesump **2** [pump]grop, sump **3** avloppsbrunn
sumptuous ['sʌm(p)tjʊəs] *adj* överdådig, luxuös, storslagen [*a* ~ *feast*], praktfull, kostbar
sum total [ˌsʌm'təʊtl] *s* slutsumma, totalsumma
Sun. förk. för *Sunday*
sun [sʌn] **I** *s* sol; solsken; *everything under the* ~ allt mellan himmel och jord; *get a touch of the* ~ få solsting; *take the* ~ sola sig **II** *vb tr* sola; ~ *oneself* sola sig **III** *vb itr* sola sig
sunbathe ['sʌnbeɪð] *vb itr* solbada
sunbeam ['sʌnbiːm] *s* solstråle
sunblind ['sʌnblaɪnd] **I** *s* markis; jalusi **II** *adj* solblind
sunburn ['sʌnbɜːn] *s* **1** svidande solbränna, solsveda, solskador **2** se *suntan*
sunburned ['sʌnbɜːnd] *adj* o. **sunburnt** ['sʌnbɜːnt] *adj* solbränd; bränd (svedd) av solen
sundae ['sʌndeɪ, -dɪ] *s* kok. sundae, slags glasscoupe
Sunday ['sʌndeɪ, -dɪ isht attr.] *s* **1** söndag; *last* ~ el. *on* ~ *last* i söndags, förra söndagen; *next* ~ el. *on* ~ *next* nästa söndag, [nu] på söndag; *on* ~ a (om) söndag; *on* ~*s* på (om) söndagarna; *a month of* ~*s* se ex. under *month*; *last* ~ *week* m.fl. ex. se under *week*

2 attr. söndags- [~ *supplement* (bilaga)], fin- [*her* ~ *shoes*]
sundial ['sʌndaɪ(ə)l] *s* solur, solvisare
sundown ['sʌndaʊn] *s* se *sunset*
sundry ['sʌndrɪ] *adj* flerfaldiga, åtskilliga, flera [*on* ~ *occasions*], diverse [~ *items*], alla möjliga [*talk about* ~ *matters*]; *all and* ~ alla och envar
sunflower ['sʌnˌflaʊə] *s* bot. solros
sung [sʌŋ] perf. p. av *sing*
sunglasses ['sʌnˌɡlɑːsɪz] *s pl* solglasögon
sunhelmet ['sʌnˌhelmɪt] *s* tropikhjälm
sunk [sʌŋk] *adj* o. *perf p* (av *sink*) [ned]sänkt; sjunken; ~ *in* försjunken i [~ *in thought*], nedsjunken i [~ *in despair*]; *we are* ~ [*if that happens*] vard. vi är sålda...
sunken ['sʌŋk(ə)n] *adj* **1** sjunken [~ *ships*]; som har sjunkit (satt sig) [~ *walls*]; nedsänkt **2** infallen [~ *cheeks*]; avtärd [~ *features*]
sunlamp ['sʌnlæmp] *s* sollampa, kvartslampa
sunlight ['sʌnlaɪt] *s* solljus
sunlit ['sʌnlɪt] *adj* solbelyst; solig
sunlounge ['sʌnlaʊn(d)ʒ] *s* glasveranda; glastäckt uterum
sunny ['sʌnɪ] *adj* solig; sol- [~ *beam* (*day*)]; solljus, solbelyst; *look on the* ~ *side* [*of things*] se allt från den ljusa sidan; *the* ~ *side of life* livets solsida
sunproof ['sʌnpruːf] *adj* **1** ogenomtränglig för solstrålar **2** soläkta
sunrise ['sʌnraɪz] *s* soluppgång; *at* ~ i (vid) soluppgången
sunroof ['sʌnruːf] *s* soltak på bil
sunset ['sʌnset] *s* solnedgång; *at* ~ i (vid) solnedgången; ~ *glow* aftonrodnad
sunshade ['sʌnʃeɪd] *s* **1** parasoll **2** [fönster]markis **3** solskärm
sunshine ['sʌnʃaɪn] *s* solsken äv. bildl.
sunspot ['sʌnspɒt] *s* **1** astron. solfläck **2** vard. soligt ställe, solig plats
sunstroke ['sʌnstrəʊk] *s* solsting
suntan ['sʌntæn] **I** *s* solbränna; ~ *lotion* solkräm; ~ *oil* sololja **II** *vb itr* bli solbränd (brunbränd)
sunup ['sʌnʌp] *s* isht amer. vard. soluppgång
sun visor ['sʌnˌvaɪzə] *s* solskydd i bil
sun-worshipper ['sʌnˌwɜːʃɪpə] *s* soldyrkare
super ['suːpə, 'sjuː-] *adj* vard. toppen[fin]; jättekul
superabundant [ˌsuːp(ə)rə'bʌndənt, ˌsjuː-] *adj* överflödande, ymnig, riklig; överflödig, onödig[t stor (riklig)]; överdriven
superannuate [ˌsuːpər'ænjʊeɪt, ˌsjuː-] *vb tr* pensionera; avskeda, avpollettera; utrangera, kassera; perf. p. ~*d* äv. avdankad, överårig [*a* ~*d captain*]; vard. omodern, gammalmodig
superannuation ['suːpərˌænjʊ'eɪʃ(ə)n, 'sjuː-] *s* pension[ering]; överårighet; ~ *fund* pensionskassa
superb [sʊ'pɜːb, sjʊ-] *adj* storartad, storslagen,

supercharge

enastående [*a* ~ *view*], ypperlig, utmärkt, överdådig [*a* ~ *actress*]; superb
supercharge [ˈsuːpətʃɑːdʒ, ˈsjuː-] *vb tr* **1** tekn. tryckladda; förkomprimera **2** perf. p. ~*d* bildl. starkt laddad [*in a* ~*d political atmosphere*]
supercharger [ˈsuːpəˌtʃɑːdʒə, ˈsjuː-] *s* tekn. [laddnings]kompressor
supercilious [ˌsuːpəˈsɪlɪəs, ˌsjuː-] *adj* högdragen, överlägsen, övermodig, dryg
superciliousness [ˌsuːpəˈsɪlɪəsnəs, ˌsjuː-] *s* högdragenhet etc., jfr *supercilious*
super-duper [ˌsuːpəˈduːpə] *adj* sl. toppen, jätteball, superbra; jättestor
superfatted [ˌsuːpəˈfætɪd, ˌsjuː-] *adj* överfettad [~ *soap*]
superficial [ˌsuːpəˈfɪʃ(ə)l, ˌsjuː-] *adj* ytlig äv. bildl. [*a* ~ *book* (*person*)]; på ytan [liggande]; yt-
superficiality [ˈsuːpəˌfɪʃɪˈælətɪ, ˌsjuː-] *s* ytlighet äv. bildl.; ytlig beskaffenhet
superfluity [ˌsuːpəˈfluːətɪ, ˌsjuː-] *s* **1** överflöd, övermått **2** överflödsartikel, lyxartikel
superfluous [sʊˈpɜːfluəs, sjʊ-] *adj* överflödig, onödig; ~ *hair*[*s*] generande hårväxt
superhuman [ˌsuːpəˈhjuːmən, ˌsjuː-] *adj* övermänsklig
superimpose [ˌsuːp(ə)rɪmˈpəʊz, ˌsjuː-] *vb tr* **1** lägga ovanpå (över) **2** foto. kopiera in
superintend [ˌsuːp(ə)rɪnˈtend, ˌsjuː-] **I** *vb tr* övervaka, tillse, ha (hålla) uppsikt över, kontrollera; förvalta [~ *an office*], leda [~ *a firm*] **II** *vb itr* hålla uppsikt, utöva kontroll
superintendence [ˌsuːp(ə)rɪnˈtendəns, ˌsjuː-] *s* överinseende, övervakning, kontroll, inspektion; ledning [*under the personal* ~ *of the manager*]
superintendent [ˌsuːp(ə)rɪnˈtendənt, ˌsjuː-] *s* [över]uppsyningsman; [över]intendent; ledare, chef, direktör för ämbetsverk; [skol]inspektör; inspektor; [*police*] ~ a) [polis]kommissarie b) amer. ung. chef för en rotel
superior [sʊˈpɪərɪə, sjʊ-] **I** *adj* **1** högre i rang o.d. [*to* än]; överlägsen [*to a p.* ngn]; bättre, större [*to* än]; ~ *court* överdomstol, högre domstol; ~ *numbers* större antal; övermakten [*we were overcome by* ~ *numbers*] **2** utmärkt, förstklassig, förträfflig [~ *quality*] **3** överlägsen, högdragen [*a* ~ *air* (*attitude*)] **II** *s* **1** geogr.; *Lake S*~ Övre sjön **2** överordnad [*my* ~*s* [*in rank*]], förman; bildl. överman [*Napoleon had no* ~ *as a general*] **3** abbot [äv. *Father S*~]; *Lady* (*Mother*) *S*~ abbedissa
superiority [sʊˌpɪərɪˈɒrətɪ, sjʊ-] *s* överlägsenhet [*in, of* i; *to, over, above* över]; förträfflighet; ~ *complex* vard. känsla av överlägsenhet, arrogans; *his* ~ *in rank* hans överordnade (högre) ställning
superlative [sʊˈpɜːlətɪv, sjʊ-] **I** *adj* **1** ypperlig, överlägsen, framstående, förträfflig;

enastående [*a man of* (med) ~ *wisdom*], superlativ, översvallande [~ *praise*] **2** gram., *the* ~ *degree* superlativ **II** *s* superlativ äv. gram.
super|man [ˈsuːpə|mæn, ˈsjuː-] (pl. -*men* [-men]) *s* **1** övermänniska **2** vard., *S*~ Stålmannen seriefigur
supermarket [ˈsuːpəˌmɑːkɪt, ˈsjuː-] *s* [stort] snabbköp
supernatural [ˌsuːpəˈnætʃr(ə)l, ˌsjuː-] *adj* övernaturlig
supernumerary [ˌsuːpəˈnjuːm(ə)rərɪ, ˌsjuː-] **I** *adj* övertalig, extra[-], reserv-; överflödig **II** *s* **1** övertalig (överflödig) person (sak); extraarbetare; reserv **2** teat. statist
superpower [ˈsuːpəˌpaʊə, ˈsjuː-, ˌ--ˈ--] *s* supermakt
superscription [ˌsuːpəˈskrɪpʃ(ə)n, ˌsjuː-] *s* överskrift; påskrift, utanskrift
supersede [ˌsuːpəˈsiːd, ˌsjuː-] *vb tr* **1** ersätta [*CDs have* ~*d gramophone records*], slå ut, tränga undan (ut) **2** efterträda [~ *a p. as chairman*]
supersensitive [ˌsuːpəˈsensətɪv, ˌsjuː-] *adj* överkänslig
supersonic [ˌsuːpəˈsɒnɪk, ˌsjuː-] *adj* överljuds- [~ *aircraft* (*bang, speed*)], supersonisk
superstar [ˈsuːpəstɑː, ˈsjuː-] *s* världsstjärna, superstjärna
superstition [ˌsuːpəˈstɪʃ(ə)n, ˌsjuː-] *s* vidskepelse, vidskeplighet, skrock[fullhet]
superstitious [ˌsuːpəˈstɪʃəs, ˌsjuː-] *adj* vidskeplig, skrockfull
superstore [ˈsuːpəstɔː, ˈsjuː-] *s* stormarknad
superstructure [ˈsuːpəˌstrʌktʃə, ˈsjuː-] *s* överbyggnad äv. bildl.
supertanker [ˈsuːpəˌtæŋkə, ˈsjuː-] *s* sjö. supertanker
supervene [ˌsuːpəˈviːn, ˌsjuː-] *vb itr* [oförmodat] inträffa, uppkomma, uppstå [*a new difficulty* ~*d*], komma emellan; inträda [*death* ~*d immediately*]
supervention [ˌsuːpəˈvenʃ(ə)n, ˌsjuː-] *s* [plötsligt] inträdande, uppkomst, framträdande
supervise [ˈsuːpəvaɪz, ˈsjuː-, ˌ--ˈ-] *vb tr* övervaka, tillse, ha tillsyn över
supervision [ˌsuːpəˈvɪʒ(ə)n, ˌsjuː-] *s* överinseende, övervakning, tillsyn, kontroll, uppsikt; *police* ~ polisbevakning, polisuppsikt
supervisor [ˈsuːpəvaɪzə, ˈsjuː-] *s* **1** övervakare; uppsyningsman; förman; föreståndare i varuhus o.d.; kontrollant, inspektör **2** skol. handledare, studieledare; amer. äv. tillsynslärare
supervisory [ˌsuːpəˈvaɪz(ə)rɪ, ˌsjuː-] *adj* övervakande, övervaknings- [~ *duties*], kontrollerande, tillsyns-; handlednings-
supine [ss. adj. suːˈpaɪn, sjuː-] *adj* **1** liggande; ~ *position* ryggläge **2** loj, slö, slapp, trög

supper ['sʌpə] *s* kvällsmat [*have cold meat for (till)* ~], kvällsvard, kvällsmål[tid]; supé [*a good* ~]; *the Last S~* a) bibl. Jesu sista måltid b) Nattvarden da Vincis målning
supplant [sə'plɑːnt] *vb tr* ersätta [*gramophone records have been ~ed by CDs*]; tränga undan (ut)
supple ['sʌpl] *adj* böjlig, mjuk, smidig, spänstig äv. bildl. [*a ~ mind*]; elastisk
supplement [ss. subst. 'sʌplɪmənt, ss. vb 'sʌplɪment, ˌ--'-] **I** *s* supplement, tillägg; bilaga [*The Times Literary S~*], bihang **II** *vb tr* öka [ut] [*~ one's income*], fylla ut; göra tillägg till, supplera; komplettera [*~ one's stock* (lager)]; tillägga
supplementary [ˌsʌplɪ'ment(ə)rɪ] *adj* tillagd; supplement- [*~ volume (angle)*], tilläggs-, fyllnads- [*~ grant*], supplementär, extra; kompletterande; *~ benefit* [statligt] socialbidrag
supplicate ['sʌplɪkeɪt] *vb tr* bönfalla [*~ a p. for* (om) *a th.*]
supplication [ˌsʌplɪ'keɪʃ(ə)n] *s* **1** [ödmjuk] bön [*for a th.* om ngt] **2** relig. förbön; åkallan
supplier [sə'plaɪə] *s* leverantör
1 supply ['sʌplɪ] *adv* böjligt, mjukt, smidigt, spänstigt
2 supply [sə'plaɪ] **I** *vb tr* **1** skaffa [*~ proof*], anskaffa, tillhandahålla; erbjuda, lämna, ge [*the trees ~ shade*], komma med [*~ an explanation*]; isht hand. leverera; *~ a th. to a p.* el. *~ a p. with a th.* förse (hålla, utrusta) ngn med ngt, leverera ngt till ngn **2** fylla [ut], täcka [*~ a want (need)*], ersätta [*~ a deficiency*]; fylla i, sätta in vad som fattas; *~ a demand* tillfredsställa (tillgodose, fylla) ett behov; tillmötesgå ett krav **II** *s* **1** tillförsel, anskaffning [*~ of necessaries*], leverans [*~ of goods*]; tillgång [*~ of* (på) *food*], förråd, lager [*a large ~ of shoes*]; fyllande, täckning av behov; pl. ***supplies*** mil. proviant, krigsförråd; *~ and demand* ekon. tillgång och efterfrågan; *~ route* mil. proviantled; *food ~* livsmedel[stillgång], livsmedelsförsörjning; *medical supplies* medicinska förnödenheter; *fish are in good ~* det är god tillgång på fisk, tillgången på fisk är god **2** vikariat, förordnande isht som präst el. lärare; *~ teacher* [lärar]vikarie **3** vikarie, tillförordnad isht som präst el. lärare
supply-side [sə'plaɪsaɪd] *adj*, *~ economics* utbudsekonomi
support [sə'pɔːt] **I** *vb tr* **1** stötta, stödja, bära [upp] [*posts ~ the roof*]; uppehålla [*too little food to ~ life*]; [*the bridge is not strong enough to*] *~ heavy vehicles* ...bära tung trafik; *~ oneself* stödja sig, stödja, ta stöd [*he could not ~ himself on his foot*]; hålla sig uppe (upprätt) **2** stödja äv. bildl. [*a theory ~ed by facts*; *~ a claim*]; gynna; hålla (heja) på [*~ Arsenal*]; underbygga, bekräfta, bestyrka [*~ a statement*]; biträda [*~ a proposal*]; upprätthålla, bevara [*~ one's reputation*] **3** försörja, underhålla [*can he ~ a family?*]; *~ oneself* försörja (livnära) sig, hålla sig uppe **4** bära, bestrida, stå för [*~ the costs*] **II** *s* **1** stöd; stötta, underlag, ställning; *arch ~* hålfotsinlägg **2** [under]stöd, hjälp äv. ekonomisk; medverkan; *give ~ to* ge sitt stöd åt, stödja; *in ~ of* till (som) stöd för **3** underhåll, försörjning, uppehälle, utkomst; *means of ~* utkomstmöjlighet **4** [familje]försörjare
supporter [sə'pɔːtə] *s* **1 a)** anhängare, supporter; *~s' club* supporterklubb **b)** [under]stödjare, gynnare, försvarare **2** försörjare
supporting [sə'pɔːtɪŋ] *adj* stödjande etc., jfr *support I* understöds-, stöd-; *~ actor* birollsinnehavare; *~ film (picture)* kortfilm, extrafilm film som fyller ut bioprogrammet; förspel; *~ part (role)* biroll; [*full*] *~ programme* på bioaffisch o.d. [långfilm] med kortfilm[er] (förspel)
supportive [sə'pɔːtɪv] *adj* stödjande, stöd-; *he has been very ~* han har gett mig mycket stöd
suppose [sə'pəʊz] *vb tr* anta[ga], ponera; förmoda [*I ~ you know it*], tro, inbilla (föreställa, tänka) sig [*he ~d it would be easy*]; förutsätta [*creation ~s a creator, heat ~s cold*]; *~ he comes (should come)!* tänk om han kommer (skulle komma)!; *~ we* [*join the others*] skall vi [inte] (om vi skulle) ta och...?; *I ~ so* jag förmodar (antar) det, förmodligen (antagligen) [är det så]; *I ~ not* el. *I don't ~ so* jag tror inte det, förmodligen (antagligen) inte; *I ~ I'd better do it* det är nog (väl) bäst att jag gör det; *I ~ you couldn't* [*come on Saturday instead?*] du skulle väl inte kunna...; *he is ill, I ~* han är sjuk, antar (förmodar) jag; han är förmodligen (nog, väl) sjuk; *am I ~d to* [*do all this?*] är det min sak att..., skall jag...; *he is ~d to be rich* han lär (skall, anses) vara rik; *I am ~d to be there at five* [det är meningen att] jag skall vara där klockan fem; *is this ~d to be me?* skall detta vara jag (föreställa mig)?
supposedly [sə'pəʊzɪdlɪ] *adv* förmodligen, antagligen; förment
supposing [sə'pəʊzɪŋ] *konj* antag[et] att, om [nu]; *~ he should be out* om han [nu] skulle vara ute, antag att (tänk om) han skulle vara (är) ute; *~ it rains* [tänk] om det skulle regna (regnar)
supposition [ˌsʌpə'zɪʃ(ə)n] *s* antagande, förmodan, tro; förutsättning, hypotes; *on the ~ that* under förutsättning att; i tron att
suppository [sə'pɒzɪt(ə)rɪ] *s* med. stolpiller, suppositorium
suppress [sə'pres] *vb tr* **1** undertrycka, kuva,

suppression

slå ned, kväva [~ *an insurrection* (*a rebellion*)]; stävja; tysta [ned] [~ *criticism*]; dämpa [~ *one's anger*]; perf. p. *~ed* äv. återhållen [*with ~ed anger*] **2** dra in [~ *a publication*]; förbjuda, bannlysa [~ *a party*] **3** hemlighålla, förtiga [~ *the truth*]; psykol. [medvetet (avsiktligt)] förtränga, undertrycka
suppression [səˈpreʃ(ə)n] *s* **1** undertryckande etc., jfr *suppress 1* **2** indragning av tidning o.d.; förbjudande, bannlysning av parti o.d. **3** hemlighållande, förtigande; psykol. bortträngning
supremacy [sʊˈpreməsɪ, sjʊ-] *s* **1** överhöghet, supremati **2** ledarställning; överlägsenhet
supreme [sʊˈpri:m, sjʊ-] *adj* **1** högst; över-; suverän, allenarådande; *~ command* högsta kommando (befäl), överbefäl, överkommando; *~ commander* överbefälhavare; *the S~ Court* [*of Judicature*] i Storbritannien ung. högsta domstolen; *the S~ Court* i USA högsta domstolen på federal o. delstatlig nivå; *S~ Headquarters* högkvarter[et]; *reign* (*rule, be*) *~* vara allenarådande, dominera, härska **2** enastående [*a ~ artist*]; oerhörd, enorm [*~ courage*]
supremely [sʊˈpri:mlɪ, sjʊ-] *adv* i högsta grad, högst, ytterst [*~ happy*]; suveränt [*~ indifferent*]
Supt. förk. för *Superintendent*
surcharge [ss. subst. ˈsɜ:tʃɑ:dʒ, ss. vb -ˈ-] **I** *s* tilläggsavgift, extraavgift, extradebitering, överdebitering; post. lösen **II** *vb tr* debitera extra
sure [ʃʊə, ʃɔ:] **I** *adj* **1** pred. säker [*of, about* på, om]; viss, förvissad, övertygad [*of, about* om]; *be* (*feel*) *~ of a th.* vara (känna sig) säker på (övertygad om) ngt, lita på ngt; *be* (*feel*) *~ of oneself* vara självsäker; *be ~ of foot* vara säker på foten; *he is ~ to succeed* han kommer säkert att lyckas; *be ~ to* (*be ~ you*) [*call me in good time*] se till att du...; *be ~ to* (vard. *and*) *do it!* glöm [för all del] inte bort det!; *be ~* naturligtvis, sannerligen, mycket riktigt [*so it is, to be ~*]; visserligen, nog [*to be ~ he is clever, but...*]; *well, to be ~!* el. *well, I'm ~!* kors [i alla mina dar]!, [jaså] minsann!; *I'm ~ I don't know* el. *I don't know, I'm ~* det var jag verkligen (faktiskt) inte; [*he will succeed,*] *you may be ~* ...det kan du vara säker på (lita på), ...var så säker; [*he won't do it again,*] *you may be ~* ...det kan du vara lugn för; *make ~* förvissa (övertyga, försäkra) sig [själv] [*of* om; *that* om att], se till, kontrollera; *to make ~* för säkerhets skull; *for ~* [helt] säker [*one thing was for ~*]; *know for ~* vard. veta säkert (bestämt), veta med säkerhet **2** attr. **a)** säker [*a ~ method*], pålitlig, tillförlitlig **b)** amer. vard., *~ thing!* [ja] visst!, naturligtvis!, absolut!; *it's a ~ thing*

that... det är bergsäkert att... **II** *adv* **1** *~ enough* alldeles säkert, bergsäkert, absolut; sannerligen, mycket riktigt [*~ enough, there he was*] **2** *as ~ as* så säkert som; *as ~ as eggs* [*is eggs*] o. *as ~ as fate* se *2 egg* resp. *fate*; *as ~ as my name is Bob* så sant jag heter Bob **3** isht amer. vard. säkert [*he will ~ fail*]; verkligen, minsann [*he ~ can play football*]; *~!* [ja] visst!, naturligtvis!, absolut!; säkert!
sure-fire [ˈʃʊəˌfaɪə, pred. ˌ-ˈ-] *adj* vard. bergsäker, bombsäker [*a ~ winner*]
sure-footed [ˈʃʊəˈfʊtɪd] *adj* **1** säker på foten, stadig **2** bildl. säker, pålitlig
surely [ˈʃʊəlɪ, ˈʃɔ:lɪ] *adv* **1** säkert [*slowly but ~*], säkerligen, helt visst [*he will ~ fail*] **2** sannerligen, verkligen, minsann [*you are ~ right*] **3** väl, nog; *~ you don't mean to go out now?* du tänker väl aldrig gå ut nu?; *you didn't want to hurt his feelings, ~!* det var väl [ändå] inte din mening att såra honom! **4** isht amer., *~!* [ja (jo)] visst!, naturligtvis!
sureness [ˈʃʊənəs, ˈʃɔ:nəs] *s* säkerhet, visshet
surety [ˈʃʊərətɪ, ˈʃɔ:rətɪ] *s* **1** säkerhet, borgen **2** borgensman, borgen
surf [sɜ:f] **I** *s* bränning[ar], [våg]svall; baksjö **II** *vb itr* sport. surfa
surface [ˈsɜ:fɪs] **I** *s* yta äv. geom. o. bildl. [*glass has a smooth ~*]; utsida, ytskikt; sida [*a cube has six ~s*]; *striking ~* [tändsticks]plån; *judge by the ~ of things* döma efter det yttre; *on the ~* på ytan; bildl. äv. ytligt sett, till det yttre, skenbart; *rise to the ~* stiga (gå, dyka) upp till ytan; flyta upp **II** *adj* yt- [*~ soil* (*water*); *~ treatment*], mark-; dag- [*~ mining*]; ytlig [*~ knowledge* (*likeness*)]; *~ politeness* ytlig artighet, polityr **III** *vb tr* **1** ytbehandla; slätputsa, polera **2** belägga, täcka **IV** *vb itr* **1** stiga (gå, dyka) upp till ytan **2** bildl. dyka upp; uppdagas
surface mail [ˈsɜ:fɪsmeɪl] *s* post. ytpost
surface tension [ˌsɜ:fɪsˈtenʃ(ə)n] *s* fys. ytspänning
surfactant [sɜ:ˈfæktənt] *s* kem. ytaktivt ämne
surfboard [ˈsɜ:fbɔ:d] *s* sport. surfingbräda
surfeit [ˈsɜ:fɪt] **I** *s* övermått, överflöd [*of* på] **II** *vb tr* överlasta [*~ one's stomach*], övermätta äv. bildl.
surfer [ˈsɜ:fə] *s* sport. surfare
surfing [ˈsɜ:fɪŋ] *s* sport. surfing
surfriding [ˈsɜ:fˌraɪdɪŋ] *s* sport. surfing
surge [sɜ:dʒ] **I** *vb itr* **1** svalla, bölja, gå högt, rulla [*the waves ~d against the shore*]; forsa [*the water ~d into the boat*], strömma [till], välla [fram] [*the crowds ~d out of the stadium*], trycka på; skjuta fart [*~ forward*]; *a surging crowd* en böljande [människo]massa, ett människohav **2** elektr. plötsligt öka **II** *s* **1** brottsjö, svallvåg; [våg]svall, bränningar; bildl. våg [*a ~ of anger* (*pity*)], svall [*a ~ of*

words]; tillströmning; plötslig ökning, uppsving **2** elektr. strömökning
surgeon ['sɜːdʒ(ə)n] *s* **1** kirurg; *dental* ~ tandläkare, tandkirurg **2** [militär]läkare; *army* ~ regementsläkare, fältläkare
surgery ['sɜːdʒ(ə)rɪ] *s* **1** kirurgi; *it will need* ~ det behöver opereras **2** a) [patient]mottagning, mottagningsrum b) mottagning, mottagningstid; ~ *hours* mottagningstid **3** operation **4** amer. operationssal
surgical ['sɜːdʒɪk(ə)l] *adj* kirurgisk; ~ *appliances* a) kirurgiska instrument, operationsinstrument b) stödbandage; ~ *boot* (*shoe*) ortopedisk sko
surliness ['sɜːlɪnəs] *s* butterhet, vresighet, surhet, surmulenhet
surly ['sɜːlɪ] *adj* butter, vresig, sur, surmulen
surmise [ss. vb sɜːˈmaɪz, '--, səˈmaɪz, ss. subst. 'sɜːmaɪz, -'-] **I** *vb tr* o. *vb itr* gissa, förmoda, anta, ana **II** *s* gissning, förmodan, antagande, aning
surmount [səˈmaʊnt] *vb tr* **1** övervinna [~ *a difficulty*] **2** bestiga [~ *a hill*] **3** kröna, höja sig över; ~*ed by* (*with*) krönt med, täckt av (med)
surmountable [səˈmaʊntəbl] *adj* överstiglig [~ *obstacles*], övervinnlig, överkomlig [~ *difficulties*]
surname ['sɜːneɪm] *s* efternamn, släktnamn, familjenamn; tillnamn
surpass [səˈpɑːs] *vb tr* överträffa [~ *a p. in strength*; *it* ~*ed my expectations*]; överstiga, övergå [*it* ~*ed his skill*]; ~ *all description* trotsa all beskrivning, vara obeskrivlig
surplice ['sɜːpləs, -plɪs] *s* kyrkl., slags mässkjorta
surplus ['sɜːpləs] **I** *s* **1** överskott; behållning; ~ *of exports* exportöverskott **2** överskottslager [*Army* ~] **II** *adj* överskotts-, överskjutande, övertalig, överflödig; ~ *population* befolkningsöverskott; ~ *stock* överskottslager, restlager
surprise [səˈpraɪz] **I** *s* överraskning [*what a* ~*!*]; förvåning [*at* över]; överrumpling; *give a p. a* ~ bereda ngn en överraskning; *by* ~ genom överrumpling; *take by* ~ överrumpla, överraska; ta på bar gärning; [*he looked up*] *in* ~ ...förvånad (förvånat); *much to my* ~ till min stora förvåning **II** *vb tr* **1** överraska [~ *a p. with a gift*]; förvåna [*you* ~ *me!*]; överrumpla [~ *the enemy*], komma på, ertappa [~ *a p. in the act of stealing* (med att stjäla)]; *I am* ~*d at you* äv. du (ditt beteende) förvånar mig [verkligen] **2** genom överrumpling få (förmå) [~ *a p. into doing* ([till] att göra) *a th.*]
surprising [səˈpraɪzɪŋ] *adj* överraskande, förvånansvärd; *there is nothing* ~ *about that* det är ingenting att förvåna sig över

surrealism [səˈrɪəlɪz(ə)m] *s* konst. el. litt. surrealism[en]
surrealistic [səˌrɪəˈlɪstɪk] *adj* konst. el. litt. surrealistisk
surrender [səˈrendə] **I** *vb tr* överlämna [~ *a town to* (åt) *the enemy*], ge upp [~ *a fortress*], avträda [~ *a territory*], utlämna [~ *a prisoner*], avstå [från], lämna (ge) ifrån sig; ~ *oneself* ge sig, överlämna sig [*they* ~*ed themselves to* (åt) *the police*]; kapitulera **II** *vb itr* **1** ge sig, överlämna sig [~ *to* (åt) *the enemy* (*police*)], kapitulera [*to* [in]för] **2** bildl. hänge sig, överlämna sig [*to* åt; ~ *to despair*] **III** *s* överlämnande etc., jfr *I*; kapitulation
surreptitious [ˌsʌrəpˈtɪʃəs] *adj* **1** hemlig, förstulen, i smyg [*a* ~ *glance*], smyg- [~ *business*] **2** falsk, oäkta
Surrey ['sʌrɪ] geogr.
surrogate ['sʌrəgət, -geɪt] *s* surrogat, ersättning; ~ *mother* surrogatmamma
surround [səˈraʊnd] **I** *vb tr* omge, innesluta, omsluta; omringa [*the troops were* ~*ed*]; omgärda; ~*ed by* (*with*) omgiven av; kringgärdad av **II** *s* [golv]kant kring mjuk matta; infattning
surrounding [səˈraʊndɪŋ] *adj* omgivande, kringliggande; ~ *country* (*countryside*) äv. omnejd
surroundings [səˈraʊndɪŋz] *s pl* omgivning[ar]; miljö
surtax ['sɜːtæks] **I** *s* tilläggsskatt, extraskatt på höga inkomster **II** *vb tr* belägga med extra skatt
surveillance [səˈveɪləns, sɜːˈv-] *s* bevakning, kontroll [*of* över, av], uppsikt [*of* över], övervakning [*police* ~]
survey [ss. vb səˈveɪ, ss. subst. 'sɜːveɪ] **I** *vb tr* **1** överblicka, se ut över [~ *the countryside*]; ge (lämna) en översikt över (av) [*he* ~*ed the political situation*] **2** granska, mönstra, inspektera, syna, besiktiga [~ *the house*] **3** mäta [upp] [~ *a railway*], kartlägga **II** *s* **1** överblick [*of* över], översikt [*of* över, av] **2** granskning, mönstring, inspektion, besiktning **3** [upp]mätning, kartläggning; lantmätning **4** undersökning [*a statistical* ~], utfrågning, intervjuundersökning, enkät
surveyor [səˈveɪə] *s* **1** besiktningsman, inspektör; kontrollör **2** lantmätare; ~*'s map* lantmäterikarta
survival [səˈvaɪv(ə)l] *s* **1** a) överlevande; [*the doctrine of*] *the* ~ *of the fittest* ...de mest livsdugligas överlevnad (fortbestånd) b) attr., ~ *equipment* (*kit*) räddningsutrustning, nödutrustning **2** kvarleva, rest, lämning, relikt
survive [səˈvaɪv] **I** *vb tr* överleva [~ *an earthquake* (*operation*); ~ *one's children*]; *it* (*he*) *has* ~*d its* (*his*) *usefulness* den (han) har överlevt sig själv **II** *vb itr* överleva, leva vidare; leva (finnas) kvar [ännu]
survivor [səˈvaɪvə] *s* överlevande [person] [*the*

sole ~ of (från) *the shipwreck*]; isht jur. efterlevande

sus [sʌs] vard. **I** *adj* misstänkt, skum **II** *s* **1** misstänkt [person], skummis **2** misstanke **III** *vb tr* se *suss*

Susan ['suːzn] **I** kvinnonamn **II** *s*, *lazy ~* snurrbart kryddställ; snurrfat för kakor m.m.

susceptibility [səˌseptəˈbɪlətɪ] *s* **1** känslighet, mottaglighet [*~ to* (för) *hay fever*], ömtålighet **2** pl. *-ies* känsliga (ömtåliga) punkter, känslor [*wound a p.'s -ies*]

susceptible [səˈseptəbl] *adj* känslig, mottaglig [*~ to* (för) *flattery* (*colds*)], ömtålig; *be ~ of pity* kunna känna medlidande; *be ~ of* (*to*) *various interpretations* [kunna] medge olika tolkningar

suspect [ss. vb səˈspekt, ss. subst. o. adj. ˈsʌspekt] **I** *vb tr* misstänka [*of* för]; misstro, betvivla [*~ the truth of an account*]; ana [*~ mischief*]; *I ~ed as much* jag anade (misstänkte) [just] det **II** *vb itr* vara misstänksam **III** *s* misstänkt [person] **IV** *adj* misstänkt [*of* för]; tvivelaktig, tvetydig, suspekt [*his statements are ~*]

suspend [səˈspend] *vb tr* (se äv. *suspended*) **1 a)** hänga [upp] [*~ a th. by* (i, på) *a thread*; *~ a th. from* (i, från) *the ceiling*]; *be ~ed* **a)** hänga [ned], vara upphängd b) sväva, hänga; [*lamps*] *~ed from the ceiling* ...upphängda i taket, ...som hänger (hängde) i taket **b)** spänna [*~ a rope between two posts*] **2 a)** suspendera [*~ an official*], [tills vidare] avstänga [*~ a football player*], utesluta [*~ a member from* (ur) *a club*] **b)** [tills vidare] upphäva (avskaffa) [*~ a law* (*rule*)]; [tillfälligt] dra in [*~ a bus service*]; inställa; skjuta upp, låta anstå, vänta (dröja, hålla inne) med; *~ a p.'s driving licence* dra in ngns körkort [tills vidare]; *~ hostilities* inställa fientligheterna; *~ payment* inställa betalningarna

suspended [səˈspendɪd] *adj* **1** upphängd, hängande, svävande **2** suspenderad etc., jfr *suspend 2*; uppskjuten; oavgjord; *~ animation* skendöd; *~ sentence* villkorlig dom

suspender [səˈspendə] *s* **1** strumpeband; *~ belt* strumpebandshållare **2** pl. *~s* amer. hängslen [*a pair of ~s*]

suspense [səˈspens] *s* ovisshet, spänning, [spänd] väntan [*keep* (*hold*) *a p. in ~*]

suspension [səˈspenʃ(ə)n] *s* **1** upphängning äv. tekn.; *~ bridge* hängbro **2 a)** suspension, suspendering, [tillfällig] avstängning från tjänstgöring o.d., äv. sport.; uteslutning **b)** [tillfälligt] upphävande (avskaffande); indragning; inställande; uppskov, anstånd; uppskjutande; jfr *suspend 2*; *~ of hostilities* inställande av fientligheterna; *~ of payment* betalningsinställelse

suspicion [səˈspɪʃ(ə)n] *s* **1** misstanke [*of (about) a th.* om ngt; *of (about) a p.* mot ngn]; misstro [*of* till, mot], misstänksamhet [*he was looked upon with ~*]; aning [*of (about) a th.* om ngt]; *arouse* (*create, excite, raise*) *~* [*in a p.'s mind*] väcka misstankar [hos ngn]; *be above ~* vara höjd över alla misstankar; *be* (*come*) *under ~ of* misstänkas för, vara (bli) misstänkt för; *look at a p. with ~* titta misstänksamt (misstroget) på ngn **2** aning, antydan, skymt [*there was a ~ of irony* (*truth*) *in it*], tillstymmelse [*not a* (*the*) *~ of* (till) *a smile*]

suspicious [səˈspɪʃəs] *adj* **1** misstänksam, misstrogen [*of a p.* mot ngn; *a ~ look* (blick)]; *be ~ of* äv. misstänka **2** misstänkt, tvivelaktig, suspekt [*he has a ~ character*], skum [*a ~ affair*]

suspiciously [səˈspɪʃəslɪ] *adv* **1** misstänksamt **2** misstänkt, betänkligt

suss [sʌs] **I** *vb tr* vard. **1** misstänka **2** *~* [*out*] komma underfund med, undersöka; kolla in **II** *s* se *sus II* **III** *adj* se *sus I*

Sussex [ˈsʌsɪks] geogr.

sustain [səˈsteɪn] *vb tr* **1 a)** tåla [belastningen (påfrestningen) av] **b)** bära [upp], hålla upp [*these two posts ~ the whole roof*] **2** jur. godta, godkänna, acceptera [*~ a claim*; *objection ~ed!*] **3** hålla uppe, hålla vid mod [*hope ~ed him*] **4** hålla i gång [*~ a conversation*], hålla vid liv [*~ a p.'s interest*] **5** underhålla, försörja [*~ an army*]; *~ life* (*oneself*) uppehålla livet **6** uthärda, stå ut med; tåla **7** utstå, lida [*~ a defeat*]; ådra[ga] sig [*~ severe injuries*]

sustained [səˈsteɪnd] *adj* **1** ihållande, oavbruten [*~ applause*]; oförminskad [*~ energy*]; konsekvent, sammanhängande [*a ~ argument*]; ständig [*~ irony*] **2** mus. uthållen [*a ~ note*]

sustenance [ˈsʌstənəns] *s* **1** näring [*there's more ~ in cocoa than in tea*], föda **2** uppehälle, levebröd, utkomst; *the ~ of life* livsuppehället **3** bildl. stöd; styrka, fasthet

suture [ˈsuːtʃə] **I** *s* anat. el. kir. sutur, söm; kir. äv. suturtråd **II** *vb tr* sy [ihop] [*~ a wound*]

suzerainty [ˈsuːzəreɪntɪ, ˈsjuː-] *s* suzeränitet utrikespolitisk bestämmanderätt över en annan stat

svelte [svelt] *adj* slank, smärt; smidig, mjuk

SW förk. för *short wave* (radio.), *South-Western* (postdistrikt i London), *south-west*[*ern*]

swab [swɒb] **I** *s* **1** svabb; skurtrasa **2** med. a) bomullstopp; tampongpinne [med bomullstopp] b) [sekret]prov taget med vaddpensel **3** sl. drummel **II** *vb tr* **1** svabba; våttorka; *~ down* svabba (tvätta) [av]; *~ up* torka upp **2** med. pensla, rengöra [*~ a wound*]; badda

swaddle [ˈswɒdl] *vb tr* linda (svepa) in; linda om

swag [swæg] *s* **1** sl. tjuvgods; byte **2** austral. knyte, bylte

swagger [ˈswægə] **I** *vb itr* **1** [gå och] stoltsera,

kråma (fjädra) sig, svassa [omkring] **2** skryta, skrävla **II** *s* **1** stoltserande [gång]; självsäkerhet; dryghet, mallighet **2** skryt, skrävel
swag|man ['swæg|mən, -mæn] (pl. *-men* [-mən el. -men]) *s* austral. luffare
Swahili [swəˈhiːlɪ, swɑːˈh-] *s* **1** swahili språket **2** (pl. lika el. *~s*) swahili invånare
1 swallow ['swɒləʊ] *s* svala; isht ladusvala
2 swallow ['swɒləʊ] **I** *vb tr* **1** svälja äv. bildl. [*~ one's pride*; *~ an insult*]; tro på, gå 'på [*he will ~ anything you tell him*], godta [*he couldn't ~ the idea*]; *he won't ~ that* äv. det går han inte på; *~ down* svälja ner; *~ [up]* a) svälja, äta upp, sätta i sig b) sluka, äta upp [*the expenses ~ up the earnings*] c) uppsluka [*as if ~ed up by the earth*] **2** *~ one's words* ta tillbaka vad man har sagt **3** fatta, begripa, smälta **II** *vb itr* svälja [*he ~ed hard*] **III** *s* **1** svalg, strupe **2** sväljning; klunk; [*empty a glass*] *at one ~* …i en enda klunk (i ett drag)
swallow dive ['swɒləʊdaɪv] *s* simn. svanhopp
swam [swæm] imperf. av *swim*
swamp [swɒmp] **I** *s* träsk, kärr, sumpmark **II** *vb tr* **1 a)** översvämma, sätta under vatten; [genom]dränka **b)** fylla med vatten, sänka [*a wave ~ed the boat*]; *be ~ed* äv. sjunka **2** bildl. **a)** översvämma [*foreign goods ~ the market*], belägra, överfylla [*the place was ~ed by jazz fans*] **b)** överhopa [*with* med] **c)** ställa i skuggan, undantränga **d)** slå ned, överrösta [*~ the opposition*]
swampy ['swɒmpɪ] *adj* sumpig, träskartad
swan [swɒn] **I** *s* **1** zool. svan; *mute ~* knölsvan **2** *the S~ of Avon* benämning på Shakespeare **II** *vb itr* vard., *~ about* segla (sväva) omkring; flaxa (sno) omkring; *~ off* sticka [i väg]
swank [swæŋk] vard. **I** *s* **1** mallighet; snobberi **2** skrytmåns, skrävlare; viktigpetter, stropp **II** *vb itr* snobba; göra sig viktig, malla sig **III** *adj* se *swanky*
swanky ['swæŋkɪ] *adj* vard. **1** mallig, pösig, viktig, stroppig **2** flott, vräkig, snofsig [*a ~ car*]
swansong ['swɒnsɒŋ] *s* svanesång
swap [swɒp] vard. **I** *vb tr* byta [*for* mot; *~ stamps*]; utbyta [*~ ideas*]; *~ blows* puckla på varandra; *don't ~ horses in midstream (while crossing the stream)* ordspr. man ska inte byta häst mitt i strömmen; *~ places [with a p.]* byta plats [med ngn]; *~ yarns* berätta historier för varandra **II** *vb itr* byta [*will you ~?*] **III** *s* byte [*for* mot]; bytesaffär
1 swarm [swɔːm] **I** *s* **1** svärm; friare äv. myller, vimmel, skara, skock, hop; hord; *~ of bees* bisvärm **II** *vb itr* svärma; friare äv. skocka sig, trängas [*they ~ed round him*], kretsa; strömma [i skaror], välla [*people ~ed into the cinema*]; myllra, vimla [*~ with* (av) *people*] **III** *vb tr*, *be ~ed with* översvämmas av

2 swarm [swɔːm] *vb tr* o. *vb itr*, *~ [up]* klättra (äntra) uppför (upp i) [*~ [up] a mast*]
swarthy ['swɔːðɪ] *adj* svartaktig, mörk [*a ~ complexion*]; svartmuskig, mörkhyad
swashbuckling ['swɒʃˌbʌklɪŋ] *adj* skrytsam; skrävlande, skroderande; äventyrlig
swastika ['swɒstɪkə] *s* hakkors, svastika
swat [swɒt] **I** *vb tr* smälla [till] [*~ flies*] **II** *s* **1** smäll, dask **2** flugsmälla
swathe [sweɪð] *vb tr* **1** binda om, linda om **2** svepa [in], hölja [in] äv. bildl. [*~d in furs*; *~d in fog*]
swatter ['swɒtə] *s* flugsmälla [äv. *fly-swatter*]
sway [sweɪ] **I** *vb itr* **1** svänga [*~ to and fro*], svaja, vagga, gunga, vaja; kränga [*the ship was ~ing*], vackla till; luta, hänga över [*~ to the left*] **2** bildl. vackla, svänga [*~ in one's opinion*] **3** styra, härska **II** *vb tr* **1** svänga, gunga; få att svänga (gunga), sätta i svängning (gungning), komma att svaja (vaja) [*the wind ~ed the tops of the trees*]; böja [ned]; komma att luta; *~ one's hips* vicka på (vagga med) höfterna **2** bildl. komma att vackla, få att svänga, påverka, inverka på [*a speech that ~ed the voters*] **3** ha makt (inflytande) över, behärska, dominera, styra; bestämma [utgången av] [*~ the battle*]; *be ~ed [by one's feelings]* låta sig ledas (behärskas)… **III** *s* **1** svängning, gungning, rörelse [*a ~ to and fro*]; krängning **2** inflytande, makt, [herra]välde [*of* över]
sway-backed ['sweɪbækt] *adj* svankryggig
swear [sweə] **I** (*swore sworn*; jfr *sworn II*) *vb tr* **1** svära [*~ to* ([på] att) *do a th.*]; svära (gå ed) på; bedyra [*he swore that he was innocent*], försäkra **2** *~ in* låta avlägga ed [*~ in a witness*]; låta avlägga ämbetseden [*~ in the president*]; låta svära trohetsed; *~ a p. to secrecy* låta ngn avlägga tysthetslöfte; *be sworn* gå ed; avlägga ed[en] **II** (*swore sworn;* jfr *sworn II*) *vb itr* **1** svära [*to* på], avlägga (gå) ed; *~ by* äv. tro blint på [*he ~s by that medicine*], hålla på; *~ to* äv. bedyra [*~ to one's innocence*]; *I can't ~ to it* jag kan inte svära på det (på att det är så); *~ [up]on the Bible* svära [med handen] på bibeln **2** svära begagna svordomar [*at* över, åt]; *~ like a trooper* svära som en borstbindare; *curse and ~* svära och domdera **III** *s* svärande; svordomar, eder
swearing-in [ˌsweərɪŋˈɪn] *s* avläggande av ämbetsed[en], installerande, installation
swearword ['sweəwɜːd] *s* svärord, svordom
sweat [swet] **I** *s* **1** svett [*dripping with* (av) *~*]; bildl. [svett och] möda, slit, besvär, slitgöra; *by the ~ of one's brow (face)* i sitt anletes svett; *it was a bit of a ~* det var svettigt **2** svettning, svettbad, svettkur [*a good* (ordentlig) *~*]; *may cure a cold*; *no ~!* inte amer. inga problem!, ingen fara!; *be in (all of) a ~* bada i svett; bildl. vara mycket

sweatband

nervös; *be in a cold* ~ kallsvettas **II** *vb itr* **1** svettas [~ *at* (vid) *the thought of...*]; bildl. äv. arbeta [hårt], slita [hund] **2** tekn. o.d. svettas, fukta **III** *vb tr* **1** svettas [ut]; utdunsta, utsöndra [äv. ~ *out*]; ~ *blood*; bildl. a) slita hund (ont) b) svettas av nervositet (ängslan) **2** låta (få att) svettas, bringa (få) i svettning; bildl. exploatera, suga ut [~ *workers*]; *~ed labour* [hårt] arbete till svältlöner

sweatband ['swetbænd] *s* **1** svettrem i hatt **2** svettband, pannband för t.ex. tennisspelare

sweater ['swetə] *s* **1** sweater, ylletröja **2** utsugare, exploatör; slavdrivare

sweatshirt ['swetʃɜ:t] *s* träningströja; sweatshirt

sweatshop ['swetʃɒp] *s* arbetsplats med svältlöner [och dålig miljö]

sweatsuit ['swetsu:t, -sju:t] *s* träningsoverall

sweaty ['swetɪ] *adj* **1** svettig; svett- [~ *odour*] **2** mödosam, knogig, hård, jobbig

Swede [swi:d] *s* **1** svensk; svenska kvinna **2** *s~* [*turnip*] kålrot

Sweden ['swi:dn] Sverige

Swedish ['swi:dɪʃ] **I** *adj* svensk; ~ *punch* punsch; ~ *turnip* kålrot **II** *s* svenska [språket]

sweep [swi:p] **I** (*swept swept*) *vb itr* **1** sopa; feja **2** svepa, fara, dra[ga], susa, komma susande (farande), rusa, flyga [*along* fram [över]; *by, past* förbi; *om* bort, i väg; *over* [fram] över] **3** om kust o.d. sträcka (utbreda) sig; isht böja av, svänga [av] **4** dragga [*for* efter]; ~ *for mines* mil. svepa [efter] minor **II** (*swept swept*) *vb tr* **1** sopa; feja; ~ *clean* sopa [ren]; ~ *out* sopa [rent i (på)]; sopa ut; ~ *the chimney* sota [skorstenen] **2** sopa [undan (med sig)]; ~ *along* rycka med sig; ~ *aside* fösa (dra) åt sidan; ~ *away* (*off*) sopa bort; driva [undan (bort)]; bildl. äv. röja undan; *be swept off one's feet* a) bildl. ryckas med, bli hänförd; tas med storm b) kastas omkull **3** bildl. sopa ren, rensa [~ *a country of* (från) *enemies*] **4** svepa (dra) fram över [*the wind swept the coast*; *a wave of indignation swept the country*]; glida över **5** härja [*an epidemic swept the country*] **6** vinna [alla grenar (klasser) vid]; ta hem, håva in; ~ *the board* (*stakes*) ta hem hela vinsten (potten) **7** a) dragga b) dragga (fiska) upp, dra upp; ~ *the river* dragga [i] floden, dragga; ~ *the waters for mines* mil. [min]svepa farvattnen **III** *s* **1** a) [ren]sopning b) sotning; *give the room a good* ~ sopa rummet ordentligt; *make a clean* ~ sopa göra rent hus [*of* med] **2** svepande rörelse, svep, drag, tag [*a* ~ *of* (med) *a brush*]; om vind o. vågor [fram]svepande, framfart; bildl. äv. [lång] våg; ~ *of the oar* årtag; *at one* ~ el. *in one* [*clean*] ~ i ett [enda] svep (drag) **3** krök, kurva, båge, sväng **4** [lång] sträcka, brett område; lång sluttning i terrängen

5 räckhåll, räckvidd; omfång, vidd, krets, bildl. äv. spännvidd **6** vard., se *sweepstake* **7** sotare **8** sl. usling, lymmel **9** ~ *second-hand* centrumsekundvisare på ur

sweeper ['swi:pə] *s* **1** sopare person [*street ~s*] **2** sotare **3** sopmaskin; mattsopare **4** fotb. sopkvast

sweeping ['swi:pɪŋ] **I** *s* **1** sopning, sopande **2** sotning **3** svepande rörelse, svep[ande] **4** draggning; mil. [min]svepning **II** *adj* **1** bildl. [vitt]omfattande, vittgående, genomgripande, radikal [~ *changes* (*reforms*)], kraftig [~ *reductions in prices*]; svepande, [alltför] förhastad [~ *generalizations*]; överväldigande, förkrossande [*a* ~ *majority* (*victory*)]; ~ *statements* generaliseringar **2** svepande [*a* ~ *gesture*]; elegant svepande [*the* ~ *lines of a car*], [vackert] böjd [*a* ~ *surface*]

sweepstake ['swi:psteɪk] *s* o. **sweepstakes** ['swi:psteɪks] *s pl* isht kapplöpn. **1** a) sweepstake[s], priskapplöpning b) pris i sweepstake[s] **2** a) sweepstake[lotteri] b) sweepstakevinst

sweet [swi:t] **I** *adj* **1** söt [~ *wine*; *it tastes* ~] **2** färsk, frisk; ~ *milk* färsk (söt) mjölk; ~ *water* färskvatten, sötvatten; *keep* ~ hålla sig [färsk] **3** ren, frisk [~ *air*] **4** snygg, fin, fräsch, proper; ~ *and clean* ren och snygg **5** behaglig, ljuvlig, härlig; mild [~ *smell*], [väl]doftande **6** välljudande, melodisk, ljuv [*a* ~ *tune*], vacker [*a* ~ *voice*] **7** a) söt [*a* ~ *dress*], näpen [*a* ~ *baby*], gullig b) rar, älskvärd, älsklig, intagande, vänlig, behaglig; *she has a* ~ *nature* äv. hon är söt och rar [av sig]; ~ *temper* älskvärt (vänligt, behagligt) sätt; *it was* ~ *of you to come* det var väldigt snällt (rart) av dig att komma **8** ljuv [*home, ~ home*]; kär, dyr, älskad [*my* ~ *mother*]; *revenge is* ~ hämnden är ljuv **9** vard., *be* ~ *on* vara kär (förälskad, förtjust) i **II** *adv* sött [*sleep* ~], ljuvt [*sing* ~], härligt, underbart, vackert [*sing* ~] **III** *s* **1** karamell, sötsak, godsak; pl. *~s* äv. snask, godis **2** [söt] efterrätt, dessert **3** pl. *~s* poet. sötma, ljuvhet, behag [*taste the ~s of success*]; vällukt **4** *my* ~! [min] älskling!, sötnos! **5** sött [~ *and sour*]

sweetbread ['swi:tbred] *s* kok. kalvbräss; lammbräss

sweet chestnut [ˌswi:t'tʃesnʌt] *s* bot. äkta kastanj

sweet corn [ˌswi:t'kɔ:n, '--] *s* bot. sockermajs

sweeten ['swi:tn] **I** *vb tr* **1** göra söt, söta; sockra **2** förljuva [~ *a p.'s life*], mildra, lätta **3** vard. blidka; muta

sweetener ['swi:tnə] *s* **1** sötningsmedel **2** tröst, mildrande faktor; tröstare **3** sl. muta

sweetheart ['swi:thɑ:t] *s* **1** fästmö, fästman; flickvän, pojkvän; älskling, käresta; ~! älskling!, sötnos! **2** raring, rar person

sweetie ['swi:tɪ] *s* **1** vanl. pl. *~s* karameller, godis, snask **2** vard., *~ [pie]* sötnos, älskling
sweetmeat ['swi:tmi:t] *s* sötsak, godsak; karamell; pl. *~s* äv. konfekt, snask, godis
sweetness ['swi:tnəs] *s* **1** söthet, sötma, söt smak (lukt) **2** vänlighet, älskvärdhet, charm, behagligt sätt
sweet pea [ˌswi:t'pi:] *s* bot. luktärt
sweet potato [ˌswi:tpə'teɪtəʊ] *s* sötpotatis, batat
sweetshop ['swi:tʃɒp] *s* godisaffär, gottaffär
sweet-talk [ˌswi:t'tɔ:k] vard. **I** *s* smicker; lämpor **II** *vb tr* smickra; lirka med, använda lämpor
sweet-tempered ['swi:tˌtempəd, pred. vanl. ˌ-'--] *adj* älskvärd, behaglig, vänlig, godmodig, blid
sweet tooth [ˌswi:t'tu:θ] *s*, *have a ~* vara en gottgris
sweet william [ˌswi:t'wɪljəm] *s* bot. borstnejlika
swell [swel] **I** (*~ed swollen*, ibl. *~ed*) *vb itr* **1** svälla; svullna [upp], bulna; pösa upp (fram) **2** bildl. svälla [*his heart ~ed with* (av) *pride*] **3** bildl. stegras, öka **II** (*~ed swollen*, ibl. *~ed*) *vb tr* (se äv. *swollen*) **1** få (komma) att svälla etc., jfr *I 1*; utvidga, blåsa upp; fylla [*the wind ~ed the sails*] **2** bildl. få att svälla (växa); göra mallig (uppblåst) **3** bildl. öka [*~ the ranks* (skaran) *of applicants*; *~ the total*], stegra **III** *s* **1 a)** svällande; ansvällning; uppsvälldhet **b)** utbuktning, rundning; konkr. äv. utväxt, knöl **2** [våg]svall, svallvågor, dyning; *there is a heavy ~* [*on* (*running*)] det går hög dyning **3** ökning, stegring **4** mus. crescendo, [tilltagande] brus [*the ~ of an organ*] **5** mus. svällare i orgel **6** vard. snobb, sprätt **7** vard. pamp, högdjur **8** vard. överdängare, mästare, stjärna [*at i*], specialist [*at på*] **IV** *adj* vard. flott, stilig; förstklassig; isht amer. alla tiders, toppen
swelling ['swelɪŋ] **I** *s* svällande, svullnande, ansvällning, uppsvällning; konkr. äv. svullnad, svulst, bula **II** *adj* **1** svällande [*~ sails*] **2** [sakta] stigande [*~ ground* (*tide*)]
swelter ['sweltə] **I** *vb itr* försmäkta (förgås) [av värme] **II** *s* tryckande (olidlig) hetta (värme)
sweltering ['swelt(ə)rɪŋ] *adj* tryckande, kvävande, olidlig [*~ heat*]; brännhet, stekhet [*a ~ day*]
Swenglish ['swɪŋglɪʃ] *s* svengelska blandning av svenska o. engelska
swept [swept] imperf. o. perf. p. av *sweep*
swerve [swɜ:v] **I** *vb itr* vika (böja) av [från sin duty]; gira, svänga [åt sidan]; bildl. avvika [*~ from one's duty*]; *the car ~ed into the ditch* bilen körde i diket **II** *vb tr* komma (få) att vika av, svänga (föra) åt sidan **III** *s* vridning, sväng (kast) åt sidan, sidorörelse
swift [swɪft] **I** *adj* **1** snabb, hastig [*a ~ glance*], rask, flink [*with ~ hands*]; strid **2** snar [*a ~ revenge*; *~ to anger*] **II** *s* tornsvala
swiftness ['swɪftnəs] *s* [stor] snabbhet, hastighet
swig [swɪg] vard. **I** *vb tr* o. *vb itr* stjälpa (bälga) i sig, halsa [*~ beer*], supa, grogga [*sit ~ging*] **II** *s* stor klunk, slurk [*take a ~ at* (ur) *a bottle*]
swill [swɪl] **I** *vb tr* **1** skölja (spola) [ur (av, över)]; *~ down the food* [*with beer*] skölja ned maten... **2** vard. stjälpa (bälga) i sig [*~ tea*] **II** *vb itr* supa [sig full] **III** *s* **1** spolning, sköljning **2** svinmat, skulor
swim [swɪm] **I** (*swam swum*) *vb itr* **1** simma; bildl. äv. hålla sig uppe, reda (klara) sig; [*they had to*] *~ for it* ...rädda sig [i land] simmande; *~ with the stream* (*tide*) bildl. följa (driva) med strömmen; *go ~ming* gå och bada, ta [sig] en simtur (ett bad) **2** flyta [*the boat won't ~*]; *sink or ~* det må bära eller brista **3** översvämmas, svämma över, fyllas; bildl. äv. bada [*~ming in blood*] **4** gå runt, snurra, gunga; *everything swam before his eyes* allt gick runt för honom **II** (*swam swum*) *vb tr* **1** simma; simma över [*~ the English Channel*]; *~ a p. 100 metres* simma i kapp med ngn 100 meter; *~ a race* simma i kapp, tävla i simning; simma ett lopp **2** låta simma [*~ one's horse across a river*] **III** *s* **1** simning; simtur, bad; *go for a ~* gå (åka) och bada **2** *be in the ~* vara (hänga) med [där det händer], vara med i svängen
swimmer ['swɪmə] *s* simmare, simmerska
swimming-bath ['swɪmɪŋbɑ:θ] *s* simbassäng; pl. *~s* äv. simhall, simbad
swimming-costume ['swɪmɪŋˌkɒstju:m] *s* baddräkt, simdräkt isht för kvinnor
swimmingly ['swɪmɪŋlɪ] *adv* bildl. lekande lätt, fint, galant, som smort [*everything went ~*]
swimming-pool ['swɪmɪŋpu:l] *s* simbassäng, swimmingpool
swimming-trunks ['swɪmɪŋtrʌŋks] *s* badbyxor
swimsuit ['swɪmsu:t, -sju:t] *s* baddräkt, simdräkt för kvinnor
swindle ['swɪndl] **I** *vb tr* **1** bedra, lura [*~ a p. out of* (på) *his money*]; *be easily ~d* vara lättlurad **2** lura [till sig] [*~ money out of* (av) *a p.*] **II** *vb itr* svindla, lura folk **III** *s* svindel, bedrägeri, skoj, bluff
swindler ['swɪndlə] *s* svindlare, bedragare, skojare, bluff[are]; falskspelare
swine [swaɪn] (pl. lika) *s* svin äv. bildl.
swing [swɪŋ] **I** (*swung swung*) *vb itr* **1** svänga [*~ to and fro*; *the car swung round* (om, runt) *the corner*]; pendla; vagga, vicka, vippa; gunga [fram]; svaja; *~ open* om dörr slå[s] (gå) upp; *~ to shut* om dörr slå[s] (gå) igen **2** hänga [*the lamp ~s from* (i) *the ceiling*]; dingla **3** vard. bli hängd, dingla i galgen [*he will ~ for it*] **4** mus. vard. swinga, spela (dansa) swing **II** (*swung swung*) *vb tr* **1** svänga [om (runt)]; få att svänga, sätta i svängning;

swingbridge

svänga med [*he was ~ing his arms*]; gunga [*~ a p. in a hammock*]; svinga [*~ a golf club*]; *~ one's hips* vagga med (vicka på) höfterna; *~ a p. round* bildl. få ngn att svänga [om] till **2** *~ the lead* se *1 lead I 4* **3** mus. vard. spela med swing; *~ it* spela [med] swing **4** sl., *~ it on a p.* blåsa ngn, lura ngn **III** *s* **1** svängning, sväng; sving; gungning; omsvängning, omställning; *the ~ of the pendulum* se *pendulum* **2** fart; rytm; *be in full ~* vara i full gång (fart); *get into the ~ of things* komma in i det hela (i gång); *get into full ~* komma riktigt i gång (farten); *go with a ~* om musik o. vers ha [en fin] rytm; *it's going with a ~* a) det går med full fart b) det går som en dans **3** gunga; *make up on the ~s what is lost* (*one loses*) *on the roundabouts* bildl. ta igen på gungorna vad man förlorar på karusellen **4** mus. swing **5** boxn. sving [*a left ~*]
swingbridge ['swɪŋbrɪdʒ] *s* svängbro
swingdoor ['swɪŋdɔː] *s* svängdörr
swingeing ['swɪn(d)ʒɪŋ] *adj* väldig, skyhög [*~ taxation*]
swinging ['swɪŋɪŋ] **I** *s* svängande, svängning etc., jfr *swing I* o. *II* **II** *adj* **1** svängande etc., jfr *swing I*; gung- **2** bildl. svepande, hastig, energisk; svängig [*a ~ tune*]; svajig [*a ~ pace*]
swipe [swaɪp] **I** *vb itr, ~ at* slå (klippa, drämma) till [*~ at a ball*] **II** *vb tr* **1** slå (klippa, drämma) [till] **2** sl. sno stjäla **III** *s* vard. hårt slag, rökare
swirl [swɜːl] **I** *vb itr* virvla (snurra) runt (omkring); virvla upp **II** *vb tr* virvla (snurra) runt, snurra på **III** *s* virvel [*a ~ of dust* (*water*)]; virvlande
1 swish [swɪʃ] **I** *vb tr* **1** slå (klippa) till; piska **2** vifta (svänga, slå) [till] med [*the horse ~ed its tail*], snärta till med [*he ~ed his whip*]; slänga [*he ~ed it away*] **II** *vb itr* svepa (susa) fram; svischa, susa, vina [*the bullet* (*car*) *~ed past him*]; frasa [*her dress ~ed*] **III** *s* svep; sus, vinande; fras[ande] [*the ~ of silk*]; prassel [*the ~ of dry leaves*]; skvalp
2 swish [swɪʃ] *adj* vard. snofsig, flott
Swiss [swɪs] **I** *adj* schweizisk; schweizer- [*~ cheese*]; [*chocolate*] *~ roll* drömtårta; [*jam*] *~ roll* rulltårta **II** (pl. lika) *s* schweizare; schweiziska
switch [swɪtʃ] **I** *s* **1** strömbrytare, kontakt, knapp; omkopplare **2** järnv. växel **3** spö [*riding ~*], [smal] käpp; vidja, böjlig kvist **4** a) lösfläta b) svanstofs **5** omställning, övergång; omsvängning; byte **II** *vb tr* **1** koppla; *~ off* koppla av (ur), bryta [*~ off the current*]; knäppa av, släcka [*~ off the light*], stänga (slå) av [*~ off the radio*]; slå ifrån [*~ off an engine*]; *~ on* a) koppla (släppa) på, koppla in [*~ on the current*]; knäppa på, tända [*~ on the light*]; sätta (slå) på [*~ on the radio*; *~ on an engine*] b) vard.

822

pigga upp; *it ~es me on* vard. det tänder jag på **2** ändra [*~ methods*]; byta [*they ~ed husbands*]; leda (föra) över [*~ the talk to another subject*]; *~* [*a*]*round* flytta omkring [*~ the furniture round*]; *~ over* ställa om [*~ over production to the manufacture of cars*] **3** järnv. växla [över] [*~ a train into a siding*] **4** piska [upp], slå (piska) till **5** svänga (vifta) med [*he ~ed his cane; the cow ~ed her tail*]; vrida, rycka [till sig] **III** *vb itr* **1** *~ off* koppla (stänga) av, bryta strömmen; släcka [ljuset]; *~ on* slå på strömmen, tända [ljuset] **2** *~* [*over*] gå över, byta; *he ~ed* [*over*] *to teaching* han sadlade om (gick över) till lärarbanan; *~* [*over*] *to another station* radio. ta in en annan station; *~ over to another channel* TV. byta kanal; *~ round* bildl. slå (kasta) om **3** kortsp. byta färg **4** piska, slå
switchback ['swɪtʃbæk] *s* **1** serpentinväg; järnv. sicksackbana bergbana **2** berg-och-dalbana
switchblade ['swɪtʃbleɪd] *s*, *~* [*knife*] stilett
switchboard ['swɪtʃbɔːd] *s* **1** tele. växel[bord]; *~ operator* växeltelefonist **2** elektr. instrumenttavla
Switzerland ['swɪts(ə)lənd] Schweiz
swivel ['swɪvl] **I** *s* tekn. el. sjö. lekare, svivel; pivå, [sväng]tapp **II** *vb tr* o. *vb itr* svänga [runt] [som] på en tapp; snurra [på]
swivel chair ['swɪvltʃeə] *s* snurrstol, svängbar skrivbordsstol (kontorsstol)
swiz[**z**] [swɪz] *s* sl. båg, bluff; fubb fusk
swizzle stick ['swɪzlstɪk] *s* cocktailpinne
swollen ['swəʊl(ə)n] **I** perf. p. av *swell II adj* **1** uppsvälld, svullen [*a ~ ankle*] **2** vard. uppblåst, övermodig [*with av*]; *he has a ~ head* han är uppblåst, han är mallig [av sig]
swoon [swuːn] **I** *vb itr* **1** svimma [*~ for* (*av*) *joy*; *~ with* (*av*) *pain*]; *~ away* svimma av, dåna **2** bildl. *~* [*away*] dö bort [*the noise ~ed away*] **II** *s* svimning[sanfall]; *fall into a ~* svimma av
swoop [swuːp] **I** *vb itr* slå ned [äv. *~ down*]; överfalla [*the soldiers ~ed down on the bandits*] **II** *s* rovfågels nedslag; isht mil. [plötsligt] angrepp (anfall), överfall, blixtangrepp, blixtanfall; *at one* [*fell*] *~* el. *at a ~* i ett slag (svep), på en gång
swop [swɒp] *vb tr* o. *vb itr* o. *s* se *swap*
sword [sɔːd] *s* svärd äv. bildl.; [*cavalry*] *~* sabel; [*straight*] *~* värja; *draw one's ~* dra blanket [*on a p.* mot ngn]
sworddance ['sɔːddɑːns] *s* svärdsdans
swordfish ['sɔːdfɪʃ] *s* zool. svärdfisk
swordhilt ['sɔːdhɪlt] *s* svärdsfäste, sabelfäste, värjfäste
swordplay ['sɔːdpleɪ] *s* svärdslek; fäktning
swords|**man** ['sɔːdz|mən] (pl. *-men* [-mən]) *s* **1** fäktare, fäktmästare **2** soldat, krigare
swordstick ['sɔːdstɪk] *s* värjkäpp

swore [swɔ:] imperf. av *swear*
sworn [swɔ:n] I perf. p. av *swear* II *adj* svuren äv. bildl. [*a ~ enemy (foe)*]; edsvuren [*a ~ jury*]; edlig, beedigad, edligen bestyrkt [*~ evidence*]
swot [swɒt] skol. vard. I *vb itr* o. *vb tr* plugga, pluggläsa; *~ up* plugga in II *s* **1** plugghäst **2** plugg
swum [swʌm] perf. p. av *swim*
swung [swʌŋ] **1** imperf. o. perf. p. av *swing* **2** typogr., *~ dash* krok, släng, tilde (~)
sycamore ['sɪkəmɔ:] *s* bot. **1** ~ [*fig*] sykomor, mullbärsfikonträd **2** ~ [*maple*] tysk lönn, sykomorlönn **3** amer. platan
sycophant ['sɪkəfənt, 'saɪk-] *s* smickrare, lismare
sycophantic [ˌsɪkə'fæntɪk, 'saɪk-] *adj* krypande, smickrande, lismande
Sydney ['sɪdnɪ] mansnamn el. geogr.
syllabic [sɪ'læbɪk] *adj* stavelsebildande [*~ sounds*]; syllabisk; stavelse- [*~ accent*]
syllabication [sɪˌlæbɪ'keɪʃ(ə)n] *s* o.
syllabification [sɪˌlæbɪfɪ'keɪʃ(ə)n] *s* stavelsedelning, avstavning
syllabify [sɪ'læbɪfaɪ] *vb tr* uppdela i stavelser
syllable ['sɪləbl] *s* stavelse; *not a ~* äv. inte ett ljud (knyst, ord)
syllab|us ['sɪləb|əs] (pl. *-uses* el. *-i* [-aɪ]) *s* kursplan för visst ämne; studieplan; examensfordringar
sylph [sɪlf] *s* sylf; sylfid äv. bildl.
sylphlike ['sɪlflaɪk] *adj* sylfidisk, gracil, eterisk
sylvan ['sɪlvən] *adj* skogig, skogklädd [*~ hills*], skogs-, i skogen [*a ~ cottage*]
symbios|is [ˌsɪmbɪ'əʊs|ɪs] (pl. *-es* [-i:z]) *s* biol. symbios
symbol ['sɪmb(ə)l] *s* symbol [*of* för], tecken [*of* för, på], sinnebild [*of* för, av]
symbolic [sɪm'bɒlɪk] *adj* o. **symbolical** [sɪm'bɒlɪk(ə)l] *adj* symbolisk, betecknande [*of* för]; symbol- [*~ language*]
symbolism ['sɪmbəlɪz(ə)m] *s* **1** litt. el. konst. symbolism **2** symbolik
symbolize ['sɪmbəlaɪz] *vb tr* symbolisera, beteckna
symmetric [sɪ'metrɪk] *adj* o. **symmetrical** [sɪm'metrɪk(ə)l] *adj* symmetrisk
symmetry ['sɪmətrɪ] *s* symmetri; harmoni
sympathetic [ˌsɪmpə'θetɪk] *adj* **1** full av medkänsla (förståelse) [*to, towards* för], förstående, välvillig, deltagande [*~ words*]; välvilligt (positivt) inställd; *~ strike* sympatistrejk **2** sympatisk [*a ~ face*], tilltalande [*to* för]
sympathize ['sɪmpəθaɪz] *vb itr* sympatisera [*with* med], hysa (ha) medkänsla [*with* med, för], ömma [*with* för], hysa (ha) [full] förståelse [*with* för], känna [*with* med, för]; deltaga [*~ in* (i) *a p.'s affliction*; *~ with a p. in his afflictions*]; vara välvilligt (positivt) inställd [*~ with* (till) *a proposal*]

sympathizer ['sɪmpəθaɪzə] *s* sympatisör, själsfrände [*with* till], anhängare [*with* till, av]
sympathy ['sɪmpəθɪ] *s* **1** sympati [*for, with* för], medkänsla, medlidande [*for, with* med], förståelse [*for, with* för], deltagande [*for, with* med, för]; attr. sympati- [*~ strike*]; *you have my ~* jag förstår hur du känner det; *letter of ~* kondoleansbrev; [*the proposal*] *met with ~* ...vann gehör **2** överensstämmelse, harmoni; samhörighet [*feel ~ with*]
symphonic [sɪm'fɒnɪk] *adj* symfonisk
symphony ['sɪmfənɪ] *s* **1** symfoni; symfoni- [*~ orchestra*] **2** amer. attr. symfoniorkester
symposi|um [sɪm'pəʊzj|əm] (pl. *-ums* el. *-a* [-ə]) *s* **1** symposium, [vetenskaplig] konferens **2** samling artiklar [och diskussionsinlägg]
symptom ['sɪm(p)təm] *s* symtom [*of* på]; tecken [*of* på, till], spår [*of* av]
symptomatic [ˌsɪm(p)tə'mætɪk] *adj* symtomatisk [*of* för]; kännetecknande, karakteristisk [*of* för]; *be ~ of* äv. vara [ett] symtom på
synagogue ['sɪnəgɒg] *s* synagoga
sync[h] [sɪŋk] vard. I *s* synkning synkronisering; *in ~ (out of ~) with* synkroniserad (inte synkroniserad) med II *vb tr* synka synkronisera
synchroflash ['sɪŋkrə(ʊ)flæʃ] *s* foto. synkronblixt
synchromesh ['sɪŋkrə(ʊ)meʃ] I *s* synkroniserad växel[låda], synkronisering II *adj* synkroniserad [*~ gear*]
synchronization [ˌsɪŋkrənaɪ'zeɪʃ(ə)n] *s* synkronisering
synchronize ['sɪŋkrənaɪz] I *vb tr* synkronisera [*~ clocks*], samordna [*~ movements*]; *~d swimming* konstsim II *vb itr* vara samtidig, inträffa (uppträda) samtidigt
synchronous ['sɪŋkrənəs] *adj* isht vetensk. synkron, samtidig [*with* med]; synkron- [*~ clocks*]
syncopate ['sɪŋkə(ʊ)peɪt] *vb tr* mus. synkopera [*~d rhythm*]
syndicalism ['sɪndɪkəlɪz(ə)m] *s* syndikalism[en]
syndicate [ss. subst. 'sɪndɪkət, ss. vb 'sɪndɪkeɪt] I *s* **1** syndikat; konsortium, kartell **2** nyhetsbyrå, telegrambyrå II *vb tr* kontrollera genom ett syndikat (konsortium); ombilda till ett syndikat (konsortium)
syndrome ['sɪndrəʊm, -drəmɪ] *s* **1** med. syndrom, symtomkomplex **2** karakteristiskt beteendemönster, syndrom
syne [saɪn] *adv* skotsk., se *since*; jfr *auld*
synfuel ['sɪnˌfju:əl] *s* vard., se *synthetic fuel* under *synthetic*
synod ['sɪnəd] *s* synod, kyrkomöte
synonym ['sɪnənɪm] *s* synonym

synonymous [sɪ'nɒnɪməs] *adj* synonym, liktydig
synops|is [sɪ'nɒps|ɪs] (pl. *-es* [-i:z]) *s* synops[is], sammanfattning, resumé
syntactic [sɪn'tæktɪk] *adj* o. **syntactical** [sɪn'tæktɪk(ə)l] *adj* språkv. syntaktisk
syntax ['sɪntæks] *s* språkv. syntax, satslära
synth [sɪnθ] *s* mus. vard. synt
synthes|is ['sɪnθəs|ɪs] (pl. *-es* [-i:z]) *s* syntes äv. kem. el. filos.; sammanställning, sammanfattning
synthesize ['sɪnθəsaɪz] *vb tr* syntetisera; kem. äv. framställa på syntetisk väg
synthesizer ['sɪnθəsaɪzə] *s* **1** mus. synthesizer **2** syntetiker
synthetic [sɪn'θetɪk] **I** *adj* syntetisk [~ *detergents* (tvättmedel); *a ~ language*]; bildl. äv. konstlad; *~ fibre* syntetfiber, konstfiber; *~ fuel* syntetbränsle **II** *s* syntetmaterial; *~s* pl. syntetfibrer
syphilis ['sɪfɪlɪs] *s* med. syfilis
syphilitic [ˌsɪfɪ'lɪtɪk] **I** *adj* syfilitisk **II** *s* syfilitiker
syphon ['saɪf(ə)n] *s* o. *vb tr* o. *vb itr* se *siphon*
Syria ['sɪrɪə] Syrien
Syrian ['sɪrɪən] **I** *adj* syrisk **II** *s* syrier
syringe ['sɪrɪn(d)ʒ, -'-] **I** *s* spruta; injektionsspruta **II** *vb tr* spruta in [*into* i], bespruta [~ *plants*]; spola ren [~ *wounds*]
syrup ['sɪrəp] *s* **1** sockerlag; saft kokt med socker; farmakol. sirap; *cough ~* hostmedicin **2** sirap
syrupy ['sɪrəpɪ] *adj* sirapslik, sirapsaktig, siraps- [~ *colour*]; bildl. sockersöt, sirapslen, [söt]sliskig
system ['sɪstəm] *s* **1** system; *the ~* äv. kroppen, organismen [*harmful to* (för) *the ~*]; *the digestive ~* matsmältningsapparaten; *the nervous ~* nervsystemet; *postal ~* postväsen; *prison ~* fängelseväsen; *solar ~* solsystem; *make a ~ of* sätta i system; *get a th. out of one's ~* bildl. komma över [verkningarna av] ngt, bli fri från ngt; *reduce to a ~* systematisera **2** metod, plan[mässighet], system; ordning [*the old ~*; *the present ~ can't go on*]
systematic [ˌsɪstə'mætɪk] *adj* systematisk, planmässig, metodisk
systematization [ˌsɪstəmətaɪ'zeɪʃ(ə)n] *s* systematisering
systematize ['sɪstəmətaɪz] *vb tr* systematisera
systolic [sɪ'stɒlɪk] *adj* fysiol. systolisk; *~ pressure* systoliskt blodtryck

T

T, t [ti:] (pl. *T's* el. *t's* [ti:z]) *s* T, t; *to a T* alldeles precis, utmärkt [*that would suit me to a T*], på pricken
ta [tɑ:] *interj* vard., *~!* tack!
tab [tæb] *s* **1** a) lapp, flik; tabb b) slejf; hank, rockhängare; stropp c) rivöppnare på burk **2** a) etikett, [liten] skylt, lapp b) [kort]flik; [kort]ryttare c) rockmärke, rockkvitto **3** mil. gradbeteckning **4** *keep ~s* (*a ~*) *on* vard. hålla ögonen på, kolla **5** vard. räkning, nota; kostnad; *pick up the ~* betala notan (kalaset)
tabby ['tæbɪ] **I** *s* spräcklig (strimmig) katt **II** *adj* spräcklig, strimmig [*a ~ cat*]
tabernacle ['tæbənækl] *s* tabernakel
table ['teɪbl] **I** *s* **1** a) bord; taffel; *clear the ~* duka av [bordet]; *cold ~* kallskänk; *lay* (*set*) *the ~* duka [bordet]; *at ~* vid [mat]bordet; *wait at* (amer. *wait* [*on*]) *~* servera, passa upp [vid bordet]; *sit down to ~* sätta sig till bords; *drink a p. under the ~* vard. dricka ngn under bordet; *he was under the ~* han var plakat b) attr. bords-, bord- [~ *lamp*; *~ wine*] **2** bord[sällskap] [*jokes that amused the whole ~*] **3** skiva, platta, underlag **4** tavla [*a stone ~*] **5** tabell [*multiplication ~*]; förteckning, register; *~ of contents* innehållsförteckning **6** [hög]platå **7** pl. *~s*: *turn the ~s* [*on a p.*] få övertaget igen [över ngn]; *the ~s are turned* rollerna är ombytta **II** *vb tr* **1** parl. a) lägga fram [*~ a motion*] b) isht amer. bordlägga **2** ställa upp i tabellform
tableau ['tæbləʊ] (pl. *~x* [-z] el. *~s*) *s* tablå äv. bildl.
tablecloth ['teɪblklɒθ] *s* [bord]duk
table d'hôte [ˌtɑ:bl'dəʊt] *s* fr. table d'hôte, dagens meny; *have a ~ lunch* äta lunch table d'hôte, äta dagens lunch
tableknife ['teɪblnaɪf] *s* bordskniv, matkniv
tableland ['teɪblænd] *s* [hög]platå, högslätt
table-lifting ['teɪblˌlɪftɪŋ] *s* spirit. borddans
table linen ['teɪblˌlɪnɪn] *s* bordslinne, dukar och servetter
table manners ['teɪblˌmænəz] *s pl* bordsskick
tablemat ['teɪblmæt] *s* tablett; liten duk; [karott]underlägg
table napkin ['teɪblˌnæpkɪn] *s* servett
table-rapping ['teɪblˌræpɪŋ] *s* spirit. bordknackning
tablespoon ['teɪblspu:n] *s* **1** uppläggningssked **2** matsked äv. ss. mått
tablespoonful ['teɪblspu:nfʊl] (pl. *~s* el. *tablespoonsful*) *s* matsked ss. mått; *two ~s of sugar* två matskedar [med] socker
tablet ['tæblət] *s* **1** [minnes]tavla **2** liten

platta, skiva **3** [skriv]block **4** a) tablett [*throat ~s*] b) kaka [*a ~ of chocolate*]; *a ~ of soap* en tvål
table tennis ['teɪbl,tenɪs] *s* bordtennis
tableware ['teɪblweə] *s* bordsservis; glas, porslin och bestick
tabloid ['tæblɔɪd] *s* sensationstidning [i litet format], tabloid
taboo [tə'buː] **I** (pl. *~s*) *s* tabu; tabubegrepp; friare äv. förbud, bannlysning; *put* (*set*) *under ~* belägga med tabu, tabuförklara **II** *adj* tabu [*such words were once ~*], tabuförklarad; friare äv. förbjuden, bannlyst **III** *vb tr* tabuförklara, belägga med tabu; friare äv. förbjuda, bannlysa [*the subject was ~ed*]
tabular ['tæbjʊlə] *adj* tabellarisk, [uppställd] i tabellform [*~ statistics*]; *in ~ form* i tabellform
tabulate ['tæbjʊleɪt] *vb tr* ordna (ställa upp) i tabellform, tabellera; göra upp en tabell över
tabulation [,tæbjʊ'leɪʃ(ə)n] *s* tabelluppställning, tabellering, tabulering
tabulator ['tæbjʊleɪtə] *s* tabulator
tachometer [tæ'kɒmɪtə, tə'k-] *s* takometer; varvräknare
tacit ['tæsɪt] *adj* underförstådd; *~ consent* tyst medgivande
tacitly ['tæsɪtlɪ] *adv* tyst, stillatigande
taciturn ['tæsɪtɜːn] *adj* tystlåten, fåordig, ordkarg
taciturnity [,tæsɪ'tɜːnətɪ] *s* tystlåtenhet, fåordighet, ordkarghet
1 tack [tæk] **I** *s* **1** nubb, stift, spik; jfr *brass 1*; *carpet ~* mattspik **2** a) tråckelstygn b) tråckling **3** sjö. hals; *be on the port* (*starboard*) *~* ligga för babords (styrbords) halsar **4** kurs, riktning; metoder, taktik, tillvägagångssätt [*we must change our ~*]; *be on the right* (*wrong*) *~* vara inne på rätt (fel) spår **II** *vb tr* **1** spika, nubba, fästa med stift; *~ down* spika på (fast) [*~ down a carpet*]; *~ a th.* [*on*] *to* sätta (spika, nubba) fast ngt på (i, vid) **2** tråckla; nästa; *~ a th.* [*on*] *to* tråckla (nästa) fast ngt vid; bildl. lägga till (tillfoga, bifoga) ngt till; *he ~ed himself on to the queue* han hakade på kön
2 tack [tæk] *s* **1** vard. käk, krubb **2** sjö., *hard ~* skeppsskorpor
tackle ['tækl] **I** *s* **1** sjö. tackel, talja; tackling **2** redskap, grejer, don; *shaving ~* rakgrejer, rakdon **3** fotb. tackling **II** *vb tr* **1** a) gripa sig an, angripa, ge sig på, ta itu med, tackla [*~ a problem*], ge sig i kast med [*~ an opponent*] b) klara av, gå i land med [*I can't ~ it*] c) sätta åt, klämma, tala ut med [*~ a p. about* el. *on* el. *over* (angående, om) *a th.*] **2** sport. tackla
tacky ['tækɪ] *adj* klibbig [*the paint is still ~*]
tact [tækt] *s* takt[fullhet], finkänslighet
tactful ['tæktf(ʊ)l] *adj* taktfull, finkänslig

tactic ['tæktɪk] *s* **1** pl. *~s* se *tactics* **2** taktiskt grepp, manöver, knep; metod [*a new ~*]
tactical ['tæktɪk(ə)l] *adj* mil. o. bildl. taktisk [*~ voting*]; *~ exercise* taktisk övning, stridsövning
tactician [tæk'tɪʃ(ə)n] *s* mil. o. bildl. taktiker
tactics ['tæktɪks] *s* **1** (konstr. ss. sg.) taktik del av krigskonsten **2** (konstr. ss. pl.) taktik metoder, manövrer
tactile ['tæktaɪl, amer. 'tæktl] *adj* känsel- [*~ organ* (*sensation*)]; taktil, förnimbar med känseln
tactless ['tæktləs] *adj* taktlös, ofinkänslig
tadpole ['tædpəʊl] *s* grodlarv, grodyngel
taffeta ['tæfɪtə] *s* taft
taffrail ['tæfreɪl] *s* sjö. **1** akterreling **2** hackbräde
Taffy ['tæfɪ] **I** walesisk form för *David* **II** *s* skämts. walesare ofta i tilltal
1 tag [tæg] **I** *s* **1** lapp, märke äv. data.; etikett äv. data.; adresslapp; [*electronic*] *~* [elektronisk] bricka ss. stöldskydd; [*price*] *~* prislapp; *key ~* nyckelbricka **2** skålla, pigg, [metall]spets på skosnöre o.d. **3** remsa, flik, stump, tamp **4** stropp; hank, hängare **5** bihang, påhäng; *question ~* el. *~ question* språkv. påhängsfråga, eller-hur-fråga [t.ex. *it's nice, isn't it?*] **6** beteckning, [ök]namn **II** *vb tr* **1** sätta lapp (märke etc., jfr *I 1*) på, märka, etikettera **2** *~ a th.* [*on*] *to* fästa ngt vid (i), lägga till (tillfoga) ngt till **III** *vb itr* vard. följa (hänga) med; *~* [*along*] *after a p.* följa ngn i hälarna
2 tag [tæg] *s* tafatt, sistan, kull [*play ~*]
tagliatelle [,tæljə'telɪ] *s* kok. tagliatelle, bandspaghetti
1 tail [teɪl] **I** *s* **1** a) svans, stjärt b) slut, sista del [*the ~ of a procession*]; ända, bakre del [*the ~ of a cart*]; *turn ~* a) vända sig bort, vända ryggen till b) ta till flykten; *twist a p.'s ~* förarga ngn; *twist the lion's ~* pröva [det brittiska] lejonets tålamod; *he was on my ~* han var tätt i hälarna på mig; *run away with one's ~ between one's legs* fly med svansen mellan benen **2** skört [*the ~ of a coat*]; pl. *~s* vard. frack; *in ~s* vard. [klädd] i frack **3** [klännings]släp **4** baksida av mynt; se ex. under *head I 4 c* **5** tunga på flagga **6** fläta; stångpiska **7** a) släng, understapel på bokstav b) mus. [not]fana **8** vard. deckare, spårhund; *put a ~ on a p.* låta skugga ngn **II** *vb tr* **1** skära av nederdelen (roten) på [*~ turnips*]; [*top and*] *~* snoppa bär **2** a) hänga i hälarna på b) skugga [*~ a suspect*] **3** avsluta, komma sist i [*~ a procession*] **III** *vb itr* **1** följa efter [i en lång rad]; *~ after a p.* följa ngn i hälarna, följa tätt efter ngn **2** *~ away* (*off*) a) avta, dö bort [*her voice ~ed away*]; smalna av b) sacka efter, förirra sig
2 tail [teɪl] *s* jur. begränsning av arvsrätt[en]; *estate in ~* fideikommiss

tailback ['teɪlbæk] *s* [lång] bilkö
tailboard ['teɪlbɔːd] *s* bakläm på lastvagn
tail coat [ˌteɪl'kəʊt] *s* **1** frack **2** jackett
tailed [teɪld] *adj* vanl. ss. efterled i sms. med...svans, -svansad [*long-tailed*], med...stjärt
tail end [ˌteɪl'end] *s* slut, sista del [*the ~ of a speech*], sluttamp; [slut]ända
tailgate ['teɪlgeɪt] *s* **1** nedre slussport **2** se *tailboard* **3** bil. bakdörr på halvkombi; baklucka
tail-heavy ['teɪlˌhevɪ] *adj* flyg. baktung
tailless ['teɪlləs] *adj* svanslös, stjärtlös
taillight ['teɪllaɪt] *s* baklykta; flyg. stjärtlanterna
tailor ['teɪlə] **I** *s* skräddare; *ladies' ~ damskräddare*; *~'s dummy* a) provdocka b) [kläd]snobb **II** *vb tr* **1** [skräddar]sy; perf. p. *~ed* äv. välsittande, med god passform; strikt; *~ed costume* promenaddräkt **2** bildl. anpassa, tillrättalägga [*to* efter], skräddarsy **3** sy [kläder] åt; *he is ~ed by* han syr [sina kläder] hos
tailoring ['teɪlərɪŋ] *s* **1** skrädderi; skräddaryrke **2** skräddararbete
tailor-made ['teɪləmeɪd] **I** *adj* skräddarsydd äv. bildl.; *~ costume* skräddarsydd promenaddräkt **II** *s* skräddarsydd promenaddräkt, tailor-made
tailpiece ['teɪlpiːs] *s* slutstycke; avslutning, slut
tailplane ['teɪlpleɪn] *s* flyg. stabilisator
tailspin ['teɪlspɪn] *s* **1** flyg. spinn **2** vard. panik
tailwind ['teɪlwɪnd] *s* medvind
taint [teɪnt] **I** *s* **1** skamfläck, moralisk brist [*a ~ in his character*] **2** smitta, smittämne [*the meat is free from ~*], förorening; besmittelse; *there is a ~ of insanity in the family* det finns tecken till sinnessjukdom i familjen **II** *vb tr* **1** fläcka, besudla [*~ a p.'s name*] **2** göra skämd, skämma, angripa; *~ed meat* skämt (ankommet) kött **3** smitta; förorena, förpesta [*~ the air*]; bildl. fördärva
Taiwan [taɪ'wɑːn, -'wæn]
Taiwanese [ˌtaɪwə'niːz] **I** *adj* taiwanesisk **II** (pl. lika) *s* taiwanes
take [teɪk] **I** (*took taken*) *vb tr* (se äv. *III* o. fraser med *take* under *aback*, *1 air*, *oath* m.fl.) **1** ta; fatta, gripa; ta tag i; *~ a p.'s arm* ta ngn under armen; *~ a p.'s hand* ta ngn i handen **2** ta [med sig], bära, flytta **3** föra [*he was ~n to the Tower*], leda; *these stairs will ~ you to...* den här trappan leder till... **4 a)** ta sig [*~ a liberty*]; *~ a bath* ta [sig] ett bad **b)** göra sig [*~ a lot of trouble* (besvär)] **5 a)** göra [*~ a trip*]; vidta [*~ measures*]; *~ notes* föra (göra) anteckningar **b)** *~ a decision* fatta (ta) ett beslut **c)** avlägga [*~ a vow*] **6 a)** ta, lägga beslag på; *this seat is ~n* den här platsen är upptagen **b)** gripa [*he was ~n by the police*] **c)** inta [*~ a fortress*] **7 a)** inta [*~ one's place*] **b)** söka, ta [*~ cover* (shelter)]

8 dra, ta [*~ two from six*] **9** anteckna, skriva upp [*~ a p.'s name*] **10 a)** inta [*~ one's meals*], dricka [*~ wine*]; *~ snuff* snusa **b)** *~ the sun* sola [sig] **11** använda, ta [*~ sugar with (i) one's tea*]; ha, dra [*I ~ sevens* (nummer sju) *in gloves*] **12** ta, åka med [*~ the bus*]; *~ a taxi* ta (åka) taxi **13** ta, resa, åka, slå in på [*~ another road*]; *~ the road to the right* gå (köra) åt höger **14 a)** ta emot [*~ a gift*]; *~ that!* där fick du [så du teg!]; *I'm not taking any* [*of that*] vard. sånt går inte med mig **b)** anta [*~ a bet*] **15 a)** hyra [*~ a house*] **b)** prenumerera på [*~ two newspapers*] **16** behövas, fordras, krävas; dra [*the car ~s a lot of petrol*]; *he had already ~n six years over it* han hade redan lagt ner (använt) sex år på det; *it ~s so little to make her happy* det behövs så lite för att hon ska bli glad; *it ~s a lot to make her cry* det ska mycket till för att hon ska gråta; *it will ~ some doing* det är inte gjort utan vidare; *it took some finding* den var svår att hitta; *she has* [*got*] *what it ~s* vard. hon har allt som behövs **17** ta på sig [*~ the blame*], överta, åta sig [*~ the responsibility*]; *~ it upon oneself to* a) åta sig att b) tillåta sig att, ta sig för att **18** *be ~n ill* bli sjuk; *be ~n with* få, drabbas av **19** uppta, ta [*~ a th. well*]; *he knows how to ~ people* han kan verkligen ta folk; *~ it or leave it!* om du inte vill ha det så får det vara, passar det inte så låt bli! **20** tåla; *I can't ~ it any more* jag orkar inte med det längre; *he can't ~ a joke* han tål inte skämt; *I will ~ no nonsense* jag vill inte veta av några dumheter **21 a)** uppfatta, förstå [*he took the hint*]; *this must be ~n to mean that* det måste uppfattas så att **b)** följa, ta [*~ my advice*] **22 a)** tro, anse; *I ~ it that* jag antar att; *what (who) do you ~ me for?* vem tar du mig för?; *do you ~ me for a fool?* tror du jag är en idiot? **b)** *you may ~ my word for it (may ~ it from me) that* du kan tro mig på mitt ord när jag säger att; *you may ~ his word for it* du kan tro honom på hans ord **23** fånga äv. bildl. [*it took my eye*]; fängsla; *be ~n with* bli intagen av (förtjust i) **24** hämta, ta [*the quotation is ~n from Shakespeare*] **25 a)** vinna, ta [*he took the first set 6-3*] **b)** kortsp. få, ta [hem]; schack. ta, slå **c)** sport. ta, klara hinder **26** anta, [börja] få [*the word has ~n a new meaning*] **27** fatta, få [*~ a liking to*], finna, ha [*~ a pleasure in*] **28** ertappa, komma på; *~ a p. unawares* överrumpla ngn **29** rymma, [kunna] ta, ha plats för [*the car ~s six people*] **30 a)** läsa, lära sig [*~ English at the university*]; gå på [*~ a course*] b) undervisa i [*~ a class*] c) gå upp i [*~ one's exam*] **31** gram. styra, konstrueras med
II (*took taken*) *vb itr* (se äv. *III*) **1** ta [*the vaccination didn't ~*] **2** fastna, fästa; bot. slå rot, ta sig **3** ta [av] [*~ to the right*]

III (*took taken*) *vb tr* o. *vb itr* med adv. o. prep. isht med spec. övers.:
~ along ta med [sig]
~ apart: a) ta isär b) vard. slå, klå [*the team were ~n apart*] c) göra ner [fullständigt]
~ after brås på, likna [*he ~s after his father*]
~ away: a) ta bort (undan); föra bort [*be ~n away to prison*] b) dra ifrån [*~ away six from nine*] c) **~ meals away** köpa hem färdiglagade måltider
~ back: a) ta (ge, lämna) tillbaka, återta; *I ~ back what I said* jag tar tillbaka vad jag sa b) föra tillbaka [i tiden] [*the stories took him back to his childhood*]
~ down: a) ta ned b) riva [ned] [*~ down a house*]; **~ down one's hair** lösa [upp] (slå ut) håret c) skriva ned (upp), anteckna; göra ett referat av [*~ down a speech*]; ta [diktamen på] [*~ down a letter*] d) **~ a p. down** [*a peg or two*] sätta ngn på plats
~ in: a) ta in; ta (skaffa) in (hem) varor b) föra in; **~ a lady in to dinner** föra en dam till bordet c) ta emot, ha [*~ in boarders*] d) prenumerera på e) omfatta [*the map ~s in the whole of London*], inkludera f) vard. besöka, gå på; **~ in a cinema** gå på bio g) förstå, fatta [*I didn't ~ in a word*]; överblicka [*~ in the situation*]; uppfånga [*she took in every detail*] h) *he ~s it all in* vard. han går på allting; *be ~n in* låta lura sig i) vard. ta till polisstationen
~ off: a) tr. ta bort (loss); itr. vara löstagbar, kunna tas av (loss); ta av [sig] [*~ off one's shoes*] b) föra bort [*be ~n off to prison*], köra i väg med; ta (hämta) upp från, rädda från c) avföra från [*~ an item off the agenda*]; **~ sugar off the ration** slopa ransoneringen av socker d) dra in [*~ off two trains*]; lägga ned [*~ off a play*] e) **~ a day off** ta [sig] ledigt en dag f) dra (slå) av, pruta [*~ £10 off*] g) [be]ge sig i väg; flyg. starta, lyfta, lätta h) imitera; parodiera i) komma i ropet, bli populär, göra sig gällande
~ on: a) åta sig, ta på sig [*~ on extra work*] b) ta in, anställa [*~ on new workers*] c) anta, [börja] få [*~ on a new meaning*] d) ställa upp mot, ta sig an [*~ a p. on at* (i) *golf*], fotb. o.d. utmana [*~ on opponents*] e) slå igenom [*that fashion hasn't ~n on*] f) vard. bli upprörd; *she took on something dreadful* hon härjade och hade sig
~ out: a) ta fram (upp, ut) [*from, of* ur]; ta ur (bort) [*~ out a stain*]; dra ut tand b) ta ut, skaffa sig [*~ out a licence*], ta, teckna [*~ out an insurance policy*] c) ta [med] ut, bjuda ut [*~ a p. out to* (på) *dinner*] d) *this ~s it out of me* det här suger musten ur mig e) [*when he is annoyed,*] *he ~s it out on her* ...låter han det gå ut över henne
~ over: a) tr. överta [*~ over a business*], tillträda [*~ over a new job*]; itr. ta över, överta ledningen (makten, ansvaret); **~ over from** avlösa b) föra (köra) över; *we are now taking you over to...* radio. vi kopplar nu över till... c) lägga sig till med
~ to: a) [börja] ägna sig åt, slå sig på [*~ to gardening*]; sätta sig in i, lära sig; hemfalla åt; **~ to doing a th.** lägga sig till med att göra ngt; **~ to drink** (*drinking*) börja dricka b) bli förtjust i, [börja] tycka om [*the children took to her at once*]; [börja] trivas med; dras till c) fly, ta sin tillflykt; **~ to flight** ta till flykten; **~ to the lifeboats** gå i livbåtarna
~ up: a) ta upp (fram); ta med [*~ up passengers*]; lyfta [på] [*~ up the telephone receiver*]; riva upp gata; **~ up arms** gripa till vapen b) suga (ta) åt sig c) sömnad. ta (lägga) upp d) ta upp [*~ up for* (till) *discussion*], föra på tal e) ta [upp] [*it ~s up too much room*]; fylla [upp] [*it ~s up the whole page*]; uppta, ta i anspråk, lägga beslag på [*~ up a p.'s time*]; *he is ~n up with it* han är helt sysselsatt med det, han är engagerad i det f) inta [*~ up an attitude*] g) anta [*~ up a challenge*], gå med på; ta sig an, åta sig [*~ up a p.'s cause*] h) [börja] ägna sig åt [*~ up gardening*], börja läsa (lära sig); välja [*~ up a career*]; **~ up golf** börja spela golf i) avbryta, rätta [*~ up a speaker*]; tillrättavisa j) *I'll ~ you up on that* a) jag tar dig på orden b) det [du säger] vill jag bestrida k) arrestera l) tillträda [*~ up one's post*]; **~ up one's lodgings** (*quarters*) slå sig ned, inkvartera sig m) **~ up with a p.** börja umgås med ngn

IV s **1** tagande; jfr *give B* fångst [*the daily ~ of fish*], [jakt]byte **3** [biljett]intäkter **4** a) film. tagning b) inspelning

takeaway ['teɪkəweɪ] s o. adj restaurang (butik) med mat för avhämtning [äv. *~ restaurant* (*shop*)]; måltid för avhämtning [äv. *~ meal*]

takehome ['teɪkhəʊm] adj, **~ pay** (*wages*) lön efter [avdrag för] skatt, nettolön

taken ['teɪk(ə)n] perf. p. av *take*

takeoff ['teɪkɒf] s **1** a) flyg. start [*a smooth ~*]; startplats b) sport. avstamp **2** härmning, karikatyr, parodi

takeover ['teɪkˌəʊvə] s **1** övertagande, makttillträde, maktövertagande **2** hand. [företags]uppköp, övertagande av aktiemajoriteten i ett företag; *State ~* statligt övertagande, förstatligande; **~ bid** anbud att överta aktiemajoriteten i ett företag

taker ['teɪkə] s **1** tagare etc., jfr *take I*; *the ~ of a th.* den som tar etc. ngt **2** vadhållare vid hästtävling; *there were no ~s* det gjordes inga insatser

taking ['teɪkɪŋ] **I** s **1** tagande etc., jfr *take I*; *it's all for the ~* det är bara att ta för sig; *it's yours for the ~* det är din bara du ber om den **2** fångst **3** pl. *~s* intäkter, inkomst[er]; förtjänst **II** adj intagande, tilldragande

talc [tælk] **I** s **1** talk; ~ *powder* talkpuder **2** miner. glimmer **II** vb tr talka
talcum ['tælkəm] s talk; ~ *powder* talkpuder
tale [teɪl] s **1** berättelse, historia, saga; *nursery* ~ [barn]saga; amsaga; *old wives' ~s* käringprat, käringsnack, amsagor, skrock; *tell a different* ~ berätta något [helt] annat; bildl. peka i en annan riktning; *it tells its own* ~ den talar för sig själv; *you won't be alive to tell the* ~ du kommer inte att överleva för att kunna berätta om det, då är du redan död **2** lögn[historia] [*it's just a ~*]; *tell the* ~ vard. duka upp en fantastisk (rörande) historia, dra gråtvalsen **3** skvallerhistoria; pl. *tell ~s* skvallra
talebearer ['teɪl,beərə] s skvallerbytta
talent ['tælənt] s **1** talang, begåvning [*a man of* (med) *great* ~], fallenhet, anlag; förmåga [*for doing a th.* att göra ngt]; bibl. pund; *have a ~ for music* vara musikbegåvad, ha fallenhet för musik **2** talang, talangfull person, begåvning, förmåga [*young ~s*]; ~ *scout* (*spotter*) talangscout **3** [konstnärliga] alster [*an exhibition of local* ~]
talented ['tæləntɪd] adj talangfull, begåvad
talisman ['tælɪzmən, -ɪsm-] s talisman; amulett
talk [tɔːk] **I** vb itr (se äv. *III*) tala, prata, vard. snacka; kåsera, hålla föredrag; skvallra [*he won't ~*]; *you're the one to ~!* el. *you can ~!* och det ska du säga!; *that's no way to* ~ så säger man inte; *now you're ~ing!* vard. så ska det låta!; ~ *big* vard. vara stor i orden (mun) **II** vb tr (se äv. *III*) tala, prata; vard. snacka; ~ *shop* prata jobb (om jobbet) **III** vb tr o. vb itr med prep. o. adv. isht med spec. övers.: ~ *about* tala (prata) om; ~ *down* prata omkull; ~ *down* [*to*] använda en nedlåtande ton [till]; ~ *a p. into doing a th.* övertala ngn [till] att göra ngt; ~ *of* tala (prata) om [*he ~s of going to London*]; *~ing of* på tal om, apropå; ~ *on* hålla föredrag) om (över); ~ *a p. out of doing a th.* övertala ngn att inte göra ngt; ~ *over* a) tala om (över), behandla [*~ over a subject*] b) diskutera, resonera om [*let's ~ the matter over*]; ~ *round* övertala, få att ändra sig; ~ *to* a) tala (prata) med; tala till b) tala [allvar] med, säga till [på skarpen]; ~ *with* tala (prata, samtala) med **IV** s **1** samtal; pratstund; pl. *~s* äv. förhandlingar [*peace ~s*], överläggningar; *small* ~ småprat, kallprat **2** a) prat [*we want action, not ~*]; vard. snack b) tal [*there can be no ~ of* (om) *that*] c) rykten [*hear ~ of war*]; *there has been ~ of that* det har varit tal om det; *the ~ of the town* det allmänna samtalsämnet **3** föredrag; *give a ~ on a th.* hålla ett föredrag **4** språk [*baby talk*]
talkative ['tɔːkətɪv] adj talför, pratsam, pratsjuk

talker ['tɔːkə] s person som talar (pratar); pratmakare [*what a ~ he is!*]
talking ['tɔːkɪŋ] **I** s prat [*no ~!*]; *do the* ~ föra ordet; *I'll do all the* ~ [*when they arrive*] låt mig tala (föra ordet)...; *he did all the* ~ det var han som pratade (höll låda); *there was very little* ~ det sas (pratades) mycket lite **II** adj **1** talande etc., jfr *talk I*; ~ *book* talbok; ~ *film* (*picture*) hist. talfilm **2** bildl. talande, uttrycksfull [*~ eyes*]
talking-point ['tɔːkɪŋpɔɪnt] s diskussionsämne
talking-to ['tɔːkɪŋtuː] s vard. åthutning, utskällning [*get a ~*]; *give a p. a good ~* äv. läsa lusen av ngn
talk show ['tɔːkʃəʊ] s radio. el. TV. pratshow, intervjuprogram med kändisar
tall [tɔːl] adj **1** lång [*he is six foot ~, a ~ man*], stor[växt], reslig, högväxt; hög [*a ~ building* (*mast*)]; ~ *drink* långdrink [i högt glas] **2** vard., *a ~ price* ett saftigt pris; *a ~ story* en rövarhistoria
tallboy ['tɔːlbɔɪ] s byrå med höga ben
tallness ['tɔːlnəs] s längd, reslighet; höjd
tallow ['tæləʊ] s talg
tally ['tælɪ] **I** s **1 a)** [kontroll]räkning, poängberäkning **b)** poängsumma, poängställning **c)** sjö. lasträkning; *keep ~ of* hålla räkning på, föra räkning över **2** [kontroll]märke, etikett **II** vb tr **1** registrera, förteckna, anteckna **2** [kontroll]räkna; ~ *up* räkna ihop **3** pricka av, markera **4** få att stämma överens; avpassa [efter varandra] **III** vb itr stämma överens [*the lists ~*]; stämma, klaffa
Talmud ['tælmʊd] s, *the* ~ talmud judisk skriftsamling
talon ['tælən] s **1** [rovfågels]klo **2** hand. talong på kupongark **3** kortsp. talong
tamarind ['tæmərɪnd] s bot. tamarind[frukt]
tambourine [,tæmbə'riːn] s mus. tamburin
tame [teɪm] **I** adj tam **II** vb tr tämja; t.ex. djur domptera; kuva
tameability [,teɪmə'bɪlətɪ] s tämjbarhet
tameable ['teɪməbl] adj tämjbar
tameness ['teɪmnəs] s tamhet
tamer ['teɪmə] s [djur]tämjare, domptör
tam-o'-shanter [,tæmə'ʃæntə] s [skotsk] basker med tofs (från Robert Burns' dikt 'Tam-o'-Shanter')
tamp [tæmp] vb tr **1** packa (trycka) till [*~ the earth round a plant*] **2** stoppa, fylla [*~ one's pipe*]
tamper ['tæmpə] vb itr, ~ *with* a) fingra (peta) på, mixtra (konstra) med; manipulera (fiffla) med b) tubba, [försöka muta [*~ with a witness*]
tampon ['tæmpən, -ɒn] **I** s tampong **II** vb tr tamponera
tan [tæn] **I** vb tr **1** garva, barka **2** göra brunbränd; *~ned* [*by the sun*] solbränd, brun[bränd] **3** vard., ~ *a p.* (*a p.'s hide*) ge

ngn på huden, klå upp ngn **II** *vb itr* bli solbränd, bli brun[bränd] **III** *s* **1** [mellan]brunt, barkbrunt **2** solbränna
tandem ['tændəm, -dem] **I** *adv* i tandem [*drive horses* ~] **II** *s* **1** tandem[spann]; *in* ~ i rad [efter varandra] [*swim in* ~], i tandem **2** ~ [*bicycle*] tandem[cykel]
tang [tæŋ] *s* a) skarp smak (lukt) b) bismak; eftersmak c) anstrykning, prägel
tangent ['tæn(d)ʒ(ə)nt] **I** *s* geom. tangent; *fly (go) off at (on) a* ~ bildl. plötsligt avvika från ämnet, göra ett hopp [i tankegången] **II** *adj* tangerande; tangerings-, berörings-; *be* ~ *to* tangera
tangerine [ˌtæn(d)ʒəˈriːn] **I** *s* **1** tangerin; slags mandarin **2** tangerinträd **3** orangeröd färg **II** *adj* orangeröd
tangibility [ˌtæn(d)ʒəˈbɪlətɪ] *s* påtaglighet, gripbarhet etc., jfr *tangible*
tangible ['tæn(d)ʒəbl] *adj* **1** påtaglig [~ *proofs*], gripbar, handgriplig; verklig, faktisk **2** materiell, real-; ~ *assets* materiella tillgångar, realtillgångar
tangle ['tæŋgl] **I** *vb tr* trassla till, göra trasslig; *get ~d* [*up*] trassla (tova) ihop sig **II** *vb itr* **1** bli tilltrasslad, trassla sig; bli insnärjd **2** vard. gräla, tampas [*with med*] **III** *s* **1** trassel, oreda; röra, virrvarr, bråte; härva [*a* ~ *of lies*]; snårskog [*a* ~ *of undergrowth*]; *be in a* ~ vara tilltrasslad, vara ett enda virrvarr; vara förvirrad **2** vard. gräl, bråk, konflikt
tangled ['tæŋgld] *adj* tilltrasslad, trasslig; tovig
tango ['tæŋgəʊ] **I** (pl. *~s*) *s* tango **II** *vb itr* dansa tango
tank [tæŋk] **I** *s* **1** a) tank; cistern, behållare b) reservoar [*rain-water* ~], damm; amer. bassäng **2** akvarium; *community* ~ sällskapsakvarium; *species* ~ artakvarium **3** mil. stridsvagn, tank; ~ *regiment* pansarregemente **II** *vb tr* **1** tanka; förvara i en tank **2** sl., ~ *up* tanka, supa **III** *vb itr*, ~ *up* a) tanka fullt (full tank) b) sl. supa sig full [*on på*]
tankard ['tæŋkəd] *s* [dryckes]kanna, stop; sejdel
tanked [tæŋkt] *adj* o. **tanked-up** [ˌtæŋktˈʌp] *adj* sl. packad berusad
tanker ['tæŋkə] *s* tanker, tankfartyg; tankbil
tank suit ['tæŋksuːt, -sjuːt] *s* isht amer. hel baddräkt [med axelband]
tank top ['tæŋktɒp] *s* ärmlös tröja, [brottar]linne
tanner ['tænə] *s* garvare
tannery ['tænərɪ] *s* **1** garveri **2** garvning
tannic ['tænɪk] *adj* garv-; ~ *acid* garvsyra
tannin ['tænɪn] *s* tannin garvämne; garvsyra
tanning ['tænɪŋ] *s* **1** garvning **2** vard. stryk, smörj
Tannoy ['tænɔɪ] *s* ® högtalaranläggning t.ex. på flygplats; högtalare [*on* (i) *the* ~]

tantalize ['tæntəlaɪz] *vb tr* locka, fresta; reta; gäcka; utsätta för tantalikval
tantalizing ['tæntəlaɪzɪŋ] *adj* lockande, frestande; retsam, gäckande
tantamount ['tæntəmaʊnt] *adj*, *be* ~ *to* vara liktydig med, vara detsamma som, innebära
tantrum ['tæntrəm] *s* raserianfall; *fly into a* ~ få ett raserianfall
Tanzania [ˌtænzəˈniːə, tænˈzeɪnɪə]
Tanzanian [ˌtænzəˈniːən, tænˈzeɪnɪən] **I** *adj* tanzanisk **II** *s* tanzanier
1 tap [tæp] **I** *s* **1** kran på ledningsrör; tappkran; *on* ~ a) om öl o.d. på fat [*have beer on* ~]; klar för tappning b) bildl. till hands, redo, till ngns förfogande [*he always expects me to be on* ~] **2** plugg, tapp i tunna **II** *vb tr* **1** a) tappa [~ *a rubber tree*], tappa ur [~ *a cask*]; bildl. tappa av, åderlåta b) tappa av [äv. ~ *off*; ~ *a liquor*] **2** a) utnyttja, exploatera [~ *sources of energy*]; öppna [~ *a new market*] b) hämta [*material ~ped from new sources*] c) pumpa, mjölka [~ *a p. for* (på) *information*]; ~ *a p. for money* vigga (tigga) pengar av ngn **3** tele. avlyssna [~ *a telephone conversation*]; ~ *the wires* göra telefonavlyssning
2 tap [tæp] **I** *vb tr* knacka i (på), trumma i (på) [~ *the table*]; trumma med [~ *one's fingers*], knacka (slå) med; slå (klappa) lätt [~ *a p. on the shoulder*]; ~ *a typewriter* knacka [på] maskin; ~ *out* a) knacka ned [på maskin] b) knacka [~ *out a message on* (i) *the wall*], markera **II** *vb itr* **1** knacka [~ *at* (on) *the door*], slå lätt; trumma [~ *with one's fingers*] **2** klappra, gå med klapprande steg **III** *s* knackning, lätt slag; *there was a* ~ *at the door* det knackade på dörren
tap-dance ['tæpdɑːns] **I** *s* step[p], step[p]dans **II** *vb itr* steppa
tap-dancing ['tæpˌdɑːnsɪŋ] *s* step[p], steppning; *do* ~ steppa
tape [teɪp] **I** *s* **1** band [*cotton* ~; *name* ~] **2** [*adhesive* (*sticky*)] ~ tejp, klisterremsa; [*insulating*] ~ isoleringsband **3** a) [ljud]band; *magnetic* [*recording*] ~ magnetband; inspelningsband; *record on* ~ spela in (ta upp) på band, banda b) vard. [band]inspelning **4** sport. målsnöre; *breast the* ~ spränga målsnöret **5** måttband; lantmät. mätband **6** a) [telegraf]remsa b) tekn., [*punched*] ~ [hål]remsa **7** vard., se *red-tape* **II** *vb tr* **1** binda (knyta) om (fast) med band **2** linda med tejp (isoleringsband); ~ [*up*] tejpa ihop **3** spela in på band, banda **4** mäta [med måttband] **5** vard. bedöma, taxera; *I've got him ~d* jag vet vad han går för
tape deck ['teɪpdek] *s* bandspelardäck
tape head ['teɪphed] *s* tonhuvud på bandspelare
tape machine ['teɪpməˌʃiːn] *s* [börs]telegraf
tape measure ['teɪpˌmeʒə] *s* måttband

taper ['teɪpə] I s **1** smalt [vax]ljus, spira; avsmalning **2** avsmalnande; bildl. gradvis minskning, avtagande II vb itr, ~ [*off*] smalna [av] [~ [*off*] to a point]; bildl. gradvis minska, avta III vb tr, ~ [*off*] göra spetsigare (smalare)
tape-record ['teɪprɪˌkɔ:d] I vb tr spela in (ta upp) på band, banda II vb itr göra bandinspelning[ar]
tape-recorder ['teɪprɪˌkɔ:də] s bandspelare
tape-recording ['teɪprɪˌkɔ:dɪŋ] s bandinspelning, bandupptagning, bandning
tapering ['teɪpərɪŋ] adj spetsig, som löper ut i en spets; avsmalnande; [lång]smal [~ *fingers*]
tapestry ['tæpəstrɪ] s gobeläng[er]; bildvävnad, [vävd] tapet
tapeworm ['teɪpwɜ:m] s zool. binnikemask, bandmask
tapioca [ˌtæpɪ'əʊkə] s bot. el. kok. tapioka
tappet ['tæpɪt] s tekn. lyftarm, lyftkam, nock; ventillyftare
tar [tɑ:] I s tjära; asfalt II vb tr tjära; asfaltera; ~ *and feather* tjära och fjädra ss. bestraffningsform; *they are ~red with the same brush* de är lika goda kålsupare
tarantella [ˌtær(ə)n'telə] s it. tarantella dans
tarantula [tə'ræntjʊlə] s zool. tarantel giftig spindel
tardiness ['tɑ:dɪnəs] s långsamhet, senfärdighet, tröghet; dröjsmål
tardy ['tɑ:dɪ] adj **1** långsam, senfärdig, trög [*in doing a th.* med att göra ngt], sen, senkommen [*a ~ apology*]; motsträvig [*a ~ reply*] **2** amer. försenad; *be ~* komma för sent
target ['tɑ:gɪt] I s **1** måltavla, skottavla; mål; isht flyg. operationsmål **2** mål[sättning]; *be on ~* träffa prick; *be off ~* missa målet **3** bildl. skottavla; *be a ~ for (the ~ of) criticism* vara skottavla (föremål) för kritik **4** attr. mål- [~ *analysis* (*area, language*)]; *our ~ date is next July* vi siktar på juli [månad]; *~ group* målgrupp; *~ practice* målskjutning; skjutövning II vb tr **1** göra till mål[tavla], använda som (utse till) mål **2** uppsätta (uppställa) som mål
tariff ['tærɪf] s **1** a) tulltaxa, tulltariff b) tull, tullar c) tullsystem d) attr. tull- [~ *policy* (*union*)]; *~ barrier* (*wall*) tullmur; *~ rate* tullsats **2** taxa, tariff; prislista
Tarmac ['tɑ:mæk] s **1** ® grov asfaltbeläggning **2** *t~* asfalterat område; helikopterplatta
tarn [tɑ:n] s tjärn, bergssjö, fjällsjö
tarnish ['tɑ:nɪʃ] I vb tr **1** göra matt (glanslös), missfärga **2** bildl. skamfila [*his reputation is ~ed*], fläcka, vanära; grumla II vb itr bli matt (glanslös), mista sin glans; anlöpa[s], bli anlupen [*silver ~es quickly*] III s glanslöshet, matthet; missfärgning; anlöpning
tarpaulin [tɑ:'pɔ:lɪn] s presenning
tarpinnium [ˌtɑ:'pɪnɪəm] s geol. tarpis

tarragon ['tærəgən] s bot. dragon[ört]; *~ vinegar* dragonättika
1 tarry ['tɑ:rɪ] adj tjärig, nedtjärad; tjärartad
2 tarry ['tærɪ] vb itr litt. stanna [kvar], dröja [kvar]
1 tart [tɑ:t] I s **1** mördegstårta [med frukt], tartelett; mördegsform, mördegsbakelse; [frukt]paj; *jam ~* mördegsform med sylt **2** sl. fnask prostituerad II vb tr vard., *~ up* piffa till; styra ut
2 tart [tɑ:t] adj **1** syrlig [*~ apples*], sträv, besk [*a ~ flavour*] **2** bildl. skarp, besk [*a ~ answer*]
tartan ['tɑ:t(ə)n] I s **1** tartan, skotskrutigt tyg (mönster) **2** pläd, [skotsk] schal II adj skotskrutig; tartan-
Tartar ['tɑ:tə] I s **1** tatar **2** *t~* hetsporre; tyrann, buse; ragata II adj **1** tatarisk **2** kok. *t~ sauce* el. *sauce t~* tartarsås; *t~ steak* el. *steak t~* ung. råbiff
tartar ['tɑ:tə] s **1** tandsten **2** kem. vinsten; *cream of ~* renad vinsten, cremor tartari
task [tɑ:sk] s [arbets]uppgift, uppdrag, värv; pensum; läxa; *set a p. a ~* ge ngn en uppgift; *take* (*call*) *a p. to ~* läxa upp ngn, ställa ngn till svars
task force ['tɑ:skfɔ:s] s mil. specialtrupp, operationsstyrka, stridsgrupp
taskmaster ['tɑ:skˌmɑ:stə] s [krävande] uppdragsgivare, hård lärare, slavdrivare; bildl. tuktomästare [ofta *hard ~*]
Tasmania [tæz'meɪnjə] Tasmanien
tassel ['tæs(ə)l] s tofs
taste [teɪst] I s **1** a) smak, smaksinne [äv. *sense of ~*] b) smak; bismak [*the milk has a certain ~*]; försmak [*of* av]; *it leaves a bad ~ in the mouth* det ger dålig smak i munnen, det lämnar (har) en dålig (obehaglig) eftersmak äv. bildl. **2** bildl. a) smak [*for* för] b) smakriktning, mod; pl. *~s* äv. smak, intressen; tycke och smak; *it is a matter of ~* det är en smaksak, det beror på tycke och smak; *it would be bad ~ to refuse* det skulle vara ofint att tacka nej; *acquire a ~ for* få smak för (på); *there is no accounting for ~s* om tycke och smak skall man inte disputera; *in bad ~* smaklös[t]; taktlös[t]; omdömeslös[t]; *a joke in bad ~* ett osmakligt (dåligt) skämt; *in good ~* smakfull[t]; taktfull[t]; *each* (*everyone*) *to his ~* var och en har sin smak; *it is not to my ~* det är inte i min smak, det faller mig inte i smaken; *add sugar to ~* socker tillsättes efter smak (behag) **3** smakprov, smakbit; klunk, droppe, skvätt II vb tr **1** smaka; smaka 'av, smaka (smutta) på, provsmaka; känna smak[en] av **2** få smaka ['på], få pröva 'på, erfara; få smak på III vb itr smaka [*~ bitter*]; *~ good* smaka bra, ha god smak; *it ~s mild* den är mild i smaken
taste bud ['teɪs(t)bʌd] s anat. smaklök
tasteful ['teɪstf(ʊ)l] adj smakfull

tasteless ['teɪstləs] *adj* smaklös; osmaklig
taster ['teɪstə] *s* avsmakare, provsmakare; i sms. -provare [*wine-taster*]
tasty ['teɪstɪ] *adj* **1** välsmakande, smaklig, pikant **2** smakfull, stilig [*a ~ dress*]
tata o. **ta-ta** [ˌtæ'tɑ:] vard. barnspr. **I** *interj*, *~!* ajö, ajö!; hej, hej! **II** *s*, *go ~s* gå på [en] promenad
tatter ['tætə] *s*, mest pl. *~s* trasor; paltor, lumpor [*rags and ~s*]; *in ~s* bildl. i spillror; *tear to ~s* el. *leave in ~s* bildl. helt trasa sönder; slå hål på; kritisera sönder
tattered ['tætəd] *adj* trasig [*a ~ flag*; *~ clouds*], sönderliten, fransig; i trasor (paltor) [*a ~ old man*]
tatting ['tætɪŋ] *s* frivoliteter slags spets; frivolitetsarbete
tattle ['tætl] **I** *vb itr* skvallra, tissla och tassla; tjattra, prata **II** *s* skvaller; tjatter, prat
tattler ['tætlə] *s* pratmakare; skvallerbytta
1 tattoo [tə'tu:, tæ't-] **I** *s* **1** mil. tapto; *beat* (*sound*) *the ~* blåsa tapto **2** trummande, hamrande; *beat a ~* trumma, hamra **3** militärparad, militäruppvisning **II** *vb itr* **1** trumma, hamra, slå [*on, at* på]; trumma med fingrarna **2** blåsa tapto
2 tattoo [tə'tu:, tæ't-] **I** *vb tr* tatuera **II** *s* tatuering
tatty ['tætɪ] *adj* vard. **1** sjabbig **2** tarvlig
taught [tɔ:t] imperf. o. perf. p. av *teach*
1 taunt [tɔ:nt] **I** *vb tr* håna, pika, smäda [*with* för] **II** *s* glåpord, gliring, pik, speglosa
2 taunt [tɔ:nt] *adj* sjö. [mycket] hög om mast
Taurus ['tɔ:rəs] *s* o. *adj* astrol. Oxen; *he is* [*a*] *~* han är Oxe
taut [tɔ:t] *adj* **1** spänd [*~ muscles*, *~ nerves*], styv; stram äv. bildl. **2** fast, vältrimmad [*a ~ figure*]
tauten ['tɔ:tn] **I** *vb tr* spänna, sträcka; styvhala **II** *vb itr* spännas, sträckas, bli styv
tautological [ˌtɔ:tə'lɒdʒɪk(ə)l] *adj* tautologisk, onödigt upprepande
tautology [tɔ:'tɒlədʒɪ] *s* tautologi
tavern ['tævən] *s* värdshus; [öl]krog
tawdriness ['tɔ:drɪnəs] *s* prål, glitter, billig lyx; prålighet
tawdry ['tɔ:drɪ] *adj* grann, prålig, billig [*~ jewellery*]
tawny ['tɔ:nɪ] *adj* gulbrun, läderfärgad; solbränd; *~ owl* kattuggla; *~ port* 'tawny', läderfärgat portvin
tax [tæks] **I** *s* **1** [statlig] skatt; i USA äv. kommunalskatt; pålaga; *~ arrears* kvarstående skatt, kvarskatt; *~ avoidance* skattesmitning, skatteplanering; *~ evader* (*dodger*) skattesmitare, skattefuskare; *~ evasion* (*dodging*) skattesmitning, skattefusk; *~ exemption* skattebefrielse; *~ exile* skatteflykting; *~ haven* skatteparadis lågskatteland; *~ rebate* el. *~ refund* skatteåterbäring; *~ relief* skattelättnad; *~ return* självdeklaration **2** bildl. börda, press, påfrestning [*~ on a p.'s health*] **II** *vb tr* **1** beskatta; taxera [*at* till; *by* efter] **2** bildl. anstränga, fresta [på], betunga, sätta på [hårt] prov, ta i anspråk **3** beskylla, anklaga
taxable ['tæksəbl] *adj* beskattningsbar, skattepliktig [*~ income*]
taxation [tæk'seɪʃ(ə)n] *s* **1** beskattning; taxering **2** skatter [*reduce ~*]
tax-collector ['tækskəˌlektə] *s* [skatte]uppbördsman, skattmas
tax-deductible ['tæksdɪˌdʌktəbl] *s* avdragsgill
tax-free [ˌtæks'fri:, attr. '--] *adj* skattefri, befriad från skatt; *~ shop* tax-free-shop t.ex. på båt, flygplats
taxi ['tæksɪ] **I** *s* taxi, bil; *air ~* taxiflyg **II** *vb itr* **1** åka (ta en) taxi **2** flyg. taxa köra på marken
taxidermist ['tæksɪdɜ:mɪst, tæk'sɪdəmɪst] *s* [djur]konservator, uppstoppare
taxidermy ['tæksɪdɜ:mɪ] *s* uppstoppning av djur
taxi-driver ['tæksɪˌdraɪvə] *s* taxichaufför
taximeter ['tæksɪˌmi:tə] *s* taxameter
taxing ['tæksɪŋ] *adj* ansträngande, påfrestande, betungande
taxi rank ['tæksɪræŋk] *s* taxihållplats; rad väntande taxi[bilar]
taxman ['tæksmæn] *s* skattmas
taxpayer ['tæksˌpeɪə] *s* skattebetalare
1 TB [ˌti:'bi:] *s* (vard. för *tuberculosis*) tbc
2 TB förk. för *torpedo boat*
Tchaikovsky o. **Tchaikowsky** [tʃaɪ'kɒfskɪ, -'kɒv-]
tea [ti:] **I** *s* **1** te dryck, måltid; te[sort] [*our ~s are carefully blended*]; teblad; tebjudning; *early morning ~* morgonte; *high* (*meat*) *~* lätt kvällsmåltid med te, tidig tesupé vanl. vid 6-tiden; *have ~* dricka te; *come to ~* komma på te; *not for all the ~ in China* ung. inte för allt smör i Småland; *it's just* (*it's not*) *my cup of ~* det är (det är inte) min likör **2** infusion av olika slag; te, spad; jfr *beef tea* **II** *vb tr* vard. bjuda på te **III** *vb itr* vard. dricka te
tea bag ['ti:bæg] *s* tepåse
tea break ['ti:breɪk] *s* tepaus
tea caddy ['ti:ˌkædɪ] *s* o. **tea canister** ['ti:ˌkænɪstə] *s* teburk
tea cake ['ti:keɪk] *s* **1** slags platt bulle som äts varm med smör **2** amer., se *cookie 1*
teach [ti:tʃ] (*taught taught*) **I** *vb tr* undervisa [*~ children*], undervisa i [*~ the violin* (fiolspelning)], lära [*he ~es us French*], ge undervisning i, ge (hålla) lektioner i; *~ a p.* [*how*] *to drive* lära ngn köra; *he taught us how to do it* han lärde oss hur vi skulle göra; *I'll ~ you to lie!* jag ska [minsann] lära dig att ljuga, jag!; *~ school* amer. undervisa, vara lärare **II** *vb itr* undervisa, vara lärare
teachable ['ti:tʃəbl] *adj* **1** läraktig

2 meddelbar, som kan läras [ut] [~ *knowledge*]
teacher ['ti:tʃə] *s* lärare; ~[*s'*] *training college* se *college of education* under *college* 2
tea chest ['ti:tʃest] *s* telåda för transport av te
teach-in ['ti:tʃɪn] *s* **1** teach-in, debattdag[ar] **2** univ. seminarium
teaching ['ti:tʃɪŋ] **I** *s* **1** undervisning; *go in for* ~ ägna sig åt (slå sig på) lärarbanan **2** vanl. pl. ~**s** lära, läror [*the* ~**s** *of the Church*] **II** *adj* undervisnings- [*a* ~ *hospital*]; lärar- [*the* ~ *profession*]
teaching-aid ['ti:tʃɪŋeɪd] *s* hjälpmedel i undervisningen
tea cloth ['ti:klɒθ] *s* **1** teduk **2** torkhandduk
tea cosy ['ti:ˌkəʊzɪ] *s* tehuv, tevärmare
teacup ['ti:kʌp] *s* tekopp; *a storm in a* ~ en storm i ett vattenglas
teak [ti:k] *s* **1** teak[trä] **2** teakträd
teal [ti:l] *s* zool. kricka, krickand
tea leaf ['ti:li:f] (pl. *tea leaves*) *s* **1** teblad **2** sl. tjuv [rimslang för *thief*]
team [ti:m] **I** *s* **1** team, gäng, lag [~ *of workmen*; *football* ~]; trupp; *first* ~ sport. A-lag; *second* (*reserve*, *B*) ~ sport. B-lag **2** a) spann, par av dragare b) amer. förspänt fordon; [häst och] vagn **II** *vb tr* spänna ihop dragare **III** *vb itr* **1** ~ *up* vard. slå sig ihop, arbeta i team (lag), bilda ett team (lag) [*with med*] **2** amer. köra lastbil (långtradare)
team-mate ['ti:mmeɪt] *s* lagkamrat, lagkompis
team spirit ['ti:mˌspɪrɪt, ˌ-'--] *s* laganda
teamster ['ti:mstə] *s* **1** amer. lastbilschaufför, långtradarchaufför **2** kusk som kör spann
teamwork ['ti:mwɜ:k] *s* teamwork, lagarbete
tea party ['ti:ˌpɑ:tɪ] *s* tebjudning
teapot ['ti:pɒt] *s* tekanna; *a tempest in a* ~ amer. en storm i ett vattenglas
1 tear [tɪə] *s* **1** tår [*flood of* ~*s*]; *shed* ~*s* fälla tårar; *in* ~*s* gråtande, i tårar; *all in* ~*s* upplöst i tårar; *burst into* ~*s* brista i gråt; *be easily moved to* ~*s* ha lätt för att börja gråta; *French without* ~*s* sv. boktitel o.d. ung. Franska på lätt sätt **2** droppe
2 tear [teə] **I** (*tore torn*) *vb tr* (se äv. *III*) **1** slita, riva, rycka; slita (riva, rycka) sönder (av); sarga; riva upp; ~ *open* slita (riva) upp [~ *open a letter*]; ~ *to pieces* slita sönder (i bitar, i stycken); fullständigt sabla (göra) ned; *that's torn it* vard. nu är det klippt (färdigt) **2** bildl. a) splittra, slita sönder [*a country torn by civil war*] b) plåga [*a heart torn by anguish*] **II** (*tore torn*) *vb itr* (se äv. *III*) **1** slita, riva [och slita] [*at it*] **2** slitas sönder [~ *easily*] **3** rusa, flänga [~ *down the road* (*into a small room*)] **4** vard., ~ *into* kasta sig över **III** *vb itr* o. *vb itr* med adv. isht med spec. övers.: ~ *about* rusa (flänga) omkring; ~ *along* rusa fram; ~ *away* slita (riva) bort; rusa i väg (bort); ~ *oneself away* slita sig [lös] [*I can't* ~ *myself away from this book*]; ~ *down* riva (slita) ned;

~ *off* a) slita bort, riva av (lös, loss); slita av sig [~ *off one's clothes*] b) rusa i väg (bort) c) vard. kasta ned, rafsa ihop [~ *off a letter*] d) ~ *a p. off a strip* se *2 strip 1*; ~ *out* a) riva ut [~ *out a page*] b) rusa ut; ~ *up* slita (riva) sönder; riva upp [~ *up a contract*] **IV** *s* reva, rispa, rivet hål
tearaway ['teərəweɪ] **I** *s* vard. vild sälle, bråkstake **II** *adj* våldsam, rasande, häftig
tear drop ['tɪədrɒp] *s* **1** tår **2** droppe
tear duct ['tɪədʌkt] *s* anat. tårkanal
tearful ['tɪəf(ʊ)l] *adj* **1** tårfylld, tårdränkt **2** gråtmild; gråtfärdig
tear gas ['tɪəgæs] *s* tårgas
tearing ['teərɪŋ] *adj* våldsam, häftig [*a* ~ *rage*], rasande [*a* ~ *pace*]
tear-jerker ['tɪəˌdʒɜ:kə] *s* vard. tårdrypande bok (film, pjäs m.m.), snyftare
tear-off ['teərɒf] *adj*, ~ *calendar* blockalmanacka, avrivningskalender
tea room ['ti:ru:m] *s* teservering, tesalong, konditori
tease [ti:z] **I** *vb tr* **1** reta, retas med, förarga **2** karda ull o.d. **II** *vb itr* retas **III** *s* retsticka
teaser ['ti:zə] *s* **1** retsticka; amer. äv. tjatmåns **2** vard. hård nöt [att knäcka], kuggfråga
teashop ['ti:ʃɒp] *s* **1** se *tea room* **2** tehandel
teaspoon ['ti:spu:n] *s* tesked äv. ss. mått
teaspoonful ['ti:spu:nfʊl] (pl. ~*s* el. *teaspoonsful*) *s* tesked ss. mått; *two* ~*s of* två teskedar [med]
tea-strainer ['ti:ˌstreɪnə] *s* tesil
teat [ti:t] *s* **1** spene **2** napp på flaska
teatime ['ti:taɪm] *s* tedags
tea towel ['ti:ˌtaʊ(ə)l] *s* torkhandduk, diskhandduk
tea tray ['ti:treɪ] *s* tebricka
tea trolley ['ti:ˌtrɒlɪ] *s* tevagn, rullbord
tec [tek] *s* (kortform för *detective*) sl. krimmare
tech [tek] *s* vard. för *technical college* o. *technology*
technical ['teknɪk(ə)l] *adj* **1** teknisk; fack-, yrkesinriktad [*a* ~ *school*]; yrkes- [~ *skill*], facklig, fackmässig; ~ *college* ung. yrkesinriktat gymnasium; ~ *expression* fackuttryck **2** formell, saklig [*for* (av, på) ~ *reasons*]; jur. äv. laglig, rättsteknisk **3** ~ *knock-out* boxn. teknisk knockout
technicality [ˌteknɪˈkælətɪ] *s* **1** teknisk sida; teknik **2** teknisk term, fackuttryck **3** formalitet, teknisk detalj [*it's just a* ~], teknikalitet
technician [tekˈnɪʃ(ə)n] *s* tekniker; [teknisk] expert
Technicolor ['teknɪˌkʌlə] *s* ® technicolor slags färgfilm [steknik]
technique [tekˈni:k] *s* teknik; teknisk färdighet
technocracy [tekˈnɒkrəsɪ] *s* teknokrati, teknokratvälde
technocrat ['teknə(ʊ)kræt] *s* teknokrat

technological [ˌteknə'lɒdʒɪk(ə)l] *adj* teknologisk
technologist [tek'nɒlədʒɪst] *s* specialist (expert) på teknologi
technology [tek'nɒlədʒɪ] *s* teknologi, teknik[en]; *school of* ~ teknisk skola
teddy ['tedɪ] *s* **1** se *teddy bear* **2** teddy damunderplagg
teddy bear ['tedɪbeə] *s* **1** nalle[björn], teddybjörn *äv.* om person **2** teddy slags tyg [äv. attr. ~ *pile* (*plush*)]
tedious ['tiːdjəs] *adj* [lång]tråkig, ledsam
tediousness ['tiːdjəsnəs] *s* [lång]tråkighet, leda
tedium ['tiːdjəm] *s* [lång]tråkighet, ledsamhet; leda
tee [tiː] golf. **I** *s* **1** utslagsplats, tee **2** 'peg' pinne på vilken bollen placeras vid slag **II** *vb tr* lägga [upp] boll på utslagsplatsen [äv. ~ *up*] **III** *vb itr*, ~ *up* lägga [upp] bollen på utslagsplatsen
1 teem [tiːm] *vb itr* vimla, myllra, krylla, överflöda [*with* av]
2 teem [tiːm] *vb itr* ösa [ned]; *it was ~ing* [*with rain*] el. *the rain came ~ing down* regnet vräkte ned
teenage ['tiːneɪdʒ] **I** *s* tonår [äv. *teen age*] **II** *attr adj* tonårs- [~ *fashions*]
teenager ['tiːnˌeɪdʒə] *s* tonåring
teens [tiːnz] *s pl* tonår
teeny ['tiːnɪ] *adj* vard. isht barnspr. pytteliten
teeny-bopper ['tiːnɪˌbɒpə] *s* vard. poptjej, innetjej ung tonårstjej som hänger med i kläd- och musikmodet
teeny-weeny [ˌtiːnɪ'wiːnɪ] *adj* se *teeny*
teeter ['tiːtə] **I** *vb itr* **1** vackla, vingla **2** bildl. vackla, tveka, ge vika; ~ *on the brink* (*edge*) *of* stå (vara) på gränsen till **II** *s* amer. gungbräde
teeth [tiːθ] *s* pl. av *tooth*
teethe [tiːð] *vb itr* få tänder
teething ['tiːðɪŋ] *s* tandsprickning; ~ *ring* bitring; ~ *troubles* a) tandsprickningsbesvär b) bildl. barnsjukdomar, initialsvårigheter [äv. ~ *problems*]
teetotal [tiː'təʊtl] *adj* **1** nykterhets- [*a* ~ *meeting* (*pledge*)] **2** amer. vard. fullständig, total
teetotaller [tiː'təʊt(ə)lə] *s* [hel]nykterist, absolutist
TEFL förk. för [*the*] *Teaching of English as a Foreign Language*
Teflon ['teflɒn] *s* ® teflon äv. bildl. [~ *President*]
telecast ['telɪkɑːst] **I** (*telecast telecast* el. *~ed ~ed*) *vb tr* sända (visa) i TV **II** *s* TV-sändning
telecom ['telɪkɒm] *s* (förk. för *telecommunications*), *British T~* brittiska televerket
telecommunication ['telɪkəˌmjuːnɪ'keɪʃ(ə)n] *s* **1** telekommunikation, teleförbindelse **2** vanl. *~s* (konstr. ss. sg.) teleteknik; telekommunikationer
telegenic [ˌtelɪ'dʒenɪk] *adj* som gör sig [bra] i TV (TV-rutan); TV-mässig
telegram ['telɪɡræm] *s* telegram
telegraph ['telɪɡrɑːf, -ɡræf] **I** *s* telegraf; telegram; ~ *form* telegramblankett; *by* ~ telegrafiskt **II** *vb tr* o. *vb itr* telegrafera [till] [*for* efter]
telegraphese [ˌtelɪɡrɑːˈfiːz, -græˈf-, -grəˈf-] *s* vard. telegramspråk, telegramstil
telegraphic [ˌtelɪ'ɡræfɪk] *adj* telegrafisk, telegraf-, telegram-; ~ *address* telegramadress
telegraphist [tə'leɡrəfɪst] *s* o.
telegraph-operator ['telɪɡrɑːfˌɒpəreɪtə, -græf-] *s* telegrafist
telegraph pole ['telɪɡrɑːfpəʊl, -græf-] *s* o.
telegraph post ['telɪɡrɑːfpəʊst, -græf-] *s* telegrafstolpe, telefonstolpe
telegraphy [tə'leɡrəfɪ] *s* telegrafi; telegrafering
telemarketing [ˌtelɪ'mɑːkətɪŋ] *s* försäljning per telefon
telepathic [ˌtelɪ'pæθɪk] *adj* telepatisk
telepathy [tə'lepəθɪ] *s* telepati, tankeöverföring
telephone ['telɪfəʊn] **I** *s* telefon; ~ *answering machine* telefonsvarare; ~ *box* (*booth*, *kiosk*) telefonkiosk, telefonhytt; ~ *directory* (*book*) telefonkatalog; ~ *exchange* a) telefonväxel b) telefonstation; ~ *operator* telefonist; *by* (*over the*) ~ per telefon, telefonledes; *be on the* ~ a) vara (sitta) i telefon b) ha inneha telefon; *speak to a p. over* (*on*) *the* ~ tala med ngn i telefon **II** *vb tr* telefonera till, ringa [till], ringa upp **III** *vb itr* telefonera, ringa [*for* efter]; ringa upp
telephonic [ˌtelɪ'fɒnɪk] *adj* telefon- [~ *communication*]
telephonist [tə'lefənɪst] *s* telefonist
telephony [tə'lefənɪ] *s* telefoni; telefonering; telefonväsen
telephoto [ˌtelɪ'fəʊtəʊ, attr. '--,--] **I** *adj* **1** telefoto- **2** foto., ~ *lens* teleobjektiv **II** *s* foto. teleobjektiv
telephotography [ˌtelɪfə'tɒɡrəfɪ] *s* foto. telefoto[grafering]
teleprinter ['telɪˌprɪntə] *s* teleprinter
telescope ['telɪskəʊp] **I** *s* teleskop; kikare **II** *vb tr* **1** skjuta (klämma) ihop, skjuta (pressa) in [i varandra] **2** bildl. korta av, förkorta; pressa in (samman)
telescopic [ˌtelɪ'skɒpɪk] *adj* **1** teleskopisk; teleskop-; ~ *lens* teleobjektiv; ~ *sight* kikarsikte **2** teleskopisk, hopskjutbar, utdragbar; ~ *aerial* (*antenna*) teleskopantenn
telescreen ['telɪskriːn] *s* TV-ruta, bildruta
teleselling [ˌtelɪ'selɪŋ] *s* se *telemarketing*
teletext ['telɪtekst] *s* TV. text-TV, teletext, videotex

telethon ['telǝθɒn] s TV. lång välgörenhetsföreställning
televiewer ['telɪvju:ǝ] s TV-tittare
televise ['telɪvaɪz] vb tr sända (visa) i TV, televisera
television ['telɪˌvɪʒ(ǝ)n, ˌ--'--] s television, TV; **~ broadcast** TV-[ut]sändning; **~ receiver (set)** TV-apparat; **~ screen** TV-ruta, bildruta; **~ transmitter** TV-sändare; **~ viewer** TV-tittare; **watch (look at) ~** titta (se) på TV; **on ~** på TV, i TV
Telex ['teleks] s ® telex
tell [tel] I (told told) vb tr (se äv. *telling* o. ex. under *1 lie, tale, time* m.fl.) **1** tala 'om, berätta [*a p. a th.* (*a th. to a p.*) ngt för ngn], säga [*a p. a th., a th. to a p.* ngt till (åt) ngn, ngn ngt]; **~ a p. about a th.** berätta om ngt för ngn; **something ~s me** [*he is not coming*] jag känner på mig..., något säger mig...; **you're ~ing me!** vard. som om jag inte skulle veta det!, det kan du skriva upp!; *I told you so!* el. *what did I ~ you?* vad var det jag sa?, var inte det jag sa?; [*I* (*I'll*)] **~ you what...** vard. vet du vad...; *let me ~ you* det ska jag säga dig **2** säga 'till ('åt), be [~ *him to sit down*]; **do as you are told** gör som man säger (som du blir tillsagd) **3** skilja [*from* från]; känna igen [*by* på], urskilja; veta [*how do you ~ which button to press?*]; avgöra, säga [*it's hard to ~ if he means it*]; *I can't ~ them apart* jag kan inte skilja dem åt; **~ the difference between** skilja mellan (på); *who can ~?* vem vet?; *you never can ~* man kan aldrig [så noga] veta **4** räkna [ihop] isht röster i underhuset [äv. **~ over**]; *all told* inalles, allt som allt; på det hela taget; **~ one's beads** läsa sina böner; **~ off** a) avdela [*för* for], välja (ta, se) ut [*a p. to do a th.* ngn att göra ngt] b) vard. läxa upp, skälla ut; **be (get) told off** få på pälsen (huden) II (told told) vb itr (se äv. *telling*) **1** tala berätta [*of* om]; vittna [*of* om]; **~ in a p.'s favour** bildl. tala till ngns fördel **2** skvallra [*on* på] **3** göra verkan, ta skruv; **every word told** varje ord träffade [rätt] **4** vard., **~ on** ta (fresta, slita) på [*it ~s on my nerves*]; bli kännbar för
teller ['telǝ] s **1** berättare **2** rösträknare **3** kassör i bank
telling ['telɪŋ] I adj **1** träffande, dräpande [*a ~ remark*] **2** talande II pres p o. s berättande etc., jfr *tell*; **there's no ~** man vet aldrig, det är omöjligt att säga
telling-off [ˌtelɪŋ'ɒf] s utskällning, skrapa
telltale ['telteɪl] I s skvallerbytta II adj **1** skvalleraktig, skvaller-; **~ tit!** skvallerbytta bingbong! **2** bildl. avslöjande, skvallrande [*a ~ blush*] **3** kontroll-, varnings- [~ *lamp*]
telly ['telɪ] s vard., *the ~* TV, dumburken; *on [the]* ~ på TV (burken)
temerity [tǝ'merǝtɪ] s dumdristighet; *he had the ~ to...* han var dumdristig nog att...

temp. förk. för *temperature, temporary*
temper ['tempǝ] I s **1** humör, lynne [*be in* (på, vid) *a good* (*bad*) *~*]; [sinnes]stämning; sinnelag, natur, temperament **2** [sinnes]lugn, fattning; *control* (*keep*) *one's ~* bibehålla sitt lugn; *lose one's ~* tappa humöret (besinningen) **3** dåligt lynne, retlighet; häftighet; *in a ~* a) på dåligt humör b) i ett anfall av vrede; *fly* (*get*) *into a ~* bli arg (förbannad); *have a ~* ha humör (temperament) **4** härdning[sgrad], hårdhetsgrad [~ *of steel*] II vb tr **1** blanda [till lämplig konsistens], älta, arbeta [~ *clay* (*mortar*)] **2** härda stål, glas; anlöpa **3** mildra, dämpa, modifiera; temperera äv. mus.
tempera ['tempǝrǝ] s **1** tempera[måleri] **2** temperamålning **3** tempera[färg]
temperament ['temp(ǝ)rǝmǝnt] s temperament, sinnelag, humör [*a cheerful ~*], läggning
temperamental [ˌtemp(ǝ)rǝ'mentl] adj temperamentsfull; lynnig, nyckfull
temperamentally [ˌtemp(ǝ)rǝ'mentǝlɪ] adv till temperamentet; av naturen
temperance ['temp(ǝ)r(ǝ)ns] s **1** måttlighet, måttfullhet, återhållsamhet **2** helnykterhet
temperate ['temp(ǝ)rǝt] adj **1** måttlig, måttfull, återhållsam, nykter **2** helnykter **3** tempererad [*a ~ climate*]
temperature ['temp(ǝ)rǝtʃǝ] s temperatur; feber; *have* (*run*) *a ~* ha feber
tempest ['tempɪst] s **1** storm, oväder; *The T~* Stormen av Shakespeare; *a ~ in a teapot* amer. en storm i ett vattenglas **2** uppror, tumult
tempestuous [tem'pestjʊǝs] adj stormig, våldsam
tempi ['tempi:] s pl. av *tempo*
template ['templeɪt, -ǝt] s tekn. schablon, mall, mönster; formbräde
1 temple ['templ] s tempel; helgedom; amer. äv. synagoga; mormonkyrka
2 temple ['templ] s anat. tinning
tempo ['tempǝʊ] (pl. ~s, i bet. *1* vanl. *tempi* ['tempi:]) s **1** mus. tempo **2** tempo, fart, takt
temporal ['temp(ǝ)r(ǝ)l] adj **1** temporal, tidsbåda äv. gram. **2** världslig; jordisk **3** tidsbestämd
temporarily ['temp(ǝ)rǝrǝlɪ] adv temporärt, tillfälligt; kortvarigt, tills vidare; för tillfället
temporary ['temp(ǝ)rǝrɪ] adj **1** temporär, tillfällig; kortvarig **2** tillförordnad, extra[ordinarie]
temporize ['tempǝraɪz] vb itr **1** dra ut på tiden **2** vända kappan efter vinden
tempt [tem(p)t] vb tr **1** fresta, förleda, [försöka] locka **2** **~ fate** utmana ödet
temptation [tem(p)'teɪʃ(ǝ)n] s frestelse; lockelse; *lead us not into ~* bibl. inled oss icke i frestelse; *yield* (*give way*) *to ~* falla för en frestelse (frestelser)
tempter ['tem(p)tǝ] s frestare

ten [ten] (jfr *five* med ex. o. sms.) **I** *räkn* tio; ~ *to one he'll forget it* tio mot ett (jag slår vad om) att han glömmer det **II** *s* tia; tiotal
tenability [,tenə'bılətı, ,tenə-] *s* **1** hållbarhet, försvarbarhet **2** period [av innehav]
tenable ['tenəbl, 'ti:n-] *adj* **1** hållbar [*a* ~ *theory*], försvarbar; som kan försvaras [*a* ~ *fortress*] **2** om ämbete, stipendium o.d. som kan innehas (åtnjutas)
tenacious [tə'neɪʃəs] *adj* **1** fasthållande; fast [*a* ~ *grip*]; säker; sammanhållande; *a* ~ *memory* ett gott (säkert) minne **2** fast, orubblig, ihärdig
tenacity [tə'næsətɪ] *s* [segt] fasthållande [*of* vid]; seghet äv. bildl.; orubblighet; fasthet; ~ *of purpose* målmedvetenhet; ihärdighet
tenancy ['tenənsı] *s* **1** förhyrning, hyrande; arrende **2** hyrestid; arrendetid
tenant ['tenənt] **I** *s* **1** hyresgäst; arrendator [äv. ~ *farmer*] **2** [besittningsrätts]innehavare **II** *vb tr* hyra; arrendera; bebo
tench [ten(t)ʃ] *s* sutare fisk
1 tend [tend] **I** *vb tr* vårda, sköta [~ *the wounded*]; se till, passa [~ *a machine*]; vakta, valla [~ *sheep*]; ~ *store* amer. stå i affär **II** *vb itr* passa upp; ~ *on* passa upp [på], betjäna; ~ *to* vard. passa, se till
2 tend [tend] *vb itr* tendera, visa en tendens, ha en benägenhet (tendens) [*to do a th.*]; ~ *to* (*towards*) tendera mot (åt, till)
tendency ['tendənsı] *s* tendens [*to, towards* mot], riktning, benägenhet, böjelse, anlag [*to, towards* för]; utveckling, strävan [*to, towards* mot]; *he has a* ~ *to exaggerate* han har en benägenhet att överdriva
tendentious [ten'denʃəs] *adj* tendentiös
1 tender ['tendə] *adj* **1** mjuk [*a* ~ *pear*], mör [*a* ~ *steak*], mjäll; vek, bräcklig [*a* ~ *structure*], spröd, ömtålig [*a* ~ *plant*], öm [*a* ~ *spot*], ömmande; *a* ~ *subject* ett ömtåligt (känsligt) ämne; *cook the meat till* [*it is*] ~ koka köttet tills det känns mört (mjukt) **2** öm, kärleksfull [*to, with* mot]; ~ *care*], ömsint; kär [~ *memories*] **3** ~ *age* späd ålder
2 tender ['tendə] **I** *vb tr* erbjuda [~ *one's services*]; lämna in [~ *one's resignation*]; lämna [fram]; lägga fram [~ *evidence*] **II** *vb itr* lämna offert [*for* på] **III** *s* **1** anbud, entreprenadanbud; offert; *invite* ~*s for* el. *put out to* ~ infordra anbud på, utbjuda på entreprenad **2** *legal* ~ lagligt betalningsmedel
3 tender ['tendə] *s* **1** skötare; ofta ss. efterled i sms. -skötare [*a machine-tender*] **2** sjö. tender; proviantbåt **3** järnv. tender
tender|foot ['tendəfʊt] (pl. *-foots* el. *-feet*) *s* gröngöling; novis
tender-hearted [,tendə'hɑ:tɪd] *adj* ömsint, vek, vekhjärtad
tenderize ['tendəraɪz] *vb tr* möra kött

tenderizer ['tendəraɪzə] *s* **1** mörningsmedel för kött **2** köttklubba, biffklubba
tenderloin ['tendəlɔɪn] *s* kok. a) fläskkarré b) amer. filé
tendon ['tendən] *s* anat. sena; *the Achilles* ~ hälsenan, akillessenan
tendril ['tendrəl] *s* bot. klänge, ranka
tenement ['tenəmənt] *s* bostadshus, hyreshus
tenet ['tenet, 'ti:n-] *s* grundsats; lära, lärosats; *religious* ~ trossats
tenfold ['tenfəʊld] **I** *adj* tiodubbel, tiofaldig **II** *adv* tiodubbelt, tiofaldigt, tiofalt, tio gånger så mycket
tenner ['tenə] *s* vard. tiopundssedel; amer. tiodollarssedel; *a* ~ äv. tio pund (dollar) [*it cost a* ~]
Tennessee [,tenə'si:] geogr.
tennis ['tenɪs] *s* tennis; ~ *court* tennisbana; ~ *elbow* (*arm*) tennisarm
Tennyson ['tenɪsn]
tenon ['tenən] snick. **I** *s* tapp **II** *vb tr* tappa ihop (in)
tenor ['tenə] **I** *s* **1** innehåll, [orda]lydelse, innebörd **2** mus. tenor; tenorstämma **II** *adj* mus. tenor-; ~ *sax*[*ophone*] tenorsax[ofon]
tenpence ['tenpəns] *s* tio pence
1 tense [tens] *s* gram. tempus, tidsform
2 tense [tens] **I** *adj* **1** spänd äv. bildl.; stram, åtdragen, sträckt **2** spännande [*a* ~ *game*] **II** *vb tr* o. *vb itr* spänna[s], strama[s] åt, sträcka[s]
tenside ['tensaɪd] *s* kem. tensid
tensile ['tensaɪl, amer. 'tensl] *adj* **1** tänjbar, sträckbar **2** fys., ~ *strength* [drag]brottgräns, draghållfasthet
tension ['tenʃ(ə)n] *s* spänning i olika bet., äv. elektr. [*high* (*low*) ~]; sträckning; anspänning; spändhet; *relaxation of* ~ polit. avspänning; *nervous* ~ nervspänning; *racial* ~[*s*] spänning[en] mellan raserna
tent [tent] **I** *s* tält; *pitch one's* ~ a) slå upp sitt (ett) tält b) bildl. slå ned sina bopålar **II** *vb itr* tälta, bo (vara förlagd) i tält
tentacle ['tentəkl] *s* **1** zool. tentakel, känselspröt, trevare, fångstarm; *the* ~*s of the law* bildl. lagens långa arm **2** bot. körtelhår
tentative ['tentətɪv] *adj* försöks-, experimentell, på försök; preliminär, provisorisk
tentatively ['tentətɪvlɪ] *adv* försöksvis, experimentellt etc., jfr *tentative*
tentativeness ['tentətɪvnəs] *s* tveksamhet, försiktighet
tenterhook ['tentəhʊk] *s*, *be on* ~*s* bildl. sitta som på nålar, sitta på helspänn; *keep on* ~*s* bildl. hålla på helspänn (halster), sträckbänken)
tenth [tenθ] *räkn* o. *s* tionde; tion[de]del; kyrkl. tionde; mus. decima; jfr äv. *fifth*
tent peg ['tentpeg] *s* tältpinne
tent pole ['tentpəʊl] *s* tältstång

tenuous ['tenjʊəs] *adj* **1** tunn, fin [*the ~ web of a spider*]; smal **2** bildl. a) fin [*a ~ distinction*], subtil b) tunn, torftig c) svag[t underbyggd] [*a ~ claim*]
tenure ['tenjʊə] *s* **1** besittning[srätt]; innehav[ande] **2** arrende[innehav] **3** ~ [*of office*] ämbetstid, ämbetsperiod, arrendetid; arrendevillkor; *permanent* ~ fast anställning
tepid ['tepɪd] *adj* ljum äv. bildl. [~ *water*; ~ *praise*]
tequila [tɪ'kiːlə] *s* **1** tequila **2** bot. agaveart
tercentenary [ˌtɜːsen'tiːnərɪ, -'ten-] **I** *s* trehundraårsdag, trehundraårsfest, trehundraårsjubileum **II** *adj* trehundraårig, trehundraårs-
Terence ['ter(ə)ns] mansnamn; ss. namn på rom. författare Terentius
term [tɜːm] **I** *s* **1** a) tid, period [*a ~ of five years*] b) skol. el. univ. termin c) betalningstid, betalningstermin, förfallodag; ~ *of office* ämbetstid, ämbetsperiod, mandat[tid] **2** pl. *~s* a) villkor [*~s of surrender*]; bestämmelse[r] b) pris, priser; betalningsvillkor c) överenskommelse; *~s of reference* se *reference 1*; *on easy ~s* på (med) förmånliga villkor, på avbetalning; *come to (make) ~s* [*with a p.*] träffa en uppgörelse [med ngn], komma överens [med ngn]; *come to ~s with a th.* finna sig i (acceptera) ngt **3** pl. *~s* förhållande; *be on good ~s with* stå på god fot med; *be on bad ~s with* vara ovän med; *be on ~s of intimacy with* stå på förtrolig fot med; ha ett förhållande med; *meet on equal (level) ~s* mötas som jämlikar; *we parted on the best of ~s* vi skildes i bästa samförstånd **4** a) term [*a scientific ~*], uttryck b) pl. *~s* ord, ordalag [*in general ~s*], vändningar, uttryckssätt; *he only thinks in ~s of...* han tänker bara på... **5** matem. el. logik. term; led **II** *vb tr* benämna, kalla
termagant ['tɜːməgənt] *s* argbigga, ragata
terminal ['tɜːmɪnl] **I** *adj* **1** slut-, änd- [*~ station*], avslutande, sist; gräns-; terminal **2** termins- [*~ payments*]; ~ *examinations* skol. examina i slutet av terminen **3** med. dödlig, obotlig [*~ cancer*]; ~ *care* terminalvård; ~ *ward* terminalvårdsavdelning för döende patienter **II** *s* **1** slutstation, ändstation; terminal **2** elektr. a) klämma, kabelfäste b) pol [*battery ~s*] **3** data. terminal
terminally ['tɜːmɪn(ə)lɪ] *adv* **1** vid periodens (betalningsterminens) slut **2** ~ *ill* obotligt sjuk
terminate ['tɜːmɪneɪt] **I** *vb tr* **1** avsluta, få att upphöra, göra (få) slut på, avbryta [*~ a pregnancy*]; säga upp [*~ an agreement*] **2** avsluta, bilda avslutning på **3** begränsa **II** *vb itr* sluta [*the word ~s in (på) a vowel*], ändas; upphöra, löpa ut
termination [ˌtɜːmɪ'neɪʃ(ə)n] *s* **1** slut,

avslutning; utgång; upphörande; avbrytande; ~ *of pregnancy* abort **2** uppsägning [*~ of an agreement*]
termini ['tɜːmɪnaɪ] *s* pl. av *terminus*
terminology [ˌtɜːmɪ'nɒlədʒɪ] *s* terminologi
termin|us ['tɜːmɪn|əs] (pl. *-i* [-aɪ] el. *-uses*) *s* slutstation, ändstation; terminal
termite ['tɜːmaɪt] *s* termit, vit myra
tern [tɜːn] *s* zool. tärna; *common* ~ fisktärna
terrace ['terəs, -rɪs] **I** *s* **1** terrass; avsats; platt tak; takterrass; uteplats **2** husrad på höjd el. sluttning; ofta i gatunamn [*Olympic T~*] **3** ~ *house* radhus; ~ *houses* äv. huslänga av småhus **4** *the ~s* ståplatsläktare; ståplatspublik **II** *vb tr* terrassera
terraced ['terəst, -rɪst] *adj* **1** terrasserad, terrassformig **2** ~ *house* radhus
terracotta [ˌterə'kɒtə] *s* terrakotta
terra firma [ˌterə'fɜːmə] *s* lat. terra firma, fast land
terrain [te'reɪn, '--] *s* terräng
terrapin ['terəpɪn] *s* zool. sumpsköldpadda, isht diamantsköldpadda, terrapin [äv. *diamond-back ~*]
terrestrial [tə'restrɪəl] **I** *adj* **1** jordisk, jord- [*~ globe*, ~ *magnetism*] **2** land- [*~ animals*] **3** radio. el. TV., ~ *interference* markstörningar; ~ *TV channel* markbunden TV-kanal **II** *s* **1** jordinvånare, jordbo **2** pl. *~s* landdjur
terrible ['terəbl] *adj* förfärlig, förskräcklig, fruktansvärd, ryslig, hemsk samtl. äv. vard. ss. förstärkning [*a ~ accident*; ~ *clothes*, *a ~ nuisance*]
terrier ['terɪə] *s* terrier hundras
terrific [tə'rɪfɪk] *adj* **1** fruktansvärd, förfärlig, förskräcklig **2** enorm, oerhörd [*~ speed*] **3** jättebra, fantastisk [*the film was ~*]
terrif|y ['terɪfaɪ] *vb tr* förskräcka, förfära, skrämma [*a p. into a th.* (*doing a th.*) ngn till att göra ngt]; *-ied of* livrädd (förskräckt) för
terrine [tə'riːn, 'teriːn] *s* **1** lergryta, lerkruka; gryta äv. ss. maträtt **2** terrin
territorial [ˌterɪ'tɔːrɪəl] **I** *adj* territorial-, territoriell, territorie-; land-, jord- [*~ claims*], lokal, regional; *the T~ Army* brittiska armérreserven; ~ *waters* territorialvatten **II** *s* soldat i brittiska armérreserven
territor|y ['terɪt(ə)rɪ] *s* **1** territorium; [land]område, land; mark **2** besittning [*overseas -ies*] **3** bildl. [fack]område; gebit **4** distrikt för t.ex. försäljare **5** sport. planhalva **6** zool. revir
terror ['terə] *s* **1** skräck, fasa; *strike ~ into* sätta skräck i, injaga skräck hos; *be in ~ of one's life* frukta för sitt liv **2** vard., om pers. skräck, plåga, satunge [*the boy is a real ~*] **3** terror, skräckvälde [äv. *reign of ~*]
terrorism ['terərɪz(ə)m] *s* terrorism; skräckvälde, skräckregemente
terrorist ['terərɪst] *s* terrorist

terrorize ['terəraɪz] I *vb tr* terrorisera II *vb itr*, ~ *over* terrorisera
terror-stricken ['terəˌstrɪk(ə)n] *adj* o.
terror-struck ['terəstrʌk] *adj* skräckslagen
terry ['terɪ] *s* frotté [äv. ~ *cloth*]; ~ *towel* frottéhandduk
terse [tɜːs] *adj* **1** om t.ex. språk o. stil [kort och] koncis, kortfattad, kärnfull **2** brysk
tertiary ['tɜːʃərɪ] *adj* som kommer i tredje rummet (hand), tertiär; ~ *college* skol. yrkesskola för högre yrkesutbildning
Terylene ['terəliːn, -rɪ-] *s* ® textil. terylen[e]
TESL förk. för [*the*] *Teaching* [*of*] *English as a Second Language*
test [test] I *s* **1** a) prov, provning, prövning, undersökning, försök; test äv. psykol.; förhör [*an oral* ~] b) bedömningsgrund, kriterium [*the* ~ *of a good society is*...]; *driving* ~ kör[korts]prov; *nuclear* (*atomic*) ~ kärnvapenprov; *written* ~ [prov]skrivning, skriftligt prov; *put to the* ~ sätta på prov, pröva; *stand the* ~ bestå provet; *stand the* ~ *of time* stå sig genom tiderna **2** kem. reagens II *vb tr* prova, pröva, undersöka; sätta på prov; vara ett prov på; testa äv. psykol.; förhöra [*will you* ~ *me on my homework?*]; prova av; prova ut, utpröva [äv. ~ *out*]; kontrollera; ~ *a car* provköra en bil; *have one's eyesight ~ed* [låta] kontrollera synen
testament ['testəmənt] *s* **1** jur., [*last will and*] ~ testamente **2** bibl., *the Old* (*New*) *T~* Gamla (Nya) testamentet
testamentary [ˌtestə'ment(ə)rɪ] *adj* jur.
1 testamentarisk; testaments- **2** testamenterad
testate ['testət, -teɪt] *adj* jur. **1** som efterlämnat testamente **2** testamenterad
testator [te'steɪtə] *s* jur. testator
test ban ['testbæn] *s* polit. provstopp
test card ['testkɑːd] *s* TV. testbild
test case ['testkeɪs] *s* jur. prejudicerande rättsfall, prejudikat
test-drive ['testdraɪv] (*test-drove test-driven*) *vb tr* provköra
testicle ['testɪkl] *s* anat. testikel
testify ['testɪfaɪ] I *vb itr* vittna [*to* om; *against* mot], avlägga vittnesmål (vittnesbörd) II *vb tr* intyga, betyga; vittna om
testimonial [ˌtestɪ'məʊnjəl] *s* **1** [skriftligt] bevis, [tjänstgörings]betyg, intyg, vitsord **2** rekommendation[sbrev] **3** [kollektiv] hedersgåva (minnesgåva)
testimony ['testɪmənɪ] *s* **1** vittnesmål, vittnesbörd äv. relig. [*to*, *of* om]; uppgift, utsago **2** bevis [*of*, *to* på]; bevismaterial; *bear* ~ *to* vittna om, intyga, betyga
testiness ['testɪnəs] *s* [lätt]retlighet; vresighet
test match ['testmætʃ] *s* landskamp isht i kricket
testosterone [te'stɒstərəʊn] *s* fysiol. testosteron

test paper ['testˌpeɪpə] *s* **1** kem. reagenspapper, indikatorpapper **2** [prov]skrivning
test pilot ['testˌpaɪlət] *s* testflygare, provflygare
test tube ['tes(t)tjuːb] *s* provrör; attr. *test-tube baby* provrörsbarn
testy ['testɪ] *adj* lättretlig, lättstött, snarstucken
tetanus ['tetənəs] *s* med. stelkramp, tetanus
tetchy ['tetʃɪ] *adj* grinig, kinkig, retlig, knarrig
tête-à-tête [ˌteɪtɑː'teɪt] I *adv* o. *adj* mellan fyra ögon, på tu man hand II *s* tätatät, samtal mellan fyra ögon, möte på tu man hand
tether ['teðə] I *s* tjuder; *be at the end of one's* ~ bildl. inte förmå (orka) mer II *vb tr* tjudra; bildl. binda, klavbinda
Texan ['teksəˌn] I *adj* Texas-, från (i) Texas II *s* texasbo, person från Texas
Texas ['teksəs, -sæs]
text [tekst] *s* **1** text; ord[alydelse]; version **2** ämne, tema **3** a) [bibel]text b) bibelord, bibelspråk, bibelställe
textbook ['teks(t)bʊk] *s* **1** lärobok, skolbok; handbok; textbok **2** mönstergill; ~ *case* typiskt fall, typfall; ~ *example* skolexempel
textile ['tekstaɪl, amer. äv. 'tekstl] I *adj* textil, textil- [~ *art*, ~ *industry*], vävnads-; vävd II *s* vävnad; textilmaterial, vävnadsmaterial; pl. ~*s* äv. textilier
textual ['tekstjʊəl] *adj* text- [~ *criticism*]; ~ *errors* fel i texten
texture ['tekstʃə] *s* **1** textur, struktur; väv, vävnad [*coarse* (*fine*) ~]; konsistens **2** bildl. struktur, sammansättning, [upp]byggnad, beskaffenhet
Thai [taɪ] I *adj* thailändsk, thai- II *s* **1** thailändare; thailändska kvinna **2** thailändska [språket]
Thailand ['taɪlænd, -lənd]
Thames [temz] geogr., *the* ~ Themsen, Temsen; *he will never set the* ~ *on fire* ung. han kommer aldrig att uträtta några större stordåd
than [ðæn, obeton. ðən, ðn] *konj* **1 a)** (äv. prep.) än [*he is several years older* ~ *me* (*I*)]; *nothing else* ~ ingenting annat än, bara, endast; *it was no other* ~ [*Mr. Smith*] det var ingen annan än..., det var självaste...; *rather* (*sooner*) ~ se *sooner 2* **b)** än [vad] som [*more* ~ *is good for him*] **2** förrän; *no sooner* (*hardly, scarcely*) *had we sat down* ~... knappt hade vi satt oss förrän...
thank [θæŋk] I *vb tr* tacka [*a p. for a th.* [ngn] för ngt]; ~ *goodness* (*God*)! gudskelov!; ~ *Heaven!* Gud vare tack [och lov]!; ~ *you for nothing!* iron. tack så mycket!, tack för hjälpen (vänligheten)!; *I'll* ~ *you to leave my affairs alone* jag vore tacksam om du inte blandar dig i mina affärer II *s*, pl. ~*s* tack, tacksägelse[r] [*for* för]; ~*s awfully* (*a lot*)! vard. tack så väldigt mycket!;

[*many*] ~*s!* tack [så mycket]!; *letter of* ~*s* tackbrev; *speech of* ~*s* tacktal; [*received*] *with* ~*s* på kvitto vilket tacksamt erkännes; ~*s to* prep. tack vare; [*it is*] *no* ~*s to him that...* det är inte hans förtjänst att...; *I won, but small* ~*s to you!* iron. jag vann, men det var knappast din förtjänst!
thankful ['θæŋkf(ʊ)l] *adj* [mycket] tacksam [*for* för, över; *to* mot]
thankfully ['θæŋkf(ʊ)lı] *adv* **1** tacksamt **2** tack och lov, som tur är (var)
thankless ['θæŋkləs] *adj* otacksam [*a* ~ *task*]
thanksgiving ['θæŋks‚gıvıŋ] *s* kyrkl. tacksägelse; *T*~ [*Day*] i nordamerika tacksägelsedag[en] allmän helgdag 4:e torsdagen i november i USA; 2:a måndagen i oktober i Canada
that [ðæt, obeton. ðət] **I** (pl. *those*) *demonstr pron* **1 a**) sg. den där, det där; denne [~ *so-called general*], denna, detta; den, det [~ *happened long ago*]; de där [*where's* ~ *five pounds?*]; så [~ *is not the case*] **b**) *those* (pl.) de där, dessa; de; detta, det, det där [*those are my colleagues*] **2** spec. övers.: ~ *is* [*to say*] det vill säga, dvs., alltså; *and* ~*'s* ~*!* och därmed basta!; och hör sen!; så var det med den saken!; [*carry this for me*] ~*'s a good boy* (*girl*) vard. ...så är du snäll; *he is not so stupid as* [*all*] ~ så dum är han inte; *what of* ~*?* än sen då?; *at* ~ *time* el. *in those days* dåförtiden, på den tiden **II** (pl. *those*) *determ pron* **1 a**) sg. den, det [*this bread is better than* ~ [*which*] *we get in town*] **b**) *those* (pl.) de [*those who agree are in majority*], dem [*throw away those* [*which are*] *unfit for use*] **2** [*the rapidity of light is greater*] *than* ~ *of sound* ...än ljudets; *my car and* ~ *of my friend*[*'s*] min [bil] och min väns bil; [*he has one merit,*] ~ *of being honest* ...[den] att vara ärlig **3** något visst (speciellt) [*there was* ~ *about him which pleased me*] **4** så mycket, så stor [*he has* ~ *confidence in her that...*] **III** (pl. *lika*) *rel pron* **1** som [*the only thing* (*person*) [~] *I can see*], vilken, vilket, vilka; *all* [~] *I heard* allt [vad] (allt det, allt som) jag hörde **2** vard. som...i, som...med etc., ibl. som [*he will not see things in the light* [~] *I see them*] **3** såvitt, vad [*he has never been there* ~ *I know of*] **IV** *konj* **1 a**) att [*she said* [~] *she would come*] **b**) litt. för att [*she did it* ~ *he might be saved*]; så att [*bring it nearer* ~ *I may see it better*] **c**) *but* (*not* m.fl.) ~ se *but*, *not* m.fl. **2** a) som [*it was there* [~] *I first saw him*] b) när, då [*now* [~] *I think of it, he was there*] **3** eftersom [*what have I done* ~ *he should insult me?*] **4** om; *I don't know* ~ *I do* jag vet inte om jag gör det **5** högtidl., i utrop att [~ *it should come to this* (gå så långt)!/]; om [bara] [~ *she were here!*] **V** *adv* vard. så [pass] [~ *far* (*much*)]; *he's not* [*all*] ~ *good* a) så bra är han inte b) han är inte så värst bra

thatch [θætʃ] **I** *s* halmtak, vasstak, tak av palmblad o.d. **II** *vb tr* täcka med halm etc., jfr *l*; halmtäcka; täcka; *a* ~*ed cottage* en stuga med halmtak
thatcher ['θætʃə] *s* taktäckare
thaw [θɔ:] **I** *vb itr* töa [*it is* ~*ing*]; ~ [*out*] tina [upp] äv. bildl. **II** *vb tr*, ~ [*out*] tina [upp] äv. bildl.; ~ *out the refrigerator* frosta av kylskåpet **III** *s* tö[väder], upptinande äv. bildl.; polit. töväder, islossning; *a* ~ *has set in* det är (har blivit) töväder
the [obeton.: ðə framför konsonantljud, ðı framför vokalljud; beton.: ði: (så alltid i bet. *I* 5)] **I** *best art* **1 a**) motsvaras av best. slutartikel, t.ex.: ~ *book* boken; ~ *eggs* äggen **b**) motsvaras av fristående artikel o. slutartikel, t.ex.: ~ *old man* den gamle mannen **c**) motsvaras av fristående artikel, t.ex.: ~ *deceased* den avlidna (avlidne); ~ *beautiful* det vackra; ~ *blind* de blinda **2** utan motsvarighet, t.ex.: **a**) ibl. framför huvudord följt av 'of'-konstr.: *he is* ~ *captain of a ship* han är kapten på en båt; ~ *London of our days* våra dagars London **b**) ibl. framför adj. följt av subst.: ~ *following story* följande historia; *on* ~ *left hand* på vänster hand; ~ *same room* samma rum **c**) i vissa fall vid superl.: *which river is* [~] *deepest?* vilken flod är djupast?; *I don't know which of them I like* [~] *most* jag vet inte vilka av dem jag tycker mest om **d**) i vissa uttryck: *go to* ~ *cinema* gå på bio; *have* ~ *courage* ha mod[et] att; *play* [~] *piano* (*guitar*) spela piano (gitarr); *listen to* ~ *radio* höra på radio; *speak* ~ *truth* tala sanning **e**) vid vissa egennamn: ~ *Balkans* Balkan; ~ *Hague* Haag; [*on board*] ~ *Queen Elizabeth* ...Queen Elizabeth; ~ *Rhine* Rhen; *T~ Times* tidningen Times; ~ *Waldorf Astoria* hotellet Waldorf Astoria; ~ *Beatles* popgruppen Beatles; [*I'm going to*] ~ *Dixons* ...Dixons (familjen Dixon) **3** en, ett; *to* ~ *amount of* till ett belopp av; *at* ~ *price of* till ett pris av **4** per; [£*10*] ~ *piece* ...per styck, ...stycket **5** emfatiskt: *is he* ~ *Dr. Smith?* är han den kände (berömde) dr Smith?; *to him she was* ~ *woman* hon var kvinnan i hans liv **6** determ. den [~ *sum he paid*], det, de; *it's dreadful,* ~ *bills I've had to pay* vard. det är förskräckligt såna räkningar jag har måst betala **7** demonstr. den, det, de; ~ *wretch!* den uslingen!; ~ *idiots!* vilka (såna) idioter! **II** *adv*, ~*...*~ ju...desto (dess, ju); ~ *sooner* ~ *better* ju förr dess hellre (bättre)
theater ['θɪətə] *s* amer., se *theatre*
theatre ['θɪətə] *s* **1** teater [*go to* (på) *the* ~; *be at* (på) *the* ~]; teaterkonst, dramatik; *the* ~ äv. scenen **2** [amfiteatralisk] hörsal (sal) [*operating*] ~ operationssal [med åskådarplatser] **3** bildl. skådeplats; ~ *of operations* mil. operationsområde; ~ *of war* mil. krigsskådeplats

theatregoer ['θɪətəˌgəʊə] s teaterbesökare; [*great*] ~ teaterhabitué; pl. ~s äv. teaterpubliken

theatrical [θɪ'ætrɪk(ə)l] I *adj* **1** teater-; ~ *company* teatersällskap, teatertrupp **2** teatralisk [~ *gestures*] II s, pl. ~s teaterföreställningar [*they forbade* ~s *in churches*]; *amateur* (*private*) ~s amatörteater; *have* (*take part in*) ~s spela teater

thee [ði:] *pers pron* (objektsform av *thou*) **1** åld. el. bibl. dig **2** dial. du [*where has* ~ *come from?*]

theft [θeft] s stöld, tillgrepp

their [ðeə] *fören poss pron* (jfr *my*) deras [*it is* ~ *car*], dess [*the Government and* ~ *remedy for unemployment*]; sin [*they sold* ~ *car*]; *they came in* ~ *thousands* de kom i tusental

theirs [ðeəz] *självst poss pron* (jfr *1 mine*) deras [*is that house* ~*?*]; sin [*they* (*each*) *must take* ~]; *a friend of* ~ en vän till dem

theism ['θi:ɪz(ə)m] s teism

theist ['θi:ɪst] s teist

theistic [θi:'ɪstɪk] *adj* o. **theistical** [θi:'ɪstɪk(ə)l] *adj* teistisk

them [ðem, obeton. ðəm, ðm] I *pers pron* (objektsform av *they*) **1 a**) dem **b**) den [*I approached the Government and asked* ~ *if...*]; honom [eller henne] [*if anybody calls while I'm out, tell* ~ *I shall...*] **2** vard. de, dom [*it wasn't* ~] **3** sig [*they took it with* ~] II *fören demonstr pron* dial. dom [där] [*I think* ~ *books are no good*]

theme [θi:m] s **1** tema, ämne, grundtanke; ~ *park* temapark fritidsanläggning **2** isht amer. skol. uppsats; stil **3** mus. tema, [led]motiv; ~ *song* (*tune*) a) signaturmelodi b) [huvud]refräng

themselves [ð(ə)m'selvz] *rfl pron* o. *pers pron* (jfr *myself*) sig [*they amused* ~], sig själva [*they can take care of* ~]; varandra [*they took counsel* (rådgjorde) *with* ~]; de själva [*everybody but* ~], själva [*they made that mistake* ~], själv [*the public* ~ *were...*]

then [ðen] I *adv* **1** a) då [*I was still unmarried* ~], på den tiden, den gången b) då [*I'll see you later and will* ~ *tell you the facts*] c) sedan, så [~ *came the war*], därpå; *there and* ~ el. ~ *and there* på fläcken, på stående fot **2** så, sedan; dessutom [*and* ~ *there's the question of...*]; *but* ~ men så...också [*but* ~ *he is rich*], men...ju, men å andra sidan (i gengäld, i stället) **3** alltså [*the journey,* ~, *could begin*]; då, i så fall [~ *it is no use*]; *that's settled,* ~*!* el. *all right,* ~*!* då säger vi det då!; *what* ~*?* och sen då?; nå, än sen då? II *s*, *before* ~ innan dess, dessförinnan, förut; *by* ~ vid det laget [*by* ~ *they were gone*], [senast] då, till (innan) dess [*by* ~ *I shall be back*]; *from* ~ *onwards* från och med då; *since* ~ sedan dess; *until* (*till*) ~ till dess III *adj* dåvarande [*the* ~ *prime minister*]

thence [ðens] *adv* litt. el. jur. **1** [*from*] ~ därifrån **2** därav; på grund därav, följaktligen

theocracy [θɪ'ɒkrəsɪ] s teokrati

theocratic [θɪə'krætɪk] *adj* teokratisk

theologian [θɪə'ləʊdʒən, -dʒ(ə)n] s teolog

theological [θɪə'lɒdʒɪk(ə)l] *adj* teologisk

theologist [θɪ'ɒlədʒɪst] s teolog

theology [θɪ'ɒlədʒɪ] s teologi

theorem ['θɪərəm, -rem] s teorem; sats

theoretical [θɪə'retɪk(ə)l] *adj* teoretisk

theoretician [ˌθɪərə'tɪʃ(ə)n] s teoretiker

theorist ['θɪərɪst] s teoretiker

theorize ['θɪəraɪz] *vb itr* teoretisera [*about* (*on*) över]

theory ['θɪərɪ] s teori; lära; *in* ~ i teorin; teoretiskt [sett]; ~ *of sets* el. *set* ~ matem. mängdlära

theosophist [θɪ'ɒsəfɪst] s teosof

theosophy [θɪ'ɒsəfɪ] s teosofi

therapeutic [ˌθerə'pju:tɪk] *adj* terapeutisk

therapeutics [ˌθerə'pju:tɪks] (konstr. ss. sg.) s terapi vetenskapsgren

therapist ['θerəpɪst] s terapeut

therapy ['θerəpɪ] s terapi behandling

there [ðeə, obeton. ðə] I *adv* **1** (se äv. ex. under *here*) a) där [~ *he comes*]; framme [*we'll soon be* ~] b) dit [*I hope to go* ~ *next year*]; fram [*we'll soon get* ~]; ~ *and then* se *then*; *near* ~ där i närheten (trakten); [*still*] ~ kvar [*he was still* ~ *when I left*]; ~ *it is!* a) där är den (det)! b) så är det [nu bara]!; ~ *you are!* a) där (här) har du!, var så god! b) jaså, där kommer (är) du [äntligen]! c) du ser du!, där kan du se själv!, vad var det jag sa? d) där har vi det!; [*you fit this into that*] *and* ~ *you are!* ...och saken är klar!; ~ *you go!* nu börjar du (börjas det) igen!; [*carry this for me*] ~*'s a dear* (*a good boy, a good girl*) vard. ...så är du snäll (bussig) **2** det ss. formellt subjekt [~ *were* (var, fanns) *only two left*; ~ *seems to be a mistake*]; ~ *is...* vid uppräkning vi har...; [*who shall we have* (ta)*?* -] *now,* ~*'s John* ...vi har ju John till exempel; ~*'s the bell* [*ringing*] nu ringer det; *what is* ~ *criminal about that?* vad är det för brottsligt i det? **3** i det [avseendet], i det fallet, på den punkten, där[i] [~ *you are mistaken*] II *interj,* ~*!* så där! [~, *that will do*], så där ja!, titta vad du gjort! [~*! you've smashed it*]; ~, ~*!* lugnande el. tröstande såja!, seså!; ~ *now!* a) så [där] ja! nu är det klart (uttryckande lättnad) b) vad var det (var det inte det) jag sa?, där har du det!

thereabout[s] ['ðeərəbaʊt, -s, ˌðeərə'b-] *adv* **1** där i trakten, [i trakten] däromkring [*in Rye or* ~] **2** däromkring, så [ungefär]

thereafter [ˌðeər'ɑ:ftə] *adv* litt. därefter

thereby [ˌðeə'baɪ, '--] *adv* litt. därvid, därigenom

therefore ['ðeəfɔ:] *adv* därför, således, följaktligen; *and* ~ äv. varför

therein [ðeər'ın] *adv* litt. däri; i det [avseendet (fallet)]
thereof [ðeər'ɒv] *adv* litt. därav, därom m.m., jfr *of*
there's [ðeəz] = there is o. there has
Theresa [tɪ'ri:zə, tə'r-] kvinnonamn; ss. helgonnamn Teresa
thereto [ðeə'tu:] *adv* litt. därtill
thereupon [ˌðeərə'pɒn] *adv* **1** därpå isht om tid **2** litt. härom, därom [*there is much to be said ~*]
therm [θɜ:m] *s* värmeenhet motsv. vanl.: a) 1000 kilokalorier = 4,2 miljoner joule b) för gas 100 000 engelska värmeenheter, jfr *British thermal unit* under *thermal*
thermal ['θɜ:m(ə)l] *adj* värme-, termisk [*~ energy*; *~ reactor*]; varm [*~ springs*], termal; *~ barrier* flyg. värmevall, temperaturgräns; *~ underwear* termounderkläder; *British ~ unit* engelsk värmeenhet 252 kalorier = 1 055 joule
thermodynamics [ˌθɜ:mə(ʊ)daɪ'næmɪks, -dɪ'n-] (konstr. ss. sg.) *s* fys. termodynamik
thermometer [θə'mɒmɪtə] *s* termometer
thermonuclear [ˌθɜ:mə(ʊ)'nju:klɪə] *adj* fys. termonukleär; *~ bomb* vätebomb
thermoplastic [ˌθɜ:mə(ʊ)'plæstɪk] **I** *adj* termoplastisk, inte härdbar **II** *s* termoplast
Thermos ['θɜ:mɒs, -məs] *s* ®, *~ [flask* (ibl. *bottle*)] termos[flaska]
thermosetting ['θɜ:mə(ʊ)ˌsetɪŋ] *adj* om plast härdbar, härdad; *~ plastics* duroplaster, härdplaster
thermostat ['θɜ:mə(ʊ)stæt] *s* fys. termostat
thermostatic [ˌθɜ:mə(ʊ)'stætɪk] *adj* fys. termostatisk, termostat- [*~ control*]
thesaur|us [θɪ'sɔ:r|əs] (pl. *-i* [-aɪ] el. *-uses*) *s* synonymordbok; uppslagsbok, lexikon; tesaurus
these [ði:z] *demonstr pron* se *this*
theses ['θi:si:z] *s* pl. av *thesis*
thes|is ['θi:s|ɪs] (pl. *-es* [-i:z]) *s* **1** tes, sats; teori **2** [doktors]avhandling; *defend one's ~* försvara sin avhandling, disputera
they [ðeɪ] (objektsform *them*) *pron* **1** pers. **a)** de [*~ are here*] **b)** den, det [*the Government (Cabinet) declared that ~* (ofta man) *had…*]; han [eller hon] [*if anybody moves ~ will be shot*] **c)** man; *~ say* [*that he is rich*] man säger…, det sägs… **2** determ. litt. de [*blessed are ~ that mourn*]
they'd [ðeɪd] = they had o. they would
they'll [ðeɪl] = they will (shall)
they're [ðeə, 'ðeɪə] = they are
they've [ðeɪv] = they have
thick [θɪk] **I** *adj* **1** tjock [*a ~ book*], grov [*a ~ log*]; *he got a ~ lip* han fick fläskläpp **2 a)** tät [*a ~ forest*]; tjock, yvig [*~ hair*] **b)** talrik, ymnigt förekommande **3 a)** om vätskor tjock[flytande]; kok. [av]redd **b)** om luft o.d. tät [*a ~ fog*] **c)** om röst o.d. grötig, tjock,

stark, kraftig [*a ~ German accent*]; sluddrig, otydlig **4** tjockskallig, dum, trög **5** vard. bundis [*be ~ with a p.*]; *they're* [*as*] *~ as thieves* de håller ihop som ler och långhalm, de är såta vänner **6** vard., *a bit* [*too*] *~* lite väl mycket (magstarkt) [*three weeks of rain is a bit ~*]; *this* (*that*) *is a bit* [*too*] *~!* äv. nu går det för långt!
II *adv* tjockt [*you spread the butter too ~*]; tätt [*the corn stands ~*], rikligt, ymnigt [*the snow fell ~*]; *~* [*and fast*] tätt [efter (på) varandra], slag i slag
III *s* **1** *in the ~ of the crowd* mitt i trängseln, där trängseln är (var) som störst; *in the ~ of the fight* (*battle*) mitt [uppe] i striden, där striden står (stod) som hetast; *come right into the very ~ of it* (*of things*) hamna mitt i smeten, komma i händelsernas centrum **2** *stick together through ~ and thin* hålla ihop i vått och torrt
thicken ['θɪk(ə)n] **I** *vb tr* **1** göra tjock[are], göra tät[are]; kok. reda [av] [*~ a sauce*] **2** göra sluddrig **II** *vb itr* **1** tjockna, tätna [*the fog has ~ed*]; mörkna **2** bli sluddrig **3** *the plot ~s* intrigen blir allt mer komplicerad; friare mystiken tätnar
thickening ['θɪk(ə)nɪŋ] *s* **1** förtjockning **2** kok. redning
thicket ['θɪkɪt] *s* busksnår, [skogs]snår, buskage
thick-headed [ˌθɪk'hedɪd] *adj* tjockskallig
thickness ['θɪknəs] *s* tjocklek, grovlek etc., jfr *thick I*
thickset [ˌθɪk'set, attr. o. ss. subst. '--] **I** *adj* undersätsig, satt **II** *s* [busk]snår
thick-skinned [ˌθɪk'skɪnd, attr. '--] *adj* tjockhudad äv. bildl.
thief [θi:f] (pl. *thieves*) *s* tjuv; *set* (*it takes*) *a ~ to catch a ~* ung. gammal tjuv blir bra polis; *stop ~!* ta fast tjuven!
thieve [θi:v] *vb itr* o. *vb tr* stjäla
thievery ['θi:vərɪ] *s* stöld, tjuveri
thieves [θi:vz] *s* pl. av *thief*
thievish ['θi:vɪʃ] *adj* **1** tjuvaktig **2** smygande; förstulen
thigh [θaɪ] *s* anat. lår
thigh-bone ['θaɪbəʊn] *s* lårben
thimble ['θɪmbl] *s* **1** fingerborg **2** sjö. kaus
thimbleful ['θɪmblfʊl] *s* **1** fingerborg ss. mått **2** vard. liten slurk
thin [θɪn] **I** *adj* **1** tunn [*a ~ slice of bread*] **2** mager [*rather ~ in the face*], tunn; *he has become* (*grown*) *~* han har magrat **3 a)** tunnflytande, tunn [*~ gruel* (välling)] **b)** lätt [*~ mist*] **4** gles, tunn [*~ hair*]; fåtalig [*a ~ audience*], tunnsådd **5** bildl. klen [*a ~ excuse*], tunn [*a ~ plot* (intrig)], mager [*~ evidence* (bevismaterial)] **II** *adv* tunt [*spread the butter* [*on*] *~*] **III** *vb tr*, *~* [*down*] göra tunn[are], förtunna [*~ down paint*], tunna [av (ut)], späda [ut] **IV** *vb itr*, *~ out* bli

tunn[are], förtunnas, tunna[s] av (ut) [*the audience was ~ning out*]; bli gles[are], glesna; magra; *his hair is ~ning* hans hår börjar glesna (bli tunnare) **V** *s, through thick and ~ se thick III 2*
thine [ðaɪn] *självst poss pron* (före vokalljud el. 'h' äv. fören.) åld. el. bibl. din, ditt, dina
thing [θɪŋ] *s* **1** sak, ting, grej, grunka, pryl; pl. *~s* äv. saker och ting [*you take ~s too seriously*]; *these ~s* [*will*] *happen* sånt händer; *it's just one of those ~s* sånt händer [tyvärr] **2** isht vard. varelse [*a sweet little ~*]; *hello, old ~* hej gamle vän!; *poor little ~!* stackars liten!; *you poor ~!* stackars du (dig)! **3** ss. fyllnadsord vid adj. o.d. (se äv. resp. adj.); *the chief ~* det viktigaste; *this is a fine ~!* jo, det var just snyggt!; *the great ~ about it* det fina med (i) det; [*the*] *last ~* vard., adv. allra sist [*last ~ at night*]; *the latest* (*last*) *~* [*in shoes*] det [allra] senaste [i skoväg]; *the only ~ you can do* det enda du kan göra; *it is a strange ~ that...* det är egendomligt att...; *what a stupid ~ to do!* så dumt [gjort]!; *what is the usual ~ to do?* hur brukar man göra? **4** pl. *~s* i spec. bet.: **a)** tillhörigheter, saker; bagage; [ytter]kläder [*take off your ~s*] **b)** redskap, grejer, saker **c)** saker att äta o.d.; *be fond of good ~s* tycka om att äta gott; *the good ~s of* (*in*) *life* livets goda **d)** det, saken, läget, ställningen, förhållandena; *~s are in a bad way* det går dåligt; *~s aren't what they used to be* det är inte som förr i tiden; *as* (*the way*) *~s are* som det nu är, som saken ligger till; *how are* (vard. *how's*) *~s?* hur går det?, hur är läget?; *that is how ~s are* så ligger det till; *you know how ~s are* du vet hur läget (det) är; *~s look bad for him* det ser illa ut för honom **e)** [*this climate*] *does ~s to me* ...gör underverk med mig **f)** följt av adj.: *~s English* engelska förhållanden (realia) **5** särskilda uttryck: **a)** vard., *do one's own ~* göra sin egen grej **b)** *have a ~ about* a) vara tokig i b) fasa för **c)** *know a ~ or two* se *know* **d)** *make a ~ of* göra affär av **e)** *taking one ~ with another* när allt kommer omkring **f)** *the ~ is* saken är den; *the ~ to do is to...* vad man ska göra är att...; [*quite*] *the ~* a) [det] passande, det korrekta, god ton b) på modet, inne c) [just] det rätta; *that's just the ~ for you* det är precis vad du behöver **g)** *for one ~* för det första
thingamy [ˈθɪŋəmɪ] *s o.* **thingumabob** [ˈθɪŋ(ə)mɪbɒb] *s o.* **thingumajig** [ˈθɪŋ(ə)mɪdʒɪg] *s* samtliga vard. grej (grunka, pryl resp. karl, kvinna, människa) [vad den (resp. han, hon) nu heter igen]; *where's that ~?* äv. var är den där grejen etc. du vet?; *Mr. Thingamy* herr vad är det han heter nu igen
think [θɪŋk] **I** (*thought thought*) *vb tr o. vb itr* **1** tänka; tänka sig för; tänka efter [*let me ~ a

moment]; betänka; fundera på **2** tro [*do you ~ it will rain?*]; tycka [*do you ~ we should go on?*]; anse [*do you ~ it likely?*]; *~ fit* (*proper*) anse lämpligt; *I should ~ not* [det tror (tycker) jag] visst inte; *I should ~ so!* jo, det vill jag lova!, jo, jag menar det!; *I should jolly* (*bloody* el. *damn*[*ed*]) *well ~ so!* tacka sjutton (fan) för det!; *you are very tactful, I don't ~* iron. du är inte så taktfull så det stör; [*he's a bit lazy,*] *don't you ~?* ...eller vad tycker du?, ...eller hur? **3** tänka (föreställa sig; ana, tro; fatta, förstå; *to ~ that she* [*is so rich*] tänk att hon...; *I thought as much* se *much II 2*; *who the hell do you ~ you are?* vem [fan] tror du att du är egentligen? **4** *~ to* + inf. a) tänka [*I thought to go and see her*] b) vänta [sig] att [*I did not ~ to find you here*] **5** med prep. o. adv. isht med spec. övers.:

~ about: a) fundera på, tänka på b) *what do you ~ about...?* vad tycker du om...?

~ ahead tänka framåt

~ of: a) tänka på [*~ of the future*]; fundera på b) drömma om; [*surrender is not to*] *be thought of* ...tänka på; *I couldn't ~ of such a thing* det skulle aldrig falla mig in c) komma på [*can you ~ of his name?*]; *come to ~ of it* nu när jag kommer att tänka på det d) tänka sig, föreställa sig; [*just*] *~ of that* (*of it*)*!* tänk bara!, kan du tänka dig! e) *what do you ~ of...?* vad tycker (säger, anser) du om...? f) *~ better* (*highly, much, the world*) *of* se *1 better I, highly* etc.; *~ little* (*nothing*) *of* ha en låg tanke om, sätta föga värde på; *I ~ little* (*nothing*) *of walking* [*10 kilometres*] det är ingen konst för mig att gå...; *~ a lot of* sätta stort värde på; *he ~s a lot of himself* han har höga tankar om sig själv; *~ well of everybody* tro alla människor om gott

~ out tänka (fundera) ut [*~ out a new method*]

~ over tänka igenom, tänka över; *~ the matter over* äv. fundera på saken

~ up vard. tänka ut, hitta på

II *s* vard. funderare; *have a ~ about it* ta sig en funderare på saken; [*if that's what you want*] *you've got another ~ coming* ...så får du ält tänka om
thinkable [ˈθɪŋkəbl] *adj* tänkbar
thinker [ˈθɪŋkə] *s* tänkare; *he is a slow* (*loose*) *~* han tänker långsamt (osammanhängande, ologiskt)
thinking [ˈθɪŋkɪŋ] **I** *s* tänkande; tänkesätt; åsikt, uppfattning; pl. *~s* tankar; *somebody has got to do the ~* någon måste göra tankearbetet; *to my* [*way of*] *~* enligt min åsikt (uppfattning), efter mina begrepp **II** *adj* tänkande [*a ~ being*]
think tank [ˈθɪŋktæŋk] *s* vard. **1** hjärntrust, idébank, expertgrupp **2** expertmöte för att lösa problem

thinner ['θɪnə] *s* thinner
thinness ['θɪnnəs] *s* tunnhet, magerhet, gleshet etc., jfr *thin I*
thin-skinned [,θɪn'skɪnd, attr. '--] *adj* **1** tunnhudad, tunnskalig [*a ~ orange*] **2** bildl. hudlös, [över]känslig, ömtålig
third [θɜ:d] (jfr *fifth*) **I** *räkn* tredje; *~ class* tredje klass, jfr *third-class*; *he got a ~ class* univ., se *he got a ~* under *III 4* nedan; *the ~ degree* tredje graden hänsynslös förhörsmetod; *the ~ floor* [våningen] tre (amer. två) trappor upp; *~ party (person)* tredje man, opartisk person, jfr *third-party*; *the T~ World* polit. [den] tredje världen **II** *adv* **1** *the ~ largest town* den tredje staden i storlek **2** [i] tredje klass [*travel ~*] **3** som trea, som nummer tre i ordningen [*he spoke ~*]; *come in (finish) ~* komma [in som] (sluta som) trea **III** *s* **1** tredjedel **2** sport. a) trea, tredje man b) tredjeplacering **3** mus. ters; *major (minor) ~* stor (liten) ters **4** univ., *he got (is) a ~* ung. han fick (har) lägsta betyget i examen för *honours degree* (jfr *honour I 5*) **5** motor. treans växel, trean; *put the car in ~* lägga in trean
third-class [,θɜ:d'klɑ:s, ss. attr. adj. '--] **I** *adj* **1** tredjeklass-; tredje klassens [*a ~ hotel*] **2** amer., *~ mail* trycksaker **II** *adv* [i] tredje klass [*travel ~*]
thirdly ['θɜ:dlɪ] *adv* för det tredje
third-party [,θɜ:d'pɑ:tɪ] *adj*, *~ [liability] insurance* ansvarsförsäkring, drulleförsäkring; *~ [motor] insurance* ung. trafikförsäkring; *be insured against ~ risks* vara försäkrad mot skada å tredje man eller tredje mans egendom
third-rate [,θɜ:d'reɪt, attr. '--] *adj* tredje klassens, av tredje klass, [rätt] undermålig
third-rater [,θɜ:d'reɪtə] *s*, *be a ~* vara av tredje klass, vara [rätt] undermålig
thirst [θɜ:st] **I** *s* törst, bildl. äv. längtan [*for* (litt. *after*) efter]; *~ for knowledge* kunskapstörst; [*that kind of work*] *gives me a ~* ...gör mig törstig **II** *vb itr* törsta [*for* (litt. *after*) efter]
thirsty ['θɜ:stɪ] *adj* törstig
thirteen [,θɜ:'ti:n, attr. '--] *räkn o. s* tretton; jfr *fifteen* med sms.
thirteenth [,θɜ:'ti:nθ, attr. '--] *räkn o. s* trettonde; tretton[de]del; jfr *fifth*
thirtieth ['θɜ:tɪɪθ, -tɪəθ] *räkn o. s* **1** trettionde **2** trettion[de]del
thirty ['θɜ:tɪ] (jfr *fifty* med sms.) **I** *räkn* tretti[o]; *the T~ Years (Years') War* trettioåriga kriget **II** *s* tretti[o]; tretti[o]tal
this [ðɪs] **I** (pl. *these*) *demonstr pron* **1** den här [*~ way, please*], det här [*~ is my brother, that* (det där) *is a cousin of mine*]; denne, denna, detta [*at ~ moment*]; det [*they had ~ in common, that they...*]; *these* de här [*look at these fellows*], dessa; detta, det här [*these are my colleagues*]; *in ~ country* här i landet, i

vårt land; *~ afternoon* adv. i eftermiddag[s]; *~ day last year* adv. i dag för ett år sedan; [*in*] *these days* nuförtiden; *to ~ day* hittills; till den dag som i dag är; se äv. fraser under *day*; *~ [coming] May* adv. nu i maj [månad]; [*I have been waiting*] *these (~) three weeks* ...nu i tre veckor; *~ is to inform you that...* i brev härmed får vi meddela att...; *what's all ~?* vard. vad ska det här betyda (föreställa)?; [*he went to*] *~ doctor and that* ...den ena doktorn efter den andra; *~ way and that* åt alla håll; *~ that and the other* en hel massa olika saker; *and ~ that and the other* och det ena med det andra **2** vard. (i berättande framställning) en; [*I was standing there.*] *Then ~ little fellow came up to me* ...och då kom en liten kille fram till mig [du vet]; *I was talking to ~ nurse...* jag stod och pratade med den där sjuksköterskan, du vet...
II *adv* vard. så [här] [*not ~ late*; *~ much*]; *it is seldom ~ warm* det är sällan så här [pass] varmt
thistle ['θɪsl] *s* bot. tistel äv. Skottlands nationalemblem
thistledown ['θɪsldaʊn] *s* tistelfjun
thither ['ðɪðə] litt. **I** *adv* dit **II** *adj* bortre
tho' o. **tho** [ðəʊ] *konj o. adv* se *though*
Thomas ['tɒməs] mansnamn; *doubting ~* tvivlande Tomas, skeptiker
thong [θɒŋ] *s* läderrem; pisksnärt
thorax ['θɔ:ræks] (pl. *~es* el. *thoraces* [θɔ:'reɪsi:z]) *s* **1** anat. bröstkorg, thorax **2** hos insekter mellankropp, thorax
thorn [θɔ:n] *s* **1** [törn]tagg, törne, torn]; *a ~ in the (one's) flesh (side)* en påle i köttet, en nagel i ögat **2** törnbuske; hagtorn; slån
thorny ['θɔ:nɪ] *adj* **1** törnig, taggig **2** bildl. kvistig, ömtålig, tvistig [*a ~ problem*]
thorough ['θʌrə] *adj* grundlig, ingående, genomgripande, fullständig; omsorgsfull, ordentlig; riktig [*a ~ nuisance* (plåga)], fullkomlig, fulländad [*a ~ gentleman*]; fullfjädrad
thoroughbred ['θʌrəbred] **I** *adj* **1** fullblods-, rasren [*a ~ horse*] **2** bildl. fullblods-, fulländad **II** *s* **1** fullblod, rasdjur; fullblodshäst, rashäst **2** 'fullblod' förstklassig bil o.d.
thoroughfare ['θʌrəfeə] *s* **1** genomfart; *No T~* trafik. Genomfart förbjuden **2** genomfartsgata, genomfartsväg, huvudgata, huvudväg **3** farled
thoroughgoing ['θʌrə,gəʊɪŋ] *adj* **1** grundlig [*he is ~*]; genomgripande, omfattande [*~ reforms*] **2** tvättäkta, övertygad [*a ~ democrat*]; fullfjädrad
thoroughly ['θʌrəlɪ] *adv* grundligt etc., jfr *thorough*; i grund och botten; helt, alldeles; genom- [*~ bad (warm)*]; väldigt mycket [*I ~ enjoyed it*]

thoroughness ['θʌrənəs] s grundlighet
Thos. förk. för *Thomas*
those [ðəʊz] *demonstr* o. *determ pron*, se *that I* o. *II*
thou [ðaʊ] *pers pron* åld., bibl. el. dial.
though [ðəʊ] I *konj* **1** fast, fastän, ehuru, trots att; [*even*] ~ även om, om också, om än; *some improvement ~ slight* en om också liten förbättring **2** men, fast [*he will probably agree*, ~ *you never know*] **3** *as* ~ som [om] [*he looks as ~ he were ill*]; *it's not as* ~ [*I wanted to win the match at their expense*] det är inte så att... II *adv* ändå; verkligen [*did he ~!*]; [*I don't mind playing* -] *I'm not much good*, ~ ...fast jag är inget vidare
thought [θɔ:t] I *s* **1** tanke [*of* på]; tankar [*of* om]; åsikt [*on* om], synpunkt [*on* på]; tankearbete; idé, ingivelse [*a happy ~*], infall; pl. *~s* äv. funderingar, planer; *freedom of ~* tankefrihet; *train (line, mode) of ~* tankegång; *give a ~ to* ägna en tanke åt, tänka på; *he did not give it any further ~* han tänkte inte mer (vidare) på det; *I didn't give it a second ~* jag tänkte inte närmare (särskilt) på det; *let one's ~s go back to* tänka tillbaka på; *nothing can be farther from my ~s* ingenting är mig mera främmande; *in* ~ i tankarna, i tanken; försjunken i tankar [*he spends hours in ~*]; *lost (deep, wrapped up) in ~*[*s*] [försjunken] i sina tankar (i funderingar, i penséer) **2** tänkande [*Greek (modern) ~*], tankar, tankegång, tänkesätt **3** eftertanke, övervägande; *after much (mature, serious)* ~ efter grundligt (moget, allvarligt) övervägande; *on second ~s* [*I will...*] vid närmare eftertanke (övervägande)...
4 omtanke [*the nurse was full of ~ for* (om) *her patient*] II *imperf.* o. *perf.* p. av *think*
thoughtful ['θɔ:tf(ʊ)l] *adj* **1** tankfull, fundersam, eftertänksam **2** hänsynsfull [*of* mot], omtänksam
thoughtless ['θɔ:tləs] *adj* **1** tanklös, obetänksam; oförsiktig, lättsinnig
thousand ['θaʊz(ə)nd] *räkn* o. *s* tusen; tusental, tusende [*in ~s*]; *a (one)* ~ [ett] tusen; *a ~ to one* [*chance*] en chans på tusen; *one in a ~* en på tusen, en sällsynthet; *~s of people* tusentals människor; *by the ~* el. *by ~s* el. *in their ~s* i tusental
thousandth ['θaʊz(ə)n(t)θ] I *räkn* tusende; ~ *part* tusen[de]del II *s* tusen[de]del
thrash [θræʃ] I *vb tr* **1** a) slå, prygla, ge stryk (smörj), klå upp b) vard. klå, besegra; *be ~ed* få stryk (smörj) **2** ~ *out* diskutera (tröska) igenom [*~ out a problem*], klara av; ~ *a th. out* [*with a p.*] tala ut [med ngn] om ngt **3** piska [*the whale ~ed the water with its tail*] II *vb itr* piska, slå [*the branches ~ed against the windows*]; ~ *about* a) slå [vilt] omkring sig; plaska [vilt] b) kasta sig av och an

thrashing ['θræʃɪŋ] *s* smörj, [kok] stryk; *get a* ~ få [ordentligt med] smörj (stryk)
thread [θred] I *s* **1** tråd; garn; fiber; sträng; *he has not a dry ~ on him* han har inte en torr tråd på kroppen (på sig); [*his life*] *hangs by (on) a* [*single*] ~ ...hänger på en [skör] tråd **2** smal (tunn) strimma [*a ~ of light*]; [färg]strimma, streck; rännil **3** bildl. tråd [*lose the ~ of* (i)]; *the main ~* den röda tråden; *gather up the ~s* [*of a story*] samla (binda) ihop trådarna [i en berättelse]; *pick up (resume, take up) the ~*[*s*] ta upp tråden igen, återuppta berättelsen **4** [skruv]gänga II *vb tr* **1** trä [på (upp)]; ~ *a needle* trä på en nål; ~ *beads (pearls)* trä [upp] pärlor **2** ~ [*one's way (course) through*] slingra (sno, leta, söka) sig fram genom (längs), bana sig väg genom [*he ~ed his way through the crowd*] **3** gänga, förse med gängor III *vb itr* leta sig fram, slingra sig [fram]
threadbare ['θredbeə] *adj* **1** luggsliten, trådsliten, [tunn]sliten **2** bildl. utnött, [ut]sliten
threat [θret] *s* hot, hotelse [*to* mot], [överhängande] fara [*to* för]; *make ~s against a p.* hota ngn; *be under the ~ of* hotas av
threaten ['θretn] *vb tr* o. *vb itr* hota [*danger ~ed*; ~ *a p. with punishment*; ~ *to do a th.*]; se hotande (hotfull) ut [*the weather ~s*]; hota med [~ *revenge*]; förebåda; *a ~ing letter* ett hotelsebrev
three [θri:] (jfr *five* med ex. o. sms.) I *räkn* tre; ~ *pence* tre pence (förk. 3 p); ~ *times* ~ a) tre gånger tre b) trefaldigt leve tre gånger, jfr *cheer I 1* II *s* trea
three-base ['θri:beɪs] *adj*, ~ *hit* i baseball slag genom vilket en spelare når tredje base
three-dimensional [ˌθri:daɪ'menʃənl, -dɪ'm-] *adj* tredimensionell [*~ film*]
threefold ['θri:fəʊld] I *adj* tredubbel, trefaldig II *adv* tredubbelt, trefaldigt, trefalt
three-four [ˌθri:'fɔ:] *adj* o. *s*, ~ [*time*] trefjärdedelstakt
three-piece ['θri:pi:s] I *adj* tredelad, i tre delar; ~ *suit* a) kostym med väst b) tredelad dräkt; ~ *suite* soffgrupp [i tre delar] II *s* se ~ *suit* resp. ~ *suite* under *I*
three-ply ['θri:plaɪ, ˌ-'-] I *adj* tretrådig II *s* tredubbelt plywood, tredubbelt kryssfaner
three-quarter [ˌθri:'kwɔ:tə, attr. '-ˌ--] I *adj* trefjärdedels-, trekvarts- [~ *stocking*]; ~ *back* se *II*; ~ [*length*] *sleeve* trekvartslång ärm; *a ~ portrait* ett porträtt i trekvartsfigur II *s* rugby. trekvartare
threesome ['θri:səm] I *adj* trefaldig; tremans- II *s* **1** tremannagrupp, trio; golf. trespel, tremansgolf **2** trekant samlag mellan tre personer
three-star ['θri:stɑ:] *attr adj* trestjärnig [*a ~ hotel*]

thresh [θreʃ] *vb tr* o. *vb itr* tröska
thresher ['θreʃə] *s* tröskare; tröskverk, tröskmaskin, tröska
threshold ['θreʃ(h)əʊld] *s* **1** [dörr]tröskel **2** bildl. tröskel [*on the* ~ *of a revolution*], början [*he was on* (vid) *the* ~ *of his career*] **3** fysiol. el. psykol. tröskel [*the* ~ *of consciousness*]; ***pain*** ~ smärtgräns
threw [θruː] imperf. av *throw*
thrice [θraɪs] *adv* litt. tre gånger, trefalt
thrift [θrɪft] *s* **1** sparsamhet, [god] hushållning **2** bot. trift; isht strandtrift
thriftiness ['θrɪftɪnəs] *s* sparsamhet
thrifty ['θrɪftɪ] *adj* **1** sparsam, ekonomisk [*of med*] **2** amer. blomstrande, framgångsrik, välbärgad
thrill [θrɪl] **I** *vb tr* komma (få) att rysa av spänning, hänföra; *~ed to bits* stormförtjust; *be ~ed with* rysa av **II** *vb itr* rysa [~ *with* (av) *delight* (*horror*)] **III** *s* **1** ilning, rysning [~ *of pleasure* (välbehag)], skälvning **2** spänning; spännande upplevelse; *what a ~!* vad (så) spännande!; *it gave me a ~* jag tyckte det var spännande
thriller ['θrɪlə] *s* rysare, spännande (rafflande) bok (film, pjäs), thriller; raffel
thrilling ['θrɪlɪŋ] *adj* spännande, nervkittlande, rafflande, skakande; gripande
thrive [θraɪv] (~*d* ~*d*, ibl. *throve thriven*) *vb itr* **1** om växter o. djur [växa och] frodas, trivas, må bra; om barn [växa och] bli frisk och stark [*children* ~ *on* (av) *milk*] **2** blomstra, ha framgång, lyckas [bra]
thriven ['θrɪvn] perf. p. av *thrive*
thriving ['θraɪvɪŋ] *adj* **1** om växter o. djur som frodas **2** blomstrande [*a* ~ *business*], framgångsrik
throat [θrəʊt] *s* strupe, hals; svalg; matstrupe, luftstrupe; *clear one's* ~ klara strupen, harkla sig; *cut one's* [*own*] ~ bildl. skada sig själv, förstöra för sig själv; *have a sore* (vard. *have a*) ~ ha ont i halsen; *fly* (*be*) *at each other's* ~*s* råka i luven (gå lös) på varandra, ryka ihop; *take* (*seize*) *a p. by the* ~ ta struptag på ngn; *jump down a p.'s* ~ vard. fara ut mot ngn, kasta sig över ngn; *thrust* (*ram, force*) *a th. down a p.'s* ~ pracka (tvinga) på ngn ngt
throaty ['θrəʊtɪ] *adj* djup, hes, sträv [*a* ~ *voice*]
throb [θrɒb] **I** *vb itr* **1** banka, bulta, slå [häftigt], klappa [hårt] [*my heart is ~bing*]; dunka [*the ~bing sound of machinery*]; *my head is ~bing* det bultar (dunkar) i huvudet på mig **2** skälva, darra [~ *with* (av) *excitement*]; vibrera; pulsera; sjuda [*a town ~bing with* (av) *activity*] **II** *s* bankande, [bultande] slag, dunk[ande]
throe [θrəʊ] *s* **1** mest pl. *~s* plågor, kval, ångest, vånda; *~s* [*of death*] dödskamp **2** vard., *be in the ~s of* stå (vara) mitt uppe i

thrombosis [θrɒm'bəʊsɪs] (pl. *thromboses* [θrɒm'bəʊsiːz]) *s* med. blodpropp, trombos
throne [θrəʊn] *s* tron; [biskops]stol; *come to the* ~ komma på tronen
throng [θrɒŋ] **I** *s* **1** trängsel, [folk]vimmel, myller **2** massa, [väldig] mängd **II** *vb itr* trängas, skockas; strömma [till] i stora skaror **III** *vb tr* fylla till trängsel, skocka sig på (i), trängas på (i) [*people ~ed the streets* (*shops*)]
throttle ['θrɒtl] **I** *s* [gas]spjäll, trottel; strypventil; *at full* ~ a) med öppet spjäll b) med gasen i botten **II** *vb tr* **1** strypa, kväva; bildl. förkväva, undertrycka **2** reglera, strypa, minska [på] gastillförseln o.d.; minska ngts fart **III** *vb itr* **1** hålla på (vara nära) att kvävas **2** ~ *down* lätta på gasen
through [θruː] **I** *prep* (se äv. resp. huvudord) **1** genom, igenom; in (ut) genom [*climb* ~ *a window*]; över [*a path* ~ *the fields*]; *he drove* ~ *a red light* han körde mot rött [ljus]; *talk* ~ *one's nose* tala i näsan; *he has been* ~ *a good deal* han har varit med om en hel del **2** genom, på grund av [*absent* ~ *illness*]; tack vare; *it is* [*all*] ~ *him that...* det är [helt och hållet] hans fel (ibl. hans förtjänst) att... **3** om tid: [*he worked*] [*all*] ~ *the night* ...hela natten [igenom]; [*he won't live*] ~ *the night* ...natten ut; *all* ~ *his life* [under] hela sitt liv **4** amer. till och med [*Monday* ~ *Friday*] **II** *adv* (se äv. resp. huvudord) **1** igenom; genom- [*wet* ~]; till slut[et] [*he heard the speech* ~]; ~ *and* ~ a) alltigenom b) igenom gång på gång [*I read the book* ~ *and* ~]; *wet* ~ *and* ~ våt helt igenom; *all* ~ hela tiden [*I knew that all* ~] **2** om tåg o.d. direkt [*the train goes* ~ *to Boston*] **3** tele., *be* ~ ha kommit fram; *get* ~ komma fram; *put* ~ koppla; *you're* ~ *to Rome* klart Rom **4** *be* ~ vard. i spec. bet.: **a)** vara klar (färdig) [*he is* ~ *with his studies*]; *are you ~?* äv. har du slutat?; *they are* ~ *to the finals* de har gått till finalen **b)** vara slut [*he is* ~ *as a tennis player*] **c)** ha fått nog [*with* av; *I'm* ~ *with this job*]; *we are* ~ det är slut mellan oss **III** *adj* genomgående, direkt [*a* ~ *train*]; ~ *ball* (*pass*) sport. genomskärare; ~ *ticket* direkt biljett; ~ *traffic* genomfartstrafik; *No T~ Traffic* Genomfart förbjuden
throughout [θruːˈaʊt] **I** *adv* **1** alltigenom, helt igenom, genom- [*rotten* ~], genomgående [*worse* ~]; helt och hållet, fullständigt; överallt **2** hela tiden, från början till slut **II** *prep* **1** överallt (runtom) i, genom hela, över hela [~ *the U.S.*] **2** om tid: ~ *the year* [under] hela året
throughput ['θruːpʊt] *s* **1** produktion [*the* ~ *of crude oil*]; kapacitet **2** data. systemkapacitet
throve [θrəʊv] imperf. av *thrive*
throw [θrəʊ] **I** (*threw thrown*) *vb tr* (se äv. *III*) **1** kasta, slunga, slänga; störta [~ *oneself into*]; kasta av [*the horse threw its rider*]; kasta

omkull [*he threw his opponent*]; kasta till [~ *me that rope*]; slunga (skjuta) ut [*a satellite was ~n into space*]; fiske. kasta med; ~ **open** kasta (slå) upp [*the doors were ~n open*]; ~ **the book at a p.** se *book I 1*; ~ **oneself at a man** kasta sig i armarna på en man; ~ *a th.* **into a p.'s face** kasta (slunga) ngt i ansiktet på ngn; ~ **oneself into a th.** kasta sig in i (över) ngt, ge sig i kast med ngt; ~ **oneself on a p.** kasta sig över ngn; ~ **one's arms round a p.** slå armarna om ngn; ~ *a kiss to a p.* ge ngn en slängkyss **2** försätta [*into* i]; försänka [*it threw him into a deep sleep*] **3** ställa [~ *into a shade*]; lägga [~ *obstacles into the way of* (för)] **4** bygga, slå [~ *a bridge across a river*] **5** fälla fjädrar, hår o.d.; ömsa [*the snake has ~n its skin*] **6** mek. koppla in (till), slå till [~ *a lever* (spak)] **7** vard. **a)** ställa till [med], ha [~ *a party for a p.*] **b)** ~ *a fit* bli rasande **8** ge upp, skänka bort, avsiktligt förlora [~ *a game*]
II (*threw thrown*) *vb itr* (se äv. *III*) kasta
III (*threw thrown*) *vb tr* o. *vb itr* med adv. isht med spec. övers.:
~ **about: a)** kasta (slänga) omkring **b)** ~ *one's money about* strö pengar omkring sig
~ **away** kasta (hälla) bort; *it is labour ~n away* det är bortkastad möda
~ **in: a)** kasta in **b)** *you get that ~n in* man får det på köpet **c)** ~ *in one's lot with* se *lot I 1* **d)** fotb. göra [ett] inkast
~ **off: a)** kasta av (bort); kasta av sig [*he threw off his coat*] **b)** bli av med, bli kvitt [*I can't ~ off this cold*]; skaka av sig [~ *off one's pursuers*] **c)** vard. skaka fram, svänga ihop [~ *off a poem*]
~ **out: a)** kasta ut; köra ut (bort); ~ *out of gear* se *gear*; ~ *a p. out of work* göra ngn arbetslös **b)** sända ut [~ *out light*], utstråla [~ *out heat*] **c)** kasta fram, komma med [~ *out a remark*]; ~ *out a feeler* göra en trevare **d)** ~ *one's chest out* skjuta fram bröstet **e)** förkasta [~ *out a bill in Parliament*] **f)** distrahera, förvirra, bringa ur fattningen; rubba, förrycka, störa [~ *the schedule out*]
~ **over: a)** avvisa, överge, ge upp [~ *over a plan*] **b)** göra slut med [*she threw over her boyfriend*], överge, ge på båten
~ **together: a)** smälla ihop, sätta ihop; rafsa ihop **b)** föra samman [*chance had ~n us together*]
~ **up: a)** kasta (slänga) upp **b)** lyfta, höja [*she threw up her head*] **c)** kasta upp [~ *up barricades*]; smälla upp (ihop) [~ *up houses*] **d)** kräkas (kasta) upp; kräkas **e)** ge upp, sluta [~ *up one's job*]
IV *s* **1** kast äv. brottn.; *stake everything on one* ~ sätta allt på ett kort (bräde); *stone's* ~ se *stone* **2** ~ [*of the dice*] tärningskast
throwaway ['θrəʊweɪ] **I** *s* a) engångsartikel b) reklamlapp; ~ *leaflet* flygblad **II** *adj* **1** engångs- [~ *container*], slit-och-släng-; *at ~*

prices till vrakpriser **2** framkastad i förbigående, helt apropå [~ *remarks*]
throwback ['θrəʊbæk] *s* **1** bakslag **2** biol. atavism; bildl. återgång [*a* ~ *to the earlier drama*]
throw-in ['θrəʊɪn] *s* fotb. inkast
thrown [θrəʊn] perf. p. av *throw*
thru [θruː] *prep* o. *adv* o. *adj* amer., se *through*
thrum [θrʌm] *vb tr* o. *vb itr* **1** knäppa [på] [~ [*on*] *a guitar*]; klinka [på] **2** trumma [på] [~ [*on*] *the table*]
1 thrush [θrʌʃ] *s* zool. trast; ~ *nightingale* näktergal
2 thrush [θrʌʃ] *s* **1** med. torsk **2** vet. med. strålröta
thrust [θrʌst] **I** (*thrust thrust*) *vb tr* **1** sticka, stoppa [*he* ~ *his hands into his pockets*], köra, stöta [*she* ~ *a dagger into his back*]; *he* ~ *his fist into my face* han hötte åt mig med näven; ~ *out one's tongue* räcka ut tungan **2** tvinga [*they were* ~ *into a civil war*], tränga [*the policeman* ~ *the crowd back*]; ~ *one's way through the crowd* tränga sig fram genom folkmassan; ~ *a th.* **upon a p.** tvinga (pracka, truga) på ngn ngt; ~ *oneself upon a p.* tvinga (tränga) sig på ngn **3** knuffa, skjuta [~ *aside*], köra, driva [~ *out*], stöta [~ *away* (*off, down*)]; ~ **aside** äv. åsidosätta **II** (*thrust thrust*) *vb tr* **1** tränga (tvinga) sig [*he* ~ *past me*], tränga [sig] fram [*they* ~ *through the crowd*] **2** skjuta ut (upp) [*a rock that* ~*s 200 feet above the water*] **3** göra ett utfall, gå till anfall (angrepp) äv. bildl. [*at* mot]; sticka [*at* efter] **4** fäktn. stöta **III** *s* **1** stöt, knuff **2** framstöt; utfall, anfall, angrepp äv. bildl. [*at* mot] **3** fäktn. stöt
thud [θʌd] **I** *s* duns [*it fell with a* ~], dovt ljud (slag) **II** *vb itr* dunsa [ner]; dunka
thug [θʌg] *s* ligist, råskinn
thuggery ['θʌɡərɪ] *s* ligistfasoner; busliv
thumb [θʌm] **I** *s* tumme; jfr vid. ex. under *finger, rule I 1* o. *twiddle*; *have a p. under one's* ~ hålla ngn i ledband; hålla tummen på ögat på ngn; *stick out like a sore* ~ vard. synas (märkas) lång väg; *he turned his* ~ *down to the plan* han vände tummen ner för planen; ~*s down* (*up*) tummen ner (upp); ~*s up!* vard. äv. fint!, bravo! **II** *vb tr* **1** tumma [på], sätta [solkiga] märken i (på), använda flitigt [*this dictionary will be much* ~*ed*]; ~ [*through*] bläddra igenom **2** ~ *a lift* (*ride*) vard. [försöka] få lift, lifta **3** ~ *one's nose at* räcka lång näsa åt
thumb-index ['θʌm,ɪndeks] **I** *s* tumindex **II** *vb tr* förse med tumindex
thumbnail ['θʌmneɪl] *s* **1** tumnagel **2** attr., ~ *sketch* a) miniatyrskiss b) snabbskiss
thumbscrew ['θʌmskruː] *s* **1** vingskruv **2** tumskruv
thumbtack ['θʌmtæk] *s* amer. häftstift
thump [θʌmp] **I** *vb tr* dunka [~ *a p. on* (i) *the*

back], dunka (hamra) på [~ *the piano*], bulta (banka) på [*he ~ed the door*], slå på [~ *a drum*] **II** *vb itr* dunka, bulta [*his heart ~ed in his chest*], hamra, banka, slå [*at, on* på]; klampa, klappra **III** *s* dunk [*a friendly ~ on the back*], smäll, duns
thumping ['θʌmpɪŋ] *vard.* **I** *adj* hejdundrande, kolossal; grov [*a ~ lie*] **II** *adv* väldigt, kolossalt, jätte- [*a ~ good dinner*]
thunder ['θʌndə] **I** *s* åska [*there's ~ in the air*]; dunder, dån [*the ~ of horses' hoofs*], brak; *a crash* (*peal*) *of ~* en åskskräll; *steal a p.'s ~* stjäla ngns idéer; ta ordet ur munnen på ngn **II** *vb itr* **1** åska [*it was ~ing and lightening*]; dundra, dåna, braka; [*the train*] *~ed past* ...dundrade förbi **2** *bildl.* dundra [*he ~ed against the new law*]; *~ against* äv. fara ut mot **III** *vb tr* dundra, ryta; utslunga t.ex. hotelser; *~ out* skrika ut, ryta [*~ out orders* (*commands*)]
thunderbolt ['θʌndəbəʊlt] *s* åskvigg, blixt; *like a ~* som ett åskslag; *the news was* (*came*) *like a ~* nyheten slog ner som en blixt från klar himmel
thunderclap ['θʌndəklæp] *s* åskskräll, åskknall; *bildl.* åskslag
thundercloud ['θʌndəklaʊd] *s* åskmoln
thundering ['θʌnd(ə)rɪŋ] **I** *adj* **1** dundrande **2** *vard.* väldig, förfärlig [*a ~ amount of work*]; grov [*a ~ lie*] **II** *adv vard.* väldigt, förfärligt
thunderous ['θʌnd(ə)rəs] *adj* **1** åsk-, åskig **2** dånande, rungande [*~ applause*]
thunderstorm ['θʌndəstɔːm] *s* åskväder, åska
thunderstruck ['θʌndəstrʌk] *adj* som träffad av blixten, förstenad, förstummad av häpnad
thundery ['θʌndərɪ] *adj* åsk- [*~ rain*], åskig
Thurs. *förk. för* Thursday
Thursday ['θɜːzdeɪ, *isht attr.* -dɪ] *s* torsdag; *jfr* Sunday
thus [ðʌs] *adv* **1** sålunda, så, så här [*do it ~*] **2** alltså, således, följaktligen, därför [*he was not there and ~ you could not have seen him*] **3** *~ far* så långt, hittills; *~ much* så mycket [*~ much is certain that...*]
thwack [θwæk] **I** *vb tr* slå, banka; klappa (smälla) till, klå upp **II** *s* [kraftigt] slag, smäll
thwart [θwɔːt] *vb tr* korsa, gäcka, stäcka, omintetgöra [*~ a p.'s plans*]; *~ a p.* hindra ngn att få sin vilja fram
thy [ðaɪ] *fören poss pron* åld. el. bibl. din
thyme [taɪm] *s bot.* timjan
thyroid ['θaɪrɔɪd] *anat.* **I** *adj* sköld-; sköldkörtel-; *~ gland* sköldkörtel **II** *s* sköldkörtel
ti [tiː] *s mus.* si
tiara [tɪˈɑːrə] *s* tiara äv. påvekrona; diadem
Tibet [tɪˈbet]
Tibetan [tɪˈbet(ə)n] **I** *adj* tibetansk **II** *s* **1** tibetanska [språket] **2** tibetan
tic [tɪk] *s med.* tic; *he has a* [*nervous*] *~* han har nervösa ryckningar

1 tick [tɪk] **I** *vb itr* **1** ticka **2** *vard.* funka; *what makes him ~?* hur är han funtad? **3** *~ over* gå på tomgång **II** *vb tr* **1** *~ away* ticka fram **2** *~* [*off*] pricka (bocka) av; markera, notera, kolla **3** *vard.*, *~ off* **a**) läxa upp, ge en uppsträckning; *be* (*get*) *~ed off* äv. få påskrivet **b**) *be ~ed off* amer. bli förbannad (arg) **III** *s* **1** tickande, tickning [*the ~ of a clock*]; *in two ~s* vard. ögonaböj, på momangen; *half a ~!* vard. ett ögonblick! **2** bock, kråka vid kollationering; *put a ~ against* pricka (bocka) för
2 tick [tɪk] *s zool.* fästing
3 tick [tɪk] *s* **1** bolstervar, kuddvar **2** se *ticking*
4 tick [tɪk] *s vard.* kredit [*get ~*]; *on ~* på kredit (krita)
ticker ['tɪkə] *s* **1** *isht amer.* [börs]telegraf **2** *vard.* klocka **3** *vard.* hjärta
ticker-tape ['tɪkəteɪp] *s* telegrafremsa, telegrafremsor; *get a ~ reception* (*welcome*) *ung.* få ett storslaget (hejdundrande) mottagande med utkastning av telegrafremsor o. konfetti från husfönstren
ticket ['tɪkɪt] *s* **1** biljett [*buy ~s for* (till) *Paris* (*the opera*)]; *vard.* plåt **2** lapp [*price ~*]; parkeringslapp [*parking ~*], lapp på rutan [*get a ~*]; kvitto, sedel [*pawn ticket*]; etikett; *library ~* lånekort på bibliotek; *lottery ~* lott[sedel]; *meal ~* **a**) matkupong **b**) *vard.* födkrok; försörjare **3** *vard.*, *the ~* det [enda] riktiga (rätta) [*a holiday in Spain is the ~*]; *that's the ~* äv. det är så det skall vara, det är modellen; *he's not quite the ~* han passar (är) då inget vidare **4** *amer. polit.* **a**) kandidatlista, röstsedel **b**) [parti]program **5** *mil. vard.* frisedel [*get one's ~*]; *work one's ~* krångla sig ifrån lumpen
ticket agency ['tɪkɪtˌeɪdʒ(ə)nsɪ] *s* biljettkontor
ticket barrier ['tɪkɪtˌbærɪə] *s* järnv. o.d. [biljett]spärr
ticket-collector ['tɪkɪtkəˌlektə] *s* biljettmottagare; järnv. o.d. spärrvakt; konduktör
ticket office ['tɪkɪtˌɒfɪs] *s* biljettagentur, förköpsställe
ticking ['tɪkɪŋ] *s* bolstervarstyg, kuddvarstyg
tickle ['tɪkl] **I** *vb tr* **1** kittla, killa [*~ a p. with a feather*]; *~ the ivories* vard. klia elfenben spela piano; *~ a p.'s ribs* bildl. få ngn att skratta **2** roa [*the story ~d me*], glädja [*the news will ~ you*]; tilltala [*~ a p.'s taste*]; smickra, kittla [*~ a p.'s vanity*]; *be ~d to death* el. *be ~d pink* el. *be ~d no end* vard. [hålla på att] skratta ihjäl sig [*at, by* åt]; bli (vara) överförtjust [*at, by* över] **II** *vb itr* **1** klia, kittla; *my nose ~s* det kittlar i näsan [på mig] **2** kittlas **III** *s* kittling; *he gave my foot a ~* han kittlade mig under (på) foten
ticklish ['tɪklɪʃ] *adj* **1** kittlig **2** kinkig, kvistig, knepig [*a ~ problem*]; känslig, kritisk [*a ~ situation*]

tick-tack [ˌtɪk'tæk, '--] s ticktack, tickande; klapprande, klapper, smällande [*the ~ of heels*]
tick-tack-toe o. **tic-tac-toe** ['tɪkˌtæk'təʊ] s amer., slags luffarschack
tick-tock ['tɪktɒk, -'-] **I** s ticktack, tickande [*the ~ of the old clock*] **II** *adv* o. *interj* ticktack
tidal ['taɪdl] *adj* tidvattens- [*~ dock (harbour)*]; **~ wave** a) tidvattensvåg, flodvåg, jättevåg b) bildl. [stark] våg [*a ~ wave of enthusiasm*]
tidbit ['tɪdbɪt] s isht amer., se *titbit*
tiddler ['tɪdlə] s vard. **1** liten fisk; isht spigg **2** a) småtting, [liten] plutt b) pytteliten grej
tiddl[e]y ['tɪdlɪ] *adj* vard. **1** plakat berusad **2** liten; futtig, ynklig
tiddlywinks ['tɪdlɪwɪŋks] (konstr. ss. sg.) s loppspel
tide [taɪd] **I** s **1** tidvatten, ebb och flod [äv. pl. *~s*]; flod[tid]; *high ~* högvatten, flod [*at* (vid) *high ~*]; *low ~* lågvatten, ebb [*at* (vid) *low ~*]; *the ~ is in* (*up*) det är flod (högvatten); *the ~ is out* (*down*) det är ebb (lågvatten); *the ~ is falling* (*going out, ebbing*) floden faller (avtar), ebben börjar **2** bildl. ström, strömning, tendens; *the ~ of events* händelsernas förlopp; *the rising ~ of public opinion against...* den växande allmänna opinionen mot...; *the ~ has turned* vinden har vänt, det har skett en omsvängning; *stem the ~* gå mot strömmen; *go* (*swim*) *with the ~* följa (driva) med strömmen **3 a**) högtid. tid [*Christmas-tide*]; stund **b**) *time and ~ wait for no man* tiden går obevekligt sin gång **II** *vb tr* föra (dra) med sig som tidvattnet; *~ over* hjälpa (klara) ngn över (igenom) [*~ a p. over a crisis* (*difficulty*)]; [*this little loan will*] *~ me over till next week* ...hålla mig flytande till nästa vecka
tidemark ['taɪdmɑːk] s tidvattensmärke, vattenståndsmärke
tidily ['taɪdəlɪ] *adv* snyggt etc., jfr *tidy I*
tidiness ['taɪdɪnəs] s snygghet etc., jfr *tidy I*; [god] ordning
tidings ['taɪdɪŋz] (konstr. vanl. ss. pl.) s litt. tidender, budskap; *glad ~* glädjebudskap
tidy ['taɪdɪ] **I** *adj* **1** snygg, [väl]vårdad; städad [*a ~ room*], ordentlig, prydlig, proper; *keep Britain ~* håll Storbritannien rent; *make oneself* [*look*] *~* snygga till (upp) sig **2** vard. nätt, vacker, rundlig [*a ~ sum*] **II** s förvaringslåda [med fack], verktygslåda o.d.; etui; [*sink*] *~* avfallskorg för vask **III** *vb tr*, *~* [*up*] städa, städa (snygga) upp [i (på)] **IV** *vb itr*, *~* [*up*] städa [upp], snygga upp, göra i ordning
tie [taɪ] **I** *vb tr* **1 a**) binda [fast] [*~ a horse to* (vid) *a tree*], knyta fast, förtöja; *~ a p. hand and foot* binda ngn till händer och fötter äv. bildl. **b**) knyta [*~ one's shoelaces*] **2** med. underbinda [*~ a vein*] **3** bildl. binda, hålla bunden [*my work ~s me to* (vid) *the office*]; klavbinda, hämma; *~d cottage* [lant]arbetarbostad som upplåts av markägaren **II** *vb itr* **1** knytas [*the sash ~s in front*], knytas fast (ihop) **2** sport. stå (komma) på samma poäng, få (nå) samma placering [*with* som]; spela oavgjort; *~ for first place* dela förstaplatsen
III *vb tr* o. *vb itr* med adv. o. prep. isht med spec. övers.:
~ down binda äv. bildl. [*to* vid, till; *~ a p. down to a contract*]; binda fast; *be ~ed down by children* (*one's job*) vara bunden av barn (sitt arbete)
~ in bildl. förbinda [*with*, *to* med], samordna [*~ in your holiday plans with theirs*]
~ on binda på, knyta (binda) fast [*~ on a label*]
~ up: **a**) binda upp; binda [fast]; binda ihop (samman); binda om [*~ up a parcel*]; med. underbinda **b**) bildl. binda [*I am too ~d up with* (av) *other things*]; låsa [fast] [*~ up one's capital*]; *~d up* äv. upptagen
IV s **1** band, snöre **2** bildl. band, länk; hämsko; *~s of blood* blodsband; *business ~* affärsförbindelse **3** slips; fluga, kravatt, rosett; *black ~* se *black I*; *white ~* se *white I* **4** sport. **a**) lika poängtal; oavgjort resultat; *it ended in a ~* det slutade oavgjort, det blev dött lopp **b**) cupmatch; *play off a ~* spela 'om för att avgöra en tävling **5** polit. lika röstetal **6** mus. [binde]båge
tiebreak ['taɪbreɪk] s o. **tiebreaker** ['taɪˌbreɪkə] s i tennis tie-break
tie-in ['taɪɪn] s förbindelse, sammanhang, samband [*there is a ~ between smoking and cancer*]; *~* [*sale*] amer. kombinationsförsäljning
tie-on ['taɪɒn] *adj* som går att binda på (knyta fast)
tie pants ['taɪpænts] s pl snibb blöja
tiepin ['taɪpɪn] s kråsnål, kravattnål
tier [tɪə] s rad; [*seats*] *arranged in ~s* ...ordnade i rader ovanför varandra, ...trappstegsvis ordnade
tiff [tɪf] **I** s [litet] gräl, gruff, gnabb **II** *vb itr* gräla
tiger ['taɪgə] s tiger; *paper ~* bildl. papperstiger
tiger cub ['taɪgəkʌb] s tigerunge
tigerish ['taɪgərɪʃ] *adj* tigerlik[nande], tigeraktig
tiger lily ['taɪgəˌlɪlɪ] s tigerlilja
tiger moth ['taɪgəmɒθ] s zool. björnspinnare
tight [taɪt] **I** *adj* **1** åtsittande, åtsmitande, tajt, snäv [*~ trousers*], trång [*~ shoes*]; spänd [*a ~ rope*], stram, styv; sjö. styvhalad; *be ~* äv. strama, trycka, sitta åt [*my collar is ~*]; *be* (*find oneself*) *in a ~ corner* (*spot, squeeze*) ligga illa till, vara i knipa **2** fast, hård [*a ~ knot*]; sträng [*~ control*]; *a ~ drawer* en låda

tighten 848

som kärvar; *a ~ hold* ett fast (hårt) grepp äv. bildl.; *keep a ~ hand (hold) over a p.* hålla ngn kort (i schack) **3** tät [*airtight, watertight*; *a ~ boat (bucket)*] **4** snål, njugg **5** knapp; tryckt, stram [*a ~ money market*] **6** vard. packad berusad **II** *adv* tätt, fast, hårt [*hug* (krama) *a p. ~*]; *sleep ~!* vard. sov gott!
tighten ['taɪtn] **I** *vb tr* spänna, sträcka [*~ a rope*], dra åt, snöra åt; *~ one's belt* bildl. dra åt svångremmen; *~ [up]* dra åt [*~ [up] the screws*]; skärpa [*~ up the regulations*], effektivera **II** *vb itr* spännas, sträckas; *~ [up]* dras åt; skärpas [*the regulations have ~ed up*], effektiveras; [*we'll have to*] *~ up on crime* ...intensifiera kampen mot brottsligheten
tight-fisted [ˌtaɪt'fɪstɪd] *adj* vard. snål, knusslig
tight-fitting [ˌtaɪt'fɪtɪŋ] *adj* åtsittande [*~ clothes*]
tight-lipped [ˌtaɪt'lɪpt] *adj* **1** med hopknipna läppar; bister **2** fåordig, tystlåten, förtegen
tightrope ['taɪtrəʊp] *s* [spänd] lina; *~ walker (dancer)* lindansare; *walk on the (a) ~* gå (dansa) på lina; *walk a ~* bildl. gå balansgång
tights [taɪts] *s pl* **1** [*stretch*] *~* strumpbyxor **2** trikåer artistplagg; trikåbyxor
tigress ['taɪɡrəs] *s* tigrinna, tigerhona
tike [taɪk] *s* se *tyke*
tilde ['tɪldə] *s* **1** tilde muljerings- el. nasaleringstecken **2** typogr. krok, släng, tilde
tile [taɪl] **I** *s* tegelpanna, tegelplatta; tegel; platta; kakel[platta]; tegelrör; *have a ~ loose* vard. ha en skruv lös; *be [out] on the ~s* vard. vara ute och svira **II** *vb tr* täcka (belägga) med tegel, tegeltäcka; klä med kakel[plattor]
1 till [tɪl] **I** *prep* [ända] till, [ända] tills [*work from morning ~ night*; *wait ~ Thursday (tomorrow)*]; *~ now* [ända] tills nu, hitintills; *~ then* till dess, dittills; *not ~* inte förrän, först; *not ~ then did he understand* först (inte förrän) då förstod han; *~ that day I had never seen...* före den dagen hade jag aldrig sett... **II** *konj* [ända] till, [ända] tills, till dess att [*wait ~ the rain stops*]; *not ~* [*he got home did he understand*] först när (då)..., inte förrän...
2 till [tɪl] *s* kassa äv. pengar; kassaapparat
3 till [tɪl] *vb tr* odla [upp], bruka [*~ the soil*]; *~ed land* odlad jord (mark), åker[jord]
tillage ['tɪlɪdʒ] *s* **1** odling [*the ~ of soil*] **2** odlad mark, brukad jord **3** skörd; gröda
tiller ['tɪlə] *s* sjö. rorpinne, rorkult
tilt [tɪlt] **I** *vb tr* luta, vippa (vicka) på [*he ~ed his chair back*]; fälla [*~ back* (upp) *a seat*] **II** *vb itr* **1** luta, vippa, vicka; välta, tippa; gunga [*birds were ~ing on the boughs*]; sjö. ha slagsida; *~ over* välta (vicka) omkull, tippa över [ända] **2** gå till angrepp (storms) [*~ at* (mot) *gambling*], kämpa, strida; tävla **III** *s* **1** lutning, lutande ställning; vippande, vickande **2** bildl. dust, ordväxling [*have a ~ with a p.*]; *have a ~ at* vard. ge sig på, gå illa åt **3** [*at*] *full ~* i (med) full fart; *run full ~ against a p.* rusa emot ngn med full fart
timber ['tɪmbə] *s* **1** timmer, trä, virke **2** isht amer. [timmer]skog; *~!*, *~!* se upp! fallande träd! **3** sjö. spant; *shiver my ~s!* sl. jäklar anamma!
timberline ['tɪmbəlaɪn] *s* trädgräns
timbre ['tæmbə, 'tɪmbə] *s* fr. timbre, klang[färg]
time [taɪm] **I** *s* **1 a)** tid; tiden [*~ will show who is right*]; *~s* tider [*hard ~s*], tid [*the good old* (gamla goda) *~s*]; *~!* tiden är ute!; [det är] stängningsdags! [t.ex. på en pub: *~ gentlemen, please!*]
  b) attr. tid- [*~ wages*], tids-; *~ [and motion] study* [arbets]tidsstudier
  c) i förb. med *day*: *pass the ~ of day* utbyta hälsningar; *at this ~ of day* a) vid denna tid på dagen b) nu för tiden c) så här sent [*we can't do anything at this ~ of day*]
  d) i förb. med *long*: *a long ~ ago* för länge sedan; *what a long ~ you have been!* så (vad) länge du har varit!; *it will be a long ~ before...* det dröjer länge innan...; [*I have not been there*] *for a long ~* ...på länge; *for a long ~ [past]* sedan länge
  e) i förb. med vissa pron.: [*they were laughing*] *all the ~* ...hela tiden; *at all ~s* alltid; *for all ~* för all framtid; [*the best tennis player*] *of all ~* ...genom tiderna; *any ~* när som helst; vard. utan tvekan, alla gånger; *any ~!* vard. äv. gärna [det]!; *every ~!* vard. så klart!; alla gånger!; *it was no ~ before she was back* hon var tillbaka på nolltid; *I've got no ~ for* vard. jag har ingenting till övers för; *at no ~* inte någon gång; *in [less than] no ~* på nolltid; *at the same ~* a) vid samma tid[punkt], samtidigt b) å andra sidan, samtidigt [*at the same ~ one must admit that she is competent*]; [*I shall be away*] *for some ~* ...en längre tid; *for some ~ yet* än på ett [bra] tag; *by that ~* vid det laget, då; till dess; *this ~ last year* i fjol vid den här tiden; *by this ~* vid det här laget; *what ~ is it?* vad (hur mycket) är klockan?
  f) i förb. med vb: *~'s up!* tiden är ute!; *it's ~ for lunch* el. *it's lunch ~* det är lunchdags; *there is a ~ [and place] for everything* allting har sin tid; *there are ~s when I wonder* ibland undrar jag; *what's the ~?* vad (hur mycket) är klockan?; *do ~* vard. sitta inne; *do one's ~* vard. sitta av sin [straff]tid; *find (get) ~ to do a th.* hinna med [att göra] ngt; *have [the] ~* ha tid, hinna; *have a good (nice) ~* ha roligt, ha det trevligt; *have ~ on one's hands* ha gott om tid; *keep ~* a) hålla tider[na] (tiden), vara punktlig b) ta tid med stoppur c) mus., se *3* nedan d) om ur: *keep [good] ~* gå rätt; *keep bad ~* gå fel; *take ~* ta tid; *take one's ~* ta [god] tid på sig [*about

(*over*) *a th.* till (för) ngt]; ***take your ~!*** ta [god] tid på dig!, ingen brådska!, iron. förta dig [för all del] inte!; ***tell the ~*** kunna klockan; ***can you tell me the*** [***right***] ***~?*** kan du säga mig vad klockan är?; ***you don't waste much ~, do you?*** du är snabb, du! **g)** i förb. med prep. o. adv.: ***about ~ too!*** det var [minsann] på tiden!; ***against ~*** i kapp med tiden; ***a race against ~*** en kapplöpning med tiden; ***ahead of ~*** i god tid, före den avtalade tiden; ***be ahead of one's ~*** vara före sin tid; ***at one ~*** a) en gång [i tiden] b) på en (samma) gång; ***at the best of ~s*** under alla förhållanden; ***at the ~*** vid det tillfället, på den tiden [*he was only a boy at the ~*]; ***at ~s*** tidvis, emellanåt; ***at my*** (***your***) ***~ of life*** vid min (din) ålder; ***at different ~s*** vid olika tidpunkter; ***before*** [***one's***] ***~*** för tidigt; ***be born before one's ~*** bildl. vara före sin tid; ***old before one's ~*** gammal i förtid; ***between ~s*** dessemellan; emellanåt; ***by the ~*** konj. när [...väl], då, vid den tid [då]; ***for the ~ being*** för närvarande, tills vidare; ***from ~ to ~*** då och då, emellanåt; ***in*** [***the course of***] ***~*** med tiden, tids nog [*in ~ he'll understand*]; [***just***] ***in ~*** [precis] lagom (i tid) [*come in ~ for dinner*]; ***he came in ~*** han kom i [rätt] tid; ***in ancient ~s*** i gamla tider; ***in due ~*** i [rätt] tid; ***in a week's ~*** om en vecka; ***all of the ~*** hela tiden; ***for the sake of old ~s*** för gammal vänskaps skull; ***the literature of the ~*** dåtidens litteratur; ***~ off*** fritid; ledigt; ***on ~*** i [rätt] tid, precis, punktlig[t]; ***once upon a ~ there was...*** det var en gång...
2 gång; ***~ after ~*** el. ***~ and again*** gång på gång; ***five ~s the size of*** fem gånger så stor som; ***many a ~*** mången gång, många gånger; ***one more ~*** vard. en gång till; ***two or three ~s*** ett par [tre] (några) gånger; ***one at a ~*** en åt gången, en i sänder
3 mus. takt, tempo; taktart; ***beat ~*** slå takt[en]; ***beat ~ with one's foot*** (***feet***) stampa takten; ***keep ~*** hålla takt[en]
II *vb tr* **1** välja (beräkna) tiden (tidpunkten) för, tajma, avpassa [*he ~d his journey so that he arrived before dark*]; ***ill*** (***well***) ***~d*** se *ill-timed* o. *well-timed* **2** ta tid på [*~ a runner*], ta tid vid, tajma
time bomb ['taɪmbɒm] *s* tidsinställd bomb, tidsbomb
time clock ['taɪmklɒk] *s* stämpelur, stämpelklocka
time-consuming ['taɪmkən,sjuːmɪŋ] *adj* tidsödande, tidskrävande
time-honoured ['taɪm,ɒnəd] *adj* [gammal och] ärevördig, hävdvunnen [*~ customs*], traditionell
timekeeper ['taɪm,kiːpə] *s* **1** tidmätare; ***this is a good*** (***bad***) ***~*** den här klockan går bra (dåligt) **2** tidkontrollör; tidtagare; tidskrivare
timekeeping ['taɪm,kiːpɪŋ] *s* tidtagning; tidkontroll på arbetsplats
time-killer ['taɪm,kɪlə] *s* vard. tidsfördriv
timelag ['taɪmlæɡ] *s* mellantid, [tids]intervall; tidsfördröjning [*catch up on* (ta igen) *the ~*]
timeless ['taɪmləs] *adj* litt. tidlös, oändlig; evig
time limit ['taɪm,lɪmɪt] *s* tidsgräns; tidsbegränsning; [tids]frist [*exceed the ~*]; hand. tidslimit; ***impose a ~ on*** tidsbegränsa
timely ['taɪmlɪ] *adj* läglig, lämplig; i rätt[an] tid
timepiece ['taɪmpiːs] *s* ur, tidmätare; kronometer; pendyl
timer ['taɪmə] *s* **1** isht sport. tidtagare **2** tidtagarur, stoppur **3** tidur, signalur; timer
timesaver ['taɪm,seɪvə] *s* tidsbesparande apparat; ***it's a ~*** den spar tid
time scale ['taɪmskeɪl] *s* tidsskala
timeserver ['taɪm,sɜːvə] *s* **1** opportunist, anpasslig; ***be a ~*** vända kappan efter vinden **2** ögontjänare, en som maskar
timesharing ['taɪm,ʃeərɪŋ] *s* **1** data. tiddelning, time-sharing **2** andelssystem för fritidslägenheter; time-sharing
time sheet ['taɪmʃiːt] *s* arbetssedel
time signal ['taɪm,sɪɡn(ə)l] *s* tidssignal
time signature ['taɪm,sɪɡnətʃə] *s* mus. taktbeteckning
Times Square [,taɪmz'skweə] öppen plats i New York
time switch ['taɪmswɪtʃ] *s* elektr. tidströmställare
timetable ['taɪm,teɪbl] *s* **1** [tåg]tidtabell; tidsschema **2** schema; skol. äv. timplan
timewasting ['taɪm,weɪstɪŋ] **I** *s* slöseri med tid [*a lot of ~*]; maskning **II** *adj* tidsödande
timeworn ['taɪmwɔːn] *adj* **1** nedsliten, förfallen **2** a) urgammal b) förlegad
timid ['tɪmɪd] *adj* försagd, skygg, blyg, timid
timidity [tɪ'mɪdətɪ] *s* o. **timidness** ['tɪmɪdnəs] *s* försagdhet etc., jfr *timid*
timing ['taɪmɪŋ] *s* **1** val av tidpunkt [*the President's ~ was excellent*], tajming; sport. timing [*his ~ is perfect*]; ***the ~ was perfect*** a) tidpunkten var utmärkt vald b) allting klaffade perfekt **2** tidtagning; tidmätning
timorous ['tɪmərəs] *adj* rädd[hågad], lättskrämd; ängslig, försagd, skygg
timothy ['tɪməθɪ] *s* bot., ***~*** [***grass***] timotej
timpani ['tɪmpənɪ] (pl., konstr. ofta ss. sg.) *s* mus. (it.) pukor; ***play the ~*** spela puka
timpanist ['tɪmpənɪst] *s* mus. pukslagare
tin [tɪn] **I** *s* **1** tenn **2** bleck; plåt, plåt- [*~ roof*] **3** konservburk, burk [*a ~ of peaches*], bleckburk, plåtburk, [bleck]dosa, bleckkärl; [plåt]dunk **4** form, plåt för bakning **II** *vb tr* (se äv. *tinned*) **1** förtenna **2** lägga in, konservera
tincture ['tɪŋ(k)tʃə] *s* kem. el. med. tinktur; ***~ of iodine*** jodsprit
tinder ['tɪndə] *s* fnöske
tinderbox ['tɪndəbɒks] *s* elddon

tine [taɪn] *s* spets, udd [*the ~s of* (på) *a fork*], tand [*the ~s of a comb*], klo; tagg, gren t.ex. på horn

tinfoil [ˌtɪn'fɔɪl, '--] *s* tennfolie, aluminiumfolie; foliepapper, silverpapper

tinge [tɪn(d)ʒ] **I** *vb tr* **1** ge en viss färg[ton] (skiftning, nyans) åt, färga [lätt]; blanda, bemänga [*with* med]; prägla; *be ~d with red* skifta i rött **2** ge en bismak åt **II** *s* [lätt] skiftning, nyans, [färg]ton; bismak, tillsats; blandning; bildl. äv. anstrykning, spår, antydan [*there was a ~ of sadness in her voice*]

tingl|e ['tɪŋgl] **I** *vb itr* **1** sticka, svida, hetta, bränna, krypa, klia **2** klinga, pingla, plinga **3** ringa; *my ears are -ing* det susar i öronen [på mig] **II** *s* **1** stickande [känsla], stickning, sveda **2** klingande [ljud], pinglande

tin hat [ˌtɪn'hæt] *s* mil. sl. plåthatt, plåthuv hjälm

tinker ['tɪŋkə] **I** *s* **1** åld. kittelflickare; *not worth a ~'s damn* (*cuss*) vard. inte värd ett jäkla dugg; *I don't care* (*give*) *a ~'s damn* (*cuss*) vard. det ger jag sjutton i, det struntar jag blankt i **2** *have a ~ at* pilla (mixtra, joxa) med **II** *vb itr* fuska, knåpa, plottra, pillra, pilla, mixtra, joxa, meka [*at, with* med]

tinkle ['tɪŋkl] **I** *vb itr* klinga, pingla, plinga; klirra; klinka [*~ on the piano*] **II** *vb tr* ringa (pingla) med [*~ a bell*], klinka på [*~ the keys of a piano*] **III** *s* **1** pinglande, pling[ande] [*the ~ of tiny bells*]; klirr[ande]; skrammel; klink[ande] på piano; *I'll give you a ~* vard. jag slår en signal [till dig] på telefon **2** vard., *have a ~* slå en drill, kissa

tin lizzie [ˌtɪn'lɪzɪ] *s* se *lizzie II*

tin|loaf [ˌtɪn'ləʊf] (pl. *-loaves* [-'ləʊvz]) *s* formbröd

tinned [tɪnd] *adj* **1** förtent, förtennad **2** konserverad [*~ beef, ~ fruit*], på burk [*~ peas*]; *~ food* burkmat; *~ goods* konserver; *~ meat* konserverat kött, köttkonserv[er]; *~ music* vard. burkad inspelad musik

tinny ['tɪnɪ] *adj* **1** tennhaltig; tenn- **2** tennliknande **3** bleckartad, bleck-; plåt-; som smakar bleck [*~ fish*]; *it tastes ~* den smakar bleck **4** metallisk, skrällig; *a ~ piano* ett piano med spröd (tunn) klang

tin-opener ['tɪnˌəʊp(ə)nə] *s* konservöppnare, burköppnare

tinplate ['tɪnpleɪt, ˌ-'-] **I** *s* **1** bleck[plåt]; plåt **2** tennplåt **II** *vb tr* förtenna

tinpot ['tɪnpɒt] *adj* vard. pluttig, ynka liten

tinsel ['tɪns(ə)l] *s* **1** glitter [*a Christmas tree with ~*]; paljetter [*a dress with ~*] **2** bildl. glitter, grannlåt

tinsmith ['tɪnsmɪθ] *s* **1** förtennare **2** blecksagare, plåtslagare; bleckvarufabrikör, plåtvarufabrikör

tint [tɪnt] **I** *s* **1** [färg]ton, skiftning [*~s of green*], nyans, bildl. äv. anstrykning; *autumn ~s* höstfärger **2** toningsvätska **II** *vb tr* färga [lätt], tona [*~ one's hair*]; schattera

tintack ['tɪntæk] *s* [förtent] nubb, stift

tiny ['taɪnɪ] *adj* [mycket] liten, liten och späd; spenslig; *~ little* pytteliten; *~ tot* [litet] pyre, [liten] pys; *~ tots* äv. småttingar, småungar

1 tip [tɪp] **I** *s* **1** spets, tipp, topp, snibb; ända; *I know* (*have*) *it at the ~s of my fingers* jag kan (har) det på mina fem fingrar; *the ~ of one's nose* nästippen; *walk on the ~s of one's toes* gå på tå[spetsarna]; *the ~ of one's tongue* tungspetsen; *have a th. on* (*at*) *the ~ of one's tongue* bildl. ha ngt på tungan **2** tå[hätta]; klackjärn; doppsko [*the ~ of a stick*], skoning, beslag **3** munstycke på cigarett **4** bladknopp på tebuske **II** *vb tr* förse (pryda) med en spets (etc., jfr *I 1-3*), sätta en spets etc. på; beslå, sko; *~ped cigarette* filtercigarett

2 tip [tɪp] **I** *vb tr* **1** tippa [på]; tippa (stjälpa, välta) [omkull] [äv. *~ over, ~ up*]; *~ up* äv. fälla upp [*~ up the seat*]; *~ the balance* (*scale*[*s*]) se *turn* (*tip*) *the scale*[*s*] under *1 scale I 2 ~ one's hat* lyfta på hatten [*to* för] **3** stjälpa av (ur), tippa [ut], tömma [ut], lasta av (ur) [äv. *~ out*] **II** *vb itr* vippa, stjälpa (välta, tippa) [över ända], vicka omkull, kantra [äv. *~ over*]; *~ up* vara uppfällbar [*the seat ~s up*] **III** *s* tipp, avstjälpningsplats

3 tip [tɪp] **I** *vb tr* **1** vard. ge dricks[pengar] till; *I ~ped him a pound* jag gav honom ett pund i dricks **2** vard. tippa [*~* [*a p. as*] *the winner*] **3** vard. ge en vink, varsko, tipsa; *~ a p. off* varna ngn [i förväg]; ge ngn en vink, tipsa ngn **II** *vb itr* vard. ge dricks[pengar] **III** *s* **1** dricks[pengar]; *give a p. a ~* ge ngn dricks; *no ~s!* ingen dricks! **2** vard. vink; tips; *a ~ from the horse's mouth* ett stalltips; *take my ~!* el. *take a ~ from me!* lyd mitt råd!

tipcart ['tɪpkɑːt] *s* tippkärra, tippvagn

tip-off ['tɪpɒf] *s* vard. [för]varning, vink, tips

Tipperary [ˌtɪpə'reərɪ] geogr.

tipping ['tɪpɪŋ] *s* vard. **1** *~* [*has been abolished*] [systemet att ge] dricks... **2** tippning gissning **3** tipsning

tipple ['tɪpl] **I** *vb itr* [små]pimpla, småsupa **II** *vb tr* pimpla i sig **III** *s* sprit[dryck]; skämts. dryck

tippler ['tɪplə] *s* småsupare

tipster ['tɪpstə] *s* vard. sport. yrkestippare som ger råd åt el. säljer tips till vadhållare; [professionell] tipsare

tipsy ['tɪpsɪ] *adj* [lätt] berusad

tiptoe ['tɪptəʊ] **I** *s*, *walk on ~*[*s*] gå på tå[spetsarna]; *on ~* i spänd förväntan; *on ~ with excitement* i ett tillstånd av stark spänning **II** *adv* på tå[spetsarna] **III** *vb itr* gå på tå[spetsarna], tassa

tiptop [ˌtɪp'tɒp, '--] *adj* perfekt, prima, av högsta klass [*a ~ hotel*], tiptop

tip-up ['tɪpʌp] *adj* uppfällbar [~ *seat*], tippbar
tirade [taɪ'reɪd, tɪ'reɪd] *s* tirad, [lång] harang
1 tire ['taɪə] I *vb tr* trötta; ~ *out* trötta ut, utmatta II *vb itr* tröttna; ledsna, bli trött (led) [*of* på]
2 tire ['taɪə] *s* amer., se *tyre*
tired ['taɪəd] *adj* trött [*of* på; *with* av]; led, utledsen [*of* på]; ~ *out* uttröttad, utmattad, utpumpad, tagen, tröttkörd; utled[sen]; ~ *to death* dödstrött
tiredness ['taɪədnəs] *s* trötthet
tireless ['taɪələs] *adj* outtröttlig [*a* ~ *worker*]
tiresome ['taɪəsəm] *adj* **1** tröttsam; [lång]tråkig; enformig, trist **2** förarglig, besvärlig
tiring ['taɪərɪŋ] *adj* tröttande, tröttsam
tiro ['taɪərəʊ] (pl. *~s*) *s* nybörjare, novis
'tis [tɪz] poet. = *it is*
tissue ['tɪʃu:, 'tɪsju:] *s* **1** vävnad äv. biol. o. anat. [*muscular ~*], väv; fint tyg, flor **2** bildl. väv, vävnad, nät, härva [*a ~ of lies*] **3** mjukt papper; cellstoff; *face* ~ ansiktsservett; *toilet ~* [mjukt] toalettpapper
tissue paper ['tɪʃu:ˌpeɪpə, 'tɪsju:-] *s* silkespapper
1 tit [tɪt] *s* zool. mes; *blue* ~ blåmes; *coal* ~ svartmes; *crested* ~ tofsmes; *great* ~ talgoxe; *willow* ~ talltita
2 tit [tɪt] *s*, ~ *for tat* lika för lika, betalt kvitteras; *give* ~ *for tat* ge lika gott igen; ge svar på tal
3 tit [tɪt] *s* **1** vard. bröstvårta **2** sl., *~s* tuttar bröst
titanic [taɪ'tænɪk, tɪ't-] *adj* titanisk; jättelik
titbit ['tɪtbɪt] *s* godbit äv. bildl.; läckerbit, aptitbit, gaffelbit
titillate ['tɪtɪleɪt] *vb tr* kittla, reta äv. bildl. [~ *the fancy; ~ a p.'s palate*]; locka, egga
titillating ['tɪtɪleɪtɪŋ] *adj* lockande, eggande, upphetsande
titillation [ˌtɪtɪ'leɪʃ(ə)n] *s* kittling, [angenäm] retning äv. bildl.
titivate ['tɪtɪveɪt] vard. I *vb tr* piffa upp, snygga till; ~ *oneself* se *II* II *vb itr* piffa (snygga) till sig
titivation [ˌtɪtɪ'veɪʃ(ə)n] *s* uppiffande, uppsnofsande
title ['taɪtl] I *s* **1** titel **2** jur. rätt, befogenhet [*to a th.* till ngt; *to do a th.* att göra ngt], [rätts]anspråk [*to a th.* på ngt; *to get a th.* på att få ngt], äganderätt [*to* till]) II *vb tr* **1** betitla; benämna **2** titulera, kalla
titled ['taɪtld] *adj* betitlad; adlig [*a ~ lady*]
title deed ['taɪtldi:d] *s* [åtkomst]handling, äganderättshandling; dokument; lagfartsbevis
titleholder ['taɪtlˌhəʊldə] *s* isht sport. titelhållare, titelinnehavare
title page ['taɪtlpeɪdʒ] *s* titelsida, titelblad
title role ['taɪtlrəʊl] *s* titelroll

tit|mouse ['tɪt|maʊs] (pl. *-mice* [-maɪs]) *s* zool. mes; *blue* ~ m.fl., se *blue tit* m.fl. under *1 tit*
titter ['tɪtə] I *vb itr* fnittra, fnissa II *s* fnitter, fniss
tittle-tattle ['tɪtlˌtætl] I *s* skvaller, tissel och tassel II *vb itr* skvallra, tissla och tassla
titty ['tɪtɪ] *s* **1** sl. bröstvårta; ~ *bottle* barnspr. nappflaska **2** sl. el. barnspr. tutte bröst
titular ['tɪtjʊlə] *adj* titulär- [~ *bishop*], formell, blott till titeln (namnet); titel- [~ *character* (roll)]
T-junction ['ti:ˌdʒʌŋ(k)ʃ(ə)n] *s* T-korsning, trevägskorsning, 'T-knut[punkt]
TNT [ˌti:en'ti:] förk. för *trinitrotoluene*
to [beton. tu:; obeton. tʊ, före konsonant tə, t] I *prep* (se vidare under huvudorden) **1** till uttr. riktning [*walk ~ school*] **2** till, åt uttr. dativ [~ *whom did you give it?*] **3** för [*read ~ a p.*; *known* (*useful*) ~ *a p.*]; *open ~ the public* öppen för allmänheten; [*a toast*] ~ *the President!* [en] skål för presidenten!; ~ *me it was... * för mig var det...; *what is that ~ you?* vad betyder det för dig?, vad angår det dig?; [*we had the compartment*] *all ~ ourselves* ...helt för oss själva **4** i: **a**) uttr. riktning [*a visit ~ England*; *go ~ church*] **b**) andra fall: *a quarter ~ six* kvart i sex; *tear ~ pieces* slita i stycken (sönder) **5** på: **a**) uttr. riktning [*go ~ a concert*]; *the plane goes ~ London* planet flyger på London **b**) andra fall: [*there were no windows*] ~ *the hut* ...på stugan; *a year ~ the day* ett år på dagen **6** mot, emot: **a**) uttr. riktning el. placering mot [*with his back ~ the fire*]; *hold a th.* [*up*] ~ *the light* hålla [upp] ngt mot ljuset **b**) efter ord uttr. bemötande o.d. [*good* (*grateful, polite*) ~ *a p.*] **c**) i jämförelse med, vid sidan av [*you are but a child ~ him*]; *she made three jumps ~ his two* hon hoppade tre gånger mot hans två; *ten ~ one he will do it* [jag håller] tio mot ett på att han gör det; [*he's quite rich now*] ~ *what he used to be* ...mot vad han varit förut **7** mot, åt uttr. riktning [*the balcony looks ~ the south*] **8** med [*likeness ~*]; *engaged* (*married*) ~ förlovad (gift) med **9** vid: **a**) *accustom* ~ vänja vid; *not used* ~ ovan vid **b**) efter ord uttr. fästande, fasthållande o.d. [*tie a th. ~ a p.*] **c**) knuten till: *secretary* ~ [*the British legation*] sekreterare vid... **10** hos: **a**) anställd hos: *secretary ~ the minister* sekreterare hos (till) ministern **b**) hemma hos: *I have been ~ his house* jag har varit hemma hos honom; *be on a visit ~ a p.* vara på besök hos ngn **11** enligt, efter [~ *my thinking*] **12** om; *testify* ~ vittna om; bära vittnesbörd om; *what do you say ~ a nice beefsteak?* vad säger du om en god biff? **13** betecknande viss proportionalitet: *thirteen ~ a dozen* tretton på dussinet; [*his pulse was 140*] ~ *the minute* ...i minuten **14** ex. på andra motsvarigheter:

toad

freeze ~ death frysa ihjäl; *tell a p. a th. ~ his face* säga ngn ngt mitt upp (rakt) i ansiktet; *would ~ God that...* Gud give att...; [*here's*] *~ you!* skål!
II *infinitivmärke* **1** att **2** fristående med syftning på en föreg. inf.: [*we didn't want to go*] *but we had ~* ...men vi måste [göra det] **3** för att [*he struggled ~ get free*]; *~ say nothing* (*not ~ speak*) *of all the other things* för att inte tala om allt annat; *in order ~* för att **4** [för (om m.fl.)] att [*inclined* (böjd) *~ think*; *anxious* (angelägen) *~ try*] **5** i satsförkortningar: **a)** *he wants us ~ try* han vill att vi ska försöka; *I'm waiting for Bob ~ come* jag väntar på att Bob ska komma **b)** *he was the last ~ arrive* han var den siste som kom; [*generations*] *~ come* kommande... **c)** *you would be a fool ~ believe him* du vore dum om du trodde honom **d)** *we don't know what ~ do* vi vet inte vad vi ska göra **e)** *~ hear him speak you would believe that...* när man hör honom [tala] skulle man tro att... **6** *he lived ~ be ninety* han levde tills han blev nittio **7** *be ~* skola; *I am ~* jag ska; se vid. *be II 3*
III *adv* **1** igen, till [*push the door ~*]; *the door is ~* dörren är stängd **2** *~ and fro* fram och tillbaka, av och an, hit och dit
toad [təʊd] *s* padda
toad-in-the-hole [ˌtəʊdɪnðəˈhəʊl] *s* slags ugnspannkaka med korv
toadstool [ˈtəʊdstuːl] *s* svamp; isht giftsvamp
toady [ˈtəʊdɪ] **I** *s* inställsam parasit, smilfink **II** *vb tr* krypa (fjäska) för **III** *vb itr* krypa, fjäska [*to* för]
to-and-fro [ˌtuːən(d)ˈfrəʊ] **I** *adj* [som sker (går)] fram och tillbaka (av och an, hit och dit) [*~ movement* (*motion*)] **II** *s* vard. spring fram och tillbaka (hit och dit) [*the busy ~ of passengers at the airport*] **III** *vb itr* (end. i pres. particip), *there was a lot of toing-and-froing* det var en massa spring fram och tillbaka (hit och dit)
toast [təʊst] **I** *s* **1** rostat bröd; *a slice* (*piece*) *of ~* en rostad brödskiva **2** skål; *drink a ~ to the bride and bridegroom* skåla för brudparet; *propose a ~* föreslå (utbringa) en skål [*to* för] **3** person som ska skålas för, festföremål; *she was the ~ of the town* hon var stadens mest firade person (skönhet)
II *vb tr* **1** rosta [*~ bread* (*chestnuts*)] **2** värma [*~ one's feet at the fire*], hetta upp **3** utbringa (dricka) en skål för [*~ the flag* (*bride and bridegroom*)]; skåla med
toaster [ˈtəʊstə] *s* **1** [bröd]rost **2** grillgaffel
toasting-fork [ˈtəʊstɪŋfɔːk] *s* grillgaffel, rostningsgaffel
toastmaster [ˈtəʊstˌmɑːstə] *s* toastmaster, ceremonimästare vid större middag
toast rack [ˈtəʊstræk] *s* ställ för rostat bröd

852

tobacco [təˈbækəʊ] (pl. *~s* el. ibl. *~es*) *s* tobak; tobakssort; *~ teabag* snus i portionspåse
tobacco jar [təˈbækəʊdʒɑː] *s* tobaksburk
tobacconist [təˈbækənɪst] *s* tobakshandlare, tobakist; *~'s* [*shop*] tobaksaffär
tobacco pouch [təˈbækəʊpaʊtʃ] *s* tobakspung
to-be [təˈbiː] **I** *adj* **1** blivande; *his bride ~* äv. hans tillkommande, hans fästmö **2** framtida, kommande **II** *s* framtid
toboggan [təˈbɒg(ə)n] **I** *s* **1** toboggan, [medlös] kälke; *~ slide* (*chute*) tobogganbacke **2** kälkbacke **II** *vb itr* åka kälke
toccata [təˈkɑːtə] *s* mus. toccata
tocsin [ˈtɒksɪn] *s* **1** isht bildl. stormklocka **2** varningssignal **3** klämtande (ringande) i stormklockan
tod [tɒd] *s* sl., *on one's ~* ensam, solo, på egen hand [rimslang *Tod Sloan* för *alone*]
today [təˈdeɪ] **I** *adv* **1** i dag; *~ week* el. *a week ~* i dag om en vecka; *a week ago ~* i dag för en vecka sedan **2** nu för tiden **II** *s* dagen, denna dag; *~ is Monday* i dag är det måndag, det är måndag i dag; *the England of ~* dagens England
toddle [ˈtɒdl] *vb itr* **1** tulta [omkring], stulta; *~ along* (*round*) tulta (stulta) omkring **2** vard. gå, släntra, traska; *~ along* (*off*) ge (pallra) sig i väg, knalla [i väg], sticka
toddler [ˈtɒdlə] *s* litet barn, liten knatte (tulta)
toddy [ˈtɒdɪ] *s* **1** [whisky]toddy **2** palmvin
to-do [təˈduː, tʊ-] *s* vard. bråk, väsen, ståhej, uppståndelse [*about* om (för, kring)]
toe [təʊ] **I** *s* tå; *dig one's ~s in* vard. göra motstånd, spjärna emot; *on one's ~s* på sin vakt (alerten), på språng, beredd; *keep a p. on his ~s* se till att ngn sköter sig (inte slöar); *step* (*tread, tramp*) *on a p.'s ~s* trampa ngn på tårna äv. bildl. **II** *vb tr* **1** ställa sig (stå) vid (med tårna intill) [*~ the starting line*]; *~ the line* (*mark*) äv. a) ställa upp sig b) bildl. följa partilinjerna; lyda order; hålla sig på mattan **2** sport. sparka med tån **III** *vb itr, ~ in* (*out*) gå inåt (utåt) med tårna
toecap [ˈtəʊkæp] *s* tåhätta
toehold [ˈtəʊhəʊld] *s* fotfäste
toenail [ˈtəʊneɪl] *s* tånagel
toffee [ˈtɒfɪ] *s* knäck, [hård] kola, kolakaramell; *he can't play* (*paint*) *for ~* [*nuts*] vard. han kan inte spela (måla) för fem öre
toffee apple [ˈtɒfɪˌæpl] *s* äppelklubba äpple överdraget med knäck
toffee-nosed [ˈtɒfɪnəʊzd] *adj* vard. mallig, snorkig
tog [tɒg] vard. **I** *vb tr, ~* [*out* (*up*)] klä (rigga) upp; *all ~ged up* uppriggad, uppsnofsad **II** *s* se *togs*
toga [ˈtəʊgə] *s* antik. toga
together [təˈgeðə, tʊˈg-] *adv* **1** tillsammans; tillhopa; ihop; samman; gemensamt; *be at school ~* vara skolkamrater; *we're in this ~*

vi sitter i samma båt 2 efter varandra, i sträck (rad); *for days* ~ flera dagar i sträck, dag efter dag; *for hours* ~ i timmar
togetherness [tə'geðənəs, tʊ'g-] *s* samhörighet; [*feeling of*] ~ samhörighetskänsla
toggle ['tɒgl] *s* avlång knapp, pinne för agraffknäppning på duffel o.d.
toggle switch ['tɒglswɪtʃ] *s* vippströmbrytare, vippkontakt
togs [tɒgz] *s pl* vard. kläder, rigg, stass
1 toil [tɔɪl] **I** *vb itr* **1** arbeta [hårt], slita [ont], släpa ut sig; ~ *along* knoga 'på; ~ *at a th.* knoga (slita) med ngt 2 släpa sig [fram (upp o.d.)]; ~ *along* släpa sig fram **II** *s* [hårt] arbete, slit, släp, möda
2 toil [tɔɪl] *s*, pl. ~*s* nät, snara; *he fell (got caught) in her* ~*s* han fastnade i hennes garn (nät)
toilet ['tɔɪlət] *s* **1** toalett[rum], WC **2** toalett aftonklänning, påklädning o.d.
toilet bag ['tɔɪlətbæg] *s* o. **toilet case** ['tɔɪlətkeɪs] *s* necessär, toalettväska
toilet paper ['tɔɪlət,peɪpə] *s* toalettpapper
toiletries ['tɔɪlətrɪz] *s pl* toalettsaker
toilet roll ['tɔɪlətrəʊl] *s* rulle toalettpapper
toilet training ['tɔɪlət,treɪnɪŋ] *s* barns potträning
toilet water ['tɔɪlət,wɔ:tə] *s* eau-de-toilette
token ['təʊk(ə)n] **I** *s* **1** tecken, bevis [*of* på]; kännetecken, kännemärke; symbol [*of* för] **2** presentkort; *book* ~ presentkort på böcker **3** pollett [*bus* ~]; jetong **4** minne [*of* av, från], minnesgåva **5** *by the same* ~ el. *by [this]* ~ a) av samma skäl b) på samma sätt; på samma gång c) likaså, dessutom; så t.ex.; för resten **II** *adj* **1** symbolisk [~ *payment,* ~ *strike*]; halvhjärtad **2** ~ *money* nödmynt, mynttecken
told [təʊld] imperf. o. perf. p. av *tell*
tolerable ['tɒlərəbl] *adj* **1** dräglig, uthärdlig, tolerabel **2** skaplig, dräglig, passabel; tolerabel
tolerably ['tɒlərəblɪ] *adv* någorlunda, tämligen
tolerance ['tɒlər(ə)ns] *s* tolerans äv. fackspr.
tolerant ['tɒlər(ə)nt] *adj* tolerant
tolerate ['tɒləreɪt] *vb tr* **1** tolerera, tillåta, tåla **2** vara tolerant mot, tolerera, fördra, stå ut med
toleration [,tɒlə'reɪʃ(ə)n] *s* tolerans; fördragsamhet; motståndskraft
1 toll [təʊl] *s* **1** avgift, tull **2** bildl. andel, tribut; *the death* ~ antalet dödsoffer, dödssiffran; *take* ~ *of* bildl. utkräva sin tribut av **3** amer. avgift (taxa) för rikssamtal
2 toll [təʊl] **I** *vb tr* **1** ringa [långsamt] i, klämta i **2** om kyrkklockor ringa ut, förkunna [*the bells* ~*ed his death*] **3** slå klockslag [*Big Ben* ~*ed five*] **II** *vb itr* **1** ringa [med långsamma

slag], klämta, ljuda; ~ *in* ringa samman till gudstjänst **2** slå om klocka
tollbridge ['təʊlbrɪdʒ] *s* avgiftsbelagd bro
tollgate ['təʊlgeɪt] *s* tullbom, tullgrind
toll road ['təʊlrəʊd] *s* avgiftsbelagd väg
Tom [tɒm] **I** kortform för *Thomas* **II** *s* se *Uncle Tom* under *uncle 1;* [*every*] ~, *Dick, and Harry* kreti och pleti, vemsomhelst
tom [tɒm] *s* **1** han[n]e av vissa djur **2** hankatt
tomahawk ['tɒməhɔ:k] *s* tomahawk
tomato [tə'mɑ:təʊ, amer. vanl. -'meɪ-] (pl. ~*es*) *s* tomat
tomb [tu:m] *s* grav; gravvalv; gravvård
tombola [tɒm'bəʊlə, 'tɒmbələ] *s* **1** slags bingo **2** tombola
tomboy ['tɒmbɔɪ] *s* pojkflicka, yrhätta, vildbasare
tombstone ['tu:mstəʊn] *s* gravsten, gravvård
tomcat ['tɒmkæt] *s* hankatt
tome [təʊm] *s* [stor] bok, lunta, volym
tomfoolery [tɒm'fu:lərɪ] *s* dårskap; tokighet[er]; skoj, dumt skämt
Tommy ['tɒmɪ] **I** smeknamn för *Thomas* **II** *s*, ~ [*Atkins*] åld. (vard.) Tommy menig engelsk soldat
tommy-gun ['tɒmɪgʌn] *s* kulsprutepistol, kpist
tommyrot ['tɒmɪrɒt] *s* sl. dumheter, smörja
tomorrow [tə'mɒrəʊ] **I** *adv* i morgon; ~ *night* i morgon kväll (natt); ~ *week* en vecka i morgon, i morgon [om] åtta dagar **II** *s* morgondagen [~ *'s paper; think of* (på) ~]; ~ *is another day* i morgon är också en dag; *the day after* ~ i övermorgon
tomtit ['tɒmtɪt, ,tɒm'tɪt] *s* zool., isht [blå]mes; gärdsmyg
tomtom ['tɒmtɒm] *s* tamtam[trumma]
ton [tʌn] *s* **1** ton: **a)** britt., [*long*] ~ = 2 240 *lbs* = 1 016 kg **b)** amer., [*short*] ~ = 2000 *lbs.* = 907,2 kg **c)** *metric* ~ ton 1 000 kg **2** [*register*] ~ registerton = 100 *cubic feet* = 2,83 m³; *gross* [*register*] ~ brutto[register]ton **3** vard., ~*s of* massor (mängder) av (med), tonvis med [~*s of money*] **4** sl., *a (the)* ~ 100 'miles' i timmen, 100 knutar
tone [təʊn] **I** *s* **1** ton, tonfall [*speak in* (med) *an angry* ~]; röst [*in a low* ~ *[of voice]*]; klang [*the* ~ *of a piano*]; *set the* ~ bildl. ange tonen **2** mus. helton; *a whole* ~ ett helt tonsteg **3** fonet. intonation; tonfall; ton; *rising (falling)* [*nuclear*] ~ stigton (resp. fallton) **4** mål., foto. o.d. [färg]ton, nyans, dager **5** anda, karaktär, stil, atmosfär, ton **6** [god] kondition, spänst, form **II** *vb tr* **1** ge den rätta tonen åt; tona **2** ~ *down* a) tona ner, dämpa, moderera äv. bildl. b) stämma ner [~ *down the pitch*]; ~ *up* a) skärpa, förstärka, tona upp [~ *up the colours*] b) stämma upp (högre) c) stärka [*exercise* ~*s up the muscles*]
tone-deaf [,təʊn'def] *adj* tondöv
tone poem ['təʊn,pəʊɪm] *s* mus. tondikt
tongs [tɒŋz] *s pl* tång; *a pair of* ~ en tång; *I*

tongue

wouldn't touch him with a pair of ~ jag skulle inte vilja ta i honom med tång
tongue [tʌŋ] **I** *s* **1** tunga [*slanderous* ~*s*; *ox* ~]; mål, målföre; *be on every (everybody's)* ~ vara i var mans mun (på allas läppar); *hold one's* ~ hålla mun, tiga [*about a th.* med ngt]; *keep one's* ~ hålla mun; *keep a civil* ~ *in one's head* välja sina ord, föra ett hyfsat språk; *have lost one's* ~ ha tappat talförmågan (målföret); vara (stå) mållös; *stick (thrust, put) one's* ~ *out* räcka ut tungan; [*he said*] *with his* ~ *in his cheek* ([*with*] ~ *in cheek*) ...smått ironiskt, ...med glimten i ögat **2** språk; dialekt; tungomål; *mother* ~ a) modersmål b) modersspråk, grundspråk; *confusion of* ~*s* språkförbistring **3** sätt att tala, tal [*a soft (flattering)* ~] **4** ~ [*of land*] landtunga **5** [sko]plös **II** *vb tr* **1** mus. (i flöjtspel o.d.) spela med tungstöt **2** snick., ~ [*and groove*] sponta
tongue-tied [ˈtʌŋtaɪd] *adj* med (som lider av) tunghäfta äv. med.; stum, mållös
tongue-twister [ˈtʌŋˌtwɪstə] *s* tungvrickningsövning
tonic [ˈtɒnɪk] **I** *adj* **1** stärkande, uppfriskande [~ *air*; ~ *therapy*]; ~ *water* tonic **2 a**) mus. tonisk, ton-, klang-; ~ *chord* grundackord; ~ *sol-fa* Tonika-Do[metod] **b**) fonet., ~ *accent* huvudaccent **II** *s* **1** med. tonikum, stärkande medel (medicin) **2** tonic [*a gin and* ~]; *skin* ~ ansiktsvatten **3** mus. tonika, grundton **4** fonet. huvudaccent
tonight [təˈnaɪt] **I** *adv* i kväll; i natt **II** *s* denna kväll, kvällen; denna natt, natten [~*'s entertainment*]
tonnage [ˈtʌnɪdʒ] *s* **1** tonnage i olika bet.; dräktighet **2** tonnageavgift **3** transport i ton räknat
tonne [tʌn] *s* [metriskt] ton
tonsil [ˈtɒnsl, -sɪl] *s* anat. [hals]mandel, tonsill
tonsillitis [ˌtɒnsɪˈlaɪtɪs] *s* med. inflammation i [hals]mandlarna (tonsillerna), tonsillit, halsfluss
tonsure [ˈtɒnʃə] **I** *s* tonsur, munkklippning **II** *vb tr* raka huvudet (hjässan) på; perf. p. ~*d* med tonsur
ton-up [ˈtʌnʌp] *adj* sl. **1** som gör mer än 100 'miles' i timmen, 100-knutars- **2** ~ *boy* (*motorcyclist*) motorcyklist som kör fort
too [tuː] *adv* **1** alltför, för; *that's* ~ *bad!* vad tråkigt (synd)!; *you're* ~ *kind* det är (var) verkligen snällt av dig; ~ *true (right)!* vard. det kan du skriva upp!, just det!; *all* ~ el. *only* ~ alldeles för [*the party ended all (only)* ~ *soon*], [bara] alltför [*I know it all (only)* ~ *well*]; *I'm none (not [any])* ~ *good at it* jag är inte så värst (inget vidare) bra på det (sånt); *they arrived none (didn't arrive any)* ~ *soon* de kom minsann inte [en minut] för tidigt **2** också, med [*I'm going.* -*Me* ~*!*], även; dessutom, därjämte, och därtill; [och] till på köpet [*he is a fool, and a great one*, ~]; *about time* ~*!* det var [minsann] på tiden!; *you did* ~*!* det gjorde du visst! **3** vard. (skämts. el. tillgjort), ~ ~ alldeles, i allra högsta grad
took [tʊk] imperf. av *take*
tool [tuːl] **I** *s* **1** verktyg, [arbets]redskap, instrument **2** bildl. instrument, [hjälp]medel; om pers. redskap, verktyg, hantlangare; *he was a* ~ *in their hands* han var ett lydigt redskap i deras händer **3** vulg. apparat, kuk penis **II** *vb tr* **1** bearbeta [med verktyg], [ut]forma; hugga jämn [~ *a stone*] **2** ~ [*up*] förse (utrusta) med verktyg
toolbag [ˈtuːlbæg] *s* verktygsväska på cykel
toolbox [ˈtuːlbɒks] *s* o. **toolchest** [ˈtuːltʃest] *s* verktygslåda
toot [tuːt] **I** *vb tr* tuta i, blåsa [i] horn, trumpet o.d. **II** *vb itr* tuta, blåsa; om fågel äv. ropa **III** *s* tutning, [horn]stöt; rop
tooth [tuːθ] **I** *s* (pl. *teeth* [tiːθ]) *s* **1** tand [*the teeth of (på) a comb (saw)*]; *false (artificial) teeth* löständer; *a set of artificial teeth* löständer, tandprotes; *cut one's teeth* få tänder; *escape by (with) the skin of one's teeth* komma undan med nöd och näppe; *fight* ~ *and nail* kämpa med nábbar och klor; *get one's teeth into* bildl. sätta tänderna i, bita i; *have a* ~ *out* (amer. *pulled*) [låta] dra ut en tand; *it sets my teeth on edge* se *edge I* 1; *show one's teeth* visa tänderna äv. bildl.; *in the teeth of* a) rakt emot [*in the teeth of the wind*] b) bildl. stick i stäv mot, i strid mot [*in the teeth of public opinion*], trots; *she is long in the tooth* hon är ingen duvunge längre; *cast (throw, fling) a th. in a p.'s teeth* bildl. slänga ngt i ansiktet på ngn; förebrå ngn ngt; *lie in one's teeth* ljuga grovt (fräckt) **2** udd, spets, tagg; kugge; [gaffel]klo; [harv]pinne **3** smak, aptit; *have a sweet* ~ vara en gottgris **II** *vb tr* tanda, förse med tänder; ~*ed wheel* kugghjul
toothache [ˈtuːθeɪk] *s* tandvärk; *have [a]* ~ ha tandvärk
toothbrush [ˈtuːθbrʌʃ] *s* tandborste; ~ *moustache* tandborstmustasch liten stubbig mustasch
toothless [ˈtuːθləs] *adj* tandlös äv. bildl. [~ *laws*]
toothpaste [ˈtuːθpeɪst] *s* tandkräm
toothpick [ˈtuːθpɪk] *s* tandpetare
tooth powder [ˈtuːθˌpaʊdə] *s* tandpulver
toothsome [ˈtuːθsəm] *adj* läcker, aptitlig; angenäm
toothy [ˈtuːθɪ] *adj* **1** med stora (utstående, en massa) tänder; *a* ~ *smile* ett stomatolleende **2** läcker
tootle [ˈtuːtl] **I** *vb itr* tuta; drilla [på flöjt]; om fågel äv. flöjta, skrocka **II** *s* tutande; drillande; flöjtande

1 tootsy ['tʊtsɪ] *s* isht amer. vard. sötnos, raring
2 tootsy ['tʊtsɪ] *s* se *tootsy-wootsy*
tootsy-wootsy [ˌtʊtsɪ'wʊtsɪ] *s* barnspr. fossing
1 top [tɒp] *s* snurra; *sleep like a ~* sova som en stock; *old ~* åld. vard. gamle gosse
2 top [tɒp] **I** *s* **1** topp, spets; övre del; krön; *blow one's ~* sl. explodera [av ilska]; *at the ~* överst, högst upp, ovanpå; *at the ~ of one's voice* så högt man kan; av (för) full hals; *from ~ to bottom* uppifrån och ner; bildl. alltigenom; *on ~* ovanpå, på toppen; *be on ~* ha övertaget; *come out on ~* bli etta, vara bäst; *on ~ of* äv. a) utöver [*he gets a commission on ~ of his salary*] b) ovanpå, omedelbart på (efter); *on ~ of that* (*this*) ovanpå det, dessutom; till råga på allt; *I feel on ~ of the world* jag känner mig i absolut toppform; *get on ~ of* ta överhanden över [*don't let the work get on ~ of you*]; *come* (*get*) *to the ~* bildl. komma på toppen **2** top[p] klädesplagg, överdel **3** [bord]skiva; yta **4** bil. högsta växel; *in ~* på högsta växeln **5** bot., vanl. pl. *~s* blast [*turnip-tops*] **II** *attr adj* **1** översta, högsta, över- [*the ~ floor*]; topp- [*~ prices*]; *~ C* mus. höga C; *~ copy* [maskinskrivet] original; *the ~ drawer* a) översta lådan b) vard. de fina kretsarna, överklassen; *in ~ gear* på högsta växeln; *~ secret* topphemlighet, se äv. *top-secret* **2** främsta, bästa, topp-; *~ dog* sl., se *dog I 1* **III** *vb tr* **1** sätta topp på; täcka **2** vara (stå, ligga) överst på, toppa [*~ the list*]; *~ the bill* vara den främsta attraktionen **3** *~ off* avsluta, avrunda [*~ off the evening with a drink*] **4** *~ up* fylla till brädden, fylla på [*~ up a car battery; let me ~ up your glass*] **5** vara högre än, höja sig över; bildl. överträffa, slå [*he ~s them all at the game*]; nå över, överskrida; *to ~ it all* till råga på allt **6** hugga av, kapa, toppa, beskära
topaz ['təʊpæz] *s* miner. topas
topboot [ˌtɒp'buːt] *s* kragstövel
topcoat [ˌtɒp'kəʊt] *s* överrock
top-drawer ['tɒpdrɔə, pred. ˌ-'-] *adj* vard. i (ur, från) de fina kretsarna, i (från) överklassen; *be ~* tillhöra överklassen
top-dress [ˌtɒp'dres] *vb tr* toppdressa; gödsla över
top-flight ['tɒpflaɪt] *adj* vard. i toppklass, förstklassig, topp- [*~ author*]
top hat [ˌtɒp'hæt] *s* hög hatt, cylinder
top-heavy [ˌtɒp'hevɪ] *adj* för tung upptill
topic ['tɒpɪk] *s* [samtals]ämne [äv. *~ of conversation*], tema
topical ['tɒpɪk(ə)l] *adj* aktuell; *~ allusion* anspelning på dagshändelserna (samtida händelser); *make ~* aktualisera
topicality [ˌtɒpɪ'kælətɪ] *s* aktualitet
topknot ['tɒpnɒt] *s* hårknut på hjässan; håruppsättning
topless ['tɒpləs] **I** *adj* utan överdel, topless [*a ~ swimsuit*]; om kvinna äv. barbröstad **II** *adv* topless [*sunbathe ~*]
top-level ['tɒpˌlevl] *attr adj*, *~ conference* toppkonferens, konferens på toppnivå
topmast ['tɒpmɑːst] *s* sjö. märsstång
topmost ['tɒpməʊst] *adj* överst, högst
topnotch [ˌtɒp'nɒtʃ, attr. '--] *adj* vard. i toppklass, förstklassig, jättebra [*it's ~; a ~ job*], prima
topography [tə'pɒgrəfɪ] *s* topografi
topper ['tɒpə] *s* vard., se *top hat*
topping ['tɒpɪŋ] *s* **1** toppning **2** kok. o.d. garnering, topplager; sås, fyllning; *a ~ of ice cream on the pie* [ett lager av] glass ovanpå pajen
topple ['tɒpl] **I** *vb itr* falla [över ända], ramla [äv. *~ over* (*down*); *the books ~d over* (*down*)]; störtas **II** *vb tr* stjälpa; störta [*the revolution ~d the president*]
top-ranking ['tɒpˌræŋkɪŋ] *adj* topprankad; förnämst, topp- [*~ star*]
tops [tɒps] sl. **I** *adj* toppen [*the car is ~*] **II** *s*, *the ~* toppen [*it's the ~*]
top-secret [ˌtɒp'siːkrɪt, '-ˌ--] *adj* hemligstämplad; topphemlig
topsoil ['tɒpsɔɪl] *s* matjord, matjordsskikt
topspin ['tɒpspɪn] *s* i tennis o.d. överskruv, topspin
topsy-turvy [ˌtɒpsɪ'tɜːvɪ] **I** *adv* upp och ner; huller om buller **II** *adj* uppochnervänd; bakvänd; rörig; förvirrad
torch [tɔːtʃ] *s* **1** bloss; fackla **2** [*electric*] *~* ficklampa **3** amer. blåslampa
torchlight ['tɔːtʃlaɪt] *s* fackelsken; *~ procession* fackeltåg
torch song ['tɔːtʃsɒŋ] *s* sentimental [kärleks]sång
tore [tɔː] imperf. av *2 tear*
toreador ['tɒrɪədɔː] *s* toreador, tjurfäktare
torment [ss. subst. 'tɔːment, -mənt, ss. vb tɔː'ment] **I** *s* plåga, pina, kval, tortyr; *be in ~* lida kval; *suffer ~[s]* ha svåra plågor **II** *vb tr* plåga, pina
tormentor [tɔː'mentə] *s* plågoande
torn [tɔːn] perf. p. av *2 tear*
tornado [tɔː'neɪdəʊ] (pl. *~es*) *s* tornado, tromb, virvelstorm
torpedo [tɔː'piːdəʊ] **I** (pl. *~es*) *s* torped **II** *vb tr* torpedera
torpedo boat [tɔː'piːdəʊbəʊt] *s* torpedbåt; *~ destroyer* torped[båts]jagare
torpid ['tɔːpɪd] *adj* **1** stel, domnad; [liggande] i dvala **2** slö, overksam; loj
torpidity [tɔː'pɪdətɪ] *s* o. **torpidness** ['tɔːpɪdnəs] *s* **1** dvala, stelhet **2** slöhet; lojhet
torpor ['tɔːpə] *s* **1** dvala, dvalliknande tillstånd **2** slöhetstillstånd
Torquay [ˌtɔː'kiː] geogr.
torrent ['tɒr(ə)nt] *s* **1** [strid] ström, fors, störtflod äv. bildl. [*a ~ of abuse*]; regnflod **2** störtregn, skyfall

torrential [tə'renʃ(ə)l] *adj* **1** strid, forsande, brusande; ~ *rain* skyfall, skyfallsliknande regn **2** flödande, ymnig **3** våldsam, häftig
torrid ['tɒrɪd] *adj* **1** förtorkad, torr; [för]bränd; solstekt; het [*the* ~ *zone*] **2** bildl. glödande, passionerad, lidelsefull
torsion ['tɔ:ʃ(ə)n] *s* vridning; fys., med. m.m. torsion; ~ *bar* torsionsstav
torso ['tɔ:səʊ] (pl. ~s) *s* torso; bål
tortoise ['tɔ:təs] *s* [land]sköldpadda; *slow as a* ~ [långsam] som en snigel
tortoiseshell ['tɔ:təsʃel] *s* sköldpaddskal
tortuous ['tɔ:tjʊəs] *adj* **1** krokig, slingrig, slingrande [~ *path*] **2** bildl. tillkrånglad, invecklad [~ *negotiations*]; slingrande
torture ['tɔ:tʃə] **I** *s* tortyr; kval, pina; smärtor; pl. ~*s* äv. tortyrmetoder; *suffer* ~ *from* [*toothache*] pinas av...; *suffer the* ~*s of the damned* lida helvetets kval **II** *vb tr* tortera; pina, plåga, misshandla
torturer ['tɔ:tʃ(ə)rə] *s* bödel; plågoande
Tory ['tɔ:rɪ] **I** *s* tory, konservativ, högerman **II** *adj* tory- [*the* ~ *Party*], konservativ, höger-
toss [tɒs] **I** *vb tr* **1** kasta, slänga; kasta upp (av); kasta hit och dit [*the waves* ~*ed the boat*]; ~ *hay* vända hö; ~ *a pancake* vända en pannkaka i luften; ~ *the salad* vända (blanda) salladen [med dressing]; ~*ed salad* [grön]sallad med dressing **2** singla [slant med]; ~ *a coin* singla slant; ~ *a p. for a th.* singla slant med ngn om ngt **3** med adv.: ~ *down* (*back*) kasta (stjälpa) i sig; ~ *off* a) kasta (slänga) bort; kasta av sig b) kasta (stjälpa) i sig [~ *off a few drinks*] c) klara av [som ingenting], svänga (sno) ihop [~ *off a letter*]; ~ *oneself off* vulg. runka onanera; ~ *up* kasta (slänga) upp; ~ *up a coin* singla slant **II** *vb itr* **1** om fartyg o.d. rulla, gunga, kastas (slungas) [hit och dit] **2** ~ [*about*] kasta sig av och an; ~ *and turn* vrida och vända sig **3** singla slant; ~ *up* el. ~ *for it* singla slant [om det (saken)] **4** ~ *off* vulg. runka onanera **III** *s* **1** kastande; kast; stöt; *a* ~ *of the head* ett kast med huvudet **2** slantsingling [*lose* (*win*) *the* ~]; *argue the* ~ vard. diskutera i det oändliga
toss-up ['tɒsʌp] *s* **1** slantsingling; lottning; *decide a th. by* ~ singla slant om ngt **2** *it is a* ~ det är rena lotteriet
1 tot [tɒt] *s* **1** [liten] pys (tös), unge [*a tiny* ~] **2** vard. [litet] glas konjak o.d.
2 tot [tɒt] *vb tr* vard. (kortform för *total*); ~ *up* addera, summera, lägga ihop, räkna ihop (ut)
total ['təʊtl] **I** *adj* fullständig, total, total-, hel, sammanlagd, slut- [*the* ~ *amount*]; fullkomlig [*he is a* ~ *stranger to me*]; ~ *abstainer* absolutist, helnykterist; ~ *eclipse* astron. totalförmörkelse **II** *s* slutsumma, totalsumma; *a* ~ *of* [*£100*] äv. sammanlagt... **III** *vb tr* **1** räkna samman, lägga ihop (ut)

[äv. ~ *up*] **2** belöpa sig (uppgå) [sammanlagt] till **IV** *vb itr*, ~ *up to* se **III** 2
totalitarian [ˌtəʊtælɪ'teərɪən] *adj* polit. totalitär, diktatur-; diktatorisk
totalitarianism [ˌtəʊtælɪ'teərɪənɪz(ə)m] *s* polit. totalitarism; diktatur
totalizator ['təʊt(ə)laɪzeɪtə] *s* totalisator
1 tote [təʊt] *s* vard. (kortform för *totalizator*) toto
2 tote [təʊt] *vb tr* isht amer. vard. bära [på] [~ *a gun*]
totem ['təʊtəm] *s* totem indianstams skyddsande o.d.; symbol; ~ *pole* totempåle
Tottenham ['tɒtnəm] geogr. egenn.; ~ *Hotspurs* fotbollslag i London
totter ['tɒtə] *vb itr* vackla äv. bildl.; stappla, ragla; svikta äv. bildl.
touch [tʌtʃ] **I** *vb tr* (se äv. *touched*) **1** röra [vid], beröra, snudda vid, toucha, tuscha; nudda; ta i (på); ~ *one's hat* [hälsa genom att] föra handen till hatten, hälsa [*at a p.* på ngn] **2** gränsa till, stöta intill [*the two estates* ~ *each other*]; matem. tangera **3** nå, nå fram till; stiga (sjunka) till [*the temperature* ~*ed 35°*]; ~ *bottom* a) nå botten; bildl. komma till botten b) sjö. få bottenkänning c) bildl. nå botten, sätta bottenrekord; ~ *land* nå land, landa **4** mest i nek. sats, vard. mäta sig med; *there's no one to* ~ *him* det finns ingen som kan mäta sig med (som går upp mot) honom **5** mest i nek. sats smaka [*he never* ~*es wine*], röra [*he didn't even* ~ *the food*] **6** [djupt] röra, göra ett djupt intryck på; *it* ~*ed me to the heart* det rörde (grep) mig ända in i själen **7** a) ha något att göra med [*I refuse to* ~ *that business*] b) beröra [*it* ~*ed his interests*] **8** angripa (skada) lätt [~*ed with frost*] **9** sjö. angöra, anlöpa; ~ *shore* angöra (lägga i) land **10** ge en lätt touche (aning) [*with av*]; blanda (färga) lätt; lätta upp [*with* med] **11** vard. låna, vigga; *he* ~*ed me for £5* han klämde mig på 5 pund **12** med adv.: ~ *down* rugby. marksätta en boll bakom mållinjen; ~ *off* avlossa, avfyra [~ *off a cannon*]; bildl. utlösa [~ *off an international crisis*]; ~ *up* a) retuschera, bättra på [~ *up a painting*]; snygga till; finputsa, hyfsa till [~ *up an article before publication*] b) vulg. kåta upp **II** *vb itr* **1** röra; *don't* ~*!* [föremålen] får ej vidröras! **2** röra (snudda) vid varandra; stöta ihop **3** gränsa till varandra; matem. tangera varandra **4** med prep. o. adv.: ~ *at* sjö. angöra, anlöpa; ~ *down* a) flyg. ta mark, gå ner, [mellan]landa b) rugby. marksätta bollen bakom mållinjen; ~ [*up*]*on* a) (flyktigt) beröra, komma in på [~ *on a subject*] b) närma sig, gränsa till
III *s* **1** beröring, vidröring, snudd; lätt stöt **2** kontakt; isht mil. känning; *keep* ~ *with* hålla kontakten med; *lose* ~ *with* tappa (förlora) kontakten med; *be* (*keep*) *in* ~

with hålla (vara i, stå i) kontakt med; *keep in ~, will you!* glöm inte att höra av dig!; *get in (into)* ~ *with* få (komma i) kontakt med; sätta sig i förbindelse med; *put in ~ with* sätta i förbindelse med **3** känsel[sinne], beröringssinne [äv. *sense of ~*]; *sensation of* ~ känselförnimmelse; *it is cold to the* ~ det känns kallt; *you can tell it's silk by the* ~ det känns att det är silke [när man tar på det] **4** penseldrag, penndrag **5** drag, detalj; touche, färgtouche; *give the finishing* ~ se *finishing I* **6** aning, antydan, spår; stänk [*a ~ of irony (bitterness)*]; släng [*a ~ of flu*]; *a ~ of salt* en aning (en nypa) salt; *a ~ of the sun* lätt solsting **7** [karakteristiskt] drag, prägel, anstrykning **8** mus. o. i maskinskrivning o.d. a) anslag; touche b) [finger]grepp; *have a light ~* a) ha ett lätt anslag b) om piano o.d. vara lättspelad; om skrivmaskin vara lättskriven; *the ~ method (system)* touchmetoden, kännmetoden **9** grepp; hand, handlag; manér, stil; *the common ~* se *common I 3*; *with a light ~* med lätt hand; *the ~ of a master* en mästares hand; *he has a very sure ~* han har ett mycket säkert handlag; *lose one's ~* tappa (förlora) greppet **10** [fin] uppfattning, handlag **11** sport. **a)** fotb. område utanför sidlinjen; *be in ~* vara utanför sidlinjen, vara död **b)** rugby. touchelinje; område utanför touchelinjen
touch-and-go [ˌtʌtʃ(ə)n(d)'gəʊ] *adj* osäker, farlig, riskabel; vågad; prekär; *it was ~* äv. det hängde på ett hår
touchdown ['tʌtʃdaʊn] *s* **1** flyg. landning; landningsögonblick **2** rugby. marksatt boll, marksättning på el. innanför den egna mållinjen; amer. fotb. a) marksättning b) poäng för marksättning
touché ['tuːʃeɪ, tuːˈʃeɪ] *interj* fr., *~!* a) fäktn. touché! b) bildl. (ung.) ett noll till dig!
touched [tʌtʃt] *adj* **1** rörd, gripen **2** vard. vrickad, rubbad
touchiness ['tʌtʃɪnəs] *s* [lätt]retlighet
touching ['tʌtʃɪŋ] **I** *adj* rörande, gripande; bevekande **II** *prep* rörande, angående
touchline ['tʌtʃlaɪn] *s* fotb. sidlinje; rugby. touchelinje
touchstone ['tʌtʃstəʊn] *s* probersten, bildl. äv. prövosten; kriterium
touch-typing ['tʌtʃˌtaɪpɪŋ] *s* maskinskrivning enligt touchmetoden
touchy ['tʌtʃɪ] *adj* [lätt]retlig, snarstucken
tough [tʌf] **I** *adj* **1** seg [*~ meat*]; träig [*~ vegetables*] **2** svår, besvärlig, hård, jobbig, dryg, styv, kämpig, slitig [*a ~ job*]; *~ luck* vard. osmak, otur; *that's ~* vard. det var osis (otur) **3** hård, hårdhudad, hårdför, rå, tuff; kallhamrad; ruffig; *a ~ guy (customer)* vard. en hårding, en tuffing **4** hårdnackad, härdig [*a ~ people*], tålig **5** envis, orubblig [*a ~ defence*]; *get ~ with* ta i med hårdhandskarna mot,

inta en tuff attityd mot; *he was just as ~* han satte hårt mot hårt **II** *s* hård typ; buse; bov; råskinn **III** *vb itr* o. *vb tr, ~ it out* vard. hålla (härda) ut, stå rycken; *~ out* klara sig igenom [*~ out the crisis*]
toughen ['tʌfn] *vb tr* o. *vb itr* göra (bli) seg[are] etc., jfr *tough I*
toughness ['tʌfnəs] *s* seghet etc., jfr *tough I*
toupee ['tuːpeɪ, amer. -ˈ-] *s* tupé
tour [tʊə] **I** *s* [rund]resa; [rund]tur; färd; rundvandring; besök; teat. o.d. turné [*on ~*]; *~ [of inspection]* inspektionsresa; inspektionsrunda [*a ~ of* (genom, i) *the building*]; *~ leader* reseledare, färdledare; *conducted (guided) ~* sällskapsresa; rundtur med guide, guidad tur, rundvandring, visning **II** *vb itr* göra en rundresa etc., jfr *I 1*; turista, resa [*through (about)* genom (i)]; turnera **III** *vb tr* **1** resa [runt (omkring)] i, turista i, besöka [*~ a country*]; gå runt i, gå en runda genom **2** visa runt (omkring) **3** teat. o.d. a) turnera med [*~ a play*] b) turnera i [*~ the provinces*]
tour de force [ˌtʊədəˈfɔːs] (pl. *tours de force* [utt. som sg.]) *s* fr. kraftprov, [verklig] prestation, konststycke
touring ['tʊərɪŋ] **I** *adj* rundturs-, turist-; rese-, resande; *~ car* se *touring-car* **II** *s* **1** resande, resor **2** turistväsen, turistresor
touring-car ['tʊərɪŋkɑː] *s* öppen bil; sportbil
tourism ['tʊərɪz(ə)m] *s* turism, turistväsen; turistliv
tourist ['tʊərɪst] *s* turist; *~ agency* resebyrå, turistbyrå; *~ ticket* rundresebiljett
touristy ['tʊərɪstɪ] *adj* vard. turist-, turistig; kryllande av (nedlusad med) turister
tournament ['tʊənəmənt, 'tɔː-, 'tɜː-] *s* sport. turnering, tävlingar
tournedos ['tʊənədəʊ, 'tɔː-] (pl. lika) *s* kok. tournedos
tourniquet ['tʊənɪkeɪ, 'tɔː-, 'tɜː-] *s* med. kompressor, åtsnörningspinne, tourniquet
tousle ['taʊzl] *vb tr* slita (rycka) i; rufsa (tufsa) till
tout [taʊt] vard. **I** *vb itr* **1** försöka pracka på folk sina tjänster; försöka skaffa (värva) kunder [*for* åt] **2** a) skaffa stalltips b) sälja stalltips **II** *vb tr* **1** bjuda ut, försöka pracka på folk; sälja svart [*~ tickets for the match*] **2** tipsa om, sälja stalltips om **III** *s* **1** person som säljer biljetter svart [äv. *ticket ~*] **2** [kund]värvare, kundfiskare, agent **3** tipsare, person som säljer stalltips
1 tow [təʊ] *s* blånor, drev
2 tow [təʊ] **I** *vb tr* bogsera; släpa; bärga bil; *ask for the car to be ~ed* begära bärgning av bilen **II** *vb itr* bogseras, vara under bogsering **III** *s* bogsering; [*can we*] *give you a ~?* ...ta dig på släp?; *take in ~* a) ta på släp, bogsera b) ta under sitt beskydd; *in ~* vard. i släptåg

towards [tə'wɔ:dz, tɔ:dz] *prep* **1** mot, i riktning mot; åt...till [~ *the village*]; till [*he felt drawn ~ her*]; [vänd] mot (åt) [*with his back ~ the window*]; ***somewhere ~ the top*** någonstans i närheten av toppen **2** gentemot, mot [*his feelings ~ us*] **3** med tanke på, för [*they are working ~ peace*], till [*save money ~ a new house*]; ***that won't go far ~ paying his debts*** det räcker inte långt för (när det gäller) att täcka hans skulder **4** om tid mot [~ *evening*], framåt, framemot [*there was a storm ~ evening*]
towbar ['təʊbɑ:] *s* släpvagnskoppling
towboat ['təʊbəʊt] *s* bogserbåt
towcar ['təʊkɑ:] *s* bärgningsbil
towel ['taʊəl, taʊl] *s* handduk; ***sanitary ~*** sanitetsbinda, dambinda; **Turkish ~** frottéhandduk; ***throw in the ~*** boxn. kasta in handduken, bildl. äv. ge upp, kasta yxan i sjön
towel horse ['taʊ(ə)lhɔ:s] *s* torkställning [för handdukar]
towelling ['taʊ(ə)lɪŋ] *s* frotté; handduksväv
towel rail ['taʊ(ə)lreɪl] *s* handduksstång, handdukshängare
tower ['taʊə] **I** *s* **1** torn; ~ ***block*** punkthus, höghus **2** borg; fästning; fängelsetorn; ***the T~*** [*of London*] Towern [i London] **3** bildl. ~ ***of strength*** stöttepelare, klippa, kraftkälla **II** *vb itr* torna upp sig, höja (resa) sig äv. bildl.; ~ ***above*** (***over***) höja sig över, stå högt över
towering ['taʊərɪŋ] *adj* **1** jättehög, reslig **2** bildl. högtflygande, omåttlig **3** våldsam [*a ~ rage*]
towline ['təʊlaɪn] *s* bogserlina, draglina
town [taʊn] *s* **1 a**) stad; ***the talk of the ~*** det allmänna samtalsämnet; en visa i hela stan **b**) utan artikel i vissa talesätt staden, stan [*be in ~*; *go into* (ut på) *~*]; i England ofta London; *leave ~* resa [bort] från stan, lämna stan; *he is not in ~* el. *he is out of ~* han är bortrest, han är inte i stan; *go to* (*up to*) *~* åka (fara, köra) [in] till stan; *go to ~* sl. a) överträffa sig själv, lägga ner sin själ b) lyckas helt c) frossa, slå över d) [gå ut och] slå runt, festa om **c**) attr. stads-; ***the ~ centre*** stadens centrum, city; ~ ***house*** a) hus (bostad) i staden b) amer. radhus; ~ ***planning*** stadsplanering; ~ ***and country planning*** riksplanering **2** amer. kommun, samhälle mindre stad; ***live on the ~*** leva på kommunen (socialbidrag, det sociala)
townsfolk ['taʊnzfəʊk] (konstr. ss. pl.) *s* stadsbor
township ['taʊnʃɪp] *s* **1** liten stad **2** sydafr. förstad (bosättningsområde) för svarta **3** i USA o. Canada (ung.) kommun
townspeople ['taʊnz‚pi:pl] (konstr. ss. pl.) *s* stadsbor
towrope ['təʊrəʊp] *s* bogserlina, draglina

toxaemia o. **toxemia** [tɒk'si:mɪə] *s* med. toxemi, toxikemi, blodförgiftning
toxic ['tɒksɪk] *adj* **1** med. toxisk, giftig, förgiftnings- [~ *symptoms*] **2** ~ ***emission*** (***waste***) giftutsläpp
toxin ['tɒksɪn] *s* toxin giftämne
toy [tɔɪ] **I** *s* leksak; attr. leksaks- [~ *trumpet*; ~ *train*] **II** *vb itr* [sitta och] leka [*he was ~ing with a pencil*]; ~ ***with one's food*** [sitta och] peta i (leka med) maten
toy boy ['tɔɪbɔɪ] *s* vard. ung älskare till äldre kvinna
toyshop ['tɔɪʃɒp] *s* leksaksaffär
toytoon ['tɔɪtu:n] *s* tecknad TV-serie som innehåller figurer som kan marknadsföras
tr. förk. för *transitive, translation*
1 trace [treɪs] *s* **1** draglina, dragrem för vagn; ***in the ~s*** i selen äv. bildl. **2** fiske. tafs
2 trace [treɪs] **I** *vb tr* **1** spåra [*the criminal was ~d to London*]; följa [spåren av]; spåra upp; upptäcka, finna [spår av] [*I can't ~ the letter you sent me*]; påvisa (konstatera) [förekomsten av] [*no poison could be ~d*]; skönja; ~ (***back***) ***to*** spåra (föra) tillbaka till, följa [ända] till [*his descent can be ~d* [*back*] *to...*]; hänföra till **2** ~ [*out*] dra upp [konturerna till], göra ett utkast till [~ [*out*] *the plan of a new city*] **3** kalkera **II** *s* **1** spår; märke; ***without*** [***leaving***] ***a ~*** äv. spårlöst; ***a ~ of garlic in the food*** en liten aning vitlök i maten; ~ ***element*** biol. spårelement, mikroelement **2** skiss; plan; ritning
tracer ['treɪsə] *s* **1** mil., ~ [***bullet***] spårljusprojektil; ~ [***shell***] spårljusgranat **2** ~ [***element***] fys. spårämne
tracery ['treɪs(ə)rɪ] *s* **1** byggn. masverk, spröjsverk, rosverk **2** flätverk, nätverk ss. ornament
tracing-paper ['treɪsɪŋ‚peɪpə] *s* kalkerpapper
track [træk] **I** *s* **1** spår äv. bildl.; fotspår; [järnvägs]spår, bana; ***double*** (***twin***) ~ dubbelspår; [***width of***] ~ spårvidd; ***cover*** [*up*] ***one's ~s*** sopa igen spåren efter sig; ***keep ~ of*** bildl. hålla reda på; hålla kontakten med; ***lose ~ of*** bildl. tappa kontakten med; tappa bort, tappa räkningen på [*I have lost ~ of how many there are*]; ***make ~s for home*** vard. kila (störta) hem; ***in one's ~s*** vard. på fläcken (stället) [*he fell dead in his ~s*], genast; ***follow in a p.'s ~s*** bildl. följa i ngns fotspår; ***throw a p. off the ~*** leda ngn på villospår (fel spår), vilseleda ngn; ***be*** (***get***) ***on a p.'s ~*** (***on the ~ of a p.***) vara (komma) ngn på spåren; ***be on the right ~*** vara [inne] på rätt spår; ***put a p. on the right ~*** hjälpa ngn på traven, hjälpa ngn [in] på rätt spår **2** stig, väg äv. bildl.; kurs äv. bildl.; bana [*the ~ of a comet* (*spacecraft*)] **3** sport. [löpar]bana [äv. *running ~*] **4** på skiva, magnetband spår; låt [*title ~*] **5** [driv]band, larvband **II** *vb tr* spåra äv. bildl.; följa spåren av; följa spår m.m. ss.; ~

down [försöka] spåra [upp], förfölja; ta fast, fånga in
track-and-field [ˌtrækən(d)ˈfiːld] *adj* isht amer., **~ sports** friidrott
track event [ˈtrækiːˌvent] *s* sport. tävling i löpning på bana
track record [ˌtrækˈrekɔːd] *s* **1** sport. banrekord **2** bildl. [tidigare] meriter
trackshoe [ˈtrækʃuː] *s* spiksko
tracksuit [ˈtræksuːt, -sjuːt] *s* träningsoverall
1 tract [trækt] *s* **1** område, sträcka; pl. **~s** äv. vidder **2** anat. system, apparat; *the respiratory ~* respirationsapparaten, andningsorganen
2 tract [trækt] *s* religiös el. politisk skrift, traktat
tractable [ˈtræktəbl] *adj* medgörlig, foglig, spak; lätthanterlig; lättarbetad
traction [ˈtrækʃ(ə)n] *s* **1** dragning; dragkraft **2** med. dragning, sträck, traktion
traction engine [ˈtrækʃ(ə)nˌen(d)ʒɪn] *s* lokomobil; landsvägslokomotiv; traktor
tractor [ˈtræktə] *s* **1** traktor **2** lokomobil **3** flygplan med dragpropeller (dragande propeller) [äv. *tractor plane*]
trad [træd] *s* (vard. kortform för *traditional*) trad traditionell jazz [äv. *~ jazz*]
trade [treɪd] **I** *s* **1** a) handel, affärer [*in a th.* med ngt]; kommers [*handels*]utbyte b) affärsgren, bransch [*in the book ~*]; *~ cycle* konjunkturcykel, affärscykel; *~ discount* handelsrabatt, varurabatt; *~ name* a) handelsnamn, handelsbeteckning b) firmanamn, firmabeteckning; *domestic* (*home*) *~* inrikeshandel[n]; *foreign ~* utrikeshandel[n]; *do a vast ~* driva en omfattande handel **2** yrke, hantverk, fack; hantering; *~ dispute* arbetstvist, arbetskonflikt; *~ secret* yrkeshemlighet, fabrikationshemlighet; *~ term* fackterm, fackuttryck; *~*[*s*] *union* fackförening; *The Trades Union Congress* Brittiska Landsorganisationen; *belong to a ~ union* tillhöra en fackförening (fackel), vara [fackligt] organiserad; *be a tailor by ~* vara skräddare till yrket (av facket) **3** *the ~* facket, skrået, branschfolket; återförsäljarna [*we sell only to the ~*] **4** pl. **~s** se *trade wind* **II** *vb itr* **1** handla, driva (idka) handel [*in a th.* med ngt; *with a p.* med ngn] **2** schackra, driva geschäft [*in a th.* med ngt]; spekulera [*in a th.* med (i) ngt]; *~ on* utnyttja, ockra på [*~ on a p.'s sympathy*] **3** om fartyg gå, segla, gå i fraktfart **4** isht amer. vard. handla [*at* hos] **III** *vb tr* handla med ngt; byta, byta ut (bort) [*for* mot]; *~ in a th. for* a) ta ngt i inbyte mot b) lämna ngt i utbyte mot (som dellikvid för) [*he ~d in his old car for a new model*]
trade-in [ˈtreɪdɪn] *s* vard. inbyte, inbytesvara; dellikvid; *~ car* inbytesbil
trademark [ˈtreɪdmɑːk] *s* **1** varumärke,

firmamärke **2** vard. visitkort [*the dog has left its ~ on the mat*]; signatur [*it bears his ~*]
trade-off [ˈtreɪdɒf] *s* byte; kohandel; kompromiss
trader [ˈtreɪdə] *s* **1** affärsman, köpman **2** handelsfartyg, fraktfartyg
trades|man [ˈtreɪdz|mən] (pl. *-men* [-mən]) *s* **1** [detalj]handlare **2** *-men's entrance* köksingång
tradespeople [ˈtreɪdzˌpiːpl] (konstr. ss. pl.) *s* handelsmän [med familjer]
trade-unionism [ˌtreɪdˈjuːnjənɪz(ə)m] *s* fackföreningsrörelsen
trade-unionist [ˌtreɪdˈjuːnjənɪst] *s* fackföreningsmedlem; fackföreningsman
trade wind [ˈtreɪdwɪnd] *s* passadvind
trading [ˈtreɪdɪŋ] *s* **1** handel, köpenskap, handlande; byteshandel **2** amer. polit. kohandel **3** attr. handels- [*~ company, ~ vessel*]; drift[s]- [*~ capital*]; *~ stamp* rabattkupong, rabattmärke
tradition [trəˈdɪʃ(ə)n] *s* tradition; hävd
traditional [trəˈdɪʃənl] *adj* traditionell; traditionsenlig; nedärvd, hävdvunnen
traditionalist [trəˈdɪʃ(ə)nəlɪst] *s* traditionalist
traduce [trəˈdjuːs] *vb tr* förtala, tala illa om, smäda
traducer [trəˈdjuːsə] *s* baktalare, belackare
Trafalgar [trəˈfælgə] geogr.; *~ Square* öppen plats i London
traffic [ˈtræfɪk] **I** *vb itr* **1** handla, driva handel [*in a th.* med ngt; *with a p.* med ngn] **2** neds. driva olaga handel [*in a th.* med ngt] **II** *s* **1** trafik; samfärdsel; *~ circle* amer. cirkulationsplats, rondell; *~ cop* vard. trafikpolis; *~ island* refug; trafikdelare; *~ jam* trafikstockning; *~ lane* körfält, fil; *~ light* trafikljus, trafiksignal; *~ offender* trafiksyndare; *~ regulations* trafikförordning; *~ sign* vägmärke, trafikmärke; *~ warden* trafikvakt; kvinnl. äv. lapplisa; *one-way ~* enkelriktad trafik **2** handel; geschäft, trafik [*~ in* (med) *narcotics*] **3** [handels]förbindelse; utbyte
trafficker [ˈtræfɪkə] *s* mest neds. handlare; *drug ~* narkotikahaj, narkotikalangare
tragedian [trəˈdʒiːdjən] *s* **1** tragediförfattare, tragiker, tragöd **2** tragisk skådespelare
tragedienne [trəˌdʒiːdɪˈen] *s* tragisk skådespelerska, tragedienn
tragedy [ˈtrædʒədɪ] *s* tragedi äv. bildl.
tragic [ˈtrædʒɪk] *adj* tragisk
tragicomedy [ˌtrædʒɪˈkɒmɪdɪ] *s* tragikomedi
tragicomic [ˌtrædʒɪˈkɒmɪk] *adj* o.
tragicomical [ˌtrædʒɪˈkɒmɪk(ə)l] *adj* tragikomisk, sorglustig
trail [treɪl] **I** *s* **1** strimma, slinga [*the engine left a ~ of smoke behind it*]; *~ of dust* dammoln 2 spår äv. bildl.; *a ~ of blood* [ett] blodspår; [*the storm*] *had left behind it a ~ of destruction* ...hade lämnat ett band av

förödelse efter sig; *leave in one's* ~ ha i släptåg, medföra; *be hot on the* ~ *of a p.* vara tätt i hälarna (hack i häl) på ngn **3** [upptrampad] stig, väg **II** *vb tr* **1** släpa [i marken], dra efter sig; ~ *one's coat* (*coat-tails*) mucka (söka) gräl [med alla] **2** spåra [upp] [~ *animals* (*criminals*)]; följa [efter], skugga **3** vard. komma (sacka) efter **4** mil. hålla (bära) gevär i handen vågrätt med nedåtsträckt arm; ~ *arms!* i handen gevär! **III** *vb itr* **1** släpa [i marken] [*her dress* ~*ed across the floor*]; släpa sig [fram], traska, dra benen efter sig [äv. ~ *along*]; driva [långsamt] [*smoke was* ~*ing from the chimneys*]; ~ [*along*] *after* hänga 'efter; ~ *away* (*off*) bildl. [sakta] försvinna, bli svagare, dö bort; förlora sig [~ *away* (*off*) *into absurdities*] **2** vard. komma (sacka) efter, komma på efterkälken [äv. ~ *behind*]; ~ *in popularity* sjunka i popularitet; ~ *by one goal* sport. ligga under med ett mål
trail-blazer ['treɪlˌbleɪzə] *s* banbrytare
trail-blazing ['treɪlˌbleɪzɪŋ] **I** *s* banbrytande arbete **II** *adj* banbrytande [~ *efforts* (*work*)]
trailer ['treɪlə] *s* **1** släpvagn, släp, trailer; amer. husvagn; *caravan* ~ bil med husvagn **2** krypväxt, slingerväxt **3** film. trailer
train [treɪn] **I** *vb tr* **1** öva, öva in (upp), träna upp; utbilda, lära upp, skola; dressera [~ [*up*] *animals*]; sport. träna [*to do a th.* i att göra ngt; *in* (*to*) *a th.* i ngt; *for a th.* till (för) ngt]; mil. exercera [med], drilla; ~ *oneself to become a nurse* utbilda sig till sjuksköterska; ~ *one's memory* öva (träna) upp minnet **2** trädg. forma, tukta, binda upp, spaljera **3** rikta [in] pistol, kikare m.m. [*on, upon* på, mot] **II** *vb itr* **1** utbilda sig; sport. träna [sig] [*to do a th.* i att göra ngt; *in* (*to*) *a th.* i ngt; *for a th.* till (för) ngt]; mil. exercera; ~ *as* (*to be, to become*) *a nurse* utbilda sig till sjuksköterska **2** vard. åka tåg, ta tåg[et] **III** *s* **1** järnv. tåg [*for, to* till], tågsätt; *fast* ~ snälltåg; *special* ~ extratåg; *change* ~*s* byta tåg; *go by* ~ åka tåg, ta tåget; *we've missed the* ~ tåget har gått, det är för sent **2** följe, svit; tåg, procession, karavan [*a long* ~ *of camels*]; rad, räcka, följd [*a whole* ~ *of events*], kedja, serie; svans [*a whole* ~ *of admirers*]; ~ *of thought* tankegång; *a whole* ~ *of ideas* en hel rad (räcka) associationer (idéer) **3** [klännings]släp **4** tekn. hjulverk, löpverk [äv. ~ *of gears* (*wheels*)]
train-bearer ['treɪnˌbeərə] *s* släpbärare
trained [treɪnd] *adj* tränad, övad; van; utbildad, utexaminerad [*a* ~ *nurse*]; skolad; dresserad
trainee [treɪˈniː] *s* **1** praktikant, lärling, elev, aspirant; ~ *teacher* lärarkandidat **2** mil. rekryt
trainer ['treɪnə] *s* **1** tränare; instruktör; lagledare; handledare **2** dressör **3** pl. ~*s* gymnastiksor, träningsskor

training ['treɪnɪŋ] *s* [ut]bildning; träning, övning; fostran, skolning; dressyr; mil. exercis, drill; *in* ~ i god kondition, [väl]tränad; *be out of* ~ ha dålig kondition, vara otränad; *go into* ~ lägga sig i träning
training-college ['treɪnɪŋˌkɒlɪdʒ] *s* se *college of education* under *college* 2
training-cycle ['treɪnɪŋˌsaɪkl] *s* motionscykel
traipse [treɪps] *vb itr* traska [~ *up the stairs*]
trait [treɪ, treɪt] *s* [karakteristiskt (kännetecknande)] drag; karaktärsdrag, egenskap
traitor ['treɪtə] *s* förrädare [*to* mot]
traitorous ['treɪt(ə)rəs] *adj* förrädisk; trolös
trajectory [trəˈdʒektərɪ] *s* **1** projektils, rakets m.m. bana; rymdfarkosts kurs **2** geom. trajektoria
tram [træm] **I** *s* spårvagn; *go by* ~ åka spårvagn, ta spårvagn[en] **II** *vb itr* åka spårvagn, ta spårvagn[en]
tramcar ['træmkɑː] *s* spårvagn
tramline ['træmlaɪn] *s* **1** spårvagnslinje **2** spårvägsskena; pl. ~*s* äv. spårvagnsspår
trammel ['træm(ə)l] **I** *s*, pl. ~*s* bildl. hinder, bojor, band, tvångströja [*the* ~*s of etiquette*] **II** *vb tr* bildl. hindra, hämma, fjättra
tramp [træmp] **I** *vb itr* **1** trampa; klampa; stampa **2** traska, ströva [omkring]; luffa omkring **II** *vb tr* **1** trampa [på] **2** ströva igenom (omkring i), vandra (luffa) omkring i, traska på **III** *s* **1** tramp, trampande **2** [fot]vandring, strövtåg **3** luffare, vagabond; landstrykare **4** trampfartyg; ~ *trade* trampfart **5** isht amer. vard. slampa, slinka, fnask
trample ['træmpl] **I** *vb tr* trampa [ned], trampa på; ~ *to death* trampa ihjäl **II** *vb itr* trampa [*on* på, i]; ~ *about* trampa (klampa) omkring; ~ *on* (*over*) bildl. förtrampa, trampa under fötterna, undertrycka
tramway ['træmweɪ] *s* spårväg
trance [trɑːns] *s* **1** trans, trance; *send a p.* (*fall, go*) *into a* ~ försätta ngn (falla) i trans **2** dvala
tranquil ['træŋkwɪl] *adj* lugn, stilla, stillsam
tranquillity [træŋˈkwɪlətɪ] *s* lugn, ro, stillhet
tranquillize ['træŋkwəlaɪz] *vb itr* lugna, stilla; -*ing drug* lugnande medel
tranquillizer ['træŋkwəlaɪzə] *s* lugnande medel
trans. förk. för *transitive, translation*
transact [trænˈzækt, trɑːn-, -ˈsækt] *vb tr* bedriva [~ *business*], föra [~ *negotiations*]; göra upp, avtala; slutföra, avsluta; verkställa, förrätta
transaction [trænˈzækʃ(ə)n, trɑːn-, -ˈsæk-] *s* **1** transaktion, affär [*the* ~*s of a firm*]; [affärs]uppgörelse; pl. ~*s* börs. transaktioner, omsättning **2** bedrivande etc., jfr *transact*
transatlantic [ˌtrænzətˈlæntɪk, ˌtrɑːnz-] *adj* transatlantisk; atlant- [*a* ~ *steamer*]

transceiver [træn'si:və, trɑ:n-] s sändtagare, kombinerad sändare och mottagare
transcend [træn'send, trɑ:n-] *vb tr* **1** överstiga, överskrida [*~ a limit*], övergå, gå utöver [*~ the ordinary experience of Man*] **2** överträffa, överglänsa [*~ a p. in talent*]
transcendence [træn'sendəns, trɑ:n-] *s* o. **transcendency** [træn'sendənsi, trɑ:n-] *s* **1** överlägsenhet; förträfflighet **2** teol. el. filos. transcendens
transcendent [træn'sendənt, trɑ:n-] *adj* **1** överlägsen, enastående [*a man of ~ genius*], utomordentlig **2** teol. el. filos. transcendent, översinnlig
transcendental [ˌtrænsen'dentl, ˌtrɑ:n-] *adj* **1** upphöjd, sublim, enastående **2** filos. el. teol. transcendent; transcendental [*~ meditation*]
transcendentalism [ˌtrænsen'dentəlɪz(ə)m, ˌtrɑ:n-] *s* **1** transcendentalfilosofi; transcendentalism **2** [svårfattlig] djupsinnighet
transcontinental ['trænzˌkɒntɪ'nentl, 'trɑ:nz-] *adj* transkontinental
transcribe [træn'skraɪb, trɑ:n-] *vb tr* **1** skriva av, kopiera **2** transkribera äv. mus.
transcript ['trænskrɪpt, 'trɑ:n-] *s* avskrift, kopia; utskrift
transcription [træn'skrɪpʃ(ə)n, trɑ:n-] *s* **1** avskrivning **2** avskrift, kopia; utskrift **3** transkription, transkribering båda äv. mus.
transept ['trænsept, 'trɑ:n-] *s* tvärskepp, transept i kyrka
transfer [ss. vb træns'fɜ:, trɑ:ns-, ss. subst. 'trænsfə, 'trɑ:n-] **I** *vb tr* **1** flytta, förflytta; flytta över, föra över; placera om; transportera; *~ed charge call* tele. ba-samtal; *in a ~red sense* i överförd bemärkelse **2** överlåta, transportera [*to a p.* på ngn] **3** överföra bilder m.m.; kalkera **4** girera; ekon. transferera, överföra [*~ to the reserve fund*] **5** sport. sälja, transferera spelare **II** *vb itr* flytta; flyttas, förflyttas **III** *s* **1** flyttning, förflyttning; överflyttning; omplacering; transfer; *~ fee* sport. transfersumma, övergångssumma för spelare; *~ list* sport. transferlista [*put a p. on the ~ list*] **2** a) överlåtelse, transport b) överlåtelsehandling **3** kalkering; [av]tryck av mönster m.m.; kopia; dekal, överföringsbild, gnuggbild [äv. *~ picture*] **4** övergång; *~* [*ticket*] övergångsbiljett; *~ station* anslutningsstation **5** girering; ekon. transferering, transfer, överföring
transferable [træns'fɜ:rəbl, trɑ:ns-] *adj* överflyttbar, överförbar; överlåtbar, överlåtlig [*to* på]; transferabel; *not ~* får ej överlåtas om biljett m.m.
transference ['trænsf(ə)r(ə)ns, 'trɑ:ns-] *s* förflyttning; överföring; omplacering; överlåtelse [*to* på]
transfiguration [ˌtrænsfɪɡjʊ'reɪʃ(ə)n, ˌtrɑ:ns-] *s* **1** omgestaltning, metamorfos **2** *the T~* [*of Christ*] Kristi förklaring
transfigure [træns'fɪɡə, trɑ:ns-] *vb tr* **1** förändra, förvandla **2** relig. el. bildl. förklara [*her face was as if ~d*]; förhärliga; förandliga
transfix [træns'fɪks, trɑ:ns-] *vb tr* **1** genomborra; spetsa **2** perf. p. *~ed* fastnaglad, förstenad; lamslagen, stel [*~ed with* (av) *terror*]
transform [træns'fɔ:m, trɑ:ns-] **I** *vb tr* förvandla; omvandla; omdana, ombilda, omgestalta; [helt] förändra; transformera äv. språkv. el. matem. **II** *vb itr* förvandlas etc., jfr *I*
transformation [ˌtrænsfə'meɪʃ(ə)n, ˌtrɑ:ns-] *s* förvandling; omvandling; omgestaltning; [total] förändring; transformation
transformer [træns'fɔ:mə, trɑ:ns-] *s* **1** omskapare **2** elektr. transformator
transfusion [træns'fju:ʒ(ə)n, trɑ:ns-] *s* **1** transfusion, blodöverföring **2** bildl. överföring, överflyttning
transgress [træns'ɡres, trɑ:ns-] **I** *vb tr* överträda lag m.m.; överskrida [*~ the bounds of decency*] **II** *vb itr* överträda en förordning (lag m.m.); synda, fela
transgression [træns'ɡreʃ(ə)n, trɑ:ns-] *s* överträdelse av lag; ohörsamhet; synd, försyndelse
transgressor [træns'ɡresə, trɑ:ns-] *s* överträdare, lagbrytare; syndare
transience ['trænzɪəns, 'trɑ:n-] *s* o. **transiency** ['trænzɪənsɪ, 'trɑ:n-] *s* kortvarighet, förgänglighet; flyktighet, obeständighet
transient ['trænzɪənt, 'trɑ:n-] *adj* kortvarig, förgänglig, flyktig, obeständig
transistor [træn'zɪstə, trɑ:n-, -'sɪ-] *s* **1** transistor **2** vard. transistor[radio] **3** attr. transistor-
transistorize [træn'zɪstəraɪz, trɑ:n-, -'sɪ-] *vb tr* transistorisera
transit ['trænzɪt, 'trɑ:n-, -sɪt] *s* **1** genomresa, överresa, färd; *~ visa* transitvisum, genomresevisum; *in ~* på genomresa **2** isht hand. transport, befordran av varor, passagerare; transit[o]; transitering; [*goods lost*] *in ~* ...under transporten **3** amer. allmänna kommunikationsmedel; kollektivtrafik **4** övergång [*~ from autumn to winter*]
transition [træn'zɪʒ(ə)n, trɑ:n-, -'sɪʃ(ə)n] *s* övergång; *~ period* el. *period of ~* övergångsperiod, övergångstid, övergång
transitional [træn'zɪʒən(ə)l, trɑ:n-, -'sɪʃən(ə)l] *adj* o. **transitionary** [træn'zɪʒən(ə)rɪ, trɑ:n-, -'sɪʃə-] *adj* övergångs-, mellan- [*a ~ period*]
transitive ['trænsɪtɪv, 'trɑ:ns-] gram. **I** *adj* transitiv **II** *s* transitivt verb
transitoriness ['trænsɪt(ə)rɪnəs, 'trɑ:ns-] *s* kortvarighet; obeständighet, flyktighet, förgänglighet
transitory ['trænsɪt(ə)rɪ, 'trɑ:n-] *adj*

translate 862

övergående, kortvarig; obeständig, flyktig; förgänglig
translate [træns'leɪt, trɑːns-, -nz'l-] **I** *vb tr* **1 a)** översätta [*into* till; *by* med], tolka **b)** överföra, flytta över, skriva om **2** förvandla, omvandla [*into* till]; omsätta [~ *into* (i) *action*] **II** *vb itr* **1** kunna översättas, lämpa sig för översättning **2** vara översättare; översätta
translation [træns'leɪʃ(ə)n, trɑːns-, -nz'l-] *s* översättning [*into* till; *do (make) a* ~], tolkning
translator [træns'leɪtə, trɑːns-, -nz'l-] *s* översättare, translator
transliterate [trænz'lɪtəreɪt, trɑːnz-, -ns'l-] *vb tr* translitterera, transkribera, skriva om [*into* till]
transliteration [ˌtrænzlɪtə'reɪʃ(ə)n, ˌtrɑːn-, -nsl-] *s* translitteration, transkription, omskrivning
translucence [trænz'luːsns, trɑːnz-, -ns'l-, -'ljuː-] *s* o. **translucency** [trænz'luːsnsɪ, trɑːn-, -ns'l-, -'ljuː-] *s* [halv]genomskinlighet
translucent [trænz'luːsnt, trɑːnz-, -ns'l-, -'ljuː-] *adj* [halv]genomskinlig, translucent; bildl. kristallklar
transmigration [ˌtrænzmaɪ'greɪʃ(ə)n, ˌtrɑːnz-, -nsm-] *s* **1** utvandring, emigration, [över]flyttning **2** ~ [*of souls*] själavandring
transmission [trænz'mɪʃ(ə)n, trɑːnz-, -ns'm-] *s* **1** vidarebefordran; översändande, överlämnande; överlåtelse [*to* till, på]; spridning, överföring [~ *of disease*] **2** fortplantning, överföring av egenskaper m.m.; nedärvning **3 a)** mek. transmission; kraftöverföring [äv. ~ *of power*]; ~ [*case*] växellåda; ~ *belt* drivrem, transmissionsrem **b)** fys. genomsläppande, genomsläppning av ljus m.m. **4** radio. sändning, utsändning, överföring
transmit [trænz'mɪt, trɑːnz-, -ns'm-] *vb tr* **1** vidarebefordra [~ *a document*; ~ *news*]; sända över, befordra; överlämna, överlåta [*to* till, på]; överföra, sprida; ~ *a disease* överföra en sjukdom **2** fortplanta, överföra, lämna i arv [~ *characteristics*] **3 a)** mek. överföra, transmittera **b)** fys. släppa igenom ljus m.m. **4** radio. sända [ut], överföra, radiera; *~ting station* sändarstation
transmitter [trænz'mɪtə, trɑːnz-, -ns'm-] *s* [radio]sändare; transmitter
transmute [trænz'mjuːt, trɑːnz-, -ns'm-] *vb tr* **1** förvandla **2** kem. transmutera, omvandla
transparency [træn'spær(ə)nsɪ, trɑːn-, -nz'p-, -'peər-] *s* **1** genomsynlighet etc., jfr *transparent* **2** transparang; diapositiv, diabild, ljusbild
transparent [træn'spær(ə)nt, trɑːn-, -nz'p-, -'peər-] *adj* **1** genomsynlig; genomskinlig äv. bildl. [*a* ~ *excuse*]; transperent **2** klar, tydlig
transpiration [ˌtrænspɪ'reɪʃ(ə)n, ˌtrɑː-ns-] *s* utdunstning, transpiration; avsöndring

transpire [træn'spaɪə, trɑːn-] **I** *vb tr* avdunsta, utdunsta äv. bot.; avsöndra, avge fuktighet m.m. **II** *vb itr* **1** avdunsta, utdunsta, transpirera; avgå, avsöndras **2** bildl. läcka ut, sippra ut, komma ut; komma fram **3** vard. hända, inträffa
transplant [*ss.* vb træn'splɑːnt, trɑːn-, *ss.* subst. '--] **I** *vb tr* **1** plantera om [~ *trees*], skola **2** förflytta, flytta över, plantera om [*into, to* till]; plantera in [*into, to* i] **3** kir. transplantera **II** *s* kir. **1** transplantation [*a heart* ~] **2** transplantat
transplantation [ˌtrænsplɑːn'teɪʃ(ə)n, ˌtrɑːns-] *s* **1** omplantering, skolning **2** förflyttning, överflyttning, omplantering **3** kir. transplantation
transport [*ss.* vb træn'spɔːt, trɑːn-, *ss.* subst. '--] **I** *vb tr* **1** transportera, förflytta, befordra, frakta [*to* till] **2** *be ~ed* bli (vara) hänryckt (hänförd), ryckas med; *~ed with joy* vild (utom sig) av glädje **II** *s* **1** transport, förflyttning, befordran, frakt [*to* till]; ~ *café* långtradarkafé **2** transportmedel; *means of* ~ el. ~ *facilities* transportmedel, samfärdsmedel; *public* ~ allmänna kommunikationer, kollektivtrafik; *go by public* ~ äv. resa kollektivt **3** hänförelse, extas; anfall, utbrott [*in a* ~ *of rage*]; *be in ~s of joy* vara vild (utom sig) av glädje
transportable [træn'spɔːtəbl, trɑːn-] *adj* transportabel, [för]flyttbar
transportation [ˌtrænspɔː'teɪʃ(ə)n, ˌtrɑːn-] *s* **1** transport, transportering, förflyttning [*to* till] **2** transportmedel; transportväsen, [allmänna] kommunikationer
transpose [træn'spəʊz, trɑːn-] *vb tr* **1** flytta om, kasta om ordning, ord m.m.; låta byta plats **2** mus. transponera [*into* i, till]
transposition [ˌtrænspə'zɪʃ(ə)n, ˌtrɑːn-] *s* **1** omkastning, omflyttning **2** mus. transponering
transubstantiation ['trænsəbˌstænʃɪ'eɪʃ(ə)n, 'trɑːns-] *s* förvandling; teol. transsubstantiation
transverse ['trænzvɜːs, 'trɑːn-, ˌ-'-] *adj* tvärgående, tvärställd [~ *engine*]; ~ *section* tvärsnitt
transversely [trænz'vɜːslɪ, trɑːn-] *adv* på tvären, korsvis
transvestism [trænz'vestɪz(ə)m, trɑːnz-] *s* transvestism
Transylvania [ˌtrænsɪl'veɪnjə, ˌtrɑːn-] geogr. Transsylvanien
trap [træp] **I** *s* **1** fälla, snara äv. bildl.; [räv]sax, ryssja; *fall into the* ~ gå i fällan; *set (lay) a* ~ *for* sätta ut en fälla (snara) för, gillra en fälla för; *set a* ~ *for oneself* gå i sin egen fälla; *walk straight into the* ~ gå rakt i fällan **2** tekn. vattenlås **3** fallucka, falldörr, lucka i golvet el. taket; klaff **4** sl. **a)** käft, mun; *keep your* ~ *shut!* el. *shut your* ~*!* håll käften!,

håll klaffen! **b**) pl. **~s** slagverk **II** *vb tr* **1** snara, fånga [i en fälla], snärja, bildl. äv. ertappa; **~ped** [*in a burning building*] instängd...; **~ a p. into doing a th.** lura ngn att göra ngt **2** sätta ut fällor (snaror) på (i) **3** *~ a ball* fotb. dämpa en boll
trapdoor [ˌtræp'dɔː] *s* se *trap I 3*
trapeze [trə'piːz] *s* gymn. trapets
trapper ['træpə] *s* pälsjägare, trapper
trappings ['træpɪŋz] *s pl* **1** tillbehör, symboler, yttre tecken [*the ~ of power*]; [grann]utstyrsel; glitter, prål **2** [häst]mundering; schabrak
traps [træps] *s pl* vard. pinaler, pick och pack, grejor, bagage [*pack up one's ~*]
trash [træʃ] *s* **1** skräp, smörja, krafs; bildl. äv. struntprat **2** amer. avfall, skräp, sopor **3** vard. slödder, pack; stackare; *white ~* i USA den vita underklassen, de fattiga vita i Södern
trash can ['træʃkæn] *s* amer. soptunna
trash heap ['træʃhiːp] *s* amer. soptipp, avskrädeshög
trashy ['træʃɪ] *adj* värdelös, skräp- [*~ novels*], strunt-
trauma ['trɔːmə, 'traʊmə] (pl. *~ta* [-tə] el. *~s*) *s* med. el. psykol. trauma; skada, sår; chock
traumatic [trɔː'mætɪk, traʊ-] *adj* med. el. psykol. traumatisk; chockartad
travel ['trævl] **I** *vb itr* **1** resa [*~ all over the world*, *~ for several weeks*]; färdas, åka, fara; flytta om fåglar **2** resa, vara handelsresande [*~ for a company*; *~ in cosmetics*] **3** om t.ex. ljus, ljud röra sig [*light ~s faster than sound*] **4** vard. susa fram, hålla hög fart, röra sig snabbt; *that car certainly ~s!* ung. den där bilen är ett riktigt krutpaket! **5** vard., *~ in* (*with*) umgås i (med), röra sig i [*~ in wealthy circles*] **II** *vb tr* **1** resa igenom, resa runt i, fara (resa) i (över) **2** tillryggalägga [*~ great distances*]; *the car has ~led* [*10,000 miles*] bilen har gått... **III** *s* **1** resande, att resa, resor [*enrich one's mind by ~*]; amer. äv. trafik [*~ is heavy on holidays*]; attr. rese-, res-; pl. *~s* a) resor [*in* (*during*) *my ~s*] b) reseskildring[ar]; ~ *document* färdhandling **2** tekn. o.d. rörelse, gång, bana; [kolv]slag; slaglängd; takt
travel agency ['trævlˌeɪdʒənsɪ] *s* resebyrå
travel agent ['trævlˌeɪdʒənt] *s* resebyrå[tjänste]man
travel bureau ['trævlˌbjʊərəʊ] *s* resebyrå
travelled ['trævld] *adj* **1** [vitt]berest [*a ~ person*] **2** trafikerad [*a ~ route*]
traveller ['trævˌ(ə)lə] *s* resande, resenär; passagerare; vandrare; [*commercial*] *~* handelsresande; *~'s cheque* resecheck; *~'s joy* bot. skogsklematis
travelling [ˌtræv(ə)lɪŋ] **I** *s* **1** resande, att resa, resor **2** attr. rese-, res-, jfr *II*; *~ companion* reskamrat; *~ expenses* resekostnader; *~ scholarship* (*bursary*) resestipendium **II** *adj* resande, kringresande [*~ circus*]; *~ library*

a) vandringsbibliotek b) bokbuss; *~ salesman* handelsresande, representant
travelogue ['trævəlɒg] *s* reseskildring, reseföredrag [med diabilder o.d.]; dokumentärfilm
travel sickness ['trævlˌsɪknəs] *s* åksjuka
traverse ['trævəs, trə'vɜːs] **I** *adj* tvärgående, tvär- **II** *s* **1** tvärstycke, tvärslå **2** mil. travers, tvärvall **III** *vb tr* **1** korsa [*ships ~ the ocean*]; fara över (genom), färdas över (genom); genomkorsa **2** korsa, skära [*the railway line ~d the road*]
travesty ['trævəstɪ] **I** *vb tr* travestera, parodiera **II** *s* travesti [*of* av, på]; *a ~ of justice* en ren parodi på rättvisa
trawl [trɔːl] **I** *vb itr* tråla, fiska med trål **II** *vb tr* **1** tråla **2** släpa [*~ a net*] **III** *s* **1** trål, släpnät **2** isht amer. långrev, backa
trawler ['trɔːlə] *s* **1** trålare **2** trålfiskare
tray [treɪ] *s* **1** [serverings]bricka; [penn]fat; [brev]korg, låda **2** löst [låd]fack i skrivbord m.m.
treacherous ['tretʃ(ə)rəs] *adj* förrädisk [*the ice is ~*], bedräglig [*a ~ action*]; opålitlig [*~ weather*; *my memory is ~*]; falsk, svekfull
treachery ['tretʃ(ə)rɪ] *s* förräderi; svek; trolöshet
treacle ['triːkl] *s* sirap; melass
tread [tred] **I** (*trod trodden* el. ibl. *trod*) *vb itr* trampa [*on* på, i], träda, stiga; gå; *I felt I was ~ing on air* jag svävade på små moln; *~ on a p.'s corns* (*toes*) bildl. trampa ngn på tårna **II** (*trod trodden* el. ibl. *trod*; i bet. *3 ~ed ~ed*) *vb tr* **1** trampa, trampa sönder [*~ grapes*], trampa på; trampa (stampa) till; trampa upp; *~ water* trampa vatten; *~ down* trampa ner (till); bildl. förtrampa; *~ down shoes at the heels* trampa ner hälarna (bakkapporna) på skor; *shoes trodden down at the heels* äv. nedkippade skor; *~ under foot* bildl. trampa under fötterna, förtrampa **2** gå [*~ a path*], vandra på (i, genom, över); bildl. äv. beträda [*~ a dangerous path*] **3** förse med slitbana, lägga slitbana på [*~ tyres*] **III** *s* **1** steg; gång; tramp **2** trampyta på fot el. sko **3** slitbana; slitbanemönster, däckmönster [äv. *~ pattern*]
treadle ['tredl] **I** *s* trampa, pedal **II** *vb itr* o. *vb tr* trampa [på pedalen]
treadmill ['tredmɪl] *s* trampkvarn, bildl. äv. ekorrhjul, grottekvarn
treason ['triːzn] *s* [hög]förräderi; landsförräderi; *high ~* högförräderi; *an act of ~* ett förräderi
treasonable ['triːz(ə)nəbl] *adj* o. **treasonous** ['triːz(ə)nəs] *adj* förrädisk; landsförrädisk; högförrädisk
treasure ['treʒə] **I** *s* skatt, klenod; bildl. äv. pärla [*she's a ~*]; koll. skatter, klenoder, dyrbarheter [*all kinds of ~*]; *T~ Island* Skattkammarön roman av R.L. Stevenson **II** *vb*

tr 1 ~ [*up*] a) samla [på], lägga på hög, gömma [på] b) bildl. bevara [~ *a th. up in one's memory*] **2** [upp]skatta, värdera [högt]
treasure hunt ['treʒəhʌnt] *s* **1** lek skattjakt **2** skattsökning, skattgrävning
treasurer ['treʒ(ə)rə] *s* kassör i förening o.d.; skattmästare, räntmästare; i kommun (ung.) finanssekreterare, finanschef
treasure trove ['treʒətrəʊv] *s* **1** skattfynd **2** bildl. guldgruva, fynd
treasury ['treʒ(ə)rɪ] *s* **1** *the T~* a) finansdepartementet b) statskassan; *the T~ Bench* regeringsbänken i underhuset; *Secretary of the T~* i USA finansminister **2** skattkammare äv. bildl. [*the ~ of literature*]; bildl. äv. guldgruva
treat [tri:t] **I** *vb tr* **1** behandla; *how is the world ~ing you?* hur lever världen med dig?, hur har du det [nuförtiden]? **2** ta, betrakta, anse [*he ~s it as a joke*] **3** bjuda [*to på*], traktera, undfägna [*to* med]; *~ oneself to a th.* kosta på sig ngt, unna sig ngt **II** *vb itr* **1** underhandla, förhandla [*with a p. for* (om) *a th.*] **2** *~ of* avhandla, behandla, handla om **3** bjuda [*whose turn is it to ~ next?*] **III** *s* **1** [barn]kalas, bjudning; fest, utflykt; *it's my ~* det är min tur att bjuda, jag bjuder **2** nöje, njutning, glädje, upplevelse [*it was a real ~*]; begivenhet; något extra gott [*you'll get pineapple as a ~*]; *you look a ~* [*in that dress*] vard. du är ursnygg...
treatise ['tri:tɪz, -tɪs] *s* avhandling [[*up*]*on* om]
treatment ['tri:tmənt] *s* behandling, med. äv. kur
treaty ['tri:tɪ] *s* fördrag, avtal, överenskommelse, traktat, pakt [*commercial (peace)* ~]; *conclude (enter into) a ~* sluta (ingå) ett fördrag
treble ['trebl] **I** *adj* **1** tredubbel, trefaldig; *~ chance* [*pool*] poängtips; *he earns ~ my salary* han tjänar tre gånger så mycket som jag **2** mus. diskant-, sopran- **II** *s* mus. diskant, sopran **III** *vb tr* tredubbla [*he has ~d his earnings*] **IV** *vb itr* tredubblas
tree [tri:] *s* **1** träd; *the ~ of knowledge* kunskapens träd; *Christmas ~* julgran **2** [sko]block, läst
tree-hugger ['tri:ˌhʌgə] *s* trädkramare miljöaktivist
treeless ['tri:ləs] *adj* trädlös, skoglös
treeline ['tri:laɪn] *s* trädgräns
treetop ['tri:tɒp] *s* trädtopp
trefoil ['trefɔɪl, 'tri:f-] *s* **1** bot. klöver **2** klöverblad ss. ornament; arkit. trepass
trek [trek] **I** *vb itr* resa, vandra; dra ut (i väg) **II** *vb tr* **1** tillryggalägga, åka [*~ a long distance*] **2** sydafr. dra [*the ox could not ~ the heavy wagon*] **III** *s* lång och mödosam resa
trellis ['trelɪs] **I** *s* spaljé; galler[verk] **II** *vb tr* förse med spaljé (galler); spaljera

tremble ['trembl] **I** *vb itr* **1** darra, skaka [*he ~d at* (vid) *the sound*; *~ with* (av) *anger*]; skälva, dallra; *~ in the balance* bildl. hänga på en tråd, stå och väga **2** bäva, ängslas, vara orolig [*at* vid, över]; *with a trembling heart* med bävande hjärta **II** *s* skakning, skälvning, darrning, darr; *be all of* (*in*) *a ~* vard. skaka (darra) i hela kroppen
trembly ['tremblɪ] *adj* vard. skakis, skraj; darrig
tremendous [trə'mendəs, trɪ'm-] *adj* **1** vard. kolossal, enorm, jättestor [*a ~ house*], våldsam [*a ~ explosion*] **2** vard. fantastisk, väldig, oerhörd
tremolo ['tremələʊ] (pl. *~s*) *s* mus. tremolo
tremor ['tremə] *s* **1** skälvning, skakning, darrning; rysning **2** jordskalv [äv. *earth ~*]
tremulous ['tremjʊləs] *adj* **1** darrig, darrande, skälvande [*in a* (med) *~ voice*; *with a ~ hand*], vibrerande **2** blyg, ängslig
trench [tren(t)ʃ] **I** *s* **1** dike; dräneringsdike; grävd ränna; fåra **2** mil. skyttegrav, löpgrav; *~ coat* trenchcoat; mil. fältkappa; *~ warfare* skyttegravskrig, ställningskrig **II** *vb tr* dika [ut]
trenchant ['tren(t)ʃ(ə)nt] *adj* bildl. bitande, skarp
trend [trend] **I** *s* bildl. [in]riktning, trend; tendens; utveckling; strömning; *set the ~* skapa (diktera) ett mode (en trend) **II** *vb itr* bildl. tendera, gå, röra sig [*prices have ~ed upward*]
trendsetter ['trendˌsetə] *s* trendsättare, mönstergivare, idégivare
trendsetting ['trendˌsetɪŋ] *s* trendsättning, mönsterskapande; modeskapande
trendy ['trendɪ] *adj* vard. trendig, modern; inne-
trepan [trɪ'pæn, trə'p-] **I** *s* kir. trepan **II** *vb tr* kir. trepanera
trepidation [ˌtrepɪ'deɪʃ(ə)n] *s* förvirring, bestörtning; [nervös] oro, ångest, bävan
trespass ['trespəs] **I** *vb itr* **1** inkräkta, göra intrång [*~* [*up*]*on a p.'s private property*] **2** bildl., *~* [*up*]*on* inkräkta på, göra intrång i [*~ upon a p.'s rights*]; ta ngt alltför mycket i anspråk **3** bibl. el. åld. synda, försynda sig, fela, bryta [*against* mot]; *...as we forgive them that ~ against us* bibl. ...såsom ock vi förlåta dem oss skyldiga äro **II** *vb tr* bildl. överskrida {*~ the bounds of good taste*] **III** *s* **1** [lag]överträdelse; intrång; åverkan **2** bibl. el. åld. synd, fel; skuld [*forgive us our ~es*]
trespasser ['trespəsə] *s* **1** inkräktare **2** lagbrytare, lagöverträdare; *~s will be prosecuted* tillträde vid vite förbjudet, överträdelse beivras
trespassing ['trespəsɪŋ] *s* intrång, inkräktande; *no ~!* förbjudet område!, tillträde förbjudet!
tress [tres] *s* poet. lock; pl. *~es* äv. hår

trestle ['tresl] *s* [trä]bock ss. stöd
trestle table ['tresl,teɪbl] *s* bord med lösa benbockar, bockbord
trial ['traɪ(ə)l] *s* **1** prov, försök, experiment; provning, provkörning; provtur; ~ *flight* provflygning; ~ *offer* hand. introduktionserbjudande; ~ *period* provperiod, försöksperiod; ~ *run* provkörning av bil m.m.; provtur; ~ *trip* provtur, provfärd; ~ *of strength* kraftprov; *give a p. a* ~ sätta ngn på prov, låta ngn visa vad han kan (duger till); *give a th. a* ~ pröva ngt [och se vad det duger till]; *stand the* ~ bestå provet; *by* [*the method of*] ~ *and error* genom trial-and-error-metoden, genom att pröva sig fram, genom erfarenhet; *by way of* ~ försöksvis, på försök; *on* ~ a) på prov [*buy a th. on* ~] b) efter prov (en prövotid) **2** jur. rättslig behandling (prövning) [*undergo a* ~]; rättegång; process; mål; *stand* ~ stå (vara ställd) inför rätta, vara åtalad [*for* för]; *be on* ~ vara åtalad, stå inför rätta; *put a p. on* ~ el. *bring a p. to* (*up for*) ~ ställa (dra) ngn inför rätta **3** prövning; hemsökelse, vedermöda **4** sport. försök; i motorsport o. kapplöpn. vanl. trial; ~ *heat* försöksheat; ~ [*match*] ung. testmatch
triangle ['traɪæŋgl] *s* triangel
triangular [traɪ'æŋgjʊlə] *adj* triangulär, triangelformig, triangel-
triathlon [traɪ'æθlɒn] *s* sport. triathlon, trekamp
tribal ['traɪb(ə)l] *adj* stam- [~ *feuds*], släkt-
tribalism ['traɪbəlɪz(ə)m] *s* stamorganisation, stamsystem
tribe [traɪb] *s* **1** [folk]stam [*the Indian* ~*s of America*]; släkt; rom. antik. tribus **2** ofta neds. följe, skara, samling [*a* ~ *of parasites*]; skämts. klan, släkt
tribes|man ['traɪbz|mən] (pl. -*men* [-mən]) *s* stammedlem; stamfrände
tribulation [,trɪbjʊ'leɪʃ(ə)n] *s* bedrövelse, vedermöda, prövning[ar], motgång[ar]
tribunal [traɪ'bju:nl, trɪ'b-] *s* **1** domstol, rätt, tribunal; *industrial* ~ arbetsdomstol; *rent* ~ hyresnämnd **2** domsäte; [domar]tribun
tributary ['trɪbjʊt(ə)rɪ] **I** *adj* **1** skattskyldig, tributskyldig [*to* till, under]; beroende, underlydande, lyd- [*a* ~ *king*] **2** bi- [*a* ~ *river*] **II** *s* **1** skattskyldig, tributskyldig [stat (person)]; lydrike **2** tillflöde, biflod [*to* till]
tribute ['trɪbju:t] *s* **1** a) tribut, skatt [*pay* ~ *to a conqueror*] b) skattskyldighet **2** bildl. bevis, gärd [*a* ~ *of gratitude* (*respect*)], hyllning, tribut [*a* ~ *to his bravery*]; *floral* ~*s* blomsterhyllning[ar]; *pay* ~ *to a p.* ge (bringa) ngn sin hyllning; ge ett erkännande åt ngn
trice [traɪs] *s*, *in a* ~ i en handvändning (blink), innan man vet (visste) ordet av
triceps ['traɪseps] *s* anat. triceps

trick [trɪk] **I** *s* **1** a) knep, list b) påhitt, spratt, streck c) konst[er], konstgrepp; trick[s]; *the* ~*s of the trade* yrkesknepen; hemligheten [med det hela]; *a dirty* (*mean, shabby*) ~ ett fult (nedrigt) spratt; ~ *or treat* amer. vard., ung. dörrknackning när barn går runt och tigger godis under hot om att annars ställa till ofog under 'Hallowe'en'; *how's* ~*s?* vard. hur är läget?; hur går det?; *that will do* (amer. *turn*) *the* ~ vard. det kommer att göra susen; *I know a* ~ *worth two of that* jag vet ett mycket bättre (dubbelt så bra) knep (sätt); *he never misses a* ~ vard. han har ögonen med sig, han kan alla knep; *play a p. a* ~ el. *play a* ~ (*play* ~*s*) *on a p.* spela ngn ett spratt; *he has been at his old* ~*s again* nu har han varit i farten (framme) igen; *the whole bag of* ~*s* vard. hela klabbet (rasket); *box of* ~*s* trollerilåda; trollerigrejor; *be up to every* ~ kunna alla knep (tricks); *he's up to some* ~[*s*] han har något fuffens för sig **2** egenhet, ovana, [otrevlig] benägenhet [*he has a* ~ *of repeating himself*] **3** kortsp. trick, stick, spel [*win* (*take*) *the* ~] **II** *vb tr* **1** lura [~ *a p. into doing* ([till] att göra) *a th.*]; ~ *a p. out of a th.* lura av ngn ngt **2** ~ [*out* (*up*)] styra (pynta) ut; spöka ut **III** *vb itr* använda list (knep), tricksa
trickery ['trɪkərɪ] *s* knep; bedrägeri; humbug, bluff
trickiness ['trɪkɪnəs] *s* **1** bedräglighet **2** krånglighet; *the* ~ *of the situation* det krångliga (knepiga) i situationen
trickle ['trɪkl] **I** *vb itr* droppa, drypa [*with* av], sippra [*blood* ~*d from the wound*], tillra, trilla, rinna sakta [*the tears* ~*d down her cheeks*] **II** *s* droppande, dropp; droppe, rännil; bildl. äv. obetydlighet; *there was a* ~ *of blood from the wound* det droppade (sipprade) lite blod från såret
trickster ['trɪkstə] *s* skojare, bedragare, bluffmakare
tricky ['trɪkɪ] *adj* **1** bedräglig, listig, slug, slipad [*a* ~ *politician*] **2** kinkig, kvistig [*a* ~ *problem*]
tricolour ['trɪkələ, 'traɪ,kʌlə] *s* trikolor, trefärgad flagga
tricycle ['traɪsɪkl] *s* trehjulig cykel, trehjuling
trident ['traɪd(ə)nt] *s* treudd, trident
tried [traɪd] *adj* beprövad [*a* ~ *friend* (*remedy*)]
triennial [traɪ'enjəl] *adj* **1** treårig, treårs- **2** som inträffar [en gång] vart tredje år
trier ['traɪə] *s* person som alltid bjuder till
trifle ['traɪfl] **I** *s* **1** bagatell, småsak [*stick at* ~*s*], obetydlighet; strunt[sak] **2** struntsumma, bagatell, spottstyver **3** *a* ~ ss. adv. en smula (aning) [*this dress is a* ~ *too short*] **4** 'trifle' slags dessert med lager av sockerkaka, frukt, sylt m.m. o. täckt med vaniljkräm el. vispgrädde **II** *vb itr* **1** ~ *with* leka (skämta) med **2** [sitta och] leka [*with* med],

trifling

peta [~ *with* (i) *the food*], fingra [*with* på]
III *vb tr*, ~ *away* plottra (slarva, slösa) bort
trifling ['traɪflɪŋ] I *adj* **1** obetydlig [*a* ~ *error*],
ringa [*of* ~ *value*], oväsentlig; lumpen, futtig,
ynklig, värdelös [*a* ~ *gift*]; *it's no* ~ *matter*
det är ingen bagatell, det är inget att leka
med **2** lättsinnig, ytlig, tanklös [~ *talk*] II *s*
1 [lättsinnig] lek, skämt[ande] **2** lättja
trigger ['trɪgə] I *s* avtryckare på skjutvapen;
bildl. utlösare; *cock the* ~ spänna hanen,
osäkra vapnet (geväret m.m.); *pull* (*draw*)
the ~ trycka av; *quick on the* ~ skjutsnabb;
bildl. snabb i vändningarna II *vb tr*, ~ [*off*]
starta, utlösa, sätta igång
trigger-happy ['trɪgə,hæpɪ] *adj* vard. skjutglad
trigonometry [,trɪgə'nɒmətrɪ] *s* geom.
trigonometri
trike [traɪk] *s* vard. kortform för *tricycle*
trilateral [,traɪ'læt(ə)r(ə)l] *adj* tresidig,
trilateral
trilby ['trɪlbɪ] *s* vard., ~ [*hat*] trilbyhatt mjuk
filthatt
trill [trɪl] I *s* drill äv. mus. II *vb tr* o. *vb itr* drilla
äv. mus.; slå [sina] drillar; tremulera; fonet.
rulla [på] [~ *one's r's*]; ~*ed r* rullande r
trillion ['trɪljən] *s* triljon; isht amer. biljon
trilogy ['trɪlədʒɪ] *s* trilogi
trim [trɪm] I *adj* **1** välordnad, välskött, i
[fullgott] skick; välutrustad **2** snygg, nätt,
prydlig, vårdad [~ *clothes*]; välbehållen [*a* ~
figure] II *vb tr* **1** klippa, jämna till, putsa,
tukta [~ *a hedge*; ~ *one's beard*]; skära ner [~
the budget]; ~ *one's nails* klippa (putsa)
naglarna; ~ *a tree* beskära (tukta) ett träd; ~
a wick putsa en veke **2** dekorera, smycka
(pynta) [ut]; ~ *the Christmas tree* klä
julgranen; ~ *a dress with ribbons* garnera
(kanta) en klänning med band **3** vard. klå
örfila, besegra **4** sjö. a) trimma, kantsätta [~ *the
sails*, jfr 5] b) sätta (hålla) på rätt köl;
trimma, stuva [om] [~ *a ship*; ~ *the cargo*],
lämpa [om] [~ *coal*] **5** bildl. anpassa, rätta [~
one's opinions [*according*] *to* (efter)…]; ~
one's sails to the (*every*) *wind* vända
kappan efter vinden III *vb itr* gå en medelväg,
kompromissa; vända kappan efter vinden
IV *s* **1** skick, ordning, tillstånd, form, trim [*be
in good* ~]; *get into* ~ a) sätta i [gott] skick,
trimma b) sport. få (komma) i form **2** sjö.
a) trimning; om segel äv. kantsättning;
[om]stuvning b) trim, jämviktsläge;
segelfärdigt skick **3** klippning, putsning [*the
~ of one's beard* (*hair*), *the ~ of a hedge*],
trimning [*the ~ of a dog*]; *the barber gave
me a* ~ frisören putsade håret på mig
4 a) utstyrsel, klädsel b) lister; inredning [*the
~ inside a car*]; skyltning; *the chrome ~ of a
car* kromlisterna (kromdetaljerna, kromet)
på en bil
trimmer ['trɪmə] *s* **1** klippningsmaskin,

skärmaskin; trimningssax, trimkam; *nail* ~
nagelklippare **2** bildl. vindflöjel, opportunist
trimming ['trɪmɪŋ] *s* **1** [av]klippning,
putsning, trimning **2** dekorering, dekoration;
garnering **3** isht pl. ~*s* a) dekoration[er],
pynt; utsmyckning[ar] äv. bildl.; bildl. tillägg,
tillbehör b) isht kok. [extra] tillbehör, garnityr
c) galoner, beslag **4** pl. ~*s* [bortskurna]
kanter, rester, rens, spill, avfall **5** sjö.
trimning; [kol]lämpning **6** bildl.
balansering[skonst], opportunism **7** vard.
a) [ordentligt] kok stryk b) stryk nederlag
Trinidad ['trɪnɪdæd, ,--'-]
Trinidadian [,trɪnɪ'dædɪən] I *adj* trinidadisk II *s*
trinidadian, person från Trinidad
trinitrotoluene ['traɪ,naɪtrə(ʊ)'tɒljʊiːn] *s* kem.
trinitrotoluen, trotyl
trinity ['trɪnətɪ] *s* trefald; trefaldighet; *the T*~
teol. treenigheten
trinket ['trɪŋkɪt] *s* [billigt] smycke; [billig]
prydnadssak; pl. ~*s* äv. grannlåt, nipper
trio ['triːəʊ] *s* **1** mus. trio **2** trio, treklöver [*they
formed an inseparable* ~] **3** kortsp. tretal, triss
trip [trɪp] I *vb itr* **1** trippa [lätt], gå (springa,
dansa) med lätta steg **2** a) snubbla äv. bildl.
[äv. ~ *up*; *over* på, över]; snava, tappa
fotfästet b) göra (ta) fel, göra ett misstag
c) försäga sig II *vb tr* **1** ~ [*up*] a) få att
snubbla, sätta krokben för, fälla; vippa
(stjälpa) omkull b) snärja, överlista
c) ertappa, avslöja **2** sjö. lyfta III *s* **1** tripp,
resa [*a* ~ *to Paris*], tur, utflykt [*a* ~ *to the
seaside*]; ~ *meter* el. ~ *mileage counter* bil.
trippmätare **2** lätt[a] steg; trippande
3 snubblande, snavande **4** krokben; brottn.
äv. grepp, tag **5** tekn. a) utlösning b) utlösare
6 sl. tripp LSD o.d. samt rus; *bad* ~
snedtändning
tripack ['traɪpæk] *s* foto. treskiktsfilm
tripartite [,traɪ'pɑːtaɪt] *adj* **1** tredelad; trefaldig
2 tresidig, treparts- [*a* ~ *agreement*]
tripe [traɪp] *s* **1** kok. komage **2** sl., pl. ~*s*
tarmar; buk **3** sl. skit, smörja [*talk* ~]
triple ['trɪpl] I *adj* trefaldig, tredubbel,
tredelad; trippel- [~ *alliance*], tre-
[*triple-headed*]; ~ *glazing* koll. treglasfönster;
tredubbla fönster; ~ *jump* sport.
trestegshopp; ~ *time* (*measure*) mus. tretakt
II *vb tr* tredubbla [*he* ~*d his income*] III *vb itr*
tredubblas
triplet ['trɪplət] *s* **1** trilling **2** mus. triol
triplicate [ss. adj. o. subst. 'trɪplɪkət, ss. vb
'trɪplɪkeɪt] I *adj* tredubbel, trefaldig; om
avskrift i tre exemplar II *s* triplett, tredje
exemplar (avskrift, utskrift); *in* ~ i tre
exemplar III *vb tr* tredubbla, trefaldiga;
utfärda (skriva ut) i tre exemplar
tripod ['traɪpɒd] *s* **1** trefot; tripod äv. grek.
mytol. **2** [trebens]stativ; mil. trefotslavett
tripper ['trɪpə] *s* **1** nöjesresenär, turist; person

på utflykt, söndagsfirare [på utflykt] **2** tekn. utlösare
trip-recorder ['trɪprɪˌkɔ:də] *s* bil. trippmätare
triptych ['trɪptɪk] *s* konst. el. kyrkl. triptyk
tripwire ['trɪpˌwaɪə] *s* mil. snubbeltråd
trisect [traɪ'sekt] *vb tr* isht geom. tredela i 3 lika delar
trite [traɪt] *adj* sliten, [ut]nött, banal, trivial
triumph ['traɪəmf] **I** *s* triumf [*return home in* ~], segerglädje, segerjubel; seger [*win a* ~]; *in* ~ äv. triumferande, jublande **II** *vb itr* triumfera; segra; jubla; ~ *over* äv. besegra
triumphal [traɪ'ʌmf(ə)l] *adj* triumf- [~ *arch*]; ~ *car* triumfvagn; ~ *procession* (*progress*) triumftåg
triumphant [traɪ'ʌmfənt] *adj* triumferande; segerrik [~ *armies*]; segerstolt; [seger]jublande; *be* ~ vara segerrik, triumfera, segra
triumvirate [traɪ'ʌmvɪrət] *s* triumvirat
trivet ['trɪvɪt] *s* trefot; [kokkärls]ställ att hakas på spisgallret; karottunderlägg; [*as*] *right as a* ~ vard. pigg som en mört; prima, helt i sin ordning
trivial ['trɪvɪəl] *adj* obetydlig [*a* ~ *detail* (*loss*)], ringa [*of* ~ *importance*], betydelselös [~ *circumstances*]; futtig, enkel [*a* ~ *gift*]; trivial, banal [~ *jokes*]; ~ *matters* bagateller, struntsaker
triviality [ˌtrɪvɪ'ælətɪ] *s* **1** obetydlighet; bagatell, struntsak [*a mere* ~]; strunt **2** banalitet, trivialitet
trivialize ['trɪvɪəlaɪz] *vb tr* bagatellisera; banalisera; förflacka
trod [trɒd] imperf. o. ibl. perf. p. av *tread*
trodden ['trɒdn] perf. p. av *tread*
troglodyte ['trɒglə(ʊ)daɪt] *s* troglodyt, grottmänniska
Trojan ['trəʊdʒ(ə)n] **I** *adj* trojansk [*the* ~ *war*; ~ *Horse*] **II** *s* **1** trojan **2** vard. hjälte; bjässe; *work like a* ~ arbeta som en slav
1 troll [trɒl, trəʊl] **I** *vb tr* **1** tralla; sjunga [~ *the parts of a song*] **2** fisk. a) slanta; dörja; fiska med drag [~ *pike*] b) fiska med (ro) drag i [~ *the lake*] **II** *vb itr* **1** tralla [~ *merrily*] **2** ljuda **3** fisk. slanta; dörja; fiska med (ro) drag; ~ *for pike* slanta [efter] gäddor, ro gäddrag **III** *s* fisk. a) rulle på metspö b) dörj; drag c) slantning; dörjning
2 troll [trɒl, trəʊl] *s* mytol. **1** jätte **2** troll; tomte
trolley ['trɒlɪ] *s* **1** [drag]kärra, pirra **2** lastvagn, truck; tralla; järnv. äv. dressin **3** rullbord, tevagn; serveringsvagn, matvagn **4** kundvagn på snabbköp **5** amer. spårvagn
trolleybus ['trɒlɪbʌs] *s* trådbuss, trolleybuss
trolley car ['trɒlɪkɑː] *s* amer. spårvagn
trollop ['trɒləp] *s* slampa; [gat]slinka
trombone [trɒm'bəʊn, '--] *s* trombon, [drag]basun; *slide* ~ dragbasun; *valve* ~ ventilbasun

trombonist [trɒm'bəʊnɪst] *s* trombonist, basunist
troop [tru:p] **I** *s* **1** skara, skock, hop; flock [*a* ~ *of antelopes*]; mängd [*he has* ~*s of friends*] **2** mil. trupp **3** mil. [kavalleri]skvadron **4** [scout]avdelning **II** *vb itr* **1** gå (komma) i skaror (skockvis, flockvis); ~ *in* (*out*) myllra (strömma) in (ut); ~ *off* (*away*) vard. troppa av, ge sig i väg, försvinna **2** marschera, tåga **III** *vb tr* mil., ~ *the colour*[*s*] göra parad för (troppa) fanan
trooper ['tru:pə] *s* **1** [menig] kavallerist; *swear like a* ~ svära som en borstbindare **2** amer. a) ridande polis[man] b) radiopolis[man]
troopship ['tru:pʃɪp] *s* trupptransportfartyg
trophy ['trəʊfɪ] *s* **1** trofé, [seger]byte **2** segertecken; sport. pris, trofé
tropic ['trɒpɪk] **I** *s* **1** tropik, vändkrets [*the T*~ *of Cancer* (*Capricorn*)] **2** *the* ~*s* (*Tropics*) tropikerna **II** *adj* tropisk [*the* ~ *zone*]
tropical ['trɒpɪk(ə)l] *adj* tropisk [~ *climate*]
trot [trɒt] **I** *vb itr* **1** trava, gå i trav; rida i trav; ~ *along* trava på (i väg); ~ *out* sträcka ut [traven (i trav)] **2** lunka, trava, knalla; jogga; ~ *along* lunka osv. på (i väg); *you* ~ *along!* kila i väg [nu]!; *I must be* ~*ting* [*off* (*along*)] jag måste ge mig av, jag måste kila **II** *vb tr* **1** sätta i trav, låta trava [~ *a horse*], köra [~ *a racehorse*] **2** ~ *out* a) rida fram [med], låta paradera [~ *out a horse*] b) vard. komma dragande med, briljera (skryta) med [~ *out one's knowledge*]; köra med [~ *out the same old jokes*] **3** vard. låta trava; dra, valla **III** *s* trav; lunk[ande], travande; sport. joggning; *at a steady* ~ i lugnt (jämnt) trav; i jämn fart; *on the* ~ vard. i rad [*three wins on the* ~]; *be on the* ~ a) vard. vara i farten (i gång) b) sl. vara på rymmen; *keep a p. on the* ~ vard. hålla ngn i gång (sysselsatt)
trotter ['trɒtə] *s* **1** travare, travhäst **2** kok., [*pig's* (*pigs'*)] ~*s* grisfötter
troubadour ['tru:bəˌdʊə, -dɔ:] *s* trubadur
trouble ['trʌbl] **I** *vb tr* **1** oroa [*be* ~*d by bad news*], bekymra [*what* ~*s me is that...*], plåga, besvära; ~ *oneself* a) oroa sig b) göra sig besvär; ~ *one's head about a th.* bry sin hjärna med ngt **2** besvära; *sorry to* ~ *you!* förlåt att jag besvärar!; *may I* ~ *you for* el. *may I* ~ *you to pass* [*the mustard*]? får jag besvära (be) om...?; *I'll* ~ *you to mind your own business!* iron. var snäll och sköt ditt! **II** *vb itr* **1** besvära sig [*about a th.* med ngt] **2** oroa sig [*about* (*over*) *a th.* för ngt] **III** *s* **1** a) oro, bekymmer b) besvär, möda [*take* (göra sig) *the* ~ *to write*] c) svårighet[er], knipa [*financial* ~]; trassel, bråk [*family* ~[*s*]] d) motgång, besvärlighet[er], sorg [*life is full of* ~*s*]; ~*s never come singly* en olycka kommer sällan ensam; *the* ~ *is that...* svårigheten (problemet) är att...; *what's the*

troubled

~? hur är det fatt?; vad gäller saken?; *no ~ at all!* ingen orsak [alls]!; *it's no ~* det är (var) inget besvär [alls]; *give a p.* ~ a) ge ngn problem b) besvära ngn; *my car has been giving me ~ lately* min bil har krånglat på sista tiden; *make ~* ställa till bråk; *ask for ~* vard. ställa till obehag, ställa till trassel för sig; tigga stryk, mucka gräl; *look for ~* a) vard., se *ask for* ~ b) oroa sig i onödan; *be in ~* a) vara i knipa (illa ute) b) vard. vara i klammeri med polisen (rättvisan); *get into ~* a) råka i knipa b) vard. råka i klammeri med polisen (rättvisan); *I've gone to a lot of ~ to [please him]* jag har ansträngt mig mycket för att...; *I don't want to put you to any ~* jag vill inte ställa till besvär för dig **2** åkomma, ont, besvär [*stomach ~[s]*]; *my stomach has been giving me ~ lately* äv. min mage har krånglat på sista tiden **3** oro [*political ~*]; isht pl. *~s* oroligheter [*~s in Southern Africa*]; förvecklingar, konflikter [*labour ~s*] **4** tekn. fel, krångel [*engine ~*]
troubled ['trʌbld] *adj* **1** upprörd [*a ~ sea*]; orolig [*a ~ period*]; *fish in ~ waters* fiska i grumligt vatten **2** orolig, bekymrad, bedrövad [*about* över, för]
troublemaker ['trʌbl,meɪkə] *s* orosstiftare, oroselement; bråkmakare, bråkstake
troubleshooter ['trʌbl,ʃuːtə] *s* **1** medlare, problemlösare, konfliktlösare [*a diplomatic ~*] **2** tekn. felsökare, reparatör
troublesome ['trʌblsəm] *adj* besvärlig, plågsam [*a ~ headache*]; bråkig [*a ~ child*]; mödosam, ansträngande, svår [*a ~ task*], krånglig
trouble spot ['trʌblspɒt] *s* oroscentrum plats där bråk ofta förekommer
trough [trɒf] *s* **1** tråg, ho; kar; matskål för husdjur **2** baktråg **3** fördjupning; [dal]sänka; vågdal äv. bildl. **4** meteor., *~ [of low pressure]* lågtrycksområde
trounce [traʊns] *vb tr* slå äv. sport. o.d.; klå upp
trouncing ['traʊnsɪŋ] *s* **1** smörj, [grund]stryk **2** hård kritik
troupe [truːp] *s* [skådespelar]trupp, teatersällskap; cirkustrupp
trousers ['traʊzəz] *s pl* [lång]byxor [*a pair of ~*]; *~ pocket* byxficka; *wear the ~* [*in the family*] vard. vara herre i huset, bestämma var skåpet ska stå
trouser suit ['traʊzəsuːt, -sjuːt] *s* byxdress
trousseau ['truːsəʊ] (pl. *~s* el. *~x* [-z]) *s* [brud]utstyrsel; brudkista
trout [traʊt] *s* **1** (pl. lika) zool. forell; [*salmon*] *~* laxöring **2** sl., [*old*] *~* [gammal] käring (skräcködla)
trowel ['traʊ(ə)l] *s* **1** murslev; *lay it on with a ~* bildl. bre på [tjockt], smickra grovt **2** trädg. planteringsspade
truancy ['truːənsɪ] *s* skolk [från skolan]

truant ['truːənt] *s* skolkare; dagdrivare; *play ~* skolka [från skolan]
truce [truːs] *s* [vapen]stillestånd, vapenvila; [*party*] *~* polit. borgfred; *flag of ~* mil. parlamentärflagg[a]
1 truck [trʌk] *s* **1** [öppen] godsvagn **2** isht amer. lastbil; *long distance ~* långtradare **3** a) truck b) transportvagn; skjutvagn, skottkärra; dragkärra, handkärra [äv. *hand ~*]; bagagevagn, bagagekärra c) amer. rullbord
2 truck [trʌk] *s* **1** byteshandel, [ut]byte; köp; affär **2** vard. affärer; samröre, mellanhavanden; *I'll have no ~ with him* jag vill inte ha [något] med honom att göra
truckle ['trʌkl] **I** *vb itr* **1** falla undan, underkasta sig **2** krypa, krusa, svansa, fjäska [*to a p.* för ngn; *for a th.* för att få ngt] **II** *s, ~ [bed]* utdragssäng, undersäng på hjul
truculence ['trʌkjʊləns] *s* stridslystnad, aggressivitet
truculent ['trʌkjʊlənt] *adj* stridslysten
trudge [trʌdʒ] **I** *vb itr* traska (lunka, kliva) [mödosamt], gå tungt, släpa sig fram **II** *vb tr* traska (lunka, släpa sig) fram på **III** *s* [mödosamt] traskande
true [truː] **I** *adj* **1** a) sann, sannfärdig, sanningsenlig b) riktig, rätt, precis, exakt c) egentlig [*the frog is not a ~ reptile*]; äkta [*a ~ diamond*], verklig, uppriktig, sann [*a ~ friend, ~ love*]; *how ~!* el. *quite ~!* alldeles riktigt!, det är så sant som det är sagt!; [*it is*] *~* medgivande det är sant, visserligen [*he is rich, it is ~, but...*]; *that's ~!* äv. där sa du ett sant ord!; *come* (*prove*) *~* bli verklighet, slå in, besannas [*his suspicions (words) came ~*]; *his dream came ~* äv. hans dröm gick i uppfyllelse; *hold* (*be*) *~* hålla streck, gälla, vara giltig, äga giltighet [*of* i fråga om, beträffande, för] **2** trogen, trofast, lojal [*to* mot]; *be ~ to a p.* (*a th.*) äv. vara ngn (ngt) trogen, vara trogen ngn (ngt); *be* (*run*) *~ to form* (*type*) vara typisk (karakteristisk, normal); *~ to life* verklighetstrogen; *~ to nature* naturtrogen; *~ to oneself* trogen sin övertygelse; karaktärsfast **3** isht tekn. rät, grad; rätt (noga) avpassad (inpassad) **4** sjö. rättvisande [*~ north* (*course*)]; *~ north* äv. rakt norrut **5** mus. ren [*~ pitch*] **II** *adv* **1** sant **2** fullkomligt; precis, exakt; rätt [*aim ~*] **III** *s* tekn., *out of ~* felaktig; vind, sned; ur led (läge)
true-blue [,truː'bluː, attr. '--] **I** *adj* **1** äktblå **2** bildl. [tvätt]äkta [*a ~ Conservative*]; trofast **II** *s, he is a ~* polit. han är mörkblå
truffle ['trʌfl] *s* kok. tryffel
truism ['truːɪz(ə)m] *s* truism, plattityd
truly ['truːlɪ] *adv* **1** sant [*~ human*], verkligt [*a ~ beautiful picture*], riktigt [*~ good*]; uppriktigt [*~ grateful*]; verkligen [*~, she is beautiful*] **2** riktigt, exakt, precis [*~ correct*]

3 troget, trofast **4 a)** i brev *Yours ~* Högaktningsfullt; *Yours very ~* Med utmärkt högaktning **b)** *that won't do for yours ~* skämts. det gillar inte undertecknad, det duger (räcker) inte åt en annan **5** litt. i sanning, sannerligen

1 trump [trʌmp] **I** *s* **1** kortsp. trumf äv. bildl.; trumfkort; trumffärg; *~ card* trumf[kort] äv. bildl.; *no ~s* sang; *hearts are ~s* hjärter är trumf; *hold ~s* ha (sitta med) trumf på hand äv. bildl.; *play ~s* spela trumf; *turn up ~s* vard. a) slå väl ut, lyckas [bättre än väntat] b) ha tur c) ställa upp, ge ett handtag [*turn up ~s in a crisis*]; *ace of ~s* trumfäss äv. bildl. **2** vard. hedersknyffel **II** *vb tr* **1** kortsp. trumfa över **2** bildl., *~ up* duka upp, koka ihop [*~ up a lie (story)*], konstruera [*~ up evidence*]

2 trump [trʌmp] *s* åld. el. litt. trumpet; trumpetstöt; *the last ~* el. *the ~ of doom* domsbasunen

trumpery ['trʌmpərɪ] *s* krimskrams

trumpet ['trʌmpɪt] **I** *s* **1** trumpet; signalhorn; *blow (play) the ~* blåsa (spela) trumpet; *blow one's own ~* se *1 blow I 1* **2** hörlur för lomhörd **3** [tal]tratt, megafon **4** trumpet[are] i orkester **II** *vb tr* trumpeta [ut]; isht bildl. basunera ut, förkunna [äv. *~ forth*] **III** *vb itr* blåsa trumpet; trumpeta

trumpeter ['trʌmpɪtə] *s* trumpetare

truncate [trʌŋ'keɪt] *vb tr* stympa äv. geom.; skära (hugga, klippa) av (bort), korta av äv. bildl.; stubba

truncheon ['trʌn(t)ʃ(ə)n] *s* batong

trundle ['trʌndl] *vb tr* o. *vb itr* rulla [*~ a hoop*], trilla

trunk [trʌŋk] *s* **1** [träd]stam **2** bål kroppsdel **3** koffert, trunk; amer. äv. bagageutrymme, bagagelucka i bil; *~ murder* koffertmord **4 a)** zool. snabel **b)** sl. kran, snok näsa **5** pl. *~s* a) idrottsbyxor, shorts b) badbyxor c) kalsonger **6** amer. tele., pl. *~s* riksstation[en]

trunk call ['trʌŋkkɔːl] *s* tele. (ngt åld.) rikssamtal

trunk road ['trʌŋkrəʊd] *s* riksväg, huvudväg

truss [trʌs] **I** *vb tr* **1** byggn., *~ [up]* förstärka, armera, staga, stötta **2** *~ [up]* a) binda [*~ hay*; *~ up a p. with rope*] b) kok. binda upp före tillredning [*~ up a chicken*] **II** *s* **1** byggn. spännverk, hängverk; fackverk; taklag, takstol; stötta, konsol; [bjälk]förbindning **2** bunt, packe; [hö]knippa av viss vikt **3** med., [*hernial*] *~* bråckband

trust [trʌst] **I** *s* **1** förtroende [*in* för], förtröstan [*in* på], tillit [*in* till], tilltro, tro [*in* till, på]; *put (place) one's ~ in* sätta sin lit till; *position of ~* betrodd (ansvarsfull) ställning; *on ~* i god tro; *take a th. on ~* godta (acceptera) ngt utan vidare **2** hand. kredit [*obtain goods on* (på) *~*] **3** ansvar, omvårdnad, vård; jur. hand. förvaltning;

förvaltarskap; *~ company* förvaltningsbolag, investeringsbolag; *hold a th. in ~* [*for a p.*] förvalta ngt åt ngn; *be held in ~* el. *be under ~* stå under förvaltning, förvaltas **4** a) förtroendeuppdrag b) plikt **5** jur. anförtrott gods, deposition; fideikomiss **6** a) hand. trust [*steel ~*] b) sammanslutning; stiftelse; *the National T~* i Storbritannien, ung. riksantikvarieämbetet **II** *vb tr* **1** a) lita på, hysa (ha) förtroende för b) sätta tro till, tro på **2** a) tro [fullt och fast] [*a p. to do a th.* att ngn gör ngt] b) hoppas [uppriktigt (innerligt)] [*I ~ you're well*]; *~ me to do that!* jag lovar att jag gör det!; *~ him to [forget her birthday]!* iron. [det är] typiskt honom att…! **3** *~ a p. with a th.* anförtro ngn ngt (ngt åt ngn); *~ a p. to do a th.* överlåta åt ngn att göra ngt; *I couldn't ~ myself to do it* jag skulle aldrig våga göra det **4** hand., *~ a p.* [*for a th.*] ge (lämna) ngn kredit [på ngt] **III** *vb itr* lita, förlita sig, tro [*in (to)* på], sätta sin lit [*in (to)* till]; *~ in God* förtrösta på Gud; *~ to luck* lita på turen

trustee [ˌtrʌˈstiː] *s* **1** jur. förtroendeman; förvaltare; god man, förmyndare **2** styrelsemedlem; pl. *~s* äv. styrelse **3** polit. förvaltande myndighet (stat) under FN:s förvaltarskapsråd

trusteeship [ˌtrʌˈstiːʃɪp] *s* **1** förvaltarskap äv. polit.; förmynderskap **2** förvaltarskapsområde

trustful ['trʌstf(ʊ)l] *adj* förtroendefull, förtröstansfull, tillitsfull

trusting ['trʌstɪŋ] *adj* tillitsfull, förtroendefull; godtrogen

trustworthy ['trʌstˌwɜːðɪ] *adj* pålitlig, trovärdig [*a ~ person*], tillförlitlig [*a ~ dictionary*], vederhäftig

trusty ['trʌstɪ] *adj* åld. el. skämts. trogen, pålitlig, trofast; *my ~ sword* äv. mitt goda svärd

truth [truːθ, i pl. truːðz, truːθs] *s* **1** sanning; sannfärdighet, sanningsenlighet, riktighet, sanningshalt; verklighet, faktum; *~ is stranger than fiction* verkligheten överträffar dikten; *the ~ of the matter* det verkliga förhållandet, sanningen; *~ will out* förr eller senare kommer sanningen fram; *tell (speak, say) the ~* säga sanningen, tala sanning; *to tell the ~* [, *I forgot all about it*] sanningen att säga…, ärligt talat…, uppriktigt sagt…; *tell a p. some home ~s* säga ngn några beska sanningar (några sanningens ord); [*there's not*] *a word of ~ in it* …ett sant ord i det **2** riktighet, noggrannhet, exakthet; isht tekn. precision **3** verklighetstrohet, realism hos konstverk o.d.

truthful ['truːθf(ʊ)l] *adj* **1** sannfärdig, sanningsälskande, uppriktig [*a ~ person*] **2** sann, sanningsenlig [*a ~ statement*]; riktig **3** om konst o.d. verklighetstrogen, realistisk

try [traɪ] **I** *vb tr* **1** försöka **2** a) försöka med [*~*

trying

knocking (att knacka) *at the door*], prova, pröva [*have you tried this new recipe?*], pröva 'på b) göra försök med, prova; *he tried his best* [*to beat me*] han gjorde sitt bästa (yttersta)...; ~ *one's hand at a th.* försöka (ge) sig på ngt **3** sätta på prov [~ *a p.'s patience*], pröva; anstränga, fresta [på] [*bad light tries the eyes*] **4** jur. a) behandla, handlägga; döma i [*which judge will* ~ *the case?*] b) anklaga, åtala [*be tried for murder*], ställa inför rätta **5** med adv.: ~ *on* a) prova [~ *on a new suit*] b) vard., *don't* ~ *it* (*your tricks*) *on with me!* försök inte [några knep] med mig!; ~ *out* [grundligt] pröva ([ut]prova); ~ *over* dra (gå, sjunga, spela) igenom **II** *vb itr* försöka [*at* med], försöka sig [*at* på]; ~ *as I would* (*might*) el. ~ *all I knew* hur jag än försökte; ~ *for* försöka [upp]nå; söka [~ *for a position*], ansöka om **III** *s* **1** försök; *have a* ~ [*at a th.*] göra ett försök [med ngt], pröva [ngt] **2** rugby. försök, try tre poäng

trying ['traɪɪŋ] *adj* ansträngande, påfrestande, krävande, pressande [*to* för; *a* ~ *day* (*journey*); ~ *work*], besvärlig [*a* ~ *boy*]

try-on ['traɪɒn] *s* **1** provning av kläder o.d. **2** vard. försök[sballong], trevare; chansning; bluff; *it was just a* ~ äv. han (de etc.) försökte bara

try-out ['traɪaʊt] *s* **1** [ut]provning, prov; undersökning, försök; *give a th. a* ~ pröva ngt [grundligt] **2** isht sport. uttagningsprov

tsar [zɑː, tsɑː] *s* m.fl., se *czar* m.fl.

tsetse ['tsetsɪ, 'tsetsɪ] *s* o. **tsetse-fly** ['tetsɪflaɪ, 'tset-] *s* zool. tsetsefluga

T-shirt ['tiːʃɜːt] *s* T-shirt, T-tröja

tsp. förk. för *teaspoonful*

T-square ['tiːskweə] *s* vinkellinjal

tub [tʌb] *s* **1** balja, bytta [*a* ~ *of butter*], tunna [*a rain-water* ~]; tråg; [stor] kruka; ss. mått äv. fat, kagge **2** vard. a) [bad]kar b) ngt åld. [kar]bad **3** [glass]bägare

tuba ['tjuːbə] *s* mus. tuba

tubby ['tʌbɪ] *adj* rund[lagd], trind, knubbig

tube [tjuːb] *s* **1** rör [*steel* ~]; tekn. äv. tub; slang [*rubber* ~]; mil. eldrör; ~ *sock* tubsocka, tubstrumpa; *inner* ~ innerslang; *go down the* ~[*s*] vard. gå åt pipan (skogen) **2** tub [*a* ~ *of toothpaste* (*paint*)] **3** a) vard. T-bana, tunnelbana [*take the* ~; *go by* ~] b) tunnel för T-bana; ~ *train* T-banetåg **4** radio., TV. m.m. a) amer. rör b) [*picture*] ~ bildrör c) amer. vard., *the* ~ burken, TV **5** anat. el. biol. rör, kanal, gång; bot. äv. pip

tubeless ['tjuːbləs] *adj* slanglös [*a* ~ *tyre*]

tuber ['tjuːbə] *s* bot. knöl; rotknöl, stamknöl

tubercular [tjʊ'bɜːkjʊlə] *adj* med. tuberkulös

tuberculosis [tjʊˌbɜːkjʊ'ləʊsɪs] *s* med. tuberkulos

tubing ['tjuːbɪŋ] *s* rör [*a piece of copper* ~], slang [*a piece of rubber* ~]

tub-thumper ['tʌbˌθʌmpə] *s* vard. svavelpredikant; skränfock

tubular ['tjuːbjʊlə] *adj* rörformig, tubformig, rör- [~ *skate*], tub-; ~ *bridge* rörbro; ~ [*steel*] *furniture* stålrörsmöbler

TUC [ˌtiːjuːˈsiː] *s* (förk. för *Trades Union Congress*), *the* ~ brittiska LO

1 tuck [tʌk] **I** *vb tr* **1** stoppa [in (ner)] [~ *the money into your wallet*], sticka, gömma [*the bird* ~*ed its head under its wing*]; ~ *away* stoppa (gömma) undan; ~ *in* stoppa in (ner) [~ *in your shirt*], vika in; ~ *the children in* [*bed*] (*into bed, up* [*in bed*]) stoppa om barnen; *he* ~*ed himself up in bed* han drog (svepte) täcket om sig **2** ~ [*up*] kavla (vika) upp [*he* ~*ed up his shirtsleeves*], fästa (dra) upp [*she* ~*ed up her skirt*] **3** sömnad. rynka, vecka; ~ *up* lägga upp **4** vard., ~ [*away* (*in*)] glufsa (stoppa) i sig [*he* ~*ed away a big meal*], lägga in **II** *vb itr* vard., ~ *in* hugga för sig [av maten], lägga sig in; ~ *into* hugga in på, gå lös på [*he* ~*ed into the cold ham*] **III** *s* **1** sömnad. o.d. veck, invikning, uppläggning, uppslag **2** skol. vard. kakor och godis

2 tuck [tʌk] *s* amer. vard., se *tuxedo*

tuck shop ['tʌkʃɒp] *s* vard. kondis, godisaffär i el. nära en skola

Tues. förk. för *Tuesday*

Tuesday ['tjuːzdeɪ, -dɪ isht attr.; amer. äv. 'tuː-] *s* tisdag; jfr *Sunday*

tuft [tʌft] **I** *s* **1** tofs; tott, test; ~ *of wool* ulltapp, ulltott **2** tuva [*a* ~ *of grass*] **II** *vb tr* pryda med en tofs (tofsar)

tufted ['tʌftɪd] *adj* **1** tofsprydd, tofsförsedd **2** buskig, lummig; tuvig

tug [tʌg] **I** *vb tr* **1** dra, streta med; släpa [på], hala; rycka (slita) i **2** bogsera **II** *vb itr* dra, streta [och dra], rycka, slita [*the dog* ~*ged at the leash* (i kopplet)] **III** *s* **1** ryck, ryckning, tag, drag; *give a* ~ *at a th.* el. *give a th. a* ~ dra (rycka) kraftigt i ngt **2** kraftansträngning, kraftmätning, kraftprov; svårighet; kamp **3** bogserbåt, bogserare

tugboat ['tʌɡbəʊt] *s* bogserbåt

tug-of-love [ˌtʌɡəv'lʌv] *adj*, ~ *child* barn som kommer i kläm i vårdnadstvist

tug-of-war [ˌtʌɡə(v)'wɔː] *s* dragkamp; bildl. kraftmätning

tuition [tjʊ'ɪʃ(ə)n] *s* undervisning [*private* ~], handledning

tulip ['tjuːlɪp] *s* tulpan

tulle [tjuːl] *s* tyll

tumble ['tʌmbl] **I** *vb itr* **1** a) ramla, falla, trilla, störta; ~ *down* (*over*) ramla etc. ner (omkull), tumla omkull; ~ *into the water* trilla i vattnet; ~ *over a th.* snava (snubbla) över ngt b) om byggnad o.d., ~ [*down*] störta samman, rasa; [*the old barn*] *is tumbling to pieces* ...är fallfärdig c) om priser o.d. rasa d) om makthavare o.d. falla, störtas **2** tumla [*the boys* ~*d out of the classroom*], ramla; rulla

[*the coins ~d out on* [*to*] *the table*]; ~ *into bed* stupa (ramla) i säng **3 a**) ~ [*about*] tumla runt [*they ~d in the grass*]; bildl. virvla (snurra) runt **b**) om vågor vältra sig, vräka [sig], rulla **4** göra akrobatkonster (volter), slå kullerbyttor **5** bildl., ~ *on* (*upon, across*) *a p*. [oförmodat] stöta ihop med ngn; ~ *to a th.* vard. komma på (komma underfund med) ngt **II** *vb tr* **1** vräka, kasta, knuffa [~ *down* (*out, into*)], vräka etc. omkull **2** kasta (slänga) omkring **3** vard. komma underfund med, genomskåda **III** *s* **1** fall äv. bildl.; störtning, [ned]störtande; om priser äv. ras; *he had a nasty* ~ han ramlade omkull och slog sig illa; *take a* ~ a) ramla omkull b) bildl. falla, störtas [*the great man finally took a* ~] **2** kullerbytta, volt **3** röra, villervalla, oreda
tumbledown ['tʌmbldaʊn] *attr adj* fallfärdig, förfallen, rucklig; *a* ~ *old building* (*shack*) äv. ett gammalt ruckel
tumble-drier ['tʌmbl‚draɪə] *s* torktumlare
tumble-dry ['tʌmbldraɪ] *vb tr* [tork]tumla, torka i torktumlare
tumbler ['tʌmblə] *s* **1** [dricks]glas utan fot; tumlare **2** tillhållare i lås **3** [tork]tumlare **4** [golv]akrobat
tumbleweed ['tʌmblwi:d] *s* bot. marklöpare, stäpplöpare
tumescence [tju:'mesns] *s* ansvällning, svullnande; svullnad
tumescent [tju:'mesnt] *adj* svullnande, svullen
tumid ['tju:mɪd] *adj* **1** svullen, uppsvälld **2** svulstig, bombastisk
tumidity [tju:'mɪdətɪ] *s* **1** svullnad, uppsvälldhet **2** svulstighet
tummy ['tʌmɪ] *s* vard., mest barnspr. mage
tumour ['tju:mə] *s* tumör, svulst, växt
tumult ['tju:mʌlt] *s* **1** tumult, upplopp; kalabalik **2** bildl. utbrott [~ *of joy*]; upprördhet; förvirring; *be in a* ~ vara i uppror
tumultuous [tjʊ'mʌltjʊəs] *adj* **1** tumultartad [*a* ~ *reception*]; stormande [~ *applause*]; bråkig, stormig [*a* ~ *political meeting*] **2** våldsam, häftig
tumul|us ['tju:mjʊl|əs] (pl. -*i* [-aɪ] el. -*uses*) *s* gravhög, gravkulle, gravkummel
tun [tʌn] *s* **1** tunna, fat; ss. rymdmått för vin m.m. = 252 *gallons* = omkring 1 146 liter **2** jäskar, mäskkar
tuna ['tju:nə, 'tʌnə] *s* zool. [stor] tonfisk [äv. ~ *fish*]
tundra ['tʌndrə] *s* tundra
tune [tju:n] **I** *s* **1** melodi; låt; *call the* ~ bildl. ange tonen, bestämma; *change one's* ~ el. *sing another* (*a different*) ~ bildl. ändra ton, stämma ner tonen; [*when he heard that,*] *he changed his* ~ äv. ...blev det ett annat ljud i skällan; *dance to a p.'s* ~ bildl. dansa efter ngns pipa **2** [riktig] stämning hos instrument; [*the piano*] *is in* ~ (*out of* ~) ...är stämt (ostämt); *keep in* ~ hålla stämningen; hålla tonen, sjunga rent; *sing* (*play*) *in* ~ (*out of* ~) sjunga (spela) rent (orent, falskt) **3** bildl. harmoni, samklang; *be in* ~ (*out of* ~) *with* stå i (inte stå i) samklang med, hålla (inte hålla) med om [*be in* ~ (*out of* ~) *with current ideas*] **4** *to the* ~ *of* till ett belopp av [inte mindre än] **II** *vb tr* **1** stämma [~ *a piano*] **2** radio. avstämma; ställa in [äv. ~ *in*]; ~ *in another station* ta in en annan station; *the radio is not properly ~d in* radion är inte riktigt inställd; *stay ~d* uppmaning i radio fortsätt lyssna (TV. titta) på den här stationen (det här programmet) **3** ~ *up* finjustera, trimma motor o.d. **4** bildl. avstämma, avpassa [*to* efter]; *be ~d* [*in*] *to* a) passa ihop med, harmoniera med b) vara lyhörd (mottaglig) för [*he is well ~d in to his surroundings*] **III** *vb tr* **1** ~ *up* a) stämma [instrumenten] b) stämma upp, börja spela (sjunga) **2** radio., ~ *in* ställa in [radion] [~ *in to* (på) *the BBC*]; ~ *in to another station* ta in en annan station
tuneful ['tju:nf(ʊ)l] *adj* melodisk, melodiös
tuneless ['tju:nləs] *adj* omelodisk
tuner ['tju:nə] *s* **1** stämmare [*piano-tuner*] **2** radio. o.d. tuner mottagare utan effektförstärkare
tungsten ['tʌŋstən, -stən] *s* kem. volfram
tunic ['tju:nɪk] *s* **1** vapenrock; för t.ex. polis uniformskavaj **2** tunika äv. antik.; tunik **3** [*gym*] ~ flickas gymnastikdräkt
tuning-fork ['tju:nɪŋfɔ:k] *s* mus. stämgaffel
Tunis ['tju:nɪs] geogr.
Tunisia [tjʊ'nɪzɪə, -ɪsɪə] Tunisien
Tunisian [tjʊ'nɪzɪən, -ɪsɪən] **I** *adj* tunisisk **II** *s* tunisier
tunnel ['tʌnl] **I** *s* tunnel; underjordisk gång; *see the light at the end of the* ~ bildl. se ljuset vid tunnelns slut **II** *vb tr* **1** bygga (gräva, spränga) en tunnel genom (under) [~ *a mountain*]; bygga (gräva, spränga) i form av en tunnel [~ *a passage under a river*] **2** *the river ~led its way* [*through the mountain*] floden flöt [som] i en tunnel... **3** borra igenom; underminera **III** *vb itr* bygga (gräva, spränga) en tunnel (tunnlar) [~ *through the Alps*]
tunnel vision ['tʌnl‚vɪʒ(ə)n] *s* **1** isht psykol. tunnelseende **2** bildl. trångsynthet
tunny ['tʌnɪ] *s* o. **tunny fish** ['tʌnɪfɪʃ] *s* zool. tonfisk
tup [tʌp] **I** *s* bagge, gumse **II** *vb tr* om bagge betäcka
tuppence ['tʌp(ə)ns] *s* vard., se *twopence*; *not worth* ~ inte värd ett rött öre
tuppenny ['tʌp(ə)nɪ] *adj* o. *s* vard., se *twopenny*
turban ['tɜ:bən] *s* turban

turbaned ['tɜːbənd] *adj* iförd (med) turban, turbanklädd
turbine ['tɜːbaɪn, -bɪn] *s* turbin [*steam* ~]
turbo-jet ['tɜːbəʊdʒet] **I** *s* **1** turbojetmotor **2** turbojetplan **II** *adj* turbojet- [~ *engine*]
turbo-prop ['tɜːbəʊprɒp] **I** *s* **1** turbopropmotor **2** turbopropplan **II** *adj* turboprop- [~ *engine*]
turbot ['tɜːbət] *s* zool. piggvar
turbulence ['tɜːbjʊləns] *s* oro, upprördhet
turbulent ['tɜːbjʊlənt] *adj* orolig, stormig [*the* ~ *years of the revolutionary period*], upprörd [~ *waves* (*feelings*)], häftig, våldsam
turd [tɜːd] *s* vulg. skit äv. om pers.; bajskorv, lort
tureen [təˈriːn, tʊ'r-, tjʊ'r-] *s* soppskål, terrin
turf [tɜːf] **I** (pl. *turfs* el. *turves*) *s* **1** a) [gräs]torv b) [gräs]torva **2** kapplöpn., *the* ~ a) kapplöpningsbanan, turfen b) hästsporten, hästkapplöpningarna, turfen; ~ *accountant* el. ~ *commission agent* bookmaker **II** *vb tr* **1** torvtäcka, täcka med torv **2** ~ [*out*] sl. slänga (kasta) ut; sparka [*he was ~ed out of the club*]
turgid ['tɜːdʒɪd] *adj* **1** svullen, uppsvälld **2** svulstig, bombastisk
turgidity [tɜːˈdʒɪdətɪ] *s* **1** svullnad, uppsvälldhet **2** svulstighet
Turk [tɜːk] *s* turk; *the* ~ äv. koll. turken, turkarna
Turkey ['tɜːkɪ] geogr. Turkiet; *attr.* turkisk; ~ *carpet* turkisk matta
turkey ['tɜːkɪ] *s* **1** kalkon **2** amer. vard., *cold* ~ a) rent språk, ord och inga visor b) snabbavtändning [*a cold* ~ *cure*], tvärstopp [med knark] **3** isht amer. vard., *talk* ~ tala allvar, komma till saken **4** isht amer. sl. fiasko, flopp; urusel pjäs; kalkonfilm
Turkish ['tɜːkɪʃ] **I** *adj* turkisk; ~ *bath* turkiskt bad, turk; *it's like a* ~ *bath in here* det är [hett] som i en bastu här inne; ~ *delight* slags konfekt marmelad med pudersocker; ~ *towel* frottéhandduk **II** *s* turkiska [språket]
Turkmenistan [ˌtɜːkmenɪˈstɑːn] geogr.
Turkoman ['tɜːkəmən] **I** *s* **1** (pl. ~*s*) turkmen, turkoman **2** turkmeniska [språket] **II** *adj* turkmenisk
turmeric ['tɜːmərɪk] *s* bot., farmakol. el. kok. gurkmeja
turmoil ['tɜːmɔɪl] *s* vild oordning [*the town was in a* ~], kaos, tumult; villervalla, virrvarr, röra; förvirring [*mental* ~], oro, jäsning
turn [tɜːn] (se äv. fraser med *turn* under t.ex. *corner, deaf, nose, somersault* o. *table*) **I** *vb tr* (se äv. *III*) **1** vända, vända (vrida) på [~ *one's head*]; ~ *one's back* [*up*]*on a p.* bildl. vända ngn ryggen; ~ *the other cheek* vända andra kinden till; ~ *a* (*one's*) *hand to* ta itu med, ägna sig åt [*he ~ed his hand to gardening*]; [*the very thought of food*] ~*s my stomach* ...får det att vända sig i magen på mig **2 a)** vrida [på], vrida om [~ *the key in the lock*]; skruva [på], snurra [på], sno, veva, svänga [på (runt)]; ~ *a p.'s head* stiga ngn åt huvudet [*success had not ~ed his head*] **b)** svarva [till]; dreja **c)** formulera [*neatly ~ed compliments*] **3 a)** vika (vända) om, svänga runt [~ *a corner*], runda [~ *Cape Horn*] **b)** mil. kringgå **4** rikta, vända [~ *the hose on* (mot) *the fire*] **5 a)** göra [~ *grey*]; *it's enough to* ~ *my hair grey* det ger mig gråa hår **b)** komma att surna [*hot weather may* ~ *milk*] **c)** ~ *into* göra till, förvandla (göra om) till [~ *a bedroom into a study*] **6** fylla år; *he has* (*is*) ~*ed fifty* han har fyllt femtio **7** *it has* (*is*) *just ~ed three* [*o'clock*] klockan är lite över tre **8** skicka [bort]; visa (köra) bort [~ *a p. from one's door*]; ~ *loose* släppa; släppa ut
II *vb itr* (se äv. *III*) **1** vända [om], vända sig om, vända sig [~ *to* (mot) *the wall*; ~ *on one's side*]; *it makes my stomach* ~ [det är så att] det vänder sig i magen på mig; *left* (*right*) ~*!* vänster (höger) om!; ~ *to the left* (*right*) göra vänster (höger) om (jfr *3* nedan); *not know where* (*which way*) *to* ~ inte veta vad man ska ta sig till, inte veta vart man ska vända sig **2 a)** svänga [runt], snurra [runt], vrida sig [runt], rotera; ~ *on one's heel*[*s*] vända på klacken **b)** svarva; dreja **3** vika av, ta av, böja av, svänga; ~ [*to the*] *right* ta (vika) av till höger, svänga [av] åt höger **4 a)** bli [~ *pale* (*sour*); ~ *Catholic* (*traitor*)]; ~ *pale* (*sour*) äv. blekna (surna) **b)** bli sur, surna [*the milk has ~ed*] **c)** ~ *into* (*to*) bli till [*the water had ~ed* [*in*]*to ice*], förvandlas till [*the prince ~ed into a frog*], övergå till (i)
III *vb tr* o. *vb itr* med adv. o. prep.:
~ *about* vända [med] [~ *a car about*]; [vrida och] vända på; vända sig om; *about* ~*!* helt om!; *right* (*left*) *about* ~*!* [helt] höger (vänster) om!
~ *against* vända sig mot
~ *around* isht amer., se ~ *round*
~ *aside*: **a)** gå (stiga, dra sig) åt sidan, vika undan; vända sig bort **b)** avvika [~ *aside from one's subject*] **c)** avvända, avvärja
~ *away*: **a)** vända sig bort; vända (vrida) bort [~ *one's head away*] **b)** köra bort; avvisa
~ *back*: **a)** driva (slå) tillbaka [~ *back the enemy*]; avvisa **b)** vända [och gå] tillbaka, vända [om], återvända, komma tillbaka; *there is no ~ing back* det finns ingen återvändo **c)** vika undan (tillbaka) [~ *back the coverlet* (täcket)]
~ *down*: **a)** vika (slå, fälla) ner **b)** skruva ner [~ *down the gas*] **c)** avvisa, förkasta [~ *down an offer*], avslå [*his request was ~ed down*]; *he was ~ed down* han fick avslag (korgen); *have a th. ~ed down* få avslag på ngt **d)** ~ *down* [*into*] svänga (vika) in på **e)** vända upp och ner på
~ *in*: **a)** vika (vända, böja, kröka) [sig] inåt, vara vänd etc. inåt **b)** lämna (skicka) in

(tillbaka) [*he ~ed in his membership card*]; *~ in one's car for a new one* byta till en ny bil **c)** åstadkomma, komma med [*~ in a bad piece of work*] **d)** ange [*somebody had ~ed him in*]; *~ oneself in* anmäla sig; *~ a p. in to the police* överlämna ngn till polisen **e)** vard. sluta upp med; ge upp; *~ it in!* lägg av [med det där]!
~ **into: a)** svänga (vika, slå) in på **b)** göra till etc., se *I* 5 *c*); bli till etc., se *II* 4 *c*)
~ **off: a)** vrida (skruva, stänga) av [*~ off the water (radio)*]; *~ off the light* äv. släcka [ljuset] **b)** vika (svänga, ta) av [*~ off to the left*] **c)** vard. stöta, beröra illa [*his manner ~s me off*], avskräcka; *~ a p. off a th.* få ngn att tappa lusten för ngt
~ **on: a)** vrida (skruva, sätta) på [*~ on the radio*]; *~ on the electricity* släppa på strömmen; *~ on the light* tända [ljuset] **b)** röra sig om (kring) [*the conversation ~ed on politics*] **c)** bero (hänga) på [*everything ~s on your answer*] **d)** vända sig mot, gå lös på [*the dog ~ed on his master*]; ge sig på **e)** vard., *it (he) ~s me on* jag tänder på det (honom)
~ **out: a)** vika (vända, böja, kröka) [sig] utåt, vara vänd etc. utåt **b)** släcka [*~ out the light*] **c)** producera, framställa, tillverka [*the factory ~s out 5,000 cars a week*] **d)** om skola o.d. utbilda [*~ out pupils (trained nurses)*], släppa ut **e)** köra (kasta) ut; köra bort [*~ a p. out of* (från) *his job*]; utesluta [*~ a p. out of* (ur) *a club*]; *~ a p. out [of doors]* köra ngn på porten; *~ out a tenant* vräka en hyresgäst **f)** *~ out [to grass]* släppa ut [på bete] **g)** röja ur, tömma [*~ out the drawers in one's desk*]; *~ out one's pockets* tömma fickorna **h)** kok. stjälpa upp **i)** möta (ställa) upp, gå (rycka) ut [*everybody ~ed out to greet him*]; *~ out to a man* gå man ur huse **j)** utfalla, avlöpa, sluta [*I don't know how it will ~ out*]; *~ out well (badly)* äv. slå väl (illa) ut; *everything ~s out for the best in the end* allt ordnar sig till slut **k)** arta sig till, bli [*she has ~ed out a pretty girl*]; *he ~ed out to be* el. *it ~ed out that he was* han visade sig vara, det visade sig att han var **l)** ekipera, styra ut; *she was beautifully ~ed out* hon var elegant klädd
~ **over: a)** vända [på], vända upp och ner på; vända [på] sig **b)** *~ over the page* vända på bladet, vända blad; *please ~ over!* [var god] vänd! **c)** välta (stjälpa) [omkull], kasta (få) omkull **d)** överlåta [*the job was ~ed over to* (till, på) *another man*], överlämna [*~ a p. over to the police*] **e)** hand. omsätta [*they ~ over £10,000 a week*] **f)** *~ a problem over [in one's mind]* vända och vrida på ett problem
~ **round: a)** vända [med], vända (vrida) på [*~ one's head round*]; vända sig om, vända på sig **b)** svänga (snurra, vrida [sig]) runt; *his head ~ed round* det snurrade i huvudet på honom
~ **to: a)** vända sig [om] mot; vända sig till [*~ to a p. for* (föra att få) *help*], hänvända sig till, anlita; gå till, slå upp i [*please ~ to the end of the book*]; *~ to page 10* slå upp sidan 10 **b)** övergå till [*the speaker now ~ed to the 19th century*]; *the conversation ~ed to politics* samtalet kom in på politik
~ **up: a)** vika (slå, fälla) upp [*~ up one's collar*], kavla upp; vika (vända, böja) sig uppåt, vara uppåtvänd etc. **b)** skruva upp [*~ up the gas*]; tända [*~ up the lights*]; *~ up the volume* skruva upp volymen (ljudet) **c)** slå upp [*~ up a th. in a book*] **d)** lägga ett spelkort med framsidan uppåt, vända upp **e)** dyka upp [*he has not ~ed up yet*; *I expect something to ~ up*], komma till rätta, infinna sig; yppa sig [*an opportunity will ~ up*], uppstå [*if any difficulties should ~ up*]

IV *s* **1** vändning, vridning; svängning, sväng [*left ~*]; varv, omgång, slag; *~ of the scale[s]* på våg utslag; *~ of the screw* skärpning, intensifiering, se äv. ex. under *screw I 1*; *to a ~* på pricken; perfekt; *done to a ~* lagom stekt (kokt) **2** [väg]krök, sväng [*the road takes (gör) a sudden ~ to the left*], krok; *at every ~* vid varje steg, vart man vänder sig **3 a)** [om]svängning, förändring; *a ~ for the worse (better)* en vändning till det sämre (bättre); [*his health*] *took a ~ for the worse* ...försämrades; *the ~s of fortune* ödets växlingar; *~ of the tide* tidvattensskifte, bildl. strömkantring, omsvängning **b)** *the ~ of the century* sekelskiftet **4 a)** tur; *it's my ~* det är min tur; *take ~s in (at) doing a th.* el. *take it in ~[s] (by ~s) to do a th.* turas om att göra ngt; *by ~s* i tur och ordning; i omgångar; växelvis; *he spoke [English and Swedish] by ~s* han talade omväxlande...; *she laughed and cried by ~s* hon skrattade och grät om vartannat; *in ~* a) i tur och ordning [*we were examined in ~*]; växelvis b) i sin tur, åter[igen] [*and this, in ~, means...*]; *speak out of [one's] ~* a) tala när man inte står i tur b) uttala sig taktlöst **b)** *take a ~ at* hjälpa till ett tag vid (med) **5** tjänst; *one good ~ deserves another* den ena tjänsten är den andra värd; *do a p. a good ~* göra ngn en stor tjänst; *a bad ~* en otjänst, en björntjänst **6 a)** läggning; *~ of mind* sinnelag; tänkesätt **b)** *~ of speed* snabbhet **7** *serve a p.'s ~* tjäna (passa) ngns syfte, komma ngn till pass; *it serves its ~* det tjänar sitt syfte **8** liten tur; *take a ~ [round the garden]* gå en sväng (ett varv)..., göra en vända... **9** nummer på varieté o.d.; *star ~* se *star turn* **10** vard. chock; *it gave me a terrible ~* äv. jag blev alldeles förskräckt **11** formulering [*the ~ of a phrase*] **12** form [*the ~ of an ankle*]

turnabout ['tɜ:nəbaʊt] s vändning, helomvändning
turncoat ['tɜ:nkəʊt] s överlöpare, avhoppare; *be a ~* vända kappan efter vinden
turned-up ['tɜ:ndʌp] *adj,* *~ nose* uppnäsa
turner ['tɜ:nə] s **1** svarvare; drejare **2** stekspade
turning ['tɜ:nɪŋ] **I** s **1** vändning; vridning etc., jfr *turn I* o. *II*; *~ circle* vändradie; *~ space* vändplats **2** a) kurva, sväng b) avtagsväg, tvärgata [*stop at the next ~; take the first ~ to (on) the right*] **3** bildl. helomvändning; omslag; vändpunkt **4** svarvning; *~ lathe* svarvstol; *~ tool* svarvstål **II** *adj* roterande; svängande etc., jfr *turn I* o. *II*; slingrande [*a ~ path*]; mil. kringgående [*a ~ movement*]; *~ bridge* svängbro
turning-point ['tɜ:nɪŋpɔɪnt] s vändpunkt, kritisk punkt
turnip ['tɜ:nɪp] s **1** bot. rova; *Swedish ~* kålrot **2** vard. rova fickur
turn-off ['tɜ:nɒf] s **1** amer. a) avfart[sväg] från motorväg b) vägskäl äv. bildl. **2** vard., [*the film] is a ~* ...är osmaklig (motbjudande)
turn-on ['tɜ:nɒn] s vard., [*the film] is a ~* ...är helt fantastisk (en sån som man tänder på)
turn-out ['tɜ:naʊt] s **1** mil. utryckning, uppställning **2** a) anslutning [*they had a large ~ at the meeting*], deltagande, tillströmning; samling, uppbåd b) parl. valdeltagande, röstningsprocent **3** produktion[smängd], tillverkning[smängd] **4** a) järnv. mötesspår, sidospår b) amer. mötesplats på väg **5** urröjning, tömning; utflyttning av möbler; storstädning; *have a good ~ of one's desk* städa upp (gallra) ordentligt i skrivbordet **6** utstyrsel, utrustning; kläder
turnover ['tɜ:n,əʊvə] s **1** hand. o.d. omsättning **2** omorganisering, omgruppering [*a ~ of the staff*] **3** omsvängning [*a considerable ~ of votes*] **4** *~ [collar]* dubbelvikt (nedvikbar) krage **5** kok. risoll; *apple ~* ung. äppelknyte
turnpike ['tɜ:npaɪk] s amer., *~ [road]* [avgiftsbelagd] motorväg, expressväg
turnstile ['tɜ:nstaɪl] s vändkors; spärr i t.ex. T-banestation; *~ guard* spärrvakt
turntable ['tɜ:n,teɪbl] s **1** järnv. vändskiva **2** skivtallrik på skivspelare; [*transcription*] *~* skivspelare av avancerad typ
turn-up ['tɜ:nʌp] **I** s **1** slag på t.ex. byxa **2** vard. skräll; *what a ~ for the book (books)]!* vilken sensation (skräll)! **II** *adj* uppvikbar, uppfällbar; *~ nose* uppnäsa
turpentine ['tɜ:p(ə)ntaɪn] s terpentin; *oil (spirits) of ~* el. *~ oil* terpentinolja
turpitude ['tɜ:pɪtjuːd] s uselhet, skändlighet; *moral ~* moraliskt fördärv
turps [tɜ:ps] (konstr. vanl. ss. sg.) s vard. terpentin[olja]
turquoise ['tɜ:kwɔɪz, -kwɑ:z] **I** s **1** miner. turkos **2** färg turkos **II** *adj* turkos[färgad]

turret ['tʌrət] s **1** [litet] torn; [*ridge*] *~* takryttare **2** stridstorn, manövertorn på krigsfartyg; torn på stridsvagn
turreted ['tʌrətɪd] *adj* **1** försedd med [små] torn, tornprydd **2** tornliknande
turtle ['tɜ:tl] s **1** [havs]sköldpadda; amer. äv. landsköldpadda, sötvattenssköldpadda **2** *turn ~* a) sjö. kapsejsa, kantra b) köra omkull, välta, slå runt **3** *T~* serie- o. TV. figur [*Teenage Mutant Ninja* ['nɪnjə] (britt. *Hero) T~*]
turtle dove ['tɜ:tldʌv] s turturduva äv. bildl.
turtle neck ['tɜ:tlnek] s turtleneck, halvpolokrage; amer. polokrage; *~ [sweater]* tröja med turtleneck, halvpolotröja; amer. polotröja
turves [tɜ:vz] s pl. av *turf*
tusk [tʌsk] s bete, huggtand; *elephant's ~* elefantbete
Tussaud [tə'sɔ:d, tʊ's-, -'səʊd] egenn.; *Madame ~'s* Madame Tussauds vaxkabinett i London
tussle ['tʌsl] **I** s strid, kamp, nappatag, slagsmål, dust äv. bildl. [*with* med, *for* om] **II** *vb itr* strida, kämpa, slåss äv. bildl. [*with* med, *for* om]
tussock ['tʌsək] s [gräs]tuva; rugge
tut [tʌt] *interj,* *~ [~]!* usch!, fy!, äsch!
tutelage ['tju:tɪlɪdʒ] s **1** förmynderskap äv. bildl.; *be in (put under) ~* stå (ställa) under förmyndare **2** a) [hand]ledning, undervisning b) inflytande, påverkan
tutor ['tju:tə] **I** s **1** [*private*] *~* privatlärare, informator [*to* åt, för] **2** univ. a) [personlig] handledare b) amer., ung. biträdande lärare **II** *vb tr* ge privatlektioner, undervisa [*~ a boy in French*]; handleda (vägleda) [i studierna]
tutorial [tjʊ'tɔ:rɪəl] **I** *adj* [privat]lärar-, informators-; univ. handledar- [*the ~ system*] **II** s lektion, handledning; möte (samtal) med en (sin) handledare [*attend (ha) a ~*]
tutti-frutti [,tʊtɪ'frʊtɪ] s **1** tuttifrutti **2** glass med [kanderad] frukt
tuxedo [tʌk'si:dəʊ] s isht amer. smoking
TV [,ti:'vi:] s TV, tv, teve; för ex. se *television*
twaddle ['twɒdl] **I** *vb itr* svamla, tramsa, dilla **II** s svammel, smörja, trams
Twain [tweɪn]
1 twang [twæŋ] **I** *vb itr* **1** om sträng o.d. sjunga, dallra; *the bow ~ed* det sjöng i bågen **2** knäppa [*~ at a banjo*] **3** tala i näsan **II** *vb tr* knäppa på [*~ a banjo*] **III** s **1** sjungande (dallrande) ton; knäpp; klang, ton, ljud **2** [*nasal*] *~* näston; *have a nasal ~* tala i näsan
2 twang [twæŋ] s bismak, lukt; anstrykning
twat [twɒt] s vulg. fitta
tweak [twi:k] **I** *vb tr* nypa; vrida [om]; rycka (dra) i; *~ a p. by the ear* el. *~ a p.'s ear* dra ngn i örat **II** s nyp; vridning; ryck

tweed [twi:d] *s* tweed; pl. **~s** tweed[kläder], tweedkostym, tweeddräkt
tweedy ['twi:dɪ] *adj* **1** klädd i tweed; tweed-, tweedaktig **2** vard. sportig[t klädd], sportbetonad
tweet [twi:t] **I** *s* kvitter; pip **II** *vb itr* kvittra; pipa **III** *interj*, **~** [~]*!* kvitt, kvitt!
tweeter ['twi:tə] *s* diskanthögtalare
tweezers ['twi:zəz] *s pl* pincett; **a pair of ~** en pincett
twelfth [twelfθ] *räkn o. s* tolfte; tolftedel; jfr *fifth*; **T~ Day** trettondagen; **~ man** i kricket reservspelare; **T~ Night** trettondagsafton
twelve [twelv] (jfr *fifteen* med ex. o. sms.) **I** *räkn* tolv **II** *s* tolv, tolva
twelvemonth ['twelvmʌnθ] **I** *s*, **a ~** ett år[s tid] **II** *adv*, **this day ~** i dag för ett år sedan; i dag om ett år
twentieth ['twentɪɪθ, -tɪəθ] *räkn o. s* (jfr *fifth*) **1** tjugonde **2** tjugon[de]del
twenty ['twentɪ] **I** *räkn* tjugo, tjugu **II** *s* tjugo, tjugu; tjugotal, tjugutal; jfr *fifty* med sms.
twerp [twɜ:p] *s* sl. fåntratt, tönt; nolla
twice [twaɪs] *adv* två gånger [**~** *3 is 6*]; **~ a day** (**week**) två gånger om dagen (i veckan); **~ as many** el. **~ the number** dubbelt så många, [det] dubbla antalet; **think ~ about** (**before**) **doing a th.** tänka sig för [två gånger] innan man gör ngt; [*normally*] **I wouldn't have thought ~ about it** ...skulle jag inte ha tvekat [om det]
twiddle ['twɪdl] **I** *vb tr* **1** sno [mellan fingrarna], fingra (snurra, vrida) på, leka med **2 ~ one's thumbs** (**fingers**) [sitta och] rulla tummarna, sitta med armarna (händerna) i kors **II** *s* **1** snurrande, vridning **2** släng, snirkel, krumelur i skrift o.d.
twiddly ['twɪdlɪ] *adj*, **a ~ bit** en trudelutt
1 twig [twɪg] *s* **1** kvist, liten gren; spö **2** slagruta
2 twig [twɪg] vard. **I** *vb tr* fatta, haja, förstå **II** *vb itr* haja, fatta galoppen
twilight ['twaɪlaɪt] **I** *s* skymning, mörkning; ibl. gryning; halvdager, halvmörker; bildl. äv. dunkel; **the ~ of the gods** mytol. ragnarök **II** *attr adj* skymnings-; **the ~ hour** skymningen, blå timmen
twilit ['twaɪlɪt] *adj* skymnings-; halvmörk, dunkel
twill [twɪl] vävn. **I** *s* **1 ~** [*weave*] kypert[bindning] **2** twills, tvills **II** *vb tr* kypra
twin [twɪn] **I** *s* **1** tvilling; tvillingsyskon, tvillingbror, tvillingsyster **2** pendang, motstycke, make (*of* till) **II** *adj* tvilling- [**~** *brother* (*sister*)]; dubbel-; exakt likadan; **~ beds** två [likadana] enmanssängar; **~ set** jumperset; **~ towns** vänorter **III** *vb tr* para ihop, koppla samman
twine [twaɪn] **I** *s* segelgarn; [tvinnad] tråd; snöre; garn **II** *vb tr* **1** tvinna [ihop]; spinna ihop; fläta (väva) samman äv. bildl. **2** a) linda, vira, sno, fläta, knyta [*about*, [*a*]*round* om, kring, runt] b) vira (linda) 'om [*with* med]; **~ a cord round a th.** slå (knyta) ett snöre om ngt, linda om ngt med ett snöre
twinge [twɪn(d)ʒ] **I** *vb itr* sticka, göra ont, svida **II** *s* stickande smärta, anfall [av smärta], hugg, stick, sting, styng; **a ~ of conscience** samvetsagg
twinkle ['twɪŋkl] **I** *vb itr* **1** tindra, blinka [*stars that ~ in the sky*], blänka; gnistra; **~ ~ little star** sång blinka lilla stjärna där; **her eyes ~d with mischief** hennes ögon glittrade av odygd **2** röra sig [blixt]snabbt; fladdra **II** *s* tindrande [*the ~ of the stars*], blinkning, blänk; glimt [i ögat] [*with a humorous ~* [*in his eye*]]; **in a ~** el. **in the ~ of an eye** i en handvändning, på ett litet kick
twinkling ['twɪŋklɪŋ] *s* tindrande, blink[ande]; **in a ~** el. **in the ~ of an eye** i en handvändning, på ett litet kick
twirl [twɜ:l] **I** *vb itr* snurra [runt], svänga (virvla) omkring **II** *vb tr* snurra, sno [**~** *one's moustaches*], vrida; svänga [med] **III** *s* **1** snurr[ande], vridning; piruett; **with a ~ of his moustache** medan han tvinnade sin mustasch **2** släng, snirkel, krumelur i skrift o.d.
twist [twɪst] **I** *s* **1** vridning; tvinning; [samman]flätning; **he gave my arm a ~** han vred om armen på mig **2 a)** [tvinnad] tråd b) [*bread*] **~** snodd [vete]längd, fläta c) **a ~ of chewing tobacco** en rulle (fläta) tuggtobak d) strut [*a ~ of paper*] **3** [tvär] krök [*a ~ in the road*], sväng; **~s and turns** krökar och svängar, krokvägar **4** [led]vrickning **5** förvrängning, förvanskning **6** snedvridning, rubbning [*mental ~*] **7** twist dans **8** sport. skruv **II** *vb tr* **1 a)** sno, vrida; vrida ur [**~** *a wet cloth*]; vrida till; **~ a p.'s arm** vrida om armen på ngn; bildl. utöva tryck på ngn; **~ and turn** vrida och vränga (vända) på **b)** tvinna [ihop], fläta [ihop (samman)] [*into* till]; sno ihop [*she ~ed her hair into a knot*]; **~ tobacco** spinna tobak **c)** vira, linda [*round* kring] **2** vrida ur led, vricka; **I have ~ed my ankle** jag har vrickat foten **3** förvrida [*his features were ~ed with* (*av*) *pain*] **4** förvränga [betydelsen av], förvanska, vantolka, snedvrida **III** *vb itr* **1** sno (slingra) sig, ringla sig, vrida sig [*he ~ed* [*round*] *in his chair*]; **~** [*and turn*] slingra sig [fram] **2** twista, dansa twist
twisted ['twɪstɪd] *adj* snodd; vriden [*a ~ column*]; tvinnad; snedvriden; invecklad, tilltrasslad, tillkrånglad, svårtydbar; **get ~** äv. sno sig, trassla ihop sig; **he has a ~ mind** han är lite vriden
twister ['twɪstə] *s* **1** sport. skruvad boll, skruvboll **2** vard. bedragare, svindlare; ordvrängare

twit [twɪt] **I** *vb tr* reta, håna, tråka, pika [*with (about, on, for)* a th. för ngt] **II** *s* sl. dumskalle
twitch [twɪtʃ] **I** *vb tr* **1** ha (få) [kramp]ryckningar i; knipa ihop; ~ *one's ears* om du djur klippa med öronen; ~ *one's eyelids* (*mouth*) ha ryckningar i ögonlocken (kring munnen) **2** rycka (dra) i [*the rider ~ed the reins*] **II** *vb itr* **1** rycka till; [krampaktigt] dras ihop; *his face ~es* han har ryckningar i ansiktet **2** rycka, dra, nypa **III** *s* **1** [kramp]ryckning, [muskel]sammandragning; *there was a ~ round the corners of his mouth* det ryckte i mungiporna på honom **2** ryck [*I felt a ~ at my sleeve*]; nyp
twitchy ['twɪtʃɪ] *adj* nervös, orolig, otålig
twitter ['twɪtə] **I** *vb itr* **1** kvittra **2** pladdra **3** fnittra nervöst **II** *s* **1** kvitter **2** snatter **3** vard., *be* [*all*] *in* (*be all of*) *a ~* ha stora skälvan, vara hispig
twittery ['twɪtərɪ] *adj* vard. hispig, nervös
two [tu:] (jfr *five* med ex. o. sms.) **I** *räkn* två; båda, bägge; ~ *bits* amer. vard. 25 cent; *the first ~ days* de båda (bägge, två) första dagarna; *a day or ~* ett par dagar; ~ *or three days* ett par tre dagar; *~'s company three's a crowd* tre är en för mycket; *put ~ and ~ together* bildl. lägga ihop två och två, dra sina slutsatser; [*break*] *in ~* …[mitt] itu, …i två delar, …sönder (av); *I know ~ of that* vard. jag vet bättre; *that makes ~ of us* vard. då är vi lika [du och jag], det är likadant (samma sak) med mig, jag med; *the ~ of you* ni båda (bägge, två), båda två **II** *s* tvåa; *by* (*in*) *~s* två och två, två i taget, parvis; på två led
two-bit ['tu:bɪt] *attr adj* amer. sl. **1** tjugofemcents- [*a ~ cigar*] **2** billig; dålig, dussin- [*a ~ actor*]
two-dimensional [ˌtu:daɪ'menʃənl, -dɪ'm-] *adj* **1** tvådimensionell **2** bildl. ytlig, schematisk
two-edged [ˌtu:'edʒd, attr. '--] *adj* tveeggad äv. bildl.
two-faced [ˌtu:'feɪst, attr. '--] *adj* **1** med två ansikten **2** bildl. falsk, hycklande
twofold ['tu:fəʊld] **I** *adj* dubbel, tvåfaldig **II** *adv* dubbelt, tvåfaldigt, dubbelt så mycket
twopence ['tʌp(ə)ns, i nuvarande myntsystem vanl. ˌtu:'pens] *s* **1** två pence **2** *not care ~ for* inte bry sig ett dugg (dyft) om
twopenny [isht i bet 2 'tʌp(ə)nɪ, i nuvarande myntsystem vanl. ˌtu:'penɪ, '-ˌ--] *adj* **1** tvåpence- [*a ~ stamp*] **2** bildl. billig, strunt-, futtig; *I don't care a ~ damn if…* vard. jag bryr mig inte ett jäkla (förbaskat) dugg om ifall…
two-piece ['tu:pi:s] **I** *adj* tudelad; tvådelad [*a ~ bathing-suit*], i två delar; ~ *suit* a) kostym [utan väst] b) tvådelad dräkt (klänning) **II** *s* se ~ *suit* under *I*; tvådelad baddräkt
two-ply ['tu:plaɪ] *attr adj* dubbel, tvåtrådig

two-seater [ˌtu:'si:tə] *s* tvåsitsig bil; tvåsitsigt flygplan; attr. tvåsitsig [*a ~ car*]
two-sided [ˌtu:'saɪdɪd] *adj* tvåsidig, dubbelsidig
twosome ['tu:səm] **I** *adj* utförd av två, för två, tvåmans-; par- [~ *dance*] **II** *s* spel (parti) där två spelar mot varandra; pardans; golf. tvåspel
two-time ['tu:taɪm] sl. **I** *vb tr* **1** bedra, vara otrogen mot **2** spela dubbelspel med **II** *vb itr* vänsterprassla
two-timer ['tu:ˌtaɪmə] *s* sl. **1** vänsterprasslare **2** person som spelar dubbelspel, bedragare
two-way ['tu:weɪ] *attr adj* **1** tvåvägs- [*a ~ cock* (kran)]; ~ *switch* tvåvägsströmbrytare **2** dubbelriktad [~ *traffic*]; ~ *street* gata med dubbelriktad trafik
tycoon [taɪ'ku:n] *s* vard. magnat [*oil ~s*], [stor]pamp, kung [*newspaper ~*]
tying ['taɪɪŋ] pres. p. av *tie*
tyke [taɪk] *s* **1** byracka, hundracka **2** knöl, tölp
Tyne and Wear [ˌtaɪnən(d)'wɪə] geogr.
Tyneside ['taɪnsaɪd] geogr., stadsområde vid floden Tyne i Nordengland
type [taɪp] **I** *s* **1 a**) typ, art, slag, sort **b**) ss. efterled i sms. av…-typ, -liknande [*Cheddar-type cheese*] **2** vard. individ, typ [*that awful ~*] **3** boktr. typ; stil[sort], tryck; typer, sats; *bold* (*bold-face*[*d*]) ~ halvfet [stil]; *set* [*up*] ~ sätta; *printed in large* (*small*) ~ tryckt med stor (liten, fin) stil **II** *vb tr* **1** skriva på maskin (ordbehandlare etc.); *a ~d letter* ett maskinskrivet brev; ~ *out* skriva ut [på maskin etc.] **2** typbestämma; ~ *a p.'s blood* göra en blodgruppsbestämning på ngn **III** *vb itr* skriva [på] maskin (ordbehandlare etc.)
typecast ['taɪpkɑ:st] (*typecast typecast*) *vb tr* teat., ~ [*an actor*] a) ge…en roll som passar hans typ b) alltid ge…samma typ av roller; allm. placera i viss kategori
typeface ['taɪpfeɪs] *s* boktr. typsnitt
typescript ['taɪpskrɪpt] *s* maskinskrivet manuskript
typesetter ['taɪpˌsetə] *s* boktr. **1** sättare **2** sättmaskin
typesetting ['taɪpˌsetɪŋ] *s* boktr. sättning; ~ *machine* sättmaskin
typewrite ['taɪpraɪt] (*typewrote typewritten*) *vb tr* o. *vb itr* skriva [på] maskin; *a typewritten letter* ett maskinskrivet brev
typewriter ['taɪpˌraɪtə] *s* skrivmaskin; ~ *ribbon* färgband
typewriting ['taɪpˌraɪtɪŋ] *s* maskinskrivning
typhoid ['taɪfɔɪd] med. **I** *adj* tyfus-, tyfoid-; ~ *fever* se **II** *s* tyfus, tyfoidfeber
typhoon [taɪ'fu:n] *s* meteor. tyfon
typhus ['taɪfəs] *s* med., ~ [*fever*] fläckfeber, fläcktyfus
typical ['tɪpɪk(ə)l] *adj* **1** typisk, karakteristisk, representativ, betecknande [*of* för]

2 symbolisk [of för]; **be ~ of** äv. symbolisera, representera
typically ['tɪpɪk(ə)lɪ] adv typiskt etc., jfr typical;
typiskt nog
typify ['tɪpɪfaɪ] vb tr vara ett typiskt exempel
på, exemplifiera
typing ['taɪpɪŋ] s maskinskrivning; **~ bureau**
skrivbyrå; **~ paper** skrivmaskinspapper
typist ['taɪpɪst] s maskinskrivare,
maskinskriverska
typographer [taɪ'pɒgrəfə] s typograf
typographic [ˌtaɪpə'græfɪk] adj o.
typographical [ˌtaɪpə'græfɪk(ə)l] adj
typografisk; tryck- [a ~ error]
typography [taɪ'pɒgrəfɪ] s **1** typografi;
typografisk utformning **2** boktryckarkonsten
tyrannical [tɪ'rænɪk(ə)l] adj tyrannisk
tyrannize ['tɪrənaɪz] **I** vb itr regera tyranniskt;
~ over tyrannisera, förtrycka **II** vb tr
tyrannisera, förtrycka
tyrannosaur [tɪ'rænəsɔː] s o. **tyrannosaurus**
[tɪˌrænə'sɔːrəs] s tyrannosaurus, jätterovödla
tyrannous ['tɪrənəs] adj tyrannisk, despotisk
tyranny ['tɪrənɪ] s tyranni, despoti, förtryck
tyrant ['taɪər(ə)nt] s tyrann, despot,
förtryckare
tyre ['taɪə] s däck, ring till bil, cykel o.d.; sl.
bilring kring magen; **~ chain** snökedja; **~ cover** däckskydd; **~ lever** ringjärn; **~ pressure** ringtryck
tyro ['taɪərəʊ] (pl. ~s) s nybörjare, novis
Tyrol [tɪ'rəʊl, 'tɪr(ə)l] geogr.; [the] ~ Tyrolen
Tyrolean [ˌtɪrə'liːən, tɪ'rəʊlɪən] adj o. s, ~ [hat]
tyrolerhat
tzar [zɑː, tsɑː] s m.fl., se czar m.fl.

ultimate

U, u [juː] (pl. U's el. u's [juːz]) s U, u
U [juː] adj o. s (förk. för universal) barntillåten
[film]
UAE förk. för United Arab Emirates
ubiquitous [juˈbɪkwɪtəs] adj allestädes
närvarande; överallt förekommande, allmänt
utbredd
ubiquity [juˈbɪkwətɪ] s allestädesnärvaro
U-boat ['juːbəʊt] s [tysk] ubåt
UCLA [ˌjuːsiːelˈeɪ] förk. för University of
California, Los Angeles
udder ['ʌdə] s juver
UEFA [juˈeɪfə, -'iːfə, 'juːfə] (förk. för Union of
European Football Associations) Europeiska
fotbollsunionen
UFO o. **ufo** ['juːfəʊ] (pl. ~s) s (förk. för
unidentified flying object) oidentifierat
flygande föremål, ufo
Uganda [juˈgændə]
Ugandan [juˈgændən] **I** adj ugandisk **II** s
ugandier
ugh [ʊh, uːx] interj, ~! hu!, usch!, fy!
ugliness ['ʌglɪnəs] s fulhet, oskönhet etc., jfr
ugly
ugly ['ʌglɪ] adj **1** ful äv. bildl. [an ~ person
(trick)]; oskön; otäck, gräslig, ruskig [an ~
crime; ~ weather]; elakartad [an ~ wound];
elak [an ~ rumour]; **an ~ customer** vard. en
otrevlig typ; **the ~ duckling** den fula
ankungen **2** otrevlig, besvärlig, pinsam [an ~
situation]; oroväckande [~ news], hotande
3 vard. sur, härsken [an ~ mood]
UHF förk. för ultrahigh frequency
UK [juːˈkeɪ] (förk. för United Kingdom) s, the ~
Förenade kungariket Storbritannien och
Nordirland
Ukraine [juˈkreɪn, -'kraɪn] geogr.; the ~
Ukraina
Ukrainian [juˈkreɪnjən] **I** s ukrainare **II** adj
ukrainsk
ukulele [ˌjuːkəˈleɪlɪ] s ukulele stränginstrument
ulcer ['ʌlsə] s **1** med. sår; **gastric ~** magsår
2 bildl. kräftsvulst; skamfläck
ulcerate ['ʌlsəreɪt] vb itr bli sårig, få sår
ulceration [ˌʌlsəˈreɪʃ(ə)n] s sårbildning; sårnad
ulcerous ['ʌls(ə)rəs] adj **1** med. ulcerös, sårig;
varig; sårartad, sår- **2** bildl. fördärvbringande
Ulster ['ʌlstə] **I** geogr. **1** Ulster **2** vard.
Nordirland **II** s, **u~** ulster
ulterior [ʌlˈtɪərɪə] adj **1** avlägsnare, bortre
2 senare, framtida **3** hemlig, dold,
förstucken [~ plans (motives)]; **without an ~
motive** utan någon baktanke
ultimate ['ʌltɪmət] **I** adj **1** slutlig, slut- [the ~
aim (result)], sista; yttersta [the ~
consequences] **2** slutgiltig, avgörande [the ~

weapon], definitiv **3** grundläggande, grund- [~ *principles* (*truth*)], ursprunglig; yttersta [*the* ~ *cause*] **II** *s* höjd[punkt], högsta grad; *the* ~ *in luxury* höjden av lyx
ultimately ['ʌltɪmətlɪ] *adv* till sist (slut), slutligen
ultimat|um [ˌʌltɪ'meɪt|əm] (pl. *-ums* el. *-a* [-ə]) *s* **1** ultimatum **2** slutmål
ultimo ['ʌltɪməʊ] *adj* hand. (lat.) sistlidna, [i] sistlidna månad, ultimo
ultramarine [ˌʌltrəmə'riːn] **I** *s* ultramarin; ~ *blue* ultramarinblått **II** *adj* ultramarin[färgad]
ultrasonic [ˌʌltrə'sɒnɪk] *adj* ultraljud[s]- [~ *waves*]; ~ *sound* ultraljud
ultrasound ['ʌltrəsaʊnd] *s* ultraljud
ultraviolet [ˌʌltrə'vaɪələt] *adj* ultraviolett [~ *rays*]; ~ *lamp* kvartslampa
Ulysses ['juːlɪsiːz, jʊ'lɪsiːz] ss. namn på grekisk hjälte o. Joyces roman (i sv. översättning) Odysseus
umbilical [ʌm'bɪlɪk(ə)l] *adj* navel-; ~ *cord* navelsträng
umbrage [ˈʌmbrɪdʒ] *s* missnöje, ovilja; *give* ~ väcka anstöt (ont blod) [*to* hos, bland]; *take* ~ *at* bli kränkt (sårad) över (av), ta anstöt av
umbrella [ʌm'brelə] **I** *s* **1** paraply; *garden* ~ [trädgårds]parasoll **2** bildl. beskydd, skydd, hägn **II** *adj* sammanfattande [~ *term* (*word*)]; över-, övergripande, tak-, paraply- [~ *organization*]
umbrella stand [ʌm'brelǝstænd] *s* paraplyställ
umpire ['ʌmpaɪə] **I** *s* **1** [skilje]domare; förlikningsman **2** sport. domare i t.ex. baseboll, kricket o. tennis **II** *vb tr* **1** avgöra [genom skiljedom] **2** sport. döma [~ *a cricket match*] **III** *vb itr* **1** döma [~ *in a dispute*]; fungera som skiljedomare, medla **2** sport. vara domare, döma
umpteen ['ʌm(p)tiːn] *adj* vard. femtielva, hur många som helst
umpteenth ['ʌm(p)tiːnθ] *adj* o. **umptieth** ['ʌm(p)tɪɪθ, -tɪəθ] *adj* båda vard. femtielfte [*for the ~ time*]
UN [juːˈen] (förk. för *United Nations*) *s*, *the* ~ FN Förenta nationerna
'un [ən] *pron* vard. = *one* [*a little* ~]
unabashed [ˌʌnə'bæʃt] *adj* ogenerad; oförskräckt
unabated [ˌʌnə'beɪtɪd] *adj* oförminskad [*it continued* ~], oförsvagad [~ *energy* (*interest*)]
unable [ʌn'eɪbl] *adj*, *be ~ to do a th.* inte kunna (lyckas) göra ngt
unabridged [ˌʌnə'brɪdʒd] *adj* oförkortad, fullständig [~ *edition*]
unacceptable [ˌʌnək'septəbl] *adj* oacceptabel, oantagbar, oantaglig
unaccommodating [ˌʌnə'kɒmədeɪtɪŋ] *adj* omedgörlig, motspänstig; obändig
unaccompanied [ˌʌnə'kʌmp(ə)nɪd] *adj* **1** ensam, utan sällskap; ~ *by* utan **2** mus. oackompanjerad, solo- **3** ~ *luggage* obeledsagat bagage; ~ *minor* obeledsagat barn
unaccomplished [ˌʌnə'kʌmplɪʃt, -'kɒm-] *adj* **1** ofullbordad, oavslutad **2** talanglös, obegåvad [*an* ~ *musician*]; okultiverad, obildad
unaccountable [ˌʌnə'kaʊntəbl] *adj* **1** oförklarlig [*to* för; *for* (av); *some* ~ *reason*] **2** oansvarig
unaccustomed [ˌʌnə'kʌstəmd] *adj* **1** ovan [*to* vid] **2** ovanlig [*his* ~ *silence*], osedvanlig
unacquainted [ˌʌnə'kweɪntɪd] *adj* obekant [*with* med]; ovan [*with* vid]; *be ~ with* äv. vara okunnig om, inte känna till, inte vara insatt i; *they are ~* de känner inte varandra
unadulterated [ˌʌnə'dʌltəreɪtɪd] *adj* oförfalskad [~ *beauty*], oblandad, äkta, ren [~ *water*]
1 unaffected [ˌʌnə'fektɪd] *adj* **1** opåverkad, oberörd [*by av*] **2** med. inte angripen
2 unaffected [ˌʌnə'fektɪd] *adj* okonstlad, otvungen, naturlig [~ *manners* (*style*)]
unaided [ʌn'eɪdɪd] *adj* utan hjälp [*by* av]; ensam, på egen hand [*he did it* ~]
unalloyed [ˌʌnə'lɔɪd] *adj* **1** olegerad, oblandad, ren [~ *metals*]; utan tillsats [*by av*] **2** bildl. oblandad, oförfalskad, ren [~ *delight*]
unambiguous [ˌʌnæm'bɪɡjʊəs] *adj* entydig, otvetydig
unambitious [ˌʌnæm'bɪʃəs] *adj* **1** utan äregirighet, oambitiös **2** anspråkslös, opretentiös
un-American [ˌʌnə'merɪkən] *adj* oamerikansk [~ *activities*]
unanimity [ˌjuːnə'nɪmətɪ] *s* enhällighet, enstämmighet, samstämmighet, enighet
unanimous [jʊ'nænɪməs] *adj* enhällig, enstämmig, samstämmig, enig [*a ~ opinion*]; enhälligt antagen [*a ~ report*]; *be elected by a ~ vote* bli enhälligt vald
unanimously [jʊ'nænɪməslɪ] *adv* enhälligt etc., jfr *unanimous*; [*the resolution*] *was carried* ~ …blev enhälligt antagen
unannounced [ˌʌnə'naʊnst] *adj* oanmäld [*he walked in* ~]
unanswerable [ʌn'ɑːns(ə)rəbl] *adj* **1** a) obesvarbar, [som är] omöjlig att besvara [*an ~ question*] b) oemotsäglig, ovedersäglig [*an ~ argument*] **2** oansvarig [~ *for one's acts*]
unappreciated [ˌʌnə'priːʃɪeɪtɪd] *adj* föga uppskattad; misskänd, oförstådd [*an ~ poet*]
unapproachable [ˌʌnə'prəʊtʃəbl] *adj* **1** otillgänglig, oåtkomlig; bildl. äv. reserverad **2** oförliknelig; ouppnåelig
unarm [ʌn'ɑːm] *vb tr* avväpna
unarmed [ʌn'ɑːmd] *adj* **1** avväpnad **2** obeväpnad; vapenlös, utan vapen; ~ *combat* mil. handgemäng
unashamed [ˌʌnə'ʃeɪmd] *adj* **1** oblyg; utan skamkänsla **2** ohöljd, ogenerad, öppen
unasked [ʌn'ɑːskt] *adj* **1** oombedd, utan att

ha blivit ombedd **2** otillfrågad, utan att vara tillfrågad **3** objuden
unassailable [ˌʌnəˈseɪləbl] *adj* oangripbar, oangriplig; bildl. äv. oantastlig [*an ~ reputation*], obestridlig
unassisted [ˌʌnəˈsɪstɪd] *adj* utan hjälp (bistånd) [*by av*]; på egen hand
unassuming [ˌʌnəˈsjuːmɪŋ, -ˈsuːm-] *adj* anspråkslös, blygsam; försynt [*a quiet, ~ person*]
unattached [ˌʌnəˈtætʃt] *adj* **1** lös, inte fastsittande **2** fri, oberoende, obunden
unattainable [ˌʌnəˈteɪnəbl] *adj* ouppnåelig, utom räckhåll
unattended [ˌʌnəˈtendɪd] *adj* **1** utan uppvaktning (sällskap), ensam **2 a)** utan tillsyn [*leave children ~*], obevakad, utan uppsikt [*leave a vehicle ~*] **b)** ~ [*to*] inte [ordentligt] skött, försummad, vanskött **3** obesökt, utan deltagare [*an ~ meeting*] **4** bildl. **~ by** (*with*) inte förenad (förknippad) med, utan
unattractive [ˌʌnəˈtræktɪv] *adj* charmlös, oattraktiv, föga tilldragande; osympatisk
unauthorized [ˌʌnˈɔːθəraɪzd] *adj* inte auktoriserad, obemyndigad; obehörig
unavailable [ˌʌnəˈveɪləbl] *adj* **1** inte tillgänglig (disponibel) **2** oanträffbar, inte anträffbar
unavailing [ˌʌnəˈveɪlɪŋ] *adj* fåfäng, fruktlös, resultatlös [*~ efforts*]
unavoidable [ˌʌnəˈvɔɪdəbl] *adj* oundviklig; *an ~ accident* en olyckshändelse som ingen rår för
unavoidably [ˌʌnəˈvɔɪdəblɪ] *adv* oundvikligen; *be ~ absent* (*detained*) vara förhindrad [att komma]
unaware [ˌʌnəˈweə] *pred adj* omedveten, ovetande, okunnig [*of* om; *that* om att]
unawares [ˌʌnəˈweəz] *adv* **1 a)** omedvetet, utan att veta om det **b)** oavsiktligt, av misstag, utan att vilja det **2** oväntat, oförhappandes; *take* (*catch*) *a p. ~* överrumpla (överraska) ngn
unbalanced [ˌʌnˈbælənst] *adj*
1 a) obalanserad, överspänd **b)** sinnesförvirrad, otillräknelig; *have an ~ mind* el. *be ~ in mind* vara sinnesförvirrad (psykiskt rubbad) **2** som inte befinner sig i balans (jämvikt), ostadig; ojämn; *an ~ diet* en ensidig kost **3** hand. inte balanserad [*an ~ budget*]
unbearable [ʌnˈbeərəbl] *adj* outhärdlig, odräglig
unbeatable [ʌnˈbiːtəbl] *adj* oöverträffbar, överlägsen; oslagbar [*an ~ team*]
unbeaten [ʌnˈbiːtn] *adj* obesegrad [*an ~ team*]; oslagen [*an ~ record*], oöverträffad
unbecoming [ˌʌnbɪˈkʌmɪŋ] *adj* missklädsam [*an ~ hat*]; opassande [*an ~ joke*]; *be ~ to a p.* missklä ngn äv. bildl.
unbeknown [ˌʌnbɪˈnəʊn] o. **unbeknownst**
[ˌʌnbɪˈnəʊnst] vard. **I** *adj* okänd [*to för*] **II** *adv*, [*he did it*] *~ to me* ...utan min vetskap, ...mig ovetande
unbelief [ˌʌnbəˈliːf] *s* isht relig. otro, vantro
unbelievable [ˌʌnbəˈliːvəbl] *adj* otrolig
unbeliever [ˌʌnbəˈliːvə] *s* **1** relig. icke troende [person]; *the ~s* äv. de otrogna **2** tvivlare, skeptiker
unbend [ʌnˈbend] (*unbent unbent*) **I** *vb tr* böja (räta) ut [*~ a wire*] **II** *vb tr* **1** rätas ut, rakna **2** bildl. bli mera tillgänglig, öppna sig, tina upp; slå sig lös, släppa loss
unbending [ʌnˈbendɪŋ] *adj* oböjlig; bildl. äv. obeveklig, omedgörlig [*an ~ attitude*], hårdnackad
unbias[s]ed [ʌnˈbaɪəst] *adj* fördomsfri; förutsättningslös; opartisk, objektiv, ojävig
unbidden [ʌnˈbɪdn] *adj* **1** objuden [*~ guests*] **2** oombedd; [*he did it*] *~* äv. ...självmant
unblushing [ʌnˈblʌʃɪŋ] *adj* oblyg, skamlös
unbosom [ʌnˈbʊzəm] *vb itr* o. *vb rfl*, *~* [*oneself*] lätta sitt hjärta [*to* för], anförtro sig [*to* åt]
unbounded [ʌnˈbaʊndɪd] *adj* obegränsad; bildl. äv. oinskränkt [*~ confidence*], gränslös [*~ admiration*]; ohämmad [*~ optimism*], hejdlös
unbreakable [ʌnˈbreɪkəbl] *adj* obrytbar; okrossbar, oförstörbar
unbridled [ʌnˈbraɪdld] *adj* bildl. otyglad, lössläppt [*~ passion* (*imagination*)], ohämmad [*~ insolence*]
unbroken [ʌnˈbrəʊk(ə)n] *adj* **1** obruten äv. bildl.; hel [*~ dishes*]; fullständig [*~ control*]; *~ line* heldragen linje **2** oavbruten [*~ silence*], ostörd [*~ sleep*] **3** oöverträffad [*an ~ record*] **4** otämjd; om häst äv. oinriden
unbuckle [ʌnˈbʌkl] *vb tr* **1** spänna (knäppa) upp **2** spänna av sig [*~ one's skis*]
unburden [ʌnˈbɜːdn] *vb tr* **1** avbörda, avlasta, lätta [*~ one's conscience*]; befria [*of* från]; *~ oneself* (*one's mind*) utgjuta (lätta) sitt hjärta [*to a p.* för ngn] **2** avbörda sig, lasta av sig, erkänna
unbusinesslike [ʌnˈbɪznɪslaɪk] *adj* föga (allt annat än) affärsmässig, oproffsig; osystematisk
unbutton [ʌnˈbʌtn] *vb tr* knäppa upp; *come ~ed* gå upp
uncalled-for [ʌnˈkɔːldfɔː] *adj* **1** opåkallad, omotiverad, onödig [*~ measures*], obefogad **2** malplacerad, taktlös [*an ~ remark*], oförskämd
uncanny [ʌnˈkænɪ] *adj* **1** kuslig, hemsk, mystisk, spöklik [*~ sounds* (*shapes*)] **2** förunderlig [*an ~ power*], otrolig, häpnadsväckande [*~ skill*]
uncared-for [ʌnˈkeədfɔː] *adj* vanvårdad, vanskött, försummad, som ingen bryr sig om
unceasing [ʌnˈsiːsɪŋ] *adj* oavbruten, oupphörlig

unceremonious [ˌʌnˌserɪˈməʊnjəs] *adj* oceremoniell, enkel, otvungen
uncertain [ˌʌnˈsɜːtn] *adj* **1** osäker, inte säker [*of, about* på], oviss [*of, about* om]; otrygg; oklar **2** ostadig, nyckfull [~ *weather, an* ~ *temper*] **3** svävande, obestämd [*an* ~ *answer*]; *in no* ~ *terms* i otvetydiga ordalag
uncertainty [ˌʌnˈsɜːtntɪ] *s* **1** osäkerhet etc., jfr *uncertain* **2** *the* ~ *of* det osäkra (ovissa) i
unchallenged [ˌʌnˈtʃælən(d)ʒd] *adj* **1** obestridd, oemotsagd; opåtald; *allow a th. to pass* ~ låta ngt ske opåtalt (utan protester) **2** jur. ojävad
unchangeable [ˌʌnˈtʃeɪn(d)ʒəbl] *adj* **1** oföränderlig **2** som inte kan ändras (bytas)
uncharacteristic [ˈʌnˌkærəktəˈrɪstɪk] *adj* okaraktäristisk, ej typisk (utmärkande)
uncharitable [ˌʌnˈtʃærɪtəbl] *adj* kärlekslös, obarmhärtig, hård [*to* mot]
uncharted [ˌʌnˈtʃɑːtɪd] *adj* **1** som inte är utsatt på kartan (sjökortet) [*an* ~ *island*] **2** som inte är kartlagd [*an* ~ *sea*]
unchecked [ˌʌnˈtʃekt] *adj* okontrollerad [~ *figures* (*anger*)], ohämmad; bildl. äv. otyglad [~ *anger*]
unchristian [ˌʌnˈkrɪstjən] *adj* inte kristen; okristlig äv. bildl. [*at this* ~ *hour*]
uncivil [ˌʌnˈsɪvl] *adj* ohövlig, oartig
uncivilized [ˌʌnˈsɪvəlaɪzd] *adj* ociviliserad, barbarisk; okultiverad
uncle [ˈʌŋkl] *s* **1** farbror vard. äv. ss. tilltalsord till icke släkting; morbror; onkel; *U~ Sam* Onkel Sam personifikation av USA; *U~ Tom* neds. [krypande] neger **2** vard. pantlånare; [*my watch is*] *at my* ~*'s* …på stampen (hos farbror)
unclean [ˌʌnˈkliːn] *adj* smutsig, oren
uncleanly [ss. adj. ˌʌnˈklenlɪ, ss. adv. ˌʌnˈkliːnlɪ] **I** *adj* osnygg, orenlig [av sig]; smutsig äv. bildl. [~ *thoughts*] **II** *adv* smutsigt, orent
uncoil [ˌʌnˈkɔɪl] **I** *vb tr* rulla upp (ut) [~ *a rope*]; rulla (vira) av **II** *vb itr* rulla upp (ut) sig; räta ut sig
uncomfortable [ˌʌnˈkʌmf(ə)təbl] *adj* **1** a) obekväm b) obehaglig, otrevlig **2** obehaglig (illa) till mods, olustig [*feel* ~]; osäker, besvärad
uncommitted [ˌʌnkəˈmɪtɪd] *adj* **1** obegången, inte begången [~ *crimes*] **2** a) oengagerad [~ *writers* (*literature*)] b) alliansfri, neutral [*the* ~ *countries*] c) opartisk, objektiv
uncommon [ˌʌnˈkɒmən] *adj* ovanlig, sällsynt
uncommonly [ˌʌnˈkɒmənlɪ] *adv* **1** ovanligt, sällsynt [*an* ~ *intelligent boy*] **2** *not* ~ inte sällan
uncompromising [ˌʌnˈkɒmprəmaɪzɪŋ] *adj* principfast, obeveklig, orubblig, ståndaktig, oböjlig; kompromisslös
unconcern [ˌʌnkənˈsɜːn] *s* likgiltighet, ointresse

unconcerned [ˌʌnkənˈsɜːnd] *adj* **1** obekymrad [~ *about* (om) *the future*], likgiltig [*about, with* för], oberörd [*about* inför] **2** inte inblandad (delaktig)
unconditional [ˌʌnkənˈdɪʃ(ə)nl] *adj* **1** villkorslös, ovillkorlig, utan villkor; ~ *surrender* kapitulation utan villkor **2** obetingad; absolut
unconditionally [ˌʌnkənˈdɪʃ(ə)nlɪ] *adv* villkorslöst etc., jfr *unconditional*; utan villkor [*surrender* ~]; utan förbehåll (reservation)
unconditioned [ˌʌnkənˈdɪʃ(ə)nd] *adj* **1** psykol. obetingad [~ *reflex*] **2** filos. absolut
unconfirmed [ˌʌnkənˈfɜːmd] *adj* **1** obekräftad, obestyrkt **2** kyrkl. okonfirmerad
uncongenial [ˌʌnkənˈdʒiːnjəl] *adj* **1** osympatisk, motbjudande [*to* för] **2** olämplig [*to* för]; *it is* ~ *to him* äv. det passar honom inte, det är inte i hans smak
unconnected [ˌʌnkəˈnektɪd] *adj* **1** osammanhörande; utan samband (förbindelse) [*with* med]; lös [*an* ~ *wire*] **2** osammanhängande [~ *phrases*], löslig
unconquerable [ˌʌnˈkɒŋk(ə)rəbl] *adj* oövervinnlig, obetvinglig; okuvlig [*his* ~ *will*]
unconscionable [ˌʌnˈkɒnʃnəbl] *adj* orimlig, omåttlig; oskälig [~ *profit*]; orimligt etc. stor [*an* ~ *amount*]; orimligt etc. lång [*take an* ~ *time*]
unconscious [ˌʌnˈkɒnʃəs] **I** *adj* **1** omedveten [~ *humour*]; *be* ~ *of* vara omedveten (okunnig, ovetande) om **2** medvetslös **3** psykol. undermedveten **II** *s* psykol., *the* ~ det undermedvetna
unconstitutional [ˈʌnˌkɒnstɪˈtjuːʃənl] *adj* grundlagsstridig, författningsstridig
uncontrollable [ˌʌnkənˈtrəʊləbl] *adj* okontrollerbar, omöjlig att kontrollera
unconventional [ˌʌnkənˈvenʃ(ə)nl] *adj* okonventionell, [fördoms]fri; originell
unconvincing [ˌʌnkənˈvɪnsɪŋ] *adj* föga övertygande; osannolik [*an* ~ *explanation*]
uncooperative [ˌʌnkəʊˈɒp(ə)rətɪv] *adj* samarbetsovillig; föga tillmötesgående
uncork [ˌʌnˈkɔːk] *vb tr* dra korken ur, korka (dra) upp [~ *a bottle*]
uncountable [ˌʌnˈkaʊntəbl] **I** *adj* **1** oräknelig, otalig **2** som inte kan räknas, oräknebar; gram. äv. inte pluralbildande **II** *s* gram. oräknebart (inte pluralbildande) substantiv
uncouple [ˌʌnˈkʌpl] *vb tr* koppla av (från) [~ *the locomotive*]; koppla lös, släppa [~ *a dog*]
uncouth [ˌʌnˈkuːθ] *adj* **1** okultiverad, ohyfsad [~ *behaviour, an* ~ *young man*]; rå [~ *laughter*], grov, ofin **2** klumpig, otymplig [~ *appearance*]
uncover [ˌʌnˈkʌvə] *vb tr* **1** täcka (hölja) av, avtäcka; blotta [~ *one's head*]; blottlägga, frilägga; ta av täcket (höljet, locket etc., jfr *cover III*) på (från) **2** bildl. avslöja [~ *a plot*]
unction [ˈʌŋ(k)ʃ(ə)n] *s* **1** relig. smörjelse

2 salvelse[fullhet]; ***speak with*** ~ tala salvelsefullt, tala med salvelse i rösten
unctuous ['ʌŋ(k)tjʊəs] *adj* salvelsefull; inställsam
uncut [ˌʌn'kʌt] *adj* oskuren, oklippt, ohuggen etc., jfr *cut A I*; om bok a) oskuren, utan skärning b) ouppskuren; om ädelsten oslipad [*an ~ diamond*]; om text m.m. oavkortad [*an ~ version*]
undaunted [ˌʌn'dɔ:ntɪd] *adj* oförfärad, oförskräckt, modig
undeceive [ˌʌndɪ'si:v] *vb tr*, ~ *a p.* öppna ögonen på ngn, säga ngn sanningen
undecided [ˌʌndɪ'saɪdɪd] *adj* **1** oavgjord, obestämd, inte bestämd **2** obeslutsam, tveksam; vet ej vid opinionsundersökning
undefeated [ˌʌndɪ'fi:tɪd] *adj* obesegrad
undelete [ˌʌndɪ'li:t] *vb tr* data. återta raderad text
undelivered [ˌʌndɪ'lɪvəd] *adj* **1** inte avlämnad (utlämnad), olevererad; kvarliggande; post. obeställd **2** inte befriad
undemocratic ['ʌnˌdeməˈkrætɪk] *adj* odemokratisk
undemonstrative [ˌʌndɪ'mɒnstrətɪv] *adj* reserverad, behärskad
undeniable [ˌʌndɪ'naɪəbl] *adj* obestridlig, oförneklig, oneklig
undeniably [ˌʌndɪ'naɪəblɪ] *adv* obestridligen, onekligen
undependable [ˌʌndɪ'pendəbl] *adj* opålitlig
under ['ʌndə] **I** *prep* **1** a) under b) mindre än [*I can do it in ~ a week*]; ~ ***Queen Victoria*** under drottning Victorias regering **2** nedanför, vid foten av [*the village lies ~ the hill*], i skydd av **3** enligt, i enlighet med [*~ the terms of the treaty*] **4** lantbr. besådd med [*a field ~ wheat*] **5** (motsvaras i sv. av annan prep. el. annan konstr.; se äv. under resp. huvudord, t.ex. *age* o. *breath*); ***the question ~ debate was*** frågan som diskuterades var; ***be ~ the delusion that...*** sväva i den villfarelsen att...; ***the matter is ~ examination*** saken håller på att undersökas; ***given ~ his hand*** egenhändigt undertecknad av honom; ***be ~ an illusion*** bedra (missta) sig; ~ *a p.'s very nose* (*eyes*) mitt framför näsan (ögonen) på ngn; ***study ~ a p.*** studera för ngn; ~ ***sentence of death*** dödsdömd; ~ ***one's own steam*** för egen maskin **II** *adv* **1** a) [in]under, nedanför; därunder [*children of seven and ~*]; längre ned, [här]nedan [*as ~*] b) under vatten [*he stayed ~ for two minutes*] **2** under; nere; se vid. under *go, keep* m.fl. *vb* **III** *adj* **1** under- [*the ~ jaw*]; lägre **2** för liten [*an ~ dose*]
underachiever [ˌʌnd(ə)rə'tʃi:və] *s* skol. lågpresterande (underpresterande) elev
under-age [ˌʌndər'eɪdʒ] *adj* omyndig, minderårig; underårig, inte gammal nog
underarm [ss. adj. o. subst. 'ʌndərɑ:m, ss. adv.

--'-] **I** *adj* sport. underhands- [*an ~ ball*] **II** *adv* sport. underifrån [*serve ~*] **III** *s* armhåla
underbid [ss. vb ˌʌndə'bɪd, ss. subst. '---] **I** (*underbid underbid*) *vb tr* o. *vb itr* bjuda under; ~ [*one's hand*] kortsp. bjuda för lågt [på sina kort] **II** *s* underbud; kortsp. äv. för lågt bud
undercarriage ['ʌndəˌkærɪdʒ] *s* **1** flyg. land[nings]ställ **2** underrede på fordon
undercharge [ˌʌndə'tʃɑ:dʒ] **I** *vb tr* debitera för lågt, ta för lite betalt av [~ *a p.*]; begära för lite [*they ~d several pounds for it*] **II** *s* **1** för låg debitering; för lågt pris **2** otillräcklig (för svag) laddning
underclothes ['ʌndəkləʊðz] *s pl* o.
underclothing ['ʌndəˌkləʊðɪŋ] *s* underkläder
undercoat ['ʌndəkəʊt] *s* mål. a) mellanstrykning b) mellanstrykningsfärg
undercook [ˌʌndə'kʊk] *vb tr* koka för litet; ~*ed* äv. ej färdigkokt
undercover ['ʌndəˌkʌvə] *adj* hemlig [*~ operations*]; under täckmantel; ~ ***agent*** polis (agent) som jobbar under täckmantel, infiltratör
undercurrent ['ʌndəˌkʌr(ə)nt] *s* underström äv. bildl.
undercut [ˌʌndə'kʌt] (*undercut undercut*) *vb tr* **1** skära ut (karva ur) underifrån **2** hand. a) bjuda under, sälja till (arbeta för) lägre pris än [~ *one's competitors*] b) sälja billigare än konkurrenterna [~ *goods*] **3** sport., ~ ***a ball*** skära en boll
underdeveloped [ˌʌndədɪ'veləpt] *adj* underutvecklad [~ *countries* (*muscles*)]
underdog ['ʌndədɒg] *s*, ***the ~*** den svagare [parten], den som är i underläge [*side with the ~*]
underdone [ˌʌndə'dʌn, attr. '---] **I** perf. p. av *underdo* **II** *adj* kok. för lite stekt (kokt); lättstekt, blodig
underemployment [ˌʌndərɪm'plɔɪmənt] *s* undersysselsättning
underestimate [ss. vb ˌʌndər'estɪmeɪt, ss. subst. -mət] **I** *vb tr* underskatta, undervärdera; beräkna för lågt **II** *s* underskattning, undervärdering
underexpose [ˌʌnd(ə)rɪk'spəʊz] *vb tr* foto. underexponera
underexposure [ˌʌnd(ə)rɪk'spəʊʒə] *s* foto. underexponering
underfed [ˌʌndə'fed] *adj* undernärd, svältfödd
underfelt ['ʌndəfelt] *s* underlagsfilt [för mattor]
underfoot [ˌʌndə'fʊt] **I** *adv* under fötterna (foten, fotsulorna); undertill; på marken; ***it is dry ~*** det är torrt på marken (torrt väglag) **II** *adj* **1** som är (finns) under fötterna (på marken) **2** som ligger i vägen (framför fötterna [på en])
undergarment ['ʌndəˌgɑ:mənt] *s* underplagg
undergo [ˌʌndə'gəʊ] (*underwent undergone*) *vb*

undergraduate

tr **1** undergå, genomgå [~ *a change*]; gå igenom, underkasta sig [~ *an operation*], underkastas **2** [få] utstå, lida [~ *hardships*]
undergraduate [ˌʌndə'grædjʊət] *s* univ. student, studerande; ~ *studies* universitetsstudier [för grundexamen]
underground [ss. adv. ˌʌndə'graʊnd, ss. adj. o. subst. 'ʌndəgraʊnd] **I** *adv* under jorden äv. bildl. [*go* ~] **II** *adj* **1** a) underjordisk, underjords-; som ligger under markytan b) tunnelbane-, T-bane- [~ *station*]; ~ *railway* tunnelbana, T-bana **2** bildl. a) underjordisk, hemlig, illegal b) underground- kulturradikal [~ *literature*]; ~ *movement* polit. underjordisk [motstånds]rörelse **III** *s* **1** tunnelbana, T-bana **2** bildl. a) underjordisk grupp; polit. underjordisk [motstånds]rörelse b) underground kulturradikal rörelse
undergrowth ['ʌndəgrəʊθ] *s* **1** undervegetation; småskog, underskog **2** småvuxenhet
underhand [ss. adj. 'ʌndəhænd, ss. adv. ˌʌndə'hænd] **I** *adj* **1** a) lömsk, bakslug; bedräglig [~ *methods*] b) hemlig, under bordet [*an* ~ *deal*]; *use* ~ *means* (*methods*) gå smygvägar (bakvägar) **2** i kricket o. baseball underhands- [*an* ~ *ball*] **II** *adv* **1** a) lömskt, bakslugt; bedrägligt b) i hemlighet, i smyg **2** i kricket o. baseball underifrån [*serve* ~]; *bowl* (*pitch*) ~ göra ett underhandskast
1 underlay [ss. vb ˌʌndə'leɪ, ss. subst. 'ʌndəleɪ] **I** (*underlaid underlaid*) *vb tr* förse med underlag; stötta [underifrån]; ~ *a carpet with felt* lägga filt [som underlag] under en matta **II** *s* underlag; ~ *felt* underlagsfilt **2 underlay** [ˌʌndə'leɪ] imperf. av *underlie*
underlie [ˌʌndə'laɪ] (*underlay underlain*) *vb tr* **1** ligga under, bilda underlaget till; bära upp **2** bildl. bära upp, vara (utgöra) grundvalen till; ligga i botten på; ligga bakom (under)
underline [ˌʌndə'laɪn] *vb tr* **1** stryka under **2** bildl. understryka, betona; framhäva, tydligt visa
underling ['ʌndəlɪŋ] *s* hantlangare, lakej, underhuggare
underlying [ˌʌndə'laɪɪŋ] *adj* **1** underliggande, som ligger under **2** bildl. a) bakomliggande, som ligger bakom [*the* ~ *causes* (*ideas*)], djupare [liggande] b) grundläggande, bärande [*the* ~ *principles*]
undermanned [ˌʌndə'mænd] *adj* underbemannad
undermine [ˌʌndə'maɪn] *vb tr* underminera; bildl. äv. undergräva [~ *a p.'s authority*; ~ *one's health*]
underneath [ˌʌndə'niːθ] **I** *prep* under, inunder; nedanför; på undersidan av **II** *adv* under, inunder [*wear wool* ~]; undertill, nertill; på undersidan; bildl. under ytan **III** *adj* undre; lägre **IV** *s* undersida; underdel

undernourished [ˌʌndə'nʌrɪʃt] *adj* undernärd, svältfödd
undernourishment [ˌʌndə'nʌrɪʃmənt] *s* undernäring
underpants ['ʌndəpænts] *s pl* isht amer. underbyxor; kalsonger
underpass ['ʌndəpɑːs] *s* **1** a) planskild korsning b) vägtunnel **2** amer. [gång]tunnel
underpay [ˌʌndə'peɪ] (*underpaid underpaid*) *vb tr* **1** underbetala [~ *a p.*] **2** betala för litet på [~ *a bill*]
underpin [ˌʌndə'pɪn] *vb tr* **1** stötta [under], bygga under, förstärka **2** bildl. stödja, styrka, bekräfta
underprivileged [ˌʌndə'prɪvɪlɪdʒd] *adj* missgynnad, tillbakasatt [~ *minorities*], sämre lottad, underprivilegierad [~ *classes*]
underrate [ˌʌndə'reɪt] *vb tr* undervärdera, underskatta; värdera (beräkna) för lågt
underscore [ˌʌndə'skɔː] *vb tr* **1** stryka under **2** bildl. understryka, betona; framhäva, tydligt visa
underseal ['ʌndəsiːl] bil. m.m. **I** *vb tr* underredsbehandla **II** *s* underredsbehandling
undersecretary [ˌʌndə'sekrət(ə)rɪ] *s* **1** polit., *U*~ [*of State*] motsv. ung. statssekreterare; *Parliamentary U*~ [*of State*] biträdande minister i vissa regeringsdepartement där departementschefen har titeln 'Secretary of State' **2** biträdande sekreterare, andresekreterare
undersell [ˌʌndə'sel] (*undersold undersold*) *vb tr* **1** sälja billigare än, underbjuda [~ *a p.*] **2** sälja till underpris, slumpa bort
undersexed [ˌʌndə'sekst] *adj* med (som har) [ovanligt] låg sexualdrift
undershirt ['ʌndəʃɜːt] *s* isht amer. undertröja
underside ['ʌndəsaɪd] *s* undersida
undersigned ['ʌndəsaɪnd] (pl. lika) *s* undertecknad; *we, the* ~, *hereby certify* undertecknade intygar härmed
undersize ['ʌndəsaɪz] *adj* o. **undersized** ['ʌndəsaɪzd] *adj* [som är] under medelstorlek (medellängd); undersätsig; underdimensionerad
underskirt ['ʌndəskɜːt] *s* underkjol
understaffed [ˌʌndə'stɑːft] *adj* underbemannad; *be* ~ äv. ha för liten personal, ha ont om folk
understand [ˌʌndə'stænd] (*understood understood*) **I** *vb tr* (se äv. *understood*) **1** förstå, begripa; fatta, inse, göra klart för sig; *he must be made to* ~ *that*... man måste få honom att inse att..., han måste få klart för sig att... **2** ha förståelse för, förstå [*I quite* ~ *your difficulties*] **3** a) förstå sig på [~ *children*]; vara insatt i, kunna, förstå [*he* ~*s his job*]; känna [till] [~ *the market*] b) veta, vara medveten om [~ *one's duties*] **4** ha hört; *he is, I* ~, *not alone* såvitt jag har hört (förstått) är han inte ensam **5** a) fatta (saken så), få för sig [*I understood that he didn't want to come*]

b) [upp]fatta, tolka; *I understood that...* äv. jag hade fått den uppfattningen att...; *I ~ him to be (that he is)...* som jag fattar det är han..., han är tydligen..., han måste vara...; *give a p. to ~ that...* låta ngn förstå att..., antyda för ngn att... **6 a)** *~ by* förstå (mena) med; *what do you ~ by that word?* äv. vad lägger du in [för betydelse] i det ordet? **b)** *~ from* förstå (fatta, läsa ut) av [*I ~ from his letter that*...]; förstå på [*I understood from him that*...] **II** *vb itr* **1** förstå, begripa, fatta; *I quite ~* jag förstår precis **2** *~ about* förstå sig på
understandable [ˌʌndəˈstændəbl] *adj* förståelig, begriplig
understandably [ˌʌndəˈstændəblɪ] *adv* förståeligt (begripligt) [nog]
understanding [ˌʌndəˈstændɪŋ] **I** *s* **1** förstånd; fattningsförmåga; klokhet, [gott] omdöme **2 a)** insikt [*of* i], kännedom, kunskap [*of* om], förståelse [*of* av] **b)** uppfattning, tolkning [*of* av] **3** förståelse [*the ~ between the nations*], förstående inställning **4** överenskommelse [*a tacit ~*], avtal; samförstånd; *come to (reach) an ~* nå samförstånd, komma överens; *on the ~ that* på det villkoret att, under förutsättning att **II** *adj* **1** förstående [*an ~ smile*]; *be ~* äv. ha förståelse **2** förståndig
understate [ˌʌndəˈsteɪt] *vb tr* **1** ange (beräkna) för lågt [*~ figures*] **2** underskatta, bagatellisera, förringa [*~ problems*]
understatement [ˌʌndəˈsteɪtmənt] *s* **1** alltför låg beräkning; underskattning **2** underdrift, understatement
understood [ˌʌndəˈstʊd] **I** imperf. av *understand* **II** *adj* o. *perf p* (av *understand*) **1** förstådd; [*is that*] *~?* [är det] uppfattat? **2 a)** överenskommen **b)** självklar, given; *it is ~ that* **a)** man räknar med att, det tas för givet att **b)** det är överenskommet att; *it must be ~* [*that we will have to do it*] vi måste ha klart för oss...; [*the police*] *are ~ to have* ...har enligt uppgift . **3** underförstådd; *the verb is* [*to be*] *~* verbet är underförstått
understudy [ss. subst. ˈʌndəˌstʌdɪ, ss. vb ˌ--ˈ--] **I** *s* **1** teat. [roll]ersättare, inhoppare **2 a)** assistent, medhjälpare **b)** ställföreträdare, vikarie **II** *vb tr* **1** teat. **a)** *~ a part* lära in en roll för att kunna hoppa in som ersättare **b)** *~ an actor* fungera som ersättare för en skådespelare **2 a)** assistera **b)** vikariera för **III** *vb itr* **1** teat. fungera som [roll]ersättare (inhoppare) **2 a)** assistera **b)** vikariera
undertake [ˌʌndəˈteɪk] (*undertook undertaken*) *vb tr* **1** företa [*~ a journey*]; sätta i gång med **2 a)** åta[ga] sig [*~ a task; ~ to do a th.*], förbinda (förplikta) sig [*~ to do a th.*]; ta sig

an [*~ a cause*]; ta på sig [*~ a responsibility*] **b)** garantera
undertaker [i bet. *1* ˈʌndəˌteɪkə, i bet. *2* o. *3* ˌ--ˈ--] *s* **1** begravningsentreprenör **2** *an ~ of a th.* en som företar etc. ngt, jfr *undertake I* **3** amer. entreprenör
undertaking [ˌʌndəˈteɪkɪŋ] *s* **1** företag; arbete **2 a)** åtagande; förbindelse, förpliktelse **b)** garanti, löfte; *on an (the) ~ that* mot löfte att
under-the-counter [ˌʌndəðəˈkaʊntə] *adj* vard. som säljs under disken (svart) [*~ goods*], svart [*~ petrol*]
under-the-table [ˌʌndəðəˈteɪbl] *adj* vard. under bordet, i smyg; svart [*~ dealings*]
underthings [ˈʌndəθɪŋz] *s pl* vard. underkläder
undertone [ˈʌndətəʊn] *s* **1** *in an ~* el. *in ~s* med dämpad (halvhög) röst, lågmält **2** bildl. underton
undertow [ˈʌndətəʊ] *s* bakström, motström
undervalue [ˌʌndəˈvæljuː] *vb tr* undervärdera; bildl. äv. underskatta; värdera för lågt
underwater [ss. adj. ˈʌndəwɔːtə, ss. adv. ˌ--ˈ--] **I** *adj* **1** undervattens- [*~ explosion*] **2** [som är] under vattenlinjen på en båt **II** *adv* under vattnet
underwear [ˈʌndəweə] *s* underkläder
underweight [ˈʌndəweɪt, ss. pred. adj. ˌ--ˈ--] **I** *s* undervikt **II** *adj* underviktig, under normalvikt
underworld [ˈʌndəwɜːld] *s* **1** undre värld, förbrytarvärld **2** dödsrike; *the ~* äv. underjorden
underwrite [ˌʌndəˈraɪt] (*underwrote underwritten*) *vb tr* **1 a)** skriva under äv. bildl.; garantera **b)** skriva på [*~ a loan*] **2** hand. **a)** [förbinda sig att] överta obligationslån o.d.; teckna sig för [*~ 1,000 shares*] **b)** åta sig att betala [*~ the cost*], åta sig att finansiera [*~ a business venture*] **3** försäkr. **a)** försäkra, teckna [sjö]försäkring av [*~ a ship*] **b)** teckna [*~ an insurance policy*]
underwriter [ˈʌndəˌraɪtə] *s* **1** försäkr. [sjö]försäkringsgivare, assuradör **2** hand. garant
undeserved [ˌʌndɪˈzɜːvd] *adj* oförtjänt, oförskylld
undeserving [ˌʌndɪˈzɜːvɪŋ] *adj* ovärdig; som inte förtjänar beaktande; *be ~ of* inte förtjäna
undesirable [ˌʌndɪˈzaɪərəbl] **I** *adj* icke önskvärd [*~ effects (persons)*], misshaglig; ovälkommen [*~ visitors*] **II** *s* icke önskvärd person (sak)
undeterred [ˌʌndɪˈtɜːd] *adj* inte avskräckt; *~ by* utan att låta sig avskräckas (hindras) av
undeveloped [ˌʌndɪˈveləpt] *adj* **1** outvecklad; outnyttjad [*~ natural resources*], oexploaterad **2** foto. oframkallad
undies [ˈʌndɪz] *s pl* vard. [dam]underkläder

undignified [ˌʌnˈdɪɡnɪfaɪd] *adj* föga värdig [*in an ~ manner*], opassande, ovärdig
undiluted [ˌʌndaɪˈljuːtɪd, -dɪˈl-] *adj* outspädd; oblandad äv. bildl. [*~ pleasure*]
undiminished [ˌʌndɪˈmɪnɪʃt] *adj* oförminskad, oförsvagad [*~ energy* (*interest*)]
undiplomatic [ˈʌnˌdɪpləˈmætɪk] *adj* odiplomatisk
undiscerning [ˌʌndɪˈsɜːnɪŋ, -ˈzɜː-] *adj* omdömeslös, okritisk, kortsynt
undischarged [ˌʌndɪsˈtʃɑːdʒd] *adj* **1** obetald [*~ debts*] **2** jur., *~ bankrupt* konkursgäldenär vars konkurs inte avslutats
undiscovered [ˌʌndɪsˈkʌvəd] *adj* oupptäckt, outforskad
undiscriminating [ˌʌndɪsˈkrɪmɪneɪtɪŋ] *adj* urskillningslös, okritisk
undisputed [ˌʌndɪsˈpjuːtɪd] *adj* obestridd
undistinguished [ˌʌndɪsˈtɪŋɡwɪʃt] *adj* slätstruken [*an ~ performance*], ointressant; konturlös, som saknar karaktär (särprägel) [*~ style*]
undisturb|ed [ˌʌndɪsˈtɜːb|d] (adv. *-edly* [-ɪdlɪ]) *adj* **1** ostörd, lugn **2** orörd
undivided [ˌʌndɪˈvaɪdɪd] *adj* **1** odelad [*~ attention*], full och hel **2** enad, obruten [*~ front*]
undo [ˌʌnˈduː] (*undid undone*) *vb tr* (se äv. *undone*) **1** knäppa upp [*~ the buttons* (*one's coat*)], lösa (knyta) upp [*~ a knot*], få upp; repa upp [*~ one's knitting*]; lossa [på], lösa [*~ the bands*]; spänna loss [*~ straps*]; ta (veckla) av [*~ the wrapping*]; ta (packa, veckla) upp, öppna [*~ a parcel*]; *come undone* gå upp [*my shoelace has come undone*]; lossna **2 a)** göra ogjord **b)** göra om intet, förstöra, rasera
undoing [ˌʌnˈduːɪŋ] *s* fördärv, olycka, undergång
undone [ˌʌnˈdʌn] **I** perf. p. av *undo* **II** *adj* **1 a)** uppknäppt, upplöst etc., jfr *undo 1* **b)** oknäppt, oknuten **2** ogjord
undoubted [ˌʌnˈdaʊtɪd] *adj* otvivelaktig, obestridlig; avgjord, klar [*an ~ victory*]
undoubtedly [ˌʌnˈdaʊtɪdlɪ] *adv* otvivelaktigt, utan tvivel
undress [ˌʌnˈdres] **I** *vb tr* **1** klä av **2** ta bort förbandet från [*~ a wound*] **II** *vb itr* klä av sig **III** *s* **1 a)** vardagsklädsel **b)** negligé; morgonrock; lätt klädsel; *in a state of ~* halvklädd **2** mil. arbetsmundering, daglig dräkt
undressed [ˌʌnˈdrest] *adj* **1 a)** avklädd **b)** oklädd **2** obehandlad, obearbetad [*~ leather* (*stones*)]; oputsad, oansad, osköt [*an ~ garden*]; osmyckad **3** som inte är omlagd, utan förband [*an ~ wound*]
undrinkable [ˌʌnˈdrɪŋkəbl] *adj* odrickbar
undue [ˌʌnˈdjuː] *adj* **1** otillbörlig; orättmätig; obehörig [*~ use of authority*] **2** onödig [*~ haste* (*risks*)], opåkallad; överdriven

undulate [ˈʌndjʊleɪt] *vb itr* gå i vågor, röra sig i vågor, bölja; om ljud äv. stiga och falla; *undulating landscape* böljande (kuperat) landskap
undulation [ˌʌndjʊˈleɪʃ(ə)n] *s* **1** vågrörelse; böljegång, vågsvall **2** vågformighet, våghet
unduly [ˌʌnˈdjuːlɪ] *adv* **1** oskäligt, onödigt, i onödan; överdrivet **2** otillbörligt
undying [ˌʌnˈdaɪɪŋ] *adj* odödlig; evig; oförgänglig; som aldrig dör [*~ hatred*]
unearned [ˌʌnˈɜːnd] *adj* **1** *~ income* arbetsfri inkomst, inkomst av kapital **2** oförtjänt [*~ praise*]
unearth [ˌʌnˈɜːθ] *vb tr* **1** gräva upp (fram); bildl. äv. upptäcka, avslöja, bringa i dagen **2** jakt. driva ut ur grytet [*~ a fox*]
unearthly [ˌʌnˈɜːθlɪ] *adj* **1** överjordisk, ojordisk, himmelsk **2** övernaturlig; mystisk; hemsk, kuslig **3** vard. orimlig; *at an ~ hour* okristligt tidigt (sent)
unease [ˌʌnˈiːz] *s* se *uneasiness*
uneasiness [ˌʌnˈiːzɪnəs] *s* oro, ängslan [*about* för]; [känsla av] obehag, olust
uneasy [ˌʌnˈiːzɪ] *adj* orolig, ängslig [*about* för]; olustig, illa till mods; *he had an ~ conscience* han hade en smula dåligt samvete
uneatable [ˌʌnˈiːtəbl] *adj* oätbar, oätlig
uneconomic [ˈʌnˌiːkəˈnɒmɪk] *adj* dyr, oekonomisk
uneconomical [ˈʌnˌiːkəˈnɒmɪk(ə)l] *adj* slösaktig, oekonomisk; odryg
uneducated [ˌʌnˈedjʊkeɪtɪd] *adj* obildad; okultiverad
unemotional [ˌʌnɪˈməʊʃənl] *adj* oberörd, behärskad; likgiltig, känslolös
unemployed [ˌʌnɪmˈplɔɪd] *adj* **1** arbetslös, sysslolös; *the ~* de arbetslösa **2** outnyttjad, oanvänd; *~ capital* ledigt kapital
unemployment [ˌʌnɪmˈplɔɪmənt] *s* arbetslöshet; *~ benefit* (*pay,* amer. *compensation*) arbetslöshetsunderstöd; *~ insurance* arbetslöshetsförsäkring
unending [ˌʌnˈendɪŋ] *adj* **1** ändlös, oändlig **2** vard. evig, evinnerlig
un-English [ˌʌnˈɪŋɡlɪʃ] *adj* oengelsk
unenviable [ˌʌnˈenvɪəbl] *adj* föga (inte) avundsvärd [*an ~ task*]
unequal [ˌʌnˈiːkwəl] *adj* **1** olika, olika stor (lång o.d.); inte likvärdig (jämlik, jämställd o.d.); omaka **2** ojämn äv. bildl. [*an ~ contest*]; oenhetlig, oregelbunden **3** udda [*~ number*] **4** *be ~ to* inte motsvara [*the supply is ~ to the demand*]; *be ~ to the task* inte vara vuxen (kunna klara) uppgiften
unequalled [ˌʌnˈiːkw(ə)ld] *adj* ouppnådd, oöverträffad, utan motstycke (like), makalös
unequivocal [ˌʌnɪˈkwɪvək(ə)l] *adj* otvetydig
unerring [ˌʌnˈɜːrɪŋ] *adj* ofelbar, osviklig, säker; träffsäker; *an ~ eye for* en säker blick för
UNESCO o. **Unesco** [jʊˈneskəʊ] (förk. för

United Nations Educational, Scientific, & Cultural Organization) UNESCO
unethical [ˌʌn'eθɪk(ə)l] *adj* oetisk, omoralisk
uneven [ˌʌn'iːv(ə)n] *adj* **1** ojämn äv. bildl. [~ *road*; ~ *performance*]; skrovlig, knagglig; om mark kuperad **2** udda [~ *number*] **3** olika, olika lång; inte parallell
uneventful [ˌʌnɪ'ventf(ʊ)l] *adj* händelsefattig, händelselös; enformig; *the journey was ~* det hände inte särskilt mycket på resan
unexpected [ˌʌnɪk'spektɪd] *adj* oväntad, oanad, oförutsedd
unexpectedly [ˌʌnɪk'spektɪdlɪ] *adv* oväntat
unexplained [ˌʌnɪk'spleɪnd] *adj* oförklarad, ouppklarad, outredd
unexposed [ˌʌnɪk'spəʊzd] *adj* **1** oavslöjad, fördold; inte uppdagad **2** inte utsatt [*to* för] **3** foto. oexponerad
unfailing [ˌʌn'feɪlɪŋ] *adj* **1** aldrig svikande, osviklig [~ *accuracy*], ofelbar [*an ~ remedy*], säker **2** outtömlig, outsinlig **3** ständig
unfair [ˌʌn'feə] *adj* orättvis, obillig; ojust, ofin, ohederlig; otillåten; *take an ~ advantage of a p.* skaffa sig fördelar på ngns bekostnad
unfairly [ˌʌn'feəlɪ] *adv* orättvist etc., jfr *unfair*; med orätt
unfairness [ˌʌn'feənəs] *s* orättvisa etc., jfr *unfair*
unfaithful [ˌʌn'feɪθf(ʊ)l] *adj* **1** otrogen [*to* mot], trolös **2** otillförlitlig, inte exakt (korrekt), inte trogen [*an ~ translation*]
unfamiliar [ˌʌnfə'mɪljə] *adj* **1** obekant, inte förtrogen [*with* med], ovan [*with* vid], främmande [*with* för] **2** okänd, obekant, främmande [*to a p.* för ngn]; ovan, ovanlig [*an ~ sight*]
unfamiliarity [ˈʌnfəˌmɪlɪ'ærətɪ] *s* obekantskap, bristande förtrogenhet [*with* med], ovana [*with* vid]
unfashionable [ˌʌn'fæʃ(ə)nəbl] *adj* omodern, urmodig
unfasten [ˌʌn'fɑːsn] *vb tr* lossa, lösgöra; lösa (knyta) upp; låsa upp, öppna; knäppa upp
unfathomable [ˌʌn'fæðəməbl] *adj* **1** bottenlös [~ *lake*] **2** outgrundlig, ofattbar [~ *mystery*]
unfavourable [ˌʌn'feɪv(ə)rəbl] *adj* ogynnsam, ofördelaktig [*to* (*for*) för]
unfeeling [ˌʌn'fiːlɪŋ] *adj* okänslig [*to* för]; känslolös; hjärtlös
unfinished [ˌʌn'fɪnɪʃt] *adj* oavslutad, ofullbordad, inte färdig
unfit [ˌʌn'fɪt] **I** *adj* olämplig, otjänlig, oduglig [*for* till (som); *to* [till] att], oförmögen [*for* till; *to* att]; ovärdig [*for a th.* ngt]; i dålig kondition; [*medically*] ~ mil. inte vapenför; *~ for human consumption* otjänlig som människoföda **II** *vb tr* göra oduglig etc., jfr *I*
unfitted [ˌʌn'fɪtɪd] *adj* olämplig, oduglig [*for* till (som); *to* [till] att]
unflagging [ˌʌn'flægɪŋ] *adj* outtröttlig, aldrig sviktande (svikande, slappnande) [~ *energy*]

unflappable [ˌʌn'flæpəbl] *adj* vard. orubbligt lugn, lugn som en filbunke
unflinching [ˌʌn'flɪn(t)ʃɪŋ] *adj* ståndaktig, orubblig, oböjlig; hårdnackad
unfold [ˌʌn'fəʊld] **I** *vb tr* **1 a)** veckla ut (upp) [~ *a newspaper*], vika ut (upp); breda ut [~ *one's arms*] **b)** m. refl. konstr.: a) veckla ut sig [*the buds began to ~ themselves*], slå ut i blom b) breda ut sig, ligga utbredd [*the landscape ~ed itself before me*] **2 a)** utveckla, framställa, lägga fram, uppenbara, avslöja, yppa [*she ~ed her plans*] **b)** m. refl. konstr. utveckla sig, utvecklas, rullas upp [*the story ~s itself*], avslöjas **II** *vb itr* **1** veckla ut sig, breda ut sig; öppna sig **2** utveckla sig, utvecklas, uppenbaras, rullas upp [*the story ~s*], avslöjas
unforeseeable [ˌʌnfɔː'siːəbl] *adj* oförutsebar, omöjlig att förutse, oviss
unforeseen [ˌʌnfɔː'siːn] *adj* oförutsedd
unforgettable [ˌʌnfə'getəbl] *adj* oförglömlig
unforgivable [ˌʌnfə'gɪvəbl] *adj* oförlåtlig
unforgiving [ˌʌnfə'gɪvɪŋ] *adj* oförsonlig
unfortunate [ˌʌn'fɔːtʃ(ə)nət] **I** *adj* **1** olyckligt lottad; *be ~* äv. ha otur **2** olycksalig, beklaglig, olycklig [*an ~ development*] **II** *s* olycksfågel; olyckligt (sämst) lottad person
unfortunately [ˌʌn'fɔːtʃ(ə)nətlɪ] *adv* **1** tyvärr, olyckligtvis, beklagligtvis **2** olyckligt
unfounded [ˌʌn'faʊndɪd] *adj* isht bildl. ogrundad [~ *suspicion*], grundlös [~ *rumour*], ohållbar
unfreeze [ˌʌn'friːz] (*unfroze unfrozen*) *vb tr* **1** tina upp, smälta **2** bildl. upphäva [~ *prices* (prisstoppet)], ta bort taket på
unfrequented [ˌʌnfrɪ'kwentɪd] *adj* litet (föga, sällan) besökt (frekventerad); enslig, övergiven
unfriendly [ˌʌn'frendlɪ] *adj* **1** ovänlig, ovänskaplig [*to* mot] **2** (ss. efterled i sms.) -farlig, skadlig för [*environment-unfriendly*]
unfrock [ˌʌn'frɒk] *vb tr* avsätta [från ämbetet] [~ *a priest*]
unfurl [ˌʌn'fɜːl] **I** *vb tr* veckla ut [~ *a flag*]; sjö. göra loss [~ *a sail*]; *~ed flags* flygande fanor **II** *vb itr* om flagga o.d. veckla (breda) ut sig
unfurnished [ˌʌn'fɜːnɪʃt] *adj* omöblerad
ungainly [ˌʌn'geɪnlɪ] *adj* klumpig, otymplig
ungentlemanlike [ˌʌn'dʒentlmənlaɪk] *adj* o.
ungentlemanly [ˌʌn'dʒentlmənlɪ] *adj* föga gentlemannamässig, okultiverad, ofin, ojust
ungodly [ˌʌn'gɒdlɪ] *adj* gudlös, ogudaktig; *at an ~ hour* okristligt tidigt
ungovernable [ˌʌn'gʌv(ə)nəbl] *adj* omöjlig att styra (tygla); obändig [~ *temper*]; oregerlig
ungrateful [ˌʌn'greɪtf(ʊ)l] *adj* otacksam [*to* mot; *an ~ task*]
ungreen [ˌʌn'griːn] *adj* miljöfarlig, inte (föga) miljövänlig [*the ~ area of cigarette smoking*]; omedveten om miljön
unguarded [ˌʌn'gɑːdɪd] *adj* **1** obevakad; utan skydd **2** ovarsam, oförsiktig, tanklös

unhappily [ˌʌnˈhæpəlɪ] *adv* **1** olyckligt **2** olyckligtvis
unhappiness [ˌʌnˈhæpɪnəs] *s* olycka, bedrövelse, sorgsenhet; elände
unhappy [ˌʌnˈhæpɪ] *adj* olycklig; olycksalig; misslyckad, mindre lycklig, olämplig [~ *choice of words* (ordval)]; *be* ~ *about* äv. inte vara nöjd med
unharmed [ˌʌnˈhɑːmd] *adj* oskadd
unhealthy [ˌʌnˈhelθɪ] *adj* **1** sjuklig, klen **2** ohälsosam, osund, farlig, skadlig [~ *ideas*]
unheard [ˌʌnˈhɜːd] *adj* **1** ohörd; *go* ~ bildl. förklinga ohörd **2** ~ *of* exempellös, utan motstycke
unheard-of [ˌʌnˈhɜːdɒv] *attr adj* **1** [förut] okänd **2** exempellös, oerhörd, förut aldrig skådad; utan motstycke
unhesitating [ˌʌnˈhezɪteɪtɪŋ] *adj* beslutsam; oförbehållsam; beredvillig, tveklös
unhinge [ˌʌnˈhɪn(d)ʒ] *vb tr* **1** haka (lyfta) av [~ *a door*]; få (dra) ur led **2** förrycka, rubba; bringa ur fattningen (gängorna); riva upp [*his nerves were* ~*d*]; *mentally* ~*d* sinnesrubbad
unholy [ˌʌnˈhəʊlɪ] *adj* ohelig; syndig, ond
unhook [ˌʌnˈhʊk] *vb tr* häkta (haka, kroka) av; knäppa upp; koppla loss
unhurt [ˌʌnˈhɜːt] *adj* oskadad, oskadd, helskinnad
uni- [ˈjuːnɪ] *prefix* vanl. en-
UNICEF [ˈjuːnɪsef] (förk. för *United Nations Children's Fund*) UNICEF
unicorn [ˈjuːnɪkɔːn] *s* enhörning
unidentified [ˌʌnaɪˈdentɪfaɪd] *adj* oidentifierad [~ *flying object*], icke identifierad
unification [ˌjuːnɪfɪˈkeɪʃ(ə)n] *s* enande, sammanslagning, förening
uniform [ˈjuːnɪfɔːm] **I** *adj* **1** likformig, lika; enhetlig, enformig; likalydande; *planks of* ~ *length* lika långa plankor; ~ *price* enhetspris **2** jämn, konstant [~ *speed*, ~ *temperature*], oförändrad, oföränderlig **II** *s* uniform; *in* ~ i uniform, uniformsklädd; *out of* ~ civilklädd
uniformity [ˌjuːnɪˈfɔːmətɪ] *s* **1** likformighet, uniformitet, enhetlighet **2** enformighet, monotoni
unify [ˈjuːnɪfaɪ] *vb tr* ena, förena, föra (sluta, slå) samman [*in* till; *to* (*with*) *a th.* med ngt]
unilateral [ˌjuːnɪˈlæt(ə)r(ə)l] *adj* ensidig, unilateral
unimaginable [ˌʌnɪˈmædʒɪnəbl] *adj* otänkbar; ofattbar
unimaginative [ˌʌnɪˈmædʒɪnətɪv] *adj* fantasilös
unimpaired [ˌʌnɪmˈpeəd] *adj* oförminskad, oförsvagad, obruten [~ *health*]; ofördärvad
unimpeachable [ˌʌnɪmˈpiːtʃəbl] *adj* oantastlig, oangriplig, oförvitlig [~ *reputation*]; vederhäftig [~ *source*]; obestridlig; jur. ojävig
unimportant [ˌʌnɪmˈpɔːt(ə)nt] *adj* obetydlig, oviktig, av mindre vikt, betydelselös, oväsentlig
unimpressed [ˌʌnɪmˈprest] *adj* oberörd; inte imponerad
uninformed [ˌʌnɪnˈfɔːmd] *adj* inte underrättad (informerad), okunnig [*of* (*on*, *as to*) om]; ovederhäftig [~ *criticism*]
uninhabited [ˌʌnɪnˈhæbɪtɪd] *adj* obebodd, obebyggd
uninhibited [ˌʌnɪnˈhɪbɪtɪd] *adj* hämningslös, ohämmad; lössläppt
uninspired [ˌʌnɪnˈspaɪəd] *adj* oinspirerad, andefattig
unintelligible [ˌʌnɪnˈtelɪdʒəbl] *adj* obegriplig, oförståelig
unintentional [ˌʌnɪnˈtenʃənl] *adj* oavsiktlig, ouppsåtlig, ofrivillig
uninterested [ˌʌnˈɪntrəstɪd, -t(ə)res-] *adj* ointresserad [*in* av]
uninteresting [ˌʌnˈɪntrəstɪŋ, -t(ə)rest-] *adj* ointressant, tråkig
uninterrupted [ˈʌnˌɪntəˈrʌptɪd] *adj* oavbruten, ostörd
uninviting [ˌʌnɪnˈvaɪtɪŋ] *adj* föga inbjudande (attraktiv); ogemytlig
union [ˈjuːnjən] *s* **1** förening, enande, sammanslutning, sammanförande, sammansmältning **2** union [*customs* ~, *postal* ~], förbund, förening; *students'* ~ studentkår; kårhus **3** [*trade* (*trades*)] ~ fackförening; *national* [*trade*] ~ fackförbund; ~ *dues* fackföreningsavgifter **4** [äktenskaplig] förbindelse, förening; äktenskap [*a happy* ~] **5** enighet, endräkt, harmoni; ~ *is strength* enighet ger styrka **6** a) unionsmärke i flagga b) unionsflagga; *the U~ Jack* Union Jack Storbritanniens flagga
unique [juːˈniːk] *adj* unik, enastående, ensam i sitt slag **II** *s*, *a* ~ ett unikum; pl. ~*s* unika (sällsynta) ting
unisex [ˈjuːnɪseks] *adj* unisex- [~ *fashions*]
unison [ˈjuːnɪsn, -ɪzn] *s* **1** mus. samklang, harmoni; *in* ~ a) unisont b) bildl. i fullkomlig harmoni (samklang) [*with* med] **2** endräkt, enighet, samförstånd [*we acted in perfect* ~]
unit [ˈjuːnɪt] *s* **1** enhet [*form a* ~; *monetary* ~]; ~ *furniture* kombimöbler **2** avdelning, enhet [*production* ~]; mil. äv. förband; grupp, lag **3** apparat; inredning[sdetalj], enhet, [bygg]element; aggregat [*heating* ~]
unite [juːˈnaɪt] **I** *vb tr* förena, föra (slå, smälta, knyta) samman [*in* i; *into* till; *with* (*to*) med], samla [*in* i; *into* till], ena **II** *vb itr* förena sig, förenas, samla sig, samlas, slå sig samman, samverka
united [juːˈnaɪtɪd] *adj* förenad; gemensam, samlad [~ *action*]; bildl. äv. enig, enad [*present a* ~ *front*]; *the U~ Arab Emirates* Förenade arabemiraten; *the U~ Kingdom* Förenade kungariket Storbritannien och Nordirland; *the U~ Nations* [*Organization*] Förenta

nationerna; *the U~ States [of America]* Förenta staterna; *the U~ States Army* Förenta staternas armé, den amerikanska armén; *~ we stand, divided we fall* enade vi stå, söndrade vi falla
unity ['ju:nətɪ] *s* **1** enhet **2** helhet, helhetsintryck **3** endräkt, harmoni, enighet, sammanhållning; *~ is strength* enighet ger styrka
Univ. förk. för *University*
universal [ˌjuːnɪˈvɜːs(ə)l] *adj* **1** allmän, allmänt utbredd [*~ belief (opinion)*]; allomfattande, allsidig, allenarådande; allmängiltig [*the rule is not ~*], universell; världs-; allmännelig [*a ~ church*]; all-, universal- [*~ pliers* (tång)]; hel [*the ~ world*]; *the ~ church* katolska kyrkan; *the U~ Postal Union* Världspostunionen; *~ time* universaltid Greenwichtid **2** om film barntillåten; *~ certificate* tillstånd att visas för alla åldrar, ung. barntillåten **3** mångkunnig, mångsidig, universal- [*~ genius*]
universally [ˌjuːnɪˈvɜːsəlɪ] *adv* allmänt, universellt, överallt
universe ['juːnɪvɜːs] *s* universum, värld; *the ~* äv. a) världsalltet b) mänskligheten
university [ˌjuːnɪˈvɜːsətɪ] *s* universitet, högskola; *~ education* akademisk [ut]bildning; *U~ Extension* se *extension* 5; *be at (go to)* [*the*] *~* gå på (studera vid) universitetet
unjust [ˌʌnˈdʒʌst] *adj* orättfärdig, orättvis [*to mot*]
unjustifiable [ˈʌnˌdʒʌstɪˈfaɪəbl] *adj* oförsvarlig, oursäktlig; otillbörlig, otillständig; orättvis
unjustified [ˌʌnˈdʒʌstɪfaɪd] *adj* oberättigad, obefogad, oförsvarlig, omotiverad
unjustly [ˌʌnˈdʒʌstlɪ] *adv* orättfärdigt, orättvist
unkempt [ˌʌnˈkem(p)t] *adj* **1** okammad **2** ovårdad, vanskött
unkind [ˌʌnˈkaɪnd] *adj* ovänlig; hård, omild, inte skonsam [*~ to* (mot) *the skin*]
unkindly [ˌʌnˈkaɪndlɪ] **I** *adj* ovänlig, avog **II** *adv* ovänligt etc., jfr *unkind*; *don't take it ~ if...* ta inte illa upp om...
unknown [ˌʌnˈnəʊn] **I** *adj* okänd, obekant [*to* för (i, bland)] **II** *adv*, *~ to us* oss ovetande, utan vår vetskap, utan att vi visste om det [*he did it ~ to us*] **III** *s* **1** *the ~* det okända, den okända faktorn **2** okänd [person] **3** matem. obekant
unlawful [ˌʌnˈlɔːf(ʊ)l] *adj* olaglig; orättmätig; olovlig, otillåten
unleash [ˌʌnˈliːʃ] *vb tr* koppla lös (loss), släppa lös (loss) [*~ a dog*; *he ~ed his fury*]
unleavened [ˌʌnˈlevnd] *adj* osyrad [*~ bread*]
unless [ənˈles, ʌn-] *konj* om inte, såvida inte; med mindre [än att]; utan att [äv. *~ and until*]
unlikable [ˌʌnˈlaɪkəbl] *adj* osympatisk, otrevlig
unlike [ˌʌnˈlaɪk] **I** *adj* olik [*he is ~ his brothers*] **II** *prep* olikt; olika mot; i olikhet med, till skillnad från, i motsats till [*~ most other people, he is...*]; *this is ~ you* det är [så] olikt dig
unlikelihood [ˌʌnˈlaɪklɪhʊd] *s* o. **unlikeliness** [ˌʌnˈlaɪklɪnəs] *s* osannolikhet, orimlighet
unlikely [ˌʌnˈlaɪklɪ] *adj* osannolik, otrolig, orimlig; föga lovande [*it looked so ~ at first glance*]; *he is ~ to come* han kommer troligen inte
unlimited [ˌʌnˈlɪmɪtɪd] *adj* **1** obegränsad, obetingad [*~ confidence*], oinskränkt [*~ power*]; *~ company* handelsbolag med obegränsat personligt ansvar **2** gränslös, oändlig
unlisted [ˌʌnˈlɪstɪd] *adj*, *~ telephone number* hemligt telefonnummer
unlivable [ˌʌnˈlɪvəbl] *adj* **1** omöjlig, odräglig, outhärdlig [*make a p.'s life ~*] **2** *~ in* obeboelig
unload [ˌʌnˈləʊd] **I** *vb tr* **1** lasta av, lossa [*~ a cargo*; *~ a truck*] **2** befria, frigöra [*of* från]; *~ one's heart* lätta sitt hjärta **3** ta ut patronen (laddningen) ur [*~ the gun*] **II** *vb itr* lossa[s] [*the ship is ~ing*]
unlock [ˌʌnˈlɒk] **I** *vb tr* låsa upp **II** *vb itr* låsas upp
unlooked-for [ˌʌnˈlʊktfɔː] *adj* oväntad, oförutsedd
unloose [ˌʌnˈluːs] *vb tr* o. **unloosen** [ˌʌnˈluːsn] *vb tr* lossa, lösa; släppa [lös]; befria; knyta upp
unluckily [ˌʌnˈlʌkəlɪ] *adv* **1** olyckligtvis **2** olyckligt
unlucky [ˌʌnˈlʌkɪ] *adj* olycklig; olycksdiger, olycksbringande; fatal; olycks-; *be ~* ha otur [*at* i]; *~ at cards, lucky in love* otur i spel, tur i kärlek
unmade [ˌʌnˈmeɪd] *adj* inte gjord, ogjord; obäddad [*an ~ bed*]
unmanageable [ˌʌnˈmænɪdʒəbl] *adj* ohanterlig, svårhanterlig; oregerlig
unmanly [ˌʌnˈmænlɪ] *adj* omanlig, ovärdig en man
unmanned [ˌʌnˈmænd] *adj* obemannad
unmannerly [ˌʌnˈmænəlɪ] *adj* obelevad, okultiverad, ohyfsad
unmarried [ˌʌnˈmærɪd] *adj* ogift
unmask [ˌʌnˈmɑːsk] **I** *vb tr* demaskera; bildl. äv. avslöja [*~ a traitor*] **II** *vb itr* demaskera sig
unmatched [ˌʌnˈmætʃt] *adj* **1** oöverträffad, ouppnådd, makalös **2** omaka, udda
unmentionable [ˌʌnˈmenʃnəbl] **I** *adj* onämnbar; opassande **II** *s* åld. el. skämts., pl. *~s* onämnbara underbyxor
unmerciful [ˌʌnˈmɜːsɪf(ʊ)l] *adj* obarmhärtig
unmistakable [ˌʌnmɪˈsteɪkəbl] *adj* omisskännlig, tydlig [*an ~ hint*]; otvetydig, ofelbar [*an ~ sign*]
unmitigated [ˌʌnˈmɪtɪɡeɪtɪd] *adj* **1** onyanserad; oförminskad; *~ by* utan några

förmildrande (försonande) drag (inslag) av **2** oblandad; renodlad, ren, äkta; *an ~ scoundrel* en ärkeskurk
unmoved [ˌʌnˈmuːvd] *adj* **1** oberörd, lugn, kall **2** orörd; orörlig
unnamable [ˌʌnˈneɪməbl] *adj* namnlös, obeskrivlig
unnatural [ˌʌnˈnætʃr(ə)l] *adj* onaturlig
unnaturally [ˌʌnˈnætʃrəlɪ] *adv* onaturligt; *not ~* naturligt nog, helt naturligt
unnecessarily [ˌʌnˈnesəs(ə)rəlɪ] *adv* **1** onödigt **2** onödigtvis, i onödan
unnecessary [ˌʌnˈnesəs(ə)rɪ] *adj* onödig, obehövlig
unnerve [ˌʌnˈnɜːv] *vb tr* **1** försvaga; förslappa **2** få att tappa koncepterna, göra nervös
unnoticed [ˌʌnˈnəʊtɪst] *adj* obemärkt
unnumbered [ˌʌnˈnʌmbəd] *adj* **1** oräknelig, otalig, tallös **2** onumrerad [*~ seats*], opaginerad [*~ pages*] **3** oräknad, inte räknad
UNO [ˈjuːnəʊ] (förk. för *United Nations Organization*) FN
unobservant [ˌʌnəbˈzɜːv(ə)nt] *adj* ouppmärksam; inte (föga) observant; *you are so ~* du ser aldrig (lägger aldrig märke till) något
unobtainable [ˌʌnəbˈteɪnəbl] *adj* oåtkomlig, oanskaffbar, oöverkomlig
unobtrusive [ˌʌnəbˈtruːsɪv] *adj* tillbakadragen, inte påträngande (påflugen), försynt, diskret
unoccupied [ˌʌnˈɒkjʊpaɪd] *adj* **1** inte ockuperad **2** obebodd [*~ territory*] **3** ledig [*~ flat*; *~ seat*], inte upptagen, obesatt **4** sysslolös [*~ person*]
unofficial [ˌʌnəˈfɪʃ(ə)l] *adj* inofficiell [*~ statement*], inte officiell; *~ strike* vild strejk
unorthodox [ˌʌnˈɔːθədɒks] *adj* oortodox, kättersk, inte renlärig; okonventionell, inte vedertagen
unpack [ˌʌnˈpæk] *vb tr* o. *vb itr* packa upp (ur)
unpacked [ˌʌnˈpækt] *adj* **1** uppackad, urpackad **2** opackad; oförpackad, opaketerad
unpaid [ˌʌnˈpeɪd] *adj* obetald; ofrankerad [*~ letter*]; oavlönad, utan lön [*~ position*]
unpalatable [ˌʌnˈpælətəbl] *adj* oaptitlig; bildl. obehaglig [*~ truth*], motbjudande
unparalleled [ˌʌnˈpærəleld, -ləld] *adj* makalös, exempellös, enastående, utan like (motstycke)
unparliamentary [ˈʌnˌpɑːlɪəˈment(ə)rɪ] *adj* oparlamentarisk
unperson [ˈʌnˌpɜːsn] *s* icke-person, politiskt (socialt) död person
unpick [ˌʌnˈpɪk] *vb tr* sprätta upp [*~ stitches (a seam)*]; ta upp
unplanned [ˌʌnˈplænd] *adj* **1** inte planerad (planlagd); oväntad **2** illa planerad [*~ economy*]
unplayable [ˌʌnˈpleɪəbl] *adj* ospelbar [*~ tape*; *~ football pitch*]; om boll o.d. äv. omöjlig, otagbar

unpleasant [ˌʌnˈpleznt] *adj* otrevlig [*~ situation*], olustig; obehaglig [*~ taste*; *~ truth*], oangenäm; osympatisk [*an ~ fellow*]
unpleasantness [ˌʌnˈplezntnəs] *s* obehag; otrevlighet[er], besvärlighet[er]; tråkighet[er]; matt; oputsad, misshällighet[er], bråk [*try to avoid ~*]
unplug [ˌʌnˈplʌg] *vb tr* **1** dra ur proppen (tappen) ur [*~ the sink*] **2** dra ur [sladden till] [*~ the refrigerator*]; *~ the telephone* dra ur [telefon]jacket
unplumbed [ˌʌnˈplʌmd] *adj* inte lodad, opejlad; bildl. outforskad; *~ depths* a) opejlade djup b) avgrunder [*~ depths of ignorance*]; *a variety of ~ possibilities* en mängd oanade möjligheter
unpolished [ˌʌnˈpɒlɪʃt] *adj* opolerad [*~ rice*; *~ manners*]; matt; oputsad, oborstad [*~ shoes*]; oslipad [*~ diamond*; *~ style*]; bildl. ohyvlad, obildad, okultiverad
unpopular [ˌʌnˈpɒpjʊlə] *adj* impopulär, illa (inte) omtyckt
unpopularity [ˈʌnˌpɒpjʊˈlærətɪ] *s* impopularitet
unpractised [ˌʌnˈpræktɪst] *adj* **1** oövad, oerfaren, orutinerad [*in i*] **2** inte praktiserad
unprecedented [ˌʌnˈpresɪd(ə)ntɪd] *adj* exempellös, utan motstycke, oöverträffad, makalös
unpredictable [ˌʌnprɪˈdɪktəbl] *adj* **1** oförutsägbar **2** oberäknelig, opålitlig, nyckfull
unprejudiced [ˌʌnˈpredʒʊdɪst] *adj* fördomsfri, opartisk
unprepossessing [ˈʌnˌpriːpəˈzesɪŋ] *adj* föga intagande, osympatisk
unpretentious [ˌʌnprɪˈtenʃəs] *adj* anspråkslös, blygsam, opretentiös
unprincipled [ˌʌnˈprɪnsəpld] *adj* principlös, utan principer, karaktärslös; omoralisk, samvetslös
unprintable [ˌʌnˈprɪntəbl] *adj* otryckbar, som inte kan återges i tryck
unproductive [ˌʌnprəˈdʌktɪv] *adj* improduktiv; ofruktbar; föga lönande
unprofessional [ˌʌnprəˈfeʃənl] *adj* **1** inte professionell (yrkesmässig, fackutbildad); inte akademiskt utbildad **2** icke-fackmannamässig, oprofessionell [*~ work*] **3** ovärdig yrkeskåren (en yrkesman) [*~ conduct*]
unprofitable [ˌʌnˈprɒfɪtəbl] *adj* **1** onyttig, föga givande, ofruktbar [*~ discussions*] **2** föga vinstgivande (lönande), olönsam
unpromising [ˌʌnˈprɒmɪsɪŋ] *adj* föga lovande, ogynnsam
unpronounceable [ˌʌnprəˈnaʊnsəbl] *adj* omöjlig (svår) att uttala, outtalbar, svåruttalad
unprovided [ˌʌnprəˈvaɪdɪd] *adj* **1** inte försedd (utrustad) [*with* med] **2** oförsörjd; *leave*

one's family ~ for ställa familjen på bar backe **3** oförberedd [*against* på]
unprovoked [ˌʌnprə'vəʊkt] *adj* **1** oprovocerad [*~ attack*] **2** opåkallad, omotiverad
unpunished [ˌʌn'pʌnɪʃt] *adj* ostraffad, straffri; *let a p.* go ~ underlåta att straffa ngn; *let a th.* go ~ låta ngt passera ostraffat
unqualified [ˌʌn'kwɒlɪfaɪd] *adj* **1** okvalificerad, inkompetent, oduglig [*as* som; *for* till, för]; inte behörig, utan kompetens, omeriterad **2** oförbehållsam, oreserverad, odelad [*~ approval*], oblandad [*~ joy*]
unquestionable [ˌʌn'kwestʃənəbl] *adj* **1** obestridlig, odiskutabel **2** vederhäftig
unquestioned [ˌʌn'kwestʃ(ə)nd] *adj* **1** obestridd; oemotsagd **2** obestridlig
unquestioning [ˌʌn'kwestʃənɪŋ] *adj* obetingad, blind [*~ obedience*]
unquote [ˌʌn'kwəʊt] *vb itr*, [*he said, quote, we shall never give in*] ~ ...slut på citatet, ...slut citat, jfr *quote II*
unravel [ˌʌn'ræv(ə)l] **I** *vb tr* **1** riva upp, repa upp [*she ~led her knitting*]; reda ut, trassla upp, dela på [*~ a rope*] **2** bildl. reda ut (upp), nysta upp, lösa [*~ a mystery*] **II** *vb itr* repa upp sig, trassla upp sig
unread [ˌʌn'red] *adj* **1** oläst **2** föga (dåligt) beläst, okunnig
unreadable [ˌʌn'ri:dəbl] *adj* **1** oläsbar [*an ~ book*] **2** oläslig, oläsbar [*~ handwriting*]
unreal [ˌʌn'rɪəl] *adj* overklig; inbillad
unreality [ˌʌnrɪ'ælətɪ] *s* overklighet; chimär
unreasonable [ˌʌn'ri:z(ə)nəbl] *adj* **1** oförnuftig, oresonlig; oefterrättlig, omedgörlig **2** oskälig
unreasoning [ˌʌn'ri:z(ə)nɪŋ] *adj* oförnuftig, absurd, tanklös; okritisk; oreflekterad
unrecognizable [ˌʌn'rekəgnaɪzəbl, ˌ-ˌ--'---] *adj* oigenkännlig
unrelated [ˌʌnrɪ'leɪtɪd] *adj* obesläktad äv. bildl. [*to* med]; inte relaterad [*to* till]; utan samband med varandra [*~ crimes*]
unrelenting [ˌʌnrɪ'lentɪŋ] *adj* **1** oböjlig; obeveklig **2** ständig, oavbruten [*~ progress; ~ pressure*]
unreliable [ˌʌnrɪ'laɪəbl] *adj* opålitlig [*an ~ witness*]; ovederhäftig, otillförlitlig, osäker [*~ information*]
unremitting [ˌʌnrɪ'mɪtɪŋ] *adj* outtröttlig, oförtruten, aldrig sviktande; odelad [*~ attention*]
unrepeatable [ˌʌnrɪ'pi:təbl] *adj* **1** som inte kan återges (upprepas) [*~ remarks*] **2** unik; som inte återkommer [*an ~ offer* (erbjudande)]
unrepentant [ˌʌnrɪ'pentənt] *adj* o.
unrepenting [ˌʌnrɪ'pentɪŋ] *adj* obotfärdig, förhärdad, förstockad
unrequited [ˌʌnrɪ'kwaɪtɪd] *adj* obesvarad [*~ love*]
unreserved [ˌʌnrɪ'zɜ:vd] *adj* **1** oförbehållsam,

öppenhjärtig, oreserverad, frimodig **2** inte reserverad [*~ seats*]
unreservedly [ˌʌnrɪ'zɜ:vɪdlɪ] *adv* oförbehållsamt etc., jfr *unreserved 1*; utan förbehåll
unrest [ˌʌn'rest] *s* oro, jäsning
unrestrained [ˌʌnrɪ'streɪnd] *adj* **1** ohämmad, hämningslös, otyglad; obehärskad **2** otvungen, fri, obunden
unrestricted [ˌʌnrɪ'strɪktɪd] *adj* **1** oinskränkt [*~ power*] **2** med fri fart, utan fartgräns [*an ~ road*]
unrewarding [ˌʌnrɪ'wɔ:dɪŋ] *adj* föga givande, som inte lönar sig, bortkastad [*~ labour*]; otacksam [*an ~ part* (roll)]
unripe [ˌʌn'raɪp] *adj* omogen äv. bildl.
unrivalled [ˌʌn'raɪv(ə)ld] *adj* makalös, oöverträffad, som saknar motstycke, utan like
unroll [ˌʌn'rəʊl] **I** *vb tr* rulla (veckla) upp; rulla ut **II** *vb itr* rulla (veckla) upp sig, rullas upp
unruffled [ˌʌn'rʌfld] *adj* **1** oberörd, lugn [och fattad]; ostörd **2** stilla [*an ~ lake*], orörlig; slät [*an ~ brow*], jämn **3** okrusad, oveckad
unruly [ˌʌn'ru:lɪ] *adj* ostyrig, besvärlig [*~ children, ~ locks of hair*], oregerlig, bångstyrig
unsaddle [ˌʌn'sædl] *vb tr* **1** sadla av [*~ a horse*] **2** kasta av (ur sadeln) [*~ a rider*]
unsafe [ˌʌn'seɪf] *adj* osäker, inte säker; farlig
unsaid [ˌʌn'sed] *adj* osagd
unsatisfactory [ˈʌnˌsætɪs'fækt(ə)rɪ] *adj* otillfredsställande; otillräcklig [*~ proof*]
unsaturated [ˌʌn'sætʃəreɪtɪd] *adj* omättad
unsavoury [ˌʌn'seɪv(ə)rɪ] *adj* **1** smaklös [*an ~ meal*], fadd; oaptitlig **2** motbjudande, obehaglig, osmaklig [*an ~ affair*]
unscathed [ˌʌn'skeɪðd] *adj* oskadd; helskinnad
unscholarly [ˌʌn'skɒləlɪ] *adj* **1** ovetenskaplig **2** olärd
unscientific [ˈʌnˌsaɪən'tɪfɪk] *adj* **1** ovetenskaplig **2** orationell, ometodisk
unscrupulous [ˌʌn'skru:pjʊləs] *adj* samvetslös, föga nogräknad, skrupelfri, hänsynslös
unseat [ˌʌn'si:t] *vb tr* **1** kasta av (ur sadeln) **2** avsätta, avskeda [från ämbetet]; störta [*~ the Government*]; beröva (frånta) mandatet
unseemly [ˌʌn'si:mlɪ] *adj* **1** opassande, otillständig, otillbörlig **2** ful, anskrämlig
unseen [ˌʌn'si:n] **I** *adj* **1** osynlig, dold [*~ danger, ~ forces*]; osedd **2 a)** okänd, förut oläst; *~ translation* översättning av okänd text **b)** från bladet, a prima vista **II** *s, the ~* den osynliga världen
unselfish [ˌʌn'selfɪʃ] *adj* osjälvisk, oegennyttig
unsettle [ˌʌn'setl] *vb tr* **1** lösgöra, lossa **2** komma att vackla, bringa ur balans, skaka [*strikes ~d the economy of the country*]; förrycka **3** göra osäker (nervös), oroa, förvirra
unsettled [ˌʌn'setld] *adj* **1 a)** orolig [*~ times*],

unshakable

osäker, ostadig [~ *weather*], instabil [*an ~ market*] b) ur balans, obalanserad **2** kringflackande [*an ~ life*]; hemlös, som inte stadgat sig (slagit sig ner för gott); *be ~* [*in one's new home*] inte ha kommit i ordning... **3** inte avgjord [*an ~ case*], ouppklarad, olöst, oavgjord [~ *questions*]; inte uppordnad (avklarad) [*an ~ matter*], oordnad **4** obetald, inte avvecklad [~ *debts*]
unshakable [ˌʌnˈʃeɪkəbl] *adj* orubblig [~ *faith*]
unshaken [ˌʌnˈʃeɪk(ə)n] *adj* orubbad; orubblig
unshaved [ˌʌnˈʃeɪvd] *adj* o. **unshaven** [ˌʌnˈʃeɪvn] *adj* orakad
unsightly [ʌnˈsaɪtlɪ] *adj* ful, gräslig, anskrämlig
unskilled [ˌʌnˈskɪld] *adj* oerfaren, okunnig, obevandrad [*in* i]; outbildad, utan yrkesutbildning; *~ labour* a) outbildad arbetskraft b) grovarbete; *~ labourer* grovarbetare; *~ worker* (*workman*) arbetare utan yrkesutbildning; tempoarbetare
unsociable [ˌʌnˈsəʊʃəbl] *adj* osällskaplig
unsocial [ˌʌnˈsəʊʃ(ə)l] *adj* **1** se *unsociable* **2** asocial **3** ~ [*working*] *hours* obekväm arbetstid
unsolicited [ˌʌnsəˈlɪsɪtɪd] *adj* oombedd, obedd
unsophisticated [ˌʌnsəˈfɪstɪkeɪtɪd] *adj* osofistikerad, naturlig, okonstlad; naiv
unsought-for [ˌʌnˈsɔːtfɔː] *adj* osökt; oväntad; [*he gave me a lot of*] *~ advice* ...råd som jag inte bett om
unsound [ˌʌnˈsaʊnd] *adj* **1** inte frisk, sjuk, sjuklig; dålig [~ *teeth*]; *of ~ mind* sinnesförvirrad, otillräknelig; [*commit suicide*] *while of ~ mind* ...i sinnesförvirring **2** osund [~ *principles*] **3** oriktig, felaktig, ohållbar [*an ~ argument*], oklok [~ *advice*]; *~ doctrine* falsk lära, villolära **4** orolig [~ *sleep*] **5** [ekonomiskt] osäker, riskabel, riskfylld
unsparing [ʌnˈspeərɪŋ] *adj* **1** slösande, frikostig, rundhänt [*of, in* med]; outtröttlig [*with ~ energy*]; *be ~ in one's efforts* inte spara (sky) någon möda **2** skoningslös, sträng
unspeakable [ʌnˈspiːkəbl] *adj* **1** outsäglig [~ *joy*], namnlös [~ *sorrow*], obeskrivlig [~ *wickedness*] **2** usel, avskyvärd [*an ~ scoundrel*]
unspoken [ˌʌnˈspəʊk(ə)n] *adj* outtalad; osagd
unstable [ˌʌnˈsteɪbl] *adj* instabil, ostadig, osäker, vacklande [*an ~ foundation*], labil; obeständig; oregelbunden [*an ~ heartbeat*]; vankelmodig, ombytlig, oberäknelig
unstamped [ˌʌnˈstæm(p)t] *adj* **1** ostämplad **2** ofrankerad, utan frimärke
unsteady [ˌʌnˈstedɪ] **I** *adj* **1** ostadig, osäker, vacklande [*an ~ walk*]; bildl. vankelmodig, ombytlig; skiftande; oberäknelig **2** oregelbunden [~ *habits*; *an ~ pulse*], ojämn

[*an ~ climate*] **II** *vb tr* göra ostadig etc., jfr *I*; rubba
unstoppable [ʌnˈstɒpəbl] *adj* omöjlig (som inte går) att stanna (hejda, hindra, stoppa)
unstuck [ˌʌnˈstʌk] *adj*, *come ~* a) lossna, gå upp [i fogen (limningen)] b) vard. gå i stöpet, slå fel; falla sönder; råka illa ut [*he'll come ~ one day*]
unsuccessful [ˌʌnsəkˈsesf(ʊ)l] *adj* misslyckad, olycklig; *be ~* äv. misslyckas, inte ha någon framgång
unsuitable [ˌʌnˈsjuːtəbl] *adj* olämplig, oduglig, inte passande [*for, to* för, till]
unsuited [ˌʌnˈsuːtɪd, -ˈsjuː-] *adj* olämplig, inte passande (ägnad, lämpad) [*for, to* för, till]; opassande [*to* för]; inte avpassad [*to* efter]; *~ for* (*to*) äv. [som] inte passar (lämpar sig) för
unsure [ˌʌnˈʃʊə] *adj* osäker [*of, about* på, om, beträffande]; otrygg; oviss, tveksam [*of* om]
unsurpassed [ˌʌnsəˈpɑːst] *adj* oöverträffad
unsuspecting [ˌʌnsəˈspektɪŋ] *adj* omisstänksam, godtrogen; intet ont anande
unswerving [ˌʌnˈswɜːvɪŋ] *adj* orubblig [~ *fidelity*], osviklig; rak, utan avvikelser
unsympathetic [ˈʌnˌsɪmpəˈθetɪk] *adj* **1** oförstående, likgiltig, känslolös; avvisande **2** osympatisk, motbjudande
untangle [ˌʌnˈtæŋgl] *vb tr* lösa [upp] [~ *a knot*], reda upp (ut); klara upp [~ *a problem*]; göra loss (fri)
untapped [ˌʌnˈtæpt] *adj* outnyttjad [~ *reserves*]
untarnished [ˌʌnˈtɑːnɪʃt] *adj* **1** fläckfri, obesudlad [*an ~ reputation*], ren **2** glänsande, blank [~ *silver*]
untenable [ˌʌnˈtenəbl, -ˈtiːn-] *adj* **1** ohållbar, oförsvarbar **2** obeboelig
unthinkable [ˌʌnˈθɪŋkəbl] *adj* otänkbar; inte att tänka på [*such a suggestion is ~*]
unthinking [ˌʌnˈθɪŋkɪŋ] *adj* tanklös, obetänksam; okritisk; sorglös; *in an ~ moment* i ett ögonblick av obetänksamhet
untidy [ˌʌnˈtaɪdɪ] *adj* ovårdad
untie [ˌʌnˈtaɪ] *vb tr* knyta upp, lösa upp, få upp; lossa; öppna; släppa lös; *come* (*get*) *~d* gå upp; lossna
until [ənˈtɪl, ʌnˈtɪl] *prep* o. *konj* [ända] till, [ända] tills etc., se *1 till*
untimely [ʌnˈtaɪmlɪ] *adj* **1** för tidig [*an ~ death*] **2** olämplig, malplacerad [~ *remarks*]; oläglig
untiring [ˌʌnˈtaɪərɪŋ] *adj* outtröttlig [~ *energy*], oförtruten [~ *efforts*]
unto [ˈʌntʊ, -tuː, -tə] *prep* litt., se *to I*
untold [ˌʌnˈtəʊld] *adj* omätlig [~ *wealth*], oändlig, gränslös, outsäglig [~ *joy* (*suffering*)]
untouchable [ˌʌnˈtʌtʃəbl] **I** *adj* **1** kastlös, oberörbar **2** bildl. oangriplig, oantastbar **II** *s* kastlös [person], oberörbar
untoward [ˌʌntəˈwɔːd] *adj* olycklig, ogynnsam, motig [~ *conditions*]
untrammelled [ˌʌnˈtræm(ə)ld] *adj*

obehindrad, ohämmad, fri, obunden; oinskränkt [~ *power*]

untranslatable [ˌʌntræns'leɪtəbl, -trɑːns-, -nzˈl-] *adj* oöversättlig; oöverförbar

untried [ˌʌn'traɪd] *adj* **1** oprövad, beprövad **2** jur. orannsakad, ohörd **3** oerfaren

untrieved [ˌʌn'triːvd] *adj* otranerad

untrue [ˌʌn'truː] *adj* **1** osann, falsk, oriktig **2** trolös, falsk [*to* mot]; orättvis; illojal **3** felaktig; sned, vind

untruth [ˌʌn'truːθ, i pl. ˌʌn'truːðz, -truːθs] *s* osanning, lögn; *tell an* ~ tala osanning

untruthful [ˌʌn'truːθf(ʊ)l] *adj* osann, osannfärdig, falsk; lögnaktig

untutored [ˌʌn'tjuːtəd] *adj* obildad, okunnig; otränad [*an* ~ *ear*]

unused [i bet. *1* ˌʌn'juːzd, i bet. *2* ˌʌn'juːst] *adj* **1** obegagnad, oanvänd, outnyttjad; ~ *stamp* ostämplat frimärke **2** ovan [*he is* ~ *to* (vid) *city life*]

unusual [ˌʌn'juːʒʊəl] *adj* ovanlig; sällsynt; osedvanlig

unvarnished [ˌʌn'vɑːnɪʃt] *adj* **1** osminkad [*the* ~ *truth*], oförblommerad, enkel **2** ofernissad, olackerad, obehandlad

unveil [ˌʌn'veɪl] **I** *vb tr* **1** ta slöjan från [~ *one's face*]; avtäcka, låta täckelset falla från [~ *a statue*] **2** bildl. avslöja, röja [~ *a secret*], blotta, visa **II** *vb itr* ta av sig slöjan

unvoiced [ˌʌn'vɔɪst] *adj* fonet. tonlös

unwanted [ˌʌn'wɒntɪd] *adj* inte önskad (önskvärd), oönskad, ovälkommen

unwarranted [ˌʌn'wɒr(ə)ntɪd] *adj* obefogad, oberättigad; omotiverad; oförsvarlig

unwary [ˌʌn'weərɪ] *adj* ovarsam, oförsiktig

unwavering [ˌʌn'weɪv(ə)rɪŋ] *adj* orubblig, aldrig sviktande [~ *loyalty*]; fast

unwell [ˌʌn'wel] *adj* dålig, sjuk, krasslig, opasslig; *be taken* ~ bli dålig (sjuk)

unwieldy [ˌʌn'wiːldɪ] *adj* klumpig, otymplig, åbäkig; svårhanterlig, tungrodd [~ *organization*]

unwilling [ˌʌn'wɪlɪŋ] *adj* **1** ovillig; motvillig; *he was an* ~ *witness* [*to the scene*] han var (blev) ofrivilligt (mot sin vilja) vittne… **2** motspänstig

unwillingly [ˌʌn'wɪlɪŋlɪ] *adv* ogärna, motvilligt, mot sin vilja

unwind [ˌʌn'waɪnd] (*unwound unwound*) **I** *vb tr* nysta (linda, vira, rulla, veckla) av (upp); veckla (rulla) ut; lösgöra, frigöra **II** *vb itr* nystas upp, nysta upp sig etc., jfr *I*

unwise [ˌʌn'waɪz] *adj* oklok, oförståndig

unwitting [ˌʌn'wɪtɪŋ] *adj* **1** oavsiktlig, omedveten, ofrivillig **2** omedveten [*of* om], ovetande, utan att veta [om] [~ *that he had hurt her*]; aningslös

unwittingly [ˌʌn'wɪtɪŋlɪ] *adv* **1** oavsiktligt, omedvetet, ofrivilligt **2** ovetande[s]; aningslöst

unwonted [ˌʌn'wəʊntɪd] *adj* litt. ovanlig, sällsynt

unworkable [ˌʌn'wɜːkəbl] *adj* **1** outförbar, ogenomförbar [*an* ~ *plan*] **2** ohanterlig, svårskött; motspänstig, svårarbetad [~ *material*]

unworldly [ˌʌn'wɜːldlɪ] *adj* ovärldslig; världsfrämmande

unworthy [ˌʌn'wɜːðɪ] *adj* ovärdig [*an* ~ *successor*]; oförtjänt, oberättigad; [*behaviour*] ~ *of a gentleman* …ovärdigt en gentleman

unwound [ˌʌn'waʊnd] **I** imperf. o. perf. p. av *unwind* **II** *adj* ouppdragen [*an* ~ *clock*]

unwrap [ˌʌn'ræp] *vb tr* veckla upp (ut); öppna, ta upp, packa upp [~ *a parcel*]; bildl. avslöja

unwritten [ˌʌn'rɪtn] *adj* oskriven [*an* ~ *page*]; *an* ~ *law* en oskriven lag

unyielding [ˌʌn'jiːldɪŋ] *adj* oböjlig, fast, hård

unzip [ˌʌn'zɪp] **I** *vb tr* dra ner (öppna) [blixtlåset på]; *can you* ~ *me?* kan du hjälpa mig med [att öppna] blixtlåset? **II** *vb itr* öppnas med blixtlås

up [ʌp] **I** *adv* o. pred *adj* **1** a) upp; uppåt b) fram [*he came* ~ *to me*] c) upp, in, ned norrut el. i förhållande till storstad, isht London [~ *to London*]; uppåt (inåt) [landet] i förhållande till kusten [*travel* ~ *from the coast*]; *hands* ~*!* upp med händerna!; ~ *the Arsenal!* heja Arsenal!; ~ *the Republic!* leve republiken!; ~ *and down* fram och tillbaka, av och an [*walk* ~ *and down*]; upp och ner [*jump* ~ *and down*]; på alla håll [och kanter], överallt [*look for a th.* ~ *and down*]; uppifrån och ned [*look a p.* ~ *and down*]; ~ *north* norröver, norrut, uppåt norr; ~ *there* dit upp; ~ *to town* [in (upp, ned)] till stan (London); *from* [*one's*] *youth* ~ ända från (alltifrån) ungdomen; *children from six years* ~ barn från sex år och uppåt **2** a) uppe [*stay* ~ *all night*] b) uppe, inne, nere norrut el. i förhållande till storstad [~ *in London*]; uppåt (inåt) [landet] i förhållande till kusten [*two miles* ~ *from the coast*]; *be* ~ *and about* vara uppe [och i full gång], vara på benen; *be* ~ *and doing* vara uppe och i full gång, vara i farten; ~ *north* norröver, norrut, uppe i norr; ~ *there* däruppe; *relatives* ~ *from the country* släktingar på besök från landet **3** a) över, slut [*my leave was nearly* ~] b) bildl. ute, slut, förbi; *the game is* ~ spelet är förlorat; *time's* ~*!* tiden är ute!; *it's all* ~ *with me* det är ute med mig **4** sport. o.d. plus; *be one* [*goal*] ~ leda med ett mål; *he's always trying to be one* ~ [*on you*] han ska alltid vara värst **5** specialbet. i förb. med verb (se äv. under resp. verb ss. *bring*, *catch*, *come*, *get*, *set* m.fl.): a) ihop [*add* ~; *fold* ~], igen, till [*shut* ~ *a house*] b) fast [*chain* ~]; in [*lock a th.* ~] c) sönder [*tear* ~] d) *hurry* ~*!* skynda på!; utan motsvarighet i sv. [*wake* ~] e) *be* ~

up-and-coming 892

a) vara uppe (uppstigen), ha gått upp [*he (the moon) is not ~ yet*] b) vara [upp]rest (uppförd) [*the house is ~*]; vara uppfälld [*his collar was ~*]; vara uppdragen [*the blinds were ~*] c) ha stigit (gått upp) [*the price of meat is ~*] d) sitta till häst e) vara [uppe] i luften; flyga på viss höjd [*the plane is five thousand feet ~*] f) vara uppriven (uppgrävd) [*the street is ~*] **f)** *what's ~?* vad står på?; *there's something ~* det är något på gång **6** specialbet. i förb. med prep.: *be ~ against* stå (ställas) inför, kämpa med (mot); *be ~ against it* vara illa ute, ligga illa till; *be ~ before* vara uppe [till behandling] i [*be ~ before Congress*]; vara inkallad (instämd) till [*be ~ before the magistrate*]; *be ~ for* vara uppe till [*be ~ for debate*]; ställa upp till [*be ~ for re-election*]; *be well ~ in* [*business*] vard. vara väl insatt i...; *be well ~ on* [*a subject*] vara insatt i...; *~ to* a) [ända] upp till [*count from one ~ to ten*], [ända] fram till, [ända] tills; *~ to now* [ända] tills nu, hittills b) i nivå med, jämförbar med [*this book isn't ~ to his last*]; *he* (*it*) *isn't ~ too much* det är inte mycket bevänt med honom (det) c) *he isn't ~ to* [*the job*] han duger inte till...; *he is ~ to every trick* han kan alla knep; *I don't feel ~ to working* (*to work*) jag känner inte för att arbeta; *I don't feel* (*I'm not*) *~ to it* jag känner mig inte i form, jag har ingen lust d) efter, i enlighet med [*act ~ to one's principles*] e) *be ~ to a p.* vara ngns sak; *it's ~ to you* äv. det är din sak, det är upp till dig f) *be ~ to something* ha något [fuffens] för sig; *be ~ to mischief* ha något rackartyg för sig; *what is he ~ to?* vad har han för sig?, vad håller han på med?
II *prep* uppför [*~ the hill*]; uppe på (i) [*~ the tree*]; uppåt; [upp] längs [med] [*~ the street*]; *walk ~ the street* äv. gå gatan fram[åt]; *~ and down the street* fram och tillbaka på gatan; *travel ~ and down the country* resa kors och tvärs i landet; *~ your arse* (amer. *ass*)! el. *~ yours!* ta dig i häcken!
III *s*, *~s and downs* höjningar och sänkningar; växlingar, svängningar [*the ~s and downs of the market*]; med- och motgång; *he has his ~s and downs* det går upp och ned för honom
up-and-coming [ˌʌpənˈkʌmɪŋ] *adj* lovande [*an ~ author* (*pianist*)], uppåtgående; *an ~ man* äv. en påläggskalv
upbeat [ˈʌpbiːt] **I** *s* **1** mus. upptakt; uppslag **2** vard. optimistisk (glad) stämning **II** *adj* vard. optimistisk, utåtriktad; glad [*an ~ mood*]; uppåt
upbraid [ʌpˈbreɪd] *vb tr* förebrå, klandra, tillrättavisa, läxa upp [*with, for* för]
upbringing [ˈʌpˌbrɪŋɪŋ] *s* uppfostran, fostran
upcountry [ʌpˈkʌntrɪ] **I** *adv* uppåt (inåt) landet **II** *adj* [belägen] uppe (inne) i landet,

inlands-; i (från) det inre av landet, i (från) inlandet
update [ss. vb ʌpˈdeɪt, ss. subst. ˈ--] **I** *vb tr* uppdatera, göra aktuell; modernisera **II** *s* uppdatering
upend [ʌpˈend] *vb tr* **1** välta [omkull] [*~ the table*]; vända upp och ned på **2** bildl. kullkasta, spoliera **3** slå, besegra
upfront [ˌʌpˈfrʌnt, attr. ˈ--] vard. **I** *adj* **1** uppriktig, öppen, rättfram, reko **2** [som betalas] i förskott; *~ payment* förskottsbetalning **II** *adv* i förskott
upgrade [ss. subst. ˈʌpgreɪd, ss. vb -ˈ-] **I** *s* **1** stigning; *be on the ~* bildl. stiga, öka, gå uppåt; vara på uppåtgående **2** amer. uppförsbacke **II** *vb tr* **1** befordra [*~ to a higher position*] **2** förbättra; höja värdet (kvaliteten) på; uppvärdera
upheaval [ʌpˈhiːv(ə)l] *s* **1** geol. höjdförskjutning, nivåförskjutning **2** bildl. omvälvning [*social* (*political*) *~s*], omstörtning; kaos
uphill [ss. adv. ˌʌpˈhɪl, ss. adj. ˈ--] **I** *adv* uppåt, uppför [backen] **II** *adj* **1** stigande, brant; uppförs- [*an ~ slope*]; *it's ~ all the time* a) det bär uppför hela vägen (tiden) b) det är motigt (är tungt, tar emot) hela tiden **2** bildl. besvärlig, mödosam, knogig
uphold [ʌpˈhəʊld] (*upheld upheld*) *vb tr* **1** upprätthålla, vidmakthålla [*~ discipline*]; hävda **2** godkänna, gilla [*~ a verdict*]; *~ old traditions* hålla fast vid (värna om) gamla traditioner
upholster [ʌpˈhəʊlstə] *vb tr* **1** stoppa, polstra; klä [*~ a sofa*], madrassera **2** inreda rum med textilier ss. gardiner **3** vard., *well ~ed* fyllig, rund, mullig
upholsterer [ʌpˈhəʊlst(ə)rə] *s* tapetserare
upholstery [ʌpˈhəʊlst(ə)rɪ] *s* **1** [möbel]stoppning; heminredning med textilier **2** a) hemtextil, möbeltyg, gardintyg, draperityg[er] b) stoppning konkr.; klädsel c) [stoppade] möbler **3** tapetseraryrke[t], tapetserararbete
upkeep [ˈʌpkiːp] *s* underhåll; underhållskostnad[er]
upland [ˈʌplənd] **I** *s* vanl. pl. *~s* högland **2** inland; uppland **II** *adj* höglänt; höglands-
uplift [ss. vb ʌpˈlɪft, ss. subst. o. adj. ˈ--] **I** *vb tr* lyfta [upp], höja; bildl. äv. verka upplyftande (uppbyggande) på **II** *s* **1** höjning, höjande **2** vard. a) uppryckning; uppmuntran b) uppiggande verkan **III** *adj*, *~ bra* stödbehå
upmarket [ˈʌpˌmɑːkɪt] *adj* dyr, lyx-, exklusiv
upon [əˈpɒn] *prep* på (etc., jfr *on A*; ofta ss. i satsen för emfas: *nothing to depend ~*); *once ~ a time there was* det var en gång; [*he piled*] *book ~ book* ...bok på bok; [*the forest stretched*] *for mile ~ mile* ...mile efter mile; *thousands ~ thousands* tusen sinom (och åter) tusen

upper ['ʌpə] I adj övre [*the* ~ *end* (*limit*); ~ *Manhattan*], högre; över- [*the* ~ *jaw* (*lip*)]; överst; *the* ~ *class* (*classes*) överklassen; *the* ~ *crust* a) överskorpan på bröd b) vard. gräddan, överklassen; ~ *deck* övre däck, överdäck II *s* 1 vanl. pl. ~*s* ovanläder 2 *be* [*down*] *on one's* ~*s* vard. vara barskrapad (utfattig)
upper-case [ss. subst. ˌʌpə'keɪs, ss. adj. '---] typogr. I *s* versal, stor bokstav II *adj*, ~ *letter* versal, stor bokstav
upper-class [ˌʌpə'klɑːs, attr. '---] *adj* överklass-; överklassig; *be* ~ vara överklass
uppercut ['ʌpəkʌt] *s* boxn. uppercut
uppermost ['ʌpəməʊst] I *adj* [allra] överst; [allra] högst; främst; mest framträdande; närmast [liggande]; *be* ~ äv. ha överhand (övertaget); *that is* ~ *in his mind* det är vad han mest har i tankarna II *adv* [allra] överst; [allra] högst
uppish ['ʌpɪʃ] *adj* vard. mallig, snorkig; *don't get* ~ malla dig inte
upright ['ʌpraɪt] I *adj* 1 upprätt, [upprätt]stående, upprest, lodrät, rak; *put* (*set*) ~ resa (räta) upp, ställa [rakt] upp (på ända); *stand* ~ stå rak (upprätt); komma på benen 2 hederlig, rättrådig, rättskaffens II *s* 1 stolpe, stötta, pelare, post; pl. ~*s* äv. målstolpar 2 ~ [*piano*] piano, pianino III *adv* upprätt, rakt [upp], lodrätt
uprising ['ʌpˌraɪzɪŋ, ˌ-'--] *s* resning, uppror
uproar ['ʌprɔː] *s* tumult, kalabalik [*the meeting ended in* [*an*] ~], förvirring; rabalder, liv, oväsen, larm, stoj; *the town is in an* ~ staden är i uppror
uproarious [ʌp'rɔːrɪəs] *adj* 1 tumultartad 2 larmande; överväldigande [*an* ~ *welcome*], stormande [~ *applause*]; skallande [~ *laughter*] 3 vard. helfestlig [*an* ~ *comedy*]
uproot [ʌp'ruːt] *vb tr* 1 rycka (dra) upp med rötterna (roten); bildl. äv. göra rotlös 2 utrota
upsadaisy ['ʌpsəˌdeɪzɪ] *interj*, ~! hoppsan!
upscale ['ʌpskeɪl] *adj* dyr, lyx-, exklusiv
upset [ss. vb o. adj. ʌp'set, ss. subst. 'ʌpset] I (*upset upset*) *vb tr* 1 stjälpa [omkull], välta [omkull] [~ *a table*], slå omkull; stjälpa (välta) ut [~ *a glass of milk*]; komma att kantra [~ *the boat*] 2 a) bringa oordning i, ställa till [oreda i] [~ *a room*] b) kullkasta, rubba [~ *a p.'s plans*] c) göra upprörd (uppskakad, uppbragt, bestört, illa berörd) [*the incident* ~ *her*] d) störa, rubba, oroa isht matsmältningen; göra illamående; ~ *a p.'s nerves* göra ngn upprivna (nervös); [*the food*] ~ *his stomach* han fick ont i magen av..., han tålde inte... II *s* 1 [kull]stjälpning; kantring; fall; kullkastande; omstörtande etc., jfr *I* 2 fysisk el. psykisk rubbning, störning; chock [*she had a terrible* ~]; depression; *have a stomach* ~ ha krångel med magen, ha magbesvär 3 oreda, oordning, röra 4 sport.

skräll, oväntad seger, oväntat nederlag III *perf p* o. *adj* (jfr äv. *I*) 1 [kull]stjälpt etc. 2 a) i oordning etc. b) kullkastad etc. c) upprörd etc.; uppriven, skärrad; *be* ~ *that*... vara (bli) upprörd över att...; *be emotionally* ~ vara (bli) upprörd (gripen, djupt skakad); *his nerves are* ~ hans nerver är upprivna (i olag); *my stomach is* ~ min mage krånglar (är i olag)
upsetting [ʌp'setɪŋ] *adj* upprörande, [upp]skakande; förarglig
upshot ['ʌpʃɒt] *s* 1 resultat, utgång; slut; *the* ~ *of the matter was*... det hela slutade med..., summan av kardemumman var (blev)... 2 slutsats
upside-down [ˌʌpsaɪ(d)'daʊn] I *adv* upp och ned; huller om buller; bildl. äv. bakvänt; *turn* ~ vända upp och ned [på] II *adj* uppochnedvänd; bildl. äv. bakvänd; ~ *cake* upp-och-ner-kaka
upstage [ʌp'steɪdʒ] I *adv* i (mot) bakgrunden, i fonden, längst bort på scenen II *adj* 1 bakgrunds-, fond-, i bakgrunden (fonden) 2 vard. överlägsen, mallig; snobbig III *vb tr* 1 teat. tvinga medspelare att hålla sig i bakgrunden 2 bildl. dra uppmärksamheten från, stjäla föreställningen från 3 vard. sätta på plats
upstairs [ˌʌp'steəz] *adv* uppför trappan (trapporna), upp [*go* ~]; i övervåningen, [upp (uppe)] i övre våningen, en trappa upp, ovanpå
upstanding [ʌp'stændɪŋ] *adj* uppstående [*an* ~ *collar*]; upprättstående; rak; välväxt [*a fine* ~ *boy*]
upstart ['ʌpstɑːt] *s* uppkomling, parveny
upstream [ˌʌp'striːm, ss. attr. adj. '--] *adv* o. *adj* [som går] uppför (mot) strömmen; uppåt floden
upsurge ['ʌpsɜːdʒ] *s* 1 framvällande; våg [*an* ~ *of indignation*] 2 [snabb] ökning, höjning [*an* ~ *of wage claims*]; uppsving 3 resning, uppror
upswing ['ʌpswɪŋ] *s* uppsving; uppåtgående trend; *be on the* ~ vara på uppåtgående
uptake ['ʌpteɪk] *s*, *be quick* (*slow*) *on* (*in*) *the* ~ ha lätt (svårt) [för] att fatta, fatta snabbt (långsamt)
uptight ['ʌptaɪt] *adj* vard. 1 spänd, knuten; nervös [*about* för], skärrad, på helspänn [*about* inför]; irriterad 2 uppsträckt; formell, stel
up-to-date [ˌʌptə'deɪt] *adj* à jour; fullt modern etc.
uptown [ss. adv. o. subst. ˌʌp'taʊn, ss. adj. '--] amer. I *adv* o. *adj* till (uppåt, i, från) norra (övre) delen av stan; till (i, från) stans utkant[er] (bostadskvarter) II *s* norra (övre) delen av stan; stans utkant[er], bostadskvarteren
upturn [ss. vb ʌp'tɜːn, ss. subst. 'ʌptɜːn] I *vb tr*

vända [på]; vända upp och ned på äv. bildl. **II** *s* uppåtgående trend, uppgång, uppsving
upturned [ˌʌp'tɜːnd, '--] *adj* **1** uppåtvänd, uppåtriktad; uppåtböjd; ~ *nose* uppnäsa **2** uppochnedvänd
upward ['ʌpwəd] *adj* uppåtriktad, uppåtvänd [*an* ~ *glance*]; uppåtgående, stigande [*prices show an* ~ *tendency*]
uranium [jʊ'reɪnjəm] *s* kem. uran
Uranus [jʊ(ə)'reɪnəs, 'jʊərənəs] **1** mytol. Uranos **2** astron. Uranus
urban ['ɜːbən] *adj* stads- [~ *population*], tätorts-; stadsmässig, urban; urbaniserad; ~ *area* tätort
urbane [ɜː'beɪn] *adj* belevad, världsvan, urban
urbanite ['ɜːbənaɪt] *s* stadsbo
urbanity [ɜː'bænətɪ] *s* **1** belevenhet, världsvana, artighet, urbanitet **2** stadsprägel, stadskaraktär
urbanization [ˌɜːbənaɪ'zeɪʃ(ə)n] *s* urbanisering
urbanize ['ɜːbənaɪz] *vb tr* urbanisera; ge stadsprägel åt
urchin ['ɜːtʃɪn] *s* buspojke, rackarunge; [*street*] ~ gatpojke, gatunge, rännstensunge
Urdu ['ʊədu:, 'ɜːd-] *s* urdu språk
urge [ɜːdʒ] **I** *vb tr* **1 a)** ~ *on* (*onward, forward, along*) driva på, mana på [*he ~d his horse on* (*onward*)], skynda på, påskynda **b)** pressa, driva, sporra [~ *a p. to action*] **2** försöka övertala, [enträget] be, anmoda [*he ~d me to come*], ligga efter, mana **3** yrka på, kräva, ivra (tala) för, tillråda [~ *a measure*]; framhålla, understryka, betona **II** *vb itr* **1** sträva, skynda [*on, onward, forward, along* fram, framåt] **2** yrka [*for* på], ivra [*for* för] **III** *s* stark längtan [*feel an* ~ *to travel*]
urgency ['ɜːdʒ(ə)nsɪ] *s* **1** vikt, angelägenhet, [trängande] aktualitet, brådskande natur; *the* ~ *of the situation* det allvarliga i situationen **2** enträgenhet, ihärdighet, iver, envishet, allvar; enträgen bön
urgent ['ɜːdʒ(ə)nt] *adj* **1 a)** brådskande, angelägen, överhängande, trängande; allvarlig [*an* ~ *situation*] **b)** påskrift på brev m.m. angeläget, brådskande; *the matter is* ~ äv. saken brådskar; ~ *telegram* iltelegram; *be in* ~ *need of* vara i starkt behov av **2** enträgen, ivrig, angelägen, envis
urgently ['ɜːdʒ(ə)ntlɪ] *adv* **1** [*supplies*] *are* ~ *needed* (*required*) det finns ett trängande behov av... **2** enträget, ivrigt
Uriah [jʊə'raɪə] mansnamn; bibl. Uria
uric ['jʊərɪk] *adj* urin-; ~ *acid* urinsyra
urinal [jʊə'raɪnl, 'jʊərɪnl, amer. 'jʊrənl] *s* **1** [*bed*] ~ uringlas; urinal **2** [*public*] ~ pissoar, urinoar
urinary ['jʊərɪnərɪ] *adj* urin-; ~ *infection* urinvägsinfektion; *the* ~ *tract* urinvägarna
urinate ['jʊərɪneɪt] *vb itr* kasta vatten, urinera
urine ['jʊərɪn] *s* urin
urn [ɜːn] *s* **1** urna; gravurna; poet. grav **2 a)** tekök, tekokare **b)** kaffekokare, kaffebryggare
Uruguay ['jʊərəgwaɪ, 'ʊr-]
Uruguayan [ˌjʊərə'gwaɪən, ˌʊr-] **I** *adj* uruguaysk **II** *s* uruguayare
US [ju:'es] **I** (förk. för *United States*) *s* **1** *the* ~ USA **2** attr. Förenta Staternas, USA:s, amerikansk **II** förk. för *Uncle Sam*
us [ʌs, obeton. əs, s] *pers pron* (objektsform av *we*) **1** oss **2** vard. vi [*it wasn't* ~] **3** vi, oss [*they are younger than* ~] **4** vard. för *our*; *she likes* ~ *singing* [*her to sleep*] hon tycker om att vi sjunger… **5** vard. mig [*give* ~ *a piece*]
USA [ˌju:es'eɪ] **I** (förk. för *United States of America*) *s*, *the* ~ USA **II** förk. för *United States Army*
usable ['ju:zəbl] *adj* användbar, brukbar
USAF förk. för *United States Air Force*
usage ['ju:sɪdʒ, 'ju:zɪdʒ] *s* **1** behandling, hantering [*harsh* (*rough*) ~] **2** språkbruk [*Modern English U~*], bruk **3** [vedertaget] bruk, sed, skick [och bruk], kutym, vana
use [ss. subst. ju:s; ss. vb.: i bet. *II* ju:z, i bet. *III* ju:s] **I** *s* **1** användning, begagnande, bruk; *make* ~ *of* använda, begagna sig av, utnyttja; ta till vara; *directions for* ~ bruksanvisning; *be in* ~ vara i bruk (användning); *be* (*go*) *out of* ~ vara (komma) ur bruk **2** användning, nytta; funktion; *peaceful ~s of nuclear power* fredligt utnyttjande av atomkraft[en]; *have no* ~ *for* a) inte ha någon nytta av (användning för) b) inte ge mycket för, inte gilla **3** nytta, gagn, fördel; användbarhet; *what's the ~?* vad tjänar det till?, vad ska det tjäna till?; *be of* ~ vara (komma) till nytta (användning), vara användbar [*to a p.* för ngn; *for a th.* till ngt]; *be* [*of*] *no* ~ inte gå att använda, vara till ingen nytta [*the information was* [*of*] *no* ~]; *he is no* ~ han duger ingenting till, han är värdelös; *it is no* ~ *trying* el. *there is no* ~ [*in*] *trying* el. *trying is no* ~ det tjänar ingenting till (det är ingen idé) att försöka **4 a)** *lose the* ~ *of one eye* bli blind på ena ögat; *lose the* ~ *of one's legs* förlora rörelseförmågan i benen **b)** *room with* ~ *of kitchen* rum med tillgång till (del i) kök **5** bruk, sed, praxis **II** *vb tr* **1** använda, begagna, bruka, nyttja, anlita [*as* som; *for* till, *for*, som, i stället för; *to* + inf. till (för) att + inf.]; utnyttja [*he* ~ *people*]; ~ *force* bruka våld; *may I* ~ *your telephone?* får jag låna din telefon?; *I could* ~ *a drink* jag skulle inte ha något emot en drink **2** ~ [*up*] förbruka, göra slut på, uttömma **3** visa [*~ discretion* (*tact*)] **III** *vb itr* (end. i imperf.): **a)** *~d to* ['ju:stə, -tʊ] brukade; *there ~d to be…* förr fanns det…; [*he does not come as often*] *as he ~d to* …som han brukade; *he ~d to smoke a pipe* han brukade röka pipa, förr rökte han pipa; *things are not what they ~d*

to be det är inte längre som förr [i världen] **b)** i nekande satser: *he ~d not (~dn't, ~n't, didn't ~) to be like that* han brukade inte vara sådan

use-by ['ju:zbaɪ] *adj*, *~ date* bäst-före-datum

used [i bet. *I 1* ju:zd, i bet. *I 2* o. *II* ju:st] **I** *adj* o. *perf p* **1** använd, begagnad [*~ cars*]; *hardly ~* nästan [som] ny, nästan oanvänd **2** *~ to* van vid; *you'll soon be (get) ~ to it* du blir snart van vid det **II** imperf., se *use III*

usedn't ['ju:sn(t)] = *used not*, se *use III b)*

useful ['ju:sf(ʊ)l] *adj* **1** nyttig [*to a p.* för ngn; *for a th.* till ngt; *a ~ person; ~ work*]; användbar, lämplig, bra [*to a p.* för ngn; *for a th.* till ngt]; *~ article* nyttoföremål; *make oneself ~* hjälpa till, göra sig nyttig; *it would be ~ to try* det kan (kunde) inte skada att försöka; *this is not very ~* detta är inte till mycket nytta, detta hjälper inte mycket; *he's a ~ person to know* han är en bra (nyttig) person att känna; *come in ~* komma väl (bra) till pass **2** vard. rätt bra, skaplig

usefully ['ju:sf(ʊ)lɪ] *adv* med fördel, lämpligen

usefulness ['ju:sf(ʊ)lnəs] *s* nytta, gagn; nyttighet; användbarhet, lämplighet

useless ['ju:sləs] *adj* **1** onyttig, oduglig; oanvändbar, obrukbar; värdelös **2** lönlös, meningslös **3** vard. värdelös, usel [*I'm feeling ~*]

uselessly ['ju:sləslɪ] *adv* till ingen nytta; förgäves

uselessness ['ju:sləsnəs] *s* onytighet etc., jfr *useless*; *the ~ of* äv. det lönlösa (fåfänga) i

usen't ['ju:sn(t)] = *used not*, se *use III b)*

user ['ju:zə] *s* förbrukare, konsument; *road ~* vägtrafikant

user-friendly ['ju:zə,frendlɪ] *adj* användarvänlig

usher ['ʌʃə] **I** *s* **1** vaktmästare, plats[an]visare på bio, teater o.d.; rättstjänare i rättslokal **2** isht amer. marskalk vid fest o.d. **II** *vb tr* **1** föra, ledsaga, visa [*in; into, to*]; *~ in* äv. anmäla; *I was ~ed into his presence* jag fick företräde hos (visades in till) honom **2** *~ in* bildl. inleda, inviga [*the play ~ed in the new season*], bebåda **3** gå före vid procession

usherette [,ʌʃə'ret] *s* [kvinnlig] vaktmästare, plats[an]viserska på bio, teater o.d.

USN förk. för *United States Navy*

USS förk. för *United States Ship* (*Steamer*, *Steamship*)

USSR [,ju:eses'ɑ:] (förk. för *Union of Soviet Socialist Republics*) geogr. hist., *the ~* Sovjet[unionen]

usual ['ju:ʒʊəl] *adj* vanlig, bruklig, gängse; [*he came late,*] *as ~* ...som vanligt; *as is ~* [*in our family*] som det brukas..., som vanligt [är]...; [*Stockholm is*] *its ~ self* ...sig likt; *you look different from your ~ self* du är dig inte lik; [*can I have*] *a glass of the ~?* ...ett glas av det vanliga (det jag brukar dricka)?

usually ['ju:ʒʊəlɪ] *adv* vanligtvis, vanligen; vanligt; *more than ~ hot* varmare än vanligt

usurer ['ju:ʒ(ə)rə] *s* ockrare, procentare

usurp [ju:'zɜ:p] *vb tr* tillskansa sig, bemäktiga sig, tillvälla sig [*~ power*], usurpera

usurpation [,ju:zɜ:'peɪʃ(ə)n] *s* besittningstagande, usurpering [*of* av]; inkräktande, intrång [*on* på]

usurper [ju:'zɜ:pə] *s* usurpator; troninkräktare; inkräktare

usury ['ju:ʒərɪ] *s* **1** ocker; *practise ~* bedriva ocker, ockra **2** ockerränta

Utah ['ju:tɑ:, amer. äv. -tɔ:] geogr.

utensil [ju:'tensl] *s* redskap, verktyg; pl. *~s* äv. utensilier; *cooking ~s* kokkärl; *household (kitchen) ~s* hushållsredskap, köksredskap, husgeråd; *writing ~s* skrivattiraljer, skrivdon

uterine ['ju:təraɪn] *adj* anat. livmoder-

uter|us ['ju:tər|əs] (pl. *-i* [-aɪ]) *s* anat. livmoder, uterus

utilitarian [,ju:tɪlɪ'teərɪən] **I** *adj* **1** nytto- [*~ morality*], nyttighets-; filos. utilitaristisk, utilistisk **2** ändamålsenlig, praktisk **II** *s* anhängare av nyttomoralen; filos. utilitarist, utilist

utilit|y [ju:'tɪlətɪ] *s* **1** [praktisk] nytta, användbarhet; nyttighet **2** [*public*] *~* a) affärsdrivande verk, statligt (kommunalt) affärsverk, allmännyttigt (samhällsnyttigt) företag b) samhällsservice, allmän nyttighet; *-ies* amer. a) gas, vatten, el b) teletjänster c) kommunikationer, kommunikationsväsende; *public ~ company* allmännyttigt (samhällsnyttigt) företag **3** attr. nytto-, bruks-; nyttig, praktisk, funktionell; universal-, som kan användas till mycket [*a ~ vehicle*]; nyttobetonad; *~ plant* nyttoväxt

utilization [,ju:tɪlaɪ'zeɪʃ(ə)n] *s* utnyttjande; tillvaratagande

utilize ['ju:tɪlaɪz] *vb tr* utnyttja, dra nytta av; använda, tillvarata

utmost ['ʌtməʊst, -məst] **I** *adj* **1** ytterst [*the ~ limits*] **2** bildl. ytterst, störst [*with the ~ care*], högst, synnerlig **II** *s*, *the ~* det yttersta, det allra mesta (bästa), det bästa möjliga; *do one's ~* göra sitt bästa (yttersta), göra allt; *try one's ~* göra sitt ytterst; *at the ~* högst, på sin höjd, i bästa fall; *to the ~* till det yttersta; [*he tried*] *to the ~ of his ability* ...efter allra bästa förmåga

Utopia [ju:'təʊpɪə] *s* **1** Utopien, Utopia efter Thomas Mores bok 'Utopia'; idealstat **2** utopi [äv. *u~*]

Utopian o. **utopian** [ju:'təʊpɪən] **I** *adj* utopisk, verklighetsfrämmande; *it is ~* [*to think that...*] äv. det är en utopi... **II** *s* utopist

1 utter ['ʌtə] *adj* fullständig [*an ~ denial*],

fullkomlig, absolut, total [~ *darkness*], yttersta [~ *misery*]; komplett, hel- [*an* ~ *fool*] **2 utter** ['ʌtə] *vb tr* **1** ge ifrån sig, låta höra [~ *a sigh*], ge upp, utstöta [~ *a cry*]; få fram; uttala, artikulera [~ *sounds*] **2** yttra, uttala [*the last words he ~ed*]
utterance ['ʌt(ə)r(ə)ns] *s* **1** artikulering; tal, talförmåga **2** uttalande, yttrande; uttryck **3** *give* ~ *to* ge uttryck åt, uttrycka
utterly ['ʌtəlɪ] *adv* fullständigt etc., jfr *1 utter*; ytterst, ytterligt, i grund, i högsta grad
uttermost ['ʌtəməʊst] **I** *adj* se *utmost I* **II** *s* se *utmost II*
U-turn ['juːtɜːn] *s* **1** U-sväng, taxisväng; *no ~s* U-sväng förbjuden **2** bildl. helomvändning, kovändning
uvul|a ['juːvjʊl|ə] (pl. *-ae* [-iː]) *s* anat. gomspene, tungspene, uvula
Uzbekistan [ʊzˌbekɪ'stɑːn] geogr. Uzbekistan

#

V, v [viː] (pl. *V's* el. *v's* [viːz]) *s* V, v; **V sign** V-tecken
V (förk. för *volt*[*s*]) se *1 volt*
v. 1 förk. för *verb* **2** [viː, 'vɜːsəs] förk. för *versus*
vac [væk] *s* vard. kortform för *vacation I*
vacancy ['veɪk(ə)nsɪ] *s* **1** tomrum **2** a) vakans; ledig plats b) ledigt rum, ledig lokal o.d.
vacant ['veɪk(ə)nt] *adj* **1** tom [~ *seat*], ledig [~ *room*; ~ *situation* (plats)], vakant [*apply for a ~ post* (tjänst)]; *fall* (*become*) ~ om tjänst bli ledig (vakant) **2** tom [*a ~ expression on her face*], innehållslös; frånvarande, uttryckslös [*a ~ smile*]
vacantly ['veɪk(ə)ntlɪ] *adv*, **stare** ~ stirra frånvarande [framför sig]
vacate [və'keɪt, veɪ'k-, amer. 'veɪkeɪt] **I** *vb tr* **1** flytta ifrån (ur), utrymma, lämna [~ *a house*], överge, tömma **2** avgå ifrån, frånträda [~ *an office* (ämbete)] **II** *vb itr* **1** flytta från bostad o.d. **2** sluta sin plats, lämna sin tjänst **3** amer. vard. ta semester
vacation [və'keɪʃ(ə)n, veɪ'k-] **I** *s* **1** a) ferier, lov [*the Christmas ~*] b) isht amer. semester; *the long* (*summer*) ~ sommarlovet; *be on* ~ a) ha ferier (lov) b) isht amer. ha semester **2** utrymning, övergivande av bostad o.d.; utflyttning **3** frånträdande av tjänst o.d.; avgång **II** *vb itr* amer. **1** semestra [*in, at* i, på] **2** ta semester
vacationer [və'keɪʃ(ə)nə, veɪ'k-] *s* o.
vacationist [və'keɪʃ(ə)nɪst] *s* amer. semesterfirare
vacationland [və'keɪʃ(ə)nlænd, veɪ'k-] *s* amer. turistanläggning; semesterparadis
vaccinate ['væksɪneɪt, -s(ə)n-] *vb tr* vaccinera, skyddsympa
vaccination [ˌvæksɪ'neɪʃ(ə)n, -s(ə)'neɪ-] *s* vaccinering, vaccination, skyddsympning
vaccine ['væksiːn, -sɪn, væk'siːn] **I** *s* med. vaccin **II** *adj* **1** vaccin-, vaccinations- **2** ko-, kokoppe-
vacillate ['væsɪleɪt] *vb itr* vackla, tveka, vara vankelmodig; svänga, oscillera
vacillation [ˌvæsɪ'leɪʃ(ə)n] *s* vacklan, vacklande etc., jfr *vacillate*; tvekan, vankelmod
vacuity [væ'kjuːətɪ, və'k-] *s* **1** tomhet; tomrum, vakuum **2** bildl. uttryckslöshet; innehållslöshet; tomhet
vacuous ['vækjʊəs] *adj* **1** tom; uttryckslös, innehållslös, andefattig **2** enfaldig, fånig
vacuum ['vækjʊ(ə)m] **I** *s* **1** vakuum, tomrum; [luft]tomt rum; ~ *cleaner* dammsugare; ~ *flask* (*bottle*) termosflaska; ~ *jug* termoskanna; ~ *pump* vakuumpump **2** vard. dammsugare **II** *vb tr* o. *vb itr* dammsuga

vacuum-clean ['vækjʊəmkli:n] *vb tr* o. *vb itr* dammsuga
vacuum-packed ['vækjʊəmpækt] *adj* vakuumförpackad
vagabond ['vægəbɒnd, -bənd] I *adj* kringflackande, vagabonderande [~ *life*]; vagabond- II *s* **1** vagabond; landstrykare, lösdrivare **2** skojare, odåga
vagar|y ['veɪgərɪ] *s* nyck, infall, påfund; *the -ies of fashion* modets nycker (nyckfullhet)
vagina [və'dʒaɪnə] *s* anat. slida, vagina
vaginal [və'dʒaɪn(ə)l] *adj* anat. slid-; vaginal-
vagrancy ['veɪgr(ə)nsɪ] *s* kringflackande; vagabondliv; jur. lösdriveri
vagrant ['veɪgr(ə)nt] I *adj* kringflackande, kringströvande, vandrande [*a* ~ *musician*] II *s* vagabond, landstrykare; jur. lösdrivare
vague [veɪg] *adj* vag, oklar, obestämd, svag [~ *outlines*]; *I haven't the ~st* [*idea*] jag har inte den blekaste aning; *a* ~ *recollection* ett dunkelt (svagt) minne; *a* ~ *rumour* ett löst rykte
vaguely ['veɪglɪ] *adv* vagt etc., jfr *vague*; *the name is* ~ *familiar* namnet låter [på något vis] bekant
vagueness ['veɪgnəs] *s* vaghet, oklarhet, obestämdhet, dunkel[het]
vain [veɪn] *adj* **1** fåfäng, flärdfull, egenkär **2** gagnlös, fåfäng **3** *in* ~ **a**) förgäves, fåfängt **b**) *take the name of God in* ~ missbruka Guds namn
vainglorious [ˌveɪn'glɔ:rɪəs] *adj* inbilsk, högfärdig, skrytsam
vainly ['veɪnlɪ] *adv* **1** förgäves, fåfängt **2** fåfängt, flärdfullt
vainness ['veɪnnəs] *s* **1** fåfänglighet; fruktlöshet **2** fåfänga, egenkärlek, högfärd
valance ['vælənz] *s* [gardin]kappa; kornisch
valediction [ˌvælɪ'dɪkʃ(ə)n] *s* avskedstagande; farväl, avskedsord
valedictory [ˌvælɪ'dɪktərɪ] *adj* avskeds- [~ *speech*]
valency ['veɪlənsɪ] *s* kem. el. språkv. valens; kem. äv. atomvärde, bindning
Valentine ['væləntaɪn] I mansnamn; *St. ~'s Day* Valentindagen 14 febr.; Alla hjärtans dag II *s*, *v*~ valentinkort; valentingåva
valerian [və'lɪərɪən] *s* bot. el. farmakol. valeriana; vände[l]rot
valet ['vælɪt, -leɪ] I *s* **1** kammartjänare, betjänt **2** hotellvaktmästare som ansvarar för tvätt, bilparkering m.m. åt gästerna **3** ~ [*stand*] herrbetjänt möbel II *vb tr* **1** passa upp **2** sköta om [kläderna åt]
valiant ['væljənt] *adj* tapper, modig
valid ['vælɪd] *adj* **1** jur. [rätts]giltig, lagenlig, gällande; ~ *period* giltighetstid; *be* ~ äv. äga laga kraft, gälla; *become* ~ vinna laga kraft **2** giltig [~ *evidence*, ~ *excuse*], stark, bindande, [väl]grundad, meningsfull, [tungt] vägande [~ *reasons*]

validate ['vælɪdeɪt] *vb tr* lagfästa, stadfästa, förklara giltig; bekräfta; godkänna
validity [və'lɪdətɪ] *s* **1** giltighet; jur. äv. laga kraft; bildl. värde, kraft **2** validitet äv. psykol.
valise [və'li:z, -i:s] *s* **1** [liten] resväska, kappsäck **2** mil. packning; ränsel
Valium ['vælɪəm] *s* ® farmakol. Valium
valley ['vælɪ] *s* dal, dalgång; *the* ~ [*of the shadow*] *of death* bibl. dödsskuggans dal
valour ['vælə] *s* litt. tapperhet, dristighet, mod
valuable ['væljʊəbl] I *adj* värdefull, dyrbar [*to* för]; värde- [~ *paper*]; inbringande; bildl. högt skattad, värderad [*a* ~ *friend*] II *s*, vanl. pl. *~s* värdesaker, dyrbarheter
valuation [ˌvæljʊ'eɪʃ(ə)n] *s* **1** värdering [~ *of a property*], uppskattning **2** värde, värderingsbelopp
value ['vælju:] I *s* **1** värde [*the* ~ *of the pound*]; valör; *ratable* ~ taxeringsvärde; *have a sentimental* ~ ha affektionsvärde; *learn the* ~ *of* [lära sig att] uppskatta [värdet av]; *place* (*put*, *set*) *a high* ~ *on a th.* sätta stort värde på ngt; *at its full* ~ till sitt (dess) fulla värde; *of* ~ av värde, värdefull; *of no* ~ utan värde, värdelös, oduglig **2** valuta; utdelning; *good* ~ full valuta [*for* för]; *it is good* ~ [*for money*] den är prisvärd, den ger god valuta för pengarna **3 a**) valör, [exakt] innebörd [*the* ~ *of a word*] **b**) ~ [*of a note*] mus. [not]värde, [nots] tidsvärde **4** pl. *~s* sociol. o.d. normer, värderingar [*moral* (*ethical*) ~*s*] **5** matem. värde [*the* ~ *of x*] II *vb tr* värdera, uppskatta [värdet av], taxera [*at* till]; bildl. äv. sätta värde på, värdesätta; ~ *highly* (*dearly*) sätta stort värde på, skatta högt; högakta
value-added ['vælju:ˌædɪd] *adj*, ~ *tax* mervärdesskatt, moms
valued ['vælju:d] *adj* värderad, [högt] skattad, ärad
valueless ['væljʊləs] *adj* värdelös
valuer ['væljʊə] *s* **1** värderingsman **2** uppskattare
valve [vælv] *s* **1** tekn. ventil, klaff; [*key*] ~ mus. klaff; *overhead* ~ toppventil; ~ [*tappet*] *clearance* ventilspel[rum] **2** anat. [hjärt]klaff, valvel **3** [*radio*] ~ [radio]rör
valvular ['vælvjʊlə] *adj* isht med. valvulär; klaff-, valvel-
vamoose [və'mu:s] *vb itr* o. *vb tr* isht amer. sl. sticka (smita, sjappa) [från]
1 vamp [væmp] I *s* **1** ovanläder **2** mus. improviserat ackompanjemang, improvisation II *vb tr* **1** försko sätta nytt ovanläder på [~ *a shoe*] **2** lappa, laga [äv. ~ *up*] **3** mus. improvisera [~ *an accompaniment*] III *vb itr* mus. improvisera ett ackompanjemang
2 vamp [væmp] vard. I *s* vamp II *vb itr* spela vamp
vampire ['væmpaɪə] *s* **1** vampyr, blodsugare

2 vamp 3 zool., ~ [*bat*] [stor] blodsugare, vampyr slags fladdermus
1 van [væn] *s* **1** [täckt] transportbil, skåpbil, varubil [äv. *delivery* ~]; flyttbil [äv. *furniture* ~]; van; mindre buss; järnv. godsvagn [äv. *luggage* ~]; ***guard's*** ~ konduktörskupé; ***police*** ~ transitbuss, piket; ***recording*** ~ film. el. TV. inspelningsbuss; radio. reportagebil **2** husvagn, zigenarvagn
2 van [væn] *s* se *vanguard*
3 van [væn] *s* (vard. kortform för *advantage*) i tennis fördel; ~ *in* fördel in (servaren); ~ *out* fördel ut (mottagaren)
Vancouver [væn'ku:və] geogr.
Vandal ['vænd(ə)l] **I** *s* **1** hist., *the* ~*s* vandalerna **2** bildl. *v*~ vandal **II** *adj* **1** hist. vandalisk, vandal- **2** bildl. *v*~ vandalisk
vandalism ['vændəlɪz(ə)m] *s* vandalism
vandalize ['vændəlaɪz] *vb tr* vandalisera
vane [veɪn] *s* **1** vindflöjel **2** [kvarn]vinge; styrvinge på robot o.d.; styrfjäder på pil
vanguard ['vængɑ:d] *s* mil. förtrupp, tät; bildl. äv. främsta led, avantgarde; ***be in the*** ~ ***of*** gå i spetsen (täten) för
vanilla [və'nɪlə] *s* bot. el. kok. vanilj; ~ *custard* vaniljkräm; vaniljsås; ~ *ice* [*cream*] vaniljglass
vanish ['vænɪʃ] *vb itr* försvinna [*into* i]; dö (blekna) bort; falla bort; ~ *from* (*out of*) *a p.'s sight* (*view*) försvinna ur ngns åsyn (synhåll)
vanishing ['vænɪʃɪŋ] *s* försvinnande; bortdöende, förbleknande; ~ *act* (*trick*) borttrollningsnummer; ~ *cream* dagkräm, puderunderlag
vanity ['vænətɪ] *s* **1** fåfänga [*injure* (*wound*) *a p.'s* ~] **2** fåfänglighet, tomhet, intighet, flärd, fåfänga; meningslöshet; ~ *of vanities* fåfängligheters fåfänglighet **3** ~ [*bag* (*case*)] a) sminkväska, liten necessär b) aftonväska
vanquish ['væŋkwɪʃ] *vb tr* litt. övervinna, besegra
vantage ['vɑ:ntɪdʒ] *s* **1** i tennis fördel **2** *point* (*coign*) *of* ~ el. ~ *point* fördelaktig (strategisk) ställning; [fördelaktig] utkiksplats
vapid ['væpɪd] *adj* fadd, smaklös; avslagen [~ *beer*]; bildl. andefattig, matt, platt [*a* ~ *conversation*], innehållslös, intetsägande [~ *speeches*]
vapidity [və'pɪdətɪ] *s* **1** faddhet; bildl. andefattighet, innehållslöshet **2** platthet, tom fras
vaporization [ˌveɪpəraɪ'zeɪʃ(ə)n] *s* avdunstning, indunstning; ångbildning; förvandling till ånga
vaporize ['veɪpəraɪz] **I** *vb tr* förvandla till ånga, förånga; vaporisera **II** *vb itr* avdunsta, förångas
vaporizer ['veɪpəraɪzə] *s* avdunstningsapparat; sprej apparat; spridare

vapour ['veɪpə] *s* ånga; dimma; imma; utdunstning; ~ *trail* kondensstrimma från flygplan
variable ['veərɪəbl] **I** *adj* växlande [~ *winds*], varierande [~ *standards*], föränderlig, variabel; avvikande; ombytlig [~ *mood*], ostadig [~ *weather*] **II** *s* matem., statistik. el. astron. variabel
variance ['veərɪəns] *s* **1** skillnad, variation, växling [~*s in temperature*] **2** *be at* ~ a) om pers. vara oense (oeniga), bekämpa varandra b) om åsikter o.d. motsäga varandra, gå isär; vara oförenliga; *be at* ~ *with* äv. stå i strid med
variant ['veərɪənt] **I** *adj* **1** skiljaktig; olika, variant-; avvikande; ~ *pronunciation* uttalsvariant, varianttuttal **2** föränderlig, varierande **II** *s* variant[form]
variation [ˌveərɪ'eɪʃ(ə)n] *s* **1** variation, förändring, [om]växling; avvikelse; skiftning **2** variant, annan art (form) [*of* (*on*) av] **3** mus. variation [~ *on* (över) *a theme*]
varicose ['værɪkəʊs, -kəs] *adj* med. åderbråcks-, variko-; varikös; ~ *veins* åderbråck
varied ['veərɪd] *adj* [om]växlande, varierande, [mång]skiftande; olikartad
variegation [ˌveərɪə'geɪʃ(ə)n] *s* **1** brokighet, fläckighet, spräcklighet; färgrikedom, färgskiftning **2** nyansering; omväxling
variety [və'raɪətɪ] *s* **1** omväxling, ombyte, variation; ~ *is the spice of life* ombyte förnöjer; *as a* ~ el. *by way of* ~ som (till) omväxling **2** mångfald, mängd, variationsrikedom; *for a* ~ *of reasons* av en mängd olika skäl **3** sort, slag, form, typ **4** hand. [stor] sortering, [stort] urval; ~ *store* amer. billighetsaffär, basar **5** ~ [*entertainment* (*show*)] varieté[underhållning], varietéföreställning; ~ *theatre* varieté[teater]; ~ *turn* varieténummer
various ['veərɪəs] *adj* **1** olika [~ *types*], olikartad[e], olika slags; [om]växlande, skiftande **2** åtskilliga, diverse, flera [olika] [*for* ~ *reasons*], flerfaldiga
variously ['veərɪəslɪ] *adv* olika, på olika (mångahanda) sätt, omväxlande
varnish ['vɑ:nɪʃ] **I** *s* fernissa; lack [*nail* ~]; lackering; glans **II** *vb tr* **1** fernissa [äv. ~ *over*]; lacka, lackera [~ *one's nails*] **2** bildl. skyla över, bättra på, försköna
varsity ['vɑ:sətɪ] *s* **1** attr. sport. universitets- [~ *match*] **2** amer. sport. universitetslag, collegelag
vary ['veərɪ] **I** *vb tr* **1** variera, växla, skifta [*his mood varies from day to day*], ändra sig, ändras **2** vara olik [*from a th.* ngt]; skilja sig, avvika [*from* från; *in* i, i fråga om] **II** *vb tr* **1** variera, ändra, anpassa, byta om **2** mus. variera [~ *a theme*]

varying ['veərɪɪŋ] *adj* växlande, varierande, skiftande, olika
vase [vɑ:z, *amer.* veɪs, veɪz] *s* vas
vasectomy [væ'sektəmɪ] *s med.* vasektomi [sterilisering genom] utskärning av en del av sädesledaren
Vaseline ['væsəli:n, ˌ--'-] *s* ® vaselin
vassal ['væs(ə)l] *s hist.* vasall
vast [vɑ:st] *adj* vidsträckt [~ *plains*], omfattande, väldig, ofantlig, oerhörd, [oerhört] stor [*a* ~ *depth* (*height*)]; *the* ~ *majority* det stora flertalet, de allra flesta
vastly ['vɑ:stlɪ] *adv* oerhört, oändligt; vard. kolossalt, väldigt; *be* ~ *superior to* vara långt bättre än, stå skyhögt över
vastness ['vɑ:stnəs] *s* vidsträckthet, väldighet, vidd, [stort] omfång, omätlighet, [stor] omfattning; omätlig rymd (vidd)
VAT [*i bet.* I ˌvi:eɪ'ti:, *i bet.* I o. II væt] I *s* (*förk. för value-added tax*) moms II *vb tr* (*VAT'd VAT'd*) momsbelägga
vat [væt] *s* 1 [stort] fat [*a wine* ~]; kar [*a* ~ *for brewing beer*; *a tan* ~]; behållare; [lager]tank 2 vid textilfärgning kyp, färgbad; färgkar, färgkittel
Vatican ['vætɪkən] *s*, *the* ~ Vatikanen; ~ *Council* Vatikankoncilium
vaudeville ['vəʊdəvɪl] *s* 1 isht amer., ~ [*show*] varieté, varietéföreställning, revy 2 vådevill
1 vault [vɔ:lt] I *s* valv; källarvalv, källare; kassavalv; gravvalv, grav; *family* ~ familjegrav II *vb tr* 1 bygga [ett] valv (välvt tak) över; välva; perf. p. *~ed* välvd [*a ~ed roof*]; med välvt tak [*a ~ed chamber*] 2 välva sig över; bilda [ett] valv över
2 vault [vɔ:lt] I *vb itr* 1 hoppa [upp], svinga sig [upp] [~ *into* (upp i) *the saddle*]; hoppa stav 2 voltigera II *vb tr* hoppa (svinga sig) över III *s* 1 språng, hopp; stavhopp 2 voltige
vaulting-horse ['vɔ:ltɪŋhɔ:s] *s gymn.* [bygel]häst
vaulting-pole ['vɔ:ltɪŋpəʊl] *s* stav till stavhopp
vaunt [vɔ:nt, *amer. äv.* vɑ:nt] *vb tr litt.* skryta med, yvas över, prisa, rosa
vb. *förk. för verb*
VC [ˌvi:'si:] *förk. för Vice-Chairman, Victoria Cross*
VCR [ˌvi:si:'ɑ:] I *förk. för videocassette recorder* II *vb tr* (*VCR'd VCR'd*) spela in på videobandspelare
VD [ˌvi:'di:] (*förk. för venereal disease*) VS
VDU [ˌvi:di:'ju:] *data. förk. för visual-display unit*
've [v] = *have* [*I've, they've, we've, you've*]
veal [vi:l] *s* kalvkött; *roast* ~ kalvstek; ~ *cutlet* kalvschnitzel; kalvkotlett
vector ['vektə] *s matem. el. flyg.* vektor
veep [vi:p] *s o.* **veepee** [ˌvi:'pi:] *s amer. vard. för Vice-President*
veer [vɪə] I *vb itr* 1 om vind ändra riktning, vända, svänga (slå) om isht medsols [*äv.* ~ *round*] 2 om fartyg ändra kurs, gira; kovända 3 svänga, vika [av] [~ *aside*] 4 bildl. svänga, slå om; ändra mening (ståndpunkt, taktik) [*äv.* ~ *round*] II *vb tr* vända [~ *a ship*]; ändra [~ *the direction*]
veg [vedʒ] (pl. lika) *s vard.* kortform för *vegetable* II
vegan ['vi:gən] I *s* strikt vegetarian, vegan II *adj* strikt vegetarisk
vegetable ['vedʒ(ə)təbl] I *adj* 1 vegetabilisk [~ *food*]; grönsaks- [*a* ~ *diet*]; växtartad; som tillhör växtriket; växt- [~ *fibre*; ~ *poison*]; *the* ~ *kingdom* växtriket; ~ *marrow* märgpumpa; *olika sorters* squash; ~ *oil* vegetabilisk olja 2 vegeterande, trög, slö; händelselös II *s* 1 grönsak; köksväxt; växt; pl. *~s äv.* vegetabilier; ~ *garden* köksträdgård 2 vard. a) slö och oföretagsam person b) [hjälplöst] kolli, paket
vegetarian [ˌvedʒɪ'teərɪən] I *s* 1 vegetarian 2 *zool.* växtätare II *adj* vegetarisk
vegetarianism [ˌvedʒɪ'teərɪənɪz(ə)m] *s* vegetarianism, vegetarism
vegetate ['vedʒɪteɪt] *vb itr* 1 om växt växa, utveckla sig, vegetera 2 vegetera, föra ett enformigt (overksamt) liv, slöa
vegetation [ˌvedʒɪ'teɪʃ(ə)n] *s* 1 vegetation *äv. med.*; växtliv, växtlighet 2 bildl. vegeterande; vegeterande tillvaro
vehemence ['vi:əməns] *s* häftighet, våldsamhet
vehement ['vi:əmənt] *adj* om pers., känslor m.m. häftig, våldsam [~ *passions*]
vehicle ['vi:ɪkl, 'vɪək-] *s* 1 fordon; vagn; fortskaffningsmedel; farkost [*space* ~]; ~ [*excise*] *licence ung. motsv.* fordonsskatt, bilskattekvitto 2 bildl. [uttrycks]medel [*for, of* för]; förmedlare, bärare [*for, of* av]; medium, språkrör [*for, of* för]; *a* ~ *for* (*of*) *propaganda* ett propagandamedel
vehicular [vɪ'hɪkjʊlə] *adj* fordons-, kör-, transport-; trafik- [~ *tunnel*]; ~ *traffic* fordonstrafik
veil [veɪl] I *s* 1 slöja, flor *äv. bildl.*; [nunne]dok; *draw a* ~ *over* bildl. dra en slöja över, förbigå med tystnad; *take the* ~ ta doket, bli nunna 2 bildl. täckmantel [*under the* ~ *of religion*] II *vb tr* beslöja, skyla, dölja; bildl. *äv.* överskyla; perf. p. *~ed äv.* dold, inlindad, förstucken, förtäckt [*a ~ed threat*]
vein [veɪn] I *s* 1 *anat.* ven, [blod]ådra 2 åder, ådra *äv. bildl.*; *geol.* [malm]gång; malmåder 3 nerv i blad o.d. 4 ådra i trä, sten o.d.; strimma 5 stämning, humör; läggning; *be in the* [*right*] ~ vara upplagd, vara i den rätta stämningen; *in a jocular* (*humorous*) ~ a) på skämthumör b) på skämt 6 drag, inslag, anstrykning, underström [*a* ~ *of melancholy*] 7 stil, genre [*all his remarks were in the same* ~] II *vb tr tekn.* ådra, marmorera
veiny ['veɪnɪ] *adj* ådrad; ådrig; *bot. äv.* nervig
Velcro ['velkrəʊ] I *s* ® kardborrband,

kardborr[e]knäppning **II** *vb tr* knäppa (fästa) med kardborrband
vellum ['veləm] *s* **1** veläng[pergament] **2** ~ [*paper*] veläng[papper]; slags glättat papper
velocity [və'lɒsətɪ] *s* hastighet [*the* ~ *of light*]
velour o. **velours** [və'lʊə] *s* velour; plysch; bomullssammet; ~ *hat* velourhatt
velvet ['velvət] **I** *s* **1** sammet **2** [sammets]mjukhet, lenhet **II** *adj* sammets-; sammetslen; *an iron hand (fist) in a* ~ *glove* en järnhand under silkesvanten; ~ *pile* schagg; plysch
velveteen [ˌvelvə'ti:n] *s* velvetin, bomullssammet
velvety ['velvətɪ] *adj* sammetslen, sammetsmjuk
venal ['vi:nl] *adj* neds. korrumperad, besticklig, mutbar
venality [vi:'nælətɪ] *s* korruption, bestickhet
vend [vend] *vb tr* mest jur. [för]sälja; salubjuda, bjuda ut; ~*ing machine* [varu]automat
vendetta [ven'detə] *s* vendetta, blodshämnd
vendor ['vendə] *s* **1** a) isht jur. säljare b) gatuförsäljare **2** [varu]automat
veneer [və'nɪə] **I** *vb tr* **1** snick. fanera [~ *with walnut*] **2** bildl. piffa upp, ge en viss yttre fernissa; maskera **II** *s* **1** snick. faner; fanerskiva **2** bildl. fasad, [yttre] fernissa; yta, [tunt] skal, yttre sken
venerable ['ven(ə)rəbl] *adj* **1** vördnadsvärd, ärevördig **2** *V*~ om ärkediakon högvördig
venerate ['venəreɪt] *vb tr* ära, vörda
veneration [ˌvenə'reɪʃ(ə)n] *s* vördande [*of* av]; vördnad, veneration [*of* för]; *hold* (*have*) *in* ~ hålla i ära, vörda
venereal [vɪ'nɪərɪəl] *adj* **1** venerisk, köns- [~ *disease*] **2** sexuell [~ *desire*]
Venetian [və'ni:ʃ(ə)n] **I** *adj* venetiansk [~ *glass*]; ~ *blind* persienn; ~ *door* glasdörr [med sidofönster] **II** *s* **1** venetianare **2** *v*~ persienn
Venezuela [ˌvene'zweɪlə, ˌvenɪ'z-]
Venezuelan [ˌvene'zweɪlən, ˌvenɪ'z-] **I** *adj* venezuelansk **II** *s* venezuelan
vengeance ['ven(d)ʒ(ə)ns] *s* **1** hämnd [*on* (*upon*) *a p.* på ngn; *for a th.* för ngt] **2** *with a* ~ vard. så det förslår (förslog), riktigt ordentligt
vengeful ['ven(d)ʒf(ʊ)l] *adj* hämndlysten, hämnande
venial ['vi:njəl] *adj* förlåtlig [~ *sin*], ursäktlig [~ *crime*]
Venice ['venɪs] geogr. Venedig
venison ['venɪsn, -ɪzn, 'venzn] *s* kok. rådjurskött, hjortkött, älgkött; rådjursstek, hjortstek, älgstek
venom ['venəm] *s* gift isht av djur; bildl. äv. bitterhet, ondska
venomous ['venəməs] *adj* giftig [*a* ~ *snake*; ~ *criticism*]

1 vent [vent] **I** *s* **1** a) [luft]hål, draghål, [ventilations]springa b) öppning, avloppshål c) rökgång **2** bildl. utlopp, fritt lopp, uttryck [*give* [*free*] ~ *to one's feelings*] **II** *vb tr* ge utlopp (fritt lopp) åt [~ *one's bad temper*]; ösa ut [~ *one's anger on* (över) *a p.*]; låta höra, sjunga ut med [~ *one's opinions*], vädra, lufta [*she* ~*ed her grievance*]
2 vent [vent] *s* slits, sprund på plagg
ventilate ['ventɪleɪt] *vb tr* **1** ventilera, lufta [igenom (ut)], vädra **2** bildl. ventilera, avhandla, dryfta, diskutera [~ *a matter*]; ge uttryck (luft) åt, lufta [~ *one's feelings*]
ventilating ['ventɪleɪtɪŋ] *adj* ventilations-; ~ *pane* ventilationsruta på bil; ~ *shaft* lufttrumma, luftschakt
ventilation [ˌventɪ'leɪʃ(ə)n] *s* **1** ventilation, luftväxling **2** bildl. ventilering, dryftande
ventilator ['ventɪleɪtə] *s* [rums]ventil; ventilationsanordning, fläkt
ventral ['ventr(ə)l] *adj* anat. el. zool. buk-; ~ *fin* bukfena
ventriloquism [ven'trɪləkwɪz(ə)m] *s* buktaleri, buktalarkonst
ventriloquist [ven'trɪləkwɪst] *s* buktalare; ~*'s dummy* buktalardocka
venture ['ventʃə] **I** *s* **1** vågstycke, vågspel, [riskabelt] företag, risk; [djärv] satsning, [vågsamt] initiativ; äventyr; *a bold* ~ en djärv satsning **2** hand. spekulation; spekulationsaffär, spekulationsobjekt, spekulationssändning; insats; ~ *capital* riskvilligt kapital **3** försök [*at till*] **II** *vb tr* **1** våga, satsa, riskera, sätta på spel, offra; *nothing* ~, *nothing gain* (*have*, *win*) ordspr. den som vågar han vinner, friskt vågat är hälften vunnet **2** våga [sig på], försöka [sig på] [~ *a guess* (*remark*)], våga sig [*I won't* ~ *a step further*] **3** ~ *to* våga, drista sig (ta sig friheten, tillåta sig) att **III** *vb itr* våga, försöka; ta en risk (risker); våga sig; ~ *at* försöka [med (sig på)]; gissa på
venturesome ['ventʃəsəm] *adj* **1** djärv, våghalsig, dumdristig **2** riskabel, vågsam, äventyrlig, djärv
venue ['venju:] *s* mötesplats, plats för konferens, konsert o.d.; sport. tävlingsplats; fotb. o.d. matcharena, spelplats
Venus ['vi:nəs] mytol. el. astron.; *the Mount of* ~ anat. Venusberget
veracious [və'reɪʃəs] *adj* sannfärdig, sanningsenlig; sann; trovärdig
veracity [və'ræsətɪ] *s* sannfärdighet; sanningsenlighet, sanning; trovärdighet
veranda[h] [və'rændə] *s* veranda
verb [vɜ:b] *s* verb; ~ *phrase* verbfras
verbal ['vɜ:b(ə)l] *adj* **1** ord-; [uttryckt] i ord; verbal [~ *ability*]; formell, språklig [~ *error*] **2** muntlig [*a* ~ *agreement*] **3** ordagrann **4** gram. verbal[-], verb-; ~ *noun* verbalsubstantiv

verbally ['vɜ:bəlɪ] *adv* **1** muntligt **2** ordagrant
verbatim [vɜ:'beɪtɪm] *lat.* **I** *adj* ordagrann [*a ~ report*] **II** *adv* ord för ord, ordagrant
verbena [vɜ:'bi:nə] *s bot.* **1** järnört, läkeverbena **2** [trädgårds]verbena
verbiage ['vɜ:bɪɪdʒ] *s* ordflöde, svada
verbose [vɜ:'bəʊs] *adj* mångordig, ordrik, svamlig
verbosity [vɜ:'bɒsətɪ] *s* mångordighet, svammel
verdant ['vɜ:d(ə)nt] *adj litt.* grönskande, grön
verdict ['vɜ:dɪkt] *s* **1** jurys utslag; *~ of acquittal* frikännande, friande dom; *bring in* (*return, give*) *a ~* fälla utslag, avge dom; *the jury brought in a ~ of guilty* juryns utslag lydde på skyldig **2** bildl. dom [*the ~ of posterity*]; omdöme, mening; utlåtande
verdigris ['vɜ:dɪgrɪ:, -grɪ:s] *s* ärg
1 verge [vɜ:dʒ] **I** *s* **1** kant, rand [*the ~ of a cliff*], [skogs]bryn; gräns **2** bildl. brant [*on the ~ of ruin*], rand, gräns; *be on the ~ of* äv. vara (stå) på gränsen till; *be on the ~ of doing a th.* vara på vippen (nära) att göra ngt; stå i begrepp att göra ngt; *on the ~ of tears* gråtfärdig; *bring a p. to the ~ of* driva ngn till gränsen av (ända till) **3** gräskant; vägkant, vägren **II** *vb itr*, *~ on* (*upon*) gränsa till äv. bildl.; vara (stå) på gränsen till, närma sig
2 verge [vɜ:dʒ] *vb itr* luta; böja sig, vrida [*the road ~s southwards*]; sänka sig, sjunka [*the verging sun*]; sträva, sträcka sig [*towards, to mot*]; *~ on* luta åt; stöta i [*~ on blue*]
verger ['vɜ:dʒə] *s* kyrkvaktmästare; kyrkotjänare
verifiable ['verɪfaɪəbl, --'---] *adj* bevislig, som kan bevisas; möjlig att verifiera; kontrollerbar
verification [ˌverɪfɪ'keɪʃ(ə)n] *s* **1** bekräftande, bestyrkande, verifikation; besannande; bekräftelse [*of* av], bevis [*of* på] **2** verifiering, kontroll[ering]
verify ['verɪfaɪ] *vb tr* **1** bekräfta, bestyrka, bevisa [riktigheten av], verifiera **2** verifiera, kontrollera [*~ a statement*]
verisimilitude [ˌverɪsɪ'mɪlɪtju:d] *s* sannolikhet; prägel (sken) av sanning
veritable ['verɪtəbl] *adj* **1** formlig, veritabel, ren, riktig, sannskyldig [*a ~ rascal*] **2** verklig, äkta
verit|y ['verətɪ] *s* sanning [*the eternal -ies*]
vermicelli [ˌvɜ:mɪ'selɪ] *s kok.* (it.) vermicelli
vermiform ['vɜ:mɪfɔ:m] *adj* maskformig
vermilion [və'mɪljən, vɜ:'m-] **I** *s* **1** [syntetisk] cinnober **2** cinnober[färg], högröd färg **II** *adj* cinnoberröd, högröd
vermin ['vɜ:mɪn] (pl. lika; konstr. vanl. ss. pl.) *s* **1** skadedjur, ohyra, parasit[er] **2** bildl. ohyra, pack, drägg
verminous ['vɜ:mɪnəs] *adj* **1** skadedjurs-; ohyre- **2** full (hemsökt) av ohyra (mask)

Vermont [vɜ:'mɒnt] *geogr.*
vermouth ['vɜ:məθ] *s* vermouth, vermut
vernacular [və'nækjʊlə] **I** *adj* inhemsk, lokal[-]; folklig [*a ~ expression*] **II** *s* **1** a) modersmål, språk b) lokal dialekt, folkmål c) lokalt ord (uttryck); *in the ~* på vanligt vardagsspråk **2** [yrkes]jargong
vernal ['vɜ:nl] *adj litt.* vårlig, vår-; *~ equinox* vårdagjämning
versatile ['vɜ:sətaɪl, *amer.* -tl] *adj* **1** mångsidig [*a ~ writer*], mångkunnig, allsidig **2** med många användningsområden [*a ~ tool*]
versatility [ˌvɜ:sə'tɪlətɪ] *s* **1** mångsidighet, mångkunnighet, allsidighet **2** stor (mångsidig) användbarhet
verse [vɜ:s] *s* **1** vers, poesi [*prose and ~*]; *in ~* på vers **2** strof, vers [*a poem of five ~s*] **3** vers[rad] **4** [bibel]vers
versed [vɜ:st] *adj*, *~ in* bevandrad (hemma[stadd]), förfaren, skicklig, kunnig) i, förtrogen med
versification [ˌvɜ:sɪfɪ'keɪʃ(ə)n] *s* **1** versifikation, versbyggnad **2** versmått **3** metrik
versifier ['vɜ:sɪfaɪə] *s* verskonstnär, poet; neds. versmakare, rimsmidare
versify ['vɜ:sɪfaɪ] **I** *vb tr* versifiera, sätta på vers, göra vers av **II** *vb itr* skriva vers (poesi), dikta
version ['vɜ:ʃ(ə)n] *s* **1** version, framställning, tolkning, tydning **2** version, variant [*a modern ~ of the car*]; *a film ~ of a novel* äv. en filmatisering av en roman; *stage ~* scenbearbetning **3** översättning; *the Authorized V~* [*of the Bible*] den auktoriserade bibelöversättningen av 1611
versus ['vɜ:səs] *prep lat.* **1** *sport.* mot [*Arsenal ~* (*v.*) *Spurs*] **2** *jur.* kontra, mot [*Jones ~* (*v.*) *Smith*]
vertebr|a ['vɜ:tɪbr|ə] (pl. *-ae* [-i:, -eɪ el. -aɪ]) *s anat.* (lat.) ryggkota; pl. *-ae* äv. ryggrad
vertebral ['vɜ:tɪbr(ə)l] *adj anat.* vertebral, ryggrads-; *~ animal* ryggradsdjur; *~ column* ryggrad
vertebrate ['vɜ:tɪbrət, -breɪt] *anat.* **I** *adj* vertebrerad, ryggrads- **II** *s* ryggradsdjur, vertebrat
vert|ex ['vɜ:t|eks] (pl. *-ices* [-ɪsi:z] el. *-exes*) *s lat.* **1** spets, topp, högsta punkt **2** *matem.* spets; hörn [*a cube has eight -ices*]; toppunkt
vertical ['vɜ:tɪk(ə)l] **I** *adj* vertikal äv. ekon.; vertikal- [*~ angle*], lodrät **II** *s* lodlinje, lodrät (vertikal) linje; *out of the ~* inte vertikal (lodrät)
vertiginous [vɜ:'tɪdʒɪnəs] *adj* **1** yr [i huvudet]; *~ feeling* yrselkänsla **2** svindlande [*~ heights*]
vertigo ['vɜ:tɪgəʊ] *s med.* svindel[anfall], yrsel, vertigo
verve [vɜ:v, veəv] *s* schvung, liv[fullhet], verv; kraft, fart, kläm
very ['verɪ] **I** *adv* **1** mycket, synnerligen [*~*

vesicle

interesting], riktigt [~ *tired*]; *not* ~ inte så [värst], inte [så] vidare, inte särskilt [*not* ~ *interesting*]; *something* ~ *different* något helt annat; ~ *good* mycket bra, utmärkt; *V*~ *Important Person* VIP, betydande (högt uppsatt) person **2** *the* ~ *next day* redan nästa dag (dagen därpå); *the* ~ *same place* precis (exakt) samma plats, just den platsen; *it is my* ~ *own* den är helt min egen; [*I want to have it*] *for my* ~ *own* ...helt (alldeles) för mig själv **3** framför superl. allra [*the* ~ *first day*]; *at the* ~ *least* allra minst; åtminstone **II** *attr adj* **1** efter *the* (*this*, *that*, *his* osv.) **a)** själva, själv [*the* ~ *king*], blotta [*the* ~ *name is odious*]; *in the* ~ *centre* i själva centrum; *the* ~ *idea!* vilken idé!; *the* ~ *idea of it* blotta tanken på det; *he is the* ~ *picture* (*image*) *of his father* han är sin far upp i dagen; *before our* ~ *eyes* mitt för ögonen på oss; *the* ~ *opposite* raka (precis) motsatsen; *the* ~ *spot where we saw it* just [den plats] där vi såg det; *that is the* ~ *thing* det är precis vad som behövs, det är det rätta; det är det som är knuten **b)** *this* ~ *day* redan i dag, just (redan) denna dag; *this* ~ *minute* på minuten, genast, ögonblickligen **c)** *at the* ~ *beginning* redan i början; *at that* ~ *moment* just i det ögonblicket; *from the* ~ *beginning* ända från början; *to the* ~ *last* in i det sista **2** ren [och skär] [*for* (av) ~ *pity*]; allra [*I did my* ~ *utmost*]; *the* ~ *truth* rena rama sanningen
vesicle ['vesɪkl] *s* anat., biol. el. med. [liten] blåsa
vessel ['vesl] *s* **1** kärl äv. anat. [*blood* ~]; *empty* ~*s make the greatest noise* (*sound*) ordspr. tomma tunnor skramlar mest **2** fartyg, skepp, [större] båt, farkost
vest [vest] **I** *s* **1** undertröja **2** amer. väst **3** [västliknande] isättning under jacka **II** *vb tr* (se äv. *vested*) **1** bekläda, utrusta, förse [*with* med]; ~ *with* äv. förläna [~ *a p. with authority*] **2** överlåta [*the rights in the estate are* ~*ed in* (på) *him*]; ligga (finnas) hos, utövas av [*power is* ~*ed in the people*]
vested ['vestɪd] *adj* **1** hand., ~ *interest* kapitalintresse; [*the*] ~ *interests* äv. kapitalmakten, kapitalintressenterna **2** bildl. ~ *interest* egenintresse, eget intresse
vestibule ['vestɪbjuːl] *s* **1** vestibul, förstuga, farstu, hall, entré, tambur **2** amer. [inbyggd] plattform på järnvägsvagn; vestibul; ~ *train* genomgångståg
vestige ['vestɪdʒ] *s* spår [*no* ~*s of* (av, efter) *an earlier civilization*]
vestigial [ves'tɪdʒɪəl] *adj* rudimentär [~ *organ*]
vestment ['ves(t)mənt] *s* isht kyrkl. skrud; kyrkl. mässhake

vestry ['vestrɪ] *s* **1** sakristia **2** kyrksal i t.ex. frikyrka
1 vet [vet] vard. **I** *s* (kortform för *veterinary* [*surgeon*] o. amer. *veterinarian*) veterinär, djurläkare **II** *vb tr* **1** undersöka [~ *a patient*]; behandla [~ *the cow*] **2** undersöka, kolla [~ *a report*], [kritiskt] granska [~ *the MS*], [grundligt] pröva
2 vet [vet] *s* isht amer. vard. (kortform för *veteran*) veteran [*old* ~*s*]
vetch [vetʃ] *s* bot. vicker
veteran ['vet(ə)r(ə)n] **I** *s* **1** veteran [~*s of* (från) *two World Wars*], [gammal] beprövad krigare (soldat); amer. äv. f.d. krigsdeltagare; *Veterans Day* el. *Veterans' Day* Veteranernas dag, Veterandagen firas 11 nov. i USA o. Canada till minnet av fientligheternas upphörande efter första o. andra världskriget **2** sport. oldboy **II** *adj* [gammal och] erfaren [*a* ~ *teacher* (*warrior*)], grånad [i tjänsten]; ~ *car* veteranbil; ~ *soldier* (*officer*) veteran
veterinarian [ˌvet(ə)rɪ'neərɪən] *s* amer. veterinär
veterinary ['vet(ə)rɪn(ə)rɪ, 'vetnrɪ] **I** *adj* veterinär- [~ *science*]; ~ *college* veterinärhögskola; ~ *surgeon* veterinär **II** *s* veterinär
veto ['viːtəʊ] **I** (pl. ~*es*) *s* veto [*exercise one's* (*the*) ~]; förbud; [*right of*] ~ vetorätt **II** *vb tr* inlägga [sitt] veto mot; förbjuda
vex [veks] *vb tr* (se äv. *vexed*) förarga; reta; besvära, irritera, plåga [*the noise* ~*es me*]
vexation [vek'seɪʃ(ə)n] *s* förargelse, irritation; förtret[lighet]
vexatious [vek'seɪʃəs] *adj* förarglig, förtretlig; besvärlig, irriterande
vexed [vekst] (adv. *vexedly* ['veksɪdlɪ]) *adj* **1** förargad, förtretad, arg, irriterad [*at* över, på; *with* på; *that* över (på, för) att] **2** [om]debatterad, omtvistad, omstridd [*a* ~ *question*]
v.g. förk. för *very good*
VHF [ˌviːeɪtʃ'ef] (förk. för *very high frequency*) ultrakortvåg, UKV, VHF
via ['vaɪə, 'viːə] *prep* lat. via, över [*travel* ~ *Dover*], genom [~ *the Panama Canal*; ~ *the back door*]
viability [ˌvaɪə'bɪlətɪ] *s* **1** livsduglighet, livskraft **2** genomförbarhet
viable ['vaɪəbl] *adj* **1** livsduglig, livskraftig **2** genomförbar [*a* ~ *plan*], praktisk
viaduct ['vaɪədʌkt, -dəkt] *s* viadukt
vial ['vaɪəl]˙*s* liten [medicin]flaska
1 vibes [vaɪbz] (konstr. vanl. ss. sg.; pl. *vibes*) *s* vard. (kortform för *vibraphone*) vibrafon
2 vibes [vaɪbz] *s pl* vard. (kortform för *vibration*[*s*]) atmosfär, stämning [*bad* (*good*) ~*s*], anda; vibrationer; utstrålning
vibrant ['vaɪbr(ə)nt] *adj* **1** vibrerande, dallrande [~ *tones* (*strings*)] **2** pulserande,

sjudande [*cities* ~ **with** (av) *life*]; livfull [*a* ~ *personality*]
vibraphone ['vaɪbrəfəʊn] *s* vibrafon
vibrate [vaɪ'breɪt] *vb itr* **1** vibrera, dallra; darra, skälva [~ *with* (av) *anger*]; skaka [*the house* ~*s whenever a truck passes*]; isht fys. svänga **2** om pendel svänga, pendla
vibration [vaɪ'breɪʃ(ə)n] *s* **1** vibration, vibrering, dallring etc., jfr *vibrate 1* **2** pendels svängning, pendling **3** ~[*s*] vard., se *2 vibes*
vibrato [vɪ'brɑ:təʊ] (pl. ~*s*) *s* mus. vibrato
vibrator [vaɪ'breɪtə] *s* massageapparat, vibrator
vibratory [vaɪ'breɪt(ə)rɪ, 'vaɪbrət(ə)rɪ] *adj* isht fys. svängnings-, vibrations-, svängande
Vic [vɪk], **the** *Old* ~ berömd teater i London
vicar ['vɪkə] *s* **1** kyrkoherde **2** katol. kyrkl. ställföreträdare
vicarage ['vɪkərɪdʒ] *s* **1** prästgård, kyrkoherdeboställe **2** kyrkoherdebefattning, pastorat
vicarious [vɪ'keərɪəs, vaɪ'k-] *adj* ställföreträdande [~ *suffering*]; delegerad [~ *authority*]; **the** ~ *joy of parents* den glädje föräldrar känner på sina barns vägnar; ~ *punishment* straff man avtjänar för någon annans räkning
1 vice [vaɪs] *s* last [*virtues and* ~*s*]; synd, syndigt leverne; ~ *squad* sedlighetsrotel; *given to* ~ hemfallen åt laster, lastbar
2 vice [vaɪs] *s* skruvstäd
3 vice ['vaɪsɪ] *prep* lat. i stället för, efter [*he has been appointed chairman* ~ *Mr. Brown*]
4 vice [vaɪs] *s* vard. vice ordförande o.d.; vicepresident
vice- [vaɪs] *prefix* vice-, vice
vice-chairman [,vaɪs'tʃeəmən] *s* vice ordförande
vice-chancellor [,vaɪs'tʃɑ:ns(ə)lə] *s* [universitets]rektor, rector magnificus
vice-president [,vaɪs'prezɪd(ə)nt] *s* **1** a) vicepresident b) vice ordförande **2** amer. vice verkställande direktör
vice versa [,vaɪsɪ'vɜ:sə] *adv* lat. vice versa; *and* (*or*) ~ äv. och (eller) omvänt (tvärtom)
vicinity [vɪ'sɪnətɪ, vaɪ's-] *s* närhet [*the* ~ *to the capital*]; grannskap, omgivning, trakt [*there isn't a school in the* ~]; *in the* ~ *of* i närheten (trakten) av
vicious ['vɪʃəs] *adj* **1** illvillig [~ *gossip*]; elak, ond, arg, brutal [*a* ~ *blow*] **2** ilsken [*a* ~ *temper*]; folkilsken, argsint [*a* ~ *dog*]; bångstyrig [*a* ~ *horse*] **3** lastbar, depraverad **4** usel, bristfällig; ~ *habit* ful vana, olat, osed **5** ~ *circle* a) ond cirkel b) logik. cirkelbevis
viciousness ['vɪʃəsnəs] *s* illvilja etc., jfr *vicious*
vicissitude [vɪ'sɪsɪtju:d, vaɪ's-] *s* växling, förändring; **the** ~*s of life* äv. livets skiften (olika skeden); *many* ~*s of fortune* många växlande öden
victim ['vɪktɪm] *s* **1** offer; *be a* ~ *of* (*to*) el. *be*

the ~ *of* vara (falla) offer för, vara (bli) utsatt för, utsättas för **2** slaktoffer, offerdjur; offerlamm äv. bildl.
victimization [,vɪktɪmaɪ'zeɪʃ(ə)n] *s* **1** offrande **2** bestraffning; diskriminering **3** trakasserande; mobbning
victimize ['vɪktɪmaɪz] *vb tr* **1** göra till [sitt] offer, offra **2** klämma åt, bestraffa; sätta i strykklass **3** plåga, besvära; trakassera; mobba
victor ['vɪktə] **I** *s* segrare, segerherre; *come off* ~[*s*] avgå med seger[n] **II** *attr adj* segerrik
Victoria [vɪk'tɔ:rɪə] kvinnonamn; ss. drottningnamn Viktoria, Victoria; **the** ~ *Cross* viktoriakorset orden för tapperhet i fält; ~ [*station*] en av Londons viktigaste järnvägsstationer
Victorian [vɪk'tɔ:rɪən] **I** *adj* **1** viktoriansk från (karakteristisk för) drottning Viktorias tid 1837—1901 [*the* ~ *age* (*period*)] **2** neds. hycklande, dubbelmoralisk, bigott **II** *s* viktorian
victorious [vɪk'tɔ:rɪəs] *adj* segrande, segerrik; seger-; *be* ~ segra; *come off* ~ avgå med seger[n]
victory ['vɪkt(ə)rɪ] *s* seger; *gain* (*win*) *a* ~ [*over*] äv. segra [över]
victual ['vɪtl] *s*, vanl. pl. ~*s* livsmedel, mat[varor], föda, proviant
victualler ['vɪtlə] *s* **1** livsmedelsleverantör, livsmedelshandlare **2** [*licensed*] ~ värdshusvärd, krögare
video ['vɪdɪəʊ] **I** *s* **1** video apparat, system o. inspelat program **2** amer. vard. TV, television **II** *adj* **1** video-, se sms. **2** amer. vard. TV- [*a* ~ *star*], televisions- [~ *transmission*] **III** *vb tr* spela in på video, videobanda
video camera ['vɪdɪəʊ,kæmərə] *s* videokamera
videocassette [,vɪdɪəʊkə'set] *s* videokassett; ~ *recorder* videobandspelare
video game ['vɪdɪəʊɡeɪm] *s* TV-spel
video nasty ['vɪdɪəʊ,nɑ:stɪ] *s* vard., ung. videovåldsfilm
videorecorder ['vɪdɪəʊrɪ,kɔ:də] *s* videobandspelare
videotape ['vɪdɪəʊteɪp] **I** *s* video[ljud]band; ~ *recorder* videobandspelare **II** *vb tr* spela in på video, videobanda
videotex ['vɪdɪəʊteks] *s* o. **videotext** ['vɪdɪəʊtekst] *s* videotex
vie [vaɪ] *vb itr* litt. tävla, kämpa [*with* med; *for* om]
Vienna [vɪ'enə] **I** geogr. Wien **II** *attr adj* wien[er]-
Viennese [,vɪə'ni:z] **I** *adj* wiensk, wien-; ~ *waltz* wienervals **II** (pl. lika) *s* wienare
Vietnamese [,vjetnə'mi:z] **I** *adj* vietnamesisk **II** *s* **1** (pl. lika) vietnamesen **2** vietnamesiska [språket]
view [vju:] **I** *s* **1** syn, anblick, synhåll; sikte [*block* (skymma) **the** ~]; *get a closer* ~ *of*

a th. betrakta ngt på närmare håll; *have a clear ~ of the road* [*when driving a car*] ha fri sikt [över vägen]...; *take a long ~ of the matter* betrakta saken på lång sikt; *take the long ~* vara förutseende **2** [förhands]visning vid auktion o.d. [*private ~*] **3** a) utsikt [*a delightful ~ of* (över) *the village*], vy b) bild, foto[grafi], kort; *aerial ~* flygfoto[grafi] **4** översikt [*a ~ of* (över, av) *the world crisis*], överblick **5** a) synpunkt [*on* (*of*) på], uppfattning, åsikt [*on* (*of*) om]; syn, sätt att se [*on* (*of*) på]; *take a* [*very*] *dim* (*poor*) *~ of a th.* vard. ogilla ngt [skarpt] b) *point of ~* synpunkt, synvinkel; ståndpunkt **6** efter prep.: *in ~* i sikte; *in my ~* a) enligt min uppfattning (mening) b) i min åsyn; *in ~ of* a) med tanke på, med hänsyn till, i betraktande av, med anledning av [*in ~ of the financial situation*] b) inom synhåll för; *in full ~ of* fullt synlig för, mitt framför; *come into ~* komma inom synhåll (i sikte); *point of ~* se 5 b) ovan; *be on ~* vara utställd, visas, finnas till beskådande; *on a* (*the*) *long ~* på lång (längre) sikt; *on a* (*the*) *short ~* på kort[are] sikt; *out of ~* utom synhåll, ur sikte; *a room with a ~* ett rum med utsikt; *with a ~ to* med tanke (sikte) på, med...i sikte; *with a ~ to doing a th.* el. *with the* (*a*) *~ of doing a th.* i avsikt (syfte) att göra ngt **II** *vb tr* bese; betrakta, se på, se [*~ the matter in the right light*], anse, uppfatta [*~ a th. as a menace*]; *~ TV* se (titta på) TV

viewdata ['vju:ˌdeɪtə] *s* tele., brittisk form av videotex

viewer ['vju:ə] *s* **1** betraktare, åskådare; [TV-]tittare **2** foto. betraktningsapparat isht för diabilder

view-finder ['vju:ˌfaɪndə] *s* foto. sökare

viewing ['vju:ɪŋ] *s* **1** betraktande, tittande; TV-tittande; *~ hours* (*time*) TV. sändningstid; *~ screen* TV. bildruta, bildskärm **2** granskning

viewpoint ['vju:pɔɪnt] *s* **1** synpunkt; synvinkel [*from* (ur) *this ~*]; ståndpunkt [*take up* (inta) *a ~*]; jfr *view I* 5 b) **2** utsiktspunkt

vigil ['vɪdʒɪl, -dʒ(ə)l] *s* vaka; *keep* [*a*] *~ over* [*a sick child*] vaka hos...

vigilance ['vɪdʒɪləns] *s* vaksamhet; försiktighet

vigilant ['vɪdʒɪlənt] *adj* vaksam; försiktig

vigilante [ˌvɪdʒɪ'læntɪ] *s* isht i USA medlem av ett olagligt medborgargarde

vignette [vɪ'njet] *s* **1** vinjett [*the ~ of a title-page*] **2** foto. vinjettering[sbild] avbländad [bröst]bild **3** [karaktärs]teckning, kort [karaktärs]skildring

vigorous ['vɪg(ə)rəs] *adj* kraftig, kraftfull; spänstig; energisk; livskraftig; *make a ~ effort* göra en kraftansträngning, ta ett krafttag

vigour ['vɪgə] *s* kraft, styrka, kraftfullhet; spänst[ighet], vigör; energi

Viking o. **viking** ['vaɪkɪŋ] *s* viking; attr. vikinga-

vile [vaɪl] *adj* usel, eländig [*a ~ novel* (*performance*)]; simpel [*~ conduct*]; avskyvärd, tarvlig; [*~ language*], lumpen, nedrig [*~ slander*]; vidrig, neslig [*a ~ crime*]; vard. hemsk[t dålig], urusel

vilification [ˌvɪlɪfɪ'keɪʃ(ə)n] *s* förtal, bakdanteri; smädande, smädelse; ärekränkning

vilify ['vɪlɪfaɪ] *vb tr* förtala, baktala; nedvärdera, nedsätta, svärta ned; smäda

villa ['vɪlə] *s* villa isht i förort el. på kontinenten; sommarvilla; parhus

village ['vɪlɪdʒ] *s* by; attr. by- [*~ school*]; *~ idiot* byfåne

villager ['vɪlɪdʒə] *s* bybo, byinvånare

villain ['vɪlən] *s* **1** bov, skurk äv. teat. [*play the ~'s part*]; usling, lymmel; *the ~ of the piece* bildl. boven i dramat, den skyldige **2** vard. rackare, busunge

villainous ['vɪlənəs] *adj* **1** skurkaktig, bovaktig; ondskefull [*a ~ look*] **2** vard. urusel [*~ handwriting*]

villainy ['vɪlənɪ] *s* skurkaktighet; ondskefullhet, ondska

vim [vɪm] *s* vard. kraft, energi; fart [och kläm]

vinaigrette [ˌvɪneɪ'gret] *s* **1** luktflaska, luktdosa **2** *~* [*sauce*] vinägrettsås

vindicate ['vɪndɪkeɪt] *vb tr* **1** försvara [*~ a p.'s conduct*], rättfärdiga [*~ a p.'s belief in a th.*]; bevisa riktigheten av [*subsequent events ~d his policy*] **2** frita[ga], fria [*~ a p. from a charge*] **3** hävda, förfäkta [*~ a right*]

vindication [ˌvɪndɪ'keɪʃ(ə)n] *s* försvar, rättfärdigande etc., jfr *vindicate*

vindictive [vɪn'dɪktɪv] *adj* hämndlysten

vindictiveness [vɪn'dɪktɪvnəs] *s* hämndlystnad

vine [vaɪn] *s* **1** vin växt; vinranka, vinstock **2** ranka [*hop ~*], reva; [*clinging*] *~* bot. slingerväxt, klängväxt, klätterväxt; *clinging ~* bildl. (om person) klängranka

vinegar ['vɪnɪgə] *s* ättika; attr. ättik[s]-; isht bildl. ättiksur [*a ~ countenance*]; *aromatic ~* kryddvinäger; [*wine*] *~* vinäger, vinättika

vinegary ['vɪnɪgərɪ] *adj* mest bildl. ättiksur, sur som ättika, [mycket] vresig

vineyard ['vɪnjəd, -jɑːd] *s* vingård äv. bildl. el. bibl.; vinodling, vinberg

viniculture ['vɪnɪkʌltʃə] *s* vinodling

vino ['viːnəʊ] (pl. *~s*) *s* vard. enklare (billigt) vin

vintage ['vɪntɪdʒ] **I** *s* **1** vinskörd, druvskörd **2** [god] årgång av vin el. bildl. **II** *adj* **1** av [gammal] fin (god) årgång, gammal fin [*~ brandy*]; *~ wine* vin av [gammal] god årgång, årgångsvin; *~ year* gott vinår **2** bildl. *~ car* veteranbil

vintner ['vɪntnə] *s* vinhandlare

vinyl ['vaınıl] *s* kem. vinyl; vinylplast
Viola ['vaɪə(ʊ)lə, -'--] kvinnonamn
1 viola [vɪ'əʊlə, vaɪ-] *s* mus. altfiol, viola
2 viola ['vaɪə(ʊ)lə, -'--] *s* [odlad] viol
violate ['vaɪəleɪt] *vb tr* **1** kränka [~ *a treaty*], bryta mot [~ *a principle*], överträda [~ *the law*]; ~ *a promise* bryta (inte uppfylla) ett löfte **2** störa, inkräkta på [~ *a p.'s privacy*] **3** vanhelga, skända [~ *an altar*] **4** våldta [ga]
violation [ˌvaɪə'leɪʃ(ə)n] *s* **1** kränkning [*the* ~ *of the treaty*], brott [*of* mot], överträdelse **2** störande intrång [~ *of* (i) *a p.'s privacy*] **3** vanhelgande, skändning **4** våldtäkt
violator ['vaɪəleɪtə] *s* **1** kränkare **2** skändare
violence ['vaɪələns] *s* **1** våldsamhet, häftighet [*the* ~ *of the storm*], våldsam kraft **2** våld [*I had to use* ~]; yttre våld [*no marks* (spår) *of* ~]; våldsamheter, oroligheter; *do ~ to* förgripa (våldföra) sig på; *act of* ~ våldsdåd, våldsgärning, våldshandling; *crimes of* ~ våldsbrott; *robbery with* ~ ung. grovt rån
violent ['vaɪələnt] *adj* våldsam, häftig [*a* ~ *storm* (*attack*), ~ *passions*], stark, svår [*a* ~ *headache*]; *have a* ~ *temper* ha ett häftigt temperament
violently ['vaɪələntlɪ] *adv* våldsamt etc., jfr *violent*; med våld; ~ *resist* göra våldsamt motstånd mot
Violet ['vaɪələt] kvinnonamn
violet ['vaɪələt] **I** *s* **1** bot. viol; *African* ~ saintpaulia **2** violett [*dressed in* ~] **II** *adj* violett
violin [ˌvaɪə'lɪn] *s* fiol, violin; violinist; *play the* ~ spela fiol (violin)
violinist [ˌvaɪə'lɪnɪst, '----] *s* violinist, fiolspelare
violoncellist [ˌvaɪələn'tʃelɪst] *s* violoncellist
violoncello [ˌvaɪələn'tʃeləʊ] (pl. ~*s*) *s* violoncell
VIP [ˌviːaɪ'piː, vɪp] *s* (vard. förk. för *Very Important Person*) VIP, höjdare, högdjur
viper ['vaɪpə] *s* huggorm; bildl. orm, skurk; *common* ~ vanlig huggorm
virago [vɪ'rɑːgəʊ, -'reɪg-] (pl. ~*s* el. ~*es*) *s* **1** argbigga, ragata, satkäring **2** åld. amason; hjältinna
viral ['vaɪər(ə)l] *adj* med. virus- [~ *infection*]
Virgil ['vɜːdʒɪl] ss. namn på rom. skald Vergilius
virgin ['vɜːdʒɪn] **I** *s* jungfru, [ung]mö, oskuld; *the [Blessed] V~ [Mary]* jungfru Maria **II** *adj* jungfrulig äv. bildl.; jungfru- äv. bildl. [*a* ~ *speech* (*voyage*)]; ren, obefläckad, kysk, som är oskuld; orörd, obeträdd; outforskad; ny; *the V~ Queen* jungfrudrottningen Elisabet I; ~ *soil* (*earth*) jungfrulig (orörd, obrukad) mark (jord)
virginal ['vɜːdʒɪnl] *adj* jungfrulig, jungfru-
Virginia [və'dʒɪnjə] **I** kvinnonamn o. geogr. egenn.; ~ *creeper* bot. vildvin **II** *s* virginia tobak; attr. virginia- [~ *cigarettes* (*tobacco*)]

virginity [və'dʒɪnətɪ] *s* jungfrulighet, jungfrudom, mödom, oskuld; kyskhet
Virgo ['vɜːgəʊ] *s* o. *adj* astrol. Jungfrun; *he is [a]* ~ han är Jungfru
virile ['vɪraɪl, amer. 'vɪr(ə)l] *adj* manlig, viril; potent; maskulin; manna- [~ *age*]; kraftfull
virility [vɪ'rɪlətɪ] *s* manlighet, virilitet
virtual ['vɜːtʃʊəl, -tjʊ-] *adj* verklig, faktisk [*he is the* ~ *ruler of the country*], egentlig, reell; *it was a* ~ *defeat* det var i själva verket (i realiteten) ett nederlag
virtually ['vɜːtʃʊəlɪ, -tjʊ-] *adv* faktiskt, i realiteten; praktiskt taget, så gott som [*he is* ~ *unknown*]
virtue ['vɜːtjuː, -tʃuː] *s* **1** dygd; *make a* ~ *of* göra till en dygd **2** fördel [*the great* ~ *of the scheme is that it's simple*] **3** [inneboende] kraft, förmåga [*the healing* ~ *of a medicine*], verkan, effekt; *by (in)* ~ *of* i kraft av, på grund av; *by (in)* ~ *of one's office* äv. på ämbetets (tjänstens) vägnar
virtuosi [ˌvɜːtjʊ'əʊziː] *s* pl. av *virtuoso*
virtuosity [ˌvɜːtjʊ'ɒsətɪ] *s* virtuositet
virtuos|o [ˌvɜːtjʊ'əʊz|əʊ] (pl. -*os* el. -*i* [-iː]) *s* it. virtuos
virtuous ['vɜːtʃʊəs, -tjʊ-] *adj* dygdig
virulence ['vɪrʊləns, -rjʊ-] *s* giftighet; styrka, kraft
virulent ['vɪrʊlənt, -rjʊ-] *adj* giftig; stark, kraftig [~ *poison*]; elakartad [*a* ~ *disease*]
virus ['vaɪərəs] *s* **1** med. virus; virussjukdom [*recover from a* ~]; smittämne **2** data., [*computer*] ~ datavirus
visa ['viːzə] **I** *s* visum; *entrance* (*entry*) ~ inresevisum; *exit* ~ utresevisum **II** *vb tr* visera [*get one's passport* ~*ed*]
visage ['vɪzɪdʒ] *s* litt. ansikte
vis-à-vis [ˌviːzɑː'viː] *prep* **1** a) visavi, gentemot [*her feelings* ~ *her husband*] b) mittemot, mittför, mitt framför [*be (stand)* ~ *a th.*] **2** i jämförelse med, i förhållande till
visceral ['vɪsər(ə)l] *adj* **1** anat. som hör till de inre organen, invärtes; inälvs-, visceral **2** rent fysisk [~ *sensation*] **3** irrationell, instinktiv, intuitiv, känslomässig
viscosity [vɪ'skɒsətɪ] *s* **1** viskositet **2** klibbighet
viscount ['vaɪkaʊnt] *s* viscount näst lägsta rangen inom engelska högadeln
viscountcy ['vaɪkaʊntsɪ] *s* viscountvärdighet, viscounts rang, jfr *viscount*
viscountess [ˌvaɪkaʊn'tes, 'vaɪkaʊntɪs] *s* viscountess [innehavare av] kvinnlig titel motsv. *viscount*
viscous ['vɪskəs] *adj* viskös, tjockflytande, trögflytande
vise [vaɪs] *s* o. *vb tr* amer., se *2 vice*
visibility [ˌvɪzɪ'bɪlətɪ] *s* **1** synlighet, synbarhet **2** meteor. sikt [*poor* (dålig) ~]; *improved* ~ siktförbättring; *reduced* ~ siktförsämring
visible ['vɪzəbl] *adj* **1** synlig, synbar, märkbar

[*to a p.* för ngn]; **~ *exports* (*imports*)** hand. synlig export (import); **~ *horizon*** synrand, horisont **2** tydlig, påtaglig
vision ['vɪʒ(ə)n] *s* **1** syn [*it has impaired his* ~]; synförmåga, synsinne [äv. *faculty of* ~]; seende; ***defect of* ~** synfel; ***range of* ~** synkrets, synvidd; synhåll [*beyond* (*within*) *range of* ~] **2** syn, vision, dröm, drömbild, drömsyn, fantasi[bild]; ***have* ~s** se syner, ha visioner; drömma, fantisera [*of* om] **3** TV-bild[en]; ***sound and* ~** ljud och bild **4** klarsyn, klarsynthet [äv. *clarity of* ~]; vidsyn, vidsynthet [äv. *breadth of* ~]; framsynthet; ***a man of* ~** en man med visioner, en klarsynt man
visionary ['vɪʒ(ə)nərɪ] **I** *adj* **1** visionär, klarsynt [*a* ~ *leader* (*statesman*)] **2** orealistisk, ogenomförbar [~ *plans* (*schemes*)] **3** drömmande, svärmisk; inbillad [~ *scenes*] **II** *s* visionär; drömmare, svärmare
visit ['vɪzɪt] **I** *vb tr* **1** besöka; göra (vara på) besök hos, avlägga visit hos, hälsa 'på; vara på besök i (på), komma till, resa till; gästa, vara gäst hos **2** a) gå till, söka, konsultera [~ *a doctor* (*solicitor*)] b) [besöka och] se 'till, göra [sjuk]besök hos [*the doctor* ~*s his patients*] **3** hemsöka [*the plague* ~*ed London in 1665*]; [be]straffa
II *vb itr* vara på besök [*she was* ~*ing in Paris*], vara gäst [~ *at* (på) *a hotel*]; litt. umgås [*we do not* ~]
III *s* **1** besök, visit, vistelse [*to a p.* hos ngn; *to* (i) *a town, to* (på) *an island*]; ***pay*** (***make***) ***a* ~ *to a p.*** (*to a place, to a town*) göra [ett] besök hos ngn (på en plats, i en stad), besöka ngn (en plats, en stad); *I paid him a* ~ jag besökte honom; ***be on a* ~** vara på besök [*to a p.* hos ngn; *to* (i) *Italy*]; ***go on a* ~ *to the seaside*** fara till kusten (en badort) **2** läkares [sjuk]besök **3** visitation, inspektion, undersökning
visitation [ˌvɪzɪ'teɪʃ(ə)n] *s* visitation; undersökning
visiting ['vɪzɪtɪŋ] **I** *s* besök[ande]; visit[er]; **~ *hours*** besökstid **II** *adj* **1** besökande; främmande; **~ *lecturer*** gästföreläsare; **~ *nurse*** distriktssköterska; **~ *professor*** gästprofessor; **~ *team*** sport. gästande lag, bortalag **2** visiterande, inspekterande
visiting-card ['vɪzɪtɪŋkɑ:d] *s* visitkort
visitor ['vɪzɪtə] *s* **1** besökare, besökande; gäst [*summer* ~*s*]; resande; pl. **~*s*** äv. främmande [*have* ~*s*]; **~*s' book*** hotelliggare; gästbok **2** visitationsförrättare, inspektör
visor ['vaɪzə] *s* **1** skärm på mössa o.d.; visir, ögonskydd på motorcykelhjälm o.d. **2** solskydd i bil **3** hist. [hjälm]visir, hjälmgaller
vista ['vɪstə] *s* **1** utsikt, fri sikt, vy genom trädallé, korridor, från höjd o.d.; panorama, perspektiv **2** [framtids]perspektiv [*a discovery that opens up new* ~*s*], utsikt

Vistula ['vɪstjʊlə] geogr.; ***the* ~** Weichsel
visual ['vɪzjʊəl, -ɪʒ-] *adj* **1** syn- [*the* ~ *nerve*; ~ *power* (förmåga)]; visuell [~ *aids* (hjälpmedel) *in teaching*]; ***the* ~ *arts*** bildkonsten; **~ *impression*** synintryck, visuellt intryck; **~ *inspection*** (***examination***) okulärbesiktning; **~ *memory*** visuellt minne, synminne **2** synlig [~ *objects*]
visual-display ['vɪzjʊəlˌdɪs'pleɪ] *adj* data., **~ *terminal*** (***unit***) bildskärmsterminal
visualization [ˌvɪzjʊəlaɪ'zeɪʃ(ə)n, -ɪʒ-] *s* åskådliggörande, levandegörande, visualisering
visualize ['vɪzjʊəlaɪz, -ɪʒ-] *vb tr* åskådliggöra [~ *a scheme*], frammana [en klar bild av] [~ *a scene*], levandegöra [~ *a picture*], visualisera; [tydligt] föreställa sig
vital ['vaɪtl] *adj* **1** livs- [*the* ~ *process*]; livsnödvändig, livsviktig, vital [~ *organs*]; livskraftig; **~ *force*** livskraft; **~ *statistics*** a) vitalstatistik, befolkningsstatistik b) vard. (skämts.) byst-, midje- och höftmått på skönhetsdrottning o.d.; former **2** väsentlig, [absolut] nödvändig, livsviktig, avgörande [*secrecy is* ~ *to* (för) *the success of the scheme*], vital, central
vitality [vaɪ'tælətɪ] *s* vitalitet, livskraft, liv
vitalize ['vaɪtəlaɪz] *vb tr* **1** vitalisera, ge liv åt, liva upp **2** levandegöra [~ *a subject*]
vitamin ['vɪtəmɪn, 'vaɪt-] *s* vitamin
vitaminize ['vɪtəmɪnaɪz, 'vaɪt-] *vb tr* vitaminera, vitaminisera
vitiate ['vɪʃɪeɪt] *vb tr* **1** fördärva, förorena [~*d air*], skämma; förvanska, förvränga [~ *a text*] **2** demoralisera, fördärva
vitiation [ˌvɪʃɪ'eɪʃ(ə)n] *s* fördärvande etc., jfr *vitiate* >
viticulture ['vɪtɪkʌltʃə, 'vaɪt-] *s* vinodling
vitreous ['vɪtrɪəs] *adj* glasaktig, glasartad, vitrös
vitriol ['vɪtrɪəl] *s* **1** kem. vitriol **2** bildl. fränhet, giftighet
vitriolic [ˌvɪtrɪ'ɒlɪk] *adj* **1** kem. vitriol- **2** mycket skarp, frän [*a* ~ *attack*], bitande, giftig [~ *remarks*]
vituperate [vaɪ'tju:pəreɪt, vɪ't-] *vb tr* smäda, skymfa; skälla ut
vituperation [vaɪˌtju:pə'reɪʃ(ə)n, vɪˌt-] *s* smädande, smädelse; skymfande, skymford
vituperative [vaɪ'tju:p(ə)rətɪv, vɪ't-, -pəreɪt-] *adj* smädande, skymfande; smäde-, skymf-, skälls-
viva ['vaɪvə] *s* univ. vard. (lat.) munta; ***have a* ~** ha en munta, gå upp i muntan
vivacious [vɪ'veɪʃəs, vaɪ'v-] *adj* livlig, livfull
vivacity [vɪ'væsətɪ, vaɪ'v-] *s* livlighet, livfullhet
vivid ['vɪvɪd] *adj* livlig [*a* ~ *imagination* (*impression*)], levande, livfull [*a* ~ *description* (*personality*)]; om färg äv. ljus, glad, klar
vividness ['vɪvɪdnəs] *s* livlighet, liv

viviparous [vɪ'vɪpərəs, vaɪ'v-] adj zool. som föder levande ungar, vivipar
vivisect ['vɪvɪsekt, ˌ--'-] vb tr företa vivisektion på
vivisection [ˌvɪvɪ'sekʃ(ə)n] s **1** vivisektion **2** bildl. dissekering, minutiös analys
vivisectionist [ˌvɪvɪ'sekʃ(ə)nɪst] s **1** vivisektör **2** anhängare av vivisektion
vixen ['vɪksn] s **1** rävhona **2** ragata, argbigga
viz [vɪz, 'neɪmlɪ, ˌvɪ'di:lɪset] (förk. för *videlicet* lat. = *namely*) adv nämligen, dvs.
vizier o. **vizir** [vɪ'zɪə, '-ˌ-] s visir, vesir österländsk ämbetsman; *grand ~* storvisir, storvesir
VJ [ˌvi:'dʒeɪ] förk. för *video jockey*
VLF [ˌvi:el'ef] förk. för *very low frequency*
V-neck ['vi:nek] s v-ringning, v-skärning på klädesplagg; *~ [sweater]* v-ringad tröja
vocab ['vəʊkæb] s vard. förk. för *vocabulary*
vocabulary [və(ʊ)'kæbjʊlərɪ] s **1** ordlista; vokabelsamling; vokabulär; *~ [notebook]* glosbok att skriva i **2** vokabulär [*the scientific ~*]; ordförråd
vocal ['vəʊkl] adj **1** röst- [*the ~ apparatus*], stäm- [*~ cords*]; sång- [*~ exercise*]; mus. vokal, vokal- [*~ music*]; *~ organ* röstorgan, talorgan; *~ organs* äv. röstapparat, talapparat; *~ part* mus. sångstämma, sångparti **2** högljudd [*~ protests*] **3** muntlig [*~ communication*], uttalad
vocalist ['vəʊkəlɪst] s vokalist
vocalize ['vəʊkəlaɪz] **I** vb tr artikulera, uttala; sjunga **II** vb itr artikulera; sjunga; gnola
vocally ['vəʊkəlɪ] adv **1** med rösten (sång[en]); mus. vokalt **2** högröstat, högljutt, ljudligt
vocation [və(ʊ)'keɪʃ(ə)n] s **1** kallelse [*follow one's ~*]; håg, böjelse, fallenhet [*for, to* för] **2** kall; yrke, profession, sysselsättning
vocational [və(ʊ)'keɪʃ(ə)nl] adj yrkesmässig; yrkes- [*a ~ school (teacher)*]; *~ guidance* yrkesvägledning; *~ training school* yrkesskola
vocative ['vɒkətɪv] adj o. s vokativ[-]; *the ~ [case]* vokativ[en]; *~ form* äv. tilltalsform
vociferate [və(ʊ)'sɪfəreɪt] vb tr o. vb itr [högljutt] ropa, skrika, skråla, skräna; dundra [*against* mot]
vociferous [və(ʊ)'sɪf(ə)rəs] adj högljudd
vodka ['vɒdkə] s vodka
vogue [vəʊg] s mode; popularitet; *it's all the ~* det är högsta mode, det är sista skriket; *be [quite] the (be in) ~* vara modern (på modet, i ropet, aktuell); *come into ~* bli modern; *go out of ~* bli omodern
voice [vɔɪs] **I** s **1** röst [*the ~ of conscience; an angry ~*; *I did not recognize his ~*], stämma; [sång]röst [*she has a sweet ~*]; talförmåga; klang, ljud; *~ production* ung. talteknik; *give ~ to* ge uttryck åt, göra sig till tolk för; *raise one's ~* a) höja rösten (tonen), bli högröstad b) häva upp sin röst, börja tala;

raise one's ~ against protestera mot; *in a loud ~* med hög röst **2** talan, [med]bestämmanderätt; *have a ~ in the matter* ha något att säga till om, ha (få) ett ord med i laget; *I have no ~ in this matter* jag har ingenting att säga till om (ingen talan) i den här saken **3** mus. stämma [*a song for three ~s*] **4** gram., verbs huvudform; *in the active (passive) ~* i aktiv (passiv) form **II** vb tr uttala; uttrycka, ge uttryck åt [*he seemed to ~ the general sentiment*], göra sig till tolk (talesman) för
voiced [vɔɪst] adj **1** fonet. tonande [*~ consonants*] **2** ss. efterled i sms. -röstad [*loud-voiced*], med...röst
voiceless ['vɔɪsləs] adj fonet. tonlös [*~ consonants*]
voice-over ['vɔɪsˌəʊvə] s film. el. TV. [osynlig] kommentatorröst, berättarröst
void [vɔɪd] **I** adj **1** tom; *~ space* tomrum **2** *~ of* blottad på, i avsaknad av, utan [*~ of interest*], fri från [*his style is ~ of affectation*] **3** ledig, vakant [*the bishopric fell (blev) ~*] **4** isht jur. ogiltig, utan laga kraft **II** s tomrum äv. bildl.; vakuum; [tom] rymd, [gapande] hål; lucka i ett sammanhang
voile [vɔɪl] s textil. voile
vol. förk. för *volume*
volatile ['vɒlətaɪl, amer. -tl] adj **1** fys. flyktig [*~ oil*]; *~ salt* luktsalt; kem. ammoniumkarbonat **2** bildl. flyktig, ombytlig [*a ~ woman*]; impulsiv, lättrörlig; labil, instabil [*a ~ situation; the market is ~*]
volatility [ˌvɒlə'tɪlətɪ] s flyktighet etc., jfr *volatile*
vol-au-vent [ˌvɒlə(ʊ)'vɑ:(ŋ)] s kok. (fr.) volauvent
volcanic [vɒl'kænɪk] adj vulkanisk, vulkan-; bildl. äv. våldsam[t uppbrusande], häftig [*a ~ temper*]
volcano [vɒl'keɪnəʊ] (pl. *~es* el. *~s*) s vulkan
vole [vəʊl] s zool. sork; åkersork
volition [və(ʊ)'lɪʃ(ə)n] s **1** isht filos. vilja, viljande; viljekraft; *of one's own ~* av [egen] fri vilja, frivilligt **2** gram. vilja [*verbs expressing ~*]
Volkswagen ['vɒlksˌwægn, 'fɒlksˌvɑ:gən]
volley ['vɒlɪ] **I** s **1** mil. el. bildl. salva [*fire a ~*], skur [*a ~ of arrows (taunts)*]; *a ~ of applause* en applådska, stormande applåder **2** sport. volley; volleyretur **II** vb tr **1** avlossa en salva (skur) [av]; bildl. avfyra, utslunga, utstöta, vräka ur sig **2** sport. spela volley på, ta på volley, slå [till] på volley [*~ a ball*] **III** vb itr **1** avlossas i en salva (salvor); avfyra en salva (salvor) **2** sport. spela volley
volleyball ['vɒlɪbɔ:l] s volleyboll
1 volt [vəʊlt] s elektr. volt
2 volt [vɒlt] s **1** fäktn. sidosprång **2** ridn. volt
voltage ['vəʊltɪdʒ] s elektr. spänning i volt

volte-face [ˌvɒlt'fɑːs] *s* helomvändning; bildl. äv. kovändning, [total] frontförändring
volubility [ˌvɒljʊ'bɪlətɪ] *s* svada, munvighet, talförhet, ordflöde, ordsvall
voluble ['vɒljʊbl] *adj* talför, munvig, pratsjuk
volubly ['vɒljʊblɪ] *adv* munvigt etc., jfr *voluble*; med rapp tunga
volume ['vɒljuːm, -ljəm] *s* **1** volym, band, del [*a work in five ~s*]; *speak* (*express*) *~s* bildl. tala sitt tydliga språk, säga en hel del **2 a)** volym; kubikinnehåll; omfång; mängd; *~ of orders* orderstock **b)** pl. *~s* kolossalt [mycket], massor **3** radio. el. mus. volym, [ljud]styrka; [ton]omfång; *~ control* volymkontroll
voluminous [vəˈljuːmɪnəs, -ˈluː-] *adj* voluminös, diger, omfångsrik, väldig, tjock [*a ~ bundle of papers*], [mycket] vid [*~ skirts*]; omfattande
voluntarily ['vɒlənt(ə)rəlɪ] *adv* frivilligt etc., jfr *voluntary*; av fri vilja; självmant
voluntary ['vɒlənt(ə)rɪ] *adj* **1** frivillig [*a ~ army* (*confession, contribution*); *~ workers*]; *~ organization* frivilligorganisation **2** finansierad genom frivilliga bidrag; *~ hospital* privatsjukhus; *~ school* enskild skola (privatskola) [utan statsunderstöd]; *~ worker* volontär
volunteer [ˌvɒlən'tɪə] **I** *s* frivillig [*an army of ~s*]; volontär **II** *adj* frivillig [*~ fire brigades*]; volontär- **III** *vb itr* **1** frivilligt anmäla (erbjuda) sig [*for* till] **2** ingå (gå med, anmäla sig) som frivillig **IV** *vb tr* frivilligt erbjuda [*~ one's services*], frivilligt ge (lämna) [*~ contributions* (*information*)]; frivilligt (självmant) åta sig [*he ~ed to help*]
voluptuary [vəˈlʌptjʊərɪ] **I** *adj* vällustig **II** *s* vällusting
voluptuous [vəˈlʌptjʊəs] *adj* **1** vällustig, sinnlig [*a ~ life* (*person*)] **2** yppig [*~ curves* (*former*)], fyllig [*a ~ figure*] **3** härlig, överdådig
voluptuousness [vəˈlʌptjʊəsnəs] *s* **1** vällust, sinnlighet **2** yppighet, fyllig charm **3** överdåd
Volvo ['vɒlvəʊ]
vomit ['vɒmɪt] **I** *vb tr*, *~ forth* (*out, up*)] kräkas upp, kasta upp, spy; om vulkan, skorsten o.d. spy [ut] **II** *vb itr* kräkas, kasta upp, spy, få (ha) uppkastningar; om rök o.d. spys ut **III** *s* **1** kräkning, kräkningsanfall **2** uppkastning[ar], spyor
voodoo ['vuːduː] *s* voodoo[ism]
voracious [vəˈreɪʃəs] *adj* glupsk äv. bildl. [*for, of* efter, på]; rovgirig, omättlig, omåttlig, glupande
vort|ex ['vɔːteks] (pl. -*ices* [-ɪsiːz] el. -*exes*) *s* virvel[rörelse]; strömvirvel, virvelström
votary ['vəʊtərɪ] *s* **1** relig. trogen tjänare (lärjunge), tillbedjare, dyrkare **2** bildl. [hängiven] anhängare [*of* av]; entusiastisk utövare [*of* av], [ivrig] förkämpe [*a ~ of* (för) *peace*]
vote [vəʊt] **I** *s* **1** röst vid votering o.d.; *cast* (*give, record*) *one's ~* avge (avlämna) sin röst, rösta; *casting ~* utslagsröst; *the number of ~s cast* (*recorded*) antalet avgivna röster; *majority of ~s* röstövervikt, majoritet **2** röster [*the young people's ~ was decisive*] **3** röstetal, röstsiffra, antal röster; *the* [*total*] *~* [hela] antalet avgivna röster **4** omröstning, votering, röstning; *popular ~* folkomröstning; *come to the* (*a*) *~* a) komma till (under) omröstning b) gå (skrida) till votering; *go to the ~* gå till votering (omröstning); *put a th. to the ~* rösta (votera) om ngt, låta ngt gå till votering **5** [*right of*] *~* rösträtt; *have the ~* ha rösträtt, vara röstberättigad **6** beslut efter omröstning [*the ~ was unanimous*]; *pass* (*carry*) *a ~* fatta ett beslut [efter votering] **7** votum; *~ of censure* (*of no confidence*) misstroendevotum [*on* mot]; *pass* (*move*) *a ~ of censure* ställa misstroendevotum; *~ of confidence* förtroendevotum **8** anslag [*a ~ of £500,000 for a new building was passed* (beviljades)], bevillning **9** röstsedel, valsedel; omröstningskula **10** röstande, röst
II *vb itr* rösta [*old enough to ~*], votera; *right to ~* äv. rösträtt; *qualified to ~* röstberättigad; *~ against* (*for*) rösta mot (för, på); *~ on a th.* rösta (votera) om ngt; *~ with a party* rösta med (på) ett parti
III *vb tr* **1** rösta (votera) för, besluta [*Parliament ~d to impose a tax on…*]; anta **2** bevilja [*~ a grant* (anslag), *~ a p. a sum of money*], anslå, anvisa [*~ an amount for* (för, till) *a th.*], votera **3** *~ Liberal* (*Republican* etc.) rösta på liberalerna (republikanerna etc.), rösta liberalt (republikanskt etc.) **4** vard. välja till, utse till [*she was ~d singer of the year*] **5** vard. allmänt anse som (vara) [*the new boss was ~d a decent sort*] **6** vard. föreslå, rösta för [*I ~* [*that*] *we go to bed*] **7** *~ down* rösta ned (omkull)
vote-catching ['vəʊtˌkætʃɪŋ] *s* röstfiske
voter ['vəʊtə] *s* röstande, röstberättigad; väljare
voting ['vəʊtɪŋ] **I** *s* [om]röstning, votering, val; *~ by ballot* sluten omröstning; *right of ~* rösträtt, valrätt; *~ age* röstålder; *~ station* vallokal **II** *adj*, *~ member* röstberättigad medlem
votive ['vəʊtɪv] *adj* votiv- [*~ gift*], löftes-, offer-; *~ offering* offergåva
vouch [vaʊtʃ] *vb itr*, *~ for* garantera, svara för, ansvara för, gå i god (borgen) för
voucher ['vaʊtʃə] *s* kupong [*luncheon* (*meal*) *~*], voucher [*hotel ~*]; rabattkupong; [*gift*] *~* presentkort
vouchsafe [vaʊtʃ'seɪf] *vb tr* litt. **1** bevärdiga

med, värdigas (nedlåta sig [till] att) ge **2** förunna **3** garantera
vow [vaʊ] **I** *s* [högtidligt] löfte; *~ of chastity* kyskhetslöfte; *make a ~* avlägga ett löfte; lova högtidligt; *take [the] ~s* avlägga klosterlöfte[t], gå i kloster **II** *vb tr* lova [högtidligt], svära [på], utlova; lova att göra (ta etc.)
vowel [ˈvaʊ(ə)l] *s* vokal, självljud
voyage [ˈvɔɪdʒ] **I** *s* [sjö]resa; färd i rymden [*a ~ to the moon*] **II** *vb itr* resa till sjöss; färdas i rymden o.d. **III** *vb tr* resa (färdas) på (över)
voyager [ˈvɔɪədʒə] *s* resande till sjöss; sjöfarare; [*space*] *~* rymdfarare
voyeur [vwɑːˈjɜː] *s* voyeur, [fönster]tittare, skoptofil
voyeurism [ˈvwɑːjərɪz(ə)m] *s* voyeurism, [fönster]tittande, skoptofili
voyeuristic [ˌvwɑːjəˈrɪstɪk] *adj* voyeuristisk, voyeur-, fönstertittar-, skoptofil-
VP förk. för *verb phrase*, *Vice-President*
vs förk. för *versus*
V-sign [ˈviːsaɪn] *s* (förk. för *victory-sign*) v-tecken segertecken
VSOP (förk. för *Very Superior Old Pale*) VSOP beteckning för finare cognac
VTOL [ˈviːtɒʊl, ˌviːtiːəʊˈel] *s* (förk. för *vertical take-off and landing*) flyg. VTOL-plan, vertikalstartare
VTR förk. för *video tape-recorder*
vulcanite [ˈvʌlkənaɪt] *s* ebonit
vulcanization [ˌvʌlkənaɪˈzeɪʃ(ə)n] *s* vulkanisering
vulcanize [ˈvʌlkənaɪz] *vb tr* vulkanisera, vulka
vulgar [ˈvʌlɡə] *adj* **1** vulgär [*a ~ expression*]; tarvlig, simpel, grov [*~ features*], rå; obildad, ohyfsad; grovt (rått) oanständig [*a ~ gesture*] **2** a) vanlig, allmän[t utbredd]; folklig, folk-, plebejisk, enkel b) folkspråket [*a ~ translation of the Bible*] **3** matem., *~ fraction* allmänt (vanligt) bråk
vulgarism [ˈvʌlɡərɪz(ə)m] *s* vulgärt ord (uttryck), vulgarism
vulgarity [vʌlˈɡærəti] *s* vulgaritet; tarvlighet
vulgarize [ˈvʌlɡəraɪz] *vb tr* vulgarisera, förgrova, förråa; banalisera
vulnerability [ˌvʌln(ə)rəˈbɪləti] *s* sårbarhet
vulnerable [ˈvʌln(ə)rəbl] *adj* sårbar; bildl. äv. ömtålig, svag, känslig [*a ~ spot*; *~ to* (för) *criticism*]; utsatt [*the city has a very ~ position*]
vulture [ˈvʌltʃə] *s* **1** zool. gam **2** bildl. hyena, blodsugare
vulva [ˈvʌlvə] *s* anat. vulva, blygd
vying [ˈvaɪɪŋ] pres. p. av *vie*

W, w [ˈdʌbljuː] (pl. *W's* el. *w's* [ˈdʌbljuːz]) *s* W, w
W förk. för *Western* (postdistrikt i London), *west[ern]*
WAC förk. för *Women's Army Corps*
wacky [ˈwækɪ] *adj* isht amer. sl. knasig, knäpp
wad [wɒd] **I** *s* **1** tuss [*a ~ of paper*], vaddtuss, sudd, propp **2** vard. a) bunt, packe b) massa, mängd c) sedelbunt [äv. *~ of banknotes*] **II** *vb tr* vaddera, stoppa; *~ded quilt* vadderat täcke
wadding [ˈwɒdɪŋ] *s* **1** vaddering, vaddstoppning; förpackningsmaterial **2** vadd; cellstoff
waddle [ˈwɒdl] **I** *vb itr* gå och vagga [fram som en anka], rulta **II** *s* vaggande gång, vaggande
wade [weɪd] *vb itr* **1** vada; pulsa (traska, sträva) [fram] **2** vard., *~ in* a) sätta i gång [*he got the tools and ~d in*], hugga i b) ingripa, gå emellan [*he ~d in and stopped the fighting*]; *~ into* a) ta itu med, ge sig i kast med, hugga i med [*~ into the morning's mail*] b) gå lös på, kasta sig över [*~ into one's opponent*]; *~ through* kämpa sig (plöja) igenom
WAF förk. för *Women in the Air Force*
wafer [ˈweɪfə] *s* **1** rån, wafer; *thin as a ~* tunn som papper, lövtunn **2** oblat, hostia **3** sigillmärke, papperssigill
wafer-thin [ˈweɪfəθɪn] *adj* lövtunn
1 waffle [ˈwɒfl] *s* våffla
2 waffle [ˈwɒfl] vard. **I** *vb itr* svamla, dilla **II** *s* svammel, dillande, flum
waffle iron [ˈwɒflˌaɪən] *s* våffeljärn
waft [wɑːft, wɒft] **I** *vb tr* **1** om vind el. vågor föra, bära **2** sända genom luften; *~ kisses to* kasta slängkyssar till **II** *vb itr* föras (bäras) [av vinden], sväva, komma svävande [*the music ~ed across the lake*] **III** *s* **1** vindfläkt, vindpust **2** doft
wag [wæg] **I** *vb tr* vifta på (med) [*the dog ~ged its tail*], vippa på (med) [*the bird ~ged its tail*], vicka på (med) [*~ one's foot*], vagga med, skaka på, ruska på [*~ one's head*], höta med [*~ one's finger at* (åt) *a p.*] **II** *vb itr* vifta [*the dog's tail ~ged*], svänga [hit och dit], vippa, vicka, vagga; *let one's tongue ~* bildl. a) prata strunt b) vara lösmynt; *set tongues ~ging* bildl. sätta fart på skvallret (pratet) **III** *s* **1** viftning [*a ~ of* (på) *the tail*], vippande, vickning, vaggande, svängning, skakning, ruskning **2** skämtare, spefågel, spjuver
wage [weɪdʒ] **I** *s* **1 a)** vanl. pl. *~s* lön, avlöning isht veckolön för arbetare; sjö. hyra; *weekly ~s* veckolön **b)** *~s* (konstr. vanl. ss. pl.) ekon. löner[na] [*when ~s are high, prices are high*]

c) attr. löne-, avlönings-; ~ *bracket* ung. lönegrad; ~ *demand* lönekrav; ~ *dispute* lönekonflikt, lönestrid; ~ *drift* löneglidning; ~ *earner* (amer. äv. *worker*) löntagare; familjeförsörjare; ~ *freeze* lönestopp; ~ *packet* lönekuvert, avlöningskuvert; ~ *restraint* återhållsamhet då det gäller löner (lönekrav); ~ *sheet* lönelista; ~ *talks* löneförhandlingar **2** bibl., *the ~s of sin is death* syndens lön är döden **II** *vb tr* utkämpa [~ *a battle against* ([*up*]*on*) mot; *with* med]; driva [~ *a campaign*]; ~ *war* föra krig

wage-price [,weɪdʒ'praɪs] *adj*, ~ *spiral* ekon. löne-pris-spiral

wager ['weɪdʒə] **I** *s* vad; insats; *lay* (*make*) *a* ~ hålla (slå) vad [*on* om; *that* om att]; *take up a* ~ anta ett vad **II** *vb tr* slå (hålla) vad om; satsa, sätta [~ *a pound on a horse*]; våga; riskera **III** *vb itr* slå (hålla) vad [*on* om]

waggish ['wægɪʃ] *adj* skälmaktig, uppsluppen, skojfrisk, skämtsam, lustig

waggle ['wægl] **I** *vb tr* vifta (vippa, vicka) på (med), vagga med, skaka (ruska) på, höta med; jfr *wag* **I II** *vb itr* svänga, vagga, gunga **III** *s* viftning, viftande, vippande, vickande [*with a* ~ *of the hips*]

wagon ['wægən] *s* **1** vagn; lastvagn, transportvagn; [hö]skrinda; järnv. [öppen] godsvagn; *covered* ~ a) täckt godsvagn b) prärievagn; zigenarvagn **2** amer. vard. polispiket; *the* ~ äv. Svarta Maja fångtransportvagn **3** vard., *be on the* [*water*] ~ vara torr[lagd], ha slutat dricka alkohol; *go on the* [*water*] ~ sluta dricka, spola kröken

wagoner ['wægənə] *s* åkare; utkörare; kusk

wagon-lit [,vægɔn'li:] (pl. *wagons-lit* [utt. som sing.] el. ~*s* [-z]) *s* fr. sovvagn; sovkupé

wagtail ['wægteɪl] *s* zool. [sädes]ärla

waif [weɪf] *s* föräldralöst (hemlöst) barn; ~*s and strays* föräldralösa (hemlösa, kringdrivande) barn

wail [weɪl] **I** *vb itr* **1** klaga [högljutt (bittert)], jämra sig [*over, at* över]; kvida, skrika, tjuta [~ *with* (av) *pain*] **2** om vind o.d. tjuta [*the sirens were ~ing*], vina **II** *vb tr* litt. klaga [högljutt (bittert)] över **III** *s* [högljudd (bitter)] klagan, jämmer[skri]

wainscot ['weɪnskət, -skɒt] **I** *s* panel[ning], boasering; brädfodring **II** *vb tr* panela, boasera

wainscot[t]ing ['weɪnskətɪŋ, -skɒt-] *s* se *wainscot I*

waist [weɪst] *s* **1** midja, liv **2** amer. a) [skjort]blus b) klänningsliv c) livstycke för barn

waistband ['weɪs(t)bænd] *s* **1** linning; kjollinning, byxlinning; midjeband **2** gördel, skärp

waistcoat ['weɪs(t)kəʊt] *s* väst

waist-deep [,weɪst'di:p] *adj* o. *adv* midjedjup, [nedsjunken] till midjan, upp (ända) till midjan [*he stood* ~ *in the water*]; *the water was* ~ vattnet gick (nådde upp) till midjan

waistline ['weɪs(t)laɪn] *s* midja; midjelinje; midjevidd; *keep one's* ~ *down* hålla sig slank

wait [weɪt] **I** *vb itr* **1** vänta; dröja; stanna [kvar]; *you* ~*!* vänta [du] bara! ss. hotelse; ~ *and see* vänta och se, avvakta, se tiden an (jfr *wait-and-see*); *keep a p.* ~*ing* el. *make a p.* ~ låta ngn vänta; *everything comes to those who* ~ ung. den som väntar på något gott väntar aldrig för länge; *that can* ~ det är inte så bråttom med det; ~ *to* + inf.: a) vänta för att [*we* ~*ed to see what would happen*] b) vänta på att [*they were* ~*ing to be served*]; *I can't* ~*!* jag längtar verkligen!; *he couldn't* ~ *to get there* han kunde inte komma dit snabbt nog **2** passa upp, servera **3** med adv. o. prep.: ~ *at table* passa upp vid bordet, servera; ~ *behind* stanna kvar; ~ *for* vänta på, avvakta; lura på [~ *for an opportunity*]; ~ *on* a) passa upp [på], servera; betjäna, expediera [~ *on a customer*] b) uppvakta, göra sin uppvaktning hos **II** *vb tr* **1** vänta på; ~ *one's opportunity* avvakta (vänta på) ett lämpligt tillfälle; *you must* ~ *your turn* du får vänta tills det blir din tur **2** vänta med; *don't* ~ *dinner for me* vänta inte på mig med middagen **3** amer., ~ *table* passa upp vid bordet, servera **III** *s* **1** väntan [*for* på], väntetid, paus; *we had a long* ~ *for the bus* vi fick vänta länge på bussen **2** *lie in* ~ *for* ligga i bakhåll för, ligga och [lur]passa på

wait-and-see [,weɪt(ə)n'si:] *adj* avvaktande, försiktig; *pursue a* ~ *policy* inta en avvaktande hållning

waiter ['weɪtə] *s* kypare, vaktmästare, uppassare, servitör; ~*!* hovmästarn!

waiting ['weɪtɪŋ] *s* **1** väntan; *play a* ~ *game* inta en avvaktande hållning, vänta och se tiden an **2** trafik., *No W~!* Förbud att stanna fordon stoppförbud

waiting-list ['weɪtɪŋlɪst] *s* väntelista

waiting-period ['weɪtɪŋ,pɪərɪəd] *s* försäkr. karenstid

waiting-room ['weɪtɪŋru:m, -rʊm] *s* väntrum, väntsal

waitress ['weɪtrəs] *s* servitris, uppasserska; ~*!* fröken!

waive [weɪv] *vb tr* **1** avstå från [~ *one's right*], ge upp [~ *one's claim*] **2** a) lägga åt sidan, bortse från [*let's* ~ *this matter for the present*] b) sätta sig över [~ *formalities*], nonchalera, åsidosätta **3** ~ [*aside* (*away*)] vifta (slå) bort, avfärda, bagatellisera

1 wake [weɪk] **I** (imperf. *woke* el. *waked*; perf. p. *woken* el. *waked* el. *woke*) *vb itr*, ~ [*up*] vakna [*what time do you usually* ~ [*up*]?], vakna upp; bildl. vakna [upp] [~ *from one's daydreams*]; [*up*] *to* bildl. få upp ögonen för **II** (för tema se *I*) *vb tr* **1** ~ [*up*] väcka [*the noise*

woke me [*up*]], väcka upp; bildl. väcka [upp], sätta liv i [*he needs someone (something) to ~ him up*]; *~ to life* väcka till liv, återuppliva; *~* [*up*] *to* bildl. väcka till medvetande (insikt) om **2** åld. el. dial. vaka hos (över); hålla [lik]vaka vid
2 wake [weɪk] *s* **1** sjö. kölvatten [*in the ~ of a ship*] **2** bildl. *in the ~ of a p.* el. *in a p.'s ~* i ngns kölvatten (släptåg, spår); *have (bring) in one's ~* medföra, dra med sig, ha i släptåg
wakeful ['weɪkf(ʊ)l] *adj* **1** vaken; sömnlös; genomvakad; *~ night* äv. vaknatt **2** vaksam, vaken
waken ['weɪk(ə)n] litt. I *vb tr*, *~* [*up*] väcka äv. bildl.; *~* [*up*] *to* bildl. väcka till medvetande (insikt) om II *vb itr*, *~* [*up*] vakna; *~* [*up*] *to* bildl. få upp ögonen för
Wales [weɪlz] geogr. egenn.; *the Prince of ~* prinsen av Wales titel för den brittiske tronföljaren
walk [wɔ:k] I *vb itr* (se äv. *III*) **1** gå [till fots]; promenera, vandra, flanera; *~ on all fours* gå på alla fyra **2** om spöken o.d. gå igen, spöka II *vb tr* (se äv. *III*) **1** gå (promenera, vandra, flanera) på (i); vandra (ströva) igenom; gå etc. av och an (fram och tillbaka) i (på) [*~ the deck*]; gå etc. igenom (över); *~ it* a) vard. gå [till fots], traska [och gå] [*he had to ~ it*] b) sl. vinna en promenadseger; *~ the plank* se *plank I 1*; *~ the streets* a) gå (promenera etc.) på gatorna b) om prostituerad gå på gatan **2** vard. följa, gå med [*~ a girl home*] III *vb itr* o. *vb tr* med prep. o. adv., isht med spec. övers.:
~ about a) gå (promenera etc.) omkring [i (på)]
~ away: a) gå [sin väg] b) *~ away with* vard. knycka [*~ away with the silver*]; [med lätthet] vinna (ta hem) [*he ~ed away with the first prize*]
~ in: a) gå (träda) in, stiga in (på) b) *~ in on a p.* komma oanmäld till ngn
~ into: a) gå etc. in (ner, upp) i b) vard. gå lös på, klå upp
~ off: a) se *~ away* ovan; *~ off with* se *~ away with* ovan b) föra bort, dra i väg med
~ on: a) gå 'på, gå (vandra) vidare b) teat. spela en statistroll, uppträda som statist c) *I felt I was ~ing on air* det kändes som om jag vandrade på små moln
~ out: a) gå ut; gå ut och gå b) gå i strejk c) *~ out on* vard. gå ifrån, lämna [*they ~ed out on the meeting*], överge [*he has ~ed out on his girlfriend*], lämna i sticket d) *~ out with* mest dial. hålla ihop (sällskapa) med [*she's ~ing out with her boss*]
~ over: a) föra (visa) omkring på (i) b) bildl.
~ [*all*] *over* topprida, trampa på, hunsa [*don't let him ~* [*all*] *over you*] c) sport. vinna på walk-over [över]; vinna en promenadseger [över]

~ up: a) gå (sticka) upp (uppför) b) gå (stiga) fram [*to* till]
IV *s* **1** promenad; [fot]vandring; *it is only ten minutes' ~* det tar bara tio minuter att gå; *go* [*out*] *for (take) a ~* gå ut och gå (promenera); *take* [*out*] *the dog for a ~* gå ut med hunden, rasta hunden **2** sport. gångtävling; *20 km. ~* 20 km gång **3** [*I know him*] *by his ~* ...på hans sätt att gå **4** promenadtakt; *at a ~* i skritt; gående; [*after running for two miles*] *he dropped into a ~* ...började han gå **5** promenadväg, [gång]väg, allé **6** bildl. område [*other ~s of science*], gebit, fack **7** *~* [*of life*] a) samhällsställning, samhällsgrupp, samhällsklass [äv. *~ of society*; *men of (in, from) all ~s of life*] b) yrkes[område]
walkabout ['wɔ:kəbaʊt] *s* [informell (improviserad)] promenad bland allmänheten (av offentlig person)
walkathon ['wɔ:kəθɒn, -θən] *s* [tävling i] maratongång vanl. för välgörande ändamål
walker ['wɔ:kə] *s* **1** [fot]vandrare; fotgängare; flanör; *he is a fast ~* han går fort **2** sport. gångare
walkie-talkie [ˌwɔ:kɪ'tɔ:kɪ] *s* walkie-talkie, bärbar kommunikationsradio
walking ['wɔ:kɪŋ] I *s* **1** gående; gång, sätt att gå; fotvandring[ar], promenad[er]; *~ is good exercise* att gå är bra motion; *~ distance* gångavstånd, gångväg; *at a ~ pace* i skritt; gående **2** sport. gång[sport]; *~ race* gångtävling **3** väglag; *it is bad ~* äv. det är tungt att gå II *adj* gående, gång-; promenerande, vandrande; *a ~ dictionary (encyclopedia)* ett levande lexikon
walking-shoe ['wɔ:kɪŋʃu:] *s* promenadsko
walking-stick ['wɔ:kɪŋstɪk] *s* promenadkäpp
Walkman ['wɔ:kmən] (pl. *~s*) *s* ® freestyle kassettbandspelare i fickformat
walk-on ['wɔ:kɒn] teat. I *s* **1** statistroll **2** statist II *adj* statist- [*a ~ part*]
walkout ['wɔ:kaʊt] *s* **1** strejk **2** uttåg i protest (demonstrativ frånvaro) från sammanträde o.d.
walkover ['wɔ:kˌəʊvə] *s* **1** sport. a) walkover b) promenadseger **2** bildl. enkel match (sak)
walkup ['wɔ:kʌp] isht amer. vard. I *s* [hyres]hus utan hiss II *adj* [uppe i ett hus] utan hiss [*a ~ apartment*]
walkway ['wɔ:kweɪ] *s* **1** gång, trädgårdsgång, uppfartsväg; gångbana, trottoar **2** gångbräda, gångbord isht i maskinrum
wall [wɔ:l] I *s* mur äv. bildl.; vägg; befästningsmur; [skydds]vall, fördämning, barriär; spaljévägg; *~ newspaper* väggtidning; *~s have ears* väggarna har öron; *be up the ~* sl. vara utom (ifrån) sig, vara alldeles vild; *come (be) up against a* [*brick (stone, blank*)] *~* bildl. köra (ha kört) [ohjälpligt] fast; *drive (send) up the ~* sl. driva till vansinne, göra galen; *have one's*

wallaby 912

back to the ~ bildl. vara ställd mot väggen, vara i en omöjlig situation; *put (stand) a p. up against a* ~ bildl. ställa ngn mot väggen; *bang (run, knock) one's head against a [brick (stone)]* ~ bildl. köra huvudet i väggen; *it is like talking to a brick* ~ det är som att tala till en vägg
 II *vb tr* **1** ~ *[in (about, round)]* omge (förse) med en mur (murar etc., jfr *I*), [låta] bygga en mur etc. kring **2** ~ *[up]* a) mura igen [~ *a window*] b) mura in; stänga (spärra) in
wallaby ['wɒləbɪ] *s* **1** zool. vallaby känguruslläkte **2** vard. (pl. *Wallabies*), *W*~ australier
Wallace ['wɒlɪs, -ləs] mansnamn
wallah ['wɒlə] *s* vard. karl, kille vanl. ss. efterled i sms.; *the ambulance ~s* killarna som kör ambulansen
wall bars ['wɔ:lbɑ:z] *s pl* gymn. ribbstol
wall chart ['wɔ:ltʃɑ:t] *s* väggplansch
wallet ['wɒlɪt] *s* plånbok
walleyed ['wɔ:laɪd] *adj* **1** *be* ~ skela **2** vilt stirrande, storögd
wallflower ['wɔ:l͵flaʊə] *s* **1** bot. lackviol **2** vard. panelhöna, panelhöns
Walloon [wɒ'lu:n, wə'l-] **I** *s* **1** vallon **2** vallonska [dialekten] **II** *adj* vallonsk
wallop ['wɒləp] **I** *vb tr* vard. klå [upp], ge stryk; sport. klå, sopa banan med **II** *s* **1** vard. slag, råsop, smocka; duns [*with a* ~] **2** vard. slagkraft; genomslagskraft; *he packs a* ~ han har krut i näven; *that ad packs a* ~ den där annonsen är en verklig panggrej **3** sl. öl
walloping ['wɒləpɪŋ] vard. **I** *s* stryk, smörj äv. sport.; *get a* ~ få stryk (smörj) **II** *adj* väldig, hejdundrande; *a* ~ *lie* en grov lögn
wallow ['wɒləʊ] *vb itr* **1** vältra (rulla) sig [*pigs ~ing in the mire*]; om t.ex. skepp rulla **2** bildl. ~ *in* vältra (vräka) sig i [~ *in luxury*], vada (simma) i [~ *in money*], frossa i [*some newspapers* ~ *in scandal*]
wall-painting ['wɔ:l͵peɪntɪŋ] *s* väggmålning, fresk
wallpaper ['wɔ:l͵peɪpə] **I** *s* tapet[er]; ~ *music* skvalmusik, bakgrundsmusik **II** *vb tr* tapetsera
Wall Street ['wɔ:lstri:t] **I** gata i New York, där börsen o. ett antal banker är belägna; *on* ~ äv. på den amerikanska börsen **II** *s* bildl. den amerikanska storfinansen
wall-to-wall [͵wɔ:ltʊ'wɔ:l] *adj* **1** ~ *carpet* heltäckningsmatta **2** vard., ~ *sales* total utförsäljning
wally ['wɔ:lɪ] *s* vard. dumskalle, fåntratt
walnut ['wɔ:lnʌt, -nət] *s* bot. valnöt; valnötsträ; valnötsträd
walrus ['wɔ:lrəs, -rʌs] *s* zool. valross
waltz [wɔ:ls, wɒls, wɔ:lts, wɒlts] **I** *s* vals dans; vals[melodi] **II** *vb itr* **1** dansa vals, valsa **2** vard. ranta, ränna [*I don't like strangers ~ing about here*]; dansa [*she ~ed into the room and out again*]; *he ~ed off with the first prize* han promenerade hem (tog lätt hem) första priset **III** *vb tr* **1** dansa vals (valsa) med **2** vard. lotsa [kvickt] [*he ~ed us right into the governor's office*]
wan [wɒn] *adj* **1** glåmig [*pale and* ~], [sjukligt] blek **2** matt, lam [~ *attempts*]; *a* ~ *smile* ett blekt (svagt) leende
wand [wɒnd] *s*, [*magic (magician's)*] ~ trollstav, trollspö
wander ['wɒndə] **I** *vb itr* **1 a)** ~ *[about]* vandra (irra, ströva) omkring [*we ~ed for miles and miles in the mist*], vanka omkring; föra ett kringflackande liv; ~ *up and down the road* vanka fram och tillbaka på vägen **b)** om blick, hand, penna o.d. glida, fara, gå [*over* över]; *his attention ~ed* hans tankar började vandra; *his mind (thoughts) ~ed back to the past* han tänkte tillbaka på (återvände i tankarna till) det som varit **2** ~ *[away (off)]* gå vilse, komma bort; avvika [*from* från]; förirra sig [*into* in i]; komma på villovägar; ~ *from the subject (point)* (komma) ifrån ämnet **3** ~ *[off (in one's mind)]* tala osammanhängande, yra, fantisera; *his mind is ~ing* han yrar **II** *vb tr* vandra (ströva, vanka) omkring på (i) [~ *the streets (the town)*]
wanderer ['wɒndərə] *s* vandrare, vandringsman
wandering ['wɒnd(ə)rɪŋ] **I** *s* **1** vandring; pl. *~s* vandringar, långa resor, irrfärder; kringflackande **2** ofta pl.: *~s* avvikande, avvikelse [*from* från] **II** *adj* **1** [kring]vandrande, [kring]irrande, kringresande; kringflackande [*lead a* ~ *life*]; vandrings-, nomadisk [~ *tribes*]; *the W~ Jew* den vandrande juden; ~ *kidney* vandrande njure **2** vilsekommen, vilsegången, vilsen; förlupen [*a* ~ *bullet*]
wanderlust ['wɒndəlʌst, 'vɑ:ndəlʊst] *s* ty. reslust, vandringslust
wan|e [weɪn] **I** *vb itr* **1** avta [*his strength is -ing*], minska[s], försvagas **2** om månen o.d. avta, vara i avtagande **II** *s* **1** avtagande; *on the* ~ i avtagande, på retur, på tillbakagång; på upphällningen **2** nedan; *the moon is on the* ~ månen är i nedan (i avtagande)
wangle ['wæŋgl] vard. **I** *vb tr* fiffla med [~ *the accounts*], mygla till sig [~ *an invitation to a party*] **II** *vb itr* fiffla, tricksa; mygla **III** *s* fiffel, mygel
wank [wæŋk] sl. **I** *vb itr*, ~ *[off]* runka onanera **II** *s* runk onanerande
wanker ['wæŋkə] *s* sl. kräk, nolla, idiot
wanna ['wɒnə] vard., se *want to*
wanness ['wɒnnəs] *s* glåmighet, [sjuklig] blekhet
want [wɒnt] **I** *s* **1** brist, avsaknad; ~ *of* brist på, bristande [~ *of attention*]; *it wasn't for* ~ *of trying that...* det var inte så att han inte

försökte, men... **2** isht pl.: **~s** behov; önskningar; *supply (meet) a long-felt ~* fylla ett länge känt behov **3** nöd [*freedom from ~*]; *be in ~* lida nöd **II** *vb tr* **1** vilja; vilja ha [*do you ~ some bread?*], önska [sig] [*what do you ~ for Christmas?*]; begära; söka [*we ~ information*]; **~ed** i annons önskas hyra [*furnished room ~ed*], önskas köpa, köpes [*bungalow ~ed*], sökes [*cook ~ed*]; *I don't ~ it said that...* jag vill inte att man ska säga att...; *how much do you ~ for...?* hur mycket begär du för...?; *what do you ~ of (from) me?* vad begär du av mig?, vad vill du mig? **2** behöva; *it ~s doing* det behöver göras; *it ~s some doing* det är (blir) ingen lätt sak; *it ~s to be done (~s doing)* [*with great care*] det måste (bör) göras... **3** sakna, inte ha [*he ~s the will to do it*] **4** opers., *it ~s very little* det fattas mycket litet **5** vilja tala med; *you are ~ed on the phone* det är telefon till dig; *~ed* [*by the police*] efterlyst [av polisen]; *he is ~ed by the police* han är efterspanad av polisen; *much ~ed* mycket eftersökt (efterfrågad) **III** *vb itr* **1** vilja [*we can stay at home if you ~*] **2** amer. vard., *~ in (out)* vilja [gå (komma)] in (ut) [*the cat ~s out*] **3** lida nöd; *he ~ed for nothing* han saknade ingenting, han hade allt han behövde **4** saknas, fattas [*all that ~s is signature*]
wanting ['wɒntɪŋ] **I** *adj* o. *pres p* saknande, som saknar; *be ~* saknas, fattas, vara borta [*a few pages of this book are ~*], felas; *be found ~* visa sig inte vara bra nog (bristfällig); *be ~ in* sakna, brista i [*he is ~ in respect*] **II** *prep* utan, i avsaknad av
wanton ['wɒntən] **I** *adj* **1** godtycklig, omotiverad; meningslös [*~ destruction*]; hänsynslös [*a ~ attack*] **2** lättfärdig [*a ~ woman*], lättsinnig, liderlig [*~ thoughts*] **II** *s* lättfärdig kvinna, slinka
wantonly ['wɒntənlɪ] *adv* godtyckligt; lättfärdigt etc., jfr *wanton I*; av okynne
wapiti ['wɒpɪtɪ] *s* zool. vapiti, kanadahjort
war [wɔ:] **I** *s* krig; bildl. äv. kamp [*the ~ against disease*], strid [*~ to* (på) *the knife*]; *civil ~* inbördeskrig; *the cold ~* det kalla kriget; *on a ~ establishment (footing)* på krigsfot; *~ of nerves* nervkrig; *declare ~* förklara krig [*on, against* mot]; *make (wage) ~* föra krig [*on* mot]; *be at ~* vara (ligga) i krig (fejd) [*with* med]; *be away at the ~s* vara ute i krig; *he has been in the ~s* vard. han har råkat ut för en hel del [olyckor], han har blivit illa tilltygad; *go to ~* börja krig [*against, with* mot, med], bryta freden **II** *vb itr* kriga, föra krig [*against* mot] äv. bildl.
warble ['wɔ:bl] **I** *vb tr* o. *vb itr* isht om fåglar sjunga, kvittra, drilla, slå, slå en drill ([sina] drillar) **II** *s* fågels sång, kvitter, drill; trastens slag
warbler ['wɔ:blə] *s* zool. sångare; *marsh ~* kärrsångare; *reed ~* rörsångare; *willow ~* lövsångare
war crime ['wɔ:kraɪm] *s* krigsförbrytelse
war criminal ['wɔ:ˌkrɪmɪnl] *s* krigsförbrytare
war cry ['wɔ:kraɪ] *s* **1** stridsrop, härskri **2** bildl. [politiskt] slagord, paroll, lösen
ward [wɔ:d] **I** *s* **1** administrativt [stads]distrikt; *electoral ~* valdistrikt **2** avdelning, sal, rum på sjukhus o.d.; *casualty ~* se *casualty 1*; *maternity ~* BB-avdelning, förlossningsavdelning; *private ~* enskilt rum **3** isht jur. förmynderskap; *~* [*of court*] myndling, omyndig [person] **II** *vb tr* **1** *~ off* avvärja, parera [*~ off a blow*]; avvända [*~ off a danger*], avstyra; hålla på avstånd (ifrån sig) **2** a) lägga in [på sjuksal] b) härbärgera
war dance ['wɔ:dɑːns] *s* krigsdans
warden ['wɔ:dn] *s* **1** a) föreståndare [*the ~ of a youth hostel*] b) rektor vid vissa eng. colleges [*the W~ of Merton College, Oxford*] **2** uppsyningsman; *air-raid ~* ung. ordningsman vid civilförsvaret; *traffic ~* trafikvakt; lapplisa **3** kyrkvärd
warder ['wɔ:də] *s* **1** fångvaktare **2** vakt
wardrobe ['wɔ:drəʊb] *s* **1** a) garderob [äv. *built-in ~*], klädkammare b) klädskåp **2** koll. garderob [*renew one's ~*], kläder **3** teat. kostymateljé
ward sister ['wɔ:dˌsɪstə] *s* avdelningsföreståndare på sjukhus
ware [weə] *s*, *~*[*s* pl.] varor [*advertise one's ~s*], [små]artiklar, kram; koll. (ss. efterled i sms.) -varor [*ironware*], -gods [*stoneware*], -artiklar, -saker [*silverware*]
warehouse [ss. subst. 'weəhaʊs, ss. vb 'weəhaʊz] **I** *s* **1** lager[lokal], [varu]upplag, magasin, nederlag, [tull]packhus; *~ party* jätteparty i lagerlokal o.d.; raveparty; *bonded ~* tullnederlag **2** möbelmagasin [äv. *furniture ~*] **II** *vb tr* magasinera, lagra
wareroom ['weəruːm] *s* amer. butik, affär, magasin
warfare ['wɔ:feə] *s* **1** krig, krigföring; stridsmetoder; *chemical ~* kemisk krigföring **2** krig, krigstillstånd; kamp, strid; *act of ~* krigshandling
wargame ['wɔ:geɪm] *s* krigsspel
warhead ['wɔ:hed] *s* mil. stridsdel, stridsspets i robot [*nuclear ~*]; stridskon [*the ~ of a torpedo*], stridsladdning
warhorse ['wɔ:hɔːs] *s* **1** vard. [gammal] veteran (kämpe) **2** vard., om teaterpjäs el. musikstycke gammalt pålitligt paradnummer (bravurnummer)
warily ['weərəlɪ] *adv* varsamt, försiktigt
wariness ['weərɪnəs] *s* varsamhet, försiktighet
warlike ['wɔ:laɪk] *adj* **1** krigisk, stridslysten; stridbar **2** krigs- [*~ preparations*]
warlord ['wɔ:lɔːd] *s* litt. fältherre, krigsherre
warm [wɔ:m] **I** *adj* **1** varm, värmande [*a ~ fire*]; ljum; *keep a seat (place) ~ for me* [*till*

warm-blooded

I come] håll en plats åt mig... **2** bildl. a) varm [*a* ~ *admirer*]; hjärtlig [*a* ~ *reception* (*welcome*), jfr äv. *3* nedan]; innerlig, varmhjärtad; ivrig, entusiastisk [*a* ~ *supporter*] b) hetsig, het, häftig [*a* ~ *protest*], våldsam, lidelsefull c) varmblodig, sinnlig **3** bildl. obehaglig, otrevlig; besvärlig; *give a p. a* ~ *reception* (*welcome*) äv. ge ngn ett varmt (hett) mottagande, ta emot ngn med varma servetter; *make things* (*it*) ~ *for a p.* göra livet surt för ngn; *it's* ~ *work* vard. det är väldigt jobbigt **II** *vb tr* värma äv. bildl. [*it ~ed my heart*]; värma upp [~ *the milk*]; ~ *over* amer. värma upp [~ *over cold coffee*]; ~ *up* värma upp äv. sport. **III** *vb itr* bli varm[are]; värmas [upp]; värma sig; ~ *to* (*towards*) *a p.* tycka mer och mer om ngn, bli vänligare stämd mot ngn; ~ *to one's subject* gå upp i sitt ämne, tala sig varm [för sin sak]; ~ *to one's work* (*task*) bli varm i kläderna, komma in i arbetet; ~ *up* a) värmas upp, bli varm (uppvärmd) [*the engine is ~ing up*] b) bildl. bli varm i kläderna, komma i gång; tala sig varm [*he ~ed up as he went on with his speech*]; tina upp c) sport. värma upp sig **IV** *s* uppvärmning; värme; *give one's hands a* ~ värma händerna [ett tag]; *have* (*get*) *a* ~ värma sig [litet]
warm-blooded [ˌwɔːmˈblʌdɪd, attr. äv. '-,--] *adj* varmblodig äv. bildl.
warmed-over [ˌwɔːmdˈəʊvə] *adj* amer. **1** uppvärmd [~ *coffee*] **2** bildl. a) omstuvad [*a ~ version of an old show*] b) avslagen, nattstånden
warmed-up [ˌwɔːmdˈʌp] *adj* uppvärmd
warm-hearted [ˌwɔːmˈhɑːtɪd, attr. äv. '-,--] *adj* varmhjärtad
warming-pan [ˈwɔːmɪŋpæn] *s* värmekrus, sängvärmare
warmonger [ˈwɔːˌmʌŋɡə] *s* krigshetsare, krigsivrare, vapenskramlare
warmth [wɔːmθ] *s* **1** värme **2** bildl. a) värme, hjärtlighet, innerlighet; iver, entusiasm b) hetta, hetsighet, häftighet, irritation; [*he answered*] *with some* ~ ...med en viss hetta (irritation), ...något hetsigt (irriterat)
warm-up [ˈwɔːmʌp] *s* sport. el. bildl. uppvärmning; ~ *band* mus. förband
warn [wɔːn] **I** *vb tr* **1** varna [*a p. of* (*about*) *a th.* ngn för ngt; *a p. against a p.* (*a th.*) ngn för ngn (ngt)]; avråda [*a p. against a th.* ngn från ngt]; *he ~ed me against going* el. *he ~ed me not to go* han varnade mig för (avrådde mig från) att gå **2** varsla, varsko, förvarna, [i förväg] underrätta [*of* om; *that* om att] **3** påminna om, göra uppmärksam på [*of a th.* ngt; *that* att] **4** [upp]mana [*he ~ed us to be on time*]; förmana **5** ~ *a p. off* [*a th.*] avvisa ngn [från ngt] [*they were ~ed off* [*the premises*]]; uppmana ngn att hålla sig undan

[*från ngt*] **II** *vb itr*, ~ *against* (*about, of*) varna för, slå larm om
warning [ˈwɔːnɪŋ] *s* **1** varning; varnande (avskräckande) exempel [*as a* ~ *to* (för) *others*], varnagel; *gale* ~ stormvarning; *let this be a* ~ *to you* låt detta bli dig en varning (ett varnande exempel för dig); *take* ~ låta varna sig, ta varning [*from* av]; *a word of* ~ ett varningens ord, ett varningsord **2** förvarning, varsel, [förhands]meddelande [*of* om]; *be a* ~ *of* äv. varsla om, tyda på; *give a p. a fair* ~ varna (varsko, förvarna) ngn i tid
warp [wɔːp] **I** *vb tr* (se äv. *warped*) **1** göra skev (vind, buktig) **2** bildl. a) snedvrida, förvränga, förvanska [~ *a report*] b) förvända, förvilla; påverka [~ *a p.'s judgement*] **II** *vb itr* **1** bli skev (vind, buktig), slå sig [*the door has ~ed*] **2** bildl. förvanskas **III** *s* **1** vävn. varp, ränning **2** skevhet, buktighet hos trä
warpaint [ˈwɔːpeɪnt] *s* krigsmålning äv. bildl.
warpath [ˈwɔːpɑːθ] *s*, *on the* ~ på krigsstigen, på stridshumör
warped [wɔːpt] *adj* **1** skev, vind, buktig, som har slagit sig **2** bildl. skev, snedvriden, förvanskad; förvänd, depraverad [*he has got a ~ mind*]
warplane [ˈwɔːpleɪn] *s* krigsflygplan
warrant [ˈwɒr(ə)nt] **I** *s* **1** isht jur. a) fullmakt, befogenhet, bemyndigande, tillstånd b) skriven order; ~ [*of arrest*] häktningsorder, häktningsbeslut **2** moralisk rätt, grund [*he had no* ~ *for saying so*], stöd; berättigande **3** garanti, säkerhet [*of* för]; bevis [*of* på] **4** mil., ~ *officer* förvaltare; amer. fanjunkare **II** *vb tr* **1** a) berättiga, rättfärdiga [*nothing can* ~ *such insolence*]; motivera, försvara b) sanktionera [*the law ~s this procedure*]; *be ~ed to* ha [full] rätt att **2** garantera [*I* ~ *it to be* (att det är) *true*; *~ed 22 carat gold*]; ansvara (stå) för, gå i god för; försäkra; *I* (*I'll*) ~*!* det kan jag försäkra!
warranty [ˈwɒr(ə)ntɪ] *s* garanti, säkerhet, ansvarsförbindelse för fullgod vara
warren [ˈwɒr(ə)n] *s* **1** a) kaningård; förr hargård b) kaninrikt område **2** bildl. tättbebyggt bostadsområde, myllrande kvarter
warrior [ˈwɒrɪə] *s* litt. krigare, krigsman, stridsman; attr. krigisk, krigar- [*a* ~ *nation*]; *the Unknown W~* den okände soldaten
Warsaw [ˈwɔːsɔː] Warszawa
warship [ˈwɔːʃɪp] *s* krigsfartyg, örlogsfartyg
wart [wɔːt] *s* vårta; utväxt; ~*s and all* bildl. med alla fel och brister, utan försköning
wart hog [ˈwɔːthɒɡ] *s* zool. vårtsvin
wartime [ˈwɔːtaɪm] *s* krigstid
war-weary [ˈwɔːˌwɪərɪ] *adj* krigstrött
Warwick [ˈwɒrɪk] geogr.
wary [ˈweərɪ] *adj* varsam, försiktig [*of* med];

på sin vakt [*of* mot]; vaksam; *be ~ of* äv. akta sig för
was [wɒz, obeton. wəz, wz] imperf. ind. (1 o. 3 pers. samt dial. 2 pers. sg.) av *be*
wash [wɒʃ] **I** *vb tr* (jfr äv. *III*) **1** tvätta; skölja, spola; diska [vanl. *~ up*]; vaska; *~ the dishes* diska; *~ oneself* tvätta sig; *~ one's hands* tvätta [sig om] händerna; eufem. gå på toaletten; *~ one's hands of* bildl. ta sin hand ifrån, inte vilja ha något att göra med; *I ~ my hands of it* bildl. jag tvår mina händer; *~ one's dirty linen in public* bildl. tvätta sin smutsiga byk offentligt **2** om vågor o.d. a) skölja [mot], slå upp över, spola [in] över b) spola, kasta, skölja [*~ overboard*] **II** *vb itr* (jfr äv. *III*) **1** tvätta sig; tvätta av sig **2** tvätta; skölja, spola **3** om tyg o.d. gå att tvätta, tåla tvätt; *guaranteed to ~* garanterat tvättäkta **4** vard., *it won't ~* det håller inte; den gubben går inte **5** om vatten m.m. skölja, forsa, strömma **III** *vb tr* o. *vb itr* i spec. förb. med adv. el. prep.:
~ ashore spola[s] i land
~ away: a) tvätta (spola, skölja) bort b) urholka, urgröpa
~ down: a) tvätta [av], spola av [*~ down a car*] b) skölja ned [*~ down the food with beer*]
~ off: a) tvätta bort (av) [*~ off stains*] b) gå bort i tvätten c) sköljas (spolas) bort
~ out: a) tvätta (skölja) ur; tvätta (skölja) upp [*~ out clothes*]; *~ed out* urtvättad; *feel ~ed out* vard. känna sig utlakad b) [*our match*] *was ~ed out* ...regnade bort c) vard. stryka [ett streck över] [*~ out a p.'s debts*], utesluta, bortse från
~ up: a) diska [upp]; tr. äv. diska av b) amer. tvätta [av] sig c) om vågor skölja (spola, kasta) upp d) vard., *~ed up* slut, färdig [*he was ~ed up as a boxer*]; *we're ~ed up* det är slut mellan oss
IV *s* **1** tvättning, tvagning; *give the car a* [*good*] *~* tvätta (spola) av bilen [ordentligt]; *have a ~* tvätta [av] sig; *have a ~ and brush up* snygga till sig **2** a) tvätt[ning], byk[ning] av kläder b) tvätt[kläder], byk c) tvätt[inrättning]; *it will come out in the ~* a) det går bort i tvätten b) bildl. det kommer att ordna upp sig **3** svall[våg] isht efter båt, skvalp; kölvatten äv. bildl. **4** farmakol. o.d. lotion; isht ss. efterled i sms. -vatten [*mouthwash*], -bad [*eyewash*] **5** skulor, svinmat
washable ['wɒʃəbl] *adj* tvättbar, tvättäkta
washbasin ['wɒʃˌbeɪsn] *s* handfat, tvättställ
washboard ['wɒʃbɔːd] *s* **1** tvättbräde **2** bildl. knagglig väg
washcloth ['wɒʃklɒθ] *s* disktrasa; isht amer. tvättlapp
washdown ['wɒʃdaʊn] *s* **1** översköljning, avtvättning, avspolning; *give the car a ~* tvätta (spola) av bilen **2** [kall] avrivning
washed-out ['wɒʃtaʊt] *attr adj* se *wash out* under *wash III*
washed-up ['wɒʃtʌp] *attr adj* se *wash up* under *wash III*
washer ['wɒʃə] *s* **1** tvättmaskin; diskmaskin [äv. *dishwasher*] **2** tekn. a) packning till kran o.d. b) [underläggs]bricka, mellanläggsskiva
washerwoman ['wɒʃəˌwʊmən] (pl. *washerwomen* ['wɒʃəˌwɪmɪn]) *s* tvätterska, tvättgumma
wash-house ['wɒʃhaʊs] *s* tvättstuga uthus; brygghus
washing ['wɒʃɪŋ] *s* **1** tvätt[ning]; tvagning; sköljning, spolning; diskning etc., jfr *wash I* o. *II* **2** tvätt[kläder] **3** pl.: *~s* använt tvättvatten, sköljvatten **4** uppslamning, slam
washing-machine ['wɒʃɪŋməˌʃiːn] *s* tvättmaskin
washing-powder ['wɒʃɪŋˌpaʊdə] *s* tvättmedel, tvättpulver
washing-soda ['wɒʃɪŋˌsəʊdə] *s* kristallsoda
Washington ['wɒʃɪŋtən]
washing-up [ˌwɒʃɪŋˈʌp] *s* disk, diskning; rengöring; *~ bowl* diskbalja; *~ brush* diskborste; *~ liquid* [flytande] diskmedel; *~ powder* diskpulver; *~ sink* diskho; *do the ~* diska
wash leather ['wɒʃˌleðə] *s* tvättskinn, sämskskinn
washout ['wɒʃaʊt] *s* **1** spolning **2** vard. fiasko; om pers. odugling, nolla
washroom ['wɒʃruːm, -rʊm] *s* isht amer. toalett[rum], tvättrum
washstand ['wɒʃstænd] *s* tvättställ; kommod, lavoar
washtub ['wɒʃtʌb] *s* tvättbalja
washy ['wɒʃɪ] *adj* vattnig, utspädd, tunn, blaskig [*~ tea*]; bildl. äv. urvattnad, fadd, blek, svag
wasn't ['wɒznt] = *was not*
WASP [wɒsp] *s* amer. (förk. för *White Anglo-Saxon Protestant*) person som tillhör establissemanget medlem av den mest inflytelserika gruppen i USA (vit och protestant); ofta neds. borgarbracka
wasp [wɒsp] *s* geting; *~'s nest* getingbo
waspish ['wɒspɪʃ] *adj* **1** retlig, argsint; giftig, stickig, från **2** smal, smärt, med getingmidja
wastage ['weɪstɪdʒ] *s* **1** slöseri, slösande [*of* med] **2** spill, svinn; bortfall; förlust av vikt o.d.; *natural ~* naturlig avgång
waste [weɪst] **I** *adj* **1** öde, ödslig; ödelagd; ofruktbar; ouppodlad; *lay ~* ödelägga, förhärja, skövla; *lie ~* ligga öde (i lägervall) **2** avfalls- [*~ products*]; spill- [*~ oil*; *~ water*]; förlorad [*~ energy*], förspilld; *~ bin* soplår, soptunna; *~ disposal* avfallshantering; *~ gas* avgas, avfallsgas; *~ material* avfall; *~ metal* metallskrot; *~ paper* pappersavfall, pappersskräp; makulatur, avfallspapper; *~*

wastebasket 916

paper basket papperskorg; ~ *pipe* avloppsrör
II *vb tr* **1** a) slösa [bort], kasta (öda, ödsla) bort, förslösa, förstöra, förnöta, [för]spilla [*in* (*over*) *a th.* på (med) ngt; *on a p.* (*a th.*) på ngn (ngt); *in doing a th.* på (med) att göra ngt] b) slösa (misshushålla) med, låta förfaras (gå till spillo); ~ *one's breath* (*words*) tala för döva öron (förgäves); ~ *one's breath* ([*one's*] *words*) [*up*]*on* spilla ord på; ~ *time* isht sport. maska; *we ~ed no time* vi lät ingen tid gå förlorad; ~ *a p.'s time* uppta ngns tid **2** försumma, försitta [~ *an opportunity*] **3** ödelägga, föröda, förhärja, skövla äv. bildl. **4** tära [på], förtära, försvaga [äv. ~ *away*]; [*a body*] *~d by disease* ...tärd (härjad, utmärglad) av sjukdom
III *vb itr* **1** förslösas, gå till spillo, förstöras, förfaras **2** slösa; ~ *not, want not* ung. den som spar han har **3** ~ *away* om pers. tyna av, avtäras; magra
IV *s* **1** slöseri, slösande, misshushållning [*of* med]; *it's a ~ of breath* (*words*) det är att tala för döva öron; *what a ~ of money!* vilket slöseri [med pengar]!; *a ~ of time* bortkastad tid, slöseri med tid, tidsspillan; *go* (*run*) *to ~* gå till spillo, förslösas, förfaras **2** avfall; sopor, skräp, rester; utskott; [*cotton*] ~ trassel; *toxic ~* giftutsläpp **3** ödemark, vildmark; ödejord; [öde] vidd (sträcka, rymd)
wastebasket ['weɪs(t)ˌbɑːskɪt] *s* amer. papperskorg
waste-disposer ['weɪs(t)dɪsˌpəʊzə] *s* avfallskvarn
wasteful ['weɪstf(ʊ)l] *adj* **1** slösaktig [*of, with* med; ~ *habits*]; oekonomisk [~ *methods*]; *be ~ with* äv. slösa (ödsla) med **2** ödeläggande, förhärjande
wasteland ['weɪstlænd] *s* ödejord; ofruktbar (ouppodlad) mark, ödemark; öken äv. bildl.
waster ['weɪstə] *s* **1** slösare [*of* med] **2** vard. odåga
wastrel ['weɪstr(ə)l] *s* **1** odåga **2** slösare
watch [wɒtʃ] **I** *s* **1** vakt, vakthållning, bevakning; uppsikt; utkik; *keep* [*a*] *~ for* hålla utkik efter; *keep* [*a*] *~ on* (*over*) hålla uppsikt (vakt) över **2** om pers. vakt, utkik; koll. [natt]vakt **3** sjö. vakt: a) vaktmanskap b) vakthållning c) vaktpass, törn **4** klocka, ur, fickur, armbandsur; *set one's ~* ställa klockan (sin klocka) [*by* efter] **5** vaka, vakande; likvaka **II** *vb itr* **1** se 'på, titta 'på, titta; se upp [~ *when you cross the street*]; ~ *for* a) hålla utkik (spana) efter; vänta (vakta) på [~ *for a signal*] b) avvakta, passa [på] [~ *for an opportunity*]; ~ *out* se upp [~ *out when you cross the road*]; ~ *out for* äv. hålla utkik efter; ge akt på; ~ *over* vakta, ha uppsikt över; vaka över **2** vakta, hålla vakt, stå (gå) på vakt **3** vaka [*over* över; *by* (*with*) *a p.* hos

ngn] **III** *vb tr* **1** se på, titta på [~ *television*]; ge akt på, hålla ögonen på, iaktta, betrakta; vara noga (se upp) med [~ *one's weight*]; ~ *it* (*yourself*)*!* se upp!, akta dig!; hotfullt passa dig [noga]!; ~ *what you do!* ge akt (tänk) på vad du gör!; *he had been ~ed by detectives* han hade skuggats av detektiver **2** bevaka [~ *one's interests*]; vaka över, hålla ett öga på, passa, vakta, valla [~ *one's sheep*]
watchdog ['wɒtʃdɒg] *s* vakthund, bandhund
watcher ['wɒtʃə] *s* bevakare, observatör; iakttagare; *bird ~* fågelskådare
watchful ['wɒtʃf(ʊ)l] *adj* vaksam, på sin vakt [*against, of* mot], uppmärksam [*for* på], påpasslig, alert; *keep a ~ eye on* (*over*) hålla ett vakande (vaksamt) öga på
watchfulness ['wɒtʃf(ʊ)lnəs] *s* vaksamhet etc., jfr *watchful*
watchmaker ['wɒtʃˌmeɪkə] *s* urmakare; klocktillverkare
watch|man ['wɒtʃ|mən] (pl. *-men* [-mən]) *s* nattvakt, väktare
watchstrap ['wɒtʃstræp] *s* klockarmband
watchtower ['wɒtʃˌtaʊə] *s* vakttorn, utkikstorn
watchword ['wɒtʃwɜːd] *s* paroll, slagord, lösen, motto
water ['wɔːtə] **I** *s* (för uttr. ss. *deep ~*[*s*] m.fl., se under resp. adj.) **1** vatten; vattendjup; pl. *~s* a) vatten, vattenmassor; böljor b) farvatten [*in British ~s*] c) se *I 2*; *body of ~* vattenmassa; *table ~* bordsvatten; *~ on the brain* med. vattenskalle; *~ on the knee* med. vatten i knät; *spend money like ~* ösa ut pengar, låta pengarna rinna mellan fingrarna; *drink the ~s* dricka brunn; *hold ~* se *1 hold I 3*; *keep out the ~* hålla ute vattnet; sjö. hålla läns; *pass ~* kasta vatten, urinera; *take* [*in*] *~* ta in vatten, läcka; *take the ~s* dricka brunn; *keep one's head* (*oneself*) *above ~* bildl. hålla sig flytande; *of the first* (*purest*) *~* av renaste vatten [*a diamond of the first ~*]; bildl. första klassens [*a swindler of the first ~*], av högsta klass; *cast* (*throw*) *one's bread upon the ~*[*s*] bildl. göra gott utan tanke på egen vinning **2** *the ~s* (pl.) fostervatten; *the ~s broke* vattnet gick
II *vb tr* **1** vattna [~ *the horses*]; fukta (blöta) [med vatten]; bevattna **2** ~ [*down*] spä, spä ut [med vatten]; ~ *down* bildl. göra urvattnad (färglös), få att blekna, mildra; *~ed down* äv. urvattnad **3** förse med vatten **4** vattra [~*ed silk*]
III *vb itr* **1** vattna sig, vattnas; *his mouth ~ed* el. *it made his mouth ~* det vattnades i munnen på honom **2** rinna, tåras [*the smoke made my eyes ~*]
waterbed ['wɔːtəbed] *s* vattensäng
water biscuit ['wɔːtəˌbɪskɪt] *s* osötat [smörgås]kex på vatten o. mjöl
waterborne ['wɔːtəbɔːn] *adj* som

transporteras sjövägen (med båt), sjöburen, vattenburen [~ *goods*]; ~ *traffic* sjöfart; ~ *transport* transport sjövägen
water buffalo ['wɔ:tə,bʌfələʊ] *s* zool. vattenbuffel, indisk buffel
watercan ['wɔ:təkæn] *s* vattenkanna, kanna för vatten
water cannon ['wɔ:tə,kænən] *s* vattenkanon
water chestnut ['wɔ:tə,tʃesnʌt] *s* bot. el. kok. vattenkastanj
water closet ['wɔ:tə,klɒzɪt] *s* vattenklosett, wc
watercolour ['wɔ:tə,kʌlə] *s* **1** vattenfärg, akvarellfärg; *in* ~*s* i akvarell **2** ~ [*painting*] akvarell[målning], målning i vattenfärg **3** ~ *painting* akvarellmålning[en] måleri
water-cooled ['wɔ:təku:ld] *adj* vattenkyld
watercress ['wɔ:təkres] *s* bot. källkrasse, källfräne, vattenkrasse
water-diviner ['wɔ:tədɪ,vaɪnə] *s* slagruteman
waterfall ['wɔ:təfɔ:l] *s* vattenfall, fors
water fountain ['wɔ:tə,faʊntən] *s* dricksfontän
waterfowl ['wɔ:təfaʊl] *s* vanl. koll. vattenfågel, sjöfågel
waterfront ['wɔ:təfrʌnt] *s* strand; sjösida av stad; hamnområde; *along the* ~ längs (vid) vattnet (stranden)
Watergate ['wɔ:təgeɪt] **I** demokratiska partiets högkvarter i Washington **II** *s* Watergate[skandal], stor politisk skandal
water-heater ['wɔ:tə,hi:tə] *s* varmvattenberedare
waterhole ['wɔ:təhəʊl] *s* vattenhål
water ice ['wɔ:təraɪs] *s* vattenglass, sorbet
watering-can ['wɔ:t(ə)rɪŋkæn] *s* vattenkanna
watering-place ['wɔ:t(ə)rɪŋpleɪs] *s* **1** vattningsställe **2** hälsobrunn, brunnsort **3** badort, havsbad
water jug ['wɔ:tədʒʌg] *s* vattentillbringare
water jump ['wɔ:tədʒʌmp] *s* sport. vattengrav
water level ['wɔ:tə,levl] *s* **1** vattenstånd, vattennivå, vattenhöjd **2** sjö. vattenlinje **3** tekn. vattenpass **4** grundvattennivå
water lily ['wɔ:tə,lɪlɪ] *s* bot. näckros
waterline ['wɔ:tələaɪn] *s* **1** sjö. vattenlinje; vattengång **2** vattenlinje i papper
waterlogged ['wɔ:tələɒgd] *adj* **1** sjö. vattenfylld, full av vatten **2** vattensjuk, vattendränkt, sur; vattenmättad
Waterloo [,wɔ:tə'lu:, attr. '---] geogr. egenn.; ~ [*station*] en av Londons viktigaste järnvägsstationer; *meet one's* ~ möta (finna) sitt Waterloo
water main ['wɔ:təmeɪn] *s* huvud[vatten]ledning
watermark ['wɔ:təmɑ:k] **I** *s* **1** vattenmärke; vattenstämpel **2** vattenståndsmärke, vattenståndslinje **II** *vb tr* förse med vattenmärke (vattenstämpel), vattenstämpla
watermelon ['wɔ:tə,melən] *s* vattenmelon
watermill ['wɔ:təmɪl] *s* vattenkvarn
water pistol ['wɔ:tə,pɪstl] *s* vattenpistol

water polo ['wɔ:tə,pəʊləʊ] *s* vattenpolo
water power ['wɔ:tə,paʊə] *s* vattenkraft
waterproof ['wɔ:təpru:f] **I** *adj* vattentät; impregnerad [~ *material*]; ~ *hat* regnhatt, regnmössa **II** *s* regnrock, regnkappa, regnplagg; vattentätt (impregnerat) tyg **III** *vb tr* göra vattentät; impregnera
water rat ['wɔ:təræt] *s* zool. **1** [västlig] vattensork, vattenrätta **2** bisamrätta
water rate ['wɔ:təreɪt] *s* vattenavgift, vattentaxa
water-resistant [,wɔ:tərɪ'zɪst(ə)nt] *adj* vattenbeständig; vattentät
watershed ['wɔ:təʃed] *s* **1** vattendelare **2** avrinningsområde, flodområde **3** bildl. vattendelare
waterside ['wɔ:təsaɪd] *s* strand, strandkant, strandbrädd
water-ski ['wɔ:təski:] **I** *vb itr* åka vattenskidor **II** *s* vattenskida
water-skier ['wɔ:tə,ski:ə] *s* vattenskidåkare
water-skiing ['wɔ:tə,ski:ɪŋ] *s* vattenskidåkning
water-softener ['wɔ:tə,sɒfnə] *s* avhärdningsmedel; vattenavhärdare
water sports ['wɔ:təspɔ:ts] *s pl* vattenidrotter
waterspout ['wɔ:təspaʊt] *s* **1** stuprör **2** meteor. a) skydrag tromb b) störtregn
water supply ['wɔ:təsə,plaɪ] *s* **1** vattenförsörjning; vattentillförsel **2** vattentillgång, vattenförråd
watertight ['wɔ:tətaɪt] *adj* vattentät [~ *compartments*; *a* ~ *alibi*], tät; bildl. äv. hållbar
water tower ['wɔ:tə,taʊə] *s* vattentorn
waterway ['wɔ:təweɪ] *s* **1** farled, segellled, farvatten; [segel]ränna; [hamn]inlopp; kanal **2** vattenväg, vattenled
water wings ['wɔ:təwɪŋz] *s pl* armkuddar slags simdynor
waterworks ['wɔ:təwɜ:ks] (konstr. ss. sg. el. pl.; pl. *waterworks*) *s* **1** vatten[ledings]verk **2** vard., *turn on the* ~ ta till lipen, börja tjuta (lipa)
watery ['wɔ:tərɪ] *adj* **1** vattnig, sur, blöt; vattenrik, vattenfylld; regnik [~ *summer*]; vattenhaltig; vatten- [~ *vapour*]; vattenaktig **2** vattnig [~ *soup*; ~ *colours*]; tunn; utspädd; urvattnad äv. bildl. [~ *style*]; fadd **3** vattnig, tårfylld [~ *eyes*]
watt [wɒt] *s* elektr. watt
wattage ['wɒtɪdʒ] *s* elektr. wattal; wattförbrukning
1 wattle ['wɒtl] *s* [ris]flätverk, risflätning; ~[*s pl.*] ribbor, störar, kvistar, ris till flätning
2 wattle ['wɒtl] *s* zool. **1** slör **2** skäggtöm, muntråd
wave [weɪv] **I** *s* **1** våg i olika bet. [*high* ~*s*; *a* ~ *of disgust, crime* ~; *long* (*medium, short*) ~]; bölja, bränning; *heat* ~ värmebölja; ~ *of strikes* strejkvåg **2** vågighet, våglinje; böljande form; vattring, flammighet på tyg **3** vinkning; vink; viftning; svängning **4** våg i

hår; ***permanent*** ~ permanent[ning] [*cold* ~]; ***she has a natural*** ~ ***in her hair*** hon har självfall **II** *vb itr* **1** bölja, gå i vågor (böljor); vaja, vagga; fladdra **2** vara vågigt, våga sig [*her hair* ~*s naturally*] **3** vinka [*to till*] **III** *vb tr* **1** vinka med [~ *one's hand*], vifta med [*he* ~*d his handkerchief*]; vifta, vinka [~ *goodbye*]; svänga [med], svinga [~ *a sword*]; få att vaja (vagga, fladdra); ~ ***down*** stoppa t.ex. bilist genom att vinka med handen, göra tecken åt t.ex. bilist att stanna; ~ ***off*** (***away***) vinka bort, vifta bort **2** göra vågig (vågor i) [~ *one's hair*]; ***she has had her hair permanently*** ~*d* hon har permanentat sig

waveband ['weɪvbænd] *s* radio. våglängdsområde

wavelength ['weɪvleŋθ] *s* radio. våglängd äv. bildl.

waver ['weɪvə] *vb itr* **1** fladdra, flämta [*the candle* ~*ed*]; skälva [*her voice* ~*ed*]; irra [*his glance* ~*ed*]; sväva, svänga [av och an] **2** vackla [*his courage* ~*ed*]; [börja] ge vika **3** växla, skifta, pendla, vackla [~ *between two opinions*]; tveka, vara (bli) vankelmodig (obeslutsam)

wavy ['weɪvɪ] *adj* vågig, vågformig, våg-; böljande; slingrig

1 wax [wæks] *vb itr* isht om månen tillta, växa, komma; ~ ***and wane*** bildl. tillta och avta [i styrka], växa och krympa, växla, skifta

2 wax [wæks] **I** *s* **1** vax; bivax; öronvax; attr. vax-; ~ ***model*** vaxdocka, modelldocka; ***be*** ~ ***in a p.'s hands*** vara som vax i ngns händer **2** [*cobbler's*] ~ beck, skomakarbeck **3** [skid]valla **II** *vb tr* **1** vaxa; bona [~ *floors*]; polera [~ *furniture*]; ~*ed* ***paper*** smörpapper, smörgåspapper **2** valla skidor

waxen ['wæks(ə)n] *adj* **1** [gjord] av vax, vax- [~ *image*] **2** vaxlik, vaxartad; vaxblek

waxwork ['wækswɜːk] *s* **1** a) vaxfigur b) vaxarbeten, vaxfigurer **2** ~*s* (konstr. vanl. ss. sg.; pl. ~*s*) vaxkabinett, panoptikon

waxy ['wæksɪ] *adj* **1** vaxartad, vaxlik, vaxliknande, vax-; vaxig; mjuk som vax **2** vaxblek

way [weɪ] **I** *s* (för div. fraser se *7*) **1** väg i abstr. bet. [*they went the same* ~], håll, riktning; [väg]sträcka, stycke, bit [*I can only run a little* (kort) ~] **2** konkr. väg, stig [*a* ~ *across the field*]; gång **3** utväg, möjlighet **4** sätt [*the right* ~ *of doing* (*to do*) *a th.*], vis **5** sätt, avseende [*in several* ~*s*] **6** a) ~ el. pl.: ~*s* sätt [*it's only his* ~], beteende b) vana, egenhet [*he has his little* ~*s*] **7** i förb. med annat subst.: ~*s* ***and means*** a) [tillgängliga] medel, resurser; möjligheter, utvägar; metoder b) parl. anskaffning av erforderliga medel åt statskassan; ~ ***of life*** livsföring, livsstil **8** i förb. med 'the' med spec. övers.: *that is always the* ~ så är det alltid; ***that's the*** ~ ***it is*** så är det, sånt är livet; ***that's the*** ~ ***to do it*** så ska det göras (gå till); [*he ought to be promoted*] *after the* ~ *he has worked* ...som han arbetat

9 i förb. med pron. (se äv. ex. under *10, 11* o. *12* nedan): ***I'm with you all the*** ~ jag håller med dig helt; jag är helt och hållet på sin sida; ***all the*** ~ ***from*** (***to***) hela vägen från (till), ända från (till); ***go all the*** ~ a) gå hela vägen, löpa linan ut b) samtycka helt och hållet; ***any*** ~ vilken väg som helst, [åt] vilket håll som helst; ***do it any*** ~ ***you like*** gör precis som du själv vill; ***you can't have it both*** ~*s* man kan inte både äta kakan och ha den kvar, man kan inte få bådadera; ***each*** ~ varje väg; i vardera riktningen; [*the carpet is ten feet*] *each* ~ ...på vardera ledden; ***put one pound on a horse each*** ~ kapplöpn. satsa ett pund både på vinnare och på plats; [*it was wrong*] *either* ~ ...hur man än vände och vred på saken, ...i alla fall; ***it is not his*** ~ ***to be mean*** snålhet ligger inte för honom; ***no*** ~*!* vard. aldrig i livet!, sällan!, inte en chans!; [*there are*] *no two* ~*s about it* [det råder] inget tvivel om den saken; ***it looks that*** ~ det ser så ut; ***I'm just made that*** ~ jag bara är sådan; ***this*** ~ ***and that*** hit och dit, åt alla håll

10 i förb. med verb (se äv. under resp. verb): ***ask the*** (***one's***) ~ fråga efter vägen; ***clear the*** ~ bana väg; gå ur vägen; ***come a long*** ~ nå långt äv. bildl.; ***feel one's*** ~ känna sig fram; bildl. känna sig för; ***go one's*** ~ litt. gå sin väg, ge sig i väg; ***are you going my*** ~*?* ska du åt mitt håll?; ***everything was going my*** ~ allt gick vägen för mig; ***go all the*** ~ se under *9* ovan; ***go a long*** ~ gå långt; räcka långt, vara dryg; ***this will go a long*** ~ ***in overcoming*** [*the difficulty*] detta blir till god hjälp för att övervinna...; ***go a long*** (***great***) ~ ***to*** (***towards***) bidra starkt till; ***go the right*** ~ ***about it*** angripa det från rätt sida, börja i rätt ända; ***go the wrong*** ~ o. likn. ex. se under *wrong I 2*; ***have*** [*it all*] ***one's own*** ~ få sin vilja fram; ***have it your own*** ~*!* [gör] som du vill!; ***let a p. have his own*** ~ låta ngn få som han vill; ***if I had my*** ~ ... om jag fick bestämma...; ***he has a*** ~ ***with him*** han har sitt speciella sätt; ***she has a*** ~ ***with children*** hon har god hand med barn; ***he has a*** ~ ***with women*** han vet hur kvinnor ska tas, han har kvinnotycke; ***know the*** (***one's***) ~ hitta, känna till vägen; ***know one's*** ~ ***about*** a) vara hemmastadd på platsen b) ha reda på saker och ting; ***lead the*** ~ gå före och visa vägen, gå före; bildl. gå i spetsen, visa vägen; ***lose one's*** (***the***) ~ komma (gå, köra, råka o.d.) vilse; ***make*** ~ bereda (lämna, ge) plats [*for* åt, för], gå undan (ur vägen) [*for* för]; lämna vägen öppen [*for* för]; flytta [på] sig; ***make one's*** ~ bana sig väg [fram], ta sig fram; ***make one's***

~ [*in the world* (*in life*)] bildl. arbeta sig upp, slå sig fram, komma sig upp; *pay one's* [*own*] ~ a) betala för sig [själv] b) vara lönande, bära sig; *I don't* (*can't*) *see my* ~ [*clear*] *to doing it* a) jag ser ingen möjlighet att göra det b) jag kan inte tänka mig att göra det

11 i förb. med prep.: *across the* ~ på andra sidan vägen (gatan); *by the* ~ a) nära (vid, intill) vägen [*he lives by the* ~] b) i förbifarten; för övrigt c) ovidkommande; *by the* ~, *do you know...?* förresten (apropå det), vet du...?; *not by a long* ~ inte på långa vägar, inte på långt när; *by* ~ *of* a) via, över b) som [*by* ~ *of an explanation*], till [*he nodded by* ~ *of an answer*] c) genom, medelst; *by* ~ *of introduction* inledningsvis; *down* (*up*) *our* ~ vard. nere (uppe) hos oss, hemma hos oss, i våra trakter; *in a* ~ på sätt och vis, på ett sätt; *he is in a bad* ~ det står illa till (det är illa ställt) med honom; *in a small* ~ i liten skala, i smått; *in the* ~ i vägen [*of* för]; *in the* ~ *of* bildl. i fråga om, vad beträffar; i form av; [*everything there was*] *in the* ~ *of food* ...i matväg; *stand in a p.'s* ~ stå i vägen för ngn äv. bildl.; *in any* ~ på något sätt; på vilket sätt som helst; *in no* ~ på intet sätt, ingalunda [*in no* ~ *inferior*]; *on the* (*his*) ~ *to* på väg[en] till; *be on the* ~ vara på väg; *be well on one's* ~ ha kommit en bra (god) bit på väg; bildl. vara på god väg; *see a p. on his* ~ följa ngn [på vägen]; *out of the* ~ a) ur vägen [*be out of the* ~], undan, borta b) avsides [belägen], avlägsen c) ovanlig, originell; *get a p. out of the* ~ göra sig av med ngn, bli kvitt ngn; *get out of a p.'s* ~ gå ur vägen för ngn; *go out of one's* ~ a) ta (göra, köra o.d.) en omväg, göra en avstickare b) göra sig extra besvär [*he went out of his* ~ *to help me*], lägga an på [*he went out of his* ~ *to be rude*]; *put a p. out of the* ~ röja ngn ur vägen; *be under* ~ a) ha kommit i gång; vara under uppsegling b) sjö. ha [god] fart, vara under gång; *get under* ~ a) sjö. lätta, avsegla b) komma i gång; *up our* ~ se *down our* ~ ovan

12 i förb. med adv.: ~ *about* (*round*) omväg [*go* (*göra, ta*) *a long* ~ *about* (*round*)]; *the other* ~ *round* (*about*) [precis] tvärtom, raka motsatsen; ~ *in* ingång, väg in, infart; *a long* ~ *off* långt (lång väg) härifrån (därifrån), långt borta; ~ *out* a) utgång, väg ut, utfart; utväg b) bildl. utväg, råd

II *adv* vard. långt, högt; *your demands are* ~ [*what I can accept*] dina krav ligger skyhögt över...; ~ *back in the eighties* redan på 80-talet; *it's* ~ *over my head* det går långt över min horisont

wayfarer ['weɪˌfeərə] *s* vägfarande, vandrare
wayfaring ['weɪˌfeərɪŋ] *adj* vägfarande, vandrande

waylay [weɪ'leɪ] (*waylaid waylaid*) *vb tr* ligga (lägga sig) i bakhåll för, lura på, lurpassa på
way-out [ˌweɪ'aʊt] *adj* vard. extrem; excentrisk, exotisk
wayside ['weɪsaɪd] *s* vägkant; ~ *inn* värdshus vid (efter) vägen; *by* (*on*) *the* ~ vid vägen; *fall by the* ~ slås ut
wayward ['weɪwəd] *adj* **1** egensinnig, trilsk **2** nyckfull, oberäknelig [*a* ~ *impulse*]
WC [ˌdʌblju:'si:] **1** (förk. för *West Central*) postdistrikt i London **2** (förk. för *water closet*) wc
WCC förk. för *World Council of Churches*
we [wi:, obeton. wɪ] (objektsform *us*) *pers pron* **1** vi **2** man [~ *usually say 'please' in English*] **3** vard., *how are* ~ *feeling today?* hur mås det i dag?, hur mår vi (man) i dag?
WEA (förk. för *Workers' Educational Association*) motsv. ung. ABF, Arbetarnas bildningsförbund
weak [wi:k] *adj* **1** svag [*a* ~ *character* (*rope, sight, team*), ~ *resistance*]; klen, vek, kraftlös, skröplig, bräcklig, skör; dålig; bristfällig; matt, slapp; *the* ~[*er*] *sex* det svaga[re] könet; *have a* ~ *stomach* ha dålig mage; ~ *in the head* dum i huvudet **2** svag, tunn [~ *coffee*] **3** gram. svag [*a* ~ *verb*]
weaken ['wi:k(ə)n] *vb tr* o. *vb itr* försvaga[s], göra (bli) svagare, förvekliga[s], förslappa[s], matta[s]
weak-kneed [ˌwi:k'ni:d, attr. '--] *adj* **1** knäsvag **2** vek, eftergiven, velig; karaktärslös
weakling ['wi:klɪŋ] *s* vekling, stackare
weakly ['wi:klɪ] **I** *adj* svag, klen [*a* ~ *child*]; veklig; klent byggd, spenslig **II** *adv* svagt etc., jfr *weak*
weak-minded [ˌwi:k'maɪndɪd, attr. '-,--] *adj* **1** obeslutsam, viljelös **2** dum, enfaldig
weakness ['wi:knəs] *s* svaghet [*of, in* i; *for* för]; klenhet etc., jfr *weak 1*; svag sida, brist; *have a* ~ *for* vara svag för, ha en svaghet för [*Vincent has a* ~ *for chocolate*]; *in a moment of* ~ i ett svagt ögonblick
weak-willed [ˌwi:k'wɪld, attr. '--] *adj* viljelös, viljesvag
1 weal [wi:l] *s* litt. väl, välfärd, välgång; *the public* (*common, general*) ~ det allmännas (samhällets) väl, det allmänna bästa
2 weal [wi:l] *s* strimma, rand märke på huden efter slag
wealth [welθ] *s* **1** rikedom[ar], förmögenhet; välstånd; ekon. äv. tillgångar; ~ *tax* förmögenhetsskatt **2** bildl. *a* ~ *of* en rikedom på, överflöd på [*a* ~ *of fruit*], en stor mängd [av] [*a* ~ *of examples*], uppsjö på; ~ *of colour* färgrikedom
wealthy ['welθɪ] *adj* **1** rik, förmögen, välmående [*a* ~ *country* (*person*)] **2** bildl. ~ *in* rik på
wean [wi:n] *vb tr* **1** avvänja [~ *a baby*] **2** ~ *from* avvänja från **3** *be* ~*ed on* uppfostras

weapon

med [*be ~ed on the classics at school*]; matas med [*be ~ed on TV*]
weapon ['wepən] *s* vapen; tillhygge; stridsmedel [*biological (conventional) ~*]; *beat a p. at (with) his own ~*[*s*] isht bildl. slå ngn med hans egna vapen
weaponry ['wepənrɪ] *s* **1** vapen koll. [*nuclear ~*] **2** vapenframställning
wear [weə] **A** (*wore worn*) *vb* (se äv. *worn*) **I** *tr* (se äv. *III*) **1** ha på sig, vara klädd i, ha, bära [*~ a ring on one's finger*], klä sig i, gå [klädd] i [*she always ~s blue*], använda [*~ spectacles*], gå med; *~ a beard* ha (bära) skägg; *she (her face) wore a sad expression* hon (hennes ansikte) hade ett sorgset uttryck; *~ one's hair long (short)* ha långt (kort) hår; *~ lipstick* använda läppstift; *~ one's years (age) well* bära sina år med heder; [*this coat*] *has not been worn* ...är inte använd **2 a)** nöta (slita) [på] [*hard use has worn the gloves*]; bildl. äv. tära på, trötta **b)** nöta (trampa, köra) upp [*~ a path. across the field*], gräva [sig] [*the water had worn a channel in the rock*]; *~ a hole (holes) in* nöta (slita) hål på (i); *~ oneself to death* slita ihjäl (ut) sig **3** vard. finna sig i, gå med på; *he told me a lie but I wouldn't ~ it* han ljög för mig men det gick jag inte på **II** *itr* (se äv. *III*) **1 a)** nötas, slitas, bli nött (sliten) [*a cheap coat will ~ soon*]; *~ thin* **a)** bli tunnsliten **b)** bildl. [börja] bli genomskinlig [*his excuses are ~ing thin*]; [börja] ta slut [*my patience wore thin*] **b)** *~ on a p.* gå ngn på nerverna **2 a)** hålla [att slita på] [*this material will ~ for years*]; stå sig; *~ well* **a)** hålla bra, vara hållbar (slitstark) **b)** vara väl bibehållen [*she ~s well*] **b)** vard. hålla [streck]; [*the argument*] *won't ~* ...håller inte **III** *tr* o. *itr* med adv. isht med spec. övers.:
~ away: **a)** nöta[s] bort (ut) **b)** försvinna, ge med sig [*the pain wore away*]
~ down: **a)** nöta[s] (slita[s]) ned (ut); *worn down* [ned]slinen, [ut]nött **b)** trötta ut [*he ~s me down*] **c)** bryta ned, övervinna [*~ down the enemy's resistance*]; brytas ned
~ off: **a)** nöta[s] av (bort) **b)** gå över (bort) [*his fatigue had worn off*]; minska, avta
~ on om tid o.d. lida, framskrida
~ out: **a)** slita[s] (nöta[s]) ut; göra slut på; urholka [*~ out a stone*]; förslitas; ta slut **b)** trötta ut [*he ~s me out*], utmatta; *be worn out* äv. vara utarbetad (slut[körd])
B *s* **1** bruk [*clothes for everyday ~*], användning **2** kläder [*travel ~*], klädsel [*casual ~*]; isht i sms. -beklädnad [*footwear*]; *men's ~* herrkläder, herrkonfektion **3** nötning, slitning; *~* [*and tear*] slitage, förslitning, bildl. påfrestning[ar]; *fair ~ and tear* normalt slitage; *show* [*signs of*] *~* [börja] se sliten (medfaren) ut; *stand any*

amount of ~ tåla omild behandling; *be the worse for ~* vara sliten (illa medfaren)
wearable ['weərəbl] *adj* om kläder o.d. användbar
wearer ['weərə] *s* bärare av kläder o.d.; *the ~ of...* äv. den som bär (har, är klädd i)...
wearisome ['wɪərɪs(ə)m] *adj* **1** tröttsam, [lång]tråkig, odräglig [*a ~ person*] **2** tröttande, besvärlig, ansträngande [*a ~ march*]
weary ['wɪərɪ] **I** *adj* **1** trött, uttröttad [*with* av; *a ~ brain*]; missmodig; kraftlös, tam **2** tröttsam, mödosam [*a ~ journey*]; trist, ledsam [*a ~ wait*] **II** *vb tr* trötta [ut]; bildl. äv. besvära, plåga [*with* med], tråka ut **III** *vb itr* **1** tröttna [*of* på]; *~ of* äv. ledsna på, bli trött (led) på **2** förtröttas
weasel ['wi:zl] *s* **1** zool. vessla **2** vessla motorfordon **3** isht amer. vard. filur, hal typ
weather ['weðə] **I** *s* **1** väder, väderlek; *fine ~* vackert (fint) väder; *rough ~* hårt väder; ruskväder, regn och rusk; *wet ~* regnväder; fuktig väderlek; *what awful ~!* vilket (ett sånt) grässligt väder!; *~ permitting* om vädret tillåter [det]; *make heavy ~ of* [*the simplest task*] bildl. göra mycket väsen (ett berg) av...; *change of (in the) ~* omslag i vädret (väderleken), väderomslag; *in all ~s* el. *in any ~* i alla väder, i ur och skur; *under the ~* vard. **a)** vissen, krasslig **b)** amer. äv. bakfull; onykter **2** attr. väder- [*a ~ satellite*], se äv. nedan
II *vb tr* **1 a)** [luft]torka [*~ wood*]; utsätta för väder och vind **b)** komma att vittra [sönder]; perf. p. *~ed* förvittrad, [sönder]vittrad [*~ed limestone*], som har vittrat (nötts) **2** sjö., bildl. rida ut [*~ a storm*]; bildl. äv. klara [sig igenom], komma igenom, överleva [*~ a crisis*]
III *vb itr* **1** vittra [sönder]; nötas av väder och vind, bli medfaren (skamfilad) av väder och vind **2** stå (bibehålla) sig, stå emot [*~ better (well)*]
weather-beaten ['weðəˌbi:tn] *adj* väderbiten, barkad [*a ~ face*]; härjad av väder och vind
weatherboard ['weðəbɔ:d] *s* byggn. fjällpanelbräda; pl. *~s* äv. fjällpanel
weatherbound ['weðəbaʊnd] *adj* uppehållen (hindrad, försenad) på grund av vädret
weather bulletin ['weðəˌbʊlətɪn] *s* väderrapport
weather centre ['weðəˌsentə] *s* vädertjänst
weathercock ['weðəkɒk] *s* **1** vindflöjel, väderflöjel, kyrktupp **2** bildl. vindböjtel
weather forecast ['weðəˌfɔ:kɑ:st] *s* väderrapport, väderutsikter, väderprognos
weather forecaster ['weðəˌfɔ:kɑ:stə] *s* meteorolog
weatherman ['weðəmæn] *s* vard. **1** meteorolog **2** väderspåman
weatherproof ['weðəpru:f] **I** *adj*

väderbeständig, som tål (står emot) väder och vind; ~ **jacket** vindtygsjacka **II** vb tr göra väderbeständig, impregnera
weathervane ['weðəveɪn] s vindflöjel, väderflöjel
1 weave [wi:v] **I** (imperf. *wove*; perf. p. *woven*, ibl. tekn. *wove*; jfr *wove* o. *woven*) vb tr **1 a)** väva [~ *cloth*; *a cloth woven from* (*of*) *silk*]; väva av [~ *wool*]; ~ **wool into cloth** väva tyg av ull **b)** ~ [*in*] väva in [~ *a pattern into* (i) *a th.*] **2** fläta [~ *a basket*], binda [~ *a garland of flowers*; ~ *flowers into* (till) *a garland*]; fläta in [*into* i] **3** bildl. **a)** väva (sätta) ihop [~ *a plot* (*a story*)]; spinna, dikta [~ *a romance around an event*] **b)** ~ [*in*] fläta (väva) in **II** (*wove woven*) vb itr **1** väva **2** gå att väva av **III** s väv; bindning
2 weave [wi:v] vb itr **1 a)** slingra sig, gå i sicksack [*the road ~s through the valley*], åla [sig], kryssa [*he ~d through the traffic*] **b)** flyg. flyga i sicksack, göra undanmanövrer **2 get weaving** sl. sätta fart [*on* med], sno sig
weaver ['wi:və] s vävare, väverska
web [web] s **1** väv **2** [*spider's*] ~ spindelväv, spindelnät **3** bildl. väv, nät; nätverk; *a ~ of deceit* (*lies*) en härva av bedrägerier (lögner) **4** zool. simhud **5** typogr., [*paper*] ~ a) pappersbana b) pappersrulle i rullpress
webbed [webd] adj **1** zool. [försedd] med simhud; ~ *feet* simfötter **2** tillverkad (gjord) av sadelgjord, sadelgjords- [~ *belt*]
webbing ['webɪŋ] s **1** sadelgjordsväv; sadelgjord **2** zool. simhud
web-footed ['web,fʊtɪd] adj zool. [försedd] med simfötter
Wed. förk. för *Wednesday*
wed [wed] (*wedded wedded* el. *wed wed*) **I** vb tr (se äv. *wedded*) **1** äkta, gifta sig med **2** gifta [bort]; viga **3** bildl., ~ *to* förena (para) med [~ *simplicity to beauty*]; ~ *oneself to* viga sig (sitt liv) åt **II** vb itr gifta sig
we'd [wi:d] = *we had, we would* o. *we should*
wedded ['wedɪd] adj o. *perf p* **1** gift [*to* med], vigd [*to* vid]; äkta [*the ~ couple*]; *his lawful ~ wife* hans äkta (lagvigda) maka; *they were ~* [*last year*] de gifte sig (vigdes)... **2** ~ *life* äktenskap[et], äktenskapligt samliv **3** bildl. *be ~ by* [*common interests*] vara [intimt] förenade av (genom)...; ~ *to* förenad (parad) med, i förening med [*simplicity ~ to beauty*]
wedding ['wedɪŋ] s **1** bröllop; vigsel[akt] **2** attr. bröllops- [~ *day* (*march*)], brud- [~ *bouquet* (*dress*)]
wedding breakfast ['wedɪŋ,brekfəst] s bröllopslunch
wedding cake ['wedɪŋkeɪk] s bröllopstårta fruktkaka i våningar täckt med marsipan och glasyr
wedding ring ['wedɪŋrɪŋ] s vigselring
wedge [wedʒ] **I** s kil; bildl. äv. sprängkil [*drive a ~ into an organization*]; ~ *heel* kilklack **II** vb tr **1 a)** kila; kila fast [äv. ~ *up*] **b)** kila (driva,

klämma) in [äv. ~ *in*; *into* i]; *be ~d* [*in*] vara (sitta) inkilad (inklämd, fastklämd); ~ *together* tränga (klämma) ihop **2** klyva [med en kil]
wedlock ['wedlɒk] s litt. el. jur. äktenskap; *holy ~* det heliga äkta ståndet; *born in* [*lawful*] ~ född inom äktenskapet; *born out of ~* född utom äktenskapet
Wednesday ['wenzdeɪ, -dɪ isht attr.] s onsdag; jfr *Sunday*
1 wee [wi:] adj mycket liten, liten liten [*just a ~ drop*]; ~ *little* pytteliten, jätteliten; *a ~ bit* en liten aning (smula); *W~ Willie Winkie* John Blund
2 wee [wi:] s o. vb itr se *wee-wee*
weed [wi:d] **I** s **1** ogräs[planta]; bildl. ogräs; pl. *~s* ogräs **2** vard. spinkig person; vekling, ynklig stackare **3** sl. marijuanacigarett **II** vb tr **1** rensa [från ogräs], rensa i [~ *the garden*]; bildl. gallra [i] [~ *a collection*]; ~ *of* rensa från; bildl. äv. befria från; ~ *out* gallra ut i **2** ~ *out* rensa bort; bildl. rensa ut, gallra bort (ut), avlägsna, utesluta, eliminera [*from* från] **III** vb itr rensa [ogräs]
weed-killer ['wi:d,kɪlə] s ogräsmedel, bekämpningsmedel mot ogräs
weeds [wi:dz] s pl, [*widow's*] ~ änkedräkt, [änkas] sorgdräkt
weedy ['wi:dɪ] adj **1** full (övervuxen) av ogräs **2** vard. [lång och] spinkig, gänglig [*a ~ young man*]
week [wi:k] s vecka; *a ~* äv. åtta dagar; *the working ~* arbetsveckan; *last* ~ [i] förra veckan; *last Sunday ~* i söndags för en vecka sedan, i söndags åtta dagar sedan; *this ~* [nu] i veckan, [i] den här veckan; *this day* [*next*] ~ el. *today* [*next*] ~ el. *a ~ today* (*from now*) i dag om en vecka ([om] åtta dagar); *this day last ~* el. *a ~ ago today* i dag för en vecka sedan; [*this*] *Sunday ~* el. *a ~ on Sunday* på söndag om en vecka; *yesterday ~* i går för en vecka sedan; *by the ~* per vecka, veckovis; ~ *by ~* vecka för vecka; *be paid by the ~* få betalt per vecka, ha veckolön; [*it went on*] *for ~s* ...i veckor; [*if you don't shut up*] *I'll knock you into* [*the middle of*] *next ~* vard. ...så slår jag ihjäl dig; *not know what day of the ~ it is* inte veta vilken [vecko]dag det är; bildl. veta varken ut eller in; [*it may last*] *a ~ of Sundays* vard. ...i evighet (i det oändliga); *never* (*not once*) *in a ~ of Sundays* vard. aldrig någonsin, aldrig i livet
weekday ['wi:kdeɪ] s **1** vardag, veckodag, söckendag, helgfri dag **2** attr. [som äger rum] på vardagarna [~ *services in the church*]
weekend [ˌwi:k'end, isht attr. '--] **I** s **1** [vecko]helg, veckoslut, weekend; veckoskifte; *over the ~* äv. över lördag och söndag; *at* (*on* amer.) *the ~s* vid [vecko]helgerna **2** attr. veckohelgs-, helg- [~

traffic], veckosluts- [*a ~ ticket*], weekend- [*a ~ visit*]; söndags- [*~ motorists*] **II** *vb itr* tillbringa (fira) [vecko]helgen (weekenden) [*~ at Brighton*]
weekly ['wi:klɪ] **I** *adj* vecko- [*a ~ publication*]; [återkommande] varje vecka [*~ visits*]; *a ~ wage of* [*£350*] en veckolön på... **II** *adv* en gång i veckan; varje vecka; per vecka **III** *s* veckotidning, veckotidskrift; *the weeklies* äv. veckopressen
1 weeny ['wi:nɪ] *adj* vard. pytteliten
2 weeny ['wi:nɪ] *s* amer. vard., se *wiener 1*
weep [wi:p] **I** (*wept wept*) *vb itr* **1** gråta [*~ for* (av) *joy*; *~ with* (av) *rage*]; *~ for a p.* a) gråta över (sörja) ngn b) gråta för ngns skull, gråta av medlidande med ngn **2** a) droppa, drypa, läcka b) avsöndra vätska; avge fuktighet; om sår vätska sig **II** (*wept wept*) *vb tr* **1** gråta; *~ bitter tears* äv. fälla bittra tårar; *~ one's eyes out* gråta ögonen ur sig; *~ one's heart out* gråta så hjärtat kan brista **2** utsöndra droppvis, droppa, drypa **III** *s* gråtanfall; *have a good ~* gråta ut [ordentligt]
weeping ['wi:pɪŋ] **I** *s* **1** gråt[ande] **2** dropp[ande], drypande; vätskning **II** *adj* **1** gråtande; tårdränkt [*~ eyes*] **2** droppande, drypande; vätskande **3** *~ willow* tårpil
weepy ['wi:pɪ] vard. **I** *adj* tårdrypande; gråtmild **II** *s* tårdrypande film (pjäs, bok o.d.), snyftare
weevil ['wi:vɪl] *s* zool. vivel
wee-wee ['wi:wi:] vard. (mest barnspr.) **I** *s* kiss; *do a ~* kissa **II** *vb itr* kissa
weft [weft] *s* **1** vävn. inslag, väft **2** väv
weigh [weɪ] **I** *vb tr* (se äv. *III*) **1** väga [*~ the luggage* (*oneself*)]; bildl. äv. överväga [*~ a proposal*]; *~ the chances* väga möjligheterna för och emot; *~ one's words* väga sina ord **2** förse med en tyngd (tyngder); göra tyngre **3** sjö. lyfta (dra) upp [*~ the anchor*]; *~ anchor* lätta (lyfta) ankar

II *vb itr* (se äv. *III*) a) väga [*it ~s nothing* (*a ton*)] b) bildl. vara viktig (av vikt), spela en roll, ha betydelse, vara utslagsgivande [*the point that ~s with* (för) *me*]; *~ against* a) motväga, uppväga b) tala (vittna) mot, vara till nackdel för [*those pieces of evidence will ~ against her*]; *~ on* (*upon*) bildl. trycka, tynga [på], kännas tryckande (svår) för; *it ~s on me* (*my mind*) det trycker (plågar) mig, det tynger mitt sinne; *don't let that ~ on you* (*your mind*) lägg inte det på sinnet, ta inte det så hårt; *~ heavy* väga mycket, vara tung; tynga; *~ heavily* [*with*] bildl. väga tungt [hos], betyda mycket [för], spela en avgörande roll [för]; *it ~ed lightly upon her* (*her mind*) hon tog det ganska lätt

III *vb tr* o. *vb itr* med adv.
~ down: **a**) tynga (trycka) ned äv. bildl.; komma att digna; *~ed down with* [*cares*]

[ned]tyngd av... **b**) väga ned [*~ down the scale*]
~ in: **a**) sport. väga[s] in om boxare före match, om jockey efter lopp **b**) vard. hoppa in, ingripa, blanda sig i leken; ställa upp
~ out: **a**) väga upp [*~ out butter*] **b**) sport. väga[s] ut om jockey före lopp
~ together bildl. väga mot varandra, jämföra
~ up: **a**) bedöma [*~ up one's chances*], beräkna, avväga; överväga [*whether* om, huruvida]; *~ a p. up* se vad ngn går för **b**) uppväga äv. bildl.
weighbridge ['weɪbrɪdʒ] *s* bryggvåg; fordonsvåg; järnv. vagnvåg
weigh-in ['weɪɪn] *s* sport. invägning
weighing-machine ['weɪɪŋməʃi:n] *s* större våg, industrivåg; personvåg
weight [weɪt] **I** *s* **1** vikt äv. konkr. [*net ~*; *a kilo ~*]; tyngd [*the pillars support the ~ of the roof*]; *~s and measures* mått och vikt; *loss of ~* viktförlust; *unit of ~* viktenhet; *he is twice my ~* han väger dubbelt så mycket som jag; *be worth one's ~ in gold* bildl. vara värd sin vikt i guld; *give short ~* väga knappt (snålt); *lose ~* gå ned [i vikt], magra; *pull one's ~* a) ro av alla krafter b) göra sin del (insats); *put on ~* gå upp (öka) [i vikt]; [*sell a th.*] *by ~* ...efter vikt, ...i lös vikt; *be over* (*under*) *~* se *overweight II* o. *underweight II* **2** börda [*a heavy ~ to carry*]; [*she is not allowed to*] *lift* [*heavy*] *~s* ...lyfta tunga saker **3** [klock]lod **4** brevpress [äv. *paperweight*] **5** bildl.: **a**) tyngd, börda; tryck [*a ~ on* (över) *the chest*]; *it is a ~ on* [*my conscience*] det tynger [hårt] på...; *a ~ was lifted from my mind* (*heart*) el. *that was a ~ off my mind* (*heart*) en sten föll från mitt bröst; [*knowing that you are safe*] *is* (*takes*) *a great ~ off my mind* ...är en stor lättnad för mig **b**) vikt, betydelse [*a matter of ~*]; inflytande [*he has great ~ with* (hos) *the people*], auktoritet; *arguments of* [*great*] *~* [tungt] vägande argument; *attach* (*give*) *~ to* el. *lay* (*put*) *~ on* fästa (lägga) vikt vid; [*considerations that will*] *carry* (*have*) *great ~* ...väga tungt [i vågskålen], ...ha stor inverkan [*with* på]; [*his words*] *carry* (*have*) *no ~* ...har ingen inverkan; *give* (*lend*) *~ to* [*one's words*] ge eftertryck (kraft, tyngd) åt...; *throw* (*chuck*) *one's ~ about* vard. göra sig märkvärdig, flyta ovanpå; styra och ställa **c**) tyngdpunkt, huvudpart; *by sheer ~ of numbers* endast på grund av numerär överlägsenhet **6** sport.: **a**) kula; *put the ~* stöta kula; *putting the ~* kulstötning **b**) boxn. viktklass **c**) kapplöpn. handikappvikt **II** *vb tr* **1** göra tyngre, förse med tyngd (tyngder) **2** [be]lasta; tynga [ned] äv. bildl.; *~ down* överlasta **3** bildl. vinkla [*~ an argument*]

weightless ['weɪtləs] *adj* tyngdlös, viktlös
weightlifter ['weɪt,lɪftə] *s* sport. tyngdlyftare
weightlifting ['weɪt,lɪftɪŋ] *s* sport. tyngdlyftning
weightwatcher ['weɪt,wɒtʃə] *s* viktväktare
weighty ['weɪtɪ] *adj* **1** tung; bildl. äv. tyngande [~ *cares*] **2** viktig, betydelsefull [~ *negotiations*]
weir [wɪə] *s* **1** damm [byggnad], fördämning **2** fisk. katsa, katse, sprötgård
weird [wɪəd] *adj* **1** spöklik, kuslig, hemsk [~ *sounds*]; trolsk, mystisk, övernaturlig **2** vard. konstig, underlig, mysko [*what ~ shoes!*]
weirdness ['wɪədnəs] *s* spöklikhet etc., jfr *weird*
weirdo ['wɪədəʊ] (pl. *~s*) *s* o. **weirdy** ['wɪədɪ] *s* konstig typ, knasboll, knäppis
welcome ['welkəm] **I** *adj* **1** välkommen [*a ~ guest* (*opportunity*)], kärkommen; uppskattad; glädjande [*a ~ sign*]; ***make a p. ~*** få ngn att känna sig välkommen **2** *you're ~!* svar på tack, isht amer. ingen orsak!, för all del!, [det var] ingenting att tacka för!; ***you are ~*** [***to it***]***!*** håll till godo!, väl bekomme! äv. iron.; ***anyone is ~ to my share*** den som vill kan [gärna] få min del; [*if you think you can do it better*] ***you are ~ to try*** ...så försök själv får du se **3** ss. interj. ***W~ to*** [***Cornwall***]***!*** Välkommen till...!
II *s* **1** välkomnande, mottagande [*we received a hearty ~*]; välkomsthälsning; ***give a p. a hearty ~*** önska ngn hjärtligt välkommen, ta hjärtligt emot ngn; ***give a p. a warm ~*** a) önska ngn varmt välkommen, ge ngn ett varmt mottagande b) iron. ta emot ngn med varma servetter; ***outstay*** (***overstay***) ***one's ~*** stanna kvar för länge (längre än värdfolket tänkt sig); ***toast of ~*** välkomstskål **2** attr. välkomst- [*a ~ party*]
III (*~d ~d*) *vb tr* välkomna [*~ a p.* (*a change*)], hälsa (önska) välkommen [*~ a p. back*; *~ a friend to one's home*]; ta gästfritt emot [*~ students into one's home*]; hälsa med glädje [*~ the return of a p.*]; hälsa, vara tacksam för (glad över), gärna ta emot
weld [weld] **I** *vb tr* svetsa, välla; svetsa fast; svetsa ihop (samman) äv. bildl. [*into* till]; *~ together* svetsa ihop **II** *vb itr* **1** gå att svetsa, kunna svetsas **2** svetsas [ihop] **III** *s* svets[ning]; svetsfog
welder ['weldə] *s* **1** svetsare **2** svetsmaskin
welfare ['welfeə] *s* **1** välfärd, väl [*the ~ of the country* (*nation*)], välgång; ***the W~ State*** välfärdsstaten, välfärdssamhället; ***the public ~*** den allmänna välfärden, det allmännas väl (bästa), samhällsnyttan **2 a**) socialarbete [*interested in the local ~*]; [*social*] ~ socialvård; *child ~* barnomsorg; ***industrial ~*** arbetarskydd; ***maternity ~*** mödravård **b**) attr. social-; [*social*] ~ socialvårds-; [*social*] ~ *office* socialvårdsbyrå; [*social*] ~ *officer* [social]kurator;

socialvårdstjänsteman; mil. personalvårdsofficer; [*social*] ~ ***work*** socialt arbete, socialvård; [*social*] ~ ***worker*** socialarbetare, socialvårdare **3** amer., ***be on ~*** leva på understöd (det sociala); ***~ mother*** ensamstående mor med socialunderstöd
1 well [wel] **I** *s* **1 a**) brunn [*drive* (borra) *a ~*] **b**) [borrad] källa [*oil-well*] **2** mineralkälla; pl. ***~s*** [hälso]brunn [isht i ortnamn: *Tunbridge Wells*] **3** trapphus, trapprum; hisschakt, hisstrumma; lufttrumma **4** fördjupning, hål, hålighet; utrymme, fack för småsaker **II** *vb itr*, ~ [*forth* (*out*, *up*)] välla (strömma, rinna) [fram] [*from* ur, från]; ~ *out* äv. välla (strömma, rinna) ut [*from*, *of* ur, från]; ~ *over* välla (rinna) över; [***strong feelings***] ***~ed up in him*** ...vällde upp inom honom; ***tears ~ed up in her eyes*** hennes ögon fylldes av tårar
2 well [wel] **I** (*better best*) *adv* (se äv. ex. under *do*) **1 a**) väl, bra, gott; lyckligt och väl [*it all went ~*] **b**) noga, noggrant c) mycket väl, gott, med rätta [*it may ~ be said that...*]; ~ ***and truly*** ordentligt, med besked [*he was ~ and truly beaten*]; *not very ~* inte så bra; *you can very ~ do that* det kan du gott (mycket väl) göra; *he couldn't* [*very*] *~ refuse* han kunde inte gärna vägra; ***it may ~ be that...*** det kan mycket väl hända att...; ***I can ~ believe it*** det kan jag gott (mycket väl) tänka mig; ***carry one's years ~*** bära sina år med heder; ***come off ~*** lyckas [bra], gå bra; ***think ~ of*** ha höga tankar om, tro gott om; ***be ~ off*** ha det bra [ställt]; ***he doesn't know when he's ~ off*** han vet inte hur bra han har det; ***I'm very ~ off for clothes*** jag har gott om kläder; ***you're ~ out of it*** du kan vara glad att du slipper det; [***she looked surprised***] ***as ~ she might*** ...vilket hon gott kunde göra (inte var så konstigt) **2** betydligt, ett bra (gott) stycke, en bra bit; ~ ***away*** på god väg; ~ ***on*** (***advanced***) ***in years*** el. ~ ***on in life*** till åren [kommen]; ~ ***on into the small hours*** långt fram (in) på småtimmarna; ~ ***past*** (***over***) ***sixty*** en bra bit över sextio [år] **3** *as ~* a) också, dessutom [*he gave me clothes as ~*] b) [lika] gärna, lika[så]väl [*you may* (*might*) *as ~ stay*]; ***just as ~*** lika gärna, lika[så]väl, se äv. *II 2 a*); ***as ~ as*** a) såväl...som, både...och [*he gave med clothes as ~ as food*] b) lika bra som [*he plays as ~ as I* (*me*)]; ***as ~ as I can*** så gott jag kan
II (*better best*) *adj* **1 a**) frisk, kry, bra **b**) ibl. attr. frisk [*a ~ man*]; ***I don't feel quite ~ today*** jag mår inte riktigt bra i dag **2 a**) bra, gott, väl [*all is ~ with us*]; lämpligt, klokt; [*if you can manage it,*] ~ ***and good*** ...så är allt gott och väl; ***all's ~*** mil. el. sjö. allt väl; ***all's ~ that ends ~*** slutet gott, allting gott; ***that's all very ~*** för all del; ***it's all very ~ but...*** det är gott och väl men...; ***it's all very***

~ for you to say det är lätt för dig att säga; *it's [just] as ~ [I didn't lend him the money]* det var lika så bra (gott) att... **b)** om pers. *he is all very ~ in his way but...* han kan nog vara bra på sitt sätt men...; *be ~ in with* ligga bra till hos **III** *s* väl [*I wish him ~*]; *leave (let) ~ alone* se *1 leave I 1* o. *1 let III 1*
IV *interj* nå!, nåväl!, nåja!; seså!; så!, så där [ja]! [*~, here we are at last!*]; nja!, tjaa! [*~, you may be right!*]; *~ I never!* el. *~, I declare!* jag har aldrig hört (sett) [på] maken!; *~, really!* det må jag säga!, jag säger då det!; *~ then!* nå!, alltså!; *very ~!* ja [då]!, jo!, gärna!; *very ~ then!* nåväl!, låt gå då!, som du vill [då]!; *~, ~!* nå!, nåväl!; ja ja!, jo jo!; vad nu då!; ser man på!; *~, who would have thought it?* vem kunde väl ha trott det?
we'll [wi:l] = *we will* o. *we shall*
well-adjusted [ˌwelə'dʒʌstɪd] *adj* välanpassad
well-advised [ˌweləd'vaɪzd] *adj* välbetänkt, klok [*a ~ step*]; *he would be ~ to...* det vore klokt av honom att...
well-appointed [ˌwelə'pɔɪntɪd] *adj* välutrustad [*a ~ expedition*], välförsedd, välinrättad, välmöblerad, välinredd [*a ~ home*]
well-assorted [ˌwelə'sɔ:tɪd] *adj* **1** välsorterad [*a ~ shop*] **2** *a ~ couple* ett par som passar bra ihop
well-attended [ˌwelə'tendɪd] *adj* välbesökt, talrikt (livligt) besökt [*a ~ meeting*]
well-balanced [ˌwel'bælənst] *adj* **1** välbalanserad, sansad **2** [väl] balanserad [*a ~ economy*], väl avvägd; allsidig [*a ~ diet* (kost)]
well-behaved [ˌwelbɪ'heɪvd] *adj* väluppfostrad, välartad, ordentlig
well-being [ˌwel'bi:ɪŋ] *s* välbefinnande; väl [*the ~ of the nation*], välfärd; trevnad; *sense of ~* [känsla av] välbefinnande
well-bred [ˌwel'bred, attr. '--] *adj* **1** väluppfostrad, belevad [*a ~ man (woman)*] **2** av god (fin) ras [*a ~ animal*], ädel
well-built [ˌwel'bɪlt, attr. '--] *adj* välbyggd
well-chosen [ˌwel'tʃəʊzn] *adj* väl vald, träffande [*a few ~ words*]
well-connected [ˌwelkə'nektɪd] *adj* **1** med fina (inflytelserika) släktingar, av fin familj **2** med goda (inflytelserika) kontakter
well-cooked [ˌwel'kʊkt, attr. '--] *adj* välkokt, välstekt, vällagad
well-disposed [ˌweldɪ'spəʊzd] *adj* **1** välvilligt inställd, välvillig, vänligt sinnad [*towards, to* mot], välsinnad **2** väldisponerad
well-done [ˌwel'dʌn, attr. '--] *adj* **1** välgjord **2** genomstekt [*a ~ steak*], genomkokt
well-earned [ˌwel'ɜ:nd, attr. '--] *adj* välförtjänt [*a ~ holiday*]
well-founded [ˌwel'faʊndɪd] *adj* välgrundad, berättigad [*~ suspicions*], väl underbyggd
well-groomed [ˌwel'gru:md, attr. '--] *adj* [väl]vårdad, välskött [*~ nails, a ~ lawn*]; välfriserad; vältrimmad, välansad
well-heeled [ˌwel'hi:ld, attr. '--] *adj* vard. tät, rik
wellhung [ˌwel'hʌŋ, attr. '--] *adj* **1** kok. välhängd **2** sl. med stor apparat penis
wellies ['welɪz] *s pl* vard. (kortform för *wellingtons*, se *Wellington II*) gummistövlar
well-informed [ˌwelɪn'fɔ:md] *adj* **1** kunnig, [allmän]bildad **2** välinformerad, välunderrättad
Wellington ['welɪŋtən] **I** egenn. **II** *s*, *w~* [*boot*] a) [gummi]stövel b) kragstövel, ridstövel
well-intentioned [ˌwelɪn'tenʃ(ə)nd] *adj* **1** välmenande **2** välment
well-kept [ˌwel'kept, attr. '--] *adj* **1** välskött, välvårdad **2** väl bevarad [*a ~ secret*]
well-knit [ˌwel'nɪt, attr. '--] *adj* **1** välbyggd, kraftig, kraftigt byggd [*a ~ body*] **2** väl (fast) sammanhållen [*a ~ play*]; fast sammansvetsad
well known [ˌwel'nəʊn, attr. '--] *adj* [väl] känd, välkänd, välbekant [*the place is ~*; *a well-known place*]
well-lined [ˌwel'laɪnd, attr. '--] *adj* vard. späckad, fet [*a ~ wallet*]
well-made [ˌwel'meɪd, attr. '--] *adj* **1** välgjord, välkonstruerad; väl uppbyggd **2** välskapad, välväxt **3** *~ play* salongsstycke
well-mannered [ˌwel'mænəd] *adj* väluppfostrad, belevad, hyfsad
well-meaning [ˌwel'mi:nɪŋ] *adj* **1** välmenande; *she was ~ but tactless* hon menade väl men var taktlös **2** välment
well-meant [ˌwel'ment, attr. '--] *adj* välment
well-nigh ['welnaɪ] *adv* nära nog, nästan, hart när
well-off [ˌwel'ɒf, attr. '--] *adj* välbärgad, välsituerad; se äv. *well off* under *2 well I 1*
well-oiled [ˌwel'ɔɪld, attr. '--] *adj* **1** väloljad, smidig, välsmord, effektiv [*a ~ department*] **2** smickrande [*~ phrases*] **3** sl. dragen berusad
well-paid [ˌwel'peɪd, attr. '--] *adj* välbetald, välavlönad
well-preserved [ˌwelprɪ'zɜ:vd] *adj* väl bevarad [*a ~ manuscript*]; väl bibehållen [*a ~ woman*]
well-read [ˌwel'red, attr. '--] *adj* beläst [*in* i], allmänbildad
well-spoken [ˌwel'spəʊk(ə)n] *adj* **1** vältalig, kultiverad, belevad **2** träffande, väl vald
well-tended [ˌwel'tendɪd] *adj* välskött, välvårdad [*a ~ garden*]
well-thought-of [ˌwel'θɔ:tɒv] *adj* väl ansedd; mycket omtyckt
well-timed [ˌwel'taɪmd] *adj* läglig, lämplig, [gjord] i rätt[a] ögonblick[et]; väl beräknad
well-to-do [ˌweltə'du:] *adj* **1** välbärgad, välsituerad, välbeställd, förmögen, välmående **2** lycklig [*~ circumstances*]
well-tried [ˌwel'traɪd, attr. '--] *adj* [väl]beprövad [*a ~ method*], väl utprövad

well-turned [,wel'tɜ:nd, attr. '--] *adj*
välformulerad [*a ~ phrase*]
well-versed [,wel'vɜ:st] *adj* välbevandrad [*in* i]
well-wisher ['wel,wɪʃə, ,'--] *s* vän [*to*, *of* av],
sympatisör; välgångsönskande [person]
well-worn [,wel'wɔ:n, attr. '--] *adj* [ut]sliten,
[ut]nött; bildl. äv. banal
wels [welz] *s* zool. mal fisk
Welsh [welʃ] **I** *adj* walesisk, från Wales; i
Wales; *~ corgi* welsh corgi hundras; *~
rarebit* (*rabbit*) rostat bröd med smält ost;
~ terrier welsh terrier hundras **II** *s* **1** *the ~*
walesarna **2** walesiska [språket]
welsh [welʃ] vard. **I** *vb tr* isht om bookmaker
lura, snuva [på pengar] **II** *vb itr* **1** isht om
bookmaker smita, dunsta, sticka [med
pengarna] **2** *~ on* a) se *I* ovan b) smita från [*~
on a promise*]
Welsh|man ['welʃmən] (pl. *-men* [-mən]) *s*
walesare
Welsh|woman ['welʃ,wʊmən] (pl. *-women*) *s*
walesiska
welt [welt] **I** *s* **1** skom. rand **2** strimma, rand
märke på huden efter slag **II** *vb tr* skom. randsy;
perf. p. *~ed* äv. rand-
welter ['weltə] **I** *vb itr* **1** om vågor, sjön o.d.
rulla, svalla, vältra sig **2** vräkas (kastas) hit
och dit [*a ship ~ing on the waves*] **3** vältra sig
äv. bildl. [*~ in the mud*; *~ in vice*]; rulla sig; *~
in* äv. bada i, simma i [*~ in blood*] **II** *s* virrvarr,
villervalla; förvirring, oro; [förvirrad] massa,
röra
welterweight ['weltəweɪt] *s* **1** sport.
a) weltervikt b) welterviktare **2** kapplöpn.
a) handikappvikt b) tungviktsryttare
Wembley ['wemblɪ] geogr. egenn.; *~ Stadium*
berömd arena för bl.a. fotbollsmatcher
wen [wen] *s* **1** med. hudsvulst, fettsvulst;
utväxt **2** vard. svulst, stor otymplig stad; *the
great ~* benämning på London
wench [wen(t)ʃ] **I** *s* **1** vard. (skämts.) tjej, brud
2 vard. el. dial. bondtös, jänta **II** *vb itr* bedriva
otukt, hora
wend [wend] (*~ed ~ed*) *vb tr* poet., *~ one's
way* styra sina steg (kosan), bege sig [*to* mot,
till]
Wendy ['wendɪ] kvinnonamn; *~ house* lekstuga
went [went] imperf. av *go*
wept [wept] imperf. o. perf. p. av *weep*
were [wɜ:, weə, obeton. wə] imperf. ind. (2 pers.
sg. samt pl.) o. imperf. konj. av *be*; *if I ~ you I
should...* [om jag vore] i ditt ställe skulle
jag...
we're [wɪə] = *we are*
weren't [wɜ:nt, weənt] = *were not*
werewol|f ['wɪəwʊlf, 'wɜ:-] (pl. *-ves*) *s* mytol.
varulv
west [west] **I** *s* **1** väster [*the sun sets in the ~*],
väst; för ex. jfr *east I I* **2** *the W~*
a) Västerlandet b) i USA Västern,
väststaterna c) västra delen av landet; *the*

Middle W~ Mellanvästern i USA
3 västan[vind] **II** *adj* västlig, västra, väst- [*on
the ~ coast*], väster-; *W~ Africa* Västafrika;
the W~ Country sydvästra England; *the W~
End* [,west'end] West End den fashionabla
västra delen av London; *W~ Ender* invånare i
West End; *W~ Indian* a) subst. västindier
b) adj. västindisk; *the W~ Indies* pl.
Västindien; *W~ Saxon* eng. hist. a) subst.
västsaxare; västsaxiska [språket] b) adj.
västsaxisk; *the W~ Side* västra delen av
Manhattan i New York; *~ wind* västlig vind,
västvind **III** *adv* mot (åt) väster, västerut; sjö.
västvart; väst, väster; för ex. jfr *east III*; *go W~*
resa (fara) västerut isht till (i) USA; *go ~* sl.
a) kola [av] b) gå åt helsike; [*way*] *out W~*
borta i Västern i USA
westbound ['westbaʊnd] *adj* västgående
West Bromwich [,west'brɒmɪdʒ, -ɪtʃ] geogr.
westerly ['westəlɪ] *adj* o. *adv* o. *s* västlig; mot
väster, från väster; västlig vind; jfr vid. *easterly*
western ['westən] **I** *adj* **1** västlig, västra, väst-
[*the ~ coast*]; *W~ Australia* Västaustralien; *~
Europe* Västeuropa; *the W~ Powers*
västmakterna **2** *W~* västerländsk **II** *s*
1 västerlänning **2** *W~* västern,
vildavästernfilm, vildavästernroman
westerner ['westənə] *s* västerlänning; person
från västra delen av landet; i USA väststatsbo
westernmost ['westənməʊst] *adj* västligast
Westminster ['wes(t)mɪnstə, pred. -'--] **I** geogr.
egenn.; *~ Abbey* Englands nationalhelgedom i
det centrala London; *~ Cathedral*
romersk-katolsk huvudkyrka i London **II** *s*
benämning på [brittiska] parlamentet
westward ['westwəd] **I** *adj* västlig etc., jfr
eastward I **II** *adv* mot (åt) väster, västerut; sjö.
västvart; *~ of* väster om **III** *s*, *the ~* väster
[*from the ~*; *to the ~*]; västra delen
westwards ['westwədz] *adv* se *westward II*
wet [wet] **I** *adj* **1** våt, blöt, fuktig [*with* av],
sur; regnig [*a ~ day*]; *get ~ feet* el. *get one's
feet ~* bli våt (blöta ner sig) om fötterna; *W~
Paint!* Nymålat!; *~ snow* blötsnö; *~ behind
the ears* vard. inte torr bakom öronen; *~
from the press* alldeles nyutkommen, färsk
[av tryckct]; *~ through* genomvåt, dyblöt,
genomsur; *~ to the skin* våt in på bara
kroppen (skinnet); *get ~* bli våt (blöt); blöta
ner sig; *get oneself ~* blöta ner sig; *make ~*
blöta ner **2** sl. mesig, töntig; fjantig **II** *s*
1 a) regn [*don't go out in the ~*], regnväder,
nederbörd b) väta, fukt; blöta **2** vard.'drink,
styrketår, glas **3** sl. mes, fjant, tönt **III** (*wet
wet* el. *~ted ~ted*) *vb tr* **1** väta, fukta [*~ one's
lips*]; blöta [ner]; *~ one's whistle* fukta
strupen, ta sig ett glas; *~ through* göra
genomblöt **2** väta (kissa) i (på) [*~ the bed*]; *~
one's pants* kissa i byxorna (på sig); *~
oneself* kissa på sig
wet blanket [,wet'blæŋkɪt] *s* vard., se *blanket 3*

wet dream [‚wet'dri:m] *s* vard. våt dröm, erotisk dröm med sädesuttömning
wether ['weðə] *s* hammel, kastrerad bagge
wetness ['wetnəs] *s* väta, fuktighet
wet-nurse ['wetnɜ:s] **I** *s* amma **II** *vb tr* **1** amma **2** dalta med, klema med (bort)
wet suit ['wetsu:t] *s* våtdräkt
wet wipe ['wetwaɪp] *s* våtservett
we've [wi:v] = *we have*
WFTU förk. för *World Federation of Trade Unions*
whack [wæk] vard. **I** *vb tr* **1** dunka på (i), smälla (slå) på (i), dänga i [*he ~ed his desk with a ruler* (linjal)] **2** *~ed* [*out*] slutkörd, utpumpad **3** *~* [*up*] dela [på] **II** *vb itr*, *~ off* isht amer. sl. runka onanera **III** *s* **1** slag, smäll; hurril **2** försök; *have* (*take*) *a ~ at* ge sig i kast med, försöka (ge) sig på **3** del, andel, portion, [stor] bit; *go ~s* dela lika
whacker ['wækə] *s* vard. **1** baddare, bjässe, bamsing **2** grov lögn
whacking ['wækɪŋ] **I** *s* kok stryk **II** *adj* vard. väldig, kolossal; *a ~ lie* en grov lögn **III** *adv* vard. väldigt, jätte- [*~ big* (*great*)]
whacky ['wækɪ] *adj* sl. knasig, knäpp
whale [weɪl] **I** *s* **1** zool. val, valfisk; *~ factory ship* valkokeri; *bull ~* valhane; *cow ~* valhona; *Greenland right ~* el. *bowhead ~* grönlandsval **2** vard., *have a ~ of a* [*good*] *time* ha jättekul **II** *vb itr* bedriva valfångst, fånga val; *go whaling* vara ute på valfångst
whalebone ['weɪlbəʊn] *s* [val]bard, [val]fiskben; planschett [av fiskben]; *~ whale* bardval
whale-fishing ['weɪl‚fɪʃɪŋ] *s* valfångst
whaler ['weɪlə] *s* **1** valfångare **2** valfångstfartyg; val[fångst]båt
whaling ['weɪlɪŋ] *s* valfångst, valjakt
wham [wæm] **I** *s* dunk[ande], smäll, slag **II** *vb tr* drämma till [*~ a p. with a broom*]; slå på [*~ a drum*], slå **III** *interj*, *~!* pang!, duns!
whar|f [wɔ:f] **I** (pl. *-fs* el. *-ves*) *s* kaj, lastkaj, lastageplats, hamnplats, båtbrygga, lastbrygga **II** *vb tr* förtöja [vid kajen]
wharves [wɔ:vz] *s* pl. av *wharf*
what [wɒt] **I** *interr pron* **1** självst. vad [*~ do you mean?*], vilken, vilket, vilka [*~ is your reason* (*are your reasons*)*?*]; vad som [*he asked me ~ happened*]; *~ ever can it mean?* vard. vad i all världen kan det betyda?; *~ for?* varför?, vad då till?; *~ did you do that for?* varför gjorde du det?, vad gjorde du det för?; *~ do you take me for?* vem tar du mig för?; *I gave him ~ for* vard. jag gav honom så han teg; *~ if...?* tänk om...?, vad händer om...?; *~ if we were to try?* äv. [hur vore det] om vi skulle försöka?; *~ of it?* än sen då?, vad gör det?; *~ then?* el. *and then ~?* och sen då?; *~'s his name?* vad heter han?; *~'s that to you?* vad har det med dig att göra?; *~'s yours?* vad vill du ha [att dricka]?, vad får jag bjuda dig på?; *~'s up?* vad står på?; *and* [*I don't know*] *~ not* (*~ all*, *~ else*) el. *and* (*or*) *~ have you* efter uppräkning och jag vet inte vad [allt]; *so ~?* än sen då?; [*do*] *you know ~?* vet du vad?; *know ~'s ~* vard. ha [väl] reda på sig; *I'll show you ~'s ~!* vard. jag ska minsann visa dig!; *~ do you think I am?* vem tar du mig för? **2** fören. **a**) vilken, vilket, vilka [*~ country do you come from?*]; vad för en (någon, något, några), vad för [slags] [*~ tobacco do you smoke?*]; hur stor [*~ salary do you get?*]; vilken etc. som [*I don't know ~ people live here*]; *~ age is he?* hur gammal är han?; *~ good* (*use*) *is it?* vad tjänar det till?; *~ name* [*shall I say*], *please?* vem får jag hälsa från?; *~ sort* (*kind*) *of* [*a*] *fellow is he?* vad är han för en?; [*at*] *~ time?* hur dags? **b**) i utrop vilken, vilket, vilka, [en] sådan, sådana [*~ weather!*; *~ fools!*]; så [*~ beautiful weather!*]; *~ a*[*n*] vilken, en sådan [*~ a fool!*], det var då också en [*~ a question!*]; *~ a pity!* så synd (tråkigt)!, vad tråkigt!
II *rel pron* **1** självst. vad, det [*I'll do ~ I can*]; vad (det) som [*~ followed was unpleasant*]; *~ is interesting about this is...* det intressanta med det här är...; *and ~ is more* och dessutom, och vad mer är; *come ~ may* hända vad som hända vill; *the food, ~ there was of it*[*, was rotten*] den lilla mat som fanns [kvar]... **2** fören. [all] den...[som] [*I will give you ~ help I can*]; [*wear*] *~ clothes you like!* ...vilka kläder du vill!
III *adv* **1** vad, i vad mån **2** *~ with...and* [*~ with*] dels på grund av...och dels på grund av [*~ with drink and* [*~ with*] *tiredness, he could not...*]; *~ with one thing and another I was obliged to...* och det ena med det andra gjorde att jag måste...
what-d'ye-call-it o. **what-d'you-call-it** ['wɒtdjə‚kɔ:lɪt, -dʒə-] *s* vard. vad är det den (det) heter nu igen, vad (den det) nu kallas (heter)
whate'er [wɒt'eə] *rel pron* poet., se *whatever I*
whatever [wɒt'evə] **I** *rel pron* **1** självst. vad...än [*~ you do, do not forget...*], vad som...än; allt vad [*~ I have is yours*], allt som [*do ~ is necessary*]; ss. predf. äv. vilken...än [*~ his lot may be*], hurdan...än, hur stor (liten); *~ his faults* [*may be*] [, *he is honest*] vilka (hur stora) fel han än må ha...; *come, ~ you do* vad du än gör eller må, kom för all del!; *~ you like* (*say*) som du (ni) vill; *do ~ you like* gör som (vad) du vill, gör vad som helst; *or ~* vard. eller vad det nu kan vara, eller nåt sånt **2** fören. vilken...än, vilka...än [*~ steps he may take*], hurdan...än, hur stor (liten)...än; i nek. sammanhang alls, överhuvudtaget, som helst; *no doubt ~* inte något som helst tvivel, inget tvivel alls; *without any* (*with no*) *knowledge ~* utan några som helst (de

ringaste) kunskaper II *interr pron* se *what ever* under *what I 1*
whatnot ['wɒtnɒt] *s* **1** vard., ~[*s*] allt möjligt, jag vet inte vad **2** [prydnads]hylla, etagär
what's-her-name ['wɒtsəneɪm] *s* vard. vad är det hon heter [nu igen], vad hon nu heter
what's-his-name ['wɒtsɪzneɪm] *s* vard. vad är det han heter [nu igen], vad han nu heter; *Mr. W~* Herr den och den
what's-its-name ['wɒtsɪtsneɪm] *s* vard. vad är det den (det) heter [nu igen], vad den (det) nu heter
whatsoever [ˌwɒtsəʊ'evə] *pron* se *whatever I*
wheat [wiːt] *s* vete
wheatear ['wiːtɪə] *s* zool. stenskvätta
wheaten ['wiːtn] *adj* av vete, vete- [~ *bread*]
wheat germ ['wiːtdʒɜːm] *s* vetegrodd
wheatmeal ['wiːtmiːl] *s* grahamsmjöl
wheedle ['wiːdl] I *vb tr* lirka med, tala snällt med [~ *a p. into doing a th.*]; ~ *a th. out of a p.* el. ~ *a p. out of a th.* lirka (locka, lura) av ngn ngt II *vb itr* använda lämpor
wheel [wiːl] I *s* **1** hjul äv. bildl. [*Fortune's ~; the ~s of social progress have turned slowly*]; ~ *alignment* bil. hjulinställning; *free* ~ frihjul; *set the ~s of industry turning* bildl. få hjulen att snurra; ~s *within* ~s bildl. ett komplicerat maskineri, komplicerade förhållanden; *the* ~ *has come full circle* bildl. cirkeln är sluten; *go* (*run*) *on* [*oiled*] ~s gå som smort, löpa friktionsfritt **2** ratt, styrratt; ~ *glove* rattmuff; *take the* ~ ta över [ratten]; *the man at the* ~ mannen vid ratten, föraren; bildl. den som styr (sitter vid rodret) **3** skiva, trissa **4** gymn. varv i hjulning; *turn ~s* hjula II *vb tr* **1** rulla, köra, skjuta, dra [~ *a child in*] *a pram*]; ~ *a cycle* leda (dra) en cykel **2** svänga [runt], snurra [på], vrida [runt], låta (få att) rotera **3** mil., ~ [*round*] låta en trupp göra en riktningsändring III *vb itr* **1** ~ [*round*] svänga [runt], snurra [runt], gå runt, rotera; [plötsligt] vända sig om; om t.ex. fåglar kretsa, cirkla [runt] **2** mil. göra en riktningsändring; *right* ~! täten till höger marsch! **3** rulla [*the car ~ed along the highway*]; vard. cykla **4** bildl. ~ [*about* (*round*)] svänga (kasta, slå) om [*she ~ed round and argued for the opposition*] **5** amer. vard., ~ *and deal* handla smart, fixa, mygla, tricksa
wheelbarrow ['wiːlˌbærəʊ] *s* skottkärra
wheelbase ['wiːlbeɪs] *s* hjulbas, axelavstånd
wheelchair ['wiːltʃeə] *s* rullstol
wheel clamp ['wiːlklæmp] *s* bil. hjullås som används vid parkeringsförseelse
wheeler-dealer [ˌwiːləˈdiːlə] *s* vard. fixare, klippare, myglare; smart affärsman (politiker)
wheelwright ['wiːlraɪt] *s* hjulmakare, vagnmakare
wheeze [wiːz] I *vb itr* andas med ett pipande (väsande, rosslande) ljud; pipa, väsa, rossla II *s* **1** pipande, väsande, rosslande, pipljud, väsljud, rossel, rossling **2** vard. trick, knep; skämt, lustighet
wheezy ['wiːzɪ] *adj* pipande, väsande, rosslig
whelk [welk] *s* zool. valthornssnäcka
whelp [welp] I *s* **1** valp **2** pojkvalp, spoling II *vb itr* valpa; föda ungar III *vb tr* föda
when [wen] I *interr adv* när [~ *did it happen?*], hur dags; ~ *ever?* vard. när i all världen?; *say* ~! säg stopp! isht vid påfyllning av glas; *from* ~ el. ~...*from* från vilken tid [*from* ~ *does it date?*, ~ *does it date from?*]; *since* ~ sedan när [*since* ~ *is that allowed?*], [sedan] hur länge [*since* ~ *has she been missing?*] II *konj* o. *rel adv* då, när; varvid, och då [*the Queen will visit the town,* ~ *she will open the new hospital*]; som [~ *young*]; ~ *he had left* då (när, sedan) han hade rest; *it was only* ~ *I had seen it that...* det var först sedan (när) jag hade sett den som...; ~ *there, I found...* när (då) jag kom dit (fram) fann jag... III *s* tid[punkt]; *know the* ~ *and* [*the*] *where* veta när och var
whence [wens] *adv* åld. el. litt. varifrån [*do you know* ~ *she comes?*]; varav, hur [~ *comes it* (kommer det sig) *that...?*]; varför; [och] därav [~ *his surprise*]; *return* ~ *you came* återvänd dit varifrån du kommit; ~ *it follows that...* varav följer att...; *from* ~ varifrån
whene'er [wen'eə] *konj* poet., se *whenever I*
whenever [wen'evə] I *konj* när...än, närhelst, [alltid] när, varje gång, så ofta [~ *I see him*]; ~ *you like* när du vill, när som helst; *or* ~ vard. eller när som helst [*on Monday, or Friday, or* ~] II *interr adv* se *when ever* under *when I*
whensoever [ˌwensəʊ'evə] *konj* litt. närhelst, när...än
where [weə] I *interr adv* **1** var [~ *is he?*]; i vilket avseende, på vilket sätt [~ *does this affect us?*]; ~ *ever?* vard. var i all världen?; ~ *would* (*should*) *we be, if...?* hur skulle det gå (bli) med oss om...?; ~...*to?* vart? **2** vart [~ *are you going?*]; ~ *ever?* vard. vart i all världen? II *rel adv* **1** där [~ (*in a country* ~) *it never snows, skiers must go abroad*]; [den plats] där [*two miles from* ~ *I live*]; dit (till någon plats) där [*send him* ~ *he will be taken care of*]; var [*sit* ~ *you like*]; då, när [*they are rude* ~ *they should be polite*] **2** dit [*the place* ~ *I went next was Highbury*]; vart [*go* ~ *you like*] III *s* [skåde]plats; jfr under *when III*
whereabouts [ss. adv. ˌweərə'baʊts, ss. subst. '---] I *adv* var ungefär, var någonstans II (konstr. ss. sg. el. pl.) *s* uppehållsort, vistelseort, tillhåll; [ungefärlig] plats, [ungefärligt] läge; [*nobody knows*] *his* ~ ...var han befinner sig (håller hus)
whereas [weər'æz] *konj* **1** då däremot, under

det att, medan [däremot], varemot **2** jur. alldenstund, enär, eftersom
whereby [weə'baɪ] *rel adv* varigenom [*the means ~ such a purpose is effected*], varmed, med vars hjälp
where'er [weər'eə] *adv* poet., se *wherever 1*
wherein [weər'ɪn] *rel adv* litt. vari, där
wheresoever [ˌweəsəʊ'evə] *adv* litt. varhelst, var...än; varthelst, vart...än
whereupon [ˌweərə'pɒn] *rel adv* varpå
wherever [weər'evə] *adv* **1** varhelst, var [...än]; varthelst, vart [...än]; överallt där; överallt dit; *~ he comes from* varifrån han än kommer **2** se *where ever* under *where I 1* o. *2*
wherewithal ['weəwɪðɔːl] *s, the ~* medel, möjlighet[er], [ekonomiska] resurser, [de ekonomiska] resurserna [*he has not the ~*]
whet [wet] *vb tr* **1** bryna, slipa, vässa **2** bildl. skärpa, öka, stimulera, reta [*~ one's curiosity*]
whether ['weðə] *konj* **1** om [*I don't know ~ he is here or not*], huruvida; *he did not know ~ to cry or laugh* han visste inte om han skulle gråta eller skratta; *the question [as to] ~...* frågan om..., frågan [om] huruvida...; *I doubt ~ he will come* jag tvivlar på att han kommer **2** *~...or* antingen (vare sig)...eller; *you must, ~ you want to or not* (*no*) du måste, antingen du vill eller inte
whetstone ['wetstəʊn] *s* **1** bryne, brynsten **2** bildl. stimulans, sporre
whew [hjuː] *interj*, *~!* puh! [*~, it's hot in here!*]; usch!, brr!; du store tid! [*~, what an idiot!*]
whey [weɪ] *s* vassla; *curds and ~* ung. vassil filbunke
which [wɪtʃ] **I** *interr pron* vilken, vilket, vilka [*~ boy is it?*; *~ of the boys is it?*], vem [*~ of you did it?*]; vilkendera; vilken (vilket, vilka, vem) som [*I don't know ~ [of them] came first*]; *~ one?* vilken (då)?, vilkendera?; *~ is ~?* vilken är vilken?, vem är vem? [*those two boys are John and William, but ~ is ~?*]; *~ way* [*shall we do it?*] på vilket sätt..., hur...
II (gen. *whose*, se *whose II*) *rel pron* som, vilken, vilka; något (en sak) som, vilket [*he is very old, ~ ought to be remembered*], och det [*I lost my way, ~ delayed me considerably*], men det [*he said he was there, ~ was a lie*]; [*he told me to leave,*] *~ I did* ...vilket jag också gjorde, ...och det gjorde jag också; *Our Father ~ art in Heaven* bibl. Fader vår som är i himlen; *in ~ case he had to...* i vilket fall han måste..., och i så fall måste han...; *about ~* [*we spoke yesterday*] om vilken (varom)..., som...om; *the house, the roof of ~* (*the houses, the roofs of ~*) [*could be seen above the trees*] huset vars tak (husen vilkas tak)...; *these books, all of ~ are...* dessa böcker vilka alla är...; *added to ~ he is...* vartill (och därtill) kommer att han är...

whichever [wɪtʃ'evə] *rel pron* vilken...än [*~ road you take, you will go wrong*], vilkendera...än; vilken [*take ~ road you like*]; vilken (vilket)...som än; den [som] [*take ~ you like best*]
whiff [wɪf] **I** *s* **1** pust [*~ of wind*], fläkt, puff; *a ~ of fresh air* en nypa frisk luft; *a ~ of smoke* ett rökmoln **2** lukt, doft; stank **3 a**) bloss; [*we stopped work*] *to have a few ~s* äv. ...för att ta oss en rök **b**) inandning [*at the first ~ of ether*] **4** vard. [liten] cigarill **II** *vb itr* **1** pusta, fläkta; vina; fnysa **2** lukta [illa] **III** *vb tr* **1** blåsa **2** bolma (blossa, puffa) på [*~ one's pipe*] **3** andas in; lukta på; känna [lukten av]
whiffleball ['wɪflbɔːl] *s* golf. m.m. träningsboll med hål i
Whig [wɪɡ] hist. **I** *s* **1** whig; gammalliberal **2** amer. whig a) anhängare av den amerikanska revolutionen b) medlem av ett politiskt parti 1834-1855 **II** *adj* whig-
while [waɪl] **I** *s* **1** stund [*a good* (*short*) *~*; *a short ~ ago*]; tid; *it will be a long ~ before...* det kommer att dröja [rätt] länge (ett bra slag) innan...; *the ~* a) adv. under tiden, så länge [*I shall stay here the ~*]; därvid b) konj., poet. medan; *all that ~* [under] hela [den] tiden; *all the ~* [under] hela tiden; *all this ~* [under] hela denna tid, hela tiden; *after a ~* efter en stund, efter en (någon) tid; *for a ~* en stund, en tid, ett slag (tag) [*I shall go away for a ~*], på (för) en stund (tid); [*I have not seen him*] *for a long ~* ...på [mycket] länge, ...på ett bra tag (slag); *in a little ~* om en liten stund, om ett litet tag (slag), inom kort; [*every*] *once in a ~* någon [enda (enstaka)] gång, då och då, en och annan gång; *for once in a ~* för en gångs skull, för ovanlighet[en]s skull; [*I haven't seen him*] [*for*] *this long ~ past* ...på mycket länge, ...på ett bra tag (slag); *quite a ~* ganska länge, ett bra slag (tag)
2 *worth* [*one's*] *~* mödan värt; *it is not worth ~* det är inte mödan värt (värt besväret), det lönar sig inte; *I will make it worth your ~* jag ska se till att det blir (är) värt besväret (att det lönar sig) för dig; jfr äv. *worthwhile*
II *konj* **1** medan, under det att; så länge [*I shall stay ~ my money lasts*]; *~ there is life there is hope* så länge det finns liv, finns det hopp; [*we lost it*] *~ we were moving* ...under flyttningen; *sit down ~ you are waiting* sitt ner så länge; *~ speaking* [*he wrote...*] medan han talade... **2** medan (då) däremot [*Jane was dressed in brown, ~ Mary was dressed in blue*]; på samma gång (samtidigt) som [*~ I admit his good points, I can see his bad*]
III *vb tr, ~ away* fördriva; *~ away the time* fördriva tiden [*with* med], få tiden att gå

whilst [waɪlst] *konj* se *while* II isht 2
whim [wɪm] *s* nyck, infall, hugskott; idé; ~ el. pl. ~**s** äv. griller; ~ *of fashion* modenyck
whimper ['wɪmpə] I *vb itr* gnälla, gny, kvida, pipa II *vb tr* gnälla över (om); gnälla fram III *s* gnäll[ande], gny[ende], kvidande, pip
whimsical ['wɪmzɪk(ə)l] *adj* **1** nyckfull, lynnig; oberäknelig **2** besynnerlig, konstig, egen[domlig], fantastisk; bisarr, excentrisk
whimsicality [ˌwɪmzɪ'kælətɪ] *s* **1** nyckfullhet etc., jfr *whimsical* **2** nyck, infall
whimsy ['wɪmzɪ] I *s* **1** bisarr humor; stollighet[er]; griller, fantasier **2** nyck, infall, förflugen idé II *adj* se *whimsical*
whinchat ['wɪn-tʃæt] *s* zool. buskskvätta
whine [waɪn] I *vb itr* gnälla, jämra sig, kinka; pipa; yla; vina [*the bullets* ~*d through the air*] II *s* gnäll[ande], jämmer, kink[ande]; pip[ande]; ylande; vinande
whinge [wɪndʒ] vard. I *vb itr* gnälla, klaga, knorra II *s* gnäll, knorr
whinny ['wɪnɪ] I *vb itr* gnägga [belåtet] II *s* [belåten] gnäggning, [belåtet] gnäggande
whip [wɪp] I *vb tr* (se äv. III o. *whipped*) **1** piska [~ *a horse*]; spöa [upp], ge stryk **2** vispa [~ *cream*] **3** vard. slå ut, utklassa II *vb itr* (se äv. III) rusa, kila [*he* ~*ped upstairs*] III *vb tr* o. *vb itr* med adv. o. prep. (isht i speciella, oftast vard. bet.):
~ **across** kila över [*he* ~*ped across the road*]
~ **back** rusa (kila) tillbaka
~ **down** rusa (flänga, kila) ner (nedför)
~ **in**: a) rusa (kila) in b) slänga (stoppa) in
~ **into**: a) rusa (kila) in [*he* ~*ped into the shop*] b) kasta på sig, hoppa i [*she* ~*ped into her clothes*] c) slänga (kasta, köra) in (ner) i [*he* ~*ped the packet into the drawer*]; ~ *into shape* få fason (hyfs) på
~ **off**: a) rusa bort, sticka i väg [*they* ~*ped off on a holiday*] b) plötsligt dra i väg med [*he* ~*ped her off to France*] c) *he* ~*ped off his coat* han kastade (slet) av sig rocken; *the thief* ~*ped the ring off the table* tjuven slet (ryckte) till sig ringen från bordet
~ **out**: a) rusa (störta, kila) ut (fram); ~ *out of one's bed* rusa upp ur sängen b) blixtsnabbt rycka (dra) upp [*the policeman* ~*ped out his notebook*]
~ **round**: a) sticka (kila) runt [*he* ~*ped round the corner*]; [blixtsnabbt] göra helt om [*he* ~*ped round*] b) ~ *round to a p.'s place* kila över till ngn c) ~ *round* [*for a subscription*] sätta i gång en insamling
~ **up**: a) rusa (flänga) upp (uppför) b) kvickt rycka upp; rafsa till (åt) sig c) vispa upp d) kvickt samla [ihop] [~ *up one's friends*]; fixa till [~ *up a meal*] e) piska upp; väcka [~ *up enthusiasm*]
IV *s* **1** a) piska; gissel; *have the* ~ *hand* se *whip-hand* b) piskrapp, pisksnärt **2** [stål]visp **3** kok.: slags mousse **4** parl.: a) inpiskare b) meddelande om (kallelse till) votering (debatt)
whipcord ['wɪpkɔːd] I *s* **1** pisksnärt **2** textil. whipcord II *adj* senig, muskulös
whip-hand [ˌwɪp'hænd] *s*, *have the* ~ ha övertaget (makt) [*over* (*of*) *a p*. över ngn]
whiplash ['wɪplæʃ] *s* pisksnärt; ~ [*injury*] med. pisksnärtskada
whipped [wɪpt] *adj* **1** piskad, pryglad; kuvad **2** [upp]vispad; ~ *cream* [ˌ-'-] vispgrädde
whipper-in [ˌwɪpər'ɪn] (pl. *whippers-in* [ˌwɪpəz'ɪn]) *s* **1** jakt. pikör **2** åld., se *whip* IV 4 a)
whippersnapper ['wɪpəˌsnæpə] *s* [pojk]spoling, snorvalp; viktigpetter
whippet ['wɪpɪt] *s* whippet hundras
whipping ['wɪpɪŋ] *s* **1** piskning, piskande; *a* ~ [ett kok] stryk **2** vispning, vispande; sömnad. kastsöm
whipping-boy ['wɪpɪŋbɔɪ] *s* strykpojke, syndabock
whip-round ['wɪpraʊnd] *s* vard. insamling
Whipsnade ['wɪpsneɪd] djurpark i Bedfordshire i södra England
whiptop ['wɪptɒp] *s* pisksnurra
whirl [wɜːl] I *vb itr* **1** virvla [*the leaves* ~*ed in the air*]; snurra; svänga runt [*he* ~*ed and faced his pursuers*]; ~ *round* (*about*) virvla (snurra) omkring (runt), virvla runt i [*the dancers* ~*ed round the room*] **2** rusa, susa, virvla [*she came* ~*ing into the room*] **3** *his head* (*brain*) ~*ed* det gick runt för honom, han blev yr i huvudet II *vb tr* **1** komma att virvla, virvla upp; svänga [*he* ~*ed his hat in farewell*]; *they were* ~*ed away in the car* bilen susade i väg med dem; ~ *round* svänga runt med; ~ *up* virvla upp [*the wind* ~*ed up the sand*] **2** slunga, slänga, kasta III *s* **1** virvel [*a* ~ *of water*]; virvlande; snurr[ande] [*a* ~ *of the wheel*], rotation, sväng[rörelse]; *a* ~ *of dust* ett virvlande dammoln; *his brain was in a* ~ det gick runt för honom, han var yr i huvudet; *my thoughts are in a* ~ tankarna går (snurrar) runt i huvudet på mig **2** bildl. virvel [*a* ~ *of meetings and conferences*]; *the social* ~ den sociala svängen; [*the town*] *was in a* ~ *of excitement* ...befann sig i ett tillstånd av upphetsning och förvirring
whirligig ['wɜːlɪɡɪɡ] *s* **1** snurra **2** karusell, slänggunga **3** bildl. virvel, karusell
whirlpool ['wɜːlpuːl] *s* strömvirvel, malström äv. bildl.; ~ [*bath*] bubbelpool
whirlwind ['wɜːlwɪnd] *s* **1** virvelvind; bildl. virvel [*a* ~ *of meetings and conferences*]; *sow the wind and reap the* ~ ordst. så vind och skörda storm **2** attr. blixtsnabb [*a* ~ *tour*]
whirlybird ['wɜːlɪbɜːd] *s* sl. helikopter
whirr [wɜː] *vb itr* surra, vina, susa
whisk [wɪsk] I *s* **1** viska, borste, kvast, dammvippa **2** [*fly*] ~ flugviska, flugsmälla **3** visp **4** tott; knippe, kvast, vippa

5 svepande (piskande) rörelse, [snabb] viftning, snärt [*a ~ of* (med) *the tail*]; svep [*a ~ of* (med) *the broom*], tag, slag, knyck **II** *vb tr* **1** vifta [*~ the flies away (off)*]; borsta (sopa) [bort] [*~ crumbs from the table*] **2** svänga (vifta, piska) med [*the cow ~ed her tail*] **3** föra i flygande fläng [*they ~ed me off to London*]; *he was ~ed off to bed* han åkte (kördes) i säng illa kvickt; *~ round* svänga (snurra) runt [med]; *~ up* skjuta (slänga) upp **4** vispa [*~ eggs*] **III** *vb itr* kila, smita [*the cat ~ed round the corner*], rusa, susa [*we ~ed through the village*]

whisker ['wɪskə] *s* **1** vanl. pl. *~s* polisonger; [*that joke*] *has got ~s* vard. ...är urgammalt (gammalt som gatan); *by a ~* på ett hår; *she came within a ~ of doing it* el. *she was only a ~ away from doing it* hon var en hårsmån från (var när att) göra det **2** morrhår

whiskey ['wɪskɪ] *s* amer. el. irl., se *whisky*
whisky ['wɪskɪ] *s* whisky; *~ and soda* whiskygrogg, whisky och soda; *~ sour* whisky sour drink

whisper ['wɪspə] **I** *vb itr* **1** viska [*to* till, åt; *about* om]; tissla och tassla [*about* om] **2** susa [*the wind was ~ing in the pines*], viska **II** *vb tr* viska [*~ a th. to a p. (in a p.'s ear)*]; *~ abroad* sprida rykte **III** *s* **1** viskning; rykte; *talk in a ~ (in ~s)* tala i viskande ton, tala viskande, viska; *there were ~s that...* det viskades (glunkades) om att..., det var prat om att... **2** sus [*the ~ of the wind*], viskning

whispering ['wɪsp(ə)rɪŋ] **I** *s* viskande; tissel och tassel; *~ campaign* viskningskampanj, [tyst] förtalskampanj **II** *adj* viskande

whist [wɪst] *s* kortsp. whist, vist; *a game of ~* ett parti whist; *~ drive* whistturnering

whistle ['wɪsl] **I** *vb itr* vissla [*for* på, efter; *to* på], vina, susa [*the wind ~d through the trees*], pipa; drilla [*the birds were whistling*]; om ångbåt o.d. blåsa; *the policeman (the referee) ~d* polisen (domaren) blåste i visselpipan; *the bullets ~d past their ears* kulorna visslade (ven) om öronen på dem; *~ in the dark* försöka spela modig; *you can (may) ~ for it* vard. det får du titta i månen efter, det kan du nog glömma **II** *vb tr* vissla [*~ a tune*]; vissla på (till) **III** *s* **1** vissling, vinande, pip[ande], sus[ande], susning, drill, [vissel]signal, jfr *I*; *give a ~* vissla, vissla till **2** [vissel]pipa; vissla [*factory (steam) ~*]; *penny (tin) ~* leksaksflöjt; *as clean as a ~* a) hur ren (fin) som helst b) lekande lätt; *blow the ~ for offside* sport. blåsa [av] för offside; *blow the ~ on* vard. a) sätta p (stopp) för, avblåsa [*the Government blew the ~ on the project*] b) tjalla på ngn c) slå larm om **3** *wet one's ~* vard. fukta strupen, ta sig ett glas

whistle-stop ['wɪslstɒp] isht amer. vard. **I** *s* **1** a) liten [järnvägs]station b) småstad, håla **2** kort uppehåll (framträdande) under en [val]turné, blixtvisit; *~ [speech]* kort valtal [från plattformen på en järnvägsvagn]; *~ tour* valturné med korta uppehåll, snabbturné, blixtturné **II** *vb itr* o. *vb tr* vara ute på valturné [i]

Whit [wɪt] *adj* se *Whit Monday* o. *Whit Sunday*
whit [wɪt] *s* uns, dugg, dyft
Whitaker ['wɪtəkə] egenn.
white [waɪt] **I** *adj* vit; vitblek, blek; bildl. äv. ren [*~ hands*], oskyldig, fläckfri; *~ coffee* kaffe med mjölk (grädde); *W~ Friar* karmelit[er]munk; *~ frost* rimfrost; *~ gold* vitt guld, vitguld; *~ goods* hand. vitvaror hushållsmaskiner o. hushållstextilier; *her anger was at ~ heat* hon var vit (kokade) av vrede; *~ horses* vita gäss på sjön; *the W~ House* Vita huset den amerikanske presidentens residens i Washington; *~ lie* vit lögn, nödlögn; *the ~ man's burden* den vite mannens börda den vita rasens självpåtagna ansvar gentemot de färgade folken; *~ meat* vitt (ljust) kött ss. kalvkött; *~ paper* polit. vitbok; *~ poplar* bot. silverpoppel; *W~ Russia* Vitryssland; *~ sale* rea på hushållstextilier; *turn a whiter shade of pale* vard. bli likblek; *~ slavery* vit slavhandel, [den] vita slavhandeln; *~ tie* a) vit rosett (fluga) b) frack [*come in a ~ tie*]; jfr *white-tie*

II *s* **1** vitt, vit färg; vithet **2** vita kläder, vitt [*dressed in ~*]; vitt tyg; pl. *~s* vit dräkt, vita byxor **3** vit; *the ~s* de vita, den vita rasen **4** schack. o.d. vit **5** vita: a) *~ of egg* äggvita [*there is too much ~ of egg in this mixture*]; *the ~ of an egg* en äggvita; *the ~s of two eggs* två äggvitor b) *the ~ of the eye* ögonvitan, vitögat; *the ~s of the eyes* ögonvitorna **6** med. (vard.), *the ~s* flytningar

whitebait ['waɪtbeɪt] *s* zool. småsill, skarpsill
white-collar ['waɪtˌkɒlə] *attr adj*, *~ job* manschettyrke; *~ worker* manschettarbetare, tjänsteman
whitefish ['waɪtfɪʃ] *s* zool. **1** sik **2** fisk med vitt kött t.ex. torsk, kolja, vitling **3** vitval, beluga
Whitehall ['waɪthɔːl] **I** geogr. gata i London med flera departement **II** *s* bildl. brittiska regeringen [och dess politik]
white-hot [ˌwaɪt'hɒt, attr. '--] *adj* **1** vitglödgad **2** bildl. glödande
whiten ['waɪtn] **I** *vb tr* göra vit, vitfärga, krita [*~ a pair of shoes*]; bleka **II** *vb itr* bli vit, vitna, bli blek, blekna [*with* av]
whitener ['waɪtnə] *s* vitt vitmedel; blekmedel
whiteness ['waɪtnəs] *s* **1** vithet, vit färg; blekhet **2** renhet, oskuld, oförvitlighet
white-slave [ˌwaɪt'sleɪv] *attr adj* vit slav-; *~ traffic (trade)* vit slavhandel
white-tie ['waɪttaɪ] *attr adj* frack- [*~ dinner*]; *~ affair (occasion)* fracktillställning
whitewash ['waɪtwɒʃ] **I** *s* **1** limfärg, kalkfärg **2** bildl. rentvående; skönmålning,

överslätande **3** amer. vard. utklassning **II** *vb tr* **1** limstryka, vitlimma, vitmena, kalka **2** bildl. rentvå [~ *a p.*, ~ *a p.'s reputation*]; skönmåla, släta över, urskulda, bortförklara **3** amer. vard. sopa banan (mattan) med, utklassa
whitewood ['waɪtwʊd] **I** *s* **1** träd med vitt virke; isht tulpanträd **2** hand. gran[virke] **3** trävitt **II** *adj* trävit
Whitey o. **whitey** ['waɪtɪ] *s* neds. **1** vit [man] **2** de vita, den vite mannen
whither ['wɪðə] litt. **I** *interr adv* varthän, vart **II** *rel adv* dit; vart [än] [*they might go ~ they pleased*]
whiting ['waɪtɪŋ] *s* **1** [slammad] krita; kritpulver, putspulver **2** zool. vitling; i amer. fiskevatten: slags kummel
whitish ['waɪtɪʃ] *adj* vitaktig, blek; vit-
whitlow ['wɪtləʊ] *s* med. nagelböld, fulslag
Whit Monday [ˌwɪt'mʌndɪ] *s* annandag pingst
Whitsun ['wɪtsn] **I** *attr adj* pingst- [~ *week*] **II** *s* pingst[en]
Whit Sunday o. **Whitsunday** [ˌwɪt'sʌndɪ] *s* pingstdag[en]
Whitsuntide ['wɪtsntaɪd] *s* pingst[en], pingsthelg[en]
whittle ['wɪtl] *vb tr* **1** tälja (karva) på [~ *a stick*]; spetsa, vässa; tälja [till], skära till [~ *a whip-handle*] **2** bildl., ~ *away* slösa bort [~ *away a large sum of money*]; äta upp, reducera, minska [*the Republican majority was gradually ~d away*]; ~ *down* reducera, skära ner [~ *down expenses*]
whiz [wɪz] **I** *vb itr* vina, vissla, svischa [*the bullet ~zed past him*]; susa [*he ~zed downhill on his bike*]; surra **II** (pl. *~zes*) *s* **1** vinande, visslande, svischande, sus[ande]; surr **2** förmånlig affär, bra uppgörelse **3** amer. sl. fenomen; *he is a ~ at* [*mathematics*] han är fenomenal (helsäker) i…; *it's a ~* om t.ex. bil den är fantastisk (toppen, jättebra)
whiz-kid ['wɪzkɪd] *s* vard. underbarn, fenomen
WHO förk. för World Health Organization
who [hu:, obeton. hʊ] (gen. *whose* se d.o.; objektsform *whom*, informellt *who*) **I** *interr pron* **1** vem, vilka [~ *is he?*; ~ *are they?*; ~ *do you think she is?*; *I wonder* ~ *they are*; objektsform: ~ (*whom*) *do you mean?*]; *you saw* ~ (*whom*)? vem var det du såg[, sa du]?; ~ *but he* vem om inte han, vilken annan än han; ~ *ever?* vard. vem i all världen, se äv. *whoever* **2** ss. subj. i indirekt fråga vem som, vilka som [*he wondered ~ came*; *he asked me ~ did it*; *I know ~ did it*]
II *rel pron* **1** som; vilken, vilka [*the man* (*the men*) ~ *wanted to see you*; objektsform: *the man whom we met*, informellt *the man* [~] *we met*]; *the tourist ~ knows the language* [*will soon find his way around*] den turist som kan språket…; *all of whom* vilka alla; *many of whom* av vilka många **2** isht litt. den [som]; *let ~ will come* låt vem som vill komma; [*he smiled,*] *as ~ should say* …som om han ville säga **3** vard. vem [än] [*he would invite ~ he pleased*]
whoa [wəʊ] *interj* ptro!; ~ *back!* back!
who'd [hu:d] = *who had* o. *who would*
whodun[n]it [ˌhu:'dʌnɪt] *s* (av *who* [*has*] *done it?*) vard. deckare detektivroman o.d.
whoe'er [hu:'eə] *rel pron* poet., se *whoever* I
whoever [hu:'evə] **I** *rel pron* vem som än [~ *did it, I didn't* (så inte var det jag)], vem (vilka) …än [~ *he* (*they*) *may be*]; vem (vilka) som helst vem, var och en som, den som [~ *says that is wrong*], alla (de) som [~ *does that will be punished*]; vem [*she can choose ~ she wants*]; [*give it to*] ~ *you like* …vem du vill, …vem som helst **II** *interr pron* se *who ever* under *who*
whole [həʊl] **I** *adj* (jfr *hog, length* o. *show*) hel [*a ~ half-hour*; *the ~ truth*; *he swallowed the plum*[*s*] ~]; [*it went on*] *for five ~ days* …[i] fem hela dagar, …fem dagar i sträck; *the ~ five* alla fem; ~ *milk* helmjölk, oskummad mjölk; ~ *note* amer. mus. helnot; ~ *numbers* hela tal; *the ~ thing* alltsammans, alltihop [*I'm fed up with the ~ thing*]
II *s* helhet; *a ~* ett helt, en helhet [*form a ~*]; det hela [*a ~ is greater than any of its parts*]; en hel [*four quarters make a ~*]; *see a th. as part of a ~* se ngt [som ett led] i ett större sammanhang; *the ~* det hela, alltsammans; *the ~ of* hela [*the ~ of Europe, the ~ of that year*]; alla, samtliga [*the ~ of the apples*]; *the ~ of his income* hela hans inkomst, alla hans inkomster; *the ~ of it* det hela; *the ~ of them* allesammans, alla, samtliga; [*taken*] *as a ~* som helhet betraktad, i sin helhet; *in ~ or in part* helt eller delvis; *on the ~* på det hela taget, överhuvud[taget] [*on the ~ it is difficult to*…], i det [stora] hela, allt som allt
whole-hearted [ˌhəʊl'hɑ:tɪd] *adj* helhjärtad [~ *support*], oförbehållsam, obetingad; uppriktig [*a ~ friend*]
wholemeal ['həʊlmi:l] **I** *s* osiktat (sammalet) mjöl; grahamsmjöl **II** *adj* osiktad, sammalen, fullkorns- [~ *bread*]; grahams-
wholesale ['həʊlseɪl] **I** *s*, *by* (amer. *at*) ~ en gros, i parti [*sell by ~*]; *by ~ and by retail* i parti och minut **II** *adj* **1** grosshandels-, grossist-, engros-, parti- [~ *price*]; ~ *dealer* (*merchant*) grosshandlare, grossist; ~ *trade* grosshandel, partihandel, engroshandel; *our business is ~ only* vi handlar bara i parti **2** bildl. mass- [~ *arrests*] **III** *adv* **1** en gros, i parti [*sell ~*] **2** bildl. i klump, en masse, i massor; i stor skala; utan åtskillnad, över en kam **IV** *vb tr* o. *vb itr* sälja en gros (i parti)
wholesaler ['həʊlˌseɪlə] *s* grosshandlare, grossist
wholesome ['həʊls(ə)m] *adj* hälsosam [~ *food* (*air*)], sund; nyttig [~ *exercise*]; välgörande [~ *effect*]; frisk [*a ~ appearance*]

wholesomeness ['həʊls(ə)mnəs] s hälsosamhet; nytta

wholly ['həʊlɪ, 'həʊlɪ] adv helt och hållet, helt [*I ~ agree with you*], fullt; fullständigt; helt igenom; alldeles; uteslutande

whom [hu:m, obeton. hʊm] *pron* objektsform av *who*

whoop [hu:p, wu:p] I *vb itr* **1** ropa, tjuta, skrika [*~ with* (av) *joy*], hojta, heja **2** kikna vid kikhosta II *vb tr* amer., *~ up* haussa upp, höja, trissa upp; *~ it up* sl. a) festa [om], slå runt b) slå på stora trumman [*for* för] III *s* **1** rop, tjut, skrik [*~s of joy*], hojtande **2** kikningsanfall IV *interj*, *~!* hejsan!

whoopee ['wʊpi:, ss. interj. äv. wʊ'pi:] I *s* vard., *make ~* festa [om], slå runt II *interj*, *~!* hurra!, heja!

whooping cough ['hu:pɪŋkɒf] *s* kikhosta

whoops [hu:ps] *interj*, *~!* hoppsan!

whoopsadaisy ['hu:psəˌdeɪzɪ, 'wu:-] *interj*, *~!* hoppsan!

whop [wɒp] vard. I *vb tr* klå upp, ge stryk; besegra äv. klå; dänga till II *s* duns, smäll

whopper ['wɒpə] *s* vard. **1** baddare, bjässe, hejare **2** jättelögn

whopping ['wɒpɪŋ] vard. I *adj* jättestor, jätte-, väldig; *a ~ lie* en jättelögn, lögn och förbannad dikt II *adv* jätte- [*a ~ big fish*]

whore [hɔ:] I *s* hora, sköka, luder II *vb itr* hora; bedriva hor

whorehouse ['hɔ:haʊs] *s* bordell, horhus

whorl [wɜ:l] *s* **1** bot. krans **2** vindling i t.ex. snäcka; virvel äv. i fingeravtryck; spiral **3** sländtrissa

whortleberry ['wɜ:tlˌberɪ, -lb(ə)rɪ] *s* blåbär; *red ~* lingon

who's [hu:z] = *who is* o. *who has*

whose [hu:z] (gen. av *who* o. *which II*) I *interr pron* vems [*~ book is it?*], vilkens, vilkas II *rel pron* vars [*is that the boy ~ father died?*; *the house ~ roof had been repaired*], vilkens, vilkets, vilkas

whosever [hu:z'evə] *pron* (gen. av *whoever I*) vems (vilkas)...än

whosoever [ˌhu:səʊ'evə] *rel pron* litt., se *whoever I*

why [waɪ] I *adv* **1** fråg. varför; *~ don't I come and pick you up?* ska jag inte komma och hämta dig?; *~ ever...?* varför i all världen...?; *~ is it that...?* hur kommer det sig att...? **2** rel. varför [*~ I mention this is because...*]; därför [som] [*that's ~ I like him*]; till att, varför [*the reason ~ he did it*]; *so that is ~* jaså, det är därför II (pl. *~s*) *s* skäl, orsak [*explaining the ~s and wherefores*] III *interj* **1** förvånat, indignerat, protesterande o.d. men...ju [*don't you know? ~, it's in today's paper*], nej men [*~, I believe I've been asleep*], ja men [*~, it's quite easy* (lätt gjort)]; *~, a child knows that!* det vet ju minsta barn!; *~, what's the harm?* vad gör det då?

2 tvekande jaa; [*is it true? -*] *~, yes I think so* ...jaa, det tror jag **3** bedyrande, bekräftande o.d. ja, jo [*~, of course!*]; *~, no!* nej då!, nej visst inte!; *~ yes* (*sure*)*!* oh ja!, ja (jo) visst! **4** inledande eftersats ja då [...naturligtvis] [*if that won't do, ~* [*then*], *we must try something else*]

wick [wɪk] *s* **1** veke **2** sl., *it* (*he*) *gets on my ~* det (han) går mig på nerverna

wicked ['wɪkɪd] *adj* **1** ond [*~ thoughts*], elak [*a ~ tongue*], ondskefull; syndig [*lead a ~ life*], gudlös; orättfärdig [*a ~ law*]; skändlig [*a ~ deed*]; illvillig [*~ gossip*]; *no peace* (*rest*) *for the ~* skämts. aldrig får man någon ro, det har man fått för sina synder **2** vard. a) elak, stygg [*it was ~ of you to torment the poor cat*] b) skälmaktig, retsam [*she gave me a ~ look*] **3** vard. otäck, hemsk [*the weather is ~*]

wickedness ['wɪkɪdnəs] *s* **1** ondska, ondskefullhet, synd[fullhet] etc., jfr *wicked 1* **2** vard. elakhet etc., jfr *wicked 2* **3** vard. hemskhet, vidrighet

wicker ['wɪkə] I *s* **1** vidja **2** flätverk [av vidjor], korgarbete **3** videkorg II *adj* korg- [*~ chair*], vide- [*~ basket*]; *~ bottle* korgflätad flaska

wickerwork ['wɪkəwɜ:k] *s* korgarbete, flätverk; attr. korg- [*~ furniture*]

wicket ['wɪkɪt] *s* **1** [sido]grind; liten [sido]dörr **2** lucka t.ex. över bankdisk **3** i kricket: a) grind b) plan mellan grindarna [*a soft ~ helps the bowler*]; *keep ~* vara grindvakt; *five ~s fell* fem spelare blev utslagna; *take a ~* slå ut en slagman

wicketkeeper ['wɪkɪtˌki:pə] *s* i kricket grindvakt

wide [waɪd] I *adj* **1** vid [*a ~ skirt*]; vidsträckt [*~ plains*; *~ influence*], vittomfattande [*~ interests*]; stor [*~ experience, a ~ difference*], rik, omfattande [*a ~ selection of new books*]; *at ~ intervals* med långa (stora) mellanrum; *~ screen* vidfilmsduk; *in a ~ sense* i vidsträckt bemärkelse; *the ~ world* [den] stora vida världen **2** bred [*a ~ river*; *5 metres long by* (och) *2 metres ~*] **3** långt från målet; felriktad; *~ of the mark* (jfr *II*) alldeles fel, orimligt, alldeles uppåt väggarna [*your answer was ~ of the mark*]; *be ~ of the mark* äv. a) skjuta över målet [*his criticism was ~ of the mark*] b) gissa alldeles galet **4** sl. a) smart, klyftig b) vidlyftig, lättsinnig

II *adv* vida omkring; vitt; långt [*of från*]; långt bredvid (förbi) [målet]; *fall* (*go*) *~* [*of the mark*] a) falla [ned] (gå) långt vid sidan [av målet], gå fel, missa [*the shot went ~*] b) vara (bli) ett slag i luften; *~ apart* vitt skilda, långt ifrån varandra, med stora mellanrum; utbredda [*arms ~ apart*]; *~ awake* klarvaken, (jfr *wide-awake*); *~ open* a) vidöppen, på vid gavel [*the door was* (stod) *~ open*]; uppspärrad [*with eyes ~ open*] b) amer. vard. släpphänt vid tillämpningen av lagarna beträffande utskänkning, spel o.d.; laglös [*a ~ open town*]; ***you will be ~ open to criticism*** du kommer att bli utsatt för kritik; ***he left himself ~ open*** han blottställde sig; ***open ~*** a) öppna[s] på vid gavel b) spärra[s] upp; ***open one's mouth ~*** gapa [stort]; ***shoot ~*** bomma

III *s* **1** i kricket sned boll som slagmannen inte kan nå **2** vard., ***broke to the ~*** luspank; ***dead to the ~*** alldeles medvetslös

wide-angle ['waɪd,æŋgl] *adj* foto., *~ lens* vidvinkelobjektiv

wide-awake [,waɪdə'weɪk] *adj* vaken, skärpt, på alerten; jfr *wide awake* under *wide II*

wide-eyed ['waɪdaɪd] *adj* med uppspärrade (stora) ögon; *in ~ wonder* med storögd förvåning

widely ['waɪdlɪ] *adv* vitt [*~ different*], vida; vitt och brett; vitt omkring [*~ scattered*]; allmänt [*~ used*], i vida kretsar; i stor utsträckning, avsevärt [*differ ~*]; *~ known* allmänt känd, känd i vida kretsar, vittbekant; *he is ~ read* a) han är mycket beläst b) han har en stor läsekrets; *he is ~ travelled* han är mycket berest

widen ['waɪdn] **I** *vb tr* [ut]vidga, bredda [*~ the road*], göra vidare (bredare); *~ the gap* (***breach, gulf***) bildl. vidga klyftan **II** *vb itr* [ut]vidgas, [ut]vidga sig, bli vidare (bredare)

wideness ['waɪdnəs] *s* vidd, bredd, utsträckning, omfattning, omfång, räckvidd

wide-ranging ['waɪd,reɪn(d)ʒɪŋ] *adj* [vitt]omfattande, vittomspännande

widespread [,waɪd'spred, attr. '--] *adj* vidsträckt; omfattande [*~ search*]; [allmänt (vitt)] utbredd, allmänt spridd, allmän [*~ dissatisfaction (opinion)*]

widgeon ['wɪdʒən] *s* zool. bläsand

widow ['wɪdəʊ] **I** *s* **1** änka [*of* efter]; ***golf ~*** golfänka; ***~'s peak*** 'änkesnibb' hårfäste som går ner i en spets i pannan; ***~'s weeds*** änkedräkt, änkas sorgdräkt; ***she was left a ~*** hon blev änka **2** boktr. horunge **II** *vb tr* göra till änka (ibl. änkling)

widower ['wɪdəʊə] *s* änkling, änkeman

width [wɪdθ, wɪtθ] *s* **1** bredd [*a ~ of 10 metres; curtain material of various ~s*]; vidd [*~ round the waist*] **2** våd; *~ of cloth* tygvåd **3** vidd, bredd [*the ~ and depth of a p.'s knowledge*], spännvidd, räckvidd; omfattning; *~ of views* vidsyn

wield [wi:ld] *vb tr* **1** hantera [*~ an axe*], sköta, använda, bruka, svinga [*~ a weapon*]; *~ the pen* föra pennan; *~ the sword* svinga svärdet **2** [ut]öva [*~ control, ~ great influence over*]; *~ power* utöva makt

wiener ['wi:nə] *s* **1** amer. wienerkorv **2** ***W~ schnitzel*** [,vi:nə'ʃnɪtsəl, ,wi:-] wienerschnitzel

wienie ['wi:ni:] *s* amer. vard., se *wiener 1*

wife [waɪf] (pl. *wives*) *s* fru, hustru [*husband and ~*], maka; ***the ~*** vard. min fru, frugan

wife-battering ['waɪf,bætərɪŋ] *s* hustrumisshandel

wig [wɪg] **I** *s* peruk **II** *vb tr* vard. skälla ut, läxa upp

wiggle ['wɪgl] **I** *vb itr* vrida sig [*~ like a worm*], slingra (åla) sig [fram] [*~ through a crowd*]; vicka [fram]; krumbukta **II** *vb tr* vicka med [*~ one's toes*]; vifta med [*~ one's ears*] **III** *s* vridning; vickning; vickande [rörelse]

wiggly ['wɪglɪ] *adj* slingrande; vågformig; *~ line* våglinje

wigwam ['wɪgwæm] *s* wigwam indianhydda

wild [waɪld] **I** *adj* (se äv. *II*) **1** vild [*~ animals (flowers, tribes)*], vild- [*~ honey*]; förvildad; *~ boar* vildsvin; *~ brier* a) nypon[buske] b) lukttörne; *~ duck* vildand; gräsand; *~ horses could (would) not drag me there* vilda hästar skulle inte kunna få mig dit; *~ men* bildl. extremister, rabiata människor; vettvillingar, vildhjärnor; *~ oats* flyghavre, vildhavre; *sow one's ~ oats* så sin vildhavre, rasa ut; *~ pansy* styvmorsviol; *~ rose* vildros; *in a ~ state* i vilt tillstånd **2** vild [*~ mountainous areas*], öde [*~ land*] **3** stormig, oväders- [*a ~ night*]; *~ weather* våldsamt (häftigt) oväder **4** ursinnig, rasande, ilsken, arg [*at a th.* på ngt; *with a p.* på ngn]; upphetsad, uppjagad [*about* för] **5** vild [av sig] [*he was a bit ~ when he was young*]; lössläppt, tygellös; lättsinnig, utsvävande; *lead a ~ life* föra ett vilt liv **6** bråkig [*bars full of ~ youths*], uppsluppen, vild [*a ~ party*]; oregelbunden, uppstudsig, upprorisk [*a ~ crew*] **7** oordnad, vild; [*a room*] *in ~ disorder* ...i vild oordning **8** vettlös [*~ talk*], förryckt, befängd, vanvettig, förflugen, orimlig [*a ~ idea*]; fantastisk [*a ~ project*], vild [*~ schemes (rumours)*]; *in my ~est dreams* i mina vildaste (djärvaste) drömmar **9** vard. [alldeles] galen (tokig) [*about* i; *the girls are ~ about him*]; vild, utom sig [*with* av; *~ with joy (rage)*] **10** olaglig, vild [*a ~ strike*]

II *adv* o. *adj* i förb. med vissa vb vilt [*grow ~*]; *get ~* a) bli ursinnig (etc. jfr *I 4*), bli alldeles ifrån (utom) sig, tappa besinningen b) bli oregelbunden (upprorisk); *go ~* a) vildas (hejdlöst); förvildas b) bli vild (tokig) [*with* av]; *make* (*drive*) *a p. ~* göra ngn ursinnig (rasande, förbannad); *run ~* a) växa vilt (ohejdat); förvildas; leva (springa omkring) i vilt tillstånd b) springa omkring vind för våg [*the children are allowed to run ~*] c) skena; löpa amok; *shoot ~* a) skjuta vilt omkring sig b) bomma; *talk ~* fantisera, yra

III *s*, pl. *~s* vildmark, obygd[er]; *out in the ~s* skämts. bortom all ära och redlighet, på vischan

wildcat ['waɪldkæt] **I** *s* **1** zool. vildkatt **2** bildl. vildkatt[a]; markatta **II** *attr adj* vard.

1 svindel-, skojar-, humbug- [*a* ~ *company*]; *a* ~ *strike* en vild strejk **2** vanvettig, fantastisk [~ *plans*]
wildebeest ['wɪldɪbi:st, 'vɪldəb-] *s* zool. gnu[antilop]
wilderness ['wɪldənəs] *s* **1** vildmark, ödemark; ödslig trakt, ödsliga vidder; öken; *stone* ~ stenöken om stad; *the garden has become a* ~ trädgården är helt förvildad (rena djungeln); *the voice of one crying in the* ~ bibl. rösten av en som ropar i öknen; friare en ropandes röst i öknen; *the Liberals' long period in the* ~ polit. vard. liberalernas långa ökenvandring (politiska vanmakt) **2** virrvarr, gytter [*from his window he could see a* ~ *of roofs*]
wildfire ['waɪld‚faɪə] *s* löpeld; *run* (*spread*) *like* ~ sprida sig som en löpeld; *go like* ~ gå åt som smör
wildfowl ['waɪldfaʊl] *s* vanl. koll. [vild]fågel isht gäss o. änder
wild goose ['waɪldgu:s] **I** (pl. *wild geese* ['waɪldgi:s]) *s* vildgås: spec. a) grågås b) kanadagås **II** *attr adj*, *a wild-goose chase* [‚-'--] ett lönlöst (hopplöst) företag, förspilld möda; *go* (*be sent*) *on a wild-goose chase* gå (skickas) förgäves (i onödan)
wildlife ['waɪldlaɪf] *s* vilda djur [och växter]; naturliv, naturens liv, djurliv[et]; *the World W~ Fund* Världsnaturfonden
wildly ['waɪldlɪ] *adv* vilt etc., jfr *wild I*; *talk* ~ fantisera, yra, prata i nattmössan
Wild West [‚waɪld'west] *s*, *the* ~ Vilda västern
wile [waɪl] *s*, vanl. pl. *~s* list [*the ~s of the Devil*], knep
wilful ['wɪlf(ʊ)l] *adj* **1** egensinnig, självsvåldig, oresonlig, envis **2** avsiktlig, uppsåtlig, överlagd [~ *murder*], medveten
wilfully ['wɪlfʊlɪ] *adv* egensinnigt etc., jfr *wilful*; med berått mod, med vilja, med flit
wilfulness ['wɪlf(ʊ)lnəs] *s* egensinne, egensinnighet etc., jfr *wilful*
wiliness ['waɪlɪnəs] *s* illistighet etc., jfr *wily*
will [wɪl, ss. hjälpvb obeton. l, wəl, əl] **I** (imp. *would*, se d.o.) *hjälpvb* pres. (ofta hopdraget till *'ll*; nek. äv. *won't*) **1** kommer att [*you* ~ *never manage it*]; ska, skall [*how* ~ *it end?*]; *she* ~ *be eighteen* [*next week*] hon fyller (blir) 18 år...; *if that* ~ *suit you* om det passar; *you* ~ *write, won't you?* du skriver väl? **2** ska, skall ämnar o.d. [*I'll do it at once*]; ~ *do* vard. det ska jag göra; *I'll soon be back* jag är snart tillbaka **3** vill [*he* ~ *not* (*won't*) *do as he is told*]; *won't you sit down?* var så god och sitt!; *the door won't shut* dörren går inte att stänga; *shut that door,* ~ *you?* [ta och] stäng dörren är du snäll! **4** ska, skall (vill) [absolut]; *she* ~ *have her own way* hon ska nödvändigt ha sin vilja fram; *boys* ~ *be boys* pojkar är [nu en gång] pojkar; *such things* ~ *happen* sånt händer, det är sånt som händer

5 brukar, kan [*she* ~ *sit for hours doing nothing*]; *meat won't keep* [*in hot weather*] kött brukar inte hålla sig... **6** torde [*you* ~ *understand that*...]; *this'll be the book* [*you're looking for*] det är nog den här boken...; *that* ~ *do* det får räcka (duga) **7** uttr. order, direktiv: *you* ~ *do as I say!* nu gör du som jag säger; *that'll do!* nu räcker det!, sluta med det!; *the class* ~ *come at 9 o'clock sharp* klassen ska (måste) komma prick kl. 9 **II** *vb tr* **1** vilja; *God ~ing* om Gud vill **2** förmå (få) [genom en viljeansträngning **3** testamentera [~ *a th. to a p.*; ~ *a p. a th.*]; ~ *away* testamentera bort **III** *s* **1** vilja; *good* ~ god vilja, välvilja etc., jfr *goodwill* 2; [*peace on earth and*] *good* ~ *toward men* bibl. ...människorna en god vilja; *ill* ~ illvilja, agg etc., jfr *ill-will*; *popular* ~ folkvilja[n]; *thy* ~ *be done* bibl. ske din vilja; *where there's a* ~ *there's a way* man kan bara man vill; *have* (*get*) *one's* ~ få sin vilja fram; *at* ~ efter behag, fritt; [*you may come and go*] *at* ~ ...som du vill, ...som det passar dig; *of one's own* [*free*] ~ av [egen] fri vilja **2** testamente; *my last* ~ *and testament* min sista vilja, mitt testamente
William ['wɪljəm] mansnamn; ss. kunganamn Vilhelm
willies ['wɪlɪz] *s pl* sl., *it gives me the* ~ det ger mig stora skälvan, det gör mig nervös
willing ['wɪlɪŋ] **I** *adj* **1** villig; beredvillig, tjänstvillig; *I am quite* ~ det vill (gör) jag gärna; *be* ~ *to do a th.* vara villig (vara beredd, gå med på) att göra ngt; gärna göra ngt; *be* ~ *to make sacrifices* vara beredd till uppoffringar; ~ *or not* ~ el. ~ *or unwilling* med eller mot sin vilja **2** frivillig [~ *exile*] **II** *s* **1** viljande; *show* ~ visa god vilja **2** testamenterande
willingly ['wɪlɪŋlɪ] *adv* **1** gärna, villigt, beredvilligt, med nöje (glädje) **2** frivilligt
willingness ['wɪlɪŋnəs] *s* **1** villighet, beredvillighet, tjänstvillighet **2** frivillighet
will-o'-the-wisp [‚wɪləðə'wɪsp, '----] *s* **1** irrbloss; bländverk **2** spelevink; hoppetossa
willow ['wɪləʊ] **I** *s* **1** bot. pil, vide; *weeping* ~ tårpil **2** vard. slagträ i kricket, vanl. gjort av piltra **II** *vb tr* textil. plysa ull
willow grouse ['wɪləʊgraʊs] *s* zool. dalripa
willow pattern ['wɪləʊ‚pætən] *s* tårpilsmotiv på porslin
willowy ['wɪləʊɪ] *adj* **1** bevuxen (kantad) med pilar (vide) **2** smärt, slank; *she has a* ~ *figure* hon är smal som en vidja
willpower ['wɪl‚paʊə] *s* viljekraft, viljestyrka
willy-nilly [‚wɪlɪ'nɪlɪ] **I** *adv* med eller mot sin vilja, nolens volens; [*he must go*] ~ ...vare sig (antingen) han vill eller inte **II** *adj* viljelös, obeslutsam, velig
wilt [wɪlt] **I** *vb itr* **1** vissna, torka [bort] [börja] sloka **2** börja mattas, slappna, svikta;

tyna bort **II** *vb tr* **1** komma att vissna **2** komma att svikta (försvagas), försvaga
Wilton ['wɪlt(ə)n] **I** geogr. egenn. **II** *s*, ~ [*carpet* (*rug*)] wiltonmatta
wily ['waɪlɪ] *adj* illistig, knipslug, bakslug, lömsk; förslagen, finurlig; *he is a ~ bird* han har en räv bakom örat
Wimbledon ['wɪmbld(ə)n] statsdel i sydvästra London där den årliga internationella tennisturneringen spelas
wimp [wɪmp] *s* vard. mes, fjant, tönt
Wimpy ['wɪmpɪ] *s* ® slags hamburgare och kedja av hamburgerrestauranger
win [wɪn] **I** (*won won*) *vb tr* **1** vinna [*~ a bet* (*prize, victory*)], vinna i (vid) [*~ the election* (*toss*)]; ta [hem] äv. kortsp. [*~ a trick*]; skaffa sig, förvärva; tillvinna sig, erövra; *~ the day* vinna slaget, hemföra segern, segra; *~ a livelihood* (*one's daily bread*) tjäna sitt uppehälle; *~ a prize in a lottery* vinna [en vinst] på [ett] lotteri; *~ one's way* lyckas kämpa sig fram, slå sig fram; nå sitt mål; klara sig fint; *~ a reputation for oneself* göra sig ett namn **2** utvinna [*~ metal from* (ur) *ore*]; bryta [*~ coal*] **3** *~ a p. over* vinna ngn för sin sak, få ngn med sig [*he soon won the audience over*], [lyckas] övertala ngn; *~ a p. over to* få ngn [att gå] över till [*he won them over to his own standpoint*], vinna ngn för [*he won them over to the idea*]; *~ a p. over* [*to one's side*] få ngn över på sin sida; [*after a great deal of persuasion*] *he was finally won over* ...gick han slutligen med på det; *~ a p. round* se *~ a p. over* ovan **4** *~ a p. a th.* komma ngn att vinna ngt, göra att ngn vinner ngt; *he won us* [*the game*] det var han som gjorde (det var hans förtjänst) att vi vann...
II (*won won*) *vb itr* **1** vinna, segra [*~ by* (med) *3 - 1*]; *you ~!* äv. jag ger mig! **2** lyckas komma (ta sig) [*~ across*]; *~ out* a) lyckas komma (ta sig) ut b) vard. segra [till sist] [*his finer nature won out*]; klara sig, lyckas; *~ through* a) lyckas komma (ta sig) igenom äv. bildl. [*~ through difficulties*] b) vard. klara sig, lyckas; slå igenom
III *s* vard. **1** sport. seger [*our team has had* (vunnit) *three ~s this summer*] **2** vinst [*a big ~ on the pools*]
wince [wɪns] **I** *vb itr* rycka (rysa) till [*~ at* (vid) *an insult* (*a touch*); *~ with* (av) *pain*]; rygga (rara) tillbaka [*at inför*], krypa ihop [*she ~d under the blow*]; *without wincing* utan att darra (röra en min) **II** *s* ryckning, rysning; *without a ~* utan att darra (röra en min)
winch [wɪn(t)ʃ] **I** *s* **1** vinsch, vindspel **2** vev, vevsläga **3** rulle på metspö **II** *vb tr* vinscha [upp]
Winchester ['wɪn(t)ʃɪstə] geogr. egenn.; *~ College* känd *public school*

1 wind [wɪnd, i poesi äv. waɪnd] **I** *s* **1** vind [*warm ~s*], blåst; *gust of ~* kastby, vindstöt; *there's a strong ~* [*blowing*] det blåser hårt (hård vind); [*we will have to see*] *which way the ~ blows* (*how the ~ blows* el. *lies*) bildl. ...vad det blåser för vind, ...vart vinden blåser; *raise the ~* vard. skrapa ihop (skaffa) pengar; *take the ~ out of a p.'s sails* bildl. ta loven av ngn; förekomma ngn; *go* (*keep, sail*) *close to the ~* a) segla dikt bidevind b) bildl. leva knappt (torftigt) c) tangera gränsen för det otillåtna (oanständiga); *there is something in the ~* bildl. det är något under uppsegling; *near the ~* se *close to the ~* ovan; *be scattered to the* [*four*] *~s* skingras för vinden; *throw to the ~s* bildl. kasta överbord **2** andning [*smoking affected his ~*]; *break the ~ of a horse* spränga en häst; *get one's second ~* a) [börja] andas igen, hämta andan b) bildl. återvinna sina krafter, hämta sig; *sound in ~ and limb* frisk och färdig; *short of ~* el. *out of ~* andfådd **3** väderkorn; *get ~ of* få väderkorn på, vädra; bildl. äv. få nys om, få korn på **4** vänderspänning[ar], gas[er] från magen; *break a ~* a) rapa b) släppa ng (väder); *bring up ~* rapa; *get* (*have*) *the ~ up* vard. bli (vara) byxis (skraj); *put the ~ up a p.* vard. göra ngn byxis (skraj) **5** munväder, [tomt] prat **6** mus., *the ~* blåsinstrumenten, blåsarna i orkester **II** *vb tr* **1** vädra, få väderkorn (vittring) på **2** göra andfådd

2 wind [waɪnd] (*~ed ~ed* el. *wound wound*) *vb tr* blåsa [i] [*~ a trumpet*], stöta i [*~ a horn*]

3 wind [waɪnd] **I** (*wound wound;* se äv. *III*) *vb tr* **1** linda, vira [*~ a scarf round one's neck*], sno, slå [*~ a rope round a package*] **2** nysta [*~ yarn*]; spola [*~ thread*; *~ a film on to* (på) *a spool*]; *~* [*up*] *wool into a ball* nysta [upp] garn till ett nystan **3 a)** veva [*~ back* (tillbaka) *a film*; *~ down* (*up*) *a window*]; veva (vrida) på [*~ a handle* (vev)] **b)** *~* [*up*] vinda (veva, hissa) upp **4** *~* [*up*] *a watch* **5 a)** *~ one's way* slingra sig [fram] **b)** *~ one's way into a p.'s affections* nästla (ställa) sig in hos ngn **II** (*wound wound;* se äv. *III*) *vb itr* **1** slingra [sig] [*the path ~s up the hill*]; ringla sig **2** vridas (dras) upp [*the toy ~s at the back*] **III** *vb tr* o. *vb itr* med adv. i spec. bet.: *~ up* bildl.: **a)** sluta [*he wound up* [*his speech*] *by saying*], avsluta [*~ up a meeting*]; hamna [till slut] [*~ up in hospital*]; *to ~ up* [*the dinner*] som avslutning på...; *we wound up at a restaurant* vi gick på restaurang efteråt [som avslutning]; *he will ~ up being* [*the boss*] han kommer att sluta som... **b)** hand. avveckla [*~ up a company*]; avsluta [*~ up the accounts*]; *~ up an estate* jur. utreda ett dödsbo, bodela **c)** skruva (driva) upp [*~ up expectations*] **IV** *s* vridning; varv

windbag ['wɪndbæg] *s* **1** vard. pratmakare, pratkvarn **2** luftsäck på säckpipa
windbreak ['wɪndbreɪk] *s* vindskydd t.ex. häck
windcheater ['wɪnd‚tʃi:tə] *s* vind[tygs]jacka
winder ['waɪndə] *s* **1** härvel, haspel; spole; nystvinda **2** nyckel till ur; uppdragskrona på ur **3** vinsch; vindspel; vev; gruv. uppfordringsanordning **4** uppvindare, uppvinschare
windfall ['wɪndfɔ:l] *s* **1** fallfrukt **2** vindfälle **3** bildl. skänk [från ovan], [glad] överraskning
wind gauge ['wɪndgeɪdʒ] *s* meteor. vindmätare
winding ['waɪndɪŋ] **I** *adj* slingrande, slingrig, krokig [*a ~ path*] **II** *s* **1** slingrande, slingring, vridning; krök[ning], sväng, kurva, bukt; pl. *~s* bildl. krokvägar, krumbukter **2** vevning; uppdragning av klocka; [upp]hissning **3** tekn. lindning äv. konkr.; spolning; varv
winding-sheet ['waɪndɪŋʃi:t] *s* [lik]svepning, sveplakan
wind instrument ['wɪnd‚ɪnstrʊmənt] *s* blåsinstrument
windlass ['wɪndləs] *s* tekn. vindspel, vinsch; gruv. äv. haspel, gruvspel; sjö. ankarspel
windmill ['wɪn(d)mɪl] *s* **1** väderkvarn; *tilt at* (*fight*) *~s* bildl. slåss (kämpa) mot väderkvarnar **2** vindsnurra leksak
window ['wɪndəʊ] *s* **1** fönster äv. på kuvert; skyltfönster; *a ~ on the world* bildl. ett fönster mot världen; [*sit*] *at the ~* ...vid (i) fönstret; *by the ~* a) vid fönstret b) genom fönstret, fönstervägen [*escape by the ~*]; *come in by the ~* bildl. smyga sig in; *look out of the ~* titta ut genom fönstret **2** i fråga om tid a) lucka, ledig tid (stund) b) lämplig tidpunkt (period)
window box ['wɪndəʊbɒks] *s* fönsterlåda, balkonglåda för växter
window-cleaner ['wɪndəʊ‚kli:nə] *s* fönsterputsare
window display ['wɪndəʊdɪ‚spleɪ] *s* [fönster]skyltning
window-dressing ['wɪndəʊ‚dresɪŋ] *s* **1** [fönster]skyltning **2** bildl. a) skyltande, briljerande, uppvisning; [tom] fasad, staffage b) reklam, propaganda [*for* för] **3** hand. [balans]frisering, fiffel med siffror[na] i t.ex. balansräkning
window frame ['wɪndəʊfreɪm] *s* fönsterkarm
window ledge ['wɪndəʊledʒ] *s* fönsterbleck
windowpane ['wɪndəʊpeɪn] *s* fönsterruta
window sash ['wɪndəʊsæʃ] *s* fönsterbåge, fönsterram
window-shop ['wɪndəʊʃɒp] *vb itr* [gå och] titta i skyltfönster, fönstershoppa [*go ~ping*]
windowsill ['wɪndəʊsɪl] *s* fönsterbräda
windpipe ['wɪndpaɪp] *s* anat. luftstrupe; vard. luftrör
windproof ['wɪndpru:f] *adj* vindtät
windscreen ['wɪndskri:n] *s* vindruta på bil; *~ washer* vindrutespolare; *~ wiper* vindrutetorkare
windshield ['wɪndʃi:ld] *s* **1** amer., se *windscreen* **2** vindskydd
Windsor ['wɪnzə] geogr. egenn.; *the House of ~* huset Windsor kungaätt (1917-); *~ chair* windsorstol slags pinnstol; *~ soap* [brun] toalettvål
windsurfer ['wɪnd‚sɜ:fə] *s* sport. vindsurfare
windsurfing ['wɪnd‚sɜ:fɪŋ] *s* sport. vindsurfing; *go ~* vindsurfa
windswept ['wɪndswept] *adj* vindpinad, blåsig
wind tunnel ['wɪn(d)‚tʌnl] *s* flyg. vindtunnel
windward ['wɪndwəd] sjö. **I** *adv* [i] lovart, mot vinden **II** *adj* lovarts-; [som går] mot vinden **III** *s* lovart[s]sida; *to ~* mot vinden, i lovart
windy ['wɪndɪ] *adj* **1** blåsig, stormig [*a ~ day*; *a ~ situation* (läge)], utsatt för vinden (väder och vind), vindpinad [*a ~ hilltop*]; *the W~ City* beteckn. för Chicago; *~ weather* blåsigt väder, blåsväder **2** vard. byxis, skraj
wine [waɪn] **I** *s* **1** vin [*a bottle of ~*; *French ~s*]; *good ~ needs no bush* ordspr. god sak talar för sig själv; [*the reform is just*] *new ~ in old bottles* ...nytt vin i gamla läglar; *take ~* [*with one's meals*] dricka vin... **2** vinröd färg, vinrött **II** *vb itr* vard. dricka (pimpla) vin; *~ and dine* äta och dricka, festa **III** *vb tr* vard. bjuda på vin; *~ and dine a p.* bjuda ngn på en god middag (goda middagar) [med goda viner]
wine barrel ['waɪn‚bær(ə)l] *s* vinfat
wine card ['waɪnkɑ:d] *s* vinlista
wine cask ['waɪnkɑ:sk] *s* vinfat
wine cellar ['waɪn‚selə] *s* vinkällare
wineglass ['waɪnglɑ:s] *s* vinglas äv. ss. mått
winery ['waɪnərɪ] *s* isht i USA vinproducerande fabrik; vinodling
wine-tasting ['waɪn‚teɪstɪŋ] *s* vinprovning
wing [wɪŋ] **I** *s* **1** vinge; flyg. äv. bärplan; *clip a p.'s ~s* bildl. vingklippa ngn; *spread* (*try*) *one's ~s* bildl. pröva vingarna; *take ~* a) flyga [upp], lyfta b) bildl. ge sig av; försvinna, flyga sin kos; *on the ~* i flykten [*shoot a bird on the ~*], flygande; *be on the ~* bildl. vara i gång (i farten) [*he is always on the ~*]; vara på gång, stå i begrepp att ge sig i väg; *take a p. under one's ~s* bildl. ta ngn under sina vingars skugga **2** flygel äv. mil. el. polit. [*the right ~ of...*]; sidodel, sidostycke, sidoutsprång; [hus]länga **3** flygel på bil **4** [krag]snibb **5** öronlapp på fåtölj **6** sport. ytterkant; *play on the ~* spela ytter (på ytterkanten) **7** teat., isht pl. *~s* kulisser; *have a th. in the ~s* vard. ha ngt i bakfickan; *be waiting in the ~s* vänta i kulisserna; bildl. vara redo (beredd) **8** mil. [flyg]flottilj; amer. [flyg]eskader **9** flyg. flygemblem på uniform; *get one's ~s* vard. få sina [pilot]vingar, bli flygare
II *vb tr* **1** vingskjuta [*~ a bird*]; skjuta ned; *~*

a p. såra (skjuta) ngn i armen (axeln) **2** förse med flygel (flyglar) [~ *a house*]
wing chair ['wɪŋtʃeə] *s* öronlappsfåtölj
wing commander ['wɪŋkə,mɑ:ndə] *s* mil, överstelöjtnant vid flygvapnet
winged [wɪŋd] *adj* **1** bevingad äv. bildl.; försedd med vingar; [ving]snabb **2** vingskjuten [*a* ~ *bird*]; om person sårad (skjuten) i armen (axeln)
winger ['wɪŋə] *s* sport. ytter
wingless ['wɪŋləs] *adj* vinglös [~ *insects*]; inte flygfärdig [*a* ~ *bird*]; bildl. tung, tungfotad [~ *verse*]
wing mirror ['wɪŋ,mɪrə] *s* bil. backspegel [på flygel]
wing nut ['wɪŋnʌt] *s* vingmutter
wingspan ['wɪŋspæn] *s* flyg. el. zool. vingbredd
wink [wɪŋk] **I** *vb itr* **1** blinka; ~ *at a p.* blinka åt ngn; [ögon]flörta med ngn; ~ *at a th.* bildl. blunda för ngt, se genom fingrarna med ngt; *before you could* ~ innan man hann blinka (visste ordet av) **2** blinka [*a lighthouse was* ~*ing in the far distance*], blänka 'till [*a light suddenly* ~*ed*] **II** *vb tr* blinka med; bildl. blunda för [~ *the fact that*...]; ~ *the other eye* vard. blunda för det [hela] **III** *s* **1** blink; blinkning; *in a* ~ på ett ögonblick, i en handvändning, i ett huj **2** bildl. vink; *get the* ~ få en vink (ett tips); *tip a p. the* ~ vard. tipsa ngn, ge ngn ett tips **3** blund; *I couldn't get a* ~ *of sleep* jag fick inte en blund i ögonen; *forty* ~*s* vard. en liten [tupp]lur
winker ['wɪŋkə] *s* vard. blinker på bil
winkle ['wɪŋkl] **I** *s* ätbar strandsnäcka **II** *vb tr*, ~ *out* tvinga ut; pilla (peta) fram (ut)
winner ['wɪnə] *s* **1** vinnare, segrare; ~*'s stand* sport. prispall; *come out* ~ utgå som segrare, vinna **2** vard. [pang]succé, fullträff; [*this idea*] *is a real* ~ ...kommer att göra lycka (bli en verklig fullträff)
Winnie-the-Pooh [,wɪnɪðə'pu:] Nalle Puh i A. A. Milnes böcker
winning ['wɪnɪŋ] **I** *adj* **1** vinnande [*the* ~ *horse*], segrande; vinnar- [*he is a* ~ *type*]; vinst- [*a* ~ *number*] **2** bildl. vinnande [*a* ~ *smile*], intagande, förtjusande [*a* ~ *child*]; *he has very* ~ *ways with him* han har ett mycket vinnande sätt **II** *s* vinnande; förvärv[ande], erövring; utvinning etc., jfr *win I*
winning-post ['wɪnɪŋpəʊst] *s* kapplöpn. målstolpe, mållinje, mål
winnow ['wɪnəʊ] *vb tr* **1** lantbr. fläkta, vanna, kasta, rensa [~ *wheat*]; ~ *the chaff* [*away*] *from the grain* skilja agnarna från vetet **2** skilja; sålla [fram]
wino ['waɪnəʊ] (pl. ~*s*) *s* isht amer. sl. alkis, fyllo
winsome ['wɪnsəm] *adj* behaglig, vinnande, sympatisk, trevlig, intagande
winter ['wɪntə] **I** *s* vinter; attr. vinter- [~ *garden* (*quarters*, *sports*)]; *last* ~ förra vintern, i vintras; *this* ~ den här vintern, [nu] i vinter; *in* [*the*] ~ på (om) vintern (vintrarna); *in the* ~ *of 2004* [på] vintern 2004; *in* [*the*] *early* (*late*) ~ på förvintern (senvintern), tidigt (sent) på vintern; *in the dead* (*depth*) *of* ~ mitt i [smällkalla] vintern; *on a* ~ (~*'s*) *day* [på] en vinterdag **II** *vb itr* övervintra; tillbringa vintern [~ *in the south*]; [*this plant*] *will* ~ *outdoors* ...kan stå ute hela vintern **III** *vb tr* **1** hålla boskap över vintern, vinterfodra, vinterföda; förvara över vintern, vinterförvara **2** isa, kyla
winter solstice [,wɪntə'sɒlstɪs] *s* vintersolstånd
wintry ['wɪntrɪ] *adj* vintrig, vinterlik, vinter- [*a* ~ *day* (*landscape*)]; bildl. kall, kylig, frostig
wipe [waɪp] **I** *vb tr* (se äv. *III*) **1** torka [av]; torka (stryka) bort, sudda ut; ~ *one's eyes* torka tårarna; ~ *one's face* torka sig i ansiktet; ~ *one's feet* torka [sig om] fötterna; ~ *the floor with a p.* vard. sopa golvet med ngn; ~ *one's shoes* torka av skorna; ~ *the slate clean* se *slate I 3* **2** torka med [~ *a cloth over the table*] **3** bildl. sudda ut [~ *a memory from one's mind*] **4** radera [~ *a tape*] **5** avläsa [betalkort o.d.] elektroniskt **II** *vb itr* torka; gnida **III** *vb itr* med adv. el. prep.:
~ *away* torka bort
~ *down* torka ren (av)
~ *off*: **a)** torka bort; torka av; stryka (sudda) ut **b)** utplåna; ~ *off a debt* göra sig kvitt en skuld; ~ *that grin* (*smile*) *off your face!* vard. lägg av med det där flinet!; ~ *a th. off the face of the earth* (*off the map*) totalförstöra ngt, radera ut ngt
~ *out*: **a)** torka ur; torka bort, gnida ur [~ *out a stain*], stryka (sudda) ut **b)** utplåna, rentvå sig från [~ *out an insult*]; ~ *out a debt* göra sig kvitt en skuld **c)** tillintetgöra, förinta [*the whole army was* ~*d out*], utplåna; utrota [~ *out crimes*]
~ *up* torka upp [~ *up spilt milk*]; torka [~ *up the dishes*]
IV *s* [av]torkning; *give a* ~ torka [av]
wiper ['waɪpə] *s* **1** torkare [*windscreen* ~] **2** torktrasa **3** tekn. lyftarm, lyftkam
wire [waɪə] **I** *s* **1** tråd av metall [*copper* ~; *telegraph* ~]; ledningstråd, ledning; [tunn] kabel; lina; [tunn] vajer (wire); [*barbed*] ~ taggtråd; [*steel*] ~ ståltråd; ~ *entanglement* mil. taggtrådshinder; *live* ~ se *1 live I 3*; *pull the* ~*s* hålla (dra) i trådarna, dirigera det hela; *pull* ~*s* använda sitt inflytande, mygla; *be on the* ~ amer. vard. vara på tråden (i telefon[en]) **2** kapplöpn. målsnöre; *under the* ~ amer. vard. i sista stund, i grevens tid, nätt och jämnt **3** vard. telegram; telegraf; *by* ~ per telegram, telegrafiskt; *give a p. the* ~ sl. ge ngn en vink (ett tips) **4** mus. [metall]sträng

5 jakt. snara [av metalltråd] **II** vb tr **1** linda om (fästa, binda, förstärka) med ståltråd; ~ [*in*] inhägna med taggtråd (ståltråd); ~ [*off*] spärra av med taggtråd (ståltråd) **2** dra in ledningar i; ~ *a house* [*for electricity*] installera (dra in) elektricitet i ett hus **3** vard. telegrafera till **4** trä upp på [en] metalltråd [~ *pearls*] **III** vb itr vard. telegrafera [*for* efter], skicka [ett] telegram
wirebrush ['waɪəbrʌʃ] s stålborste
wirecutter ['waɪəˌkʌtə] s slags avbitartång
wirehaired ['waɪəheəd] adj strävhårig [*a ~ terrier*]
wireless ['waɪələs] **I** adj trådlös; ~ *telegraphy* trådlös telegrafi, radiotelegrafi **II** s åld. radio[apparat]; attr. radio- [*a ~ receiver* (*set*)]; *by ~* trådlöst, per (via) radio **III** vb itr o. vb tr åld. telegrafera trådlöst; sända per (via) radio
wireless operator ['waɪələsˌɒpəreʊtə] s [radio]telegrafist
wire-netting [ˌwaɪə'netɪŋ] s metalltrådsnät, ståltrådsnät, [stormaskigt] trådnät; ståltrådsstängsel
wirepulling ['waɪəˌpʊlɪŋ] s [hemlig] dirigering, spel bakom kulisserna; intrigerande, intrigspel; mygel
wiretap ['waɪətæp] vb tr avlyssna telefon
wiretapping ['waɪəˌtæpɪŋ] s telefonavlyssning
wire wool ['waɪəwʊl] s stålull för rengöring
wiring ['waɪərɪŋ] s **1** omlindning; elinstallation; telegrafering etc., jfr *wire II* **2** metalltrådsnät, ståltrådsnät, trådnät, trådgaller, ståltrådsstängsel
wiry ['waɪərɪ] adj **1** [gjord] av metalltråd (ståltråd), ståltråds- [*a ~ cage*], tråd- **2** lik ståltråd; stripig [~ *hair*] **3** seg; uthållig; senig, muskulös; fast [~ *muscles*] **4** gänglig, mager
Wisconsin [wɪ'skɒnsɪn] geogr.
wisdom ['wɪzd(ə)m] s visdom, vishet, klokhet; förstånd
wisdom tooth ['wɪzdəmtu:θ] (pl. *wisdom teeth* ['wɪzdəmti:θ]) s visdomstand; *he has not cut his wisdom teeth yet* han har inte fått visdomständerna än; bildl. han är inte torr bakom öronen än
1 wise [waɪz] **I** adj vis, klok, förståndig; förtänksam, försiktig, förutseende; ~ *guy* amer. vard. a) stöddig (kaxig) kille b) förståsigpåare, besserwisser; *be ~ after the event* vara efterklok; [*if you take it*] *nobody will be* [any] *the ~r* ...kommer ingen att märka något; *we were none* (*not a bit*) *the ~r* [*for it*] vi blev inte ett dugg (dyft) klokare [för det]; *get ~ to a th.* vard. komma på det klara med ngt, få nys om ngt; *get ~ with a p.* isht amer. sl. bli stöddig (kaxig) mot ngn, sticka upp mot ngn; *put a p. ~ to* (on, *about*) *a th.* vard. göra ngt klart för ngn, öppna ngns ögon för ngt; sätta ngn in i ngt **II** vb itr isht amer. sl., ~ *up* haja förstå

2 wise [waɪz] s litt. vis, sätt [*in* (på) *any* ~]; [*in*] *no ~* på intet vis (sätt), ingalunda
wiseacre ['waɪzˌeɪkə] s snusförnuftig människa; besserwisser, allvetare; [politisk] kannstöpare
wisecrack ['waɪzkræk] vard. **I** s kvickhet; spydighet **II** vb itr komma med träffande anmärkningar, vara kvick; vara spydig
wisely ['waɪzlɪ] adv **1** vist, klokt, förståndigt [*act* ~]; *you did ~ to* [*keep silent*] du gjorde klokt i att..., det var klokt av dig att... **2** visligen, klokt (förståndigt) nog [*he ~ preferred to stay*]
wisenheimer ['waɪz(ə)nˌhaɪmə] s amer. vard. besserwisser, förståsigpåare
wish [wɪʃ] **I** vb tr **1** önska [*I ~ it were* (*was*) *true*]; vilja ha; *I ~ to* [*say a few words*] jag skulle vilja...; ~ *a p. further* vard. önska ngn dit peppam växer; *I ~ I could* om jag bara kunde [det]; *I ~ you would be quiet* om du ändå ville vara tyst; *I ~ to goodness* se *goodness* 4; *I ~ to God* (*Heaven*) *that*... jag önskar vid Gud att... **2** tillönna, önska [~ *a p. a Happy New Year*]; ~ *a p. joy* lyckönska ngn; *I ~ you well!* lycka till! **II** vb itr önska, önska [sig] ngt [*close your eyes and* ~!]; *as you ~* som du vill; ~ *for* önska [sig] [*she has everything a woman can ~ for*], längta efter; ~ [*up*]*on a star* se på en stjärna och önska [sig] något **III** s önskan, önskemål [*for om*]; längtan [*for* efter, till], lust [*for* till], vilja [*for* till]; pl. ~*es* a) önskningar, önskemål [*for om*] b) hälsningar [*best ~es from Mary*]; *my best* (*good*) ~*es* mina varmaste lyckönskningar; *if ~es were horses, beggars would* (*might*) *ride* ordspr., ung. om man bara behövde önska skulle livet vara lätt; *I have no ~ to* [*hurt you*] jag har ingen önskan att...; *make a ~* önska, önska [sig] något; *against* (*contrary to*) *a p.'s ~es* [tvärt]emot (mot) ngns önskan (vilja)
wishbone ['wɪʃbəʊn] s gaffelben på fågel; önskeben i form av en klyka som dras itu av två personer varvid den som fått den längsta delen får önska sig något
wishful ['wɪʃf(ʊ)l] adj längtansfull [*a ~ glance* (*look, sigh*)], längtande; ivrig, angelägen [*to do a th.*]; ~ *thinker* människa som hänger sig åt önsketänkande; ~ *thinking* önsketänkande
wishing-well ['wɪʃɪŋwel] s önskebrunn
wishy-washy ['wɪʃɪˌwɒʃɪ] adj **1** blaskig [~ *soup* (*tea*), ~ *colours*], lankig, vattnig **2** svamlig [~ *talk*]; urvattnad, matt, blek [*a ~ description*]; slafsig, slampig [*a ~ person*]
wisp [wɪsp] s **1** [hö]tapp [*a ~ of hay*], knippa, bunt; strimma, remsa, slinga; [litet] stycke, bit; ~ *of hair* hårtest, hårtott; ~ *of smoke* rökslinga, rökstrimma; *a ~ of a fellow* en [liten] knatte **2** viska, borste, [liten] kvast **3** poet., se *will-o'-the-wisp*

wispy ['wɪspɪ] *adj* **1** tovig [*a* ~ *beard*], stripig [~ *hair*] **2** liten, tunn, spenslig, spinkig
wistaria [wɪ'steərɪə] *s* o. **wisteria** [wɪ'stɪərɪə] *s* bot. blåregn
wistful ['wɪstf(ʊ)l] *adj* längtande, längtansfull, trånande, trånsjuk; grubblande, tankfull
wistfulness ['wɪstf(ʊ)lnəs] *s* längtan, trånad; tankfullhet
wit [wɪt] **I** *s* **1** ~ el. pl. **~s** vett, förstånd, klokhet, intelligens; pl. **~s** äv. själsförmögenheter; *quick* (*nimble*) ~ snabb uppfattning[sförmåga], rörligt intellekt; slagfärdighet; *a man of quick* ~ en man med snabb uppfattningsförmåga, en snabbtänkt (slagfärdig) man; *have a ready* ~ vara slagfärdig (kvicktänkt); *slow* (*dull*) ~ trög fattningsförmåga; *collect one's ~s* samla (sansa) sig; *she has got her ~s about her* hon har huvudet på skaft; *have the ~[s]* (*have ~ enough*) *to do a th.* ha förstånd nog (vett) att göra ngt, förstå att göra ngt; *he kept his ~s about him* han höll huvudet kallt; *lose one's ~s* tappa huvudet (besinningen); *I am at my ~'s* (*~s'*) *end* jag vet mig ingen levande[s] råd, jag vet varken ut eller in; *live by one's ~s* leva på sin intelligens och fiffighet [utan att utföra något hederligt arbete]; *in possession of one's five ~s* vid sina sinnens fulla bruk; *brevity is the soul of* ~ se *brevity*; *be out of one's ~s* a) vara från vettet (från sina sinnen, galen), inte vara riktigt klok b) vara ifrån sig (uppskärrad); *frighten a p. out of his ~s* skrämma ngn från vettet; *frightened out of one's ~s* vettskrämd; *it is past the* ~ *of man to understand* det övergår en vanlig människas förstånd [att begripa] **2** kvickhet; espri, spiritualitet [*his conversation is full of ~*] **3** a) kvickhuvud; spirituell (humoristisk) människa b) litt. el. åld. klokhuvud, ljushuvud c) åld. vitter person, skönande **II** (imperf. o. perf. p. *wist*; pres. ind. 2 pers. sg. *wottest*; övriga pers. *wot*) *vb tr* o. *vb itr* **1** åld. veta; *God wot* Gud skall veta **2** isht jur., *to* ~ nämligen
witch [wɪtʃ] **I** *s* **1** häxa; trollkäring, trollpacka; *~es' brew* (*broth*) häxbrygd; *~es' broom* bot. häxkvast, trollkvast slags grengyttring på träd; *~es' meeting* (*sabbath*) häxsabbat äv. bildl.; *~es'* (*~'s*) *milk* med. häxmjölk; *white ~* välvillig (hjälpsam) trollgumma **2** vard. häxa, [gammal] käring [*she is a real* (*an ugly*) *old ~*] **3** förtrollande kvinna, troll [*she is a pretty little ~*] **4** zool. rödtunga, mareflundra **II** *vb tr* förhäxa, förtrolla; bildl. äv. tjusa
witchcraft ['wɪtʃkrɑːft] *s* trolldom, häxeri, trolltyg, magi; trolleri, trollkonster
witch-doctor ['wɪtʃˌdɒktə] *s* medicinman, trollkarl
witch hazel ['wɪtʃˌheɪzl] *s* **1** a) bot. trollhassel b) farmakol. hamamelis[extrakt] **2** bot. avenbok

witch-hunt ['wɪtʃhʌnt] *s* häxjakt; bildl. äv. klappjakt [~ *for* (på, efter) *political opponents*]
witching ['wɪtʃɪŋ] *adj* förhäxande, troll-, häx-; spök-; *the ~ hour* [*of night*] spöktimmen
with [wɪð, framför tonlös konsonant äv. wɪθ] *prep* (se äv. resp. vb o. substantiviska huvudord) **1** uttr. medel, innehav, sätt o.d. med [*cut ~ a knife*; *a girl ~ blue eyes*]; med hjälp av; för [*I bought it ~ my own money*]; [*sleep*] ~ *the window open* ...för öppet fönster **2** uttr. samhörighet, samtidighet o.d.: **a)** [tillsammans (i sällskap)] med [*come ~ us!*]; [*the Prime Minister*] ~ *his wife* ...med fru **b)** tillsammans med, till, i [*take sugar ~ one's coffee*]; *go* ~ gå (passa) till [*the jumper goes well ~ the skirt*] **c)** [i takt] med [*his greed increased ~ his wealth*] **d)** [i och] med [~ *this defeat everything was lost*] **e)** vard., *be ~ it* a) vara inne modern, hänga med, vara med i svängen b) vara med på noterna; vara på alerten, hänga med; se äv. *with-it* **3** uttr. närvaro o.d. hos [*he is staying* (bor) ~ *the Browns*], där hos; bland [*popular ~*]; *have a job ~* ha arbete hos (vid, på); *I'll be ~ you in a moment* jag kommer om ett ögonblick; *the fault lay ~ him* felet låg hos honom **4** uttr. samtycke, medhåll o.d.: *I'm quite ~ you there* det håller jag helt med dig om **5** uttr. orsak o.d. av [*stiff ~ cold*; *tremble ~ fear*]; *be laid up* (*be down*) *~ flu* ligga till sängs i influensa **6** uttr. strid, kontrast o.d. mot, ibl. äv. med [*fight ~*; *contrast ~*] **7** uttr. attityd, bemötande o.d.: a) mot [*be frank* (*honest*) ~ *a p.*] b) på [*be angry ~ a p.*] **8** uttr. i vilket avseende något gäller: *what's ~ him* (*her*)? vard. vad är det med honom (henne)?; *what does he want ~ me?* vad vill han mig?; *one can't* (*you can never*) *tell ~ him* när det gäller honom (med honom) kan man aldrig [så noga] veta; *it's OK ~ me* vard. gärna för mig **9** uttr. motsats trots, med [*I like him, ~ all his faults*]

withdraw [wɪð'drɔː, wɪθ'd-] (*withdrew withdrawn*) **I** *vb tr* **1** a) dra tillbaka [~ *troops from a position*], dra bort (undan, ifrån) [~ *the curtains*], dra till sig [~ *one's hand*] b) avlägsna, ta bort [*from* från, ur], ta ut [~ *money from* (från, på) *the bank*]; dra in [~ *dirty banknotes*]; ~ *one's name from a list* stryka sitt namn på (från) en lista **2** upphäva [~ *a prohibition*], återkalla [~ *an order*], återta, ta tillbaka [~ *a statement*] **II** *vb itr* dra sig tillbaka äv. bildl. [*our troops had to ~*; ~ *to one's room*]; avlägsna (isolera) sig, gå avsides, gå ut; dra sig undan äv. bildl.; dra sig ur [det] [*you cannot ~ now*]; ta tillbaka det (vad man sagt) [*he refused to ~*]
withdrawal [wɪð'drɔː(ə)l, wɪθ'd-] *s* **1** tillbakadragande etc., jfr *withdraw I 1* **2** upphävande etc., jfr *withdraw I 2* utträde, utträdande [~ *from* (ur) *an association*], tillbakaträdande, avgång; försvinnande [~

from public (social) life]; mil. återtåg **4** [penning]uttag **5** med., ~ *symptom* abstinenssymtom
withdrawn [wɪð'drɔːn, wɪθ'd-] **I** perf. p. av *withdraw* **II** *adj* bildl. tillbakadragen, inåtvänd, reserverad [*a* ~ *manner (person)*]; isolerad, avskild [*a* ~ *community*]; *a* ~ *life* ett tillbakadraget (isolerat) liv
wither ['wɪðə] **I** *vb tr* **1** ~ [*up*] förtorka, förbränna, göra vissen, komma (få) att vissna [*the hot summer ~ed* [*up*] *the grass*] **2** bildl. förinta, tillintetgöra [~ *a p. with a scornful look*], förlama **II** *vb itr*, ~ [*away*] vissna [bort] äv. bildl. [*her beauty ~ed* [*away*]]; förtorka, tyna bort, förtvina, skrumpna
withering ['wɪð(ə)rɪŋ] *adj* **1** vissnande etc., jfr *wither II*; bildl. äv. avtagande, sjunkande [~ *courage*] **2** bildl. förintande, tillintetgörande [*a* ~ *glance*], förlamande, mördande; isande, bitande
withers ['wɪðəz] *s pl* manke på häst; *wring a p.'s* ~ bildl. plåga (oroa, fresta på) ngn
withhold [wɪð'həʊld, wɪθ'h-] (imperf. *withheld*; perf. p. *withheld*, åld. äv. *withholden*) *vb tr* **1** hålla inne [~ *a p.'s wages*], hålla inne med [~ *one's opinion*]; vägra att ge [~ *one's consent*]; ~ *a th. from a p.* undanhålla ngn ngt **2** ~ *a p. from doing a th.* hindra (avhålla) ngn från att göra ngt; ~ *oneself from a th.* äv. stå emot ngt
within [wɪ'ðɪn, wɪð'ɪn] **I** *prep* (se äv. under resp. huvudord) **1** i rumsuttr. el. bildl. inom, inuti, inne i, i [~ *the house (room)*], innanför; på...när [*exactly weighed* ~ *a gramme*]; *be* ~ *doors* vara inomhus (inne); ~ *closed doors* inom ([in]för, bakom) lyckta dörrar; ~ *a kilometre* på [mindre än] en kilometers avstånd, inom en kilometers omkrets [*of* från]; ~ *the law* inom lagen[s gränser (råmärken)]; ~ *oneself* a) inom sig, i sitt inre, inombords; i sitt stilla sinne b) utan att överanstränga (förta, ta ut) sig **2** i tidsuttr.: ~ [*the space of*] inom [loppet av], innan...förflutit; ~ *the last half hour* för mindre än en halvtimme sedan; *well* ~ *a year* inom (på) långt mindre än ett år
II *adv* mest litt. **1** inuti, innanför, invändigt, på insidan; därinne; [*house to let,*] *inquire* ~ ...förfrågningar inne i fastigheten **2** bildl. inom sig, i sitt inre
with-it ['wɪðɪt] *attr adj* vard. inne- modern [~ *clothes*], se äv. *with 2*
without [wɪð'aʊt] **I** *prep* (se äv. under resp. huvudord) **1** utan; ~ *cause* utan orsak; i onödan; ~ *a home* utan [ett] hem, hemlös; [*he came*] ~ *my* (vard. *me*) *seeing him* ...utan att jag såg honom **2** mest litt. utanför [~ *the gates*]; utom [*negotiations within* (inom) *and* ~ *the House of Commons*]; [*I heard a noise*] *from* ~ *the house* ...[från en plats] utanför huset **II** *adv* **1** mest litt. utanför,

utvändigt, på utsidan, utanpå, [där]ute; utomhus; *those* [*that are*] ~ bildl. de som står utanför, de oinvigda; *from* ~ utifrån **2** [*there's no bread*] *so you'll have to do* ~ ...så du får klara dig utan; [*if you don't like the bread,*] *you'll have to go* ~ ...så får du vara utan **III** *konj* dial. el. vard. utan att; såvida inte, med mindre [än att], om inte [*I can't work* ~ *I gets my lunch*]
withstand [wɪð'stænd, wɪθ's-] (*withstood withstood*) *vb tr* motstå, stå emot [~ *an attack*, ~ *temptation*], tåla [~ *hard wear*], uthärda [~ *heat (pain)*]; trotsa [~ *danger (the storm)*]
witness ['wɪtnəs] **I** *s* **1** [ögon]vittne äv. jur.; *be* [*a*] ~ *of* (*to*) vara vittne till, bevittna; *call a p. as a* ~ [till]kalla ngn som vittne; *hear ~es* [för]höra vittnen, anställa vittnesförhör; *before ~es* inför vittnen, i vittnens närvaro **2** bevittnare [~ *of a signature (document)*] **3** a) vittnesbörd äv. relig.; vittnesmål b) tecken, bevis; *be a* ~ *to* äv. vittna om, bära vittne om, [be]visa; *bear* ~ *to* (*of*) a) bära vittne[sbörd] om, vittna om, tjäna som bevis på, [be]visa [*the tests bear* ~ *to the quality of this new car*] b) styrka, intyga [*I can bear* ~ *to its authenticity*]; *give* ~ vittna
II *vb tr* **1** vara [åsyna] vittne till, bevittna [~ *an accident*], uppleva [*the town has ~ed many important events*], vara med om, se, beskåda; närvara [som vittne] vid [~ *a transaction*]; *he did not live to* ~... han fick aldrig uppleva (vara med om)... **2** bevittna [~ *a document (signature)*] **3** a) bära vittne[sbörd] om, vittna om, tjäna som bevis på b) vittna, betyga, intyga [*that* att]
III *vb itr* **1** vittna, vara vittne [*against* mot; *for* för; *to a th.* om ngt] **2** ~ *my hand and seal* av mig underskrivet och med sigill bekräftat
witness box ['wɪtnəsbɒks] *s* vittnesbås, vittnesbänk; *be in the* ~ befinna sig i vittnesbåset, höras som vittne; *put a p. in the* ~ placera ngn i vittnesbåset, höra ngn som vittne
witticism ['wɪtɪsɪz(ə)m] *s* kvickhet
wittiness ['wɪtɪnəs] *s* kvickhet, slagfärdighet, espri, spiritualitet; vitsighet
wittingly ['wɪtɪŋlɪ] *adv* med avsikt, med berått mod
witty ['wɪtɪ] *adj* kvick, slagfärdig, spirituell; vitsig
wives [waɪvz] *s* pl. av *wife*
wizard ['wɪzəd] **I** *s* **1** trollkarl; häxmästare; medicinman **2** vard. mästare, överdängare, [riktig] trollkarl [*a financial* ~], snille, geni **II** *adj* vard. fantastisk[t duktig (bra)], toppen[bra]; *it's* (*that's*) ~*!* toppen!, alla tiders!
wizardry ['wɪzədrɪ] *s* **1** trolldom **2** otrolig skicklighet; genialitet **3** koll. otroliga bedrifter

wizened ['wɪznd] *adj* [hop]skrumpen [~ *apples*], skrynklig, rynkig [*a* ~ *face*]
WNW (förk. för *west-north-west*) västnordväst
w.o. förk. för *walkover*
wobble ['wɒbl] **I** *vb itr* **1** vackla, kränga (vingla) ['till] [*the bicycle* ~*d*]; gunga, vagga, vicka [*the table* ~*s*] **2** bildl. vackla, tveka, vara osäker **II** *vb tr* få (bringa) att vackla etc., jfr *I 1*; gunga (vagga) [på], vicka på [*don't* ~ *the table!*]; svänga [på] **III** *s* krängning, vinglande; gungning, vaggning; slingring, gir; skakning, darr[ning]
wobbly ['wɒblɪ] *adj* vinglig [*a* ~ *table*]; ostadig [~ *on his legs after the illness*], vacklande; *I felt* ~ *at the knees* jag kände mig knäsvag
Wodehouse ['wʊdhaʊs]
woe [wəʊ] *s* poet. el. skämts. ve, sorg, bedrövelse, elände; olycka, lidande [*poverty, illness and other* ~*s*]; ~ *betide you!* a) ve dig! b) vard. akta dig [för att göra det]!, gud nåde dig [om du gör det]!
woebegone ['wəʊbɪˌɡɒn] *adj* olycklig, bedrövad, förtvivlad, dyster [*a* ~ *expression on his face*]
woeful ['wəʊf(ʊ)l] *adj* **1** bedrövad, sorgsen, olycklig **2** dyster, trist, eländig [*a* ~ *day* (*place*)] **3** bedrövlig
wog [wɒɡ] *s* sl. (neds.) svartskalle isht icke-vit utlänning
wok [wɒk] **I** *s* wok **II** *vb tr* o. *vb itr* woka, laga i wok
woke [wəʊk] *imperf.* o. *perf. p.* av *1 wake*
woken ['wəʊk(ə)n] *perf. p.* av *1 wake*
wolf [wʊlf] **I** (pl. *wolves*) *s* a) varg, ulv b) i bildl. uttr.: *a* ~ *in sheep's clothing* en ulv i fårakläder; *a lone* ~ en ensamvarg; *the* ~ *is at the door* nöden står för dörren; *keep the* ~ *from the door* el. *keep the* ~ *out* (*off*) hålla nöden (svälten) från dörren (på avstånd); *who is afraid of the big bad* ~*?* ingen rädd[er] för vargen här!; *throw* (*cast*) *to the wolves* kasta åt vargarna, offra, prisge, utlämna **II** *vb tr*, ~ [*down*] sluka, glupa (glufsa) i sig **III** *vb itr* jaga varg
wolf cub ['wʊlfkʌb] *s* **1** vargunge **2** scout (förr) vargunge, jfr *cub I 4*
wolf hound ['wʊlfhaʊnd] *s* varghund
wolfish ['wʊlfɪʃ] *adj* varglik, varg-; bildl. glupsk, glupande [*a* ~ *appetite*]
wolfram ['wʊlfrəm] *s* kem. el. miner. **1** wolfram **2** wolframit
wolf-whistle ['wʊlfˌwɪsl] **I** *s* gillande [bus]vissling **II** *vb itr* [bus]vissla gillande [*at* efter, åt]
wolves [wʊlvz] *s* pl. av *wolf*; *W*~ kortform för *Wolverhampton Wanderers* fotbollslag
woman ['wʊmən] (pl. *women* ['wɪmɪn]) *s* **1 a)** kvinna; dam [*we were two men* (herrar) *and three women*]; kvinnfolk, fruntimmer; *an English* ~ en engelsk kvinna, en engelska; *my good* ~*!* min bästa fru!, frun [lilla]!; *the little* ~ skämts. frugan; *old* ~ gammal kvinna, [gammal] gumma; [gammal] käring äv. om man; *he's an old* ~ äv. han är käringaktig; *my* (*the*) *old* ~ vard., om hustru min gumma, gumman, tanten; *Women Accepted for Volunteer Emergency Service* (i USA) ung. [marin]lottakåren; *Women in the Air Force* (i USA) ung. flygets lottakår, flyglottakåren; ~ *of the streets* prostituerad, gatflicka; *a* ~ *of the world* se *world 1*; *government by a* ~ (*by women*) kvinnovälde, kvinnostyre, kvinnoregemente; *emancipation of women* kvinnoemancipation **b)**) i allm. bet. kvinnan [~ *is often braver than man*]; kvinnor, kvinnosläktet **c)** bildl. *the* ~ *in her* kvinnan i henne, [hela] hennes kvinnliga natur (väsen) **2 a)** attr. isht framför yrkesbeteckning kvinnlig; ~ *author* (*writer*) kvinnlig författare, författarinna; ~ *doctor* kvinnlig läkare; ~ *friend* kvinnlig vän, väninna vanl. till kvinna; ~ *suffrage* kvinnlig rösträtt **b)** ~*'s* el. *women's* ofta kvinno-, kvinnlig; *the Women's Army Corps* (i USA) ung. arméns lottakår, armélottakåren; *women's clinic* kvinnoklinik; *women's doubles* damdubbel i tennis o.d.; *Woman's* (*Women's*) *Institute* slags kvinnoförening med ideell verksamhet; *women's lib* vard. kvinnorörelsen; *women's libber* vard. a) kvinnosakskvinna, kvinnokämpe b) gynnare av kvinnosaken; *women's liberation movement* kvinnorörelsen; ~*'s man* kvinnokarl, fruntimmerskarl; ~*'s page* damsida i tidning; ~*'s paper* damtidning; ~*'s* (*women's*) *rights* kvinnans rättigheter (likaberättigande, rätt till jämlikhet); kvinnosaken; *the Women's Royal Air Force* ung. flygets lottakår, [kungliga] flyglottakåren; *the Women's Royal Army Corps* ung. arméns lottakår, [kungliga] armélottakåren; *the Women's Royal Naval Service* ung. marinens lottakår, [kungliga] marinlottakåren; *women's studies* kvinnovetenskap; *women's suffrage* kvinnlig rösträtt
woman-chaser ['wʊmənˌtʃeɪsə] *s* kvinnojägare
womanhood ['wʊmənhʊd] *s* **1** kvinnlighet, att vara kvinna **2** kvinnor[na], kvinnosläktet **3** vuxen (mogen) ålder [*reach* ~]
womanish ['wʊmənɪʃ] *adj* neds., om man käringaktig, omanlig
womanize ['wʊmənaɪz] **I** *vb itr* jaga kvinnor (fruntimmer, flickor) **II** *vb tr* förkvinnliga, feminisera; förvekliga
womanizer ['wʊmənaɪzə] *s* kvinnojägare; kvinnotjusare, fruntimmerskarl
womankind [ˌwʊmən'kaɪnd, '---] *s* kvinnosläktet, kvinnor[na]
womanliness ['wʊmənlɪnəs] *s* kvinnlighet
womanly ['wʊmənlɪ] *adj* kvinnlig [~ *modesty*]
womb [wuːm] *s* anat. livmoder; moderliv; isht

bildl. sköte; *from [the] ~ to [the] tomb* bildl. från vaggan till graven
women ['wɪmɪn] *s* pl. av *woman*
womenfolk ['wɪmɪnfəʊk] *s*, *~[s]* (konstr. ss. pl.) kvinnfolk, kvinnor
won [wʌn] imperf. o. perf. p. av *win*
wonder ['wʌndə] **I** *s* **1** under, underverk [*the seven ~s of the world*], underbar händelse (sak, syn, bragd); om pers. äv. fenomen [*he is a veritable ~*], underbarn [äv. *~ child*]; *~ drug* undermedel, undermedicin, undergörande medel (medicin); *the ~ of* det underbara (tjusningen) i (hos); *~ of ~s!* under över alla under!; *is it any ~ that...?* är det [så] underligt att...?, är det att undra på att...?; *[it is] no (little, small) ~* det är inte [så] underligt (konstigt), det är inte att undra på [*he refused, and no ~*]; *~s [will] never cease* ofta iron., ung. undrens tid är [ännu] inte förbi; *do (perform, work) ~s* göra (utföra) under[verk] **2** [för]undran, häpnad [*at* över; *that* över att]; *look at a p. in (with) ~* se undrande (med förundran) på ngn **3** undran, ovisshet, osäkerhet [*my ~ as to what will happen*]
II *vb itr* o. *vb tr* **1** förundra (förvåna) sig, förvånas, vara (bli) förvånad, häpna [*at (over)* över]; *I shouldn't ~ if he were late* el. *he will be late, I shouldn't ~* det skulle inte förvåna mig om han kom för sent; *can you ~ at it?* det är väl inte så konstigt; *it is not to (it cannot) be ~ed at that...* det är inte att undra på att...; *I ~ at you* du förvånar mig [verkligen], du gör mig förvånad **2** undra [*I was just ~ing*]; *I ~!* det undrar jag!, det tror jag knappast!; *~ about a th.* undra (fundera) över ngt; *I ~ if (how, what, why)...* jag undrar om (hur, vad, varför)...; *I ~ if I could speak to...* äv. skulle jag kunna få (jag skulle vilja) tala med...
wonderful ['wʌndəf(ʊ)l] *adj* **1** underbar [*~ weather*], fantastisk, strålande **2** förunderlig, märkvärdig, märklig
wonderland ['wʌndəlænd] *s* underland, sagoland; underbart (fantastiskt) land, lyckoland, eldorado; *W~* underlandet [*'Alice's Adventures in W~'*]
wonderment ['wʌndəmənt] *s* litt. **1** [för]undran **2** under[verk]
wondrous ['wʌndrəs] *adj* litt. underbar, beundransvärd, förunderlig
wonky ['wɒŋkɪ] *adj* vard. ostadig [*~ on one's legs*], vinglig, ranglig, skranglig [*a ~ chair*]
wont [wəʊnt, amer. äv. wɒnt] *pred adj* van; *he was ~ to say* han brukade säga, han hade för vana att säga
won't [wəʊnt] = *will not*
woo [wuː] litt. **I** *vb tr* **1** fria till; uppvakta **2** a) söka vinna, sträva efter [*~ fame (fortune, success)*] b) bildl. fria till, [söka] ställa sig in hos [*an author trying to ~ his readers*] **II** *vb itr*

1 fria; *go ~ing* gå på friarstråt **2** be[dja], bönfalla [*for* om]
wood [wʊd] *s* **1** trä; ved äv. bot.; virke, timmer; träslag [*teak is a hard ~*]; attr. trä- [*~ industry*, *~ tar*]; *~ chips* träflisor; *log of ~* vedträ; trästock, timmerstock; *piece of ~* träbit, trästycke; *touch* (amer. *knock [on]*) *~!* ta i trä!; peppar, peppar! **2** ~ el. pl. *~s* [liten] skog; *one (you) cannot see the ~ for the trees* man ser inte skogen för bara träd; *be out of the ~* (amer. *~s*) bildl. vara utom fara (ur knipan, i säkerhet), ha klarat krisen; *take to the ~s* bege sig (rymma) till skogs; bildl. smita [från ansvaret] **3** mus., *the ~* träblåsinstrumenten, träblåsarna i en orkester **4** golf. trä[klubba]
wood anemone [ˌwʊdə'neməni] *s* bot. vitsippa
woodbine ['wʊdbaɪn] *s* bot.
1 vildkaprifol[ium] **2** amer. vildvin
wood-carver ['wʊdˌkɑːvə] *s* träsnidare
wood-carving ['wʊdˌkɑːvɪŋ] *s* träsnideri; träskulptur, träsnideriarbete
woodcock ['wʊdkɒk] *s* zool. morkulla
woodcut ['wʊdkʌt] *s* träsnitt
wood-cutter ['wʊdˌkʌtə] *s* **1** skogshuggare, timmerhuggare; vedhuggare **2** träsnidare **3** typogr. träsnittare, trägravör
wooded ['wʊdɪd] *adj* skogig, skogrik [*a ~ country (landscape)*], skogbevuxen, skogbeväxt, skogklädd [*a ~ hill*]; trädbevuxen, trädbeväxt; *~ district* skogsbygd; *~ hillside* skogsbacke; *thickly ~* skogrik
wooden ['wʊdn] *adj* **1** av trä, trä- [*a ~ house (leg)*]; *the W~ Horse* grek. mytol. trähästen, [den] trojanska hästen; *~ pavement* träbeläggning; *~ spoon* a) träsked b) jumbopris **2** bildl. a) träaktig [*~ manners*], träig; stel, uttryckslös b) torr, andefattig
wood grouse ['wʊdgraʊs] *s* tjäder
woodland ['wʊdlənd] *s* skogsbygd, skogsland, skogsmark, skogstrakt; attr. skogs- [*~ air, ~ birds, a ~ path*]; *~ scenery* skogsnatur, skogslandskap; *piece of ~* skogsparti
wood louse ['wʊdlaʊs] (pl. *wood lice* ['wʊdlaɪs]) *s* zool. gråsugga
woodpecker ['wʊdˌpekə] *s* zool. hackspett; *Woody W~* Hacke Hackspett seriefigur
wood pigeon ['wʊdˌpɪdʒən] *s* zool. skogsduva; ringduva
wood pulp ['wʊdpʌlp] *s* trä-, [trä]pappersmassa
woodshed ['wʊdʃed] *s* vedbod, vedskjul
woodwind ['wʊdwɪnd] *s*, *the ~[s]* träblåsinstrumenten, träblåsarna i en orkester; *~ [instrument]* träblåsinstrument; *~ player* träblåsare
woodwork ['wʊdwɜːk] *s* **1** a) byggn. träverk, timmerverk b) snickerier [*paint the ~ in a kitchen*], träarbeten **2** snickeri; isht skol.

träslöjd 3 ~s (konstr. vanl. ss. sg.; pl. ~s) snickerifabrik
woodworm ['wʊdwɜ:m] s 1 zool. trämask 2 trämaskskada, trämaskskadegörelse
woody ['wʊdɪ] adj 1 skogrik, skogig; skogbevuxen; skogs- [a ~ path] 2 träaktig, träig; träartad, vedartad
1 **woof** [wu:f] s 1 vävn. väft; inslag 2 väv 3 bildl. stomme, huvudinslag, grundmaterial
2 **woof** [wu:f] I vb itr brumma; morra II s 1 brum[ning]; morrning 2 radio. [låg] baston
woofer ['wu:fə] s bashögtalare
wool [wʊl] s 1 a) ull b) ullgarn; *carding (short)* ~ kardull, kard[ulls]garn; *combing (long)* ~ kamull; *draw (pull) the* ~ *over a p.'s eyes* vard. slå blå dunster i ögonen på ngn; *keep your* ~ *on!* vard. ta't lugnt!; *dyed in the* ~ bildl. tvättäkta, fullfjädrad; *ball of* ~ ullgarnsnystan 2 ylle [*wear* ~ *next to the skin*], ylletyg, yllekläder; *all (pure)* ~ helylle 3 råbomull 4 vard. [ulligt (krulligt)] hår
woolgatherer ['wʊlˌgæðərə] s bildl. [dag]drömmare
woolgathering ['wʊlˌgæð(ə)rɪŋ] bildl. I *pres p* o. *adj* [själs]frånvarande, drömmande; *go* ~ försjunka i drömmar, [börja] drömma (fantisera) II s själsfrånvaro, [dag]drömmeri[er]; tankspriddhet
woollen ['wʊlən] I *attr adj* 1 ull- [~ *yarn*], av ull 2 ylle- [*a* ~ *blanket*], av ylle; ~ *goods* yllevaror II s ylle; vanl. pl. ~ *s* ylletyger, ylletvaror; ylle[tyg]; yllekläder, ylleplagg
woolliness ['wʊlɪnəs] s ullighet
woolly ['wʊlɪ] I *adj* 1 ullig; ullbeklädd; ulliknande; dunig; ullhårig; ~ *hair* ulligt (krulligt) hår, ullhår 2 ylle- [~ *clothes, a* ~ *coat*], av ylle 3 bildl. dunkel [*a* ~ *memory*], oklar, otydlig [*a* ~ *voice*], vag [~ *ideas*]; vard. luddig, flummig 4 vard., *wild and* ~ vild och galen, laglös II s vard. ylleplagg; ylletröja, olle; vanl. pl. *woollies* yllekläder, ylleplagg; ylleunderkläder
Woolworth ['wʊlwəθ, -wɜ:θ] 1 egenn. 2 ~'*s* varuhuskedja med lågpriser (i bl.a. USA o. Storbritannien) 3 attr., vard. (ung.) skräp-, epa-
woozy ['wu:zɪ] *adj sl.* 1 vimsig, virrig 2 vissen, krasslig 3 på snusen, lummig halvfull
wop [wɒp] s sl., neds. dego, spagge isht italienare
Worcester ['wʊstə] geogr. egenn.; ~ *sauce* worcester[shire]sås
word [wɜ:d] I s (efter prep., se 7) 1 ord; pl. ~*s* äv. a) ordalag [*in well chosen* ~*s*]; ordalydelse, formulering b) yttrande, uttalande [*the Prime Minister's* ~*s on TV*]; *a* ~ *of advice* ett [litet] råd; ~ *of honour* hedersord; *put in a good* ~ *for a p.* lägga ett gott ord för ngn; *it's the last* ~ det är det allra senaste (sista skriket) [*in* i [fråga om]]; *have the last* ~ a) ha (få) sista ordet b) ha avgörandet i sin hand; ~*s fail me!* jag saknar ord [för det]!, det var det värsta [jag hört]!; *have a* ~ *in the matter* ha (få) ett ord med i laget; *have a* ~ *with a p.* tala (växla) ett par ord med ngn; *have* [*a few*] ~*s* vard. gräla; *I'd like a* ~ *with you* a) jag skulle vilja tala med dig ett ögonblick b) jag har ett par [sanningens] ord att säga dig; *put in a* ~ a) få ett ord med [i laget] b) lägga ett gott ord [*for* för]; *take the* ~*s* [*right*] *out of a p.'s mouth* ta ordet ur mun[nen] på ngn 2 pl. ~*s* [text]ord, text, sångtext 3 lösenord [*give the* ~]; paroll, motto; *money is the* ~ pengar är tidens lösen; *sharp's the* ~*!* sno (snabba) på! 4 [heders]ord, löfte [*break (give, keep) one's* ~]; *my* ~*!* vard., se *upon my* ~ b) under 7; *take my* ~ *for it!* tro mig [på mitt ord]!, sanna mina ord!; *be as good as one's* ~ [kunna] stå vid sitt ord, hålla vad man lovar 5 bud, underrättelse, meddelande, besked; ~ *came of (that)*... det kom ett bud etc. om ([om] att)...; *the* ~ *got (went) round that*... det ryktades att...; *have (get, receive)* ~ få bud (meddelande) [*that* [om] att], få veta [*that* att]; *send* ~ [*that*...] se *send I 1* 6 isht mil. befallning, order [*for* om]; signal [*for* till], kommando; *give the* ~ *to do a th.* ge order om att göra ngt; *pass the* ~ ge order, säga 'till; *say the* ~ säga 'till [*just say the* ~ *and I'll do it*]
7 efter prep.: *at a (one)* ~ genast; *at the* [*given*] ~ på [givet] kommando; *take a p. at his* ~ a) ta ngn på orden b) ta ngns ord för gott; *beyond* ~*s* mer än ord kan uttrycka, obeskrivligt [*miserable beyond* ~*s*]; *by* ~ *and deed* se *deed 1*; *by* ~ *of mouth* muntligen; från mun till mun; *stand by one's* ~ stå vid sitt ord; ~ *for* ~ ord för ord, ordagrant; *it's too funny for* ~*s* det är så roligt så man kan dö; *he is too stupid for* ~*s* han är otroligt dum; *in* ~ *and deed* se *deed 1*; *in a (one)* ~ med ett ord, kort sagt; *in other* ~*s* med andra ord; *in so many* ~*s* klart och tydligt, rent ut; *put into* ~*s* uttrycka [i ord]; *book of* ~*s* a) mus. libretto b) vard. katalog c) vard. instruktion[er], bruksanvisning; *a man of few* ~*s* en fåordig man; *on the* ~ genast, direkt; *on one's* ~ se *upon one's* ~ nedan; *go back on one's* ~ ta tillbaka sitt ord, bryta sitt löfte; *play on* ~*s* a) leka med orden, göra ordlekar, vitsa b) lek med ord, ordlek; *come to* ~*s* komma (råka) i dispyt (gräl); *upon one's* ~ på sitt [heders]ord, på hedersord; *upon my* ~*!* a) bedyrande på mitt ord!, på min ära! b) förvånat minsann!, ser man på!; *play upon* ~*s* se *play on* ~*s* ovan
II uttrycka [i ord], formulera [*a sharply* ~*ed protest*], avfatta [*a carefully* ~*ed letter*]
word division ['wɜ:dɪˌvɪʒ(ə)n] s avstavning
word-for-word [ˌwɜ:dfə'wɜ:d] *attr adj* ordagrann [*a* ~ *translation*]

wordiness ['wɜːdɪnəs] *s* ordrikedom; mångordighet, vidlyftighet [i ord (tal, skrift)]
wording ['wɜːdɪŋ] *s* **1** formulering; [orda]lydelse **2** form, uttryckssätt, stil; ordval
word-perfect [ˌwɜːd'pɜːfɪkt] *adj*, *be ~ in a th.* vara [absolut] säker på (i) ngt, kunna ngt perfekt (utantill) [*he is ~ in his part (role)*]
word-processing ['wɜːdˌprəʊsesɪŋ] *s* data. ordbehandling
word processor ['wɜːdˌprəʊsesə] *s* data. ordbehandlare
Wordsworth ['wɜːdzwəθ]
wordy ['wɜːdɪ] *adj* ordrik, mångordig; vidlyftig [*~ style*]; långrandig, långtråkig [*a ~ speech*]
wore [wɔː] *imperf. av* wear
work [wɜːk] **A** *s* **1** arbete, jobb, gärning, insats[er] [*his scientific ~*]; uppgift [*that is his life's ~*]; verk; pl. *~s* relig. o.d. gärningar [*faith without ~s*]; *all ~ and no play makes Jack a dull boy* bara arbete gör ingen glad; *good (nice, smart) ~!* fint!, bra gjort!; *it was hard ~ getting there* det var jobbigt att komma dit; *that was quick ~* det gick undan, det var snart gjort; *a job of ~* ett arbete [*he always does a fine job of ~*]; *a piece of ~* **a)** ett arbete, en prestation **b)** *he is a nasty piece of ~* vard. han är en ful fisk; *cease ~* lägga ner arbetet; *I had my ~ cut out to* [*keep the place in order*] jag hade fullt sjå med att...; *he has done great ~ for* [*his country*] han har gjort stora insatser för...; *many hands make light ~* ju fler som hjälper till, dess lättare går det; *make quick ~ of* klara av kvickt, fort bli färdig med; *make short ~ of* göra processen kort med; göra av med (äta upp) på nolltid; *stop ~* sluta arbeta; lägga ner arbetet; *at ~* **a)** på arbetet (jobbet) [*don't phone him at ~*] **b)** i arbete, i verksamhet, i drift, i gång [*we saw the machine at ~*]; *be at ~ at* ([*up*]*on*) arbeta på, hålla på med; *it's all in the day's ~* se *day 1*; *off ~* inte i arbete, ledig; *out of ~* utan arbete, arbetslös; *be thrown out of ~* bli arbetslös; *fall (go) to ~* **a)** gå till verket **b)** börja arbeta; *set (get) to ~ at (on) a th. (to do a th.)* ta itu (sätta i gång) med ngt (med att göra ngt) **2** verk [*the ~s of Shakespeare; Shakespeare's ~s*], arbete [*a new ~ on* (om) *modern art*], opus, alster; arbeten [*the villagers sell their ~ to tourists*]; [hand]arbete; *a ~ of art* ett konstverk **3** *~s* (konstr. vanl. ss. sg.; pl. *~s*) fabrik [*a new ~s*], bruk, verk; *public ~s* se *public I 1* **4** pl. *~s* verk [*the ~s of a clock*], mekanism **5** mil., vanl. pl. *~s* befästningar, [be]fästningsverk; *defensive ~*[*s*] försvarsverk **6** sl., *the ~s* rubbet, hela klabbet; *give a p. the ~s* **a)** knäppa (skjuta ner) ngn **b)** misshandla ngn
B (*~ed ~ed;* i spec. fall - oftast i bet. *I 5, II 1, 4, 7 - wrought wrought*) *vb* **I** *itr* (se äv. *III*) **1** arbeta, jobba, ha arbete, verka, vara verksam [*he ~s as a teacher*]; *music while you ~* radio. musik under arbetet **2** fungera, funka [*the pump ~s*], arbeta, gå [*it ~s smoothly*], drivas [*this machine ~s by electricity*]; vara i funktion, vara i drift, vara i gång **3** göra verkan, verka [*the drug ~ed*]; lyckas, fungera [*will the new plan ~?*], klaffa, funka **4** om anletsdrag o.d. förvridas, spännas **5** arbeta i silver, trä o.d. **6** med adj.: *~ free* slita sig loss, lossna; *~ loose* lossna, släppa [*the screw (tooth) has ~ed loose*]
II *tr* (se äv. *III*) **1 a)** bearbeta [*~ silver*], förarbeta, förädla; bereda, behandla; forma **b)** bearbeta [*~ a mine*]; bryta [*~ coal*]; *~ the soil* bruka jorden **2** sköta, använda [*~ a machine*], manövrera, hantera; driva [*this machine is ~ed by electricity*] **3** låta arbeta, driva [*he ~ed his boys hard*]; *~ a p. to death* låta ngn arbeta ihjäl sig; *~ oneself to death* slita ihjäl sig **4** åstadkomma [*time had wrought great changes*], vålla, orsaka; vard. ordna, fixa [*how did you ~ it?*]; *~ havoc (miracles, wonders)* se resp. subst. **5** flytta [på], skjuta [in] [*~ a rock into* (på) *place*] **6** leda, böja [på] [*~ one's arm backwards and forwards*] **7** sy, brodera [*she ~ed (wrought) her initials on the blankets*] **8** arbeta (verka) i, bearbeta [*the insurance agent ~s the North Wales area*] **9** betala med sitt arbete; *~ one's passage* [*to America*] arbeta (jobba) sig över... **10** *~ one's way* arbeta sig fram; *~ one's way* [*up*] bildl. arbeta sig upp **11** med adj.: *~ loose* lossa [på], få loss (lös), lösgöra
III *itr* o. *tr* med. prep. o. adv., isht med spec. övers.:
~ against arbeta emot, motarbeta, motsätta sig; *we are ~ing against time* det är en kapplöpning med tiden
~ at arbeta på (med)
~ away arbeta vidare [*at, on* på], arbeta (jobba) undan (på)
~ for arbeta för (åt) [*~ for a p.*]; *~ for one's exam* arbeta på sin examen
~ into: **a)** arbeta sig (tränga) in i **b)** arbeta (foga, stoppa) in i [*can you ~ a few jokes into your speech?*] **c)** lirka in i [*~ a key into a lock*] **d)** *~ oneself into a rage* hetsa upp sig till raseri
~ off: **a)** lossna, glida av **b)** arbeta bort, bli av med; arbeta av [*he ~ed off his debt by doing odd jobs*]; arbeta (jobba, få) undan
~ on: **a)** arbeta på (med) **b)** [försöka] påverka; bearbeta, spela på [*~ on a p.'s feelings*]
~ out: **a)** utarbeta, utforma; arbeta fram, utveckla [*~ out a theory*] **b)** räkna ut (fram), beräkna; få ut, lösa [*~ out a problem*], tyda **c)** utfalla [*if the plan ~s out satisfactorily*], avlöpa; utvecklas, gå [*let us see how it ~s out*];

lyckas [*he hoped the plan would* ~ *out*]; *it may* ~ *out all right* det kommer nog att gå bra; det kanske stämmer till sist; *these things* ~ *themselves out* sånt här brukar ordna sig **d)** ~ *out at* (*to*) uppgå till, gå på [*the total* ~*s out at* (*to*) £*10*]
~ **through** arbeta sig igenom, avverka
~ **to** hålla sig till, följa [~ *to schedule*]; ~ *to rule* se *rule I 2*
~ **together** arbeta tillsammans, samarbeta
~ **towards** arbeta för [att nå] [~ *towards a peaceful settlement*]
~ **up**: **a)** arbeta (driva) upp [~ *up a business*]; [*he went for a walk*] *to* ~ *up an appetite* ...för att få aptit **b)** bearbeta, förädla; arbeta upp **c)** driva (arbeta) upp, uppbringa [*I can't* ~ *up sufficient interest in*...]; stegra, höja [~ *up excitement*]; agitera upp [~ *up an opinion*] **d)** egga (hetsa) upp [~ *up people*]; driva, sporra [~ *up a p. to do a th.*]; ~ *oneself up* hetsa (jaga) upp sig; pp.: ~*ed up* upphetsad, upprörd; *get* [*all*] ~*ed up* [*over nothing*] hetsa upp sig [för ingenting] **e)** arbeta sig upp äv. bildl.
workable ['wɜ:kəbl] *adj* **1** [som är] möjlig (lätt, värd) att bearbeta; förädlingsbar [~ *timber*]; formbar, smidig [~ *plastic* (*clay*)]; brukbar [~ *soil*]; brytvärd [~ *coal*] **2** [som är] möjlig att genomföra (utföra, förverkliga) [*a* ~ *plan*]
workaday ['wɜ:kədeɪ] *adj* **1** arbets-, vardags- [~ *clothes*] **2** alldaglig, prosaisk, trist; arbetsfylld
work addict ['wɜ:k,ædɪkt] *s* o. **workaholic** [,wɜ:kə'hɒlɪk] *s* vard. arbetsnarkoman
work basket ['wɜ:k,bɑ:skɪt] *s* sykorg
workbench ['wɜ:kben(t)ʃ] *s* arbetsbänk; hyvelbänk
workday ['wɜ:kdeɪ] *s* arbetsdag [*a seven-hour* ~]; vardag, söckendag; ~ *clothes* arbetskläder
worker ['wɜ:kə] *s* **1** arbetare, jobbare; arbetstagare; *Workers' Educational Association* motsv. ung. Arbetarnas bildningsförbund; ~*s of the world, unite!* proletärer i alla länder, förenen eder!; *he is a hard* ~ han arbetar hårt (flitigt), han är en riktig arbetsmyra **2** zool. a) arbetare, arbetsbi [äv. ~ *bee*] b) arbetare, arbetsmyra [äv. ~ *ant*]
workforce ['wɜ:kfɔ:s] *s* arbetsstyrka, arbetskraft
working ['wɜ:kɪŋ] **I** *s* **1** arbete [*laws to prevent* ~ *on Sundays*]; verksamhet; pl. ~*s of Providence*]; *the* ~*s of a p.'s mind* vad som rör sig inom ngn [*I can never understand the* ~*s of his mind*] **2** funktion[ssätt]; gång [*the smooth* ~ *of the machine*] **3** bearbetande, bearbetning; exploatering, drift [*the* ~ *of a mine*]; skötsel, manövrering; *continuous* ~ kontinuerlig drift **4** uträkning, lösning [*the* ~ *of a mathematical problem*]

II *adj* o. *attr s* **1** arbetande [*the* ~ *masses*], arbetar-; arbets- [~ *conditions are not too good here*]; drifts-; ~ *capital* rörelsekapital, driftskapital; omsättningstillgångar; ~ *class* arbetarklass; *the* ~ *classes* arbetarklassen; ~ *clothes* arbetskläder; ~ *day* arbetsdag, vardag; ~ *expenses* driftskostnad[er]; ~ *hours* arbetstid; ~ *hypothesis* arbetshypotes; ~ *instructions* driftsanvisningar; arbetsföreskrifter; ~ *lunch* arbetslunch; ~ *member* arbetande ledamot, aktiv medlem; ~ *model* arbetsmodell; ~ *party* a) arbetsgrupp; arbetslag b) arbetsutskott; *the* ~ *population* den arbetsföra befolkningen; ~ *title* arbetstitel, arbetsnamn; ~ *wives* yrkesarbetande gifta kvinnor **2** funktionsduglig, användbar; praktisk; provisorisk, preliminär [*a* ~ *draft was submitted for discussion*]; *he has a* ~ *knowledge of French* han kan franska till husbehov; *a* ~ *majority* parl. en regeringsduglig (arbetsduglig) majoritet; *in* ~ *order* i användbart (gott) skick, funktionsduglig
working-class [,wɜ:kɪŋ'klɑ:s, attr. '---] *adj* arbetar- [~ *family* (*population*)]; *he is* ~ han tillhör arbetarklassen
workload ['wɜ:kləʊd] *s* arbetsbörda; arbetsprestation
work|man ['wɜ:k|mən] (pl. -*men* [-mən]) *s* arbetare; hantverkare
workmanlike ['wɜ:kmənlaɪk] *adj* o.
workmanly ['wɜ:kmənlɪ] *adj* väl utförd, gedigen; habilt gjord; skicklig, kunnig
workmanship ['wɜ:kmənʃɪp] *s*
1 yrkesskicklighet, kunnande **2** utförande [*articles of* (i) *excellent* ~], arbete
workmate ['wɜ:kmeɪt] *s* arbetskamrat
work-out ['wɜ:kaʊt] *s* **1** träningspass; workout[pass]; *he went there for a* ~ han gick dit för att träna (för ett workout-pass) **2** genomgång, [praktiskt] prov, test
work permit ['wɜ:k,pɜ:mɪt] *s* arbetstillstånd
worksheet ['wɜ:kʃi:t] *s* arbetssedel
workshop ['wɜ:kʃɒp] *s* **1** verkstad
2 studiegrupp, arbetsgrupp; studiecirkel, seminarium, workshop **3** *Theatre W*~ slags folkteater, teaterverkstad
workshy ['wɜ:kʃaɪ] *adj* arbetsskygg
worktop ['wɜ:ktɒp] *s* arbetsbänk, arbetsyta
work-to-rule [,wɜ:ktə'ru:l] *s* organiserad maskning metod att minska arbetsprestationen genom att följa reglementet till punkt och pricka
world [wɜ:ld] *s* **1** värld; jord [*go on a journey round the* ~]; ~ *champion* världsmästare; *the W*~ *Health Organization* världshälsoorganisationen; *W*~ *War I* (*II*) el. *the First* (*Second*) *W*~ *War* första (andra) världskriget; ~*'s fair* världsutställning; *the* ~ *of letters* den litterära världen; *citizen of the* ~ världsmedborgare; *experience of the* ~

världserfarenhet; *a man of the* ~ en världsman, en man av värld; *that's the way of the* ~ så går det till [här i världen]; *woman of the* ~ världsdam, dam av värld; *you are all the* ~ *to me* du betyder allt för mig; *the animal* ~ djurens värld, djurriket; *the fashionable* ~ den fina världen; *the literary* ~ den litterära världen; *the New (Old) W~* Nya (Gamla) världen; *what's the* ~ *coming to?* såna tider vi lever i!; *the* ~ *to come (be)* livet efter detta; *how goes the* ~ *[with you]?* el. *how is the* ~ *using you?* vard. hur lever världen (hur står det till) med dig?; *it's a small* ~*!* [vad] världen är liten!; *I would give the* ~ *(give ~s) to know* jag skulle ge vad som helst för att få veta; *see the* ~ se sig om[kring] i världen; *not for the* ~ inte för allt (något) i världen; *for all the* ~ *as if* precis som om; *for all the* ~ *like* på pricken lik, precis som; *how (what, where) in the* ~*?* hur (vad, var) i all världen?; *all the difference in the* ~ en himmelsvid skillnad; *he has not [got] a penny in the* ~ han äger inte ett rött öre; *bring a child into the* ~ sätta ett barn till världen; *make the best of both ~s* a) förena världsliga och andliga intressen b) finna en kompromiss; *[the food] is out of this* ~ vard. ...är inte av denna världen; *all over the* ~ över (i) hela världen; *sail round the* ~ segla jorden runt; *dead to the* ~ död för världen; ~ *without end* bibl. ...i evigheternas evighet **2** massa, mängd; *a* ~ *of* en [oändlig] massa (mängd); *there is a* ~ *of difference between...* det är en himmelsvid skillnad mellan...; *it will do you a (the)* ~ *of good* det kommer att göra dig oändligt gott; *[the two books] are ~s apart* det är en enorm skillnad mellan...; *think the* ~ *of a p.* uppskatta ngn enormt; avguda ngn
world-beater ['wɜːldˌbiːtə] *s*, *be a* ~ vara i världsklass
world-famous [ˌwɜːld'feɪməs] *adj* världsberömd; ~ *artist* världsartist
worldliness ['wɜːldlɪnəs] *s* världslighet; världsligt sinnelag
worldly ['wɜːldlɪ] *adj* världslig [~ *matters (pleasures)*], jordisk, timlig; världsligt sinnad; *experience in* ~ *affairs* världserfarenhet; ~ *goods* världsliga ägodelar, denna världens goda; ~ *wisdom* världserfarenhet, världsklokhet
world-shaking ['wɜːldˌʃeɪkɪŋ] *adj* som skakar (skakade) hela världen, världsomskakande
world-weary ['wɜːldˌwɪərɪ] *adj* trött på allt världsligt; levnadstrött
worldwide [ˌwɜːld'waɪd] **I** *adj* världsomfattande, världsomspännande, global; ~ *fame* världsrykte **II** *adv* över hela världen [*be famous* ~]
worm [wɜːm] **I** *s* **1** mask; [små]kryp; bildl. stackare, [människo]kryp; *can of ~s* bildl. trasslig härva, ormbo; *even a* ~ *will turn* ung. även den tålmodigaste reser sig till slut; det finns gränser för tålamodet **2** [inälvs]mask; *have ~s* ha mask [i magen] **3** tekn. o.d. a) gänga b) snäcka; ändlös skruv, evighetsskruv **II** *vb tr* **1 a)** ~ *oneself* (~ *one's way) in (into, through)* orma (åla, slingra, smyga) sig in (in i, genom); ~ *oneself into a p.'s confidence* nästla sig in i ngns förtroende; ~ *oneself into a p.'s favour* nästla (ställa) sig in hos ngn; ~ *one's way round a p.* ställa sig in hos (fjäska för) ngn b) ~ *a th. out of a p.* locka (lura, lirka) ur ngn ngt **2 a)** avmaska [*the dog has been ~ed*] b) rensa växter från mask, ta (plocka) bort mask från **III** *vb itr* orma (åla, slingra, smyga) sig [*in in; into* in i; *through* genom]; ~ *into a p.'s confidence* m.fl. ex., se ~ *oneself into a p.'s confidence* etc. under *II 1 a)*
worm-eaten ['wɜːmˌiːtn] *adj* **1** maskäten, maskstungen **2** uråldrig, förlegad [~ *methods*]; maläten [*a* ~ *appearance*]
wormwood ['wɜːmwʊd] *s* bot. el. bildl. malört
wormy ['wɜːmɪ] *adj* **1** full av mask; maskäten **2** masklik
worn [wɔːn] *adj* o. *perf p* (av *wear*), nött, sliten; bildl. äv. tärd, medtagen, trött [*with* av]; avlagd, begagnad [~ *clothes*]; *look* ~ *and haggard* se härjad (förstörd) ut; ~ *with age* gammal och sliten; ~ *with care (anxiety)* tärd av bekymmer
worn-out ['wɔːnaʊt] *attr adj* utsliten etc., jfr *wear out* under *wear A III*
worried ['wʌrɪd] *adj* **1** orolig [*his* ~ *parents called the police*], ängslig, bekymrad [*about, over* för, över; *at* över]; *be* ~ [*about a p.*] äv. ha bekymmer [för ngn]; *be* ~ *to death [about a p.]* vara förfärligt orolig [för ngn] **2** plågad, besvärad [*with* av]
worrier ['wʌrɪə] *s* **1** plågoande, plågare **2** *he is a* ~ han oroar sig alltid, han kan inte låta bli att oroa sig
worrisome ['wʌrɪsəm] *adj* **1** besvärlig [*a* ~ *problem*], irriterande, plågsam [*a* ~ *cough*] **2** orolig, ängslig, nervös **3** tjatig
worry ['wʌrɪ] **I** *vb tr* **1** oroa, bekymra, göra orolig (ängslig, bekymrad), plåga [*it is ~ing me to see...*]; *I have a bad tooth that is ~ing me*], pina; ~ *the life out of a p.* el. ~ *a p. to death* plåga (pina) livet ur ngn; göra ngn mycket nervös; ~ *oneself* oroa (bekymra) sig, vara orolig (ängslig, bekymrad, nervös) [*about* för, över]; ~ *oneself unnecessarily* oroa sig i onödan; *what's ~ing you?* vad är det som bekymrar dig?, vad är du ledsen för?; *don't let it* ~ *you* oroa dig inte för det **2** ansätta [~ *a p. with foolish questions*], trakassera; tjata på [~ *a p. for* (om, för att få) *a th.*] **3** ständigt attackera, oroa, störa [~ *the enemy*]; förfölja, jaga; hemsöka **4** bita tag i;

bita ihjäl; förfölja, hetsa; ~ *him!* till hund buss på honom!
II *vb itr* **1** oroa (bekymra) sig, ängslas, vara orolig (bekymrad, ängslig, nervös), göra sig bekymmer [*about, over* över, för]; grubbla [*about, over* över, på]; ~ *about* äv. bry sig om [*don't* ~ *about it if you are busy*], hänga upp sig på [*it's nothing to* ~ *about*]; *I should* ~*!* vard. det struntar jag blankt i, det rör mig inte i ryggen; *I'll* (*we'll*) ~ *when the time comes* den tiden, den sorgen; *don't* [*you*] ~*!* oroa dig inte!, var inte orolig (ängslig)!, ta det lugnt!; *don't* ~ *if you are late* det gör inget om du kommer för sent; *not to* ~*!* vard. ingenting att oroa (bekymra) sig för!, ingenting att bry sig om!, ta det lugnt! **2** bita, riva och slita [med tänderna] [*at* i]
III *s* oro, bekymmer [*financial worries, that's the least of my worries*], ängslan, sorg; plåga [*what a* ~ *that child is!*], besvär[lighet]; huvudbry [*it causes him* ~]; *the cares and worries of life* livets sorger och bekymmer
worry beads ['wʌribi:dz] *s pl* stresskulor slags radband man fingrar på mot nervositet
worryguts ['wʌrigʌts] *s* vard., *he is a* ~ han kan inte låta bli att oroa sig
worrying ['wʌriŋ] *adj* plågsam, enerverande
worse [wɜ:s] **I** *adj* o. *adv* (komp. av *bad, badly, ill*) värre, sämre; mer [*she hates me* ~ *than before*]; ~ *luck* se *luck*; *be* ~ *off* ha det sämre [ställt] (svårare), vara sämre [däran]; *and, what's* ~ och, vad värre är; *get* (*grow, become*) ~ bli värre (sämre), förvärras, försämras; *to make matters* ~ till råga på allt, för att göra saken ännu värre; *so much the* ~ *for him* desto (så mycket) värre för honom; [*I stayed up all night*] *without being the* ~ *for it* ...utan att må illa (ta någon skada) av det; *be the* ~ *for drink* (*liquor*) vara berusad (full); *he is none the* ~ *for it* han har inte tagit skada av (farit illa av, blivit lidande på) det; *I like him none the* ~ *for it* jag tycker lika bra (inte sämre) om honom för det; *he is none the* ~ *for the accident* han har inte fått några men av olyckan; *his coat would be none the* ~ *for a brushing* hans rock behöver borstas av **II** *s* värre saker, något [ännu] värre [*I have* ~ *to tell*]; *or* ~ eller något ännu (ändå) värre; ~ *was to come* (*follow*) det skulle bli ännu (ändå) värre, det var inte det värsta
worsen ['wɜ:sn] **I** *vb tr* förvärra, försämra **II** *vb itr* förvärras; försämras; om pris, kurs o.d. falla
worship ['wɜ:ʃip] **I** *s* **1** dyrkan, tillbedjan; gudstjänst; andakt[sövning]; *public* ~ allmän gudstjänst, den allmänna gudstjänsten; *religious* ~ religionsutövning; *freedom* (*liberty*) *of* ~ fri religionsutövning; *hour of* ~ andaktsstund; *hours of* [*public*] ~ gudstjänsttider; *place of* ~ gudstjänstlokal [*churches and other places of* ~] **2** *Your W*~

Ers nåd, herr domare; *His W*~ Hans nåd [*His W*~ *the Mayor of Chester*]; domaren **II** *vb tr* dyrka, tillbe[dja]; bildl. äv. avguda [*she simply* ~*ped him*] **III** *vb itr* delta i gudstjänsten, gå i kyrkan; förrätta sin andakt; tillbedja [Gud]
worshipful ['wɜ:ʃipf(ʊ)l] *adj* **1** vördnadsfull [*of mot*], andäktig **2** tillbedjansvärd **3** i titlar o.d. vördig; *Right* (*Very*) *W*~ högvördig
worshipper ['wɜ:ʃipə] *s* **1** dyrkare, tillbedjare; bildl. äv. beundrare [*of* av] **2** gudstjänstdeltagare, kyrkobesökare; *the* ~*s* äv. kyrkfolket, menigheten
worst [wɜ:st] **I** *adj* o. *adv* (superl. av *bad, badly, ill*) värst, sämst; *be* ~ *off* ha det sämst [ställt] (svårast); *come off* ~ klara sig sämst, dra det kortaste strået **II** *s, the* ~ den värsta, de värsta, det värsta [*the* ~ *is yet to come* (återstår)], den (det, de) sämsta; *the* ~ [*of it*] *is that...* det värsta (sämsta) [av allt] är att...; *that's the* ~ *of being alone* det är det värsta med att vara ensam; *do one's* ~ göra det värsta (göra all den skada) man kan; *get the* ~ *of the bargain* förlora på affären; *have* (*get*) *the* ~ *of it* dra det kortaste strået; råka värst ut; *I want to know the* ~ jag vill veta sanningen [även om den är obehaglig]; *think the* ~ *of a p.* tro ngn om det värsta; *at* [*the*] ~ i värsta (sämsta) fall; *when things are at their* ~ när det är som värst (sämst); [*you have seen London*] *at its* ~ ...från dess sämsta sida; *if the* ~ *comes to the* ~ i värsta (sämsta) fall, om det värsta skulle hända **III** *vb tr* besegra, övervinna
worsted ['wʊstid] **I** *s* **1** kamgarn **2** kamgarnstyg **II** *adj* kamgarns- [~ *suit*]; ~ *yarn* kamgarn
worth [wɜ:θ] **I** *adj* värd [*it's* ~ £*50*; *it is* ~ *the trouble*; *well* ~ *a visit*]; ~ *little* (poet. *little* ~) inte mycket värd, föga värd; ~ *much* mycket värd, värd mycket; ~ *while* se *while I 2 o. worthwhile*; *property* ~ *millions of* [*dollars*] äv. värden för miljontals...; *he died* ~ [*a million pounds*] han efterlämnade vid sin död [tillgångar på]...; *he is* ~ [£*20,000 a year*] han tjänar (har en inkomst på)...; *that's all he is* ~ han är inte bättre värd; *what's the dollar* ~? vad står dollarn i?, vad är dollarn värd?; [*this job*] *is* ~ *a lot of money to him* ...inbringar (ger) honom en massa pengar; *it costs more than it is* ~ det kostar mer än det smakar; *it is as much as his life is* ~ det kan kosta honom livet; *show what one is* ~ visa vad man duger till (går för); ~ *doing* värd att göra[s]; *if a thing is* ~ *doing, it is* ~ *doing well* om något är värt att göra, är det värt att göras väl, om man ändå gör något kan man lika gärna göra det ordentligt; *it is* ~ *noticing* det förtjänar anmärkas; ~ *reading* värd att läsa[s], läsvärd; *it is* ~ *remembering that...* äv. man

ska komma ihåg att...; *be [well] ~ seeing* vara [väl] värd att se[s]; *for all one is ~* av alla krafter, allt vad man orkar (kan); [*I'll give you a tip] for what it is ~* ...vad det nu kan vara värt
II *s* **1** värde; *know one's ~* känna sitt eget värde; *he is not appreciated at his true ~* han uppskattas inte efter förtjänst **2** *a dollar's ~ of stamps* frimärken för en dollar; *a hundred pounds' ~ of goods* varor för hundra pund; *get (have) one's money's ~* få valuta för pengarna (sina pengar) **3** förmögenhet, tillgångar
worthily ['wɜ:ðəlɪ] *adv* **1** värdigt **2** efter förtjänst; med all rätt [*he had ~ deserved it*]
worthiness ['wɜ:ðɪnəs] *s* värdighet, [inre] värde, förtjänst, förträfflighet
worthless ['wɜ:θləs] *adj* **1** värdelös [*a ~ contract*]; oanvändbar; meningslös **2** dålig [*a ~ detective*]
worthlessness ['wɜ:θləsnəs] *s* värdelöshet etc., jfr *worthless*
worthwhile ['wɜ:θwaɪl] *attr adj* som är värd att göra [*a ~ experiment*], värd besväret; givande, värdefull [*~ discussions*]; lönande; *a ~ book* en läsvärd bok; jfr *worth while* under *while I 2*
worthy ['wɜ:ðɪ] I *adj* **1** värdig [*a ~ successor (foe)*] **2** aktningsvärd, hedervärd, hederlig **3** värd; *be ~ to* äv. förtjäna att; *~ of* värd [*an attempt ~ of a better fate*]; [som är] värdig [*an opponent ~ of him*]; förtjänt av, som förtjänar [*a cause* (sak) *~ of support*]; *be ~ of* vara värd, förtjäna; *~ of cultivation* värd att odla; *nothing ~ of mention* ingenting att tala om; *~ of respect* aktningsvärd; *I am not ~ of her* jag är henne inte värdig II *s* **1** storman, storhet [*an Elizabethan ~*]; i antiken hjälte; skämts. pamp [*gamblers, racketeers, and other worthies*] **2** skämts. el. iron. hedersman
would [wʊd, obeton. wəd, əd, d] *hjälpvb* (imp. av *will*) **1** skulle [*I (you, he) ~ do it if I (you, he) could*; *he was afraid something ~ happen*]; *that ~ have been [marvellous]* äv. det hade varit...; *that ~ be nice* äv. det vore trevligt; *~ you believe it?* kan man tänka sig!; *I ~n't know* inte vet jag; *how ~ I know?* hur skulle jag kunna veta det?; *if that ~ suit you* om det passar **2** ville [*he ~n't do it; I could if I ~*]; *I wish you ~ stay* jag önskar du ville stanna, jag skulle vilja att du stannade; *if it ~ only stop raining* om det bara ville sluta regna **3** skulle [absolut]; [*he dropped the cup -*] *of course he ~* ...typiskt för honom!; *of course it ~ rain* [*on the day we chose for a picnic*] naturligtvis måste (skulle) det regna... **4** skulle vilja [*~ you do me a favour?*]; *we ~ further point out* äv. (högtidl.) vi vill vidare påpeka; *shut the door, ~ you?* [ta och] stäng dörren är du snäll!; [*would you like to go to the Zoo?-*] *~n't I just!* ...om!; [*I*] *~ I were dead* jag önskar att jag var död; [*I*] *~ to Heaven (to God) it were true* Gud give att det vore (var) sant; *turn where he ~* vart han än vände sig **5** brukade, kunde [*he ~ sit for hours doing nothing*] **6** torde; *he ~ be your uncle, I suppose* han är väl din farbror?; *it ~ be about four o'clock* klockan var väl ungefär fyra; *it ~ seem (appear) that...* det kan synas som om...
would-be ['wʊdbi:] I *adj* **1** tilltänkt [*the ~ victim*]; blivande, in spe [*~ authors*]; *~ buyers* eventuella köpare, spekulanter **2** så kallad, s.k. [*this ~ pianist, a ~ philosopher*], påstådd, förment, föregiven **3** hycklad, låtsad [*this ~ manifestation of joy*] II *adv* ansträngt; förment [*~ poetical phrases*]
wouldn't ['wʊdnt] = *would not*
1 wound [waʊnd] imperf. o. perf. p. av *2 wind* o. *3 wind*
2 wound [wu:nd] I *s* sår; på t.ex. trädstam äv. skada; bildl. äv. kränkning; *a bullet ~* en skottskada; *it was a ~ to his vanity (pride)* det sårade hans fåfänga (stolthet); *inflict a ~ upon a p.* tillfoga ngn ett sår, såra ngn; *lick one's ~s* slicka sina sår äv. bildl.; *reopen old ~s* bildl. riva upp gamla sår II *vb tr* såra; t.ex. trädstam äv. skada; bildl. äv. kränka; skadskjuta; *badly ~ed* svårt sårad (skadad); *mortally ~ed* el. *~ed to death* sårad till döds
wove [wəʊv] imperf. o. ibl. (tekn.) perf. p. av *1 weave*; *~ paper* velängpapper
woven ['wəʊv(ə)n] perf. p. av *1 weave*; *~ fabric* vävt tyg, väv, vävnad; *~ over* överspunnen [*with* med]
1 wow [waʊ] I *interj, ~!* [va'] häftigt!, schysst!; *~! what a dress!* vilken häftig klänning! II *s* sl. braksuccé, dundersuccé; *it was a ~* äv. det var kanon (toppen)
2 wow [waʊ] *s* **1** vov-vov, [hund]skall **2** långsamt svaj i ljudåtergivningen på ett tonband
WP förk. för *weather permitting*
WPC [ˌdʌblju:pi:'si:] förk. för *woman police constable*
wpm förk. för *words per minute*
WRAC förk. för *Women's Royal Army Corps*
Wrac [ræk] *s* vard. [armé]lotta medlem av *Women's Royal Army Corps*
wrack [ræk] *s* **1** sjögräs, tång som kastats upp på stranden **2** ogräs som skall brännas **3** vrakspillra; vrak
WRAF förk. för *Women's Royal Air Force*
Wraf [ræf] *s* vard. [flyg]lotta medlem av *Women's Royal Air Force*
wraith [reɪθ] *s* **1** vålnad, gengångare, ande; bildl. skugga **2** tunn rökspiral
wrangle ['ræŋgl] I *vb itr* gräla, käbbla, käfta, munhuggas, kivas, gnabbas [*about, over* om; *upon a question* om en fråga; *with* med] II *s* gräl, käbbel, kiv, gnabb
wrap [ræp] I *vb tr* **1 a)** *~ [up]* svepa, svepa in [*in* i]; svepa om [*in* med]; linda (veckla, vira)

in, slå in, packa in [*in* i]; hölja [in], täcka; ~ [*up*] *a parcel* slå in ett paket; ~ *oneself up* [*well*] klä på sig ordentligt b) ~ *a th.* *round* (*around, about*) svepa (linda, vira) ngt kring (runt, om), slå ngt kring (runt, om) [~ *paper round it*] 2 bildl. ~ [*up*] dölja, hölja, linda in, svepa in; *~ped up in* a) fördjupad i, helt absorberad av b) nära (intimt) förknippad med c) vard. inblandad i, insyltad i; *be ~ped up in oneself* vara självupptagen; *~ped* [*up*] *in mystery* höljd i dunkel 3 vard., ~ *up* a) avsluta, greja, fixa b) göra slut på; *they had the match ~ped up* de hade matchen helt i sin hand 4 sl., ~ *it up!* lägg av!, sluta! II *vb itr,* ~ *up* [*well*] klä på sig ordentligt III *s* 1 a) sjal; [res]filt b) pl. *~s* ytterplagg, ytterkläder c) badkappa; *evening* ~ aftonkappa; *morning* ~ morgonrock 2 *keep under ~s* hålla hemlig
wrapper ['ræpə] I *s* 1 omslag, hölje; skyddsomslag på bok; [tidnings]banderoll; konvolut 2 a) lätt morgonrock, negligé b) sjal, scarf 3 packare, packkarl 4 täckblad på cigarr II *vb tr* slå (packa) in, vira in; täcka över
wrapping ['ræpɪŋ] *s* 1 ofta pl. *~s* a) omslag, hölje; emballage, förpackning; kapsel b) kläder; svepning 2 [omslags]papper
wrapping-paper ['ræpɪŋˌpeɪpə] *s* omslagspapper
wrath [rɒθ, amer. ræθ] *s* isht poet. vrede [*the* ~ *of God*]; bildl. äv. raseri [*the* ~ *of the waves*]; *in* ~ i vredesmod
wrathful ['rɒθf(ʊ)l, amer. 'ræθ-] *adj* isht poet. vredgad, vred, rasande, förbittrad
wratting-iron ['rætɪŋˌaɪən] *s* tekn. tillförnobare
wreak [ri:k] *vb tr* 1 utösa, utgjuta, ösa [~ *one's rage on* (*upon*) (över) *a p.*], ge utlopp (fritt lopp) åt 2 utkräva, ta [~ *vengeance on* (*upon*) *a p.*] 3 tillfoga, vålla, anställa; ~ *havoc on* (*upon*) anställa förödelse på, förstöra
wreath [ri:θ, i pl. ri:ðz -θs] *s* 1 krans av blommor m.m.; girland 2 vindling, virvel, slinga [*a* ~ *of smoke*], ring, snirkel, spiral; pl. *~s* äv. ringlar
wreathe [ri:ð] I *vb tr* 1 pryda (smycka) [med en krans (kransar)], omge, bilda en krans omkring; *be ~d in* bekransas (omges) av; *his face was ~d in smiles* se *smile III* 2 vira, linda, fläta, binda [*round, about* kring, omkring, runt]; ~ *oneself* linda sig, ringla sig, slingra sig [*the snake ~d itself round the branch*] 3 binda [ihop], fläta (vira) samman, sno ihop [*into* till]; bildl. väva samman II *vb itr* ringla sig, slingra sig; virvla; kröka sig
wreck [rek] I *s* 1 skeppsbrott, förlisning, strandning; haveri 2 ödeläggelse, förstöring; fördärvande, undergrävande, spoliering 3 a) vrak, skeppsvrak, bilvrak b) [hus]ruin c) pl. *~s* vrakspillror, vrakdelar [*the shores were strewn with ~s*] 4 bildl. vrak, ruin; spillra spillror, rest[er], återstod; *he is but a* ~ *of his former self* han är blott en skugga av sitt forna jag II *vb tr* 1 komma att förlisa (stranda, haverera); göra till [ett] vrak; krascha [med], kvadda; *be ~ed* lida skeppsbrott, stranda, haverera äv. bildl.; förlisa [*the ship was ~ed*], totalförstöras [*the train was ~ed*]; bli kvaddad 2 ödelägga, förstöra, fördärva, undergräva [*his health was ~ed*], spoliera, omintetgöra; amer. skrota [ned], riva [~ *houses*]
wreckage ['rekɪdʒ] *s* 1 a) vrakspillror, vrakdelar; vrakgods, strandvrak b) ruin[er] 2 skeppsbrott; haveri 3 ödeläggelse, förstörelse; omintetgörande
wrecker ['rekə] *s* 1 vrakbärgare; bärgningsbåt 2 vrakplundrare; strandtjuv 3 förstörare, skadegörare, sabotör 4 amer. husrivare, rivningsarbetare 5 amer. bärgningsbil 6 amer., vid tågolycka a) röjningsarbetare b) hjälptåg 7 amer. bilskrotare
Wren [ren] *s* vard. marinlotta medlem av *Women's Royal Naval Service*
wren [ren] *s* 1 zool. gärdsmyg [vard. äv. *jenny* ~]; *golden-crested* ~ kungsfågel 2 amer. sl. tjej
wrench [ren(t)ʃ] I *s* 1 [häftigt] ryck, vridning, bändning; *give a* ~ *at* vrida om (till) 2 vrickning, stukning, sträckning 3 bildl. [hårt] slag, [svår] förlust [*her death was a great* ~ *to him*]; smärta [*the* ~ *of parting is over*] 4 [*torque*] ~ skiftnyckel i allm.; amer. äv. skruvnyckel med ställbara käftar II *vb tr* 1 [häftigt] rycka [loss (av)] [~ *a gun* (*knife*) *from a p.*], slita [loss (av)] [~ *the door off* (från) *its hinges*], vrida, bända, bryta; ~ *oneself from...* slita (vrida) sig ur...; ~ *off* rycka (slita, vrida) av (loss), bända loss; ~ *a door open* rycka (slita, bända) upp en dörr 2 vricka, stuka [~ *one's ankle* (foten)], sträcka 3 förvanska, förvränga [~ *the meaning of the text*]; förrycka 4 plåga, smärta
wrest [rest] I *vb tr* [häftigt] vrida, rycka, slita [*from* från]; *out of a p.'s hands* ur händerna på ngn]; ~ *a th. from a p.* bildl. pressa (tvinga) fram ngt ur ngn, pressa ur ngn ngt; ~ *away* rycka bort; ~ *off* vrida (rycka) av II *s* [häftig] vridning, ryck, knyck
wrestle ['resl] I *vb itr* brottas, kämpa äv. bildl. [*with* med; *against* mot; *for* för, om] II *vb tr* 1 brottas med 2 ~ *down* fälla, besegra i brottning; ~ *to the ground* fälla till marken, slå ned III *s* 1 brottning; brottningsmatch 2 bildl. kamp; *a* ~ *for life or death* en kamp på liv och död
wrestler ['reslə] *s* brottare
wrestling ['reslɪŋ] *s* brottning
wretch [retʃ] *s* 1 stackare, eländig varelse 2 usling, kräk, skurk 3 skämts. skojare, spjuver

wretched ['retʃɪd] *adj* **1** [djupt] olycklig, förtvivlad, bedrövlig, eländig [*feel* ~], jämmerlig, hopplös [*a* ~ *existence*]; stackars [*the* ~ *woman*] **2** lumpen, usel **3** bedrövlig, jämmerlig, eländig [*a* ~ *house*], usel, urusel [*a* ~ *job*, ~ *weather*], ynklig, erbarmlig **4** vard. förbaskad, jäkla [*a* ~ *cold*]
wretchedness ['retʃɪdnəs] *s* **1** olycka, förtvivlan; elände, misär **2** lumpenhet, uselhet, nedrighet **3** uselt (uruselt) skick; uselhet, undermålighet
wriggl|e ['rɪgl] **I** *vb itr* **1** slingra sig, vrida sig, sno sig, skruva sig, åla sig; vicka; *the boy kept -ing in his chair* pojken satt inte stilla ett ögonblick i stolen; ~ *out of* åla sig ur; slingra sig ur (från) äv. bildl. [*he tried to* ~ *out of his promise*] **2** skruva [på] sig, känna sig obehaglig till mods [*my criticism made him* ~] **II** *vb tr* vrida på, skruva på, vicka på [~ *one's hips*]; ~ *oneself* slingra sig, vrida sig, sno sig, skruva sig; ~ *oneself free* vrida sig loss, frigöra sig; ~ *oneself into a p.'s favour* nästla (ställa) sig in hos ngn **III** *s* **1** slingrande (ålande) rörelse, slingring, vridning; vickning; svängande; *give a little* ~ vrida [på] sig lite **2** sväng, snirkel; krök [*of på*]
wring [rɪŋ] **I** (*wrung wrung*) *vb tr* **1** a) vrida [~ *one's hands in despair*] b) vrida (krama) ur [~ *wet clothes*] c) krama, pressa, trycka [*he wrung my hand hard*]; ~ *a p.'s neck* vrida nacken av ngn; ~ *a th. out of* (*from*) *a p.* tvinga av ngn ngt, pressa ngn på ngt, pressa ur ngn ngt; ~ *out* vrida (krama) ur; bildl. tvinga fram **2** pina, plåga; *it* ~*s my heart to hear...* det är hjärtskärande (beklämmande) att höra... **3** förvrida, förvränga, förvanska **II** *s* vridning, kramning; *give a p.'s hand a* ~ trycka ngns hand; *give the washing a* ~ vrida (krama) ur tvätten
wringer ['rɪŋə] *s* **1** liten mangel, vridmaskin **2** amer. pärs, eldprov; *put a p. through the* ~ sätta ngn på prov, utsätta ngn för en prövning (pärs); vara en svår pärs för ngn
wringing ['rɪŋɪŋ] **I** *s* vridande, vridning **II** *adj* vard., se *III* **III** *adv*, ~ *wet* drypande våt, dyblöt, [alldeles] genomsur (genomvåt)
wrinkle ['rɪŋkl] **I** *s* **1** rynka, skrynkla, veck; rynkning [*a* ~ *of* (på) *the nose*] **2** vard. [bra] tips, vink, råd **II** *vb tr* rynka, rynka på [*she* ~*d her nose*]; skrynkla, skrynkla till, göra rynkig (skrynklig), vecka [äv. ~ *up*; *he* ~*d* [*up*] *his forehead*] **III** *vb itr* bli rynkig (skrynklig), rynka sig, skrynklas, skrynkla sig
wrinkled ['rɪŋkld] *adj* rynkig, skrynklig, fårad
wrinkly ['rɪŋklɪ] *adj* rynkig, skrynklig, veckig
wrist [rɪst] *s* **1** handled, handlov **2** manschett[del] på klädesplagg; krage på handske
wristband ['rɪstbænd] *s* **1** handlinning, manschett **2** armband
wristlet ['rɪstlət] *s* **1** armband; ~ *watch* armbandsur **2** mudd **3** sl. handboja, handklove
wristwatch ['rɪstwɒtʃ] *s* armbandsur, armbandsklocka
1 writ [rɪt] *s* **1** jur. skrivelse, handling, dokument; [kungligt] beslut, förordning; dekret, kungörelse; [skriftlig] kallelse, stämning; *serve a* ~ *on a p.* delge ngn stämning **2** *Holy* (*Sacred*) *W*~ den heliga skrift **3** åld. skrift
2 writ [rɪt] *perf p* (av *write*) litt., bildl. ~ *large* i större format (skala); *be* ~ *large* framträda tydligt, stå tydligt skriven; ~ *small* i mindre skala (format)
write [raɪt] (*wrote written*; se äv. *written*) **I** *vb tr* (se äv. *III*) skriva, skriva ner (ut), författa; hand. el. vard. skriva till [*I wrote him last week*] **II** *vb itr* (se äv. *III*) **1** skriva; ~ *for* a) skriva för (i) [~ *for a newspaper*] b) skriva efter, rekvirera; ~ *for a living* leva (försörja sig) på att skriva; ~ *in ink* (*pencil*) skriva med bläck (blyerts); ~ *on a subject* skriva om ett ämne; ~ *home about* se *home III 1* **2** skriva, författa; vara författare **3** gå [att skriva med]; *the pen won't* ~ äv. pennan fungerar inte **III** *vb tr* o. *vb itr* med adv. isht med spec. övers.:
~ **back** svara [per brev]
~ **down**: a) skriva upp (ner), anteckna [~ *it down*], nedteckna b) hand. skriva ner [~ *down capital* (*an asset*)] **c**) ~ *down to the public* skriva alltför publikfriande
~ **in**: a) skriva in (till), tillfoga [~ *in an amendment to the law*] b) 'skriva om, skicka in [~ *in one's requests*]; ~ *in for* skriva efter, beställa, rekvirera [~ *in for our catalogue*]
~ **off**: a) avskriva äv. bildl. [~ *off a debt*]; avfärda [*it was written off as a failure*] b) ~ *off for* skriva efter, rekvirera, beställa; ~ *off to* skriva [brev] till
~ **out** skriva (ställa) ut [~ *out a cheque*]
~ **up**: a) föra à jour, komplettera [~ *up a diary*] b) utarbeta, skriva ihop (ner) [~ *up a report*] **c**) slå upp [stort], uppförstora [*an affair written up by the press*] d) lovorda, ge en fin recension [*the critics wrote up the play*] e) hand. skriva upp f) ~ *up about a th.* skriva en insändare om ngt
write-off ['raɪtɒf] *s* vard. **1** avskrivning [som förlust] **2** värdelös tillgång, förlust; förlustkonto **3** flopp, misslyckande
writer ['raɪtə] *s* **1** författare, skribent, skriftställare **2** skrivare, skrivande [person]; ~*'s crámp* skrivkrampk; *the* [*present*] ~ undertecknad, författaren till dessa rader
write-up ['raɪtʌp] *s* vard. [utförlig] redogörelse, rapport; [fin] recension; *a bad* ~ en dålig recension, dålig kritik
writhe [raɪð] **I** *vb itr* **1** vrida sig [~ *with* el. *under* (av) *pain*; ~ *in* (i) *agony*]; slingra sig [*the snake* ~*d up the tree*]; bildl. våndas, pinas **2** förvridas [*his mouth* ~*d*] **II** *vb tr* **1** vrida,

slingra, sno, linda [*about, round* omkring]
2 förvrida [~ *one's face*] **III** *s* **1** vridning
2 förvridning av ansikte
writing ['raɪtɪŋ] **I** *s* **1** skrift; *in* ~ äv. skriftlig; skriftligt, skriftligen; *put* [*down*] *in* ~ el. *take down in* ~ skriva ner, avfatta skriftligt **2** skrivande, skrivning; komponerande; skrivkonst **3** författarverksamhet, författarskap, skriftställeri; skriveri [*on* om]; *he turned to* ~ [*at an early age*] han började skriva (författa)... **4** [hand]stil; *it is not my* ~ äv. det är inte jag som har skrivit det **5** inskrift, inskription; skrift; *the* ~ *on the wall* ett dåligt omen **6** stil [*narrative* ~]; språk **7** skrift, arbete, verk [*his collected* ~*s*]; *a fine piece of* ~ ett utmärkt arbete (stycke litteratur), en utmärkt bok; *the* [*sacred* (*holy*)] ~*s* Skriften, den heliga skrift **8** jur. dokument, handling, skrivelse **9** text, ord **10** [minnes]anteckning **II** *attr adj* skriv-; ~ *materials* skrivmateriel, skrivdon
writing-desk ['raɪtɪŋdesk] *s* **1** skrivbord, skrivpulpet **2** skrivetui
writing-pad ['raɪtɪŋpæd] *s* **1** skrivunderlägg **2** skrivblock
writing-paper ['raɪtɪŋˌpeɪpə] *s* skrivpapper, brevpapper
written ['rɪtn] *adj* o. *perf p* (av *write*) skriven; skriftlig; ~ *language* skriftspråk; ~ *test* skriftligt prov
WRNS fork. för *Women's Royal Naval Service*
wrong [rɒŋ] **I** *adj* **1** orätt [*it is* ~ *to steal*], orättfärdig; orättvis: vrång **2** fel [*he got into the* (kom på) ~ *train*], felaktig, galen, orätt, oriktig; *sorry,* ~ *number!* förlåt, jag (ni) har slagit fel nummer (kommit fel)!; *be on the* ~ *road* ha råkat på avvägar; *be on the* ~ *side of fifty* vara över femtio [år]; *get on the* ~ *side of a p.* ta ngn på fel sätt; komma på kant med ngn; *get out of bed* (*get up*) *on the* ~ *side* vard. vakna på fel sida; *the* ~ *way round* bakvänd; bakvänt, bakfram; *go the* ~ *way* gå vilse, komma fel (galet); *go the* ~ *way about it* börja i galen (fel) ända; *go the* ~ *way to work* gå felaktigt till väga; *the food went* [*down*] *the* ~ *way* maten fastnade i vrångstrupen (kom i fel strupe); *rub a p.* [*up*] *the* ~ *way* se *rub I*; *be* ~ ha fel, ta fel (miste); *you're* ~ *there!* där tar (har) du fel!; *be* ~ *in the* (*one's*) *head* vard. vara dum [i huvudet]; *it's all* ~ det är uppåt väggarna [galet]; *there is nothing* ~ *in asking* ung. det gör väl inget om man frågar; *my watch is* ~ min klocka går fel; *what's* ~ *with...?* a) vad är det för fel med (på)...? b) vad har du emot...? c) hur skulle det vara med...?, varför inte [ta]...? [*what's* ~ *with plain bread and butter?*] **II** *adv* orätt, oriktigt [*act* ~]; fel, galet [*guess* ~]; vilse; *do* ~ handla (göra) orätt (fel); *you've got it all* ~ du har helt missuppfattat det, du har fått alltsammans om bakfoten; *don't get me* ~*!* missförstå mig inte!, förstå mig rätt!; *go* ~ a) gå (komma) fel (vilse); komma på villovägar; göra fel b) misslyckas [*our marriage went* ~], gå snett c) vard. gå sönder, paja **III** *s* orätt [*right and* ~]; orättfärdighet; oförrätt, orättvisa, ont; missförhållande; *two* ~*s do not make a right* man kan inte utplåna en orätt genom att begå en ny; *do* ~ *to* (*by*) *a p.* el. *do a p.* ~ a) göra orätt mot ngn, göra ngn ont; förorätta ngn b) bedöma ngn orätt, göra ngn orätt; *he can do no* ~ han är ofelbar; *I had done no* ~ jag hade inget ont gjort; *be in the* ~ a) ha orätt (fel) b) vara skyldig; *put a p. in the* ~ lägga skulden på ngn **IV** *vb tr* **1** förorätta, förfördela, kränka **2** vara orättvis mot
wrongdoer ['rɒŋˌduə, ˌ-'--] *s* **1** syndare **2** ogärningsman, missdådare, lagbrytare
wrongdoing ['rɒŋˌduːɪŋ] *s* ond gärning, missgärning; oförrätt; synd, förseelse
wrongful ['rɒŋf(ʊ)l] *adj* **1** orättvis, orättfärdig, orättrådig, kränkande **2** olaglig, orättmätig; ~ *dismissal* uppsägning utan saklig grund
wrong-headed [ˌrɒŋ'hedɪd] *adj* **1** halsstarrig, vrång, tjurskallig; förstockad **2** befängd, tokig [*a* ~ *idea*], förvänd
wrongly ['rɒŋlɪ] *adv* **1** fel, felaktigt, fel- [~ *spelt*], orätt, oriktigt **2** orättvist [~ *accused*]; med orätt
wrote [rəʊt] imperf. av *write*
wrought [rɔːt] **I** imperf. o. perf. p. av *work*, se *work B* **II** *adj* **1** formad, arbetad, förarbetad, bearbetad, [färdig]behandlad, putsad; smidd, hamrad [*made of* ~ *copper*]; [jämn]huggen [~ *beams of oak*]; spunnen [~ *silk*]; ~ *iron* smidesjärn; ~ *work* smidesarbete, smide **2** prydd, dekorerad, utsirad, broderad
wrung [rʌŋ] imperf. o. perf. p. av *wring*
WRVS fork. för *Women's Royal Voluntary Service*
wry [raɪ] (adv. *wryly*) *adj* **1** sned, skev **2** ironisk, spydig, syrlig; *make* (*pull*) *a* ~ *face* (*mouth*) göra en [ful] grimas (en sur min), grina illa; ~ *humour* torr (besk) humor; ~ *smile* tvunget leende **3** vrång, skev, tokig, förvänd; förvrängd
wryneck ['raɪnek] *s* **1** zool. göktyta **2** med. snedhals, torticollis; nackspärr **3** vard. snedhals, snedhalsad person
WSW (fork. för *west-south-west*) västsydväst
wt fork. för *weight*
WWF fork. för *World Wildlife Fund*
wych elm ['wɪtʃelm] *s* bot. [skogs]alm
wych-hazel ['wɪtʃˌheɪzl] *s* se *witch hazel*
Wyoming [waɪˈəʊmɪŋ] geogr.
WYSIWYG ['wɪzɪwɪg] *s* o. *adj* data. (fork. för *what you see is what you get*) skärmen visar samma sak som en utskrift

X

X, x [eks] **I** (pl. *X's* el. *x's* ['eksɪz]) *s* **1** X, x **2** matem. o.d. X, x beteckning för okänd faktor, person m.m. [*x* = *y*; *Mr. X*] **3** kryss; äv. symbol för kyss i brev o.d. **4** *X* amer. sl. 10-dollarsedel **II** *vb tr* **1** kryssa för **2** ~ [*out*] x-a (kryssa) över **1 X** förk. för *Christ* **2 X** [eks] *adj* o. *s* (förr) barnförbjuden [film], [film] förbjuden för personer under 18 år
X-chromosome ['eksˌkrəʊməsəʊm] *s* X-kromosom
xenon ['zenɒn] *s* kem. xenon
xenophobe ['zenə(ʊ)fəʊb] *s* främlingshatare
xenophobia [ˌzenə(ʊ)'fəʊbjə] *s* främlingshat, xenofobi
Xerox ['zɪərɒks] ® **I** *s* **1** Xerox[system]; Xeroxapparat kopiator **2** Xeroxkopia, fotokopia **II** *vb tr* o. *vb itr*, *x*~ xeroxkopiera, [foto]kopiera
XL (förk. för *extra large*) beteckning för extra stor i klädesplagg
Xmas ['krɪsməs, 'eksməs] *s* kortform för *Christmas*
X-ray ['eksreɪ] **I** *s* **1** röntgenstråle; ~ el. pl. ~*s* röntgen; attr. röntgen-; ~ [*examination*] röntgenundersökning; ~ [*photograph*] röntgenbild, röntgenplåt; ~ *therapy* röntgenbehandling **2** röntgenapparat **II** *vb tr* **1** röntga, röntgenfotografera **2** röntgenbehandla
xylophone ['zaɪləfəʊn, 'zɪl-] *s* mus. xylofon

Y

Y, y [waɪ] (pl. *Y's* el. *y's* [waɪz]) *s* **1** Y, y **2** matem. o.d. Y, y beteckning för bl. a. okänd faktor
yacht [jɒt] sjö. **I** *s* [lust]jakt, yacht, segelbåt; [motor]kryssare; kappseglingsbåt **II** *vb itr* segla; ägna sig åt segelsport (båtsport); kappsegla
yacht club ['jɒtklʌb] *s* segelsällskap, yachtklubb, kryssarklubb
yachting ['jɒtɪŋ] **I** *s* segling, segelsport, båtsport **II** *adj* o. *attr s* [lust]jakt-, segel-, båt- [~ *tour*]
yachts|man ['jɒts|mən] (pl. *-men* [-mən]) *s* seglare, kappseglare; yachtägare
Yahoo [jɑːˈhuː, jə-] *s* **1** yahoo motbjudande människoliknande varelse i Swifts 'Gullivers resor' **2** *y*~ grov typ, grobian; huligan **3** *y*~ tölp, bondlurk
yak [jæk] *s* zool. jak, grymtoxe
Yale [jeɪl] **I** geogr. egenn.; ~ [*University*] i New Haven, Connecticut, USA:s näst äldsta universitet **II** *s*, ~ *lock* yalelås, patentlås
yam [jæm] *s* **1** jams[rot] **2** amer. dial. sötpotatis
yammer ['jæmə] isht amer. vard. **I** *vb tr* **1** jämra sig, gnälla, gny **2** gorma, gasta **II** *s* **1** jämmer, gnäll, gny **2** gormande, gastande
Yank [jæŋk] *s* o. *adj* vard. för *Yankee*
yank [jæŋk] vard. **I** *vb tr* o. *vb itr* rycka [i], dra [i], hugga tag [i]; *they ~ed me off* de drog i väg med mig **II** *s* ryck, knyck
Yankee ['jæŋkɪ] **I** *s* **1** vard. yankee, jänkare **2** amer. a) nordstatsamerikan, nordstatsbo b) New Englandsbo c) hist. nordstatssoldat **3** amerikanska[n], yankeespråk[et]; New Englandsdialekt[en] **II** *adj* vard. yankee-, [äkta] amerikansk; amer. nordstats-, New Englands-
yap [jæp] **I** *vb itr* **1** gläfsa, skälla **2** sl. snacka; tjafsa; käfta (bjäbba) emot **II** *s* **1** gläfs[ande], skällande **2** sl. snack; tjafs **3** sl. mun, käft
1 yard [jɑːd] *s* **1** yard (= 3 *feet* = 0, 9144 m) [*a* ~ *and a half of cloth*]; *by the* ~ a) yardvis b) bildl. i långa banor, i det oändliga **2** sjö. rå; *topsail* ~ märsrå
2 yard [jɑːd] *s* **1** a) [inhägnad] gård, gårdsplan b) amer. trädgård **2** område, inhägnad; upplagsplats; ss. efterled i sms. ofta -gård [*timberyard*] **3** varv [äv. *dockyard* el. *shipyard*] **4** stationsplan, stationsområde; [*railway*] ~ bangård **5** *the Y*~ vard. för [*New*] *Scotland Y*~
yardage ['jɑːdɪdʒ] *s* längd (yta, volym) mätt i 'yards'
yardarm ['jɑːdɑːm] *s* sjö. rånock

yardstick ['jɑ:dstɪk] s yardmått[stock], tumstock; bildl. måttstock, mått
yarn [jɑ:n] **I** s **1** garn; tråd; sjö. kabelgarn **2** vard. [skeppar]historia, skröna; *spin a ~* berätta (dra) en [skeppar]historia **II** *vb itr* vard. dra [skeppar]historier, sitta och ljuga
yarrow ['jærəʊ] s bot. rölleka
yaw [jɔ:] sjö. el. flyg. **I** *vb itr* gira [ur kurs] **II** s gir
1 yawl [jɔ:l] s sjö. **1** yawl slags segelbåt **2** [liten] fiskebåt **3** liten skeppsbåt, jolle
2 yawl [jɔ:l] *vb itr* o. s vard. el. dial., se *yowl*
yawn [jɔ:n] **I** *vb itr* **1** gäspa **2** gapa, öppna sig [*an abyss ~ed before his eyes*], stå öppen **II** *vb tr* gäspa [fram] [*he ~ed goodnight*]; *~ one's head off* gäspa käkarna ur led **III** s **1** gäspning **2** avgrund, svalg
yawning ['jɔ:nɪŋ] **I** *adj* **1** gäspande [*a ~ audience*] **2** gapande [*a ~ abyss*] **II** s gäspande
yawp [jɔ:p] isht amer. vard. **I** *vb itr* skräna, skråla; gapa, gorma; prata strunt **II** s skrän, skrål; gapande, gormande; struntprat
Y-chromosome ['waɪˌkrəʊməsəʊm] s Y-kromosom
1 ye [ji:] åld. skrivning för *the* [*Ye Olde Tea Shoppe*]
2 ye [ji:, obeton. jɪ] *pers pron* **1** åld. (eg. pl. av *thou*) I; Eder vard. el. dial. för *you* i vissa fraser [*how d'ye do?*; *thank ~*; *I tell ~*]
yea [jeɪ] åld. el. dial. **I** s litt. el. högtidl. ja, jaröst; jaröstare; *~s and nays* ja och nej, ja- och nejröster; omröstning; *the ~s have it* jarösterna överväger, majoriteten röstar ja **II** *interj, ~!* ja, sannerligen!
yeah [jeə, je] *adv* vard. ja; *oh ~?* jaså?, säger du det?, verkligen?
year [jɪə] s år; årtal; årgång; skol. o.d. årskull; *the ~ dot* se *dot I*; *~ of birth* födelseår; *~s and ~s* många herrans år; [*he looks older (younger)*] *than his ~s* ...än han är; *last ~* i fjol, förra året; *this ~* i år; *this day ~* i dag om ett år; *it will be ~s before...* det kommer att dröja år (åratal) innan...; *he has been dead these two ~s* han har varit död nu i två år; *put ~s on a p.* få ngn att åldras (se äldre ut); *take ~ off a p.* få ngn att känna sig yngre (se yngre ut); *a ~ or two ago* för ett par år sedan; *~s ago* för flera (många) år sedan; *~s and ~s ago* för många herrans år sedan; *donkey's ~s* se *donkey*; *~ by (after) ~* år för (efter) år; *by next ~* till (senast) nästa år; *by the ~* per år; *for* (isht amer. *in*) *~s* i (på) åratal (många år); *for ~s to come* under (i) kommande år; *in the year 2000* år 2000; [*I haven't seen him*] *in ~s* se *for ~s* ovan; *in two ~s* på (om) två år; *he is getting on (advancing) in ~s* han börjar bli till åren (bli gammal); *Footballer of the Y~* årets fotbollsspelare; *of late (recent) ~s* på (under) senare år; *over the ~s* se *over I 4*
yearbook ['jɪəbʊk] s årsbok; [års]kalender

yearling ['jɪəlɪŋ] **I** s **1** årsgammal unge, fjolårsunge, fjolårsföl o.d.; ettåring **2** fjolårsväxt **II** *adj* ettårig, årsgammal
yearlong ['jɪəlɒŋ] *adj* årslång
yearly ['jɪəlɪ] **I** *adj* årlig, års- [*~ income, ~ meeting*] **II** *adv* årligen, en gång om året, varje år, år från år
yearn [jɜ:n] *vb itr* längta, trängta [*for (after) a th.* efter ngt; *to do* [efter] att göra], tråna; *~ for* äv. åtrå; *his heart ~ed towards her* han brann av längtan efter henne
yearning ['jɜ:nɪŋ] **I** s [stark] längtan, åtrå **II** *adj* längtansfull, längtande
yeast [ji:st] s **1** jäst **2** fradga, skum **3** bildl. kraftkälla, [driv]kraft
yeasty ['ji:stɪ] *adj* **1** jästlik; jästblandad **2** jäsande
Yeats [poeten jeɪts]
yell [jel] **I** *vb itr* [gall]skrika, tjuta, vråla; skräna, gasta; amer. skol. heja **II** *vb tr* skrika [ut] [äv. *~ out (forth)*]; tjuta [fram] **III** s skrik, tjut, vrål; amer. skol. hejaramsa, hejarop
yellow ['jeləʊ] **I** *adj* **1** gul; *get the ~ card* i fotb. få gult kort; *~ fever* gula febern; *~ journalism* sensationsjournalistik, skandaljournalistik; *~ line* trafik. gul linje längs trottoarkant markerande parkeringsförbud; *~ ochre* a) miner. [gul]ockra b) ss. färg ljus ockra, guldockra; *the ~ pages* gula sidorna i telefonkatalogen; *the Y~ Peril* el. *the ~ peril* [den] gula faran; *the ~ press* sensationspressen, skvallertidningarna; *the Y~ Sea* Gula havet **2** vard. feg, skraj; *he has a ~ streak in him* han är lite feg av sig **II** s **1** gult; gul färg **2** äggula, gula **3** guling mongol **III** *vb itr* gulna **IV** *vb tr* göra (färga) gul
yellowish ['jeləʊɪʃ] *adj* gulaktig; i sms. gul- [*yellowish-green*]
yellowness ['jeləʊnəs] s gulhet, gul färg
Yellowstone ['jeləʊstəʊn, -stən] geogr. egenn.; *~ National Park* nationalpark i Klippiga bergen i USA
yelp [jelp] **I** *vb itr* gläfsa, skälla, tjuta; skrika **II** s gläfs, [skarpt] skall, tjut; skrik
Yemen ['jemən] geogr.
1 yen [jen] (pl. vanl. *yen*) s yen japanskt mynt
2 yen [jen] vard. **I** s het längtan, begär; lust; *have a ~ for* [*apple-pie*] vara jättesugen på..., längta så man kan dö efter... **II** *vb itr* längta intensivt
yeo|man ['jəʊ|mən] (pl. *-men* [-mən]) s **1** hist. [själv]ägande] bonde, hemmansägare, odalbonde **2** *Y~ of the Guard* livgardist, livdrabant isht i Towern **3** i flottan intendent; signalstyrman [äv. *~ of signals*]; i USA a) ung. expeditionsofficer på fartyg b) skrivbiträde
yep [jep] *interj* vard. **I** ja, japp!, ja [då]!
yes [jes, vard. jeə, je] **I** *adv* ja; jo; *~?* verkligen?, och sedan?; *~, sir!* vard. jajamen!, jadå!, jodå!; *oh ~!* javisst!, jovisst!, jadå! **II** s ja; *say ~* äv. samtycka

yes-|man ['jes|mæn] (pl. *-men* [-men]) *s* jasägare, eftersägare, medlöpare
yesterday ['jestədɪ, -deɪ] **I** *adv* i går; *I was not born ~* jag är inte född i går **II** *s* gårdagen; *~'s paper* äv. gårdagstidningen; *~ morning* (*evening*) a) i går morse (kväll) b) gårdagens morgon (kväll), morgonen (kvällen) i går; *~ night* a) i går kväll; i natt b) gårdagskvällen; natten till i dag; *the day before ~* a) i förrgår b) dagen före gårdagen
yet [jet] **I** *adv* (se äv. *II*) **1** temporalt ännu, än; nu [*you needn't do it just ~*], redan nu [*need you go ~?*]; till sist, förr eller senare [*the thief will be caught ~*]; [*as*] *~* än så länge, hittills [*his as ~ unfinished task*]; *never ~* ännu aldrig; *not just ~* inte riktigt än; *the most serious incident ~* den hittills allvarligaste incidenten; *while there is ~ time* medan det ännu är tid, innan det blir för sent; *have you done ~?* är du klar än!, har du slutat nu?; *I have ~ to see* [*the man who can beat him*] ännu har jag inte sett...; *you ain't seen nothing ~* vard. det här är bara början **2** förstärkande, isht vid komp. ännu [*more important ~*]; ytterligare [*~ others*]; *~ again* el. *~ once* [*more*] ännu en gång, en gång till, återigen; *~ another* ännu (ytterligare) en; *~ awhile* ännu en stund; fortfarande **II** *adv* o. *konj* ändå, likväl, dock [*strange and ~ true*], i alla fall; men (och) ändå (likväl, dock), men [*a kind ~ demanding teacher*]; [*a man who is willing now,*] *~ who only yesterday refused* ...men som vägrade så sent som i går
yew [ju:] *s* **1** bot. idegran [äv. *yew-tree*] **2** idegran [strä]
YHA förk. för *Youth Hostels Association*
yid [jɪd] *s* sl. (neds.) jude
Yiddish ['jɪdɪʃ] **I** *s* jiddisch **II** *adj* jiddisch-
yield [ji:ld] **I** *vb tr* **1** ge [*~ good crops*; *~ a good profit*], ge (lämna) i avkastning (vinst) [*investments ~ing 10 per cent*], inbringa; producera, frambringa **2** lämna ifrån sig, överlämna, avstå [från] [*to* till; ibl. *~ up*], överge; *~ up* äv. uppenbara, avslöja [*the caves ~ed up their secrets*]; *~ ground* falla undan [*to* för]; *~ oneself up* hänge sig, ägna sig, hemfalla [*to* åt] **3** mest litt. ge, skänka, bevilja **II** *vb itr* **1** ge avkastning **2** ge efter (vika) [*to* för; *~ to threats*; *the door ~ed to the pressure*], ge sig, böja sig; svikta; bildl. äv. falla undan, ge med sig, falla till föga, ge upp, kapitulera [*~ to force*]; *~ to* äv. vara underlägsen, ligga under, stå 'efter [*~ to nobody in* (i, i fråga om) *courage*]; *~ to despair* hemfalla åt förtvivlan; *~ to temptation* falla för frestelsen; *the disease ~ed to treatment* sjukdomen övervanns genom behandlingen **3** *~ to* lämna plats för (åt), efterträdas av **4** lämna företräde i trafiken [*to* åt] **III** *s* **1** ekon. o. allm. avkastning; utbyte, behållning, vinst;

produktion **2** lantbr. skörd, avkastning, produktion
yielding ['ji:ldɪŋ] *adj* **1** foglig, eftergiven, undfallande [*a ~ person*] **2** böjlig, mjuk
yippee [jɪ'pi:] *interj*, *~!* hurra!, jippi!
YMCA [ˌwaɪ'em‚si:'eɪ] (förk. för *Young Men's Christian Association*, se *young I 1*) KFUM
yob [jɒb] *s* o. **yob[b]o** ['jɒbəʊ] *s* sl. drummel, slyngel; buse, huligan
yodel ['jəʊdl, 'jɒdl] **I** *vb tr* o. *vb itr* joddla **II** *s* joddlande, joddling
yoga ['jəʊgə] *s* yoga
yoghourt o. **yoghurt** ['jɒgət, amer. 'jəʊg-] *s* yoghurt
yogurt ['jɒgət, amer. 'jəʊg-] *s* yoghurt
yoke [jəʊk] **I** *s* **1** ok äv. bildl.; *shake* (*throw*) *off the ~* kasta av oket; *submit to the ~* böja nacken under oket, [låta sig] underkuvas **2** (pl. lika) par, spann [*five ~ of oxen*] **II** *vb tr* **1** oka, lägga ok[et] på; spänna [*~ oxen to* (för) *a plough*]; spänna för [*~ a wagon*] **2** oka ihop [äv. *~ together*]; bildl. koppla samman, förena, para [*to, with* med]
yokel ['jəʊk(ə)l] *s* [enfaldig] lantis, tölp, bondlurk
yolk [jəʊk] *s* äggula, gula; *the ~s of three eggs* äv. tre äggulor
Yom Kippur [ˌjɒm'kɪpə, ˌjɒmkɪ'pʊə] *s* Jom Kippur judisk försoningsfest
yon [jɒn] *pron* o. *adv* åld. el. dial., se *yonder*
yonder ['jɒndə] litt. el. dial. **I** *pron* den där; *~ group of trees* trädgruppen där borta; *on the ~ side* på andra sidan **II** *adv* där borta; dit bort
yore [jɔ:] *s* litt., *of ~* fordom, förr [i världen]; *in days* (*times*) *of ~* i forna tider, fordom [dags]
Yorkshire ['jɔ:kʃɪə, -ʃə] geogr. egenn.; *~ pudding* yorkshirepudding slags ugnspannkaka som vanligen äts till rostbiff; *~ relish* slags pikant [biffsteks]sås; *~ terrier* yorkshireterrier
you [ju:; obeton. jʊ, ibl. jə] *pers pron* **1 a**) du; ni; ss. obj. o.d. dig; er, Eder; *fool that ~ are!* el. *~ fool!* din dumbom! **b**) man; isht ss. obj. en; reflexivt sig; [*looking to the left*] *~ have the castle in front of ~* ...har man slottet framför sig **2** utan motsv. i sv.: *don't ~ do that again!* gör inte om det [där]!; *there's a fine apple for ~!* vard. titta vilket fint äpple!; *there's friendship for ~!* vard. det kan man kalla vänskap!; iron. och det skall kallas vänskap!
you'd [ju:d] = *you had* el. *you would*
you'll [ju:l] = *you will* el. *you shall*
young [jʌŋ] **I** *adj* **1** ung; liten [*a ~ child*]; späd [*~ shoots*]; bildl. äv. ny, oerfaren [*~ to* (i) *the business*], färsk, grön; *my ~ brother* min lillebror; *in my ~ days* i [mina] unga dagar (yngre år); *~ fellow* yngling; ung man; *~ Jones* [den] unge Jones, Jones junior; *~ lady* [min] unga dam!, min [unga] fröken!;

his ~ lady vard. (åld.) hans flickvän (flicka, fästmö); **her ~ man** vard. (åld.) hennes pojkvän (pojke, fästman); **Y~ Men's (Women's) Christian Association** Kristliga föreningen av unge män (unga kvinnor); **~ moon** nymåne; **~ ones** ungar; **~ people (folks)** unga människor, ungdom[ar], de unga; **you ~ rascal!** din lilla rackarunge!; **~ thing** a) ung [oerfaren] varelse; flickebarn b) ungdjur, unge; **~ 'un** vard. a) unge b) grabb; **when ~ som ung; I am not so ~ as I used to be** jag är inte så ung (någon ungdom) längre; **the evening (night) is still ~** kvällen har bara (just) börjat; **~ and old** unga och gamla, gammal och ung; **the ~** de unga, ungdom[en]; barnen; **books for the ~** äv. ungdomsböcker **2** ungdomlig [**a ~ voice (style)**; **~ for one's age**] **II** *s pl* ungar; **bring forth ~** få (föda) ungar; **with ~** dräktig
youngish ['jʌŋɪʃ, 'jʌŋgɪʃ] *adj* rätt så ung, yngre
youngster ['jʌŋstə] *s* [barn]unge, pojke, grabb, [pojk]spoling, yngling, tonåring
your [jɔ:, obeton. äv. jə] *fören poss pron* **1** (jfr *my*) a) din; er, Eder; **Y~ Excellency** Ers Excellens; **Y~ Majesty** Ers Majestät b) motsv. *you* i bet. 'man' sin [*you* (man) *cannot alter ~ nature*]; ens [*~ own ideas aren't always the best*] **2** neds. den här (där) [s.k.], din (er) s.k., en sån där [s.k.] [*he was one of ~ 'experts'*] **3** vard., **~ average reader** [*probably wouldn't understand*] den genomsnittlige läsaren...; *take ~ factory-worker for instance* ta t.ex. en [vanlig] fabriksarbetare
you're [jɔ:, jʊə] = *you are*; **~ another!** det är du också (med)!, det kan du vara själv!
yours [jɔ:z, jʊəz] *självst poss pron* **1** (jfr *1 mine*) din; er, Eder; **~ is a difficult situation** det är en besvärlig situation du befinner dig i; **what's ~?** vard. vad vill du ha [att dricka]? **2** hand. Ert (Edert) brev, Er (Eder) skrivelse [*~ of the 11th inst.*] **3** i brevslut **Y~ faithfully (truly** m.fl.) se under *faithfully* m.fl.
yourself [jɔ:'self, jʊə's-, jə's-] (pl. *-ves* [-vz]) *rfl pron* o. *pers pron* dig, er, sig [*you* (du, ni, man) *may hurt ~*], dig (er, sig) själv [*you are not ~ today*]; en själv; du (ni, man) själv [*nobody but ~*], själv [*you ~ said so, you said so ~*; *do it ~*]; jfr *myself*; **your father and ~** din (er) far och du (ni) [själv]; **how's ~?** vard. a) hur mås?, hur har du det? b) hur mår du själv?
youth [ju:θ, i pl. ju:ðz] *s* **1** abstr. ungdom[en], ungdomstid[en] [*~ is a happy age*]; *from ~ onwards (upwards)* alltifrån ungdomen **2** (med verbet vanl. i pl.) ungdom[en] [*the ~ of the nation are (is)*...; *for ~ nothing is impossible*], det unga släktet; **~ centre** el. **~ club** ung. ungdomsgård; **~ custody centre** jur. ungdomsvårdsanstalt; **~ hostel** vandrarhem **3** yngling, ung man; *as a ~* som yngling, som ung **4** ungdomlighet **5** barndom, begynnelse [*even in its ~ the business was*...]
youthful ['ju:θf(ʊ)l] *adj* **1** ungdomlig, ung [*a ~ octogenarian*; *a ~ audience*] **2** ungdoms- [*~ days*]
youthfulness ['ju:θf(ʊ)lnəs] *s* ungdomlighet
you've [ju:v, obeton. äv. jʊv, jəv] = *you have*
yowl [jaʊl] **I** *vb itr* tjuta, yla, jama, gnälla **II** *s* tjut, ylande, jamande, gnällande
yo-yo ['jəʊjəʊ] **I** *s* **1** jojo leksak **2** sl. dumskalle **II** *adj* jojo- [*a ~ effect*], hastigt svängande **III** *vb itr* åka jojo (upp och ner), pendla; vackla
yucca ['jʌkə] *s* bot. yucca, palmlilja
yuck [jʌk] sl. **I** *s* [äcklig] smörja, gegga **II** *interj*, **~!** usch!, blä!, vad äckligt!
yucky ['jʌkɪ] *adj* sl. äcklig; sliskig
Yugoslav [ˌju:gə(ʊ)'slɑ:v] hist. **I** *s* jugoslav **II** *adj* jugoslavisk
Yugoslavia [ˌju:gə(ʊ)'slɑ:vjə] geogr. (hist.) Jugoslavien
Yule [ju:l] *s* dial. el. litt. jul[en]; *at ~* vid julen, i juletid
yummy ['jʌmɪ] *adj* vard. jättegod, smaskens, mumsig
yum-yum [ˌjʌm'jʌm] vard. **I** *interj*, **~!** mums!, smaskens!, namnam! **II** *adj* mumsig; mums[mums]; härlig
yuppie ['jʌpɪ] *s* vard. (förk. för *young urban professional*) yuppie, finansvalp
yuppiedom ['jʌpɪdəm] *s* vard. **1** yuppievärlden **2** att vara yuppie
YWCA [ˌwaɪ'dʌblju:ˌsi:'eɪ] (förk. för *Young Women's Christian Association*, se *young I 1*) KFUK

Z

Z, z [zed, amer. vanl. zi:] (pl. *Z's* el. *z's* [zedz, amer. vanl. zi:z]) *s* Z, z
Zaire [zɑ:'ɪə, zaɪ-]
Zairean o. **Zairian** [zɑ:'ɪərɪən, zaɪ-] I *adj* zairisk II *s* zairier
Zambia ['zæmbɪə]
Zambian ['zæmbɪən] I *adj* zambisk II *s* zambier
zany ['zeɪnɪ] *s* pajas, narr, dåre
Zanzibar [ˌzænzɪ'bɑ:]
Zanzibari [ˌzænzɪ'bɑ:rɪ] *s* person från Zanzibar
zap [zæp] sl. I *vb tr* **1** knäppa, skjuta; pricka, träffa **2** göra slut på, ta bort **3** kugga; knäcka [*feel ~ped*] **4** skjuta iväg **5** data. radera II *vb itr* **1** ~ *off* susa i väg **2** TV. växla med fjärrkontroll mellan kanaler, zappa III *s* **1** kraft, energi; stuns, fart **2** demonstration IV *interj*, *~!* svisch!, pang!
zeal [zi:l] *s* iver, nit, entusiasm; glöd, patos [*revolutionary ~*]; *misguided ~* missriktat nit
zealot ['zelət] *s* **1** nitisk person **2** fanatiker; trosivrare
zealous ['zeləs] *adj* ivrig, nitisk; nitälskande; full av brinnande iver (nit), brinnande, glödande
zebra ['zebrə, 'zi:b-] I *s* zool. sebra II *adj* [sebra]randig; *~ crossing* övergångsställe med vita streck
zed [zed] *s* bokstaven z
zee [zi:] *s* amer., bokstaven z
Zen [zen] *s* zen, zenbuddhism[en] [äv. *~ Buddhism*]
zenith ['zenɪθ, 'zi:n-] *s* astron. zenit [*at the* (i) *~*], bildl. äv. höjdpunkt [*at the ~ of one's career*]
zero ['zɪərəʊ] I (pl. *~s* el. *~es*) *s* **1** noll; *~ growth* nolltillväxt; *~ visibility* meteor. sikt [lika med] noll, ingen sikt **2** nollpunkt; fryspunkt; *absolute ~* absoluta nollpunkten; *be at ~* stå på noll[punkten]; *10 degrees below ~* äv. 10 minusgrader; *it is below ~* äv. det är under noll, det är minusgrader II *vb itr*, *~ in on* a) ta sikte på, rikta elden mot; omringa b) bildl. inrikta sig på, skjuta in sig på
zero-sum ['zɪərəʊsʌm] *adj*, *~ game* nollsummespel spelteori, äv. friare
zest [zest] *s* **1** iver, entusiasm [*with ~*]; aptit [*for* på], smak [*for* för]; *~ for life* aptit på livet, livsglädje, livslust **2** [extra] krydda, tillsats, inslag; pikant smak, piff; *add* (*give, lend*) [*a*] *~ to* ge en extra krydda åt, sätta piff på
zestful ['zestf(ʊ)l] *adj* välkryddad, pikant, aptitlig; njutningsrik, lustfylld
zigzag ['zɪgzæg] I *adj* sicksackformig, [som går (löper)] i sicksack, sicksack- [*a ~ line*] II *s* sicksack äv. på symaskin; sicksacklinje, sicksackkurs; sicksackkurva; sicksackväg III *adv* i sicksack IV *vb itr* gå (löpa) i sicksack, följa en sicksacklinje, sicksacka; slingra sig; bildl. svänga, pendla
zilch [zɪltʃ] *s* isht amer. sl. **1** noll, ingenting **2** nolla; torrboll, torris
zillion ['zɪljən] *s* amer. ohygglig massa; *a ~* äv. miljoner och åter miljoner, biljoner triljoner
Zimbabwe [zɪm'bɑ:bwɪ]
Zimbabwean [zɪm'bɑ:bwɪən] I *adj* zimbabwisk II *s* zimbabwier
zinc [zɪŋk] I *s* miner. zink; *~ ointment* zinksalva; *~ oxide* zinkoxid; zinkvitt II (imperf. o. perf. p. äv. *zinked* el. *zincked*) *vb tr* förzinka, överdra (belägga) med zink
zing [zɪŋ] I *s* **1** skarpt vinande ljud; vissling; gnisslande **2** vard. energi, vitalitet; stuns, fart II *vb itr* vina, susa [*the cars ~ed down the road*]
Zion ['zaɪən] Sion
Zionism ['zaɪənɪz(ə)m] *s* sionism
Zionist ['zaɪənɪst] *s* sionist
zip [zɪp] I *s* **1** vinande, visslande [*the ~ of a bullet*]; ritsch[ljud] **2** vard. kraft, fart, energi [*full of ~*] **3** blixtlås II *vb tr* **1 a)** *~* [*up* (*shut*)] dra igen blixtlåset på, stänga [med blixtlås]; *will you ~ me up* (*~ up my dress*)? vill du dra igen (upp) blixtlåset på min klänning? **b)** *~ open* öppna [blixtlåset] på [*she ~ped her bag open*]; *~ me out of my dress* [hjälp mig att] dra ner blixtlåset på min klänning **2** vard. skjutsa, köra [*I'll ~ you to town in no time*] III *vb itr* **1** vara försedd med (ha) blixtlås, stängas (öppnas) med blixtlås **2 a)** stänga blixtlåset (ett blixtlås); *~ up* hålla klaffen, knipa käft **b)** öppna blixtlåset (ett blixtlås) **3** vina, susa, vissla **4** vard. kila [*~ upstairs*], susa; sno på
zip bag ['zɪpbæg] *s* väska med blixtlås
zip code ['zɪpkəʊd] *s* amer. postnummer
zip-fastener ['zɪpˌfɑ:snə] *s* blixtlås
zipper ['zɪpə] I *s* blixtlås; *~ bag* väska med blixtlås II *vb tr* o. *vb itr* se *zip* II o. III
zippy ['zɪpɪ] *adj* vard. **1** fartig, energisk **2** pigg, klatschig [*a ~ tune* (melodi)]
zip-up ['zɪpʌp] *attr adj* blixtlåsförsedd, med blixtlås
zircon ['zɜ:kɒn, -kən] *s* miner. zirkon
zit [zɪt] *s* isht amer. sl. finne, kvissla
zither ['zɪðə] *s* mus. cittra
zodiac ['zəʊdɪæk] *s* **1** astron., *the ~* zodiaken [*the signs of the ~*], djurkretsen **2** bildl. kretslopp
zombi o. **zombie** ['zɒmbɪ] *s* zombie; vard. äv. levande död
zonal ['zəʊnl] *adj* zon-; zonal; indelad i zoner; zonformad; *~ boundary* zongräns
zone [zəʊn] I *s* **1** zon [*neutral ~; the puck was in his own defensive ~*]; amer. äv. taxezon; bälte, område isht biogeografiskt [*the alpine ~*,

the forest ~]; *the danger* ~ riskzonen, farozonen; *the frigid* ~*s* [de] kalla zonerna (bältena); *parking*[*-meter*] ~ parkeringsområde [med parkeringsautomater]; [*postal delivery*] ~ amer. postdistrikt; *the temperate* ~*s* [de] tempererade zonerna; *the torrid* ~ [den] tropiska (heta) zonen, [det] heta bältet; ~ *therapist* zonterapeut; ~ *therapy* zonterapi **2** *the Z*~ astron. Orions bälte **3** åld. gördel, bälte **II** *vb tr* **1** indela [i zoner] **2** zonplanera, stadsplanera; lokalisera

zonked [zɒŋkt] *adj* sl. **1** packad berusad; hög, påtänd narkotikapåverkad **2** dötrött, helt slut

zoological [ˌzəʊəˈlɒdʒɪk(ə)l, i 'zoological garden[s]': zʊˈlɒdʒɪk(ə)l, zʊəˈl-] *adj* zoologisk, djur-; ~ *garden*[*s*] zoologisk trädgård, djurpark

zoologist [zəʊˈɒlədʒɪst, zʊˈɒ-] *s* zoolog

zoology [zəʊˈɒlədʒɪ, zʊˈɒ-] *s* zoologi

zoom [zuːm] **I** *s* **1** a) flyg. brant stigning b) bildl. brant (stark, hastig) uppgång **2** brummande, surrande, vinande **3** ~ *lens* zoomobjektiv, zoomlins **II** *vb itr* **1** brumma, surra, vina; *he* ~*ed along in his new car* han susade fram i sin nya bil **2** a) flyg. stiga brant b) bildl. stiga hastigt, skjuta i höjden [*prices* ~*ed*] **3** film. el. TV. zooma [~ *in* (*out*)]; om bildmotiv zoomas in (ut) **III** *vb tr* flyg. **1** låta stiga brant **2** stiga brant över [~ *the mountains*]

zucchini [tsʊˈkiːnɪ] (pl. lika el. ~*s*) *s* bot. el. kok. zucchini, courgette, squash

Zulu [ˈzuːluː] **I** *s* **1** zulu **2** zuluspråket **II** *adj* zulu- [*the* ~ *language*]

zzz [zː] *interj*, ~*!* zzz, rrr beteckning för sömn el. snarkning i pratbubbla o.d.

NORSTEDTS
ENGELSKA ORDBOK

SVENSK-ENGELSK DEL

Anvisningar

Urval

Denna ordbok syftar till att täcka det levande allmänspråkets vanliga ord- och frasförråd. En hel del allmänt brukade facktermer finns med, liksom ord och uttryck som tillhör vardagsspråket. Äldre och formellt språk har fått ett begränsat utrymme. Lätt igenkännliga avledningar har ofta utelämnats, särskilt när de inte har någon mer speciell eller konkret betydelse.

Många aktuella och mer etablerade sammansättningar finns med. Dessa kan ofta tjäna som mönster för andra, ej medtagna sammansättningar.

Fraserna har i första hand valts så att de visar ordens konstruktion, t.ex. prepositionsbruk, och vanligaste användning. Många idiomatiska (fasta) uttryck tas upp liksom vardagliga uttryck.

Geografiska namn med avledningar finns med i ett ganska rikligt urval.

Stavning

Huvudkällor för stavning av de svenska orden har varit Svenska Akademiens ordlista (11:e uppl. 1986) och Svensk ordbok (2:a uppl. 1988). Stavningen av de engelska orden följer den brittiska normen.

I amerikansk engelska finns några regelbundna variationer som ej särskilt har angivits i översättningarna:

amerikansk engelska		brittisk engelska	
-or	(color)	-our	(colour)
-er	(center)	-re	(centre)
-se	(defense)	-ce	(defence)
-l-	(traveling)	-ll-	(travelling)

Den amerikanska stavningen ges då den inte lätt kan förutses, eller då en särskild amerikansk översättning finns, t.ex.

analysera: analyse, amer. analyze
annex: annexe, isht amer. annex
avbetalning: instalment (amer. -ll-)
avbetalningsvillkor: hire-purchase terms; amer. installment terms

En engelsk sammansättning kan skrivas på tre sätt: sammanskriven med bindestreck, sammanskriven utan bindestreck och särskriven. Någon enhetlig praxis finns dock inte, utan en sammansättning kan vara skriven på olika sätt i olika källor.

Alfabetisk ordning

Uppslagsorden presenteras i strikt alfabetisk ordning oavsett om de är enkla eller sammansatta. Även namn och förkortningar är inordnade i bokstavsordningen, t.ex. *OS* före *os*.

Uppslagsord som innehåller bindestreck eller punkt placeras som om de vore sammanskrivna (t.ex. *A-lag* före *alarm*).

Uppslagsord som består av flera ord behandlas som om de vore sammanskrivna (t.ex. *à jour* mellan *aj* och *ajournera*). Lösa verbförbindelser är dock placerade under sitt huvudverb, t.ex. *ta av, ta loss, ta över* under *ta*.

Homografer, dvs ord med samma stavning men med olika ursprung och betydelse, är uppställda som olika uppslagsord med fet siffra framför:

1 asp *s* (träd)
2 asp *s* (fisk)

Variantuppslagsord

Ord som har samma översättning har sammanförts där så kan göras utan att den alfabetiska ordningen bryts, t.ex. **beslutsför** *adj* o. **beslutsmässig** *adj*

Någon gång förekommer uppslagsord med hakparenteser, t.ex. **almanack[a]** (= *almanack* eller *almanacka*).

Substantiv

Ordboken tar upp en mängd vanliga svenska sammansättningar. Dessa kan även ibland tjäna som mönster för andra ej medtagna sammansättningar. Ett sådant mönster ger t.ex. sammansättningarna med *björk, nord, höst* som kan vara till hjälp vid översättning av sammansättningar med andra träd eller träslag, respektive väderstreck och årstider. I vissa fall kan man även komma fram till en rimlig översättning genom att slå upp respektive sammansättningsleder. Exempelvis: ett ord som *lädersko* kan översättas med hjälp av uppgifterna vid *läder* och *sko* leather shoe.

Verbalsubstantiv på *-ande, -ende* och *-(n)ing* har utelämnats när de motsvaras av engelska bildningar på -ing och inte har någon konkretare eller mer speciell betydelse. Detsamma gäller substantiv på *-het* och *-skap* när de motsvaras av engelska substantiv på -ness och -ship.

Oregelbunden plural vid engelska substantiv har angivits i första hand vid enkla ord.

Om ett substantiv kan ha både regelbunden och oregelbunden plural skrivs ofta på följande sätt: aura (pl. äv. aurae). Det innebär att pluralen kan heta 'auras' eller 'aurae'.

Adjektiv

Bruket av bindestreck vid engelska sammansatta adjektiv vacklar. Huvudtendensen är att använda bindestreck i attributiv ställning (före substantiv) och särskrivning utan bindestreck i predikativ ställning. Av utrymmesskäl anges detta inte i varje enskilt fall. Vanligen ges den predikativa formen utan bindestreck.

Punkter ... före eller efter översättningen markerar huvudordets plats:

blåblommig *adj* attr. ... with blue flowers
blåklädd *adj* ... [dressed] in blue

Även particip, i synnerhet sådana med självständigare betydelse, betecknas ofta som adjektiv.

Adverb

Regelbundet bildade svenska adverb, som på engelska motsvaras av regelbundna former på -ly redovisas ofta inte.

Som regelbunden räknas även typen 'acoustically' (till adjektivet 'acoustic').

Verb

Av tydlighetsskäl är verbartiklar ofta uppdelade i transitiva, intransitiva och reflexiva verb. Varje avdelning inleds med romersk siffra.

Verb som kan ha både fast och lös sammansättning (t.ex. *avkorta* resp. *korta av*) har oftast den löst sammansatta varianten som huvudform, i enlighet med ledigt språkbruk. Ibland ges hänvisning från den sammanskrivna formen.

Löst sammansatta former bildar vanligen en egen avdelning under det enkla verbet, inledd med romersk siffra och rubriken med beton. part. (= med betonad partikel).

Engelska oregelbundna (starka) verb med böjning finns på en separat lista på sid. 880ff.

Räkneord

Särskilt utförlig behandling i fråga om sammansättningar, avledningar och exempel finns vid *fem, femte, femtio* osv.
Uppgifter som saknas vid övriga grundtal och ordningstal kan därför sökas här. Om man t.ex. vill översätta *åttacylindrig* ges mönstret vid *femcylindrig*.

Fraser (Exempel)

Fraserna kan vara idiomatiska uttryck eller exempel på ordens använning, t.ex. vilken översättning som bör väljas i ett visst sammanhang. I regel är fraserna placerade under substantivet eller det första ingående betydelsebärande ordet i frasen (t.ex. *arbeta på ackord* under *ackord*). En fras kan även vara placerad under ett ord som är speciellt intressant ur översättningssynpunkt (t.ex. *det aktuella fallet* under *aktuell*).

Inom en artikel är fraserna i allmänhet sorterade i alfabetisk ordning efter lämpliga ord, t.ex. bestämningar.

Etiketter och förkortningar

Etiketter och förkortningar som används i ordboken finns upptagna på en särskild lista, sid. VIII i början av ordboken. Deras funktion är att ange vilket ämnesområde ett ord eller uttryck tillhör, dess stilmässiga, tidsmässiga eller geografiska bruklighet.

Innebörden i en etikett växlar: data. kan t.ex. betyda både att ett ord allmänt har anknytning till datatekniken och att det är en ren fackterm inom dataområdet.

Översikt

Så här är Norstedts
svensk-engelska
ordbok uppställd

Grammatik o.d.
① uppslagsord
② översättning
③ fras, språkexempel
④ ordklass
⑤ konstruktionsuppgift
⑥ böjningsuppgift
⑦ verbfraser (löst sammansatta verb)

Etiketter o.d.
⑧ ämnesområde
⑨ svensk förklaring
⑩ amerikansk engelska
⑪ stilnivå
⑫ hänvisning

Siffror
⑬ romerska siffror (indelning i ordklasser)
⑭ arabiska siffror (indelning i delbetydelser)
⑮ homografsiffror

① ② ③
|alibi| *s* |alibi| ; |*ha* ~|
have an alibi
④
alert I |*adj*| alert, watchful **II** |*s*| ,
vara på ~en be alert
⑤
allergisk *adj* allergic |[*mot* to]|
⑥
alg *s* alga |(pl. algae)|
⑦
byta ... III m. beton. part. |*~ av*|
⑧
avhoppare *s* |polit.| defector;
|t.ex. från studier| drop-out
⑨
aluminium *s* aluminium,
|amer.| aluminum
⑩ ⑪
arg *a* **1** ond angry, |vard.|,
isht amer. mad ...
⑫
allo |se *all I 2*|
⑬
alternativ |**I**| *s* alternative |**II**| *a*
alternative; *~ energi* alternative
(alternate) energy
⑭
al *s* |**1**| träd alder |**2**| virke alder
[wood]; ... *av* ~ äv. alder[wood]
...;
⑮
|**1**| **ark** *s* ark; *Noaks* ~
Noah's Ark
|**2**| **ark** *s* pappers- el. typogr. sheet

Explanatory Chart

This is how Norstedts' Swedish-English Dictionary is arranged

Grammatik o.d.
① headword
② translation
③ phrase, example, collocation
④ part of speech
⑤ usage note
⑥ inflection
⑦ phrasal verbs

Labels etc.
⑧ subject field
⑨ Swedish sense indicator
⑩ American English
⑪ stylistic level, register
⑫ reference

Numerals
⑬ Roman numerals (division into parts of speech)
⑭ Arabic numerals (division into subsenses)
⑮ homograph numbers

A

a *s* **1** bokstav a [utt. eɪ]; **~ och o** bibl. Alpha and Omega; det viktigaste the most important thing; **har man sagt ~, får man säga b** ung. in for a penny, in for a pound **2** mus. A **3** *A* (förk. för *ampere*) A

à *prep* **1** at; **2 biljetter ~ 40 kronor** 2 tickets at 40 kronor; **10 paket ~ 20 gram** 10 parcels of 20 grammes [each] **2** or; **5 ~ 6 gånger** 5 or 6 times

A-aktie *s* ekon. [class] 'A' share, restricted ordinary share

AB bolagsbeteckning ung. Ltd.; amer. Inc., Corp.; jfr *aktiebolag*

abbé *s* abbé fr.

abbedissa *s* abbess

abborre *s* perch

abbot *s* abbot

abc *s* ABC

abc-bok *s* primer

ABC-stridsmedel *s* mil. NBC (nuclear, biological and chemical) weapons

abdikation *s* abdication

abdikera *vb itr* abdicate

aber *s* but; **ett ~** a snag (catch)

abessinier *s* Abyssinian äv. kattras

abessinsk *adj* Abyssinian

abnorm *adj* abnormal

abnormitet *s* abnormality

abonnemang *s* subscription [*på* to, for]; **ha ~ på operan** have a season ticket for the Opera

abonnemangsavgift *s* subscription (subscriber's) charges pl.; tele. telephone rental

abonnent *s* subscriber; teat. season ticket holder, seat (loge box) holder

abonnera *vb tr* o. *vb itr* subscribe [*på* to, for]; **~d** om buss o.d. hired

abort *s* fosterfördrivning abortion; missfall miscarriage; **göra ~** have an abortion

abortera *vb itr* med., framkalla missfall abort; få missfall miscarry

abortmotståndare *s* anti-abortionist

abortrådgivning *s* guidance on abortion

abrakadabra *s* abracadabra; nonsens mumbo jumbo

abrupt *adj* abrupt, brusque, curt

ABS-bromsar *s pl* ABS brakes (förk. för anti-lock brake system el. braking system)

absid *s* arkit. apse

absolut I *adj* absolute, definite; **~ majoritet** an absolute (a clear)majority; **i ~a tal** in absolute terms **II** *adv* absolutely; helt och hållet utterly; obetingat unconditionally; helt säkert certainly, definitely, sure [enough], vard. sure thing; helt enkelt simply; **~!** äv. most definitely!; **~ inte** certainly not, not on any account

absolution *s* relig. absolution

absolutism *s* helnykterhet teetotalism, total abstinence

absolutist *s* helnykterist teetotaller, total abstainer

absorbera *vb tr* absorb

absorption *s* absorption

absorptionsförmåga *s* power of absorption, absorption capacity

abstinensbesvär *s* med. withdrawal symptom

abstrahera *vb tr* abstract

abstrakt I *adj* abstract **II** *adv* abstractly, in the abstract

abstraktion *s* abstraction

absurd *adj* absurd, preposterous; **den ~a teatern** the theatre of the absurd

absurditet *s* absurdity

a cappella *adv* mus. a cappella

acceleration *s* acceleration

accelerera *vb tr* o. *vb itr* accelerate; **~nde hastighet** increasing speed

accent *s* accent; tonvikt stress; **musikalisk ~** intonation

accenttecken *s* accent, stress mark

accentuera *vb tr* accentuate, stress

accept *s* ekon. acceptance

acceptabel *adj* acceptable; nöjaktig passable

acceptera *vb tr* accept; **~s** på växel accepted

access *s* data. access

accessoarer *s pl* accessories

accesstid *s* data. access time

accidenstryckeri *s* job-printing shop

accis *s* excise [duty]; **~ på bilar** purchase tax on cars

acetat *s* kem. acetate

aceton *s* acetone

acetylen *s* kem. acetylene

acetylsalicylsyra *s* acetylsalicylic acid, aspirin

ack *interj* oh!, uttr. obehag oh dear!; i högre stil alas!; **~ nej!** oh no!

ackja *s* 'ackja', Laplander's sledge

acklamation *s,* vald **med ~** ...by (with) acclamation

acklimatisera I *vb tr* acclimatize; amer. äv. acclimate **II** *vb rfl,* **~ sig** become (get) acclimatized; friare get to feel at home

acklimatisering *s* acclimatization

ackommodationsförmåga *s* optik. power of accommodation

ackompanjatris *s* o. **ackompanjatör** *s* accompanist

ackompanjemang *s* accompaniment; **till ~ av en känd pianist** accompanied by...

ackompanjera *vb tr* accompany

ackord *s* **1** mus. chord **2** överenskommelse **a)** allm. agreement, contract [*på* for]; **arbeta på ~** do piecework **b)** med kreditorer composition **c)** vid konkurs deed of arrangement

ackordera *vb itr* negotiate [*om ngt* about a th.]; bargain [*om* for, about]
ackordsarbete *s* piecework sg.
ackordslön *s* piece wages pl., piece rate
ackreditera *vb tr* **1** accredit äv. dipl.; ***vara ~d i Stockholm*** be accredited to Stockholm **2** *vara väl ~d hos ngn* be in a person's good books
ackumulator *s* accumulator, storage battery (cell)
ackumulera *vb tr* accumulate
ackurat *adv* precisely
ackuratess *s* accuracy
ackusativ gram. *~[en]* the accusative; *stå i ~* be in the accusative
ackusativobjekt *s* gram. accusative (direct) object
ackvisition *s* anskaffning canvassing; förvärv acquisition [*för* for, to]; försäkr. [the] acquisition of new business
acne *s* med. acne
a conto hand. on account
ad acta, *lägga...~* put...aside [for future reference]
adagio *s* o. *adv* mus. adagio it.
adamsdräkt *s*, *i ~* in one's birthday suit, in the altogether
adamsäpple *s* anat. Adam's apple
adapter *s* adaptor, adapter
adaptera *vb tr* adapt
ADB data. (förk. för *automatisk databehandling*) ADP (förk. för automatic data processing)
addera *vb tr* add; lägga ihop add up, add...together
addition *s* addition
adekvat I *adj* adequate; träffande apt, exact **II** *adv*, uttrycka sig *~* ...satisfactorily, ...adequately
adel *s* börd noble birth; ädelhet nobility; *~n* the nobility, om icke eng. förhållanden äv. the noblesse; i Engl. äv.: högadeln the peerage, lågadeln the gentry pl.
adelsdam *s* noblewoman
adelskalender *s* book of noble families; *~n* i Engl. The Peerage
adelskap *s* nobility
adelsman *s* nobleman
adelsmärke *s* hallmark
adelssläkt *s* noble family
adept *s* elev disciple; i t.ex. sport protégé
aderton *räkn* eighteen; *en av de ~ [i Svenska Akademien]* one of the [eighteen] members of the Swedish Academy
adjektiv *s* adjective
adjektivisk *adj* adjectival
adjungera *vb tr*, *~d ledamot* additional (co-opted) member
adjunkt *s* **1** skol. ung. secondary school teacher **2** pastors*~* curate
adjutant *s* aide-de-camp (pl. aides-de-camp), ADC (pl. ADC's), aide [*hos* to]

adjö I *interj* goodbye!; i högre stil farewell!, adieu!; mera formellt good day (morning osv.)!; *~ [med dig]!* bye-bye!; *~ så länge!* goodbye for now!, so long! **II** *s* i högre stil farewell, adieu; *säga ~ åt ngn* say goodbye to a p.; högtidligare bid a p. goodbye
adla *vb tr* raise...to the nobility; i Engl.: till högadel äv. raise...to the peerage, till lågadel make...a baronet el. knight (kvinna lady); bildl. ennoble
adlig *adj* noble; av adlig börd ...of noble birth; *~t namn* aristocratic name
administration *s* administration, management
administrativ *adj* administrative
administratör *s* administrator
administrera *vb tr* administer, manage
ad notam, *ta...~* take...to heart, pay attention to...
adoptera *vb tr* adopt
adoption *s* adoption
adoptivbarn *s* adopted child
adoptivföräldrar *s pl* adoptive parents
adrenalin *s* fysiol. adrenaline; amer. vanl. epinephrine
adress *s* **1** address äv. hyllnings~ o.d. **2** data. address
adressat *s* addressee
adressera I *vb tr* address äv. data. **II** *vb rfl*, *~ sig till ngn* address oneself to a p.
adresskalender *s* street directory
adresskort *s* post. address form, dispatch note
adresslapp *s* address label, luggage label; som knyts fast tag
adressort *s* [place of] destination
adressändring *s* change of address; *meddela ~* notify change of address
Adriatiska havet the Adriatic [Sea]
adstringerande *adj* astringent; *~ medel* astringent
A-dur *s* mus. A major
advent *s* Advent; *första [söndagen i] ~* Advent Sunday
adventist *s* relig. Adventist
adventskalender *s* Advent calendar [containing little pictures for each day in Advent]
adverb *s* adverb
adverbial *s* adverbial [modifier]
adverbiell *adj* adverbial
advokat *s* allm. lawyer; amer. vanl. attorney; i Skottl. advocate; juridiskt ombud vanl. solicitor; sakförare vid domstol vanl. barrister; som biträder part vid rättegång counsel (pl. counsel); *min ~* äv. my legal adviser
advokatbyrå *s* kontor lawyer's office, firm of lawyers (etc.), jfr *advokat*
advokatsamfund *s* bar association
advokatyr *s* quibbling, casuistry
aerodynamisk *adj* aerodynamic
aerogram *s* air letter, aerogram
aerosol *s* aerosol

aerosolförpackning *s* aerosol container (burk can)
afasi *s* med. aphasia
affekt *s* [strong] emotion, passion; psykol. affect; **komma i ~** get excited (upset); **handla i ~** act under emotional stress
affektbetonad *adj* emotional, excited
affekterad *adj* affected
affektfri *adj* unemotional
affektion *s* affection
affektionsvärde *s* sentimental value
affisch *s* bill; större placard, poster; teat. playbill; **sätta upp en ~** put up (post,stick) a bill osv.
affischera I *vb tr* placard; friare advertise **II** *vb itr* post bills
affischering *s* placarding, bill-posting, bill-sticking; **~ förbjuden!** post (stick) no bills!
affischpelare *s* advertising (advertisement) pillar
affär *s* **1** ekon. **a)** business; affärsrörelse äv. concern; butik vanl. shop, isht amer. store; transaktion [business] transaction, bargain, vard. deal; **hur går ~erna?** how's business?; **~ är ~** business is business; **en [dålig] ~** transaktion a [poor] piece of business, a [bad] bargain (vard. deal); **det blev ingen ~ av** there was no deal; **göra ~er** do (transact, carry on) business; **göra stora ~er med** do a lot of business with; **göra upp en ~** settle a transaction, strike a bargain; **ha ~er med** do business with, have dealings with; **gå i ~er** [go and] look round the shops (amer. stores); **stå (jobba) i ~** work (serve, be) in a shop **b) ~er** ekonomisk ställning o.d. affairs **2** angelägenhet affair; av allvarligare art concern; sak, historia, händelse äv. business **3** kärleks~ affair; **ha en ~ med ngn** have an affair with a p. **4** väsen **göra stor ~ av ngt** make a big business out of (a great fuss about) a th. **5** jur. el. polit. case, affair; **~en Dreyfus** the Dreyfus case (affair)
affärsbank *s* commercial bank
affärsbiträde *s* expedit shop assistant; amer. salesclerk, clerk
affärsbrev *s* business letter, commercial letter
affärscentrum *s* business (butikscentrum shopping) centre
affärsdrivande *adj*, **statens ~ verk** public utilities
affärsförbindelse *s* business connection; **stå i ~ med** have business relations with
affärsgata *s* shopping street
affärshandling *s* business document; **~ar** post. printed matter sg., commercial papers
affärshemlighet *s* trade secret
affärsidé *s* business concept
affärsinnehavare *s* shopkeeper; amer. storekeeper
affärskedja *s* multiple (chain) stores pl.

affärskorrespondens *s* commercial (business) correspondence
affärskvinna *s* business woman, businesswoman
affärsliv *s* business, business (commercial) life
affärslokal *s*, **~[er]** business (shop, amer. store) premises pl.
affärsläge *s* lokalt business location
affärsman *s* businessman; **bli ~** äv. go into business
affärsmoral *s* business ethics (sg. el. pl.)
affärsmässig *adj* businesslike
affärsresa *s* business journey (trip); **[ute] på ~** [out travelling] on business
affärsrörelse *s* business; **idka ~** konkr. run a business
affärsspråk *s* o. **affärsstil** *s* commercial (business) language
affärstid *s*, **~[er]** business hours pl., hours pl. of business
affärstransaktion *s* o. **affärsuppgörelse** *s* business deal (transaction)
affärsvana *s* business experience
affärsverksamhet *s* business activity
affärsvärld *s*, **~en** the business (commercial) world
afghan *s* Afghan äv. hundras
Afghanistan Afghanistan
afghansk *adj* Afghan
aforism *s* aphorism
Afrika Africa
afrikan *s* African
afrikansk *adj* African
afroasiatisk *adj* Afro-Asian
afrodisiakum *s* aphrodisiac
afrofrisyr *s* Afro (pl. -s)
afton *s* **1** evening äv. bildl.; senare night; **god ~!** good evening, vid avsked äv. good night; **i ~ dans** dancing tonight; se vid. **kväll 2 före helgdag** e.d. eve
aftonbön *s* **1** evening prayers pl.; **läsa [sin] ~** äv. say one's prayers [at bedtime] **2** se aftonsång
aftondräkt *s* evening dress
aftonklänning *s* evening gown (dress)
aftonrodnad *s* sunset glow
aftonstjärna *s* astron. evening star
aftonsång *s* evensong, evening service (prayer); vespers pl.
aga I *s* corporal punishment, caning **II** *vb tr* administer corporal punishment (a beating) to; **den man älskar den ~r man** we chastise those whom we love
agat *s* miner. agate
agave *s* bot. agave, American aloe
agenda *s* dagordning agenda
agent *s* agent äv. polit.; gram. el. hand. äv. representative; spion spy
agentroman *s* spy novel (story)
agentur *s* agency
agera *vb tr* o. *vb itr* act; **~ [som]** fungera som

agerande

act as; *de ~nde* teat. the actors, the performers; friare the main figures, those involved
agerande *s*, *hans ~ i frågan* verkar något underligt his actions no. in the matter...
agg *s* grudge, rancour; *hysa ~ mot (till) ngn* bear a p. ill-feeling (a grudge), have a grudge against a p.
aggregat *s* aggregate; tekn. vanl. unit
aggregationstillstånd *s* state of aggregation
aggression *s* aggression
aggressiv *adj* aggressive
aggressivitet *s* aggressiveness; vard. aggro
agitation *s* agitation, campaign; propaganda propaganda; vid val canvassing
agitator *s* agitator; propagandist propagandist; vid val canvasser
agitatorisk *adj* agitatorial
agitera *vb itr* agitate; propagera carry on propaganda work; vid val canvass, do canvassing; *~ upp* work up
1 agn *s*, *~ar* tröskavfall husks, chaff sg.; *skilja ~arna från vetet* sift the wheat from the chaff; *som ~ar för vinden* like chaff before the wind
2 agn *s* vid fiske bait
agna *vb tr* bait; *~ på* bait
agnostiker *s* agnostic
agraff *s* spänne clasp, buckle; med. [surgical] clip
agrar *adj* agrarian
agrikultur *s* agriculture
agronom *s* agronomist
agronomisk *adj* agronomic, agronomical
ah *interj* oh!, ah!
aha *interj* aha!; ha, ha!; oho!
aha-upplevelse *s* psykol. aha reaction, aha experience
aids *s* o. **AIDS** *s* med. Aids, AIDS (förk. för acquired immune deficiency syndrome)
aiss *s* mus. A sharp
aj *interj* oh!, ow!, ouch!; *~*, *~!* varnande now! now!; nä, nä no! no!
à jour, *hålla sig ~ med* keep up to date with, keep abreast of (with)
ajournera *vb tr o. rfl*, *~ sig* adjourn
ajournering *s* adjournment
akacia *s* bot. acacia
akademi *s* academy; *Svenska Akademien* the Swedish Academy
akademiker *s* **1** med examen university graduate; *vara ~* akademiskt bildad have a university education **2** universitetslärare university teacher, academic
akademiledamot *s* member (fellow) of an academy resp. the [Swedish] Academy, academician
akademisk *adj* academic[al]; *~ examen (grad)* university (academic) degree
akantus *s* bot. acanthus äv. arkit.
A-kassa se *arbetslöshetskassa*

akilleshäl *s* Achilles' heel
akleja *s* bot. *[vanlig] ~* columbine
akne *s* med. acne
akrobat *s* acrobat
akrobatik *s* acrobatics pl.
akrobatisk *adj* acrobatic
akryl *s* acrylic
akrylfiber *s* acrylic fibre
akrylfärg *s* acrylic paint
1 akt *s* **1** handling act **2** urkund document **3** högtidlig förrättning ceremony **4** teat. act **5** nakenstudie nude
2 akt *s* uppmärksamhet o.d. *giv ~!* attention!; *ge ~ på* a) observera, lägga märke till o.d. observe, watch, notice, see b) hålla ögonen på keep an eye on; *ge [noga] ~ på* ägna uppmärksamhet åt pay [careful] attention to, mind; *ta tillfället i ~* avail oneself of (seize, take) the opportunity
akta I *vb tr* **1** vara aktsam om be careful with; ta vård om take care of; skydda guard, protect [*för* from]; *~ huvudet!* mind your head!; *~s för stötar!* handle with care!, fragile; *~s för väta!* keep dry! **2** värdera esteem; respektera respect; jtr *aktad* **II** *vb rfl*, *~ sig* take care, be careful [*för att göra det* not to do that]; vara på sin vakt guard, be on one's guard [*för* against]; se upp look out [*för* for]; *~ dig!* take care!, mind!, look out!
aktad *adj* respected, esteemed; *ett aktat namn* äv. a name [held] in high esteem
akter sjö. **I** *adv*, *~ ifrån* from the stern; *~ om* astern of, abaft; *~ ut* astern, aft, by the stern; *~ över* astern, by the stern **II** *s* stern
akterdäck *s* sjö. afterdeck; halvdäck quarterdeck; upphöjt poop
akterhytt *s* sjö. aftercabin
akterlanterna *s* sjö. stern light; flyg. tail light
akterlig *adj*, *för (med) ~ vind* with a following wind
akterseglad *adj*, *han blev ~* blev kvarlämnad he was left astern (behind); hann inte med he missed his ship
akterskepp *s* sjö. stern
aktersnurra *s* outboard motor; båt outboard motorboat
akterspegel *s* **1** sjö. stern **2** skämts., bakdel på pers. backside, stern
aktersta *adj* the aftermost, the sternmost
aktie *s* share; amer. stock; *~r* koll. stock sg.; *bunden (fri) ~* restricted (unrestricted) share; *ha (äga) ~r i* hold shares in; *stärka sina ~r hos* bildl. strengthen o.'s position with
aktiebolag *s* joint-stock company, med begränsad ansvarighet limited [liability] company; börsnoterat public limited company (förk. PLC), ej börsnoterat private [limited] company; amer. corporation; *~et* (förk. *AB*) *Investia* Investia PLC; ej börsnoterat Investia

Ltd (förk. för Limited), amer. Investia Inc. (förk. för Incorporated)
aktiebrev *s* share certificate; amer. stock certificate
aktiefond *s* unit trust; amer. mutual fund
aktieinnehav *s* holding of shares (amer. stock), share (amer. stock) holding
aktiekapital *s* share capital, [joint] stock; amer. capital stock
aktiekupong *s* [share] coupon
aktiekurs *s* share price (quotation), price of shares, stock-exchange rate
aktiemajoritet *s* share majority; friare controlling interest
aktiemarknad *s* share (amer. stock) market
aktieportfölj *s* ekon. shareholdings pl.
aktiepost *s* block of shares, [share]holding
aktiesparare *s* share investor
aktiesparklubb *s* investors' club
aktiestock *s* share capital, capital stock
aktieägare *s* shareholder; isht amer. stockholder
aktion *s* action äv. mil.; för insamling m.m. drive
aktionsgrupp *s* action group
aktionsradie *s* sjö. radius of action; sjö. el. flyg. range
aktiv I *adj* active; ~ *medlem* äv. working member; ~*t kol* activated carbon (charcoal) **II** *s* språkv. (huvudform) the active [voice]
aktivera *vb tr* make...active, activate
aktivist *s* activist
aktivitet *s* activity
aktning *s* respect [*för* for], allmän esteem; hänsyn regard [*för* for]; deference [*för* to]; *stiga i ngns* ~ rise in a p.'s esteem
aktningsfull *adj* respectful
aktningsvärd *adj* ...worthy of respect, estimable; betydlig considerable, respectable; *ett aktningsvärt försök* a creditable attempt
aktre *adj* sjö. after, aft
aktris *s* actress
aktsam *adj* careful; försiktig prudent
aktsamhet *s* care, prudence
aktstycke *s* [officiellt official] document
aktualisera *vb tr* bring...to the fore; *[åter]* ~ bring up...again, bring...to life, update, bring...up-to-date; *frågan har* ~*ts* the question has arisen (come up)
aktualitet *s* intresse just nu current (immediate) interest, topicality, stark. urgency; tidsenlighet up-to-dateness; aktuell fråga topic of the day
aktuarie *s* ung. recording clerk, registrar; vid försäkringsbolag actuary
aktuell *adj* av intresse för dagen ...of immediate (present, current) interest, topical, ...of immediate (vital) importance, pred. äv. in the news (limelight); dagsfärsk current; nu rådande present; säsong- ...of the season; lämplig nu suitable, appropriate; ifrågavarande ...in question; på modet in fashion (vogue); *det* ~*a*

fallet the case in point (question); *ett* ~*t problem* an urgent problem, a burning issue; *bli* ~ vanl. arise, come up, come to the fore; komma i fråga come into question; tas under övervägande be considered; *jag har inte siffran* ~ *just nu* I can't remember the exact figure just now; *hålla* ~ keep up-to-date; *Aktuellt* i TV ung. motsv. the News
aktör *s* skådespelare actor; person som agerar main figure, person involved, participant, t.ex. på börsen operator
akupunktur *s* med. acupuncture
akupunktör *s* med. acupuncturist
akustik *s* acoustics pl.; läran om ljudet acoustics sg.
akustisk *adj* acoustic; ~ *gitarr* acoustic guitar
akut I *adj* acute **II** *s* **1** accent acute accent **2** vard., se *akutmottagning*
akutfall *s* emergency case, case of emergency
akutmottagning *s* på sjukhus emergency (casualty) ward (department)
akutsjukvård *s* emergency treatment
akvamarin *s* aquamarine
akvarell *s* watercolour; *i* ~ in watercolours
akvarellfärg *s* watercolour
akvarium *s* aquari|um (pl. äv. -a)
akvavit *s* aquavit, snaps (pl. lika)
akvedukt *s* aqueduct
al *s* **1** träd alder **2** virke alder[wood]; ...*av* ~ äv. alder[wood]...; jfr äv. *björk* m. sms.
alabaster *s* alabaster; ...*av* ~ äv. alabaster...
à la carte *adv* à la carte fr.
aladåb *s* aspic; kött~, höns~ äv. galantine [*på* of]; ~ *på lax* salmon in aspic
A-lag *s* **1** sport. first team, bildl. äv. A-team **2** vard. ~*et* the local winos pl.
alarm *s* **1** signal alarm; *falskt* ~ false alarm; *slå* ~ sound the (an) alarm **2** uppståndelse hubbub
alarmberedskap *s* state of emergency
alarmera *vb tr* alarm; skrämma upp äv. frighten; ~ *brandkåren* call the fire brigade
alban *s* Albanian
Albanien Albania
albansk *adj* Albanian
albanska *s* **1** kvinna Albanian woman **2** språk Albanian
albatross *s* zool. albatross
albino *s* albino (pl. -s)
album *s* album; urklipps~ scrapbook
albuske *s* alder shrub
aldrig *adv* **1** temporalt never; ~ *mer* never again (any more), no more; ~ *mer krig!* no more war!; ~ *någonsin* allm. förstärkande never [...in my life]; *nästan* ~ hardly ever, isht amer. almost never; *man skall* ~ *säga* ~ never say never, never is a long word **2** förstärkt negation never; ~ *i livet!* kommer inte på fråga! not on your life!, no way!; *det är väl* ~ *möjligt!* well, I never! **3** koncessivt ~ *så*

alert

litet the least little bit; ***de må vara ~ så vänliga*** however kind they may be
alert I *adj* alert, watchful **II** *s*, ***vara på ~en*** be alert
alexandrin *s* metrik. alexandrine
alf *s* elf (pl. elves)
alfabet *s* alphabet
alfabetisk *adj* alphabetical
alfapartikel *s* fys. alpha particle
Alfapet ® sällskapsspel Scrabble
alfresco *adv* in fresco
alfågel *s* long-tailed duck; amer. äv. old-squaw
alg *s* alga (pl. algae)
algblomning *s* algal bloom
algebra *s* algebra
algebraisk *adj* algebraic[al]
Alger Algiers
algerier *s* Algerian
Algeriet Algeria
algerisk *adj* Algerian
algoritm *s* matem. el. data. algorithm
alias *adv* alias
alibi *s* alibi; ***ha ~*** have an alibi
alkali *s* kem. alkali (pl. -s el. -es)
alkalisk *adj* alkaline
alkaloid *s* kem. alkaloid
alkemi *s* alchemy
alkemist *s* alchemist
alkemistisk *adj* alchemistic[al]
alkis *s* vard. wino (pl. -s), boozer
alkohol *s* alcohol
alkoholfri *adj* non-alcoholic; ***~ dryck*** non-alcoholic beverage, soft drink; ***~tt öl*** ung. near beer
alkoholförgiftning *s* alcoholic poisoning
alkoholhalt *s* alcoholic content; procentdel percentage of alcohol
alkoholhaltig *adj* alcoholic; attr. äv. ...containing alcohol; ***~a drycker*** äv. spirituous (amer. hard) liquors (drinks)
alkoholiserad *adj*, ***vara ~*** be an alcoholic
alkoholism *s* alcoholism
alkoholist *s* alcoholic, habitual drunkard, inebriate
alkoholmissbruk *s* addiction to (abuse of) alcohol
alkoholproblem *s*, ***ha ~*** have a drink (drinking) problem
alkoholpåverkad *adj* drunken, intoxicated, ...under the influence of drink
alkoholskadad *adj* ...suffering from the effects of alcoholism
alkotest *s* för bilförare breathalyser test
alkov *s* alcove, recess
all I *pron* **1** med följ. subst. ord all; varje every; ***ha ~ anledning att (till)*** have every reason to (for); ***~t annat*** everything else; ***~t annat än*** anything but; ***~a böckerna*** all the books; ***~a dagar (somrar)*** every day (summer); ***~a människor*** var och en everybody; ***~t möjligt*** all sorts of things, every conceivable (vard.

mortal) thing; ***på ~a sidor*** on all sides, on every side; ***på ~t (~a) sätt*** in every way; ***hur i ~ världen...?*** how in [all] the world (how on earth)...? **2** fristående, se ***allt II 2***; ***i ~o*** in all respects; ***det är icke ~om givet*** it is not given to everybody, it is not everybody's lot (good fortune); ***för ~ del*** se *del 5* **II** *adj* slut over; ***så är den sagan ~*** bildl. that's the end of that
alla *pron* **1** med följ. subst. ord., se *all I 1* **2** fristående all; varenda en everybody, everyone; ***~ är av*** samma åsikt everyone is (all are) of...; ***en gång för ~*** once [and] for all; ***~s vår vän S.*** our old friend S.
Alla helgons dag *s* the Saturday between the 31st October and 6th November
allaredan *adv* already; ***~ [nu]*** as early as this; jfr *redan*
allbekant *adj* well-known (pred. well known), familiar
alldaglig *adj* everyday vanl. attr.; vanlig ordinary; banal commonplace, hackneyed, trite; om utseende plain, amer. äv. homely
alldeles *adv* allm. quite, altogether; stark.: absolut absolutely; fullkomligt perfectly; grundligt thoroughly; fullständigt completely, all; helt och hållet entirely; totalt utterly, totally; precis exactly, just; ***~ ensam*** all (quite) alone; ***~ för långt*** much (altogether) too far; ***~ för många*** far too many; ***~ förfärlig*** perfectly awful; ***~ intill väggen*** right [up] against the wall; ***~ nog*** quite enough; ***~ nyss*** just (amer. right) now, only (not) a moment ago; ***~ omöjlig*** utterly (completely, quite) impossible; ***~ rätt*** perfectly right; ***det är ~ slut*** it is all finished (over, gone); det här är ***något ~ särskilt*** ...something quite (very) special
alldenstund *konj* inasmuch as
allé *s* avenue
allegat *s* hand. voucher
allegori *s* litt. allegory
allegorisk *adj* allegorical
allegretto *s* o. *adv* mus. allegretto it.
allegro *s* o. *adv* mus. allegro it.
allehanda *adj* ...of all sorts (kinds), all sorts (kinds) of, a variety of, miscellaneous
allemansrätt *s* ung. legal right of access to private land (open country)
allena *adj* o. *adv* alone
allenarådande *adj* ...in sole control; friare, om smakriktning o.d. universally prevailing
allenast *adv* only; ***endast och ~*** [only and] solely
allergen med. **I** *s* allergen **II** *adj* allergenic
allergi *s* allergy
allergiframkallande *adj* allergenic
allergiker *s* allergic person, allergy sufferer
allergisk *adj* allergic [*mot* to]
allesamman[s] *pron* all of us (you etc.), [one and] all; ***adjö ~!*** goodbye everybody!

allestädes *adv* everywhere; ~ *närvarande* omnipresent, ubiquitous
allfarväg *s, vid sidan om* ~*en* off the beaten track
allhelgonadag *s,* ~*[en]* All Saints' Day
allians *s* alliance
alliansfri *adj* non-aligned; ~ *politik* policy of non-alignment
alliansfrihet *s* [policy of] non-alignment
alliansring *s* eternity ring
alliera *vb rfl,* ~ *sig* ally oneself [*med* to, with]
allierad I *adj* allied [*med* to, with]; ~ *med* friare connected (in league) with **II** *subst adj* ally; friare confederate; *de* ~*e* the allies
alligator *s* zool. alligator
allihop[a] se *allesamman[s]*
allitteration *s* litt. alliteration
allmakt *s* relig. omnipotence; friare all-vanquishing power
allmoge *s* country people (folk) pl.; i icke-engelsktalande länder äv. peasantry
allmogedräkt *s* peasant costume
allmogestil *s* ung. rustic (rural, peasant) style
allmos|a *s* alms (pl. lika); -*or* äv. charity sg.; *leva på* -*or* live on alms (charity)
allmän I *adj* vanligt förekommande common; gällande för de flesta el. alla general; för alla utan undantag universal; gängse current; offentlig, tillhörande samhället public; ~*na avdrag* general deductions; *på* ~ *bekostnad* at [the] public expense; ~*t bifall* general (universal) approval; ~ *helgdag* public holiday; ~ *idrott* athletics; ~ *landsväg* public highway; *[den]* ~*na meningen* a) allm. public opinion b) bland de närvarande e.d. the general opinion; *i* ~*na ordalag* in general terms; *ett* ~*t rykte* a current rumour; ~ *rösträtt* universal suffrage; ~*na val* polit. a general election; ~ *åklagare* public prosecutor **II** *subst adj, det* ~*na* the community [at large]
allmänbelysning *s* main lighting
allmänbildad *adj* well-informed; attr. äv. …with a good all-round education; *vara* ~ äv. have a good all-round education, be well-read
allmänbildande *adj* educative; attr. äv. …broadening to the mind; *boken är* ~ …broadens the mind
allmänbildning *s* all-round (general) education; general knowledge
allmänfarlig *adj,* ~ *brottsling* dangerous criminal; ~ *vårdslöshet* negligence constituting a public danger
allmängiltig *adj* generally (universally) applicable, universal
allmängiltighet *s* universal applicability, universality
allmänhet *s* **1** *i* ~ in general, generally [speaking], as a rule; uttala sig *i [största]* ~ …in [quite] general terms **2** publik ~*en* the public; *den stora* ~*en* the public at large, the general public
allmänmänsklig *adj* common to all mankind, human; friare universal
allmänning *s* common land, commonage
allmännytta *s,* ~*n* a) the public good (interest) b) bostäder the public housing sector
allmännyttig *adj* …for the benefit of everyone; ~*a företag* public utilities, public utility undertakings (services)
allmänpraktiker *s* general practitioner
allmänpraktiserande *adj,* ~ *läkare* general practitioner
allmänt *adv* commonly, generally, universally, jfr *allmän; det tros* ~ *att…* it is commonly (generally) believed that…; ~ *känd* widely (generally) known; ~ *utbredd* widespread
allmäntillstånd *s* general condition
allo se *all I 2*
allokering *s* allocation
allongeperuk *s* full-bottomed wig
allra *adv* av allt (alla) of all; förstärkande äv. very; *den* ~ *bästa [eleven]* the very best [pupil], the best [pupil] of all; *de* ~ *flesta människor (bilar)* the great majority of people (cars); ~ *högst 20* 20 at the very most; *i* ~ *högsta grad* to (in) the highest possible degree; ~ *mest (minst)* most (least) of all; ~ *tidigast* at the very earliest
allraheligast *adj, det* ~*e* bibl. el. friare the Holy of Holies
allriskförsäkring *s* comprehensive (all-risks) insurance
allrådande *adj* omnipotent, all-powerful
alls *adv, inte* ~ not at all, by no means; vard. not a bit; som replik äv. nothing of the kind (sort); *inget besvär* ~ no trouble at all (whatever)
allseende *adj* all-seeing
allsidig *adj* all-round; omfattande comprehensive; isht om pers. versatile; *en* ~ *utbildning* an all-round education; ~ *kost* a balanced diet
allsköns *adj* **1** allehanda all manner (kinds, sorts) of, sundry **2** *i* ~ *ro* in peace and quiet
allsmäktig *adj* almighty, omnipotent; *den Allsmäktige* God Almighty, the Almighty
allsmäktighet *s* omnipotence
allström *s* elektr. AC/DC current, all-mains
allsvensk *adj, den* ~*a fotbollsserien* el. ~*an* the Premier Division of the Swedish Football League
allsång *s* community singing; *sjunga* ~ 'do some (a bit of) community singing, have a singsong
allt I *s* **1** ~*et* världsalltet the universe, the world **2** *hela* ~*et* vard. the whole lot **II** *pron* **1** med följ. subst. ord, se *all I 1* **2** fristående all; everything; ~ *eller intet* all or nothing; ~ *har sin tid* there is a time for

alltefter

everything; *när ~ kommer omkring* after all, when all is said and done; *bara tio ~ som ~* only ten all told ([all] in all); *spring ~ vad du kan* run as fast as you can; *av (efter) ~ att döma* to all (judging by) appearances, as far as can be judged
III *adv* **1** framför komp. *~ bättre* better and better; *~ intressantare* more and more interesting; *~ sämre* worse and worse **2** i andra förb. *~ efter, ~ för* m.fl., se *alltefter* osv.; *~ under det [att]* while **3** nog *det vore ~ bra om...* it would certainly be fine (good)...
alltefter *prep* [all] according to
alltefteresom *konj* efter hand som as; beroende på om (hur) according as
alltemellanåt *adv* from time to time, [every] now and then
alltför *adv* too, far (altogether) too; *jag känner honom ~ väl* I know him all too well
alltiallo *s, hans ~* his right hand, his factotum
alltid *adv* **1** ständigt always; isht högtidl. ever; *för ~* for ever, for good **2** i alla fall anyway; *det gör ~ något till saken* it'll do some good anyway; *du kan ~ försöka* you can always try
allt-i-ett-pris *s* all-in price
alltifrån *prep* om tid ever since; *~ den dagen* from that very day; *~ antiken* ever since antiquity
alltigenom *adv* ...through and through, ...throughout; *~ hederlig* thoroughly honest
alltihop se *alltsamman[s]*
allting *pron* everything; jfr *allt II 2*
alltjämt *adv* fortfarande still; ständigt constantly
alltmer[a] *adv* more and more, increasingly
alltnog *adv* in short, anyhow
alltsamman[s] *pron* all [of it resp. them], the whole lot [of it resp. them]; *det bästa av ~ var...* the best thing of all..., iron. the best of it all...; *jag är trött på ~* I am fed up with the whole thing
alltsedan *prep* o. *konj* ever since; *~ dess* ever since that (then)
alltsomoftast *adv* pretty (fairly) often
alltså *adv* följaktligen accordingly, therefore, consequently, thus; det vill säga in other words, that is to say; vard., i slutet av en mening see!, you know!; *du kommer hit imorgon ~?* so you'll be coming tomorrow [then]?
alludera *vb itr* allude [*på* to]
allusion *s* allusion
allvar *s* isht mots. skämt, sorglöshet seriousness, stark. gravity; isht mots. likgiltighet earnestness; stränghet sternness; *situationens ~* the gravity of the situation; *göra ~ av sitt löfte* make good one's promise; *mena ~* be serious, vard. mean business; *tala ~ med ngn* have a serious talk with (to) a p.; *är det ditt [fulla] ~?* are you [really] serious (in earnest)?, do you [really] mean it?; *ta...på ~* take...seriously
allvarlig *adj* serious, grave; earnest; jfr *allvar; i ~ fara* in grave danger; *en ~* farlig *sjukdom* a serious illness; *hålla sig ~* keep (be) serious, keep a straight face
allvarligt *adv* seriously; *~ sinnad* serious-minded; *~ talat* seriously [speaking], joking apart
allvarsam se *allvarlig*
allvarsamhet *s* seriousness, gravity
allvarsord *s, säga ngn ett (några) ~* have a serious word with a p.
allvetande *adj* omniscient
allvetare *s* ung. walking encyclop[a]edia
allvis *adj* all-wise
allvishet *s* infinite (supreme) wisdom
allätande *adj* zool. omnivorous
allätare *s* zool. omnivore äv. bildl. om pers.
alm *s* **1** träd elm **2** virke elm[wood]; *...av ~* äv. elmwood...; jfr äv. *björk* m. sms.
almanack[a] *s* almanac; vägg~ o.d. calendar; fick~ o.d. diary
aln *s* ung. ell; bibl. cubit
aloe *s* bot. aloe; med., salt aloes pl.
alp *s* alp; *Alperna* the Alps
alpacka *s* **1** får el. tyg alpaca **2** nysilver [electroplated] nickel silver (förk. EPNS), German silver
alphydda *s* [alpine] chalet
alpin *adj* alpine
alpinism *s* alpinism, mountaineering
alpinist *s* alpinist, alpine climber, mountaineer
alpjägare *s* alpine rifleman
alpros *s* bot. rhododendron
alpstav *s* alpenstock
alpviol *s* bot. sowbread
alruna *s* bot. el. mytol. mandrake
alsikeklöver *s* alsike [clover]
alster *s* product; isht friare production, work; pl. produce sg.
alstra *vb tr* produce, generate; t.ex. hat engender
alstring *s* production, generation, procreation
alt *s* mus. alto (pl. -s); kvinnl. contralto (pl. -s)
altan *s* terrace; på tak roof terrace; balkong balcony
altarbord *s* communion-table
altarduk *s* altar cloth, antependium
altare *s* altar äv. bildl.; *~ts sakrament* the Eucharist
altarskåp *s* altar screen; triptyk triptych; altarskärm·reredos
altartavla *s* altarpiece
alternativ I *s* alternative **II** *adj* alternative; *~ energi* alternative (alternate) energy
alternera *vb itr* alternate [*med* with]
altfiol *s* mus. viola
althorn *s* tenor horn; amer. althorn
altitud *s* altitude

altruism *s* altruism
altruistisk *adj* altruistic
altsax[ofon] *s* alto sax[ophone]
altstämma *s* mus. alto (kvinnl. contralto) [voice]; altparti alto (kvinnl. contralto) [part]
aluminium *s* aluminium; amer. aluminum
aluminiumfolie *s* aluminium foil
aluminiumfälgar *s pl* alloy wheels (rims)
aluminiumkärl *s* aluminium vessel
alun *s* kem. alum
alunskiffer *s* alum shale
alv *s* lantbr. subsoil, pan
alveolar I *adj* anat. el. fonet. alveolar **II** *s* fonet. alveolar
amalgam *s* tandläk. amalgam
amalgamera *vb tr* amalgamate
amanuens *s* univ., ung. [research] assistant, assistant lecturer; biblioteks~ assistant librarian
amaryllis *s* bot. amaryllis
amason *s* Amazon; manhaftig kvinna amazon
Amasonfloden the [River] Amazon
amatör *s* amateur [*på* of]; neds. dilettant|e (pl. -i)
amatörbestämmelser *s pl* amateur regulations (rules)
amatörfotograf *s* amateur photographer
amatöridrott *s* amateur athletics sg.
amatörmässig *adj* amateurish, unprofessional
amatörteater *s* verksamhet amateur (private) theatricals pl.
ambassad *s* embassy
ambassadris *s* ambassadress
ambassadråd *s* counsellor [of embassy]
ambassadsekreterare *s* secretary of (at) an resp. the embassy
ambassadör *s* ambassador; kvinnl. äv. ambassadress
ambition *s* framåtanda ambition; pliktkänsla conscientiousness; **han har höga ~er** he has plenty (a great deal) of ambition, he has high ambitions
ambitionsnivå *s* level of ambition
ambitiös *adj* 'framåt' ambitious; plikttrogen conscientious
ambivalens *s* psykol. ambivalence
ambivalent *adj* psykol. ambivalent
ambra *s* ambergris
ambrosia *s* ambrosia
ambulans *s* ambulance äv. mil.
ambulera *vb itr* move from place to place, rove [about], ambulate
ambulerande *adj*, **~ cirkus** travelling circus
amen *interj* amen; **säga ja och ~ till allt** agree to everything; **så säkert som ~ i kyrkan** as sure as fate, as sure as eggs [is eggs]
Amerika America; **~s förenta stater** the United States of America sg.; vard. the States pl.
amerikan *s* o. **amerikanare** *s* American
amerikanisera *vb tr* Americanize; **~d**
engelska Americanized English, Americanese
amerikanism *s* Americanism
amerikansk *adj* American; USA~ äv. US attr.
amerikanska *s* **1** kvinna American woman **2** språk American
ametist *s* miner. amethyst
amfetamin *s* amphetamine
amfibie *s* amphibian
amfibieplan *s* amphibious plane
amfiteater *s* amphitheatre
aminosyra *s* kem. amino-acid
amiral *s* admiral
amiralitet *s* **1** samtl. amiraler body of admirals **2** hist. **~et** i Engl. the Admiralty
amiralsperson *s* flag officer, admiral
amma I *s* wet-nurse **II** *vb tr* breast-feed, nurse [...at the breast], suckle; **~ upp** rear, nurture; jfr *uppamma*
ammoniak *s* kem. ammonia
ammunition *s* ammunition
amnesti *s* amnesty; **bevilja** ngn **~** el. **ge ~ åt** ngn grant...an amnesty, amnesty; **få ~** obtain an amnesty
amning *s* breast-feeding, nursing
amok *s*, **löpa ~** run amok
a-moll *s* mus. A minor
Amor Cupid; **~s pilar** Cupid's arrows
amoralisk *adj* amoral, non-moral
amorbåge *s* Cupid's bow
amorf *adj* amorphous äv. kem.
amorin *s* cupid
amortera *vb tr* lån, kreditköp pay off [...by instalments]; statsskuld amortize
amortering *s* belopp instalment, amer. installment; amortization payment; jfr *amortera*
amorteringsfri *adj*, **~tt lån** loan payable in full at maturity
amorteringsplan *s* instalment plan (schedule), repayment plan (schedule)
1 ampel *adj*, **ampla lovord** unstinted praise sg.
2 ampel *s* **1** för växter hanging flowerpot **2** hänglampa hanging lamp
amper *adj* pungent, sharp; om ost strong; bildl. äv. biting, stinging, caustic
ampere *s* ampere
amperemeter *s* o. **amperemätare** *s* ammeter
amplitud *s* fys. amplitude
ampull *s* ampoule; liten flaska phial
amputation *s* amputation
amputera *vb tr* amputate
AMS förk., se *Arbetsmarknadsstyrelsen*
amsaga *s* old wives' tale
AMU förk., se *arbetsmarknadsutbildning*
AMU-center Vocational Training Centre
amulett *s* amulet; talisman
amöba *s* amoeba (pl. äv. amoebae)
an *adv*, **av och ~** to and fro, up and down; **komma (gå, slå** etc.**) ~** se under resp. vb

ana *vb tr* ha en förkänsla have a feeling (an idea, a presentiment) [*att* that]; misstänka suspect; förutse anticipate, foretell; gissa divine; tro, föreställa sig think, imagine; ~ *oråd (argan list)* suspect mischief, vard. smell a rat; *jag ~de det* el. *det ante mig* I suspected (thought) as much; *vem kunde ~ det?* who could (would) have thought (suspected) it?; *du kan inte ~ vad...* you have no idea...; *~ sig till* divine
anabol *adj* med. *~a steroider* anabolic steroids
anagram *s* anagram
anakronism *s* anachronism
anakronistisk *adj* anachronistic
analfabet *s, vara ~* be illiterate (an illiterate)
analfabetism *s* illiteracy
analfena *s* zool. anal fin
analog *adj* **1** likartad analogous [*med* to] **2** data. o.d. analogue
analogi *s* analogy; *falsk ~* false analogy; *i ~ med* on the analogy of, by analogy with
analogisk *adj* analogical
analys *s* analysis (pl. analyses); isht statistisk breakdown
analysera *vb tr* analyse; amer. analyze
analytiker *s* analyst, analyser; amer. analyzer
analytisk *adj* analytic[al]; *~ kemi* analytical chemistry
analöppning *s* anat. anus, anal orifice (opening)
anamma *vb tr* mottaga receive; upptaga, godtaga accept; tillägna sig, t.ex. seder adopt, take over; vard., knycka pinch; *fan (djävlar) ~!* damn it!, hell!
anamnes *s* med. anamnes|is (pl. -es), past medical history
ananas *s* pineapple
anarki *s* anarchy
anarkist *s* anarchist
anarkistisk *adj* anarchic[al], anarchist
anatom *s* anatomist
anatomi *s* anatomy
anatomisk *adj* anatomical
anbefall|a *vb tr* **1** ålägga enjoin, charge; *han -des vila* he was ordered rest **2** rekommendera recommend
anbelanga *vb tr, vad...~r* se *beträffa*
anblick *s* sight; *vid blotta ~en* at the mere sight; *vid första ~en* at first sight
anbringa *vb tr* allm., fästa fix, affix; applicera apply; passa in fit; sätta upp put up; placera place; föra in introduce
anbud *s* offer; leveransanbud äv. tender; amer. bid; prisuppgift quotation; *få ~* have an offer [*på* att köpa of, att sälja for]; *infordra ~ på* arbete, leverans invite tenders for...; *inlämna ~* tender [for a contract]
anciennitet *s* seniority; *efter ~* by seniority
and *s* [wild] duck
anda *s* **1** andedräkt, andetag breath; *dra ~n* draw breath; *ge upp ~n* expire, give up the ghost; *hålla ~n* hold one's breath; *hämta ~n* recover one's breath, catch one's wind; *tappa ~n* lose one's breath; han kom springande *med andan i halsen* ...all out of breath, ...quite breathless **2** stämning, kynne, andemening vanl. spirit, jfr ex.; *en ~ av samförstånd* a spirit of understanding; *i vänskaplig ~* in a friendly atmosphere; *de är samma ~s barn* ung. they are kindred spirits (natures); *när ~n faller på* when the spirit moves me **3** *i ~nom* el. *en ~ns man* se *ande 1*
andakt *s* devotion; friare, aktning reverence; andaktsövning devotions pl.; *förrätta [sin] ~* perform one's devotions, say one's prayers; *med ~* äv. in a devotional spirit, devoutly, reverently äv. skämts.
andaktsfull *adj* devotional; andäktig devout, reverential
andaktsstund *s* hour of devotion (worship)
andaktsövning *s, ~[ar]* devotions pl.
andante *s* o. *adv* mus. andante it.
andas *vb dep* breathe äv. bildl.; respire; *~ djupt* breathe deeply (deep); dra ett djupt andetag draw a deep breath; *~ in* breathe in, inhale; *~ ut* eg. breathe out, exhale; hämta andan take breath, respire; känna sig lättad breathe freely
and|e *s* **1** själ spirit; tanke[liv] äv. mind, intellect; *~ och materia* mind and matter; *~n är villig, men köttet är svagt* the spirit is willing, but the flesh is weak; *i -anom* in the spirit; friare in one's mind's eye; *en -ans man* a clergyman; katol. a priest **2** okroppsligt väsen spirit, ghost; skyddsande genius (pl. äv. genii); sagoväsen genie (pl. genii); *de dödas -ar* the spirits (ghosts) of the dead; *den Helige Ande* the Holy Ghost (Spirit); *ond ~* evil spirit, demon **3** personlighet spirit, mind
andebesvärjare *s* frammanare raiser of spirits; utdrivare exorcist
andedrag *s* breath; för ex. se *andetag*
andedräkt *s* breath; *dålig ~* bad breath; med. halitosis
andefattig *adj* dull, vacuous, vapid
andel *s* share; *~ i vinsten* share of (in) the profit; *ha ~ i en affär* äv. have an interest in a business
andelsbevis *s* share certificate, scrip
andelsförening *s* co-operative society
andelsföretag *s* co-operative undertaking
andelslägenhet *s* ung. condominium; vard. condo
andelsägare *s* joint (part) owner; kompanjon partner; aktieägare shareholder, stockholder
andemening *s* spirit, inward sense, essence
Anderna *s pl* the Andes
andeskådare *s* seer of visions
andesyn *s* vision, apparition
andetag *s* breath; *i samma ~* in the same

breath; *till sista ~et* to one's last breath (gasp); *dra sitt sista ~* breathe one's last
andevärld *s* spiritual world
andeväsen *s* spirit, spiritual being
andfådd *adj* breathless; pred. äv. out of breath, vard. puffed [out]
andfåddhet *s* breathlessness, shortness of breath
andhämtning *s* breathing, respiration
andjakt *s* jagande duck-shooting
andlig *adj* **1** mots.: kroppslig: **a)** själslig spiritual; *~a värden* spiritual values **b)** intellektuell mental, intellectual; *~a gåvor* intellectual gifts **2** mots.: världslig: **a)** spiritual; *~ ledare (makt)* spiritual leader (power) **b)** from, religiös religious; *~ musik* sacred music; *~a sånger* religious songs, spirituals **c)** kyrklig ecclesiastical; prästerlig clerical
andlös *adj* breathless; *~ tystnad* dead silence
andmat *s* bot. duckweed
andning *s* breathing; *konstgjord ~* artificial respiration; *komma in i andra ~en* get one's second wind
andningsorgan *s* anat. respiratory organ
andningspaus *s* pause for breath; efter ansträngning äv. breather; bildl. breathing-space
andnöd *s* shortness of breath, difficulty in breathing; med. dyspnoea
Andorra Andorra
1 andra *(andre)* **I** *räkn* second (förk. 2nd); i titlar äv. assistant; *den ~ från slutet* the last but one; *för det ~* in the second place; vid uppräkning secondly; *ha informationer i ~ hand* have second-hand information; *hyra ut i ~ hand* sublet; *det får komma i ~ hand* it will have to come second (friare later); *åka [i] ~ klass* travel second class; *~ klassens (rangens)* second-rate, second-class; *komma på ~ plats* come second, be runner-up **II** *pron* se *annan*
2 andra se *andraga*
andrabas *s* mus. second bass äv. stämma
andrabil *s* second car
andraga *vb tr* set forth, present; t.ex. skäl advance, put forward; jfr vid. *anföra 2*
andragradsekvation *s* matem. equation of the second (2nd) degree
andrahandsuppgift *s*, *~[er]* second-hand information sg. [*om*, *på* about, on]
andrahandsuthyrning *s* subletting
andrahandsvärde *s* second-hand value; inbytesvaras trade-in value
andrake *s* zool. drake
andraklassbiljett *s* second-class ticket
andrasortering *s* substandard; glasen är *~* ...are seconds (substandard)
andratenor *s* second tenor
andre I *räkn* se *1 andra* **II** *pron* se *annan* o. *3 en III 1*

andremaskinist *s* sjö. deputy boilerman, second engineer
androgyn I *adj* dubbelkönad androgynous **II** *s* hermafrodit androgyne
andrum *s* frist breathing-space
andtruten se *andfådd*
andtäppa *s* shortness of breath
andtäppt *adj* ...short of breath; vard. short-winded
andäktig *adj* devout; uppmärksam [extremely] attentive
andäktigt *adv* devoutly; uppmärksamt attentively
anekdot *s* anecdote
anekdotisk *adj* anecdotal
anemi *s* med. anaemia; amer. anemia
anemisk *adj* anaemic; amer. anemic
anemon *s* bot. anemone
anestesi *s* anaesthesia; amer. anesthesia
anfall *s* allm. attack äv. sport. [*mot* against, on]; isht mil. äv. assault [*mot* on], charge, stark. onslaught; av sjukdom o.d. äv. fit, bout; *ett epileptiskt ~* an epileptic fit; *ett ~ av gikt* an attack (a fit) of gout; *ett ~ av givmildhet* a fit of generosity; *gå till ~ [mot ngn]* attack [a p.]
anfalla *vb tr* allm. attack; isht bildl. äv. assail; assault, fall [up]on, set [up]on
anfallskrig *s* war of aggression, aggressive war
anfallsspelare *s* sport. forward, striker
anfallsvapen *s* offensive weapon (koll. weaponry)
anfallsvinkel *s* flyg. el. optik. angle of incidence
anfordran *s*, att betalas *vid ~* ...on demand; *leverans vid ~* delivery on request
anfrätt *adj* corroded, eroded; bildl. corrupt
anfäkta *vb tr* plåga harass; ansätta assail; *~s av tvivel* be assailed by doubts
anfäktelse *s* [trials and] tribulations pl.; frestelse temptation
anföra *vb tr* **1** föra befäl över be in command of, command; leda lead; visa vägen för guide; isht mus. conduct **2** yttra, andraga state, say; t.ex. som ursäkt allege; t.ex. bevis adduce, bring forward; t.ex. skäl give; *~ besvär* jur. lodge a complaint; *~ till sitt försvar* plead in [one's] defence **3** citera quote, cite
anförande *s* yttrande statement; tal speech, address; *ett kort ~* äv. a few remarks pl.
anföring *s* språkv. quotation; *direkt ~* direct speech; *indirekt ~* indirect (reported) speech
anföringstecken *s* quotation mark; pl. äv. inverted commas, quotes
anförtro I *vb tr* **1** överlämna *~ ngn ngt (ngt åt ngn)* entrust a th. to a p., entrust a p. with a th.; i ngns vård äv. commit a th. to a p.'s keeping (charge) **2** delge *~ ngn en hemlighet* confide a secret to a p.; *han ~dde mig att...* he confided to me that... **II** *vb rfl*, *~ sig åt*

a) överlämna entrust (commit) oneself to b) ge sitt förtroende confide in
anförvant *s* relation; **~er** äv. kinsfolk koll.
ange *vb tr* **1** uppge state, give, mention; utvisa indicate, show; utsätta note; på karta mark; *närmare* ~ specify; *~ som skäl* give (allege) as a reason **2** anmäla ~ *ngn* report (inform against) a p., lay information against a p.; *~ ett brott* report a crime; *~ sig själv* vanl. give oneself up **3** anslå *~ takten* mus. mark time; *~ tonen* bildl. set the tone
angelägen *adj* **1** om sak: brådskande urgent, pressing; viktig important; *angeläget!* urgent! **2** om pers. *~ om ngt* anxious el. eager for a th.; hågad för keen on a th.; *jag är ~ [om] att han ska få höra det* I am anxious for him to (anxious that he should) hear it
angelägenhet *s* **1** ärende affair, concern; sak matter, question; *inre ~er* internal affairs; *sköta sina egna ~er* mind one's own business (affairs) **2** vikt urgency, importance
angenäm *adj* pleasant, agreeable, pleasing; *en ~ känsla* a pleasurable sensation
angina *s* med., halsfluss angina, inflammation of the throat; *~ [pectoris]* hjärtkramp angina [pectoris]
angiva se *ange*
angivare *s* informer [*av* against]
angivelse *s* denunciation, accusation; *på ~ av...* on information given by..., on the information of...
angiveri *s* informing
anglicism *s* Anglicism
anglikansk *adj* Anglican
anglisera *vb tr* anglicize
angloamerikan *s* Anglo-American
anglofil I *s* Anglophil[e] **II** *adj* Anglophil[e]
anglosaxare *s* Anglo-Saxon
anglosaxisk *adj* Anglo-Saxon
anglosaxiska *s* språk Anglo-Saxon
Angola Angola
angolan *s* Angolan
angolansk *adj* Angolan
angoragarn *s* angora; av get äv. mohair
angorakatt *s* Angora [cat]
angoraull *s* Angora wool
angrepp *s* attack [*mot (på)* on]; *gå till ~ [mot ngn]* attack [a p.]
angreppspunkt *s* point of attack
angripa *vb tr* allm. attack; anfalla äv. assail, assault; inverka skadligt på äv. affect; ta itu med äv. tackle; *~ ett problem* attack (tackle) a problem
angripare *s* attacker, assailant; isht polit. el. mil. aggressor, invader
angripen *adj* skadad, sjuk affected; om tänder decayed; ankommen tainted
angränsande *adj* adjacent [*till* to], adjoining
angå *vb tr* concern; avse have reference to; *det ~r mig inte* it doesn't concern me, it's no concern (business) of mine; *vad mig (den saken) ~r* as far as I am (that matter is) concerned
angående *prep* concerning, regarding, respecting, as to, about; *ang.* förk., hand. re
angöra *vb tr* sjö. **1 a)** ta landkänning med *~ land* make land **b)** anlöpa: hamn touch (call) at; kaj approach **2** fastgöra make...fast
angöringshamn *s* port of call
anhalt *s* halt
anhang *s* following; *A. och hans ~* vard. A. and his crew (mob, lot)
anhopa *vb tr* amass, accumulate, heap (pile) up; *~s* accumulate
anhopning *s* accumulation äv. konkr.; av trupper massing
anhåll|a I *vb tr* ta i fängsligt förvar take...into custody; arrestera arrest, apprehend; amer. vard. book **II** *vb itr* ask; *~ [hos ngn] om ngt* ask [a p.] for a th.; *~ om* t.ex. ynnest äv. beg, request, solicit; t.ex. stipendium apply for; *om svar -es (o.s.a.)* an answer will (would) oblige, please reply, RSVP (förk. för répondez s'il vous plaît fr.)
anhållan *s* (jfr *anhålla II*) request; petition; application [*om* i samtl. fall for]; *enträgen ~* entreaty; *med ~ om ngt* äv. requesting a th.
anhållande *s* arresting osv., jfr *anhålla I;* arrest, apprehension; *göra motstånd vid ~t* ...when (on being) arrested
anhängare *s* supporter, follower; adherent [*av, till* of]; isht av idé äv. advocate [*av* of], believer [*av* in]
anhörig *subst adj* relative, relation; *mina ~a* äv. the members of my family; *närmaste ~* (resp. *~a*) next of kin (sg. resp. pl.)
anilin *s* kem. aniline
anilinfärg *s* aniline dye
anilinpenna *s* indelible pencil
animal *adj* animal
animalisk *adj* animal
animera *vb tr* **1** animate; *en ~d diskussion* an animated discussion **2** *~d film* tecknad film animated cartoon
animositet *s* animosity
aning *s* **1** förkänsla feeling, idea; isht av ngt ont presentiment, premonition, foreboding; misstanke suspicion; vard. hunch [*om att* i samtl. fall that]; intuition divination; *onda ~ar* misgivings, apprehensions; *en svag (dunkel) ~* a vague suspicion **2** begrepp, föreställning idea, notion, conception [*om* of; *om att* that]; *det har jag ingen (inte den ringaste) ~ om!* I have no (not the slightest) idea!, vard. I haven't a clue!, I wouldn't know! **3** smula, stänk *en ~ parfym* a suspicion (trace) of scent; *en ~ vitlök* a touch of garlic; *en ~ ironi* i rösten a touch of irony...; *en ~ trött* a bit tired
aningslös *adj* unsuspecting; naiv naive
anis *s* anise; krydda aniseed
anisett *s* likör anisette

anka *s* **1** zool. [tame] duck **2** tidnings~ hoax, canard fr.
ankaboj *s* sjö. [anchor] buoy
1 ankar|e *s* **1** sjö. anchor äv. bildl.; på mina sinker; *fälla -et, låta -et gå* drop (let go) the anchor; *kasta ankar* cast anchor, anchor; *lätta ankar* weigh anchor; *ligga för ankar* sjö. ride (lie) at anchor; skämts. be ill in bed **2** byggn. brace, tie, cramp **3** i ur lever escapement **4** till magnet armature **5** sport. anchorman
2 ankare *s* kärl anker; friare cask
ankarkätting *s* anchor chain (cable)
ankarplats *s* berth, anchorage
ankarspel *s* windlass, capstan
ankarstock *s* **1** sjö. anchor stock **2** bröd ung. black bread; *en* ~ a loaf of black bread
ankartross *s* mooring (anchor) cable
ankdamm *s* duck pond; *i* den svenska *~en* bildl. round the...parish pump
ankel *s* ankle
ankelled *s* ankle joint
ankellång *adj* ankle-length
ankelsocka *s* ankle sock
anklaga *vb tr* accuse [*för* of]; ~ *ngn för* äv. charge a p. with; *den ~de* the accused
anklagare *s* accuser
anklagelse *s* accusation, charge [*för* of]; ~akt indictment; *rikta en ~ mot ngn för...* accuse a p. of..., charge a p. with...
anklang *s* bifall approval; *vinna ~* win (meet with) approval; *väcka ~ hos ngn* appeal to a p.
anknyta I *vb tr* attach, unite [*till* to]; connect [*till* with, on to], connect (join, link) up [*till* with] **II** *vb itr*, ~ *till* link up with, connect on to; referera till comment on, refer to
anknytning *s* connection, attachment, junction; konkr. connecting link; tele. extension; *tåget har ~ till* äv. the train connects with...; *ha nära ~ till* be closely connected (linked) to
ankomm|a *vb itr* **1** anlända arrive; vara bestämd att komma be due [*till* at, i vissa fall in] **2** ~ *på* **a)** bero depend on **b)** tillkomma *det -er på honom* it's his business, it's up to him
ankommande *adj* arriving; om post, trafik incoming; ~ *gods* incoming goods; ~ *resande* arrivals, passengers arriving; ~ *tåg (flyg)* incoming trains (flights), train (flight) arrivals
ankomm|en *adj* **1** skämd: om kött tainted, high; fisken, frukten *är -en* ...is going bad **2** berusad merry, tipsy
ankomst *s* arrival [*till* at, i vissa fall in]; *vårens ~* äv. the coming (advent) of spring
ankomstdag *s* day of arrival
ankomsthall *s* t.ex. på flygplats arrival hall (lounge)
ankomsttid *s* time (hour) of arrival;

beräknad ~ estimated time of arrival (förk. ETA)
ankra *vb itr* anchor
ankring *s* anchoring, anchorage
ankringsplats *s* anchorage, berth
ankunge *s* duckling; *ful ~* ugly duckling
anlag *s* **1** medfött, ärftligt natural ability (capacity), aptitude; begåvning gift, talent [*för* for]; disposition tendency, predisposition [*för* towards]; *ärftliga ~* hereditary disposition sg.; *ha ~ för fetma* have a tendency to put on weight, be inclined to corpulence; *ha goda ~* allm. have good mental powers **2** biol. rudiment, germ [*till* of], embryo (pl. -s)
anlagd *adj* built osv., jfr *anlägga*
anlagsbärare *s* biol. carrier
anlagsprov *s* o. **anlagstest** *s* aptitude test
anledning *s* skäl reason; orsak cause; isht yttre el. tillfällig occasion; grund ground; motiv motive; ~ *till ngt* reason osv. for a th.; *ge ~ till* cause, medföra lead to; *jag ser ingen ~ att* inf. I see no reason (occasion) to inf. (for ing-form); *av vilken ~?* for what reason?; *med (i) ~ av* on account of, owing to; med hänsyn till in view of; *med ~ av detta (härav)* **a)** in that (this) connection; friare that being so **b)** därför therefore; *med ~ av Ert brev* with reference (referring) to your letter; *på förekommen ~* for particular reasons; *utan ~* without any reason[s]; *vid minsta ~* on the slightest provocation
anlete *s* högtidl. face, visage, countenance; *i sitt ~s svett* by the sweat of one's brow
anletsdrag *s pl* features; *ordna ~en* compose one's features
anlita *vb tr* **1** ~ *ngn* vända sig till turn (apply) to a p. [*för [att få]...* for...]; engagera engage (tillkalla call in) a p.; *mycket ~d* ...in great demand, ...very much in demand; ~ *advokat* engage (consult) a lawyer; ~ *läkare* consult a doctor **2** tillgripa resort to, have recourse to; använda make use of
anlitande *s*, *med ~ av* with the aid of
anlopp *s* **1** ansats run **2** anfall onset, assault, attack [*mot* upon]
anlupen *adj* om metall oxidized; ~ *av* tarnished by
anlägga *vb tr* **1** uppföra build, erect; bygga construct; grunda found, establish, set up **2** iordningställa, anordna ~ *gator (en trädgård)* lay out streets (a garden); ~ *mordbrand* commit arson; *branden var anlagd* the fire was the work of an incendiary; jur. arson had been committed **3** planera, uppgöra plan, design; *det hela var anlagt på (på att* inf.*)* the idea of it all was... (was to inf.) **4** börja bära, lägga sig till med begin to wear; sorg put on; ~ *skägg* grow a beard
anläggning *s* konkr.: allm. establishment; byggnad structure; fabrik o.d. works (pl. lika); maskin~ plant; t.ex. värme~ installation; t.ex.

anlända

stereo~ equipment (utan obest. art. och end. sg.); park~*ar* [park] grounds pl.
anlända *vb itr* arrive [*till* at, i vissa fall in]; ~ *till* komma fram till äv. reach
anlöpa I *vb tr* **1** sjö. call at, touch (put in) at **2** tekn.: stål temper, anneal; ~*s* se *II* II *vb itr* om metall oxidize, tarnish, be (get) tarnished
anmana *vb tr* request, urge
anmoda *vb tr* request, call upon; ombedja invite; ge i uppdrag åt commission; beordra instruct
anmodan *s* request, invitation; *göra ngt på ~ av* do a th. at the request (invitation) of; *på ~ av mig* at my request
anmäla I *vb tr* **1** tillkännage announce; rapportera, meddela: allm. report, förlust, skada, sjukdomsfall o.d. äv. notify, t.ex. avflyttning give notice of, till förtullning declare, enter; *~ något för polisen* report a th. to the police; *vem får jag ~?* what name, please?; *~ en besökare* announce a visitor **2** recensera review, write a review of II *vb rfl*, *~ sig* report [*för*, *hos* to]; *~ sig som* sökande till, deltagare i send (hand, give) in one's name as...; *~ sig som medlem* apply for membership [*i* of]; *~ sig till en kurs* register for a course
anmälan *s* **1** meddelande, rapport announcement, report, notification, notice [*om* of]; *göra en ~ om saken* report the matter **2** recension review
anmälare *s* recensent reviewer
anmälning *s* se *anmälan 1-2*
anmälningsavgift *s* entry (application) fee
anmälningsblankett *s* application form
anmälningsdag *s*, *första (sista)* ~ opening (closing) date for entries
anmälningstid *s*, *~en utgår* den 15 juni the last day for entries (applications) is...
anmärka I *vb tr* påpeka, yttra remark, observe II *vb itr* kritisera m.m. criticize [*på (mot)* ngn el. ngt a p. el. a th.]; find fault [*på (mot)* with]; pass unfavourable comments [*på (mot)* on]
anmärkning *s* påpekande, yttrande remark, observation; förklaring note, comment, annotation; klander adverse remark, criticism; klagomål complaint; skol. bad mark (amer. grade); *en träffande (kvick)* ~ an apt (a witty) remark; *ge en elev en ~* report a pupil, put a pupil's name down; *rikta ~ar mot* pass criticism on, level criticism against, criticize
anmärkningsvärd *adj* märklig remarkable; beaktansvärd notable; noteworthy; märkbar noticeable
annaler *s pl* annals, records
annalkande I *s*, *vara i* ~ be approaching (at hand) II *adj* approaching; *ett ~ oväder* äv. a gathering storm
annan (*annat, andre, andra*) *pron* **1** other; *en ~* another; självst. another [one], någon annan äv. somebody else osv., jfr *2; en* ~ vard., jag a fellow (resp. girl), the likes of me pl.; *en ~s* another's; *annat* självst. other things pl., något annat something (resp. anything) else, jfr *2; andra* självst. others, utan syftning vanl. other people; *andras* others' resp. other people's; *en ~ gång* another time, avseende framtid some other time; *i annat fall* otherwise osv., jfr *annars; på andra sidan av* on the other side of; *jag kunde inte göra annat* handla annorlunda I could not have done otherwise; *de båda andra* the other two, självst. äv. the two others; *bland annat (andra)* se under *bland*

2 efter isht vissa indef. o. interr. självst. pron. else; gen. else's; jfr dock *3; någon* ~ om pers. somebody (someone) else resp. anybody (anyone) else; *vilken* ~ who else; *allt (föga, vad) annat* everything (little, what) else; *något annat?* i butik anything else [, Sir resp. Madam]?; *alla andra* all the others, om pers. vanl. everybody (everyone) else

3 ~ *än* but, other but, other than, jfr ex.; *någon* ~ *än* a) fören. some other...than (besides) resp. any other...but b) självst. somebody (someone) other than resp. anybody (anyone) but; *ingen* ~ *än* a) fören. no other...than (but) b) självst. nobody (no one) [else] but, none but (except); ingen mindre än no (none) other than, no less a person than; *annat än* utom except; *allt annat än* frisk anything but...; *inte annat än jag vet* as far as I know

4 'helt annan', 'inte lik' different; *det är en [helt]* ~ *sak* that's [quite] another matter, that's a [very] different matter

5 vard., 'riktig' regular, proper; 'vanlig' common; *som en* ~ *tjuv* just like a common thief
annandag *s*, ~ *jul* the day after Christmas Day; i Engl. vanl. Boxing Day (utom om dagen är en söndag); ~ *pingst (påsk)* Whit (Easter) Monday
annanstans *adv*, *någon* ~ elsewhere, somewhere (resp. anywhere) else; på annat ställe äv. in some (resp. any) other place; på andra ställen äv. in other places; *någon* ~ *än [här]* in other places than [this]; *ingen (inte någon)* ~ nowhere (not anywhere) else
annars *adv* **1** i annat fall otherwise; ty annars, annars så or [else]; else; efter frågeord else; *inte (aldrig)* ~ not (never) under other circumstances; *tröttare än* ~ more tired than usual **2** för övrigt, i förbigående sagt by the way, incidentally
annat se *annan*
annektera *vb tr* annex
annektering *s* o. **annektion** *s* annexation
annex *s* annexe, isht amer. annex; sidobyggnad äv. wing
anno, ~ *1986* in [the year] 1986

annons *s* advertisement (förk. advt.); vard. ad, advert [*efter* for; *om* about]; dödsannons o.d. announcement, notice [*om* of]
annonsbilaga *s* i tidning advertisement supplement
annonsbyrå *s* advertising agency
annonsera *vb tr* o. *vb itr* i tidning advertise [*efter* for]; på förhand meddela announce; ~ *om ngt* till salu advertise a th.
annonsering *s* advertising, advertisement
annonskampanj *s* advertising (publicity) campaign (drive)
annonskostnad *s* advertising expenses pl.
annonsorgan *s* advertising medium (pl. media)
annonspelare *s* advertising pillar
annonstidning se *annonsorgan*
annonsör *s* advertiser
annorlunda I *adv* otherwise; *[helt]* ~ *än* [quite] differently from **II** *adj* different [*än* from]; *de ~ [människorna]* people that (who) are different
annotation *s* note
annotera *vb tr* note down
annuell *adj* annual
annuitet *s* fixed annual instalment; livränta life annuity
annuitetslån *s* ekon. loan repayable in fixed annual instalments
annullera *vb tr* annul, cancel, nullify
annullering *s* annulment, cancellation, nullification
anod *s* elektr. anode
anomali *s* anomaly
anonym *adj* anonymous
anonymitet *s* anonymity
anor *s pl* ancestry sg., ancestors; isht bildl. progenitors; *ha fina* ~ be of high lineage (birth); *ha gamla* ~ bildl. have a long history, go back to (date from) ancient times; vara en ärevördig tradition (sedvänja) be a time-honoured tradition (custom)
anorak *s* anorak
anordna *vb tr* **1** ställa till med get (set) up; organisera organize, arrange **2** placera, ordna arrange **3** utanordna order...to be paid
anordning *s* arrangement; mekanism äv. contrivance, device, appliance; *~ar* hjälpmedel, bekvämligheter o.d. facilities
anorektiker *s* anorectic, anorexic
anorexi *s* med. anorexia
anpassa I *vb tr* suit, adapt, adjust [*efter, för, till* to] **II** *vb rfl*, ~ *sig* suit (adjust, adapt) oneself [*efter* to]
anpassbar *adj* adaptable, adjustable
anpassling *s* opportunist opportunist, yes-man; medlöpare fellow traveller
anpassning *s* adaptation, adjustment [*efter, till* to]
anpassningsförmåga *s* adaptability, ability to adapt oneself

anpassningssvårighet *s, ha ~er* have difficulty in adapting (adjusting) oneself
anrik *adj* attr. ...with its fine old traditions
anrika *vb tr* enrich; tekn. äv. concentrate, dress; *~t uran* enriched uranium
anrikning *s* enrichment; tekn. äv. dressing, concentration
anrop *s* call äv. tele.; mil. challenge; sjö. hail
anropa *vb tr* **1** call; tele. call up; mil. challenge; sjö. hail **2** bönfalla ~ *ngn [om ngt]* call upon a p. [for a th.]
anryckning *s* advance
anrätta *vb tr* prepare; t.ex. sallad äv. dress; laga cook
anrättning *s* **1** tillredning preparation, dressing, cooking; jfr *anrätta* **2** maträtt dish; måltid meal; *göra heder åt ~arna* do justice to the meal
ans *s* care, tending; jordens dressing; hästs grooming; träds pruning
ansa *vb tr* tend, see to; grönsaker clean; jord dress; häst groom; träd, rosor prune
ansamling *s* accumulation
ansats *s* **1** sport. run, jfr *sats 3;* mil. advance; *hopp med (utan)* ~ running (standing) jump **2** försök, ansträngning attempt, effort [*till* at]; anfall, ryck impulse, prompting [*till* of]; början start, beginning, onset, inception; tecken sign, trace [*till* of]; *hon gjorde en ~ att resa sig* she made an effort to rise **3** tekn. projection, shoulder, lug **4** mus. attack; om blåsinstrument embouchure
ansatt se under *ansätta*
anse *vb tr* **1** mena, tycka think, consider, be of the opinion, feel; *vad ~r du om saken?* what do you think (how do you feel) about it?, what is your opinion? **2** betrakta, hålla för consider, think; regard, look upon [*som, för* as]; *jag ~r det [vara] bäst* I consider it [to be] best; *om det ~s lämpligt* if it is considered (thought) suitable
ansedd *adj* aktad respected, esteemed; eminent; distinguished; ibl. noted; *en ~ familj* a respected family; *en ~ firma* a respectable (reputable) firm, a firm of high standing; *han är väl* ~ he has a good reputation
anseende *s* **1** rykte reputation, good name; status standing; prestige prestige; aktning esteem **2** *i ~ till* i betraktande av considering; *utan ~ till person* without respect of persons
ansenlig *adj* considerable; stor äv. good-sized, fair-sized, large, largish; *ett ~t antal* äv. a goodly number
ansikte *s* face äv. min; högtidl. countenance; *kända ~n* personer well-known personalities; *förlora ~t* lose face; *rädda ~t* save one's face; *bli lång i ~t* pull a long face; *bli röd i ~t* go red in the face; *se ngn i ~t* look a p. in

ansiktsbehandling

the face; *tvätta sig i* ~*t* wash one's face; *stå ~ mot ~ med* stand face to face with, face
ansiktsbehandling *s* facial treatment
ansiktsdrag *s pl* features, lineaments
ansiktsform *s* face, shape of face
ansiktsfärg *s* colouring [of the face], complexion
ansiktskräm *s* face cream
ansiktslyftning *s* face lifting äv. bildl.; *genomgå [en]* ~ have one's face lifted; have a face-lift äv. bildl.
ansiktsmask *s* mask; skönhets~ äv. face pack
ansiktsservett *s* face (facial) tissue
ansiktsskydd *s* allm. face protection; sport. faceguard; tekn. faceshield, facepiece; mot damm dust mask
ansiktsuttryck *s* [facial] expression
ansiktsvatten *s* [skin] toner, skin tonic, face tonic (lotion)
ansjovis *s* konserverad skarpsill; ung. tinned sprat; koll. tinned sprats pl., brisling anchovy style
ansjovisburk *s* burk ansjovis tin of sprats
anskaffa *vb tr* **1** skaffa sig obtain, get [hold of], acquire, procure **2** tillhandahålla provide, supply, furnish [*ngt åt ngn* a p. with a th.]
anskaffning *s* anskaffande obtaining osv., jfr *anskaffa*; acquisition; provision, supply; *dyr i* ~ expensive [to obtain]
anskriven *adj*, *vara väl* ~ *hos ngn* be in favour with a p., be in a p.'s good books, be in good odour with a p.
anskrämlig *adj* ugly, hideous
anslag *s* **1** kungörelse notice; affisch äv. bill, placard **2** penningmedel grant, subvention, allowance, allotment; stats~ äv. appropriation; parl. supplies pl., vote; understöd subsidy; *bevilja ngn ett* ~ make a p. a grant; genom votering vote a p. a sum of money **3** på tangent touch **4** tekn., projektils impact **5** stämpling design [*mot* [up]on]; plot [*mot* against]
anslagstavla *s* notice board; amer. bulletin board
ansluta I *vb tr* connect [*till* with, [on] to] **II** *vb itr o. rfl*, ~ *sig* stå i förbindelse connect [*till* with, on to]; ~ *sig till* a) personer join, attach oneself to; särsk. i åsikt äv. side (concur) with b) en åsikt (riktning) adopt; ett uttalande äv. concur with, agree with c) t.ex. tullunion enter; t.ex. fördrag enter into; ~ *sig till ett politiskt parti* join a political party
ansluten *adj* connected, associated [*till* with]; affiliated [*till* to]
anslutning *s* **1** förbindelse connection; associering association [*till* with]; *ha* ~ *till* ett telefonnät be connected to...; *färjorna har* ~ *till* tågen the ferryboats run in connection with...; *i* ~ *till detta* i samband härmed in this connection, in connection with this; *i* ~ *till* vad jag anfört with reference to..., following up... **2** understöd, samtycke adherence [*till* to],

support [*till* of]; *dålig* ~ *till ett förslag* poor support for a proposal; mötet inställdes på grund av *dålig* ~ ...on account of poor attendance
anslutningsflyg *s* connection flight
anslå *vb tr* **1** anvisa allow, allot, earmark, set aside (apart); medel, isht om riksdagen äv. vote, grant, appropriate [*till* i samtl. fall for]; ~ *tid till* devote...to, set aside...for **2** uppskatta estimate, rate, value [*till* at] **3** mus., se *slå [an]*; ~ *den rätta tonen* bildl. strike the right note **4** spika upp ~ *en kungörelse* post (put up) a notice
anslående *adj* tilltalande pleasing, attractive; gripande impressive
anspela *vb itr* allude [*på* to], hint [*på* at]
anspelning *s* allusion [*på* to]
anspråk *s* allm. claim; fordran demand; pl. äv. pretensions [*på* to]; förväntningar expectations; ~ *på ngn* claim on a p.; ~ *på ett arv* claim to an inheritance; *göra* ~ *på att* inf. claim to inf.; *ta i* ~ a) erfordra require; viss tid take b) lägga beslag på requisition c) begagna make use of, use d) uppta, t.ex. ngns tid make demands on, take up, occupy e) inkräkta på trespass [up]on
anspråksfull *adj* pretentious, assuming; krävande demanding, exacting
anspråksfullhet *s* pretentiousness; kravfullhet exactingness
anspråkslös *adj* unpretentious; unassuming, modest, humble; om måltid o. d. simple; i sin klädsel quiet; i sina priser, fordringar moderate
anspråkslöshet *s* unpretentiousness; modesty; roa sig *i all* ~ ...in a very modest way; anmärka *i all* ~ ...in all modesty
anspänning *s* ansträngning strain; exertion
anstalt *s* **1** inrättning institution, establishment; för nervklena mental home (hospital), asylum **2** åtgärd *träffa (vidta) ~er för* make arrangements (preparations) for, take (adopt) measures for, take steps for
anstifta *vb tr* cause, provoke, instigate, incite, raise; t.ex. myteri stir up; ~ *mordbrand* commit arson
anstiftan *s*, *på* ~ *av* at the instigation of
anstiftare *s* instigator, originator [*av* of]; av myteri o.d. ringleader
anstormning *s* assault, onset, onrush [*mot* i samtliga fall, on]
anstrykning *s* **1** färgnyans tinge, shade **2** antydan, prägel touch, trace, suggestion; *en ironisk* ~ a touch (trace) of irony **3** grundmålning priming
anstränga I *vb tr* allm. strain; trötta, t.ex. ögonen tire; uppbjuda, t.ex. sina krafter exert; sätta på prov tax, try; ~ *sin hjärna* rack one's brains; ~ *sina resurser* tax one's resources **II** *vb rfl*, ~ *sig* exert oneself, make an effort; ~ *sig till det yttersta* exert oneself to the utmost, strain every nerve

ansträngande *adj* strenuous, taxing, trying, hard; om marsch o.d. stiff; *det är ~ för ögonen* it is a strain on the eyes
ansträngd *adj* strained; om stil laboured; om leende, sätt forced; *landets ~a ekonomi* the stretched economy of the country
ansträngning *s* effort; exertion; påfrestning strain; *med gemensamma ~ar* by united efforts; *utan minsta ~* without the least effort
ansträngt *adv* in a forced manner; *le ~* give a forced smile
anstå *vb itr* **1** uppskjutas wait, be deferred; *det får ~* it will have to wait; *låta saken ~* let the matter wait **2** passa become, befit, be becoming (proper) for
anstånd *s* respite, grace; *få ~ med betalningen* be allowed a respite for the payment
anställa *vb tr* **1** i sin tjänst employ, engage, take on, take...into one's employ (service); amer. äv. hire; utnämna appoint, se vid. *anställd* **2** företa, sätta i gång [med] make, institute; t.ex. undersökning äv. hold; börja äv. start; jämförelse make, draw; *~ betraktelser över* reflect (meditate) [up]on, contemplate **3** åstadkomma bring about; *~ förödelse* play (work) havoc; *~ skada på* cause (do) damage to
anställd I *adj*, *bli (vara) ~* become (be) employed [*hos ngn* by a p.; *vid* at, in], vard. have a job [*vid* at, in]; *fast ~ hos ngn* permanently employed by a p.; *fast ~ vid* företaget on the permanent staff of... **II** *subst adj*, *en ~* an employee
anställning *s* anställande, förhållandet att vara anställd employment; befattning appointment, post, position; enklare situation; isht tillfällig engagement; *få (ha) ~* se [*bli* resp. *vara*] *anställd*; *utan ~* out of work, without employment
anställningsavtal *s* employment (service) agreement
anställningsförhållanden *s pl* terms of employment, conditions of tenure
anställningsförmån *s* emolument; extraförmån perquisite, vard. perk; fringe benefit
anställningsintervju *s* [employment] interview
anställningskontrakt *s* contract of employment, service contract
anställningsstopp *s* employment (job) freeze
anställningstrygghet *s* security of employment, employment (job) security
anställningsvillkor *s pl* terms of employment
anständig *adj* aktningsvärd, betydande respectable; korrekt, om t.ex. uppförande äv. decorous; passande äv. proper; hygglig el. i motsats t. opassande decent
anständighet *s* respectability; decency;

propriety, decorum; jfr *anständig*; *för ~ens skull* for decency's sake
anständighetskänsla *s* sense of propriety (decorum, decency)
anständigtvis *adv* for decency's sake, in [common] decency
anstöt *s* offence; *ta ~ av* take offence at, take exception to; *väcka ~* cause (give) offence, offend; *väcka ~ hos* give offence to, scandalize, shock
anstötlig *adj* offensive [*för* to]; svag. objectionable; oanständig indecent; *det ~a i boken* the objectionable parts of the book
ansvar *s* **1** allm. responsibility; ansvarsskyldighet liability; *ha ~et för* be responsible for; *ta på sig ~et för* take on (shoulder, assume) the responsibility for; *ställa ngn till ~* hold a p. responsible, call a p. to account, bring a p. to book [*för* i samtl. fall for]; *på eget ~* on one's own responsibility; på egen risk at one's own risk **2** jur., straff[påföljd] penalty; *yrka ~ på ngn* demand a p.'s conviction
ansvara *vb itr* be responsible (answerable, accountable), answer [*för* i samtl. fall for]; *~ för en förlust* be liable for a loss; *för ytterkläder ~s icke* coats and hats etc. left at owner's risk
ansvarig *adj* allm. responsible [*inför* to]; som kan ställas till ansvar äv. answerable, accountable [*inför* to]; för skuld o.d. liable; *göra ngn ~* make (hold) a p. responsible
ansvarighet *s* responsibility; *aktiebolag med begränsad ~* limited liability company
ansvarighetsförsäkring se *ansvarsförsäkring*
ansvarsfrihet *s* freedom from responsibility (liability); *bevilja ~* grant discharge; *bevilja styrelsen ~* adopt the report [and accounts]
ansvarsfull *adj* responsible; attr. äv. ...of (involving) great responsibility
ansvarsförsäkring *s* third party [liability] insurance
ansvarskännande *adj* ...conscious of one's responsibility (responsibilities)
ansvarskänsla *s* sense of responsibility
ansvarslös *adj* irresponsible
ansvarslöshet *s* irresponsibility; bristande ansvarskänsla lack of responsibility
ansvarsyrkande *s*, *~ mot ngn* demand for a p.'s conviction
ansvällning *s* swelling, enlargement
ansätta *vb tr* **1** sätta åt beset, fall upon, attack; besvära, plåga, äv. med frågor harass, worry, ply; *~s av fienden (hunger)* be beset by the enemy (by hunger); *hårt (illa) ansatt* pred. hard pressed; i knipa in a tight corner **2** förlägga place [*till* at]; bestämma assign, fix
ansöka *vb itr*, *~ om* apply for; *en ~nde* an applicant [*till* for]
ansökan *s* application [*om* for]; *~ om nåd* petition for mercy; *skriftlig ~* application in

writing; *lämna in en* ~ hand (send) in an application; *göra (lägga in)* ~ *om* apply for **ansökningar** *s pl* applications
ansökningsblankett *s* application form
ansökningshandling *s* application paper
ansökningstid *s* period of application; *~en utgår den 15 juni* applications must be [sent] in by (before) the 15th June
anta|ga o. **anta** *vb tr* **1** ta emot, t.ex. plats take; säga ja till, t.ex. erbjudande, inbjudan, kallelse accept **2** med personobj.: anställa engage; utse appoint; välja åt sig adopt, take; intaga som elev o.d. admit, accept, rekryt enrol; godkänna approve, pass; *bli -gen till (som)* sekreterare be appointed...; *de som -gits till vidareutbildning* those accepted for further education (training) **3** gå med på, godkänna accept; t.ex. förslag äv. agree to, adopt, approve; lagförslag pass **4** förutsätta assume; formellare presume; förmoda suppose; vard. expect; *antag nu att...* now supposing (suppose now) that...; *jag antar det* I suppose (expect) so **5** göra till sin, tillägna sig, t.ex. idé adopt; lära äv. embrace; namn äv. assume; *~ namnet (titeln)...* take (assume) the name (title) of...; *under -get namn* under an assumed name **6** ta på sig, t.ex. en min take (put) on, assume **7** få assume; *~ oroväckande proportioner* attain (assume) alarming proportions
antagande *s* **1** godkännande av t.ex. förslag acceptance, adoption, approval, passing; anställande engagement, appointment; som t.ex. elev admission **2** förmodan o.d. assumption, presumption, supposition; förutsättning premise
antagbar *adj* acceptable
antaglig *adj* sannolik probable, likely
antagligen *adv* förmodligen presumably; sannolikt probably, very (most) likely, in all probability
antagning *s* admission
antagningspoäng *s pl* [minimum] points required for admission
antagonism *s* antagonism [*mot* to, against]
antagonist *s* antagonist, adversary
antagonistisk *adj* antagonistic
antal *s* number; *ett stort ~människor var där* a large (great) number of people were there; *minsta ~et fel* äv. the fewest mistakes; *tio till ~et* ten in number; *till ett ~ av tio* to the number of ten, numbering ten
Antarktis the Antarctic
antarktisk *adj* Antarctic
antasta *vb tr* vara närgången mot accost, molest
antecipera *vb tr* anticipate, forestall
anteckna I *vb tr* note (take, write, put) down, make a note of; införa, t.ex. beställning, i bok o.d. enter, book; uppteckna, konstatera record; *få det ~t till protokollet* have it recorded (taken down, put) in the minutes **II** *vb rfl*, *~ sig* put one's name down [*för* for; *som* as]; *låta ~ sig* have one's name put down, give (hand) in one's name
anteckning *s* note, memo (pl. -s), memorand|um (pl. äv. -a)
anteckningsblock *s* [note] pad; amer. scratch pad
anteckningsbok *s* notebook
antedatera *vb tr* antedate, predate
antediluviansk *adj* antediluvian
antenn *s* **1** zool. antenn|a (pl. -ae), feeler **2** radio. aerial; amer. vanl. antenna; radar scanner
antibiotikum *s* med. antibiotic
antibiotisk *adj* antibiotic
antidepressiv *adj* med. *~t medel* antidepressant
antigen *s* med. antigen
antihistamin *s* med. antihistamine
antik I *adj* antique, ancient; gammal[modig] old[-fashioned]; *ett ~t föremål* an antique, a curio **II** *s*, *~en* [classical] antiquity
antikaffär se *antikvitetsaffär*
antikbehandla *vb tr* give an antique finish to
antikbod *s* se *antikvitetsaffär*
antiklimax *s* anticlimax; litt. bathos
antikommunistisk *adj* anti-Communist
antikropp *s* fysiol. antibody
antikva *s* typogr. roman, roman type
antikvariat *s* second-hand (finare antiquarian) bookshop
antikvarie *s* antiquarian, antiquary; bokhandlare second-hand (finare antiquarian) bookseller
antikvarisk *adj* antiquarian; om böcker second-hand
antikvariskt *adv*, *köpa ~* buy second-hand
antikverad *adj* antiquated, outmoded
antikvitet *s* antikt föremål antique, curio (pl. -s); *romerska ~er* Roman antiquities
antikvitetsaffär *s* antique shop, [antique and] second-hand furniture-shop (furniture-dealer's)
antikvitetshandlare *s* antique dealer
antikvitetssamlare *s* collector of antiques
antikvärde *s* antique value
Antillerna *s pl* the Antilles; *Stora (Små) ~* the Greater (Lesser) Antilles
antilop *s* zool. antelope
antimilitarism *s* antimilitarism
antingen *konj* **1** either; *~ du eller jag* either you or I (vard. me) **2** vare sig whether; *~ du vill eller inte* whether you like it (want to) or not
antipati *s* antipathy; *ha (hysa) ~* feel an antipathy [*för* towards; *mot* to]
antipatisk *adj* antipathetic, repellent
antipod *s* plats antipodes (pl. lika); person person living on the opposite side of the earth
antirasism *s* antiracism

antirobotvapen *s* antimissile weapon
antisemit *s* anti-Semite
antisemitisk *adj* anti-Semitic
antisemitism *s* anti-Semitism
antiseptisk *adj* antiseptic; **~t medel** antiseptic
antisionistisk *adj* anti-Zionist
antistatbehandla *vb tr* treat with an antistatic agent (fluid)
antistatisk *adj* antistatic
antistatmedel *s* antistatic agent
antites *s* antithes|is (pl. -es)
antologi *s* anthology
antracit *s* anthracite
antropolog *s* ung. anthropologist
antropologi *s* ung. anthropology
antroposof *s* anthroposophist
anträda *vb tr* set out (off) on, begin
anträffa *vb tr* find, meet with
anträffbar *adj* available; **han var inte ~ på telefon** he could not be reached by phone
antyd|a *vb tr* **1** låta påskina (förstå) hint, intimate [*för* to] **2** [i förbigående] beröra touch [up]on; förebåda foreshadow; **svagt -d** svagt markerad ...faintly outlined (suggested) **3** tyda på indicate, suggest; **~ peka på ngt** point to a th.; **som namnet -er** as the name implies (suggests)
antydan *s* fingervisning, vink hint, intimation [*om* of]; tecken äv. indication [*om* of]; ansats, skymt suggestion, suspicion; spår vestige, trace [*till* i samtl. fall of]; jfr *antydning*
antydning *s* förtäckt anspelning insinuation, innuendo; jfr *antydan*
antågande *s*, **vara i ~** be approaching (on the way); om t. ex. oväder el. obehag be brewing; **vintern är i ~** äv. winter is coming on
antända *vb tr* set fire to, set...on fire; t.ex. laddning, bensin ignite; **~s** äv. catch fire
antändbar *adj* [in]flammable
antändning *s* ignition
anvisa *vb tr* **1** tilldela o.d. allot, assign; **~ [ngn] ngt** ge [ngn] anvisningar om ngt help a p. to find a th.; **~ ngn ett rum** på hotell show a p. a room; **~ ngn en sittplats** show a p. to a seat **2** anslå, bevilja, t.ex. penningmedel allow, allot, earmark; parl. vote, appropriate
anvisning *s*, **~[ar]** upplysning, föreskrift directions pl., instructions pl.; vink tip sg.; **ge ngn ~ på** direct (refer) a p. to; **ge [ngn] ~ på en bra lärare** recommend a good teacher [to a p.]
använd|a *vb tr* **1** allm. use; högtidl. el. i bet. anlita employ; göra bruk av, begagna sig av make use of, utilize; bära, t.ex. kläder, glasögon wear; käpp o.d. carry; ta, t.ex. medicin, socker i te take [*till (för)* i samtl. fall for; *till (för) att* inf. to inf.]; **~ tiden (sin tid) väl** make good use of one's time; **färdig att ~s** äv. ready for use **2** tillämpa, t. ex. regel apply; metod adopt; sin auktoritet, intelligens exercise; **~ felaktigt** misapply **3** lägga ned, t.ex. tid, pengar spend

[*på* on, in]; **det var väl ~a pengar** the money was well spent **4** förbruka use up [*till* on]
användare *s* user
användargrupp *s* user group
användarvänlig *adj* user-friendly
användbar *adj* allm. usable, ...of use; motsats: oanvändbar ...fit for use; nyttig useful, ...of use [*till* for]; om t. ex. kläder serviceable; om t. ex. metod practicable; tillämplig applicable [*för* to]; **föga ~** ...of little use; **metoden är ganska ~** the method works quite well; **i ~t skick** in working order, in serviceable condition
användning *s* use; av pers., högtidl. employment; behandling usage; tillämpning application; **jag har ingen ~ för det** I have no use for it, I can make no use of it; **komma till ~** be of use, prove (be) useful; **användas** be used [*såsom* as; *till* for]; om t.ex. metod be applicable
användningsområde *s* field of application; **ett stort ~** a wide field of application
användningssätt *s* method of application
aorta *s* anat. aorta
apa I *s* **1** zool. monkey; isht utan svans ape **2** neds., om kvinna bitch, cow; **det luktar ~ vard.** it stinks like hell **3** sjö., gaffel~ main trysail; stag~ mizzen staysail **II** *vb tr*, **~ efter ngn** ape (mimic) a p.
apache *s* indian Apache Indian
apanage *s* appanage; kungligt ~ i Engl. äv. civil list
apartheidpolitik *s* apartheid policy; **~en** the policy of apartheid
apati *s* apathy, listlessness
apatisk *adj* apathetic, listless
apel *s* apple tree
apelkastad *adj* om häst dapple[-grey], dappled
apelsin *s* orange
apelsinjuice *s* orange juice
apelsinklyfta *s* orange segment; i dagligt tal piece of orange
apelsinmarmelad *s* [orange] marmalade
apelsinsaft *s* orange juice; sockrad, för spädning orange squash, jfr äv. *saft*
apelsinskal *s* orange peel äv. koll.
Apenninerna *s pl* the Apennines
aperitif *s* aperitif
aphus *s* monkey house
aplik *adj* ape-like, monkey-like, simian
apokalyps *s* apocalypse
apokalyptisk *adj* apocalyptic
apokryfisk *adj* apocryphal; **de ~a böckerna** the Apocrypha (sg. el. pl.)
apollofjäril *s* apollo [butterfly]
A-post *s* first-class mail
apostel *s* apostle äv. friare
Apostlagärningarna *s pl* the Acts [of the Apostles]

apostlahästar *s pl, använda ~na* go on Shanks's pony (mare)
apostrof *s* apostrophe
apotek *s* pharmacy; i Engl. chemist's [shop]; amer. äv. drugstore; på fartyg, sjukhus o.d. dispensary
apotekare *s* pharmacist; i Engl. dispensing (pharmaceutical) chemist, chemist and druggist; amer. äv. druggist
apoteksvara *s* chemist's licensed article, medical drug
apparat *s* **1** instrument apparatus *[för* for*]*; anordning device, appliance, gadget; radio~, TV~ set; telefon~ instrument; t.ex. bandspelare machine; elektrisk ~ appliance; *två ~er* äv. two pieces of apparatus **2** utrustning apparatus, equipment; *en så stor* ~ such a large amount of apparatus **3** bildl., resurser resources pl.; maskineri machinery; *sätta i gång en stor* ~ vard. make great (extensive) preparations; göra stor affär av make a big business [out] of
apparatur *s* equipment (end. sg.); apparatus
appell *s* **1** jur. el. allm. appeal; *rikta en* ~ *till* make an appeal to, appeal to **2** mil. call
appellationsdomstol *s* court of appeal
appellativ *s* gram. common noun, appellative
appellera *vb itr* jur. appeal
appendicit *s* med. appendicitis
applicera *vb tr* apply *[på* to*]*
applikation *s* application äv. data.; sömnad. appliqué
applåd *s*, *~[er]* applause sg.; handklappning[ar] clapping sg.; *stormande ~er* tremendous applause; *han fick många ~er* he got a great deal of applause
applådera *vb tr* o. *vb itr* applaud, clap
applådåska *s* storm (volley) of applause
apportera *vb tr* fetch; jakt. retrieve
apposition *s* gram. apposition, appositional phrase (word)
approximativ *adj* approximate
aprikos *s* apricot
april *s* April (förk. Apr.); *~, ~!* April fool!; *i ~ [månad]* in [the month of] April; jfr *femte; första* ~ äv. April Fools' Day; *den sista* ~ [adverbial on] the last day of April; *i början (mitten, slutet) av* ~ at the beginning of el. early in (in the middle of, at the end of) April; *narra ngn* ~ make an April fool of a p.
aprilskämt *s, ett* ~ an April fools' joke
aprilväder *s* April weather
apropå I *prep* apropos [of]; ~ *det* äv. talking of that, by the way (by), that reminds me; ~ *ingenting* changing the subject [for a moment] **II** *adv* by the way, by the by; *[helt]* ~ incidentally, casually; *alldeles* ~ oväntat [quite] unexpectedly
aptera *vb tr* adapt; anpassa adjust; mil. prime
aptit *s* appetite *[på* for*]* äv. bildl.; *för att få* ~ to work up an appetite; *förstöra ~en för ngn* take away a p.'s appetite; *ha* ~ have a healthy (good, hearty) appetite; *äta med god* ~ äv. eat with great relish; *~en växer medan man äter* eating whets the appetite
aptitlig *adj* appetizing, savoury; lockande inviting, enticing; läcker tasty; för ögat dainty
aptitlös *adj, vara* ~ have no appetite
aptitlöshet *s* loss (brist på aptit lack) of appetite
aptitretande I *adj* appetizing; ~ dryck ...that stimulates the appetite, aperitif; *ett* ~ *medel* an appetizer **II** *adv, verka* ~ whet (excite, tickle, stimulate) the appetite
aptitretare *s* appetizer; spritdryck äv. aperitif
ar *s* are fr.; *ett* ~ eng. motsv. 100 square metres el. 119.6 square yards
arab *s* Arab, Arabian
arabesk *s* arabesque
Arabförbundet the Arab League
Arabien Arabia
arabisk *adj* Arab, Arabian, Arabic; ~ *arkitektur* Arabian architecture; *ett ~t barn* an Arab child; *~a siffror* Arabic numerals; *ett ~t ord* an Arabic word; *Arabiska öknen* the Arabian desert
arabiska *s* språk Arabic
arabstat *s* Arab state; *~erna* the Arab states
arabvärlden *s* the Arab world
arameiska *s* språk Aramaic
arbeta I *vb tr* o. *vb itr* work; vara sysselsatt be at work *[med, på* on, at*]*; mödosamt el. tungt äv. (isht i högre stil) labour, toil; ~ *bra (hårt)* äv. do good (hard) work; ~ *efter en plan* work according to a plan; ~ *för (på) att* inf. work (friare strive) to inf.; ~ *med (på) ett problem* work at (on) a problem; *~d* worked; om metaller el. konstalster äv. wrought; ~ *sig trött* work till one is tired, tire oneself out by working
II med beton. part.
~ **av** t.ex. en skuld work off
~ **bort** get rid of; stamning o.d. äv. [gradually] get the better of; *[lyckas]* ~ *bort* manage to eliminate (work off)
~ **ihjäl sig** work oneself to death
~ **ihop a)** tr.: ~ *ihop en förmögenhet* manage to amass a fortune; ~ *ihop pengar till ngt* work to get money for a th. **b)** itr. work together
~ **in** eg. work in (...into); ~ *in* handelsvara create (work up) a market for...; ~ *in förlorad arbetstid* make up for lost time (lost working-hours)
~ **om** bok o.d. revise; lag o.d. äv. redraft; helt och hållet äv. rewrite; för scenen, filmen adapt
~ **upp** allm. work (build) up; jord cultivate; utveckla develop; förbättra improve; ~ *sig upp* work one's way up (along)
~ **ut a)** se *utarbeta* **b)** ~ *ut sig* wear oneself out [with hard work]

~ över på övertid work (put in) overtime, work late
arbetarbostäder *s pl* workmen's dwellings
arbetare *s* **a)** allm.: worker; i högre stil äv. labourer; kropps~ äv. manual worker (labourer), workman; isht hantverkare working man; i mots. till arbetsgivare employee **b)** spec.: jordbruks~ el. grov~ labourer; schaktnings~, rallare o.d. navvy; fabriks~ hand, operative; verkstads~ mechanic
arbetarfamilj *s* working-class family
arbetarklass *s* working-class; *~en* vanl. the working classes pl.
arbetarkvarter *s* working-class district (quarter)
arbetarparti *s* Labour party; *~et* i Engl. äv. Labour
arbetarrörelse *s* working-class movement; *~n* äv. the Labour Movement
arbetarskydd *s* mot yrkesskador industrial welfare (safety)
arbete *s* work; abstr. el. isht i högre stil äv. labour; möda toil; sysselsättning äv. employment; plats, isht vard. job; åliggande task; prestation äv. performance
ett ~ **a)** abstr. a piece of work, a job **b)** konkr.: isht konstnärligt el. litterärt a work; handarbete, slöjd o.d. a piece of work; *~t med (på)* huset the work on...; *ha ett fast ~* have a permanent job, be regularly employed; *att gräva diken är ett hårt (tungt) ~* digging ditches is hard work; *skriftliga ~n* written work sg.; *tillfälliga (smärre) ~n* odd jobs; *han har gjort ett utmärkt ~ (utmärkta ~n)* he has done an excellent piece of work (done excellent work); vard. he has done a good job [of work]; *lägga ned ~t* stop (cease) work; strejka go on strike, down tools; *lägga ner mycket ~ på...* take great pains over..., put in a great deal (lot) of work on...; *söka ~* look out (be on the lookout) for a job (for work); *sätta ngn i ~* få att arbeta put (set) a p. to work; *han har gått till ~t* he has gone off to [his] work; *beställningen (ordern) är under ~* the order is being executed; *huset är under ~* the house is under construction; *musik under ~t* music while you work; *gå (vara) utan ~* be out of work (a job), be jobless
arbetsam *adj* flitig hard-working, industrious; mödosam laborious
arbetsamhet *s* industriousness, industry, diligence
arbetsavtal *s* labour agreement (contract), contract of employment
arbetsbeskrivning *s* job description; föreskrifter working (operational) instructions pl.; instruktioner, bruksanvisning instructions pl.
arbetsbesparande *adj* labour-saving
arbetsbi *s* zool. worker [bee]
arbetsblus *s* smock, [workman's] blouse

arbetsbord *s* worktable, working-table; skrivbord [writing-]desk, writing-table
arbetsbrist *s* scarcity (shortage) of work
arbetsbänk *s* workbench; i t.ex. kök worktop
arbetsbörda *s* burden of work, workload; *hans ~* the [amount of] work he has to do
arbetsdag *s* working-day; vardag workday; *åtta timmars ~* eight-hour [working-]day; *kortare ~* a shorter working-day (amer. workday), shorter hours pl.
arbetsdelning *s* job sharing
arbetsdomstol *s* labour court; *Arbetsdomstolen* (förk. *AD*) the [Swedish] Labour Court
arbetsduglig *adj* ...capable of [doing] work, ...fit for work, able-bodied
arbetsfred *s* industrial peace
arbetsfri *adj*, *~ dag* non-working day, day free from work; *~ inkomst* unearned income
arbetsför *adj* ...fit for work, able-bodied; *den ~a befolkningen* the working population; *vara i ~ ålder* be of working age
arbetsfördelning *s*, *~en* the distribution of [the] work; ekon. [the] division of labour
arbetsförhållanden *s pl* working (labour) conditions
arbetsförmedling *s* employment office (agency); i Engl. äv. jobcentre
arbetsförmåga *s* working capacity, capacity for work
arbetsförtjänst *s* earnings pl.; *ersättning för förlorad ~* compensation for loss of earnings
arbetsgivaravgift *s* payroll tax
arbetsgivare *s* employer
arbetsgivarförening *s* employers' association; *Svenska Arbetsgivareföreningen* the Swedish Employers' Confederation
Arbetsgivarverket the National Agency for Government Employers
arbetsglädje *s* job satisfaction; *hans ~* the pleasure he takes in his work
arbetsgrupp *s* working team (party); kommitté working party
arbetsgång *s* uppläggning planning (organization) of the work, procedure; rutin routine
arbetshypotes *s* working hypothesis
arbetsinkomst *s*, *~/er/* income from work sg., wage earnings pl.
arbetsinsats *s* ansträngning effort; prestation performance
arbetsinställelse *s* stoppage (cessation) of work; strejk strike
arbetskamrat *s* fellow worker, workmate; kollega colleague
arbetskläder *s pl* working-clothes, work clothes sg.
arbetskonflikt *s* labour (industrial) dispute, industrial action
arbetskostnad *s* cost of labour

arbetskraft

arbetskraft *s* **1** folk labour, manpower **2** *en god* ~ a good worker
arbetslag *s* grupp working party, team [of workmen]; skift shift
arbetslagstiftning *s* labour legislation
arbetsledare *s* på fabrik o.d. foreman, works manager; övervakare supervisor; *han är en bra* ~ allm. he is a good organizer, he is good at organizing the work
arbetsliv *s* working life; *komma (gå) ut i ~et* go out to work
arbetslivserfarenhet *s* job (work) experience
arbetslivsorientering *s*, *praktisk* ~ (förk. *PRAO*) skol. practical occupational experience (guidance)
arbetslokal *s* workroom, workshop; fabrikslokal factory premises pl.
arbetslust *s*, *jag har ingen* ~ I don't feel like working, I'm not in the mood for work
arbetsläger *s* work camp; tvångs~ labour camp
arbetslös *adj* unemployed, jobless, ... out of work (employment, a job); *en* ~ subst. adj. a person who is out of work (unemployed); *de ~a* the unemployed
arbetslöshet *s* unemployment; *stor* ~ massive (large-scale) unemployment
arbetslöshetsersättning *s* unemployment benefit (amer. compensation); *få* ~ vard. be on the dole
arbetslöshetsförsäkring *s* unemployment insurance
arbetslöshetskassa *s* unemployment benefit fund (society)
arbetsmarknad *s* labour market
Arbetsmarknadsdepartementet the Ministry of Labour
arbetsmarknadsminister *s* Minister of Labour; motsv. i Storbr. Secretary of State for Employment
arbetsmarknadspolitik *s* labour-market (employment) policy
Arbetsmarknadsstyrelsen (förk. *AMS*) the Labour Market Board
arbetsmarknadsutbildning *s* (förk. *AMU*) vocational training courses pl. [for the unemployed and the handicapped]
arbetsmetod *s* method of working, working method
arbetsmiljö *s* working (work) environment
arbetsmiljölagen the Work Environment Act, i Storbr. the Health and Safety at Work Act
arbetsminne *s* data. working storage
arbetsmyra *s* worker [ant]; bildl. busy bee; *en* ~ äv. an eager beaver
arbetsmänniska *s* hard worker
arbetsnamn *s* på roman, film osv. under arbete working (provisional) title
arbetsnarkoman *s* vard. workaholic, work addict
arbetsnedläggelse *s* stoppage (cessation) of work; strejk strike

arbetsoförmögen *adj* incapacitated
arbetsordning *s* plan programme
arbetsplats *s* allm. place of work; bygg~ o.d. [working] site; kontor o.d. office, workroom
arbetsprojektor *s* overhead projector
arbetsro *s*, vi behöver ~ ...peace and quiet [so that we can work]
arbetsrock *s* [work] overall
arbetsrum *s* workroom; studierum study
arbetsrätt *s* jur. labour legislation
arbetsskada *s* occupational injury
arbetsskygg *adj* work-shy, lazy
arbetsstudieman *s* time and motion study man
arbetsstudier *s pl* time and motion study sg.
arbetsstyrka *s* labour (work) force, working staff; på fabrik o.d. number of hands
arbetssätt *s* way (method) of working
arbetssökande *adj* ...in search of work; *[de]* ~ subst. adj. those in search of (looking for) work, the applicants for a job (post)
arbetstagare *s* employee, worker
arbetstakt *s* working speed (pace)
arbetsterapeut *s* occupational therapist
arbetsterapi *s* occupational therapy
arbetstid *s* working hours pl., hours [of work] pl.; *efter ~en[s slut]* after working hours
arbetstidsförkortning *s* shorter [working] hours pl.
arbetstillfälle *s* vacant job, opening; *antalet ~n har ökat* the number of vacant jobs has risen
arbetstillstånd *s* labour (work) permit
arbetsuppgift *s* task, assignment
arbetsutskott *s* working (executive) committee
arbetsvecka *s* working week; amer. äv. work week
arbetsvillig *adj* ...willing (ready) to work
arbetsvillkor *s* working conditions pl.
arbetsvård *s* rehabilitation treatment
arbitrage *s* ekon., valuta~ foreign exchange dealings, arbitrage operations (båda pl.)
ardenner[häst] *s* Ardennes [horse]
Ardennerna *s pl* the Ardennes
area *s* area
areal *s* area; jordegendoms acreage
arena *s* arena äv. bildl.; idrotts~ [sports] ground; *den politiska ~n* äv. the political scene
arg *adj* **1** ond angry; vard. (isht amer.) mad; förargad äv. cross; ilsken, vard. el. om djur savage, wild; rasande furious; *bli ~ på ngt (ngn)* get angry (wild) at a th. (with a p.), get cross over a th. (with a p.) **2** *~a fiender* bitter enemies; *~a konkurrenter* fierce (stark. cut-throat) competitors
argbigga *s* shrew, vixen
Argentina the Argentine [Republic], Argentina
argentinare *s* Argentine, Argentinean; neds. Argie

argentinsk *adj* Argentine, Argentinean
argentinska *s* kvinna Argentine woman
argsint I *adj* ill-tempered, irascible **II** *adv* irascibly
argsinthet *s* irascibility, ill temper
argument *s* argument
argumentera *vb itr* argue [*för* in favour of]
argumentering *s* argumentation; argumenterande arguing
aria *s* mus. aria
arier *s* Aryan
arisk *adj* Aryan
aristokrat *s* aristocrat
aristokrati *s* aristocracy
aristokratisk *adj* aristocratic
aritmetik *s* arithmetic
aritmetisk *adj* arithmetic[al]
1 ark *s* ark; *förbundets* ~ the Ark of the Covenant; *Noaks* ~ Noah's Ark
2 ark *s* pappers~ el. typogr. sheet
arkad *s* arcade
arkadisk *adj* Arcadian
arkaiserande *adj* archaizing
arkaisk *adj* archaic
arkaism *s* archaism
arkebusera *vb tr* shoot, execute...by a firing squad
arkebusering *s* execution by a firing squad
arkeolog *s* archaeologist
arkeologi *s* archaeology
arkeologisk *adj* archaeological
arketyp *s* archetype
arketypisk *adj* archetypal
arkipelag *s* archipelago (pl. -s)
arkitekt *s* architect
arkitektbyrå *s* o. **arkitektkontor** *s* architect's office
arkitektonisk *adj* architectural, architectonic
arkitektur *s* [style of] architecture
arkiv *s* allm. archives pl., äv. lokal; dokumentsamling, arkivalier äv. records pl., files pl.; bild~, film~ library
arkivarbetare *s* ung. archive worker
arkivarie *s* archivist, keeper of the archives
arkivera *vb tr* file [away]
arkivexemplar *s* library (file) copy; lagstadgat deposit copy
Arktis the Arctic
arktisk *adj* Arctic
arla litt. **I** *adj* early; *i* ~ *morgonstund* early in the morning **II** *adv* early, betimes
1 arm *adj* stackars, fattig poor; usel wretched, miserable, unfortunate
2 arm *s* arm; av flod, ljusstake m.m. branch; *lagens* ~ the arm of the law; *ta ngn i* ~*en* take a p. by the arm; *[gå]* ~ *i* ~ [walk] arm-in-arm; *med* ~*arna i sidan* with [one's] arms akimbo; *med öppna* ~*ar* with open arms; *på rak* ~ bildl. offhand, straight off; *hålla ngn under* ~*en* have a p. on one's

arm; *ta ngn under* ~*en* hold (take) a p.'s arm
armada *s* armada äv. friare
armatur *s* belysnings~ electric fittings pl.
armband *s* bracelet; på t.ex. armbandsur strap
armbandsur *s* wristwatch
armbindel *s* armlet, armband
armborst *s* mil. el. hist. crossbow, arbalest
armbrott *s* fractured (broken) arm
armbrytning *s* arm-wrestling; amer. Indian wrestling
armbåga *vb rfl*, ~ *sig* elbow one's way (oneself) [*fram* along]
armbåge *s* elbow
armbågsled *s* elbow joint
armbågsrum *s* elbowroom
armé *s* army äv. bildl.
armékår *s* army corps
Armenien Armenia
armenier *s* Armenian
armenisk *adj* Armenian
armera *vb tr* **1** mil. arm **2** reinforce; ~*d betong* reinforced concrete; *en* ~*d kabel* an armoured cable
armering *s* **1** mil. armament **2** reinforcement; armour[ing]
arméstab *s* army staff
armgång *s* gymn. travelling on the [horizontal] bar
armhåla *s* armpit
armhävning *s* från golvet press-up, amer. push-up; från t.ex. trapets pull-up
armkrok *s*, *gå [i]* ~ walk arm-in-arm
armlängd *s* arm's length; *[på] en* ~*s avstånd* at arm's length
armod *s* poverty, destitution
armring *s* enklare bangle; finare bracelet
armstark *adj* ...strong in the arms, brawny-armed
armstyrka *s* strength of [one's] arm
armstöd *s* armrest
armsvett *s* perspiration of the armpit, body odour
armtag *s* brottn. arm lock; simn. stroke
armveck *s* bend (crook) of the arm
arom *s* aroma
aromatisk *adj* aromatic
aromglas *s* balloon [glass], snifter
aromsmör *s* kok. savoury butter
arrak *s* arrack
arrangemang *s* arrangement äv. mus.; ~*en* the organization sg.; *stå för* ~*en* be in charge
arrangera *vb tr* arrange äv. mus.; organisera organize
arrangör *s* arranger äv. mus.; organisatör organizer
arrendator *s* leaseholder, tenant [farmer]; isht jur. lessee
arrende *s* tenancy, leasehold; arrendering leasing; kontrakt lease; avgift rent

arrendegård

arrendegård *s* tenant farm (holding), leasehold property
arrendejord *s* leasehold land
arrendekontrakt *s* lease
arrendera *vb tr* lease, rent; **~ bort (ut)** lease [out]
arrest *s* custody, confinement; mil. arrest, detention; lokal cell, lock-up; mil. guardroom, guardhouse; **sitta (hålla) i ~** be (detain...) in custody; **sätta i ~** place...under arrest, lock...up
arrestant *s* person in custody (under arrest), prisoner
arrestera *vb tr* arrest, take...into custody (in charge), place (put)...under arrest; **hålla ~d** detain...in custody; **vara ~d** be under arrest
arrestering *s* arrest
arresteringsorder se *häktningsorder*
arrogans *s* arrogance, haughtiness
arrogant I *adj* arrogant, haughty **II** *adv* arrogantly, haughtily
arsenal *s* arsenal äv. bildl.; armoury
arsenik *s* kem. arsenic
arsenikförgiftning *s* arsenic poisoning
arsenikhaltig *adj* ...containing arsenic end. attr.; arsenical, arsenious
arsle *s* vulg. arse, amer. ass; skällsord arsehole, amer. asshole
art *s* slag kind, sort, description; vetensk. species (pl. lika); natur nature, character; **av en annan ~** typ äv. of a different type; **rik (fattig) på ~er** with many (few) species
arta *vb rfl,* **~ sig** shape; utvecklas turn out, develop; **det ~r sig till [att bli]** lovar it promises to be; hotar it threatens to be; ser ut att bli it looks like
artbestämning *s* determination of species
artefakt *s* artefact
artegen *adj* ...characteristic of the species
arteriell *adj* med. arterial
arterioskleros *s* med. arteriosclerosis
artfrämmande *adj* ...foreign to the species
artificiell *adj* artificial; falsk, fingerad äv. sham, false
artig *adj* polite; förekommande courteous; hövlig civil; uppmärksam attentive [*mot* i samtl. fall to]
artighet *s* (jfr *artig*) politeness, courtesy, civility; attention; **en ~** an act of politeness (courtesy); **~er** compliments; **av ~** out of politeness
artighetsbetygelse *s,* **under ~r** with an exchange of courtesies
artighetsvisit *s* courtesy call, formal visit
artikel *s* article äv. gram.; handelsvara äv. commodity, item
artikulation *s* fonet. el. mus. articulation
artikulera *vb tr* fonet. el. mus. articulate
artikulering *s* fonet. el. mus. articulation
artilleri *s* artillery; sjö. gunnery
artillerield *s* artillery fire, gunfire

artilleripjäs *s* gun, piece [of ordnance]
artillerist *s* artilleryman; gunner äv. sjö.
artist *s* artist; teat. el. friare vanl. artiste
artistisk *adj* artistic
artistnamn *s* stage name
artnamn *s* naturv. specific name, name of the (resp. a) species; gram. common noun
arton *räkn* eighteen; jfr *fem[ton]* o. sms.
artonde *räkn* eighteenth; jfr *femte*
artonhundratalet *s,* **på ~** in the nineteenth century
artrik *adj* ...with many species
artär *s* anat. artery
arv *s* inheritance äv. biol.; isht andligt heritage; legat legacy, bequest; **~ och miljö** biol. heredity and environment; **få ett litet ~** äv. come into (be left) a little money (property); **få i ~** inherit [*efter* from]; **gå i ~** a) om egendom be handed down, descend, be passed on b) vara ärftlig be hereditary
arvegods *s* jordegendom hereditary estate
arvfiende *s* hereditary foe (enemy); friare sworn enemy
arvfurste *s* hereditary prince
arving|e *s* heir; kvinnl. heiress; laglig heir-at-law (pl. heirs-at-law); **utan -ar** äv. ...without issue, heirless
arvlös *adj* disinherited; **göra ngn ~** disinherit a p., cut a p. out of one's will
arvode *s* remuneration [*åt, för* for]; läkares o.d. fee
arvord *s* språkv. native word
arvprins *s* hereditary prince
arvrike *s* hereditary kingdom
arvsanlag *s* allm. hereditary character (disposition); biol. gene
arvsanspråk *s* claim to an (resp. the) inheritance (om tronföljd o.d. the succession)
arvsberättigad *adj,* **vara ~** be entitled to [a share of] the inheritance; om tronföljd o.d. be in the line of succession
arvsfond *s,* **allmänna ~en** the [Swedish] State Inheritance Fund
arvskifte *s* distribution (division) of an (resp. the) estate
arvslott *s* part (share, portion) of an (resp. the) inheritance
arvsmassa *s* biol. gene pool, genetic make-up
arvsrätt *s* **1** right of inheritance; **ha ~** se [*vara*] *arvsberättigad* **2** lag law of inheritance
arvsskatt *s* inheritance tax, death duty
arvstvist *s* dispute about an (resp. the) inheritance; **ligga i ~ med...** contest an inheritance at law with...
arvsynd *s* original sin
arvtagare *s* heir; jur. heir male [*till* to], inheritor [*till* of]
arvtagerska *s* heiress; jur. heir female
arvtant *s* wealthy old aunt [from whom one expects a legacy]

1 as *s* **1** kadaver [animal] carcass, carrion; *leva på ~* feed on carrion **2** skällsord skunk, swine
2 as *s* mytol. As (pl. Æsir)
asaläran *s* mytol. the Æsir cult
asbest *s* asbestos
asbestos *s* med. asbestosis (end. sg.)
asch *interj* oh!, pooh!
aseptisk *adj* aseptic; *~t medel* aseptic
asfalt *s* asphalt
asfaltera *vb tr* asphalt
asfull *adj* vard. pissed, canned, dead drunk
asgam *s* Egyptian vulture
asiat *s* **1** pers. Asiatic, Asian **2** *~en* vard., influensa Asian flu
asiatisk *adj* Asiatic, Asian
Asien Asia; *Mindre ~* Asia Minor
1 ask *s* **1** träd ash [tree] **2** virke ash[wood]; *...av ~* äv. ash[wood]..., för sms. jfr *björk-*
2 ask *s* box; bleck~ tin[box]; *en ~ tändstickor* a box of matches; *en ~ cigaretter* a packet (isht amer. a pack) of cigarettes; *jag har det som i en liten ~* it's in the bag
aska I *s* ashes pl.; cigarr~ o.d. ash; *lägga...i ~* lay...in (reduce...to) ashes; *komma (råka) ur ~n i elden* jump (fall) out of the frying-pan into the fire **II** *vb tr* o. *vb itr*, *~ av* vid rökning knock the ash off
A-skatt *s* tax deducted from income at source
askblond *adj* ash-blond; om kvinna ash-blonde
askes *s* asceticism
asket *s* ascetic
asketisk *adj* ascetic
askfat *s* ashtray
askgrå *adj* ashen, ash-grey
askkopp *s* ashtray
askonsdag *s* **1** Ash Wednesday **2** i påskveckan, se *dymmelonsdag*
Askungen sagofigur Cinderella
askurna *s* cinerary urn
asocial *adj* asocial; mera allm. anti-social
1 asp *s* **1** träd aspen **2** virke aspen wood; *...av ~* äv. aspen[wood]..., för sms. jfr *björk-*
2 asp *s* fisk asp
aspekt *s* aspect äv. språkv. el. astron.
aspirant *s* sökande applicant [*till* for], candidate [*vid* for entrance el. admission to]; under utbildning learner, trainee, probationer
aspiration *s* aspiration äv. språkv.
aspirera I *vb tr* språkv. aspirate **II** *vb itr*, *~ på* aspire to, aim at; göra anspråk på pretend to
aspirin *s* farmakol. aspirin
asplöv *s* aspen leaf; *darra (skälva) som ett ~* tremble (quiver, shake) like a leaf
1 ass *s* assurerat brev insured letter; paket insured parcel
2 ass *s* mus. A flat
Ass-dur *s* mus. A flat major
assessor *s* vid domstol deputy judge
assiett *s* tallrik side (small) plate; maträtt hors-d'œuvre fr.
assimilation *s* assimilation äv. språkv.

assimilera *vb tr* assimilate äv. språkv.
assistans *s* assistance
assistent *s* allm. assistant; forskar~ demonstrator
assistera I *vb itr* assist [*vid* in], act as [an] assistant [*vid* at] **II** *vb tr* assist; *~ ngn* äv. go (come) to a p.'s assistance
association *s* idé~ el. sammanslutning association
associera I *vb tr* associate; *~ sig med...* associate with...; *~d medlem* associate member **II** *vb itr*, *~ till* komma att tänka på form associations with
assonans *s* metrik. assonance
assurans *s* insurance
assurera *vb tr* insure; sjö. underwrite; *~s för...* som påskrift to be insured for...
Assyrien Assyria
assyrier *s* Assyrian
assyrisk *adj* Assyrian
aster *s* bot. aster
asterisk *s* asterisk
astigmatisk *adj* astigmatic[al]
astma *s* asthma; *ha (lida av) ~* äv. be asthmatic
astmatiker *s* asthmatic
astmatisk *adj* asthmatic[al]
astrakan *s* **1** lammskinn astrakhan **2** äpple astrakhan apple
astralkropp *s* astron. astral body
astrolog *s* astrologer
astrologi *s* astrology
astrologisk *adj* astrological
astronaut *s* astronaut
astronom *s* astronomer
astronomi *s* astronomy
astronomisk *adj* astronomic[al] äv. bildl.; *~ navigering* sjö. el. flyg. astronavigation; *~a siffror (tal)* astronomical figures
asyl *s* asylum; fristad äv. sanctuary; *begära politisk ~* seek (ask for) political asylum
asylrätt *s* right of asylum
asylsökande *s* asylum seeker
asymmetrisk *adj* asymmetrical
atavism *s* atavism äv. biol.; reversion to type
atavistisk *adj* atavistic äv. biol.
ateism *s* atheism
ateist *s* atheist
ateistisk *adj* atheistic
ateljé *s* studio; sy~ o.d. workroom
Aten Athens
atenare *s* Athenian
atensk *adj* Athenian
Atlanten the Atlantic [Ocean]
atlantisk *adj* Atlantic
Atlantpakten atlantpaktsorganisationen the North Atlantic Treaty Organization (förk. NATO)
atlantångare *s* transatlantic liner
1 atlas *s* tyg satin
2 atlas *s* kartbok atlas [*över* of]

atlet *s* stark karl strong man
atletisk *adj* om kroppsbyggnad o.d. athletic; om pers. athletic-looking
AT-läkare *s* (förk. för *allmäntjänstgörande läkare*) house officer, houseman; amer. intern
atmosfär *s* atmosphere äv. bildl.; **~er absolut tryck** (förk. *ata*) absolute atmospheric pressure, pounds per square inch absolute; **~er övertryck** (förk. *atö*) atmosphere excess pressure
atmosfärisk *adj* atmospheric[al]; **~a störningar** radio. el. TV. atmospherics pl.
atoll *s* geogr. atoll
atom *s* atom, för sms. jfr äv. *kärn-*
atombomb *s* atom[ic] bomb
atomdriven *adj* nuclear-powered, atomic-powered
atomenergi *s* atomic (nuclear) energy
atomfysik *s* atomic (nuclear) physics sg.
atomkraft *s* nuclear (atomic) power
atomkrig *s* atomic (nuclear) war
atomkärna *s* nucleus of an (resp. the) atom, atomic nucleus
atomsopor *s pl* nuclear waste sg.
atomubåt *s* nuclear-powered submarine
atomvapen *s* atomic (nuclear) weapon
atomvikt *s* atomic weight
atomvärmeverk *s* nuclear heating plant
atomåldern *s* the Nuclear Age
atonal *adj* mus. atonal
ATP förk., se under *tilläggspension*
atriumhus *s* atrium (courtyard, patio) house
att I *infinitivmärke* **1** to; *det fanns ingenting för honom ~ göra* there was nothing for him to do; *det var ingenting ~ göra [åt det]* there was nothing to be done [about it]
2 utan motsvarighet i eng. (ren inf.), spec. efter vissa vb o. talesätt *det kom mig ~ tveka* it made me hesitate; *hellre än ~ göra det tog han...* rather (sooner) than do that he took...
3 *att* + inf. motsvaras av: **a)** ing-form, spec. efter prep. o. vissa vb, ibl. vid sidan av to + inf. (jfr ex.); *~ se är ~ tro* seeing is believing, to see is to believe; *~ skriva en bok är svårt* writing (the writing of, to write) a book is a difficult job; *undvika ~ göra ngt* avoid doing a th.; *boken är värd ~ läsa[s]* the book is worth reading; *efter ~ ha ätit frukost gick han* after having (having had) breakfast he went; *du kan lita på ~ jag gör det* you may depend (rely) on it that I will do it **b)** of (äv. andra prep.) + ing-form; *konsten ~ sjunga* the art of singing
II *konj* (se äv. *därför [att]* o. andra förbindelser) **1** that; *~ jag kunde vara så dum!* [to think] that I could be such a fool!; *han visste ~ jag var här* he knew [that] I was here
2 it (det faktum the fact) that; *frånsett ~ han...* disregarding (apart from) the fact that he...; *du kan lita på ~ jag gör det* you may depend (rely) on it that I will do it (on me to do it, on my doing it)
3 *att* + sats motsvaras av: **a)** inf.-konstruktion *jag bad honom ~ han skulle komma* I asked him to come; *vad vill du ~ jag ska göra?* what do you want me to do?
b) ing-konstruktion (isht efter prep.) *ursäkta ~ jag stör [Er]!* excuse my (vard. me) disturbing you!; *jag gjorde det utan ~ jag visste om det* I did it without knowing it
c) annan konstruktion *~ du inte skäms!* you ought to be ashamed of yourself!
attaché *s* attaché
attachéväska *s* attaché case
attack *s* attack [*mot, på* on]; jfr *anfall*
attackera *vb tr* attack; bildl. pester; antasta molest
attack[flyg]plan *s* fighter-bomber
attentat *s* attack [*mot* on]; mordförsök attempted assassination [*mot* of]; illdåd [attempted] outrage [*mot* against]; *göra ett ~ mot ngn* äv. make an attempt on a p.'s life
attentator *s* o. **attentatsman** *s* would-be assassin; perpetrator of the (resp. an) outrage; jfr *attentat*
attest *s* bemyndigande authorization; intyg certificate; *utfärda en ~* issue a certificate
attestera *vb tr* belopp authorize...for payment; handling certify, attest
attiralj *s*, *~[er]* utrustning equipment; don kit, tackle, gear (samtl. sg.); grejor paraphernalia pl.
attisk *adj* Attic; *~t salt* Attic salt (wit)
attityd *s* attitude mest bildl.; kroppsställning posture; pose pose
attitydförändring *s* change of attitude
attrahera *vb tr* attract; *verka ~nde* be attractive
attraktion *s* attraction
attraktionsförmåga *s* power of attraction, attractive force; bildl. attraction
attraktiv *adj* attractive
attrapp *s* dummy
attribut *s* attribute äv. gram.
attributiv *adj* gram. attributive
aubergine *s* bot. aubergine, egg plant
audiens *s* audience; *bevilja ngn ~* grant a p. an audience; *söka ~ hos ngn* seek an audience with a p.
audiovisuell se *audivisuell*
auditorium *s* åhörare audience
audivisuell *adj* audio-visual; *~a (AV-)hjälpmedel* el. *~t (AV-)material* audio-visual (AV) aids pl.
augusti *s* August (förk. Aug.); jfr *april* o. *femte*
auktion *s* sale [by auction], auction, public sale [*på* of]; *köpa ngt på ~* buy a th. at an auction; *sälja ngt på ~* sell a th. by auction; *böckerna har gått på ~* the books have been sold by auction

auktionera vb tr, ~ **bort** auction [off], dispose of (sell)...by auction
auktionsförrättare s auctioneer
auktionskammare s auctioneer's office; auktionslokal auction rooms pl.
auktor s author
auktorisera vb tr authorize, license; ~**d revisor** se revisor; ~**d översättning** authorized translation
auktoritativ adj authoritative; **på** ~**t håll** in authoritative circles
auktoritet s authority; **en av** ~**erna på området** one of the authorities in the field
auktoritetstro s belief in authority
auktoritär adj authoritarian
aula s assembly hall, [great] hall; i universitet lecture hall
au pair I adv au pair **II** s, **en** ~ an au pair [girl]
aura s aura (pl. äv. aurae) äv. med.
auskultant s skol., ung. student (trainee) teacher visiting classes
auskultation s **1** skol. visiting classes as a student (trainee) teacher, classroom observation [visit] **2** med. auscultation
auskultera vb tr o. vb itr **1** skol. ~ *[hos ngn]* visit [a p.'s] classes as a student (trainee) teacher **2** med. auscultate
auspicier s pl auspices
Australien Australia
australiensare s o. **australier** s Australian
australiensisk adj o. **australisk** adj Australian
autenticitet s authenticity, genuineness
autentisk adj authentic, genuine
autistisk adj psykol. autistic
autodidakt s autodidact, self-taught person
autogiro s autogiro (pl. -s), gyroplane
autograf s autograph
autografjägare s autograph hunter
autokratisk adj autocratic
automat s automatic machine; med myntinkast slot machine, vending machine; **lägga en krona i** ~**en** place...in the slot
automatgevär s automatic rifle
automatik s automatic system (function); tekn. automatic control devices pl.
automation s automation
automatisera vb tr automate, automatize
automatisering s automation, automatization
automatisk adj automatic
automatlåda s bil. automatic gearbox
automattelefon s dial (automatic) telephone
automatvapen s automatic weapon
automatväxel s bil. automatic gearchange; tele. automatic exchange
automobilklubb s automobile club
autonom adj autonomous
autopilot s autopilot
autoritär adj authoritarian
autostrada s autostrada, motorway
autotypi s typogr., konkr. half-tone block (cut)
av I prep **1** prep.-uttr. betecknar:

a) partitivförhållande b) ämnet o.d. c) div. andra betydelseförhållanden vanl. of **a) en del** ~ **tiden** part of the time; **hälften** ~ **arbetet** half the work; **i nio fall** ~ **tio** in nine cases out of ten **b) ett bord** ~ **ek** a table of oak, an oak table; **vad har det blivit** ~ **honom?** what has become of him? **c) ett tal** ~ **Palme** a speech of Palme's (jfr 2); ~ **god familj** of good family; **Ert brev** ~ **i går** your letter of yesterday['s date]; **kungen** ~ **Sverige** the King of Sweden; **intresserad** ~ interested in; **rädd (vidskeplig)** ~ **sig** [inclined to be] timid (superstitious)
2 prep.-uttr. är någon form av agent vanl. by; **huset är byggt** ~ **A.** the house was built by A.; **ett tal [hållet]** ~ **Palme** a speech made by Palme (jfr *1 c*); **det var snällt** ~ **dig** it's (resp. it was) kind of you
3 prep.-uttr. betecknar orsaken **a)** till en ofrivillig handling el. ett tillstånd with; ibl. for; **trädet är vitt** ~ **blommor** the tree is white with blossoms; **gråta** ~ **glädje** cry for joy; **utom sig** ~ **glädje** beside oneself with joy; **huttra** ~ **köld** shiver with cold **b)** till en mer el. mindre frivillig handling out of; **han gjorde det** ~ **nyfikenhet** he did it out of curiosity **c)** i vissa stående uttryck for; ibl. on; ~ **brist på** for want (lack) of; ~ **vissa orsaker** for certain reasons; ~ **princip** on principle
4 ~ **sig själv: han gjorde det** ~ **sig själv** he did it by himself (självmant of his own accord)
5 'genom' vanl. by; ~ **erfarenhet** by (from) experience; **jag gjorde det** ~ **misstag** I did it by (in) mistake
6 'från' **a)** allm. from; **inkomst** ~ **kapital** income [derived] from capital; **få (köpa, låna) ngt** ~ **ngn** get (buy, borrow) a th. from a p. **b)** 'bort (ned) från' off; **stiga** ~ **tåget** get off the train
II adv **1** beton. part. vid vb: **a)** 'bort[a]', 'i väg', 'ned [från]', 'åt sidan' m.m.: vanl. off; **borsta** ~ **smutsen** brush off the dirt; **ta** ~ **till höger** turn off to the right; **locket är** ~ the lid is off (not on) **b) klä** ~ ngn undress...; **lasta** ~ unload **c) borsta** ~ **en rock** brush [down] a coat, give a coat a brush; **damma** ~ **i ett rum** dust a room; **rita** ~ copy, make a drawing of; **skriva** ~ eg. transcribe, copy **d)** 'itu' in two; '[av]bruten' broken; **repet gick** *[mitt]* ~ the rope snapped in two
2 ~ **och an [på golvet]** to and fro [on the floor], up and down [the floor]; ~ **och till** då och då off and on
avancemang s promotion
avancera vb itr advance; i tjänst äv. rise, be promoted
avancerad adj advanced äv. i bet. 'vågad'
avans s hand. profit
avantgarde s bildl. avant-garde fr.
avantscen s forestage, proscenium

avart *s* försämrad form degenerate species (pl. lika); biform variety
avbalkning *s* partition; abstr. partitioning off
avbasning *s* stryk beating, drubbing
avbeställa *vb tr* cancel; **~ en biljett (ett hotellrum)** cancel a booking (reservation)
avbeställning *s* cancellation
avbetala se *betala [av]*
avbetalning *s* belopp instalment (amer. -ll-); system the hire-purchase (instalment) system (plan); skämts. the never-never system; **göra en ~** pay an instalment [*på* bilen on...; *på* 5000 kr of...]; **köpa (ta) på ~** purchase by instalments (on easy terms)
avbetalningskontrakt *s* hire-purchase contract (agreement)
avbetalningsköp *s* koll. hire-purchase; amer. installment buying; enstaka purchase on the instalment system
avbetalningsvillkor *s pl* hire-purchase terms; amer. installment terms
avbild *s* representation; **en trogen ~** a true copy; **sin fars ~** the very image of his (her osv.) father; Gud skapade människan **till sin ~** ...in His own image
avbilda *vb tr* reproduce, depict; rita draw; måla paint
avbildning *s* depiction, portrayal; konkr. reproduction, picture
avbitartång *s* cutting nippers (pliers) pl.
avblåsa se *blåsa [av]*
avbländare *s* bil dipswitch
avbländning *s* bil. [the] dimming (dipping) of the headlights; foto. stopping down the lens
avboka *vb tr* cancel
avbokning *s* cancellation
avbrott *s* **1** uppehåll: störning interruption; tillfälligt upphörande, kontinuitetsbrott break; paus pause; frivilligt uppehåll intermission; definitivt slut cessation, stoppage, discontinuance; **ett ~ i sändningen** TV. el. radio. a breakdown in transmission; **utan ~** without stopping (a break, any interruption, intermission), continuously **2** kontrast contrast [*mot* to]; **ett angenämt ~ i arbetet** mitt arbete a pleasant break from my work; **göra ~ mot** form a (be in) contrast to
avbryta I *vb tr* **1** se *bryta [av]* **2** göra avbrott i (slut på) break off; förorsaka [ett] avbrott i interrupt; störa break; plötsligt o. störande break in [up]on; elström, teleförbindelse o.d. cut off; resa break; vänskap, förbindelser o.d. sever; visit, samtal, ngns påpekanden, karriär cut short; avsiktligt upphöra med, t.ex. besök, utgivning discontinue; tillfälligt avbryta, t.ex. ett arbete leave off; t.v. inställa, t.ex. betalningar, fientligheter suspend; **~ ett havandeskap** terminate a pregnancy; **~ ngn** interrupt a p.; **...avbröt han** ...he put in (interposed) **II** *vb rfl*, **~ sig [i sitt tal]** break off, stop speaking
avbräck *s* motgång, bakslag setback; ekonomiskt [financial] loss; **lida ~** suffer a setback (a loss); **vålla...~** be detrimental to...
avbränna se *bränna [av]*
avbränning *s* omkostnad, förlust deduction [from profits]; **~ar** äv. incidental expenses, overheads; **förorsaka betydliga ~ar** äv. reduce the profits considerably
avbytarbänk *s*, **~en** the substitutes' (vard. subs') bench
avbytare *s* substitute, vard. sub båda äv. sport.; reserve, replacer; för chaufför driver's mate; vid tävlingar co-driver
avböja *vb tr* avvisa decline, refuse
avböjande I *adj*, **ett ~ svar** a refusal, a negative answer [*på* to] **II** *adv*, **svara ~** answer in the negative, jfr *avböja*
avbön *s* [humble] apology [*för* for]; **göra ~** äv. apologize
avbörda *vb rfl*, **~ sig** free (relieve) oneself of; **~ sig ansvaret** disclaim responsibility
avdankad *adj* avskedad discharged; uttjänt superannuated; **en ~ teori** a discarded theory
avdela *vb tr* **1** se *dela [av]* **2** mil. detach
avdelning *s* **1** avdelande dividing; [sub]division **2** i ämbetsverk department, division; i affär[shus] department; på sjukhus vanl. ward; del part; avsnitt, 'sida' i tidning section; i skåp compartment; mil. detachment, unit; **~ halt!** halt!
avdelningschef *s* i ämbetsverk head of a (resp. the) department (division); i varuhus o.d. departmental head (manager), manager of a (resp. the) department
avdelningsföreståndare *s* på sjukhus ward sister; amer. head nurse
avdelningskontor *s* branch [office]
avdelningsläkare *s* ward physician
avdelningsskärm *s* screen
avdelningssköterska *s* ward sister; amer. head nurse
avdrag *s* **1** allm. deduction; rabatt äv. reduction, discount; beviljat allowance, av skattemyndigheterna äv. relief; **göra [ett] ~** äv. vid deklaration make a deduction [*för* for]; **~ för kostnader för intäkternas förvärvande** deduction (deductions) for professional expenses; **yrka ~ med** visst belopp claim a deduction of... **2** typogr. impression, proof
avdragsgill *adj* [tax] deductible; **~t belopp** allowable deduction, permissible allowance
avdramatisera *vb tr* play down
avdrift *s* sjö. el. flyg. drift, leeway; mil., projektils deviation, deflection; **göra ~** drift, make leeway
avdukning *s* av bord clearing; av disk clearing away
avdunsta *vb itr* evaporate, vaporize
avdunstning *s* evaporation, vaporization
avdöm|a *vb tr* decide, determine; t.ex. rättsfall

judge, try, hear; **målet är -t** judgement has been passed on the case
avec *s*, **kaffe [med]** ~ coffee with brandy (cognac, liqueur)
avel *s* uppfödning breeding, rearing; fortplantning reproduction; ras stock, breed; avkomma progeny
avelsdjur *s* breeder, breeding animal; isht om häst stud; koll. breeding stock
avelsduglig *adj* ...fit for breeding purposes
avelshingst *s* studhorse, stallion
avelssto *s* brood-mare
avelstjur *s* bull [kept] for breeding
avenbok *s* bot. hornbeam
aveny *s* avenue
aversion *s* aversion [*mot* to]
avfall *s* **1** sopor: allm. refuse, rubbish, waste, waste products pl.; köks~ o.d. garbage; slakt. offal; *radioaktivt* ~ radioactive waste **2** övergivande falling away, backsliding; från parti o.d. defection, desertion
avfalla *vb itr* fall away; defect; turn deserter (renegade, från religion äv. apostate), apostatize
avfallen *adj* mager thin, worn; jfr vid. *falla [av]*
avfallshantering *s* waste disposal (management)
avfallskvarn *s* disposer, waste (garbage) disposer
avfallsprodukt *s* waste product
avfart *s* trafik. exit, turn-off
avfasning *s* bevelling
avfatta *vb tr* brev o.d. word, pen, skämts. indite; avtal draw up; regler frame; lagförslag draft; karta draw, make; *kort* ~*d* briefly worded, brief
avfattning *s* wording äv. i bet. ordalag
avflyta *vb itr* om sjö flow (drain) off (away)
avflytta *vb itr* move away
avflyttning *s* removal; **han är uppsagd till** ~ he has been given notice to quit
avflöde *s* outflow
avfolka *vb tr* depopulate
avfolkning *s* depopulation; **landsbygdens** ~ the depopulation of the countryside (drift to towns)
avfrosta *vb tr* defrost
avfrostning *s* defrosting
avfyra se *1 fyra [av]*
avfyrning *s* firing [off], letting off, discharge; av raket o.d. launching
avfyrningsramp *s* launching pad (platform)
avfälling *s* renegade; polit. defector; från religion apostate; vard. backslider
avfärd *s* departure, going away, starting, start
avfärda *vb tr* **1** klara av: ärende finish, get through, dispose of; fråga el. person dismiss, brush aside; ~ *ngn (ngt) kort* make short work of (deal summarily with) a p. (a th.); **jag låter mig inte ~s så (inte ~ mig så)** I

am not going to be put off like this **2** skicka dispatch, send off
avföda *s*, **huggormars** ~ bibl. generation of vipers
avföra *vb tr* **1** föra bort remove, carry...off **2** stryka, isht hand. cancel, cross out [*ur räkningen* in (from) the bill]; ~ *från dagordningen (från en förteckning)* remove from the agenda (a list); ~ *ngn ur rullorna* mil. remove a p. from the lists
avföring *s* med., abstr. evacuation [of the bowels], motion, defecation; exkrementer motions pl., excrement, faeces pl.; *ha* ~ pass a motion
avföringsmedel *s* laxative, aperient, purgative
avgas *s*, ~*er* exhaust [gas] sg., exhaust fumes
avgasa *vb tr* befria från giftgas decontaminate, degas
avgasrenare *s* bil. exhaust emission control device
avgasrening *s* bil. exhaust emission control
avgasrör *s* exhaust pipe
avgasventil *s* exhaust valve
avge *vb tr* **1** avsöndra emit, give off **2** ge, avlåta: allm., t.ex. svar give; löfte give, make; om sakkunnig, myndighet o.d.: inkomma med, t.ex. förslag bring in, anbud hand in; avkunna, t.ex. utslag award; ~ *en bekännelse* make a confession; ~ *utlåtande över* give (deliver, pronounce) an opinion on
avgift *s* allm. charge; t.ex. anmälnings~, inträdes~, parkerings~ fee; färd~, taxa fare; års~, medlems~ subscription; post~ postage; tull~ duty; hamn~, tonnage~ dues [*av (på, om)* 1000 kr i samtl. fall of...]; *extra* ~ extra (additional) charge (fee), surcharge; *för halv* ~ [at] half price (fare); *utan* ~ free of charge, without charge (fee); jfr *avgiftsfri*
avgifta *vb tr* detoxicate, detoxify
avgiftning *s* detoxication, detoxification
avgiftsbelagd *adj* ...subject (liable) to a charge (resp. to a fee, to duty, jfr *avgift*); ~ *bro* toll-bridge; ~ *väg* toll-road
avgiftsfri *adj* free, ...free of charge
avgiftsfritt *adv* free [of charge]; without [paying] a fee (resp. subscription, jfr *avgift*); tullfritt duty free
avgiva se *avge*
avgjord *adj* decided osv., jfr *avgöra*; tydlig[t märkbar] distinct; utpräglad, svuren äv. declared, pronounced, stark. definite; *en* ~ *förbättring* a marked (decided) improvement; *det är den* ~ *sak* it is a settled (an understood) thing; *ta [ngt] för avgjort* take [a th.] for granted
avgjort *adv* decidedly, distinctly, definitely
avgjutning *s* casting; konkr. cast
avglans *s* reflection
avgrund *s* **1** allm. abyss, precipice; klyfta chasm; svalg gulf samtl. äv. bildl. **stå vid ~ens**

avgrundsdjup

rand be on the edge of the precipice **2 ~en** helvetet the bottomless pit, hell
avgrundsdjup *adj* abysmal, unfathomable
avgränsa *vb tr* demarcate, delimit, mark off; *skarpt ~d* clearly-defined, well-defined
avgränsning *s* demarcation, delimitation, definition
avgud *s* idol, god båda äv. bildl.
avguda *vb tr* idolize, adore båda äv. bildl.
avgudabild *s* idol
avgudadyrkan *s* idolatry
avgudadyrkare *s* idolater
avgudatempel *s* temple of an idol; friare heathen temple
avgå *vb itr* **1** eg. **a)** om tåg etc. leave, start, depart; om fartyg äv. sail [*till* i samtl. fall for]; *~ från S.* leave S., depart osv. from S. **b)** avsändas, t.ex. om brev be sent off, be dispatched; *låta ~* send off, dispatch **2** bildl.: dra sig tillbaka retire, withdraw; ta avsked resign; *~ med pension* retire with (on) a pension; *~ med seger* come off (be) victorious, be the winner **3** förflyktigas evaporate, escape, vanish **4** med., om urin, exkrementer pass, be voided **5** hand., avdras be deducted; *50 kronor ~r för...* äv. less 50 kronor for...
avgående *adj* om fartyg, brev, regering outgoing; *~ tåg (flyg)* departing trains (flights), train (flight) departures
avgång *s* **1** eg. departure; fartygs äv. sailing [*till* for, to] **2** persons retirement [*från* from], resignation [*från* of]; *genom naturlig ~ av* arbetskraft through natural wastage **3** med. passage
avgångsbetyg *s* [school-]leaving certificate
avgångsbidrag *s* o. **avgångsersättning** *s* severance pay (payment, grant)
avgångsexamen *s* final (school-leaving) examination
avgångshall *s* t.ex. på flygplats departure hall (lounge)
avgångsklass *s* last class, top form
avgångssignal *s* järnv. departure signal
avgångstid *s* time (hour) of departure
avgångsvederlag *s* severance pay (payment, grant); vard., eng. golden handshake
avgöra (se äv. *avgjord*) *vb tr* allm. decide; slutgiltigt ordna äv. settle, conclude; vara avgörande för, bestämma äv. determine
avgörande I *adj* om t.ex. steg, seger, skede decisive; om t.ex. skäl conclusive; om fråga, punkt, prov crucial; *det ~ för mig var* what decided me was; *en fråga (sak) av ~ betydelse* a question (matter) of vital (decisive) importance; *~ faktor* determining factor; *den ~ rösten* the deciding (casting) vote **II** *s* deciding osv., jfr *avgöra;* beslut decision; fastställelse, lösning av t.ex. fråga settlement; *komma till ett ~* besluta reach

(arrive at) a decision; *i ~ts stund* at the crucial (critical) moment
avhandla *vb tr* o. *vb itr* utreda, behandla deal with, treat [of]
avhandling *s* skrift treatise; akademisk thes|is (pl. -es), dissertation; friare essay, paper [*över* i samtl. fall on]
avhjälpa *vb tr* t.ex. fel, missbruk, brist remedy, rectify; en skada repair; oförrätt redress; t.ex. nöd relieve; avlägsna, t.ex. svårighet remove
AV-hjälpmedel se under *audivisuell*
avhopp *s* polit. defection
avhoppare *s* polit. defector, person seeking political asylum; t.ex. från studier drop-out
avhysa *vb tr* evict, eject
avhysning *s* eviction, ejection
avhyvling *s* **1** planing off (down, smooth) **2** bildl. *ge ngn en ~* give a p. a dressing-down
avhålla I *vb tr* **1** hindra keep, stop, restrain, deter, prevent **2** möte, tävling, auktion hold, jfr *hålla II* **3 II** *vb rfl*, *~ sig från* refrain from; isht sprit äv. abstain from; undvika, t.ex. dåligt sällskap shun, avoid; jfr *[låta] bli [att]*
avhållen *adj* beloved, dear; cherished äv. om sak; allmänt omtyckt popular [*av* with; *bland* among]; *göra sig ~* endear oneself [*av, bland* to]
avhållsam *adj* i fråga om mat o. dryck etc. abstinent, abstemious; sexuellt continent
avhållsamhet *s* abstinence äv. helnykterhet; abstemiousness; sexuell continence
avhämta *vb tr* fetch, call for, collect; *[att] ~s* to be called for; *låta ~* send for, have...fetched (collected)
avhämtning *s* fetching osv., jfr *avhämta;* collection; *till ~* att avhämtas to be called for; att medtagas to take away
avhända *vb rfl*, *~ sig* deprive oneself of, part with, dispose of; *~ sig rätten till ngt* waive the right to a th.
avhängig *adj* dependent [*av* on]; *vara ~ av* äv. depend on
avhängighet *s* dependence
avhärdningsmedel *s* [water] softener
avhöra *vb tr* se *höra [av]*
avi *s* advice, notice, notification; *~ om försändelse* dispatch note
avig *adj* **1** eg. wrong; *två ~a* i stickbeskrivning two purl **2** tafatt awkward **3** vard., ovänligt stämd unfriendly
aviga *s* wrong side osv., jfr *avigsida*
avigsida *s* **1** eg. wrong side, reverse; tygs äv. seamy side **2** bildl.: allm. unpleasant side; nackdel disadvantage, drawback
avigt *adv* **1** ta på en strumpa *~* ...inside out; *sticka ~ och rätt* knit purl and plain **2** tafatt awkwardly
avindustrialisera *vb tr* deindustrialize
avisera *vb tr* announce, notify, advise; *~ sin*

ankomst announce (give notice of) one's arrival
avisering s announcement, advising, notification; avi advice
avisning s de-icing
avista *adv* bank. at sight, on demand
avistaväxel s bank. sight bill, bill payable at sight, sight draft
A-vitamin s vitamin A
avkall s, *ge (göra)* ~ *på* t.ex. rättigheter renounce; t.ex. krav waive; *ge (göra)* ~ *på kvaliteten* lower one's standards of quality
avkasta *vb tr* **1** ge i inkomst yield, bring in; om jord produce, bear **2** *bli ~d* be thrown off
avkastning s yield, proceeds pl.; årlig return[s pl.]; behållning äv. takings pl., earnings pl., receipts pl.; vinst profit; *ge god (dålig)* ~ yield a good (bad) return, be (not be) remunerative
avklädd *adj* undressed, stripped; jfr *klä [av]*
avklädning s undressing, stripping
avklädningshytt s vid strand bathing hut; inomhus cubicle
avkoda *vb tr* data. decode
avkodare s data. decoder
avkok s decoction [*på* of]
avkomling s descendant; child (pl. children) [*till* i båda fallen of]
avkomma s offspring, progeny; isht jur. issue
avkoppling s **1** tekn. uncoupling, disconnecting, disconnection **2** vila relaxation; i hårt arbete letup
avkyla se *korta [av]*
avkortning s **1** se *förkortning* **2** minskning, avdrag reduction, diminution; på lön o.d. cut
avkristna *vb tr* dechristianize, secularize
avkrok s out-of-the-way (remote) spot (corner)
avkräva *vb tr,* ~ *ngn ngt* demand a th. from a p., call upon a p. for (to give up) a th.
avkunna *vb tr* jur. ~ *dom* pronounce (pass) sentence, deliver judgement (jfr **3** *dom*)
avkyla se *kyla [av]*
avkylning s cooling; tekn. refrigeration; *ställa till* ~ allow to cool, put in a cold place
avkönad *adj* emasculated äv. bildl.
avla *vb tr* beget; bildl. breed, engender; ~ *barn* get (högtidl. beget) children
avlagd *adj* **1** ~*a kläder* cast-offs, cast-off (discarded) clothes (clothing), jfr äv. *lägga [av]* **2** om bekännelse m.m., se *avlägga* 1
avlagra I *vb tr* deposit **II** *vb rfl,* ~ *sig* se *lagra II*
avlagring s abstr. stratification; konkr. deposit; geol. strat|um (pl. -a)
avlasta *vb tr* **1** bildl., minska belastningen på relieve the pressure on; se vid. *lasta [av]* **2** hand., avsända ship
avlastning s **1** urlastning unloading, discharge **2** hand., avsändning shipment **3** bildl. relief
avlat s hist. indulgence
avlatsbrev s hist. letter of indulgence

avleda *vb tr* **1** leda bort, t.ex. misstankar, uppmärksamhet divert; vatten äv. draw (drain) off; elektricitet äv. conduct...away **2** gram. derive; ~*s (vara avledd) från* derive (be derived) from
avledare s diversion, distraction; tekn. conductor
avledning s gram. derivation; konkr. derivative
avledningsändelse s gram. derivative ending (suffix)
avlelse s relig. conception; *den obefläckade ~n* the Immaculate Conception
avleverera *vb tr* deliver [up (over)], hand over
avlida *vb itr* die, pass away
avliden *adj* deceased; *den avlidne* the deceased; *den nyligen avlidne A.* A., recently deceased; *de avlidna* the deceased persons; i allm. bet. the dead
avliva *vb tr* put...to death; sjuka djur destroy, put down; lögn, rykte o.d. (vard.) scotch, put an end to
avljud s fonet. [vowel] gradation, ablaut ty.
avlocka *vb tr,* ~ *ngn en bekännelse* draw...from a p.; en hemlighet worm...out of a p.; skratt draw...out of a p.; svar, upplysningar elicit...from a p.; löfte, pengar extract...from a p.; med smicker ~ *ngn pengar* wheedle money out of a p.
avlopp s abstr. drainage; utlopp outlet; geogr. outfall; konkr. drain; t.ex. i badkar o. handfat plughole
avloppsdike s drainage ditch
avloppsledning s kloak sewer
avloppsrör s sewage pipe; ledning sewer
avloppssystem s sewage [disposal] system, sewerage
avloppstrumma s ledning, kloak sewer; dräneringsrör drain
avloppsvatten s sewage; hushållsspillvatten soil water; industriellt waste water
avloppsventil s tekn. escape (exhaust) valve
avlossa *vb tr* avskjuta fire [off], discharge
avlusa *vb tr* delouse
avlysa *vb tr* ställa in, t.ex. fest call off, cancel
avlyssna *vb tr* höra på listen to; i radio listen [in] to; ofrivilligt overhear; avsiktligt listen in to; t.ex. radiomeddelande monitor; ~ *ett meddelande* i spanings- el. spioneringssyfte intercept a message; ~ *ett telefonsamtal* tap a telephone conversation; *rummet var ~t* med mikrofoner the room had been bugged
avlyssning s listening in to, overhearing; monitoring, interception; med mikrofoner bugging, jfr *avlyssna*
avlång *adj* om fyrkantiga föremål oblong, rectangular; oval oval, elliptical
avlägga *vb tr* **1** avge, göra, fullgöra: bekännelse make; högtidligt löfte äv. register, take; ed äv. swear; vittnesmål give; ~ *besök hos ngn* pay a p. a visit (call), call [up]on a p.; ~ *examen* pass (get through) an (one's) examination;

avläggare 32

akademisk take a [university] degree, graduate; ~ *rapport om* report (give a report) on; ~ *räkenskap för* render an account of **2** se *lägga [av]*
avläggare *s* bot. layer, slip; bildl. offshoot, scion; *en* ~ *till* om dotterbolag a subsidiary of
avlägsen *adj* isht om uppgivet avstånd distant äv. bildl.; äv. avsides belägen remote, out-of-the-way; ytterst långt bort belägen far-off, far-away; *i en* ~ *framtid* in the distant (remote) future; *en* ~ *släkting* a distant relative
avläget *adv* distantly, remotely, jfr *avlägsen;* ~ *liggande* remotely situated, remote, out-of-the-way, far-off
avlägsna I *vb tr* remove; avskeda äv. dismiss; avvärja äv. avert; göra främmande estrange; utesluta, t.ex. tanke banish, exclude **II** *vb rfl*, ~ *sig* go away, leave; dra sig tillbaka withdraw, retire; isht synbart recede; ~ *sig från platsen* leave the spot
avlämna *vb tr* lämna in, t.ex. rapport hand in, present; se f.ö. *lämna [av]*
avlämnande *s* o. **avlämning** *s* delivering osv., jfr *lämna [av];* delivery; av t.ex. rapport handing in; *mot* ~ *av* on delivery (presentation) of
avläsa *vb tr* mätare o.d. read [off]; ~ *ngt i ngns ansikte* read a th. in a p.'s face
avläsning *s* av mätare o.d. reading [off]; ~ *av läpparna* reading lips, lip-reading
avlöna *vb tr* pay; ämbetsman äv. salary
avlönad *adj* salaried; *en väl* ~ *syssla* a well paid (remunerative) position (job)
avlöning *s* allm. el. isht mil. el. sjö. pay; ämbetsmans månadslön salary; isht prästs stipend; kroppsarbetares el. tjänstefolks veckolön wages pl.
avlöningsdag *s* payday
avlöningskuvert *s* pay packet
avlöpa *vb itr* försiggå pass off; sluta end; utfalla turn out; ~ *väl (illa)* pass (go) off well (badly); *allt avlöpte lyckligt* everything went off (turned out) well, all went [off] well, it all ended happily; *hur avlöpte tvisten?* äv. what was the outcome of the dispute?
avlösa *vb tr* **1** vakt, i arbete relieve, take over from; följa på succeed; ersätta replace, succeed; utträngia supersede **2** teol. absolve [*från* from]
avlösare *s* mil. relief; efterträdare successor
avlösning *s* **1** relieving osv., jfr *avlösa 1;* mil. relief äv. konkr. **2** teol. absolution
avlöva *vb tr* strip...of [its resp. their] leaves, defoliate
avlövning *s* defoliation
avmagnetisera *vb tr* demagnetize; fartyg degauss
avmagring *s* growing thin; viktförlust loss of weight, emaciation
avmagringsmedel *s* reducing (slimming) preparation (medicine); metod method of slimming
avmarsch *s* marching (march) off; friare start, departure
1 avmaskning *s* med. deworming
2 avmaskning *s* i stickning casting off
avmasta *vb tr* sjö. dismast
avmatta *vb tr* o. *vb itr* se **2** *matta [av]*
avmattning *s* flagging; t.ex. på börsen äv. weakening [trend]
avmåla *vb tr* se *måla [av]*
avmätt *adj* measured; försiktig deliberate; om hållning, ton äv. reserved, guarded
avmönstra se *mönstra [av]*
avmönstring *s* sjö. paying-off etc., jfr *mönstra [av]*
avnjuta *vb tr* enjoy
avnämare *s* köpare buyer, purchaser; konsument consumer; mottagare, äv. om t.ex. arbetsgivare receiver
avog *adj*, *vara* ~ *mot* a) ngn be unfavourably disposed towards..., have an aversion to (a prejudice against)... b) ngt äv. be averse to...
avoghet *s* averseness [*mot* to]; aversion [*mot* to, from]; antipathy [*mot* to, against]
avogt *adv* unkindly; ~ *sinnad (stämd)* se *avog*
avokado *s* avocado [pear]
avpassa *vb tr* fit, match, adapt, adjust, suit [*efter* to]; ~ *längden efter höjden* proportion the length to the height; *väl* ~ *tiden för besöket* choose the right time (moment) for one's visit, time one's visit well (just right)
avpatrullera *vb tr* patrol
avpolitisera *vb tr* depoliticize, make...non-political (unpolitical)
avpollettera se *avskeda*
avpressa se *pressa [av]*
avprickad *adj*, *bli ~d* be ticked (checked) off
avprova se *prova [av]*
avprovning *s* testing osv., jfr *prova [av]*
avreagera *vb rfl* psykol. ~ *sig* relieve (give vent to) one's feelings, work off one's anger (annoyance); vard. let off steam; ~ *sig på ngn* take it out on a p.
avreda *vb tr* kok. thicken; *avredd soppa* äv. thick soup
avredning *s* thickening äv. konkr.
avregistrera *vb tr* cross...off a (resp. the) register; bil. deregister
avregistrering *s* crossing off a (resp. the) register; bil. deregistration
avreglera *vb tr* deregulate
avreglering *s* deregulation
avresa I *vb itr* depart, start, leave, set off (out) [*till* for] **II** *s* departure, leaving, going away
avresedag *s* day of departure
avrinning *s* flowing off osv., jfr *rinna [av];* konkr. outflow [of water], run off, drainage
avrivning *s*, *en kall* ~ a cold rubdown, sponging with cold water

avrop *s* hand. suborder, specification; *på* ~ on (at) call
avrunda *vb tr* round off; *~d summa, siffra* round...
avrundning *s* **1** avrundande, avslutande rounding-off; *som ~ på kvällen* to round off the evening **2** avrundad del rounded[-off] part
avrusta *vb tr* disarm
avrustning *s* disarmament
avråda *vb tr,* ~ *ngn från att gå* advise (warn) a p. against going (a p. not to go), dissuade a p. from going
avrådan *s* dissuasion; *mot min* ~ against my advice [to the contrary]
avräkna se *räkna [av]*
avräkning *s* **1** avdrag deduction, reduction, allowance **2** hand., avslutning settlement [of accounts]; *i ~ mot* in settlement (adjustment) of; *göra (hålla)* ~ *med ngn* äv. bildl. settle up (get even, square accounts) with a p.
avrätta *vb tr* execute, put...to death [*genom* by]; bildl. assassinate
avrättning *s* execution; bildl. assassination
avsaknad *s* loss, want; saknad regret; *vara i* ~ *av* be without, lack; *utan* ~ without any [feelings of] regret
avsalta *vb tr* desalinate, desalinize, desalt
avsaltning *s* desalination, desalinization, desalting
avsalu *s, till* ~ for (on, up for) sale
avsats *s* på mur, klippa ledge, shelf (pl. shelves); i trappa landing; terrass platform; geogr. terrace; större plateau (pl. äv. -x)
avse *vb tr* **1** ha avseende på, syfta på bear upon, concern, have (bear) reference to, refer to **2** ha i sikte, åsyfta have...in view, aim at, be directed towards; *det resultat som ~s* the result contemplated (intended) **3** vara avsedd be intended (designed) **4** ha för avsikt, ämna mean, intend, have in mind (in view)
avsedd *adj* intended, designed [*för* for]
avseende *s* **1** syftning reference; *ha* ~ *på* have (bear) reference to, relate (refer) to; jfr *avse* **2** hänsyn, hänseende respect, regard; beaktande o.d. consideration; *fästa* ~ *vid* take notice of, take...into account, pay heed (attention) to; attach importance to; *inte fästa* ~ *vid* pay no regard to, not mind about; *i detta* ~ in this respect; *i alla ~n* in all respects, in every respect (way); *med* ~ *på* with respect to, in respect of (to), with (in) regard to; as regards, respecting, regarding, concerning; in point of; *utan* ~ *på person* without respect of persons; *lämna ngt utan* ~ leave a th. out of account, not take a th. into consideration, disregard a th.
avsegla *vb itr* set sail, sail [*till* for]; put to sea; ~ *från (till) Malmö* leave Malmö (leave for Malmö)
avsevärd *adj* considerable; appreciable; ~ *förbättring* äv. decided improvement; *en* ~ *rabatt* a substantial discount (rebate)
avsides I *adv* aside; *ligga* ~ lie apart; ~ *liggande (belägen)* secluded, remote, out-of-the-way **II** *adj* distant, remote
avsigkommen *adj* broken-down; *se* ~ *ut* äv. look shabby (seedy, out-at-elbows), be shabby-looking
avsikt *s* allm. intention; syfte, ändamål purpose, aim; mål äv. object; slutmål end; plan, uppsåt design [*mot* on]; motiv motive; jur., ofta intent; *ha för* ~ *att gå* have the intention of going, intend (mean, propose) to go; *i* ~ *att gå* for the purpose (with the intention) of going, with a view to going; *i bästa* ~ with the best possible intentions; *jag gjorde det i bästa* ~ I did it for the best; *med* ~ on purpose, deliberately, intentionally; *med* ~ *att döda* with intent to kill
avsiktlig *adj* intentional; överlagd äv. deliberate
avsiktligen *adv* o. **avsiktligt** *adv* intentionally osv., jfr *avsiktlig;* purposely, on purpose, by design, designedly
avskaffa *vb tr* abolish, do away with, get rid of; missbruk put an end to; upphäva, t.ex. lag repeal, abrogate
avskaffande *s* abolishing, doing away with osv.; abolition; repeal, abrogation; *slaveriets* ~ the abolition of slavery
avsked *s* **1** ur tjänst dismissal, discharge; [anmälan om] tillbakaträdande resignation, retirement; *anhålla om (begära)* ~ hand (give in, send in, tender) one's resignation, give in one's notice; *bevilja* ~ allow (grant permission) to resign; *få* ~ bli avskedad be dismissed (discharged) **2** farväl leave-taking; i högre stil farewell; uppbrott parting; *ta* ~ say goodbye (i högre stil farewell) [*av* to]; take leave [*av* of]; räcka fram handen (buga sig) *till* ~ ...in farewell; *vid ~et* on parting
avskeda *vb tr* dismiss, discharge; vard. fire, give...the sack, sack; göra sig av med äv. get rid of
avskedande *s* dismissal, discharge
avskedsansökan *s* resignation; *lämna in sin* ~ se *anhålla om avsked* under *avsked*
avskedsbesök *s,* komma *på* ~ ...to pay a farewell visit (call)
avskedsfest *s* farewell party, send-off
avskedshälsning *s* farewell greeting (gåva token)
avskedskyss *s* parting kiss
avskedsord *s* parting word
avskedstal *s* farewell (valedictory) address (speech)
avskedsvisit se *avskedsbesök*
avskeppa *vb tr* ship [off]
avskild *adj* secluded; isolerad isolated; *leva* ~ *från...* live apart from...; *leva* ~ *från världen* live a secluded (retired) life

avskildhet *s* retirement, seclusion; isolering isolation
avskilja *vb tr* separate; lösgöra detach; hugga av sever; t.ex. rum partition [off]; avsöndra, t.ex. jord partition, parcel off; avgränsa delimit; isolera segregate; **~s** äv. be kept separate
avskjutning *s* **1** av raket o.d. launching; jfr vid. *skjuta [av]* **2** jakt. shooting [in order to reduce the numbers]
avskjutningsramp *s* för raketer launching pad (platform)
avskrankning *s* partition; rum äv. compartment, box, cubicle; för den anklagade dock
avskrap *s* avfall scrapings pl., refuse; bildl.: slödder, avskum dregs pl., scum
avskrift *s* copy; isht jur. transcript; jur. äv. exemplification; ***bevittnad*** ~ attested (certified) copy
avskriva *vb tr* **1** ekon., förlust write off, cancel **2** jur. ~ ***ett mål*** remove a cause from the cause list **3** ***rätt avskrivet intygas [av]*** true copy, true (correct) copy certified by; se vid. *skriva [av]*
avskrivning *s* **1** ekon. writing off; enskild post sum (amount, item) written off; för värdeminskning depreciation; ***vara på*** ~ komma ur bruk fall (go, pass) out of use **2** jur. removal from the cause list **3** avskrivande transcription, copying, jfr *skriva [av]*
avskräcka *vb tr* deter, put off [*från att gå* from going], scare; svag. dishearten, discourge; ***regnet avskräckte många*** äv. the rain kept many away; ***han låter sig inte ~s*** he is not to be intimidated
avskräckande I *adj* om t. ex. verkan deterrent; om t. ex. straff exemplary; frånstötande repellent, repulsive; ***som*** ~ ***exempel*** as a terrible warning **II** *adv*, ~ ***ful*** repellent, forbiddingly ugly; ***verka*** ~ act as a deterrent, have a deterrent effect
avskräde *s* refuse; efter slakt o.d. offal; friare rubbish
avskrädeshög *s* rubbish-heap; soptipp dump
avskum *s* bildl. scoundrel; koll. scum
avsky I *vb tr* loathe, detest, abhor, abominate **II** *s* loathing [*för* for], detestation, abhorrence [*för* of]; vedervilja disgust [*för* at]; [ngns] fasa abomination, horror; ***känna*** ~ ***för*** feel a loathing for, loathe etc., jfr *I*; ***väcka*** ~ ***hos ngn för ngt*** fill a p. with loathing for a th.; vända sig bort *i* ~ ...in disgust
avskyvärd *adj* abominable, execrable, detestable, loathsome; om brott el. förbrytare heinous
avskära *vb tr* cut off; ~ ***återtåget för fienden*** äv. intercept the enemy's retreat
avskärma *vb tr* screen [off], shield; **~d kabel** screened cable
avsköljning *s* rinsing osv., jfr *skölja [av]*; rinse, swill

avslag *s* **1** på förslag rejection [*på* of], rebuff; avvisande svar refusal; ***få*** ~ have one's application turned down; ***yrka*** ~ ***[på förslaget]*** move the rejection of the proposal **2** vard. ~ ***på priset*** reduction of the price **3** med., flytning discharge
avslagen *adj* om dryck flat, stale
avslappnad *adj* relaxed
avslappning *s* relaxation, slackening
avslappningsövning *s* relaxation exercise
avslipning *s* grinding osv., jfr *slipa [av]*; ***en sista*** ~ a finishing touch, a final polish
avslut *s* ekon., köpeavtal contract, bargain, isht om aktier sale, deal; bokslut balancing [of one's books]
avsluta *vb tr* **1** slutföra, fullborda finish [off], complete, finalize; ge...en avslutning äv. conclude, bring...to a close (an end); göra slut på end, terminate, close; bilda avslutning på finish (end) off, terminate; ~**s** äv. conclude, come to an end; ***den ~nde debatten*** the concluding debate; ***den ~nde tävlingen*** the closing competition **2** göra upp, t. ex. köp, fördrag, fred conclude; avtal enter into; affär äv. close; räkenskaper close, balance
avslutad *adj* finished osv., jfr *avsluta;* done, over; ***förklara sammanträdet avslutat*** declare the meeting closed; ***efter ~e studier reste han...*** on completing his studies he went...
avslutning *s* **1** avslutande finishing off, completion; av köp o.d. concluding, conclusion; sport. finishing **2** avslutande del conclusion, finish; slut end, termination; skol~ breaking-up; ceremoni ung. prize-giving; ***skol~en äger rum 6 juni*** school breaks up on June 6th
avslutningsvis *adv* in (by way of) conclusion, to conclude
avslå *vb tr* vägra att anta, t.ex. begäran, förslag refuse, decline; lagförslag o.d. reject; ibl. defeat; ***han fick sin begäran avslagen*** his request was rejected (turned down)
avslöja I *vb tr* bildl. expose, unmask, show up; vard. debunk; yppa disclose, reveal, uncover **II** *vb rfl*, ~ ***sig [som]*** reveal oneself [as]
avslöjande *s* bildl., det att avslöja exposure, unmasking, showing up; yppande disclosing, revelation; ***många ~n*** many disclosures (revelations)
avsmak *s* dislike; distaste [*för* for]; stark. aversion [*för* to]; disgust [*för* with]; ***få*** ~ ***för*** take a dislike to; ***känna*** ~ feel disgusted; ***väcka (inge)*** ~ arouse (call forth) disgust [*hos* in]
avsmaka *vb tr* taste; prova sample
avsmakning *s* tasting; provning sampling
avsmalna se *smalna [av]*
avsminkning *s*, ~**en** tog tid the removal of the (my etc.) make-up...
avsnitt *s* sector äv. mil.; av bok o.d. part,

portion, passage, section; av t.ex. följetong instalment (amer. -ll-); av t.ex. TV-serie episode; tids~ period
avsnoppning *s* o. **avsnäsning** *s* snubbing; *en ~* a snub (rebuff)
avsomna *vb itr* dö depart this life, pass away; *~d* bildl., om t.ex. teori defunct
avspark *s* sport. kick-off
avspegla I *vb tr* reflect, mirror **II** *vb rfl*, *~ sig* be reflected (mirrored)
avspegling *s* reflection
avspelningshuvud *s* på bandspelare playback head
avspisa *vb tr* put...off; vard. fob...off
avspänd *adj* bildl. relaxed
avspänning *s* **1** avslappning relaxation **2** polit. détente fr.; easing (relaxation) of tension
avspärra se *spärra [av]*
avspärrning *s* avspärrande blocking osv., jfr *spärra [av]*; avspärrat område roped-off area; spärr barrier; polis~ cordon; blockad blockade
avstamp *s* sport. takeoff; bildl. start, starting-point
avstanna *vb itr* stop, cease osv., se *stanna [av]*
avstava *vb tr* divide
avstavning *s* division
avsteg *s* departure; från t.ex. regel deviation; från t. ex. det rätta lapse
avstickare *s* utflykt detour; från ämnet digression; *göra en ~ till...* make a little detour to (run round by)...
avstigning *s* trafik. alighting, getting off (out); *endast ~* alighting only
avstjälpning *s* tipping osv., jfr *stjälpa [av]*
avstjälpningsplats *s* tip, dump
avstressad *adj* relaxed
avstycka *vb tr* tomt divide, parcel out
avstyckning *s* av tomt division, parcelling out
avstyra *vb tr* förhindra, förebygga prevent; t.ex. olycka avert, ward off; t.ex. planer put a stop to
avstyrka *vb tr*, *~ ngt* [strongly] object to (oppose) a th., recommend the rejection of a th.; *avstyrkes* authority withheld, sanction (application) refused
avstyrkande *s*, *~ av* ett förslag o.d. objection to..., rejection of...
avstå I *vb itr*, *~ från* allm. give up *[att gå* going]; uppge abandon, relinquish; försaka forgo, deny oneself; avsäga sig renounce; isht jur. waive; låta bli refrain (desist) from; undvara dispense with, do without; *~ från att rösta* abstain from voting; *jag ~r* i tävling I withdraw (retire); *jag måste tyvärr ~ [från att komma]* I'm afraid I can't [come] **II** *vb tr* lämna, överlåta give up, hand over; relinquish; surrender, cede
avstånd *s* allm. distance; mellanrum space (interval) [between]; vid målskjutning el. för radar range; *hålla rätt ~* keep the right distance; *ta ~ från* allm. dissociate oneself from; avvisa repudiate; frisäga sig från disclaim;

ogilla take exception to; *på ~* at a distance; i fjärran in the distance; från långt håll from a distance; *på ett ~ av...* at (resp. from) a distance of...; *hålla ngn på ~* keep a p. at a distance; *hålla sig på ~* keep at a distance (aloof, away) samtl. äv. bildl.; *håll dig på ~!* keep your distance!
avståndsbedömning *s* judgement (estimate) of distance
avståndsmätare *s* foto. el. mil. rangefinder; tekn. telemeter
avståndstagande *s* dissociation [*från* from], repudiation [*från* of]
avställa *vb tr* se *ställa [av]*
avställning *s* av bil temporary deregistration, av reaktor o.d. shutdown
avstämpla *vb tr* stamp; brev o.d. postmark; biljett äv. ibl. punch
avstämpling *s* stamping osv., jfr *avstämpla;* ekon. subscription right
avstämplingsdag *s* post. date of postmark; järnv. o.d. day of issue
avstänga *vb tr* allm. shut off, se vid. *stänga [av]*
avstängd *adj* **1** sport., om spelare barred **2** från tjänst suspended; omadvokat disbarred
avstängdhet *s* isolation, seclusion
avstängning *s* allm. shutting off osv., jfr *stänga [av];* från tjänst el. sport. suspension; inhägnad enclosure
avstörning *s* radio. noise suppression, [the] suppression of noise (interference)
avstöta *vb tr* med., vid transplantation reject
avstötning *s* med., vid transplantation rejection
avsutten *adj* dismounted
avsvimmad *adj* unconscious; *falla ~ till marken* fall fainting to the ground
avsvär[j]a *vb tr* o. *rfl*, *~ sig* t.ex. tro abjure, forswear; t.ex. ovana renounce
avsyna *vb tr* inspect [and certify]
avsyning *s* official inspection
avsågad *adj* eg. sawn-off; bildl. *bli ~* avstängd be cut off, nedgjord be pulled to pieces
avsågning *s* vard.: avsked sacking, firing; besegrande licking, beating
avsäga I *vb tr* jur., se *avkunna* **II** *vb rfl*, *~ sig* t.ex. befattning, uppdrag resign, give up; avböja decline; t.ex. ansvar disclaim; t.ex. anspråk relinquish; *~ sig kronan (tronen)* abdicate
avsägelse *s* resignation; relinquishment, renunciation; jfr *avsäga II;* tron~ abdication
avsändare *s* pers. sender; hand., av gods consignor, forwarder, shipper; av postanvisning remitter; på brevs baksida (förk. *avs.*) from, sender
avsändning *s* dispatch, shipment; av postanvisning remittance
avsätta I *vb tr* **1** ämbetsman remove [...from office], dismiss; kung dethrone; regent depose **2** avyttra sell, dispose of **3** kem. el. tekn. precipitate; deposit **4** *~ märken (spår)* leave marks (traces) **5** matem., t.ex. sträcka set

avsättbar

off 6 se *sätta [av]* **II** *vb rfl*, *~ sig* be deposited osv. (jfr *I 3-4*); kem. el. tekn. äv. form as a deposit, settle
avsättbar *adj* o. **avsättlig** *adj* **1** om pers. dismissible, removable **2** hand. marketable, sal[e]able
avsättning *s* **1** ämbetsmans removal [from office]; kungs dethronement; regents deposition **2** av varor sale, marketing; *finna ~ för* find a market (an outlet) for, dispose of; *ha god ~* sell well **3** av pengar provision, allocation, appropriation
avsättningsområde *s* hand. market (trading) area, market, outlet
avsöka *vb tr* TV. search, scan äv. radar.
avsökning *s* TV. searching, scanning äv. radar.
avsöndra *vb tr* avskilja separate, sever, detach; jordstycke äv. partition, parcel off; fysiol., t.ex. vätska secrete; kem. el. geol. segregate
avsöndras *vb itr dep* separate off; be secreted (segregated, isolated); jfr *avsöndra*
avsöndring *s* avsöndrande separating osv., jfr *avsöndra;* separation, severance, detachment; fysiol. secretion äv. konkr.; kem. el. geol. segregation
avta se *avtaga*
avtacka *vb tr*, *~ ngn* thank a p. for his (resp. her) services
avtacklad *adj, se ganska ~ ut* look rather a wreck
avtaga *vb itr* minska decrease, grow less (om dagar shorter), diminish; om månen wane äv. allm.; om storm o.d. äv. abate, subside; om hälsa, anseende decline, fail, fall off
avtagande I *s, vara i ~* be on the decrease (decline, isht om månen wane), be declining (diminishing, failing) **II** *adj* decreasing osv.; *~ syn* failing eyesight
avtagbar *adj* removable, detachable, dismountable
avtagsväg *s* turning; sidoväg side road
avtal *s* agreement, settlement, understanding; kontrakt contract; fördrag treaty; isht polit. convention; *bindande ~* binding agreement; *träffa ~* come to an agreement [*om* about (as to)]; *träffa ~ [om] att* inf. äv. agree to inf.; contract to inf.; *enligt ~* according to (as per) agreement (contract), as agreed [up]on
avtala I *vb itr* agree, come to an agreement [*om* about, as to] **II** *vb tr* agree [up]on, settle; *ett ~t möte* an appointment, an arranged meeting; *på ~d plats* at the place agreed [up]on, at the appointed place; *vid den ~de tiden* at the time appointed (fixed)
avtalsbrott *s* breach of an (resp. the) agreement (a resp. the contract)
avtalsenlig *adj* ...as stipulated (agreed upon), contractual, ...according to the agreement (the contract)
avtalsperiod *s* period of agreement (kontraktsperiod contract)

avtalsrörelse *s* förhandlingar round of wage negotiations, wage negotiations pl., pay talks pl.
avtalsstridig *adj* ...contrary to contract
avtappning *s* drawing (running) off; hand., av valuta drain
avteckna *vb rfl*, *~ sig [skarpt] mot* stand out [in bold relief] against
avtjäna *vb tr*, *~ ett straff* serve a sentence, serve (do) time
avtryck *s* **1** avformning imprint, impression; avgjutning cast; *ta ett ~ av* take an impression of **2** omtryck reprint; avdrag proof, impression, print
avtryckare *s* på gevär trigger; på kamera shutter release
avtryckning *s* **1** impressing osv., jfr *trycka [av];* av gevär pulling of the trigger **2** se *avtryck*
avträda I *vb itr* withdraw, retire [*från* from]; *~ från* äv. leave; befattning äv. resign **II** *vb tr* give up, give up possession of; t.ex. landområde cede, surrender
avträde *s* torrklosett earth closet; på landet äv. privy
avträdelse *s* cession, surrender
avtvinga *vb tr*, *~ ngn ngt* t.ex. pengar, löfte, bekännelse extort (wring, exact) a th. from a p.
avtynande I *s* decline **II** *adj* languishing
avtåg *s* departure, marching off (away); friare decampment, exit
avtåga *vb itr* march off (out); decamp, take one's departure
avtäcka *vb tr* uncover; konstverk o.d unveil
avtäckning *s* **1** uncovering; av konstverk o.d. unveiling **2** ceremoni unveiling ceremony
avtärd *adj* wasted, emaciated, haggard
avund *s* envy; ibl. jealousy; *grön av ~ över ngt* green with envy at a th.; *hysa avund mot...* feel envious of...
avundas *vb tr dep*, *~ ngn ngt* envy a p. a th.
avundsjuk *adj* envious, jealous [*på, över* of]
avundsjuka *s* enviousness, envy, jealousy; *spricka av ~* burst with envy
avundsman *s* ung. enemy; *han har inga avundsmän* no one bears him a grudge
avundsvärd *adj* enviable
avvakta *vb tr* ankomst, svar await; händelsernas gång wait and see; vänta (lura på) wait (watch) for
avvaktan, *i ~ på* while awaiting (waiting for)
avvaktande *adj* expectant; *inta en ~ hållning* el. *ställa sig ~* play a waiting game, adopt (pursue) a wait-and-see policy; vard. sit on the fence
avvara *vb tr* spare
avveckla *vb tr* isht affärsrörelse wind up, liquidate; gradvis phase out; *~ kärnkraften* carry through a nuclear phase-out
avveckling *s* isht av affärsrörelse winding up osv., jfr *avveckla;* liquidation, settlement; *~*

av kärnkraften nuclear phase-out; *firman är under* ~ the firm is being wound up
avverka *vb tr* **1** träd fell; isht amer. cut, log, lumber; skog clear...of trees **2** tillryggalägga cover, do [*på* in] **3** förbruka use [up]
avverkning *s* felling, cutting osv., jfr *avverka 1*
avvika *vb itr* **1** ej överensstämma diverge; skilja sig differ; från t.ex. ämne digress, turn aside; från t.ex. sanningen deviate; ~ *från* dygdens stig stray from...; ~ *ur kursen* om fartyg deviate from its course **2** rymma abscond, run away; ~ *[ur riket]* flee the country
avvikande *adj* (jfr *avvika*) divergent; differing; deviating; om t.ex. åsikter äv. dissentient; isht naturv. aberrant; ~ *beteende* deviant (abnormal) behaviour; *en* ~ *[person]* a deviant; *en sexuellt* ~ a sexual deviant
avvikelse *s* deviation äv. kompass~; från [in]riktning, kurs el. rådande bruk äv. departure; från lag derogation; från ämnet digression; olikhet discrepancy
avvinna *vb tr*, ~ *ämnet nya synpunkter* evolve new aspects of the subject
avvisa *vb tr* **1** vägra tillträde turn away, refuse entry to **2** t.ex. förslag, anbud reject, refuse, turn down; t.ex. anfall repel; avfärda, isht jur. dismiss
avvisande I *adj* negative; unsympathetic, discouraging; *inta en* ~ *hållning mot (till) ngt* adopt a negative attitude towards a th. **II** *adv* negatively osv., jfr *I*; *svara* ~ *på ngt* reject (turn down, refuse) a th., answer a th. in the negative
avvisning *s* av invandrare turning away, refusal of entry
avvittring *s* geol. erosion
avväg *s* bildl. *han har råkat (kommit) på ~ar* he has gone astray, he is on the wrong road
avväga *vb tr* **1** avpassa adjust [*efter* to]; överväga weigh [in one's mind], balance; *väl avvägd* attr. om t.ex. yttrande, svar well-balanced, well-poised; om t.ex. slag well-timed, well-judged **2** lantmät. level, take the level (gradient) of
avvägning *s* adjusting osv., jfr *avväga*; adjustment, balance; lantmät. levelling
avvägningsfråga *s*, *det är en* ~ it is a question which needs careful weighing up, the pros and cons will have to be weighed up carefully
avvända *vb tr* **1** leda bort divert **2** avvärja avert
avvänja *vb tr* spädbarn wean; t.ex. rökare, alkoholskadad detoxify, detoxicate, vard. detox; ~ *ngn från en ovana* cure a p. of (wean a p. from) a [bad] habit
avvänjning *s* weaning, ablactation; curing; jfr *avvänja*
avvänjningskur *s* aversion (withdrawal) treatment [*mot* for]
avväpna *vb tr* disarm äv. bildl.

avväpnande *adj* disarming; *ett* ~ *leende* a disarming (reassuring) smile
avväpning *s* disarming, disarmament
avvärja *vb tr* **1** t.ex. slag ward (fend) off, parry **2** t.ex. fara avert, ward (stave) off
avyttra *vb tr* dispose of, sell, part with; egendomen *får ej* ~*s* ...is inalienable (entailed)
avyttring *s* disposal, sale
aväta *vb tr* have, consume; ~ *en bättre middag* partake of a splendid dinner
1 ax *s* **1** bot., blomställning spike; sädesax ear; *gå i (skjuta)* ~ form (set) ears; *plocka* ~ gather ears, glean; *stå i* ~ be in the ear; *utan* ~ uneared **2** på nyckel [key-]bit, web
2 ax *s* vard. acceleration
1 axel *s* geom. el. geogr. el. polit. axis (pl. axes); hjulaxel axle, ibl. axletree; maskinaxel shaft, arbor, mindre spindle
2 axel *s* skuldra shoulder; *på* ~ *gevär!* mil. shoulder arms!; *bära ngt på* ~*n* carry a th. on one's shoulder; *ta bössan på* ~*n* vanl. shoulder o.'s (the) gun; *rycka på axlarna* shrug [one's shoulders]; *se ngn över* ~*n* look down on a p.
axelband *s* på damkläder o. barnplagg [shoulder] strap
axelbred *adj* broad-shouldered
axelbrott *s* tekn. axle fracture, broken axle
axelklaff *s* mil. shoulder strap
axelmakterna *s pl* hist. the Axis Powers, the Axis sg.
axelrem *s* shoulder strap
axelremsväska *s* shoulder bag
axelryckning *s* shrug [of the shoulders]
axeltryck *s* tekn. axle load (pressure)
axelvadd *s* shoulder pad
axformig *adj* spiked, spicate[d]
axial *adj* tekn. axial
axiom *s* axiom
axiomatisk *adj* axiomatic
axla *vb tr* put on; t.ex. ränsel shoulder äv. bildl.; ~ *en börda* bildl. shoulder a burden; ~ *ngns kappa* step into a p.'s shoes
axplock *s* bildl. *ett litet* ~ *[från]* a small selection [from]
azalea *s* bot. azalea
Azerbajdzjan Azerbaijan
azerbajdzjansk *adj* Azerbaijan
azerier *s* Azeri
azerisk *adj* Azeri
Azorerna *s pl* the Azores
Azovska sjön the Sea of Azov
aztek *s* Aztec
aztekisk *adj* Aztec[an]
azur *s* azure
azurblå *adj* azure [blue]

B

b *s* **1** bokstav b [utt. bi:] **2** mus. a) ton B flat b) sänkningstecken flat
babbel *s* vard. babble; babblande babbling
babbla *vb itr* vard. babble
Babels torn bibl. the Tower of Babel
babian *s* zool. baboon äv. neds., om pers.
babord sjö. **I** *s* port; *på ~s bog* on the port bow **II** *adv* aport
baby *s* baby
babylift *s* carrycot
babylonisk *adj* Babylonian; *~ förbistring* babel, confusion of tongues
babysim *s* water-training for babies (infants)
babysitter *s* stol bouncing cradle
babysäng *s* spjälsäng cot; amer. crib
babyutstyrsel *s* layette, set of baby clothes
bacill *s* germ; vetensk. bacillus (pl. bacilli); vard. bug
bacillbärare *s* germ-carrier
bacillskräck *s*, *ha ~* have a morbid fear (be afraid) of germs (catching diseases)
1 back *s* **1** slags flat låda tray; tråg hod; öl~ o.d. crate **2** sjö., del av fördäck forecastle, fo'c's'le
2 back I *s* **1** sport. back **2** backväxel reverse [gear] **3** vard., avslag *få ~ på* sitt förslag have…turned down **II** *adv* back; sjö. astern; om segel aback; *gå ~* a) sjö. go astern b) vard., gå med förlust run at a loss; *slå ~ [i maskin]* reverse the engines
backa I *vb tr* back äv. sjö.; reverse; *~ en bil* reverse a car **II** *vb itr* **1** back, reverse; sjö. go astern; på tangentbord backspace **2** vard. *~ på* varmrätten take another helping of…
III med beton. part.
~ in *en bil* back a car in
~ upp understödja back [up]
~ ur bildl. back out [*ngt* of a th.]
~ ut: ~ ut en bil back a car out; *~ ut* bildl. back out
backanal *s* mytol. Bacchanal, Bacchanalia pl.
back|e *s* **1** höjd hill; sluttning hillside, slope; uppförs~ uphill slope, rise; nedförs~ downhill slope, descent; skid~, se *skidbacke; uppför ~n* up the hill, uphill; *~ upp och ~ ned* up one hill and down the next, up hill and down dale; *sakta i -arna!* ta det lugnt steady!, easy!, take it (go) easy!; vänta lite wait (just) a moment!, hang on! **2** mark ground; *stå på bar ~* be [left] penniless; vard. be on the rocks
backhand *s* tennis o.d. backhand; slag äv. backhand stroke, backhander
backhoppare *s* skijumper
backhoppning *s* skijumping
backig *adj* hilly; böljande undulating
backkrön *s* top of a (resp. the) hill

backljus *s* bil. reversing (amer. back-up) light
backsippa *s* bot. pasqueflower
backsluttning *s* hillside, slope
backspegel *s* driving (rear-view) mirror
backsvala *s* sand martin; amer. bank swallow
backtagningsförmåga *s* bil. hill-climbing capacity (ability)
backväxel *s* tekn. reverse gear
bacon *s* bacon
baconskiva *s* slice of bacon, rasher [of bacon]
bad *s* **1** badning: a) kar~ bath äv. med. el. kem.; vard. tub b) ute~, sim~ bathe; swim isht amer.; dopp dip; *ta [sig] ett ~* have a bath; *härliga ~* ute~ splendid bathing sg. **2** se *badhus* o. *badrum* o. *badställe*
bada I *vb itr* sim~ el. bildl. bathe; kar~ have (take) a bath; ibl. bath; *~ varmbad* have a hot bath; *gå och ~* go for a bathe (a swim), go bathing (swimming); *~nde i blod* swimming in blood; *~nde i sol (svett)* bathed in sunshine (perspiration); *en ~nde* subst. adj. a bather **II** *vb tr* tvätta bath, give…a bath; isht bildl. el. amer. bathe
badboll *s* beach ball
badborste *s* bath brush
badbyxor *s pl* bathing trunks, trunks
badda *vb tr* fukta bathe, dab; med svamp äv. sponge
baddare *s* vard. **1** stort exemplar whopper **2** överdängare ace, wizard
baddräkt *s* swimsuit, bathing suit
baderska *s* vid badanstalt [female] bath attendant
badförbud *s* bathing ban; på skylt Bathing Prohibited
badhandduk *s* bath towel; för strand bathing (beach) towel
badhus *s* public baths (pl. lika)
badhytt *s* vid strand bathing hut
badkappa *s* bathrobe; för strand bathing wrap
badkar *s* bath, [bath] tub
badkläder *s pl* beachwear sg.
badlakan *s* large bath towel; för strand beach towel
badminton *s* sport. badminton
badmintonboll *s* shuttlecock
badmössa *s* bathing cap
badort *s* seaside resort (town), watering-place; *ligga vid* kust~ äv. be at the seaside
badrock se *badkappa*
badrum *s* bathroom
badrumsskåp *s* bathroom cabinet
badrumsvåg *s* bathroom scales pl.
badsalt *s* bath salts pl.
badsemester *s* holiday by the sea, seaside holiday
badstrand *s* beach, bathing beach
badställe *s* bathing place; strand [bathing] beach
badsäsong *s* bathing season
badtvål *s* bath soap

badvakt *s* swimming-pool attendant; på badstrand lifeguard
badvatten *s* bathwater; *kasta ut barnet med badvattnet* throw the baby out with the bathwater
bag *s* bag
bagage *s* luggage, baggage; vard. things pl.
bagagehylla *s* luggage (baggage) rack
bagageinlämning *s* lokal left-luggage office, cloakroom; amer. checkroom
bagagekärra *s* luggage (baggage) cart (trolley)
bagagelucka *s* utrymme [luggage] boot; amer. trunk; dörr boot (amer. trunk) lid
bagageutrymme *s* [luggage] boot; amer. trunk
bagarbarn *s*, *bjuda ~ bröd* ung. carry coals to Newcastle
bagare *s* baker
bagatell *s* trifle; *en ren ~* a mere trifle (detail); *det är ingen ~ att* inf. it is no trifling matter (no joke) to inf.
bagatellartad *adj* trifling, trivial, petty
bagatellisera *vb tr* make light of, minimize
bageri *s* bakery; butik äv. baker's [shop]
bagge *s* zool. ram
baguette *s* bröd baguette, French [stick] loaf
Bahamas *s pl* the Bahamas
baisse *s* ekon. decline, fall in prices, slump, bear market; *spekulera i ~* bear, speculate for a fall
bajersk *adj* Bavarian
bajonett *s* bayonet
bajonettfattning *s* tekn. bayonet joint (fitting, hylsa socket, elektr. holder, foto. mount)
bajrare *s* Bavarian
bajs *s* barnspr. poo-poo, number two
bajsa *vb itr* barnspr. do a poo-poo, do number two
1 bak *s* bakning baking; sats bakat bröd batch
2 bak I *s* **1** vard., säte behind, bottom, backside; byx~ seat; *bred över ~en* broad in the beam **2** sport. *2-0 i ~en* 2-0 down **II** *adv* behind, at the back; *~ i* boken se *baki*; *för långt ~* too far back; *~ och fram* se *bakfram*
baka *vb tr* o. *vb itr* bake; *~ bröd* bake (make) bread; *~ in* bildl. include; *~ ut* degen mould... [*till* into]; *~d potatis* baked potatoes
bakaxel *s* tekn. rear axle
bakben *s* djurs hind leg; *sitta på ~en* sit on one's haunches
bakbinda *vb tr* pinion
bakbord *s* pastry board
bakdantare *s* slanderer, caluminator, backbiter
bakdel *s* på ett föremål back [part], rear; människas buttocks pl., vard. behind, bottom; djurs hind quarters pl., rump
bakdäck *s* back tyre (amer. tire)
bakdörr *s* back door; på bil rear door; baklucka på halvkombi tailgate
bakefter *adv* o. *prep* behind
bakelit *s* bakelite

bakelse *s* [piece of] pastry, [fancy] cake; med frukt, sylt tart; *~r* äv. pastry sg.
bakerst *adv* furthest back, at the [very] back
bakersta *adj* rear, rearmost, hindmost; *de ~* those at the back
bakficka *s* **1** på byxor hip pocket; *ha ngt i ~n* bildl. have a th. up one's sleeve **2** restaurant restaurant annexe [with a cheaper menu]
bakfot *s*, *få saken (det) om ~en* get hold of the wrong end of the stick
bakfram *adv* back to front, the wrong way round (about); *han resonerar helt ~* his reasoning is quite topsy-turvy (upside-down)
bakfull *adj* vard. *vara ~* se *[ha] baksmälla*
bakgata *s* back street, lane
bakgrund *s* background äv. bildl.; miljö setting; *i ~en* i fjärran in the distance; *hålla sig i ~en* bildl. keep (stay) in the background; vard. take a back seat; bör ses *mot ~en av dessa fakta...* in the light of these facts
bakgrundsmusik *s* background music
bakgrundsstrålning *s* background radiation
bakgård *s* backyard
bakhal *adj*, *skidorna är ~a* the skis keep slipping (sliding) backwards
bakhjul *s* rear wheel
bakhjulsdriven *adj* bil. rear-wheel driven
bakhuvud *s* back of the (one's) head; vetensk. occiput
bakhåll *s* ambush; mil. äv. ambuscade; *ligga i ~ för ngn* lie in ambush for a p., waylay a p.
baki *prep* behind in; *~ bilen* in the back (rear) of the car; *~ boken* at the back of the book
bakifrån *adv* from behind; *börja ~* begin at the back (end)
bakjour *s*, *ha ~* om läkare be on call, be on standby duty
bakkappa *s* på sko heel; facksprk. counter
bakkropp *s* insekts abdomen
baklucka se *bagagelucka*
baklykta *s* rear (tail) light (lamp)
baklås *s*, *dörren har gått i ~* the lock has jammed; *hela saken har gått i ~* the whole affair has reached a deadlock
baklänges *adv* backward[s]; *åka ~* på tåg ride (sit) with one's back to the engine; *köra ~* t.ex. bil, film ~ back, reverse
bakläxa *s* **1** *få ~ [på geografin]* be told to do one's [geography] homework again **2** bildl. rebuff; stark. reprimand; *få ~* avslag meet with a rebuff
bakom *prep* o. *adv* behind; prep. äv. at the back (rear) of, amer. [in] back of; jag undrar vad som *ligger ~* (vem som *står ~*) ...is at the bottom of (is behind) it; titta fram *~ dörren* ...from behind the door; *~ [flötet]* vard. stupid, daft; *~ knuten* round the corner; *gå ~ ryggen på ngn* go behind a p.'s back
bakomliggande *adj* t.ex. orsak underlying
bakplåt *s* baking plate, baking tray, baking sheet

bakpulver *s* baking powder
bakpå *prep* t.ex. vagnen at (t.ex. kuvertet on) the back of
bakre *adj* t.ex. bänk back; t.ex. ben hind; ~ *del* back part, rear; ~ *vokal* back vowel
bakrus *s* hangover
bakruta *s* bil. rear window
bakrutetorkare *s* bil. rear-window wiper
baksida *s* back; på grammofonskiva flipside, B-side; på mynt o.d. reverse; jfr *avigsida; medaljens* ~ bildl. the reverse of the medal; *åt ~n* to the back
bakslag *s* **1** tillbakagång, motgång reverse, setback, check; personligt äv. rebuff; reaktion reaction **2** biol. reversion, throwback, atavism **3** i motor backfire
bakslug *adj* underhand[ed], sly, crafty
baksmälla *s* **1** vard., bakrus hangover; *ha (få)* ~ have (get) a hangover; *ha* ~ äv. have (suffer from) the morning after [the night before] **2** bildl. unpleasant shock (surprise), setback
bakstycke *s* på skjorta, jacka o.d. back; på t.ex. byxor, kamera back [piece]; på vapen breech
baksäte *s* back (rear) seat
baktala *vb tr* slander, calumniate, vilify, backbite
baktanke *s* ulterior motive, secret motive
bakterie *s* bacteri|um (pl. -a); friare germ, microbe
bakteriedödande *adj* germicidal, bactericidal
bakteriehärd *s* colony of bacteria
bakteriolog *s* bacteriologist
bakteriologisk *adj* bacteriological; ~ *krigföring* bacteriological warfare
B-aktie *s* ekon. [class] 'B' share
baktill *adv* behind, at the back
baktrappa *s* backstairs pl.
baktråg *s* kneading-trough, mixing-trough
baktung *adj* ...heavy at the back; flyg. tail-heavy
bakugn *s* oven
bakut *adv* backward[s]; *slå (sparka)* ~ kick [out behind], lash out
bakvagn *s* bil. rear of a (resp. the) car
bakvatten *s* backwater, eddy
bakverk *s* ofta pastry; jfr *bakelse* o. *kaka*
bakväg *s* back way; bakdörr back door, back (rear) entrance; *han kom ~en* he came the back way (by the back door etc.)
bakvänd *adj* eg. ...the wrong (other) way round; tafatt awkward; galen preposterous, absurd; *i ~ ordning* in reverse order
bakvänt *adv* the wrong way round, awkwardly osv., se *bakvänd* o. *bakfram; bära sig ~ åt* be clumsy (awkward)
bakåt *adv* backward[s], to the rear; tillbaka back; *en rörelse ~* a backward movement
bakåtböjd *adj* ...bent back
bakåtlutad *adj* om pers. ...leaning back, reclining
bakåtlutande *adj* om sak ...sloping

backward[s]; ~ *[hand]stil* äv. backhand[ed] writing
bakåtsträvare *s* reactionary
bakända se *bakdel*
1 bal *s* dans ball; mindre dance
2 bal *s* packe bale, package, bundle [alla med av framför följ. best.]
balalajka *s* mus. balalaika
balans *s* **1** jämvikt balance, equilibrium; *hålla (tappa) ~en* keep (lose) one's balance; *få ngn ur* ~ throw a p. off [his] balance **2** tekn. balance[-beam], beam; i ur balance **3** hand., saldo balance (jfr *saldo*); kassabrist deficit
balansera *vb tr* o. *vb itr* **1** balance äv. hjul; eg. äv. poise **2** hand. balance; överföra carry over
balanserad *adj* harmonisk balanced; sansad äv. sober; ~ *budget* balanced budget
balansgång *s* balancing; *gå ~* balance [oneself]; bildl. walk a tightrope, [try to] strike a balance
balanshjul *s* tekn. balance wheel, flywheel
balanskonto *s* hand. balance account
balansrubbning *s* med. disturbance of balance
balansräkning *s* hand. balance sheet
balanssinne *s* sense of balance
baldakin *s* canopy, baldachin
baldersbrå *s* bot. scentless (corn) mayweed
Balearerna *s pl* the Balearic Islands
balett *s* ballet; *hela ~en* vard. the whole lot (bag of tricks); *dansa ~* ta balettlektioner go to ballet classes
balettdansör *s* o. **balettdansös** *s* ballet dancer
balettflicka *s* chorus girl
1 balja *s* kärl tub; mindre bowl
2 balja *s* fodral sheath, scabbard; bot. pod
baljväxt *s* leguminous plant
balk *s* **1** bjälke: trä~ beam; isht järn~ girder **2** lag~ section, code, act
balka *vb tr*, ~ *av* partition (box) off
Balkan halvön the Balkan Peninsula; länderna the Balkans pl.
balkong *s* balcony äv. på bio
balkongdörr *s* balcony door
balkonglåda *s* flowerbox, window box
balkongräcke *s* balcony parapet
ball *adj* vard. super, far-out, great; amer. äv. swell
ballad *s* visa ballad, lay; poem el. musikstycke ballade
ballast *s* ballast
ballistik *s* ballistics sg.
ballong *s* balloon; sjö., segel balloon sail; *blåsa i ~en* alkotestapparat, vard. blow into a [breathalyser] bag
ballongdäck *s* balloon tyre (amer. tire)
balsal *s* ballroom
balsam *s* balsam; hårbalsam äv. hair conditioner; isht bildl. balm
balsamera *vb tr* embalm
balsamering *s* embalming
balsaträ *s* balsa wood

balt *s* Balt
Baltikum the Baltic States pl.
baltisk *adj* Baltic
balustrad *s* balustrade, parapet
bambu *s* bamboo
bamburör *s* bamboo (pl. -s)
bamsing *s* vard. whopper
ban|a I *s* **1** väg path, way, track; lopp course; omlopps~, t.ex. planets, satellits orbit; projektils trajectory; levnads~ career, course; *tänka i nya -or* think on new lines entirely **2** sport.: löpar~, cykel~ o.d. track; galopp~ racecourse; skridsko~ rink; tennis~ court; jfr vid. *golfbana* m.fl. **3** järnv. line; spår äv. track **4** tekn.: pappers~ roll; *...i långa -or* bildl. lots (no end, great quantities) of... **II** *vb tr*, *~ väg* eg. clear the way [*för* for]; bildl. pave (prepare) the way [*för* for]; *~ sig väg* make (med våld force) one's way; *~d väg* beaten track
banal *adj* commonplace, banal; isht om ord, fras hackneyed, trite
banalisera *vb tr* render...commonplace, make...banal
banalitet *s* egenskap triteness, banality; banalt ord e.d. commonplace, platitude
banan *s* banana
banankontakt *s* elektr. banana plug
bananskal *s* banana skin (amer. peel)
banbrytande *adj* vägröjande pioneer[ing]; epokgörande epoch-making; *~ arbete* pioneer[ing] work
banbrytare *s* pioneer [*för* of]
band *s* **1** knyt~ m.m. **a)** remsa, rand band; snöre string; t.ex. för hopfästning o. i bandspelare tape; prydnads~, hår~ ribbon; garnerings~, snodd braid, lace; bindel sling; transport~ conveyor belt, jfr ex.; *hålla hunden i ~* keep the dog on the leash (lead); *löpande ~* conveyor belt, assembly (production) line; *romaner på löpande ~* one novel after the other, novels in a steady stream; *spela in (ta upp) på ~* record [...on tape], tape, tape-record **b)** abstr. el. bildl.: förenande el. hämmande tie; bond vanl. starkare; tvång äv. restraint, constraint; *fri från alla ~* free from all ties (restraints); *lägga ~ på sig* check (restrain) oneself, keep one's temper **2** bok~ binding; volym volume; *en roman i tre ~* a three-volume novel **3** trupp, följe band, gang; jazz~ o.d. band
banda *vb tr* **1** ta upp på band record [...on tape], tape **2** tunnor o.d. hoop
bandage *s* bandage
banderoll *s* banderol[e], streamer; med tofs tassel; kontrollmärke t.ex. på cigarettpaket revenue stamp; pappersremsa kring förpackning eller bok wrapper, [advertising] strip, [book] band
bandhund *s* watchdog; *skälla som en ~* vard. curse and swear
bandinspelning *s* tape-recording

bandit *s* bandit; gangster gangster; desperado desperado (pl. -s)
bandmask *s* med. tapeworm
bandspaghetti *s* tagliatelle it.
bandspelare *s* tape-recorder
bandsåg *s* bandsaw
bandtraktor *s* caterpillar [tractor], crawler [tractor]
bandupptagning *s* på bandspelare tape-recording
bandvagn *s* tracked vehicle
bandy *s* sport. bandy
bandyklubba *s* bandy stick
bandyrör *s* bandy skate
baneman *s* slayer, assassin
baner *s* banner, standard
bang *s* överljudsknall sonic bang (boom)
bangolf *s* miniature golf
bangård *s* [railway] station; amer. railroad station, depot
banjo *s* banjo (pl. -s el. -es)
1 bank *s* **1** vall embankment **2** grund, sandbank sandbank, bar
2 bank *s* penning~ bank äv. spel~; *gå på ~en* go to the bank; *ha pengar på ~en* ...in (at) the bank; *spränga ~en* break the bank
1 banka *vb itr* bulta knock [loudly], bang [*på* at, on]; *mitt hjärta ~r* my heart is pounding (throbbing)
2 banka *vb tr* o. *vb itr* flyg. bank
bankaffär *s* banking transaction
bankautomat *s* cash dispenser, ATM (förk. för automated teller machine), cashpoint
bankbok *s* bankbook, passbook
bankbud *s* bank messenger
bankdirektör *s* bank director; amer. vice-president [of a resp. the bank]; vid större filial bank manager
bankett *s* fest banquet
bankfack *s* safe-deposit box
bankgiro *s* bank giro service (konto account)
Bankinspektionen the Bank Inspection Board
bankir *s* [private] banker
bankkamrer *s* vid bankfilial bank manager; vid bankavdelning bank accountant
bankkassör *s* [bank] cashier, teller
bankkonto *s* bank account
bankkontor *s* bank; filial branch office [of a resp. the bank]
banklån *s* bank loan
bankman *s* banktjänsteman bank official; bankir banker
bankomat ® se *bankautomat*
bankomatkort *s* cash card
bankrutt I *s* bankruptcy, [bank] failure; *göra ~* become (go) bankrupt, fail **II** *adj* vanl. bankrupt; ruinerad ruined
bankrån *s* bank robbery
bankränta *s* inlåningsränta interest on deposits; diskonto bank rate
banktid *s* banking hours pl.

banktillgodohavande *s* bank balance
banktjänsteman *s* bank clerk (employee)
bankvalv *s* strong room, vault
bankör *s* spel. banker
banna *vb tr* gräla på scold
bannbulla *s* kyrkl. bull of excommunication
bann|lysa *vb tr* **1** kyrkl. excommunicate, put...under a ban **2** bildl. ban, prohibit; svordomar *är -lysta* äv. ...are taboo
bannlysning *s* **1** kyrkl. excommunication, anathema **2** bildl. banning, prohibition
bannor *s pl, få ~* get a scolding, be scolded
banrekord *s* sport. track record
banta *vb tr* o. *vb itr* reduce, slim; itr. äv. go on a diet; *~ bort (ned sig)* flera kilo [manage to] go down...in weight; *~ [ned]* utgifterna reduce (cut down, cut back)...
bantamvikt *s* sport. bantam weight
bantning *s* reducing, slimming; av t.ex. utgifter reduction, cutting down (back)
bantningskur *s* reducing (slimming) cure
bantningsmedel *s* slimming (reducing) preparation
banvakt *s* lengthman; amer. trackwalker
banvall *s* [railway] embankment, roadbed
Banverket the National Rail Administration
baptism *s*, *~[en]* relig. the Baptist faith
baptist *s* relig. Baptist
baptistisk *adj* relig. Baptist
1 bar *adj* bare; naked äv. om t.ex. kvist; t. ex. om nerv exposed; *~a ben* bare legs; *bli tagen på ~ gärning* be caught red-handed (in the [very] act); *under ~ himmel* under the open sky, in the open; *på sina ~a knän* bildl. on one's bended knees; *inpå ~a kroppen* to the [very] skin
2 bar *s* cocktail~ o.d. bar; matställe snack-bar, cafeteria
3 bar *s* meteor., måttenhet bar
bara I *adv* only; merely; just; *~ alltför snart* all too soon; han sprang *som ~ den* vard. ...like anything; *~ förtal* nothing but slander; *~ på skoj* just for fun; *det var ~ det* jag ville säga that's all...; hur mår du? - Tack, *[det är] ~ bra* ...pretty well, ...I'm all right; *gör det ~!* do it by all means!; *vänta ~!* just you wait! **II** *konj* om blott if only; såvida provided, as long as; *~ jag tänker på det blir jag glad* just thinking (the mere thought) of it makes me happy
barack *s* barracks (pl. lika); ibl. barrack; mil. äv. hut; ruckel shack
bararmad *adj* bare-armed
baraxlad *adj* bare-shouldered
barbacka *adv* bareback
Barbados Barbados
barbar *s* barbarian
barbari *s* barbarism
barbarisk *adj* ociviliserad, grym el. om smak barbarous; isht ociviliserad äv. barbarian; isht om smak äv. barbaric

barbent *adj* bare-legged
barberare *s* barber, hairdresser
barbröstad *adj* bare-chested; om kvinna äv. bare-breasted
bardisk *s* bar [counter]
bardval *s* zool. whalebone whale
barett *s* dam~ toque; av baskertyp beret; allm. äv. cap
barfota *adj* o. *adv* barefoot[ed]
barfrost *s* black frost
barhuvad *adj* bare-headed, hatless
barium *s* kem. barium
bark *s* bot. bark (end. sg.); vetensk. cort|ex (pl. -ices); *gå mellan ~en och trädet* bildl. interfere between husband and wife
1 barka *vb tr* **1** *~ [av]* träd bark, strip; decorticate **2** hudar tan; jfr äv. *garva*
2 barka *vb itr, det ~r åt skogen* it is going to pot (to the dogs, to pieces)
barkaroll *s* mus. barcarole, barcarolle
barkass *s* sjö. launch, longboat
barkbröd *s* bark bread
barkbåt *s* bark boat
barlast *s* ballast äv. bildl.
barm *s* bosom, breast
barmark *s, det är ~* there is no snow on the ground
barmhärtig *adj* nådig merciful; medlidsam compassionate; välgörande charitable [*mot* to]; *den ~e samariten* the Good Samaritan
barmhärtighet *s* mercy; compassion; charity; jfr *barmhärtig*
barn *s* child (pl. children); vard. kid; spädbarn baby, infant; poet. babe; *~en A.* the A. children; *hustru och ~* äv. wife and family; *Barnens Dag* Children's Day; *kärt ~ har många namn* ung. we have many names for the things we love; *lika ~ leka bäst* ordspr. birds of a feather flock together; han är ett *~ av sin tid* ...a child (product) of his time (age); *få ~* have children (resp. a child, a baby) [*med* by]; *bli med ~* become pregnant; *vara med ~* be going to have a baby; vard. be in the family way
barnadödlighet *s* infant mortality [rate]
barnamord *s* infanticide (end. sg.)
barnarbete *s* child labour; jur. employment of children [and young persons]
barnarov *s* kidnapping; bildl. baby-snatching
barnasinne *s, han har ~t kvar* he is still a child at heart
barnaskara *s* familjs family [of children]
barnatro *s* childhood (barnslig childlike) faith
barnavårdscentral *s* child welfare centre; amer. child-health station
barnbarn *s* grandchild
barnbarnsbarn *s* great grandchild
barnbegränsning *s* birth control, family planning
barnbidrag *s* child allowance, child benefit

barnbiljett s child's ticket (fare), half ticket (fare)
barnbok s children's book
barnbördshus o. **barnbördsklinik** se *BB*
barndaghem s daycare centre, day nursery, crèche
barndom s, ~*[en]* childhood; späd infancy, babyhood; *[redan]* i ~*en* som liten [even] as a child, when [quite] a child; *gå i* ~ be in one's second childhood; det var så *i filmens* ~ ...when the cinema was in its infancy
barndomshem s, ~*met* mitt ~ my home as a child, the home of my childhood
barndomsvän s friend of one's childhood
barndop s christening; i mots. t. vuxendop infant baptism
barnfamilj s family [with children]
barnflicka s nursemaid
barnförbjuden adj om film ...for adults only, adult...
barnförlamning s åld. infantile paralysis; se äv. polio
barnhem s children's home; för föräldralösa orphanage
barnhusbarn s orphanage child
barnkalas s children's party; vard. bun fight
barnkammare s nursery
barnkläder s *pl* children's (resp. baby) clothes (clothing sg.); children's wear, babywear (båda sg.)
barnkoloni s [children's] holiday camp
barnkunskap s child study
barnkär adj ...fond of children
barnledig adj, *hon är* ~ she has maternity leave
barnledighet s mammaledighet maternity leave; pappaledighet paternity leave
barnlek s, *det är en ingen* ~ it is no child's play
barnläkare s specialist in children's diseases, pediatrician
barnlös adj childless
barnlöshet s childlessness
barnmat s baby food
barnmisshandel s child abuse (battering)
barnmorska s midwife
barnomsorg s child-care [system]
barnparkering s vard., på varuhus children's playroom [at a store]
barnpassning se *barntillsyn*
barnprogram s children's programme
barnpsykolog s child psychologist
barnrik adj, ~ *familj* large family
barnsben s *pl, från* ~ from childhood
barnsbörd s childbirth; vetensk. parturition
barnsits s på cykel child's seat on a (resp. the) bicycle
barnsjukdom s children's disease; bildl., t.ex. hos en bil teething problems (troubles) pl.
barnsjukhus s children's hospital
barnsko s child's shoe (pl. children's shoes)

barnskrik s koll. the sound of a child (resp. children) crying
barnskötare s child minder
barnsköterska s children's nurse
barnslig adj childlike; isht neds. childish, infantile, puerile; ~ *oskuld* childlike innocence; *var inte så* ~ *!* don't be so childish!, don't be such a baby!
barnslighet s childishness (end. sg.), puerility; *sådana* ~*er!* what childishness!
barnspråk s children's language; barnsligt språk baby talk
barnstol s high chair
barnstuga s daghem day nursery, daycare centre, crèche
barnsäker adj childproof; ~*t lås* childproof lock
barnsäng s **1** med. childbed, childbirth, confinement; *ligga i* ~ be lying in; *dö i* ~ die in childbirth **2** säng för barn cot; amer. crib
barnteater s children's theatre
barntillsyn s looking after (taking care of) children, child-minding
barntillåten adj om film universal...; i annons o.d. for universal showing; i Engl. [cert.] U; *den här filmen är* ~ this is a U film
barnunge s child, kid; neds. brat; *hon är ingen* ~ *[längre]* she is no chicken
barnuppfostran s [the] bringing up (education) of children
barnvagn s perambulator, vard. pram; isht amer. baby carriage (buggy)
barnvakt s baby sitter, vard. sitter; *sitta* ~ baby-sit
barnvisa s children's song; barnkammarrim nursery rhyme
barnvårdare s child-care worker
barnvänlig adj ...suitable for children, child-friendly
barock I adj **1** konst. baroque **2** befängd absurd, odd, grotesque **II** s baroque
barometer s barometer äv. bildl.; vard. glass
baron s baron; eng. titel äv. Lord...
baronessa s baroness; eng. titel äv. Lady...
1 barr s **1** gymn. parallel bars pl. **2** guld- el. silvertacka bar
2 barr s bot. needle; *mycket* ~ a lot of needles; *det doftar* ~ there is a smell of pines
barra vb itr, granen ~*r [av sig]* ...is shedding its needles
barrikad s barricade
barrikadera vb tr barricade; ~ *sig* barricade oneself
barriär s barrier äv. bildl.
barrskog s pine (fir) forest; vetensk. coniferous forest
barrskogsbälte s geogr. conifer belt
barrträd s coniferous tree, conifer
barservering s lokal snack-bar, cafeteria

barsk *adj* harsh, stern, rough; om stämma gruff; om leende, lynne grim
barskrapad *adj* destitute; vard. broke, ...on the rocks; *inte så* ~ not so badly off
barskåp *s* cocktail cabinet
barstol *s* bar stool
bartender *s* bartender, barman; kvinnlig barmaid
barvinter *s* snowless winter
baryton *s* mus. baritone
1 bas *s* grund[val] base äv. mil.; kem. el. matem.; bildl. vanl. basis (pl. bases), foundation
2 bas *s* mus.: pers., röst el. stämma bass
3 bas *s* förman foreman; vard. boss
basa *vb itr* vard., vara förman be the boss
ba-samtal *s* tele. reverse[d]-charge call, amer. collect call
basar *s* bazaar
basbelopp *s* statistik. o.d. basic amount [geared to the price index]
baseboll *s* sport. baseball
basera *vb tr* base äv. mil.; found; förslaget *~r sig (är ~t) på* ...is based (founded) [up]on, ...rests [up]on
basfiol *s* double bass
basgarderob *s* basic wardrobe
bashyra *s* basic rent
basilika *s* **1** kyrka basilica **2** bot. [sweet] basil
basilisk *s* zool. el. mytol. basilisk; mytol. äv. cockatrice
basis *s*, *på ~ av* detta fördrag on the basis (strength) of...; *på bred ~* on a broad basis
basisk *adj* kem. el. miner. basic
basist *s* bass player, på kontrabas double-bass player; isht jazz~ bassist
bask *s* folk Basque
basker *s* mössa beret
basket *s* o. **basketboll** *s* basket ball
baskisk *adj* Basque
baskiska *s* språk Basque
basklav *s* mus. bass clef
baslinje *s* baseline äv. tennis el. lantmät.
baslivsmedel *s pl* staple food sg.
basröst *s* mus. bass voice; äv. friare bass
basstämma *s* mus. bass [voice]; parti bass [part]
bassäng *s* basin äv. geol.; sim~ swimming-bath, swimming-pool
1 bast *s* bast, bass; rafia~ raffia
2 bast *s pl* vard. *han är femtio ~* he's fifty
1 basta *adv*, *och därmed ~!* and that's that (flat)!, and that's enough!
2 basta *vb itr* vard., bada bastu take a sauna
bastant *adj* stadig substantial, solid; tjock, stark stout; grundlig, rejäl good, sound; *ett ~ mål* a solid (hearty, vard. square) meal
bastard *s* biol. hybrid; neds. bastard
Bastiljen hist. the Bastille
bastion *s* bastion
bastmatta *s* bast mat
bastrumma *s* bass drum

bastu *s* finsk sauna; *bada ~* take a sauna; *hett som i en ~* as hot as an oven
bastuba *s* mus. bass tuba (saxhorn)
basun *s* mus. trombone; friare trumpet
basunera *vb itr*, *~ ut ngt* blazon (noise) a th. abroad
batalj *s* battle
bataljon *s* mil. battalion
batat *s* bot. sweet potato, batata
bats *s* metod el. tyg batik
batist *s* tyg batiste, cambric, lawn
batong *s* truncheon, [police] baton; amer. club, billy, nightstick
batteri *s* **1** mil. el. fys. battery äv. bildl.; *ladda ~erna* bildl. recharge one's batteries **2** i jazzorkester o.d. rhythm section, drums pl.
batteridriven *adj* battery-operated, battery-powered
batterihjärta *s* pacemaker
batteriladdare *s* [battery] charger
batterist *s* mus. drummer
bautasten *s* arkeol. bauta; friare memorial stone
baxa *vb tr*, *~ undan ngt* prize a th. and move it away
baxna *vb itr* be dumbfounded, be taken aback; *det är så man ~r* it is enough to take your (one's) breath away
Bayern Bavaria
bayersk *adj* Bavarian
bayrare *s* Bavarian
BB *s* maternity hospital (avdelning ward)
B-dur *s* mus. B flat major
be *vb tr* o. *vb itr* **1** relig., se *bedja 1* **2** anhålla, uppmana: **a)** allm. ask; enträget beg; hövligt request; bönfalla entreat, beseech, implore; *~ [ngn] om ngt* ask (beg) [a p.] for a th.; *~ ngn om en tjänst* ask a p. a favour; *~ ngn (att ngn skall) vänta* ask (tell) a p. to wait; *~ för sitt liv* plead for one's life; jfr *bedjande 1* **b)** i hövlighetsfraser *jag ~r [att] få meddela Er* I should (would) like to inform you, I beg to inform you; *får jag ~ om...?* el. *jag ska ~ att få...* can (could) I have..., please!; *får jag ~ om brödet?* may I trouble you for the bread?, would you mind passing me the bread?; *får jag ~ om notan?* [may I have] the bill (amer. check), please!
beakta *vb tr* uppmärksamma pay attention to, observe, notice, note; fästa avseende vid pay regard to, heed; ta i beräkning take...into consideration (account)
beaktande *s* consideration; om förslaget *vinner ~* ...is ser[iously] entertained
beaktansvärd *adj* värd att beakta ...worth (worthy of) attention (notice, consideration), noteworthy; avsevärd considerable
bearbeta *vb tr* **1** t.ex. gruva work; jord cultivate; deg work, knead; råvaror work [up], dress; med verktyg äv. tool **2** friare: **a)** genomarbeta, t.ex. vetenskapligt material work up, treat,

arrange b) söka inverka på try to influence, work [up]on; agitera bland canvass; **~ en marknad** work up a market **c)** omarbeta: teat. el. radio. adapt [för for]; bok o.d. äv. work over, revise, recast; mus. arrange [för for] **d)** data. process
bearbetning s omarbetning, t.ex. för TV adaptation, arrangement; revision; utgåva revised edition (version); data. processing; **~ för piano** piano arrangement; **i ~ för radio (teater)** adapted for the radio (theatre)
bearnaisesås s kok. Béarnaise sauce
beblanda vb rfl, **~ sig med** umgås med mix with
bebo vb tr inhabit; hus vanl. occupy, live in; **~dda trakter** inhabited areas; **huset ser inte ~tt ut** the house doesn't look lived in
beboelig adj habitable, inhabitable, ...fit to live in
bebygga vb tr med hus build [up]on; kolonisera colonize, settle [down] in; **bebyggt område** built-up area; **glest (tätt) bebyggt område** thinly (densely) populated area
bebyggelse s bosättning settlement; konkr. äv. houses pl., buildings pl.
bebåda vb tr förkunna announce
bebådelse s announcement; **[Jungfru] Marie ~** the Annunciation [of the Virgin Mary]
beck s pitch; skom. [cobbler's] wax
beckasin s zool. snipe
beckmörk adj pitch-dark
becksvart adj pitch-black
becquerel s fys. becquerel
bedagad adj ...past one's prime; **en ~ skönhet** a faded beauty
bedarra vb itr calm (die) down, lull; **vinden (det) ~r** äv. the wind is abating
bedja vb tr o. vb itr **1** relig. pray [för ngn for a p.]; **~ en bön** say a prayer, offer [up] a prayer; **~ [till] Gud om hjälp** pray to God for help **2** se be 2-3
bedjande adj **1** om t.ex. blick imploring; om t.ex. röst pleading, beseeching, entreating **2** relig. praying
bedra[ga] I vb tr allm. deceive; lura äv. dupe, impose [up]on, fool, take...in; svika play...false; på pengar o.d. defraud [ngn på ngt a p. of a th], cheat, swindle [ngn på ngt a p. out of a th.]; vara otrogen mot be unfaithful to, cheat on; **skenet bedrar** appearances are deceptive; **låta snålheten ~ visheten** be penny wise and pound foolish; **en bedragen äkta man** a man whose wife has been unfaithful to him **II** vb rfl, **~ sig** be mistaken [på ngn in a p.; på ngt about a th.]; **[låta] ~ sig** [let oneself] be deceived
bedragare s o. **bedragerska** s deceiver, impostor, fraud, cheat, swindler; jfr bedra[ga]
bedrift s bragd exploit, feat; prestation achievement
bedriva vb tr carry on, prosecute; t.ex. studier pursue; **~ hotellrörelse** run (keep) a hotel; **~ forskning** do research, carry on research
bedrägeri s deceit, cheating; brott [wilful] deception, fraud, imposture; skoj swindle; villa illusion, delusion; **~er** frauds, impostures, acts of deception; i affärslivet sharp practices; **ett fromt ~** a pious fraud
bedräglig adj allm. fraudulent; oärlig isht om pers. deceitful, devious, false; vilseledande: om t. ex. sken deceptive; om t.ex. hopp illusory; **~t beteende** fraudulent conduct
bedröva vb tr distress, grieve
bedrövad adj distressed, grieved [över about, at], sorrowful
bedrövelse s distress, sorrow, grief; **en djup ~** äv. a grievous (sore) affliction
bedrövlig adj deplorable, lamentable; om min melancholy; usel miserable, wretched, awful; **det är för ~t** it is really too bad; **ett ~t väder** miserable (awful) weather
beduin s bedouin (pl. ofta lika)
bedyra vb tr protest [inför to], asseverate, aver; **han ~de att...** äv. he swore that...
bedyrande s protestation [om of], asseveration; **under ~ av sin oskuld** protesting his (her osv.) innocence
bedårande adj fascinating, enchanting, captivating, charming
bedöma vb tr judge [efter by]; bilda sig en uppfattning om form an opinion of; vard. size up; betygsätta mark; amer. grade; uppskatta assess, estimate; utvärdera evalute; en bok criticize; anmäla review; **~ värdet av** äv. appraise
bedömande s, **det undandrar sig mitt ~** that is beyond my judgement; se äv. bedömning
bedömare s (jfr bedöma) judge; marker, amer. grader; criticizer; anmälare reviewer; **politisk ~** political commentator (analyst)
bedömning s judgement; marking, amer. grading; assessment; estimate; criticism; vid tävling classification; han är försiktig **i ~en** ...in forming his judgement (opinion)
bedömningsfråga s matter (question) of judgement
bedöv|a vb tr **1** allm. make (render)...unconscious; med narkotika äv. drug; vard. dope; **~ [med ett slag]** äv. knock...unconscious, stun...[with a blow], [som] **-ad av** meddelandet stunned (stupefied) by...; **en -ande doft** an overpowering scent **2** med. give...an anaesthetic, anaesthetize; med bedövningsvätska give an injection to; gm frysning freeze
bedövning s med. anaesthesia; **få ~** vanl. have an anaesthetic (med spruta injection); **under ~** under an anaesthetic
bedövningsmedel s med. anaesthetic
befall|a I vb tr order; stark. command [att ngt skall göras a th. to be done]; högtidl. bid;

befallande

tillsäga äv. tell; föreskriva direct; ålägga prescribe, enjoin; *som ni -er!* as you choose (please, wish)!; *jag gjorde som jag blev -d* I did as I was ordered [to] II *vb itr* command, be in command, give orders; *~ över* command, control, exercise authority over
befallande *adj* commanding, imperative
befallning *s* order, command; muntlig äv. bidding; *ge ~ om att ngt skall göras* give orders for a th. to be done; *på hans ~* at his command, by his orders; *på ~ av* by order (the orders) of
befara *vb tr* frukta fear; *~ det värsta* fear the worst
befaren *adj* sjö. experienced
befatta *vb rfl*, *~ sig med* concern oneself with; *det är bäst att inte ~ sig med det* it is better not to have anything to do with it
befattning *s* **1** syssla post, position, appointment; ämbete office **2** *ta ~ med* se *befatta [sig med]*
befattningshavare *s* employee; ämbetsman official; *~ i offentlig tjänst* holder of an official position
befinn|a I *vb tr*, *~s vara* turn out [to be], prove [to be], be found to be II *vb rfl*, *~ sig* vara be; känna sig äv. feel; upptäcka sig vara find oneself; *mor och barn -er sig väl* ...are doing well
befinnande *s* [state of] health, condition
befintlig *adj* existing; tillgänglig available; *det ~a lagret* äv. the stock in hand; *i ~t skick* in its existing (present) condition, just as it is
befintlighet *s* existence, presence
befläcka *vb tr* stain; bildl. äv. defile, sully
befogad *adj* **1** om sak justified, legitimate, just; grundad; attr. well-founded; *det ~e i... the* justness (legitimacy) of... **2** om pers.: *vara ~ att* be authorized to inf.
befogenhet *s* **1** persons authority (end. sg.), right, powers pl.; behörighet competence; jur. title, warrant; *ha ~ att* inf. be authorized (have authority) to inf.; *överskrida (överträda) sina ~er* exceed one's authority (powers) **2** saks justice, legitimacy [*av, i* of]
befolka *vb tr* populate, people; bebo inhabit; *glest ~d* sparsely populated; *~de trakter* inhabited regions
befolkning *s* population; *~en* invånarna äv. the inhabitants (people) pl. [*i* of]
befolkningsexplosion *s* population explosion
befolkningstillväxt *s* increase in population, population growth
befolkningstäthet *s* population density, density of the population
befolkningsöverskott *s* surplus population, overspill [of] population
befordra *vb tr* **1** skicka forward, send, dispatch; transportera convey; gods äv. transport **2** främja promote, further, foster; *~nde för* conducive to **3** upphöja promote [*ngn till kapten* a p. [to

be a] captain]; raise, prefer [*till* to]; *~s* äv. advance
befordran *s* **1** forwarding osv., jfr *befordra 1;* conveyance, transport, transmission; *för vidare ~* (förk. *f.v.b.)* to be forwarded (sent on) **2** avancemang promotion, advancement; preferment; *få ~* äv. be promoted
befraktning *s* hand. affreightment, freighting, chartering
befria I *vb tr* göra fri set...free, liberate, free; t.ex. fånge äv. release; rädda deliver, rescue [*ur* out of; *från* i samtl. fall from]; *~ från* äv.: lösa från, t.ex. löfte release from; avbörda relieve of; rensa från rid of; låta slippa, t.ex. militärtjänst exempt from; t.ex. examensprov äv. excuse from; *~d* frikallad äv. exempt II *vb rfl*, *~ sig* free (liberate) oneself; *~ sig från* göra sig kvitt relieve (rid, divest) oneself of, get rid of; något obehagligt äv. throw (shake) off
befriare *s* liberator; deliverer äv. friare, t.ex. om döden; räddare rescuer
befrielse *s* liberation, release; deliverance; lättnad relief; frikallelse exemption; befriande freeing osv.; *~ns timme* the hour of deliverance
befrielsekamp *s* struggle for liberation
befrielsekrig *s* war of liberation
befrielserörelse *s* liberation movement
befrukta *vb tr* fertilize, fecundate; bildl. inspire, stimulate
befruktning *s* fertilization, fecundation; avlelse conception; *konstgjord ~* artificial insemination
befrämja med avledningar, se *främja* etc.
befullmäktiga *vb tr* authorize, empower; deputera; give...a power of attorney; *~t ombud* deputy, proxy, authorized representative
befäl *s* **1** kommando command; *ha (föra) ~[et] över* be in command of, command; *ha högsta ~et* be first (highest) in command; *under ~ av* under the command (orders) of **2** pers.: a) koll. [commissioned and non-commissioned] officers pl. b) befälsperson person (officer) in command
befälhavare *s* **1** mil. commander [*över* of]; *högste ~* commander-in-chief (pl. commanders-in-chief) **2** sjö. master, captain [*över* of]
befängd *adj* absurd, preposterous, ridiculous
befästa *vb tr* fortify, secure; bildl. strengthen, confirm, secure; t.ex. vänskap äv. cement, consolidate
befästning *s* fortification
begabba *vb tr* litt. mock, scoff at, flout [at]
begagna I *vb tr* allm. use; se vid. *använda* II *vb rfl*, *~ sig av* make use of, use; dra nytta av profit (benefit) by, take advantage of
begagnad *adj* used; 'inte ny' vanl. second-hand; *~e kläder* second-hand

clothes; **något** ~ somewhat used, not quite new
begagnande s use, employment; *efter ~t* after use
bege vb rfl, ~ *sig* **1** go, proceed [*till* to]; ~ *sig till* äv. make for; ~ *sig av (i väg) till* leave (depart) for, go away (off) to, set off (out) for, start for **2** opers. *det begav sig att...* bibl. it came to pass that...; *det begav sig inte bättre än att han...* as ill-luck would have it he...
begeistrad adj enthusiastic; *vara (bli)* ~ be enthusiastic, be in (go into) raptures [*över* about]
begeistring s enthusiasm, rapture
begiva se *bege*
begiven adj, ~ *på* addicted (given) to; svag. fond of, keen on; *vara ~ på sötsaker* have a sweet tooth
begivenhet s stor händelse event
begonia s bot. begonia
begrav|a vb tr bury äv. bildl.; inter; ~ *i glömska* consign to (bury in) oblivion; *bli levande -d (-en)* be buried alive
begravning s burial, interment; sorgehögtid funeral; *gå på* ~ go to (attend) a funeral
begravningsakt s funeral ceremony
begravningsbyrå s undertakers pl., amer. äv. morticians pl.; firm of undertakers etc.; lokal funeral parlour (amer. home)
begravningsentreprenör s undertaker, funeral director; amer. äv. mortician
begravningsplats s burial ground, graveyard, större cemetery
begravningståg s funeral procession (train)
begrepp s **1** föreställning m.m. conception, idea, notion [*om* of]; isht filos. concept; *~et skönhet* the conception (filos. concept) of beauty; *det har blivit ett* ~ it has become a household word (an institution); *bilda (göra) sig ett* ~ *om* form an idea of; *reda ut ~en* straighten things out **2** *stå (vara) i ~ att gå* be [just] on the point of going, be about (just going) to go
begreppsförvirring s confusion of ideas
begripa I vb tr understand, comprehend; fatta äv. grasp, catch; vard. get; inse see; *begriper du?* [do you] see?; *jag begriper det inte* it beats (is beyond) me; *jag begrep inte riktigt* I didn't quite get it (catch on); jfr vid. under *förstå I* **II** vb rfl, ~ *sig på* se *förstå II*
begriplig adj intelligible, comprehensible, understandable [*för* to]; *göra ngt ~t [för ngn]* friare äv. make a th. clear [to a p.]; *av lätt ~a skäl* vanl. for obvious reasons
begriplighet s intelligibility
begrunda vb tr ponder over ([up]on), meditate [up]on, think over
begrundan s meditation, reflection
begråta vb tr mourn; eg. äv. weep for; högljutt bewail; beklaga deplore, lament

begränsa I vb tr **1** vara gräns för bound; matem. enclose; kanta border; minska, t.ex. utsikt shut in, block **2** bildl.: avgränsa define; inskränka limit, restrict, circumscribe; hejda spridningen av t.ex. eld check, keep...within bounds; sätta en gräns för set bounds (limits) to; hålla inom viss gräns confine [*till* to], keep down; ~ *till* ett minimum confine (reduce) to... **II** vb rfl, ~ *sig* inskränka sig limit (restrict) oneself [*till* to]; koncentrera sig keep within reasonable bounds; ~ koncentrera *sig till* confine oneself to
begränsad adj limited; *en ~ horisont* bildl. a narrow outlook; ~ *kredit* restricted credit; *~e medel (resurser)* limited means (resources); *mina ~e tillgångar* my straitened means
begränsning s limitation, restriction; ofullkomlighet limitations pl.; begränsad omfattning limited scope; *det (han) har sina ~ar* it has its (he has his) limitations; *känna sin* ~ know one's own limitations
begynna vb tr o. vb itr begin; jfr vid. *börja*; *~nde* om t. ex. sjukdom incipient
begynnelse s beginning; första skede äv. infancy, initial stages pl.
begynnelsebokstav s initial [letter]; *liten* ~ small initial letter; *stor* ~ initial capital [letter]
begynnelselön s commencing salary, starting pay
begå vb tr **1** föröva: t.ex. ett mord commit; andra brott äv. perpetrate; t.ex. ett felsteg äv. be guilty of; t.ex. ett misstag make; ~ *en synd* commit a sin **2** fira solemnize, celebrate; ~ *nattvarden* take (receive) communion
begåvad adj gifted, talented, clever; vard. brainy; *vara språkligt* ~ have a gift for languages; ~ *med* utrustad med endowed with, blessed with
begåvning s **1** talent[s pl.], gift[s pl.]; själsgåvor äv. endowments pl., ability; anlag äv. aptitude [*för* for]; *ha ~ för* have a gift (talent) for; *en man med stor* ~ a man of great talent **2** pers. gifted (talented) person; *han är en lysande* ~ he has a brilliant mind
begär s allm. desire; stark. craving, longing; åtrå lust [*efter* i samtl. fall for]; *fatta ~ till* conceive (be seized with) a desire (longing) for; *ha (hysa)* ~ *till* isht bibl. covet
begär|a vb tr ask, ask for jfr ex.; anhålla om äv. request, desire; ansöka om äv. apply for; nåd, skadestånd, skilsmässa sue for; fordra require; stark. demand; göra anspråk på claim; vänta sig expect; önska sig wish for, desire; åtrå, bibl. covet; ~ *hjälp av ngn* ask a p.'s (a p. for) help; ~ *ordet* ask permission to speak; ~ *att få se...* want (ask) to see...; *är det för mycket -t?* is it too much to expect (ask)?
begäran s anhållan request; mera formellt petition; ansökan application; fordran demand

begärlig

[*om* i samtl. fall for; *om att få* inf. i samtl. fall to be allowed to inf.]; ***skickas på* ~** hand. will be sent on request (application); ***på [allmän]* ~** by [general] request; ***på egen* ~** at his (her etc.) own request
begärlig *adj* **1** eftersökt ...much sought after; desirable; tilltalande attractive [*för* to]; omtyckt popular **2** lysten covetous, greedy
begärlighet *s* **1** *en varas* **~** the demand for a commodity **2** *med* **~** with avidity
behag *s* **1** välbehag pleasure, delight; tillfredsställelse satisfaction; *finna* **~** *i* take pleasure ([a] delight) in, delight in; *vara ngn till* **~** please a p. **2** gottfinnande *efter* **~** at pleasure; som man vill at will (discretion), ad lib; alltefter smak [according] to taste **3** tjusning charm; behagfullhet äv. grace; behaglighet äv. amenity; *lantlivets* **~** the amenities of country life; varje årstid *har sitt* **~** ...has a [characteristic] charm of its own **4** konkr. *kvinnliga* **~** feminine charms
behaga *vb tr* **1** tilltala please, appeal to; verka tilldragande på attract **2** önska like, choose, wish, think fit; *gör som ni ~r* do just as you like (please, see fit), please (suit) yourself; *vad ~s?* what would you like (will you have)?, what can I (is there anything I can) do for you?
behagfull *adj* graceful; intagande charming
behaglig *adj* angenäm pleasant, agreeable; tilltalande pleasing, attractive, stark. delightful; *mjuk och* **~** om sak nice and soft; *~t sätt* engaging manners
behagsjuk *adj* anxious to please; kokett coquettish
behandla *vb tr* treat; om läkare äv. attend; förfara med, avhandla äv. deal with; handla om deal with, treat of; hantera, äv. t.ex. språk handle; sköta manipulate; bearbeta prepare; dryfta discuss; ansökan o.d. consider; jur. hear, try; parl. read; **~** *ngn illa* treat a p. badly, behave badly towards (to) a p., ill-treat a p.; **~** *ngn för* en sjukdom treat a p. for...
behandling *s* treatment äv. med.; hantering handling; dryftande discussion, consideration; jur. hearing, trial; parl. reading; *hans* **~** *av ämnet* his handling of (way of dealing with) the subject; *få tio ~ar* med. have ten applications of the treatment; *tas upp till* **~** come up for discussion; *ta ngn under* **~** bildl. take a p. in hand, deal with a p.; frågan *är under* **~** ...is under discussion (consideration), ...is being dealt with
behandlingsmetod *s* method (mode) of treatment, procedure
behandskad *adj* gloved
behjälplig *adj*, *vara ngn* **~** assist a p. [*med att skriva* to write el. in writing]
behjärtad *adj* resolute, intrepid, dauntless
behjärtansvärd *adj* värd hjälp deserving
behov *s* **1** need; isht brist want; nödvändighet necessity; vad som behövs requirements pl. [*av* for]; *ett stort (växande, ökande)* **~** *av* a great (growing, increasing) demand for; *av ~et påkallad* requisite, essential, necessary; *efter* **~** as (when) required; according to requirements (need); *för eget* **~** for one's own use; *för framtida* **~** for future needs; *vara i stort* **~** *av...* be in great need of..., need...badly; *vid* **~** when necessary, if required **2** naturbehov *förrätta sina* **~** relieve oneself
behovsprövning *s* means test
behå *s* brassiere; vard. bra
behåll *s*, *ha ngt i* **~** have [got] a th. left; *undkomma med livet i* **~** escape with one's life intact, escape alive; *i gott* **~** safe and sound, intact
behålla *vb tr* allm. keep; bibehålla, kvarhålla äv. retain; olovandes stick to; **~** *för sig själv* tiga med keep to oneself, keep quiet about; för egen del keep for oneself; *låta ngn* **~** *ngt* let a p. keep a th.
behållare *s* container, receptacle, holder; vätske- reservoir; större tank; för t.ex. gas receiver
behållning *s* **1** återstod remainder, surplus; saldo balance [in hand]; förråd store, supply; **~** *i dödsbo* jur. residue; *kontant* **~** cash [in hand] **2** vinst, utbyte profit; intäkter av t.ex. konsert proceeds pl. [*av* of]; avkastning yield; *ge...i ren* **~** yield...clear profit (...net); *ha* **~** *av ngt* profit (benefit) by a th.
behäftad *adj*, *vara* **~** *med* t.ex. fel be marred by, suffer from; t.ex. skulder be burdened with; t.ex. sjukdom be afflicted with
behändig *adj* bekväm handy, convenient; flink deft, dexterous; vig agile, nimble; smånäpen natty
behärska I *vb tr* **1** råda över control, rule; bildl. äv. govern; vara herre över be master (om kvinna be mistress) of, be in command of; isht mil. command; dominera dominate; **~** *marknaden* control (hold) the market; **~** *situationen* have the situation under control (well in hand), be master of the situation **2** kunna master; be master (om kvinna mistress) of; **~** *engelska bra (fullständigt)* have a good command (a complete mastery) of English; **~** *ämnet* have a good grasp of the subject **II** *vb rfl*, **~** *sig* control (restrain) oneself, keep one's temper; *[lyckas]* **~** *sig* äv. get the better of oneself
behärskad *adj* self-controlled, restrained; måttfull moderate; sansad self-restrained, self-contained, self-possessed; **~** *optimism* guarded (cautious) optimism
behärskning *s* control; själv- self-control, self-command; *visa* **~** show [self-]restraint
behörig *adj* **1** vederbörlig due; lämplig proper, fitting; *på ~t avstånd* at a safe distance; **~** *ålder* required age **2** kompetent qualified,

competent; om t.ex. lärare certificated; *icke* ~ not qualified (competent); om t.ex. lärare non-certificated
behörighet *s* kompetens qualification, competence; myndighets authority; *han har* ~ *att är* kvalificerad att he is qualified to
behöva *vb tr* ha behov av need, want, require; vara tvungen need, (jfr ex.) have [got] to; *han behöver inte gå* he need not go, he does not need (have) to go, there is no need for him to go; *det behöver inte innebära* it does not necessarily mean; *motorn behöver lagas* the engine wants (needs) repairing; *jag har aldrig behövt ångra det* I have never had occasion to regret it
behövande *adj* [poor and] needy, ...in great need
behövas *vb itr dep* be needed (wanted, required); *det behövs* det är nödvändigt it is necessary; det fordras it takes (needs); *det behövs lärare* ...are needed (wanted, required), there is a need for...; *det behövs pengar (tid) för att göra det* it needs el. takes money (takes time) to do that; *det behövs bara att han visar sig* he only needs to show himself; *när så behövs* when necessary
behövlig *adj* necessary, ...needed
beige *s* o. *adj* beige
beivra *vb tr, [lagligen]* ~ take [legal] measures against; *överträdelse ~s på anslag* o.d. offenders (vid förbud att beträda område trespassers) will be prosecuted
bejaka *vb tr* svara ja på answer...in the affirmative; erkänna förekomsten av accept, recognize; ~ *livet* have a positive outlook on life
bejublad *adj*, *en* ~ *föreställning* a very much acclaimed (very successful) performance
bekant I *adj* **1** känd **a)** som man vet om known [*för ngn* to a p.]; *som* ~ as we (you) [all] know, as everyone knows, as is well known **b)** välkänd; attr. well-known (pred. well known); omtalad noted; beryktad notorious [*för ngt* i samtl. fall for a th.]; välbekant familiar [*för ngn* to a p.]; *det verkar* ~ it seems familiar to me **2** ~ *[med]* acquainted [with]; förtrogen äv. familiar [with]; *bli* ~ *med ngn* get to know (become acquainted with) a p., make a p.'s acquaintance, meet a p.; *jag är personligen* ~ *med honom* vanl. I know him personally **II** *subst adj* acquaintance; ofta friend; *en* ~ *till mig* a friend (an acquaintance) of mine; *~as ~a* till mig friends of friends of mine
bekanta *vb rfl*, ~ *sig med ngt* acquaint oneself with a th.; ~ *sig med varandra* get to know each other
bekantskap *s* abstr. el. konkr. acquaintance [*med* with]; kännedom knowledge [*med* of]; *göra* ~ *med* become (get) acquainted with, get to know; pers. äv. make the acquaintance of; ~ *[önskas]* avdelning i tidning the personal (vard. lonely hearts) column; *vid närmare* ~ on [closer] acquaintance
bekantskapskrets *s* circle (set) of acquaintances; *i min* ~ among my acquaintances
beklaga I *vb tr* **1** ngn: tycka synd om be (feel) sorry for; ömka pity **2** ngt: vara ledsen över regret, be sorry about; sörja feel sorry about; ogilla deprecate; *jag ~r att jag inte kan...* I regret being unable to (that I cannot)...; *vi ~r ljudkvalitén* i denna sändning we wish to apologize for the sound quality...; *jag ~r sorgen* may I express (please accept) my condolences (sympathy) **II** *vb rfl*, ~ *sig* complain [*över* about; *för, hos* to]
beklagande I *s* [expression of] regret (sorrow); *uttrycka sitt* ~ express one's regret [*över att* that; *över ngt* at a th.]; *det är med* ~ *jag måste meddela* I regret to inform you **II** *adj* regretful
beklagansvärd *adj* om pers. ...to be pitied, pitiable, pitiful; stackars poor; om sak, se *beklaglig*
beklaglig *adj* regrettable, unfortunate; sorglig deplorable; *en* ~ *brist på* a deplorable lack of; *det är ~t* it is to be regretted
beklagligtvis *adv* unfortunately; to my (his etc.) regret
beklädnad *s* klädsel clothing, wear, attire; överdrag cover[ing]; utvändig facing; invändig lining
beklädnadsindustri *s* clothing industry
beklämd *adj* depressed, distressed [*över* at]; oppressed; *göra* ~ äv. depress; *känna sig* ~ feel heavy at heart
beklämmande *adj* depressing, distressing; sorglig deplorable, sickening; *det är* ~ äv. it makes you sick
beklämning *s* depression, oppression, heaviness of heart; *djup* ~ anguish
bekomma *vb itr* **1** ~ *ngn väl (illa)* göra ngn gott (skada) do a p. good (harm); om t.ex. mat agree (disagree) with a p.; *väl bekomme!* varsågod you are welcome [to it]! äv. iron. **2** röra *det bekommer mig ingenting* it has no effect [up]on me, it doesn't worry (bother) me
bekosta *vb tr* pay (find the money) for, defray the expense (cost) of; finansiera fund
bekostnad *s, på ngns* ~ at a p's expense äv. bildl.; *på egen (statens)* ~ at one's own (the public) expense; *på* ~ *av* at the expense (cost, sacrifice) of
bekransa *vb tr* wreathe, garland; omge äv. encircle
bekräfta *vb tr* confirm; bestyrka äv. corroborate, bear out, substantiate, affirm; stödja äv. support, endorse; erkänna acknowledge; stadfästa ratify; bevittna, attestera

bekräftelse

certify; ~ *mottagandet av* acknowledge [the] receipt of; ~*s* be confirmed, prove [to be] true
bekräftelse *s* (jfr *bekräfta*) confirmation, corroboration; acknowledgement, ratification [*på* i samtl. fall of]
bekväm *adj* **1** comfortable; vard. comfy; praktisk, bra convenient, handy; lätt easy; *gör som det är* ~*ast för dig* suit your own convenience, suit yourself **2** om pers. ~ *[av sig]* easy-going, lazy, indolent; *vara* ~ *[av sig]* äv. be fond of taking things easy, study one's own comfort
bekväma *vb rfl*, *han har inte ens* ~*t sig till att* inf. he hasn't even taken the trouble to inf.
bekvämlig se *bekväm*
bekvämlighet *s* **1** convenience; trevnad comfort; lätthet ease; *alla moderna* ~*er* every modern convenience sg., all the latest conveniences; vard. all the mod cons **2** maklighet easy-goingness, laziness
bekvämlighetsflagg *s* sjö. flag of convenience
bekvämlighetsinrättning *s* public convenience
bekvämlighetsskäl *s*, *av* ~ for the sake of convenience
bekvämt *adv* **1** comfortably; conveniently; *ha det* ~ be comfortable; *sätta sig* ~ make oneself comfortable [in a chair] **2** utan svårighet easily, [quite] comfortably
bekymmer *s* worry, trouble; stark. anxiety, concern; omsorg care; *ekonomiska* ~ financial worries; *ha* ~ vanl. be in trouble; *ha* ~ *för ngn* be worried (anxious) about a p.; *det är inte mitt* ~ that's not my concern (problem, vard. headache)
bekymmersam *adj* brydsam distressing; mödosam ...full of care; om t.ex. tider troubled; *det ser* ~*t ut för honom* things look bad for him
bekymmerslös *adj* carefree; sorglös om pers. äv. light-hearted, unconcerned, happy-go-lucky; *en* ~ *tillvaro* a carefree existence, a life of ease
bekymra I *vb tr* trouble, worry; oroa äv. distress, cause...anxiety **II** *vb rfl*, ~ *sig* trouble (worry) [oneself] [*för, över, om* about;]; ~ *sig för (över)* äv. distress oneself (be anxious) about; ~ *sig om* äv. care about, concern oneself about (with)
bekymrad *adj* distressed, concerned, troubled, worried, anxious [*för, över* i samtl. fall about]
bekyttad *adj* rådvill ...in a quandary; bekymrad worried
bekämpa *vb tr* fight [against], combat; motstå resist; i debatt oppose; försöka utrota control
bekämpning *s* combating osv., jfr *bekämpa*; fight [*av* against]; control [*av* of]; ~ *av skadedjur* pest control

bekämpningsmedel *s* biocide; mot skadeinsekter o.d. insecticide, pesticide; mot ogräs weedkiller
bekänna I *vb tr* erkänna confess; öppet tillstå avow; förklara sin tro på profess; ~ *[sig skyldig]* confess; jur. äv. plead guilty; ~ *färg* kortsp. follow suit; bildl. show one's hand; *jag får* ~ *att...* I must confess that... **II** *vb rfl*, ~ *sig till* t.ex. en religion profess; t.ex. ett parti profess oneself an adherent of
bekännare *s* confessor
bekännelse *s* allm. confession; tros~ äv. profession; troslära creed; *avlägga en* ~ make a confession
belackare *s* slanderer, backbiter
belag *s* på t.ex. skidor running surface
belagd *adj*, ~ *röst* husky voice
belamra *vb tr* clutter up; minnet äv. encumber [*med* with]
belasta *vb tr* **1** load, charge isht tekn.; betunga: t.ex. med skatt burden; t.ex. med inteckning encumber; bildl. saddle; anstränga put a load on, overload [*med* i samtl. fall with]; ~ *sitt minne med* burden (load) one's memory with **2** hand. charge, debit **3** sport. weight, handicap
belastning *s* load[ing], charge, weight, stress; bildl. disadvantage, drawback, encumbrance; isht sport. handicap; *ärftlig* ~ hereditary taint, family weakness; *beräkna* ~*en på bron* calculate the strains and stresses of the bridge
beledsaga *vb tr* accompany äv. mus.; uppvakta attend; följa follow; ~*nde omständigheter* attendant circumstances
belevad *adj* well-bred, mannerly, well-mannered; artig courteous; världsvan urbane
belevenhet *s* good breeding, polish; polished manners pl.; världsvana urbanity
belgare *s* Belgian
Belgien Belgium
belgier *s* Belgian
belgisk *adj* Belgian
belgiska *s* kvinna Belgian woman
Belgrad Belgrade
belladonna *s* bot. el. med. belladonna; bot. äv. deadly nightshade
belopp *s* amount, sum; *hela* ~*et* the total (whole) amount
belysa *vb tr* t.ex. en gata light [up]; allm. illuminate; bildl. äv. throw (shed) light upon, illustrate; klarlägga elucidate
belysande *adj* åskådlig illuminating, illuminative; betecknande illustrative, characteristic [*för* of]; klarläggande elucidatory, elucidative; *ett* ~ *exempel* an illustrative example
belysning *s* allm. lighting, illumination; dager light äv. bildl.; förklaring illustration,

elucidation; **dämpad** ~ subdued (soft) light; **indirekt** ~ diffused (concealed) lighting
belåna vb tr **1** inteckna mortgage; låna pengar på raise money (a loan) on, borrow [money] on; pantsätta pledge, pawn; *huset är högt ~t* the house is heavily mortgaged **2** ge lån på lend [money] on, grant a loan on
belåning s, inteckning[ar], hus *med hög* ~ ...with high mortgage loans
belåten adj satisfied, pleased; content end. pred. [*med* i samtl. fall with]; happy [*med* about]; förnöjd contented; *vara ~ med* trivas med like, be pleased with; *är ni ~?* mätt have you had enough [to eat]?; *se ~ ut* look pleased (happy)
belåtenhet s satisfaction [*över* at]; contentment; *skina av ~* beam with contentment; *vara till allmän ~* be to everyone's satisfaction, be satisfactory to everyone
belägen adj liggande situated; placerad located; *vara ~* äv.: om t.ex. stad lie, be; om t.ex. hus stand; *~ mot norr* facing north
belägenhet s läge situation, position; om hus äv. site; plats location; bildl. situation, state; svår plight, predicament
belägg s exempel instance, example [*för, på* of]; bevis evidence, proof [*för* of]; *ge ~ för* t.ex. teori äv. confirm, bear out, support
belägga vb tr **1** betäcka cover; överdra äv. coat [*med* with] **2** ~ reservera *en plats* reserve a seat; *han belade andra platsen* sport. he secured the second place **3** pålägga ~ *ngt med* t.ex. straff, skatt impose...on a th.; *~ ngn med handklovar* handcuff (put handcuffs on) a p. **4** bevisa medelst exempel support (bear out, substantiate)...with examples; *ordet är inte belagt* före 1400 there is no instance (record) of the word... **5** sjö. belay, bitt; *stopp och belägg!* belay there!
beläggning s **1** covering, coating; konkr. cover, coat; lager layer; gatu~ paving, pavement; på tunga fur, coating; på tänder film **2** sjukhusets ~ the number of occupied beds (of patients) in the hospital; *hotellet har dålig (full)* ~ the hotel is not fully (is fully) booked up; *stålindustrin har dålig ~* the steel industry is working below capacity
belägra vb tr besiege, beleaguer båda äv. bildl.; invest; *[börja]* ~ lay siege to; *de ~de* the besieged
belägring s siege, investment; *upphäva ~en* raise the siege
belägringstillstånd s state of siege
beläsenhet s [wide] reading; *ha stor ~ i* be widely read in
beläst adj well-read; *en mycket ~ man* äv. a man of extensive (wide) reading
beläte s avbild image, likeness; avgudabild idol
belöna vb tr reward; gottgöra recompense,

remunerate; *~...med ett pris* award a prize to...
belöning s reward; gottgörelse recompense; utmärkelse award, prize; *som (till) ~* as a reward osv.
belöpa vb rfl, *~ sig till* amount (come, run [up]) to
bemanna vb tr man; *~d* manned
bemanning s bemannande manning; av t.ex. företag staffing; besättning crew; personal staff
bemedlad adj, *de mindre ~e* people of small means
bemyndiga vb tr authorize, empower; *~d översättning* authorized translation
bemyndigande s authorization; befogenhet authority, sanction, power [of attorney]; *ha [ngns] ~ att* inf. be authorized [by a p.] to inf.
bemäktiga vb rfl, *~ sig* take possession of, seize; tillägna sig äv. possess oneself of
bemälde adj, *~ person* the said person
bemängd adj, *~ med* mixed [up] with, mingled with äv. bildl.
bemärkelse s sense; *i bildlig ~* in a figurative sense, figuratively
bemärkelsedag s märkesdag red-letter day; högtidsdag great (important, special) day (occasion)
bemärkt adj noted; attr. well-known; pred. well known [*för* for]; framstående prominent; *göra sig ~* känd make a name for oneself
bemästra vb tr få bukt med master; tygla overcome, get the better of
bemöda vb rfl, *~ sig* take pains, try hard [*om att* inf. to inf.]; *~ sig om att* inf. äv. endeavour (strive) to inf.
bemödande s ansträngning effort, exertion; strävan endeavour
bemöta vb tr **1** behandla treat; motta receive **2** besvara answer, meet; vederlägga refute
bemötande s (jfr *bemöta*) **1** treatment; *vänligt ~* kind treatment **2** svar reply [*av* to]; refutation [*av* of]; *till ~ av detta* anförde han in refutation of this...
ben s **1** skelett~, fisk~ el. ämne bone **2** kroppsdel leg äv. på strumpa, stol etc.; lem äv. limb; *bryta ~et* break one's leg; *dra ~en efter sig* gå långsamt go shuffling along; söla hang about, dawdle; *hjälpa ngn på ~en* att resa sig help a p. to his (her osv.) feet; *hålla sig (stå) på ~en* stand on one's legs, stand [up]; *rör på ~en!* vard. shake a leg!, move yourself!, get going!; *stå på egna ~* stand on one's own feet (legs); *inte veta på vilket ~ man ska stå* be at one's wits' end, not know which leg to stand on; *sätta (ta) det långa ~et före* put one's best foot forward; *vara på ~en* be up and about; tillfrisknad äv. be on one's feet
1 bena vb tr, *~ [ur]* fisk bone; *~ upp (ut)* bildl. analyse; amer. analyze, dissect

2 bena I *vb tr*, ~ **håret** part one's hair **II** *s* parting; **kamma** ~ make a parting
benbrott *s* **1** i nedre extremiteterna fractured (broken) leg **2** fraktur fracture
benfri *adj* boneless; om fisk äv. boned
bengal *s* Bengalese (pl. lika), Bengali (pl. lika el. -s)
Bengalen Bengal
bengalisk *adj* Bengalese; ~ **eld** Bengal light; ~ **tiger** Bengal tiger
benget *s* vard. bag of bones
benhinneinflammation *s* med. periostitis (end. sg.)
benhård *adj* bildl. rigid, ...hard as nails, strict; orubblig adamant; ~ **konservatism** diehard conservatism
benig *adj* **1** bony; om fisk äv. ...full of bones; knotig äv. scraggy **2** kinkig tricky, puzzling
benkläder *s pl* **1** underbyxor: mans [under]pants; amer. underpants; dams knickers, panties **2** yttre trousers; amer. vanl. pants
benknota *s* bone
benmjöl *s* bone meal; gödningsämne bone manure
benmärg *s* bone marrow
benpipa *s* anat. shaft [of the (resp. a) bone], bone
benrangel *s* skeleton
benröta *s* med. caries
bensin *s* motorbränsle petrol; amer. gasoline; vard. gas; kem., till rengöring benzine
bensinbomb *s* petrol (amer. gasoline) bomb, Molotov cocktail
bensindunk *s* petrol can; flat jerrycan
bensinmack se *bensinstation*
bensinmotor *s* petrol engine
bensinmätare *s* petrol (fuel) gauge
bensinpump *s* petrol pump; på bil fuel pump
bensinskatt *s* petrol tax
bensinsnål *adj* om bil economical to run; **bilen är** ~ the car has a low petrol (amer. gasoline) consumption
bensinstation *s* petrol (filling, service; amer. gas[oline]) station; med verkstad ofta garage
bensintank *s* petrol (fuel) tank
benskydd *s* sport. shinguard, shinpad
benskärva *s* splinter of bone
bensoesyra|d *adj* kem. **-t natron** sodium benzoate
benstomme *s* skeleton, skeletal structure; **ha kraftig** ~ have a sturdy frame, be big-boned
benstump *s* stump
benvit *adj* ivory-coloured
benvärmare *s pl* leg-warmers
benvävnad *s* bone tissue
benåda *vb tr* **1** pardon; dödsdömd reprieve; konungen har rätt **att** ~ ...to grant amnesty (a pardon) **2** begåva endow [*med* with]; **~d** rikt utrustad very gifted

benådning *s* pardon; vid dödsdom reprieve; amnesti amnesty
benägen *adj* **1** böjd inclined, apt, disposed; villig willing, ready; **vara** ~ **att** äv. tend to **2** välvillig **med benäget tillstånd av** by kind permission of, by courtesy of
benägenhet *s* fallenhet tendency [*för* to[wards]; *att* inf. to inf.]; inclination; disposition; begivenhet propensity [*för* to; *att* inf. to inf. el. for ing-form]; villighet readiness [*för* to]; **ha** ~ **för fetma** have an inclination to stoutness; **ha en** ~ **att...** have a tendency to...
benämna *vb tr* call, name, denominate, term; beteckna designate; **benämnda tal** denominate numbers
benämning *s* name [*på* for], appellation, denomination, term; beteckning designation
beordra *vb tr* order; tillsäga instruct; ~ **ngn till tjänstgöring** detail a p. for duty
beprövad *adj* [well-]tried, tested, reliable; erfaren experienced
beramad *adj* planned, arranged
bereda I *vb tr* **1** förbereda, tillreda prepare; göra i ordning get...ready; bearbeta: allm. dress, process; tillverka make; ~ **ngn på ngt** prepare a p. for a th.; ~ **väg för** make way for; bildl. pave (smooth, prepare) the way for **2** förorsaka, t.ex. besvär cause; skänka, t.ex. glädje give, afford; ~ **plats för** make room for; ~ **ngn tillfälle att** inf. furnish (provide) a p. with (give a p.) an opportunity of ing-form **II** *vb rfl*, ~ **sig** göra sig beredd prepare [oneself] [*på*, *till* for]; göra sig i ordning get [oneself] (make) ready [*för* for; *att* inf. to inf.]; ~ **sig på** vänta sig expect; **man får (måste)** ~ **sig på det värsta** vanl. one must be prepared for the worst
beredd *adj* **1** prepared; redo äv. ready [*på* for; *att* inf. to inf.]; villig willing; besluten resolved [*att* inf. on ing-form (to inf.)]; **vara** ~ **på** det värsta be prepared for..., expect...; ~ **till uppoffringar** willing to make sacrifices **2** tekn. curried, dressed
beredning *s* **1** förberedande preparation; tillverkning manufacture, making; bearbetning dressing, currying **2** utskott drafting (working) committee
beredskap *s* preparedness, readiness; mil. military preparedness; **ha i** ~ have in readiness (färdig ready, på lager in store); **ligga i** ~ mil. el. om t.ex. polis be in a state of alert, be alerted (standing by)
beredskapsarbete *s* public relief work (end. sg.), temporary employment
beredskapslager *s* mil. stockpile
beredskapsplan *s* contingency plan, emergency plan
beredvillig *adj* ready [and willing], prompt
beredvillighet *s* readiness, willingness, promptitude; stark. alacrity

berest *adj* widely-travelled...; *hon är mycket ~* she has travelled a great deal
berg *s* **1** mountain äv. bildl.; mindre hill; klippa rock; *~et Ida* Mount (förk. Mt.) Ida; *det sitter som ~* it won't budge **2** geol. el. gruv. rock
bergart *s* [kind (species) of] rock
bergbana *s* mountain railway, funicular
bergbestigning se *bergsbestigning*
bergfast *adj* ...[as] firm as a rock; *en ~ tro* an unshakable (a steadfast) belief
bergfink *s* zool. brambling
berggrund *s* bedrock
berghäll *s* [flat piece of] rock
bergig *adj* mountainous; hilly; rocky; jfr *berg*
1 bergis *s* bröd poppy-seed loaf
2 bergis *adj* vard., se *bergsäker*
bergkristall *s* miner. rock crystal
berg-och-dalbana *s* switchback, roller coaster, big dipper; bildl. *livets ~* life's ups and downs pl.
bergolja *s* rock oil, petroleum
bergsalt *s* rock salt
bergsbestigare *s* mountaineer, mountain climber
bergsbestigning *s* alpinism mountaineering, [mountain] climbing; tur [mountain] climb, ascent
bergsbruk *s* mining [industry]
bergsingenjör *s* mining engineer
bergskam *s* mountain crest
bergskedja *s* mountain chain
bergskreva *s* cleft, crevice
bergskyddsrum *s* rock shelter
bergslag *s* mining district (area)
bergsluttning *s* mountain slope, mountain side
bergspass *s* mountain pass; trångt defile
bergspredikan *s* bibl. the Sermon on the Mount
bergsprängare *s* **1** rock-blaster **2** vard., mus. ghetto blaster
bergsrygg *s* mountain ridge
bergstopp *s* mountain peak
bergstrakt *s* mountain[ous] district
bergsäker *adj, det är ~t* it's absolutely certain, it's a dead cert (certainty)
bergtagen *adj, bli ~* be spirited away [into the mountain]; friare be enchanted
bergtroll *s* mountain troll, gnome
bergtunga *s* zool. el. kok. lemon sole
berguv *s* zool. eagle owl; amer. äv. great horned owl
bergvägg *s* rock face; klippvägg cliff face
beriberi *s* med. beriberi
beriden *adj* mounted
berika *vb tr* enrich äv. fys.
beriktiga *vb tr* correct, rectify, put...right
beriktigande *s* rättelse correction
Berings sund Bering Strait
berlinare *s* Berliner, inhabitant of Berlin
berlock *s* charm
bermudas *s pl* o. **bermudashorts** *s pl* Bermudas, Bermuda shorts
Bermudaöarna *s pl* the Bermudas, Bermuda sg.
bero *vb itr* **1** *~ på* **a)** ha sin grund i be due (owing) to; *det ~r på att han är...* that is due (owing) to the fact that he is... (to his being...); *vad ~r det på att...?* what is the reason why...? **b)** komma an (hänga) på depend on; vara en fråga om be a question (matter) of; *det ~r på dig, om...* it depends on (is up to) you whether...; *det ~r på det!* it (that) depends! **2** *låta ~* anstå: *låta saken ~* let the matter rest there
beroende I *adj* avhängig dependent [*av (på)* [up]on]; *vara ~ av läkemedel* be dependent on (stark. addicted to) medicines (pharmaceutical preparations); *~ på* prep. **a)** på grund av owing (vard. due) to [*att* the fact that] **b)** avhängigt av depending on [*om* whether] **II** *s* dependence [*av* [up]on]; stark. addiction [*av* to]
beroendeframkallande *adj* habit-forming; stark. addictive
berså *s* arbour, bower
berusa I *vb tr* intoxicate äv. bildl.; *låta sig ~s av* bildl. have one's head turned by **II** *vb rfl, ~ sig* intoxicate oneself, get intoxicated (drunk, vard. tipsy) [*med* on]
berusad *adj* intoxicated, drunk båda äv. bildl. [*av* with]; tipsy; *en ~ [karl]* a drunken (tipsy) man; *han är ~* vard. äv. he is tight; *i berusat tillstånd* under the influence of drink (liquor), in a state of intoxication
berusande *adj* intoxicating äv. bildl.
berusning *s* intoxication
berusningsmedel *s* intoxicant
beryktad *adj* ökänd notorious [*för* for]; *illa ~* disreputable; attr. äv. ...of bad (evil) repute
berått *adj, med ~ mod* deliberately, in cold blood; jur. with malice aforethought
beräkna *vb tr* **1** allm. calculate; uppskatta estimate [*till* at]; genom beräkning fastställa determine; räkna ut compute; anslå, t.ex. viss tid för ngt allow; planera plan; *~...per person* i matrecept allow...per person; *när ~r du vara färdig?* when do you expect to be finished? **2** ta med i beräkningen take...into account, reckon (count) on **3** hand., debitera charge
beräknande *adj* calculating, scheming
beräkning *s* calculation, computation; uppskattning estimate [*av* of]; *efter mina ~ar* according to my calculations (reckoning); *ta...med i ~en* bildl. allow (make allowance) for..., take...into consideration (account)
berätta *vb tr* tell [*ngt för ngn* a p. a th. el. a th. to a p.]; *~ ngt* skildra, förtälja äv. relate (narrate) a th.; redogöra för äv. recount a th. [*för ngn* to a p.]; *~ [historier]* tell stories;

berättande

han ~de, att... he told (informed) me (us osv.) that...
berättande *adj* narrative
berättare *s* story-teller, narrator, relater
berättartalang *s* **1** förmåga gift for (knack of) telling stories **2** pers. gifted (born) story-teller
berättelse *s* saga, historia tale, [short] story; skildring narrative; redogörelse report, statement [*över (om)* about, on]; account [*över (om)* of]
berättiga *vb tr* entitle; **~ ngn att** inf. äv. empower (authorize) a p. to inf.; give a p. the right to inf.
berättigad *adj* om pers. entitled, authorized [*att* inf. to inf.]; justified [*att* inf. in med ing-form]; rättmätig just, legitimate; välgrundad well-founded; **han är ~ till pension** he is entitled to a pension; **det ~e i...** the justness (justice, legitimacy) of...
berättigande *s* bemyndigande authorization; befogenhet, rätt right, claim [*till* to], eligibility [*till* for]; rättfärdigande justification; förbudet **har [ett visst] ~** ...is [to a certain extent] justified
beröm *s* lovord praise, commendation; **eget ~ luktar illa** self-praise is no recommendation; **få ~** be [highly] commended (praised); **ge ngn ~** praise (speak highly of el. laud) a p.; **till hans ~ måste sägas att...** to his credit it must be said that...
berömd *adj* famous, celebrated; friare: attr. well-known (pred. well known); **vida ~** renowned
berömdhet *s* celebrity äv. pers.
berömlig *adj* värd beröm praiseworthy, commendable, laudable
berömma I *vb tr* praise, commend; stark. laud, extol; **man kan inte nog ~...** one cannot say enough in praise of... II *vb rfl*, **~ sig av** skryta över boast of; känna sig stolt över pride oneself [up]on
berömmande *adj* commendatory, laudatory, eulogistic
berömmelse *s* ryktbarhet fame, renown; heder, ära credit; **vinna ~** äv. gain distinction
berömvärd *adj* praiseworthy, commendable, laudable
berör|a *vb tr* **1** eg. el. friare touch; stryka med handen över äv. pass one's hand [lightly] over; komma i beröring med come into contact with; snudda vid graze, skim; **ytterligheterna berör varandra** extremes meet **2** omnämna touch [up]on **3** handla om be about **4** påverka affect; **de som -s (-des) av det** el. **de berörda** those affected by it; **bli illa -d [av ngt]** be unpleasantly affected [by a th.]
beröring *s* contact, touch äv. bildl.; förbindelse connection; **vid minsta ~** at the slightest touch; **komma i ~ med** come into contact with

beröringspunkt *s* point of contact; bildl. point (interest) in common
beröva *vb tr*, **~ ngn ngt** deprive (avhända dispossess) a p. of a th.; **~ ngn modet** dishearten a p.; **~ sig livet** take one's own life
besanna I *vb tr* **1** erfara sanningen av [live to] see the truth of **2** bekräfta verify; **~s** se II II *vb rfl*, **~ sig** be verified (confirmed); om dröm, spådom äv. come true
besatt *adj* **1** occupied osv., jfr *besätta* **2** ~ *[av en ond ande]* possessed [by a devil]; **han var [som] ~ av henne** he was infatuated (obsessed) by her; **~ av en idé** obsessed by an idea; **som en ~** like a madman (one possessed)
besatthet *s* possession; infatuation; obsession; jfr *besatt 2*
bese *vb tr* see, look at, have a look at; **~ Stockholm** see [the sights of] (vard. do) Stockholm
besegla *vb tr* bekräfta seal
besegra *vb tr* defeat, conquer, beat; litt. vanquish; övervinna overcome; **bli ~d** äv. be worsted; **erkänna sig ~d** äv. acknowledge [one's] defeat
besegrare *s* conqueror, vanquisher; i t.ex. sport winner
besiktiga *vb tr* inspect, examine; granska, syna survey, view; **bli ~d** äv. undergo inspection, be tested äv. om bil
besiktning *s* inspection, examination, survey; bil~, se *kontrollbesiktning*
besiktningsinstrument för motorfordon, se *registreringsbevis*
besiktningsman *s* inspector; avsynare surveyor; vid körkortsprov driving examiner
besinna I *vb tr* consider, bear...in mind II *vb rfl*, **~ sig 1** betänka sig consider; innan man talar stop to think; **utan att ~ sig** without hesitation **2** ändra mening change (alter) one's mind
besinnande *s* consideration
besinning *s* besinnande consideration; sinnesnärvaro presence of mind; behärskning self-control; **förlora ~en** tappa huvudet lose one's head; **komma till ~** come to one's senses
besinningslös *adj* rash, unreflecting; hejdlös reckless
besitta *vb tr* possess; friare äv. have [got]; fast egendom äv. own; inneha occupy, hold
besittning *s* possession äv. landområde; occupation, tenancy; **ta...i ~** take possession of...; bemäktiga sig seize...; besätta occupy...
besjunga *vb tr* sing the praises of, extol, celebrate...in song
besjäla *vb tr* inspire, animate
besk I *adj* bitter, acrid äv. bildl.; **~ kritik** pungent criticism; **ett ~t svar** a cutting answer II *s* bitters pl.; **en ~** a glass of bitters

beskaffad *adj* skapad constituted; konstruerad constructed; *så ~* skapad äv. ...of such a nature
beskaffenhet *s* nature, character; varas quality; tillstånd state, condition
beskatta *vb tr* tax, impose taxes (resp. a tax) [up]on; jfr *skatt 2*
beskattning *s* taxation, taxing; kommunal rating; fastställande av skatt assessment; *direkt (indirekt) ~* direct (indirect) taxation
beskattningsbar *adj* taxable
beskattningsår *s* fiscal (tax) year
besked *s* **1** svar answer; upplysning information [*om* about]; anvisning instructions pl.; *jag fick det ~et att...* I was informed (told) that..., I got word that...; *jag skall ge [dig] ~ i morgon* I will let you know tomorrow **2** *med ~* properly; så det förslår with a vengeance
beskedlig *adj* meek and mild, medgörlig, snäll obliging, good-natured; klandrande äv. meek; tam tame
beskedlighet *s* kindness [of disposition], good nature
beskhet *s* **1** smak bitterness äv. bildl. **2** yttrande o.d. caustic remark
beskickning *s* mission; ambassad embassy; legation legation
beskjuta *vb tr* fire at; bombardera shell, bombard
beskjutning *s* firing; bombardemang shelling, bombardment; *under ~* under fire
beskriva *vb tr* **1** describe; skildra äv. depict; *...låter sig inte ~s* ...cannot be described (is indescribable) **2** röra sig i describe [*en båge (cirkel)* a curve (circle)]
beskrivande *adj* descriptive
beskrivning *s* **1** description; redogörelse account [*på* of]; *trotsa all ~* defy description; ringen *återfås mot ~* ...can be recovered on (by) giving its description **2** anvisning directions pl.; kok. recipe
beskugga *vb tr* shade; trädg. screen
beskydd *s* protection äv. ss. kriminell verksamhet [*mot* from, against]; *under kungligt ~* under royal patronage; *stå under ngns ~* be under a p.'s protection
beskydda *vb tr* protect, shield [*för (mot)* from (against)]; gynna patronize
beskyddande *adj* protective; överlägset patronizing
beskyddare *s* allm. protector; mecenat patron
beskylla *vb tr* accuse [*för* of]; charge [*för* with]
beskyllning *s* accusation, imputation, charge [*för* of; *för att* inf. of ing-form]
beskåda *vb tr* look at, regard; besiktiga inspect
beskådan *s* inspection; *utställd till allmän ~* placed on [public] view, publicly exhibited
beskäftig *adj* meddlesome, fussy, officious; *en ~ människa* äv. a busybody
beskänkt *adj* tipsy, fuddled

1 beskära *vb tr* förunna vouchsafe; *få sin beskärda del* receive one's [allotted (due)] share
2 beskära *vb tr* trädg. prune; tekn. trim, dress [down]; reducera cut down, pare
beskärm *s* protection
beskärma *vb rfl, ~ sig över* lament over
beskärning *s* trädg. pruning; tekn. trimming, dressing; reducering cutting down, paring
beslag *s* **1** till skydd, prydnad: allm. mount[ing]; pl. äv. fittings; järn~, mässings~ osv. ofta piece of ironwork (brasswork osv.); pl. ironwork (osv.) sg.; dörr~, fönster~, kist~ osv. (koll.) furniture sg. **2** fys. el. kem., beläggning coating **3** kvarstad confiscation, seizure, sequestration; *lägga ~ på* requisition; för statens ändamål äv. commandeer; friare el. bildl. appropriate, take, lay hands [up]on; *han lade ~ på mig hela kvällen* he monopolized me all the evening; *ta i ~* konfiskera confiscate, seize
beslagta[ga] *vb tr* commandeer; jfr äv. *[ta i] beslag*
beslut *s* decision; av församling äv. resolution; jur. äv. verdict; föresats determination, resolve; *fatta ett ~* el. *ta [ett] ~* come to a decision; *stå fast vid sitt ~* adhere (stick) to one's decision (resolve)
besluta I *vb tr* o. *vb itr* decide [*[om]* ngt vanl. [up]on a th.]; stadga decree; *det beslöts vid mötet att...* it was decided (agreed) at the meeting that...; *de ~de åtgärderna* the measures decided [up]on **II** *vb rfl, ~ sig* bestämma sig make up one's mind [*att* inf. to inf.]; decide [*för ngt* [up]on a th.; *att* inf. to inf. el. [up]on ing-form]; föresätta sig determine, resolve [*att* inf. to inf. el. [up]on ing-form]
besluten *adj* resolved, determined; *vara fast ~* be firmly resolved (determined)
beslutför *adj* o. **beslutmässig** *adj* ...competent to make decisions; *vara ~* form (constitute) a quorum
beslutsam *adj* resolute, determined
beslutsamhet *s* resolution, resolve, determination
beslå *vb tr* **1** förse med beslag fit...with metal; överdra cover, case; segel furl **2** *~ ngn med lögn* convict a p. of telling lies; ertappa catch a p. lying
besläktad *adj* related [*med* to]; *vara nära ~ med* be closely related (akin) to; *~e folkslag* kindred races; *~e ord* cognate words; *andligen ~* spiritually allied [*med* to]
beslöja *vb tr* cover...with a veil, veil äv. bildl.; friare obscure; *en ~d röst* a husky voice
besman *s* steelyard
bespara *vb tr* save; skona spare; *~ ngn besvär* save a p. trouble; *det kunde du ha ~t dig* iron. you might have spared yourself the trouble
besparing *s* **1** saving äv. konkr.; *göra ~ar* effect

besparingsåtgärd

economies; *det är en ren ~ [på 500 kronor]* it is a clear saving [of 500 kronor] **2** sömnad. yoke
besparingsåtgärd *s* economy measure
bespetsa *vb rfl,* ~ *sig på* look forward to, set one's heart on
bespisa *vb tr* feed, provide meals (resp. a meal) for
bespisning *s* bespisande feeding [*av* of]; skol.: matsal dining hall
bespotta *vb tr* mock, scoff (jeer) at, flout [at]
bespruta *vb tr* syringe, spray
besprutning *s* syringing, spraying
besprutningsmedel *s* spray; pesticid pesticide
besserwisser *s* know-all, wiseacre; isht amer. äv. wise guy
best *s* beast, brute
bestialisk *adj* bestial
bestialitet *s* bestiality; handling äv. bestial act
bestick *s* **1** mat~ [set of] knife, fork and spoon; koll. cutlery; sallads~ o.d. servers pl.; rit~ case (set) of instruments **2** sjö. dead reckoning
besticka *vb tr* bribe; vittnen äv. suborn; *låta sig ~s* take (accept) bribes (a bribe)
bestickande *adj* insidious, seductive, plausible; *det låter ~* it sounds attractive enough
besticklig *adj* ...open to bribery, bribable, corruptible
bestickning *s* bribery, corruption; av vittnen äv. subornation (samtl. end. sg.); mutor bribes pl.
bestiga *vb tr* berg climb; tron ascend; häst mount; *~ talarstolen* mount the platform
bestigning *s* climbing; av tron ascent
bestjäla *vb tr* rob [*ngn på ngt* a p. of a th.]; *jag har blivit bestulen på...* I have been robbed of..., I have had...stolen
bestraffa *vb tr* punish; *detta ~s med...* the penalty for this is...
bestraffning *s* punishment, penalty
bestrida *vb tr* **1** förneka deny; opponera sig contest, dispute, oppose, controvert; isht jur. äv. traverse; tillbakavisa repudiate; *~ ngn rätten till ngt (rätten att* inf.*)* contest (dispute, deny) a p.'s right to a th. (right to inf.) **2** stå för *~ kostnaderna* pay (defray) the cost[s]
bestryka *vb tr* **1** smear, daub; med färg o.d. give...a coat[ing] [*med* of] **2** mil., överfara sweep, längs efter rake, enfilade
beståla *vb tr* irradiate äv. t.ex. matvaror; *~ med ultravioletta strålar* expose to ultraviolet rays
bestrålning *s* radiation; av mat etc. irradiation; *~ med ultravioletta strålar* exposure to ultraviolet rays
bestseller *s* best seller
bestsellerförfattare *s* author (writer) of best sellers, best selling
bestyckning *s* armament

bestyr *s* göromål work, business (båda end. sg.); uppdrag task, duty; besvär, bekymmer cares pl., trouble; skötsel, anordnande management, arrangement
bestyra *vb tr* göra do; *~ [med]* ordna [med] manage, arrange; *ha mycket att ~* have a great deal to do (attend to, see to)
bestyrelse *s* [managing] committee
bestyrk|a *vb tr* allm. confirm; stärka, ge [ökat] stöd åt bear out; bekräfta äv. corroborate; intyga certify; attestera äv. attest; bevisa prove; *~ riktigheten av en uppgift* authenticate a statement; *[behörigen] -t avskrift* [duly] certified copy
bestå I *vb tr* **1** genomgå: t.ex. prövningar go (pass) through; examen o.d. pass, get through; *~ provet* stand (pass) the test **2** bekosta pay for, pay the cost of; tillhandahålla provide, supply; skänka give **II** *vb itr* **1** äga bestånd exist; trots svårigheter subsist; fortfara last, endure; friare äv. go on, remain **2** *~ av (i)* consist of, be composed (made up) of; *vari ~r skillnaden?* what constitutes the difference?
bestående *adj* existerade existing; varaktig lasting, permanent; *den ~ ordningen* äv. the established order (existing state) of things
bestånd *s* **1** varaktighet existence; fort~ persistence; fortvaro continuance; upprätthållande upholding, maintenance **2** grupp av t.ex. träd o.d. clump; antal number; samling collection, stock
beståndsdel *s* constituent (component) [part], element; isht om mat ingredient; *vara en väsentlig ~ av* be part and parcel of, be an essential part of
beställa *vb tr* o. *vb itr* **1** rekvirera, beordra order; boka, äv. bord på restaurang book, reserve; *har ni beställt?* på restauranga o.d. have you ordered?, have you given your order?; *[hovmästarn,] får jag ~!* [waiter,] I would like to give my order!, can I order please?; *~ tid [hos...]* make an appointment [with...] **2** bestyra do osv., jfr *bestyra*; *det är illa (dåligt) beställt med honom* he is in a bad way
beställning *s* (jfr *beställa 1*) order; booking, reservation; *göra en ~ på en vara* give an order for an article; *byggd på ~* built to order; isht amer. custom-built; *gjord på ~* made to order; isht amer. custom-made; *han kom som på ~* he came just at the right moment, he was just the man I (we etc.) wanted to see
beställningsarbete *s* commissioned work; *ett ~* stöld o.d. a put-up job
beställningsskrädderi *s* bespoke (amer. custom) tailoring
beställsam *adj* fjäskig officious, fussy
beställsamhet *s* fjäskighet officiousness
bestämd *adj* fastställd m.m. fixed, settled osv., jfr *bestämma;* viss angiven definite; exakt

precise; tydlig, klar clear, distinct; säker, definitiv positiv, definite; fast, orubblig determined, firm; resolut, besluten, beslutsam resolute, decided; som inte medger några invändningar peremptory; språkv. definite; *~a gränser* defined limits; *jag fick det ~a intrycket att* I had a definite impression that; *~a klockslag* set times; *man vet ingenting bestämt* nothing definite is known; *på det ~aste* most decidedly, flatly, emphatically
bestämdhet *s, veta med ~* know with certainty (for certain, for sure)
bestäm|ma I *vb tr* allm. determine äv. begränsa, utröna; fastställa äv. fix, settle; föreskriva äv. prescribe; stadga äv. decree; besluta, inverka avgörande på äv. decide; fixera, välja decide [up]on; [närmare] ange state, indicate; definiera define; klassificera classify; gram. modify, qualify; *det får du ~ [själv]* that's (it's) for you to decide, I leave it to you, that's up to you; *~ en dag för...* decide on (fix) a day for...
II *vb rfl, ~ sig* decide [*för* [up]on; *för att* inf. to inf. el. [up]on ing-form]; make up one's mind [*för att* inf. to inf.]; come to a decision [*angående* [up]on, as to]; *han har svårt att ~ sig* it is difficult for him to make up his mind; *har du -t dig [för] vad du skall bli?* have you decided what you are going to be?
bestämmanderätt *s* right of determination (beslutanderätt of decision); auktoritet authority; *~ över ngt* right to dispose of a th.
bestämmelse *s* **1** föreskrift direction; regel regulation, rule; stadgande i t.ex. kontrakt stipulation; villkor condition; i t.ex. lag provision **2** uppgift mission; öde destiny
bestämmelseort *s* [place of] destination
bestämning *s* **1** bestämmande determination osv., jfr *bestämma I 2* gram. adjunct [*till* of], qualifier; friare attribute, qualification
bestämt *adv* **1** absolut, definitivt definitely; tydligt distinctly; avgjort decidedly; eftertryckligt firmly, resolutely, flatly; uttryckligen positively; *veta ~* know for certain; *jag kan inte säga ~* I can't say (tell) for certain **2** [högst] sannolikt, säkerligen certainly; *det har ~ hänt något* something must have happened
beständig *adj* **1** stadigvarande, ståndaktig constant; om väder äv. settled; se f.ö. *ständig* **2** *~ mot* t.ex. syror impervious (resistant) to
beständighet *s* constancy; hos material durability
beständigt *adv* constantly; alltid always; *ingenting varar ~* nothing lasts for ever
bestörtning *s* dismay, perplexity, consternation
besudla *vb tr* soil, stain; t.ex. namn, rykte sully, tarnish
besutten *adj* propertied, landed; *de besuttna*

subst. adj. the propertied classes, the landed gentry
besvara *vb tr* **1** svara, lämna svar [på] answer; reply to äv. bemöta; högtidl. respond to; *alla frågor måste ~s* på examensprov all questions must be attempted (answered) **2** hälsning, besök o.d. return; känslor o.d. äv. reciprocate; *~ elden* mil. return the fire
besvikelse *s* disappointment [*över* at]
besviken *adj* disappointed [*på* in; *över* at]
besvär *s* **1** allm. trouble; omak äv. inconvenience, bother; möda [hard] work, labour, pains pl.; svårighet[er] difficulties pl.; *göra sig ~ att* inf. take the trouble to inf.; *jag hade lite ~ med att* inf. I had some trouble (difficulty) in ing-form; *tack för ~et!* thanks very much for all the trouble you have taken (you had)!; *inte vara rädd för ~* not mind (be afraid of) a little inconvenience (hard work); *vara till ~* be a bother [to a p.]; *det är [inte] värt ~et* it is [not] worth while **2** jur. appeal, protest [*över* about]; *anföra ~* lodge an appeal; *anföra ~ mot* appeal against
besvära I *vb tr* trouble, bother; *förlåt att jag ~r!* excuse my troubling you!; *får jag ~ [dig] om saltet?* may I trouble you for the salt?; *hettan ~r mig* the heat bothers me
II *vb rfl, ~ sig* **1** trouble (bother) oneself, put oneself out; *~ Er inte med att* inf. don't trouble to inf. **2** jur. lodge an appeal, appeal
besvärad *adj* generad embarrassed; förlägen self-conscious
besvärande *adj* troublesome, annoying; generande embarrassing
besvärjelse *s* incantation, invocation
besvärlig *adj* troublesome; svår hard, difficult; ansträngande trying; mödosam laborious; tröttande tiresome, tiring; generande awkward, embarrassing; *han kan vara ~ ibland* he can be difficult (tiresome) at times; *det är ~t att behöva...* inf. it is a nuisance having to... inf.
besvärlighet *s* troublesomeness; difficulty; *~er* difficulties, troubles, hardships
besvärsrätt *s* jur. right of appeal
besvärstid *s* jur. period within which an appeal may be lodged
besynnerlig *adj* strange; egendomlig peculiar, odd; underlig queer, funny; märkvärdig curious, extraordinary; *så (vad) ~t!* how odd!
besynnerlighet *s* strangeness, oddness, queerness; jfr *besynnerlig*; *~er* peculiarities, oddities
beså *vb tr* sow
besätta *vb tr* **1** mil. occupy **2** tillsätta, tjänst o.d. fill **3** teat. o.d., roller cast **4** *besatt* **a)** betäckt, garnerad set; med spetsar trimmed **b)** *salongen var glest besatt* the theatre was sparsely filled

besättning *s* **1** garnison garrison; sjö. el. flyg. crew; *fulltalig* ~ sjö. complement; *hela ~en räddad* all hands saved **2** teat. o.d., roll~ casting **3** mus., instrument~ number (complement) of instruments; *en orkester med full* ~ a full-size orchestra **4** boskap stock

besättningsman *s, en* ~ one of the crew (hands) [*på* of]

besök *s* visit [*hos, i* to]; kortare call [*hos* on; *på, i* at]; vistelse stay [*hos* with; *i, på* at (in); *vid* at]; *avlägga (göra)* ~ *hos ngn* pay a visit to (a call on) a p.; *vänta* ~ expect (be expecting) visitors; *tack för ~et!* [it was] kind of you to call (look in)!; *hon är bara här på* ~ she's only here on a visit (only visiting)

besöka *vb tr* hälsa på el. bese visit, pay a visit to, go to see; bevista attend; ofta frequent; ~ *ngn* visit (call on) a p., pay a p. a visit

besökande se *besökare*

besökare *s* visitor [*av, i, vid* to]; attender [*av* of; *vid* at, of]; caller; frequenter [*av, vid* of]; jfr *besöka*

besöksadress *s* street address

besöksfrekvens *s* attendance rate

besökstid *s* på t.ex. sjukhus visiting hours pl.

bet *adj*, *bli (gå)* ~ i spel ung. lose the game; *han gick* ~ *på uppgiften* the task was too much for him, he failed to carry out the task

1 beta I *vb tr* aväta el. valla graze; livnära sig på feed on; ~ *av* gräs o.d. graze; bildl. go (browse) through, deal with **II** *vb itr* graze

2 beta *s* munsbit *en* ~ *bröd* a bite (morsel, bit) of bread; *efter den ~n* bildl., ung. after that [unpleasant] experience

3 beta *vb tr* tekn. steep, impregnate; utsäde treat...with pesticides (fungicides); disinfect; färg. mordant; kem. fix; garv. soak

4 beta *s* bot. beet

5 beta *vb tr* fiske. ~ *[på]* bait

betablockerare *s* med. beta-blocker

betacka *vb rfl*, ~ *sig [för ngt]* decline [a th.] with thanks; *jag ~r mig!* no, thanks!, not [for] me [, thanks]!

beta[ga] *vb tr* beröva ~ *ngn lusten att* inf. [completely] take away a p.'s inclination to inf.

betagande *adj* bedårande charming; överväldigande captivating

betagen *adj* overcome, taken [*av* with]; *lyssna* ~ listen spellbound; ~ *i*... charmed (captivated) by..., enamoured of...

betal|a I *vb tr* o. *vb itr* pay; varor, arbete pay for; *får jag (jag skall be att få)* ~*!* på restaurang o.d. will you let me (can I) have the bill [, please]!; *hur mycket skall jag* ~ *?* how much am I (have I got) to pay?; ~ *räkningen* äv. settle the (one's) account; ~ *för sig* pay for oneself (one's keep), pay one's way; *få -t* be (get) paid; *ha -t för att* inf. be paid for ing-form; *han tar ordentligt (bra) -t* he charges a lot (the earth); *bra -t arbete* well-paid work; *-t svar* answer (reply) prepaid; *postkort med -t svar* reply-paid postcard; *-da varor* goods paid for
II *vb rfl*, ~ *sig* pay; *arbete som ~r sig* work that pays (is worthwhile)
III med beton. part.
~ *av* 1000 kr *på bilen (skulden)* pay an instalment of...on the car (the debt); *jag har ~t av* slutbetalat *bilen* I have paid off the car
~ **igen** pay back
~ **in** pay [in]; ~ *in ett belopp på* ett konto o.d. pay an amount into...
~ **tillbaka** se ~ *igen*
~ **ut** pay [out (down)], disburse

betalkort *s* charge card

betalkurs *s* rubrik prices paid

betalning *s* payment; av t. ex. räkning äv. settlement; avlöning pay; ersättning remuneration, compensation; *erlägga* ~ make payment, pay; *inställa ~arna* suspend (stop) payment[s]; *mot (vid)* ~ *av* on payment of

betalningsbalans *s* balance of payments; *underskott (överskott) i ~en* deficit (surplus) in the balance of payments

betalningsflöde *s* ekon. cash flow

betalningsföreläggande *s* injunction to pay

betalningsförmåga *s* capacity (ability) to pay; solvens solvency; *bristande* ~ inability to pay, insolvency

betalningsinställelse *s* suspension of payment[s]

betalningsmedel *s* medel att betala med means of payment; *lagligt* ~ legal tender; amer. tender

betalningspåminnelse *s* reminder [to pay]

betalningsskyldig *adj*, ~ *person* person liable for payment

betalningstermin *s* term (period) of payment

betalningsvillkor *s pl* terms [of payment]

betal-TV *s* pay-TV

1 bete *s* boskaps~ pasturage; betesmark äv. pasture; *gå på* ~ be grazing (feeding)

2 bete *s* fiske. bait

3 bete *s* huggtand tusk

4 bete *vb rfl*, ~ *sig* uppföra sig behave; bära sig åt äv. act

beteckna *vb tr* vara uttryck för represent; betyda denote, signify, stand for; ange, utmärka indicate, designate; markera mark; känneteckna characterize; ~ *ngn (ngt) som* describe (characterize) a th. (a p.) as

betecknande I *adj* characteristic, typical, significant [*för* of] **II** *adv*, ~ *nog* significantly (characteristically) [enough]

beteckning *s* designation, term; i skrift notation

beteende s behaviour äv. psykol.; conduct (end. sg.); *ett ~ som...* behaviour (conduct) of a kind that...
beteendeforskning s psykol. behavioural research
beteendemönster s pattern of behaviour; vetensk. behavioural pattern
beteendevetenskap s psykol. behavioural science
betel s bot. betel
betesmark s pasture, pastureland
beting s **1** ackord piecework contract; *arbeta på ~* work by the piece (by contract) **2** skol. assignment, project
betinga vb tr **1** t.ex. extra avgift involve, entail, mean **2** förutsätta condition; *~s (vara ~d) av* a) vara beroende av be dependent (conditional) on b) ha sin grund i be conditioned by c) bestämmas av be determined by; *...är historiskt ~de* ...have a historical basis; *~d reflex* conditioned reflex **3** *~ ett [högt] pris* command (fetch) a [high] price
betingelse s villkor, förutsättning condition; jfr *förutsättning*
betitlad adj entitled
betjäna I vb tr serve äv. om samfärdsmedel; uppassa attend [on]; vid bordet wait [up]on; *det är jag föga betjänt av* that is of little use to me **II** vb rfl, *~ sig av* make use (avail oneself) of, employ
betjäning s **1** serving osv., jfr *betjäna;* service; uppassning [på hotell] attendance [*av* on] **2** personal staff
betjäningsavgift s service charge; jfr *dricks*
betjänt s manservant (pl. menservants); livréklädd footman; kammartjänare valet; föraktligt flunkey, lackey
betning s tekn. steeping; lantbr. äv. impregnation, treating (treatment) with pesticides (fungicides), disinfection
betona vb tr **1** framhäva emphasize, stress, lay stress [up]on, accentuate [*att* the fact that] **2** fonet. stress, put the stress on, accent
betong s concrete; *armerad ~* reinforced concrete
betongblandare s concrete mixer
betoning s emphasis, stress, accent, accentuation samtliga äv. fonet.
betrakta vb tr **1** se på, iakttaga look at, contemplate, regard äv. friare; stirra på äv. gaze at (upon); skärskåda äv. watch, observe, eye; bese view; *~ ngn uppmärksamt (noga)* look intently at a p., eye a p. narrowly **2** anse *~ ngn (ngt) som...* regard (look [up]on) a p. (a th.) as..., consider a p. (a th.)...
betraktande s, *i ~ av* in consideration (view) of [*att* the fact that]; ofta considering [*att* that]
betraktelse s meditation reflection, meditation; bibel~ [religious] discourse [*över* i samtl. fall [up]on]
betraktelsesätt s way of looking at things (i bestämt fall at the matter)
betrodd adj pålitlig trusted
betryckt adj nedslagen dejected; deprimerad low-spirited, depressed; *en ~ situation* a depressing situation
betryggande adj tillfredsställande satisfactory, adequate; säker safe; *på ~ avstånd* at a safe distance; *på ett [fullt] ~ sätt* in a way that ensures [complete] safety
beträda vb tr eg. set foot [up]on; isht bildl. tread; [ny] bana o.d. enter (embark) [up]on; *Beträd ej gräsmattan!* Keep off the Grass!
beträffa vb tr, *vad mig (det) ~r* as far as I am (that is) concerned, as regards (vard. as for) me el. myself (that); *vad det ~r* äv. for that matter
beträffande prep concerning, regarding, with reference to; *~* (förk. *betr.*) *Eder order nr...* referring to your order No....
beträngd adj distressed, hard-pressed
bets s **1** snick. stain **2** garv. lye
betsa vb tr snick. stain
betsel s bit; remtyg bridle
betsla vb tr, *~ [på]* bridle, bit; *~ av* unbridle
bett s **1** hugg, tandställning, insekts~ bite; *vara på ~* vard. be in great form, be in the mood; amer. äv. be on the ball **2** tandgård set of teeth **3** på betsel bit **4** egg edge
bettlare s [professional] beggar, mendicant
bettleri s begging, mendicancy
betunga vb tr burden, encumber; överlasta overload, overburden
betungande adj heavy äv. om t.ex. skatt; om uppgift äv. burdensome, onerous; *vara ~* be a great burden [*för* to]
betuttad adj vard. *vara ~ i ngn* have a crush on a p.
betvinga vb tr allm. subdue; underkuva subjugate; bildl. overmaster, overpower; begär o.d. overcome, master, control, check, repress; *~ sig* control oneself
betvivla vb tr doubt, feel dubious about, call...in question
betyda vb tr mean, signify; innebära äv. imply; beteckna äv. denote; *~ mycket* signify (mean) a great deal; vara av stor betydelse be of great importance, make a great (all the) difference [*för ngn* to a p.]; *vad skall det här ~?* what is the meaning of [all] this?; *det betyder ingenting* gör ingenting that (it) doesn't matter [at all] (is of no importance)
betydande adj important; stor considerable; *en ~ konstnär* an important (a significant) artist
betydelse s meaning, signification, import (end. sg.); ords äv. sense; vikt significance, importance; *helt utan ~* quite unimportant;

betydelsefull

det har ingen ~ spelar ingen roll it doesn't matter; **av föga ~** äv. of little consequence
betydelsefull *adj* significant; viktig important, momentous
betydelselös *adj* meaningless; insignificant, unimportant; jfr *betydelse*
betydenhet *s* importance
betydlig *adj* considerable; **en ~ skillnad** äv. a great (a big) difference
betydligt *adv* considerably; mycket a good (great) deal, very much, greatly
betyg *s* **1** handling: officiellt intyg el. examens~ certificate; avgångs~ [school-]leaving certificate; skol~, termins~ [school] report; arbetsgivares testimonial, reference; för tjänstefolk character **2** betygsgrad mark; amer. grade; *vad fick du för ~ i engelska (på din uppsats)?* what mark (amer. grade) did you get in English (for your composition)?; *sätta ~ på* mark; amer. grade
betyga *vb tr* **1** intyga certify; bekräfta vouch for [*att* it that]; *härmed ~s att...* I hereby certify that... **2** tillkännage declare, profess; uttrycka express [*ngn sin aktning* one's respect for a p.]
betygsavskrift *s*, **~er** copies of [one's] certificates etc., jfr *betyg*
betygshets *s* skol. mad scramble (scrambling) for [higher] marks (amer. grades)
betygsskala *s* skol. marking (amer. grading) scale, scale of marks (amer. grades)
betygsätta *vb tr* skol. mark; amer. grade; friare pass judgement on, grade, give one's opinion on
betäcka *vb tr* cover äv. göra dräktig
betäckning *s* **1** cover; skydd äv. shelter; *ta ~* take cover **2** parning av djur covering
betänka I *vb tr* consider; *man måste ~ att...* one must bear in mind that... **II** *vb rfl*, **~ sig** think it (the matter) over; tveka hesitate; *utan ~ sig* without [any] hesitation
betänkande *s* **1** utlåtande report **2** *utan ~* without hesitation, unhesitatingly
betänketid *s* time for consideration (reflection); **en dags ~** a day to think it (the matter) over
betänklig *adj* allvarlig serious, grave; oroväckade disquieting; prekär precarious; riskabel hazardous; tvivelaktig dubious; kritisk critical
betänklighet *s* tvekan hesitation (end. sg.); tvivel doubt; **~er** farhågor apprehensions [*mot* about], misgivings [*mot* as to]; *hysa ~er* have (entertain) misgivings (doubts), hesitate
betänksam *adj* besinningsfull deliberate; försiktig cautious, wary; tveksam hesitant; **en ~ min** an air of misgiving; *vara ~* äv. have misgivings
betänkt *adj*, *vara ~ på ngt* be thinking of a th., contemplate a th.; *vara ~ på att*

göra... think of doing..., contemplate doing...
beundra *vb tr* admire
beundran *s* admiration; *hysa [en] stor ~ för* feel (cherish) a great admiration for
beundransvärd *adj* admirable; friare wonderful
beundrare *s* admirer; vard. fan
beundrarinna *s* [female] admirer; vard. fan
bevaka *vb tr* **1** eg. guard; misstroget watch **2** tillvarata look after; **~** sin fordran (i konkurs) lodge proof of...; **~** ett testamente prove...; **~** *sina intressen* look after (see to) one's interests **3** nyhet m.m. cover
bevakad *adj*, **~** *järnvägsövergång* controlled [railway] level-crossing
bevakning *s* **1** guard, watch äv. konkr.; transporteras *under ~* ...under guard (escort); *stå under [sträng] ~* be [closely] guarded, be in [close] custody, be under [close] surveillance **2** av nyheter coverage; *massiv ~* massive coverage
bevakningsföretag *s* security company
bevandrad *adj* acquainted [*i* with], at home [*i* in]
bevara *vb tr* **1** bibehålla preserve; upprätthålla maintain; förvara, gömma keep; **~ en hemlighet** keep a secret; **~...åt eftervärlden** hand...down to posterity; *dessa skrifter finns ~de* ...are still extant **2** skydda protect; *bevare mig väl!* dear me!, goodness gracious!; *Gud bevare konungen!* God save the King!
bevars *interj* oh dear!, goodness!, se äv. *gubevars*
bevattna *vb tr* med kanaler, diken irrigate; vattna el. geogr. water
bevattning *s* irrigation; watering; jfr *bevattna*
beveka *vb tr* move; **~** *ngn till eftergifter* persuade (induce) a p. to make concessions; *han lät sig inte ~s* he was not to be moved, he was inflexible
bevekande I *adj* moving, affecting, touching **II** *adv* movingly, affectingly, touchingly; vädjande appealingly
bevekelsegrund *s* motive, reason
bevilja *vb tr* grant; formellare äv. accord; tilldela award; tillerkänna allow; riksdagen *har ~t 50 000 kronor till* vanl. ...has voted (appropriated) 50,000 kronor for
beving|ad *adj* winged; **-t ord** citat familiar quotation
bevis *s* allm. proof [*på* of]; vittnesbörd: evidence äv. indicium; testimony äv. tecken; uppvisande demonstration; intyg certificate; *ett bindande ~* conclusive proof, a conclusive piece of evidence; *ett talande ~* a telling argument; *undanröja ~en* remove the evidence
bevisa *vb tr* **1** styrka prove; bestyrka äv. substantiate; leda i bevis demonstrate; göra gällande äv. argue; **~** *sin oskuld* establish

one's innocence; ***vilket skulle ~s*** (förk. *V.S.B.*) geom. which was to be proved (förk. QED lat.) **2** ådagalägga show, manifest; bära vittnesbörd om äv. be a proof of
bevisbörda *s* jur. burden of proof
bevisföring *s* demonstration; argumentation argumentation; jur., framläggande av bevis submission of evidence
beviskraftig *adj* jur. conclusive; ***inte ~*** äv. inconclusive
bevisligen *adv* demonstrably; ***han är ~ sjuk*** he is unquestionably...
bevismaterial *s* [body of] evidence
bevisning *s* (se äv. *bevis, bevisföring*); ***det brister i ~en*** there is a flaw in the argument
bevista *vb tr* attend; närvara vid be present at
bevisvärde *s* value as evidence
bevittna *vb tr* **1** bestyrka attest, testify; ***~s:...*** witnessed (witnesses):...; ***~d kopia*** attested (certified) copy **2** vara vittne till witness
bevuxen *adj* overgrown; friare covered
bevåg *s, på eget ~* on one's own responsibility (authority)
bevågen *adj, vara ngn ~* be favourably (kindly) disposed towards a p.
bevänt *adj, det är inte mycket ~ med det* it is not up to much
beväpna *vb tr* arm; ***~ sig*** arm oneself
beväpnad *adj* armed; om fartyg, fästning äv. gunned; ***~ försedd med*** equipped with
beväpning *s* vapenutrustning armament
bevärdiga *vb tr, ~ ngn med ett svar (en blick)* condescend to give a p. an answer (a look)
beväring *s* värnpliktig conscript [soldier], recruit
bh se *behå*
Bhutan Bhutan
1 bi *adv* **1** sjö., se *dreja [bi]* **2** se *stå bi* under *stå IV*
2 bi *s* bee; ***arg som ett ~*** fuming, in a rage, hopping mad; ***flitig som ett ~*** busy as a bee
biaccent *s* fonet. secondary stress
biavsikt *s* subsidiary motive
bibehålla *vb tr* ha i behåll retain; bevara keep, preserve; upprätthålla keep up, maintain; ***~ figuren*** keep one's figure; ***~ sig*** om tyg o.d. wear [well]; om bruk o.d. be preserved, survive; ***en väl bibehållen byggnad*** a well-preserved building, a building in good repair
bibel *s* bible äv. bildl.; ***Bibeln*** the [Holy] Bible; ***svära på ~n*** swear on the Book
bibelcitat *s* biblical quotation
bibelforskning *s* biblical research
bibelkonkordans *s* concordance to the Bible
bibelord *s* biblical quotation
bibelspråk *s* **1** bibelns språk biblical (scriptural) language **2** bibelcitat biblical quotation
bibeltext *s* [sacred] text; vid gudstjänst lesson
bibeltolkning *s* exeges|is (pl. -es)

bibelöversättning *s* translation (version) of the Bible
bibetydelse *s* secondary meaning, connotation
bibliofil *s* bokälskare bibliophil[e]; boksamlare book collector
bibliografi *s* bibliography äv. vetenskapen om böcker
bibliotek *s* library
bibliotekarie *s* librarian
biblisk *adj* biblical, scriptural; scripture...
bibringa *vb tr, ~ ngn* idéer, en uppfattning o.d. impress a p. with..., convey...to a p.; gradvis instil...into a p.['s mind]; ***~ ngn kunskaper*** impart knowledge to a p.
biceps *s* anat. biceps (pl. lika)
bida *vb tr* o. *vb itr* bide, wait; tr. äv. await, wait for; ***~ sin tid*** bide one's time
bidé *s* bidet
bidevind *adv* sjö. ***segla ~*** sail close-hauled (by the wind); ***dikt ~*** close to the wind
bidra *vb itr* contribute; lämna bidrag äv. make a contribution [*till* to]; ***~ till*** vara bidragande orsak till äv. conduce (be conducive) to, help to, go some way to; främja make for, promote; öka add to; medverka till combine to; ***detta bidrar till att förklara...*** this helps to explain...; ***~ med*** pengar, en artikel, idéer contribute...; ***bidragande orsak*** contributory cause
bidrag *s* tillskott, medverkan contribution; tecknat belopp subscription; understöd allowance; stats~ grant, subsidy; ***lämna ~ (sitt ~) till*** contribute to, make a (one's) contribution to; ***teckna ~*** subscribe
bidrottning *s* queen bee
biennal *s* biennial
bifall *s* **1** samtycke assent, consent; godkännande approval; myndighets sanction; ***ge sitt ~ till*** förslaget äv. assent to..., approve of...; ***röna (vinna) ~*** meet with (win) approval, find favour **2** applåder applause, acclamation; rop cheers pl., shouts pl. of applause
bifalla *vb tr* assent (consent) to, approve of, sanction, jfr *bifall 1;* ***~ en anhållan*** grant a request
biff *s* [beef]steak; ***utskuren ~*** sirloin steak; ***vi klarade ~en!*** vard. we made it!
biffko *s* beef cow; ***~r*** äv. beef cattle
biffstek *s* beefsteak, steak; ***~ med lök*** steak and onions
bifftomat *s* beefsteak tomato
bifigur *s* minor (subordinate) character
biflod *s* tributary [river (stream)]
bifoga *vb tr* vidfästa attach, annex; vid slutet tillägga append isht i skrift; subjoin, add; närsluta enclose; ***härmed ~s*** räkningen we enclose..., we are enclosing...; ***var god ifyll ~d blankett*** ...the accompanying form
bifokalglas *s* optik. bifocal glass
bigami *s* bigamy

bigamist

bigamist *s* bigamist
bigarrå *s* bot. whiteheart [cherry], cherry
bigata *s* sidestreet
bigott *adj* bigoted; *vara* ~ äv. be a bigot
bigotteri *s* bigotry
bihang *s* appendage; i bok append|ix (pl. -ixes el. -ices)
bihustru *s* concubine
bihåla *s* anat. sinus
bihåleinflammation *s* med. sinusitis (end. sg.)
biinkomst *s* extra (additional) income (end. sg.); *~er* äv. incidental earnings, perquisites; vard. perks
bijouterier *s pl* jewellery sg.; nipper trinkets
bikarbonat *s* kem. bicarbonate [of soda]
bikini *s* baddräkt bikini
bikt *s* confession; *avlägga* ~ make confession, confess [one's sins]
bikta *vb tr o. rfl*, ~ *sig* confess
biktfader *s* [father] confessor
biktstol *s* confessional
bikupa *s* [bee]hive
bil *s* car; isht amer. automobile, vard. auto; taxibil taxi[cab], cab; *köra* ~ drive [a car]; *åka* ~ go by car
1 bila I *vb itr* go (travel) by car, motor; ~ *[omkring] i Europa* go motoring (go by car) round Europe II *vb tr* drive
2 bila *s* broad axe
bilaga *s* i brev enclosure; tidnings~ supplement; reklamlapp o.d. insert, inset; bihang till bok append|ix (pl. -ixes el. -ices); till dokument äv. annex
bilateral *adj* bilateral
bilavgaser *s pl* exhaust [gas] sg.
bilbarnstol *s* car safety seat
bilbatteri *s* car battery
bilbesiktning se *kontrollbesiktning*
bilburen *adj* motoriẓed
bilbälte *s* seat [safety] belt
bild *s* **1** picture äv. TV.; fotografi äv. photo[graph]; diabild slide; illustration äv. illustration, figure; porträtt äv. portrait; inre bild, föreställning äv. image; framställning äv. representation; optik. image; spegel~ reflection; på mynt o.d. effigy; bildligt uttryck metaphor, figure [of speech], image; *skapa sig en riktig* ~ *av läget (situationen)* form a true picture of the situation; *komma in i ~en* come (enter) into the picture, come into it, come on the scene; *tala i ~er* speak metaphorically, use metaphors **2** skol. art, art education
bilda I *vb tr* **1** åstadkomma o.d. form; grunda äv. found, establish; utgöra äv. make, constitute; ~ *bolag* äv. float (start) a company; ~ *epok* mark an (a new) epoch; ~ *familj* marry and settle down; ~ *gräns* mot ett land form a boundary; mera allm. constitute (form) a limit; ~ *skola* found a school; friare set a fashion; ~ *[ett] undantag* constitute an exception **2** bibringa bildning educate; ~ *sin själ* cultivate (improve) one's mind; jfr *bildad* II *vb rfl*, ~ *sig* **1** ~s, uppstå form, be formed **2** skaffa sig bildning educate oneself, improve oneself (one's mind) **3** skapa sig ~ *sig en uppfattning [om]* form an opinion [of]
bildad *adj* kultiverad educated, cultivated, civilized, refined; *~e människor* educated (cultivated) people; *i ~e kretsar* in polite society
bildande I *s* åstadkommande formation II *adj* fostrande educational, educative; lärorik instructive
bildband *s* filmstrip
bildbar *adj* om pers. educable
bilderbok *s* picture book
bildhuggare *s* sculptor
bildhuggeri *s* **1** skulptur sculpture, statuary **2** verkstad sculptor's studio
bildkonst *s*, *~en* the visual arts pl.; måleriet pictorial art
bildlig *adj* figurative, metaphorical; *i ~ betydelse* in a figurative sense, figuratively; *ett ~t uttryck* a figure of speech, a metaphor
bildligt *adv*, ~ *talat* figuratively (metaphorically) speaking
bildlärare *s* art teacher
bildmaterial *s* illustrations pl., pictures pl.
bildning *s* **1** skol~ o.d. education; [själs]kultur culture; belevenhet [good] manners pl., breeding; *fin* ~ refinement; *vetenskaplig* ~ [a] scientific training **2** formation el. bildande formation
bildningstörst *s* thirst (desire) for learning
bildordbok *s* illustrated (pictorial) dictionary
bildrik *adj* om språk ...full of imagery, metaphorical; blomstersmyckad flowery
bildrulle *s* vårdslös förare road hog
bildruta *s* TV. [viewing] screen; på film frame
bildrör *s* TV. picture tube; amer. kinescope
bildskärm *s* TV. [viewing] screen; data. display [screen (unit)]
bildskärpa *s* TV. el. foto. [picture] definition
bildskön *adj* strikingly beautiful
bildsnidare *s* [wood-]carver
bildspråk *s* **1** litt. imagery, metaphorical (figurative) language **2** kommunikation via bilder pictorial language (communication)
bildstod *s* statue
bildstormare *s* iconoclast
bildtext *s* caption
bildtidning *s* pictorial [magazine], illustrated magazine (paper)
bildverk *s* bok illustrated work
bildyta *s* TV. picture
bildäck *s* **1** på hjul [car] tyre (amer. tire) **2** sjö. car deck
bilersättning *s* [car] mileage allowance
bilfabrik *s* car factory, motor works (pl. lika)
bilfirma *s* car firm (dealer)

bilfri *adj*, ~ innerstad ...free of (without) private cars
bilfärja *s* car ferry
bilförare *s* [car] driver
bilförsäkring *s* motorcar insurance, automobile insurance
bilhandske *s* driving-glove
bilindustri *s* car (motor, automobile) industry
bilism *s* motoring
bilist *s* motorist, driver
biljard *s* spel billiards sg.; bord billiard table; *spela* ~ play billiards
biljardbord *s* billiard table
biljardkö *s* [billiard] cue
biljardsalong *s* billiard hall (saloon); amer. äv. poolhall
biljardspelare *s* billiard-player
biljett *s* **1** ticket; *halv* ~ taxa half fare; *köpa* ~ take (buy) a ticket; för resa äv. book [*till* to]; teat. o.d. äv. book (take) a seat [*till* for]; *får jag be om ~erna!* tickets, please! **2** litet brev note
biljettautomat *s* ticket machine
biljettförsäljare *s* seller of tickets; järnv. o.d. booking-clerk; amer. ticket agent
biljettförsäljning *s* sale of tickets
biljetthäfte *s* book of tickets
biljettkontor *s* booking-office; amer. ticket office; teat. o.d. äv. box office
biljettlucka *s* ticket window
biljettpris *s* teat. o.d. admission (end. sg.), price of admission; för resa fare
biljon *s* trillion; förr i britt. eng. billion
biljud *s* intruding sound; radio. [background] noise; med. rale
bilkarta *s* road map
bilkrock *s* car crash (smash)
bilkyrkogård *s* used (old) car dump
bilkö *s* line (queue) of cars (vehicles); isht efter olycka tailback
bilkörning *s* motoring, [car-]driving
billig *adj* **1** ej dyr cheap; ej alltför dyr inexpensive; *för en* ~ *penning* cheap, for a mere song; *det är mycket ~t* it is a bargain; ~ *i drift* inexpensive (cheap) to run, economical **2** dålig, enkel, tarvlig cheap; vulgär common; *~a vitsar* cheap witticisms; *hon verkar så* ~ she seems so cheap (common) **3** rättvis, rimlig fair, reasonable, equitable
billighetsresa *s* cheap trip (excursion)
billighetsupplaga *s* o. **billighetsutgåva** *s* cheap edition; pocketupplaga paperback edition
billigt *adv* ej dyrt cheaply äv. tarvligt; cheap, jfr ex. inexpensively; *köpa (sälja)* ~ buy (sell) cheap; *komma* ~ *undan* get off cheap[ly]
billots *s* car pilot
billykta *s* [car] headlight (headlamp)
bilmekaniker *s* car (motor) mechanic
bilmotor *s* car engine
bilmärke *s* make of car

bilnummer *s* car (registration) number
bilolycka *s* car accident
bilparkering *s* plats car park
bilprovning *s* motor vehicle inspection
bilradio *s* car radio
bilregister *s* motor vehicle register
bilreparatör *s* car repairer; bilmekaniker motor mechanic
bilresa *s* car journey (trip); *göra en* ~ go on a car journey, go for a drive
bilring *s* **1** däck tyre, amer. tire; innerslang tube **2** skämts., fettvalk spare tyre (amer. tire); *~ar [kring midjan]* äv. rolls of fat [round the waist]
bilsjuk *adj* car-sick
bilskatt se *fordonsskatt*
bilskola *s* driving school; isht som rubrik school of motoring
bilskollärare *s* driving instructor
bilsport *s* motor sport
bilstöld *s* car theft
biltelefon *s* carphone
biltjuv *s* car thief
biltrafik *s* [motor] traffic
biltull *s* toll; *väg med* ~ tollway
biltunnel *s* car tunnel
biltur *s* drive, ride, car trip; vard. spin [by car]
biltvätt *s* anläggning car wash
biltåg *s* biltransport per tåg motorail
biluthyrning *s* [self-drive] car hire (rental) service; t.ex. i annons car hirers pl.
bilverkstad *s* car repair shop, garage
bilvrak *s* [car] wreck, wrecked car
bilväg *s* motor road; amer. highway
bilägare *s* car owner
bilägga *vb tr* tvist o.d. settle; gräl make up, compose; vard. patch up
biläggande *s* av tvist o.d. settlement, making up
binda I *s* kir. roller [bandage], bandage; *elastisk* ~ elastic bandage
II *vb tr* o. *vb itr* samman~, fast~ bind; isht [linda o.] knyta tie båda äv. bildl.; ~ *böcker* bind books; ~ *kransar* make wreaths; ~ *kärvar* bind sheaves; ~ *ngn [till händer och fötter]* bind a p. [hand and foot]; ~ *ngn vid brottet* pin the crime on to a p.; *bunden aktie* restricted share; *bundet kapital* tied-up (locked-up) capital, tied-up money; *stå bunden* t.ex. om hund be tied up
III *vb rfl*, ~ *sig* bind oneself, commit (pledge) oneself [*att* inf. to ing-form]; ~ *sig vid (för)* en åsikt o.d. commit oneself to...; ett program tie oneself down to...
IV med beton. part.
~ **fast** tie...on (up) [*vid* to]
~ **för** *ögonen på ngn* tie something in front of a p.'s eyes, blindfold a p.; se äv. *förbunden*
~ **ihop** hopfoga tie...together; t.ex. tidningar till paket tie up
~ **in** *en bok* bind a book;

~ om a) böcker rebind b) paket o.d. tie up; sår bind up; **~ om ngt med** ett snöre e.d. tie...round a th.
~ upp tie up äv. bildl.; kok. truss
bindande *adj* förpliktande, om t.ex. avtal binding; avgörande, om t.ex. bevis conclusive; *vara ~ be binding* [*för ngn* on a p.]
bindehinna *s* anat. conjunctiv|a (pl. äv. -ae)
bindel *s* ögon~ bandage; **~ om armen** armlet, armband
bindemedel *s* binder, bonding (binding) agent; lim o.d. adhesive; mål. vehicle, base
bindeord *s* gram. conjunction; ibl. preposition
bindestreck *s* hyphen
bindning *s* **1** av böcker, kärvar binding; av kransar making **2** fonet. liaison fr. **3** skid~ binding, fastening **4** kem. bond
bindsallat *s* cos [lettuce]; amer. romaine [lettuce]
bindsle *s* fastening; skid~ äv. binding
bindväv *s* anat. connective tissue
binge *s* **1** lår bin **2** hop heap; hö~ mow
bingo *s* bingo äv. ss. utrop
binjure *s* anat. adrenal (suprarenal) gland
binnikemask *s* tapeworm
binär *adj* matem. el. kem. binary; **~ siffra** binary digit
binäring *s* lands, trakts ancillary (subsidiary) industry; bisyssla sideline
bio *s* cinema; vard. (isht amer.) movie, jfr äv. *biograf 1*; *gå på ~* go to the cinema (the pictures, isht amer. the movies)
biobesökare *s* filmgoer
biobiljett *s* cinema ticket
biobränsle *s* biofuel
biocid *s* bekämpningsmedel biocide
biodlare *s* bee-keeper
biodling *s* bee-keeping
bioduk *s* screen, cinema (movie) screen
biodynamisk *adj* biodynamic; *~a* livsmedel organically grown...; *~ odling* organic farming
biofysik *s* biophysics sg.
bioföreställning *s* cinema (movie, film) show, movie
biograf *s* **1** bio cinema, picture theatre (palace); amer. motion picture theater; vard. movie [theater (house)]; för sms. se äv. *bio-* **2** levnadstecknare biographer
biografi *s* biography, life [*över* of]
biografisk *adj* biographical
biokemi *s* biochemistry
biokemisk *adj* biochemical
biolog *s* biologist, naturalist
biologi *s* biology
biologisk *adj* biological; *~a föräldrar* natural (genetic) parents; *~ klocka* biological clock; *~a stridsmedel* biological weapons (weaponry koll. sg.)
biomassa *s* biomass
biomedicin *s* biomedicine

biomständighet *s* incidental circumstance; jur. collateral fact
biopublik *s* cinema audience; biobesökare filmgoers pl.
biorytm *s* biorhythm
biotop *s* biol. biotope
biperson *s* minor (subordinate) character
biprodukt *s* by-product, secondary product, spin-off; avfalls~ waste product
biroll *s* teat. minor (subordinate) part (role) äv. bildl.
bisak *s* side issue, unimportant matter; betrakta ngt *som en ~* ...as [a matter] of secondary importance
bisam *s* pälsverk musquash [fur]; amer. muskrat [fur]
bisamråtta *s* muskrat, musquash
bisarr *adj* bizarre, odd
bisarreri *s* oddity
bisats *s* gram. subordinate clause
Biscayabukten the Bay of Biscay
bisexuell *adj* bisexual
bisittare *s* i underrätt, ung. [legal] assessor, member of a (resp. the) lower court; i jury juror
biskop *s* bishop
biskopsmössa *s* mitre
biskopsstift *s* diocese, bishopric, episcopate
biskopsstol *s* ämbete bishopric, see
biskvi *s* mandel~ ung. macaroon
bismak *s* [slight] flavour (taste); obehaglig funny taste; isht bildl. tinge
bison *s* o. **bisonoxe** *s* bison (pl. lika el. -s)
bissera *vb tr* give...over again, repeat
bister *adj* om min o.d. grim, forbidding; sträng stern; om klimat severe, hard, inclement; *~ kritik* severe criticism; *bistra tider* hard times; *se ~ ut* äv. frown; *det är ~t* bitande kallt *ikväll* it is bitterly (bitter) cold tonight
bistå *vb tr* aid, assist, help
bistånd *s* aid, assistance, help; *juridiskt ~* legal advice; *med benäget ~ av...* kindly assisted by...
biståndsarbetare *s* development assistance worker
biståndsminister *s* Minister for International Development Cooperation
biståndspolitik *s* development assistance policy
bisvärm *s* swarm of bees
bisyssla *s* sideline, spare-time job (occupation)
bisätta *vb tr* i bårhus, gravkapell remove...to the mortuary (chapel)
bisättning *s* removal to the mortuary (chapel)
1 bit *s* stycke piece, bit; del part; brottstycke fragment; av socker, kol lump, knob [samtl. med of framför följ. best.]; matbit bite, morsel; munsbit mouthful; vägsträcka distance, way; musikstycke piece [of music]; låt tune; *en ~ bröd* a piece (a morsel, skiva a slice) of

bread; **äta en ~** *[mat]* have a snack (a bite, something to eat); **en ~ av vägen** gick vi till fots part of the way...; **gå en bra ~** walk quite a long way; **det är bara en liten ~** *[att gå]* it is only a short distance (a short walk), it isn't far; **~ för ~** bit by bit, piece by piece, piecemeal; **gå i ~ar** break, go (fall) to pieces; **gå i tusen ~ar** be smashed to smithereens
2 bit *s* data. bit (förk. för binary digit)
bita I *vb tr* bite; **~ sig i läppen** bite one's lip
II *vb itr* bite; om kniv, egg cut; om köld, blåst bite, cut, jfr *bitande;* **något att ~ i** bildl. something to get one's teeth (to bite) into; **~ i gräset** stupa bite the dust; **~ i det sura äpplet** ung. swallow the bitter pill; **~ på naglarna** bite one's finger-nails
III med beton. part.
~ av bort bite off; itu bite...in two; **~ av en tand** break a tooth
~ sig fast vid bildl. stick (cling) to
~ ifrån sig ge igen give as good as one gets, hit back, give tit for tat
~ ihop (samman) *tänderna* clench (grit) one's teeth; bildl. äv. keep a stiff upper lip
~ till bite hard
bitande *adj* biting, cutting; om köld, blåst äv. nippy, keen; sarkastisk äv. caustic, pungent, sharp, tart; **~ ironi** biting irony, sarcasm
bitanke *s* ulterior (subsidiary) motive
bitas *vb itr dep* bite; om hund äv. be snappish; *varandra* bite one another
biton *s* **1** fonet., biaccent secondary stress **2** mus. secondary tone, overtone **3** bildl. touch, trace, shade
bitring *s* [baby's] teething ring; vard. teether
biträda *vb tr* **1** assistera assist [*vid* in]; **~ ngn** *[inför rätten]* appear (plead) for a p.
2 ansluta sig till a) förslag, åsikt second, support, subscribe to, agree to, assent (accede) to b) allians o.d. join
biträdande *adj* assistant
biträde *s* **1** bistånd assistance, aid, support **2** medhjälpare assistant; affärs~ shop assistant; amer. [sales]clerk; sjukvårds~ assistant nurse; jur. counsel (pl. lika)
bitsk *adj* om t.ex. kommentar cutting, sarcastic; om hund fierce
bitsocker *s* lump sugar, cube sugar
bitter *adj* bitter äv. bildl.; om smak äv. acrid; om pers. äv. embittered; smärtsam äv. painful; hätsk äv. acrimonious; hård hard, harsh; *bittra fiender* bitter (implacable) enemies; **~ förlust** painful (severe) loss; **ett ~t öde** a hard fate
bitterhet *s* bitterness; om smak äv. acridity; om pers. äv. embitterment; hätskhet acrimony, rancour
bitterljuv *adj* bitter-sweet
bittermandel *s* bitter almond
bitti *adv* o. **bittida** *adv* early; *i morgon bitti* [early] tomorrow morning; *[både] bittida och sent* at all hours, early and late
bitvarg *s* old misery, grouch
bitvis *adv* på sina ställen in [some] places, here and there, occasionally; bit för bit bit by bit, piecemeal
bivack *s* mil. bivouac; **gå (ligga) i ~** bivouac
bivax *s* beeswax
biverkningar *s pl* med. side-effects
biväg *s* byway, bypath, byroad
biämne *s* univ. subsidiary subject
bjuda I *vb tr* o. *vb itr* **1** erbjuda, räcka fram offer; servera serve; undfägna entertain; **~ ngn armen** offer a p. one's arm; **~ motstånd** offer resistance; *vad kan jag ~ er (får jag ~) på?* what can el. may I offer you? **2** inbjuda ask, invite [*ngn på middag* a p. to dinner]; *vara (bli) bjuden* be invited (asked) **3** betala treat; *låt mig ~ [på det här]* let me treat you [to this]; **~ ngn på en drink (på middag)** treat a p. to a drink (to a dinner), stand (buy) a p. a drink etc. **4** tillönska **~ farväl** bid farewell **5** göra anbud offer; på auktion bid, make a bid [*på ngt* for a th.]; kortsp. bid, call; 1000 kr *bjudet!* ...bid!
II med beton. part.
~ emot: *det bjuder [mig] emot* I hate the idea [of doing it], it goes against the grain
~ hem ngn *[till sig]* invite (ask) a p. to one's home (house)
~ igen invite...back, ask (invite)...in return
~ in att stiga in ask...[to come] in
~ omkring serve, hand round
~ till anstränga sig try
~ under underbid
~ upp ngn *[till dans]* ask a p. for a dance
~ ut *[till salu]* offer [for sale]; **~ ut ngn på** restaurang o.d. take a p. out; **~ ut sig** prostitute oneself
~ över a) eg. outbid äv. kortsp. b) se *överbjuda*
bjudande *adj* befallande imperative
bjudning *s* kalas party; middags~ dinner [party]; *ha ~* give (vard. throw) a party
bjudningskort *s* invitation card
bjäfs *s* finery; krimskrams gewgaws pl., knick-knacks pl.
bjälke *s* beam; större balk, baulk; bär~ girder; tvär~ joist; taksparre rafter; tekn. äv. square timber; inte se **~n i sitt eget öga** ...the beam in one's own eye
bjälklag *s* joists pl., beams pl.
bjällerklang *s* sound of bells (resp. a bell)
bjällra *s* [little] bell
bjärt *adj* gaudy, glaring; **stå i ~ kontrast mot (till)** be in glaring contrast to
bjässe *s* stor karl big strapping fellow, hefty chap
björk *s* **1** träd [silver] birch **2** virke birch[wood]; **...av ~** attr. äv. birch...
björkdunge *s* birch grove, clump of birches

björkkvist *s* birch twig
björklöv *s* birch leaf; koll. birch leaves pl.
björkmöbel *s* möblemang birch suite; enstaka piece of birch furniture; *björkmöbler* bohag birch furniture sg.
björkris *s* **1** koll. birch twigs pl. **2** till aga birch
björksav *s* birch sap
björkskog *s* birchwood; större birch forest
björkstam *s* birch trunk
björktrast *s* zool. fieldfare
björkved *s* birchwood [fuel]
björn *s* **1** zool. bear; koll. bears pl.; *väck inte den ~ som sover!* ung. let sleeping dogs lie!; *Stora (Lilla) ~[en]* astron. the Great (Little) Bear **2** skämts., fordringsägare dun
björnbär *s* blackberry
björnfäll *s* bearskin
björnhona *s* she-bear
björnloka *s* bot. cow parsnip
björnmossa *s* bot. hair (haircap) moss
björnskinnsmössa *s* till uniform bearskin; vard. busby
björntjänst *s*, *göra ngn en ~* do a p. a disservice
björntråd *s* bear cotton thread
björnunge *s* bear cub
bl.a. förk., se *bland [annat (andra)]*
1 black *s* bildl. *en ~ om foten [för ngn]* a drag [on a p.], an impediment [to a p.]
2 black *adj* färglös drab äv. bildl.; urblekt faded
blackout *s* blackout; *få (drabbas av) en ~* have a blackout
blad *s* **1** bot. leaf (pl. leaves); kron~ petal; *ta ~et från munnen* speak out, speak one's mind, not mince matters **2** pappers~ sheet; i bok leaf (pl. leaves); vard., tidning paper; *spela (sjunga) från ~et* sight-read, play (sing) at sight **3** på kniv, åra, propeller o.d. blade
bladgrönt *s* chlorophyll, leaf green
bladguld *s* gold leaf, gold foil
bladlus *s* plant louse, green fly, aphis (pl. aphides)
bladmage *s* zool. third stomach
bladnerv *s* vein, rib, nerve
bladverk *s* foliage
bladväxt *s* foliage plant
B-lag *s* sport. reserve (second) team; bildl. el. neds. äv. second-raters pl.
blamage *s* faux pas fr. (pl. lika); gaffe
blamera *vb rfl*, *~ sig* commit a faux pas, put one's foot in it
blanchera *vb tr* kok. blanch
bland *prep* among, amongst; i partitiv bet. of, out of; jfr äv. ex.; *~ andra* (förk. *bl.a.*) among others; *~ annat* (förk. *bl.a.*) among other things; isht i formellt språk inter alia lat.; *~ annat därför att...* for one thing because...; *omtyckt ~ ungdom* popular with...; *~ det bästa* jag sett one of the best things...; *ingen ~ dem* none of them
blanda I *vb tr* mix; isht bildl. mingle; olika kvaliteter av t.ex. te, tobak el. bildl. blend; metaller alloy; kem. el. farmakol. compound; spelkort shuffle; *~ drinkar* mix drinks; *~ färger* mix (blend) colours
II *vb rfl*, *~ sig* mix, mingle; sammansmälta blend; *~ sig i* andras affärer interfere with...; *~ sig i samtalet* butt (cut) in, put in one's oar
III med beton. part.
~ bort: *~ bort begreppen* confuse the issue, cause confusion
~ i ngt i maten mix a th. in..., add a th. to...; under omröring äv. stir in a th. in...; *~ sig i* se *II*
~ ihop förväxla mix up, confuse; blanda tillsammans, tillreda mix, jfr *blanda I* o. *~ till*
~ in ngn i ngt mix a p. up in a th.; isht ngt brottsligt involve (implicate) a p. in a th.
~ till tillreda mix; medicin äv. compound
~ upp ngt med ngt mix a th. with..., add...to a th.
bland|ad *adj* mixed, mingled, blended, jfr *blanda I*; diverse miscellaneous; *~ kost* mixed diet; *~e känslor* mixed feelings; *~ kör* mixed choir; *-at sällskap* mixed company
blandare *s* mixer; vatten~ mixer tap, amer. mixing faucet
blandekonomi *s* mixed economy
blandfolk *s* mixed race
blandfärg *s* secondary (compound) colour
blandning *s* **1** mixture; av olika kvaliteter av t.ex. te, tobak el. bildl. blend; av konfekt o.d. assortment; legering alloy; kem. compound; brokig, heterogen äv. medley; röra mess **2** blandade mixing osv., jfr *blanda I*
blandras *s* mixed breed; om folk hybrid race; isht lantbr. crossbreed; om djur vanl. mongrel; *vara av ~* be a mixed breed osv.
blandskog *s* mixed forest
blandsäd *s* gröda mixed crops pl.; tröskad mixed grain
blandäktenskap *s* mixed marriage
blank *adj* eg. bright, shining, shiny, glossy; oskriven, tom blank; *~ som en spegel* smooth as a mirror; *ett ~t avslag (nej)* a flat refusal; *mitt på ~a förmiddagen* in broad daylight; *~t game* i tennis o.d. love game
blanka *vb tr* polish; metall äv. burnish
blankett *s* form; amer. äv. blank; *fylla i en ~* fill in (up) a form
blanko *s* bank. *in ~* in blank; *underskrift in ~* blank signature
blankocheck *s* bank. blank cheque
blankpolera *vb tr* o. **blankputsa** *vb tr* polish; metall äv. burnish
blankslipa *vb tr* burnish
blanksliten *adj* om tyg shiny, threadbare
blankt *adv* (ibl. *adj*) brightly; *dra ~* draw one's sword [*mot* on]; *lämna in ~* vid provskrivning o.d. hand in a blank paper; *neka ~ till ngt* flatly deny a th.; *rösta ~* return a blank

ballot-paper; *det struntar jag ~ i!* I don't give a damn (hang) about it!; *vägra ~* refuse point-blank; han sprang distansen *på 10 sekunder ~* ...in 10 seconds flat
blankvers *s* blank verse
blasé *adj* o. **blaserad** *adj* blasé fr.; jaded
blasfemi *s* blasphemy
blask *s* **1** usel dryck etc. slops pl., dishwater **2** slaskväder, snö~ slush
1 blaska *s* vard., tidning paper; neds. [local] rag
2 blaska *vb itr* splash [water], dabble
blaskig *adj* om dryck, färg wishy-washy; om väderlek slushy
blast *s* tops pl.; potatis~ äv. haulm
blazer *s* [sports] jacket; klubbjacka, vanl. av flanell blazer
bleck *s* tinplate, tin; *ett ~* a sheet of tinplate; *~et* mus., se *bleckblåsare*
bleckblåsare *s* mus. brass player; *bleckblåsarna* i orkester the brass [section] sg.
bleckburk *s* konservburk tin, tin can; isht amer. can; med löst lock tin box, canister
bleckkärl *s* tin; pl. äv. tinware sg.
bleckslagare *s* tinsmith
bleckslageri *s* tinworks (pl. lika)
blek *adj* pale; stark. pallid, white; sjukligt wan; glåmig, gulblek sallow; svag faint; *inte den ~aste aning* not the faintest (foggiest) [idea]; *~a döden* pallid Death; *en ~ efterbildning* a pale imitation; göra *ett ~t intryck* ...a feeble impression; *bli ~ [av fasa]* turn pale [with terror]; *~ om kinden* (vard. *nosen*) pale[-faced]; vard. white (green) about the gills
bleka *vb tr* kem. bleach; t.ex. jeans prefade; färger fade; *~s* om färger fade, become discoloured
blekansikte *s* paleface
blekfet *adj* pasty[-faced], flabby
blekhet *s* paleness; isht ansikts~ pallor; sjuklig wanness
bleklagd *adj* palish, pale-faced; glåmig sallow
blekmedel *s* bleaching agent; pulver bleaching powder; vätska bleaching solution
blekna *vb itr* om pers. turn pale [*av fasa* with...]; poet. pale; om färg o.d. el. bildl., t.ex. om minne fade
blekning *s* kem. bleaching
bleknos *s*, *din lilla ~* you pale little thing
blekselleri *s* [blanched] celery
bleksiktig *adj* anaemic, bloodless
blemma *s* finne pimple, spot, pustule
blessyr *s* wound
bli I passivbildande *hjälpvb* be; vard. get; uttr. gradvist skeende become; *~ avrättad* be executed; *~ civiliserad* become civilized
II *vb itr* **1** uttr. förändring become; följt av adj. äv. (ledigare) get; långsamt grow; uttr. plötslig el. oväntad övergång turn; i förb. med vissa adj. go; i förb. med adj. angivande sinnesstämning o.d. samt i bet. 'vara' oftast be; äga rum take place, come off; visa sig vara turn out, prove; följt av subst. äv. make, come to be; 'komma att vara' vanl. futurum av be, jfr ex.; *tre och två ~r fem* three and two make[s] five; *hur mycket ~r det?* how much will that be (does it come to)?; *det ~r regn* it is going to rain, it will rain; *det blev regn* there was rain, it rained; *när det ~r sommar* when summer comes; *det börjar ~ vinter* winter is coming on (setting in); *det börjar ~ mörkt* it is getting dark; *~ katolik* become a (oväntat turn) Catholic; *jag vill (tänker) ~ lärare när jag ~r stor* I want (am going) to be a teacher when I grow up; *han ~r (kommer att ~) en bra* lärare he will make (prove) a good...; *~ [till] en vana* become a habit; *~ blind* go (become) blind; *~ frisk* get well, recover; *han blev förvånad* he was astonished; *~ kär* fall in love; *festen blev lyckad* the party was el. turned out [to be] a success; *~ sjuk* fall (be taken, get) ill **2** förbli remain, stay; *~ hemma* stay (remain) at home; *~ sittande* inte resa sig remain seated **3** *låta ~* ngn (ngt) leave (let)...alone, keep one's hands off...; *låta ~ att* inf. a) avstå från refrain from (avoid) ing-form b) sluta med leave off (give up, stop) ing-form; *jag kan inte låta ~ att skratta* I can't help laughing; *låt ~ [att gå]!* don't go!; avrådande you had better not [go]; *låt ~ det där!* don't [do that]!; sluta! stop it (that)!; vard. cut it out!
III med beton. part.
~ av **a)** komma till stånd take place, come off; *det blev ingenting av med* resan ...came to nothing (naught) **b)** ta vägen osv. *var blev han av?* where has he got to? **c)** *~ av med* förlora lose; få sälja dispose of; bli kvitt get rid of (jfr *kvitt 2*)
~ borta utebli stay away; *jag ~r inte borta länge* I won't be [away] long
~ efter get (lag, drop) behind äv. bildl.; *~ efter med* arbetet äv. get behindhand with...
~ ifrån sig be beside oneself; stark. go frantic [*av* with]
~ kvar **a)** stanna remain, stay; *~ kvar* längre än de andra stay on (behind) **b)** se *~ över*
~ till come into existence (being); födas be born; *~ till sig* get excited, be [quite] upset
~ utan lottlös [have to] go without, get nothing, come away empty-handed
~ utom sig se *~ ifrån sig*
~ över be over, be left [over]
blick *s* ögonkast look; hastig glance, glimpse; dröjande gaze; öga eye; *hans ~ föll på* his eye fell on, he happened to notice; *fästa ~en på* fix one's eyes upon, rivet (fasten) one's gaze upon; *ha (sakna) ~ för* have an (have no) eye for; *kasta en ~ på* have (take) a look (glance) at; *sänka ~en* lower one's eyes

(gaze), look down; *med en enda* ~ at a glance
blicka *vb itr* look; hastigt glance; dröjande gaze
blickfång *s* **1** eye-catcher **2** se *blickfält*
blickfält *s* field of vision, visual field
blickpunkt *s* visual point; *i ~en* bildl. in the limelight (public eye)
blickstilla I *adj* om t.ex. vattenyta dead calm **II** *adv, han stod* ~ he stood dead still (stock-still)
blid *adj* om t.ex. röst soft; om t.ex. väsen gentle; om t. ex. väder mild; *inte se ngt med ~a ögon* look [up]on a th. with disapproval, frown on a th.
blidka *vb tr* appease, placate; vrede mollify; *låta ~ sig* ge efter relent
blidvinter *s* mild (open) winter
blidväder *s, det är (har blivit)* ~ a thaw has set in
bliga *vb itr* stirra stare; drömmande gaze; ilsket glare [*på* i samtl. fall at]
blind *adj* blind äv. bildl. [*för* to]; obetingad äv. implicit; *~a fläcken* anat. the blind spot; *~ tro* blind (implicit) faith; *bli* ~ go (become) blind; *~ på ena ögat* blind in (of) one eye; *i ~o* blindly; i ovetenhet äv. in the dark; besinningslöst äv. rashly, heedlessly; planlöst at random
blindbock *s, leka* ~ play blindman's buff
blindfönster *s* blind (blank) window
blindförare *s* blind person's guide
blindgångare *s* mil. unexploded bomb (shell), dud
blindhet *s* blindness
blindhund *s* guide dog; amer. äv. seeing-eye dog
blindinstitut *s* institute for the blind
blindkarta *s* skeleton (outline) map
blindo se *blind*
blindpassagerare *s* stowaway
blindskrift *s* Braille
blindskär *s* sunken (hidden) rock; bildl. pitfall
blindtablett *s* med. placebo (pl. -s el. -es)
blindtarm *s* anat. blind gut, caec|um (pl. -a); *~ens bihang* appendi|x (pl. äv. -ces); *ta ~en opereras* have one's appendix removed
blindtarmsinflammation *s* appendicitis (end. sg.)
blindtest *s* blindfold test
blink *s* **1** blinkande av ljuskälla twinkling **2** ljusglimt twinkle; blinkning wink; *i en ~* in a twinkling (flash), in the twinkling of an eye
blinka *vb itr* om ljus twinkle; med ögonen: blink [*mot ngt* at a th.]; som tecken wink [*åt ngn* at a p.]; *utan att ~* bildl. calmly, without batting an eyelid; inför smärta without flinching
blinker *s* bil. [flashing] indicator, flasher
blinkfyr *s* sjö. long-flashing light
blinkljus *s* blinkande ljus m.m. blinker

blinkning *s* blinking, winking; *en ~* a blink (wink)
blint *adv* blindly; obetingat äv. implicitly; på måfå äv. at random; besinningslöst äv. recklessly, rashly, indiscriminately; *tro ~ på* believe implicitly in
bliva se *bli*
blivande *adj* framtida future; tilltänkt prospective; *~ advokater* those who intend to be...; *min ~ fru* my wife [that is] to be; *~ mödrar* expectant mothers
blixt *s* **1** åskslag lightning (end. sg.); *en ~* a flash of lightning; *~ar* äv. lightning sg.; *~en slog ned i huset* the house was struck by lightning; *som en [oljad] ~* like [greased] lightning; *det kom som en ~ från en klar himmel* it was like a bolt from the blue; *med ~ens hastighet* with lightning speed, like a shot **2** konstgjord el. bildl. flash; foto. äv. flashlight
blixtanfall *s* o. **blixtangrepp** *s* lightning attack
blixtfyr *s* sjö. short-flashing light
blixthalka *s, det var ~ på vägarna* the roads were treacherously icy
blixtkub *s* flashcube
blixtkär *adj* ...madly in love
blixtlampa *s* flash bulb
blixtljus *s* foto. flashlight
blixtlås *s* zip[-fastener]; vard. zipper
blixtnedslag *s* stroke of lightning
blixtra *vb itr* **1** *det ~r [till]* there is [a flash of] lightning, it is lightening **2** bildl.: om t.ex. ögon flash; *~nde huvudvärk* splitting headache; *~nde kvick* brilliantly (sparklingly) witty
blixtsnabb *adj* ...[as] quick as lightning; attr. äv. lightning
blixtsnabbt *adv* at lightning speed, like lightning (a flash)
blixtvisit *s* flying visit
block *s* **1** massivt stycke, äv. hus~ block; geol. äv. boulder; för skor shoetree **2** skriv~ pad, block **3** lyft~ pulley; isht sjö. block **4** polit. bloc
blockad *s* sjö. blockade; av t.ex. arbetsplats boycott
blockbildning *s* [vanl. the] creation of blocs; *nya ~ar* the creation of new blocs
blockchoklad *s* cooking chocolate
blockera *vb tr* blockade; spärra äv. block [up]; jam; t.ex. arbetsplats boycott; *~ linjen* tele. block the line
blockering *s* eg. el. psykol.: det som blockerar blockage; det att blockera blocking äv. sport.
blockflöjt *s* recorder
blockämne *s* skol. block of interrelated subjects
blod *s* blood; *ge ~* som blodgivare be a blood donor; *väcka ont (ond) ~* stir up (breed) bad blood; *jag har det i ~et* it's (it runs) in my blood; *med kallt ~* in cold blood; *~ är tjockare än vatten* blood is thicker than water

bloda *vb tr*, *jag har fått ~d tand [på ngt]* my appetite [for a th.] has been whetted; *~ ned* fläcka stain (täcka cover) with blood; *~ ned sig* get oneself [all] bloody
blodapelsin *s* blood orange
blodbad *s* blood bath, carnage, massacre, slaughter
blodbank *s* blood bank
blodblandad *adj* ...mingled with blood
blodbrist *s* anaemia; amer. anemia
blodcirkulation *s* circulation [of the blood], blood circulation
bloddrypande *adj* ...dripping with blood; bildl. gory, blood-curdling
blodfattig *adj* anaemic; bildl. bloodless
blodfläck *s* bloodstain
blodflöde *s* flow (gush) of blood, bleeding
blodfull *adj* bildl. full-blooded
blodfylld *adj* ...full of blood
blodförgiftning *s* blood-poisoning
blodförlust *s* loss of blood
blodgivarcentral *s* blood donor centre
blodgivare *s* blood donor
blodgivning *s* blood donation
blodgrupp *s* blood group
blodhund *s* bloodhound
blodig *adj* blodfläckad blood-stained, ...stained with blood; nedblodad ...all bloody, ...covered with blood; blodblandad ...mingled with blood; som kostar mångas liv bloody, sanguinary, gory; lätt stekt rare, underdone; bildl.: om t.ex. förolämpning deadly; om t.ex. ironi scathing; om t. ex. orätt cruel; *på ~t allvar* in dead earnest; *~a strider* bloody (sanguinary) battles; *det blir inte så ~t dyrt* it won't be all that expensive
blodigel *s* leech äv. bildl.
blodkorv *s* black pudding; amer. blood sausage
blodkropp *s* fysiol. blood cell, [blood] corpuscle; *vita (röda) ~ar* white (red) blood cells (corpuscles)
blodkärl *s* blood-vessel
blodlös *adj* bloodless
blodomlopp *s* circulation of the blood, blood circulation; *~et* äv. the circulatory system
blodplasma *s* fysiol. [blood]plasma
blodplätt *s* fysiol. platelet
blodpropp *s* konkr. clot of blood, vetensk. thromb|us (pl. -i), lössliten embol|us (pl. -i); sjukdom thrombos|is (pl. -es), embolism
blodprov *s* bloodtest; preparat sample (specimen) of blood; *ta ~* take a bloodtest
blodpudding *s* black pudding; amer. blood sausage
blodrenande *adj* blood-purifying; *~ medel* blood-purifier
blodröd *adj* blood-red, sanguine; *bli alldeles ~* turn crimson
blodsband *s* blood-relationship; *~ pl.* ties of kinship; *släkt genom ~ [med]* related by blood [to]
blodsdroppe *s*, *till sista ~n* to the last drop of blood, to the bitter end
blodserum *s* fysiol. [blood] serum
blodshämnd *s* blood feud, vendetta
blodsjukdom *s* blood disease, disease of the blood
blodskam *s* incest
blodsocker *s* blood sugar
blodsprängd *adj* bloodshot
blodstillande *adj* styptic, haemostatic; *~ medel* styptic
blodstockning *s* stagnation of the blood
blodstänkt *adj* bloodstained
blodstörtning *s* haemorrhage of the lungs
blodsugare *s* bloodsucker; bildl. äv. extortioner
blodsutgjutelse *s* bloodshed
blodsänka se *sänka I 2*
blodtillförsel *s* blood supply, supply of blood
blodtransfusion *s* blood transfusion
blodtryck *s* blood pressure; *högt (lågt) ~* high (low) blood pressure
blodtörstig *adj* bloodthirsty
blodutgjutning *s* gm yttre skada bruise; blödning bleeding, effusion of blood
blodvallning *s* med. hot flush (amer. vanl. flash)
blodvite *s*, *~ uppstod* there was bloodshed
blodvärde *s* blood count
blodåder *s* vein
blom *s* blomning *gå (slå ut) i ~* blossom, bloom, flower, come into flower; *stå i ~* be in bloom (flower, isht om fruktträd blossom), be blooming (flowering resp. blossoming)
blomblad *s* petal
blombord *s* flowerstand
blombukett *s* bouquet, bunch of flowers; mindre nosegay, posy
blomfrö *s* koll. flower seeds pl.
blomklase *s* spray
blomknopp *s* [flower] bud
blomkrona *s* bot. corolla
blomkruka *s* flowerpot
blomkål *s* cauliflower
blomkålshuvud *s* [head of] cauliflower
blomlåda *s* flowerbox
blomm|a I *s* allm. flower äv. bildl.; krona etc. äv. bloom; isht på fruktträd blossom; *-or* koll. äv. bloom; *~or och bin* vard. the birds and the bees, the facts of life; *i ~n av sin ålder* in one's prime (the prime of life) **II** *vb itr* flower, bloom, isht om fruktträd blossom; den sorten *-ar sent* ...is a late flowerer; *vattnet -ar* the water is blooming; *~ upp* bildl. blossom out; *...har -at ut* ...has ceased flowering
blommig *adj* flowery, flowered
blommografera *vb itr* send flowers by Interflora
blomning *s* flowering, blooming; coming into flower
blomningstid *s* flowering season
blomster *s* flower

blomsteraffär *s* flower shop, florist's [shop]; på skylt florist
blomsterförmedling *s*, **Blomsterförmedlingen** Interflora
blomsterhandel se *blomsteraffär*
blomsterhandlare *s* florist
blomsterkrans *s* wreath of flowers
blomsterprakt *s* floral splendour, profusion of flowers
blomsterrabatt *s* flowerbed; långsmal flower (herbaceous) border
blomsterspråk *s* language of flowers; bildl. flowery language
blomsterträdgård *s* flower garden
blomsteruppsats *s* flower arrangement
blomsterutställning *s* flower show
blomsteräng *s* flowery meadow, meadow full of flowers
blomstjälk *s* [flower] stalk
blomstra *vb itr* blossom, bloom; bildl. äv. flourish; frodas prosper, thrive; ~ *av hälsa* be in the pink [of health]; ~ *upp* flourish, prosper; om t.ex. stad äv. rise
blomstrande *adj* flourishing, prospering; om t.ex. hy fresh, rosy; frisk fine and healthy
blomstring *s* bildl. prosperity
blomstringstid *s* bildl. time of prosperity; *i sin* ~ in its heyday
blomvas *s* [flower] vase
blond *adj* om pers. fair[-haired], blond (om kvinna blonde); om hår fair, light, blond
blondera *vb tr* bleach, dye...blond
blondin *s* blonde, blonde (fair-haired) woman
bloss *s* **1** fackla torch; sjö. flare **2** vid rökning puff, pull, drag, whiff; *dra ett* ~ *på pipan* take a puff (pull) at one's pipe; *ta ett* ~ vard. have a fag
blossa *vb itr* **1** flare, blaze; bildl. glöda glow [*av* with]; ~ *upp* flamma upp äv. bildl. flare (blaze) up; om kärlek be kindled; rodna flush **2** sjö., ge nödsignal burn flares **3** röka puff [*på* at]
blossande I *adj* rodnande glowing, flushed; glödande burning [*av* with] **II** *adv*, *bli* ~ *röd* turn (flush) crimson (scarlet)
blott I *adj* mere, very; *vid* ~*a åsynen* at the mere sight; *med* ~*a ögat* with the naked eye **II** *adv* only, but; merely; ~ *och bart* simply and solely, merely; *icke* ~ ...*utan även* not only...but also; *det är ett minne* ~ it's but (only) a memory; jfr vid. *bara I*
blotta I *s* gap [in one's defence]; bildl. äv. weak spot, opening; *ge en* ~ *på sig* relax one's guard; bildl. lay oneself open to criticism **II** *vb tr* expose äv. bildl., mil. el. sport. o.d.; göra bar äv. uncover, bare; t.ex. malmåder unearth; röja: t.ex. sin okunnighet äv. betray; t.ex. en hemlighet disclose; blottlägga äv. bildl. lay bare; ~ *huvudet* bare one's head, uncover [one's head] **III** *vb rfl*, ~ *sig* **1** förråda sig betray oneself, give oneself away **2** ~ *sig* visa könsorganen expose oneself indecently [*för ngn* to a p.]; vard. flash
blottad *adj* **1** avtäckt bare, uncovered; om svärd drawn; *med blottat huvud* bare-headed, uncovered; ~ *till midjan* stripped to the waist **2** ~ *på* destitute (devoid) of
blottare *s* exhibitionist; vard. flasher
blottlägga *vb tr* lay bare, uncover, expose samtliga äv. bildl.
blottställa I *vb tr* expose [*för* to]; riskera imperil, endanger **II** *vb rfl*, ~ *sig* expose oneself, lay oneself open [*för* to]
blottställd *adj* exposed [*för* to]; utblottad destitute; ~*a människor* people who are destitute
bluff *s* humbug humbug, bluff; om sak äv. eyewash; om pers. vanl. bluffer, humbug; bedrägeri, bedragare fraud
bluffa I *vb tr* o. *vb itr* bluff **II** *vb rfl*, ~ *sig fram* make one's way by bluffing; ~ *sig igenom* bluff one's way through
bluffmakare *s* bluffer, humbug
blund *s*, *jag fick inte en* ~ *i ögonen (sov inte en* ~*) i natt* I did not get a wink of sleep (not sleep a wink) last night
blunda *vb itr* sluta ögonen shut one's eyes [*för* to]; hålla ögonen slutna keep one's eyes shut; ~ *för ngt* bildl. äv. wink at a th.; ~ *för att...* bildl. blink the fact that...
blunddocka *s* sleeping doll, doll with sleeping eyes
blunder *s* blunder
blus *s* blouse, amer. waist; skjort~ shirt, amer. äv. shirtwaist; arbets~ smock, [workman's] blouse
bly *s* lead; ...*av* ~ äv. lead[en]...
blyerts *s* **1** ämne blacklead; miner. graphite; i pennor lead **2** se *blyertspenna*; *skriva med* ~ write in pencil; *skriven med* ~ äv. pencilled
blyertspenna *s* pencil, lead pencil
blyertsstift *s* lead; reserv~ lead refill
blyertsteckning *s* pencil drawing
blyfri *adj*, ~ *bensin* unleaded (lead-free) petrol (amer. gasoline)
blyförgiftning *s* lead poisoning
blyg *adj* shy [*för* of]; förlägen bashful; försagd timid, diffident; pryd coy, demure; *han är inte* ~ *av sig* tilltagsen he is pretty forward; fräck he has got a nerve; pretentiös he is asking a lot
blygas *vb itr dep* be (feel) ashamed [*för* of]; blush [for shame] [*över* at]; jfr *skämmas*
blygd *s* ~delar private parts pl.
blygdben *s* anat. pubic bone
blygdläppar *s pl* anat. labia lat.
blyghet *s* shyness, bashfulness, coyness, timidity, diffidence, jfr *blyg*
blygrå *adj* leaden grey
blygsam *adj* modest; måttlig äv. moderate; anspråkslös äv. unassuming, diffident

blygsamhet *s* modesty, diffidence; *falsk* ~ false modesty
blygsel *s* shame; *känna* ~ *över* feel shame at; *rodna av* ~ blush with shame
blyhaltig *adj* attr. ...containing lead; plumbiferous
blytung *adj* ...[as] heavy as lead; bildl. äv. leaden...
blå *adj* blue; *blått blod* blue blood; ~ *bok* polit. blue book; ~ *druvor* black grapes; ~ *ringar* under ögonen dark rings...; *den* ~ *timmen* the [blue] twilight hour; *få ett ~tt öga* get a black eye; ~ *av köld* blue with cold; *himlens* ~ the blue of the sky; *vara i det* ~ be [up] in the clouds; jfr *blått*
blåaktig *adj* bluish
blåblommig *adj* attr. ...with blue flowers; mönstrad äv. flowery blue; växten *är* ~ ...has blue flowers
blåbär *s* **1** bilberry, whortleberry; amerikansk art blueberry **2** sl.: lätt motståndare pushover; nybörjare beginner
blåbärsris *s* koll. bilberry (etc.) sprigs pl.
blåbärssoppa *s* bilberry soup
blådåre *s* vard. madman
blåfrusen *adj* ...blue with cold
blåfärgad *adj* blue; ...dyed blue
blågrå *adj* bluish-grey, blue-grey
blågrön *adj* bluish-green, blue-green
blågul *adj* blå och gul blue and yellow; *de ~a* sport. the Swedish [international] team
blåklint *s* bot. cornflower
blåklocka *s* bot. *[liten]* ~ harebell; i Skottl. bluebell
blåklädd *adj* ...[dressed] in blue
blåkläder *s pl* [blue] overalls
blåkopia *s* blueprint
Blåkulla the Brocken ty.
blålackerad *adj* attr. blue[-lacquered]; pred. [lacquered] blue, jfr äv. *lackera*
blåmes *s* zool. blue tit
blåmussla *s* [common] sea mussel
blåmåla *vb tr* paint...blue; *~d* attr. blue[-painted]; pred. [painted] blue
blåmärke *s* bruise, black and blue mark; *ha ~n överallt* be black and blue (be bruised) all over
blåna *vb itr* become (turn) blue; förtona i blått fade into blue; *de ~nde bergen* the distant blue mountains (hills)
blånad *s* blåmärke bruise; på trä discoloration
blåneka *vb itr, han ~de [till det]* he flatly denied it
blånor *s pl* koll. tow sg.
blåpapper *s* carbon paper
blåpenna *s* blue pencil
blåprickig *adj* attr. blue-spotted; pred. spotted [with] blue; *den är* ~ vanl. it has blue spots
blårandig *adj* attr. blue-striped; pred. striped [with] blue; *den är* ~ vanl. it has blue stripes

blårutig *adj* attr. blue-chequered; *den är* ~ vanl. it has blue checks
blåräv *s* blue fox
blåröd *adj* purple; av t.ex. köld blue
1 blåsa *s* **1** anat., isht urin~ el. luftbehållare bladder; vetensk. äv. vesica **2** i huden, i metall, glas, målning blister; i glas äv. bleb; *få blåsor i händerna* äv. blister one's hands **3** bubbla bubble **4** vard., festklänning party dress
2 blåsa I *vb tr* o. *vb itr* **1** allm. blow; mus. äv. play; föna blow-wave, blow-dry; jfr äv. ex.; *det blåser* it is windy, there is a wind [blowing]; *det blåser kallt* there is a cold wind blowing; ~ *trumpet* play the trumpet; ~ *glas* blow glass; ~ *[nytt] liv i* bildl. breathe (infuse) fresh life into **2** vard., lura fool, diddle, hoodwink [*på* out of]; *bli blåst på* be swindled (cheated, diddled) out of
II med beton. part.
~ **av** a) tr.: eg. blow off; avsluta bring...to an end; sport. el. t.ex. strid äv. call off; amer. call time [out]; *domaren -te av matchen* gav slutsignalen the referee blew the final whistle b) itr. blow (be blown) off
~ **bort** a) tr. blow away; skingra drive (chase) away, dispel b) itr. blow (be blown) away
~ **igen** stängas blow (be blown) to; *dörren blåste igen* äv. the wind banged the door to
~ **ned** blow (itr. äv. be blown) down
~ **omkull** blow (itr. äv. be blown) over (down)
~ **upp** a) tr., fylla med luft inflate, blow up; t.ex. kinder blow (puff) out; öppna blow open; virvla upp blow (kick) up; förstora bildl. magnify b) itr.: virvla upp blow up; öppnas blow (be blown) open; *det blåser upp* the wind is rising
blåsare *s* mus. wind player; glas~ blower; *blåsarna* orkestergrupp the wind sg.
blåsbälg *s* bellows pl.; *en* ~ a [pair of] bellows
1 blåsig *adj* om väder windy, breezy, blowy
2 blåsig *adj* med blåsor blistered, blistery
blåsinstrument *s* mus. wind instrument
blåsippa *s* hepatica, blue anemone
blåskatarr *s* inflammation of the bladder; vetensk. cystitis (end. sg.)
Blåskägg, [Riddar] ~ Bluebeard
blåslagen *adj, vara* ~ be black and blue (be bruised) all over
blåslampa *s* blowlamp; amer. blowtorch
blåsljud *s* med. murmur
blåsning *s* vard. *åka på en* ~ bli lurad be swindled (cheated, diddled)
blåsorkester *s* brass band
blåst I *s* wind; stark. gale; *det blir* ~ there will be a wind [blowing] **II** *adj* vard. *vara* ~ dum be stupid (daft, amer. äv. dumb); *han blev* ~ *[på konfekten]* lurad he was done out of it
blåställ *s* dungarees, overalls (båda pl.); *ett* ~ a pair of dungarees (overalls)
blåsvart *adj* blue-black, bluish-black

blåsväder *s* windy (stormy) weather; *vara ute i ~* bildl. be under fire
blåsyra *s* kem. prussic (hydrocyanic) acid
blåtira *s* vard. *få [en] ~* blått öga get a black eye
blått *s* blue; *klädd i ~* dressed in blue; *målad i ~* painted blue; *skifta i ~* be shot (tinged) with blue
blåval *s* zool. blue whale
blåvinge *s* **1** zool. [common] blue **2** förr yngre flickscout brownie, se *minior[scout]*
blåögd *adj* blue-eyed; bildl. äv. starry-eyed, naive
blåögdhet *s* bildl. naiveté
bläck *s* ink; skrivet *med ~* ...in ink
1 bläcka *vb tr*, *~ ned* make...inky, ink; *~ ned sig* get oneself all inky; om fingrarna ink one's fingers
2 bläcka *s*, *ta sig en ~* vard. have a booze (booze-up)
bläckfisk *s* cuttlefish; vanl. (åttaarmad) octopus
bläckfläck *s* inkstain, ink spot
bläckhorn *s* inkpot; infällt inkwell
bläckig *adj* inky
bläckpenna *s* pen; reservoarpenna fountain pen
bläcksvamp *s* ink-cap
blädderblock *s* flipchart
bläddra *vb itr* turn over the leaves (pages) [*i en bok av*...]; *~ i* äv. dip into, browse through; *~ igenom* look through; ytligt skim [through]; *~ [några sidor] tillbaka* turn back a few pages
blända *vb tr* **1** göra blind blind; tillfälligt äv. dazzle, daze; bildl.: förtrolla dazzle, fascinate; förvilla deceive **2** *~ [av]* avskärma: t.ex. lanternor darken; *~ [av] vid möte* bil. dip (amer. dim) the headlights when meeting other vehicles; *~ ned* foto. stop down
bländande *adj* dazzling äv. bildl.; blinding; om skarpt ljussken äv. glaring; *~ ljus* dazzling light, glare
bländare *s* foto.: diaphragm; öppning aperture; inställning stop; *minska ~n* stop down; *ställa in ~n* set the aperture
bländfri *adj* anti-dazzle...
bländskydd *s* anti-glare device, glare shield
bländverk *s* delusion, illusion
bländvit *adj* dazzlingly white
blänga *vb itr*, *~ [ilsket]* glare, glower [*på* at]
blänk *s* gleam, glitter; från t.ex. fyr flash
blänka *vb itr* shine, glisten, gleam, glitter; *~ till* flash, flare up
blänkare *s* i tidning short notice
bläs *s* vit fläck på hästhuvud blaze
blästra *vb tr* blast
blöda *vb itr* bleed äv. bildl. [*ur ett sår* from a wound]; *du blöder i ansiktet* your face is bleeding; *~ ned* ngt make...all bloody
blödarsjuka *s* med. haemophilia; amer. hemophilia
blödig *adj* sensitive, soft, weak
blödighet *s* sensitivity, softness, weakness

blödning *s* bleeding; invärtes äv. haemorrhage
blöja *s* napkin, vard. nappy, amer. diaper
blöjbarn *s* ung. toddler, infant
blöjbyxor *s pl* [plastic] baby pants
blöjsnibb *s* tie pants pl.
blöt I *adj* våt wet; vattendränkt äv. soggy; vattnig watery; vard., blödig soft, wet; för ex. jfr under *våt* **II** *s*, *ligga i ~* be in soak; *lägga* ngt *i ~* put...in soak (to soak), soak...
blöta I *s* rot~ downpour, soaker; *väta wet* **II** *vb tr* soak; doppa äv. sop; göra våt wet; *~ igenom*... soak through...; *~ ned*... wet..., make...wet; *~ ned sig* get [oneself] all wet; *~ ned sig om fötterna* get one's feet wet, get wet feet; *~ upp* soak, steep
blötdjur *s* **1** zool. mollusc **2** vard., vekling softie, sloppy person
blötläggning *s* soak
blötsnö *s* watery (wet) snow
b-moll *s* mus. B flat minor
BNP (förk. för *bruttonationalprodukt*) GNP
bo I *vb itr* live; tillfälligt stay; vara inneboende lodge, amer. äv. room; ha sin hemvist reside; i högre stil dwell; *~ hos ngn* stay (resp. live) at a p.'s house (with a p.); *~ på hotell* stay el. stop (långvarigt live) at a hotel; *~ billigt* pay a low rent; *~ kvar* stay on, live there still **II** *s* **1** fågels nest; däggdjurs lair, den, hole; bildl., isht i lekar home; *bygga ~* build a nest, nest **2** egendom, kvarlåtenskap [personal] estate (property); bohag furniture, goods and chattels pl.; *sätta ~* settle, set up house; *medföra i ~[e]t* bring into the marriage; *sitta i orubbat ~* retain undivided possession of the estate
boa *s* zool., pälskrage boa
boaorm *s* boa constrictor
boasering *s* panelling, wainscoting
bob[b] *s* **1** kälke bobsleigh **2** sportgren bobsleighing
bobba *vb tr* håret bob
bobsleigh se *bob[b]*
bock *s* **1** get he-goat; råbock m.fl. buck; *han är en gammal ~* he is an old goat (lecher); *sätta ~ en till trädgårdsmästare* ung. put a square peg in a round hole **2** stöd trestle, stand; tekn. horse **3** gymn. buck; *hoppa ~* play leapfrog **4** fel mistake, blunder; grovt fel howler; tecknet tick; *sätta ~ för* ngt mark...as wrong
1 bocka I *vb tr* tekn., böja bend; *~ till ngt* bend a th. **II** *vb itr o. rfl*, *~ sig* buga bow [*för* to]; *~ djupt för ngn* make a p. a low bow
2 bocka *vb tr*, *~ av* pricka för tick off
bockskägg *s* eg. goat's beard; hakskägg goatee
bocksprång *s* caper, gambol; *göra ~* caper, gambol, cut capers
bod *s* **1** butik shop; marknads~ booth, stall **2** skjul shed; lagerlokal storehouse, warehouse
bodelning *s* division of the joint property of husband and wife

Bodensjön Lake (the Lake of) Constance
body s plagg body, bodysuit
boendekostnader s pl housing costs pl., the costs pl. of housing
boendemiljö s housing (home, living) environment
boendeparkering s local residents' parking (plats car parc)
boer s Boer
boerkriget s the Boer War
boett s watchcase
bofast adj resident, domiciled, friare settled; *vara* ~ be domiciled
bofink s chaffinch
bog s **1** på djur shoulder äv. kok. **2** sjö. bow[s pl.]; *på rätt (rät)* ~ on the right tack; *slå in på fel* ~ bildl. take the wrong tack (line)
bogfläsk s shoulder of pork
boggivagn s bogie car (wag[g]on)
bogsera vb tr tow; ta på släp take...in tow; *det ~de fartyget* the ship in tow
bogserare s o. **bogserbåt** s towboat, tug
bogsering s tow; bogserande towage, towing
bogserlina s towline
bogspröt s sjö. bowsprit
bogträ s på seldon hame
bohag s household goods pl., household furniture
bohem s Bohemian
bohemisk adj Bohemian
bohemliv s Bohemian life, Bohemianism
boj s sjö. buoy
boja s fetter, shackle; bildl. äv. bond
bojkott s boycott
bojkotta vb tr boycott
1 bok s **1** träd beech **2** virke beech [wood]; *...av* ~ äv. beech[en]...; för sms. jfr äv. *björk-*
2 bok s **1** book; *böckernas* ~ the Book of Books; *föra* ~ *över ngt* keep a record (list) of a th.; *tala som en* ~ talk (speak) like a book **2** antal ark papper quire
boka vb tr o. vb itr bokföra, beställa book; beställa, isht amer. reserve; *~ av* cancel; *~ in* book, make a reservation; *~ [in] en tid hos tandläkaren* book a time at the dentist's; *~ in [sig] på ett hotell* make a reservation at a hotel; *~ om* ändra biljett etc. change a booking (reservation)
bokanmälan s book review
bokauktion s book auction
bokband s binding; pärm äv. cover
bokbindare s bookbinder
bokbinderi s **1** abstr. bookbinding **2** verkstad bookbinder's [shop], bookbindery
bokbuss s mobile library; amer. bookmobile
bokcirkel s book club
boken adj halvskämd half rotten; övermogen overripe
bokflod s flood of books
bokföra vb tr enter [...in the books]; *det bokförda värdet* the book value

bokföring s redovisning bookkeeping, accountancy; *dubbel (enkel)* ~ double (single) entry bookkeeping
bokförlag s publishing house (firm), publishers pl.
bokförläggare s publisher
bokhandel s **1** abstr. book-trade, bookselling [business] **2** butik bookshop, bookseller's [shop]; amer. bookstore
bokhandelsmedhjälpare s bookseller's assistant
bokhandlare s bookseller
bokhylla s bokskåp bookcase, bookshelves pl.; enstaka hylla bookshelf
bokhållare s bookkeeper; kontorist clerk
bokklubb s book club (society)
boklig adj literary, bookish; *äga ~ bildning* be well-read; *~a kunskaper* book-learning sg.
boklåda s bokhandel bookshop, bookstore
bokmal s bookworm äv. om pers.
bokmärke s bookmark; glansbild scrap
bokmässa s book fair
bokollon s beechnut; pl. äv. beechmast sg.
bokomslag s cover, book cover
bokrea s vard. book sale (bargain)
boksamlare s bibliophil[e], collector of books
bokskog s beech wood (större forest)
bokskåp s bookcase
bokslut s closing (balancing) of the books (accounts); *~et visar* the accounts show; *göra* ~ close (make up, balance) the books, make up a (the) balance sheet
bokstav s letter; *liten* ~ small letter; *stor* ~ capital [letter]; *efter ~en* to the letter, literally; *beloppet i bokstäver* på t.ex. check amount in words; *med latinska bokstäver* in Latin characters
bokstavera vb tr spell; tele. o.d. spell...using the phonetic alphabet
bokstavlig adj literal
bokstavligen adv literally, in a literal sense, down to the last letter; rent av positively
bokstavsbetyg s alphabetic mark (amer. grade)
bokstavsordning s alphabetical order
bokställ s för läsning reading-desk
bokstöd s book end (support)
boktitel s book title
boktryck s tryckmetod letterpress printing
boktryckare s printer; tryckeriägare master printer
boktryckeri s officin printing office (house)
bokverk s set of volumes; enstaka volume
bolag s **1** company; amer. äv. corporation; *ingå ~ med ngn* enter into partnership with a p. **2** vard., se *systembutik*
bolagsman s partner, associate
bolagsordning s articles pl. of association
bolagsstyrelse s board of directors

bolagsstämma *s* shareholders' (general) meeting
bolero *s* mus., plagg, hatt bolero (pl. -s)
bolin *s* **1** sjö. bowline **2** bildl. *låta det gå på (för) lösa ~er* let things go as they please
Bolivia Bolivia
bolivian *s* Bolivian
boliviansk *adj* Bolivian
boll *s* **1** ball; slag i tennis stroke; skott i fotboll shot; passning pass; *en fin (bra)* ~ slagväxling a fine rally; *han har ~en* fotb. he is in possession; bildl. the ball is in his court; *~en ligger (är) hos honom* bildl. the ball is with him (in his court); *kasta* ~ play catch; *sparka* ~ vard. play football; *spela* ~ play ball **2** sl., huvud nut; *vara tom i ~en* be empty-headed (stupid)
bolla *vb itr* play ball; träningsslå knock up; ~ *med ord (begrepp)* bildl. bandy words (ideas); ~ *med siffror* bandy figures about
bollplank *s* bildl. sounding-board
bollpojke *s* ball boy
bollsinne *s* ball sense (control), timing
bollspel *s* ball game
bollträ *s* bat
bolma *vb itr* utspy rök belch out smoke; om pers. puff; *en ~nde skorsten* a belching chimney; ~ *på en cigarr* puff away at a cigar
bolmört *s* bot. henbane
bolsjevik *s* Bolshevik
bolster *s* feather bed
1 bom *s* stång bar; järnv. [level crossing] gate; gymn. horizontal (high) bar; sjö. el. skog. boom; på vävstol beam; *inom lås och* ~ under lock and key
2 bom I *s* felskott miss **II** *adv, skjuta* ~ miss [the mark] **III** *interj* boom!
bomb *s* **1** bomb; *låta ~en falla* el. *släppa ~en* bildl. drop the bombshell; *det slog ner som en* ~ it came like a bombshell **2** kok. bombe fr. **3** sl. *~er* kvinnobröst tits, boobs
bomba *vb tr* bomb
bombanfall *s* bombing attack
bombardemang *s* bombardment, shelling, bombing, jfr *bombardera*
bombardera *vb tr* bombard äv. med t.ex. frågor; mil. äv. shell; från luften bomb; med t.ex. stenar assail, pelt
bombasm *s* bombast
bombastisk *adj* bombastic, high-falutin
bombattentat *s* bomb attack (outrage), bombing
bombflyg *s* bombers pl.; vapenslag bomber command
bombhot *s* bomb scare (threat)
bombnedslag *s* bomb hit äv. bildl.; *ett blont ~* a blonde bombshell
bombning *s* bombing
bombplan *s* bomber, bombing plane
bombsäker *adj* eg. bomb-proof; bildl. *det är ~t* it is a dead cert

1 bomma *vb tr*, ~ *för (igen, till)* bar; ~ *igen* stänga, t.ex. sommarvilla lock (shut) up
2 bomma *vb itr* missa miss [*på ngt* a th.]
bomull *s* cotton; råbomull, vadd cotton wool, amer. absorbent cotton; *...av* ~ äv. cotton...
bomullsbal *s* bale of cotton
bomullsband *s* [cotton] tape
bomullsbuske *s* cotton shrub
bomullsgarn *s* cotton
bomullsklänning *s* cotton dress
bomullssammet *s* velveteen, velour
bomullsspinneri *s* cotton mill
bomullstråd *s* cotton thread
bomullstuss *s* wad (pad) of cotton wool
bomullstyg *s* cotton cloth (fabric); *~er* äv. cotton textiles
bomärke *s* [owner's] mark, cross; *sätta sitt ~* make one's cross
bona *vb tr* vaxa wax, polish
bonad *s* tapestry, hanging
bondbröllop *s* peasant (country) wedding
bondböna *s* broad bean
bonddräng *s* farmhand; lantbo country fellow
bonde *s* **1** farmer; lantbo, småbrukare peasant; *bönderna* som samhällsgrupp äv. the peasantry **2** i schack pawn
bondepraktika *s, ~n* ung. the Farmer's Almanac
bondflicka *s* peasant (country) girl
bondfångare *s* confidence (vard. con) man (trickster)
bondförnuft *s* common sense, horse sense
bondförsök *s* clumsy attempt
bondgubbe *s* old peasant [man], old countryman
bondgumma *s* old peasant woman, old countrywoman
bondgård *s* farm; samtl. byggnader äv. farmstead
bondkatt *s* huskatt av blandras alley cat; europeisk korthårskatt [domestic] shorthair
bondkomik *s* slapstick, custard-pie comedy
bondkvinna *s* peasant woman, countrywoman
bondland *s, på rena [rama] ~et* out in the wilds (sticks, amer. boondocks)
bondmora *s* farmer's wife
bondpermission *s* vard. French leave
bondpojke *s* peasant (country) lad (boy)
bondsk *adj* rustic, boorish
bondslug *adj* sly, shrewd
bondstuga *s* [peasant's] cottage
bondtur *s* the luck of the devil; *det var ren ~* it was sheer luck
bong *s* voucher; amer. check; totalisator~ ticket
boning *s* bostad habitation; litt. dwelling[-place], abode; tenement äv. bildl.
boningshus *s* dwelling-house
bonjour *s* plagg frock coat
bonus *s* bonus; på bilförsäkringspremie no-claim bonus
bonusklass *s* försäkr. bonus class
bonvax *s* floor polish, wax polish

boom *s* vard. boom
boplats *s* settlement; arkeol. äv. village, site
bopålar *s pl,* **slå ner sina ~** settle down
bor *s* kem. boron
bord *s* **1** table; skriv~ desk; **duka ~et** lay the table; **gående ~** buffet; **det är inte mitt ~** bildl. it's not my pigeon; **föra ngn till ~et** take a p. in to dinner; **sitta till ~s** sit at table; betala...kr **under ~et** ...under the table **2** sjö., planka plank, board; **över ~** se *överbord*
borda *vb tr* board
bordduk *s* tablecloth
bordeaux *s* vin Bordeaux [wine]; röd claret
bordell *s* brothel
bordellmamma *s* vard. madam
bordlägga *vb tr* uppskjuta postpone, shelve, table
bordläggning *s* **1** uppskov postponement, shelving, tabling **2** sjö.: av plåt [shell] plating; av trä [outside] planking
bordlöpare *s* [table] runner
bordsben *s* table leg
bordsbeställning *s* på restaurang reservation
bordsbön *s* grace; **läsa ~** say grace
bordsdam *s* dinner partner, [lady] partner at table; **vem hade du till ~ ?** äv. who sat on your right at dinner?
bordsgranne *s* neighbour at table, partner
bordskavaljer *s* dinner partner, partner at table; **vem hade du till ~ ?** äv. who sat on your left at dinner?
bordskniv *s* tableknife
bordslampa *s* table lamp
bordssalt *s* table salt
bordssilver *s* bestick table silver
bordsskick *s* table manners pl.
bordsskiva *s* table top; lös table leaf
bordsställ *s* cruet stand
bordsvatten *s* table water
bordsvisa *s* drinking song
bordsända *s* end of the (resp. a) table; **vid övre (nedre) ~n** at the head (foot) of the table
bordtennis *s* table tennis; vard. ping-pong
bordtennisracket *s* table tennis (vard. ping-pong) bat
boren *adj,* **en ~ vältalare** a born orator
borg *s* slott castle; fäste stronghold äv. bildl.
borga *vb itr,* **~ för** garantera **ngt** vouch for (guarantee) a th.
borgare *s* **1** medelklassare bourgeois (pl. lika) fr.; icke-socialist non-Socialist; **-na** medelklassen äv. the bourgeoisie, fr.; icke-socialisterna äv. the right wing **2** hist.: a) stadsbo citizen, townsman b) medlem av borgarståndet burgher; om eng. förhållanden burgess
borgarklass *s* middle class, bourgeoisie fr.
borgarråd *s* [Stockholm] commissioner
borgen *s* **1** säkerhet security; guarantee äv. bildl.; surety äv. borgensman; **ställa ~** find security; **teckna ~** issue a personal guarantee; **gå i ~ för ngn** stand surety for a p.; **gå i ~ för ngn (ngt)** vouch for a p. (a th.); **jag går i ~ för att** I guarantee that... **2** garanti för anhållens inställelse inför rätta o.d. bail; **frige mot ~** release on bail
borgensförbindelse *s* personal guarantee; **teckna ~** sign one's name as security
borgenslån *s* loan against a [personal] guarantee
borgensman *s* guarantor, surety
borgenssumma *s* amount guaranteed
borgenär *s* creditor
borgerlig *adj* **1** av medelklass middle class; neds. bourgeois fr. **2** statlig, profan civil; **~ vigsel** civil marriage **3** icke-socialistisk non-Socialist, right-wing; **de ~a [partierna]** the non-Socialist parties
borgerligt *adv* **1** **rösta ~** vote non-Socialist **2** *de har gift sig **~*** they were married before the registrar
borgerskap *s* citizens pl., townspeople pl.; medelklassen middle classes pl.
borggård *s* courtyard
borgmästare *s* **1** a) eng. el. amer. mayor b) i större eng. städer lord mayor **2** förr i Sverige chief magistrate
borgruin *s* ruined castle, castle ruins pl.
bornera *vb itr* effervesce, froth; om vin sparkle
bornerad *adj* om pers. narrow-minded
bornyr *s* head, froth; om vin sparkle
borr *s* drill; liten hand~ gimlet; större auger; tandläkar~ drill, burr; som fästs i t.ex. borrsväng bit
borra *vb tr* o. *vb itr* bore [*efter* for]; brunn äv. sink; metall drill; tunnel cut; **~ hål i ngt** bore (drill) a hole (resp. holes) in a th.; **~ ögonen i ngn** give a p. a piercing look; **~ i sank** scuttle
borrhål *s* bore (drill) hole, bore
borrmaskin *s* drill, drilling machine, drill press
borrplattform *s* drilling (offshore) platform, oilrig
borrsväng *s* tekn. brace [and bit]
borrtorn *s* derrick
borst *s* bristle äv. bot.; koll. bristles pl.; **resa ~** bristle [up] äv. bildl.
borsta *vb tr* brush; **~ skorna (tänderna)** brush one's shoes (teeth); **~ av rocken** brush..., give...a brush; **~ upp** luggen brush up...
borstbindare *s* brushmaker; **svära som en ~** swear like a trooper
borste *s* brush; med långt skaft broom
borsyra *s* boracic acid
bort *adv* away; **det (han) måste ~!** it (he) must go!; **vi ska ~** är bortbjudna **ikväll** we are invited out this evening; **långt ~** a long way off, far away (off); **~ med fingrarna (**vard. **tassarna)!** hands off, keep your hands to

borta

yourself; jfr äv. beton. part. under resp. vb samt *bort-* i sms.
borta *adv* för tillfället away; för alltid, försvunnen gone; som inte går att finna missing, lost; inte hemma away from home; bortbjuden out; frånvarande äv. absent; själsfrånvarande äv. absent-minded; vard. up in the clouds; bortkommen confused, at a loss; medvetslös unconscious; död dead; *där* ~ over there (yonder); *hålla sig* ~ keep away; ~ *bra men hemma bäst* East, West, home is best; ~ *med vinden* gone with the wind
bortalag *s* sport. away team (side)
bortamatch *s* sport. away match
bortaplan *s* sport. away ground; *spela på* ~ play away; *en seger på* ~ an away win
bortaseger *s* sport. away win
bortbjuden *adj* invited out [*på middag* to dinner]
bortblåst *adj*, *...är som* ~ ...has (resp. have) completely vanished, ...has (resp. have) vanished into thin air
bortbyting *s* changeling
bortdömd *adj* sport. disallowed
bortefter *prep* [away] along
bortemot se *bortåt I*
borterst *adv* furthest (farthest) off (away)
bortersta *adj* furthest; *på* ~ *bänken* in the back row
bortfall *s* statistik. o.d. falling (dropping) off, decline; t.ex. inkomst~ reduction
bortförklara *vb tr* explain...away, make excuses for
bortförklaring *s* excuse
bortgjord vard. *bli* ~ a) lurad be fooled b) utskämd be disgraced, be put to shame
bortglömd *adj* [altogether] forgotten
bortgång *s* död decease, departure
bortgången *adj*, *den bortgångne* the deceased (departed)
bortifrån *adv*, *långt* ~ from far (a long way) off
bortkastad *adj*, ~ *tid (~e pengar)* a waste of time (money), jfr vid. *kasta [bort]*
bortkollrad, bli ~ have one's head turned
bortkommen *adj* 1 förkommen lost 2 förvirrad confused, lost; försagd timid; främmande strange; opraktisk unpractical; *känna sig* ~ äv. feel like a fish out of water
bortom *prep* beyond; förbi past
bortovaro *s* absence [*från* from]
bortrationalisera *vb tr* rationalize, reduce (cut down)...by rationalization
bortre *adj* further, farther; *i* ~ *delen av* at the far end of
bortrest *adj*, *han är* ~ he has gone away
bortse *vb itr*, ~ *från* disregard, ignore; *~tt från* apart from, irrespective of [[*det faktum*] *att* the fact that]
bortskämd *adj* spoilt [*med* by]; jfr *skämma [bort]*

bortsprungen *adj*, *en* ~ *hund* a dog that has run away (has been lost); herrelös äv. a stray dog
bortåt I *prep* **1** om rum ~...*[till]* towards, in the direction of **2** nästan nearly **II** *adv* om rum *där* ~ [somewhere] in that direction
bosatt *adj* resident, residing, domiciled; *vara* ~ live; högtidl. reside
boskap *s* cattle pl., livestock
boskapsskötsel *s* stockraising [industry], stock farming
boskillnad *s* jur. judicial division of the joint estate of husband and wife [upon their separation]
Bosnien Bosnia
bosnier *s* o. **bosnisk** *adj* Bosnian
bospara *vb itr* save for a home
Bosporen the [Straits pl. of] Bosp[h]orus
1 boss *s* chef boss
2 boss *s* avfall av halm o.d. chaff
bostad *s* hem place [to live]; privat hus house; våning flat, isht större el. amer. apartment; hyrda rum rooms pl., lodgings pl., möblerade apartments pl.; statistik., bostadsenhet dwelling; jur., fast ~ domicile; boning residence; högtidl. habitation, abode; *fri* ~ rent-free accommodation; *söka* ~ look for a place to live, go house-hunting (våning flat-hunting)
bostadsadress *s* permanent (home) address
bostadsbidrag *s* accommodation (housing) allowance
bostadsbrist *s* housing shortage; *det råder* ~ there is a housing shortage
bostadsbyggande *s*, ~*[t]* house-building
bostadsförmedling *s* myndighet local housing authority, housing department; privat accomodation agency
bostadshus *s* dwelling-house; större residential block
bostadskö *s* housing queue
bostadslån *s* housing (home) loan
bostadslös *adj* homeless, ...without housing
bostadsmarknad *s* housing market
bostadsområde *s* housing area (estate)
bostadspolitik *s* housing policy
bostadsrätt se *bostadsrättslägenhet*
bostadsrättsförening *s* ung. co-operative (tenant-owners') building society, housing co-operative
bostadsrättslägenhet *s* ung. co-operative (tenant-owner) flat (apartment); amer. condominium
bostadssparande *s* saving (mera konkr. savings pl.) for a home
bostadsstandard *s* housing standard
bostadssökande *s* pers. house-hunter (som söker våning flat-hunter), person looking for somewhere to live
bostadstillägg *s* rent allowance (subsidy), housing supplementary allowance
bostadsyta *s* living (dwelling) space

bosätta *vb rfl*, *~ sig* settle [down], take up one's residence (abode)
bosättning *s* **1** bebyggande settling, settlement **2** bildande av eget hushåll setting up house
bosättningslån *s* home loan, loan for setting up a home
bot *s* **1** botemedel remedy, cure; *råda ~ på (för)* remedy, set...right **2** botgöring penance; *göra ~ och bättring* do penance; friare mend one's ways
bota *vb tr* **1** läka cure [*från (för)* of] **2** avhjälpa remedy, set...right
botanik *s* botany
botaniker *s* botanist
botanisera *vb itr* botanize; *~ bland* bildl. browse (have a browse) among (through)
botanisk *adj* botanical; *~ trädgård* botanical gardens pl.
botbar *adj* curable, remediable
botemedel *s* remedy, cure [*mot* i båda fallen for]; läkemedel äv. medicine
botfärdig *adj* penitent, repentant
botgörare *s* penitent
botgöring *s* penance
Botswana Botswana
botten *s* **1** bottom; sjö~ el. isht sjö. äv. ground; på fiol back; tårt~ sponge cake; *nå ~* touch bottom; bildl. reach bedrock; *dricka [glaset] i ~* drain (empty) one's glass; *drick i ~!* el. *~ opp!* vard. bottoms up!; *köra* t.ex. företag *i ~* drain...completely [of its resources]; *i grund och ~* se *I grund 2*; *gå till ~* go (bildl. äv. get) to the bottom [*med en sak* of a thing (matter)]; om fartyg äv. sink, founder, go down **2** mark soil; *på svensk ~* on Swedish soil **3** våning *på nedre ~* on the ground (amer. first) floor **4** på tyg, tapet, flagga ground
bottenfrysa *vb itr* freeze solid
bottenfärg *s* **1** se *botten 4* **2** grundningsfärg first coat
Bottenhavet [the southern part of] the Gulf of Bothnia
bottenkurs *s* på värdepapper o.d. bottom rate (price, quotation)
bottenkänning *s*, *ha ~* touch bottom
bottenlån *s* first mortgage loan
bottenlös *adj* bottomless; bildl.: ofattbar unfathomable, avgrundsdjup abysmal
bottenpris *s* rock-bottom price
bottenrekord *s*, *det här är ~[et]* this is a new low, this is the lowest (sämst worst) yet
bottensats *s* sediment; i vin o.d. äv. lees pl., dregs pl.; i vinflaska äv. crust
bottenskrapa *vb tr* bildl. drain, deplete
bottenskyla *s*, *ha ~* have enough to cover the bottom
Bottenviken [the northern part of] the Gulf of Bothnia
bottenvåning *s* i markplanet ground (amer. first) floor
bottin *s* [high] galosh, overshoe

bottna *vb itr* **1** nå botten touch bottom; i simbassäng be within one's depth **2** *~ i* ha sin grund i originate in, have its origins in, be the result of
Bottniska viken the Gulf of Bothnia
boule *s* sport. boules
boulevard *s* boulevard fr.
bouppteckning *s* lista estate inventory [deed]; förrättning estate inventory proceedings pl.
bourgogne *s* **1** vin burgundy **2** geogr. *Bourgogne* Burgundy
boutique *s* boutique fr.
boutredning *s* administration (winding up) of the estate [of a (resp. the) deceased]
boutredningsman *s* [estate] administrator
bov *s* villain; skurk scoundrel; svag. rascal, rogue samtliga äv. skämts.; förbrytare criminal; *~en i dramat* the villain of the piece, the culprit
bovaktig *adj* villainous; rascally
Boverket the National Housing Board
bovete *s* buckwheat
bowla *vb itr* vard. bowl
bowling *s* [tenpin] bowling
bowlingbana *s* bowling alley
box *s* låda, avbalkning m.m. box
boxa *vb tr* punch; *~ slå till ngn* give a p. a punch [*i* in]
boxare *s* boxer; professionell äv. prizefighter, pugilist
boxas *vb itr dep* box
boxer *s* boxer
boxhandske *s* boxing glove
boxkalv *s* box calf
boxning *s* idrottsgren boxing
boxningsmatch *s* boxing match
boxningsring *s* boxing ring
boyta *s* living (dwelling) space
B-post *s* second-class mail
bra (jfr *bättre, bäst*) **I** *adj* **1** allm. good; hygglig decent; utmärkt excellent, first-rate, vard. capital, grand; som det ska vara [all] right; tillfredsställande satisfactory; jfr *god*; *det är (var) ~!* äv. that's just right!, that's it (the way)!; *det var ~ att du kom* it is (was) a good thing you came; *det är ~ så!* tillräckligt that's enough (plenty), thank you; *vara ~ användbar att ha* be (come in) useful (handy), be of use; *vad ska det vara ~ för?* what is the good (use) of that?; *han är ~ i engelska* he is good at English; *~ mot förkylning* good for a cold **2** frisk well, all right **3** ganska lång good, long[ish]; vard. goodish; ganska stor large, largish
II *adv* **1** allm. well; jfr *väl* o. *gott;* decently, excellently, satisfactorily; vard. first-rate, capitally, fine; *tack, [mycket] ~* fine (very well), thanks; *hon dansar ~* she is a good dancer; *ha det ~* skönt, bekvämt be comfortable; *ha det [så] ~!* have a good time!; *se ~ ut* a) om pers. be good-looking

b) om sak look all right **2** mycket, riktigt quite, very, [quite] too; vard. jolly, awfully; ordentligt, med besked properly, thoroughly; ganska, alltför rather [too], jfr *ganska;* ~ *mycket bättre* far better; *jag skulle* ~ *gärna vilja veta...* I should dearly (very much, vard. jolly well) like to know...; *ta* ~ *betalt* charge a lot (the earth)
bracka *s* philistine, boor
brackig *adj* philistine; friare smug
bragd *s* bedrift exploit, feat, [heroic] achievement
brak *s* crash; jfr *dunder*
braka *vb itr* crash; knaka crack; ~ *ihop* kollidera crash; om pers., gräla häftigt clash violently, have a first-class row; om t.ex. maskiner, system break down, collapse; ~ *lös[t]* break out; ~ *ned* come crashing down, collapse
brakmiddag *s* vard. slap-up dinner, real feast
brakseger *s* vard. overwhelming victory
braksuccé *s* vard. terrific (tremendous) success; om bok, pjäs o.d. smash hit
braman *s* Brahman, Brahmin
bramanism *s* Brahmanism, Brahminism
brand *s* **1** eld[svåda] fire; större conflagration; *stå i* ~ be on fire; *sätta...i* ~ eg. set fire to..., set...on fire **2** med. gangrene **3** bot. blight, rust **4** eld~ firebrand
brandalarm *s* fire alarm
brandbil *s* motorspruta fire engine
brandbomb *s* incendiary (fire) bomb
branddörr *s* fireproof door
brandfackla *s*, *kasta [ut] en* ~ bildl. let off a bombshell, arouse a very heated discussion
brandfara *s* danger of fire, fire risk (hazard)
brandförsvar *s* fire prevention (protection)
brandförsäkra *vb tr* insure...against fire
brandförsäkring *s* fire-insurance
brandgata *s* fire-break
brandgul *adj* orange-coloured, flame-coloured
brandhärd *s* fire centre
brandkår *s* fire brigade; amer. fire department
brandkårsutryckning *s* eg. turn-out of the fire brigade etc.; *göra en* ~ bildl. take urgent measures, step in quickly
brandlarm *s* fire alarm
brandlukt *s* smell of fire (burning)
brandman *s* fireman; isht amer. el. vid skogsbränder firefighter
brandmur *s* fireproof (fire) wall (mellan hus party wall)
brandplats *s* scene of a (resp. the) fire
brandpost *s* fire hydrant, fireplug
brandredskap *s* fire appliance; koll. firefighting equipment
brandrök *s* smoke from a (resp. the) fire; *det luktar* ~ there is a smell of fire (burning)
brandsegel *s* jumping sheet (net); isht amer. life net
brandskada *s* fire damage (end. sg.), fire loss

brandskadad *adj* fire-damaged, ...damaged by fire
brandskatta *vb tr* pillage
brandskydd *s* fire protection
brandskåp *s* fire alarm box
brandsläckare *s* apparat fire extinguisher
brandspruta *s* fire pump
brandstation *s* fire station; amer. fire house
brandstege *s* enklare el. fastmurad fire ladder, fire escape; mekanisk extension ladder
brandsäker *adj* fireproof; om t.ex. film nonflammable
brandtal *s* inflammatory speech
brandvakt *s* fireguard; *gå* ~ bildl. pace the streets [at night]
brandvarnare *s* automatic fire alarm; brandskåp fire alarm box
bransch *s* line of business (trade), line, trade
branschvana *s* experience of the (resp. a) business (trade)
brant I *adj* steep; tvär~ precipitous; djärvt uppstigande äv. bold; ~ *stigning* steep (sharp) rise **II** *s* **1** stup precipice **2** rand verge äv. bildl.; *på ruinens* ~ on the verge of ruin
brasa *s* fire, log fire; *tända en* ~ light (make) a fire; *vid (kring) ~n* at (round) the fireside
brasilian[are] *s* Brazilian
brasiliansk *adj* Brazilian
brasilianska *s* kvinna Brazilian woman
Brasilien Brazil
braskande *adj* uppseendeväckande showy, ostentatious; om t.ex. rubrik, annons flaming, blazing, eye-catching
brasklapp *s* ung. [hidden] reservation, saving clause
brass *s* **1** ~*et* mässingsblåsarna the brass **2** sl., hasch hash
1 brassa *vb tr* o. *vb itr* sjö. brace; ~ *bidevind* brace up
2 brassa *vb itr* **1** ~ *på* a) elda stoke up the fire b) skjuta fire (blaze) away **2** sl., röka hasch smoke hash
braständare *s* firelighter
bravad *s* exploit, achievement; ~*er* äv. doings, adventures
bravera *vb itr* boast, brag [*med* about]
bravo *interj* bravo!, well done!; till talare hear!, hear!
bravorop *s* brav|o (pl. -os el. -oes), cheer
bravur *s* käckhet dash; teknisk skicklighet brilliancy of execution; *med* ~ äv. brilliantly
bravurnummer *s* mus. bravura piece; bildl. star turn, show piece
braxen *s* zool. [common] bream
bre se *breda*
bred *adj* avseende massa el. utsträckning broad; i bet. vidöppen el. vanl. vid måttuppgifter wide; om panna, rygg, uttal broad; om mun wide; *tre meter lång och fyra meter* ~ three metres long by four metres broad; *på* ~ *basis* on a broad scale, broad-based...; ~ *last* wide

load; *den ~a vägen* bildl. the primrose path (way)
breda *vb tr*, *~ en smörgås* butter a slice of bread; med pålägg make a sandwich; *~ på* a) lägga på spread, put on; stryka på spread (put)...on b) vard., överdriva lay it on thick; *~ ut* spread out (hö o.d. about); något hopvikt unfold; något hoprullat unroll; *~ ut sig* spread; sträcka ut sig stretch [oneself] out; *~ ut sig över ngt* tala omständligt expatiate [up]on a th.
bredaxlad *adj* broad-shouldered, square-shouldered
bredbar *adj* om t.ex. margarin easy-to-spread; *~ ost* cheese-spread
bredbent *adj* straddle-legged; *stå ~* stand with one's legs wide apart
bredd *s* **1** allm. breadth; eg. bet. äv. width; fartygs äv. beam; *enkel (dubbel) ~* single (double) width; *i ~ [med...]* abreast [of...]; *gå i ~* walk abreast; den är en meter *på ~en* ...broad (in breadth); *mäta ngt på ~en* measure a th. across, measure the breadth of a th.; *största ~* bil. overall width (breadth) **2** geogr. latitude; *på 20° sydlig ~* in latitude 20° south
bredda *vb tr* broaden, widen, make...broader (wider); bildl. äv. diversify, widen the scope of
breddgrad *s* [degree of] latitude; *49:e ~en* the 49th parallel
breddning *s* broadening, widening; bildl. äv. diversification
bredrandig *adj* broad-striped
bredsida *s* sjö. el. mil. el. bildl. broadside
bredspårig *adj* järnv. broad-gauge...
bredvid I *prep* beside, at (by) the side of; gränsande intill adjacent (next) to; om hus o.d. next [door] to; vid sidan om alongside [of]; förutom in addition to; *~ ngn* äv. at a p.'s side; *~ mig* äv. by me; *~ varandra* äv. side by side **II** *adv* close by; *här ~* close by here, close to (at hand); *i huset ~* in the next house, next door; *rummet ~* the adjoining (adjacent) room
bredvidläsningsbok *s* supplementary reader
bretagnare *s* Breton
Bretagne Brittany
bretagnisk *adj* Breton
brev *s* letter; kortare note; skrivelse communication; bibl. el. friare epistle; *tack för ~et* thanks for your letter; *per ~* by letter
brevbomb *s* letter bomb
brevbärare *s* postman; amer. mailman, letter (mail) carrier
brevduva *s* carrier (homing) pigeon
brevhuvud *s* letterhead
brevinkast *s* [letter] slit (slot); amer. mail drop
brevkorg *s* letter tray
brevledes *adv* by letter

brevlåda *s* letterbox; amer. [mail]box, jfr *brevinkast;* i Engl., vid trottoarkanten pillar box
brevpapper *s* notepaper, letter paper; koll. ~ o. kuvert stationery
brevporto *s* [letter] postage
brevpress *s* paperweight, letter weight
brevskola *s* correspondence school (college)
brevskrivare *s* o. **brevskriverska** *s* korrespondent correspondent; *en stor ~* a great letter-writer; *~n* the writer of the letter
brevskrivning *s* correspondence
brevskörd *s*, *en stor ~* a great number (accumulation) of letters
brevställare *s* guide to letter-writing
brevtelegram *s* letter telegram (förk. LT)
brevvåg *s* letter scales pl.; *en ~* a letter balance (scale)
brevvän *s* pen friend, vard. pen pal
brevväxla *vb itr* correspond
brevväxling *s* correspondence; *stå i ~ med ngn* correspond with a p.
bricka *s* **1** serverings~ tray; rund, isht presentertallrik salver; *servera ngt på en ~* bildl. serve a th. on a plate **2** underlägg tablemat; av glas under karaff stand **3** tekn. washer **4** identitets~, polis~ badge, disk; märke, plåt plate; nummer~ check **5** spel~ counter, piece; i brädspel man (pl. men); i domino domino; i damspel draughtsman; amer. checker; *en ~ i spelet* bildl. a pawn in the game
bricklunch *s* lunch on a tray, tray lunch
bridge *s* bridge
bridgeparti *s* game (hand) of bridge
bridgetävling *s* bridge competition
bridreaktor *s* fys. breeder [reactor]
brigad *s* brigade
brigadchef *s* brigade commander, brigadier; amer. brigadier general
brigg *s* sjö. brig
brikett *s* briquet[te]
briljans *s* brilliance
briljant I *adj* brilliant, splendid, first-rate **II** *adv* brilliantly, splendidly **III** *s* brilliant
briljantring *s* diamond (brilliant) ring
briljera *vb itr* show off, shine; *~ med* sin engelska show off (air, parade)...
brillor *s pl* vard. specs, glasses, goggles
1 bringa *s* breast; isht kok. brisket
2 bringa *vb tr* bring äv. medföra; föra bort convey, take, conduct; *~ klarhet i* throw light on; *~ olycka över* bring down ruin on, bring disaster to; *~ ngt i säkerhet* conduct (värdeföremål remove) a th. to safety (to a safe place); *~ ned* minska reduce; pris äv. bring down
brink *s* backe [steep] hill; älv~ [steep] riverbank
brinna I *vb itr* allm. burn äv. bildl.; stå i lågor äv. be on fire; flamma blaze; *~ av iver* be filled with fervour; *~ av nyfikenhet* be burning with curiosity; *det brinner hos A.* A.'s house

brinnande

is on fire; *det brinner* lyser *i hallen* the light is on in the hall; *det brinner i spisen* there's a fire in the kitchen range
II med beton. part.
~ **av** gå av go off; om sprängskott, bomb explode
~ **ned** om hus o.d. be burnt down; om ljus burn itself out; om brasa o.d. burn (get) low
~ **upp** be destroyed by fire; om t.ex. hus äv. be burnt out
~ **ut** burn itself (om brasa äv. go) out
brinnande *adj* allm. burning äv. bildl.; i lågor …in flames; om t.ex. bön, iver, tro fervent; om t.ex. hängivenhet, kärlek ardent; om t.ex. lidelse, törst consuming; om huvudvärk splitting; *ett ~ ljus* a lighted candle; *mitt under ~ krig* just while the war is (resp. was) raging
bris *s* breeze; *frisk ~* fresh breeze
brisad *s* explosion, burst
brisera *vb itr* burst, detonate, explode
brist *s* **1** avsaknad lack; avsaknad av något väsentligt want; frånvaro absence; knapphet vanl. scarcity, shortage; stark. dearth [*på* i samtl. fall of]; *~ på pengar* shortage of money; *lida ~ på* be short (in want) of; *i ~ på* frånvaro av in the absence of; *i ~ på bättre* for want of anything (something) better **2** bristfällighet deficiency, imperfection; ofullkomlighet shortcoming; skavank defect, flaw; moraliskt fel, svaghet failing **3** hand., underskott deficit, deficiency, shortfall; *täcka ~en* cover the deficit
brista 1 sprängas burst; om blodkärl äv. rupture; slitas (brytas) av break, snap; ge vika give way; om tyg split; *brusten blindtarm* perforated appendix; *brustna illusioner* shattered illusions; *~ i [häftig] gråt* burst into [a flood of] tears; *~ itu (sönder)* break (snap) [in two]; *~ lös* break out; *~ [ut] i skratt* burst out laughing **2** fattas fall short, be deficient (wanting, lacking)
bristande *adj* otillräcklig deficient, insufficient, inadequate; bristfällig defective; *~ betalningsförmåga* inability to pay, insolvency; *~ förmåga* inability; *~ kunskaper* lack of knowledge, insufficient knowledge; *~ omdöme* lack of judgement (discretion), faulty judgement; *~ uppmärksamhet* inattention
bristfällig *adj* defective, faulty, imperfect; otillräcklig insufficient
bristning *s* bursting osv., jfr *brista 1;* burst, break; med. rupture
bristningsgräns *s* breaking-point; *till ~en* äv. to [the point of] bursting; *fylld till ~en* filled to the limit of its capacity
bristsjukdom *s* deficiency disease
bristvara *s* article (commodity) in short supply
brits *s* bunk; mil. [wooden] barrack-bed
britt *s* Briton äv. hist.; vard. Brit; isht amer.

Britisher; *~erna* som nation el. lag o.d. the British
brittisk *adj* British; *Brittiska öarna* the British Isles
brittsommar *s* Indian summer
bro *s* bridge; *slå en ~ över* bridge [over], throw a bridge across
broavgift *s* bridge toll
broccoli *s* broccoli
brock o. sms., se *bråck*
brodd *s* **1** bot. germ, sprout båda äv. bildl.; sädes~ koll. new (tender) crop **2** pigg spike; på hästskor rough, frostnail, calk
broder *s* (jfr *bror*) brother (pl. äv. 'brethren', dock end. friare, isht om medlemmar av samfund o.d.); munk äv. friar
brodera *vb tr* o. *vb itr* embroider äv. bildl.; *~ ut* bildl. embroider, embellish
broderfolk *s* sister nation
brodergarn *s* embroidery cotton (resp. wool)
broderi *s* embroidery; *ett ~* a piece of embroidery
broderlig *adj* brotherly, fraternal
broderskap *s* brotherhood, fraternity
broderskärlek *s* brotherly love
brodyr *s* embroidered edging; *en ~* a piece of embroidered edging
brofäste *s* abutment
brohuvud *s* mil. bridgehead; efter landstigning beachhead
broiler *s* broiler
brokad *s* brocade
brokig *adj* **1** mångfärgad parti-coloured, motley; variegated [*av* with]; neds. gaudy **2** bildl.: om t.ex. blandning, samling miscellaneous; om t.ex. sällskap motley; om t.ex. liv varied
brom *s* kem. bromine
1 broms *s* zool. horsefly, gadfly
2 broms *s* **1** tekn. brake; på åkdon äv. skid, drag; *dra till ~en* handbromsen apply (put on) the handbrake **2** bildl. check [*på* on]
bromsa I *vb itr* brake, apply (put on) the brake; bildl. put a brake (check) on; *~ in* brake; långsamt slow down II *vb tr* eg. brake; bildl. check, curb
bromsback *s* brake shoe
bromsband *s* brake lining
bromsbelägg *s* brake lining
bromsförmåga *s* brake power
bromskloss *s* brake block
bromsljus *s* brake light, stoplight
bromsning *s* eg. braking; bildl. checking, curbing
bromsolja *s* brake fluid
bromspedal *s* brake pedal
bromsraket *s* rymd. retrorocket
bromsskiva *s* brake disc
bromssträcka *s* braking distance
bromsvätska *s* brake fluid
bronker *s pl* anat. bronchial tubes, bronchi lat.

bronkit s med. bronchitis (end. sg.); **en ~** an attack of bronchitis
brons s **1** bronze **2** sport., tredje plats bronze medal
bronsera vb tr bronze
bronsmedalj s sport. bronze medal
bronsmedaljör s sport. bronze medallist
bronsmärke s sport. bronze badge
bronsåldern s the Bronze Age
bropelare s [bridge] pier, bridge pillar
bror s (jfr *broder*) brother; *Bäste ~ (B.B.)!* i brev Dear (My dear) + namn
brorsa s vard. brother
brorsbarn s brother's child; *mina ~* my brother's (resp. brothers') children, my nephews and nieces
brorsdotter s niece; ibl. brother's daughter
brorson s nephew; ibl. brother's son
broräcke s bridge parapet (railing)
brosch s brooch
broschyr s brochure; häfte pamphlet, booklet; reklam~ leaflet, prospectus
brosk s anat. cartilage; ämne gristle
brospann s span of a (resp. the) bridge
brott s **1** brutet ställe: allm. break; ben~, ~yta på metall fracture; på rör äv. burst **2** sten~ quarry **3** förbrytelse: isht jur. crime; lindrigare offence [*mot* i båda fallen against]; amer., grövre felony; mindre förseelse misdemeanour **4** kränkning: av t.ex. lagen, neutraliteten violation, infringement; av lagen äv. infraction; av allmän ordning, regler, kontrakt, etikett breach [*mot* i samtl. fall of]
brottare s wrestler
brottas vb itr dep wrestle; ta livtag grapple båda äv. bildl.
brottmål s criminal case
brottning s wrestle; kamp struggle; idrottsgren, brottande wrestling alla äv. bildl.
brottningsmatch s wrestling-match
brottsbalk s criminal (penal) code
brottsjö s breaker, heavy sea, comber
brottslig adj criminal; jur. stark. felonious; straffbar punishable; straffvärd culpable
brottslighet s crime; mera abstr. criminality; skuld culpability; guilt; *~en* ökar crime...; *ekonomisk ~* economic crimes pl. (lindrigare offences pl.); *organiserad ~* organized crime
brottsling s förbrytare criminal, stark. felon; gärningsman culprit, svag. offender
brottsoffer s victim [of a resp. the crime]
brottsplats s, *~en* the scene of the crime
brottstycke s fragment
brottyta s fracture
brovalv s arch of a bridge, span
broöppning s raising (opening) of a bridge
brr *interj* ugh!
brud s bride; sl., kvinna dame, bird, skirt, isht amer. broad; *stå ~* be married; *klädd till ~* dressed for her wedding

brudbukett s wedding bouquet, bridal bouquet
brudfölje s bridal train
brudgum s bridegroom
brudklänning s wedding (bridal) dress (gown)
brudkrona s av metall bridal crown; krans bridal wreath
brudnäbb s ung.: pojke page; flicka bridesmaid
brudpar s bridal couple; *~et* äv. the bride and bridegroom pl., the newly-weds pl.; *~et...* i telegram o.d. Mr. and Mrs...
brudslöja s **1** bridal veil **2** bot. baby's breath, gypsophila
bruk s **1** användning use, jfr *användning*; av ord usage; *göra ~ av* make use of; *ha ~ för* have (find) a use for; *för eget (mitt eget) ~* for one's (my) own use; isht officiellt for personal use; *i ~* allm. in use; *komma ur ~* go out [of use], fall into disuse; om ord o. uttryck äv. lose currency **2** sed: medvetet practice; härskande, hävdvunnet el. stadgat för många gemensamt, kutym usage, custom; mode fashion, vogue; *efter gammalt ~* according to ancient custom; *komma i (ur) ~* modet come into (go out of) fashion (vogue) **3** av jorden cultivation, tillage; av hel gård management, running **4** fabrik: järn~ works (pl. lika); pappers~ mill; *ett ~* vanl. a factory **5** murbruk mortar
bruka vb tr **1** begagna [sig av] use, se vid. *använda* **2** odla cultivate, till; gård farm **3** pläga, ha för vana återges ofta gm omskrivn. m. usually osv., (jfr ex.) äv. (dock end. om pers.) be in the habit of ing-form; *~de* vanligast used to; *han ~r (~de) komma* vid 3-tiden he usually (generally, ofta frequently) comes (came)..., he is (was) in the habit of coming...; regelbundet as a rule he comes (came)..., he comes (came) regularly...; *han ~r (~de) sitta* så i timmar (uttr. benägenhet) he will (would) sit...
brukas vb itr dep, *det ~ inte* it is not the fashion (custom)
brukbar adj **1** användbar usable, se vid. *användbar; i ~t skick* in [good] working order **2** odlingsbar cultivable
bruklig adj customary, usual, ...in use, ...in vogue
bruksanvisning s directions pl. [for use]; för t.ex. TV-apparat, bandspelare operating instructions pl.
bruksföremål s article for everyday use; pl. äv. utility goods
brukshund s working dog
brukspatron s o. **bruksägare** s av järnbruk ironmaster, foundry (ironworks) proprietor; av pappersbruk [paper] mill owner
brukssamhälle s industrial community
bruksvärde s utility value
bruksvärdeshyra s rent based on utility value
brumbjörn s bildl. [perpetual] grumbler (grouser)

brumma *vb itr* om björn el. bildl. growl; om insekt el. radio. hum, om insekt äv. buzz, drone; bildl. äv. grumble
brun *adj* brown; läderfärgad äv. tan; solbränd äv. tanned, bronzed; *~a bönor* maträtt brown beans; jfr äv. *blå* o. sms.
brunaktig *adj* brownish
brunbränd *adj* av eld scorched, singed; av sol tanned, bronzed
brunett *s* brunette
brungul *adj* brownish yellow
brunhyad *adj* brown-hued, brown-complexioned, tanned
brunkol *s* lignite, brown coal
brunn *s* well äv. sjö.; hälso~ [mineral] spring; spring~ el. bildl. fountain; *dricka ~* drink (take) the waters
brunnsborrning *s* allm. well-boring
brunnsort *s* health resort, spa, watering-place
brunst *s* honas heat; hanes rut
brunsten *s* miner. manganese ore (dioxide)
brunstig *adj* om hona ...on (in) heat; om hane rutting, ruttish
brunsttid *s* mating season
brunögd *adj* brown-eyed
brus *s* **1** havets, stormens roar[ing]; vattnets rush[ing], surge; sus äv. sough[ing], sigh[ing], murmur; från orgel peal; från grammofonskiva hiss; radio. noise; i öronen buzz[ing] **2** dryck fizz
brusa *vb itr* roar etc., jfr *brus 1;* om kolsyrad dryck fizz, effervesce; *~ upp* bildl. flare up, lose one's temper; *~ ut mot ngn* fly out at a p.; *brusande trafik* bustling traffic; *en brusande älv* a turbulent river
brushuvud *s* hothead
brusten se *brista 1*
brutal *adj* brutal; *~a metoder* äv. ruthless methods
brutalitet *s* brutality
bruten *adj* broken äv. om pers. o. språk; om arm, ben äv. fractured; jfr *bryta*
brutto *adv* gross
bruttobelopp *s* gross amount
bruttonationalprodukt *s* (förk. *BNP*) gross national product (förk. GNP); i Sverige ung. motsv. gross domestic product (förk. GDP)
bruttopris *s* gross price
brutto[register]ton *s* gross [register] ton (tonnage)
bruttovikt *s* gross weight
bruttovinst *s* gross profit
bry I *vb tr,* ~ *sin hjärna med ngt (med att* inf.*)* cudgel (rack) one's brains over a th. (to inf.) **II** *vb rfl,* ~ *sig om* a) ta notis om, fästa sig vid pay attention to..., take notice of... b) tycka om care for; *~ dig inte om det!* don't bother (worry) about it!, never mind!; *det är ingenting att ~ sig om* that's nothing to worry about; *vi ~r oss inte om att* gå dit we won't bother to...; *han ~r sig inte* vard. he couldn't care less, he [just] doesn't care
brydd *adj* puzzled [*för* about]; förlägen embarrassed
bryderi *s* perplexity; embarrassment; *vara i ~* villrådig äv. be puzzled
brydsam *adj* kinkig awkward; förvirrande perplexing; genant embarrassing
brygd *s* **1** bryggande brew[ing] **2** det bryggda brew
1 brygga *s* bridge äv. tandläk.; landnings~ landing-stage, jetty, pier
2 brygga *vb tr* brew; kaffe: vanl. make; genom filter äv. filter; i bryggapparat äv. percolate
bryggare *s* **1** pers. brewer **2** kaffe~ coffee percolator, coffee maker (machine)
bryggeri *s* brewery
bryggkaffe *s* bryggmalet fine-grind coffee; bryggt filtered (percolated) coffee
bryggmalen *adj*, *bryggmalet kaffe* fine-grind coffee
brylépudding *s* caramel custard, crème caramel
brylling *s* third cousin
bryn *s* edge, verge, fringe
1 bryna *vb tr* göra brun brown; kok. brown, fry...till browned; *brynt smör* brown butter; *brynt av solen* tanned, sunburnt
2 bryna *vb tr* vässa whet, sharpen
bryne *s* whetter, whetstone
brynja *s* pansarskjorta coat of mail
brynsten *s* whetstone, hone
brysk *adj* brusque, curt; häftig, oväntad abrupt
Bryssel Brussels
brysselkål *s* Brussels sprouts pl.
brysselmatta *s* Brussels carpet
brysselspets *s,* ~*[ar]* Brussels lace
bryta (jfr *bruten*) **I** *vb tr* allm. break; kol, malm mine, win; sten quarry; brev open; färg, smak äv. modify, vary; förbindelse break off, sever; förlovning break off; ljus refract, diffract; *~ arm* arm-wrestle, do Indian wrestling; *~ armen* break (med. fracture) one's arm; *han bröt [loppet]* sport. he abandoned the race; *~ ett samtal* tele. disconnect (cut off) a call; *~ ngns serve* i tennis break [through] a p.'s service; *~ servetter* fold napkins; *~ strömmen* elektr. break (interrupt) the current (circuit), switch off [the current]
II *vb itr* **1** break äv. om vågor [*mot* against]; *~ med ngn* break with a p.; *~ med en vana* break off (give up) a habit; *~ mot* lag, regel break; svag. infringe; lag äv. violate; regel äv. offend against **2** i uttal speak with an (a foreign) accent; *~ på tyska* speak with a German accent
III *vb rfl*, *vågorna bryter sig mot* stranden the waves are breaking against (on)...; *åsikterna bryter sig* opinions diverge (differ)
IV med beton. part.

~ av break (knäcka snap) [off]; **~ av mot** be in contrast to; jfr *avbryta*
~ fram break out, burst forth; om t.ex. solen break through
~ igenom äv. mil. break through; **~ sig igenom** break (force) one's way through
~ ihop om pers. el. system etc. break down, collapse
~ in set in, come on; om fienden, havet break in; **~ sig in i ett hus (hos ngn)** break into (burgle) a house (resp. flat, a p.'s home)
~ lös loss break off (away); *ovädret bröt lös[t]* the storm broke; **~ sig lös** break loose (free) [*från* from]
~ ned break down; förstöra äv. demolish; fys. äv. decompose [*till* into]; bildl., krossa shatter
~ [om] typogr. make up...[into pages]
~ samman break down, collapse
~ upp a) tr. **~ upp golvet** take up the floor; **~ upp ett lås** break open a lock, force a lock [open] **b)** itr. **~ upp** från bordet make a move; från sällskap break up; bege sig av leave, depart, start; mil. decamp, strike (break) camp; *isen bröt upp* the ice broke up
~ ut a) tr. **~ ut...ur sammanhanget** detach (isolate)...from the context **b)** itr., t.ex. om eld, krig, uppror, epidemi break out; om åskväder come on; **~ ut i förebråelser** break out in reproaches **c)** rfl. **~ sig ut** force one's way out; **~ sig ut ur fängelset** break out of (escape from) prison (jail)
brytböna *s* French (string) bean
brytning *s* **1** lösbrytning breaking [off]; av kol mining; av sten quarrying **2** ljusets refraction, diffraction **3** språkv., vokals breaking **4** i uttal accent, jfr *bryta II 2* **5** skiftning: i färg tinge; i smak [extra] flavour **6** oenighet breach, rupture; avbrott break; *det blev en ~ mellan dem* there was a breach in their relations
brytningstid *s* time of unrest [and upheaval]; övergångstid transition period
brytningsvinkel *s* optik. el. fys. angle of refraction
brytpunkt *s* cut-off point; data. breakpoint
bråck *s* rupture, hernia
bråckband *s* truss
bråd *adj* brådskande busy, bustling; plötslig sudden, hasty, hurried; *en ~ död* a sudden death; *få ett brått slut* come to a sudden end
bråddjup I *adj* precipitous; *det är ~t här* i vattnet it gets deep suddenly here **II** *s* precipice
brådmogen *adj* prematurely ripe; bildl. precocious
brådrasket, *i ~* all at once; *det gör han inte om i ~* he won't do that again in a hurry
brådska I *s* hurry, haste; jäkt bustle; *det är ingen ~ [med det]* there is no hurry [about it]; *han gör sig (har) ingen ~* he is in no hurry (takes his time); *i ~n* glömde han in his hurry (haste)... **II** *vb itr* behöva utföras fort be urgent (pressing); skynda sig hurry; *det ~r inte* there is no hurry about it, it is not urgent
brådskande *adj* som måste uträttas fort urgent, pressing; på brev o.d. urgent
brådstörtad *adj* precipitate, over-hasty, rash; *en ~ flykt* äv. a headlong flight
1 bråk *s* matem. fraction; *allmänt ~* vulgar (amer. äv. common) fraction; *räkna med ~* do fractions
2 bråk *s* **1** buller, oväsen noise, row, din, racket, hullabaloo; vard. rumpus; gräl row, quarrel; uppståndelse fuss, trouble, ado; *ställa till ~ om ngt* make (vard. kick up) a row (fuss) about a th. **2** besvär, krångel trouble, bother, difficulty
bråka I *vb itr* **1** bullra, väsnas be noisy, cause (make) a disturbance; gräla quarrel, have a row (quarrel); retas tease **2** krångla make (kick up) a fuss (row), make difficulties **II** *vb tr*, **~ lin** brake flax
bråkdel *s* fraction; *~en av en sekund* a split second
bråkig *adj* bullersam noisy; besvärlig troublesome; krånglig fussy; oregerlig disorderly, unruly; motspänstig restive
bråkstake *s* troublemaker
brås *vb itr dep*, **~ på ngn** take after a p.
bråte *s* **1** timmer~ jam of logs, log jam **2** skräp rubbish, lumber, junk; *hela ~n* the whole lot
brått *adj* (i neutr.) o. **bråttom** *adv*, *ha [mycket] ~* be in a [great] hurry [*med* about (with, over); *med att* inf. to inf.]; be [very much] pressed for time; *det är ~* it can't wait; there is no time to lose, it's urgent
1 bräck|a I *s* spricka flaw, crack **II** *vb tr* **1** bryta break; knäcka, krossa crack; *~s* break; crack **2** övertrumfa **~** *ngn* outdo a p. **III** *vb itr*, *när dagen -er* litt. when day breaks, at daybreak
2 bräcka *vb tr* steka fry
bräckjärn *s* crowbar; jfr äv. *kofot*
bräckkorv *s* smoked sausage [for frying]
bräcklig *adj* **1** eg. fragile; skör t.ex. om glas äv. brittle **2** skröplig, svag frail, infirm, feeble; **~ hälsa (konstitution)** frail health (constitution)
bräckt *adj*, *~ vatten* brackish water
bräda I *s* **1** board **2** slags surfingbräda sailboard **II** *vb tr*, **~ ngn** cut out a p.
brädd *s* edge, brim; *fylla till ~en* fill to the brim; *stiga över ~arna* om flod overflow [its banks]
bräde *s* **1** board **2** spel backgammon **3** bildl. *betala på ett ~* pay in a lump sum, pay at one go; *slå ngn ur ~t* cut out a p.
brädfodra *vb tr* board, wainscot; yttervägg weather-board, amer. clapboard
brädfodring *s* boarding, wainscoting; weather boarding
brädgård *s* timberyard, amer. lumberyard

brädseglare *s* sailboarder, windsurfer
brädsegling *s* sailboarding, windsurfing
brädskjul *s* av bräder wooden shed
brädspel *s* backgammon
bräka *vb tr* bleat äv. om pers.; baa
bräken *s* bracken
bräm *s* kant border, edge; av pälsverk o.d. trimming
bränna I *vb tr* **1** allm. burn; i förbränningsugn incinerate; kremera cremate; sveda scorch, singe; om frost nip; ~ *brödet* i ugnen scorch the bread...; ~ *fingrarna* äv. bildl. burn one's fingers; ~ *sitt ljus i båda ändar* burn the candle at both ends; ~ *hemma* vard. distil spirits in one's home, make moonshine; ~ *till aska* reduce to ashes; *den brända jordens taktik* a (the) scorched earth policy; *bränd kalk* burnt lime, quicklime; *brända mandlar* burnt almonds; *bli bränd* bildl. get one's fingers burnt; *det luktar bränt* there is a smell of burning **2** brännmärka brand; med. cauterize, sear; frisera crimp, curl **3** i bollspel hit...out; ~ *en straffspark* miss (muff) a penalty
  II *vb itr* hetta, svida burn; *marken brände under hans fötter* bildl. the place was getting too hot for him
  III *vb rfl*, ~ *sig* burn (scald) oneself; ~ *sig på nässlor* get stung by nettles
  IV med beton. part.
  ~ **av** burn [down]; ~ *av ett fyrverkeri* let off fireworks; ~ *av ett skott* fire [off] a shot
  ~ **bort** burn off (away); ~ *bort en vårta* cauterize (remove) a wart
  ~ **in** *ett märke på ngt* brand a th.
  ~ **ned** burn down
  ~ **upp** burn [up]
  ~ **ut** *ljuset* let the candle burn itself out
  ~ **vid** *såsen* burn the sauce, let the sauce burn
brännande *adj, en* ~ *fråga* a burning question; ~ *hetta* scorching heat; ~ *smärta* acute pain; ~ *törst* parching thirst
brännare *s* allm. burner
brännas *vb itr dep* burn; om nässlor sting; *det bränns!* i lek you are getting warm!
brännbar *adj* combustible, inflammable; *en ~ fråga* a delicate (controversial) question
brännblåsa *s* blister
brännboll *s* ung. rounders sg.
bränneri *s* distillery
brännglas *s* burning glass
brännhet *adj* burning (glowing) hot, scorching
bränning *s* brottsjö breaker; *~arna* äv. the surf sg.
brännjärn *s* branding-iron
brännmärka *vb tr* brand; bildl. äv. stigmatize
brännmärke *s* brännsår burn-mark; på boskap brand
brännoffer *s* burnt offering

brännolja *s* eldningsolja fuel (heating) oil; drivmedel combustible oil
brännpunkt *s* foc|us (pl. äv. -i); ljusstrålars äv. focal point äv. bildl.; *stå i ~en för* intresset be the focal point of...
brännskada *s* burn [injury]; *första gradens* ~ first-degree burn
brännsår *s* burn [injury]
brännugn *s* kiln; för stål converting furnace
brännvidd *s* foto. focal distance (length)
brännvin *s* schnap[p]s, aquavit; vodka vodka
brännässla *s* stinging nettle
bränsle *s* fuel; *flytande (fast)* ~ liquid (solid) fuel
bränslesnål *adj* fuel-efficient, economical; *bilen är* ~ vanl. ...has a low fuel consumption
bränsletank *s* fuel tank
bränsletillägg *s* heating surcharge; för flyg fuel surcharge
bräsch *s* breach; *gå i ~en för* stand up for, take up the cudgels for
bräsera *vb tr* kok. braise
bräss *s* anat. thymus; kok., kalv~ sweetbread
brätte *s* brim; *en hatt med breda ~n* a broad-brimmed hat
bröa *vb tr* breadcrumb
bröd *s* bread (end. sg.); limpa loaf [of bread]; frukost~ roll; bulle bun; kaffe~ koll. buns and (or) cakes pl.; *hårt* ~ crispbread; amer. äv. rye crisp; *den enes död, den andres* ~ one man's loss is another man's gain; *förtjäna sitt* ~ earn one's living (bread and butter); *ta ~et ur munnen på ngn* take the bread out of a p.'s mouth
brödbit *s* piece of bread
brödburk *s* breadbin, amer. bread box
brödbutik *s* baker's [shop], bakery
brödfrukt *s* breadfruit
brödföda *s* bread and butter; *slita [hårt] för ~n* struggle hard to make a living (for one's bread and butter)
brödkaka *s* round loaf; hårt bröd [round of] crispbread
brödkant *s* crust [of bread]
brödkavel *s* rolling-pin
brödkniv *s* breadknife
brödkorg *s* breadbasket
brödlös *adj, bättre ~ än rådlös* ung. necessity is the mother of invention
brödrafolk *s pl* sister nations
brödraskap *s* brotherhood, fraternity, fellowship; konkr. äv. confraternity
brödrost *s* toaster
brödskiva *s* slice of bread
brödsmulor *s pl* [bread]crumbs
brödspade *s* [baker's] peel
brödstil *s* typogr. body type, text type, book face
brödsäd *s* breadstuffs pl., cereals pl.; spannmål corn; amer. grain
brödtärning *s* croûton fr.

bröllop s wedding; vigsel äv. marriage; poet. nuptials pl.; *fira* ~ be (get) married, marry; *vara på [ett]* ~ be at a wedding; *Figaros* ~ opera The Marriage of Figaro
bröllopsdag s wedding day (årsdag anniversary)
bröllopsmarsch s wedding march
bröllopsmiddag s wedding dinner
bröllopsnatt s wedding night
bröllopsresa s honeymoon [trip]; *de for på* ~ *till Italien* they went to Italy for their honeymoon
bröst s allm. breast äv. bildl.; barm bosom; byst bust; bröstkorg chest; på klädesplagg bust, front; *ge ett barn* ~*et* give a baby the breast, breast-feed a baby; *ha ont i* ~*et* have a pain in one's chest; ~ *mot* ~ breast to breast; *trycka till sitt* ~ clasp to one's breast (bosom)
1 brösta vb rfl, ~ *sig över* yvas plume oneself on, brag about
2 brösta vb tr fotb. ~ *[ned] en boll* chest [down] a ball
bröstarvinge s direct heir
bröstben s anat. breastbone; vetensk. stern|um (pl. äv. -a)
bröstbild s half-length portrait; byst bust
bröstcancer s breast cancer, cancer of the breast
bröstfena s zool. pectoral fin
bröstficka s breastpocket
brösthöjd s breast height; *i* ~ breast-high
bröstkaramell s cough lozenge, cough drop
bröstkorg s anat. chest, thorax (pl. thoraces)
bröstkörtel s anat. mammary gland
bröstmjölk s breast milk; *uppfödd på* ~ breast-fed
bröstsim s breaststroke [swimming]; *simma* ~ do the breast stroke
bröstsocker s sugar candy, rock candy
brösttton s mus. chest note; *ta till* ~*erna* bildl. beat the big drum, rant
bröstvidd s chest measurement
bröstvårta s nipple
bröstvärn s **1** byggn. parapet **2** mil. breastwork
bröt s jam of floating logs, log jam
B-skatt s tax not deducted from income at source
B-språk s skol. second foreign language
bua vb itr boo, hoot [*åt* at]; ~ *ut* boo
bubbelpool s whirlpool bath, Jacuzzi®
bubbla I s bubble **II** vb itr bubble
buckla I s **1** inbuktning dent **2** upphöjning boss **3** vard., idrottspris cup **II** vb tr, ~ *[till]* dent
bucklig adj **1** inbuktad dented **2** utbuktad embossed
bud s **1** befallning command, order; bibl. commandment; *tio Guds* ~ the ten commandments; *det är (var) hårda* ~ that's pretty tough (stiff) etc. **2** anbud offer; på auktion bid; i kortspel call; *ge (göra) ett* ~ *på tusen kronor* make an offer (a bid) of... **3** budskap message, announcement; *få (skicka)* ~ *att...* receive (send) word that...; *skicka* ~ *efter ngn* send for a p. **4** budbärare messenger; springpojke errand boy; *sänt med* ~ sent by hand **5** *stå till* ~*s* be at hand, be available; *med alla till* ~*s stående medel* by every means available
budbyrå s delivery firm (i t.ex. annonsrubrik service)
budbärare s messenger; poet. harbinger
buddism s Buddhism
buddist s Buddhist
buddistisk adj Buddhist, Buddhistic[al]
budget s budget; ~*en* riksstaten the Estimates pl.; *göra upp en* ~ prepare (draw up) a budget
budgetera vb tr budget; ~*d kostnad* budgeted cost; ~*de intäkter* estimated revenue
budgetproposition s budget [proposals pl.]
budgetunderskott s budget deficit
budgetår s budget (financial, fiscal) year
budgivning s spel. bidding
budkavle s **1** hist., ung. fiery cross **2** sport. relay
budoar s boudoir
budord s commandment; friare dictate
budskap s message äv. polit. etc.
buffé s **1** möbel sideboard **2** bord (resp. rum) för förfriskningar buffet, refreshment table (resp. room)
buffel s buffalo; bildl.: drulle boor, lout
buffelhud s buffalo hide; beredd buffalo skin (leather), buff
buffert s tekn. buffer äv. bildl.; bumper; *fungera som* ~ act as a cushion (buffer)
bufflig adj boorish, loutish
buga vb itr o. rfl, ~ *sig* bow; underdånigt do (make) obeisance [*för* to]
bugg s dans. jitterbug; *dansa* ~ do the jitterbug
1 bugga vb itr vard., dansa bugg jitterbug, do the jitterbug
2 bugga vb tr placera dolda mikrofoner i bug
buggning s med dolda mikrofoner bugging
bugning s bow; underdånig obeisance
buk s belly äv. på segel, flaska o.d.; vard., 'isterbuk' paunch; anat. abdomen, venter; *fylla* ~*en* eat one's fill
Bukarest Bucharest
bukett s bouquet; liten nosegay; *plocka en* ~ pick a bunch of flowers
bukhinna s anat. peritoneum
bukhinneinflammation s med. peritonitis (end. sg.)
bukhåla s anat. abdominal cavity
buklanda vb itr belly-land, make a belly landing
bukmuskel s abdominal muscle
bukspottkörtel s anat. pancreas
bukt s **1** krökning curve, bend, winding; *gå i*

bukta

~er wind (bend) [in and out] **2** på kust bay; större gulf; svagt krökt bight; liten ~ creek, cove **3** *få* ~ *med* get the better of, overcome, manage, master; *få* ~ *med elden* get the fire under
bukta *vb itr o. rfl*, ~ *sig* wind, curve, bend; slingra sig, om flod meander; om segel belly; ~ *in[åt]* curve in; ~ *ut[åt]* bulge
buktalare *s* ventriloquist
buktig *adj* svängd curved, bulging
bula *s* **1** knöl bump, swelling **2** buckla dent
bulgar *s* Bulgarian
Bulgarien Bulgaria
bulgarisk *adj* Bulgarian
bulgariska *s* **1** kvinna Bulgarian woman **2** språk Bulgarian
bulimi *s* med., hetshunger bulimia
buljong *s* clear soup, broth; för sjuka beef tea; spad gravy
buljongtärning *s* stock cube
1 bulla *s* påvlig bull
2 bulla *vb tr*, ~ *upp allt vad huset förmår* make a great spread
bulldogg *s* bulldog
bull|e *s* bun; amer. äv. biscuit; frukostbröd roll; i limpform loaf (pl. loaves); *nu ska du få se på andra -ar!* there are going to be some changes made here!
buller *s* noise, din; dovt rumbling; stoj racket; *med* ~ *och bång* with a [great] hullabaloo
bullermatta *s* noise-abatement zone
bullermätning *s* noise measurement, noise-gauging
bullernivå *s* noise level
bullersam *adj* noisy; högröstad boisterous
bullerskada *s* hearing impairment [resulting from exposure to high noise levels]
bullerskydd *s* noise protection
bulletin *s* bulletin
bullra *vb itr* make a noise; mullra rumble
bullrig *adj* noisy; om pers. äv. loud
bulna *vb itr* fester, gather
bulnad *s* gathering, abscess
bult *s* bolt, pin; gängad screwbolt
bulta I *vb tr* bearbeta beat; ~ *kött* pound meat **II** *vb itr* knacka knock; dunka pound; om puls throb; *med ~nde hjärta* with a pounding (palpitating) heart; ~ *i väggen* bang (pound) on the wall
bulvan *s* **1** jakt. decoy **2** bildl. front, dummy
bumerang *s* boomerang äv. bildl.
bums *adv* vard. right away, on the spot
bunden *adj* **1** bound osv., se *binda* **2** kem. combined
bundsförvant *s* ally
bungalow *s* bungalow
bunke *s* skål av metall pan; av porslin o.d. bowl
bunker *s* sjö. el. mil. bunker; betongfort pillbox
bunkra *vb itr* bunker
bunt *s* **1** t.ex. kort packet, batch; brev, sedlar, garn bundle; papper sheaf (pl. sheaves); rädisor o.d. bunch [samtl. med of framför följ. best.] **2** bildl. *hela ~en* the whole bunch (lot)
bunta *vb tr*, ~ *[ihop]* make...up into (tie up...in) bundles etc., jfr *bunt*; pack...together
bur *s* cage; för höns coop; som emballage crate; sport., mål~ goal; används vid frågesport o.d. i TV isolation booth; *sitta i* ~ be kept in a cage; *sitta i ~en* mil. vard. be in jankers
bura *vb tr*, ~ *in* vard., sätta i fängelse put...in quod (clink)
burdus *adj* abrupt, brusque, blunt, bluff; grov rough
burfågel *s* cagebird, cageling
burgen *adj* well-to-do, affluent; om pers. äv.; pred. well off
burk *s* **1** pot; kruka, glas~ äv. jar; bleck~ tin; isht amer. can; *en* ~ *öl* a can of beer; ärter *på* ~ tinned (canned)... **2** vard., TV the [goggle-]box; amer. the [boob] tube
burkmat *s* tinned (canned) food
burköl *s* canned beer
burköppnare *s* tin (can) opener
burlesk *adj* burlesque
Burma Burma
burman *s* Burmese (pl. lika)
burmansk *adj* Burmese
1 burr *interj* ugh!
2 burr *s* fuzzy (frizzy) hair
burra *vb tr*, ~ *upp* ruffle up; ~ *upp sig* om fågel ruffle up its feathers; bildl. preen oneself
burrig *adj* frizzy, fuzzy; ruffled
burskap *s*, *vinna* ~ bli allmänt vedertagen be naturalized [*i* in], be adopted [*i* into]
burspråk *s* arkit. bay; oriel
Burundi Burundi
bus *s* mischief; stark. rowdyism, hooliganism; *leva* ~ se *busa*
busa *vb itr* leva bus be up to mischief; stark. be rowdy, behave like hooligans
buse *s* rå människa rough, ruffian; hooligan; bråkstake pest, nuisance
busfasoner *s pl* rowdy behaviour sg.
busfrö *s* vard. little devil (rascal, monkey)
busig *adj* bråkig noisy, rowdy; oregerlig disorderly, unruly; svag. mischievous
buskage *s* shrubbery; snår copse
busk|e *s* bush; större shrub; *sticka huvudet i -en* bury one's head in the sand
buskig *adj* bushy; *~a ögonbryn* bushy (shaggy) eyebrows
buskis *s* vard. slapstick, ham; *spela* ~ ham; debatten blev *rena ~en* ...a sheer farce
busksnår *s* thicket, copse
busliv *s* mischief; stark. rowdyism, hooliganism
1 buss *s* **1** trafik.~ bus; turist~ coach, amer. bus **2** data. bus, busbar
2 buss *interj*, ~ *på honom!* worry him!, at him!
1 bussa *vb tr*, ~ *hunden på ngn* set the dog on [to] a p.

2 bussa *vb tr* transportera bus
busschaufför *s* bus (turistbuss coach) driver
bussfil *s* bus lane, busway
busshållplats *s* bus (turistbuss coach) stop
bussig *adj* vard. nice, decent; hjälp mig, *är du ~!* ...,will you?, ..., there's a dear!
busslast *s* busload
busslinje *s* bus (turistbuss coach) service (line)
1 bussning *s* tekn. sleeve, bushing, bush
2 bussning *s* förflyttning per buss transporting (taking) by bus; isht amer. bus[s]ing
bussresa *s* bus journey, bus-ride; i turistbuss coach journey
bussterminal *s* bus terminal
busvissla *vb itr* whistle [shrilly]; ogillande catcall
busvissling *s* [shrill] whistle; ogillande catcall
busväder *s* filthy (awful) weather
butelj *s* bottle; jfr *flaska*
buteljera *vb tr* bottle
buteljgrön *adj* bottle-green
butik *s* shop; isht amer. store; isht matvaru~ market; *slå igen ~en* bildl. shut up shop; *stå i ~* work (serve) in a shop (amer. store)
butiksbiträde *s* shop assistant; amer. salesclerk
butiksfönster *s* shop (amer. store) window
butiksföreståndare *s* shop (amer. store) manager
butikskedja *s* multiple (chain) stores pl.
butikskontrollant *s* shopwalker; amer. floorwalker
butiksråtta *s* shoplifter
butiksstöld *s* shoplifting; *en ~* a case of shoplifting
butiksägare *s* shopkeeper
butter *adj* sullen, morose
buxbom *s* box; virke boxwood
B-vitamin *s* vitamin B
1 by *s* vindil squall, gust
2 by *s* litet samhälle village; liten hamlet
byalag *s* **1** hist. village community **2** i t.ex. stad local association of householders (residents)
bybo *s* villager
byffé se *buffé*
byfåne *s* vard. village idiot
bygata *s* village street
bygd *s* bebyggd trakt settled country; nejd district, countryside; *ute i ~erna* out in the country [districts]
bygdemål *s* country speech; dialekt dialect
bygel *s* ögla loop; ring hoop, ring; på handväska frame, mount[ing]; på hänglås shackle
bygga I *vb tr* o. *vb itr* allm. build äv. bildl.; anlägga, sammanfoga äv. construct; resa äv. erect; *det bygger* grundar sig *på...* it is founded (based, built) on...; *kraftigt byggd* solidly built; om pers. sturdy, powerfully built
II med beton. part.
~ **för** en öppning build (wall, block) up...
~ **in** omge med väggar wall in; jfr *inbyggd*
~ **om** rebuild, reconstruct, alter

~ **på ngt** *[med ngt]* add [a th.] to a th.
~ **till** utvidga enlarge
~ **upp** uppföra erect, raise; friare build up; ~ *upp en marknad* develop (work up) a market; ~ *upp ngt på nytt* rebuild (restore) a th.
~ **ut** enlarge, extend; förbättra develop
~ **över** build over; täcka cover [in], roof over
byggarbetsplats *s* building site, construction site
byggbranschen *s* the building trade (line)
bygge *s* building [under construction]
byggherre *s* building proprietor, commissioner of a building; byggmästare builder
byggkloss *s* building (toy) brick
byggkostnader *s pl* building costs
bygglov *s* vard. building permit (licence)
bygglåda *s* box of bricks
byggmaterial *s* building material[s pl.]
byggmästare *s* ledare av bygge master builder; entreprenör building contractor
byggnad *s* **1** hus building, edifice **2** *huset är under ~* ...is under (in course of) construction, ...is being built **3** byggnadssätt, struktur build, structure; *språkets ~* the structure of the language
byggnadsarbetare *s* building (construction) worker
byggnadsentreprenör *s* building contractor, builder
byggnadsförbud *s* building ban, ban on building
byggnadsindustri *s* building industry
byggnadsingenjör *s* constructional (structural) engineer
byggnadslov *s* building permit
byggnadsnämnd *s* local housing (building) committee
byggnadssnickare *s* carpenter, joiner
byggnadsstil *s* style of architecture
byggnadsställning *s* scaffold[ing]; amer. äv. staging
byggning *s* building, edifice
byggplats *s* tomt [building] site
byggsats *s* construction kit, do-it-yourself (förk. DIY) kit
byggvaruhus *s* DIY (förk. för do-it-yourself) store; som annonsrubrik builders merchants (suppliers)
byig *adj* squally, gusty; flyg. bumpy
byk *s* **1** tvätt wash **2** tvättkläder laundry
byka *vb itr* wash
bylta *vb tr*, ~ *på ngn* muffle a p. up
bylte *s* bundle, pack
byracka *s* mongrel, cur
byrå *s* **1** möbel chest of drawers; amer. äv. bureau (pl. äv. -x); hög ~ tallboy; amer. äv. highboy **2** kontor, ämbetsverk office; avdelning division, department; isht amer. bureau (pl. äv. -x)

byråchef *s* inom statligt verk head of a division (department), director
byrådirektör *s* inom statligt verk deputy director, chief executive officer, first secretary
byråkrat *s* bureaucrat, mandarin
byråkrati *s* **1** ämbetsmannavälde o.d. bureaucracy, officialdom **2** byråkratiskt system officialism; vard. red tape
byråkratisk *adj* bureaucratic; *~a metoder* äv. red-tape methods
byrålåda *s* drawer
byråsekreterare *s* inom statligt verk assistant secretary, executive officer
bysantinsk *adj* Byzantine
byst *s* bust
bysthållare *s* brassiere
bystmått *s* chest (bust) measurements pl.
byta **I** *vb tr* ömsa, skifta change; ömsesidigt exchange, jfr *utbyta 1;* vid byteshandel barter, trade; vard. swap [*mot* for]; *~ bil* trade (turn) in one's old car for a new one; *~ [kläder]* exchange (swap) stamps; *~ [kläder]* change [one's clothes]; *~ plats* flytta sig move; ömsesidigt change places; *~ roller* exchange roles; *~ tåg* change trains
 II med beton. part.
 ~ av relieve
 ~ bort exchange, barter, swap [*mot* for]
 ~ in t.ex. bil trade in [*mot* for]
 ~ om change
 ~ till sig *(sig till)* ngt get a th. in exchange (by barter)
 ~ upp sig: han bytte upp sig till en nyare bil he traded in his car for a newer model
 ~ ut exchange; *~ ut A mot B* exchange A for B, substitute B for A
1 byte *s* **1** utbyte exchange; vid byteshandel barter (båda end. sg.) **2** rov booty sg., plunder sg., loot sg., spoils pl. äv. bildl.; jakt. quarry sg.; rovdjurs el. bildl. prey sg.; tjuvs, vard. haul; *dela ~t* share the plunder (loot); *bli ett (ett lätt) ~ för ngn* fall a (an easy) prey to a p.; *ta ngt som ~* take a th. as spoils
2 byte *s* data. byte
bytesbalans *s* hand. balance on current account
byteshandel *s* barter, exchange; *idka ~* barter
bytesrätt *s, med full ~* goods exchanged if [you are] not satisfied
bytta *s* tub, cask
byxa *s, en ~* a pair of trousers osv., se *byxor*
byxben *s* trouser (amer. pants) leg
byxdress *s* o. **byxdräkt** *s* trouser suit; isht. amer. pantsuit
byxkjol *s* culottes pl., divided skirt
byxknapp *s* trouser (amer. pants) button
byxlinning *s* waistband
byxor *s pl* **1** ytter~, lång~ trousers; amer. vanl. pants; lättare fritidsbyxor slacks; *[ett par] nya ~* new (a new pair of) trousers **2** se *underbyxa*

1 båda *vb tr* **1** be~ announce; före~ betoken, foreshadow; något ont bode, portend; *det ~r inte gott* it's a bad omen, it bodes no good **2** kalla summon; *~ upp* manskap, mil. summon...to arms, call out, levy
2 båda *pron* both; obeton., utbytbart mot 'två' two; *~ (~ två) är...* both (both of them) are...; *~ bröderna* both [the] brothers; *~ delarna* both; *de ~ andra* the two others, the other two; *oss ~* both of us; *en vän till oss ~* a mutual friend of ours
bådadera *pron* both
både *konj*, *~...och* both...and end. om två led; *~ Frankrike och Tyskland* äv. France and (as well as) Germany
båg *s* vard. trickery
båge *s* **1** kroklinje curve; matem. el. elektr. arc; mus.: legato~ slur, bind~ tie; pil~ bow; byggn. arch, bow; sy~, glasögon~ frame; krocket~ hoop; *spänna ~n* draw one's (bend the) bow; *spänna ~n för högt* bildl. aim too high; kräva för mycket make exaggerated demands **2** vard., motorcykel motorbike
bågfil *s* hacksaw
bågformig *adj* curved, arched
båglampa *s* arc lamp
båglinje *s* curve, curvature
bågna *vb itr* böja sig, svikta bend; ge vika sag; bukta ut bulge
bågskytte *s* archery
båk *s* sjömärke beacon
1 bål *s* anat. trunk, body
2 bål *s* skål bowl; dryck punch
3 bål *s* ved~, ris~ bonfire; lik~ [funeral] pyre; *brännas på ~* be burnt at the stake
bålgeting *s* hornet
bålrullning *s* trunk bending
bålverk *s* bulwark; bildl. äv. safeguard
bångstyrig *adj* refractory, unruly; isht om häst restive
bår *s* sjuk~ stretcher, litter; lik~ bier
bård *s* border; isht på tyg edging
bårhus *s* mortuary, morgue
bårtäcke *s* [funeral] pall, hearse cloth
bås *s* stall, crib; friare compartment; avskärmad plats booth; i t.ex. ishockey box, benches pl.
båt *s* boat; större ship; *sitta i samma ~* bildl. be in the same boat; *resa med ~* go by boat
båta *vb itr* litt. *det ~r föga att* inf. it is of little avail to inf.
båtbrygga *s* landing-stage; lastbrygga whar|f (pl. -fs el. -ves)
båtflyktingar *s pl* boat people
båtförbindelse *s* boat connection
båthus *s* boathouse
båtluffa *vb itr* vard. go island hopping
båtmotor *s* boat (marine) engine
båtmössa *s* forage cap
båtnad *s* litt. advantage; *till ~ för dig* to your advantage
båtplats *s* för fritidsbåt berth

båtresa *s* [sea] voyage, voyage (trip) by boat; kryssning cruise
båtshake *s* boathook
båtskatt *s* boat tax, tax on boats
båtsman *s* boatswain, bosun
båtvarv *s* boatyard
bä *interj* baa!; hånfullt bah!
bäck *s* brook, rivulet; amer. creek; poet. rill; *många ~ar små gör en stor å* many a little makes a mickle, every little helps
bäcken *s* **1** anat. pelvis (pl. ~es el. pelves) **2** skål el. geogr. basin; säng~ bedpan **3** mus. cymbals pl.
bäckenben *s pl* anat. bones of the pelvis
bädd *s* bed; geol. äv. layer; tekn. bedding
bädda I *vb tr* o. *vb itr*, *~ sin säng (sängen)* make one's (the) bed; *det är ~t för succé* för mig, dig etc. I am (you are etc.) heading for [a] success; *som man ~r får man ligga* as you make (you've made) your bed, so you must lie on it
  II med beton. part.
  ~ in *ngn i filtar* wrap a p. up [in bed] in blankets
  ~ ned put...to bed
  ~ upp make the (resp. one's) bed
bäddjacka *s* o. **bäddkofta** *s* bed jacket
bäddning *s* bäddande bedmaking
bäddsoffa *s* sofa bed, bed settee
bägare *s* cup; pokal goblet; kyrkl. chalice; isht laboratorie~ beaker; *det [var droppen som] kom ~n att rinna över* it was the last straw; vard. that put the lid on it
bägge se *2 båda*
bälg *s* bellows pl., äv. foto.; mus. *en ~* a [pair of] bellows
bälga *vb tr*, *~ i sig* swill, gulp down
bälgkamera *s* folding camera
Bält, Stora (Lilla) *~* the Great (Little) Belt
bälta *s* o. **bältdjur** *s* armadillo (pl. -s el. -es)
bälte *s* belt; geogr. äv. zone; gördel girdle; *ett slag under ~t* eg. el. bildl. a blow below the belt
bälteskudde *s* car booster seat (cushion)
bältros *s* med. shingles sg., herpes zoster
bända *vb itr* bryta prize; *~ på locket* prize at the lid; *~ loss* prize (pry)...loose; *~ upp* prize (pry)...open
bänk *s* bench äv. i riksdagen; seat; med högt ryggstöd settle; kyrk~ pew; skol.: pulpet desk, lång form; teater~ o.d. row; *sista ~en* the back row
bänka *vb rfl*, *~ sig* seat oneself
bänkrad *s* row
bänkspis *s* table-top cooker
bär *s* berry; för ätbara bär anv. vanl. namnet på resp. bär; *plocka ~* pick (go picking) berries (lingon etc. lingonberries etc.); *lika som ~* as like as two peas
bära I *vb tr* carry; vara klädd i wear; *~ frukt* äv. bildl. bear fruit; *~ huvudet högt* carry one's head high; *~ kostnaderna* bear (defray) the expenses; *~ spår av...* bear traces of...; *~ uniform (ringar)* wear a uniform (rings); *~ vapen* carry (bildl.: vara soldat bear) arms
  II *vb itr* **1** bear; *isen bär inte* the ice doesn't bear; *det må ~ eller brista* it's neck or nothing (sink or swim); *~ på* t.ex. börda carry...; komma med bring **2** om väg lead, go
  III *vb rfl*, *~ sig* **1** löna sig pay; *företaget bär sig* the business pays its way **2** falla sig happen, come about; *det bar sig inte bättre än att han...* as ill luck would have it, he...
  IV med beton. part.
  ~ av a) opers. *i morgon bär det av* för mig*!* I am off tomorrow! **b)** sjö. bear off
  ~ bort carry (take) away
  ~ emot: *det bär mig emot att* inf. it goes against the grain for me to inf.
  ~ fram eg. carry (bring, resp. take) [up]; budskap convey; skvaller pass...on, report
  ~ hem carry (bring, resp. take) home; se äv. *hemburen*
  ~ in carry (bring, resp. take) in
  ~ med sig hit bring [along], bring with one; dit take along
  ~ på sig carry...about (have...on) one
  ~ upp a) eg. carry (bring, resp. take) up (uppför trappan upstairs) **b)** stödja carry, support; *~ upp en föreställning* carry off a performance **c)** se *uppbära 1-2*
  ~ ut carry (bring, resp. take) out; *~ ut post* deliver the post (mail)
  ~ sig åt a) bete sig behave; *~ sig illa (dumt) åt* behave badly (like a fool) **b)** gå till väga manage, set about it; *hur bär du dig åt för att* hålla dig så ung? how do you manage to...?; *hur jag än bär mig åt* whatever I do
bärare *s* carrier; av dräkt o.d. wearer; av namn, kista, bår, standar m.m. bearer; stadsbud porter; amer. äv. redcap
bärbar *adj* portable
bärbuske *s* vinbärsbuske etc. currant etc. bush
bärfis *s* stinkfly sloebug
bärga I *vb tr* pers. el. bildl. save, rescue; sjö. salve, salvage; bil tow; segel take in, down; *~ [in] skörd* gather (garner) in... **II** *vb rfl*, *~ sig* **1** behärska sig contain oneself; ge sig till tåls wait; *han kunde inte ~ sig för skratt* he could not help laughing **2** reda sig get along
bärgning *s* **1** sjö. salvage; av segel taking in; skörd harvest; *begära ~ av bilen* ask for the car to be towed **2** utkomst livelihood, subsistence
bärgningsbil *s* breakdown lorry (van); amer. wrecking car (truck); flyg. crash waggon
bärgningsbåt *s* o. **bärgningsfartyg** *s* salvage vessel (ship)
bärighet *s* sjö. carrying capacity; flytförmåga buoyancy
bäring *s* bearing
bärkasse *s* isht av plast el. papper carrier (amer.

carry) bag; av nät string (net) bag; för spädbarn carrycot
bärkraft *s* eg. supporting capacity; arguments o.d. convincing force; fartygs buoyancy; flyg. lifting capacity; *ekonomisk* ~ financial strength
bärkraftig *adj* ...capable of sustaining weight, strong; om skäl o.d. convincing; ekonomiskt [economically] sound
bärnsten *s* miner. amber; halsband *av* ~ äv. amber...
bärplansbåt *s* hydrofoil [boat], jet hydrofoil
bärrem *s* strap
bärsele *s* baby (kiddy) carrier
bärstol *s* palanquin; hist. sedan chair
bärsärk *s* berserk
bärsärkagång, *gå* ~ go berserk, run amok
bäst I *adj* best; utmärkt excellent, first-rate; hand., prima prime; *första* ~*a* se under *första; det blir* ~ that will be best (the best thing); *det är* ~ *att du går* you had better go; *det kan hända den* ~*e* that (it) can (could, may) happen to anybody; *endast det* ~*a är gott nog* only the best is good enough; *hoppas [på] det* ~*a* hope for the best
II *adv* best; *tycka* ~ *om* like...best, prefer; *hålla på som* ~ *med ngt* be just in the thick (midst) of a th.; *han får klara sig* ~ *han kan* he must manage as best he can
III *konj*, ~ *som han gick där* just as (while) he was walking along; ~ *som det var* all at once
bästa *s* good, benefit, advantage; welfare; *Det Bästa* tidskrift, motsv. Reader's Digest; *det allmänna* ~ the public (common, general) good (weal); *göra sitt allra* ~ do one's very (level) best; *för (till) ngns* ~ for a p.'s own good
bästis *s* vard. best pal (friend)
bättra I *vb tr* improve [on]; brister, leverne äv. amend, mend; ~ *på* t.ex. målningen touch up; t.ex. kunskaper brush up **II** *vb rfl*, ~ *sig* mend, improve; i sitt leverne amend, reform
bättre I *adj* better; absol.: om familj etc. better-class, respectable; om varor better-quality; om middag splendid, sumptuous; hygglig, om t.ex. hotell decent; ~ *mans barn* children of good family (better-class parents); *komma på* ~ *tankar* think better of it; *bli* ~ allm. get (become) better; om sjuk el. vädret äv. improve; om sjuk äv. make progress; *så mycket* ~ so much (all) the better **II** *adv* better; *ha det* ~ *[ställt]* be better off; *han förstår inte* ~ he doesn't know better; ~ *upp [än så]* vard. one better [than that]
bättring *s* improvement; om hälsa äv. recovery
bättringsvägen *s*, *vara på* ~ be on the road to recovery, be recovering (getting better, vard. on the mend)
bäva *vb itr* tremble bildl. [*för* at, at the thought of]; darra shake, quiver; rysa shudder, quail [*av* i samtl. fall with]
bävan *s* dread, fear
bäver *s* beaver
böckling *s* smoked Baltic herring, buckling
bödel *s* executioner, hangman; bildl. tormentor; tyrann butcher
bög *s* sl., homosexuell gay
Böhmen Bohemia
böhmisk *adj* Bohemian
böj *s* bend, curve
böja I *vb tr* **1** (ibl. *vb itr*) kröka bend; bågformigt äv. curve; lemmarna äv. flex; sänka bow, incline; kuva bend; ~ *huvudet* åt sidan bend one's head...; ~ *[på] huvudet* incline (bow) one's head **2** gram. inflect; vb äv. conjugate; subst. el. adj. äv. decline
II *vb rfl*, ~ *sig* bend down, stoop [down]; luta sig äv. lean; om saker, krökas bend; ge vika yield, give in, surrender [*för* i samtl. fall to]; ~ *sig för* majoriteten bow to...
III med beton. part.
~ *av:* vägen *böjer av åt öster* ...swings (turns) to the east
~ *ned* bend down; ~ *sig ned efter ngt* bend down to pick up a th.
~ *till* bend; förfärdiga make
~ *sig ut* lean out; ~ *sig ut genom fönstret* lean out of the window
böjd *adj* **1** eg. bent, curved, bowed; jfr *böja;* om hållning stooping; ~ *av ålder* bent with age; ~ *näsa* hooked nose; *med böjt huvud* with bowed head **2** gram. inflected **3** benägen, hågad inclined, disposed [*för att göra* vanl. to do]; *vara* ~ *för* vara för be in favour of
böjelse *s* inclination [*för* for]; benägenhet, håg äv. tendency [*för* to, towards]; tycke, kärlek äv. fancy, liking, affection
böjlig *adj* **1** om sak flexible, pliant **2** smidig pliable, supple
böjlighet *s* flexibility, pliancy; smidighet pliability, suppleness
böjning *s* **1** böjande bending osv., jfr *böja* **2** bukt, krok bend, curve; krökning, isht naturv. flexure, curvature **3** på huvudet bend, bow **4** gram. inflection; av verb conjugation
böjningsform *s* gram. inflected form
böjningsmönster *s* gram. paradigm
böjningsändelse *s* gram. inflectional ending
böka *vb itr* root, grub; jfr *1 rota*
bökig *adj* stökig untidy, messy, upside-down; besvärlig tiresome, trying, awkward; om t.ex. språklig framställning muddled
böla *vb itr* råma low, moo; ilsket, t.ex. om tjur bellow; om t.ex. siren wail; vard., gråta howl, blubber
böld *s* boil; svårare abscess
böldpest *s* bubonic plague
bölja I *s* billow, wave **II** *vb itr* om hav o. sädesfält billow, wave, undulate; om hav äv. roll, swell; om folkhop o.d. surge; om hår flow

böljande *adj* billowy; om hår wavy
bön *s* **1** anhållan request; enträgen appeal, entreaty, plea; ödmjuk supplication; skriftlig petition, suit [*om* i samtl. fall for]; **jag har en ~ till dig** I have a request to make of you **2** relig. prayer; **Herrens ~** the Lord's Prayer
1 böna *vb itr*, **~ [och be]** implore, beseech; **~ för ngn** plead for a p.
2 böna *s* **1** bot. bean **2** flicka bird, chick
bönbok *s* prayer book; katol. breviary
bönemöte *s* prayer meeting
bönfalla *vb tr* o. *vb itr* plead; högtidl. supplicate [*om* for]
böngrodd *s* bot. o. kok. bean sprout
bönhöra *vb tr*, **han blev bönhörd** he had his request granted; av Gud his prayer was granted
bönsöndag *s*, **~en** Rogation Sunday
böra *hjälpvb* **1** uttr. plikt, råd m.m. **a) bör, borde** särsk. uttr. plikt, moralisk skyldighet ought to; uttr. råd, hövlig anmodan el. lämplighet should; **man bör inte prata** med munnen full you should not (stark. ought not to) talk...; **som sig bör** i sin ordning as it ought to (should) be, as is [meet and] proper **b) böra, bort** omskrivs: **han hade bort lyda (borde ha lytt)** he ought to have obeyed **2** uttr. förmodan: **hon bör (borde) vara 17 år** she must be 17; **han bör** torde **vara framme nu** he should (will) be there by now; när var det? **det bör ha varit vid fyratiden** ...it would be (will el. would have been) about four o'clock
börd *s* birth; härkomst äv. descent, ancestry, lineage; **av [ädel] ~** of noble descent (lineage); **till ~en** by birth
börda *s* burden, load båda äv. bildl.; weight isht bildl.; **digna under ~n** äv. bildl. succumb under the load
1 bördig *adj* härstammande **han är ~ från...** he was born in..., he is a native of...
2 bördig *adj* fruktbar fertile, fruitful
bördighet *s* fertility, fruitfulness
börja *vb tr* o. *vb itr* allm. begin, start; högtidl. commence; **~ [att** el. **på att]** inf. begin (etc.) to inf.; isht om avsiktlig handling el. vid opers. vb äv. begin (etc.), + ing-form; **~ dricka** supa begin (take to) drinking; vard. take to the bottle; **~ springa** start (set off) running; **det ~r bli mörkt (kallt)** it is getting dark (cold); **~ en resa** start [on] a journey; **~ [om] från början** start afresh, start [all over] again, make a fresh start, recommence; **till att ~ med** to begin (start) with; först [...men] at first; **på ngt** start on (t.ex. ett arbete set about) a th.; **~ om** begin (start) again; **~ 'på** begin, set (fall) to
början *s* beginning, start; högtidl. commencement; inledning äv. opening; ursprung, första ~ origin; **[den första] ~ till** the first (early) beginnings pl. of; **ta sin ~** begin, commence; **[redan] från första ~** from the [very] beginning (outset); **i (till en) ~** at the beginning (start, outset); till att börja med for a start; först [...men] at first; **i ~ av maj** at the beginning of May, in the early days of May; **i ~ av sextiotalet** in the early sixties; **med ~ den 1 maj** starting...
börs *s* **1** portmonnä purse **2** hand. exchange; på kontinenten, särsk. i Frankrike bourse fr.; **på ~en** on the Exchange; i börshuset at (in) the Exchange; **spela på ~en** speculate on the stock exchange; **på svarta ~en** on the black market
börsbolag *s* Exchange-listed company
börsdag *s* trading day
börskurs *s* stock exchange quotation (price)
börsmäklare *s* stockbroker
börsnoterad *adj* ...quoted (listed) on the stock exchange; **icke ~e papper** unlisted securities
börsnotering *s* [stock-exchange] quotation
börsspekulant *s* stockjobber
börsspekulation *s* speculation on the stock exchange
bössa *s* **1** gevär gun; hagel~ shotgun; räfflad rifle **2** spar~ money box; insamlings~ collecting (collection) box
bösskolv *s* butt-end of a (resp. the) gun (rifle)
bösspipa *s* gunbarrel
böta I *vb itr* pay a fine, be fined; **~ för ngt** umgälla pay (suffer) for a th. **II** *vb tr, få* **~ 500 kronor** be fined 500 kronor
böter *s pl* fine sg.; **döma ngn till 500 kronors ~ fine** a p. 500 kronor, impose a fine of 500 kronor on a p.
bötesbelopp *s* fine
böteslapp *s* för felparkering parking ticket; för fortkörning speeding ticket
bötesstraff *s* fine, penalty
bötfälla *vb tr*, **~ ngn** fine a p., impose a fine on a p.; **bötfälld till...** fined...

C

c *s* **1** bokstav c [utt. si:] **2** mus. C
ca (förk. för *cirka*) c[a]., approx., se äv. *cirka*
cabriolet *s* bil convertible
café *s* café, se vid. *kafé*
cafeteria *s* cafeteria
calmettevaccination *s* BCG (förk. för Bacillus Calmette-Guérin) vaccination
campa *vb itr* camp [out], go camping; med husvagn caravan, amer. trail
campare *s* camper; med husvagn caravanner; amer. trailerite
camping *s* camping; med husvagn caravanning; amer. trailing, jfr äv. *campingplats*
campingplats *s* camping ground (site), amer. campground; för husvagnar caravan site, amer. trailer camp
Canada Canada
cancer *s* cancer
cancerframkallande *adj* med. carcinogenic; ~ *ämne* carcinogen
cancertumör *s* cancerous tumour
cannabis *s* bot. el. narkotika cannabis
cape *s* plagg cape
Capitolium the Capitol
cardigan *s* cardigan
cayennepeppar *s* cayenne, Cayenne pepper
CD[-skiva] *s* CD, compact disc
CD-spelare *s* CD (compact disc) player
C-dur *s* mus. C major
ceder *s* **1** träd cedar **2** virke cedarwood; skrin *av* ~ äv. cedar[wood]...
cederträ *s* cedarwood; se äv. *ceder 2*
cedilj *s* språkv. cedilla
celeber *adj* distinguished, celebrated; *ett ~t bröllop* a fashionable wedding
celebrera *vb tr* celebrate
celebritet *s* celebrity
celest *adj* celestial
celibat *s* celibacy; *leva i* ~ be a celibate, live a celibate life
cell *s* cell
celldelning *s* biol. cell division
cellgift *s* med. cytotoxin, cytotoxic drug
cellist *s* cellist
cello *s* cello (pl. -s)
cellofan *s* cellophane
cellskräck *s* psykol. claustrophobia äv. friare
cellstoff *s* wadding, cellu-cotton
celluloid *s* celluloid
cellulosa *s* cellulose; pappersmassa wood pulp
cellvägg *s* biol. cell wall
Celsius, *30 grader* ~, *30°C* 30 degrees Celsius (centigrade), 30° C
cembalo *s* mus. harpsichord
cement *s* cement äv. tandläk.
cementera *vb tr* cement äv. tandläk.

cendré[färgad] *adj* ash-blond
censor *s* censor; hist., i skola external examiner
censur *s* censorship [*av* over, upon]
censurera *vb tr* censor
center *s* centre; ~*n* polit. the centre; centerpartiet the Centre [Party]
centerbord *s* sjö. centreboard
centerpartiet *s* polit. the Centre Party
centigram *s* centigram[me]
centiliter *s* centilitre
centilong *s* height code, unit for children's clothes based on height in centimetres
centimeter *s* centimetre; för sms. jfr *meter-*
central I *s* centrum centre; huvudbangård central station; tele. exchange; kontrollställe central control; högkvarter headquarters **II** *adj* central; ~*t prov* skol. standardized national test; *det* ~*a* väsentliga *i...* the essential thing about...
Centralamerika Central America
centralantenn *s* communal aerial (amer. antenna) [system]
centralbank *s* central (national, state) bank
centraldirigering *s* centralized control
centralförvaltning *s* central administration
centralisera *vb tr* centralize
centralisering *s* centralization
centralort *s* chief town [in the (resp. a) municipality]
centralstation *s* central station
centralstimulerande *adj*, ~ *medel* drug that stimulates the central nervous system
centralstyrd *adj* centrally controlled (managed)
centralt *adv*, ~ *belägen* centrally situated; *vi bor* ~ we live in the centre (in a convenient central position)
centralvärme *s* central heating
centrera *vb tr* centre äv. tekn. el. bildl.; place...in the centre
centrifug *s* tekn. centrifuge; tvätt~ spin-drier
centrifugalkraft *s* centrifugal force
centrifugera *vb tr* tekn. centrifugalize; tvätt spin-dry
centrum *s* centre; stads~, amer. äv. downtown (end. sg.); vetensk. centr|um (pl. äv. -a), focus (pl. äv. foci); *stå i* ~ *för intresset* be the centre of attraction
cerat *s* lipsalve
cerebral *adj* fysiol. cerebral
ceremoni *s* ceremony; *utan [alla]* ~*er* without [any] ceremony
ceremoniel *s* ceremonial
ceremoniell *adj* ceremonious
ceremonimästare *s* master of ceremonies (förk. MC)
cerise *adj* cerise
certifikat *s* certificate
Cesar kejsarnamn Caesar
cesium *s* kem. c[a]esium
cess *s* mus. C flat
cesur *s* metrik. caesura

Ceylon Ceylon
champagne s champagne
champinjon s mushroom, champignon
champion s champion
chans s chance; utsikt äv. prospect; gynnsamt tillfälle äv. opportunity [*till* i samtl.fall of], opening [*till* for]; risk äv. risk; *han har goda ~er* his chances are good; *inte den minsta ~* vard. not an earthly [chance]; *ta ~en* take one's chance
chansa *vb itr* take a chance, chance it
chansartad *adj* hazardous, chancy, dicey; riskabel äv. risky; slumpartad random...
chanslös *adj*, *han är ~* he hasn't an earthly [chance], he doesn't stand a chance
chansning s, *det var bara en ~* it was just a long shot (a shot in the dark)
charad s, *[levande] ~* charade
charkuterist s pork butcher, provision dealer
charkuterivaror s *pl* cured (cooked) meats and provisions, delicatessen
charlatan s charlatan, quack, mountebank
charm s charm, attractiveness
charma *vb tr* charm
charmant *adj* delightful, charming; utmärkt excellent
charmerad *adj* charmed [*av* ngt with...]
charmfull *adj* o. **charmig** *adj* charming, captivating
charmlös *adj* charmless
charmoffensiv s, *starta en ~ mot* ung. make overtures to
charmtroll s vard. bundle of charm, charmer
charmör s charmer
charterflyg s flygning charter flight; verksamhet chartered air service
charterresa s charter trip (tour)
chartra *vb tr* charter
chassi s chassis (pl. lika)
chaufför s driver; privat~ chauffeur
chauvinist s chauvinist
chauvinistisk *adj* chauvinistic, jingoistic
check s cheque; amer. check [*på* belopp for...]; *betala med [en] ~* pay by cheque
checka I *vb tr* vard., kontrollera check **II** *vb itr*, *~ in* flyg. el. på hotel register, check in; *~ ut* från hotel check out, pay the bill
checkbedrägeri s cheque forgery (fraud)
checkhäfte s cheque book; amer. checkbook
checkkonto s cheque account
checklista s checklist
checklön s wages pl. (resp. salary, jfr *lön*) paid into a (one's) cheque account
checkräkning s cheque account
chef s head [*för* of]; firmas äv. principal; arbetsgivare employer; direktör manager, director; vard. boss; mil.: för stab chief; för förband commander; sjö. captain
chefredaktör s chief editor, editor-in-chief (pl. editors-in-chief)
chefstjänsteman s civil servant (etc., jfr *tjänsteman*) in a leading position
chevaleresk *adj* chivalrous
cheviot s tyg serge
chevreau s läder kid
chic *adj* chic, stylish
chiffer s cipher, code; kryptogram cryptograph; *i (med) ~* in cipher, in code
chiffong s tyg chiffon fr. (end. sg.)
chiffonjé s escritoire, secretaire
chikanera *vb tr* förolämpa insult; skämma ut disgrace
Chile Chile
chilen s o. **chilenare** s Chilean
chilensk *adj* Chilean
chilisås s chilli sauce, amer. chili sauce
chimär s chimera äv. bot.
chinchilla s djur el. skinn chinchilla
chintz s tyg chintz
chip s data. chip
chips s *pl* potatis~ potato crisps; amer. chips
chock s **1** stöt, nervchock shock; *det blev en ~ för honom* it was a shock to him; *få en ~* be shocked, have a shock **2** mil. *göra ~ mot* charge [down on]
chocka *vb tr* shock; jfr *chockskadad*
chockbehandling s shock treatment (therapy)
chockera *vb tr* shock; *bli ~d över ngt* be shocked at (by) a th.
chockerande *adj* shocking
chockhöjning s, *[en] ~ av priserna* a drastic rise in prices
chockskadad, *bli ~* get a shock
chocktillstånd s state of shock
chockverkan s, *ha ~* have a shock effect
choka *vb itr* motor. use the choke
choke s choke
choklad s chocolate; *en kopp ~* kakao a cup of cocoa (finare sort chocolate); *en ask ~* praliner a box of [assorted] chocolates
chokladask s med praliner box of chocolates; tom chocolate box
chokladbit s pralin chocolate; med krämfyllning chocolate cream
chokladfabrik s chocolate factory
chokladkaka s kaka choklad bar of chocolate
chokladpralin se *chokladbit*
chokladsås s chocolate sauce
chosefri *adj* natural, unaffected, unsophisticated
choser s *pl* affectation sg.
chosig *adj* affected
chuck s tekn. chuck
ciceron s ciceron|e (pl. äv. -i), guide
cider s cider
cif *adv* hand. c.i.f. (förk. för cost, insurance, freight)
cig s vard. cig, ciggy
cigarett s cigarette; vard. fag, cig
cigarettetui s cigarette case

cigarettfimp *s* cigarette end, butt[-end]; vard. fag-end
cigarettmunstycke *s* löst cigarette holder
cigarettpaket *s* med innehåll packet of cigarettes
cigarettpapper *s* cigarette paper
cigarettändare *s* lighter
cigarill *s* cheroot, cigarillo (pl.-s); amer. äv. stogie
cigarr *s* cigar
cigarrcigarett se *cigarill*
cigarrett med sms., se *cigarett* m. sms.
cigarrlåda *s* tom cigar box; låda cigarrer box of cigars
cigarrsnoppare *s* cigar-cutter
cikada *s* zool. cicada, cicala
cikoria *s* chicory
cirka *adv* about, roughly, se vid. *ungefär I;* isht vid årtal circa lat. (förk. c. el. ca.)
cirkapris *s* hand. recommended retail price
cirkel *s* geom. circle äv. friare; *rubba ngns cirklar* put a p. out, upset a p.'s calculations
cirkelbevis *s*, *göra ett* ~ argue (reason) in a circle
cirkelformig *adj* o. **cirkelrund** *adj* circular
cirkelsåg *s* circular saw
cirkla *vb itr* kretsa circle
cirkulation *s* circulation
cirkulationsrubbning *s* med. circulatory disturbance
cirkulera *vb itr* circulate, go round; *låta* ~ circulate, send round
cirkulär I *s* circular **II** *adj* circular
cirkumflex *s* språkv. circumflex
cirkus *s* circus; *full* ~ villervalla a proper racket; *rena ~en* löjlig tillställning a proper circus (farce)
cirkusartist *s* circus performer
cirkusdirektör *s* circus manager
cirrus[moln] *s* meteor. cirr|us (pl. -i)
ciselera *vb tr* tekn. chase
ciselör *s* tekn. chaser
ciss *s* mus. C sharp
cistern *s* tank; för vatten cistern
citat *s* quotation; ~*...slut på ~et* el. ~*...slut* ~ quote...unquote
citationstecken *s* quotation mark; pl. äv. inverted commas, quotes
citera *vb tr* quote; anföra som exempel cite; skrift, författare äv. quote from
citron *s* lemon
citrongul *adj* lemon-yellow; attr. äv. lemon
citronmeliss *s* bot. lemon (garden, sweet) balm
citronpeppar *s* lemon pepper
citronpress *s* lemon-squeezer
citronsaft *s* lemon juice (sockrad, för spädning squash); amer. äv. lemonade
citronskal *s* lemon-peel
citronskiva *s* slice of lemon, lemon slice
citrusfrukt *s* citrous (citrus) fruit

cittra *s* mus. zither
city *s* [affärs]centrum [business and shopping] centre; amer. downtown (end. sg.)
civil *adj* civil; isht mots. militär civilian; *en* ~ subst. adj. a civilian; *i ~a kläder* se *civilklädd; i det ~a* in civilian life
civilbefolkning *s* civilian population
Civildepartementet the Ministry of Public Administration
civilekonom *s* graduate from a [Scandinavian] School of Economics, eng. motsv. ung. Bachelor of Science (Econ.); amer. motsv. ung. Master of Business Administration
civilförsvar *s* civil defence
civilförvaltning *s* civil service
civilingenjör *s* Master of Engineering
civilisation *s*, *~[en]* civilization
civilisera *vb tr* civilize
civilist *s* civilian
civilklädd *adj* ...in plain (civilian) clothes, ...in mufti; vard. in civvies; *en* ~ *polis (detektiv)* a plain-clothes man
civilkurage *s* courage to stand up for one's beliefs
civilminister *s* Minister of Public Administration
civilmål *s* civil case (suit)
civilrätt *s* civil law
civilstånd *s* civil status
cleara *vb tr* clear
clearing *s* clearing
clematis *s* bot. clematis
clementin *s* frukt clementine
clinch, gå i ~ boxn. go (fall) into a clinch äv. friare
clips *s* öron~ earclip; dräktspänne e.d. clip
clitoris *s* anat. clitoris
clown *s* clown
c-moll *s* mus. C minor
cockerspaniel *s* cocker spaniel
cockpit *s* flyg. cockpit
cocktail *s* cocktail
cocktailbar *s* cocktail lounge
cocktailparty *s* cocktail party
cognac *s* brandy; isht äkta finare cognac
collage *s* konst. collage
collie *s* collie
collier *s* necklace
Colombia Colombia
colombian *s* Colombian
colombiansk *adj* Colombian
comeback *s* reappearance; *göra* ~ make a comeback
commandosoldat *s* commando (pl. -s)
container *s* container; för avfall skip, amer. Dumpster®
containerfartyg *s* container vessel (ship)
copyright *s* copyright
cornflakes *s pl* cornflakes
cortison *s* med. cortisone
Costa Rica Costa Rica

costaricansk *adj* Costa Rican
courtage *s* hand. brokerage
cowboyfilm *s* cowboy film, western
crawl *s* simn. crawl [stroke]
crawla *vb itr* simn. do the crawl, crawl
crème fraiche *s* crème fraiche fr.; slightly soured thick cream
crêpe *s* kok. el. textil. crepe
crescendo *s* o. *adv* mus. crescendo it.
cricket *s* cricket
cricketspelare *s* cricketer
C-språk *s* skol. third foreign language
cup *s* sport. cup
cupfinal *s* cup final
cupmatch *s* cup tie
curling *s* curling
curry *s* curry [powder]
C-vitamin *s* vitamin C
cyanid *s* kem. cyanide
cyankalium *s* kem. potassium cyanide
cykel *s* **1** serie cycle **2** fordon [bi]cycle; vard. bike; mots. motor~ pedal cycle; *åka* ~ se *cykla 1* **3** sport. cycling
cykelbana *s* väg cycleway; tävlingsbana cycle-racing track
cykelbyxor *s pl* korta bicycle shorts
cykelklämma *s* byxklämma [bi]cycle clip
cykelkorg *s* handlebar basket
cykellopp *s* [bi]cycle race
cykellykta *s* cycle lamp
cykelsport *s* cycling
cykelställ *s* cycle stand
cykeltur *s* längre cycling tour; kortare cycle ride
cykeltävling *s* cycle race
cykelverkstad *s* cycle repair shop
cykelväska *s* pannier; för verktyg toolbag
cykelåkning *s* cycling
cykla *vb itr* **1** cycle; vard. bike; ride a [bi]cycle (vard. bike); göra en cykeltur go cycling **2** vard. *nu är du [allt] ute och ~r* you're talking through your hat, you don't know what you're talking about
cyklamen *s* bot. cyclamen
cyklist *s* cyclist
cyklon *s* meteor. cyclone; lågtrycksområde äv. depression
cyklopöga *s* för dykare diving mask
cylinder *s* **1** tekn. cylinder **2** hatt top hat, silk hat; vard. topper
cylindrisk *adj* cylindrical
cymbal *s* mus. cymbal
cyniker *s* cynic; filos. el. hist. Cynic
cynisk *adj* cynical; rå coarse; skamlös shameless; fräck impudent; filos. el. hist. Cynic
cynism *s* cynicism, coarseness, shamelessness, impudence (samtl. end. sg.); jfr *cynisk*
Cypern Cyprus
cypress *s* bot. cypress
cypriot *s* Cypriot, Cyprian
cypriotisk *adj* Cypriot, Cyprian
cysta *s* med. cyst

cytologisk *adj* cytological

D

d *s* **1** bokstav d [utt. di:] **2** mus. D
dabba *vb rfl*, ~ *sig* begå ett misstag make a blunder; trampa i klaveret put one's foot in it
dadda *vb tr*, ~ *ngn* treat a p. like a child
dadel *s* date
dadelpalm *s* date palm
dag *s* (vard.: best. form äv. *dan*, pl. *dar*) **1** allm. day a) i obest. form: ~ *och natt* night and day; ~ *ut och* ~ *in* day in, day out; *en [vacker viss]* ~ a) avseende förfluten tid one [fine] day b) avseende framtid some (one) [fine] day, one of these [fine] days; *fjorton* ~*ar* a fortnight; *åtta* ~*ar* a week; *våra* ~*ars* Stockholm the...of today, present-day...; jfr *dags* b) i best. form: *vara* ~*en efter* have a hangover, feel like the morning after [the night before]; *hela* ~*en* all [the] day long, the whole day; *hela* ~*arna* all day long; varje dag every day; *de senaste* ~*arna* har en förbättring inträtt ...during the last few days; *ta* ~*en som den kommer* take each day as it comes; ~*ens eko* radio. Radio Newsreel; ~*ens rätt* på matsedel today's special; ~*ens tidning* today's (om förfluten tid the day's) paper
2 med föreg. prep.: ~ *efter* ~ day after day; ~ *för* ~ day by day, every day; *för* ~*en* for the day; *frågan för* ~*en* the question of the hour; *hjälten (samtalsämnet) för* ~*en* the hero (the topic) of the day; *leva för* ~*en* live for the moment; *i* ~ today; starkt beton. 'denna dag' äv. this day; *i* ~ *åtta* ~*ar* this day [next] week, today week, a week today; *i* ~ *på morgonen* this morning; *från och med i* ~ as from (starting) today; from this day onward[s] (forward); *vad är det för* ~ *i* ~? what day [of the week] is it?; *i forna (gamla)* ~*ar* in days of old (yore), in olden days; *i våra* ~*ar* in our day[s], nowadays; *om (på)* ~*en (*~*arna)* in the daytime, by day; *en gång om* ~*en* once a day; *om ett par* ~*ar* in a day or two, in a few (couple of) days; *på* ~*en* a) se *om* ~*en* ovan b) punktligt to the day; *mitt på ljusa* ~*en* in broad daylight; *på gamla* ~*ar var han...* as an old man (in his old age) he was...; *kan jag få stanna bara över* ~*en?* ...just for the day?
3 dagsljus daylight, jfr *dager I*; *vacker som en* ~ [as] pretty as a picture, really lovely (beautiful); *komma i* ~*en* bildl. come (be brought) to light; *det ligger i öppen* ~ it is obvious (patent, evident) to everybody; *lägga i* ~*en* show, display; *han är sin far upp i* ~*en* he is the spitting image of his father (is just like his father)
daga, *ta[ga] ngn av* ~ put a p. to death

dagas *vb itr dep* dawn; *det* ~ it is growing light, the day is dawning
dagbarn *s* child in the care of a childminder; *ha* ~ take care of a small child (of small children), be a childminder
dagbarnvårdare *s* childminder
dagbok *s* diary, journal; *föra* ~ keep a diary (journal)
dagbräckning se *dagning*
dagcentral *s* för t.ex. pensionärer day centre
dagdrivare *s* idler, loafer
dagdriveri *s* idling, loafing
dagdröm *s* daydream
dagdrömma *vb itr* daydream
dagdrömmare *s* daydreamer
dager *s* **1** [dags]ljus daylight, light; bildl.: belysning light; *framstå i sin rätta* ~ stand out in its right (true) light **2** konst. *[skuggor och] -rar* light [and shade] sg.
dagerrotypi *s* foto. daguerrotype
1 dagg *s* **1** sjö. rope's end **2** bly- colt
2 dagg *s* dew
daggdroppe *s* dewdrop
daggig *adj* dewy
daggkåpa *s* bot. lady's-mantle, dewcup
daggmask *s* earthworm
daghem *s* day nursery, daycare centre
dagis *s* vard., se *daghem*
dagjämning *s* equinox
dagkräm *s* day cream
daglig *adj* daily; ~ *tidning* daily [paper]; *i* ~*t tal* in everyday speech, colloquially
dagligdags *adv* every day [of the week]
dagligen *adv* daily, every day
dagligvara *s* everyday commodity; *-or* äv. perishables, non-durables
daglön *s* wages pl. by the day
daglönare *s* day labourer
dagmamma *s* childminder, baby-minder
dagning *s* dawn, daybreak; *i* ~*en* at dawn (daybreak)
dagofficer *s* duty officer, amer. officer of the day
dagorder *s* mil. order of the day
dagordning *s* föredragningslista agenda; *stå på* ~*en* be on the agenda; *övergå till* ~*en* proceed to the business of the day
dagpenning *s* bidrag daily allowance
dagrum *s* sällskapsrum day room
dags *adv*, *hur* ~? [at] what time?, when?; *så här* ~ this time...; *det är* ~ *att gå nu* it is [about] time to go now; *det är så* ~ *nu!* för sent it is a bit late now!
dagsaktuell *adj* topical; nyligen genomförd recent...
dagsbehov *s* daily requirement
dagsbot *s* o. **dagsböter** *s pl* fine sg. [proportional to one's daily income]; *han dömdes till 10 dagsböter à 200 kronor* ung. he was sentenced to pay a fine of 2000 kronor

dagsens, *det är* ~ *sanning* it is gospel truth
dagsfärsk *adj* absolutely fresh
dagsförtjänst *s* daily earnings pl.
dagshändelser *s pl* events of the day
dagskassa *s* butiks day's takings pl.
dagsljus *s* daylight; *vid* ~ by daylight
dagsläge *s,* ~*t* the present situation
dagslända *s* zool. mayfly; bildl. fad; *vara en* ~ äv. be ephemeral
dagsmarsch *s* day's march; *fyra* ~*er* four marches
dagsmeja *s* midday thaw
dagsnyheter *s pl* radio. news sg.
dagspress *s* daily press
dagsres|a *s* day's journey; *två* -*or* two days' journey
dagstidning *s* daily [paper]
dagsverke *s* arbete mot daglön daywork
dagteckna *vb tr* date
dagtid *s,* studera *på* ~ ...in the daytime
dagtinga *vb itr* kompromissa compromise, come to terms [*med* with]
dagtrafik *s* day services pl
dagtraktamente *s* daily allowance [for expenses]
dahlia *s* bot. dahlia
dakapo I *s* encore **II** *adv* once more; mus. da capo it.
dal *s* valley
dala *vb itr* sink, go down, descend, fall; spec. bildl. decline
Dalarna Dalarna, Dalecarlia
dalbotten *s* bottom of a (resp. the) valley
dalgång *s* long[ish] valley
dalkarl *s* Dalecarlian
dalkulla *s* Dalecarlian woman (resp. girl)
dallra *vb itr* quiver, tremble; om kind, gelé o.d. wobble; vibrera vibrate, quaver
dallring *s* quiver, tremble, wobble, vibration, quaver; jfr *dallra*
dalmas *s* Dalecarlian
dalsänka *s* depression; dal valley
dalta *vb itr,* ~ *med* klema pamper, coddle
1 dam *s* **1** lady; *stora* ~*en* quite the grown-up [young] lady; *mina* ~*er [och herrar]!* ladies [and gentlemen]!; 100 meter bröstsim *för* ~*er* the women's... **2** bordsdam [lady] partner [at table]; ~*ernas [dans]* ladies' invitation (excuse-me) [dance] **3** kortsp. el. schack. queen
2 dam *s* **1** *spela* ~ damspel play draughts (amer. checkers) **2** dubbelbricka i damspel king
damask *s,* ~*er* gaiters; för herrar vanl. spats
damast *s* tyg damask
dambinda *s* sanitary towel (amer. napkin)
dambyxor *s pl* långbyxor ladies' trousers (slacks); underbyxor knickers, panties, trosor briefs
damcykel *s* lady's [bi]cycle
damdubbel *s* sport. women's doubles (pl. lika); match women's doubles match

damejeanne *s* carboy, demijohn
damfrisering *s* lokal ladies' hairdressing saloon
damfrisör *s* o. **damfrisörska** *s* ladies' hairdresser
damklocka *s* ladies' watch
damkonfektion *s* ladies' [ready-made] clothing, women's wear
1 damm *s* **1** fördämning dam, weir, barrage; skydds~ vid hav dike, dyke, sea wall **2** vattensamling pond; större, vid kraftverk o.d. pool, reservoir
2 damm *s* stoft dust
damma I *vb tr* dust; ~ *av* t.ex. bordet dust, remove the dust from; ~ *av i ett rum* dust a room; ~ *ned* make...[all] dusty; ~ *till* slå *ngn* wallop (bash) a p. **II** *vb itr* röra upp damm raise a great deal of dust; ge ifrån sig damm make a lot of dust; *vad det* ~*r!* what a dust there is!
dammfri *adj* dustless, ...free from dust
dammig *adj* dusty, dust-laden; *det är så* ~*t på vägen* the road is so dusty
dammkorn *s* grain (speck) of dust, mote
dammlucka *s* sluicegate, floodgate
dammode *s* fashion for women; ~*t har växlat* fashions for women...
dammoln *s* cloud of dust
dammsuga *vb tr* vacuum, ® hoover
dammsugare *s* vacuum cleaner, ® hoover
dammtorka *vb tr* dust, jfr *damma I*
dammtrasa *s* duster, dustcloth, dustrag
dammvippa *s* feather duster
damrum *s* ladies' [cloak]room (amer. rest room)
damsadel *s* sidesaddle
damsingel *s* sport. women's singles (pl. lika); match women's singles match
damsko *s* lady's shoe; ~*r* isht hand. ladies' footwear sg.
damskräddare *s* ladies' tailor
damspel *s* konkr. draughts (amer. checkers) set
damstrumpa *s* lady's stocking (pl. ladies' stockings)
damsällskap *s, i* ~ a) in female company b) bland damer among ladies
damtidning *s* ladies' magazine
damtoalett *s* lokal ladies' (women's) lavatory (cloakroom); ~*en* vard. the ladies
damunderkläder *s pl* ladies' underwear sg., lingerie fr., sg.
damur *s* ladies' watch
damväska *s* [lady's] handbag
dana *vb tr* fashion, shape, form [*till* i samtl.fall into]
dandy *s* dandy, fop
1 dank *s* **1** smalt ljus thin candle; talgljus tallow-candle, dip **2** spelkula av metall [metal] ball
2 dank, *slå* ~ idle, loaf [about]
Danmark Denmark
dans *s* dance; ~*ande,* ~*konst* dancing; bal ball; *det går som en* ~ it goes like clockwork, it is

dansa

as easy as A B C (pie); *livet är ingen ~ på rosor* life is not a (is no) bed of roses; *middag med ~* dinner and dancing
dansa *vb tr* o. *vb itr* **1** allm. dance; skutta trip; *gå och ~* ta danslektioner take dancing-lessons; *gå ut och ~* go out dancing; *~ bra (dåligt)* be a good (poor) dancer; *~ folkdanser* do folk-dances; *~ tango* dance (do) the tango; *~ vals* waltz; *det ~des hela natten* there was dancing the whole night **2** falla, trilla tumble
dansande *adj* dancing; *de ~* subst. adj. the dancers
dansant *adj* **1** danslysten …keen on (fond of) dancing **2** *hon är inte ~* kan inte dansa she can't dance
dansare *s* dancer
dansbana *s* [open air] dance floor; under tak dance-pavilion
dansband *s* dance band, dance orchestra
danserska *s* [female] dancer, dancing girl; jfr äv. *dansös*
dansgolv *s* dance floor
dansk I *adj* Danish; *~ skalle* butt with the (one's) head **II** *s* Dane
danska *s* (jfr äv. *svenska*) **1** kvinna Danish woman **2** språk Danish
danskonst *s* art of dancing
danslektion *s* dancing-lesson
danslokal *s* [public] dance hall, ballroom
danslärare *s* dancing-teacher, dancing-master
dansmusik *s* dance music
dansorkester *s* dance band, dance orchestra
dansrestaurang *s* dance restaurant
danssjuka *s* med. St. Vitus's dance, chorea
dansskola *s* dancing-school
danssteg *s* dance step
dansställning *s* dance
dansör *s* dancer
dansös *s* [professional female] dancer; balettflicka dancing-girl; klassisk ballet girl; i revy chorus girl
Dardanellerna *s pl* the Dardanelles
darr *s*, *med ~ på rösten* with a shake (tremble) in one's voice
darra *vb itr* tremble; huttra shiver; skälva, dallra quiver; dallra, vibrera quaver, vibrate; skaka shake; *~ av köld* shiver with cold; *~ av rädsla* shake (tremble) with fright; *~ av vrede* quiver (shake, tremble) with anger; *~ i hela kroppen* shake (tremble) all over
darrande *adj* trembling etc, jfr *darra;* om t.ex. händer äv. shaky; om röst el. handstil tremulous
darrgräs *s* bot. quaking-grass
darrhänt *adj, han är ~* his hands are shaky
darrig *adj* vard. shaky; pred. out of sorts, off colour
darrning *s* trembling etc., jfr *darra;* tremor, shiver, quiver, shake
darrocka *s* zool. electric ray
darrål *s* zool. electric eel

daska *vb tr* o. *vb itr* vard., slå *~ [till] ngn* slap (spank) a p.
daskig *adj* grå~ dirty grey
dass *s* vard. *gå på ~* go to the lav (loo amer. john)
1 data *s pl* **1** årtal dates **2** fakta data, facts
2 data *s* computer; *ligga (lägga) på ~* be (put) on computer
dataanläggning *s* data processing equipment
databas *s* data base (bank)
databehandla *vb tr* process; datorisera computerize
databehandling *s* data processing; datorisering computerization
databrott *s* computer crime
Datainspektionen the [Swedish] Data Inspection Board
datalingvistik *s* computational linguistics sg.
dataoperatör *s* data operator
dataskydd *s* data protection
dataskärm *s* monitor, visual display unit; vard. display
dataspel *s* computer game
dataterminal *s* data terminal
datavirus *s* computer virus (pl. viruses)
datera I *vb tr* date; *Ert brev ~t 2 maj* your letter of May 2nd; fyndet *kan ~s till 1200-talet* …can be dated back to the 13th century **II** *vb rfl*, uttrycket *~r sig från förra århundradet* …dates from (back to) the last century
datering *s* dating
dativ *s* gram. *~[en]* the dative; *en ~* a dative; *stå i ~* be in the dative
dativobjekt *s* gram. dative (indirect) object
dato *s* date; *trettio dagar a ~* thirty days after date; *till [dags] ~* up to the present, to date
dator *s* [electronic] computer; för sms. jfr äv. *data-*
datorisera *vb tr* computerize
datorisering *s* computerization
datorspel *s* computer game
datorstödd *adj* computer-assisted
datum *s* date; *poststämpelns ~* hand. date of postmark; *av gammalt ~* of old date, of long standing; *av senare ~* of [a] later (more recent) date
datumgräns *s* date line
datummärkning *s* av t.ex. mat open-dating
datumparkering *s* ung. night parking on alternate sides of the street [on even/odd dates]
datumstämpel *s* date stamp, dater
datumstämpla *vb tr* date-stamp
DDR hist. GDR (förk. för the German Democratic Republic)
D-dur *s* mus. D major
de se *den*
debarkera *vb itr* disembark, land
debarkering *s* disembarkation, landing

debatt *s* debate isht parl.; diskussion discussion; överläggning deliberation [*om* i samtl. fall on]
debattera *vb tr* o. *vb itr* debate; diskutera discuss; ~ *om ngt* debate [on] a th., discuss a th.
debattör *s* debater
debet *s* hand. debit; bokföringsrubrik Debtor (förk. Dr.); ~ *och kredit* debits and credits; *få ~ och kredit att gå ihop* get the two sides of one's accounts to agree; friare make both ends meet
debetsedel *s* ung. [income-tax] demand note, notice of assessment
debetsida *s* hand. debit side
debitera *vb tr* hand. debit; ta betalt charge; ~ *ngn ett belopp* debit a p.['s account] with (for) an amount, charge a p. an amount
debitering *s* hand. debiting; debetpost debit item (entry)
debut *s* debut, first appearance
debutant *s* sångare osv. singer osv. (teat. actor resp. actress) making his (resp. her) debut, debutant
debutbok *s* first book
debutera *vb itr* make one's debut
december *s* December (förk. Dec.); jfr *april* o. *femte*
decennium *s* decade
decentralisera *vb tr* decentralize
decentralisering *s* decentralization
decharge *s* parl. approval of the Cabinet-meeting minutes; hand., se *ansvarsfrihet*
dechargedebatt *s* parl. debate on [the approval of] the Cabinet-meeting minutes
dechiffrera *vb tr* decipher; kod decode
decibel *s* fys. decibel
deciderad *adj* pronounced, decided, marked
decigram *s* decigram[me]
deciliter *s* decilitre
decimal *s* decimal
decimalbråk *s* decimal [fraction]
decimalkomma *s* decimal point
decimalsystem *s* decimal system
decimera *vb tr* decimate, heavily reduce [...in number]
decimeter *s* decimetre, för sms. jfr äv. *meter-*
deciton *s* ung. two hundredweight (förk. 2 cwt.)
deckare *s* vard. **1** roman detective story, whodun[n]it **2** detektiv private eye, sleuth
dedicera *vb tr* dedicate
dedikation *s* dedication
deducera *vb tr*, ~ *[fram]* deduce
deduktion *s* deduction
defaitism *s* defeatism
defekt I *s* fel, skada defect; ofullkomlighet, bristfällighet imperfection, deficiency **II** *adj* defective; felaktig faulty; ofullständig imperfect; skadad damaged

defensiv I *s* defensive; *på ~en* on the defensive **II** *adj* defensive
defilera *vb itr*, ~ *[förbi]* march (file) past
defilering *s* march past
definiera *vb tr* define
definierbar *adj* definable
definition *s* definition
definitiv *adj* bestämd definite; oåterkallelig definitive, final
deflorera *vb tr* deflower
deformera *vb tr* deform; förstöra utseendet av disfigure
deformitet *s* deformity; förstört utseende disfigurement
defroster *s* bil. defroster, demister
deg *s* dough; paj~, kak~ pastry; smör~ paste; *en ~* a piece of dough (resp. pastry resp. paste)
dega *vb itr*, *gå omkring och ~* hang around doing nothing
degel *s* crucible
degeneration *s* degeneration
degenerera *vb itr* degenerate
degenererad *adj* degenerate
degig *adj* **1** doughy, pasty **2** vard., vissen *känna sig ~* feel under the weather (out of sorts)
degradera *vb tr* degrade; mil. äv. demote; sjö. äv. disrate; bildl. reduce; ~ *till menig* reduce to the ranks
degradering *s* degradation, demotion, disrating, reduction; jfr *degradera*
deka *vb tr*, ~ *ner sig* vard. go to the dogs
dekad *s* decade
dekadans *s* decadence
dekadent *adj* decadent
dekal *s* sticker, decal
dekan *s* univ. head of a (resp. the) faculty, dean; kyrkl. head of a free deanery
dekantera *vb tr* decant
dekis *s* vard. *vara på ~* have come down in the world, have gone to the dogs
deklamation *s* utantill recitation; från bladet reading
deklamatorisk *adj* declamatory; högtravande high-flown
deklamera *vb tr* utantill recite; från bladet read [aloud]
deklarant *s* som gör sin självdeklaration person making (filing) an income-tax return
deklaration *s* **1** declaration, statement **2** på varuförpackning ingredients, constituents **3** se *självdeklaration*
deklarationsblankett *s* income-tax return form
deklarera *vb tr* o. *vb itr* **1** declare, state; proklamera proclaim **2** själv~ make one's return of income, fill in one's income-tax return form; tull~ declare; ~ *falskt* make a fraudulent income-tax return; ~ *för 200 000 kronor* return one's income at 200,000 kronor

deklassera *vb tr* degrade...socially
deklination *s* **1** gram. declension **2** astron. el. fys. declination
deklinera I *vb tr* gram. decline **II** *vb itr* mista sin skönhet decline, fade
dekoder *s* elektr. decoder
dekokt *s* decoction [*på* of]
dekolletage *s* décolletage fr.; vard. cleavage
dekolleterad *adj* décolleté fr.; om plagg äv. low-cut, low-necked
dekor *s* décor fr.; teat. äv. scenery
dekoration *s* decoration äv. orden; föremål ornament; *~er* teat. scenery, décor fr. (båda sg.)
dekorativ *adj* decorative
dekoratör *s* decorator; tapetserare interior decorator; teat. stage designer
dekorera *vb tr* decorate äv. med orden
dekorum *s* decorum, propriety; *hålla på (iaktta)* ~ observe the rules of propriety
dekret *s* decree
dekretera *vb tr* o. *vb itr* decree; ~ tvärsäkert fastslå *att...* lay it down that...
del *s* **1** allm. part; ibl. portion; avdelning section; band volume; komponent component; bråkdel fraction; ...blandas med *en ~ vatten* ...one part of water
2 i uttr. av typen 'en [hel] del [av]' *en ~* somligt something, [some] part of it; somliga some; *en ~ av befolkningen* part of the population; *en ~ brev (*resp. *av breven)* förstördes some letters (resp. of the letters) were destroyed, a number of (resp. of the) letters were destroyed; *en ~ av brevet* some (part, om bestämd del a part) of the letter
en hel ~ åtskilligt a great (good) deal, plenty; vard. [quite] a lot; *en hel ~* åtskilliga *tror det* a great (good) many [people] (quite a few people, vard. quite a lot of people) think so
större ~en av klassen (eleverna) most of the class (of the pupils); *till en ~* delvis in part, partly; några some of them; *till stor ~* largely, to a large (great) extent (degree), in [a] large (great) measure; *till största ~en* for the most part, mostly
3 avseende respect; *i (till) alla ~ar* in all respects (particulars), in every respect (particular), throughout
4 'sak' *ta båda ~arna!* bägge två take both (the two) [of them]
5 *[å,] för all ~!* ingen orsak! don't mention it!, [oh,] that's [quite] all right!; isht amer. you're welcome!; *[ja,] för all ~, det kan jag väl göra* all right, I'll do it; *låt honom för all ~ inte få veta det!* don't tell him on any account!; *kom för all ~ i håg...* do remember...
6 andel share; beskärd del lot; rum *med ~ i kök* ...with use of kitchen; *ta [verksam] ~ i ngt* take [an active] part in a th., jfr vid.

delta[ga]; *jag för min ~ tror...* as for me (as far as I am concerned, for my part), I think...;
7 kännedom *få ~ av* be informed (notified) of (about); *ta ~ av* study, acquaint oneself with
dela I *vb tr* **1** divide; dela upp divide (split) up (jfr ~ *upp*), partition; stycka cut up [*i*]into; ~ *med 5* divide by 5; ~ *ett ord [på två rader]* divide a word [at the end of the line] **2** dela sinsemellan, delta i share; ~ *en flaska vin [med]* split a bottle of wine [with]; ~ *ngns glädje (vinsten, ngns åsikt)* share a p.'s joy (the profits, a p.'s view); ~ *rum [med]* share the same room [with]; ~ *lika* share and share alike; om två äv. go fifty-fifty
II *vb rfl*, ~ *sig* divide; dela upp sig divide up, separate; förgrena sig äv. branch [off]; om t.ex. väg fork; klyva sig äv. split up [*i* into]; *folkmassan ~de sig* the crowd parted
III med beton. part.
~ *av* dela [upp] divide [up], partition [*i* into]; avskilja partition off; ~ *av ett ord* divide a word
~ *in* se *indela*
~ *med sig [åt andra]* share with other people
~ *upp* indela divide up, break up [*i* into]; fördela distribute; sinsemellan share [*mellan (på)* among[st], om två between]; ~ *upp sig* divide (split) up, jfr *II*
~ *ut* distribute, deal (give) out; i småportioner dole out; fördela äv. portion (share) out; ~ *ut julklapparna* distribute the Christmas presents; *bolaget ~r ut 5%* the company pays a 5% dividend
delad *adj* divided osv., jfr *dela*; *därom råder ~e meningar* opinions differ (are divided) about that
delaktig *adj* **1** i beslut o.d. *vara ~ i* participate in **2** i brott o.d. *vara ~ i* be implicated (mixed up) in; *han är ~ i brottet* jur. he is an accessory to the crime
delaktighet *s* **1** i beslut o.d. participation **2** i brott o.d complicity, implication [*i* in]
delbar *adj* divisible [*med* by]
delbarhet *s* divisibility
delegat *s* delegate
delegation *s* delegation, mission
delegera *vb tr* delegate
delegerad *adj* delegated; *en ~* a delegate
delfin *s* zool. dolphin
delge *vb tr* o. **delgiva** *vb tr*, ~ *ngn ngt* inform a p. of a th., communicate a th. to a p.; ~ *ngn sina intryck* give a p. one's impressions; ~ *ngn en stämning* jur. serve a writ on a p.
delgivning *s* jur. serving [*av* of]
delikat *adj* delicate äv. kinkig; om mat o.d. delicious

delikatess *s* delicacy; ~*er* hand. äv. delicatessen
delikatessaffär *s* delicatessen [shop, isht amer. store]
delinkvent *s* jur. criminal [under arrest]
delirium *s*, ~ *tremens* delirium tremens; vard. the d.t.'s
delleverans *s* part delivery
delmål *s* intermediate goal
delmängd *s* matem. subset
delning *s* division, partition; biol. fission
delo *s*, *komma (råka) i* ~ *med ngn* fall out with (fall foul of) a p.
delpension *s* partial pension
dels *konj*, ~...~... partly..., partly...; å ena sidan... å andra sidan... on [the] one hand..., on the other...; till boken hör ~ *en karta* ~ *en tabell* ...a map as well as a table, ...both a map and a table
delstat *s* federal (constituent) state, member of a (resp. the) federation
delta *s* geogr. o. bokstav delta
delta[ga] *vb itr* **1** take part; mera litt. participate; som medarbetare collaborate; ~ *i* ansluta sig till, instämma i äv. join, join in; vara medlem[mar] av äv. be a member (resp. members) of; ~ *aktivt i* take an active part in; ~ *i arbetet* äv. share (join) in the work; ~ *i* ett brott be a party to...; ~ *i debatten (samtalet)* äv. join [in] the debate (conversation); ~ *i sällskapslivet* be (mix) in (go into) society **2** närvara be present [*i* at]; ~ *i* bevista attend **3** ~ *i ngns sorg* sympathize with a p. in his sorrow **4** ~ *i* ta sin andel av share, share in
deltagande I *adj* medkännande sympathetic, sympathizing... **II** *subst adj* medverkande *de* ~ those taking part **III** *s* **1** taking part; participation; medverkan co-operation; bevistande attendance [*i* at]; anslutning turn-out **2** medkänsla sympathy; *hysa* ~ *med* sympathize with
deltagar|e *s* participator, participant [*i* in], member äv. i kurs; attender [*i* of]; *-na* ofta äv. those taking part; i tävling the competitors (entrants)
deltid *s*, *arbeta [på]* ~ have a part-time job, work part-time
deltidsanställd *adj*, *vara* ~ be employed part-time; *en* ~ a part-time employee
deltidsarbete *s* part-time job (work)
delvis I *adv* partially, partly, in part **II** *adj* partial
delägare *s* joint owner, part-owner; i firma partner
dem se *den*
demagog *s* demagogue
demagogi *s* demagogy
demagogisk *adj* demagogic
demarkationslinje *s* line of demarcation
demaskera *vb tr o. rfl*, *[~sig]* unmask äv. bildl.

dementera *vb tr* deny
dementi *s* [official] denial, disclaimer
demilitarisera *vb tr* demilitarize
demobilisera *vb tr o. vb itr* demobilize
demobilisering *s* demobilization
demografisk *adj* demographic
demokrat *s* democrat
demokrati *s* democracy; ~ *på arbetsplatsen* worker (staff) participation, industrial democracy
demokratisera *vb tr* democratize
demokratisering *s* democratization
demokratisk *adj* democratic
demolera *vb tr* demolish
demon *s* demon, fiend
demonisk *adj* demoniacal, fiendish
demonstrant *s* demonstrator
demonstration *s* i div. bet. demonstration
demonstrationståg *s* procession of demonstrators, demonstrators pl.
demonstrativ *adj* demonstrative äv. gram.; ostentatious
demonstrera *vb tr o. vb itr* demonstrate; delta i demonstration äv. take part in a (resp. the) demonstration
demontera *vb tr* fabrik, maskin take down, dismantle, dismount; ~ *en motor* äv. strip down an engine
demoralisera *vb tr* demoralize
demoralisering *s* demoralization
den (n. *det*; pl. *de* resp. *dem*, vard. *dom*) **I** best art the; ~ *allmänna opinionen* public opinion; *det medeltida Sverige* medieval Sweden; *de närvarande* those present

 II *pron* **1** pers. *den*, *det* (jfr 2) it; syftande på kollektiver då individerna avses they (objektsform them); *de* they; *dem* them; *pengarna? de ligger på bordet* the money? it is on the table

 2 *det* spec. fall **a)** som subjekt i opers. uttr. el. formellt subjekt med en inf. el. sats som eg. subjekt samt i emfatiska konstr. (jfr *e*) it; *det regnar* it is raining; *det är långt (lång väg) till*... it is a long way to...; *det är tid (dags) att gå* it is time to go; *vad är det för dag i dag?* what day is it today?; *det står i tidningen att*... it says in the paper that...; *vem är det som knackar?* who's [it (that)] knocking?; *det är honom [som] de vill åt* it is him [that] they want to get at

 b) som formellt subjekt med ett subst. ord som eg. subjekt i eng. there; *det är ingen brådska* there is no hurry; *det var mycket folk där* there were many people there; *det är ingenting kvar* there is nothing left; *det var en gång en kung* once upon a time there was a king; *det blir åska* there will be a thunderstorm; *det drar här* there is a draught here; *det knackar på dörren* there is a knock at the door

 c) som eg. subjekt utbytbart mot 'han', 'hon',

resp. 'de' he, she resp. they; vem är den där herrn (damen)? - **det är en kollega till mig** ...he (resp. she) is a colleague of mine
  d) som objekt vid vissa vb och ofta som pred.-fyllnad so; *det 'gör han också (med)* so he does; kommer han? - *jag antar (hoppas, tror) det* ...I suppose (hope, think) so, ...I suppose etc. he will
  e) isht beton. that; i vissa fall this; *det duger* that will do; *det var det, det!* that's (that was el. so much for) that!; *det vill säga* that is [to say]; *det har jag aldrig sagt* I never said that; *det var snällt av dig!* that's very kind of you!; *det är därför som...* that is why...; *det är här Ni ska av* this is where you get off
  f) ibl. utan motsvarighet i eng. *varför frågar du det?* why do you ask?; jag kommer i morgon. - *ja, gör det!* ...yes (oh), do!; *jag tror inte jag kan det* I don't think I can; är du sjuk? - *ja, det är jag* ...yes, I am
  g) annan (ofta pers.) konstr. i eng., jfr ex., *det gör ont i foten* my foot hurts me; *det är fullsatt i bussen* the bus is full; *det är lugnande med en öl* a beer is relaxing; *det är mulet* the sky is overcast; *det var roligt att höra att...* I am glad to hear that...
  h) subst. *hon har 'det* charm o.d. she has 'it
  3 demonstr.: *den, det* that; *den (det) där* (resp. *här*) allm. that resp. this [självst., isht vid motsättning, vanl. one]; *de [där], dem* those; *de här* these; *~ eller ~* självst. this or that person; *~ och ~ dagen* on such and such a day; *är det ~ (det) här?* is this it?, is it this one?; *är det här mina handskar (min sax)? - ja, det är det* are these my gloves (scissors)? — yes, they are; *se på ~!* look at him!
  4 determ.: *den som* the person (one) who, sak the one that; vem som helst som anyone that; i ordspr. he who; *det [som]* vad what; *de* el. *dem* those; *de (dem) som* om pers. i allm. äv. (litt.) such as; *dens* ...of anyone; *deras* ...of those; *saken är ~ att...* the fact [of the matter] is that...; han har en förtjänst, *~ att vara ärlig* ...that of being honest; *~ som vore rik ändå!* if only I were rich!; *han är inte ~ som klagar* he is not one to complain; *~ som lever får se* he who lives will see; *allt det som...* everything (all) that...; *det är ~s fel, som...* it is the fault of anyone (of the person, of the one [of them]) who...

denaturera *vb tr* denature; *~d sprit* äv. methylated spirit[s pl.]

denim *s* textil. denim

denne (*denna*; n. *detta*, pl. *dessa*) *pron* **1** fören. el. självst., den här this (pl. these); den där that (pl. those); *dennes* (förk. *ds*) i datum instant (förk. inst.); *denna gång* a) lyckas han säkert this time... b) lyckades han that time...;

förklaringen är denna the explanation is this; *detta är mina bröder* these (those) are my brothers; *i och med detta har du...* by that you have...; *låta detta vara detta* leave it at that
  2 självst., syftande på förut nämnd person (nämnda personer) he resp. she, pl. they; objektsform him resp. her, pl. them; den (de) senare the latter; *denne* el. *denna* äv., isht av tydlighetsskäl the (+ lämpligt subst.), that person ([gentle]man, lady, woman e.d.); *dennes* his, the latter's osv., jfr ovan; *dennas* her; fristående hers; the latter's osv.; *jag (min bror) frågade värden, men ~...* I asked the landlord, but he (my brother asked the landlord, but the latter)...

densamme (*densamma, detsamma, desamma*) *pron* the same; med förbleknad betydelse = 'den', 'det', 'de' it; pl. they; objektsform them; *[tack,] detsamma!* the same to you!; *det gör (kan göra) detsamma* it doesn't matter; *det var detsamma som att* inf. it was the same (as much) as to inf.; it was tantamount to ing-form; *i detsamma hörde han...* at that very (just at that) moment he heard..., all at once he heard...; *i detsamma som* [just] as; *med detsamma* at once, right away; i samma ögonblick at the same time

dental I *s* fonet. dental **II** *adj* dental

deodorant *s* deodorant

departement *s* **1** ministerium ministry, department [of state]; amer. department **2** franskt distrikt department

departementschef *s* head of a department, minister, secretary of state

depesch *s* dispatch, despatch

depeschbyrå *s* ung. news office [and ticket agency]

deplacement *s* sjö. el. fys. displacement

deponens *s* gram. deponent [verb]

deponera *vb tr* deposit [*hos* with; *i [en] bank* in (at) a bank]

deportation *s* deportation

deportera *vb tr* deport

deposition *s* konkr. deposit; abstr. depositing, deposition

depositionsräkning *s* deposit account

deppa *vb itr* vard. feel low, have the blues

deppad *adj* o. **deppig** *adj* vard. depressed, om stämning etc. äv. gloomy; *vara ~* se *deppa*

depraverad *adj* depraved, abandoned

depression *s* depression; ekon. äv. slump

depressiv *adj* depressive

deprimerad *adj* depressed

deputation *s* deputation

deputerad *s* deputy; medlem av en deputation delegate

depå *s* depot; upplagt förråd dump; hand. safe custody

derangera *vb tr* derange

deras *pron* **1** poss.: fören. their; självst. theirs; för ex., jfr *1 min* **2** determ. ...of those
derby *s* sport. **1** hästkapplöpning Derby **2** lokal~ [local] Derby
derivat *s* kem. derivative
dermatologisk *adj* dermatological
dervisch *s* relig. dervish; *dansande ~er* whirling dervishes
desamma se *densamme*
desarmera *vb tr* disarm
desavouera *vb tr* ngn disavow, repudiate the actions of; ngt repudiate, go back on
desertera *vb itr* desert
desertering *s* desertion
desertör *s* deserter
design *s* design, designing; utförande styling, layout
designer *s* [industrial] designer
designera *vb tr* designate [*till* en befattning for...]
desillusion *s* disillusion
desillusionerad *adj* disillusioned
desinfektion *s* disinfection
desinfektionsmedel *s* disinfectant
desinficera *vb tr* disinfect; *~nde* äv. disinfectant
desinformation *s* disinformation
deskriptiv *adj* descriptive
desorganisation *s* disorganization
desorienterad *adj* confused, bewildered
desperado *s* desperado (pl. -es el. -s)
desperat *adj* förtvivlad desperate; ursinnig furious
desperation *s* desperation
despot *s* despot
despoti *s* despotism
despotisk *adj* despotic
despotism *s* despotism
1 dess *s* mus. D flat
2 dess I *poss pron* **1** its **2** i adv. uttr. *innan ~* dessförinnan before then; *sedan ~* since then; *till ~* adv. till (until, up to) then; senast då by then, by that time; *till ~ [att]* konj. till, until **II** *adv* se *desto*
dessa se *denne*
dessbättre *adv* lyckligtvis fortunately
Dess-dur *s* mus. D flat major
dessemellan *adv* in between, at intervals
dessert *s* sweet, dessert; vard. afters pl.
dessertost *s* soft cheese
dessertsked *s* dessertspoon
dessertvin *s* dessert-wine
dessförinnan *adv* before then; förut beforehand
dessförutan *adv* without it (resp. them)
desslikes *adv* likewise, also
dessutom *adv* besides; vidare furthermore; ytterligare moreover, in addition
dessvärre *adv* tyvärr unfortunately
destillat *s* distillate, distilled product
destillation *s* distillation
destillationsapparat *s* distilling apparatus; isht för sprit still
destillera *vb tr* distil; amer. distill
destillering *s* distillation
destination *s* destination
destinationsort *s* [place of] destination
destinerad *adj* sjö. destined; om fartyg äv. bound [*till* for]
desto *adv* the; *~ bättre!* all (so much) the better!; *ju förr ~ bättre (hellre)* the sooner the better; *icke ~ mindre* likväl nevertheless
destruktiv *adj* destructive
det se *den*
detachera *vb tr* detail; mil. äv. detach
detalj *s* **1** detail, particular; maskindel part; mil. section; *gå in på ~er* go (enter) into detail[s] **2** hand. *sälja i ~* retail, sell [by] retail
detaljerad *adj* detailed, circumstantial
detaljgranskning *s* examination in detail
detaljhandel *s* retail trade; handlande retailing
detaljhandlare *s* retailer, retail dealer
detektiv *s* detective
detektivbyrå *s* detective agency
detektivhistoria *s* detective story
detektivroman *s* detective story (novel)
detektor *s* tekn. detector
determinism *s* filos. determinism
detonation *s* detonation
detonera *vb itr* detonate
detronisera *vb tr* dethrone
detsamma se *densamme*
detta se *denne*
devalvera *vb tr* devalue, devaluate
devalvering *s* devaluation
devis *s* motto (pl. -es el. -s); herald. äv. device
di *s*, *ge ~* suckle; *få ~* be put to the breast
1 dia *vb tr* o. *vb itr* om djur, barn suck; ge di suckle, nurse
2 dia se *diabild*
diabetes *s* diabetes
diabetiker *s* diabetic
diabild *s* transparency, diapositive; ramad [film] slide
diabolisk *adj* diabolic[al]
diadem *s* tiara, diadem
diafragma *s* anat. el. tekn. diaphragm
diagnos *s* diagnos|is (pl. -es); *ställa ~* make a diagnosis [*på* of]; *ställa ~ på* äv. diagnose
diagnostik *s* diagnostics sg.
diagnostiker *s* diagnostician
diagnostisera *vb tr* diagnose
diagnostisk *adj* diagnostic; *~t prov* diagnostic test
diagonal I *s* **1** matem. diagonal **2** tyg diagonal [cloth] **II** *adj* diagonal
diagram *s* schematisk figur diagram; isht med kurvor graph; isht med siffror i kolumner chart
diakon *s* lay [welfare] worker, district visitor
diakonissa *s* lay [welfare] worker, district visitor

diakritisk *adj,* ~**t tecken** diacritic, diacritical mark
dialekt *s* dialect; **han talar** ~ he speaks a dialect (with a regional accent)
dialektal *adj* dialectal
dialektik *s* filos. dialectics sg.; bevisföring dialectic
dialektisk *adj* spetsfundig dialectic[al]
dialog *s* dialogue
dialys *s* kem. el. med. dialys|is (pl. -es)
diamant *s* diamond; **slipad (oslipad)** ~ cut (uncut) diamond
diamantbröllop *s* diamond wedding
diameter *s* diameter
diametral *adj* diametrical
diapositiv *s* transparency, diapositive; ramat [film] slide
diarieföra *vb tr* enter...in a (resp. the) diary (journal)
diarium *s* diary, journal
diarré *s* diarrhoea (end. sg.)
dibarn *s* suckling
didaktisk *adj* didactic
diesel se *dieselolja*
dieselmotor *s* diesel engine
dieselolja *s* diesel oil (fuel)
diet *s* diet; **hålla** ~ be on a diet
dietisk *adj* dietary; om kost dietetic
dietist *s* dietician
dietmat *s* diet[etic] food
differens *s* difference; löne~ differential
differential *s* matem. el. tekn. differential
differentialkalkyl *s* matem. differential calculus
differentiera *vb tr* differentiate; skol. stream
diffus *adj* diffuse; friare blurred
difteri *s* med. diphtheria
diftong *s* språkv. diphthong
dig se under *du*
diger *adj* thick; mycket stor huge; voluminös bulky, voluminous
digerdöden *s* the Black Death
digital *adj* data. digital
digitalis *s* bot. el. med. digitalis
digitalur *s* digital watch, jfr *1 ur*
digna *vb itr* segna ned sink down, collapse; tyngas ned be weighed down; ~ *av* läckerheter groan with
dignitet *s* matem. power
dignitär *s* dignitary
dika *vb tr* ditch, trench; ~ *av (bort)* vatten drain off...; ~ *av (ut)* t.ex. mosse drain [...by ditches]
dike *s* ditch, trench, dike
dikeskant *s* edge of a (resp. the) ditch
dikesren *s* ditch bank, verge
dikning *s* ditching, draining, drainage
1 dikt *adv* sjö. close; **hålla ~ babord** steer hard aport
2 dikt *s* **1** poem poem **2** diktning m.m. fiction; poesi poetry; ~ *och verklighet* fact and fiction; jfr *diktning* **3** påhitt **rena ~en** pure fiction; **lögn och förbannad** ~ a lot of damned lies
1 dikta *vb tr* täta caulk
2 dikta *vb tr* o. *vb itr* författa write, compose; skriva vers äv. write (compose) poetry; ~ *[ihop]* hitta på invent, fabricate, make up
diktamen *s* diktering dictation; **skriva efter (efter ngns)** ~ write from (at a p.'s) dictation
diktare *s* writer; poet poet
diktator *s* dictator
diktatorisk *adj* dictatorial; friare äv. imperious
diktatur *s* dictatorship
diktaturstat *s* dictatorship
diktera *vb tr* dictate [*för* to]
diktion *s* diction
diktkonst *s* poesi poetry; ~*en* konsten att dikta the art of poetry
diktning *s* diktande writing, [literary] composition; vers~ writing of poetry; diktkonst, poesi poetry; litterär produktion literary (poetisk poetical) production (work, output); skönlitteratur ung. fiction
diktsamling *s* collection of poems
dilamm *s* kok. baby lamb
dilemma *s* dilemma, quandary
dilettant *s* amateur; isht neds. dilettant|e (pl. -i)
dilettanteri *s* dilettantism
dilettantisk *adj* dilettantish, amateurish
dilettantism *s* dilettantism, amateurism
diligens *s* hist. stagecoach
dill *s* dill
dilla *vb itr* vard. drivel, babble, talk nonsense
dille *s* mani **ha ~ på** have a mania (craze) for
dillkrona *s* head of dill
dimbank *s* bank of fog (mist), fog bank
dimbildning *s* smoke screening; bildl. ung. hush-hush
dimbälte *s* belt of fog (mist)
dimension *s* dimension; storlek äv. size; ~*er* proportioner äv. proportions
dimfigur *s* vague (dim, indistinct) shape
dimhöljd *adj* ...shrouded (enveloped) in fog (mist); bildl. dim, obscure
diminuendo *s* o. *adv* mus. diminuendo it.
diminutiv *s* o. *adj* diminutive äv. gram.
dimljus *s* bil. fog light (lamp)
dimma *s* fog; lättare mist; dis haze (end. sg.); **tät (tjock)** ~ dense (thick, heavy) fog
dimmig *adj* foggy; lättare misty; disig hazy äv. bildl.
dimpa *vb itr* fall (plötsligt tumble, mjukt flop) down [*i golvet* on to the floor]; ~ *ner* drop down
dimridå *s* smoke screen
dimslöja *s* veil of mist
din (n. *ditt,* pl. *dina*) *poss pron* fören. your; åld. el. poet. el. relig. thy; självst. yours; åld. el. poet. el. relig. thine; ~ *dumbom!* you fool (idiot)!; **D~ tillgivne E.** i brevslut Yours ever (sincerely), E.; för ex., jfr vid. *1 min*

diné *s* dinner; bankett banquet
dinera *vb itr* dine
dingla *vb itr* dangle, swing; **~ i galgen** swing; **~ med benen** dangle one's legs
dinosaurie *s* dinosaur
dioxin *s* kem. dioxin
diplom *s* diploma
diplomat *s* diplomat; isht bildl. diplomatist
diplomati *s* diplomacy
diplomatisk *adj* diplomatic; **~a förbindelser** diplomatic relations
diplomerad *adj* diplomaed, ...holding a diploma
dipmix *s* dip mix
dippa *vb tr* o. *vb itr* dip
direkt I *adj* direct; immediate isht omedelbar; rak äv. straight; järnv.: genomgående through; om tåg äv. non-stop; **~ skatt** direct tax; **~ svar** direct (straight) answer; det kommer inte **som en ~ överraskning** ...as a complete surprise
II *adv* raka vägen direct, straight, right; genast o. på ett direkt sätt directly; omedelbart immediately; **~ rent ut sagt oförskämd** downright insolent; **inte ~ rik, men...** not exactly rich, but...; **svara ~ på** en fråga answer...straight away; rättframt give a direct (straight) answer to...; **radioprogrammet sänds ~** the programme will be broadcast live, it will be a live programme
direktflyg *s* non-stop plane (flygning flight)
direktflygning *s* non-stop flight
direktförbindelse *s* flyg. o.d. direct service
direktinsprutning *s* tekn. direct injection
direktion *s* styrelse [board of] management, board [of directors], directorate
direktiv *s* terms pl. of reference, instructions pl., directive; **ge ngn ~** give a p. instructions, brief a p.
direktkontakt *s* radio. el. TV. live contact; med. direct (immediate) contact
direktreferat *s* i radio running commentary
direktreklam *s* direct [mail] advertising
direktris *s* manageress, directress
direktsändning *s* radio. el. TV. live broadcast
direktör *s* director; amer. vice-president [*i, vid* of]; för ämbetsverk superintendent [*vid, för* of]; **verkställande ~** managing director; amer. president [*för* of]
direktörsassistent *s* assistant director (manager)
dirigent *s* conductor
dirigera *vb tr* o. *vb itr* direct; mus. conduct; **~ om** redirect, re-route, divert
dis *s* haze
discipel *s* disciple
disciplin *s* **1** lydnad o.d. discipline **2** vetenskapsgren branch of learning, discipline
disciplinera *vb tr* discipline
disciplinstraff *s* disciplinary punishment
disciplinär *adj* disciplinary

discjockey se *diskjockey*
disco *s* vard. disco (pl. -s); **gå på ~** go to a (resp. the) disco
disharmoni *s* discord, disharmony
disharmonisk *adj* disharmonious äv. bildl.; skärande discordant, jarring
disig *adj* hazy
1 disk *s* **1** butiks~, bank~ counter; bar~ bar; **sälja under ~[en]** sell under the counter; **stå bakom ~en** stand behind the counter **2** anat. disc **3** data. disc, isht amer. disk
2 disk *s* **1** abstr. washing-up **2** konkr.: [oiskad dirty] dishes pl.; det blir **en stor ~** ...a lot of washing-up to do; **torka ~en** do the drying-up
1 diska *vb tr* o. *vb itr* rengöra **~ [av]** wash up; ett enda föremål wash; itr. do the washing-up, wash up the dishes, isht amer. do (wash) the dishes
2 diska *vb tr* sport. vard. disqualify
diskant *s* mus. treble
diskantklav *s* mus. treble clef
diskare *s* dishwasher
diskbalja *s* washing-up bowl, amer. dishpan
diskborste *s* dishbrush, washing-up brush
diskbråck *s*, **ha ~** have a slipped disc
diskbänk *s* [kitchen] sink
diskett *s* data. floppy disk, diskette
diskho *s* washing-up sink
diskjockey *s* disc jockey; vard. deejay
diskmaskin *s* dishwasher
diskmedel *s* washing-up (till diskmaskin dishwasher) detergent; flytande äv. washing-up liquid; i pulverform äv. washing-up powder
diskning *s* sport. vard. disqualification
diskontera *vb tr* ekon. discount
diskonto *s* bank~ minimum lending rate; privat~ market rate; **höja (sänka) ~t** raise (lower) the minimum lending rate
diskotek *s* **1** danslokal discotheque; vard. disco (pl. -s) **2** skivsamling record library (collection)
diskplockare *s* table clearer, waiter's assistant; amer. bus boy (kvinnl. girl)
diskreditera *vb tr* discredit; **~nde för** discreditable to
diskrepans *s* discrepancy
diskret I *adj* **1** discreet; dämpad quiet äv. om färg; **[med] ~ avsändare** under plain cover **2** matem. el. filos. discrete; **~ variabel** discrete variable **II** *adv* discreetly etc., jfr *I*
diskretion *s* discretion; tystlåtenhet äv. reticence; **~ hederssak** ung. strictly confidential
diskriminera *vb tr*, **~ ngn (ngt)** discriminate against a p. (against a th.)
diskriminering *s* discrimination [*av* against]
Diskrimineringsombudsmannen the Office of the Ethnic Discrimination Ombudsman
diskställ *s* i kök plate rack; amer. dish drainer

disktrasa *s* dishcloth
diskus *s* sport. **1** skiva disc|us (pl. -uses el. -i); *kasta* ~ throw the discus **2** sportgren [throwing the] discus
diskuskastare *s* discus-thrower
diskussion *s* discussion [*om* about]; isht parl. debate [*om* on]; överläggning deliberation [*om* on]; *ta upp till* ~ bring up for discussion etc.
diskussionsunderlag *s* basis for discussion
diskussionsämne *s* subject (topic) of (for) discussion
diskutabel *adj* debatable; tvivelaktig questionable
diskutera *vb tr* o. *vb itr* discuss; mera intensivt argue; debattera debate; *det tål att* ~ that is a debatable (moot) point, it is open to discussion
diskvalificera *vb tr* disqualify
diskvalificering *s* o. **diskvalifikation** *s* disqualification
diskvatten *s* dishwater
dispaschör *s* hand. average adjuster
dispens *s* exemption; isht kyrkl. dispensation; *få* ~ be granted an exemption, be exempted; *ge ngn* ~ *från* exempt a p. from; *söka* ~ apply for exemption
dispensär *s* tuberculosis clinic
disponent *s* bruks~ managing director; amer. president [*för, vid* of]
disponera *vb tr* o. *vb itr* **1** ~ *[över]* ha till sitt förfogande have...at one's disposal (command), have the use of; bestämma helt över have entire disposal of; använda utilize, make use of; ha tillgång till have access to; fördela t.ex. bolagsvinst distribute, allot; *pengarna kan ~s för...* the money is available (may be used) for... **2** planera arrange, plan, organize
disponerad *adj* **1** hågad, upplagd disposed, inclined **2** mottaglig predisposed, liable, susceptible äv. med. [*för* to]
disponibel *adj* **1** available, disposable, ...at one's disposal (command); ~ *inkomst* disposable income; ~ *tid* äv. spare time; *disponibla tillgångar* liquid assets **2** med., mottaglig predisposed
disponibilitet *s, vara i* ~ be available (unattached), await posting; *försätta ngn i* ~ place a p. on the unattached list
disposition *s* **1** förfogande disposal; *stå (ställa ngt) till ngns* ~ be (place a th.) at a p.'s disposal **2** av en uppsats o.d. plan, outline; av stoffet disposition, arrangement **3** mottaglighet predisposition äv. med. [*för* to]
dispositionsrätt *s* [right of] disposal [*till* of]
disproportion *s* disproportion
disputation *s* univ. disputation, [public] defence of a (one's) doctor's thesis
disputera *vb itr* **1** tvista dispute, argue [*med ngn* with a p.; *om* about] **2** univ. [publicly]

defend a (one's) doctor's thesis; *han ~de på...* his doctor's thesis was on (about)...
dispyt *s* dispute, controversy; *råka (komma) i* ~ get involved in a dispute
diss *s* mus. D sharp
dissekera *vb tr* dissect äv. bildl.
dissektion *s* dissection
dissident *s* dissident
dissimilation *s* språkv. el. biol. dissimilation
diss-moll *s* mus. D sharp minor
dissociation *s* dissociation äv. kem.
dissonans *s* mus. dissonance; discord äv. bildl.
distans *s* distance; *hålla ~[en]* keep one's (keep at a) distance; *få* ~ *till problemet* be able to see the problem in perspective
distansera *vb tr* [out]distance, outstrip; ~ *sig från* dissociate oneself from
distansminut *s* nautical mile
distansundervisning *s* distance teaching
distingerad *adj* distinguished
distinkt I *adj* distinct **II** *adv* distinctly
distinktion *s* distinction
distrahera *vb tr,* ~ *ngn* distract a p., distract (divert) a p.'s attention, put a p. out; störa disturb a p., put a p. off; förströ divert a p.
distraktion *s* tankspriddhet absent-mindedness; förströelse distraction; han gjorde det *i* ~ ...in a fit of absent-mindedness
distribuera *vb tr* distribute
distribution *s* distribution
distributör *s* distributor
distrikt *s* district
distriktschef *s* district superintendent
distriktsläkare *s* district medical officer
distriktsmästerskap *s* district championship
distriktssköterska *s* district nurse
disträ *adj* absent-minded, distrait fr.
dit *adv* **1** demonstr. there; ~ *bort (in, ned* etc.*)* away (in, down etc.) there; *det är* ~ *jag ska* that's where I'm going; *det är långt* ~ rumsbet. it's a long way there; tidsbet. that's a long time ahead **2** rel. where; varthelst wherever; *den plats* ~ *han kom* the place he came to
dithörande *adj* ...belonging to it (resp. them), ...belonging there; hörande till saken relevant, related; *inte* ~ irrelevant; ~ *fall* cases belonging to that category
ditintills se *dittills*
dito *adj* o. *adv* ditto (förk. do.); *nya skor och* ~ *strumpor* new shoes and new stockings; *~, ~!* the same to you!
ditresa *s, på ~n* on the (my etc.) journey there
1 ditt se *din*
2 ditt, prata om ~ *och datt...* this and that
dittills *adv* up to then, till then, thitherto; *så där långt* so (thus) far
ditvägen *s, på* ~ on the (my etc.) way there
ditåt *adv* in that direction, that way; *något* ~ something like that
diva *s* diva

divalater *s pl* prima donna behaviour sg.
divan *s* couch, divan
divergens *s* divergence äv. fys. el. matem.
divergent *adj* divergent äv. fys. el. matem.
divergera *vb itr* diverge äv. fys.; matem. differ
divergerande *adj* divergent
diverse *adj* sundry, various; ~ *saker* äv. sundries, odds and ends
diversearbetare *s* casual labourer, unskilled worker, odd-job man
diversehandel *s* butik general store
diversifiera *vb tr* diversify
dividend *s* dividend äv. på aktier
dividera I *vb tr* divide [*med* by] **II** *vb itr* vard., resonera argue [the toss] [*om* about]
division *s* **1** matem. division **2** mil.: fördelning division; flyg., fartygsförband squadron; artilleri~, ung. artillery battalion **3** sport. division
divisor *s* matem. divisor
djungel *s* jungle
djungeltelegraf *s* isht skämts. bush telegraph; *på ~en* on the grapevine
djup I *adj* deep; isht i högre stil el. bildl. profound; friare: fullständig complete; stor great; *en ~ bugning* a deep (low) bow; *~ förnedring* utter degradation, profound abasement; *en ~ sorg* a profound (great) grief, a deep sorrow; *[försänkt] i ~a tankar* deep in thought; *~ tallrik* soup plate; mindre fruit salad plate; *i ~a[ste] skogen* in the depths of the forest
II *s* depth; högtidl. äv. depths pl.; bildl. äv. profundity; poet. deep; avgrund abyss; *försvinna i ~et* go to the bottom, be lost in the depths, be engulfed (swallowed up) by the sea; *komma ut på ~et* get out into deep water
djupblå *adj* deep blue
djupdykning *s* deep-sea diving
djupfrysa *vb tr* deep-freeze
djupfrysning *s* deep-freezing
djupfryst *adj*, *~a livsmedel* [deep-]frozen foods
djupgående I *adj* deep[-going]; bildl. profound; sjö. deep-draught **II** *s* sjö. draught
djuphavsfiske *s* deep-sea fishing
djuphavsforskning *s* deep-sea exploration (research), oceanography
djupna *vb itr* deepen [*till* into]; eg. vanl. get deeper; bildl. äv. grow more profound
djupsinne *s* profundity, depth [of thought]
djupsinnig *adj* profound, deep
djupsinnighet *s* **1** yttrande profound remark **2** se *djupsinne*
djupt *adv* isht eg. deep; isht bildl. deeply, profoundly, jfr *djup I*; *~ allvarlig* very serious (grave); *~ liggande* deep-seated äv. bildl.; om ögon deep-set; *~ rotad* deep-rooted; *~ rörd* deeply (profoundly) moved; *andas ~* se under *andas*; *buga sig ~* bow low, make a low bow; *titta för ~ i glaset* take a drop too much; *han sov ~* he was fast asleep; *tränga ~ in i* penetrate far into
djuptryck *s* typogr. photogravure [printing], intagli|o (pl. -os el. -i)
djur *s* animal; större fyrfota el. i bet. 'kreatur' el. bibl., föraktfullt el. bildl. äv. beast; *oskäligt ~* brute, dumb animal; *slita som ett ~* work like a horse
djurart *s* species (pl. lika) of animal, animal species (pl. lika)
djurförsök *s* experiment on (with) animals
djurisk *adj* animal; bestialisk bestial; köttslig, sinnlig carnal; rå, brutal brutal
djurkretsen *s* astrol. the zodiac
djurliv *s* animal life
djurpark *s* zoo zoological park
djurplågare *s* tormentor of animals
djurplågeri *s* cruelty to animals
djurriket *s* the animal kingdom
djursjukhus *s* animal (veterinary) hospital
djurskydd *s* prevention of cruelty to animals
djurskyddsförening *s* society for the prevention of cruelty to animals
djurskötare *s* på zoo [zoo] keeper; lantbr. cattleman
djurtämjare *s* animal trainer (tamer)
djurvän *s* lover of animals
djurvänlig *adj* ...fond of (kind to) animals
djurvärld *s* animal world; fauna fauna
djärv *adj* bold; dristig äv. daring; oförvägen intrepid, audacious; käck äv. brave; vågsam, vågad venturesome, risky; fräck äv. cheeky, oförskämd insolent; *lyckan står den ~e bi* Fortune favours the brave
djärvas *vb itr dep* dare, jfr *2 våga;* venture, be bold enough to inf.
djärvhet *s* boldness, daring, intrepidity, audacity, bravery, insolence; jfr *djärv*
djävel *s* devil; stark. bastard; vulg. bugger, fucker; *djävlar!* vulg. bugger (fuck) [it]!; jfr *2 fan*
djävla *adj o. adv* bloody; damn[ed]; amer. äv. goddamn[ed], goddam; *[din] ~ drulle* you bloody (damn[ed], amer. goddamned) fool; vulg. you fucking idiot
djävlas *vb itr dep*, *~ med ngn* be bloody-minded towards a p.; han gjorde det *bara för att ~* ...just to be bloody-minded
djävlig *adj* om person bloody (amer. goddamn[ed]) nasty [*mot* to]; om sak vanl. bloody (amer. goddamn[ed]) rotten (awful)
djävligt *adv* i kraftuttr. bloody, damn[ed]; amer. goddamn[ed], goddam; vulg. fucking
djävul *s* devil, fiend; jfr äv. *2 fan*
djävulsk *adj* devilish; ondskefull fiendish; diabolisk diabolic[al]; infernalisk infernal, hellish
djävulskap *s* devilry, devilment
djävulstyg *s* devilry
d-moll *s* mus. D minor

DNA (förk. för *deoxiribonukleinsyra*) DNA
dobbel *s* [illicit] gambling (gaming)
dobbla *vb itr* gamble
dobermann[pinscher] *s* hund Dobermann [pinscher]
docent *s* vid universitet docent; motsv. i Engl. av reader, senior lecturer, amer. associate professor [*i* in]
docentur *s* vid universitet docentship; motsv. i Engl. av readership, senior lectureship; amer. associate professorship
docera *vb itr* hold forth, lay down the law
docerande *adj* didactic, magisterial
dock *adv* o. *konj* likväl yet, nevertheless, still; emellertid however; ändå for all that, notwithstanding
1 docka sjö. **I** *s* dock **II** *vb tr* o. *vb itr* dock äv. rymd.
2 docka *s* **1** leksak doll äv. bildl.; barnspr. dolly; led~, marionett, äv. bildl. puppet, marionette; prov~, skylt~, buktalar~ etc. dummy **2** garn~ o.d. skein
dockansikte *s* doll's face; bildl. äv. doll-like face
dockning *s* sjö. el. rymd. docking
dockskåp *s* doll's house; amer. dollhouse
dockteater *s* puppet theatre (föreställning show)
dockvagn *s* doll's pram
doft *s* scent, odour, perfume; fragrance äv. bildl.
dofta I *vb itr* smell; *det ~r [av] rosor* there is a scent of roses **II** *vb tr*, *~ mjöl över köttet* sprinkle flour over the meat
doftande *adj* sweet-scented; fragrant [*av* with]; redolent [*av* of]
dogg se *bulldogg*, *boxer* m.fl.
dogm *s* dogma; *~en om...* the dogma of...
dogmatik *s* dogmatics sg.
dogmatiker *s* dogmatist, dogmatician
dogmatisk *adj* dogmatic
dogmatism *s* dogmatism
doja *s* vard. shoe
dok *s* slöja veil; friare pall; *ta ~et* take the veil
doktor *s* doctor (förk. Dr., Dr); jfr vid. *filosofie*, *juris* m.fl.
doktorand *s* candidate for the doctorate, doctoral candidate, postgraduate student
doktorera *vb itr* study for (avlägga examen take) one's doctor's degree
doktorsavhandling *s* thesis [for a doctorate], doctor's dissertation (thesis)
doktorsgrad *s* doctor's degree, doctorate; *ta ~en* take a doctor's degree
doktorshatt *s* doctor's hat
doktorspromotion *s* o. **doktorspromovering** *s* univ. conferring (conferment) of doctor's degrees
doktorstitel *s* title of doctor
doktrin *s* doctrine
doktrinär *adj* doctrinaire

dokument *s* document; jur. äv. deed, instrument
dokumentarisk *adj* documentary
dokumentation *s* documentation äv. vetensk. verksamhet; substantiation
dokumentera I *vb tr* eg. document, substantiate; ådagalägga give (produce) evidence of **II** *vb rfl*, *~ sig som...* establish one's claim to recognition as..., establish oneself as...
dokumentförstörare *s* paper-shredder
dokumentportfölj *s* [document] briefcase, dispatch case
dokumentskåp *s* filing cabinet
dokumentär I *adj* documentary **II** *s* documentary [film]
dokumentärfilm *s* documentary [film]
dold *adj* hidden, concealed; förborgad äv. latent; hemlig secret; *~a kameran* candid camera; *~a reserver* hidden reserves (assets); *med illa ~...* with ill-concealed (ill-disguised)...
doldis *s* vard. unperson, anonymous public figure
dolk *s* dagger, poniard
dolkstyng *s* o. **dolkstöt** *s* dagger thrust, stab; *en dolkstöt i ryggen* bildl. a stab in the back
dollar *s* myntenhet dollar; amer. vard. buck; *5 ~* five dollars ($5)
dollarkurs *s* dollar rate [of exchange]
dollarsedel *s* dollar note; amer. dollar bill; vard. greenback
Dolomiterna *s pl* the Dolomites
dolsk se *lömsk*
1 dom se *den*
2 dom *s* kyrka cathedral
3 dom *s* jur. judg[e]ment; isht i brottmål sentence; i sjörätts- o. äktenskapsmål decree; jurys utslag verdict; *eftervärldens ~* the verdict of posterity; *en friande ~* a verdict of acquittal (of not guilty); *en fällande ~* a verdict of guilty, a conviction; *yttersta ~en* the last judgement; *fälla [en] ~ över* pass (pronounce) judgement (resp. sentence) [up]on; *sätta sig till ~s över...* take [up]on oneself to judge...
domare *s* **1** jur. judge; vid underrätt äv. magistrate; vid högre rätt justice; friare el. bildl. äv. adjudicator, arbiter **2** sport.: allmän idrott, kapplöpning m.m. judge; tennis m.m. umpire; fotb. el. boxn., tennis överdomare referee; vard. ref
Domareboken bibl. [the Book of] Judges sg.
domarämbete *s* judicial office
domdera *vb itr* go on, shout and swear, boss about
domedag *s* judg[e]ment day, doomsday; *till ~* till (until) doomsday
domherre *s* zool. bullfinch
dominans *s* dominance äv. biol.
dominant *adj* dominant äv. mus.; biol.

dominera *vb tr* o. *vb itr* dominate; spela herre [över] domineer; vara förhärskande be predominant (uppermost), predominate; behärska command, t.ex. match be in command; *vara ~nde på m(. ':naden* dominate the market
1 dominikan *s* relig. Dominican [friar]
2 dominikan *s* folk Dominican
Dominikanska republiken the Dominican Republic
domino *s* **1** dräkt domino **2** spel dominoes sg.
dominobricka *s* domino
dominospel *s* [game of] dominoes sg.; konkr. äv. set of dominoes
domkapitel *s* kyrkl. [cathedral] chapter
domkraft *s* tekn. jack
domkyrka *s* cathedral
domna *vb itr*, **~ [av]** go numb, get benumbed; *min fot har ~t* 'somnat' my foot has gone to sleep, I have got pins and needles in my foot
domning *s* numbness
domprost *s* [cathedral] dean; *~en N.* Dean N.
domptera *vb tr* tame
domptör *s* tamer
domsaga *s* jur. rural judicial circuit, judicial district
domsbasun *s* last trump
domslut *s* jur. judg[e]ment, judicial decision; sport. decision, call
domsrätt *s* jur. jurisdiction
domssöndagen *s* the Sunday before Advent
domstol *s* court [of law], lawcourt; isht hist. el. bildl. tribunal; bildl. äv. bar; *dra ngt inför ~* bring (take) a th. into court, go to court about a th.
domstolsförhandling *s*, *~[ar]* court proceedings pl.
Domstolsverket the National Courts Administration
domän *s* domain, province; *[svenska] statens ~er* the [Swedish] crown lands
Domänverket the National Forest Enterprise
don *s* verktyg tool; *~* pl., grejor gear, tackle (end. sg.); *~ efter person* to every man his due
donation *s* donation; testamentarisk bequest
donationsbrev *s* deed of gift
donator *s* donor
Donau flod the Danube
donera *vb tr* donate, give [a donation of]
donjuan *s* kvinnotjusare Don Juan
dop *s* baptism; barn~ vanl. christening; fartygs~ o.d. naming, christening; *bära ett barn till ~et* present a baby at the font
dopa *vb tr* sport. dope; *~ sig* take drugs
dopakt *s* [ceremony of] baptism, baptismal rite
dopattest *s* certificate of baptism
dopfunt *s* baptismal (christening) font
doping *s* tagande av dopingpreparat drug-taking, drug use (abuse)

dopingprov *s* sport. drug testing; *ett ~* a drug test
dopklänning *s* christening robe
dopnamn *s* baptismal (first, Christian) name
dopp *s* **1** bad *ta sig ett ~* have a dip (plunge) **2** *kaffe med ~* ung. coffee and buns (cakes)
doppa I *vb tr* allm. dip; ivrigt, hastigt plunge; helt o. hållet immerse; *~ ngn* vid badning duck a p.; *~ ned* dip...[down] [*i* into] **II** *vb tr* o. *vb itr*, *~ i grytan* 'dip in the pot', dip bread into the stock from the Christmas ham **III** *vb rfl*, *~ sig* have a dip (plunge)
dopparedagen *s* Christmas Eve
dopping *s* zool. grebe
doppsko *s* på käpp o.d. ferrule
doppvärmare *s* immersion heater
dopvittne *s* sponsor
dorisk *adj* Doric, Dorian; *~ pelare* Doric column; *~ tonart* mus. Dorian mode
dos *s* dose; dosering dosage; *en ~ strålning* a dose of radiation; *en för stor ~* vanl. an overdose
dosa *s* box äv. tekn. el. elektr.; bleck~ tin
1 dosera *vb tr* göra sluttande slope, escarp; väg camber; kurva bank
2 dosera *vb tr* med. dose
1 dosering *s* sluttning slope, escarpment; camber
2 dosering *s* med. dosage
dosis se *dos*
dossié *s* o. **dossier** *s* dossier, file
dotter *s* daughter
dotterbolag *s* subsidiary [company], affiliated company
dotterdotter *s* granddaughter; *sons (dotters) ~* great-granddaughter; *brors (systers) ~* grandniece
dotterson *s* grandson; *sons (dotters) ~* great-grandson; *brors (systers) ~* grandnephew
doublé *s* guld~ rolled gold
dov *adj* allm. dull; om smärta äv. aching; kvalmig sultry; undertryckt stifled, muffled
dovhjort *s* zool. fallow-deer; hanne buck
doyen *s* doyen
dra I *vb tr* o. *vb itr* **1** eg. el. friare draw; kraftigare pull; hala haul; släpa drag, lug; streta med tug; bogsera tow; *~!* pull!; *~ åt var sitt håll* pull in different directions; *[ligga och] ~* sport. set the pace; *~ kniv [mot ngn]* draw a knife [on a p.]; *~ ett kort [ur leken]* draw a card [out of the pack]; *~ ledningar* i huset wire the house [for electricity]; *~ en nit* draw a blank; *~ ett streck över...* draw a line across...; *~ om vem som skall ge* kortsp. draw for the deal; *komma ~gande[s] med...* come along with ... (jfr *dras*)
2 tänja: *~ lakan* stretch (pull) the sheets; *~ på munnen (smilbandet)* smile slightly; *~*

dra

på orden (svaret) speak (answer) in a hesitating manner
3 driva (maskin o.d.) work; vrida (vev o.d.) turn
4 locka attract; *ett stycke som ~r [folk (fullt hus)]* a play that draws [people (full houses)]
5 ta bort, subtrahera take [away], subtract
6 erfordra take; förbruka use [up]; konsumera consume; *hon ~r storlek 40* i kläder she takes size 40...
7 berätta, t.ex. en historia reel off; rabbla upp, t.ex. siffror go through
II *vb itr* (jfr äv. *I*) **1** om te m.m. draw; *låta teet stå och ~* let the tea draw **2** tåga march; gå go, pass; bege sig betake oneself; röra sig move; flytta (om fåglar) migrate; vard., se *sticka III 3; gå och ~* sysslolöst lounge (hang) about **3** opers. *det ~r [förskräckligt]* there is a [terrible] draught
III *vb rfl, ~ sig* **1** förflytta sig move; bege sig repair, adjourn; *molnen ~r sig norrut* the clouds are passing to the north **2** *klockan ~r sig* se *IV, ~ sig efter (före)* **3** vara lättjefull *ligga och ~ sig i sängen* be lounging (lie lolling) in bed, be having a lie-in **4** *[inte] ~ sig för ngt* [not] be afraid of a th.
IV med beton. part.
~ av a) klä av pull (take) off; avlägsna pull away; *~ av sig* pull (take) off **b)** dra itu pull...in two **c)** dra från deduct
~ bort a) tr. draw away; trupper o.d. withdraw **b)** itr. move off, go away; om trupper withdraw **c)** *~ sig bort* go away
~ sig efter om klocka be losing, lose; *klockan har ~git sig 10 minuter efter* the clock is 10 minutes slow
~ fram a) tr.: taga (släpa) fram draw (pull) out; bildl. bring up (forward, out), produce **b)** itr. advance **c)** *~ sig fram [i världen]* get on [in the world], get along
~ för gardin draw..., pull...across
~ förbi go past, pass by
~ sig före om klocka be gaining, gain; *klockan har ~git sig 5 minuter före* the clock is 5 minutes fast
~ ifrån gardin o.d. draw (pull) aside (back); ta bort take away, subtract; ta (räkna) ifrån deduct; *han drog ifrån [de andra]* sport. he drew away [from the rest]; *~ sig ifrån* evade, keep away from
~ igen dörr o.d. shut, close
~ igenom tr., bildl. go (work, hastigt run, ytligt skim) through...
~ i gång ngt get a th. going (working)
~ ihop samla gather...together; trupper concentrate; *~ ihop sig* eg. contract; sluta sig close; *det ~r ihop sig till oväder* a storm is gathering; *det ~r ihop sig till regn* it looks like rain
~ in a) tr. draw in äv. bildl.; dra tillbaka, återkalla withdraw; inställa discontinue; på viss tid suspend; avskaffa abolish, do away with; konfiskera confiscate; *~ in ett körkort* take away (på viss tid suspend) a driving licence; *~ in magen* pull in one's stomach; *~ in en tidning* confiscate (förbjuda suppress) a paper; *~ in vatten (elektricitet)* lay on water (electricity); se äv. *indragen* **b)** itr. *~ in på...* inskränka cut down...
~ isär draw...apart (asunder)
~ i väg move off, march (go) away; march, start [*till* for]; vard. *~ i väg och...* go and...
~ med drag...along [with one]; *~ med sig* bildl. bring...with it (resp. them); innebära mean, involve; *~ med sig ngn i fallet* drag a p. down with one
~ ned eg. draw (pull) down; smutsa ned make...dirty
~ omkring itr. wander about; jfr *ströva [omkring]*
~ omkull pull down; slå omkull knock...down (over)
~ på a) tr.: t.ex. maskin, motor start **b)** itr: fortsätta go (push) on; vard., öka farten step on it; *~ på [sig]* put (pull) on; *~ på sig en förkylning* catch a cold
~ samman se *~ ihop*
~ till a) tr.: t.ex. dörr pull (draw)...to; dra åt [hårdare] pull (tie)...tighter, tighten; *~ till bromsen* apply the brake **b)** itr.: *~ till med en svordom (lögn)* come out with a swear-word (lie); *~ till med att...* vard., hitta på hit on the excuse that... **c)** *~ till sig* eg. draw...towards one; absorbera absorb; attrahera attract äv. bildl.
~ tillbaka draw back; *~ tillbaka handen (trupperna)* äv. withdraw one's hand (the troops); *~ sig tillbaka* eg. draw [oneself] back; retirera retreat; om t.ex. vattenmassor recede; bildl. retire; amer. quit
~ undan draw (pull, move)...aside (out of the way), remove, withdraw; *~ sig undan* move (draw) aside (out of the way); tillbaka fall (draw) back; *~ sig undan från ngt* withdraw from a th.; jfr *undandra[ga] II*
~ upp tr. draw (pull, lift, med spel wind, haul) up; odla raise; öppna open, uncork; klocka wind up; *~ upp ngt ur fickan* pull (vard. fish) a th. out of one's pocket; *~ upp ngn ur vattnet* drag (friare help el. rescue) a p. out of the water
~ ur tr. draw (pull, drag) out; *~ ur [sladden på] strykjärnet* unplug the iron; *~ sig ur spelet (leken)* quit the game; friare back out, give up; vard. chuck it up
~ ut a) tr.: eg. draw (pull, drag, ta take) out; förlänga draw out, prolong; tänja ut stretch out; *[låta] ~ ut en tand* have a tooth extracted **b)** itr. go off [*på jakt (i krig)* shooting (to the wars)]; march out; *det ~r ut*

på tiden blir sent it is getting rather late; tar lång tid it is taking a long time
~ **vidare** move on
~ **åt** draw (pull)...tight[er], tighten; ~ **åt en skruv** tighten [up] a screw; ~ **åt sig** draw (pull, drag)...towards one; bildl. attract [...to one]; med saksubj. absorb, suck up
~ **över: a)** ~ **över** *[tiden]* run over the time [*med* 15 min. by...]; ~ **över på** konto overdraw...; ~ **över sig** pull...over one; t.ex. olycka draw...down upon one[self]; jfr *överdra* **b)** sl. ~ **över** ha samlag med poke, screw
drabant *s* **1** livvakt bodyguard; hillebardjär halberdier; hejduk henchman **2** bildl. el. astron. satellite
drabba I *vb tr* träffa hit, strike; falla på [ngns lott] fall upon; hända [ngn] happen to, befall; beröra affect; **en sjukdom som ~r barn** an illness that affects children; **~s av...** a) träffas av be hit by... b) utsättas för be subjected to... c) råka ut för have..., meet with...; **~s av en svår förlust** suffer a heavy loss **II** *vb itr*, ~ **samman (ihop)** a) mil. meet, encounter each other b) om enskilda come to blows (vid dispyt loggerheads), cross (measure) swords
drabbning *s* slag battle; stridshandling action; isht friare encounter; **klart till ~!** clear the decks for action!; **mellan ~arna** friare between the bouts (encounters)
drag *s* **1** dragning, ryck pull, tug **2** med stråke, penna o.d. stroke; **i korta ~** i korthet briefly, in brief; **i stora ~** i stort broadly, in broad outline **3** spel. move äv. bildl.; **ett mycket skickligt ~** a very clever move, a masterly stroke; **svart har ~et** black to play **4** särdrag, kännetecken allm. feature; ansikts~ äv. line; karaktärs~ trait, streak; släkt~ strain; **ett utmärkande ~** a characteristic [feature] [*för* of] **5** nyans, anstrykning touch, strain **6** luft~, andetag m.m. allm. draught; amer. draft; vard., fart och fläkt go; **det är inget ~ i kaminen** the stove does not draw; **njuta [av] ngt i fulla ~** enjoy a th. to the full; **sitta i ~** sit in a draught **7** fiskredskap trolling spoon
draga se *dra*
dragare *s* dragdjur: draught (amer. draft) animal; beast of draught (amer. draft)
dragas se *dras*
dragbasun *s* mus. slide trombone
dragdjur se *dragare*
dragé *s* dragée; med. [sugar-coated] pill
dragen *adj* berusad tipsy
dragfri *adj* ...free from draught[s] (amer. draft[s]); **en ~ sittplats** a seat out of the draught
dragg *s* grapnel, grappling-iron
dragga *vb itr* drag äv. sjö. [*efter ngt* for a th.]
draghjälp *s* sport. pacemaker; **få ~** sport. be paced, be given a pacemaker; bildl. be helped along

dragig *adj* draughty; amer. drafty; **det är ~t här** äv. there is a draught (amer. draft) here
dragkamp *s* tug-of-war; bildl. äv. tussle
dragkedja se *blixtlås*
dragkraft *s* traction force (power)
dragkrok *s* på bil towing hook
dragkärra *s* handcart, barrow
draglina *s* bogserlina towline; för vagn trace; på linbana haulage cable
draglåda *s* drawer
dragning *s* **1** lotteri~ draw **2** attraktion attraction, drawing [*till* towards]; böjelse äv. inclination [*till* for] **3** nyans **en ~ åt blått** a tinge of blue **4** genomgång general run-through
dragningskraft *s* attractive force; [power of] attraction; lockelse äv. attractiveness; **ha stor ~** äv. be very attractive
dragningslista *s* lottery prize list, list of lottery prizes
1 dragon *s* kavallerist dragoon
2 dragon *s* bot. tarragon
dragplåster *s* **1** bildl. draw[ing-card], strong attraction **2** med. cantharidal (blistering) plaster
dragrem *s* på seldon trace, draught; amer. draft; maskin~ belt; på vagnsfönster strap
dragspel *s* accordion; concertina concertina
drake *s* dragon äv. ragata; pappers~, leksaks~ el. meteor. kite; **de stora drakarna** tidningarna the heavy newspapers (dailies), the heavies; **släppa upp en ~** fly a kite
drakflygning *s* **1** med pappersdrakar kite-flying **2** flygsport hang-gliding
drakonisk *adj* Draconic, harsh
drakskepp *s* hist. Viking [dragon] ship
drama *s* drama; uppskakande händelse tragedy
dramatik *s* drama äv. bildl.
dramatiker *s* dramatist, playwright
dramatisera *vb tr* dramatize; omarbeta till dramatisk form äv. adapt for the stage (theatre)
dramatisk *adj* dramatic; förstärkande äv. ...full of drama, exciting; **~ författare** dramatist, dramaturge; **Dramatiska institutet** College of Film, Television, Radio and the Theatre
dramaturg *s* teat. dramaturgist, dramaturge
drapera I *vb tr* drape, hang...with drapery (resp. draperies) **II** *vb rfl*, **~ sig** drape oneself
draperi *s* [piece of] drapery, hanging
dras (*dragas*) *vb itr* dep, **[få] ~ med** a) sjukdom be afflicted with, suffer from b) skulder, bekymmer be harassed by, be encumbered with; **du får ~ med det** äv. you have got (will have) to put up with it (make the best of it)
drastisk *adj* drastic
drasut *s* vard. **en lång ~** a lanky fellow
dravel *s* vard. drivel, twaddle, nonsense
dregla *vb itr* dribble, slaver, slobber, drool; **~ ned ngt** dribble all over a th.
dreja I *vb tr* lergods turn, throw **II** *vb itr* sjö. **~ bi** heave (bring) to

drejskiva *s* potter's wheel
dress *s* klädsel dress, attire; byxdress o.d. suit, costume
dressera *vb tr* train [*till* for]; friare school, drill, tutor; hund äv. break
dressin *s* inspection trolley (amer. car)
dressing *s* [salad] dressing
dressyr *s* training osv., jfr *dressera;* häst~ dressage
drev *s* **1** tekn. pinion **2** blånor [packing] tow, stuffing, oakum **3** jakt. drive, beat, battue fr.
drever *s* [Swedish] drever
drevjakt *s* battue fr.
drevkarl *s* beater, driver
dribbla *vb itr* sport. dribble; ~ *bort ngn* bildl. bamboozle (hoodwink) a p.
dribbling *s* sport. dribbling; *en* ~ a dribble
dricka I *vb tr* o. *vb itr* drink äv. supa; ~ *en kopp kaffe* have a cup of coffee; ~ *te med mjölk* have (take) milk in one's tea; *ska vi* ~ *något?* shall we have something to drink?; ~ *ngns skål* el. ~ *[en skål] för någon* drink a p.'s health, drink to (toast) a p.; *han har druckit* är berusad he has been drinking; ~ *ngn till* drink to a p., drink to a p.'s health; ~ *ngn under bordet* drink a p. under the table; ~ *upp* finish, drink up; ~ *ur flaskan (sitt glas)* empty the bottle (one's glass); ~ *ur teet* drink up one's tea, finish [drinking] one's tea; ~ *sig otörstig* quench one's thirst [completely] **II 1** vard., dryckesvaror drinks pl.; *har vi något* ~? have we anything to drink? **2** *en (två)* ~ öl a beer (two beers); läskedryck a lemonade (two lemonades)
drickbar *adj* drinkable, ...fit to drink
dricks *s* tip, gratuity; *ge* ~ tip; *är* ~*en inräknad?* is service (the tip) included?
dricksglas *s* drinking-glass, glass, tumbler
drickspengar *s pl* tip sg., gratuity sg.; gratuities
dricksvatten *s* drinking-water
drift *s* **1** begär, böjelse urge, instinct, impulse, prompting; *lägre* ~*er* baser instincts; *av egen* ~ of one's own accord **2** verksamhet operation, working; igånghållande running; skötsel management; *elektrisk* ~ [the use of] electric power; *stoppa (inställa)* ~*en* stop production; *i* ~ in operation (service), at work, going, running; *ta i* ~ put into operation (service), start running; *vara billig i* ~ be economical; om t.ex. bil äv. be cheap to run; *ur* ~ out of operation (service), not working (running) **3** *vara på* ~ om båt be adrift **4** gyckel joking; *utsätta ngn för* ~ pull a p.'s leg
driftig *adj* företagsam enterprising; verksam active, energetic; drivande go-ahead
driftighet *s* företagsamhet enterprise; energi energy; gåpåaranda drive; vard. go
driftliv *s* drifter instincts pl.
driftstopp *s* vid fabrik o.d. stoppage of production, shutdown; järnv. suspension of traffic
driftsäker *adj* dependable, reliable [in service]
1 drill *s* mus. trill; fågels warble, warbling; *slå en* ~ om fågel warble
2 drill *s* mil. drilling, drill
1 drilla *vb itr* mus. trill, quaver; om fågel warble
2 drilla *vb tr* mil. drill
3 drilla *vb tr* o. *vb itr* borra drill
drillborr *s* [spiral] drill
drink *s* drink
drista *vb rfl,* ~ *sig till att* o. inf. venture to inf.; make so bold as to inf.
dristig *adj* bold, daring
driv|a I *s* drift; snödriva snowdrift, drift of snow; *lägga sig i* -*or* form (pile itself up in) [great] drifts
 II *vb tr* **1** eg. el. friare allm. drive; tvinga äv. force, compel; förmå impel; ~ *maskinen* operate the machinery; ~ *priserna i höjden* force up the prices; *driv det inte (inte saken) för långt* don't carry (push) things too far; ~ *ngn på flykten* put a p. to flight **2** trädg. force **3** bedriva, idka ~ *en affär (en fabrik)* run (carry on) a business (a factory); ~ *en politik* pursue a policy
 III *vb itr* **1** eg. drive; sjö. el. om moln, sand el. snö drift; få avdrift make leeway **2** *[gå och]* ~ ströva, stryka omkring loaf (walk aimlessly) about; flanera roam about **3** ~ *med ngn* skoja pull a p.'s leg; göra narr av make fun of a p.; vard. take the mickey (Mike) out of a p.
 IV med beton. part
 ~ **igenom** tr., bildl. force (carry) through; ~ *sin vilja igenom* have (get) one's own way
 ~ **in** tr.: eg. drive in; ~ *in...i* drive...into; jfr *indriva*
 ~ **omkring** itr. drift (walk aimlessly) about; ~ *[redlöst] omkring* sjö. be adrift
 ~ **på** tr. press (urge, push) on
 ~ **upp** tr.: mera eg. drive up; pris o.d. run (force) up; bildl. äv. raise, increase, step up; jakt. start; anskaffa procure, obtain; ~ *upp en affär* work up a business
 ~ **ut** a) tr. drive...out; ur gömställe o.d. äv. dislodge; expel [*ur* from]; onda andar exorcize; djävulen cast out b) itr. drift out
drivande *adj, den* ~ *kraften* the driving force; motivet the motive power
drivaxel *s* driving shaft
drivbänk *s* hotbed, forcing-bed, frame
1 driven *adj* **1** ciselerad embossed, chased **2** skicklig clever; erfaren practised, experienced; *en* ~ *[hand]stil* ung. a flowing hand
2 driven, *vara på* ~ vard. be knocking around (about)
drivfjäder *s* mainspring; bildl. äv. incentive, motive
drivhjul *s* driving wheel, *driving gear*

drivhus *s* hothouse äv. bildl.; oeldat äv. greenhouse, glasshouse
drivhuseffekt *s* greenhouse (glasshouse) effect
drivis *s* drift ice
drivkraft *s* motive (propelling) force (power); bildl. driving force; om pers. äv. prime mover
drivmedel *s* fuel, propellant
drivmina *s* drifting (floating) mine
drog *s* drug
droga *vb tr* drug
drogfri *adj* ...without drugs, drug-free
drogmissbruk *s* drug abuse
dromedar *s* zool. dromedary
dropp *s* **1** droppande drip[ping] **2** med. drip; ~matning äv. drip-feed
droppa I *vb itr* **1** drip, fall in drops; *det ~r från taket* the roof is dripping (leaking) **2** vard. ~ *av* leave; ~ *in* drop in **II** *vb tr* **1** distil, drop [*i* into] **2** vard., överge drop
droppe *s* allm. drop; av kåda e.d. tear; *[liten]* ~ äv. droplet; *[som] en ~ i havet* only a drop in the ocean (bucket); *en ~ blod (vatten)* a drop of blood (water)
droppflaska *s* dropping-bottle
droppsten *s* dripstone; hängande stalactite; stående stalagmite
droppstensgrotta *s* dripstone cave
dropptorka *vb tr* o. *vb itr* drip-dry
droska *s* cab; droskbil äv. taxicab; för sms., jfr äv. *taxi-*
droskägare *s* taxicab owner
drottning *s* queen äv. bildl. el. schack.; bi~ queen bee; *balens* ~ the queen (belle) of the ball
drucken *adj* berusad: attr. drunken; pred. drunk; intoxicated, inebriated äv. bildl.; *en ~ a drunk*
drulle *s* vard. clodhopper, clumsy fool; tölp boor; bil~ roadhog
drulleförsäkring vard., se *ansvarsförsäkring*
drullig *adj* vard. clumsy, awkward; fumlig bungling
drumla *vb itr*, ~ *i (i sjön)* stumble into the sea (water); ~ *omkull* go sprawling over
drumlig *adj* clumsy, awkward; fumlig bungling
drummel *s* lout, oaf, lubber; lymmel rascal
drunkna *vb itr* be (get) drowned äv. bildl.; ~ *i...* bildl. be snowed under (swamped) with...; han *var nära att* ~ ...came near being drowned
drunkningsolycka *s* [fatal] drowning-accident
druva *s* grape
druvklase *s* cluster (lös bunch) of grapes
druvsaft *s* grape-juice
druvsocker *s* dextrose, grape sugar
dryck *s* drink; tillagad, t.ex. kaffe, te m.m. beverage; gift~ potion; *starka ~er* strong drinks, alcoholic (amer. äv. hard) liquors (koll. liquor)
dryckenskap *s* drunkenness, inebriation
dryckesbroder *s* boon companion
dryckesvaror *s pl* drinks
dryckesvisa *s* drinking-song
dryfta *vb tr* discuss, talk over; debattera debate; friare go into, argue
dryg *adj* **1** om pers. haughty, overbearing, stuck-up, high-and-mighty, proud; 'viktig' self-important **2** om sak: a) som förslår lasting, economical [in use] b) väl tilltagen liberal, ample; stor large; rågad heaped c) betungande heavy; mödosam hard, heavy; tröttande weary; *ett ~t arbete* a hard (heavy) task, a tough job; *~a böter* a heavy fine sg.; *det är en ~ kilometer dit* it is quite a kilometre there; *en ~ kopp [mjöl]* a large cupful [of flour]; *en ~ timme* just over an hour, a good (full) hour
dryga *vb tr*, ~ *ut* make...last [longer]
dryghet *s* hos person haughtiness, overbearingness; self-importance
drygt *adv* gott och väl ~ *300* fully 300, slightly more than 300; ~ *hälften av...* quite a (good) half of...
drypa I *vb tr* put a few drops of... *[på (i)* on to (into)] **II** *vb itr* drip; droppvis rinna ned trickle; *han dröp av svett* he was dripping with sweat
drypande *adv*, ~ *våt* dripping wet
dråp *s* manslaughter, homicide (båda end. sg.); *ett* ~ a case of manslaughter
dråpare *s* killer, homicide
dråplig *adj* screamingly funny
dråpslag *s* deathblow; bildl. äv. staggering blow
dråsa *vb itr*, en massa snö *~de ned från taket* ...came tumbling down off the roof
drägg *s* dregs pl.; slödder äv. scum
dräglig *adj* tolerable; om pers. ...easy to put up with; *ganska* ~ äv. not at all bad; *någorlunda ~a villkor* fairly acceptable terms
dräkt *s* **1** allm. dress (end. sg.); bildl. el. friare, isht poet. attire (end. sg.); national~ costume; fjäder~ plumage; *historiska ~er* historical dress (costumes) **2** jacka o. kjol suit, [tailored] costume
dräktig *adj* som bär foster pregnant, teeming, ...with young
dräktighet *s* **1** hos djur pregnancy, [period of] gestation, being with young **2** sjö. burden, tonnage, capacity, measurement
dräll|a vard. **I** *vb tr* spill **II** *vb itr* **1** *[gå och]* ~ slå dank loaf about; ~ *omkring* hang (ligga lie) about **2** vimla swarm, teem; *det -er av ungar på gatan* the street is teeming with kids
drämma *vb tr* o. *vb itr*, ~ *näven i* bordet bang one's fist on...; ~ *till ngn* wallop (clump, isht amer. slug) a p.; ~ *igen dörren* slam the door
dränage *s* med. drainage
dränera *vb tr* täckdika el. med. drain
dränering *s* drainage; täckdikning äv. draining
dräng *s* farmhand; åld. hind; hantlangare tool,

dränka

henchman; *själv är bästa* ~ ung. if you want a thing done well, do it yourself
dränka *vb tr* eg. el. bildl. drown; översvämma (äv. om solen) flood; ~ *in med olja* steep...in oil, impregnate...with oil; *[gå och]* ~ *sig* drown oneself
dräpa *vb tr* kill; isht amer. slay; *du skall icke* ~ bibl. thou shalt not kill
dräpande *adj*, ~ *replik* crushing reply
dröj|a *vb itr* **1** låta vänta på sig be late [*med att komma* in coming]; söla loiter, dawdle; *svaret har -t länge* the answer has been a long time [in] coming **2** låta anstå o.d. ~ *med ngt* delay a th., be long about (uppskjuta put off, tveka med hesitate about) a th. **3** vänta wait; stanna stop, stay; ~ *[kvar]* stanna kvar linger; ~ *vid...* bildl. dwell [up]on...; *var god och dröj!* i telefon äv. hold on (hold the line), please!; ~ *sig kvar* i stan stay on... **4** opers. *det -de inte länge, förrän (innan)* han bad mig... it was not long before...
dröjande *adj*, *en* ~ *blick* a lingering gaze; ~ *steg* dragging (dawdling) footsteps; *ett* ~ *svar* a hesitating answer
dröjsmål *s* delay; *utan* ~ without [any] delay; friare promptly
dröjsmålsränta *s* penal interest on arrears [of payment]
dröm *s* dream [*om* of (about)]; *en otäck* ~ a nasty dream, a nightmare; *i* ~*men* el. *i mina* ~*mar* in [my] dreams; *försjunken i* ~*mar* lost in a reverie (in daydreams); *hon var som en* ~ she looked a perfect dream
drömbok *s* book of dreams
drömfabrik *s* filmstudio dream factory
drömflicka *s*, *hans* ~ the girl of his dreams
drömjobb *s* dream job
drömlik *adj* dreamlike
dröm|ma *vb tr* o. *vb itr* dream; bildl. äv. muse, day-dream; *det hade jag aldrig -t om* I would never have dreamt of that (have thought that possible)
drömmande *adj* dreamy
drömmare *s* dreamer, visionary
drömmeri *s* dreaming; ~*er* äv. musings; *ett* ~ a waking dream, a reverie
drömprins *s* dream prince, Prince Charming
drömsk *adj* dreamy
drömtydning *s* [the] interpretation of dreams, dream interpretation
drömtårta *s* chocolate Swiss roll
dröna *vb itr* slå dank idle; dåsa drowse; *gå och* ~ hang about, idle around
drönare *s* **1** bi drone [bee] **2** pers. sluggard, snail
du *pers pron* you (åld. el. poet. el. relig. thou); *dig* you (resp. thee); rfl. yourself (resp. thyself);i adverbial med beton. rumsprep. vanl. you; *kära* ~*!* my dear [fellow, girl m.m.]!; *tag* ~ *det!* you take it!

dua *vb tr*, ~ *ngn* address a p. as 'du'; friare be on familiar terms with a p.
dualistisk *adj* filos. dualistic
dubb *s* stud äv. på fotbollsskor; knob, boss; plugg [wooden] nail (pin); på verktygsmaskin centre; *is*~ ice prod; på däck: för landsvägskörning stud; för isbanetävling spike
1 dubba *vb tr*, ~ *ngn till riddare* knight a p.
2 dubba *vb tr* film dub; ~ *till svenska* dub into Swedish
3 dubba *vb tr* däck provide (fit)...with studs (resp. spikes), jfr *dubb*); *ett* ~*t däck* a studded tyre (amer. tire)
dubbdäck *s* studded tyre (amer. tire)
dubbel I *adj* double äv. om blomma; tvåfaldig äv. twofold; *[det] dubbla antalet* double (twice) the number, double (twice) as many; *betala det dubbla* pay double [the amount], pay twice the amount (twice as much); *ligga* ~ *av skratt* lie doubled up with laughter; *vika duken* ~ fold the cloth double; *priserna har stigit till det dubbla* prices have doubled **II** *s* tennis o.d. doubles (pl. lika); match doubles match; *spela* ~ *(en* ~*)* play doubles (a game of doubles)
dubbelarbete *s* **1** samma arbete utfört två gånger duplication of work **2** *kvinnor med* ~ housewives who work outside the home (go out to work)
dubbelbeskattning *s* double taxation
dubbelbottnad *adj* dubbeltydig ambiguous, equivocal; *en* ~ *människa* a man with a complex character
dubbelbössa *s* double-barrelled [shot]gun
dubbeldäckare *s* double-decker [buss bus, smörgås sandwich]
dubbeldörr *s* två dörrhalvor twin door; ~*ar* innerdörr och ytterdörr double doors
dubbelexponering *s* double exposure
dubbelfel *s* i tennis double fault
dubbelfönster *s* double-glazed window
dubbelgångare *s* o. **dubbelgångerska** *s* double; vard. look-alike
dubbelhaka *s* double chin
dubbelknäppt *adj* double-breasted
dubbelliv *s* double life; *leva ett* ~ lead a double life
dubbelmatch *s* tennis o.d. doubles match
dubbelmening *s* double meaning (sense)
dubbelmoral *s* double standard [of morality]
dubbelnamn *s* double-barrelled name
dubbelnatur *s*, *vara en* ~ have a split (dual) personality, be a Jekyll and Hyde
dubbelriktad *adj*, ~ *trafik* two-way traffic
dubbelrum *s* double room
dubbelsidig *adj* two-sided; ~ *lunginflammation* double pneumonia
dubbelspel *s* **1** sport. doubles game **2** bedrägeri double-dealing; *spela* ~ play a double game
dubbelspårig *adj* double-tracked
dubbelsäng *s* double bed

dubbelt *adv* i dubbelt mått doubly; två gånger twice; ~ *så gammal [som]* twice as old [as], as old again [as]; ~ *så gammal som han* äv. twice his age; ~ *upp* as much again; *betala (se)* ~ pay (see) double; *det räknas* ~ it counts as two
dubbeltydig *adj* ambiguous; friare equivocal
dubbelvikt *adj* doubled, ...folded in two; ~ *krage* turn-down collar; ~ *av skratt* doubled up with...
dubbla *vb tr* kortsp. double
dubblera *vb tr* double; sjö. äv. round; ~ *en föreläsning* give a lecture twice
dubblett *s* **1** duplicate; isht ord~ doublet **2** två rum two-roomed flat (amer. apartment) [without a kitchen]
dubblettnyckel *s* duplicate key
dubier *s pl*, *ha sina* ~ have one's doubts [*om* about]
dubiös *adj* dubious; skum shady
ducka *vb itr* duck; ~ *för* duck
duell *s* duel [*med pistol* with pistols]
duellant *s* duellist
duellera *vb itr* duel, fight a duel [*med* with]; fight duels
duett *s* mus. duet
duffel *s* duffel coat
dug|a *vb itr* allm. do; vara lämplig, passa äv. be suitable (fit); gå an, passa sig äv. be fitting (becoming); vara god nog be good enough; vara utmärkt be fine (splendid) [*till, åt, för* i samtl. fall for]; *det -er* that will do (be all right); *det -er inte!* that will never do!, that is no good!; vard. that won't wash!; *...-er inte till någonting (ingenting till)* ...is no good; om sak äv. ...is [of] no use; om pers. äv. ...is fit (good) for nothing; *visa vad man -er till* show what one can do, show what one is capable of (worth, made of)
dugande se *duglig*
dugg *s* **1** regn drizzle **2** dyft *inte ett* ~ not a thing (bit); *det bryr jag mig inte ett* ~ *om* äv. I don't care in the least; *han gör aldrig ett* ~ he never does a thing; jag har glömt (läst, ätit upp) *vartenda* ~ ...every scrap (single bit) of it
dugga *vb itr* drizzle; *det ~r* äv. there is a drizzle
duggregn *s* drizzle
duggregna se *dugga*
duglig *adj* capable; skicklig äv. able; kompetent äv. competent; effektiv äv. efficient
duglighet *s* capability, ability, competence, competency, efficiency; jfr *duglig*
duk *s* cloth; bord~ äv. tablecloth; stycke tyg piece of cloth; segel~, målar~, oljemålning canvas; *~ar* flaggor flags, bunting sg.; *[den] vita ~en* the screen
1 duka *vb tr* o. *vb itr*, ~ *[bordet]* lay (spread) the table; *sätta sig vid ett ~t bord* bildl. have everything laid on (made easy for one); *ett fint ~t bord* a well-laid table; ~ *av [bordet]* clear the table; ~ *fram (upp)* eg. put...on the table
2 duka *vb itr*, ~ *under* succumb [*för* to]
dukat *s* hist., mynt ducat
duktig *adj* **1** bra o.d. good [*i* at; *i att* inf. at ing-form]; duglig äv. capable [*i* at (in); *i att* inf. at (in) ing-form]; able; effektiv äv. efficient; skicklig äv. clever; 'styv', 'slängd' äv. fine, smart [*i* i samtl. fall at; *i att* inf. i samtl. fall at ing-form]; kunnig proficient [*i* in (at); *i att* inf. in ing-form]; kompetent competent; begåvad gifted; *det var ~t!* that's fine!, well done!; ~ *i matematik* clever (good) at (strong in) mathematics; *vara ~ i skolan* be doing well at school **2** [fysiskt] stark o.d.: allm. strong; kraftig äv. robust, sturdy; kraftfull powerful, vigorous; återställd well (strong) [again]; pigg för sina år hale and hearty; frisk o. stark (om barn) ibl. bonny; *ro med ~a tag* row vigorously **3** vard., stor o.d.: allm. big, large; ganska stor good-sized; ansenlig considerable; om penningsumma äv. goodly; riklig substantial
duktigt *adv* **1** well, capably osv., jfr *duktig 1*; *det var ~ gjort!* well done! **2** med besked with a vengeance; kraftigt powerfully, vigorously; *arbeta* ~ work hard (with a vengeance); *äta* ~ eat heartily
dum *adj* stupid; isht amer. vard. dumb; enfaldig silly, foolish, daft; trögtänkt dull, obtuse; tjockskallig dense; förarglig annoying; barnspr., 'elak' nasty [*mot* to]; *inte [så]* ~ oäven not bad; *var inte ~ [nu]!* don't be a fool; *jag var ~ som trodde det* I was a fool to believe it; *så ~t* förargligt! what a nuisance!; *det vore inte så ~t med en kopp kaffe* a cup of coffee would not be a bad idea
dumbom *s* fool, idiot, ass, blockhead, duffer; *din ~!* you fool!
dumburk *s* vard. *~en* the goggle box, the idiot box; amer. the boob tube
dumdristig *adj* foolhardy, rash
dumdryg *adj* pompous; *han är* ~ he is a pompous ass
dumhet *s* egenskap stupidity, dumbness osv., jfr *dum*; handling act of folly, stupid thing, blunder; yttrande stupid remark; *prata ~er* talk nonsense (rubbish)
dumma *vb rfl*, ~ *sig* uppföra sig dumt make a fool (an ass) of oneself; begå en dumhet make a blunder
dumpa I *vb tr* **1** stjälpa av dump, tip **2** ekon. dump **II** *vb itr* ekon. practise dumping, dump
dumpning *s* **1** avstjälpning dumping, tipping **2** ekon. dumping; *en* ~ a case of dumping
dumskalle *s* vard. blockhead, nitwit
dumsnut *s* vard. silly idiot, nitwit, dope
dumt *adv* stupidly osv., jfr *dum*; *bära sig ~ åt* be silly (stupid), act like a fool; bära sig tafatt åt be awkward
dun *s* koll. down sg.

dunder *s* ljud rumble, thunder; om kanon äv. boom; om åska äv. peal, clap; *med ~ och brak* with a crash
dundra *vb itr* thunder; om kanon äv. boom; om åska rumble, roar; *åskan (det) ~de* äv. there was a clap of thunder; *~ mot ngt* thunder against a th.
dundrande *adj* thundering; *ett ~ fiasko* a colossal fiasco; *ett ~ kalas* a slap-up feast; *en ~ succé* a roaring success
dunge *s* group (clump) of trees; lund grove
dunig *adj* downy, fluffy
dunjacka *s* quilted down jacket
1 dunk *s* behållare can, drum
2 dunk I *s* **1** dunkande thumping; regelbundet upprepat throb[bing] **2** slag, knuff thump; lek ung. hide-and-seek **II** *interj* thump!; *~ för mig!* i lek I'm in!
dunka I *vb itr* thump; om puls, maskin o.d. throb; *~ i bordet* äv. bang (hammer) on the table **II** *vb tr*, *~ ngn i ryggen* slap (thump) a p. on the back
dunk|el I *adj* skum dusky, obscure; mörk dark; rätt mörk darkish; mörk o. dyster gloomy; oklar, otydlig dim; obestämd, vag vague; svårbegriplig abstruse; svårfattlig o. oklar obscure; hemlighetsfull mysterious; *ha ett ~t minne av ngt* have a dim (vague) recollection of a th.; *i -la ordalag* in vague (obscure) terms; *~t ursprung* obscure origin **II** *s* dusk; dystert gloom; oklarhet dimness, obscurity; *höljd i ~* bildl. wrapped in mystery; *skingra -let kring...* clear up the mystery surrounding...
dunkudde *s* down pillow
duns *s* thud
dunsa *vb itr*, *~ [ned]* thud [down]
dunst *s* **1** ånga vapour, fume; utdunstning exhalation; *slå blå ~er i ögonen på ngn* pull the wool over (throw dust in) a p.'s eyes **2** hagel dust shot
dunsta *vb itr*, *~ [av, bort]* förflyktigas evaporate; *~ [av]* vard., smita make oneself scarce, hop it
duntäcke *s* down (continental) quilt, duvet
duo *s* mus. duet äv. bildl.
dupera *vb tr* take in, dupe; *låta ~ sig (sig ~s)* allow oneself to be taken in (duped)
duplicera *vb tr* duplicate
duplicering *s* duplication
dur *s* mus. major; *gå i ~* be in the major key äv. bildl.
durk *s* **1** golv floor **2** ammunitions~, krut~ magazine
durkdriven *adj* skicklig clever; driven practised [*i* at]; accomplished [*i* in]; utstuderad cunning, artful
durkslag *s* colander, cullender
durskala *s* mus. major scale
dusch *s* shower[bath] äv. *~rum;* hand*~* hand shower

duscha I *vb itr* have a shower, shower **II** *vb tr* give...a shower[bath]; växter o.d. spray
duschdraperi *s* shower curtain
duschhytt *s* o. **duschkabin** *s* shower cubicle (cabin)
duschrum *s* shower room
dussin *s* dozen (förk. doz.); *några ~ knivar* a few dozen (some dozens of) knives; sälja *per ~* ...by the dozen
dussintals *adj* [dozens and] dozens [*människor* of people]
dust *s* kamp fight, tussle; sammandrabbning clash; bildl. äv. passage [of arms], tilt; *en hård ~, hårda ~er* ofta some hard fighting sg.; *ha en ~ med* bildl. äv. clash swords with
dusör *s* gratuity; drickspengar äv. tip
duva *s* pigeon; mindre dove äv. bildl. el. polit.
duven *adj* om dryck flat, stale; om person, dåsig drowsy, heavy; om växt drooping, faded
duvhök *s* zool. goshawk
duvning *s* **1** tillrättavisning o.d. dressing-down **2** träning *ge ngn en ~ [i]* coach a p. [in]
duvslag *s* dovecot[e], pigeon house, pigeonry
duvunge *s* young pigeon; *hon är ingen ~* she is no spring chicken
dvala *s* tung sömn lethargy, torpor båda äv. bildl.; onaturlig trance; lättare drowse, doze; zool. hibernation; *ligga i ~* lie dormant; zool. hibernate
dvalliknande *adj* lethargic, torpid, trance-like
D-vitamin *s* vitamin D
dvs. (förk. för *det vill säga*) i.e., that is [to say]
dvärg *s* allm. dwarf; pygmé äv. pygmy; i sagor äv. gnome; på cirkus o.d. midget
dvärgbjörk *s* dwarf (Arctic) birch
dvärgfolk *s* pygmy people (tribe)
dvärglik *adj* dwarf-like; förkrympt stunted
dy *s* mud, sludge; isht bildl. mire, slough
dyblöt *adj* soaking wet; pred. äv. wet through
dyft se *dugg 2*
dygd *s* virtue; kyskhet äv. chastity; *göra en ~ av nödvändigheten* make a virtue of necessity
dygdig *adj* virtuous; kysk äv. chaste
dygn *s* day [and night]; *ett (två) ~* äv. twenty-four (forty-eight) hours; *fem ~* five days [and nights]; *~et runt* round the clock, day and night; *en gång per ~ (om ~et)* once a day, once every twenty-four hours
dygnslång *adj*, *en ~ resa* a twenty-four-hour journey
dygnsparkering *s* twenty-four hour parking
dygnsproduktion *s* daily output
dygnsrytm *s* diurnal rhythm
dyig *adj* muddy, sludgy, miry
dyka *vb itr* dive; om ubåt äv. submerge; om flygplan äv. nose-dive; *~ och snabbt komma upp igen* duck; *~ ned i* dive into; *~ ned i* bassängen äv. plunge into...; *~ på ngn* vard. pounce [up]on a p.; *~ upp* emerge [*ur* out of]; eg. äv. come up (to the surface); visa sig,

komma fram äv. turn up, appear, crop (om pers. pop) up; komma inom synhåll äv. come into sight; om tanke e.d. suggest itself
dykardräkt *s* diving-suit, diving-dress
dykare *s* diver
dykarklocka *s* diving-bell
dykarsjuka *s* caisson disease, aeroembolism; vard. the bends (sg. el. pl.)
dykning *s* dykande diving; om ubåt äv. submergence, submersion; enstaka dive, plunge; om flygplan äv. nose dive
dylik *adj* ...of that (the) sort (kind), ...like that, such; liknande similar; *eller ~t* (förk. e.d. el. e.dyl.) or the like, or suchlike [things]; *och ~t* (förk. o.d. el. o.dyl.) friare, osv. et cetera (förk. etc.)
dymmelonsdag *s, ~[en]* Wednesday in Holy Week
1 dyn *s* dune, sand-hill
2 dyn *s* fys. dyne
dyna *s* cushion; till skydd mot t.ex. tryck samt stämpel~ pad
dynamik *s* dynamics (sg. ss. fys. term, pl. ss. mus. term)
dynamisk *adj* dynamic äv. bildl.; dynamical
dynamit *s* dynamite äv. bildl.
dynamitard *s* dynamiter, dynamitard
dynamo *s* dynamo (pl. -s); likströmsgenerator äv. direct-current generator
dynasti *s* dynasty
dynga *s* dung; muck äv. bildl.; *prata ~* talk a lot of rubbish
dynggrep[e] *s* dung-fork
dynghög *s* dunghill
dyning *s, ~[ar]* swell, ground swell (båda sg.)
dyr *adj* **1** som kostar mycket, vanl. expensive; som kostar mer än det är värt, vanl. dear; *för ~a pengar* at great expense; *~a priser* high prices **2** älskad dear
dyrbar *adj* **1** (jfr *dyr 1*) dear, expensive, costly **2** värdefull valuable; som man är rädd om, som har högt värde i sig själv precious; *~a praktfulla kläder* sumptuous clothes
dyrbarhet *s* konkr. article of [great] value; *~er* äv. valuables
dyrgrip *s* article (thing) of great value
dyrk *s* skeleton key
1 dyrka *vb tr, ~ upp* lås pick...; dörr open...with a skeleton key
2 dyrka *vb tr* tillbedja worship; beundra äv. adore; avguda äv. idolize
dyrkan *s* tillbedjan worship, cult; beundran adoration; hängivenhet devotion
dyrkfri *adj* om lås unpickable; om kassaskåp burglar-proof
dyrköpt *adj* dearly bought (purchased); om t.ex. erfarenhet, seger attr. äv. hard-earned
dyrort *s* locality with a high cost of living; friare expensive place
dyrt *adv* **1** (jfr *dyr 1*) expensively, dearly, at a high price, at great cost; dear jfr ex.; *bo ~* ha

hög hyra [have to] pay a high rent; *sälja (köpa) ~* sell (buy) dear; *det kommer att stå honom ~* he'll pay for this! **2** högtidligt solemnly; *lova ~ och heligt* promise solemnly
dyscha *s* o. **dyschatell** *s* couch
dysenteri *s* med. dysentery
dyster *adj* gloomy, dismal, dreary, sombre; glädjelös cheerless; beklämmande depressing; svårmodig sad, melancholy, mournful; trumpen glum; *~ färg* dusky (dark, sombre) colour; *~ min* gloomy air; *vara ~ i hågen* be dejected, be in low spirits; vard. be down in the dumps
dysterhet *s* gloom; gloominess osv.; depression; melancholy; jfr *dyster*
dysterkvist *s* vard. misery, kill-joy
dyvåt se *dyblöt*
då I *adv* allm. then; den gången, dåförtiden äv. at that time, in those days (times); vid det tillfället äv. on that occasion; i det ögonblicket äv. at that moment; i så fall äv. in that case; om så är äv. if so, that being so; som obeton. fyllnadsord vanl. utan [direkt] motsv. i eng.; *[just] ~* [just] at the time; *~ och ~* now and then (again), occasionally, on and off, from time to time; *nå, ~ så!* då är det ju bra well, it's all right then!; *vad nu ~?* what's up now?; *när ~?* when?; *förstår du ~ inte att...* but can't you see that...; *ja, ~ gör jag det ~* well, in that case I'll do so; *det var ~ det!* times have changed [since then]!, those were the days!
II *konj* **1** tempor. when (äv. rel.); vid det laget (den tid) då äv. by the time [that]; just som [just] as; samtidigt med att as; medan while; då däremot whereas; så snart som as soon as, directly; närhelst whenever; *den dag ~...* ss. adv. on the day when (that)...; *~ jag var barn* when (medan while) I was a child **2** kausal as; i betraktande av att seeing [that]; *~ ju* since
dåd *s* illgärning outrage; brott crime; bragd deed, feat, exploit
dådkraftig *adj* active, energetic
dåförtiden *adv* at that time, in those days (times)
dålig (jfr *sämre, värre, sämst, värst*) *adj* **1** allm. bad; ofullkomlig, 'skral' äv. poor; sämre sorts inferior; [ur]usel, vard. rotten; svag, klen weak, jfr ex.; *~a betyg* skol. bad (low) marks; *ha ~ handstil* have bad handwriting; *ha ~t hjärta* have a weak heart; *vara på ~t humör* be in a bad temper; *vid ~ hälsa* in poor health; *~ karaktär* a bad (weak) character; *~ luft* bad (foul) air; *han är ingen ~ lärare* he is not a bad teacher; *~ lön* low pay; *[ett] ~t rykte* a bad reputation; *~ sikt* poor visibility; *~ smak* bad taste äv. bildl.; tala *~ svenska* ...poor Swedish; *~a tider* hard (bad) times; *~a tänder* bad teeth; *~t uppförande* äv. misbehaviour, misconduct; *en ~ ursäkt* a

dålighet 118

poor (flimsy) excuse; *~a varor* inferior goods; *~t väder* bad (unfavourable) weather; *det var inte ~t, det!* that's not bad (not half good)!; *han är ~ i engelska* he is poor (bad) at English; *det blir ~t med potatis i år* there will be a shortage of potatoes this year **2** krasslig poorly, unwell, ill; vard. bad; inte riktigt kry out of sorts; illamående sick; *bli ~* be taken ill; *jag känner mig ~* vanl. I don't feel [very] well, I feel rotten
dålighet *s* badness; *vara ute på ~er* skämts. be on the spree
dåligt (jfr *sämre, värre, sämst, värst*) *adv* badly; ofullkomligt, 'skralt' äv. poorly; jfr *illa*; *~ betald* poorly (badly) paid, ill-paid; *affärerna går ~* business is bad; *det går ~ för honom* i skolan he is not doing very well [i engelska in...]; *ha ~ med pengar* be short of money; *höra ~* hear badly; ha dålig hörsel be hard of hearing; *se ~* see badly; ha dålig syn have a bad eyesight; *jag har sovit ~ i natt* I slept badly last night, I had a bad night [last night]; *~ utrustad* ill-equipped, poorly equipped; *hon äter [så] ~* she has a poor appetite
dån *s* roar[ing]; av åska roll[ing], rumble, rumbling; av kanoner o. kyrkklockor boom[ing]
1 dåna *vb itr* dundra roar; roll, rumble, boom; jfr *dån*
2 dåna *vb itr* svimma faint, swoon
dåraktig *adj* foolish, silly; stark. idiotic, mad, insane; absurd absurd
dåre *s* fool, idiot, nitwit; tokstolle loony; åld., sinnessjuk lunatic, madman; kvinnl. madwoman
dårfink *s* vard. nut, crackpot
dårhus *s* madhouse, loony bin; *det här är ju rena ~et* this is like a madhouse
dårskap *s* folly; handling äv. piece of folly; *det vore ~ att* inf. it would be sheer madness (folly) to inf.
dåsa *vb itr* doze, drowse; lata sig laze; *~ bort tiden* drowse away...; *~ till* doze off
dåsig *adj* drowsy, somnolent, heavy
dåsighet *s* drowsiness, somnolence, heaviness
dåtida *adj, ~ seder* the customs of that time (day)
dåvarande *adj, [den] ~ ägaren* till huset the then owner...; jfr *dåtida*; *under ~ förhållanden* vanl. as things were then
däck *s* **1** sjö. deck; *alle man på ~!* all hands on deck!; *under ~* below [deck] **2** på hjul tyre, amer. tire; fackspr. cover **3** kassett~, video~ deck
däcksbefäl *s* koll. deck officers pl.
däckspassagerare *s* deck passenger
däcksstol *s* deckchair
däggdjur *s* mammal
dämma *vb tr, ~ [för, till, upp]* dam [up]
dämpa *vb tr* allm. moderate; stark. subdue;

minska reduce; ljud äv. deaden, muffle; färg[ton] äv. tone down, soften; eld äv. check, damp [down]; bildl.: iver, hänförelse m.m. damp [down], moderate, put (cast) a damper on, cool; glädje check, dampen; vrede, sorg mitigate; smärta alleviate; *~ en boll* sport. trap (kill) a ball; *~ farten* reduce (slacken) speed; *~ sina krav* moderate one's demands; *~ kritiken* tone down the criticism; *detta ~de stöten* that cushioned (softened) the shock; *~ vågorna* subdue the waves; *~ [ned] radion* turn down the radio
dämpad *adj* subdued; om pers. äv. quiet; *~ belysning* äv. soft light; *~e färger* äv. soft (quiet) colours; *~ musik* soft music
dän *adv* away, off
dänga *vb tr* o. *vb itr* vard. **1** *~ [och slå]* bang; *~ i dörrarna* bang the doors **2** *~ 'till ngn* punch (wallop) a p.
där *adv* **1** demonstr. there; *~ bak (borta* m.fl.*)* se *därbak, därborta* m.fl.; *~ bakom mig* there behind me; *~ i huset (trakten)* in that house (neighbourhood); *~ på platsen* there; *~ under* bordet under...there; *han ~* that fellow; *~ finns ingenting* there is nothing there; *~ har (fick) du!* till den man slår take that!; *~ har vi det!, ~ ser du!* there you are!; *~ tar du fel* you are wrong there **2** rel. where; varhelst wherever; *det var ~ [som]* de fann honom that was where..., it was there [that]...
däran *adv, vara illa ~* sjuk be in a bad way; illa ute be in a fix
därav *adv* av denna (den, dessa, dem m.fl.) of (el. annan prep., jfr *av*) that (resp. it, those, them m.fl.); vi såg tio bilar, *~ tre blå* ...three of them blue, ...three of which were blue; *på grund ~* for that reason; *~ följer att...* from that it follows that...; *men ~ blev ingenting* but nothing came of it; *~ kommer det sig att...* that's [the reason] why...
därbak *adv* at the back [there], there at the back
därborta *adv* over there
därefter *adv* **1** om tid: efter detta after that; sedan then, afterwards, subsequently; därnäst next; *kort ~* shortly after[wards]; *under tiden ~* in the time that followed; *året (ett år) ~* the year (a year) after [that] **2** i enlighet därmed accordingly, according to that; *resultatet blev också ~* the result was as might be (might have been) expected
däremellan *adv* om två between (om flera among) them; dessemellan in between; *någonting ~* mitt emellan something in between
däremot *adv* emellertid however; å andra sidan on the other hand; tvärtom on the contrary; i jämförelse därmed compared to it
därför *adv* fördenskull so, therefore; av den orsaken for that (this) reason; följaktligen

consequently; ~ *att* because; *inte ~ att...* not because (that)...; *det är alltså ~ [som]...* so that's why...
därhemma *adv* at home
därhän *adv* **1** so far; *det kan gå ~ att...* äv. things may come to such a pass that...; *låt det inte gå (komma) ~!* don't let it come to that! **2** *lämna...~* leave...open; *det får vi lämna ~* we must leave it at that
däri *adv* in that (osv., jfr *därav*) i detta avseende in that respect; *~ har du rätt* you are right there; *~ inbegripet* including; *~ ligger svårigheten* that is where the difficulty comes in
däribland *adv* among them (those)
därifrån *adv* lokalt from there; från denna plats (punkt) äv. from that place (point); från denna osv. from that (it, them osv.); *långt ~* far from there, far away (off); bildl. far from it; *~ och dit* from there to there; *han gick ~* he left [the place]; *det var ~ han kom* that's where he came from; *han reste ~ igår* he left [there] yesterday; *~ räknat* är det tio år counting from then...
därigenom *adv* därmed, på så sätt by that, in that way, thereby, på grund därav owing to that, by reason of that; tack vare detta thanks to that; *~ genom att göra det kunde han...* by doing so he could...
därinne *adv* in there; *~ i* rummet there in...
därmed *adv* with that (osv., jfr *därav*), i och med det thereby; by that (those) means; *var saken avgjord* that settled the matter; *~ är inte sagt att...* that is not to say that...; *~ är vi inne på...* that brings us to...; *i enlighet ~* accordingly; *i samband ~* in that connection; nu gör du som jag säger *och ~ punkt* ...and that's that
därnere *adv* down (below) there
därnäst *adv* next, in the next place, then; sedan after that
därom *adv* **1** angående detta about that; *ett förslag ~* a proposal to that effect; *~ tvista de lärde* on that point the learned disagree **2** i rumsbet. *höger ~* to the right of it; *norr ~* [to the] north of it
däromkring *adv* **1** runtomkring [all] round there; Stockholm *och trakten ~* ...and environs, ...and the surrounding area **2** så ungefär, *eller ~* or thereabout[s]
därpå *adv* **1** om tid: efter detta after that; sedan then, afterwards, subsequently; därnäst next; *strax ~* immediately afterwards; *året ~* [the] next (the following) year, the year after [that] **2** på denna (detta, dessa) on it (that, them); *ett bevis ~ är* a proof of it (that) is
därtill *adv* **1** med hänsyn ~ in view of that (dessa fakta those facts); *orsaken ~* the reason for that (till att man gör så for doing so); *~ kommer att han...* moreover, he...;

added to this, he... **2** dessutom besides osv., jfr *dessutom*
därunder *adv* under där under there; *~ inbegripes...* that includes...; *och ~* mindre än detta and less; *barn på tolv år och ~* children of twelve and under (below [that age]); *belopp på 100 kronor och ~* amounts under (not exceeding) 100 kronor
däruppe *adv* up there; i himlen on high
därute *adv* out there
därutöver *adv* ytterligare in addition [to that]; mer more; 100 kronor *och ~* ...and upwards
därvid *adv* at that (osv., jfr *därav*); om tid äv.: vid det tillfället on that occasion; då then; i det sammanhanget in that connection; 'därvid' motsv. ofta av omskrivning, jfr ex.; *~ blev det* there the matter rested
därvidlag *adv* i detta avseende in that respect; i detta fall in that case; *~ håller jag med dig* I am with you there
däråt *adv* **1** åt det hållet in that direction, that way; *någonting ~* something like that **2** åt denna osv. at that (osv., jfr *därav*)
däröver *adv* **1** over that (osv., jfr *därav*); *förvånad ~* surprised at it (this); *~ i Amerika* over there in America **2** se *därutöver*
däst *adj* bloated; *känna sig ~* äv. feel absolutely full up
däven *adj* **1** fuktig damp, moist **2** olustig ...off colour (out of sorts)
dävert *s* sjö. davit
dö *vb itr* (ibl. *vb tr*) die; avlida äv. pass away; omkomma äv. perish, be killed; *~ en naturlig död* die a natural death; *~ en våldsam död* äv. meet with a violent death; *~ av cancer (hunger)* die of cancer (hunger); *~ av längtan efter ngt* be dying for a th.; *hålla på (vara nära) att ~ av nyfikenhet* be dying of curiosity; *vad dog han av?* what did he die of?; *det ~r han inte av* bildl. that won't kill him; *~ för egen hand* take one's own life, die by one's own hand; *~ i cancer* die of cancer; *en ~ende* subst. a dying person (man resp. woman); *~ bort* die away (down), fade [away]; *~ ut* die out; om ätt äv. die off, become extinct; om eld äv. die down; om ord äv. become obsolete; *samtalet dog ut* the conversation flagged
död I *adj* dead äv. bildl.; livlös inanimate, lifeless; bollen är *~* sport. ...out of play; *dött lopp* dead heat; *~ mans grepp* säkerhetsgrepp dead man's handle; *~ punkt* tekn. dead centre (point); dödläge deadlock; *~a punkter* bildl. dull moments; *ett dött språk* a dead language; *~ säsong* slack (off) season, seasonal lull; *~ vinkel* blind spot; *~ den 5 maj* died on 5th May; *Döda* rubrik för dödsannonser Deaths; *den ~e* subst. adj. the dead man; den avlidne the deceased; *de ~a* subst. adj. the dead

döda

II *s* death; frånfälle (isht jur.) decease, demise; **~en** vanl. death; personifierad Death; **~en blev ögonblicklig** death was instantaneous; *det blir hans ~* it will be the death of him; *du är ~ens om...* you are a dead man (you are done for) if...; *ta (få) ~ på* kill [off]; slå ihjäl put...to death, kill; utrota exterminate; *ligga för ~en* be at death's door, be on one's deathbed; *gå i ~en för* die for; *döma ngn till ~en* sentence a p. to death; misshandla ngn *till ~s* ...to death
döda *vb tr* **1** kill äv. bildl.; amer. äv. slay; *~ tiden* kill time; *~ en boll* sport. kill (trap) a ball **2** bankbok, inteckning etc. cancel; konto close
Döda havet the Dead Sea
dödande I *s* killing; hand. cancellation, closing; jfr *döda* **II** *adj* se *dödlig*; *ett långsamt ~ gift* a deadly poison that acts slowly
döddagar *s pl*, *till ~* så länge jag lever to the end of my life, to my dying day (hour)
dödfull *adj* pred. dead drunk, sloshed
dödfödd *adj* stillborn; *ett dödfött företag* an abortive enterprise
dödförklara *vb tr* officially declare...dead
dödgrävare *s* grave-digger äv. bildl.
dödkött *s* proud flesh; bildl. padding, makeweight
dödlig *adj* mortal; dödsbringande äv. deadly, fatal, lethal; *en ~ dos* a lethal dose; *ett ~t gift* a deadly poison; *en ~ sjukdom* a fatal disease (illness); *en vanlig ~* an ordinary mortal
dödlighet *s* mortality; antal dödsfall äv. death rate; *~en i* smittkoppor mortality from...
dödläge *s* bildl. deadlock, stalemate, impasse; *råka i (häva) ett ~* reach (break) a deadlock
dödsannons *s* i tidning announcement in the deaths column, obituary notice; *hans ~* the announcement of his death
dödsattest *s* death certificate
dödsblek *adj* deathly pale, ...[as] pale as death; friare livid
dödsbo *s* estate [of a deceased person]; *den avlidnes ~* the estate of the deceased
dödsbricka *s* mil. identification tag
dödsbud *s*, *~et* budet om hans död the news of his death
dödsbädd *s* deathbed; *ligga på ~en (sin ~)* be on one's deathbed
dödsdag *s*, *hans ~*, *~en* the day (årsdagen anniversary) of his death
dödsdans *s* dance of death
dödsdom *s* death sentence, sentence of death; friare death warrant; *avkunna en ~* pass a sentence of death
dödsdöm|d *adj* ...sentenced (condemned) to death; *han är ~* av läkarna he has been given up...; *försöket är -t* the attempt is doomed to failure
dödsfall *s* death

dödsfara *s*, *han var i ~* he was in danger of his life (in mortal danger)
dödsfiende *s* mortal (deadly) enemy
dödsfruktan *s* fear of death
dödsfälla *s* deathtrap
dödsförakt *s* contempt of (for) death
dödsföraktande *adj* intrepid
dödshjälp *s* med. euthanasia
dödskalle *s* death's-head, skull
dödskamp *s* death struggle
dödsmask *s* death mask
dödsmärkt *adj*, *vara ~* be doomed; om pers. äv. have the marks of death on one's face
dödsoffer *s* vid olycka victim
dödsolycka *s* fatal accident
dödsorsak *s* cause of death
dödsrossling *s*, *~[ar]* death rattle sg.
dödsruna *s* obituary [notice]
dödsryckningar *s pl* death throes äv.bildl.
dödssiffra *s* death toll
dödssjuk *adj* dying
dödsstraff *s* capital punishment
dödsstöt *s* deathblow; bildl. äv. kiss of death
dödssynd *s* relig. mortal sin; bildl. crime; *de sju ~erna* the Seven Deadly Sins
dödstrött *adj*, *vara ~* be dead tired (all in); vard. be dead beat (dog-tired)
dödstyst *adj* dead silent, ...[as] silent as the grave, deathly still
dödsur *s* zool. deathwatch [beetle]
dödsångest *s* agony [of death]; bildl. mortal dread (fear)
dödsår *s*, *hans* etc. *~* el. *~et* the year of his etc. death
dödsäsong *s* o. **dödtid** *s* slack (off) season, seasonal lull
dödvatten *s* dead water; bildl., stagnation backwater; *råka i ~* reach a deadlock (an impasse)
dödvikt *s* deadweight
dölja I *vb tr* conceal; isht gömma äv. hide; hålla inne med äv. withhold, keep...back; maskera äv. disguise, veil; genom förställning äv. dissemble [*för* i samtl. fall from]; *jag har inget att ~* I have nothing to hide; *hålla sig dold* be [in] hiding, keep under cover; jfr *dold* **II** *vb rfl*, *~ sig* hide [oneself], conceal oneself [*för* i båda fallen from]
döma *vb tr* o. *vb itr* **1** allm. judge [*av (efter)* by (from)]; isht i brottmål sentence, condemn; *döm själv!* judge for yourself; *av allt att ~* to all (judging by) appearances; *~ ngn för stöld (till två månaders fängelse)* sentence (condemn) a p. for larceny (to two months' imprisonment); *döm om min förvåning när...* judge of (imagine) my surprise when...; *~ ngn till [1500 kronors] böter* fine a p. [1500 kronor]; *~ ut* se *utdöma*
2 sport.: allmän idrott, kapplöpning m.m. act as judge; tennis m.m. umpire; fotb. el. boxn. referee; *~ bort* disallow; *~ fel* make a wrong

decision; ~ *straffspark* award a penalty [kick]
döp|a *vb tr* baptize; ge namn äv. christen; fartyg name, christen; ge öknamn äv. dub, nickname; *...är -t till N.* ...was christened N.; *han lät ~ sig* he was baptized; *~ om* rename
dörja *vb tr* fiske. fish...by hand line
dörr *s* door; ~öppning äv. doorway; *för (inom) stängda (lyckta) ~ar* jur. el. parl. behind closed doors; *stå för ~en* bildl. be at hand, be near, be just round the corner; om något hotande be imminent; nyckeln *sitter i ~en* ...is in the lock; *stå i ~en* stand in the doorway; *slå in öppna ~ar* bildl. batter at an open door; *visa ngn på ~en* show a p. the door; *följa ngn till ~en* see a p. out; *jag har inte varit utom ~en i dag* I have not been out today
dörrhandtag *s* doorhandle; runt doorknob
dörrkarm *s* doorframe
dörrklocka *s* doorbell; med ding-dong doorchime
dörrknackare *s* door-to-door salesman; hawker, pedlar; tiggare beggar
dörrknackning *s* utfrågning door-to-door (house-to-house) search (röstvärvning campaigning)
dörrmatta *s* doormat
dörrnyckel *s* doorkey, latchkey
dörrpost *s* doorpost
dörrskylt *s* doorplate
dörrspegel *s* doorpanel
dörrspringa *s* chink [of the door]
dörrstängare *s* doorcheck
dörrvakt *s* doorkeeper, doorman, porter; på t.ex. biograf commissionaire
dörröppning *s* doorway
dös *s* arkeol. dolmen
döv *adj* deaf [*för* alla varningar to...; *på ena örat* in...]; *vara ~* lomhörd be hard of hearing; *tala för ~a öron* talk to deaf ears
döva *vb tr* lindra deaden, assuage; *~ hungern* still one's hunger; *~ samvetet* silence one's conscience
dövhet *s* deafness; lomhördhet hardness of hearing
dövstum *adj* deaf and dumb, deaf mute; *en ~* subst. adj. a deaf mute
dövstumhet *s* deaf mutism
dövörat *s, han slog ~ till* he just wouldn't listen

E

e *s* **1** bokstav e [utt. i:] **2** mus. E
eau-de-cologne *s* eau-de-Cologne, cologne
ebb *s* ebb[tide], low tide; *~ och flod* the tides pl., ebb and flow; *det är ~* the tide is out; *det är ~ i kassan* för mig I am short of funds; *vid ~* at low water
ebba *vb itr, ~ ut* bildl. ebb [away], peter out
ebenholts *s* ebony; handtag *av ~* äv. ebony...
ecu *s* myntenhet ecu (förk. för European Currency Unit)
Ecuador Ecuador
ecuadorian *s* Ecuadorian
ecuadoriansk *adj* Ecuadorian
ed *s* oath; *avlägga (svära) en ~* take (swear) an oath; *låta ngn avlägga ~en* swear a p. in; *gå (avlägga) ~ på det* take an oath on it, swear to it; *jag går ~ på att han...* I swear that he...; *med (på, under) ~* by (on [one's], under) oath; *under ~ lämnad* förklaring sworn...
edamerost *s* Edam [cheese]
edda *s* Edda
edelweiss *s* bot. edelweiss
Eden Eden; *~s lustgård* the Garden of Eden
eder se *er*
edikt *s* edict
edition *s* edition
edlig *adj* sworn, ...on oath; *under ~ förpliktelse* under oath
edsbrott *s* violation of an (resp. the) oath
edsvuren *adj* sworn
E-dur *s* mus. E major
edvardiansk *adj* Edwardian
EES (förk. för *Europeisk ekonomisk samarbetssfär*) EEA (förk. för European Economic Area)
efemär *adj* ephemeral
effekt *s* **1** verkan, [detalj som gör] intryck effect; resultat result; *göra (ha) god ~* produce (have) a good effect **2** tekn. el. fys. power **3** *~er* bagage luggage sg., jfr *bagage;* tillhörigheter property sg., effects
effektfull *adj* striking, effective
effektförvaring *s* lokal left-luggage office, cloakroom; amer. checkroom
effektiv *adj* **1** om pers. efficient **2** om sak vanl. effective; högpresterande efficient; 'som gör susen' effectual; *~ arbetstid* actual working-hours; *~t botemedel* effective (efficacious, stark. effectual) remedy; *~ ränta på lån* true (effective, actual) rate of interest; *~a åtgärder* effective (stark. effectual) measures
effektivera *vb tr* o. **effektivisera** *vb tr* render...[more] effective

effektivitet *s* (jfr *effektiv*) efficiency äv. verkningsgrad; effectiveness, efficac[it]y
effektsökeri *s* straining after effect, playing to the gallery
effektuera *vb tr* hand. execute, fill
effektökning *s* power increase
EFTA (förk. för *European Free Trade Association*) EFTA
efter I *prep* **1** allm. after; bakom äv. behind; följande på äv. following; ibl. post-, jfr ex; *närmast (näst)* ~ next to; *omedelbart (genast)* ~ on, immediately after; ~ *[det] att* konj. after; förhållandena ~ *kriget* äv. post-war...; ~ *en timme* vanl. an hour later; *stå ~ ngn i kön* stand behind a p. in the queue; *städa ~ sig* tidy up after oneself; *vissla (ropa) ~ ngn* whistle (shout) after (för att tillkalla for) a p.
2 räknat från of; alltsedan since; [in]om in; ~ *den dagen* har han varit since that day...; ~ *en stund* in (after) a little while
3 (ibl. adv.) för att få [tag i] o.d. samt i uttryck för 'längtan' vanl. for; *springa ~ flickor* run after girls; *springa ~ hjälp (läkaren)* run for help (the doctor); *polisen var ~ honom* the police were after him (were on his tracks)
4 enligt vanl. according to; segla ~ *kompass* ...by the compass; ~ *vad jag hoppas (tror)* as I hope (believe); ~ *vad jag har hört* according to what I am told, from what I hear; ~ *vad jag vet* as far as I know; *ingenting att gå* ~ nothing to go by; *rätta sig* ~ conform to; *ställa klockan ~ radion* set one's watch by the radio; *teckna ~ naturen* draw from nature
5 längs efter along; nedför down; uppför up; *han gick ~ stranden* he was walking along the shore
6 [i riktning] mot at; *gripa* ~ catch at
7 [efterlämnad] av of; *märket ~ ett slag* the mark of a blow
8 från from; *arv (ärva, få, få i arv)* ~ inheritance (inherit) from; *det har han ~ sin far* he got that from his father
9 ~ *hand* småningom gradually, by degrees, little by little; med tiden as time goes (resp. went) on; de problemen får vi lösa ~ *hand* ...as they come up; ~ *hand som* [according] as
II *adv* (se äv. beton. part. under resp. vb) **1** om tid after; *kort* ~ shortly after[wards] **2** bakom, kvar, på efterkälken behind; *vara ~ med* be behind (behindhand, betr. betalningar äv. in arrears) with
III *konj*, ~ *[det att]* after
efteranmälan *s* o. **efteranmälning** *s* sport. late entry
efterapa *vb tr* ape, mimic, imitate, copy; i bedrägligt syfte counterfeit
efterapare *s* imitator; vard. copycat

efterapning *s* imitating, copying, mimicking; konkr. imitation; i bedrägligt syfte counterfeit
efterarbete *s* kompletterande arbete supplementary work; avslutande granskning [final] revision
efterbehandling *s* med. el. tekn. after-treatment, follow-up, aftercare
efterbesiktning *s* supplementary (final) inspection
efterbeskattning *s* additional (supplementary) taxation
efterbeställning *s* additional (repeat) order
efterbild *s* fysiol. after-image
efterbilda *vb tr* imitate, copy
efterbildning *s* imitation, copy
efterbliven *adj* efter i utvecklingen backward; psykiskt äv. mentally retarded; *vara ~ efter sin tid* be behind the times
efterblivenhet *s* backwardness, mental retardation
efterbörd *s* med. afterbirth
efterbörs *s* hand. [free] transactions pl. on the stock exchange after [official] hours
efterdatera *vb tr* hand. postdate
efterdyning *s*, *~ar* bildl. repercussions, reverberations; efterverkningar aftermath sg., after-effects, backwash sg.; följder consequences [*efter* i samtl. fall of]
efterforska *vb tr* söka utröna inquire into, investigate; söka efter look for, try to trace
efterforskning *s* undersökning investigation, inquiry; *anställa ~ar efter* institute a search for
efterfråga *vb tr* **1** se *fråga [efter]*; *herr Ek ~s* i annons ask for Mr. Ek **2** *[mycket] ~d* eftersökt ...in [great] demand
efterfrågan *s* **1** förfrågan inquiry; *vid [närmare]* ~ on [further] inquiry **2** hand. demand [*på* for]; *~n ökar* the demand is increasing; *det är stor ~ på...* there is a great demand for..., ...is in great demand
efterföljande *adj, [den]* ~ the following; sedermera följande [the] subsequent
efterföljansvärd *adj* ...worth following, ...worthy of imitation
efterföljare *s* efterhärmare imitator
efterföljd *s, vinna* ~ be followed; *exemplet manar till* ~ the example is worthy of imitation (worth following)
eftergift *s* concession; av skatt, skuld o.d. remission; *göra ~er* make concessions; *ömsesidiga ~er* mutual concessions
eftergiven *adj* indulgent, yielding, compliant, lax, lenient [*mot* towards]
eftergivenhet *s* indulgence, yieldingness, compliance, laxity, leniency [*mot* towards]
efterglans *s* afterglow
eftergranskning *s* scrutiny; förnyad kontroll recheck, re-examination
1 efterhand se *efter I 9*

2 efterhand, *i* ~ efter de andra last, after the others; efteråt afterwards
efterhandskonstruktion *s* se *efterkonstruktion*
efterhängsen *adj* persistent
efterhängsenhet *s* persistency
efterhärma *vb tr* imitate, copy
efterhärmning *s* imitation
efterklang *s* lingering note; bildl. [faint] echo; hans poesi är *rena ~en* ...purely derivative
efterklok *adj* ...wise after the event
efterkomma *vb tr* önskan comply with; befallning obey; *inte ~* äv. fail to comply with
efterkommande I *adj* framtida future **II** *s*, *våra ~* our descendants; våra efterträdare our successors; eftervärlden posterity sg.
efterkonstruktion *s* reconstruction (explanation) after the event; efterrationalisering rationalization
efterkontroll *s* t.ex. statistisk recheck; t.ex. medicinsk check-up, follow-up; t.ex. av tillverkad produkt inspection; revidering revision; review, follow-up
efterkrav *s* cash on delivery (förk. COD); *sända varor mot ~* send goods COD
efterkravsförsändelse *s* COD consignment
efterkrigstiden *s* the postwar period (era); *~s litteratur* postwar...
efterkänning *s* aftereffect [*efter* of]; *jag har ännu ~ar av...* I am still suffering from the aftereffects of...
efterleva *vb tr* lag obey, conform to; föreskrift observe
efterlevande I *adj* surviving **II** *s*, *de ~* the surviving relatives, the deceased's family, the survivors
efterleverans *s* supplementary delivery
efterlevnad *s*, *lagarnas ~* the observance of the laws
efterlikna *vb tr* imitate; *söka ~* vara lika bra som try to emulate (equal) [*i* in]
efterlysa *vb tr* sända ut signalement på issue a description of; vilja komma i kontakt med wish to get into touch with; spana efter make inquiries for, inquire what has (resp. had) become of, look for; något förkommet, genom annons advertise the loss of; t.ex. släkting till sjuk person, i radio broadcast an S.O.S. for; *han är efterlyst [av polisen]* he is wanted [by the police]
efterlysning *s* som rubrik Wanted [by the Police]; i radio police (S.O.S) message; *~ av* förkommet föremål advertisement (notice) of the loss of...
efterlåten se *eftergiven*
efterlämna *vb tr* leave; *hans ~de förmögenhet* the fortune he left [at his death]; *den ~de maken* the bereaved husband; *~de skrifter* posthumous works
efterlängtad *adj* [much] longed-for...
eftermiddag *s* afternoon; *kl. 3 ~en* (förk. *e.m.*) at 3 o'clock in the afternoon (förk. at 3 p.m.); *i ~[s]* el. *i dag på ~en* this afternoon; *i går (i morgon) ~* yesterday (tomorrow) afternoon; *på ~en* el. *på (om) ~arna* in the afternoon; *[på] fredag ~* adv. on Friday afternoon; *på ~en den 5 april* on the afternoon of April 5
eftermäle *s* minnesruna obituary [notice]
efternamn *s* surname, family name, second name; amer. äv. last name
efterprövning *s* univ. ung. supplementary examination
efterrationalisering *s* rationalization
efterräkning *s*, *~ar* påföljder [unpleasant] consequences
efterrätt *s* sweet, dessert, pudding; vard. afters pl.; amer. dessert
eftersatt *adj* **1** förföljd pursued **2** försummad neglected
efterskickad *adj*, *du kommer som ~* you are the very one we want
efterskott, *i* ~ in arrears; efter leverans after delivery; efter fullgjort arbete after carrying out (the performance of) the undertaking; *få lön i ~* ...at the end of the month (resp. week)
efterskrift *s* postscript
efterskänka *vb tr* remit; *~ ngn skulden* remit a p.'s debt, let a p. off the debt
efterskänkning *s* remission
efterskörd *s* aftercrop; bildl. gleanings pl.
efterslåckning *s* **1** eg. final extinction of a fire (resp. of fires) **2** efter fest ung. follow-up party
eftersläng *s* **1** *en ~ av influensa* another slight bout of influenza **2** sport., ful tackling late tackle
efterslåntrare *s* straggler; senkomling latecomer
eftersläpning *s* lagging (falling) behind; om arbete backlog
eftersmak *s* aftertaste; *det lämnar en obehaglig ~* it leaves a bad (nasty) taste [in the mouth] äv. bildl.
eftersnack *s* vard. discussion (chat) after a (resp. the) party (match etc.); follow-up discussion
eftersom *konj* då ju since; då as; i betraktande av att seeing [that]; *allt ~* se *alltefter*som
eftersommar *s* late summer; brittsommar Indian summer
efterspana *vb tr* search for; söka uppspåra [try to] trace; *~d av polisen* wanted [by the police]
efterspaning *s*, *~[ar]* search sg.; *anställa ~ar efter* institute a search for
efterspel *s* bildl. sequel; *få rättsligt ~* have legal consequences
eftersträva *vb tr* söka åstadkomma [try to] aim at; söka skaffa sig try to obtain; söka nå try to attain; *~ makt* strive after power; *det vi skall ~ är...* the thing we must aim at is...
eftersträvansvärd *adj* desirable, ...worth aiming at

efterstygn *s* sömnad. backstitch
eftersägare *s* parrot; *bara en ~* äv. a mere echo; *vara en ~ till ngn* parrot a p.
eftersända *vb tr* vidarebefordra forward, send on [...to the addressee]; *eftersändes* på brev to be forwarded, please forward
eftersändning *s* post. forwarding
eftersätta *vb tr* försumma neglect, be neglectful of
eftersökt *adj*, *[mycket] ~* anlitad, efterfrågad ...in [great] demand; omtyckt [much] sought-after..., [very] popular
eftertanke *s* eftersinnande reflection; övervägande consideration; *han greps av ~ns kranka blekhet* ung. afterwards he was seized with misgivings; *med ~* with due consideration; *utan ~* without due reflection; *vid närmare ~* on second thoughts, on thinking it over
eftertaxering *s* betr. skatt additional assessment [for arrears]
eftertrakta *vb tr* covet, set one's heart on; *~ ngns liv* seek a p.'s life
eftertraktad *adj* coveted; *mycket ~* much coveted (sought after)
eftertrupp *s* mil. rearguard; efterföljande grupp i allm. stragglers pl.; *bilda ~en* bring up the rear
eftertryck *s* **1** [särskild] tonvikt emphasis, stress; kraft force; *ge ~ åt* lay stress on, emphasize, stress; *med ~* with emphasis, emphatically; med kraft forcibly **2** *~ förbjudes* all rights reserved, copyright reserved
eftertrycklig *adj* emphatic, forcible; allvarlig earnest; sträng severe
efterträda *vb tr* succeed; *~...på tronen* follow...on the throne
efterträdare *s* successor; *A. Eks Eftr.* Successor (resp. Successors) to A. Ek
eftertänksam *adj* eftersinnande thoughtful, pensive, meditative; klok o. försiktig circumspect
efterverkan *s* o. **efterverkning** *s* after-effect
eftervård *s* aftercare
eftervärkar *s pl* afterpains
eftervärlden *s* posterity; *gå till ~* go (om sak äv. be handed) down to posterity
eftervärme *s* remaining heat
efteråt *adv* **1** om tid afterwards; senare later; *någon tid ~* some time afterwards (later) **2** bakom behind (after) me (him etc.)
EG (förk. för *Europeiska gemenskaperna*) EC (förk. för the European Communities)
egal *adj, det är mig ~t* it is all the same (all one) to me
Egeiska havet the Aegean [Sea]
eg|en *adj* **1** uttr. tillhörighet **a)** föregånget av gen. el. poss. pron. own; *mitt -et hus* my own house; *Din ~ Karl* i brevslut Yours, Karl; *det var hans -na ord* those were his very words; *bli sin ~* el. *starta eget* öppna egen affär start a business (shop) of one's own; *vara sin ~* be one's own master **b)** föregånget av best. art. (som saknas i eng.) el. då poss. pron. lätt kan utsättas i sv. one's (my etc.) own; *det -na landet* one's (my etc.) own country; *för ~ del* kan jag för my [own] part...; *med* mina *-na ögon* with my own eyes **c)** övriga fall vanl. ...of one's (my etc.) own; *har han -na barn?* has he any children of his own?; *med ~ ingång* with a private (separate) entrance; *för ~ maskin* bildl. on one's own steam, without help; *ha -et rum* have a room to oneself **2** säregen, karakteristisk peculiar [*för* to]; characteristic [*för* of]; besynnerlig strange, odd, queer, peculiar
egenart *s* distinctive character, individuality
egenartad *adj* distinctive, peculiar, singular
egendom *s* **1** tillhörighet[er] property; *andras ~* the property of others; *fast ~* real property (estate); *gemensam ~* joint property; *lös ~* personal property (estate), personalty **2** jord~, lant~ estate; mindre property
egendomlig *adj* sällsam, underlig strange, peculiar, odd, queer, singular; märkvärdig curious, remarkable, extraordinary; *han är lite ~* he is a bit odd (peculiar); *högst ~t!* most (very) extraordinary!
egendomlighet *s* utmärkande drag peculiarity, [peculiar] feature, characteristic; *~er* peculiarities, strange (singular etc.) features; *~er i* klädsel, tal m.m. peculiarities of...; jfr *egenhet*
egenföretagare *s* self-employed person; *vara ~* äv. be self-employed, run one's own business
egenhet *s* peculiarity, singularity, oddity, eccentricity; han har *sina ~er* ...certain (some) idiosyncrasies (peculiarities etc.,ways) of his own; *han har den ~en att vara (att han är)...* he has the curious habit of being...; jfr *egendomlighet*
egenhändig *adj ~t* skriven ...in one's own hand[writing], ...written with one's own hand, autograph[ic]; *~ namnteckning* signature, autograph
egenkär *adj* conceited; självbelåten [self-]complacent; *han är så ~* äv. he fancies (thinks a lot of) himself
egenkärlek *s* conceit; självbelåtenhet [self-]complacency
egenmäktig *adj* arbitrary, high-handed; *~t förfarande* jur. taking the law into one's own hands, arbitrary conduct
egenmäktighet *s* arbitrariness; egenmäktiga metoder high-handed methods pl.
egennamn *s* gram. proper noun (name)
egennytta *s* self-interest, selfishness
egennyttig *adj* self-interested, selfish
egenrättfärdig *adj* self-righteous
egensinne *s* self-will, wilfulness; envishet obstinacy, stubbornness

egensinnig *adj* self-willed, wilful; envis obstinate, headstrong
egensinnighet se *egensinne*
egenskap *s* **1** sida, drag quality; utmärkande characteristic; naturv. el. tekn. property; *goda (dåliga) ~er* äv. good (bad) points; hon har *många goda ~er* äv. ...many virtues; *medfödda (förvärvade) ~er* hereditary (acquired) characteristics; *järnets ~er* the properties of iron **2** ställning, roll capacity; *i [min] ~ av...* in my capacity as...
egentlig *adj* faktisk, verklig real, actual, virtual, true; riktig, äkta proper; *i ordets ~a bemärkelse* in the proper (strict, literal) sense of the word; *~t bråk* matem. proper fraction; *i ~ mening* in a proper (strict, literal) sense; *~t subjekt* gram. logical subject
egentligen *adv* verkligen, i själva verket really, in reality, actually; strängt taget strictly (properly) speaking; när allt kommer omkring after all; rätteligen by rights; närmare bestämt, precis exactly; ibl. utan motsv. i eng., jfr ex.; *hon är ~ ganska söt* she is rather pretty, really; *vad spelar det ~ för roll?* after all, what does it matter?; *vi borde ~ ha startat tidigare* we ought by rights to have started earlier; *vad menar du ~ med det?* what exactly do you mean by that?; *jag skulle ~ inte ha något emot att* inf. do you know, I wouldn't mind ing-form
egenvård *s* self-care
egenvärde *s* inneboende värde intrinsic value
egg *s* [cutting] edge
egga *vb tr, ~ [upp]* incite, instigate; uppmuntra stimulate, spur; driva på egg...on, urge [*till* i samtl. fall to; *till att* inf. to inf.]; *~ upp* en folkmassa stir up...
eggande *adj* stimulating; *~ musik* exciting music
eggelse *s* incitement, incentive; stimul|us (pl. -i)
egnahem *s* home of one's own, owner-occupied house
ego *s* ego, self; *mitt alter ~* my alter ego lat.
egocentriker *s* egocentric, egotist
egocentrisk *adj* egocentric, egotistic, self-centred
egoism *s* egoism, selfishness
egoist *s* egoist, self-seeker
egoistisk *adj* egoistic[al], selfish, self-seeking
egotripp *s* vard. ego trip
egotrippad *adj* vard. ego-tripped
Egypten Egypt
egypt[i]er *s* Egyptian
egyptisk *adj* Egyptian
egyptiska *s* **1** kvinna Egyptian woman **2** forntida språk Egyptian
egyptolog *s* Egyptologist
egyptologi *s* Egyptology
ehuru *konj* [al]though; om också even if (though)

eiss *s* mus. E sharp
ej *adv* not m.m., se *inte*
ejakulation *s* fysiol. ejaculation
ejder *s* zool. [common] eider [duck]
ejderdun *s* eiderdown
ejderdunskudde *s* eiderdown pillow
ek *s* **1** träd oak [tree] **2** virke oak [wood]; möbler *av ~* äv. oak...
1 eka *s* [flat-bottomed] rowing-boat
2 eka *vb itr* echo; återskalla re-echo, reverberate [*mot* i samtl. fall from]; *det ~r här* there is an echo here
ekbord *s* oak table
eker *s* spoke
EKG (förk. för *elektrokardiogram*) ECG
ekipage *s* **1** horse and carriage, equipage; med betjäning turn-out **2** sport.: ridn. horse [and rider]; bil. car [and driver]; motorcykel motor cycle [and rider]
ekipera I *vb tr* equip, fit out **II** *vb rfl, ~ sig* equip oneself, fit oneself out
ekipering *s* equipment, outfit
ekivok *adj* risqué fr.; indecent
eklatera I *vb tr* förlovning announce **II** *vb itr* announce one's engagement
eklekticism *s* filos. el. konst. eclecticism
eklektiker *s* filos. el. konst. eclectic
eko *s* echo; *ge ~* echo, make an echo; bildl. resound; *dagens ~* radio. Radio Newsreel
ekobrott *s* ekonomisk brottslighet economic crime, fraud
ekollon *s* acorn
ekolod *s* radar. echo-sounder, sonar, sonic depth finder
ekolodning *s* radar. echo-sounding, sonic depth finding
ekolog *s* ecologist
ekologi *s* ecology
ekologisk *adj* ecological; *~ jämvikt* ecological balance
ekonom *s* economist, se äv. *civilekonom* o. *företagsekonom* o. *nationalekonom*
ekonomi *s* economy; vetenskap economics sg.; ekonomisk ställning, finanser finances pl., financial position; *han har god (dålig) ~* his financial position is good (bad); *en sund ~* sound (healthy) finances pl., a sound (healthy) economy
ekonomibiträde *s* på t.ex. sjukhus catering assistant
ekonomibyggnad *s* farm building; *~er* äv. [estate] offices
ekonomichef *s* financial manager, controller, chief accountant
ekonomidepartement *s* ministry for economic affairs
ekonomiförpackning *s* paket (påse osv.) economy-size packet (bag etc.); *i ~* [in] economy size
ekonomiklass *s* flyg. economy class
ekonomisk *adj* **1** economic; finansiell, penning-

ekorrbär

financial; ~ *brottslighet* economic crime; ~ *linje* skol. economics sg. **2** sparsam, besparande economical; ~ *metod (fart)* economical method (speed)
ekorrbär *s* bot. [two-leaved] maianthemum
ekorre *s* squirrel
ekorrhjul *s* bildl. treadmill
ekosystem *s* biol. ecosystem
ekoxe *s* zool. stag beetle
ekplanka *s* oak plank
e.Kr. (förk. för *efter Kristus*) AD (förk. för Anno Domini lat.)
eksem *s* med. eczema
ekumenisk *adj* kyrkl. ecumenical; ~*t [kyrko]möte* ecumenical council
ekvation *s* matem. equation; ~ *av första graden* equation of the 1st degree
ekvator *s,* ~*n* the equator
ekvatorialbälte *s* equatorial belt
ekvilibrist *s* balanskonstnär equilibrist
ekvirke *s* oak, oak wood
ekvivalent I *s* equivalent **II** *adj* equivalent
el- förled i sms. electricity, ...of electricity, electric[al], electro-; jfr sms. nedan o. *elektrisk*
elak *adj* **1** stygg, isht om barn naughty; nasty [*mot* to]; ond, ondskefull evil, wicked; illvillig spiteful, malicious, malevolent; giftig venomous, virulent; ovänlig unkind, mean [*mot* to]; *ett* ~*t spratt* a nasty trick **2** se *elakartad* **3** obehaglig, om sak nasty, bad
elakartad *adj* om sjukdom o.d. malignant, virulent; svag. bad; friare serious, grave; *ta en* ~ *vändning* take a turn for the worse
elakhet *s* egenskap naughtiness, nastiness, wickedness etc.; malice, malevolence, virulence, jfr *elak;* yttrande spiteful remark
elaking *s* vard. *din* ~*!* you naughty (nasty) boy (resp. girl etc.)!
elakt *adv* spitefully, unkindly; *det var* ~ *gjort av honom* it was nasty (spiteful) of him to do that
elasticitet *s* elasticity, resilience
elastisk *adj* elastic, springy, resilient
elavbrott *s* power failure
elbil *s* electric car
elchock *s* med. electroshock
eld *s* **1** fire äv. mil.; bildl. äv. hetta, glöd ardour, hänförelse enthusiasm; ~ *upphör!* mil. cease fire!; *bli* ~ *och lågor för* become very enthusiastic about; *fatta (ta)* ~ eg. catch fire; explosionsartat burst into flames; *göra upp* ~ make (light) a fire; *sätta (tända)* ~ *på* set fire to, set...on fire; *öppna* ~ mil. open fire [*mot* on]; *leka med* ~*en* isht bildl. play with fire; sitta *vid* ~*en* ...by the fire; torka sig *vid* ~*en* ...at the fire **2** med tändstickor el. tändare light; *jag får inte* ~ *på veden* the wood won't light; *har du* ~*?* have you got a light?; *stryka (tända)* ~ *på en tändsticka* strike a match
elda I *vb itr* göra upp eld light a fire (resp. fires,

the fire), make a fire; ha en brasa have a fire; *de måste snart börja* ~ *i huset* they will soon have to start [the central] heating; ~ *med olja* use oil for heating, burn oil, have oil-heating; ~ *'på* pile fuel on (add fuel to) the fire
II *vb tr* **1** ~ *[upp]* a) bränna [upp] burn [up] b) egga rouse, stir, inspire; ~ *upp sig* get [more and more] excited (worked up) **2** ~ *en brasa* tända light (ha have) a fire
eldare *s* på båt el. tåg stoker, fireman; i hus boilerman
eldbrand *s* firebrand
elddop *s* mil. baptism of fire; friare first real test
eldfara *s* danger (risk) of fire; *vid* ~ in case of fire
eldfarlig *adj* inflammable
eldfast *adj* fireproof; ugns~ ovenproof; ~ *form* se *ugnseldfast;* ~ *lera* fireclay; ~ *tegel* fire-brick
eldfluga *s* zool. firefly
eldfängd *adj* inflammable; bildl. äv. fiery
eldfängdhet *s* inflammability; bildl. äv. fieriness
eldgaffel *s* poker
eldgivning *s* mil. firing
eldhav *s* sea of fire
eldhund *s* andiron, firedog
eldhärd *s* seat of the (resp. a) fire
eldig *adj* fiery, ardent, spirited, passionate; ~ *springare* fiery steed
eldighet *s* fire, ardour
eldkvast *s* puff of flame and smoke
eldledning *s* mil. fire control; taktisk fire direction
eldning *s* heating; [the] lighting of fires etc.; jfr *elda*
eldningsolja *s* fuel (heating) oil
eldorado *s* eldorado (pl. -s)
eldprov *s* hist. ordeal by fire; bildl. ordeal; prövosten acid test
eldrift *s,* ~*[en]* the use of electric power
eldriven *adj* ...driven by electricity, electrically-driven
eldröd *adj* ...red as fire, fiery red, flaming red; *bli* ~ turn crimson
eldrör *s* mil. tube, barrel
eldsjäl *s* real enthusiast; *han är* ~*en i* företaget he is the driving force of...
eldsken *s* firelight, light (glow) of a (resp. the) fire
eldskrift *s, i (med)* ~ in letters of fire
eldskärm *s* firescreen
Eldslandet Tierra del Fuego
eldslukare *s* fire-eater
eldslåga *s* flame of fire
eldsläckare m.fl. sms., se *brandsläckare* m.fl. sms.
eldsländare *s* Fuegian
eldspruta *s* mil. flame-thrower

eldsprutande *adj*, ~ *drake* fire-drake; ~ *berg* volcano
eldstad *s* fireplace; härd äv. hearth
eldstorm *s* firestorm
eldstrid *s* mil. firing, exchange of fire båda end. sg.
eldsvåda *s* fire; stor conflagration; *vid* ~ in case of fire
eldtång *s* fire tongs pl.
eldupphör *s*, *ge order om* ~ give orders for cease-fire
eldvapen *s* firearm
elefant *s* elephant; *se de stora ~erna dansa* vard. see the big boys
elefantbete *s* elephant's tusk
elefanthan[n]e *s* bull elephant
elefanthona *s* cow elephant
elefantiasis *s* med. el. bildl. elephantiasis
elefantinhopp *s* clumsy intervention
elefantsnabel *s* elephant's trunk
elefantunge *s* calf elephant
elegans *s* smartness, elegance; *vilken ~!* what style (elegance)!, how smart!; lösa uppgiften med *stor* ~ ...great elegance
elegant I *adj* smart, elegant; ~ och modern fashionable; väl utförd neat; vard., flott posh, isht amer. swell; *en* ~ *lösning* a neat solution; *en* ~ *våning* an elegant flat (apartment); *med en* ~ *gest* with a graceful gesture **II** *adv* smartly etc.
elegi *s* elegy [*över* on]
elegisk *adj* elegiac
elektor *s* elector
elektorsval *s* utseende av elektorer election of [the] electors
elektricitet *s* electricity
elektrifiera *vb tr* electrify
elektrifiering *s* electrifying, electrification
elektriker *s* electrician
elektrisk *adj* eldriven o.d. vanl. electric; som har med elektricitet att göra vanl. electrical; ~ *affär* electric outfitter's [shop]; *~a artiklar* electrical supplies; ~ *energi* electrical energy; *~t fält* electric field; *~t ljus (värmeelement)* electric light (fire el. heater); ~ *motor* electric motor; ~ *spänning* [electric] voltage; ~ *ström (stöt)* electric current (shock); *~a stolen* the electric chair; *avrätta ngn i ~a stolen* electrocute a p.; jfr äv. sms. med *el-*
elektrod *s* electrode
elektrodynamisk *adj* electrodynamic
elektroingenjör *s* electrical engineer; civilingenjör graduate electrical engineer
elektrokardiogram *s* (förk. *EKG*) electrocardiogram (förk. ECG)
elektrokemi *s* electrochemistry
elektrolys *s* fys. el. tekn. electrolys|is (pl. -es)
elektrolytisk *adj* fys. el. tekn. electrolytic
elektromagnet *s* electromagnet

elektromagnetisk *adj* electromagnetic; ~ *strålning* electromagnetic radiation
elektron *s* electron
elektronblixt *s* electronic flash
elektronik *s* electronics sg.
elektronisk *adj* electronic; ~ *musik (tändning)* electronic music (ignition)
elektronmikroskop *s* electron microscope
elektronrör *s* electronic valve; amer. vanl. electron tube
elektroskop *s* electroscope
elektroteknik *s* electrotechnics sg., electrotechnology
elektrotekniker *s* electrotechnician
elektroteknisk *adj* electrotechnical
elektroterapi *s* electrotherapy
element *s* **1** allm. element; ~ *kriminella* ~ criminal elements; *vara (inte vara) i sitt rätta* ~ be in (be out of) one's element **2** värmelednings~ radiator; *elektriskt* värme~ electric fire (heater) **3** fys. cell; *galvaniskt* ~ galvanic cell **4** byggnads~ unit
elementär *adj* elementary; *på ett ~t stadium* at an elementary stage; *det ~a* grunddragen *av ngt* the elements pl. of a th.
elenergi *s* electrical energy
elev *s* pupil; vid högre läroanstalter el. amer. äv. i skolor student; på kontor junior clerk; i butik, lärling apprentice; jfr *lantbrukselev* o. *sjuksköterskeelev*; *vara ~ till (hos) J.* be a pupil of J.'s
elevarbete *s* pupil's (resp. student's) work
elevhem *s* ung. [school] boarding house
elevkår *s* body of pupils (resp. students)
elevråd *s* pupils' (resp. students') council
elevunderlag *s* pupil (resp. student) population
elfenben *s* ivory; kula *av* ~ äv. ivory...
elfenbensfärgad *adj* ivory-coloured; attr. äv. ivory
Elfenbenskusten the Ivory Coast
elfenbenstorn *s* bildl. ivory tower
elfirma *s* firm of electricians, electricians pl.
elfte *räkn* eleventh; *i* ~ *timmen* at the eleventh hour; jfr *femte*
elftedel *s* eleventh [part]; jfr *femtedel*
elförbrukning *s* electricity (power) consumption, consumption of electricity
elförsörjning *s* electricity (power) supply
elgitarr *s* electric guitar
elidera *vb tr* fonet. elide
eliminera *vb tr* eliminate
eliminering *s* elimination
elisabetansk *adj* Elizabethan
elision *s* fonet. elision
elit *s* élite fr.; *~en av...* the pick (flower) of...
elitgymnast *s* top-level (élite) gymnast
elitidrott *s* sport at top (élite) level
elittrupp *s* sport. crack (picked) team; *~er* mil. crack (picked, élite) troops
elixir *s* elixir

eljes[t] *adv* otherwise; ty annars, annars så or [else], else; efter frågeord else; i motsatt fall if not, failing that
elkabel *s* electric cable
elkamin *s* electric fire (heater)
elkraft *s* electric power
elledning *s* electric wire
eller *konj* or; *varken...~* neither...nor; *~ också* ty annars, annars så or [else]; *~ hur?* a) efter nekande sats, t.ex.: 'hon röker inte' ...does she?; 'han är inte (kan inte vara) här' ...is (resp. can) he? b) efter jakande sats, t.ex.: 'John röker [ju]' ...doesn't he?; 'hon har [väl] läst (kan [väl] tala) engelska' ...hasn't (resp. can't) she?
ellips *s* **1** geom. ellipse **2** språkv. ellips|is (pl. -es)
elliptisk *adj* **1** geom. elliptic[al] **2** språkv. elliptical
elljus *s* electric lighting
elljusspår *s* skidspår illuminated ski (skiing) track
ellok *s* electric locomotive
elmontör *s* electrician, electric fitter
elmotor *s* electric motor
elmätare *s* electricity meter
eloge *s*, *ge ngn en ~* praise a p.; *värd en ~* worthy of great praise
elpanna *s* electric boiler
elransonering *s* rationing of electricity
elreparatör *s* electrician, electrical repairer
elräkning *s* electricity bill
El Salvador El Salvador
Elsass Alsace
elsassisk *adj* Alsatian
elspis *s* electric cooker
elström *s* electric current
eltaxa *s* electricity rate (charges pl., tabell tariff)
eluppvärmd *adj* electrically heated; *~ bakruta* electrically-heated rear-window
eluppvärmning *s* electric heating
eluttag *s* power point
elva I *räkn* eleven; jfr *fem[ton]* o. sms. **II** *s* eleven äv. sport.; jfr *femma*
elverk *s* ung. electricity board; för produktion power station
elvisp *s* electric [hand]mixer
elvärme *s* uppvärmning electric heating
elyseisk *adj* Elysian; *de Elyseiska fälten* the Elysian Fields
elände *s* **1** misery, wretchedness; wretched (miserable) state of things; otur, besvär nuisance; *det var ett ~, att...* förargligt what (it was) a nuisance that...; oturligt what bad luck (what a misfortune) that...; *till råga på ~t (allt ~)* to make matters worse, on top of it all **2** eländig sak wretched thing
eländig *adj* wretched, miserable; underhaltig äv. very poor, lamentable; [ur]usel, vard. rotten, lousy
emalj *s* enamel
emaljera *vb tr* enamel

emaljering *s* enamelling
emaljfärg *s* enamel paint (colour)
emaljöga *s* artificial (glass) eye
emancipation *s* emancipation
emanciperad *adj* emancipated
emanera *vb itr* emanate
emballage *s* packing; omslag wrapping
emballera *vb tr* pack; slå in wrap [up]
embargo *s* embargo (pl. -es)
embarkera *vb itr* embark
embarkering *s* embarking, embarkation
embarkeringskort *s* boarding card (pass)
emblem *s* emblem
emboli *s* med. embolism
embryo *s* embryo (pl. -s)
emedan *konj* because; eftersom as, seeing [that]; då...ju since
emellan I *prep* isht mellan två between; mellan flera, 'bland' among[st]; *oss ~ sagt* between ourselves (you and me); *vänner ~* between (resp. among) friends; *det här får bli en sak er ~* you'll have to settle it between you (yourselves); jfr *mellan* **II** *adv* between; ge *200 kronor ~* ...200 kronor into the bargain; se äv. beton. part. under resp. vb
emellanåt *adv* occasionally, sometimes, at times, at intervals; *allt ~* se *alltemellanåt*
emellertid *adv* o. *konj* however
emfas *s* emphasis
emfatisk *adj* emphatic
emigrant *s* emigrant
emigration *s* emigration
emigrera *vb itr* emigrate
eminens *s* eminence
eminent *adj* eminent
emission *s* **1** ekon. issue; *~ av aktier (obligationer)* share (bond) issue **2** fys. el. miljövård emission
emittera *vb tr* ekon. issue
emma *s* stol [upholstered] easy chair
emmentaler[ost] *s* Emmenthal[er]
e-moll *s* mus. E minor
emot I *prep* se *2 mot* samt *framemot, tvärtemot* m.fl.; *mitt ~* opposite [to], facing **II** *adv*, *mitt ~* opposite; *inte mig ~* I have no objection; *stöta (gå, springa* etc.*) ~* med underförstått subst. i sv. knock into el. against, collide with med subst. utsatt i eng.; se äv. beton. part. under resp vb
emotionell *adj* emotional; känslomässig emotive
emotse *vb tr*, *~ende Edert snara svar* awaiting (looking forward to) your early reply; se vid. *motse*
emotstå m.fl., se *stå [emot]* m.fl.
empir *s* Empire style; stol *i ~* Empire...
empirisk *adj* filos. empiric[al]
empirstil *s* Empire style; stol *i ~* Empire...
emulsion *s* kem. emulsion
1 en *s* träd [common] juniper; virke juniper [wood]

2 en *adv* omkring some, about; jfr ex.; *för ~ [nio] tio år sedan* some (about) [nine or] ten years ago

3 en (*ett*) **I** *räkn* **1** one; fören. ibl. a, framför vokalljud an; *~ och ~* i gåsmarsch one by one; *~ och annan* o. likn. ex., se under **III 1**; *ett är nödvändigt* one thing is necessary; *det kommer på ett ut* it is all the same (all one); *~ gång* once, se vid. *gång 3; ett hundra femtio* a (one) hundred and fifty; *ett tusen ett hundra* one (a) thousand one hundred; *i ett [kör (sträck)]* without a break, at a stretch; *med ett ord [sagt]* in a (one) word; jfr *fem-* o. *två-* o. *tre-* **2** *~ till* another [one]; *men ej fler* one more; *~ gång till* once more; *~ kopp kaffe till* another (resp. one more) cup of coffee
II *obest art* **1** a, framför vokalljud an; *ett backkrön* the top of a hill; springa *som ~ galning* ...like mad, ...like a madman; *~ herr Ek [får jag] ~ kaffe!* vid beställning a coffee, please! **2** framför vissa subst., vilkas eng. motsvarigheter inte kan bilda pl. **a)** a piece of, an item of o.d.; *ett gott råd* a piece of (some) good advice; *~ smörgås* a piece (slice) of bread and butter **b)** utan motsv. *[ett] fint väder* fine weather **3** i vissa tidsadverbial spec. avseende förfluten tid one; *~ söndag (sommar)* blev jag sjuk one Sunday (summer)... **4** framför subst., som består av två lika delar a pair of; *~ sax* a pair of scissors
III *pron* **1** 'den ena [...den andra]', 'en och annan' o.d. *[den] ~a systern* one sister; *min ~a syster* one of my sisters; *från det ~a till det andra* from one thing to another (the other); *å ~a sidan...å andra sidan* on [the] one hand...on the other [hand]; *~ och (eller) annan* subst. somebody [or other], a few, one or two [persons], one here or there; *ett och annat* subst. a thing or two, a few (one or two) things, something, t.ex. i ett yttrande a point or two etc.; vi talade om *ett och annat* ...one thing and another; *av ett eller annat skäl* for some reason or other, for one reason or another; *~ eller annan av...* one or other of...
2 *en sån ~!* what a man (fellow resp. girl) [you are, vid omtal he resp. she is]!; *såna ~a!* what fellows (resp. girls) [you are, vid omtal they are]!; *det var mig en tråkig ~!* what a dull fellow!; *vad är ni för ~a (du för ~)?* who are you?; jfr **5** *vad*
3 vanl. objektsform av 'man' one, a fellow osv., jfr **3** *man*
4 någon *det är ~ som* vill tala med dig somebody...; *~ som du (dig)* a person like you

1 ena se **3 en III**
2 ena I *vb tr* unite; göra till enhet unify; förlika conciliate; *det ~de Italien* unified Italy **II** *vb rfl*, *~ sig* agree [*om* on, as to, about; *om att* + inf. resp. sats to resp. that]; come to an understanding (to an agreement)

enahanda *adj* the same; enformig monotonous, humdrum
enaktare *s* one-act play, one-acter
enarmad *adj* one-armed; *~ bandit* vard., spelautomat one-armed bandit, fruit machine
enas *vb itr dep* **1** förenas become united **2** se **2 ena II**
enastående I *adj* unique, unparalleled, unequalled, unprecedented, matchless, exceptional; *jag hade en ~ tur* I had exceptional (extraordinary) luck; *~ i sitt slag* unique **II** *adv* exceptionally, uniquely
enbart *adv* uteslutande solely, entirely, exclusively; endast merely; helt enkelt simply; odelat wholly; *~ i Stockholm* finns det... in Stockholm alone...; det vore *~ glädjande* ...nothing but a pleasure
enbent *adj* one-legged
enbladig *adj* one-bladed osv.; jfr *fembladig*
enbuske *s* juniper shrub (mindre bush)
enbär *s* juniper berry
encellig *adj* bot. unicellular, one-celled
encyklopedi *s* encyclopedia, encyclopaedia
encyklopedisk *adj* encyclopedic, encyclopaedic
enda (*ende*) *pron* only, sole, one; förstärkande, isht i nekande satser o.d. single; *~ (ende) arvinge till* sole heir to; *...är ~ barnet* ...is an only child; *[den] ~ möjligheten* the only possibility (chance); *den (det) ~ fören.* the only; *den* (resp. *det*) *~ självst.* the only one el. person (resp. thing); *de ~ fören.* the only; självst. the only ones; *en (ett) ~* just one; *en ~* (vard. *~ste*) *sak* äv. one thing only, one thing and one alone; *en ~ gång* just once; *det är den ~ i sitt slag* it is the only one of its kind, it is unique; *med ett ~ slag* at a [single] blow; *inte en (ingen, inte ett, inget) ~* not a single [självst. one]; *inte en ~ av* mina vänner not a single one of...
endast *adv* only; jfr vid. *bara* o. *blott* o. *enbart*
ende se *enda*
endera (*ettdera*) **I** *pron* **1** av två *~ [av dem]* one [or other] of the two; vilken som helst either; *~ av oss (er)* måste göra det one [or other] of us (you) two...; du måste göra *~ delen (ettdera)* ...one thing or the other **2** *~ dagen* in the next day or two, any day now **II** *konj* vard., *antingen*
endiv *s* chicory; amer. endive
endorfin *s* med. endorphin
endossera *vb tr* hand. endorse
endossering *s* hand. endorsement
endräkt *s* harmony, concord, unity
endräktig *adj* unanimous, harmonious
endäckad *adj* single-decked, one-deck...
1 ene *s* virke juniper [wood]
2 ene *pron* se **3 en III**

energi *s* energy äv. fys.; *med stor* ~ very energetically
energibesparande *adj* energy-saving
energiförbrukning *s* energy consumption
energiförlust *s* loss of energy
energiförsörjning *s* energy supply
energiknippe *s* bundle of energy, live wire
energikris *s* energy cris|is (pl. -es)
energikälla *s* source of energy, energy source
energisk *adj* full av energi energetic; kraftig vigorous; ihärdig strenuous; *en* ~ *haka* a powerful chin
energiskatt *s* energy tax
energiskog *s* energy forest
energisnål *adj* energy-saving, fuel-efficient; friare economical
energiverk *s* energy authority; *Statens* ~ the [Swedish] National Energy Administration
enerverande *adj* trying; stark. nerve-racking
en face *adv* full face, en face fr.
enfald *s* dumhet o.d. silliness, foolishness, stupidity; godtrogenhet o.d. simplicity
enfaldig *adj* dum o.d. silly, foolish, stupid; godtrogen o.d. simple[-minded]; ~ *stackare* simpleton
enfamiljshus *s* self-contained house, single-family house
enfas oböjl. *adj* o. **enfasig** *adj* elektr. single-phase, monophase
enformig *adj* monotonous, humdrum, dull; grå och enformig drab
enformighet *s* monotony, dullness, drabness, sameness
enfärgad *adj* ...of one (of uniform, of a single) colour; utan mönster plain; om ljus, målning monochromatic
enfödd *adj* relig. *Guds ~e son* God's only-begotten son
engagemang *s* **1** anställning engagement; *erbjuda ngn* ~ offer a p. a contract; *få* ~ get an engagement **2** finansiellt el. politiskt åtagande commitment, engagement; *bristande* ~ lack of commitment; *stora* ~ heavy commitments **3** känslo~ o.d. devotion [*i* to]
engagera I *vb tr* **1** anställa engage **2** ta helt i anspråk absorb **II** *vb rfl*, ~ *sig* bli absorberad become absorbed [*i (för)* in]; ~ *sig för* a) ta parti för, verka för stand up for b) binda sig för commit oneself to; ~ *sig i* a) delta i engage in, take an active part (interest) in b) tvister, affärer become involved in
engagerad *adj* **1** anställd, upptagen engaged **2** invecklad [i t.ex. tvister, affärer] involved [*i* in] **3** absorberad absorbed [*i* in]; känslomässigt committed, dedicated, devoted [*i* i samtl. fall to]; *politiskt* ~ politically committed
engelsk *adj* English; brittisk ofta British; *~t horn* mus. cor anglais, English horn; *Engelska kanalen* the [English] Channel; *Engelska kyrkan* the Church of England;

~a ligan the Football League; ~ *mil* mile; *~a sjukan* rickets (sg. el. pl.), rachitis
engelska *s* **1** kvinna Englishwoman; dam English lady (flicka girl); *hon är* ~ vanl. she is English (British) **2** språk English; jfr *svenska 2*
engelskfientlig *adj* anti-English, anti-British, Anglophobe
engelskfödd *adj* English-born, British-born
engelskspråkig *adj* **1** attr. English-speaking...; *vara* ~ speak English; ~ *författare* ...writing (who writes) in English **2** om t.ex. litteratur English, ...in English; ~ *tidning* English-language newspaper
engelsk-svensk *adj* English-Swedish, British-Swedish, Anglo-Swedish; ~ *ordbok* English-Swedish dictionary
engelsktalande *adj* attr. English-speaking...; *vara* ~ speak English
engelskvänlig *adj* pro-English, pro-British, Anglophil[e]
engels|man *s* Englishman; britt äv. Briton, amer. Britisher; *-männen* som nation el. lag o.d. the English, the British
engifte *s* monogamy; *leva i* ~ be monogamous
England England; Storbritannien ofta [Great] Britain
en gros *adv* hand. wholesale
engrospris *s* hand. wholesale price
engångsartikel *s* disposable (throwaway, single use) article; *engångsartiklar* äv. disposables
engångsbelopp *s* single payment, lump sum
engångsföreteelse *s* isolated case (phenomenon); vard. one-off [affair]
engångsförpackning *s* disposable (throwaway) package
engångsglas *s* flaska non-returnable (disposable) bottle
engångskostnad *s* once-for-all cost
enhet *s* **1** odelat helt, samhörighet o.d. unity; inom ett företag division, unit **2** matem. el. mil. unit; vid indexberäkning point
enhetlig *adj* uniform; homogen homogeneous; integrerad integrated
enhetlighet *s* uniformity, homogeneity
enhetsfront *s* united (common) front
enhetspris *s* standard (uniform) price, flat rate
enhetssträvanden *s pl* movement sg. towards unity
enhetstaxa *s* standard rate
enhällig *adj* unanimous, solid
enhällighet *s* unanimity
enhörning *s* mytol. unicorn
enig *adj* enhällig unanimous; enad united; *bli (vara) ~[a]* agree [*med ngn om ngt* with a p. about (on) a th.; *om att* + inf. resp. sats to resp. that]; *då är vi ~a då!* we are agreed then!, then that's settled!

enighet *s* samförstånd agreement; *nationell ~* national unity; *~ ger styrka* unity is strength
enkammarsystem *s* polit. single-chamber (unicameral) system
enkel *adj* **1** allm. simple; lätt äv. easy; elementär äv. elementary; vanlig äv. common, ordinary; anspråkslös äv. plain, homely; *~ och okonstlad* unsophisticated; *~ kost* simple (plain, homely, frugal) fare; *~ majoritet* a simple (an ordinary) majority; *en ~ liten middag* an informal little dinner; *[bara] en vanlig ~ människa* [just] an ordinary person; *med några enkla ord* in a few simple words; *enkla tarvliga skämt* cheap jokes; *enkla vanor* simple habits **2** inte dubbel el. flerfaldig single; *en ~ 2:a klass [biljett]* a single (amer. one-way) second-class [ticket]; *~t porto* single postage **3** *känna sig ~ obetydlig* feel [very] small
enkelbeckasin *s* zool. [common] snipe
enkelhet *s* simplicity; anspråkslöshet äv. plainness; *i all ~* quite informally; *för ~ens skull* for the sake of simplicity
enkelhytt *s* single cabin
enkelknäppt *adj* single-breasted
enkelrikta *vb tr*, *~ trafiken* introduce one-way traffic; *~d* a) trafik. one-way... b) bildl. one-sided, narrow-minded
enkelrum *s* single room
enkelspårig *adj*, *~ järnväg* single-track railway; *vara ~* bildl. have a one-track mind
enkelt *adv* simply; *klä sig ~* äv. dress plainly; *helt ~* simply; *jag tycker helt ~ inte om det* äv. I don't like it, that's all
enklang *s* mus. unison
enklav *s* polit. enclave
enkom *adv* uteslutande solely; särskilt purposely, especially, expressly
enkrona *s* one-krona piece (coin)
enkät *s* rundfråga inquiry, poll; frågeformulär questionnaire
enkönad *adj* bot. unisexual
enlevera *vb tr* run away with; jur. abduct
enlevering *s* abduction
enlighet, *i ~ med* in accordance (compliance) with, se vid. *enligt*; *i ~ därmed* accordingly
enligt *prep* according to; *~ artikel 3* i fördraget by (under) article 3...; *~ faktura* hand. as per invoice; *~ lag* by law; *~ min mening (åsikt)* in my view (opinion); se äv. under resp. subst.
enmansbolag *s* one-man firm (business)
enmanshytt *s* single cabin
enmansteater *s* one-man show äv. friare
enmansvalkrets *s* single-member constituency
enmastad *adj* sjö. single-masted
enmotorig *adj* single-engined, single-engine...
enorm *adj* enormous, immense
enormt *adv* enormously, immensely; *~ billig* tremendously cheap

enplansvilla *s* one-storeyed house, bungalow
,procentig *adj* one-per-cent...; jfr *femprocentig*
enradig *adj* enkelknäppt single-breasted; bot. uniserial, för övr. betydelser jfr *femradig*
enris *s* bot., koll. juniper twigs pl.
enrisrökt *adj* ...smoked over a juniper fire
enrollera *vb tr* enrol, amer. enroll; enlist; *[låta] ~ sig* enrol etc. oneself, enlist
enrollering *s* enrolment, amer. enrollment; enlistment
enrum, *i ~* utan vittnen privately, in private
enrummare se *enrumslägenhet*
enrumslägenhet *s* one-room flat (amer. apartment)
ens *adv* **1** en gång, över huvud even; *har du ~ försökt?* have you tried at all?; *inte ~* not even; mindre än less than; *inte ~ då ville han...* even then he would not...; *om ~ då* if then; *få om ~ någon* few if anybody **2** *med ~* all at once, all of a sudden; *göra upp saken med ~* ...right away
ensak *s*, *det är min ~* ...my [own] business (affair)
ensam *adj* allena alone; utan sällskap äv. ...by oneself; utan hjälp äv. single-handed; enstaka solitary; endast en, ogift, ensamstående single; enda sole; enslig, som känner sig ensam lonely, lonesome; *~ i sitt slag* unique; *~ förälder* single parent; *han är en ~ människa* ...a lonely man; *huset ligger på en ~ plats* ...in a lonely (an isolated) spot; *~ma stunder* solitary hours; *vara ~ hemma* be alone at home; *han är inte ~ om att* inf. he is not alone in ing-form; he is not the only one to inf.
ensamagentur *s* sole agency
ensamförsäljare *s* sole agent [*av* for]
ensamförälder *s* single parent
ensamhet *s* solitude; övergivenhet loneliness
ensamrätt *s* sole right; *med ~* all rights reserved
ensamstående *adj* utan anhöriga single
ensamt *adv* **1** blott *detta ~* that alone **2** *~ belägen* isolated; *huset ligger ~* ...is in a lonely place
ensamvarg *s* lone wolf
ense *adj*, *bli (vara) ~* agree osv., jfr under *enig*
ensemble *s* mus. ensemble; teat. cast
ensidig *adj* eg. el. bildl. one-sided; fördomsfull o.d. äv. bias[s]ed, prejudiced; trångsynt narrow-minded; motsats till ömsesidig unilateral; *~ framställning* one-sided account; *~ kost* unbalanced diet
ensidighet *s* one-sidedness, bias, prejudice, narrow-mindedness; jfr *ensidig*
ensiffrig *adj*, *~t tal* digit
ensilage *s* lantbr.: silage; ensilage äv. metod
ensitsig *adj*, *~t flygplan* single-seater
enskild *adj* privat private; personlig personal; särskild individual, separate; *~ firma* private

firm (business); ~*t mål* jur. private (civil) case (lawsuit); *den ~a människan* el. *den ~e* the individual; *inta (stå i) ~ ställning* come to (stand at) attention
enskildhet *s* detalj detail, particular
enskilt *adv* privately, in private
enslig *adj* solitary, lonely
enslighet *s* solitariness, loneliness
ensligt se *ensamt 2*
ensling se *enstöring*
ensmärke *s* sjö. *~n* leading marks
enspråkig *adj* one-language..., monolingual, unilingual; *ett ~t lexikon* a monolingual dictionary
enstaka *adj* enskild separate, individual; sporadisk occasional; isolerad, sällsynt isolated; sällsynt äv. exceptional; ensam solitary; vi såg bara *några ~ bilar* ...a few stray cars; *någon ~ gång* once in a while, very occasionally; *på ~ ställen* in certain places, here and there
enstavig *adj* monosyllabic
enstämmig *adj* unanimous; mus. unison
enstämmighet *s* unanimity; mus. unison
enstämmigt *adv* unanimously; mus. in unison
enstörig *adj* unsociable, retiring
enstöring *s* recluse, hermit
enstöringsliv *s*, *leva ett ~* be a recluse
ental *s* 1 singular; jfr *singularis* 2 matem. unit; *~ och tiotal* units and tens
entente *s* entente fr.; *ententen* i första världskriget the Allies pl.
entita *s* zool. marsh tit
entlediga *vb tr* dismiss; ämbetsman äv. remove...[from office]
entomolog *s* entomologist
entomologi *s* entomology
entonig *adj* monotonous
entré *s* 1 ingång entrance; förrum entrance hall 2 [rätt till] inträde admission; *fri ~* admission free 3 inträdande på scenen entry; *göra sin ~* äv. make one's appearance 4 se *entréavgift*
entréavgift *s* entrance fee, price of admission; *~er* intäkter vid tävling o.d. gate-money sg.
entrébiljett *s* admission ticket
entrecote *s* kok. entrecôte fr.
entreprenad *s* contract; *lämna (ta)...på ~* place (sign) a contract for...; *utbjuda...på ~* invite tenders for...; *utföra...på ~ ...*on contract
entreprenadarbete *s* contract work
entreprenör *s* contractor; idérik företagare entrepreneur
entrérätt *s* first course
entrådig *adj* om garn single-ply...; om metalltråd single-wired
enträgen *adj* urgent; ihärdig insistent; påträngande importunate; *på hans enträgna begäran* at his urgent request
enträget *adv* urgently osv., jfr *enträgen; ~ avråda ngn från att* inf. urge a p. not to inf.
entusiasm *s* enthusiasm

entusiasmera *vb tr* fill...with enthusiasm, arouse enthusiasm in
entusiast *s* enthusiast
entusiastisk *adj* enthusiastic; *~ för* keen on
entydig *adj* med en enda betydelse unambiguous; otvetydig unequivocal; *ett ~t beslut* a clear-cut decision
envar *pron* var man everybody; *alla och ~* each and everyone
enveten se *envis*
envig *s* duel, single combat
environger *s pl* environs
envis *adj* obstinate, stubborn; ståndaktig, oböjlig äv. unyielding; halsstarrig äv. pertinacious, headstrong; tjurskallig äv. pigheaded; trilsk mulish; ihållande persistent; *~t motstånd* stubborn (segt dogged) resistance
envisas *vb itr dep* be obstinate (osv., jfr *envis*), persist [*med att* inf. in ing-form]
envishet *s* (jfr *envis*) obstinacy, stubbornness, unyieldingness, pertinacity, headstrongness, pigheadedness, mulishness, persistency
envist *adv* obstinately osv., jfr *envis; ~ neka till* allt persist in denying...; *tiga ~* maintain a persistent silence
envoyé *s* envoy
enväldshärskare *s* autocrat; diktator dictator
envälde *s* autocracy, dictatorship
enväldig *adj* absolute, autocratic; *vara ~ om* härskare be an absolute ruler
enzym *s* kem. enzyme
enäggstvilling *s* identical twin
enögd *adj* one-eyed
enögdhet *s* one-eyedness, blindness in one eye
epidemi *s* epidemic
epidemisjukhus *s* isolation hospital
epidemisk *adj* epidemic
epifys *s* anat. epiphys|is (pl. -es)
epigon *s* [inferior] imitator, epigone
epik *s* epic poetry
epiker *s* epic poet
epikuré *s* epicurean äv. bildl.; gourmet epicure
epikureisk *adj* epicurean
epilepsi *s* med. epilepsy
epileptiker *s* epileptic
epileptisk *adj* epileptic
epilog *s* epilogue
episk *adj* epic
episkopal *adj* kyrkl. episcopal
episod *s* episode; intermezzo incident
epistel *s* långt brev, dikt, bibeltext epistle
epitet *s* epithet
epok *s* epoch; *bilda ~* mark an (a new) epoch
epokgörande *adj* epoch-making
epos *s* litt. epic, epos
epålett *s* epaulet[te]
er *pron* 1 pers., se *ni* 2 poss.: fören. your, självst. yours; *Er tillgivne E.* Yours ever (sincerely),

ersättlig

E.; ~*a stackare!* you poor fellows!; *Ers Majestät* Your Majesty; för ex., jfr vid. *1 min era* s era
erbarmlig *adj* eländig, usel wretched, miserable; mycket dålig (svag) very poor; ömkansvärd pitiable
erbjuda I *vb tr* **1** ge anbud [om] o.d. offer; mera valt proffer; ibl. tender; isht självmant volunteer; ~ *ngn sina tjänster* offer (proffer, tender) a p. one's services **2** förete, medföra present; förete äv. afford; skänka afford, offer; ~ *många fördelar* hold out (present, offer) many advantages; ~ *svårigheter* present (be attended by) difficulties
II *vb rfl*, ~ *sig* **1** förklara sig villig offer one's services, come forward; isht självmant volunteer [*som* i samtl. fall as]; ~ *sig att* inf. offer (resp. volunteer) to inf. **2** yppa sig, öppnas present itself; om tillfälle o.d. äv. occur, arise; *en möjlighet erbjöd sig för honom* a chance came his way
erbjudande s offer; affärsanbud äv. tender; *få ett ~ på ngt (att* inf.*)* be offered a th. (a chance to inf.)
erektion s fysiol. erection
eremit s hermit, recluse, anchorite
eremitkräfta s zool. hermit crab
erfara *vb tr* **1** få veta learn; ~ *att* (resp. *ngt)* be informed that (resp. of a th.); *vi erfar av Ert brev* we learn (gather) from... **2** röna, pröva på *[få]* ~ experience, meet with
erfaren *adj* experienced, practised [*i* in]; *en gammal* ~ *lärare* a veteran...
erfarenhet s experience vanl. end. sg., jfr ex.; ~*en visar* experience shows; *jag har [haft] dåliga ~er av...* I have not been particularly satisfied with...; *ha stor* ~ have a great deal of experience, be very experienced; *av [egen]* ~ from [personal] experience; *brist på* ~ lack of experience, inexperience
erfarenhetsmässigt *adv*, ~ *vet vi att...* from experience...
erforderlig *adj* requisite, necessary
erfordra *vb tr* require; nödvändiggöra call for
erfordras *vb itr dep* be required; jfr vid. *behövas*
ergonom s ergonomist; isht amer. biotechnologist
ergonomi s arbetsvetenskap ergonomics sg.; isht amer. biotechnology
ergonomisk *adj* ergonomic; isht amer. biotechnological
erhålla *vb tr* passivt mottaga receive; [för]skaffa sig, utverka, utvinna obtain; jfr vid. *I få II 1*
erigerad *adj*, *i erigerat tillstånd* fysiol. in an erect state
Erik kunganamn el. helgonnamn Eric
eriksgata s ung. [kungens royal] tour of the country
erinra I *vb tr* **1** påminna ~ *[ngn] om ngt (*resp. *om att...)* remind a p. of a th. (resp. [of the fact] that...) **2** invända *jag har (det finns) inget att* ~ *mot det* I have (there can be) no objections to that **II** *vb rfl*, ~ *sig* remember; med större ansträngning recollect, recall; *såvitt jag kan* ~ *mig* as far as I remember, to the best of my recollection
erinran s **1** påminnelse reminder [*om* of] **2** anmärkning: a) förmaning admonition, caution b) invändning objection [*mot* to]
erkänd *adj* acknowledged, recognized; om t.ex. organisation, myndighet [officially] approved (recognized); *bli* ~ vinna erkännande obtain recognition
erkänna I *vb tr* allm. acknowledge; bekänna, tillstå äv. confess [to]; medge äv. admit, own [to], (jfr ex.) uppskatta äv. appreciate; acceptera, godkänna äv. recognize, accept; ~ *ett brott* confess to a crime; ~ *ngns förtjänster* acknowledge a p.'s merits; ~ *ett misstag* acknowledge (confess to, own to, admit) a mistake; ~ *mottagandet av* acknowledge [the] receipt of; ~ *en ny regering* recognize a new government; *det skall villigt ~s att...* it is no use denying that... **II** *vb rfl*, ~ *sig besegrad* acknowledge defeat, acknowledge (admit, own) that one has been defeated
erkännande s acknowledgement, confession, admission, recognition, jfr *erkänna*; *förtjäna* ~ deserve credit; *värd allt* ~ worthy of every recognition
erkänsla s gratitude [*för* for; *mot* to]; *som en* ~ *för* in acknowledgement of; *mot kontant* ~ for a consideration [in cash]
erkänt *adv* admittedly; *han är en* ~ *duktig lärare* he is recognized as a...
erlägga *vb tr* pay; ~ *betalning* make payment, pay [*för* vara for...]
erläggande s payment; *mot* ~ *av* on payment of
ernå *vb tr* attain, achieve
erodera *vb tr* geol. erode
erogen *adj*, ~ *zon* fysiol. erogenous zone
erosion s geol. erosion
erotik s sex; ~*en i hans diktning* the erot[ic]ism in his poetry
erotisk *adj* sexual, erotic; ~ *dikt* kärleksdikt love poem; ~ *litteratur* erotic literature
ersätta *vb tr* **1** gottgöra o.d.: **a)** ~ *ngn* compensate a p. [*för* for]; ~ *ngn för ngt* äv. make up to a p. for a th.; ~ *ngn för hans arbete* remunerate (recompense, pay) a p. for his work **b)** ~ *ngt* compensate (make up) for a th., make good a th.; ~ *en brist* supply a deficiency **2** träda i stället för, byta ut replace; *el har ersatt olja* äv. electricity has superseded oil
ersättare s substitute; vi har inte funnit *någon* ~ *för honom* äv. ...anyone to take his place
ersättlig *adj* replaceable; om förlust o.d. reparable

ersättning *s* **1** gottgörelse compensation; för kostnader, utgifter äv. reimbursement, repayment; för arbete remuneration, recompense, payment; skadestånd damages pl.; understöd, bidrag benefit; ~ *för förlorad arbetsförtjänst* compensation for loss of earnings; *ge ngn ~ för ngt* compensate a p. for a th. **2** utbyte replacement **3** surrogat substitute
ersättningsanspråk *s* jur. claim for compensation (skadestånd damages)
ersättningsskyldig *adj* jur. ...liable to pay compensation; skadeståndsskyldig ...liable for damages
ertappa *vb tr* catch; ~ *ngn [i färd] med att* inf. catch a p. ing-form; ~ *ngn med lögn* catch a p. telling a lie (resp. lies); ~ *sig med att* inf. catch oneself ing-form
eruption *s* eruption
eruptiv *adj* eruptive
erövra *vb tr* inta (t.ex. stad, fästning), ta som byte capture; lägga under sig (t.ex. ett land, hela världen) conquer; vinna win; ~ *en ny marknad* capture a new market
erövrare *s* conqueror
erövring *s* conquest äv. bildl.; intagande capture, taking; *göra en* ~ make a conquest
eskader *s* sjö. squadron; flyg. group, amer. air division
eskaderchef *s* sjö. commander-in-chief of a (resp. the) squadron; flyg. group captain; amer. colonel
eskalera *vb tr* o. *vb itr* escalate, step up
eskapad *s* adventure, escapade
eskapism *s* escapism
eskimå *s* Eskimo (pl. -s el. lika)
eskimåkvinna *s* Eskimo woman
eskort *s* escort; *under ~ av* under the escort of, escorted by
eskortera *vb tr* escort
esperanto *s* Esperanto
esplanad *s* avenue, boulevard fr.
espresso *s* kaffe espresso [coffee]; kopp ~ espresso (pl.-s)
espri *s* **1** kvickhet wit, esprit fr. **2** fjäderprydnad aigrette
1 ess *s* kortsp. ace
2 ess *s* mus. E flat
Ess-dur *s* mus. E flat major
esse, vara i sitt ~ be in one's element
essens *s* essence
ess-moll *s* mus. E flat minor
essä *s* essay
essäist *s* essayist
est *s* Estonian
ester *s* kem. ester
estet *s* aesthete
estetik *s* aesthetics sg.
estetisk *adj* aesthetic[al]; *~a ämnen* art, music and drama
Estland Estonia

estländare *s* Estonian
estländsk *adj* o. **estnisk** *adj* Estonian
estniska *s* **1** kvinna Estonian woman **2** språk Estonian
estrad *s* platform, dais, rostrum; musik~ bandstand
estraddebatt *s* panel discussion
etablera I *vb tr* inrätta, grunda establish; åstadkomma bring about; ~ *ett samarbete mellan* bring about co-operation between; *det ~de samhället* the Establishment **II** *vb rfl*, ~ *sig* establish o.s.; slå sig ned settle down
etablissemang *s* establishment; *~et* polit. the Establishment
etage *s* storey; amer., vanl. floor
etagevåning *s* tvåplanslägenhet maisonette; amer. duplex apartment
etanol *s* kem. ethanol, ethyl alcohol
etapp *s* **1** allm. stage; lap isht sport.; *i [korta] ~er* by easy stages; *införa i ~er* introduce by stages, phase **2** mil., ung. rear (communications) zone **3** skol. level, stage
etappvis *adv* by stages; *avveckla* ~ äv. phase out
etc. förk. etc.
eter *s* ether; *i ~n* radio. on the air
eterisk *adj* ethereal; *~a oljor* äv. essential oils
etermedium *s* broadcasting medi|um (pl. -a)
eternell *s* bot. immortelle, everlasting flower
etik *s* ethics sg.; i bet. 'principer' pl.
etikett *s* **1** umgängesformer etiquette; *hålla på ~en* be a stickler for etiquette **2** lapp label äv. bildl.; *sätta ~ på ngt* label a th.
etikettera *vb tr* label
etikettsfråga *s* question of etiquette
Etiopien Ethiopia
etiopier *s* Ethiopian
etiopisk *adj* Ethiopian
etisk *adj* ethical
etnisk *adj* ethnic[al]; ~ *minoritet* ethnic minority
etnograf *s* ethnographer
etnografi *s* ethnography
etnografisk *adj* ethnographic[al]
etnolog *s* ethnologist
etnologi *s* ethnology
etnologisk *adj* ethnological
etrusk *s* o. **etrusker** *s* Etruscan
etruskisk *adj* Etruscan
etruskiska *s* språk Etruscan
etsa *vb tr* etch; ~ *in* etch in; *det har ~t sig fast i mitt minne* it has engraved itself on my memory
etsare *s* etcher
etsning *s* abstr. el. konkr. etching
ett se *3 en*
etta *s* (jfr äv. *femma*) **1** one; i tärningsspel o.d. äv. ace; *~n[s växel]* first, [the] first gear; *komma in som god* ~ sport. come in an easy first **2** vard. *en* ~ enrumslägenhet a one-room flat (apartment)

etter I s venom äv. bildl.; *spruta* ~ bildl. spit out one's venom **II** adv, ~ *värre* ännu värre still worse; värre och värre worse and worse
ettermyra s zool. myrmicine
ettrig adj bildl.: hetsig hot-tempered, fiery; argsint irascible, peppery; giftig vitriolic; ilsket envis violent, furious
ettstruken adj mus. once-accented; *ettstrukna C* middle C
ettårig adj (jfr *femårig*) **1** ett år gammal one-year-old...; pred. one [year old] **2** som varar (varat) i ett år one-year..., one year's...; gällande för ett år o. om växt äv. annual; *en ~ växt* an annual [plant]; avtalet *är ~t* ...is for one year
ettåring s om barn one-year-old child; om häst yearling
etui s case
etyd s mus. étude fr.; study
etyl s kem. ethyl
etylalkohol s kem. ethyl alcohol
etylen s kem. ethylene
etymolog s etymologist
etymologi s etymology
etymologisk adj etymological
EU (förk. för *Europeiska Unionen*) EU (förk. för the European Union)
eufemism s euphemism
eufemistisk adj euphemistic
eufori s euphoria
euforisk adj euphoric
eukalyptus s eucalyptus
Euklides Euclid
eunuck s eunuch
Eurasien Eurasia
Europa geogr. Europe; mytol. Europa
Europadomstolen the European Court [of Justice]
europamarknaden s, *på* ~ on the European market
Europaminister s Minister for European Affairs
europamästare s European champion
europamästarinna s European [woman] champion
europamästerskap s European championship
Europaparlamentet the European parliament
Europarådet the Council of Europe
Europaväg s European highway
europé s European
europeisera vb tr Europeanize
europeisk adj European; *Europeiska Unionen* (förk. *EU*) the European Union (förk. EU)
eurovision s TV. Eurovision
Eva bibl. el. friare Eve
evakostym, *i* ~ in one's birthday suit, in the altogether
evakuera vb tr evacuate; *en ~d* an evacuee
evakuering s evacuation
evangeliebok s ung. gospel book

evangelietext s gospel text
evangelisk adj evangelical
evangelist s evangelist
evangelium s gospel äv. bildl.; *Matteus'* ~ the Gospel according to St. Matthew; *predika* ~ preach the Gospel
evenemang s [great] event (occasion); större, ceremoniell tillställning function
eventualitet s eventuality, contingency; möjlighet possibility
eventuell adj möjlig possible; om det finns (blir m.m.) någon ...if any; *~a (ett ~t) fel* any faults (fault) that may occur; *~a följder* any consequences that may arise (there may be); *~a köpare* prospective buyers
eventuellt adv möjligen possibly; om så behövs if necessary; *han reser ~ i morgon* he may be going tomorrow
evig adj eternal, everlasting; ständig äv. perpetual, never-ending alla äv. vard. ('evinnerlig'); *detta ~a regnande* this everlasting (never-ending) rain; *~ snö* everlasting snow; *den ~a staden* Rom the Eternal City; *dessa ~a strejker* these eternal strikes; *det tog en ~ tid* it took ages [and ages]; *för ~ tid (~a tider)* for ever; *den ~a vilan* eternal rest
evighet s eternity; *det är ~er sedan...* it is ages (quite an age) since...; *i ~* for ever, eternally
evighetsblomma s bot. everlasting [flower], immortelle
evighetsgöra s never-ending job
evighetsmaskin s perpetual motion machine
evigt adv eternally, jfr *evig*; alltid ever; *för ~* for ever [and ever]
evinnerlig adj eternal; jfr *evig*
E-vitamin s vitamin E
evolution s evolution
exakt I adj exact **II** adv exactly
exakthet s exactness, exactitude
exalterad adj uppjagad over-excited; överspänd highly-strung
examen s **1** själva prövningen examination; vard. exam; *klara sin* ~ pass one's examination; *gå upp i* ~ go in for (sit for, take) an exam **2** [utbildnings]betyg: akademisk degree; lärar~, skeppar~ o.d. certificate; ibl. diploma; *ta (avlägga) [en]* ~ obtain one's degree etc.
examensskrivning s **1** skriftlig examen written examination **2** uppgift exam[ination] paper
examinand s candidate, examinee
examination s examensförhör examination
examinator s examiner
examinera vb tr **1** förhöra examine; utan objekt do the examining **2** växt determine [the species of]
examinering s av växter determination [of species]
excellens s Excellency; *~en T.* His Excellency, Mr. T.; *Ers* ~ Your Excellency

excellera *vb itr* excel [*i* in, at]
excenterskiva *s* tekn. eccentric disc
excentricitet *s* eccentricity; bildl. äv oddity
excentrisk *adj* eccentric; bildl. äv. odd
exceptionell *adj* exceptional
excerpera *vb tr* bok o.d. extract (excerpt) examples from, make excerpts from, excerpt
excerpt *s* extract, excerpt
excess *s* excess; **~er** äv. a) övergrepp outrages b) utsvävningar orgies
exegetisk *adj* bibl. exegetic[al]
exekution *s* execution
exekutionspluton *s* firing squad
exekutiv *adj* **1** verkställande executive; **~ myndighet** executive (executory) authority **2** utmätnings- **~ auktion** auction under a writ of execution
exekutor *s* av testamente executor; kvinnl. executrix
exekvera *vb tr* **1** mus. execute, perform **2** **~ en dom** carry out a sentence; i civilmål execute a judg[e]ment
exempel *s* example; [inträffat] fall instance [*på* of]; räkne~, tal problem; enklare sum; **som ~ på** as an instance of; **tjäna som ~** serve as an example; **jag följde hans ~** I followed his example (lead); gjorde likadant som han äv. I followed suit; **till ~** (förk. *t.ex.*) for example (instance); låt oss säga äv. say; vid uppräkningar o.d. i skrift e.g.
exempellös *adj* unprecedented, unparalleled, unexampled; friare exceptional
exempelsamling *s* collection of examples
exempelvis *adv*, **~ kan jag nämna** as an (by way of) example..., se äv. *[till] exempel*
exemplar *s* av bok, skrift o.d. copy; av en art specimen; **i två (tre) ~** om handlingar äv. in duplicate (triplicate)
exemplarisk *adj* exemplary; **en ~ äkta man** äv. a model husband
exemplifiera *vb tr* exemplify
exemplifiering *s* exemplification, exemplifying
exercera I *vb itr* fullgöra sin värnplikt do one's military service **II** *vb tr* o. *vb itr* öva drill; **~ med ngn** drill (train) a p.
exercis *s* **1** värnplikt military service **2** övning drill
exhibitionism *s* exhibitionism
exhibitionist *s* exhibitionist
exil *s* exile
exilregering *s* exile government
existens *s* tillvaro existence; utkomst livelihood
existensberättigande *s* raison d'être fr.; **systemets ~** the justification of the system
existensminimum *s* subsistence level
existentialism *s* filos. existentialism
existentialist *s* filos. existentialist
existentialistisk *adj* filos. existentialist
existera *vb itr* exist; fortleva, livnära sig äv. subsist [*på* on]; **~nde** existing
exklusiv *adj* exclusive; kräsen äv. select

exklusive *prep* excluding, exclusive of, without
exklusivitet *s* exclusiveness
exkommunikation *s* kyrkl. excommunication
exkrementer *s pl* excrement sg.; vetensk. faeces
exkung *s* ex-king
exkurs *s* excursus; utvikning digression
exkursion *s* excursion; isht amer. field trip
exlibris *s* ex-libris (pl. lika), bookplate
exorcism *s* exorcism
exotisk *adj* exotic
expandera *vb itr* expand
expansion *s* expansion
expansionskraft *s* tekn. expansive force
expansionskärl *s* tekn. expansion tank
expansionspolitik *s* policy of expansion
expansiv *adj* expansive
expatriera *vb tr* expatriate
expediera *vb tr* **1** sända send [off], dispatch, forward; hand. äv. ship **2** betjäna serve, attend to; **~ [en kund]** serve a customer **3** utföra: beställning, order execute, carry out; telefonsamtal put through **4** ombesörja dispatch, deal with, attend to; klara av get...done; ta livet av dispatch, dispose of
expediering *s* **1** sändning sending [off], dispatch, forwarding, shipment **2** **~ [av kunder]** serving customers **3** av beställning carrying out; av telefonsamtal putting through
expedit *s* [shop] assistant; amer. [sales] clerk
expedition *s* **1** lokal office **2** resa, trupp o.d. expedition **3** se *expediering*
expeditionsavgift *s* service charge
expeditionsföreståndare *s* office manager
expeditionsregering *s* polit. caretaker government
expeditionstid *s* office hours pl.
expeditör *s* varuavsändare forwarding agent
experiment *s* experiment
experimentell *adj* experimental; **på ~ väg** experimentally
experimentera *vb itr* experiment; **~ ut** discover (find out) [...by means of experiments]
experimentstadium *s* experimental stage
expert *s* expert [*på* on, in, betr. praktiska ting at]; authority, specialist [*på* on]
expertgrupp *s* group of experts; vard. think tank
expertis *s* **1** sakkunniga experts pl. **2** experternas uppfattning expert opinion; sakkunskap expertise, know-how
expertutlåtande *s* expert's (resp. experts') report
explicit I *adj* explicit **II** *adv* explicitly
exploatera *vb tr* exploit äv. utsuga; gruva, patent, uppfinning äv. work; vattenkraft o.d. äv. harness, utilize; mark develop; naturtillgångar äv. tap, develop; ngns godtrogenhet m.m. äv. trade upon
exploatering *s* exploitation, working,

harnessing, utilization; av t.ex. mark development; jfr *exploatera*
explodera *vb itr* explode, blow up; om sprängladdning o.d. äv. detonate; om något uppumpat burst; ~ *av skratt* explode with laughter
explosion *s* explosion, detonation, bursting, jfr *explodera*; spec. om tryckvågorna blast
explosionsartad *adj* explosive
explosionssäker *adj* explosion-proof
explosiv *adj* explosive; fonet. plosive; *~a ämnen* explosives
expo *s* exhibition, show; vard. expo
exponent *s* exponent [*för* of]; matem. äv. index (pl. indices)
exponera I *vb tr* utställa, blotta samt foto. expose **II** *vb rfl*, *~ sig* expose oneself [*för* to]
exponering *s* isht foto. exposure
exponeringsmätare *s* foto. exposure meter
exponeringstid *s* foto. time of exposure, exposure time
export *s* ~erande export[ation]; varor exports pl.
exportartikel *s* export article (commodity), article for export; *exportartiklar* äv. exports
exportavdelning *s* export department
exportchef *s* export manager
exportera *vb tr* export
exportförbud *s*, *~ på* en vara a ban on the export of...
exportföretag *s* export company
exporthandel *s* export trade
exportindustri *s* export industry
exportkredit *s* export credit
exportlicens *s* export licence (permit)
exportmarknad *s* export market
exportrestriktioner *s pl* export restrictions
exporttillstånd *s* export permit
exporttull *s* export duty
exportvara *s* export commodity (product); *exportvaror* äv. export goods, exports
exportöl *s* export beer
exportör *s* exporter
exportöverskott *s* jämfört med importen excess of exports over imports; som kan exporteras exportable surplus
exposé *s* survey; summary, exposition
expresident *s* ex-president
express I *s* se *expressbyrå* o. *expresståg; med ~* by express **II** *adv* express; på försändelser äv. by express (special) delivery; *skicka ~* send by (per) express
expressavgift *s* express delivery charge
expressbrev *s* express (special delivery) letter
expressbyrå *s* removal firm, transport agency; amer. express [company]; i annonser removals
expressgods *s* koll. express goods pl.; *sända ngt som ~* send a th. by express, express a th.
expressionism *s* konst. expressionism
expressionist *s* konst. expressionist
expressiv *adj* expressive

expresståg *s* express [train]
expropriera *vb tr* expropriate
extas *s* ecstasy; friare äv. rapture; *råka i ~* go into ecstasies (raptures) [*över* over]
extatisk *adj* ecstatic
extemporera *vb tr* o. *vb itr* extemporize
extensiv *adj* extensive; *~ läsning* extensive reading
exteriör *s* exterior
extern *adj* external
extra I *adj* tilläggs- extra, additional, supplementary; särskild, ovanlig special; biträdande assistant; icke fast anställd temporary-staff...; reserv-, till övers spare; det blir *en ~ avgift (kostnad, utgift)* äv. ...an extra; *~ erbjudande* special offer; *~ möte* extraordinary meeting; i dag blir det *någonting [alldeles] ~* ...something [extra] special **II** *adv* extra; ovanligt exceptionally; *separat* separately; *~ billig* exceptionally cheap, vard. dirt-cheap; *~ prima kvalitet* extra (superior) quality; *ta ~ betalt för* make an additional charge for; se äv. sms. med *extra*
extraförtjänst se *biinkomst*
extrahera *vb tr* extract [*ur* from]
extraknäck *s* vard., bisyssla job on the side; extraknäckande moonlighting
extraknäcka *vb itr* earn money (do a job) on the side, moonlight
extrakt *s* extract [*ur* from]; ur skrift äv. abstract [*ur* of]
extraktion *s* extraction; härkomst äv. descent
extralektion *s* privatlektion private lesson
extranummer *s* **1** tidnings special [edition] **2** uppträdandes encore
extraordinarie *adj* extraordinary; ej fast anställd temporary, non-permanent
extraordinär *adj* extraordinary, exceptional
extrapolera *vb tr* o. *vb itr* extrapolate
extrapris *s* special offer; reapris bargain price; *det är ~ på...* ...is (resp. are) on special offer (specially cheap)
extratåg *s* special (dubblerat relief) train
extravagans *s* extravagance
extravagant *adj* extravagant
extrem *adj* extreme; polit. extremist
extremist *s* extremist
extremitet *s* extremity

F

f *s* **1** bokstav f [utt. ef] **2** mus. F
fabel *s* fable äv. bildl.; handling i roman o.d. plot
fabla *vb itr* talk wildly, make up stories, tell fairy-tales [*om* about]
fabricera *vb tr* manufacture, make; bildl. fabricate, make up
fabrik *s* factory; bruk, verk works (pl. lika), amer. äv. plant; cellulosa~, textil~ mill; mindre, t.ex. snickeri~ [work]shop
fabrikant *s* tillverkare manufacturer; av bestämt varuparti maker
fabrikat *s* **1** vara manufacture, product; isht textil~ fabric **2** tillverkning make, manufacture; *av svenskt* ~ made in Sweden
fabrikation *s* manufacture, making; produktionsomfång output
fabrikationsfel *s* manufacturing defect (flaw, fault)
fabriksanläggning *s* industrial plant, se vid. *fabrik*
fabriksarbetare *s* factory hand (worker); på t.ex. textilfabrik mill hand
fabriksbyggnad *s* factory building
fabriksmärke *s* trade (manufacturer's) mark
fabriksny *adj* ...fresh from the factory, ...straight from the works, brand-new
fabrikspris *s* factory (maker's) price
fabrikssamhälle *s* industrial community
fabriksskorsten *s* factory chimney
fabrikstillverkad *adj* factory-made
fabriksvara *s* factory-made article (product); *fabriksvaror* äv. manufactured goods, manufactures
fabrikör *s* factory owner; ägare av textilfabrik mill owner
fabulera *vb itr* romance [*om* about]; give one's imagination [a] free rein
fabulös *adj* fabulous, fantastic
facil *adj* om pris moderate, reasonable
facit *s* **1** key, answers pl.; ~bok answer book **2** lösning answer, total, resulting figure; result; resultat final result
fack *s* **1** i hylla o.d. compartment, pigeonhole; post~ post office box; typogr. box **2** gren inom industri o. hantverk branch, trade; yrke, isht lärt profession; område line, sphere; läro~ subject; roll~ roles pl., parts pl.; *hans ~ är* invärtes medicin he specializes in...; *det hör inte till mitt ~* it is not my line **3** ~*et* fackföreningen the union
fackeltåg *s* torchlight procession
fackförbund *s* federation of trade (amer. labor) unions, national trade (amer. labor) union
fackförening *s* [trade] union
fackföreningsavgift *s* [trade-]union dues
fackföreningsledare *s* [trade-]union leader
fackhögskola *s* ung. college (institute) for specialized studies
fackidiot *s* vard. narrow specialist
fackkunnig *adj* expert, skilled, experienced
fackkunskap *s* expert (technical) knowledge (end. sg.)
fackla *s* torch
facklig *adj* professional, technical; hörande till fackföreningsrörelsen; attr. [trade-]union...; *en ~ fråga* a [trade-]union matter
fackligt *adv*, *han är ~ organiserad* he belongs to a [trade-]union
facklitteratur *s* specialist (technical) literature; i mots. t. skönlitteratur non-fiction
facklärare *s* subject (specialist) teacher
fackman *s* yrkesman professional; sakkunnig expert; *~ på området* expert in the matter (field)
fackmannahåll, *på* ~ among experts
fackordbok *s* technical dictionary, dictionary of technical terms
fackspråk *s* technical language (terminology, jargon)
fackterm *s* technical (inom handel, industri trade) term
facktidskrift *s* för handel, industri trade journal; teknisk technical (vetenskaplig scientific) journal
fadd *adj* jolmig flat, stale, vapid, insipid; banal vapid, insipid
fadder *s* godfather, godmother, godparent; friare sponsor; *stå ~ till* be (act as) godfather (osv., se ovan) to; friare stand sponsor to; bildl. äv. sponsor
fadderbarn *s* godchild; krigsbarn o.d. sponsored (adopted) child
faddergåva *s* christening gift
fadderort *s* twin town
faddhet *s* flatness, insipidity; ~*er* platitudes, insipid remarks
fader *s* father; poet. el. om djur sire; *Gud ~* God the Father; *kubismens ~* the father of cubism; *våra fäder* förfäder äv. our forefathers (ancestors); *på ~ns sida* on the (one's) father's side; attr. äv. paternal...; jfr *far*
faderlig *adj* fatherly äv. ~*t* öm; som tillkommer en far paternal
faderlös *adj* fatherless; jfr *moderlös* ex.
fadermördare *s* **1** patricide **2** krage, vard. choker
fadersfigur *s* father figure (image)
fadersfixering *s* father fixation
faderskap *s* fatherhood; isht jur. paternity
faderskapsmål *s* paternity suit
faderskärlek *s* paternal (a father's) love (affection)
fadervår *s* bönen: prot. the Lord's Prayer; isht katol. [the] Our Father
fadäs *s* dumhet faux pas (pl. lika) fr.; *begå*

(göra) en ~ commit a faux pas, put one's foot in it, drop a brick
fager *adj* fair; *fagra ord* fair words
faggorna, vara i ~ be coming (approaching, ahead)
fagott *s* instrument bassoon
Fahrenheit Fahrenheit
fajans *s* [glazed] earthenware, faience (båda end. sg.)
fakir *s* fakir
faksimil *s* o. **faksimile** *s* facsimile
faktisk *adj* actual, real, factual; *egentlig* virtual; *de ~a förhållandena* the [actual] facts; *det ~a läget* the actual (real) situation
faktiskt *adv* as a matter of fact, in fact, actually, virtually; *verkligen* really; *jag vet ~ inte* I really don't know
faktor *s* **1** *allm. el. matem.* factor; beståndsdel äv. element [*i* of, in]; *den mänskliga ~n* the human factor (equation, element) **2** på tryckeri foreman, overseer
faktum *s* fact; omständighet äv. circumstance; *fakta* äv. data; *~ är* the fact [of the matter] is; *fakta i målet* jur. the case history
faktura *s* invoice, bill, account [*över* for, covering]; *enligt ~* as per invoice
fakturera *vb tr* skriva faktura invoice, bill; prissätta price
fakultativ *adj* optional, facultative
fakultet *s* univ. faculty; *juridiska (medicinska) ~en* the faculty of law (medicine)
fal *adj* mutbar venal, open to bribery
falang *s* polit. wing
falk *s* isht jakt~ falcon; kortvingad hawk
falkblick *s* bildl. eagle eye
falkenerare *s* falconer
falkjakt *s* falconry (end. sg.); hawking
fall *s* **1** mer eg. fall; vatten~ fall[s pl.]; *knall och ~* [all] of a sudden, on the spot; *det blev platt ~* fiasko it was a complete failure (vard. a flop); *i ~et bröt han armen* in falling he broke his arm
2 friare el. bildl.: förhållande, rättsfall m.m. case; *som ~et är med...* as is the case with...; *om så är ~et* if that is the case (is so), in that case; *i alla ~* a) i alla händelser in any case, at all events, at any rate, anyhow, anyway, at least; det oaktat nevertheless, all the same b) i samtliga ~ in all cases; *i annat (i motsatt) ~* otherwise etc., jfr *annars; i bästa ~* at [the] best; *i så ~* in that case, if so; *i varje ~ se i alla ~* ovan; *i vilket ~ som helst* in any case (event); om två alternativ in either case; *i värsta ~* if the worst comes to the worst
falla I *vb itr* eg. o. bildl. fall; om kurs, pris o.d. äv. drop, go down; om förslag o.d. äv. fail; *det föll mycket snö* a lot of snow fell; *regeringen har fallit* the government has fallen; *låta förslaget ~* drop the proposal; *låta en plan ~* give up a plan; *avgörandet faller idag* the matter will be decided today; *dom faller om en vecka* judgement will be pronounced...; *priserna föll kraftigt* äv. prices slumped; *~ för* frestelsen yield (give way) to...; *alla föll för honom* everybody fell for him; *misstanken föll på honom* suspicion fell upon him
II *vb rfl*, **~ sig** hända sig happen, chance; med adj. predf.: te sig be; *det faller sig naturligt [för mig] att...* it comes natural [to me] to...; *det föll sig så att han...* it so happened that he..., he happened to inf.
III med beton. part.
~ av allm. fall off; om frukt o. löv äv. drop off, come down; om hår äv. come (fall) out; magra grow thin
~ bort drop (fall) [off]; t.ex. ur minnet äv. drop out; försvinna be dropped, be discontinued, disappear, lapse
~ framåt fall forwards
~ i fall in; genom is fall through
~ ifrån dö pass away; avfalla drop off, fall away
~ igenom fall through; i examen fail; om lagförslag o.d. be defeated; *han föll igenom vid valet* he was defeated (rejected) at the election
~ ihop fall in (down), collapse; bryta samman break down, collapse
~ in fall in; stämma upp strike up; stämma in join in (äv. i samtal); *det föll mig in* it (the idea) occurred to (struck) me; *det skulle aldrig ~ mig in!* I wouldn't dream of it (of such a thing)!
~ isär se *~ sönder*
~ ned fall (drop) down; *~ ned död* drop dead
~ omkull fall [over], fall (tumble, come) down, drop
~ samman se *~ ihop* o. *sammanfalla*
~ sönder fall (drop, crumble) to pieces; isht bildl. break up; jfr *sönderfalla*
~ tillbaka fall (slip) back; sacka efter fall behind, lag; *ha något att ~ tillbaka på* ekonomiskt have something [put by] to fall back on; vard. have a nest-egg
~ undan fall (slide) away; bildl. yield, give way (in) [*för* to]; vard. climb down
~ ut: han föll ut genom fönstret he fell out of the window; jfr äv. *utfalla*
~ utför fall downwards (downhill)
fallen *adj* **1** fallen äv. bildl.; *en ~ kvinna (storhet)* a fallen woman (star); *~ efter* hingst [sired] by; sto out of; *som ~ från skyarna* struck all of a heap **2** *vara ~ för* ha benägenhet för be inclined (addicted, given, prone) to; vara lämpad för have an aptitude (a gift) for
fallenhet *s* begåvning, förmåga aptitude (end. sg.), gift, talent; ung man *med ~ för mekanik*

fallera

...of a mechanical turn, mechanically inclined...
fallera *vb itr* mankera fail, go wrong
fallfrukt *s* koll. windfalls pl.
fallfärdig *adj* ramshackle, tumbledown
fallfärdighet *s* tumbledown state
fallgrop *s* pitfall äv. bildl.
fallhastighet *s* falling velocity
fallhöjd *s* drop; vattens height of fall
fallissemang *s* bankruptcy, failure, crash
fallossymbol *s* phallic symbol
fallrep *s* sjö. gangway; *vara på ~et* ekonomiskt be on the brink of ruin
fallrepstrappa *s* gangway (accommodation) ladder
fallseger *s* brottn. victory by (on) a fall
fallskärm *s* parachute; *hoppa med (ut i) ~* make a parachute jump, parachute; rädda sig bale out; *släppa ned med ~* parachute, drop...by parachute
fallskärmsavtal *s* golden parachute
fallskärmshopp *s* parachute descent (jump)
fallskärmshoppare *s* parachute jumper, parachutist
fallskärmsjägare *s* parachutist, paratrooper; amer. äv. parachuter
fallskärmstrupper *s pl* parachute troops, paratroops
fallstudie *s* psykol. el. med. case study
fallucka *s* trapdoor
falna *vb itr* die down; vissna fade, wither
fals *s* tekn. fold, seam, lap; snick. rabbet, rebate; spont groove, tongue; bokb. fold, guard, joint
falsa *vb tr* tekn. el. bokb. fold; snick. rabbet
falsarium *s* forgery, falsification
falsett *s* mus. falsetto (pl. -s); *gå upp i ~* rise to falsetto; *sjunga i ~* sing falsetto
falsifikat *s* falsification; vara spurious article
falsk *adj* allm. false; svekfull äv. fraudulent, deceitful, insincere; låtsad feigned, pretended; oäkta spurious, fictitious; förfalskad forged; oriktig äv. wrong; bedräglig delusive, illusory; jfr äv. ex.; *~t alarm* false alarm; *~ blygsamhet* false modesty; *segla under ~ flagg* sail under false colours äv. bildl.; *under ~t namn* under a false (an assumed) name, under an alias; *~t pass* forged (spurious) passport; *~t rykte* false (unfounded) report; *~a sedlar* counterfeit (forged) banknotes; *~t spel* kortsp. cheating; bildl. foul play
falskdeklarant *s* person who makes (resp. made) a fraudulent income-tax return; skattesmitare [income-]tax evader; vard. tax dodger
falskdeklaration *s* falsk självdeklaration fraudulent income-tax return
falskeligen *adv* falsely, fraudulently etc., jfr *falsk*
falskhet *s* allm. falseness; hos pers. äv.

duplicity, deceitfulness, disloyalty; oriktighet erroneousness
falskmyntare *s* coiner, counterfeiter
falskskyltad *adj* om bil ...provided with false [number (amer. vanl. license)] plates
falskspelare *s* cheat; yrkesmässig cardsharper
falskt *adv* falsely, fraudulently etc., jfr *falsk;* mus. out of tune; *spela ~* kortsp. cheat [at cards]; *vittna ~* testify falsely, give false evidence (testimony)
familj *s* family; *~en Brown* the Brown family, the Browns pl.; *~en satt vid middagsbordet* the family were sitting...; *bilda ~* marry and settle down (have a family); *vara av god ~* come of a good family
familjeband *s pl* family ties
familjebidrag *s* till värnpliktig family allowance
familjebiljett *s* family [discount] ticket
familjedaghem *s* registered childminding home
familjefader *s* father (head) of a (resp. the) family, family man, paterfamilias
familjeflicka *s* girl from a good home
familjeföretag *s* family business
familjeförhållanden *s pl* family affairs (levnadsomständigheter circumstances)
familjeförsörjare *s* breadwinner; jur. head of a (resp. the) household
familjegrav *s* family grave (burial place, i kyrka m.m. äv. vault)
familjehotell se *kollektivhus*
familjehögtid *s* family reunion (celebration)
familjekrets *s* family circle
familjeliv *s* family (home) life
familjemedlem *s* member of a (resp. the) family
familjenamn *s* family name, surname
familjenyheter *s pl* social news sg.
familjeplanering *s* family planning, planned parenthood
familjeråd *s*, *hålla ~* have a family discussion
familjerådgivare *s* family guidance officer (counsellor)
familjerådgivning *s* family guidance (counselling)
familjerätt *s* family law
familjeskäl *s*, *av ~* for family reasons (considerations)
familjär *adj* familiar
famla *vb itr* grope, fumble [*efter* for (after)]
famlande *adj* groping, fumbling; bildl. tentative; *~ försök* hesitant attempt
famn *s* **1** armar arms pl.; fång armful [före följ. best. of]; *stora ~en* a big hug; *ta ngn i ~* embrace a p., hug a p.; *med ~en full av blommor* carrying an armful of... **2** mått fathom
famna *vb tr* omfamna embrace
famntag *s* embrace; vard. hug
famös *adj* beryktad notorious
1 fan *s* på fjäder vane, web

2 fan s **1** den Onde the Devil **2** vard. el. sl. *en stackars ~* a poor devil; *fy ~!* hell!, damn!; svag. God!; vulg. fuck!, shit!; *springa som (av bara) ~* run like hell (svag. like blazes); *det var [som] ~!* well, I'll be damned!; *vad (var, vem) ~...?* what (where, who) the devil (the hell, svag. the deuce)...?; *det vete ~* the devil [only] knows; *det ger jag [blanka] ~ i* I don't care (give) a damn (vulg. fuck) [about that]; *du kan ge dig ~ på det* you bet your bloody (svag. damn[ed]) life; *måla ~ på väggen* make things worse than they are; *tacka ~ för det!* I should bloody (svag. damn[ed]) well think so!; *vara full i ~* be a bit of a devil
3 fan s beundrare fan; *~ club* fan club
fana s flag; banner, standard båda äv. bildl.; mil. colours pl.; emblem ensign; *hålla frihetens ~ högt* keep the banner of freedom flying
fanatiker s fanatic, zealot
fanatisk adj fanatic[al]
fanatism s fanaticism
fanborg s massed standards pl.
fanbärare s standard bearer
fanders s vard. *dra åt ~!* go to hell (blazes)!; *det gick åt ~* it went to pot (to hell)
faner s veneer
fanera vb tr veneer
fanerogam s bot. phanerogam
fanerskiva s veneer sheet
fanfar s flourish, fanfare; *blåsa en ~* sound a flourish
fanflykt s desertion
fanjunkare s warrant officer [class II]; vid flottan fleet chief petty officer; amer.: vid armén, marinkåren master sergeant, vid flottan senior chief petty officer, vid flygvapnet senior master sergeant
fanskap s vard., handling o.d. samt om pers. damn[ed] nuisance; *hela ~et* the whole damn[ed] (bloody) lot
fanstyg se *fanskap*
fantasi s **1** inbillningsförmåga, skapande *~* imagination; av ytligare, flyktigare art fancy, fantasy; *en livlig (sjuk) ~* a lively (diseased) imagination; *inte i min vildaste ~* not in my wildest dreams **2** inbillning, infall fancy, fantasy; *~er* äv. dreams; *~ och verklighet* fact and fiction; *fria (rena) ~er* påhitt pure inventions; *sjukliga ~er* morbid (diseased) fantasies **3** mus. fantasia, ibl. fantasy; *fria ~er* improvisations
fantasibild s imaginary picture, vision
fantasidräkt s fancy-dress
fantasifull adj imaginative
fantasilös adj unimaginative, dull
fantasipris s fancy price
fantasirik adj imaginative
fantasistycke s mus. fantasia, fantasy, improvisation

fantasivärld s world of make-believe (of the imagination)
fantast s entusiast enthusiast, vard. fan, freak; drömmare visionary, dreamer
fantasteri s [mere] fantasy (stark. ravings pl.)
fantastisk adj fantastic; vard. äv. terrific, fabulous
fantisera I vb itr **1** drömma fantasize, indulge in fancies, dream; fabla talk wildly **2** mus. improvise **II** vb tr, *~ ihop* invent, concoct
fantom s phantom; *Fantomen* seriefigur the Phantom
fantomsmärta s med. phantom pain
far s father; vard. dad, pa, jfr äv. *fader* o. *pappa*; *~s dag* Father's Day; *bli ~* become a father; *han angavs som ~ till barnet* the child was fathered on him
1 fara s danger; stor el. hotande peril; risk risk; vågspel hazard; *ingen ~ på taket!* there's no fear of that!, you (we etc.) needn't worry!, it will all sort itself out!; *det är ~ för krig* there is a danger of war; *det är ~ värt att han* går there is a danger (risk) of his... ing-form; *det är ingen ~ för det!* there is no fear (danger) of that!; *det är ingen ~ med honom (den saken)* there is no need to worry about him (that), he's (that's) all right; *hoppa med ~ för livet* jump at the risk of one's life; *vara utom ~* be out of danger; *vid ~* in case of danger; *ge '~n över'* signal sound the all clear
2 fara I vb itr **1** färdas, isht till en plats go [*till* to]; avresa leave, start, depart, set out [*till* i samtl. fall for]; go off (away) [*till* to]; vara på resa travel; *~ söderut* go [to the] south; *vi for samma väg* we travelled by the same route; *~ sin väg* go away, leave; *~ till staden (sta'n)* go in (om storstad up) to town; *~ till fjällen (fjälls)* go up into the mountains
2 ila, rusa rush, tear, dash, plötsligt dart, shoot; susa whiz; *~ i luften* explodera go (blow) up, be blown up; *han lät blicken ~ över...* he ran his eye over...; *komma ~nde* come rushing (tearing) along
3 bildl. *~ illa* fare badly, be badly treated; *bilen far illa av att* inf. it is bad for the car to inf.; *vad är det han far efter?* what is on his mind?, what is he thinking about?; *~ med osanning* tell lies, be a liar
II med beton. part.
~ av: hatten *for av* ...flew off; *~* rusa *av och an* dash (dart) to and fro
~ bort resa go (köra drive) away [*från* from]
~ efter ngn: söka upphinna go (köra drive) after...; för att hämta go and (to) fetch..., go for...
~ fram a) eg.: komma farande go (köra drive) ahead b) bildl.: husera carry (go) on; *~ varligt fram med* ngt treat...gently, be careful with...

farao

~ förbi go (köra drive, rusa dash) past (by); passera pass
~ i: jag undrar *vad som har farit i honom* ...what has taken possession of (got into) him
~ ifrån: lämna ngn go (köra drive) away from a p., leave a p.; *hon for ifrån* sin väska she left (forgot)...
~ igen om dörr o.d. shut, swing to
~ in: ~ *in i* enter, go into; ~ *in till stan (staden)* go in (om storstad up) to town
~ i väg start, go off, set out; rusa go (rush) off, hurry away
~ omkring go (travel, köra drive) about; om sak run (rulla roll) about; ~ *omkring* flänga bustle about
~ tillbaka återvända go back
~ upp a) rusa upp jump up b) öppna sig fly open, open; ~ *upp ur sängen* jump out of bed
~ ut eg. go (köra drive) out; ~ *ut på (till) landet* go into the country; bildl. ~ *ut mot ngn* let fly at (skälla på rail at) a p.
~ vidare go on, continue one's journey
~ vilse lose one's way, go astray
~ över go across, cross, traverse
farao *s* Pharaoh
farbar *adj* om väg passable, practicable, negotiable; om farvatten navigable
farbroderlig *adj* avuncular; välvillig benign; nedlåtande condescending
farbror *s* allm. [paternal] uncle; friare [nice old] gentleman; *~ John* Uncle John; *~ Johansson* Mr. ('Uncle') Johansson; *kan ~ säga* vad...? can you please tell me...?
farfar *s* [paternal] grandfather; vard. grandpa, granddad; father's father; *~s far (mor)* great-grandfather (great-grandmother)
farföräldrar *s pl*, *mina ~* my grandparents [on my father's side]
farhåga *s* oro fear, apprehension [*för* about, as to; *för att* sats that sats, as to ing-form]; *mina farhågor besannades* my misgivings turned out to be justified
farinsocker *s* brown sugar
farisé *s* Pharisee
fariseisk *adj* pharisaic[al]
farkost *s* boat, craft (pl. craft); poet. bark
farled *s* [navigable] channel, fairway; rutt route, lane
farlig *adj* **1** dangerous [*för* for, to]; farofylld ...fraught with danger, perilous; äventyrlig hazardous, risky; *en ~ medtävlare (sjukdom)* a dangerous competitor (disease); *den ~a åldern* the critical years; *det är inte [så] ~t* it is not so bad [after all]; det gör ingenting it doesn't matter; det gör inte ont it won't hurt you; *vara ~ för den allmänna säkerheten* be a danger to the public; *det ~a är att...* the danger is that...
2 faslig awful

farlighet *s* danger, peril; dangerousness, perilousness (båda end. sg.); *inlåta sig på ~er* expose oneself to danger
farm *s* farm
farmaceut *s* dispensing chemist's assistant; student pharmacological student
farmaceutisk *adj* pharmaceutical
farmakolog *s* pharmacologist
farmakologi *s* pharmacology
farmare *s* farmer
farmor *s* [paternal] grandmother; vard. grandma, granny, gran; father's mother; *~s far (mor)* great-grandfather (great-grandmother)
farozon *s* danger zone (area); *vara i ~en* bildl. be at risk (in jeopardy)
fars *s* farce
farsa *s* vard. *~[n]* dad, pa; isht amer. pop; *min ~* my old man
farsartad *adj* farcical
farsarv *s* patrimony
farsot *s* epidemic, bildl. äv. plague
farstu *s* [entrance] hall, vestibule; trappavsats landing; *han faller inte i ~n för...* he is not so easily impressed by...
fart *s* **1** hastighet: allm. speed, rapidity (end. sg.); takt rate; tempo pace; sjö., 'rörelse framåt' headway, way; *5 knops ~* 5 knots; *bestämma ~en* set the pace; *få ~* gather speed (momentum); sjö. make headway, gather way; *minska ~en* slow down, reduce speed; *sätta ~* skynda på hurry up; vard. step on it; *öka ~en* speed up, increase (put on) speed, accelerate; vid löpning o.d. step up the pace; skynda sig hurry up; *av bara ~en* automatically; ofrivilligt unintentionally; *i (med) full ~* at full (top) speed; *med en ~ av 100 kilometer* at the rate of 100 kilometres; jfr äv. *hastighet*
2 gång, rörelse *medan du ändå är i ~en* while you are at it; *i ~en* sedan klockan sju up and about...
3 liv, 'kläm' verve, swing; impetus, push; go, dash; vard. pep; *det är ingen ~ i honom* he is without any go (dash, vard. pep); *det var full ~ på* auktionen ...was in full swing; *få (sätta) ~ på saker och ting* get things moving (going); *sätta ~ på ngt* give an impetus to a th.; blåsa liv i put life into a th.; *försäljningen har tagit ~* [the] sales have received an impetus (have boomed); *det gick i en ~* it was done in no time
fartbegränsning *s* speed limit (restriction)
fartblind *adj*, *vara ~* fail to adjust to a slower speed
fartdåre *s* vard. speeder, speed merchant, speedster
fartgräns *s* speed limit; *överskrida ~en* exceed the speed limit
fartgupp *s* o. **farthinder** *s* i vägbana speed hump (bump), vard. sleeping policeman

farthållare s **1** sport. pacemaker **2** bil. *automatisk* ~ cruise control
fartkontroll s speed check (fälla trap)
fartsyndare s speeder, speedster
fartyg s vessel, ship, craft (pl. craft)
fartygsbefäl s koll. ship's officers pl.
fartygsbesättning s crew, ship's company
fartygsregister s register of shipping
farvatten s vattenområde waters pl.; farled channel, fairway; *i egna (svenska)* ~ in home (Swedish) waters
farväl I *interj*, ~*!* farewell!, goodbye! **II** s farewell, goodbye; *säga* ~ bid farewell, say goodbye
fas s **1** phase äv. bildl. **2** avsneddad kant bevel, chamfer
1 fasa I s blandad med avsky horror; skräck terror; bävan dread (end. sg.); *krigets fasor* the horrors of war; *det är min* ~ it is my pet aversion; *ha en* ~ *för ngt* a) skräck be mortally afraid of a th. b) avsky have a violent aversion to a th.; *stel av* ~ paralysed with terror; *fylla ngn med* ~ fill (strike) a p. with horror (terror), horrify (terrify) a p. **II** *vb itr* **1** frukta shudder [*för* at]; ~ *för att* inf. dread ing-form **2** avsky loathe, abhor [*för att gå* going]
2 fasa *vb tr*, ~ *[av]* avjämna bevel, chamfer
fasad s front, façade, frontage; tandläk. facing
fasadbeklädnad s byggn. facing
fasadbelysa *vb tr* floodlight
fasadbelysning s abstr. floodlighting; konkr. floodlights pl.
fasadklättrare s cat burglar; amer. äv. porch climber
fasadtegel s material facing brick; *ett hus med* ~ ...brick facing
fasan s pheasant
fasanhöna s hen pheasant
fasansfull *adj* förfärlig horrible, terrible, appalling, awful; ohygglig ghastly, gruesome; vard. awful, appalling
fasantupp s cock pheasant
fascinera *vb tr* fascinate
fascinerande *adj* fascinating
fascism s Fascism
fascist s Fascist
fascistisk *adj* Fascist
fasen s vard. *det var som* ~ well, I'll be blowed!, well, what do you know about that!; *vad* ~ *...* what the devil...
fasett s facet
fasettslipa|d *adj* ...cut in facets; *-t glas* faceted glass
fasettöga s zool. faceted (compound) eye
fashionabel *adj* fashionable
faslig *adj* dreadful, frightful, terrible; awful; *det var ~t vad du ser trött ut* you look dreadfully tired; *ett ~t besvär* an awful bother
fason s **1** form shape, form; snitt cut; *förlora* ~*en* lose its (get out of) shape; *sätta (få)* ~ *på...* put (pers. lick)...into shape **2** sätt way **3** beteende manners pl.; *vad är det för* ~*er?* what do you mean by behaving like that?, where are your manners?
1 fast I *adj* orörlig o. mots. t. mjuk firm äv. bildl.; fastsatt fixed; ej flyttbar stationary; mots. t. flytande solid; tät compact; fastställd, stadigvarande fixed, established, permanent, settled; *ha* ~ *anställning* have a permanent job (om högre tjänst an established post); *ett* ~ *arbete* a regular (permanent, steady) job; ~ *bostad* fixed abode, permanent address; ~ *föda (ämne)* solid food (substance); ~*a bänkar* fixed benches; ~ *egendom* real property (estate); *i* ~ *form* in solid form; *med* ~ *hand* bildl. with a firm hand; ~ *inkomst* fixed (regular) income; ~ *karaktär* strong (firm) character; ~*a kostnader* fixed costs; ~ *kund* regular customer; ~ *kurs* ekon. fixed rate; ~ *lön* fixed (utom provision basic) salary, regular pay; *ha* ~ *mark under fötterna* äv. bildl. be on firm ground; *ha* ~*a principer* have fixed (firm) principles; ~ *pris* fixed price; ~ *ränta* fixed [rate of] interest
II *adv* **1** firmly etc., jfr *I*; ibl. firm; *vara* ~ *anställd* be permanently employed [*hos ngn* by a p.]; have a permanent job (om högre tjänst appointment, post); ~ *besluten* firmly resolved, determined **2** fasttagen *bli* ~ be (get) caught; *bli* ~ *för* ett uppdrag be forced to take on...; jfr äv. under resp. vb
2 fast *konj* though, although
1 fasta s, *ta* ~ *på* ngns ord el. löfte make a mental note of...; komma ihåg bear...in mind; utgå från take...as one's starting-point; *det är ingenting att ta* ~ *på* that is nothing to go on
2 fasta I s **1** fastande fasting; tid då man fastar fast; *tre dagars* ~ a fast of three days **2** fastlag ~*n* Lent **II** *vb itr* fast; *på* ~*nde mage* on an empty stomach, fasting
fastedag s fast day, fasting-day
faster s [paternal] aunt
fastfrusen *adj*, *ligga* ~ om fartyg be ice-bound
fasthet s orörlighet o. ståndaktighet firmness äv. hand.; varaktighet steadfastness, permanence; stabilitet stability; täthet solidity, compactness; ~ *i karaktären* firmness (consistency) of character
fastighet s hus house, building; egendom [house] property; fast egendom real estate (property)
fastighetsmäklare s estate (house) agent; amer. real estate agent, realtor
fastighetsskatt s tax on real estate
fastighetsskötare s caretaker
fastighetstaxering s property taxation, rating
fastighetsägare s house-owner; hyresvärd landlord

fastkedjad *adj* chained fast (on)
fastklistrad *adj*, *sitta [som]* ~ *vid TV:n* be glued to the TV; *stå som* ~ stand as if rooted to the spot
fastlagen *s* Lent; veckan t.o.m. fettisdagen Shrovetide
fastlagsbulle se *semla*
fastlagsris *s* twigs pl. with coloured feathers [used as a decoration during Lent]
fastlagssöndag *s*, ~*[en]* Quinquagesima [Sunday], Shrove Sunday
fastland *s* mainland; världsdel continent; *det europeiska* ~*et* the Continent, Continental Europe
fastlandsklimat *s* continental climate
fastlåst *adj* bildl. deadlocked
fastlägga *vb tr* determine, decide; regler, planer lay down, establish
fastna *vb itr* allm. get caught, catch; sätta sig fast, klibba stick [fast], get stuck [fast]; komma i kläm jam, get wedged; *han har* ~*t för en blondin* he has been hooked by a blonde; *jag* ~*de* bestämde mig *för...* I decided on...; nyckeln ~*de i låset* ...jammed in the lock; ~ *i minnet* stick [fast] (remain) in the (resp. one's) memory; *min blick* ~*de på...* my eye was caught (arrested) by...; ~ *på kroken* be (get) hooked; ~ *på ett tal* ej lyckas lösa get stuck over (on) an arithmetic sum (a sum)
fastnaglad *adj*, *stå som* ~ stand rooted to the spot
fastslå *vb tr* a) hävda lay it down, maintain b) bevisa prove; fastställa establish [*att* the fact that]; klart ådagalägga show (bring it out) clearly c) bestämma settle, fix
fastställa *vb tr* 1 bestämma appoint, fix, stipulate, establish, lay down; ~ *dag* appoint (fix) a day; *fastställt pris* fixed (set, stipulated) price; *på de fastställda villkoren* on the terms approved (conditions stipulated el. laid down) 2 stadfästa confirm, ratify, sanction 3 konstatera establish
fastvuxen *adj* firmly (fast) rooted [*vid* to]; jfr *fastnaglad*
fastän *konj* though, although
fat *s* 1 uppläggnings~ dish; bunke basin, av metall äv. pan; *ett* ~ gröt a dish of... 2 tefat saucer; tallrik plate 3 tunna barrel, mindre cask; butt, hogshead äv. ss. mått; kar vat; *ett* ~ *olja* a drum (barrel) of oil; *öl från* ~ draught beer; förvaras *på* ~ ...in barrels 4 bildl. *det ligger honom i* ~*et att...* he is handicapped by the fact that...
fatal *adj* olycklig unlucky, unfortunate; ödesdiger fatal, disastrous, regrettable; förarglig annoying
fatalist *s* fatalist
fatalistisk *adj* fatalistic
fatalitet *s* misfortune
1 fatt *adj*, *hur är det* ~ *?* what's the matter?; vard. what's up?

2 fatt *adv* 1 se *ifatt* 2 *få* ~ *i* get hold of, find; komma över äv. come across (by), pick up, lay hands upon; *ta* ~ *i* catch hold of, grasp, grip
fatta I *vb tr o. vb itr* 1 gripa catch, grasp, clutch; hugga tag i seize, take hold of; ~ *ngns hand* grasp a p.'s hand; ~ *pennan* take up one's pen
2 börja hysa o.d. conceive, take, form, be seized with; jfr ex.; ~ *ett beslut* come to (make, arrive at) a decision; vid möte pass a resolution; ~ *motvilja mot* take a dislike (an aversion) to; ~ *mod* take courage; ~ *tycke för* take a fancy (liking) to
3 begripa understand, grasp, conceive, comprehend; *ha lätt (svårt) att* ~ be quick (slow) on the uptake; *jag* ~*r inte hur...* I can't understand how..., it beats me how...; *jag* ~*r det såsom...* I take it as...
II *vb rfl*, *för att* ~ *mig kort* to be brief, to put it briefly (shortly), to make a long story short
fattad *adj* lugn composed, collected
fattas *vb itr dep* 1 finnas i otillräcklig mängd be wanting (lacking); saknas be missing; behövas be needed; *det* ~ *10 kronor* i beloppet there is 10 kronor missing; *klockan* ~ *tio minuter i sex* it is ten minutes to (amer. äv. of) six; *det* ~ *(fattades) bara att jag skulle...!* I wouldn't dream of ing-form!; *det fattades bara det!* iron. that's all that was missing (needed)! 2 felas *vad* ~ *dig?* what is the matter [with you]?
fattbar *adj* comprehensible, conceivable [*för* to]
fattig *adj* 1 allm. poor; medellös penniless; behövande needy; utblottad destitute, impoverished; ~*a (*~*t folk)* poor people; *rika och* ~*a* rich and poor; *de* ~*a* the poor; *en* ~ a poor man; ~*a riddare* kok., ung. bread fritters; *en* ~ *stackare* a poor wretch; *göra* ~ impoverish 2 ringa, ynklig paltry; ~*a tio kronor* a paltry (wretched) ten kronor
fattigbegravning *s* pauper's burial
fattigdom *s* 1 allm. poverty; armod penury; nöd destitution 2 brist deficiency [*på* in, of]; lack, want; stark. destitution [*på* i samtl. fall of]; torftighet poorness, meagreness
fattigdomsbevis *s* bildl. admission of failure
fattighus *s* hist. workhouse, poorhouse
fattigkvarter *s* slum, poor quarter
fattiglapp *s* down-and-out; *en* ~ som jag vard. a poverty-stricken devil...
fattigvård *s* hist. poor relief
fattning *s* 1 grepp grip, hold [*om* round, of] 2 för glödlampa socket, lamp holder; för t.ex. ädelsten setting, mounting 3 behärskning composure, self-command, self-possession; *förlora (tappa)* ~*en* lose one's head

(composure); **bringa ngn ur ~en** disconcert (discompose) a p.
fattningsförmåga *s* apprehension, comprehension; **ha dålig (god)** ~ be slow (quick) on the uptake
fatöl *s* draught beer
faun *s* mytol. faun
fauna *s* fauna (pl. äv. faunae)
favorisera *vb tr* favour, show partiality towards; ~ **ngn** äv. give a p. preferential treatment
favorit *s* favourite, pet; **vara ~ hos ngn** be a favourite with a p. (of a p.'s)
favoriträtt *s* favourite dish
favorituttryck *s* favourite expression, pet phrase
favör *s* allm. favour; fördel advantage; **till min ~** to my advantage; in my favour, to my credit äv. hand.; **visa ngn en ~** do a p. a favour
fax *s* fax
faxa *vb tr* fax
f.d. förk., se under *2 före I 2*
F-dur *s* mus. F major
fe *s* fairy; poet. fay
feber *s* fever äv. bildl.; **hög** ~ a high temperature (fever); **40 graders** ~ a temperature of 40 degrees centigrade (motsv. 104° Fahrenheit); **få** ~ run a temperature; **ha** ~ have (run) a temperature, be feverish
feberaktig *adj* feverish, febrile båda äv. bildl.
feberanfall *s* attack (bout) of fever
feberdröm *s* feverish dream, delirium
feberfantasi *s* delirium
feberfri *adj* ...free from fever
feberhet *adj* very feverish, feverishly hot
feberkurva *s* temperature curve (papper chart)
febernedsättande *adj* ...that reduce (resp. reduces) fever; ~ **medel** äv. antipyretic, febrifuge
febersjukdom *s* fever
febertermometer *s* clinical thermometer
febrig *adj* **1** som har feber feverish **2** hektisk hectic, frantic
febril *adj* **1** med. feverish, febrile **2** bildl. feverish, frantic
februari *s* February (förk. Feb.); jfr *april* o. *femte*
federal *adj* federal
federation *s* federation
federativ *adj* federative
feg *adj* cowardly, dastardly, pusillanimous; vard. yellow; rädhågad timorous, timid; **vara ~** vanl. be a coward
feghet *s* cowardice
fegis *s* vard. funk, yellow-belly, chicken
feja *vb tr* o. *vb itr* göra rent clean; sopa sweep
fejd *s* feud; isht bildl. äv. quarrel, controversy; **leva (ligga) i ständig ~ med ngn** be in a perpetual state of feud with a p.
fejka *vb tr* vard. fake

fel I *s* **1** skavank, defekt o.d. fault; kroppsligt ~ defect, infirmity; karaktärs~ el. ~ hos ting äv. defect, flaw, blemish; ofullkomlighet äv. imperfection, shortcoming; avigsida äv. weak point, demerit; missförhållande trouble; tennis o.d. fault; **det är [något]** ~ **på...** there is something wrong (something the matter) with...; **vara utan ~** äv. be faultless **2** misstag mistake, error, fault; **grammatiska ~** grammatical mistakes (errors); **ett grovt ~** t.ex. i en skrivning a serious error (mistake), a howler; **begå (göra) ett ~** make a mistake (mindre slip), commit a fault (an error, 'tabbe' a blunder) **3** skuld fault; **det är hans eget ~ att** sats it is his own fault that sats; he has only himself to blame for ing-form; **vems är ~et?** whose fault is it?, who is to blame?
II *adj* [attr. vanl. the] wrong; **uppge ~ adress** give the (a) wrong address
III *adv* wrong; isht före perf. ptc. wrongly; ibl. mis-; ~ **underrättad** wrongly informed; **ge ~ tillbaka** växla ~ give the wrong change; **gå ~** go the wrong way, lose one's (miss the) way; **min klocka går ~** my watch is wrong; **ha ~** be wrong; **höra ~** mishear; **jag har kommit ~** I've gone wrong; till fel telefonnummer I've got [on to] the wrong number; **köra ~** drive the wrong way; **räkna ~** miscount; felberäkna miscalculate; **skriva ~** göra ett skrivfel make a slip of the pen; **slå ~** ej träffa miss; bildl. be (prove) a failure, fail, go wrong (amiss); **alla hans planer slog ~** all his schemes miscarried; **skörden slog ~** the crops failed; **ta ~** make a mistake; vard. get it wrong; **ta ~ på tiden** mistake (make a mistake about) the time

1 fela *vb itr* **1** fattas be wanting [*i* in]; för ex. jfr *fattas* **2** begå fel make a mistake (resp. mistakes), err; handla orätt do wrong; **att ~ är mänskligt** to err is human
2 fela *s* vard. fiddle
feladresserad *adj* wrongly addressed, misdirected
felaktig *adj* oriktig wrong, incorrect, erroneous, mistaken; behäftad med fel faulty, defective; osann false, misleading, ibl. äv. mis-; ~ **användning** wrong use, misapplication; ~ **bild** misrepresentation; **ge en ~ bild av** misrepresent; **en ~ diagnos** a wrong (an error of) diagnosis; **~t uttal** mispronunciation
felaktighet *s* det felaktiga incorrectness, faultiness (båda end. sg.); fel error, fault, mistake, inaccuracy
felande *adj* **1** som fattas missing, wanting; **den ~ länken** the missing link **2** som begår fel erring; **den ~** the culprit (offender)
felas se *fattas*
felbedöma *vb tr* miscalculate, misjudge
felbedömning *s* miscalculation, misjudgement
felbehandling *s* wrong treatment

felberäkning *s* miscalculation
feldrag *s* wrong (false) move
felexpediering *s* i butik e.d. mistake [made by a (resp. the) shop assistant (amer. sales clerk)]
felfinnare *s* faultfinder; pedant nit-picker
felfri *adj* faultless, flawless, perfect; correct; oklanderlig impeccable
felfrihet *s* faultlessness, flawlessness, correctness
felgivning *s* kortsp. misdealing; *en* ~ a misdeal
felgrepp *s* error, mistake, slip
felkonstruerad *adj* wrongly constructed, misconstructed
felkälla *s* source of error
felläsning *s* misreading; vid uppläsning fault (slip) in reading
felmarginal *s* margin of error
felparkerad *adj*, *vara (stå)* ~ be wrongly parked
felparkering *s* förseelse parking offence
felräkning *s* miscalculation
felsatsning *s* ekon. wrong (bad) investment; friare misguided venture
felskrivning *s*, *en* ~ a slip of the pen, an error in writing; med skrivmaskin a typing error
felslag|en *adj* ej lyckad unsuccessful; gäckad disappointed; *-na förhoppningar* disappointed hopes; *en* ~ *plan* an abortive plan; *en* ~ *skörd* a failed crop
felslut *s* false (erroneous) conclusion, fallacy
felspekulation *s* wrong (bad) speculation
felstavad *adj* wrongly spelt, misspelt
felstavning *s* misspelling
felsteg *s* eg. el. bildl. slip, false step; bildl. äv. faux pas fr.; lapse
felsyn *s* error [of judgement]
felsägning *s* slip of the tongue
feltolka *vb tr* misconstrue, misinterpret
feltolkning *s* misconstruction, misinterpretation; vid läsning av text misreading
feltryck *s* faulty print; frimärke error
felunderrättad *adj* misinformed
felvänd *adj* turned the wrong way; uppochnedvänd upside-down; bakfram back to front; utochinvänd inside out
felöversättning *s* mistranslation, incorrect translation
fem *räkn* five; *vi* ~ the five of us; *vi var* ~ there were five of us; ~ *och* ~ fem åt gången five at a time; ~ *och femtio* kr five kronor and fifty öre; *ha (kunna) ngt på sina* ~ *fingrar* have a th. at one's finger-tips (finger-ends), know a th. from A to Z; *en* ~ *sex gånger* [some] five or six times; ~ *hundra (tusen)* five hundred (thousand); *tåget går 5.20* the train leaves at five twenty (at twenty minutes past five); han kom *klockan halv* ~ ...at half past four, four-thirty; vard. half four; *linje 5* buss [bus] number 5, the number 5; *han bor [på]*
Storgatan 5 vanl. he lives at [No.] 5 Storgatan
femaktare *s* five-act play, five-acter
femarmad *adj* om ljusstake o.d. five-branched
fembladig *adj* **1** tekn. five-bladed **2** bot. five-leaved, quinquefoliate; med fem kronblad five-petal[l]ed
femcylindrig *adj* five-cylinder...; *motorn är* ~ it is a five-cylinder engine, the engine has five cylinders
femdagarsvecka *s* five-day week
femdubbel *adj* fivefold, quintuple; *betala femdubbla priset (det femdubbla)* pay five times the price (amount); *vika* ~ fold five times (in five)
femdubbla *vb tr* multiply...by five, increase...fivefold (five times), quintuple; *~s* increase fivefold (five times)
femdygnsprognos *s* meteor. five-day [weather] forecast
femetta *s* fullträff direct hit, bull's eye
femfaldig *adj* fivefold
femfaldiga se *femdubbla*
femfaldigt *adv* o. **femfalt** *adv* fivefold, five times [over]
femföreställning *s* five-o'clock performance
femgradig *adj* om skala ...divided into five degrees; om vatten, +5°C five degrees [centigrade] above freezing-point
femhundra *räkn* five hundred; jfr *hundra* o. sms.
femhundrade *räkn* five hundredth
femhundratal *s*, *~et* århundrade the sixth century; *på ~et* in the sixth century
femhundraårig *adj* five-hundred-year-old
femhundraårsjubileum *s* o.
femhundraårsminne *s* five-hundredth (500th) anniversary, quincentenary
femhörning *s* pentagon
feminin *adj* feminine äv. gram.; feminiserad äv. effeminate
femininum *s* genus the feminine [gender]; ord feminine [noun]; *i* ~ in the feminine
feminist *s* feminist
feministisk *adj* feministic
femkamp *s* sport. pentathlon; *modern* ~ modern pentathlon
femkampare *s* sport. pentathlete
femkantig *adj* five-edged; femhörnig five-angled; femsidig five-sided
femkrona *s* o. **femkronorsmynt** *s* five-krona piece
femlingar *s pl* quintuplets; vard. quins, amer. quints
femma *s* **1** five; vid tärnings- el. kortspel äv. cinque; mynt five-krona piece; *en* ~ belopp five kronor; *~n* a) om hus, rum, buss o.d. No. 5, number Five, om buss äv. the [No.] 5 b) skol. the fifth class (form), Class No. 5, Class V; *~n [i hjärter]* the five [of hearts]; *han kom in som (ligger)* ~ he came in (is)

fifth; *han fick en ~* skol. he got a five; *det var en annan ~* vard. that's quite another matter **2** vard., femrumslägenhet five-room[ed] flat (apartment)
femmilen *s* på skidor the 50 km [race]
femminutersrast *s* five-minute rest (break)
femminuterstrafik *s, bussarna går i ~* there is a bus every five minutes (every fifth minute)
femprocentig *adj* five-per-cent...; höjningen *är ~* ...is five per cent
femradig *adj* five-rowed; med fem tryckta el. skrivna rader five-line[d]...
femrummare *s* o. **femrumslägenhet** *s* five-room[ed] flat (apartment)
femrumsvilla *s* five-room[ed] house (villa)
femsidig *adj* five-sided
femsiding *s* five-sided figure, pentagon
femsiffrig *adj* attr. five-figure..., ...of five figures, five-digit...; *talet är ~t* this is a five-figure (five-digit) number
femsitsig *adj, ~ bil* five-seater; bilen *är ~* ...is a five-seater, ...seats five [people]
femsnåret, *vid ~* [at] about five [o'clock]
femspråkig *adj* på fem språk five-language..., ...in five languages; som talar fem språk (attr.) ...speaking five languages; *han är ~* he speaks five languages
femstruken *adj* mus. five-times-accented
femsträngad *adj* mus. five-stringed
femstämmig *adj* ...for five voices, ...in five parts; attr. äv. five-voice, five-part
femtal *s* five; *~et* talet fem the number five; *ett ~* some (about) five; *för varje ~* for each (every) five
femte *räkn* fifth (förk. 5th); *Gustaf den ~ (V)* Gustaf the Fifth, Gustavus V; *den (det) ~ från slutet* the last but four; *för det ~* in the fifth place; vid uppräkning fifthly; *hon är fyra år på det ~* she is four, getting on for five; *den ~ (5) april* adverbial on the fifth of April, on April 5th; *den ~ (5) april inföll på en söndag* the fifth of April (April 5th) was a Sunday; *Stockholm den 5 april (5/4) 1994* i brevdatering Stockholm, April 5th (5th April), 1994; *~ budet* bibl. the sixth commandment; *vara ~ hjulet under vagnen* vard. be odd man out, be de trop, play gooseberry; *för var ~ meter* [for] every five metres (every fifth metre); *komma på ~ plats* come fifth; *på ~ våningen* 4 tr. upp on the fourth (amer. fifth) floor; *[en gång] vart ~ år* [once] every fifth year (five years)
femtedel *s* fifth [part]; *två ~ar* two fifths; *en ~s sekund* a (one, the) fifth [part] of a second
femteklassare *s* pupil in the fifth class
femtekolonnare *s* fifth columnist
femteplacering *s, få en ~* come [in] fifth
femtiden, *vid ~* [at] about five [o'clock], round about five [o'clock]

femtielfte *räkn, för ~ gången* for the umpteenth time
femtielva *räkn* umpteen
femtilapp *s* fifty-krona note
femtio *räkn* fifty; *han är över de ~* he is over fifty; jfr *fem* o. sms.
femtiofem *räkn* fifty-five
femtiofemte *räkn* fifty-fifth
femtiokronorssedel *s* fifty-krona note
femtionde *räkn* fiftieth
femtion[de]del *s* fiftieth [part]; jfr *femtedel*
femtiotal *s* fifty; *för varje ~* for each (every) fifty; *~et* a) talet 50 the number fifty b) åren 50—59 the fifties; *på ~et* 1950-talet in the [nineteen-]fifties, in the [19]50's; *tidigt* el. *i början (sent* el. *i slutet) på ~et* in the early (late) fifties; *i mitten av ~et* in the middle of the fifties; *ett (något) ~* a) några och femtio [some] fifty odd b) ungefär femtio some (about) fifty
femtiotalist *s* **1** litt. hist. writer belonging to [the literary movement of] the fifties **2** person born in the fifties
femtioårig *adj* fifty-year-old... etc., jfr *femårig*
femtioåring *s* fifty-year-old man (resp. woman), man (resp. woman) of fifty [years of age], quinquagenarian; *~[ar]* äv. fifty-year-old[s]
femtioårsdag *s* fiftieth anniversary; födelsedag fiftieth birthday
femtioårsjubileum *s* fiftieth anniversary
femtioårsåldern *s, en man i ~* a man aged (of the age of) about fifty
femtioöring *s* fifty-öre piece
femton *räkn* fifteen; *klockan 15* at 3 o'clock in the afternoon, at 3 [o'clock] p.m.; jfr *fem* o. sms.
femtonde *räkn* fifteenth; jfr *femte*
femton[de]del *s* fifteenth [part]; jfr *femtedel*
femtonhundra *räkn* fifteen hundred
femtonhundratalet *s* the sixteenth century; *på ~* in the sixteenth century; *~s Sverige* sixteenth-century Sweden
femtonårig *adj* fifteen-year-old... etc., jfr *femårig*
femtonåring *s* fifteen-year-old
femtumsspik *s* five-inch nail
femtusen *räkn* five thousand
femtusenårig *adj* five-thousand-year-old...
femtåget *s* the five (five-o'clock) train
femuddig *adj* five-pointed; om gaffel o.d. five-pronged
femveckorssemester *s* five-week holiday (amer. vanl. vacation)
femvåningshus *s* femplanshus five-storeyed (five-storied) house
femväxlad *adj* om växellåda five-speed...; *den är ~* it has five forward speeds
femårig *adj* **1** fem år gammal a) attr. five-year-old, ...of five [years of age] b) pred. five [years old] **2** som varar (varat) i fem år

a) attr. five-year, five years', ...of five years, ...of five years' duration (standing) b) pred., avtalet *är ~t* ...is for five years
femåring *s* five-year-old child (häst horse), child osv. of five [years of age]; *en ~* äv. a five-year-old (pl. five-year-olds)
femårsdag *s* fifth anniversary; födelsedag fifth birthday
femårsjubileum *s* fifth anniversary
femårsplan *s* five-year plan
femårsåldern *s, i ~* at the age of about five, at about five years of age; *en pojke i ~* a boy aged (of the age of) about five
femöring *s* hist. five-öre piece
fena *s* fin äv. flyg. el. sjö.; *utan att röra en ~* without moving (stirring) a limb
fender *s* o. **fendert** *s* fender
fenicisk *adj* Phoenician
Fenix, *fågel ~* the Phoenix
fenomen *s* phenomen|on (pl. -a)
fenomenal *adj* phenomenal, extraordinary, startling; kolossal prodigious; *han är ~ på...* he is fantastically good at...
fenoxisyror *s pl* kem. phenoxyacetic acids
feodalväsen *s* feudal system
ferie se *ferier*
feriearbete *s* holiday work; studieuppgift holiday task
ferieläsning *s* holiday studies pl., studying in the holidays
ferier *s pl* holidays; isht univ. el. amer. vacation, vard. vac (båda sg.); parl. recess sg.; *han har ~* he is having a holiday (vacation)
ferieskola *s* summer school
fernissa I *s* varnish; bildl. veneer **II** *vb tr* varnish; *~ om* revarnish
fertil *adj* fertile
fertilitet *s* fertility
fest *s* **1** bjudning party; för att fira ngt celebration; isht i det fria, välgörenhets~ fête; *~måltid* feast, banquet; festival festival; *en ~ för ögat* a feast for the eyes, a sight for sore eyes; *gå på ~* go to a party; *klä sig till ~* dress up [for a party] **2** festlighet festivity, rejoicings pl.; högtidlighet ceremony, function; *göra vardagen till ~* make every day a holiday **3** relig. feast, festival
festa *vb itr* **1** kalasa feast [*på* on] **2** *~ [om]* roa sig have a good time; dricka booze; *~ av ngn* have a send-off party for a p.
festarrangör *s, ~en* the person in charge of the arrangements (entertainments)
festdag *s* festival day; glädjedag day of rejoicing
festföremål *s, ~et* the guest of honour, the hero (the heroine) of the occasion
festföreställning *s* gala performance
festival *s* festival
festklädd *adj* festively-dressed; i aftondräkt ...in evening dress
festkommitté *s* organizing (entertainment) committee
festlig *adj* **1** fest- festival...; glad festive; storartad grand, splendid; *vid ~a tillfällen* on ceremonious (festive, friare special) occasions **2** komisk comical, amusing
festlighet *s* festivity; *~er* äv. festive entertainments; jfr *fest 2*
festmiddag *s* o. **festmåltid** *s* banquet, feast
festprisse *s* bon vivant fr.
festskrift *s, en ~ tillägnad...* a miscellany (volume, festschrift ty.) in honour of...
festspel *s pl* festival sg.; *~en i Edinburgh* the Edinburgh Festival
festtåg *s* procession
festvåning *s* assembly (banqueting) rooms pl.
fet *adj* fat äv. bildl.; om t.ex. fläsk äv. fatty; fetlagd äv. stout, corpulent, fleshy; abnormt obese; välgödd äv. well-fed; bördig äv. rich, fertile; inbringande äv. lucrative; flottig oily, greasy; *~ hy* greasy skin; *~t hår* greasy hair; *~ jord* fat soil; *~ mat* rich (fatty) food; flottig greasy food; *~ mjölk* rich (fatty) milk; *~a rubriker* big headlines; *~ stil* se *fetstil*; *bli ~* grow (get) fat (om pers. äv. stout); isht om djur fatten; *det blir man inte ~ på* bildl. you won't grow fat on (get much out of) that; *han har det inte för ~t* he is none too well off
fetisch *s* fetish, fetich
fetischist *s* fetishist, fetichist
fetknopp *s* **1** bot. stonecrop **2** vard., om pers. fatty, fatguts
fetlagd *adj* [somewhat] stout (corpulent), ...inclined to stoutness (corpulence); *ganska ~* äv. fattish, stoutish
fetma I *s* fatness; hos pers. vanl. stoutness, corpulence, abnorm obesity **II** *vb itr* put on fat (flesh)
fetstil *s* typogr. extra bold type
fett *s* fat äv. kem.; smörj~ grease; flott lard; stek~ dripping; mat~ shortening; *smörja med ~* grease
fettbildande *adj* fattening; *icke ~* non-fattening
fettfläck *s* grease spot; *få en ~ på...* get a spot of grease on...
fetthalt *s* fat[ty] content; fettprocent percentage of fat
fettisdag *s* **1** eg. (första tisdagen efter fastlagssöndagen) *~[en]* Shrove Tuesday; *[på] ~en* adv. on Shrove Tuesday **2** oeg. (tisdag i fastan) Tuesday in Lent
fettisdagsbulle se *semla*
fettkörtel *s* anat. sebaceous gland
fettsvulst *s* fatty tumour, lipoma, adipoma
fettvalk *s* roll of fat
fetvadd *s* unbleached cotton wool
fez *s* fez
fia *s* spel ludo
fiasko *s* fiasco (pl. -s), failure; vard. flop; *göra*

(bli ett) ~ be a fiasco osv.; fail completely; om sak äv. fall flat
fiber *s* fibre äv. i kost; hos trä äv. grain
fiberoptik *s* fibre optics sg.
fiberrik *adj*, ~ *kost* diet containing plenty of roughage
fibrös *adj* fibrous, fibred
ficka *s* pocket; *stoppa ngt i ~n* put a th. in one's pocket; *ha kontoret på ~n* have no fixed place of business
fickalmanack[a] *s* pocket diary
fickflaska *s* [pocket] flask
fickformat *s* pocket size; kamera *i* ~ pocket-size...
fickkniv *s* pocketknife
ficklampa *s* [electric] torch; isht amer. flashlight
ficklampsbatteri *s* torch (isht amer. flashlight) battery
ficklexikon *s* pocket dictionary
ficklock *s* pocket flap
fickordbok *s* pocket dictionary
fickparkera *vb tr* o. *vb itr*, ~ *[bilen]* ung. squeeze the car in between two other cars [when parking]
fickpengar *s* pocket money sg.
fickräknare *s* pocket calculator, minicalculator
fickspegel *s* pocket mirror
fickstöld *s* pocket-picking; *en* ~ a case of pocket-picking; *begå* ~ vanl. pick somebody's pocket ([people's] pockets)
ficktjuv *s* pickpocket
fickur *s* [pocket] watch
fideikommiss *s* jur. estate in tail, entailed estate; t.ex. förmögenhet äv. trust, settlement
fiende *s* enemy [*till* of]; poet., stark. foe; *~n* koll. the enemy; *skaffa sig ~r* make enemies
fiendskap *s* enmity, hostility; mellan pers. äv. animosity; *leva i* ~ be at enmity
fientlig *adj* hostile [*mot* to]; mil. äv. enemy...; fientligt inställd äv. inimical [*mot* to]; efterled i sms. ofta anti-, jfr t.ex. *samhällsfientlig; den ~a armén* the enemy army; ~ *inställning* hostile attitude
fientlighet *s* hostility; *inställa ~erna* suspend hostilities
fiffa *vb tr* vard. ~ *upp* smarten up; ~ *upp sig* smarten oneself up
fiffel *s* vard. cheating, wangling, fiddling, hanky-panky; handlingar crooked dealings pl., double-dealing
fiffig *adj* vard., fyndig clever, ingenious, smart
fiffla *vb itr* vard. cheat, wangle, fiddle
fifflare *s* vard. wangler, fiddler
figur *s* figure; gestalt äv. form; i roman äv. character; ritad äv. diagram; vid målskjutning äv. dummy; individ isht neds. individual; ha *[en] bra* ~ ...a good figure; *vad är det där för en ~?* who's that character (specimen)?
figurativ *adj* konst. figurative

figurera *vb itr* appear, figure
figursydd *adj* attr. form-fitting, åtsittande close-fitting, tight-fitting
figuråkning *s* figure-skating
fik *s* vard. café
1 fika vard. **I** *vb itr* have some (a cup of) coffee (java) **II** *s* [a cup of] coffee (java)
2 fika *vb itr*, ~ *efter* hanker after
fikon *s* fig; *färska* ~ green figs
fikonlöv *s* **1** fig leaf äv. bildl. **2** strippas o.d. cache-sex, G-string
fikonspråk *s* mumbo jumbo, gobbledygook
fikonträd *s* fig tree
fiktion *s* fiction
fiktiv *adj* fictitious
fikus *s* **1** bot. india-rubber tree **2** vard., homosexuell gay, homo, queer
1 fil *s* **1** rad row; *en* ~ *av* rum a suite of...; rummen *ligger i* ~ ...are in a suite **2** körfält lane; *byta* ~ change lanes; *välja* ~ get into a lane **3** data. file
2 fil *s* surmjölk sour[ed] milk
3 fil *s* verktyg file
fila *vb tr* o. *vb itr* file; ~ *[på] ngt* file (bildl. äv. polish up, give the finishing touches to) a th.; ~ *på fiol* scrape at a fiddle; ~ *av* jämna file...smooth (bort off, isär in two)
filantrop *s* philanthropist
filantropisk *adj* philanthropic[al]
filatelist *s* philatelist
filatelistisk *adj* philatelic
filbunke *s* kok. [bowl of] soured (sour) whole milk; *lugn som en* ~ [as] cool as a cucumber
filbyte *s* trafik. lane-changing, changing lanes
filé *s* **1** kok. fillet **2** textil. netting, net work
filea *vb tr* kok. fillet
filharmoniker *s* mus. *Filharmonikerna* the Philharmonic (sg. el. pl.)
filharmonisk *adj* mus. philharmonic
filial *s* branch; jfr sms.
filialkontor *s* branch office
filigran[s]arbete *s* filigree
Filip kunganamn Philip
filipin *s*, *spela* ~ *[med ngn]* play philippine[s] [with a p.]
Filippinerna *s pl* the Philippines, the Philippine Islands
filisté *s* bibl. Philistine
filkörning *s* driving in traffic lanes
film *s* **1** film; på bio äv. [moving (motion)] picture, movie; *~[en] ~konst[en]* the cinema; *en tecknad* ~ a (an animated) cartoon; *sätta in* ~ *i kameran* load the camera **2** hinna film
filma I *vb tr* göra film [av] film [*ngt* a th.]; take (make) a film [*ngt* of a th.]; isht enstaka scen shoot **II** *vb itr* **1** medverka i film act in films (resp. a film) **2** vard., låtsas sham, pretend
filmatelijé *s* film studio
filmatisera *vb tr* adapt...for the screen, make a screen version of, film

filmatisering

filmatisering *s* adaptation for the screen; konkr. äv. screen version
filmbolag *s* film company
filmbranschen *s* the film (movie) industry
filmcensur *s* film (cinema) censorship; myndighet board of film censors
filmduk *s* [film] screen
filmfestival *s* film festival
filmfotograf *s* cameraman
filmföreställning *s* film (cinema) performance
filmförevisning *s*, föredrag *med* ~ ...with the showing of a film (resp. films)
filmhjälte *s* hero of the screen
filmindustri *s* film (movie) industry
filminspelning *s* filming, shooting [of a (resp. the) film]
filminstitut *s* film institute
filmjölk *s* soured (sour) milk
filmkamera *s* film camera, movie camera; för smalfilm cine (amer. movie) camera
filmkonst *s* cinematics sg.
filmkunskap *s* film-making
filmmanus[kript] *s* [film] script, screenplay
filmproducent *s* film producer
filmregissör *s* film director
filmroll *s* film role
filmrulle *s* foto. roll of film; för filmprojektor reel [of film]
filmskådespelare *s* film (screen, movie) actor
filmstjärna *s* film (movie) star
filolog *s* philologist
filologi *s* philology
filologisk *adj* philological
filosof *s* philosopher
filosofera *vb itr* philosophize [*över* [up]on, about]
filosofi *s* philosophy
filosofie *adj*, ~ *doktor* (förk. *fil.dr.*) Doctor of Philosophy (förk. Ph.D. efter namnet); ~ *kandidat (magister)* (förk. *fil. kand.* resp. *fil. mag.*) ung. graduate in the Faculty of Arts (vid naturvetenskaplig fakultet of Science); eng. motsv. ung. Bachelor (Master) of Arts (resp. of Science), förk. BA (MA), amer. äv. AB (AM) resp. B.Sc. (M.Sc.), amer. äv. Sc.B (Sc.M.), samtliga efter namnet
filosofisk *adj* philosophic; isht friare philosophical; *de ~a fakulteterna* hist. the faculties of arts and sciences
filt *s* **1** säng~ blanket; res~ rug **2** tyg felt, felting
filta *vb tr* felt; ~ *[ihop] sig* felt [up]; friare mat, get (become) matted
filter *s* filter äv. foto.; strainer, screen; på cigarett filter tip
filtercigarett *s* filter-tipped cigarette, filter tip
filterpåse *s* till [kaffe]bryggare filter bag, paper filter
filthatt *s* felt [hat]; mjuk äv. trilby
filtpenna *s* felt pen, marker
filtrat *s* filtrate
filtrera *vb tr* filter, filtrate, strain

filttoffel *s* felt slipper
filur *s* sly dog; *en [riktig] liten* ~ a cunning little devil
fimbulvinter *s* very severe winter
fimp *s* cigarette end, butt[-end]; vard. fag-end
fimpa *vb tr* **1** cigarett stub [out] **2** vard., slopa chuck out, scrap; överge chuck up
fin *adj* allm. fine; elegant smart, elegant; av god kvalitet choice, select, high-class, superior, first-rate; tunn thin; liten small; känslig, om t.ex. instrument äv. sensitive, delicate; noggrann, om t.ex. mätning accurate, precise; bra äv. [very] good, nice; utmärkt, vard. grand; skicklig äv. distinguished, eminent; ädel äv. noble; distingerad äv. distinguished[-looking]; mondän fashionable; skarpsinnig shrewd, keen; gracil delicate; subtil subtle; om ljud: hög high, svag faint; iron. äv. nice, pretty; ~*are* ganska fin, om t.ex. middag grand; *extra* ~ superfine, ...of superior quality; *ren (snygg) och* ~ nice and clean (neat, tidy); *göra en* ~ *affär* do a good stroke of business, make a bargain; ~*a betyg* high marks; *en* ~ *flicka* a girl of good family (breeding); *ha* ~ *hörsel* have good hearing; *min* ~*a (~aste) klänning* my best (vard. party) dress; ~ *kvalitet* fine (good) quality; *ha* ~ *känsla för* have a sensitive feeling for; *en* ~ *middag* god äv. a first-rate (vard. slap-up) dinner; förnäm a fashionable dinner-party; *ha* ~ *näsa för* have a keen nose for; *i* ~*t* bildat *sällskap* in polite society; ~*t sätt* fine (good, refined) manners; *på ett* ~*t sätt* delicately, tactfully, discreetly; *den* ~*a världen* the fashionable world, the world of fashion; *göra* ~*t [i rummet]* städa tidy up [the room]; pryda make things look nice [in the room]; *klä sig* ~ dress up; *det är inte* ~*t [att* inf.*]* it is not good manners (good form) [to inf.]; *det var* ~*t att du kom* it's a good thing you came; *han är* ~ *på att* inf. he is very good at ing-form
final I *s* **1** sport. final; *gå upp i (gå till)* ~*en* get to (go to, enter) the finals **2** mus. finale äv. bildl. **II** *adj* final
finalist *s* finalist
finalmatch *s* sport. final match (game)
finans *s* **1** ~*er* finances; hjälpa upp ~*erna* ...the financial position; *ha dåliga* ~*er* be in financial difficulty **2** ~*en* ~männen financial circles pl., the financial world
Finansdepartementet the Ministry of Finance; i Storbr. the Treasury; i USA the Department of Treasury
finansiell *adj* financial
finansiera *vb tr* finance, provide capital for
finansiering *s* financing
finansiär *s* o. **finansman** *s* financier
finansminister *s* Minister of Finance; i Storbr. Chancellor of the Exchequer; i USA Secretary of the Treasury

finanspolitik *s* financial policy
finansvalp *s* vard. financial yuppie
finansvärlden *s* the financial world (world of finance)
finansväsen *s* finance, public finance[s pl.]
finbageri *s* fancy bakery
finemang *adv* vard. *~!* fine!, great!, OK!
finess *s* **1** förfining refinement; takt äv. tact[fulness], delicacy; fint handlag finesse; *~en med apparaten är* a special (very good) point about... **2** *~er* a) subtiliteter subtleties, niceties b) anordningar [exclusive] features, gadgets
finfin *adj* great, tip-top, splendid; amer. swell; hand. first-rate, superior
finfördela *vb tr* pulvrisera grind...into fine particles, atomize, pulverize; sprida scatter (sprinkle)...finely
fing|er *s* finger; *ge honom ett ~, och han tar hela handen* give him an inch and he will take a mile; *ha ett ~ med i spelet* have a finger in it (in the pie); *ha gröna -rar* have green fingers; *ha långa -rar* bildl. be light-fingered; *hålla -rarna borta från ngt* bildl. keep one's hands off a th.; *inte lyfta (röra) ett ~ för att...* not lift (raise, stir) a finger to...; *sätta -ret på...* lay (put) one's finger on...; *se genom -rarna med ngt* shut one's eyes to a th., turn a blind eye to a th., wink (connive) at a th.
fingera *vb tr* feign, simulate; *~d* vanl. fictitious, imaginary; attr. äv.: om t.ex. köp mock, om t.ex. strid sham; *~t namn* assumed (false) name
fingeravtryck *s* fingerprint; *ta ngns ~* take a p.'s fingerprints
fingerborg *s* thimble; *en ~ [vin]* a thimbleful [of wine]
fingerborgsblomma *s* bot. foxglove
fingerfärdig *adj* dexterous, deft, ...deft with one's fingers
fingerfärdighet *s* sleight of hand, [manual] dexterity; mus. finger technique, execution
fingerfärg *s* målarfärg för barn fingerpaint
fingerkrok *dra ~* pull fingers
fingerled *s* finger joint
fingerskiva *s* tele. [telephone] dial
fingerspets *s* fingertip; *[ända] ut i ~arna* to the (his osv.) fingertips
fingersvamp *s* bot. Clavaria lat.
fingersättning *s* mus. fingering
fingertopp se *fingerspets*
fingertuta *s* fingerstall; för tummen thumbstall
fingervante *s* [fabric (woollen)] glove
fingervisning *s* hint, pointer
fingra *vb itr*, *~ på* finger; friare vanl.: tanklöst fiddle about with; kläfingrigt tamper (meddle) with
fingranska *vb tr* go through (examine)...thoroughly

finhackad *adj* finely chopped; kok. äv. finely minced
finhet *s* finhetsgrad fineness; tunnhet thinness; kvalitet, förfining delicacy, finesse
fininställning *s* fine-tuning; av t.ex motor trimming, tuning
finish *s* sport. el. tekn. finish
finit *adj* gram. finite
fink *s* zool. finch
finka *s* vard., arrest clink; *sätta i ~n* put in clink (the cooler, the slammer)
finkamma *vb tr* fine-comb, comb...with a [fine-]tooth comb; bildl. äv. comb [out]
finklädd *adj* dressed up
finkläder *s pl* Sunday best sg., finery sg.
finkornig *adj* fine-grained; foto. fine-grain
finkultur *s* high (highbrow) culture
finkänslig *adj* taktfull tactful, delicate; diskret discreet
finkänslighet *s* tactfulness, tact, delicacy [of feeling]; discretion
Finland Finland
finlandssvensk I *adj* Finland-Swedish, Finno-Swedish **II** *s* Finland-Swede
finlemmad *adj* slender-limbed
finländare *s* Finlander, Finn
finländsk *adj* Finnish
finländska *s* kvinna Finnish woman
finmala *vb tr* grind (kött mince)...small; *finmalen* finely ground (minced)
finmaskig *adj* fine-meshed, small-meshed
finmekaniker *s* tillverkare precision-tool (instrument) maker
finmekanisk *adj*, *~ verkstad* precision-tool workshop
finmotorik *s* fysiol. fine motor ability
finn|a I *vb tr* allm. find; träffa på äv. come upon; oförmodat come across; upptäcka äv. detect, discover; få, t.ex. tillfälle, äv. have, get; ha, t.ex. nöje, äv. take; inse, märka äv. see; anse think, consider; råka ut för meet; röna meet with; *jag -er inte ord att* uttrycka I can't find (am at a loss for) words to...; *~ varandra* bildl. find one another; *~ för gott* att think fit..., choose...; *~ på* hit [up]on, think of, jfr vid. *hitta [på]*; *~ på råd* find a way; *~ ut* find out **II** *vb rfl*, *~ sig* **1** *~ sig [vara]* find oneself; *~ sig till rätta* se *rätta I 1* **2** *~ sig själv* get to know oneself **3** *inte vara rådlös han -er sig alltid* he is never at a loss; *han fann sig snart* igen he soon collected his wits **4** *~ sig i* a) tåla stand, put up with, tolerate b) foga sig i submit to c) svälja sit down under, pocket; *få ~ sig i* nöja sig med have to be content (to content oneself) with; *det får du [allt] ~ dig i!* you'll have to put up with it!; *~ sig i sitt öde* resign oneself (submit) to one's fate
finn|as *vb itr dep* vara be; existera exist; stå att finna, påträffas be found; förekomma äv. occur; *det -s* opers. there is (resp. are); *det -s folk som...* there are (you will find) people

finne

who...; **-s det...?** har ni...? have you [got]...?; *det bästa kaffe som -s* the best coffee there is (vard. coffee going); **~ kvar** a) vara över be left b) inte vara borttagen (försvunnen) be still there c) fortfarande finnas: allm. remain; leva kvar survive; vara bevarad be extant; den **-s kvar [att få]** ...is still to be had; den **-s kvar här** ...is still here; ordet **-s med** ...is included; **~ till** exist, be in existence
1 finne *s* person Finn
2 finne *s* med. pimple
finnig *adj* pimply
finputsa *vb tr* give an extra (a high) polish to; bildl. put the finishing touch to
finputsning *s* extra (high) polish; bildl. finishing touch
finrum *s* best room
finsk *adj* Finnish
finska *s* (jfr *svenska*) **1** kvinna Finnish woman **2** språk Finnish
finskfödd *adj* Finnish-born; för andra sms. jfr äv. *svensk*
finsk-ugrisk *adj* språkv. Finno-Ugric, Finno-Ugrian
finskuren *adj* fine-cut, finely cut; bildl. äv. finely-chiselled...; **~ tobak** fine-cut tobacco
finslipa *vb tr* blankslipa polish...smooth; bildl. put (give) the finishing touch[es] to; **~d** bildl. polished
finsmakare *s* epicure, gourmet; kännare connoisseur [*på* of]
finsnickare *s* cabinet-maker
finstilt *adj*, *det* **~a** the small print
1 fint *s* **1** sport. feint, sidestep **2** bildl. trick, dodge
2 fint *adv* finely osv., jfr *fin*; smått äv. small; bra vanl. [very] well, fine; **~ bildad** highly educated; **~ utarbetad** elaborately worked out
finta *vb tr o. vb itr* **1** sport. feint; **~ bort ngn** sell a p. the dummy **2** bildl. dodge the issue, shuffle
fintrådig *adj* fine-threaded; finfibrig fine-fibred; om metall fine-wired
fintvätt *s* tvättande [the] washing of delicate fabrics; tvättgods delicate fabrics pl.; i tvättmärkning cold wash
finurlig *adj* slug shrewd, knowing, cute; sinnrik clever, ingenious; knepig smart
fiol *s* violin; vard. fiddle; *spela* **~** play the violin; *spela första (andra)* **~** eg. play the first (second) violin; *spela första* **~en** bildl. play first fiddle; *stå för* **~erna** bildl. pay the piper
fiolhals *s* neck of a (resp. the) violin
fiollåda *s* fodral violin case; resonanslåda body (sound box) of a (resp. the) violin
fiolstråke *s* violin bow
1 fira *vb tr o. vb itr*, **~ [på]** sjö. ease off, slack[en]; **~ ned** let down, lower
2 fira I *vb tr* högtidlighålla celebrate; högre språk.

isht relig. solemnize; ihågkomma, t.ex. födelsedag äv. keep; hålla hold; tillbringa spend; hylla fête; **~ minnet av** commemorate; *vi* **~de honom** *[på hans födelsedag]* we celebrated his birthday; **en ~d skönhet** a celebrated beauty; **~ av ngn** have a farewell party for a p. **II** *vb itr* ta ledigt take a day (resp. some days) off
firande *s* celebrating osv., jfr *2 fira*; **till ~t av** in celebration (commemoration) of
firma *s* firm; företag äv. [commercial (business)] house, business; ~namn vanl. style; **~n** I. Ek &. Co. the firm of...; i affärskorrespondens Messrs[.]...; *teckna* **~n** sign for the company
firmabil *s* company car
firmafest *s* office (staff) party, party for the employees
firmament *s* firmament; *på* **~et** in the firmament
firmamärke *s* trade mark
firmanamn *s* firm name, style
firmateckning *s* signing for a (resp. the) company
fisa *vb itr* vard. fart, let off
fisk *s* **1** fish (pl. fish el. fishes); koll. fish (sg. el. pl.); fånga **några ~ar (mycket ~)** ...a few fish (a lot of fish); vi fångade **tre små ~ar** ...three little fishes; **en ful ~** bildl. an ugly customer; *vara som en* **~** *i vattnet* be in one's element; *få sina* **~ar varma** bildl. get a reprimand, be ticked (told) off **2** *Fiskarna* astrol. Pisces
fiska *vb tr o. vb itr* fish; *vara ute och* **~** be out fishing; **~ forell (pärlor)** fish trout (for pearls); **~ efter** bildl. angle (fish) for; **~ upp** fish up; hala fram fish out; få tag i fish (pick) up; **~ ut** fish out
fiskaffär *s* fishmonger's [shop]; amer. fish market
fiskare *s* fisherman; metare äv. angler
fiskargubbe *s* old fisherman
fiskben *s* fishbone
fiskbensmönster *s* herringbone pattern
fiskblåsa *s* zool. [fish] sound, air bladder
fiskbulle *s* fishball, fish quenelle
fiskdamm *s* **1** eg. fishpond **2** på barnkalas o.d. lucky dip; amer. grab bag
fiskdöd *s* death of fish [by pollution]; **~en** äv. fishkills pl.
fiske *s* fishing [*av* of]; fiskeri, fiskerätt fishery; näringsgren fisheries pl.; *allt* **~ förbjudet!** fishing strictly prohibited!; *bedriva* **~** fish; *vara ute på* **~** be out fishing
fiskebank *s* fishing-ground, fishing-bank
fiskebåt *s* fishing-boat
fiskefartyg *s* fishing-vessel
fiskeflotta *s* fishing-fleet
fiskegräns *s* fishing-limits pl., limit of the fishing zone
fiskekort *s* fishing licence (permit)

fiskelycka *s, ha god* ~ have good luck in one's fishing
fiskeläge *s* fishing village (hamlet)
fiskeriintendent *s* inspector of fisheries
fiskerinäring *s* fishing industry
fiskeristadga *s* fisheries act
fiskerätt *s* fishing right[s pl.], right of fishing
fisketur *s* fishing trip (expedition)
fiskevatten *s* fishing-grounds pl., fishing-waters pl.
fiskezon *s* fishing zone
fiskfilé *s* fillet of fish
fiskfjäll *s* [fish] scale
fiskfärs *s* fish mousse (forcemeat)
fiskgjuse *s* zool. osprey, fish hawk
fiskgratäng *s* fish au gratin
fiskhamn *s* fishing port (tilläggsplats harbour)
fiskhandlare *s* i minut fishmonger; amer. fish dealer
fiskhåv *s* landing net, bag net
fiskleverolja *s* cod-liver oil
fiskmjöl *s* fish meal
fiskmås *s* [common] gull
fisknät *s* fishing-net
fiskodling *s* abstr. fish culture, pisciculture, fish breeding
fiskpinne *s* kok. fish finger (stick)
fiskredskap *s* piece of fishing tackle; koll. fishing-tackle
fiskrom *s* [hard] roe, spawn
fiskrätt *s* fish course (dish)
fisksoppa *s* fish soup
fiskstim *s* shoal of fish
fiskstjärt *s* fishtail
fisktärna *s* common tern
fiskyngel *s* koll. fry pl.
fiss *s* mus. F sharp
Fiss-dur *s* mus. F sharp major
fission *s* fys. [nuclear] fission
fiss-moll *s* mus. F sharp minor
fistel *s* med. fistula
fitta *s* vulg. cunt äv. som skällsord; pussy
fix *adj* **1** fixed; ~ *idé* fixed idea, idée fixe fr.; friare monomania **2** ~ *och färdig* all ready
fixa *vb tr* vard. fix, arrange; ~ skaffa *ngt åt ngn* fix a p. up with a th.; *det ~r sig* it will be all right
fixare *s* vard. fixer
fixera *vb tr* fix äv. foto.; fastställa äv. determine; precisera define; skarpt betrakta äv. look fixedly (stare hard) at; ~ *sig på* psykol. have a fixation on
fixerad *adj* fixed; psykol. fixated
fixering *s* psykol. el. med. el. med blick fixation; foto. el. konst. fixing
fixeringsbild *s* puzzle picture
fixeringsmedel *s* fixative; foto. fixer
fixersalt *s* foto. fixing-salt, hypo
fixpunkt *s* lantmät. fixed point, benchmark
fixstjärna *s* fixed star
fixtid *s* core time (hours pl.)

fjant *s* person busybody, fusspot; narr conceited fool
fjanta *vb itr*, ~ *för ngn* suck up to a p., butter a p. up, fawn on a p.; ~ *omkring* fuss (be fussing) about
fjantig *adj* beskäftig fussy; löjlig foolish
fjantighet *s* beskäftighet fussiness
fjol *s, i* ~ last year; *i* ~ *sommar* last summer
fjolla *s* foolish (silly) woman (resp. girl)
fjollig *adj* foolish, silly
fjolår *s,* ~*et* last year
fjompig *adj* vard. silly, wet, sloppy
fjord *s* isht i Norge fiord, fjord; i Skottl. firth
fjorton *räkn* fourteen; ~ *dagar* vanl. a fortnight; amer. äv. two weeks; ~ *dagars* ledighet a fortnight's...; jfr *fem[ton]* o. sms.
fjortonde *räkn* fourteenth; *var* ~ *dag* every (once a) fortnight; jfr *femte*
fjun *s* koll. down, fluff (båda end. sg.)
fjunig *adj* downy, fluffy
fjäd|er *s* **1** fågel~ feather; isht prydnads~ plume; koll. feathers pl.; *en ~ i hatten* bildl. a feather in one's cap; *lysa med lånta -rar* strut in borrowed plumes **2** tekn. spring
fjäderbeklädd *adj* feather-covered, feathered, plumy
fjäderboll *s* sport. shuttlecock
fjäderbuske *s* plume
fjäderdräkt *s* plumage
fjäderfä *s* koll. poultry
fjäderlätt *adj* ...[as] light as a feather, feathery
fjädermoln *s* cirrus (pl. cirri), cirrus cloud
fjäderpenna *s* quill
fjädervikt *s* o. **fjäderviktare** *s* boxn. featherweight
fjädervåg *s* spring balance
fjädra I *vb itr* vara elastisk be elastic (springy, resilient); ge efter äv. yield, give **II** *vb rfl,* ~ *sig* kråma sig strut, swagger; göra sig till show off [*för* to]
fjädrande *adj* springy äv. om t.ex. gång; elastic, resilient
fjädring *s* spring system, springing, springs pl.; bil~ suspension; elasticitet elasticity, resilience
1 fjäll *s* mountain; i Skandinavien äv. fjeld; hög~ alp, high mountain; fara *till ~en (~s)* ...to (up into) the mountains; för sms. jfr *berg-* o. *bergs-*
2 fjäll *s* zool. o.d. scale; ~*en föll från hans ögon* the scales fell from his eyes
fjälla I *vb tr* fisk scale **II** *vb itr* peel; med., om pers. desquamate; ~ *[av sig]* peel (scale) off
fjällandskap *s* mountain (alpine) scenery, alpland
fjällbiten *adj, vara* ~ be crazy about mountains
fjällbjörk *s* mountain birch
fjällhotell *s* mountain hotel
fjällig *adj* scaly, scaled; *du är* ~ *på näsan* your skin is peeling off your nose
fjällning *s* scaling; med. peeling, desquamation

fjällripa s zool. ptarmigan
fjällräddning[stjänst] s mountain rescue service
fjällräv s arctic fox
fjällsippa s bot. mountain avens
fjällskivling s bot. *stolt* ~ parasol mushroom
fjälluggla s snowy owl
fjällvan adj, *vara* ~ be used to (familiar with) [the] mountains
fjällvandring s mountain tour (kortare walk); *ge sig ut på en* ~ go on a walking tour in the mountains
fjällvråk s zool. rough-legged buzzard (amer. hawk)
fjällämmel s zool. lemming
fjär adj stand-offish, distant
fjärd s ung. bay
fjärde *räkn* fourth; *vara* ~ *man* kortsp. make a fourth; jfr *femte* o. sms.
fjärdedel s quarter, fourth [part]; *tre* ~*ar* three quarters (fourths)
fjärdedelsnot s mus. crotchet; amer. quarter note
fjärdedelspaus s mus. crotchet (amer. quarter-note) rest
fjärdingsman s hist. parish constable
fjäril s butterfly; natt~ moth; *ha* ~*ar i magen* bildl. have butterflies in one's stomach
fjärilshåv s butterfly net
fjärilsim s butterfly [stroke]; *simma* ~ do the butterfly stroke
fjärilskotlett s kok. butterfly cutlet
fjärilslarv s caterpillar
fjärma I vb tr, ~ *från* bildl. estrange (alienate) from **II** vb rfl, ~ *sig från* retreat (bildl. become alienated) from
fjärmare adj more distant (remote), remoter
fjärran I adj distant, remote, far-off, far-away; *i* ~ *land* äv. far away; *Fjärran Östern* the Far East **II** adv far [away (off)]; *när och* ~ far and near **III** s distance; *i [ett avlägset]* ~ in the [remote] distance
fjärrkontroll s remote control
fjärrljus s på bil main (amer. high) beam
fjärrsamtal s tele. long-distance call
fjärrskådare s clairvoyant
fjärrstyrd adj remote-controlled; ~ *robot* guided missile
fjärrstyrning s remote control, telecontrol
fjärrtrafik s long-distance traffic
fjärrtåg s long-distance train
fjärrvärme s district heating
fjärrvärmeverk s district heating power plant
fjärt s vard. fart
fjärta vb itr vard. fart, let off
fjäsk s kryperi fawning [*för* on]; eftergivenhet fussing [*med* about, over]
fjäska vb itr, ~ *för* krypa för *ngn* fawn on a p., suck up to a p., chat a p. up; krusa för make a fuss of a p.
fjäsker s inställsam person toady; beställsam busybody
fjäskig adj krypande fawning; överdrivet artig, beställsam officious, fussy
fjät s footstep; tupp~ step
fjättra vb tr fetter, shackle; chain [*vid* to]; ~*d till händer och fötter* bound hand and foot; ~*d vid sängen* bedridden, confined to bed
fjättrar s pl fetters, shackles; isht bildl. trammels
f.Kr. (förk. för *före Kristus*) BC (förk. för before Christ)
flabb s **1** skratt guffaw, cackle, inane (vulgar) laugh **2** *håll* ~*en* mun*!* hold your jaw!
flabba vb itr guffaw, cackle [*åt* at]
flack adj **1** eg. flat äv. om kulbana; level **2** grund shallow; ytlig superficial
flacka vb itr rove; ~ *och fara* be on the move; ~ *omkring [i]* roam (wander, vard. knock) about
flackande I s wanderings pl. **II** adj, *en* ~ *blick* a shifting gaze, shifty eyes pl.
fladder s flutter
fladdermus s bat
fladdra vb itr flutter äv. bildl.; flaxa, flyga äv. flit; vaja äv. flap; om hår el. flagga stream; flämta äv. flicker; ~*nde lockar* flowing locks
fladdrig adj **1** löst hängande flapping **2** bildl. flighty, volatile
flaga I s flake; av slagg el. hud~ scale **II** vb itr flake [off], scale (peel) off; ~ *av [sig]* come off in flakes
flagg s flag; ibl. colours pl.; *segla under främmande* ~ sail under a foreign flag; *under falsk* ~ bildl. under false colours
flagga I s flag; nationalitetssymbol äv. ensign; *flaggor* koll. äv. bunting sg.; *hälsa med* ~*n* dip the flag **II** vb itr fly (display) a flag (resp. flags), put out flags; sjö. fly the colours; ~ *på halv stång* fly the flag at half-mast; *det* ~*s för...* the flags are out in honour of...; ~ *med* visa upp, t.ex. sina kunskaper show off, make a show of
flaggdag s, *allmän* ~ official flag-flying day, day on which the national flag should be flown
flaggduk s **1** tyg bunting **2** flagga flag
flaggkapten s flag captain
flagglina s flag halyard
flaggskepp s flagship äv. bildl.
flaggspel s **1** flaggor ung. [row of] bunting **2** sjö., flaggstång flagstaff
flaggstång s flagstaff, flagpole
flagig adj flaky, scaly
flagna vb itr o. **flagra** vb itr flake [off], scale (peel) off
flagrant adj flagrant; friare obvious
flak s **1** is~ floe **2** last~ platform [body]
flakong s flacon
flakvagn s open-sided waggon
flambera vb tr flambé[e], serve...flambé[e]

flamingo *s* zool. flamingo (pl. -s el. -es)
flamländare *s* Fleming
flamländsk *adj* Flemish
flamländska *s* **1** kvinna Flemish woman **2** dialekt Flemish
flamma I *s* flame äv. om kvinna **II** *vb itr* blaze; bildl. äv. flame; ~ *till (upp)* blaze (flare, flame) up äv. bildl.
flammig *adj* [röd]fläckig blotchy; om färg patchy; vattrad waved, wavy; ådrig om trä wavy[-grained]
flams *s* ung. silly behaviour; fnitter silly giggles pl.
flamsa *vb itr* fool (monkey) about
flamsig *adj* silly; fnittrig giggly
flamsk *adj* Flemish
flamsäker *adj* flameproof
Flandern Flanders
flandrisk *adj* Flemish
flanell *s* flannel; bomulls~ äv. flannelette; byxor *av* ~ äv. flannel...
flanellbyxor *s pl* flannel trousers, flannels
flanera *vb itr*, *vara ute och* ~ be out for a stroll
flank *s* flank äv. mil.
flankera *vb tr* flank; mil., beskjuta från sidan äv. enfilade
flanör *s* stroller, flaneur, man-about-town
flarn *s* kok. thin biscuit (amer. cookie); *driva som ett* ~ float [about] like a cockleshell
flask|a *s* **1** bottle; apoteks~ äv. phial; napp~ [feeding] bottle; till bordställ cruet; t.ex. bastomspunnen flask; *en* ~ *vin* a bottle of...; *han sa inte* ~ vard. he didn't say a thing (a word); *slå (tappa) på -or* bottle; från större behållare decant **2** av metall can
flaskbarn *s* bottle[-fed] baby
flaskborste *s* bottle brush
flaskhals *s* bottleneck isht bildl.
flaskpost *s* message enclosed in a bottle [thrown into the sea]
flaskställ *s* bottle-holder
flasköppnare *s* bottle-opener
flat *adj* **1** eg. flat; jämn äv. even; ej djup shallow; ~ *tallrik* flat (ordinary) plate; *med ~a handen* with the flat of the (one's) hand **2** bildl.: a) häpen taken aback, flabbergasted; förlägen abashed b) eftergiven weak; indulgent [*mot* towards]
flata *s* **1** flat side **2** se *handflata*
flatbottnad *adj* flat-bottomed
flathet *s* eftergivenhet weakness, indulgence; slapphet softness
flatlus *s* zool. crab louse
flatskratt *s* guffaw, horse laugh
flax *s* vard. luck; *ha* ~ be lucky
flaxa *vb itr* flutter; vaja flap; ~ *med vingarna* flap (flutter) its wings; ~ *omkring [i]* flutter about äv. om pers.
flaxig *adj* ombytlig flighty; hafsig sloppy
flegmatiker *s* phlegmatic person
flegmatisk *adj* phlegmatic; friare impassive
flera I *adj* talrikare more; *är vi inte* ~*?* aren't there any more of us?; *de är* ~ *än vi* there are more of them than us, they are more numerous than we are; ~ *[människor]* än vanligt more people... **II** *pron* åtskilliga several; ~ *[olika]* various, different; ~ *[människor]* several (quite a few) people; *vi är* ~ *[stycken]* there are several (quite a few) of us
flerbarnsfamilj *s* large family, family with more than one child
flerdubbel *adj* multiple, manifold; *flerdubbla varv* several...; *betala flerdubbla beloppet* pay several times the amount
flerdubbla *vb tr* multiply
flerfaldig *adj*, *~a* pl. many, numerous; *~a gånger* many times [over], time and again, frequently; *han är* ~ *mästare* he has been a (the) champion many times over
flerfamiljshus *s* block of flats, apartment block
flerfärgad *adj* multicoloured, ...in several colours
flerfärgstryck *s* abstr. multicolour (process) printing; konkr. multicolour print
fleromättad *adj* polyunsaturated; ~ *fettsyra* polyunsaturate, polyunsaturated fatty acid
flersidig *adj* geom. polygonal
flersiffrig *adj*, *~t tal* ...running into several figures
flerspråkig *adj* polyglot..., multilingual...; *han är* ~ he speaks several languages, he is a polyglot
flerstavig *adj* polysyllabic; *~t ord* äv. polysyllable
flerstegsraket *s* multistage rocket
flerstämmig *adj* mus. polyphonic, concerted; ~ *sång* sjungande part-singing; sångstycke part-song
flertal *s* **1** *~et* majoriteten the majority; *~et människor* most people; *det stora ~et* the great (vast) majority; *i ~et fall* in most (the majority of) cases **2** *ett* ~ flera... [quite] a number of..., several... **3** gram. plural; jfr *pluralis*
flervåningshus *s* multistorey (multistory) building
flerårig *adj* several years'... osv., jfr *mångårig*; bot. perennial
flesta *adj*, *de* ~ a) fören. most b) fristående: flertalet the majority; av alla människor äv. most (the majority of) people; av förut nämnda personer el. saker most of them; *de* ~ *pojkar* most boys; *de* ~ *[av] pojkarna* most of the boys
flexa *vb itr* vard. be on (tillämpa apply) flexitime
flexibel *adj* flexible; ~ *arbetstid* flexible working hours
flexibilitet *s* flexibility

flextid s flexitime, flextime, flexible time
flick|a s girl; flickvän äv. girl friend; känsloberon. lass; poet. maid[en]; **-orna Ek** the Ek girls (sisters); *[redan] som* ~ even as a girl, in her girlhood
flickaktig adj girlish
flickbekant s girl friend
flickbok s, **en** ~ a book for girls
flickebarn s baby girl; om ung flicka young girl
flickjägare s vard. skirt-chaser, womanizer
flicknamn s girl's name; tillnamn som ogift maiden name
flickpension s girls' boarding school
flickscout s guide, amer. girl scout
flickskola s girls' school
flicksnärta s chit of a girl
flicktycke s, **ha** ~ be popular with the girls
flickunge s little girl
flickvän s girlfriend
flik s t.ex. på kuvert flap; hörn av plagg corner; kant edge; spets tip; udd point; lösryckt bit patch, shred; bot. lobe; *en* ~ *av himlen* a patch of sky
flikig adj bot. lobate, laciniate[d]
flimmer s flicker; hjärt~ fibrillation
flimmerhår s pl cilia
flimra vb itr flicker, shimmer; *det ~r för ögonen på mig* everything is swimming before my eyes
flin s grin; hånleende sneer; skratt snigger, cackle
flina vb itr grin; hånle sneer; skratta snigger, cackle [åt i samtl. fall at]
fling|a s flake; **-or** majsflingor cornflakes
flink adj quick; *vara* ~ *i fingrarna* have deft fingers
flint s se äv. *flintskalle; han har början till* ~ he is balding (beginning to go bald)
flinta s flint; *hård som* ~ flinty
flintglas s flintglass
flintlås s o. **flintlåsgevär** s flintlock
flintporslin s koll. flintware, flint-clay china (porcelain)
flintskalle s bald head (pate); *ha* ~ have a bald head (pate), be bald
flintskallig adj bald, bald-headed
flintyxa s flint axe
flipperspel s pinball machine
flirt osv., se *flört* osv.
flisa s skärva, spån chip; splittra, sticka splinter; tunn bit flake
flit s **1** allm. diligence; idoghet industry; intellektuell äv. application; trägenhet assiduity **2** *med* ~ avsiktligt on purpose, purposely; överlagt deliberately; med vilja wilfully
flitig adj diligent; idog industrious; intellektuellt äv. studious; arbetsam hard-working; trägen sedulous, assiduous; om t.ex. biobesökare regular, habitual; verksam busy; ofta upprepad frequent; *~t arbete* diligent work; *göra ~t bruk av* make frequent (diligent) use of; *~a*

händer busy hands; *~a Lisa* bot. busy Lizzie, sultan's balsam
1 flock s av ylle o.d. flocks pl.; kem., i vätska floccule
2 flock s **1** allm. flock; av flygande fåglar äv. flight; av rapphöns covey; av vargar o.d. pack; av lejon pride; av lärkor, vaktlar, rådjur bevy [alla med of framför följ. best.]; jfr *skara* o. *skock;* vargar jagar *i* ~ ...in packs **2** bot. umbel
flocka vb rfl, ~ *sig* flock [together] [*kring* round]
flockas vb itr dep se *flocka [sig]*
flockblommig adj bot. umbelliferous
flod s **1** river; bildl. flood, torrent; staden ligger *vid ~en Avon* ...on the river Avon **2** högvatten high (rising) tide, floodtide; *det är* ~ the tide is in; *vid* ~ at high tide (water)
flodbädd s riverbed
flodhäst s hippopotam|us (pl. -uses el. -i); vard. hippo
flodkräfta s zool. crayfish
flodmynning s mouth of a (resp. the) river; bred, påverkad av tidvattnet estuary
flodområde s river basin
flodstrand s riverbank, riverside
flodvåg s tidal wave; tidvattensvåg äv. tide wave; i flodmynning [tidal] bore; störtflod äv. seismic sea wave; bildl. äv. flood
flop s **1** vard., fiasko flop **2** sport. [Fosbury] flop
flopp se *flop 1*
1 flor s tyg gauze; slöja veil; jfr *sorgflor*
2 flor s, *stå i [sitt]* ~ blomma be in bloom; blomstra be flourishing
flora s flora äv. bok; *en rik* ~ mångfald *av...* a great variety of...
Florens Florence
florentinsk adj Florentine
florera vb itr grassera be prevalent (rife, rampant), prevail; blomstra flourish
florett s sport. foil; *på* ~ at foil
florettfäktning s foil fencing
florsocker s icing (amer. confectioners') sugar
florstunn adj filmy
floskler s pl tomt prat empty (high-sounding, high-flown) phrases, empty rhetoric sg., flummery sg.
flossamatta s pile rug (carpet)
1 flott adj sjö. *bli (få)* ~ get (get...) afloat; *vara* ~ be afloat
2 flott I adj stilig smart, stylish, vard. posh, swell; påkostad luxurious; frikostig generous; överdådig extravagant, lavish; *en ~[are] middag* a grand (vard. slap-up)... **II** adv smartly, luxuriously osv., jfr *I; leva* ~ live in great style
3 flott s grease; stek~ dripping; ister~ lard; fett fat
1 flotta s **1** ett lands samtl. örlogs- o. handelsfartyg marine (end. sg.) **2** sjövapen navy **3** samling fartyg, flygplan fleet
2 flotta vb tr, ~ *ned* med flott make...greasy

3 flotta *vb tr* float, drive; med flotte raft
flottare *s* floater, [log-]driver; på flotte rafter, raftsman
flottbas *s* naval base
flottbro *s* floating bridge, raft-bridge
flotte *s* raft
flottfläck *s* grease spot; *få en ~ på...* get a spot of grease on...
flottig *adj* greasy
flottilj *s* sjö. flotilla; flyg. wing
flottist *s* seaman
flottning *s* floating, driving; av flotte rafting
flottyr *s* deep fat
flottyrkoka *vb tr* deep-fry, fry (cook)...in deep fat; *flottyrkokt* deep-fried
flottör *s* float äv. flyg.
flox *s* bot. phlox
fluffig *adj* fluffy
flug|a *s* **1** fly; fiske. äv. artificial fly; dille craze, fad; *en ~ gör ingen sommar* one swallow does not make a summer; *slå två -or i en smäll* kill two birds with one stone **2** kravatt bow tie
flugfiske *s* fly-fishing
flugfångare *s* flycatcher äv. bot.; fly-trap
fluglarv *s* fly maggot
flugsmuts *s* flyspecks pl.
flugsmälla *s* [fly-]swatter
flugsnappare *s* zool. *grå (svartvit) ~* spotted (pied) flycatcher
flugsvamp *s*, *vanlig (röd) ~* fly agaric; *lömsk ~* death cap; *vit ~* destroying angel, vitgul false death cap
flugvikt *s* o. **flugviktare** *s* sport. flyweight
fluktuation *s* fluctuation
fluktuera *vb itr* fluctuate, vary
flummig *adj* narkotikapåverkad high; suddig, virrig muddled, fuzzy, muzzy; svamlig woolly, wishy-washy
flundra *s* flounder
fluor *s* kem., grundämne fluorine; *tandkräm med ~* toothpaste with fluoride
fluorescens *s* kem. fluorescence
fluoridering *s* kem. fluoridation, fluorination
fluorsköljning *s* fluoride rinse
fluortandkräm *s* toothpaste with fluoride
fluster *s* i bikupa hive entrance; bräde alighting-board
1 fly *adv*, *~ förbannad* absolutely (damned) furious, raging mad
2 fly I *vb itr* **1** ge sig på flykt fly, flee ('flydde', 'flytt' vanl. end. fled) [*för* before; *från* from]; ta till flykten run away, take [to] flight; skynda undan äv. run; undkomma escape; *lyckas ~* escape; *bättre ~ än illa fäkta* he who fights and runs away lives to fight another day; *~ ur landet* flee (fly) the country; *~ undan rättvisan* flee from justice **2** försvinna vanish, disappear; *flydda tider* bygone days **II** *vb tr* avoid, shun, eschew

flyende *adj* på flykt fleeing, fugitive...; *de ~* the fugitives
flyg *s* **1** ~väsen aviation, flying; *~et* flygbolagen the airlines pl.; flygningarna the flights pl. **2** ~plan plane; koll. planes pl.; *med (per) ~* by air; *sända med ~* post. äv. airmail; *ta ~et till...* take the plane to... **3** ~vapen air force
flyga I *vb itr* fly; med flygplan äv. travel (go) by air; fladdra om t.ex. insekt äv. flit; rusa, störta äv. rush, dash, dart; *~ i luften* explodera blow up, explode; tiden *flög i väg* ...flew; *~ på London* om flygbolag run services to London; *~ över Atlanten* fly [across] the Atlantic
II *vb tr* fly; via luftbro airlift
III med beton. part.
~ i se *2 fara [i]*
~ in itr. fly in; *~ in mot* approach
~ omkring fly (flit, rush, dash) about (around); virvla äv. whirl round
~ på rusa på [let] fly at, attack, set upon
~ upp fly up; rusa upp start (spring) up; öppnas fly open
~ ut fly out [*ur* of]; *ungarna har flugit ut [ur boet]* the young birds have left their nest[s]; om barn the kids have left home
~ över ett område fly over...
flygambulans *s* ambulance plane
flygande *adj* i div. bet. flying; *i ~ fläng* in a terrific hurry, in double quick time; *~ inspektion* flying inspection; *~ mara* brottn. flying mare; *~ start* flying start; *~ tefat* flying saucer
flyganfall *s* air raid
flygare *s* aviator; pilot pilot, isht mil. airman, kvinnl. airwoman
flygbas *s* air base
flygbiljett *s* air (plane) ticket
flygblad *s* leaflet
flygbolag *s* airline, airway, airline company
flygbränsle *s* aviation fuel
flygbuller *s* aircraft noise
flygbuss *s* flygplanstyp airbus; buss till flygplatsen airport bus (coach)
flygbåt *s* sjöflygplan seaplane; bärplansbåt hydrofoil [boat]
flygcertifikat *s* pilot's certificate (licence)
flygdivision *s* squadron
flygel *s* **1** wing äv. mil., polit. el. sport.; på bil wing, amer. fender **2** mus. grand [piano]
flygelbyggnad *s* [detached] wing
flygfisk *s* flying fish
flygflottilj *s* wing, amer. group
flygfoto *s* bild air (aerial) photograph
flygfrakt *s* air freight
flygfä *s* winged insect
flygfält *s* airfield
flygfärdig *adj* om fågel [fully] fledged; *inte ~* unfledged
flygförbindelse *s* plane (air) connection; flygtrafik air service
flygförbud *s* över ett område ban on flying; för

flyghaveri

flyg el. pilot grounding order; *ha* ~ be grounded; *utfärda* ~ *för* ground
flyghaveri *s* aircraft crash
flyghavre *s* wild oats (vanl. pl.)
flygkapare *s* aircraft hijacker; vard. skyjacker
flygkapning *s* aircraft hijacking; vard. skyjacking; *en* ~ an aircraft hijack; vard. a skyjack
flygkapten *s* captain [of an (resp. the) aircraft (airliner)], pilot
flygkropp *s* fuselage
flyglarm *s* air-raid warning (alarm), alert
flygledare *s* air-traffic controller (control officer)
flygledartorn *s* air control tower
flyglinje *s* airline, airway
flygmaskin se *flygplan*
flygmedicin *s* aviation medicine, aeromedicine
flygmekaniker *s* air (aircraft) mechanic, aeromechanic
flygmyra *s* winged ant
flygning *s* **1** flygande flying; flygverksamhet äv. aviation; *avancerad* ~ aerobatics sg.; *under* ~ while flying **2** flygfärd flight
flygolycka *s* air crash; mindre flying accident
flygpassagerare *s* air passenger
flygpersonal *s* air personnel
flygplan *s* aeroplane (amer. airplane), vard. plane; aircraft (pl. lika); stort trafik~ airliner
flygplansfåtölj *s* reclining chair
flygplanskapare se *flygkapare*
flygplanskapning se *flygkapning*
flygplats *s* airport
flygpost *s* airmail
flygräd *s* air-raid
flygrädd *adj*, *vara* ~ be afraid of flying, have a fear of flying (going by air)
flygrädsla *s* fear of flying
flygsand *s* shifting sand
flygsjuka *s* airsickness
flygspaning *s* air (aircraft) reconnaissance
flygstab *s* air staff
flygsäkerhet *s* air (flight) safety
flygtid *s* flying (flight) time
flygtrafik *s* air traffic (service)
flygtransport *s* air transport (~erande transportation)
flygtur *s* flight
flygunderstöd *s* mil. air support
flyguppvisning *s* air display (show)
flygvana *s*, *ha* ~ be used (accustomed) to flying
flygvapen *s* mil. air force
flygväder *s* flying weather
flygvärdinna *s* air hostess, flight attendant
flygödla *s* zool. pterodactyl
flyhänt *adj* quick, ...quick at one's work
1 flykt *s* flygande flight äv. bildl.; schvung verve; *gripa tillfället i ~en* take time by the forelock; skjuta en fågel *i ~en* ...on the wing, ...in flight
2 flykt *s* flyende flight; rymning escape; *vild* ~ headlong flight; isht mil. rout; panikartad stampede; *~en från landsbygden* the flight from the country; *driva (jaga, slå) på ~en* put to flight; isht mil. rout; *gripa (ta) till ~en* take [to] flight; friare take to one's heels
flyktförsök *s* attempted escape; *göra ett* ~ make an attempt to escape
flyktig *adj* **1** kortvarig fleeting; övergående passing, transient, transitory; i förbigående casual; föga ingående cursory; *en* ~ *bekantskap* a casual acquaintance; *vid en* ~ *bekantskap* on a passing (cursory) acquaintance; *en* ~ *blick* a cursory (fleeting) glance **2** ombytlig inconstant, fickle, flighty **3** kem. volatile
flyktighet *s* **1** ombytlighet inconstancy, fickleness, flightiness **2** kem. volatility
flykting *s* refugee; flyende fugitive
flyktinghjälp *s* aid to refugees
flyktingläger *s* refugee camp
flyktingström *s* stream of refugees
flyktväg *s* escape route
flyt *s* vard. *det är bra* ~ *i* fotbolls*spelet* the ball is flowing smoothly from man to man
flyta I *vb itr* **1** bäras av vätska float äv. om simmare; ej sjunka äv. swim; ngt *har flutit i land* ...has been washed (has floated) ashore **2** rinna flow; löpa ledigt, om t.ex. samtal flow; gå smidigt run smoothly (well); *det kommer att* ~ *blod* blood will be shed **3** ha vätskeform be fluid; om t.ex. bläck run **4** ekon., ha obestämt värde float; *låta* dollarn ~ float...
II med beton. part.
~ **fram** rinna flow along (forward)
~ **i:** färgerna *flyter i varandra* ...run into each other
~ **ihop a)** om floder meet **b)** bli suddig become blurred
~ **in a)** eg. ~ *in i* en sjö flow (run) into...
b) inbetalas be paid in; skänkas come in
~ **ovanpå:** *vilja* ~ *ovanpå* try to be superior
~ **upp** come (rise) to the surface
~ **ut a)** mynna flow out; ~ *ut i...* fall (flow) into... **b)** sprida sig spread; bli suddig become blurred
flytande I *adj* **1** på ytan floating; *hålla det hela* ~ keep things going; *hålla sig* ~ keep oneself afloat (bildl. äv. above water) **2** rinnande flowing äv. bildl.; t.ex. om stil running; *tala* ~ *engelska* speak fluent English **3** i vätskeform liquid; ej fast fluid; ~ *bränsle* liquid fuel; ~ *föda* liquid food, slops pl.; ~ *kristaller* liquid crystals; ~ *tvål* liquid soap **4** rörlig ~ *[decimal]komma* floating decimal; ~ *växelkurs* floating exchange rate **5** vag vague, fluid; *gränserna är* ~ the limits are fluid (indefinite, shifting) **II** *adv* obehindrat

fluently; **tala engelska** ~ speak English fluently
flytdocka s sjö. floating dock
flytförmåga s fartygs buoyancy
flytning s med. discharge; *~ar* från underlivet the whites
flytta I *vb tr* **1** ~ *på* move; placera om äv. shift **2** förlägga till annan plats transfer [*till* to]; ~ *bort*, transportera remove **3** i spel move; *det är din tur att* ~ äv. it is your move
II *vb itr* **1** byta bostad move; lämna sin bostad move [out]; lämna en ort (anställning) leave; om fåglar migrate; ~ *från* staden leave...; ~ *hem* move back home; ~ *till utlandet* vanl. go to live abroad; ~ *ur landet* leave the country **2** ~ *på* se *I 1*
III *vb rfl*, ~ *[på] sig* move; ändra läge shift one's position; maka åt sig make way (room); *inte* ~ *sig en tum* not budge an inch
IV med beton. part.
~ **fram a)** tr. move...forward; ~ *fram stolen till* brasan draw (bring) the chair up to...; ~ *fram ngt [en vecka]* uppskjuta put off (postpone) a th. [for a week]; förlägga till tidigare datum bring a th. forward [for a week]; ~ *fram klockan en timme* put the clock on (forward) an hour **b)** itr. move up
~ **ihop a)** tr. put (move)...together **b)** itr. [go to] live together; ~ *ihop med ngn* move (live) in with a p.
~ **in** itr. move in; invandra immigrate; ~ *in i ett hus* move into...; ~ *in till staden (en stad)* move into town (to a town)
~ **ned a)** tr.: omplacera move...down; sänka lower; sport. relegate; jfr äv. *nedflyttad* **b)** itr. move down
~ **om** omplacera move (shift)...about, rearrange
~ **upp a)** tr.: omplacera move...up; höja raise; sport. promote; jfr äv. *uppflyttad* **b)** itr. move up
~ **ut a)** tr.: omplacera move...out [*ur* of] **b)** itr. move out [*ur* of]; utvandra emigrate; ~ *ut på landet* move out into the country
~ **över** tr. move, shift; föra över äv. transfer äv. bildl.; frakta över convey, transport
flyttbar *adj* movable; bärbar portable; ställbar adjustable
flyttbil s removal (furniture, amer. moving) van
flyttblock s erratic block (boulder)
flyttfirma s removal firm
flyttfågel s bird of passage, migratory bird, migrant
flyttkalas s house-warming party
flyttkarl s [furniture] remover; amer. mover
flyttlass s vanful (vanload äv. fordon) of furniture
flyttning s **1** flyttande på moving; transport av t.ex. möbler removal; i annonser removals pl.; förflyttning transfer **2** byte av bostad removal;

anmäla ~ ...change of address; vi förlorade den *under ~en* ...when we moved (were moving) **3** fåglars migration **4** skol. remove [*till* to]
flyttningsanmälan s notification of change of address
flyttningsbetyg s för folkbokföringen certificate of change of address
flytväst s life jacket; amer. äv. life vest
flå *vb tr* skin; isht större djur äv. flay
flås s sport. vard. *ha bra* ~ be in good condition, be fit
flåsa *vb itr* puff [and blow], breathe hard (heavily); flämta pant; *~nde av* ansträngning breathless with...
fläck s spot; ställe äv. patch; smuts~, blod~ o.d. stain äv. bildl.; av något kladdigt smear; av t.ex. sot smut; stor oregelbunden blotch; liten speck, fleck; märke äv. mark; på djurhud äv. patch, mindre speckle; på t.ex. frukt äv. speck; av stöt bruise; missfärgning discoloration; *en bar* ~ bare patch (spot); *röd* ~ på hud red spot (patch), blotch; *leopardens ~ar* the leopard's spots; *det blir fula ~ar efter (av)* grädde ...makes (leaves) ugly stains; *få en* ~ *på sitt rykte* get one's reputation stained, get a spot (stain) on one's reputation; *även solen har [sina] ~ar* even the sun has spots; *på ~en* genast on the spot; *vi står på samma* ~ bildl. we are still where we were, we are not getting anywhere; *han rörde sig inte ur ~en* he didn't budge (move)
fläcka *vb tr* **1** bildl. stain, sully **2** ~ *ned* ngt stain...[all over]
fläckfeber s med. typhus fever
fläckfri *adj* spotless, stainless äv. bildl.; oförvitlig immaculate
fläckig *adj* **1** nedfläckad, smutsig spotted, stained, soiled, dirty **2** med fläckar spotted; spräcklig speckled
fläcktyfus se *fläckfeber*
fläckurtagning s spot (stain) removal
fläckurtagningsmedel s spot (stain) remover
fläckvis *adv* in patches (places), here and there
fläder s elder
fläderbuske s elder bush
fläderbär s elderberry
fläderte s elder tea
fläka *vb tr* split; ~ *upp* split (med t.ex. kniv slit)...open
fläkt s **1** vindpust breeze, breath [of air]; schvung verve; *en* ~ *av* romantik an air of...; *en frisk* ~ a breath of fresh air; bildl. a breeze; *milda ~ar* balmy breezes **2** fläktapparat fan; i maskiner, motorer äv. blower
fläkta I *vb tr* fan; ~ *bort* fan away **II** *vb itr*, *det ~r [litet]* there is a light breeze **III** *vb rfl*, ~ *sig* fan oneself
fläktrem s fan belt

flämta 160

flämta *vb itr* **1** andas häftigt pant, puff; ~ *[av* t.ex. utmattning*]* gasp [with...] **2** ~ fladdra *[till]* flicker
flämtning *s* (jfr *flämta*) **1** pant, gasp **2** flicker
1 fläng *s* jäkt bustle, bustling; spring running to and fro; *i flygande* ~ in a terrific hurry, in double quick time
2 fläng *adj* vard. daft, screwy; amer. äv. dumb
flänga I *vb tr* strip [av off] **II** *vb itr, fara (flyga) och* ~ be dashing (rushing) about; ~ *omkring [som ett torrt skinn]* bustle about
fläns *s* tekn. flange; i kragform collar
flänsad *adj* tekn. flanged, lugged
flärd *s* fåfänglighet vanity; ytlighet frivolity; prål luxury, show, ostentation
flärdfri *adj* natural, unaffected, artless; anspråkslös modest, unpretentious
flärdfull *adj* fåfäng vain; nöjeslysten frivolous; prålsjuk showy, ostentatious
fläsk *s* färskt pork; saltat el. rökt sid~ o. rygg~ bacon
fläskben *s* pork bone
fläskfilé *s* fillet (amer. tenderloin) of pork
fläskflott *s* dripping of pork (resp. bacon)
fläskig *adj* flabby, fat, fleshy
fläskkarré *s* loin of pork
fläskkorv *s* pork sausage
fläskkotlett *s* pork chop
fläsklägg *s* fram hand (bak knuckle) of pork; tillagad ung. boiled pickled pork
fläskläpp *s, ha (få)* ~ have (get) a thick (swollen) lip
fläskpannkaka *s* [diced] pork pancake
fläsksvål *s* bacon rind
fläsktärningar *s pl* diced pork (resp. bacon) sg.
fläta I *s* plait, braid; hårt flätad äv. pigtail; bakverk el. tobaks~ twist; *hon har flätor* she wears [her hair in] plaits (braids) **II** *vb tr* plait, braid; t.ex. korg äv. weave; krans o.d. twine; ~ *korgar* plait (make) baskets; ~ *ihop* eg. plait...together, interplait, interlace; ~ *in* plait...in; isht bildl. intertwine, interweave
flöda I *vb itr* flow äv. bildl.; ymnigt stream äv. om ljus; pour; vinet ~*de* ...flowed freely (like water); ~ *av...* abound with...; ~ *över* flow over; om flod äv. overflow; ~ *över av* tacksamhet overflow (brim over) with... **II** *vb tr* tekn. prime
flödande *adj* bildl.: t.ex. vältalighet flowing, fluent; t.ex. fantasi abounding, exuberant
flöde *s* flow, flux
flödesdiagram *s* flow diagram äv. data.
flödesschema *s* flowchart äv. data.
flöjel *s* vane äv. vimpel
flöjt *s* flute
flöjtist *s* flutist, flautist
flöjtlik *adj* flute-like, fluty, fluted
flöjtton *s* flute-like tone (note)
flört *s* **1** flirtation äv. bildl. **2** pers. flirt
flörta *vb itr* flirt äv. bildl. [*med* with]
flörtig *adj* flirtatious, flirty

flöte *s* float; *bakom* ~*t* vard. stupid, daft
flöts *s* seam
FM (förk. för *frekvensmodulering*) radio. FM
f.m. förk. a.m., se vid. *förmiddag[en]*
f-moll *s* mus. F minor
FN (förk. för *Förenta Nationerna*) UN sg.
fnasig *adj* narig chapped, chappy
fnask *s* gatflicka prostitute, tart; amer. äv. hooker
fnatt *s, få* ~ vard. go crazy (potty)
fnissa *vb itr* giggle, titter [*åt* at]
fnitter *s, ett* ~ a giggle; *en massa* ~ lots of giggles (giggling) pl.
fnittra *vb itr* giggle, titter [*åt* at]
fnoskig *adj* vard. dotty, dippy, daft
fnurra *s, det har kommit (blivit) en* ~ *på tråden mellan dem* they have fallen out [with each other]
fnurrig *adj* vard. grumpy, morose
fnysa *vb itr* snort [*av* ilska with...]; ~ *åt* föraktfull sniff at
fnysning *s* snort
fnöske *s* tinder, touchwood (båda end. sg.); *torr som* ~ [as] dry as dust
foajé *s* foyer fr.; lobby; artist~ greenroom
fob *adv* hand. f.o.b. (förk. för free on board)
fobi *s* psykol. phobia
fock *s* sjö. foresail
focka *vb tr* avskeda sack; avpollettera kick... out
1 foder *s* **1** i kläder el. friare lining; *sätta* ~ *i* line; *med* ~ *av...* lined with... **2** bot. caly|x (pl. äv. -ces) **3** dörrfoder doorcase
2 foder *s* ~medel feedstuff, forage; isht torrt fodder, feed, se äv. *torrfoder; ge korna* ~ feed the cows, give the cows a feed
foderbeta *s* bot. mangelwurzel
foderblad *s* bot. sepal
foderkaka *s* cattle cake
fodergväxt *s* forage plant, fodder plant
1 fodra *vb tr* **1** sätta foder i line; ~*de kuvert* lined envelopes **2** med bräder, se *brädfodra*
2 fodra *vb tr* mata feed, isht med grovt foder fodder, give...a (its, resp. their) feed; ~ *ett djur med kött* feed an animal on meat
fodral *s* **1** case; av tyg o.d. cover; t.ex. skyddsdel på maskin box **2** vard. klänning sheath
1 fog *s, ha [fullt]* ~ *för ngt (för att* inf.*)* have [every (ample)] reason for a th. (to inf. el. for ing-form); *med fullt (allt)* ~ with good reason, with [perfect] justice; *antagandet har* ~ *för sig* the assumption is reasonable
2 fog *s* joint, seam; *knaka (lossna) i* ~*arna* creak (loosen, get loose) at the joints; bildl. be shaken to its (resp. their) foundations
foga I *vb tr* **1** förena med fog join [*i (vid)* to]; friare el. bildl. add; bilaga o.d. attach [*till* to]; ~ *in* m.fl., se *infoga* osv. **2** avpassa suit, accommodate [*efter* to] **II** *vb rfl,* ~ *sig* **1** underkasta sig, böja sig give in, yield [*efter ngn* to a p.]; *han* ~*de sig alltid efter henne (hennes nycker)* he always humoured her; ~

sig efter bestämmelserna comply with (conform to) the regulations; ~ *sig efter omständigheterna* accommodate (suit) oneself to circumstances; ~ *sig i sitt öde* resign oneself (yield, submit) to one's fate **2** falla sig *det har ~t sig så att...* things have come about in such a way that...
fogde *s* hist. ung. sheriff, bailiff
foglig *adj* medgörlig accommodating, amenable; eftergiven, undfallande compliant
foglighet *s* amenability, amenableness; compliancy; jfr *foglig*
fogsvans *s* verktyg handsaw
fokus *s* foc|us (pl. -i el. -uses)
fokusera *vb tr* o. *vb itr* focus
folder *s* se *broschyr*
foliant *s* folio (pl. -s)
folie *s* foil; plast~ äv. film, sheet[ing]
folioformat *s* folio [size]; *i* ~ in folio
folk *s* **1** medborgare people; nation nation; invånare äv. inhabitants pl. [*i* of (in)]; *hela ~et* the entire population, the whole nation; *jordens* ~ the peoples (nations) of the world **2** *~et* de breda lagren the [common] people pl.; *Folkets hus (park)* ung. the People's Palace (Park); *en man av ~et* a man of the people **3** människor people pl., vard. el. isht amer. äv. folk[s] pl.; *hej gott ~!* hello folks!; *mycket ~* many people; *vanligt ~* ordinary people; vem som helst äv. the man in the street; *leva som ~* live like civilized beings (a civilized being); *sitt (uppför dig) som ~!* ordentligt sit (behave) properly!; *som ~ är mest* like the ordinary (general, common) run of people; *det finns ~ som tycker att...* some people (there are those who) think that...; *vad ska ~ säga?* what will people say?; *det blir nog ~ av honom till sist* he will turn out all right in the end; *~ och fä* människor o. djur man and beast **4** tjänste~ servants pl.; arbetare men, hands (båda pl.); på kontor o.d. staff [of assistants]; manskap: mil. men pl.; sjö. crew; *ha för lite ~* ofta be short-handed (under-staffed); sjö. be undermanned
folkbibliotek *s* [free] public library
folkbildning *s* **1** undervisning adult education **2** bildningsgrad standard of general education
folkbokföring *s* national registration
folkdans *s* folk dance; dansande folk dancing
folkdemokrati *s* people's democracy
folkdjup *s*, en man *ur ~et* ...[from the ranks] of the people
folkdräkt *s* folk (national, traditional) costume
folketymologi *s* popular etymology
folkfest *s* national (folklig popular) festival
folkgrupp *s* ethnic group; som tillhör den *tyska ~en* ...ethnic Germans; *hets mot ~* racial agitation

folkhav *s* vast crowd [of people]
folkhem *s*, *~met* ung. the Swedish Welfare State
folkhjälte *s* national hero
folkhumor *s* folk (popular) humour
folkhälsa *s* public health
folkhögskola *s* folk high school
folkilsken *adj* vicious; friare savage
folkkär *adj* very popular; om t.ex. kunglighet ...loved by the people; *vara ~* äv. be a great popular favourite
folklager *s*, *de breda folklagren* the masses
folkledare *s* leader of the people
folklig *adj* nationell national; populär, allmogem.m. popular; demokratisk democratic; folkvänlig folksy
folklighet *s* popularitet popularity; folkvänlighet folksiness
folkliv *s* gatuliv street life; *han betraktade ~et [på gatan]* he looked at the crowds [in the street]
folklivsforskning *s*, *[jämförande]* ~ ethnology
folklivsskildring *s* picture of the life [and manners] of the [common] people
folklore *s* folklore
folkloristisk *adj* folkloric
folkmassa *s* crowd [of people]
folkminnesforskning *s* folklore
folkminskning *s* decrease in (of) [the] population
folkmord *s* genocide
folkmusik *s* folk music
folkmängd *s* **1** antal invånare population **2** folkmassa crowd [of people]
folkmöte *s* public (popular) meeting
folknöje *s* popular entertainment (amusement)
folkomröstning *s* popular vote; referendum referendum; plebiscit plebiscite; *anordna en ~* take a popular vote (a referendum), hold (take) a plebiscite
folkopinion *s*, *~[en]* public (popular) opinion; *ge efter för ~en* yield to [the pressure of] public opinion
folkpark *s* people's [amusement] park
folkpartiet *s* ung. the Liberal Party
folkpartist *s* member of the Liberal Party
folkpension *s* state [retirement] pension
folkpensionär *s* retirement pensioner, senior citizen
folkrepublik *s* people's republic
folkrik *adj* populous, densely populated
folkräkning *s* census [of population]
folkrätt *s*, *allmän ~* [public] international law
folkrättslig *adj*, *~a frågor* questions of (pertaining to) international law
folkrörelse *s* popular (nationell national) movement, non-governmental organization
folksaga *s* folk tale, legend
folksamling *s* crowd, gathering of people

folksjukdom *s* national (friare widespread) disease
folkskola *s* hist. elementary school
folkskollärare *s* hist. elementary-school teacher
folkskygg *adj* unsociable, retiring; shy äv. om djur
folkslag *s* nation, people
folkstorm *s* public outcry (uproar)
folkstyrd *adj* democratically governed
folkstyre *s* democracy
folksång *s* folkvisa folk song, popular ballad
folksägen *s* folksaga popular legend
folktandvård *s* national dental service
folktom *adj* om gata, lokal o.d. deserted, ...empty of people; om trakt o.d. sparsely inhabited, avfolkad depopulated
folkton *s*, **en visa i** ~ a folklike song
folktro *s* popular belief, folklore
folkträngsel *s* crowd[s pl.] [of people]
folktäthet *s* density of population
folkuniversitet *s* University Extension
folkupplaga *s* popular edition
folkvald *adj* popularly elected
folkvandring *s* [general] migration; *den stora germanska ~en* the Great Migration, the Germanic Invasions pl.; *det var rena ~en till matchen* huge crowds flocked to the match
folkvett *s* [good] manners pl.
folkvilja *s*, ~*n* the will of the People
folkvimmel *s* throng, [swarming] crowd of people
folkvisa *s* folk song, popular ballad
folkvälde *s* democracy
folkökning *s* increase in (of) [the] population
folköl *s* ung. medium-strong beer
1 fond *s* bakgrund background, teat. äv. back [of the stage]; *första radens* ~ the dress circle centre; *i ~en* teat. äv. upstage
2 fond *s* kapital fund, stiftelse äv. foundation; *egna ~er* paid-up [share] capital and reserves; *en rik ~ av humor* a large fund (rich store) of humour
fondbörs *s* stock exchange
fondemission *s* ekon. bonus (scrip) issue, issue of bonus shares
fondera *vb tr* ekon. consolidate, fund
fondkuliss *s* teat. backdrop, backcloth
fondloge *s* box facing the stage
fondmäklare *s* stockbroker
fonduegryta *s* fondue pot
fonetik *s* phonetics sg.
fonetiker *s* phonetician
fonetisk *adj* phonetic; ~ *skrift* phonetic transcription (notation)
fontanell *s* anat. fontanel[le]
fontän *s* fountain
force majeure *s* jur. force majeure fr.; act of God
forcera *vb tr* **1** allm. force; påskynda speed up; ~*d* intensifierad äv. intensified; *i ~t tempo* at an accelerated (a quickened) tempo, at top-pressure speed **2** chiffer break
forcerad *adj* ansträngd forced, strained; överdriven overdone, exaggerated; konstlad affected
fordom I *adv* in times past, in days of old; högtidl. in days of yore, in bygone days **II** *s*, *från* ~ from former (ancient) times
fordon *s* vehicle
fordonsskatt *s* ung. motor-vehicle (road) tax; i Storbr. motsv. vehicle licence; i USA automobile registration tax
fordra *vb tr* **1** med personsubj.: begära, kräva demand [*ngt av ngn* a th of (from) a p.]; yrka på insist [up]on; göra anspråk på [som sin rätt] claim; lydnad o.d. exact; *han ~r mycket* he demands (expects) a great deal; är mycket fordrande äv. he is very exacting; ~ *att ngn lämnar rummet* insist upon a p.'s leaving (require a p. to leave) the room **2** med saksubjekt: erfordra, tarva require, behöva äv. want, påkalla äv. call for; påbjuda prescribe; *vanlig hövlighet ~r att...* ordinary civility prescribes (demands) that...
fordran *s* (jfr *fordringar*) **1** allm. demand [*på ngn* on a p., *på [att få]* for]; krav äv. requirement [*på ngn* in a p.] **2** penning~ claim; debt; *ha en ~ på 1000 kronor på (hos) ngn* have a claim on a p. for 1000 kronor; *indriva en* ~ collect a debt
fordrande *adj* exacting, demanding, ...exacting in one's demands; krävande äv. exigent; anspråksfull pretentious
fordras *vb itr dep* behövas be needed osv., jfr *behövas*
fordringar *s pl* **1** allm. demands; anspråk claims; vad som erfordras requirements; ~*na för att bli antagen* the requirements for admission; *ställa stora ~ på ngn (ngt)* make heavy (great) demands on a p. (a th.), demand a great deal of a p. (a th.) **2** penning~ claims; debts; jfr *fordran 2*
fordringsägare *s* creditor
forehand *s* tennis o.d. forehand äv. slag
forell *s* trout (pl. lika)
form *s* **1** allm. form; fason, skepnad äv. shape; snitt äv. make, cut; språkv. äv. voice, (jfr ex.) [under]art äv. variety, kind; fys., t.ex. i flytande ~ state, konsistens äv. consistency; *hennes runda (yppiga) ~er* her ample curves; *förlora ~en* lose [its] shape, become shapeless; *ta* ~ take shape; *för ~ens skull* for form's sake; *i bestämd* ~ språkv. in the definite form; *i ~ av* a) t.ex. ett ägg in the shape of b) t.ex. en dagbok in the form of c) t.ex. ånga in the state of; *hålla på ~en (~erna)* stand on ceremony, be a stickler for etiquette, be punctilious; *till ~en* in form (shape)
2 sport. el. friare form; *inte vara i (vara ur)* ~ be out of (not be in [good]) form; friare äv.

be [a little] out of sorts (off colour); *i god (fin)* ~ in good (great) form (shape) **3** gjut~ o. bildl. mould, amer. mold; kok.: porslins~ dish, basin; eldfast casserole, ovenproof dish; bak~ baking tin; typogr. form; *stöpt i samma* ~ made after the same pattern
forma *vb tr* allm. form; gestalta shape; utarbeta, avfatta äv. frame; ge form åt, utforma, fasonera äv. model, fashion; isht i [gjut]form, men äv. friare, särsk. dana mould (amer. mold) [*till* i samtl. fall into]; ~ *sig* form (shape, mould) itself (resp. themselves) [*till* into]; jfr *utforma*
formalin *s* kem. formalin, formol
formalisera *vb tr* formalize
formalist *s* formalist, stickler for forms
formalistisk *adj* formalistic
formalitet *s* formality, form; *~er* byråkratiskt pedanteri red tape sg.; *det är en ren* ~ it is a mere formality (merely a matter of form); *utan ~er* without formality (ceremony)
format *s* size; data. el. om bok vanl. format fr.; om personlighet o.d. äv. calibre; *i stort* ~ äv. large-sized
formatera *vb tr* format
formation *s* mil. el. geol. formation
formbar *adj* formable, mouldable, amer. moldable; plastic
formbröd *s* tin loaf
formel *s* formul|a (pl. äv. -ae)
formell *adj* formal; konventionell äv. conventional; *ett ~t fel* an error of form, a technical error; *~t subjekt* formal (grammatical) subject; *i ~t avseende* formally
formera *vb tr* **1** vässa sharpen **2** mil. ~ *[sig]* form [*till* into]
formering *s* mil. formation
formfulländad *adj* ...perfect in form, finished
formge *vb tr* design, style
formgivare *s* designer
formgivning *s* designing; modell, mönster design
formlig *adj* verklig actual, real, positive, veritable; riktig regular, absolute; uttrycklig express
formligen *adv* direkt absolutely, downright; bokstavligen literally; faktiskt actually, really; riktigt regularly; rent av positively, simply
formlära *s* språkv. accidence, morphology
formlös *adj* mera eg. formless, shapeless; friare vague, indistinct, ill-defined
formpressad *adj* moulded, pressed; formgjuten die-cast
formsak *s* matter of form; *en ren* ~ a pure (mere) formality
formsinne *s* sense of (for) form
formsäker *adj*, *vara* ~ have a good sense of form
formulera I *vb tr* formulate; t.ex. text word; t.ex. kontrakt draw up, draft; t.ex. plan frame; ~ *om* se *omformulera; klart (skarpt) ~d* clearly (sharply) worded **II** *vb rfl*, ~ *sig* express oneself, put one's thoughts into words
formulering *s* formulation; wording, drawing up, drafting, framing; jfr *formulera*
formulär *s* blankett form, amer. äv. blank
forn *adj* förutvarande former, earlier; forntida ancient
fornborg *s* ancient castle
fornengelsk *adj* Old English
fornengelska *s* Old English
fornforskare *s* archaeologist, antiquarian
fornfynd *s* ancient (förhistoriskt prehistoric, arkeologiskt archaeological) find
forngrav *s* ancient grave
fornkunskap *s* archaeology
fornlämning *s* fast fornminne ancient monument; *~ar* allm. ancient remains
fornminne *s* relic (monument) of antiquity (of the past); skylt ancient monument
fornnordisk *adj* Old Norse
fornsvenska *s* Old Swedish
forntid *s* förhistorisk tid prehistoric times pl.; *~en* före medeltiden antiquity; ~ *och nutid* past and present; *i den grå ~en* in a dim and distant past
forntida *adj* ancient
fors *s* rapids pl.; vattenfallsliknande cataract, [water]fall; friare o. bildl. stream, torrent, cascade
forsa *vb itr* rush, race; friare gush; *blod ~de ur såret* blood gushed from the wound; *regnet ~r ned* the rain is coming down in torrents (buckets)
forska *vb itr* search [*efter* for]; vetenskapa carry on (do) research[-work]; ~ *i* inquire into, investigate; *en ~nde blick* a searching look; jfr *utforska*
forskarassistent *s* univ. junior research fellow
forskare *s* person doing research; univ. äv. postgraduate [student]; lärd scholar; naturvetenskapsman scientist; expert expert, specialist; med spec. uppgift research-worker, researcher
forskarflykt *s* brain drain
forskarstipendium *s* research scholarship
forskning *s* vetenskaplig research; study [*i* of]; undersökning investigation [*i* into (on, respecting)]; inquiry [*i* respecting (as to, into)]; ~ *och utveckling* (förk. *FoU*) research and development (förk. R&D)
forskningsanstalt *s*, *Försvarets* ~ the National Defence Research Establishment
forskningsbibliotek *s* research library
forskningsresande *s* explorer
forsla *vb tr* transport, convey, carry [*i (på) en kärra (på järnväg)* in a cart (by rail)]; ~ *bort* carry away, remove; ~ *undan* convey...out of the way, remove
forsränning *s i kanot* white-water canoeing (m. flotte rafting)
forsythia *s* bot. forsythia

1 fort *s* mil. fort
2 fort *adv* i snabbt tempo fast; på kort tid quickly, vard. quick; raskt rapidly; snabbt speedily; snart soon; **~!** quick!, sharp!; **och det ~are än kvickt** and double-quick; **~ast möjligt** as fast (osv.) as possible; *det gick ~* it was quick work; *det gick ~ för honom att...* it didn't take him long to...; *låt det gå ~!* mind you are quick about it!, and be snappy about it!; *gå för ~* om klocka be fast; *han tröttnade ~* he soon (quickly) tired; *så ~ [som]* konj. as soon as, directly
forta *vb rfl*, *[vilja] ~ sig* om klocka [be inclined to] gain
fortbestånd *s* continued existence, continuance
fortbildning *s* further education (training)
fortbildningskurs *s* continuation course
forte mus. **I** *s* forte it. **II** *adv* forte it.
fortfara *vb itr* continue osv., jfr *fortsätta*
fortfarande *adv* still; *det är ~ lika varmt* äv. it is just as hot as ever
fortgå *vb itr* go on
fortgående *adj* continuing
fortifikation *s* fortification
fortkörare *s* speeding offender
fortkörning *s* trafikförseelse speeding offence; *få böta för ~* vanl. be fined for speeding
fortleva *vb itr* live on, survive
fortlöpande *adj* continuous, continuing; rullande rolling; om kommentar o.d. running; om serie consecutive
fortplanta I *vb tr* propagate äv. bildl.; reproduce; friare el. bildl. äv. transmit, convey *[på (till)* to] **II** *vb rfl*, *~ sig* breed, propagate; överföras be propagated (transmitted); sprida sig spread; röra sig travel; *~ sig* genom delning reproduce oneself...
fortplantning *s* biol. reproduction
fortplantningsförmåga *s* biol. capacity for (power of) reproduction
fortplantningsorgan *s* reproductive (sexual) organ
fortsatt *adj* fortlöpande continuous; återupptagen resumed; ytterligare further; senare subsequent; *få ~ hjälp* continue to receive assistance; *ett ~ uppskov* a prolongation of the delay
fortskaffningsmedel *s* [means (pl. lika) of] conveyance
fortskrida *vb itr* proceed; framskrida advance, progress
fortskridande *adj* progressive, continuous
fortsätta *vb tr* o. *vb itr* allm. continue *[[med] ngt* [with] a th.; *[med] att spela* playing, to play]; ledigare go (keep) on *[[med] ngt* with a th.; *[med] att spela* playing]; högtidl. el. isht efter uppehåll proceed *[[med] ngt* with a th.]; jfr äv. ex.; *~ [med] ngt* äv. carry on with a th.; återuppta take up a th. again, resume a th.; fullfölja carry on (pursue) a th.; *~ med* övergå till *att spela* Mozart go on to play...; *fortsätt [bara]!* go (carry) on!, go ahead!; *fortsätt [framåt]!* please pass (move) along!; *~ rakt fram* keep straight on; *~ den här vägen* keep on along this road
fortsättning *s* continuation *[av (på)* of]; av litterärt alster äv. sequel *[av (på)* to]; *~ (forts.) [följer i nästa nummer]* [to be] continued [in our next]; *god ~ [på det nya året]!* ung. A Happy New Year!; *i ~en* hädanefter henceforth; i framtiden in future; från och med nu (då) from now (then) on
fortuna[spel] *s* bagatelle
fortvaro *s* continued existence; bestånd survival
forum *s* forum; *rätt ~* the proper forum (quarter, place)
forward *s* sport. forward, striker
fosfat *s* kem. phosphate
fosfor *s* kem. phosphorus
fosforescerande *adj* phosphorescing
fosforhaltig *adj* phosphorous, phosphoric
fossil I *s* fossil **II** *adj* fossil
fostbrödralag *s* sworn brotherhood
foster *s* foetus, amer. vanl. fetus; bildl. creation, product
fosterbarn *s* foster-child, fosterling
fosterbro[de]r *s* foster-brother
fosterdiagnostik *s* foetal (fetal) diagnosis (ss. vetensk. diagnostics sg.)
fosterdotter *s* foster-daughter
fosterfa[de]r *s* foster-father
fosterfördrivande *adj* abortive
fosterfördrivning *s* [criminal] abortion
fosterförälder *s* foster-parent
fosterhem *s* foster-home
fosterhinna *s* anat. membrane of the foetus (amer. vanl. fetus)
fosterjord *s* native soil
fosterland *s* [native] country; *försvara ~et* defend one's country; *för kung och ~* for King and Country
fosterlandsförrädare *s* traitor [to one's country]
fosterlandskärlek *s* patriotism, love of one's country
fosterlandsvän *s* patriot
fosterljud *s* med. foetal (amer. vanl. fetal) souffle
fosterländsk *adj* patriotic
fostermo[de]r *s* foster-mother
fosterrörelser *s pl* med. foetal (amer. vanl. fetal) movements, quickening sg.
fosterskada *s* med. foetal (amer. vanl. fetal) damage (end. sg.); damage (end. sg.) to the foetus (amer. vanl. fetus)
fosterson *s* foster-son
fostersyster *s* foster-sister
fosterutveckling *s* development of the foetus (amer. vanl. fetus)
fostervatten *s* anat. amniotic fluid

fostra *vb tr* bring up, rear; isht amer. raise; alstra foster, breed
fostran *s* bringing up osv., jfr *fostra;* fosterage; *fysisk* ~ physical training
fostrare *s* o. **fostrarinna** *s* fosterer äv. bildl.
fot *s* foot (pl. feet, ss. måttsord ibl. foot, jfr ex.) äv. friare, t.ex. strump~, bergs~, träd~ o.d. el. på glas; på bord, lampa o.d. stand; på svamp base; *gå* ~ *om hund* come to heel; *hög* ~ på glas [long] stem; *6* ~ *och 3 tum* 6 feet 3 inches, 6 foot (ibl. feet) 3; *få in en* ~ bildl. get one's foot in; *ha (få) kalla fötter* bildl. have (get) cold feet; *sätta sin* ~ *[hos ngn]* set foot [in a p.'s house]; *hela världen ligger för hans fötter* the whole world is at his feet; *stå med ena* ~*en i graven* have one foot in the grave; *komma på fötter* ekonomiskt get straight, get on to one's feet; *försätta på fri* ~ set free (at liberty); *stå på god* ~ *med ngn* be on excellent terms with a p; *på stående* ~ off-hand, straight (right) off, here and now; *till* ~*s* on foot; *gå till* ~*s* äv. walk
1 fota *vb tr* **1** basera base; ~ *sig* be based [på on] **2** vard. *bli* ~*d få sparken* get the sack (push)
2 fota vard., fotografera I *vb tr* take a shot (photo) of II *vb itr* take photos
fotarbete *s* sport. o.d. footwork
fotavtryck *s* footprint
fotbad *s* footbath
fotbeklädnad *s* skor o. strumpor footgear; skodon footwear
fotboll *s* **1** bollen football **2** spelet [association] football; vard. el. amer. soccer; *amerikansk* ~ American football; *spela* ~ play football
fotbollförbund *s* football association
fotbollselva *s* eleven
fotbollslag *s* football (soccer) team (side)
fotbollsmatch *s* football (soccer) match
fotbollsplan *s* football ground; spelplanen vanl. football field (pitch); ~*en* vard. äv. the park
fotbollsspelare *s* footballer, football (soccer) player
fotbroms *s* footbrake; på cykel coaster (back-pedal) brake
fotfel *s* i tennis foot fault; *döma* ~ call a foot fault
fotfolk *s* mil. foot soldiers pl.; ~*et* bildl. the rank and file
fotfäste *s* foothold, footing äv. bildl.; *få* ~ get (gain, secure) a foothold (footing) äv. bildl.
fotgängare *s* pedestrian
fotknöl *s* ankle
fotled *s* ankle joint
fotnot *s* footnote
foto *s* photo (pl. -s); *på* ~*t* in the photo
fotoaffär *s* camera shop, photographic dealer's
fotoalbum *s* photo album
fotoateljé *s* photographer's studio, photo[graphic] studio

fotoautomat *s* photo booth
fotoblixt *s* flashlight, photoflash
fotocell *s* photocell, photoelectric cell
fotogen *s* paraffin [oil]; isht amer. kerosene, kerosine
fotogenisk *adj* photogenic
fotogenkök *s* paraffin (amer. kerosene) [cooking] stove
fotogenlampa *s* paraffin (amer. kerosene) lamp; ibl. oil lamp
fotograf *s* photographer; film~ el. press~ äv. cameraman
fotografera I *vb tr* photograph, take a photograph (photo) of; *[låta]* ~ *sig* have one's photo taken **II** *vb itr* photograph, take photographs (photos)
fotografering *s* fotograferande photographing
fotografi *s* **1** konkr. photograph; jfr *foto* o. sms. **2** fotokonst photography
fotografisk *adj* photographic
fotokopia *s* av handling o.d. photocopy
fotokopiera *vb tr* photocopy
fotombyte *s* change of feet
fotomodell *s* photographer's model
fotomontage *s* photomontage
fotostatkopia *s* photostat copy, photocopy
fotosyntes *s* bot. photosynthesis
fotpall *s* footstool
fotriktig *adj* o. **foträt** *adj*, ~ *sko* correctly-fitting shoe
fotsid *adj*, ~ *klänning* ...that reaches [down] to the (one's) feet, ankle-length...
fotskrapa *s* [foot-]scraper
fotspår *s* footprint, footmark; *gå (följa) i ngns* ~ follow (walk, tread) in a p.'s footsteps
fotsteg *s* **1** steg step; *höra* ~ hear footsteps **2** på vagn footboard; på bil running-board
fotstöd *s* footrest
fotsula *s* sole of a (resp. the) foot
fotsvamp *s* athlete's foot
fotsvett *s, ha* ~ have sweaty (perspiring) feet pl.
fotvalv *s* arch of a (resp. the) foot
fotvandra *vb itr* walk; vard. hike
fotvandrare *s* walker; vard. hiker
fotvandring *s* vandrande walking, vard. hiking; utflykt walking-tour, vard. hike, hiking-trip
fotvård *s* care of the feet; med. chiropody; pedikyr pedicure
fotvårdsspecialist *s* chiropodist
fotvårta *s* med. plantar wart
fotända *s* foot [end]
foxterrier *s* fox terrier
foxtrot *s* foxtrot; *dansa* ~ do (dance) the foxtrot
frack *s* tail coat, dress coat; vard. tails pl., white tie; ~*kostym* dress suit; *klädd i* ~ in [full] evening dress; vard. in a white tie, in tails
frackmiddag *s* full-dress (white-tie) dinner

frackskjorta *s* dress shirt
frackskört *s* coat-tail
fradga I *s* froth, foam; *tugga* ~ om häst foam, be champing foam **II** *vb itr o. rfl,* ~ *sig* foam, froth
fradgas *vb itr dep* foam, froth
fragment *s* fragment
fragmentarisk *adj* fragmentary
frakt *s* **1** last: sjö. freight, cargo; järnvägs~, bil~ el. flyg~ goods pl.; amer. äv. freight **2** avgift: sjö. el. flyg. freight; järnvägs~, bil~ carriage, amer. äv. freight; ~ *betald* freight (carriage) paid; *betala* 1000 kronor *i* ~ pay…for (in) freight
frakta *vb tr* sjö. freight; med järnväg, bil, flyg carry, convey; amer. äv. freight; ~ *bort* forsla undan remove
fraktavtal *s* contract of affreightment
fraktflyg *s* freighter aircraft pl.
fraktfritt *adv* frakt betald carriage (freight) paid (prepaid), cost and freight
fraktgods *s* koll. goods pl. [forwarded (som skall sändas to be dispatched) by goods train]; *som* ~ järnv. by goods train
fraktgodsexpedition *s* goods office
fraktion *s* **1** grupp section, faction, group [of a party] **2** kem. fraction
fraktsedel *s* hand. consignment note, [goods] waybill; sjö. bill of lading
fraktur *s* **1** typogr. black-letter, German type **2** med. fracture
fram *adv* **1** om rörelse: framåt, vidare on, along, forward; genom through; ut out; till platsen (målet) there; hit here, jfr ex.; *jag måste* ~*!* I must get through!; *sanningen måste (skall)* ~ the truth must come out (must be told); *kom (stig)* ~*!* a) ur gömställe, led o.d. come out! b) hit come here!; *han kom* ~ *och pratade med mig* he came up and talked to me; *storma* ~ rush ahead (forward, onward); *sätta* ~ *en stol åt ngn* bring [up] a chair for a p.; *ta* ~ take out; *rakt (rätt)* ~ right (straight) on, straight ahead; ~ *och tillbaka* dit och åter there and back; av och an to and fro, backward[s] and forward[s] **2** om läge: framtill, i förgrunden forward, in front; på framsidan in front; *…knäpps* ~ *…* is buttoned in (down the) front; *sitta långt* ~ sit far forward (well in front) **3** om tid: *längre* ~ later on; ~ *i maj (på hösten, på nyåret)* sometime el. some date in May (in the autumn, in the new year); *långt* ~ *på dagen* late in the day; *till långt* ~ *på natten* until well (far) [on] into the night; *ända* ~ *till…* right up to…
framaxel *s* tekn. front axle
framben *s* foreleg
frambringa *vb tr* bring forth; skapa create; alstra produce; fys. generate; ~ *ett ljud* produce (bring forth) a sound
frambära se *bära [fram]* o. *framföra 1*
framdel *s* front [part], forepart

framdeles *adv* längre fram later on; i framtiden in the future; hädanefter henceforth, henceforward
framdäck *s* bil. front tyre (amer. tire)
framemot *prep,* ~ *kvällen (sjutiden)* towards evening (seven o'clock)
framfall *s* med. prolapse
framfart *s, [våldsam]* ~ härjning[ar] harrying[s pl.], ravaging[s pl.]; *hejda eldens* ~ stop the fire from spreading
framfot *s* forefoot; *visa framfötterna* bildl. show one's paces; briljera show off
framfusig *adj* påträngande pushing, forward; gåpåaraktig aggressive; oblyg unblushing, unabashed
framföda *vb tr* bring forth; eg. äv. give birth to
framför I *prep* **1** eg. before, in front of; framom äv. ahead of **2** bildl.: före before; över above, ahead of; ~ *allt* above all; *hälsan* ~ *allt!* health first (before everything [else])!; *föredra te* ~ *kaffe* prefer tea to coffee **II** *adv* in front; *han är långt* ~ he is far ahead
framföra *vb tr* **1** överbringa convey; isht hälsning äv. give; deliver äv. uttala; *framför min hälsning till…!* give (present) my compliments (my kind regards) to…!, please remember me to…!; ~ *ett önskemål (sitt tack)* express a wish (one's thanks); *är det något jag kan* ~ *[till…]?* i telefon o.d. can I give[…]a message? **2** uppföra, förevisa present, produce, put on; musik perform; sjunga sing; spela play **3** fordon drive **4** se *föra [fram]*
framförallt *adv* above all
framförande *s* sätt att framföra (föredrag o.d.) delivery; av musik performance
framförhållning *s* **1** vid skjutning aim-off, aiming-off **2** planering long-term planning, planning in advance
framförvarande *adj,* hålla ordentligt avstånd *till* ~ *fordon* …to the vehicle in front
framgaffel *s* på t.ex. cykel front fork
framgent *adv, [allt]* ~ ever after, thenceforth; hädanefter henceforth
framgå *vb itr* märkas, synas be clear (evident) [*av* from]; *härav* ~*r att…* from this it may be concluded (inferred) that…; hur länge han var borta ~*r inte av boken* …does not emerge (is not evident) from the book; *som* ~*r av exemplen* as will be seen (is evident) from the examples…
framgång *s* success; *ha* ~ *i…* be successful (succeed, prosper) in…; *med* ~ äv. successfully; *utan* ~ äv. unsuccessfully, with no success
framgångsrik *adj* successful
framhjul *s* front wheel
framhjulsdriven *adj* bil. front-wheel driven
framhålla *vb tr* påpeka point out [*att* that]; call attention to [*att* the fact that]; betona emphasize, stress, lay stress upon; särskilt understryka give prominence to [*att* i samtl. fall

the fact that]; **~...som ett mönster (en förebild)** hold...up as a model; **~ ngt för ngn** point out a th. to a p.
framhärda vb itr persist, persevere; **~ i att** inf. persist in ing-form
framhäv|a vb tr låta framträda bring out, set off; framhålla emphasize, accentuera accentuate; **klänningen -de hennes figur** the dress showed off her figure
framifrån adv from the front
framkalla vb tr **1** frambringa call (draw) forth, evoke, produce; åstadkomma bring about; förorsaka occasion, cause; uppväcka arouse, raise, awaken; ge upphov till give rise to; skapa create; **~ motstånd** provoke opposition; **~ skratt** arouse (provoke) laughter **2** foto. develop
framkallning s foto., framkallande development, developing; **~ och kopiering** developing and printing
framkant s front edge
framkasta se *kasta [fram]*
framkomlig adj om väg accessible, passable, trafficable; om vatten navigable; friare practicable
framkomlighet s om väg accessibility, passability; om vatten navigability; friare practicability
framkomst s ankomst arrival; **frakten betalas vid ~en** freight to be charged forward
framkropp s forepart of the body
framkörningsavgift s taxis initial extra charge; firmas transport charges pl.
framleva vb tr, **~ sitt liv i stillhet** pass one's life in tranquillity
framliden adj, **framlidne...** the late...
framlägga se *lägga [fram]*
framlänges adv forward[s]; **åka ~ på tåg** ride (sit) facing the engine
frammana vb tr frambesvärja conjure up
frammarsch s advance äv. bildl. [mot towards, in the direction of, med fientlig avsikt on]; **vara på ~** be advancing (on the march); bildl. be gaining ground
frammatning s tekn. transportation; foto. feeding
framme adv **1** i förgrunden in front [vid at (by)]; **långt ~ i salen** well to the front of the hall **2** framtagen, framlagd osv., synlig, 'ute' out; till hands ready; till beskådande on view (show); **maten står ~** the meal is on the table; **låta portmonnän ligga ~** leave one's purse about **3** framkommen, vid målet there; **vara ~** äv. be at one's destination, have reached one's destination; **när (hur dags) är vi ~?** vanl. when do (will) we get there (arrive [there])?; **nu är vi ~!** here we are!, we're there now! **4** i spec. bet.: **hålla sig ~** keep oneself [well] to the fore; skaffa sig fördelar be on the look-out for what one can

get [hold of]; **nu har han varit ~ igen** now he has been at it again
frampå prep om tid **~ eftermiddagen** later (late) in the afternoon; **~ småtimmarna** in the small hours [of the morning]
framryckning s advance
framsida s front [side]; fasad äv. face; på mynt obverse; på tyg right side
framskjutande adj projecting; protruding äv. om underkäke; prominent; överhängande beetling
framskjuten adj advanced äv. mil.; bildl. prominent
framskrida vb itr fortgå progress, advance
framskrid|en adj advanced; *[ett] långt -et havandeskap* an advanced stage of pregnancy; **i ett -et stadium** at an advanced stage
framskymta vb itr be discernible (distinguishable)
framskärm s på bil front wing; front mudguard äv. på cykel; amer. front fender
framsläpa vb tr, **~ sitt liv** under umbäranden drag on one's existence...
framsteg s progress (end. sg.); framåtskridande äv. advance; förbättring improvement; **ett ~** a step forward, an improvement; **göra ~** make progress (headway), progress, advance; vinna terräng go ahead, gain ground; **göra stora ~** make much (great) progress (great headway, great strides)
framstegsfientlig adj reactionary, anti-progressive
framstegsvänlig adj progressive
framstupa adv flat [on one's face], prostrate; **falla (ligga) ~** äv. fall (lie) prone; **~ sidoläge** vid första hjälpen semi-prone position
framstycke s front [piece (part)]
framstå vb itr visa sig [vara] stand out [som as]; **detta ~r som omöjligt** this appears impossible
framstående adj bemärkt prominent; högt ansedd, ypperlig eminent, distinguished, outstanding
framställa vb tr **1** skildra describe, relate; livligt skildra, avbilda portray, högtidl. depict; ge en bild av give (present) a picture of; återge reproduce; **~ ngn som en hjälte** skildra represent (på scenen present) a p. as a hero **2** framlägga m.m. bring (put) forward, propose; **~ en fråga till ngn** ask a p. a question, put a question to a p. **3** tillverka: produce, make; fabriksmässigt äv. manufacture; kem. o.d. prepare
framställan se *framställning 2*
framställning s **1** beskrivning description; redogörelse statement, report, account; översikt survey; bild picture; personligt färgad skildring, avbildning representation; **kort[fattad] ~** äv. resumé, précis pl. précis fr.; summary; **hans ~ av saken** his account

framställningssätt

(presentation) of the case (matter); *grafisk* ~ graph, diagram; *muntlig (skriftlig)* ~ skol. el. univ. oral (written) work (production) **2** förslag proposal [*om* for]; proposition [*om* regarding, as to]; hemställan petition; anhållan, hänvändelse application [*om* for]; *på ~ av...* at the instance (on the recommendation) of... **3** tillverkning production; fabriksmässig äv. manufacture; kem. o.d. preparation
framställningssätt *s* **1** tillverkningsmetod method of production, manufacturing process **2** författares style; talares delivery
framstöt *s* mil. [forward] thrust, drive [*mot* against (on)]; bildl. energetic (strong) move
framsynt *adj* förutseende far-seeing; förtänksam far-sighted; *~a människor* people with foresight
framsynthet *s* förutseende foresight
framsäte *s* front seat
framtand *s* front tooth.
framtid *s* future; *min* ~ mina framtidsutsikter my career; *det får ~en utvisa* time will show; *han har ~en för sig* a) är ung he has the future before him b) har de bästa utsikter he has a future before him; *för ~en* for the (in) future; *för (i) all* ~ for all time; *någon gång i ~en* at some future date; *i en nära* ~ el. *inom den närmaste ~en* in the near future
framtida *adj* future
framtidsforskning *s* futurology
framtidsman *s* coming man
framtidstro *s* belief in the future
framtidsutsikter *s pl* future prospects
framtill *adv* in front; i främre delen in the front part; *[både]* ~ *och baktill* [both] in front and behind
framtona *vb itr* om pers. *~ som liberal* present (keep) a liberal profile
framtoning *s* **1** om film o.d. fading in **2** sätt att framträda image; *en folklig* ~ a popular image
framträda *vb itr* **1** uppträda, visa sig appear; *~ i radio* broadcast [on the radio]; *~ i TV* appear on TV **2** avteckna sig stand out
framträdande I *s* uppträdande appearance; offentligt äv. public appearance **II** *adj* viktig prominent, outstanding, distinguished; påfallande, dominerande conspicuous, salient; *ett ~ inslag* i debatten a salient feature...; *spela en ~ roll* play a prominent (conspicuous) part
framtung *adj* ...heavy at the front; flyg. nose-heavy
framvagn *s* bil. front of a (resp. the) car
framväxt *s* growth, rise; bildl. äv. development
framåt I *adv* ahead äv. bildl.; vid rörelseverb äv. along; vidare onward[s], forward; *flera månader* ~ for several months ahead el. to come; *ett steg* ~ a (one) step forward; *ta ett stort steg* ~ make a great stride forward äv.

bildl.; *fortsätt ~!* keep straight on!; *gå* ~ göra framsteg, utvecklas go ahead, progress; *gå raskt (stadigt)* ~ bildl. make great strides, make rapid (steady) progress; *se (titta) [rakt]* ~ look straight forward (on); *man måste se* ~ mot framtiden you have to look ahead **II** *prep* fram emot [on] toward[s]; *~ kvällen* towards evening **III** *interj* onward!, forward!; *~ marsch!* forward, march! **IV** *adj* vard. *vara [mycket]* ~ *[av sig]* be very go-ahead
framåtanda *s* enterprise, go-ahead spirit; *ha [stor]* ~ be [very] go-ahead
framåtböjd *adj* ...bent forward; *gå* ~ walk with a stoop
framåtsträvande *adj* bildl. go-ahead, pushing
framända *s* front [end]; på t.ex. timmerstock fore-end
framöver *adv* forward; *för (under) flera år* ~ for several years ahead (to come); *en lång tid* ~ a long time to come
franc *s* myntenhet franc
frank *adj* frank, open, straightforward
frankera *vb tr* sätta frimärke på stamp; *otillräckligt ~t brev* insufficiently prepaid (stamped) letter
frankisk *adj* Frankish; isht om språk Franconian
franko *adv* portofritt postage free, post-free; fraktfritt carriage (freight) paid, free of carriage
Frankrike France
frans *s* fringe; *~ar* slitet ställe på t.ex. kläder frays
fransad *adj* fringed
fransig *adj* trasig frayed
fransk *adj* French; *~t fönster* French window; *~ lilja* herald. fleur-de-lis pl. fleurs-de-lis; *den ~a liljan* äv. the lily of France
franska *s* **1** språk French; jfr *svenska 2* **2** se *franskbröd*
franskbröd *s* vitt bröd white bread; småfranska [French] roll; långfranska French loaf
franskklassisk *adj* French-classical
fransktalande *adj* French-speaking; *vara ~* speak French
fransman *s* Frenchman; *fransmännen* som nation el. lag o.d. the French
fransysk *adj* French; *~ visit* flying visit (call)
fransyska *s* **1** kvinna Frenchwoman; jfr *svenska 1* **2** slakt., oxkött rumpsteak piece
frappant *adj* striking
frapperande *adj* slående striking; förvånande astonishing
fras *s* uttryck phrase äv. mus.
frasa *vb itr* rustle
fraseologi *s* phraseology
frasera *vb tr* o. *vb itr* phrase äv. mus.
frasig *adj* crisp
frasmakare *s* phrasemonger
frasvåffla *s* [crisp (crispy)] waffle

fraternisera *vb itr* fraternize
fred *s* peace; *sluta* ~ conclude, make peace; *leva i* ~ live in peace; *lämna ngn i* ~ leave a p. alone (in peace); *låt mig vara i* ~*!* do give me a little peace!
freda *vb tr* protect [*mot, för* from, against]; ~ *sitt samvete* appease one's conscience; ~ *sig* protect oneself
fredag *s* Friday; *~en den 8 maj* adv. on Friday, May 8th; *i ~s [morse]* last Friday [morning]; *i ~ens tidning* in Friday's paper; vi träffas *på* ~ ...next Friday; *på (om)* ~ *arna* on Fridays; *[på]* ~ *morgon* Friday morning; *på* ~ *[om] åtta dar (om en vecka)* Friday week, a week on Friday
fredagskväll *s* Friday evening (senare night); *på ~arna* on Friday evenings (nights)
fredlig *adj* peaceful; fridsam peaceable, inoffensive; *på* ~ *väg* in a peaceful way, by peaceful means, pacifically
fredlös *adj* outlawed; *en* ~ an outlaw; *förklara (göra) ngn* ~ outlaw a p.
fredsaktivist *s* peace activist
fredsavtal *s* peace agreement
fredsbevarande *adj* peace-keeping; ~ *styrka* peace-keeping force
fredsduva *s* dove of peace
fredsforskning *s* peace research
fredsfördrag *s* peace treaty, treaty of peace
fredsförhandlingar *s pl* peace negotiations (talks); *inledande* ~ peace preliminaries
fredsmäklare *s* peace mediator
fredspipa *s* pipe of peace
fredsplan *s* peace plan
fredsplikt *s* embargo on strikes and lockouts
fredspris *s, ~et* Nobels the [Nobel] Peace Prize
fredsrörelse *s* peace movement
fredsstiftare *s* peacemaker
fredstid *s, i (under)* ~ in time[s] of peace
fredstrevare *s* peace feeler
fredsvillkor *s pl* peace terms
freestyle *s* **1** sport. freestyle **2** kassettbandspelare i fickformat Walkman®
frejdad *adj* celebrated, renowned
frejdig *adj, med ~t mod* with a bold heart
frekvens *s* frequency äv. radio.
frekvent *adj* frequent, common
frekventera *vb tr* nöjeslokal o.d. frequent, patronize
frenesi *s* frenzy; stark. rabidness
frenetisk *adj* om t.ex. bifall frenzied, frantic; om iver frenetic
frenolog *s* phrenologist
frenologisk *adj* phrenological
freon *s* CFC (förk. för chlorofluorocarbon), Freon®
fresia *s* bot. freesia
fresk *s* konst. fresco (pl. -s el. -es)
freskomålning *s* painting in fresco, fresco (pl. -s el. -es)
fresta *vb tr* o. *vb itr* **1** söka förleda, locka tempt;

~ *ngn att göra ngt* tempt a p. to do (into doing) a th.; *känna sig (vara) ~d att* inf. feel tempted (svag. inclined) to inf. **2** ~ *lyckan (ngns tålamod)* try one's fortune (a p.'s patience) **3** anstränga strain; ~ *på* vara påfrestande be a strain [*ngt* on a th.]
frestande *adj* tempting; lockande äv. inviting
frestare *s* tempter
frestelse *s* temptation; *falla för en* ~ *(för ~r)* yield (give way) to temptation; *falla för ~n att* inf. yield (give way) to the temptation to inf.
fresterska *s* temptress
freudiansk *adj* Freudian; ~ *felsägning* Freudian slip
fri *adj* free; oavhängig äv. independent; ogenerad äv. free and easy; öppen, oskymd open; jfr *ledig* med ex.; *~a aktiviteter* skol. locally-planned activities within the school-day; ~ *bostad* rent-free accommodation; *~tt fall* free fall; *under ~are former* more informally, under freer forms; ~ *höjd* trafik. headroom, [clear] headway; *~tt inträde!* entrance (admission) free; *de ~a konsterna* the liberal arts; ~ *kost* free meals pl.; ~ *kärlek* free love; *i ~a luften* in the open [air], out of doors; ~ *översättning* free translation; *bli* ~ a) frigiven be set free, be set at liberty b) oransonerad come off the ration; *bli (göra sig)* ~ *från ngt* get rid of (rid oneself of) a th.; *hålla vägarna ~a från snö* keep the roads clear of snow; *det står dig ~tt att* inf. you are [perfectly] free (at liberty) to inf.; *vara* ~ *från misstankar* be clear of suspicion; *ordet är ~tt* the meeting (floor) is open for discussion, everyone is now free to speak; *i det ~a* in the open [air], out of doors
1 fria I *vb tr* frikänna acquit; *hellre* ~ *än fälla* one should always give people the benefit of the doubt; *~nde dom* verdict of acquittal (of not guilty) **II** *vb rfl,* ~ *sig från misstankar* clear oneself of suspicion
2 fria *vb itr* eg. ~ *[till ngn]* propose [to a p.]; litt. woo [a p.] äv. bildl.
friarbrev *s* [letter of] proposal
friare *s* suitor
fribiljett *s* [free] pass; teat. o.d. äv. free (complimentary) ticket
fribrev *s* försäkr. paid-up (free) policy
fribrottning *s* sport. all-in wrestling, freestyle
fribytare *s* freebooter äv. i krocketspel
frid *s* peace; fridfullhet serenity; lugn tranquillity; *allt (allting) är* ~ *och fröjd* everything in the garden is lovely, everything is all right; jfr *1 ro 1*
fridag *s* free day, day off
fridfull *adj* peaceful, serene
fridfullhet *s* peacefulness, serenity
fridlysa *vb tr* område samt djur, växt o.d. place...under protection, preserve; minnesmärke äv. protect, schedule...as a

fridsam 170

monument; jakt. äv. prescribe a close time for; avspärra enclose, forbid access to; *fridlyst område* a) naturskyddsområde nature reserve b) spärrområde area enclosed [by order], enclosure [by order]
fridsam adj peaceable, placid
fridsfurste s Prince of Peace
fridstörare s disturber of the peace
frielev s freeplace scholar
frieri s proposal, offer of marriage
friexemplar s gratisexemplar presentation (complimentary) copy, författares free copy
frige vb tr **1** släppa lös free, set...free, release, liberate; ~ *ngn* skänka friheten give a p. his freedom; ~ *en fånge* äv. discharge a prisoner; *frigivna slavar* emancipated slaves **2** exportvara o.d. raise the ban on; ransonerad vara take...off the ration; frilista put...on the free list; legalisera legalize
friggebod s garden shed (cabin)
frigid adj frigid
frigiditet s frigidity
frigivning s setting free, release, liberation, emancipation; jfr *frige 1*
frigjord adj fördomsfri open-minded; emanciperad emancipated, liberated
frigjordhet s fördomsfrihet open-mindedness; emancipation emancipation
frigång s **1** permission parole; *ha* ~ be on parole **2** motor. idling [speed]; *gå på* ~ idle, tick over
frigångare s parole patient (fånge prisoner), patient (resp. prisoner) on parole
frigöra I vb tr bildl. liberate, set...free **II** vb rfl, ~ *sig* bildl., befria sig free (liberate) oneself, make (set) oneself free, emancipate oneself
frigörelse s befrielse liberation, release; emancipation emancipation
frihamn s free port
frihandel s free trade
friherre s baron
frihet s freedom; isht i mots. till fångenskap, tvång liberty; oberoende independence; från skyldighet exemption, immunity; utrymme för handlingsfrihet latitude, scope; *~, jämlikhet, broderskap* Liberty, Equality, Fraternity; *poetisk* ~ poetic licence; ~ *under ansvar* freedom with responsibility; *ha full* ~ *att välja* enjoy full liberty of choice; *ta sig ~en att göra ngt* take the liberty of doing a th.
frihetskamp s fight (struggle) for freedom (liberty)
frihetskrig s war of independence
frihetsstraff s imprisonment
frihetsälskande adj freedom-loving, liberty-loving
frihjul s free wheel; *åka (köra) på* ~ free-wheel, coast
friidrott s athletics pl., track and field sports pl.
frikadell s forcemeat ball, quenelle
frikalla vb tr från plikt o.d. exempt äv. mil.; från löfte o.d. release; *~d från värnplikt* exempt from military service
frikast s sport. free throw
frikoppla I vb tr motor disengage; bildl. release **II** vb itr trampa ur kopplingen disengage the clutch
frikort s [free] pass
frikostig adj liberal, generous; om pers. äv. open-handed; om gåva äv. handsome
frikostighet s liberality, generosity; persons äv. open-handedness
friktion s friction
friktionsfri adj frictionless, ...without friction, smooth
frikyrka s Free Church
frikyrklig adj Free Church; jfr *frireligiös*
frikänna vb tr acquit [*från* of]; find...not guilty
frikännande I s acquittal, verdict of not guilty; *yrka [på]* ~ plead not guilty **II** adj, *en* ~ *dom* a verdict of acquittal (of not guilty*)*
frilans s freelance
frilansa vb itr free-lance
frilista I s free list **II** vb tr free-list, free, place...on the free list; *~de varor* free-listed goods
friluftsbad s open-air baths (pl. lika), open-air bathing pool; bad i det fria open-air bathe
friluftsdag s ung. sports day
friluftsliv s outdoor life
friluftsmänniska s outdoor type, lover of open-air life
friluftsmöte s open-air meeting
friluftsteater s open-air theatre
friläge s, *lägga växeln i* ~ put (slip) the gear into neutral
frimodig adj käck, öppenhjärtig frank, open; oförsagd candid; rättfram outspoken
frimodighet s frankness, openness; candour; outspokenness; jfr *frimodig*
frimurare s freemason, mason
frimurarorden s best. form the Masonic Order, the Order of Free and Accepted Masons
frimärke s stamp, postage stamp; *sätta ett* ~ *på ett brev* put (vard. stick) a stamp...
frimärksaffär s butik stamp-dealer's
frimärksalbum s stamp album
frimärksautomat s stamp machine
frimärkshäfte s book of stamps
frimärkskassa s petty cash [for stamps]
frimärkssamlare s stamp collector, philatelist
frimärkssamling s stamp collection
fringis s vard. extra förmån fringe benefit
fri- och rättigheter s pl rights and privileges
fripassagerare s stowaway
friplats s t.ex. i skola free place; på teater o.d. free seat
frireligiös adj nonconformist, unorthodox; *vara* ~ be a nonconformist
1 fris s arkit. frieze
2 fris s folkslag Frisian, Frieslander

frisbee *s* frisbee
frisedel *s* mil. exemption warrant
frisera *vb tr* **1** eg. ~ *ngn* do (dress) a p.'s hair **2** bildl. cook, doctor
frisersalong *s* hairdressing saloon, hairdresser's, barber's [shop]
frisim *s* freestyle [swimming]
frisinnad *adj* liberal, broad-minded
frisinne *s* liberalism
frisisk *adj* Frisian
frisiska *s* **1** kvinna Frisian woman **2** språk Frisian
frisk *adj* **1** kry, ej sjuk well mest pred.; [som är] vid god hälsa healthy; återställd recovered; oskadad, felfri sound; ~ *och kry* hale and hearty; *~a tänder* sound teeth; ~ *som en nötkärna* [as] sound as a bell; *bli* ~ get well (all right); *se* ~ *ut* look well **2** övriga bet. allm. fresh, jfr vid. ex.; *[en]* ~ *aptit* a keen (hearty) appetite; *~a krafter* renewed (fresh) strength sg. (vigour sg.); *hämta lite* ~ *luft* get some [fresh] air, take the air; *med ~a tag* with a will; *~a vindar* fresh breezes
friska I *vb tr*, ~ *upp* freshen up äv. bildl.; ~ *upp sina kunskaper* äv. refresh (brush up) one's knowledge II *vb itr, det (vinden) ~r 'i* the wind is getting up (rising)
friskanmäla *vb rfl*, ~ *sig* report that one has recovered from one's illness
friskhet *s* fräschhet freshness
friskintyg *s* certificate of health
friskluftsintag *s* fresh-air inlet (intake)
friskna *vb itr*, ~ *till* recover
friskskriva *vb tr* declare...fit, give...a clean bill of health; *bli friskskriven* be declared fit, get (be given) a clean bill of health
frisksportare *s* vard. keep-fit type, health freak (nut)
friskvård *s* keep-fit measures pl.
frisläppa *vb tr* set...free, release
frispark *s* sport. free kick; *lägga en (döma)* ~ take (award) a free kick
frispråkig *adj* outspoken, free-spoken
frispråkighet *s* outspokenness
frissa *s* vard. [ladies'] hairdresser
frist *s* anstånd respite, grace; föreskriven tidrymd time (period) assigned, set term
fristad *s* skyddad uppehållsort sanctuary, [place of] refuge, asylum
fristil *s* sport. freestyle
fristående *adj* eg. free-standing, ...standing by itself, ...that stands by itself; om t.ex. hus, garage äv. detached; separat separate, self-contained
friställa *vb tr*, ~ *arbetskraft* release (permittera lay off) manpower (labour)
friställd *adj* redundant
frisyr *s* hair style; kamning style of hairdressing; coiffure (fr.), äv. konkr.
frisyrgelé *s* hair-styling gel
frisör *s* hairdresser, barber

frisörska *s* hairdresser
frita[ga] I *vb tr* **1** med våld rescue **2** från skyldighet o.d. release, exempt, excuse [*från* from]; från ansvar relieve [*från* of] II *vb rfl,* ~ *sig från ansvar* disclaim responsibility [*för* for]
fritagning *s* rescue operation
fritagningsförsök *s* rescue attempt (bid)
fritera *vb tr* deep-fry
fritid *s* spare time, leisure [time]; ledig tid time off; *på ~en* in leisure (off-duty) hours, in one's leisure time (spare time, time off)
fritidsbåt *s* pleasure boat, pleasure craft
fritidsgård *s* [youth] recreation centre
fritidshem *s* after-school recreation centre [for junior schoolchildren]
fritidshus *s* ung. holiday (weekend) cottage, summer house
fritidskläder *s pl* leisure (casual) wear sg., sportswear sg.
fritidsledare *s* recreation leader
fritidsområde *s* recreation area (ground)
fritidspedagog *s* recreation instructor (leader)
fritidssysselsättning *s* leisure (spare-time) pursuit (occupation), hobby
fritidsverksamhet *s* recreational (leisure) activities pl.
fritis vard., se *fritidshem*
fritt *adv* allm. freely; obehindrat unobstructedly; utan tvång unconstrainedly; efter behag at will; öppet, oförbehållsamt openly, frankly, unreservedly; avgifts~ free [of charge]; ~ *lager* säljarens ex warehouse; ~ *fram!* i barnlek you can all come out!; *en ~ uppfunnen historia* a pure invention; ~ *valt arbete* optional project; jfr ex. under *fri* o. under *ledig 1*
frityr *s* **1** deep fat **2** smet batter
fritänkare *s* freethinker
frivakt *s* sjö. off-duty watch; watch below; *ha* ~ be off duty; be below
frivikt *s* järnv. el. flyg. free luggage allowance
frivillig I *adj* allm. voluntary; mil. volunteer; skol., om läroämne optional; amer. elective; *på* ~ *väg* voluntarily, on a voluntary basis II *subst adj* mil. volunteer; *gå med som* ~ volunteer
frivillighet *s* voluntariness
frivilligkår *s* volunteer corps
frivilligt *adv* voluntarily, of one's own free will
frivol *adj* lösaktig loose, immoral; oanständig, om t.ex. historia indelicate, improper
frivolitet *s* lösaktighet looseness, immorality; oanständighet indelicacy, impropriety
frivolt *s* gymn. somersault
frivård *s* non-custodial treatment, probation
friåkning *s* i konståkning free skating
frodas *vb itr dep* thrive, flourish
frodig *adj* luxuriant äv. bildl.; isht om gräs, äng o.d. lush; isht om ogräs rank; om pers. el. djur fat, plump; *fet och* ~ fat and flourishing

frodighet

frodighet *s* luxuriance, exuberance, lushness etc.; jfr *frodig*
from *adj* gudfruktig pious; andäktig devout, religious; saktmodig, beskedlig quiet, gentle; *en ~ önskan* a pious hope, an idle wish; *~ som ett lamm* meek (gentle) as a lamb
fr.o.m. förk., se *från [och med]*
fromage *s* kok., ung. [cold] mousse
fromhet *s* piety; gentleness; jfr *from*
fromma *s, till ~ för...* for the [lasting] benefit (advantage) of...
fromsint *adj* meek, gentle, good-natured
front *s* front äv. bildl.; meteor. el. mil. äv. front line; *göra ~ mot* bildl. face; *på bred ~* mil. el. bildl. on a wide front; *vid ~en* mil. at the front, on the front line
frontal *adj* frontal
frontalkrock *s* head-on collision
frontanfall *s* frontal attack
frontlinje *s* allm. el. mil. front line
frontmatad *adj* ...loaded from the front; *~ tvättmaskin* front-loader
frontsoldat *s* combat soldier
1 frossa *s* **1** *ha ~* köldrysningar have the shivers; *skaka av ~* have a shivering fit **2** *~[n]* malaria o.d. ague
2 frossa *vb itr* **1** guzzle [*på* on, upon]; gorge (glut, stuff) oneself [*på* with] **2** bildl.: *~ i...* revel (luxuriate) in...; otyglat hänge sig åt wallow in...
frossare *s* **1** eg. glutton, guzzler, gormandizer **2** bildl. reveller, wallower [*i* in]
frossbrytning *s* fit of shivering (ague); jfr *1 frossa*
frosseri *s* **1** eg. gluttony, guzzling, gormandizing **2** bildl. revelling, revelry [*i* in]
frosskakning *s* fit of shivering (ague); jfr *1 frossa*
frost *s* frost; rim~ hoarfrost, white frost
frosta *vb tr, ~ av* defrost
frostbiten *adj* frostbitten
frosthärdig *adj* frost hardy
frostig *adj* frosty
frostknöl *s* chilblain
frostnatt *s* frosty night
frostskada *s* frost injury
frostskadad *adj* ...damaged by frost
frostskyddsmedel *s* antifreeze
frotté *s* terry [cloth]
frottéhandduk *s* terry (Turkish) towel
frottera *vb tr, ~ [sig]* rub [oneself]; *~ sig* äv. give oneself a rubbing
frotterborste *s* fleshbrush
fru *s* gift kvinna married woman (lady); hustru wife; husmor housewife; matmor mistress; *~ Ek* Mrs (Mrs., Ms) Ek
frugal *adj* frugal
frukost *s* morgonmål breakfast; *äta ~* have (isht amer. eat) breakfast; för fler ex. jfr *middag 2*
frukostbord *s* breakfast table; *vid ~et* vid frukosten at breakfast

frukostdags *adv, vid ~* at breakfast-time
frukostera *vb itr* have breakfast, breakfast
frukostflingor *s pl* breakfast cereal sg.
frukostmiddag *s* early dinner
frukostrast *s* skol. lunch hour, lunch break
frukostrum *s* breakfast room
frukt *s* bot. el. friare fruit; koll. fruit[s pl.]; resultat äv. product, result, outcome; livsfrukt äv. issue; *färsk ~* fresh fruit[s]; *förbjuden ~ smakar bäst* forbidden fruit is sweetest; *bära ~* äv. bildl. bear fruit
frukta I *vb tr* allm. fear; fasa för dread; ledigare be afraid [*ngn (ngt)* of a p. (of a th.); *att* inf. vanl. of ing-form; *att* sats that]; *~ Gud* fear God; *~ det värsta* fear the worst; *ja, jag ~r det!* yes, I'm afraid so!; *en ~d sjukdom* a dreaded disease **II** *vb itr, ~ för* t.ex. ngns liv, säkerhet fear for; *~ för sitt liv* be in fear of one's life
fruktaffär *s* butik fruit shop, fruiterer's
fruktan *s* rädsla fear; stark. dread [*för* of; *för att* inf. of ing-form]; respektfylld awe [*för* of]; farhågor äv. fears pl., apprehension; *darra av ~* tremble with fear; *av ~ för att* de skulle upptäcka honom for fear [that]...
fruktansvärd *adj* terrible, terrific, awful, fearful, dreadful, horrible, formidable samtl. äv. friare; *en ~ röra* an awful mess
fruktansvärt *adv* terribly osv., jfr *fruktansvärd*
fruktbar *adj* bördig fertile, rich; givande o.d. fruitful, productive, profitable; *~t arbete* productive work; *~t samarbete* fruitful co-operation
fruktbarhet *s* fertility; fruitfulness, productivity; jfr *fruktbar*
fruktbärande *adj* eg. fruit-bearing, fructiferous; bildl. fruitful
frukthandel *s* **1** se *fruktaffär* **2** abstr. fruit trade
frukthandlare *s* i minut fruiterer
fruktkniv *s* fruit knife
fruktkräm *s* ung. stewed fruit purée [thickened with potato flour]
fruktkött *s* pulp, flesh
fruktlös *adj* unavailing, futile, fruitless; *visa sig ~* prove useless (of no avail)
fruktlöshet *s* futility, fruitlessness, uselessness
fruktodlare *s* fruit grower
fruktodling *s* odlande fruit growing; konkr. fruit farm
fruktsaft *s* fruit juice
fruktsallad *s* fruit salad
fruktsam *adj* om kvinna fertile
fruktsamhet *s* fertility; fecundity; jfr *fruktsam*
fruktskål *s* fruit dish
fruktskörd *s* fruktplockning fruit gathering; konkr. fruit crop
fruktsocker *s* fruit sugar, fructose
fruktsort *s* kind of fruit
frukträd *s* fruit tree
fruktträdgård *s* orchard
fruktyoghurt *s* fruit yogurt (yoghurt)

fruktämne *s* ovary
fruntimmer *s* neds. female, woman (pl. women); isht amer. dame
fruntimmerskarl *s* ladies' man, lady-killer
fruntimmersvecka *s, ~n* ung. Ladie's Week, the period July 19-25 inclusive
frusen *adj* **1** om saker frozen; frostskadad frost-bitten **2** om pers. *känna sig ~* feel chilly (frozen); *vara ~ av sig* be sensitive to cold, feel the cold
frusenhet *s* chilliness; coldness äv. bildl.; sensitivity to cold
frusta *vb itr* snort
frustration *s* frustration; *en ~* a feeling of frustration
frustrera *vb tr* frustrate
fryntlig *adj* vänlig genial, kindly; jovialisk jovial
fryntlighet *s* geniality, kindliness; joviality
frys *s* freezer
frys|a (se äv. *frusen*) **I** *vb itr* **1** till is freeze; *vattnet (rören) har frusit* the water is (the pipes are el. have) frozen **2** bli frostskadad get frost-bitten **3** om pers. be (feel) cold; stark. be freezing; *jag -er om händerna* my hands are cold
  II *vb tr* **1** matvaror freeze, refrigerate; få att stelna äv. congeal **2** t.ex. löner, priser freeze; *~ en bild* i t.ex. TV freeze a picture
  III med beton. part.
  ~ fast freeze [*vid* [on] to]; *~ fast i* isen freeze fast in..., se äv. *fastfrusen*
  ~ igen freeze, get frozen; sjön *har frusit igen* ...has frozen over
  ~ ihjäl freeze to death
  ~ in **a)** itr. (äv. *~ inne*) om fartyg el. bildl. be frozen in **b)** tr., äv. *~ ned* t.ex. matvaror freeze, refrigerate
  ~ till freeze over; jfr *~ igen*
  ~ ut ngn freeze a p. out, send a p. to Coventry
frysbox *s* [chest] freezer
frysdisk *s* frozen-food display, refrigerated counter (cabinet)
frysfack *s* freezing-compartment, frozen storage compartment
frysfolie *s* freezer paper, aluminium freezer wrap
frysning *s* **1** freezing äv. bildl.; av livsmedel äv. refrigeration **2** *~ar* frossbrytningar shivers
fryspunkt *s* freezing-point; nollpunkt äv. zero
frysskåp *s* [upright cabinet] freezer
frystorka *vb tr* freeze-dry
fråga **I** *s* question; förfrågan äv. inquiry, query; sak, problem äv. matter, point, problem; ämne för diskussion, tvistefråga issue; jfr äv. ex.; *~n för dagen* the topic (issue) of the day; *vilken ~!* what a question [to ask]!; *~n är om* vi har råd the question is whether...; *det är [just] det ~n gäller* that is [just] the point; *det är inte det ~n gäller* äv. that is irrelevant; *det är en ~ om smak* it is a matter of taste; *vad är*

det ~ om? **a)** vad gäller saken? what's it all about? **b)** vad står på? what's the matter?, what's up? **c)** vad vill ni? what do you want?; *få ~n* bli förhörd *på ngt* be tested on a th.; mannen, boken *i ~* ...in question, ...concerned, ...referred to; ofta this...; *han kan komma i ~* som chef he is a possible choice (a possibility)...; *det kommer aldrig i ~!* [it is] out of the question!, certainly not!; *i ~ om* beträffande concerning, with (in) regard to, with reference to, as to, as regards; jur. el. hand. äv. re
  II *vb tr* o. *vb itr* ask [*ngn om ngt* a p. about a th.], jfr vid. ex.; utfråga interrogate; söka svar i (hos) question; höra sig för inquire; skol., förhöra test [*på* on]; absol. ask [questions]; *får jag ~ en (dig en) sak?* may I ask you a question?; *~ efter ngn* ask (för att hämta call) for a p.; intresserat ask after a p. (a p.'s health); *~ efter en bok* i bokhandeln inquire for a book; *~ [efter priset] på* en vara ask the price of...; *~ ngn om vägen* ask a p. the way
  III *vb rfl, ~ sig* ask oneself, wonder; *det kan man [verkligen] ~ sig!* you may well ask!
  IV med beton. part.
  ~ efter bry sig om *ngt (ngn)* care about a th. (a p.); *jag ~r inte efter* vad andra tycker I don't care (bother about)...
  ~ sig fram ask one's way
  ~ sig för inquire, make inquiries [*om ngt* about a th., *hos ngn* of a p.]
  ~ ut ngn question a p., interrogate a p., ask a p. questions
frågeformulär *s* questionnaire, inquiry form
frågeord *s* gram. interrogative
frågesats *s* gram. interrogative sentence (bisats clause)
frågespalt *s* i tidning Readers' Queries
frågesport *s* quiz
frågeställare *s* questioner; i paneldebatt question-master
frågetecken *s* question mark äv. bildl., mark of interrogation; *se ut som ett levande ~* look the [very] picture of bewilderment
frågvis *adj* inquisitive
frågvishet *s* inquisitiveness
från **I** *prep* **1** allm. from; bort (ned) *~ off*; alltifrån, om tid since; se vid. ex. el. under resp. verb, subst., adj. o. adv.; *fr.o.m. 20/4 t.o.m. 5/5* from April 20th to May 5th inclusive; *~ och med i dag* as from today, starting today; *~ och med nu* skall jag from now on...; *fr.o.m. sid. 10* from page 10 on[wards]; *~ det ena till det andra* from one thing to another; apropå by the way, incidentally; *börja ~ början* begin at the beginning; protest *~ ryskt håll* ...on the part of Russia; det bläser *~ land* ...off the shore; visa sig *~ sin bästa sida* ...at one's best; *gå ~ bordet* leave the table **2** i prep.attribut vanl. of; *hr A. ~ Stockholm* Mr A. of Stockholm; *en kyrka ~ 1100-talet* a

12th century church, a church of the 12th century **3** i uttr. *undantaget ~ regeln* the exception to the rule; *visa sig ~ sin bästa sida* appear (show) to advantage
II *adv* **1** frånkopplad, på instrumenttavla o.d. off **2** se *till [och från]* **3** se *[i]från* ss. beton. part. under resp. vb
fråndöma *vb tr*, *~ ngn ngt* a) jur. deprive a p. of a th. [by judgement] b) bildl., se *frånkänna*
frånfälle *s* decease, death
frångå *vb tr* ge upp give up; t.ex. plan, vana äv. relinquish; principer deviate from; åsikt, ståndpunkt abandon; jfr äv. *gå [ifrån]*
frånkänna *vb tr*, *~ ngn* auktoritet (originalitet) deny a p.'s...
frånlandsvind *s* offshore wind, land breeze
frånsett *prep*, *~ att* apart from the fact that; *~ detta* apart from that (this)
frånsida *s* på mynt reverse, se äv. under *medalj*
frånskild *adj* om makar divorced; *en ~* subst. adj. a divorced person, a divorcee
frånskilja *vb tr* t.ex. talong detach; jfr *avskilja*
frånstötande *adj* repellent, repulsive, forbidding; vämjelig repugnant, disgusting; *verka ~ på ngn* repel a p.
frånsäga *vb rfl*, *~ sig* t.ex. ett uppdrag decline; t.ex. ansvar disclaim; världen[s nöjen] renounce
frånta[ga] se *ta [ifrån]*
frånträda *vb tr* **1** avgå från retire from, relinquish **2** avstå från: krav, förmån waive; egendom, rättighet surrender
frånträde *s* avgång retirement
frånvarande *adj* **1** eg. absent [*från* from]; *de ~* subst. adj. those absent; vid möte o.d. äv. the absentees **2** tankspridd absent[-minded]; upptagen av sina tankar preoccupied; om blick vacant
frånvaro *s* absence [*av* of; *från* from]; uteblivande äv. non-attendance; avsaknad äv. want [*av* of]; *lysa med sin ~* be conspicuous by one's (its) absence
fräck *adj* **1** oförskämd impudent, insolent [*mot* to]; vard. cheeky; amer. äv. fresh; skamlös shameless, brazen, barefaced, bold; vågad, om t.ex. historia risqué fr.; indecent; *~ i mun* rude, coarse; *~ lögn* barefaced lie; *hans ~a uppsyn* his impudent expression (min air); *det var det ~aste!* vard. what cheek (nerve)!; *han var ~ nog att* inf. he was so impudent as to inf. **2** vard., klatschig o.d. striking, bold
fräckhet *s* impudence, insolence, audacity, effrontery; vard. cheek, nerve (samtl. end. sg.); *hans ~er* yttranden his impudent remarks (uppförande behaviour sg.); *ha ~en att* inf. have the impudence (cheek vard.) to inf.; *be so impudent as to* inf.
fräckis *s* fräck historia smutty (dirty) story (joke)
fräken *s* bot. horsetail
fräkn|e *s* freckle; *få -ar* freckle, become freckled

fräknig *adj* freckled
frälsa *vb tr* save, redeem, deliver
frälsare *s* saviour; *Frälsaren* el. *vår Frälsare* our Saviour, the Redeemer
frälsarkrans *s* sjö. lifebuoy
frälsning *s* salvation, redemption
Frälsningsarmén the Salvation Army
frälsningssoldat *s* Salvationist
frälst *adj* **1** i frikyrkan *bli ~* find salvation, see the light **2** vard. *vara ~ på ngt* be gone (sold) on a th., have a yen for a th.
främja *vb tr* promote, further, forward; isht med saksubj. foster; hjälpa aid; understödja support; uppmuntra encourage
främjande I *s* promotion, furtherance; encouragement II *adv*, *verka ~ för* promote, encourage
främjare *s* promoter; understödjare supporter
främling *s* stranger [*för* to]; utlänning foreigner; jur. alien; friare äv. outsider
främlingsfientlig *adj* ...hostile to[wards] foreigners, xenophobic
främlingshat *s* hostility towards foreigners, xenophobia
främlingskap *s* om utlänning alien status; bildl. estrangement, alienation
främlingslegion *s*, *[franska] ~en* the Foreign Legion
främlingspass *s* alien's passport
främmande I *adj* obekant strange, unknown, unfamiliar [*för* to]; utländsk foreign; jur. alien; andras, t.ex. egendom other people's; jfr äv. ex.; *~ ansikte* strange (unfamiliar) face; *~ hjälp* outside assistance; *falla (råka) i ~ händer* fall into the hands of strangers; *[fullkomligt] ~ människor* [perfect] strangers; *ett ~ ord (språk)* a foreign word (language); tanken *är mig ~* strider mot min natur ...is alien to me (to my nature); denna ordbildning *är ~ för svenskan* ...is foreign to (is not found in) Swedish
II *s* **1** obekant stranger; gäst guest, visitor **2** gäster guests pl., visitors pl., company; *vi fick (det kom) ~* some people came to see us
främre *adj* front, fore; *Främre Asien (Orienten)* ung. the Middle (äv.Near) East; *Främre Indien* India; *~ vokal* fonet. front vowel
främst *adv* först first; längst fram in front; om rang, ställning foremost; huvudsakligen principally, chiefly; se äv. *först [och främst]*; *gå ~* go first, lead [the way], walk in front; i främsta ledet be in the front rank äv. bildl.; *ligga ~* i tävling lead; *stå ~ på* listan stand first on..., head...
främ|sta *adj* förnämsta, bästa foremost; viktigaste chief, principal; ledande leading; första first, front; *i ~ ledet* mil. in the forefront; bildl., bland de främsta in the front rank; *vår -ste leverantör* our chief supplier

från *adj* **1** om lukt, smak rank, acrid; härsken rancid; skarp pungent äv. bildl.; bildl. äv. acrimonious, bitter; sarkastisk caustic, biting; ~ *kritik* pungent (biting) criticism **2** vard., tuff, flott snazzy, swish, groovy
frånhet *s* rankness, acridity; rancidity; pungency; acrimony, acerbity; jfr *från*
1 fräs *s* tekn. [milling] cutter, mill; se äv. jordfräs
2 fräs *s* **1** se *fräsande* **2** fart *sätta* ~ *[på ngt]* speed up [a th.]
1 fräsa *vb tr* tekn. mill
2 fräsa I *vb itr* hiss; brusa, skumma fizz; svagt fizzle; vid stekning sizzle, frizzle; om katt spit; stänka och ~ sputter; ~ *till* om pers. hiss **II** *vb tr* hastigt steka fry, frizzle; ~ *smör* heat butter; ~ *upp* värma upp fry up
fräsande *s* hiss, hissing; brus fizz; svagt fizzle; vid stekning sizzle, frizzling (sputtering) noise
fräsch *adj* fresh, fresh-looking; obegagnad new; ren clean
fräscha *vb itr*, ~ *upp* freshen up; bildl. refresh, brush up
fräschhet *s* o. **fräschör** *s* freshness; newness
fräsig *adj* vard., klatschig classy, groovy, swish
fräta *vb tr* o. *vb itr*, ~ *[på]* ngt a) om syra o.d. corrode, eat into, erode b) bildl. gnaw [at], fret; ~ *hål på* eat a hole in; *~nde syra* corrosive acid; *~nde ämne* corrosive; ~ *bort* eat away, corrode away; erode
frätmedel *s* corrosive; med. caustic, cautery
frö *s* **1** seed; koll. seed[s pl.]; bildl. äv. germ [*till* of] **2** busfrö little devil
fröa *vb itr* o. *rfl*, ~ *sig* run (go) to seed, seed; ~ *[av sig]* shed its (resp. their) seed
fröhus *s* bot. seed vessel, pericarp
fröjd *s* glädje joy; lust delight; *en* ~ *för ögat (örat)* a delight to the eye (the ear)
fröjda I *vb tr* delight, gladden **II** *vb rfl*, ~ *sig* se *fröjdas*
fröjdas *vb itr dep* rejoice [*åt (över)* in (at)], delight [*åt (över)* in]
frökapsel *s* bot. capsule, seed case
frök|en *s* ogift kvinna unmarried woman; ung dam young lady; lärarinna teacher; titel Miss (Ms); *Fröken!* a) i butik etc. Miss!; till uppasserska Waitress!; vard. Miss! b) till lärarinna Miss!; *-narna Ek* the Miss Eks; *Fröken Ur* the speaking clock; *Fröken Väder* the telephone weather service; i Engl. the Weather Phone
frömjöl *s* bot. pollen
fröskal *s* seed coat, test|a (pl. -ae)
fuchsia *s* bot. fuchsia
fuffens *s* hanky-panky; *ha något* ~ *för sig* be up to some trick (to mischief)
fuga *s* mus. fugue
fukt *s* allm. damp; väta moisture; fuktighet[sgrad] humidity
fukta *vb tr* moisten, damp, wet; ~ *läpparna* wet (moisten) one's lips; ~ *strupen* wet one's whistle
fuktas *vb itr dep*, hennes ögon *fuktades [av tårar]* ...became moist (moistened) [with tears]
fuktdrypande *adj* damp, ...wet with damp
fuktfläck *s* damp stain
fuktfläckig *adj* ...stained by damp; möglig mildewed
fuktfri *adj* torr ...free from damp, dry
fuktig *adj* damp; isht ständigt moist; om luft äv. humid; råkall damp, dank; klibbig clammy; *~a händer* clammy (moist) hands; *~t klimat* moist (damp) climate; *~a läppar* moist lips
fuktighet *s* **1** dampness; moistness; humidity; jfr *fuktig* **2** fukt moisture, damp
fuktighetsbevarande *adj*, ~ *hudkräm* moisture cream, moisturizer
fuktighetsmätare *s* hygrometer
fuktskada *s* damage sg. due to damp; om fläck damp stain
fuktskadad *adj* ...damaged by damp; fläckig ...stained by damp (moisture)
ful *adj* ugly; alldaglig plain; amer. äv. homely; vanprydande unsightly; föga tilltalande unattractive; anskrämlig hideous; i moralisk bem. bad, nasty; *den ~a ankungen* the Ugly Duckling; ~ *fisk* bildl. ugly customer; ~ *gubbe* vard. dirty old man; *~a ord* bad language sg.; ~ *[o]vana* nasty habit; ~ *i mun* foul-mouthed, coarse, rude; ~ *som synden (stryk)* [as] ugly as sin; *det är ~t att stjäla* it is bad to steal
fulhet *s* ugliness etc., jfr *ful*
fuling *s* otäcking nasty customer, rotter; ful person fright, ugly face
full *adj* **1** fylld o.d. full [*av (med)* of]; isht bildl. filled [*av* with]; av folk äv. crowded, packed; *det är (vi har) ~t* fullbelagt, fullsatt we are fully booked (full up); *hälla (slå) glaset ~t* fill the glass [up]; *klottra väggarna ~a* scribble all over...
2 hel, fullständig full; complete, whole, total; fullkomlig äv. perfect, absolute; *på ~t allvar* quite seriously, in real (dead) earnest; ~ *betalning* payment in full; *~t förtroende* complete confidence; *i* ~ *gång* in full swing, at full blast; *~t pris* the full price; ~ *sysselsättning* full employment; *med* ~ *säkerhet* with absolute certainty; *ha* ~ *tjänst* be a full-time employee (i skola teacher); *till ~o* in full, to the full, fully
3 onykter drunk vanl. pred.; intoxicated; vard. tipsy, pred. äv. tight; *supa (dricka) sig* ~ get drunk
fullastad *adj* fully loaded
fullbelagd *adj* full; pred. äv. full up; *det är fullbelagt [hos oss]* we are fully booked (booked up)
fullblod *s* thoroughbred

fullblodig *adj* thoroughbred; bildl. äv. out-and-out...
fullblodshäst *s* thoroughbred [horse]
fullblodsidealist *s* out-and-out idealist
fullbokad *adj* fully booked; pred. äv. booked up
fullborda *vb tr* slutföra complete, finish; utföra accomplish, do, perform, fulfil; isht äktenskap consummate; *ett ~t faktum* a fait accompli fr.; an accomplished fact
fullbordan *s* completion, finishing, accomplishment, performance, fulfilment; consummation; jfr *fullborda*
fullfjädrad *adj* fullt utvecklad, färdig full-fledged; durkdriven, skicklig accomplished, consummate; isht neds. thorough-paced...
fullfölja *vb tr* slutföra complete, finish, accomplish; genomföra follow out, carry out; fortsätta [med] pursue, carry on; följa upp follow up; *~ en plan* follow out (pursue) a plan; *~ sina studier* complete one's studies
fullgod *adj* [perfectly] satisfactory; tillräcklig adequate; utmärkt perfect, excellent; giltig valid; fullvärdig; om mynt, vikt standard; om vara sound; *i fullgott skick* in perfect (excellent) condition; *~a skäl* [very] good reasons
fullgången *adj* fully developed
fullgöra *vb tr* plikt o.d. perform, do, discharge; åtagande o.d. fulfil, meet; order o.d. carry out, execute; *~ sina förpliktelser* fulfil one's obligations, meet one's engagements; *~ sin värnplikt* do one's military service
fullhet *s* fullness
fullklottrad *adj*, ett *fullklottrat* papper ...which has (had) been scribbled all over; *en ~ vägg* äv. a wall full of graffiti; *väggen var ~ med* slagord the wall had...scribbled all over it
fullkomlig *adj* **1** utan brist, om t.ex skönhet perfect **2** fullständig, absolut complete, entire, absolute, utter; verklig, genuin äv. perfect, thorough, downright; *en ~ skandal* a downright (perfect) scandal
fullkomlighet *s* perfection
fullkomligt *adv* perfectly; completely, entirely, absolutely; jfr *fullkomlig*; wholly; till fullo fully; alldeles quite; *behärska ett språk ~* have a complete (perfect) command of a language; *~ obegriplig* utterly (completely) incomprehensible
fullkomning *s* perfection
fullkornsbröd *s* wholemeal bread
fullmakt *s* **1** bemyndigande authorization; befogenhet power of attorney, authority; isht vid röstning proxy; dokument power (letter) of attorney; *ge ngn ~ att* inf. authorize a p. to inf.; *enligt ~* as per power of attorney; *rösta genom ~* vote by proxy **2** ämbetsmans [letters pl. of] appointment; isht officers commission
fullmaktsinnehavare *s* [authorized] agent, attorney, proxy

fullmatad *adj* om spannmål full-eared, full-ripe; om skaldjur meaty
fullmogen *adj* full-ripe, fully ripe; mature äv. bildl.
fullmåne *s* full moon
fullmäktig *s* valt ombud delegate; jfr *stadsfullmäktig*
fullpackad *adj* o. **fullproppad** *adj* crammed [med with], chock-full [med of]
fullriggare *s* full-rigged ship
fullsatt *adj* full; stark. crowded, packed; *det är ~ [här]* we are full up (utsålt sold out)
fullstoppad *adj* crammed
fullständig *adj* komplett o.d. complete. entire, full; absolut o.d. perfect, total; jfr vid. *fullkomlig* 2; *skriva ut ~a namnet* write one's name in full; restaurang *med ~a rättigheter* [fully] licensed...
fullständiga *vb tr* complete, make...complete
fullständighet *s* completeness
fullständigt *adv* completely etc., jfr *fullständig*
fullt *adv* completely, wholly, fully, to the full, quite; jfr ex.; *det är ~ förståeligt att...* it is quite understandable that..., it is easy to (one can readily) understand that...; *~ medveten om att...* fully aware that...; *tro ~ och fast på...* believe firmly in...; *ha ~ upp att göra (med arbete)* have plenty [of work] to do, have one's hands full; *arbeta för ~* work full steam, be always working, work like mad; *gå för ~* go full speed (steam); *inte ~* ett år not quite...
fulltalig *adj* [numerically] complete; *en ~ publik* a full audience (crowd)
fulltecknad *adj*, *listan är ~* the list is filled [with signatures]
fulltonig *adj* mus. sonorous; friare very expressive, eloquent
fullträff *s* direct hit; pjäsen *blev en verklig ~* ...was a real hit (complete success)
fullvuxen *adj* full-grown; om pers. äv. adult, grown up; *bli ~* grow up
fullvärdesförsäkring *s* full [value] insurance
fullvärdig se *fullgod*
fullända *vb tr* **1** fullborda complete, finish **2** fullkomna perfect, accomplish; *~d skönhet* perfect beauty
fulländning *s* perfection
fullärd *adj* skilled
fullödig *adj* eg. el. bildl. sterling; bildl.: äkta genuine; gedigen thorough, substantial; fulländad consummate
fumla *vb itr* fumble [med with (at)]
fumlig *adj* fumbling
fumlighet *s* fumblingness
fundament *s* foundation[s pl.]
fundamental *adj* fundamental, basic
fundamentalism *s* relig. fundamentalism
fundamentalist *s* relig. fundamentalist
fundera *vb itr* tänka think [*på (över)* of (about, over)]; ta sig en funderare äv. reflect [*på (över)*

on]; grubbla ponder [*på (över)* over]; drömmande muse [*på (över)* over (on)], meditate, cogitate [*på (över)* on]; tveka hesitate; ~ *på* överväga *att* inf. think of (think about, consider, ha för avsikt contemplate) ing-form; *jag skall* ~ *på saken* I will think the matter over (consider the matter); ~ *ut* think (work) out
fundering *s*, *~ar* tankar thoughts; idéer ideas; teorier speculations; *ha ~ar* planer *på att* inf. be thinking of ing-form
fundersam *adj* tankfull thoughtful, meditative; drömmande musing; betänksam hesitant
fungera *vb itr* **1** gå riktigt work, function; hissen *~r inte* ...is out of order, ...is not working **2** tjänstgöra, om pers. act, officiate, serve [*som* as]
funka *vb itr* vard. work, function
funktion *s* allm. function äv. matem.; språkv.; maskins o.d. arbetssätt functioning, working; *ha en* ~ *att fylla* el. *fylla en* ~ serve a [useful] purpose; *i* ~ in operation, in working order; *ur* ~ out of order (operation), not working
funktionalism *s* functionalism
funktionalistisk *adj* functional[istic]; ~ *stil* functional style
funktionsduglig *adj* som fungerar working; i gott skick ...in [good] working order; tjänlig serviceable
funktionär *s* official, functionary; vid tävling, utställning o.d. steward
funtad *adj* vard. *jag är inte så* ~ *att jag kan*... I am not so constituted that I can...; *normalt* ~ normal
fura *s* [long-boled] pine
furie *s* fury, termagant; mytol. Fury
furir *s* inom armén el. flyget sergeant; inom flottan petty officer
furste *s* prince; regent äv. sovereign; *furst B.* Prince B.
furstendöme *s* principality; *~t L.* the principality of L.
furstinna *s* princess
furstlig *adj* princely
furu *s* virke pine[wood]; hand. redwood; bord *av* ~ deal...
fusion *s* fusion; hand. äv. amalgamation, merger
fusionera *vb tr* ekon. fuse, merge
fusk *s* **1** fiddling, wangling; skol., i spel cheating; skol. (gm att skriva av) äv. cribbing; val~ rigging **2** klåperi botched (bungled, shoddy, hafsverk scamped) work, bad workmanship; hela huset *är rena ~et* ...is jerry-built
fuska *vb itr* **1** fiddle, wangle; skol., i spel cheat; skol. (gm att skriva av) äv. crib; ~ *i kortspel* cheat at cards **2** klåpa dabble [*i* t.ex. konst, politik in]; ~ *med ngt* slarva make a mess of a th.; hafsa scamp a th.

fuskare *s* **1** fiddler, wangler; skol., i spel o.d. cheat, cheater **2** klåpare bungler
fuskbygge *s* jerry-built house (construction etc.)
fusklapp *s* crib
fuskpäls *s* simulated (fake) fur
fuskverk *s*, *ett* ~ a botched (bungled) piece of work
futil *adj* futile
futilitet *s* futility; *~er* bagateller trifles
futt *s* vard. *få* ~ *på elden* get the fire to light
futtig *adj* ynklig paltry; småaktig, trivial petty, trifling; lumpen mean, shabby; *~a* tio kronor a paltry...; *~a bekymmer* petty troubles
futtighet *s* paltriness; pettiness; meanness, shabbiness (samtl. end. sg.); jfr *futtig; ~er* trivialiteter trifles
futural *adj* språkv. futural
futurism *s* futurism
futurist *s* futurist
futuristisk *adj* futurist
futurologi *s* futurology
futurum *s* the future [tense]; ~ *exaktum* the future perfect
fux *s* häst bay [horse], sorrel
fy *interj* phew!, ugh!; svagare oh!; tillrop till talare shame!; ~ *skam!* el. ~ *skäms!* el. ~ *på dig!* shame on you!; till barn naughty, naughty!; *det är inte* ~ *skam* inte illa it's not to be sneered at, it's not bad
fyll|a I *vb tr* **1** a) t.ex. behållare el. allm. fill äv. friare; stoppa full stuff äv. kok.; fylla på refill, replenish; fylla upp (helt), fylla ut t.ex. hål fill up; plats äv. take up; bildl.: behov, brist supply; plikt, ändamål fulfil b) hälla pour [out]; ~ *sin funktion (sitt ändamål)* serve (fulfil) one's (its) purpose; ~ *en tand* fill a tooth; *hennes ögon -des av tårar* her eyes filled with tears **2** *när -er du [år]?* when is your birthday?; *han -de femtio [år] i går* he was fifty yesterday
II med beton. part.
~ **i** a) kärl fill [up] b) vätska pour in c) ngt som fattas, t.ex. namnet fill in; ~ *i en blankett* fill in (up) a form; amer. fill out a blank
~ **igen** t.ex. hål fill up, stop [up]
~ **på** a) kärl: slå fullt fill [up]; åter fylla refill, replenish b) vätska pour in; ~ *på mera vatten i* kannan pour some more water into...; ~ *på bensin* o.d., tanka fill up; *får jag* ~ *på lite kaffe?* do you want some more coffee?
~ **ut** t.ex. tomrum, program fill up, fill
III *s*, *ta sig en redig* ~ have a good booze; *han gjorde det i ~n och villan* ...when he was drunk (had had a drop too much)
fyllbult *s* vard. boozer, wino (pl.-s)
fylld *adj* filled etc., jfr *fylla I* o. *II;* kok. stuffed [*med* with]; full [*med* of]; ~ *choklad* chocolates [with hard (resp. soft) centres]; ~ *till sista plats* full up

fylleri *s* drunkenness
fylleriförseelse *s* drinking offence
fyllerist *s* drunk
fyllhicka *s* hiccup [through drinking]; jfr *hicka I*
fyllig *adj* **1** om person plump; frodig, om kvinna buxom; om figur, kroppsdel full, ample, rounded isht om barm; *~a läppar* full lips **2** bildl.: a) om framställning o.d. full; detaljerad detailed; om urval o.d. rich b) om ton, röst full, rich, mellow c) om vin full-bodied, ...of good body
fyllighet *s* plumpness, fullness; etc.; jfr *fyllig;* hos vin body
fyllkaja *s* vard. boozer; amer. äv. wino (pl.-s)
fyllna *vb itr,* ~ *till* vard. get tipsy
fyllnad *s, till (som)* ~ as a complement
fyllnadsinbetalning *s* av skatt supplementary payment [of tax for the previous income year]
fyllnadsmaterial *s* filling [material]
fyllnadsval *s* by-election
fyllnadsämne *s* i examen subsidiary (minor) subject
fyllning *s* allm. filling äv. tand~; i kudde o.d. stuffing, padding; kok. stuffing; i bakverk filling; i pralin o.d. centre; vägfyllnad ballast
fyllo *s* vard. drunk
fyllsjuk *adj, vara* ~ be sick [after drinking]
fylltratt *s* vard. boozer; amer. äv. wino
fynd *s* **1** det funna find äv. bildl.; *göra ett* ~ gott köp make a bargain; sångaren är *ett verkligt* ~ ...a real find **2** finnande finding; upptäckt discovery
fynda *vb itr* make a real bargain (resp. bargains)
fyndgruva *s* bildl. gold mine
fyndig *adj* om pers., påhittig inventive; om sak ingenious; rådig resourceful; slagfärdig quick-witted, ready-witted; kvick witty; träffande apt; *en* ~ *lösning* an ingenious (clever) solution; *ett ~t svar* a quick-witted (witty) answer, a repartee
fyndighet *s* **1** bildl. inventiveness, ingenuity; resourcefulness; quick-wittedness, ready wit, readiness of wit, jfr *fyndig 1* **2** malm~ [ore] deposit
fyndort *s* o. **fyndplats** *s* finding-place; förekomstort locality; biol. habitat
fyndpris *s* bargain price
fyr *s* **1** fyrtorn lighthouse; mindre kustfyr el. flygfyr beacon; fyrljus light; *roterande* ~ revolving light **2** eld fire; *ge ~!* fire!; *få ~ i* t.ex. spisen light
1 fyra *vb itr,* ~ *av* fire, let off, discharge
2 fyra I *räkn* four; *inom* ~ *väggar* between four walls; *mellan* ~ *ögon* se *öga* ex.; *på alla* ~ on all fours; jfr *fem* **II** *s* four äv. i roddsport; *~n[s växel]* fourth, [the] fourth gear; jfr *femma*
fyrbent *adj* four-legged äv. om stol o.d.

fyrcylindrig *adj* four-cylinder...; jfr *femcylindrig*
fyrdela *vb tr* divide...into four, quarter; *fyrdelad* äv. four-piece..., four-part...
fyrdimensionell *adj* four-dimensional
fyrdubbel *adj* fourfold, quadruple; jfr *femdubbel*
fyrdubbla *vb tr* multiply...by four, quadruple
fyrfaldig *adj* fourfold; *ett ~t leve för* four (eng. motsv. three) cheers for...
fyrfilig *adj* om motorväg four-lane...; *den är ~* äv. it has four lanes
fyrfotadjur *s* o. **fyrfoting** *s* quadruped, four-footed animal
fyrfärgstryck *s* abstr. four-colour printing
fyrhjulsbroms *s* four-wheel brake
fyrhändigt *adv* mus. *spela* ~ play a duet (resp. duets)
fyrhörning *s* quadrangle
fyrkant *s* square; isht geom. quadrangle
fyrkantig *adj* **1** square; geom. o.d. äv. quadrangular; friare äv. square-shaped **2** vard., fantasilös, klumpig o.d. square, conventional
fyrklöver *s* four-leaf (four-leaved) clover; bildl., grupp om fyra quartet
fyrling *s* quadruplet; vard. quad
fyrmotorig *adj* four-engined, four-engine...
fyrop *s pl* boos, cries of "shame!"
fyrsidig *adj* **1** four-sided, quadrilateral **2** om broschyr o.d. four-page...
fyrsken *s* lighthouse light (ljusstyrka brilliancy)
fyrskepp *s* lightship
fyrspann *s* four-in-hand äv. vagn
fyrsprång *s, i* ~ om häst at a (at full) gallop, [in] full career; friare at full (top) speed
fyrtakt *s* mus. quadruple time
fyrtaktsmotor *s* four-stroke (four-cycle) engine
fyrti *räkn* o. **fyrtio** *räkn* forty; jfr *femtio* o. sms.
fyrtionde *räkn* fortieth
fyrtiotalist *s* **1** litt.hist. writer [belonging to the literary movement] of the forties **2** person born in the forties
fyrtorn *s* lighthouse [tower]
fyrvaktare *s* lighthouse-keeper
fyrverkeri *s, ~[er]* fireworks pl.; *ett ~ a* firework (pyrotechnic) display
fyrverkeripjäs *s* firework
fysik *s* **1** vetenskap physics sg. **2** kroppskonstitution physique, constitution
fysikalisk *adj* physical
fysiker *s* physicist
fysikum *s* physics institution (laboratorium laboratory)
fysiolog *s* physiologist
fysiologi *s* physiology
fysiologisk *adj* physiological
fysionomi *s* physiognomy
fysioterapi *s* physiotherapy
fysisk *adj* physical; kroppslig äv. bodily, corporeal; *~ omöjlighet* physical (utter) impossibility; *~ person* jur. natural person

1 få I *hjälpvb* **1** få tillåtelse att **a)** allm. be allowed to, be permitted to; *~r* vanl. may, can; *fick (finge)* i indirekt tal might, could; *~r* (o. i indirekt tal *fick) inte* innebärande bestämt förbud must not; *Får jag gå nu? - Nej, det ~r du inte* May (Can) I go now? — No, you may not (can't, resp. mustn't); *ingen ~r veta detta* utom du nobody must know this...; *~r ej vidröras!* do not touch! **b)** med försvagad bet., isht i hövlighetsfraser: *be att ~* inf. ask to inf.; be om tillstånd att ask permission to inf.; *vi ber att ~ meddela* att... we wish to (we would like to) inform you...; *~r jag be om brödet?* vid bordet may I trouble you for the bread?; *~r jag fråga (lov att fråga)...* may (hövligare el. iron. might) I ask...; *~r jag (kunde jag ~) tala med* herr A. can (could) I speak to...; *vad ~r det vara (lov att vara)?* i butik o.d. what can I do for you?, can I help you [, Sir resp. Madam]?
2 kunna, ha tillfälle el. möjlighet att **a)** allm. be able to, have an opportunity (a chance) to; *~r* vanl. can; ibl. (m. försvagad bet) oövers., jfr ex.; *vi ~r väl se* we'll see [about that]; *vi ~r tala om det senare* we can talk about that later; *då ~r det vara* lämnas därhän [we'll] leave it at that, then; gör dig inte besvär don't bother; då får du vara utan then you'll have to go without **b)** *~ höra, ~ se, ~ veta* etc., se resp. verb
3 vara tvungen att, nödgas have to, have got to; *~r* (o. i indirekt tal *fick)* vanl. must; *det ~r duga (räcka)* that will have to do
II *vb tr* **1** erhålla o.d.: **a)** lyckas få, få tag i get, obtain; tillförsäkra sig secure; fånga, t.ex. fisk catch **b)** mottaga receive, get; få och behålla keep, have; tilldelas, få i present ofta be given; belönas med be awarded; få i betalning, tjäna get; röna meet with; [ofrivilligt] förvärva get, acquire; ådraga sig, t.ex. sjukdom get, contract; bli smittad catch; *~ arbete* get a job; *~ avslag* be turned down, meet with a refusal; *~ barn* have children (resp. a child, a baby); *~ en fråga* be asked a question; *den ~r inte plats här* there is no room for it here; *~ ro* find peace; *~ ett slut* come to an end; *~ snuva* catch a cold; *~ tandvärk* get a toothache; *~ tid* get (find) [the] time; *jag ska be att ~ (kan jag ~, ~r jag)* lite frukt i butik I would like (please give me) some fruit; some fruit, please; *~r jag boken där, är du snäll* will you [please] pass me...; *vad ~r vi till middag?* what are we having for dinner?, what's for dinner?; *~ sig ett gott skratt* have a real good laugh; *där fick han!* det var rätt åt honom! serves him right!
2 med adj. el. part. som pred.-fylln. *han har ~tt det bra [ekonomiskt]* he is comfortably (well) off; *~ ngt färdigt* get a th. finished, finish a th.
3 förmå, bringa *~ ngn till [att göra] ngt* make a p. do a th., get a p. to do a th.; *~ ngn i säng* get a p. to bed
III med beton. part.
~ av t.ex. lock get...off; *~ av sig kläderna* get one's clothes off
~ bort avlägsna remove; bli kvitt get rid of
~ ngn fast get hold of a p., catch a p.
~ fram ta fram get...out [*ur* of], produce [*ur* out of]; [lyckas] anskaffa procure; [lyckas] framställa produce; *jag kunde inte ~ fram ett ord* I could not utter (get out) a word
~ för sig att... **a)** sätta sig i sinnet get it into one's head... **b)** inbilla sig imagine...
~ i: ~ i ngt i... get a th. into...
~ igen [lyckas] stänga close, make...close; återfå get...back, recover; återfinna äv. retrieve
~ ihop stänga close; samla get...together; isht pengar collect
~ in get...in; radio. get; *~ in pengar* tjäna make money; samla ihop collect money
~ loss get...off; få ur get...out
~ med [sig] bring...[along]; *har du ~tt med allt?* have you got everything?; *inte ~ med* lämna [kvar] leave...behind; utelämna omit
~ ned get...down; svälja äv. swallow
~ på [sig] get...on
~ tillbaka get...back; *~ tillbaka på* 100 kr get change for..., jfr *~ igen*
~ undan ur vägen get...out of the way; överstökad get...over
~ upp t.ex. dörr, lås get...open, open; t.ex. lock get...off; ögonen open; bildl. have...opened [*för* to]; knut untie, undo, get...untied (undone); kork get...out [*ur* of]; kunna lyfta raise, lift; få uppburen get...up; få ur sängen get...up, get...out of bed; kräkas upp bring up; *~ upp farten* komma i gång get up speed; öka farten increase the speed
~ ur ngn ngt get a th. out of a p.
~ ut eg. get...out [*ur* of]; pengar draw; t.ex. lön, arv obtain; lösa solve; *~ ut det mesta möjliga av...* utnyttja äv. make the most of...
~ över få kvar have [got]...left (to spare)
2 få (jfr *färre) pron adj* few; i vissa förb. a few, jfr ex.; *ganska ~* rather few; *några ~* a few, some few; *med några ~ ord* in a few words, briefly; *ytterst ~ [elever]* very few [pupils], a very small number [of pupils]
fåfäng *adj* **1** flärdfull vain; inbilsk conceited
2 gagnlös vain, futile; fruktlös fruitless, unavailing; pred. äv. in vain, of no avail; *~ möda* futile efforts pl., labour in vain; *det ~a i att* inf. the futility of ing-form
fåfänga *s* flärd vanity; inbilskhet conceitedness; *[en] ~ns marknad* [a] Vanity Fair
fåfänglighet *s* vanity, futility
fågel *s* bird; koll.: **a)** jakt. [game] birds pl., wildfowl **b)** kok.: tam~ poultry; vild~ game birds pl.; *fri som ~n* free as air, footloose;

fågelart

hon äter som en ~ she eats like (no more than) a sparrow
fågelart *s* species (end. sg.) of bird
fågelbad *s* birdbath
fågelbo *s* bird's nest (pl. vanl. birds' nests)
fågelbord *s* birdtable
fågelbur *s* birdcage
fågelfrö *s* birdseed
fågelholk *s* nesting box
fågelhund *s* allm. bird dog; ras: retriever, pointer, setter
fågelkännare *s* bird fancier, ornithologist
fågelliv *s* bird life
fågelperspektiv *s, se* staden *i* ~ have a bird's-eye view of...
fågelskrämma *s* scarecrow
fågelskådare *s* ornitolog bird-watcher
fågelskådning *s* bird-watching
fågelstation *s* ornithological station
fågelsträck *s* flight of birds
fågelsång *s* [the] singing of birds, bird song; *vi lyssnade på (till)* ~*en* we listened to the birds singing
fågelunge *s* young bird; ej flygfärdig nestling, fledgeling
fågelväg *s,* två mil ~*en* adv. ...as the crow flies
fågelägg *s* bird's egg (pl. vanl. birds' eggs)
fåll *s* sömnad. hem
1 fålla *vb tr* sömnad. hem; ~ *upp* hem up
2 fålla *s* pen, fold
fåmansföretag *s* close company (amer. corporation)
fåmäld *adj* taciturn, silent, laconic; attr. äv. ...of few words
fån *s* fool, idiot, oaf (pl. -s el. oaves); *ditt* ~*!* you fool!; *stå inte där som ett* ~*!* don't stand there gaping (stand there like a fool)!
fåna *vb rfl,* ~ *sig* bete sig fånigt (larvigt) fool [about], be silly, play the fool; i tal talk nonsense, drivel
fåne se *fån*
fåneri *s* foolery, stupidity; silliness (end. sg.); ~*er* dumt prat nonsense sg., drivel sg.
fång *s* famnfull armful; *ett* ~ *ved* an armful of wood
fånga I *s, ta...till* ~ take...prisoner, capture; *ta sitt förnuft till* ~ listen to reason, be sensible (reasonable) **II** *vb tr* catch, take båda äv. bildl.; i fälla trap; i nät net; i snara snare; infånga äv. capture, seize
fångdräkt *s* prison (convict's) uniform
fånge *s* prisoner, captive äv. bildl.; straffånge convict
1 fången *adj, lätt fånget lätt förgånget* easy come, easy go
2 fången *adj* fängslad captured, imprisoned, captive
fångenskap *s* captivity; fängelsevistelse imprisonment, confinement; befria ngn, fly *ur* ~*en* ...from captivity
fånglina *s* sjö. painter

fångläger *s* prison (prisoners') camp; mil. POW (förk. för Prisoner of War) camp
fångrem *s* på skidbindning safety strap
fångst *s* **1** fångande catching, taking etc., jfr *fånga II* **2** byte catch äv. bildl.; vid fiske äv. haul, take, draught (amer. draft); vid jakt bag
fångstfartyg *s* val~ whaling boat, whaler
fångstman *s* trapper
fångstredskap *s* fiske., koll. fishing (val~ whaling) tackle
fångtransport *s* konkr. convoy of prisoners
fångvaktare *s* warder, gaoler, jailer; amer. prison guard, jailer
fångvård o. sms., se *kriminalvård* o. sms.
fånig *adj* dum silly, stupid, foolish; löjlig ridiculous
fånighet *s* silliness (end. sg.), stupidity; se äv. *fåneri*
fåntratt *s* vard. fool, blockhead
fåordig se *fåmäld*
får *s* sheep (pl. lika) äv. bildl.; kött mutton; *räkna* ~ för att somna count sheep
fåra I *s* furrow; rynka äv. line; ränna, skåra äv. groove **II** *vb tr* furrow; *ett* ~*t ansikte* a furrowed (lined) face
fåraherde *s* shepherd äv. bildl.
fårakläder *s pl, en ulv i* ~ a wolf in sheep's clothing sg.
fåraktig *adj* neds. sheepish, sheeplike
fåravel *s* sheep breeding
fårbog *s* shoulder of mutton
fårfiol *s* kok. dried salted leg of mutton
fårhjord *s* flock of sheep
fårhund *s* sheepdog
fårklippning *s* sheep shearing
fårkött *s* mutton
fårskalle *s* blockhead, muttonhead, bonehead
fårskinn *s* sheepskin
fårskinnspäls *s* sheepskin coat
fårskock *s* flock of sheep
fårskötsel *s* sheep farming
fårstek *s* leg of mutton; tillagad roast mutton
fårticka *s* ung. pore fungus (mushroom)
fårull *s* sheep's wool
fåtal *s* minority; *endast ett* ~ *[medlemmar]* only a few [members], only a small number [of members]; *i ett* ~ *fall* in a minority of cases
fåtalig *adj* pred. few [in number]; *den* ~*a publiken* the small audience
fåtölj *s* armchair, easy chair
fä *s* **1** koll. cattle; *folk och* ~ man and beast **2** lymmel blackguard, rotter; drummel, dumbom oaf (pl. -s el. oaves), dolt, ass, blockhead, fool
fäbless *s* weakness; *ha en* ~ *för* have a weakness (partiality) for, be partial to
fäbod *s* ung. chalet, shack
fäderne *s, vara släkt på* ~*t* be related on the (one's) father's side
fädernearv *s* patrimony, paternal inheritance

fädernegård *s* ancestral farm, family farm
fädernesland *s* [native] country; poet. native land; äv. fatherland; *försvara ~et* defend one's country
fägring *s* poet. beauty; blomning bloom
fåhund *s* lymmel blackguard, rotter
fäkta *vb itr* **1** mil. el. sport. fence; friare fight **2** bildl. *~ med armarna* gesticulate [violently]
fäktare *s* fencer, swordsman
fäktkonst *s* [art of] fencing
fäktmask *s* fencing mask
fäktning *s* fencing [*med, på* with]; strid fight
fäkttävling *s* fencing competition
fälg *s* på hjul rim
fäll *s* fell; täcke o.d. skin rug
fälla I *s* trap; isht bildl. pitfall; i t.ex. fråga catch; *fånga i en ~* catch in a trap, entrap; *gå i ~n* fall (walk) into the trap; *lägga ut en ~ för* set a trap for
II *vb tr* (i bet. 2 äv. *vb itr*) **1** få att falla fell; slå till marken äv. knock...down; 'golva' floor; isht jakt. bring down; låta falla, t.ex. ankare, bomb drop; sänka, t.ex. bom lower; *~ ett förslag* defeat a proposal; *~ regeringen* overthrow the Government; *~ ett träd* fell (cut down, chop down) a tree; *~ tårar* shed tears **2** förlora, t.ex. blad, horn, hår shed, cast; fjädrar moult; amer. molt; *färgen fäller* the colour runs (resp. is running) **3** avge, avkunna *~ en dom* i brottmål pass (pronounce) a sentence; i civilmål pass (give) judgement; *~ ett yttrande* make (let fall) a remark **4** jur., förklara skyldig convict [*för* of] **5** kem., se *~ ut*
III med beton. part.
~ **igen (ihop)** lock o.d shut; fällstol o.d. fold up; paraply o.d. close, put down
~ **in** vika in fold in (back)
~ **ned** lock o.d. shut; bom, sufflett o.d. lower; krage turn down; paraply o.d. close, put down
~ **upp** lock o.d. open; krage turn up; paraply open, put up
~ **ut** kem. precipitate; bottensats deposit
fällande I *s* brottslings conviction **II** *adj, ett ~ bevis* a damning piece of evidence, damning evidence; *en ~ dom* a verdict of guilty, a conviction
fällbar *adj* folding; hopfällbar collapsible
fällbord *s* folding (drop-leaf) table
fällkniv *s* clasp knife, jack knife
fällning *s* **1** abstr., av träd felling **2** konkr.: kem. precipitate; geol. deposit, sediment; i vin sediment
fällstol *s* folding chair; utan ryggstöd camp stool; vilstol deckchair
fält *s* field äv. sport., elektr., herald. el. bildl.; verksamhets~ äv. sphere, province, domain; arkit., på vägg el. dörr panel; *lämna ~et fritt (öppet)* leave the field open [*för* gissningar to...]; *i ~* mil. in the field; *arbeta på ~et* ej vid skrivbordet work in the field

fältarbete *s* field work
fältartilleri *s* field artillery
fältbiolog *s* field biologist (naturalist)
fältflaska *s* water bottle, canteen
fältflygare *s* non-commissioned pilot; *förste ~* flight-sergeant pilot; *~ av första (andra) graden* sergeant pilot 1st (2nd) class
fälthare *s* zool. common (European) hare
fältherre *s* commander, general
fältjägare *s* mil., ung. rifleman
fältkikare *s* dubbel field glasses pl., binoculars pl.
fältkök *s* field kitchen
fältlasarett *s* field hospital
fältläkare *s* army surgeon
fältmarskalk *s* field marshal
fältmässig *adj* ...for active service, active-service...; *under ~a förhållanden* under active-service conditions
fältpost *s* mil. field post (mail); abstr. äv. army postal service
fältpräst *s* army chaplain; vard. padre
fältrop *s* lösen watchword, password; härskri war cry
fältslag *s* pitched battle
fältspat *s* miner. feldspar, felspar
fältsäng *s* camp bed, folding bed
fälttjänst *s* mil. field (active) service
fälttåg *s* campaign
fältuniform *s* field uniform, battle dress
fängelse *s* prison, gaol; isht amer. jail, penitentiary; fängsligt förvar imprisonment; *dömas till (få) två års ~* be sentenced to two years' imprisonment, get a two years' sentence, get two years; *sitta (sätta ngn) i ~* be (put a p.) in prison (gaol, jail)
fängelsecell *s* prison cell
fängelsedirektör *s* governor (amer. warden) [of a (resp. the) prison]
fängelsehåla *s* dungeon
fängelsekund *s* gaolbird, jailbird, old lag
fängelsepräst *s* prison chaplain
fängelsestraff *s* [term of] imprisonment; *avtjäna ett ~* serve a prison sentence, serve [one's] time
fängsla *vb tr* **1** sätta i fängelse imprison, put...in prison, confine...to prison; arrestera arrest **2** fjättra fetter **3** intaga, tjusa captivate, fascinate; *~nde* tjusande captivating, fascinating; spännande, intressant absorbing, thrilling, engrossing
fänkål *s* bot. fennel; krydda fennel seed
fänrik *s* inom armén second lieutenant; inom flottan acting sub-lieutenant; inom flyget pilot officer; amer.: inom armén o. flyget second lieutenant; inom flottan ensign
färd *s* **1** resa journey; till sjöss voyage; forsknings~ expedition; tur, utflykt trip, tour; med bil, spårvagn etc. ride; flyg~ flight; *den sista ~en* one's last journey **2** bildl. *vara i [full] ~ med att* inf. be busy ing-form

färdas *vb itr dep* travel
färdbevis *s* o. **färdbiljett** *s* ticket
färde *s*, *det är fara å (på)* ~ danger threatens (is imminent)
färdhandling *s*, *~ar* travel documents
färdig *adj* **1** avslutad, fullbordad finished, completed; undangjord done; klar, beredd ready, prepared [*till* for]; ~ *att användas* ready for use; *få (göra) ngt ~t* a) avsluta finish a th., get a th. finished (done) b) iordningställa get (make) a th. ready [*till* for]; *skriva brevet ~t* finish [writing] the letter; *är du ~ [med arbetet]?* have you finished [your work]?, are you through [with your work]?; *nu är det ~t!* iron. here we are!; well, that's that!; nu börjas det now we are in for it! **2** *vara* ~ nära *att* inf. be on the point of ing-form; *vara ~ att spricka av nyfikenhet* be bursting with curiosity
färdigförpackad *adj* pre-packed
färdighet *s* skicklighet skill, proficiency; gott handlag dexterity; talang accomplishment; insikter och *~er* ...practical attainments; *övning ger* ~ practice makes perfect
färdigkokt *adj* boiled, cooked; pred. äv. done; jfr *2 koka I*
färdiglagad *adj*, ~ *mat* ready-cooked (convenience) food
färdigställa *vb tr* prepare, get...ready
färdigsydd *adj* ready-made; isht amer. ready-to-wear
färdigt *adv*, *äta* ~ finish eating; *låt mig tala* ~ let me finish [speaking]
färdknäpp *s* vard. *en* ~ one for the road
färdkost *s* food to be eaten on one's way
färdled *s* highway
färdledare *s* guide, leader, conductor
färdmedel *s* means (pl. lika) (mode) of conveyance
färdriktning *s* direction of travel
färdskrivare *s* bil. tachograph, vard. tacho; flyg. flight recorder; vard. black box
färdsätt *s* means (pl. lika) (mode) of travel (conveyance)
färdtjänst *s* mobility service, transportation service for old (disabled) persons
färdväg *s* route
färg *s* colour äv. bildl.; målar~ paint; till färgning dye; tryck~ ink; nyans shade, tint; ton hue; kortsp. suit; *frisk* ansikts~ fresh complexion; *få* ~ om ansikte get a colour; *hålla ~en* bildl. not betray one's feelings, not give the game away; *skifta* ~ change colour; *gå (passa) i* ~ *med* match [...in colour]
färga *vb tr* colour; tyg, hår dye; glas o.d. stain; måla paint; bildl.: ge en viss prägel åt colour, tinge; *duken har ~t [av sig]* the dye has come off the cloth; ~ *om* re-dye
färgad *adj* coloured etc., jfr *färga; de ~e* som grupp [the] coloured people, blacks
färganalys *s* colour analysis

färgare *s* dyer
färgbad *s* dye-bath
färgband *s* för skrivmaskin [typewriter] ribbon
färgbild *s* colour picture; för projicering colour transparency (slide)
färgblind *adj* colour-blind
färgblindhet *s* colour-blindness
färgbrytning *s* refraction of colours
färgeri *s* dye works (pl. lika)
färgfilm *s* colour film
färgfilter *s* colour filter
färgfoto se *färgfotografi*
färgfotografi *s* bild colour photo[graph] (picture)
färgglad *adj* brightly (richly) coloured
färggrann *adj* richly (brightly) coloured, full of colour; neds. gaudy, glaring
färghandel *s* butik ung. paint dealer [and chemist], paint shop
färghandlare *s* paint dealer [and chemist], colour man
färgkarta *s* colour chart
färgklick *s* splash (daub) of colour
färgkrita *s* coloured chalk; vax~ [coloured] crayon
färglåda *s* paintbox, colour box
färglägga *vb tr* colour; foto. tint
färglära *s* chromatics sg., chromatology
färglös *adj* colourless äv. bildl.
färgning *s* dyeing
färgpenna *s* coloured pencil
färgprakt *s* display of colour, rich (glowing) colours pl.
färgprov *s* colour sample
färgrik *adj* richly coloured, ...rich in colour; colourful äv. bildl.
färgrikedom *s* rich colouring (colours pl.), variety of colours, colourfulness
färgsinne *s* sense of colour, colour sense
färgskala *s* range of colours, colour range (gamut)
färgskiftning *s* nyans hue, tint, tinge
färgspruta *s* paint sprayer
färgstark *adj* colourful äv. bildl. o. om pers.; richly (brilliantly) coloured
färgsättning *s* colour scheme, colours pl., colouring
färgton *s* [colour] tone, hue, tint, shade
färgtryck *s* **1** process colour printing **2** bild colour print
färgtub *s* paint tube
färg-TV *s* colour TV (television) äv. konkr.
färgäkta *adj* colour-fast, fast, unfadable; tvättäkta wash-proof
färgämne *s* pigment; för färgning: av tyg o.d. dyestuff; av drycker, livsmedel colouring matter
fäing se *färöing*
färja I *s* ferry; isht mindre ferryboat; tåg~ train ferry **II** *vb tr*, ~ *över ngn* ferry a p. across
färjförbindelse *s* ferry service
färjkarl *s* ferryman

färjläge *s* ferry berth
färjställe *s* ferry [station]
färre *adj* fewer; ~ *[till antalet] än*... äv. less numerous than...; *mycket* ~ *fel* far fewer mistakes
färs *s* beredd, till fyllning forcemeat, stuffing; som rätt på fisk o.d. mousse; kött~ som råvara minced meat; jfr *köttfärs*
färsera *vb tr* kok. stuff
färsk *adj* fresh äv. bildl.; ej gammal äv. new; bildl. äv. recent, jfr ex.; *~t bröd* fresh (new) bread; *av ~t datum* of recent date; *~ fisk (frukt)* fresh fish (fruit); *~a grönsaker* fresh vegetables; *~ gurka* ej inlagd green cucumber; *~a nyheter* fresh news; *~ potatis* new potatoes; *~a siffror* new (up-to-date) figures; *~a spår* fresh (recent) tracks
färska *vb tr* metall fine, refine; *~ upp* bröd make...fresh [in the oven]
färskost *s* green cheese
färskrökt *adj*, *~ lax* smoked salmon
färskvaror *s pl* perishables
färskvatten *s* fresh water
Färöarna *s pl* the Faeroe Islands, the Faeroes
färöing *s* Faeroese (pl. lika), Faeroe islander
färöisk *adj* Faeroese
fäst *adj* bildl. *[mycket]* ~ *vid* [very much] attached to, [very] fond of
fästa I *vb tr* **1** fastgöra fasten, fix, attach; isht med lim o.d. affix [*vid* to]; *fäst den med nålar* fasten it [on] with pins, pin it on; *~ en tråd[ända]* fasten [off] a thread; *~ ihop (igen, till)* fasten up; nåla äv. pin up; sy äv. stitch (sew) up; *~ upp* put (med nålar pin) up äv. t.ex. hår; skörta upp tuck up; binda upp tie up **2** bildl. *~ avseende vid* pay attention to; *~ blicken på* fix (rivet) one's eyes on; *~ stor vikt vid* attach great importance to
 II *vb itr* fastna, häfta adhere, stick
 III *vb rfl*, *~ sig vid ngn* become (get, grow) attached to a p.; *~ sig vid ngt* pay attention to a th., notice (take notice of) a th.; *det är ingenting att ~ sig vid* it is not worth bothering about, you (we etc.) must not mind that
fäste *s* **1** stöd, tag hold; fot~ foothold, footing samtl. äv. bildl.; *få* ~ find (get) a hold (a foothold); *få fast fot* get a footing **2** hållare, handtag holder; svärds~ o.d. hilt, handle **3** fästpunkt: bro~ o.d. abutment; anat. el. bot. attachment **4** befästning stronghold äv. bildl.; fort, fortress; *ett konservatismens* ~ *a* stronghold of conservatism
fästfolk *s*, *~et* the engaged couple
fästing *s* tick
fästman *s* fiancé fr.; vard. young man
fästmö *s* fiancée fr.; vard. young lady
fästning *s* mil. fortress, fort
fästningsvall *s* rampart
föda I *s* food; näring äv. nourishment; kost äv. diet; för djur äv. feed, fodder; uppehälle living, bread; *fast* ~ solid food (nourishment)
 II *vb tr* **1** (jfr *född*) sätta till världen give birth to; ~ *[barn]* bear a child (resp. children); *~s på nytt* be born anew; *~ levande ungar* be viviparous **2** alstra breed, beget **3** ge föda åt feed; försörja support, maintain; ~ *sig* live; om djur feed [*på* on]; ~ *upp* djur breed, rear, raise; barn bring up
född *adj* born; *Födda* rubrik Births; *Fru A.*, ~ *B.* Mrs. A., née B.; Mrs. A., formerly Miss B.; *hon är* ~ *B.* her maiden name was B.; *när är du ~?* when were you born?; *han är* ~ *svensk* he is a Swede by birth, he was born a Swede; *han är* ~ *till talare* he is a born orator
födelse *s* birth; *alltifrån ~n* from [one's] birth, since one's birth; *efter (före) Kristi* ~ se *Kristus*
födelseannons *s* announcement in the births column
födelseattest *s* birth certificate
födelsedag *s* birthday, day of birth; *fira sin* ~ celebrate one's birthday; *hjärtliga lyckönskningar (gratulationer) på ~en!* Many Happy Returns [of the Day]!
födelsedagsbarn *s* 'birthday child', birthday boy (girl); *ett leve för ~et* vanl. three cheers for + vederbörandes namn on his (her) birthday
födelsedagskalas *s* birthday party
födelsedagspresent *s* birthday present
födelsedatum *s* date of birth
födelsekontroll *s* birth control, contraception
födelsemärke *s* birthmark
födelsenummer *s* birth registration number
födelseort *s* birthplace; i formulär place of birth
födelsestad *s* native town
födelsestatistik *s* birth statistics (figures) pl.
födelsetal *s* birth rate; *sjunkande (stigande)* ~ declining (rising) birth rate
födelseår *s* year of birth; *hans* ~ the year of his birth
födgeni *s*, *ha* ~ have an eye to the main chance
födkrok *s* means (pl. lika) of livelihood; vard. meal ticket
födoämne *s* food; foodstuff, article of food; *~n* äv. provisions, eatables, comestibles
födsel *s* birth; förlossning delivery; *från ~n* from [one's] birth
födslovånda *s*, ~ el. *-or* labour pains pl., äv. bildl.
födslovärkar *s pl* labour pains, throes of childbirth
1 föga I *adj* [very] little; *av* ~ *värde* of little value **II** *adv* [very] little; inte särskilt not very (resp. much); ~ *anade jag...* little did I imagine...; ~ *trolig* not very likely, improbable **III** *s* [very] little

2 föga *s, falla till* ~ yield, submit, give in; vard. climb down [*för* to]
fögderi *s* **1** skattedistrikt tax collection district (kontor department) **2** bildl. province, area of responsibility
föl *s* foal; unghäst colt; ungsto filly
föla *vb itr* foal
följa I *vb tr* **1** gå bakom, efter, utmed el. bildl. follow; efterträda succeed; ~ *ngns råd* follow (act on, take) a p.'s advice; ~ *John* lek follow my leader; ~ *modet* follow the fashion; ~ *en plan* pursue a plan; ~ *reglerna* follow (comply with) the rules **2** ledsaga accompany äv. bildl.; vard. come (dit go) with; ~ *ngn till tåget (båten* etc.*)* see a p. off; *jag följer dig en bit på väg* I will come with you part of the way
II *vb itr* follow; som konsekvens el. resultat äv. ensue, result; lyder *som följer* ...as follows; *brev följer* letter to follow; i telegram writing; *fortsättning följer* to be continued
III med beton. part.
~ **efter** follow, jfr *I 1;* förfölja äv. pursue
~ **ngn hem** see a p. home
~ **med a)** komma med come (dit go) along [*ngn* with a p.]; ~ *med ngn* äv. accompany a p. **b)** han talar så fort att jag inte kan ~ *med* ...follow him; ~ *med sin tid* keep up (move) with the times, be (keep) up to date **c)** vara uppmärksam be attentive, pay attention **d)** bifogas, se *medfölja*
~ **upp** fullfölja follow up
~ **ngn ut** see a p. out
följaktligen *adv* consequently, in consequence, accordingly; this being so; A. är sjuk *och kan* ~ *inte komma* äv. ...so he cannot come
följande *adj* following; *[den]* ~ the following; ~ *dag* adv. [the] next day, [on] the following day; *på* ~ *sätt* in the following way, as follows, like this; *på varandra* ~ dagar successive..., consecutive...; *han berättade* ~ he told us the following story; *han sade* ~ what he said was this, he said as follows; *i det* ~ a) nedan o.d. below b) sedermera in the sequel
följas *vb itr dep,* ~ *åt* go together, accompany each other; uppträda samtidigt occur at the same time, synchronize; t.ex. om symptom be concomitant
följd *s* **1** räcka o.d. succession, sequence; serie series äv. t.ex. av tidskrift; *en* ~ *av olyckor* a series of accidents; *i snabb* ~ in rapid succession **2** konsekvens consequence [*för* to]; resultat result; *ha (få)* ngt *till* ~ result in...; *till* ~ *av detta (därav, härav)* in (as a) consequence, consequently, on that account
följdföreteelse *s* consequence, sequel, concomitant
följdriktig *adj* logical; konsekvent consistent

följdsjukdom *s* complication; med. sequel||a (pl. -ae)
följe *s* **1** *ha ngn i* ~ be accompanied by a p.; *slå* ~ *med ngn* join a p. **2** svit, uppvaktning suite, retinue, train; väpnat escort; skara band; neds., pack o.d. gang, crew, lot
följebrev *s* covering (accompanying) letter
följebåt *s* sport. escort (accompanying) boat
följesedel *s* delivery note; i emballage packing slip, shipping note
följeslagare *s* o. **följeslagerska** *s* companion; uppvaktande attendant, follower
följetong *s* serial story, serial
följsam *adj* foglig docile; smidig pliable, flexible
fölunge se *föl*
fön *s* **1** meteor. föhn, foehn **2** hårtork blow-drier
föna *vb tr* hår blow-wave, blow-dry
fönster *s* window äv. på kuvert; inåt el. utåtgående (vanl. sv. typ) casement [window]; skjut- (vanl. eng. typ) sash window; *stå i fönstret* om pers. stand (be) at the window; om sak be in the window
fönsterbleck *s* window ledge, windowsill
fönsterbord *s* table (desk) by a (resp. the) window, window table
fönsterbräda *s* windowsill
fönsterbåge *s* ram window sash
fönsterglas *s* window glass
fönsterglugg *s* loophole; i snedtak dormer (attic) window
fönsterhake *s* o. **fönsterhasp** *s* window catch
fönsterkarm *s* window frame
fönsterkuvert *s* window envelope
fönsterlucka *s* shutter
fönsternisch *s* window recess, window bay; isht konisk embrasure
fönsterplats *s* t.ex. på tåg window seat
fönsterputsare *s* window-cleaner
fönsterputsning *s* window-cleaning
fönsterruta *s* windowpane
fönstersmyg se *fönsternisch*
fönstertittare *s* peeping Tom, voyeur fr.
1 för sjö. **I** *s* stem, prow, bow[s pl.]; *från* ~ *till akter* from stem to stern; *i* ~*en* at the prow, in the bows **II** *adv,* ~ *och akter* fore and aft; ~ *om...* ahead (inombords forward) of...; segla ~ *om masten* ...before the mast; ~ *ut* el. ~ *över* ahead; inombords forward
2 för I *prep* **1** i. div. vanl. bet. for **a)** 'i utbyte mot' o.d. (jfr *8*): *betala* ~ pay for; *vad tar ni* ~ vad kostar...*?* what do you charge for...? **b)** 'i stället för' o.d.: *en gång* ~ *alla* once [and] for all; *han arbetar* ~ *två* he works for two **c)** 'på grund av' o.d.: *berömd* ~ famous for; *jag får inte* ~ *pappa* father won't let me; ~ *mig* får han göra vad han vill ...as far as I am concerned; *misstänka (anklaga)* ~ suspect (accuse) of; *det blir inte bättre* ~ *det* that won't make it any better **d)** 'med hänsyn till': *han är lång* ~ *sin ålder* he is tall for [a boy of] his age **e)** i tidsuttryck: ~ *fem dagar*

föra

[framåt] for the next five days; få men ~ *livet* ...for life; ~ *[en] lång tid framåt* for a long time to come; ~...*sedan* se *12* ned. **f)** 'till förmån (fördel, ibl. skada) för', 'avsedd för', '[avsedd] till', 'för att få' o.d. samt i div. förb. (jfr äv. *2* o. *16*): *arbeta ~ ngn (ngt)* work for a p. (a th.); *dö (kämpa) ~ sitt land* die (fight) for one's country; *vad kan jag göra ~ dig?* ...do for you?; *farlig (lätt, omöjlig, skadlig, trevlig)* ~ dangerous (easy, impossible, bad, pleasant) for; jag har ingen *användning ~ det* ...use for it; *ha smak (en svaghet)* ~ have a taste (a weakness) for; *ha öga ~* have an eye for
2 uttr. ett dativförhållande, ofta med bibet. 'inför' (jfr äv. *1 f*) to; *berätta (läsa, sjunga, spela, visa) ngt ~ ngn* tell (read, sing, play, show) a th. to a p., tell osv. a p. a th.; *gemensam ~ alla* common to all; *det är nytt ~ mig* it is new to me, I am new to it; *svag ~* partial to; *viktig ~* important to; *en fara ~* a danger to
3 uttr. ett genitivförhållande of; *chef (en förespråkare)* ~ head (an advocate) of; *vara föremål ~* be the object of; *platsen ~ brottet* the scene of the crime; *priset ~* the price of; *tidningen ~ i går* yesterday's paper
4 '[till försvar (skydd)] mot', 'från': vanl. from; *dölja (gömma) ngt ~ ngn* conceal (hide) a th. from a p.; *vi har inga hemligheter ~ dig* we have no secrets from you
5 'i fråga om' about; *oroa sig ~ ngn (ngt)* worry about a p. (a th.)
6 'medelst', vanl. by; skriva ~ *hand* ...by hand; jag har köpt det ~ *egna pengar* ...with (out of) my own money
7 'under ledning av' (om studier) from; *ta lektioner ~ ngn* take (have) lessons with (from) a p.
8 'till [ett pris av]' at; köpa tyg ~ *100 kronor metern* ...at 100 kronor a metre
9 'såsom' (vid predf.) as, for el. utan motsvarighet; *jag håller det ~ troligt* I think it likely; se resp. vb
10 i distributiva uttr. o.d. by, with (jfr ex.); *dag ~ dag* day by day, every day; *ord ~ ord* word for word; *punkt ~ punkt* point by point; bli sämre ~ *varje dag [som går]* ...every day; ~ *var gång* jag ser honom each time...; var och en ~ *sig* ...separately (individually)
11 'framför', 'inför' **a)** eg. before; *hålla handen ~ munnen* hold one's hand before one's mouth; knyta en näsduk ~ *ögonen på ngn* ...over a p.'s eyes; *sova ~ öppna fönster* sleep with one's windows open **b)** bildl. el. friare to; för ex. se under *2*
12 ~...*sedan* ...ago; *[till] ~ ett år sedan* [until] a year ago; ~ *[inte] länge sedan* [not] long ago
13 ~ *sig själv* by oneself, to oneself, jfr ex.; han sitter ofta ~ *sig själv* ...by himself;

sjunga (le, tänka) ~ *sig själv* sing (smile, think) to oneself; ha en hel våning ~ *sig själv* ...to oneself; *vara ~ sig själv* ensam be alone
14 i uppräkningar ~ *det femte* in the fifth place, fifthly
15 i vissa förb. *intressera sig ~* take an interest in; *typisk (karakteristisk, utmärkande)* ~ typical (characteristic) of
16 ~ *att* inf. **a)** uttr. avsikt to inf.; 'i avsikt att', 'i akt och mening att' o.d. in order (so as) to inf.; for the purpose (with the intention) of ing-form; with a view to ing-form; efter rörelsevb i vissa talesätt: ing-form *han har gått ut ~ att handla* he has gone out shopping; *hon gick ut ~ att leta efter honom* she went out to look for him; ~ *att inte tala om...* not to mention..., let alone... **b)** samordnande to inf.; han reste sin väg ~ *att aldrig återvända* ...never to return **c)** inskränkande, han talar bra ~ *att vara utlänning* ...for a foreigner **d)** i övriga fall for (äv. andra prep. jfr ovan) ing-form; ibl. to; *misstänkt ~ att ha...* suspected of having...
II *konj* o. i sms. konj. **1** ty for **2** ~ *[att]* därför att because; *inte ~ att jag* hört något not that I...; ~ *att* på det att so (in order) that
III *adv* **1** alltför too; ~ *litet* too little, not enough **2** rumsbet. gardinen *är ~* ...is drawn; luckan (regeln) *är ~* ...is to; *hålla ~* ett skynke hold...in front; *stå ~* skymma *ngn* stand in a p.'s way; *sätta ~ luckan* put up the shutter; se äv. under resp. vb **3** motsats 'emot' for; jag är ~ *förslaget* äv. ...in favour of the proposal; är du ~ *eller emot* ...for or against
föra I *vb tr* (se äv. *IV*) **1** befordra, förflytta convey; bära carry; forsla transport, remove; ta med sig: hit bring; dit take; ~ *glaset* till munnen raise the (i sällskap one's) glass...; ~ *handen över...* pass (move) one's hand over...; ~ *ngn till sjukhus* take (remove) a p. to hospital **2** leda lead, guide; ledsaga conduct; dit take; hit bring; ~ *ngn* i dansen lead a p. out; *vad förde dig hit?* what brought you here? **3** synligt bära carry; ~ *svensk flagg* carry (fly) the Swedish flag (colours) **4** hantera, t.ex. pennan, spiran, äv. bildl. wield **5** hand., handla med deal in; ha i lager stock, keep **6** div. bildl. bet. ~ *dagbok* keep a diary; ~ *förhandlingar (en korrespondens)* conduct (carry on) negotiations (a correspondence); *ett sådant språk han för!* what language he uses! **7** ~ *till* se *hänföra I 1*
II *vb itr* lead; *det skulle ~* oss *för långt* it would carry (take) us too far; ~ *bra* i dans lead well
III *vb rfl,* ~ *sig* carry oneself; *han kan ~ sig* he has poise
IV med beton. part.
~ *bort* eg. take (carry) away (undan off), remove; bildl., t.ex. från ämne lead away

förakt

~ fram carry etc....forward; **~ fram** en idé, förstärkningar m.m. bring up; jfr *framföra*
~ in a) eg. introduce, take (hitåt bring)...in, lead (conduct)...in; högtidl., pers. äv. usher in; **~ in** varor import; jfr *3 leda [in]* **b)** friare el. bildl.: ofta introduce; **~ in** en annons insert...; **~ in** i räkenskaper, på en lista m.m. enter [up]; inregistrera register [*i* in]
~ med sig a) eg. carry (take)...[along] with one; hitåt bring with one b) bildl., som följd entail, involve, carry...with it, result in, lead to; ha i släptåg bring...in its (resp. their) train; jfr *medföra*
~ samman saker bring...together; äv. put...together; jfr *sammanföra*
~ upp a) eg. take (carry, lead) up b) skriva upp enter, post [*på* on]; jfr *uppföra*
~ ut convey etc....out [*ur* of; *på* into (on [to])]; högtidl., pers. äv. usher out; **~ ut** pengar take [...with one]; **~ ut** en post i en kolumn, hand. enter; **~ ut** varor export
~ vidare skvaller o.d. pass on
~ över eg. convey (carry etc.)...across; trupper, varor o.d. transport; överflytta transfer; bokf. carry over; **~ över pengar** till konto o.d. transfer money; jfr *överföra*
förakt *s* allm. contempt; överlägset disdain; hånfullt scorn; likgiltighet disregard; *hysa ~ för ngn* feel contempt for a p., hold a p. in contempt
förakta *vb tr* ringakta despise, hold...in contempt; försmå disdain, scorn
föraktfull *adj* contemptuous; disdainful, scornful; jfr *förakta*
föraktlig *adj* värd förakt contemptible; despicable; futtig paltry, mean; *en icke ~* lärdom no mean...
förandligad *adj* ethereal
föraning *s* presentiment, premonition, foreboding; vard. hunch
förankra *vb tr* allm. anchor [*vid* to]; *beslutet är ~t i* gruppen the decision has the support of...; *fast ~d* djupt rotad deeply rooted, firmly established
förankring *s* anchorage äv. bildl.; *ha sin ~ i* be deeply rooted in; *ha en stark ~ bland* have strong support among
föranleda *vb tr* **1** förorsaka, vålla bring about, cause; ge upphov till occasion, give rise to **2** förmå *~ ngn att* inf. cause (induce, lead) a p. to inf.; make a p. ren inf.
föranmälan *s* o. **föranmälning** *s* till tävling preliminary (advance) entry (till kurs application)
föranstalta *vb tr* o. *vb itr*, **~ [om]** göra anstalter för make arrangements for
förarbete *s* preparatory (preliminary) work, spadework (båda end. sg.); utkast study, sketch
förare *s* **1** vägvisare guide **2** av fordon driver; av motorcykel o.d. rider; av flygplan pilot; jfr äv. *kranförare* o. andra sms.

förarga I *vb tr* annoy, provoke, vex, gall; vard. rile, aggravate **II** *vb rfl*, **~ sig** get annoyed [*över* at (with)]
förargad *adj* annoyed, provoked, vexed, irritated; *bli ~* be annoyed etc. [*på* ngn with a p.; *över ngt* at a th.]
förargas *vb itr dep* se *förarga II* o. *förargad*
förargelse *s* **1** förtrytelse vexation, chagrin, mortification; vard. aggravation; förtret annoyance **2** anstöt offence
förargelseväckande *adj* anstötlig offensive; chockerande shocking, scandalous; *~ beteende* disorderly conduct (behaviour)
förarglig *adj* **1** förtretlig annoying, provoking, vexing, irritating, tiresome, mortifying; brydsam awkward; *så ~t!* how [very] annoying!, what a nuisance (shame)!, it's too bad! **2** retsam, elak irritating, tantalizing; vard. aggravating
förarhytt *s* driver's cab (på tåg compartment); på flygplan cockpit
förarplats *s* driver's seat
1 förband *s* **1** med. bandage; kompress o.d. dressing; *första ~* first-aid bandage; *lägga ~ på* apply a bandage to, bandage, dress **2** mil. unit; flyg. formation
2 förband *s* mus. warm-up band
förbandsartiklar *s pl* dressing material [s pl.]
förbandslåda *s* first-aid kit
förbanna *vb tr* curse, damn
förbannad *adj* cursed; i kraftuttr. vanl. bloody, damn[ed]; amer. goddam[n]; svag. confounded, darned, blasted, dashed; *bli ~* arg get [stark. damned] furious (angry) [*på* with]
förbannat *adv* bloody, damn[ed]; amer. goddam[n]; svag. confounded, blasted, darned, dashed
förbannelse *s* curse; ond önskan äv. imprecation, malediction; fördärv äv. plague, bane
förbarma *vb rfl*, **~ sig** take pity; isht relig. have mercy [*över* on]
förbarmande *s* mercy, pity, compassion; *utan ~* adv. äv. pitilessly, mercilessly, ruthlessly
förbaskad *adj* confounded etc., jfr *förbannad*
förbehåll *s* reserve, reservation; klausul proviso (pl. -s), [saving] clause; inskränkning restriction; villkor condition; *med ~* with reservations; *med (under) ~ att...* vanl. provided (with the proviso) that...
förbehålla I *vb tr*, **~ ngn [rätten] att...** reserve a p. the right to inf. (of ing-form) **II** *vb rfl*, **~ sig** reserve...to (for) oneself; fordra demand, require
förbehållen *adj* reserved [*för* for]
förbehållsam *adj* reserved, reticent; guarded
förbehållslös *adj* unreserved, whole-hearted; villkorslös unconditional
förbereda I *vb tr* prepare [*för (på)* for] **II** *vb rfl*, **~ sig** göra sig beredd prepare [oneself] [*på, till*

for]; göra sig i ordning get ready, get oneself ready [*för, till* for]
förberedande *adj* preparatory, preliminary; ~ *förhandlingar* preliminary negotiations; ~ *skola* preparatory school
förberedelse *s* preparation [*för, till* for]; ~*r inledande åtgärder* preliminaries
förbi I *prep* past, by; *gå (fara* etc.*)* ~ ngn (ngt) äv. pass [by]...; *tala* ~ *varandra* talk at cross-purposes **II** *adv* **1** eg. past, by **2** slut over, past, gone, at an end; *den tiden är* ~ *då...* the time has gone by (has past)...; jfr äv. *ute 2* **3** trött done up, all in
förbifart *s, i* ~*en* on one's way past, in passing; bildl. incidentally, in passing
förbifartsled *s* bypass
förbigå *vb tr* allm. pass...over (by); strunta i ignore; ~ *ngt med tystnad* pass a th. over (by) in silence
förbigående *s, i* ~ in passing; bildl. äv. incidentally, casually; *i* ~ *[sagt]* by the way; *ett ord i* ~ a passing (casual) word
förbigången *adj, bli* ~ vid befordran be passed over; *känna sig* ~ feel left out [in the cold]
förbilliga *vb tr* cheapen, reduce the cost of
förbinda (jfr äv. *förbunden*) **I** *vb tr* **1** sår bandage, dress **2** förena join, attach [*med* to]; connect [*med* with (to)]; isht bildl. combine, associate [*med* with] **3** förplikta bind [jur....over] [*till* to; *[till] att* to inf.] **II** *vb rfl,* ~ *sig* förplikta sig bind (pledge) oneself [*till* to; *[till] att* inf. to inf.]; *vi förbinder oss att...* we undertake (engage) to...
förbindelse *s* **1** allm. connection; mellan pers. el. stater äv. relations pl.; kommunikation communication[s pl.] äv. mil.; service; giftermål o.d. alliance; kärleks~ liaison; kortare love affair; *daglig (direkt)* ~ daily (direct) service; *upprätta diplomatiska* ~*r* establish diplomatic relations; *ha [goda]* ~*r* försänkningar have good connections; *stå i* ~ *med* a) ha kontakt be in communication (touch, contact) with; hand. have dealings with b) vara sammanbunden med be connected with **2** förpliktelse engagement, obligation, undertaking; revers bond; skuld liability
förbindelselinje *s* mil. line of communication
förbindelselänk *s* [connecting] link
förbindlig *adj* courteous; ytligare suave
förbindlighet *s* courteousness, suavity
förbipasserande I *adj* passing, ...passing by **II** *subst adj* passer-by; *de* ~ [the] passers-by
förbise *vb tr* overlook; avsiktligt disregard
förbiseende *s* oversight, omission; *av* ~ through an oversight
förbistring *s* confusion
förbittra *vb tr* **1** ~ *livet för någon* embitter a p.'s life **2** förarga exasperate
förbittrad *adj* bitter; ursinnig furious [*över* about (at); *på* with]; ~ *stämning* atmosphere [full] of resentment

förbittring *s* bitterness, resentment; ursinne rage
förbjuda *vb tr* allm. forbid; om myndighet o.d. prohibit, ban [*ngn att* inf. a p. from ing-form]
förbjuden *adj* forbidden; av myndighet o.d. prohibited, banned; *Parkering (Rökning)* ~ No Parking (No Smoking)
förblekna *vb itr* fade
förbli *vb itr* remain; ~ *ung* äv. keep young
förblinda *vb tr* blind äv. bildl.; blända dazzle; bedåra infatuate
förbliva se *förbli*
förbluffa *vb tr* amaze, astound; stark. dumbfound; vard. flabbergast; *bli [alldeles] ~d* be [quite] taken aback
förbluffande I *adj* amazing, astounding **II** *adv* amazingly, astoundingly
förbluffelse *s* amazement, astonishment
förblöda *vb itr* bleed to death, die from loss of blood
förbommad *adj* barred and bolted, barred up
förborgad *adj* dold hidden [*för* from]; hemlig secret
förbruka *vb tr* allm. consume, use; göra slut på use up; krafter exhaust; pengar spend; nöta ut wear out
förbrukare *s* consumer, user
förbrukning *s* consumption; av pengar expenditure
förbrukningsartikel *s* article of consumption; i pl. äv. consumer goods pl.
förbrukningsdag *s, sista* ~ jan 15 (på förpackning) must be consumed by..., last day of consumption...
förbrylla *vb tr* bewilder, perplex, confuse; svag. puzzle
förbryllelse *s* bewilderment
förbryta I *vb tr* förverka forfeit **II** *vb rfl,* ~ *sig* offend [*mot* against]; ~ *sig mot lagen* infringe the law
förbrytare *s* criminal; amer., grövre felon; dömd convict
förbrytelse *s* crime; amer., grövre felony
förbränna *vb tr* burn up; sveda scorch
förbränning *s* burning; kem. el. fys. combustion
förbränningsmotor *s* internal combustion engine
förbrödra *vb rfl,* ~ *sig* get on familiar (friendly) terms with each other; lägga bort titlarna drop the titles
förbrödring *s, ~en mellan folken* the establishment of good relations between peoples
förbud *s* prohibition [*mot* of]; mera officiellt ban [*mot* on]
förbund *s* **1** mellan stater alliance, union, league; förening o.d. äv. federation, association, society; mellan partier pact; stats~ [con]federation; *ingå (sluta)* ~ *med* enter into an alliance with; *stå i* ~ *med* be allied with **2** fördrag compact; isht bibl. covenant

förbunden

1 förbund|en *adj, med -na ögon* blindfold[ed] äv. bildl.
2 förbunden *adj* **1** se *förbinda I* **2** *jag vore Er mycket ~* I should be very much obliged to you; *Er -ne...* i brev Yours very truly,...; Gratefully yours,...
förbundsdagen *s* i Tyskland the Federal Diet
förbundskansler *s* Federal Chancellor
förbundskapten *s* sport. national team manager
förbundsrepublik *s* federal republic
förbundsstat *s* federal state; medlem av statsförbund member (constituent) state
förbuskas *vb itr dep* become overgrown with bushes
förbyta *vb tr, vara som förbytt* be changed beyond recognition
förbytas *vb itr dep* change, be turned [*i (till)* into]
förbättra *vb tr* allm. improve; rätta äv. amend; moraliskt reform; standard ameliorate; införa förbättringar på, fullkomna improve [up]on; *det ~r inte saken* that doesn't improve (mend) matters, that doesn't make things any better
förbättras *vb itr dep* improve
förbättring *s* improvement [*av* in]; av hälsan äv. recovery; i standard amelioration
förbön *s* intercession [*för* for; *hos* with]; *hålla ~ för ngn* pray (offer up prayers) for a p.
fördel *s* **1** allm. advantage [*framför* over; *för* to; *med* of]; fromma äv. benefit; vinst äv. profit; *dra (ha) ~ av* benefit (profit) by, derive advantage etc. from; *med ~* with advantage; *det kan med ~ användas* i stället för... it may well be used...; *det talar till hans ~* it is in his favour; *visa sig (vara) till sin ~* appear to advantage; utseendemässigt look one's best **2** tennis advantage, vantage; vard. van
fördela *vb tr* allm. distribute [*bland (emellan, på)* among[st]]; uppdela divide [*i* into]; skifta ut allocate; utsprida spread, disperse; *~ rollerna* cast (assign) the parts
fördelaktig *adj* allm. advantageous [*för* to]; vinstgivande profitable; gynnsam favourable; friare expedient; *i en ~ dager* in a favourable light; *~t yttre* prepossessing (attractive) appearance
fördelardosa *s* bil. distributor [housing]
fördelare *s* distributor äv. bil.
fördelarlock *s* bil. distributor cap
fördelning *s* **1** distribution; division; allocation, dispersion; assignment; apportionment; jfr *fördela* **2** mil. division
fördenskull se *därför 1*
fördetting *s* has-been, back number
fördjupa I *vb tr* allm. deepen, make...deeper; *~d i en bok* o.d. absorbed (engrossed, buried, deep) in **II** *vb rfl, ~ sig* tränga in enter deeply [*i* into]; *~ sig i* studier o.d. become absorbed (engrossed) in

fördjupning *s* **1** eg. depression, hollow; mindre dent; i vägg recess, niche **2** abstr. deepening; intensifying
fördold *adj* hidden; hemlig secret; *i det ~a* in secret, secretly
fördom *s*, *~[ar]* prejudice, bias; *hysa en ~ (~ar) mot* have a prejudice (be prejudiced, be bias[s]ed) against
fördomsfri *adj* unprejudiced, unbias[s]ed; skrupelfri unscrupulous
fördomsfrihet *s* freedom from prejudice; unscrupulousness
fördomsfull *adj* prejudiced, bias[s]ed
fördomsfullhet *s* prejudice, bias
fördra *vb tr* allm. bear, stand; tåla, uthärda äv. endure; finna sig i äv. put up with
fördrag *s* **1** avtal treaty **2** *ha ~ med* show tolerance (forbearance) with
fördraga se *fördra*
fördragen *adj, bakom fördragna gardiner* behind drawn curtains
fördragsam *adj* tolerant, forbearing [*mot* towards]
fördragsamhet *s* tolerance, forbearance
fördriva *vb tr* **1** eg. drive away (off); ur landet banish, expel **2** *~ tiden* while away (pass, kill) [the] time
fördröja *vb tr* delay, retard; uppehålla detain
fördubbla *vb tr* eg. double, duplicate; *~ sina ansträngningar* redouble one's efforts
fördubblas *vb itr dep* double; redouble
fördubbling *s* doubling; duplication, reduplication; ökning redoubling
fördumma *vb tr* make...stupid; *verka ~nde* blunt (dull) the intellect
fördunkla *vb tr* förmörka darken; obscure äv. bildl.; överträffa overshadow, eclipse
fördyra *vb tr* raise the price of, make...dearer; *~s* rise in price, become dearer
fördyring *s* rise (increase) in prices
fördystra *vb tr* make...gloomy; liv o.d. cast a gloom over
fördäck *s* sjö. foredeck
fördämning se *1 damm I*
fördärv *s* **1** olycka ruin; undergång destruction; stark. perdition; *det kommer att bli hans ~* it will be his undoing (stark. ruin); socker är *rena ~et för tänderna* ...absolutely ruins the teeth; *störta ngn i ~et* lead a p. to destruction, ruin a p. **2** sede~ corruption, depravation; depravity
fördärva *vb tr* **1** mera eg.: i grund ruin, destroy; skada damage, injure; spoliera spoil; nöjet o.d. äv. mar; förvanska corrupt **2** bildl.: skämma taint, vitiate; moraliskt äv. corrupt, deprave; ngns rykte el. utsikter blight
fördärvad *adj* **1** ruined etc., jfr *fördärva 1*; bragt i oordning deranged; *skratta sig ~* vard. laugh one's head off, die with laughing; *slå ngn ~ beat a p. to a jelly* **2** skämd tainted; moraliskt äv. corrupt, depraved

fördärvas *vb itr dep* be ruined etc., jfr *fördärva;* om mat go bad, become tainted
fördärvlig *adj* pernicious; skadlig injurious [*för* to], destructive [*för ngt* of a th.]; **~t inflytande** demoralizing influence
fördöma *vb tr* condemn; ogilla blame, censure; bibl. damn
fördömd *adj* eg. damned; i kraftuttr. confounded etc., jfr *förbannad*
fördömelse *s* condemnation; **evig ~** damnation
fördömlig *adj* reprehensible, ...to be condemned
fördömt *adv* vard. damn
1 före *s, det är dåligt ~* skidföre the snow is bad for skiing
2 före I *prep* **1** allm. before; i rum äv. in front of; framför ahead (in advance) of äv. bildl.; i tid äv. prior (previous) to; *år 40 ~ Kristus* se under *Kristus; inte ~* kl. 7 not before (earlier than)... **2 ~ detta** (förk. *f.d.*): **~ detta ambassadör i (professor vid)...** formerly ambassador in (formerly el. sometime professor at)...; *hennes ~ detta man* her ex-husband **II** *adv* allm. before; i förväg äv. in advance, ahead; främst äv. in front; *med fötterna (huvudet) ~* feet (head) foremost (first)
förebild *s* urtyp prototype [*för (till)* of]; mönster pattern, model; ibl. example; **tjäna som ~ för** serve as a model to; **efter ~ av** on the pattern of; *ta...till ~* take...for a model
förebildlig *adj* föredömlig exemplary, model...
förebrå *vb tr* reproach [*för* with; *för att* inf. for ing-form]; klandra blame [*för* for]
förebråelse *s* allm. reproach; **få ~r** vanl. be reproached (blamed)
förebrående *adj* reproachful
förebud *s* varsel presage; yttre tecken omen, portent [*till* i samtl. fall of]
förebygga *vb tr* förhindra prevent; företa åtgärder mot provide (guard) against; förekomma forestall; **~ missförstånd** preclude misunderstanding
förebyggande I *s* prevention; **till ~ av** for the prevention of **II** *adj* preventive; **~ medicin (vård, åtgärder)** preventive medicine (care, measures); *i ~ syfte* as a preventive measure
förebåda *vb tr* herald; varsla promise; något ont portend, forebode
föredra *vb tr* **1** ge företräde åt prefer [*framför* to]; *...är att ~* ...is preferable **2** framsäga deliver, recite; mus. execute, render **3** redogöra för present
föredrag *s* anförande talk; föreläsning lecture, discourse; polit. o.d. address [*över* i samtl. fall on]; *hålla [ett] ~* give (deliver) a talk etc.; lecture; hålla ett lärt föredrag äv. read a paper
föredraga se *föredra*
föredragande *s, vara ~* submit (present) the report (a report, the reports) [*i* ett ärende on]; amer., vid konferens be the rapporteur
föredragning *s* presentation of reports etc., jfr *föredragande*
föredragningslista *s* agenda; domstols cause list; **sätta upp på ~n** place on (include in) the agenda
föredragshållare *s* lecturer
föredöme *s* example; mönster model, pattern; *vara ett gott ~ [för ngn]* set [a p.] a good example
föredömlig *adj* ...worthy of imitation; model...
förefall|a *vb itr* **1** synas seem, appear; *det -er mig* it seems (appears) to me **2** hända occur, pass
förege *vb tr* o. **föregiva** *vb tr* pretend, allege
föregivande *s, under ~ av* under the pretext of
föregripa *vb tr* forestall, anticipate
föregå *vb tr* **1** komma före precede, jfr äv. *gå [före]* **2 ~ med gott exempel** set a good example
föregående I *adj* previous, preceding; tidigare äv. former, earlier; **~ dag** [adv. on] the previous day, the day before; *[den] ~ talare[n]* the last (previous) speaker; *i det ~* har nämnts in the foregoing...; i text äv. above... **II** *s, hans ~* his previous life, his antecedents pl.
föregångare *s* o. **föregångerska** *s* precursor, forerunner; företrädare predecessor
föregångsland *s* leading country
föregångsman *s* pioneer
förehavande *s, hans ~n* his doings (activities)
förekomma I *vb tr* **1** hinna före forestall; anticipate; **~ ngns önskan** anticipate a p.'s wish; *bättre ~ än ~s* prevention is better than cure **2** se *förebygga* **II** *vb itr* **1** anträffas occur, be met with, be found, exist **2** hända occur
förekommande *adj* **1** occurring; *ofta (resp. sällan) ~* frequent resp. rare, ...of frequent (resp. rare) occurrence; *i ~ fall* där så är lämpligt where appropriate; vid behov should the occasion arise **2** tillmötesgående obliging; artig courteous
förekommen *adj, på ~ anledning* for particular reasons
förekomst *s* occurrence, presence, existence (alla end. sg.); *~en av vargar i...* the occurrence (existence) of wolves in...
föreligga *vb itr* finnas till exist, be; finnas tillgänglig be available, be to hand; stå på mötets (vår) dagordning be before the meeting (before us); *här måste ~ ett misstag* there must be some mistake here
föreliggande *adj, i ~ fall* in the present case (the case in the point); *avsikten med ~ bok är att...* the purpose of this (the) book is to...

förelägga

förelägga vb tr **1** ~ ngn ngt till påseende, underskrift o.d. put (place, lay) a th. before a p.; underställa submit a th. to a p.; ~ ngn en *uppgift* set a p. a task **2** föreskriva prescribe; befalla order
föreläggande s jur. injunction, order
föreläsa vb itr hålla föreläsning lecture [i (över) on; vid at; om about]
föreläsare s föredragshållare lecturer
föreläsning s föredrag lecture; *gå på [en]* ~ go to (attend) a lecture; *hålla* ~ lecture, deliver (give) a lecture; *hålla ~ar* lecture, give lectures
föreläsningssal s lecture room (hall, theatre)
förelöpare s bildl. precursor, forerunner
föremål s **1** ting object; article, thing; *oidentifierat flygande* ~ unidentified flying object, UFO **2** objekt object; ämne, anledning subject; *bli (vara)* ~ *för* experiment, förhandlingar o.d. be the subject of...; kritik o.d. äv. be subjected to...
förena I vb tr allm. unite [med to; till into]; till en större enhet äv. amalgamate; sammanföra bring...together; förbinda join, connect; isht bildl. associate; kombinera combine äv. kem.; förlika reconcile; *vara ~d med* a) eg. be bound up (associated) with b) medföra, t.ex. fara involve, entail; *med ~de krafter* with united efforts **II** vb rfl, ~ *sig* unite [med with]; kem. el. friare combine [med with]; om floder, linjer o.d. meet, join; ~ *sig med* ansluta sig till join
Förenade arabemiraten s pl the United Arab Emirates
förening s **1** förbindelse association, union, combination, junction, jfr *förena;* kem. compound; *ingå* kemisk ~ combine; *i* ~ *med* in combination (jointly, together, coupled) with **2** sällskap association, society; club; polit. union
föreningsband s bond [of union], tie
föreningsfrihet s freedom (liberty) of association
föreningslokal s club (association, society) premises pl., club rooms pl.
föreningsmedlem s member of an association (a society, a club, polit. a union), member of the association etc.
föreningspunkt s t.ex. floders junction; linjers converging point
föreningsrätt s right (freedom) of association
förenkla vb tr simplify; *ge en ~d bild av ngt* give a simplified (simplistic) picture of a th.
förenkling s simplification
förenlig adj consistent, compatible [med with]; *inte* ~ *med* inconsistent (incompatible) with
Förenta nationerna (förk. *FN*) the United Nations [Organization] (förk. UN[O]) sg.
Förenta staterna the United States [of America]

föresats s avsikt intention, purpose; *ha goda ~er* have good intentions
föreskrift s anvisning direction[s pl.], instructions pl.; läkares äv. prescription, orders pl.; bestämmelse regulation; åläggande order, command; *enligt* ~ according to directions (instructions, regulations), as directed
föreskriva vb tr prescribe; om lag o.d. äv. lay down, provide; beordra direct, order; diktera dictate; ålägga enjoin [ngn ngt a th. on a p.]; ~ *ngn* diet o.d. prescribe...for a p.; *lagen föreskriver* the law provides (directs)
föreslå vb tr propose, suggest, put forward; vard. vote; vid sammanträde move; ~ *ngn att* inf. propose (suggest) that a p. should inf.; ~ *ngn till* a) tjänst nominate a p. (put a p. forward as a candidate) for b) ordförande o.d. propose a p. as
förespegla vb tr, ~ *ngn* ngt hold out to a p. the prospect (promise) of...
förespegling s promise, prospect [om of]; *genom falska ~ar* by making false promises, under false pretences
föresprǻka vb tr advocate; recommend
föresprǻkare s förkämpe advocate [för of]; spokesman [för for]; *vara en ivrig* ~ *för* be an ardent (a keen) advocate of
förespǻ vb tr profetera prophesy; förutsäga predict [ngn ngt a th. for a p.]
förestå I vb tr be at the head of, be in charge of, manage, superintend **II** vb itr vara att vänta be near (approaching, at hand); vara överhängande be imminent, impend
förestående adj stundande approaching; kommande coming; pred. äv. at hand; isht om något hotande imminent, impending; *vara nära* ~ be close at hand, be imminent
föreståndare s manager, director; för institution superintendent; för skola head, principal [för i samtl. fall of]
föreståndarinna s på anstalt o.d. matron [för of]
föreställa I vb tr **1** återge represent; spela äv. play the part of, be; *vad skall det ~?* what is this supposed to be? **2** se *presentera 1* **II** vb rfl, ~ *sig* **1** imagine, picture [to oneself], visualize; think of **2** se *presentera 1*
föreställning s **1** begrepp, idé idea, conception, notion [om of]; *göra sig en* ~ *om* form a conception (an idea) of **2** teat. o.d. performance; *andra ~en* äv. the second house
föreställningsförmåga s power of imagination
föresväva vb tr, den tanken *har ~t mig* ...has sometimes crossed my mind
föresätta vb rfl, ~ *sig* besluta make up one's mind [att göra] ngt to do a th.]; sätta sig i sinnet set one's mind [att inf. on ing-form]
företa vb tr undertake, carry out, perform, make; ~ *sig* set about; *han lyckas i allt han ~r sig* he succeeds in everything he does

företag s **1** affärs~ o.d. company, firm, enterprise, business; concern äv. koncern **2** allm. undertaking; isht svårt enterprise; mil. operation
företaga se *företa*
företagaranda s spirit of enterprise
företagare s ledare el. ägare av företag leader (owner) of a business [an enterprise]; tillverkare manufacturer; storföretagare industrialist; arbetsgivare employer; nationalekon. entrepreneur fr.; *han är egen ~* vanl. he runs his own business, he is self-employed
företagsam adj enterprising, ...[full] of enterprise
företagsamhet s enterprise, initiative, enterprising spirit; *fri (privat) ~* free (private) enterprise
företagsdemokrati s industrial democracy
företagsekonom s business economist
företagsekonomi s business economics sg. [and management]
företagsledare s [business] executive
företagsledning s industrial management; *~en* the management
företagsläkare s company doctor (physician), staff medical officer
företal s preface
förete vb tr **1** framvisa, t.ex. pass show up; ta fram produce; *~ tecken på* show signs of **2** anföra, t.ex. bevis bring forward, adduce **3** erbjuda, t.ex. anblick present
företeelse s allm. phenomen|on (pl. -a); friare fact; 'figur' figure; *en vanlig ~* an everyday occurrence
företräda vb tr **1** representera represent; *~ ngn* äv. act in a p.'s place, be a p.'s proxy **2** gå framför precede
företrädare s **1** föregångare predecessor; *hans ~ på posten* the one who held the post before him (preceded him) **2** för idé o.d. advocate, upholder **3** ombud representative
företräde s **1** förmånsställning preference, priority [*framför* over]; *ha ~* i rangordning take precedence [*framför* of, over]; *lämna ~ åt trafik från höger* give way to traffic coming [in] from the right **2** förtjänst advantage [*framför* over]; superiority (end. sg.) [*framför* to]; *hennes fysiska ~n...* her physical assets... **3** se *audiens* m. ex.
företrädesrätt s förtursrätt [right of] precedence, priority, preference, preferential claim; vid teckning av aktier preferential right
företrädesvis adv preferably; isynnerhet especially
föreviga vb tr immortalize; i skämts. bet., fotografera photograph, portray
förevigande s perpetuating; perpetuation, immortalization
förevisa vb tr show, demonstrate [*för* to]; offentligt exhibit (show) [to the public]

förevisning s showing (vanl. end. sg.), demonstration, exhibition; föreställning performance
förevändning s pretext; ursäkt excuse [*för* for]; undanflykt evasion; *under ~ av (att)* on the pretext (pretence) of (that); *ta ngt till ~ för* take a th. as an excuse for
förfader s ancestor, forefather
förfall s **1** allm. decay; om byggnad o.d. äv. disrepair, dilapidation; tillbakagång decline, decadence; urartning degeneration, degeneracy; moraliskt äv. degradation **2** förhinder *laga ~* lawful (valid) excuse; *utan giltigt ~* without due cause (a valid reason)
förfalla vb itr **1** fördärvas fall into decay (om byggnad o.d. disrepair); om pers. go downhill; moraliskt el. äv. friare degenerate **2** bli ogiltig become invalid (void), lapse; gå om intet, slopas come to nothing, be dropped **3** hand. *~ [till betalning]* be (fall, become) due, mature
förfallen adj **1** decayed, dilapidated; om byggnad äv. ...in disrepair, tumbledown; *han är ~* he has gone downhill (gone to the dogs) **2** ogiltig invalid, void; förverkad forfeited; pred. vanl. forfeit **3** hand. *vara ~ [till betalning]* be due; *vara [länge sedan] ~* be overdue
förfallodag s due day (date), day (date) of payment (i fackspråk maturity)
förfalska vb tr falsify; t.ex. tavla fake; namn, sedlar o.d. forge; pengar, varumärken, varor counterfeit; livsmedel o.d. adulterate; *~de* om pengar äv. counterfeit...
förfalskare s falsifier, faker, forger, counterfeiter, adulterator; jfr *förfalska*
förfalskning s förfalskande falsification, faking, forgery, counterfeiting, adulteration; jfr *förfalska*; konkr. imitation, fake, forgery
förfara vb itr gå till väga proceed [*vid* in; *mot* against]; handla act [*mot* towards]
förfarande s procedure, proceeding[s pl.]; tekn. process; jur. practice, conduct; *egenmäktigt ~* jur. arbitrary conduct
förfaras vb itr dep be wasted; go bad
förfaren adj experienced, skilled
förfaringssätt s procedure; tekn. process
förfasa vb rfl, *~ sig* be horrified (shocked) [*över* at]
författa vb tr write, compose
författararvode s author's fee[s pl.]
författare s author, writer [*av (till)* of]
författarförening s society of authors
författarinna s author[ess], [woman] writer
författarskap s **1** authorship **2** alster [literary] work[s pl.], writings pl.
författning s **1** statsskick constitution **2** stadga statute **3** tillstånd condition, state
författningsenlig adj constitutional; enligt stadga statutory
författningsreform s constitutional reform

författningssamling s statute book
författningsstridig adj unconstitutional
förfela vb tr miss; *det har ~t sitt syfte* it has not fulfilled its purpose, it has missed the mark; *~ sin verkan* fail to produce the desired effect
förfelad adj utan verkan ineffective; misslyckad abortive; *ett förfelat liv* a wasted life; *vara ~* prove a failure
förfinad adj refined
förfining s refinement, polish
förfjol s, *i ~* [during] the year before last
förflackas vb itr dep become shallow (superficial, vulgarized)
förflackning s superficiality, shallowness
förflugen adj **1** random...; oöverlagd wild; *förflugetord* unguarded (rash) word **2** *~ kula* stray bullet
förfluten adj past; förra last; *det tillhör en ~ tid* it belongs to the past; *ett stormigt förflutet* a stormy past; *låta det förflutna vara glömt* let bygones be bygones
förflyktigas vb itr dep volatilize; bildl. äv. evaporate
förflyta vb itr pass, go by, elapse
förflytta I vb tr move, transport; t.ex. tjänsteman transfer; omplantera transplant äv. bildl. **II** vb rfl, *~ sig* move; isht bildl. transport oneself
förflyttning s removal, transportation, transfer; transplantation
förfoga vb itr, *~ över* se *disponera 1*
förfogande s, *olovligt ~* jur. [fraudulent] conversion, se äv. *disposition 1*
förfriska vb rfl, *~ sig* refresh oneself
förfriskning s refreshment; *inta ~ar* have (take) some refreshments
förfrusen adj frost-bitten
förfrysa I vb tr, *han förfrös fötterna* he got his feet frost-bitten **II** vb itr get frost-bitten; om växt äv. get blighted with frost; frysa ihjäl get frozen to death
förfrysning s congelation; kylskada frostbite
förfrågan s o. **förfrågning** s inquiry; *göra en förfrågan* make an inquiry, inquire
förfula vb tr make...ugly (uglier)
förfuska vb tr bungle, botch
förfång s detriment; isht jur. prejudice; *vara till ~ för* be to the detriment of; *utan ~ för* without prejudice to
förfäkta vb tr en mening o.d. maintain; försvara defend, champion; sin rätt assert
förfära vb tr terrify, strike...with terror, dismay, appal; *~d över* terrified etc. at
förfäran s terror; fasa horror; svag. dismay; *till stor ~n för* to the great horror of
förfäras vb itr dep be terror-struck (horror-struck), be appalled (shocked) [*över* at (by)]
förfärdiga vb tr allm. make [*av* [out] of]
förfärdigande s making

förfärlig adj **1** skrämmande terrible, frightful, dreadful; hemsk appalling, shocking samtl. äv. friare; vard. äv. awful **2** vard., omåttlig awful, tremendous
förfölja vb tr eg. pursue, chase; t.ex. folkgrupp persecute; om tanke o.d. haunt; *förföljd av otur* dogged by bad luck (misfortune)
förföljare s pursuer; av t.ex. folkgrupp persecutor
förföljelse s pursuit; trakasseri persecution, victimization [*mot* of]
förföljelsemani s persecution mania
förföra vb tr seduce
förförare s seducer
förfördela vb tr wrong, injure; förolämpa offend
förförelse s seduction
förförerska s seducer, seductress
förförisk adj seductive, alluring
förföriskhet s seductiveness, allure
förförra adj, *~ året* the year before last
förgapa vb rfl, *~ sig i* go crazy about (over)
förgasare s carburettor
förgasas vb itr dep gasify
förgasning s gasification
förgifta vb tr allm. poison; bildl. äv. envenom; moraliskt äv. taint
förgiftning s poisoning
förgiftningsförsök s attempted poisoning [*mot* of]
förgiftningssymptom s toxic symptom
förgjord adj, *det (alltting) är som förgjort* nothing seems to go right, everything seems to be going wrong
förglömma vb tr forget; *...icke (inte) att ~* not forgetting..., [and] last but not least...
förgrena vb rfl, *~ sig* ramify, branch off; från samma punkt äv. fork
förgrening s ramification; konkr. äv. fork; underavdelning subdivision; friare offshoot
förgripa vb rfl, *~ sig på* ngn do violence to, violate, outrage; begå sedlighetsbrott mot äv. assault
förgrova vb tr coarsen, vulgarize
förgrund s foreground; *stå (träda) i ~en* be in (come to) the forefront
förgrundsfigur s o. **förgrundsgestalt** s prominent figure
förgrymmad adj incensed; ursinnig enraged; uppbragt indignant [*på* with; *över* at]
förgråten adj om ögon ...red (swollen) with weeping; *hon var alldeles ~* she had been crying her eyes out
förgrämd adj grieved, care-worn
förgubbning s aging, becoming old; ökning av antalet gamla increase in the number of old people
förgylla vb tr gild; bildl. äv. embellish; *~ om* regild; *~ upp* bildl. touch up
förgyllning s gilding; konkr. äv. gilt
förgå I vb itr om tid pass [away (by)]; försvinna disappear, vanish **II** vb rfl, *han förgick sig*

mot slog till *honom* he lost his head (stark. temper) and struck (förolämpade insulted) him
förgången *adj* past, ...gone by; *det tillhör en ~ tid (det förgångna)* it belongs to the past (an age long since past)
förgård *s* **1** forecourt; *helvetets ~* limbo **2** anat. vestibule
förgås *vb itr dep* omkomma perish, die; förolyckas be lost; om världen come to an end, end; *[vara nära att] ~ av* nyfikenhet be dying with...; *jag håller på att ~ av törst* I am perishing with thirst
förgängelse *s* corruption
förgänglig *adj* perishable, corruptible; dödlig mortal; kortvarig transient, transitory
förgäta se *glömma*
förgätmigej *s* bot. forget-me-not
förgäves *adv* in vain
förgöra *vb tr* allm. destroy; döda äv. put...to death
förhala *vb tr* **1** dra ut på delay, retard [*genom (med)* by]; förhandlingar protract; *~ tiden (saken)* play for time, use delaying tactics; vard. stall **2** sjö. warp
förhall *s* entrance hall, lobby
förhalning *s* (jfr *förhala*) **1** delaying, protraction; vard. stalling **2** warping
förhalningstaktik *s* delaying tactics (vanl. pl.), playing for time
förhand *s* **1** t.ex. veta *på ~* beforehand; t.ex. betala, tacka *på ~* in advance **2** kortsp. *ha (sitta i) ~* be the first player
förhandla I *vb itr* negotiate [*om* about] **II** *vb tr* överlägga om deliberate on, discuss
förhandlare *s* negotiator
förhandling *s* underhandling negotiation; överläggning deliberation; *~ar* äv. talks; med bud och motbud bargaining sg.; domstols, sällskaps proceedings; *avbryta ~ar[na]* break off negotiations (talks)
förhandlingsbar *adj* negotiable
förhandlingsbord *s* negotiating table
förhandlingsrätt *s* right to negotiate
förhandlingsvillig *adj* ...willing to negotiate
förhandsbeställning *s* advance order (av biljetter, rum m.m. booking, isht amer. reservation)
förhandslöfte *s* advance promise
förhandsreklam *s* advance publicity
förhandstips *s* advance information (end. sg.), tip [in advance]
förhandsuppgörelse *s* preliminary agreement
förhandsvisning *s* [sneak] preview, private showing
förhasta *vb rfl*, *~ sig* be rash, be too hasty, be precipitate
förhastad *adj* överilad rash, [over-]hasty, precipitate; förtidig premature
förhatlig *adj* hateful, odious, obnoxious [*för* to]

förhinder *s*, *få ~* vara förhindrad att gå (komma etc.) be prevented from going (coming etc.); *jag fick ~* äv. I was otherwise engaged
förhindra *vb tr* prevent [*från att* inf. from ing-form]
förhindrande *s* prevention
förhistoria *s* previous history; vetensk. prehistory
förhistorisk *adj* prehistoric
förhoppning *s* hope; förväntning expectation; *~ar* utsikter prospects; *en grusad (sviken) ~* a disappointment; *göra sig ~ar* indulge in expectations [*om* of]; *väcka ~ar hos ngn* arouse hopes (raise expectations) in a p. [*om* of]; *i ~ om* se *[i] hopp [om]*
förhoppningsfull *adj* hopeful; lovande promising
förhoppningsvis *adv* hopefully; *~ kan vi...* äv. it is to be hoped that we can...
förhud *s* anat. foreskin; vetensk. prepuce
förhytt *s* sjö. forecabin
förhålla *vb rfl*, *~ sig* bete sig behave äv. kem.; conduct oneself, act; förbli keep, remain; vara be äv. matem.; *~ sig passiv* remain passive; *hur det än må ~ sig med det* however that may be
förhållande *s* **1** sakläge, tillstånd state [of things], conditions pl.; fall case; *~n* omständigheter circumstances; *[det verkliga] ~t är det att...* the fact [of the matter] is that...; *som ~na nu är* in the present sate of things (circumstances); vard. the way things are; *under alla ~n* in any case; *under sådana ~n* in (under) the (such) circumstances **2** förbindelse, relationer relations pl.; inbördes *~* relationship; *[fritt] kärleks~* [love] affair; *ha ett [intimt] ~ med* have an affair with; *stå i vänskapligt ~ till* be on friendly terms (a friendly footing) with **3** proportion, relation proportion; matem. ratio; *i ~ till* a) in proportion to, proportionate[ly] to b) i jämförelse med in relation to, compared with; *i ~ till sin ålder* är han... for his age...; *i ~t 1 till 3* in the ratio of 1 to 3
förhållandevis *adv* proportionately, jfr äv. *jämförelsevis*
förhållningsorder *s* orders pl., instructions pl.
förhårdnad I *adj* hardened; med. indurated **II** *s* callus, callosity; med. induration
förhänge *s* curtain
förhärdad *adj* hardened; obdurate; okänslig callous [*mot* to]
förhärdas *vb itr dep* become hardened
förhärja *vb tr* devastate, ravage, lay...waste
förhärliga *vb tr* glorify, exalt, extol
förhärligande *s* glorification
förhärskande *adj* predominant; gängse prevalent; *vara ~* äv. predominate, prevail
förhäva *vb rfl*, *~ sig* brösta sig plume oneself [*över* on]

förhävelse *s* arrogance (end. sg.); *utan* ~ without boasting
förhäxa *vb tr* bewitch; tjusa enchant, fascinate
förhöja *vb tr* bildl. heighten, enhance; ~ *stämningen* raise the spirits; *förhöjt pris* increased price
förhöjning *s* förhöjande raising, heightening etc., jfr *förhöja;* enhancement; mera konkr. increase; t.ex. av temperatur rise, jfr äv. *höjning*
förhör *s* allm. examination; av vittne äv. hearing; utfrågning interrogation, questioning; rättsligt inquiry; skol- test; *ta ngn i* ~ cross-examine a p.
förhöra I *vb tr* cross-examine, interrogate, question; ~ *[ngn på] läxan* test [a p. on] the homework **II** *vb rfl,* ~ *sig* inquire [*om* about; *hos* of]
förhörsledare *s* interrogator
förinta *vb tr* allm. annihilate, destroy
förintelse *s* annihilation, destruction; stor förödelse, katastrof holocaust
förintelsekrig *s* war of annihilation
förintelsevapen *s* weapon of [mass] destruction
förirra *vb rfl,* ~ *sig* eg. go astray, get lost
förivra *vb rfl,* ~ *sig* get carried away, rush things
förjaga *vb tr* chase (drive)...away; expel; isht bildl. äv. dispel, banish
förkalkning *s* calcification; jfr *åderförkalkning*
förkasta *vb tr* allm. reject, repudiate; t.ex. förslag äv. turn down; vraka äv. discard
förkastelse *s* allm. rejection
förkastelsedom *s* condemnation, denunciation
förkastlig *adj* objectionable; klandervärd reprehensible; fördömlig ...to be condemned
förkastning *s* geol. fault
förklara I *vb tr* **1** förtydliga explain [*för* to]; klargöra äv. make...clear, elucidate; ge förklaring på account for; utlägga expound; tolka interpret; *det ~r saken* that accounts for it; ~ *bort ngt* explain away a th., make excuses for a th. **2** tillkännage declare; uppge state; ~ *krig mot* declare war on; *~s skyldig* be found guilty [*till* of; *till att* inf. of ing-form] **II** *vb rfl,* ~ *sig* **1** explain oneself **2** ta parti declare oneself [to be] [*för* in favour of; *mot* against]; *han ~r sig inte kunna* inf. he declares that he is unable to inf.
förklarad *adj* **1** avgjord declared, avowed **2** ansiktet var *som förklarat* ...as if transfigured (glorified) [*av* with]
förklarande *adj* explanatory; belysande illustrative
förklaring *s* **1** förtydligande explanation [*av* (*på, till, över*) of; *till att* why]; utläggning exposition, expounding; tolkning interpretation; *som* ~ in explanation; *allting har sin* ~ there is a reason for everything; *utan ett ord till* ~ without a word of explanation **2** uttalande declaration, statement; inför rätten evidence **3** bibl. glorification
förklarlig *adj* eg. explicable, explainable; begriplig understandable, comprehensible; naturlig natural; *av lätt ~a skäl* for obvious reasons
förklenande *adj, i* ~ *ordalag* in disparaging terms
förklinga *vb itr* die away; ~ *ohörd* fall on deaf ears
förklistrad *adj* already pasted, ready-pasted
förklä se *förkläde 1*
förkläda *vb tr* disguise [*till* tiggare as a...]; vara *förklädd* äv. ...in disguise; ~ *sig* disguise oneself
förkläde *s* **1** plagg apron; barns pinafore **2** pers. chaperon; *vara* ~ *åt* chaperon, act as a chaperon to (for)
förklädnad *s* disguise; *skyddande* ~ biol. mimicry
förknippa *vb tr* associate
förkolna *vb itr* get charred; *~de* rester charred...
förkomma *vb itr* get lost; om brev o.d. miscarry
förkommen *adj* **1** förlorad missing, lost **2** avsigkommen ...down at heel; stark. disreputable, degenerate
förkonstlad *adj* artificial, affected
förkorta *vb tr* shorten; avkorta abridge, cut; t.ex. ord abbreviate; bråk reduce; ~ *sitt liv* shorten (genom självmord put an end to) one's life; ~ *tiden* beguile the time; *~d upplaga* abbreviated (abridged) edition
förkortning *s* shortening (end. sg.), abridg[e]ment, abbreviation, reduction; jfr *förkorta*
förkovra I *vb tr* improve; öka increase **II** *vb rfl,* ~ *sig* improve; ~ *sig i engelska* improve one's English
förkovran *s* improvement
förkrigstiden *s* the prewar period; *England under* ~ äv. prewar England
förkristen *adj* pre-Christian
förkroma *vb tr* chromium-plate
förkromning *s* chromium-plating
förkroppsliga *vb tr* embody, incarnate, personify; jfr *personifiera*
förkroppsligande *s* embodiment, incarnation, personification
förkrossad *adj* broken-hearted; ångerfull contrite
förkrossande *adj* crushing, overwhelming; heart-breaking; ~ *majoritet* overwhelming majority; ~ *nederlag* crushing defeat
förkrympt *adj* liten stunted, dwarfed; fysiol. abortive
förkunna *vb tr* **1** försöka utbreda preach **2** tillkännage announce [*för* to]; utropa proclaim; förebåda foreshadow, herald; ~ *en dom* jur. pronounce (pass) sentence

förkunnare *s* preacher; announcer, herald; jfr *förkunna*
förkunnelse *s* preaching
förkunskaper *s pl* previous knowledge (training) sg. [*i* of]; grundkunskaper grounding sg. [*i* in]
förkväva *vb tr* choke, stifle, smother
förkvävas *vb itr dep* choke, stifle, smother
förkyla *vb rfl*, ~ *sig* catch [a] cold
förkyld *adj* **1** *bli* ~ catch [a] cold; *vara litet (mycket)* ~ have a slight (bad) cold **2** *nu är det förkylt!* that's torn (done) it!
1 förkylning *s* sjukdom cold
2 förkylning *s* tekn. precooling
förkämpe *s* advocate, champion [*för* of]
förkänning *s* feeling; av sjukdom äv. symptom; av fara äv. premonition
förkänsla *s* presentiment
förkärlek *s* predilection, preference, special liking, partiality [*för* i samtl. fall for]; *med* ~ preferably
förköp *s* av biljett advance booking [avgift fee]; *köpa i* ~ book...in advance
förköpa *vb rfl*, ~ *sig* spend too much
förköpsrätt *s* jur. el. ekon. pre-emptive right, option; *ha* ~ have an option [on goods]
förkörsrätt *s* trafik. right of way [*framför* over]
förlag *s* bok~ publishing firm (house), publisher[s pl.]; *utgiven på A:s ([författarens] eget)* ~ published by A. (resp. by the author, at the author's own expense)
förlaga *s* original, master; model; *filmens* ~ *är...* the film is based on...
förlagskatalog *s* publisher's catalogue
förlagsredaktör *s* editor [at a publishing firm]
förlagsrätt *s* publishing right[s pl.]
förlagsverksamhet *s*, ~*en* publishing, the publishing business
förlama *vb tr* paralyse (amer. paralyze) äv. bildl.; bedöva stun; *som ~d av skräck* as if paralysed with fear
förlamning *s* paralys|is (pl. -es) äv. bildl.
förleda *vb tr* locka, narra entice, inveigle, beguile, seduce [*till* into]; leda på avvägar lead...astray; ~ *ngn att tro att...* delude (lead) a p. into believing that...
förledande *adj* beguiling, seductive, attractive
förlegad *adj* antiquated, obsolete, out-of-date...
förliden *adj* **1** förra last **2** till ända past, over, spent
förlig *adj*, ~ *vind* fair wind
förlika I *vb tr* reconcile [*med* to (with)] **II** *vb rfl*, ~ *sig* become reconciled, reconcile oneself [*med* to]; come to terms [*med* with]; fördra put up [*med* with]
förlikas *vb itr dep* **1** försonas be reconciled **2** vara förenlig be consistent (compatible) [*med* with]
förlikning *s* försoning reconciliation; i arbetstvist o.d. conciliation, mediation (båda end. sg.); uppgörelse (isht ekon.) [amicable] settlement, compromise
förlikningskommission *s* conciliation (mediation) board
förlikningsman *s* [official] conciliator, arbitrator
förlisa *vb itr* be lost, be [ship]wrecked; om båt äv. sink, founder
förlisning *s* shipwreck, loss
förlita *vb rfl*, ~ *sig på* a) ngn trust in b) ngt trust to, rely on
förlitan *s* o. **förlitande** *s* confidence; *i ~ på* trusting to, relying on
förljugen *adj* dishonest, false, mendacious
förljugenhet *s* dishonesty, falsity, mendacity
förljuva *vb tr* sweeten, brighten
förlopp *s* **1** tids lapse **2** händelse~ course of events; skeende course
förlora I *vb tr* o. *vb itr* allm. lose; lida nederlag äv. be defeated (beaten); i spel äv. lose the game; ~ *i* intresse, smak o.d. lose some of its...; ~ *i styrka (vikt, värde)* lose force (weight, value); ~ *med 1-0* lose [by] 1-0 (one nil); ~ *på affären* lose on the bargain **II** *vb rfl*, ~ *sig* lose oneself, be lost, disappear [*i* in]
förlorad *adj* allm. lost; försutten äv. missed; förspilld äv. wasted; *den ~e sonen* the Prodigal Son; *~e ägg* poached eggs; *gå* ~ be lost [*för* to]
förlorare *s* loser
förlossa *vb tr* **1** med. deliver **2** bibl. redeem
förlossning *s* **1** med. delivery, childbirth **2** bibl. redemption
förlossningsavdelning *s* delivery (labour) ward
förlossningstång *s* midwifery (obstetric) forceps (sg. el. pl.)
förlov *s*, *med* ~ *[sagt]* if I (resp. we) may say so, if you don't mind my (resp. our) saying so
förlova *vb rfl*, ~ *sig* become engaged [*med* to]
förlovad *adj* engaged [to be married] [*med* to]; *Förlovade* tidningsrubrik Engagements; *de ~e* the engaged couple; *det ~e landet* the Promised Land
förlovning *s* engagement; *ingå* ~ become engaged [*med* to]
förlovningsannons *s* announcement in the engagements column
förlovningsring *s* engagement ring
förlupen *adj* runaway; om kula stray
förlust *s* allm. loss [*för* to; *i (av)* of; *på* t.ex. transaktion on (by), t.ex. 1000 kr of]; skada äv. damage; *det vore ren* ~ it would be a dead loss; *lida stora ~er* sustain heavy losses (mil. äv. casualties); *sälja (gå) med* ~ sell (be run) at a loss
förlusta *vb tr* divert; ~ *sig* divert oneself
förlustavdrag *s* deduction[s pl.] for loss
förlustbringande *adj* attr. ...involving a loss

förlustelse

(resp. losses) [*för* to (for)]; *vara* ~ involve a loss etc.
förlustelse *s* amusement; offentlig entertainment
förlustföretag *s* losing concern (business)
förlustkonto *s* loss account
förlustsiffra *s* antal döda number of casualties
förlyfta *vb rfl*, ~ *sig* overstrain oneself by lifting [*på ngt* a th.]; bildl. overreach oneself [*på* in]
förlåt *s* åld. el. bibl. veil; *lyfta (lätta) på ~en kring* bildl. disclose, lift the veil on
förlåta *vb tr* forgive [*ngn ngt* a p. [for] a th.]; ursäkta excuse, pardon; *förlåt!* I'm [awfully] sorry!; förnärmat pardon me!; *förlåt* hövlig fråga el. inledning excuse (pardon) me; *förlåt att jag...* excuse my ing-form; *förlåt, jag hörde inte* [I] beg your pardon [I didn't catch what you said], what did you say?
förlåtelse *s* forgiveness [*för* for]; *be [ngn] om* ~ ask (beg) a p.'s forgiveness; *få* ~ be pardoned (forgiven)
förlåtlig *adj* pardonable, excusable
förlägen *adj* generad embarrassed, abashed, awkward; försagd self-conscious, shy; förvirrad confused; *göra ngn* ~ äv. embarrass a p.
förlägenhet *s* **1** känsla embarrassment, awkwardness, confusion **2** trångmål embarrassment, difficulty; vard. scrape, fix
förlägga *vb tr* **1** placera: lokalisera locate, place [*till* in]; trupper o.d. station, billet [*i (vid)* in (at)]; flytta remove, transfer; handlingen *är förlagd till medeltiden* ...takes place in the Middle Ages; *vi har förlagt vår semester till...* we have planned our holiday for..., we have fixed on...for our holidays **2** slarva bort mislay **3** böcker publish
förläggare *s* bok~ publisher
förläggning *s* location; mil., konkr. station, camp
förläggningsort *s* mil. garrison [town]
förlåna *vb tr*, ~ *ngn* ngt grant a p...; begåva endow a p. with...; tilldela confer...on a p.
förlänga *vb tr* lengthen, prolong; utsträcka extend; linje (matem.) äv. produce; *förlängda märgen* med. the medulla [oblongata], the prolongation of the spinal cord
förlängning *s* prolongation; utsträckning extension; sport. extra time; *efter* ~ after extra time
förlängningssladd *s* extension flex (amer. cord), extension
förläning *s* hist. enfeoffment
förläsa *vb rfl*, ~ *sig på romaner* read too many novels
förläst *adj* ...too wrapped up in one's books
förlöjliga *vb tr* ridicule, hold...up to ridicule
förlöpa I *vb itr* förflyta pass; avlöpa pass off; fortgå go, proceed; sjukdomen *förlöper normalt* ...is taking a (its) normal course **II** *vb tr* överge run away from, desert

förlösa *vb tr*, ~ *en kvinna* deliver a woman of a child
förlösande *adj*, *ett* ~ *ord* a timely word; *han kom med det* ~ *ordet* he said just the thing everyone had been waiting for (the right word)
förmak *s* **1** salong drawing-room **2** anat. atrium, auricle
förman *s* arbetsledare foreman, supervisor; överordnad superior
förmana *vb tr* tillhålla exhort; tillrättavisa admonish; varna warn
förmaning *s* exhortation, admonition, mild warning
förmaningstal *s* admonitory speech; vard. talking-to, lecture
förmast *s* sjö. foremast
förmatch *s* sport. preliminary match
förmedla *vb tr* fungera som mellanhand vid mediate, act as [an] intermediary in; åvägabringa procure, arrange, effect, bring about; ~ *ett budskap* convey a message; ~ *ett lån* negotiate (arrange) a loan; *~nde* intermediary
förmedlare *s* mellanhand intermediary
förmedling *s* mediation (end. sg.), agency äv. byrå; anskaffning procurement, arrangement; *genom hans* ~ through him (his agency)
förmena *vb tr* förvägra deny
förment *adj* supposed; föregiven putative
förmer[a] *adj*, *vara* ~ *än* be superior to
förmiddag *s* morning; *kl. 11 på ~en* (förk. *f.m.*); *i ~s* [late] this morning; *på ~en* during (in the course of) the morning; för ex. jfr vid. *eftermiddag*
förmildra *vb tr* se *mildra*; *~nde omständigheter* extenuating circumstances
förminska *vb tr* se *minska*; *i ~d skala* on a reduced scale
förminskning *s* **1** se *minskning* **2** foto. reduction
förmoda *vb tr* anta: suppose; med större visshet presume; vard. reckon; amer. guess; förvänta expect; gissa conjecture, surmise; ~ *att* förutsätta assume (take it) that
förmodan *s* supposition, presumption; conjecture, surmise, guess; jfr *förmoda*; *mot [all]* ~ contrary to expectation
förmodligen *adv* presumably; jfr vid. *antagligen*
förmultna *vb itr* moulder [away], decay, rot
förmultning *s* mouldering, decay (båda end. sg.)
förmultningsprocess *s* process of decay
förmyndare *s* jur. guardian [*för* of]; *stå under* ~ be under guardianship
förmyndarregering *s* regency
förmyndarskap *s* o. **förmynderskap** *s* guardianship; bildl. authority, tutelage
förmå I *vb tr* o. *vb itr* **1** kunna, orka ~ *[att]* inf. be able to inf.; be capable of ing-form; *jag ~r (~dde)* resp. *jag ~r (~dde) inte* I can (could)

resp. I cannot (couldn't); jfr *kunna II* o. *orka;* det här är *allt vad huset ~r* ...all I (resp. we) can offer you **2** ~ *ngn [till] att* inf. induce (prevail upon, get, bring, övertala persuade) a p. to inf. **II** *vb rfl,* ~ *sig till att* inf. bring (induce) oneself to inf.; besluta sig make up one's mind to inf.
förmåga *s* **1** fysisk el. andlig kraft power [*att* inf. to inf.]; prestations~ capacity [*att* inf. for ing-form]; fallenhet o.d. faculty [*att* inf. for (of) ing-form]; duglighet ability [*att* inf. to inf.]; capability [*att* inf. of ing-form]; läggning gift, talent, aptitude [*att* inf. i samtl. fall for ing-form]; *ha (sakna)* ~ *att* koncentrera sig vanl. be able (be unable) to...; jag gjorde det *efter bästa* ~ ...to the best of my ability; *över min* ~ beyond my powers **2** pers. *unga förmågor* young talents
förmån *s* fördel advantage; särskild rättighet benefit; naturaförmån fringe benefit, perquisite; vard. perk; *sociala ~er* social benefits; *till* ~ *för* för att hjälpa in aid (for the benefit) of; för att gynna in favour of; *ha ~en att* inf. have the privilege of ing-form
förmånlig *adj* allm. advantageous [*för ngn* to a p.]; gynnsam favourable; vinstgivande profitable; köp *på ~a villkor* ...on easy terms
förmånsberättigad *adj* preferential
förmånserbjudande *s* special offer (bargain)
förmånstagare *s* beneficiary
förmäl|a *vb tr* tell; *det -er inte historien* friare that is not on record, nobody knows
förmäten *adj* presumptuous; om pers. äv. arrogant; djärv bold; *vara* ~ *nog att* make bold (so bold as) to
förmätenhet *s* presumptuousness, presumption, arrogance; djärvhet boldness
förmögen *adj* **1** rik wealthy, well-to-do, rich; pred. äv. well off; amer. äv. well fixed; *en* ~ *man* äv. a man of means (property, fortune) **2** i stånd capable [*till* of; *att* inf. of ing-form]
förmögenhet *s* **1** större penningsumma fortune; kapital capital; privat~ [private] means pl.; ägodelar property; kvarlåtenskap estate; *taxerad* ~ taxed property (assets pl.); *ha* 90.000 kr *i* ~ have a capital of... **2** *~er* naturgåvor faculties
förmögenhetsbrott *s* crime against property
förmögenhetsskatt *s* capital (wealth, property) tax
förmörka *vb tr* darken äv. fördystra; obscure; bildl., t.ex. förstånd cloud; himlakropp eclipse
förmörkas *vb itr dep* darken; be darkened osv., jfr *förmörka*
förmörkelse *s* astron. eclipse
förnamn *s* first (om kristen äv. Christian, isht amer. äv. given) name
förnedra I *vb tr* degrade **II** *vb rfl,* ~ *sig* demean (degrade) oneself; ~ *sig till [att* inf.*]* stoop to [ing-form]
förnedrande *adj* degrading, humiliating

förnedring *s* degradation
förneka I *vb tr* icke erkänna deny; bestrida äv. disavow; icke vidkännas disown, renounce; *det kan inte ~s att...* it cannot be denied (there is no denying the fact) that... **II** *vb rfl, han ~r sig aldrig* he is always the same, that's just him
förnekande *s* o. **förnekelse** *s* denying osv., jfr *förneka I;* denial; disavowal; renunciation
förnickla *vb tr* nickel[-plate]
förnimbar *adj* perceptible [*för* to]
förnimma *vb tr* perceive; känna feel, be sensible of
förnimmelse *s* sinnes~ sensation; filos. perception
förnuft *s,* ~*[et]* reason; *sunt* ~ el. *sunda ~et* common sense; *ta sitt* ~ *till fånga* listen to reason, be sensible (reasonable); jfr vid. ex. under *förstånd*
förnuftig *adj* sensible; resonlig äv. reasonable; begåvad med (vittnande om) förnuft äv. rational
förnumstig *adj* would-be-wise; *vara* ~ be a know-all
förnya *vb tr* allm. renew; renovera äv. renovate; upprepa repeat; fylla på, t.ex. förråd replenish; ge nytt liv åt, bildl. regenerate; ~ *sig* renew oneself; *ta upp fallet till ~d prövning* reconsider the case
förnyelse *s* renewal; renovation; repetition; replenishing, replenishment; regeneration; jfr *förnya*
förnäm *adj* distinguished; framstående äv. ...of distinction (rank); noble, aristocratic; högättad high-born; värdig dignified; högdragen lofty, superior; förnämlig excellent, fine; *spela* ~ give oneself (put on) airs
förnämhet *s* **1** se *förnämitet* **2** högdragenhet loftiness, superiority
förnämitet *s* förfining, stil distinction, refinement
förnämlig *adj* ypperlig excellent, fine, superior
förnämligast *adv* framför allt principally, chiefly
förnämst *adj* främst foremost; ypperligast finest; isht om pers. äv. greatest; viktigast; attr. principal, chief
förnär *adv* se under *2 när 2*
förnärma *vb tr* offend, affront; *bli ~d över* äv. take offence at
förnödenheter *s pl* necessities; livs~ necessaries
förnöja *vb tr* amuse, please; *ombyte förnöjer* variety is the spice of life, there's nothing like a change
förnöjd *adj* glad happy, pleased; belåten contented, satisfied; *glad och* ~ pred. happy and content
förnöjelse *s* fägnad amusement
förnöjsam *adj* contented, ...easily pleased
förnöjsamhet *s* contentedness, contentment
förolycka|s *vb itr dep* eg.: allm. be lost; omkomma äv. lose one's life; haverera äv. be

förolämpa

wrecked; om flygplan äv. crash; *de -de* the victims [of the accident], the casualties
förolämpa *vb tr* insult, affront; svag. offend; *en ~d min* an injured expression (air); *bli ~d över* be very much offended at
förolämpande *adj* insulting; svag. offensive [*för i båda fallen to*]
förolämpning *s* insult, affront [*mot* to]
förord *s* **1** företal preface, foreword, prefatory note **2** rekommendation [special] recommendation
förorda *vb tr* recommend [*hos* to; *till* for]
förordna *vb tr* **1** bestämma ordain, decree; t.ex. testamentariskt provide [*om* for] **2** ordinera prescribe **3** utse appoint; bemyndiga commission
förordnande *s* **1** testaments~ provision **2** tjänste~ appointment; *få ~ som rektor* be appointed head teacher
förordning *s* ordinance, decree, edict, enactment; stadga regulation
förorena *vb tr* contaminate, pollute; foul
förorening *s* förorenande contamination, pollution, fouling; förorenande ämne pollutant; *~ar* t.ex. i vatten a lot of contamination (pollution) sg.
förorsaka *vb tr* cause; föranleda occasion
förort *s* suburb; *~erna* äv. suburbia sg.
förortsbo *s* suburban [dweller], suburbanite
förortslinje *s* suburban [tåg railway] line
förorätta *vb tr* wrong, injure; *~d* injured
förpacka *vb tr* pack; emballera wrap [up] *~d* t.ex. om vara i snabbköp prepacked
förpackning *s* konkr. (allm.) pack, package; t.ex. ask äv. box; låda äv. case; emballage packing, wrapping; t.ex. i snabbköp prepack[age]; abstr. packaging
förpackningsmaskin *s* packing (packaging) machine
förpassa *vb tr* skicka iväg send [off]; *~ ngn till evigheten* send a p. to kingdom come; *~ ngn ur landet (riket)* order a p. to leave the country, deport a p.
förpesta *vb tr* poison äv. bildl.; *~ rummet* poison the air in...; *~ luften* make a terrible smell; *~ tillvaron för ngn* make life a misery for a p.
förplikta *vb tr*, *~ ngn till att* o. inf. put (lay) a p. under an obligation to inf.; bind (oblige) a p. to inf.; *~ sig* bind (engage, commit) oneself [*att* inf. to inf.]; *~nde [för ngn]* binding [on a p.]; *ett till intet ~nde svar* a non-committal answer; *känna sig ~d* feel [in duty] bound (obliged)
förpliktelse *s* åtagande obligation, engagement, commitment; isht ekonomisk liability; skyldighet duty
förpliktlga se *förplikta*
förplägnad *s* food; mil. äv. rations pl.; entertainment; förplägande feeding
förpost *s* mil. outpost

förpostfäktning *s* bildl. [preliminary] skirmish
förprövning *s* preliminary examination
förpuppas *vb itr dep* zool. pupate, pass into the chrysalis stage; bildl. go into hibernation
förpuppning *s* zool. pupation, change (transformation) into a chrysalis
förr *adv* **1** förut before; han njöt *som aldrig ~* ...as he had never done before; *varken ~ eller senare* at no time before or after **2** fordom *~ [i tiden (världen)]* formerly, in former times (days); *~ om åren* in earlier years; *~ och nu* then and now; *~ hade (var) han...* he used to have (be)...; *allt är som ~* everything is as it used to be; nothing has changed **3** tidigare sooner, earlier; *~ eller senare* sooner or later **4** hellre rather, sooner
förra (*förre*) *adj* **1** förutvarande former; före detta äv. late; tidigare earlier; *den förre...den senare* the former...the latter; *under ~ hälften av* 1800-talet in the first half... **2** närmast föregående last; *[i] ~ veckan* last week
förresten *adv* för övrigt besides, furthermore; vad det beträffar for that matter; apropå det by the way; *vet du vad han heter ~?* by the way, do you know his name?; *du kan ~ få* läsa brevet you may...if you like
förrförra *adj*, *~ året* the year before last
förrgår, *i ~* the day before yesterday; *i ~ morse* on the morning of the day before yesterday
förringa *vb tr* undervärdera minimize, belittle, lessen; t.ex. ngns förtjänst detract from; t.ex. värdet av depreciate; brott palliate; *~nde* förklenande depreciatory, derogatory
förrinna *vb itr* bildl.: försvinna ebb away; förflyta pass [away], elapse
förrum *s* anteroom, antechamber; sjö. forehold
förruttna *vb itr* putrefy, decompose; isht om frukt, trä rot; förmultna decay
förruttnelse *s* putrefaction, decomposition, corruption; förmultning decay; *stadd i ~* putrescent
förrycka *vb tr* rubba dislocate, upset; snedvrida distort
förryckt *adj* tokig crazy, mad
förrymd *adj* runaway...; om t.ex. fånge escaped...
förråa *vb tr* coarsen, brutalize; *verka ~nde* have a brutalizing effect
förråas *vb itr dep* coarsen, become brutalized
förråd *s* store äv. bildl.; stock, supply; mil. stores pl.; lokal storeroom, supply depot; resurser resources pl.; *ha i ~* ...in store (reserve)
förråda *vb tr* allm. betray [*åt, för* to]; röja äv., vard. give away; *~ sig* röja sig give oneself away
förrädare *s* traitor [*mot* to]
förräderi *s* treachery [*mot* to]; lands~ treason; *ett ~* an act of treachery (resp. treason)

förrädisk *adj* treacherous äv. bildl. [*mot* to]; lands~ treasonable
förrän *konj* innan before; **knappt hade han**...~ hardly (scarcely) had he...when, no sooner had he...than; *inte* ~ först not until (till); *det dröjde inte länge* ~ it was not long before; jfr *först 2*
förränta ekon. I *vb tr* placera place...at interest; betala ränta på pay interest on II *vb rfl*, ~ *sig* yield interest [*med* at]; *[stå och]* ~ *sig* accumulate
förräntning *s* ekon. yield, return on investment; förtjänst profit; räntebetalning payment of interest; räntesats rate of interest
förrätt *s* kok. first course, starter; *till (som)* ~ as a first course, as a starter, for starters
förrätta *vb tr* tjänstgöra vid, t.ex. dop officiate at; leda, t.ex. auktion conduct; göra: t.ex. bouppteckning make; t.ex. sin andakt perform, carry out; ärende accomplish; *efter väl ~t ärende (värv)* after having satisfactorily performed one's duties (one's task, what one set out to do)
förrättning *s* tjänste~ function, [official] duty, office; kyrkl. äv. ceremony, service; resa trip on official business; uppdrag assignment; *vara ute på ~ar* be out on official duties
försagd *adj* timid, diffident
försagdhet *s* timidity, diffidence
försaka *vb tr* go without, deny oneself; avsäga sig give up; lära sig *att* ~ ...to go without things
försakelse *s* umbärande privation
församla *vb tr* assemble, gather [...together]
församlas *vb itr dep* assemble, gather [together]
församling *s* **1** församlade pers., möte assembly; möte äv. meeting; folkrepresentation äv. convention, body; *ärade ~!* ladies and gentlemen! **2** kyrkl.: menighet congregation; kyrkosamfund church; frireligiös el. ej kristen community; socken parish
församlingsbo *s* parishioner
församlingsfrihet *s* freedom of assembly
församlingshem *s* ung. parish house
församlingssyster *s* ung. deaconess
förse I *vb tr* provide, furnish; försörja äv. supply; utrusta äv. equip, fit [*med* i samtl. fall with]; II *vb rfl*, ~ *sig* skaffa sig provide oneself [*med* with]; ta för sig help oneself [*med* to]
förseelse *s* fault; brott offence, misdemeanour
försegel *s* sjö. headsail
försegla *vb tr* seal äv. bildl.; t.ex. låda seal up
försegling *s* konkr. seal
försena *vb tr* delay; uppehålla äv. detain; förhala retard
försenad *adj* delayed, late; *vara* ~ be late (behind time)
försening *s* delay
förseningsavgift *s* delay charge, penalty for delay, default fine

försiggå *vb itr* äga rum take place äv. teat. o.d.; pågå, ske go (be going) on; avlöpa pass (go) off
försigkommen *adj* advanced; neds. forward; brådmogen precocious
försiktig *adj* aktsam careful [*med* with]; förtänksam, klok cautious, prudent; vaksam wary; ej överdriven conservative; 'diplomatisk' guarded [*med* vad man säger in...]; försynt, om t.ex. fråga discreet; *i ~a ordalag* in guarded terms
försiktighet *s* (jfr *försiktig*) care[fulness]; caution, cautiousness, prudence, wariness; guardedness; discretion äv. klokhet
försiktighetsskäl *s, av* ~ by way of precaution
försiktighetsåtgärd *s* precautionary measure; *vidta alla ~er* take every precaution
försiktigt *adv* carefully osv., jfr *försiktig*
försilvra *vb tr* silver-plate
försinka se *försena*
försitta *vb tr* t.ex. tillfälle miss, lose; sin rätt forfeit; *han försatt ingen tid* he lost no time
försjunka *vb itr*, ~ *i* hänge sig åt lose oneself (become absorbed) in; *försjunken i tankar* absorbed (lost, deep) in thought
förskaffa *vb tr* procure, jfr *skaffa*; rendera bring
förskansa *vb rfl*, ~ *sig* entrench oneself; bildl. take shelter
förskepp *s* forebody
förskingra *vb tr* jur. embezzle, misappropriate; *han har ~t* ...embezzled money
förskingrare *s* embezzler
förskingring *s* **1** jur. embezzlement, misappropriation, peculation, [fraudulent] conversion **2** svenskar *i ~en* ...scattered abroad; *judar[na] i ~en* the Diaspora
förskinn *s* leather apron
förskjuta I *vb tr* **1** rubba displace **2** ej längre vidkännas: hustru cast off, repudiate; barn disown II *vb rfl*, ~ *sig* rubbas get displaced (isht geol. dislocated); om last el. friare shift
förskjutning *s* displacement äv. psykol.; dislocation; shifting; jfr *förskjuta*
förskola *s* preschool, kindergarten
förskoleålder *s* preschool age
förskollärare *s* nursery-school (preschool) teacher
förskona *vb tr*, ~ *ngn från (för) ngt* spare a p. a th.
förskoning *s* nåd mercy, forbearance
förskott *s* advance; *be om* ~ *på* lönen ask for an advance on...; *i* ~ in advance
förskottera *vb tr* advance; vard. up-front
förskottering *s* advancement; förskott advance
förskottsbetalning *s* advance (vard. upfront) payment, payment in advance
förskottslikvid se *förskottsbetalning*
förskottsvis *adv* in advance; vard. up-front
förskräck|a *vb tr* frighten, scare, startle; *bli -t* be (get) frightened osv. [*över* at]; bli bestört get a shock

förskräckas

förskräckas *vb itr dep* be frightened osv., jfr *förskräcka*
förskräckelse *s* fright, alarm; bestörtning consternation; *i ~n tappade han glaset* in his alarm (consternation), he dropped the glass; *komma (slippa) undan med blotta ~n* escape by the skin of one's teeth
förskräcklig *adj* frightful, dreadful; vard. äv. awful; förfärlig terrible, horrible
förskrämd *adj* frightened, scared; skygg timid
förskyllan *s, utan [min] egen ~* through no fault of mine
förskärare *s* o. **förskärarkniv** *s* carving-knife, carver
förskröna *vb tr* make...look more beautiful, beautify; skönmåla make...look better than it is, embellish, gloss over
1 förslag *s* mus., långt appoggiatura it.; kort acciaccatura it.
2 förslag *s* **1** allm. proposal [*om, till* for; [*om*] *att* inf. to inf., for ing-form]; råd suggestion; plan scheme, project [*till* for]; utkast draft [*till* of]; lag~ bill; motion äv. motion; utskotts~ recommendation[s pl.] [*till* for]; *väcka ~ om ngt (om att* sats*)* propose (parl. o.d. move) a th. (that...); *har du ngt (ngn) på ~?* have you...to suggest (...to recommend)? **2** kostnads~ estimate [*för, till* for] **3** tjänste~ *vi har många på ~* till posten som we have many applicants...
förslagen *adj* cunning, crafty, artful
förslagenhet *s* cunning, craftiness, artfulness
förslagsställare *s* proposer [of a motion], mover
förslagsvis *adv* as a suggestion; försöksvis tentatively; ungefärligen roughly; låta oss säga [let us] say
förslappa *vb tr* försvaga weaken; göra kraftlös enervate; t.ex. moralen relax
förslappas *vb itr dep* försvagas weaken; bli kraftlös become enervated; om t.ex. moral grow lax; om t.ex. intresse relax
förslappning *s* weakening; kraftlöshet enervation
förslava *vb tr* enslave
försliten *adj* worn out
förslitning *s* abstr. wear; *~en av...* the wearing out of...; *normal ~* fair wear and tear
förslummas *vb itr dep* turn into (become) a slum
förslumning *s* deterioration (turning) into a slum
försluta *vb tr* seal
förslå *vb itr* suffice, jfr vid. *räcka III 1; så det ~r* ordentligt with a vengeance; övermåttan like anything
förslöa *vb tr* make...apathetic osv., jfr *förslöad*
förslöad *adj* apathetic; trög dull; håglös listless
förslöas *vb itr dep* grow (get) apathetic osv., jfr *förslöad*

förslösa *vb tr* squander [pengar *på spel* ...in (by) gambling]; dissipate [*på* in]
försmak *s* foretaste [*av* of]
försmå *vb tr* avvisa reject, disdain; förakta despise; *~dd kärlek* rejected (despised) love
försmädlig *adj* **1** hånfull sneering, scoffing **2** se *förarglig 1*
försmädlighet *s* yttrande sneer
försmäkta *vb itr* languish, pine [away]
försnilla med avledningar se *förskingra* med avledningar
försoffas se *förslöas*
försoffning *s* apathy, listlessness
försommar *s* early summer, early part of [the] summer
försona I *vb tr* **1** förlika reconcile [*med ngn (ngt)* with a p. (to a th.)] **2** se *sona; ett ~nde drag* a redeeming feature **3** blidka propitiate, conciliate **II** *vb rfl, ~ sig med* bli vän med become reconciled (make it up) with; finna sig i reconcile oneself (become reconciled) to
försonas *vb itr dep* make it up, become reconciled
försoning *s* förlikning reconciliation; isht relig. atonement; *räcka ngn handen till ~* hold out the hand of reconciliation to a p.
försonlig *adj* conciliatory, forgiving
försonlighet *s* conciliatory spirit
försorg *s* **1** *genom ngns ~* through a p., through (by) the agency of a p. **2** *dra ~ om* a) ngn provide for... b) ngt see (attend) to...; *dra ~ om att* see [to it] that
försova *vb rfl, ~ sig* oversleep [oneself]
förspel *s* mus. prelude; bildl. äv. beginning, initial phase; film. short [film]; före samlag foreplay
förspill‖a *vb tr* waste [*på [att* inf.*]* on [ing-form]]; *det är -d kraft* it is a waste of energy
försprång *s* start; försteg lead; bildl. äv. advantage; *få ~ före ngn* get the start of a p.; gå om gain the lead (bildl. äv. an advantage) over a p.; *hämta in ~et* reduce the lead; *[ett] stort ~* a long (great) gap (lead)
förspänt *adv, han har det väl ~* he is doing well for himself, he has a lot going for him, he is getting on in the world
först *adv* **1** först [...och sedan] first; först [...men] at first; vid uppräkning first[ly]; ursprungligen originally; jfr äv. ex. under *främst; allra ~* first of all; *ligga ~* i tävling be [the] first; *vara ~ på platsen* be the first to arrive; *~ och främst* till att börja med first of all, to begin with; framför allt above all **2** inte förrän not until, only; *~ då såg han...* only (not until) then did he see...; *jag fick det ~ i går* I only got it (didn't get it until) yesterday; *~ sedan han gått* såg jag not until he had left...
första (*förste*) *räkn* o. *adj* first (förk. 1st); begynnelse- initial, opening; tidigaste, äldsta earliest, early; ursprungliga original; främste

foremost; isht i titlar principal, chief, head (jfr ex.); **från ~ början** from the very start (beginning); **de ~ (de två ~) dagarna** var vackrare the first few (the first two) days...; **~, andra, tredje gången!** vid auktion going, going, gone!; **~ hjälpen** first aid; **~ klassens** varor first-class..., first-rate...; *förste pilot* first pilot; **~ sidan** i tidning the front page; *vid ~ bästa tillfälle* at the first (an early) opportunity; *på ~ våningen* bottenvåningen on the ground (amer. first) floor; en trappa upp on the first (amer. second) floor; *han var den förste som kom* he was the first to come; *förste bäste* vem som helst the first that comes (resp. came) along; *den ~ [i månaden]* adv. on the first [of the month]; *det ~ du bör göra* the first thing you should do; *för det ~* in the first place, for one thing; vid uppräkning firstly
förstabas *s* mus. first bass äv. stämma
förstad *s* suburb
förstadium *s* preliminary stage
förstadsbo *s* suburban dweller, suburbanite
förstagångsväljare *s* person voting for the first time, first-time voter
förstahandsuppgift *s*, *~er* first-hand information sg. [*om, på* about, on]
förstaklassbiljett *s* first-class ticket
förstamajdemonstration *s* May-Day demonstration
förstaplats *s* sport. first place
förstatenor *s* mus. first tenor
förstatliga *vb tr* nationalize
förstatligande *s* nationalization
förstaupplaga *s* first edition
förstavelse *s* prefix
förste se *första*
försteg *s*, *ha ett ~ framför ngn* have an advantage over a p.
förstening *s* petrifaction äv. konkr.
förstfödd *adj* first-born
förstföderska *s* woman having her first baby
förstfödslorätt *s* [right of] primogeniture; isht bibl. birthright
förstklassig *adj* first-class, first-rate; vard. tip-top, A 1
förstnämnd *adj* first-mentioned
förstockad *adj* förhärdad hardened; inbiten confirmed; trångsynt hidebound
förstone, i ~ at first, to start (begin) with
förstoppa *vb tr* constipate
förstoppning *s* constipation; *ha ~ be* constipated
förstora *vb tr* eg. el. foto. enlarge; vard. blow up; optik. magnify; bildl. äv. exaggerate
förstoring *s* foto. enlargement; konkr. äv. enlarged copy; optik. magnification; *i stark ~* greatly magnified (enlarged)
förstoringsglas *s* magnifying glass
förstrykning *s* i kanten mark; understrykning underlining

förströ *vb tr* divert; roa entertain; *~ sig* divert (amuse) oneself [*med* with; *med att* inf. by ing-form]
förströdd *adj* absent-minded, preoccupied, abstracted
förströelse *s* diversion, recreation; nöje äv. amusement
förstucken *adj* allm. concealed, hidden; om t.ex. hot veiled
förstudie *s* preliminary (pilotstudie pilot) study
förstuga se *farstu*
förstukvist *s* porch; amer. stoop; utan tak front-door landing
förstulen *adj* furtive, stealthy, covert; *kasta en ~ blick på* steal (take, cast) a furtive glance (look) at
förstumma *vb tr* silence; bildl. strike...dumb, dumbfound
förstummas *vb itr dep* become (fall) silent; *~ av häpnad* be struck dumb with...
förstå I *vb tr* allm. understand; begripa äv. comprehend, grasp; vard. get; bli klok på äv. make out; få klart för sig realize; inse see; kunna, veta know; *låta ngn ~ att...* give a p. to understand that...; *å, jag ~r!* oh, I see!; I get the message!; *du ~r väl att...* you must see (realize) that...; *jag förstod inte mycket av...* I didn't make much of (get much out of)...; *jag förstår inte meningen (vitsen) med...* I don't see the point of...; *såvitt jag ~r* as (so) far as I understand (can see); *ja det ~s!* of course!; *göra sig ~dd* make oneself understood
II *vb rfl*, *~ sig på att* o. inf. know (understand) how to inf.; *~ sig på* ngt: förstå understand...; kunna know about...; vara kännare av be a judge of...; *jag ~r mig inte på henne* I can't make her out
förståelig *adj* understandable, comprehensible, intelligible, se *begriplig*
förståelse *s* understanding; förstående äv. comprehension; sympati äv. sympathy; *ha full ~ för* sympathize with, quite understand
förstående *adj* understanding, sympathetic
förstånd *s* begåvning intelligence; vard. brains pl.; förnuft reason; vett sense; klokhet wisdom; tankeförmåga intellect; fattningsförmåga understanding, comprehension; *förlora ~et* go out of one's senses; bli sinnessjuk lose one's reason; *ha gott ~* have a good (sound) intellect, have common sense; *ha ~ [nog] att...* have sense enough (the [good] sense) to...; *tala ~ med ngn* make a p. see reason
förståndig *adj* förnuftig sensible äv. om sak; klok wise, judicious; förtänksam prudent; begåvad med förstånd intelligent; *vara ~ nog att...* have the intelligence (sense) to...
förståndsgåvor *s pl* intellectual powers
förståndshandikappad *adj* mentally retarded
förståndsmässig *adj* rational
förstås *adv* of course

förståsigpåare *s* expert [*på* on (in)]; skämts. pundit
förställa I *vb tr* disguise **II** *vb rfl*, *~ sig* dissemble, dissimulate
förställning *s* dissemblance, dissimulation
förstämd *adj* **1** nedslagen dejected, depressed, downhearted **2** mus. muffled
förstämning *s* förstämdhet dejection, depression; tryckt stämning gloom, gloomy atmosphere; *väcka allmän ~ i* staden cast a gloom over...
förstärka *vb tr* allm. strengthen; isht tekn. el. utöka äv. reinforce; elektr. el. radio. amplify, boost; foto. intensify; t.ex. kassa replenish
förstärkare *s* radio., ljud~ amplifier, booster
förstärkning *s* strengthening osv., jfr *förstärka;* reinforcement; amplification, intensification (båda end. sg.), replenishment; *få ~ar* mil. receive reinforcements, be reinforced
förstäv *s* sjö. stem
förstöra I *vb tr* förinta, göra obrukbar destroy; tillintetgöra annihilate; undanröja dispose of; fördärva: allm. ruin äv. bildl.; spoliera äv. spoil; skämma mar; bildl. ödelägga wreck; omintetgöra undo; slösa bort waste; *~ sin hälsa* ruin one's health [*genom* by]; *~ nöjet för ngn* spoil (ruin) a p.'s pleasure; *se förstörd* härjad *ut* look worn and haggard **II** *vb rfl*, *~ sig* slita ut sig wear oneself out; bli sjuk ruin (wreck) one's health
förstöras *vb itr dep* be destroyed osv., jfr *förstöra I;* långsamt decay; totalt perish
förstörelse *s* destruction; *vålla ~* cause (wreak) destruction (havoc)
förstörelselusta *s* destructiveness
förstöring se *förstörelse*
försumbar *adj* negligible
försumlig *adj* vårdslös negligent; pred. äv. remiss [*i* in]; pliktförgäten neglectful [*mot* of]; om betalare defaulting, dilatory
försumlighet *s* negligence; neglectfulness; *visa ~* be negligent
försumma *vb tr* vårdslösa neglect; underlåta leave...undone; utebli från, försitta miss; *~ att* inf. fail (omit) to inf.; underlåta äv. neglect ing-form el. to inf.; *känna sig ~d* feel neglected (slighted, left out in the cold); *ta igen det ~de* make up for lost ground (tid time)
försummelse *s* neglect (end. sg.); underlåtenhet omission; *en grov ~ i* tjänsten [a piece of] gross neglect in...
försupen *adj*, *en ~ man* a (an habitual) drunkard
försura *vb tr* make...acid
försuras *vb itr dep* be acified
försurning *s* acidification
försutten *adj* lost osv., jfr *försitta*
försvaga *vb tr* allm. weaken; isht kroppsligt äv. enfeeble, debilitate; göra kraftlös enervate; försämra impair; *~d hälsa* impaired health; *~d syn* weakened eyesight
försvagas *vb itr dep* grow (become) weak[er], weaken; försämras become impaired; om t.ex. synen ...is failing
försvagning *s* weakening; försämring impairment
försvar *s* allm. defence, amer. defense båda äv. sport.; rättfärdigande justification; förfäktande vindication [*av*, *för* i samtl. fall of]; *det svenska ~et* the Swedish national defence; konkr.: stridskrafterna the Swedish armed forces pl.; försvarsanordningarna the Swedish defences (fighting services) (båda pl.); *ta...i ~* defend (stand up for)...; *till ~ för* in defence (resp. justification osv.) of; *säga till sitt ~* say in one's defence; vard. say for oneself
försvara I *vb tr* allm. defend; ta i försvar äv. stand up for; rättfärdiga justify; förfäkta vindicate; hävda maintain; *det kan inte ~s* it is indefensible **II** *vb rfl*, *~ sig* defend oneself
försvarare *s* allm. defender äv. sport.; förfäktare vindicator
försvarbar *adj* defensible
försvarlig *adj* **1** ansenlig considerable, respectable **2** förvarbar defensible; justifiable, vindicable
försvarsadvokat *s* counsel (pl. lika) for the defence, defence counsel (pl. lika)
försvarsberedskap *s* military (defensive) preparedness
Försvarsdepartementet the Ministry of Defence; amer. the Department of Defense
försvarsförbund *s* defensive alliance
försvarsgren *s* fighting service
försvarskrig *s* defensive war (krigföring warfare)
försvarslinje *s* line of defence
försvarslös *adj* defenceless
försvarsminister *s* Minister of Defence; *~n* i Storbr. the Secretary of State for Defence; i USA the Secretary of Defense, the Defense Secretary
försvarsstab *s* defence staff
försvarsställning *s* mil. defensive position
försvarstal *s* jur. speech for the defence; friare speech in one's defence, apology
försvarsutgifter *s pl* defence expenditure sg.
försvarsvapen *s* defensive weapon (koll. weaponry sg.)
försvarsvilja *s* will to defend oneself (ett lands one's country, the nation)
försvarsväsen *s* national defence
försvarsåtgärd *s* defensive measure
försvenska *vb tr* make...Swedish; *bli ~d* el. *~s* become [rather] Swedish; *~d form* Swedish form
försvenskning *s* svensk språkform Swedish form [*av* of]
försvinna *vb itr* allm. disappear; fullständigt el. plötsligt vanish; komma bort be lost; gradvis

försöka

fade [away]; avlägsnas be taken away (removed); vard.: ge sig i väg make oneself scarce; sjappa make off [*med* with]; *försvinn!* go away!, get lost!, scram!; gå ut! get out!; **värken försvann** the pain passed off; **han är försvunnen** he has disappeared; saknas he is missing; boken **är försvunnen (har försvunnit)** ...is missing (lost), ...has gone; **den försvunne** subst. adj. the missing man
försvinnande I *s* disappearance; **han var vid ~t iklädd...** when last seen he wore... **II** *adj* obetydlig negligible **III** *adv* ytterst exceedingly
försvåra *vb tr* allm. make (render)...[more] difficult; förvärra make...worse; lägga hinder i vägen för obstruct
försyn *s*, **~en** Providence; **genom ~ens skickelse** by an act of providence, providentially
försynda *vb rfl*, **~ sig** offend, sin [*mot* i båda fallen against]
försyndelse *s* offence, sin [*mot* against]; breach [*mot* of]
försynt *adj* hänsynsfull considerate, tactful, discreet; delicate äv. om t.ex. fråga; tillbakadragen unobtrusive; blygsam modest
försynthet *s* considerateness, delicacy; unobtrusiveness; modesty, jfr *försynt*
försåt *s* bakhåll ambush; friare snare, trap; **lägga ~ för** lay an ambush (set snares) for
försåtlig *adj* treacherous, insidious; t.ex. fråga tricky
försäga *vb rfl*, **~ sig** förråda sig give oneself away, say too much; förråda ngt let the cat out of the bag
försäkra I *vb tr* **1** assure [*ngn om ngt (ngn [om] att...)* a p. of a th. (a p. that...)]; bedyra äv. swear; **han ~de att...** he assured me (her osv.) that...; **det ~r jag!** I [can] assure you!; stark. I swear! **2** insure [*mot* against]; isht liv~ äv. assure; **den försäkrade** subst. adj. the insured resp. the assured; **~ för högt (lågt)** over-insure (under-insure) **II** *vb rfl*, **~ sig** el. **~ sig om** ngt make sure of...; tillförsäkra (bemäktiga) sig äv. secure...; **~ sig om att...** make sure that...
försäkran *s* assurance; jur. affirmation
försäkring *s* **1** se *försäkran* **2** assurans insurance; liv~ m.m. äv. assurance; avgift äv. insurance premium; brev policy; **teckna en ~** take out (effect) an insurance [policy] [*på* ngt on...; *på*...kr for...]
försäkringsbedrägeri *s* insurance fraud
försäkringsbelopp *s* amount (sum) insured, insurance amount
försäkringsbesked *s* från allmän försäkringskassa [social] insurance card
försäkringsbolag *s* insurance company
försäkringsbrev *s* [insurance] policy
försäkringskassa *s*, **allmän ~** expedition, ung. regional social insurance office
försäkringspremie *s* insurance premium
försäkringstagare *s* policy-holder; **~n** äv. the insured; om livförsäkrad äv. the assured
försäkringsvillkor *s pl* terms of insurance
försäkringsvärde *s* försäkringsbart insurable (försäkrat insured) value
försäljare *s* salesman, salesperson; säljare seller
försäljning *s* sale, sales pl.; försäljande äv. selling; **lämna till ~** put up for sale
försäljningschef *s* sales manager
försäljningspris *s* sales (selling) price
försäljningsprovision *s* commission on sales, sales (selling) commission
försäljningsvillkor *s pl* terms of sale
försämra *vb tr* deteriorate; försvaga, skada äv. impair; förvärra make...worse, worsen
försämras *vb itr dep* deteriorate; get (grow, become) worse, become impaired; om t.ex. hälsotillstånd change for the worse; degenerera degenerate
försämring *s* deterioration; impairment; change for the worse
försändelse *s* konkr.: varu~ consignment; post~: allm. item of mail; brev letter; paket parcel; **assurerade ~r** insured articles (letters and parcels)
försänka *vb tr* **1** tekn. countersink **2** bildl. **försänkt i bön** deep in prayer; **försänkt i tankar** lost in thought
försänkning *s*, **[goda] ~ar** good connections, useful contacts
försätta *vb tr* **1** sätta set [*i* rörelse in...]; i visst tillstånd put; **~ i frihet** set free (at liberty); **~ ngn i en brydsam situation** put a p. in an awkward situation **2** förflytta **~ berg** move (i bibeln remove) mountains
försättsblad *s* [front] end paper; mot första boksidan flyleaf
försök *s* **1** ansats attempt [*till (att* inf.*)* at (to inf.)]; bemödande attempt, endeavour [*till (att* inf.*)* i båda fallen at (at ing-form el. to inf.)]; experiment experiment [*med (på)* with (on)]; prov trial [*med* with]; **vid första ~et** at the first attempt (vard. go); **göra ett ~** make an attempt, have a try (vard. a go, a shot) [*at it*]; **göra ~** experiment **med** make (carry out) experiments with, experiment with; **det är värt ett ~** it's worth trying (a try); **på ~** som experiment as an experiment; på prov on trial **2** sport., rugby try
försöka I *vb tr* o. *vb itr* allm. try; bjuda till, fresta på attempt; bemöda sig endeavour [*[att]* inf. i samtl. fall to inf.]; **försök!** vanl. have a try (vard. a go, a shot)!; **han försökte flera gånger innan...** he had several tries (vard. goes, shots) before...; **~ pröva med vatten (med att vattna)** try water (watering); **försök inte [med mig]!** don't try that on (with) me!, don't give me that!; **~ duger** there is no harm in trying **II** *vb rfl*, **~ sig på ngt (att** inf.*)* try one's hand at a th. (at

ing-form); våga sig på venture [on] a th. (ing-form)
försöksanstalt *s* experimental (research) station
försöksdjur *s* laboratory animal, animal used for experiments (experimental purposes)
försöksheat *s* sport. trial (preliminary) heat
försökskanin *s* bildl. guinea pig
försöksperiod *s* trial period
försöksperson *s* subject of an (resp. the) experiment, subject to experiment on
försöksutskriva *vb tr* discharge...on trial
försöksverksamhet *s* experimental work, experiments pl., research
försörja I *vb tr* sörja för provide for; underhålla support, keep, maintain; förse supply **II** *vb rfl*, *~ sig* earn one's living [*med, genom* by]; *~ sig [själv]* support (keep) oneself
försörjning *s* support, maintenance, provision
försörjningsbörda *s*, *han har [en] stor ~* he has many dependents (many people to support)
försörjningsplikt se *underhållsskyldighet*
förta[ga] I *vb tr* t.ex. verkan take away; t.ex. ljud deaden **II** *vb rfl*, *~ sig* overdo it; *han förtar sig inte* he certainly doesn't overwork himself
förtal *s* slander, backbiting, calumny; ärekränkning defamation
förtala *vb tr* slander, backbite, calumniate; ärekränka defame
förtappad *adj* lost; *en ~ syndare* an impenitent
förtappelse *s* perdition, damnation
förtecken *s* **1** mus., fast key signature; tillfälligt accidental **2** bildl. *med politiska ~* with political overtones
förteckna *vb tr* registrera make (draw up) a list of, register
förteckning *s* list, catalogue, register [*på, över* i samtl. fall of]
förtegen *adj* reticent, secretive
förtenna *vb tr* tin[-plate]
förtid *s*, *i ~* prematurely; *gammal i ~* old before one's time
förtidig *adj* premature; *~ död* untimely death
förtidspension *s* early retirement pension; för invalider disablement (disability, för sjuka sickness) pension
förtiga *vb tr* keep...secret, conceal [*för ngn* i båda fallen from a p.]
förtjusande *adj* allm. charming; härlig delightful, gorgeous; isht amer. swell; söt, vacker lovely; utsökt exquisite; *så ~!* how perfectly charming osv.!
förtjusning *s* glädje delight [*över* at]; entusiasm enthusiasm; hänförelse enchantment
förtjust *adj* glad delighted [*över* at; *i* with; *över (åt) att* inf. to inf.]; stark. enchanted [*över* with, by]; charmed [*över* with]; *vara ~ i* vara

kär i be in love with; tycka om, t.ex. barn, mat be fond of
förtjäna *vb tr* vara värd: allm. deserve; t.ex. belöning äv. merit; *det ~r att anmärkas* it is worth noticing; *han fick vad han ~de* äv. he got his deserts
förtjänst *s* **1** inkomst earnings pl.; vinst profit[s pl.]; *dela ~en* share the profits; *gå med ~* run at a profit; *göra 1000 kr i ren ~ på...* make 1000 kr. clear profit out of... **2** merit merit; plus good point; *det är inte din ~ att...* it is no (small) thanks to you that...; *tillskriva sig ~en av* ngt take the credit for...[to oneself]
förtjänstfull *adj* meritorious; betydande considerable
förtjänsttecken *s* badge for merit
förtjänt *adj*, *göra sig (vara) ~ av* deserve
förtorka *vb itr* become parched, dry up; vissna äv. wither [away]
förtorkad *adj* torr dry; uttorkad parched; skrumpen wizened
förtrampa *vb tr* bildl. trample...underfoot; *~d* förtryckt downtrodden
förtret *s* förargelse annoyance, vexation; obehag trouble; *svälja ~en* swallow one's annoyance (vexation); *vara till ~ för ngn* cause a p. trouble, be a nuisance to a p.
förtretlighet *s* vexation, annoyance
förtroende *s* **1** allm. confidence; tro äv. faith, trust [*för (till)* i samtl. fall in]; tillit äv. reliance; *få ~t att* inf. be entrusted with the task of ing-form); *ha (hysa) ~ för* have confidence (faith) in; säga ngt *i [största] ~* ...in [the strictest] confidence **2** förtroligt meddelande confidence; *utbyta ~n* exchange confidences
förtroendefråga *s*, *göra ngt till en ~* put a th. to a vote of confidence
förtroendefull *adj* trustful, trusting, confiding
förtroendeingivande *adj*, *vara ~* inspire confidence
förtroendeklyfta *s* credibility gap
förtroendeman *s* representant representative
förtroendepost *s* position of trust; hederspost honorary office
förtroendeuppdrag *s* commission of trust
förtroendevotum *s* vote of confidence
förtrogen I *adj* **1** förtrolig intimate **2** bekant *~ med* familiar (conversant) with, versed in **II** *subst adj* confidant; om kvinna vanl. confidante; *göra ngn till sin förtrogna* vanl. take a p. into one's confidence
förtrogenhet *s*, *~ med* familiarity with, intimate knowledge of
förtrolig *adj* **1** konfidentiell confidential **2** intim intimate, familiar; om vän äv. close; *ett ~t samtal* a heart-to-heart (an intimate) talk
förtrolighet *s* familiarity äv. närgångenhet; intimacy
förtrolla *vb tr* förhäxa enchant; förvandla transform [*till* into]; tjusa bewitch, fascinate

förtrollning s enchantment; bewitchment, fascination; jfr *förtrolla;* trollmakt spell; *bryta ~en* break the spell
förtrupp s mil. advance guard, vanguard
förtryck s oppression, repression; tyranni tyranny
förtrycka vb tr oppress; friare tyrannize over
förtryckare s oppressor
förtrytelse s resentment, vexation, annoyance; stark. indignation [*över* i samtl. fall at]
förtrytsam adj resentful
förträfflig adj excellent; friare splendid
förträfflighet s excellence; duglighet splendid qualities pl.
förtränga vb tr **1** constrict, contract **2** psykol. repress
förträngning s **1** constriction **2** psykol. repression
förtröstan s trust [*på* ngn (ngt) in...]; tillförsikt confidence
förtröttas vb itr dep tire, weary
förtulla vb tr tullbehandla clear... [through the Customs], declare... [in the Customs]; betala tull för pay duty on (for); har ni något *att ~?* ...to declare?
förtullning s tullbehandling [customs] clearance; betalning av tull payment of duty; tullformaliteter customs formalities pl.
förtunna vb tr thin, attenuate; kem. dilute; luft rarefy
förtunnas vb itr dep get (become) thin[ner]; glesna thin [out]; om luft become rarefied, rarefy
förtunning s vätska thinner
förtur[srätt] s priority [*framför* over]
förtvina vb itr vissna wither [away] [*av* with]; med. atrophy
förtvining s med. atrophy
förtvivla vb itr despair [*om ngt (ngn)* of a th. (about a p.)]
förtvivlad adj olycklig extremely unhappy; otröstlig disconsolate, heartbroken; utom sig ...in despair, distracted; om t.ex. sinnesstämning despairing; desperat desperate; *vara ~* be in despair [*över ngt (ngn)* at a th. (about a p.)]; beklaga be extremely sorry [*över ngt* about a th.]
förtvivlan s despair; desperation desperation [*över ngt i båda fallen* at a th.]; missmod despondency
förtvivlat adv desperat desperately; utan hopp despairingly; enormt terribly
förtvätt s prewash
förtydliga vb tr förklara make...clear (resp. clearer), elucidate
förtydligande s elucidation
förtäckt adj veiled, covert; *i ~a ordalag* indirectly, in a roundabout way
förtälja vb tr tell; jfr *förmäla*

förtänksam adj försiktig prudent; förutseende wise
förtära vb tr äta eat; dricka drink; förbruka el. bildl. consume; *farligt att ~!* på flaska o.d. vanl. poison!; *~nde* lidelse consuming...
förtäring s **1** förtärande consumption **2** mat [och dryck] food [and drink], refreshments pl.
förtäta vb tr condense [*till* into]; koncentrera concentrate; *~d stämning* tense atmosphere
förtätning s condensation äv. psykol.; concentration; *~ i lungorna* induration of the lungs
förtöja vb tr o. vb itr moor [*vid* to]; berth; göra fast make...fast [*vid* to]
förtöjning s mooring
förtörna vb tr anger; *bli ~d* be angry (indignant) [*på* ngn with a p.; *över* ngt about a th.]
förunderlig adj underbar wonderful, marvellous; underlig strange, odd; *ha en ~ makt över* have an uncanny power over
förundersökning s preliminary investigation (inquiry) äv. jur.; pilot study
förundra se *förvåna*
förundran s wonder [*över* at]
förundras vb itr dep se *förvåna II*
förunna vb tr grant; *det är inte alla ~t att...* not everyone is privileged to..., it is not given to everyone to...
1 förut sjö. ahead, inombords forward
2 förut adv om tid before; i förväg äv. beforehand, in advance; förr formerly; tidigare previously
förutan prep, *mig ~* without me
förutbestämd adj predetermined, predestined, predestinate[d]
förutfattad adj preconceived; *~[e] mening[ar]* prejudice[s], preconceived ideas (notions)
förutom se *utom 2*
förutsatt adj, *~ att* provided [that]
förutse vb tr foresee, anticipate; vänta [sig] expect, envisage
förutsebar adj foreseeable, predictable; *inom en ~ framtid* in the foreseeable future
förutseende I adj foresighted, far-sighted, far-seeing; klok wise **II** s foresight; förtänksamhet forethought
förutspå vb tr sia prophesy; förutsäga predict
förutsäga vb tr predict, foretell; isht meteor. forecast; sia prophesy
förutsägbar adj predictable
förutsägelse s prediction; forecast; prophecy; jfr *förutsäga*
förutsätta vb tr allm. presuppose; anta presume, assume; kräva, om sak äv. imply; *~ ta för givet att* take it for granted that
förutsättning s villkor condition, prerequisite [*för i båda fallen of*]; vad som erfordras requirement; grundval bas|is (pl. -es); antagande assumption, supposition,

förutsättningslös

presumption; kvalifikation qualification; chans chance; *en nödvändig (absolut)* ~ an absolute condition; *sakna ~ar för ngt* lack the necessary qualifications for a th.; *skapa ~ar för* create opportunities for; *under ~ att...* på villkor att on condition that...; förutsatt att on the assumption that...
förutsättningslös *adj* unbiassed, unprejudiced
förutvarande *adj* förre former; jfr vid. *före [detta]*
förvalta *vb tr* t.ex. kassa administer; jur. hold...in trust; förestå manage; t.ex. ämbete discharge [the duties of...]
förvaltare *s* **1** administrator; jur. trustee; manager; lantbr. steward, [farm] bailiff **2** mil. warrant officer [class I]
förvaltning *s* administration; management; konkr. stats~ public administration, Government services pl.
förvaltningsbolag *s* holdingbolag holding (trust) company
förvandla *vb tr* omskapa el. tekn. transform; förbyta äv. change [*till* i båda fallen into]; ~ *till* äv.: omskapa, göra om turn (tekn. el. matem. el. bildl. convert, isht straff commute) into; till något mindre el. sämre reduce to; *huset ~des till* en fabrik the house was converted (turned) into...
förvandlas *vb itr dep*, ~ *till* övergå till turn (change) into; omskapas till be transformed into
förvandling *s* (jfr *förvandla*) transformation; change; conversion; reduction [*till* i samtl. fall into]; zool. el. bildl. metamorphos|is (pl. -es)
förvandlingskonstnär *s* quick-change artist
förvanska *vb tr* distort; t.ex. telegram garble; *~d* text corrupt...
förvanskning *s* distortion, garbling; corruption; jfr *förvanska*
förvar *s* keeping, charge; hand. [safe] custody; *i gott (säkert)* ~ in safe keeping; *ta* ngt *i* ~ take...in safe keeping, take care of...
förvara *vb tr* allm. keep; lagra äv. store; hand. keep...in safe custody; *[bör] ~s torrt* keep in a dry place
förvaring *s* **1** abstr. keeping; lagring storage; av pengar o.d. safe-keeping; jur. preventive detention (custody) **2** konkr., se *effektförvaring*
förvaringsbox *s* safe-deposit box
förvaringsfack *s* allm. locker; banks safe-deposit box
förvaringsutrymme *s* storage space sg., storage room sg.
förvarna *vb tr* forewarn, warn...beforehand
förvarning *s* premonition, forewarning; *utan ~* without notice (previous warning)
förveckling *s* complication
förvekligas *vb itr dep* become emasculate
förverka *vb tr* forfeit
förverkliga I *vb tr* realize; t.ex. plan carry...into effect, implement **II** *vb rfl*, *~ sig själv* fulfil (amer. fulfill) oneself
förverkligande *s* realization, implementation
förverkligas *vb itr dep* be realized (carried into effect), materialize
förvildad *adj* om t.ex. ungdom uncivilized; om t.ex. seder demoralized; biol.; attr. ...that has (had osv.) run wild
förvildas *vb itr dep* (jfr *förvildad*) become uncivilized (demoralized), run wild
förvilla I *vb tr* vilseleda mislead; förvirra confuse, bewilder; *~nde* likhet deceptive...; *~nde* lik confusingly... **II** *vb rfl*, *~ sig* lose one's way (oneself)
förvillelse *s* aberration, error
förvinter *s* early winter, early part of [the] winter
förvirra *vb tr* allm. confuse; förbrylla bewilder, perplex; svag. puzzle, embarrass; bringa ur fattningen put...out, disconcert; göra virrig muddle; *göra ngn ~d* confuse osv. a p.
förvirring *s* allm. confusion; persons äv. bewilderment, perplexity, embarrassment; oreda disorder; *i första ~en* in the first moment of confusion
förvisa *vb tr* **1** allm. banish; lands~ äv. exile [*från, ur* i båda fallen from]; relegera expel; bildl. relegate; ~ *[ur riket]* jur. deport **2** hänskjuta refer
förvisning *s* banishment; exile; expulsion; relegation; deportation; jfr *förvisa 1*
förvissa I *vb tr*, *~d* övertygad convinced [*om ngt (om att...)* of a th. (that...)]; *ni kan vara ~d om att...* you may rest assured that... **II** *vb rfl*, *~ sig om ngt (om att...)* make sure of a th. (that...)
förvissning *s* assurance; *i fast ~ om att...* in full assurance that...
förvisso *adv* assuredly, certainly
förvittra *vb itr* weather, disintegrate; smulas crumble [away]
förvittring *s* weathering, disintegration; crumbling
förvrida *vb tr* distort, twist; t.ex. ansikte äv. contort; ~ *huvudet på ngn* turn a p.'s head
förvridning *s* distortion, twisting; contortion
förvränga *vb tr* distort, twist; misstyda äv. misrepresent
förvrängning *s* distortion; misrepresentation
förvuxen *adj* overgrown; missbildad deformed; förvildad ...overgrown with weeds
förvållande *s*, *det skedde genom [hans] eget ~* it was through his [own] negligence, it was all his [own] doing
förvåna I *vb tr* surprise, astonish; stark. amaze; *det ~r mig* vanl. I am surprised osv., jfr ovan; *bli ~d [över ngt]* be surprised osv. [at a th.] **II** *vb rfl*, *~ sig* be surprised osv., jfr ovan; förundras wonder [*över ngt* i samtl. fall at a th.]; *det är ingenting att ~ sig över* it is not to be wondered at

förvånande adj o. **förvånansvärd** adj surprising, astonishing; stark. amazing
förvånas se *förvåna II*
förvåning s surprise, astonishment; stark. amazement
förvår s early spring, early part of [the] spring
förväg, *i* ~ om tid in advance, beforehand; *gå (skicka...) i* ~ go (send...) on ahead; *gå händelserna i* ~ anticipate...
förvägen adj over-bold, rash
förvägra se *vägra*
förvälla vb tr parboil
förvänd adj förställd disguised; oriktig wrong; onaturlig, äv. om uppfostran perverted; bakvänd, tokig preposterous, absurd
förvända vb tr förställa disguise; ~ *synen på ngn* throw dust in a p.'s eyes
förvänta vb tr, ~ *[sig]* expect; jfr vid. *vänta I*
förväntan s expectation [*på* of]; lyckas *över [all]* ~ ...beyond [all] expectation[s]
förväntansfull adj expectant; *vara* ~ äv. be full of expectation
förväntning s expectation; *motsvara ~arna* come up to expectations
förvärkar s pl med. first contractions
förvärmning s preheating
förvärra vb tr make...worse, aggravate
förvärras vb itr dep grow worse, become aggravated; försämras deteriorate
förvärv s acquisition; ~ *av egendom* acquisition of...
förvärva vb tr allm. acquire; t.ex. vänner make; *surt ~de slantar (pengar)* hard-earned cash (money)
förvärvsarbeta vb itr be gainfully employed, be employed outside the home
förvärvsarbetande adj gainfully employed
förvärvsarbete s gainful employment (occupation)
förvärvsavdrag s wife's earned income allowance
förvärvskälla s source of income
förväxla vb tr mix up, confuse; ~ *med* äv. mistake for
förväxling s confusion, mix-up; misstag mistake
förväxt se *förvuxen*
föryngra vb tr rejuvenate; göra ungdomlig äv. make...[look] younger
föryngras vb itr dep rejuvenate; *hon har föryngrats* she looks younger
föryngring s rejuvenation
föryngringskur s rejuvenation treatment
förytligas se *förflackas*
förzinka vb tr zinc, galvanize
föråldrad adj antiquated; om ord obsolete; gammalmodig out-of-date, old-fashioned
förädla vb tr **1** allm. ennoble; t.ex. smak refine **2** tekn. work up; isht metaller refine [*till* i båda fallen into]; process **3** djur, växter improve [...by breeding]

förädlas vb itr dep become ennobled (om smak refined)
förädling s (jfr *förädla*) **1** tekn. working up, refinement, processing, finishing **2** av djur, växter improvement [by breeding]
föräktenskaplig adj premarital
förälder s parent
föräldraansvar s responsibility as a parent (resp. as parents)
föräldraauktoritet s parental authority
föräldrafri adj ...free from (without) parents
föräldraförening s parent-teacher association; med enbart föräldrar parents' association
föräldrahem s [parental] home; *mitt* ~ vanl. my parents' home
föräldraledighet s parental leave
föräldralös adj orphan, ...without parents; hon är ~ ...an orphan; *hon blev* ~ she was orphaned (left an orphan)
föräldramöte s skol. parent-teacher (med enbart föräldrar parents') meeting
föräldrapenning s parental allowance
föräldrar s pl parents
föräldraskap s parenthood
förälska vb rfl, ~ *sig* fall in love [*i* with]
förälskad adj ...in love; ~*e blickar* amorous glances; *bli* ~ *[i]* fall in love [with]
förälskelse s kärlek love [*i* for]; kärleksaffär love affair
föränderlig adj allm. variable äv. astron.; ombytlig äv.: om väderlek changeable; om lycka fickle; stadd i förändring changing
förändra I vb tr byta, helt ändra change [*till* into]; ändra på alter; förvandla transform [*till* into]; variera vary; *det ~r saken* that alters matters (totalt makes all the difference); *han är helt ~d* he is completely changed, he is quite a different man **II** vb rfl, ~ *sig* se *förändras*
förändras vb itr dep change [*till det bättre* for the better]; delvis alter; *tiderna* ~ times are changing
förändring s change; omändring äv. alteration, variation; nyhet innovation; *vidta ~ar* make alterations
förära vb tr, ~ *ngn ngt* make a p. a present of a th., present a p. with a th.
föräta vb rfl, ~ *sig* overeat [oneself]; ~ *sig på ngt* eat too much (resp. many)...
föröda vb tr devastate
förödande adj devastating
förödelse s devastation; *anställa stor* ~ make (wreak) great havoc
förödmjuka vb tr humiliate; ~ *sig* humiliate (humble) oneself; ~*nde* humiliating [*för ngn (för ngn att* inf.) to a p. (for a p. to inf.)]
förödmjukelse s humiliation
föröka I vb tr fortplanta propagate **II** vb rfl, ~ *sig* breed, propagate, multiply
förökning 1 se *ökning* **2** fortplantning propagation

föröva *vb tr* commit, perpetrate
förövande *s, vid ~t av...* when committing...
förövare *s* perpetrator, committer [*av* of]
föröver *adv* sjö. ahead, inombords forward
förövning *s* preliminary exercise
fösa *vb tr* driva drive; skjuta shove, push; *~ ihop (samman)...* drive (resp. shove, push)...together

g *s* **1** bokstav g [utt. dʒi:] **2** mus. G **3** (förk. för *gram*) g
gabardin *s* tyg gabardine, gaberdine
gadd *s* sting
gadda *vb rfl, ~ ihop sig* gang up [*mot* on (against)]; plot [*mot* against]
gaelisk *adj* Gaelic
gaffel *s* fork; sjö. gaff
gaffelbit *s, sill i ~ar* herring titbits pl.
gaffelformig *adj* forked, bifurcated, fork-shaped
gaffelsegel *s* sjö. gaffsail; på stormast trysail
gaffeltruck *s* forklift truck
gaffla I *vb itr* vard. gabble, jaw, babble **II** *s* sl. *håll ~n!* hold your jaw (gob)!
gagat *s* miner. jet
gage *s* fee; t.ex. boxares share of the purse
gagga *vb itr* vard. babble, drivel, gabble
gaggig *adj* vard. *vara ~* be gaga (senile)
gagn *s* nytta use; fördel advantage, benefit; vinst profit; *till ~ för* vårt land for the benefit of...
gagna *vb tr* o. *vb itr, ~ ngn (ngt)* be of use (advantage) to a p. (to a th.), benefit a p. (a th.); *~* ngns intressen serve...; *vad ~r det att* inf.? what is the use of ing-form?
gagnlös *adj* useless, ...of no use, futile
1 gala *vb itr* crow; om gök call
2 gala *s* gala; *i [full] ~* galadräkt in gala [dress], in full dress
galadräkt *s, i ~* in gala [dress], in full dress
galaföreställning *s* gala performance
galamiddag *s* gala banquet
galant I *adj* artig o.d. gallant; *~a äventyr* [amorous] affairs **II** *adv* **1** artigt o.d. gallantly **2** förträffligt capitally, splendidly; *det gick ~* it went off fine
galanteri *s* artighet o.d. gallantry
galauniform *s* full-dress uniform
galavagn *s* state coach
galax *s* astron. galaxy
galeas *s* sjö. **1** ung. ketch **2** hist. galleass
galej *s* ngt åld. el. vard., i kväll *skall vi ut på ~* ...we're going [out] on a spree (binge)
galen *adj* **1** sinnesrubbad samt friare mad [*av* with], crazy; vard. nuts end. pred.; nutty, potty; uppsluppen wild [*av* with]; *~* förtjust *i* crazy (mad, vard. nuts) about; *bli ~* go mad **2** oriktig, på tok wrong; orimlig o.d. absurd; *det är (var) inte så galet* it isn't (wasn't) too bad
galenpanna *s* madcap; våghals daredevil
galenskap *s* vansinne madness; dårskap folly; *göra ~er* do crazy things
galet *adv* wrong etc., jfr *fel III* med ex.; *bära sig ~ åt* bakvänt be awkward; oriktigt set

about the thing (it) [in] the wrong way; dumt do a foolish thing
galgbacke s gallows hill
galge s **1** för avrättning gallows (pl. lika); *sluta i ~n* end up on the gallows **2** klädhängare clothes hanger
galghumor s gallows (macabre) humour
galilé s Galilean
Galiléen Galilee
galileisk adj Galilean
galjonsfigur s sjö. el. bildl. figure head
galla s vätska bile; hos djur el. bildl. gall; *ösa ~ över* vent one's spite (spleen) [up]on
gallblåsa s anat. gall bladder
1 galler s medlem av ett folkslag Gaul
2 galler s skyddsgaller o.d. grating; i bur, cell m.m. bars pl.; spjälverk lattice [work], trellis; radio. grid; sprakgaller fireguard; *sättas bakom ~* i fängelse be put behind bars; *[få] skaka ~* vard. be behind bars
gallerfönster s barred window; finare lattice [window]
galleri s gallery
galleria s köpcentrum galleria, arcade, shopping mall
gallfeber s, *reta ~ på ngn* drive a p. crazy (mad, up the wall), infuriate a p.
gallgång s anat. bile duct
gallicism s Gallicism
Gallien Gaul
gallier s Gaul
gallimatias s nonsense, balderdash
gallisk adj Gallic
gallra vb tr o. vb itr frukt, plantor, träd thin out; skog thin; bildl., t.ex. böcker sort out; bland sökande screen; *~ bort (ut)* sort out, weed (screen) out
gallring s thinning [out]; sorting out; jfr *gallra*
gallsjuk adj med. bilious
gallskrik s yell, loud screech
gallskrika vb itr yell, howl
gallsten s med. gallstone, biliary calculus
gallstensanfall s med. attack of biliary colic
gallsyra s fysiol. bile acid
gallupundersökning s opinion (Gallup) poll; *göra en ~* take a poll, take an opinion (a Gallup) poll
galläpple s gall apple
galning s madman; *...som en ~* äv. *...like mad*
1 galon s, guld*~er* [gold] braid (lace) sg.
2 galon® s tyg 'galon', polyvinylchloride-coated (PVC-coated, vinyl-coated) fabric[s pl.]
galonerad adj braided, laced
galopp s **1** ridn. gallop; *[rida i] kort ~* canter; *i [full] ~* at a gallop (friare run); *falla in i ~* break into a gallop **2** dans galop
galoppbana s racecourse
galoppera vb itr gallop
galopptävling s horse-race
galosch s galosh, overshoe; *om inte ~erna passar* if it doesn't suit you, if you don't like it
galt s **1** zool. boar **2** miner. pig
galvanisera vb tr galvanize
galvanisk adj voltaic, galvanic; *~t element* voltaic cell (element)
galvanism s, *oral ~* tandläk. [oral] galvanism, galvanic action
galär s galley
galärslav s galley slave
gam s zool. vulture
Gambia [the] Gambia
gambier s Gambian
gambit s schack. gambit
game s **1** tennis game **2** *vara gammal i ~t* be an old hand [at it] (an old-timer)
gamling s old man (resp. woman); vard. oldie
gammaglobulin s fysiol. gamma globulin
gammal (jfr *äldre, äldst*) adj old; forntida ancient; ej längre färsk stale; *rätt ~* oldish; *~ och van* practised; *vara ~ och van* be an old hand; *en ~ kvickhet (nyhet)* a stale joke (piece of news); *gamla antika möbler* antique furniture sg.; *gamla nummer* av tidskrift o.d. back numbers; *en fem år ~ pojke* a five-year-old boy, a boy of five [years of age], a boy aged five; *i det gamla Rom* in ancient Rome; *den gamla goda tiden* the good old times (days) pl.; *bli ~* grow (get) old; *se ~ ut* look old, be old-looking; *vara femtio år ~* be fifty years old (of age); *~ är äldst* you can't beat experience; *sedan ~t* of old; *sedan (av) ~t* anser man for a long time past..., from of old...
gammaldags adj old-fashioned äv. omodern; attr. äv. old-world, old-time
gammaldans s old-time dance (dansande dancing)
gammalmodig adj old-fashioned, old-fangled; *~a åsikter* antiquated opinions
gammalrosa s o. adj old rose
gammaltestamentlig adj attr. ...of the Old Testament; *i ~ tid* in Old Testament times
gammalvals s old-time waltz
gamman s, *glädje och ~* rejoicing, fun and games
gammastrålar s pl gamma rays
gammastrålning s fys. gamma radiation
gamäng s gamin fr.; flicka gamine fr.
ganglie s o. **ganglion** s anat. gangli|on (pl. äv. -a)
gangster s gangster, mobster, hoodlum, hood; friare hooligan
gangsterfilm s gangster film
gangsterliga s gang, mob
ganska adv tämligen fairly end. i förb. med något positivt; stark., mycket erkny; ofta känsleboten. rather, quite; vard., 'rätt så' pretty; *en ~ god (stor) chans* a fair chance; *~ mycket*

gap

(många) a great deal osv., jfr *[en hel] del;* ~ **mycket folk** rather (quite) a lot of people
gap *s* **1** mun mouth; hål, öppning gap, opening; avgrund abyss **2** skrik bawling, shouting
gapa *vb itr* **1** a) öppna munnen open one's mouth [wide]; hålla munnen öppen keep one's mouth open b) glo gape *[på* at] c) skrika etc. bawl, shout, yell; *den som ~r efter mycket [mister ofta hela stycket]* ung. if you are too greedy, you often lose the lot; grasp all, lose all **2** vara vidöppen, icke sluta till gape; om t.ex avgrund yawn
gapande *adj* gaping; om avgrund yawning; *~ mun* [wide] open mouth; *ett ~ sår* a gaping wound
gaphals *s* vard. loudmouth
gapskratt *s* roar of laughter, guffaw; *brista [ut] i* ~ burst out laughing
gapskratta *vb itr* roar with laughter, guffaw
garage *s* garage
garageinfart *s* garage drive[way]
garant *s* guarantor, surety *[för* for]
garantera *vb tr* o. *vb itr,* ~ *[för]* guarantee; friare äv. warrant; ~ ryktes sanning o.d. vouch for…
garanti *s* guarantee *[för* for; *mot* against; *för att* that]; spec. vid lån security; *lämna (ställa) ~[er] för* give (furnish) a guarantee for; *det är ett års ~ på* klockan there is a one-year guarantee on…
garantibevis *s* written guarantee
garantisedel *s* guarantee certificate
gard *s* sport. el. kortsp. guard
garde *s* mil. guards pl.; *det gamla ~t* bildl. the old guard
gardera I *vb tr* guard; ~ *med* etta (vid tippning) cover oneself with… **II** *vb rfl,* ~ *sig* guard (trygga sig safeguard) oneself; vid vadslagning hedge [off]; ~ *sig mot* förluster äv. cover oneself against…
garderob *s* **1** skrubb [built-in] wardrobe; kapprum cloakroom; amer. äv. checkroom **2** kläder wardrobe
garderobié *s* o. **garderobiär** *s* cloakroom (amer. äv. checkroom) attendant; amer. äv. hatcheck boy (girl)
garderobsavgift *s* cloakroom (amer. äv. checkroom) fee
garderobssorg *s* vard., *ha ~* not have a thing to wear
gardin *s* curtain; rullgardin blind
gardinkappa *s* pelmet, [curtain] valance
gardinluft *s* pair of curtains
gardinstång *s* curtain rod (av trä pole); för rullgardin rod
gardinuppsättning *s* luft set of curtains; curtain arrangement
gardist *s* guardsman
garn *s* **1** tråd yarn; ullgarn äv. wool; bomullsgarn äv. cotton **2** nät net; *fastna i ngns ~* bildl. get caught in a p.'s toils

garnera *vb tr* **1** t.ex. kläder trim **2** maträtt garnish; t.ex. pizza top; tårta decorate
garnering *s* (jfr *garnera*) konkr. **1** trimming **2** garnish, topping, decoration
garnhärva *s* skein of yarn etc., se *garn 1*
garnison *s* garrison; *ligga i ~* be garrisoned
garnisonssjukhus *s* military hospital
garnisonsstad *s* garrison town
garnityr *s* **1** garnering trimming; på maträtt garnish **2** uppsättning set; tand~ set of teeth; protes denture
garnnystan *s* ball of yarn etc., se *garn 1*
garv *s* vard. laugh; stark. roar of laughter
garva I *vb tr* tan; efterbehandla curry, dress **II** *vb itr* vard. laugh; stark. laugh one's head off
garvad *adj* eg. tanned äv. om hy; bildl. hardened; erfaren experienced
garvare *s* tanner
garveri *s* tannery
garvsyra *s* tannic acid, tannin
1 gas *s* fys. gas; *~er* i tarm o.d. wind sg.; med. flatus sg.; *i ~en* vard., berusad tipsy; upprymd in high spirits; *trampa på ~en* step on the gas
2 gas *s* tyg gauze
gasa I *vb tr* gas; ~ *ihjäl sig* gas oneself **II** *vb itr,* ~ *[på]* step on the gas
gasbildning *s* formation of gas (gases), gas formation
gasbinda *s* gauze bandage
gasboll *s* i tennis pressurized ball
gasbrännare *s* gas burner, gas jet; på gasspis gas ring
gasell *s* gazelle
gasformig *adj* gasiform, gaseous
gasförgiftning *s* gas poisoning
gask *s* studentfest, ung. [students'] party
gaska *vb itr* vard. ~ *upp sig* cheer up
gaskammare *s* gas chamber
gasklocka *s* gasometer
gaskran *s* gas tap, gas cock
gaskök *s* gas ring
gasledning *s* gas conduit; huvud~ gas main
gasljus *s* gaslight
gaslukt *s* smell of gas
gaslåga *s* gas flame; häftigare gas jet; vard. gas
gasläcka *s* gas leak, leak of gas
gasmask *s* gas mask
gasmätare *s* apparat gas meter
gasol *s* LPG (förk. för liquefied petroleum gas), ®Calor gas; vard. bottled gas
gasolkök *s* ®Calor gas stove
gaspedal *s* accelerator [pedal], throttle [pedal]
gasreglage *s* throttle lever
gass *s* heat
gassa I *vb itr* be broiling [hot] **II** *vb rfl,* ~ *sig i solen* bask (stark. broil) in the sun
gassande *adj* o. **gassig** *adj* broiling [hot]
gasskydd *s* mil. gas protection
gasspis *s* gas cooker, gas stove, gas range

1 gast *s* sjö. man, hand
2 gast *s* vålnad ghost
gasta *vb itr* skrika yell, bawl
gastkrama *vb tr* hålla i spänning hold...in terrible suspense, fill...with horror
gastkramande *adj* spännande hair-raising
gastkramning *s* järngrepp iron grip; spänning [feeling of] suspense
gastronom *s* gastronome, gastronomist
gastronomisk *adj* gastronomic[al]
gastroskopi *s* med. gastroscopy
gasturbin *s* gas turbine
gaständare *s* gas lighter; till gaskamin gas poker
gasugn *s* gas oven
gasutveckling *s* generation (accumulation) of gas
gasverk *s* gasworks (pl. lika); administration, ung. gas board
gata *s* street; uthuggen i skog lane; körbana roadway; *gammal som ~n* as old as the hills; *på ~n* in (isht amer. on) the street; *vara på sin mammas ~* be on one's home ground; *gå på ~n* vara prostituerad walk the streets; *~ upp och ~ ned* up and down the streets
gatflicka *s* street-walker, streetgirl, prostitute
gathörn *s* street corner
gatlopp *s*, *löpa ~* run the gauntlet
gatlykta *s* streetlamp
gatpojke *s* street urchin
gatsopare *s* street-sweeper, scavenger
gatsten *s* paving-stone; koll. paving-stones pl.
gatt *s* sjö. **1** sund narrow inlet, narrows pl., gut **2** hål i fartygssida hole
Gattavtalet *s* the General Agreement on Tariffs and Trade, the Gatt Agreement
gatuadress *s* street address
gatuarbete *s*, *~[n]* roadwork sg.; reparation street repairs pl.
gatubarn *s* street child
gatubelysning *s* streetlighting
gatuläggning *s* street paving
gatuförsäljare *s* pedlar, street vendor, hawker
gatukorsning *s* crossing, intersection; i trafikförordningar o.d. road junction
gatukök *s* hamburger and hot-dog stand
gatuplan *s*, *i (på) ~et* on the ground (amer. first) floor, on the street level
gatuskylt *s* street sign
gatuvåld *s* street violence
1 gavel *s*, *på vid ~* wide open; *öppna dörren på vid ~* open the door wide
2 gavel *s* på hus gable; ett fönster *på ~n* ...in the gable
gavelrum *s* gable room
gavott *s* mus. gavotte
G-dur *s* mus. G major
ge (jfr äv. *ges*) **I** *vb tr* **1** allm. give; skänka äv. present [*ngn ngt* a p. with a th.]; bevilja, t.ex. ngn anstånd, sitt samtycke äv. grant, accord; tilldela, pris etc. award; tillhandahålla, förse med äv. supply, provide, furnish [*ngn ngt* a p. with a th.]; räcka hand; vid bordet pass; avkasta, inbringa, t.ex. frukt, ränta, resultat yield; *~ ngn en bok* give a p. a book, give a book to a p.; *~ ngn en blick* give a p. a look (a glance); *~...i läxa* give...for homework; det kommer att *~ arbete åt många* ...provide work for a great many [people]; *~ glans åt* lend lustre to; *kan du ~ mig saltet?* pass [me] the salt, please; *vad fick du ~ för* bilen? how much did you pay for...?; *inte ~ mycket för* ngns omdöme not think much of...; *jag skall ~ dig!* vard. I'll give it to you (pay you out)! **2** teat. give, perform **3** kortsp. deal; *du ~r!* it is your deal!; *~ fel* misdeal
II *vb rfl*, *~ sig* kapitulera surrender; erkänna sig besegrad yield; friare, äv. ge tappt give in; om mur bend; om rep give; om köld break; töja sig stretch; avta abate, subside; *det kan du ~ dig [sjutton] på!* vard. you bet!
III med beton. part.
~ sig av vard. be off; sjappa make off; jfr vid. *bege [sig av]*
~ bort give away, part with
~ efter yield; bildl. äv. give way [*för* i båda fallen to]; avta abate, diminish; *~ efter för ngns krav* give in to a p.'s demands
~ ifrån sig a) lukt, ljus, värme emit, give off b) livstecken give; ljud utter c) lämna ifrån sig give up, surrender
~ igen a) eg. give back, return b) hämnas retaliate; svara give as good as one gets
~ sig in: ~ sig in på ett företag embark upon...; en diskussion o.d. enter into...
~ med: ~ med sig avta abate, subside; ge efter yield
~ om kortsp. deal again, redeal
~ sig på: ~ sig på ngn set about a p.; *~ sig på ett problem* tackle a problem
~ till: ~ till ett skratt start to laugh (laughing); *~ till ett skrik* give a cry; *~ sig till* inf. start (set about) ing-form
~ tillbaka a) lämna give back, return b) vid växling *~ tillbaka* give a p. change [*på* for]
~ upp give up; *~ upp* hoppet, försöket äv. abandon...; *jag ~r upp!* till motståndare äv. you win!
~ ut a) betala ut spend b) publicera, låta trycka publish, bring out; t.ex. frimärken, bokupplaga äv. issue; redigera [o. ge ut] edit; t.ex. en förordning, sedlar issue; *~ sig ut och fiska* go out fishing; *~ sig ut för [att vara] läkare* pass oneself off as a doctor; *~ sig ut för att vara...* pretend to be...
gebit *s* province, domain; jfr *område* 2
gedigen *adj* **1** om metall: oblandad pure; massiv solid **2** bildl. solid, sterling; äkta äv. genuine; *ett gediget arbete* a piece of solid workmanship; *gedigna kunskaper* sound knowledge sg.

gegga *s* se *geggamoja*
geggamoja *s* vard. goo; sörja muck; gyttja mire
geggig *adj* vard. gooey, squidgy; sörjig, lerig mucky, muddy
gehäng *s* swordbelt; axel- baldric
gehör *s* **1** eg. ear; *ha absolut* ~ have absolute pitch; *ha gott* ~ have a good ear [for music]; *efter* ~ by ear **2** *han vann* ~ *för sina synpunkter* his views met with sympathy
geigermätare *s* fys. Geiger counter
geist *s* go, drive
gejser *s* geyser
gelatin *s* gelatin[e]
gelé *s* jelly äv. bildl.
gelea *vb rfl*, ~ *sig* jelly, gel
geléartad *adj* gelatinous
gelike *s* jämlike equal; *han och hans gelikar* he and the likes of him
1 gem *s* graverad ädelsten gem
2 gem *s* pappersklämma paper clip
gemak *s* [state] apartment, state room
gemen *adj* **1** nedrig, simpel mean, dirty, low; *en* ~ *lögn* a dirty lie **2** ~*e man* ordinary people pl., the man in (amer. on) the street; *i* ~ in general **3** ~*a [bokstäver]* typogr. lower-case letters
gemenhet *s* egenskap meanness, baseness; handling piece of meanness, dirty trick
gemensam *adj* allm. common [*för* to]; isht förenad joint; ömsesidig mutual; *ett* ~*t intresse* a mutual interest; *ha* ~*t sovrum* sleep in the same bedroom; *ett* ~*t uttalande* a joint statement; ~ *vårdnad* joint custody; *inte ha något* ~*t* have nothing in common; *göra* ~ *sak med* make common cause with
gemensamhet *s* community [*i* t.ex. intressen of]
gemensamt *adv* jointly; *ansvara* ~ *för* be jointly responsible for; *äga ngt* ~ own a th. jointly (in common); *vi köpte* betalade *det* ~ we bought it between us
gemenskap *s* själslig ~ intellectual fellowship, spirit of community; samhörighet [feeling of] solidarity; relig. communion
gems *s* zool. chamois (pl. lika)
gemyt se *gemytlighet*
gemytlig *adj* om pers.: fryntlig genial, jovial; godmodig good-humoured, good-natured; trevlig pleasant; om sak [nice and] cosy
gemytlighet *s* geniality, joviality, good humour (nature), pleasantness; cosiness; jfr *gemytlig; i all* ~ cosily and comfortably
gemål *s* consort
1 gen *s* biol. gene, factor
2 gen *adj* short, direct, near
gena *vb itr* ta en genväg take a short cut
genant *adj* embarrassing, awkward [*för* for]
genast *adv* at once, immediately, straight away (off); *jag kommer* ~*!* coming directly!
gendarm *s* gendarme fr.
gendriva *vb tr* refute; vederlägga confute

genealog *s* genealogist
genealogi *s* genealogy
genealogisk *adj* genealogical
genera I *vb tr* göra förlägen embarrass; besvära trouble, bother; hindra hamper; ~*r det [dig], om jag röker?* do you mind if I smoke (mind my smoking)? **II** *vb rfl, han* ~*r sig inte för att ljuga* he doesn't hesitate to lie
generad *adj* embarrassed [*över* at]; förlägen äv. self-conscious; *göra ngn* ~ embarrass a p., make a p. embarrassed
general *s* general; inom eng. flygvapnet air chief marshal
generalagent *s* general agent
generalagentur *s* general agency
generalbas *s* mus. thorough bass, figured bass, continuo
generaldirektör *s* director-general
generalförsamling *s* general assembly; *FN:s* ~ the UN General Assembly
generalguvernör *s* governor-general
generalindex *s* general index
generalisera *vb tr* generalize; utan obj. äv. make sweeping statements
generalisering *s* generalization
generalklausul *s* jur. general (basket, omnibus) clause
generalkonsul *s* consul-general
generallöjtnant *s* lieutenant general; inom eng. flygvapnet air marshal
generalmajor *s* major-general; inom eng. flygvapnet air vice-marshal
generalpaus *s* mus. general pause (förk. GP)
generalrepetition *s* dress (final) rehearsal [*på* of]
generalsekreterare *s* secretary-general
generalstab *s* general staff
generalstabskarta *s* ordnance map
generalstrejk *s* general strike
Generaltullstyrelsen the [Swedish] Board of Customs
generande *adj,* ~ *hårväxt* superfluous hair
generation *s* generation; *den nya* ~*en* the rising generation; *en* ~ *tillbaka* a generation ago
generationsklyfta *s* generation gap
generationsskifte *s* change of generations; *det har blivit ett* ~ inom partiet äv. a new generation has arisen...
generationsväxling *s* biol. alternation of generations, metagenesis
generator *s* generator
generell *adj* general
generera *vb tr* generate, produce
generositet *s* generosity, liberality
generös *adj* generous [*mot* to], liberal
genetik *s* genetics sg.
genetiker *s* geneticist
genetisk *adj* genetic; ~ *kod* genetic code
Genève Geneva
genever *s* Hollands, geneva

Genèvesjön the Lake of Geneva
gengas *s* producer gas
gengångare *s* ghost, spectre
gengåva *s* gift in return
gengäld, *i* ~ in return; å andra sidan on the other hand
gengälda *vb tr* repay
geni *s* genius
genial *adj* o. **genialisk** *adj* lysande brilliant; om saker, fyndig, sinnrik ingenious; *han är* ~ snillrik he is a genius
genialitet *s* snille genius; svag. brilliance
genie *s* skyddsande geni|us (pl. vanl. -i)
geniknöl *s, gnugga ~arna* vard. cudgel one's brains
genitalier *s pl* genitals
genitiv *s, ~[en]* the genitive; *en* ~ a genitive; *stå i* ~ be in the genitive
genklang *s* echo; bildl. response, sympathy; *vinna (väcka)* ~ meet with response (sympathy)
genljud *s* echo, reverberation; *ge* ~ echo; resound äv. bildl.
genljuda *vb itr* echo, resound, reverberate [*av* i samtl. fall with]
genmanipulation *s* biol. gene manipulation
genmäla *vb tr* reply; stark. retort; invända object [*mot (på)* to]
genmäle *s* reply, retort
genom I *prep* **1** i rums- el. tidsbet. vanl. through; via via, by way of; *han gick* ~ *parken* he went (walked) through the park; *resa hem* ~ *Tyskland* travel home via (by way of) Germany; *titta ut* ~ *fönstret* look out of the window; *kasta ut ngt* ~ *fönstret* throw a th. out of the window; *det går in* ~ *ena örat och ut* ~ *det andra* it goes in [at] on ear and out [at] the other; jfr äv. *igenom I* **2** angivande förmedlare o.d. through; ombud, överbringare by; *skicka* en hälsning ~ *ngn* send...by a p. **3** uttr. medel: 'av' by; 'medelst' by [means of]; uttr. orsak, 'på grund av', 'tack vare' through, owing to, by, thanks to; ~ *hans hjälp* kunde jag by (thanks to) his assistance...; omkomma ~ *en olyckshändelse* ...through (owing to) an accident **4** *tre* ~ *fyra* three divided by four **II** *adv* through, all the way; se äv. *[i]genom* ss. beton. part. under resp. vb
genomarbeta *vb tr* gå igenom grundligt go through...thoroughly
genomblöt se *genomvåt*
genomborra *vb tr* pierce äv. bildl.; med dolk stab
genombrott *s* breakthrough; *industrialismens* ~ the industrial revolution; *få sitt* ~ *som författare* make one's name as an author
genombruten *adj* med hålmönster open-work, latticed
genomdränka *vb tr* saturate
genomdålig *adj* thoroughly bad

genomfart *s* passage; ~ *förbjuden!* no thoroughfare!, no through traffic!
genomfartsled *s* through route
genomfartstrafik *s* through traffic
genomfartsväg *s* thoroughfare
genomfrusen *adj* om pers. ...chilled to the bone
genomföra *vb tr* carry out (through); förverkliga effect, realize; utföra accomplish; ~ *en plan* carry out (implement) a plan
genomförbar *adj* practicable, feasible
genomgripande *adj* sweeping, radical; grundlig thorough
genomgå *vb tr* go through; ~ *en förändring* undergo a change; se vid. *gå [igenom]*
genomgående I *adj* **1** järnv. m.m. through... **2** bildl. *ett* ~ *drag* a common (general) feature; *ett* ~ *fel* a constant (general) error (fault, mistake) **II** *adv* throughout; utan undantag without exception; konsekvent consistently
genomgång *s* **1** av t.ex. ämne survey, exposition; praktisk workout; snabb~ run-through; *vid ~en av läxan* sade läraren on going through the homework... **2** väg igenom passage; *förbjuden ~!* no passage!
genomgångsbostad *s* temporary accommodation
genomgångsläger *s* transit camp
genomgångsrum *s* room giving access to another room (resp. other rooms)
genomgångstrafik *s* through traffic
genomhederlig *adj* downright honest
genomkokt *adj* ...thoroughly done; pred. äv. done
genomkorsa *vb tr* fara igenom travel [through] the length and breadth of; skära intersect; om blixtar flash through (across)
genomleva *vb tr* live (go) through; uppleva experience
genomlida *vb tr* endure, suffer, go through
genomlysa *vb tr* med röntgenstrålar X-ray, fluoroscope; analysera penetrate, analyse
genomlysning *s* med röntgenstrålar fluoroscopy
genomläsa se *läsa [igenom]*
genomläsning *s* perusal
genommusikalisk *adj* very musical
genomresa I *s* through journey, transit; *på ~n* [in] passing through, in transit; *jag är här på* ~ I am passing through here **II** *vb tr* se *resa [igenom]*
genomresevisum *s* transit visa
genomrutten *adj* rotten all the way through; bildl. ...rotten to the core
genomsedd *adj* om t.ex. upplaga revised
genomskinlig *adj* transparent; om plagg see-through...
genomskinlighet *s* transparency
genomskåda *vb tr* see through...; planer, förklädnad äv. penetrate
genomskärning *s* tvärsnitt cross-section; *visa*

genomslag 214

ngt i ~ show a th. in section; 2 meter *i* ~ ...in thickness (diameter)
genomslag s **1** genomslagskopia carbon [copy] **2** genomslagskraft penetration **3** elektr. electric breakdown, disruptive discharge **4** bildl. *få* ~ have an effect (impact); ha succé be a success
genomslagsförmåga s mil. penetrating power, [power of] penetration
genomslagskraft s bildl. impact, effectiveness, pervasive force
genomsnitt s **1** medeltal average; *i* ~ on [an (the)] average; *under (över)* ~*et* below (above) [the] average **2** se *genomskärning*
genomsnittlig adj average; ordinär ordinary
genomsnittsålder s average age
genomstekt adj ...thoroughly (well) done; pred. äv. done
genomströmma se *strömma [igenom]*
genomströmning s flowing (running) through; bildl. pervasion; tekn. el. data. el. skol. throughput
genomsvettig adj ...wet through with perspiration
genomsyra vb tr bildl. permeate, imbue; ~*s av* be permeated (imbued) with
genomsöka se *leta [igenom]*
genomtråkig adj terribly boring (dull)
genomtränga se *tränga [igenom]*
genomträngande adj piercing; *en* ~ *lukt* a penetrating smell
genomtränglig adj penetrable [*för* by]; pervious [*för* to]
genomtrött adj dead tired, dog-tired
genomtänkt adj, *[väl]* ~ well thought-out; om t.ex. framställning well-reasoned; om t.ex. tal carefully prepared
genomvakad adj, *en* ~ *natt* a night without any sleep
genomvåt adj ...wet through, soaking wet, drenched [*av* with]; *göra* ~ drench, soak
genomvävd adj textil. interwoven
genre s genre fr.; style, fashion
genrebild s genre picture
genrep se *generalrepetition*
gensaga s jur. protest
genskjuta vb tr intercept; hinna upp take a short cut and overtake
gensvar s **1** genklang response, sympathy; *finna* ~ meet with [a] response **2** svar reply
gensägelse s contradiction; *utan* ~ incontestably, indisputably
genteknik s genetic engineering
gentemot prep bildl.: emot towards, to, against; i förhållande till in relation to; i jämförelse med in comparison with, compared to, [as] compared with
gentiana s bot. el. farmakol. gentian
gentil adj frikostig generous; elegant, 'flott' fine, stylish, smart
gentjänst s favour (service) in return
gentleman s gentleman

gentlemannamässig adj gentlemanly, gentlemanlike
genuin adj äkta genuine; verklig real
genus s gram. gender
genväg s short cut äv. bildl.; *ta en* ~ take a short cut
geofysiker s geophysicist
geograf s geographer
geografi s geography
geografisk adj geographic[al]
geolog s geologist
geologi s geology
geologisk adj geologic[al]; *det* ~*a tidsschemat* geological time
geometri s geometry
geometrisk adj geometric[al]
Georgien Georgia
georgier s Georgian
geoteknisk adj geotechnic
gepard s zool. cheetah
gepäck s luggage, bags pl.
geriatri s o. **geriatrik** s geriatrics sg.
geriatrisk adj geriatric
gerilla s trupper guer[r]illas pl.
gerillakrig s guer[r]illa war (krigföring warfare)
gerillasoldat s guer[r]illa
german s Teuton
germanist s Germanic philologist, Germanist
germansk adj Germanic; ibl. Teutonic
gerontologi s gerontology
gerundium s språkv. gerund
geschäft s business (end. sg.); jobberi racket
gesims s byggn. cornice
gess s mus. G flat
Gess-dur s mus. G flat major
gest s gesture
gestalt s figure; väsen shape; form shape, form; i roman character; *ta* ~ take shape (form)
gestalta I vb tr shape, form, mould; amer. mold; teat. create **II** vb rfl, ~ *sig* utveckla sig turn (work) out; arta sig shape; *hur framtiden än kommer att* ~ *sig* no matter what the future holds (has in store)
gestaltning s formation; rollgestaltning creation; form o.d. form, shape, configuration; mus. el. konst. interpretation
gestikulera vb itr gesticulate
gesäll s journeyman
gesällprov s abstr. test; konkr. qualifying piece of work
get s goat
getabock s he-goat, billy goat
geting s wasp
getingbo s wasp's nest (pl. wasps' nests); *sticka sin hand i ett* ~ bildl. stir up a hornet's nest
getingmidja s wasp-like waist
getingstick s wasp sting
getmjölk s goat's milk
getost s goat's-milk cheese
getskinn s läder kid; *handskar av* ~ kid gloves

getto *s* ghetto (pl. -s el. -es)
getöga, kasta ett ~ på ngt take a quick glance (look) at a th.
gevär *s* isht mil. rifle; t.ex. jaktgevär gun; **sträcka ~** mil. lay down one's arms; **i ~!** to arms!; **för fot ~!** order arms!
gevärseld *s* rifle fire
gevärspipa *s* barrel of a (resp. the) rifle
gevärsskott *s* rifleshot
Ghana Ghana
ghanan *s* o. **ghanansk** *adj* Ghanaian
gibbon *s* o. **gibbonapa** *s* zool. gibbon
Gibraltar sund the Straits of Gibraltar
giffel *s* croissant fr.
1 gift *s* poison äv. bildl.; hos ormar o.d. venom äv. bildl.; virus virus; toxin toxin; **ge ngn ~** förgifta poison a p.
2 gift *adj* married [*med* to]; **bli ~** get (be) married; **ett ~ par** a married couple; **vad heter hon som ~?** what's her married name?
gifta I *vb tr,* **~ bort** marry off; **~ bort...med** marry...to **II** *vb rfl,* **~ sig** marry [*med ngn* a p.; *av kärlek (för pengar)* for...]; get (be) married [*med ngn* to a p.]; **~ in sig i** marry into; **~ om sig** get married again [*med* to]; remarry [*med ngn* [with] a p.]
giftaslysten *adj* ...keen on getting married
giftastankar *s pl,* **gå i ~** be thinking of getting married
giftasvuxen *adj* marriageable, ...of marriageable age, ...old enough to marry
giftdryck *s* poisoned drink (draught)
gifte *s* marriage; **hans barn i första ~t** the children (resp. child) of his first marriage
giftermål *s* marriage; jfr vid. *äktenskap* ex.
giftermålsbalk *s* jur. marriage act (code)
giftfri *adj* non-poisonous; om t.ex. odling non-toxic
giftgas *s* poison gas
giftig *adj* poisonous äv. om förtal; venomous äv. 'spydig' o.d.; stark. virulent; med. toxic
giftighet *s* poisonousness, venomousness, virulence; jfr *giftig;* **~er** i ord spiteful remarks, nasty cracks
giftmord *s* murder by poison; **ett ~** a case of murder by poisoning
giftorm *s* venomous snake
giftorätt *s* jur. right to half of the property held by the other party to the marriage, right to half of the marital (amer. community) property
giftpil *s* poisoned arrow
gifttagg *s* sting; amer. äv. stinger
gifttand *s* poison fang
giftutsläpp *s* toxic emission (waste)
gigant *s* giant
gigantisk *adj* giant..., gigantic
gigg *s* båt el. vagn gig
gigolo *s* gigolo (pl. -s)
gikt *s* med. gout
giktbruten *adj* gouty

giljotin *s* guillotine
giljotinera *vb tr* guillotine
gill *adj,* **tredje gången ~t!** third time lucky!; **allting går sin ~a gång** things are going on just as usual
gilla *vb tr* approve of; tycka bra om like; jur. approve; **en ~nde blick** a look of approval
gillande *s* approval
gillas *vb itr* dep, **det gills inte!** that doesn't count!, that's not fair!
gille *s* **1** kalas banquet, feast **2** skrå, förening guild; förening äv. society, club
giller *s* trap äv. bildl.; gin
gillestuga *s* modern, ung. recreation room; amer. äv. rumpus room
gillra *vb tr,* **~ en fälla för ngn** set a trap for a p.
giltig *adj* valid; **~ [i] en månad** available (valid) for one month
giltighet *s* validity; biljetts äv. availability; **äga ~** om lag o.d. be in force
giltighetstid *s* period of validity; **efter ~ens utgång** after the date of expiry
gimmick *s* vard. gimmick
1 gin *s* spritdryck gin
2 gin o. **gina** se *2 gen* o. *gena*
ginseng *s* o. **ginsengrot** *s* ginseng
ginst *s* bot. broom
gips *s* till väggar o. tak plaster; tekn. el. med. plaster [of Paris]; miner. gypsum
gipsa *vb tr* **1** t.ex. tak plaster **2** med. put...in plaster [of Paris]; **han ligger ~d** he is in plaster
gipsavgjutning *s* konkr. plaster cast
gipsfigur *s* plaster figure (statuette)
gipsförband *s* [plaster] cast
gipsplatta *s* o. **gipsskiva** *s* plasterboard, gypsum board
gir *s* sjö. el. flyg. yaw, sheer; friare, äv. om t.ex. bil turn, swerve
gira *vb itr* sjö. el. flyg. yaw, sheer; friare, äv. om t.ex. bil turn, swerve
giraff *s* giraffe
girera *vb tr* överföra transfer
girering *s* överföring transfer
girig *adj* snål avaricious, miserly; lysten, begärlig greedy [*efter* for]; covetous [*efter* of]; **en ~ [person]** a miser
girigbuk *s* miser
girighet *s* avarice; greed[iness], covetousness; jfr *girig*
girland *s* festoon, garland; **pappers~** paper chain
giroblankett *s* o. **girokort** *s* giro form
giss *s* mus. G sharp
gissa I *vb tr* o. *vb itr* guess; sluta sig till divine; förmoda conjecture; **rätt ~t av dig!** you've guessed right!, you've got it!; **det var bra ~t** that was a good guess; **du får ~ tre gånger** I give you three guesses **II** *vb rfl,* **~ sig fram**

gissel

guess, proceed by conjectures; ~ *sig till* guess; ngns tankar o.d. äv. divine
gissel *s* scourge; bildl. äv. curse
gissla *vb tr* scourge; lash isht bildl.
gisslan *s* hostage; om flera pers. hostages pl.; *ta* ~ seize (take) hostages
giss-moll *s* mus. G sharp minor
gissning *s* guess, conjecture
gissningstävlan *s* guessing competition
gissningsvis *adv* at a guess
gisten *adj* om båt, tunna o.d. leaky
gistna *vb itr* become leaky
gitarr *s* guitar
gitarrist *s* o. **gitarrspelare** *s* guitarist, guitar player
gitta *vb itr* vard. *jag gitter inte* höra på längre I can't be bothered to...
giv *s* kortsp. el. bildl. deal
giva se *ge*
givakt *s, stå i [stram]* ~ stand at [strict] attention
givande I *adj* vinstgivande profitable; lönande paying; bildl. profitable, rewarding, worthwhile II *s, en fråga om* ~ *och tagande* a question of give-and-take
givare *s* 1 giver 2 tekn. sensor
given *adj* given; avgjord, säker clear, evident; om t.ex. fördel, värde decided, definite, distinct; *på ett givet tecken* at a given sign; *det är givet!* självklart of course!, to be sure!; *ta för givet att...* take it for granted that...
givet I *adv* avgjort definitely II *prep*, ~ *detta* given this (that)
givetvis *adv* [as a matter] of course, naturally [enough]
givmild *adj* generous, open-handed, liberal
givmildhet *s* generosity, open-handedness, liberality
1 gjord *s* girth
2 gjord *adj* påhittad made up, jfr vid. *göra*
gjuta *vb tr* 1 hälla pour; sprida, t.ex. skimmer shed; ~ *tårar* shed tears 2 tekn. cast; metall el. glas äv. found; friare, 'forma' mould; kavajen *sitter som gjuten* ...fits like a glove; ~ *av ngt* take a cast of a th., cast a th.
gjuteri *s* foundry
gjutform *s* mould
gjutgods *s* castings pl.
gjutjärn *s* cast iron
gjutning *s* casting etc., jfr *gjuta*
g-klav *s* mus. G clef
glacéhandske *s* kid glove
glacial *adj* geol. el. geogr. glacial
glaciär *s* glacier
glad *adj* uppfylld av glädje (isht tillfälligt) happy; nöjd, belåten pleased [*över* about, with]; förtjust delighted [*över* with, at]; svag., vanl. end. pred. glad [*över* about; *över att* sats [that] sats] samtl. äv. i hövlighetsfraser; gladlynt, glättig, uppmuntrande cheerful; uppsluppen, munter merry; ~ *[och trevlig]* jolly; ~*a färger* bright

216

(cheerful) colours; ~*a nyheter* good (högtidligare joyful) news sg.; ~ *påsk!* [A] Happy Easter!; *Glada änkan* the Merry Widow; *göra ngn* ~ make a p. happy; *vara* ~ *att få* ett tips be glad of...; *vara* ~ *i* mat be fond of...
glada *s* zool. kite
gladeligen *adv* gärna willingly; med lätthet easily
gladiator *s* gladiator
gladiolus *s* bot. gladiol|us (pl. -i)
gladlynt *adj* cheerful; glad o. vänlig good-humoured; ~ o. skämtsam jovial
glam *s* laughing and talking
glamma *vb itr* laugh and talk; stimma be noisy
glamorisera *vb tr* glamorize
glamorös *adj* glamorous
glans *s* 1 glänsande yta: lustre; sidens o.d. sheen, gloss; gulds glitter; pålagd el. erhållen gm gnidning polish 2 sken, skimmer brilliance, brightness; bländande glare; strålglans radiance 3 prakt splendour, magnificence; ära, berömmelse glory, lustre; *skänka* ~ *åt* el. *sprida* ~ *över* lend (add) lustre to; *i all sin* ~ in all one's glory
glansdagar *s pl* palmy days
glansfull *adj* bildl. brilliant
glansig *adj* glossy; om t.ex. siden sheeny; om papper glazed; glänsande lustrous
glans[k]is *s, det var* ~ *på sjön* the lake was covered with glassy ice
glanslös *adj* lustreless, lack-lustre, dull
glansnummer *s* star turn, showpiece
glanspapper *s* glazed paper
glansperiod *s* heyday (end. sg.), palmy days pl.; *dramats* ~ the golden age of drama
glansroll *s* most celebrated (brilliant) role
glapp I *adj* loose II *s* tekn. play
glappa *vb itr* be loose, fit loosely; *det* ~*r* tekn. there's too much play
glas *s* 1 ämne el. dricksglas glass; dricksglas utan fot äv. tumbler; glasruta pane [of glass]; större sheet of glass; jfr *tomglas*; ~ *och porslin* glass[ware] and china; kan jag få *ett* ~ *vatten?* ...a glass (drink) of water?; *dricka ett* ~ *med ngn* have a glass with a p.; *han tar sig ett* ~ då och då he has a drink... 2 sjö. bell; *slå (slå åtta)* ~ strike (strike eight) bells
glasa *vb tr* glaze
glasaktig *adj* o. **glasartad** *adj* glassy, vitreous; *en* ~ *blick* a glassy look
glasbit *s* piece (fragment) of glass
glasblåsare *s* glass-*blower*
glasbruk *s* glassworks (pl. lika)
glasburk *s* glass jar
glasera *vb tr* glaze; bakverk ice, frost
glasfiber *s* fibreglass, glass fibre
glashal *adj* very slippery, glassy
glashus *s, man skall inte kasta sten, när man [själv] sitter i* ~ ordspr. people (those)

who live in glass houses should not throw stones
glasklar *adj* ...as clear as glass, limpid
glaskupa *s* till ost o.d. glass cover
glasmålning *s* bild stained-glass picture
glasmästare *s* glazier
glasmästeri *s* glazier's workshop (shop)
glasruta *s* pane [of glass]
glasrör *s* glass tube
glass *s* ice cream; *en ~* an ice [cream]
glassa *vb itr* vard. *~ [med]* snobba [med] show off
glassbar *s* ice-cream parlour
glassbägare *s* [ice-cream] tub (cup)
glassförsäljare *s* ice-cream vendor (seller)
glasskiva *s* glass plate, plate of glass; på bord glass table top; i mikroskop o.d. glass slide
glasskärva *s* fragment of glass
glasspinne *s* ice lolly; isht amer. popsicle
glasstrut *s* [ice-cream] cornet (större cone)
glasstårta *s* ice gâteau (pl. -x)
glasull *s* glass wool
glasveranda *s* glassed-in veranda[h]
glasyr *s* glazing, glaze; sockerglasyr icing, frosting
glasögon *s pl* spectacles, glasses; vard. specs; skyddsglasögon o.d. goggles; *ett par ~* a pair of spectacles (glasses)
glasögonbågar *s pl* spectacle frame sg.
glasögonfodral *s* spectacle case
glasögonorm *s* Indian cobra
1 glatt *adj* (jfr *glad*) cheerfully, joyfully, gaily; *bli ~ överraskad* be pleasantly surprised; *det gick ~ till* we had a very merry time [of it]
2 glatt I *adj* smooth; bot. glabrous; *~ o. glänsande* glossy, sleek, shiny; hal slippery; *springa för glatta livet* ...for all one is worth **II** *adv* smoothly
gles *adj* thin; om befolkning sparse; om vävnad loose; *han har ~a tänder* he is gap-toothed (has teeth with gaps in between)
glesbygd *s* sparsely-populated (thinly-populated) area
glesna *vb itr* thin [out], get thin (thinner)
gli *s* **1** fiskyngel [small] fry pl. **2** bildl., vard. brat
glid *s* **1** glidsteg glide, slide **2** skidföre *det är bra ~* ung. it is good snow for skiing **3** *ungdom på ~* young people going astray
glida *vb itr* över vatten, om flygplan el. friare (lätt, ljudlöst o.d.) glide; över fast yta el. frivilligt slide; halka slip, slide; *[låta] ~* om hand, blick pass, run; *~ ifrån varandra* bildl. drift apart, become estranged; *~nde skala* sliding scale
glidflygplan *s* glider
glidflykt *s* glide; om flygplan äv. volplane
glidmedel *s* lubricant
glidning *s* glide, slide; glidande gliding, sliding; jfr *glida*
glimma *vb itr* gleam; svag. glimmer; glittra glitter; om t.ex. dagg glisten [*av* i samtl. fall

glädja

with]; *det är ej guld allt som ~r* all that glitters is not gold, all is not gold that glitters
glimmer *s* **1** glans gleaming etc.; gleam, glitter; jfr *glimma* **2** miner. mica
glimra se *glimma*
glimt *s* gleam, flash båda äv. bildl.; skymt glimpse; *han har en ironisk (humoristisk) ~ i ögat* there is an ironical glint (a humorous twinkle) in his eye[s]; *se en ~ av ngt (ngn)* catch a glimpse of a th. (a p.)
glimta *vb itr* gleam, flash; *~ fram* shine forth
glipa I *s* gap **II** *vb itr* gape open
gliring *s* gibe, sneer, taunt; *ge ngn en ~ för ngt* gibe (sneer) at a p. about a th.
glitter *s* glitter, lustre; t.ex. daggens glistening; t.ex. julgransglitter tinsel äv. bildl.; grannlåt gewgaws pl.; vard., diamanter, juveler ice, sparklers pl.
glittra *vb itr* glitter; tindra sparkle; om dagg glisten [*av* i samtl. fall with]
glittrande *adv*, vara *~ glad* ...in sparkling[ly high] spirits
glittrig *adj* glittering; prålig glitzy
glo *vb itr* stare; argt, vilt glare; dumt, med öppen mun gape [*på* i samtl. fall at]
glob *s* globe
global *adj* global
glop *s* whippersnapper, puppy
gloria *s* halo (pl. -es el. -s); nimbus nimbus
glorifiera *vb tr* glorify
glosa *s* **1** ord word **2** speglosa taunt
glosbok *s* att skriva i vocabulary [notebook]; tryckt glossary, vocabulary
gloslista *s* vocabulary, word list
glosögd *adj* pop-eyed
glufsa *vb itr*, *~ i sig* maten scoff..., gobble (guzzle) down...
glugg *s* hål, öppning hole, aperture, opening
glukos *s* kem. glucose
glunkas *vb itr dep*, *det ~* there is a rumour going [*om* about; *om att* that]
glupande *adj*, *~ aptit (ulvar)* ravenous appetite (wolves)
glupsk *adj* greedy [*på (efter)* for el. of]; ravenous, voracious; om storätare gluttonous
glupskhet *s* greed[iness]; voracity; gluttony
glutamat *s* kem. glutamate
gluten *s* gluten
glutenfri *adj* ...free of gluten
glutta *vb itr* vard. *~ i* take a glance at
glycerin *s* kem. glycerin, glycerine
glykol *s* kem. glycol
glykos *s* kem. glucose
glåmig *adj* pale [and washed out]; gulblek sallow
glåpord *s* taunt, jeer
glädja I *vb tr* give...pleasure [*med* with; *med att* inf. by ing-form]; please; stark. delight, make...happy; *det gläder mig!* I'm so glad!; *det gläder mig att...* I'm glad (stark. delighted) that... **II** *vb rfl*, *~ sig* be glad [*åt*,

glädjande

över about]; rejoice [åt, över at el. in]; be pleased [åt (över) with]; **kunna ~ sig åt** god hälsa enjoy...
glädjande I adj trevlig pleasant; tillfredsställande, t.ex. om resultat gratifying [för to; att inf. to inf.]; **~ nyheter** good news **II** adv, **~ nog** happily, fortunately enough
glädjas se glädja II
glädje s joy [över at]; isht nöje pleasure [över in]; förtjusning delight [över at]; [känsla av] lycka happiness; munterhet mirth; belåtenhet satisfaction [över at]; gagn, nytta use, jfr nytta I; **~n stod högt i tak** there was a lot of fun and games, there were lively goings-on; **det är mig en [stor] ~ att** inf. it is a pleasure to me to inf.; I have great pleasure in ing-form; **de har haft stor ~ av sina barn** their children have been a great joy to them; **gråta av ~** weep for joy; **i ~ och sorg** in joy and sorrow; **till min stora ~** to my great delight; **det var en sann ~ att se** it was a real treat to see
glädjebudskap s glad tidings pl., good news sg.
glädjedag s day of rejoicing
glädjedödare s killjoy, wet blanket
glädjeflicka s prostitute; amer. äv. hooker
glädjekvarter s vard. red-light district
glädjekälla s source of joy
glädjelös adj joyless, cheerless
glädjerik adj ...full of joy, joyful
glädjerop s shout (cry) of joy
glädjerus s transport of joy
glädjespridare s pers. cheerful soul; isht om barn ray of sunshine
glädjesprång s leap for joy, caper
glädjestrålande adj ...beaming with joy, radiant
glädjetjut s shout (cry) of joy
glädjetår s tear of joy
glädjeyra s transport of joy, whirl of happiness
glädjeyttring s manifestation of joy
glädjeämne s subject (cause) for (of) rejoicing
gläfs s eg. yelp, yap; gläfsande yelping, yapping; om pers. yapping
gläfsa vb itr eg. yelp, yap [på at]; om pers. yap
glänsa vb itr shine äv. bildl.; glitter; om t.ex. tårar glisten [av (med) i samtl. fall with]; om t.ex. siden be glossy; bildl., briljera show off
glänsande adj **1** eg. shining etc., jfr glänsa; om t.ex. ögon lustrous; om t.ex. siden glossy **2** utmärkt brilliant, splendid
glänt s, **dörren står på ~** the door is slightly open (is ajar)
glänta I vb itr, **~ på dörren** open the door slightly **II** s glade
glätta vb tr smooth; papper glaze; calender; polera polish
glättig adj gladlynt cheerful; sorglös happy-go-lucky

glättighet s cheerfulness, gaiety
glöd s **1** konkr. live coal; koll. o. pl. ofta embers pl. **2** sken glow; hetta heat; stark känsla ardour, glow, fervour; lidelse passion
glöda vb itr glow äv. bildl.; be [all] aglow isht bildl. [av with]; bildl. äv. burn [av t.ex. harm with]
glödande adj glowing; om färger äv. flaming, fiery; om metall red-hot, white-hot; om känslor, nit ardent, fervent, burning, fiery; lidelsefull passionate
glödga vb tr make...red-hot (white-hot); vin mull
glödhet adj friare glowing hot
glödlampa s light (electric) bulb; fackspr. incandescent lamp
glödsteka vb tr barbecue, grill...over a charcoal fire
glödtråd s filament
glögg s glogg, mulled wine served with raisins and almonds
glömma I vb tr forget; försumma neglect; lämna kvar leave...behind; **för att inte ~...** not forgetting...; **~ kvar** leave...behind **II** vb rfl, **~ sig [själv]** forget oneself; **~ sig kvar** stay on
glömsk adj forgetful; ej aktgivande äv. unmindful [av t.ex. plikter of]; distré o.d. absent-minded; **~ av** t.ex. ngns närvaro, omgivningen oblivious of...; **vara ~ [av sig]** vanl. have a bad memory
glömska s **1** egenskap forgetfulness; absent-mindedness; **av ren ~** out of sheer forgetfulness **2** förgätenhet oblivion
g-moll s mus. G minor
gnabb s bickering; **ett vänskapligt ~** a friendly tiff
gnabbas vb itr dep bicker; stark. wrangle [om about]
gnaga vb tr o. vb itr gnaw äv. bildl.; smågnaga nibble [på ngt [at] a th.]; **~ hål på (i)** gnaw holes (resp. a hole) in; **~ av** itu gnaw...in two; bort gnaw off
gnagande adj gnawing; **~ oro** gnawing anxiety
gnagare s rodent
gnat s nagging, cavilling, carping; jfr gnata
gnata vb itr nag [på at; över about]; cavil, carp [på (över) at]
gnatig adj nagging; **~ [av sig]** fretful, peevish
gnejs s geol. gneiss
gneta vb itr vard., vara småaktig, pedantisk be a fusspot, niggle
gnetig adj om pers. niggling, fussy; om handstil crabbed
gnida I vb tr o. vb itr rub; **~ [på] ngt** med handen rub a th...; **~ [på] fiolen** scrape the fiddle; **~ sig i ansiktet** rub one's face **II** vb itr snåla be stingy [på with]; **~ och spara** vard. pinch and scrape
gnidare s miser, skinflint

gnidig *adj* stingy, niggardly, miserly
gnissel *s* squeaking, creaking; *ett ~ a* squeak (creak); jfr *gnissla;* **utan ~** bildl. without a hitch
gnissla *vb itr* squeak; t.ex. om dörr äv. creak; 'skrika' screech; om syrsan chirp; *det ~r i maskineriet* bildl. things are not working smoothly
gnista *s* spark; smula, spår: av t.ex. sanning vestige, trace; av t.ex. förstånd particle; **en ~ [av] hopp** a ray (spark) of hope; **ha ~n** energin o.d. have the right spirit
gnistbildning *s* formation of sparks
gnistra *vb itr* sparkle [*av* with]; spraka äv. emit (give out) sparks; *hans ögon ~de av vrede* his eyes flashed with anger
gnistregn *s* shower of sparks
gno I *vb tr* rub; med borste scrub **II** *vb itr* arbeta, knoga toil, grind, work [hard], drudge [*med* i samtl. fall at]; springa scurry, hurry
gnola *vb tr* o. *vb itr* hum [*[på] ngt* a th.]
gnu *s* zool. gnu
gnugga *vb tr* rub; plugga cram, grind; *~ [sig i] ögonen* rub one's eyes
gnuggbild *s* transfer
gnutta *s* tiny bit; droppe drop; nypa pinch
gny I *s* din; dån roar[ing]; klagan grumbling; kvidande whimper **II** *vb itr* yttra missnöje grumble [*över* at (about)]; om hund whimper
gnägg *s* neigh, inte så högt whinny; skratt cackle
gnägga *vb itr* neigh; inte så högt whinny
gnäll *s* **1** gnissel squeaking, creaking; *ett ~ a* squeak (creak) **2** jämmer whining, whine; kvidande whimpering; klagomål grumbling [*över* at (about)]; gnat nagging [*på* at; *över* about]
gnälla *vb itr* **1** om t.ex. dörr, gångjärn creak, squeak **2** jämra sig whine; kvida whimper [*efter* for]; yttra missnöje grumble [*för, över ngt* at (about) a th.; *för ngn* to a p.]; klaga complain [*över ngt* of (about) a th.]
gnällig *adj* om t.ex. dörr creaky, squeaky; gäll shrill; om pers. el. röst whining
gnällmåns *s* o. **gnällspik** *s* vard. whiner, grizzle-guts, moaner
gobeläng *s* [piece of] tapestry
god I *adj* (jfr *bättre I, bäst I)* **1** allm. good; vänlig äv. kind [*mot* to]; angenäm äv. pleasant, agreeable, nice; välsmakande äv. nice; gynnsam favourable; *~ dag!* good morning (resp. afternoon, evening)!; vard. hallo!, hello!; vid presentation how do you do?; *~e Gud!* good heavens (gracious)!; *en ~ idé* a good (fine, vard. capital) idea; *~ jul!* [A] Merry Christmas!; *~ natt!* good night!; *gott nytt år!* [A] Happy New Year!; *i ~an ro* in peace and quiet; *handla i ~ tro* ...in good faith; *~ sömn* sound sleep; *~ vind* favourable (good, fair) wind; **en ~** intim **vän** a great friend; *en ~* obeton. **vän [till mig]** a friend of mine; **hålla sig för ~ att** inf. consider it beneath one's dignity to inf.; be above ing-form; *så långt är allting gott och väl* so far so good; *de är lika ~a* iron. one's as bad as the other; *vara ~ (gott) nog åt ngn* be good enough for a p.
var så ~! a) här har ni here you are [,Sir resp. Madam]; ta för er help yourself (resp. yourselves), please!; ofta utan motsv. i Engl. b) ja, gärna you're [quite (very)] welcome [to it]!; amer. you're welcome!; skämts. be my guest!; naturligtvis [do,] by all means!, certainly!; *var så ~ och sitt (ta plats)!* [do] sit down (take a seat), won't you?; please take a seat!; *var ~ och stäng dörren.!* el. *vill ni vara så ~ och* stänga dörren*.!* would you please (kindly)...!
2 tillräcklig good; ansenlig considerable; *här finns ~ plats* there is plenty of room here
3 lätt *han är inte ~ att tas med* he's not easy (an easy customer) to deal with; *det är inte gott att säga* it is hard to say
4 jur. *~ man* konkursförvaltare trustee; i stärbhus executor; förordnad av domstol administrator
II *s* o. *subst adj* **1** *det har det ~a med sig att...* one good thing about it is that...; *för mycket av det ~a* too much of a good thing; *livets ~a* the good things of life
2 *gå i ~ för* guarantee
3 *gott* **a)** allm. *allt gott* everything good, all good things pl.; *det är på gott och ont* it has its good points and bad points, it cuts both ways, it's a mixed blessing; *det gjorde gott!* kändes skönt that was good!; *kom ska du få något gott att äta* ...something nice to eat **b)** *gott om:* *ha gott om tid (äpplen)* have plenty of time (apples); *det är (finns) gott om...* a) tillräckligt med there is (resp. are) plenty of... b) mycket: med subst. i plur. there are a great many (vard. are lots of)...; med subst. i sg. there is a great deal of...

Godahoppsudden the Cape of Good Hope
godartad *adj* om t.ex. sjukdom non-malignant, benign; *en ~ svulst* a benign tumour
godbit *s* dainty morsel; titbit äv. bildl.; isht amer. tidbit
goddag se under *god I 1*
godhet *s* goodness; vänlighet kindness [*mot* to[wards]]; välvilja benevolence
godhetsfullt *adv* kindly
godhjärtad *adj* kind-hearted
godis I *s* sweets pl.; barnspr. sweeties pl.; amer. candy; konditorivaror confectionery **II** *adj* smaskens yummy, scrumptious
godkänd *adj* approved; univ. passed; *väl ~* passed with distinction; *bli ~ [i examen]* pass [one's examination]; *få godkänt* obtain a pass
godkänna *vb tr* **1** gå med på approve, agree to, vard. okay, OK; gilla, t.ex. förslag approve of;

medge, erkänna som riktig allow, admit, acknowledge; sanktionera sanction; *ej ~* äv. disapprove [of], disallow; om myndighet betr. förslag reject; **godkännes** på dokument approved **2** efter prövning *~ ngn* i examen pass a p.; *~s* äv. pass; *ej ~* reject, jfr *kugga*
godkännande *s* approving osv.; approbation, approval, acknowledgement; jfr *godkänna*
godlynt *adj* good-humoured, good-tempered
godmodig *adj* good-natured
godnatt *interj* good night!
godnattkyss *s* good-night kiss
godo, göra upp saken *i ~* ...amicably, ...in a friendly spirit; *en uppgörelse i ~* an amicable settlement; *jag har...till ~ hos dig* you owe me...; *[få] hålla till ~ med* [have to] put up with, [have to] stand; *håll till ~!* tag för er! [please] help yourself (resp. yourselves)!
gods *s* **1** koll., t.ex. varor goods pl.; last; amer. freight; *lätt (lättare) ~* bildl. light stuff (material) **2** lantegendom estate; större manor **3** ägodelar property, possessions pl. **4** material material
godsaker *s pl* sötsaker sweets; amer. candy sg.
godsexpedition *s* lokal goods (parcels, amer. freight) office
godsfinka *s* mindre resgodsvagn luggage (guard's) van; amer. baggage car, boxcar; jfr *godsvagn*
godstrafik *s* goods (carrying) traffic; amer. freight traffic (service)
godståg *s* goods train; amer. freight [train]
godsvagn *s* wag[g]on, goods wag[g]on (van); amer. freight car; öppen flatcar; jfr *godsfinka*
godsägare *s* landed proprietor, landowner, estate owner; *~n* the landlord (adlig squire)
godta[ga] *vb tr* approve [of], accept; förslag agree to
godtagbar *adj* acceptable
godtemplare *s* Good Templar
godtrogen *adj* gullible, credulous
godtycke *s* **1** gottfinnande *efter [eget] ~* at one's [own] discretion **2** egenmäktighet *[det] rena ~t* pure arbitrariness
godtycklig *adj* allm. arbitrary äv. egenmäktig; nyckfull capricious; utan grund gratuitous
godvilligt *adv* voluntarily, of one's own accord
goja *s* vard. **1** papegoja Polly [parrot] **2** a) geggamoja goo b) snack *prata ~* talk bosh (rubbish)
go-kart *s* sport. go-kart, go-cart
1 golf *s* bukt gulf
2 golf *s* spel golf; *spela ~* play golf, golf
golfbana *s* golf course; golf links (vanl. sg.); *en ~* a golf course
golfbyxor *s pl* plus-fours
golfklubb *s* golf club
golfklubba *s* golf club
golfspelare *s* golfer, golf player

Golfströmmen the Gulf Stream
Golgata bibl. Golgotha; [Mount] Calvary
Goliat bibl. Goliath
golv *s* allm. floor; sten~ i större byggnad äv. pavement; ~beläggning flooring
golva *vb tr* boxn. floor
golvbonare *s* floor polisher
golvbrunn *s* floor drain
golvdrag *s, det var ~* there was a draught along the floor
golvlampa *s* standard lamp, floorlamp
golvmodell *s* floor model
golvmopp *s* [floor] mop
golvplanka *s* floorboard, flooring board
golvspringa *s* crevice in the floor
golvtilja *s* floorboard, flooring board
golvur *s* grandfather['s] clock
golvväxel *s* floor [gear]shift
golvyta *s* floor surface; areal äv. floor area
gom *s* **1** palate äv. bildl.; roof of the mouth; *kluven ~* cleft palate **2** lösgom dental plate
gomsegel *s* anat. soft palate, velum
gona *vb rfl, ~ sig* enjoy oneself, have a good time
gondol *s* båt el. butikshylla e.d. gondola
gondoljär *s* gondolier
gonggong *s* gong
gonorré *s* med. gonorrhoea; amer. gonorrhea
goodwill *s* goodwill
gordisk *adj, [den] ~a knuten* the Gordian knot
gorilla *s* zool. gorilla
gorma *vb itr* brawl, shout and scream
gospel *s* gospel song
gossaktig *adj* boyish
gosse *s* allm. boy; känslobeton. äv. lad; friare äv. fellow, chap; jfr *pojke* o. sms.; *gamle ~!* old boy (fellow, chap, man)!; *mammas ~* mother's (mamma's) boy
gossebarn *s* baby boy; om ung pojke young boy; mera skämts. young (little) lad
gosskör *s* boys' choir
got *s* Goth; *~erna* the Goths
gotik *s* Gothic, Gothic style (epok period)
gotisk *adj* om språk el. arkit. Gothic
gott I *s* **1** se *god II 3* **2** sötsaker sweets pl.; amer. candy
II *adv* **1** allm. well osv., jfr *bra II 1*; *~ och väl* easily; han är *~ och väl 50* ...well over 50; *hälsa så ~!* all my regards (love)!; *leva ~* live well; *lukta (smaka) ~* smell (taste) nice (good); *det skall smaka ~ med* lite mat it'll be good to have...; *skratta ~* laugh heartily *[åt* at]; *sova ~* sleep soundly osv., jfr *sova; bosätta sig i London för ~* ...for good; *göra så ~ man kan* do one's best; *så ~ som ingenting* practically (next to) nothing; *så ~ som* färdig practically (all but, as good as)... **2** lätt *det kan jag ~ förstå* I can very well (easily) understand that **3** gärna *det kan du ~ göra* you can very well do that (so)

gotta *vb rfl,* ~ *sig åt (i) ngt* revel (take great pleasure) in a th.
gottaffär *s* o. **gottbutik** *s* sweet shop; amer. candy store
gottfinnande *s, efter [*ditt *eget]* ~ as you think best
gottgris *s, han är en* ~ he loves sweets (amer. candy), he has a sweet tooth
gottgöra *vb tr* **1** med sakobj.: ersätta make up for; förlust repair, retrieve; försummelse make amends for; skada make good... **2** med personobj.: ersätta ~ *ngn för ngt* för besvär, arbete recompense (betala remunerate) a p. for a th.; ~ *ngn för hans förlust* make good a p.'s loss to him
gottgörelse *s* **1** ersättning indemnification, compensation, recompense; för utlägg reimbursement; återbetalning refund; betalning remuneration, payment, consideration; skadestånd indemnity, damages pl. [*för* i samtl. fall for]; göra ngt *mot skälig* ~ ...for a reasonable consideration **2** avhjälpande redress [*av* of]; amends [*av* for]
gottskriva *vb tr* hand. ~ *ngn ett belopp* credit a p. with an amount; jfr *kreditera*
gottsugen *adj, jag är* ~ just nu I feel like some sweets (amer. like some candy)
gourmand *s* matvrak gourmand
gourmé *s* o. **gourmet** *s* finsmakare gourmet
grabb *s* pojke boy; kille chap, fellow; isht amer. guy
grabba *vb tr* o. *vb itr,* ~ *[tag i]* grab [hold of]; ~ *åt sig* grab...for oneself
grace *s* **1** behag grace[fulness], charm; gunst favour; *dela på ~rna* distribute one's favours **2** *de tre ~rna* the three Graces
gracil *adj* slender [and delicate]
graciös *adj* graceful
1 grad *s* **1** allm. degree; utsträckning extent; nyans shade; *i hög* ~ to a great (high) degree, to a great extent; *i hög* ~ + adj. highly, exceedingly, immensely; *i högsta* ~ in the highest degree; extremely, supremely; *till den* ~ *blyg att...* shy to such a degree (an extent) that...; *till en viss* ~ to a certain degree (extent) **2** enhet vid t.ex. mätning degree; *det är 10 ~er kallt (minus)* it is 10 degrees centigrade below zero (freezing-point); amer. el. äldre britt. motsv. it is 14 degrees Fahrenheit; *i 45 ~ers vinkel* at an angle of 45 degrees; *på 60 ~ers nordlig bredd* at 60 degrees North latitude; brännskada *av första ~en* first-degree... **3** rang rank, grade; stadium stage; *stiga i ~erna* rise in the ranks **4** typogr. size of type
2 grad *s* tekn., på arbetsstycke burr; på fil edge
gradbeteckning *s* mil., konkr. badge of rank, insignia (vanl. pl.)
gradera *vb tr* indela i grader, klassificera grade [*efter* according to]; tekn. graduate
gradering *s* gradation; tekn. graduation

gradskillnad *s* difference of (in) degree
gradskiva *s* protractor
gradtal *s, vid höga (låga)* ~ på termometern at high (low) temperatures
gradvis I *adv* by degrees, gradually, step by step **II** *adj* gradual
graf *s* matem. el. språkv. graph
graffiti *s* klotter graffiti pl.
graffitimålare *s* graffiti artist
grafik *s* konst~ graphic art, printmaking; gravyr engraving; grafiska blad prints, graphic works; gravyrer engravings (samtl. pl.)
grafiker *s* konst~ graphic (lithographic) artist, printmaker; typogr., formgivare graphic arts designer
grafisk *adj* graphic; ~ *konst* se *grafik;* ~ *formgivning* konkr. graphic design; ~ *industri* printing industry
grafit *s* miner. graphite
grafolog *s* graphologist
grafologi *s* graphology
grahamsbröd *s* graham (wholemeal, amer. whole wheat) bread
grahamsmjöl *s* graham (wholemeal, amer. whole wheat) flour
gram *s* gram[me]
grammatik *s* grammar
grammatikalisk *adj* grammatical[ly correct]
grammatisk *adj* grammatical
grammofon *s* gramophone; amer. phonograph
grammofonskiva *s* record, disc, gramophone (amer. phonograph) record (disc)
gramse *adj, vara* ~ *på ngn* bear a p. a grudge
gran *s* **1** träd [Norway] spruce, spruce fir; vard. fir; jul~ Christmas tree **2** virke spruce [wood]; hand. whitewood
1 granat *s* miner. garnet
2 granat *s* mil. shell; hand~ hand grenade
granatgevär *s* mil. recoilless antitank rifle
granatkastare *s* mil. mortar
granatskärva *s* o. **granatsplitter** *s* mil. shell splinter
granatäpple *s* pomegranate
granbarr *s* spruce needle; vard. fir needle
1 grand *s* **1** *~et och bjälken* the mote and the beam **2** smula *inte göra ett skapande[s]* ~ not do a mortal thing (a stroke of work); se äv. *grann*
2 grand *s* spansk titel grandee
grandezza *s* grandiosity, grandeur
grandios *adj* grandiose
granit *s* granite
grankotte *s* spruce (vard. fir) cone
1 grann *s, lite* ~ just a little; *vänta lite ~!* just wait a moment!
2 grann *adj* **1** lysande, om t.ex. färg brilliant, dazzling; ståtlig, om t.ex. karl fine-looking; om t.ex. röst magnificent; *grant väder* magnificent weather **2** [alltför] brokig, isht om färger gaudy; prålig garish, showy; vard., utstyrd dressed (dolled) up; om t.ex. fraser

granne 222

high-sounding, fine; *jo, det var grant!* iron. this is a fine (nice) thing!
granne *s* neighbour
grannfolk *s* **1** grannar ~*et* the (resp. our osv.) neighbours pl. **2** nation neighbouring (neighbour) nation
granngård *s* bondgård neighbouring (adjacent) farm
grannlaga *adj* finkänslig tactful; hänsynsfull considerate; diskret discreet; ömtålig (om sak) delicate
grannland *s* neighbouring (adjacent, adjoining) country; *vårt västra ~* our neighbouring country in the West
grannlåt *s* a) grann utsmyckning showy decoration (ornamentation, display); frills pl., äv. ordprål; granna kläder finery b) granna saker showy ornaments pl.; t.ex. granna smycken, bjäfs fripperies pl.
grannskap *s* neighbourhood; närhet äv. vicinity
grannstat *s* neighbouring state, jfr *grannland* ex.
grannsämja *s* neighbourliness, [good] neighbourship; *leva i god ~* be on neighbourly terms
granris *s* koll. spruce (vard. fir) twigs pl.
granska *vb tr* undersöka examine, study; besiktiga inspect; syna scrutinize; noga iaktta observe...closely; utforska look (inquire) into; kontrollera, t.ex. siffror, manuskript check; om revisor audit; recensera review
granskare *s* examiner, inspector; av litteratur reviewer
granskning *s* examining osv.; examination, study; inspection; scrutiny; check, check-up; review; jfr *granska*
grapefrukt *s* grapefruit
grassera *vb itr* om t.ex. sjukdom be rife (prevalent); stark rage; om t.ex. oskick run rampant
gratifikation *s* bonus, gratuity
gratin se *gratäng*
gratinera *vb tr* kok. bake...in a gratin-dish, gratinate; *~d fisk* ...au gratin fr.
gratis I *adv* for nothing, free [of charge (cost)], gratis **II** *adj* free, gratuitous; *inträde ~* admission free
gratisaktie *s* bonus share; amer. stock dividend
gratisbiljett se *fribiljett*
gratiserbjudande *s* free offer
gratisexemplar *s* free copy
gratispassagerare se *fripassagerare*
gratisprov *s* free sample
grattis *interj* vard. congratulations!, congrats!, gratters!
gratulant *s* congratulator; friare caller
gratulation *s* congratulation; *varma (hjärtliga) ~er [till* utnämningen*]!* hearty congratulations [on...]!; *hjärtliga ~er på födelsedagen!* Many Happy Returns [of the Day]!
gratulationskort *s* greetings card
gratulera *vb tr* congratulate [*till* on]; iron. pity; *jag ber att få ~ på födelsedagen!* Many Happy Returns [of the Day]!
gratäng *s* kok. gratin fr.
gratängform *s* kok. gratin dish
1 grav *adj* fonet. *~ accent* accenttecken grave accent
2 grav *adj* svår, allvarlig, om t.ex. beskyllning serious; om t.ex. anmärkning äv. damaging
3 grav *s* allm. grave äv. bildl.; murad tomb; uppbyggd, uthuggen sepulchre; *den heliga ~en* the Holy Sepulchre
grava *vb tr* kok., ung. pickle...raw; *~d lax* raw spiced salmon
gravallvarlig *adj* solemn, dead serious
gravand *s* sheldrake; hona äv. shelduck
gravation *s* jur. encumbrance
gravationsbevis *s* jur. [official] certificate of search
1 gravera *vb tr* inrista engrave [*i (på)* on]; *~ in* engrave, incise, carve [*i (på)* on]
2 gravera *vb tr* jur. encumber
graverande *adj* grave, serious; *~ omständigheter* aggravating circumstances
gravering *s* engraving
gravid *adj* pregnant
graviditet *s* pregnancy
graviditetstest *s* pregnancy test
gravitation *s* fys. gravitation
gravitationslagen *s* fys. the law of gravity (gravitation)
gravitetisk *adj* grave, solemn; pompös pompous
gravkammare *s* sepulchral chamber, sepulchre
gravkapell *s* för jordfästning [sepulchral] chapel
gravkor *s* chapel
gravkulle *s* gravemound
gravlax *s* kok. raw spiced salmon
gravlaxsås *s* salmon (shellfish) sauce [made of mustard, oil, dill etc.]
gravlik *adj*, *~ tystnad* deathlike silence
gravlykta *s* lamp on a (resp. the) grave
gravmonument *s* mausoleum; se vid. *gravvård*
gravplats *s* grav grave, burial plot
gravplundrare *s* grave-robber
gravplundring *s* grave robbing
gravskrift *s* epitaph
gravsmyckning *s* [the] ornamentation of a grave (resp. the grave, graves etc.)
gravsten *s* gravestone, tombstone
gravsätta *vb tr* jorda inter
gravsättning *s* interment
gravvalv *s* [burial (sepulchral)] vault, tomb; i kyrka crypt
gravvård *s* av sten tomb, memorial stone, sepulchral monument; se äv. *gravsten*

gravyr *s* engraving; etsning etching; kopparstick [copperplate] engraving
gravöl *s* funeral feast; hist. äv. arval
gravör *s* engraver
gredelin o. **gredelint** se *lila*
grej *s* vard., sak thing; friare what-d'you-call-it, what's-its-name; manick thingamy, thingumabob, gadget
greja vard. **I** *vb tr* ordna, fixa fix, put...right, manage **II** *vb itr*, ~ *med* busy oneself with
grejor *s pl* vard. things, gadgets, jfr *grej*; paraphernalia; hophörande tackle, gear, kit (samtl. sg.); *det var inga dåliga* ~ that's pretty good!, [that's] not bad!
grek *s* Greek
grekcypriot *s* Greek Cypriot
grekinna *s* Greek woman
grekisk *adj* Greek; om anletsdrag, antika o. antikiserande förh. Grecian
grekiska *s* (jfr *svenska*) **1** språk Greek **2** kvinna Greek woman
grekisk-ortodox *adj*, ~*a kyrkan* the [Eastern] Orthodox Church, the Greek [Orthodox] Church
grekisk-romersk *adj*, ~ *brottning* Graeco-Roman (isht amer. Greco-Roman) wrestling
Grekland Greece
gren *s* **1** allm. branch; större träd~ limb; dito med kvistar bough; mindre twig; av flod, bergskedja äv. arm; förgrening ramification; gaffelformig fork **2** skol. option; del av tävling event **3** skrev crutch, crotch, fork
grena *vb rfl*, ~ *[ut] sig* branch [out], fork; i två äv. bifurcate; flerfaldigt äv. ramify [*i* i samtl. fall into]
grenig *adj* branched; grenrik branchy, ramified
grensle *adv* astraddle, astride [*över* of]
grenverk *s* koll. branches pl.
grep *s* pitchfork; gödsel~ manure fork
1 grepe se *grep*
2 grepe *s* handtag handle
grepp *s* **1** allm. grasp äv. bildl. [*i (om)* of]; hårdare grip äv. bildl. [*i* el. *om* of (on); *på* el. *om* ämne on (of)]; hastigt grab, clutch [*efter (åt)* at]; tag hold äv. brottn.; fäste purchase; *ett klokt* ~ a wise move; *jag får inget* ~ *om det* I can't get the hang of it **2** handgrepp operation, manipulation; knep trick; konstgrepp device **3** konkr., handtag handle
greppa *vb tr* vard. grab (take) hold of; komma underfund med get the hang of
greve *s* count; i Engl. earl; ~*n* vid omtal vanl. His (vid tilltal Your) Lordship; *komma i* ~*ns tid* come in the nick of time
grevinna *s* countess; ~*n* vid omtal vanl. Her (vid tilltal Your) Ladyship
grevlig *adj* attr. count's (i Engl. earl's)..., ...of a count (i Engl. an earl); jfr *greve*
grevskap *s* **1** grevevärdighet countship; i Engl. earldom **2** område i Engl. county

griffeltavla *s* slate
grift *s* tomb, grave
griljera *vb tr*, ~ *ngt* dip (coat) a th. with egg and breadcrumbs and fry (i ugn roast) it
grill *s* **1** grill äv. lokal **2** kylar~ grille
grilla I *vb tr* grill; isht amer. broil **II** *vb itr* ha grillfest have a barbecue
grillbar *s* ung. grill bar
griller *s pl* fads [and fancies], whims, whim sg.
grillfest *s* barbecue
grillkol *s* [ready-made] charcoal
grillkorv *s* sausage for grilling
grillspett *s* skewer; med kött e.d. [shish] kebab
grillvante *s* oven glove
grimas *s* grimace, wry face
grimasera *vb itr* make (pull) faces, grimace
grimma *s* halter
grin *s* **1** grimas grimace **2** vard.: flin grin; hånleende sneer
grina *vb itr* **1** vard.: gråta cry; kinka fret; gnälla whine **2** ~ *illa* grimasera pull (make) wry faces (a wry face) [*mot, åt* at] **3** flina grin; hånle sneer [*mot, åt* at]
grind *s* trädgårds~ gate; liten späl~ lattice door, wicketgate; vid järnvägsövergång [level-crossing] gate[s pl.]; kricket~ wicket
grindstolpe *s* gatepost
grindvakt *s* gatekeeper; i kricket wicketkeeper
grinig *adj* **1** gnällig whining, whimpering; kinkig, om barn fretful **2** knarrig grumpy; kritisk fault-finding; kinkig, petnoga particular
grip *s* griffin
gripa I *vb tr* **1** fatta tag i: allm. el. bildl. seize; tjuv o.d. äv. capture, catch; kraftigt fatta tag i äv. catch (take) hold of; ~ *[om] ngt* clasp (grasp) a th.; med fast tag clutch (grip) a th.; ~ *ngn i armen* seize a p. by the arm, seize hold of a p.'s arm; ~*s på bar gärning* be caught in the act **2** djupt röra [profoundly] touch (move), [deeply] affect; absol. be deeply affecting (moving); stark. thrill, grip **II** *vb itr*, ~ *efter ngt* grasp (catch, snatch) at a th.
III med beton. part.
~ *sig an*: ~ *sig an med ngt (med att arbeta)* set about a th. (working)
~ *in* i bildl., se *ingripa*; ~ *in i varandra* om t.ex. kugghjul interlock, engage
~ *omkring sig* spread, gain ground
gripande *adj* rörande touching osv., jfr *gripa I 2*; pathetic, poignant
gripbar *adj* fattbar apprehensible; påtaglig palpable, tangible
gripen *adj* **1** seized [*av* t.ex. förtvivlan with] **2** rörd touched osv., jfr *gripa I 2;* impressed
griptång *s* pincers pl.
gris *s* **1** pig; späd~ sucking-pig, sucker; kok. ~*kött* [young] pork; *köpa* ~*en i säcken* buy a pig in a poke **2 a)** vard., om pers. lortgris pig **b)** *min lilla* ~! smeks. my little sweetie (pet, honey)!

grisa *vb itr* **1** zool. farrow **2** vard. ~ *ner* make the place in a mess; ~ *ner sig* get oneself in[to] a mess
grisfötter *s pl* kok. pigs' trotters
grisig *adj* filthy, dirty, piggish
griskulting *s* young pig, piglet
grismat *s* eg. pig feed; av avfall, isht flytande swill; neds., om mat hogwash, muck
grizzlybjörn *s* grizzly bear
gro *vb itr* eg. germinate, sprout; växa grow; bildl. rankle
grobian *s* boor, lout; stark. ruffian
groblad *s* bot. plantain
groda *s* **1** zool. frog **2** fel blunder; grövre howler; *säga (göra) en* ~ make a blunder (howler)
grodd *s* konkr. germ, sprout
groddblad *s* biol. germ layer
groddjur *s* batrachian
grodfötter *s pl* sport., för grodmän, sportdykare frogman (diving) flippers
grodlår *s* frog's leg (pl. frogs' legs)
grodman *s* dykare frogman
grodmansdräkt *s* frogman suit
grodperspektiv *s*, *i* ~ from underneath; bildl. from a worm's-eye view
grodsim *s* frog kick
grodyngel *s* tadpole; koll. tadpoles pl.
grogg *s* whisky (konjaks~ brandy) and soda; amer. vard. highball; gin~ gin and tonic
grogglas *s* tomt whisky tumbler
groggvirke *s* vard. soda [water] etc. to mix with whisky etc., jfr *grogg*
grogrund *s* bildl. breeding ground, hotbed
groll *s* grudge; *gammalt* ~ a long-standing grudge; jfr *agg*
groning *s* germinating osv., jfr *gro;* germination
grop *s* pit; större hollow, cavity; i väg hole; flyg. air pocket; buckla dent; i kind, haka dimple
gropig *adj* eg. ...full of holes; ojämn uneven; om sjö o. resa rough; om luft, väg bumpy
gross *s* gross (pl. lika); *i* ~ i parti wholesale, by the gross
grossess *s* pregnancy; *i* ~ pregnant
grosshandel *s* wholesale trade (handlande trading)
grosshandlare *s* o. **grossist** *s* wholesale dealer, wholesaler
grotesk I *adj* grotesque **II** *s* konst. el. typogr. grotesque
grotta *s* cave; större cavern; målerisk el. konstgjord grotto (pl. -s el. -es)
grottekvarn *s* bildl. treadmill
grottforskning *s* speleology
grottmålning *s* rock painting [in a cave (in caves)]
grottmänniska *s* caveman, cave-dweller, troglodyte
grov *adj* allm. coarse; obearbetad, med ~ yta, ungefärlig, ohyfsad äv. rough; tjock äv. thick; storväxt big, heavy; svår, allvarlig gross, serious; ohyfsad äv. rude [*mot* towards, to]; jfr vid. ex.; *~t artilleri* heavy artillery (guns pl.) äv. bildl.; *~t bedrägeri* gross deception; *~t bröd* coarse rye bread; *i ~a drag* in rough (broad) outline[s], roughly, crudely; *[en]* ~ *hy* a coarse complexion; ~ *okunnighet* gross (crass) ignorance; *tjäna ~a pengar* vard. earn big money; ~ *röst* gruff (rough, coarse) voice; *~t salt* coarse-grained salt; ~ *sjö* heavy sea; *~a skor* heavy shoes; *ett ~t skämt* a rude (coarse) joke; *~t språk* coarse (rough) language; ~ *stöld* a serious case of theft; amer. aggravated larceny; *vara ~ i munnen* be foul-mouthed, use coarse language
grovarbetare *s* unskilled (general) labourer
grovarbete *s* allm. heavy (rough) work; grovarbetares unskilled work (labour)
grovgöra se *grovarbete*
grovhet *s*, *~er* otidigheter coarse (foul, abusive) language sg.
grovkalibrig *adj* large-calibred, large-bored
grovkornig *adj* **1** eg. coarse[-grained]; foto. coarse-grain **2** bildl. coarse, gross; om t.ex. skämt äv. broad
grovkök *s* ung. scullery
grovlek *s* [degree of] coarseness (thickness, heaviness), jfr *grov;* storlek size
grovlemmad *adj* coarse-limbed
grovmala *vb tr* grind (kött mince)...coarsely
grovsmed *s* blacksmith
grovsopor *s pl* bulky (heavy) refuse (rubbish) sg.
grovsortering *s* first (preliminary) sorting
grovstammig *adj* thick-stemmed
grovtarm *s* anat. colon
grubbel *s* funderande pondering; ängsligt, dystert brooding; ideligt rumination; drömmande musing[s pl.] [*över* i samtl. fall on (over)]; religiöst obsession; tungsinne melancholy
grubbla *vb itr* fundera ponder, cogitate; brood, ruminate, muse [*på* i samtl. fall [up]on; *över* over (about)]; jfr *grubbel;* mull [*på* over]; bry sin hjärna puzzle [one's head] [*på* about; *över* over]; *gå och* ~ som vana be given [a prey] to brooding (tungsint äv. melancholy)
grubblande I *s* pondering etc., se *grubbel* **II** *adj* brooding, cogitative, meditative; tungsint melancholy
grubblare *s* brooder, brooding type; han är *en* ~ ...given to brooding (tungsint melancholy)
grubbleri *s*, *försänkt i ~er* in a brown study, brooding; se vid. *grubbel*
gruff *s* bråk, gräl row; se äv. *gräl.* o. ex.
gruffa *vb itr* bråka, träta make (kick up) a row, squabble [*för (om)* about]; knota grumble, grouse [*för (om)* about]
grumla *vb tr* eg. muddy, make...muddy; t.ex. källa make (render)...turbid äv. ngns tanke (sinne); ngns lycka, förhållande, vänskap cloud; göra suddig blur; fördunkla obscure

grumlas *vb itr dep* eg. become muddy (turbid); bildl. become clouded osv., jfr *grumla;* om röst become thick

grumlig *adj* eg. muddy äv. om t.ex. färg el.hy; turbid äv. om t.ex. tankar; isht om vätska cloudy [*av* i samtl. fall with]; om t.ex. luften clouded, dimmed, cloudy; hes thick; oredig muddled, confused; dunkel obscure; otillförlitlig doubtful

grums *s* allm. dregs; isht i kaffe grounds; isht i vin lees (samtl. pl.); isht i vatten sediment

1 grund *s* **1** grundval, underlag foundation [*till of*]; hus~ äv. foundations pl.; bottenyta, bakgrund ground; bildl. äv. basis (pl. bases); *bygga upp ett företag från ~en* build up a company (business) from the bottom; *ligga till ~ för* be the basis (at the bottom) of; om princip o.d. underlie **2** friare, i vissa uttr. *i ~* fullständigt entirely, totally, completely, utterly; *i ~en* el. *i ~ och botten* i själ och hjärta at heart (bottom), basically **3** mark ground **4** skäl reason, ground[s pl.] [*till* for]; orsak cause [*till* of]; bevekelse~ motive; *ha sin ~ i ngt* be founded (based) on a th.; bero på be due to a th.; *på goda ~er* for very good (excellent) reasons; *på ~ av* on account of, because of, owing to; *stängt på ~ av reparation* closed for repairs **5** princip principle; handla *efter samma ~er* ...on the same principles

2 grund I *adj* shallow äv. om kunskaper **II** *s* grunt ställe shoal; t.ex. sand~ bank; undervattensklippa sunk[en] rock; *gå (stå) på ~* run (be) aground

grunda I *vb tr* **1** grundlägga found; affär, tidning äv. establish, set up; inrätta institute; förmögenhet lay the foundation of **2** stödja *~ sin mening på* base one's opinion on **3** grundmåla prime **II** *vb rfl, ~ sig* rest (be based) [*på* [up]on]

grundad *adj* väl~, om t.ex. farhåga well-founded; om misstanke äv. well-grounded; befogad, om t.ex. anledning äv. good; rimlig reasonable

grundare *s* grundläggare founder

grundavdrag *s* basic allowance (deduction)

grundavgift *s* basic fee

grundbegrepp *s* fundamental principle; pl. äv. elements

grundbetydelse *s* basic (primary, fundamental) sense (meaning)

grunddrag *s* fundamental (essential) feature; *~en av Europas historia* the main outlines (an outline) of European history

grundfel *s* fundamental fault (defect, error)

grundform *s* primary (original, fundamental) form; substantivs common case

grundforskning *s* basic (fundamental) research

grundfärg *s* **1** fys. primary colour **2** bottenfärg ground colour **3** mål.: strykning first coat; målarfärg priming paint

grundkurs *s* t.ex. skol. basic course

grundlag *s* polit. fundamental (betr. författningen constitutional) law; författning constitution

grundlagsenlig *adj* constitutional

grundlagsstridig *adj* unconstitutional

grundlig *adj* allm. thorough äv. om pers.; gedigen solid, sound; ingående close; noggrann careful; genomgripande thorough-going; om t.ex. undersökning äv. exhaustive; om t.ex. studier äv. profound; om t.ex. förändring fundamental; om t.ex. reform radical

grundlighet *s* thoroughness osv., jfr *grundlig;* solidity, care, profundity

grundligt *adv* thoroughly osv., jfr *grundlig;* fullständigt completely, utterly

grundlinje *s* matem. baseline

grundlurad *adj* ...completely taken in, duped

grundlägga *vb tr* found, lay the foundation[s] of, jfr *grunda I 1*

grundläggande *adj* fundamental; om t.ex. princip äv. basic

grundläggare *s* skapare founder

grundläggning *s* grundande foundation, establishment

grundlön *s* basic salary (pay resp. wages pl., jfr *lön*)

grundlös *adj* om t.ex. påstående groundless; om t.ex. rykte baseless; om t.ex. misstanke unfounded

grundmurad *adj* bildl. solidly established, firmly rooted

grundmåla *vb tr* prime, put the first coat on

grundorsak *s* primary (original) cause

grundplåt *s* nucleus [*till* of]; first contribution; *skänka ~en till en fond* start a fund by giving a donation

grundprincip *s* basic (fundamental, underlying) principle

grundregel *s* fundamental (basic) rule (principle)

grundskola *s* 'grundskola', nine-year [compulsory] school

grundskolekompetens *s* skol. completed nine-year compulsory education

grundslag *s* i tennis ground stroke

grundsten *s* foundation stone

grundstomme *s* ground-work; bildl. äv. nucleus [*till* of]

grundstöta *vb itr* run aground

grundstötning *s* grounding

grundsyn *s* basic outlook

grundtal *s* gram. cardinal number

grundtanke *s* fundamental (basic, leading) idea

grundtema *s* main (leading) theme

grundtext *s* original text

grundton *s* mus. el. bildl. keynote; fys. fundamental tone

grundutbildning *s* basic education (course, training); univ. undergraduate studies pl.
grundval *s* foundation; bildl. äv. groundwork, bas|is (pl. -es); *skakas i sina ~ar* be shaken to its (resp. their) [very] foundations; *på ~ av* on the basis of
grundvalla I *s* priming wax **II** *vb tr* prime...with wax (tjära tar)
grundvatten *s* i jorden groundwater, subsoil water
grundämne *s* element
grunka se *grej* o. *grejor*
grupp *s* allm. group; klunga äv. cluster; av. träd äv. clump; avdelning section; arbets~ party; mil. squad; flyg. flight
grupparbete *s* teamwork, group work (båda end. sg.); skol. group project
gruppbild *s* group picture (portrait)
gruppbiljett *s* järnv. party ticket
gruppchef *s* mil. squad (sjö. section) leader; flyg. flight commander (amer. leader)
gruppdynamik *s* psykol. group dynamics sg.
gruppera I *vb tr* group[...together] [*i* into]; mil. deploy; *~ om* regroup **II** *vb rfl*, *~ sig* group [oneself]; mil. deploy
gruppering *s* grouping; mil. deployment
gruppförsäkring *s* group insurance
gruppledare *s* t.ex. sport. group leader
grupplivförsäkring *s* group life insurance (pension policy)
grupppresa *s* group excursion
gruppsamtal *s* **1** group discussion **2** telef. conference call
gruppsex *s* group sex
gruppterapi *s* psykol. group therapy
grupptryck *s* psykol. group pressure
grus *s* **1** gravel äv. med.; på tennisbana clay; *spela på ~* tennis play on a clay court (on clay); fotb. play on a gravel pitch **2** vard., småpengar small change
grusa *vb tr* gravel; bildl., t.ex. ngns förhoppningar dash[...to the ground]; gäcka frustrate
grusbana *s* i tennis clay court
grusgrop *s* gravel pit
grushög *s* gravel heap, heap of gravel; ruinhög ruins pl., heap of ruins (rubble)
grustag *s* gravel pit
grusväg *s* gravelled (amer. dirt) road
1 gruva *s* mine; kol~ äv. pit
2 gruva *vb rfl*, *~ sig för ngt* dread (be dreading) a th.
gruvarbetare *s* miner; kolarbetare äv. collier, pitman
gruvbolag *s* mining company
gruvdistrikt *s* mining district
gruvdrift *s* mining
gruvgas *s* metan methane, firedamp
gruvgång *s* gallery, drift; längst ned level
gruvhål *s* pit
gruvlig *adj* dreadful, horrible; vard. awful; jfr *förfärlig*

gruvolycka *s* mining (i kolgruva äv. pit) accident
gruvras *s* caving-in (falling-in) of a (resp. the) mine (i kolgruva äv. pit)
gruvsamhälle *s* mining community (village)
gruvschakt *s* mine shaft; i kolgruva äv. pit shaft
gruvstolpe *s* o. **gruvstötta** *s* pit prop
1 gry *s*, *det är gott ~ i honom* he has got plenty of backbone (grit)
2 gry *vb itr* dawn äv. bildl.; eg. äv. break
gryende *adj* dawning; *~ anlag* budding talents; *~ intresse* awakening interest
grym *adj* cruel [*mot* to]; *~* o. vild fierce, ferocious; skoningslös ruthless; vard., ryslig awful
grymhet *s* cruelty [*mot* to]; stark. atrocity; *begå en ~* commit an act of cruelty [*mot* on], commit an atrocity
grymta *vb itr* grunt
grymtning *s* grunting; *en ~* a grunt
gryn *s* korn grain; koll., hand. hulled grain; jfr t.ex. *havregryn* med sms.
gryna *vb rfl*, *~ sig* granulate
grynig *adj* grainy; grusig gritty; småkornig granular
gryning *s* dawn äv. bildl.; jfr *dagning*
gryt *s* jakt. earth, burrow
gryta *s* pot; större cauldron; sylt~ [preserving] pan; av lergods casserole, terrine båda äv. maträtt; *små grytor har också öron* little pitchers have long ears
grytbitar *s pl* stewing steak (beef) sg.
grytlapp *s* pot-holder, kettle-holder
grytlock *s* pot lid
grytstek *s* ung. braised beef
grå *adj* grey, amer. gray; gråhårig äv. grizzled; trist äv. drab, dull, dreary, gloomy; mulen äv. overcast; *~ arbetskraft* gray labour; *det ger mig ~a hår* it is enough to turn my hair grey; *~ starr* med. cataract; *~ i hyn* ashy-complexioned; *den ~ vardagen* the monotonous round of everyday life; jfr äv. *blå* o. sms.
gråaktig *adj* greyish
gråberg *s* **1** gråsten granite **2** gruv. gangue, waste (dead) rock
gråblek *adj* ashen grey
gråblå *adj* greyish blue, slate blue
grådaskig *adj* dirty grey; gråaktig greyish
grågås *s* zool. greylag [goose]
gråhet *s* greyness; amer. grayness; bildl. äv. dullness osv.; jfr *grå*
gråhund *s* Norwegian elkhound
gråhårig *adj* grey-haired; poet. hoary; gråsprängd grizzled
gråkall *adj* bleak, chill, raw
grålle *s* häst grey horse
gråna *vb itr* turn (go) grey; *~d* åldrad grey-headed, hoary; om hår grey, grizzled
gråpapper *s* drying paper; isht för växtpressning pressing paper; amer. äv. plant drier

gråpäron *s* [type of] small brownish-green pear
gråsej *s* o. **gråsida** *s* zool. coalfish, saithe
gråsparv *s* house sparrow
gråspräcklig *adj* ...speckled grey; om tyg äv. pepper-and-salt...
gråsprängd *adj* grizzled
gråstarr *s* **1** med. cataract **2** bot. sedge
gråsten *s* granite
gråsugga *s* zool. wood-louse (pl. wood-lice)
gråsäl *s* grey seal
gråt *s* gråtande crying; tyst äv. weeping; tårar tears pl.; snyftningar sobs pl.; snyftande sobbing; *ha ~en i halsen* have a lump in one's throat; *vara nära ~en* be on the verge of tears
gråta *vb tr* o. *vb itr* cry [*efter* for; *för* about; *över* over]; tyst äv. weep [*över* over]; tjuta blubber; *~ av glädje* weep (cry) for joy, shed tears of joy; *~ av smärta* cry with pain; *hon har lätt för att ~* she is easily moved to tears, she is apt to cry for no reason; *~ ut* have a good cry; *~ sig till sömns* cry oneself to sleep; *hon sade ~nde* she said, in tears
gråtanfall *s* o. **gråtattack** *s* fit of crying
gråterska *s* professional mourner
gråtfärdig *adj*, *vara ~* be ready to cry, be on the verge of tears
gråtmild *adj* tearful; sentimental sentimental, maudlin
gråtrut *s* zool. herring gull
grått *s* grey; amer. gray; jfr *blått*
gråverk *s* squirrel [fur]
1 grädda *vb tr* i ugn bake; plättar fry, make
2 grädda *s* cream; *~n av societeten* the cream of society
gräddbakelse *s* cream cake
grädde *s* cream; *tjock (tunn) ~* vanl. double (single) cream
gräddfil *s* **1** sour[ed] cream **2** vard., körfil VIP lane
gräddfärgad *adj* cream-coloured; attr. äv. cream
gräddglass *s* full-cream ice
gräddkanna *s* cream jug
gräddkola *s* [cream] toffee
gräddmjölk *s* milk mixed with cream
gräddning *s* i ugn baking; av plättar frying, making
gräddsås *s* cream sauce, sauce made with cream
gräddtårta *s* cream gateau (pl. -x), cream cake
gräl *s* tvist quarrel, träta squabble, wrangle, tiff; amer. äv. spat [*om* i samtl. fall about (over)]; grälande quarrelling osv., jfr *gräla*; bråk row; *börja (mucka, söka) ~* pick a quarrel [*med* with]; *råka i ~ med ngn* fall out with a p. [*om* over]
gräla *vb itr* **1** tvista quarrel, have words (a quarrel), träta squabble, wrangle [*med* i samtl. fall with; *om* i samtl. fall about] **2** vara ovettig scold [*på ngn* a p.; *för* for]; *~ över ngt* grumble about (over) a th.
gräll *adj* glaring; om färg äv. loud; om ljus äv. garish
grälsjuk *adj* quarrelsome, cantankerous
gräm|a I *vb tr* vålla sorg grieve; förtryta vex, mortify; *det -er mig att han...* I can't get over the fact (it gets me) that he... **II** *vb rfl*, *~ sig* fret [*över* over]; *gå och ~ sig* go around fretting
grämelse *s* sorg grief; harm mortification
gränd *s* alley, [by-]lane
gräns *s* geografisk och ägogräns boundary; stats~ frontier; gränsområde border[s pl.], confines pl.; yttersta ~; isht bildl. limit; bildl. äv. bounds pl.; skiljelinje boundary line, borderline, dividing line; *nedre (övre) ~* lower (upper) limit (boundary); *dra ~en* eg. fix the boundary; bildl. draw the line; skilja äv. draw (make) a distinction; *sätta en ~ för* begränsa set bounds (limits) to; stävja put an end (a stop) to; *det är på ~en till* det omöjliga it borders on...; *vara (stå) på ~en till* bildl. be on the verge of; gränsa till border (verge) on; *...ligger vid skotska ~en* ...lies on the Scottish border; lättsinne *utan ~* boundless...
gränsa *vb itr*, *~ till* allm. border on; eg. äv.: ligga intill abut on, adjoin; begränsas av be bounded by; bildl. äv. verge on; *det ~r till det otroliga* it borders on the (is almost) incredible
gränsbefolkning *s* border (statsgräns frontier) population
gränsbevakning *s* abstr. guarding of the frontier; konkr. frontier guard
gränsbo *s* borderer
gränsdragning *s* åtskillnad distinction
gränsfall *s* bildl. borderline case
gränshandel *s* cross-border shopping
gränskränkning *s* frontier violation
gränsland *s* borderland äv. bildl.
gränslinje *s* boundary [line], borderline, line of demarcation alla äv. bildl.
gränslös *adj* boundless, limitless; bildl. äv. unbounded; friare: ofantlig immense; oerhörd extreme; hejdlös enormous, tremendous
gränsmärke *s* boundary mark, landmark; bildl., se *gränslinje*
gränsområde *s* border district; bildl. borderland, interface
gränsoroligheter *s pl* border (statsgräns frontier) disturbances
gränssnitt *s* data. interface
gränsstation *s* frontier station
gränstrakt se *gränsområde*
gränstvist *s* boundary (statsgräns frontier) dispute
gränsövergång *s* border crossing
gräs *s* **1** grass äv. koll.; *i ~et* på gräsmattan on (bland gräset in) the grass; *spela på ~* tennis play on the grass; *ha (tjäna) pengar som ~*

gräsand

have money to burn (make heaps of money) **2** sl., marijuana grass
gräsand s zool. mallard, wild duck
gräsbana s i tennis grass court
gräsbevuxen adj grass-covered, grassy
gräsbrand s grass fire
gräsfrö s koll. grass seeds pl.
gräshoppa s grasshopper; bibl. el. i Afrika, Asien locust
gräshoppssvärm s swarm of locusts
gräsklippare s maskin lawn mower
gräsklippning s grass cutting (mowing)
gräslig adj ohygglig, ryslig shocking, terrible; vard., väldig awful, frightful; gemen horrid [*mot* towards]
gräslighet s shockingness osv., jfr *gräslig;* gräslig sak shocking osv. thing; ogärning atrocity
gräslök s chives pl.; växt chive
gräsmatta s lawn; ej ansad grassy space; *på (i) ~n* vanl. on (bland gräset in) the grass
gräsplan s gräsmatta lawn; sport.: t.ex. fotb. grass pitch, jfr vid. *1 plan 1; på ~* vanl. on the grass
gräsrotsnivå s, *på ~* bildl. at the grass roots, at grass roots level
gräsrötterna s pl bildl. the grass roots
gräslätt s grassy plain
grässtrå s blade of grass
grästorva s turf, sod
gräsänka s grass widow
gräsänkling s grass widower
gräsätare s grass-eater; vetensk. graminivorous animal, herbivore
grätten adj fastidious [*på* about]
gräva I *vb tr* o. *vb itr* allm. dig [*efter* for]; företa utgrävning el. gm grävning bygga äv. excavate; t.ex. tunnel äv. cut; böka grub [*efter* for]; isht om djur burrow; rota rummage [*efter* for; *i* in]; *~ [efter] guld* dig for gold
II med beton. part.
~ **fram** dig out äv. bildl.; bringa i dagen dig up, unearth, excavate
~ **ned** gömma bury [*i* in]; begrava sig bury oneself (friare get too absorbed) in
~ **upp** dig (bildl. äv. rake) up [*ur* from]; bringa i dagen äv. unearth, excavate; isht lik disinter, exhume
~ **ut** bringa i dagen excavate
grävling s zool. badger
grävmaskin s excavator
grävskopa s **1** eg. bucket, dipper **2** grävmaskin excavator
gröda s crops pl.; skörd crop; *växande ~* standing crops
grön adj (jfr *grönt*) green; oerfaren äv. callow, raw; *~ av avund* green with envy; *~a bönor* green beans; *~a druvor* vanl. white grapes; *det är ~t ljus* trafik. the lights are green; *i min ~a ungdom* in my callow youth, in my salad days; *den ~a vågen* trafik. the green wave äv. t.ex. polit.; *~a ärter* green peas; *den ~a ön* Irland the Emerald Isle; *i det ~a* in the open, out of doors; *i gröngräset* on the grass; jfr äv. *blå* o. sms.
grönaktig adj greenish
grönalg s bot. green alga (pl. algae), green seaweed
grönbete s, *vara på ~* bildl. be in the country
grönblek adj, *~ i ansiktet* green...
grönfink s zool. greenfinch
grönfoder s green fodder, greenstuff
gröngräs s, *i ~et* on the grass
gröngöling s zool. green woodpecker; pers. greenhorn
grönkål s kale, borecole; *soppa* kale soup
Grönköping fictitious parochial little Swedish town, 'Little Puddleton'; småstad one-horse town
Grönland Greenland; *på ~* in Greenland
grönlandshund s Eskimo dog, husky
grönländare s Greenlander
grönländska s **1** kvinna Greenland woman **2** språk Greenlandic
grönmögelost s blue mould (amer. mold) cheese
grönområde s green open space
grönpeppar s green peppercorn
grönsak s vegetable; *~er* äv. greens
grönsaksaffär s greengrocer's [shop], greengrocery
grönsakshandlare s i minut greengrocer
grönsaksland s plot of vegetables
grönsaksodling s vegetable (market) gardening
grönsakssoppa s vegetable soup
grönsallad s växt lettuce; rätt green salad
grönsiska s zool. siskin
grönska I s grön växtlighet verdure; grönt gräs green; grönt lövverk greenery, green foliage
II *vb itr* vara grön be green; bli grön turn green
grönskande adj verdant
grönt s **1** grön färg green; jfr *blått* **2** grönfoder, grönsaker greenstuff **3** till prydnad greenery
gröpa *vb tr, ~ ur* hollow (scoop) out
gröpe s groats pl.
gröt s isht av gryn el. mjöl porridge; av t.ex. ris pudding; grötlik massa mush, pulp, mess; med. poultice; *gå som katten kring het ~* beat about the bush; *vara het på ~en* be over-eager (too eager)
grötig adj **1** porridge-like, pulpy, thick, mushy **2** otydlig om röst thick; oredig muddled
grötrim s little rhyming verse made up when eating rice pudding on Christmas Eve, friare doggerel
gubbaktig adj old-fog[e]yish; senil senile
gubbe s **1** pers. old man (pl. men) äv. om make, far o. överordnad; *gubbar* karlar fellows, chaps; *[gamle] ~n Ek* old Ek; *~en Noak* Father Noah **2** bildl.: *rita gubbar* draw funny figures; *~ eller pil* på mynt heads or tails; *gå mot röd ~* cross at the red man [signal] **3** se

grimas **4** misstag blunder **5** *den ~n går inte!* that won't wash!, don't give me that!
gubbig *adj, han börjar bli ~* he is getting old; jfr vid. *gubbaktig*
gubbsjuk *adj* vard. *vara ~* be a dirty old man (an old lecher)
gubbstrutt *s* vard. old buffer (dodderer)
gubevars *adv* förstås of course; iron. if you please
guckusko *s* bot. lady's-slipper
gud *s* god, deity, divinity; *Gud [Fader]* God [the Father]; tig *för Guds skull!* ...for goodness' (God's, Heaven's) sake!; *om Gud vill* God willing, please God; *vid Gud!* by God!; det var *en syn för ~ar* ...a sight for sore eyes
gudabenådad *adj* om pers. divinely gifted; friare supremely gifted, inspired, divine
gudadryck *s* nectar; bildl. äv. drink fit for the gods
gudagåva *s* divine (godsent) gift; friare godsend; humorn är *en ~* ...a gift of the gods
gudalik *adj* godlike
gudalära *s* mythology
gudasaga *s* [divine] myth; *den nordiska ~n* Scandinavian mythology
gudaskön *adj* divinely beautiful
gudasänd *adj* godsent; *komma som ~* come as a godsend
gudbarn *s* godchild
guddotter *s* goddaughter
gudfar *s* godfather
gudfruktig *adj* God-fearing, pious, godly; om pers. äv. devout, religious
gudinna *s* goddess
gudlig *adj* godly, pious; neds. goody-goody
gudlös *adj* godless, ungodly; ogudaktig äv. impious; hädisk profane, blasphemous
gudlöshet *s* godlessness osv., jfr *gudlös;* hädiskhet i ord profanity
gudmor *s* godmother
gudom *s* divinity, deity; abstr. äv. godhead; *~en* the Godhead
gudomlig *adj* divine; friare äv. superb, magnificent
gudomlighet *s* **1** gud divinity, deity **2** egenskap divineness
gudsdyrkan *s* worship [of God]
gudsfruktan *s* fromhet devoutness, piety
gudsförgäten *adj* om plats godforsaken
gudsförnekare *s* atheist
gudsförtröstan *s* trust in God
gudskelov I *interj, ~ [att du kom]!* thank goodness (God, Heaven) [you came!] **II** *adv* lyckligtvis fortunately
gudsnådelig *adj* sanctimonious
gudson *s* godson
gudstjänst *s* [divine] service; allmännare worship; *bevista ~en* attend church (chapel)
gudstjänstförrättare *s, ~n* the officiating clergyman (priest)

gudstjänstordning *s* order for divine service, liturgy
gudstro *s* belief (faith) in God
guida *vb tr* guide
guide *s* guide
gul *adj* yellow; om hy äv. sallow; *~a fläcken* anat. the yellow spot; *~t ljus* trafik. amber light; *~ lök* Spanish onion; *~a ärter* yellow peas; *slå ngn ~ och blå* beat a p. black and blue; jfr äv. *blå* o. sms.
gula *s* yolk
gulaktig *adj* yellowish, yellowy
gulasch *s* kok. goulash
gulblek *adj* sallow
guld *s* **1** gold; *ha ~ i strupen* have a voice of gold; *lova ngn ~ och gröna skogar* promise a p. the moon [and the stars]; *skära ~ med täljknivar* coin money, make money hand over fist **2** sport., första plats gold medal
guldarmband *s* gold bracelet
guldbrons *s* legering gold bronze; pulver bronze gilding
guldbrun *adj* golden brown
guldbröllop *s* golden wedding
guldbågad *adj* om t.ex. glasögon gold-rimmed
gulddoublé *s* rolled gold
guldfeber *s* gold fever
guldfisk *s* goldfish
guldfyndighet *s* gold deposit
guldfärgad *adj* gold-coloured, golden
guldförande *adj* gold-bearing, auriferous
guldgalonerad *adj* gold-braided, gold-laced
guldglänsande *adj* ...shining like gold
guldgruva *s* gold mine äv. inkomstkälla; kunskapskälla mine of information; lyckträff pot of gold
guldgrävare *s* gold-digger; guldletare prospector
guldgul *adj* golden yellow
guldhalsband *s* gold necklace
guldhalt *s* gold content; procentdel percentage of gold
guldhamster *s* golden hamster
guldkalven *s, dansen kring ~* the worship of the golden calf
guldkantad *adj* gilt-edged, gold-rimmed; *~e [värde]papper* gilt-edged securities
guldkedja *s* gold chain
guldklimp *s* **1** eg. [gold] nugget **2** bildl. *min lilla ~* my little treasure; målvakten är *en riktig ~* ...a real pot of gold
guldklocka *s* gold watch
guldkorn *s* grain of gold; visdomsord pearl [of wisdom]
guldkrog *s* first-class (vard. tip-top, posh) restaurant
guldlamé *s* gold lamé fr.
guldmakare *s* förr alchemist
guldmalm *s* gold ore
guldmedalj *s* sport. gold medal
guldmedaljör *s* sport. gold medallist

guldmynt *s* gold coin (piece); koll. gold [coins pl.]
guldmyntfot *s* ekon. gold standard
guldplomb *s* gold filling
guldpläterad *adj* gold-plated
guldring *s* gold ring
guldrush *s* o. **guldrusch** *s* gold rush
guldsmed *s* goldsmith; juvelerare vanl. jeweller
guldsmedsaffär *s* jeweller's [shop]
guldsmidd *adj* gold-laced
guldsmycke *s* gold ornament; ~*n* äv. gold jewellery sg.
guldsnitt *s* gilt-edge[s pl.]; endast överkant gilt top; bok *med* ~ äv. gilt-edged...
guldstämpel *s* [gold] hallmark
guldtacka *s* gold bar (ingot)
guldvåg *s* eg. gold scales pl.; *en* ~ a pair of gold scales; *väga sina ord på* ~ weigh every word, pick and choose every word one says
guldåder *s* gold vein
guldålder *s* golden age
guldägg *s* golden egg
guldörhänge *s* gold earring (eardrop)
gulgrön *adj* yellowish-green
gulhyad *adj* yellow-skinned
gullegris *s* vard. pet, darling
gullgosse *s* vard. [spoilt] darling, pet, blue-eyed (white-haired) boy; *en lyckans* ~ a minion of Fortune
gullig *adj* vard. sweet; attr. äv. dear, darling; amer., näpen äv. cute
gullregn *s* bot. laburnum
gullris *s* bot. golden rod
gullstol *s*, *bära ngn i* ~ chair a p., carry a p. in triumph
gullviva *s* bot. cowslip
gulmetall *s* brass, yellow metal
gulmåra *s* bot. lady's (yellow) bedstraw
gulna *vb itr* become (turn) yellow, yellow; bli urblekt fade; *~d av ålder* yellowed with age
gulröd *adj* yellowish-red
gulsot *s* med. jaundice
gulsparv *s* zool. yellow bunting, yellow-hammer
gumaktig *adj* old-womanish; senil senile
gumma *s* old woman (pl. women); ibl. old lady; skämts. old girl; *~n B.* old Mrs. (resp. Miss) B.
gummera *vb tr* gum
gummi *s* **1** ämne rubber; klibbig substans gum **2** radergummi [india] rubber; isht amer. el. för bläck erasers; *ett* ~ a [piece of] rubber **3** vard., kondom French letter; amer. rubber, safe
gummiband *s* rubber (elastic) band
gummiboll *s* rubber ball
gummibåt *s* rubber boat (dinghy)
gummihandske *s* rubber glove
gummiklack *s* rubber heel
gummiplantage *s* rubber plantation
gummiring *s* rubber ring (till t.ex. cykel tyre, amer. tire, för emballage band)
gummislang *s* rubber tube (större hose)
gummisnodd *s* elastic (rubber) band
gummistövel *s* rubber (gum) boot; *gummistövlar* äv. wellingtons
gummisula *s* rubber sole
gummiträd *s* **1** Eucalyptus gumtree **2** Ficus elastica [india-]rubber tree
gump *s* rump
gumse *s* ram
gunga I *s* swing **II** *vb itr* i t.ex. gunga swing; på gungbräde seesaw; i gungstol, vagga el. på vågor rock; om båt äv. toss; vaja [för vinden] wave; om t.ex. mark, äv. bildl. quake, totter; svaja under ngns steg rock, sway up and down; *sitta och* ~ *på stolen* sit tilting one's chair; *känna marken* ~ *under sina fötter* bildl. feel the ground tottering beneath one's feet **III** *vb tr* pers. give...a swing; ett barn på t.ex. knät dandle
gungbräde *s* seesaw
gungfly *s* quagmire äv. bildl.
gunghäst *s* rocking-horse
gungning *s* swinging osv., jfr *gunga II;* swing, rock; *sätta ngt i* ~ set a th. rocking; t.ex. samhället rock a th. [to its foundations]
gungstol *s* rocking-chair
gun[n]rum *s* wardroom; på större örlogsfartyg, för de lägre officerarna gunroom
gunst *s* allm. favour; *stå högt i* ~ *hos ngn* be in high favour with a p., stand high in a p.'s favour, be in a p.'s good graces
gunstig *adj* gynnsam favourable, propitious; *min* ~ *herre!* my fine fellow!
gunstling *s* favourite
gunås vard. **I** *interj* tyvärr alas!, worse luck!; adv. sad to say **II** *adv* minsann certainly
gupp *s* **1** upphöjning bump; grop pit, hole; trafik., flera ~ uneven road sg.; i skidbacke jump **2** stöt, knyck jolt, jog
guppa *vb itr* på väg jolt, jog; om åkdon äv. bump; på vatten bob [up and down]; om båt äv. rock
guppig *adj* om väg bumpy
guppy *s* zool. guppy
gurgelvatten *s* gargle
gurgla I *vb tr o. vb itr* **1** med t.ex. vatten gargle **2** om ljud gurgle **II** *vb rfl*, ~ *sig* gargle [one's throat]
gurgling *s* **1** med t.ex. vatten gargling, gargle **2** om ljud gurgling
gurka *s* cucumber; koll. äv. cucumbers pl.; liten inläggnings~ gherkin; koll. gherkins pl.
gurkmeja *s* bot. el. kok. turmeric
guru *s* hinduisk ledare o. lärare guru äv. friare
Gustav kunganamn Gustavus; ~ *Adolf* Gustavus Adolphus; ~ *Vasa* Gustavus Vasa, Gustavus I
gustaviansk *adj* hist. Gustavian
guttaperka *s* gutta-percha
guvernant *s* governess [*för* to]
guvernör *s* governor

gyckel s skämt fun; spe game[s pl.]; upptåg joking, larking-about, larks pl.; ***bli föremål för*** ~ be made a laughing-stock of
gyckla vb itr skoja, skämta joke, jest; håna jeer [*med (över)*] i samtl. fall at]; ha puts för sig play tricks (pranks); spela pajas play the buffoon; ~ ***med ngn*** make fun of (poke fun at) a p.
gycklare s allm. joker; yrkesmässig, hist. jester; bildl. äv. wag; neds. buffoon, clown
gylf s fly [of the (resp. one's) trousers]; vard. flies pl.
gyllene adj guldliknande golden; av guld gold; ibl. golden; ***gå den*** ~ ***medelvägen*** strike the golden mean (a happy medium); ~ ***snittet*** the golden section; ~ ***tider*** palmy days; ***ett*** ~ ***tillfälle*** a golden opportunity
gyllenläder s gilt leather
gym s vard. workout gymnasium, leisure centre
gymnasial adj **1** skol. upper secondary [level], jfr äv. *gymnasieskola* **2** omogen puerile, jejune
gymnasieekonom s person who has completed an upper secondary economics course
gymnasieingenjör s person who has completed an upper secondary engineering course
gymnasielärare s ung. upper secondary school teacher, jfr äv. *gymnasieskola*
gymnasieskola s [comprehensive] upper secondary school; i Storbr. ung. motsv. open-access sixth form; i USA ung. motsv. senior high school
gymnasieutbildning s ung. upper secondary school education, jfr äv. *gymnasieskola*
gymnasist s upper secondary school pupil (amer. student), jfr äv. *gymnasieskola, gymnasium*
gymnasium s 'gymnasium'; i Storbr. ung. motsv. sixth form [of a grammar school]; i USA ung. motsv. senior high school, jfr äv. *gymnasieskola*
gymnast s gymnast; kvinnl. woman gymnast
gymnastik s övningar o.d. gymnastics (vanl. sg.); skol. äv. physical training (förk. PT), physical education (förk. PE); vard. gym; som studieämne physical culture; morgon~ exercises pl.
gymnastikdirektör s gymnastiklärare, ung. certified gymnastics (physical training, förk. PT, physical education, förk. PE) instructor (master resp. mistress)
gymnastikdräkt s gym suit (dams tunic, slip), leotard
gymnastiklärare s physical training (förk. PT) master, physical education (förk. PE) master; vard. gym master, gym instructor; idrottslärare games master (kvinnl. mistress)
gymnastiksal s gymnasium; vard. gym
gymnastiksko s gym shoe (amer. sneaker)
gymnastisera I vb itr do gymnastics (physical exercises) **II** vb tr exercise; ***en väl*** ~***d kropp*** a physically fit body
gymnastisk adj gymnastic; ~***a övningar*** physical exercises
gympa I s gymnastik gym, PT, PE, jfr *gymnastik;* gymping aerobics sg. **II** vb tr gymnastisera do gymnastics (PT, PE); göra gymping do an aerobics workout
gymping s aerobics sg.
gympingdräkt s leotard
gynekolog s gynaecologist
gynekologi s gynaecology
gynekologisk adj gynaecological
gynna vb tr favour; beskydda patronize; understödja äv. support; främja further, promote, encourage
gynnare s **1** välgörare benefactor; beskyddare patron **2** skämts. fellow, customer
gynnsam adj favourable [*för* to]; om förhållanden äv. propitious, auspicious; ***ta en*** ~ ***vändning*** take a turn for the better (a favourable turn); ***i*** ~***maste fall*** äv. at best
gyro s gyro (pl. -s)
gyrokompass s sjö. gyrocompass
gyroskop s gyroscope
gyrostabilisator s tekn. gyrostabilizer
gytter s conglomeration, conglomerate, agglomeration; oredig anhopning confusion, muddle
gyttja s mud; dy sludge, slough; blöt, lös ooze; smuts mire, slush
gyttjebad s mudbath
gyttjebotten s oozy bottom (ground)
gyttjepöl s muddy (mud) puddle
gyttjig adj muddy; sludgy; oozy; miry; slushy; nedsmord med gyttja muddied, mired; jfr *gyttja*
gyttra vb tr, ~ ***ihop (samman)*** cluster...together
gyttrig adj ...clustered together
gå I vb itr **1** allm.: **a)** ta sig fram till fots, promenera walk; med avmätta steg pace; med långa steg stride; med stolta el. gravitetiska steg stalk; med fasta steg march; i sakta mak stroll; stiga step [*åt sidan* to one side]; ***barnet*** ~***r redan*** the child can already walk; ~ ***till fots*** walk, go on foot; ~ ***tyst*** tread (step) softly
b) fara, ge sig i väg, röra sig el. friare, vanl. go; färdas travel äv. om t.ex. ljudet, ljuset; om samfärdsmedel äv. run; om fartyg äv. sail; regelbundet ply; bege sig av leave; avgå äv. depart [*till* for], se vid. *avgå;* passera pass; röra sig äv. move; om t.ex. vagn, vågor run; om maskin, hiss o.d. run; fungera work; vara, t.ex. i tredje klassen be; ***nu måste jag*** ~ äv. now I must be off (going); ***bilen har*** ~***tt*** 5.000 mil the car has done...; klockan ~***r*** ...is going; klockan ~***r rätt (fel)*** ...is right (wrong); ***vart ska du*** ~***?*** where are you going [to]?; ~ ***Storgatan*** go along (hålla sig till äv. follow) Storgatan; ~ ***och gifta sig*** go and get married; ~ ***och (för att) hämta*** go to fetch;

~ och lägga sig go to bed; **han gick från** sitt hem kl. 9 he left...; **~ i kyrkan** go to church; **~ i (ur) vägen för ngn** get in (out of) a p.'s way; **~ [omkring] i** t.ex. trasor, tofflor go about in...; **~ på** apoteket, teatern go to...; **~ på** universitet be at...; **~ [i arv] till ngn** om egendom be handed down (passed on) to a p.; **pengarna ~r till...** the money goes to...(ges ut is spent on...); **~ under namnet...** pass under the name of...; **~ över tiden** om t.ex. gravid be overdue **c)** föra, leda: om väg, flod o.d. (i viss riktning) run; (till mål) go; om väg o.d. äv. lead; om trappa, dörr o.d. lead [*till* to; *in i* into] **2** spec. bet. **a)** avlöpa go [off], pass off, turn out; låta sig göra be possible; lyckas succeed; passera, duga pass; **det ~r nog** that will be all right; **det ~r inte** ~r inte an it won't do, it can't be done; fungerar inte it won't work; är omöjligt it is impossible; **så ~r det,** när... that's what happens...; klockan **~r inte att laga** it is impossible to repair...; **det gick [i alla fall]!** I (resp. you osv.) managed it [anyhow]!; om allt **~r bra** ...goes well; hans affär **~r bra** ...is doing (going) well; **det gick bra för honom** i prov. o.d. he got on (did) well; **hur ~r det för dig?** how are you getting on (making out)?; **det ~r för mig** jag får orgasm, vard. I'm coming; **hur ~r det med** arbetet (din bror)? how is...getting on?; **hur ~r det med** utfärden? what about...? **b)** äga rum, spelas o.d.: om idrottstävling come off, be played [off]; om t.ex. pjäs, radio be on; om film äv. be shown; om trumma be beating; om tapto, revelj sound; **pjäsen gick ett halvt år** the play ran for (had a run of) six months **c)** säljas: ha åtgång sell; t.ex. på auktion be sold; bära sig pay **d)** förflyta pass, go [by], elapse; **vad tiden ~r!** how time flies!; **få tiden att ~** kill time **e)** vara spridd: om sjukdom el. rykte o.d. be about; vara gångbar, om mynt o.d. be current; **det ~r rykten om att...** there are rumours [going about] that... **f)** rymmas go [*i* into]; **det ~r 100 öre på** en krona there are 100 öre in (to)... **g)** sträcka sig go, extend; nå reach **h) ~ till (på)** belöpa sig till amount (come) to; resan (biljetten) **~r på 100 kronor** ...costs 100 kronor
II *vb tr*, **~ ed** take (swear) an oath; **~ ärenden** have some jobs to do; om t.ex. springpojke go [on] errands; för inköp go shopping
III med beton. part.
~ an a), passa, gå för sig do; vara passande äv. be proper; vara tillåten be allowed; vara möjlig be possible; **det ~r inte an** vanl. it won't (will never) do; hur mår du? - Åja, **det ~r [väl] an** någorlunda ...only middling (so so) **b)** gå på [värre], vard. go on
~ av a), stiga av get off; jfr *stiga [av]* **b)** brista break; plötsligt äv. snap [in two] **c)** nötas av:

om kedja, tråd o.d. wear through; om färg, hud o.d. wear (rub) off **d)** om skott el. eldvapen go off **e) ~ av och an på golvet** pace the floor
~ bort a) avlägsna sig go (resp. walk) away **b)** på bjudning go out [*på middag* to dinner] **c)** dö die; i högre stil pass away, depart [from] this life **d)** om t.ex. fläck disappear; avlägsnas be removed
~ efter a) följa walk (resp. go) behind, follow **b)** om klocka be slow
~ emot a) stöta emot go (resp. run) against, jfr [*stöta] emot* **b)** motsätta sig go against; rösta emot vote against
~ fram a) ~ fram till go osv. up to **b)** konfirmeras be confirmed **c)** om t.ex. flod, väg run **d)** svepa fram pass **e)** gå till väga proceed
~ för sig se **~ an** ovan
~ förbi a) gå om overtake...[in walking]; vid tävling go (get) ahead [*ngn* of a p.] äv. bildl.; get past..., pass... **b)** hoppa över pass over
~ före a) om klocka be [too] fast b) ha företräde framför go (rank) before, have priority over
~ ifrån a) lämna leave; avlägsna sig get away; överge äv. desert, abandon; glömma [kvar] leave...behind; **tåget gick ifrån mig** vanl. I missed the train **b)** frånhändas **~ ifrån ngn** pass away from a p. **c)** frånräknas 50 kr **~r ifrån** ...is to be deducted **d)** ge upp, se *frångå*
~ igen a) sluta sig, om dörr o.d. shut [to] **b)** spöka walk; den gamle ägaren **~r igen i huset** ...haunts the house **c)** upprepa sig reappear, recur; **allt ~r igen** everything repeats itself
~ igenom a) eg. go (resp. walk, pass) through; gå tvärs över cross, go osv. across; passera [igenom] pass; tränga igenom go through, penetrate; om vätska soak through **b)** ständigt komma igen i, genomsyra pervade **c)** behandla, undersöka go (hastigt run) through, se igenom look through; inspektera, granska go over, overhaul **d)** uppleva, (få) utstå pass (go) through; svårigheter experience, undergo, suffer; läkarbehandling go through, undergo; överleva pull through **e)** läxa go over; årskurs, skola go (pass) through; kortare kurs take; examen pass **f)** antas, godkännas: i examen pass, get through; om förslag o.d. äv. be passed; om motion be carried; hos myndighet be approved; om begäran be granted
~ ihop a) sluta sig close up; mötas meet; förena sig join, unite; sammanfalla äv. coincide, be merged **b)** passa ihop agree, correspond, match; överensstämma tally; **~ bra ihop** samsas get on well **c) få det att ~ ihop** ekonomiskt make both ends meet; affären **gick inte ihop** ...did not pay its way; **det ~r inte ihop** stämmer inte it doesn't make sense, it doesn't add up
~ in a) eg. go (resp. walk, step) in, enter; gå

inomhus go osv. inside **b)** t.ex. skor break (wear) in **c)** med prep.: ~ *in för* go in for; t.ex. idé äv. embrace, adopt; slå sig på äv. take up; stödja äv. support; ~ *in i* klubb o.d. join, become a member of, enter; ~ *in på* ge sig in på, t.ex. ämne enter [up]on; t.ex. detaljer enter (go) into
~ **isär** eg. come apart; om åsikter o.d. diverge, be divergent
~ **itu** i två delar go (come, break) in two; sönder break
~ **med a)** göra sällskap, följa go (komma come) along (too, as well); ~ *med ngn* go (komma come) [along] with (beledsaga accompany, sluta sig till join) a p. **b)** deltaga join in **c)** ~ *med i* klubb o.d. join, become a member of, enter **d)** ~ *med på* samtycka till agree (consent) to; godkänna approve [of]; godta äv. accept; vara med på äv. be ready for; medge admit, agree
~ **ned (ner)** allm. go down äv. om t.ex. svullnad; eg., om pers. äv. walk (resp. step) down, descend; i nedre våningen go downstairs; flyg. äv. descend; landa alight, land; om ridå äv. fall, drop; om himlakropp äv. set; ~ *ned i* vikt äv. lose [in]...; ~ *ned sig [på isen]* go through [the ice]
~ **om a)** passera, äv. bildl., se ~ *förbi;* ~ *om varandra* om pers. (utan att ses) pass each other; om brev cross in the post **b)** göras om be repeated (done again); *matchen får* ~ *om* the match must be replayed; ~ *om tredje klass* remain in the third form
~ **omkring** promenera hit och dit walk osv. (allm. go) about [*i huset* the house; *på gatorna* [in] the streets]
~ **omkull a)** eg., se *falla [omkull]* **b)** bildl. firman *har* ~*tt omkull* ...has become (gone) bankrupt
~ **på a)** stiga [upp] på get on; se vid. *stiga [på]* **b)** fortsätta go on; gå framåt go ahead, push on; skynda på make haste, hurry up; gå an [värre] go (keep) on **d)** om kläder go on **d)** *han* ~*r på* (börjar tjänstgöra) kl. 17 he goes on duty... **e)** *han* ~*r på* 'sväljer' *vad som helst* he'll swallow anything
~ **runt a)** svänga runt go round; kantra capsize, turn turtle; *det* ~*r runt för mig* my head is going round **b)** gå ihop ekonomiskt, vard. break even
~ **samman** se ~ *ihop* ovan
~ **sönder** se under *sönder*
~ **till a)** försiggå come about (högtidl. to pass); hända happen; ordnas be arranged (done); *hur ska det* ~ *till?* how is that to be done (managed)?; *hur gick det till?* how did it happen?, what happened?; *det här* ~*r inte riktigt till* there is something wrong here (about this) **b)** om fisk come in
~ **tillbaka a)** återvända go back; vända om äv. return båda äv. bildl. **b)** i tiden go (date) back

[*till* to] **c)** upphävas, övergå be cancelled (annulled) **d)** minska, avta recede, decrease, abate, subside **e)** försämras, gå utför deteriorate, decline, go backwards, fall off
~ **undan a)** gå ur vägen, väja get out of the way, stand clear (back) **b)** gå fort get on fast, progress fast (rapidly); *låt det* ~ *undan!* get a move on!, hurry up!
~ **under a)** förolyckas: om pers. be ruined; om fartyg go down, founder; om t.ex. stad be destroyed; om rike fall, perish; om världen come to an end **b)** komma med lägre bud underbid, bid lower
~ **upp a)** i fråga om rörelse uppåt, äv. friare: allm. go up, rise; eg., om pers. äv. walk (resp. step) up; i övre våningen vanl. go upstairs; ur säng get up; kliva upp get out [*ur* vattnet of...]; om ballong äv. ascend; om himlakropp rise; om pris o.d. go up, rise; *det gick upp för mig, att...* it dawned [up]on me that..., I realized that... **b)** öppna sig: om dörr o.d. open, come (swing, fly) open; om sår open; om sjö (is) break up; om plagg rip, tear [*i sömmen* at the seam]; om knapp el. knäppt plagg come unbuttoned; om knut come undone **c)** ~ *upp i rök* go up in smoke; bildl., om projekt o.d. äv. come to nothing **d)** ~ *upp [till]* se *uppgå [till]* **e)** ~ *upp i* vara (resp. bli) fördjupad i be (resp. become) absorbed (engrossed) in; ~ *upp i* sin roll enter into (identify oneself with)... **f)** ~ *upp i* vara (resp. bli) införlivad med be (resp. become) merged in **g)** ~ *upp [e]mot* kunna mäta sig med come up to
~ **uppe** om patient be [up and] about
~ **uppför** om pers. go (resp. walk) up, mount, ascend; kliva climb; om väg go up[hill], ascend; ~ *uppför trappan* äv. go upstairs
~ **ur a)** om pers.: ~ *ur [bussen]* step (get) out [of the bus]; ~ *ur [klubben]* leave [the club]; ~ *ur [tävlingen]* withdraw [from the game], give up **b)** om fläck, färg come out [*ngt* of a th.]; blekas fade; försvinna disappear **c)** om knapp o.d. come (fall) off
~ **ut** (jfr äv. *utgå*) **a)** eg. el. friare go (resp. walk) out [*genom dörren* at the door]; gå utom dörren go outside; träda ut äv. step out[side]; ~ *ut [och gå]* go [out] for (take) a walk; ~ *ut skolan* leave (genomgå finish) school **b)** tryckas appear, be issued **c)** om patiens come out **d)** utlöpa, gå till ända come to an end, run out, expire **e)** med prep.: *det är vad det hela* ~*r ut på* that is what the whole thing amounts to; *leken* ~*r ut på* the idea of the game is; ~ *ut ur rummet* leave the room; *låta* sin vrede o.d. ~ *ut över* vent...upon; *hans missnöje gick ut över* eleverna he was dissatisfied, so he took it out on (of) his...
~ **utför** om pers. go (resp. walk) down (downwards), descend; om väg go downhill
~ **vidare** eg. go (resp. walk) on; fortsätta go

gå

on, proceed [*i, med* with]; *låta ngt ~ vidare* pass on a th. (a th. on)
~ åt a) behövas be needed osv., jfr *behövas; det ~r åt mycket tyg till kjolen* the skirt takes a lot of material **b)** ta slut: förtäras be consumed; förbrukas be used up **c)** ha åtgång sell [*bra* well] **d)** *~ åt av skratt* be dying with laughter **e)** *~ illa åt ngn* treat a p. harshly **f)** *vad ~r det åt dig?* what's the matter with (come over) you?
~ över a) färdas över, korsa (äv. absol.) go (resp. walk) across, cross [over]; *~ över till* grannen go round (over) to... **b)** nå högre än go (resp. run, rise, be) above **c)** överstiga pass, jfr *övergå* **d)** upphöra abate, cease, stop; om smärta, vrede äv. pass [off]; *det ~r över med åren* you will grow out of it as you get older **e)** granska o.d. go over, overhaul; syna look over (through) **f)** *~ över i* t.ex. andra händer, förvandlas till pass into **g)** *~ över till* friare el. bildl.: andra ägare pass to; reserven, flytande tillstånd pass into; t.ex. annat parti, fienden go over to; dagordningen, annan verksamhet, annat ämne pass on to; skrida till proceed to; överlämnas till be handed on (transmitted) to; överflyttas till be transferred to; om egendom, makt be vested in; jur. devolve on; byta till change to

gående I *s, en ~* fotgängare a pedestrian **II** *adj* walking, going osv.; *supén serverades vid ~ bord* a buffet supper (a stand-up buffet) was served

gågata *s* pedestrian precinct, med affärer [shopping] mall

gång *s* **1 a)** gående [till fots] walking äv. sportgren; promenad walk; sätt att gå (om levande varelser): allm. gait, walk; om häst pace; *en graciös (värdig) ~* a graceful (dignified) walk; *en ostadig ~* an unsteady gait; *känna igen ngn på ~en* recognize a p. by his walk (på stegen by his step) **b)** färd, om fartyg run; genom is, vatten passage [*genom, i* through] **c)** rörelse, verksamhet o.d.: om maskin o.d. working, running, motion, action; *få i ~* t.ex. maskin, samtal get...going (started), start...; *jag kan inte få i ~ bilen* I can't get the car started; *hålla...i ~* keep...going; *komma i ~* get started (going); om maskin o.d. äv. begin working (running); *sätta i ~* itr. start, go ahead; med arbete get busy; *sätt i ~!* get going!; *vara i full ~* om arbete o.d. be in full swing; *på ~* i görningen, under arbete in hand, in preparation, in progress; *han har en ny bok på ~* he's got a new book on the way; *det är någonting på ~* there's something going on (något lurt something brewing) **d)** fortgång progress; förlopp course; *världens ~* the way of the world; *allting går sin gilla (jämna, vanliga) ~* things are going on just as usual; *under samtalets ~* in the course of the conversation

2 väg path[way], walk, walkway; i o. mellan hus passage; korridor äv. corridor; i kyrka aisle; mellan bänkrader på teater, i buss o.d. gangway, isht amer. aisle; underjordisk gallery; under gata o.d. subway; anat. duct
3 tillfälle, omgång m.m. time **a)** ex. i sg.: *en ~* a) allm. once b) om framtid one (some) day, some time c) ens even; *en ~ för alla* once [and] for all; *en ~ i tiden* förr at one time; *en ~ om året* once a year; *en ~ till* once more; *gör det inte en ~ till!* don't do it again!; *det var en ~* i saga once upon a time there was; *en annan ~* adverbial another time, on another occasion, next time; avseende framtid some other time; *en och annan ~* every now and then, once in a while, occasionally; *den ~en* vid det tillfället that time, on that occasion; på den tiden at that time, then; *någon ~* ibland once now and then, from time to time; *någon ~* i maj some time [or other]...; *någon enda (enstaka) ~* once in a while, very occasionally; *för en ~s skull* for once [in a while]; *det får räcka för den här ~en* that's enough for now; *med en ~* all at once; *på en ~* a) samtidigt at a (the same) time, at once b) i en enda omgång in one go c) plötsligt all at once, suddenly; *~ på ~* time after time, over and over (again and) again; *två åt ~en* two at a time **b)** ex. i pl.: *några ~er* a couple of times; *två ~er* twice, a couple of times; *tre ~er* three times; litt. thrice; *två ~er två är...* twice (two times) two is...; *två ~er till* twice more, two more times; *rummet är fem ~er fem meter* the room is five by five metres

gångare *s* sport. walker
gångart *s* hästs pace
gångavstånd *s, på ~* at a walking distance
gångbana *s* vid sidan av cykelbana o.d. footpath; trottoar pavement, isht amer. sidewalk
gångbar *adj* **1** framkomlig negotiable, passable, practicable **2** gällande, gängse current; lättsåld salable, marketable
gångbro *s* footbridge
gången *adj* **1** förfluten ...gone by, bygone...; om t.ex. tid, vecka äv. past; *det gångna* the past **2** *långt ~* om sjukdom o.d. far advanced
gånggrift *s* passage grave
gångjärn *s* hinge
gångkläder *s pl* clothing sg., wearing apparel sg.
gånglåt *s* marching-tune
gångmatta *s* runner
gångramp *s* ramp
gångspel *s* sjö. capstan
gångstig *s* footpath, path
gångtrafik *s, endast ~* pedestrians only; *ej ~* no pedestrians
gångtrafikant *s* pedestrian
gångtunnel *s* [public] subway; amer. underpass

gångtävlan *s* walking competition
gångväg *s* [public] footpath
gåpåare *s* hustler, go-getter
går, *i* ~ yesterday; se vid. igår
gård *s* **1** kringbyggd plats o.d.: allm. yard; bak~ backyard; borg~ court[yard]; på lantgård farmyard; gårdsplan framför t.ex. herrgård courtyard; *ett rum åt ~en* a back room **2** egendom o.d.: bond~ farm; större, herr~ estate; boningshus: på bond~ farmhouse; på herr~ manor house
gårdag *s,* *~en* yesterday; föregående dag äv. the day before, the previous day
gårdfarihandel *s* house-to-house peddling
gårdfarihandlare *s* [licensed] pedlar
gårdshus *s* house across a (resp. the) courtyard, back building
gårdskarl *s* odd-job man, caretaker; amer. janitor
gårdsmusikant *s* itinerant musician
gårdsplan *s* courtyard
gårdvar *s* watchdog äv. om pers.
gås *s* goose (pl. geese) äv. om pers.; *det är som att slå vatten på en ~* it's like water off a duck's back; *det går vita gäss på sjön* there are whitecaps (white horses) on the sea
gåsdun *s* goose down
gåshud *s* bildl. gooseflesh; *få ~* äv. get goose pimples
gåskarl *s* gander
gåslever *s* goose liver
gåsleverpastej *s* pâté de foie gras fr.
gåsmarsch *s, gå i ~* walk in single file
gåspenna *s* goose-quill; skrivpenna quill [pen]
gåsunge *s* gosling
gåsört *s* bot. silverweed
gåta *s* riddle; friare äv. mystery, puzzle, enigma; *det är mig en ~* it is a mystery to me; *tala i gåtor* speak (talk) in riddles
gåtfull *adj* mysterious, puzzling, enigmatic[al]
gåtfullhet *s* mysteriousness, mystery
gåva *s* allm. gift äv. bildl.; vard. present; testamenterad bequest, legacy; donation donation; *få ngt i (som) ~* get a th. as a present
gåvobrev *s* jur. deed of gift
gåvopaket *s* gift parcel (större el. amer. package)
gåvoskatt *s* gift tax, tax on gifts
gäck *s, driva ~ med* se *gäckas [med]*
gäcka *vb tr* omintetgöra frustrate; undgå, förbrylla baffle; fly undan elude; *~de förhoppningar* disappointed (frustrated) hopes
gäckande *adj* elusive, mocking; *~ skugga* elusive shadow
gäckas *vb itr dep,* *~ med* håna mock (scoff) at; gyckla med make fun of; retas med trifle with
gädda *s* pike (pl. äv. lika)
gäddrag *s* fiskeredskap trolling spoon [for pike]

gärna

gäl *s* zool. gill
gälda *vb tr* betala pay; sona atone for
gäldenär *s* debtor
gäll *adj* shrill; om färg crude
gäll|a *vb tr o. vb itr* **1** ~ *[för]* räknas count; vara värd be worth
2 äga giltighet be valid; om lag, kontrakt o.d. äv. be (remain) in force, apply; om mynt o.d. be current; vara tillämplig på apply to, concern; *bestämmelsen -er från 1 januari* the regulation applies as from (comes into effect on) 1st January; *biljetten -er [för] 1 månad* ...is valid (available) for a month; *detta -er också [om]* X. this is also true of X.; erbjudandet *-er till 15 april...* ...is open to 15th April; *mitt löfte -er fortfarande* ...still holds good
3 anses be regarded [*för (som)* as]; pass [*för* for]
4 avse be intended for, be aimed at; röra concern, have reference to; *detta -er er alla* this concerns all of you; *min första tanke -de henne* ...was for her; *vad -er saken?* what is it about?
5 opers. *det -er* är fråga om, vanl. it is a question (matter) of; *det -er att* det är viktigt att inf. it is important to inf.; *nu -er det!* now for it!; *nu -er det att handla snabbt* now we (you etc.) must act quickly; *när det gäller* i nödfall when it really matters; i en kritisk situation in an emergency
gällande *adj* giltig valid [*för* for]; om lag o.d. äv. ...in force; tillämplig applicable [*för* to]; rådande present, current, existing; *enligt ~ lag* according to existing law; *nu ~ priser* the ruling (current) prices; *göra ~* hävda maintain, assert, claim; starkt framhäva argue, urge; *göra sig ~* a) hävda sig assert oneself b) vara framträdande be in evidence, manifest itself (resp. themselves), tell, make itself (resp. themselves) felt
gällen *adj,* *~ mjölk* milk that has slightly turned (is on the turn)
gällock *s* zool. gill cover
gäng *s* allm. gang, lot; kotteri äv. set
gäng|a **I** *s* [screw] thread, worm; *allt går i de gamla -orna igen* bildl. things have gone back into the old groove again; *vara ur -orna* vard. feel off colour **II** *vb tr* thread **III** *vb rfl,* *~ sig* vard., gifta sig get hitched [up]
gänglig *adj* lanky
gängse *adj* current; förhärskande äv. prevalent; vanlig usual
gärde *s* **1** åker field **2** stängsel fence
gärdsgård *s* fence
gärdsgårdsstör *s* fence pole
gärdsmyg *s* zool. wren
gärna *adv* villigt willingly, readily; med nöje gladly, with pleasure; i regel often, generally, usually; jfr äv. ex.; *~ det!* el. *så ~ [så]!* by all means!, with pleasure!, certainly!; *~ för mig!*

gärning

I have no objection!, it is all right with me!, it's all the same to me!; *det är mig likgiltigt* I don't care!; *hur ~ jag än ville* however much I should like to; *inte ~* knappast hardly, scarcely, not very well; *jag gör det mer än ~* I'll be delighted (I should love) to do it; *jag erkänner ~ att...* I don't mind admitting (I am quite prepared to admit) that...; *han får ~* försöka he can...if he likes, he can certainly (is welcome to)...; *han talar ~ om* sina böcker he likes (is fond of) talking of...; *jag skulle [bra] ~ vilja veta...* I should [very much] like to know...

gärning *s* **1** handling deed, act, action; bedrift achievement; *göra en god ~* do a good deed (a kindness); *i ord och ~* in word and deed; *på bar ~* se *1 bar* **2** verksamhet work; kall duties pl.

gärningsman *s*, *~nen* the perpetrator [of the crime]; svag. the culprit

gäspa *vb itr* yawn [*åt* at]

gäspning *s* yawn

gäst *s* allm. guest [*i (vid)* at]; besökande äv. visitor; på restaurang o.d. äv. customer, patron [*på* of]; på hotell, vanl. resident; inackordering boarder; *vara flitig ~* be a frequent guest (visitor) [*hos ngn* at a p.'s home]; i offentlig lokal be a regular frequenter [*på (hos, i)* of]; *ha ~er* äv. have a party; *de har ofta ~er* they entertain a great deal

gästa *vb tr* o. *vb itr* besöka visit; *~ [hos] ngn* be a p.'s guest; vistas hos ngn stay with a p. as his (her etc.) guest

gästabud *s* feast, banquet

gästarbetare *s* guest (foreign) worker

gästartist *s* guest artist (star)

gästbok *s* guest (resandebok visitors') book

gästdirigent *s* guest conductor

gästforskare *s* visiting scholar, guest research-worker

gästfri *adj* hospitable [*mot* towards (to)]

gästfrihet *s* hospitality

gästföreläsare *s* visiting (guest) lecturer

gästgivare *s* innkeeper, landlord

gästgivargård *s* o. **gästgiveri** *s* inn

gästhamn *s* ung. guest harbour [for private boats]

gästhandduk *s* guest towel

gästhem *s* guest-house; enklare hostel

gästrum *s* spare bedroom; finare guest room

gästspel *s* teat. special (guest, star) performance (appearance)

gäststuga *s* guest-house

gästvänlig se *gästfri*

göda I *vb tr* **1** fatten [up]; *slakta den gödda kalven* kill the fatted calf **2** med konstgödning fertilize **II** *vb rfl*, *~ sig* feed (fatten) [oneself] up, fatten

gödkalv *s* beef calf, fatted (fattening) calf; kok. prime veal

gödningsmedel *s* fertilizer

gödsel *s* naturlig manure, dung; konst~ fertilizer[s pl.]

gödselstack *s* dunghill

gödselvatten *s* liquid manure

gödsla *vb tr* manure, dung; konst~ fertilize

gödsling *s* manuring etc., jfr *gödsla*

gök *s* **1** zool. cuckoo; *~en gal* the cuckoo calls **2** vard., kurre fellow, guy, bloke

gökotta *s*, *gå på ~* go on a picnic at dawn to hear the first birdsong

gökunge *s* young cuckoo; bildl. cuckoo in the nest

gökur *s* cuckoo clock

gökärt *s* bot. bitter vetch

göl *s* pool; liten sjö äv. mere

gömfröig *adj* bot. angiospermous; *~ växt* angiosperm

göm|ma I *s* hiding-place; isht bildl. secret place; *leta i sina -mor* lådor (skåp) search in one's drawers (cupboards)
 II *vb tr* **1** dölja hide [...away], conceal [*för* from]; *hålla sig -d* keep in (be [in]) hiding, lie low; *~ nyckeln* lek hide the key; *~ ringen* lek hunt the ring; *~ undan* hide...away [*för* from], put...away out of sight **2** förvara: allm. keep; spara save [up], put...by (aside) [*till (åt)* i samtl. fall for]
 III *vb rfl*, *~ sig* hide [oneself], conceal oneself [*för* from; *undan* out of the way]

gömställe *s* hiding-place; vard., för pers hide-out

göra I *vb tr* o. *vb itr* **1** med konkr. subst. som obj.: tillverka, förfärdiga make; *fabriken gör* elspisar the factory makes (manufactures)...; *~ en förteckning* äv. draw up a list
 2 med abstr. subst. som obj.: a) do: i allm. vid obj. som betecknar mera obestämd verksamhet, tjänst, fördel el. skada el. betecknar resultatet av konstnärligt el. tekniskt framställande b) make: i allm. i bet. åstadkomma [något nytt], bringa till stånd, skapa o.d., varvid 'göra' + obj. ofta kan utbytas mot enkelt vb c) andra vb, se ex.; *~ affärer* do business; *~ en god affär* make a good bargain; *~ förbättringar (ett försök)* make improvements (an attempt); *~ ngn den glädjen att* inf. give (do) a p. the pleasure of ing-form; *~ London* som turist do London; *~ läxorna* do one's homework; *~ ett mål* score a goal; *~ en resa* make a journey; *vi gjorde resan på sex timmar* we did the journey in six hours; *~ en översättning* do a translation
 3 med neutr. pron. el. adj. som obj. samt i inf.-uttr.: allm. do; *jag gör det inte!* I shall do nothing of the kind!, I won't do it!; *det gör mig detsamma* it is all the same to me; *det gör ingenting!* it doesn't matter!, never mind!, that's quite all right!; *~ sitt bästa* do one's bit (best); *han vet vad han gör* he knows what he's doing (he's about, vard. he's up to); *vad gör det?* what does it matter?,

what of that?; *ha att ~ med* have to do with, deal (have dealings) with; *lätt att ha att ~ med* easy to deal (dra jämnt med get on) with; *då får du med mig att ~!* then you will catch it from me (will have me to deal with)!; *han har mycket att ~* äv. he is very busy; *vad har du här att ~?* what are you doing here?; *vad har du med det att ~?* what's it got to do with you?, that is none of your business!
4 med att-sats som obj.: förorsaka make, cause; *det gjorde att bilen stannade* that made the car (caused the car to) stop; *detta gör att jag tvekar* that makes me (that causes me to, vard. that's why I) hesitate
5 med [ack.-obj. o.] obj. predf.: allm. make; *~ ngn galen* drive a p. mad; *~ ngn olycklig* make a p. unhappy; *~ saken värre* make matters (things) worse
6 i stället för förut nämnt vb vanl. do; dock ofta utelämnat efter hjälpvb; jfr f.ö. nedanstående typex.: *han reste sig och det gjorde jag också* ...and so did I; *skall jag stänga?* *—Ja, gör det* ...Yes, do; *regnar det?* *—Ja, det gör det* is it raining? — Yes, it is; *om du inte tar boken, gör han det* ...he will
7 utgöra make; 100 pence *gör ett pund* ...make one pound
8 handla, gå till väga, bära sig åt act, behave; i ledigare stil do; *gör mot andra som du vill att de skall ~ mot dig* do [un]to others as you would have them do to you, do as you would be done by; *hur gör man för att få...?* how do you get...?, what do you have to do to get...?; *~ fel (rätt)* do wrong (right); *det var dumt gjort* that was a silly thing to do
9 särskilda fall: *~ en kvinna med barn* give...a baby (child); vard. put...in the family way; *hunden har gjort på mattan* the dog has made a mess (done something) on the carpet
II vb rfl, *~ sig* **1** allm. make oneself; låtsas vara make oneself out to be, pretend to be; *~ sig fin i håret* make one's hair [look] nice; *~ sig förstådd* make oneself understood; *~ sig besvär att* inf. take the trouble to inf. **2** passa *han gör sig alltid på kort* he always comes out well [in photographs]; sådant *gör sig alltid* ...always makes a good impression; *skämtet gjorde sig inte* i det sällskapet the joke didn't go down...
III med beton. part.
~ an se *angöra*
~ av: var skall jag ~ av brevet? where am I to put (what am I to do with)...?; *~ av med* a) förbruka, t.ex. pengar spend; göra slut på äv. get (run) through b) ta livet av kill, make away with; *~ sig av med* get rid of, dispose of

~ bort sig make a fool of oneself; misslyckas fail completely
~ fast fasten; surra secure, lash; förtöja make...fast [*vid* to]
~ ifrån sig avsluta get...done; *det har han gjort ifrån sig bra* he has done a good job there
~ ned a) eg., t.ex. fiende destroy, wipe out b) bildl., t.ex. bok pull...to pieces
~ om på nytt do (resp. make)...over again, redo; ändra alter; upprepa do...again, repeat; *gör inte om det!* don't do it again!
~ på sig do it in one's pants (i blöjan nappy)
~ till: detta gjorde sitt till att inf. that contributed (did) its share to inf.; *~ sig till* göra sig viktig, kokettera show off; sjåpa sig be affected, put it on; *~ sig till för ngn* make up to a p.
~ undan ngt get a th. done (out of the way, off one's hands)
~ upp betala settle [up]; enas settle, come to terms; klara upp, hämnas settle [accounts], get even [*med* with]; *~ upp* förslag, plan, program o.d. draw up; *~ upp [i förväg]* fix beforehand, prearrange; *~ upp planer* äv. make (form) plans; *~ upp räkningen* bildl. settle (square) accounts
~ åt: det går inte att ~ något åt det (honom) there is nothing to be done about it (him)
Göran, *Sankt ~* St. George
görande *s, hans ~n och låtanden* his doings pl.
gördel *s* girdle
gördeldäck *s* bil. radial, radial-ply tyre (amer. tire)
görlig *adj* practicable, feasible, possible; *för att i ~aste mån* inf. in order as far as possible to inf.
görningen, *det är något i ~* there is something brewing (in the wind)
göromål *s* business, work (båda end. sg.); åliggande duty
1 gös *s* zool. pike-perch (pl. äv. lika), zander (pl. äv. lika)
2 gös *s* tackjärnsstycke pig
3 gös *s* sjö., flagg jack
1 göt *s* hist., folk Geat
2 göt *s* gjutet järn el. metallstycke: allm. casting; tacka ingot, bloom, billet
Göteborg Gothenburg, Göteborg
götisk *adj* hist. Geatish

H

h *s* **1** bokstav h [utt. eɪtʃ] **2** mus. B [natural]
ha I *hjälpvb* **1** tempusbildande have; *vem ~r sagt [dig] det?* ofta who told you [that]?; *du ~r snart glömt det* you will soon have forgotten it; *om jag ~de vetat, [då] ~de jag...* if I had (I'd) known I would have...; *det ~de jag aldrig trott [om honom]!* I would (should) never have thought it [of him]! **2** modalt, vara tvungen *ni ~r att* infinna er kl. 5 you are to...
II *vb tr* (se äv. under resp. huvudord) **1** äga (äv. friare) **a)** allm. have; ledigare have got; mera valt possess; inneha, hålla hold; hålla sig med, förvara keep; bära, t.ex. kläder wear; åtnjuta enjoy; *~ aktier* hold shares; *~ ansvar* be responsible; *~ hatt* wear a hat; *~ hund* keep a dog; *jag ~r huvudvärk* I have (I've) [got] a headache; *~ god hälsa* enjoy good health; *~ kort kjol* wear a short skirt; *~ rätt (fel)* be right (wrong); *~ tur* have luck, be lucky; *det kan vara bra att ~* ...come in handy; *~ ngn att fråga* have [got] a p. to ask; *jag ~r ingenting att göra* I have [got] nothing to do; *vad ~r du här att göra?* what are you doing here?; *vad ~r du med det att göra?* what's it got to do with you?; *~ använda ngt till (som)* have (use) a th. as; *vad ska man ~ det till?* what is (what's) it for?
b) i vissa förb. med tids- el. rumsadverbial *idag ~r vi fredag* today is Friday, it is Friday today; *var ~r du handskarna?* where are (brukar du ha do you keep) your gloves?; *nu ~r jag det!* now I've got it!
2 få, erhålla have, get; jfr vid. ex.; *vad vill du ~?* what do you want?; om förtäring what will you have?, what would you like [to have]?; vard., om dricka what's yours?; *jag skulle [vilja] ~...* I want..., please; I should like...; *här ~r du pengarna* here's the money; *vad ~r han i lön?* what is his salary?
3 i uttr. som betecknar omständigheter o.d. *~ det bra* gott ställt be well (comfortably) off; *~ det [så] bra!* have a good time!, all the best!, take care [of yourself]!; *~ [det] trevligt (roligt)* have a nice time [of it], enjoy oneself; *så trevligt ni ~r [det]!* inrett o.d. what a nice place you've got!; *hur ~r du det?* how are (vard. how's) things?; hur mår du? how are you?, how are you getting on?; *~ ledigt* be free, be off duty; *~ lätt (svårt) att* inf. find it easy (difficult) to inf.; *~ lätt för* språk have a gift for..., be good at...
III *vb rfl,* *~ sig* vard. *hon skrek och ~de sig* she screamed and shouted
IV med beton. part.

~ bort tappa lose; få bort remove, take away; bli kvitt get rid of
~ emot: *jag ~r inget emot...* I have nothing against..., I have no objection to...; *om ni inte ~r något emot det* vill jag if you don't mind (object)...; *~r ni något emot att jag röker?* do you mind my smoking?
~ för sig **a)** *vad ~r du för dig* gör du? what are you doing?; isht ofog what are you up to?; *~r du något för dig i kväll?* have you anything on (are you doing anything) this evening? **b)** tro, mena think; föreställa sig have an idea, be under the impression; inbilla sig imagine
~ kvar ha över have...left; ännu ha still have; se vid. *kvar*
~ med [sig] **a)** föra (ta) med sig have with one; hit bring [along], bring with one; dit take along; *~r du med dig allt* vad du behöver? have you brought (got) everything...? **b)** *det ~r det goda med sig att...* it has the advantage that..., the good thing about it is that...
~ på sig **a)** vara klädd i have...on, wear; *han ~de ingenting på sig* he had nothing on **b)** vara försedd med *~ pengar på sig* have [got]...about (on) one; *~r du en penna på dig?* have you got a pencil [on you]? **c)** ha till sitt förfogande *vi ~r bara en dag på oss* we have only one day left (to spare)
~ sönder t.ex. en vas break; t.ex. klänning tear; jfr *sönder*
Haag The Hague
habegär *s* acquisitiveness
habil *adj* duglig competent, able; smidig adroit
habitué *s* regular frequenter (visitor, customer), habitué fr.
hack *s* skåra, hugg notch, cut, hack, dent; isht mindre o. oavsiktligt nick; allm. äv. mark
1 hacka I *s* spetsig pick, pickaxe; bred mattock; mindre, för rensning o.d. hoe **II** *vb tr* **1** jord hoe **2** hacka i bitar chop; mycket fint mince; *~t kött* minced meat; *varken ~t eller malet* bildl. neither one thing nor the other **3** *~ hål på* pick (om fågel äv. peck) a hole (resp. holes) in; *~ ett hål i isen* cut a hole in the ice; *~ loss* hack (chop) away; *~ sönder* t.ex. en sten is cut (break) up **4** *han ~de tänder* his teeth chattered **III** *vb itr* **1** *~ i (på)* eg. hack at; om fågel pick (peck) at; *~ på* kritisera pick on, nag [at], find fault with **2** stamma, staka sig stammer, stutter, generat, osäkert hum and ha[w] **3** *~ och hosta* hack and cough; om motor cough
2 hacka *s* vard., penningsumma tjäna *en ~* ...a bit of cash
hackelse *s* chaff
hackhosta *s* hacking (dry) cough
hackig *adj* **1** om egg o.d. jagged **2** om framställningssätt stammering, stuttering, halting; om t.ex. rytm jerky

hackkyckling *s,* ***han är allas*** *~* they are always picking on him
hackspett *s* zool. woodpecker
haffa *vb tr* vard. nab, cop, nick
hafs *s* slarv slovenliness, carelessness
hafsig *adj* slovenly; om pers. äv. careless; om arbete äv. scamped, slipshod, slapdash
hagalen *adj* acquisitive, possessive
hage *s* **1** beteshage enclosed pasture, enclosed field **2** lund grove **3** barnhage playpen **4** *hoppa* ~ lek play hopscotch
hagel *s* **1** meteor. hail; *ett* ~ a hailstone **2** blyhagel [small] shot; grövre buckshot (båda pl. lika)
hagelby *s* meteor. hailstorm
hagelgevär *s* shotgun, fowling-piece; *avsågat* ~ sawn-off shotgun
hagelkorn *s* hailstone
hagelskur *s* meteor. shower of hail, hailstorm
hagga *s* käring hag
hagla *vb itr* hail; om t.ex. kulor, protester äv. rain; anbud (frågor) *~de över dem* ...showered down on them
hagtorn *s* bot. hawthorn
Haiti Haiti
haj *s* shark äv. bildl. om pers.
1 haja *vb tr* vard. *~r du?* do you get it?
2 haja *vb itr,* ~ *till* start, be startled
1 haka *s* chin; ***sticka ut** ~n* vard. stick one's neck out; ***tappa** ~n* be taken aback; ***upp med** ~n!* tappa inte modet [keep your] chin up!
2 haka *vb tr* **1** ~ *av* unhook, unhitch; dörr o.d. unhinge **2** ~ *fast ngt* hook (hitch) a th. on, fasten a th. [*i (vid)* to]; ärmen *~de fast i en spik* ...[got] caught on a nail; ~ *sig fast* cling [*vid* to] **3** ~ *på* ngt hook (hitch)...on; bildl., t.ex. idé catch on to, pick up **4** ~ *upp ngn* i ishockey hook a p. **5** ~ *upp sig* **a)** om mekanism o.d. get stuck; om t.ex. blixtlås äv. get caught; *det har ~t [upp] sig någonstans* bildl. there's a hitch somewhere **b)** om pers. ~ *upp sig på* t.ex. en svår passus get stuck at (over); ~ *upp sig på småsaker (detaljer)* worry about (get hung up on) trifles (details)
hake *s* **1** eg. hook; fönsterhake o.d. äv. catch; typogr. square bracket **2** bildl. *det finns en ~ någonstans* there is a snag in it (en nackdel a drawback to it) somewhere
hakkors *s* swastika
haklapp *s* bib
hakparentes *s* square bracket, brace
hakrem *s* chin strap
hal *adj* slippery; om pers. äv. sleek, oily, smooth-tongued; *vara ute (ha kommit ut) på* ~ *is* bildl. be skating on (over) thin ice; ~ *som en ål* slippery as an eel äv. bildl.; *det är ~t på vägarna* the roads are slippery; *sätta ngn på det ~a* drive a p. into a corner
hala *vb tr* o. *vb itr* haul isht sjö.; pull, tug; ~ *in* haul in (home); ~ *ned* haul down, lower; ~ *[ned] flaggan* lower the flag; ~ *upp ngt [ur fickan]* fish a th. out [of...]; ~ *ut* haul out
halka I *s* slipperiness; *det är svår* ~ the roads (resp. streets) are very slippery, it is very slippery; kör försiktigt *i ~n* ...on the slippery roads **II** *vb itr* slip [*på* on]; slide; slira skid; ~ *av* slip (glide) off; ~ *omkull* slip [and fall], slip down (over)
halkbana *s* bil. skidpan
halkfri *adj* non-skid, non-slip
halkig *adj* slippery; vard. slippy
halkkörning *s* skidpan driving
halkolycka *s* i trafiken accident owing to slippery (icy) conditions (roads)
halkskydd *s* anti-skid (anti-slip) device (protector)
hall *s* hall; i hotell ofta lounge; jfr *saluhall, vagnhall* etc.
halleluja *interj* hallelujah!
hallick *s* vard. pimp, ponce
hallon *s* raspberry
hallonbuske *s* raspberry bush
hallonsaft *s* raspberry juice (resp. syrup); jfr *saft*
hallonsylt *s* raspberry jam
hallstämpel *s* hallmark
hallucination *s* hallucination
hallucinera *vb itr* hallucinate, be subject to hallucinations
hallucinogen I *s* hallucinogen **II** *adj* hallucinogenic
hallå I *interj* hallo!; isht tele. hullo!, hello!; *~, ~!* i högtalare o.d. attention, please! **II** *s* rop hallo etc.; rabalder o.d. hullabaloo, uproar, to-do
hallåa I *vb itr* shout hallo, hallo; radio. el. TV. announce **II** *s* radio. el. TV. [female] announcer
hallåman *s* radio. el. TV. announcer
halm *s* straw
halmhatt *s* straw hat; vard. straw
halmstack *s* straw stack, strawrick
halmstrå *s* straw; *gripa efter ett* ~ bildl. catch at a straw
halmtak *s* thatched roof
halmtäckt *adj* om tak thatched
halo *s* meteor. halo (pl. -es el. -s)
halogenlampa *s* halogen [head] lamp (light)
hals *s* **1** eg. neck äv. friare på plagg, kärl, fiol etc. el. bildl.; strupe throat; anat. cervix; ~ *över huvud* in a rush, headlong, precipitately; *ge* ~ raise a cry (a shout); *skrika för full* ~ shout at the top of one's voice; *han fick ett ben i ~en* a bone stuck in his throat; *hög (låg) i ~en* high (low) at the neck; *ha ont i ~en* have a sore throat; *falla ngn om ~en* fall on a p.'s neck; *få ngn (ngt) på ~en* be saddled with a p. (th.); *sträcka på ~en* crane [one's neck]; *det står mig upp i ~en* I am fed up with it **2** sjö. tack; *ligga för babords (styrbords) ~ar* be (stand) on the port (starboard) tack

halsa vb tr, ~ **en öl** swig a [bottle of] beer
halsband s smycke necklace; för t.ex. hund collar
halsbloss s deep drag; **dra** ~ inhale; enstaka take a deep drag
halsbrytande adj breakneck..., hazardous
halsbränna s heartburn; med. pyrosis
halsböld s med. quinsy
halsduk s scar|f (pl. -fs el. -ves); stickad muffler, comforter; sjalett kerchief; slips necktie
halsfluss s med. tonsillitis; se äv. *halsont*
halsgrop s, jag kom **med hjärtat i ~en** ...with my heart in my mouth
halshugga vb tr behead, decapitate
halshuggning s beheading, decapitation
halskatarr s bronchial catarrh
halskedja s necklace, chain
halskota s anat. cervical vertebra (pl. äv. -e); **översta ~n** the atlas
halskrås s ruffle, frill
halslinning s neckband
halsmandel s anat. tonsil
halsont s, **ha ~** have a sore throat
halspulsåder s anat. carotid [artery]
halssmycke s necklace; hängsmycke pendant
halsstarrig adj obstinate, stubborn, pig-headed
halstablett s throat lozenge (pastille)
halster s gridiron, grill; **hålla ngn på ~** keep a p. on tenterhooks
halstra vb tr kok. grill
1 halt s **1** av t.ex. socker samt av metall i legering content; procentdel percentage **2** bildl. substance; värde worth; **inre ~** intrinsic value
2 halt I s uppehåll halt; **göra ~** mil. halt; friare äv. come to a halt, [make a] stop **II** interj mil. halt!; friare äv. stop!
3 halt adj lame, limping, ...lame in one leg
halta vb itr **1** eg. limp, hobble; **~ på** vänster fot limp with... **2** bildl., om vers, jämförelse etc. halt, limp
halv (jfr *halvt*) adj half; **en ~** sida half a...; **~a sidan** half the page; **en och en ~ timme** an hour and a half, one and a half hours; **en och en ~ månad** vanl. six weeks; **två och en ~ procent** two and a half per cent; **~ biljett** half fare; **ett ~t löfte** a half (half-and-half) promise; **för ~ maskin** at half-speed; **för (till) ~a priset** at half-price, at half the price; flaggan är **på ~ stång** ...at half-mast; stämma **en ~ ton högre** ...a semitone higher; **gå ~a vägen var** bildl. meet half-way; **det slår ~** it is striking the half-hour; **[klockan] ~ fem** at half past four, at four-thirty, vard. half four, amer. half after four
halva s **1** eg. half (pl. halves) **2** se *halvbutelj* **3 ~n** andra snapsen, ung. the second glass
halvannan se *en och en halv* under *halv*
halvapa s zool. half-ape
halvark s typogr. half-sheet
halvautomatisk adj semi-automatic

halvback s sport. half-back
halvbesatt adj half filled
halvbildning s superficial education
halvblind adj half-blind; **vara ~** be half blind
halvblod s häst half-bred, half-blood; människa half-breed
halvbro[de]r s half-brother
halvbutelj s half-bottle; **en ~ vin** half a bottle of...
halvcirkel s semicircle
halvdag s half day
halvdan[n] adj vard. half-and-half, medelmåttig mediocre, middling
halvdunkel s dusk, semidarkness, half-light
halvdussin s half-dozen
halvdöd adj half dead [av with]
halvera vb tr halve, divide...into halves; geom. bisect; **~ kostnaderna** go halves
halveringstid s fys. el. kem. half-life
halvfabrikat s semimanufactured article, semiproduct; koll. semimanufactures pl.
halvfet adj **1** typogr. semibold **2 ~ ost** low-fat cheese
halvfigur s, porträtt **i ~** half-length...
halvfransk adj bokb. **~t band** half binding, half-calf [binding]
halvfull adj **1** half full **2** vard., ngt berusad tipsy
halvfärdig adj half-finished, half-completed
halvgammal adj om pers. elderly, middle-aged
halvgud s demigod
halvhet s, **~er** halvmesyrer half measures
halvhjärtad adj half-hearted, lukewarm
halvhög adj om klack o.d. rather low, ...of medium height
halvkilo s half kilo, half a kilo
halvklar adj, **~t** meteor. scattered clouds
halvklot s geogr. hemisphere
halvkonserv s perishable article of food; **~er** perishables
halvledare s fys. semiconductor
halvlek s sport. half (pl. halves)
halvligga vb itr recline; **i ~nde ställning** in a semi-recumbent (reclining) position
halvliter s half litre, half a litre
halvljus s, **köra på ~** drive with dipped (amer. dimmed) headlights (headlamps), drive with dipped beams
halvlång adj **1** om kjol o.d. half-length; **~ ärm** half-sleeve **2** fonet. half-long
halvmesyr s half measure
halvmil s, **[en] ~** five kilometres; eng. motsv., ung. three miles
halvmåne s half-moon, crescent; **på nagel** half-moon; **det är ~** äv. the moon is half full
halvnaken adj half-naked; konst. semi-nude
halvnot s mus. minim, amer. half note
halvofficiell adj semi-official, quasi-official
halvpart s half (pl. halves), half share; jur. äv. moiety
halvpension s på hotell o.d. half board, demi-pension

halvsanning s half-truth
halvsekel s, *första halvseklet* the first half-century; *för ett ~ sedan* half a century ago
halvsida s half page
halvskugga s half-shade; konst. el. astron. penumbra
halvslag s half-hitch; *dubbelt ~* clove hitch
halvsova vb itr be half asleep, doze, drowse; *~nde* ...half asleep, dozing
halvstatlig adj ...partly owned by the State
halvstor adj medium[-sized]; se äv. *halvvuxen*
halvstrumpa s [short] sock
halvsula vb tr half-sole
halvsulning s half-soling
halvsyskon s pl half-brother[s pl.] and (resp. or) half-sister[s pl.]
halvsyster s half-sister
halvsöt adj om vin o.d. medium sweet
halvt adv half; *~ på skämt* half in jest; *göra ngt ~ [om ~]* do a th. by halves; *~ [om ~] lova* give a half-and-half promise
halvtid s **1** sport. half-time **2** *arbeta [på] ~* have a half-time job, be on half-time
halvtidsanställd I adj, *vara ~* work half-time **II** subst adj half-timer, half-time employee
halvtidstjänst s half-time post (occupation, job)
halvtimme s, *en ~* half an hour, a half-hour; *varje ~* every half-hour; adv. äv. half-hourly; *en ~s* resa half an hour's..., a half-hour's...
halvton s mus. semitone; typogr. half-tone
halvtorr adj **1** half dry **2** om vin o.d. medium dry
halvtrappa s, *en ~* half a flight (a half-flight) [of stairs]
halvvaken adj half awake
halvvokal s språkv. semivowel
halvvuxen adj half grown-up; om djur half-grown; *~ [person]* adolescent
halvvägs adv half-way, midway
halvår s, *[ett] ~* six months, [a] half-year; *första ~et 1988* the first half of 1988; *varje ~* every six months
halvädelsten s semiprecious stone
halvö s peninsula
halvöppen adj half open; på glänt ajar
hambo s o. **hambopolska** s Hambo [polka]; *dansa ~* dance (do) the Hambo [polka]
hamburgare s kok. hamburger
hamburgerbar s hamburger bar
hamburgerbröd s hamburger roll (bun)
hamburgerkött s ung. smoked salt horseflesh
hamitisk adj Hamitic
hammare s hammer; anat. äv. malleus lat.
hammarhaj s zool. hammerhead
hammock s garden hammock
hammondorgel s Hammond organ
hamn s isht mål för sjöresa, hamnstad port; isht om själva anläggningen, tilläggsplats harbour; dockhamn docks pl.; bildl. el. poet. äv. haven;

isfri (naturlig) ~ ice-free (natural) harbour; *säker (trygg) ~* safe port (harbour, bildl. äv. haven); *föra ngt i ~* bildl. bring a th. to a successful close
hamna vb itr land up [*i* t.ex. diket, fängelse in]; vagare get [*i* into]; go; sluta sin bana end up [*i* in]; *brevet ~de i* papperskorgen the letter ended up in...
hamnarbetare s dock worker, docker; stuvare stevedore; isht amer. longshoreman
hamnavgift s, *~[er]* harbour (resp. dock) dues pl.
hamnbassäng s dock
hamnkapten s harbour-master
hamnkontor s port (harbour-master's) office
hamnkvarter s dock district, dockland
hamnplats s lastkaj wharf (pl. -fs el. -ves); amer. dock
hamnstad s port; vid havet äv. seaport
hamnstyrelse s harbour board; port authorities pl.; *Stockholms ~* the Port of Stockholm Authority
hampa s **1** bot. hemp **2** *ta ngn i ~n* take (seize) a p. by the scruff of the neck, collar a p.
hampfrö s hempseed äv. koll.
hamra vb tr o. vb itr hammer, beat; *~ på pianot* pound (thump) [on] the piano; *~t silver* beaten silver; *~ in* hammer in; *~ in i ngn (i huvudet på ngn)* bildl. din...into a p. (into a p.'s head); *~ ut* beat (hammer) out
hamster s zool. hamster
hamstra vb tr o. vb itr hoard
hamstrare s hoarder
hamstring s hoarding
han pers pron he; *honom* him; *~ el. honom* om djur äv. el. om sak vanl. it
hand s hand; *ge ngn en [hjälpande] ~* lend a p. a hand; *ha fria händer* have a free hand, be a free agent; *ha [god] ~ med ngn* be able to manage a p.; *ha ~ om* be in charge of, be responsible for, handle; *hålla sin ~ över ngn* protect (shield) a p.; *skaka ~ [med ngn]* shake hands [with a p.]; *ta ~ om* take care (charge) of, look after; *ta sin ~ ifrån* wash one's hands of, drop, abandon; *efter ~* se *efter I 9*; *för ~* by hand, manually; *gjord för ~* handmade, made by hand; *vara för ~en* a) föreligga exist b) vara nära förestående be [close] at hand, be near; *i första ~* in the first place, first [of all]; helst preferably, jfr äv. *1 andra I*; *gå ~ i ~* walk hand in hand; *ha situationen i sin ~* have...well in hand, be the master of...; *hålla ngn i ~[en]* hold a p.'s hand; *hålla varandra i ~[en]* hold hands; *ta [ngn] i ~* hälsa shake hands [with a p.], shake a p.'s hand; *de kan ta varann i ~!* iron. one's as bad as the other!, they go well together!; *ta saken i egna händer* take the matter in

handarbeta

one's own hands; *börja med två tomma händer* ...empty-handed; *med varm* ~ gärna gladly; *upp med händerna!* hands up!, put them up!; *lämna* 500 kr *på* ~ pay a deposit of..., pay...on account; *ha bra kort på* ~ kortsp. have a good hand; *stå på händer* do a handstand; *på egen* ~ all by oneself, alone, on one's own, of one's own accord; utan hjälp äv. single-handed; *ha till ~s* have handy (at hand, ready); denna förklaring *ligger nära till ~s* ...is a very likely one, ...presents itself immediately; *under* ~ t.ex. avyttra, sälja privately, by private sale; t.ex. meddela confidentially, privately; *leva ur* ~ *i mun* live from hand to mouth, lead a hand-to-mouth existence; *få ngt ur händerna* get a th. off one's hands, get a th. done (finished); *ge vid ~en* visa prove, show; tyda på indicate
handarbeta *vb itr* do needlework etc., jfr *handarbete*
handarbete *s* sömnad needlework; broderi embroidery; stickning knitting; *ett* ~ konkr. a piece of needlework (embroidery, knitting)
handbagage *s* hand-luggage, hand-baggage
handbalsam *s* hand lotion (milk)
handbojor *s pl* handcuffs; *sätta* ~ *på ngn* handcuff a p.
handbok *s* handbook, manual; ~ *i* psykologi handbook of...
handboll *s* sport. handball
handbroms *s* handbrake; *dra till ~en* apply (put on) the handbrake
handdocka *s* glove puppet
handduk *s* towel; *kasta in ~en* boxn. el. bildl. throw in the towel (sponge)
handdusch *s* hand shower
handel *s* **1** varu~ trade äv. *~n*, jfr ex.; handlande trading; i stort, internationell el. näring äv. commerce; affärer, affärsliv business; isht olovlig traffic; marknad market; ~ *med (i) bomull* trade in cotton, cotton trade; ~ *med narkotika* drug traffic; *vara (finnas) i ~n* be on the market **2** ~ *och vandel* dealings pl., conduct
handeldvapen *s* firearm; pl. äv. small arms
handelsattaché *s* commercial attaché
handelsavtal *s* trade agreement; traktat commercial treaty, treaty of commerce
handelsbalans *s* balance of trade, trade balance; *stort underskott i ~en* a large trade deficit
handelsbojkott *s* trade embargo
handelsbolag *s* trading company
handelsdepartement *s* ministry of commerce; *~et* i Storbr. the Department of Trade; i USA the Department of Commerce
handelsembargo *s* trade embargo
handelsfartyg *s* merchant vessel, merchantman
handelsflotta *s* fartyg mercantile (isht amer. merchant) marine (end. sg.); merchant fleet; organisation merchant navy
handelsfrihet *s* freedom of trade
handelsförbindelse *s*, *~r* abstr. trade (commercial) relations
handelshinder *s* barrier to trade, trade barrier
handelshögskola *s* school of economics [and business administration]
handelskammare *s* chamber of commerce
handelskorrespondens *s* business (commercial) correspondence
handelsman *s* affärsinnehavare shopkeeper
handelsminister *s* minister of commerce; i Storbr. Secretary of State for Trade; i USA Secretary of Commerce
handelspartner *s* trade partner
handelspolitik *s* trade (commercial) policy
handelsregister *s* trade register
handelsresande *s* commercial traveller, sales representative; amer. äv. traveling salesman
handelsrätt *s* jur. commercial law
handelsskola *s* commercial school, school of commerce
handelsstad *s* commercial town (city)
handelsträdgård *s* market garden, garden centre, amer. truck garden (farm)
handelsutbyte *s* trade [exchange]
handelsvara *s* commodity; *handelsvaror* äv. merchandise sg., goods, mercantile (commercial) goods
handelsväg *s* trade (commercial) route
handfallen *adj* handlingsförlamad ...unable to act; rådvill perplexed, bewildered; pred. äv. at a loss
handfast *adj* om pers., bastant, robust sturdy, hefty; orubblig, bestämd firm, resolute; *~a regler* definite rules
handfat *s* washbasin, handbasin; amer. äv. washbowl
handflata *s* palm, palm of the (one's) hand
handfull *s* bildl. a pocketful of, two or three; *en* ~ jord a handful of...
handgemäng *s* scuffle; *råka i* ~ come to blows
handgjord *adj* hand-made
handgranat *s* mil. hand grenade
handgrepp *s*, *med ett enkelt* ~ in one simple operation
handgriplig *adj* **1** *~t skämt* practical joke **2** påtaglig palpable, tangible; tydlig obvious
handgriplighet *s*, *gå över till ~er* come to blows, become physically violent
handgången *adj*, *hans handgångne man* his henchman
handha[va] *vb tr* hantera: t.ex. vapen handle, [förstå att] sköta manage; ha hand om be in charge of, be responsible for; förvalta administer
handikapp *s* handicap äv. sport. [*för* to]; invaliditet disablement

handikappa *vb tr* handicap äv. sport.; invalidisera disable
handikappad *adj* handicapped äv. bildl., attr. ...with a handicap, invalidiserad disabled
handikapp-OS *s* the Paraplegic Games pl.
handikappvänlig *adj* ...suitable for disabled persons (the disabled)
handjur *s, ett* ~ a male
handkanna *s* för tvättvatten water jug
handklaver se *dragspel*
handknuten *adj* om rya o.d. hand-made
handkyss *s* kiss on the hand
handla *vb itr* **1** göra affärer **a)** driva handel trade, deal, do business [*med* en vara i samtl. fall in...; *med (på)* utlandet with...], isht olovligt traffic **b)** göra sina uppköp shop, do one's shopping, go shopping [*hos A.* at A.'s]; köpa buy; *gå [ut] och* ~ go [out] shopping; ~ *mat* buy food **2** verka, bete sig act; bete sig äv. do; vidta åtgärder äv. take action; *tänk först och* ~ *sen!* think before you act!; ~ *rätt* do right, act rightly; ~ *snabbt* act promptly **3** ~ *om* **a)** röra sig om be about; behandla deal with; *det är det det* ~*r om* that's what it's all about **b)** gälla, vara fråga om be a question (matter) of
handlag *s* skicklighet knack, skill, dexterity; *hans* ~ *med* sätt att handskas med his way of handling; *ha [det rätta]* ~*et* have the knack of it; *ha gott* ~ *med* barn, djur have a good hand with..., know how to handle (manage)...
handlande *s* **1 a)** trading etc., jfr *handla 1* **b)** acting etc., jfr *handla 2;* handlingssätt äv. conduct; *i allt sitt* ~ är han... in all his actions (dealings)... **2** dealer [*med* in]; handelsidkare tradesman
handled *s* wrist
handleda *vb tr* undervisa instruct; vägleda guide; i studier o.d. supervise, tutor; i forskningsarbete äv. direct
handledare *s* instructor; studieledare o.d. supervisor, tutor
handledning *s* instruction; guidance; supervision, direction; jfr *handleda;* ~ *i* psykologi boktitel [A] Guide to...
handledsväska *s* clutch bag
handling *s* **1** handlande, gärning action; gärning äv. act, deed; *fientlig* ~ act of hostility, hostile act (action); mellan stater enemy action; *straffbar* ~ punishable offence; *en* ~*ens man* a man of action; *gå från ord till* ~ translate words into deeds **2** i bok, pjäs etc. story, action; intrig plot [*i* of]; ~*en tilldrar sig i* London the scene is laid in... **3** urkund document; *en offentlig* ~ a public document; *lägga ngt till* ~*arna* put a th. aside
handlingsfrihet *s* freedom (liberty) of action; *ha full* ~ äv. be a free agent

handlingsförlamad *adj* paralysed
handlingskraft *s* energy; vard. drive, ability to take action (to act)
handlingskraftig *adj* energetic, active, efficient; *en* ~ *regering* a strong government, a government that is able to act
handlingsmänniska *s* man (resp. woman) of action
handlingssätt *s* mode of action, line of conduct, way of acting
handlov[e] *s* wrist
handlån *s* temporary loan
handlägga *vb tr* handha handle; behandla deal with; ~ *ett mål* hear a case
handläggare *s* allm. person (tjänsteman official) in charge of (handling) a (resp. the) matter; yrke, ung. administrative (executive) official, administrator; på brevhuvud o.d. motsv. our reference, please quote
handlöst *adv* headlong, precipitately
handmålad *adj* hand-painted
handpenning *s* deposit; down payment
handplocka *vb tr* handpick äv. bildl.
handplockad *adj* utvald handpicked
handpåläggning *s* kyrkl. imposition (laying on) of hands; *bota genom* ~ cure by one's touch
handräckning *s* **1** hjälp assistance, aid; *ge ngn en* ~ lend a p. a [helping] hand, penninglån lend a person a bit of money **2** mil.: tjänst fatigue[-duty]; manskap fatigue-party
handrörelse *s* movement of the (resp. one's) hand; gest äv. gesture
handsbredd *s* handbreadth, hand
handsekreterare *s, [ngns]* ~ private secretary [to a p.]
handskakning *s* det att skaka hand handshaking; *en* ~ a handshake
handskas *vb itr dep,* ~ *med* hantera handle; behandla treat; *han kan* ~ *med* barn, djur he knows how to handle (manage)...; ~ *vårdslöst med* skarpa vapen be careless with...
handske *s* glove; krag- gauntlet; *passa som hand i* ~ fit like a glove; *kasta* ~*n* bildl. throw down the gauntlet
handskfack *s* i bil glove locker (isht amer. compartment)
handsknummer *s* size in gloves
handskrift *s* handskrivet dokument manuscript
handskriven *adj* handwritten, ...written by hand, manuscript...
handslag *s* handshake; *lova (bekräfta) ngt med* ~ shake hands on a th.
handstickad *adj* hand-knitted
handstil *s* handwriting; *driven* ~ a flowing hand
handsvett *s, ha* ~ have clammy (perspiring) hands
handsydd *adj* hand-sewn; om plagg äv. hand-made
handtag *s* **1** på dörr, kärl, väska etc. handle [*på*

handtryckning 244

(till) of]; runt knob; på yxa äv. helve **2 ge ngn ett ~** hjälp lend a p. a hand; *han har inte gjort ett ~ skapande grand* he has not done a stroke of work
handtryckning *s* **1** eg. pressure of the hand; handslag handshake **2 ge ngn en ~** vard., dusör give a p. a tip (tips, a gratuity); muta grease a p.'s palm
handtvätt *s* clothes pl. to be washed by hand; i tvättmärkning hand wash
handuppräckning *s*, rösta *genom ~* ...by [a] show of hands
handvolt *s* gymn. handspring
handvård *s* manicuring; manikyr manicure
handvändning *s*, det är gjort *i en ~* ...in no time, ...in a twinkling (jiffy, trice); *det är inte gjort i en ~* it takes time to do it
handväska *s* handbag, amer. äv. purse
1 hane *s* allm. male; fågelhane ofta cock
2 hane *s* **1** åld., tupp cock **2** på gevär cock; *spänna ~n* osäkra ett vapen (gevär) cock the trigger (gun); *vila på ~n* bildl. wait and see
hang *s* bergssluttning hang, declivity; skidbacke slope
hangar *s* hangar
hangarfartyg *s* aircraft carrier
hanhund *s* male dog
hank *s* **1** *inom stadens ~ och stör* within the confines (limits) of the city **2** hängare hanger
hanka *vb rfl*, *~ sig fram* [manage to] get along
hankatt *s* male cat, tomcat; vard. tom
hankön *s* eg. male sex; djur *av ~* äv. male...
hanne se *1* hane
hans *poss pron* his; om djur el. sak vanl. its; för ex. jfr *1 min*
Hansan o. **Hanseförbundet** hist. the Hanseatic League
hansestad *s* hist. Hanseatic town (city)
hantel *s* dumbbell
hantera *vb tr* allm., t.ex. verktyg, vapen handle; [förstå att] sköta manage; använda use, make use of; behandla treat; tygla, hålla tillbaka restrain, check; *lätt att ~* handy; easy to handle äv. om pers.
hantering *s* **1** hanterande handling etc., jfr *hantera* **2** näring, yrke trade, business; *skum ~* shady business
hanterlig *adj* handy, easy to handle; manageable äv. om pers.
hantlangare *s* allm. helper, assistant; murarhantlangare hodman; hejduk henchman, tool, minion
hantverk *s* konst~ handicraft; yrke trade; stolen är *ett fint ~* ...a good piece of (...good) craftsmanship (workmanship)
hantverkare *s* craftsman, artisan; friare, allm. workman, carpenter (resp. painter etc.)
hantverksprodukt *s* handicraft product
hantverksutställning *s* arts and crafts exhibition

harakiri *s* hara-kiri jap.; *begå ~* commit hara-kiri
harang *s* long speech, tirade, harangue; friare rigmarole
harangera *vb tr* harangue
hare *s* **1** zool. hare; ynkrygg coward, vard. funk; *rädd som en ~* as timid as a hare **2** sport. pacemaker, pacesetter; i hundkapplöpning hare
harem *s* harem
haremsdam *s* odalisque
harhjärtad *adj* chicken-hearted
haricots verts *s pl* French (string) beans
harig *adj* timid, cowardly; vard. funky
harkla *vb itr o. rfl*, *~ sig* clear one's throat, hawk; säga hm hem
harkling *s* hawking; hemming
harklöver *s* bot. hare's foot (pl. hare's foots); amer. äv. rabbit foot
harkrank *s* zool. crane fly, daddy-longlegs
harlekin *s* harlequin
harm *s* indignation; förbittring resentment [*över ngt* at a th.]; poet. ire, wrath; förtret vexation, annoyance; *med ~* harmset indignantly
harma *vb tr* fill...with indignation; förtreta vex, annoy
harmas *vb itr dep* vara upprörd feel indignant [*på ngn* with a p.; *över ngt* at a th.]; *~ över ngt* äv. resent a th.
harmlig *adj* förtretlig annoying
harmlös *adj* oförarglig inoffensive, innocent, harmless
harmoni *s* harmony äv. mus., samklang äv. concord
harmoniera *vb itr* harmonize; *~ med* harmonize (be in harmony, be in keeping) with
harmonilära *s* mus. harmony
harmonisera *vb tr* mus. harmonize
harmonisk *adj* allm. harmonious; mus. el. matem. harmonic
harmsen *adj* upprörd indignant; förbittrad resentful; förtretad vexed
harmynt *adj* harelipped
harmynthet *s* harelip
harnesk *s* rustning armour äv. bildl.; bröst~, rygg~ cuirass
harpa *s* **1** mus. harp **2** vard., käring [old] hag, termagant
harpist *s* harpist
harpun *s* harpoon
harpunera *vb tr* harpoon
harr *s* zool. grayling
harskramla *s* rattle
harsyra *s* bot. [wood] sorrel
hart *adv*, *~ när* omöjligt well-nigh...
harts *s* resin; isht stelnat rosin
hartsa *vb tr* rosin
hartsaktig *adj* resinous
harv *s* harrow
harva *vb tr* harrow

has s på djur hock; *sätta sig på ~orna* be pigheaded
hasa vb tr o. vb itr glida slide, slither; dra fötterna efter sig shuffle [one's feet], shamble; *~ ned* om strumpa slip down; *~ sig ned[för backen]* slither (slide) down [the hill]
hasard s, *spela ~* gamble; se vid. *hasardspel; det är rena ~en* slump it is all a matter of chance
hasardspel s gamble, game of chance; hasardspelande gambling
hasardspelare s gambler
hasch s vard. hash
haschisch s hashish, hasheesh
hasp s hasp
haspel s reel; gruv. o.d. windlass
haspelspö s spinning rod
haspla vb tr reel; *~ ur sig* vard. reel off
hassel s hazel; koll. hazels pl.; för sms. jfr äv. *björk-*
hasselbuske s hazel bush (shrub)
hasselmus s zool. dormouse
hasselnöt s hazelnut
hast s hurry, haste; *i största (all) ~* in great haste, in a great hurry, hastily, hurriedly; hals över huvud precipitately; det var allt jag kom på *i en ~* ...on the spur of the moment
hasta vb itr hasten, hurry; *det ~r inte [med det]* there is no hurry [about it]
hastig adj snabb rapid, quick, speedy; skyndsam hurried; förhastad, brådstörtad hasty; plötslig, bråd sudden; *i ~t mod* unpremeditatedly; jur. without premeditation; *ta ett ~t slut* come to a sudden end
hastigast, *titta in som ~* look in for a moment
hastighet s **1** fart speed; hastighetsgrad äv. rate [of speed]; isht vetensk. velocity; snabbhet rapidity, swiftness (båda end. sg.); *högsta [tillåtna] ~* the speed limit, the maximum speed; *ljusets ~* the velocity of light; *hålla (köra med) en ~ av* 80 km/tim drive at a rate of...; se äv. *fart* **2** brådska *i ~en* glömde han... in his hurry...
hastighetsbegränsning s speed restriction (limit)
hastighetsmätare s speedometer
hastighetsrekord s speed record; *sätta ~* set up a speed record
hastigt adv rapidly etc., jfr *hastig; vara ~ verkande* have a rapid effect; *helt ~* plötsligt all of a sudden; oväntat quite unexpectedly; *~ och lustigt* utan vidare without much (any more) ado, straight away
hastverk s, *ett ~* a rush job; fuskverk a scamped piece of work
hat s hatred; i mots. t. kärlek el. poet. hate; avsky detestation, loathing, abhorrence
hata vb tr hate; avsky detest, loathe, abhor
hatfull adj o. **hatisk** adj spiteful, rancorous, ...full of (...filled with) hatred, hateful [*mot* towards]
hatkärlek s love-hate, love-hatred
hatt s hat; på tub o.d. el. på svamp cap; *ha ~ på* wear a hat; *hög ~* top (silk) hat; *lyfta på ~en* raise one's hat [*för* to]; *han är karl för sin ~* he can hold his own
hattask s hatbox, bandbox
hatthylla s hatrack
hatthängare s hatpeg
hattig adj dithery, shilly-shallying
hattmakare s hatter
hattnummer s size in hats
hattnål s hatpin
hattsvamp s bot. cap fungus
haussa vb tr **1** ekon. *~ [upp] priserna* force up [the] prices **2** *~ [upp]* uppreklamera boost, overrate
hausse s ekon. boom, rise [in prices], bull market; *spekulera i ~* speculate for a rise, bull the market
hav s sea; världshav ocean; bildl., av t.ex. ljus flood; *Röda ~et* the Red Sea; *på andra sidan ~et* across the sea; *[som] en droppe i ~et* a drop in the ocean (bucket); *på ~et* till sjöss at sea; *gå ut (sticka) till ~s* put (stand) out to sea; vistas *vid ~et* ...at the seaside, ...by the sea; *en stad vid ~et* a town [situated] on the sea, a seaside town; *500 m över ~et* ...above sea level
hava se *ha*
Hawaiiöarna s pl the Hawaiian Islands
havande adj gravid pregnant
havandeskap s pregnancy
havanna s cigarr Havana [cigar]
haverera vb itr lida skeppsbrott be wrecked äv. friare; om flygplan, bil o.d. crash, be crashed; få motorfel o.d. have a breakdown; *~d* sjöoduglig disabled; skadad damaged
haveri s skeppsbrott [ship]wreck; flyg~, bil~ o.d. crash; motor~ o.d. breakdown; skada damage
haverikommission s commission (committee) of inquiry
haverist s båt disabled vessel; flygplan crashed aircraft
havre s oats (vanl. pl.); planta oat
havregryn s koll. porridge (valsade rolled) oats (vanl. pl.)
havre[gryns]gröt s [oatmeal] porridge
havsanemon s zool. sea anemone
havsarm s arm of the sea, inlet
havsbad s **1** badort seaside resort **2** badande sea-bathing
havsband s, *i ~et* i yttersta skärgården on the outskirts of the archipelago
havsbotten s sea (ocean) bed; *på ~* at (on) the bottom of the sea
havsdjup s depth, depth of the sea (ocean)
havsforskare s oceanographer
havsforskning s oceanography, marine research

havskatt s zool. catfish
havsklimat s coastal climate
havskryssare s cruising yacht, ocean racer
havskräft|a s Norway lobster, Dublin [Bay] prawn; *friterade -or* scampi
havslax s **1** salmon [caught in the sea] **2** gråsej smoked coalfish
havsluft s sea air
havssalt s sea salt
havssköldpadda s turtle
havsstrand s seashore, beach
havstulpan s zool. acorn barnacle (shell), sea acorn
havsvatten s sea water
havsvik s bay; liten inlet
havsyta s surface [of the sea]; 1000 m *över ~n* ...above sea level
havsörn s sea eagle, white-tailed eagle
Hb-värde s hemoglobinvärde Hb count
H-dur s mus. B major
hebré s Hebrew
hebreisk adj Hebrew, Hebraic
hebreiska s språk Hebrew
Hebriderna s pl the Hebrides
hed s moor; ljunghed heath
hedendom s hednisk tro heathenism, heathendom; avguderi, gudlöshet paganism
hedenhös s, *från (sedan)* ~ from time immemorial
heder s ära, hederskänsla honour; beröm[melse] credit; hederlighet honesty; *göra ~ åt anrättningarna* do justice to the meal; *han har ingen ~ i sig (i kroppen)* he has no sense of honour (no self-respect); *vara en ~ för* sin kår be a credit to...; bestå ett prov *med ~* ...with credit; *försäkra på ~ och samvete (på tro och ~)* declare solemnly (on oath); *komma till ~s igen* come into favour again
hederlig adj ärlig, redbar honest; anständig decent; hedersam honourable; *[en] ~ belöning* a handsome reward; *en gammal ~* kakelugn a good old...
hederlighet s ärlighet, redbarhet honesty
hedersam se *hedrande*
hedersbetygelse s [mark of] honour, mark of respect, distinction
hedersdoktor s honorary doctor, doctor honoris causa lat.
hedersgåva s testimonial, mark (token) of respect
hedersgäst s guest of honour
hedersledamot s honorary member [*av (i)* of]
Hederslegionen the Legion of Honour
hedersman s, *en* ~ a man of honour; friare an honest man; vard. a decent old sort
hedersomnämnande s honourable mention, citation
hedersord s word of honour; mil. parole; *på ~! tro mig!.*word of honour!, honestly!
hedersplats s place (sittplats seat) of honour
hederspris s special prize

hederssak s, *det är en ~ för honom* he makes it (regards it as) a point of honour
hedersskuld s debt of honour
hederstitel s honorary title
hedersuppdrag s honorary task
hedervärd adj honourable; attr. äv. worthy
hedning s heathen; vanl. före kristendomen pagan; icke-judisk gentile
hednisk adj heathen; vanl. före kristendomen pagan; icke-judisk gentile
hedra I *vb tr* honour; *det ~r honom att* han... it does him credit that ...; ~ *ngn med* ett besök do (pay) a p. the honour of...; ~ bröllopet *med sin närvaro* attend... II *vb rfl,* ~ *sig* utmärka sig distinguish oneself
hedrande adj efter hederns bud honourable; aktningsvärd creditable; smickrande flattering
hegemoni s hegemony
hej *interj* vard., hälsning, utrop hallo!, isht amer. hi (hello) [there]!; utrop äv. hey!; ~ *[då]!* adjö bye-bye!, cheerio!; ~ *så länge!* so long!; *man ska inte ropa* ~ *förrän man är över bäcken* don't crow too soon, don't halloo till you are out of the wood
heja I *interj* come on!; amer. äv. attaboy!; bravo well done!; i hejaramsa rah!; ~ *AIK!* up (come on) AIK! II *vb itr,* ~ *på* a) ett lag o.d. cheer [on]; hålla på support b) säga hej åt say hallo to
hejaklack s sport. cheering section (crowd), supporters pl.
hejaramsa s cheer; amer. äv. yell
1 hejare s tekn. drop hammer; pålkran pile-driver
2 hejare se *baddare*
hejarop s cheer
hejd s, *det är ingen ~ på...* there are no bounds (is no limit) to...
hejda I *vb tr* stoppa, allm. stop; med abstr. obj.: tygla, få under kontroll check, hämma, hindra, t.ex. utveckling äv. arrest, ström, flöde äv. stem; ~ *farten* slow down; ~ *ngns framfart* check a p.'s progress; ~ *en taxi* stop (hail) a taxi; ~ *tårarna* keep back one's tears II *vb rfl,* ~ *sig* hålla igen check oneself; i tal äv. break off, stop
hejdlös adj obändig uncontrollable; vild wild; våldsam violent; ofantlig tremendous, enormous; obegränsad unlimited, unbounded; måttlös inordinate, excessive
hejdlöst adv uncontrollably etc., jfr *hejdlös;* vard., väldigt awfully; *ha ~ roligt* el. *roa sig ~* have the time of one's life
hejduk s henchman, tool
hejdundrande adj vard. tremendous, colossal; överdådig slap-up...; *ett ~ fiasko* äv. a complete flop
hektar s hectare; *ett (en)* ~ eng. motsv. 2.471 acres
hektisk adj hectic
hekto s o. **hektogram** s (förk. *hg*)

hectogram[me]; *ett* ~ eng. motsv., ung. 3.5 ounces
hektoliter *s* (förk. *hl*) hectolitre; *en* ~ eng. motsv., ung. 22 gallons
hel *adj* **1** total, odelad whole (i vissa fall the whole of), hel och hållen äv. entire, full[ständig] äv. full, complete, sammanlagd äv. total; i vissa fall äv. all; känslobeton. quite; *en ~ dag* a whole day, arbetsdag a full working-day; *~a dagen* adv. all day [long], all the day, the whole (entire) day; *fem ~a dagar* five whole days; *~a fem dagar* a whole (no less than) five days; *en ~ del* se *del 2;* det är ju *en ~ förmögenhet* ...quite a fortune; *över ~a landet* throughout (all over) the country; *~a livet* el. *i ~a sitt liv* var han all his life..., throughout ([for] the whole of) his life...; *~a namnet* the full name; *~a staden (~a Stockholm)* platsen vanl. the whole [of the] town (the whole of Stockholm); invånarna vanl. all the town (all Stockholm); *~a tal* whole numbers, integers; *~a tiden* adv. all the time, the whole time; det har jag vetat *~a tiden* ...all along; *~a året* adv. all through the year, throughout the year, during the whole of the year
i substantivisk anv.: *en ~* och två femtedelar one...; fyra halva är *två ~a* ...two wholes; *det ~a* kan lätt förklaras the whole thing...; få en överblick av *det ~a* ...the whole of it; *i det [stora] ~a* el. *på det ~a taget* i stort sett on the whole; *i allmänhet* in general
2 ej sönder whole; om glas o.d. unbroken, pred. ...not cracked; om kläder o.d.: ej slitna ...not worn out (ej sönderrivna not torn), utan hål; attr. ...without any holes; *~ peppar* unground (whole) pepper
hela I *vb tr* bibl. el. poet. heal **II** *s* **1** se *helbutelj* **2** *~n* första supen, ung. the first glass; *~n går!* ung. let's take (now for) the first! **3** *Helan och Halvan* film. Laurel Halvan and Hardy Helan
helande *adj* o. *s* healing
helautomatisk *adj* fully automatic
helbro[de]r *s* full brother
helbrägdagörare *s* faith-healer
helbrägdagörelse *s* faith-healing
helbutelj *s* large (whole, full-sized) bottle
heldag *s* full day, all day; *arbeta ~* work full time (all day)
heldragen *adj* om linje unbroken
helfet *adj* **1** typogr. bold, bold-face **2** *~ ost* fat (gräddost full-cream) cheese
helfigur *s, porträtt i ~* full-length (whole-length) portrait
helförsäkring *s, ~ för motorfordon* comprehensive motorcar insurance
helg *s* holiday[s pl.]; vard., veckohelg weekend; kyrkl. festival, feast; *i (över) ~en* veckoslutet over (during) the weekend
helga *vb tr* göra helig sanctify; hålla helig keep...holy; viga, ägna consecrate; *ändamålet ~r medlen* the end justifies the means
helgardera *vb rfl, ~ sig* cover oneself fully; vid vadslagning hedge [off]; vid tippning forecast a banker, use a three-way forecast
helgd *s* okränkbarhet sanctity; helighet sacredness; *privatlivets ~* the sanctity of private life; *hålla i ~* hold sacred; dag äv. keep holy, observe
helgdag *s* holiday; *allmän ~* public (legal) holiday; *rörlig ~* kyrkl. movable feast
helgdagsafton *s* day (resp. evening) before a holiday (Church festival)
helgedom *s* helig plats sanctuary, shrine; byggnad äv. temple, sacred edifice
helgeflundra *s* halibut
helgelse *s* sanctification
helgerån *s* sacrilege
helgfri *adj, ~ dag* weekday, [normal] working day; tåget går *~a lördagar* ...on ordinary Saturdays
helgjuten *adj* eg. ...cast in one piece; bildl.: om t.ex. personlighet sterling..., harmonisk harmonious, fulländad consummate
helgon *s* saint äv. bildl.; *förklara för ~* canonize
helgonbild *s* image [of a saint]
helgondyrkan *s* worship of saints, hagiolatry
helgonförklara *vb tr* canonize; *bli ~d* friare, skämts. be idolized; geniförklarad be declared a genius
helgonförklaring *s* canonization
helgongloria *s* halo, aura of sanctity
helgonlik *adj* saintly, saintlike
helg[s]målsringning *s* ringing in of a (resp. the) sabbath (Church festival)
helhet *s* whole, totality, entirety; *bilda en ~* form a whole; *lösa frågan i sin ~* solve the problem as a whole
helhetsbild *s* comprehensive (overall, general) picture
helhetsintryck *s* overall (total, general) impression
helhetssyn *s* comprehensive (overall) view
helhjärtad *adj* whole-hearted; *han gjorde en ~ insats* he put his heart and soul into it
helhjärtat *adv* whole-heartedly, without reservation
helig *adj* till sitt väsen holy; föremål för vördnad sacred; okränkbar sacrosanct, inviolable; from pious; helgonlik saintly; *den ~e ande* the Holy Ghost; *Erik den ~e* St. (St, Saint) Eric; *~ ko* sacred cow äv. bildl.; *~t löfte* sacred (solemn) promise; *det allra ~aste* bibl. the Holy of Holies
helighet *s* holiness; helgd sacredness, sanctity; *Hans ~* påven His Holiness
helikopter *s* helicopter; vard. chopper
helinackordering *s* abstr. full board and lodging

helium *s* kem. helium
helkväll *s*, **ha en ~** vard. make an evening of it
hell *interj*, **~ [dig]!** hail [to thee]!
hellensk *adj* Hellenic
heller *adv* efter negation, ibl. underförstådd either; jag hade ingen biljett **och [det hade] inte han ~** ...and he hadn't [got one] either, ...nor had he, ...[and] neither had he; jag förstår inte det här. **- Inte jag ~** ...Nor (Neither) do I; vi hade så det räckte **men ~ inte mer** ...but no more; **men så är han ~ inte rik** but then he is not rich; **[det gör jag så] fan ~!** I'll be damned if I do (resp. will)!
hellinne *s* pure (all) linen
helljus *s*, **köra på ~** drive with [one's] headlights (headlamps) on, drive with main beams
hellre *adv* rather, sooner; i vissa fall better, jfr ex.; **mycket (långt) ~** much rather (sooner); **jag vill ~ (skulle ~ vilja)** inf. I would rather (sooner) inf.; I [should] prefer to inf.; **ju förr dess ~** the sooner the better; **jag vill (önskar) ingenting ~!** there is nothing I would like better!, nothing would please me more!
hellång *adj* full-length, ankle-length
helnot *s* mus. semibreve, amer. whole note
helnykter *adj* teetotal; **han är ~** helnykterist he is a teetotaller (a total abstainer)
helnykterhet *s* total abstinence, teetotalism
helnykterist *s* teetotaller, total abstainer
helomvändning *s* mil. **göra en ~** do an about turn (isht amer. face); bildl. äv. do a turnaround (turnabout) fr.; reverse one's policy (opinions etc.)
helpension *s* på hotell o.d. full board [and lodging]
helsida *s* full page
helsiden *s* all silk, pure silk
helsidesannons *s* full-page advertisement
helsike *s* vard., svag. variant för *helvete; **i ~ heller!** my eye!, I'd watch it!
Helsingfors Helsinki
helskinnad *adj*, **komma (slippa) ~ undan** escape unhurt (safe and sound, unscathed)
helskägg *s* full beard; **ha ~** wear a [full] beard
helspänn *s*, **på ~** a) om pers. on tenterhooks, tense, vard. uptight b) om gevär at full cock
helst *adv* **1** företrädesvis preferably; isht i förb. med vb rather; **~ i dag** preferably today; **jag vill ~** inf. I would rather inf.; I [would] prefer to inf.; **[jag vill] ~ inte** I would rather not; **den skall ~ drickas varm** it should be (it is best) drunk hot
2 i uttr. **som ~: hur som ~** på vilket sätt som helst [just] anyhow, in [just] any way; hur ni vill however (just as) you like (please, choose); **hur som ~, så** tänker jag... in any case, ...; **hur mycket (länge** etc.**) som ~** hur mycket etc. ni vill as much (as long etc.) as [ever] you like; jag betalar **hur mycket (vad) som ~** ...any amount [of money], ...anything [you like]; **ingen som ~ anledning** no reason whatever (stark. whatsoever); **när som ~** [at] any time; när ni vill whenever you like; **vad som ~** anything; vad ni vill anything (whatever) you like; **var (vart) som ~** anywhere; var (vart) ni vill wherever you like; **vem som ~ som...** anybody (anyone) who..., whoever...; litt. whosoever...; han är **inte vem som ~** ...not just anybody; **det kan inte vem som ~ [göra]** it is not [just] everybody that can do that; **vilken som ~** a) se *vem som ~* ovan b) av två either [of them] c) vilken ni vill whichever [of them (resp. the two)] you like; **i vilket fall som ~** in any case; i alla händelser at any rate; i båda fallen in either case
helstekt *adj* ...roasted whole, barbecued
helsyskon *s pl* full brothers and sisters
helsyster *s* full sister
helt *adv* fullständigt, alltigenom, i sin helhet (äv. **~ och hållet**) entirely, completely, absolutely, totally, wholly, altogether, all; alldeles quite; **ägna sig ~ åt** devote oneself entirely to, give one's [whole and] undivided attention to; **det är något ~ annat** that is [something] quite different, that is quite another matter; **~ enkelt [omöjligt]** simply [impossible]; **[inte förrän] ~ nyligen** [only] recently; **~ nära** quite near; **~ om!** about turn (isht amer. face)!; **göra ~ om** eg. turn (face) about; **~ plötsligt** all at once, all of a sudden; **~ säkert (visst)** surely, no doubt; **~ ung** quite young
heltal *s* matem. whole number, integer
heltid *s* full-time äv. sport.; **arbeta [på] ~** work full-time, have a full-time job
heltidsanställd *adj*, **vara ~** be employed full-time
heltidsarbete *s* full-time (whole-time) job
heltidstjänst *s* full-time post (occupation, job)
heltokig *adj* vard. quite mad (crazy)
helton *s* mus. whole tone
heltäckande *adj* **1 ~ matta** wall-to-wall carpet **2** bildl., t.ex. om framställning comprehensive
heltäckningsmatta *s* wall-to-wall carpet
helveckad *adj* knife-pleated
helvete *s* hell; bildl. äv. inferno; **~t** hell; **ett ~s** oväsen a hell (the devil) of a...; svag. a damned (blasted, infernal)...; **i ~ heller!** like hell you (he etc.) will!, bugger that [for a lark]!; **vad i ~ gör du?** what the (isht amer. in) hell (svag. the deuce) are you doing?; **dra åt ~** go to hell (to the devil, svag. to blazes); **det gick åt ~** it was mucked up (stark. buggered up), ...went to pot
helvetisk *adj* hellish; infernal
helylle *s* all wool, pure wool; tröja **av ~** all-wool (pure-wool)...

helårsprenumerant *s* annual (yearly) subscriber
helägd *adj*, *A är ett helägt* dotterbolag *till B* A is a…completely owned by B
hem I *s* home äv. anstalt; bostad äv. house, place; *lämna ~met* leave home; *bort (borta) från ~met* away from home; *i ~met hemma* at home, in one's home **II** *adv* **1** home; tillbaka äv. back; *följa ngn ~* see a p. home; *gå ~* go home; *gå ~ till ngn* go to a p.'s home (house, place); *kom ~ till mig!* come round to my place!; *hitta ~* find one's way home; jag ska *köpa ~ lite mat* …buy some food; *vända ~* return [home] **2** kortsp. *gå ~* i bridge make one's contract; friare win; *det gick ~* om skämt o.d. it (the point) went home; *ta ~ spelet* äv. friare win [the game]
hemarbete *s* **1** hemläxa homework (end. sg.) **2** hushållsarbete housework (end. sg.)
hembageri *s* local baker's [shop]
hembakad *adj* home-made
hembesök *s* house call
hembiträde *s* [domestic] servant, maid, domestic
hembränd *adj* privately (home) distilled; olaglig illicitly distilled
hembränning *s* home-distilling; olaglig illicit distilling
hembränt *s* sl. hooch, moonshine
hemburen *adj*, *få* ngt *hemburet* have…delivered at one's home; *fritt ~* …delivered free
hembygd *s*, *~en* one's native (home) district
hembygdskunskap *s* skol., ung. local geography, history and folklore
hemdator *s* home computer
hemdragande, *komma ~[s] med* ngn (ngt) come home bringing (with)…
hemfalla *vb itr*, *~ åt (till)* t.ex. laster yield (give way) to; t.ex. missbruk become addicted to; t.ex. en känsla äv. surrender [oneself] to; t.ex. manér acquire, drift into
hemfridsbrott *s* violation of the privacy of the home, trespass
hemföra *vb tr* take (hit bring)…home; *~ segern* win the day
hemförhållanden *s pl* home conditions
hemförlova *vb tr* mil. disband, demobilize; riksdag adjourn
hemförlovning *s* mil. disbandment, demobilization
hemförsäkring *s* householders' comprehensive insurance (policy)
hemförsäljning *s* house-to-house (door-to-door) selling (sales pl.)
hemgift *s* dowry
hemgjord *adj* home-made
hemhjälp *s* pers. home help
hemifrån *adv* om t.ex. hälsning from home; borta från hemmet [away] from home, away;

gå (resa) ~ leave home, start (set out) from home; *vara ~ borta* be away [from home]
heminredning *s* interior decoration, home furnishing
hemisfär *s* hemisphere
hemkommun *s* one's local authority; *i min ~* in my municipality (the municipality where I am registered); jfr äv. *kommun*
hemkomst *s* homecoming, return [home]
hemkonsulent *s* domestic (home) adviser
hemkunskap *s* skol. home economics sg., domestic science
hemkänsla *s* feeling of homeliness (cosiness, being at home)
hemkär *adj*, *vara ~* be fond of one's home, be domestic
hemlagad *adj* om mat home-made; *~ mat* äv. home cooking
hemland *s* native country (land), homeland; bildl. el. poet. home; i Sydafrika homeland; *~et* äv. one's [own] country; *det är mitt andra ~* this is my second home
hemlig *adj* allm. secret [*för* from]; dold äv. concealed, hidden; [skeende] i smyg äv. clandestine; ej offentlig äv. private; förtrolig äv. confidential; *~ agent* secret agent; *~a papper* secret (confidential, top-secret) documents; *~t samförstånd* secret understanding; maskopi collusion; *~t [telefon]nummer* ex-directory (amer. unlisted) number
hemlighet *s* secret; mysterium mystery; *en offentlig (väl bevarad) ~* an open (a closely-guarded) secret; *bevara en ~* keep a secret; *ha ~er för ngn* have secrets from a p.; *inte göra någon ~ av* make no secret of; *~en med det* the secret of it; *det är hela ~en* så enkelt var det that is all there is to it; *i [allt] ~* secretly, in secret, in secrecy, on the [strict] q.t.
hemlighetsfull *adj* gåtfull mysterious; förtegen secretive [*om* angående on]
hemlighetsmakeri *s* mystery-making, secretiveness; vard. hush-hush
hemlighålla *vb tr* keep…secret, conceal [*för* ngn from a p.]
hemligstämpla *vb tr* classify, classify as strictly secret (top secret); *det är hemligstämplat* friare that is a secret; *~d information* classified (top secret) information
hemliv *s* home (domestic) life
hemlån *s, som ~* om bok for home reading
hemlängtan *s* homesickness; *känna (ha) ~* feel (be) homesick
hemläxa *s* homework (end. sg.), jfr *läxa I 1*
hemlös *adj* homeless
hemma *adv* at home; bildl. at home [*i* ett ämne, *på* ett område in]; *hos hemmastadd*; *~ [hos oss] brukar vi at home*…, in our home…, jfr *härhemma*; *du kan bo ~ hos oss* …at our

place (house), ...with us; *ha ngt* ~ på lager have a th. in stock (hemköpt at home, in the place); *känn dig som* ~*!* make yourself at home!; *vara* ~ a) be at home; inne äv. be in b) hemkommen be home, be back [home]
hemmablind *adj* blind to defects in one's home (resp. in one's work etc.)
hemmabruk *s, för* ~ for domestic use, for use in the home
hemmafru *s* housewife; ibl. houseperson, homemaker
hemmagjord *adj* home-made
hemmahörande *adj*, ~ *i* a) jur., om pers. domiciled in b) om fartyg of, belonging to
hemmakväll *s* evening at home
hemmalag *s* sport. home team (side)
hemmaman *s* househusband, houseperson
hemmamarknad *s* home (domestic) market
hemmamatch *s* sport. home match
hemman *s* homestead, [freehold] farm
hemmansägare *s* ung. yeoman, freeholder, friare vanl. farmer
hemmaplan *s* sport. home ground äv. bildl.; *spela på* ~ play at home; *en seger på* ~ a home win
hemmaseger *s* sport. home win
hemmastadd *adj* at home, obesvärad äv. at ease båda end. pred.; acklimatiserad äv. acclimatized; *känna (göra) sig* ~ feel (make oneself) at home; *vara* ~ *i* ett ämne be at home in (familiar with, versed in)...
hemmavarande *adj* ...living at home; *de* ~ those at home
hemoglobin *s* haemoglobin
hemorrojder *s pl* haemorrhoids, piles
hemort *s* home district; jur. domicile; fartygs home port, port of registry
hemortskommun *s* one's local authority; *i min* ~ in my municipality (in the municipality where I am registered); jfr äv. *kommun*
hemortsrätt *s, ha* ~ *i* kommun (hist.) have a right to public support (domiciliary rights) in...
hempermanent *s* home perm
hemresa *s* journey (till sjöss voyage) home; i mots. till utresa home journey, till sjöss home[ward] voyage; *på* ~*n* blev vi... on our way home...
hemsamarit *s* ung. home help
hemsjukvård *s* home nursing
hemsk *adj* **1** allm. ghastly; ohygglig äv. grisly, gruesome; fruktansvärd äv. terrible, horrible; svg. awful, frightful; kuslig, spöklik uncanny, weird, eery; dyster dismal, dreary, gloomy; *en* ~ *anblick* äv. a shocking appearance; *en* ~ *sjukdom* a terrible disease; *en* ~ *spökhistoria* a horrible (creepy) ghost story **2** vard., förstärkande *en* ~ *massa* folk an awful lot of...
hemskillnad *s* judicial separation

hemskt *adv* vard., väldigt awfully, frightfully
hemslöjd *s* handicraft; [domestic] arts and crafts pl., [home] arts and crafts pl.
hemspråk *s* home language
hemspråkslärare *s* home-language teacher
hemspråksundervisning *s* home-language instruction
hemstad *s* home town
hemställa *vb tr* o. *vb itr* **1** ~ *[hos ngn] om ngt* anhålla request a th. [from a p.], petition [a p.] for a th. **2** föreslå suggest, propose [*att* that]; hänskjuta submit (refer) [*ngt till ngns prövning* a th. to a p.'s consideration]
hemställan *s* **1** anhållan request, petition **2** förslag suggestion, proposal
hemsöka *vb tr* **1** härja, drabba o.d.: om t.ex. fiendetrupper invade; om t.ex. sjukdom afflict; om t.ex. skadedjur infest; om t.ex. naturkatastrof devastate; om spöken haunt **2** vard., oväntat hälsa på inflict oneself [up]on
hemsökelse *s* av t.ex. sjukdom affliction; av t.ex. skadedjur infestation; katastrof disaster, calamity
hemtagning *s* till hemlandet repatriation
hemtam *adj* domesticated; pred. [quite] at home
hemtjänst *s* home help service
hemtrakt *s* home district (area)
hemtrevlig *adj* ombonad cosy [and intimate], nice and comfortable, snug; hemlik homelike, homely; om pers. pleasant
hemtrevnad *s* cosiness, [home] comfort, homelike atmosphere (feeling), hominess
hemuppgift *s* homework (end. sg.)
hemvist *s* poet. abode; jur. domicile, [place of] residence, place of abode; naturv. habitat; *med* ~ *i* jur. domiciled in (resp. at); *vara* ~ *för* bildl. be a seat (centre) of
hemvårdare *s* [trained] home help
hemväg *s* way home; fartyg *på* ~ homeward bound...; *på* ~*en* blev jag... on my (the) way home...
hemvärn *s* home defence; ~*et* the Home Guard
hemväv|d *adj* homespun äv. bildl.; hand-woven; *-t tyg* homespun
hemåt *adv* homeward[s]; home, towards home; *vända* ~ return [home], turn back home
henna *s* henna
henne se under *hon*
hennes *poss pron* fören. her; om djur äv. el. om sak vanl. its; självst. hers; för ex. jfr vid. *1 min*
Henrik kunganamn Henry
hepatit *s* **1** miner. hepatite **2** med. hepatitis (end. sg.)
heraldiker *s* heraldist, herald
heraldisk *adj* heraldic
herbarium *s* herbari|um (pl. -a)
Hercegovina Herzegovina
herde *s* fåra~ o. bildl. shepherd

herdedikt s pastoral [poem], bucolic
herdefolk s pastoral people
herdestund s [hour of] dalliance
herdinna s shepherdess
Herkules mytol. Hercules
herkulesarbete s Herculean task (labour)
herkulisk adj Herculean
hermafrodit s hermaphrodite
hermelin s zool. ermine äv. pälsverk
hermetisk adj hermetic
hermetiskt adv, ~ **sluten** hermetically sealed
heroin s heroin
heroinist s heroin addict
heroisk adj heroic[al]
heroism s heroism
herpes s med. herpes
herr se *herre 2*
herravdelning s i t.ex. affär men's department; i t.ex. simhall men's section (side)
herravälde s makt[utövning] domination; styrelse rule, sway; välde dominion; överhöghet supremacy, ascendancy [*över* i samtl. fall vanl. over]; övertag samt behärskning mastery, command; kontroll control [*över* i samtl. fall vanl. of]; *förlora ~t över bilen* lose control of the car; *kämpa om ~t* struggle for supremacy
herrbesök s, *ha ~* have a man (male) visitor
herrbetjänt s klädhängare valet stand
herrcykel s man's [bi]cycle
herrdubbel s men's doubles (pl. lika); match men's doubles match
herr|e s **1** mansperson **a)** allm. gentle|man (pl. -men), man (pl. men); dams kavaljer partner **b)** i tilltal utan följ. personnamn *vill -n (*artigare *min ~) vänta?* would you mind waiting, sir (Sir)?; *mina [damer och] -ar!* [ladies and] gentlemen!
2 *herr* titel **a)** allm. Mr. (Mr); *herr talman (ordförande, president)!* Mr. Speaker (Chairman, President)! **b)** i brevutanskrift o.d.: *Herr Bo Ek* Mr. Bo Ek, ibl. mera formellt Bo Ek Esq., till ung pojke Master Bo Ek
3 i spec. bet.: härskare master; i vissa fall lord; husbonde master; ägare master, owner; *-n i huset* the master of the house; *skapelsens -ar* the lords of creation; *sådan ~ sådan hund (dräng)* like master like dog (man); *vara ~ på täppan* rule the roost; *vara ~ över sig själv* be master (om kvinna vanl. mistress) over oneself, control oneself; *vara ~ över situationen* be master of the situation, have the situation well in hand (under control)
4 *Herren (*åld. *Herran)* the Lord; *Herre!* O Lord!; *~ gud!* vard. Good Heavens (God)!; *vad (varför) i Herrans namn...?* what (why) on earth...?
herrefolk s master race
herrekipering s butik men's outfitter's, (amer. haberdasher's el. haberdashery)

herrelös adj ownerless; *~ hund* äv. stray dog
herresäte s country seat, manor
herrfinal s sport. men's final
herrfrisering s lokal men's hairdresser, barber
herrfrisör s [men's] hairdresser, barber
herrgård s byggnad country house, country seat, mansion, manor house; gods country (residential) estate, manor, manorial estate
herrgårdsvagn s bil estate car, isht amer. station wagon, ibl. [shooting] brake
herrhatt s man's hat (pl. men's hats)
herrklocka s [gentle]men's watch
herrkläder s pl men's clothes (wear sg.)
herrkonfektion s kläder men's [ready-made] clothing (amer. äv. furnishings), men's wear
herrmode s fashion for men; *~t har växlat...* men's fashions...
herrparaply s [gentle]men's umbrella
herrsingel s men's singles (pl. lika); match men's singles match
herrskap s **1** äkta makar: *~et Ek* Mr. (Mr) and Mrs. (Mrs) Ek **2** i tilltal t. sällskap av båda könen *mitt ~!* ladies and gentlemen!
3 herrskapsfolk gentlefolk[s] pl.; herrskapsklassen the gentry
herrsko s man's shoe; *~r* isht hand. men's footwear sg.
herrskräddare s [men's] tailor
herrstrumpa s man's sock (pl. men's socks)
herrsällskap s, *i ~* **a)** om dam in male company **b)** bland herrar among [gentle]men
herrtidning s men's paper (magazine); med nakna flickor girlie magazine
herrtoalett s lokal [gentle]men's lavatory, vard. gents, amer. äv. men's room
herrunderkläder s pl [gentle]men's (vard. gents) underwear sg.
herrur s [gentle]men's watch
hertig s duke
hertigdöme s område duchy
hertiginna s duchess
hes adj hoarse; beslöjad äv. husky
heshet s hoarseness; huskiness
het adj **1** hot; om t.ex. längtan äv. ardent; om t.ex. böner äv. fervent; upphetsad heated, excited; *en ~ debatt* a heated discussion; *~a linjen* the hot line; vard., för öppen telefonlinje, ung. talk-about; *en ~ potatis* bildl. a hot potato; *~t temperament* hot temper; *ett ~t tips* a hot tip; *~t vatten* [very] hot water; *~ klimatzon* torrid zone; *få det ~t [om öronen]* get into hot water; *vara ~ på gröten* be over-eager, be too eager **2** vard., aktuell, på modet absolutely new, really up-to-date, hot
het|a vb itr **1** benämnas be called (named) [*efter* after]; *vad -er han?* vanl. what's his name?; *vad -er hon i förnamn* what is her first name?; intresserad av *allt vad sport -er* ...everything connected with (to do with) sport; futurism, kubism *och allt vad det -er* ...and what not, ...you name it; *vad -er det*

heterodox

ordet, uttrycket etc. *på engelska?* what is that in English?, what is the English [word (equivalent)] for that?; *...eller vad det -er* ...or whatever it is called **2** opers., lyder, står [skrivet] *som det -er* as the word (term) is, as the phrase goes (runs, is); i ordspråket as the saying goes; *som det så vackert -er* as they so prettily put it
heterodox *adj* heterodox
heterogen *adj* heterogenous
heterosexuell *adj* heterosexual
hetlevrad *adj* hot-tempered, hot-blooded, choleric, irascible
hetluft *s* eg. hot air; *hamna (komma) i ~en* get into a tight (tough) spot
hets *s* ansättande baiting; förföljelse persecution [*mot* of]; uppviglande agitation [campaign] [*mot* against]; upphetsad stämning frenzy; jäkt, hetsigt tempo bustle, rush [and tear]; *~ mot folkgrupp* racial agitation
hetsa *vb tr* jäkta rush, urge [...on], press; reta, egga (äv. bildl.) bait; tussa set; jakt., förfölja med hundar hunt; *~ jäkta mig inte!* don't rush me!; *~ en hund på ngn* set a dog on a p.; *~ [upp]* egga excite; sporra, t.ex. ngn till kamp äv. incite, egg...on, urge, work up; t.ex. folkopinionen äv. inflame; stimulera äv. stimulate; *~ upp sig* get excited (worked up, all hot and bothered)
hetsande *adj* **1** om t.ex. tal inflammatory **2** rusande heady; om t.ex. kryddor heating
hetshunger *s* med. bulimia
hetsig *adj* **1** häftig, om t.ex. lynne, ord hot; om t.ex. dispyt äv. heated; hetlevrad hot-tempered, choleric, irascible; lättretad hot-headed, hasty; om persons tal, uppförande äv. impetuous; lidelsefull passionate, vehement **2** jäktig bustling
hetsighet *s* hotness etc., se *hetsig;* heat; impetuosity; vehemence; irascibility; passion
hetsjakt *s* jakt. hunt; jagande hunting; bildl., jäkt rush; *~ på* agitation [campaign] (witch-hunt) against; förföljelse baiting (persecution) of
hetskampanj *s* witch-hunt, smear (propaganda) campaign
hetsäta *vb itr* be a compulsive eater, suffer from bulimia
hetsätande o. **hetsätning** *s* compulsive eating; med. bulimia
hett *adv* hotly, ardently etc., jfr *het; solen brände ~* the sun burnt hot; *det gick ~ till* man slogs o.d. things got pretty rough; känslorna svallade feeling ran high; han kände att *det började osa ~* ...the place began to be too hot for him
hetta I *s* heat; bildl. äv. ardour, passion; *i stridens* dispytens ~ in the heat (ardour) of the debate **II** *vb itr* vara het be hot; alstra hetta give heat; om hetsande dryck o.d. be heating; *det ~r i kinderna [på mig]* my cheeks are burning; *det ~de till i diskussionen* the discussion became heated; *~ upp* (tr.) heat äv. bildl.; heat up, make...hot
hexameter *s* metrik. hexameter
hibiskus *s* bot. hibiscus
hicka I *s* hiccup, hiccough; *få (ha) ~* get (have) the hiccups **II** *vb itr* hiccup, hiccough, have the hiccups
hierarki *s* hierarchy
hieroglyf *s* hieroglyph[ic]; *~er* äv. hieroglyphics sg.
hi-fi *s* hi-fi (förk. för high-fidelity)
Himalaya *s* o. **Himalayabergen** *s pl* the Himalayas, the Himalaya Mountains (båda pl.)
himla I *adj* vard. awful, terrific **II** *adv* vard. awfully, terrifically **III** *vb itr,* *~ med ögonen* roll up one's eyes to heaven, look sanctimonious **IV** *vb rfl,* *~ sig* roll up one's eyes to heaven; förfasa sig be scandalized (shocked) [*över* at]
himlakropp *s* celestial (heavenly) body
himlastormande *adj* obändig irrepressible; omstörtande revolutionary; titanisk titanic
himlavalv *s* vault (canopy) of heaven; *på ~et* in the firmament
him|mel *s* himlavalv, sky o.d. vanl. sky; himmelrike, himmelska makter heaven; *~!* [good] Heavens!; *en klar (molnig) ~* a clear (an overcast) sky; *röra upp ~ och jord* move heaven and earth; en gåva *från -len* ...from above (heaven); *det kom som sänt från -len* it was a godsend; *i sjunde -len* in the seventh heaven, over the moon; *allt mellan ~ och jord* everything under the sun; *under Italiens ~* under Italian skies
himmelrike *s* heaven, paradise; *~t* bibl. the kingdom of heaven; *ett ~* a paradise, heaven on earth; *rena ~t* pure paradise
himmelsblå *adj* sky-blue, azure; jfr äv. *blått*
himmelsfärdsdag *s, Kristi ~* Ascension Day
himmelsk *adj* heavenly, celestial; bildl. äv. divine; *en ~ dryck* a divine drink
himmelsskriande *adj* glaring..., crying...; *en ~ orättvisa* a glaring [piece of] injustice
himmelssäng *s* four-poster bed
himmelsvid *adj, en ~ skillnad* a huge (vast) difference, all the difference in the world
hin, *~ [håle (onde)]* the devil, the Evil One, Old Nick; hon är *ett hår av ~* ...a devil of a woman
hind *s* zool. hind
hinder *s* allm. obstacle [*för* to]; svårighet äv. impediment; fördröjande ~ äv. hindrance; blockerande ~ äv. obstruction; bildl. äv. bar, handicap; sport.: häck o.d. fence, hurdle, jump, dike o.d. äv. ditch, jfr äv. *hinderlöpning; lägga ~ i vägen för ngn* put (place) obstacles in a p.'s way; *det möter inget ~* there is nothing against it (no objection to that); *det möter inget ~ att du...* there is

nothing to prevent (is no objection to) your (vard. you) ing-form; **ta ett ~** sport. take (clear) an obstacle (a fence etc.)
hinderlöpning *s* steeplechase; hinderlöpande steeplechasing; i hästsport (med lägre hinder) äv. hurdle racing
hindersam *adj*, **vara ~ till** hinders be a hindrance [*för* to], be in the (my etc.) way; till besvär be cumbersome
hindersprövning *s* consideration of (inquiry into) impediments to marriage
hindra *vb tr* **1** förhindra prevent; avhålla keep, restrain; hejda stop; **~ ngn i hans strävanden** check a p...; *det är ingenting som ~r att du...* there is nothing to prevent your (you from, vard. you) ing-form **2** vara till hinders för hinder; stå el. lägga sig hindrande i vägen för ngt hamper, obstruct, impede, interfere with; **~ ngn i hans arbete** vanl. hinder a p....; **~ trafiken** impede (obstruct, interfere with) the traffic; träden **~r utsikten** ...obstruct (block) the view; *låt inte mig ~ uppehålla dig* don't let me detain (delay, störa disturb) you
hindu *s* Hindu
hinduisk *adj* Hindu
hinduiska *s* kvinna Hindu woman (flicka girl)
hinduism *s* Hinduism
hingst *s* stallion
hink *s* vatten~ bucket; mjölk~, slask~, skur~ pail [båda med of framför följ. best.]
1 hinn|a I *vb tr* o. *vb itr* **1** uppnå reach **2** nå, komma reach, get [on], advance; *nyheten har inte hunnit dit* the news has not reached there **3** hinna få färdig manage to accomplish, [manage to] get...done (finished); *jag måste ~ [med] läxorna* före middagen I must get my homework done (finished)... **4** ha tid have [the] time, få tid find (get) [the] time; lyckas manage it; **~ byta** have time to change; *om jag -er* if I get (find) [the] time, if I can spare the time; *det -er jag inte* I have no time for (to do) that; *klockan hann (hade hunnit) bli två* it was already two o'clock **5** komma i tid [manage to] be (get there, hit come here) in time; *om vi skynda oss, så -er vi* if we hurry up we'll make it
II tillsammans med beton. part. vanl. [manage to] get, jfr dock följ. ex.
~ fram arrive [in time] [*till* at (resp. in)]; get there (hit here)
~ före [ngn] manage to get there before a p.; vard. beat a p. to it
~ [i]fatt se *ifatt*
~ med: ~ med att äta have time to eat, get in a bite to eat; **~ med** ett arbete [manage to] finish... (get...done); **~ med tåget** [manage to] catch the (my etc.) train
~ upp ifatt catch...up, catch up with; förfölja o. **~ upp** run down

2 hinna *s* allm., mycket tunn film; skal, överdrag skin; zool. el. bot. membrane
hinsidan *s*, *på ~ [om]* beyond
1 hipp, *det är ~ som happ* it makes no difference, it comes to the same thing
2 hipp *interj*, **~, ~ hurra!** hip, hip hurrah!
hippa *s* party
hippie *s* hippie
hirs *s* bot. millet
hisklig *adj* förskräcklig horrible, terrifying; friare el. mera vard. frightful, awful
hisna se *hissna*
1 hiss *s* lift; spannmåls~ o.d. el. isht amer. elevator; byggnads~, varu~ o.d. hoist
2 hiss *s* mus. B sharp
hissa *vb tr* **1** eg. hoist [up]; **~ en flagga** hoist (run up) a flag; **~ ett segel** hoist [up] a sail; **~ segel** avsegla set sail **2** pers., t.ex. efter seger toss
hisskorg *s* lift (isht amer. elevator) cage (car)
hissna *vb itr* feel dizzy (giddy); **~nde** höjd, djup dizzy (giddy)...
hisstrumma *s* lift (isht amer. elevator) shaft (well)
histori|a *s* **1** skildring el. vetenskap history; *svensk (allmän)* **~** Swedish (universal) history; *gå till -en* become (go down in el. to) history **2** berättelse: allm. story [*om* about (of)]; diktad äv. tale; 'skeppar~' äv. yarn, tall story; *berätta en ~* tell a story; vard. spin a yarn; *det hör till -en att...* it is part of the story... **3** sak thing, affair, business, story; *det blir en dyr ~ för honom* it will be an expensive affair (business) for him; *hela -en* the whole thing (affair)
historieberättare *s* story-teller
historiebok *s* history book
historieforskning *s* history research
historielös *adj* ...without a history, history-less
historieskrivare *s* historian, historiographer
historieskrivning *s* historical writing; the writing of history; vetenskap historiography
historik *s* history, historical account [*över* of]
historiker *s* historian
historisk *adj* **1** allm. historical; **~t museum** history (historical) museum; *i ~ tid* within historical times **2** märklig historic; **~ mark** historic[al] (classical) ground; *ett ~t ögonblick* a historic moment
1 hit *adv* allm. here; åt det här hållet this way, in this direction; dit, så långt thus far; *kom ~ (~ ner* etc.*)!* come (come down etc.) here!; **~ och dit** eg. to and fro; i högre stil hither and thither; *prata ~ och dit* än si, än så say so many different things; *ända ~* as far as this (here); *han kom ~* i går he arrived [here]...
2 hit *s* schlager hit
hitersta *adj* nearest
hithörande *adj* ...belonging to it (resp. them), ...belonging here; hörande till saken relevant;

~ fall cases belonging to this category, relevant cases
hitintills se *hittills*
hitlista *s* top-of-the-pops list; ***toppa ~n*** be top of the pops, top the charts
hitom *prep* on this side of
hitre *adj*, **den ~** the one nearer (nearest), the one on this side; **på ~ sidan om** this side of
hitresa *s*, **på ~n** on the (my etc.) journey here
hitta I *vb tr* allm. find; träffa på come (hit, light) [up]on; komma över come across, pick up; ***det är som ~t för det priset*** it's dirt cheap (a gift), it's giving it away; **~ på** a) komma på, tänka ut think of, hit [up]on b) uppfinna invent c) uppdikta make up d) ställa till med ***vad har du nu ~t på?*** what are you up to (have you got up to) now?; now, what are you doing?; ***vad ska vi ~ på [att göra]?*** what shall we do? **II** *vb itr* finna vägen find (känna vägen know) the (my etc.) way
hittebarn *s* foundling
hittegods *s* lost property
hittegodsmagasin *s* lost property office
hittelön *s* reward; ***1000 kr i ~*** 1000 kr. reward
hittills *adv* up to now (the present), till now, hitherto; så här långt so (thus) far; **den ~ värsta ödeläggelsen** the worst destruction ever
hittillsvarande *adj*, **den ~** ordningen the...we (they etc.) have had up till now (the present)...
hitvägen *s*, **på ~** on the (my etc.) way here
hitåt *adv* in this direction, this way
hiva *vb tr* allm. heave; vard., kasta äv. throw, chuck
HIV-virus *s* HIV virus (förk. för human immunodeficiency virus)
hjord *s* herd; får~ el. menighet flock
hjort *s* deer (pl. lika); hanne: kron~ stag, hart, dov~ buck
hjortdjur *s* deer; **~en** the deer (cervids)
hjorthorn *s* deer horn, antler
hjorthornssalt *s* ammonium carbonate; hartshorn
hjortkalv *s* young deer; dovhjortskalv äv. fawn
hjortron *s* cloudberry, dwarf mulberry
hjortronsylt *s* cloudberry jam
hjortskinn *s* läder deerskin; för handskar o.d. buckskin
hjul *s* allm. wheel; trissa castor; ***vara femte ~et under vagnen*** play gooseberry, be odd man out; ***byta ~*** vid punktering change wheels; ***få ~en att snurra*** bildl. set the wheels of industry turning
hjula *vb itr* turn [cart]wheels, cartwheel
hjulaxel *s* på vagn axletree
hjulbas *s* wheelbase
hjulbent *adj* bandy-legged, bow-legged
hjulnav *s* wheel hub
hjulspår *s* wheel track; djupare rut; ***fortsätta i de gamla ~en*** bildl. ...in the [same] old rut

hjulångare *s* paddle steamer; isht amer. äv. side-wheeler
hjälm *s* helmet
hjälmbuske *s* crest
hjälp *s* **1** allm., äv. om pers. help; bistånd äv. assistance, aid; nytta äv. use; undsättning rescue; understöd support, relief; botemedel remedy [*mot (för)* for]; ***ekonomisk ~*** economic aid; ***få ~ av ngn*** finansiellt be helped (assisted) by a p., receive assistance from a p.; ***ge första ~en*** vid olycksfall give (administer) first aid; ***sända ~*** till katastrofområdet send relief...; ***söka ~ hos ngn*** seek assistance from a p.; ***tack för ~en!*** thanks for the help!; ***med ~ av*** en linjal by means of...; ***ta händerna till ~*** make use of..., have recourse to... **2** ridn. **~er** aids
hjälp|a I *vb tr* o. *vb itr* allm. help; bistå äv. assist; vara behjälplig äv. aid; bispringa äv. succour; understödja äv. support; undsätta relieve; avhjälpa remedy; nytta, tjäna till avail, be of use (avail); om botemedel be effective, have a good effect, be (do) good [*mot (för)* for]; ***hjälp!*** help!; vard., oj då o.d. oh, dear!; ***det -er inte*** hur mycket jag än försöker it makes no difference...; ***det -te!*** that's done (that did) the trick!; ***det kan inte ~s (det -s inte)*** it can't be helped, there is nothing to be done about it; ***vad -er det, att jag...?*** what is the good (use) of my (me) ing-form?; **~ ngn att göra ngt** help a p. [to] do a th.; **~ ngn med ngt** help a p. with a th.; **~ ngn** med hans arbete assist a p...; ***räcka en -ande hand*** lend a helping hand
II med beton. part.
~ ngn av med rocken help a p. off with..., relieve a p. of...
~ fram ngn i livet help a p. [to get] on
~ ngn på med rocken help a p. on with...
~ till a) help [out], lend a hand, make oneself useful (helpful) b) bidraga till help, contribute; **~ till med att** inf. help me (him etc.) [to] inf. (in ing-form), lend a hand in ing-form; ***vad kan jag ~ till med?*** what can I do for you?; i affär äv. what can I get for you?
~ upp a) pers. help...[to get] up b) bättra på improve
hjälpaktion *s* relief action (measures pl.)
hjälpare *s* helper; ***en ~ i nöden*** a friend in need
hjälp|as *vb itr dep* **1** ***det -s inte*** se *hjälpa I* ex. **2 ~ åt** help one another, join hands
hjälpbehövande *adj* attr. ...that require (resp. requires) help (assistance); fattig needy
hjälpklass *s* skol. remedial class
hjälplig *adj* passable, tolerable
hjälplös *adj* helpless
hjälplöshet *s* helplessness
hjälpmedel *s* aid, means (pl. lika) [of assistance]; pl. äv. facilities; botemedel

remedy; **pedagogiska** ~ teaching (educational) aids
hjälpmotor *s* auxiliary engine (motor)
hjälpprogram *s* **1** data. service (utility) program **2** plan för hjälparbete aid programme
hjälppräst *s* curate, assistant priest
hjälpreda *s* **1** pers. helper, assistant; mammas lilla ~ ...help **2** handbok guide [*för (vid)* for]
hjälpsam *adj* helpful [*mot* to]; ~ *[mot]* äv. ...ready (willing) to help
hjälpstation *s* first-aid station
hjälpsändning *s* relief consignment
hjälpsökande *adj* ...seeking relief; *en* ~ an applicant for relief (assistance)
hjälptrupp *s*, ~*er* auxiliary troops, auxiliaries
hjälpverb *s* auxiliary [verb]
hjälpverksamhet *s* relief (välgörenhet charity) work
hjälte *s* hero; *dagens* ~ the hero of the day
hjältebragd *s* heroic deed, deed of valour
hjältedikt *s* poem heroic poem
hjältedyrkan *s* hero worship
hjältedåd se *hjältebragd*
hjältedöd *s*, *dö* ~*en* die the death of a hero
hjältemod *s* heroism, valour
hjältemodig *adj* heroic
hjältinna *s* heroine
hjärna *s* brain äv. om pers.; förstånd el. hjärnsubstans vanl. brains pl.; *lilla -n* the cerebellum; *stora -n* the cerebrum; ~*n bakom organisationen* the brains (mastermind) of the organization; *han har fått det på* ~*n* vard. he has got it on the brain
hjärnbalk *s* anat. ~*[en]* corpus callosum pl. corpora callosa
hjärnbark *s* anat. cerebral cortex
hjärnblödning *s* med. cerebral haemorrhage
hjärncell *s* anat. brain (cerebral) cell
hjärndöd *adj* attr. ...who is brain dead; *han är* ~ he is brain dead
hjärngymnastik *s* mental gymnastics sg.
hjärnhalva *s* anat. cerebral hemisphere
hjärnhinna *s* anat. membrane of the brain
hjärnhinneinflammation *s* med. meningitis (end. sg.); *en lindrig* ~ a slight attack of meningitis
hjärnkirurgi *s* brain surgery
hjärnskada *s* brain damage (end. sg.), brain lesion
hjärnskakning *s* concussion [of the brain]
hjärnskål *s* anat. brainpan, braincase
hjärnspöke *s* figment [of the brain], creation of the imagination
hjärnsubstans *s* anat. brain tissue; *grå* ~ grey matter; *vit* ~ white matter
hjärntrust *s* think tank, brain trust
hjärntumör *s* brain tumour
hjärntvätt *s* brainwashing
hjärntvätta *vb tr* brainwash
hjärnuppmjukning *s* softening of the brain
hjärnvindling *s* anat. convolution of the brain

hjärta *s* heart; *Alla* ~*ns dag* St. Valentine's Day; *ha ett gott* ~ have a kind heart; *lätta sitt* ~ anförtro sig åt någon unburden one's mind (heart); *stå ngns* ~ *nära* be dear to a p.'s heart; *jag har inte* ~ *till det* I haven't [got] the heart for it; *av hela mitt* ~ with all my heart; *i djupet av sitt* ~ in one's heart [of hearts]; *i* ~*t av* staden in the heart (very centre) of...; *med sorg i* ~*t* with a sorrowful heart; *med lätt (tungt)* ~ with a light (heavy) heart; saken *ligger mig varmt om* ~*t* I have...very much at heart; *ha ngt på* ~*t* have a th. on one's mind; *tala fritt ur* ~*t* speak straight from the heart, speak one's mind; ~*ns glad [över] att* inf. extremely delighted at ing-form; ~*ns gärna* a) with all my heart b) vid tillåtelse by all means; *av* ~*ns lust* to one's heart's content
hjärtattack *s* heart attack
hjärtbesvär *s*, *ha (lida av)* ~ have a weak heart (a heart condition)
hjärtblad *s* bot. cotyledon, seed leaf
hjärtdöd *s* cardiac death
hjärteangelägenhet *s* affair of the heart (pl. affairs of the heart)
hjärtebarn *s* pet [child], darling
hjärteblod *s* lifeblood, heartblood
hjärteglad *adj* extremely glad
hjärtegod *adj* truly (very) kind-hearted
hjärtekrossare *s* heartbreaker
hjärter *s* kortsp., koll. hearts pl.; *en* ~ a (resp. one) heart; *spela* ~ ett hjärterkort play a heart
hjärterdam *s* kortsp. [the] queen of hearts
hjärterfem *s* kortsp. [the] five of hearts
hjärtesak *s*, *det är en* ~ *för mig* I have it very much at heart
hjärtesorg *s* deep-felt grief, heartache; *dö av* ~ die of a broken heart
hjärtevän *s* bosom friend; hjärtanskär sweetheart
hjärtfel *s* [organic] heart disease
hjärtflimmer *s* med. auricular fibrillation
hjärtformig *adj* heart-shaped
hjärtförstoring *s* enlargement of the heart
hjärtinfarkt *s* heart attack, coronary; med. infarct of the heart, cardiac infarction
hjärtinnerligt *adv* vard. most awfully; ~ *trött på*... thoroughly tired of...
hjärtinsufficiens *s* med. cardiac insufficiency
hjärtklaff *s* anat. cardiac (heart) valve
hjärtklappning *s* palpitation [of the heart]; *få* ~ get palpitations
hjärtlig *adj* cordial, stark. hearty, friare warm, kind [*mot* i samtl. fall to]; ~*a gratulationer på födelsedagen!* Many Happy Returns [of the Day]!; *ett* ~*t skratt* a hearty laugh; ~*t tack!* thanks very much!, many thanks!
hjärtligt *adv* cordially etc., jfr *hjärtlig*; ~ *trött på* heartily sick of; *skratta* ~ laugh heartily, have a hearty laugh
hjärtljud *s pl* heartbeats

hjärt-lungmaskin *s* heart-lung machine
hjärtlös *adj* heartless; stark. callous
hjärtmassage *s* heart massage
hjärtmedicin *s* medicine (drug) for the heart, heart medicine
hjärtmuskel *s* anat. cardiac muscle
hjärtmuskelinflammation *s* med. myocarditis (end. sg.)
hjärtpunkt *s* centralpunkt centre, heart, core
hjärtsjuk *adj* attr. ...suffering from [a] heart-disease
hjärtskärande *adj* heart-rending, heart-breaking
hjärtslag *s* **1** pulsslag heartbeat **2** med. heart failure
hjärtspecialist *s* heart specialist, cardiologist
hjärtstillestånd *s* med. cardiac arrest
hjärtsvikt *s* med. cardiac insufficiency
hjärttrakt *s*, *i ~en* in the region of the heart
hjärttransplantation *s* heart transplantation; *en ~* a heart transplant
hjässa *s* crown, top of the (resp. one's) head; *skallig ~* vard. bald pate
hjässben *s* anat. parietal bone
hm *interj* [a]hem!, h'm!
h-moll *s* mus. B minor
ho *s* trough; tvättho [laundry] sink
hobby *s* hobby
hobbyrum *s* recreation room, hobby room
hockey *s* hockey
hockeyklubba *s* hockey stick
hoj *s* vard. bike
hojta *vb itr* shout, yell, hollo; vard. el. amer. äv. holler
hokuspokus I *interj* hey presto!; trollformel abracadabra **II** *s* hocus-pocus, mumbo jumbo
holdingbolag *s* holding company
holk *s* **1** fågel~ nesting box **2** bot. calycle
holka *vb tr*, *~ ur* hollow [out]; gräva ur dig out, excavate; jfr *urholkad*
Holland Holland
hollandaisesås *s* kok. hollandaise sauce
holländar|e *s* Dutchman; *-na* som nation el. lag o.d. the Dutch
holländsk *adj* Dutch
holländska *s* (jfr *svenska*) **1** kvinna Dutchwoman **2** språk Dutch
holme *s* islet; isht i flod holm
hologram *s* foto. hologram
homeopat *s* homeopath
homeopatisk *adj* homeopathic
homerisk *adj* Homeric
homofil *s* vard., man homo (pl. -s), queer, gay
homogen *adj* homogeneous
homogenisera *vb tr* homogenize
homonym språkv. **I** *s* homonym **II** *adj* homonymous
homosexualitet *s* homosexuality
homosexuell *adj* homosexual; *en ~* subst. adj. a homosexual

hon *pers pron* she; *henne* her; *~ el. henne* om djur äv. el. om sak vanl. it; Vad är klockan? *-Hon är tolv* ...It is twelve o'clock
hona *s* female; om vissa hovdjur, elefant, val, krokodil m.fl. cow; om fåglar ofta hen; efterled i sms., se t.ex. *elefanthona*
honkatt *s* female cat, she-cat
honkön *s* eg. female sex; djur *av ~* äv. female...
honnör *s* **1** mil.: hälsning salute, hedersbevisning honours pl.; *göra ~ [för]* salute **2** erkännande el. kortsp. honour
honnörsord *s* ung. prestige word
honom se under *han*
honorar *s* fee
honung *s* honey
honungsbi *s* honey bee
honungskaka *s* i bikupa honeycomb
honungslen *adj* honeyed; *~ röst* mellifluous voice
honungsmelon *s* honeydew melon
hop I *s* skara crowd, hög heap; friare lot; *en ~ [med]...* a crowd osv. of... **II** *adv* se *ihop*
hopa I *vb tr* heap (pile, build) up; friare el. bildl. accumulate [*över* upon]; *en ~d...* a heaped-up etc.... **II** *vb rfl*, *~ sig* accumulate [*över ngn* over a p.'s head]; t.ex. om moln mass; om snö drift, form drifts (resp. a drift); ökas increase
hopbyggd *adj* ...built together
hopfoga *vb tr* put together, join
hopfällbar *adj* folding..., collapsible, foldable, foldaway...
hopfälld *adj* shut up; om paraply closed, furled, rolled up; jfr äv. *hopslagen*
hopknycklad *adj* crumpled up
hopkok *s* concoction, mishmash
hopkrupen *adj* med uppdragna axlar hunched up; *sitta ~* se *krypa [ihop]*
hopkurad *adj* huddled up
1 hopp *s* hope; förhoppningar ofta hopes pl. [*om* of]; förtröstan trust; *ha (hysa) ~ (gott ~) om att* inf. have (entertain) hopes (every hope) of ing-form; *sätta sitt ~ till...* set (centre) one's hopes on...; *i ~ om ett snart svar* hoping to receive an early reply; *i ~ om att* inf. (*om att* sats) in the hope of ing-form (that i brev), hoping (trusting) to inf. (that sats)
2 hopp *s* **1** allm., data., sport. el. bildl. jump; språng äv. leap; snabbt o. elastiskt äv. spring; långt skutt äv. bound; lekfullt skutt skip; studsning äv. bounce; isht fågels hop; dykning på huvudet vanl. dive, plunge; *stående ~* sport. standing jump; *ett ~ i tankegången a jump* (sudden transition) in the line of thought; *göra ett ~ framåt* bildl. take a leap forward **2** hoppning: sport. jumping, gymn., över bock o.d. vaulting
hoppa I *vb itr* (ibl. *vb tr*) jump, leap, spring, bound, skip, bounce, dive, plunge; jfr *2 hopp 1;* isht om fågel, loppa o.d. hop; *~ och skutta* t.ex. om barn, lamm skip (gambol, frisk) about;

det kom honom att ~ högt av överraskning it made him jump; *~ av ilska (smärta)* dance up and down with rage (in pain); *~ på ett ben* hop [on one leg]; *~ längdhopp* do the long jump
II med beton. part.
~ av **a)** eg. *~ av [bussen]* jump off [the bus] **b)** bildl. back out; polit. defect, seek political asylum; skol. drop out
~ i jump etc. (på huvudet dive) in
~ in som ersättare step in [*för ngn* in a p.'s place]; blanda sig i interfere; sport. come in (on)
~ på **a)** *~ på [bussen]* jump on [to the bus] **b)** *~ på ngn* fly at a p.['s throat], jump on a p. **c)** *~ på* ett erbjudande jump at..., seize [up]on
~ till give a jump, start
~ upp jump etc. up; från sin plats leap to one's feet; *~ upp i sadeln* leap (vault) into the saddle
~ över **a)** eg. jump over (across) **b)** bildl.: gå förbi, utelämna skip, leave out, omit; ofrivilligt miss out, forget
III *s* neds., kvinna bitch
hoppas *vb dep* hope [*på for*]; förlita sig trust; ibl. hope for, jfr ex.; *jag ~ det* I hope so; *det skall vi väl ~* let us hope so; blir det regn? - *Det ~ jag att det inte blir* ...I hope not; *~ i det längsta* hope against hope; *jag ~ på honom* I set my hopes on him
hoppbacke *s* ski jump
hoppfull *adj* hopeful; confident
hoppig *adj* **1** om väg bumpy **2** om framställning disconnected, choppy, jerky
hoppingivande *adj* hopeful, promising
hoppjerka *s* vard. job-hopper, drifter, amer. äv. floater
hopplock *s* miscellany
hopplös *adj* hopeless; desperate; *~ förtvivlan* äv. blank despair; företaget *var ~t* äv. ...was a forlorn hope
hopplöshet *s* hopelessness; despair
hopprep *s* skipping-rope; amer. jump rope; *hoppa ~* skip; amer. jump rope
hoppsan *interj* whoops!, whoopsadaisy!
hopptorn *s* diving tower
hopsjunken *adj* pred. shrunk up; attr. shrunken[-up]
hopskrumpen *adj* shrivelled, wizened
hopskrynklad *adj* crumpled up
hopslagen *adj* om bok closed; om bord o.d. folded up; jfr äv. *hopfälld* o. *slå [ihop]*
hopslingrad *adj* entwined
hopsparad *adj* saved up; *hans ~e slantar* äv. his savings
hopträngd *adj* ...crowded (packed) together
hopvikt *adj* folded up
hopvuxen o. **hopväxt** se *sammanvuxen*
hora I *s* whore **II** *vb itr* whore
hord *s* allm. horde
horisont *s* allm. horizon; eg. äv. skyline; *vidga sin ~* broaden one's mind, widen one's intellectual horizon; *vid ~en* on the horizon; *det går över min ~* it is beyond me
horisontal *adj* horizontal
horisontalläge *s* horizontal [position]
horisontalplan *s* horizontal plane
horisontell *adj* horizontal
hormon *s* hormone
hormonell *adj* hormonal
hormonpreparat *s* hormone preparation
hormoslyn® *s* ung. (vard.) Agent Orange [defoliant]
horn *s* allm. horn; hjorts äv. antler; signal~ äv. bugle; på bil o.d. äv. hooter; *ha ett ~ i sidan till ngn* have a grudge against a p.; *försedd med ~* horned; *ta tjuren vid ~en* bildl. take the bull by the horns, grasp the nettle
hornblåsare *s* mus. horn player, hornist; mil. bugler
hornboskap *s* horned cattle pl.
hornbågad *adj*, *~e glasögon* horn-rimmed spectacles
hornhinna *s* anat. cornea
hornuggla *s* zool. long-eared owl
hornämne *s* fysiol. keratin
horoskop *s* horoscope; *ställa ngns ~* cast a p.'s horoscope
horribel *adj* horrible, awful
hortensia *s* bot. hydrangea
hortonom *s* horticulturist
hos *prep* **1** rumsbet. el. friare: **a)** hemma ~, i tjänst ~ o.d. at, with; i personlig tjänsteställning hos el. ibl. äv. annars to; sekreterare *~ ngn* ...to a p.; *arbeta ~ ngn* work for (be employed by) a p.; *jag var ~ Anderssons igår* I was at the Anderssons' yesterday; *jag har varit ~ doktorn* I have been to the doctor (at the doctor's); *~ oss* i vårt land in this (our) country, with us; hemma hos oss at our place; *utgiven ~...* published by... **b)** bredvid by; tillsammans med, i sällskap med with; bland among; kom och sitt *~ mig i soffan* ...by me (by my side) on the sofa
2 bildl. **a)** i samband med uttr. som anger egenskap, utseende, känsla, organ o.d.: i, inom in; in i into; över, i det yttre hos about; för att uttrycka fel, gunst hos ngn with; *felet ligger ~ honom* the fault lies with him; *det finns något ~ henne...* there is something about (inom in) her... **b)** i en författares verk o.d. in; uttrycket finns *~ Shakespeare* ...in Shakespeare
hosianna *interj* o. *s* bibl. hosanna
hospitaliserad *adj* institutionalized
hospitalisering *s* institutionalization
hosta I *s* cough; hostande coughing; *envis (våldsam) ~* hacking (racking) cough; *få ~* get a cough **II** *vb itr* eg. cough, have a cough; säga 'hm' hem [*åt ngn* to a p.]; vard., yttra say, mumble; *~ lätt (~ till)* give a slight cough

hostanfall

(resp. hem); ~ *blod* (tr.) cough up blood; ~ *upp* cough up äv. punga ut med; expectorate
hostanfall *s* o. **hostattack** *s* fit (attack) of coughing
hostdämpande *adj*, ~ *medicin* medicine that relieves coughs
hostia *s*, *~n* kyrkl. the Host
hostig *adj*, *vara* ~ have a cough
hostmedicin *s* cough mixture (syrup)
hostning *s* cough; *~ar* äv. coughing
hosttablett *s* cough lozenge (pastille)
hot *s* allm. threat[s pl.] [*mot* against; *om* of]; ständigt hot, hotande fara: i högre stil menace [*mot* to]; *tomt* ~ empty (idle) threats; *göra allvar av ett* ~ carry out a (make good one's) threat; *ett* ~ *mot världsfreden* a menace to world peace
hota *vb tr* o. *vb itr* allm. threaten; i högre stil el. utan följ. inf. menace; sport. äv. challenge; förestå äv. be imminent (impending); ~ *med* threaten with, threaten, jfr ex.; ~ *med att* inf. threaten to inf.; ~ *med hämnd* threaten revenge; ~ *med laga åtgärder* threaten [legal] proceedings; ~ *ngn med stryk* threaten to thrash a p.; ~ *ngn till livet* threaten a p.'s life; *det ~r att bli regn* it threatens to rain, it looks like rain
hotande *adj* threatening, menacing; olycksbådande ominous; överhängande imminent, impending; *en* ~ *fara* a menacing danger; *den* ~ *krisen (strejken)* the threatened crisis (strike)
hotbild *s* threatening picture, ofta threat
hotell *s* hotel; ~ *Svea* the Svea Hotel; *bo på (ta in på [ett])* ~ stay (put up) at a hotel
hotellbetjäning *s* personal hotel staff
hotellbranschen *s* the hotel trade (industry)
hotelldirektör *s* hotel manager
hotellgäst *s* hotel visitor (guest); på längre tid resident
hotellrum *s* hotel room; *beställa* ~ book (isht amer. reserve) a room at a hotel, book hotel accommodation
hotellräkning *s* hotel bill; *betala ~en* äv. check out
hotellstäderska *s* chambermaid
hotelse *s* threat [*mot* against]; menace [*mot* to]; *fara ut i ~r mot ngn* utter threats against a p., menace a p.
hotelsebrev *s* threatening letter
hotfull *adj* threatening, menacing; olycksbådande ominous
hottentott *s* Hottentot
1 hov *s* på djur hoof (pl. äv. hooves); *[försedd] med ~[ar]* äv. hoofed
2 hov *s* hos kung etc. court; *vid ~et* at court; *hålla* ~ keep court
hovdam *s* lady-in-waiting (pl. ladies-in-waiting) [*hos* to]
hovdjur *s* hoofed animal (mammal)
hovera *vb rfl*, ~ *sig* swagger, strut about

hovförvaltning *s*, *~en* the Office of the Treasurer of the Court; i Storbr. the Department of the Keeper of the Privy Purse and Treasurer to the King (resp. Queen)
hovkapell *s*, *[Kungl.]* *~et* the Royal Opera-House Orchestra
hovleverantör *s*, *[kunglig]* ~ purveyor to His (resp. Her) Majesty the King (resp. Queen el. to the court)
hovman *s* courtier
hovmarskalk *s* ung. marshal of the court; i Storbr. Lord Chamberlain of the Household
hovmästare *s* **1** på restaurang head waiter **2** i privathus butler; finare steward
hovmästarsås se *gravlaxsås*
hovnarr *s* court jester
hovnigning *s* reverence
hovpredikant *s* chaplain to the King (resp. Queen)
hovrätt *s* court of appeal
hovrättsråd *s* judge of appeal
hovsam *adj* moderate; hänsynsfull considerate
hovslagare *s* farrier, blacksmith
hovsorg *s* court mourning
hovstall *s*, *~et* the Royal Stables pl.; i Storbr. the Royal Mews Department
hovstallmästare *s* crown equerry; i Storbr. master of the horse
hovstat *s*, *~en* the royal household
hovsångare *s* court singer [by special appointment to the King resp. Queen]
hovtång *s* pincers pl.
hu *interj* ugh!, whew!
huckle *s* kerchief
hud *s* allm. skin; på större djur el. tjock avflådd djur~ hide; *få ordentligt på ~en* vard. a) stryk get a good hiding b) ovett be told off, get it in the neck
hudflänga *vb tr* eg. el. bildl. scourge; bildl. äv. castigate
hudfärg *s* **1** eg. colour of the (one's) skin; hy complexion; *hans* ~ the colour of his skin **2** färgnyans flesh colour
hudfärgad *adj* flesh-coloured
hudklinik *s* skin clinic
hudkräm *s* skin cream
hudlös *adj* **1** eg. excoriated; sårig raw; genom skavning o.d. galled **2** bildl. skinless
hudsjukdom *s* skin (cutaneous) disease
hudtransplantation *s* skin-grafting; enstaka skin graft
hudvård *s* skin care, care of the skin
hugad *adj*, *~e spekulanter* prospective (intending) buyers
hugenott *s* hist. Huguenot
hugg *s* **1** med skärande vapen el. verktyg cut, som fläker upp äv. slash, med kniv o.d. stab, samtl. äv. ärr el. märke; slag blow, stroke; med tänder, äv. om fisk bite; *...med en käpp i högsta* ~ ...brandishing a stick **2** häftig smärta stab of pain, twinge **3** bildl. blow; *rikta skarpa* ~

mot ngn level damaging blows (kritik criticism) at a p.; *vara på ~et* vard. be in great form, amer. äv. be on the ball; *han är på ~et igen* he's at it again

hugg|a I *vb tr* o. *vb itr* **1** med vapen el. verktyg cut, hew, strike; fläka upp äv. slash; stympa äv. hack; med kniv o.d. stab [*efter ngn* at a p.]; klyva i små stycken chop; om bildhuggare carve; ~ *timmer* hew timber; ~ *ved* chop (cut) wood **2** med tänderna o.d. grab, clutch; t.ex. om fisk, hund bite; om orm äv. strike; *fisken -er bra* the fish is biting (rising) freely; ~ *klorna (tänderna) i ngt* dig one's claws (sink one's teeth) into a th. **3** friare el. bildl.: gripa catch [hold of], seize [hold of] [*i* t.ex. armen by]; vard. nab, cop, vard., stjäla pinch, snatch, nab, grab, idé, text o.d. crib, om smärta se ~ *till;* ~ *i sten* go wide of the mark; *det är -et som stucket* it's six of one and half a dozen of the other, it comes to the same thing [*om* whether]
II *vb rfl*, ~ *sig i benet* cut one's leg
III med beton. part.
~ **av** cut off, sever [*från* from]; i två bitar chop (cut)...in two; t.ex. gren lop off
~ **för sig** a) ta för sig help oneself [greedily] [*av* to] b) ta grovt betalt charge stiff prices
~ **i** hjälpa till lend a hand; ta i av alla krafter make a real effort, go at it; *jag fick själv ~ i* I had to take a hand myself
~ **in på** vard., t.ex. smörgåsen tuck into..., go for...
~ **ned** a) ett träd fell (cut down)... b) fienden cut...to pieces, massacre
~ **till a)** bita bite [*mot at*] **b)** forma shape **c)** ta grovt betalt charge stiff prices **d)** *det högg till* i tanden there was a twinge... **e)** ~ *till med* gissa på make a guess at

huggare *s* **1** vapen cutlass **2** bildl., se *baddare*
huggjärn *s* verktyg chisel
huggkubb[e] *s* chopping-block
hugggorm *s* viper, adder
huggsexa *s* scramble [*om* for], free-for-all
huggtand *s* vass tand, äv. orms fang; bete tusk
hugskott *s* passing fancy, idea
hugsvala *vb tr* comfort, solace
huj *s, i ett* ~ vard. in a flash (jiffy)
huk *s, sitta på* ~ squat, sit on one's heels; *sätta sig på* ~ squat down
huka *vb rfl*, ~ *sig* crouch [down]
huld *adj* välvillig benignant, kindly; älskvärd gracious; trogen loyal [*mot* i samtl. fall to, towards]; *min ~a maka* vard. my [ever-]loving wife; *lyckan var honom* ~ fate was kind to him, fortune favoured him
huldra *s* lady (siren) of the woods
huligan *s* hooligan
hulka *vb itr* sob
hull *s* vanl. flesh; *tappa ~et* lose flesh (weight); *med ~ och hår* whole, entirely; *leva på ~et*
live on one's fat; *lägga på ~et* put on flesh (om pers. äv. weight), fill out
huller om buller *adv*, allt ligger ~ ...all over the place, ...in a mess, ...higgledy-piggledy; *springa* ~ om varandra run pell-mell
hulling *s* på pil barb; på harpun o.d. fluke
hum *s, ha en [liten]* ~ *om* have some idea (know a bit) about
human *adj* människovänlig humane; hygglig kind, considerate, decent; *~t pris* reasonable price
humaniora *s* arts subjects; isht klassiska språk o.d. the humanities
humanisera *vb tr* humanize
humanism *s* humanism
humanist *s* humanist; friare classical scholar, studerande arts student
humanistisk *adj* humanistic; classical; *~a fakulteten* the Faculty of Arts; ~ *linje* skol. humanities pl.
humanitet *s* humanity
humanitär *adj* humanitarian
humbug *s* **1** bedrägeri humbug **2** pers. humbug, impostor, charlatan
humla *s* bumble-bee
humle *s* hops pl.; planta hop
humleblomster *s* bot. water avens
humleranka *s* bot. hop bine
humlestör *s* hop pole äv. bildl.
humma *vb itr* hum (hem) and haw
hummer *s* lobster
hummerburk *s* tin (isht amer. can) of lobster
hummertina *s* lobster pot
humor *s* humour; sinne för humor sense of humour; *ha* ~ have a sense of humour
humoresk *s* litt. humorous story (sketch); mus. humoresque
humorist *s* humorist
humoristisk *adj* humorous
humusrik *adj* ...rich in humus
humör *s* lynne temper, temperament; sinnesstämning humour, spirits pl., mood; *ha ett glatt* ~ have a cheerful temperament; *fatta* ~ bli arg fly into a temper; *hålla ~et uppe* keep up one's spirits; *upp med ~et!* cheer up!; *tappa ~et* lose one's temper; bli på misshumör be put out of humour (spirits); *visa* ~ show temper; *på dåligt* ~ sur, vresig in a bad temper; *på gott* ~ in a cheerful (good) mood; *inte vara på* ~ *att* inf. not be in the mood to inf.; not feel like ing-form; *vara ur* ~ be out of humour (spirits, vard. sorts)
hund *s* dog; jakt~ äv. hound; han~ male dog; *man skall inte döma ~en efter håren* you can't go by appearances, appearances are deceptive; *frysa som en* ~ be chilled to the marrow; *de är som* ~ *och katt* they are like cat and dog, they are at daggers drawn; *[få] slita* ~ [have to] rough it, have a rough time of it; *här ligger en* ~ *begraven* there is something fishy about this, I smell a rat

here; *lära gamla ~ar sitta* teach an old dog new tricks
hundbajs *s* dog mess, dog's dung
hundbett *s* dog bite
hundbiten *adj* attr. ...who has (had etc.) been bitten by a dog; *bli ~* be bitten by a dog
hundgård *s* kennels pl.
hundhalsband *s* dog collar
hundhuvud *s* dog's head; *få bära ~et för ngt* be made the scapegoat for a th.
hundkapplöpning *s* dog (greyhound) racing (enstaka race); *gå på ~ar* go to the dogs (dog races)
hundkex *s* dog biscuit
hundkoja *s* kennel; liten bil mini
hundkoppel *s* leash, dog lead; se vid. *koppel 1*
hundkorg *s* dog basket
hundkäx *s* o. **hundkäxa** *s* bot. wild chervil
hundliv *s*, *leva ett ~* lead a dog's life
hundloka *s* bot. wild chervil
hundmat *s* dog food
hundra *räkn* hundred; *[ett] ~* a hundred; '*ett ~* one hundred; *fem ~* five hundred; *år 1990* adv. in [the year] 1990 (nineteen ninety); *flera (många) ~* several (many) hundred (fören. äv. hundreds of); *några ~* a few hundred; fören. äv. some hundreds of; *ett par ~* fören. el. självst. a couple of hundred; *fem på (per) ~* five in (out of) a hundred
hundracka *s* cur, mongrel
hundrade I *s* hundred; *i ~n* in hundreds
II *räkn* hundredth; jfr ex. under *femte*
hundra[de]del *s* hundredth [part]; *två ~ar* two hundredths; *en ~s sekund* a (one, the) hundredth of a second
hundrafaldigt *adv* o. **hundrafalt** *adv* a hundredfold
hundrakronorssedel *s* o. **hundralapp** *s* one-hundred-krona note
hundrameterslopp *s* hundred-metre race
hundraprocentig *adj* one-hundred-per-cent...; jfr *femprocentig*
hundras *s* breed of dog (pl. breeds of dog[s]), dog breed
hundratal *s* hundred; *~et* talet 100 the number one hundred; *~et (något ~, ett ~) människor* hade infunnit sig some (about a) hundred people...; *komma i ~* come in [their] hundreds
hundratals *adv*, *~ böcker* hundreds of... (subst. i pl.); *~ människor* äv. people in hundreds
hundratusen *räkn*, *[ett] ~* a (one) hundred thousand
hundratusentals *adv*, *~ böcker* hundreds of thousands of... (subst. i pl.)
hundraårig *adj* (jfr *femårig*) hundred-year-old...; som varar (varat) i hundra år hundred-year[-long]..., hundred years'...; *en ~* fred äv. a century-long...; traditionen *är ~* ...goes back a hundred years (a century)
hundraåring *s* centenarian

hundraårsdag *s* hundredth anniversary, centenary, centennial; födelsedag hundredth birthday
hundraårsjubileum *s* o. **hundraårsminne** *s* centenary, centennial
hundskall *s* [the] barking of dogs (resp. a dog); jakt. äv. cry of hounds
hundskatt *s* dog tax; i Storbr. motsv. dog licence; amer. dog license
hundskattemärke *s* dog-tax plate; amer. dog tag
hundsläde *s* dog sledge
hundspann *s* dog team
hundtandsmönster *s* hound's-tooth (dog-tooth's) check [pattern]
hunduppfödare *s* dog breeder, dog-fancier
hundutställning *s* dog show
hundvalp *s* pup, puppy
hundväder *s*, *[ett] ~* beastly (dirty) weather
hundår *s pl*, *mina ~* my years of hard struggle
hundägare *s* dog owner
hundäxing *s* bot. cocksfoot (pl. ~s)
hundöra *s* dog's ear (pl. dogs' ears); boken *har hundöron* vanl. ...is dog['s]-eared
hunger *s* allm. hunger [*efter* for]; svält äv. starvation; *~n är den bästa kryddan* hunger is the best sauce; *känna ~* be (feel) hungry; *stilla ~n* (resp. *den värsta ~n*) appease (resp. take the edge off) one's hunger
hungersnöd *s* famine
hungerstrejk *s* hunger-strike
hungerstrejka *vb itr* hunger-strike
hungra *vb itr* be hungry (starving); svälta starve, hunger; *~ ut* en stad starve out (...into surrender)
hungrig *adj* allm. hungry; utsvulten starving [*efter (på)* for]; gåpåaraktig go-ahead, go-getting; *~ som en varg* hungry as a wolf (hunter); *bli ~* get hungry
hunn *s* o. **hunner** *s* Hun
hunsa *vb tr* o. *vb itr*, *~ [med]* bully, browbeat, hector; vard. äv. push...around
hur *adv* **1** allm. how; ibl. what, jfr ex.; *~ då?* how?; på vilket sätt in what way?; *~ så?* varför why [, then]?, what do you mean?; *~ gammal är han?* how old (what age) is he?; *~ menar du?* what (how) do you mean?; *~ [sa]?* what [did you say]?, I beg your pardon?, what was that?; *~ ser han ut?* a) hur förefaller han? how does he look? b) hurudant utseende har han? what does he look like?; *~ var* filmen*?* what was...like?, how was...?; *~ är han som lärare?* what is he like as a teacher?; *~ är det med honom?* hans hälsa how is he?; jag vet inte *~ jag skall förklara det* ...how to explain it **2** i vissa förb. *~...[än]* vanl. however; *~ jag än gör (bär mig åt)* whatever I do, do what I may; *~ man än försöker* however [much] one tries, try as one may; jag kan inte, *~ gärna jag än*

ville ...however much I would (should) like to; **~ *det nu var*** a) så kom han till sist whatever happened... b) så blev vi ovänner somehow [or other]...; ***eller* ~** se under *eller;* **~ *som helst*** se *helst I 2*
hurdan *adj,* **~ *är han?*** what is he like?, what sort (kind) of person is he?; du vet **~ *hon är*** ...how she is; **~*t vädret än blir*** whatever (no matter what) [sort of] weather we may have
hurra I *interj* hurrah!, hurray! **II** *s* cheer, hurray, hurrah; *jfr leve* **III** *vb itr* hurrah, hurray, cheer; **~ *för ngn*** give a p. a cheer, cheer a p.; ***ingenting (inte mycket) att ~ för*** vard. nothing to write home about (to boast of)
hurrarop *s* cheer
hurtbulle *s* vard. hearty [type]
hurtfrisk *adj* hearty; ***han är* ~** he is a hearty [type]
hurtig *adj* hurtfrisk hearty; rask brisk; munter cheerful; pigg lively; vaken alert; käck dashing
hurts *s* på skrivbord pedestal
huru se *hur*
hurudan se *hurdan*
hurusom *konj* åld. how [*att* that]
huruvida *konj* whether
hus *s* **1** allm. el. isht mindre house; större byggnad building; hyreshus äv. block [of flats]; familj house, family, household; **~*et Windsor*** the house of Windsor; ***gå (*resp. *spela) för fulla ~*** draw crowded houses (resp. play to capacity); ***det var fullt*** utsålt **~** igår there was a full house...; ***hålla öppet* ~** keep open house; ***var har du hållit ~?*** wherever (where) have you been?; ***som barn i ~et*** as a member of the family; ***gå man ur ~e*** turn out to a man; han äter oss ***ur ~et*** ...out of house and home **2** snigels shell **3** tekn., lager~, växel~ housing
husa *s* housemaid; som serverar parlourmaid
husapotek *s* [family] medicine chest (cabinet)
husar *s* hussar
husarrest *s, vara i* **~** be under house arrest
husbehov *s, till* **~** a) eg. for household requirements b) någotsånär [just] passably (moderately)
husbock *s* zool. house longhorn beetle
husbonde *s* master
husbåt *s* houseboat
husdjur *s* domestic animal, house pet; **~*en*** koll. äv. the livestock sg.
husera *vb itr* **1 ~ *i*** hemsöka infest; om spöke o.d. haunt **2** vard., härja, väsnas carry on
husesyn *s, gå* **~** *[i huset]* make a tour of (go over) the house
husfader *s* head of a (resp. the) family; jfr äv. *husfar*
husfluga *s* zool. housefly
husfrid *s* domestic peace
husfru *s* på hotell o.d. housekeeper, matron

husförhör *s* kyrkl. el. hist. parish catechetical meeting
husgeråd *s* köksredskap household (kitchen) utensil (koll. utensils pl.)
husgud *s* household god
hushåll *s* household; större, 'finare' [domestic] establishment, ménage fr.; hushållning housekeeping; ***ha eget* ~** do one's own housekeeping; ***10 personers* ~** a household of 10 [persons]; ***sköta ~et åt ngn*** keep house for a p., do a p.'s housekeeping for him (resp. her)
hushålla *vb itr* **1** keep house, do the housekeeping, housekeep **2** vara sparsam economize [*med* on]; be economical [*med* with]
hushållerska *s* housekeeper
hushållning *s* **1** eg. housekeeping **2** sparande economizing; sparsamhet economy, thrift
hushållsapparat *s* domestic appliance
hushållsarbete *s* housework (end. sg.), domestic (household) work (end. sg.)
hushållsavfall *s* domestic refuse (waste)
hushållsmaskin *s* electrical domestic appliance
hushållspapper *s* kitchen [roll] paper
hushållspengar *s pl* housekeeping money (allowance) (båda sg.)
hushållsrulle *s* kitchen roll
hushållsvåg *s* kitchen scales pl.; ***en* ~** a kitchen scale
huskatt *s* domestic cat
husknut *s* corner of a (resp. the) house
huskors *s* besvärlig hustru vixen, virago (pl. -s)
huskur *s* household remedy
huslig *adj* domestic; intresserad av husligt arbete domesticated; överdrivet **~** house-proud; **~*t arbete*** se *hushållsarbete*
husläkare *s* family doctor
husmanskost *s* simple home cooking
husmor *s* housewife (pl. housewives); på internat o.d. matron
husmus *s* house mouse (pl. mice)
husockupant *s* [house] squatter
husrum *s* accommodation, lodging, shelter; ***ha fritt* ~** äv. live rent-free; ***ge ngn* ~** tak över huvudet shelter a p., put a p. up
husse *s* vard. master
hussvala *s* zool. house martin
hustomte *s* mytol. brownie
hustru *s* wife; ***ha* ~ *och barn*** have a wife and children (and family)
hustrumisshandel *s* wife-battering, wife-beating
hustrutillägg *s* extra allowance for the wife of a pensioner (resp. for wives of pensioners)
hustyrann *s* domestic tyrant
husundersökning *s* search, domiciliary visit; razzia raid; ***företa* ~ *hos ngn*** search (raid) a p.'s house
husvagn *s* caravan; amer. trailer

husvill *adj* homeless
husvärd *s* landlord
husägare *s* house-owner
hut I *interj*, *[vet]* ~*!* watch it!, none of your sauce (cheek)! **II** *s*, *lära ngn veta* ~ teach a p. manners; *han har ingen ~ i sig (i kroppen)* he has no sense of shame [in him]
huta *vb tr*, *~ åt ngn* give a p. a good dressing-down (telling-off)
hutlös *adj* shameless, impudent; *~a priser* scandalous prices
hutt *s* vard. snifter, nip, drink
huttra *vb itr* shiver [*av* with]
huv *s* allm. hood; för skrivmaskin o.d. cover; på penna cap; se äv. *motorhuv* o. *rökhuv* o. *tehuv*
huva *s* hood
huvud *s* allm. head; pers. brain; intelligens o.d. äv. brains pl.; på brevpapper o.d. heading; jfr äv. *piphuvud* m.fl. sms.; *han har ett gott ~* he has got a good brain (got brains); *hålla ~et kallt* keep [vard. one's] cool, keep one's (a level) head; *köra ~et i väggen* bildl. bang one's head against a brick wall; *vara ~et högre än* be a head taller than; *följa (handla efter) sitt eget ~* go one's own way, please oneself; *ha ont i ~et* have a headache; *få ngt i (ur) sitt ~* get a th. into (out of) one's head; *ställa ngt på ~et* bildl. turn a th. topsyturvy (upside down); *tala över ~et på ngn* talk over a p.'s head; *över ~ taget* se *överhuvudtaget*
huvudansvar *s* main (chief) responsibility
huvudarvinge *s* principal heir (kvinnl. heiress)
huvudbangård *s* main (central) station
huvudbibliotek *s* main (central) library
huvudbok *s* hand. [general] ledger
huvudbonad *s* headgear; huvudprydnad headdress
huvudbry *s*, *vålla ngn ~* cause a p. a lot of trouble, give a p. a headache (a lot of problems)
huvudbyggnad *s* main building
huvuddel *s* main (greater) part; *~en av* äv. the bulk of
huvuddrag *s* fundamental (essential) feature; *svensk historia i dess ~* the main outlines of Swedish history
huvudentré *s* main entrance
huvudform *s* **1** anat. shape of the (one's) head **2** huvudart principal form **3** verbs voice
huvudförhandling *s* jur. main proceedings pl., hearing
huvudgata *s* main (principal) street, thoroughfare
huvudgärd *s* **1** på säng bed's head **2** kudde pillow
huvudingång *s* main entrance
huvudjägare *s* head-hunter äv. chefsrekryterare
huvudkontor *s* head office, headquarters pl.
huvudkudde *s* pillow
huvudled *s* trafik. major road; *korsande (korsning med) ~* vägmärke major road ahead
huvudledning *s* **1** för gas, vatten o.d. main [pipe] **2** elektr. main circuit
huvudlärare *s* senior master (kvinnl. mistress); *~ i engelska* vanl. head of the English Department
huvudlös *adj* enfaldig, oförståndig brainless, foolish; dumdristig foolhardy, desperate
huvudman *s* **1** för ätt head [*för* of] **2** jur. el. hand. principal; i sparbank trustee; myndighet responsible authority (organisation organization)
huvudmåltid *s* principal meal
huvudnyckel *s* master key, passkey
huvudort *s* stad chief (main) town; huvudstad capital
huvudpart *s* major (chief) part, bulk
huvudperson *s* i drama, roman o.d. principal (chief, leading) character
huvudpostkontor *s* general (head) post office
huvudpunkt *s* main (chief, principal) point
huvudredaktör *s* editor-in-chief (pl. editors-in-chief) äv. för uppslagsverk o.d.; [chief] editor
huvudregel *s* principal (chief) rule
huvudroll *s* principal (leading) part; *med...i ~en (~erna)* starring...
huvudrollsinnehavare *s* leading actor (kvinnl. actress), principal actor (kvinnl. actress)
huvudräkning *s* mental arithmetic (calculation)
huvudrätt *s* main course; viktigaste rätt principal dish; *till (som) ~* as the main course resp. as a principal dish
huvudsak *s* main (principal) thing; *skilja på ~ och bisak* ...essentials and non-essentials; *i ~* in the main, in substance, on the whole
huvudsaklig *adj* principal, main, chief; egentlig, första primary; väsentlig essential
huvudsakligen *adv* principally etc., jfr *huvudsaklig;* mostly, in the main
huvudsats *s* gram. main (principal) clause
huvudskål *s* cranium
huvudspråk *s* principal language
huvudstad *s* capital [*i* of]; stor metropolis
huvudströmbrytare *s* main power (master) switch
huvudstupa *adv* med huvudet före head first (foremost); headlong äv. bildl.; brådstörtat precipitately; *falla ~* fall head over heels
huvudstyrka *s* mil. o.d. main body
huvudsvål *s* scalp
huvudsyfte *s* principal (main) aim (purpose) [*med* of]
huvudsysselsättning *s* main (chief) occupation
huvuduppgift *s* åläggande main task (funktion function)
huvudvikt *s*, *lägga ~en på (vid) ngt* lay particular (the main) stress on a th.

huvudvittne *s* principal witness
huvudväg *s* main road
huvudvärk *s* headache äv. huvudbry; **ha [en blixtrande]** ~ have a [splitting] headache
huvudvärkstablett *s* headache tablet, aspirin
huvudämne *s* chief (principal, univ. äv. major) subject; amer. univ. **ha...som** ~ major in...
huvudända *s* på bord, säng head [end]
hux flux *adv* vard. all of a sudden, straight away
hy *s* allm. complexion; hud skin
hyacint *s* bot. hyacinth; miner. äv. jacinth
hyacintlök *s* hyacinth bulb
hybrid I *adj* hybrid **II** *s* hybrid
hybris *s* arrogance, hubris grek.
hyckla I *vb tr* sham, feign, simulate, put on a show of [*[in]för* i samtl. fall before]; **~t deltagande** pretended sympathy **II** *vb itr* be hypocritical, dissemble [*[in]för* to]; play the hypocrite [*[in]för* with]
hycklande *adj* hypocritical; i tal äv. canting
hycklare *s* hypocrite
hyckleri *s* hypocrisy; i tal äv. cant
hycklerska *s* hypocrite
hydda *s* hut; stuga cabin, cottage
hydra *s* mytol. el. zool. hydra äv. bildl.
hydraulisk *adj* hydraulic; ~ **broms** hydraulic brake
hydrofor *s* tryckbehållare, ung. pressure tank
hydroplan *s* seaplane; isht amer. hydroplane
hyena *s* hyena äv. bildl.
hyfs *s* skick, hyfsning [good] manners pl.; **sätta ~ på** snygga upp, se *hyfsa 1*
hyfsa *vb tr* **1** snygga upp, putsa ~ *[till]* trim (tidy) up, make...tidy (trim, presentable); manuskript o.d. touch up **2** ekvation simplify, reduce
hyfsad *adj* pers. well-behaved, well-mannered; **till ~e priser** at reasonable prices; **ett hyfsat resultat** a decent result; **hyfsat uppträdande** good manners pl.
hygge *s* avverkat område clearing
hygglig *adj* **1** välvillig, präktig decent, nice; snäll kind, good [*mot* i samtl. fall to]; väluppfostrad well-behaved; **en ~ chef** a decent (nice) boss; **var ~ och hjälp mig!** would you mind helping me? **2** skaplig decent, rimlig, t.ex. om pris fair, reasonable, moderate; *[ett] ~t väder* decent weather
hygien *s* hygiene äv. bildl.; hygienics sg.; **personlig ~** äv. personal care
hygienisk *adj* hygienic, sanitary
hygrometer *s* fys. hygrometer
1 hylla *s* **1** eg., allm. shelf (pl. shelves); möbel med flera hyllor set of shelves; jfr *bokhylla*; bagage~ o.d. rack; **lägga ngt på ~n** äv. bildl. put a th. on the shelf **2** vard. el. teat. **~n** the gods
2 hylla *vb tr* **1** gratulera congratulate; hedra, ära pay tribute (homage) to, honour; m. offentligt bifall give...an ovation; m. hurrarop cheer;

m. applåder applaud; m. fest fête; ny kung o.d. swear allegiance to; ~ **ngn som ledare** hail a p. as leader; **han ~de** sin företrädare he paid a warm tribute to... **2** omfatta, t.ex. åsikt, princip embrace; stödja, t.ex. parti, sak support
hylle *s* bot. perianth
hyllmeter *s* running metre
hyllning *s* (jfr *2 hylla*) congratulations pl., tribute, homage (end. sg.), ovation, cheers pl., applause [*för* i samtl. fall to]
hyllningsdikt *s* complimentary poem
hyllpapper *s* shelf paper
hylsa *s* allm. case, casing; huv, kapsyl cap, capsule; bot. shell, hull
hylsnyckel *s* box spanner
hymla *vb itr* vard., hyckla, krumbukta pretend; ~ **smussla med ngt** try to shuffle a th. away
hymn *s* hymn; friare anthem
hynda *s* bitch
hyperbel *s* matem. hyperbola
hyperbol *s* språkv. el. retor. hyperbole
hyperinflation *s* hyperinflation
hyperkänslig *adj* hypersensitive
hypermodern *adj* ultra-modern; tidsenlig extremely up-to-date; på modet very fashionable
hypernervös *adj* extremely nervous
hyperventilera *vb itr* med. hyperventilate
hypnos *s* hypnos|is (pl. -es)
hypnotisera *vb tr* hypnotize
hypnotisk *adj* hypnotic
hypnotisör *s* hypnotist
hypofys *s* anat. pituitary gland (body)
hypokonder *s* o. **hypokondriker** *s* psykol. hypochondriac
hypokondrisk *adj* psykol. hypochondriac
hypotek *s* bank., inteckning mortgage; säkerhet security
hypotenusa *s* matem. hypotenuse
hypotes *s* hypothes|is (pl. -es)
hypotetisk *adj* hypothetic[al]
hyra I *s* **1** för bostad o.d. rent; belopp rental; för tillfällig lokal, bil, TV o.d. hire; **betala** 5000 kr i ~ pay a rent of... **2** sjö.: a) lön wages pl., pay b) tjänst berth; **ta ~** ship, sign articles [*på* on board]
II *vb tr* o. *vb itr* **1** förhyra rent, hire, jfr *hyra I 1*; **att ~** annonsrubrik o.d. a) rum o.d. to let b) lösöre, båt o.d. for (on) hire; amer. i båda fallen äv. for rent; **~ av (hos) ngn** rent from a p.; **~ per vecka** take rooms by the week; **~ rum** live in rooms (lodgings; vard. digs); skaffa rum find accommodation; **~ en stuga** för sommaren rent (take) a cottage...; **~ in sig hos ngn** take lodgings with a p.; **~ ut** a) hus o.d. let; för lång tid lease b) lösöre, båt o.d. hire out, let out...on hire; **~ ut...i andra hand** äv. sublet... **2** sjö., anställa hire, engage, ship
hyrbil *s* rental (hire) car
hyresannons *s* 'to-let' advertisement

hyresavtal *s* för t.ex. våning rental (för lösöre, båt o.d. hiring) agreement
hyresbelopp *s* amount of rent, rental
hyresbidrag *s* housing (rent) allowance
hyresfastighet se *hyreshus*
hyresfritt *adv* rent-free
hyresgäst *s* i våning o.d. tenant; inneboende lodger; amer. roomer
hyresgästförening *s* tenants' (residents') association
hyreshaj *s* vard. rent racketeer
hyreshus *s* block of flats; amer. apartment house
hyreshöjning *s* rent increase
hyreskontrakt *s* flerårigt lease; kortare tenancy agreement; för lösören hire contract
hyreskostnad *s* förhyrningskostnad rental charge
hyreslägenhet *s* rented flat (apartment)
hyresmarknad *s* housing market
hyresnämnd *s* [regional] rent tribunal
hyresreglering *s* rent control
hyresrätt *s* jur. tenancy right; *[lägenhet med]* ~ flat with right of tenancy
hyresvärd *s* landlord
hysa *vb tr* **1** eg. house, accommodate, put up; ge skydd åt shelter, give shelter to; rymling o.d. harbour; innehålla äv. contain; ~ *in ngt hos ngn* store a th. at a p.'s house; ~ *in sig hos ngn* take up quarters with a p. **2** bildl. entertain; en mening äv. hold; t.ex. förhoppningar en känsla, planer äv. cherish; t.ex. hämndbegär äv. harbour, nurse; t.ex. respekt feel [*mot* i samtl. fall towards]
hysch-hysch *s* hush-hush
hyska *s* sömnad. eye; ~ *och hake* hook and eye
hyss *s, ha [en massa]* ~ *för sig* be up to [a lot of] mischief
hyssja *vb itr,* ropa hyssj ~ *[åt]* cry hush [to]
hysteri *s* hysteria; anfall hysterics pl.; *gripas av* ~ go into hysterics
hysteriker *s* hysteric, hysterical person
hysterisk *adj* hysteric[al]; *bli* ~ el. *få ett ~t anfall* go into hysterics
hytt *s* sjö. cabin, berth; elegantare stateroom; jfr äv. *badhytt* o. *telefonhytt*
hytta *s* smelting-house; järnbruk smelting-works (pl. lika), foundry; masugn blast furnace
hyttfönster *s* cabin window; hyttventil porthole
hyttplats *s* berth
hyvel *s* **1** snick. plane **2** se *osthyvel* o. *rakhyvel*
hyvelbänk *s* planing (carpenter's) bench
hyvelspån *s* shaving; koll. shavings pl.
hyvla *vb tr* plane; t.ex. ost slice; väg scrape; ~ *av* jämna plane…smooth, smooth; ta bort plane (smooth)…off; kanter äv. shoot; *~de bräder* planed (dressed) boards, floorings
håg *s* **1** sinne mind; hjärta heart; *dyster (glad) i ~en* in low spirits (in a happy mood); *slå ngt ur ~en* dismiss…from one's mind (thoughts), give up all idea of… **2** lust inclination [*för* for]; önskan desire [*för* for]
hågad *adj* inclined [*för* for]; *vara* ~ *att* äv. be minded to
hågkomst *s* recollection, memory [*av* of]; *~er* äv. reminiscences [*från* barndomen of…]
håglös *adj* listless; oföretagsam unenterprising; loj indolent
hål *s* hole i olika bet.; reva äv. tear [*på* in]; läcka äv. leak; öppning äv. aperture; luft~ vent; gap, lucka gap, lacun|a (pl. -ae); tandläk. cavity; springa, på t.ex. sparbössa slot; kantat, t.ex. i bälte eyelet; grop, t.ex. i marken äv. pit; *bränna* ~ *på* burn a hole (resp. holes) in; *det har gått (är)* ~ *på* strumpan äv. there is a hole (resp. are holes) in…; *[låta] göra* ~ *i öronen* have one's ears pierced; *slå* ~ *i* make a hole in; t.ex. papper punch
håla I *s* **1** grotta cave, cavern; större djurs el. bildl. den; t.ex. rävs äv. hole, burrow; anat. cavity **2** småstad hole **II** *vb tr* hålslå punch
hålfot *s* arch
hålfotsinlägg *s* arch support
hålig *adj* insjunken hollow; full med hål …full of holes, honeycombed
hålighet *s* konkr. cavity äv. anat.; hollow
hålkort *s* punch[ed] card
håll *s* **1** riktning direction; sida quarter, side; *från alla* ~ *[och kanter]* from all directions (quarters, sides), from every direction (quarter), from everywhere; höra *från säkert* ~ …from a reliable quarter (source); *på annat* ~ in another quarter, elsewhere; *på sakkunnigt* ~ in competent quarters, among experts; *på sina* ~ in some places, here and there; han gick *åt mitt* ~ …my way; *åt vilket ~?* which way?; *någonting åt det ~et* i den stilen something like that **2** avstånd distance, jfr ex. under *avstånd;* ha ngt *på nära* ~ …close at hand, …near by; sedd *på nära* ~ …at close quarters **3** skott~ range [*för* of] **4** med. stitch; *få* ~ get a stitch
håll|a I *vb tr* o. *vb itr* **1** t.ex. med handen el. i viss ställning hold; ~ *[i] ngt [åt ngn]* hold a th. [for a p.]; ~ *händerna för öronen* hold (sätta put) one's hands over one's ears; ~ *håret på plats* keep…in place **2** [bi]behålla, hålla i visst skick keep; ~ *balansen* keep one's balance; ~ *farten* keep up the speed; ~ *sitt löfte* keep one's promise; ~ *en plats [åt ngn]* keep (save) a seat [for…]; ~ *tiden* vara punktlig be punctual, keep to time; inte överskrida tiden manage in time; affärerna *-er öppet* …are open; ~ *ngt för sig själv* tiga med keep a th. to oneself
II *vb tr* (jfr äv. *I*) **1** försvara hold; ~ *ställningarna* a) mil. hold one's position b) allm. hold the fort **2** ha, kosta på [sig] keep; prenumerera på take in; ~ *ngn med mat* kosta på keep a p. in food; tillhandahålla furnish (supply) a p. with food **3** avhålla hold;

hålla

framföra: t.ex. föredrag give, deliver; ~ **en konsert** give a concert; ~ **tal** make a speech **4** om mått o.d.: rymma hold; innehålla contain; mäta measure **5** vid vadhållning bet [*på* on]; **jag ~-er en hundring** *på att han vinner* I bet you a... [that] he will win **6** anse consider; **jag -er [det] för troligt** att I think (consider) it likely...; ~ ngt **kärt (heligt)** hold...dear (holy)
III *vb itr* (jfr äv. *I*) **1** vara stark nog last äv. bildl.; om kläder äv. wear; om t.ex. rep, spik hold; inte spricka sönder not break, jfr ex.; om is bear; glaset **-er (höll)** ...won't (didn't) break; teorin **-er inte** ...doesn't hold water, ...is not valid; **och det -er** gäller **än** and this still applies; ~ **för** påfrestningen bear..., stand... **2** färdas i viss riktning: fortsätta keep, ta av turn, sjö. stand [*på (mot)* for]; sikta aim **3** stanna stop; stå stilla äv. wait; **bilen höll framför** dörren the car pulled up at... **4** ~ **på a)** spara på hold on to; ~ **på slantarna** be careful with one's money; ~ **på ngt för (åt) ngn** reserve (keep) a th. for a p. **b)** hävda: t.ex. sin mening stick (adhere) to, t.ex. rättigheter stand on **c)** vara noga med make a point of; ~ **på sin värdighet** stand on one's dignity; en flicka bör ~ **på sig** ung. ...shouldn't give herself to anyone who comes along **d)** sätta värde på ~ **mycket (styvt)** *på* ngn think much (a lot) of..., set great store by... **e)** satsa ~ **på** en häst bet (put one's money) on..., back...; ~ **på ett lag** support a team
IV *vb rfl*, ~ **sig 1** ~ **sig i** handtaget hold on to...; ~ **sig för näsan** hold one's nose **2** i viss ställning hold oneself; förbli, vara keep [oneself]; förhålla sig keep; förbli remain, stay; ~ **sig frisk [och kry]** keep fit (in good health); ~ **sig hemma** keep (stay) at home; ~ **sig lugn** keep (stay) calm; ~ **sig väl med** ngn keep in with...; ~ **sig på** trottoaren keep to... **3** behärska sig restrain (betr. naturbehov äv. contain) oneself; ~ **sig för skratt** keep oneself from laughing; **jag kunde inte ~ mig för skratt** I couldn't help laughing **4** stå sig: om t.ex. matvaror keep; om väderlek last; försvara sig hold out **5** kosta på sig ~ **sig med bil** keep a car **6** ~ **sig till** ngt: inte lämna keep (stick) to; rätta sig efter follow; åberopa go by **V** med beton. part.
~ **av a)** tycka om be fond of, be attached to; stark. love; jfr *avhållen* **b)** sjö. ~ **av från** ett grund bear away from...
~ **sig borta** keep (stay) away [*från* from]
~ **efter:** ~ *efter* **ngn** övervaka keep a close check on (a tight hand over) a p.; ~ *efter* ogräs o.d. keep down
~ **emot:** ~ *emot* **(emot med knät)** med underförstått subst. i sv. put one's weight (put one's knee) firmly against m. substantivet utsatt i eng.; ~ *emot* bildl. make (offer) resistance, resist [it]

~ **fast** ngn, ngt hold [...fast]; fästa (om sak) äv. hold...on, hold (keep)...in place; ~ *[stadigt] fast i* keep [firm] hold of; ~ *fast vid* bildl. stick (hold) to; t.ex. åsikt äv. adhere to; t.ex. krav insist on
~ **fram** hold out
~ **sig framme** se ex. under *framme 4*
~ **i:** ~ *i sig [i* handtaget*]* hold on [to...]; ~ *i sig* fortfara go (keep) on, continue
~ **ifrån:** ~ ...*ifrån sig* keep...off (away; på avstånd at a distance); ~ *sig ifrån* ngn keep away from..., avoid...
~ **igen** a) stängd keep...shut (closed, t.ex. kappa together) b) ~ emot, inte släppa efter hold tight; bildl. act as a check c) bromsa hold back d) spara cut down on expenses
~ **ihop** a) tr.: samman (eg. o. bildl.) keep...together; stängd, se ~ *igen a)* b) itr.: samman (eg. o. bildl.) keep together; vara lojal, vard. äv. stick together; inte gå sönder hold together; sällskapa be together; **inte ~ ihop [längre]** vara trasig, tröttkörd be falling to pieces; ~ *ihop* sällskapa **med**... äv. go out with...
~ **in** a) dra in pull in b) häst pull up
~ **inne** a) ~ *sig inne* keep indoors b) t.ex. lön withhold, keep...back
~ **isär** keep...apart; skilja på tell...apart
~ **kvar** få att stanna kvar keep; fördröja äv. detain; fasthålla hold; ~ *sig kvar* [manage to] remain (stay)
~ **med ngn** instämma agree with a p.; vard. go along with a p.; stå på ngns sida side (take sides) with a p.; **jag håller med [dig] om det** I agree (vard. go along) with you there
~ **om ngn** hold (ta put) one's arms round a p.; ~ *om* ngn **hårt** hold...tight
~ **på a)** vara i färd med ~ *på att skriva* be [sysselsatt med busy] writing; ~ *på med* ngt be busy with...; arbeta äv. be at work upon (engaged on)...; *medan jag -er på [med det]* while I am about (at, doing) it; *vad -er du på med?* what are you doing [just now]?; irriterat what do you think you're doing?; *huset -er på att byggas* ...is being built **b)** fortsätta go (keep) on; vara last; vara i gång be going on **c)** vara nära att ~ *på att* inf. be on the point of ing-form; *jag höll på att falla* vanl. I almost (very nearly) fell
~ **samman** se ~ *ihop*
~ **till** vara, vistas be, vard. hang out; påträffas, om djur be met with; bo live, vard. hang out; vara, hållas be; *var -er han till?* äv. where is he to be found?
~ **tillbaka** hejda keep...back; återhålla, hämma restrain
~ **undan** a) väja keep out of the way [*för* of] b) behålla försprånget keep the lead c) ~ god fart keep a good speed d) ~...borta keep (med händerna hold)...out of the way (...aside); ~

hålla

sig undan gömd keep in hiding [*för* from]; friare lie low; smita make oneself scarce
~ **upp a)** upplyft hold up; ~ ***upp dörren för ngn*** vanl. open the door to a p. **b)** göra uppehåll pause; sluta regna stop raining; ~ ***upp*** upphöra *med* stop, cease, leave off [*att* inf. i samtl. fall ing-form]
~ ***uppe* a)** ~ ***sig uppe*** inte sängliggande keep on one's legs, stay up; livnära sig support oneself; ~ modet o.d. ***uppe*** keep up...; ~ priserna o.d. ***uppe*** keep...up **b)** om väder, medan ***det -er uppe*** ...it holds up (keeps fine)
~ **ut a)** räcka ut hold out **b)** dra ut på, t.ex. en ton sustain **c)** uthärda hold out; inte ge tappt hold on, persevere, vard. stick it [out], tough it [out]
hållare *s* holder; jfr *lamphållare* m.fl.
hållas *vb itr dep, låta ngn* ~ let a p. have his (resp. her) way; lämna ifred leave a p. alone
hållbar *adj* **1** slitstark durable, lasting, hard-wearing; om tyg, plagg, attr. ...that wears well (will wear); om färg fast; om födoämne non-perishable, attr. ...that keeps well (will keep) **2** som kan försvaras tenable; ***teorin är inte*** ~ the theory is not valid (does not hold water)
hållbarhet *s* **1** materials o. färgs durability; slitstyrka äv. wear; födoämnes keeping qualities pl. **2** tenability, validity
hållen *adj* fostrad ***vara strängt*** ~ be strictly brought up
hållfast *adj* strong, firm, solid
hållfasthet *s* strength, firmness
hållfasthetslära *s* mechanics of materials, science of the strength of materials
hållhake *s*, **ha en** ~ **på ngn** have a hold on a p.
hålligång *s* vard. ***det var [ett]*** ~ hela natten på festen we had a ball (a rave-up)...
hålligångare *s* swinger, raver
hållning *s* kropps~ carriage, posture, deportment; uppträdande bearing, conduct; inställning attitude [*mot* to, towards]; stadga backbone, firmness; på börs tone, tendency; ***ha god*** ~ have a good carriage, hold oneself well
hållningsgymnastik *s* deportment exercises pl.
hållningslös *adj* bildl. spineless, flabby
hållplats *s* buss~ osv. stop; järnv. halt; taxi~ [cab]stand, taxi rank
hållpunkt *s* basis (pl. bases), grounds pl. [*för* for]; ***några ~er*** i föreläsningen some fixed points...
hålltid *s*, **~er** set (fixed) times
hålremsa *s* punch[ed] tape
hålrum se *hålighet*
hålslag *s* perforator, punch
hålslev *s* perforated ladle
hålsöm *s* hemstitching; **en** ~ a hemstitch; ***sy*** ~ hemstitch

håltimme *s* skol. gap [between lessons], free period
hålväg *s* gorge, ravine
hålögd *adj* hollow-eyed
hån *s* scorn; förlöjligande derision, mockery; hånfulla ord taunts pl., sneers pl.; ***ett*** ~ ***mot*** an insult to
håna *vb tr* make fun of, deride; i ord äv. scoff (sneer, gibe) at, taunt, mock [*för* i samtl. fall because of]
hånfull *adj* scornful; om t.ex. skratt äv. derisive, sardonic
hångla *vb itr* neck, pet [*med ngn* a p.]
hånle *vb itr* smile scornfully, sneer [*åt* at]
hånleende *s* scornful smile
hånskratta *vb itr* laugh scornfully, jeer [*åt* at]
hår *s* hair; ***du ger mig gråa*** ~ you're enough to turn my hair grey; ***ha kort[klippt]*** ~ vanl. wear one's hair short; ***[låta] klippa ~et*** have one's hair cut; ***det hängde på ett*** ~ it was a near thing (a close shave); ***på ~et*** exakt to a hair
håra I *vb itr,* ~ ***[av sig]*** shed (drop) one's hair **II** *vb tr,* ~ ***ned*** cover...with hair[s]
håravfall *s* loss of hair; med. alopecia
hårband *s* hair ribbon, headband; pannband fillet
hårbevuxen *adj* o. **hårbeväxt** *adj* hairy
hårborste *s* hairbrush
hårborttagningsmedel *s* hair remover, depilatory
hårbotten *s* scalp
hård *adj* allm. hard äv. bildl.; sträng äv. severe [*mot* on, towards]; omild äv. rough; barsk äv. harsh [*mot* to, towards]; hårdhjärtad äv. hard-hearted; fast äv. firm; stadig tight; ljudlig loud; skarp harsh; foto., onyanserad contrasty; ***ett hårt angrepp*** a vigorous (fierce) attack; ***ett hårt arbete*** hard (heavy) work; vard. a hard (tough) job; ***hårt ljud (ljus)*** harsh sound (light); ***med*** ~ ***hand*** with a heavy hand; ***en*** ~ ***knut (kram)*** a tight knot (hug); ~ ***konkurrens*** severe (keen) competition; ~ ***kritik*** severe criticism; ***hårt motstånd*** strong (stubborn) opposition; ***hårt väder*** rough weather; ***göra*** ~ make (render)...hard, harden; ***vara*** ~ ***mot*** ngn be hard on..., treat...harshly; ***sätta hårt mot hårt*** take a tough line
hårdband *s* bokb. hardback, hardcover
hårddata *s pl* cold figures
hårddisk *s* data. hard disk
hårdexploatera *vb tr* heavily exploit, exploit to the full
hårdfjällad *adj* bildl. hard-boiled
hårdflörtad se *svårflörtad*
hårdfrusen *adj* ...frozen hard
hårdför *adj* tough, robust
hårdgummi *s* hard rubber
hårdhandskar *s pl*, ***ta i med ~na [med]*** take strong measures [against], take a strong line

[against]; *ta i med ~na med ngn* get tough with a p.
hårdhet *s* hardness; stränghet äv. harshness, severity
hårdhetsgrad *s* degree of hardness
hårdhjärtad *adj* hard-hearted
hårdhudad *adj* thick-skinned
hårdhänt I *adj* omild rough; sträng heavy-handed, severe, hard-handed [*mot* with]; ~ *kritik* heavy-handed (severe) criticism **II** *adv*, **handskas ~ med...** handle...roughly, be rough with...
hårding *s* vard. tough guy (customer, nut)
hårdkokt *adj* om ägg el. bildl. hard-boiled
hårdna *vb itr* harden, become hard[er]; om konkurrens get tougher
hårdnacka|d *adj* stubborn; *göra -t motstånd* offer stubborn (dogged) resistance
hårdost *s* hard cheese
hårdplast *s* rigid (thermosetting) plastic
hårdporr *s* hard-core porno (pornography)
hårdraga *vb tr* bildl. strain; *hårdragen* äv. far-fetched, forced
hårdrock *s* mus. vard. hard rock, heavy metal
hårdsmält *adj* indigestible, ...difficult to digest båda äv. bildl.
hårdstekt *adj* ...roasted (osv., jfr *steka I*) too much, over-roasted
hårdträna *vb itr* train hard, do some hard training
hårdträning *s* hard training
hårdvaluta *s* hard currency
hårdvara *s* data. hardware
hårfin *adj* minimal subtle, minute
hårfrisör *s* hairdresser; herrfrisör äv. barber
hårfrisörska *s* hairdresser
hårfärg *s* hair colour, colour of the (one's) hair; *hans* ~ the colour of his hair
hårfärgning *s* hair-dyeing
hårfärgningsmedel *s* hair dye
hårfäste *s* hairline, edge of the scalp; ha *högt (lågt)* ~ ...a high (low) forehead; hon rodnade *upp till ~t* ...up to the roots of her hair
hårgelé *s* hair gel
hårig *adj* hairy
hårklippning *s* hair cutting; *en* ~ a haircut
hårklyveri *s*, *~[er]* hairsplitting sg.
hårklämma *s* hair clip (grip); amer. äv. bobby pin
hårknut *s* topknot, bun
hårlock *s* lock [of hair]
hårlös *adj* hairless
hårnål *s* hairpin
hårnålskurva *s* hairpin bend
hårnät *s* hairnet
hårpiska *s* queue
hårresande *adj* hair-raising; ryslig äv. appalling, horrible; *det är* ~ äv. it makes your hair stand on end
hårschampo *s* [hair] shampoo
hårslinga *s* strand [of hair]

hårsmån *s* hairbreadth, hair's-breadth; *en ~ från...* within an ace of...
hårspole *s* curler, roller
hårspray *s* o. **hårsprej** *s* hair spray
hårspänne *s* hairslide; jfr *hårklämma*
hårstrå *s* hair
hårsäck *s* anat. hair follicle
hårt *adv* intensivt, kraftigt hard; strängt severely; barskt harshly; stadigt tight; fast, tätt firmly, firm; ljudligt loud; mycket [very] much resp. very, jfr ex.; ~ *beskattad* heavily taxed; *vara ~ packad* be tightly packed; *arbeta ~* work hard; *dra åt ~ (hårdare)* tighten very much (more); *krama ngn ~* hug...tight; *det känns ~ bittert* it feels bitter; *ta ngt ~* bildl. take...hard (very much to heart)
hårtest *s* wisp [of hair]
hårtofs *s* tuft of hair
hårtork *s* hair drier
håruppsättning *s* konkr. coiffure fr.; vard. hairdo (pl. -s)
hårvatten *s* hair lotion, hair tonic
hårvård *s* care of the hair
hårväxt *s*, ha *klen (dålig)* ~ ...a poor growth of hair; *generande* ~ superfluous hair[s pl.]
håv *s* bag net; kyrk~ collection bag; *gå med ~en* bildl. fish for compliments
håva *vb tr*, ~ *in* bildl. rake in; ~ *upp* land; bildl. fish out [*ur* of]
håvor *s pl* bounties; *bordets* ~ the good things of the table
1 häck *s* **1** planterad hedge; *bilda* ~ bildl. form a lane **2** vid häcklöpning hurdle; *110 m* ~ 110 metres hurdles; *löpa* ~ hurdle
2 häck *s* **1** foder~ rack **2** frukt~ crate **3** *ha ~en full* vard. be up to one's ears in work
3 häck *s* **1** sjö. stern **2** vulg., rumpa behind, backside; *ta dig i ~en* up your arse (amer. ass)!, up yours!
häcka *vb itr* breed
häckla *vb tr* **1** hackle, dress, comb **2** bildl.: kritisera cavil (carp) at; avbryta, ansätta med frågor heckle
häcklöpare *s* hurdler
häcklöpning *s* hurdle race, hurdles sg.; häcklöpande hurdle racing
häckning *s* breeding
häckplats *s* breeding place
häcksax *s* hedge shears pl.
häda *vb tr* o. *vb itr* (äv. ~ *Gud*) blaspheme
hädan *adv*, *gå (skiljas)* ~ depart this life
hädanefter *adv* in future, from now on, henceforth, henceforward
hädanfärd *s* departure [from this life]
hädangången *adj* högtidl. departed
hädare *s* blasphemer
hädelse *s* blasphemy [*mot* against]; svordom curse
hädisk *adj* blasphemous, profane; vanvördig irreverent
häfta *vb tr* **1** bokb. stitch, sew; *~d* obunden

häftapparat

paper-bound, unbound; ~*d bok* vanl.
paper-back **2** ~ *fast* fasten...on; ~ *fast ngt vid* fasten a th. [on] to
häftapparat *s* stapling-machine, stapler
häfte *s* liten bok booklet; frimärks~, check~ osv. book; skriv~ exercise book; av bok part, instalment; av tidskrift number
häftig *adj* **1** isht om sak: våldsam violent, om t.ex. smärta äv. acute, severe, lidelsefull äv. vehement, om t.ex. lynne äv. impetuous; hetsig hot, om t.ex. dispyt äv. heated; intensiv intense, fierce; ivrig eager, keen; hastig sudden; ~ *feber* high fever; *ett ~t oväder (regn)* a violent storm (heavy downpour); *en ~ rörelse* a sudden movement **2** isht om pers.: hetlevrad hot-headed, hot-tempered; lättretad quick-tempered, hasty; upphetsad excited; *en ~ motståndare till...* a violent opponent of...; *han blir [lätt] ~* he loses his temper [easily] **3** vard., bra great, super, smashing, groovy
häftigt *adv* violently osv., jfr *häftig;* hastigt quickly; t.ex. dricka fast; plötsligt suddenly; *andas ~* breathe quickly; *koka ~* boil fast (fiercely); hjärtat *slår ~* ...beats excitedly (abnormally fast)
häftklammer *s* [paper] staple
häftpistol *s* tacker
häftplåster *s* förband sticking-plaster, adhesive plaster
häftstift *s* drawing-pin; amer. thumbtack
häger *s* zool. heron
hägg *s* bot. bird cherry
hägn *s* beskydd protection; *i (under) lagens ~* under the protection of the law
hägra *vb itr* **1** eg. *det ~r* i öknen there is a mirage... **2** bildl. *ett mål som ~r [för mig]* a goal which I dream of attaining
hägring *s* mirage; bildl. äv. illusion
häkta I *s* [small] hook **II** *vb tr* **1** fästa hook; ~ *av* unhook [*från* off (from)]; ~ *ihop (igen)* hook (do) up; ~ *på* ngt hook...on [*på* to] **2** jur. detain, remand...into (in) custody; *den ~de* the detainee, the person in custody, the detained person
häkte *s* jur. custody; konkr. gaol, jail, prison; *kvarhålla (sätta)* ngn *i ~* detain (place)...in custody; *frige* ngn *ur ~t* discharge [from prison]
häktning *s* jur. detention [pending trial]
häktningsförhandling *s* jur. *~[ar]* court proceedings pl. for the issue of a warrant of arrest (a detention order)
häktningsorder *s* jur. warrant of arrest, detention order
häl *s* anat. el. strump~ heel; *följa ngn [tätt] i ~arna* be [close] on a p.'s heels
hälare *s* jur. receiver [of stolen goods], fence
häleri *s* jur. receiving [stolen goods]
hälft *s* half (pl. halves); *~en av boken* [one] half of the book, half the book; *~en av hans pengar* half his money; *~en mjölk [och] ~en vatten* half milk, half water; *betala ~en var* pay half each, go halves; *~en så stor [som...]* half as large [as...], half the size [of...]
häll *s* **1** berg~ flat rock **2** platta slab; av sten stone slab; på kokspis hob, top; i öppen spis hearth
1 hälla *s* byx~ strap; skärp~ loop
2 häll|**a I** *vb tr* pour; ~ *i sig (ngn)* ngt pour...down one's (a p.'s) throat; *hälla ngt i (på)* ett kärl pour a th. into...; ~ *ngt i slasken* throw a th. down the sink; ~ *upp* te *åt ngn* pour out...for a p.; ~ *ur* tömma empty out; ~ *ut* ~ bort pour (throw) away; spilla spill **II** *vb itr,* *det -er ned* it is pouring down; *~nde regn* pouring rain
hälleberg *s* rock
hälleflundra *s* zool. halibut
hällregn *s* pouring rain
hällregna *vb itr,* *det ~r* it is pouring with rain
hällristning *s* rock carving
1 hälsa *s* health; *bra för ~n* good for the health (for you); *vid god ~* in good health
2 hälsa *vb tr* o. *vb itr* **1** välkomna greet; högtidl. salute; ~ *ngn välkommen* bid a p. welcome, welcome a p.; ~ ngt *med tillfredsställelse* receive...with satisfaction, welcome... **2** säga goddag o.d. vid personligt möte ~ *[på ngn]* say how do you do (förtroligare say hallo) [to a p.]; ta i hand shake hands [with a p.]; buga bow (nicka nod, lyfta på hatten raise one's hat) [to a p.]; mil. salute [a p.] **3** skicka hälsning ~ *[till ngn]* send [a p.] one's compliments (formellare respects, förtroligare regards, love); ~ *dem så hjärtligt (mycket) [från mig]* give them my kindest (best) regards (my love); ~ *din fru* vanl. please remember me to your wife; *han ~r (låter ~) att...* he sends word that...; *vem får jag ~ från?* a) anmäla what name, please? b) i telefon: allm. what name am I to give (say)? **4** ~ *på [ngn]* besöka call round [on a p.], drop in (amer. stop by) [to see a p.]; *komma och ~ på ngn* go (come) round and see a p., call on a p., look a p. up
hälsena *s* anat. Achilles' tendon
hälsning *s* allm. greeting; bugning bow; nick nod; isht mil. salute; *~[ar]* som man sänder, äv. compliments pl., respects pl.; förtroligare regards pl.; till närmare bekant love sg.; bud message[s pl.]; *hjärtliga ~ar från... (till...)* i brevslut love from... (kind[est] regards to...); *Med vänlig ~, Jan* i brevslut Yours [very] sincerely, Jan
hälsningsanförande *s* address (speech) of welcome
hälsningsfras *s* greeting, salutation
hälsobringande *adj* healthy, salubrious
hälsobrunn *s* spa
hälsofara *s* danger to [the (one's)] health

hälsofarlig *adj* ...injurious (dangerous) to [the] health; *det är ~t* äv. it's a health hazard
hälsokontroll *s* health control (screening); individuell health check-up, medical examination
hälsokost *s* health foods pl.
hälsokostbutik *s* health food store
hälsorisk *s* health hazard (risk)
hälsosam *adj* sund healthy äv. bildl.; om klimat äv. salubrious; nyttig, t.ex. om föda wholesome; bildl. äv. salutary; *vara ~ för* vanl. be good for
hälsoskäl *s*, *av ~* for reasons of health
hälsotecken *s* healthy sign äv. bildl.
hälsotillstånd *s*, *hans ~* [the state of] his health
hälsoundersökning *s* medical examination, health check-up
hälsovådlig *adj* ohälsosam unhealthy; t.ex. bostad insanitary; skadlig ...injurious (dangerous) to [the] health
hälsovård *s* hygiene; organisation health service
hälsovårdsnämnd *s* public health committee (board)
hämma *vb tr* hejda check, restrain, arrest; hindra hamper, impede, obstruct, curb; t.ex. trafiken äv. hold up; fördröja retard; inhibit äv. psykol.; *~ blodflödet* stop (arrest, staunch) the bleeding; *~ ngn i växten* retard (stunt, arrest) a p.'s growth; *verka ~nde på* hamper, have a restraining (restrictive) influence (psykol. an inhibitory effect) on
hämmad *adj* inhibited isht psykol.; jfr vid. *hämma*
hämna *vb rfl*, *det kommer att ~ sig* om jag... I will have to pay for it...
hämnare *s* avenger
hämnas I *vb tr dep* avenge; isht vedergälla revenge II *vb itr dep* avenge (revenge) oneself [*på ngn för ngt* on a p. for a th.]; *~ på ngn* äv. be revenged (avenged) on a p., take revenge on a p., get one's own back on (isht amer. get back at) a p.; *för att ~* vanl. in (out of) revenge
hämnd *s* revenge; högtidl. vengeance; *~en är ljuv* revenge is sweet
hämndaktion *s* act of vengeance (pl. acts of vengeance)
hämndbegär *s* desire for revenge, vindictiveness; *av ~* out of revenge
hämndlysten *adj* vindictive, revengeful
hämndlystnad se *hämndbegär*
hämning *s* inhibition äv. psykol.
hämningslös *adj* uninhibited; ohämmad unrestrained
hämpling *s* zool. linnet
hämsko *s* bildl. drag [*på* on], hindrance [*på* to]
hämta I *vb tr* eg.: allm. fetch [*ngt åt ngn* a p. a th.]; avhämta vanl. collect, take away; bildl.: t.ex. upplysningar get, t.ex. näring, tröst draw, derive; *[gå och] ~* äv. go for; *~ frisk luft* get fresh air; *[låta] ~* send for; *~ ngn med bil* pick a p. up (fetch a p.) by car; *~ in försprånget* reduce the lead; *~ upp* forsla upp [go and] bring up; ta upp i förbifarten pick up, collect; *~ ut* avhämta collect [*på (från)* from]; ta ut, t.ex. pengar take out [*på* banken from (at)...] II *vb rfl*, *~ sig* t.ex. efter sjukdom recover äv. om marknadsläge o.d. [*efter (från)* from]; jag har inte *~t mig än (mig efter chocken)* äv. ...got over it yet (over the shock)
hämtning *s* fetching, collection, taking away etc.; jfr *hämta* I
hämtpris *s* cash-and-carry price
händ|a I *vb itr* happen; förekomma äv. occur; äga rum take place; *~* drabba *ngn* happen to a p.; *har det hänt [honom] någonting?* has anything happened [to him]?; *det har hänt en olycka* vanl. there has been an accident; *vad som än -er* whatever (no matter what) happens; *det kan [nog] ~* that may be [so] II *vb rfl*, *~ sig* happen, chance, come about
händelse *s* **1** tilldragelse: allm. occurrence; viktigare event; obetydligare incident; episod episode; *dagens ~r* the happenings of the day; *vara (stå) i ~rnas centrum* be at the centre of events (things), hold the centre of the stage **2** tillfällighet coincidence; *av en [ren] ~* by [mere] accident, by [mere] chance **3** fall case; *för (i) den ~ att han skulle komma* in case he comes (should come); *i alla ~r* at all events, in any case
händelseförlopp *s* course of events; handling story
händelselös *adj* uneventful, ...lacking in action
händelserik *adj* eventful; ...full of action
händelseutveckling *s* trend of events (affairs), developments pl.
händelsevis *adv* by chance, by accident, accidentally; *jag var ~ där* I happened to be there; *du har ~ inte* ett frimärke på dig you don't happen to have..., you haven't...by any chance
händig *adj* handy; flink deft, dexterous
händighet *s* handiness; flinkhet deftness, dexterity
hänför|a I *vb tr* **1** *~ [till]* allm. assign [to]; räkna till äv. classify [among]; tillskriva äv. attribute [to] **2** hänrycka captivate, fascinate [*med* with]; *-d av (över)* in raptures over, enchanted with, carried away (transported with delight) by; *i -da ordalag* in enthusiastic terms II *vb rfl*, *~ sig till* avse have (bear) reference to, relate to; räknas till belong to
hänförande *adj* fascinating, enchanting, ravishing
hänförelse *s* rapture, enthusiasm; *tala med ~ om* talk rapturously about, gush about
häng|a I *vb tr* **1** hang äv. avrätta; över axeln

hängande

(axlarna) äv. sling; fritt äv. suspend; **bli -d** avrättas be hanged; ~ **ngt på** en krok hang (friare put) a th. on...; ~ ngt *till tork* hang...up (utomhus out) to dry; ~ *läpp* vara nedstämd be downhearted; vara sur sulk, mope [about]; ~ *näsan över en bok* pore over a book **2** ~ *ngn* sport. hang after a p.
II *vb itr* **1** hang; ~ *i* taket hang (be suspended) from...; ~ *i* ett rep hang by (för att hålla sig fast to)...; tavlan *-er snett* ...is slanting (lopsided); ~ *och dingla (slänga)* hang loose, dangle; *stå och* ~ hang about, lounge [about]; ~ *ngn i kjolarna* cling to a p.'s skirts; ~ *med huvudet* hang one's head, be down in the mouth; ~ *på* krogen hang about in (at)...; ~ *över böckerna* pore (be poring) over one's books **2** *det -er på* beror på it depends on; avgörs av it hinges on; *det -de på ett hår* it was a near thing (a close shave)
III *vb rfl, [gå och]* ~ *sig* hang oneself
IV med beton. part.
~ **av:** ~ *sig [ytterkläderna]* hang up one's things
~ **efter ngn** be running after a p., follow a p. about [everywhere]
~ **fast vid** bildl. cling (stick) to; ~ *sig fast vid* hang on (cling) to
~ **fram** kläder hang out
~ **framme** be hanging out; slarvigt be hanging about
~ **för** ett skynke hang...in front
~ **ihop a)** sitta ihop stick together; äga sammanhang hang together, be coherent; se vid. *hålla [ihop b)]* **b)** förhålla sig *så -er det ihop* that is how it is (how matters stand) **c)** ~ *ihop med* bero på be a consequence (result) of; höra ihop med be bound up (connected) with
~ **med:** ~ *med [i svängen]* keep up with things; vard. be with it; ~ *med [de andra]* keep up with the rest; ~ *med i* diskussionen follow...; *-er du med?* följer du med? are you coming along [with me (resp. us)]?; fattar du? do you get me (it)?
~ **på ngn (sig)** ett halsband hang...round a p.'s neck (put on...); ~ *sig på ngn* force oneself (one's company) upon a p.
~ **samman** se ~ *ihop*
~ **undan** put...away; *[låta]* ~ *undan* ngt, t.ex. i affär put by, lay aside
~ **upp** hang [up]; ~ *upp sig* catch, get caught, hitch [på i samtl. fall on]; ~ *upp sig på* bildl.: fästa sig vid fasten on, friare get hung-up on, worry (make a fuss) about, ta illa upp take exception to
~ **ut** ngt hang (friare put) out...
hängande *adj* allm. hanging; fritt suspended [*i* taket from...]; ned~ pendent, pendulous
hängare *s* i kläder samt galge hanger; se vid. *klädhängare*

hängbjörk *s* bot. weeping birch
hängbro *s* suspension bridge
hängbröst *s pl* sagging (pendulous) breasts
1 hänge *s* bot. catkin
2 hänge *vb rfl,* ~ *sig* let oneself go; ~ *sig åt* give oneself up (over) to, devote oneself to; t.ex. förtvivlan äv. abandon (surrender) oneself to, give way to; t.ex. nöjen, laster äv. indulge in, become addicted to
hängflygning *s* hang-gliding
hängfärdig *adj*, *vara* ~ be [down] in the dumps; *se* ~ *ut* look down in the mouth
hängig *adj* om pers. ...out of sorts, limp
hängiven *adj* devoted; tillgiven äv. affectionate; *vara ngn* ~ be devoted (attached) to a p.
hängivenhet *s* devotion, attachment [*för* to]; tillgivenhet affection [*för* for]
hänglampa *s* hanging (suspended) lamp
hänglås *s* padlock; *sätta* ~ *för* put a padlock on, padlock
hängmatta *s* hammock
hängning *s* hanging äv. avrättning
hängränna *s* [rain] gutter
hängslen *s pl* braces; amer. suspenders
hängsmycke *s* pendant
hängväxt *s* hanging plant
hänrycka se *hänföra I 2*
hänryckning *s* rapture; extas ecstasy; *falla i* ~ *över* go into raptures (resp. ecstasies) over
hänseende *s* respect; *i alla ~n* in all respects, in every respect (way); *i tekniskt* ~ as regards technique, technically
hänskjuta *vb tr* refer, submit [*till* to]
hänsyfta *vb itr,* ~ *på* allude to; anspela på hint at
hänsyftning *s* allusion [*på* to], hint [*på* at]; *med* ~ *på* in allusion (with reference) to
hänsyn *s* consideration äv. hänsynsfullhet; regard; hänseende äv. respect; aktning deference; skäl reason; *låta alla* ~ *fara* throw discretion to the winds; *ta* ~ *till* a) visa omtanke om show consideration for; t.ex. ngns känslor äv. consider b) beakta take...into consideration (account), consider, som förmildrande omständighet äv. make allowance for c) bry sig om pay attention (regard) to; *utan att ta* ~ *till...* bry sig om äv. disregarding..., quite regardless of...; *av politiska* ~ for political reasons; *av* ~ *till* av omtanke out of consideration (regard, respect) for; *med* ~ *till* beträffande with (in) regard to, as regards; i betraktande av in view (consideration) of, considering; *utan* ~ *till person* without distinction of persons
hänsynsfull *adj* considerate [*mot* to (towards)]; thoughtful
hänsynsfullhet *s* considerateness, thoughtfulness; hänsyn consideration
hänsynslös *adj* ruthless [*mot* to]; ansvarslös reckless; taktlös inconsiderate [*mot* to (towards)]; thoughtless [*mot* of]

hänsynslöshet s ruthlessness osv., jfr *hänsynslös*
hänvisa vb tr refer [*till* to]; *han ~de till* sin bristande erfarenhet he pleaded...as an excuse; *vara ~d till [att använda]* ngt be reduced to [using] a th., be obliged to use a th.
hänvisning s reference; i ordbok o.d., äv. cross-reference; *med ~ till...* hänvisande till with reference to..., referring to...
hänvisningston s tele. unobtainable tone
hänvända vb rfl, *~ sig till ngn* apply to a p. [*för [att få]* upplysningar for...]
häpen adj amazed, astounded; svag. astonished, surprised; obehagligt förvånad startled [*över* i samtl. fall at]; *bli ~* be amazed osv.; överraskad äv. be taken by surprise; förbluffad be taken aback; *nu blev du allt ~!* that surprised you, didn't it!
häpenhet s amazement, astonishment [*över* at]; *i ~en* glömde han in his amazement...
häpna vb itr be amazed osv., jfr [*bli*] *häpen*
häpnad s amazement, astonishment; *slå med ~* strike with amazement, amaze, astound
häpnadsväckande adj amazing, astounding; oerhörd stupendous
1 här s army; bildl. äv. host
2 här adv here; där there; härvidlag äv. in this case; *~ bakom mig* here behind me; *~ framme (nere, uppe)* over (down, up) here; *~ i huset (landet)* in this house (country); *~ i staden* i den här staden in this town; inte på landet here in [the] town; *~ i Sverige* [here] in Sweden; *damen ~* this lady; *~ bor jag* el. *det är ~ jag bor* this is where I live; *~ har du boken!* here's the book [for you]!; *~ är jag!* here I am!; *det var ~ [som]...* this is [the place] where...; *~ och där (var)* here and there
härav adv, *på grund ~* for this reason; *~ följer att...* from this it follows that...; för ex. jfr vid. under *därav*
härbak adv at the back [here], here at the back
härborta adv over here
härbärge s husrum shelter, lodging; ungkarlshem hostel, common lodging house
härbärgera vb tr house; isht pers. äv. lodge, give shelter to
härd s allm. hearth; fys., reaktor- core; bildl. centre, seat; isht med. äv. foc|us (pl. -uses el. -i); isht för något dåligt hotbed [*för* i samtl. fall of]; *egen ~ är guld värd* there is no place like home; *vid hemmets ~* by the fireside, round the family hearth
härda I vb tr allm. harden [*mot* to]; tekn. äv.: t.ex. metall, glas temper, plast cure; *~ ngn* vanl. make a p. hardy; *~ ngn mot* harden (inure) a p. to; *~nde* friluftsliv ...that makes one hardy (tough); *~d* motståndskraftig hardy; okänslig hardened; *~t glas* toughened (tempered, strengthened) glass; *~t stål*

hardened (tempered) steel **II** vb itr, *~ ut* endure; *jag ~r inte ut längre* I can't stand (bear) it any longer; *jag ~de ut* länge I put up with it...; *~ ut med* se *uthärda I* **III** vb rfl, *~ sig* harden oneself [*mot* to]; *~ sig mot* äv. inure oneself to
härdig adj hardy äv. om växt
härdplast s thermoset, thermosetting plastic
härdsmälta s fys., i kärnreaktor meltdown
härefter adv **1** om tid: framdeles, se *hädanefter;* efter detta after this (that); från denna tid from now; senare subsequently; efteråt afterwards; härpå then; *kort ~* shortly after[wards]; *ett år ~* a year hence (after this) **2** i enlighet härmed accordingly
härframme adv over here
härfågel s zool. hoopoe
härhemma adv at home; hos mig (oss) in this house; här i landet in this country
häri adv in this; i detta avseende in this respect; *~ ligger* hemligheten in this lies...
häribland adv among them (these); inklusive including
härifrån adv (jfr äv. *därifrån*) **1** lokalt from here; från denna plats, punkt äv. from this place (point); *långt ~* far from here, far off; *ut ~!* försvinn get out of here!; *~ och dit* from here to there; *gå (resa* osv.) *~* leave [here] **2** från denna osv. from this osv., jfr *härav;* *bortsett ~* apart from this [fact]
härigenom adv på så sätt in this way, by this, thus; på grund härav owing to this, by reason of this; tack vare detta thanks to this
härinne adv in here (där there); *~ i rummet* here in the room, in this room
härja I vb tr ravage; under plundring äv. harry; ödelägga devastate, lay waste; *~d av* sjukdom wasted by...; *se ~d ut* look worn and haggard; *ett ~t ansikte* a ravaged face **II** vb itr **1** *~ i (på, bland)* ravage; väsnas play about, run riot, grassera be prevalent; *~ svårt i* vålla förstörelse, vanl. wreak (make) great havoc in **2** grassera be rife (prevalent), rage **3** vard., väsnas o.d. play about; rasa carry on; leva rövare run riot äv. svira; *~ bråka med ngn* order (boss) a p. about
härjning s, *~ar* ravages
härkomst s börd extraction, birth, parentage; härstamning descent, lineage; ursprung origin
härleda I vb tr derive äv. språkv. [*från* from]; deducera deduce [*från (ur)* from] **II** vb rfl, *~ sig* **1** språkv. derive, be derived [*från* from] **2** se *härröra*
härledning s språkv. derivation
härlig adj glorious äv. iron.; underbar wonderful, vard. gorgeous; förtjusande lovely; skön delightful; läcker delicious; storartad magnificent, splendid, grand; *~t!* bra fine!; vard., smaskens goody, goody!; *hon är för ~ komisk* she is a scream (too funny for words)
härlighet s **1** glans el. bibl. glory; prakt

splendour; **~er** läckerheter delicacies **2 hela ~en** vard., alltihop the whole lot
härma *vb tr* imitate; vard. take off; apa efter äv. copy; förlöjligande el. naturv. mimic; **~ efter** imitate, copy; take off
härmas *vb itr dep* imitate; förlöjligande el. naturv. mimic
härmed *adv* med dessa ord with these words; **~ bifogas** enclosed please find; **~ får jag meddela att...** I hereby wish to inform you that...
härmning *s* imitation; vard. takeoff, send-up
härnedan *adv* i t.ex. kontrakt here[in]after, herein
härnere *adv* down here (där there)
härnäst *adv* nu närmast next [of all]; nästa gång next time; sedan after this; **när vi ses ~** next time we meet
härold *s* herald
härom I *adv* angående detta about this; staden ligger **norr ~** ...[to the] north from here
II *prep*, affären ligger **alldeles ~ hörnet** ...just round the corner
häromdagen *adv* the other day
häromkring *adv* [all] round here (där there); i trakten äv. in the country round about here, in this neighbourhood
häromnatten *adv* the other night
häromsistens *adv* recently, a little while ago
häromåret *adv* a year or two (so) ago
härovan *adv* up here, above
härpå *adv* om tid: efter detta after this
härröra *vb itr*, **~ från** ha sitt ursprung i originate (arise, spring, proceed) from; härstamma från derive from; datera sig från date from
härs *adv*, **~ och tvärs** in all directions, this way and that way
härska *vb itr* rule isht med personsubj.; regera reign; vara allenarådande reign supreme [*över* i samtl. fall over]; råda prevail, be prevalent; **~ över** äv. dominate [over], hold rule over, master; **tystnad ~de i...** silence reigned in...
härskande *adj* eg. ruling; gängse prevalent; attr. äv. prevailing; förhärskande predominant
härskare *s* ruler; regent sovereign [*över* of]; herre master [*över* of]
härsken *adj* rancid; om pers. moody; vard. uptight; sur sulky; **vara ~ på ngn** vard. be put out (amer. sore) with a p.
härsklysten *adj* autocratic, domineering
härskna *vb itr* go (become, turn) rancid, go off; **~ till** om pers. become moody (vard. uptight, sur sulky)
härskri *s* war cry; bildl. outcry
härstamma *vb itr*, **~ från** vara ättling till be descended from, come of; komma från originate (come) from, derive one's origin from; datera sig från date from (back to); härleda sig från be derived from
härstamning *s* varelses descent; ursprung origin; härledning derivation

härtappad *adj* i Sverige ...bottled in Sweden
härtill *adv*, **med hänsyn ~** in view of this (resp. these facts); **~ kommer att vi måste...** besides, we must..., in addition to this we must...
häruppe *adv* up here (där there)
härute *adv* out here (där there)
härutöver *adv* in addition to this (that, it)
härva *s* skein; virrvarr tangle äv. bildl.; **en trasslig ~** a tangled skein; bildl. a real tangle (mix-up), a confused (complicated) state of things; isht polit. an imbroglio; t.ex. narkotika~ring
härvid *adv* i det sammanhanget in this connection
härvidlag *adv* i detta avseende in this respect; i detta fall in this case; i detta sammanhang in this [matter]; här here
håråt *adv* åt det här hållet this way; i den här riktningen, äv. in this direction
hässja I *s* hay-drying rack **II** *vb tr*, **~ hö** pile hay on drying racks
häst *s* **1** horse; vard. el. barnspr. gee-gee; jfr *ridhäst;* **sätta sig på sina höga ~ar** get on one's high horse; *[sitta]* **till ~** [be] on horseback; **stiga till ~** mount [one's horse], get on one's horse; poliser **till ~** mounted... **2** gymn. [vaulting-]horse **3** schack. knight **4 ~ar** vard., se ex. under *hästkraft*
hästhov *s* horse's hoof
hästhov[sört] *s* bot. coltsfoot (pl. -s)
hästintresserad *adj* ...interested in horses, horsy
hästkapplöpning se *kapplöpning*
hästkarl *s* kännare [good] judge of horses (horseflesh); ryttare horseman
hästkastanj[e] *s* bot. horse chestnut
hästkraft *s* horsepower (pl. lika) (förk. h.p.); **en motor på 50 ~er** a fifty horsepower engine; **hur många ~er?** how much horsepower?
hästkrake *s* jade
hästkur *s* drastic remedy (cure), kill-or-cure remedy
hästkött *s* kok. horseflesh, horse meat
hästlängd *s* sport. vinna **med en ~** ...by a length
hästminne *s* phenomenal memory
hästmyra *s* zool. carpenter ant
hästpolo *s* polo
hästrygg *s*, **på ~en** on horseback; jaga **från ~en** ...on horseback
hästskjuts *s* carriage, horse-drawn vehicle
hästsko *s* horseshoe
hästskojare *s* horse-dealer, coper
hästskosöm *s* horseshoe-nail
hästskötare *s* groom
hästspillning *s* horse droppings pl.
hästsport *s* equestrian sports pl.; **~en** hästkapplöpningarna horse-racing, the turf
hästsvans *s* **1** horse's tail; frisyr pony-tail **2** bot. mare's tail

hästtagel *s* horsehair
hästtäcke *s* horse cloth
hästuppfödare *s* horse breeder
hästväg, något i ~ something quite extraordinary
hätsk *adj* hatisk spiteful, rancorous, malignant [*mot* i samtl. fall towards]; friare: t.ex. om utfall savage, t.ex. om fiende implacable, t.ex. om fiendskap bitter, fierce
hätta *s* hood; barns bonnet
häva I *vb tr* **1** lyfta, slänga heave **2** bildl.: upphäva, t.ex. blockad raise; annullera annul; t.ex. kontrakt äv. cancel, revoke; bota cure; **~ en sladd** bil. correct a skid; jfr vid. *upphäva 2*
II *vb itr*, **på tå häv!** on your toes rise!
III *vb rfl*, **~ sig 1** lyfta sig raise (lift) oneself [up] [*på* en arm on...]; pull oneself up [*i (på) armarna* by one's arms] **2** höja och sänka sig heave
IV med beton. part.
~ i sig put away
~ upp *ett skri* give a scream (yell), raise a cry; **~ upp sin röst** open one's mouth, [begin to] speak
~ ur sig come out with
hävarm *s* arm of a (resp. the) lever; hävstång lever
hävd *s* **1** tradition custom, tradition; jur., långvarigt innehav prescription; *gammal ~* sedvana old (time-honoured) custom; *vinna ~* om t.ex. bruk become sanctioned by long usage; om t.ex. ord be adopted into the language **2** **~er** history sg., annals; *gå till ~erna* go down in (to) history
hävda I *vb tr* förfäkta assert, maintain; upprätthålla uphold; **~ att...** påstå assert (maintain) that...; göra gällande claim (argue) that...; **~d** hand. maintained **II** *vb rfl*, **~ sig** försvara sin ställning hold one's own [*gentemot* ngt with...]; göra sig gällande assert oneself; **~ sig i konkurrensen** keep up with the competition
hävdvunnen *adj* jur. prescriptive; traditionell ...sanctioned by usage; om t.ex. bruk, äv. time-honoured; om språkbruk established
hävert *s* siphon
hävstång *s* lever äv. bildl.
häxa *s* witch, hag båda äv. käring; eg. äv. sorceress
häxbrygd *s* witches' brew (broth)
häxeri *s* witchery, sorcery; magi witchcraft
häxjakt *s* witch-hunt äv. bildl.
häxkittel *s* bildl. maelstrom
häxmästare *s* wizard
häxprocess *s* witch trial äv. bildl.
hö *s* hay; *bärga ~* slå o. torka make (köra in gather in) hay
höbärgning *s* slåtter hay-making
höfeber *s* med. hay-fever
1 höft, på en ~ på måfå at random; planlöst in a slapdash (haphazard) way; på ett ungefär roughly, approximately
2 höft *s* hip; **~er fäst!** hands to hips!
höftben *s* anat. hipbone
höfthållare *s* girdle
höftled *s* anat. hipjoint
höftskynke *s* loincloth
1 hög *s* **1** samling heap; ordnad äv. stack; staplad pile; mängd äv. lot; *[stora] ~ar* massor *med* heaps [and heaps] of, lots [and lots] of; *hela ~en* allesammans the whole lot; *i en enda ~* röra all in a heap; *en i ~en* vilken (vem) som helst just any, any [one], [just] anybody; *lägga (samla) pengar på ~* accumulate (amass, pile up) money; ett exempel *ur ~en* ...at random **2** kulle mound; se äv. *gravhög*
2 hög (jfr *högre I, högst I*) *adj* **1** high; högt liggande, t.ex. om läge äv. elevated; lång, t.ex. om skorsten, träd, gestalt tall; av imponerande höjd lofty; stor: t.ex. om belopp large, t.ex. om straff, böter heavy, t.ex. om anspråk great; högt uppsatt, om pers. el. rang eminent, exalted; högdragen haughty; *~a berg* high (lofty) mountains; *~a betyg* high marks (amer. grades); **~** *byggnad* high (tall) building; *~t gräs* long grass; **~** *gäst* distinguished guest; *~a hopp* simn. high diving sg.; *~a ideal* high ideals; **~** *luft* clear air; **~** *officer* high-ranking officer; *i egen ~ person* se under *person*; *~a priser* high prices; *~a skatter* high taxes; *~a stövlar* high[-legged] boots; *det är ~ tid [att jag går]* it is high time [I went el. for me to go]; *vid ~ ålder* at an advanced (a great) age; *en ~ ämbetsman* a high[-ranking] official; **~** *och låg* high and low **2** om ljud: högljudd loud; högt på tonskalan high; gäll high-pitched; *~a C* mus. top C; *med ~ röst* in a loud voice **3** sl., narkotikapåverkad high
högadel *s*, **~n** mest hist. the high nobility; i Engl. äv. the peerage
högaffel *s* hayfork
högakta *vb tr* respect, think highly of [*för* for]; hold...in high esteem
högaktiv *adj* fys. highly radioactive, vard. hot
högaktning *s* deep respect, high esteem
högaktningsfull *adj* respectful
högaktningsfullt *adv* respectfully; *Högaktningsfullt* i brev Yours faithfully ([very] truly), amer. äv. Very truly yours,
högaktuell *adj* ...of great immediate interest, highly topical; jfr vid. *aktuell*
högaltare *s* high altar
högavlönad *adj* highly paid; *vara ~* äv. be a high-salary (high-income) earner
högbarmad *adj* high-bosomed
högborg *s* bildl. stronghold
högborgerlig *adj* ung. upper-class; lägre upper middle-class
högbro *s* elevated (high-level) bridge
högburen *adj*, gå *med högburet huvud* ...with one's head erect

högdjur *s* vard. VIP, bigwig, high-up, big gun
högdragen *adj* haughty, arrogant, lofty; överlägsen supercilious
högeligen *adv* highly, greatly, exceedingly
höger I *adj* o. *subst adj* o. *adv* right, attr. äv. right-hand; jfr ex.; ~ **hand** el. **högra handen** the (one's) right hand; *han är min högra hand* he's my right-hand man; *på* ~ *sida [om]* on the right-hand side [of]; *gå på* ~ *sida!* keep to the right!; *komma från* ~ ...from the right; *till (åt)* ~ to the right; *se till* ~ look [to the] right; *omkörning till* ~ overtaking on the right; *[göra]* ~ *om* [do a] right turn, turn to the right **II** *s* **1** polit. *~n* allm. the Right; parti the Conservatives pl. **2** boxn. *en [rak]* ~ a [straight] right
högerback *s* sport. right back
högerextremist *s* polit. right[-wing] extremist
högerextremistisk *adj* polit. right[-wing] extremist, ultra-right
högerflygel *s* polit. right wing
högergängad *adj*, ~ *skruv* right-handed screw
högerhandske *s* right-hand glove
högerhänt *adj* right-handed
högerorienterad *adj*, *vara* ~ be right wing, be a right wing sympathizer
högerparti *s* Conservative (right-wing) party
högerregel *s*, *tillämpa ~n* give right-of-way to traffic coming from the right
högerstyrd *adj* right-hand driven
högersväng *s* right[-hand] turn; ~ *förbjuden* no right turn
högertrafik *s* right-hand traffic; *det är* ~ *i...* vanl. in...you keep to (drive on) the right
högervriden *adj* polit. vard. right-wing; *en* ~ a person with right-wing views
högfjäll *s* alp, high mountain
högform *s*, *vara i* ~ be in great form
högfrekvens *s* high frequency
högfrekvent *adj* attr. high-frequency äv. fys.; *vara* ~ have a high frequency; *ordet är* ~ äv. the word is very frequent
högfärd *s* pride [*över* in]; fåfänga vanity; inbilskhet conceit
högfärdig *adj* proud [*över* of (about)]; vain [*över* about]; conceited [*över* about]; jfr *högfärd*; mallig stuck-up
högfärdsgalen *adj* pompous, stuck-up, ...full of self-importance
högförräderi *s* high treason
höggradig *adj* high-grade, ...of a high grade
höghalsad *adj* om kläder high-necked
höghastighetståg *s* high-speed train
höghet *s* **1** titel *Ers (Hans) Höghet* Your (His) Highness **2** upphöjdhet loftiness, highness
höghus *s* high rise, high-rise block (building); punkthus tower block
höginkomsttagare *s* high-income earner
högintressant *adj* highly interesting

högkant *s*, stå, ställa *på* ~ ...on [its] end (edge)
högklackad *adj* high-heeled
högklassig *adj* high-class
högkonjunktur *s* boom, prosperity; *det råder* ~ there is a boom; *under* ~ in times of prosperity
högkvarter *s* headquarters (sg. el. pl.)
högkyrklig *adj* High Church
högland *s* highlands pl., uplands pl.
högljudd *adj* ljudlig loud; högröstad: om pers. loud-voiced, om t.ex. folkhop vociferous; bullersam noisy; *bli* ~ tala högt raise one's voice
högljutt *adv* loudly; *tala* ~ talk loud (in a loud voice, talk at the top of one's voice)
höglänt *adj* attr. upland...; landet *är* ~ ...has an upland character
högläsning *s* reading aloud [*ur* from]
högmod *s* pride; överlägsenhet arrogance; högdragenhet haughtiness; ~ *går före fall* pride goes before a fall
högmodern *adj* ultra-modern
högmodig *adj* proud [*över* of (ibl. about)]; arrogant; haughty; jfr *högmod*
högmässa *s* prot. morning service; katol. high mass
högoktanig *adj*, ~ *bensin* high-octane petrol (amer. gasoline)
högplatå se *högslätt*
högre I *adj* higher osv., jfr *2 hög*; i rang o.d. äv. superior [*än* to]; övre upper; ledande high; *de* ~ *klasserna* skol. the upper (senior) forms (amer. grades); *en* ~ *makt* a higher power; ~ *matematik* higher (advanced) mathematics; *på* ~ *ort* vanl. in high quarters; order *från* ~ *ort* ...from above; *ett* ~ *väsen* a superior being; *en* ~ *ämbetsman* a high-ranking (high-grade) official **II** *adv* higher, more highly osv., jfr *högt*; ganska högt highly; mera more; ~ *avlönade* arbetare higher-paid (ganska högt highly paid)...; *gå* ~ betala mera go higher; *hänga* tavlan ~ hang...higher [up]; ~ *stående djur (folk)* higher animals (people on a higher level); *tala ~!* speak louder (up)!
högrest *adj* reslig tall, stately
högrev *s* kok. prime (best) rib
högrisklaboratorium *s* safety lab
högröd *adj* bright red; vermilion; *bli* ~ *[av* ilska*]* turn scarlet [with...]
högröstad se *högljudd*
högsinnad *adj* o. **högsint** *adj* high-minded, noble-minded; om t.ex. karaktär noble
högskola *s* college; universitet university, mindre university college; *teknisk* ~ university of technology; se vid. *handelshögskola* m.fl.
högskoleexamen *s* university degree; under 120 poäng University Certificate; under 160 poäng, ung. Bachelor of Arts degree (förk. BA,

amer. äv. AB); över 160 poäng, ung. Master of Arts degree (förk. MA, amer. äv. AM)
högskolelektor s senior [university] lecturer, med docentkompetens äv. reader; amer. assistant professor
högskoleutbildad adj university-trained, ...trained at a college etc.; jfr *högskola*
högskoleutbildning s university (higher) education (studies pl.)
högslätt s geogr. [high] tableland, plateau (pl. äv. -x)
högsommar s high summer; *på ~en* in the height of the summer
högspänn, på ~ on tenterhooks, in suspense
högspänning s elektr. high tension (voltage)
högspänningsledning s elektr. high-tension line
högst I adj highest osv., jfr 2 *hög;* attr.: om antal, fart m.m. äv. maximum, översta äv. top, topmost, i makt el. rang supreme, yttersta extreme; *min ~a chef* my chief boss; *Högsta domstolen* the Supreme Court [of Judicature]; *av ~a klass* of the highest class, first-rate...; *~a vikt* maximum weight; *av ~a vikt* of the highest (of the utmost, of supreme) importance; *min ~a önskan* my greatest wish; *den Högste* the Most High **II** adv **1** highest, most highly osv., jfr *högt;* mest most; när aktierna *står [som] ~* ...are at their highest; *[allra] ~ upp[e]* at the [very] top *[på (i)* of]; *~ däruppe* right up there **2** mycket, synnerligen very, most; högeligen äv. highly, greatly; ytterst äv. extremely, exceedingly; *~ oväntat* totally unexpected; *~ sannolikt* most likely (probably), more than likely; *~ sällan* very seldom **3** inte mer än at [något stark. the] most; *summor på ~* 1000 kr sums not exceeding...; det varar *~ en timme* ...not more than an hour (på sin höjd one hour at the most)
högstadium s, **högstadiet** the senior level (department) of the 'grundskola', jfr *grundskola*
högstbjudande adj, *den ~* the highest bidder
högstämd adj high-flown, lofty, elevated
högsäsong s peak season; *under ~[en]* äv. during the height of the season
högsäte s, *sitta i ~t* occupy the seat of honour; bildl. be allowed to rule
högt (jfr *högre II, högst II*) adv **1** high; i hög grad, mycket highly; högt upp high up; *vara ~ begåvad (betald)* be highly gifted (paid); *flyga ~* fly high; *vara ~ försäkrad* be heavily insured; *leva ~* live a high life; *leva ~ på* sitt goda rykte live on..., make capital out of...; *~ räknat* at the outside, at a high (liberal) estimate; tavlan *sitter för ~* ...is too high up; kulturen *står ~* ...is on a high level; aktierna *står ~* ...are high (up); *~ stående* se *högtstående;* **älska** ngn *~* love a p. dearly; *~ ovan (över)* molnen far (high) above... **2** om ljud: så det hörs loud; högljutt loudly; ej tyst, ej för sig själv aloud; högt på tonskalan high; *läsa ~ för ngn* read aloud to a p.
högtalaranläggning s t.ex. på flygplats public-address system, tannoy®
högtalare s loudspeaker
högteknologisk adj high-technological
högtflygande adj high-flying; bildl.: om t.ex. planer ambitious; om t.ex. idéer high-flown
högtid s festival, feast; *de stora ~erna* the high festivals
högtidlig adj allvarlig solemn; stämningsfull impressive; ceremoniell ceremonial, formal; *en ~ stämning* vanl. a solemn atmosphere; *vid ~a tillfällen* on ceremonious (friare grand, special) occasions
högtidlighålla vb tr celebrate, jfr vid. *2 fira I*
högtidsdag s festdag festival day; minnesdag commemoration day, vard. red-letter day; många lyckönskningar *på ~en (din ~)* ...on this great occasion
högtidsdräkt s aftondräkt evening dress
högtidsstund s really enjoyable occasion; hans föreläsningar *är riktiga ~er* ...are a real treat [to listen to]
högtrafik s, *vid ~* at peak hours
högtravande adj bombastic; om t.ex. språk äv. high-flown, high-falutin[g]
högtryck s **1** meteor. el. tekn. high pressure; område area of high pressure; arbeta *för ~* ...at high pressure **2** typogr. relief printing
högtrycksrygg s meteor. ridge of high pressure
högtstående adj [highly] advanced
högvakt s main guard; *gå ~* be on main guard
högvatten s high water; *det är ~* the tide is up
högvilt s big game äv. bildl.
högvinst s på lotteri top prize; *en ~* one of the big (top) prizes
högväxt adj tall
högönsklig adj, *i ~ välmåga* in the best of health
höja I vb tr (ibl. vb itr) raise äv. bildl.; öka äv. increase; t.ex. hyra raise; t.ex. advance, put up, isht bildl. heighten; förbättra improve; främja promote; mus. raise [...in pitch]; *~ sitt glas (en skål) för* raise one's glass (drink a health) to; *~ moralen* improve [public] morals, raise moral standards; *~ rösten* raise one's voice; *~ till skyarna* praise (extol) to the skies; *~ [på] ögonbrynen* raise one's eyebrows; *~ upp* raise, jfr vid. *upphöja; ~ priset på* raise the price of; om varor äv. mark up; *vara höjd över* för god för be above, be superior to; oberörd av be beyond; *höjd över alla misstankar (allt tvivel)* above suspicion (beyond doubt) **II** vb rfl, *~ sig* rise; om t.ex. terräng äv. ascend; resa sig (i förhållande till omgivningen) äv. tower; om pers. äv. raise oneself; *landet höjer sig [med]* en meter the land rises by...; *~ sig på tå* raise oneself (rise) on tiptoe; *~ sig över* bli bättre än rise

höjd

above; vara bättre än be superior to; stark. tower above

höjd s **1** allm. height; kulle äv. hill, eminence; abstr.: isht geogr. el. geom. el. astron. äv. altitude; geogr. äv. elevation; storlek, t.ex. räntas highness; längd, t.ex. skorstens tallness; nivå level; intensitet degree; mus. pitch; **~ över havet** altitude (elevation) above sea level; **det är [då] ~en!** that's the limit!; **~en av** dumhet, lycka the height of...; **i ~ med** a) i nivå med on a level with; lika högt som at the level of b) i jämbredd med abreast of; den är 5 m **på ~en** ...high, ...in height; **på 5 meters ~** at a (the) height of 5 metres; **flyga på hög (stor) ~** fly at a high (great) altitude; **stå på ~en** t.ex. sin makt be at the height (summit, zenith) of; **på sin ~** 10 år ...at the [very] most (utmost) **2** se **höjdhopp 3** himmel **Gud i ~en** God on high

höjdare s **1** vard., högt uppsatt person VIP, bigwig **2** sport. high ball (kast throw, spark kick)

höjdhopp s sport. high jump (hoppning jumping)

höjdhoppare s sport. high jumper

höjdled, **i ~** vertically

höjdmätare s altimeter, altitude indicator

höjdpunkt s bildl. climax [i dramat of...]; **på** festligheterna to...]; huvudattraktion highlight; kulmen height, culmination; kulturen **nådde sin ~** ...reached its peak (acme, zenith)

höjdrädd adj ...[who is (was etc.)] afraid of heights

höjdskillnad s difference of (in) altitude

höjning s **1** höjande raising osv., jfr **höja I**; increase, advance; improvement; ökning rise (amer. raise), rising, increase, advance; **~ och sänkning** t.ex. om priser rising and falling, rise and fall **2** geol. rising, uplift

höj- och sänkbar adj vertically adjustable

hök s hawk äv. polit.

hölass s hay load; lastad skrinda loaded hay-cart

hölja vb tr betäcka cover; insvepa wrap [up], envelop; **~ sig i** wrap oneself in; **höljd av ära** covered with glory; **höljd i dimma** shrouded (blanketed) in fog; **höljd i dunkel** bildl. shrouded in mystery

hölje s omhölje envelope; täcke cover[ing]; överdrag coat[ing]; av lådtyp o.d. case; på radioapparat o.d. cabinet

hölster s **1** pistolhölster holster **2** bot. spathe

höna s **1** eg. hen; unghöna pullet; kok. chicken; som efterled i sms. ofta framförställt i eng., jfr fasanhöna; **göra en ~ av en fjäder** make a mountain out of a molehill **2** våp goose (pl. geese)

höns s **1** eg. fowl, barnyard (domestic) fowl; koll. poultry sg., fowls pl., chickens pl.; kok. chicken; **vara högsta ~et** be [the] cock of the walk; **han vill vara högsta ~et** he wants

to be top dog; **som yra ~ like** silly geese **2** våp goose (pl. geese)

hönsbuljong s chicken broth (stock)

hönsbur s hencoop, henhouse

hönseri s hönsgård poultry-farm, chicken-farm

hönsfågel s gallinaceous bird

hönsgård s inhägnad chicken run; hönseri poultry-farm, chicken-farm

hönshjärna s vard. **ha en riktig ~** be featherbrained

hönshus s poultry house

hönsminne s vard. **ha ett riktigt ~** have a memory like a sieve

hönsnät s chicken wire

hönsägg s hen's egg (pl. vanl. hens' eggs)

höra I vb tr o. vb itr eg. el. friare hear; få veta äv. learn, be told (alla äv. **få ~);** uppfatta ofta catch; lyssna listen; ta reda på find out; för konstr. o. övers. i spec. fall se ex. **a)** med enbart obj. **~ på radio** listen to the radio, listen in; **~ ett vittne** hear (examine) a witness; så får du inte göra, **hör du det?** ...do you hear? **b)** med inf. **~ sitt namn nämnas** hear one's name mentioned; **jag har hört sägas att...** I have been told that...; **[få] ~ talas om** hear of **c)** med prep.-best. **~ av ngn att...** learn from (be told by) a p. that...; **jag hör av (på) namnet att...** I hear by the name that...; **har du hört [något] från honom?** have you heard from him?; **~ på ngn (ngt)** listen to (i radio listen in to) a p. (a th.); **det hörs på honom (på hans röst) att...** you can tell by (from) his voice that...; **han ville inte ~ på det örat** he just wouldn't listen **d)** i pass. **det hörs** att han är arg you can hear...; tala högre, **det hörs så dåligt** ...I (resp. we) can't hear you; **det hördes** en knackning there came (was)...; **vi hörs!** avskedsord we'll get in touch, you'll be hearing from me, I'll be hearing from you **e)** i imper. **hör!** listen!; **hör och häpna!** just listen to this!; **hör du [du],** är det sant att... look here (I say),...; **nej, hör du (nu)!** protesterande come! [come!], really now!; **...och hör sen!** ...and that's that! **f)** låta **~: låt ~!** out with it!; **han lät ~** en gäll vissling he emitted (gave)...

II vb itr **1 ~ till** a) om ägande el. medlemskap belong to; vara medlem av, äv. be a member of b) vara en av be one of; vara bland be among c) vara tillbehör till o.d. go with; **det hör till** yrket it goes with..., it is part of... **2 ~ under** en rubrik o.d. come (fall, belong) under

III med beton. part.

~ av ngn hear from a p.; **jag låter ~ av mig (hör av mig)** nästa vecka you will hear from me...

~ efter a) lyssna listen; lägga märke till listen to [hur how] **b)** ta reda på find out; fråga inquire [om ngt (ngn) about a th. (a p.)]; **hör efter hos** portvakten vanl. ask...

~ sig för inquire [*om ngt* about a th.; *hos* of (at)]

~ hemma i belong to äv. om fartyg; *han hör hemma bor i S.* he lives in (härstammar från hails from) S.

~ hit a) höra hemma här belong here; *det hör inte hit (dit)* till saken that's got nothing to do with it, that's beside the point, that's neither here nor there **b)** *hör hit* lyssna *ett slag!* just listen a moment!

~ ihop belong together; bruka följas åt go together; *~ ihop (samman) med* be connected with; bruka åtfölja go with ~ **på** listen; *~ på ngn (ngt, vad som* sägs*)* listen to a p. (to a th., to what…); *hör på nu!* now listen!; *hör på* kan du**…?** look here…, I say…

~ samman se ~ *ihop*

~ till a) tillhöra belong to, se vid. *II 1* **b)** *det hör till* anses korrekt *[att man skall* inf.*]* it is the right and proper thing [that one should inf.]

~ upp sluta cease osv., jfr *upphöra*

hörande I *s* **1** hörsel hearing **2** vittnes hearing, examination; *utan hans* ~ without consulting (resp. having consulted) him **II** *subst adj, en* ~ a person who can hear; *de* ~ those who can hear

hörapparat *s* hearing aid

hörbar *adj* audible

hörfel *s* mishearing

hörförståelseprov *s* skol. listening comprehension test

hörglasögon *s* hearing spectacles

hörhåll, *inom (utom)* ~ within (out of) earshot

hörlur *s* **1** tele. receiver; radio. o.d. earphone, headphone **2** för lomhörd ear trumpet

hörn *s* corner; *från jordens alla* ~ from the four corners of the earth; *i ~et* i vrån in the corner; *i ~et av* Kungsgatan at the corner of…; *[alldeles] om ~et* [just] around the corner

hörna *s* **1** se *hörn* **2** sport. corner äv. boxn.; *lägga en* ~ take a corner

hörnskåp *s* corner cupboard

hörnsoffa *s* corner settee (sofa)

hörnsten *s* cornerstone, keystone äv. bildl.

hörntand *s* canine tooth

hörntomt *s* corner site

hörsal *s* lecture hall (theatre)

hörsam *adj* obedient [*mot* to]

hörsamma *vb tr* befallning obey; kallelse respond to; inbjudan accept

hörsel *s* hearing; *ha dålig (god)* ~ be hard of (have a good sense of) hearing

hörselgång *s* anat. auditory meatus

hörselnerv *s* anat. auditory nerve

hörselorgan *s* anat. auditory organ, organ of hearing

hörselskadad *adj* hearing-impaired

hörselskydd *s* hearing protector; *ett* ~ äv. a pair of earmuffs

hörslinga *s* slags hörapparat hearing loop

hörsägen *s, av* ~ by hearsay; *enligt* ~ according to hearsay

hörövning *s* skol. o.d. listening (aural) exercise; *~ar* äv. listening (aural) practice sg.

höskrinda *s* hay-cart

höskulle *s* hayloft

hösnuva *s* hay-fever

höst *s* autumn äv. bildl.; amer. vanl. fall; *~en* [the] autumn; *~en (*adv. *[på] ~en) 1994* the (adv. in the) autumn of 1994; *det blev* ~ autumn came; *i ~as* last autumn; *om (på) ~en (~arna)* in [the] autumn; *till ~en* this autumn

höstack *s* haystack, hayrick

höstdag *s* autumn (höstlik autumnal) day, day in [the] autumn

höstdagjämning *s* autumnal equinox

höstkanten, *fram på* ~ about the beginning of autumn, when autumn comes (came etc.)

höstlik *adj* autumnal, autumn-like; *det är ~t* i dag it is quite like autumn…

höstmörker *s* autumn darkness

höstrusk *s, i ~et* in the nasty damp autumn weather

höstsådd *s* lantbr. autumn sowing

höstsäd *s* autumn-sown corn (grain)

hösttermin *s* autumn term; amer. fall semester

hösäck *s* tom haysack; full sack of hay; *sitta som en* ~ sit like a sack of potatoes (hay)

höta *vb itr,* ~ *åt ngn [med näven]* shake one's fist at a p.

hötjuga *s* hayfork

hötorgskonst *s* ung. trashy (third-rate) art, kitsch ty.

hövan, *över* ~ övermåttan beyond [all] measure; högeligen excessively; otillbörligt unduly; *han blev bönhörd över* ~ he got more than he bargained for

hövding *s* indianhövding o.d. chief; för stam äv. headman; anförare leader

hövisk *adj* artig courteous; ridderlig chivalrous

hövlig *adj* inte direkt ohövlig civil; artig polite; belevad, förekommande courteous; aktningsfull respectful [*mot* i samtl. fall to]

hövlighet *s* civility, politeness, courteousness, courtesy, respectfulness; jfr *hövlig; en* ~ an act of courtesy; *~en fordrar…* politeness demands…

hövolm *s* o. **hövålm** *s* haycock

I

1 i *s* bokstav i [utt. aɪ]; *pricken över i* the dot over the i; bildl. the finishing touch
2 i l *prep* **1** om rumsförh. o. friare **a)** 'inuti', 'inne i', 'inom' in; 'vid' el. när prep.-uttr. anger en lokal vanl. at (Märk: Vid namn på större stad samt stad el. ort av intresse för den talande anv. vanl. in, framför mindre stad o. ort anv. annars vanl. at); arbeta ~ *en bank (fabrik)* ...at (in) a bank (factory); det har jag läst ~ *en bok* ...in a book; *betala* ~ *kassan* i butik pay at the cashdesk; *det var tyst* ~ *rummet* vanl. the room was quiet **b)** 'på ytan av', 'ovanpå' o.d. vanl. on; *sitta* ~ *sanden (soffan, trappan)* sit on the sand (sofa, stairs); *sitta* ~ *trädet* sit on (in) the tree **c)** 'från' from; tre barn ~ *ett tidigare äktenskap* ...from an earlier marriage **d)** 'genom' vanl. through; höra ngt ~ *högtalaren* ...over the loudspeaker; *titta* ~ kikaren look through... **e)** 'bland' among; sitta ~ *buskarna* ...among the bushes **f)** 'kring' round; kjolen *sitter för hårt* ~ *midjan* ...is too tight round the waist **g)** 'till' to; *göra ett besök* ~ resa till... pay a visit to...; *har du varit* ~ till... have you been to (in)...
h) friare: i allm. in; angivande verksamhet m.m. ofta at, jfr ex. o. resp. huvudord; ~ *arbete (vila)* at work (rest); ~ *frihet* at liberty; ~ *historien (konsten, litteraturen)* in history (art, literature); ~ *liten skala* on a small scale; *vara* ~ *tjänst* be on duty
2 uttr. riktning, rörelse, övergång, förändring vanl. into; vid vissa vb, (jfr ex.) in; i vissa uttr. to; 'på' on; *dela (skära)* ~ tre delar divide (cut) into...; *falla* ~ *vattnet* fall into the water; *knacka* ~ *väggen* knock on the wall; *resultera* ~ result in; slå ngn ~ *huvudet* ...on the head; *växla mynt* ~ *sedlar* change coins into notes
3 om tidsförh. **a)** prep.-uttr. som svarar på frågan när?: 'under' in; 'vid' at; 'före' to; 'nästa' next; 'sista' last; ~ *april* in April; *fem [minuter]* ~ *fem* five [minutes] to five; ~ *höst* this (nästkommande vanl. next) autumn; ~ *natt* som är el. som kommer tonight; som var last night; ~ *påsk* at Easter; ~ *påskveckan* in Easter week; ~ *slutet (början) av* månaden vanl. at the end (beginning) of... **b)** prep.-uttr. som svarar på frågan hur länge? for; ~ *månader (åratal)* for (in) months (years) **c)** 'per' 90 km ~ *timmen* ...an (per) hour; *en gång* ~ *veckan* once a week
4 i olika förb. o. uttryck **a)** 'gjord av' of; ibl. in; en staty ~ *brons* ...in bronze; *ett bord* ~ *ek* an oak table, a table [made] of oak **b)** 'medelst' by; ibl. in (jfr ex.); om fart o.d. at; han fördes dit ~ *bil* ...by car; *betala* ~ *kontanter (svensk valuta)* pay in cash (in Swedish currency) **c)** 'i och för' ofta on; han är här ~ *affärer* ...on business **d)** 'på grund av' *dö* ~ cancer die of...; *dödligheten* ~ cancer mortality from...; *ligga sjuk* ~ influensa be down with... **e)** 'i form av' o.d. vanl. in; 'såsom' as; *hur mycket har du* ~ *fickpengar?* how much pocket-money do you get?; få ~ *present* ...as a present; ~ *stora skaror* in great crowds; betala ...~ *skatt* ...in taxes; ett bokverk ~ *tre volymer (band)* ...in three volumes **f)** 'medlem av' ofta on; *gå* ~ andra klass be in...; sitta ~ *en kommitté (en jury)* ...on a committee (a jury) **g)** 'angående', 'om' on; uttala sig ~ *en fråga* ...on a question **h)** 'enligt' det är förbjudet ~ *lag* ...by law; ett hus *helt* ~ *min smak* ...entirely to my taste **i)** i uttr. av typen 'bra (dålig) i' o.d. vanl. at; *bra (dålig)* ~ engelska good (poor el. bad) at... **j)** med andra adj. o. subst. *förtjust* ~ *blommor* fond of flowers; *förälskad (kär)* ~ in love with, enamoured of; *galen* ~ crazy about; *hon är fin* ~ *håret* her hair looks nice; *jag är trött* ~ *armen (benen)* my arm is (my legs are) tired; jfr resp. huvudord
5 i prep.-attr. vanl. of; isht efter superl. samt i rent lokal bet. in; *professor* ~ *engelska vid universitetet* ~ *A.* professor of English at (in) the university of A.; *hjälten* ~ *romanen* the hero of the novel
6 i vissa prep. o. konj. förb. **a)** ~ *och för sig* säger uttrycket föga in itself...; ~ *och för sig* utgör åldern inget hinder taken by itself (properly speaking)...; jag kan komma imorgon ~ *och för sig* ...in fact, ...actually, ...for that matter **b)** ~ *och med att* så snart som as soon as; i det avseendet att in that; ~ *och med att jag går* är jag in (genom by) going... **c)** *du gjorde rätt* ~ *att hjälpa (du hjälpte) honom* you were right in helping him **d)** ~ *det [att]* konj. [just] as; ~ *det han sade detta* log han [in] saying this...
II *adv*, *en vas* (resp. *vaser*) *med blommor* ~ a vase (resp. vases) with flowers in it (resp. them); *hoppa* ~ jump in (into the water); *vill du hälla (slå)* ~ *åt mig?* would you pour out some for me?; *hälla (slå)* ~ *vatten* ~ kannan pour water into...; se vid. beton. part. under resp. vb

iaktta[ga] *vb tr* **1** eg. observe; lägga märke till äv. notice; [uppmärksamt] betrakta vanl. watch **2** t.ex. regler observe; t.ex. måtta exercise, use; ~ *försiktighet* use caution; ~ *tystnad* maintain silence
iakttagande *s* efterlevnad observance [*av* of]; *under* ~ *av*... observing... etc., jfr *iaktta[ga]*
iakttagare *s* observer
iakttagelse *s* observation; *jag har gjort den* ~*n att*... I have noticed (erfarenheten it is my experience) that...

iakttagelseförmåga *s* powers pl. of observation
iberisk *adj*, **Iberiska halvön** the Iberian Peninsula
ibis *s* zool. ib|is (pl. -es el. lika)
ibland I *prep* se *bland* **II** *adv* stundom sometimes; då och då occasionally, now and then, at times
icing *s* i ishockey icing
icke se *inte*
icke-angreppspakt *s* non-aggression pact
icke-rökare *s* non-smoker
icke-våld *s* non-violence
id *s* zool. ide
idag *adv* today; starkt beton. 'denna dag' äv. this day; för ex. se under *dag 2*
idas *vb itr dep* have enough energy [göra ngt to do a th.]; *inte ~ [göra ngt]* vara för lat be too lazy [to do a th.]; *jag ids inte* höra på längre I can't be bothered to...
id-bricka *s* o. **ID-bricka** *s* ID disc
ide *s* winter quarters pl., winter lair; *gå i ~* eg. go into hibernation, hibernate; bildl. äv. shut oneself up in one's den
idé *s* idea äv. filos.; föreställning äv. notion, conception; begrepp concept [*om* i samtl. fall vanl. of]; *en fix ~ hos honom* a fixed idea of his; *en genial ~* a brilliant idea, a stroke of genius; *det är ingen ~!* there is no point [in it]!; *det är ingen ~ att göra (att han gör)...* it is no good el. use doing (his doing)..., there is no point in doing (his doing)...; *få en ~* hit on (be struck by) an idea; *hur har du kommit på den ~n?* what put that idea into your head?
ideal I *s* ideal [*för (av)* of] **II** *adj* ideal
idealbild *s* ideal [image]
idealisera *vb tr* idealize
idealisk *adj* ideal; friare perfect
idealism *s* idealism
idealist *s* idealist
idealistisk *adj* idealistic
idealitet *s* idealism
idealkvinna *s* ideal (model) woman
idédebatt *s* ung. public discussion[s pl.] on cultural, political, and kindred subjects
ideell *adj* idealistic; *~ förening* non-profit association (organization)
idegran *s* bot. yew [tree]
idéhistoria *s* [the] history of ideas
idel *adj* om t.ex. avundsjuka sheer, pure; om t.ex. skvaller mere; om t.ex. bekymmer nothing but; *~ segrar* i tävling nothing but wins; *hon var ~ öra (solsken)* she was all ears (smiles)
ideligen *adv* continually; *~ fråga* samma sak keep [on] asking...
identifiera *vb tr* identify
identifiering *s* o. **identifikation** *s* identification
identisk *adj* identical [*med* with]
identitet *s* identity; *styrka sin ~* prove one's identity

identitetsbricka *s* identity disc
identitetshandlingar *s pl* identification papers
identitetskort *s* identity card
ideolog *s* ideologist, ideologue
ideologi *s* ideology
ideologisk *adj* ideological
idérik *adj* ...full of ideas; friare inventive
idéspruta *s* vard. ideas man
idétorka *s* dearth of ideas
idévärld *s* world of ideas
idiom *s* idiom
idiomatisk *adj* idiomatic; *~t uttryck* idiomatic expression, idiom
idiot *s* idiot; skällsord äv. fool
idioti *s* idiocy
idiotisk *adj* idiotic
idiotsäker *adj* foolproof, fail-safe
idissla *vb tr* o. *vb itr* **1** eg. *~ [födan]* ruminate, chew the cud **2** bildl. repeat...[over and over again]; *~ samma sak* vanl. be harping on the same string
idisslare *s* ruminant
idka *vb tr* bedriva carry on; utöva practise; studier pursue; ägna sig åt devote oneself to; t.ex. idrott go in for; *~ bedriva studier [i språk osv.]* vanl. study [languages osv.]; *~ sällskapsliv* go in for society life
id-kort *s* o. **ID-kort** *s* ID [card]
idog *adj* industrious; arbetsam laborious; trägen om t.ex. arbete assiduous
idoghet *s* industry, laboriousness, assiduity
idol *s* idol; favorit great favourite, [film (pop)] star
idolbild *s* picture (affisch poster) of one's favourite [film (pop etc.)] star
idrott *s* **1** koll. sports pl., sport; fotboll, tennis o.d. games pl., ss. skolämne se *gymnastik*; *[allmän (fri)] ~* athletics (sg. el. pl.) **2** se *idrottsgren*
idrotta *vb itr* go in for sport
idrottare *s* sportsman; kvinna sportswoman; friidrottare athlete
idrottsanläggning *s* sports (athletics) ground (centre)
idrottsdag *s* ung. games day
idrottsevenemang *s* sporting event
idrottsförbund *s* sport[s] (friidrott athletic[s]) federation
idrottsförening *s* sport[s] (friidrott athletic[s]) association
idrottsgren *s* [kind of] sport; [type of] game; branch of athletics
idrottshall *s* sports centre (hall); för gymnastik gymnasium
idrottsintresserad *adj* ...interested in sport
idrottsklubb *s* athletic club
idrottskvinna *s* sportswoman; friidrottskvinna woman athlete
idrottsledare *s* sports leader
idrottslig *adj* athletic
idrottsman *s* sportsman; friidrottsman athlete

idrottsplats *s* sports ground (field)
idrottsstjärna *s* sports star, ace
idrottstävling *s* athletic contest (games pl.)
ids se *idas*
idyll *s* dikt o. ibl. friare idyll; plats idyllic spot; stämning o.d. idyllic atmosphere
idyllisk *adj* idyllic
ifall *konj* **1** såvida ~ *(*äv. ~ *att)* if; antag att supposing [that]; förutsatt att provided [that] **2** huruvida if, whether
ifatt *adv, hinna (gå, köra* etc.*)* ~ *ngn* catch up with a p., catch a p. up, draw level with a p.
ifjol *adv* last year; för ex. se *fjol*
ifred se *[i] fred*
ifråga se *fråga I* äv. för sms.
ifrågasätta *vb tr* betvivla question, call...in question
ifrågavarande *adj,* ~ *fall* the case in question (at issue, som det hänsyftas på referred to)
ifrån I *prep* se *från I*; *flyga (köra* etc.*)* ~ ngn (ngt) a) bort ifrån fly (drive etc.) away from... b) genom överlägsen hastighet fly (drive etc.) ahead of...; *lägga* ~ *sig* ngt put...down [*på* bordet on...]; undan, bort put away..., put...aside; lämna kvar leave...[behind]; *vara* ~ utom *sig* be beside oneself [*av* with] **II** *adv* borta away; *kan du gå (komma)* ~ *en stund?* can you get away for a while?; se äv. beton. part. under resp. vb
iförd se *iklädd*
igel *s* leech äv. bildl.
igelkott *s* hedgehog
igen *adv* **1** ånyo again; *vad heter han nu* ~ *?* now what's he called?; *om [och om]* ~ over [and over] again; *om* ~ *en gång till* once more **2** tillbaka, åter back; *slå* ge ~ hit back **3** emot, se *hålla [igen b)]* **4** tillsluten, till, ihop o.d. shut, closed, together; *fylla* ~ fill up; med det innehåll som funnits där förut fill in; *knäppa* ~ button up **5** se *ta [igen]*
igenfrusen *adj,* sjön *är* ~ ...has (is) frozen over
igengrodd *adj* av t.ex. smuts blocked up [*av* with]
igenkännande *adj, ett* ~ *leende* a smile of recognition
igenkännlig *adj* recognizable [*för* to; *på* by]
igenmulen *adj* overclouded, overcast
igenom I *prep* through, se vid. *genom I*; *[hela] dagen* ~ throughout the day; *[hela] året* ~ all the year round, all through the year, throughout the year **II** *adv* through; se äv. beton. part. under resp. vb
igensnöad *adj* översnöad snowed over, ...covered with snow; blockerad ...blocked (obstructed) by snow
igenvuxen *adj,* ~ *[med ogräs]* ...overgrown with weeds
iglo[o] *s* **1** igloo **2** för glasavfall bottle bank
ignorera *vb tr* ignore, take no notice of; pers. äv. give...the cold shoulder; t.ex. varning disregard; ej hälsa på cut, cut...dead
igång se *i gång* under *gång 1 c*
igångsättande *s* o. **igångsättning** *s* start, starting [up]
igår *adv* yesterday
ihjäl *adv* to death; plötsligt dead; *skjuta* ~ *ngn* shoot a p. dead, amer. äv. shoot a p. to death; *hålla på att skratta* ~ *sig* nearly die [of] laughing; *svälta* ~ itr. die of hunger (starvation)
ihjälfrusen *adj* ...frozen to death
ihjälklämd *adj, bli* ~ be squeezed to death
ihjälskjuten *adj, bli* ~ be shot dead; amer. äv. be shot to death
ihop *adv* **1** tillsammans together; gemensamt jointly **2** köra ~ ...into one another; *köra* ~ *med* collide with **3** igen o.d. up **4** uttryckande minskning up; *krympa* ~ shrink up; *smälta* ~ *bort* melt away
ihåg *adv, komma* ~ remember; erinra sig recollect; återkalla i minnet call...to mind, recall; lägga på minnet bear (keep)...in mind
ihålig *adj* hollow; bildl. äv. empty
ihålighet *s* det ihåliga hollowness; emptiness; hål cavity, hollow space
ihållande I *adj* om t.ex. köld, torka, applåder prolonged; om t.ex. regn continuous; *[ett]* ~ *regn* äv. a steady downpour **II** *adv* continuously, steadily
ihärdig *adj* om pers. persevering, persistent [*i* in]; trägen assiduous; ~*t nekande* persistent denial
ihärdighet *s* perseverance, persistence; assiduity; seghet tenacity [of purpose]
ikapp *adv* **1** i tävlan *cykla (segla* etc.*)* ~ have a cycling (sailing etc.) race [*med ngn* with a p.; *med varandra* against (with) each other]; *rida* ~ *[med ngn]* race [a p.] on horseback; *springa* ~ *med ngn* race a p. [*till* to]; *ska vi springa* ~ *[dit]?* I'll race you there!, let's run and see who comes first [there]! **2** se *ifatt*
ikläda *I vb tr,* ~ *ngn ngt* array a p. in a th. **II** *vb rfl,* ~ *sig* **1** eg. ~ *sig ngt* array oneself in a th. **2** bildl. ~ *sig ansvaret för ngt* shoulder the responsibility for a th.
iklädd *adj* dressed in, wearing, in; jfr äv. *ikläda; endast* ~ pyjamas with only...on, wearing only...
ikon *s* icon, ikon
ikraft se *[i] kraft*
ikring se *kring* o. *omkring*
ikväll *adv* this evening, tonight; starkt beton. äv. this night
il *s* enstaka hastig gust [of wind]; by squall
1 ila *vb itr* hasta speed; vardagligare hurry, hasten; rusa dash; *tiden* ~*r* time flies; ~ *förbi* om snälltåg o.d. sweep past; om bil o.d flash past [*ngn (ngt)* a p. (a th.)]
2 ila *vb itr, det* ~*r i tänderna [på mig]* I have shooting pains in my teeth

i-land se *industriland*
ilastning *s* loading
ilbud *s* meddelande express message [*efter* for]; pers. express messenger
ilfart *s*, *köra i* ~ drive (ride) at express (lightning) speed
ilgods *s* koll. express goods pl., goods pl. sent (som skall sändas to be sent) by express train; *som* ~ by express
ilgodsexpedition *s* lokal express office
illa *adv* badly etc., jfr *dåligt* med ex.; i vissa fall, bl.a. som pred-fylln. bad; *inte [så]* ~*!* not [half] bad!; ~ *kvickt* pretty (damned) quick; *det kan gå* ~ *[för dig]* om du inte slutar med det där you will get into trouble..., something [unfortunate] will happen to you...; *göra ngn (sig)* ~ hurt a p. (oneself); *göra sig* ~ *i handen* hurt one's hand; ~ *klädd* badly (shabbily) dressed; *det luktar (smakar)* ~ it smells (tastes) nasty (bad), it has a nasty (bad) smell (taste); *må* ~ ha kväljningar feel (be) sick; *det ser* ~ *ut* it looks (things look) bad; *hon ser inte* ~ *ut* she is not bad-looking; *sitta* ~ a) på stol o.d. sit uncomfortably; på teater o.d. have a bad seat (resp. bad seats) b) om kläder be ill-fitting, fit badly; *det står* ~ *till med honom* he is in a bad way; *ta* ~ *upp* take offence; *ta* ~ *upp att sats* take it amiss that sats; *ta inte* ~ *upp!* don't be offended!, no offence [was meant]!; *det togs mycket* ~ *upp* it was very much resented; *ta mycket* ~ *vid sig* be very upset (put out) [*över* about]; *tala* ~ *om ngn* run down (speak ill of) a p.; *tänka* ~ *om ngn* think badly (ill) of a p.; *det är* ~ *nog som det är* things are bad enough as they are; *vara* ~ *ute* i knipa be in trouble, be in a bad fix, vard. be in a spot (a jam); *om det vill sig* ~ if things are against you (me etc.); *jag vill honom inget* ~ I don't wish him any harm
illaluktande *adj* nasty-smelling; stark. evil-smelling
illamående I *s* indisposition; feeling of sickness **II** *adj*, *känna sig (vara)* ~ känna kväljningar feel (be) sick; amer. feel (be) sick at (to, in) one's stomach
illasinnad *adj* om pers. ill-disposed, ill-intentioned, nasty [*mot* to (towards)]; om handling malicious
illasittande *adj* om kläder; attr. badly-fitting; *vara* ~ fit badly
illavarslande *adj* ominous, sinister, ill-boding
illdåd *s* outrage [*mot* on], wicked (evil) deed
illegal *adj* illegal
illegitim *adj* illegitimate
iller *s* zool. polecat
illgärning *s* outrage [*mot* on], wicked (evil) deed
illgärningsman *s* malefactor, perpetrator of an (resp. the) outrage; brottsling criminal
illitterat *adj* illiterate
illmarig *adj* knowing, sly, cunning; skälmsk arch
illojal *adj* disloyal
illröd *adj* vivid (blazing) red; *vara* ~ *i ansiktet* be red as a beetroot; *bli* ~ i ansiktet av ilska become apoplectic...
illtjut *s* vard. terrific yell
illumination *s* illumination
illuminera *vb tr* illuminate äv. handskrift
illusion *s* illusion; villa, villfarelse delusion; *göra sig* ~*er* cherish (have) illusions [*om* about]
illusionist *s* illusionist, conjurer
illusionsfri *adj* o. **illusionslös** *adj* ...without illusions, ...free from all illusions
illusorisk *adj* skenbar illusory; inbillad imaginary
illuster *adj* illustrious
illustration *s* illustration; *till* ~ belysande *av* el. *som* ~ *till* in (as an, by way of) illustration of; *tjäna som* ~ *till* serve to illustrate, be illustrative of
illustrativ *adj* illustrative
illustratör *s* illustrator
illustrera *vb tr* illustrate; bildl. äv. be illustrative of; *rikt* ~*d* profusely illustrated; ~*d tidning* äv. pictorial [magazine]
illvilja *s* groll spite, ill will; elakhet malevolence; djupt rotad malignity; *av* ~ from (out of) spite
illvillig *adj* hätsk spiteful; elak malevolent; stark. malignant, malign [*mot* i samtl. fall towards]; jfr äv. *illasinnad*
ilmarsch *s* forced march
ilning *s* av glädje o.d. thrill [*av* of]; t.ex. i tand shooting pain
ilpaket *s* express packet (större parcel)
ilsamtal *s* tele. priority (express, urgent) call
ilska *s* anger; stark. rage, fury [*över ngt* at a th.]; *i* ~*n* glömde han... ...in his anger
ilsken *adj* o. angry; isht amer. mad; om djur savage, wild; ursinnig furious, argsint, äv. om djur fierce; skärande, om ljud piercing; *bli* ~ get angry (mad, frantic) [*på ngn* with a p.; *över ngt* at a th.]; fly into a temper (passion, rage) [*på ngn* with a p.; *över ngt* over a th.]
ilskna *vb itr*, ~ *till* fly into a temper, etc., jfr [*bli*] *ilsken*
iltelegram *s* express (urgent) telegram
image *s* image; *partiets* ~ the party image
imaginär *adj* imaginary; ~*t tal* imaginary
imbecill *adj* imbecile
imitation *s* allm. imitation; vard., karikatyr takeoff; isht professionell impersonation
imitator *s* o. **imitatör** *s* imitator; isht professionell impersonator, impressionist
imitera *vb tr* imitate; pers. äv. mimic, take off; isht professionellt impersonate; ~*d* oäkta, vanl. imitation..., imitative
imma I *s* mist, steam; *det är* ~ *på glaset* ...is misted over **II** *vb itr o. rfl*, ~ *sig* bli immig become misted over
immig *adj* misty, steamy

immigrant s immigrant
immigration s immigration
immigrera vb itr immigrate [*till* into]
immun adj immune [*mot* to (against, from)]; **göra ~** se *immunisera*
immunbrist s med. immunodeficiency
immunförsvar s immune defence
immunisera vb tr render...immune [*mot* to (against, from)]; immunize [*mot* against]
immunitet s med. el. jur. immunity
imorgon adv tomorrow; för ex. se *morgon 2*
imorse adv this morning
imperativ I s gram. the imperative [mood]; *en* **~** an imperative **II** adj gram. imperative
imperfekt s o. **imperfektum** s gram. the past tense, the past (end. sg.), the preterite [tense]
imperialism s imperialism
imperialist s imperialist
imperialistisk adj imperialistic
imperium s empire
implantat s med. implant
implementera vb tr implement
implicit I adj implicit **II** adv implicitly
imponera vb itr impress [*på ngn* a p.], make a great impression [*på ngn* on a p.]; **bli ~d av** be impressed by
imponerande adj allm. impressive; om t.ex. storlek, värdighet imposing; om t.ex. antal, siffror striking
impopularitet s unpopularity
impopulär adj unpopular [*hos (bland)* with]
import s importerande import, importation; varor imports pl.
importartikel s import article (commodity), article for import
importera vb tr import [*till* ett land into...]
importfirma s import firm, firm of importers
importförbud s import ban (prohibition); **~ på** en vara a ban on the import of...
importrestriktioner s pl import restrictions
importtull s import duty
importör s importer
imposant adj allm. impressive
impotens s fysiol. el. friare impotence
impotent adj fysiol. el. friare impotent
impregnera vb tr impregnate [*med* with]; göra vattentät waterproof, proof, make...waterproof
impregneringsmedel s impregnating ([water]proofing) agent
impressario s manager, impresario (pl. -s)
impressionism s konst. impressionism
impressionist s konst. impressionist
impressionistisk adj konst. impressionist[ic]
improduktiv adj unproductive; oräntabel unprofitable
impromptu s mus. impromptu äv. friare
improvisation s improvisation äv. mus.
improvisera vb tr o. vb itr improvise äv. mus.; extemporize; vard. ad-lib; **~d** improvised; provisorisk makeshift; vard. ad-lib, off-the-cuff

impuls s impulse äv. elektr.; fysiol., eggelse utifrån äv. incentive, impetus, stimulus, spur, incitement; **få nya ~er från** get fresh inspiration from
impulsiv adj impulsive
impulsköp s impulsköpande impulse buying; **göra [ett] ~** buy (purchase) on the impulse, impulse-buy
in adv allm. in; in i huset o.d. inside; **kom (stig) ~ ett tag!** step inside...!; **hit (dit) ~** in here (there); **~ i** vanl. into; **gå ~ [i]genom** dörren walk in through..., enter by...; **gå ~ på** t.ex. scenen, kontoret go into...; **~ till staden** in (om storstad up) to town
inackordera vb tr board and lodge; **~ sig** arrange to board [and lodge]; **vara ~d** board and lodge, be a boarder [*hos ngn* i samtl. fall with a p. (at a p.'s place)]
inackordering s **1** abstr. board and lodging **2** pers. boarder, paying guest; **ha ~ar** take in boarders (paying guests)
inadekvat adj inapt, inexact, inadequate
inaktiv adj inactive, inert
inaktuell adj förlegad, passé out of date, ...of no interest any longer, ...no longer in question, ...no longer urgent; inte aktuell just nu ...not contemplated for the present; jfr *aktuell*
inalles adv, **~ 500 kr** ...in all, ...altogether
inandas vb tr dep breathe in, inhale
inandning s breathing in, inhalation; **en djup ~** a deep breath
inarbetad adj, **en ~ firma** an established firm; **~ tid** compensatory leave [for overtime done]
inatt adv förliden last night; kommande, innevarande tonight; denna natt, nu i natt this night; för ex. se under *natt*
inavel s inbreeding
inbakad adj bildl. included
inbegripa vb tr **1** innefatta comprise, embrace; medräkna include; jfr äv. *inberäkna* **2** **inbegripen i** t.ex. ett samtal engaged in; t.ex. ordväxling in the middle of
inberäkna vb tr include, take...into account, count in; **allt ~t** everything included
inbesparing s saving (end. sg.); **göra ~ar** economize
inbetala vb tr pay [in]
inbetalning s payment; inbetalande äv. paying in, inpayment; avbetalning part payment, instalment
inbetalningskort s post. paying-in form
inbilla l vb tr, **~ ngn ngt** make a p. (lead a p. to) believe a th.; **vem har ~t dig det?** who[ever] put that into your head? **II** vb rfl, **~ sig** imagine, fancy; **~ dig ingenting!** don't [you] get ideas into your head!
inbillad adj imagined, fancied; friare, t.ex. oförrätt, sjukdom imaginary
inbillning s imagination; felaktig föreställning äv.

fancy; *det är bara ~!* it is only your (his etc.) imagination!, you are (he is etc.) only imagining things!
inbillningsfoster *s* figment of the imagination, illusion
inbillningssjuk *adj*, *en ~* subst. adj. an imaginary invalid, a hypochondriac
inbillningssjuka *s* imaginary illness
inbilsk *adj* conceited, stuck-up; *vara ~* äv. think a lot of oneself
inbilskhet *s* conceit
inbiten *adj* t.ex. ungkarl confirmed; t.ex. rökare, vana inveterate
inbjud|a *vb tr* invite; bildl. äv. tempt [*till* to; *till att* inf. to inf.]; *A. har äran ~...till middag* A. requests the pleasure of the company of...; *allmänheten -es* the public are cordially invited
inbjudan *s* invitation; vard. invite; *på ~ av* by (at, on) the invitation of
inbjudande *adj* inviting; lockande tempting; om mat o.d. appetizing; *föga ~* uninviting, unappetizing
inbjudning se *inbjudan*
inbjudningskort *s* invitation card
inblandad *adj*, *bli ~ i...* be (get) mixed up (involved) in...; *de ~e* subst. adj. those involved (concerned)
inblandning *s* **1** tillsats admixture **2** bildl.: ingripande intervention; i andras affärer interference, meddling (end. sg.)
inblick *s* glimpse; insight; *skaffa sig (ge) ~ i* get (give) an insight into
inbringa *vb tr* yield, bring [in], fetch; *tavlorna ~de* 90 000 kr (vid försäljning) the pictures fetched...
inbringande *adj* lucrative, profitable, remunerative
inbromsning *s* braking; *göra en mjuk ~* brake (apply the brakes) gently
inbrott *s* **1** av tjuv: burglary; isht på dagen housebreaking (end. sg.); *ett ~* an act (a case) of housebreaking, a burglary; *det har varit ~ i huset* the house has been burgled (isht på dagen broken into); *göra (föröva) ~* break into a (resp. the) house (into houses); isht om natten commit burglary **2** inträdande setting in; *vid mörkrets ~* at nightfall, at the coming of night
inbrottsförsäkring *s* burglary insurance
inbrottsförsök *s* attempted burglary
inbrottstjuv *s* burglar; isht på dagen housebreaker
inbrytning *s* breakthrough; *göra ~ar i* make inroads into
inbuktning *s* inward bend
inbunden *adj* **1** om bok bound, hardbacked; *~ bok* hardback **2** om pers. reserved, uncommunicative; vard. uptight
inbundenhet *s* uncommunicativeness, reserve
inburad *adj* vard. *bli ~* be put in quod (clink)

inbyggd *adj* built-in, in-built; *~ veranda* closed-in veranda[h]; *~ i väggen* built into the wall
inbyte *s* trade-in; *ta* t.ex. bil *i ~* trade in..., accept...in part payment
inbytesbil *s* trade-in car
inbytesvärde *s* trade-in value
inbäddad *adj* i filtar wrapped [up]; i grönska embedded
inbördes I *adj* ömsesidig mutual, reciprocal; se äv. ex.; *ett sällskap för ~ beundran* a mutual admiration society; *~ likhet* similarity [between them (you etc.)]; *~ testamente* joint (conjoint) will **II** *adv* mutually, reciprocally; sinsemellan between (resp. among) themselves
inbördeskrig *s* civil war
incest *s* incest
incheckning *s* checking-in; *en ~* a check-in
incident *s* incident
incitament *s* incentive, impetus
indela *vb tr* allm. divide [up]; i underavdelningar subdivide; klassificera classify, group [*i* into; *efter* according to]
indelning *s* division; i underavdelningar subdivision; klassificering classification, grouping
index *s* fackspr. el. ekon. ind|ex (pl. -exes, i vetenskaplig stil -ices) [*för (över)* of]
indexreglera *vb tr* index-link, index, tie...to the cost-of-living index
indexreglering *s* index-linking, tying to the cost-of-living index
indextal *s* index [figure]
indian *s* [American (Red)] Indian, Amerindian; *leka ~er [och vita]* play [cowboys and] Indians
indianbok *s* Red-Indian story book
indianhydda *s* wigwam
indianhövding *s* [Red-]Indian chief
indiankvinna *s* squaw
indianreservat *s* Indian reservation, reserve for Indians
indiansk *adj* [American (Red-)]Indian, Amerindian
indianska *s* [American (Red-)] Indian woman (flicka girl)
indianstam *s* American Indian tribe
indicium *s* tecken o.d. indication, index [*på* of]; jur. *döma på indicier* ...on circumstantial evidence
Indien India
indier *s* Indian
indifferens *s* indifference
indifferent *adj* indifferent; kem. äv. neutral
indignation *s* indignation
indignerad *adj* indignant [*över* at]
indigo *s* indigo
indigoblå *adj* indigo blue
indikation *s* indication äv. med.

indikativ I *s* the indicative [mood]; **en ~ an** indicative **II** *adj* språkv. indicative
indikativform *s* språkv. indicative form
indikator *s* indicator äv. tekn.; kem.
indirekt I *adj* allm. indirect; **~ *anföring*** indirect (reported) speech; **~ *belysning*** diffused (concealed) lighting; **~ *skatt*** indirect tax **II** *adv* indirectly; på indirekt väg by indirect means
indisk *adj* Indian
indiska *s* Indian woman (flicka girl)
Indiska Oceanen the Indian Ocean
indiskret *adj* indiscreet; taktlös tactless
indiskretion *s* indiscretion; taktlöshet tactlessness (end. sg.)
indisponerad *adj* allm. indisposed, out of sorts, not quite well; ej upplagd ...not in the right mood; om sångare ...out of voice
indisposition *s* indisposition
individ *s* allm. individual; zool. äv. specimen; vard., 'kurre' äv. specimen, character; **en skum ~** a shady character (customer)
individualisera *vb tr* individualize
individualism *s* individualism
individualist *s* individualist
individualistisk *adj* individualistic
individuell *adj* individual
indoeuropé *s* Indo-European
indoeuropeisk *adj* språkv. Indo-European
indoktrinera *vb tr* indoctrinate
indoktrinering *s* indoctrination
indolent *adj* indolent
indones *s* Indonesian
Indonesien Indonesia
indonesier *s* Indonesian
indonesisk *adj* Indonesian
indrag *s* typogr. indentation
indraga se *dra [in]*
indragen *adj*, **bli ~ i** be (get) mixed up (involved) in; jfr vid. *dra [in]*
indragning *s* **1** återkallande withdrawal; inställande discontinuation, suspension; avskaffande abolition; konfiskering confiscation; jfr *dra [in]*; **dömas till ~ av körkortet** get one's driving licence suspended (taken away); för alltid be disqualified from driving **2** av vatten, elektricitet o.d. laying on
indriva *vb tr* fordringar, skatter collect; på rättslig väg recover
indrivning *s* collection, recovery; jfr *indriva*
induktion *s* fys. el. filos. induction
induktionsström *s* fys. induction (induced) current
industri *s* industry; rationaliseringen ***inom ~n*** vanl. industrial...; ***hantverk och ~*** the crafts and industries pl.
industrialisera *vb tr* industrialize; **det ~de England** industrial England
industrialisering *s* industrialization
industriarbetare *s* industrial worker
industriell *adj* industrial

industriföretag *s* industrial concern (undertaking, enterprise)
industriidkare *s* industrialist, manufacturer
industriland *s* industrialized (industrial) country (nation), developed nation
industriminister *s* Minister of Industry; jfr *näringsminister*
industriområde *s* industrial estate (amer. park)
industriort *s* industrial centre (stad town, city)
industriprodukt *s* industrial (manufactured) product
industrirobot *s* industrial robot
industrisamhälle *s* industrial (industrialized) society
industrisemester *s* ung. general industrial holiday
industrispionage *s* industrial espionage
industristad *s* industrial (manufacturing) town
industriutsläpp *s* industrial effluent
industriverk *s*, **Statens ~** the National Industrial Board
ineffektiv *adj* om pers. o. sak inefficient; om sak äv. ineffective
inemot *prep* framemot towards; nästan nearly, almost; **han är ~ 60** äv. ...close on 60
inexakt *adj* inexact, inaccurate
infall *s* **1** påhitt, idé idea, thought; nyck whim, fancy; kvickt el. lustigt yttrande sally, flash of wit; ***ett lyckligt ~*** a bright idea **2** mil. invasion [*i* of]
infalla *vb itr* **1** inträffa fall; julafton ***inföll på en onsdag*** ...fell on a Wednesday **2** inflicka put in
infallen *adj*, **infallna kinder** sunken (hollow) cheeks
infallsvinkel *s* fys. angle of incidence; bildl. angle of approach
infam *adj* infamous; skändlig vile
infanteri *s* infantry; **vid ~et** in the Infantry
infanteriregemente *s* infantry regiment
infanterist *s* infantryman, foot soldier
infantil *adj* infantile äv. psykol.
infarkt *s* med. infarct, infarction
infart *s* infartsled approach äv. sjöledes; privat uppfartsväg drive[way]; infartsport o.d entrance, entrance gate; ***förbjuden ~ trafik.*** no entry; **vid ~en under färden in till X.** while (when) approaching X.
infartsparkering *s* park-and-ride facilities pl.; ***[systemet med] ~*** the park-and-ride system
infatta *vb tr* kanta border, edge; ädelsten o.d. set, mount
infattning *s* konkr. border, edge, setting, mount[ing]
infektera *vb tr* infect; friare poison; ***stämningen var ~d*** there was an atmosphere of hostility (a poisoned atmosphere)
infektion *s* infection
infektionsrisk *s* risk of infection

infektionssjukdom *s* infectious disease
infernalisk *adj* infernal
inferno *s* inferno (pl. -s) äv. friare
infiltration *s* infiltration äv. med.
infiltrera *vb tr* infiltrate äv. med.
infinit *adj* gram. infinite
infinitiv *s*, **~[en]** the infinitive [mood]
infinitivmärke *s* gram. [the] sign of the infinitive
infinna *vb rfl*, **~ sig** visa sig appear, make one's appearance; inställa sig put in an appearance, turn up; isht med följ. prep.-best. present oneself; **~ sig hos ngn** t.ex. för att anhålla om ngt present oneself before a p.; **~ sig vid** t.ex. begravning attend (be present at)...; t.ex. möte äv. present oneself (turn up) at...
inflammation *s* inflammation
inflammera *vb tr* inflame; **debatten hade blivit ~d** the debate had become heated (inflamed)
inflation *s* inflation
inflationsdämpande *adj* disinflationary, anti-inflationary
inflationsskydd *s* protection against inflation
inflationstakt *s* rate (level) of inflation
inflicka *vb tr* o. **inflika** *vb tr* interpose, interject, put in; i skrift insert
influens *s* influence äv. fys.
influensa *s* influenza; vard. [vanl. the] flu; **han ligger i ~** he's down (laid up) with influenza ([the] flu)
influensavirus *s* influenza virus
influera *vb tr* o. *vb itr*, **~ [på]** influence, have an influence on
inflygning *s* mot flygplats approach; överflygning overflight
inflyta se *flyta [in]*
inflytande *s* bildl.: allm. influence [*hos* with; *på* on]; makt äv. ascendancy, sway [*på* over]; inverkan äv. effect; **ha ~ på** have an influence on, influence; **under ~ av** under the influence (sway) of, influenced by
inflytelserik *adj* influential; **en ~ man** äv. a man of influence
inflytta *vb itr* **1** se *flytta [in]* **2** invandra immigrate
inflyttning *s* moving in; i ett land immigration
inflyttningsfest *s* house-warming [party]
inflyttningsklar *adj* ...ready for occupation, ...ready to move into
inflöde *s* influx, inflow [*i* into]
infoga *vb tr* fit...in, insert; inkorporera incorporate; **~ ngt i (på)**... fit (insert) a th. into...
infordra *vb tr* allm. demand; hövligare request, solicit; **~ anbud på** invite tenders for
informant *s* informant
information *s* **1** information (end. sg.); vard. info, gen **2** *i ~en* vid informationsdisken at the information desk (counter)

informationsbehandling *s* data. information processing
informationsbyrå *s* information bureau, inquiry office
informationsflöde *s* information flow
informationsmöte *s* information meeting
informationssamhälle *s* society dominated by massmedia, admass society
informationssekreterare *s* information officer
informativ *adj* informative, informatory
informator *s* [private] tutor [*för* to]
informatör *s* informant; PR-man public relations officer
informell *adj* informal
informera *vb tr* inform [*om* of], brief [*om* on]; **väl ~d** well-informed; **göra sig ~d om** seek information about, inform oneself of; **hålla ngn ~d om ngt** äv. keep a p. posted about a th.
infraljud *s* infrasound
infraröd *adj* infra-red
infrastruktur *s* ekon. infrastructure
infravärme *s* infra-red heat; uppvärmning infra-red heating
infria *vb tr* förhoppning, löfte fulfil, redeem; förbindelse äv. meet; skuld, lån discharge, pay off
infrusen *adj* frozen [in]; **infrusna tillgångar** frozen assets
infrysning *s* freezing; av matvaror äv. refrigeration
infånga *vb tr* catch; rymling o.d. äv. capture
infälld *adj*, **~ bild (karta** etc.**)** inset; jfr vid. *fälla [in]*
infödd *adj* native[-born]; **en ~** subst. adj. a native; **den ~a befolkningen** the indigenous population; **en ~ svensk (londonbo)** a native of Sweden (London), a native-born Swede (Londoner)
infödning *s* native; urinvånare aborigine
inför *prep* **1** i rumsbet. el. friare: allm. before; i närvaro av in the presence of; **ansvarig ~ ngn** responsible to a p.; **stå maktlös ~ ngn (ngt)** be powerless against a p. (a th.); **häpna ~ ngt** be astonished at a th.; **stå (ställas) ~** ett svårt problem be confronted with...; **ställd ~ [ett] fullbordat faktum** faced with an accomplished fact; **~ allas ögon** in full view, in public **2** i tidsbet. el. friare: omedelbart före on the eve; vid at; med...i sikte at the prospect of; full av förväntningar **~ julen** ...at the prospect of Xmas; **~ utsikten (hotet) att** inf. el. sats at (faced with) the prospect (threat) of ing-form
införa *vb tr* ge spridning åt, t.ex. ett nytt mode, en vara introduce [*i* into]; påbjuda o.d. inaugurate, initiate; jfr vid. *föra [in]* o. *importera*
införliva *vb tr* allm. incorporate; **~ ngt med sina samlingar** add a th. to...

införsel s **1** se *import* o. sms. **2** ~ *i lön* attachment of wages
införskaffa *vb tr* procure, obtain
införstådd *adj*, *vara* ~ *med* agree (be in agreement) with, accept
ingalunda *adv* förvisso inte by no means; inte alls not at all
inge *vb tr* **1** lämna in, skrivelse o.d. hand in, present **2** ingjuta inspire, infuse, instil; intala suggest; bibringa convey; ~ *[ngn] förtroende (hopp)* inspire [a p. with] confidence (hope); ~ *ngn den föreställningen att...* convey the idea to a p. that...; ~ *ngn en känsla av...* inspire a. p. with (give a p.) a feeling of..., instil a feeling of...into a p.['s mind]
ingefära s ginger; *syltad* ~ preserved ginger
ingen (*intet* el. *inget*, *inga*) *indef pron* (se äv. ex. under *nästan*, *enda*) **1** fören. no; *det kom inga brev i dag* there were no (weren't any) letters today; han är ~ *dumbom (tyrann)* ...not a (känslobetonat: 'inte alls någon', 'motsatsen till' no) fool (tyrant); ~ *dum idé!* not a bad idea!; ~ *människa* vanl. nobody; stark. 'inte en enda' not a [single] person; det är ~ *tillfällighet att* ...no mere coincidence that
2 självst. utan syftning **a)** om pers. *ingen, inga* nobody, no one (båda sg.); ibl. none pl.; *~s* ovän nobody's (no one's)...; *det var ~ (inga) där* som jag kände there was nobody el. no one (were no people el. none) there...; ~ *mer* får komma in no more people...
b) allmänt neutralt *intet, inget* nothing; *inget är omöjligt* nothing is impossible; jfr *ingenting*
3 självst. med underförstått huvudord el. med partitiv konstr. none; han letade i fickorna efter cigaretten men *hittade inga* ...found none, ...did not find any (one); ~ *av dem har* kommit tillbaka none of them have (has)...; inte en enda not one of them has...; av två neither of them has...
4 ~ *annan* ingen annan människa vanl. nobody (no one) else; ~ *annan* bok no other...; *har du ~ annan?* haven't you got another?; ~ *annan än* se under *annan* 3
ingendera (*ingetdera*) *indef pron* fören. el. självst.: **a)** av två neither **b)** av flera än två, se *ingen*; ~ *delen (ingetdera)* stämmer neither of them...
ingenjör s engineer
ingenjörstrupper s pl engineers, sappers
ingenjörsvetenskap s [science of] engineering
ingenmansland s no man's land
ingenstans *adv* nowhere; sådana metoder *kommer du ~ med* ...will get you nowhere
ingenting *indef pron* nothing; med partitiv konstr. none; ~ *nytt* nothing new; inga nya kläder äv. no new things; inga nya meddelanden o.d. no news; ~ *av värde* nothing of value;

det är ~ att ha it is not worth having; *det är ~ som angår dig* it is none of your business; *det bevisar ~* that does not prove anything; *jag har ~ att invända* I have no objection; få ngt *för ~* ...for nothing, ...free; hon gråter *för ~* ...on the slightest provocation
ingenvart se *2 vart* ex.
ingift *adj*, *bli ~ i* en familj marry into...
ingifte s **1** i en släkt *genom ~ i...* by marrying into... **2** mellan nära släktingar intermarriage
ingiva se *inge*
ingivelse s inspiration inspiration, prompting; idé impulse, idea; *följa stundens* ~ act on the impulse (spur) of the moment
ingjuta *vb tr* bildl. ~ *nytt liv i ngt* infuse new life into a th.; jfr *inge* 2
ingravera se *1 gravera [in]*
ingrediens s ingredient; friare äv. constituent [element] [*i* of]
ingrepp s **1** med. [surgical] operation; *göra ett [operativt]* ~ perform an operation; göra ett snitt make an incision **2** intrång encroachment [*i* on]; ingripande [act of] interference [*i* with]; *göra ~ i* se *ingripa*
ingress s introduction; preamble äv. jur.
ingripa *vb itr* inskrida intervene [*i* in]; isht hjälpande step in; störande, hindrande interfere [*i* in]; göra intrång encroach, infringe [*i* on]; ~ *mot* take measures (med laga åtgärder action) against, intervene against
ingripande s inskridande intervention, action; inblandning interference; *militärt* ~ military intervention
ingrodd *adj* t.ex. om smuts, fördomar ingrained; t.ex. om misstro, motvilja deeply rooted; attr. äv. deep-rooted; t.ex. om agg inveterate; *en ~ vana* an ingrained habit
ingå (jfr *gå [in]*) **I** *vb itr* **1** höra till, vara en [bestånds]del av ~ *i* be (form) [an integral] part of; inbegripas i be included in **2** ankomma arrive; om underrättelse, brev o.d. äv. come to hand **II** *vb tr* stifta, t.ex. förbund o.d. enter into; t.ex. överenskommelse o.d. make; fördrag äv. conclude; ~ *avtal med* äv. arrive at (come to) an agreement with
ingående I *adj* grundlig, t.ex. om förhör, granskning, studium thorough, close; t.ex. om kännedom äv. intimate; om beskrivning, redogörelse detailed; uttömmande, t.ex. om samtal exhaustive **II** *adv* thoroughly etc., jfr *I 3* ovan; *kritisera (diskutera) ngt* ~ criticize (discuss) a th. in detail **III** s av äktenskap contraction; *fartyget är på* ~ ... inward bound
ingång s **1** konkr. entrance, way in; biljetter *vid ~en* ...at the entrance (door[s]) **2** inträde entrance; *förbjuden ~!* No Admittance! **3** början beginning, commencement; *fr.o.m. ~en av* nästa år from the beginning of... **4** elektr. el. radio. input

ingångslön *s* commencing (initial) wages pl. (isht månadslön salary)
ingångspsalm *s* opening hymn
inhalation *s* inhalation
inhalator *s* inhaler
inhalera *vb tr* inhale
inhandla *vb tr* buy, purchase
inhemsk *adj* domestic, home...; inrikes inland, internal; *den ~a befolkningen* the native population
inhibera *vb tr* inställa cancel, call off; psykol. inhibit
inhopp *s* **1** inblandning interference; intrång intrusion, encroachment; *göra ett ~* interfere, intrude **2** ingripande, medling mediation **3** sport. *göra ett ~* come on as a substitute
inhoppare *s* ersättare substitute; vard. sub, reserve äv. sport.; teat. understudy
inhuman *adj* inhuman, inhumane
inhysa se *hysa [in]*
inhägna *vb tr* enclose; *~ ngt med staket* äv. fence a th. in
inhägnad *s* allm. enclosure; stängsel äv. fence; amer., för boskap o.d. corral
inhämta *vb tr* **1** få veta, lära pick up, learn; skaffa sig obtain, procure [*av* i samtl. fall from]; *~ kunskaper i* acquire knowledge of; *~ upplysningar om* obtain information (make inquiries) about **2** ta igen make up for; *~ försprånget* reduce the lead
inifrån I *prep* from inside, from within, from the interior of **II** *adv* from inside; isht friare from within
initial *s* initial
initialsvårighet *s* initial difficulty
initiativ *s* initiative; *på eget ~* on one's own initiative
initiativförmåga *s* o. **initiativkraft** *s* power of initiative
initiativrik *adj* enterprising
initiativtagare *s* initiator, promoter [*till* of]
initiera *vb tr* initiate
initierad *adj* well-informed [*i* on], initiated [*i* in[to]]; vard. ...in the know
injaga *vb tr* bildl. *~ respekt hos ngn* inspire a p. with respect
injektion *s* injection äv. bildl.; bildl. äv. shot in the arm
injektionsnål *s* [injection] needle
injektionsspruta *s* syringe; för injektion under huden hypodermic [syringe]; vard. hypo
injicera *vb tr* inject
inkafolket *s* hist. the Incas pl.
inkalla se *2 kalla [in]*
inkallad *subst adj* person called up for military service; amer. draftee
inkallelse *s* allm. summons; mil., inkallande calling up; amer. drafting, induction; order om tjänstgöring call-up; amer. draft call

inkallelseorder *s* calling-up (amer. induction) papers pl.
inkapslad *adj* encapsulated äv. med.
inkarnation *s* incarnation
inkassera *vb tr* collect, pocket, take in; lösa in cash
inkasserare *s* [debt] collector
inkassering *s* collection [of debts]; inkasserande collecting
inkasseringskostnader *s pl* collection expenses
inkasso se *inkassering* o. sms.
inkassobyrå *s* debt-collecting agency
inkassouppdrag *s* collection order
inkast *s* **1** sport. throw-in; *göra [ett] ~* take a throw-in **2** myntinkast slot; brevinkast [letter] slit (slot), amer. mail drop
inkludera *vb tr* include, comprise
inklusive *prep* including, inclusive of, ...included
inklämd *adj* jammed (squeezed, wedged) in; *~ mellan* två personer sandwiched between...
inkognito I *adv* incognito **II** *adj* incognito **III** *s* incognito (pl. -s)
inkokt *adj* frukt, grönsaker preserved..., bottled...; fisk poached cold...; i gelé ...in aspic
inkomma se *2 komma [in]*
inkommande *adj* attr.: som mottas ...that is (was etc.) received (som inlämnas handed in); t.ex. om brev, fartyg incoming
inkompetens *s* oduglighet incompetence, disability; obehörighet lack of qualifications
inkompetent *adj* oduglig incompetent [*för (till)* for; *till att* inf. to inf.]; ej kvalificerad unqualified
inkomst *s* **1** persons regelbundna *~* income [*av* from; *på (om)* of]; förtjänst profit [*av* of]; *mina ~er och utgifter* my income and expenditure; *~ av tjänst (kapital)* earned (unearned) income **2** *~[er]* intäkter receipts [*av* from], proceeds [*av* of]; statens, kommunens revenue[s] [*av* from]
inkomstbeskattning *s* taxation of income
inkomstbortfall *s* loss of income (statligt o.d. revenue)
inkomstbringande *adj* profitable, lucrative
inkomstkälla *s* source of income (statlig o.d. revenue)
inkomstprövning *s* means test
inkomstskatt *s* income-tax
inkomsttagare *s* wage (income) earner, salaried employee
inkomstår *s* income year
inkomstökning *s* increase in earnings, rise of income
inkongruens *s* incongruity
inkongruent *adj* allm. incongruous; matem. äv. incongruent
inkonsekvens *s* motsägelse inconsistency
inkonsekvent *adj* inconsistent

inkontinens *s* med. incontinence
inkorporera *vb tr* incorporate [*i (med)* in[to]]
inkorrekt I *adj* incorrect **II** *adv* incorrectly
inkråm *s* i bröd crumb; se äv. *innanmäte*
inkräkta *vb itr* encroach, trespass; tränga [sig] in äv. intrude [*på* i samtl. fall [up]on]; *~ på* t.ex. patent, rättigheter äv. infringe
inkräktare *s* encroacher, trespasser, intruder, infringer, jfr *inkräkta;* i ett land invader [*i* of]
inkrökt *adj* self-absorbed; psykol. introverted, introspective
inkubationstid *s* med. incubation period
inkvartera *vb tr* isht mil. billet, quarter [*hos* on]; friare äv. lodge, accommodate [*hos* with]
inkvartering *s* **1** inlogering billeting etc., jfr *inkvartera;* accommodation **2** kvarter quarters pl., billet
inkvisition *s* hist. court of inquisition
inkvisitorisk *adj* inquisitorial
inköp *s* purchase; *jag måste göra några ~* I have some purchases to make, I must do some shopping; *det kostar* 500 kr *i ~* the cost price is...
inköpare *s* buyer, purchaser
inköpsavdelning *s* purchasing (buying) department
inköpschef *s* head (chief) buyer, purchasing manager
inköpspris *s* cost (purchase) price; sälja *till (under) ~[et]* ...at (below) cost (purchase) price
inköpsställe *s* place of purchase
inkörd *adj* om bil: intrimmad run in; *vara väl ~ på* t.ex. jobbet have got the hang of...; jfr vid. *köra [in]*
inkörning *s* av t.ex. bil, motor running-in; *bilen är under ~* the car is being run in
inkörningsperiod *s* running-in period äv. bildl.
inkörsport *s* entrance [gate]; själva öppningen el. bildl. gateway
inlaga *s* **1** skrivelse petition, memorial, address; jur. äv. plea **2** i bok insert
inlagd *adj* (jfr äv. *lägga [in]*) **1** dekorerad inlaid **2** i ättika o.d. pickled; *~ sill* pickled herring
inland *s* mots. till kustland interior, inland [parts pl.]
inlandsis *s* inland ice
inlandsklimat *s* inland climate
inleda *vb tr* börja, igångsätta begin; t.ex. affärsförbindelser, debatt, möte, samtal open; t.ex. undersökningar institute, set...on foot, initiate; t.ex. angrepp, offensiv launch; *~ bekantskap* form an acquaintance; *~ förhandlingar* open (enter into, enter upon, initiate) negotiations
inledande *adj* introductory, prefatory, opening, preliminary, initial
inledning *s* **1** början beginning, opening; förord, grundlinjer introduction; upptakt prelude **2** inledande av vatten o.d. laying on

inledningsanförande *s* introductory (opening) speech (address)
inledningsskede *s* initial stage, preliminary phase
inledningsvis *adv* by way of introduction
inlemma *vb tr* incorporate [*i* in]; tillägga, annektera annex [*i* to]
inlevelse *s* feeling, insight; psykol. empathy
inlevelseförmåga *s* power of insight; i en roll ability to live a (resp. the) part
inlindad *adj* wrapped up; *~e hot* veiled (disguised) threats
inlopp *s* **1** infartsled entrance, approach; *~et till* hamnen the entrance of...; *~et till* Stockholm the sea-approach to... **2** flods inflöde inflow [*i* into] **3** tekn. inlet, intake
inlåning *s* bank. deposits pl.; inlånande receiving...on deposit
inlåningsränta *s* interest on deposits; räntefot deposit rate
inlåst *adj*, *vara (bli) ~* be locked in (up)
inlåta *vb rfl*, *~ sig i (på)* a) t.ex. diskussion, tävlan enter into... b) t.ex. affärer embark (enter) upon... c) t.ex. samtal, politik, strid engage in... d) t.ex. tvivelaktig transaktion get mixed up in...; *~ sig med ngn* have dealings with a p., take up (associate) with a p.
inlägg *s* **1** eg.: veck tuck; något inlagt insertion **2** bildl., i diskussion o.d. contribution [*av* ngn from...; *i* to] **3** fotb. cross, centre
inläggning *s* **1** putting in etc., jfr *lägga [in a)]*; insertion; *~ på sjukhus* admission (removal) to hospital **2** konserv[ering] a) abstr. preserving etc., jfr *lägga [in b)]* b) preserved fruits pl. (vegetables pl.) etc. **3** snick. el. konst. a) abstr. inlaying b) konkr. inlay
inläggssula *s* insole
inlämna se *lämna [in]*
inlämning *s* **1** inlämnande handing (sending) in, delivery; av post posting; till förvaring leaving **2** inlämningsställe receiving-office; jfr äv. *bagageinlämning* m.fl. sms.
inlämningsdag *s* o. **inlämningsdatum** *s* date of posting; sista *~* date (day) on which an application (coupon etc.) must be handed in (posted)
inländsk *adj* se *inhemsk* o. *inrikes*
inlärning *s* learning, training; utantill memorizing
inlärningsstudio *s* språklaboratorium language laboratory
inlöpa *vb itr* **1** sjö., se *löpa [in]* **2** om underrättelse o.d. come in (to hand, through), arrive
inlösa se *lösa [in]*
inlösen *s* allm. redemption; av check cashing; av växel honouring, payment
inmarsch *s* entry; invasion invasion [*i* into]
inmatning *s* tekn. feeding, intake [*i* into]; data. input
inmundiga *vb tr* skämts. partake of

inmutning *s*, **göra en** ~ take out a mining-concession (mining-claim)
inmönstring *s* mil. enrolment; amer. enrollment
innan I *konj* before; i samband med nek. uttr. ibl. (i bet. 'förrän') until **II** *prep* before; ~ **kvällen** before evening; ~ *dess* before then **III** *adv* tidsbet., se *2 förut*
innandöme *s* inside, interior (båda sg.)
innanför I *prep* inside, within; bakom t.ex. disken, skranket behind; *alldeles* ~ *dörren* just inside the door; ~ *murarna* within (inside) the walls; ~ *rocken* under the (his etc.) coat **II** *adv*, **i** *rummet* ~ in the room beyond
innanhav *s* inland sea
innanlår *s* av kalv fillet; av oxe o.d. thick flank
innanmäte *s* innandöme inside, interior (båda sg.); i djurkropp entrails, guts, bowels (samtl. pl.); i frukt o.d. pulp
innantill se *läsa [innantill]*
inne I *adv* **1** rumsförh. el. bildl.: allm. in; inomhus indoors; inne i huset äv. in the house; det är kallare ~ *än ute* ...indoors than outdoors (out of doors); *finnas* ~ om vara be in stock (on hand); *vara* ~ be in äv. sport.; ~ *i* a) t.ex. huset, bilen in, inside b) t.ex. staden, skogen in; *jag har varit* ~ *i stan* I have been in [to] town; *längst* ~ *i* garderoben at the back of...; *jag har varit* ~ *på den tanken* I have thought of (about) that myself; *medan vi är* ~ *på detta ämne* while we are on (we are dealing with) this subject; se äv. beton. part. under resp. vb **2** tidsförh.: *nu är tiden* ~ *att* inf. now the time has come to inf.; *när tiden är* ~ äv. in due time; den stora dagen *var* ~ ...was here (there, had come) **II** *adj*, *det är* ~ vard., på modet it's with-it (the in-thing)
innebandy *s* sport. indoor bandy
inneboende I *adj* naturlig, medfödd inherent; egentlig intrinsic; *vara* ~ *hos ngn* lodge with a p. **II** *subst adj* lodger; amer. äv. roomer
innebränd *adj*, *bli* ~ i ett hus (garage etc.) be burnt to death in a house (garage etc.)
innebära *vb tr* betyda imply, mean, signify; föra med sig äv. involve
innebörd *s* betydelse meaning, signification, import; innehåll content; innehåll o. räckvidd purport; ordalydelse, andemening tenor [*av (i)* i samtl. fall of]
innefatta *vb tr* innesluta i sig contain; inbegripa include, comprise; bestå av consist of; omfatta embrace
inneha *vb tr* hold, be in possession of, have...in one's possession, possess; occupy; ~ *rekordet* hold the record
innehav *s* ägande possession, ownership; mera konkr. holding; *hans* ~ *av aktier* var stort his holding of shares...
innehavare *s* t.ex. av mästerskap, värdepapper, ämbete holder; besittare possessor; ägare owner; t.ex. av rörelse proprietor; av butik o. pensionat äv. keeper; jfr äv. *licensinnehavare* m.fl. sms.
innehåll *s* contents pl.; tankeinnehåll el. innebörd samt procenthalt o.d. content; huvud~ substance; ordalydelse tenor; hennes liv *fick nytt* ~ ...took on a new meaning (purpose); ett brev *av följande* ~ ...to the following effect
innehålla *vb tr* **1** contain; *vad innehåller* lådan (brevet)? äv. what is there in...? **2** t.ex. lön withhold, keep...back
innehållsdeklaration *s* declaration of contents (av ingredienser ingredients)
innehållsförteckning *s* table (list) of contents [*till* of], index [*till* to (of)]
innehållslös *adj* empty; attr. äv. ...containing very little
innehållsrik *adj* attr. ...containing a great deal (lots of things); mångsidig, omfattande comprehensive, substantial; *en* ~ händelserik *dag* an eventful day
inneliggande *adj* **1** ~ *beställningar* orders on hand; ~ *lager* the stock on (in) hand **2** bifogad enclosed
innerbana *s* inside track
innerdörr *s* inner door
innerficka *s* inside pocket
innerkurva *s* på väg inside [of a (resp. the)] curve
innerlig *adj* förtrolig intimate; djupt känd heartfelt, sincere; hängiven devoted, ardent; brinnande fervent; *min ~aste önskan* my dearest wish
innerlighet *s* intimacy; sincerity; devotedness, ardour; fervour, intensity; jfr *innerlig*
innersida *s* inner side; handens inside, palm
innerst *adv*, ~ *[inne]* a) eg. farthest in; på den inre sittplatsen on the inside; i mitten in the middle; i bortre ändan at the farthest end b) bildl. deep down, in one's heart of hearts; i grund och botten at heart
innersta *adj* eg. innermost; friare inmost; *hans* ~ *tankar* his inmost thoughts; *i sitt* ~ in one's heart [of hearts], jfr äv. *inre II*
innerstad *s* inner city; *i ~en* in the centre (central part) [of the town]
innersula *s* insole
innertak *s* ceiling
innervägg *s* interior (inside) wall; mellanvägg partition
innesittare *s* person who likes to keep indoors; hemmamänniska homebird
innesko *s* indoor shoe
innesluta *vb tr* enclose, envelop båda äv. mil.; omge encompass, encircle, surround äv. mil.; innefatta include
innestående *adj* insatt på bankkonto deposited, ...on deposit; ~ *fordringar* claims

remaining to be drawn; ~ *lön* salary (wages) due
innestalle *s* vard. in place, in spot
innestängd *adj* shut (closed) in; inlåst locked in
innevarande *adj* om tid present; löpande äv. current; ~ *år* the current (this) year; *den 3 i* ~ *månad* adv. on the third of this month
innevånare se *invånare*
innovation *s* innovation
innovatör *s* innovator
inofficiell *adj* unofficial, non-official; t.ex. besök äv. informal
inom *prep* **1** rumsförh. el. friare within; innanför äv. inside; inuti, i äv. in, jfr ex.; ~ *industrin* in [the sphere of] industry; frågan diskuterades först ~ *partiet* ...within (inside) the party; ~ *styrelsen* bland styrelsemedlemmarna among the members of the board; ~ *sig* i sitt inre inwardly, in one's heart (mind), within one **2** tidsförh.: inom gränserna för within; i bet. 'om', 'under' äv. in; 'på kortare tid än' äv. in under (less than), inside; ~ *[loppet av] ett år* in (within) [the course of] a year; ~ *kort* in a short time, shortly
inombords *adv* **1** sjö. on board **2** friare: 'i kroppen' inside
inomhus *adv* indoors
inomhusbana *s* för idrott indoor track; för tennis covered court; för ishockey [indoor] rink
inomskärs *adv* inside the [belt of the] skerries
inordna *vb tr* placera, inrangera arrange [...in order], range; *det är svårt att* ~ *dem* they are difficult to range (place) [*i* in; *under* under; *bland* with (among)]; ~ *ngt i* ett system fit a th. in (into)...; ~ *sig i* samhället conform to...
inpackning *s* omslag med olja, vatten m.m. pack
inpass *s* interjection; avbrott interruption; *göra ett* ~ throw in a remark
inpiskad *adj* thorough-paced...; out-and-out...; *en* ~ *lögnare* an arrant (a consummate) liar
inplanta *vb tr* bildl. implant [*hos ngn* in a p., in a p.'s heart (mind)]
inplantera se *plantera [in]*
inplastad *adj* plasticized, ...enclosed in (coated with) plastic
inprägla *vb tr* bildl. engrave, impress; ~ *ngt i minnet* engrave (impress) a th. [up]on one's mind
inprägnta *vb tr,* ~ *ngt hos ngn (i ngns minne)* impress a th. on a p.; vard. drum a th. into a p.
inpyrd *adj,* ~ *med rök* reeking with smoke
inpå I *prep* **1** rumsförh. *våt* ~ *bara kroppen* wet to the [very] skin; *alldeles* ~ ngn (ngt) quite close [up] to..., right on top of... **2** tidsförh. *till långt* ~ natten until far into...; *nära* ~ julen close [on] to... **II** *adv, för tätt* ~ too close (near)

inramad *adj* framed äv. bildl. [*av* by]
inramning *s* framing; konkr. frame; friare äv. setting, framework (end. sg.)
inrapportera *vb tr* report
inre I *adj* **1** rumsförh.: längre in belägen inner, interior, inside, jfr ex.; invärtes, intern internal; inomhus indoor; ~ *angelägenheter* lands, förenings internal affairs; lands äv. domestic affairs; *den* ~ *kretsen* the inner circle; ~ *mått* inside measure **2** bildl.: hörande t. själslivet inner, inward; egentlig intrinsic; *en* ~ *drift* an impulse from within; ~ *kamp* inner (inward) struggle; ~ *monolog* interior monologue; *för hans* ~ *syn (öga)* to (in) his mind's eye **II** *subst adj* innandöme inside; persons inner man; *hela mitt* ~ upprördes my whole soul (being)...; *det* ~ *av* landet the interior...; jfr äv. *innersta*
inreda *vb tr* fit up, equip [*till* as]; decorate; med möbler furnish; ordna arrange; *vackert inredd* beautifully appointed (decorated); *en väl inredd* planerad ...a well-planned (utrustad well fitted-up, well-equipped)...
inredning *s* **1** inredande fitting-up, equipment, decoration, furnishing **2** konkr. [interior] fittings (appointments); väggfast ~ fixtures (samtl. pl.) [*i* in (of)]
inredningsarkitekt *s* interior designer (decorator)
inregistrera *vb tr* register [*på ngn* in a p.'s name]; hos domstol äv. enrol; amer. enroll; anteckna record; hand. enter, file; lägga märke till register, note, observe
inregistrering *s* registering etc., jfr *inregistrera*; registration, enrolment; amer. enrollment
inresa *s* till ett land entry, arrival; *vid* ~ on arrival
inresetillstånd *s* permission to enter the (resp. a) country; konkr. entry permit
inrikes I *adj* inländsk domestic, home, inland, internal; jfr äv. sms. **II** *adv* within (in) the country
inrikesdepartement *s* ministry (amer. department) of the interior; ~*et* i Engl. the Home Office
inrikesflyg *s* domestic aviation; ~*et* flygbolagen the domestic airlines pl.; flygningarna domestic flights pl.
inrikeshandel *s* domestic (home) trade
inrikesminister *s* minister (amer. secretary) of the interior; i Engl. Home Secretary
inrikesnyheter *s pl* domestic news sg.
inrikespolitik *s* domestic politics pl. (politisk linje, tillvägagångssätt policy)
inrikespolitisk *adj, en* ~ *debatt* a debate on domestic policy; *en* ~ *fråga* a question relating to domestic policy
inrikta I *vb tr* se *rikta [in]* **II** *vb rfl,* ~ *sig på* se *[vara] inriktad [på]*
inriktad *adj, socialt* ~ verksamhet ...that has social aims in view; *vara* ~ *på att* inf. a) sikta

mot aim at (be bent on) ing-form
b) koncentrera sig på concentrate on (direct one's energies towards) ing-form; *alla var ~e beredda på att detta skulle hända* everybody was prepared for that to happen
inriktning s **1** justering adjusting, putting...in position; i linje med något alignment; av vapen sighting, aiming **2** målsättning [aim and] direction; koncentration concentration; tendens trend; jfr äv. *inställning 2*
inristning s engraving (end. sg.), carving, inscription
inrop s vid auktion purchase
inropa se *ropa [in]*
inropning s på scen o.d. call; efter ridåfallet curtain call
inrotad adj t.ex. om ovilja, fördom deep-rooted; t.ex. om respekt deep-seated; t.ex. om vana inveterate, ingrained
inrutad adj, *en ~ tillvaro* a humdrum (stereotyped) existence
inryckning s till militärtjänst *~ sker* den 1 mars joining-up takes place...
inrymma vb tr innehålla contain; inbegripa include; finna plats för find room for; *biblioteket är inrymt* i övervåningen the library is housed (located)...
inrådan s, *på (mot) min (ngns)* ~ on (contrary to) my (a p.'s) advice
inräknad adj, *sex personer, föraren ~* six, counting (including) the driver; *moms ~* including VAT
inrätta I vb tr **1** grunda establish, set up, start; *~ en befattning* create a post; *~ en skola* found a school; skolan *har ~ts till sjukhus* ...has been converted into a hospital **2** anordna arrange, organize; *~ sitt liv efter ngt* order one's life according to (adapt one's life to) a th.; *speciellt ~d för ngt* especially constructed (adapted) for a th. II vb rfl, *~ sig* **1** bekvämt settle down... **2** anpassa sig adapt (accommodate) oneself [*efter (för)* to]
inrättning s **1** anstalt establishment; social äv. institution **2** anordning, mekanism device, appliance, contrivance, apparatus; vard., 'manick' contraption, gadget
inrökt adj, *en ~ pipa* a pipe that has been broken in
insamling s hopsamling collection, fund; penning-, vard. whip-round; *sätta igång en* penning- äv. start (get up, raise) a subscription [*för* for (in aid of)]
insamlingsställe s collecting depot
insats s **1** lös del i ngt liner, inset, insertion äv. sömnad.; t.ex. [pappers]~ i oljefilter cartridge **2** i spel o.d. stake[s pl.]; kontant~ deposit; det var ett uppdrag *med livet som ~* ...in which [his (her) etc.] life was at stake **3** prestation achievement, work (end. sg.), effort; bidrag contribution; idrotts~ performance; *göra en ~*

för (i) make a contribution to, work (do something) for; *han har gjort en stor ~ inom* föreningen he has done great work (a great job) for
insatslägenhet s ung. co-operative [building-society] flat (apartment)
insatt adj **1** *vara ~ i...* hemmastadd be familiar (at home) with...; veta om know a lot about... **2** *~ kapital* paid-in (invested) capital
inse vb tr see, perceive, understand; vara på det klara med äv. realize; *jag kan inte ~* hur I do not (I fail to) see...; *av lätt ~dda skäl* for obvious reasons
insegel s seal
insekt s insect; amer. äv. bug
insektsbekämpning s insect control
insektsbett s insect-bite
insektshåv s butterfly net
insektsmedel s insecticide
insektsätande adj zool. insectivorous
insektsätare s zool. insect-eater; vetensk. insectivore
insemination s insemination
inseminera vb tr inseminate
insida s inside, inner side; i bet. 'inre' interior; *från ~n* äv. from within
insikt s **1** inblick insight; kännedom knowledge [*i (om)* of]; förståelse understanding [*i* of]; *få bättre ~ i ngt* gain a better insight into a th.; *komma till ~ om ngt* realize (see) a th., become alive to (aware of) a th. **2** kunskaper *~er* knowledge (end. sg.); *ha goda ~er i* ett ämne have a sound knowledge of...
insiktsfull adj om pers. well-informed; attr. äv. ...showing insight; om skildring penetrating, discerning; t.ex. om ledning competent; jfr äv. *klok*
insinuant adj insinuating
insinuera vb tr o. vb itr insinuate
insistera vb itr insist; *~ på [att ngn kommer]* insist on [a p.'s coming]
insjukna vb itr fall (be taken) ill, go down [*i* with]; *~ i* äv. get
insjungning s recording
insjunken adj sunken; *insjunkna ögon* äv. hollow eyes
insjö s lake
insjöfisk s freshwater (lake) fish
inskeppa vb tr **1** införa import...by ship [*i* into] **2** föra ombord ship, load, put...on board; t.ex. trupper, hästar äv. embark [*till* for]
inskjuta vb tr inflicka interpose, interject, put in; se vid. *skjuta [in]*
inskolning s acclimatization [at school]
inskrida vb itr step in, intervene [*[till förmån] för* on behalf of, for; *mot ngn* against a p.; *mot ngt* to prevent a th.]; interfere [*i ngt* in a th.]
inskridande s intervention; interference
inskrift s o. **inskription** s inscription; på gravsten äv. epitaph; runt mynt o.d. äv. legend

inskriven

inskriven *adj,* **vara ~ vid** skola, kår o.d. be enroled (amer. enrolled) at...; universitet o.d. be a registered student at...; t.ex. regemente äv. be enlisted at...; jfr vid. *skriva [in]*
inskrivning *s* **1** i skola, kår o.d. enrolment (amer. enrollment); mil. äv. enlistment; vid universitet o.d. registration **2** jur. el. hand. registration
inskrivningsavgift *s* enrolment (registration) fee, jfr *inskrivning*
inskränka I *vb tr* begränsa restrict, limit, confine, circumscribe; minska reduce, cut [down], curtail; **~ antalet** deltagare limit (restrict) the number of...; **~ driften** t.ex. vid fabrik curtail (cut down) operations **II** *vb rfl,* **~ sig till** a) nöja sig med confine (restrict) oneself to [*till att* inf. to ing-form] b) endast röra sig om be limited (confined, restricted) to, only amount to; inte överskrida äv. not exceed
inskränkning *s* restriction, limitation, reduction, curtailment, retrenchment (end. sg.), jfr *inskränka;* förbehåll qualification, modification; **göra ~ar i** ngns rörelsefrihet put (impose) restrictions (restraints) on...
inskränkt *adj* **1** eg. restricted etc., jfr *inskränka; i ~ bemärkelse* in a limited (narrow, restricted) sense **2** bildl., om pers. limited; dum dense, stupid; trångsynt narrow[-minded]
inskränkthet *s* dumhet denseness, stupidity; trångsynthet narrowness of outlook
inskärning *s* snitt incision; skåra cut, notch; t.ex. i kust indentation
inskärpa *vb tr* inprägla inculcate, enjoin, impress; eftertryckligt framhålla stress, bring home; **~ vikten av ngt hos ngn** bring home to (impress on) a p. the importance of a th.
inslag *s* **1** vävn., koll. weft **2** bildl., allm. element; del, 'nummer' äv. feature; drag äv. strain, streak; tillsats äv. contribution; *ett färgstarkt ~ i* gatubilden a colourful contribution to...; *ett intressant ~ i* programmet an interesting feature of...; *ett ~ av* t.ex. humor a streak of...
inslagen *adj* **1** wrapped; attr. äv. ...that has been wrapped (done) up; **~ som present** gift-wrapped **2** *inslagna fönsterrutor* smashed windows
insläpp *s* luft~ inlet, opening; av människor admission
insmickrande *adj* ingratiating, blandishing; **~ leende** ingratiating smile
insmord *adj* greased, oiled; med ngt tjockt smeared; **väl ~** well-greased, well-oiled
insmyga *vb rfl,* **ett fel har insmugit sig [i** texten*]* an error has slipped (crept) in[to]...
insnöad *adj* **1** bli **~** get (be) snowed up el. in, get (be) snow-bound; utsatt för snöhinder äv. get (be) held up by [the] snow **2** *vara* **~** vard. be square
insolvens *s* insolvency

insolvent *adj* insolvent
inspark *s* fotb. goal kick; **göra ~** take a goal kick
in spe *adj* blivande future; **min svåger ~** my brother-in-law to be
inspektera *vb tr* inspect
inspektion *s* inspection; *förrätta ~ i (av)* carry out an inspection in (of), inspect
inspektionsresa *s* tour of inspection
inspektor *s* lantbr. manager, steward, bailiff [*på* on (of)]; järnv. stationmaster
inspektör *s* allm. inspector; besiktningsman o.d. äv. surveyor; kontrollör supervisor; polis~ inspector
inspelad *adj,* **~ kassett** prerecorded cassette, jfr vid. *spela [in]*
inspelning *s* allm. recording; film~ production; inspelande äv. producing, filming; film~ **pågår** vanl. production is on; filmen **är under ~** ...is being produced
inspelningsband *s* recording (magnetic) tape
inspelningsstudio *s* recording studio
inspiration *s* inspiration
inspirera *vb tr* inspire
insprutning *s* injection; i förbränningsmotor fuel injection
inspärrad *adj* shut (looked) up; **hålla ngn ~** äv. detain a p.; **de ~e** äv. those in confinement
inspärrning *s* confinement, incarceration
instabil *adj* unstable
installation *s* allm. installation; elektr. äv. wiring; om pers. äv. inauguration; av biskop äv. enthronement; jfr *installera*
installatör *s* electrician, installation engineer
installera *vb tr* allm. install [*i* in]; leda in telefon m.m. äv. put in; tekn. äv. set up, mount; pers. äv. inaugurate [*i* into]; biskop äv. enthrone [*i* in]; **~ sig** installera sig (settle, establish) oneself
instans *s* jur. instance; myndighet authority; **gå till högre ~** carry the case to a higher court; *i högsta ~* in the final court of appeal; *i sista ~* i sista hand in the last resort, in the end
insteg *s,* **få (vinna) ~** get (obtain, gain) a footing [*hos ngn* with a p.]; få spridning, t.ex. om åsikt, sed äv. be introduced; få fast fot, t.ex. om rörelse i ett land, nytt ord äv. establish itself; bli gynnsamt mottagen, t.ex. om vara på en marknad äv. find (come into) favour
instifta *vb tr* t.ex. orden, pris institute; relig. äv. ordain; grunda, t.ex. fond establish, found
instiftare *s* grundare founder
instinkt *s* instinct; **sunda ~er** healthy instincts; *av ~* by instinct; handla **på (efter) ~** ...[up]on instinct
instinktiv *adj* instinctive
institut *s* **1** inrättning, allm. institute [*för* for (of)]; läroanstalt äv. school, college; t.ex. bank~ institution **2** jur. institution
institution *s* allm., läroanstalt institute, school;

engelska ~en vid univ. the Department of English, the English Department
instruera *vb tr*, ~ *ngn i ngt* teach a p. a th.; ~ *ngn* undervisa *ngn om hur han skall* inf. instruct a p. to, brief a p. as to how to inf.
instruktion *s* handledning instruction; *~[er]* föreskrift instructions; anvisning directions (båda pl.); information, isht mil. briefing; *få sina ~er* receive one's instructions, be briefed
instruktionsbok *s* instruction book, manual
instruktiv *adj* instructive
instruktör *s* instructor
instrument *s* allm. instrument
instrumentalist *s* mus. instrumentalist
instrumentalmusik *s* instrumental music
instrumentbräda *s* instrument panel; på bil dashboard, fascia [panel]
instrumentlandning *s* instrument landing, landing by instruments
instrumentpanel *s* instrument panel, på bil äv. fascia [panel], dashboard
instudering *s* av pjäs o.d. rehearsal; *~en av rollen* the studying of the part; *en (en pjäs i) ny* ~ a new production
instundande *adj*, ~ *veckoslut* el. *det ~ veckoslutet* the (this) coming weekend
inställa I *vb tr* upphöra med stop, discontinue, suspend; inhibera cancel; *~ arbetet* strejka strike, go on strike, walk out; *~ betalningarna* suspend (stop) payment; *~ en bjudning* call off a party **II** *vb rfl*, *~ sig* **a)** om pers.: isht vid domstol appear, present oneself; vid mötesplats put in an (make one's) appearance, turn up; *~ sig hos ngn (*resp. *till tjänstgöring)* äv. mil. report [oneself] to a p. (resp. report for duty); *~ sig inför rätta* appear before (in) the (resp. a) court **b)** bildl.: om sjukdomssymptom come on; om känsla make itself felt; *då inställer sig den frågan* then the question presents itself
inställande *s* upphörande suspension, discontinuation; inhiberande cancellation
inställbar *adj* adjustable
inställd *adj*, *vara ~ beredd på ngt* be prepared for a th.; *vara ~ på att* inf. a) be prepared to inf. b) ämna intend to inf.; *vänligt ~* favourably (kindly) disposed
inställelse *s* appearance äv. jur. o.d.; *~ till tjänstgöring* reporting for duty; *försummad ~* default
inställelseorder *s* mil. calling-up notice
inställning *s* **1** reglering o.d. adjustment, adjusting, setting; foto. focusing; radio. tuning-in; tids~ time-setting etc.; jfr *ställa [in b)]* **2** bildl. attitude, outlook, point of view, approach; *hans politiska ~* his political outlook; *en negativ ~ till...* a negative attitude towards (to)...
inställsam *adj* ingratiating; krypande cringing
inställsamhet *s* ingratiation

1 instämm|a *vb itr* bildl., ansluta sig agree [*i (med)* with]; concur [*i* in; *med* with]; *[jag] -er!* I agree (vard. go along with that); ~ *i ett förslag* agree to (assent to, second) a proposal
2 instämma *vb tr* jur., se *3 stämma [in]*
instämmande I *s* bifall agreement, concurrence, assent **II** *adj*, *en ~ nick* a nod of assent
instängd *adj* **1** eg. ...shut (inlåst locked) up, shut-in; *känna sig ~* feel shut in (confined, cooped up) **2** om luft stuffy, close
insulin *s* kem. insulin
insulinchock *s* med. insulin shock
insupa *vb tr* **1** frisk luft o.d. drink in, inhale **2** bildl. imbibe
insvängd *adj* ...curved (rounded) inwards; *~ i midjan* ...[that] goes in at the waist
insyltad *adj* vard. *~ i* mixed up in, up to one's ears in
insyn *s* **1** view; mil. observation; *här i trädgården har man ingen ~* the garden is shut off from people's view **2** bildl. [public] control [*i* of]; *få en klar ~ i* obtain (gain) a clear insight into (a clear grasp of)
insändande *s* av pengar remittance
insändare *s* **1** debattinlägg letter to the press (till viss tidning the editor) **2** pers. correspondent
insändarspalt *s* letters-to-the-editor column
insätta *vb tr* **1** utse, förordna appoint; installera install; i rättigheter, ämbete establish **2** se *sätta [in]*
insättning *s* i bank deposition; insatt belopp deposit
inta se *intaga*
intag *s* intake äv. tekn.; insytt veck inlet
intaga *vb tr* **1** plats, ställning, hållning m.m.: **a)** placera sig i (på), t.ex. sin plats take **b)** försätta sig i (resp. befinna sig i), t.ex. liggande ställning place oneself in (resp. be in) **c)** [inne]ha occupy, hold, have **d)** t.ex. en ståndpunkt take up; *~ en neutral hållning* take up a neutral attitude; *~ en framskjuten plats i* hold a prominent position in, play a large part in; *~ ngns plats* träda i stället för ngn fill a p.'s place; *de har redan intagit sina platser* äv. they are already seated **2** mil., erövra take, capture; besätta äv. occupy **3** måltid o.d. have, eat, take, consume; *han intog sina måltider på hotellet* he had (ate) his meals... **4** betaga, fängsla captivate, attract **5** *~s av* t.ex. beundran, kärlek be seized (filled, t.ex. fruktan äv. struck) with...
intagande *adj* captivating, attractive; charmig charming
intagen *adj* **1** *vara ~ på sjukhus* be in hospital; *en ~* subst. adj., på sjukhus a patient; på anstalt an inmate; på fängelse an internee; jfr vid. *intaga* **2** betagen *vara (bli) ~ av ngn* be captivated by a p.

intagning s taking in etc., jfr ta *[in]*; av annons o.d. insertion; på sjukhus m.m. admission [*i (på)* [in]to]; på vårdanstalt commitment [*på* to]; till t.ex. universitet admission, intake
intagningsnämnd s univ. admission board
intagningspoäng s pl univ. admission points (credits)
intakt adj intact
intala vb tr bildl. ~ **ngn** mod o.d. inspire a p. with…; ~ inbilla **ngn (sig) att** put into a p.'s (one's) head that; ~ övertala **ngn (sig) att** + inf. el. sats persuade a p. (oneself) to + inf. (that + sats)
inte adv **1** not (hopskrivet med hjälpvb n't); i vissa fall no, jfr ex; *[visst]* ~*!* certainly not!, oh no!, by no means!; ~ *[det]?* verkligen! no?, really?, is that so?; ~ **en enda gång** not (never) once; **jag har ~ tid** I have no time; **jag vet ~** I do not el. don't know; **jag kan (vill)** ~ I cannot el. can't (will not el. won't); **det hoppas jag ~!** I hope not!; det var ~ **för tidigt** …none too early; **uppgiften är ~ lätt** äv. the task is no easy one; hon är förtjusande, ~ **sant?** …isn't she?; han röker, ~ **sant?** …doesn't he?; ~ **för ~[t]** not for nothing
2 före isht jakande adj. ibl. in-, un-, non- el. omskrivn. med rel. sats; ~ **ätliga** svampar inedible…; **en ~ återkommande** utgift a non-recurrent…
3 ofta före komp. no; **det blir ~ bättre för det!** it'll be no (none the) better for that!, that won't make things better!; ~ **längre (mera)** no longer (more); ~ **senare än** not (mera känslobetonat no) later than
4 utan nek. bet. i utrop el. retorisk fråga vanl. utan motsv. i eng.: **hur skickligt har han ~** …*!* how cleverly he has…!; **vem måste ~ inse…?** who can help seeing…?
inteckna vb tr fastighet mortgage [*för* for]; ~ **över skorstenen** mortgage up to the hilt
inteckning s i fastighet mortgage [*för (på)* for; *i* on]; **ta en ~** om ägaren raise a mortgage; **lån mot** ~ loan on mortgage
inteckningslån s mortgage loan, loan on mortgage
integral s matem. integral
integralkalkyl s o. **integralräkning** s integral calculus
integration s integration
integrera vb tr integrate
integrering s integration
integritet s integrity
intellekt s intellect
intellektualism s intellectualism
intellektuell adj intellectual; själslig (motsats 'fysisk') mental; **en ~** an intellectual; vard. a highbrow
intelligens s intelligence
intelligenskvot s ped. el. psykol. intelligence quotient (förk. IQ)
intelligenstest s intelligence test
intelligent adj intelligent, clever; **vara ~** äv. have brains
intendent s allm. föreståndare manager, superintendent; förvaltare steward; vid museum curator, keeper; sjö. el. flyg. purser; mil.: lägre quartermaster; högre commissary
intensifiera vb tr intensify
intensitet s intensity; i arbete o.d. äv. intensiveness
intensiv I adj intense; koncentrerad intensive äv. om jordbruk; energisk, isht om pers. äv. energetic **II** s vard. **~en** på sjukhus the intensive care unit
intensivkurs s intensive (concentrated, crash) course
intensivvård s intensive care
intensivvårdsavdelning s intensive care unit
intention s intention
interimsregering s provisional government
interiör s det inre interior; inomhusbild indoor picture; **~er från** finansvärlden inside (intimate) pictures of…
interjektion s interjection
interkontinental adj intercontinental
intermezzo s mellanspel, äv. mus. intermezz|o (pl. -os el. -i); polit. o.d., t.ex. vid en gräns incident
intern I adj internal; ~ **television (TV)** closed-circuit television (TV) **II** s internerad: på anstalt o.d. inmate; i fångläger internee
internat s boarding school
internationalisera vb tr internationalize
internationalism s internationalism
internationell adj international
internatskola s boarding school
internera vb tr i fångläger intern; på anstalt o.d. detain [*i (på)* in]
internering s internment; detention; jfr *internera*
internrekrytering s recruitment within a (resp. the) company, internal recruitment
interntelevision s o. **intern-TV** s closed-circuit television (TV)
internutbildning s in-service (on-the-job) training
interpellation s question, interpellation; **framställa en ~** ask a question
interpunktion s punctuation
interrogativ adj språkv. interrogative
interurbansamtal s long-distance call; isht amer., äv. toll call
intervall s interval äv. mus.
intervenera vb itr intervene
intervention s intervention
intervju s interview; **göra en ~ med ngn** have an interview with a p.
intervjua vb tr interview
intervjuare s interviewer
intervjuobjekt s o. **intervjuoffer** s interviewee, subject of an (resp. the) interview
intervjuundersökning s field investigation (survey), canvassing inquiry

intet *indef pron* **1** allm., se *ingen* o. *ingenting*; ~ **ont anande** se *ond II 3 a)* **2** spec. fall: **a)** *det tomma* ~ empty nothingness **b)** *gå (göra...) om* ~ come (bring...) to naught (nothing)
intetsägande *adj* om fraser, samtal o.d.: tom, innehållslös empty; meningslös meaningless, insignificant; intresselös uninteresting; trist äv. om pers., fadd vapid; om mat insipid; uttryckslös, om t.ex. ansikte expressionless
intighet *s* tomhet emptiness; värdelöshet futility, worthlessness; vanity
intill I *prep* **1** om rum; fram till up to; *alldeles (tätt)* ~ quite close to; med beröring [up] against **2** om tid until, up (down) to; ~ *slutet* to the very end **3** om mått o.d. up to **II** *adv*, *i rummet* ~ in the adjoining (adjacent) room; *vi bor alldeles* ~ we live next door; inte det bästa men *näst* ~ ...not far from it
intilliggande *adj* adjacent; attr. äv. adjoining; pred. äv. situated close by
intim *adj* intimate; nära close; privat private; *~a detaljer* intimate details; *en liten* ~ *lokal* äv. a cosy little place; *~t samarbete* close collaboration; *~t umgänge* intimate relations pl.; isht jur. intimacy; *bli* ~ *med ngn* get on intimate terms with a p.
intimhygien *s* personal hygiene
intimitet *s* intimacy
intolerans *s* intolerance äv. med.
intolerant *adj* intolerant
intonation *s* intonation äv. fonet.; mus.
intransitiv *adj* språkv. intransitive
intrasslad *adj* entangled äv. bildl., se vid. *inblandad*
intravenös *adj* intravenous
intressant *adj* interesting
intresse *s* interest äv. hand. el. polit. m.m.; *...är av stort* ~ *för oss* ...is of great interest to us; *fatta (ha, hysa)* ~ *för ngt* take an interest in a th.; *ha ~n i* ett företag have interests (an interest) in...; *tappa ~t för* lose interest in; *tillvarata ngns ~n* look after (safeguard) a p.'s interests
intressegemenskap *s* community of interests
intressekonflikt *s* conflict (clash) of interests
intressent *s* interested party; delägare partner
intresseorganisation *s* professional and industrial organization, interest group (organization)
intressera I *vb tr* interest; *det ~r mig mycket (inte)* äv. it is of great (no) interest to me; *om det ~r (kan) [er]* if it interests (may interest) you **II** *vb rfl*, ~ *sig (sig mycket) för...* take an interest ([a] great interest) in..., be [very much] interested in...; vard. go in for...
intresserad *adj* interested [*i (av)* in]; *vara* ~ *av* äv. take an interest in; vard. be into; *~e subst. adj.* persons interested
intressesfär *s* sphere of interest (för inflytande influence)

intresseväckande *adj* interesting
intrig *s* intrigue, machination; plot äv. förveckling i roman, drama
intrigant I *adj* intriguing, scheming **II** *s* intriguer, schemer
intrigera *vb itr* intrigue
intrigmakare *s* intriguer, schemer
intrikat *adj* invecklad intricate, complicated; svår difficult; delikat delicate
introducera *vb tr* introduce [*hos* to]; lansera launch
introduktion *s* introduction
introduktionserbjudande *s* hand. trial (introductory) offer
introduktionskurs *s* introductory course
introduktionspris *s* hand. trial (introductory) offer
introvert *adj* psykol. introvert
intryck *s* bildl. impression; *få (ha) det ~et att...* get (be under) the impression that...; *jag fick ett gott* ~ *av honom* he impressed me favourably; *ge* ~ *av...* give (convey, produce) the impression of...; *göra ett djupt* ~ *på ngn* make a deep impression on a p.; *ta* ~ *av...* be influenced by...
intrång *s* encroachment, trespass, infringement; *göra* ~ *på (i)...* vanl. encroach (trespass) [up]on...
inträd|a *vb itr* **1** eg., se *3 träda [in]* **2** friare ~ *i en förening (en firma)* join a society (a firm); ~ *i sitt ämbete* take up one's office **3** bildl.: inträffa set in; börja commence, begin; uppstå arise; följa ensue; *så snart en förbättring -er* as soon as there is an improvement
inträde *s* **1** entrance; isht friare entry; tillträde admission, admittance; *söka* ~ *i* t.ex. skola apply for admission into (entrance in) **2** se *inträdesavgift*
inträdesansökan *s* o. **inträdesansökning** *s* application for admission (entrance)
inträdesavgift *s* entrance fee
inträdesbiljett *s* admission ticket
inträdesprov *s* o. **inträdesprövning** *s* univ. o.d. entrance examination
inträdestal *s* inaugural address
inträffa *vb itr* **1** hända happen, occur, come about; infalla occur, fall [*på* en söndag on...]; *om en olycka ~r* if there is an accident, if an accident occurs; *polisen ser allvarligt på det ~de* the police take a serious view of the case **2** ankomma arrive
intuition *s* intuition
intuitiv *adj* intuitive
intyg *s* certificate [*om (över, på)* of]; isht av privatpers., utförligare testimonial [*om (över, på)* respecting (as to)]; jur. affidavit; *enligt* ~ *av...* as certified (attested) by...
intyga *vb tr* skriftligen certify, attest; bekräfta affirm, substantiate; *härmed ~s att...* vanl. this is to certify that...

intåg s entry [*i* into]; ankomst arrival; *hålla sitt ~ i...* make one's entry into...
intäkt s **1** *~er* influtna medel receipts [*av* from]; proceeds [*av* of]; statliga el. kommunala revenues; jfr f.ö. *inkomst* **2** *ta ngt till ~ för...* take a th. as a pretext (försvar justification) for...
inuit s eskimå Inuit, Innuit
inunder I *adv* underneath; *våningen ~* the apartment below; *ha mycket (litet, ingenting) ~* have a lot (very little, nothing) on underneath **II** *prep* underneath, beneath, below
inuti I *adv* inside **II** *prep* inside
invadera *vb tr* invade
invagga *vb tr, ~ ngn i säkerhet* lull a p. into security
inval s election [*i* to]
invald *adj*, *bli ~ i* be elected to; t.ex. riksdag äv. get into
invalid s disabled person; krigs~ disabled soldier
invalidiserad *adj* disabled, crippled
invaliditet s disablement, disability; isht försäkr. invalidity
invand *adj* habitual; *~a föreställningar* ingrained opinions; jfr *vänja [in]*
invandra *vb itr* immigrera immigrate [*i (till)* into (to)]
invandrarbyrå s immigrant services bureau
invandrare s immigrant
invandrarminister s Minister for Immigration
Invandrarverket the [Swedish] Immigration Board
invandring s immigration
invasion s invasion [*i* of, into]
invasionsarmé s invasion (invading) army
inveckla I *vb tr, ~s (bli ~d) i ngt* get mixed up (involved) in a th. **II** *vb rfl, ~ sig i ngt* get [oneself] mixed up (involved, entangled) in a th.
invecklad *adj* komplicerad complicated, complex, intricate; *göra mer ~* complicate; jfr vid. *inveckla*
invektiv s invective
inventarieförteckning s inventory; *upprätta en ~* make (draw up) an inventory
inventari|um s **1** se *inventarieförteckning* **2** pers. *ett gammalt ~* a fixture **3** *-er* effects, movables, stores; *fasta -er* fixtures
inventera *vb tr, ~ [ngt]* make (take) an inventory [of a th.]; *~ [lagret]* take stock
inventering s inventory; lager~ stocktaking
inverka *vb itr, ~ på ngt* act (have an effect, have an influence, operate) on a th.; *~ på* äv. affect, influence
inverkan s effect, influence, action; *utöva ~ på...* influence..., affect...
invertera *vb tr* invert äv. matem.
investera *vb tr* invest
investering s investment
investeringsfond s investment fund
investeringsobjekt s object of investment
investmentbolag s investment trust (company)
invid I *prep* by; utefter alongside; *alldeles (tätt) ~ väggen* very close to the wall **II** *adv* close (near) by
inviga *vb tr* **1** byggnad, skola o.d. inaugurate; utställning, bro, järnväg o.d. äv. open; fana o.d. dedicate; kyrka consecrate **2** installera consecrate [*till biskop* a bishop] **3** kläder, en ny pipa o.d.: bära wear (använda use)...for the first time **4** *~ ngn i ngt* göra ngn förtrogen med ngt initiate a p. into a th.; *~ ngn i en hemlighet* let (take) a p. into a secret
invigning s inauguration, opening, dedication, consecration; jfr *inviga 1* o. *2*
invigningsfest s eg. inaugural (opening) ceremony; inflyttningsfest house-warming [party]
invit s inbjudan invitation; vink hint
invitera *vb tr* invite, ask
invånarantal s, *[hela] ~et* the [total] number of [the] inhabitants, the total population
invånare s inhabitant; i hus äv. inmate; i stadsdel o.d. resident; *per ~* äv. per head
invägning s weighing in
invända *vb tr, jag invände att...* I objected (made el. raised the objection) that...; *jag har inget att ~ [mot det]* I have no objections [to it], I have nothing against it
invändig *adj* internal; ficka o.d. inside...
invändigt *adv* internally; i det inre in the interior; på insidan [on the] inside; *in- och utvändigt* se under *utvändigt*
invändning s objection [*mot* to, against]; *göra (komma med) ~ar mot* object to, raise objections to el. against; *utan ~[ar]* äv. without demur
invänta *vb tr* avvakta await; vänta på wait for
invärtes I *adj* sjukdom, bruk o.d. internal; *för ~ bruk* for internal use **II** *adv* inom sig inwardly
inympa *vb tr* **1** inoculate; trädg. graft, engraft [*på* [up]on, into] **2** bildl. implant, inoculate [*ngt hos ngn* a th. in a p. (in a p.'s mind)]
inåt I *prep* toward[s] (into, betecknande befintl. in) the interior of; *~ landet* äv. up country; *ett rum ~ gården* a room facing the yard (at the back) **II** *adv* inward[s]; *dörren går ~* the door opens inwards; *gå ~ med tårna (fötterna)* turn in one's toes [when walking]
inåtvänd *adj* eg. ...turned inward[s]; självupptagen self-absorbed; psykol. introverted, introspective
inälvor s *pl* bowels, intestines; djurs viscera, entrails; vard. guts
inälvsmask s intestinal worm (koll. worms pl.)
inälvsmat s offal; av gris äv. chitterlings pl.; av fågel äv. giblets pl.
inöva se *öva [in]*
iordningställa se *[ställa i] ordning*

IQ förk., jfr *intelligenskvot* IQ
Irak Iraq
irakier *s* Iraqi
irakisk *adj* Iraqi
Iran Iran
iranier *s* Iranian
iransk *adj* Iranian
iranska *s* **1** kvinna Iranian woman **2** språk Iranian
iris *s* anat. el. bot. iris
Irland Ireland; *på* ~ in Ireland
irländar|e *s* Irishman; *-na* som nation el. lag o.d. the Irish
irländsk *adj* Irish; *Irländska sjön* the Irish Sea; ~ *setter* hund Irish (red) setter
irländska *s* **1** kvinna Irishwoman **2** språk Irish
irokes *s* medlem av indianstam Iroquois (pl. lika)
ironi *s* irony; hån sarcasm; *genom en ödets* ~ by the irony of fate, ironically enough
ironisera *vb itr*, ~ *över...* speak ironically of..., make ironic[al] remarks about...
ironisk *adj* ironic[al]; hånfull sarcastic
irra *vb itr*, ~ *[omkring]* wander (rove) about; *han har en ~nde blick* his eyes are always wandering
irrationell *adj* irrational; matem. äv. surd
irrbloss *s* will-o'-the-wisp äv. bildl.
irreguljär *adj* irregular; *~a trupper* irregulars
irrelevant *adj* irrelevant
irreparabel *adj* irreparable
irrfärd *s*, *~er* wanderings
irrgång *s* maze, labyrinth
irritation *s* irritation
irritationsmoment *s* source of irritation, irritant, irritating thing
irritera *vb tr* irritate äv. med.; annoy, nettle, exasperate; *han ~r mig* äv. he gets on my nerves; *bli ~d* äv. be (get) put out; *han är ~d på mig (över det)* he is annoyed with me (at that)
irriterande *adj* irritating, annoying, exasperating; *mycket ~* äv. infuriating
irrlära *s* false doctrine; relig. äv. heresy
irrlärig *adj* heretical, heterodox[ical]
is *s* ice (end. sg.); *varning för svag ~* Notice: Ice unsafe here!; *~arna är osäkra* the ice is not safe; *bryta ~en* äv. bildl. break the ice; *ha ~ i magen* keep a cool head, keep [one's] cool, wait and see; *lägga ngt på ~* äv. bildl. put a th. in cold storage, put a th. on ice; *vara [alldeles] under ~en* moraliskt have gone under (gone to the dogs); ekonomiskt äv. be down and out [completely]
isa *vb tr* iskyla, t.ex. dryck ice, put...[down] on ice
isande *adj* icy eg. el. bildl.; *en ~ köld* eg. a biting cold (frost); bildl. an icy coldness [*mot* to (towards)]
isbana *s* ice rink
isbark *s* coating of ice
isbelagd *adj* icy, ice-covered

isberg *s* iceberg
isbergssallat *s* iceberg lettuce
isbildning *s* ice formation (accretion)
isbill *s* ice pick
isbit *s* piece (lump, bit) of ice
isbjörn *s* polar bear
isblåsa *s* ice bag, ice pack
isbrodd *s* crampon
isbrytare *s* icebreaker
isbälte *s* ice belt
iscensätta *vb tr* produce, stage; bildl. stage, engineer
iscensättning *s* production, staging; konkr. [stage-]setting
ischias *s* med. sciatica
ischiasnerv *s* med. sciatic nerve
ischoklad *s* 'ice chocolate', melted chocolate and cocoa butter in small moulds
isdans *s* ice dancing; *en ~* an ice dance
isdubb *s* ice prod
isflak *s* ice floe
isfri *adj* ice-free
isgata *s*, *backen var rena ~n* ...one sheet of ice
isglass *s* pinne ice lolly; isht amer. popsicle
ishall *s* indoor ice rink
ishav *s*, *Norra (Södra) ~et* the Arctic (Antarctic) Ocean
ishink *s* iskylare ice bucket, ice pail
ishockey *s* ice hockey
ishockeyklubba *s* ice hockey stick
ishockeymatch *s* ice hockey match
ishockeyrink *s* ice hockey rink
ishockeyrör *s* ice hockey skate
ishockeyspelare *s* ice hockey player
isig *adj* icy; eg. äv. ice-glazed; bildl. äv. frosty
isjakt *s* ice yacht, iceboat
iskall *adj* ...[as] cold as ice, ice-cold; isande icy; bildl. äv. frigid, glacial; isht om ngt som borde vara varmt äv. stone-cold
isklump *s* lump of ice; *mina fötter är som ~ar* my feet are (feel) like lumps of ice (are like ice)
iskub *s* ice cube
iskyla *s* icy cold; bildl. iciness
iskyld *adj* om t.ex. dryck ice-cooled
islam *s* Islam
islamisk *adj* Islamic
Island Iceland
islandssill *s* Iceland herring (koll. herrings)
islossning *s* break-up of the ice; i flod äv. débâcle fr.; bildl., polit. thaw
isländsk *adj* Icelandic; *på Island* äv. Iceland...
isländska *s* **1** kvinna Icelandic woman **2** språk Icelandic
islänning *s* Icelander
isolationism *s* isolationism
isolationistisk *adj* isolationist
isolera *vb tr* **1** avskilja isolate, segregate; *han ~r sig* he keeps to himself, he withdraws from other people **2** fys. el. tekn. insulate **3** kem. isolate

isolering *s* **1** avskiljande isolation, segregation **2** fys. el. tekn. insulation **3** kem., urskiljande isolation **4** isoleringsavdelning på sjukhus isolation ward (block); isoleringscell i fängelse solitary confinement cell
isoleringsband *s* insulating tape
isoleringscell *s* solitary confinement cell
isoleringsmaterial *s* insulating (elektr. äv. non-conducting, värmeisolerande äv. lagging) material
isoleringsstraff *s* solitary confinement
isotop *s* fys. isotope
ispigg *s* icicle
ispik *s* ung. ice stick
Israel Israel
israel *s* Israeli (pl. äv. lika)
israelisk *adj* Israeli
israelit *s* bibl. Israelite
israelitisk *adj* bibl. Israelitic, Israelite
isränna *s* channel through the ice
isskorpa *s* crust of ice
isskrapa *s* för bil ice scraper
issörja *s* på land ice slush; i vatten broken ice
istadig *adj* restive
istadighet *s* restiveness
istapp *s* icicle
ister *s* flott lard äv. kok.
isterband *s* [kind of] coarsely-ground smoked sausage
isterbuk *s* potbelly äv. om pers.
istid *s* geol. ice age, glacial period
istäcke *s* coating of ice; geol. ice sheet, icecap
istället se *i stället* under *ställe 2*
isvatten *s* icy water; avkylt med is iced water, ice water
isänder se *[i] sänder*
isär *adv* åtskils apart; ifrån varandra away from each other; jfr äv. beton. part. under resp. enkla vb
isärtagbar *adj* dismountable; *lätt* ~ äv. easily disassembled (dismantled), ...easy to take to pieces
isättning *s* sömnad. insertion
Italien Italy
italienare *s* Italian
italiensk *adj* Italian
italienska *s* (jfr äv. *svenska*) **1** kvinna Italian woman **2** språk Italian
itu *adv* **1** i två delar in two, in half (halves); sönder *gå (vara)* ~ go to (be in) pieces **2** se *ta [itu med]*
iver *s* eagerness, keenness; nit zeal, ardour; stark. fervour; *med stor* ~ with great zest, with alacrity
ivra *vb itr*, ~ *för* t.ex. nykterhet be an eager (a zealous, a keen) supporter of
ivrig *adj* eager, keen; stark. ardent; angelägen äv. anxious; enträgen urgent; energisk energetic; nitisk zealous, strenuous; innerlig devout, earnest; *bli (vara)* ~ lätt upphetsad get (be) excited

iväg se *[i] väg*
iögon[en]fallande *adj* framträdande conspicuous; tydlig, påtaglig very obvious; pred. äv. very much in evidence; slående striking; *på ett* ~ *sätt* conspicuously

J

j *s* **1** bokstav j [utt. dʒeɪ] **2 J** (förk. för *joule*) J
ja I *interj* (ibl. *adv*) **1** bekräftande, bifallande o.d., allm. yes; artigare el. isht till överordnad yes, Sir (resp. Madam); utrop ay [, ay]!; vid upprop here!; uttr. motvilligt medgivande o. undvikande svar well; *kommer du? - Ja, jag vet inte* are you coming? - Well, I don't know **2** med försvagad innebörd, anknytande o.d., ibl. rent pleonastiskt well; *~, då går vi då* well, let's go then; *just det, ~!* that's just it!; *~ [, ~], jag kommer* all right [, all right] (yes, yes,) I'm coming! **3** uttr. en stegring: *jag trodde, ~, jag var säker på att han var oskyldig* I thought he was innocent, in fact I was sure of it **4** i förb. med adv. el. annan itj. *~ då!* oh yes!
II *s* yes (pl. yeses); vid röstning aye; *få ~* receive (have, get) an answer in the affirmative (a favourable answer el. reply); vid frieri be accepted; *rösta ~* vote for the proposal
1 jack *s* djup skåra gash
2 jack *s* tele. socket, jack; stickpropp plug; *dra ur ~en (~et)* unplug the phone
jacka *s* jacket, coat
jacketkrona *s* jacket crown
jackett *s* morning coat, cutaway
jackficka *s* jacket pocket
jade *s* miner. jade
jag I *pers pron* I; *mig* me; rfl. myself (i adverbial med beton. rumsprep. vanl. me); *~ (mig) själv* se under *själv*; *det är ~* vanl. it's me; tele. speaking; *det är ~ som har fel* I'm the one who is wrong, it is I (me) who am wrong; *äldre än ~* older than I [am] (than me, ibl. than myself); *han gav mig den* he gave it [to] me; *jag har lärt mig det* I have learnt it; *jag har inga pengar på mig* I have no money about (on) me; *en vän till mig* a friend of mine; *kom hem till mig!* come round to my place; *jag var utom mig* I was beside myself; jfr äv. *sig* **II** *s* filos. el. psykol. ego (pl. -s); *hans andra ~* his alter ego lat.; *hans bättre ~* his better self; *visa sitt verkliga ~* come out in one's true colours
jaga I *vb tr* allm. el. isht om hetsjakt hunt; med gevär ('skjuta') shoot (amer. dock hunt); friare el. i bet. 'förfölja' äv. chase, hound; *vara ute och ~* be out hunting (resp. shooting); *~ efter ngt* run after (pursue) a th.; *~ bort* drive away; *~ upp* göra upprörd upset; *~ upp ngn ur sängen* drive (chase) a p. out of his (resp. her) bed; *~ livet ur ngn* worry the life out of a p.; *~ ut* chase out **II** *vb itr* ila drive, chase, sweep; rusa hurry, dash
jagare *s* krigsfartyg destroyer

jagform *s*, *i ~* in the first person, in the I-form
jagföreställning *s* psykol. self-image
jaguar *s* zool. jaguar
jaha *interj* betänksamt well [, let me see (think)]; bekräftande yes [, to be sure]; jag förstår oh, I see
jak *s* zool. yak
jaka *vb itr* say 'yes' [*till* to], answer 'yes' (in the affirmative)
jakande I *adj* affirmative **II** *adv* affirmatively; *svara ~* reply (answer) in the affirmative
jakaranda *s* trä jacaranda [wood]
jakobsstege *s* bibl. el. sjö. Jacob's ladder
1 jakt *s* sjö. yacht
2 jakt *s* allm. el. isht hetsjakt hunting; med gevär shooting (amer. dock hunting); jaktparti hunt; resp. shoot; *~ och fiske* hunting and fishing; *~en efter mördaren* the hunt for the murderer; *~en efter berömmelse (rikedom)* the pursuit of fame (wealth); *gå på ~* go [out] shooting (resp. hunting); *vara på ~ efter* förfölja be in pursuit of, be chasing; vard., om pers. 'vara ute efter' be gunning for; söka be hunting [for]; t.ex. nöjen, en våning be on the hunt for
jaktbyte *s* jägares bag; djurs prey, game, quarry
jaktfalk *s* gerfalcon
jaktflyg *s* fighters pl.; vapenslag fighter command
jaktflygare *s* fighter pilot
jaktflygplan *s* fighter, pursuit plane
jaktgevär *s* sporting-gun; hagelgevär shotgun
jakthorn *s* hunting-horn, bugle
jakthund *s* sporting dog; amer. hunting dog
jaktkniv *s* hunting-knife
jaktkort *s* hunting licence
jaktlag *s* jur. game act, game law
jaktlicens *s* game licence
jaktlycka *s* good luck in hunting; *har du haft ~?* have you had a good day's sport?
jaktmark *s*, *~[er]* hunting-grounds pl.; *de sälla ~erna* the happy hunting-grounds
jaktplan *s* fighter, pursuit plane
jaktrobot *s* mil. air-to-air missile (förk. AAM)
jakträtt *s* jakträttigheter hunting (resp. shooting) rights pl.
jaktsällskap *s* hunting (resp. shooting) party, jfr *jaga I*
jaktsäsong *s* hunting (resp. shooting) season
jaktvård *s* game preservation
jalusi *s* spjälgardin Venetian blind; skåpjalusi o.d. rollfront
jalusiskåp *s* rollfront cabinet
jama *vb itr* miaow, mew, meow
Jamaika Jamaica
jamaikansk *adj* Jamaican
jamare *s* vard. *ta sig en ~* have a dram
jamb *s* metrik. iamb; iamb|us (pl. -uses el. -i)
jambisk *adj* metrik. iambic
Janssons frestelse *s* kok. 'Jansson's

temptation', sliced herring, potatoes and onions baked in cream
januari *s* January (förk. Jan.); jfr *april* o. *femte*
Japan Japan
japan *s* Japanese (pl. lika); neds. Jap
japansk *adj* Japanese
japanska *s* **1** kvinna Japanese woman **2** språk Japanese
jargong *s* jargon, lingo (pl. -es), line of talk
jaröst *s* vote in favour, ay[e]; *~erna är i majoritet* the ayes have it
jasmin *s* bot. jasmine
jaspis *s* miner. jasper
jaså *interj* oh!, indeed!; frågande really?, is that so?; *~, gjorde han det?* oh, [he did,] did he?; *~, inte det?* no?
jasägare *s* yes-man
javanes *s* Javanese (pl. lika)
javanesisk *adj* Javanese
javanesiska *s* **1** kvinna Javanese woman **2** språk Javanese
javisst se *[ja] visst*
jazz *s* jazz
jazza *vb tr*, *~ upp* jazz up äv. friare
jazzbalett *s* jazz ballet
jazzband *s* jazz band
jazzgymnastik *s* jazz gymnastics sg.
jazzig *adj* jazzy
jazzmusik *s* jazz music
jeans *s pl* jeans
jeep *s* jeep
jehu *s*, *fara fram (komma) som ett ~* come rushing along like a hurricane
jeremiad *s* jeremiad, lamentation; vard. hard-luck story
Jeriko Jericho
jersey *s* tyg jersey
Jerusalem, *~s förstöring* hist. the Destruction (Fall) of Jerusalem
jesuit *s* Jesuit
jesuitisk *adj* Jesuit; neds. Jesuitic[al]
jesuitorden *s* the Society of Jesus
Jesus Jesus; *Jesu liv* the life of Jesus
Jesusbarnet the Infant (the Child) Jesus
jetdrift *s* jet propulsion
jetdriven *adj* jet-propelled, jet-assisted
jetflyg *s* flygplan jet, jet plane (aircraft)
jetmotor *s* jet engine
jetong *s* spel~ counter, jetton
jetplan *s* jet, jet plane (aircraft); linjeflyg jetliner
jetstråle *s* jet
jetström *s* meteor. jet stream
jfr (förk. för *jämför*) cp., cf.
jiddisch *s* Yiddish
jippo *s* vard., reklam~ [publicity] stunt, gimmick; *allsköns ~n* lots (all sorts) of ballyhoo (gimmickry)
jiujitsu *s* sport. jujitsu, jiujitsu
JO förk., se *justitieombudsman*
jo *interj* (ibl. *adv*) **1** svar på nekande el. tvivlande fråga el. påstående [oh (why),] yes; eftertänksamt well; oh; why; *fick du inte tag i honom? - Jo, det fick (gjorde) jag* didn't you get hold of him? - [Oh, yes,] I did **2** med försvagad innebörd, inledande, anknytande o.d. *~, det var [så] sant...* oh, [yes,] that reminds me...; *~ ~, så går det* well, that's what happens **3** i förb. med adv. el. annan interj. *~ då!* oh yes!; *varför hör du inte på? - Jo då, det gör jag!* why aren't you listening? - I am beton. listening!; *jo visst!* oh yes!, certainly!
jobb *s* job äv. arbetsplats; work (end. sg.); *jag har haft mycket ~ med (med att* inf.*)* I've had a lot of work with (it was quite a job to inf.)
jobba *vb itr* vard. **1** arbeta work, be on the job; ligga i go at it; *~ på* keep at it, work away; *~ över* på övertid work overtime, work late **2** spekulera job, speculate; göra tvivelaktiga affärer racketeer
jobbare *s* vard. **1** arbetare worker **2** börs~ o.d. jobber äv. fastighets~; speculator; kristids~ o.d. racketeer
jobbarkompis *s* vard. workmate
jobbig *adj* vard. *det är ~t* it's hard work (a tough job); *en ~ dag* a tough (hard) day; *han är ~* besvärlig he's trying
jobspost *s* bad news; *en ~* a piece of bad news
jockej *s* o. **jockey** *s* jockey
jod *s* kem. iodine
joddla *vb itr* yodel
jodhaltig *adj* iodic
jodå *interj* se *jo*
jogga *vb itr* jog; mjuka upp sig före tävling limber up
joggare *s* jogger
joggingsko *s* jogging (track) shoe
jogg[n]ing *s* jogging; uppmjukning före tävling limbering up
Johannes bibl. el. påvenamn John; *~ döparen* [St.] John the Baptist; *~' evangelium* the Gospel according to St. John
johannesört *s* bot. St. John's wort
jojo *s* leksak yo-yo; *åka ~* yo-yo
joker *s* kortsp. joker äv. bildl.; *~n i leken* the joker in the pack
jolle *s* liten roddbåt el. segel~ dinghy, skiff; större jolly-boat, yawl; örlog. tender
joller *s* babble, babbling; småbarns äv. crowing, prattle
jollra *vb itr* babble; crow, prattle
jolmig *adj* fadd vapid, tasteless; blaskig, urvattnad wishy-washy; kväljande sickly; mjäkig mawkish, sloppy; kvav muggy
jon *s* kem. el. fys. ion
Jon Blund the sandman
jonglera *vb itr* juggle
jonglör *s* juggler
jonisera *vb tr* kem. el. fys. ionize
jonisering *s* kem. el. fys. ionization

jonisk *adj* Jonic äv. mus.; om invånare, hist. Jonian
jonosfär *s* ionosphere
jord *s* **1** jordklot earth; värld world; *Moder ~* Mother Earth; *[här] på ~en* on [this] earth; *frid på ~en* peace upon earth; *på hela ~en* in the whole world; *resa ~en runt* go round the world **2** mark ground; jordmån soil; mylla, mull earth; amer. äv. dirt; stoft dust; *av ~ är du kommen, ~ skall du åter varda* earth to earth, ashes to ashes, dust to dust; *kunna (vilja) sjunka genom ~en av* be ready to sink into the ground with; *falla i god ~* fall into good (on fertile) ground; *hålla sig (stå med båda fötterna) på ~en* bildl. keep both feet firmly on the ground; *under ~en* under (below) ground; *gå under ~en* bildl. go underground (under ground), go to earth **3** område land; *ett stycke ~* a piece of land
jorda *vb tr* **1** begrava bury **2** elektr. earth; amer. ground
jordabalk *s* Code of Land Laws
Jordanien Jordan
jordanier *s* Jordanian
jordansk *adj* Jordanian
jordart *s* soil [type]; geol. [sort of] earth
jordaxel *s* astron. axis of the earth
jordbruk *s* **1** verksamhet agriculture, farming **2** bondgård o.d. farm, holding; mindre plot
jordbrukare *s* farmer, agriculturist
jordbruksarbetare *s* agricultural worker, farm labourer, farm hand
jordbruksarbete *s* agricultural work, farming
jordbruksavtal *s* farm-prices (agricultural-prices) agreement
jordbruksbygd *s* agricultural (farming) district
Jordbruksdepartementet the Ministry (amer. Department) of Agriculture
jordbruksminister *s* Minister (amer. Secretary) of Agriculture
jordbrukspolitik *s* agricultural (farming) policy
jordbruksprodukt *s* agricultural (farm) product; *~er* äv. agricultural (farm) produce sg.
jordbruksstöd *s* subventioner agricultural (farming) subsidies pl.
jordbunden *adj* earth-bound, earthy; prosaisk prosaic, pedestrian
jordbävning *s* earthquake
jordegendom *s* landed property; *~ar* lands
jordeliv *s*, *~et* the (this) present life, our life on earth
jordenruntresa *s* trip round the world
jordfräs *s* rotary cultivator, Rotavator
jordfästa *vb tr* read the funeral (enklare burial) service over
jordfästning *s* funeral (enklare burial) service
jordförstöring *s* geol. *~[en]* soil erosion
jordgeting *s* zool. [common] wasp
jordglob *s* globe

jordgolv *s* earth[en] (amer. dirt) floor
jordgubbe *s* strawberry
jordgubbsglass *s* strawberry ice cream; *en ~* äv. a strawberry ice
jordgubbsland *s* strawberry bed
jordgubbssaft *s* strawberry juice (resp. syrup), jfr *saft*
jordgubbssylt *s* strawberry jam
jordhög *s* mound [of earth]
jordig *adj* nersmutsad ...soiled with earth
jordisk *adj* earthly, terrestrial; världslig worldly; relig. äv. mortal; timlig temporal; *det ~a livet* the (this) present life, our life on earth; *lämna det[ta] ~a* depart this life
jordklot *s* earth; *~et* äv. the globe
jordkoka *s* clod [of earth]
jordkällare *s* earth cellar
jordlager *s* earth layer
jordledning *s* elektr. underground wire; radio. earth (amer. ground) lead; rörledning underground pipe
jordlott *s* allotment
jordmagnetism *s* geomagnetism, terrestrial magnetism
jordmån *s* soil äv. bildl.
jordning *s* elektr. earthing; amer. grounding
jordnära *adj* down-to-earth, earthy
jordnöt *s* peanut; bot. äv. groundnut
jordnötssmör *s* peanut butter
jordras *s* landslip
jordreform *s* land reform
jordskalv *s* earthquake
jordskorpa *s* [earth] crust
jordskred *s* landslide äv. polit.; mindre förskjutning [land]slip, earth slip
jordskredsseger *s* polit. landslide victory
jordvärme *s* geogr. ground heat, geothermal energy (power)
jordyta *s* markyta surface of the ground; *på ~n jordens yta* on the earth's surface, on the face of the earth
jordägare *s* landowner
jordärtskocka *s* Jerusalem artichoke
jota *s*, *inte ett ~* not a jot, not an iota (atom)
joule *s* fys. joule
jour *s* **1** *ha ~[en]* be on duty; *ha (vara) ~* om läkare be on emergency (för hembesök on-call) duty **2** se *à jour*
jourhavande I *adj* ...on duty, ...in charge; för hembesök ...on call **II** *s*, *~[n]* jourhavande läkare på sjukhus the doctor on duty; vid hembesök doctor on call
jourläkare *s* på sjukhus doctor on duty; för hembesök doctor on call
journal *s* **1** dagbok, tidning journal; med. case book; sjö. logbook, log **2** film newsreel
journalfilm *s* newsreel
journalist *s* journalist, press reporter
journalistik *s* journalism
journalistisk *adj* journalistic
jourtid *s* emergency duty [hours pl.]

jourtjänst *s* läkares o.d. emergency (för hembesök on-call) duty; dygnet runt 24-hour duty; låssmeds o.d. emergency service; dygnet runt 24-hour (round-the-clock) service; *ha ~* be on duty; om läkare be on emergency (on-call) duty
jovialisk *adj* jovial, genial
jovialitet *s* joviality, geniality
jovisst *interj* se *jo*
jox *s* vard.: saker o. ting stuff, bits and pieces pl.; smörja, skräp trash, rubbish; besvär bother, trouble
joxig *adj* vard. awkward, ticklish; *det är ~t* it's a bother (a bind, a nuisance)
ju *adv* **1** bekräftande o.d. why först i den eng. satsen; naturligtvis of course; förstås to be sure; visserligen it is true; som bekant as we [all] know; det vet du ju [as] you know (see); *du kan ~ göra det* a) om du vill you can do so, to be sure b) med beton. 'du' you beton. can do it; *varför hör du inte på? - Ja, men jag gör ~ det!* why aren't you listening? - But I am beton. listening!; *jag har ~ sagt det* flera gånger I have said (told you) so..., haven't I?, I told you so..., didn't I?; *där är han ~!* why, there he is! **2** konj. *~ förr dess (desto) bättre* the sooner the better
jubel *s* hänförelse enthusiasm, rejoicing; triumferande exultation; glädjerop shout[s pl.] of joy, enthusiastic cheering (cheers pl.) [*över* at]; munterhet hilarity, merriment; *folkets ~* the cheers of the crowd
jubelidiot *s* prize idiot
jubelrop *s* cry of joy
jubilar *s* person celebrating his etc. (a special) anniversary
jubilera *vb itr* celebrate one's (a special) anniversary
jubileum *s* [special] anniversary, jubilee
jubileumsfond *s* jubilee fund (foundation)
jubileumsfrimärke *s* commemorative [stamp]
jubileumsutställning *s* jubilee exhibition
jubla *vb itr* högljutt shout with joy; inom sig rejoice, exult [*över* at (about)]; *~nde* [enthusiastically] cheering, jubilant, exultant, joyful; *~nde glad* radiantly happy
judaskyss *s* Judas kiss, kiss of death
jude *s* Jew; neds. el. sl. Yid
judefientlig *adj* anti-Jewish, anti-Semitic
judeförföljelse *s* persecution of the Jews, Jew-baiting
judehat *s* hatred of the Jews, anti-Semitism
judendom *s*, *~[en]* Judaism, Jewry
judenheten *s* Jewry, Judaism
judinna *s* Jewess
judisk *adj* Jewish; neds. äv. Jew end. attr.
judo *s* sport. judo
jugoslav *s* Yugoslav, Jugoslav
Jugoslavien Yugoslavia, Jugoslavia
jugoslavisk *adj* Yugoslav[ian], Jugoslav[ian]

jugoslaviska *s* kvinna Yugoslav (Jugoslav) woman
juice *s* fruit juice
jukebox *s* jukebox
jul *s* Christmas (förk. Xmas); avseende hednisk tid el. poet. Yule[tide]; *god ~!* [A] Merry Christmas!; han kommer *i ~* ...at (denna jul this) Christmas; *i ~as* last Christmas; *om (på) ~en (~arna)* at Christmas (Christmas-time); få ngt färdigt *till ~* ...by Christmas; *önska ngn en god ~* wish a p. a Merry Christmas; *dansa ut ~en* wind up Christmas with a dance round the Christmas tree
julafton *s*, *~[en]* Christmas Eve; *på ~[en]* var vi... on Christmas Eve...; *lilla ~* dagen före ~ the night before Christmas Eve; festligt tillfälle, turdag a real feast
julbock *s* Christmas goat [av halm made of straw]
julbord *s* middagsbord Christmas dinnertable; maten Christmas buffet
julbrådska *s*, *~n* the Christmas rush
julbön *s* Christmas Eve service (evensong)
juldag *s* **1** *~[en]* Christmas Day; *på ~en* var vi... on Christmas Day... **2** *~arna* julhelgen Christmas, the Christmas holiday (båda sg.)
juldagsmorgon *s* Christmas morning
julevangeliet *s* the gospel for Christmas Day, the Christmas gospel
julfest *s* t.ex. i skola Christmas party
julgran *s* Christmas tree; *det är ingenting att hänga i ~[en]* bildl. it is nothing to write home about
julgransbelysning *s* Christmas tree illuminations pl.
julgransfot *s* Christmas tree stand, stand for a (resp. the) Christmas tree
julgransplundring *s* children's party after Christmas [at which the Christmas tree is stripped of decorations]
julhandla *vb itr* do one's Christmas shopping
julhelg *s* jul Christmas; *under ~en* during Christmas (ledigheten the Christmas holidays)
julhälsning *s* Christmas greeting
juli *s* July; jfr *april* o. *femte*
julkaktus *s* bot. Christmas cactus
julkalender *se adventskalender*
julklapp *s* Christmas present (gift); *köpa ~ar* äv. buy presents for Christmas; önska sig ngt *i (till) ~* ...for Christmas
julklappsrim *s* little verse inscribed on a Christmas present
julkort *s* Christmas card
julkrubba *s* Christmas crèche (crib)
julkärve *s* corn sheaf [hung out for the birds at Christmas]
jullov *s* Christmas holidays pl. (vacation)
julmarknad *s* Christmas fair
julmust *s* ung. root beer [drunk at Christmas]

julotta *s* early church service on Christmas Day
julpsalm *s* Christmas hymn
julpynt *s* Christmas decorations pl.
julros *s* bot. Christmas (winter) rose, hellebore
julskinka *s* [baked] Christmas ham
julskyltning *s* Christmas window display
julstjärna *s* **1** i julgran star on the top of a (resp. the) Christmas tree; i fönster illuminated star [placed in a window at Christmas] **2** bot. poinsettia
julstäda *vb itr* make the place clean and tidy for Christmas
julstämning *s* Christmas spirit (atmosphere)
julstök *s* preparations pl. for Christmas
julsång *s* Christmas carol (song)
jultid *s* Christmas time, Christmas-tide
jultomte *s*, *~[n]* Father Christmas, Santa Claus
Julön Christmas Island
jumbo *s*, *komma (bli, ligga) ~* come (be) bottom (last)
jumbojet *s* jumbo jet; vard. jumbo
jumbopris *s* vard. booby prize
jumper *s* jumper
jungfru *s* **1** ungmö maid[en]; kysk kvinna virgin; *Jungfrun* astrol. Virgo; *J~ Maria* el. *den heliga ~n* the Virgin Mary, the Holy (Blessed) Virgin **2** hembiträde maid[-servant] **3** tekn. beetle, rammer
jungfrudom *s* virginity, maidenhood
jungfrukammare *s* servant's bedroom
jungfrulig *adj* maidenly, maiden...; maidenlike; *~ mark* virgin soil
jungfrulighet *s* maidenliness; virginity äv. bildl.
jungfruresa *s* maiden trip (sjö. voyage, flyg. flight)
jungman *s* sjö. ordinary seaman (pl. seamen), deckhand
juni *s* June; jfr *april* o. *femte*
junior I *s* o. *adj* junior; *Bo Ek ~* (förk. *jun., j:r*) ...,Junior (förk. Jun., Jr.) **II** *s* sport. junior
juniorlag *s* junior team
junta *s* militärjunta junta
Jupiter astron. el. mytol. Jupiter; mytol. äv. Jove
juraperioden *s* geol. the Jurassic period
juridik *s* law; vetenskap äv. jurisprudence; *studera ~* study [the] law
juridisk *adj* allm. legal, juridical; avseende rättsvetenskap jurisprudential; *den ~a banan* the legal profession; *~ examen* grad law degree; *~ fakultet* faculty of law; *~ hjälp* legal assistance; *~t ombud* legal representative; *~ person* mots. t. fysisk juridical (juristic[al], artificial) person
juris, *~ doktor* (förk. *jur.dr*) Doctor of Laws (of Civil Law) (förk. LLD resp. DCL båda efter namnet); *~ kandidat* (förk. *jur. kand.*) ung. graduate in Law; eng. motsv. ung. Bachelor of Laws (förk. LLB, efter namnet); law student

jurisdiktion *s* jurisdiction
jurist *s* **1** praktiserande lawyer osv., jfr *advokat;* rättslärd jurist **2** juridikstuderande law student
juristexamen *s* Master of Laws [degree] (förk. LLM)
jury *s* jury; *vara medlem av en ~* serve on a jury
juryman *s* o. **jurymedlem** *s* juror, juryman
1 just *adv* just; exakt, precis äv. exactly, precisely; egentligen, verkligen really; *jag har ~ kommit* I've just got here; *jag undrar ~ hur...* I really wonder how...; *~ där[i] ligger* svårigheten that is just (exactly) where...lies; *~ nu* i detta ögonblick just (right) now, [just] at this very moment; för närvarande at the present moment; *han är ~ den rätte!* he is just the [right] one! äv. iron.; *varför ~ jag?* why [just] me?; *~ det [,ja!]* that's right!, exactly!, quite!; *~ ingenting* ingenting särskilt nothing in particular; så gott som ingenting practically nothing, nothing much
2 just I *adj* regelmässig, rättvis, hederlig fair; korrekt correct [*mot* i båda fallen to[wards]]; oklanderlig irreproachable; om uppträdande, klädsel unexceptionable; i sin ordning ...all right, ...in order; *vara ~ mot någon* treat a p. fairly **II** *adv* fair[ly]; correctly osv., jfr *I*
justera *vb tr* **1** adjust; instrument regulate, set...right; mekanism true up; mått, vikt gauge, verify; protokoll check, confirm, approve **2** sport., skada injure
justerbar *adj* adjustable
justering *s* **1** adjusting, regulating osv.; verification, jfr *justera 1* **2** sport., skada injury
justeringsman *s*, utse två *justeringsmän* ...members to check the minutes
Justitiedepartementet the Ministry (amer. Department) of Justice; i Storbr. motsv. the Lord Chancellor's Office; i vissa funktioner the Home Office
justitiekansler *s*, *~n* (förk. *JK*) the Chancellor of Justice, motsv. i Storbr. the Attorney General, i USA the Solicitor General
justitieminister *s* Minister of Justice; *~n* i Storbr. motsv. the Lord Chancellor, the Home Secretary (jfr *justitiedepartement*); i USA the Attorney General
justitiemord *s* judicial murder; juridiskt misstag miscarriage of justice
justitieombudsman *s*, *~nen* (förk. *JO*) the Ombudsman, the [Swedish] Parliamentary Commissioner for the Judiciary and Civil Administration
justitieråd *s* Justice of the Supreme Court; i Storbr. ung. Lord Justice; i USA Associate Justice of the Supreme Court
jute *s* växt el. fiber jute
juteväv *s* jute cloth, gunny, hessian
juvel *s* jewel äv. bildl.; ädelsten gem; *~er* eg. äv. jewellery (amer. jewelry) sg.

juvelerare s jeweller; affär jeweller's [shop]
juvelhalsband s jewelled necklace
juvelprydd adj bejewelled
juvelskrin s jewel-case
juver s udder
jycke s hund dog; vard. pooch; neds. cur; prisse guy, bloke
Jylland Jutland
jympa se *gympa*
jädrans o. **jädrig** se *jäkla* o. *jäklig*
jägare s person som jagar sportsman; yrkesjägare el. bildl. hunter; friare äv. huntsman
jägmästare s forest officer, [certified] forester
jäkel s vard. devil; *jäklar [också]!* damn [it]!, confound it!, damnation!; *en stackars* ~ a poor devil, jfr vid. *djävel*
jäkla I adj vard. blasted, darned, dashed, blooming; stark. damn[ed], cursed, confounded; amer. äv. goddamn[ed] **II** adv damn[ed], confoundedly; amer. äv. godamn[ed]
jäklas vb itr dep, ~ *med ngn* be [damned] nasty to a p.
jäklig adj om pers. vanl. damn[ed] nasty [*mot* to]; om sak vanl. damn[ed] rotten (awful)
jäklighet s elakhet [damned] nastiness
jäkt s brådska hurry, haste; fläng bustle, hustle, rush [and tear]; *storstadens (vardagens)* ~ the rush and tear of the city (of everyday life)
jäkta I vb itr be always on the move (go), be in a hurry; ~ *inte!* don't rush (hurry)!; ta det lugnt take it easy! **II** vb tr hurry...on, keep...on the drive (run), never leave...in peace; ~ *ihjäl sig* drive oneself to death
jäktad adj jagad driven, chased; hetsad rushed, harassed, ...pressed for time; ~ *av arbete* pushed with work
jäktig adj terribly busy, hectic
jäktigt adv, *ha det* ~ have a terribly busy (hectic) time of it
jämbred adj equally broad (resp. wide); lika bred överallt ...of uniform breadth (resp. width); *vara* ~ *med* be as broad etc. as
jämbredd s, *i* ~ *med* side by side with; bildl. on a level with
jämbördig adj 1 jämngod ...equal in merit, equal [*med* to], ...of equal merit [*med* with], ...in the same class [*med* as] 2 av lika god börd ...equal in birth; bli behandlad *som [en]* ~ ...as an equal
jämbördighet s equality [in merit, resp. in birth]
jämfota adv, *hoppa* ~ jump with both feet together
jämföra vb tr compare; ~ *med* a) anställa jämförelse mellan compare...with b) förlikna vid compare...to; *jämför...* (förk. *jfr*) confer... (förk. cf.), compare... (förk. cp.); *jämfört (om man jämför) med* äv. in comparison with

jämförande adj, ~ *språkvetenskap* comparative linguistics
jämförbar adj comparable
jämförelse s comparison; *utan [all]* ~ without [any] comparison, beyond [all] comparison; *utan* ~ *för övrigt* vill jag ändå påstå regardless of other points of comparison...; *vid en* ~ fann man... on comparison..., on a comparison [being made]...
jämförelsevis adv comparatively; förhållandevis proportionately; relativt relatively; *den var* ~ *billig* friare äv. it was rather cheap
jämförlig adj comparable, ...to be compared [*med* with]; likvärdig equivalent [*med* to]
jämförpris s cost-per-unit price, price per kilo (litre etc.)
jämgammal se *jämnårig*
jämka vb tr o. vb itr **1** eg. ~ *[på]* maka (flytta) på move, shift; ~ *på* ändra på, justera adjust; ~ *ngt till rätta* put a th. straight (into its right place); ~ *ihop er lite!* please, move a little closer together! **2** bildl. **a)** avpassa adapt [*efter* to]; ~ *på* t.ex. sina åsikter, principer: justera adjust; modifiera modify; pruta på give way [a little] as regards **b)** slå av på ~ *något på priset* knock something off the price **c)** medla o.d. ~ *ihop (samman) olika uppfattningar* bring different (variant) opinions into line with each other
jämkning s justering [re]adjustment; modifiering modification; ~ *av skatt* tax adjustment, adjustment of tax
jämlik adj equal
jämlike s equal
jämlikhet s equality; ~ *i arbetet* job equality
jämlikhetssträvanden s pl attempts to achieve equality
jämmer s jämrande groaning, moaning; klagan lamentation; elände misery
jämmerdal s vale of tears
jämmerlig adj **1** eländig, ömklig miserable, wretched, pitiable **2** klagande mournful, wailing
jämmerrop s nödrop cry of distress; *ett* ~ a wail; *under* ~ ...a lot of wailing
jämn adj **1** om yta: utan ojämnheter even; plan level; slät smooth **2** likartad, regelbunden even, regular; likformig uniform; alltigenom lika equable; konstant constant; kontinuerlig continuous; ~*a andetag* regular (even) breathing sg.; ~ *fördelning* even (balanced) distribution; *ett* ~*t klimat* a steady (equable) climate; *av* ~ *kvalité* of uniform quality; *med* ~*a mellanrum* at regular intervals; *en* ~ *ström av resande* a continuous stream of travellers **3** om tal, mått o.d., äv. i bet. 'avrundad' even; ~*a par* an equal number of men and women; *ha* ~*a pengar* have [got] the exact change; *det är* ~*t!* sagt t.ex. till en kypare never mind the change (what's over)!, [please,] keep the change!

jämna *vb tr* eg. level, make...level (even, smooth); kanterna på ngt even up; klippa jämn, 'putsa' trim; bildl., t.ex. vägen för ngn smooth; ~ **med marken (jorden)** level with the ground; ~ **av** marken level; yta äv. make...even; tekn. face; klippa jämn, 'putsa' trim [up]; ~ **till (ut)** level, make... level; **det ~r ut sig** it evens itself out; jfr *utjämna*
jämnan *s*, **för** ~ all the time, continually
jämngod *adj*, **vara ~a** be equal to one another; **vara ~ med** be just as good as, be quite up (equal) to
jämnhet *s* evenness, levelness osv.; regularity, uniformity, jfr *jämn*
jämnhög *adj* equally high (resp. tall etc.); lika hög överallt ...of uniform height; **vara ~ med** be as high etc. as
jämnhöjd *s*, **i ~ med** on a level with, on the same level as båda äv. bildl.
jämnmod *s* equanimity, composure
jämnmulen *adj*, **en ~ himmel** an entirely overcast sky
jämnstruken *adj* medelmåttig mediocre, indifferent; om betyg uniformly low
jämnt *adv* **1** even[ly], level, smoothly, regularly osv., jfr *jämn 1 o. 2*; **dela ~** divide equally; **dra ~** bildl. get on well; **vara ~ fördelad** be equally divided **2** precis exactly; **och därmed ~ basta!** and that's that!, and that's enough!
jämntjock *adj* equally thick; lika tjock överallt ...of uniform thickness; **vara ~ med** be as thick as
jämnårig *adj* ...of the same age [*med* as]; **han är ~ med mig** he's about my age; **han och jag är ~a** he and I are just about the same age
JämO förk., se *jämställdhetsombudsman*
jämra *vb rfl*, **~ sig** kvida wail, moan; stöna groan; gnälla whine; klaga complain [*över* i samtl. fall about]; beskärma sig lament [*över* about (over)]
jäms *adv*, **~ med (efter)** a) i jämnhöjd med at the level of, level (flush) with b) längs, utmed alongside [of]
jämsides *adv* eg. side by side; sport. neck and neck [*med* with], abreast [*med* of]; **~ med** äv. alongside [of] äv. bildl.
jämspelt *adj* evenly matched; pred. äv. even
jämstark *adj*, **vara ~a** be equal in strength, be equally strong; **vara ~ med** be as strong as, be equal in strength to
jämstor *adj* med alla enheter lika stora ...of uniform size; **vara ~a** be equal in size; **vara ~ med** be as big (resp. large etc.) as, be equal in size to, be of the same size as
jämställa *vb tr* place...on a level [*med* with]; place...on an equal footing (on a par) [*med* with]; rank (class)...in the same category [*med* as]
jämställd *adj*, **vara ~ med** be on an equal footing (a par) with
jämställdhet *s* **1** mellan könen [sex] equality, equality of opportunity [between women and men] **2** parity; **det råder ~ mellan dem** they are on an equal footing (on a par)
jämställdhetsombudsman *s*, **~nen** (förk. *JämO*) the Equal Opportunities Ombudsman
jämt *adv* alltid always; ~ **[och ständigt]** el. ~ **och samt** for ever; oupphörligt incessantly, perpetually; gång på gång constantly, continually; ~ **och ständigt göra ngt** äv. keep on doing a th. [all the time]
jämte *prep* tillika med in addition to, together with; inklusive including; **kungaparet ~ uppvaktning** the Royal Couple and their suite
jämvikt *s* allm. balance äv. bildl.; eg. el. fys. equilibrium; **återfå (återställa) ~en** recover one's ~ (redress the) balance; **vara i ~** äv. bildl. be [well-]balanced
jämviktsläge *s* state (position) of equilibrium äv. bildl.; hand. försäljningens ~ breakeven point
jämväl *adv* likewise; även also
jänta *s* vard. lass
jäntunge *s* chit [of a girl]
järn *s* iron äv. med. el. bildl. el. om skjutvapen el. golfklubbor; **ge ~et** vard.: ge full gas step on the gas (juice), step on it samtl. äv. bildl.; **ha [för] många ~ i elden** have got [too] many irons in the fire; **ta sig ett ~** en sup, vard. take a swig
järnaffär *s* butik ironmonger's [shop]; amer. hardware store
järnbalk *s* iron girder
järnbrist *s* med. iron deficiency, lack of iron
järnbruk *s* ironworks (pl. lika); gjuteri iron foundry
järnek *s* bot. holly
järnfilspån *s pl* iron filings
järnfysik *s* iron constitution
järngaller *s* iron grating
järngrepp *s* iron grip, stranglehold
järngruva *s* iron mine
järnhalt *s* iron content; procentdel percentage of iron
järnhaltig *adj* attr. ...containing iron; ferruginous, ferriferous
järnhand *s*, **styra (regera) med ~** rule with a rod of iron
järnhandel *s* butik, se *järnaffär*
järnhandlare *s* ironmonger; amer. hardware dealer
järnhantering *s* iron industry (trade)
järnhård *adj* bildl. ...as hard as iron; attr. äv. iron; ~ **disciplin** iron (rigid) discipline
järnklubba *s* golf. iron
järnkonstruktion *s* iron construction (frame)
järnkors *s* iron cross äv. om orden
järnmalm *s* iron ore

järnnätter *s pl* frosty nights [på senvåren in the late spring, på förhösten in the early autumn]
järnoxid *s* kem. ferric oxide
järnpreparat *s* iron preparation (tonic)
järnridå *s* teat. safety curtain; polit. iron curtain
järnskodd *adj* iron-shod; om käpp o.d. iron-tipped
järnskrot *s* scrap iron, refuse iron
järnspis *s* iron range
järnvaror *s pl* ironmongery, ironware; isht amer. hardware (samtl. sg.)
järnverk *s* ironworks (pl. lika)
järnvilja *s* iron will, will of iron
järnväg *s* railway; amer. vanl. railroad; *resa med (skicka med el. på)* ~ go (dispatch) by rail (train)
järnvägsarbetare *s* railway worker; järnvägsbyggare navvy; linjearbetare surfaceman; amer. section hand
järnvägsbom *s* level-crossing (amer. grade-crossing) barrier
järnvägsbro *s* railway bridge
järnvägsbygge *s* railway construction (building)
järnvägsförbindelse *s* railway connection, rail (train) service
järnvägshotell *s* railway (station) hotel
järnvägsknut *s* junction
järnvägskorsning *s* railway crossing; plankorsning level (amer. grade) crossing
järnvägslinje *s* railway line
järnvägsnät *s* railway network (system)
järnvägsrestaurang *s* railway (station) restaurant, refreshment room; mindre buffet
järnvägsskena *s* rail; *järnvägsskenor* ofta metals
järnvägsspår *s* railway track
järnvägsstation *s* railway station; amer. railroad station, depot
järnvägstaxa *s* railway charge[s pl.]
järnvägstjänsteman *s* railway employee (clerk, högre official)
järnvägstrafik *s* railway traffic
järnvägsvagn *s* railway carriage; amer. railroad car; godsvagn railway truck (waggon)
järnvägsövergång *s* railway crossing; plankorsning level (amer. grade) crossing
järnåldern *s* the Iron Age; *den yngre (äldre)* ~ the later (earlier) Iron Age
järpe *s* **1** zool. hazel hen, hazel grouse **2** kok., ung. [beef] croquette
järtecken *s* omen, portent, sign
järv *s* zool. wolverine, glutton
jäsa *vb itr* ferment; *låta degen* ~ allow...to rise; ~ *upp* om deg rise
jäsning *s* fermentation; bildl. ferment
jäst *s* yeast
jästsvamp *s* yeast fung|us (pl. -i)
jätte I *s* giant **II** *adj* vard. terrific
jättebra *adj* se *jättefin*
jättefin *adj* vard. first-rate, smashing, terrific
jätteförlust *s* tremendous loss
jättegod *adj* vard. super, smashing, terrifically good
jättegryta *s* geol. giant's kettle (cauldron), pot-hole
jättelik *adj* gigantic, colossal, immense, enormous, huge
jättepanda *s* zool. giant panda
jätterolig *adj* vard. terrifically funny; *den är* ~ äv. it's a real scream (gas)
jättesteg *s* giant stride
jättestor *adj* gigantic, colossal, huge
jättesuccé *s* vard. terrific (tremendous) success; om bok, pjäs o.d. äv. smash hit; *det blev en* ~ äv. it went like a bomb
jättevinst *s* på en transaktion tremendous profit; på tips huge win (dividend)
jätteödla *s* great saurian
jäv *s* challenge [*mot* to]; *anföra (inlägga)* ~ *mot* make (lodge) a challenge to, raise an objection against
jäva *vb tr* **1** jur.: domare, vittne o.d. take exception to; testamente o.d. challenge [the validity of] **2** vederlägga invalidate, falsify; bestrida contest
jävig *adj* jur.: om vittne o.d. challengeable, exceptionable; ej behörig disqualified, non-competent, incompetent
jävla m.fl., se *djävla* m.fl.
jökel *s* glacier
jönsig *adj* vard. silly, daft
jösse *s* hare, personifierad the Hare
jösses *interj* good heavens; *vad i jösse namn...* what on earth...

K

k *s* **1** bokstav k [utt. kei] **2** *K* (förk. för *kelvin*) K
kabaré *s* underhållning o.d. cabaret, floor show
kabaréartist *s* cabaret artiste
kabbeleka *s* o. **kabbleka** *s* bot. marsh marigold
kabel *s* **1** elektr. cable **2** sjö. hawser
kabelbro *s* [cable] suspension bridge
kabelbrott *s* cable breakdown
kabelfel *s* cable fault (brott breakdown)
kabeljo *s* torsk dried cod; långa dried ling
kabel-TV *s* cable television (TV); *sända via* ~ cablecast; *sändning via* ~ cablecast
kabin *s* passagerares cabin; pilots äv. cockpit
kabinbana *s* cableway
kabinett *s* rum, skåp, regering cabinet
kabinettsfråga *s* förtroendevotum *ställa* ~ demand a vote of confidence
kabinettssekreterare *s* undersecretary of state for foreign affairs
kabinpersonal *s* flyg. cabin personnel (crew)
kabintryck *s* flyg. cabin pressure
kabinväska *s* flyg., ung. carry-on (overnight) case (bag)
kabla *vb tr* o. *vb itr* cable
kabriolett *s* bil convertible
kabyss *s* sjö. galley, cookhouse
kackerlacka *s* cockroach
kackla *vb itr* cackle äv. bildl.; om höna äv. cluck
kadaver *s* carcass; ruttnande as carrion
kadaverdisciplin *s* slavish (blind) discipline
kadens *s* mus.: avslutning cadence; soloparti cadenza
kader *s* mil. el. polit. cadre
kadett *s* armé~ el. flyg. cadet; sjö. naval cadet, midshipman
kadmium *s* kem. cadmium
kafé *s* café; på hotell o.d. coffee room; med utomhusservering open-air café
kaféliv *s* café life
kafeteria *s* cafeteria
kafévagn järnv., se *restaurangvagn*
kaffe *s* coffee; *två* ~*!* two coffees, please!; *dricka* ~ have coffee; *koka* ~ make coffee
kaffeautomat *s* coffee [vending] machine
kaffebord *s* coffee table
kaffebricka *s* coffee tray; *hon kom med en* ~ med kaffe she brought in coffee on a tray
kaffebryggare *s* coffee percolator, coffee maker (machine)
kaffebröd *s* koll., ung. buns and cakes [to go with the coffee] pl.
kaffebuske *s* coffee bush
kaffeböna *s* coffee bean (berry)
kaffedags *adv* o. *s, det är* ~ it's time for coffee, it's coffee time
kaffefat *s* small saucer

kaffegrädde *s* coffee cream
kaffekanna *s* coffee pot
kaffekopp *s* coffee cup; kopp kaffe cup of coffee; mått (förk. *kkp*) coffee-cupful
kaffekvarn *s* coffee mill
kaffepanna *s* coffee kettle
kaffepaus *s* o. **kafferast** *s* coffee break
kafferep *s* coffee party
kaffeservering se *kafé*
kaffeservis *s* coffee service (set)
kaffesked *s* coffee spoon
kaffesugen *adj, jag är* ~ I feel like a cup of coffee
kaffesump *s* coffee grounds pl.
kaffetår *s* vard. drop of coffee
kaffeved *s* bildl. *göra* ~ *av* smash to smithereens
kaftan *s* österländsk långrock caftan; prästrock cassock
kagge *s* keg, cask
kainsmärke *s* bibl. el. bildl. mark (brand) of Cain
Kairo Cairo
kaj *s* quay; lossningsplats för fartyg äv. wharf (pl. äv. -ves); last~, amer. dock; strandgata embankment; *från* ~ hand. ex quay
kaja *s* jackdaw, daw; *full som en* ~ [as] drunk as a lord
kajak *s* kayak
kajalpenna *s* charcoal pen, eyeliner
kajavgift *s, ~[er]* quayage sg., wharfage sg., quay dues pl.
kajennpeppar *s* cayenne, Cayenne pepper
kajka *vb itr,* ~ *[omkring]* row (segla sail) aimlessly
kajplats *s* quay berth
kajuta *s* cabin; liten cuddy
kaka *s* allm., äv. t.ex. tårta, socker~ o.d. samt foder~ m.m. cake; finare bakverk pastry äv. koll.; små~ biscuit; amer. cookie; jfr *chokladkaka*; kräva *sin del av* ~*n* bildl. ...one's slice (cut, share) of the cake; *ta hela* ~*n* bildl. take (bag) the lot; *man kan inte både äta* ~*n och ha den kvar* you can't have your cake and eat it, you can't have it both ways
kakadu *s* o. **kakadua** *s* zool. cockatoo (pl. -s)
kakao *s* bot. cacao äv. likör; pulver, dryck cocoa
kakaoböna *s* cocoa bean
kakaofett *s* cocoa butter
kakaopulver *s* cocoa powder
kakaosmör *s* cocoa butter
kakburk *s* cake tin, biscuit tin
kakel *s* platta [glazed] tile (koll. tiles pl.); *kulört* ~ Dutch tile
kakelklädd *adj* tiled
kakelplatta *s* [glazed] tile
kakelugn *s* [tiled] stove
kakfat *s* cake dish
kakform *s* för bak baking tin
kaki *s* färg o. tyg khaki
kakifärgad *adj* khaki[-coloured]

kakmått *s* pastry cutter
kakofoni *s* cacophony äv. mus.
kaktus *s* cactus (pl. äv. cacti)
kaktång *s* pastry tongs pl.
kal *adj* mera allm. bare; om träd äv. leafless; skallig bald
kalabalik *s* tumult uproar, tumult, affray; rörig situation mix-up
kalas I *s* bjudning party; festmåltid feast; *betala ~et* bildl. pay for the whole show, foot the bill; *hela ~et* alltihop the whole thing (lot); *ställa till ~* throw (give) a party **II** *interj* vard., 'fint' smashing!, super !, goody !
kalasa *vb itr* feast, have a good time; *~ på ngt* feast on a th.
kalaskula *s* paunch
kalasmat *s* wonderful food; lyxmat delicacies pl.
kalcium *s* kem. calcium
kalebass *s* bot. el. behållare calabash
kalejdoskop *s* kaleidoscope
kalender *s* **1** tidsindelning calendar **2** se *almanack[a]* **3** årsbok yearbook, annual; adress~ o.d. directory
kalendermånad *s* calendar month
kalenderår *s* calendar year
kalfaktor *s* mil. batman, officer's orderly
kalfjäll *s* bare mountain region above the treeline
kalhugga *vb tr* clear-fell, clear-cut
kalhygge *s* clear-felled (clear-cut) area
kali *s* kem. potash
kaliber *s* calibre, caliber; storlek äv. size; bildl. äv. character, stamp
kalif *s* caliph, calif
Kalifornien California
kalifornisk *adj* Californian
kalium *s* kem. potassium
1 kalk *s* **1** bägare goblet, cup äv. bildl.; nattvards~ chalice **2** bot. perianth
2 kalk *s* kem. lime, calcium oxide; bergart limestone; beståndsdel av föda calcium äv. i skelettet; *släckt ~* slaked lime; *osläckt (bränd) ~* quicklime, burnt lime
kalka *vb tr* **1** t.ex. vägg limewash, whitewash **2** jorden lime
kalkbrist *s* med. calcium deficiency
kalkbrott *s* limestone quarry
kalkbruk *s* bränneri lime-works (pl. lika)
kalkera *vb tr* **1** eg. trace **2** bildl. copy; *~ på...* model on...
kalkerpapper *s* **1** genomskinligt tracing-paper **2** karbonpapper carbon paper
kalkhaltig *adj* limy, calcareous, calciferous
kalkon *s* turkey
kalkonfilm *s* vard. turkey, turkey film (movie)
kalksten *s* miner. el. geol. limestone
kalkyl *s* **1** calculation; kostnadsberäkning cost estimate **2** matem. calculus (pl. äv. -i)
kalkylator *s* räkneapparat calculator

kalkylera *vb tr* o. *vb itr* calculate, estimate; *~ fel* äv. miscalculate
1 kall *adj* **1** mer el. mindre eg.: allm. cold; sval cool; kylig chilly; frostig frosty; flera grader *~t* ...below freezing-point; *jag är ~ om fötterna* my feet are cold (frozen); *få ~a fötter* bildl. get cold feet **2** bildl., om t.ex. färg o. pers. cold, jfr *kallsinnig;* okänslig frigid, unfeeling; *få ~a handen* be turned down flat; *det ~a kriget* the cold war
2 kall *s* levnadskall vocation, calling; livsuppgift mission in life
1 kalla *s* bot. calla [lily]
2 kalla I *vb tr* benämna allm. call; *~ ngn [för] lögnare* call a p. a liar; *~ saken vid dess rätta namn* call a spade a spade **II** *vb tr* o. *vb itr* tillkalla send for, call; officiellt summon; utse appoint; *plikten ~r* duty calls; *~ på* ropa på call; tillkalla send for, call; *~ fram ngn* ask a p. to come forward; *~ hem* ask...to come home; dipl. recall; mil. withdraw; *~ in* a) inbeordra, instämma summon, call b) mil. conscript; jfr *inkallad; ~ in ngn som vittne* call (summon) a p. as a witness; *~ till sig* call
kallbad *s* ute bathe; i kar cold bath
kallblod *s* häst cold-blood[ed] horse
kallblodig *adj* eg. o. bildl. cold-blooded; lugn cool, composed; oberörd indifferent; orädd fearless; beräknande calculating; *~t mord* murder in cold blood; *~ mördare* cold-blooded murderer
kallblodighet *s* cold-bloodedness; lugn coolness, composure
kallbrand *s* med. gangrene
kalldusch *s* cold shower; *det kom som en ~ [för mig]* it was like a dash of cold water [to me]
Kalle Anka seriefigur Donald Duck
kallelse *s* **1** *~ till* sammanträde notice (summons) to attend... **2** *känna ~ för ngt* feel a call for a th.; se vid. *2 kall*
kallfront *s* meteor. cold front
kallgarage *s* unheated (cold) garage
kallhamrad *adj* bildl. hard-boiled, tough
kallhyra *s* rent exclusive of heating and hot water
kalligrafi *s* calligraphy
kallmangel *s* mangle
kallna *vb itr* get cold; isht tekn. el. bildl. cool
kallprat *s* small talk
kallprata *vb itr* talk about nothing in particular, gossip
kallsinnig *adj* kall cold, cold-hearted; likgiltig indifferent; t.ex. om publik unresponsive; *ställa sig ~ till* take up (assume) an unsympathetic (unresponsive) attitude towards
kallsinnighet *s* coldness; likgiltighet indifference

kallskuren *adj*, **kallskuret** subst. adj. cold cuts pl., cold buffet
kallskänka *s* cold-buffet manageress
kallstart *s* cold start (startande starting)
kallsup *s*, *jag fick en* ~ I swallowed a lot of cold water
kallsvettas *vb itr dep* be in a cold sweat (perspiration); *börja* ~ break out in a cold sweat (perspiration)
kallsvettig *adj*, *vara* ~ be in a cold sweat
kallt *adv* **1** bildl. coldly; oberört coolly; likgiltigt indifferently **2** *förvaras* ~ keep in a cool place
kalluft *s* cold air
kallvatten *s* cold water
kalops *s* ung. Swedish beef stew [cooked with peppercorns and bay leaves]
kalori *s* calorie
kalorifattig *adj* ...deficient in calories, ...with a low calorie content; ~ *kost* a low-calorie diet
kaloririk *adj* ...with a high calorie value, ...rich in calories; ~ *kost* a high-calorie diet
kalorivärde *s* calorie (calorific) value
kalott *s* **1** huvudbonad skullcap; katolsk calot[te] **2** geom. hemisphere
kalsonger *s pl* [under]pants; *stå i bara ~na* stand (be) in one's underwear
kalufs *s* mop (shock) of hair
kalv *s* **1** djur calf (pl. calves) **2** kött veal **3** se *kalvskinn*
kalva *vb itr* calve äv. om isberg o. jökel
kalvbräss *s* sweetbread
kalvdans *s* kok. beestings pudding
kalvfilé *s* fillet of veal
kalvfärs *s* råvara minced veal, veal forcemeat; rätt, ung. [minced] veal loaf
kalvinism *s* relig. Calvinism
kalvinist *s* relig. Calvinist
kalvinistisk *adj* relig. Calvinistic
kalvkotlett *s* veal chop (benfri cutlet)
kalvlever *s* calf's liver
kalvskinn *s* calf[skin], calf leather
kalvskinnsband *s* calf-binding
kalvstek *s* joint of veal; tillagad roast veal; amer. veal roast
kalvsylta *s* kok. veal brawn, jellied veal
kam *s* comb; på tupp crest; på berg ridge; på våg crest; *skära alla över en* ~ judge (behandla treat) everyone alike, lump everyone together
kamaxel *s* bil. camshaft; *överliggande* ~ overhead camshaft
Kambodja Cambodia
kambodjan *s o.* **kambodjansk** *adj* Cambodian
kambrium *s* geol. the Cambrian [period]
kamé *s* cameo (pl. -s)
kamel *s* camel; enpucklig dromedary
kameleont *s* zool. chameleon äv. bildl.
kamelhår *s* camel-hair
kamelia *s* bot. camellia

kamera *s* camera
kameral *adj* ekon. fiscal; attr. äv. ...of public revenue
kameraman *s* cameraman (pl. cameramen)
kameraobjektiv *s* camera lens
kamerautrustning *s* camera equipment
Kamerun Cameroon
kamerunsk *adj* Cameroonian
kamfer *s* camphor
kamgarn *s* worsted [yarn]
kamin *s* [järn~ iron] stove; el~, fotogen~ heater
kamma *vb tr* comb; ~ *sig (håret)* comb one's hair; ~ *bena* make a parting; ~ *hem vinsten* vard. pull off the win (prize); ~ *noll* vard. draw a blank; ~ *in* håva in, t.ex. pengar rake in; ~ *ut* håret comb out...
kammare *s* **1** rum chamber; parl. äv. house; small room; *första (andra)* ~*n* the Upper (Lower) House; om sv. förh., hist. the First (Second) Chamber [of the Riksdag] **2** i hjärta ventricle
kammarherre *s* chamberlain
kammarjungfru *s* lady's-maid
kammarmusik *s* chamber music
kammarorkester *s* chamber orchestra
kammarrätt *s* [Swedish] administrative court of appeal
kammarspel *s* teat. chamber play [for an intimate theatre]
kammussla *s* zool. scallop
kamning *s* combing; frisyr hair style
kamomill *s* camomile
kamomillte *s* camomile tea
kamouflage *s* camouflage
kamouflera *vb tr* camouflage
1 kamp *s* strid fight, battle båda äv. bildl.; mödosam struggle [*om* maktten för...]; ~*en för tillvaron* the struggle for existence (life); *en* ~ *på liv och död* a life-and-death struggle
2 kamp *s* hästkrake jade
kampa se *campa*
kampanj *s* allm. campaign; t.ex. insamlings~, reklam~ äv. drive
kampera *vb itr* camp [ute out]; ~ *ihop* bo share rooms; hålla ihop keep together
kamplust *s* fighting spirit
kampsport *s* t. ex. judo, karate m.fl. martial art
Kampuchea Kampuchea
kamrat *s* companion; comrade äv. polit.; arbets~ fellow worker; vän friend; vard. mate, pal; jfr äv. *klass-, lek-, res|kamrat* m.fl.; *en [gammal]* ~ *till mig* a (an old) friend of mine osv.; one of my osv. [old] school friends
kamratanda *s, [god]* ~ [vanl. a] spirit of comradeship, esprit de corps fr.
kamratkrets *s, i* ~*en* el. *i min* osv. ~ among my osv. friends etc., jfr *kamrat*
kamratlig *adj* friendly; lojal, bussig sporting; *ett* ~*t råd* the advice of a friend; *vara* ~ lojal be a sport
kamratskap *s* comradeship, friendship

kamratäktenskap *s* companionate marriage
kamrer *s* i chefsställning senior accountant; chef för banks avdelningskontor branch manager; kontorschef head clerk; kassaföreståndare chief of the cashier's department
kan se *kunna*
kana I *s* slide; *åka (slå)* ~ slide **II** *vb itr* slide
Kanaan bibl. Canaan
kanadagås *s* zool. Canada goose
kanadensare *s* **1** pers. Canadian **2** kanot Canadian [canoe]
kanadensisk *adj* Canadian
kanadensiska *s* kvinna Canadian woman
kanal *s* **1** byggd canal; naturlig channel; *Engelska ~en* the [English] Channel **2** anat. canal; t.ex. tår-, luft- duct **3** TV. el. bildl. channel
kanalisera *vb tr* canalize; bildl. äv. channel
kanalje *s* rascal; skämts., om barn äv. scamp; filur cunning devil
kanapé *s* **1** bakelse palmier fr.; slags finare sandwich canapé fr. **2** soffa settee
kanariefågel *s* canary
Kanarieöarna *s pl* the Canary Islands, the Canaries
kandelaber *s* candelabra
kanderad *adj* candied
kandidat *s* **1** sökande candidate, applicant [*till* for]; uppsatt nominee; *ställa upp som* ~ se *kandidera* **2** univ.: utan examen undergraduate; med examen graduate; jfr vid. under *filosofie, juris* m.fl.
kandidatlista *s* list of candidates
kandidatur *s* candidature
kandidera *vb itr* allm. offer oneself (come forward) as a candidate [*till* for]; ~ *till* polit. stand (isht amer. run) for
kandisocker *s* sugar (rock) candy
kanel *s* cinnamon
kanelbulle *s* ung. cinnamon bun
kanfas se *kanvas*
kanhända *adv* perhaps; jfr *kanske*
kanin *s* rabbit; amer. äv. cony; barnspr. bunny [rabbit]
kaninbur *s* rabbit hutch
kaninskinn *s* hand. cony [skin]
kanister *s* burk o.d. canister, tin; för vätska can
kanjon *s* canyon
kanna *s* **1** kaffe- o.d. pot; grädd-, hand- jug; amer. pitcher; trädgårds- o.d. [watering] can; dryckes- med lock tankard [alla med of framför följ. best.] **2** tekn. piston
kannibal *s* cannibal
kannibalism *s* cannibalism
kannstöpare *s* armchair (amateur) politician
1 kanon *s* kyrkl. el. typogr. canon; mus. äv. round, catch; *i* ~ mus. in canon
2 kanon I *s* **1** mil. gun; åld. cannon (pl. vanl. lika); *komma som skjuten ur en* ~ come like a shot **2** *de stora ~erna* vard., pamparna the bigwigs; sport.: om spelare the crack players; om simmare the ace swimmers **3** sport. vard., hårt skott cannonball **II** *adj* sl. *vara* ~ berusad be dead drunk
kanonad *s* cannonade; [continuous] gunfire (end. sg.)
kanonbåt *s* gunboat
kanoneld *s* gunfire
kanonfotograf *s* street photographer
kanonisera *vb tr* canonize
kanonisk *adj* canonical; ~ *rätt* canon law
kanonkula *s* cannonball
kanonmat *s* cannon fodder
kanonsalva *s* salvo (pl. -s el. -es)
kanonskott *s* cannon shot; sport. vard. cannonball
kanot *s* canoe äv. segel-; kanadensare Canadian [canoe]; kajak kayak; *paddla* ~ paddle one's canoe
kanota *vb itr* canoe
kanotist *s* canoeist
kanske *adv* perhaps, maybe; kan du komma? *Kanske* ...I may (might), ...I'll see; hon blir nog glad. *Kanske det* ...Perhaps, ...She may (might); *jag* ~ *träffar* honom i kväll I may (might) meet...; *han skulle* ~ *göra det om...* he might do it if...; *skulle jag ha* bett honom om ursäkt ~*?* förtrytsamt I suppose you think that I should have...; *du skulle* ~ *vilja hjälpa mig?* would you mind helping me?
kansler *s* chancellor
kanslersämbete *s* chancellorship
kansli *s* vid beskickning chancellery; vid ämbetsverk o.d. secretariat[e], secretary's (vid universitet registrar's, vid teater [general] manager's) office; *Kungl. Maj:ts* ~ hist. the Government Offices pl.
kanslibiträde *s* ung. assistant [local government (civil service)] clerk (typist)
kanslichef *s* ung. head of [civil service] division; i nämnder o. på kanslier administrative director; på ambassad head of chancery
kanslihus *s* government building; *~et* the chancellery
kansliråd *s* deputy assistant undersecretary
kanslisekreterare *s* assistant (second) secretary
kanslispråk *s* officialese, official jargon
kanslist *s* ung. assistant clerk, assistant local government (civil service) clerk
kant *s* **1** ytter- edge; bård o.d. border, verge; på plagg edging, trimming; på tyg selvage, selvedge; marginal margin; på kärl o. hatt brim; bröd- crust; ost- rind; hörn corner; trasig *i ~en* ...at the edge (om kopp o.dyl. brim); ~ *i* ~ edge to edge; *ställa på* ~ place on edge **2** bildl. *hålla sig på sin* ~ keep oneself to oneself, keep aloof; *komma på* ~ *med ngn* fall out with a p., get on the wrong side of a p.; *vara fin i ~en* lättstött be oversensitive (struntförnäm stuck-up)

kanta vb tr sätta kant på edge; sömnad. trim; utgöra kant vid line, border; jfr ex.; gatan var ~d av folk ...lined with people
kantabel adj mus. singable
kantarell s chanterelle
kantat s mus. cantata
kantband s edging, trimming
kantig adj angular; bildl. abrupt; tafatt awkward, gauche; isht om ungdom gawky
kantighet s angularity; bildl. abruptness, awkwardness, gaucherie, gawkiness; jfr kantig; **slipa av ngns ~er** rub the edges (corners) from a p.
kantnål s zool. pipefish
kanton s geogr. canton
kantor s kyrkl. cantor, precentor
kantra vb itr **1** sjö. capsize **2** ändra riktning: om tidvatten turn; om vind o. opinion veer
kantsten s kerbstone; isht amer. curbstone
kantstött adj om porslin chipped
kanvas s canvas; styv buckram
kanyl s med. cannula (pl. cannulae); avledande drain; injektionsnål injection needle
kaos s chaos; bildl. äv. utter confusion; **det var ~ i trafiken** the traffic was chaotic
kaotisk adj chaotic
1 kap s udde cape
2 kap s fångst capture; **ett gott (fint) ~** a fine haul
1 kapa vb tr **1** sjö., uppbringa take, capture **2** t.ex. flygplan, båt, last hijack; flygplan äv. sky-jack **3** **~ åt sig** lay hands on, run off with
2 kapa vb tr hugga, skära av: sjö., t.ex. mast cut away; lina cut; skog. crosscut; **~ [av]** cut off (sjö. away); t.ex. kroppsdel chop off
kapabel adj able [till to]; capable [till of]
kapacitet s **1** prestationsförmåga capacity; skicklighet ability **2** pers. able man (resp. woman)
kapare s **1** vard., av t.ex. flygplan, båt, last hijacker; av flygplan äv. skyjacker **2** hist. el. sjö. privateer
kaparfartyg s hist. privateer
1 kapell s överdrag cover
2 kapell s **1** kyrka, sido~, slotts~ chapel; bönekammare oratory **2** mus. orchestra
kapellmästare s mus. conductor
kapillär I s capillary **II** adj capillary
kapillärkraft s fys. capillarity, capillary attraction
1 kapital adj, **ett ~t misstag** a capital (stupendous) error (blunder)
2 kapital s allm. capital; mots. ränta principal; **~et** kapitalismen capitalism; **han har [ett] eget ~** ...capital of his own
kapitalflykt s [the] flight of capital
kapitalförsäkring s endowment assurance
kapitalinsats s capital investment
kapitalisera vb tr capitalize
kapitalism s, **~[en]** capitalism
kapitalist s capitalist

kapitalistisk adj capitalistic, capitalist...
kapitalkonto s capital account (förk. C/A); bankräkning deposit account
kapitalmarknad s capital market
kapitalplacering s [capital] investment
kapitalstark adj ...well provided with capital, financially strong
kapitalt adv, **misslyckas ~** be a complete failure, fail completely
kapitaltillgångar s pl capital resources (assets); privatpersons means
kapitalvaror s pl capital goods, durables
kapitel s allm. chapter; ämne topic, subject; **det är ett avslutat ~** that is a closed chapter; **ett sorgligt ~** a miserable business, a sad story
kapitulation s surrender (end. sg.), capitulation båda äv. bildl.; **~ utan villkor** unconditional surrender
kapitulera vb itr surrender äv. bildl.; capitulate; **~ för** ngns charm **(inför** ett hot**)** vanl. surrender to...
kapitäl s **1** arkit. capital **2** typogr. small capital
kaplan s hjälppräst assistant vicar; hus~ el. katol. chaplain [hos to]
kapning s av t.ex. flygplan, båt, last hijacking; av flygplan äv. skyjacking; **en ~** a hijack (av flygplan äv. skyjack)
kapp se ikapp
kappa s **1** dam~, militär~ coat; präst~ gown; **vända ~n efter vinden** trim one's sails to every wind, be a turncoat **2** på gardin pelmet, valance äv. på möbel
kappficka s coat pocket
kappkörning s kappkörande racing
kapplöpning s race; kapplöpande racing (båda äv. bildl.) [efter for]; häst~ [horse-]race resp. [horse-]racing; **~en om att** inf. the race to inf.
kapplöpningsbana s racetrack; häst~ racecourse
kapplöpningshäst s racehorse
kapplöpningssport s horse-racing
kapprak adj bolt upright
kapprodd s boat race; kapproende boat-racing
kapprum s cloakroom
kapprusta vb itr take part in an (resp. the) arms (armaments) race, compete in armaments
kapprustning s arms (armaments) race (end. sg.)
kappsegla vb itr compete in a sailing-race (resp. in sailing-races)
kappsegling s sailing-race; regatta regatta; kappseglande sailing boat racing; med större båtar yacht-racing
kappsimning s swimming-race; simmande competition swimming
kappsäck s portmanteau (pl. äv. -x); se vid. resväska; **bo i ~** live in suitcases
kapriciös adj capricious, whimsical

kaprifol

kaprifol *s* o. **kaprifolium** *s* bot. honeysuckle
kapris *s* krydda capers pl.
kapsejsa *vb itr* capsize; välta turn over
kapsel *s* capsule äv. rymd.; bot.
kapsla *vb tr* tekn. ~ *[in]* enclose
Kapstaden Cape Town
kapsyl *s* på t.ex. vinbutelj [bottle] cap; på t.ex. ölflaska, läskedrycksflaska [bottle] top; skruv~ screw cap
kapsylöppnare *s* bottle opener
kapten *s* **1** sjö. el. sport. captain; fartygs~ äv. master [*på, för* i båda fallen of] **2** inom armén captain; inom flottan lieutenant; inom flyget flight lieutenant; amer. captain
kapucin[er]orden *s* best. form the Capuchin Order
kapun *s* kok. capon
kapuschong *s* hood; på munkkåpa cowl
kaputt *adj* ruined, ...done for
Kap Verde Cape Verde
kar *s* tub; större vat; bad~ bath [tub]
karaff *s* decanter, utan propp carafe; vatten~ water bottle
karaffin *s* carafe
karakterisera *vb tr* characterize; beteckna describe; vara betecknande för be characteristic (typical) of
karakteristik *s* characterization; friare description; karaktärsteckning character sketch
karakteristisk *adj* characteristic, typical, distinctive [*för* of]
karaktär *s* allm. character; beskaffenhet nature, quality; läggning disposition, mentality; viljestyrka willpower; *jag har dålig* ~ skämts. I've got no willpower, I've got a weak character; *samtalet fick ~en av* en diskussion the conversation took on the nature of...
karaktärisera m.fl., se *karakterisera* m.fl.
karaktärsdrag *s* o. **karaktärsegenskap** *s* characteristic, trait of character, [distinguishing] feature; framträdande drag salient feature
karaktärsfast *adj* attr. ...of firm (stark strong) character; *han är* ~ he has a firm (resp. strong) character
karaktärsfasthet *s* firmness (karaktärsstyrka strength) of character
karaktärslös *adj* ...lacking in character (principle); vard. spineless, weak
karaktärslöshet *s* lack of character (principle)
karaktärsroll *s* character part (role)
karaktärsskådespelare *s* character actor
karamell *s* sötsak sweet; amer. candy; kola~ toffee
karamellpåse *s* fylld bag of sweets
karantän *s* quarantine; *ligga (lägga) i* ~ be (put) in quarantine
karantänsflagg[a] *s* quarantine (yellow) flag
karat *s* carat; *18 ~s guld* 18-carat gold
karate *s* sport. karate
karateslag *s* sport. karate chop

karavan *s* caravan
karbad *s* [vanl. hot] bath
karbid *s* kem. [calcium] carbide
karbidlampa *s* carbide lamp
karbin *s* carbine
karbinhake *s* snap-hook
karbol *s* o. **karbolsyra** *s* kem. carbolic acid, phenol
karbonat *s* kem. carbonate
karbonpapper *s* carbon paper, carbon
karbunkel *s* med. el. miner. carbuncle
karburator *s* carburettor
karda I *s* **1** redskap card; för ull äv. carding comb **2** vard., hand mitt **II** *vb tr* card
kardanaxel *s* propeller (drive) shaft
kardanknut *s* universal (cardan) joint
kardborrband *s* Velcro® [fastening]
kardborre *s* växt burdock; blomkorg bur, burr äv. bildl.; teasel
kardborr[e]knäppning *s* Velcro® [fastening]
kardemumma *s* cardamom; *summan av ~n* the long and the short of it
kardinal *s* cardinal äv. fågel
kardinalfel *s* cardinal error
kardiogram *s* med. cardiogram
karensdag *s* försäkr. day of qualifying (waiting) period [before benefit may be claimed]; *~ar* koll. qualifying (waiting) period sg.
karg *adj* om landskap barren; om jord äv. bare; ~ *på ord* sparing of words, taciturn
Karibiska havet the Caribbean [Sea]
karies *s* med. caries, decay
karikatyr *s* caricature; politisk skämtteckning cartoon; bildl. travesty
karikatyrtecknare *s* caricaturist; cartoonist; jfr *karikatyr*
karikera *vb tr* caricature
karisma *s* charisma
karismatisk *adj* charismatic
Karl kunganamn Charles; ~ *den store* Charlemagne, Charles the Great
karl *s* allm. man (pl. men); vard. fellow, chap, isht amer. guy; äkta man, vard. old man; han är inte ~ *till att* inf. ...the man to inf.; *som en hel* ~ like a man
karlakarl *s, en* ~ a real man, a he-man
karlaktig *adj* manly, virile; om kvinna mannish
Karl Alfred seriefigur Popeye
Karlavagnen the Plough, Charles's Wain; amer. äv. (vard.) the [Big] Dipper
karlgöra *s, [ett]* ~ a man's job
karljohanssvamp *s* cep
karlslok *s* fellow, chap, bloke; neds. slouch
karltokig *adj* man-mad, ...crazy about men
karltycke *s, ha* ~ have a way with men, have sex appeal
karm *s* **1** armstöd arm **2** dörr~, fönster~ frame, case
karmelit *s* o. **karmeliter** *s* munk Carmelite [friar], White Friar

karmelit[er]orden *s* best. form the Carmelite Order
karmin *s* carmine
karminröd *adj* carmine[-red], scarlet
karmosinröd *adj* crimson[-red]
karmstol *s* armchair
karneol *s* miner. cornelian
karneval *s* carnival
karnevalståg *s* carnival procession
karolin *s* soldat soldier of Charles XII
karolingisk *adj* Carlovingian, Carolingian
karolinsk *adj* Caroline
kaross *s* **1** vagn coach **2** se *karosseri*
karosseri *s* body[work], coachwork
karotin *s* kem. carotin, carotene
karott *s* fat deep dish
karottunderlägg *s* table (dish) mat
karp *s* zool. carp (pl. lika)
Karpaterna *s pl* the Carpathians
karriär *s* allm. career; befordran advancement; *göra* ~ make a career, get on in the world; *i [full]* ~ in full career, at a run (gallop)
karriärist *s* careerist, climber
karsk *adj* oförskräckt plucky; morsk cocky; självsäker cocksure
kart *s* koll. unripe (green) fruit sg. (bär berries pl.); *en* äppel~ an unripe apple
karta *s* **1** geogr. map; sjökort chart; geol. survey [*över* i samtl. fall of]; *placera på ~n* bildl. put on the map **2** *en* ~ frimärken a sheet of...; *en* ~ tryckknappar a card of...
kartblad *s* map sheet
kartbok *s* atlas
kartell *s* cartel
kartfodral *s* map case, map holder
kartig *adj* unripe
kartlägga *vb tr* map, chart, survey; jfr *karta 1*; bildl. make a survey of, map out
kartläggning *s* mapping osv., jfr *kartlägga*
kartläsare *s* o. **kartläserska** *s* map-reader
kartläsning *s* map-reading
kartnagel *s* med. deformed nail
kartograf *s* cartographer
kartong *s* **1** papp cardboard, carton **2** pappask carton, cardboard box **3** konst. cartoon
kartotek *s* **1** kortregister card index (register); friare äv. file **2** skåp filing cabinet
kartritare *s* o. **kartriterska** *s* map-drawer, cartographer
karttecken *s* map sign
kartverk *s* anstalt map office
karusell *s* merry-go-round, roundabout; *åka* ~ ride on the roundabout
karva *vb tr* o. *vb itr* tälja whittle [*i*, *på* at]; chip; skära carve, cut; ~ *i...* oskickligt hack away at...
kasern *s* mil. barracks (pl. lika); ibl. barrack; hyres~ tenement [house]
kasernförbud *s* confinement to barracks
kaserngård *s* barrack square
kasernvakt *s* barracks guard

kashmir *s* vävnad el. ull cashmere, kashmir
kasino *s* spelhus o.d. casino (pl. -s)
1 kask *s* hjälm helmet
2 kask *s* vard., brännvins~ ung. laced coffee
kaskad *s* cascade äv. av ljus, toner; torrent äv. av ord
kaskelot[t] *s* zool. sperm whale, cachalot
kaskoförsäkring *s* sjö. hull insurance; bil. insurance against material damage to a (resp. one's) motor vehicle
Kasper *s* teat. Punch
kasperteater *s* ung. Punch and Judy show
Kaspiska havet the Caspian [Sea]
kass *adj* vard. useless, worthless; pred. äv. no good
kassa *s* **1** [tillgängliga] pengar money, funds pl.; intäkter, hand. takings pl., receipts pl.; fond fund; *min ~ tillåter inte...* my finances (purse) won't allow...; *hon sköter ~n* i firma she is the cashier; *brist i ~n* deficit; *ur egen* ~ out of my own pocket (purse); *vara [stadd] vid* ~ be in cash (funds) **2** ~kontor o.d.: allm. cashier's office; isht för löneutbetalning o.d. pay office; ~lucka o.d.: i bank cashier's (isht amer. teller's) desk; i varuhus o.d. cashdesk, paydesk, counter; i snabbköp o.d. cashpoint, check-out [counter]; på postkontor counter; teat. o.d. box office; *betala i ~n* pay at the desk (i t.ex. snabbköp cashpoint)
kassaapparat *s* cash register
kassabehållning *s* cash in hand, cash balance
kassabok *s* cashbook
kassabrist *s* deficit
kassafack *s* safe-deposit box
kassakista *s* strongbox; bildl. *statens* ~ the State coffers pl.
kassakvitto *s* [cash] receipt
kassapjäs *s* box office success
kassarabatt *s* cash discount; *3%* ~ 3% discount [for cash]
kassaregister *s* cash register
kassaskrin *s* cashbox
kassaskåp *s* safe
kassavalv *s* strongroom; större vault
kasse *s* **1** isht av papper el. plast carrier (amer. carry) bag; av nät string bag **2** vard., i t.ex. ishockey goal
1 kassera *vb tr* utrangera discard, scrap; underkänna reject; förslag o.d. äv. turn down; utdöma, t.ex. kött condemn
2 kassera *vb tr, ~ in* collect; lösa in cash
kassett *s* till bandspelare, film, TV cassette; *inspelad* ~ prerecorded cassette; *oinspelad* ~ blank cassette
kassettband *s* cassette tape
kassettbandspelare *s* cassette tape-recorder
kassettbok *s* talking (cassette) book
kassettdäck *s* cassette [tape] deck
kassettradio *s* radio cassette recorder
kassler *s* kok. smoke-cured loin of pork

kassör *s* cashier; i bank äv. teller; i förening o.d. treasurer
kassörska *s* woman (female) cashier
1 kast *s* allm. throw; idrottsgren throwing; med metspö o.d. cast; med huvudet toss [*med* of]; förändring change [*i* of]; om vind gust; *det är ditt* ~ it is your [turn to] throw; *stå sitt* ~ take the consequences; *ge sig i* ~ *med* tackle, grapple (get to grips) with
2 kast *s* samhälls~ caste
3 kast *s* typogr. case
kasta I *vb tr* (ibl. *vb itr*) **1** allm. throw; vard. chuck; häftigt o. vårdslöst fling; häftigt äv. sling; lätt o. lekfullt (ofta uppåt) toss; lyfta o. slänga pitch; vräka hurl; isht bildl. el. vid fiske cast; kortsp., saka, göra sig av med discard; ~ *[bort]* throw away; ~ *boll* play catch; ~ *i fängelse* put in prison; ~ *ngn i marken* throw (slå knock) a p. down; ~ *ngt i huvudet på ngn* throw a th. at a p.'s head; ~ *med spö* cast
2 sömnad. overcast, whipstitch
II *vb itr* (jfr äv. *I*) **1** om vind chop about **2** vet. med. abort
III *vb rfl*, ~ *sig* allm. throw oneself; ~ *sig i* en bil jump into...; ~ *sig i* vattnet plunge into...; vågorna ~*de sig mot klippan* ...beat against the rock (cliff)
IV med beton. part.
~ **av** throw (vårdslöst fling) off; hästen ~*de av ryttaren* ...threw the (its) rider; ~ *av sig* t.ex. täcket throw off; kläderna äv. (snabbare) whip (helt o. hållet strip) off; ~ *sig av* cykel, tåg o.d. jump off; ~ *sig av och an* toss [about]
~ **bort** throw (chuck, fling, sling, jfr ovan) away; tid waste; pengar äv. squander [*på* on]
~ **fram** fråga, påstående put in; ~ *fram ett förslag om ngt* propose (suggest) a th., put forward a proposal for a th.
~ **i** a) ~ *sig i (i vattnet)* plunge in (into the water) b) *han* ~*de i sig maten* he gulped down (wolfed down) his food
~ **ifrån sig** throw (etc., jfr ~ *bort*) away
~ **in** a) eg. el. friare throw (etc., jfr ovan)...in; ~ *in* en sten *genom fönstret* throw (etc.)...through the window into the room (hall osv.); ~ *sig in i* ett företag (förhållande) throw oneself into... b) inflicka interject
~ **loss** a) sjö., tr. let go; itr. cast off b) bildl., slå sig lös let [oneself] go
~ **ned** a) ~ *sig ned* omkull *på* marken throw oneself to... b) bildl. ~ *ned några rader* jot down a few words
~ **om** a) ändra riktning (ordningsföljden på): om vinden veer round; t.ex. två rader transpose; ~ *om rodret* shift the helm b) ändra åsikt o.d., se *sadla [om]*
~ **omkull** a) eg. throw (stark., isht m. saksubj. knock)...down (over) b) bildl., se *kullkasta*
~ **upp** kräkas: itr. vomit; tr. throw up, vomit
~ **ut** throw (etc.)...out [*genom* t.ex. fönstret,

från t.ex. krog of]; sjö., last jettison; ~ *ut* pengar *på* waste (squander, vard. blow) one's...on; ~ *sig ut genom* fönstret jump (throw el. chuck oneself) out of...
~ **över:** ~ *sig över ngn* fall [up]on (go for) a p.; ~ *sig över* slå ned på *ngt* äv. bildl. pounce [up]on a th.; ~ *sig över maten* tuck right into the food
kastanj *s* o. **kastanje** *s* träd el. frukt a) äkta chestnut; frukt äv. sweet chestnut b) häst~ horse chestnut
kastanjebrun *adj* om hår chestnut [brown]
kastanjett *s* mus. castanet
kastby *s* gust [of wind], squall
kastell *s* mil. el. hist. citadel
kastilian[are] *s* Castilian
kastiliansk *adj* Castilian
kastlös *adj*, *en* ~ subst. adj. a pariah; *de ~a* subst. adj., vanl. the Untouchables
kastmärke *s* caste mark
kastrat *s* eunuch
kastrera *vb tr* castrate; djurhane äv. geld; ~*d häst* gelding
kastrering *s* castration; av djurhane äv. gelding
kastrull *s* saucepan, [stew]pan
kastspjut *s* javelin
kastspö *s* fiske. casting rod
kastsöm *s* overcasting; stygn whipstitch
kastvapen *s* missile
kastvind *s* gust [of wind], squall
kastväsen *s*, ~*det* the caste system
kasuar *s* zool. cassowary
kasus *s* språkv. case
kasusböjning *s* språkv. case declension
kasusändelse *s* språkv. case ending
katafalk *s* catafalque
katakomb *s* catacomb
katalan *s* Catalonian, Catalan
katalansk *adj* Catalonian, Catalan
katalanska *s* språk Catalan
katalog *s* catalogue [*över* of]; telefon~ directory
katalogisera *vb tr* catalogue, list
katalogpris *s* catalogue (list) price
katalys *s* kem. catalysis
katalysator *s* kem. el. bildl. catalyst, catalyser, i bil catalytic converter
katalytisk *adj* kem. catalytic; ~ *avgasrenare* catalytic converter
katamaran *s* sjö. catamaran
katapult *s* catapult
katapultstol *s* ejection seat
katarakt *s* vattenfall el. med. cataract
katarr *s* catarrh
katastrof *s* allm. catastrophe; t.ex. tåg~, flyg~ disaster; finanskrasch crash; litt. hist. dénouement fr.
katastrofal *adj* catastrophic, disastrous
katastroflarm *s* emergency alert
katastrofområde *s* emergency area
kateder *s* lärares teacher's (föreläsares lecturer's) desk

katedral *s* cathedral
kategori *s* category äv. filos.; klass class; grupp group; sort sort; *olika ~er av skolor* various types of...
kategorisk *adj* categorical; tvärsäker dogmatic; om t.ex. påstående definite; om t.ex. förnekande flat
katekes *s* catechism
kateter *s* med. catheter
katgut *s* catgut
katod *s* fys. el. kem. cathode
katolicism *s*, *~[en]* Catholicism
katolik *s* Catholic
katolsk *adj* Catholic; *[den] ~a kyrkan* the [Roman] Catholic Church
katrinplommon *s* prune
katt *s* cat; vard. puss, pussycat; tigrerad äv. tabby [cat]; han~ tomcat; *inte en ~* var där, vard. not a soul...; *när ~en är borta dansar råttorna på bordet* when the cat's away the mice will play; *gå som ~en kring het gröt* beat about the bush; *det osar ~* I smell a rat; *det vete ~en* blowed if I know; *det ger jag ~en [i]* I don't care (give) a damn about that
katta *s* she-cat; cat äv. om kvinna
kattaktig *adj* cat-like, feline
kattdjur *s* feline, cat
Kattegatt the Cattegat, the Kattegat
kattfot *s* bot. cat's-foot (pl. cat's-feet)
kattguld *s* geol. yellow mica
kattlik *adj* cat-like, feline
kattmat *s* cat food
kattost *s* bot. mallow
kattras *s* breed of cat (pl. breeds of cat[s]), cat breed
kattsand *s* cat litter
kattskinn *s* catskin
kattsläkte *s*, *~t* the feline (cat) family
kattuggla *s* tawny owl
kattun *s* tyg calico; tryckt äv. cotton print
kattunge *s* kitten; *lekfull som en ~* äv. kittenish
kattutställning *s* cat show
kattöga *s* **1** på cykel rear reflector **2** halvädelsten cat's-eye
kaukasier *s* Caucasian
kaukasisk *adj* Caucasian
Kaukasus the Caucasus
kausal *adj* språkv. causal
kausalitet *s* filos. causality, causal relation
kautschuk *s* **1** ämne rubber, caoutchouc **2** radergummi [india] rubber; isht amer. el. för bläck eraser
kav *adv*, *~ lugn* spegelblank dead calm
kava *vb itr*, *~ [sig] fram* flounder ahead
kavaj *s* jacket äv. udda; coat; på bjudningskort informal dress
kavaljer *s* hist. cavalier; gentleman gentleman; bords~, dans~ partner; beundrare beau (pl. -x); ledsagare escort
kavalkad *s* cavalcade äv. bildl.

kavalleri *s* cavalry
kavallerist *s* cavalryman, trooper
kavat *adj* käck plucky; morsk cocky
kavel *s* bröd~ rolling-pin
kaveldun *s* bot. bulrush, reed mace
kaviar *s* caviar[e]
kavitet *s* vetensk. el. anat. cavity
kavla *vb tr* roll; *~ ned* strumpa roll down; ärm unroll; *~ upp* roll (tuck) up; *~ ut* deg roll out
kavle *s* bröd~ rolling-pin
kavring *s* kok. [loaf of] dark rye bread
kaxe *s* pamp bigwig; översittare bully
kaxig *adj* morsk cocky, stuck-up; kavat plucky; övermodig superior; översittaraktig overbearing
Kazachstan Kazakhstan
kebab *s* kok. kebab
kedja I *s* chain äv. bildl.; av berg äv. range; följd äv. series (pl. lika); av tankar äv. train; sport. forward line; av poliser cordon; *bilda ~* form a chain; för avspärrning link hands **II** *vb tr* chain [*vid* to]; *~d* äv. ...in chains; *~ fast* chain [...fast (on)]
kedjebrev *s* chain letter
kedjebutik *s* chain (multiple) store
kedjehus *s* 'chain' house, terraced (row) house linked by a garage etc. to the adjacent houses
kedjereaktion *s* chain reaction
kedjeröka *vb tr o. vb itr* chain-smoke
kedjerökare *s* chain-smoker
kedjeskydd *s* chain-guard
kefir *s* kefir, kephir
kejsardöme *s* empire; *~t Japan* the empire of...
kejsare *s* emperor
kejsarinna *s* empress
kejsarsnitt *s* med. Caesarean section (operation)
kejserlig *adj* imperial; *de ~a* subst. adj. the Imperialists
kela *vb itr* cuddle, pet; *~ med* smeka cuddle, fondle, pet
kelen se *kelig*
kelgris *s* pet, darling; favorit favourite; om man äv. blue-eyed (white-haired) boy
kelig *adj* cuddly, cuddlesome, affectionate
kelsjuk *adj* attr. ...wanting to be cuddled (fondled); cuddly
kelt *s* Celt
keltisk *adj* Celt
keltiska *s* språk Celtic
kemi *s* chemistry; *teknisk ~* industrial chemistry
Kemikalieinspektionen the National Chemicals Inspectorate
kemikalier *s pl* chemicals
kemisk *adj* chemical; *~ krigföring* chemical warfare
kemisk-teknisk *adj* chemico-technical
kemist *s* chemist
kemtoalett *s* chemical toilet (closet)

kemtvätt *s* metod dry-cleaning; tvätteri dry-cleaners
kemtvätta *vb tr* dry-clean
kennel *s* kennels pl.
kennelklubb *s* kennel club
kentaur *s* mytol. centaur
Kenya Kenya
kenyansk *adj* Kenyan
keps *s* [peaked] cap
keramik *s* ceramics sg.; alster ceramics pl., ceramic ware, pottery
keramiker *s* potter, ceramist
keramisk *adj* ceramic; **~ verkstad** pottery
kerub *s* cherub (relig. pl. -im)
keso *s* cottage cheese
ketchup *s* ketchup
kex *s* biscuit; amer. cracker
KFUK the YWCA (förk. för Young Women's Christian Association)
KFUM the YMCA (förk. för Young Men's Christian Association)
khaki *s* färg el. tyg khaki
kibbutz *s* kibbutz (pl. -im)
1 kick vard. **på ett litet ~** i ett nafs in a jiffy
2 kick *s* vard. **1** spark kick; **få ~en** bli avskedad get the push (sack, boot) **2** stimulans, nöje kick
1 kicka *vb tr* vard. **1** sparka kick; **~ boll** play football **2** avskeda kick...out
2 kicka *s* vard., liten flicka [little] girl, lass
kickstart *s* pedal kick-starter
kid *s* rådjurskalv fawn
kidnappa *vb tr* kidnap
kidnappare *s* kidnapper
kidnappning *s* kidnapping
kika *vb itr* titta nyfiket, i smyg osv. peep, peek [**på** at]; **får jag ~ på det?** vard. can I have a squint at it?; jfr *titta*
kikar|e *s* binoculars pl.; fält~ äv. field glasses pl.; teater~ äv. opera glasses pl.; tub~ telescope; **en ~** a pair of binoculars, a telescope; **ha ngt i -n** have [got] one's eye on a th.; **vad har du i -n?** a) för planer what are your plans? b) för rackartyg o.d. what are you up to?
kikarsikte *s* telescopic sight
kikhosta *s* whooping-cough
kikhål *s* peep hole
kikna *vb itr* choke (be nearly suffocated) with coughing; vid kikhosta whoop; **~ av skratt** choke with laughter
kikärt *s* bot. el. kok. chickpea
kil *s* wedge; typogr. quoin; sömnad. gusset, gore; på strumpa slipper heel
1 kila *vb tr* med kil o.d. wedge; **~ fast** wedge, fix...with a wedge; **~ in** wedge in
2 kila *vb itr* **1** ila o.d. scamper; skynda hurry; jfr *2 springa;* **nu ~r jag [i väg]!** now I'll (I must) be off!; **~ hem** be off (pop) home; **~ in [till]** ngn**/** pop (slip) in [to see...] **2** vard. **~ vidare** kick the bucket
kilformig *adj* wedge-shaped; bot. cuneate

kilklack *s* wedge heel
killa vard., se *kittla*
kille *s* vard., pojke boy, lad; karl fellow, chap, guy
killing *s* kid
kilo *s* (förk. *kg*) kilo (pl. -s); **ett ~** eng. motsv., ung. 2.2 pounds (förk. lb[s].); **5 ~** äpplen 5 kilos (resp. 11 pounds) of...; han väger **70 ~** äv. (i britt. mått) ...11 stone; 12 kr **~t** ...a kilo
kilogram *s* (förk. *kg*) kilogram[me] (förk. kg); jfr *kilo*
kilojoule *s* kilojoule
kilometer *s* (förk. *km*) kilometre, kilometer (förk. km); **en ~** eng. motsv., ung. 0.62 miles
kilometerskatt *s* kilometre tax [on cars, trucks etc. that run on diesel etc.]
kilopris *s* price per kilo
kilowatt *s* kilowatt
kilowattimme *s* (förk. *kwh*) kilowatt-hour (förk. kwh)
kilovis *adv* per kilo by the kilo; **~ med...** kilos pl. of...
kilskrift *s* cuneiform, cuneiform writing
kilt *s* kilt
kimono *s* kimono (pl. -s)
kimrök *s* lampblack, carbon black
Kina China
kina *s* farmakol. quinine
kinaschack *s* sällskapsspel Chinese chequers (amer. checkers) sg.
kind *s* cheek; **vända andra ~en till** turn the other cheek; **blek om ~en** pale[-faced]
kindben *s* cheekbone
kindk[n]ota *s* cheekbone
kindtand *s* molar, back tooth
kines *s* Chinese (pl. lika); ofta neds. Chinaman (pl. Chinamen)
kineseri *s* **1** konst. chinoiserie fr. **2** bildl. pedantry; byråkrati red tape
kinesisk *adj* Chinese; **Kinesiska muren** the Great Wall of China
kinesiska *s* **1** kvinna Chinese woman **2** språk Chinese, jfr *svenska*
kinin *s* farmakol. quinine
1 kink *s* moaning [and groaning], whining
2 kink *s* sjö. el. med. kink
kinka *vb itr* gnälla, om småbarn fret, whine; vara gnällig be fretful
kinkig *adj* **1** om pers.: fordrande exacting, ...hard to please; granntyckt, petnoga, kräsen particular, fastidious, dainty [*med (på)* mat about...]; gnällig fretful **2** om sak: svår, besvärlig difficult; brydsam awkward; ömtålig ticklish, delicate, tricky; **det är inte så ~t [med det]** it's not all that important
kiosk *s* kiosk; telefon~ äv. callbox, telephone booth; tidnings~ newsstand; större bookstall; godis~ sweetstall; amer. candy stall
kiosklitteratur *s* neds. pulp literature
1 kippa *vb itr,* **~ efter andan** gasp for breath (air)

2 kippa *vb itr* om sko flop about
kippskodd *adj, gå ~* utan strumpor walk about in one's shoes without any stockings (resp. socks) on
kirgis *s* Kirghiz (pl. lika)
Kirgisien Kirghizia
kirgisisk *adj* Kirghiz
kiropraktik *s* chiropractic
kiropraktiker *s* o. **kiropraktor** *s* chiropractor
kirurg *s* surgeon
kirurgi *s* surgery
kirurgisk *adj* surgical; *~t ingrepp* [surgical] operation, surgery
1 kis *s* miner. pyrites (pl. lika)
2 kis *s* vard., pojke lad; karl chap, guy, fellow
kisa *vb itr* närsynt peer [*mot* at]; *~ med ögonen mot...* look at...with screwed-up eyes; *~ mot* solen screw up one's eyes in
kisel *s* kem. silicon
kiselsten *s* pebble [stone]; koll. pebbles pl.
1 kiss *interj*, *~*, *~!* puss, puss!
2 kiss *s* vard. wee-wee; mera vulg. piddle, pee
kissa *vb itr* vard. wee-wee, do a wee-wee; mera vulg. piddle, pee; *~ på sig* wet oneself (one's pants); av skratt wet oneself (one's pants) laughing
kisse *s* o. **kissekatt** *s* vard. pussycat
kissnödig *adj* vard. *jag är ~* I've got to (I must) do a wee-wee
kista *s* **1** förvaringsmöbel chest; sjö. äv. locker; penning~ coffer; lik~ coffin; amer. äv. casket **2** vard., mage belly, tummy, breadbasket
kistbotten *s, ha något (pengar) på ~* have a little nest egg, have something put by for a rainy day
kitsch *s* kitsch ty.
kitslig *adj* **1** lättretad touchy; småaktig petty, cavillling **2** om fråga: svår, besvärlig difficult
kitt *s* allm. cement; fönster~ putty
kitta *vb tr* cement; med fönsterkitt putty
kittel *s* **1** stewpan; större cauldron äv. bildl.; grytliknande pot; te~, fisk~ kettle **2** geol., se *kitteldal*
kitteldal *s* geol. basin, cirque
kittla I *vb tr* tickle; isht bildl. äv. titillate **II** *vb itr, det ~r i näsan på mig* my nose tickles
kittlare *s* anat. clitoris; sl. clit
kittlas *vb itr dep, ~ inte!* don't tickle!
kittlig *adj* ticklish
kittling *s* kittlande tickling; kittlande känsla, klåda tickling feeling, tickle
kiv *s* quarrel; ~ande quarrelling, squabbling; i ord äv. wrangling [*om* i samtl. fall about, as to]
kivas *vb itr dep* gräla quarrel, squabble; munhuggas wrangle [*om* about, as to]; tvista contend [*om* for]
kivi *s* zool. kiwi
kiwi *s* o. **kiwifrukt** *s* kiwi fruit
kjol *s* skirt; under~ petticoat; *hänga i ~arna på ngn* bildl. be tied to a p.'s apron strings
kjollinning *s* waistband

kjollängd *s* skirt length
kjortel *s* åld. kirtle; jfr *kjol*
1 klabb *s* trä~ chunk of wood
2 klabb *s* vard. *hela ~et* the whole lot
klabba *vb itr* **1** om snö stick **2** se *kladda*
klabbig *adj* sticky
klabbsnö *s* [wet and] sticky snow
klack *s* på skodon heel; *slå ~arna i taket* bildl. kick up one's heels; *slå ihop ~arna* click one's heels
klacka *vb tr* heel; *~ om* re-heel
klackbar *s* heel bar
klackjärn *s* heel iron
klackning *s* heeling
klackring *s* signet ring
klackspark *s* fotb. backheel; *ta ngt (det hela) med en ~* vard. not take a th. (things) too seriously
1 kladd *s* rough copy [*till* of]; koncept [rough] draft [*till* for, of]
2 kladd *s* kludd daub; klotter scribble
kladda *vb itr* o. *vb tr* kludda, måla daub; klottra scribble; *vem har ~t på bordet (tapeten)?* who has made a [sticky] mess (made dirty marks)...?; *~ med* lera o.d. mess about with; *~ ner* soil; med bläck smudge [...all over]; *~ ner sig* make oneself all messy, make a mess all over oneself; *~ på ngn* vard., tafsa på ngn paw (grope) a p.
kladdblock *s* scratch pad
kladdig *adj* klibbig sticky; nedkladdad smeary; *~t skriven* scribbly; degig doughy, pasty; *jag är ~ om händerna* my hands are sticky
kladdpapper *s* scrap (rough) paper
klaff *s* **1** flap; på bord äv. [drop] leaf (pl. leaves); på sekretär fall-front; på blåsinstrument key; ventil på t.ex. trumpet valve; anat. valve; ventil~ äv. clack; bro~ leaf, bascule **2** *håll ~en!* vard. shut your trap!, stop your gob!
klaffa *vb itr* stämma tally; fungera bra work out [well]
klaffbord *s* folding (drop-leaf) table
klaffbro *s* bascule bridge
klaffel *s* med. valvular disorder
klaffsits *s* folding seat; på teater o.d. tip-up seat
klafsa *vb itr* squelch
klaga *vb tr* o. *vb itr* **1** beklaga sig complain [*över* about (of); *för (hos)* to]; make complaints; knota grumble [*över* at (over, about)]; högljutt lament; t.ex. sin nöd lament over, bewail; ingen kan *~ på honom (maten)* ...find fault with him (the food); maten *var inte att ~ på* ...left no room for complaint **2** inkomma med klagomål lodge a complaint
klagan *s* klagomål complaint [*över* about]; veklagan lament, lamentation; knot grumbling; högljudd wailing
klagande I *adj* complaining osv., jfr *klaga 1*; om röst, ton äv. plaintive; sorgsen mournful **II** *s* jur. complainant, lodger of a (resp. the) complaint

klagomur *s*, *Klagomuren* the Wailing Wall; *~en* bildl. äv. the department for complaints
klagomål *s* complaint [*över, på* about], grievance
klagorop *s* o. **klagoskri** *s* lamentation[s pl.]
klagoskrift *s* written complaint
klagotid *s* jur. period within which an appeal may be lodged
klagovisa *s* lament; *Klagovisorna* i Bibeln Lamentations sg.
klammer *s* **1** hakparentes square bracket; sammanfattningstecken brace; *sätta...inom ~* put...in square brackets **2** häft~ staple
klammeri *s*, *råka i ~ med ngn (rättvisan)* fall foul of a p. (the law)
1 klamp *s* träklabb chunk of wood
2 klamp *s* klampande tramping; klampande ljud tramp
klampa *vb itr* gå tungt tramp; *~ iväg* stamp off; *~ omkring* clump (stamp) about
1 klamra *vb rfl, ~ sig fast vid* eg. cling [tight on] to, hang on to; bildl. cling firmly to; jfr *fastklamrad*
2 klamra *vb tr* med häftklammer staple; bokb. stitch
klamydia *s* med. chlamydia
klan *s* clan
klander *s* **1** blame; stark. censure; kritik criticism, jfr *klandra* **2** jur. *anföra ~ mot* protest (lodge el. enter a protest) against; testamente äv. dispute
klanderfri se *oklanderlig*
klandervärd *adj* blameworthy, reprehensible, censurable
klandra *vb tr* tadla blame, censure, find fault with; kritisera criticize
klang *s* ring (end. sg.); stark. clang; ljud sound; av glas clink; av mynt äv. chink; av klockor ringing; av samstämda kyrkklockor peal; ton[fall] äv. tone; *ordet har [en] otrevlig ~* bildl. ...an unpleasant ring
klangfull *adj* sonorous
klangfärg *s* timbre, [tone] quality
klanglös *adj* flat, dull, toneless
klanka *vb itr* grouse, grumble, carp [*på* about, at]
klanta *vb rfl, ~ sig* vard. make a mess of things, muck things up; trampa i klaveret put one's foot in it
klantig *adj* vard., klumpig clumsy, heavy-handed; dum stupid
klantskalle *s* vard. clot, blockhead, clumsy fool
klapp *s* **1** smeksam pat; lätt slag tap; *en ~ på axeln* a pat on the back **2** vard., se *julklapp*
klappa *vb tr* o. *vb itr* ge en klapp pat; t.ex. på axeln äv. tap; stark. clap; smeka stroke, caress; knacka knock; om hjärta beat; häftigt palpitate; hårdare throb; *~ [i] händerna* clap one's hands, applaud; *~ händerna åt ngn* clap a p.; *med ~nde hjärta* with a beating heart; *saken är ~d och klar* ...is (has been) fixed up, ...is (has been) signed, sealed, and delivered; *~ igen* vard., upphöra fold up; *~ igenom (ihop)* vard., kollapsa go (fall) to pieces, crack up, break down; *~ om ngn* hug a p., give a p. a big hug; *~ till* a) slå smack b) jorden pat [down]
klapper *s* klapprande clattering osv., jfr *klappra;* clatter
klappersten *s* geol. rubble; koll. rubble stones pl.
klappjakt *s* eg. battue fr.; bildl. witch-hunt [*på* for]; *anställa ~ på (efter)* start (raise) a hue and cry after; hound
klappra *vb itr* clatter; om hästhovar clip-clop; om tänder chatter; *han ~de med tänderna* his teeth chattered
klappstol *s* folding chair
klar *adj* **1** ljus, tydlig o.d. clear; om väder äv. el. om t.ex. färg, solsken bright; *~ himmel* fair (clear) sky; *~ hy* clear skin (complexion); *~ sikt* clear sight; *~ soppa* clear soup; *~t vatten* clear (högtidl. äv. limpid) water; *~t väder* clear weather; *~t till halvklart* meteor. visibility good to moderate
2 begriplig, redig etc. clear; om framställning, stil äv. lucid, limpid; tydlig, om t.ex. [telegram]språk, skyldighet, svar plain; märkbar distinct; uppenbar äv. obvious, self-evident; stark. manifest; begriplig intelligible; åskådlig perspicuous; tydlig pronounced; om t.ex motståndare avowed, declared, open; avgjord, om t.ex. favorit odds-on, decided; om t.ex. seger clear, definite; *~t besked* exact information, a straight answer; ha (med) *~ blick* a) sinne ...an open eye [*för* for] b) uppfattning ...a clear grasp [*för* of]; *ett ~t intellekt* äv. a lucid mind; *ha ~a papper* have one's papers (documents) in order; bildl. be all right (reliable, spotless); *bli ~ i huvudet* äv. come to one's right senses; *det blev (stod) ~t för mig att...* it became (was) clear (obvious) to me...; *få ~t för sig hur...* realize how...; *ha ~t för sig vad...* be clear about (as to)..., have a clear idea of...; *det är ~t* äv. that's evident (obvious); givetvis naturally, of course; *saken är ~!* that settles it!; *så ~t!* of course!; *komma (vara) på det ~a med* ngt realize...
3 färdig ready [*för, till* for]; uppgjord arranged, settled up; vard. fixed up; gjord done; *~t slut!* over and out!; *~a, färdiga, gå!* ready, steady, go!; vid idrottstävlingar on your marks, get set, go!; utnämningen *blir ~ nästa vecka* ...will be made next week; *göra...~* sjö., se *klargöra 2; det är ~t* fixat *nu* it's OK now; *är du ~ [med arbetet]?* have you finished [your work]?; vard. are you through [with your work]?
4 sjö. *gå ~ för* go clear of...
klara 1 *vb tr* **1** eg.: göra klar clarify; strupen clear;

bryggeri. fine **2** sjö., ankaret, en udde clear **3** komma över (förbi), om t.ex. häst, fordon clear, negotiate **4** bildl. (jfr äv. ~ *av*): a) ~ (reda) upp settle; ordna äv. arrange; lösa, t.ex. problem solve, do; få...gjord get...done; gå i land med manage; lyckas med, t.ex. en svår uppgift cope with, tackle...successfully; stöka undan do b) tåla: om pers. be able to stand; om sak be able to stand up to c) betala settle, square d) rädda ~...*ur en knipa* help...out of straits; *det ska jag nog* ~*!* I'll take care of that (fix it)!; ~ *sin examen* pass (get through) one's exam; ~ *krisen* get through the crisis; friare pull through; ~ *en sjukdom (svår situation)* pull through; ~ *tankarna* clarify one's thoughts; ~ *av* ordna clear off; skuld, räkning äv. settle [up]; bli kvitt get rid of; ~ *upp* clear up, se vid. *4 a* ovan; ~ *ut* se reda *[ut]* **II** *vb rfl,* ~ *sig* reda sig, t.ex. bra manage, get on (by), do; isht amer. make out; t.ex. utan hjälp (missöde) get along; bli godkänd i examen pass; rädda sig get off, escape; vid sjukdom pull through; *han* ~*r sig alltid* i alla lägen he always falls on his feet; *han* ~*r sig nog!* äv. he'll do all right!, he'll pull it off!; ~ *sig bra i skolan* do well at school; ~ *sig dåligt* come off (do) badly, give a poor account of oneself; ~ *sig själv* help oneself; ekonomiskt fend for oneself; ~ *sig från* förkylning avoid...; *jag kan inte* ~ *mig på* den här lönen I cannot manage (make both ends meet) on...; ~ *sig utan* ngt do without..., dispense with...; ~ *sig undan* get off, escape
klarblå *adj* bright blue
klarbär *s* sour cherry, amarelle
klarera *vb tr* **1** ordna arrange; vard. fix up **2** sjö. clear; ~ *in (ut)* clear...inwards (outwards)
klarerare *s* sjö. shipping agent
klarering *s* sjö. clearance
klargöra *vb tr* **1** förklara o.d. make...clear; utreda elucidate, explain; påvisa demonstrate [*för ngn* i samtl. fall to a p.]; ~ *för ngn (sig själv) att (hur)*... make it clear to a p. (to oneself) that (how)... **2** sjö. clear, get...ready; t.ex. mina, livbåt prepare
klarhet *s* (jfr *klar 1*) clearness osv.; isht bildl. clarity; transparency; limpidity; lucidity; upplysning enlightenment [*i, om* on, as to]; *bringa* ~ *i ngt* throw (shed) light on a th.; *få (skaffa sig, komma till)* ~ *i* ngt get a clear idea (picture) of...; *gå från* ~ *till* ~ go from strength to strength
klarinett *s* clarinet
klarinettist *s* clarinettist, clarinet-player
klarlägga se *klargöra 1*
klarläggande *s* elucidation, explanation, demonstration; jfr *klargöra 1*
klarmedel *s* clarifier, fining
klarna *vb itr* **1** bli ljus[are]: om himlen clear, become clear[er]; om vädret clear up; ljusna brighten up äv. bildl.; bli klarare, om läge o.d

become clearer [*för* to]; *det börjar* ~ *för mig* it is beginning to dawn [up]on me **2** om vätska clarify; om kaffe äv. settle
klarsignal *s* järnv. go-ahead (line clear) signal; sjö. el. flyg. clearance signal, all clear; *få (ge ngn)* ~ bildl. get (give a p.) the green light (the go-ahead, the OK)
klarspråk *s, tala* ~ make things plain, not mince matters
klarsynt *adj* clear-sighted; skarpsynt perspicacious
klarsynthet *s* clear-sightedness, [clarity of] vision; skarpsynthet perspicacity
klart *adv* clearly osv., jfr *klar;* avgjort, utpräglat decidedly, definitely; t.ex. fientlig openly; *uttrycka sig* ~ express oneself clearly; *har jag uttryckt mig* ~ *nog?* have I made myself clear?
klartecken *s, få (ge ngn)* ~ bildl. get (give a p.) the green light (the go-ahead, the OK)
klartext *s, i* ~ en clair fr.; friare in plain language (Swedish, English etc.)
klartänkt *adj* clear-thinking, clear-headed
klarvaken *adj* wide awake
klarögd *adj* eg. bright-eyed, clear-eyed
klase *s* cluster isht fastsittande; isht lös bunch [båda med of framför följ. best.]; bot. raceme
klass *s* allm. class; skolklass class, form; årskurs form, amer. i båda bet. grade; ~rum classroom; rang grade, order; *första* ~ *sovvagn* first class sleeping-car; *ett första* ~*ens hotell* a first-class (utmärkt first-rate) hotel; *andra* ~*ens* sekunda second-rate; *åka [i] andra* ~ travel (go) second (på båt äv. cabin) class; *hon går i min* ~ she's in my class (form); *han* (resp. *det*) *står i en* ~ *för sig* he (resp. it) is in a class by himself (resp. itself); *vara i* ~ *med* be in the same class as, be up to
klassa *vb tr* class; ~ *ned* t.ex. en prestation belittle
klassamhälle *s* class society
klassanda *s* class spirit
klassbok *s* class register
klassfest *s, vi skall ha* ~ our class is going to have a party
klassföreståndare *s* form master; kvinnl. form mistress; amer. homeroom teacher
klassicism *s,* ~*[en]* classicism
klassificera *vb tr* classify
klassificering *s* o. **klassifikation** *s* classification, classifying; sätt att klassificera way of classifying
klassiker *s* classic; forskare classical scholar
klassisk *adj* classical; friare, tidlös classic; om exempel, skrift äv. standard; ~ *mark* classic ground; ~ *musik* classical music; ~*a språk* classical languages
klasskamp *s* class struggle
klasskamrat *s* classmate
klasskillnad *s* class distinction

klasskonferens *s* skol. class assessment meeting
klasslärare *s* class teacher
klassmamma *s* skol. mother who is the representative of the (resp. a) class
klassmedveten *adj* class-conscious
klasspappa *s* skol. father who is the representative of the (resp. a) class
klassrum *s* classroom
klassuppsättning *s* skol., av bok special set for (in) a class
klassutjämning *s* levelling out of class distinctions, removal of class barriers
klassvis *adv* by classes; en klass i sänder a (one) class at a time; ordnad[e] ~ ...in classes
klatsch I *interj* crack! II *s* pisksmäll lash; ljudlig crack; dask slap
klatscha *vb tr* o. *vb itr* om piska crack; ~ *med piskan* crack one's (the) whip; ~ *[till] ngn* slap a p.
klatschig *adj* effektfull, iögonfallande striking; flott smart; snärtig, om svar witty; schvungfull dashing; djärv bold
klaustrofobi *s* psykol. claustrophobia
klausul *s* clause, proviso
klav *s* **1** mus. clef **2** till chifferskrift key
klave *s* **1** se *krona [och klave]* **2** mätinstrument calliper
klaver *s* **1** ngt åld., piano piano (pl. -s) **2** *trampa i ~et* put one's foot in it, drop a brick, make a faux pas
klavertramp *s* vard. clanger, faux pas (pl. lika) fr.
klaverutdrag *s* piano arrangement (score)
klaviatur *s* mus. keyboard
klema *vb itr*, ~ *med* pamper, coddle; ~ *bort* spoil [...by indulgence]
klematis *s* bot. clematis
klemig *adj* veklig pampered, coddled, effeminate, soft
klen *adj* **1** sjuklig o.d.: feeble; ömtålig delicate; bräcklig frail [*till hälsan* in health]; isht om barn äv. weakly; svag weak; för tillfället poorly pred.; *vara* ~ äv. be sickly, be of weak (delicate) health **2** underhaltig, skral poor; svag feeble, mager meagre, slender; *med ~t resultat* with poor results; *en ~ ursäkt* a poor (flimsy) excuse
klenhet *s* sjuklighet o.d. feeble (osv., jfr *klen 1*) state of health, delicacy, frailty; *allmän* ~ svaghet general debility
klenmodig *adj* faint-hearted, pusillanimous
klenod *s* dyrgrip priceless article; gem, treasure äv. bildl. om sak o. pers.; bildl. om pers. äv. jewel; familje~, släkt~ heirloom
klentrogen *adj* incredulous, sceptical; svag i tron ...of little faith end. attr.
klentrogenhet *s* incredulity, scepticism; want (lack) of faith; jfr *klentrogen*
klenät *s* kok., ung. cruller
kleptoman *s* kleptomaniac
kleptomani *s* kleptomania
klerikal *adj* clerical
kleta I *vb itr* mess about, make a mess, daub II *vb tr* färg o.d. daub; ~ *ner* soil, mess up
kletig *adj* gooey, mucky, sticky
kli *s* bran
klia I *vb itr* itch; *det ~r i fingret (örat) på mig* my finger (ear) itches; *det ~r i fingrarna på mig att* inf. (bildl.) my fingers are (I am) itching to inf. II *vb tr* scratch III *vb rfl*, ~ *sig* scratch oneself; ~ *sig i huvudet* scratch one's head
klibba *vb itr* vara klibbig be sticky (adhesive); fastna stick, cling [*på, vid* to]; ~ *ihop [sig]* stick [together]
klibbal *s* bot. [common] alder
klibbig *adj* allm. sticky [*av* with]; som fastnar adhesive; om vätska gluey, tacky; naturv. glutinous, viscous
kliché *s* **1** typogr. [printing] block (isht amer. plate), cut **2** sliten fras cliché fr.; stereotyped (hackneyed) phrase
1 klick *s* klump lump; mindre, av smör knob, pat; av grädde vanl. dollop; av färg daub, smear, dab [alla med av framför följ. best.]
2 klick *s* kotteri clique, coterie, set; polit. faction
1 klicka *vb itr* **1** knäppa click **2** om skjutvapen, motor misfire; om skott fail to go off; 'strejka' go wrong, break down; om t.ex. minnet, omdömet be at fault; misslyckas fail
2 klicka *vb tr* fördela i klickar ~ *degen på* plåten drop the dough on to...
klient *s* client
klientel *s* clientele, clients pl., set of clients
klimakterium *s* med. climacteric, menopause
klimat *s* climate äv. bildl.; poet. clime
klimatförhållanden *s pl* climatic conditions, climate sg.
klimatförändring *s* change of climate äv. bildl.; climatic change
klimatisk *adj* climatic
klimax *s* climax
klimp *s* lump; av t.ex. levrat blod clot [båda med of framför följ. best.]; guldklimp nugget, kok., ung. dumpling; koll. dumplings pl.
klimpa *vb rfl*, ~ *sig* get lumpy
klimpig *adj* lumpy
1 klinga *s* blade; svärd, värja sword
2 klinga *vb itr* ring; ljuda, låta sound; genljuda resound; om mynt jingle, chink; om glas tinkle, chink; vid skålande clink; hans ord *~de äkta* ...rang true, ...had a genuine ring; ~ *i glaset* för att hålla tal o.d. tap one's glass; ~ *av* om t.ex. epidemi abate, subside, be on the wane; ~ *ut* förklinga die away
klingande I *s* ringing osv., jfr *2 klinga* II *adj* ringing; ~ *mynt* hard cash; *ett ~ skratt* a ringing laugh; *på ~ ren svenska* in pure Swedish

klinik *s* clinic; vid större sjukhus clinical department; privat sjukhem nursing home
klinisk *adj* clinical
klink *s* pianoklink strumming (tinkling) on the piano
1 klinka *s* dörrklinka latch
2 klinka *vb tr* o. *vb itr,* ~ *[på] piano* strum (tinkle) on the piano
klint *s* kulle hill; bergstopp peak; bergbrant perpendicular hillside; vid kust cliff
klipp *s* **1** med sax snip; hack, filmklipp cut; i biljett clip, punch; tidningsklipp [press] cutting; amer. clipping **2** ekon. *göra ett* ~ vard. make a good bargain; i större sammanhang bring off a big deal, make a killing
1 klippa I *vb tr* cut; naglar äv. pare; gräs mow; vingar clip; får shear; biljett clip, punch; putsa, t.ex. skägg, häck trim; figurer o.d. cut out; film cut; redigera edit; *[låta]* ~ *håret* få håret klippt have one's hair cut; *som klippt och skuren till* det arbetet *(till att* inf.*)* just cut out for...(for + ing-form); *nu är det klippt!* vard. that's torn (done) it!
II *vb itr,* ~ *med öronen* twitch one's ears
III *vb rfl, [låta]* ~ *sig* få håret klippt have one's hair cut
IV med beton. part.
~ *av* cut (hastigt snip) off; itu cut...in two; avbryta, t.ex. sina förbindelser sever; t.ex. samtal cut...short, put a stop to
~ *bort* cut
~ *itu* ngt off (away), cut...in two (half)
~ *ned* t.ex. en häck trim down
~ *till:* ~ *till* mönster o.d. cut out; ~ *till ngn* land (give, dot) a p. one
~ *upp* cut open, slit
~ *ur* (**ut**) ngt cut (clip)...out [*ur en tidning* of a newspaper]
2 klippa *s* berg rock äv. bildl.; skarpkantig o. brant havsklippa cliff
klippblock *s* rock, boulder
klippdocka *s* paper doll
klippig *adj* rocky; om berg craggy; om kust iron-bound; *Klippiga bergen* the Rocky Mountains, the Rockies
klippkort *s* biljett punch ticket
klippning *s* klippande cutting osv., jfr *1 klippa;* av håret hair-cutting; frisyr haircut
klipprev *s* reef of rocks
klipsk *adj* snabbtänkt quick-witted, ready-witted; förslagen crafty; se vid. *knipslug*
klirra *vb itr* jingle; om mynt äv. chink; om glas clink, chink; om metall ring [*mot* on]; om fönster rattle; om sporrar clink
klister *s* paste; fackspr. adhesive, cement; *sitta i klistret* be in a mess (a fix, the soup)
klistermärke *s* sticker, sticky label
klisterremsa *s* adhesive (gummerad gummed) tape

klistra I *vb tr* paste; fackspr. cement; mera allm. stick
II med beton. part.
~ *fast ngt [på* to*]* paste (stick) a th. on [to...], jfr *fastklistrad*
~ *igen* stick down
~ *in* ngt paste (stick) a th. in
~ *upp:* ~ *upp* t.ex. en affisch paste (stick) up
klistrig *adj* sticky, gluey
klitoris *s* anat. clitoris
klitter *s pl* dunes, sand-hills
kliv *s* stride; *ta ett stort* ~ take a long stride
kliva I *vb itr* med långa steg stride; gravitetiskt stalk; stiga step; klättra climb; trampa tread; ~ *över* tröskeln cross..., step across...
II med beton. part. (jfr äv. *stiga II*)
~ *i* bil climb into; båt step into
~ *på* se äv. *stiga [på];* han bara *klev på* a) gick vidare ...went striding (osv., jfr *I ovan*) ahead b) steg in [utan att knacka] ...walked (marched) [straight] in
~ *över* dike o.d. stride (osv., jfr *I ovan*) across...; gärdsgård climb (get) over...
klo *s* claw; rovfågels äv. talon; kräftklo äv. pincers pl.; på gaffel, grep o.d. prong; *råka i* ~*rna på ngn* get into the clutches of a p.; *visa* ~*rna* bare one's claws; bildl. show one's teeth
kloak *s* sewer; zool. cloac|a (pl. -ae) lat.
kloakbrunn *s* cesspool
kloakdjur *s* zool. monotreme
kloakledning *s* [main] sewer
kloakråtta *s* zool. sewer rat
kloakrör *s* sewer, sewage pipe
kloaksystem *s* sewage system
kloaktrumma *s* sewer
kloakvatten *s* sewage
klocka I *s* **1** att ringa med el. bot. bell; *ringa på* ~*n* ring (elektrisk ~ press) the bell **2** ur: fickur, armbandsur watch; väggur o.d. clock; *hur mycket (vad) är* ~*n?* what's the time?, what time is it?; ~*n är ett (halv ett)* it is one [o'clock] (half past twelve, twelve thirty, vard. half twelve, amer. äv. half after twelve); ~*n är fem minuter i ett* it is five [minutes] to (amer. äv. of) one; ~*n är fem minuter över ett* it is five [minutes] past (amer. äv. after) one; *min* ~ *är ett* it is one [o'clock] by my watch; ~*n (börjar bli) mycket* it is (is getting) late; ~*n tre (halv tre)* adv. at three [o'clock] (at half past two, two thirty, vard. half two, amer. äv. half after two)
II *vb tr* **1** ~*d kjol* bell-shaped skirt **2** sport. *han* ~*des för 10,8* he [was] clocked 10.8
klockare *s* ung. parish clerk and organist; kyrkomusiker precentor
klockarkärlek *s* weakness [*för* for]; *ha en* ~ *för* (*till*) *ngt* äv. have a penchant for a th.
klockarmband *s* av läder watchstrap; amer. watchband; av metall watch bracelet
klockboj *s* sjö. bell buoy

klockformig *adj* bell-shaped
klockkedja *s* watchchain
klockkjol *s* bell[-shaped] skirt
klockljung *s* bot. bell heather
klockradio *s* clock radio
klockren *adj* ...[as] clear as a bell
klockringning *s* syssla bell-ringing; ljud [the] ringing of bells (resp. a bell)
klockslag *s*, *på ~et* on the stroke [of the clock]
klockspel *s* **1** klockor chime [of bells]; ljud chimes pl.; klockor el. ljud carillon **2** instrument glockenspiel ty.
klockstapel *s* [detached] bell tower, belfry
klocksträng *s* bell cord, bell pull
klockstycke *s* på blåsinstrument bell
klok *adj* förståndig wise; omdömesgill judicious; förnuftig sensible; förtänksam, försiktig prudent, politic; intelligent intelligent; om djur äv. sagacious; skarp, klipsk shrewd; nykter, praktisk hard-headed; välbetänkt well-advised; tillrådlig advisable; vid sina sinnens fulla bruk sane, ...in one's senses; *~a råd* vanl. sensible advice sg.; *vara ~ nog att* inf. be sensible enough (have sense enough, have the good sense) to inf.; *det är inte ~t* vard. it's crazy; *jag blir inte ~ på honom (det)* I can't make him (it) out, I can't make head or tail of him (it); han är *inte riktigt ~* vard. ...not all there, ...not quite right in the head, ...dotty, ...nuts
klokhet *s* (jfr *klok*) wisdom; judiciousness; sense; prudence; intelligence, sagacity; shrewdness
klona *vb tr* biol. clone
klonering *s* o. **kloning** *s* biol. cloning
klor *s* kem. chlorine
klorera *vb tr* kem. chlorinate
klorid *s* kem. chloride
klorkalk *s* kem. chloride of lime
kloroform *s* kem. chloroform
kloroformera *vb tr* kem. chloroform
klorofyll *s* chlorophyll
klosett *s* åld. toilet, lavatory, water closet
kloss *s* träklump block, jfr *byggkloss*
kloster *s* monastery; nunnekloster convent, nunnery; *gå i ~* enter a monastery osv.
klostercell *s* monastery (i nunnekloster convent) cell
klosterkyrka *s* abbey, monastery church
klosterlöfte *s*, *avlägga ~[t]* take the vow[s pl.]
klosterruin *s* ruined abbey (monastery)
1 klot *s* kula ball äv. om jorden; i bowling äv. bowl; glob globe; vetensk. sphere; astron. orb; jfr *jordklot*
2 klot *s* tyg sateen; bokb. cloth
klotband *s* cloth binding; *i ~* in cloth, clothbound
klotblixt *s* meteor. flash of ball lightning
klotrund *adj* ball-shaped; globular; spherical; om pers. rotund, vard. tubby

klots se *kloss*
klotter *s* scrawl, scribble, doodle; klottrande scrawling, scribbling, doodling; offentligt graffiti pl.
klotterplank *s* 'graffiti board'
klottra *vb tr* o. *vb itr* scrawl; meningslöst som ett barn scribble; tankspritt rita figurer doodle; *~ ned* a) skriva ned scrawl, jot down b) fullklottra scrawl (scribble) all over
klottrig *adj* om stil scrawling
klubb *s* club
klubba I *s* club; mindre mallet; auktionsklubba hammer; ordförandeklubba gavel, hammer; slickepinne lolly, lollipop; jfr *bandyklubba* o. andra sms.; *föra ~n* act as chairman; *gå under ~n* go (come) under the hammer **II** *vb tr* **1** slå ihjäl club **2** bestämma fix **3** *~ [igenom]* driva igenom, t.ex. förslag push through; *~ ned* a) talare call...to order b) förslag turn down **4** vid auktion *~s för* 1000 kr be knocked down for...
klubbjacka *s* blazer
klubbmärke *s* club badge
klubbmästare *s* **1** anordnare av fester, ung. master of ceremonies **2** sport. club champion
klubbslag *s* vid sammanträde fall of the [chairman's] gavel; vid auktion blow (rap) of the hammer
klucka *vb itr* **1** om höns o.d. cluck; om kalkon äv. gobble; *ett ~nde skratt* a chuckle **2** om vätska gurgle; om vågor lap
kludd *s* dålig målning daub
kludda *vb tr* o. *vb itr*, *~ [i]* daub; *~ ner* smudge
kluddig *adj* om målning dauby; fläckig blotchy, smudgy
klump *s* **1** lump äv. i halsen; av något fuktigt äv. blob; jordklump clod; klunga clump **2** *i ~* a) alla tillsammans in a lump; hand. by the bulk, wholesale b) utan åtskillnad indiscriminately
klumpa *vb rfl*, *~ sig* **1** bilda klumpar form lumps (clods) **2** uppträda klumpigt be tactless; trampa i klaveret put one's foot in it
klumpeduns *s* clumsy lout, clodhopper; klåpare bungler
klumpfot *s* club foot
klumpig *adj* clumsy; åbäkig äv. unwieldy, lumbering; otymplig äv. ungainly; tung äv. heavy; tafatt äv. awkward, heavy-handed; taktlös tactless; tölpig äv. churlish
klumpsumma *s* lump sum
klunga I *s* grupp group; av träd äv. clump; skock bunch, knot; svärm, klase m.m. cluster [alla med of framför följ. best.] **II** *vb rfl*, *~ sig* bunch (cluster) together, throng
klunk *s* gulp, draught; mindre drop [alla med of framför följ. best.]; *en ~ kaffe* a drink (liten sip) of coffee; *ta sig en ~ av ölet* take a swig (a pull) at the beer
klunka *vb tr*, *~ i sig* gulp...down, quaff

kluns *s* vard. **1** klump lump **2** klumpeduns clodhopper
klurig *adj* vard.: om pers. artful, sly, smart; fiffig, om t.ex. problemlösning ingenious, clever
klusil *s* fonet. stop, plosive
klut *s* huvudklut kerchief; trasa rag; lapp patch; segel sail; *sätta till alla ~ar* vard. pull out all the stops, sock it to 'em
kluven *adj* split osv., jfr *klyva;* om personlighet split, dual, dissociated; bot. el. anat. cleft; *~ stjärt (tunga)* forked tail (tongue)
klyfta *s* **1** bergsklyfta cleft; ravin ravine; bred o. djup chasm; mellan branta klippor gorge; smal crevice **2** bildl. cleavage, breach, rift; svalg gap äv. om generations~; gulf **3** apelsinklyfta segment; i dagligt tal piece; äggklyfta, äppelklyfta o.d. [wedge-shaped] slice; vitlöksklyfta clove
klyftig *adj* bright, clever, smart, shrewd
klyka *s* gren~ fork, crotch, crutch; år~ rowlock, amer. oarlock; telefon~ cradle
klyscha *s* fras hackneyed phrase (expression), cliché fr.
klyva I *vb tr* allm. split, cleave; skära itu cut...in two (half); dela divide up; *~ atomer* split atoms **II** *vb rfl, ~ sig* split
klyvare *s* sjö. jib
klyvas *vb itr dep* split up [*i* into]
klyvbar *adj* cleavable; om atomkärna fissionable; isht amer. fissile
klyvning *s* splitting osv., jfr *klyva;* av atomkärna äv. fission
klå *vb tr* vard. **1** ge stryk thrash, beat, lick samtl. äv. besegra; *~ upp [ordentligt]* give...a [good (sound)] thrashing (beating), beat...good and proper **2** lura *~ ngn på pengar* cheat (swindle, vard. do, diddle) a p. out of some money
kläda *s* itch; kliande itching; retning irritation
klåfingrig *adj, vara ~* be unable to let things alone, be always at things
klåfingrighet *s* inability to let things alone
klåpare *s* bungler, botcher [*i* at]
klä I *vb tr* **1** iföra kläder dress; förse med kläder clothe; pryda attire, array **2** bekläda: invändigt line; utvändigt face; t.ex. med blommor deck; förse med överdrag cover, jfr *~ över; ~ julgranen* decorate (dress) the Christmas tree; *~* en vägg *med bräder (tapeter)* board (paper)... **3** passa suit; become äv. anstå; *rött ~r henne* el. *hon klär i rött* red suits her, she looks good in red **4** *få ~ skott för ngt* be made the scapegoat for a th.
II *vb rfl, ~ sig* dress, dress oneself, jfr *~ på sig;* om naturen o.d. clothe oneself; *~ sig fin* dress (get oneself) up; *~ sig varmt* put on warm clothing; bära wrap up well; *~ sig fin* dress (get oneself) up; *~ sig i* frack put on (bära wear)...
III med beton. part.
~ av: ~ av ngn undress a p.; *~ av sig*

undress, take off one's clothes; *~ av sig naken* strip [naked]; vard. peel off
~ in med t.ex. värmeisolerande material lag
~ om: ~ om möbler o.d. re-cover; *~ om [sig]* change; klä sig fin dress
~ på: ~ på ngn put a p.'s clothes on for him (resp. her), help a p. on with his (resp. her) clothes; *~ på* barn, docka dress...; *~ på ngn* skjortan put a p.'s...on [for him resp. her]; *~ på sig* get dressed, dress, put on one's clothes; *~ på er ordentligt!* put plenty [of clothes] on!
~ upp i fina kläder dress...up
~ ut ngn dress a p. up; *~ ut sig till* cowboy dress [oneself] up as a...
~ över möbler o.d. cover [*med* with]; upholster [*med* in, with]; tekn., linda om dress
1 kläcka *vb itr, det klack till i mig* I started, it gave me a start (jump)
2 kläcka *s* hatch; *~ fram* eg. incubate; *~ ur sig* come out with; kvickhet crack; *~s [ut]* hatch [out]
kläckning *s* hatching, incubation
kläda se *klä*
klädborste *s* clothes brush
klädd *adj* dressed osv., jfr *klä;* litt. clad; *hur ska jag vara ~?* what am I to (what shall I) wear?; *~ knapp* [cloth-]covered button; *vara ~ i blått* äv. wear blue
kläde *s* **1** tygsort cloth; kostymtyg broadcloth (båda end. sg.) **2** tygstycke, duk cloth
klädedräkt *s* costume; klädsel dress (end. sg.)
kläder *s pl* allm. clothes; vard. togs; klädsel clothing, dress (båda end. sg.); isht hand. wear (end. sg.); *jag skulle inte vilja vara i hans ~* I wouldn't [like to] be in his shoes (skin); *med ~na på* fully dressed
klädesborste *s* clothes brush
klädesplagg *s* article of clothing
klädförråd *s* stock of clothes
klädhängare *s* galge [clothes] hanger; krok [coat] peg; list el. hylla med krokar rack; ställning hatstand
klädkammare *s* clothes cupboard (amer. closet); skrubb boxroom
klädkorg *s* clothes basket
klädloge *s* teat. dressing-room, tiring-room
klädlus *s* body louse
klädnad *s* garment äv. bibl.; raiment (end. sg.)
klädnypa *s* clothes peg; amer. clothespin
klädsam *adj* becoming äv. bildl. [*för* to]
klädsel *s* **1** påklädning dressing **2** sätt att klä sig dress; högtidl. attire; kläder äv. clothes pl.; *ordna sin ~* adjust one's clothing; *vara noga med sin ~* be particular about one's dress, be a careful dresser **3** överdrag på möbler o.d. covering; i bil upholstery
klädskåp *s* wardrobe; låsbart skåp i omklädningsrum locker
klädsnobb *s* dandy, tailor's dummy
klädstreck *s* clothes line

klädsömnad

klädsömnad *s* dressmaking and tailoring
klädvård *s* care of the (one's) clothes
klädväg, *i* ~ as regards (in the way of) clothes
kläm *s* **1** eg. *få fingret i* ~ get one's finger caught; *komma i* ~ get jammed **2** kraft, energi force, vigour; fart o.d. go, dash **3** *jag har inte* ~ *på...* I can't get the hang of...
klämdag *s* working day between a holiday and a weekend (between two holidays)
klämma I *s* **1** för papper o.d. clip **2** knipa, trångmål straits pl., scrape; *råka (sitta) i* ~ get into (be in) a mess (fix, tight corner, jam)
 II *vb tr* o. *vb itr* squeeze; om skodon pinch, hurt; *veta var skon klämmer* bildl. know where the shoe pinches; *han klämde fingret i* dörren he got his finger caught in...; ~ *ngn på* en summa squeeze...out of a p.
 III med beton. part.
 ~ **fast** fästa fix, fasten; med [pappers]klämma clip...[securely together]
 ~ **fram:** ~ *fram med ngt* come out with a th.
 ~ **i med** melodi strike up; hurrarop give
 ~ **ihjäl** squeeze...to death
 ~ **in:** ~*in ngt* squeeze a th. in[to...]; ~ *sig in i* squeeze (squash) into
 ~ **sönder** crush (squeeze) [i bitar...to pieces]
 ~ **till a)** eg.: förena med t.ex. tång press...together; ~ *till* locket press in (ned down)... **b)** vard., klå sock (give)...one **c)** bildl., göra slag i saken go right ahead; *han klämde till med några svordomar* he came out with a few swear-words
 ~ **ur sig** bildl. come out with; vard. spit...out
 ~ **ut:** ~ *ut ngt ur...* squeeze a th. out of...
 ~ **åt** bildl. clamp (crack) down on; straffa punish
klämmig *adj* om musik spirited, lively; om pers. ...full of go (fun); modig plucky
klämta *vb itr* toll; ~ *i klockan* toll the bell
klämtning *s* klämtande tolling, toll
klänga I *vb itr* klättra climb äv. om växt; jfr *klättra* II *vb rfl,* ~ *sig* climb; om växt äv. creep; ~ *sig fast vid...* cling tight on to...
klänge *s* bot. tendril
klängranka *s* bildl. clinging vine
klängros *s* climbing rose, rambler [rose]
klängväxt *s* climber, climbing plant; clinging vine
klänning *s* dress; för eftermiddags- och kvällsbruk äv. gown
klänningstyg *s* dress material
kläpp *s* i ringklocka tongue, clapper; glas~ i ljuskrona drop
klärvoajans *s* clairvoyance, second sight
klärvoajant I *adj* clairvoyant II *s* clairvoyant
klätterros *s* climbing rose, rambler [rose]
klätterställning *s* för barn climbing frame, jungle gym

klättra *vb itr* climb; med möda clamber; kravla scramble; ~ *i träd* climb trees; ~ *ned* climb down [*från trädet* the tree]; ~ *upp (upp i trädet)* climb up (up the tree); ~ *upp på* ett tak climb [up] on to...; ~ *uppför* en stege, ett berg climb [up] (ascend, scale, mount)...
klösa *vb tr* scratch; ~ *ögonen ur ngn* scratch a p.'s eyes out
klöv *s* [cloven] hoof (pl. äv. hooves)
klövdjur *s* cloven-footed animal; vetensk. fissiped
klöver *s* **1** bot. el. lantbr. clover; bot. äv. trefoil **2** kortsp., koll. clubs pl.; *en* ~ a (resp. one) club, jfr *hjärter* med sms. **3** vard., koll. pengar dough, bread (båda sg.)
klöverblad *s* cloverleaf; arkit. trefoil; bildl. trio (pl. -s)
knacka *vb tr* o. *vb itr* knock; hårt rap; lätt tap, rat-tat; om motor knock, pink; på skrivmaskin tap-tap; ~ *hål på ett ägg* crack an egg; ~ *i bordet* rap [on] the table; *det ~r* there's a knock, there's somebody knocking; ~ 'på knock (osv., se ovan) [at the door]; ~ 'på hos *ngn* knock at a p.'s door; ~ *ur pipan* knock out one's pipe
knackigt *adv* vard. *ha det* ~ be badly off [financially]
knackning *s* knackande knocking osv., jfr *knacka; en* ~ *på dörren* a knock (resp. rap, tap) at the door
knaggla *vb rfl,* ~ *sig fram* struggle (plod) along
knagglig *adj* om väg o.d. rough, bumpy, uneven; om t.ex. vers rugged; ~ *engelska* broken English
knaggligt *adv, det går* ~ *för honom i skolan (i engelska)* he is pretty weak at school (in English)
knaka *vb itr* creak; stark. crack; *golvet ~r* the floor creaks; *det ~de i trappan* the stairs creaked; *växa så det ~r* grow like mad (blazes, anything)
knal *adj, det var ~t med mat* food was scarce; *ha det ~t* be hard up
knall *s* bang; gevärs, pistols äv. crack, report; vid explosion detonation; åsk~ crash, peal, clap; korks pop; *dö* ~ *och fall* segna ned fall down dead on the spot
1 knalla *vb itr* smälla bang, crack; om åska crash; explodera detonate; om kork pop
2 knalla *vb itr* (ibl. *vb rfl)* gå långsamt trot; ~ *vidare* äv. push on; *det ~r [och går]* I am (he is osv.) jogging along (managing) [pretty well]; ~ *i väg* trot off
knalle *s* liten höjd [bare] hillock
knallgas *s* oxyhydrogen gas
knallhatt *s* tändhatt percussion (detonating) cap
knallpulver *s* fulminating powder
knallpulverpistol *s* cap pistol
knallröd *adj* vivid (blazing, fiery) red

knap *s* sjö. cleat
knaperstekt *adj* ...fried crisp
knapert *adv*, **ha det** ~ be hard up
1 knapp *s* **1** allm. button; i strömbrytare äv. switch; jfr *krag-* o. *manschett-* o. *skjort|knapp; **trycka på** ~en* press the button äv. bildl. **2** knopp knob; bot., ståndar~ anther
2 knapp *adj* scanty; knappt tillmätt, om t.ex. ranson, tid, vikt short, scarce, meagre; om lön äv. barely sufficient; om t.ex. seger narrow; kortfattad brief, jfr *knapphändig;* avmätt, reserverad reserved; ...*är i ~aste laget* ...barely enough (sufficient), ...rather scanty; *en* ~ *(~a två)* liter (kilometer etc.) a little less than one (two)..., just under one (two)...; *[en]* ~ *majoritet* a bare (narrow) majority; *han hann undan med* ~ *nöd* he had a narrow escape (a close shave, amer. a close call); *under ~a omständigheter* in straitened circumstances; *tiden är* ~ time is [running] short; *det var ~t med mat* food was rather scarce
1 knappa *vb tr,* ~ *in (av) på* skära ned reduce, cut down, curtail
2 knappa *vb tr,* ~ *in i* dator enter on...
knappast se *knappt 2*
knappdragspel *s* accordeon
knapphål *s* buttonhole
knapphålsblomma *s* buttonhole
knapphändig *adj* meagre, scanty; kortfattad brief; om förklaring, ursäkt äv. scantily worded, curt, bald
knappnål *s* pin; *fästa...med ~ar* pin...[on] [*vid* to]
knappnålshuvud *s* pinhead
knapprad *s* row of buttons
knappt *adv* **1** otillräckligt o.d. scantily osv., jfr *2 knapp;* snålt sparingly; fåordigt curtly; **ha det** ~ be badly (poorly) off, be in straitened circumstances; *vinna* ~ win by a narrow margin **2** knappast hardly, scarcely; nätt och jämnt barely; *hon är* ~ *15 år* she is scarcely (barely, not quite) 15; ~ *någonting* äv. next to nothing; *det tror jag* ~ I scarcely (hardly) think so; *det var* ~ *att jag hann undan* I barely managed to escape; *~...förrän* hardly (scarcely)...when; no sooner...than
knapptelefon *s* pushbutton telephone, key phone
knapra *vb itr* nibble; ~ *på* ngt nibble [at]...; hörbart munch away at..., crunch [up]...; mumsa på munch...
knaprig *adj* crisp
knark *s* vard. dope, junk
knarka *vb itr* take drugs (dope)
knarkare *s* drug (dope) addict (fiend); mera vard. junkie; *[påtänd]* ~ freak-out
knarkarkvart *s* vard., tillhåll pad, dope den, hangout (joint) for dope (drug) addicts
knarkbegär *s* drug (dope) addiction
knarkkurir *s* drug (dope) courier

knarklangare *s* drug (dope) pusher (peddler)
knarr *s* **1** sko~ creaking, squeaking **2** vard., moped, motorcykel boneshaker
knarra *vb itr* om t.ex. golv, trappa, dörr creak; om skor äv. squeak; om snö crunch
knarrig *adj* **1** eg. creaking, squeaking; creaky; squeaky äv. om röst **2** om pers.: vresig o.d. morose, peevish, grumpy, surly
knasig *adj* vard. daft, potty; pred. äv. crackers, nuts
knastra *vb itr* crackle; om grus o. något mellan tänderna crunch
knatte *s* vard. little fellow (lad)
knatter *s* rattle osv.; knattrande rattling osv.; jfr *knattra*
knattra *vb itr* rattle; om t.ex. skrivmaskin clatter
kneg *s* vard., arbete drudgery, grind
knega *vb itr* **1** toil [*uppför* backen up...] **2** vard., arbeta slave away, drudge
knegare *s* vard. nine-to-fiver
knekt *s* **1** soldat soldier **2** kortsp. jack, knave
knep *s* trick; fint, fuffens äv. dodge, gimmick; som man själv har nytta av knack, wrinkle; list stratagem, ruse; svag. device; i affärer bit of sharp practice; konstgrepp artifice; ~ *och knåp* pastime, time-killer; *känna till ~et* know the trick, know how it is done; *kunna ~en* know the tricks of the trade, know the ropes
knepig *adj* slug o.d. artful, cunning, shrewd; sinnrik ingenious; besvärlig ticklish; kvistig tricky
knickers *s* plagg knickerbockers
knip *s* mag~ stomach ache
1 knip|a I *s* penning~ financial straits pl.; klämma *råka (vara) i* ~ get into (be in) a fix (tight corner, jam, mess)
II *vb tr* **1** nypa pinch; med tång o.d. äv. nip; ~ *av* nip (pinch) off (itu...in two); ~ *ihop* pinch...together (igen...to); ~ *ihop läpparna* compress one's lips; ~ *ihop ögonen* screw up one's eyes **2** ~ *en applåd* elicit a cheer
III *vb itr,* **om det** *-er* bildl. at a pinch, if the worst comes to the worst
2 knipa *s* zool. goldeneye
knippa I *s* rädisor, blommor o.d. bunch; sparris o.d. bundle; ris o.d. faggot [alla med of framför följ. best.] **II** *vb tr,* ~ *[ihop]* bundle, tie [up]...in bundles (resp. a bundle) osv., se *I*
knippe *s* **1** se *knippa I* **2** ljus~, strål~ pencil **3** bot. cyme
knipsa *vb tr,* ~ *av* bort clip (snip, nip) off
knipslug *adj* knowing, shrewd, astute; listig crafty, artful, sly, cunning, wily
kniptång *s* tekn. pincers, nippers (båda pl.)
knittel *s* doggerel [verse]
kniv *s* knife; rak~ razor; *dra* ~ *mot* draw a knife on; *sätta ~en på strupen på ngn* bildl. hold a pistol to a p.'s head, leave a p. no alternative
knivblad *s* blade of a (resp. the) knife

knivhugg *s* stab, slash [with a knife]
knivhugga *vb tr* stab, slash...[with a knife]
knivig *adj* knepig tricky
knivkastning *s* bildl. altercation; polit. crossfire
knivsegg *s* knife-edge
knivskaft *s* handle of a (resp. the) knife
knivskarp *adj* ...[as] sharp as a razor; bildl. äv. razor-sharp; **~ konkurrens** very close (fierce) competition
knivskuren *adj* stabbed, slashed (gashed) with a knife
knivsudd *s* point of a (resp. the) knife; **en ~ salt** a pinch of salt
knixa *vb itr* bob, curtsy, make (drop) a curtsy
knocka *vb tr* boxn. knock out
knockout *s* boxn. (förk. *KO*) knock-out (förk. KO); **teknisk ~** technical knock-out; **vinna på ~** win by (on) a knock-out
knog *s* work; vard. fag; **ha ett väldigt ~ med att** inf. have an awful job to inf.
knoga *vb itr* arbeta work, plod, drudge; med studier o.d. grind (slog) away [*med* i samtl. fall at]; **~ brottas med** en uppgift o.d. struggle with...; **~ 'på** gå vidare trudge (plod) along; arbeta 'på grind (peg) away [*med* at]
knoge *s* knuckle
knogig *adj*, **det är ~t** it's a tough job
knogjärn *s* knuckle-duster; amer. brass knuckles pl.
knop *s* **1** knut knot **2** hastighetsmått knot; **fartyget gör 20 ~** the vessel does 20 knots
knopp *s* **1** bot. bud **2** knapp, kula knob; prydnads~ äv. boss; på mast el. flaggstång (sjö.) truck **3** vard., huvud nob, nut; **[lite] konstig i ~en** a bit cracked
knoppas *vb itr dep* bud
knorr *s* curl; **ha ~ på svansen** have a curly tail
knorra *vb itr* **1** knota murmur [*över* at]; stark. grumble; vard. grouse [*över* at, about] **2** kurra, om mage rumble
knot *s* knotande murmuring [*över* at]; stark. grumbling [*över* at, about]
1 knota *vb itr* murmur; stark. grumble; vard. grouse; jfr *knorra 1*
2 knota *s* ben bone
knotig *adj* bony; mager scraggy; om träd knotty
knott *s* insekt gnat, black fly; koll. gnats, black flies (båda pl.)
knottra *vb rfl*, **skinnet ~r sig på mig** I get goose-pimples (goose-flesh)
knottrig *adj* skrovlig granular; om hud rough; om träd knotty
knubbig *adj* plump; om barn chubby; neds. podgy
knubbsäl *s* zool. harbour seal
knuff *s* push, shove; med armbågen för att väcka uppmärksamhet nudge; i sidan poke, dig; av en vagn o.d. bump
knuffa I *vb tr* o. *vb itr* push, shove; med axeln shoulder, jostle; med armbågen elbow, nudge; i sidan poke, dig; **~ ngn i sidan** vanl. poke (dig) a p. in the ribs
 II med beton. part.
 ~ fram: ~ fram ngn bildl. push a p.; **~ sig fram** elbow (shoulder) one's way [along]
 ~ ned ngn från en stol o.d. push a p. down off...
 ~ omkull push (shove, knock)...over, upset
 ~ till se *I* ovan; äv. knock (bump, pers. äv.push) into
 ~ undan push...aside
 ~ upp dörren push (shove) open
knuffas *vb itr dep*, **~ inte!** don't push (shove)!
knull *s* vulg. fuck, screw, bang
knulla *vb tr* o. *vb itr* vulg. fuck, screw, bang
knussel *s* niggardliness, stinginess, meanness, cheeseparing [ways pl.]; svag. parsimony; **utan ~** without stint
knussla *vb itr* be niggardly osv., jfr *knusslig*
knusslig *adj* niggardly, stingy, cheese-paring; isht om pers. äv. parsimonious, mean, close[-fisted]
knut *s* **1** som knytes, äv. friare knot; hår~ äv. bun; **knyta (slå) en ~** make (tie) a knot [*på* in] **2** hus~ corner; vi hade fienden **inpå ~arna** ...at our very door[s] (doorstep); **inte gå utom ~en** stanna inomhus not go out [of doors] **3** se *knutpunkt* **4** vard., hastighetsmått kilometres per hour; **köra i hundra ~ar** km/tim do a ton
knuta *s* anat. node; tumör tumour
knuten *adj* **1** tied osv., jfr *knyta* **2** om personlighet introvert, introspective
knutig *adj* knotty, nodular
knutpiska *s* knout
knutpunkt *s* centrum centre; järnvägs~ junction
knuttimrad *adj*, **~ stuga** log cabin
knyck *s* ryck jerk; svag. twitch
knycka I *vb itr* rycka jerk; svag. twitch; **~ på nacken** högdraget o.d. toss one's head, bridle; **~ till** give a sudden jerk **II** *vb tr* vard., stjäla pinch, swipe, nick; idéer o.d. lift, crib
knyckig *adj* ryckig jerky
knyckla *vb tr*, **~ ihop** crumple up; **~ till** batter
knyppeldyna *s* lace pillow
knyppla *vb tr* o. *vb itr*, **~ [spetsar]** make lace
knyppling *s* knypplande lace-making; spets pillow lace (end. sg.), bobbin lace (end. sg.)
knyst *s*, **inte ett ~** ljud not the least (slightest) sound; **inte säga ett ~** not breathe (utter) a word [*om* about]
knysta *vb tr* o. *vb itr*, **utan att ~** without breathing (uttering) a word; utan att mucka without murmuring (a murmur)
knyta I *vb tr* **1** eg. tie; t.ex. skosnöre äv. fasten; slips äv. knot **2 ~ handen (näven)** clench one's hand (fist); hotfullt shake one's fist [*åt, mot* at]; **~ näven i byxfickan** bildl. pocket one's anger **3** bildl. **~ förbindelser** establish (form) connections; **knuten till** attached to, connected with; parti associated with; **vara [fast] knuten till** anställd vid be on the

kobbe

[permanent] staff of; *hans namn är knutet till* uppfinningen his name is linked to... **II** *vb rfl*, ~ *sig* vard., lägga sig turn in **III** med beton. part.
~ **an** se *anknyta II*
~ **fast** tie, fasten [*vid, på* to]
~ **igen** tie up
~ **ihop** två föremål tie (knot)...together; säck o.d. tie up
~ **om**... tie...round
~ **till** säck o.d. tie up; hårt tie...tight
~ **upp** a) lossa untie; knut, knyte o.d. äv. undo; öppna t.ex. säck open b) fästa upp tie up
~ **åt** hårt tie...tight
knyte *s* bundle [*med* of]; *ett litet* ~ om barn a little mite
knytkalas *s* ung. Dutch treat
knytnäve *s* clenched fist
knytnävsslag *s* punch
knåda *vb tr* knead äv. massera
knåp *s* finicky (fiddly) job
knåpa *vb itr* pyssla potter about [*med* at]; knoga plod (peg) away [*med* at]; ~ *ihop* ett brev patch (put) together [some sort of]...
knä *s* **1** eg. knee äv. på byxben o. strumpa; sköte lap; *böja* ~ se *knäböja*; sitta *i* ~*t på ngn* ...on a p.'s knee, ...on (in) a p.'s lap; *falla på* ~ *[för...]* kneel (kneel down) [to...], go down on one's knees [to...]; *tvinga ngn på* ~ bring a p. to his knees; vattnet *gick upp till* ~*na* ...was knee-deep **2** krök elbow äv. tekn.; bend
knäa *vb itr* gå knäande walk with bended (bent) knees
knäbyxor *s pl* short trousers; till folkdräkt o.d [knee-]breeches
knäböja *vb itr* bend (bow) the knee, kneel; isht relig. genuflect [*för* i samtl. fall to; *inför* before, to]
knäböjning *s* genuflection; gymn. knee-bending
knäck *s* **1** spricka crack; bildl.: hårt slag blow; *det tog (höll på att ta)* ~*en på mig* it nearly killed me **2** karamell toffee; amer. vanl. taffy; *koka* ~ make toffee **3** bisyssla job on the side
knäck|a I *vb tr* **1** spräcka o.d. crack; bryta av break; hastigt tvärs över snap; ~ *en flaska vin* vard. crack a bottle of wine; *en hård nöt att* ~ a hard nut to crack **2** bildl.: pers. break, ruin; hälsa shatter, wreck; problemet -*te mig* ...floored me **II** *vb itr*, ~ *extra* vard. moonlight, have a job on the side
knäckebröd *s* crispbread; amer. äv. ryecrisp
knäckfråga *s* knotty (avgörande crucial) problem
knähund *s* lapdog
knäkort *adj* knee-length
knäled *s* anat. el. tekn. knee-joint
1 knäpp *s* **1** ljud click; smäll snap; av sträng twang; tickande tick; finger~ flick, flip; *inte ett* ~ not a sound **2** köld~ [cold] spell

2 knäpp *adj* vard. nuts, screwy, freaky
1 knäpp|a I *vb tr* **1** foto. snap **2** skjuta: djur pot; person, sl. bump...off **3** ~ *nötter* crack nuts **II** *vb itr, det -er i* elementet there's a clicking (ticking) sound in...; ~ *med fingrarna* hörbart snap one's fingers; ~ *på* sträng pluck; gitarr o.d. twang; ~ *[till]* click; *det -te [till] i* låset ...gave a click
2 knäppa *vb tr* **1** med knapp button [up]; med spänne buckle; ~ *knappen (spännet)* do up the button (buckle); ~ *[igen]* t.ex. rocken button up; ~ *ihop* button together; ~ *upp* t.ex. rocken unbutton; knappen undo **2** ~ *händerna* clasp (fold) one's hands **3** ~ *av (på)* t.ex. ljuset, radion switch off (on)
knäppe *s* enklare clasp; låsbart catch
knäppinstrument *s* mus. plucked string instrument
knäppning *s* med knapp[ar] buttoning; klänning *med* ~ *bak* ...that buttons down (up åt) the back
knäreflex *s* med. knee-jerk, patellar reflex
knäskada *s* knee injury
knäskydd *s* kneepad, knee-protector
knäskål *s* kneecap; vetensk. patell|a (pl. äv. -ae) lat.
knästrumpa *s* knee[-length] stocking
knästående *adj* kneeling
knäsvag *adj* ...weak (shaky) in the knees, weak-kneed
knäveck *s* hollow of the knee; hänga *i* ~*en* ...by the knees; *darra i* ~*en av rädsla* tremble at the knees with fear
knöl *s* **1** ojämnhet, bula o.d. bump, lump; upphöjning o.d. boss, knob, knot; mindre nodule; utväxt protuberance, wen; kyl~ chilblain; gikt~ o.d. node; svulst tumour; på träd knob; begonia~, potatis~ o.d. tuber **2** vard. bastard; svag. swine; isht amer. son-of-a-bitch (pl. sons-of-bitches)
knöla *vb tr*, ~ *ihop* crumple up; ~ *till* batter
knölig *adj* ojämn o.d.: om t.ex. väg bumpy; om madrass o.d. lumpy; om t.ex. finger, träd knobbly, knotty, gnarled; med. nodular; bot. tuberous
knölpåk *s* käpp knobbly stick; vapen cudgel, bludgeon
knölsvan *s* zool. mute swan
knölval *s* zool. humpback [whale]
knös *s, en rik* ~ a rich fellow, a plutocrat
KO förk., se *konsumentsombudsman*
ko *s* cow; *det är ingen* ~ *på isen* there's no cause to panic
K.O. boxn. (förk. för *knockout*) KO
koaffyr *s* coiffure fr.
koagulera *vb itr* med. coagulate, clot
koagulering *s* med. coagulation
koala *s* zool. koala [bear]
koalition *s* coalition
koalitionsregering *s* coalition government
kobbe *s* skär islet [rock], rock

kobent *adj* knock-kneed
kobolt *s* kem. el. miner. cobalt
koboltblå *adj* cobalt-blue...
kobra *s* zool. cobra
kock *s* cook; *ju flera ~ar dess sämre soppa* too many cooks spoil the broth
kocka *s* [female (woman)] cook
kod *s* code; *knäcka en ~* break a code
koda *vb tr* code; *~ av* decode, decipher; *~ in* encode
kodein *s* kem. el. med. codeine
kodex *s* **1** handskrift cod|ex (pl. -ices) lat. **2** lagsamling el. friare code
kodicill *s* jur. codicil
kodifiera *vb tr* codify, code
koefficient *s* matem. coefficient
koffein *s* caffeine
koffeinfri *adj* caffeine-free, ...free from caffeine
koffert *s* trunk; bagageutrymme på bil boot; amer. trunk
kofot *s* bräckjärn crowbar; isht inbrottsverktyg jemmy; amer. jimmy
kofta *s* stickad cardigan; grövre jacket
kofångare *s* på bil bumper; järnv. cowcatcher
koger *s* till pilar quiver
kognitiv *adj* psykol. cognitive
kohandel *s* polit. horse-trading, log-rolling
koj *s* sjö.: häng~ hammock; fast se *kojplats;* *gå (krypa) till ~s* turn in
koja *s* cabin, hut; usel hovel; barnspr. little house
kojplats *s* sjö. bunk, [sleeping-]berth
kok *s* **1** *ett ~ potatis* a potful of... **2** *ett [ordentligt] ~ stryk* a [good] hiding
1 koka *s* jord~ clod
2 kok|a **I** *vb tr* [ngt i] vätska boil; i kort spad stew; laga [till] (t.ex. kaffe o.d., soppa, gröt, äv. karameller, lim m.m.) make; *~ köttet mört* boil the meat until tender; *~ soppan* en kvart let the soup simmer for...; *~ soppa på en spik* ung. make a lot out of nothing; *-t* färdigkokt, om t.ex. fisk, kött, potatis äv. cooked; pred. äv. done
II *vb itr* allm. boil; sjuda simmer; *låt soppan ~ en kvart* let the soup simmer for...
III med beton. part.
~ bort itr. boil away
~ ihop boil down; bildl., t.ex. en historia concoct, make (cook) up
~ in tr., frukt, grönsaker preserve; i glasburk bottle; jfr *inkokt*
~ upp a) itr. come to the boil b) tr. bring...to the boil
~ över boil over äv. bildl.
kokain *s* cocaine; vard. coke
kokbok *s* cookery book; isht amer. cookbook
kokerska *s* [female (woman)] cook
kokett *adj* coquettish; tillgjord affected
kokettera *vb itr* coquette; flörta flirt [*för, med* with]; *~ skryta o.d. med ngt* show off a th.

koketteri *s* coquetry
kokhet *adj* boiling (piping, steaming) hot
kokhöns *s* boiling fowl, boiler
kokkonst *s* cookery, culinary art
kokkärl *s* cooking utensil; pl. äv. pots and pans; mil. messtin
kokmalen *adj*, **kokmalet kaffe** coarse-grind coffee
kokning *s* boiling osv., jfr *2 koka*
kokong *s* zool. cocoon
kokoppor *s pl* med. cowpox sg.
kokos *s* coconut
kokosboll *s* kok., ung. snowball
kokosfett *s* coconut butter (oil)
kokosflingor *s pl* koll. desiccated (shredded) coconut sg.
kokosnöt *s* coconut
kokospalm *s* coconut palm, coco palm
kokplatta *s* hot plate, hob
kokpunkt *s*, *på ~en* at the boiling point äv. bildl.; *nå ~en* reach boiling point äv. bildl.
koks *s* coke
koksalt *s* common salt
koksaltlösning *s* salt-solution
kokvagn *s* mil. field kitchen
kokvrå *s* kitchenette
kol *s* **1** bränsle: sten~ coal äv. koll.; trä~ charcoal; *ett ~ ~stycke* a coal, a piece (lump) of coal (resp. charcoal); *lägga på ett extra ~* bildl. get a move on, make an extra effort; *samla glödande ~ på ngns huvud* heap coals of fire on a p.'s head **2** rit~ drawing charcoal **3** kem. carbon; *aktivt ~* activated carbon
1 kola *s* hård toffee; mjuk caramel
2 kola *vb itr*, *~ [av]* el. *~ vippen* vard., dö kick the bucket, peg out
kolare *s* charcoal-burner
kolartro *s* blind (implicit) faith [*på* in]
kolasås *s* kok. caramel sauce
kolbox *s* **1** sjö. [coal]bunker **2** lår coalbox **3** hink coalscuttle
kolbrikett *s* coal briquet[te]
kolbrytning *s* coalmining
kolchos *s* kolkhoz
koldioxid *s* kem. carbon dioxide
kolera *s* med. [Asiatic] cholera
koleraepidemi *s* cholera epidemic
koleriker *s* choleric (irascible) person
kolerisk *adj* choleric, irascible
kolesterol *s* kem. cholesterol
kolesterolhalt *s* cholesterol content
kolfyndighet *s* coal deposit
kolförening *s* kem. carbon compound
kolgruva *s* coalmine, coalpit; stor colliery
kolgruvearbetare *s* collier, coal-miner, pitman
kolhalt *s* carbon content
kolhaltig *adj* kem. carbonaceous
kolhydrat *s* carbohydrate
kolibakterie *s* colon bacillus (pl. bacilli)
kolibri *s* zool. humming-bird, colibri
kolik *s* med. colic

kolindustri *s* coal industry
kolja *s* haddock
kolkällare *s* coal cellar
koll *s* vard., kontroll check; *göra en extra ~ på...* check...specially, double-check...
kolla *vb tr* vard. check; med att-sats äv. see, make sure; titta look; *~ [in] läget* check up on things (the situation), see how things are going; *~ [in] ngn (ngt)* get a load of a p. (a th.), take a peek at a p. (a th.); *~ upp ngt* check a th.
kollaboratör *s* collaborator
kollaborera *vb itr* collaborate
kollage *s* konst. collage
kollaps *s* collapse
kollapsa *vb itr* collapse
kollationera *vb tr* motläsa collate; jämföra äv. compare [carefully]; räkenskaper check [off], verify; telegram repeat [...for verification]
kolleg|a *s* yrkesbroder colleague; jfr *medhjälpare; mina -er* på kontoret my fellow workers; ministern mötte *sin franske ~* ...his French counterpart (opposite number)
kollegieblock *s* note pad (block)
kollegierum *s* lärarrum staff room, [teachers'] common room
kollegium *s* **1** lärarkår [teaching] staff **2** sammanträde staff (teachers') meeting
kollekt *s* collection; *ta upp ~* make a collection
kollektbössa *s* collection box
kollekthåv *s* collection bag
kollektion *s* collection äv. hand.
kollektiv *adj* o. *s* collective
kollektivanslutning *s* polit. collective affiliation
kollektivanställd *adj* o. *subst adj, vara ~* be employed under a collective agreement
kollektivavtal *s* collective agreement
kollektivfil *s* bus lane, busway
kollektivhus *s* block of service flats (isht amer. apartments) [having common recreational facilities and dining hall]
kollektivisera *vb tr* collectivize
kollektivism *s* collectivism
kollektivtrafik *s* public transport
kolli *s* package, parcel; resgods äv. piece [of luggage]
kollidera *vb itr* collide; bildl., t.ex. om intressen, TV-program clash; *~ med en bil* collide with (crash into) a car; *~ med ngn* äv. come into collision with a p.
kollision *s* collision; bildl. vanl. clash
kollisionskurs *s* sjö. collision course; *vara på ~* be on a collision course; bildl. äv. be heading for a collision
kollra *vb tr, ~ bort ngn* förvrida huvudet på ngn turn a p.'s head
kollrig *adj* tokig mad, crazy [*av* with]
kolmila *s* charcoal stack (pile)
kolmörk *adj* pitch-dark

kolna *vb itr* förkolna get charred; elden *har ~t* ...has turned to embers
1 kolon *s* skiljetecken colon
2 kolon *s* anat. colon
koloni *s* allm. colony; lydland äv. dependency; jfr *barnkoloni*
kolonial *adj* colonial
kolonialmakt *s* colonial power
kolonialpolitik *s* colonial policy (resp. politics pl., jfr *politik*)
kolonialvaror *s pl* colonial products (produce sg.)
kolonialvälde *s* **1** kolonier colonial possessions pl.; större colonial empire **2** se *kolonialmakt*
kolonilott *s* allotment
kolonisation *s* colonization
kolonisera *vb tr* colonize
kolonistuga *s* allotment-garden cottage
koloniträdgård *s* allotment [garden]
kolonn *s* byggn. el. mil. el. tekn. column
kolonnad *s* arkit. colonnade, peristyle
kolorado[skal]bagge *s* Colorado beetle
koloratur *s* mus. coloratura it.
kolorera *vb tr* eg. colour; *den ~de veckopressen* neds. [the] cheap popular weekly magazines pl., pulp magazines pl.
kolorit *s* färg colouring (end. sg.); färgbebandling äv. colour treatment; mus. timbre
kolos *s* av kol coal (av ved osv. wood osv.) fumes pl.; jfr *koloxid*
koloss *s* coloss|us (pl. äv. -i); friare äv. monster; *en ~ på lerfötter* a colossus (an image) with feet of clay
kolossal *adj* colossal; om t.ex. framgång äv. enormous, tremendous, immense, huge; om t.ex. summa äv. staggering; häpnadsväckande, om t.ex. okunnighet äv. stupendous
koloxid *s* kem. carbon monoxide
koloxidförgiftning *s* carbon monoxide poisoning
kolskyffel *s* coal shovel
kolstybb *s* för löparbanor o.d. cinders pl.; *~en* banan the [cinder-]track
kolsvart *adj* pitch-dark; om t.ex. hål coal-black, jet-black
kolsyra *s* **1** syra carbonic acid **2** gas carbon dioxide
kolsyrad *adj* källa o.d. carbonated; *kolsyrat vatten* aerated (isht amer. carbonated) water
kolsyresnö *s* carbon dioxide snow
kolt *s* för barn [child's] frock
koltablett *s* charcoal tablet
kolteckning *s* charcoal drawing
koltrast *s* zool. blackbird
kolugn *adj* ...[as] cool as a cucumber, completely calm (unruffled)
kolumn *s* column (förk. col.)
kolumnist *s* journalist columnist
kolv *s* **1** i motor o.d piston; i tryckpump plunger **2** löd~ copper bit **3** på gevär butt **4** i lås bolt

5 kem., av glas flask **6** bot., blom~ spadix (pl. spadices)
kolvring s tekn. piston ring
kolväte s kem. hydrocarbon; **mättade (omättade)** ~**n** saturated (unsaturated) hydrocarbons
koma s med. coma; *ligga i* ~ be in a coma
kombi s bil estate car; isht amer. station wagon
kombination s **1** combination äv. till lås; *i ~ med* äv. combined with **2** skidsport *alpin (nordisk)* ~ Alpine (Nordic) combination (combined competition)
kombinatorisk adj combinatory
kombinera vb tr combine
kombivagn s bil estate car, station wagon
komedi s **1** lustspel comedy **2** förställning shamming
komedienn s comedienne, comic actress
komediförfattare s comedy-writer; klassisk comic playwright
komet s comet äv. bildl.
kometbana s comet's orbit
kometkarriär s, *göra* ~ have a meteoric career
kometlik adj comet-like
kometsvans s comet's tail
komfort s comfort
komfortabel adj comfortable
komik s något komiskt comedy, comicalness; komisk verkan comical effect; komisk konst comic art
komiker s comedian, comic; skådespelare comic actor
komisk adj komedi-, rolig comic; skrattretande, löjlig comical, ridiculous, ludicrous; lustig äv. funny, droll
komjölk s cow's milk
1 komma s skiljetecken comma; i decimalbråk point
2 komm|a I vb tr föranleda o.d. ~ ngn *att* +inf. a) vanl. make... ren inf. b) förmå induce (lead)...to inf.
II vb itr **1** allm., spec. till den talandes verkliga el. tänkta uppehållsort come; till annan plats än den talandes upphållsort el. i prep.-uttr. angivande situation o.d., råka komma, hamna get; anlända äv. arrive [*till* at, i vissa fall in]; infinna sig, uppträda o.d. äv. appear; vard. turn up; närma sig äv. approach; han (tåget) *kom klockan 9* ...arrived (came [here], dit got there) at 9 o'clock; *när -er* tåget *[hit]?* äv. when will...get (be) here?; *[jag] -er genast!* [I'm] coming!; *jag -er inte (tänker inte ~)* på festen I'm not going [to go], I shan't be there; *han kom för sent* he was (came, arrived) too late; *vart vill du ~?* vad syftar du på? what are you driving at?; *kom och hälsa på mig!* come and see me!, look me up!; jag har lovat ~ *och hälsa på dem* ...to go and see them; ~ *springande (cyklande* osv.*)* come running (cycling osv.) along
med obeton. prep. ~ *av* bero på be due to; ~ *från* en fin familj come of...; ~ *i beröring med* get into contact (touch) with; ~ *i säng* get to bed; ~ *i tid* be (hit come, dit get there) in time; *var -er du ifrån?* el. *varifrån -er du?* where do (plötsligt eller närmast have) you come from?; ~ *med* ha med sig bring; en historia, lögner come out with, tell; anmärkning, påstående, skämt, ursäkter make; undanflykter, förslag, plan bring (put) forward; invändningar äv. make, raise; anhållan, anklagelser prefer; klagomål lodge; anspråk advance; nya fakta o.d. produce; yppa reveal; *vad har du att ~ med?* säga what have you got to say (erbjuda offer, visa show, föreslå suggest)?; ~ *på besök (visit)* call; *det -er på* räkningen it will be put down on (in)...; *platsen är inte lätt att ~ till* ...easy to get to (at); ~ *till* uppgörelse come to; beslut o. avgörande äv. el. t.ex. insikt, resultat, slutsats arrive at; ~ *till nytta* be of use, be some good, come in useful; *till detta -er, att han är* en bra föreläsare in addition to this he is...

2 ~ *på* tillfalla, tillkomma: *hur mycket -er* blir det *på var och en?* how much does it come to (work out at) per head (for each one)?; *av kostnaderna -er 5% på oss* 5% of the costs are to be borne by us

3 vard., få orgasm come

4 ~ *att* inf. **a)** uttr. framtid *-er att* inf.: i första pers. will (shall) inf.; i övriga pers. will inf.; *-er du (ni) att* inf.? äv. are you going to inf.?; jfr äv. *1 skola* **b)** småningom come to inf., jfr ex.; råka happen to inf.; *hur kom du att* tänka på det, lära dig svenska, förälska dig i henne? how did you come (resp. happen) to...?

III vb rfl, ~ *sig* **1** tillfriskna recover; ledigare get better [*efter* sjukdom vanl. from] **2** hända o.d. come about, happen; ~ *sig av* bero på come from, be due (owing) to; *hur -er 'det sig?* how is that?, how come?, why?; *hur kom det sig att* han...? how is it (did it come about) that...?; jfr *därav*

IV med beton. part.
~ **an a)** ~ *an på* se *bero 1 b* **b)** *kom an!* come on!
~ **av** se *stiga [av]*; ~ *av sig* stop [short], get stuck; tappa tråden lose the thread
~ **bort** avlägsna sig get away; gå förlorad get (be) lost; försvinna disappear; om brev äv. miscarry
~ **efter** bakom come (gå go resp. walk) behind (after...,), jfr ex. följa [efter] follow; ~ senare come afterwards; bli efter get (fall) behind
~ **emellan** bildl. intervene
~ **emot** möta come (dit go) towards (to meet)
~ **fram a)** stiga fram: hit come (dit go) up (långsamt along); ur gömställe, led o.d. come out [*ur* of], emerge **b)** ~ vidare get on (igenom through, förbi past); på telefon get through

komma

c) hinna (nå) fram: *dit get there, get to (reach) the place; hit get here;* anlända arrive; om brev äv. come to hand; bildl. *vi har -it fram till följande siffror* we have arrived at...; *vi kom fram till fann att...* we came to the conclusion that... **d)** framträda, bli synlig come out, appear, emerge; ~ *till rätta* turn up, be found **e)** bli bekant come out **f)** lyckas ~ *[sig] fram* get on **g)** ~ *fram med sitt ärende* state one's business
~ **för a)** *det kom för mig att...* it struck (occurred to) me... **b)** ~ *sig för med att* inf. bring (induce) oneself to inf.; besluta sig make up one's mind to inf.
~ **förbi** eg. pass; ~ fram get past; ~ undan get past (round)
~ **före:** ~ *före [ngn]* eg. get there (hit here) before (ahead of) a p.; i tid, i rang come before (precede) a p.; vid tävling get ahead (in front) of a p.
~ **ifrån a)** med obj.: ~ *bort ifrån* get away from; bli kvitt o.d get rid of; ~ *ifrån varandra* get separated; bildl. äv. drift apart; *man kan inte* ~ *ifrån* förneka *[det faktum] att...* there is no getting away from the fact that... **b)** utan obj. get away; bli ledig get off *[på* en timme for...*]*
~ **igen** återkomma, se ~ *tillbaka* ned.; ännu än gång come again; *kom igen!* kom an come on!; få nya krafter *laget kom igen* efter pausen the team rallied (strongly recovered)...
~ **ihop sig** fall out [*om* about]
~ **ihåg** se *ihåg*
~ **in** allm. come in äv. om t.ex. tåg, pengar, varor; om pengar, förslag o.d. äv. be received; inträda äv. enter; lyckas ~ in get in; ~ *inomhus* come (resp. get) indoors; *be att få* ~ *in* äv. ask to be let in; ~ *in i* **a)** rummet, butiken come (resp. get, kliva walk, step) into, enter **b)** skola be admitted to **c)** tidningen (om artikel o.d.) be inserted (appear) in; ~ *in med* **a)** ett brev, en bricka o.d. come in with (bringing, carrying) **b)** anbud, uppgifter hand in **c)** ansökan make, present, submit **d)** klagomål lodge; ~ *in på* **a)** sjukhus o.d. be admitted to **b)** samtalsämne get (apropå drift) on to; ~ *in vid* t.ex. posten, filmen be (vard. get) taken on in
~ **i väg** get off (away, started)
~ **loss a)** om sak come off **b)** om pers.: eg. get away (ut out); bildl. get away
~ **lös** eg. get loose; på fri fot escape, run away; om eld break out
~ **med a)** göra sällskap, följa come (dit go) along, come (dit go) with me (him osv.); ~ *med ngn* come (sluta sig till join) a p. **b)** deltaga join in [*i leken* the game]; ~ *med* indragas be (get) drawn in [*i krig* into war]; ~ *med i* klubb o.d. join...; *-er du med [oss] på* en promenad? are you coming with us for... **c)** hinna med tåg (båt) catch...

~ **ned (ner)** come down, descend; klättra ned äv. go down; lyckas ~ ned o.d. get down [*från*]; taket [from]; trädet [out of]; ~ *ned från* stegen get off...; ~ *ned* i undervåningen go (resp. come) downstairs; ~ *ned på fötterna* alight (bildl. fall) on one's feet
~ **omkring:** *när allt -er omkring* after all; when all is said and done
~ **på a)** stiga på get (resp. come) on; se vid. *stiga [på]* **b)** erinra sig think of, recall, remember; *jag kan inte* ~ *på* namnet äv. ...escapes me **c)** upptäcka, t.ex. sammanhanget find out, discover **d)** hitta på think of, hit [up]on; *han kom på* en bra idé ...struck him; jfr vid. *idé* ex.
~ **till a)** tilläggas be added **b)** uppstå arise, come about; ~ *till stånd:* om institution o.d. come into existence; om t.ex. dikt be written (om tavla made, om musik composed); grundas be established; födas be born
~ **tillbaka** return äv. bildl.; come (go resp. get) back, jfr *återkomma; jag -er snart tillbaka!* I'll soon be back!; *han har -it tillbaka* äv. he is back again
~ **undan** itr.: undkomma get off, escape
~ **upp** allm. come up; dit upp go up; ta sig (stiga) upp o.d. get up [*i* ett flygplan, sadeln into...; *i* ett träd a tree, *på* ett tak on to...]; om himlakropp vanl. rise; om växt come up, shoot [up]; om idé arise, establish itself; om fråga, förslag come (be brought) up [*till behandling* for discussion]; ~ *sig upp* make one's way, get on; ~ *upp i (till) en hastighet av...* reach a speed of...
~ **ut a)** eg. come (dit go; lyckas ~ get) out [*ur* of]; ur gömställe o.d. emerge [*ur* from] **b)** om bok o.d. come out, appear, be published; om förordning o.d. be issued; *han har -it ut med* en bok he has brought out (published)..., jfr *utkomma* **c)** om rykte o.d. get about (abroad); om hemlighet äv. be revealed
~ **åt a)** få tag i get hold of, secure, jfr ~ *över* **c)** ned.; nå reach; *jag kan inte* ~ *åt* de inlåsta böckerna I can't get at... **b)** komma till livs, få fast o.d. get at; skada äv. do a bad turn to **c)** sätta åt jag vet inte *vad som kom åt honom* ...what came over (possessed, got into) him **d)** röra vid, stöta emot touch, come in[to] contact with **e)** få tillfälle get a chance (an opportunity) [*att* inf. to inf. el. of ing-form]
~ **över a)** eg. come (dit go, lyckas ~ get) over (tvärs över t.ex. flod across); flod o.d. äv. cross; *jag -er över* på besök *senare!* I'll come round later on! **b)** friare, t.ex. till ngns sida (parti) come over (round) [*till* to] **c)** få tag i get hold of, come by, lay [one's] hands on; hitta find, come across; till billigt pris pick up **d)** bemäktiga sig ngn, om känsla, raseri, aning o.d. come over, seize; drabba ngn, om t.ex. olycka come upon, befall **e)** övervinna, t.ex. förlust get over, surmount

kommande

kommande *adj* allm. coming; framtida future; nästkommande next; ~ *dagar (år)* days (years) to come
kommanditbolag *s* ung. limited partnership [company]
kommando *s* command äv. data.; ~ord word of command; *ta* ~*t över* kommande take command of; ansvaret take charge of
kommandobrygga *s* sjö. [captain's] bridge
kommatera *vb tr* o. *vb itr* put [the] commas in; förse med skiljetecken i allm. punctuate
kommendant *s* commandant; i fästning el. för garnison äv. governor [*i, på* of]
kommendera *vb tr* o. *vb itr* command; ~ *ngn* i befallande ton äv. order (vard. boss) a p. about; ~ *'halt'* give the order (word of command) 'Halt'; *bli* ~*d till...* receive orders for [service in]...
kommendering *s* förordnande appointment; *få en* ~ *till...* receive orders for [service in]...
kommendör *s* **1** inom flottan commodore; amer. rear admiral lower half; yngre i tjänsten captain **2** av orden Knight Commander
kommendörkapten *s* commander
kommentar *s* **1** allm. ~*[er]* skriftlig[a] notes pl., annotations pl.; muntlig[a] comment[s pl.] [*till* i samtl. fall on]; *inga* ~*er!* no comment! **2** utläggning, tolkning commentary [*till* on]
kommentator *s* commentator
kommentera *vb tr* comment on; förse med noter annotate, make notes on
kommers *s*, *det var livlig* ~ på torget there was a brisk trade...; ~*en var i full gång* trade was in full swing; *sköta* ~*en* run the business
kommerseråd *s* head (chief) of division to the [Swedish] National Board of Trade
kommersialisera *vb tr* commercialize
kommersialisering *s* commercialization
kommersiell *adj* commercial
Kommerskollegium the National Board of Trade
komminister *s* kyrkl., ung. assistant vicar (rector)
kommissariat *s* commissioner's office; ämbete office of commissioner
kommissarie *s* **1** utställningskommissarie o.d. commissioner **2** poliskommissarie superintendent; lägre inspector; amer. captain; lägre lieutenant
kommission *s* **1** commission **2** köpa (sälja) *i* ~ ...on commission
kommissionär *s* fartygskommissionär, lotterikommissionär agent
kommitté *s* committee; *sitta i en* ~ be on a committee
kommittéledamot *s* committee member
kommun *s* stadskommun municipality, town (urban) district; landskommun rural district; myndigheterna local authority
kommunal *adj* local government, local; stads- äv. municipal samtl. end. attr.; ~*a bostäder* council houses; ~ *dagmamma* childminder [employed by the local authorities]; ~ *självstyrelse* local government; ~ *vuxenutbildning* adult education [administered by local authorities]; *åka* ~*t* (adv.) go by public transport
kommunalanställd *subst adj* local government (i stadskommun äv. municipal) employee
kommunalarbetare *s* local government (i stadskommun äv. municipal) worker
kommunalråd *s* local government (i stadskommun municipal) commissioner
kommunalskatt *s* koll. ung. local taxes pl.
kommunalval *s* local government (i stad äv. municipal) election
kommunfullmäktig *s* pers., ung. [local government] councillor; ~*e* beslutande församling local [government] council, municipal council
kommunicera *vb itr* communicate
kommunikation *s* communication
Kommunikationsdepartementet the Ministry of Transport and Communications; i Storbr. the Ministry of Transport
kommunikationsmedel *s* means (pl. lika) of communication; *allmänna* ~ public services
kommunikationsminister *s* Minister of Transport and Communications; i Storbr. Minister of Transport
kommunikationsradio *s* communication radio
kommunikationssatellit *s* communication satellite
kommunikationstabell *s* timetable; amer. äv. schedule
kommunikationsväsen *s*, *det* svenska ~*det* the...communications system
kommuniké *s* communiqué fr.; bulletin
kommunism *s*, ~*[en]* Communism
kommunist *s* Communist; neds. Commie, Red
kommunistisk *adj* Communist
kommunistparti *s* Communist party
kommunstyrelse *s* municipal (i vissa städer city) executive board
komocka *s* kospillning cowpat
komp *s* vard., ackompanjemang comp
kompa *vb tr* vard., ackompanjera comp, back
kompakt *adj* compact; om mörker äv. dense; om massa äv. solid
kompaktskiva *s* compact disc (förk. CD)
kompani *s* mil. el. hand. company
kompanichef *s* mil. company commander
kompanjon *s* partner; *bli* ~*er* vanl. go into partnership [with each other]
kompanjonskap *s* partnership
komparation *s* comparison äv. gram.
komparativ I *s* gram. *i* ~ in the comparative **II** *adj* comparative äv. gram.
komparera *vb tr* compare äv. gram.
kompass *s* compass; navigera *efter* ~ ...by [the aid of] the compass

kompassnål s compass needle
kompassros s compass card
kompatibel adj tekn. el. data. compatible
kompendium s compendi|um (pl. äv. -a)
kompensation s compensation; *som ~ för* in (by way of) compensation for
kompensera vb tr compensate; uppväga compensate [for], make up for
kompetens s allm. competence; kvalifikationer qualifications pl.; jfr *behörighet*
kompetent adj competent; kvalificerad äv. qualified
kompilera vb tr compile äv. data.
kompis s vard. pal, mate, buddy
kompledig adj vard. *vara ~* be on compensatory leave
komplement s complement; *vara ett ~ till* äv. be complementary to
komplementfärg s complementary colour
komplett I adj complete; *han är en ~ idiot* äv. he is a downright fool (a blithering idiot) **II** adv alldeles completely, absolutely, downright
komplettera I vb tr complete, make up; göra fullständigare äv. supplement; förråd o.d. äv. replenish; *~ varandra* complement each other; *~nde* material, upplysningar o.d. complementary; tilläggs- supplementary **II** vb itr, *~ i engelska* take (läsa prepare for) a supplementary examination in English
komplettering s kompletterande completion, making up; tillägg complementary addition
komplex I s **1** abstr.: psykol. complex; friare, t.ex. av frågor set; *ha ~ för* have a complex about **2** konkr.: hus o.d. complex, group of buildings, block **II** adj complex äv. matem.; komplicerad complicated
komplicera vb tr complicate; *fallet har ~ts* med. complications have set in
komplikation s complication
komplimang s compliment; *säga (ge) en ~* pay a compliment; *ge ngn en ~ för ngt* compliment a p. on a th.
komplimentera vb tr compliment, present one's compliments to [*för* on]
komplott s plot; *vara i ~ med ngn* be in conspiracy with a p.
komponent s component
komponera vb tr mus. el. litt. compose; sammanställa, t.ex. matsedel o.d. put together; *~ musiken till...* äv. write the music to (for)...
komponist s mus. composer
komposition s composition äv. mus.
kompositör s mus. composer
kompost s trädg. compost
kompott s kok. compote [*på* of]; fruktkompott stewed fruit; *en blandad ~* bildl. a mixed bag, a hotchpotch
kompress s med. compress; *steril ~* sterile [gauze] dressing
kompression s compression

kompressor s compressor
komprimera vb tr compress; *~d luft* compressed air
komprometter vb tr compromise; *~nde* compromising
kompromiss s compromise; *gå med på (ingå) en ~* agree to el. accept (enter into, reach) a compromise
kompromissa vb itr compromise [*om* about]
kompromisslös adj uncompromising
komvux (förk. för *kommunal vuxenutbildning*) se under *kommunal*
kon s cone
koncentrat s concentrate äv. kem.; tekn. *i ~* in a concentrated form
koncentration s concentration
koncentrationsförmåga s power of concentration, ability to concentrate
koncentrationsläger s concentration camp
koncentrationsläsning s concentrated (intensive) studies pl.
koncentrera vb tr concentrate [*på* on]; isht bildl. äv. focus, centre [*på* on]; *intresset ~s till (kring, på)...* the interest is focused (centred) on...; *~ sig* concentrate [*på* on]; fatta sig kort be short and to the point; *~ sig på ngt* äv. focus (centre) one's attention on a th.
koncentrisk adj concentric äv. geom.
koncept s utkast draft [*till* of]; begrepp, idé concept; *tappa ~erna* förlora fattningen lose one's head; *utarbeta ett ~* work out (draw up) a first outline
koncern s combine, group [of companies]
koncession s concession, licence, franchise
koncessiv adj gram. concessive
koncis adj concise
kondensation s condensation
kondensator s condenser; elektr. äv. capacitor
kondensera vb tr condense
kondensor s tekn. el. optik. condenser
kondensvatten s condensation water, condensate
1 kondis vard., se *konditori*
2 kondis vard., se *kondition 1*
kondition s kroppskondition condition, [physical] fitness; *jag har dålig ~* I'm in bad shape (not fit, out of condition, out of training); *jag har bra (god) ~* I'm in good shape (quite fit)
konditional adj gram. conditional
konditionalis s gram. the conditional [mood]
konditionstest s fitness test
konditor s pastrycook, confectioner
konditori s med servering café; i Engl. ofta teashop, patisserie, tea room; butik utan servering baker's, bakery, cake shop
konditorivaror s pl cakes and pastries
kondoleans s condolence[s pl.], sympathy (end. sg.)
kondoleansbrev s letter of condolence

kondolera

kondolera *vb tr*, ~ *ngn* condole el. sympathize (express one's sympathy) with a p. [*med anledning av* on]
kondom *s* sheath, prophylactic, condom; vard. French letter; amer. rubber
kondor *s* zool. condor
konduktör *s* buss~ conductor; järnvägs~ guard, ticket-collector; amer. conductor; *kvinnlig* ~ conductress; vard. clippie
konfekt *s* choklad~ [assorted] chocolates pl.; karameller o.d. sweets pl.; amer. candy, candies pl.; blandad chocolates and sweets pl.; *han blev lurad (blåst) på ~en* he was done out of it
konfektask *s* med innehåll box of chocolates [and sweets]
konfektion *s* kläder ready-made (isht amer. ready-to-wear) clothing (garments pl.)
konferencié *s* o. **konferencier** *s* compère; isht amer. master of ceremonies (förk. MC)
konferens *s* conference; sammanträde meeting
konferera *vb itr* confer [*om* about, as to]; diskutera äv. discuss the matter
konfession *s* confession, creed
konfessionslös *adj* undenominational; attr. äv. ...adhering to no creed
konfetti *s* koll. confetti sg.
konfidentiell *adj* confidential, ...off the record
konfiguration *s* tekn. el. astron. configuration
konfirmand *s* confirmand, candidate for confirmation
konfirmation *s* kyrkl. el. hand. confirmation
konfirmera *vb tr* kyrkl. el. hand. confirm
konfiskera *vb tr* confiscate; beslagta äv. seize
konfiskering *s* confiscation; beslagtagning äv. seizure
konflikt *s* conflict äv. psykol.; strid clash; tvist dispute; arbets~ labour (industrial) dispute; *komma i ~ med lagen* come into conflict with the law
konfliktersättning *s* fackspr., strejkunderstöd strike pay (benefit)
konfliktvarsel *s* fackspr. strike (lockout lockout) notice, notice of industrial action
konformism *s* conformism; vard. me-tooism
konfrontation *s* confrontation; för att identifiera en misstänkt identification parade, isht amer. line-up
konfrontera *vb tr*, ~ *ngn med...* confront a p. (bring a p. face to face) with...
konfunderad *vb tr* confused, bewildered
konfys *adj* confused, bewildered, perplexed; *göra ngn ~* confuse (bewilder) a p.
kongenial *adj* samstämmig congenial; *en ~ översättning* a translation true to the spirit of the original
konglomerat *s* ekon. el. geol. conglomerate; bildl. conglomeration
Kongo staten (hist.) el. floden the Congo
kongolesisk *adj* Congolese

kongress *s* conference; större el. hist. congress; *~en* i USA [the] Congress
kongressa *vb itr* hålla en kongress hold a conference; större el. hist. hold a congress
kongressdeltagare *s* member of a (resp. the) conference; större el. hist. member of a (resp. the) congress
kongruens *s* likformighet congruity; matem. congruence; språkv. concord
kongruent *adj* congruous; matem. congruent
konisk *adj* konformig conical; matem., t.ex. sektion conic
konjak *s* brandy; isht äkta, finare cognac
konjaksglas *s* o. **konjakskupa** *s* cognac (balloon) glass
konjugation *s* språkv. conjugation
konjugera *vb tr* språkv. conjugate
konjunktion *s* språkv. el. astron. conjunction
konjunktiv *s* språkv. the subjunctive [mood]
konjunktur *s* konjunkturläge state of the market; konjunkturutsikter trade outlook; *~er* konjunkturförhållanden trade conditions; *goda ~er* a boom, times of prosperity äv. friare
Konjunkturinstitutet the National Institute of Economic Research
konjunkturkänslig *adj* ...sensitive to economic fluctuations
konjunkturnedgång *s* recession, snabb slump
konjunkturuppgång *s* economic upswing (recovery), kraftig boom
konjunkturutveckling *s* business (economic) trend (developments pl.)
konkav *adj* optik. el. geom. concave
konklav *s* kyrkl. conclave äv. friare
konkordans *s* ordförteckning concordance
konkret *adj* concrete; *ett ~ förslag* äv. a tangible proposal
konkretisera *vb tr* make...concrete, put...in concrete form, concretize
konkubin *s* concubine
konkurrens *s* competition; *fri ~* open competition, freedom of competition; *hård (stenhård) ~* keen (stiff) competition; *ta upp ~en med...* enter into competition with...
konkurrenskraftig *adj* competitive
Konkurrensverket se *Statens Pris- och Konkurrensverk* under *stat*
konkurrent *s* competitor [*om* for]; friare äv. rival
konkurrera *vb itr* compete [*om* for]; *börja ~ med ngn* enter into (take up) competition with a p.; *~ ut ngn* drive a p. out of the market (out of business)
konkurs *s* (förk. *kk*) bankruptcy; *begära ngn i ~* file a bankruptcy petition against a p.; *begära sig i ~* file one's petition [in bankruptcy]; *försätta ngn i ~* declare (adjudge) a p. bankrupt; *gå i (göra) ~* träda i konkurs file one's petition [in bankruptcy];

göra konkurs go (become) bankrupt, go into bankruptcy; om bolag äv. go into liquidation
konkursansökan s petition in bankruptcy; *inge ~ (sin ~)* file a (one's) petition [in bankruptcy]
konkursbo s bankrupt's (bankruptcy) estate
konkursförvaltare s [official] receiver; mindre officiellt trustee
konkursmässig adj ung. insolvent; *vara ~* be on the verge of bankruptcy
konnotation s språkv. el. logik. connotation
konnässör s connoisseur [*på* of (in)]
konossement s hand. el. sjö. bill of lading (förk. B/L)
konsekutiv adj consecutive äv. språkv.
konsekvens s överensstämmelse consistency; [på]följd consequence; *ta ~erna* take the consequences
konsekvent I adj consistent **II** adv consistently; genomgående throughout; *handla ~* act consistently (in a consistent manner)
konselj s cabinet meeting; *~en* statsrådsmedlemmarna the Cabinet
konsert s **1** concert; av solist recital **2** musikstycke concert|o (pl. -os el. -i)
konsertera vb itr give a concert (a recital) resp. give concerts (recitals)
konsertflygel s concert grand
konserthus s concert hall
konsertmästare s leader [of an (resp. the) orchestra]; amer. concertmaster
konserv s, *~er* tinned (isht amer. canned) goods (food sg.); se äv. *inläggning 2 b)*
konservatism s conservatism
konservativ adj conservative; *de ~a* subst. adj., polit. the Conservatives
konservator s vid museum o.d. curator, keeper; av t.ex. tavlor restorer; djuruppstoppare taxidermist
konservatorium s academy of music, conservatoire fr.
konservburk s tin; isht amer. can; av glas preserving jar
konservera vb tr bevara, skydda mot förruttnelse preserve äv. kok.; restaurera restore
konservering s preservation, se äv. *inläggning 2 a)*; restaurering restoration
konserveringsmedel s preservative, preserving agent
konservfabrik s cannery
konservöppnare s tin-opener; isht amer. can-opener
konsistens s consistency; *anta fast ~* stelna set; hårdna harden, solidify; *till ~en* in consistency
konsistensfett s [cup] grease
konsistensgivare s förtjockningsmedel thickener, thickening agent; stabiliseringsmedel stabilizer, stabilizing agent
konsol s bracket; arkit. corbel; s-formad console

konsolidera vb tr consolidate; *~ sin ställning* äv. strengthen one's position
konsonant s consonant
konsonantisk adj consonantal
konsortium s syndicate, consortium
konspiration s conspiracy, plot
konspiratör s conspirator, plotter
konspirera vb itr conspire, plot [*mot ngn* against a p.]
konst s **1** konstnärlig o. teknisk förmåga art; skicklighet skill; kunnande science; (koll.) konstverk [works pl. of] art; *~en att* inf. the art of ing-form; förmågan the ability to inf.; *efter alla ~ens regler* according to the rules [of the game] (to all the recognized rules); grundligt thoroughly, soundly; *de sköna ~erna* the [fine] arts; *det är (var) ingen ~!* that's easy [enough]!, there is nothing to it!, it's dead easy!; *han kan ~en att* inf. he knows how to inf.
2 *~er* konststycken, trick tricks, dodges; *göra ~er* do (perform) tricks; om akrobat do (perform) stunts; *hon har alltid så mycket ~er för sig* ung. she is always so difficult (awkward)
konstakademi s academy of art (fine arts)
konstant I adj constant äv. fys.; oföränderlig invariable; beständig, beständig perpetual **II** s matem. el. fys. constant
konstapel s förr, poliskonstapel [police] constable; *~n* i tilltal vanl. officer
konstatera vb tr fastslå state, declare; fastställa establish [*att* the fact that]; bekräfta certify; verify; iakttaga notice, observe; lägga märke till, notera note; bevittna see; utröna find [out]; [på]visa show; förvissa sig om ascertain; *jag bara ~r faktum (fakta)* I am merely stating a [simple] fact (the facts)
konstaterande s påstående statement, assertion
konstbefrukta vb tr växter artificially fertilize
konstbefruktning s av växter artificial fertilization; jfr äv. *konstgjord [befruktning]*
konstbevattna vb tr irrigate [artificially]
konstbevattning s [artificial] irrigation
konstellation s constellation äv. astron.
konsternerad adj, *bli ~* be taken aback, be dismayed, be nonplussed
Konstfackskolan the College of Arts, Crafts and Design
konstfiber s synthetic (artificial, man-made) fibre
konstflygning s aerobatics sg.
konstfrusen adj artificially frozen
konstfull adj artistic
konstfärdighet s skill, dexterity; om produkt ingenuity, elaborateness
konstföremål s object of art, objet d'art (pl. objets d'art) fr.
konstförfaren adj skilled
konstgalleri s art gallery

konstgjord *adj* artificial; ~ *befruktning* av människor o. djur artificial insemination; av växter artificial fertilization; ~ *njure* artificial kidney, kidney machine; *på* ~ *väg* by artificial means, artificially
konstgrepp *s* [yrkes]knep trick [of the trade]; list, listigt påfund [crafty] device, artifice, sleight of hand
konstgödsel *s* artificial manure, [artificial] fertilizer
konstgödsling *s* artificial manuring
konsthandel *s* **1** försäljningslokal art [dealer's] shop; större art gallery **2** abstr. art trade, dealing in art
konsthandlare *s* art dealer
konsthantverk *s* [art] handicraft; arts and crafts pl.; föremål (koll.) art wares pl., handicraft products pl.
konsthistoria *s* [the] history of art
konsthistoriker *s* art historian
konstig *adj* underlig odd, strange, queer; vard. funny; bisarr eccentric, cranky; invecklad intricate; svår difficult; *han är en smula* ~ he is a bit eccentric (cranky); ~*are än så är det inte* that's all there is to it
konstighet *s* oddity, strangeness; ~*er* egendomliga drag oddities, strange features
konstindustri *s* art industry, industry of applied arts
konstintresserad *adj* ...interested in art
konstis *s* artificial ice
konstituera *vb tr* **1** utgöra constitute **2** grunda, inrätta constitute; *styrelsen har* ~*t sig* the board has elected its officers **3** utnämna tillfälligt appoint...temporarily (ad interim) [*till...* to be...]
konstitution *s* constitution
konstitutionell *adj* constitutional
konstitutionsutskott *s* standing committee on the constitution
konstkritiker *s* art critic
konstkännare *s* judge of art, art expert
konstlad *adj* affekterad affected; låtsad assumed; tvungen forced; onaturlig laboured; artificiell artificial; ~ *glädje* affected (artificial) gaiety; *han är* ~ *i sitt sätt att vara* he has an affected manner
konstläder *s* artificial (imitation) leather, leatherette, art leather
konstmuseum *s* art museum
konstnär *s* allm. artist; målare äv. painter
konstnärinna *s* artist
konstnärlig *adj* artistic; ~ *ledare* art director; *en hög* ~ *nivå* äv. a high level of artistry
konstnärlighet *s* **1** artistic quality; ~*en* det konstnärliga i... äv. the artistry of (in)... **2** konstnärligt kunnande artistry; förmåga artistic ability
konstnärskap *s* **1** konstnärlighet artistry **2** ~*et* (att vara konstnär) förpliktar [the fact of] being an artist...

konstnärskrets *s, i* ~*ar* in artists' circles
konstnärsliv *s*, ~*et* allm. an artist's life; ~*et i Paris* life in artistic circles in Paris
konstnärssjäl *s, han är en* ~ he has the soul of an artist (is a true artist)
konstpaus *s* rhetorical pause, pause for effect, telling pause
konstprodukt *s* **1** mots. naturprodukt artificial product **2** konstalster artistic (art) product
konstra *vb itr* **1** krångla, om t.ex. barn be awkward; ~ *med* tamper (fiddle, meddle) with **2** göra invecklad ~ *till saker* complicate matters, make a big business out of things
konstrik *adj* konstnärlig artistic
konstruera *vb tr* allm. construct äv. geom.; göra utkast till äv. design; rita upp äv. draw; språkv. construe; verbet ~*s med dativ* ...governs (takes) a (the) dative; ~ *om* reshape, refashion, reconstruct
konstruktion *s* construction; design (jfr *konstruera*); påhitt device; uppfinning invention; *den bärande* ~*en* the supporting structure
konstruktionsfel *s* tekn.: abstr. error (fault) in design; konkr. constructional fault; språkv. construing-error
konstruktiv *adj* constructive; om pers. positive, constructive-minded; ~ *kritik* constructive criticism
konstruktör *s* constructor, designer
konstsalong *s* art salon fr.; art gallery
konstsamlare *s* art collector, collector of works of art
konstsamling *s* art collection; offentlig art gallery
konstsiden *s* o. **konstsilke** *s* rayon, artificial silk
konstsim *s* synchronized swimming, vard. synchro
konstskatt *s* art treasure
konstskicklig *adj* [artistically] skilful
konstskicklighet *s* [artistic] skill
konstskola *s* **1** art school, school of art **2** konstriktning school [of art]
konstslöjd se *konsthantverk* o. *konstindustri*
konststycke *s* trick; kraftprov tour de force (pl. tours de force) fr.; *något av ett* ~ something of a feat (an achievement)
konstutställning *s* art exhibition
konstverk *s* work of art (pl. works of art)
konstvetenskap *s* history of art
konståkare *s* o. **konståkerska** *s* figure skater
konståkning *s* figure skating
konstälskare *s* art lover, dilettant|e (pl. -i), votary of art
konsul *s* consul äv. hist.
konsulat *s* consulate äv. hist., befattning
konsulat[s]tjänsteman *s* consular official (employee)
konsulent *s* adviser, consultant; i offentlig tjänst äv. advisory officer

konsulinna *s* consul's wife
konsult *s* consultant; statsråd ung. minister without portfolio
konsultation *s* consultation
konsultativ *adj* consultative; **~t statsråd** ung. minister without portfolio
konsultbyrå *s* consulting agency, firm of consultants
konsultera *vb tr* consult; **~ en läkare** consult (friare see) a doctor; **~nde ingenjör (läkare)** consulting engineer (physician)
konsultfirma *s* firm of consultants, consulting firm
konsum *s* butik el. förening co-op
konsumaffär *s* o. **konsumbutik** *s* co-operative shop (store)
konsument *s* consumer
konsumentkunskap *s* skol., ung. instruction in goods and consumption
konsumentombudsman *s*, **~nen** (förk. *KO*) the [Swedish] Consumer Ombudsman
konsumentprisindex *s* retail (amer. consumer) price index (förk. RPI, amer. CPI)
konsumentupplysning *s* consumer guidance, information for consumers
Konsumentverket the [Swedish] National Board for Consumer Policies
konsumera *vb tr* consume
konsumtion *s* consumption
konsumtionssamhälle *s* consumer society
konsumtionsskatt *s* ekon. consumption tax
konsumtionsvara *s* article of consumption; **konsumtionsvaror** äv. consumer (consumption) goods
kontakt *s* **1** beröring, förbindelse contact äv. pers.; exposure; bildl. ofta äv. touch; **bra (goda) ~er** förbindelser useful contacts; **få (ta) ~ med** get into contact (touch) with, contact; **hålla ~en (vara** el. **stå i ~) med** keep (be) in touch with; **komma i ~ med folk** make contacts [with people]; **vid ~ med luften** on exposure to the air **2** elektr. contact; strömbrytare switch; stickpropp [connecting] plug; vägguttag point, amer. outlet, wall socket
kontakta *vb tr* contact, get into touch (contact) with
kontaktannons *s* personal advertisement (vard. ad); **~erna** the personal column; vard. the lonely-hearts column (båda sg.)
kontaktbehov *s* need for human contact[s]
kontaktledning *s* elektr. overhead contact wire; för lok o.d. aerial line; för trådbuss trolley wire
kontaktlim *s* impact adhesive
kontaktlins *s* contact lens; **hårda (mjuka) ~er** hard (soft) contact lenses
kontaktman *s* contact [man]
kontaktperson *s* contact
kontaktsvårigheter *s pl* contact problems, difficulty sg. in making contacts [with people]
kontaktyta *s* contact surface, interface äv. bildl.
kontamination *s* med. el. språkv. contamination
kontant I *adj* **1** cash; **~ arbetsmarknadsstöd** cash unemployment allowance; **mot ~ betalning** for cash, for ready money; **rabatt vid ~ betalning** discount for (against) cash; **~a utlägg** out-of-pocket expenses **2** vard. **vara ~** be on good terms **II** *adv*, **köpa (sälja) ~** ...for cash, ...for ready money; **betala bilen ~** pay cash for..., pay for...[in] cash
kontantaffär *s* cash transaction
kontantbelopp *s* cash amount, amount in cash
kontanter *s pl* ready money sg.; **i ~** äv. cash in hand
kontantförsäljning *s* cash sale; **vi har bara ~** we only do business on a cash basis
kontantinsats *s* vid avbetalning el. t.ex. husköp down payment; bidrag cash contribution (i företag o.d. investment)
kontantköp *s* cash purchase
kontantpris *s* cash price
kontemplation *s* contemplation
kontemplativ *adj* contemplative
kontenta *s*, **~n av...** the gist (substance, sum-total) of...
kontera *vb tr* hand. account-code, code
konteramiral *s* rear-admiral
kontext *s* context
kontinent *s* continent; **[den europeiska] ~en** the Continent [of Europe]
kontinental *adj* continental
kontinentaldrift *s* o. **kontinentalförskjutning** *s* geol. continental shift
kontingent *s* **1** mil. contingent; friare äv. group **2** ekon., kvot quota, allocation
kontinuerlig *adj* continuous
kontinuitet *s* continuity
konto *s* account; amer. äv. charge account; löpande räkning current account; **ha ~ i en affär (bank)** have an account at a shop (with el. in a bank); **skaffa sig (öppna) ~ hos** open (establish) an account with; **sätta in på ett ~** pay into an account
kontoinnehavare *s* holder of an (resp. the) account, account-holder
kontokort *s* account (credit) card
kontokund *s* credit (charge) customer
kontokurant *s* current account, account current; utdrag statement of account
kontonummer *s* account number
kontor *s* office; **vara (sitta) på ~et** be in (at) the office
kontorisering *s*, **~ av** lägenheter conversion of...into offices
kontorist *s* clerk, office (clerical) employee; **hon (han) är ~** vanl. she (he) works in an office

kontorsanställd *subst adj* office employee, clerk
kontorsarbete *s* office (clerical) work; *ett ~* an office job
kontorsartiklar *s pl* office utensils (tillbehör accessories, materiel supplies)
kontorschef *s* head of an (resp. the) office, office manager, head (chief) clerk
kontorslandskap *s* open-plan office
kontorslokal *s*, *~[er]* office premises pl.
kontorsmaskin *s* office (business) machine
kontorsmateriel *s* office supplies pl., stationery
kontorspersonal *s* office (clerical) staff
kontorstid *s* office (business) hours pl.
kontorsvana *s*, *ha ~* be accustomed to office routine (work); *med* 3 års *~* with...office experience
kontoutdrag *s* statement of account
1 kontra *prep* versus lat.
2 kontra *vb itr* **1** sport. make a breakaway; boxn. counter **2** replikera counter, retort
kontrabas *s* mus. contrabass; basfiol vanl. double bass
kontrahent *s* contracting party
kontrakt *s* **1** avtal o.d. contract äv. kortsp.; högtidl. covenant; överenskommelse agreement; hyreskontrakt lease; *ingå ett ~ med ngn om ngt (om att* inf.*)* enter into (make) a contract with a p. about a th. (to inf. el. about ing-form); *bryta (uppsäga) ett ~* break (give notice of termination of) a contract; *enligt ~[et]* contractually **2** kyrkl.: i stan deanery; på landsbygden rural deanery
kontraktera *vb tr* o. *vb itr*, *~ [om]* ngt contract for...; *till det ~de priset* äv. at [the] contract price
kontraktion *s* fysiol. el. fys. contraction
kontraktsbrott *s* breach of contract
kontraktsenlig *adj* contractual, ...according to contract; *inom den ~a tiden* ...the time specified in the contract
kontraktsprost *s* kyrkl.: i stan dean; på landsbygden rural dean
kontraorder *s* contrary order[s pl.], counter-order[s pl.]
kontrapunkt *s* mus. counterpoint
kontrarevolution *s* counter-revolution
kontrasignera *vb tr* countersign
kontrasignering *s* signatur countersignature
kontraspionage *s* counterespionage, counterintelligence
kontrast *s* contrast; *stå i skarp (bjärt) ~ mot (till)* form a sharp (glaring) contrast to, be in sharp (glaring) contrast to
kontrastera *vb itr* contrast [*mot* with]
kontrastmedel *s* med. contrast medium
kontrastverkan *s* contrasting effect, effect of contrast
kontring *s* **1** sport. breakaway; boxn. counter; *på ~* on the break **2** replik retort

kontroll *s* **1** övervakning o.d.: **a)** övervakande åtgärd check, check-up [*av (på, över)* on]; *göra (ta) en ~* make a check **b)** tillsyn, övervakande control, supervision, inspection, examination **2** [full] behärskning control, command [*över* t.ex. bilen of, t.ex. en skolklass over]; *ha ngt under ~* ...under control; friare äv. ...well in hand **3** konkr.: **a)** kontrollställe checkpoint, control [station] **b)** kontrollanordning control
kontrollampa *s* pilot (warning) lamp
kontrollant *s* supervisor, inspector; controller äv. sport.
kontrollbesiktning *s* av fordon vehicle test (abstr. testing); motsv. i England av MOT (förk. för Ministry of Transport) test
kontrollera *vb tr* **1** granska check [up on]; en uppgift äv. verify; pröva, undersöka test; övervaka supervise; inspektera inspect; *~ biljetterna* examine the tickets; *~ att* det stämmer äv. see (make sure) that...; *~t silver* hallmarked silver **2** behärska control
kontrollmärke *s* check [mark]
kontrollrum *s* control room
kontrollräkna *vb tr* addering o.d. recount and check off; *~ ngt* t.ex. sifferkolumn add up a th. again to check (verify) it
kontrollsiffra *s* data. check digit; i personnummer last digit in the personal code number
kontrollstation *s* control station, checkpoint
kontrollstämpel *s* på silver o.d. hallmark; på varor inspection stamp; på dokument control stamp
kontrolltorn *s* flyg. control tower
kontrolluppgift *s* till skattemyndighet statement of income
kontrollvägning *s* check weighing
kontrolläsa *vb tr* read through and check
kontrollör *s* controller; övervakare o.d. äv. supervisor, inspector
kontrovers *s* controversy, dispute
kontroversiell *adj* controversial
kontur *s* outline; eg. äv. contour; friare o. bildl. äv. line
konung *s* king; *heliga tre ~ar* de tre vise männen the Magi; *~arnas ~* the King of kings
konvalescens *s* convalescence
konvalescent *s* convalescent [patient]; *vara ~ efter* en sjukdom be recovering from...
konvalescenthem *s* convalescent home
konvalje *s* bot. lily of the valley (pl. lilies of the valley)
konvenans *s* propriety, convention; *~en* proprieties pl., convention, the conventions pl.; *bryta mot ~en* commit a breach of etiquette
konvent *s* sammankomst convention
konvention *s* överenskommelse o. bruk convention

konventionell *adj* conventional; *~a former* äv. conventionalities; *~a vapen* conventional weapons (weaponry sg.); *vara ~* äv. stand on ceremony
konvergera *vb itr* matem. el. fys. converge [*mot en punkt* towards...]
konversation *s* conversation; *föra en ~* carry on a conversation
konversationslexikon *s* encyclopaedia
konversera *vb tr* o. *vb itr* converse, chat [*ngn (med ngn)* with a p.; *om ngt* about (on) a th.]
konverter *s* tekn. converter
konvertera I *vb tr* förvandla convert [*till* into] **II** *vb itr* relig. be converted, become a convert
konvertering *s* conversion
konverteringslån *s* conversion loan
konvertibel *adj* ekon. convertible; *~t skuldebrev* convertible bond (debenture)
konvex *adj* optik. el. geom. convex
konvoj *s* convoy; *segla i ~* sail in convoy
konvolut *s* ngt åld., kuvert envelope, cover; med handlingar wrapper
konvulsion *s* med. convulsion
konvulsivisk *adj* med. convulsive
kooperation *s*, *~[en]* co-operation
kooperativ *adj* co-operative; *Kooperativa förbundet* the [Swedish] Cooperative Wholesale Society
koordination *s* co-ordination
koordinera *vb tr* isht vetensk. el. tekn. co-ordinate
kopek *s* myntenhet kopeck, kopek
kopia *s* copy äv bildl.; avskrift äv. transcript; genomslagskopia [carbon] copy; foto. vanl. print; av konstverk o.d. replica; imitation imitation; *ta [en] ~ av...* copy..., make a copy (print osv.) of...
kopiator se *kopieringsapparat*
kopiepapper *s* foto. printing (copying) paper
kopiera *vb tr* copy; skriva av äv. transcribe; foto. vanl. print
kopieringsapparat *s* photocopier, [photo] copying machine
kopist *s* copyist, copying clerk; foto. photofinisher
kopiös *adj* copious, abundant, overwhelming
kopp *s* cup; mått äv. cupful; *en ~ te* a cup of tea; *en full ~ vatten* äv. a cupful of water
koppa *s* med. **1** blemma pustule, vesicle **2** se *smittkoppor* resp. o. *vattenkoppor*
koppar *s* copper; kopparslantar coppers pl.; kastrull *av ~* äv. copper...
kopparfärgad *adj* copper-coloured
koppargruva *s* copper mine
kopparhalt *s* copper content; procentdel percentage of copper
kopparhaltig *adj* attr. ...containing copper; coppery, cupreous
kopparkittel *s* copper pan (osv., jfr *kittel*)
kopparmalm *s* copper ore
kopparmynt *s* copper [coin]

kopparorm *s* blindworm, slow-worm
kopparplåt *s* sheet copper; *en ~* a copper sheet (plate)
kopparröd *adj* copper-coloured; *kopparrött hår* coppery[-red] hair
kopparslagare *s* **1** eg. coppersmith **2** pl., vard., bakrus hangover sg.; *ha ~* have a hangover
kopparslant *s* copper
kopparstick *s* abstr. el. konkr. copperplate [engraving]
koppartråd *s* copper wire
koppel *s* **1** hundkoppel leash, lead; bildl.: hop, skara pack; *gå (ledas) i ~* be (be held) in leash (i band on the lead) äv. bildl. **2** [jakt]hundar pack of hounds **3** mil. shoulder belt
koppla I *vb tr* **1** tekn. el. elektr. couple [up]; elektr. (t.ex. element) äv. connect; radio. connect [up (on)]; tele. connect, put...through **2** binda i koppel leash, couple; jfr *koppel 1*; *~ hunden* äv. put the dog on the lead **3** brottn. o.d. *~ ett grepp* put on (apply) a hold
II *vb itr* **1** vard., fatta *han ~r långsamt* he is slow on the uptake **2** bedriva koppleri procure **III** med beton. part.
~ av **a)** tr., radio. o.d. switch (turn) off; bildl.: avlägsna remove; avskeda dismiss **b)** itr., rekreera sig relax
~ från järnv. o.d. uncouple; tekn. el. elektr. disconnect, disengage; motor. o.d. äv. throw...out of gear
~ ihop eg. couple...[up] together; connect äv. elektr.; join up; friare couple (put)...together, link up
~ in **a)** ledning o.d. connect, join up, put...in circuit; t.ex. elektrisk apparat plug in **b)** anlita call in
~ om tele. connect [...over]
~ på elektr. el. radio. o.d. switch (turn) on; *~ på charmen* vard. turn on the charm
~ till t.ex. vagn put on, attach
~ ur elektr. el. tele. disconnect, disengage; motor. declutch, disengage the clutch
kopplare *s* sutenör procurer, pimp
koppleri *s* procuring, pimping
kopplerska *s* procuress
koppling *s* kopplande coupling, connecting; förbindelse connection äv. elektr., radio. el. tele.; bil. clutch
kopplingspedal *s* clutch pedal
kopplingsschema *s* elektr. wiring (connection) diagram
kopplingstavla *s* elektr. switchboard
kopplingston *s* tele. dial[ling] tone
koppärrig *adj* pock-marked, ...pitted with smallpox
kopulation *s* copulation
kopulera *vb itr* copulate
kor *s* arkit. chancel, presbytery; altarets plats sanctuary; gravkor chapel

kora *vb tr* choose, select [*till* as]
koral *s* chorale; psalm hymn
koralbok *s* hymnal [containing the melodies]
korall *s* coral; ett halsband *av* ~ a coral...
korallfiske *s* coral fishing
korallhalsband *s* coral necklace
korallrev *s* coral reef
korallröd *adj* coral-red
koran *s,* **Koranen** the Koran
kordong *s* polis~ el. snodd cordon
Korea Korea
korean *s* Korean
koreansk *adj* Korean
koreograf *s* dans. choreographer
koreografi *s* dans. choreography
Korfu Corfu
korg *s* **1** allm. basket; större, isht matsäckskorg hamper; för bär o.d. (av spån) punnet; *en ~ med* äpplen vanl. a basket of... **2** bildl. *få ~en* be refused (turned down)
korgblommig *adj* bot. composite
korgboll *s* spel [an old form of] basketball
korgflätning *s* basketry
korgmakare *s* basket-maker
korgmöbler *s pl* wicker (basketwork) furniture sg.
korgosse *s* choirboy
korgstol *s* wicker (basketwork) chair
koriander *s* bot. coriander
korint *s* currant
korintisk *adj* Corinthian
korintkaka *s* currant cake
korintsås *s* currant sauce
korist *s* chorus-singer; kyrkl. choir-singer
kork *s* **1** ämne el. propp cork; *dra ~en ur* flaskan uncork..., draw the cork out of...; dyna *av* ~ äv. cork... **2** bildl. *vara styv i ~en* be cocky (too big for one's boots)
korka *vb tr* cork; ~ *igen (till)* cork [up]; bildl. block up; ~ *upp* uncork
korkad *adj* vard., inskränkt stupid, dense; amer. äv. dumb
korkek *s* cork oak (tree)
korkmatta *s* linoleummatta [stycke piece of] linoleum (lino)
korkskruv *s* corkscrew
korkskruvslockar *s pl* corkscrew curls
korksmak *s* taste of cork, corky taste
korksula *s* cork sole
korn *s* **1** sädeskorn, frö grain; liten partikel äv. granule; bildl. *ett ~ av sanning* a grain of truth **2** sädesslag barley **3** på skjutvapen bead; mil. äv. front sight **4** bildl. *få ~ på ngt* få syn på get sight (få nys om get wind) of a th.; *på ~et* på pricken to a T, exactly
kornblixt *s* meteor. sheet lightning; *en* ~ a flash of sheet lightning
kornblå *adj* cornflower blue
kornett *s* mus. cornet äv. mil. hist.
korngryn *s* barley grain; koll. barley groats pl.
kornig *adj* granular, granulous

kornighet *s* granularity, granulation; foto. graininess
kornisch *s* gesims el. gardin~ cornice, valance
kornknarr *s* zool. corncrake, landrail
kornmjöl *s* barley meal
kornåker *s* med gröda field of barley
korona *s* astron. coron|a (pl. äv. -ae)
1 korp *s* **1** zool. raven **2** hacka pick[axe]
2 korp *s* se äv. *korpidrott;* **spela fotboll** *i ~en* play in the inter-company (inter-works) football league
korpgluggar *s pl* vard. eyes
korpidrott *s* inter-company (inter-works) athletics
korporation *s* corporate body, body corporate; juridisk pers. äv. corporation
korporativism *s* polit. corporatism, corporativism
korpral *s* corporal
korpsvart *adj* raven-black
korpulens *s* stoutness, corpulence
korpulent *adj* stout, corpulent
korrekt *adj* correct; felfri faultless
korrektur *s* proof[s pl.]; avdrag proof sheet; *i ~ in* proof; *läsa ~ på...* read (correct) the proofs of...
korrekturfel *s* error in a proof (resp. the proofs)
korrekturläsa *vb tr* proofread, read...in proof
korrekturläsare *s* proofreader
korrekturläsning *s* proofreading
korrekturtecken *s* proofreader's mark
korrelat *s* filos. correlate; ibl. correlative; språkv. antecedent
korrelation *s* correlation äv. språkv. el. statistik.
korrespondens *s* brevväxling, överensstämmelse correspondence; undervisning *per* ~ ...by correspondence
korrespondenskort *s* correspondence card
korrespondenskurs *s* correspondence course
korrespondensundervisning *s* postal tuition
korrespondent *s* correspondent äv. till tidning; på kontor o.d. correspondence clerk
korrespondera *vb itr* brevväxla el. överensstämma correspond
korridor *s* corridor äv. om landremsa; på tåg, amer. aisle; gång passage; amer. äv. hallway; i offentlig byggnad el. isht parl. lobby; i tennis tramline
korridorpolitik *s* lobbying; *bedriva* ~ lobby
korrigera *vb tr* correct; ngn äv. put...right; revidera revise
korrigering *s* rättelse correction; revidering revision
korrosion *s* tekn. corrosion äv. geol.
korrosionsbeständig *adj* corrosion-resistant, corrosion-proof
korrugerad *adj,* ~ *plåt* corrugated iron
korrumpera *vb tr* besticka el. språkv. corrupt
korrupt *adj* corrupt äv. språkv.
korruption *s* corruption, graft

kors I *s* cross äv. bildl.; mus. sharp; anat. loins pl.; på häst croup; *[nu måste vi rita ett]* ~ *i taket!* wonders will never cease!, well, would you believe it!; *lägga armarna (benen) i* ~ fold el. cross one's arms (cross one's legs); *sitta med armarna (händerna) i* ~ bildl. twiddle one's thumbs, sit doing nothing; *krypa till ~et* humble oneself, eat humble pie, kiss the rod **II** *interj*, ~ el. *i alla mina (all sin) dar!* well, I never!, good heavens (gracious)!; amer. äv. gee! **III** *adv*, ~ *och tvärs* åt alla håll in all directions, this way and that
korsa I *vb tr* cross äv. i bet. 'stryka' el. 'korsa över'; biol. äv. interbreed; skära intersect; ~ *Atlanten* cross the Atlantic; ~ *gatan* cross the street; ~ *ngns planer* cross (thwart, foil) a p.'s plans; *vägarna ~r varandra* the roads cross (intersect); ~ *över* cross out, strike through **II** *vb rfl*, ~ *sig* göra korstecknet cross oneself
1 korsband *s* post. sända *som* ~ a) trycksak[er] ...as printed matter b) varuprov ...as sample[s] c) bok, böcker ...by bookpost
2 korsband *s* anat. cruciate ligament
korsbefruktning *s* bot. cross-fertilization
korsben *s* anat. rump bone
korsblommig *adj* bot. cruciferous
korsdrag *s* draught; amer. draft
korseld *s* crossfire, fusillade
korsett *s* corset; av äldre typ, se *snörliv*
korsfarare *s* hist. crusader
korsformig *adj* ...formed like a cross; arkit. cruciform
korsfästa *vb tr* crucify
korsfästelse *s* crucifixion
korsförhör *s* cross-examination
korsförhöra *vb tr* cross-examine
korsgång *s* **1** vid klostergård cloister **2** i kyrka cross-aisle
Korsika Corsica
korsikan[are] *s* Corsican
korsikansk *adj* Corsican
korskyrka *s* arkit. cruciform church
korslagd *adj* crossed; *med ~a armar* with folded arms; sitta *med ~a ben* ...cross-legged, ...with legs crossed
korsning *s* allm. crossing; biol.: abstr. äv. crossbreeding; hybrid cross[breed]; *en* ~ ett mellanting *mellan* a cross between...
korsnäbb *s* zool. crossbill
korsord *s* crossword [puzzle]; *lösa ett* ~ do (solve) a crossword
korsrygg *s*, *~en* the small of the back, the lumbar region; *värk i ~en* äv. lumbago
korsspindel *s* cross spider, garden spider
korsstygn *s* cross-stitch
korstecken *s* **1** relig. *göra korstecknet* make the sign of the cross; korsa sig äv. cross oneself **2** mus. sharp [sign]
korståg *s* hist. crusade äv. bildl.; holy war
korsvirkeshus *s* half-timbered house

korsvis *adv* crosswise
korsväg *s* crossroad; vägkorsning crossroads (pl. lika)
korsört *s* bot. groundsel, ragwort
1 kort *s* **1** spelkort, vykort, visitkort m.m. card; postkort [post]card; *fina* el. *bra (dåliga)* ~ spel. a good (bad el. poor) hand; *ett säkert* ~ bildl. a safe (sure) bet (card); *lägga ~en på bordet* put one's cards on the table, show one's hand äv. bildl.; *ha (sitta med) starka* ~ *på hand* bildl. hold strong cards; *sätta allt på ett* ~ stake everything on one card (throw); friare put all one's eggs in one basket **2** foto photo (pl. -s), picture; exponering exposure; *ta ett* ~ take a photo (picture) **3** sjökort chart; *segla efter ~[et]* sail by chart **4** fotb. *gult (rött)* ~ yellow (red) card
2 kort I *adj* **1** short; kortfattad, kortvarig äv. brief; avfärdande curt [*mot* with, towards], abrupt [*mot* with]; *tämligen* ~ ofta shortish; *ett* ~ *besök* a brief (short) visit; *med ~a mellanrum* at short (brief) intervals; *dra det ~aste strået* get the worst of it, come off the loser; stanna bara *en* ~ *stund* ...a little while; ~ *vokal* short vowel; *dagarna börjar bli ~are* the days are getting shorter (are drawing in, are closing in); *göra ~are* äv. shorten; förkorta äv. abbreviate, cut down; *en man* ~ one man short
2 *komma till ~a* fail, fall short; dra det kortaste strået get the worst of it
II *adv* shortly isht i tidsuttr.; kortfattat vanl. briefly; koncist concisely; summariskt summarily; tvärt, snävt abruptly, curtly; ibl. short; *för att fatta mig* ~ to be brief osv., jfr *fatta II*; *hålla ngn* ~ keep a tight rein on a p.; ~ *sagt* in short, in brief; friare to cut a long story short, to put the matter in a nutshell; ~ *därefter* shortly el. a short time afterwards; ~ *och gott* helt enkelt simply
korta *vb tr* shorten; ~ *av (ned) [på]...* shorten...[down]; minska cut down (back), reduce; förkorta äv. abbreviate
kortarmad *adj* short-armed
kortbent *adj* short-legged
kortbrev *s* letter card
kortbyxor *s pl* för barn short trousers (amer. pants); för barn och som sommarplagg shorts
kortdistanslöpare *s* sport. sprinter, short-distance runner
kortdistanslöpning *s* sprint, short-distance run; löpande sprinting, short-distance running
kortege *s* cortège fr.; festtåg procession; av bilar motorcade
kortfattad *adj* brief, short, concise; summarisk summary; vard. potted; *en* ~ *version* vard. a potted version
kortfilm *s* short [film (movie)]; vard. quickie
kortfristig *adj* short-term...
korthalsad *adj* short-necked

korthet *s* shortness, brevity; *i* ~ briefly, in short (brief), in a few words
korthuggen *adj* bildl. abrupt, choppy
korthus *s* house of cards; *falla ihop (samman) som ett* ~ collapse like a house of cards
korthårig *adj*, *vara* ~ om pers. have short hair; *~a hundar (katter)* short-haired dogs (cats)
kortison *s* farmakol. cortisone
kortklippt *adj* om pers. *vara* ~ have (wear) one's hair short, have close-cropped (short-cropped) hair; snaggad have (wear) a crew-cut
kortkonst *s* card trick
kortkort *adj*, ~ *kjol* mini[skirt]
kortlek *s* pack (amer. äv. deck) [of cards]
kortlivad *adj* short-lived; *vara* ~ äv. not last long; ~ *succé* a flash in the pan äv. om person
kortlåda *s* för kortsystem card-index cabinet
kortregister *s* card index [*över* of]
kortsida *s* short side
kortsiktig *adj* short-term...
kortsluta *vb tr* elektr. short-circuit
kortslutning *s* elektr. short circuit; vard. short
kortspel *s* **1** kortspelande card-playing; *fuska i* ~ cheat at cards **2** enstaka spel card game
kortspelare *s* card-player
kortstrumpa *s* sock
kortsynt *adj* bildl. short-sighted
kortsynthet *s* bildl. short-sightedness
korttidsanställning *s* short-time (temporary) employment
korttidsminne *s* psykol. short-term memory
korttidsparkering *s* short-stay (short-term) parking
korttänkt *adj* kortsynt short-sighted; tanklös thoughtless
kortvarig *adj* ...of short (brief) duration, short; övergående transitory, transient; *en* ~ *framgång* a short-lived success, a flash in the pan; *ett ~t äktenskap* a brief marriage
kortvuxen se *kortväxt*
kortvåg *s* radio. short wave; *lyssna på* ~ listen to the short-wave [stations]; *sända på* ~ broadcast on short wave
kortvågssändare *s* radio. short-wave transmitter
kortväxt *adj* short; om pers. äv. ...short in stature; om säd o.d. äv. ...short in growth
kortända *s* short side
kortärmad *adj* short-sleeved
korus, *i* ~ in chorus
korv *s* sausage; *varm* ~ hot dog
korva *vb rfl*, ~ *sig* om strumpa o.d. be sagging
korvbröd *s* roll (bun) [for a hot dog]
korvförsäljare *s* o. **korvgubbe** *s* hot-dog man (seller)
korvkiosk *s* hot-dog stand
korvskinn *s* sausage skin (casing)
korvspad *s*, *klart som* ~ vard. as plain as a pikestaff
korvstoppning *s* bildl. cramming
korvstånd *s* hot-dog stand
korvöre *s*, *inte ha ett* ~ not have a brass farthing
koryfé *s* bildl. leader; iron. bigwig
kos *s*, gå (springa, flyga o.d.) *sin* ~ ...away; *han har gått sin* ~ he has gone
kosa *s*, styra (ställa) *~n till (mot, åt)*... head for..., wend (make) one's way towards...
kosack *s* Cossack
kosackdans *s* Cossack dance
koscher *adj* o. **kosher** *adj* jud. kosher
kosing *s*, *~[an]* sl. dough sg., bread sg., lolly sg.
koskälla *s* cowbell
kosmetik *s* skönhetsvård beauty care
kosmetika *s* cosmetics pl., make-up
kosmetisk *adj* cosmetic äv. bildl.
kosmetolog *s* cosmetologist, cosmetician; skönhetsexpert äv. beautician
kosmisk *adj* cosmic; ~ *strålning* cosmic radiation
kosmonaut *s* cosmonaut
kosmopolit *s* cosmopolitan, cosmopolite
kosmopolitisk *adj* cosmopolitan
kosmos *s* cosmos; världsalltet the cosmos
kossa *s* barnspr. moo-cow; neds., om kvinna cow
kost *s* fare; *[en] allsidig (ensidig)* ~ a balanced (unbalanced) diet; *god och närande* ~ good nourishing food (fare); *en mager* ~ a poor diet; bildl. a meagre fare; *vegetarisk* ~ vegetarian diet (fare); ~ *och logi* board and lodging, bed and board
kosta *vb tr* o. *vb itr* cost; gå (belöpa sig) till go (amount, run) to; bekosta se d.o.; *hur mycket (vad) ~r...* how much (what) does...cost?, how much is...?; om ersättning för prestation (t.ex. lagning, klippning o.d.) ofta how much do I (resp. we) owe you for...?; du måste *fråga vad det ~r* ...ask the price; *det spelar ingen roll vad det ~r* äv. money is no object; ~ *vad det ~ vill* bildl. no matter what (never mind) the cost; *det kan ~ dig livet* it may cost you your life
~ ¹*på* **a)** lägga ut, offra spend (pengar äv. lay out) [*på ngn (ngt)* on a p. (a th.)]; se äv. *bekosta*; ~ *på ngn ngt* go to the expense of giving a p...; *har har ~t på* huset *en hel del* he has spent a good deal on...; ~ *på sig ngt* treat oneself to a th. **b)** vara påkostande *det ~r på* it is trying (är ansträngande a great effort) [*att* inf. to inf.]
kostbar *adj* dyrbar costly; värdefull precious
kostbarhet *s* konkr. treasure, precious object
kostcirkel *s* balanced diet chart
kostfiber *s* roughage
kosthåll *s* fare, diet
kostnad *s*, *~[er]* allm. cost sg.; jur. el. bokföring vanl. costs pl.; utgift[er] expense[s pl.]; utlägg outlay[s pl.]; avgift[er] charge[s pl.]; *höga (stora) ~er* heavy expenses (expenditure

sg.); **betala (bestrida) ~erna** pay (defray) the expenses (jur. [the] costs); **...skulle medföra en ~ av hundratals kronor** ...involve an outlay (expenditure) of hundreds of kronor; *för en ~ av* at [a cost of]
kostnadsberäkna *vb tr* cost, estimate the costs of
kostnadsfri *adj* ...free of cost (avgiftsfri of charge), cost-free
kostnadsfritt *adv* free of cost (avgiftsfritt of charge)
kostnadsfråga *s* question of cost
kostnadsförslag *s* estimate of cost[s], quotation
kostnadsskäl *s, av ~* because of the expense
kostnadsställe *s* cost centre
kostsam *adj* costly, expensive, dear
kostvanor *s pl* eating habits
kostym *s* **1** suit; *mörk ~* dark lounge suit **2** teat. o.d. costume; maskerad~ fancy dress
kostymbal *s* fancy-dress (costume) ball
kostymera *vb tr* dress...up [*till* for; *såsom* as]; *~ sig* dress [oneself] up
kostymering *s* dressing; konkr. dress
kota *s* anat. vertebr|a (pl. -ae)
kotknackare *s* vard. bonesetter, chiropractor
kotlett *s* chop; benfri cutlet
kotpelare *s* anat. vertebral column
kotte *s* **1** eg. cone **2** bildl. *inte en ~* not a [living] soul; *varenda ~* every man alive, every man jack [of them]
kotteri *s* coterie, set; neds. clique; *dela upp sig i (bilda) ~er* form cliques
kova *s* vard. cash, bread, lolly
kovända *vb itr* sjö. veer, wear
kovändning *s* sjö. veering, wearing; bildl. äv. turnaround, turnabout; *göra en ~* bildl. perform a volte-face (fr.)
koögd *adj* cow-eyed
kpist *s* kulsprutepistol submachine-gun
krabat *s* vard. chap, fellow
krabb *adj* sjö. choppy
krabba *s* crab
krabbtina *s* crabpot
krackelera|d *adj* crackled; *-t porslin (glas)* äv. crackle-ware
krafs *s* **1** klotter scrawl **2** skräp trash; krimskrams knick-knacks pl.
krafsa *vb tr* o. *vb itr* scratch [*efter* föda for...; *på* dörren on (at)...]; *~ ned* hastigt nedskriva jot down, scrawl, scratch; *~ till (åt) sig* om pers. grab hold of
kraft *s* **1** allm. a) natur~ o.d. force b) förmåga [till ngt], drivkraft m.m., äv. elektriskt, mekaniskt o.d. power c) [kroppslig el. andlig] styrka strength d) spänst, vigör vigour; energi energy; intensitet intensity e) verkan active influence, efficacy; t.ex. örts läkande ~ virtue; *magnetisk ~* magnetic force, magnetism; *nedbrytande ~er* destructive forces; *skapande ~* creative power; *få (hämta, samla) nya ~er* recover (regain) strength, recuperate; vard. pick up; *ha ~ att* bära motgången have the strength to...; *ägna hela sin ~ åt* apply (devote) all one's energies to; *av alla ~er* så mycket man orkar with all one's might (strength); t.ex. skrika at the top of one's voice; *av egen ~* by one's own [unaided] efforts; han är ännu *i sin fulla ~* ...in his prime, ...in the full vigour of manhood; *i sin ~s dagar* var han [when he was] in his prime...; t.ex. slungas *med våldsam ~* with great force, violently; *med förenade ~er* lyckades vi by our united (combined) efforts..., jointly..., together...; *med förnyad ~ (friska ~er)* with renewed (fresh) vigour (strength)
2 pers.: man man; kvinna woman; arbetare worker, workman; *vara den drivande ~en* be the driving force (the leading spirit, the prime mover); *frivilliga ~er* äv. volunteers; firman (teatern etc.) har förvärvat *nya ~er* ...new people
3 jur., giltighet force; *bindande (laga) ~* binding (legal) force; *träda i ~* come into force, take effect
4 *i ~ av* by virtue (force, right) of; jur. in pursuance of
kraftanläggning *s* power plant (station)
kraftansträngning *s* exertion, effort, all-out attempt; *göra en ~* exert oneself, make a real effort; ta sig samman pull oneself together
kraftfoder *s* lantbr. concentrated feed (fodder)
kraftfull *adj* mäktig, t.ex. om gestalt, härskare powerful; effektfull o.d., t.ex. om stil forcible; t.ex. om tal forceful; vital, stark vigorous, strong; energisk energetic; *i ~a ordalag* in forcible words; *~a åtgärder* strong (energetic, forcible, friare drastic) measures
kraftfält *s* fys. field [of force]
kraftförsörjning *s* power supply
kraftig *adj* **1** kraftfull powerful; kraftigt verkande äv. potent; stark strong; livlig, eftertrycklig vigorous; våldsam violent, hard; *en ~ dos* a strong (stiff) dose; *~ drog* potent (powerful) drug; *~t motstånd* powerful (energetic) resistance; *~a påtryckningar* strong pressure sg.
2 stor, avsevärd, t.ex. förlust, minskning, ökning great, big, substantial, considerable; om t.ex. nedgång äv. heavy; om t.ex. ökning äv. sharp, steep; *en ~ prissänkning* äv. a drastic reduction of (in) prices
3 stor till växten n. omfånget big; stadigt byggd sturdy, robust; fetlagd samt om produkt o. utförande stout; tjock, tung heavy äv. t.ex. om tyg; *~ benstomme* sturdy frame; *~ haka* powerful chin; *~a skor* stout (strong) shoes; *~a ögonbryn* heavy (marked) eyebrows
4 om mat, måltid: bastant substantial, solid; närande nourishing, nutritious; fet rich; 'tung' heavy

kraftigt *adv* **1** med kraft, starkt etc. powerfully, strongly etc., jfr *kraftig 1;* ~ **byggd** stongly (sturdily) built, sturdy; ~ *framhålla ngt* stress a th. emphatically; ~ *verkande* t.ex. gift powerful, potent, very effective **2** i hög grad, betydligt greatly, very much, substantially etc., jfr *kraftig 2;* ~ *bidraga till* contribute greatly to…, be instrumental in…; ~ *förbättrade* villkor considerably improved…
kraftkarl *s* bildl. man of action, strong man
kraftkälla *s* source of energy
kraftledning *s* power (transmission) line
kraftlös *adj* svag, klen weak, feeble; orkeslös, utmattad effete; slapp (äv. bildl. om t.ex. stil) nerveless; maktlös, vanmäktig powerless, impotent
kraftmätning *s* friare el. bildl. trial of strength, showdown; tävlan contest; dragkamp tug of war
kraftnät *s* grid, power network
kraftprestation *s* feat [of strength], tour de force (pl. tours de force) fr. [*av ngn* on a p.'s part]
kraftprov *s* trial (test) of strength; jfr *kraftprestation*
kraftstation se *kraftverk*
krafttag *s, ta ett* ~ *för att* o. inf. make a vigorous effort [in order] to inf.
kraftuttryck *s* oath, curse, expletive; ~ pl. äv. strong language sg.
kraftverk *s* power station (plant, house), generating station
kraftåtgärd *s* strong (energetic, forcible, friare drastic) measure
kraftöverföring *s* [the] transmission of power, [power] transmission
krage *s* collar; på strumpa o.d. top; *ta sig i* ~*n* rycka upp sig pull oneself together, get a grip on oneself
kraghandske *s* gauntlet
kragknapp *s* stud; amer. äv. collar button
kragnummer *s* size in collars
kragstövel *s* topboot, wellington [boot]
krake *s* **1** ynkrygg coward; vard. funk; stackare wretch; *stackars* ~*!* äv. poor thing (creature)! **2** häst~ jade, hack
krakmandel *s* dessert (soft-shell) almond (koll. almonds pl.)
kram *s* hug; smeksam cuddle; i brevslut Love
krama *vb tr* **1** trycka, pressa, t.ex. ngns hand, saften ur frukt squeeze, press; till mos o.d. squash; ~ *saften ur* en citron squeeze…dry, squeeze the juice out of…; ~ *ur* squeeze […dry] **2** ~ *[om]* omfamna hug, embrace; smeksamt cuddle
kramas *vb itr dep* rpr. embrace, cuddle
kramdjur *s* leksak cuddly toy
kramgo[d] *adj* vard. huggable, cuddly
kramp *s* i ben, fot etc. cramp; krampryckning spasm; konvulsion[er] convulsion[s pl.]; *få* ~ t.ex. i benet be seized with cramp

krampaktig *adj* med. el. friare, t.ex. gråt spasmodic, convulsive; ~*t försök* desperate effort; *hålla ngt i ett* ~*t grepp* clutch a th. tight
krampanfall *s* attack of cramp, spasm, convulsive fit; jfr *kramp*
kramplösande *adj,* ~ *[medel]* antispasmodic
krampryckning *s* spasm, twitch
kramsnö *s* wet (packed) snow
kran *s* vatten~, gas~ etc. tap, cock; isht amer. faucet; lyft~ crane; vard., näsa snout, conk
kranbil *s* crane lorry (truck)
kranförare *s* crane operator
kranium *s* anat. skull; vetensk. crani|um (pl. äv. -a)
krans *s* blomster~, lager~, ornament o.d. wreath, garland; huvud~ äv. chaplet; vid begravning [funeral] wreath; ringformigt föremål ring äv. bakverk; krets, ring circle, ring
kransa se *bekransa*
kranskärl *s* anat. coronary artery
kransnedläggning *s* wreath-laying [ceremony]
kranvatten *s* tap water
kras *s* crack; *gå i* ~ go to pieces äv. bildl.; stark. fly into (burst to) pieces, be smashed [to smithereens]; *slå…i* ~ break…to pieces, smash…[to pieces el. smithereens]
krasa *vb itr* crunch, scrunch
krasch I *interj* crash! **II** *s* crash, smash; bildl. äv. collapse, failure
krascha *vb itr* o. *vb tr* krossa, krocka o.d. crash, smash; göra bankrutt o.d. smash, go smash; ~ *med bil* crash a car; *ett* ~*t äktenskap* a ruined marriage
kraschlanda *vb itr* crash-land
kraschlandning *s* crash-landing
krass *adj* materialistisk, egoistisk materialistic, self-interested; lumpen base; cynisk cynical; *den* ~*a verkligheten* harsh reality
krasse *s* bot., blomster~ nasturtium, Indian cress; krydd~ garden cress
krasslig *adj* seedy, …out of sorts
krasslighet *s* seediness
krater *s* crater
krats *s* tekn. scraper
kratsa *vb tr* scrape [*ur* out]; riva scratch
kratta I *s* **1** redskap rake **2** vard., pers. funk **II** *vb tr* rake
krav *s* demand; anspråk claim; anmaning att betala demand for payment; ~ *på* t.ex. reformer demand for; stark. insistence on; *ett rättmätigt* ~ a legitimate claim; *ställa höga (stora) på* föraren make heavy demands on…; *höja* ~*en* raise the standards (requirements); *resa* ~ *på* begära call for; jur., göra anspråk på claim, lay claim to; jfr *fordran* o. *fordringar*
kravaller *s pl* riots, disturbances
kravallpolis *s* riot police
kravallstaket *s* riot barrier
kravatt *s* [neck]tie

kravattnål *s* tiepin
kravbrev *s* demand note; påminnelse reminder
kravla *vb itr* crawl; ~ *sig upp* a) crawl up [*på on to*] b) mödosamt resa sig struggle to (up on) one's feet
kravlös *adj* ung. permissive, liberal
kraxa *vb itr* croak, caw
kraxande *s* croaking, cawing; enstaka croak, caw
kreation *s* creation
kreativ *adj* creative
kreativitet *s* creativity, creativeness
kreatur *s* djur [farm] animal; pl. (nöt~) cattle pl.; *fem* ~ nöt~ five head of cattle
kreatursbesättning *s* stock [of cattle]; livestock (end. sg.)
kreatursfoder *s* cattle feed, cattle fodder
kredit *s* **1** ['--] tillgodohavande credit; bokföringsrubrik Creditor (förk. Cr.); se äv. ex. under *debet* **2** [-'-] credit; förtroende äv. credit rating, standing; *få* ~ get (receive) credit; *köpa på* ~ buy on credit (on tick)
kreditera *vb tr* hand. credit; ~ *ett konto med (ngn för)* ett belopp credit an account (a p.) with…, credit…to an account (to a p.)
kreditering *s* post credit entry, entry on the credit side
kreditinstitut *s* credit institution (agency)
kreditiv *s* hand. letter of credit
kreditivbrev *s* dipl. credentials pl., letter of credence
kreditkort *s* credit card
kreditkostnader *s pl* extra charges in connection with credit transactions (with loans)
kreditköp *s* credit buying; purchase on credit
kreditmarknad *s* credit market
kreditnota *s* credit note
kreditor *s* creditor
kredittid *s* period (term) of credit
kreditupplysning *s* credit report (information); skaffa ~ *på ngn* äv. …information on a p.'s solvency
kreditvärdig *adj* creditworthy, sound
kreditåtstramning *s* credit squeeze
krematorium *s* crematori|um (pl. vanl. -a), crematory
kremera *vb tr* cremate
kremering *s* cremation
Kreml the Kremlin
kremla *s* bot. russula lat.
kreol *s* **1** pers. creole, Creole **2** språk creole
kreolsk *adj* creole, Creole
kreosot *s* kem. creosote
Kreta Crete
kretensare *s* Cretan
kreti och pleti every Tom, Dick and Harry sg.
kretong *s* tyg cretonne
krets *s* eg. el. friare circle; ring av saker el. personer äv. ring; område district, jfr *valkrets;* förenings~, lokalavdelning o.d. branch [organization], district (local) section; tekn., t.ex. ström~ circuit; *en sluten (trängre)* ~ några få a narrow circle; ett utvalt sällskap a select few pl.; *umgås i de bästa (i finare) ~ar* move in fashionable (superior) circles, move in [high] society; *vi rör oss i olika ~ar* we move in different circles (spheres); *i välinformerade ~ar* in well-informed circles (quarters)
kretsa *vb itr* circle, move in circles (resp. a circle); om fågel wheel, circle; sväva hover; ~ *kring ngt* om planet o.d. revolve round (orbit) a th.; *hans tankar ~de alltid kring* arbetet his thoughts were continuously centred on…
kretsgång *s* cyclic (revolving, circular) motion, circle; bildl., t.ex. historiens, livets round; *gå i* ~ move (go round) in a circle, revolve; jfr *kretslopp*
kretskort *s* elektr. printed circuit card
kretslopp *s* t.ex. blodets circulation; t.ex. jordens revolution, orbit; *årstidernas* ~ the cycle (return) of the seasons
krevad *s* explosion, burst
krevera *vb itr* explode, burst; ~ *av ilska* explode with rage
kricket *s* cricket
kricketgrind *s* wicket
kricketspelare *s* cricketer
krig *s* war; krigföring warfare; *det kalla ~et* the cold war; *öppet* ~ open warfare; *börja* ~ *mot* start a (go to) war against; *föra* ~ *mot* make (wage) war against; *vara (ligga) i* ~ *med* be at war with; *vara med i ~et* serve (fight, be) in the war; *vara ute i* ~ be away at the wars
kriga *vb itr* war, make war [*mot* against]
krigare *s* soldier; litt. el. åld. warrior
krigförande *adj* belligerent; ~ *makt* belligerent [power], power at war; *de* ~ the belligerents
krigföring *s*, *~[en]* warfare
krigisk *adj* om folk, sinnelag o.d. warlike, martial, bellicose; om bragd o.d. warlike; om konflikt o.d. military
krigsbyte *s* trofé war trophy; *som* ~ as booty (spoils [of war]), loot)
krigsdans *s* war dance
krigsfara *s* danger of war
krigsfartyg *s* warship, man-of-war (pl. men-of-war)
krigsfilm *s* war film
krigsflotta *s* sjövapen navy; samling fartyg battle (armed) fleet
krigsfånge *s* prisoner of war (förk. POW); hist. war captive
krigsförbrytare *s* war criminal
krigsförbrytelse *s* war crime
krigsförklaring *s* declaration of war
krigshandling *s* polit. act of war
krigsherre *s* warlord
krigshetsare *s* warmonger

krigshistoria s military history
krigshär s army
krigshärjad adj war-torn, ...devastated by war
krigsinvalid s disabled soldier, war cripple
krigskonst s, ~*[en]* the art of war (warfare); ngns strategy
krigskorrespondent s war correspondent
krigslag s military law; *de internationella ~arna* the international rules of warfare
krigslist s stratagem äv. bildl.
krigslycka s fortune[s pl.] of war; framgång success in the field
krigsmakt s, ~*en* the armed (fighting) forces pl. (services pl.)
krigsmateriel s war equipment, munitions pl.
krigsmålning s indians o.d. warpaint; kvinnas, skämts. äv. heavy make-up
krigsorsak s cause of war, casus belli (pl. lika) lat.
krigspropaganda s war propaganda
krigsrisk s danger (risk) of war; försäkr. war risk[s pl.]
krigsråd s, *hålla ~* hold a council of war
krigsrätt s domstol court martial (pl. courts martial, court martials), military tribunal (court); *ställas inför ~* be court-martialled
krigsskadad adj om pers. [war] disabled
krigsskadeförsäkring s war risk[s] insurance
krigsskadestånd s reparations pl. [for war damages], war indemnity
krigsskådeplats s theatre (seat) of war, theatre of operations
krigsspel s mil. wargame, kriegsspiel ty.
krigsstig s, *vara på ~en* be on the warpath [*mot* against]; bildl. äv. be up in arms [*mot* against, about]
krigstid s wartime; *i ~* in wartime; *i ~er* in [times of] war
krigstillstånd s state of war; *i ~* in a state of war, at war
krigstjänst s active service; *göra ~* be on active service; *vägra att göra ~* refuse to bear arms
krigsutbrott s outbreak of war
krigsveteran s veteran, ex-service man
krigsväsen s organisation military organization (system)
krikon s bot. bullace
krill s zool. krill (pl. lika)
Krim the Crimea
kriminalare s vard. [police] detective
kriminalen s vard. the criminal police; i Engl. the CID; i USA the FBI; se vid. *kriminalpolis*
kriminalfilm s detective film
kriminalisera vb tr criminalize, outlaw, make...a criminal offence
kriminalitet s crime; criminality äv. brottslig egenskap; *~en ökar* crime is on the increase
kriminalkommissarie s ung. detective superintendent; lägre detective chief inspector
kriminalpolis s, ~*en* the criminal police; i Engl. the Criminal Investigation Department (förk. the CID); i USA the Federal Bureau of Investigation (förk. the FBI)
kriminalroman s detective story (novel)
kriminalvård s treatment of offenders, correctional treatment
Kriminalvårdsstyrelsen the National Prisons and Probation Administration
kriminell adj criminal
kriminologi s criminology
krimskrams s knick-knacks pl., gewgaws pl., trumpery; isht i klädedräkt fripperies pl.
kring I prep **1** [runt] om vanl. round; isht amer. around; [i trakten] omkring, äv. friare om tid, mått etc. [round] about; omgivande surrounding; *kretsa ~ solen* revolve round (about, amer. around) the sun; *~ de femtio* [round] about fifty [years of age]; *~ kl. 7* äv. at about...; *mystiken ~* försvinnandet the mystery surrounding... **2** om, angående about, concerning; *en debatt (tankar) ~* ett ämne a debate (thoughts) on... **II** adv se *omkring II*
kringboende adj, *de ~* those living around; grannarna the neighbours
kringbyggd adj om gård o.d. ...surrounded (shut in) by buildings
kringfartsled s trafik. ring road; amer. beltway
kringflackande adj, *föra ett ~ liv* ströva (irra) omkring lead a wandering (roving) life, wander; resa hit o. dit travel about
kringgå vb tr lagen, reglerna evade, circumvent; en bestämmelse o.d. äv. get round; *~ frågan* evade (sidestep) the question, evade (shirk, dodge) the issue
kringgärda vb tr omge fence (hedge) in, enclose; inskränka, t.ex. ngns frihet circumscribe, restrict; *~d av* restriktioner surrounded (hedged in) by...
kringla s **1** kok., salt~ pretzel; vete~ ung. twist bun **2** på skidstav disc
kringliggande adj omgivande surrounding
kringresande adj travelling, touring; om teatersällskap o.d. äv. itinerant, strolling
kringsnack s vard. discussion; tomprat empty talk, chatter [*om ngt* around (about) a th.]
kringspridd adj o. **kringströdd** adj ...scattered about; *ligga ~[a] i rummet* be scattered about the room
kringstående adj, *de ~* subst. adj. those standing round, the bystanders
kringutrustning s peripheral equipment, peripherals pl.
kringvandrande adj strolling, itinerant
krinolin s klänning crinoline
kris s crisis (pl. crises); ekon. äv. depression
krisa vb itr, *~ ihop* have a nervous breakdown; *det håller på att ~ till sig* things are getting into a mess (becoming critical)

krisartad *adj* critical, ...resembling a crisis
krisdrabbad *adj* ...hit by a crisis (depression depression)
krisläge *s* crisis (pl. crises), critical state
krismöte *s* emergency meeting
krispig *adj* crispy
krispolitik *s* policy to meet (combat) the crisis; friare emergency measures pl.
kristall *s* crystal; glas äv. cut glass; vas *av* ~ crystal..., cut-glass...; *bilda ~er* form crystals, crystallize
kristallglas *s* material crystal [glass], cut glass
kristallinisk *adj* crystalline
kristalliseras *vb itr dep* crystallize [*till* into]
kristallisering *s* crystallization
kristallklar *adj* crystal-clear; om vatten äv. limpid
kristallkrona *s* cut-glass chandelier
kristallkula *s* crystal [ball]
kristallvas *s* crystal vase, cut-glass vase
kristen I *adj* Christian; *den kristna världen* äv. Christendom; *vara* ~ be a Christian
II *subst adj* Christian
kristendom *s*, *~[en]* Christianity
kristenhet *s*, *~[en]* Christendom
kristid *s* time (period) of crisis; ekon. äv. depression, slump
Kristi Himmelsfärdsdag Ascension Day
kristlig *adj* kristen Christian; lik Kristus, t.ex. om sinnelag Christlike; friare Christianly, charitable
kristna *vb tr* **1** omvända Christianize **2** döpa christen
Kristus Christ; *efter* ~ (förk. *e. Kr.*) AD (förk. för Anno Domini); *före* ~ (förk. *f. Kr.*) BC (förk. för before Christ); *år 40 före (*resp. *efter)* ~ the (adv. in the) year 40 BC (resp. AD)
Kristusbarnet the Infant Christ, the Christchild
krita I *s* **1** chalk; färg~ crayon; *en [bit]* ~ a [piece (stick) of] chalk; *en ask kritor* a box of chalks (resp. crayons) **2** *ta på* ~ vard. buy on tick; *när det kommer till ~n* when it comes to it (the crunch, the point) **3** geol., kritperioden the Cretaceous **II** *vb tr* chalk; t.ex. fönster whiten
kritbit *s* piece of chalk
kriterium *s* criter|ion (pl. -ia) [*på* of]
kritik *s* bedömning criticism; tadel äv. censure; recension review; kort notice; kritisk avhandling critique; *~en* kritikerna the critics, the reviewers (båda pl.); *få dålig (god)* ~ be unfavourably (favourably) reviewed; *under all* ~ beneath contempt
kritiker *s* critic; recensent äv. reviewer
kritiklysten *adj* critical, censorious, fault-finding...; småaktigt carping...
kritiklös *adj* uncritical; utan urskillning äv. indiscriminate
kritisera *vb tr* **1** klandra criticize, censure, find fault with, pass strictures on; småaktigt carp at; *du skall då alltid* ~ you are always finding fault **2** recensera review
kritisk *adj* **1** (till *kris*) critical; avgörande äv. crucial; ~ *situation* critical situation; nödläge äv. emergency; *det ~a ögonblicket* the critical (crucial) moment **2** (till *kritik*) critical [*mot* of]; kräsen äv. discriminating; jfr äv. *kritiklysten*
kritklippa *s* chalk cliff
kritperioden *s* geol. the Cretaceous period
kritstrecksrandig *adj* chalk-stripe
kritvit *adj* ...[as] white as chalk (i ansiktet as a sheet), snow-white
kroat *s* Croat
Kroatien Croatia
kroatisk *adj* Croatian
krock *s* **1** bil~ o.d. collision, crash **2** mellan t.ex. TV-program clash
krocka *vb tr* o. *vb itr* **1** om bil o.d. ~ *[med] ngt* collide with a th., run (crash, smash, lätt bump) into a th.; *bilarna ~de* the cars collided (ran etc. into each other) **2** om t.ex. TV-program clash
krocket *s* croquet
krocketklubba *s* croquet mallet
krockskadad *adj* attr. ...damaged in a collision
krog *s* restaurang restaurant; värdshus o.d. inn, tavern
krogliv *s* restaurant life
krognota *s* restaurant bill (amer. check)
krogrond *s*, *gå* ~ go on the spree
krogvärd se *krögare*
krok *s* **1** hake, häng~, met~ etc. hook äv. boxn.; *lägga [ut] sina ~ar för ngn* make a dead set at a p., spread one's net for (try to catch) a p.; *nappa på ~en* bildl. swallow (rise to) the bait **2** krök[ning] bend, curve, turn; vindling winding; *göra en* ~ omväg go a roundabout way **3** vard. *här i ~arna* in these parts, about (near) here, hereabouts
kroka *vb tr* hook; ~ *av* unhook; ~ *på* hook on; ~ *upp* hook up
krokan *s* kok. croquembouche fr.
krokben *s*, *sätta* ~ *för ngn (ngns planer)* trip a p. up (upset a p.'s plans)
krokett *s* kok. croquette
kroki *s* konst. life-drawing, skiss croquis (pl. lika)
krokig *adj* crooked; i båge curved; böjd bent; *~a deformerade fingrar* gnarled fingers; ~ *näsa* hooked nose; ~ *väg* curved (winding) road
krokighet *s* crookedness; curvature
krokna *vb itr* bågna bend; bli krokig get crooked (etc.), jfr *krokig*); vard. el. sport., tappa orken fold up
kroknäst *adj* hook-nosed
krokodil *s* crocodile

krokodiltårar *s pl* crocodile tears; *gråta ~* shed (weep) crocodile tears
krokryggig *adj* stooping, bent; *gå ~* walk with a stoop; *vara ~* have a stoop (hunched shoulders), hunch one's shoulders
kroksabel *s* scimitar
krokus *s* bot. crocus (pl. äv. croci)
krokväg *s* omväg roundabout (circuitous) way; *gå en ~* äv. go a long way round; *gå ~ar* bildl. use underhand means (methods); *på ~ar* bildl. in a roundabout way, indirectly, deviously
krollsplint *s* vegetable fibre
krom *s* chromium
kromatisk *adj* fys. el. mus. chromatic
kromgult *s* chrome yellow
kromosom *s* biol. chromosome
krona *s* **1** kunga~, brud~ o.d. el. träd~ el. tand~ crown; blom~ corolla; träd~ äv. head; horn~ antlers pl.; på hjortdjur head; ljus~, tak~ chandelier; *~ eller klave* heads or tails; *spela ~ och klave om ngt* toss for a th.; *sätta ~n på verket* supply the finishing touch, be the crowning glory **2** *~n* kungamakten, staten the Crown; staten äv. the State (Government); *~ns egendom* State (Crown, Government) property **3** svenskt mynt [Swedish] krona (pl. kronor); ibl. Swedish crown (förk. SKr., SEK resp. Sw. cr.)
kronblad *s* bot. petal
krondill *s* dillkronor heads pl. of dill
kronhjort *s* red deer; hane äv. stag
kroniker *s* med. chronic invalid, chronic
kronisk *adj* chronic
kronjuveler *s pl* Crown jewels
kronkoloni *s* crown colony
kronkurs *s* ekon. krona (crown) rate
kronofogde *s* head of an (resp. the) enforcement district; lägre senior enforcement officer
kronojord *s* crown land[s pl.]
kronologi *s* chronology
kronologisk *adj* chronological
kronometer *s* chronometer
kronopark *s* crown (state) forest area
kronprins *s* crown prince; *engelska ~en* vanl. the Prince of Wales
kronprinsessa *s* crown princess
krontal *s*, *utjämna...till närmast högre ~* round...off upwards to the nearest krona
kronvittne *s* **1** huvudvittne principal witness **2** *bli ~* vittne mot medbrottsling (i Engl.) turn King's (resp. Queen's, i Amer. State's) evidence
kronvrak *s* vard., ung. reject
kronärtskocka *s* [globe] artichoke
kronärtskocksbottnar *s pl* artichoke hearts
kropp *s* body äv. fys.; matem. o.d.; bål äv. trunk; slakt. carcass, carcase; *fast ~* fys. solid; *främmande ~* foreign body; *darra (ha ont)*

i hela ~en shake (have aches and pains) all over; *ha utslag över hela ~en* have spots (a rash) all over [one's body]; *till ~ och själ* in mind and body
kroppkaka *s* kok. potato dumpling [stuffed with chopped pork]
kroppsaga *s* corporal punishment
kroppsansträngning *s* physical exertion
kroppsarbetare *s* manual labourer (worker)
kroppsarbete *s* manual labour (work)
kroppsbyggare *s* body-builder
kroppsbyggnad *s* build, physique, bodily constitution; *en person med kraftig (spenslig) ~* a strongly (slenderly) built person, a person of a powerful (slender) build
kroppsdel *s* part of the body
kroppshydda *s* body
kroppskrafter *s pl* physical strength sg.
kroppskultur *s* physical culture
kroppslig *adj* bodily, physical
kroppslängd *s* height, stature
kroppsnära *adj* om t.ex. klädesplagg body-hugging
kroppspulsåder *s*, *stora ~n* the aorta
kroppsrörelse *s* motion physical exercise
kroppsskada *s* physical injury; jur. bodily harm
kroppsspråk *s* body language
kroppsställning *s* posture
kroppstemperatur *s* body temperature
kroppstyngd *s* weight [of the (one's) body]
kroppsvisitation *s* [personal (bodily)] search; vard. frisk
kroppsvisitera *vb tr* search; vard. frisk
kroppsvärme *s* heat (temperature) of the body, body (animal) heat
kroppsövningar *s pl* physical exercises (training sg.)
kross *s* crusher, crushing mill (machine); *sten~* stone crusher
krossa *vb tr* crush, grind; slå sönder break, smash [up], dash [...to pieces], shatter; förstöra wreck; *benet ~des* ...was crushed; *~ ngns hjärta* break a p.'s heart; *~ ngns makt* break (shatter) a p.'s power; *~ allt motstånd* crush all resistance
krossår *s* bruise, contusion
kroton *s* bot. croton
krubb *s* vard., mat grub, nosh
krubba I *s* manger, crib; jul~ crib **II** *vb itr* vard., äta have some grub (a nosh), stoke up
krubbitare *s* häst crib-biter
krucifix *s* crucifix
kruka *s* **1** blom~ o.d. pot; sylt~ o.d. äv. jar; vatten~ o.d. pitcher **2** pers., vard. coward, funk
krukmakare *s* potter
krukmakeri *s* pottery
krukväxt *s* potted plant, pot plant
krulla *vb tr o. rfl*, *~ sig* curl; [om] hår äv. frizz[le]

krullig *adj* curly; tätare frizzy; kort och småkrulligt woolly
krumbukt *s, ~er* a) kurvor windings b) bugningar obeisances; choser frills c) omsvep dodges, shuffling sg.; *utan ~er* omsvep vanl. straight out
krumbukta *vb itr* o. *rfl, ~ sig* ringla wind; buga sig make obeisance [*för* to]; svansa fawn [*för* on]; göra omsvep dodge, shuffle
krumelur *s* snirkel flourish, curlicue; oläslig signatur o.d. squiggle; 'gubbe', figur doodle; förstrött *rita ~er* doodle
krumsprång *s* caper, gambol; *göra ~* caper [about], gambol, frisk
krupp *s* med. croup
1 krus *s* kärl jar; av flasktyp med handtag jug; isht vatten~ pitcher; [öl]sejdel mug; med lock tankard [alla med of framför följ. best.]
2 krus *s* krusande bildl. ceremony; beställsamhet fuss, to-do; trugande pressing; *utan ~* without [any] ceremony; utan vidare without [any] more ado
krusa I *vb tr* o. *rfl, ~ sig* göra (resp. bli) krusig curl, crisp; [om] hår äv. frizzle; [om] vattenyta ripple, stir; rynka, t.ex. tyg ruffle; *hans läppar ~des till* ett hånleende his lips curled into... **II** *vb tr* o. *vb itr, ~ [för] ngn* vara [överdrivet] uppmärksam mot make a fuss of a p.; ställa sig in hos t.ex. överordnad make up to a p., curry favour with a p., chat up a p.
krusbär *s* gooseberry
krusbärsbuske *s* gooseberry bush
krushårig *adj* frizzy[-haired], curly-headed
krusiduller *s pl* [superfluous] ornaments; byggn. gingerbread work sg.; i skrift flourishes, curlicues; bildl. frills; jfr *krumbukt*
krusig *adj* curly; om hår äv. frizzy; isht bot. curled, wrinkled; om vattenyta rippled
kruska *s* 'kruska', [kind of] health food made of bran, oats, raisins etc.
kruskål *s* [curled] kale, borecole
krusmynta *s* bot. [curled] mint
krusning *s* på vattenyta ripple
krustad *s* kok. croustade fr.
krut *s* **1** gunpowder, powder; *det är ~ inget i honom* vard. he has got no go (pep) **2** *ont ~ förgås inte så lätt* it would take more than that to finish him etc. off
krutdurk *s* powder magazine; *sitta på en ~* bildl. sit on top of a volcano (powder keg)
krutgubbe *s* vard. tough old boy
krutgumma *s* vard. tough old girl
krutrök *s* gunpowder smoke
kruttunna *s* powder keg
krux *s* crux (pl. äv. cruces); *det är det som är ~et!* there's (that's) the snag (crunch)!
kry *adj* well (vanl. pred.), fit; återställd recovered; isht om äldre pers. hale [and hearty]; jfr vid. *frisk*
krya *vb itr, ~ på sig* get better, recover, pick up; *~ på dig!* get well soon!

kryck|a *s* crutch; käpp~ handle, crook; t.ex. guld~ äv. top; *gå på -or* walk on crutches
krydd|a I *s* växtprodukt spice äv. bildl.; smakförhöjande tillsats, isht salt o. peppar seasoning, flavouring (samtl. äv. *-or* i koll. bem.*);* bords~ condiment; *ge en extra ~ åt* add (give, lend) [a] zest to **II** *vb tr* isht med salt o. peppar season; isht med andra kryddor spice äv. bildl.; smaksätta flavour; *~ efter smak* i recept add seasoning to taste; *~ sitt tal med* spice (interlard) one's speech with; *~d med vitlök* flavoured with garlic, garlic-flavoured
kryddburk *s* spice jar
kryddhylla *s* spice rack
kryddnejlika *s* clove
kryddost *s* seed-spiced (clove-spiced) cheese
kryddpeppar *s* allspice
kryddstark *adj* spicy, strongly (highly) seasoned; jfr *krydda II*
kryddväxt *s* aromatic plant, herb; isht exotisk spice[plant]
krylla *vb itr, det ~de av myror* the place was alive (crawling) with ants; *stranden ~de av folk* the beach was swarming with people; jfr *vimla*
krymp|a *vb tr* o. *vb itr* shrink; *~ ihop* shrink [up], dwindle; förminskas äv. contract; *en ~nde marknad* a dwindling (shrinking) market
krympfri *adj* unshrinkable; krympfribehandlad pre-shrunk, shrinkproof; *garanterat ~* warranted not to shrink
krympling *s* cripple
krympmån *s* allowance for shrinkage; *beräkna (ta hänsyn till) ~* allow for shrinkage
krympning *s* shrinkage
kryp *s* creepy-crawly; neds. om pers. creep; smeks., pyre [little] mite
kryp|a I *vb itr* crawl; isht tyst o. försiktigt creep; om barn crawl; amer. äv. creep; om växt creep, trail; klättra climb; söla dawdle; friare go, get, jfr ex.; *tåget kröp fram* över slätten the train crawled (went at a crawl)...; *timmarna kröp fram* the hours crept (crawled) by; *~ för ngn* bildl. cringe (grovel) to a p., fawn on a p.; *det -er i mig när jag ser det* it gives me the creeps (makes my flesh creep) to see it; *~ i säng (till kojs, till sängs)* go to bed; *~ till korset* humble oneself, eat humble pie, kiss the rod
II med beton. part.
~ bakom t.ex. en buske creep (gömma sig hide) behind...
~ fram komma fram come out äv. bildl.
~ ihop t.ex. i soffan, ett hörn huddle [oneself] up, nestle up; huka sig, kura crouch; isht av fruktan o.d. cower; *krympa shrink; sitta hopkrupen* sit huddled up (resp. crouching, cowering)

krypande 350

~ in t.ex. genom fönstret (smygande) creep in; **~ *in i sitt skal*** bildl. shrink (retire) into one's shell (oneself) **~ intill** *ngn* cuddle (huddle) up against a p. **~ ner:** **~ *ner [i* sängen*]*** nestle down (cuddle up) [in...] **~ omkring** om barn crawl (amer. äv. creep) about **~ upp:** **~ *upp [i* soffhörnet o.d.*]*** huddle [in...]
krypande *adj* crawling, creeping etc., jfr *krypa*; om känsla äv. creepy; bildl., lismande o.d. cringing, fawning, obsequious
kryperi *s* cringing [and fawning], obsequiousness (båda end. sg.)
krypfil *s* slow-traffic lane; amer. creeper (truck) lane
kryphål *s* bildl. loophole
krypin *s* gömställe, hål nest, hole; vrå nook, corner; lya den; ***ett eget* ~** a place of one's own
krypköra *vb itr* edge along
krypskytt *s* jakt. stalker; tjuvskytt poacher; mil. sniper
krypskytte *s* jakt. stalking; tjuvskytte poaching; mil. sniping
krypta *s* crypt
kryptisk *adj* cryptic
krypto *s* crypto
kryptogam *s* bot. cryptogam
krysantem *s* o. **krysantemum** *s* chrysanthemum; vard. chrysant
kryss *s* **1 a)** kors cross; vid tippning draw; ***i* ~** crosswise; ***sätta ~ för*** se *kryssa 3* **b)** korsord crossword **2** sjö. a) segling mot vinden windward sailing, beating, tacking b) utan bestämd kurs cruising; ***ligga på* ~** se *kryssa 1*
kryssa *vb itr* **1** sjö. a) segla mot vinden sail (beat) to windward, beat, tack b) segla omkring el. företa långfärd (om turistfartyg o.d.) cruise; *[ligga och]* **~** t.ex. i skärgården be [out] cruising, sail to and fro **2** friare: röra sig i sicksack walk (go, hit come) zigzag, zigzag; **~ *sig fram genom*** weave o.'s way through **3 ~ *för*** markera mark...with a cross, put a cross against
kryssare *s* cruiser; jfr *havskryssare*
kryssning *s* **1** långfärd cruise **2** se *kryss 2*
kryssningsrobot *s* mil. cruise missile
kryssvalv *s* arkit. cross-vault[ing]
krysta *vb itr* vid avföring strain [at stool]; vid förlossning bear down
krystad *adj* tvungen, sökt strained, laboured, forced
krystning *s*, **~*ar*** strain, abdominal pressure; vid förlossning bearing down (samtl. sg.)
krystvärkar *s pl* bearing-down contractions
kråk|a *s* **1** fågel crow; *hoppa* **~** hop; *elda för -orna* ung. let the fire go up the chimney **2** märke tick; ***sätta en ~ för ngt*** mark a th. with a tick, put a tick against a th.

kråkfötter *s pl* dålig handstil scrawl sg.
kråkslott *s* old dilapidated mansion
kråksång *s*, *det är det fina i* **~*en*** that is [just] the beauty of it
kråma *vb rfl*, **~ *sig*** prance [about]; om pers. äv. strut (swagger) [about], preen oneself; om häst äv. arch its neck
krångel *s* besvär, bråk trouble, fuss, bother; svårigheter, invändningar difficulties pl.; olägenhet inconvenience; förvecklingar complications pl.; *det är något* **~** *med motorn* there is something wrong with the engine
krångla I *vb itr* **1** ställa till krångel make a fuss; göra svårigheter el. invändningar make (raise) difficulties, be awkward; förorsaka besvär give (cause) trouble; vara obeslutsam shilly-shally, waver; erkänna *utan att* **~** ...without shuffling; **~** pilla *med* t.ex. låset mess (play) about with, tamper with **2** 'klicka' o.d., om t.ex. motor, radio go wrong; om t.ex. lås, broms jam; magen, motorn **~*r*** there is something wrong with...
 II med beton. part.
 ~ *sig ifrån ngt* slingra sig undan dodge (wriggle out of, shirk, get out of) a th.
 ~ *sig igenom ngt* get through a th. in one way or other, muddle through a th.
 ~ *till* t.ex. en fråga: röra till make a mess (a muddle) of; göra invecklad complicate
krånglig *adj* svår difficult, hard; svårlöst äv. knotty, ticklish; invecklad complicated, intricate; besvärlig (äv. om pers.) troublesome, trying; kinkig, trilsk awkward; dålig, svag, t.ex. om mage, nerver weak, jfr äv. *krångla*
1 krås *s* gås- o.d. giblets pl.; *smörja* **~*et*** gorge oneself
2 krås *s* på kläder ruffle, frill
kråsnål *s* breastpin
kräft|a *s* **1** zool. crayfish, crawfish *(*båda äv. *-or); vara röd som en kokt* **~** *[i synen]* look like a boiled lobster; *fiska (fånga) -or* catch crayfish **2** med. cancer; bot. el. bildl. canker **3** *Kräftan* astrol. Cancer
kräftdjur *s pl*, **~*en*** [the] crustaceans
kräftfiske *s* crayfishing
kräftgång *s*, *gå* **~** move backwards
kräfthåv *s* crayfish net
kräftpest *s* parasitic mould [which attacks crayfish]
kräftskiva *s* crayfish party
kräftstjärt *s* crayfish tail
kräk *s* neds. wretch; amer. äv. jerk; knöl, fä brute, beast; ***ett ~ till karl*** a wretch; amer. äv. jerk
kräkas I *vb itr dep* vomit, be sick; amer. be sick at (to, in) one's stomach; *vilja* **~** feel sick; *det är så man kan* **~** *[åt det]* vard. it is enough to make you (one) sick (puke) **II** *vb tr dep*, **~** *[upp]* throw up, vomit; **~ *blod*** vomit blood

kräkla *s* kyrkl. crosier, crozier
kräkmedel *s* med. emetic
kräkning *s*, ~*ar* vomiting; kräkningsanfall attack of vomiting (båda sg.)
kräla *vb itr* **1** krypa crawl, creep; ~ *i stoftet* bildl. grovel [in the dust] [*för* to] **2** ~ *[av ngt]* se *krylla*
kräldjur *s* reptile
kräm *s* allm. cream; jfr *skokräm, tandkräm* etc.; maträtt, se *fruktkräm*
krämare *s* shopkeeper, tradesman
krämfärgad *adj* cream-coloured
krämig *adj* creamy
krämp|a *s* ailment; *ålderdomens -or* the infirmities of old age
kränga I *vb tr* **1** vända ut och in på, t.ex. ett plagg turn...inside out **2** mödosamt dra, t.ex. en tröja över huvudet force; ~ *av [sig]* pull off, wriggle out of **3** vard., sälja flog **II** *vb itr* sjö. heel [over], careen; slänga, om bil, flygplan o.d. sway
krängning *s* heeling, careening, swaying; jfr *kränga II*
känk|a *vb tr* skymfa, bryta mot violate; överträda, inkräkta på infringe, invade; förorätta wrong, injure äv. såra; förolämpa offend, insult; stark. outrage; ~ *svenskt luftrum* violate Swedish air territory; *-t* förolämpad offended etc.; hurt [in one's feelings]; *känna sig -t över ngt* äv. take offence at (resent) a th.
kränkande *adj* förolämpande insulting; om yttrande äv. offensive, outrageous; om tillmäle abusive
kränkning *s* (jfr *känka*) violation; t.ex. av ngns rättigheter infringement; t.ex. av fördrag infraction [*av* i samtl. fall of]; offence [*av* against]; insult [*av* to]; outrage [*av* [up]on]
kräpp *s* crêpe fr.; crepe; krusflor crape
kräppad *adj* crinkled
kräppapper *s* crêpe paper, crinkled paper
kräppnylon *s* stretch nylon
kräsen *adj* fastidious, particular; vard. choosy [*på* i samtl. fall about]; om smak o.d. discriminating; *en ~ publik* a discriminating public; *vara ~* äv. be hard to please
1 kräva *s* zool. crop, craw
2 kräv|a *vb tr* **1** fordra **a)** med personsubj.: begära demand; resa krav på call for; jur. claim; yrka på insist [up]on; absolut fordra exact; ~ *att något görs* demand (insist) that something be done; ~ *för mycket av livet* ask too much of life **b)** med saksubj.: behöva, erfordra require, demand, exact; påkalla call for; t.ex. ngns uppmärksamhet äv. claim; nödvändiggöra äv. necessitate; ta i anspråk, t.ex. tid take; ~ *plats* take up [much] room **2** fordra betalning av ~ *ngn [på betalning]* demand payment from a p., request a p. to pay **3** kosta *olyckan -de tre liv* the accident claimed the lives of three people
krävande *adj* om arbete, uppgift o.d. exacting;

mödosam, svår arduous, heavy, hard; påfrestande, t.ex. om tid trying; *en ~ uppgift* äv. a demanding task, a task that makes demands
kräv|as *vb itr dep* behövas be needed etc., jfr *behövas*; *det -s mycket av honom* great demands are made on him
krögare *s* värdshusvärd innkeeper; källarmästare restaurant keeper, restaurateur
krök *s* bend; av väg, flod o.d. äv. curve, winding; sväng turn
1 krök|a (*-te -t*) **I** *vb tr* o. *vb itr* bend; i båge äv. curve; ~ *[på]* t.ex. armen, fingret crook, hook; t.ex. ryggen bend; ~ *rygg* a) om katt arch its back b) bildl., om pers. cringe [*för* to] **II** *vb itr* o. *rfl*, ~ *sig* allm. bend; om väg o.d. äv. curve; om läpp curl, curve; ~ *[på] sig* a) bågna, slå sig bend, get bent; bli krokig get crooked b) om pers.: böja sig bend down
2 krök|a (*-ade -at*) *vb itr* vard. booze
kröken *s* vard. booze, liquor; *spola ~* go on the [water] wagon
krökning *s* **1** krökande bending etc., jfr *1 kröka*; av läpparna curl **2** se *krök*
krön *s* bergs~ o.d. crest, ridge; mur~ coping; allmännare (högsta del) top; *~et [på en backe]* the brow (top) of a hill
kröna *vb tr* allm. crown; bilda krön (topp) på äv. crest, top, surmount; ~ *ngn till kung* crown a p. king; *~s med framgång* be crowned with success, be successful
krönika *s* chronicle; annaler äv. annals pl.; friare, t.ex. vecko~ (resp. månads~) diary, survey of the events (news) of the week (resp. month); tidningsartikel o.d. över visst [kulturellt] ämne review, column
krönikör *s* chronicler; i tidning columnist
kröning *s* kunga~ o.d. coronation
krösus *s* vard. Croesus; *han är en riktig ~* he's a proper Croesus
kub *s* cube; *~en på 5* the cube of 5
Kuba Cuba
kuban *s* Cuban
kubansk *adj* Cuban
kubb *s* **1** hugg~, trä~ block **2** hatt bowler (amer. derby) [hat]
kubik *s*, *5 i ~* the cube of 5
kubikcentimeter *s* cubic centimetre (förk. cu.cm., c.c.)
kubikmeter *s* cubic metre (förk. cu.m.)
kubikrot *s* cube root
kubisk *adj* cubic[al]; kubformig äv. cubiform
kubism *s* konst. cubism
kubistisk *adj* konst. cubist[ic]
kuckel *s* vard. hanky-panky
kuckeliku *interj* cock-a-doodle-doo!
kudde *s* cushion; huvud~ pillow
kuddkrig *s* pillow fight
kuddvar *s* cushion case; till huvudkudde pillowcase
kuf *s* odd customer, rum fellow

kufisk *adj* odd
kugga *vb tr* i tentamen o.d. fail; vard. plough; isht amer. flunk; *han blev ~d* he failed; isht amer. he [was] flunked
kugge *s* cog, tooth (pl. teeth); *en [liten] ~ i det hela* bildl. a [small] cog in a big wheel
kuggfråga *s* catch (tricky) question, poser
kugghjul *s* gearwheel, cogwheel; drev, litet ~ pinion
kuk *s* vulg. cock; prick äv. neds. om pers.
kul *adj* lustig funny; trevlig nice, jolly, super, fun; roande amusing; underhållande entertaining; *vi hade väldigt ~ roligt* we had great fun (trevligt a very nice time); *så ~ att träffas igen!* how nice to see you again!
1 kul|a *s* **1** allm. ball; klot äv. globe, sphere, orb; gevärs~ bullet; bröd~, pappers~ o.d. pellet; sten~ (leksak) marble; på termometer bulb; i radband bead; till skrivmaskin golf ball; *förlupen ~* stray bullet; *spela ~* play marbles **2** vard. *-or* pengar marbles, bread sg. **3** sport.: a) redskap shot, weight b) se *kulstötning*; *stöta ~* put the shot (weight) **4** *börja på ny ~* start afresh
2 kula *s* grotta cave; håla hole; lya den, lair; vard., rum den, digs pl.
kulblixt *s* meteor. flash of ball lightning
kulen *adj* om väderlek, dag raw [and chilly], bleak
kulhål *s* bullet hole
kulinarisk *adj* culinary
kuling *s* meteor. gale; *frisk ~* strong breeze; *styv (hård) ~* moderate (fresh) gale
kuliss *s* teat.: vägg sidescene; sättstycke set piece; bildl. [false] front; *~er* dekor vanl. scenes; *bakom ~erna* behind the scenes äv. bildl.; *i ~en (~erna)* mellan scendekorationerna in the wings
1 kull se *omkull*
2 kull *s* av däggdjur litter; av fåglar brood; friare, t.ex. student~ batch [samtl. med of framför följ. subst.]; *barnen i den andra ~en* ...of the second marriage
3 kull *s, leka ~* play he (tag)
1 kulla *s* Dalecarlian woman (resp. girl)
2 kulla *vb tr* i lek *~ ngn* make a p. "it", he (tag) a p.
kullager *s* tekn. ball bearing
1 kulle *s* hatt~ crown; *en hatt med låg ~* äv. a low-crowned hat
2 kulle *s* höjd hill; liten hillock, mound
kullerbytta *s* somersault; fall fall, tumble; *framlänges (baklänges) ~* forward (backward) roll; *slå (göra) en ~* turn (do) a somersault; isht ofrivilligt turn head over heels; *bilen gjorde en ~* äv. the car overturned (turned turtle)
kullersten *s* cobble[stone]; koll. cobbles pl.
kullerstensgata *s* cobbled street
1 kullig *adj* om terräng o.d. hilly; mjukt böljande undulating

2 kullig *adj* om nötboskap hornless, polled
kullkasta *vb tr* bildl., t.ex. ngns planer upset, throw over; t.ex. teori overthrow
kullkörning *s* störtning med t.ex. cykel fall
kullridning *s* fall fall, tumble
kullrig *adj* kupig bulging, convex; knölig bumpy; om stenläggning cobbled
kulmen *s* culmination, highest point, summit, acme; höjdpunkt, t.ex. festens climax; ekon. el. statistik. o.d. peak
kulminera *vb itr* culminate [*i* in]; reach one's climax (statistik. o.d. peak)
kulram *s* abac|us (pl. äv. -i)
kulregn *s* rain (hail) of bullets
kulspetspenna *s* ball pen, ballpoint [pen]
kulspruta *s* machine gun
kulsprutegevär *s* light machine gun, Bren gun
kulsprutepistol *s* submachine-gun, tommy gun
kulstötare *s* sport. shot-putter
kulstötning *s* sport. putting the shot (weight)
kult *s* cult
kultiverad *adj* cultivated; bildl. äv. cultured, refined; *en ~ man* äv. a man of culture
kultplats *s* cult centre
kultur *s* **1** civilisation civilization *(äv. ~en);* etnogr. el. [andlig] bildning culture *(äv. ~en);* förfining refinement, jfr *matkultur* etc.; *den antika ~en* the civilization of ancient times; *den västerländska ~en* Western civilization **2** lantbr. o.d. cultivation; isht trädg. el. bakterie~, vävnads~ etc. culture; skog. planting, plantation; växter plants pl.
kulturarbetare *s* cultural worker
kulturarv *s* cultural heritage
kulturcentrum *s* cultural (community) centre, centre of culture (cultural life)
kulturchock *s* cultural shock
kulturdebatt *s* cultural debate, public discussions [on cultural matters] pl.
Kulturdepartementet the Ministry of Culture
kulturell *adj* cultural
kulturfientlig *adj* ...inimical (hostile) to culture
kulturhistoria *s* cultural history, [the] history of civilization; *Europas ~* the history of European civilization
kulturhistorisk *adj* culture-historical; som behandlar (resp. hänför sig till) kulturhistoria ...on (resp. concerning) the history of civilization; vanl. historical
kulturhus *s* cultural (arts) centre, community centre
kulturkollision *s* cultural clash
kulturkrets *s* **1** kulturvärld world of culture **2** cultured circle; *inom ~ar* in cultured circles
kulturkrock *s* cultural clash
kulturliv *s, ~et i* Sverige cultural life in..., the cultural life of...
kulturminister *s* Minister of Culture

kulturminnesmärke *s* relic of [ancient] culture; byggnadsverk o.d. vanl. ancient (historical) monument, listed building
kulturpersonlighet *s* intellectual leader, leading personality in the field of culture
kulturpolitik *s* cultural [and educational] policy
kulturrevolution *s* cultural revolution
kulturråd *s* pers. Counsellor for Cultural Affairs; organ **Statens Kulturråd** the [Swedish] National Council for Cultural Affairs
kultursamhälle *s* civilized society (community)
kultursida *s* i tidning cultural page
kulturskymning *s* cultural decline, decline of culture; stängningen av biblioteken *är rena ~en!* ...shows the low status of culture
kultursnobb *s* highbrow, culture snob; vard. culture vulture
kulturutbyte *s* cultural exchange[s pl.]
kulturväxt *s* cultivated plant
kulvert *s* culvert, conduit
kulör *s* colour; ansiktsfärg el. bildl. complexion; schattering, isht bildl. shade
kulört *adj* coloured; t.ex. om tyg, garn äv.: mönstrad el. [fler]färgad fancy...; randig striped; *~ lykta* papperslykta Chinese lantern
kulörtvätt *s* tvättande [the] washing of coloured garments; tvättgods coloured garments pl., coloureds pl.
1 kummel *s* sten~ cairn; grav~ vanl. barrow
2 kummel *s* zool. hake
kummin *s* kryddört caraway; krydda caraway seeds
kumpan *s* kamrat companion; karl fellow; *A. och hans ~er* A. and his gang (cronies)
kund *s* customer; artigt, om fast kund patron äv. på t.ex. restaurang; mera formellt client; *~er* kundkrets äv. clientele sg.; *vara ~ handla hos A.* shop at A.'s; *han är ~ hos oss* ...a customer of ours
kunde se *kunna*
kundkrets *s* circle of customers, customers pl., clientele; vid affärsöverlåtelse äv. goodwill; förbindelser connection[s pl.]; *ha en stor ~* ...a wide circle (a great number) of customers, ...a wide clientele (connection)
kundservice *s* o. **kundtjänst** *s* [customer] service; avdelning service department
kundvagn *s* [shopping] trolley (isht amer. cart)
kundvänlig *adj* customer-friendly
kung *s* king äv. kortsp.; schack. el. bildl.; i kägelspel kingpin; *vara ~ över* ett stort rike be king of (t.ex. ett fritt folk over)...
kungadöme *s* monarchy; kungarike äv. kingdom; jfr *kungarike*
kungafamilj *s* royal family
kungahus *s* royal family (ätt house)
kungamakt *s* royal power

kungapar *s* King and Queen (med pred. i pl.), royal couple
kungarike *s* kingdom; *~t Sverige* the Kingdom of Sweden
kunglig *adj* royal; om makt, glans, värdighet m.m. äv. regal; isht bildl. äv. kingly; 'furstlig' äv. princely; **Kungliga (Kungl.) Biblioteket** the Royal [Swedish] Library; **Kunglig Majestät (Kungl. Maj:t)** hist., regeringen the [Swedish] Government; *~* proposition Government...; *de ~a* kungafamiljen the royal family (sg. el. pl.); kungligheterna the royal personages
kunglighet *s* **1** abstr. royalty **2** pers. royal personage; *~er* royalties; vard. royals
kungsfisk *s* zool. redfish, Norway haddock
kungsfiskare *s* zool. kingfisher
kungsfågel *s* zool. goldcrest, goldencrested wren
kungsljus *s* bot. mullein
kungsord *s*, *det var ~ för honom* he took it for the gospel truth (as gospel)
kungsvatten *s* kem. aqua regia lat.
kungsörn *s* zool. golden eagle
kungör|a *vb tr* announce, make...known (utan sakobj. ofta make it known); högtidl. notify, proclaim [*för* i samtl. fall to]; förordning o.d. promulgate
kungörelse *s* announcement, [public] notice, notification, proclamation; promulgation; advertisement; jfr *kungöra*
kunna I *vb tr* (m. subst. obj.) 'känna till', 'behärska', 'ha lärt sig' know; *han kan allt* vet allt he knows everything; kan göra allt he can do everything; *han kan flera språk* he knows (is acquainted with, kan tala can speak) several languages
II *hjälpvb* (m. utsatt el. underförstådd inf.)
1 kan (resp. *kunde*) uttr. förmåga, faktisk, ifrågasatt el. förnekad möjlighet m.m. vanl. can (resp. could); uttr. oviss möjlighet, tillåtelse m.m. vanl. may (resp. might); i vissa fall (mera stelt, högtidl., e.d. och ibl. då 'kan (kunde)' = 'skall (skulle) kunna') ävn. äv. övers. enl. 6; se vid. rubriker o. ex. nedan
2 om förmåga: 'förmår', 'har kunskap att' o.d. allm. can (resp. could); jag skall göra *allt jag kan* äv. ...everything in my power; *man kan vad man vill* where there's a will there's a way; *han kan köra bil* förstår sig på att he knows how to drive a car; är i stånd att he is capable of driving a car; *han kunde inte skriva* hade inte lärt sig det he could not write; på grund av t.ex. handskada he was unable to write
3 om möjlighet **a)** nekad el. ifrågasatt can (resp. could); *jag kan inte förstå* I cannot (I fail to) understand; *han kan (kunde) inte hejdas* äv. he is (was) not to be stopped, there is (was) no stopping him; *jag kan inte komma i morgon* I can't (shan't be able to) come tomorrow

kunna

b) säker: 'kan faktiskt', 'har tillfälle att', 'är oförhindrad att' o.d. can (resp. could); i vissa talesätt, (jfr ex.) may (resp. might); *man kan lätt föreställa sig...* you can (may) easily imagine...; *det kan du* är lätt för dig att *göra (säga) som är...* it's easy for you (for you to say), you are...; *det kan ifrågasättas om...* it may (can) be questioned whether...; *boken kan köpas* i vilken affär som helst the book can (is to) be had...
c) tänkbar [men osäker], 'kan kanske (eventuellt, möjligen o.d.)' may (resp. might); *du kunde ha förkylt dig* you might have caught a cold; *han kan komma* vilket ögonblick som helst he may come...; *det kan (kunde) [tänkas] vara sant* it may (might) be true; *kan så vara* maybe; *det är så man kan bli galen* el. *det kan göra en galen* it's enough to make you [go] mad (crazy)
4 om tillåtelse o.d.: 'får', 'kan få', vanl. may (resp. might); ofta, (jfr ex.) can (resp. could); *kan jag (kunde jag, skulle jag kunna) få lite mera te?* may el. can (might, could) I have some more tea, please?; *kan jag få komma in?* may (can) I come in?; *kan (kunde) jag få fråga dig om en sak?* may el. can (might, could) I ask you a question?
5 särsk. fall **a)** 'har rätt (goda skäl) att', vanl. may (resp. might); *det kan man kalla otur!* that's what I call bad luck!; *man kan väl säga att han...* surely one may (can, is entitled to) say that he...
b) 'må' el. i förb. med 'lika 'väl', '[lika] gärna' vanl. may (resp. might); *du kan lika gärna göra det själv* you may as well do it yourself; *man kan ha vilka åsikter som helst* så får man ändå no matter what views one may have...; *hur egendomligt det än kan synas* strange as it may seem
c) i uttryck för försäkran, bedyrande o.d. may (resp. might), can (resp. could); *du kan räkna med mig* you may (can) count on me; *du kan vara övertygad om att...* you may (can) rest assured that...
d) uttr. uppmaning vanl. can (resp. could); *ni kan behålla resten* you can keep the rest; *du kan väl komma* vädjande do come, please!
e) i avsiktsbisatser vanl. may (resp. might); *hon låste dörren så att ingen kunde (skulle kunna) komma in* she locked the door so that no one might (could, should) come in
f) i frågor uttr. indignation, förvåning o.d. can (resp. could); *hur kan du vara så dum?* how can you be so stupid?
g) i okunnighetsfrågor can (resp. could), may (resp. might); *vem kan det vara?* who can (might) it be?; *vad kan klockan vara?* I wonder what the time is?; *hur kan det komma sig att...?* how is (comes) it that...?

h) 'torde [kunna]' *boken kan väl kosta...(kostar väl...kan jag tro)* I should think the book must cost about...; *det kan lätt missförstås* it may (can) easily (it is apt to) be misunderstood
i) 'brukar', 'har en tendens att' o.d. will (resp. would), can (resp. could); *sådant kan ofta hända i krigstid* such things will often occur in times of war; *hon kan (kunde) sitta så i timmar i sträck* she will (would) sit like that for hours on end; *så tankspridd man kan vara!* how...one can be!
6 kunna inf. *(*resp. *kunnat)* 'vara i stånd att' m.m. be (resp. been) able to; 'ha förmåga att' äv. have (resp. had) the power (om andlig förmåga ability) to; 'vara i tillfälle att' äv. (resp. been) in a position to; 'förstå sig på att' äv. know (resp. known) how to; jfr äv. ex.; *inte ~* äv. be unable to; *skulle ~* 'kunde' ofta could (resp. might, jfr *4* o. *5* ovan); jag har gjort *så gott jag [har] ~t* ...as well as I could; *det är konstigt att hon har ~t glömma det* it is strange that she should forget (should have forgotten) it; *detta har inte ~t undvikas* it has not been possible to avoid this; *skulle ha (hade) ~t [göra]* 'kunde ha [gjort]' ofta could (resp. might, jfr *1* ovan) have [done]; *om hon [hade] ~t göra det, så...* if she had been able (in a position) to...
III med beton. part. *jag kan inte med honom (det* resp. *att se...)* I can't stand him (it resp. seeing...)

kunnande *s* kunskap knowledge; förmåga ability; tillägnad färdighet proficiency; skicklighet skill; t.ex. boxares, fäktares science; *[tekniskt] ~* vard. [technical] know-how
kunnig *adj* har reda på sig well-informed [*i* on]; kunskapsrik äv. knowledgeable [*i* about]; erfaren experienced [*i* in]; kompetent competent; skicklig clever, [very] good [*i* at]; skicklig o. förfaren expert [*i* at, in]; yrkesskicklig skilled [*i* at, in]; duglig capable [*i* at, in]; bevandrad versed [*i* in]; *vara tekniskt ~* possess technical skill (vard. the [technical] know-how)
kunnighet *s* kunskaper knowledge [*i* of]; erfarenhet experience [*i* of]; [yrkes]skicklighet skill [*i* at, in]; färdighet proficiency [*i* in]; duglighet capability [*i* at, in]
kunskap *s* knowledge (end. sg.) [*i, om* of]; elevs äv. proficiency (end. sg.) [*i* in]; *~er (grundliga ~er) i* ett ämne some (a) knowledge (a sound knowledge) of...; jfr äv. ex. under *kännedom*
kunskapsteori *s* theory of knowledge
kunskapstörst *s* thirst for knowledge
kunskapstörstande *adj* attr. ...who thirsts for knowledge; *vara ~* thirst for knowledge
kupa I *s* skydds~ allm. shade äv. lamp~; globformig globe; bi~ hive; på behå cup; se äv. *konjakskupa* o. *ostkupa*

II *vb tr* **1** ~ *handen* cup one's hand **2** ~ *potatis* earth up potatoes
kupé *s* **1** järnv. compartment **2** bil el. vagn coupé
kupera *vb tr* **1** stubba: svans dock; öron crop **2** kortsp. cut
kuperad *adj* kullig hilly; vågig undulating, rolling; ~ *terräng* äv. broken ground
kupévärmare *s* bil. car heater
kupig *adj* convex, rounded; om ögon, panna bulging
kuplett *s* revue (comic, snabbt framförd patter) song
kupol *s* dome; liten cupola
kupolformig *adj* domed, dome-shaped
kupong *s* allm. coupon; på postanvisning o.d. counterfoil; amer. stub; hotell~, mat~ voucher
kupp *s* coup; inbrotts~ äv. haul, robbery, raid; överrumpling surprise [stroke (attack)]; stats~ coup d'état (pl. coups d'état) fr.; upprorsförsök putsch ty.; *en djärv* ~ äv. a bold stroke, a daring move; *göra en* ~ polit. stage a coup; ett inbrott bring (pull) off a coup, make a raid (a haul); förkyla sig *på ~en* ...as a result [of it]; till råga på allt ...on top of it
kuppförsök *s* attempted coup etc., jfr *kupp*; *göra ett* ~ *mot banken* make an attempt to raid the bank
kuppmakare *s* perpetrator of a (resp. the) coup (putsch jfr *kupp*); rånare raider
1 kur *s* vakt~ sentry box; skjul shed
2 kur *s* med. cure äv. bildl.; [course of] treatment [*mot, för* for]; *gå igenom en* ~ undergo a cure (treatment)
kura *vb itr,* ~ *ihop [sig]* huddle [oneself] up; *sitta och* ~ ha tråkigt mope, sit moping
kurage *s* pluck, courage; se vid. *mod* med ex.
kurant *adj* **1** hand., gångbar sal[e]able, marketable; lättsåld; attr. ...that sells (resp. sell) easily **2** kry fit (end. pred.); om åldring hale [and hearty]
kurator *s* allm., social~ [social] (skol~ school) welfare officer; sjukhus~ almoner
kurbits *s* **1** bot. gourd, pumpkin **2** blomsterdekoration i dalmålning richly-decorated floral motif [in Dalecarlian painting]
kurd *s* Kurd
kurdisk *adj* Kurdish
kurera *vb tr* cure [*från* of]
kurhotell *s* health resort hotel
kuriositet *s* curiosity; föremål äv. curio (pl. -s); *som en* ~ kan nämnas äv. as a matter of curiosity...
kuriositetsvärde *s*, saken *har bara* ~ ...is of interest only as a curiosity
kurir *s* courier
kurirplan *s* courier plane
kurirpost *s, med* ~ in the courier's bag
kurort *s* health resort; brunnsort spa, watering place

1 kurra *s* vard., arrest clink, quod, the nick; *sitta (sätta ngn) i ~n* be (put a p.) in clink (quod, the nick)
2 kurra *vb itr, det ~r i magen på mig* my stomach is rumbling
kurragömma *s, leka* ~ play hide-and-seek
kurre *s* prisse fellow, chap; vard. bloke, guy; *en underlig* ~ äv. an odd customer
kurs *s* **1** riktning: sjö. el. flyg. el. bildl. course; polit. o.d. äv. [line of] policy; *hålla ~en* sjö. el. flyg. keep (stand on) one's course; *sätta ~ på* steer (head) for; *ändra* ~ change (alter) one's course; sjö. äv. veer **2** hand. rate [*på* for], [market] price [*på* of]; värdepappers äv. quotation [*på* for]; på valutor rate [of exchange]; *högsta* ~ [vanl. the] peak price (resp. highest quotation); *lägsta* ~ [vanl. the] bottom price (resp. rate); *stå högt i* ~ be at a premium; bildl. be in great repute (om idéer o.d. favour) [*hos* with]; *en aktie till en* ~ *av* 325 kr a share at the price of... **3** skol. el. univ. course; kursprogram äv. curricul|um (pl. äv. -a); isht för visst ämne syllab|us (pl. äv. -i); övning[skurs], univ. training-course, class; koll., kursdeltagare class, set; *gå en (gå på)* ~ *i* attend a course in
kursavgift *s* skol. o.d. course fee, fee for a (resp. the) course
kursbok *s* skol. o.d. prescribed (set) book
kursdeltagare *s* member of a (resp. the) course, course member; ibl. student; *samtliga* ~ äv. the whole class
kursfall *s* ekon. fall (decline, drop) in prices (resp. rates), fall of the exchange; plötsligt slump
kursförlust *s* hand. loss on exchange
kursiv *s* italics pl.; *med (i)* ~ in italics **II** *adj* **1** typogr. italic **2** ~ *läsning* se *kursivläsning*
kursivera *vb tr* italicize, print...in italics; *~d* äv. ...in italics; *~d stil* italics pl.
kursivläsning *s* rapid reading
kursivstil *s* italics pl.; *med* ~ in italics
kursivt *adv, läsa* ~ read rapidly
kurskamrat *s, en* ~ a person who is on the same course; vi är *~er* ...together on the same course
kurslista *s* ekon., över aktier o.d. stock exchange list; över utländska valutor list of foreign exchange rates
kurslitteratur *s* course books pl. (literature)
kursnotering *s* ekon. official (market, exchange) quotation
kursplan *s* skol. o.d. curricul|um (pl. äv. -a); isht för visst ämne syllab|us (pl. äv. -i)
kursrelaterad *adj* skol., om t.ex. betyg course-related, syllabus-related
kursstegring *s* o. **kursuppgång** *s* ekon. rise in (advance in) prices; plötsligt boom
kursverksamhet *s* kurser [educational, praktisk training] courses pl.
kursvinst *s* ekon. profit[s pl.] on exchange

kurtage s brokerage
kurtis s flirtation äv. bildl.; philandering
kurtisan s courtesan
kurtisera vb tr, ~ *en flicka* carry on a flirtation with (göra sin kur court) a girl
kurtisör s flirt, philanderer
kurva s curve; [väg]krök äv. bend; diagram graph; dålig sikt *i ~n* ...at the curve (bend); *ta ut ~n* not cut a (resp. the) corner [too fine], take a (resp. the) corner (curve) wide
kurvdiagram s curve chart
kurvig adj curving; om kvinnliga former curvy, curvaceous
kuscha vb tr browbeat, cow; äkta man äv. henpeck; *~d* browbeaten, cowed, henpecked, ...kept down (under)
kusin s [first] cousin
kusinbarn s kusins barn first cousin once removed; syssling second cousin
kusk s **1** driver äv. sport.; isht privat coachman **2** astron.: *Kusken* the Wag[g]oner, the Charioteer
kuska vb itr, ~ *omkring [i]* gad (travel) about
kuskbock s [coach]box, driver's seat
kuslig adj ohygglig gruesome; hemsk, spöklik uncanny, weird; ruskig, om t.ex. kväll horrible; stark. ghastly; *känna sig ~ till mods* feel creepy, have a creepy sensation; se vid. *hemsk 1*
kust s coast; strand shore; *bo vid ~en* live on the coast (för ferier at the seaside, by the sea); *~en är klar* bildl. the coast is clear
kustartilleri s coast artillery
kustband s, *i ~et* on the sea coast (seaboard)
kustbefolkning s coastal (littoral) population
kustbevakning s sjö. (abstr.) coast watching; *~en* the Swedish Coast Guard
kustbo s inhabitant of the coast
kustflotta s, *~n* the Coastal Fleet; i Storbr. ung. the Home Fleet
kustförsvar s coast[al] defence
kustklimat s coastal climate
kustlinje s coastline, shoreline
kustradiostation s coast radio station
kustremsa s coastal strip
kuststräcka s stretch of coast, littoral; stormvarning har utfärdats *för ~n mellan A. och B.* ...for the coastal region between A. and B.
kuta vb itr **1** gå krokig walk with a stoop **2** vard. springa, ~ *[i väg]* trot (dart) [away]
kutig adj om rygg bent; om pers. stooping, hunched up
kutryggig adj bent, stooping; jfr *krokryggig*
1 kutter s duv~ cooing äv. bildl.
2 kutter s båt: segel~ cutter; fiske~ vessel
kuttersmycke s vard. 'boat bunny (belle)'
kuttra vb itr coo äv. bildl.
kutym s usage, custom, practice; *det är ~ att* inf. it is customary (a custom) to inf.
kuva vb tr allm. subdue; t.ex. uppror äv. suppress, put down; känslor äv., : undertrycka repress; betvinga curb, check, bring...under control; *inte låta ~ sig* not give in
Kuwait Kuwait
kuwaitier s Kuwaiti
kuwaitisk adj Kuwaiti
kuvert s **1** brev~ envelope **2** bords~ cover; ...kr *per ~* ...a head; *det var dukat med sex ~* covers were laid for six
kuvertavgift s på restaurang cover charge
kuvertbröd s [French] roll
kuvertväska s pochette, clutch bag, envelope [handbag]
kuvös s incubator; amer. äv. isolette
kvacka vb itr vard. practise quackery [*med* ngn *on*...]; use quack remedies; bildl., fuska dabble [*med* ngt *with*...]
kvacksalvare s quack [doctor]; charlatan äv. charlatan; fuskare dabbler
kvacksalveri s quackery, charlatanry; dabbling; jfr *kvacksalvare*
kvadda vb tr **1** krascha smash, crash **2** bildl. ruin, destroy
kvadrant s quadrant
kvadrat s square; *~en på* 2 är 4 the square of...; *2 m i ~* 2 m. square; *3 [upphöjt] i ~* 3 squared, 3 raised to the second power; fräckhet *i ~* ung. the very height of...
kvadratisk adj geom. el. friare square; matem. quadratic; ~ *ekvation* quadratic equation
kvadratmeter s square metre
kvadratrot s square root; *dra ~en ur ett tal* extract the square root of a number
1 kval s sport., se *kvalificering*
2 kval s lidande suffering; pina torment; oro, ångest anguish; vånda agony (båda end. sg.); lida *hungerns (svartsjukans) [alla] ~* ...the pangs of hunger (the torments of jealousy)
kvala vb itr sport. **1** spela kvalmatch play a (resp. the) qualifying match **2** kvalificera sig qualify; ~ *[in] till* VM qualify for...
kvalfull adj agonizing; om död extremely painful
kvalificera vb tr o. rfl, ~ *sig* qualify [*till, för for*]
kvalificera|d adj qualified [*till, för* for]; om t.ex. arbetskraft skilled; om t.ex. undervisning superior, advanced; om brott aggravated; *en ~ gissning* an educated guess; *en ~ idiot* a prize idiot; ~ *majoritet* a statutory (two-thirds) majority; *-t nonsens* arrant nonsense
kvalificering s qualification; *klara ~en till*... sport. manage to qualify for...
kvalificeringsmatch s sport. qualifying match
kvalifikation s qualification
kvalitativ adj qualitative
kvalité se *kvalitet*
kvalitet s allm. quality; hand., äv. i bet. kvalitetsklass grade; *av bästa (god, prima, dålig, sämre) ~* of the best ([a] good, [a]

first-rate, [a] poor, [an] inferior) quality; varor *av bästa* ~ äv. first (top) quality...
kvalitetskontroll *s* quality check, check of quality
kvalitetsmedveten *adj* quality-conscious
kvalitetsvar|a *s* superior (high-class) article, quality product; *-or* äv. quality goods
kvalm *s* kvav luft o.d. close (osv., jfr *kvalmig*) atmosphere
kvalmatch *s* sport. qualifying match
kvalmig *adj* kvav o.d. close, stuffy, stifling, suffocating; äcklig, om lukt sickly, nauseous, nauseating
kvalster *s* zool. mite
kvantfysik *s* quantum physics sg.
kvantitativ *adj* quantitative
kvantitet *s* quantity; mängd äv. amount
kvantitetsrabatt *s* hand. quantity discount
kvantmekanik *s* fys. quantum mechanics sg.
kvar *adv* på samma plats som förut [still] there (resp. here); kvarlämnad left [behind]; efter [sig] behind; vidare, längre (i förb. med verb som 'stanna) on; i behåll (i förb. med 'vara' o. 'finnas'): om institution o.d. in existence; om bok, dokument extant; bevarad preserved; återstående, övrig left; över, till övers left, over, left over; fortfarande still; ytterligare more; *bli (finnas, stanna, vara)* ~ äv. remain; *ha* ~ behålla keep; *har vi långt* ~? av vägen are we [still] far off?; *inte ha långt* ~ *[att leva]* not have long (a long time) left [to live]; *låta ngt ligga (stå m.fl.)* ~ *[där]* leave...[there]; *stå* ~ friare el. bildl. remain [*som medlem i* a member of]; under de få dagar *som är* ~ *till jul* äv. ...remaining to Christmas; *det var* bara fem minuter ~ äv. there were...to go (run); *det är långt* ~ *till* målet there is a long way left [to go] to...
kvarglömd *adj*, *en* ~ *bok* a book that has (resp. had) been left behind [and forgotten]; ~*a effekter* lost property sg.
1 kvark *s* surmjölksost curd [cheese], cottage cheese; fetare [fresh] cream cheese
2 kvark *s* fys. quark
kvarlev|a *s* **1** av mat *-orna* the remnants (remains) [*av (efter)* of] **2** bildl. remnant; rest residue; från det förflutna relic, survival **3** *hans jordiska* *-or* his mortal remains
kvarlevande *adj* surviving; *de* ~ the survivors, jfr *efterlevande II*
kvarlåtenskap *s* property left [by a deceased person]; *hans* ~ uppgår till... the property left by him...; *litterär* ~ literary remains pl.
kvarlämna se *lämna [kvar]*
kvarn *s* mill; väder~ äv. windmill; *den som kommer först till* ~*en får först mala* first come, first served; *han fick vatten på sin* ~ this (that) strengthened his argument (case), he got support for his argument (case)
kvarndamm *s* vattensamling millpond; fördämning milldam

kvarnhjul *s* millwheel
kvarnsten *s* millstone; *vara en* ~ *om halsen på ngn* bildl. be a millstone round a p.'s neck
kvarnvinge *s* windmill sail
kvarsittare *s* pupil who has not been moved up
kvarsittning *s* efter skoldagens slut detention
kvarskatt *s* [income] tax arrears pl., back tax[es pl.]
kvarstad *s* jur. sequestration [*på* of]; om fartyg embargo [*på* on]; om tryckalster impoundage; tillfällig suspension [*på* of]; *belägga med* ~ sequestrate; embargo
kvarstå se *[stå] kvar*
1 kvart *s* **1** fjärdedel quarter; *en (ett)* ~*s...* a quarter of a (resp. an)...; avståndet är *en (fem) och tre* ~*s meter* ...a metre (five metres) and three-quarters; jfr *trekvart 2* **2** ~s timme quarter of an hour; *akademisk* ~ academic quarter; *klockan är en* ~ *i två* it is a quarter to (amer. äv. of) two; *klockan är en* ~ *över två* it is a quarter past (amer. äv. after) two **3** mus. fourth
2 kvart *s* vard.: nattlogi, säng kip äv. ungkarlshotell; pad; se äv. *knarkarkvart*
kvarta *vb itr* vard.: sova have a kip, kip [down]; övernatta stay the night
kvartal *s* quarter [of a (resp. the) year]
kvartalshyra *s* quarterly (quarter's) rent
kvartalsskifte *s* beginning of the (resp. a) new quarter
kvartalsvis *adv* quarterly, by the quarter
kvarter *s* **1** hus~ block; område district, area; friare neighbourhood; konstnärs~ o.d. quarter **2** mån~ quarter **3** logi quarters pl.; mil. äv. (i privathus) billet; *söka* ~ för natten look for quarters (lodgings, accommodation)...
kvartersbutik *s* local shop; isht amer. convenience store
kvarterspolis *s* polisman local policeman
kvartett *s* quartet äv. mus.
kvarting *s* vard. *en* ~ [punsch] ung. a half bottle (37.5 cl) [of...]
kvarts *s* miner. quartz
kvartsark *s* bokb. quarto sheet
kvartsfinal *s* sport. quarterfinal; *gå till* ~ get to (go to, enter) the quarterfinals
kvartsformat *s* bokb. quarto
kvartslampa *s* ultraviolet lamp
kvartssekel *s* quarter of a century; *ett* ~ äv. twenty-five years pl.
kvartsur *s* quartz watch (vägg~ o.d. clock)
kvartär *adj* geol. quaternary
kvasivetenskaplig *adj* quasi-scientific; mera neds. pseudo-scientific
kvast *s* **1** eg. broom; ris~, gatsopares ~ äv. besom; viska whisk; *nya* ~*ar sopar bäst* new brooms sweep clean **2** knippa bunch
kvastformig *adj* broom-shaped
kvastskaft *s* broomstick
kvav I *adj* allm. close; instängd äv. stuffy;

kverulans 358

tryckande oppressive, sultry; kvävande stifling; fuktig o. kvav muggy **II** *s*, *gå i* ~ sjö. founder, go down; bildl. come to nothing
kverulans *s* complaining, querulousness, cantankerousness
kverulant *s* grumbler, querulous (cantankerous) person
kverulantisk *adj* complaining, grumbling, querulous, cantankerous
kverulera *vb itr* make a fuss, complain, grumble [*över* about]; be cantankerous
kvick *adj* **1** snabb quick; flink äv. nimble, deft; livlig, t.ex. om ögon lively; *~ i benen (fingrarna)* se *flink; vara ~ [med] att* svara be very ready to inf. **2** slagfärdig, vitsig witty; ~ o. spetsig, t.ex. om replik smart; *försök inte att vara ~* don't try to be funny (facetious)
kvicka I *vb itr*, *~ på* hurry up **II** *vb rfl*, *~ sig* hurry up
kvickhet *s* **1** snabbhet quickness osv., jfr *kvick 1* **2** espri wit **3** kvickt uttryck witticism, joke
kvickhuvud *s* wit, witty fellow
kvickna *vb itr*, *~ till* revive; återfå sansen äv. come to (round); friare brighten up
kvickrot *s* bot. couch grass, quitch grass
kvicksand *s* quicksand
kvicksilv|er *s* kem. mercury; spec. bildl. äv. quicksilver; *-ret sjönk under noll* the mercury dropped to below zero; han är *som [ett] ~* …like quicksilver
kvicksilverförgiftning *s* mercurial poisoning; med. mercurialism
kvicksilvertermometer *s* mercury thermometer
kvicktänkt *adj* quick-witted, ready-witted; *inte vidare ~* not very clever
kvida *vb itr* whimper; klaga whine [*över* about]
kviga *s* zool. heifer
kvigkalv *s* cow calf
kvinna *s*, *~[n]* woman (pl. women); *~ns frigörelse* women's liberation (emancipation emancipation); *~ns rättigheter* women's rights; *kvinnor* statistik. o.d. females; växa upp *till ~* …into a woman (to womanhood)
kvinnfolk *s* vard. **1** koll. women pl.; *~et* i byn o.d. äv. the womenfolk pl. **2** ett *~* a woman
kvinnlig *adj* av ~t kön female; framför yrkesbeteckning vanl. woman jfr ex.; typisk el. passande för en kvinna feminine; isht om [goda] egenskaper womanly; avsedd för kvinnor, t.ex. bilklubb, sysselsättning women's, ladies' bägge end. attr.; om man, neds. womanish, stark. effeminate; *~ arbetskraft* female labour; *~ fägring* feminine beauty; *~ läkare* woman (lady) doctor pl. women resp. lady doctors; *~ rösträtt* women's suffrage, votes pl. for women, jfr *kvinnlighet*
kvinnlighet *s* womanliness [*hos* in]; femininity; hos man äv. womanishness, stark. effeminacy
kvinnoarbete *s* women's work

kvinnobröst *s* female breast
kvinnofrid *s*, *~en* på gatorna *har minskat* women are more often molested…
kvinnofängelse *s* women's prison
kvinnohatare *s* woman-hater, misogynist
kvinnokarl *s* ladies' man (pl. ladies' men)
kvinnoklinik *s* women's clinic
kvinnokön *s*, *~et* the female sex; kvinnosläktet womankind; *av ~* of [the] female sex
kvinnoläkare *s* specialist in women's diseases, gynaecologist
kvinnopräst *s* woman clergyman (minister); *~er* women clergymen (ministers)
kvinnoprästmotståndare *s* opponent of women clergymen (ministers)
kvinnorörelse *s*, *~n* women's lib
kvinnoröst *s* **1** woman's voice (pl. women's voices) **2** polit. o.d. woman's vote (pl. women's votes)
kvinnosaken *s* women's liberation, feminism, women's rights
kvinnosakskvinna *s* member of the women's liberation movement; vard. women's libber; hist. feminist; rösträttsförkämpe suffragette
kvinnosida *s*, *~n* the female line, the distaff line
kvinnosjukdom *s* woman's disease (pl. women's diseases)
kvinnotjusare *s* lady-killer, womanizer
kvinnovälde *s* government by a woman (resp. by women), gynaecocracy
kvint *s* mus., intervall fifth
kvintessens *s* quintessence
kvintett *s* quintet äv. mus.
kvissla *s* [small] pimple, spot, pustule
kvisslig *adj* pimply
kvist *s* **1** på träd o.d. twig; mindre sprig; isht som prydnad spray; större vanl. branch; *…blommar på bar ~* …blooms on a bare (naked) twig, …blooms in advance of the leaves **2** i virke knot, knag
kvista I *vb tr* trädg. *~ [av]* lop, trim **II** *vb itr* vard. *~ i väg* slip off; *~ över till ngn* pop (nip) over to a p.
kvistfri *adj* clean
kvistig *adj* **1** om träd o.d. twiggy, spriggy; branchy **2** om virke knotty **3** svårlöst o.d. knotty; *en ~ fråga* äv. a tricky (sticky) question, a poser
kvitt *adj* **1** ej längre skyldig *därmed är vi ~* that makes us quits (square); *vara ~* be quits; *~ eller dubbelt* i spel double or quits (nothing) **2** *bli ~ ngn (ngt)* bli fri från get rid (quit, shot) of a p. (a th.); *skönt att bli ~ honom (det* m.m.*)!* äv. good riddance!; *göra sig ~*… rid oneself of…
kvitta *vb tr* set off [*med, mot* against]; *~ [sina röster]* polit. pair [off]; *det ~r* el. *det ~r [mig] lika* it's all one (the same) [to me]
kvitten *s* bot. quince
kvittens *s* receipt

kvitter *s* chirp osv.; kvittrande chirping osv.; jfr *kvittra*
kvittera *vb tr* o. *vb itr* räkning receipt; t.ex. belopp acknowledge; skriva under sign; sport. equalize; **en ~d räkning** a receipted bill; **~s på räkning** received with thanks
kvittering *s* o. **kvitteringsmål** *s* sport. equalizer
kvittning *s* set-off; kvittande setting off; polit. pairing [off]
kvitto *s* receipt [*på* for]; *ett skrivet* **~** a written receipt
kvittra *vb itr* chirp äv. bildl.; eg. äv. twitter, chirrup
kvot *s* quota; vid division quotient
kvotera *vb tr* fördela i kvoter allocate...by quotas; **~d intagning** quota-based admission
kvotering *s* allocation of quotas
kväka *vb itr* croak
kväkare *s* relig. Quaker
kväljǀa *vb tr* äckla make...feel sick, nauseate; *det -er mig att* inf. äv. it turns my stomach (friare makes me sick) to inf.
kväljande *adj* sickening äv. friare; queasy, nauseating, nauseous
kväljning *s*, **~ar** sickness, nausea båda sg.; *få (ha)* **~ar** be sick, feel queasy; amer. feel sick at (to, in) one's stomach; *få* **~ar av ngt** be nauseated by a th.; *man får* **~ar bara man ser det** the mere sight of it is enough to make one sick
kväll *s* afton: allm. evening; senare night äv. ss. motsats till 'morgon'; *god* **~!** a) vid ankomst good evening! b) vid avsked good evening (resp. night)!; *i* **~** this evening, tonight; starkt beton., 'denna kväll' äv. this night; *i fredags* **~** last Friday evening; *i går (morgon)* **~** yesterday el. last (tomorrow) evening (resp. night); *mot* **~en** towards evening; *på* **~en (~arna)** in the evening (evenings); *sent på* **~en** late in the night; *kl. 10 på* **~en** at 10 [o'clock] in the evening (at night); *[på] fredag* **~** skall vi... next Friday evening...; *på* **~en den 3 maj** brann det... on the evening (resp. night) of May 3rd...
kvällningen, *i* **~** at nightfall; poet. at even[tide]
kvällsarbete *s* evening (resp. night) work
kvällsbelysning *s* evening light
kvällskröken vard. *på* **~** in the evening; *så här på* **~** about this time in the evening
kvällskurs *s* evening class (course)
kvällskvisten se *kvällskröken*
kvällsmat *s* supper; *äta* **~** have supper
kvällsmänniska *s* person who is at his (resp. her) best in the evening
kvällsnyheter *s pl* i radio late news sg.
kvällspromenad *s* evening walk
kvällstidning *s* evening paper
kvällstrött *adj*, alltid *vara* **~** be tired towards (in the) evening[s]
kvällsöppeǀn *adj*, *ha -t* be open in the evening

kväsa *vb tr* ngns högmod humble, take the wind out of; **~ [till] ngn** take a p. down [a peg or two]
kväva *vb tr* allm. choke; om syrebrist el. rök äv. suffocate, stifle; om gas asphyxiate; eld el. med t.ex. kudde, kyssar smother; gäspning, gråt, skratt stifle, smother; hosta, opposition suppress; revolt quell; *vara nära att* **~s** be almost choking (ready to choke) [*av* with]
kvävande *adj* om värme suffocating, stifling; om känsla choking
kväve *s* kem. nitrogen
kvävehaltig *adj* nitrogenous
kvävgas *s* nitrogen gas
kvävning *s* choking; suffocation, stifling; asphyxiation; smothering; jfr *kväva*
kyckling *s* chicken äv. kok.; isht nykläckt chick; som efterled i sms. ofta young; *stekt* **~** roast chicken
kyffe *s* poky hole; ruckel hovel
kyl *s* **1** vard., kylskåp fridge; **~ och frys** fridge-freezer, refrigerator freezer; **~ och sval** fridge-chiller **2** se *kylhus* o. *kylrum*
kyla I *s* **1** eg.: allm. cold; svalka chilliness; **när ~n** höstkylan **börjar** äv. when the chilly period sets in; *vara ute i* **~n** ...in the cold weather; jfr *köld 1* **2** bildl. coldness; t.ex. i förhållande mellan folk coolness, chilliness **II** *vb tr* **1** **~ [av]** cool [down], chill båda äv. bildl.; tekn. äv. refrigerate; **~ ned** chill **2** kännas kall ledstången *kyler* ...feels cold
kylanläggning *s* refrigerating (cold-storage) plant
kylare *s* **1** på bil radiator **2** kylapparat cooler, condenser **3** ishink [wine] cooler, ice pail
kylargrill *s* bil. radiator grill[e]
kylarvätska *s* antifreeze [mixture]
kyldisk *s* refrigerated [display] counter (cabinet)
kylhus *s* cold store
kylig *adj* cool; stark. cold; obehagligt **~** chilly alla äv. bildl.
kylklamp *s* ice pack
kylknöl *s* chilblain
kylning *s* cooling; tekn. refrigeration
kylrum *s* cold storage room
kylskada *s* frostbite
kylskåp *s* refrigerator; amer. äv. icebox
kylslagen *adj* kylig cool; om dryck slightly warmed, tepid
kylvatten *s* cooling water
kylväska *s* cool bag (box), insulated bag
kymig *adj* vard.: nedrig nasty, mean; obehaglig rotten, lousy; *han mår* **~t** (adv.) he feels rotten (lousy); *det kändes* **~t** för mig (oss) att... I (we) felt rotten (lousy)...
kyndel *s* bot. el. kok. savory
kyndelsmässa *s* Candlemas
kynne *s* [natural] disposition, temperament; character, nature äv. om t.ex. landskap
kypare *s* waiter

kyrk- se äv. *kyrko-*
kyrka *s* church; sekts o.d. chapel; *~n* a) institution the Church b) gudstjänsten church; *en ~ns tjänare (man)* an ecclesiastic, a churchman; isht katol. a priest; *gå i ~n* go to (attend) church (resp. chapel); ibl. worship
kyrkbröllop *s* church (white) wedding
kyrkbåt *s* church boat
kyrkbänk *s* pew
kyrkdörr *s* church door
kyrkfönster *s* church window
kyrkklocka *s* church bell (ur clock)
kyrklig *adj* **1** vanl. church…; formellare, t.ex. om myndighet ecclesiastical; *~ begravning (jordfästning)* Christian burial; *~ vigsel* church wedding **2** se *kyrksam*
kyrkoadjunkt *s* curate
kyrkobesök *s* attendance[s pl.] at church
kyrkobesökare *s* regelbunden churchgoer; tillfällig attender at church
kyrkobok *s* parish register
kyrkobokföring *s* ung. parish registration
kyrkofullmäktig *s* ung. member of a (resp. the) vestry; *~e* pl. ung. the vestry sg.
kyrkogård *s* cemetery; kring kyrka churchyard
kyrkoherde *s* vicar, rector; katol. parish priest [*i* of]; *~ [Bo] Ek* [the] Rev. (utläses the reverend) Bo Ek
kyrkohistoria *s* church (ecclesiastical) history
kyrkohistoriker *s* church (ecclesiastical) historian
kyrkomusik *s* church (sacred) music
kyrkoråd *s* church council
kyrkosamfund *s* [church] communion, church
kyrkostämma *s* parish meeting
kyrkoår *s* ecclesiastical year
kyrkråtta *s, fattig som en ~* poor as a church mouse
kyrksam *adj, vara ~ [av sig]* be a regular churchgoer
kyrksilver *s* church plate
kyrksocken *s* parish
kyrkspira *s* church steeple (spire)
kyrktorn *s* church tower
kyrktupp *s* church weathercock
kyrkvaktare *s* o. **kyrkvaktmästare** *s* verger, sexton
kyrkvärd *s* churchwarden
kysk *adj* chaste äv. bildl.
kyskhet *s* chastity
kyskhetslöfte *s* vow of chastity
kyss *s* **1** kiss **2** vard., slag knock, bonk, wallop
kyss|a *vb tr* **1** kiss; *han -te henne på munnen (hand[en])* he kissed her on the mouth (kissed her hand); *~ ngn till avsked* kiss a p. goodbye **2** vard. *Kyss mig [i häcken]!* Up yours!
kyssas *vb itr dep* rpr. kiss [each other]; *~ och smekas* äv. bill and coo
kyssäkta *adj* om läppstift kiss-proof

kåda *s* resin
kådig *adj* resinous
kåk *s* **1** ruckel ramshackle (tumbledown) house; mindre hovel, shack; vard. el. skämts. för hus house; byggnad building **2** vard., i poker full house **3** sl. *sitta på ~en* be in clink (the slammer)
kåkstad *s* shanty town
kål *s* **1** cabbage **2** vard. *göra (ta) ~ på* nearly kill; vard. make short work of, do for; friare drive…mad; *det här (barnen) tar ~ på mig* …will be the death of me
kålblad *s* **1** cabbage leaf **2** sl. öra lug
kåldolma *s* kok., ung. stuffed cabbage roll
kålfjäril *s* cabbage butterfly, large white
kålhuvud *s* [head of] cabbage
kålmask *s* caterpillar
kålrabbi *s* kohlrabi, turnip cabbage
kålrot *s* swede, Swedish turnip; amer. äv. rutabaga
kålsoppa *s* cabbage soup
kålsupare *s, de är lika goda ~ [båda två]* they are [both] tarred with the same brush
kånka *vb itr, ~ på ngt* lug a th.
kåpa *s* **1** munk~ cowl; kor~ cope **2** tekn.: skydds~ cover, casing; rökhuv hood **3** hörselskydd earmuff
kår *s* allm. body; mil. el. dipl. corps (pl. lika); jfr *lärarkår* o.d. sms.; *han är en prydnad för sin ~* he graces his profession
kår|e *s* **1** vindil breeze; krusning på vatten ripple **2** bildl. *det går kalla -ar efter (längs) ryggen på mig* då jag ser det a cold shiver runs (goes) down my back…, I get the creeps…
kårhus *s* för studenter students' union [building]
kåsera *vb itr* hålla ett kåseri ung. give a talk; skriva ett kåseri ung. write a light article [*om (över)* on]
kåserande *adj* chatty, conversational, informal
kåseri *s* causerie fr.; i tal äv. [informal] talk; i tidning äv. light (chatty, conversational) article
kåsör *s* i tidning ung. columnist
kåt *adj* vulg. randy, horny; *vara ~ på ngn (ngt)* be turned on by a p. (a th.); stark. be made randy (horny) by a p. (a th.)
1 kåta *s* [Lapp] cot (tält~ äv. tent)
2 kåta *vb tr* vulg. *~ upp ngn* feel a p. up, grope a p., make a p. feel randy (horny)
käbbel *s* bickering osv., jfr *käbbla*
käbbla *vb itr* bicker, wrangle, squabble; gnata nag [*om* i samtl. fall about]; *~ emot* answer back
käck *adj* hurtig, klämmig dashing, …full of go, lively, jaunty; pigg bright; oförskräckt plucky; frimodig frank; om t.ex. melodi sportive
käft *s* **1** *~[ar]* käkar, gap jaws pl.; isht hos djur äv. chaps pl.; *dödens ~ar* the jaws of death; *håll*

~[en]! shut (belt) up!; *slänga* ~ bandy words; *vara slängd i ~en* have the gift of the gab; *slagfärdig* be quick at repartee; *vara stor i ~en* shoot one's mouth off; *slå ngn på ~en* hit (punch) a p. on the jaw **2** *på verktyg* jaw **3** *inte en* ~ vard. not a [living] soul
käfta *vb itr* prata jaw; käbbla wrangle; ~ *emot* answer back
kägelbana *s* skittle alley, ninepin alley
kägelklot *s* skittleball
kägelspelare *s* skittler
kägl|a *s* **1** allm. cone **2** i kägelspel skittle, ninepin; *slå (spela) -or* play skittles (ninepins)
käk *s* vard., mat grub, nosh
käka vard. **I** *vb itr* have some grub (nosh) **II** *vb tr* eat; ~ *middag* have dinner
käkben *s* jawbone
käke *s* jaw
käkled *s* jaw joint
kälkbacke *s* toboggan run
kälkborgare *s* philistine, bourgeois fr.
kälkborgerlig *adj* philistine, bourgeois fr.
kälke *s* toboggan, sledge; *åka* ~ toboggan, sledge; göra en kälktur go tobogganing (sledging)
kälkåkning *s* tobogganing, sledging
käll|a *s* källsprång spring; flods source äv. bildl.; *varma -or* hot springs; *en* ~ *till* glädje (förargelse) a source of...; *från (ur) säker* ~ from a reliable source (quarter), on good authority; *gå till -orna* källskrifterna consult the original sources
källare *s* förvaringslokal cellar; jordvåning basement
källarfönster *s* cellar (resp. basement jfr *källare*) window
källarglugg *s* cellar airhole
källarmästare *s* restaurant-keeper, restaurateur fr.
källarvalv *s* cellar-vault
källarvåning *s* basement
källbeskattning *s* taxation at the source; *~[en]* systemet the Pay-As-You-Earn (förk. PAYE) system; amer. the Pay-As-You-Go plan
källforskning *s* original research, study of [original] sources
källfrisk *adj* om vatten spring-cool
källkritik *s* vetensk. criticism of the (resp. one's) sources
källsjö *s* **1** källa för flod source lake **2** sjö med flera källor lake fed by springs
källskatt *s* tax at [the] source [of income], Pay-As-You-Earn (förk. PAYE) tax; amer. withholding (Pay-As-You-Go) tax; jfr *källbeskattning*
källskrift *s* vetensk. källa [written] source
källspråk *s* språkv. source language
källvatten *s* spring water
källåder *s* vein of water; källa spring

kämpa I *vb itr* (ibl. *vb tr*) slåss fight; bildl. äv. contend; brottas struggle; ~ *för ngt* fight for a th.; ~ *med* ngn (varandra) fight [with]..., struggle with...; ~ *med läxorna* struggle with (sweat over) o.'s homework; ~ *med (mot) svårigheter* contend with difficulties; ~ *mot fattigdomen* fight (struggle) against poverty; ~ *mot (med) gråten* struggle to fight (hold) back one's tears; ~ *om ngt* contend for a th.; ~ '*emot* bjuda motstånd offer resistance; ~ *på (vidare)* go on fighting, not give up (in), give all one's got, keep it up **II** *vb rfl*, ~ *sig fram* fight (struggle, battle) one's way; ~ *sig igenom* t.ex. en bok struggle through...
kämpe *s* **1** stridsman warrior **2** förkämpe champion, protagonist [*för* of]
kämpig *adj* vard. tough; *ha det ~t* have a tough time of it; *det är ~t* it's a tough job
kän|d *adj* **1** bekant: mots. okänd known; väl~ well known; ryktbar famous, noted; beryktad notorious [*för ngt* i samtl. fall for a th.]; välbekant familiar [*för ngn* to a p.]; ~ *av alla (av polisen)* known by all (to the police); *bli* ~ yppad be disclosed; det är *allmänt -t* ...widely (generally, universally) known; neds. ...notorious; *vara* ~ *för att vara...* be known to be..., have the reputation of being...; *vara* ~ *för* sin kvalité be noted for..., have a name for...; *vara* ~ *under namnet...* äv. go by the name of... **2** förnummen felt; *vårt djupt ~a tack* our heartfelt thanks pl.
kändis *s* vard. celebrity, celeb, well known personality
känga *s* boot; amer. shoe; *ge ngn en* ~ pik have a dig (make a crack) at a p.
känguru *s* kangaroo (pl. -s)
känn, *göra ngt på* ~ do a th. by instinct (instinctively), play a th. by ear; *ha ngt på* ~ feel a th. instinctively, sense a th.; *ha på* ~ *att...* have a (the) feeling (an impression) that..., have a hunch that...
känna I *vb tr* o. *vb itr* **1** förnimma: kroppsligt o. själsligt i allm. feel; ha en obestämd förkänsla av sense; pröva [try and] see; jfr äv. ex. med 'känna' under resp. subst.; ~ *avund (besvikelse)* be (feel) envious (disappointed); ~ *en svag doft* notice a faint scent; ~ *gaslukt* smell gas; ~ *glädje* feel joy (happiness), rejoice; ~ *hunger (törst)* feel (be) hungry (thirsty); *inte* ~ *någon lust att* inf. not feel like ing-form; ~ *tacksamhet mot ngn för ngt* feel (be) grateful to a p. for a th.; ~ *trötthet* feel tired; *känn [efter] om* kniven är vass [try and] see whether..., jfr vid. ~ *efter* ned.; ~ *djupt för ngn* feel deeply for (feel with) a p., sympathize deeply with a p.; ~ *för att arbeta* feel like working, feel up to work; ~ *med ngn* feel with a p; *känn på* den här cigarren: lukta smell..., rök try...; jfr *kännas* **2** känna till, vara bekant med know, jfr ~ *till*

ned.; ~ *ngn till namnet (utseendet)* know a p. by name (sight); *känner jag henne rätt så kommer hon if* I know her at all (have summed her up right)…; *lära* ~ get to know; *lära* ~ *ngn* äv. make a p.'s acquaintance; småningom come to know a p.; *vi lärde ~ varann* vid universitetet äv. we became (got) acquainted…
  II *vb rfl,* ~ *sig* feel; märka [att man är] feel oneself; ~ *sig trött* feel tired; ~ *sig som främling* i sitt eget hem feel oneself (feel like) a stranger…
  III med beton. part
  ~ **av** t.ex. kölden feel; *få* ~ *av* t.ex. arbetslöshet experience
  ~ **efter:** ~ *efter i sina fickor* search (feel in) one's pockets; ~ *efter om* dörren är låst see if…; ~ *efter hur* såsen *smakar* try…and see how it tastes
  ~ **sig för** eg. el. bildl. feel one's way [*hos ngn* with a p.]; ~ *sig för [i* ny miljö*]* try to find one's bearings [in…]
  ~ **igen** recognize; *jag skulle* ~ *igen honom* genast (bland hundra) äv. I would know him…; ~ *igen ngn på* rösten (gången) äv. know a p. by…; man kan alltid ~ *igen en militär [på hållningen]* …tell a military man [by his carriage]; ~ *igen sig* hitta, t.ex. i stad know one's way about
  ~ **på** t.ex. motgång [have to] experience; ~ *på en dörr [om den är låst]* try a door [to see if it is locked]; ~ *på sig* att… have a (the) feeling…, feel instinctively (in one's bones)…
  ~ **till** know, be acquainted with; veta av (om) know (have heard) of; ~ *väl till* be well acquainted (be very familiar) with, know all about
kännarblick *s,* med ~ with the eye of a connoisseur (an expert)
kännare *s* konst~ o.d. connoisseur, judge [*av* of]; expert expert [*av, på* on, in]; authority [*av, på* on]; ~ *av* klassisk musik people who know all about…
kännarmin *s,* med ~ with the air of a connoisseur
kän|nas 1 feel; handen *-ns våt* …feels wet; tyget *-ns mjukt* äv. …is soft to the touch; *det -ns* t.ex kallt, underligt it feels…; *det -ns inte* I (you osv.) don't feel it; *det -ns lugnande för mig att veta det* it is a relief to me to know [that]; *hur -ns det [nu]?* how do you feel (are you feeling) [now]?; *hur -ns det att börja* arbetet igen? how does it feel to begin (beginning)…?; *det -ns på lukten* att… you can tell by the smell… **2** ~ *vid* erkänna acknowledge; *inte vilja* ~ *vid* refuse to acknowledge, disown; t.ex. sin egen far äv. be ashamed of; *vem -ns vid* äger…? who is the owner of…?; jfr *vidkännas*
kännbar *adj* förnimbar perceptible; märkbar noticeable; påtaglig obvious [*för* to]; avsevärd considerable; svår severe, allvarlig serious, tung heavy, smärtsam painful [*för* for]; *en* ~ *brist på* livsmedel a much-felt want of…; *ett ~t straff* a stiff penalty (sentence), a punishment that is (was etc.) really felt; behovet *gör sig ~t* …is making itself felt
kännedom *s* kunskap knowledge [*om* of]; bekantskap acquaintance; närmare familiarity [*om* with]; *få* ~ *om (om att)* receive information (be informed) about (that); *ha* ~ *om* know about, be aware (informed) of; kopia *för* ~ …for [your] information; *det har kommit till vår* ~ *att…* we have been informed (information has reached us) that…
kännetecken *s* **1** igenkänningstecken [distinctive] mark, token **2** utmärkande egenskap characteristic, distinctive feature, attribute; symtom symptom; tecken mark, criteri|on (pl. -a) [*på* i samtl. fall of]
känneteckna *vb tr* characterize, mark, be characteristic (typical) of; *~s av* äv. be distinguished by
kännetecknande *adj* characteristic; *ett ~ drag* äv. a distinctive trait
känning *s* **1** kontakt touch; mil. äv. contact; *få* ~ *med botten* touch bottom; *ha ~ar* i branschen have contacts… **2** smärtsam förnimmelse sensation of pain; *ha* ~ *av* t.ex. feber, sina nerver be troubled by…; *ha (få)* ~ *av* krisen be (get) affected by…
känsel *s* sinne feeling [*i* in]; perception of touch; jfr *känselsinne; ha fin* ~ have a fine sense of feeling (resp. touch); *förlora ~n* lose sensibility; *jag har inte någon* ~ *i* foten äv. my…is numb (asleep)
känselnerv *s* anat. sensory nerve
känselorgan *s* anat. tactile organ
känselsinne *s* för värme, köld, smärta sense of feeling; för tryck [sense of] touch, tactile sense
känselspröt *s* zool. feeler, palp; tentakel tentacle
känsl|a *s* allm. feeling [*för ngn (ngt)* towards a p. (for a th.)]; sinnesförnimmelse sensation; sinne, uppfattning, medvetande sense; andlig, isht moralisk sentiment [*av medlidande* of pity]; varm affection; förmåga att känna, stark ~ emotion; *mänskliga -or* human feelings (emotions resp. sentiments); *ömma -or* tender feelings (affections); *jag har en stark* ~ *[av] att…* I have a strong feeling (föraning presentiment) that…; *ha fin* ~ *för* have a sensitive feeling for; *vädja till* väljarnas *-or* appeal to the emotions of…
känslig *adj* allm., om pers. el. mer fackspr. sensitive [*för* to]; mottaglig för t.ex. smärta, drag, motgång, smitta, intryck susceptible; om kroppsdel sensible [*för* to]; lättrörd, ömsint emotional; lättretlig touchy; ömtålig delicate;

känslofull emotional, ...full of feeling; rörande moving; sentimental sentimental; *ett ~t ämne* a delicate (ticklish) subject; *~ för* kritik sensitive to...; om växt *~ för kyla* affected by the cold; barn *i den ~a åldern* ...at the impressionable age
känslighet *s* sensitivity, sensitiveness; susceptibility; sensibility [*för* i samtl. fall to]; emotionality; touchiness; delicacy; moving quality; sentimentality; jfr *känslig*
känslobetonad *adj* emotionally tinged, emotional
känslokall *adj* cold; hjärtlös callous; frigid frigid
känsloladda|d *adj* ...charged with emotion, emotionally charged; *ett -t ord* an emotive word; *en ~ stämning* äv. a charged atmosphere
känsloliv *s* emotional life, emotions pl.
känslolös *adj* allm. insensitive, insensible [*för* to]; domnad numb; isht själsligt callous, unemotional; unfeeling [*för ngn* towards a p.]; likgiltig, t.ex. för förebråelser indifferent [*för* to]; apatisk apathetic
känslolöshet *s* insensitiveness osv.; insensibility; indifference; apathy; jfr *känslolös; hans ~* brist på känsla äv. his lack of emotion (kyla feeling)
känslomänniska *s* emotional person; utpräglad emotionalist
känslomässig *adj* emotional, ...based on feeling
känslosam *adj* känslofull emotional; sentimental sentimental; stark. mawkish
känsloutbrott *s* outburst of feeling, gush of emotion
käpp *s* allm. stick; tunn, äv. rotting cane; stång rod; *sätta en ~ i hjulet* throw a spanner into the works; *sätta [en] ~ i hjulet för ngn* put a spoke in a p.'s wheel, upset a p.'s applecart; *gå med ~* bära carry (med hjälp av walk with) a stick
käpphäst *s* hobby-horse; bildl. äv. hobby; fix idé obsession, idée fixe fr.
käpprak *adj* bolt upright, ...[as] straight as a poker
käpprapp *s* blow with a (resp. the) stick
käpprätt *adv*, *det gick ~ åt skogen* it went all to blazes
kär *adj* **1** avhållen dear [*för* to]; älskad beloved; om sak äv. cherished [*för* by]; kärkommen welcome; *~a Anna!* i brev Dear Anna; *~a barn (ni)!* my dear (till flera dears)!; *~a du!* my dear [fellow, girl etc.]; *en ~ gäst* a [very] welcome guest; *~a hälsningar* i brevslut love [from...], all my love; *[men] ~a nån* varför... but my dear...; ha ngn *i ~t minne* ...in cherished (fond) remembrance; *en ~ plikt* a pleasant duty, a privilege; *om livet är dig ~t* if you value your life; *ha ngn ~* be fond of (love) a p.; *mina ~a* my dear ones, those dear to me **2** förälskad in love; stark.

infatuated [*i* with]; *bli ~ i* fall in love with; *vara ~ i* be in love with; vard. be keen (struck, gone) on
kära *vb rfl* vard. *~ ner sig i* [go and] fall in love with, fall for
kärande *s* jur. plaintiff; i brottmål prosecutor
käresta *s* sweetheart
käring *s* i olika bet. old woman (pl. women); *[gammal] ful ~* äv. hag, crone; hon är *~en mot strömmen* ...a contrary old thing
käringaktig *adj* old-womanish
käringknut *s* granny['s] knot
käringprat *s* old woman's (resp. women's) gossip, old wives' tales pl.
käringtand *s* bot. bird's-foot trefoil, babies' slippers pl.
kärkommen *adj* [very] welcome
kärl *s* allm. vessel äv. anat.; biol. äv. duct; förvarings~ receptacle, container [*för, till* for]
kärlek *s* allm. *~[en]* love [*till* vanl. of (for)]; tillgivenhet affection [*till* for]; hängivenhet devotion [*till (för)* t.ex. studier to]; lidelse passion [*till* for]; kristen ~ charity; 'flamma' love, vard. flame; *~en är blind* love is blind; *~[en] till Gud (människan)* love of God (mankind); *~[en] till nästan* neighbourly love, charity; *gifta sig av ~* marry for love; *dö av olycklig ~* die of a broken heart
kärleksaffär *s* love affair, romance
kärleksbarn *s* love child
kärleksbrev *s* love letter
kärleksdikt *s* love poem
kärleksfull *adj* älskande loving, affectionate, doting; öm tender [*mot* i samtl. fall to[wards]]; hängiven, om t.ex. studium devoted; kärlig, om t.ex. blick amorous
kärleksförbindelse *s* o. **kärleksförhållande** *s* love affair, liaison
kärleksförklaring *s* declaration of love
kärleksgnabb *s* lovers' quarrels pl.
kärleksgud *s* god of love
kärlekshistoria **1** berättelse love story **2** se *kärleksaffär* o. *kärleksförbindelse*
kärlekskrank *adj* lovesick
kärleksliv *s* love life
kärlekslös *adj* **1** hårdhjärtad uncharitable [*mot* to] **2** om t.ex. barndom loveless
kärleksroman *s* love story
kärleksäventyr *s* love affair, amorous adventure
kärleksört *s* bot. orpine, livelong
kärlkramp *s* med. vascular spasm
1 kärna I *s* smör~ churn **II** *vb tr*, *~ smör* churn, make butter
2 kärn|a I *s* **1** frukt~: i äpple, päron, citrusfrukt pip; i gurka, melon, russin, druva seed; i druva äv. pip; i stenfrukt stone; amer. pit; i nöt kernel; *ta ut -orna ur* remove the pips osv. from **2** i säd grain **3** friare: tekn. el. gaslågas core; jordens kernel; fys. el. naturv. nucle|us (pl. -i); i träd heart **4** bildl. *~n* det väsentliga the essence [*i*

kärnavfall

of]; **komma till [själva] ~n i saken** get to the heart (crux, root) of the matter; vard. get down to the nitty-gritty **II** *vb tr,* **~ *[ur]*** äpplen core
kärnavfall *s* nuclear waste
kärnbränsle *s* nuclear fuel
kärnenergi *s* nuclear energy
kärnexplosion *s* nuclear explosion
kärnfamilj *s* sociol. nuclear family
kärnforskning *s* nuclear research
kärnfri *adj* om citrusfrukt pipless, seedless; om russin seedless; urkärnad seeded; om stenfrukt stoneless; urkärnad stoned
kärnfrisk *adj* om pers. thoroughly healthy, ...fit as a fiddle
kärnfrukt *s* bot. pome
kärnfull *adj* bildl. vigorous; mustig pithy; *[kort och]* ~ äv. sententious
kärnfysik *s* nuclear physics sg.
kärnfysiker *s* nuclear physicist
kärnhus *s* core
kärnkemi *s* nuclear chemistry
kärnklyvning *s* fys. nuclear fission
kärnkraft *s* nuclear power
Kärnkraftsinspektionen the Nuclear Power Inspectorate
kärnkraftverk *s* nuclear power station (plant)
kärnladdning *s* fys. nuclear charge
kärnmjölk *s* buttermilk
kärnpunkt *s,* **~en i...** the principal (cardinal, main) point in (of)...
kärnreaktor *s* nuclear reactor, atomic pile
kärnstridsspets *s* nuclear warhead
kärnteknik *s* nuclear technology
kärnvapen *s* nuclear weapons; koll. nuclear weaponry sg.
kärnvapenbärande *adj* nuclear-armed, ...armed with nuclear weaponry
kärnvapenfri *adj,* **~ zon** non-nuclear (nuclear-free) zone
kärnvapenförbud *s* ban on nuclear weapons, nuclear ban
kärnvapenkrig *s* nuclear war (krigföring warfare)
kärnvapenmakt *s* land nuclear power
kärnvapenmotståndare *s* opponent of the use of nuclear weapons; vard. antinuke
kärnvapenprov *s* nuclear test
kärnvapenstopp se *kärnvapenförbud*
kärnved *s* o. **kärnvirke** *s* bot. heartwood, duramen
käromål *s* jur. plaintiff's case
kärr *s* marsh; myr swamp, fen
kärra *s* eg. cart; drag~, skott~ barrow; vard., om bil car; isht om äldre jalop[p]y
kärring se *käring*
kärrmark *s* marktyp marshy ground (soil); område marsh[land]
kärv *adj* allm. harsh; om yta, före äv. el. om motor rough; om smak äv. acrid; sammandragande astringent; om ljud äv. strident; om landskap äv. austere; bildl., om stil, språk, humor rugged; om pers. gruff; om kritik pungent; **ett ~t läge** a difficult situation; **~a tider** hard times
kärva *vb itr* om motor o.d. bind, jam; **det ~r till sig** things are getting difficult
kärv|e *s* lantbr. sheaf (pl. sheaves); **binda [i] -ar** sheaf
kärvhet *s* harshness osv.; acridity; astringency; austerity; pungency; jfr *kärv*
kärvänlig *adj* öm affectionate; överdrivet vänlig ingratiating; **kasta ~a blickar på ngn** make eyes at a p.
kättarbål *s* stake
kättare *s* heretic äv. friare
kätte *s* lantbr. pen, [loose] box
kätteri *s* heresy äv. friare
kättersk *adj* heretical; friare heterodox
kätting *s* chain; ankar~ äv. cable
kättja *s* lust[fulness]
käx o. sms., se *kex* o. sms.
kö *s* **1** biljard~ cue **2** rad av väntande queue, file; isht amer. line; **bilda ~** form a queue; **stå (ställa sig) i ~** se *köa;* **ställa sig i ~n** take one's place in the queue **3** slutet av trupp rear
köa *vb itr* queue [up]; isht amer. stand in line, line up
köbildning *s, det är* ~ there is a queue, a queue has formed; **för att undvika ~** to avoid a queue
köbricka *s* queue number (check)
kök *s* **1** eg. kitchen **2** kokkonst cuisine, cookery; känd för sitt **goda ~** äv. ...fine cooking (food)
köksa *s* kitchen-maid, [assistant female] cook
köksavfall *s* kitchen refuse, garbage
köksfläkt *s* kitchen fan (ventilator)
köksförkläde *s* kitchen apron
kökshandduk *s* kitchen towel, tea towel, tea cloth
köksingång *s* kitchen (back) entrance, service entrance
köksinredning *s* kitchen fixtures pl.
kökskniv *s* kitchen knife
köksmaskin *s* kitchen machine (appliance)
köksmästare *s* chef
köksrulle *s* kitchen roll
köksskåp *s* kitchen cupboard
köksspis *s* kitchen range; elektrisk el. gasspis cooker
köksträdgård *s* kitchen garden, vegetable garden
köksväg *s, gå ~en* go by the backstairs; gm köket go through the kitchen
köksväxt *s* grönsak vegetable; kryddväxt pot herb, aromatic plant, sweet herb
köl *s* sjö. keel; **sträcka ~en till** ett fartyg lay [down] the keel of...; **fartyget kom på rät[t] ~** sedan... the ship righted herself...; **komma på rät[t] ~** bildl. get on to the right tack
kölapp *s* queue [number] ticket
köld *s* **1** eg. cold; frost frost; kall väderlek cold

weather; **köldperiod** spell of cold [weather]; gå ut *i 10 graders* ~ ...in 10 degrees below freezing-point **2** bildl.: kylighet coldness; likgiltighet indifference
köldgrad *s* degree of cold (frost), jfr *minusgrad*
köldknäpp *s* sudden cold spell, cold snap
köldpunkt *s* fysiol. cold spot
köldrysning *s* cold shiver
köldvåg *s* cold wave
Köln Cologne
kölrum *s* sjö. bilge
kölsvin *s* sjö. keelson, kelson
kölvatten *s* sjö. wake äv. bildl.
kön *s* **1** allm. sex; *av kvinnligt (manligt)* ~ of the female (male) sex; *hälften* av dem *av kvinnligt (manligt)* ~ half of them females (males) **2** gram. gender
könlös *adj* sexless; bot. el. zool. neuter; ~ *fortplantning* asexual reproduction
könsbestämning *s* sex determination
könsbyte *s* change of one's sex
könscell *s* sex cell, gamete
könsdelar *s pl, yttre* ~ genitals, privates, private parts
könsdiskriminering *s* discrimination between the sexes, sex discrimination, sexism
könsdrift *s* sex[ual] instinct (urge); friare sexual desire
könshormon *s* sex hormone
könskvotering *s*, ~ *av tjänster* o.d. allocation...according to sex
könsliv *s* sex[ual] life
könsmogen *adj* sexually mature
könsmognad *s* sexual maturity
könsord *s* word referring to sex; vard. four-letter word
könsorgan *s* sexual organ; pl. äv. genitals; *inre* ~ pl. internal sexual organs; jfr vid. *könsdelar*
könsroll *s* sex role
könssjukdom *s* venereal disease (förk. VD)
könsumgänge *s* [sexual] intercourse
köp *s* allm. purchase; vard. buy; köpande buying; transaktion, vard. deal; kortsp. exchange; *göra ett gott* ~ make (get) a good bargain; *ta varor på öppet* ~ take goods on a sale-or-return basis (on approval, with the option of returning them); *[till] på ~et* allm. ...into the bargain; dessutom ...in addition, what's more...; till och med even; vad mer är ...over and above that; till råga på allt to crown (on top of) it all; *till på ~et* i London ...of all places
köpa I *vb tr* buy äv. bildl.; purchase [*av ngn* from a p.]; tubba suborn; muta bribe, buy over; kortsp., byta ut exchange; vard., gå med på buy; ha pengar *att ~ för* ...to buy [things] with; *det finns att ~ för* ...it is to be bought (had); *Önskas* ~ el. *Köpes* rubrik Wanted; *~ ngn (sig) ngt* buy a p. (oneself) a th.
II med beton. part.
~ **hem** t.ex. mat, frukt buy

~ **in** buy in; ~ *in sig i* buy oneself (one's way) into
~ **upp** buy up; ~ *upp* aktiemajoriteten i take over...; ~ *upp sina pengar* spend all one's money [in buying things]
~ **ut:** ~ *ut ngn* buy a p. out; ~ *ut sprit till ngn* buy spirits (liquor) on another p.'s behalf
köpare *s* buyer, purchaser [*till* of]
köpcentrum *s* shopping centre, shopping precinct, mall
köpeavtal *s* contract of sale
köpebrev *s* bill of sale
köpekontrakt *s* contract of sale
Köpenhamn Copenhagen
köpenskap *s* trade; handlande trading
köpeskilling *s* o. **köpesumma** *s* jur. purchase sum
köping *s* ung. [small] market town; eng. motsv. ung. urban district
köpkort *s* hand. credit card
köpkraft *s* purchasing (spending) power
köpkurs *s* för värdepapper bid price (quotation); för valutor buying rate
köplust *s* desire (inclination) to buy things; efterfrågan [buying] demand
köpman *s* businessman; handlande tradesman; grosshandlare el. åld. merchant
köporder *s* order to buy, buying-order
köpslå *vb itr* bargain, haggle; kompromissa compromise
köpslående *s* bargaining; kompromissande compromising
köpstark *adj*, ~ publik ...with great purchasing (spending) power, ...with [plenty of] money to spend
köpstrejk *s* buyers' strike
köptvång *s, utan* ~ with no obligation to purchase, without obligation to purchase
1 kör *s* sång~ choir; t.ex. i opera, oratorium chorus; sångstycke chorus äv. bildl.; *en* ~ *av protester* a chorus of protest; *i* ~ in chorus
2 kör, *i ett* ~ without stopping, continuously; t.ex. arbeta äv. at a stretch, without a break
3 kör *s* vard. *hela ~et* klabbet the whole lot (caboodle)
köra I *vb tr* **1** framföra, styra: t.ex. fordon, häst drive; motorcykel ride; t.ex. skottkärra, barnvagn push, wheel, trundle; ~ *en motor på* bensin run an engine on...; *loppet (det) är kört* vard., se *lopp* **2** forsla take; i bil äv. drive, run; i kärra cart, wheel; i barnvagn push, wheel; isht [tyngre] gods, t.ex. om tåg äv. carry, transport, convey; *han -de henne [med bil]* till stationen äv. he gave her a lift... **3** data. run **4** stöta, sticka, stoppa run, thrust, stick; ~ *fingrarna genom håret* run one's fingers through one's hair; ~ *huvudet i väggen* bildl. bang (knock) one's head against a brick (stone) wall **5** jaga, mota ~ *ngn på dörren (porten)* turn (utan vidare bundle) a p. out

köra 366

6 ~ visa *en film* show a film; filmen *har -ts tre veckor* ...has run three weeks **7** kugga plough, fail; isht amer. flunk
II *vb itr* **1** drive; i (med) bil äv. motor; på [motor]cykel ride; åka go, ride; färdas travel, jfr *2 fara I 1* o. *åka I 1;* om bil äv., om tåg o.d. vanl. run, go äv. betr. hastighet; om fabrik work [*[i]* *dubbla skift* double shifts]; *kör!* i väg go ahead!; *han kör bra* he drives well, he is a good driver; *lära sig [att]* ~ köra bil learn how to drive [a car]; ~ *mot rött [ljus]* jump the lights; *han -de [med bilen] (bilen -de) rakt på...* he drove (the car ran) straight into...; ~ *uppför en backe på ettan* take (climb)...in first [gear]; *kör över* Gävle! drive (go; hit come) via...!; han (bilen, motorcykeln) *kom ~nde* vanl. ...came along **2** kuggas i tentamen o.d. be ploughed; amer. flunk **3** ~ *med:* **a)** ~ *med* jäkta *folk* boss (order) people about, worry people **b)** *han kör jämt med* t.ex. sina teorier, de oregelbundna verben osv. he is always going on about... **4** *kör hårt!* sätt igång get cracking!
III med beton. part.
~ **av:** ~ *av vägen* med bilen drive off the road
~ **bort a)** tr.: forsla undan take osv. away; driva bort drive (send)...away (off), pack...off; jaga bort äv. chase...away **b)** itr. drive away
~ **efter** se *åka [efter]*
~ **emot** en lyktstolpe run into...
~ **fast** get stuck äv. bildl.; come (be brought) to a dead stop (a standstill), grind to a halt; förhandlingarna *har -t fast* ...have come to a deadlock
~ **fram a)** itr. *bilen -de fram till* trappan the car drove up to... **b)** tr. ~ *fram bilen (varorna) till* dörren drive the car (take etc. the goods) up to...
~ **förbi** drive (resp. ride jfr ovan) past; jfr ~ *om*
~ **i** ngn mat force...into a p. (down a p.'s throat); kunskaper cram...into a p.['s head]
~ **ifatt** catch up with, se vid. *ifatt*
~ **ifrån** ngn (ngt) se *ifrån I*
~ **igenom [staden]** drive (resp. ride jfr ovan) through [the town]
~ **igång med** vard., starta go ahead with
~ **ihjäl ngn** run over a p. and kill him (resp. her); ~ *ihjäl sig* dödas i en bilolycka be killed in a car accident
~ **ihop a)** kollidera run into one another; ~ *ihop med* run into, collide with **b)** fösa ihop drive (pack, crowd)...together [*i (på)* into] **c)** *det har -t ihop sig [för mig]* things are piling up
~ **in a)** eg. ~ *in bilen [i garaget]* drive the car into the garage; ~ *in* hö (säd) bring (äv. cart) in...; *tåget -de in [på* stationen*]* the train pulled in [at...]; ~ *in* vid trottoarkant o.d. draw in **b)** ~ *in* trimma in *en ny bil* run in a

new car **c)** ~ stöta (stoppa) *in...[i]* thrust (stick, push, vard. shove, poke)...in[to]
~ **i väg a)** itr. drive off **b)** tr., se ~ *bort*
~ **om** passera overtake, pass
~ **omkull ngn** knock a p. down; ~ *omkull med cykeln (på cykel)* fall from (off) one's bicycle [while riding]
~ **på a)** itr.: fortare drive (resp. ride jfr ovan) faster; vidare drive osv. on; *kör på bara!* äv. just go ahead! **b)** tr. ~ *på ngn* kollidera med run into a p.; omkull ngn knock a p. down; ~ *på* ett annat fordon run (knock, bump) into...
~ **sönder** t.ex. ett staket drive (resp. ride jfr ovan) into...and smash it; ~ *sönder sin bil* vid krock smash up (fördärva motorn ruin) one's car
kör till! all right!, OK!, right ho!, it's a deal!
~ **upp a)** itr. drive (resp. ride jfr ovan) up; för körkort take one's driving test **b)** tr., eg. take osv. up; sticka upp stick (put) up; lura fleece; friare swindle [*på* of]; ~ *upp* ngn *ur sängen* make...get (rout...[up]) out of bed; jfr *uppkörd*
~ **ut a)** itr. drive (resp. ride jfr ovan) out; ~ *ut på landet* med bil drive (göra en tur go for a drive) into the country **b)** tr., varor deliver **c)** ~ kasta *ut ngn* turn a p. out [of doors] (ur rummet out of the room)
~ **över a)** t.ex. gata, bro drive (resp. ride jfr ovan) across, cross **b)** ~ *över ngn* vanl. run over a p.; jfr *överkörd* **c)** ~ *över ngn* bildl. not bother about what a p. thinks (wants), ride roughshod over a p.
körare *s* **1** kåre fresh (gynnsam favourable) breeze **2** *du får ge honom en* ~ bildl. you must give him a shaking-up
körbana *s* på gata road[way], carriage way; amer. pavement
körbar *adj* ...fit for driving (om fordon to drive); för motorcykel, cykel ...fit for riding; om motorcykel, cykel ...fit to ride
körfält *s* lane; *byta* ~ change lanes
körförbud *s, belägga* bil *med* ~ impose a driving ban on...
körhastighet *s* speed
körkort *s* driving (driver's) licence; *internationellt* ~ international driving permit; *mista ~et* lose one's [driving] licence, have one's [driving] licence suspended (revoked); *ta* ~ köra upp take (pass) one's driving test
körkortsprov *s* driving test
körledare *s* mus. choirmaster
körlektion *s* driving lesson
körning *s* körande driving osv., jfr *köra;* data. run; av varor äv. haulage; körtur o.d.: med bil drive; mer yrkesmässig mut. *olovlig* ~ ung. using a vehicle without lawful authority
körriktning *s* direction of travel
körriktningsvisare *s* [direction] indicator
körsbär *s* cherry

körsbärskärna *s* cherry stone
körsbärslikör *s* cherry brandy
körsbärsröd *adj* cherry-red; **~a** läppar cherry...
körsbärstomat *s* cherry tomato
körsbärsträ *s* cherry wood
körsbärsträd *s* cherry [tree]
körskicklighet *s* driving-skill; hos [motor]cyklist riding-skill
körskola se *bilskola*
körsnär *s* furrier
körsträcka *s* vägsträcka i 'miles' mileage; tillryggalagd (sammanlagd) ~ distance (total distance) covered
körsång *s* sjungande choir-singing; komposition chorus, part-song
körtel *s* anat. gland
körtelfeber *s* med. glandular fever
körtelsjukdom *s* glandular disease
körvel *s* bot.: dansk chervil
körväg *s* i mots. t. gångväg road[way], carriageway; i park el. till privathus drive; *det är* en kvarts (kilometers) ~ *dit* it is...drive (med [motor]cykel ride) there
kött *s* allm. flesh äv. bildl.; slaktat meat, jfr äv. *fårkött* m.fl.; frukt~ äv. pulp; mitt eget ~ *och blod* ...flesh and blood; *få ~ på benen* fetma äv. put on flesh; *sätta ~ på benen på ngt* bildl. fill a th. out [and make it more interesting]
köttaffär *s* butik butcher's [shop]
köttben *s* bone [with some meat on it]
köttbit *s* [small] piece of meat
köttbulle *s* meatball, forcemeat ball
köttdisk *s* meat counter
köttfärgad *adj* flesh-coloured
köttfärs *s* råvara minced meat; beredd, till fyllning stuffing, forcemeat; maträtt [minced] meat loaf
köttfärslimpa *s* meat loaf
köttfärssås *s* mincemeat sauce
köttgryt|a *s* rätt hotpot, steak casserole; *sitta vid maktens -or* ung. hold the reins of power
köttig *adj* fleshy
köttklubba *s* steak hammer, meat mallet
köttkvarn *s* [meat-]mincer, mincing-machine; amer. meat grinder
kötträtt *s* meat course (dish)
köttsaft *s* meat juice, gravy
köttskiva *s* slice of meat
köttslamsa *s* scrap of flesh (av slaktat kött meat)
köttslig *adj* **1** egen own; om t.ex. broder, kusin äv. ...german **2** sinnlig carnal; bibl. fleshly
köttsoppa *s* [meat] broth, meat soup
köttspad *s* [meat] stock, gravy
köttstycke *s* piece (större, med ben i joint) of meat
köttsår *s* flesh wound
köttyxa *s* [butcher's] chopper, cleaver
köttätande I *adj* om växter o. djur flesh-eating, carnivorous **II** *s*, *minska på ~t* reduce the consumption of meat
köttätare *s* djur flesh-eater, carnivore

L

l *s* **1** bokstav l [utt. el] **2** (förk. för *liter*) l
labb *s* på djur paw; på människa, vard. paw, mitt; näve fist
labialisering *s* språkv. labialization
labil *adj* unstable, fluctuating; psykol. emotionally unstable, labile
labilitet *s* instability, fluctuation; psykol. äv. emotional instability, lability
laborant *s* laboratory worker (assistant, elev student)
laboration *s* experiment laboratory experiment; arbete (äv. ~*er*) laboratory work; skol., övning laboratory lesson
laborator *s* univ., ung. reader; amer. associate professor [of the faculty of science]
laboratorium *s* laboratory
laborera *vb itr* **1** eg. do laboratory work **2** bildl. ~ *med* pröva work (go) on; experimentera med experiment with, try out; röra sig med play about with
labrador *s* hundras ~ *[retriever]* Labrador [retriever]
labyrint *s* labyrinth äv. anat.; maze
lack *s* **1** sigill~ sealing wax; lacksigill seal **2** fernissa lacquer, varnish; nagel~ [nail] varnish; till konstföremål japan; färg enamel, lacquer; ämne [gum] lac **3** se *lackering* **4** ~skinn patent leather
1 lacka *vb tr* **1** seal [...with sealing-wax]; ~ *igen (ihop)* seal up..., seal...up with sealing-wax **2** se *lackera*
2 lacka *vb itr*, *han arbetade så att svetten ~de* he worked so hard that the sweat was dripping from him
3 lacka *vb itr*, *det ~r mot jul* Christmas is drawing near
lackera *vb tr* lacquer, japan; måla enamel, paint; naglar el. fernissa varnish; med spruta spray; *[låta] ~ om* en bil have...repainted (resprayed)
lackering *s* abstr. varnishing, lacquering, enamelling osv., jfr *lackera;* konkr. varnish, lacquer, enamel; bil~: abstr. [car] painting (spraying); konkr. paintwork (end. sg.), paint
lackfärg *s* enamel paint, lacquer
lackmuspapper *s* kem. litmus paper
lacknafta *s* white spirit, petroleum spirit
lacksko *s* patent leather shoe
lackstång *s* stick of sealing wax
lackviol *s* bot. wallflower, gillyflower
lada *s* barn
ladda *vb tr* fylla: allm. el. data. load; skjutvapen äv. charge; elektr. charge; ~ *batterierna* bildl. recharge [one's batteries]; bössan, kameran *är ~d* ...is loaded; stämningen *var ~d* ...was charged; *en ~d tystnad* a pregnant silence;

han är ~d med energi he is full of energy; ~ *om* reload; elektr. recharge; ~ *upp* a) elektr. charge b) förbereda sig get ready; mentalt prepare oneself mentally; fysiskt do some hard training; ~ *ur [sig]* elektr. discharge; om moln explode, burst; om batteri run down; ~ *ur sig [hos* ngn*]* relieve one's feelings [to...]
laddning *s* konkr.: charge; i skjutvapen äv. load; *en [hel]* ~ böcker loads pl. of...
laddningsbar *adj* rechargeable
ladugård *s* cowhouse; amer. äv. barn
ladusvala *s* swallow; amer. barn swallow
1 lag *s* avkok decoction; lösning solution; spad liquor; socker~ syrup
2 lag *s* **1** sport. el. arbets~ team; sport. äv. side; roddar~ crew; arbetar~ gang; sällskap company, krets set; *dela upp sig på* ~ make up sides; *välja* ~ pick [up] sides; *gå ~et runt* go the round, circulate (be passed round) among the company; *i glada vänners* ~ in convivial company; *vara i* ~ *med* be in (involved) with; *ha ett ord med i ~et* have a say (a voice) in the matter **2** skol. *ett* ~ skrivböcker a batch of... **3** ordning *ur* ~ out of order **4** belåtenhet *göra (vara) ngn till ~s* please (suit) a p. **5** *i kortaste ~et* rather (a bit) short, almost too short; om t.ex. kjol äv. a little on the short side; 100 kr *är i mesta (minsta) ~et* ...is pretty much (precious little); *vid det här ~et* by now, by this time
3 lag *s* allm. law; jur.: antagen av statsmakterna act; förordning statute, enactment; lagbok code; *Sveriges rikes* ~ boktitel the Statute Book of Sweden; ~ *och rätt* law and order; rättvisa [law and] justice; *~ar och förordningar* rules and regulations; *~en om* t.ex. tillgång och efterfrågan the law of...; *det är* ~ *på* det *(på att* hel sats*)* there is a law about... (a law saying that...); *läsa ~en för* ngn give a p. a lecture; *stifta ~ar* make laws; lagstifta legislate; *ta ~en i egna händer* take the law into one's own hands; *enligt ~[en]* by (according to) law; det är *i* ~ *förbjudet* ...prohibited by law; *i ~ens namn* in the name of the law
1 laga *adj* lagenlig legal; laggiltig lawful; giltig, t.ex. skäl valid; *vinna* ~ *kraft* gain legal force, become law (legal); *i* ~ *ordning* according to the regulations prescribed by law
2 laga I *vb tr* **1** ~ *[till]* allm. make; gm stekning o.d. äv. cook; göra i ordning, t.ex. måltid prepare, get...ready; isht amer. äv. fix; t.ex. sallad äv. dress; tillbanda mix; medicin make up; ~ *mat* cook; *hon ~r god mat* she is a good cook, she cooks well; ~ *maten* do the cooking; *äta ~d mat* måltid have a hot meal (resp. hot meals) **2** reparera repair; isht amer. äv. fix; göra hel igen äv. mend; stoppa darn; lappa patch [up]; sy ihop stitch up; tänder fill **II** *vb itr*, ~ *[så] att...* se till see [to it] that...; ställa om arrange (manage) it so that...; ~ *att*

ngt blir gjort i tid get (have) a th. done...
III *vb rfl*, ~ *sig i väg* be off
laganda *s* team spirit
lagarbete *s* teamwork
lagberedning *s* delegation law-drafting board (committee)
lagbok *s* statute book, code of laws
lagbrott *s* breach (violation, infringement) of the law; lagbrytande law-breaking
lagbrytare *s* lawbreaker, violator of the law
lagbunden *adj* ...regulated (fixed) by law; t.ex. utveckling ...conformable to law; t.ex. frihet constitutional
lagbundenhet *s* t.ex. naturens conformity (adherence) to law
lagd *adj* om pers. ***vara ~ åt (för)*** ngt be naturally fitted (have a bent) for...; ***vara konstnärligt ~*** be artistically inclined; ***vara praktiskt ~*** be practical, have a practical turn of mind
lagenlig *adj* ...according to [the] law, lawful
1 lager *s* **1** förråd stock [*av, i* of]; sortiment äv. assortment; varu~ stock-in-trade; stort beredskaps~ stockpile; lokal: rum stockroom, store (storage) room[s pl.], magasin warehouse; *så länge lagret räcker* while stocks last; sälja *från ~* ...from stock; ***ha...i (på)*** ~ have...in stock (on hand); bildl. have a stock of...; ***lägga...på ~*** lay (put)...in stock, stock up **2** skikt: allm. layer äv. kok.; av målarfärg coat, layer; geol. äv. samt bildl. strat|um (pl. -a); geol. äv. bed; avlagring, fällning deposit; *de breda lagren* the broad mass sg. of the people, the masses; *översta lagret* the top layer **3** tekn. bearing
2 lager *s* bot. laurel; *skörda (skära) lagrar* bildl. win (gain, reap) laurels; *vila på sina lagrar* rest on one's laurels
3 lager *s* öl lager
lagerarbetare *s* storeman, stockroom worker, warehouseman
lagerblad *s* bay leaf äv. kok.; till lagerkransar vanl. laurel leaf
lagerbär *s* bayberry
lagerbärsblad *s* kok. bay leaf
lagerchef *s* stores (store-room, magasin warehouse) manager, head stores-clerk
lagerkatalog *s* stock list
lagerkrans *s* laurel wreath (crown)
lagerkrönt *adj* ...crowned with a laurel wreath, laureate
lagerlokal *s* stockroom, store (storage) room[s pl.]; magasin warehouse
lagerrapport *s* inventory (stock) report
lagerutrymme *s* storage space
lagervara *s* stock line; *lagervaror* äv. stock goods
lagfart *s* jur. *söka (få) ~ på* fastighet apply for the registration of one's title to...
lagfartsbevis *s* jur. certificate of registration of title

lagförslag *s* [proposed] bill
lagg *s* **1** kok. frying-pan; för våfflor waffle iron; *en ~* våfflor a round of... **2** vard., skida ski
laggkärl *s* container made of wooden staves; ofta barrel, cask
lagkamrat *s* team-mate
lagkapten *s* captain [of a (resp. the) team]
lagledare *s* sport. manager of a (resp. the) team
laglig *adj* laga legal; erkänd av lagen, t.ex. arvinge, hustru, regering lawful; rättmätig äv. legitimate; t.ex. ägare rightful; ~ *befogenhet* statutory powers pl.; *på ~ väg* by lawful (legal) means, legally
laglott *s* jur., ung. statutory share of inheritance, lawful portion
laglydig *adj* law-abiding
laglös *adj* lawless
laglöshet *s* tillstånd lawlessness; handling lawless act
lagman *s* vid tingsrätt chief judge in district court; i vissa städer president of city court; vid länsrätt chief judge in county administrative court
lagning *s* abstr. repairing; isht amer. äv. fixing; mending; konkr. repair, mend; stoppning darn; tand ~ filling; skicka...*till ~* ...to be repaired
lagom I *adv* just right; nog just enough; tillräckligt sufficiently; måttligt in moderation, moderately; den är *[alldeles] ~ saltad* ...salted just right; den är *~ stor* ...just large enough, ...just the right size; *komma precis ~* i tid be just in time; lägligt come at the right moment; *skrik ~!* don't shout like that!
II *adj* tillräcklig adequate, sufficient; lämplig, passande fitting, appropriate, suitable; måttlig moderate; *på ~ avstånd* at just the right distance; *det blir (är) precis ~* it's just right; tillräckligt it's quite enough; *det är [just] ~ åt honom* iron. it serves him right **III** *s*, ~ *är bäst* everything in moderation
lagparagraf *s* section of a law (an Act)
lagra I *vb tr* förvara store äv. data.; magasinera warehouse; för kvalitetsförbättring: t.ex. vin lay down (leave)...to mature, t.ex. ost leave...to ripen; *~ av* deposit **II** *vb rfl*, *~ sig* **1** geol. stratify **2** om t.ex. damm settle [in layers]; *~ av sig* be deposited in layers (strata); jfr *lagrad*
lagrad *adj* **1** förbättrad gm lagring: om t.ex. ost ripe; om t.ex. vin matured **2** geol. stratified
lagring *s* (jfr *lagra*) **1** storage, storing; warehousing; för kvalitetsförbättring maturing, seasoning **2** geol. stratification
lagrum se *lagparagraf*
lagsport *s* team game
lagstadgad *adj* statutory, ...fixed (laid down, prescribed) by law
lagstifta *vb itr* legislate
lagstiftande *adj* legislative; ~ *församling* legislative assembly (body)

lagstiftning *s* konkr. legislation, law[s pl.] [*mot* against; *om* relating to, respecting]
lagstridig *adj* ...contrary to [the] law; olaglig illegal
lagsöka *vb tr* sue
lagsökning *s* debt-recovery procedure (bestämt fall case)
lagtext *s* jur. words (wording) of an Act
lagtima *adj*, ~ *riksdag[en]* the ordinary (statutory) session of the Riksdag
lagtävling *s* team competition
lagun *s* lagoon
laguppställning *s* sport. [team] line-up
lagvigd *adj* [lawfully, attr. äv. lawful] wedded
lagård se *ladugård*
lagändring *s* **1** jur. alteration in (förbättring amendment of) an (resp. the) Act **2** sport. team change
lagöverträdelse *s* an offence against (a transgression of) the law; mindre äv. misdemeanour
laka *vb tr*, ~ *ur* leach äv. tekn.; kok. remove the salt from...by soaking; jfr *urlakad*
lakan *s* sheet; *ligga mellan* ~ sjuk be in bed
1 lake se *saltlake*
2 lake *s* zool. burbot
lakej *s* lackey äv. bildl.; eg. äv. footman
lakonisk *adj* laconic
lakrits *s* liquorice; isht amer. licorice
lakun *s* lacun|a (pl. äv. -ae)
lalla *vb itr* sluddra mumble, drivel, ramble
lam *adj* förlamad paralysed; amer. vanl. paralyzed; domnad: isht av köld numb, av ansträngning stiff; bildl.: föga övertygande lame, svag feeble; *han är* ~ *i benen* vanl. his legs are paralysed osv.
1 lama *s* djur llama
2 lama *s* munk lama
lamé *s* tyg lamé fr.
lamell *s* **1** naturv. el. anat. lamell|a (pl. -ae); lamin|a (pl. -ae) äv. geol. **2** bil.: i koppling disc; i kylare rib, gill, slat **3** elektr. segment, bar
lamellträ *s* laminboard
lamhet *s* paralysis, numbness osv.; jfr *lam*
laminat *s* laminate
laminera *vb tr* laminate
lamm *s* lamb; *Guds* ~ the lamb of God
lamma *vb itr* lamb
lammkotlett *s* lamb chop
lammkött *s* kok. lamb
lammskinn *s* berett lambskin
lammstek *s* leg (joint) of lamb; tillagad roast lamb; amer. lamb roast
lammull *s* lamb's-wool
lampa *s* lamp; glöd~ vanl. bulb
lampett *s* bracket lamp (med levande ljus candlestick), sconce
lampfot *s* lampstand
lampglas *s* [lamp] chimney
lamphållare *s* fattning [electric] light socket
lampkupa *s* globe

lampskärm *s* lampshade
lamslå *vb tr* allm. paralyse; amer. vanl. paralyze; *lamslagen av skräck* paralysed (petrified) with...
land *s* **1** rike: eg. country; i högre stil el. mera bildl. land; *Sveriges* ~ [the land of] Sweden; *i främmande* ~ in a foreign country, utomlands abroad; *det heliga ~et* the Holy Land; *fara* ~ *och rike runt (omkring)* ...all over the country; *veta hur ~et ligger* bildl. see how the land lies **2** fastland land; strand shore; *lägga ut från* ~ put off from land (the shore); *föra i* ~ bring ashore, land; *gå (stiga) i* ~ go ashore [*på* ön on...]; *gå i* ~ *med* bildl. manage, cope with; *ro ngt i* ~ pull a th. off (through); *på* ~ a) mots. till sjöss on shore, ashore b) mots. i vattnet on land, overland; *till ~s och till sjöss* a) t.ex. färdas by sea and land b) t.ex. strida on land and sea **3** jord land; territorium äv. territory; trädgårds~ [garden] plot, med t.ex. grönsaker, potatis, vanl. patch **4** landsbygd *vara från ~et* come from the country äv. neds.; *bo (fara [ut]) på ~et* live in (go into) the country
landa I *vb itr* land äv. bildl.; flyg. äv. come down, touch down; i havet, om rymdfarkost splash down **II** *vb tr*, ~ *ett plan (en fisk)* land a plane (fish)
landbacke *s*, *på ~n* on land (shore)
landbris *s* land breeze
landdjur *s* terrestrial (land) animal
landförbindelse *s* förbindelse med fastlandet connection with the mainland
landgång *s* konkr. **1** sjö. gangway, gangplank **2** lång smörgås long open sandwich
landhockey *s* [field] hockey
landhöjning *s* uplift, elevation of the land
landkrabba *s* vard. landlubber
landkänning *s* **1** *få (ha)* ~ come (be) within sight of land, make land **2** grundstötning grounding; *få* ~ touch ground
landmina *s* landmine
landmärke *s* sjö. landmark
landning *s* landing, touchdown; i havet, om rymdfarkost splashdown
landningsbana *s* flyg. runway
landningsfyr *s* flyg. beacon
landningsförbud *s*, *få (ha)* ~ be prohibited from landing
landningshjul *s* flyg. landing wheel
landningsljus *s* flyg. landing light (flare)
landningsplats *s* sjö. landing place; flyg. landing ground; i havet, om rymdfarkost splashdown
landningssträcka *s* flyg. landing run
landningsställ *s* flyg. undercarriage, landing gear
landningstillstånd *s* permission to land; *ge* ~ give...permission to land, clear...for landing
landområde *s* territory
landpermission *s* shore leave

landremsa s strip of land
landsarkiv s ung. provincial record office
landsbygd s country, countryside; ~*ens befolkning* the rural population
landsdel s part of a (resp. the) country
landsfader s father of the (his) people
landsfiskal s hist., ung. district police superintendent [and public prosecutor]
landsflykt s exile; *gå i* ~ go into exile
landsflyktig I *subst adj* exile **II** *adj* ...in exile
landsförrädare s traitor [to one's country]
landsförräderi s treason
landsförrädisk adj treasonable
landsförvisa vb tr exile, banish, expatriate
landsförvisning s exile, banishment
landshövding s ung. county governor [*i* of]
landskamp s international [match]
landskap s **1** provins province **2** natur el. tavla landscape; sceneri scenery
landskapsmålare s landscape painter
landskommun s rural district
landskyrka s lantkyrka country (rural) church
landslag s sport. international team; *svenska ~et* vanl. the Swedish team
landslagsspelare s international [player]
landsman s från samma land fellow countryman, compatriot [*till* ngn of...]
landsnummer s tele. country code [number]
landsomfattande adj country-wide, nation-wide
Landsorganisationen, ~ *i Sverige* (förk. *LO*) the Swedish Trade Union Confederation
landsort s, ~*en* the provinces pl.; *i ~en* äv. in the country
landsortsbo s provincial
landsortstidning s provincial newspaper
landsortsupplaga s provincial edition
landsplåga s [national] scourge; friare plague, nuisance, pest
landssorg s national (public) mourning
landstiga vb itr isht mil. land; från fartyg äv. disembark; jfr vid. *[stiga i] land*
landstigning s landing, disembarkation
landsting s ung. county council
Landstingsförbundet the Federation of [Swedish] County Councils
landstingsman s ung. county councillor
landstingsskatt s ung. county council tax
landstingsval s ung. county council election
landstorm s hist., ung. veteran reserve
landstridskrafter s pl land forces
landstrykare s tramp
landsväg s main (mindre country) road; *på allmän ~* on the public highway
landsvägsbuss s coach
landsvägskörning s med bil etc. driving on main (mindre country) roads
landsända s part of a (resp. the) country
landsätta vb tr isht mil. land; från fartyg äv. disembark
landsättning s landing, disembarkation

landtunga s udde tongue of land, spit; näs neck of land, isthmus
landvind s land wind
landvinning s, ~*ar* erövrade områden conquests; områden erhållna genom fördrag o.d. acquisitions; bildl. achievements
landväg, ~*en* adv. by land, overland
landå s fyrhjulig täckvagn landau
langa I vb tr räcka från hand till hand pass...from hand to hand; skicka hand; kasta chuck, sling; *~ hit* ge mig...*!* let me have...!, just pass me...! **II** vb tr o. vb itr, ~ *[narkotika]* peddle (push) drugs (narcotics); ~ *sprit* peddle liquor; isht under förbudstiden bootleg [liquor]
langare s peddler; narkotika~ äv. pusher; isht under förbudstiden bootlegger
lank s vard. dishwater
lanka s kortsp. low (poor) card
lankes s Sri Lankan
lankesisk adj Sri Lankan
lanolin s lanolin, lanoline
lans s lance; *bryta en ~ för* take up the cudgels for
lansera vb tr allm. introduce; införa på marknaden äv. bring out, put...on the market; göra modern äv. bring...into fashion; göra populär popularize; föra fram, t.ex. mode, idé start, launch; ~ *ngn* matcha ngn launch (build up) a p., give a p. a build-up
lansett s med. lancet
lansettfisk s zool. lancelet
lansiär s hist., mil. lancer
lantarbetare s farm worker, agricultural labourer, farmhand
lantbefolkning s country (rural) population
lantbo s rustic; ~*r* vanl. country people
lantbrevbärare s rural postman, amer. rural mail carrier
lantbruk s **1** verksamhet agriculture, farming **2** bondgård o.d. farm
lantbrukare s farmer, agriculturist
lantbrukselev s praktikant vid lantbruk farm apprentice
lantbruksskola s agricultural college
lantbruksuniversitet s, *Sveriges ~* the Swedish University of Agricultural Sciences
lantbruksutställning s agricultural show
lantbröd s ung. farmhouse bread; *ett ~* a farmhouse loaf
lantegendom s estate
lanterna s sjö. light; flyg. navigation (position) light
lantgård s farm
lanthandel s affär country (village) shop (isht amer. store)
lantis s vard. country bumpkin, yokel
lantlig adj eg. rural, country...; enkel rustic äv. neds.; landsortsmässig provincial
lantlighet s rural simplicity, rusticity
lantliv s country life
lantlolla s vard. country wench

lantluft *s* country air
lantman *s* farmer
lantmätare *s* surveyor, land surveyor
lantställe *s* place in the country, country house (mindre cottage, större residence, estate)
lantvin *s* local wine; bordsvin table wine, vin ordinaire fr.
lapa *vb tr* o. *vb itr* om djur lap; om människor: vard., dricka drink; ~ *luft (sol)* take in some air (bask in the sun); ~ *i sig* lap (resp. drink) up
lapidarisk *adj* laconic, brief
lapis *s* lunar caustic, nitrate of silver
1 lapp *s* same Lapp, Laplander
2 lapp *s* till lagning el. som ögonskydd patch; trasa cloth; etikett label; t.ex. pris~ äv. ticket, tag; meddelande note; bit: allm. piece, bit, scrap, pappers~ piece (slip) of paper; skriva på *lösa ~ar* ...odd bits of paper
lappa *vb tr* **1** patch äv. data.; laga mend; ~ *ihop* äv. bildl. patch up, repair **2** ~ *till* slå till *ngn* slap (wallop) a p.
lappdräkt *s* Lapp costume
lapphund *s* Lapland dog
lappkast *s* i skidsport kick turn, high-kick turn
lappkåta *s* Lapp (Laplander's) hut (cot, tältkåta äv. tent)
Lappland Lapland
lapplisa *s* [woman] traffic warden; vard. meter maid
lappländsk *adj* Laplandish, ...of Lapland; attr. äv. Lapland...
lapplänning *s* Laplander, inhabitant of Lapland
lappning *s* lappande patching, mending; lappat ställe mend
lappsjuka *s* 'Lapland melancholy', melancholy caused by living in isolated areas
lappskrivning *s* skol. short written test [in class]
lapptäcke *s* patchwork quilt
lappverk *s, [ett] ~* [a piece of] patchwork
lapsk *adj* attr. Lapp...; pred. Lappish
lapska *s* **1** kvinna Lapp woman **2** språk Lappish
lapskojs *s* kok. lobscouse, meat and potato hash
lapsus *s* lapse, slip
largo mus. *s* o. *adv* largo it.
larm *s* **1** oväsen noise; buller din **2** alarm alarm; ~signal alert; flyg~ äv. air-raid warning; *slå ~* sound the alarm; bildl.: varna warn; protestera raise an outcry
larma I *vb itr* make a noise (din); *en ~nde hop* a clamorous crowd **II** *vb tr* **1** alarmera call; t.ex. brandkår äv. call out **2** förse med larm huset *är ~t* ...has had an alarm installed in it
larmrapport *s* alarming report; friare scare
larmsignal *s* alarm [signal], alert
1 larv *s* zool.: allm. larv|a (pl. -ae); av t.ex. fjäril, mal caterpillar; av t.ex. skalbagge grub; av fluga maggot
2 larv *s* vard., dumheter rubbish, nonsense; dumt uppträdande silliness, silly behaviour
larva I *vb itr* traska toddle [*i väg* off]; *gå och ~* el. *~ omkring* potter about **II** *vb rfl, ~ sig* prata dumheter talk rubbish; vara dum be silly, play the fool; bråka play about
larvfötter *s pl* tekn. caterpillars, caterpillar treads; *traktor med ~* caterpillar, crawler, caterpillar (crawler) tractor
larvig *adj* silly, ridiculous, stupid
larvighet *s* nonsense, silliness
lasagne *s* kok. lasagne
lasarett *s* hospital, general hospital
laser I *s* fys. laser
lasera *vb tr* mål. glaze
laserskrivare *s* laser printer
laserstråle *s* fys. laser beam
laska *vb tr* **1** tekn. scarf **2** sömnad. sew...with a saddle-stitch
lass *s* last load; lastad vagn loaded cart (jfr t.ex. *hölass*); *ett* bil~ *kol* a lorry-load (truck-load) of coal; *ett ~ [av (med)]* smörgåsar a big pile of...; *dra det tyngsta ~et* bildl. have the heaviest burden
lassa I *vb tr* load; ~ *allt arbetet på ngn* load (pile)...on to a p. **II** med beton. part., se *I lasta II*
lasso *s* lasso (pl. -s el. -es); *kasta ~* throw a (the) lasso; *fånga med ~* lasso
lassvis *adv* i lass by the cartload; ~ *av (med)* stora mängder... loads (cartloads) of...
1 last *s* **1** eg.: load; skepps~ cargo, freight; *med full ~* with a full load; *med ~ av...* carrying (loaded with) a cargo of... **2** *ligga* ngn *till ~ [ekonomiskt]* become (be) a [financial] burden to...; *ligga samhället till ~* be a charge on the public
2 last *s* fel o.d. vice
1 lasta I *vb tr* o. *vb itr* allm. load; inskeppa äv. ship; ta ombord take in, take (put)...on board; ta in last take in cargo; ha lastförmåga äv. carry; ~ *och lossa* load and unload **II** med beton. part.
~ *av* unload; ~ *av sig bekymren på* andra unburden one's troubles to...
~ *i (in)* load [*i* into]; ~ *i för mycket [i den]* put too much into it
~ *om* a) på nytt reload b) till annat transportmedel transfer, trans-ship [*på (till)* on to]
~ *på ngt på* vagnen load a th. on to...; ~ *på ngn* ngt load (bildl. saddle) a p. with...
~ *ur* unload
2 lasta *vb tr* klandra blame [*för* for]
lastbar *adj* vicious, depraved
lastbarhet *s* depravity
lastbil *s* lorry; isht tyngre el. amer. truck
lastbilssläp *s* lorry (truck) trailer
lastbåt *s* cargo ship, freighter

lastdjur *s* beast of burden
lastfartyg *s* cargo ship, freighter
lastflak *s* platform [body]
lastgammal *adj* extremely old, ancient; *så ~ är jag inte* I am not that old
lastkaj *s* sjö. whar|f (pl. -fs el. -ves); amer. dock; vid godsstationer loading platform
lastning *s* loading
lastningsplats *s* loading berth (place)
lastpall *s* pallet, loading pallet
lastrum *s* utrymme cargo (stowage) space; konkr.: sjö. hold; flyg. cargo compartment
lat *adj* allm. lazy; loj indolent; sysslolös idle [*i* i samtl. fall at]
lata *vb rfl*, *~ sig* be lazy, have a lazy time; slöa laze, idle; *gå och ~ sig* idle about
latent *adj* latent
later *s pl* fasoner behaviour sg., manners; *stora ~* grand airs; uppträda *utan [stora] ~* ...unassumingly
lathund *s* **1** lat person lazy dog (devil); lazybones (pl. lika), layabout **2** hjälpreda: för översättning crib; för räkning ready-reckoner
latin *s* Latin; för konstr., jfr *svenska 2*
Latinamerika Latin America
latinisera *vb tr* latinize
latinlinje *s* skol. classical line (side)
latinsk *adj* Latin
latitud *s* latitude äv. bildl.; *på 30° nordlig ~* in latitude 30° north
latmansgöra *s*, det är *inget ~* ...no easy job
latmask *s* lazybones (pl. lika)
latrin *s* **1** avträde latrine **2** exkrementer night soil
latsida, *ligga på ~n* be idle
lav *s* bot. lichen
lava *s* lava
lave *s* brits bench
lavemang *s* enema
lavendel *s* bot. lavender
lavendelblå *adj* lavender-blue
lavera *vb tr* konst. wash
lavering *s* konst., konkr. wash-drawing, tinted drawing
lavett *s* mil. gun carriage
lavin *s* avalanche äv. bildl.
lavinartad *adj* avalanche-like; *en ~ utveckling* an explosive development
lavinfara *s* danger of avalanches
lavinhund *s* mountain rescue dog
lavinskydd *s* snowshed
lavoar *s* washstand
lax *s* zool. salmon (pl. lika); *en glad ~* vard. a bright spark, a lively fellow
laxera *vb itr* take a purgative (svagare laxative)
laxering *s* purging
laxermedel *s* purgative, svagare laxative
laxfiske *s* laxfiskande salmon-fishing
laxfärgad *adj* salmon-coloured, salmon...
laxrosa *adj* salmon pink
laxtrappa *s* salmon ladder (leap, stair)
laxöring *s* zool. salmon trout (pl. lika)

layout *s* layout
le *vb itr* smile äv. iron. [*åt* at]; *~ mot* smile at (bildl. [up]on)
leasa *vb tr* ekon. lease
leasing *s* ekon. leasing
1 led *s* väg way; rutt route; trafikled i stad äv. thoroughfare; farled fairway; riktning direction, way; se äv. *ledd*
2 led *s* **1** fog: anat. el. bot. el. tekn. joint; bot. äv. node; del av finger (tå) phalanx (pl. äv. phalanges); del av leddjur segment; darra *i alla ~er* ...in every limb; *ur ~* äv. bildl. out of joint; *dra (få) ur ~* dislocate, put out of joint; *gå ur ~* get dislocated
2 a) länk, t.ex. i beviskedja link; stadium stage; beståndsdel part; *vara ett [viktigt] ~ i...* form [an essential] part of... **b)** matem. term **c)** mil. el. gymn.: personer bredvid varandra rank äv. bildl.; bakom varandra file; rad line, row; *bakre (främre) ~et* the rear (front) rank; *sluta ~en* mil. el. bildl. close ranks; *en man i ~et* menig a common soldier; friare one of the common herd; *gå ur ~et* fall out
3 a) släkt~ generation; släktskaps~ degree [of kindred]; linje line; *härstamma i rakt nedstigande ~ från...* be a lineal (direct) descendant of... **b)** språkv. element
3 led *adj* **1** trött vara *~ på* ...tired of, weary of, sick [and tired] of, ...fed up with **2** ful ugly, hideous **3** ond evil; stygg nasty [*mot* to]; *den ~e* subst. adj. the Evil One
1 leda *s* weariness [*vid* of]; trötthet boredom, tedium, ennui fr.; avsmak disgust, loathing, svag. distaste; motvilja repugnance; övermättnad satiety; *känna ~* avsmak *vid* ngt have a loathing for..., be disgusted with...; *höra ngt till ~* ...till one is sick of it, ...ad nauseam
2 leda *vb tr* o. *vb itr* anat. *~ [på]* flex; *~ mot* articulate with, be articulated with
3 leda I *vb tr* allm. lead; anföra äv. samt t.ex. undersökning, förhör conduct; mil. command; styra, förestå manage, direct, run, vard. boss; ha hand om be in charge of; ha överinseende över superintend, supervise; vägleda guide; rikta, t.ex. tankar direct; fys. el. elektr. conduct; transportera, t.ex. vatten convey; härleda, t.ex. ursprung trace [*från* from]; *~ ett barn vid handen (*en hund *i band)* lead...by the hand (...on a leash); *~ en cykel* push (wheel) a bike; *[låta sig] ~s av* ngt be governed (guided) by...
II *vb itr* lead äv. sport.; Sverige *leder med 3-2* ...is leading (winning) [by] 3-2; *vart ska det ~?* bildl. where will it lead to?, what will the outcome of it be?; *vart leder den här vägen?* where does...lead [to]?; diskussionen *leder ingen vart* ...leads nowhere (doesn't take you anywhere); *~ till* lead to; resultera i äv.

ledad

result (end) in; föranleda lead up to; *det ledde inte till något* it came to nothing **III** med beton. part.
~ **av**, ~ **bort** se *avleda 1;* ~ *bort* vatten, ånga etc. carry off
~ **fram** a) tr.: ngn lead...up [*till* to] b) itr. lead, bildl. äv. lead up [*till* to]
~ **in** ngn lead...in; ~ *in* t.ex. vatten lay on [*i* in]; ~ *in* samtalet *på* turn (direct)...on to
~ **tillbaka** lead back; bildl. trace back [*till* to]
ledad *adj* försedd med leder articulate[d], jointed
ledamot *s* member; i lärt sällskap o.d. fellow [*av, i* i båda fallen of]
ledande *adj* allm. leading; om t.ex. princip guiding, ruling; fys. conducting, conductive; *ställa en ~ fråga till ngn* put a leading question to a p.; en man *i ~ ställning* ...in a leading (framskjuten prominent) position; *vara ~* lead
ledare *s* **1** person: allm. leader; väg~ äv. guide; anförare conductor; arrangör, t.ex. idrotts~ äv. organizer; ~ *för* ett företag manager (head) of...; *konstnärlig ~* art director **2** i tidning leader, editorial **3** fys. conductor [*av (för)* of]
ledaregenskaper *s pl* qualities of leadership, gifts as a leader
ledarhund *s* i spann leader dog; blindhund guide dog; amer. äv. seeing-eye dog
ledarskap *s* leadership
ledarskribent *s* leader (amer. editorial) writer
ledas *vb itr dep* be bored [*vid, åt* with]
ledband *s* **1** anat. ligament **2** *gå i ngns ~* be tied to a p.'s apron strings
ledbrosk *s* anat. articular cartilage
ledbruten *adj* stiff; *känna sig alldeles ~* be aching all over
ledbuss *s* articulated bus
ledd *s* direction, way; *på fel (rätt) ~* in the wrong (right) direction; *på den ~en ska de inte tas* bildl. that's not the way to deal with them
leddjur *s* arthropod, articulated animal
ledfyr *s* sjö. leading light; bildl. beacon
ledgångsreumatism *s* med. rheumatoid arthritis
ledig *adj* **1** fri **a)** om pers.: free; pred. äv. not occupied; sysslolös unoccupied, idle; arbetslös unemployed **b)** om tid: free, ...off; inte upptagen leisure..., spare...; *en ~ dag i veckan* one day off a week; jag har aldrig *en ~ stund* ...a spare moment, ...a moment to spare; *få ~t en timme (en vecka)* get an hour off (a week's holiday); *vara ~ för studier* be on (have) leave of absence for study purposes; *hon är ~ (har ~t) idag* she has today off; har sin ~a dag she has her day off today; *är du ~ ikväll?* are you doing anything tonight?
2 obesatt, obebodd vacant; om t.ex. sittplats vanl. unoccupied; ej upptagen, om t.ex. taxi free, ...not engaged; disponibel: attr. spare..., pred. free, to spare, not in use; att tillgå available; på taxi for hire; på t.ex. toalett vacant; *det finns inte en ~ bil* there isn't a taxi to be had (a taxi available); *~a platser* tjänster vacancies; tidningsrubrik Situations Vacant, till offentliga befattningar Official Appointments; *bli ~* om tjänst fall (become) vacant; *är den här platsen ~?* el. *är det ~t här?* is this seat taken (occupied)?
3 otvungen easy äv. om t.ex. hållning; flytande: om handstil flowing, om språk fluent, natural; bekväm, om t.ex. kläder comfortable, loose-fitting; smidig, om t.ex. rörelser relaxed, supple; *~a!* mil. stand easy!; *ett ~t sätt* free and easy manners pl.
ledigförklara *vb tr* announce...as vacant
ledighet *s* **1** ledig tid free time, leisure, time off; semester holiday; *~ för studier* leave of absence for study purposes **2** otvungenhet: i umgänge easiness (ease) of manner; stils o.d. ease, easy flow; i rörelser freedom
ledighetskommitté *s* skämts. *han tillhör ~n* he is a member of the leisured classes
ledigt *adv* **1** *få (ge ngn)* osv. *~,* se ex. under *ledig 1* **2** allm., ind lätthet easily; bekvämt comfortably; obehindrat, t.ex. röra sig freely; utan risk certainly; gladeligen gladly, willingly; röra sig *~* otvunget ...with ease; *han talar ~ (engelska ~)* he is a fluent speaker (speaks English fluently); *sitta ~* om kläder fit comfortably, be an easy fit
ledkapsel *s* anat. joint capsule
ledkort *s* i kortregister guide card
ledlös *adj* utan leder jointless
ledmotiv *s* mus. recurrent theme, leitmotif ty.; bildl. äv. leading (guiding) principle
ledning *s* **1** skötsel o.d. management; ledarskap leadership; inom t.ex. företag management; mil. command; väg~ guidance; ledtråd lead, clue; sport. lead; *ta ~en* take the lead; sport. äv. go ahead; ta befälet take over command; *med ~ av* dessa iakttagelser guided by (with the aid of)...; *under ~ av* a) t.ex. erfarna lärare under the guidance (superintendence, direction) of b) mus. conducted by; *stå (vara) under ~ av...* om t.ex. företag be under the management (in the charge) of...
2 koll., om pers. *~en* inom företag the management, the executives (managers) pl.; t.ex. inom parti the leaders pl., the leadership; mil. the command **3** tekn.: elektr., tråd wire; grövre cable; kraft~ el. tele. line; rör pipe
ledningsbrott *s* tele. o.d. line breakdown
ledningsförmåga *s* fys. conductivity
ledningsnät *s* tele. main system
ledningsstolpe *s* tele. telegraph-pole
ledningstråd *s* wire
ledsaga *vb tr* accompany äv. mus.; beskyddande escort

ledsagare se *följeslagare*
ledsam *adj* långtråkig boring, tedious; ointressant dull; se vid. *tråkig*
ledsamhet *s* långtråkighet boredom
ledsen *adj* sorgsen sad; olycklig unhappy; bekymrad distressed, worried; bedrövad grieved [*över* i samtl. fall about]; förargad annoyed [*för (över)* ngt at (about) a th.; *på ngn* with a p.]; besviken disappointed [*över at*]; sårad hurt [*över* about]; end. pred.: beklagande, ofta i hövlighetsfraser sorry; illa berörd upset [*över* i båda fallen about]; *jag är ~ att jag stör (störde) dig* I am sorry to disturb (to have disturbed) you; *var inte ~* bekymrad *[för det]!* vanl. don't worry [about that]!; *vara mycket ~ över* vad som hänt be very sorry about..., deeply regret...
ledsna *vb itr* grow (get) tired [*på* ngt of...; *på att* inf. of ing-form]; *ha ~t på* äv. have had enough of, be (have got) fed up with
ledsnad *s* bedrövelse distress, sorrow, grief [*över* i samtl. fall at]; beklagande regret [*över at*]; *till min ~ hör jag att...* I hear with regret that...
ledstjärna *s* guiding-star, lodestar båda äv. bildl.
ledstång *s* handrail; trappräcke äv. banisters pl.
ledsyn *s, han har ~* he can only just see his way about
ledtråd *s* clue [*till* to]
leende I *adj* smiling äv. om t.ex. natur; hon nickade *[vänligt] ~* ...with a [kindly] smile **II** *s* smile
legal *adj* laglig legal
legalisera *vb tr* legalize; t.ex. underskrift authenticate; *~ ett kärleksförhållande* ung. make a relationship legal
legat *s* **1** testamentsgåva legacy, bequest **2** påvligt sändebud legate
legation *s* legation
legationsråd *s* counsellor of legation
legato mus. **I** *s* legato (pl. -s) it. **II** *adv* legato it.
legend *s* legend; uppdiktad historia myth
legendarisk *adj* legendary
legering *s* konkr. alloy
legio *s* o. *adj* oräknelig innumerable, countless; *de är ~* they are legion
legion *s* legion
legionär *s* legionary
legitim *adj* legitimate, lawful
legitimation *s* **1** styrkande av identitet identification; konkr. identity (identification) paper; *mot ~* on identification, on proof of identity; *har ni ~?* have you got an identity card?, can you prove your identity? **2** styrkande av behörighet authorization; *ha ~ som läkare* be a registered (fully qualified) doctor
legitimationshandling *s* identity (identification) paper

legitimationskort *s* identity (identification) card
legitimera I *vb tr* **1** göra laglig legitimate; barn äv. legitimatize **2** ge behörighet authorize; *~d läkare* registered (fully qualified)... **II** *vb rfl, ~ sig* identify oneself, prove one's identity
legoknekt *s* o. **legosoldat** *s* mercenary
legotillverkning *s* hand. subcontract work
legotrupper *s pl* mercenary troops
legymer *s pl* vegetables
legymsallad *s* kok. Russian salad
leja *vb tr* hire äv. neds.; anställa take on; **lejd mördare** hired assassin; vard., t.ex. i gangsterliga hit man, contract killer
lejd *s* garanti safe-conduct; *ge ngn fri ~* grant...a safe-conduct, safe-conduct
lejdare *s* sjö., trappa, repstege ladder
lejon *s* **1** lion äv. bildl.; *en men ett ~!* one - but a marvellous one! **2** *Lejonet* astrol. Leo
lejongap *s* bot. snapdragon
lejonhona *s* o. **lejoninna** *s* lioness
lejonklo *s, visa ~n* show one's mettle
lejonkula *s* lion's den
lejonman *s* lion's mane; på pers. [leonine] mane
lejonpart *s, ~en* the lion's share
lejonunge *s* young lion, lion cub
lek *s* **1** ordnad game; lekande play; t.ex. m. döden playing; bildl.: t.ex. vågornas dancing; t.ex. skuggornas play; *~ och idrott* games pl. and athletics; *det är en ~ med ord* ...a play on words; *blanda (ge) sig i ~en* eg. take part in the game; bildl. interfere; *den som sig i ~en ger, han får ~en tåla* ung. once you've started, you can't back out (must take the consequences); *på ~* for fun; *dra sig ur ~en* quit the game, friare back out; *vara ur ~en* be out of the running **2** zool.: fiskars spawning; fåglars pairing, mating **3** kort- pack; amer. äv. deck
leka *vb tr* o. *vb itr* **1** allm. play äv. bildl. [*med* with]; vara el. utföra en lek play at; spela rollen av act; *~ lekar* play games; *~ mamma, pappa, barn* play mothers and fathers, play house; *~nde barn* children at play; *~ med elden* play with fire; *~ med tanken [att* inf.*]* play (toy) with the idea [of ing-form]; han (det) *är inte att ~ med* ...is not to be trifled with; t.ex. om sjukdom äv. ...is no trifling matter; *livet lekte för henne* fortune smiled on her **2** zool.: om fiskar spawn; om fåglar pair, mate
lekamen *s* body; *Kristi ~s fest* [the feast of] Corpus Christi
lekamlig *adj* bodily; mots. t. andlig äv. corporeal
lekande *adv, det går (är) ~ lätt* it is as easy as anything (as pie)
lekatt *s* zool. ermine
lekboll *s, en ~ för ödet* the sport of Fortune
lekdräkt *s* barns playsuit, romper suit, pair of rompers

lekfull *adj* playful, ...full of fun
lekis se *lekskola*
lekkamrat *s* playmate, playfellow
lekledare *s* games organizer, playleader
lekman *s* layman, layperson; **lekmännen** äv. the laity sg.
lekmannahåll, *på* ~ among laymen
lekmannamässig *adj* attr. lay..., amateur...
lekpark *s* playground; *i* ~*en* in the playground
lekplats *s* **1** lekpark playground; *på* ~*en* in the playground **2** fiskars spawning-ground
leksak *s* toy, plaything äv. bildl. om pers. [*för* for]; lekverk trifle
leksaksaffär *s* toyshop
lekskola *s* nursery school, preschool, kindergarten
lekstuga *s* barns lekhus playhouse, Wendy house; bildl. playground
lektant *s* playground supervisor, playleader
lektid *s* zool.: fiskars spawning time; fåglars pairing-time, mating-time
lektion *s* lesson äv. bildl. [*i* ngt in...]; i skola äv. class; *ge* ~*er i* teach, give lessons (classes) in
lektor *s* skol. ung. senior master (kvinnl. mistress) [*i* of]; univ. lecturer [*i* in]
lektorat *s* skol. post as a senior master osv., jfr *lektor;* univ. lectureship
lektyr *s* reading; konkr. something to read, reading matter
lektör *s* manuskriptläsare [publisher's] reader
lem *s* limb äv. bildl.; manslem male organ
lemlästa *vb tr* maim, mutilate; göra till invalid cripple, disable
lemonad *s* lemonade
len *adj* mjuk soft; slät smooth; friare om t.ex. röst silky äv. bildl.; om t.ex. luft, smak bland
lena *vb tr* o. *vb itr* lindra soothe
leopard *s* leopard
leopardhona *s* leopardess
lepra *s* med. leprosy
ler *s*, *de hänger ihop som* ~ *och långhalm* they are as thick as thieves
lera *s* clay; sandblandad loam; gyttja mud
lerblandad *adj* clayey, loamy
lerbotten *s* i sjö o.d. clayey bottom (ground)
lerduva *s* sport. clay pigeon
lerduveskytte *s* sport. clay pigeon (skeet) shooting
lergods *s* earthenware, pottery; kruka *av* ~ earthenware..., pottery...
lergrop *s* clay pit
lergök *s* mus. [primitive] ocarina
lerig *adj* lerhaltig clayey, loamy; gyttjig, smutsig muddy
lerjord *s* clay (clayey) soil
lerklump *s* lump of clay; lerkoka lump of mud
lerkruka *s* crock; förvaringskärl earthenware jar (pot)
lervälling *s*, vägen är *en enda* ~ ...just a mass (sea) of mud
lesbisk *adj* Lesbian

leta I *vb itr* (ibl. *vb tr*) allm. look; ihärdigt search; ivrigt hunt [*efter* i samtl. fall for]; ~ *efter* äv.: treva efter feel (grope) for; söka komma på cast about for; ~ *[efter] olja* prospect for oil; sådana människor *får man* ~ *efter* ...are not easy to find
II *vb rfl*, ~ *sig dit* find one's way there
III med beton. part.
~ **fram** hunt (hala fish, gräva rummage) out [*ur* from]; ~ *sig fram* find (bana sig make, treva grope el. feel) one's way
~ **igenom** search; gå igenom ransack, go through
~ **reda (rätt) på** find, try to find, lyckas manage to find
~ **upp** search out, hunt up; hitta find
letargi *s* lethargy
lett *s* Latvian, Lett
lettisk *adj* Latvian, Lettish
lettiska *s* **1** kvinna Latvian (Lettish) woman **2** språk Latvian, Lettish
Lettland Latvia
leukemi *s* med. leukaemia; amer. leukemia
leva I *vb tr* o. *vb itr* **1** allm. live; vara i livet, vanl. be alive; existera exist; livnära sig, överleva äv. subsist; fortleva survive; *leve* friheten, konungen*!* long live...!; den seden *lever ännu* ...still survives; *om jag får* ~ *[så länge]* if I am spared; *om han fått* ~ nu if he had lived...; *så länge jag lever* as long as I live; hela mitt liv all my life; *den som lever får se* he who lives will see; ~ *som man lär* practise what one preaches; ~ *enkelt* lead a simple life; ~ *farligt* live dangerously; ~ *av* äta live on, om djur äv. feed on; ~ *för dagen* live from day to day, live from hand to mouth; ~ *[ihop] med* live with; *hur lever världen med dig?* how is life treating you?; ~ *på* äta live on, om djur äv. feed on; försörja sig genom live (make a living) by; ~ *på ngn (på hoppet)* live on a p. (in hope) **2** väsnas be noisy, make a noise; *de levde som galningar* they made no end of a row
II med beton. part.
~ **ihop** live together *1*
~ **sig in i** ngns känslor enter into...; ~ *sig in i rollen* live the part
~ **kvar** allm. live on, survive; friare still exist, be still in existence; ~ *kvar i* gamla fördomar stick to...
~ **med i** vad som händer take an active interest in...; ~ *med [i sällskapslivet]* go about a great deal
~ **om** a) itr., festa lead a fast life, live it up, go the pace b) tr., t.ex. sitt liv live...over again, relive...
~ **upp** a) tr., festa upp run through; förbruka use up b) itr. ~ *upp igen* revive; ~ *upp till* sitt rykte live up to...
~ **ut** känslor o.d. give full expression to...
levande *adj* living; isht i mots. till död: pred.

alive, attr. living...; om djur äv. live; bildl.: livfull, livlig lively, stark. vivid; naturtrogen life-like; *mera död än* ~ more dead than alive; begravas ~ ...alive; ~ *blommor* natural (real) flowers; ~ *last* live cargo; *ett* ~ *lexikon* a walking encyclopaedia; *i* ~ *livet* in real (actual) life; ~ *ljus* pl. candles pl.; ~ *musik* live music; här finns *inte en* ~ *själ* ...not a [living] soul; *en* ~ *skildring* a lively (vivid) description; *de* ~ subst. adj. the living; *ingen nu* ~ kan det no man (person) living..., no man alive...

Levanten the Levant

leve *s* cheer; *utbringa ett [fyrfaldigt]* ~ *för* give (föreslå call for) four (eng. motsv. three) cheers for

levebröd *s* uppehälle [means of] livelihood, living; *det är mitt* ~ äv. it's my job, I make my living out of it

lever *s* **1** anat. el. kok. liver **2** blod~ clot

leverans *s* delivery äv. konkr.; sändning äv. shipment, consignment; tillhandahållande äv. supply

leveransklar *adj* ...ready for delivery

leveranstid *s* time (date) of (for) delivery, delivery time (date)

leveransvillkor *s pl* terms (conditions) of delivery, delivery terms

leveransvägran *s* refusal to deliver (supply)

leverantör *s* supplier; i stor omfattning contractor; isht av livsmedel purveyor; avlämnare deliverer

levercirros *s* med. cirrhosis of the liver

leverera *vb tr* tillhandahålla supply, furnish, provide [*ngt till ngn* i samtl. fall a p. with a th.]; avlämna, sända deliver

leverfläck *s* liver spot; friare mole

leverkorv *s* liver sausage

leverne *s* **1** liv life; *bättra sitt* ~ mend one's ways; *liv och* ~ life [and way of living] **2** oväsen, se *liv* 6

leverop *s* cheer

leverpastej *s* liver paste

leversjukdom *s* liver disease

levertran *s* cod-liver oil

levnad *s* life

levnadsbana *s* career

levnadsbeskrivning *s* biography [*över* of]; meritförteckning curriculum vitae (pl. curriculae vitae)

levnadsförhållanden *s pl* circumstances; *hans* ~ the conditions under which he lives

levnadsglad *adj* ...full of vitality (zest)

levnadshistoria *s, hans* ~ the story of his life

levnadskonstnär *s* connoisseur of the art of living; *vara* ~ äv. know how to live

levnadskostnader *s pl* cost sg. of living

levnadsstandard *s* standard of living

levnadssätt *s* manner (way) of living (life)

levnadsteckning *s* biography [*över* of]

levnadstrött *adj* ...tired of life

levnadsvanor *s pl* habits (ways) of life (living)

levnadsvillkor *s pl* living conditions

levnadsår *s* year of [one's] life

levra *vb rfl,* ~ *sig* coagulate, clot

lexikalisk *adj* lexical

lexikograf *s* lexicographer

lexikografi *s* lexicography

lexikografisk *adj* lexicographic[al]

lexikon *s* dictionary; isht över ett dött språk lexicon; konversations~ encyclop[a]edia

lian *s* liana, liane

libanes *s* Lebanese (pl. lika)

libanesisk *adj* Lebanese

Libanon Lebanon, the Lebanese Republic

libbsticka *s* bot. lovage

liberal *adj* liberal; *de* ~*a* subst. adj., polit. the Liberals

liberalisera *vb tr* liberalize

liberalism *s,* ~*[en]* liberalism

Liberia Liberia

libero *s* fotb. libero (pl. -s)

libertin *s* libertine

libretto *s* librett|o (pl. -os el. -i)

librettoförfattare *s* librettist

Libyen Libya

libyer *s* Libyan

libysk *adj* Libyan

licens *s* licence; amer. license [*för (på)* for]; avgift för radio o. TV licence fee; tillverka *på* ~ ...under [a] licence

licensansökan *s* licence application, application for a licence

licensavgift *s* licence fee

licensera *vb tr* license

licensinnehavare *s* licensee, licence-holder

licenstillverkning *s* manufacture under licence

licentiat *s* licentiate; *filosofie* ~ *(fil. lic.)* Licentiate of Philosophy

1 lida *vb itr* gå pass [on]; framskrida, om tid draw (wear) on; *ju längre det led (det led på kvällen)* the later it grew (the night grew); han kommer nog *vad det lider* ...sooner or later (in time)

2 lida I *vb itr* plågas suffer; ha plågor äv. be in pain; ~ *av* suffer from; t.ex. lyte äv. be afflicted with; vara behäftad med, t.ex. fel äv. be impaired (marred) by, have; ha anlag för, t.ex. svindel be subject to; *jag lider* pinas *av det (av att se det)* it makes me suffer (I suffer when I see it); *få* ~ *för ngt* have to suffer (pay) for a th. **II** *vb tr* plågas av suffer; uthärda endure; tåla äv. bear, stand; drabbas av sustain, incur; ~ *nederlag* be defeated, sustain (suffer) a defeat; ~ *orätt* suffer wrong, be wronged

lidande I *adj* suffering [*av* from]; ~ *av* äv. afflicted with; *de* ~ subst. adj. those suffering [pain]; *bli* ~ *[på ngt]* om pers. be the sufferer (loser) [by a th.]; om sak suffer [by a th.] **II** *s*

lidandeshistoria

1 suffering; bibl. o.d. affliction, distress; *Kristi* ~ the Passion **2** åkomma disease
lidandeshistoria *s* tale (story) of woe; *Kristi* ~ the Passion; berätta *sin* ~ …the story of one's sufferings
lidelse *s* passion; hänförelse fervour, ardour, enthusiasm
lidelsefri *adj* dispassionate, unimpassioned
lidelsefull *adj* allm. passionate; om tal impassioned; friare äv.: brinnande ardent; intensiv fervent; häftig vehement
lidelsefullhet *s* passion, ardour, fervour, vehemence; jfr *lidelsefull*
lider *s* shed
liderlig *adj* om pers. lecherous, lewd; om liv dissolute; om t.ex. sång bawdy
liderlighet *s* lechery, lewdness
lie *s* scythe
Liechtenstein Liechtenstein
liemannen *s* bildl. the Reaper, Death
liera *vb rfl*, ~ *sig* ally (associate) oneself [*med* with]; ~ *sig* bli vän *med* take up with
lierad *adj* connected; *nära* ~ *med* äv. intimate with
lift *s* **1** skid~ o.d. lift **2** *få* ~ get a lift, hitch a lift (ride)
lifta *vb itr* hitch-hike; med lastbil äv. lorry-hop; *får jag* ~ *med dig* till affären? can you give me a lift…?
liftare *s* hitchhiker
liga *s* **1** tjuv~ o.d. gang, mob; spion~ ring **2** fotbolls~ o.d. league
ligamatch *s* sport. league match
ligatur *s* med. el. typogr. el. mus. ligature
lig̱g̱a I *vb itr* **1** lie; vara i liggande ställning äv. be lying; ej stå el. sitta, vila be lying down; vara sängliggande be in bed; sova, ha sin sovplats sleep; vara, befinna sig be; vara belägen be, be situated (located), stand; vistas stay; mil., vara förlagd be stationed (quartered); förvaras be kept; vara arrangerad, t.ex. i nummerföljd be arranged; hålla sig på plats, om t.ex. hår stay in place; vard. stay put
~ *[begravd]* lie (bildl. be) buried; ~ *[sjuk]* be laid up, be ill in bed; *hon -er* fortfarande she is…in bed äv. om sjuk; *snön kommer inte att* ~ the snow won't stay; ~ *först (sist) i tävling* lead (be the last); ~ *lågt* lie low, keep out of the way, keep a low profile; ~ *länge* på morgnarna stay in bed late…, have a lie-in…; huset *-er nära (inte långt från) stationen* …is close to (not far away from) the station; huset, staden *-er vackert* …is beautifully situated; ~ *vaken* lie (be lying) awake; ~ *och läsa* lie reading; i sängen read in bed; ej stå el. sitta read lying down; ~ *och skräpa* lie about; ~ *och sova* be sleeping (asleep); ~ *och vila* [lie down and] have a rest; *låta ngt* ~ *där det -er* leave a th. [lying] where it is
  med obeton. prep.: avgörandet *-er hos honom*
…lies (rests) with him; ~ *i* affärer be engaged in…; ~ *i* influensa be down (laid up, in bed) with…; ~ *i samma rum* sleep in (share) the same room; *svårigheten -er i* uttalet the difficulty lies in…; *det -er i* själva ordet it is implied in…; *det -er i släkten* it runs in the family; *det -er mycket (något) i det* bildl. there is a good deal (something) in that; ~ *med* ha samlag med sleep with, go to bed with; ~ *på sjukhus[et]* be in hospital; *betoningen -er på* första stavelsen the stress is (falls) on…; bilen *-er bra på vägen* …holds the road well; ~ *vid universitetet* be at [the] university; rummet *-er åt* el. *mot gatan (norr)* …overlooks the street (faces north); stationen *-er åt det här hållet* …lies (is [situated]) in this direction; *han -er inte åt det hållet* bildl. he is not inclined that way
2 om fågelhona ~ *på ägg* sit [on her eggs]; ~ *och ruva* be brooding
3 vara frusen, om sjö o.d. be frozen over.
II med beton. part.
~ **an** sluta tätt lie close [*mot* to]; ~ *an* vara pressad *mot* bear on
~ **av sig** om pers. get (be) out of practice (training) [*i* in]
~ **bakom** se ex. under *bakom*
~ **efter a)** vara efter be (lag) behind; ~ *efter med* be behind (behindhand, betr. betalning äv. in arrears) with **b)** ansätta ~ *efter ngn* keep on at a p. [*med* tiggarbrev with…]; hålla efter keep a close check on a p.
~ **framme** till bruk o.d. be out (ready); till påseende be displayed; skräpa lie about; *låt inte* pengarna ~ *framme* don't leave…[lying] about; ~ *väl framme* bildl. be well ahead
~ **för**, det *-er inte för mig* …is not in my line; passar mig inte …doesn't suit me; *det -er inte för mig att tigga* begging doesn't come natural to me (is not in my line)
~ **i a)** ngn i, t.ex. i vattnet be in; korgen och *allt som -er i* …all there is in it **b)** knoga work hard, be at it; ~ *i och arbeta* keep on working
~ **inne** mil. serve; ~ *inne [på sjukhuset]* be in hospital; ~ *inne med ett stort lager* have a large stock [in hand]
~ **kvar** inte resa sig remain lying; ~ *kvar [i sängen]* remain in bed; ~ *kvar [över natten]* stay the night; *snön -er kvar* på sina ställen there is still some snow…; *låta ngt* ~ *kvar* leave…
~ **nere** om t.ex. arbete be at a standstill; om t.ex. fabrik stand idle
~ **på**, duken *-er på* …is on; *här -er solen på* there is a lot of sunshine here; *här -er vinden på* the wind blows hard here
~ **till**: *ligga bra (illa)* ~ om t.ex. hus be well (badly) situated; om pers., i t.ex. tävling be well (badly) placed, be in a good (bad) position; ~ *bra till för*…passa suit…well; ~ *bra (illa)*

till hos ngn be in a p.'s good (bad) books, be liked (disliked) by a p.; *som det nu -er till* as (the way) things are now; ~ *till sig* om t.ex. vara improve by keeping (being kept); *låta* en fråga ~ *till sig* leave...to mature ~ **under** vara underlägsen be inferior [*ngn* to a p.]; sport.: ~ *under* be losing; ~ *under med 1-0 (ett mål)* be losing by 1-0, be 1-0 down, trail by one goal; *han -er under i* konkurrensen he can't keep up with...; hans anbud *-er under [mitt]* ...is lower [than mine] ~ **ute,** *kan du ~ ute med pengarna tills imorgon?* can you wait for the money till tomorrow?; *jag ligger ute med pengar* I have money owing to me ~ **över a)** övernatta stay overnight (the night); ~ *över en natt* stay one night; du kan ~ *över här [i natt]* ...sleep here tonight **b)** vara överlägsen be superior [*ngn* to a p.]; sport. be leading (in the lead); ~ *över med två mål* be two goals up, be leading by two goals
liggande *adj* allm. lying; om pers. äv. reclining, recumbent; belägen äv. situated; vågrät horizontal; staty *i ~ ställning* ...in a recumbent position; *bli ~* **a)** om pers.: i sängen remain in bed; inte kunna resa sig not be able to rise (get up) **b)** om sak: ligga kvar remain; bli kvarlämnad be left; inte slutbehandlas remain undealt with, get held up; inte göras färdig remain undone; *brevet har blivit ~* the letter has not been sent off; *förvaras ~* be kept flat (in a horizontal position); om t.ex. flaskor be stored lying down
liggare *s* bok register [*för* of]; hand. äv. ledger
liggdags se *sängdags*
liggetid *s* post. period of retention; sjö. lay-days pl.
liggfåtölj *s* järnv. o.d. reclining chair
ligghöna *s* brood-hen, sitter
liggplats se *sovplats*
liggstol *s* vilstol deckchair
liggsår *s* bedsore
liggunderlag *s* ground sheet
liggvagn *s* **1** järnv. couchette [car] **2** barnvagn perambulator; vard. pram; isht amer. baby carrriage
ligist *s* hooligan; amer. äv. hoodlum, mobster
liguster *s* bot. privet
1 lik *s* **1** corpse; amer. vard. äv. stiff, [dead] body; de hittade *~et (hans ~)* ...the (his) body; *blek som ett ~* deathly pale, as white as a sheet; *ett ~ i garderoben* bildl. a skeleton in the cupboard; *~ i lasten* bildl. a lot of deadwood **2** typogr. omission
2 lik *s* sjö., kant leech; tross leech rope, bolt rope
3 lik *adj* (attr. se *lika I*) like; *de är ~a* lika varandra they are alike; porträttet *är mycket ~t* ...is a good likeness; *~a som bär* as like as two peas; *vara sig ~* be (se ut äv. look) the same as ever; han är *inte sig ~ i dag (längre)* ...not his usual self today (not the man he was any longer); *det är inte ~t honom* att klaga it is not like him...; här *är allt sig ~t* everything is just the same as ever...
lika I *adj* (pred. jfr äv. *3 lik*) av samma storlek, värde etc. equal; om t.ex. antal even; samma, likadan the same; helt överensstämmande identical; likformig, enhetlig uniform; *~ lön för ~ arbete* equal pay (wages) for equal work; *det är ~ för alla* it's the same for everyone; vara ~ *med* be equal to; 2 plus 2 *är ~ med* 4 ...make[s] (is el. are, equal[s]) 4; *två ~* i spel two all; *fyrtio ~* i tennis deuce
II *adv* **1** vid verb: likadant in the same way (manner); uttr. inbördes jämförelse äv. alike; i lika delar equally; behandla alla ~ ...alike (the same); klockorna *går ~* ...keep the same time; *vi står ~* i spel we are even; *det stod ~* under spelet the score (it) was even; blev oavgjort it was a tie (draw) **2** vid adj. o. adv. [just] as; i lika grad equally; inte mindre none the less; lika mycket [just] as much [*som* as]; *~...som...* as...as...; *den är ~ bred som lång* it is [just] as broad as it is long; den är *~ bred överallt* ...equally broad all over; *vi är ~ gamla* we are the same age (just as old); *jag är ~ glad om* han inte kommer I would be just as pleased if...; *ge ~ gott igen* give as good as one gets, give tit for tat; *~ mycket* just as much, as much again; *~ många* just as many, as many again; *~ stora* föremål ...of (that are) the same size
likaberättigad *adj*, vara (bli) ~ have (get, be given) equal rights [*med* with]
likaberättigande *s* equality [of rights]
likadan *adj* similar [*som* to], ...of the same sort (kind) [*som* as]; alldeles lika, oförändrad the same; *jag har en ~ [som den här]* hemma I have one like this...; *det är ~t med mig (överallt)* it's the same [thing] with me (everywhere); *de är [precis] ~a* inbördes jämförelse they are [quite] alike
likadant *adv* in the same way; t.ex. göra the same; ~ *klädda* inbördes jämförelse dressed alike
likafullt *adv* ändå nevertheless, none the less, all the same
likaledes *adv* sammaledes, ävenledes likewise; också also
likalydande *adj* om text ...identical in wording [*med* to]; *i två ~ exemplar* in duplicate, in two identical copies
likalönsprincipen *s* the principle of equal pay [for equal work]
likare *s* norm standard
likartad *adj* similar [*med* to]; ...of a similar kind; *under i övrigt ~e förhållanden* other things being equal

likasinnad

likasinnad *adj* like-minded; **~e** subst. adj. people of the same way of thinking
likaså *adv* **1** likaledes likewise; också also; hon kom och **~ han** ...so did he, ...he did as well **2** se *lika II 2*
likaväl *adv* just as well [*som* as]; **~ som** as well as
likbent *adj* geom. **~ triangel** isosceles triangle
likbesiktning *s* postmortem [examination]
likbil *s* motor hearse
likblek *adj* deathly (ghastly) pale
likbränning *s* cremation
likbärare *s* pall-bearer
like *s* equal, peer; *hans likar* his equals; *söka (inte ha) sin* **~** be matchless (unequalled); *en* prakt *utan* **~** an unparalleled (unheard-of)...; *jag hade en tur utan* **~** I had exceptional (extraordinary) luck
likformig *adj* enhetlig uniform; homogen homogeneous; geom. similar [*med* to]
likgiltig *adj* indifferent äv. om sak [*för* ngt to...]; håglös listless, apathetic; vårdslös nonchalant; oberörd impassive, unconcerned; oviktig unimportant, insignificant, trivial; **~t** *(det är ~t) vad (vem)* no matter (it doesn't matter) what (who); *det är mig [fullkomligt] ~t* it is [all] the same to me
likgiltighet *s* **1** (jfr *likgiltig*) indifference [*för* to]; listlessness, apathy; nonchalance, impassivity; unimportance, insignificance, triviality **2** bagatell triviality
likhet *s* isht till utseendet resemblance, likeness; till art similarity [*med* i samtl. fall to]; överensstämmelse identity [*med* originalet with...]; jämlikhet samt mat. equality; *i* **~** *med* liksom like; i överensstämmelse med in conformity with; *en slående* **~** a striking resemblance
likhetstecken *s* equals sign, equal sign, sign of equality; *sätta* **~** *mellan lycka och* rikedom equate happiness with...
likkista *s* coffin; amer. äv. casket; dålig båt, bil etc. death trap
likljudande *adj* språkv. homonymous
liklukt *s* cadaverous odour
likna I *vb itr* vara lik be like, resemble; med saksubj. äv. be similar to; se ut som look like; brås på take after; *de ~r varandra* äv. they are alike; *nu börjar det* **~** *något* now we're getting somewhere **II** *vb tr,* **~** *vid* compare (liken) to
liknande *adj* likartad similar; dylik ...like that (this), ...of the (that, this) sort (kind); i ett fall **~** *detta...* similar to (sådant som like, such as) this; skolor *och (eller)* **~** ...and (or) the like; jag har aldrig sett *något* **~** ...the like [of it]
liknelse *s* jämförelse simile; bild metaphor; bibl. parable [*om* of]
liknöjd *adj* listless; likgiltig indifferent [*för* to]
likrikta *vb tr* elektr. rectify; bildl. standardize;

t.ex. pressen control; t.ex. opinion regiment; **~d** bildl. äv. uniform
likriktare *s* elektr. rectifier
likriktning *s* elektr. rectification; bildl. standardization
liksidig *adj* equilateral
liksom I *konj* framför subst. ord like; framför adv. samt inledande fullst. el. förk. sats as; *han är målare* **~** *jag* he is a painter, like me (just as I am); **~** *för att* as if to; *~ [om]* as if; **~** *[även]* as well as **II** *adv* så att säga as it were, so to speak; på något sätt somehow; vard. sort (kind) of; *jag* **~** *anade det* I sort (kind) of thought so
likstelhet *s* rigor mortis lat.
likström *s* elektr. direct current, DC
likställa *vb tr* place...on an equality (on an equal footing, on a par) [*med* with]
likställd *adj,* *vara* **~** *med* be on an equality (an equal footing, a par) with
likställdhet *s* equality
likställig *adj* equal [*med* to]; se äv. *likställd*
likställighet *s* equality
liktorn *s* corn
liktydig *adj* synonym synonymous [*med* with]; *vara* **~** *med* bildl. be tantamount to
likvagn *s* hearse
likvaka *s* vigil [over a dead body], wake
likvid I *s* payment; se vid. *betalning* **II** *adj* tillgänglig liquid, available; *~a medel* liquid capital sg., available funds, floating assets
likvidation *s* liquidation ekon. el. i bet. avlivning; avveckling äv. winding-up; *träda i* **~** go into liquidation
likvidera *vb tr* o. *vb itr* **1** ekon. liquidate; **~** *en skuld* settle a debt **2** avliva liquidate
likvidering *s* liquidation; ekon. el. i bet. avlivning
likviditet *s* ekon. liquidity
likväl *adv* ändå yet, still, nevertheless; i alla fall all the same, even so
likvärdig *adj* equivalent [*med* to]; de är *~a* ...equally good, ...equally valuable
likvärdighet *s* equivalence
likör *s* liqueur
lila *s* o. *adj* ljus~ lilac, mauve; mörk~ purple; violett violet; jfr äv. *blått* samt *blå* o. sms.
lilja *s* lily
liljekonvalje *s* bot. lily of the valley (pl. lilies of the valley)
liljevit *adj* lily-white
lilla se *liten*
lillan *s* min (vår etc.) lillflicka my etc. little girl
lillasyster *s* little (young, kid) sister
lille se *liten*
lillebror *s* little (young, kid) brother
lillen *s* min (vår etc.) lillpojke my etc. little boy
lilleputt *s* Lilliputian; friare äv. dwarf
lillfinger *s* little finger; amer. äv. pinkie
lillgammal *adj* old-fashioned; brådmogen precocious
lillhjärnan *s* anat. the cerebellum

lillslam *s* kortsp. little (small) slam
lilltå *s* little toe
lillvärdinna *s* hostess, assistant hostess
lim *s* glue
lime *s* lime
limerick *s* skämtvers limerick
limfärg *s* distemper
limitera *vb tr* limit
limma *vb tr* **1** hopfoga glue; ~ *fast* glue...on [*vid* to]; ~ *ihop* glue...together **2** ~*t papper* sized paper
limning *s* glueing; limmat ställe glue joint; *hon höll på att gå upp i ~en* she was going mad (going up in the air)
limousin[e] *s* limousine; vard. limo (pl.-s)
limpa *s* **1** avlång bulle loaf (pl. loaves); brödsort av rågmjöl rye bread **2** *en ~ cigaretter* a carton of cigarettes **3** cykelsadel banana seat
limstift *s* glue stick
limstryka *vb tr* med limfärg distemper
lin *s* bot. flax äv. materialet
lina *s* rope; smäckrare cord; isht sjö. line; stål~ wire; *löpa ~n ut* go the whole hog, go through with it; *visa sig på styva ~n* show one's paces; briljera show off
linbana *s* häng~ cableway, [aerial] ropeway
linberedning *s* flax dressing (processing)
linblomma *s* flax flower
lind *s* bot. lime [tree]; isht poet. linden
linda I *s* **1** för spädbarn swaddling-clothes pl.; *kväva...i sin ~* bildl. nip...in the bud; *ligga i sin ~* bildl. be in its infancy **2** se *träda* **II** *vb tr* vira wind; svepa wrap; binda tie; t.ex. en stukad vrist bind up; spädbarn swaddle; *hon kan ~ honom om sitt [lill]finger* she can twist him round her little finger; *~ in* wrap up [*i* in], jfr *inlindad*; *~ om* vira om på nytt rewind; *~ om fingret [med någonting]* tie something round one's finger; *~ om* halsen muffle...; *~* svepa *om sig ngt* wrap oneself up in a th.
lindansare *s* o. **lindanserska** *s* [tight]rope walker
lindblomma *s* lime blossom
lindebarn *s* infant in arms (pl. infants in arms)
lindning *s* elektr. winding
lindra *vb tr* nöd, fattigdom relieve; smärtor äv. alleviate, mitigate; verka lugnande [på] soothe; tillfälligt palliate; straffet ~*des till böter* ...was reduced to a fine; ~*nde medel* sg. palliative
lindrig *adj* mild, inte sträng mild äv. om sjukdom; inte våldsam gentle; lätt, inte allvarlig light; obetydlig, t.ex. om feber, sår slight; ~*t straff* light (mild) punishment; ~*a villkor* easy terms
lindrigt *adv* mildly osv., jfr *lindrig*; *vara ~ förkyld* be suffering from a slight cold; ~ *sagt* to put it mildly; *komma ~ undan* get off light[ly]
lindring *s* av smärta, nöd o.d. relief, alleviation; av straff, arbetsbörda reduction [*av* of]; *ge (skänka) ~* bring (afford) relief

linearritning *s* linear drawing
linfrö *s* linseed
lingon *s* lingonberry, red whortleberry, cowberry; *inte värd ett ruttet ~* not worth a fig (bean, damn)
lingonris *s* koll. lingonberry (etc.) sprigs pl.
lingonsylt *s* lingonberry (etc.) jam
lingul *adj* flax-coloured; om hår flaxen
lingvist *s* linguist
lingvistik *s* linguistics sg.
linhårig *adj* flaxen-haired
liniment *s* liniment, embrocation, rubbing lotion
linjal *s* ruler; tekn. rule
linje *s* **1** allm. line; *får jag [be om] ~n?* tele. can I have an outside line?; ~ *5* trafik. number 5; *politisk ~* line of policy; *den slanka ~n* the slim (slender) waistline; *detta ligger helt i ~ med* hans politik this is in line (on a line) with...; *i rät ~ med* in [a] line with, even with; *stå i rät ~* be in alignment; *vi är inne på samma ~* we are on the same line[s]; tåget stannade *ute på ~n* ...on the line; *utefter (över) hela ~n* bildl. all along the line; genomgående throughout; förbättringar *över hela ~n* äv. all-round... **2** skol. course [programme]; univ. äv. study programme
linjearbetare *s* lineman
linjebuss *s* regular bus, public service bus
linjedomare *s* sport. linesman
linjefart *s* sjö. liner traffic, liner service
linjefartyg *s* liner
linjeperspektiv *s* linear perspective
linjera *vb tr* rule; ~ *upp* rule; bildl. draft, outline, sketch out; *svagt ~d* ruled feint, ruled with feint lines
linjetrafik *s* regular traffic (services pl.); flyg. scheduled traffic (flights pl.)
linjeval *s* skol. choice of course (univ. äv. study) programme
linjeväljare *s* tele. selector
linjär *adj* linear
linka *vb itr* limp, hobble
linne *s* **1** tyg linen; duk *av ~* äv. linen... **2** koll., dukar osv. linen **3** plagg vest; natt~ nightdress
linnea *s* bot. twinflower, linnaea
linneduk *s* linen cloth
linneförråd *s* stock of linen
linneskåp *s* linen cupboard (closet)
linnevaror *s pl* linen goods, linens
linning *s* band
linoleum *s* linoleum, lino
linolja I *s* linseed oil **II** *vb tr* apply linseed oil to
lins *s* **1** bot. lentil **2** optik. el. anat. lens; kontakt~ äv. contact lens
linsformig *adj* lens-shaped
linslus *s* vard. lens louse
lintott *s* pers. towhead
lip *s* lipande blubbering, howling; *ta till ~en* vard. turn on the waterworks
lipa *vb itr* vard. **1** gråta blubber, blub, howl **2** ~

räcka ut tungan **åt ngn** stick one's tongue out at a p.
lippizanerhäst *s* Lippizaner [horse]
lipsill *s* vard. cry-baby
1 lira *s* myntenhet lira (pl. lire)
2 lira *vb tr* o. *vb itr* vard., spela play
lirare *s* vard., spelare player; **en riktig** ~ rolig typ a real (proper) character
lire se *1 lira*
lirka *vb itr*, ~ **med ngn** coax (wheedle, cajole) a p. [*för att få honom att* inf. into ing-form]; **hur jag än ~de** så fick jag inte loss nyckeln whichever way I turned and tried...; ~ **upp** dörr, lås work...open; ~ **ur ngn en hemlighet** worm (pry) a secret out of a p.
lisa I *s* lindring relief; tröst solace, comfort **II** *vb tr* lindra relieve; trösta solace, comfort
lismande *adj* fawning, wheedling, oily
lismare *s* fawner
Lissabon Lisbon
1 list *s* listighet cunning; knep trick, ruse; krigs~ stratagem; **bruka** ~ use trickery (a stratagem)
2 list *s* **1** långt o. smalt stycke trä resp. metall strip, strip of wood resp. metal **2** bård border, edging **3** byggn., utskjutande kant moulding, beading; golv~ skirting-board; bandformig fillet **4** trädg. [narrow] bed, kant~ [narrow] border, gurk~ o.d. ridge
1 lista I *s* list [*på (över)* of]; **långt ner på ~n** low (a long way) down on the list; **stå överst på (toppa) ~n** be at the top of the list, top (head) the list äv. bildl. **II** *vb tr* list
2 lista I *vb tr*, ~ fundera **ut** find (work) out **II** *vb rfl*, ~ **sig in (ut)** steal (sneak) in (out)
listig *adj* cunning, sly, crafty; förslagen smart; vard., klyftig clever
listighet *s* egenskap cunning, slyness etc.; jfr *listig*
listverk *s* moulding[s pl.]
lit *s*, **sätta [sin]** ~ **till** lita på put confidence in; förtrösta på put one's trust in, pin one's faith on
lita *vb itr*, ~ **på** förlita sig på depend [up]on, rely [up]on, trust to; hysa förtroende för trust, have confidence in; räkna på count [up]on; vara förvissad om be assured of; **det kan du ~ på!** [you can] depend upon it (take it from me)!; vard. you bet!; **du kan ~ på att** det blir regn you can rely upon it that...; ~ **på Gud** trust in God; ~ **på att ngn gör ngt** depend on (rely on, trust, count on) a p. to do a th.
litania *s* litany äv. bildl.
Litauen Lithuania
litauer *s* Lithuanian
litauisk *adj* Lithuanian
litauiska *s* **1** kvinna Lithuanian woman **2** språk Lithuanian
lit de parade *s*, **ligga på** ~ lie in state
lite se *litet*
liten (*litet, lille, lilla, små;* jfr *litet*) **I** *adj* a) mots.

t. 'stor' small b) vanl. obeton. little c) övr. övers.: ytterst liten tiny, minute, diminutive, wee; kort short; obetydlig slight, insignificant; futtig petty; **barn lilla,** vad tänker du på? my dear child...; **de små** obeton. **barnen** the little ones; **små bekymmer** petty troubles; tacksam för **minsta lilla bidrag** ...the least little contribution; **en** ~ beton. **bit** a small bit; **en** ~ ~ **bit** a tiny weeny bit; **en** ~ obeton. **bit** a little [bit]; följa med ngn **en** ~ **bit** ...a little way; ~ **bokstav** small (typogr. lower-case) letter; **lilla du!** my dear!; **din lilla (lille) dumbom!** you little fool!; **ett litet fel** har smugit sig in a slight error...; **små framsteg** little advance (progress) sg.; det kostar **en** ~ **förmögenhet** ...a small fortune; **ett litet sött (sött litet) hus** a pretty little house; **en** ~ **paus** a short pause, a little break; **i** ~ **skala** on a small scale; **den lilla stackarn** that poor little thing; **med små steg** with short steps; stanna **en** ~ **stund** ...a little while; **lilla visaren** på klockan the short (little) hand; **nej, lilla vän!** no, my dear!; **känna sig** ~ feel small; **då jag var** ~ when I was small (little)
II *subst adj* **1** hon väntar **en** ~ ...a baby; **stackars ~!** poor little thing (mite)!; **redan som** ~ even as (when quite) a child **2 den lille (lilla)** se *lillen* resp. *lillan*; **det lilla som** finns kvar what little... **3 de små** barnen the little ones; **stora och små** great and small, children and grown-ups (adults)
litenhet *s* smallness, littleness; jfr *liten*
liter *s* **1** rymdmått litre; **en ~...** ung. motsv.: om våtvaror el. bär two pints of...; om torra varor el. amer. a quart of...; **25** ~ **bensin** äv. ung. 5 1/2 gallons of petrol; amer. 6 1/2 gallons of gas[oline]; 8 kr **~n** ...a litre **2** vard., flaska brännvin e.d. little bottle
literbutelj *s* litre bottle
litermått *s* litre measure; tillbringare measuring jug
litervis *adv* per liter by the litre; ~ **med...** litres of...
litet (vard. *lite*) *subst adj* o. *adv* **1** föga little; få few jfr ex.; **bara** ~ only a (just a, ngt åld. but) little (få few); **inte [så]** ~ not a little..., quite...; **inte [så]** ~ få **[fel]** not (quite) a few [faults]; **rätt** ~ **(mycket ~) folk** rather few (very few) people; ~ **roar barn** little things please little minds; **jag har fått** tio kronor **för** ~ **tillbaka** I got...too little back; **det vill inte säga så ~!** that's saying a great deal!; **det var** ~ **men gott** there was not much, but what there was of it was good; **det var inte** ~ **det!** that's quite a lot!; för all del, **det var så ~!** [it's] no trouble at all!; amer. äv. you're welcome!; **för** ~ **sedan** a little (a short) while ago
2 något, en smula a little; i förb. med subst. äv. some; framför adj. o. adv. äv. somewhat;

obetydligt slightly; några få a few, some; ~ *[mer] bröd* some (a little) [more] bread; vill du ha ~ *jordgubbar?* ...some (a few) strawberries?; ~ *mat* a little something to eat, a spot of food; ~ *upplysningar* some (a little) information; *är du inte ~ dum nu?* aren't you being a little (a bit) stupid now?; *han är ~ förkyld* he has got a slight (a bit of a) cold; ~ *då och då* every now and then; jag måste *sova ~* ...have (get) a little (some) sleep; ~ *av varje* a little (a bit) of everything; ~ *för dyr (mycket)* rather (a little, a bit) too expensive (much); *klockan är ~ över tre* it has just turned (gone) three; ~ *var (till mans) har vi...* pretty well every one of us has (all of us have)...
litograf *s* lithographer
litografi *s* metod lithography; *en ~* a lithograph
litografisk *adj* lithographic
litteratur *s* literature
litteraturförteckning *s* bibliography, list of references
litteraturhistoria *s* [vanl. the] history of literature; *engelsk ~* the history of English literature
litteraturhistoriker *s* literary historian
litteraturhistorisk *adj* som behandlar litteraturhistoria ...on the history of literature
litteraturhänvisning *s*, ~*[ar]* [notes on] further reading, suggested reading
litteraturkritik *s* literary criticism
litteraturkritiker *s* literary critic
litteraturstöd *s* publishing subsidy
litteraturvetenskap *s* [vanl. the] history of literature, literary history
litterär *adj* literary
liturg *s* kyrkl. liturgist; präst som förrättar gudstjänst minister
liturgi *s* kyrkl. liturgy
liturgisk *adj* kyrkl. liturgical
liv *s* **1** allm. life; livstid lifetime; tillvaro äv. existence; livaktighet äv. vitality; levnadssätt way of life, living; *hela ~et (i hela sitt ~)* var han all (throughout) his life...; ~ *och rörelse* hustle and bustle, bustling life; ~*et efter detta* [the] life to come; ~*et i storstaden (på landet)* town (country) life; *då blev det ~ i honom* then he suddenly came to life; *ett helt ~s arbete* the work of a lifetime; *börja ett nytt ~* start a new life; ändra (bättra) sig turn over a new leaf; *få ~* come to life; *få nytt ~* get (take) a new lease of life; *få ~ i* get some life into; *åter få ~ i* en avsvimmad bring...round; *ge ~ åt* t.ex. rummet, tavlan give life to; ingjuta liv i infuse life into; *ge (skänka) ~et åt* föda give birth to; *hålla ~ i* en diskussion keep...going; *skrämma ~et av ngn* frighten a p. out of his resp. her wits (the life out of a p.); *sätta ~et till* lose (sacrifice) one's life; *ta ~et av ngn* take a p.'s life; mer 'uttänkt' put a p. to death; *ta ~et av sig (ta sitt ~)* take one's [own] life, kill oneself; *det är ingen fara för hans ~* his life is not in danger; *sådant (sånt) är ~et* such is life, that's the way it (life) is; *springa för ~et* run for all one's worth (like mad, for dear life); *vänskap för ~et* lifelong friendship; *aldrig i ~et!* utrop never!; vard. not on your life!, no way!; *har du (är) dina föräldrar i ~et?* are your parents living (alive)?; *med ~ och lust* with body and soul, with gusto (zest); *komma ifrån ngt med ~et* escape from a th. alive; *en strid på ~ och död* a life-and-death struggle; *trött på ~et* tired of living (life); *hålla ngn (intresset) vid ~* keep a p. alive (up the interest); *vara vid ~* be alive; *få sig ngt till ~s* have (get) a th. to eat; bildl. be treated to a th.; *riskera ~ och lem* risk life and limb

2 levande varelse living being; om pers. äv. [living] soul; *de små ~en* the little (poor) dears

3 kropp body; *komma ngn (ngt) inpå ~et* lära känna get to grips with a p. (a th.), get to know a p. (a th.) intimately; *gå upp i ngt med ~ och lust* ...wholeheartedly, ...body and soul

4 midja waist äv. på plagg; *ta ngn om ~et* take a p. round the waist; *vara smal om ~et* have a small (slender) waist; *veka ~et* midriff, diaphragm

5 på plagg bodice

6 oväsen row, noise, commotion; bråk, uppståndelse to-do, fuss; *för inte ett sånt ~!* stop that (this) row (noise)!; *det kommer att bli ett himla ~* there'll be an awful row, there'll be the devil to pay
liva *vb tr* **1** ~ *upp ngn* ge liv åt: konkr. enliven, animate; bildl. liven up a p.; ~ *upp stämningen (rummet)* liven up (enliven) the atmosphere (the room) **2** trakassera bully
livad *adj* munter merry; uppsluppen hilarious
livaktig *adj* lively; livskraftig vigorous; aktiv active
livaktighet *s* liveliness; livskraft vigour
livboj *s* lifebuoy
livbåt *s* lifeboat
livbälte *s* lifebelt
livegen *adj* o. *subst adj, en ~ [bonde]* a serf
livegenskap *s* serfdom
livfull *adj* ...full of life; livlig lively; om skildring o.d. vivid
livförsäkra *vb tr,* ~ *ngn* insure a p.'s life, take out an insurance on a p.'s life
livförsäkring *s* life insurance, [life] assurance
livförsäkringsbolag *s* life assurance company
livgarde *s, Svea ~* the Svea Life Guards pl.
livgardist *s* life guardsman
livgivande *adj* life-giving; bildl. äv. heartening
livhanken *s, rädda ~* save one's skin
livlig *adj* allm. lively; om pers. äv. vivacious; rörlig active; vaken alert; om skildring o.d. vivid;

livlina 384

om debatt animated; om efterfrågan keen, brisk; om förhoppning sincere; om intresse great, keen; om trafik heavy, busy; *ha* ngt *i ~t minne* have a vivid memory of...; rekommendera *på det ~aste* ...most warmly
livlina *s* lifeline äv. bildl.
livlös *adj* allm. lifeless, inanimate; i eg. bet. äv. dead; uttryckslös expressionless; bildl. äv. dull
livmedikus *s* personal physician; *kungens ~* äv. physician-in-ordinary to the King
livmoder *s* anat. womb; vetensk. uterus (pl. uteri)
livmoderhals *s* vetensk. cervix
livmodermun *s* anat. mouth (orifice) of the womb (uterus)
livmodertapp *s* anat. portio [vaginalis]
livnära I *vb tr* föda feed; försörja support, maintain **II** *vb rfl*, *~ sig* försörja sig support oneself [*av (på)* on; *med* by]; *~ sig på* äta eat; om djur äv. feed on
livré *s* livery; t.ex. chaufförs äv. uniform
livréklädd *adj* liveried, ...in livery; uniformed
livrem *s* belt, waistbelt
Livrustkammaren the [Royal] Armoury
livrädd *adj* terrified; vard. ...scared stiff
livräddning *s* från drunkning life-saving
livräddningsbåt *s* lifeboat
livränta *s* life annuity
livrätt *s* favourite dish
livsandar *s pl*, *ngns ~* a p.'s spirits
livsaptit *s* appetite (lust) for life
livsavgörande *adj* ...of decisive importance; jfr *livsviktig*
livsbehov *s* vital need
livsbejakande *adj*, *vara ~* have a positive attitude (approach) to life
livsbetingelse *s* condition governing one's life; *goda ~r* favourable conditions; se äv. *livsvillkor*
livscykel *s* life cycle
livsduglig *adj* ...capable of living (surviving); vetensk. el. bildl. viable
livselixir *s* elixir of life
livserfaren *adj* attr. ...who has a great deal of experience of life; *han är ~* he has a great deal of experience of life
livserfarenhet *s* experience of life
livsfara *s* mortal danger, danger to life; *han svävar i ~* his life is in danger
livsfarlig *adj* highly dangerous; vard., svag. dead dangerous; om skada o.d. grave; dödlig fatal, lethal; *~ ledning (spänning)!* Danger! High Voltage!
livsfilosofi *s* philosophy, philosophy of life; livsåskådning, livssyn outlook on (view of) life
livsform *s* vetensk. form of life; allm. way of life
livsfråga *s* question of vital importance, vital question
livsfunktion *s* vital function
livsföring *s* life, way of living
livsförnödenheter *s pl* necessities of life

livsglädje *s* joie de vivre fr.; joy of living
livsgnista *s* spark of life
livsgärning *s* lifework
livshotande *adj* life-threatening; om sjukdom o.d. grave; dödlig fatal
livsinställning *s* approach (attitude) to life
livskamrat *s* life companion (partner), companion through life
livskraftig *adj* vigorous, robust
livskvalitet *s* quality of life
livsleda *s* deep depression, weariness of life
livslevande *adj*, *där stod han ~* ...as large as life, in the flesh, in person
livslinje *s* i handen lifeline
livslust *s* zest (lust) for life
livslång *adj* life-long
livslängd *s* om pers. length of life, jfr *medellivslängd;* om sak life; data. useful life
livslögn *s* lifelong deception (illusion)
livsmedel *s pl* provisions; jfr *matvaror*
livsmedelsaffär *s* provision merchant's (grocer's) [shop]
livsmedelsbrist *s* food shortage, scarcity of foodstuffs
livsmedelsindustri *s* food industry
livsmedelsverk *s*, *Statens ~* the [Swedish] National Food Administration
livsmod *s* courage to face (in facing) life
livsmål *s* aim in life, object in life
livsnerv *s* livsbetingelse lifeblood
livsrum *s* polit. lebensraum ty.; living space
livsrytm *s* tempo
livsstil *s* way of life, life style
livssyn *s* outlook on life, view of life
livstecken *s* sign of life; *han har inte gett något ~ ifrån sig* bildl. there is no sign of life (news) from him
livstid *s* life [time]; *i (under) vår ~* in our lifetime; *~s fängelse* life imprisonment; *sitta inne på ~* be in [prison] for life; vard. be a lifer
livstidsfånge *s* prisoner for life; vard. lifer
livstycke *s* bodice
livsuppehållande *adj* life-sustaining
livsuppehälle *s* utkomst living, livelihood
livsuppgift *s* mission (object) in life
livsvarig *adj* life-long
livsverk *s* lifework; *ett ~* a lifetime achievement
livsviktig *adj* vital äv. bildl.; *det är inte så ~t* vard. it is not all that important
livsvilja *s* will to live
livsvillkor *s* vital necessity; levnadsförhållanden living conditions
livsyttring *s* manifestation (sign) of life
livsåskådning *s* outlook on (philosophy of) life
livsöde *s* lott destiny; *~n* ngns upplevelser life [story] sg.
livtag *s* brottn. waistlock; *ta ~* wrestle, grapple;

ta ~ på apply a waistlock on; bildl. grapple with, tackle
livvakt *s* bodyguard äv. koll.
ljud *s* allm. *(*äv. **~et)** sound; buller noise; klang, om instrument tone; **inte kunna få fram ett enda ~** av heshet be unable to say a word; av rörelse o.d. be unable to utter a [single] sound
ljuda I *vb itr* låta sound; höras be heard; klinga, skalla ring; klämta toll; genljuda resound, echo **II** *vb tr* språkv. sound
ljudband *s* för bandspelare tape
ljudbang *s* från överljudsplan sonic bang (boom)
ljudbildband *s* sound filmstrip
ljuddämpare *s* bil. el. på skjutvapen silencer; amer. muffler
ljudeffekt *s* sound effect
ljudenlig *adj* språkv. phonetic
ljudfilm *s* soundfilm
ljudförstärkare *s* radio. amplifier
ljudhärmande *adj* onomatopoeic, onomatopoetic
ljudisolerad *adj* soundproof
ljudisolering *s* soundproofing
ljudkuliss *s* radio. sound effects pl.
ljudlig *adj* allm. loud; om t.ex. örfil resounding; om kyss smacking
ljudlära *s* fonetik phonetics sg.; isht historisk phonology
ljudlös *adj* soundless; utan buller noiseless; **den ~a natten** the silent night
ljudradio *s* sound-broadcasting, sound radio
ljudsignal *s* sound signal, acoustic signal
ljudskrift *s* språkv. phonetic transcription
ljudstyrka *s* volume of sound, sound level
ljudtekniker *s* sound technician (engineer, recordist)
ljudvall *s* sound barrier, sonic barrier; *passera ~en* break through the sound (sonic) barrier
ljudvåg *s* soundwave
ljudöverföring *s* sound transmission
ljuga I *vb itr* lie [*för ngn* to a p.]; tell a lie (lies); *du ljuger!* you're lying!, that's a lie!; *~ ihop* en historia make up, concoct **II** *vb rfl*, *~ sig fri från ngt* lie oneself out of a th.
ljum *adj* lukewarm, tepid äv. bildl.; om vind, väder warm, mild, temperate; om vänskap half-hearted
ljumma *vb tr*, *~ [upp]* warm [up], take the chill off
ljumskbråck *s* med. inguinal hernia
ljumske *s* o. **ljumskveck** *s* anat. groin
ljung *s* bot. heather
ljunga *vb itr* blixtra flash äv. bildl.
ljungande *adj* flashing; bildl., dundrande fulminating; *en ~* våldsam *protest* a vehement protest
ljungeld *s* blixt [flash of] lightning
ljunghed *s* heath [covered with heather], moor
ljus I *s* allm. el. bildl. light *(*äv. **~et)**; skarpt ~ glare, glaring light; stearin~ o.d. candle; snille shining light; **~ets hastighet** the speed of light; *se dagens ~* see the light of day; hon är *klassens ~* ...the shining light of the class; *varde ~!* bibl. Let there be light!; *sitta som tända ~* sit straight as ramrods; *nu gick det upp ett ~ för mig* now a light has dawned on me, now the penny has dropped; *ha ~et på* på bil have the lights on; *kasta nytt ~ över ngt* throw a new (different) light on a th.; *föra ngn bakom ~et* take a p. in, hoodwink (deceive) a p.; *dra fram i ljuset* bring to light; *se ngt i ett nytt ~* see a th. in a new light; *leta [efter ngt] med ~ och lykta* search (hunt) high and low [for a th.]; *köra mot rött ~* jump the [red] lights **II** *adj* light; isht om färg äv. pale; om dag, klangfärg clear; om hy, hår fair, se vid. *blond*; om kött white; om öl pale; klar, lysande bright äv. bildl.; *mitt på ~a dagen* in broad daylight; *få (komma på) en ~ idé* get a bright idea (vard. a brain-wave); *~a lyckliga minnen* happy memories; *se det från den ~a sidan* look on the bright side [of things]; *ha sina ~a stunder* have one's bright moments
ljusbehandling *s* light treatment
ljusbeständig se *ljusäkta*
ljusbild *s* [lantern] slide
ljusblå *adj* light (pale) blue; naiv gullible, naive
ljusbrytning *s* fys. refraction, light refraction
ljusbåge *s* elektr. [electric] arc
ljuseffekt *s* light (belysningseffekt lighting) effect
ljusfenomen *s* light phenomenon
ljusfilter *s* foto. light filter
ljusglimt *s* gleam of light; bildl. gleam (ray) of hope
ljusgård *s* **1** kring solen corona (pl. äv. -ae), halo (pl. -es el. -s); foto. halation **2** arkit. glass-roofed (light) well
ljushastighet *s* speed of light
ljushuvud *s* bildl. genius; *han är inte något ~ precis* äv. he's not very bright
ljushyad *adj* fair-skinned, clear-skinned; *vara ~* äv. have a fair (clear) complexion
ljushårig *adj* fair[-haired], blond (om kvinna blonde)
ljuskrona *s* chandelier
ljuskägla *s* beam (cone) of light
ljuskälla *s* source of light
ljuskänslig *adj* ...sensitive to light; foto. photosensitive
ljuslagd *adj* fair; ljushyad äv. fair-skinned, clear-skinned; blond äv. blond (om kvinna blonde), fair-haired
ljuslockig *adj* attr. om person ...with fair, curly hair
ljuslåga *s* candle flame
ljusmanschett *s* candle-ring, drip ring
ljusmätare *s* light meter, photometer
ljusna *vb itr* **1** eg. get (grow) light; dagas äv.

ljusning

dawn; om väder clear up; om färg become light[er]; blekna fade **2** bildl.: om ansiktsuttryck brighten, light up; *utsikterna ~r* the prospects are getting brighter
ljusning *s* **1** gryning dawn **2** glänta glade, clearing **3** bildl. change for the better, improvement
ljuspenna *s* data. light pen
ljuspunkt *s* **1** allm. luminous point **2** lampa light[ing] point; strömuttag socket **3** bildl. bright spot
ljusreflex *s* reflection of light
ljusreklam *s* metod illuminated advertising (skylt o.d. advertisement); skylt äv. neon sign
ljussax *s* [pair of] snuffers pl.
ljussignal *s* light signal
ljussken *s* light
ljusskygg *adj* **1** som ej tål ljus ...averse to light; med. photophobic **2** bildl., 'skum' fishy, shady
ljusskylt *s* electric (neon) sign
ljusstake *s* candlestick
ljusstark *adj* bright; astron. brilliant, ...of great brilliancy
ljusstrimma *s* streak of light
ljusstråle *s* ray (beam) of light
ljusstump *s* candle-end
ljusstyrka *s* brightness, luminosity äv. astron.; i ljusmätning luminous intensity; foto., om lins speed, rapidity
ljusstöpning *s* making (dipping) candles
ljussvag *adj* faint
ljuster *s* fiske. [fishing-]spear, leister
ljustra *vb tr* fiske. spear
ljustryck *s* typogr. **1** metod phototype printing **2** alster phototype
ljustuta *s* bil. headlamp flasher
ljusvåg *s* fys. light wave
ljusår *s* astron. light year äv. bildl.
ljusäkta *adj* ...that will not fade, light-fast; *gardinerna är ~* ...will not fade
ljuta *vb tr, ~ en ögonblicklig död* be killed instantly
ljuv *adj* allm. sweet; förtjusande äv. delightful; behaglig, om t.ex. syn pleasing; *dela ~t och lett med ngn* stick together with a p. through thick and thin
ljuvhet *s* sweetness
ljuvlig *adj* härlig delightful, lovely; spec. om smak delicious; utsökt exquisite
ljuvlighet *s* sweetness; *~er* delights, delightful things
LO förk., se *Landsorganisationen*
lo *s* zool. lynx (pl. äv. lika)
lob *s* anat. lobe
lobb *s* sport. lob
lobba *vb itr* sport. lob
lobby *s* vestibul el. påtryckningsgrupp lobby
lobotomi *s* med. lobotomy
1 lock *s* hår~ curl; längre lock [of hair]; korkskruvs~ ringlet

2 lock *s* på kokkärl, låda o.d. lid; löst på burk o.d. äv. cover; kapsyl cap; fick~ flap; *lägga på ~et* på ngt bildl. hush...up, put the lid on; *det slår ~ för öronen på mig* my ears suddenly feel blocked (stopped) up
3 lock, *försöka med ~ och pock* try every means of persuasion (by hook or by crook)
1 locka I *vb tr* lägga i lockar curl **II** *vb rfl*, *hennes hår ~r sig* her hair curls [naturally]
2 locka I *vb tr* o. *vb itr* kalla o.d. ~ *[på]* call; ~ förleda *ngn till att* inf. entice (lure) a p. into ing-form; *det ~r mig inte* I am not tempted; *~ ngn i fällan* trap a p.
II med beton. part.
~ av ngn ngt se *avlocka*
~ fram: ~ fram ngn ur gömställe entice a p. out of...; *~ fram ett skratt hos ngn* make a p. laugh; *~ fram tårar hos ngn* bring tears to a p.'s eyes
~ med sig ngn entice a p. into coming (resp. going) along
~ till sig entice...to come [to one]; *~ kunder till sig* attract customers (custom)
~ ur ngn ngt draw (worm) a th. out of a p.
lockande *adj* tempting, attractive
lockbete *s* bait, lure båda äv. bildl.
lockelse *s* enticement, allurement [*för* to]; frestelse lure, temptation [*till* to]; trollmakt charm, magic power
lockfågel *s* decoy äv. bildl.
lockig *adj* curly
lockout *s* lockout
lockouta *vb tr* lock out
lockoutvarsel *s* lockout notice
lockpris *s* hand. specially reduced price
lockrop *s* zool. call
lockton *s* call; *~er* bildl. siren call (note) sg.
locktång *s* curling tongs pl.
lockvara *s* cut-price line; hand. loss-leader
lod *s* byggn. plummet; sjö. äv. lead; klock~ weight
1 loda *vb tr* o. *vb itr* sjö. el. bildl. *~ [djupet]* sound
2 loda *vb itr*, *gå och ~* stroll [about]; neds. loiter (mooch) [about]
lodare *s* layabout, i stad äv. loiterer
lodenrock *s* loden coat
lodjur *s* zool. lynx (pl. äv. lika)
lodlina *s* sjö. lead line, sounding line; gymn. climbing rope
lodlinje *s* vertical line
lodning *s* sjö. sounding
lodrät *adj* vertical; *~a [nyckel]ord* clues down
loft *s* loft; vind attic
loftgångshus *s* house with external galleries
logaritm *s* matem. logarithm, vard. log [*för* of]
1 loge *s* tröskplats barn
2 loge *s* **1** teat. box; kläd~ dressing-room **2** ordens~ lodge
logement *s* kasernrum barrack room, troop

room, squad room; i arbetarförläggning lodgings pl., dormitory
logera I *vb itr* lodge, be in lodgings, stay **II** *vb tr* lodge, accommodate, put...up
logg *s* sjö. el. flyg. log
logga *vb itr* sjö. el. flyg. log; ~ *in (ut)* data. log in (out)
loggbok *s* sjö. el. flyg. logbook
loggia *s* loggi|a (pl. äv. -e)
logi *s* husrum accommodation, lodging; *kost och* ~ board and lodging, bed and board
logik *s* logic
logisk *adj* logical
logoped *s* speech therapist
logotyp *s* logotype
loj *adj* om pers. indolent; håglös listless; slö, likgiltig apathetic
lojal *adj* loyal [*mot* to]
lojalitet *s* loyalty
lok *s* engine
lokal I *s* premises pl.; rum room; sal hall; bot. el. zool. habitat; biblioteket *har sina ~er i skolan* ...is housed in the school **II** *adj* local
lokalavdelning *s* local branch
lokalbedöva *vb tr* administer a local anaesthetic to; ~ *en tand* freeze a tooth
lokalbedövning *s* local anaesthesia; *en* ~ a local anaesthetic
lokalisera I *vb tr* **1** ange platsen för, förlägga locate [*i (till)* in] **2** begränsa contain, localize **3** anpassa adapt [*för* to [suit]] **II** *vb rfl*, ~ *sig på platsen* acquaint oneself with the place
lokaliseringspolitik *s* regional industrial [location] policy
lokaliseringsstöd *s* [industrial] location aid, regional development grants pl.
lokalitet *s* **1** plats locality **2** rum ~*[er]* se *lokal I*
lokalkännedom *s*, *ha god* ~ know a (resp. the) place (district, locality) well
lokalombud *s* local representative
lokalpatriotisk *adj*, *vara* ~ be a local patriot; neds. be parochial
lokalpatriotism *s* local patriotism; neds. parochialism
lokalradio *s* local radio
lokalsamtal *s* tele. local call
lokalsinne *s* sense of direction; *ha dåligt (gott)* ~ have a poor (good) sense of direction
lokaltelefon *s* anläggning private telephone installation
lokaltidning *s* local [news]paper, local daily
lokaltrafik *s* local traffic; järnv. suburban services pl.
lokalvård *s* cleaning, på kontor office cleaning
lokalvårdare *s* cleaner, på kontor office cleaner
lokatt *s* zool. lynx (pl. äv. lika)
lokförare *s* engine-driver; amer. engineer
lokomotiv *s* engine, railway engine
lom *s* zool. diver; amer. loon

loma *vb itr*, ~ *av* slouch (skamset äv. slink) away
Lombardiet Lombardy
lomhörd *adj* hard of hearing
londonbo *s* Londoner
longitud *s* geogr. longitude; *på 10° östlig* ~ in longitude 10° east
longör *s* longueur fr.; i bok o.d. äv. dull (tedious) passage
looping *s* flyg. *göra en* ~ loop the loop
lopp *s* **1** löpning run; tävling race; *dött* ~ dead heat; *~et är kört* bildl. it's all over, it's too late to do anything about it **2** flods utsträckning *flodens övre (nedre)* ~ the upper (lower) reaches pl. of the river **3** förlopp *i det långa ~et* in the long run; *inom ~et av* ett par dagar within...; *under dagens* ~ during (in the course of) the day **4** bildl. *ge fritt* ~ *åt* sina känslor give vent to... **5** gevärs~ bore
loppa *s* flea; *leva ~n* live it up, be (go) on the spree
loppbett *s* fleabite
loppcirkus *s* flea circus
loppmarknad *s* flea market, second-hand [junk] market; på välgörenhetsbasar jumble sale
lord *s* lord
lornjett *s* lorgnette
lort *s* **1** smuts dirt; stark. filth **2** bildl. *prata* ~ talk rubbish
lorta *vb tr*, ~ *ner* make...dirty, stark. make...filthy
lortgris *s* om barn dirty little thing
lortig *adj* dirty; stark. filthy
loska vard. **I** *s* gob **II** *vb itr* gob
loss *adj* o. *adv* loose; off, away; *få (komma* osv.*)* ~ se beton. part. under resp. verb; *skruva* ~ unscrew
lossa *vb tr* **1** lösgöra loose; sjö. let go; ~ förtöjningar på unmoor; ~ *en skruv* undo a screw; ~ *[på]* band, knut untie, undo; göra lösare loosen äv. bildl.; ngt hårt spänt äv. slacken **2** urlasta unload, [varor från] fartyg äv. discharge **3** avlossa ~ *ett skott* fire (discharge) a shot
lossna *vb itr* come loose; gå upp (av) come off; om t.ex. knut come undone (om ngt limmat unstuck); om tänder get loose; börja bli lös loosen
lossning *s* (jfr *lossa 2*) unloading, discharging; enstaka discharge, unloading
lossningsplats *s* för fartyg discharging berth; bestämmelseort place (port) of discharge
Lothringen Lorraine
lots *s* pilot
lotsa *vb tr* sjö. el. friare pilot; vägleda guide; ~ *sig fram* gå *försiktigt* make one's way cautiously; ~ *in i (ut ur)* pilot into (out of)
lotsbåt *s* pilot boat
lotsväsen *s* pilotage service

lott *s* del, öde m.m. lot; andel äv. share, part; jord~ allotment, plot; ~sedel lottery ticket; *~en får* måste *avgöra* it must be decided by lot; *det blev hans ~* el. *det föll på hans ~* it fell to his lot (to him); *dela ngns ~* share a p.'s fortunes (fate); *dra ~ om ngt (vem som ska gå)* draw (cast) lots for a th. (lots to decide who is to go)

1 lotta *s* member of the [Swedish] women's voluntary defence service; armé~ (i Engl.) WRAC, (i USA) WAC; flyg~ (i Engl.) WRAF, (i USA) WAF; marin~ (i Engl.) Wren, (i USA) member of the WAVES

2 lotta *vb tr* o. *vb itr*, *~ om ngt* draw lots for a th.; *~ ut* raffle

lottad *adj*, *vara lyckligt ~ av naturen* be well favoured (endowed) by nature; *de sämst ~e* those who are worst off

lottakår *s* lokalkår [local] corps of the [Swedish] women's voluntary defence service

lottdragning se *lottning*

lotteri *s* lottery; bildl. äv. gamble; för välgörande ändamål äv. raffle; *det är rena ~et!* it's nothing but a lottery (gamble, toss-up)!; *vinna på ~* win [a prize] in a lottery

lotterivinst *s* prize, lottery prize

lottlös *adj*, *bli ~* be left without any share

lottning *s* [vanl. the] drawing of lots; *avgöra ngt genom ~* decide a th. by drawing (casting) lots

lottnummer *s* lottery number

lotto *s* Lotto; i USA äv. ung. the numbers [game]

lottsedel *s* lottery ticket

lotus[blomma] *s* växt lotus; blomma lotus bloom, ornament lotus flower

lotusställning *s* lotus position

1 lov *s* **1** ledighet, lovdag holiday; ferier holidays pl.; vad ska du göra *på ~et?* ...in the (your) holidays? **2** tillåtelse permission, leave; *får jag ~?* vid uppbjudning may I [have the pleasure of this dance]?, shall we dance?; *vad får det ~ att vara?* i butik o.d. what can I do for you?, can I help you [sir resp. madam]?; *be [ngn] om ~ att få göra ngt* ask [a p.'s] permission (leave) to do a th. **3** *få ~* vara tvungen *att* have to; *nu får jag ~ att gå* I must be off (going) now **4** beröm praise; *sjunga ngns ~* sing a p.'s praises, extol a p.; *Gud ske ~!* thank God!

2 lov *s* **1** sjö. tack **2** bildl. *slå sina ~ar kring ngn (ngt)* hover (prowl) about a p. (a th.); *ta ~en av* surpass, put...in the shade

1 lova *vb tr* **1** ge löfte [om] promise [*att komma* to come]; högtidl. äv. vow; *det ~r gott* för framtiden it promises well (bids fair)...; *~ bort ngt åt ngn* promise a th. to a p.'s; *~ bort sig* anta inbjudan accept an invitation [annorstädes elsewhere] **2** bedyra, försäkra *jo,* *det vill jag ~!* I'll say!, I should say so! **3** berömma praise

2 lova *vb itr* sjö. luff, luff the helm

lovande *adj* promising

lovart *s* sjö. *i ~* to windward

lovdag *s* holiday

lovlig *adj* tillåten permissible, allowable; om t.ex. avsikt lawful; *ej vara ~* sexuellt be below the age of consent; *vara ~t byte* bildl. be fair game; *~ tid* jakt. the open season

lovord *s* praise; *få ~* be [highly] praised (commended); *full av ~ över* full of praise for

lovorda *vb tr* o. **lovprisa** *vb tr* praise; stark. extol, eulogize

lovsång *s* song of praise

lovtal *s* panegyric, eulogy, encomium

lovvärd *adj* praiseworthy, commendable, laudable

LP-skiva *s* LP (pl. LPs)

lubba *vb itr*, *~ [i väg]* trot (dart) away; jfr *2 kila*

luciafirande *s* Lucia Day celebrations pl. [on 13th December]

lucka *s* **1** liten dörr, t.ex. ugns~ o.d. door; fönster~ shutter; tak~ hatch; damm~ gate; sjö. hatch [cover] **2** öppning hole, opening; expeditions~: disk counter; själva öppningen counter window; gallerförsedd grille; jfr *biljettkontor;* skepps~ hatch[way]; på t.ex. kassettbandspelare flap **3** tomrum, mellanrum, brist gap; i t.ex. manuskript omission, lacun|a (pl. äv. -ae); *en ~ i lagen* a [legal] loophole; *en ~ i mitt minne* a blank in my memory; *nu blev det liv i ~n* vard. this made things hum **4** mil. vard., logement barrack room

lucker *adj* om jord loose

luckra *vb tr* loosen, break up; *~ upp* loosen [up]; *~ upp moralen* make morals lax

ludd *s* fjun fluff; dun, äv. bot. down; på tyg nap; tarm~ villi pl.

ludda I *vb itr*, koftan *~r [av sig]* the fluff comes (is coming) off... **II** *vb rfl*, *~ sig* get fluffy (full of fluff)

luddig *adj* fjunig fluffy; dunig downy; oklar woolly

luden *adj* hairy; grovt äv. shaggy; zool. äv. hirsute; bot. downy

luder *s* vard., hora whore, trollop; amer. hooker

Ludvig kunganamn vanl. Louis; tyskt kunganamn Ludwig

luff vard. *på ~en* on the road; *ge sig ut på ~en* take to (hit) the road

luffa *vb itr* **1** vara på luffen tramp, vagabond **2** lufsa lumber, shamble

luffare *s* tramp, vagabond; amer. äv. hobo (pl. -s el. -es), bum

luffarschack *s* noughts and crosses pl.; amer. tick-tack-toe

lufsa *vb itr* lumber, shamble

lufsig *adj* clumsy, ungainly

1 luft *s, en ~ gardiner* a pair of curtains
2 luft *s* air; *~en gick ur honom* bildl. he ran out of steam; *behandla ngn som ~* treat a p. as if he (she etc.) did not exist, cut a p. dead, give a p. the cold shoulder; *få ~ under vingarna* chans till utveckling get a chance to develop (to spread one's wings); *ge ~ åt sin vrede (sina känslor)* give vent to one's anger (feelings); *det är fuktigt i ~en* the air is damp; *flyga (spränga ngt) i ~en* blow (blow a th.) up; *det där hänger alldeles i ~en* that's all in the air; *det är vår i ~en* spring is in the air; *siffrorna är gripna ur ~en* the figures have been made up (are pure invention)
lufta I *vb tr* kläder o.d. air äv. bildl.; tekn. *~ bromsarna* bleed the brakes **II** *vb itr o. rfl, ~ [på] sig* go out for a breath of air
luftaffär *s* bogus transaction (deal), fraud
luftanfall *s* o. **luftangrepp** *s* air raid (strike), attack from the air
luftballong *s* [air] balloon
luftbevakning *s* mil. aircraft warning service
luftblåsa *s* air bubble
luftbolag *s* bogus company
luftbro *s* airlift
luftburen *adj* airborne
luftdrag *s* draught
luftfart *s* air traffic
Luftfartsverket the [Swedish] Board of Civil Aviation
luftfuktare *s* air humidifier
luftfuktighet *s* atmospheric humidity
luftfärd *s* vid hopp o. fall passage through the air
luftförorening *s* air pollution; ämne pollutant
luftförsvar *s* air defence
luftgevär *s* air gun, air rifle
luftgitarr *s* air guitar
luftgrop *s* air pocket
lufthav *s, ~et* the atmosphere
lufthål *s* air hole
luftig *adj* airy; lätt, porös light; verklighetsfrämmande airy-fairy
luftintag *s* air intake
luftkonditionering *s* air-conditioning
luftkrig *s* aerial war (krigföring warfare)
luftkudde *s* i fordon airbag, air cushion
luftkyld *adj* air-cooled
luftlager *s* strat|um (pl. -a) of air
luftlandsättning *s* landing of airborne troops
luftledning *s* elektr. overhead line (för spårvagn o.d. wire)
luftmadrass *s* air bed (mattress)
luftmaska *s* chain stitch
luftmotstånd *s* air resistance
luftombyte *s* change of air (climate)
luftpistol *s* air pistol (gun)
luftpump *s* air pump
luftrenare *s* air cleaner; filter air filter

luftrum *s* **1** mellanrum air space **2** territorium air territory
luftrör *s* **1** anat., bronk bronch|us (pl. -i) **2** tekn. air pipe
luftrörskatarr *s* med., bronkit bronchitis
luftsjuka *s* airsickness
luftskepp *s* airship; styrbart dirigible
luftslott *s pl, bygga ~* build castles in the air (in Spain)
luftsprång *s* saltomortal somersault
luftstrid *s* air battle, aerial combat
luftstridskrafter *s pl* aerial forces
luftstrupe *s* windpipe; med. trachea (pl. -e)
luftström *s* air current, current of air
lufttom *adj* airless; *[ett] ~t rum* a vacuum
lufttorka *vb tr* o. *vb itr* dry in the air, air-dry; *~d* air-dried
lufttrumma *s* tekn. ventilating shaft, airshaft
lufttryck *s* **1** meteor. atmospheric (air) pressure **2** vid explosion blast
lufttät *adj* airtight, hermetic
luftvåg *s* air wave
luftväg *s* **1** flyg. air route, airway; *~en* adv. by air **2** *~ar* anat. respiratory (air) passages
luftvägsinfektion *s* infection of the respiratory passage[s]
luftvärn *s* anti-aircraft (förk. AA) defence (defences pl.); *~et* truppslaget Anti-Aircraft Command
luftvärnseld *s* anti-aircraft fire; vard. ack-ack
luftvärnskanon *s* anti-aircraft gun
luftväxling *s* ventilation
1 lugg *s* hårfrisyr fringe, bang; *titta under ~ på ngn* look furtively (stealthily) at a p.
2 lugg *s* på kläde o.d. nap; på sammet o. mattor pile; borsta *mot (med) ~en* ...against (with) the nap
lugga *vb tr, ~ ngn [i håret]* pull a p.'s hair
luggas *vb itr dep* lugga varandra pull each other's hair
luggsliten *adj* eg. o. bildl. threadbare; friare shabby; om kläder äv. worn
lugn I *s* om vatten o. luft calm; lä shelter; ro, frid peace; ordning order; sinnesjämvikt calm; fattning composure; självbehärskning self-control, self-possession; *~et före stormen* the lull (calm) before the storm; *~ i stormen!* hold your horses!; *bevara sitt ~* keep calm; *i ~ och ro* in peace and quiet **II** *adj* om väder och vatten calm; om vattenyta äv. smooth; stilla quiet; fridfull peaceful; ej orolig (om pers., pred.) easy in one's mind; ej upprörd calm; fattad composed; med bibehållen behärskning self-possessed; om mönster quiet; om färg subdued, quiet; *du kan vara ~ för att han klarar det* don't worry, he'll manage it; hennes *~a blick* ...steady gaze; patienten har haft en *~ natt* ...restful night; *med ~t samvete* with an easy conscience; *i de ~aste vattnen går de största fiskarna* still waters run deep

lugna

lugna I *vb tr* calm, quiet, still; småbarn soothe; t.ex. tvivel settle; blidka appease; inge tillförsikt reassure; **~ ngns farhågor** allay a p.'s fears, set a p.'s mind at rest **II** *vb itr* om väder calm down; **~ av (på)** om vind abate **III** *vb rfl*, **~ sig** calm down; **~ dig!** äv. don't get excited!; **vi får ~ oss** några dar we must wait..., we must be patient...
lugnande *adj* om nyhet o.d. reassuring, comforting; om verkan o.d. soothing; **ett ~ besked** a reassuring answer; **~ medel** sg. sedative, tranquillizer, depressant
lugnt *adv* t.ex. betrakta calmly, quietly; t.ex. sova, dö peacefully; t.ex. svara with composure; tryggt safely, confidently; **ta det ~!** take it easy!; jäkta inte! take your time [about it]!; ha tålamod! you must wait (be patient)!
lukrativ *adj* lucrative, profitable
lukt *s* **1** smell, odour; behaglig scent, perfume, fragrance; odör bad (nasty) smell (odour); stank stench **2** luktsinne sense of smell
lukta I *vb tr* o. *vb itr* smell; **det ~r gott (illa)** it smells nice (bad); **det ~r tobak om honom** he smells of tobacco; **~ på ngt** sniff (om hund äv. sniff at) a th.; **~ på** ytligt studera **spanska** get a smattering of Spanish **II** *vb rfl*, **~ sig till ngt** bildl. scent a th. out
luktflaska *s* smelling-bottle
luktfri *adj* odourless, scentless
luktorgan *s* anat. organ of smell, olfactory organ
luktsalt *s* smelling-salts pl.
luktsinne *s* sense of smell, olfactory sense
luktvatten *s* scented water
luktviol *s* bot. sweet violet
luktärt *s* bot. sweet pea
lukullisk *adj*, **en ~ måltid** a sumptuous (luxurious) repast (meal)
lull *adv*, **stå ~** om småbarn stand all by oneself [without support]
1 lulla *vb tr*, **~ ngn i sömn (till sömns)** sing (hum)...to sleep
2 lulla *vb itr* ragla reel, stagger; tulta toddle
lumberjacka *s* lumber jacket
lummer *s* bot. [fir] club moss
1 lummig *adj* om t.ex. park thickly wooded, woody; lövrik leafy; skuggande shady
2 lummig *adj* vard., berusad tipsy, woozy
lump *s* **1** trasor rags pl.; skräp junk **2** *ligga i ~en* se *lumpa*
lumpa *vb itr* ligga inkallad do one's military service
lumpbod *s* junk shop
lumpen *adj* småsint mean, petty; tarvlig shabby, despicable; vard. dirty; om t.ex. uppförande base; om t.ex. instinkt, böjelse äv. low; **för lumpna** 50 kr for a paltry...
lumphandlare *s* rag-and-bone merchant
lumpig *adj* shabby
lumpor *s pl* rags

lumpsamlare *s* rag-and-bone man
lunch *s* lunch; formell luncheon; skol~ dinner; **äta ~** have (eat) lunch; äv. lunch; **äta ~ ute** go out to lunch; han gick ett ärende **på ~en** ...in the (his) lunch hour; han **är på (till) ~** ...is at lunch
luncha *s* lunch, have [one's] lunch
lunchrast *s* lunch hour; paus äv. break for lunch, lunch break
lunchrum *s* dining-room, lunchroom; i fabrik, självservering canteen
lund *s* grove
lunga *s* lung äv. bildl.
lungblödning *s* med. pulmonary haemorrhage
lungcancer *s* med. cancer of the lung, lung cancer
lunginflammation *s* med. pneumonia; **dubbelsidig ~** double pneumonia, inflammation of the (both) lungs
lungsjuk *adj* ...suffering from a lung-disease
lungsot *s* med. consumption, phthisis
lungspets *s* anat. apex of the lung
lungsäck *s* anat. pleur|a (pl. -ae)
lungsäcksinflammation *s* med. pleurisy
lungtuberkulos *s* med. pulmonary tuberculosis
lungödem *s* med. pulmonary edema
lunk *s* jog trot äv. bildl.; hästen **gick i [sakta] ~** ...trotted along
lunka *vb itr*, **~** el. **~'på** jog (trot) along
lunnefågel *s* zool. puffin
luns *s* vard., tölp boor, clodhopper, bumpkin
lunta *s* **1** tändsnodd fuse, slow match **2** bok tome, [big] volume; [pappers]packe bundle (pappershög heap) of papers
lupin *s* bot. lupin
lupp *s* förstoringsglas magnifying glass, magnifier
1 lur *s* **1** horn horn; bronsålders~ lur[e] **2** se *hörlur*
2 lur *s* vard., slummer nap; **ta sig en ~** have (take) a nap, have forty winks
3 lur *s* bakhåll, försåt **ligga på ~** lie in wait, lurk; **stå på ~** lie in ambush
lura I *vb itr* ligga på lur lie in wait [på (efter) ngn for a p.]; bildl., t.ex. om fara, olycka lurk
II *vb tr* narra take...in; bedraga deceive, dupe, play...false; isht på pengar el. ngt utlovat cheat, swindle; vard. do, diddle [på i samtl. fall out of]; få [till] fool, hoax, humbug; gm övertalning o.d. coax; förleda, locka entice, lure [att inf. i samtl. fall into ing-form]; gäcka, t.ex. förföljare elude; vilseleda delude [att inf. into ing-form]; lead...astray; vard. lead...up the garden path; överlista get the better of; **~ ngn [till] att skratta** make a p...; **~ ngn att tro ngt** delude (inveigle) a p. into believing a th., have a p. on; **låta ~ sig** [allow oneself to] be taken in (deceived, cheated, fooled); **jag har blivit ordentligt ~d** I've been properly taken in (properly had)
III med beton. part.

~ av ngn ngt genom övertalning, med smicker wheedle a th. out of a p.; genom bedrägeri cheat (swindle, con) a p. out of a th.
~ i ngn ngt inbilla delude a p. into believing a th.
~ på ngn ngt få ngn att köpa ngt trick (gm prat talk) a p. into buying a th.; pracka palm off a th. on a p.
~ till sig ngt secure a th. [for oneself] by trickery
~ ut ngt ta reda på get to know a th., find out about a th.; **~ ut ngn** locka entice (tempt) a p. to go (come) out (into going, coming out)
lurendrejare *s* cheat, swindler
lurendrejeri *s* cheat, swindle, fraud, trickery
lurifax *s* sly dog, sly fox
lurig *adj* listig deceptive, cunning
lurk *s* tölp boor, clodhopper; drummel lout; lymmel rascal
lurpassa *vb itr* **1** kortsp. hold back **2 ~ på ngn** lie in wait for (waylay) a p.
lurvig *adj* **1** om t.ex. hår rough; om t.ex. hund shaggy **2** vard., berusad tipsy
lus *s* louse (pl. lice); **läsa ~en av ngn** give a p. a good talking-to (a dressing-down)
lusern *s* lucerne; isht amer. alfalfa
lusig *adj* **1** full av löss lousy, verminous, ...infested with lice **2** vard., sölig slow, dawdling, ...lagging behind
luska *vb itr*, **~ reda (rätt) på ngt** ferret (search) out a th.
lusläsa *vb tr* read through (scrutinize)... meticulously
luspank *adj*, **vara ~** vard. be stony-broke (dead broke)
lussa *vb itr* vard. **~ för någon** visit a p. with Lucia and her attendants [on 13th December]
lussekatt *s* 'Lucia cat', kind of saffron bun eaten on Lucia day (13th december)
lust *s* böjelse, håg inclination; ibl. äv. mood, mind; benägenhet bent, disposition; drift t.ex. skapar~ urge; åstundan, åtrå desire; smak fancy, liking, appetite; nöje delight, pleasure; glädje joy; **när ~en faller på [honom]** when he is in the mood, when the fancy takes him; **göra vad man har ~till** ...what one feels like [doing]; *[inte] ha ~ att* inf. [not] feel like ing-form (feel inclined to inf.); *jag har ingen ~ till det* I don't feel like it; *jag har god ~ att* inf. I have a good (great) mind to inf.; *tappa ~en för ngt* go off a th., not fancy a th. any longer
lusta *s* lust, desire
lustbetonad *adj* pleasurable, attractive
lustförnimmelse *s* sensation (feeling) of pleasure
lustgas *s* laughing gas
lustgård *s*, ***Edens ~*** the Garden of Eden, Paradise

lusthus *s* summerhouse, [garden] pavilion
lustig *adj* rolig funny; roande amusing; skämtsam facetious; löjlig comic[al]; konstig odd, strange, peculiar, funny; **göra sig ~ över** ngn (ngt) make fun of..., poke fun at...
lustighet *s*, **säga en ~** say an amusing thing, make an amusing remark; vitsa crack a joke
lustigkurre *s* joker, character
lustjakt *s* yacht
lustmördare *s* sex murderer
lustresa *s* pleasure trip, outing, excursion
lustslott *s* [royal] out-of-town residence
lustspel *s* comedy
1 lut, **stå (ställa ngt) på ~** stand (stand a th.) slantwise (aslant); **ha ngt på ~** i reserv have a th. up one's sleeve
2 lut *s* tvättlut lye
1 luta *s* mus. lute
2 luta I *vb itr* **1** vara lutande lean, incline; slutta slope; om t.ex. tak äv. slant; stå snett stand aslant; böja sig bend; vila, stöda recline, rest; *väggen ~r* vanl. the wall is out of [the] perpendicular **2** tendera tend [*mot* to]; *jag ~r åt den åsikten att*... I am inclined to believe (think)...; *det ~r nog åt det* vard. it looks like it; *jag ser nog vartåt det ~r* ...which way things are going (tending) **II** *vb tr* lean [*mot* against]; **~ mera på flaskan** så rinner det bättre tilt the bottle [a bit] more... **III** *vb rfl*, **~ sig bakåt** el. **tillbaka** lean back; **~ sig fram mot ngn** lean towards a p.; **~ sig mot** lean against (i riktning mot towards); **~ sig ut genom fönstret** lean out of the window; **~ sig över** lean (bend down) over
3 luta *vb tr* behandla med lut treat...with lye; lutlägga soak...in lye; **~ av** möbler remove old paint from...with lye
lutad *adj* leaning; framåt~ ...leaning forward; framåt~ om pers. äv. stooping
lutande *adj* leaning; om t.ex. plan inclined; om t.ex. bokstäver slanted; om t.ex. tak, handstil sloping; framåt~, om hållning stooping
lutfisk *s* torkad fisk stockfish; maträtt boiled ling [previously soaked in lye]
luthersk *adj* Lutheran
lutning *s* inclination; sluttning slope; tekn. gradient
lutningsvinkel *s* angle of inclination, tilt
luttra *vb tr* rena, eg. o. bildl. cleanse, purify; bildl. äv. chasten; förädla ennoble
luttrad *adj* om pers. chastened
luv, **ligga (vara) i ~en på varandra** be at loggerheads [with each other]; **råka i ~en på varandra** fly at each other (each other's throats)
luva *s* knitted (woollen) cap
Luxemburg Luxembourg, Luxemburg
luxemburgare *s* Luxembourger, Luxemburger
luxuös *adj* luxurious; om t.ex. måltid äv. sumptuous

lya *s* **1** djurs lair, hole, den **2** vard., liten bostad den, pad
lycka *s* känsla av ~ happiness; t.ex. huslig felicity; sällhet bliss; tur luck; slump chance; öde fortune; framgång success; välgång, välstånd prosperity; *~ till!* good luck!; *bättre ~ nästa gång!* better luck next time!; *vilken ~!* what joy (happiness)!; *göra ~* ha framgång be a success; *ha ~ med sig* ha framgång be successful; ha tur be lucky; bringa lycka bring luck; *pröva ~n* try one's luck (fortune); *söka ~n* seek one's fortune; *önska ngn ~ [till]* wish a p. the best of luck (every happiness); *strålande av ~* radiant with happiness; *till all ~* by [great] good luck, as [good] luck would have it
lyckad *adj* successful; *ett lyckat skämt* a good joke; *vara mycket ~* be a great success; om t.ex fest go (om t.ex. tal come) off very well
lycka|s *vb itr dep* succeed, be successful [*att (i att)* inf. in ing-form]; make a success [*med* ngt of…]; om sak äv. be (turn out) a success; avlöpa bra go (come) off well; om pers. äv. manage, contrive; *jag -des inte göra det* I failed (did not manage) to do it, I did not succeed (was not successful) in doing it; *han ~ med (i) allt* he is always lucky; vard. he always turns up trumps; *~ bra med ngt* do well (succeed) in a th.
lycklig *adj* glad o.d. happy [*över* about, at]; gynnad av lyckan fortunate; tursam lucky; framgångsrik successful; lyckosam prosperous; auspicious; propitious; gynnsam favourable; *~ resa!* have a nice trip!, pleasant journey!; *vänta en ~ tilldragelse* expect a happy event; *ett ~t äktenskap* a happy marriage; *i ~aste fall* vanl. at best
lyckligen *adv*, *~ anländ* safely arrived; *~ avslutat* arbete successfully completed…
lyckliggöra *vb tr* make (render)…happy; *~s med* isht iron. be blessed (favoured) with
lyckligt *adv* happily etc., jfr *lycklig; det gick ~ den här gången* it went off all right…; *~ gift* happily married
lyckligtvis *adv* luckily, fortunately
lyckobringande *adj* attr. …that brings luck (fortune)
lyckodag *s* lucky day
lyckohjul *s* wheel of fortune äv. lotterihjul
lyckokast *s* bildl. unexpected success, real hit
lyckoklöver *s* four-leaved clover
lyckosam *adj* fortunate; framgångsrik successful; *ett ~t* nytt år a prosperous…
lyckoslant *s* lucky penny
lyckotal *s* lucky number
lycksalig *adj* blissful; salig blessed
lycksalighet *s* bliss; salighet blessedness
lycksökare *s* äventyrare adventurer; opportunist opportunist; som söker rik hustru fortune-hunter

lycksökerska *s* äventyrerska adventuress; som söker rik make gold-digger
lyckt *adj*, *inom ~a dörrar* behind closed doors
lyckträff *s* stroke of luck, [lucky] chance; *det var en [ren] ~ att han svarade rätt* it was a pure fluke that he gave the right answer
lyckönska se *gratulera*
lyckönskning *s*, *~ar* congratulations, jfr vid. *gratulation*
lyckönskningstelegram *s* greetings telegram
1 lyda I *vb tr* **1** hörsamma obey; t.ex. förnuftets röst listen to; t.ex. ngns råd take, follow; t.ex. sporren äv. respond to; t.ex. rodret, ratten answer [to]; t.ex. lagar äv. keep, comply with; *inte ~* äv. disobey **2** lystra till answer to **II** *vb itr*, *~ under* sortera under: a) om t.ex. land come under, be subject to, be under the control of, be administered by b) om pers. belong under, be subordinate to c) om sak be within the competence of d) jur. be under (within) the jurisdiction of
2 lyda *vb itr* ha en viss lydelse run, read; vard. go; *domen löd på 2 års fängelse* the sentence [of the court] was two years' imprisonment
lydelse *s* ordalydelse wording; *ett brev av följande ~* …which reads as follows
lydig *adj* obedient [*mot* to]; foglig submissive [*mot* towards]; snäll good
lydnad *s* obedience; foglighet submissiveness; lojalitet loyalty; *tro och ~* allegiance
lyft *s* **1** lyftande rörelse *tunga ~* lifting heavy things **2** sport. lift **3** vard., framgång improvement, big step forward, lift
lyfta I *vb tr* **1** lift; höja t.ex. armen, huvudet raise; med ansträngning heave; *~ ankar[et]* weigh anchor; *~ en maska* stickning slip a stitch; *~ bort (undan)* take away; *~ fram* framhäva bring out, emphasize; *~ ned* take (person äv. help)…down; *~ upp* lift (raise)…up; *~ ut* lift (take) out **2** uppbära, t.ex. lön, belopp draw; ta ut från konto withdraw (take out)…from one's account **II** *vb itr* **1** *dimman lyfter* the mist is lifting; *flygplanet lyfter* the plane is taking off (rising); *fåglarna lyfte* the birds flew [away] **2** *~ på hatten* raise one's hat [*för ngn* to a p.]; *~ på locket* lift the lid; *~ på luren* lift (remove) the receiver **III** *vb rfl*, *~ sig* lift oneself up; *~ sig själv i håret* make a superhuman effort, [try to] do the impossible; *ovationer så att taket ville ~ sig* …that nearly brought the roof down
lyftanordning *s* lifting device
lyftkran *s* [lifting] crane
lyftning *s* bildl. *[högre] ~* elevation, inspiration; själslig äv. exaltation
lyhörd *adj* **1** om öra, sinne keen, sharp, sensitive; om pers. …with (who has) a keen (sharp, sensitive) ear; *~ för* tidens krav keenly

alive to (aware of)... **2** om t.ex. bostad *det är lyhört* här you [can] hear every sound...
lykta *s* lantern; gat~, bil~, signallampa o.d. lamp; kulört Chinese lantern
lykthållare *s* på cykel lamp bracket
lyktstolpe *s* lamppost
lymfa *s* anat. lymph
lymfkärl *s* anat. lymphatic [vessel]
lymfkörtel *s* anat. lymphatic gland
lymmel *s* blackguard, scoundrel, villain; svag. rascal
lymmelaktig *adj* blackguardly, scoundrelly, villainous; svag. rascally
lyncha *vb tr* lynch
lynchning *s* lynching
lynchstämning *s* violent feeling of hostility (resentment), great uproar
lynne *s* läggning temperament; sinnelag disposition, äv. temper; sinnesstämning humour, mood; i vissa uttryck (t.ex. återfå sitt goda ~) äv. spirits pl.; jfr *humör* med ex.
lynnesutbrott *s* fit (outburst) of temper
lynnig *adj* temperamental, moody; nyckfull capricious
1 lyra *s* bollkast throw; med slagträ hit; ball thrown (hit) into the air; *en hög ~* a high ball; *ta [en] ~* make a catch, catch
2 lyra *s* mus. lyre
3 lyra, *på ~n* vard., berusad tipsy, tight
lyrik *s* diktning lyric poetry; dikter lyric poems pl., lyrics pl.
lyriker *s* lyric poet
lyrisk *adj* lyric; *en ~ dikt* äv. a lyric; *~ sopran (tenor)* lyrical soprano (tenor); *bli ~ vid tanken på...* grow lyrical (quite poetic[al]) at the thought of...
lysa I *vb tr* o. *vb itr* **1** skina shine; bländande glare; glänsa gleam; om t.ex. juveler glisten, sparkle; om t.ex. stjärnor äv. glitter, twinkle; *det lyser* i fönstret there is a light on...; *~ med en tändsticka* i hörnet light a match in order to see...
2 bildl. *~ av glädje* beam with joy; *~ med sin frånvaro* be conspicuous by one's absence; *~ med sina kunskaper* show off (make a display of) one's learning
3 kungöra *det har lyst för dem* the banns have been published (put up, read) for them
II med beton. part.
*~ **igenom*** om solen shine (om färg show) through; svagheterna *lyser igenom* ...shine through
*~ **in** i* rummet shine into...
*~ **till**, plötsligt lyste det till* i mörkret there was a [sudden] gleam...
*~ **upp**: a)* tr., göra ljus light up; eg. äv. illuminate; bildl. äv. brighten [up] *b)* itr., om ansikte o.d. light up, brighten up [*av* förtjusning with...]; *han lyste upp* his face lit up
lysande *adj* shining; klar bright; om kropp o.d. luminous; bildl. äv. brilliant; strålande radiant; om ögon sparkling; om resultat spectacular; storartad splendid; om framgång äv. dazzling; förnäm distinguished; om namn famous; *~ begåvning* brilliant talent; *~ föredöme (undantag)* shining example (exception)
lysboj *s* sjö. light buoy
lysbomb *s* flare
lyse *s* belysning av bostad o.d. light[ing]; tända *~t* i trappan put on the light...
lysfärg *s* luminous paint
lysgas *s* [coal] gas
lyskraft *s* luminosity, light intensity
lysmask *s* zool. glow-worm
lysning *s* [vanl. the] banns pl.; *~ar* tidningsrubrik, ung. forthcoming marriages; *ta ut ~* ask to have the banns published
lysningspresent *s* ung. wedding present
lysol *s* kem. lysol
lysraket *s* star shell, light flare
lysrör *s* elektr. fluorescent tube (lamp), strip light
lyssna *vb itr* listen [*efter* for; *på (till)* to]; i smyg eavesdrop; *lyssna hos* vard., se *höra [efter]*; *~ på radio* listen [in] to the radio; *~ till ngn* give a p. a hearing, hear a p.
lyssnare *s* listener
lyssnarpost *s* **1** mil. listening post **2** från radiolyssnare letters pl. from listeners
lysten *adj* glupsk greedy [*efter (på)* for, of]; girig covetous [*efter (på)* of]; desirous [*efter (på) att* inf. to inf., of ing-form]
1 lyster *s* glans lustre
2 lyster *vb itr* (pres.), *gör vad dig ~!* do [exactly] what (as) you like (please)!
lystmäte *s*, *få sitt ~ av ngt* have one's fill of..., have as much as one wants of...
lystnad *s* greediness, greed; begär desire; stark. craving [*efter* for]
lystra *vb itr*, *~ till* ngt pay attention to...; order obey...; *~ till namnet* Karo answer to the name of...
lystring *s* mil. *~!* attention [to orders]!
lyte *s* **1** kroppsfel bodily defect, [physical] disability; missbildning deformity, malformation; vanställande *~* disfigurement; skavank blemish, flaw, imperfection **2** brist failing, shortcoming; fel fault; ofullkomlighet imperfection, shortcoming
lyteskomik *s* humour based on people's disabilities
lytt *adj* rörelsehindrad disabled, crippled; lemlästad maimed
lyx *s* luxury, sumptuousness; överdåd extravagance; prakt, ståt magnificence, splendour, richness; *leva i ~* live in the lap of luxury
lyxartik|el *s* luxury; *-lar* luxury goods
lyxbegär *s* craving for luxury (luxuries)
lyxbil *s* expensive (luxury) car
lyxhotell *s* luxury hotel

lyxig *adj* luxurious
lyxkrog *s* luxury (expensive) restaurant
lyxkryssare *s* luxury cruiser
lyxliv *s* life of luxury
lyxskatt *s* tax on luxuries
låda *s* **1** box; större case; med fastsittande lock o. lås chest; plåt~ tin [box]; drag~ drawer; jfr *brevlåda* m.fl.; **en ~** cigarrer a box of... **2** kok. dish au gratin; ansjovis *i* ~ ...au gratin **3 hålla ~** vard. keep on talking [all the time], do all the talking
lådkamera *s* box camera
låg (jfr *lägre I, lägst I*) *adj* low; kort, om t.ex. träd, skorsten äv. short; tarvlig o.d. äv. mean, base; om t.ex. bil el. möbler low-slung; **~a böter** a small (light) fine; flyga *på ~ höjd* ...at a low altitude; **~a priser** low prices; **~a motiv** base motives; **~a odds** short odds; *med ~ röst* in a low voice; **~a toner** low notes
låga I *s* flame äv. bildl.; stark. blaze; fladdrande flare; på gasspis burner; *stå i lågor* be in flames (on fire, ablaze); *stå i ljusan ~* be all ablaze; brinna *med klar ~* ...with a clear flame **II** *vb itr* blaze; bildl. äv. flame; *ett ~nde tal* a fiery...
lågadel *s*, **~n** the lesser (untitled) nobility; i Engl. äv. the gentry pl.
lågavlönad *adj* low-paid
lågenergisamhälle *s* low-energy society
lågfrekvens *s* low frequency
lågfrekvent *adj* attr. low-frequency... äv. fys.; *vara ~* have a low frequency
låghalsad *adj* om kläder low-necked
låghalt *adj, vara ~* have one leg shorter than the other
låghet *s* egenskap meanness, baseness; handling base (mean) act
låginkomsttagare *s* low-income earner
lågklackad *adj* low-heeled
lågkonjunktur *s* depression, recession, slump
lågkyrklig *adj* Low Church
lågland *s* lowland [area]
låglänt *adj* low-lying, lowland...
låglönegrupp *s* low-wage (low-income) group
låglöneyrke *s* low-wage (low-income) occupation
lågmäld *adj* low-voiced; bildl. quiet, unobtrusive
lågoktanig *adj*, **~ bensin** low-octane petrol (amer. gasoline)
lågpris *s* low price; *till ~* at a low price
lågprisvaruhus *s* discount store
lågsinnad *adj* o. **lågsint** *adj* base, mean
lågsko *s* [ordinary] shoe
lågslätt *s* geogr. lowland plain
lågspänning *s* elektr. low tension (voltage)
lågstadielärare *s* junior-level teacher [of 7-10 year-olds at the 'grundskola'], jfr *grundskola*
lågstadium *s* the junior level (department) of the 'grundskola', jfr *grundskola*

lågsvavlig *adj* attr. ...with a low sulphur content, low-sulphur...
lågsäsong *s* low (off, off-peak) season, seasonal lull
lågt (jfr *lägre II, lägst II*) *adv* low; med låg röst äv. in a low voice; viskande under one's breath; *flyga ~* fly low; *vara alltför ~ försäkrad* be under-insured; *ha ~ under (ligga ~ med) huvudet* lie with one's head low; staden *ligger ~* ...stands on low ground; *~ räknat* at a low estimate; solen (termometern) *står ~* ...is low; bildningen *står ~* ...is on a low level
lågtflygande *adj* low-flying
lågtrafik *s, vid ~* at off-peak hours
lågtryck *s* meteor. el. tekn. low pressure; område area of low pressure, depression
lågtstående *adj* om kultur, folk primitive
lågtyska *s* Low German
lågvatten *s* low water; *det är ~* the tide is out
lågvattenmärke *s* low-water mark äv. bildl.
lågväxt *adj* short
lån *s* loan äv. bildl.; försträckning äv. advance; *ta ett ~ på huset* take out a mortgage on the house; ordet *är ett ~ från engelskan* ...has been borrowed from English; *~ mot ränta* loan at interest; *ge ngn ett ~* lend a p. money; *tack för ~et [av boken!]* thank you for lending me the book!; *leva på ~* live by borrowing; *ha ngt till ~s* have a th. as a loan (on loan)
låna I *vb tr* **1** få till låns borrow äv. bildl. el. vid subtraktion [*av* from, of, vid penninglån, vard. off; *från* from; *mot* inteckning o.d., *på* aktier o.d. on...]; *~ på huset* mortgage...; *får jag ~ din telefon?* may I use your telephone? **2** låna ut lend, loan [*åt* to]; *~ sig (sitt namn) till* ngt lend oneself (one's name) to...
II med beton. part.
~ bort se *~ ut*
~ ihop get...together by borrowing
~ upp ett belopp raise...by borrowing, borrow...
~ ut lend [*mot* ränta at...]; se äv. *utlånad*
låneansökan *s* loan application, application for a loan
lånebibliotek *s* lending-library
lånedisk *s* på bibliotek issuing counter
lånekort *s* bibliot. library ticket
låneköp *s* hire-purchase
låneränta *s* lending rate
lånerörelse *s* loan (lending) business
lång (jfr *längre I, längst I*) *adj* **1** allm. long; långvarig äv. prolonged, protracted (jfr äv. *långvarig*); väl lång, om muntlig el. skriftlig framställning lengthy; *du har inte ~ tid på dig* you haven't got much time; *hur ~ tid* tar det? how long...?; *det tog ~ tid* it took a long time; *inte på ~a vägar* nowhere near, not by a long shot; se äv. under *väg* m.fl. **2** lång till växten, reslig tall; *~ och gänglig* lanky

långa s zool. ling
långbent adj long-legged
långboll s sport. **1** spel, ung. rounders sg.
2 långspark long kick; långkast long throw; i t.ex. tennis [long] rally
långbord s long table
långbyxor s pl long trousers (amer. pants)
långbänk s, *dra* en fråga *i* ~ discuss...endlessly (interminably)
långdans s, *dansa* ~ *genom rummen* dance hand in hand in a long row through the rooms
långdistanslöpare s sport. long-distance runner
långdistanslöpning s sport. long-distance run (löpande running)
långdragen adj som drar ut på tiden protracted, lengthy; långtråkig tedious
långfilm s long (feature) film
långfinger s middle finger
långfingrad adj o. **långfingrig** adj eg. long-fingered; vard., tjuvaktig light-fingered
långfranska s white loaf
långfredag s, ~*[en]* Good Friday
långfärdsbuss s [motor] coach; i USA äv. Greyhound [bus]
långfärdsskridskor s pl long-distance skates
långgrund adj shallow
långhelg s long weekend
långhårig adj om djur, vanl. long-haired; *han är* ~ he has long hair; ovårdad el. oklippt his hair is too long
långivare s lender, granter of a (resp. the) loan
långkalsonger s pl long [under]pants
långkok s, *ett* ~ a dish that requires slow cooking
långkörare s, filmen *har blivit en* ~ ...has had a [very] long run
långlivad adj som lever länge long-lived; ...*blir inte* ~ varar inte länge ...won't last long; stannar inte länge ...won't stay long
långläxa s skol. assignment
långmjölk s ropy milk, fermented viscous milk
långpanna s roasting pan
långpendlare s ung. long-distance commuter
långpromenad s long walk
långrandig adj bildl. long-winded, prolix
långresa s long journey (sjöresa voyage)
långrev s fiske. long line
långsam adj slow; senfärdig, dröjande äv. tardy; maklig äv. leisurely; gradvis gradual; långtråkig boring, tedious; ~ *puls* sluggish (low) pulse
långsamhet s slowness
långsamt adv slowly; ibl. äv. slow; småningom gradually, by slow degrees; långtråkigt boringly, tediously; ~ *verkande gift* slow poison; *det går* ~ it is a slow business; *det går* ~ *för honom att lära sig* engelska he is very slow in learning...
långsida s long side
långsides adv, ~ *[med]* alongside

långsiktig adj long-term..., long-range...
långsint adj, *han är* ~ he doesn't forget things (forgive) easily, he is always bringing up the past
långsjal s **1** halsduk muffler, long scarf **2** vard., tusenlapp one-thousand-krona note; motsv. tusen dollar (pund) grand
långskepp s i kyrka nave
långskjutande adj long-range...
långskott s sport. long shot
långsluttande adj gently sloping
långsmal adj long [and] narrow
långstrumpa s stocking
långsträckt adj elongated, long
långsynt adj optik. long-sighted
långsökt adj far-fetched
långt (jfr *längre II, längst II) adv* i rumsbet. far; om sträcka, isht i jak. sats vanl. a long way (distance); i tidsbet. vanl. long (jfr *länge*); *gå* ~ eg. walk a long way (distance); i livet go far, get on, go places; *nej, nu går det för* ~*!* this is (that's) too much (a bit thick, the limit)!; *det gick så* ~ *att...* things came to such a pass that...; *han kommer att gå* ~ he will go far; *så* ~ *ögat når* as far as the eye can reach; *så här* ~ *är allt gott och väl* so far so good; ~ *borta* far away (off); *vi har* ~ *dit (hem)* we have a long way [to go to get] there (home); *han ligger* ~ *före de andra* he's way ahead of the others; ~ *ifrån* huset far from...; ~ *ifrån målet* wide of the mark; huset är ~ *ifrån (inte på* ~ *när) färdigt* ...far from (nowhere near) [being] completed; ~ *inne (~ in) i* skogen a long way (far, well) into...; ~ *inne i* lådan at the back of...; ~ *inne (till ~ in) i* april late in (till late in)...; ~ *till* ~ *in på* 1500-talet till well into...; *det är* ~ *mellan hans besök* his visits are few and far between; ~ *ned* far down; *vi har* ~ *till (bor* ~ *ifrån) närmaste...* we live a long way from the nearest...; *det är* ~ *till* jul it is a long time to...; *det är inte* ~ *till jul* Christmas is not far off; ~ *bättre* far (mycket much, a good deal) better; *han är* ~ *över* 70 år he is well over...
långtgående adj far-reaching; ~ *eftergifter* generous (considerable) concessions
långtidsanställning s long-term employment, employment on a long-term basis
långtidsparkering s long-stay (long-term) parking (område car park)
långtidsprognos s meteor. long-range forecast
långtifrån se *långt [ifrån]*
långtradarchaufför s truck-driver; amer. äv. trucker, teamster
långtradare s lastbil long-distance lorry (truck); vard. juggernaut
långtråkig adj very tedious, boring; *det är* ~*t* äv. it's a [crashing] bore
långtur s long tour (trip)
långvarig adj allm. long; långt utdragen äv.

långvåg

prolonged, protracted; om t.ex. sjukdom äv. lingering; **~t lidande (regnande)** a long period of suffering (rain); **hans anställning blev inte ~** he did not keep the post (position) very long
långvåg *s* long wave; jfr *kortvåg* ex.
långvågig *adj* fys. long-wave...
långvård *s* long-term care (treatment)
långvårdsavdelning *s* på sjukhus ward for long-term (long-stay) patients
långväga I *adj*, **~ gäster** guests from a long way away, guests who have (resp. had) a long way to go **II** *adv*, komma **~ ifrån** ...from far away
långärmad *adj* long-sleeved
långörad *adj* long-eared; attr. äv. ...having long ears
lånord *s* loan word
låntagare *s* borrower
1 lår *s* låda large box; pack~ [packing-]case
2 lår *s* anat. thigh; av slaktdjur leg
lårben *s* thighbone, femur
lårbensbrott *s* fractured thigh[bone]
lårbenshals *s* neck of the femur
lås *s* lock; häng~ padlock; på väska, armband o.d. clasp; i rörledning trap; **sätta ~ för** padlock; dörren **gick i ~** ...locked itself; **gå väl i ~** bildl. go without a hitch, go off all right; **inom ~ och bom** under lock and key; **hänga på ~et** vard. be at a shop (box-office etc.) just when it opens
låsa I *vb tr* lock äv. friare; med hänglås padlock; väska, armband o.d. clasp, fasten; **~ [dörren] efter sig** lock the door, lock up; **hon har låst om sig** she has locked herself in; **ha pengarna låsta** have one's money locked up **II** *vb rfl*, **~ sig:** hjulen **låste sig** ...got locked; förhandlingarna **låste sig** ...reached a deadlock
III med beton. part.
~ igen se *låsa*
~ in lock...up (in) [*i* in]
~ sig inne lock oneself in
~ upp unlock
~ sig ute lock oneself out
låsanordning *s* locking device; lås lock
låsbar *adj* lockable
låskolv *s* bolt
låsningsfri *adj* bil. **~a bromsar** antilock brakes
låssa o. **låssas** se *låtsas*
låssmed *s* locksmith
låt *s* tune, song
1 låta *vb itr* ljuda, verka sound [*som* like]; **han låter arg (arg på rösten)** he (his voice) sounds angry; **hur låter citatet (melodin)?** how does the quotation read (the melody go)?; **det låter** verkar **bra** that sounds fine, that makes sense; **det låter bättre** that's more like it, now you're talking; **'pang' lät**

det there was a bang (a banging sound); **det låter (låter på honom) som om** han skulle få platsen it seems (from what he says it seems) as if...; **ja, så ska det ~!** bildl. that's the spirit!, that's more like it!
2 låta *hjälpvb* a) tillåta let, allow, permit b) laga att get, make, have, cause, order; för konstr., se ex. nedan samt *[låta] bli (höra)*; **~ ngn göra ngt** göra ngt a) inte hindra let a p...; tillåta allow (ge ngn permit, överlåta åt leave) a p. to... b) laga att get a p. to...; förmå make a p....; be ask (säga till tell, beordra order) a p. to...; **~ göra ngt** have (get) a th. done (tillverkat made); föranstalta cause a th. to be done; ge order om order (give orders for) a th. to be done; **låt oss göra det!** let's do it!; **jag kan (vill) inte ~ honom göra det** äv. I can't (won't) have him doing that
~ arrestera ngn have a p. arrested; **låt[om] oss bedja** let us pray; **han lät bygga** ett hus he had...built; **~ ngt bli en vana** make a th. a habit (a habit of a th.); **~ ngn [få] känna** att make (let) a p. feel...; **~ ngn [få] veta** let a p. know; **~ ngn förstå** att give a p. to understand...; **låt det gå fort!** be quick about it!, make it snappy!; **~ ngt gå vidare** pass...on; **~ ngt ligga (vara** etc.**) där det ligger (är** etc.**)** leave a th. where it is; **han lät meddela** att he sent word (a message [to say])...; **~ dörren stå öppen** leave...open; **låt det vara!** strunta i det don't bother!; **~ ngn (ngt) vara [i fred]** let (leave)...alone (be); **låt vara att han är rik, men...** he may be rich but...
det låter sig göra[s] (göra sig) it can be done; **låt dig inte nedslås av det** don't let it bother (depress) you (get you down); **~ sig nöja (nöja sig) med** be content with; **~ sig väl smaka** eat with a hearty appetite; **han låter inte övertala sig** he is not to be persuaded, he won't [let himself] be persuaded
låtande se under *görande*
låtgåsystem *s* laissez-faire
låtsa se *låtsas*
låtsad *adj* pretended, feigned, assumed, affected, simulated; hycklad, fingerad sham...
låtsas I *vb dep* pretend [*som om* that]; tr. äv. feign, affect; spela simulate; **~ som om...** äv. make [a show] as if...; **hon ~ bara** she is only pretending (shamming); **~ vara sjuk** pretend to be ill; **låt oss ~ att vi** är rövare let's pretend (make believe that) we...; **~ som (om) ingenting** behave (se ut look) as if nothing had happened; **han låtsades inte om att...** he didn't show (nämnde inte let on) that...; **inte ~** bry sig **om** ngn (ngt) take no notice of..., ignore... **II** *s*, göra ngt **på ~** be pretending to...; **det är bara på ~** I'm (we're etc.) only pretending
låtsaskrig *s* phoney war

låtsaslek s [game of] make-believe
lä s lee; skydd mot vinden shelter; sitta *i* ~ ...on the lee side (the leeward); *i* ~ *för* vinden sheltered from...; *i* ~ *om* to [the] leeward of; *där ligger du nog i* ~ bildl. that puts you in the shade, doesn't it
läck adj leaky; *vara* ~ äv. leak; *springa* ~ spring a leak
läck|a I s leak; bildl. äv. leakage **II** vb itr leak; vara otät (om båt) äv. make water; rinna ut äv. run out; *det -er* någonstans there is a leak...; *det -er från (ur)* tanken ...is leaking; ~ sippra *in* leak in; ~ *ut* leak out äv. bildl.; om t.ex. gas äv. escape **III** vb tr leak; *han har -t upplysningar* he has leaked information
läckage s leakage
läcker adj delicious; utsökt (om t.ex. färg) exquisite; piffig dainty; snygg nice, pretty; vard., toppen great, the tops, smashing
läckerbit s titbit äv. bildl.; dainty
läckergom se *gourmand*
läckerhet s konkr. delicacy, dainty
läder s leather; väska *av* ~ äv. leather...
läderartad adj leather-like; isht seg leathery; bot. coriaceous
läderfåtölj s leather-upholstered armchair
läderhud s anat. cutis, derm
läderimitation s konkr. imitation leather, leatherette
läderlapp s zool. bat; *Läderlappen* operett Die Fledermaus ty.; seriefigur Batman
lädersula s leather sole
lädervaror s pl leather goods (manufactures)
läge s allm. situation äv. bildl.; position; plats site, location; i förhållande till väderstreck aspect, exposure; röst~ pitch; tillstånd state, conditions pl.; *geografiskt* ~ geographical position; *det blev inte* ~ *för mig att*... I never got an opportunity (a chance) to...; *hur är ~t?* vard. how's things (tricks)?, what's the score?; *som ~t nu är* as the situation is now, as matters now stand; *ligga i* ~ i spel be in position; *i dagens* ~ in the present situation, under present conditions, as things are (matters stand) now
lägel s bibl. bottle; vinlägel wineskin; *nytt vin i gamla läglar* new wine in old bottles
lägenhet s **1** våning flat; isht större el. amer. apartment; *en* ~ *på* tre rum *och kök* a flat etc. containing...and a kitchen **2** transportmöjlighet means (pl. lika) of transport; förbindelse communication **3** *efter råd och* ~ according to one's means
läg|er s **1** tält~ o.d. camp äv. bildl.; *slå* ~ pitch [one's] camp; friare camp; *ligga i* ~ camp; *dela sig i två* ~ bildl. split into two camps (parties); *stå med en fot i vardera -ret* bildl. have a foot in both camps; *det blev oro i -ret* bildl. everybody got upset; *vara på* ~ be in a camp **2** bädd bed; djurs lair
lägerbål s o. **lägereld** s camp fire

lägerliv s camp life; *[leva]* ~ friluftsliv [be] camping
lägerplats s camping ground, camping site
lägerskola s camp school
lägesrapport s progress report, report of the situation; *en* ~ *från matchen* a report on how the match is going
1 lägg s på kalv: fram~ fore knuckle, bak~ hind knuckle; på oxe shin; på svin: fram~ hand, bak~ knuckle
2 lägg s pappers~ el. tidnings~ file
lägga I vb tr **1** placera: allm. put; större föremål äv. place; isht i liggande ställning lay; lägga till sängs put...to bed; bereda sängplats för put...to sleep; mots. resa (om saker) lay (place) flat (horizontal[ly]); anbringa (t.ex. förband) apply; ordna (t.ex. i bokstavsordning) arrange; låta ligga, förvara keep; lämna leave; göra (t.ex. ett snitt) make; planera plan; patiens play; tvätt till mangling fold; ~ *ett brev på* brevlådan put (drop) a letter in[to]...; ~ *ansvaret (skulden) på* ngn lay the responsibility (blame) on...; ~ *en duk på* ett bord lay (breda spread) a cloth on...; ~ *pengar på* ngt spend money on...; *lagt kort ligger* you can't take it back; bildl. äv. what's done is done; ~ *ägg* lay eggs **2** fackspr.: t.ex. golv lay; t.ex. vägar lay down, construct
II vb rfl, ~ *sig* **1** i eg. bet. (äv. ~ *sig ned)* lie down; gå till sängs go to bed; om sjuk take to one's bed; placera sig (t.ex. i bakhåll) place oneself; ramla fall; om säd be flattened; lägra sig (om t.ex. damm, dimma) settle; om sak, hamna land; sport.: boxn. o.d. take a dive; om lag throw the (resp. a) game; ~ *sig att vila på* en bänk lie down [to rest] on...; ~ *sig i* rätt fil get into...; ~ *sig på knä* go down on one's knees; ~ vända *sig på sidan* turn on one's side **2** avta (om storm o.d.) abate, subside; gå över pass off; om svullnad go down **3** frysa: om vattendrag freeze over; om is freeze
III med beton. part.
~ **an på** a) ngt make a point of..., go in for... b) ngn make up to..., make a dead set at... c) att inf. make a point of ing-form; go in for ing-form
~ **av:** a) spara, reservera put (lay) aside (by), set apart; ej mera begagna (om kläder) leave off, discard b) vard., upphöra, sluta upp pack it in, call it a day; *lägg av!* sluta med det där! stop it (that)!, cut it out!
~ **bort** ifrån sig put down (aside); undan put away; förlägga mislay; sluta med drop, give up
~ **emellan** betala mellanskillnaden give...into the bargain
~ **fram: a)** ta fram put out [*ngt åt ngn* a th. for a p.]; till påseende display **b)** bildl.: redogöra för (t.ex. planer, åsikter) put forward, propound; utveckla (t.ex. idéer) set out; presentera: t.ex. förslag, uppsats submit [*för* ngn

lägga

to...]; lagförslag present; förete (t.ex. bevis) produce, adduce; offentliggöra publish ~ **för** servera serve [out], dish out [*ngn* to a p.]; ~ **för ngn** köttet help a p. to... ~ **i** put in; tillsätta add; bifoga enclose; ~ *i ngt i...* put a th. in[to]...; tillsätta add a th. to...; bifoga enclose a th. in...; ~ *i* en växel engage...; ~ *i ettan[s växel]* äv. put the (resp. a) car in first [gear]; ~ *sig i* bildl., se *blanda [sig i]*; **lägg dig inte i det här** don't interfere, mind your own business
~ **ifrån sig** put...down [*på* bordet on...]; undan, bort put away (aside); lämna kvar leave [...behind]; förlägga mislay
~ **ihop** put (piece)...together; sammanslå äv. join; plocka ihop äv. collect; vika ihop fold [up]; tillsluta shut; addera ihop add up; ~ *ihop till* en present club together to buy...
~ **in a)** stoppa o.d. in put...in; slå in wrap up; infoga put in, insert; t.ex. ngt i ett program introduce; bifoga (t.ex. i brev) enclose; installera (t.ex. gas) lay on, install; anbringa (t.ex. parkettgolv) put down; sömnad. take in; vard., äta put away...; ~ *in ngt i* en ask put (emballera pack) a th. in[to]...; ~ *in* känsla *i ngt* put...into a th.; ~ *in ngn på* sjukhus send (remove, admit) a p. to... **b)** konservera: allm. preserve; på glasburk bottle; på bleckburk can, tin; i salt, ättika etc. pickle **c)** inkomma med (t.ex. protest) enter, lodge; ~ *in [ansökan] hos ngn om ngt* apply to a p. for a th.; ~ *in om* anstånd put in for...
~ **kvar** leave; oavsiktligt leave...behind
~ **ned: a)** eg. put (i liggande ställning lay)...down; ~ från sig put (lay) down; packa ned pack; gräva ned (t.ex. ledning) lay; sömnad. let down; ~ *ned en krans* på en grav lay a wreath... **b)** upphöra med (t.ex. verksamhet) discontinue; inställa (t.ex. drift, järnvägslinje) shut down; stänga (t.ex. fabrik) close [down]; ej fullfölja (t.ex. process) withdraw; teaterpjäs take off; tidning discontinue **c)** använda, offra (t.ex. pengar, möda, tid) spend, expend [*på ngt (på att* inf.*)* on a th. (in ing-form)]; ~ *ned pengar i* ett företag put money into (invest money in)... **d)** jakt., döda bring down
~ **om: a)** förbinda bandage; sår dress; ~ *om* ett papper *[om ngt]* put (wrap)...round [a th.]. **b)** ändra change, alter; ordna om rearrange; omorganisera reorganize; ~ *om produktionen till...* switch over production to...; ~ *om rodret* shift the helm; ~ *om trafiken* divert [the] traffic **c)** förnya renew; ~ *om* ett förband: byta change (renew)...; lägga på annat sätt apply...in a different way
~ **på: a)** eg. put on; t.ex. förband äv. apply [*på* to]; t.ex. färg äv. lay on; t.ex. te put in; tillsätta add; posta post; amer. mail; ~ *på en duk på bordet* put (breda spread) a cloth on...; ~ *på [luren]* tele. hang up, ring off, put the receiver back **b)** pålägga: t.ex. skatter impose

[*på* ngn (ngt) on...]; t.ex. straff inflict; ~ *på ngn* arbete, ansvar saddle a p. with... **c)** öka ~ *på* tio kronor *på priset (på varorna)* raise the price (the price of the goods) by...; ~ *på* 10% *på räkningen* put an extra...on the bill ~ **till: a)** tr.: tillfoga add; bidra med contribute **b)** rfl ~ *sig till med* skaffa sig: t.ex. glasögon begin to wear; t.ex. skägg grow; t.ex. bil buy oneself; t.ex. vanor, åsikter adopt; lägga beslag på appropriate; vard. pinch **c)** itr., sjö.: förtöja berth [*vid* at]; landa land; anlöpa call [*vid* at]
~ **undan** lägga bort o. reservera put aside; plocka undan put away; spara put away, lay aside (by); ~ *undan till* en bil save up for...
~ **under sig** subdue, subjugate; erövra conquer; slå under sig monopolize
~ **upp: a)** placera put...up [*på* hyllan on...] **b)** visa (t.ex. kort, pengar) put down **c)** kok. dish up **d)** sömnad.: korta shorten; vika upp tuck up; stickning o.d.: maskor cast on; till plagg set up **e)** ~ *upp* håret *[på spolar]* set...on rollers **f)** magasinera, förråd o.d. lay up (in); ~ *upp* en båt lay...up **g)** planlägga: t.ex. arbete organize, plan; t.ex. program arrange, draw up; t.ex. kortregister make [out]; ~ *upp ett konto (ett lån)* open an account (issue a loan) **h)** sluta, dra sig tillbaka finish, quit äv. sport.
~ **ur** växeln put...into neutral
~ **ut: a)** eg. lay (placera put)...out; breda ut äv. spread [*på* golvet on...] **b)** sömnad. let out **c)** pengar: ge ut spend, pay out; betala pay [*för* ngt (ngn) for...]; jag kan ~ *ut för dig* ...pay [the money] for you **d)** förklara interpret, expound **e)** bli tjockare fill out, put on weight **f)** sjö. ~ *ut [ifrån* land*]* put out (off) [from...] **g)** arbete farm out

läggdags se *sängdags*

läggning *s* **1** karaktär disposition; sinnelag temperament; fallenhet bent, turn [*för, åt* for]; *han är* religiös *till sin* ~ he is...by nature (disposition) **2** av hår setting

läggningsvätska *s* setting lotion

läglig *adj* opportune, timely; passande convenient [*för* ngn for...]; *vid ~t tillfälle* at an opportune moment; när det passar dig (er) ...at your convenience

lägligt *adv* opportunely; passande conveniently; du kommer ~ vanl. ...at the right time

lägra I *vb rfl*, ~ *sig* slå läger camp; slå sig ned lie (sit) down; utbreda sig (om t.ex. dimma) settle [*över* [up]on] **II** *vb tr* åld. lie with

lägre I *adj* allm. lower osv., jfr *låg*; i rang o.d. äv. inferior [*än* to]; ~ *drifter* baser instincts; *en* ~ *officer* a low[er]-ranking officer; *en* ~ *tjänsteman* a subordinate (low[er]-grade) official; på kontor a junior clerk **II** *adv* lower; *gå* ~ sänka priset go lower; *hänga* tavlan ~ hang...lower [down]; ~ *stående djur* lower animals

lägst I *adj* lowest osv., jfr *låg;* attr. om antal, fart m.m. äv. minimum; notera ~*a möjliga pris* ...the lowest possible (the minimum, the rock-bottom) price; *på* ~*a växeln* on the lowest gear **II** *adv* lowest; man måste räkna med ~ *500 kronor* ...500 kronor at the lowest; när aktierna *står [som]* ~ ...are at their lowest; jfr *lågt*
lägstbjudande *adj, den* ~ subst. adj. the lowest bidder
läka *vb tr* o. *vb itr* heal; såret *är illa läkt* ...has healed badly; ~ *igen (ihop)* heal up (over); ~ *ut* heal completely
läkande *adj* healing; t.ex. verkan äv. curative
läkararvode *s* doctor's fee
läkarbehandling *s* medical treatment
läkarbok *s* medical book
läkare *s* allm. doctor; vard. medico; mera högtidl. physician; tjänste~ medical officer; kirurg surgeon; *allmänt praktiserande* ~ general practitioner; *gå till (söka)* ~ *för* ngt see (consult) a doctor about...
läkarhjälp *s* medical attention; *tillkalla* ~ call for (consult) a doctor
läkarhus *s* medical (health) centre
läkarintyg *s* doctor's certificate
läkarkår *s* body of physicians; ~*en* the medical profession
läkarmottagning *s* **1** lokal surgery; amer. office; läkarhus medical (health) centre **2** tid surgery (t.ex. psykiaters office, consulting) hours amer., pl.
läkarsekreterare *s* medical (doctor's) secretary
läkarstation *s* medical health (reception) centre
läkarundersökning *s* medical examination (check-up)
läkarvård *s* medical attendance (care, attention); *fri* ~ free medical treatment
läkas *vb itr dep* heal, ~ ihop heal up; såret *läktes av sig självt* ...healed itself
läkekonst *s* medicine
läkemedel *s* medicine, pharmaceutical (medical, medicinal) preparation (product), drug, medicament; botemedel remedy
läkemedelsindustri *s* pharmaceutical industry
läkemedelsmissbruk *s* abuse of medicines (pharmaceutical preparations)
läkkött *s,* **bra** ~ flesh that heals readily
läkning *s* healing
läktare *s* inomhus gallery; utomhus platform; åskådar~ [grand]stand; *[den] kungliga* ~*n* the Royal Stand
läktarvåld *s* ung. [football] hooliganism
läm *s* att fälla ned flap
lämmel *s* zool. lemming
lämmeltåg *s* lemming migration; bildl. general exodus
lämna I *vb tr* **1** bege sig ifrån, låta vara, kvarlämna, efterlämna leave; överge: allm. abandon; förlöpa äv. desert; ge upp give up, relinquish; dra sig tillbaka från (t.ex. sin tjänst, politiken) retire from; ~ sluta *sitt arbete* leave (isht amer. quit) one's job; det har inte ~*t något spår [efter sig]* ...left any trace [behind it]; *låt oss* ~ *ämnet* let's leave (drop) the subject; ~ *ngn i sticket* leave a p. in the lurch **2** ge: allm. give; låta ngn få äv. let...have; överräcka äv. hand; bevilja, t.ex. kredit, rabatt äv. grant, allow; komma med äv.: t.ex. förklaring offer, present; t.ex. anbud make; tillhandahålla äv.: t.ex. upplysningar provide, furnish; t.ex. hjälp afford, render; t.ex. varor supply; inlämna hand (take, skicka send) in; avlämna deliver; överlämna hand...over, relinquish; avkasta, inbringa yield; ~ *ngt till ngn* ge give (överlämna hand over) a th. to a p.; låta få let a p. have a th.; komma med bring a p. a th.; gå med take a th. to a p.; ~ *svar* give an answer; jag måste ~ *[in] min kostym på kemtvätt* ...have my suit cleaned, ...take my suit to the cleaners **II** med beton. part.
~ **av** t.ex. varor deliver; passagerare drop, set down; mil. hand over
~ **bakom sig** leave...behind; bildl. äv. outgrow; distansera outdistance
~ **bort** lämna ifrån sig give away; skicka bort send out; ~ *bort* ett barn, t.ex. f. adoption give up; ~ *bort tvätten* send one's washing to a (resp. the) laundry
~ **efter sig** efterlämna leave; vid löpning o.d. leave...behind; se vid. *efterlämna*
~ **fram** överlämna hand over; avlämna äv. deliver
~ **ifrån sig** ge ifrån sig hand over; avhända sig, skiljas från part with; till förvaring leave; avträda surrender
~ **igen** se *lämna tillbaka*
~ **in**: a) allm. hand (take) in, skicka send in; inkomma med äv. present, submit; t.ex. skrivelse, skolskrivning give in; till förvaring leave b) vard., dra sig ur, ge upp pack it in; dö kick the bucket, hand in one's chips; gå sönder conk out
~ **kvar** ngt leave...; oavsiktligt leave...behind
~ **tillbaka** return; ngt lånat äv. give back; t.ex. skolskrivning hand back
~ **ut** t.ex. paket hand out; t.ex. varor deliver; från förråd o.d. issue; medicin dispense; dela ut distribute; ~ *ut* ngt *till ngn* äv. hand...over to a p.; jfr *utlämna*
~ **över** ledarskap o.d. hand over; se vid. *överlämna*
lämning *s* arkeol. el. vetensk. relic, survival [*från of*]; ~*ar* konkr. remains [*av, efter of*]
lämpa I *s,* **lämpor** gentle persuasion sg.; *använda lämpor för att få ngn att* inf. coax a p. into ing-form **II** *vb tr* **1** anpassa adapt; rätta accommodate; avpassa suit [*efter* i samtl. fall to] **2** sjö., omstuva trim; hiva heave; flytta move

lämpad

III *vb rfl*, ~ *sig* passa be convenient; ~ *sig för* ngt be suited for...
lämpad *adj*, *vara* ~ *för* a) vara anpassad för be suited (suitable, adapted) for b) ha fallenhet för be suited (fitted, cut out) for
lämplig *adj* passande; allm. suitable; t.ex. behandling äv. appropriate; t.ex. uttryck äv. fitting; antagbar eligible; lagom (t.ex. ersättning) adequate; rätt, tillbörlig proper, fit; rådlig advisable; pred. äv. expedient; läglig opportune, convenient; *vid ~t tillfälle* at a suitable (convenient) opportunity; gör som du *finner ~t* ...think fit; *det ~aste* (bästa) vore att the best thing [to do]...
lämpligen *adv*, *det görs* ~ så här it should be done..., it is best done...
lämplighet *s* (jfr *lämplig*) suitability; appropriateness; fitness; advisability, convenience; *hans* ~ *för* arbetet his fitness for...
lämplighetsintyg *s* för körkort certificate of fitness [to drive]
län *s* eng. motsv. ung. county
länd *s* anat. el. vet. med. loin; på djur äv. hindquarters pl.; friare back
lända *vb itr*, ~ *till* ngt lead to...; ~ *ngn till* heder redound to a p.'s...
länga *s* rad row, range
längd *s* **1** allm. length; kropps~, höjd height; kropps~ äv. stature, tallness; utförlighet lengthiness; fonet. äv. quantity; vete~, ung. flat long-shaped bun, fläta, ung. [long] bun plait; *två ~er* tyg two lengths of...; *resa sig (sträcka ut sig) i hela sin* ~ draw oneself up to one's full height (stretch oneself out full length); *i ~en* in the end (the long run); med tiden in the course of time; hur länge som helst indefinitely; *vinna med två ~er* win by two lengths; *skära (mäta) ngt på ~en* cut a th. lengthwise (measure the length of a th.); den är en meter *på ~en* ...long (in length) **2** geogr., se *longitud* **3** se *längdhopp* **4** lista register, list; regent~ table
längdaxel *s* geogr. longitudinal axis
längddykning *s* sport. underwater [distance] swimming
längdenhet *s* unit of length
längdhopp *s* sport. long jump (hoppning jumping); *stående* ~ standing long jump
längdhoppare *s* sport. long jumper
längdmått *s* long (linear) measure, measure of length
längdriktning, *i ~en* lengthways, lengthwise, in the longitudinal direction
längdåkning *s* cross-country skiing (lopp race)
längdåkningsskida *s* cross-country ski
länge (jfr *längre II*, *längst II*) *adv* long (isht i nek. o. fråg. satser); [for] a long time (isht i jak. satser); *gå* ~ om t.ex. film have a long run, be on for a long time; hon kunde aldrig *sitta stilla* ~ ...sit still for long; *sitta uppe* ~ sit up late; *sova* ~ sleep late; jag har väntat *[både]* ~ *och väl* ...quite a while; *tillräckligt* ~ long enough; *hur ~...?* how long...?; *hur* ~ *är det sedan han for?* how long ago did he leave?; *hur* ~ *till stannar du?* how much longer are you going to stay?; jag har bott här *lika* ~ *som du* ...just as long as you [have]; *[inte] på* ~ [not] for a long time; *så* ~ så lång tid (adv.) [for] so long, [for] such a long time; var har du varit *så ~?* ...all this time?; jag väntar här *så* ~ ...in the meantime; *sitt ner så ~!* take a seat while you wait!; *ta det här så ~!* take this just for now!; *än[nu] så* ~ har ingenting hänt so far (up to now)...; *så* ~ *[som]* konj. as long as; medan ännu while
för ~ *sedan* a long time ago; *för inte [så]* ~ *sedan* not [so (very)] long ago; *det är* ~ *sedan* it is a long time ago; *det är* ~ *(inte ~) sedan* han for it is a long time (not long) since...; middagen *är färdig för* ~ *sedan* ...has been ready for a long time; *det var* ~ *sedan vi sågs!* it's a long time since we met (saw each other)!; vard. long time no see!
längre I *adj* longer osv., jfr *lång 1-2*; *göra* ~ äv. lengthen; *en* ~ ganska lång *promenad* a longish (rather long) walk; jag har nu varit här *en* ~ *tid* ...for quite a long (for a considerable) time; jag kan inte stanna *någon* ~ *tid* ...for very long **II** *adv* further äv. friare; farther (vanl. end. om avstånd); i tidsbet. vanl. longer; *man kan inte komma* ~ för vägen är spärrad you can't get any further...; *stanna litet ~!* please (do) stay a little longer!; åka *en hållplats* ~ ...a stop farther (further); *han är inte lärare* ~ he is not a teacher any more; ~ *fram* om tid later on; ~ *tillbaka* i rums- o. tidsbet. further back
längs *prep* o. *adv*, *[efter]* el. ~ *med* along; sjö., längs utmed alongside; ~ *hela kusten* all along the coast
längst I *adj* longest osv., jfr *lång 1-2; i det ~a* så länge som möjligt as long as possible; in i det sista to the very last; *hoppas i det ~a* hope against hope **II** *adv* i rumsbet. vanl. furthest äv. friare; farthest; ända right, jfr ex.; i tidsbet. vanl. longest; ~ längsta tiden *bodde jag i...* most of the time I stayed...; *jag har* ~ *att gå* I have the longest way to go; *vara (räcka)* ~ last longest; ~ *bort[a]* furthest away; ~ *fram [i salen]* at the very front [of the hall]; ~ *i väster* farthest west; ~ *nere (ned) i* kofferten *(på* sidan*)* at the very bottom of...; ~ *nere (ned) vid* dörren right down by...; stå ~ *till höger* ...furthest to the right, ...at the extreme right; ~ *ute på* udden right out on...
längta *vb itr* long, stark. yearn [*efter* ngt for a thing; *efter att* inf. to inf.]; ~ *efter* sakna miss; ~ *efter att ngn skall komma* be longing for a p. to come; ~ *till* Italien long to go to (få vara i be in)...; ~ *till sommaren* long for

summer to come; ~ **bort** long to get (go) away; ~ **hem** ha hemlängtan long for home, be homesick; ~ **tillbaka [till]** long to return [to]; önska sig tillbaka wish one was (were) back [in]
längtan s longing; stark. yearning [*efter, till* for]
längtande adj o. **längtansfull** adj longing; stark. yearning; t.ex. blick äv. wistful
länk s **1** led link äv. bildl. **2** kedja chain **3** hår~ strand
länka vb tr **1** ~ *fast* chain, chain...up; ~ *ihop (samman)* link...together **2** leda guide
läns adj eg. dry, free from water; *pumpa (ösa)* en båt ~ pump...dry (bail out...)
1 länsa vb tr **1** se *[pumpa (ösa)]* läns **2** tömma empty; göra rent hus i äv. clear out; uttömma drain [*på* i samtl. fall of]; göra slut på make a clean sweep of
2 länsa vb itr sjö. ~ *[undan] för vinden* run before the wind; i storm scud
länsarbetsnämnd s ung. county labour board
länspolischef s ung. county police commissioner
länsrätt s ung. county administrative court
länsstyrelse s myndighet county administrative board
länstol s armchair, easy chair
länsväg s ung. county (second-class) road
läpp s lip; *falla ngn på ~en* be to a p.'s taste; *ha* ordet *på ~arna* have...on the tip of one's tongue; *vara på allas ~ar* be on everybody's lips (tongue)
läppavläsning s lip-reading
läppglans s lip gloss
läppja vb itr, ~ *på* dryck sip [at]...; bildl. dip into...
läppstift s lipstick
lär *hjälpvb* (pres.) **1** sägs o.d. *han ~ sjunga bra* they say he sings well, he is said (förmodas is supposed) to sing well **2** torde *det ~ inte vara så lätt att...* it is probably not very easy to..., it is not likely to be very easy...; *han ~ vara den ende som...* he is probably the only one who...
lära I s **1** vetenskapsgren science; teori[er] theory, theories pl.; lärosats doctrine, tenet; tro faith; förkunnelse teachings pl.; *den rätta ~n* the true faith **2** *gå (komma, vara) i ~ hos ngn* be apprenticed to a p.
II vb tr **1** lära andra, undervisa teach; undervisa äv. instruct; ~ *ngn [att] simma* teach a p. to swim, instruct a p. in swimming; *jag skall ~ dig, jag!* I'll teach you! **2** lära sig learn; *man lär så länge man lever* we live and learn; jfr vid. III samt *[lära] känna*
III vb rfl, ~ *sig* learn; tillägna sig äv. acquire; snabbt el. isht ifråga om dålig vana o.d. pick up [*ngt av ngn* i samtl. fall a th. from a p.]; *få ~ sig* learn [*av ngn* from a p.]; undervisas be taught [*av ngn* by a p.]; ~ *sig [att] köra bil* learn [how] to drive a car; ~ undervisa *sig*

själv teach oneself; *man lär sig själv genom att ~ andra* one learns by teaching
IV med beton. part.
~ **ngn av med ngt** vard. teach a p. to stop doing a th.
~ **in** learn; jfr *inlärd*
~ **om** relearn
~ **upp ngn** teach (öva upp train, instruera instruct) a p.
~ **ut...till ngn** let a p. into..., put a p. up to...; jfr *utlärd*
läraktig adj ...ready (willing, apt) to learn, ...quick to learn (at learning); isht om djur teachable
lärare s teacher [*i* ett ämne of (in)...]; skol~ äv. schoolmaster; ibl. master; t.ex. tennislärare instructor; privat~ äv. coach, tutor; *vår ~ i engelska* our English teacher (master)
lärarhandledning s handbok teacher's manual (guide)
lärarhögskola s school (institute) of education; mindre teachers' training college
lärarkandidat s ung. student (trainee) teacher
lärarkår s vid skola o.d. teaching staff; *Sveriges ~* the teachers pl. of Sweden
lärarlös adj, *~a lektioner* lessons without a teacher
lärarrum s teachers' staff room (common room)
lärartjänst s teaching post
lärarvikarie s supply (substitute) teacher
lärd I adj allm. learned; humanistiskt scholarly; naturvetenskapligt scientific; *[mycket]* ~ äv. erudite **II** subst adj, *de ~e* the learned
lärdom s **1** vetande learning, scholarship; grundlig äv. erudition **2** 'läxa' lesson; *dra (ta) ~ av...* learn from..., take a lesson from...
lärdomshistoria s history of learning
lärft s linne~ linen; halvlinne~ union [cloth]; bomulls~ cotton; kanvas buckram
lärjunge s pupil [*i (vid)* en skola at (of)...]; friare el. bibl. disciple [*till ngn* of a p.]
lärka s zool. lark, skylark; *glad som en ~* merry as a lark
lärkträd s bot. larch [tree]
lärling s apprentice
läroanstalt s educational institution (establishment); *högre ~* institute of higher education
lärobok s textbook; handbok manual [*i* of]; skolbok äv. schoolbook
lärofader s master; kyrkl. father [of the Church]
läromedel s pl textbooks and teaching aids, teaching media; se äv. *lärobok*
läromedelspaket s study kit
läromästare s master; friare teacher
läroplan s curricul|um (pl. -a); t.ex. univ. course of study
lärorik adj instructive
lärosats s trossats doctrine, dogma

lärospån

lärospån *s pl, göra sina första ~ [i ngt]* acquire (pick up) one's first knowledge (experience) [of a th.]
lärosäte *s* seat of learning
läroverk *s* hist. *[allmänt]* ~ [State] secondary grammar school
läroämne *s* subject
lärpengar *s pl, få betala dyra* ~ bildl. have to pay [dear] for one's experience
läs|a I *vb tr* o. *vb itr* **1** allm. read; framsäga, t.ex. bön say; deklamera äv. recite; ~ *innantill* read; i mots. t. 'utantill' (ur boken osv.) read from the book osv.; ~ *noter* read music; ~ *ngns tankar* read a p.'s thoughts (mind); *har du -t [vad som står i] tidningen?* äv. have you seen the paper?; *sitta och* ~ *[i] en bok* be [sitting] reading a book; ~ *en saga för ngn* read...to a p. **2** studera study; isht univ. read; ~ *engelska för ngn* ta lektioner take lessons in...with a p.; ~ *läxor* prepare (do, learn) one's homework **3** undervisa: ~ *extra med ngn* give lessons to a p.; ~ *läxor med ngn* help a p. with his (resp. her) homework **4** *gå och* ~ få konfirmationsundervisning be prepared for one's confirmation
  II med beton. part.
  ~ **igenom ngt** read a th. [all right] through, peruse (read over) a th.
  ~ **in** en kurs, ett ämne, en roll learn (study up)...[thoroughly (perfectly)]
  ~ **om** reread
  ~ **på** läxa o.d. prepare; fortsätta att läsa go on reading, read [straight] on
  ~ **upp** read [out], read...aloud (out loud) [*för* ngn to...]; något inlärt say, repeat; t.ex. dikt recite
  ~ **ut** läsa slut finish [reading]; uttala pronounce; förstå *vad kan man* ~ *ut av det här?* what can you gather (understand) from this?
läsare *s* **1** person som läser reader **2** *optisk* ~ optical [character] reader; ljusfläcksavläsare optical (flying-spot) scanner **3** relig., ung. pietist
läsbar *adj* readable; jfr äv. *läslig* o. *läsvärd*
läsbarhet *s* readability
läsbegåvning *s* aptitude for study
läsebok *s* reader; isht nybörjarbok reading-book; ~ *i engelska* English reader
läsecirkel *s* book club
läsekrets *s* författares circle of readers, public; tidnings äv. readers pl., readership
läsesal *s* reading-room
läsförståelse *s* skol. reading comprehension
läsförståelseprov *s* skol. reading comprehension test
läsglasögon *s pl* reading glasses
läshuvud *s, ha [gott]* ~ have a good head for study[ing]
läsida *s* lee-side; *på* ~*n* on the leeward, leewards

läsk vard., se *läskedryck*
läska *vb tr* **1** ~ *sin strupe* quench one's thirst; *en* ~*nde dryck* a refreshing drink; ~ *sig med...* refresh oneself with... **2** med läskpapper blot, dry...with blotting-paper
läskedryck *s* soft drink; lemonad lemonade
läskig *adj* vard., hemsk awful, terrible, horrible; otäck scary; avskyvärd äv. disgusting
läskpapper *s* blotting paper; *ett* ~ a sheet of blotting paper
läskunnig *adj* able to read; *inte* ~ *(läs- och skrivkunnig)* äv. illiterate
läskunnighet *s* ability to read
läslig *adj* möjlig att läsa legible
läslighet *s* legibility
läsning *s* reading äv. parl.; deciphering osv., jfr *läsa;* lektyr äv. reading matter; *optisk* ~ optical [character] reading; ljusfläcksavläsning optical (flying-spot) scanning
läs- och skrivsvårigheter *s pl, ett barn med* ~ a child with a reading and writing disability
läspa *vb itr* lisp
läspenna *s* pen reader, wand, data pen
läspning *s* lisping; *en* ~ a lisp
läsrum *s* reading-room
läst *s* skom.: konkr. last; passform fitting; skoblock [shoe]tree
lästa *vb tr,* ~ *[ut]* last
läsvärd *adj, [mycket]* ~ [very] readable, ...[well] worth reading
läsår *s* skol. school year; isht amer. äv. session
läsövning *s* reading exercise
läte *s* [indistinct (inarticulate)] sound; djurs call, cry
lätt I *adj* **1** ej tung light äv. friare (t.ex. lättbeväpnad, rörlig, tunn samt om t.ex. mat, vin, sömn, musik); lindrig, obetydlig äv. slight; svag äv. slight; om tobak, öl o.d. vanl. mild; obestämbar (om t.ex. doft) faint; om stigning o.d. gradual; ~ *bris* a light (slight) breeze; *en* ~ *(~are) förkylning* a slight (light) cold; ~ *gång* tekn. smooth (easy) running; *med* ~ *hand* lightly; eg. äv. with a light touch; mjukt, varsamt äv. gently; flyktigt äv. cursorily; ~*a material* light-weight materials; *ett* ~ *regn* a light (soft) rain; *med* ~*a steg* with a light step; *musiken gick i den* ~*a (~are) stilen* the music was of a light type; *ett* ~ *vin* äv. a light-bodied wine, a wine of a mild character; *göra...~are* mindre tung äv. lighten...; *vara* ~ *på hand* have a light touch
  2 ej svår, mödosam easy; enkel simple; *en* ~ *uppgift* a simple (an easy) task; *det är inte* ~ *att säga* vanl. it is hard (difficult) to say; *vara* ~ *att ha att göra med* be easy to get on with; *...är inte det* ~*aste* ...is not one of the easiest things; *göra det* ~ *för sig* take the easy way out, not take too much trouble; *han har det inte* ~ he is not having an easy time; *han har* ~ *för sig* everything comes

easy to him; **han har ~ för [att lära sig] språk** he has a gift for languages; **ha ~ för att fatta** be quick on the uptake; **hon har ~ för att gråta** she cries easily, she is easily moved to tears; **ha ~ för att lära (räkna)** be a quick learner (be quick at figures); **ha ~ [för] att uttrycka sig** find it easy to express oneself
3 lättfärdig **vara ~ på foten** be a woman of easy virtue
II adv **1** ej tungt: eg. light; ytligt, nätt och jämt lightly; lindrigt, obetydligt, svagt osv. slightly, gently osv. (jfr *I 1*); litet, en smula somewhat, a trifle; **~ klädd** se *lättklädd;* **sova ~** sleep lightly; **ta ngt [för] ~** el. **ta [för] ~ på ngt** take a th. [too] lightly (easily, vard. easy); bagatellisera ngt make [too] light of a th.; **ta livet ~** take life easy
2 ej svårt easily; vard. easy; lätt och behändigt äv. deftly; snart, ofta, bekvämt readily; **det kan ~ bli farligt** it may very well be dangerous; **man glömmer ~...** ofta one is apt to forget...; **det går ~ att** inf., när... it is easy (är enkelt äv. an easy matter) to inf....; **man kan ~ gå dit på** en kvart you can walk there easily (vard. easy) in...; **sådant händer ~** such things happen; **det kan så ~ missförstås** it can so easily (it is apt, liable, likely to) be misunderstood; **de är ~ räknade** ett fåtal vanl. they may be counted on the fingers of one hand; **det är ~are sagt än gjort** it is easier said than done
lätta I vb tr **1** göra lättare lighten; bildl. äv. unburden, ease; mildra relieve; lindra alleviate; **~ sitt hjärta för ngn** unburden one's mind (heart) to a' p.; **känna sig ~d** feel relieved (eased) [in one's mind]; **~ upp** stämning o.d. relieve; humör liven [up] **2 ~ ankar** weigh anchor **II** vb itr **1** bli lättare eg. become (get) lighter; bildl. ease, be relieved; om depression o.d. lift; **det ~r** verkar befriande it gives [some] relief (is a relief) **2 ~ på ngt** lossa på (t.ex. förband, klädesplagg) loosen; **~ på gasen (gaspedalen)** ease up **3** skingras, lyfta **dimman ~r** the fog is lifting **4** om fartyg weigh anchor; om flyg take off
lättantändlig adj ...easy to set fire to, [in]flammable; bildl. äv. susceptible; **mycket ~** highly inflammable (resp. very susceptible)
lättfattlig adj easily comprehensible, easy to understand
lättfil s low-fat sour milk
lättflyktig adj [highly] volatile
lättflytande adj om vätskor very liquid; fackspr. ...of low viscosity; om stil, språk fluent
lättfotad adj bildl. loose, loose-living; **en ganska ~ flicka** äv. a rather fast girl
lättfångad adj easily caught (i snara trapped); **ett lättfångat byte** an easy prey äv. bildl.
lättfärdig adj om pers. loose, loose-living; om t.ex. visa, dans: vågad daring; oanständig indecent
lättfärdighet s loose morals pl., moral laxity
lättförståelig adj easily comprehensible, ...easy to understand
lättförtjänt adj easily earned; **~a pengar** äv. easy money sg.
lätthanterlig adj ...easy to handle äv. bildl.
lätthet s ringa tyngd lightness; ringa svårighet easiness; enkelhet simplicity; ledighet o.d.: t.ex. att lära sig språk ease; t.ex. att uttrycka sig facility [*att* inf. in ing-form]; **med ~** ledigt with ease, easily
lättillgänglig adj eg. easily accessible (vard. get-at-able), ...easy of access, within easy reach; om pers. approachable; se äv. *lättfattlig*
lätting s idler, slacker, lazy brute
lättja s laziness, idleness; lättjefullhet indolence
lättjefull adj lazy; loj indolent
lättklädd adj tunnklädd thinly (lightly) dressed (clad); mer el. mindre oklädd scantily clad
lättköpt adj billig cheap; t.ex. framgång ...easily come by (gained)
lättlagad adj om mat easy to prepare
lättledd adj easily led
lättlurad adj gullible, ...easily taken in (duped)
lättläst adj om handstil, brev o.d. [very] legible; om bok o.d. very readable
lättmargarin s low-fat margarine, minarine
lättmetall s light metal; aluminium aluminium; amer. aluminum
lättmetallfälgar s pl alloy wheels (rims)
lättmjölk s low-fat milk
lättnad s lisa relief [*för* for, to; *i* in]; alleviation; mildring relaxation [*i* in, of]; lindring easing-off end. sg. [*i* in (of)]; nedsättning, minskning reduction, abatement [*i* of]; **dra en ~ens suck** breathe a sigh of relief
lättretlig adj irritable, irascible; lättstött touchy; häftig quick-tempered
lättrimmad adj lightly salted
lättroad adj easily amused, ...easy to amuse
lättrogen adj credulous; lättlurad gullible
lättrökt adj om t.ex. skinka lightly smoked
lättrörd adj emotional, easily moved; känslig sensitive
lättsam adj easy; sorglös easy-going, good-humoured; **~ underhållning** light entertainment
lättsinne s rashness, thoughtlessness; irresponsibility; wantonness, looseness; jfr *lättsinnig*
lättsinnig adj **1** obetänksam rash, thoughtless; ansvarslös irresponsible **2** lättfärdig wanton, loose-living
lättskrämd adj, **vara ~** be easily scared (frightened), scare easily
lättskött adj, **vara ~** be easy to handle (om barn, maskin o.d. äv. to manage, om t.ex.

lägenhet to keep tidy el. in order, om patient to nurse)
lättsmält *adj* easily digested
lättstött *adj* touchy, hypersensitive; pred. äv. [very] quick to take offence
lättsåld *adj* marketable, readily salable; *~a varor* äv. goods that sell easily
lättsövd *adj*, *vara ~* be a light sleeper
lättvikt *s* isht sport. lightweight
lättviktare *s* sport. el. bildl. lightweight
lättvin *s* light wine
lättvindig *adj* enkel simple; slarvig, förhastad hasty; ytlig superficial
lättvindigt *adv*, *ta (behandla) ngt ~* take (treat) a th. lightly (casually)
lättyoghurt *s* low-fat yoghurt (yogurt)
lättåtkomlig *adj* ...[that is (was osv.)] easy to find, easily accessible; pred. äv. easy of access, within easy reach
lättöl *s* low-alcohol beer, vard. lab
läxa I *s* **1** hemläxa homework (end. sg.); *få ...i (till) ~* get ...for homework; *jag har bara en ~* I have only one subject for homework; *ha många läxor* have a lot of homework **2** tillrättavisning, tankeställare lesson; *det gav mig en ~* that taught me a lesson; *ge ngn en ~* teach a p. a lesson **II** *vb itr*, *~ upp ngn [ordentligt]* tell a p. off [properly]
läxfri *adj*, *~ dag* day without homework
läxläsning *s* hemma homework
löda *vb tr* solder; *~ fast* solder...on [*vid* to]; *~ ihop* tillsammans solder...together
lödder *s* allm. lather; tvållödder äv. soapsuds pl.; fradga äv. foam, froth
löddra *vb itr o. rfl*, *~ sig* lather
löddrig *adj* lathery; om häst lathered, foaming [*av* i samtl. fall with]
lödighet *s* om silver [standard of] fineness
lödkolv *s* soldering-iron
lödning *s* soldering
löfte *s* promise; högtidl. vow [*om* of; *[om]* att inf. to inf.]; förbindelse undertaking; *ge ett ~* make a promise; *ge ngn ett ~ (få ~)* om ngt promise a p. (be promised) a th.; *hålla (stå vid) sitt ~* keep (stick to) one's promise; *ta ~ av ngn* make a p. promise; *mot ~ om* t.ex. riklig ersättning on the promise of
löftesbrott *s* breach of faith
löftesrik *adj* promising, ...full of promise
lögn *s* lie, falsehood; *en liten (oskyldig) ~* vard. a fib; *det är (var) ~!* that's a lie!; *det var bara ~ alltsammans* it was just a lot of lies
lögnaktig *adj* lying; om historia o.d. mendacious; om påstående o.d. untruthful; *han är så ~* he is such a liar
lögnaktighet *s* untruthfulness, mendacity (båda end. sg.)
lögnare *s* liar
lögndetektor *s* lie detector
lögnerska *s* liar

lögnhals *s* liar, thundering liar
1 löja *s* zool. bleak
2 löja *s*, *det är ju rena ~n!* vard. it's absolutely stupid (crazy, mad)!
löje *s* **1** åtlöje ridicule, derision; *ett ~ts skimmer* an air of ridicule **2** skratt laughter; hånlöje sneer; munterhet merriment
löjeväckande *adj* ridiculous; jfr vid. *löjlig*
löjlig *adj* ridiculous; lustig funny; komisk comical; tokrolig ludicrous; orimlig absurd; *~a familjerna* kortsp. happy families; *göra en ~ figur* cut a ridiculous (sorry) figure
löjlighet *s* egenskap el. förhållande ridiculousness; comicality; absurdity osv., jfr *löjlig*; *~er* löjliga drag comic (ludicrous) features; dumheter absurdities; nonsens nonsense sg.
löjrom *s* whitefish roe
löjtnant *s* inom armén lieutenant; inom flottan sub-lieutenant; inom flyget flying officer; amer.: inom armén el. flyget first lieutenant, inom flottan lieutenant junior grade; i tjänsten äldre sv. *~ motsvarar kapten*
löjtnantshjärta *s* bot. bleeding heart
lök *s* kok. onion; koll. onions pl.; blomster- el. jordstam bulb; (vild) växt field garlic; *lägga ~ på laxen* bildl. make matters worse, rub it in
lökkupol *s* onion dome
löksalt *s* onion salt
löksoppa *s* kok. onion soup
löksås *s* kok. onion sauce
lökväxt *s* bulbous plant, bulb
lömsk *adj* illistig wily, sly, crafty; bakslug disingenuous, underhand[ed]; opålitlig undependable; förrädisk treacherous; försåtlig, smygande insidious
lömskhet *s* wiliness osv., jfr *lömsk*
lön *s* **1** avlöning: isht vecko~ wages pl.; månads~, års~ salary amer. äv. veckolön; mera allm. pay (end. sg.); *en ~ som man kan leva på* a living wage; *full ~* full pay; *ha hög ~* be highly paid, get a good salary (resp. wage); *vad har han i ~?* what wages (resp. salary) does he get? **2** ersättning compensation, recompense; belöning reward; *få ~ för sin möda (mödan)* be rewarded (requited) for one's pains
löna I *vb tr* belöna reward; *~ ont med gott* return good for evil; *det ~r inte mödan att gå dit* it isn't worth while going (to go) there **II** *vb rfl*, *~ sig* pay; amer. äv. pay off äv. opers.; vara lönande äv. be profitable, yield a profit; *brott ~r sig inte* crime doesn't pay; *det ~r sig inte att* inf. a) tjänar ingenting till it's no use (no good) ing-form b) är inte värt pengarna it isn't worth it to inf.
lönande *adj* om företag o.d. profitable; om sysselsättning o.d. äv. remunerative
löneanspråk *s pl* vid avtalsförhandlingar wage (resp. salary) claims (demands); *svar med ~*

i annons reply stating salary expected (required)
lönearbetare *s* wage earner
löneavdrag *s* deduction from wages (resp. salary)
löneavtal *s* wage (resp. salary) contract; kollektivavtal wage[s] (resp. salary, pay) agreement
lönebesked *s* pay slip, salary statement
löneförhandlingar *s pl* wage (resp. salary, pay) negotiations (talks)
löneförhöjning *s* rise [in wages (resp. salary, pay)]
löneförmån *s* ung. benefit [attaching to one's salary (resp. wages)], emolument; *~er* utöver lönen perquisites, vard. perks; fringe benefits
löneglidning *s* wage drift
lönegrad *s* [salary] grade; *komma upp i [en] högre ~* be promoted to a higher grade
löneklass *s* salary class
löneklyfta *s* difference in wages (resp. salary, pay)
lönekonto *s* wages (resp. salary, pay) account
lönekontor *s* salaries department; kassakontor pay office
lönekrav se *löneanspråk*
löneläge *s* wage (resp. salary) level
lönepåslag *s* wage (resp. salary, pay) increase
lönerörelse *s* löneförhandlingar wage (resp. salary, pay) negotiations pl.
löneskatt *s* payroll tax
löneskillnad *s* wage (pay) differential
lönestopp *s* wage freeze; temporärt wage pause; *införa ~* freeze wages
lönesänkning *s* wage (resp. salary, pay) cut
lönetillägg *s* wage (resp. salary, pay) increment
löneuppgift *s* wage (resp. salary) statement
löneutbetalning *s* payment of wages (resp. salary)
löneökning *s* increase of (löneförhöjning rise in) wages (resp. salary, pay), wage increase (resp. salary increase, pay increase)
löning *s* vard. pay (end. sg.); *få ~* get one's pay
lönlös *adj* gagnlös useless, futile; fruktlös fruitless; *det är ~t att göra det* it is no use (good) doing it; *det ~a i att* inf. the uselessness (futility) of ing-form
1 lönn *s* bot. maple [tree]
2 lönn se *lönndom*
lönnbrännare *s* illicit distiller
lönndom, i ~ clandestinely, secretly, in secret
lönndörr *s* secret (hidden) door
lönnfack *s* secret compartment
lönnfet *adj* ung. flabby
lönngång *s* secret (hidden) passage
lönnkrog *s* illicit liquor shop; amer., förr speakeasy
lönnmord *s* assassination
lönnmördare *s* assassin
lönsam *adj* profitable

lönsamhet *s* profitability
lönsparande *s* sparform salary savings system, save-as-you-earn
lönt *adj, det är inte ~ att försöka* it is no use (no good) trying
löntagare *s* wage earner, salary earner; jfr *lön;* anställd employee
löntagarfond *s* employee fund, wage earners' investment fund
löp|a I *vb tr* o. *vb itr* eg. el. bildl. run; sträcka sig äv. extend; om stig o.d. äv. go; om rem o.d. äv. travel, go, move; hastigt, om t.ex. skyttel, äv. fly, dart; *~ ett lopp (varv)* run a race (a lap); *lånet -er med 10% ränta* the loan carries (bears) interest at 10%; *låta ngn ~* let a p. go; *låta tankarna ~ [i väg]* let one's thoughts run on
II *vb itr* vara brunstig om hona be on (in) heat
III med beton. part.
~ **ihop (samman)** converge
~ **in:** *båten -te in [i hamnen]* the vessel put into (entered) the harbour
~ **om** förbi **ngn** run past (overtake) a p.
~ **ut a)** sticka till sjöss put [out] to sea; lämna hamnen leave the harbour **b)** om avtal, tid o.d. run out, expire **c)** sträcka sig el. skjuta ut (i t.ex. spets) run out [*i into*]
löpande *adj* regelbundet återkommande running; fortlöpande current; *[på] ~ band* se under *band I a; i ~ följd* in consecutive order, consecutively; *~ räkning* current (open) account; *~ utgifter* running (current, working) expenses; *~ ärenden* current (routine) business sg. (matters)
löparbana *s* track, running track
löpare *s* **1** sport. runner; jfr *häcklöpare* m.fl. **2** schack. bishop **3** duk runner **4** byggn. stretcher
löpe *s* rennet
löpeld *s, sprida sig som en ~* spread like wildfire
löpknut *s* noose, running noose
löpmage *s* zool. fourth stomach
löpmaska *s* ladder, run
löpning *s* **1** sport.: löpande running; lopp run; tävling race **2** mus. run; rulad äv. roulade
löpsedel *s* [newspaper] placard, bill, newsbill; i radio programme parade
löpsk *adj, vara ~* om t.ex. honkatt be on (in) heat
löptid *s* **1** hand., allm. currency, duration (båda end. sg.); isht om lån äv. life[time] **2** brunsttid mating season
lördag *s* Saturday; jfr *fredag* o. sms.
lördagsgodis *s* Saturday sweets pl. (amer. candy)
lös I *adj* (jfr äv. resp. huvudord) **1** ej fastsittande el. bunden, fri loose; ej fäst äv. unattached, unfixed; otjudrad untethered; löstagbar detachable; rörlig äv. movable; separat, enstaka äv. separate, single; *~a blommor* cut

lösa

flowers; **~a delar** reservdelar spare parts; **en ~ hund** a dog off the leash; herrelös a stray dog; **gå ~** fri be at large; om djur i bet. 'röra sig fritt' roam freely; **vara ~** hålla på att lossna be coming off (coming loose); ha lossnat be (have come) off (loose); **elden är ~** a fire has broken out; utrop [fire,] fire!; **vara ~ och ledig** be free, be at a loose end; **ha pengarna ~a i fickan** have (carry) one's money loose in one's pocket
2 ej hård el. fast, ej spänd loose; slapp äv. slack; mjuk äv. soft; rinnande running; vard. runny; **på ~an sand** [up]on the sand; **~ snö** light snow; ägget **är för ~t** ...is too soft[-boiled]
3 friare el. i div. uttr.: om ammunition o.d. blank; om förmodan, påstående, rykte o.d. baseless, groundless, unfounded; vague; **~a [kärleks]förbindelser** illicit relations; **på ~a grunder** on flimsy grounds; **~t prat** idle talk (chatter), gossip; köpa en vara **i ~ vikt** a) efter vikt ...loose, ...by weight b) opaketerad ...unpacketed
II *adv*, **gå ~ på** angripa *ngn (ngt)* attack a p. (a th.), go for a p. (go at a th.)
lösa I *vb tr* **1** från förpliktelser o.d. release, set...free; befria äv. liberate **2** lossa [på] loose; **~ [upp]** loosen äv. verka lösande; knut o.d. äv. undo, untie; skosnöre o.d. unlace; håret let (take) down **3** upplösa: **~ [upp]** i vätska dissolve; i beståndsdelar disintegrate; **~ upp ngt i dess beståndsdelar** break up (resolve) a th. into its component parts **4** problem o.d. solve; konflikt o.d. vanl. settle; **~ ett chiffer** decipher a code; **~ ett korsord** solve (do) a crossword **5** biljett o.d. take, pay for; köpa buy; **~ skaffa sig licens** take [out] a licence; **~ [in]** växel honour..., meet..., take up...; skuldförbindelse o.d. redeem...; **~ in** a) check (om bank) pay b) köpa in (fastighet, järnväg o.d.) buy; **~ ut** a) post., hämta ut get...out [at the post office] b) frikopa: fånge ransom; delägare buy...off c) pant redeem
II *vb rfl*, **~ sig 1** i vätska dissolve, be dissolvable **2** om problem o.d. **~ sig [av sig] själv** solve itself
lösaktig *adj* loose, dissolute
lösaktighet *s* [moral] looseness (laxity), loose living
lösande *adj*, **~ medel** laxermedel laxative
lösbladssystem *s* loose-leaf system
lösdrivare *s* vagrant
lösdriveri *s* vagrancy
lösegendom *s* personal property (estate), personalty
lösen *s* **1** lösesumma ransom; stämpelavgift stamp fee (duty); post. surcharge; **begära ~ för ngn** hold a p. to ransom **2** lösenord, paroll watchword, password; mil. äv. countersign; ...**är tidens ~** ...the order of the day
lösenord se *lösen 2*
lösesumma *s* ransom

lösfläta *s* false plait, switch
lösgom *s* tandläk. [dental] plate
lösgöra I *vb tr* lösa, släppa lös set...free, let...loose; befria release; ta loss detach, unfasten, unfix, disengage; kapital o.d. free, liberate **II** *vb rfl*, **~ sig** eg. set oneself free, loosen oneself; bildl. release oneself
löshår *s* false hair
löshäst *s* loose (unharnessed) horse; bildl. loner
löskoka *vb tr* ägg boil...lightly; **löskokt ägg** lightly boiled (soft-boiled) egg
löskrage *s* loose (separate) collar
löslig *adj* i vätska soluble, dissolvable; om problem o.d. solvable, soluble; lös loose
lösmynt *adj*, **vara ~** skvalleraktig have a loose tongue, be gossipy, be a [regular] gossip
lösning *s* **1** av problem o.d. solution [*av, på* of]; av fråga äv. settlement [*av* of]; av gåta äv. key [*av, på* to] **2** vätska solution
lösningsmedel *s* solvent
lösnummer *s* single copy
lösnummerpris *s* price per [single] copy
lösnäsa *s* false nose
lösryckt *adj* fristående (om ord o.d.) disconnected, isolated; **ett ~t yttrande** a detached remark, a remark [taken] out of its context
löss *s* o. **lössjord** *s* loess
lösskägg *s* false beard
lössläppt *adj* fri, ohämmad licentious; uppsluppen wild, abandoned; otyglad unbridled
lössnö *s* loose snow
löst *adv* allm. loosely; lätt lightly; obestämt vagueley; helt apropå casually, idly; **ett ~ framkastat förslag** a chance (haphazard) proposal; **vara ~ knuten till...** be loosely bound up with...; **en ~ liggande** sten a...lying loose; **gå ~ på** ett stort belopp run into (up to)...; **sitta ~** eg. be (om kläder fit) loose; bildl. be none too secure; jfr *lös II*
löstagbar *adj* detachable
löständer *s pl* false teeth, dentures
lösöre se *lösegendom*
löv *s* leaf (pl. leaves); koll. leaves pl.
löva *vb tr* decorate...with branches of foliage (leafy branches)
lövas *vb itr dep* leaf, leave, come into leaf
lövbiff *s* kok., ung. minute steak
lövfällning *s* defoliation
lövgroda *s* tree frog
lövkoja *s* bot. stock
lövruska *s* branch [with its leaves on]
lövskog *s* ung. deciduous forest
lövsprickning *s* leafing; **i ~en** when the trees are (resp. were) leafing (coming into leaf)
lövsåg *s* fretsaw, coping saw
lövsångare *s* zool. willow warbler, willow wren
lövträ *s* hardwood

lövträd *s* broad-leaf (årligen lövfällande deciduous) tree
lövtunn *adj* ...as thin as a leaf
lövverk *s* foliage
löväng *s* forest meadow

M

m *s* **1** bokstav m [utt. em] **2** (förk. för *meter*) m
macedonisk *adj* Macedonian
machtal *s* flyg. Mach [number]
mack ® se *bensinpump* o. *bensinstation*
macka *s* vard. sandwich
mackel *s* vard. trouble; *det är något ~ med motorn* there's something wrong with...
Madagaskar Madagascar
madam *s* åld. titel Mrs.; kvinna woman; neds. madam
Madeira egenn. o. **madeira** *s* vin Madeira
madonna *s* Madonna
madonnabild *s* [picture of the] Madonna
madonnalik *adj* Madonna-like
madrass *s* mattress
madrassera *vb tr* pad; *~d* padded
maffia *s* Mafia, Maffia äv. bildl.
maffig *adj* vard. smashing, stunning, groovy
magasin *s* **1** förrådshus storehouse; lager el. möbelmagasin warehouse **2** på vapen magazine **3** TV. el. tidskrift magazine
magasinera *vb tr* store [up]; hand. warehouse
magasinering *s* storage
magasinsprogram *s* TV. magazine
magbesvär *s*, *ha ~* have stomach trouble (tillfälligt an upset stomach)
magblödning *s* gastric haemorrhage
magcancer *s* stomach cancer
magdans *s* belly dance
magdansös *s* belly-dancer
mage *s* stomach; vard. belly, tummy äv. barnspr.; anat. abdomen; matsmältning digestion; *ha [stor] ~* vanl. be paunchy (pot-bellied); *ha dålig ~* have a weak stomach; ha matsmältningsbesvär suffer from a weak digestion (from indigestion); *han har ont i ~n* he has a stomach ache (vard. a belly-ache); *hans ~ krånglar* his stomach is (ständigt gets) upset; *vara hård (trög) i ~n* be constipated; *vara lös i ~n* have loose bowels, have diarrhoea; *ligga på ~n* vanl. lie on one's face; *ha ~ att* inf. have the cheek (the nerve) to inf.
mager *adj* inte fet, allm. lean; smal (om pers. o. kroppsdelar) vanl. thin; vard. skinny; bildl. vanl. meagre; knapp (om t.ex. inkomst, lön) äv. scanty; klen, dålig (om t.ex. tröst, resultat) äv. poor; torftig (om t.ex. innehåll) äv. jejune; *~ jord* meagre (poor) soil; *~ halvfet ost* low-fat cheese; *bli ~* se *magra*
magerlagd *adj* [somewhat] thin, lean
maggrop *s* pit of the stomach
maggördel *s* **1** eg. abdominal belt **2** på cigarr band
magi *s* magic; *svart ~* black magic
magiker *s* magician

maginfluensa s gastric influenza (vard. flu)
magisk adj magic
magister s **1** lärare schoolmaster; *ja, ~n!* yes, Sir! **2** *filosofie* ~ se under *filosofie*
magkatarr s gastric catarrh, gastritis (end. sg.)
magknip s, *ha* ~ have a stomach ache (the gripes, vard. a belly-ache)
magma s geol. magma (pl. äv. -ta)
magmun s anat. orifice of the stomach
magnat s magnate
magnesium s kem. magnesium
magnet s **1** magnet **2** magnetapparat magneto (pl. -s)
magnetband s magnetic tape
magnetfält s fys. magnetic field
magnetisera vb tr magnetize
magnetisk adj magnetic; bildl. äv. magnetical
magnetism s magnetism
magnetnål s magnetic needle
magnifik adj magnificent, splendid
magnitud s astron. el. geogr. magnitude
magnolia s bot. magnolia
magnumbutelj s magnum
magplask s belly-flop, bildl. fiasco
magpumpa vb tr, *~ ngn* pump out a p.'s stomach
magpumpning s, *göra en ~* se *magpumpa*
magra vb itr become (grow, get) thin (thinner), lose flesh; bli avtärd become emaciated; banta slim; *~ 2 kilo* lose...
magsaft s gastric juice
magsjuk adj ...suffering from a stomach disease
magsköljning s gastric lavage fr.
magstark adj, *det var ~t!* that's a bit thick (steep)!
magsyra s acidity of the stomach
magsår s gastric ulcer
magsäck s stomach
magtrakt s, *~en* the abdominal region
magåkomma s stomach complaint
maharadja s indisk furste[titel] maharaja[h]
mahjong s sällskapsspel mah-jong
mahogny s mahogany; möbler *av* ~ äv. mahogany...; för sms. jfr äv. *björk-*
maj s May; jfr *april* o. *femte; första* ~ äv. May Day
majblomma se *förstamajblomma*
majestät s majesty; *E[de]rs* ~ Your Majesty med predikatet i 3:e pers. sg.; se äv. *kunglig*
majestätisk adj majestic; friare (t.ex. om fura) stately
majestätsbrott s lese-majesty (end. sg.); *ett ~* a case of lese-majesty
majonnäs s mayonnaise
major s major; inom flyget i Engl. squadron leader
majoritet s majority; *absolut ~* absolute (clear, overall) majority; *en enkel ~* an ordinary majority; *den tysta ~en* the silent majority; *få (ha) ~* get (have) a majority;
komma i ~ gain a majority; *vara i ~* be in the (a) majority; *med tio rösters ~* by a majority of ten
majoritetsbeslut s majority resolution, decision by (of) a (resp. the) majority
majoritetsparti s majority party
majs s maize, Indian corn; amer. corn
majskolv s corncob; ax äv. ear of maize; *~ar* maträtt corn on the cob sg.
majskorn s grain of maize etc., jfr *majs*
majsmjöl s maize meal, corn flour
majsolja s maize oil
majstång s maypole
mak s, gå i *sakta ~* ...at an easy (a leisurely) pace, ...at an amble
1 maka s wife; isht jur. el. åld. spouse; *hans [äkta] ~* his [wedded] wife
2 maka vb tr o. vb itr, *~ på ngt* flytta undan remove a th.; *~ [på] sig* move [one's position]; *~ ihop sig* move (press) closer together
makaber adj macabre, gruesome
makadam s macadam, [road] metal
makalös adj matchless, peerless; ojämförlig incomparable; exempellös unparalleled; sällsynt exceptional
makaroner s pl koll. macaroni sg.
makaronipudding s macaroni pudding
make s **1** *~n till den här handsken* the other glove [of this pair] **2** i äktenskap *[äkta] ~* husband; isht jur. el. åld. spouse; *äkta makar* husband and wife; *makarna E.* Mr. and Mrs. E. **3** motstycke, like match, equal, like, peer; *har man nånsin hört (sett) [på] ~n!* did you ever hear (see) the like!; *jag har aldrig hört (sett) [på] ~n!* well, I never!; *~n till häst finns inte* there is not such another horse
Makedonien Macedonia; hist. Macedon
makedonier s Macedonian
makedonisk adj Macedonian
makeup s make-up; *göra ~* make [oneself] up
maklig adj bekväm easy-going; loj indolent; långsam, sävlig slow, leisurely
makrill s mackerel
makrokosmos s universum macrocosm
makt s allm. power äv. stat; isht i högre stil äv. might; drivande kraft, våld force; herravälde dominion; [laglig] myndighet authority; *vanans ~* [the] force of habit; *vädrets ~er* var onådiga the weather gods...; *milda ~er!* good gracious!; *kunskap är ~* knowledge is power; *få ~ över* obtain (get) power over, gain (obtain) ascendancy over, om känsla o.d. take possession of; överväldiga get the better of, overwhelm; *ha ~ att* inf. have power to inf.; *ha* utöva *~en* be in authority; *ha ~en [i sin hand]* be in power; *de som har ~en* those in power, the powers that be; *ha stor ~* possess great power, be powerful; *sätta ~ bakom ordet* back up one's words by force;

ta ~en seize power; ***ha ordet i sin ~*** be eloquent, be a good speaker; ***det står inte i min ~ att*** inf. it is not in (is beyond, is out of) my power to inf.; ***vi gjorde allt som stod i vår (i mänsklig) ~*** we did all that was humanly possible; ***med all ~*** with all one's might, with might and main; ***med väpnad ~*** by force of arms; ***komma till ~en*** come (get) into power (parl. äv. office); ***hålla vid ~*** upprätthålla maintain; ***sitta vid ~en*** be in (hold) power
maktapparat *s* machinery of power
maktbalans *s* balance of power
maktbegär *s* lust for power
maktfaktor *s* powerful factor, force; ***han är en ~ inom politiken*** he is a power in politics
maktfullkomlig *adj* diktatorisk dictatorial; enväldig autocratic
maktfullkomlighet *s* dictatorialness; maktfullkomligt sätt autocratic ways pl. (attitude)
maktgalen *adj* power-mad, power-crazy
makthavande *subst adj,* ***de ~*** those in power, the powers that be
makthavar|e *s,* ***-na*** those in power, the powers that be
maktkamp *s* struggle for power, power struggle
maktlysten *adj* power-seeking, ...ambitious (greedy) for power
maktlystnad *s* lust (thirst) for power
maktlös *adj* powerless, impotent; ***stå (vara) ~*** be powerless [*emot ngt* against (in the face of) a th.]; polisen ***stod ~*** äv. ...could do nothing
maktlöshet *s* powerlessness, impotence
maktmedel *s pl* force sg., forcible means; resurser resources; ***tillgripa (använda) ~*** use (employ) force
maktmissbruk *s* abuse of power
maktpåliggande *adj* viktig extremely important, ...of great moment
maktskifte *s* transfer of power
maktspel *s,* ***~et*** the power game
maktspråk *s* dictatorial language
maktställning *s* dominating (powerful) position
maktutövning *s* exercise (wielding) of power
maktövertagande *s* assumption (seizure) of power, takeover
makulatur *s* pappersavfall waste paper
makulera *vb tr* göra ogiltig: t.ex. dokument cancel, invalidate; kassera (t.ex. trycksaker, bokupplaga) destroy
makulering *s* cancellation, invalidation; destruction; jfr *makulera*
mal *s* insekt moth
mala *vb tr* o. *vb itr* **1** eg. (t.ex. säd, kaffe) grind [*till* mjöl into...]; säd äv. mill; kött vanl. mince; ***~ sönder*** grind; isht bildl. äv. crumble, crush; ***malet kött*** minced meat **2** ***~ [om]*** tjatigt upprepa ngt keep on repeating a th.; ***~ om*** sina olyckor harp on...; ***tankarna malde och malde i mitt huvud*** my thoughts kept going round and round (kept on revolving)...
malaj *s* **1** folk Malay[an] **2** mil., ung. C 3 man
malajisk *adj* Malayan; attr. äv. Malay
malaria *s* malaria
Malawi Malawi
malawier *s* Malawian
malawisk *adj* Malawian
Malaysia Malaysia
Maldiverna *s pl* öarna the Maldives, the Maldive Islands
maldivisk *adj* Maldivian
Mali Mali
maliciös *adj* malicious
malign *adj* malignant
malis *s,* ***~en påstår att...*** a malicious rumour has it that...
malisk *adj* Malian
mall *s* modell, mönster pattern äv. rit~; model; schablon templet, template
mallig *adj* stuck-up, cocky, snooty
Mallorca Majorca
malm *s* **1** miner. ore; bruten rock **2** legering bronze
malmbrytning *s* ore-mining
malmedel *s* anti-moth preparation, moth-proofing agent, moth-proofer
malmfyndighet *s* ore deposit
malmfält *s* ore field
malmåder *s* lode [of ore]
malning *s* grinding osv., jfr *mala 1*
malplacerad *adj* ...out of place, misplaced; opassande inappropriate; oläglig ill-timed
malpåse *s* mothproof bag; ***lägga i ~*** bildl. mothball
malström *s* whirlpool, maelstrom äv. bildl.
malt *s* malt
Malta Malta; ***ris à la ~*** kok. creamed rice [served cold]
maltdryck *s* malt liquor
maltes *s* o. **maltesare** *s* Maltese (pl. lika)
malteser *s* Maltese äv. hund
malteserkors *s* Maltese cross äv. tekn.
maltesisk *adj* Maltese
maltextrakt *s* malt extract
malva *s* bot. mallow; färg mauve
malvafärgad *adj* mauve[-coloured]
maläten *adj* **1** eg. moth-eaten, mothy **2** luggsliten shabby; avtärd emaciated, haggard
malör *s* mishap, misfortune
malört *s* wormwood
mamelucker *s pl* damunderbyxor directoire knickers, pantalettes
mamma *s* mother [*till* of], jfr *2 mor;* vard. ma, mum, amer. mom, ma; barnspr. mummy, amer. mammy
mammaklänning *s* maternity dress (gown)
mammaledig *adj,* ***vara ~*** be on maternity leave

mammaledighet *s* maternity leave
mammig *adj* vard. *vara* ~ *om barn hang around one's mother's skirts*
mammografi *s* med. mammography
mammon *s* mammon; *den snöda* ~ filthy lucre; *dyrka* ~ worship mammon
mammut *s* mammoth äv. bildl.
1 man *s* hästman o.d. mane äv. friare
2 man *s* **1** allm. man (pl. men); besättningsman, arbetare hand; *män* statistik. o.d. males; en styrka *på fyrtio* ~ mil. ...of forty men; *10 000* ~ mil. äv. 10,000 troops; *alle* ~ *på däck!* all hands on deck!; ~ *över bord!* man overboard!; *gemene* ~ ordinary people pl., the common man, the man in the street; *hans närmaste* ~ his right-hand man, his right hand; *tredje* ~ jur. third party; *[alla] som en* ~ samtliga [all] to a man, one and all; *det ska jag bli* ~ *för!* I'll see to that!; *en strid* ~ *mot* ~ a hand-to-hand fight; *per* ~ per person, per (a) head, per man, each; *till sista* ~ eg. to the last man; samtliga to a man; *litet till* ~*s* se ex. under *litet 2* **2** make husband; bli ~ *och hustru* ...man and wife; *hennes blivande* ~ her future husband
3 man *indef pron* a) den talande inbegripen (ofta tillsammans med den tilltalade) one; 'jag', äv. vard. a fellow (resp. girl, woman); 'vi', ibl. we b) [särskilt] den tilltalade inbegripen (isht i talspr., anvisningar o.d.) you c) 'folk' people; 'de' they; 'någon' someone resp. anyone d) återges ofta genom passiv el. opers. konstruktion, jfr ex.; *vad ska* ~ *göra?* what is one (vard. a fellow etc., se ovan) to do?; *så får* ~ *inte göra* you mustn't do that, that isn't done; ~ *vet aldrig vad som kan hända* you never know (one never knows, there is no knowing)...; *om* ~ *så vill* if you like; *hur kan* ~ *vara så dum?* how can anyone be so stupid?; *i Frankrike (här i Sverige) dricker* ~ mer kaffe än te in France they drink ([here] in Sweden we drink)...; *förr trodde* ~ *att jorden var platt* people used to think (it was formerly thought) that...; ~ *påstår att...* it is said (they el. people say) that...; *som* ~ *säger* as the saying goes, as they say; ~ *har inte kunnat förklara saken* it has not been possible to explain the matter; *ser* ~ *på!* well, well!, I say!
mana *vb tr* uppmana exhort; pådriva urge; egga incite; uppfordra call [up]on; förehålla admonish; *känna sig* ~*d* feel called [up]on (prompted); *detta* ~*r till efterföljd* this invites imitation; ~ *fram* call forth; ~ *på* driva på urge on
manager *s* manager; teat. o.d. äv. impresario (pl. -s), publicity agent
manbyggnad *s* manor house; på bondgård farmhouse
manchester *s* corduroy; ofta om plagg cord
manchesterbyxor *s* corduroys, cords
manchestersammet *s* corduroy; ofta om plagg cord
Manchuriet Manchuria
mandarin *s* **1** pers. mandarin **2** frukt tangerine, mandarin [orange]
mandat *s* uppdrag commission, task; fullmakt authorization, authority; från organisation o.d. mandate; riksdagsmans: säte seat; mandattid term of office; folkrättsligt mandate; *besätta 5* ~ get 5 seats; *nedlägga sitt* ~ resign one's seat
mandel *s* **1** bot. almond; koll. almonds pl. **2** anat. tonsil
mandelbiskvi *s* ung. macaroon
mandelblom[ma] *s* stenbräcka meadow saxifrage
mandelformad *adj* almond-shaped
mandelmassa *s* almond paste, marzipan
mandelolja *s* almond oil
mandelspån *s* almond flakes pl.
mandelträd *s* almond tree
mandolin *s* mandolin[e]
mandom *s* manhood
mandomsprov *s* trial (test) of manhood, manhood test
mandrill *s* zool. mandrill
manege *s* ridbana ring
maner *s* sätt manner, fashion; stil style; förkonstling mannerism; *ha fina* ~ ...fine (good) manners
manet *s* jellyfish
manfall *s*, *det blev stort* ~ i strid there were heavy losses; i examen a great many failed (were ploughed)
manfolk *s* **1** koll. men pl.; ~*et* i byn o.d. äv. the menfolk pl. **2** *ett* ~ a man
mangan *s* kem. manganese
mangel *s* mangle
mangelfri *adj* non-crease
mangla *vb tr* tvätt o.d. mangle; utan obj. do the mangling; guld o.d. beat, hammer
mangling *s* mangling; ~*[ar]* bildl., ung. tough (protracted) negotiations pl.
mango *s* frukt el. träd mango (pl. -s el. -es)
mangold *s* bot. [Swiss] chard, white beet
mangrann *adj*, *det var en* ~ *uppslutning vid mötet* people came in full force to (everyone turned up at) the meeting
mangrant *adv* in full numbers (force)
mangrove *s* bot. mangrove
manhaftig *adj* karlaktig manly; om kvinna masculine, mannish
mani *s* mania; friare äv. craze [*på* for; *[på] att* inf. for ing-form]
manick *s* vard. gadget, thingumabob
manierad *adj* mannered, affected
manifest I *s* **1** polit. o.d. manifesto (pl. -s) **2** sjö. manifest **II** *adj* manifest, obvious
manifestation *s* manifestation
manifestera *vb tr* manifest; ådagalägga display,

evince; ~ **sig** ta sig uttryck manifest (show) itself
manikyr s manicure; **få** ~ have a manicure
manikyrera vb tr manicure; ~ **sig** vanl. manicure one's nails
manikyrist s manicurist, manicure
maning s uppmaning exhortation; t.ex. hjärtats prompting; varning admonition, warning; vädjan appeal
manipulation s manipulation; bildl. äv. device, trick
manipulera vb tr o. vb itr, ~ *[med]* manipulate; ~ *med* krångla med äv. tamper with; göra fuffens med juggle with; t.ex. räkenskaper äv. cook, doctor
manisk adj manic
manke s withers pl.; *lägga ~n till* put one's back into it, put one's shoulder to the wheel
mankemang s fel [vid utförandet] fault; *något* ~ something wrong; allt gick *utan* ~ ...without a hitch
mankön s male sex; *av* ~ of [the] male sex
manlig adj av mankön male; typisk för en man masculine, male; isht om goda egenskaper manly; viril virile; modig manful; avsedd för män, t.ex. klubb men's end. attr.; *~a arvingar* male issue sg.; *~t rim* masculine rhyme; *~a yrken* male occupations
manlighet s masculinity, manliness, virility, jfr *manlig*
manna s bot. el. bibl. manna äv. bildl.
mannagryn s pl semolina sg.
mannagrynsgröt s semolina pudding
mannaminne, *i* ~ within living memory
mannamån s, *utan* ~ without respect of persons
mannaålder s manhood
mannekäng s model; *gå* ~ be a model, model
mannekänguppvisning s fashion show
manodepressiv adj manic-depressive
manometer s fys. manometer
manschauvinism s male chauvinism, machismo
manschauvinist s male chauvinist
manschett s cuff; tekn. sleeve; ljusmanschett candle-ring; *darra på ~en* bildl. shake in one's shoes
manschettknapp s cuff link
mansgris s vard. *[mullig]* ~ male chauvinist pig
manshög adj ...as tall as a man
manskap s koll. men pl.; sjö. äv. crew, hands pl., ship's company
manskläder s pl men's (resp. a man's) clothes (clothing sg.)
manskör s male [voice] choir, men's choir
manslem s penis, male organ
manslukerska s man-eater, vamp
mansnamn s male name, man's name (pl. men's names)
mansperson s man (pl. men), male

manspillan s loss of men; *stor* ~ äv. heavy losses (casualties) pl.
mansroll s man's role (pl. men's roles)
mansröst s male voice
manssamhälle s male-dominated society
manstark adj numerically strong; vara *lika ~a* ...equal in number
mansålder s generation
mantalslängd s register (schedule) of population
mantalsskriva vb rfl, ~ *sig* register [for census purposes]
mantalsskriven adj, ~ *i* Stockholm registered (domiciled) in...
mantalsskrivning s [residential] registration [for census purposes]
mantalsuppgift s census-registration statement
mantel s **1** plagg cloak; kungamantel o.d. el. bildl. mantle; *ta upp ngns fallna* ~ step into a p.'s shoes, take over from one's predecessor **2** tekn. jacket; kulas äv. envelope
mantilj s spansk sjal mantilla
mantlad adj tekn. jacketed
mantåg s sjö. man-rope
manual s handbok el. mus. manual
manuell adj manual
manufakturaffär s draper's shop; amer. dry goods store
manus s MS (pl. MSS); titta *i* ~ ...in the MS; se vid. *manuskript*
manuskript s manuscript *[till* of]; typogr. äv. copy; film~ o.d. script
manår s man-year (pl. man-years)
manöver s **1** manœuvre; amer. maneuver (båda äv. bildl.); truppförflyttning äv. movement; serie övningar, t.ex. fältmanöver manœuvre exercise, manœuvres pl.; knep äv. trick, stratagem; [serie] handgrepp operation **2** ~*!* mil. [stand] at ease!
manöveroduglig adj out of control, unmanageable; sjö. äv. disabled
manövrera vb tr o. vb itr manœuvre (amer. maneuver) äv. bildl.; fartyg o.d. äv. steer; friare: sköta handle, manage; tekn., styra, reglera control; sätta (hålla) i funktion operate, work; ~ *bort (ut) ngn* get rid of a p. by manœuvring, jockey a p. out [of his post (job etc.)]
manövrerbar adj manœuvrable
manövrering s manövrerande manœuvring etc., jfr *manövrera;* **automatisk** ~ automatic control
maoism s polit. *~[en]* Maoism
mapp s för handlingar folder; stor, t.ex. konstmapp portfolio (pl. -s); pärm file
mara 1 nattmara nightmare äv. friare **2** vard., ragata bitch, cow, hag **3** vard., maraton marathon
maratonlopp s marathon [race]
maratonlöpare s marathon runner
mardröm s nightmare äv. bildl., bad dream

mareld *s* sea-fire
margarin *s* margarine; vard. marge
marginal *s* margin äv. hand. o.d. el. bildl.; typogr. äv. border; *i ~en* in the margin; *anmärkning i ~en* äv. marginal note; *med god ~* by a comfortable (wide) margin
marginalanteckning *s* marginal note
marginalskatt *s* marginal tax (rate, rate of tax)
marginell *adj* marginal
Maria drottningnamn el. bibl. Mary; *jungfru ~* the Virgin Mary, the Holy (Blessed) Virgin [Mary]
Marie Bebådelsedag Annunciation (Lady) Day
marig *adj* **1** förkrympt dwarfed, stunted **2** vard. knotty; brydsam, t.ex. om situation awkward, tricky, dicey
marijuana *s* marijuana, marihuana; vard. pot
marin I *s* **1** mil. navy; *Marinen* i Sverige the Swedish Naval Forces pl. (Navy and Coast Artillery) **2** konst. seascape **II** *adj* marine; mil. naval
marinad *s* kok. marinade
marinbiologi *s* marine biology
marinblå *adj* navy blue; attr. äv. navy
marinera *vb tr* kok. marinate, pickle
marinmålning *s* konkr. seascape
marinsoldat *s* marine
marinstab *s* naval staff
marionett *s* marionette, puppet äv. bildl.
marionetteater *s* puppet theatre (föreställning show)
1 mark *s* jordyta ground; jord[mån] soil; markområde land; åkerfält field; *~er* grounds; trakt, terräng äv. country sg.; ägor äv. domains; *ett stycke ~* a piece of land; *fast ~* firm ground äv. bildl.; *bryta ~* break ground äv. bildl.; *jämna (bereda) ~en för* bildl. pave (prepare) the way for; *ta ~* land; om tennisboll o.d. äv. touch the ground; *jämna med ~en* raze (level) to the ground; *sova på [bara] ~en* sleep on the ground; *på klassisk (historisk) ~* on classical (historic) ground; *på svensk ~* on Swedish soil; *falla till ~en* fall to the ground; bildl. äv. fall flat, misfire
2 mark *s* myntenhet mark
3 mark *s* spelmark counter
markant *adj* påfallande marked, pronounced, sharp, striking; framträdande prominent
markatta *s* **1** zool. guenon **2** vard., 'häxa' bitch
markera *vb tr* **1** ange, utmärka mark äv. vid skjutning; vid spel äv. score; ange, antyda, föreställa indicate äv. teat.; mil.; pricka för put a mark against, tick off; staka ut, t.ex. bana, spelplan mark [out]; belägga sittplats o.d. reserve; bildl. (poängtera) emphasize, stress; accentuate, draw attention to **2** sport., bevaka [motståndare] mark
markerad *adj* allm. marked; utpräglad äv. pronounced

markering *s* marking; konkr. äv. mark; indication, indicating etc., jfr *markera*
marketenteri *s* canteen; hist. sutlery
markförsvar *s* ground defence
markis *s* solskydd awning, sunblind
markkrig *s* ground war
marknad *s* **1** varumässa o.d. fair; *hålla ~* hold a fair **2** ekon. el. hand. market, marketplace; avsättningsområde äv. outlet; *köparens (säljarens) ~* buyers' (sellers') market; *i (på) öppna ~en* in the open market
marknadsanalys *s* market analysis (pl. analyses)
marknadsandel *s* share of the market
marknadschef *s* marketing manager
marknadsdag *s* market (fair) day
marknadsdomstolen *s* the [Swedish] Market Court
marknadsekonomi *s* market economy
marknadsföra *vb tr* market, put on (introduce into) the market
marknadsförare *s* marketing man (manager)
marknadsföring *s* marketing
marknadsledare *s* market leader
marknadsorienterad *adj* market-oriented
marknadsplats *s* torg el. friare market
marknadspris *s* hand. market price
marknadsstånd *s* market stall, fair booth
marknadsundersökning *s* market research (end. sg.), market survey, market analysis (pl. analyses)
marknadsvärde *s* market (trade) value
markpersonal *s* flyg. ground staff (crew)
markstridskrafter *s pl* ground forces
marktjänst *s* flyg. ground service; vard., hemarbete daily housekeeping
markvärdinna *s* ground hostess
markägare *s* landowner, property owner
markör *s* marker äv. tekn. el. språkv.; på dataskärm cursor
marmelad *s* jam; av citrusfrukter marmalade; konfekt jelly fruits pl.
marmor *s* marble; bord *av ~* äv. marble…
marmorera *vb tr* marble; *~t papper* marble[d] paper
marmorskiva *s* marble slab (på bord o.d. top); bord *med ~* marble-topped…
marockan *s* Moroccan
marockansk *adj* Moroccan
Marocko Morocco
marodör *s* marauder
Mars astron. el. mytol. Mars
mars *s* månadsnamn March (förk. Mar.); jfr *april* o. *femte*
marsch I *s* march äv. mus.; *sätta sig i ~* march off; *vara på ~* be on the march **II** *interj* kommandoord march!; *framåt ~!* forward, march!; *höger och vänster om ~!* dismiss!; *på stället ~!* mark time!; *~ [iväg]!* off you go!, off with you!
marschall *s* ung. [pitch] torch, link, cresset

marschera *vb itr* march; ~ *mot...* march towards (i fientligt syfte on)...; *det var raskt ~t* vard. that was quick (smart) work!; ~ *av* march off; ~ *in [i* el. *på]* march in[to]
marschfart *s* flyg. el. bil. o.d. cruising speed
marschmusik *s* marching music
marschorder *s* marching orders pl.
marschtakt *s* marching-step; mus. march time
marsipan *s* marzipan
marskalk *s* **1** mil. marshal; i Engl. field marshal **2** festmarskalk steward; amer. usher; vid bröllop 'marshal', male attendant of the bride and bridegroom
marskalksstav *s* [field-]marshal's baton
marsvin *s* zool. guinea pig
martall *s* bot. dwarfed (stunted) pine [tree]
martera *vb tr* torment, torture
martyr *s* martyr; *dö som ~ för en sak* die a martyr to a cause; *spela ~* make a martyr of oneself
martyrdöd *s, lida ~en* suffer martyrdom, be martyred
martyrium *s* martyrdom
martyrskap *s* martyrdom
marulk *s* zool. angler [fish]
marxism *s, ~[en]* Marxism
marxist *s* Marxist
marxistisk *adj* Marxist
maräng *s* kok. meringue
marängsviss *s* kok. meringue shells with whipped cream and chocolate sauce
mas *s* **1** dalmas Dalecarlian **2** skattmas tax collector, taxman
masa I *vb itr, [gå och] ~ slå dank* idle, be idling, dawdle; dra benen efter sig lag, loiter, saunter **II** *vb rfl, ~ sig i väg* shuffle off; *~ sig upp ur sängen* drag oneself out of bed
mascara *s* mascara
1 mask *s* zool. worm; larv grub, larv|a (pl. -ae); i kött, ost maggot; koll. worms (etc.) pl.; *ha ~ [i magen]* have worms; *leta ~* search for worms (bait); *det är ~ i* t.ex. äpplet, träet äv. ...is worm-eaten; t.ex. köttet äv. ...is maggoty
2 mask *s* allm. mask; mil. el. bildl. äv. screen; bildl. äv. disguise, cloak; data. mask; skönhets~, ansikts~ äv. face (mud) pack; teat. o.d. make-up; *hålla ~en* spela ovetande o.d. not give the show away; hålla sig för skratt keep a straight face; *kasta ~en* el. *låta ~en falla* throw off one's mask; *rycka ~en av* bildl. unmask
1 maska *vb tr* **1** ~ *[på]* metkrok o.d. bait...with a worm **2** med. *~ av* deworm
2 maska *vb itr* **1** kortsp. finesse **2** i arbete make a pretence of working; organiserat go slow, work to rule; friare el. sport. play for time, waste time; vard. stall
3 maska I *s* i nät mesh; vid stickning stitch; löpmaska ladder, run; *avig ~* purl; *fast ~* double stitch; *lös ~* simple chain stitch; *rät ~* plain stitch; *det har gått en ~ på min*

strumpa I have a ladder (a run) in my stocking, my stocking has laddered (run); *tappa (ta* el. *plocka upp) en ~* drop (pick up) a stitch **II** *vb tr, ~ av* stickning o.d. cast off
maskera I *vb tr* med mask el. bildl. mask; med sminkning, isht teat. make...up; t.ex. avsikt disguise, camouflage äv. mil.; mil., skydda, t.ex. batteri mask, screen; *~d* masked; med smink made up; utklädd dressed up; förklädd disguised *[till* as]; *~t hot* covert threat; försäljningen var *~t tiggeri* ...a disguised form of beggary **II** *vb rfl, ~ sig* med mask mask oneself; med smink make [oneself] up; klä ut sig dress [oneself] up; förklä sig disguise oneself *[till* as]
maskerad *s* o. **maskeradbal** *s* vanl. fancy-dress (costume) ball; hist. masquerade, masked ball
maskeraddräkt *s* fancy dress, fancy-dress costume
maskering *s* **1** maskerande masking etc., jfr *maskera* **2** konkr. samt bildl. mask; isht mil. camouflage; förklädnad disguise; teat. o.d. make-up
maskeringstejp *s* masking tape
maskhål *s* wormhole
maskin *s* allm. machine; motor, ång~ o.d. engine; skriv~ typewriter; *~er* maskinanläggning machinery sg., plant sg.; *för egen ~* sjö. by its (resp. their) own engines; bildl. on one's own steam, without help; *för (med) full ~* sjö. at full speed; friare on all cylinders, in top gear; *arbeta för full ~* work full steam; *skriva [på] ~* type
maskindriven *adj* power-driven, mechanically operated
maskinell *adj* mechanical; *~ utrustning* machinery, machine equipment (outfit)
maskineri *s* machinery äv. teat. el. bildl.; mechanism; på fartyg engines pl.
maskinfel *s* sjö. engine trouble; data. computer malfunction (fault)
maskingevär *s* machine gun
maskingjord *adj* machine-made
maskinhall *s* i fabrik machine room
maskinist *s* engine-man; i fastighet boilerman; sjö. engineer; på biograf projectionist, cinema operator; teat. stage mechanic
maskinlära *s* applied mechanics sg., mechanical engineering
maskinmässig *adj* mechanical, machine-like; *~ tillverkning* machining, machine-processing
maskinpark *s* machinery, assembly of machinery
maskinrum *s* sjö. engine room
maskinskada *s* sjö. engine trouble
maskinskriven *adj* typewritten, typed
maskinskriverska *s* typist
maskinskrivning *s* typing, typewriting
maskintvätt *s* eg. laundry to wash in the

maskning

machine; i tvättmärkning machine wash; *tål ~* machine washable
maskning *s* going slow, working to rule, playing for time (samtl. end. sg.); jfr *3 maska 2*
maskopi *s*, *stå (vara) i ~ med ngn* be working together (be in collusion) with a p.; vard. be in cahoots with a p.; *de står i ~ med varandra* they are working together (are in collusion)
maskot *s* mascot
maskros *s* dandelion
maskstungen *adj* worm-eaten, worm-holed
maskulin *adj* masculine äv. om kvinna el. gram., virile
maskulinum *s* genus the masculine [gender]; ord masculine [noun]; *i ~* in the masculine
maskäten *adj* worm-eaten; om tand decayed
maskör *s* teat. o.d. make-up man, maker-up (pl. makers-up)
masochism *s* masochism
masochist *s* masochist
masonit ® *s* masonite
massa *s* **1** fys. mass; *tung (trög) massa* heavy mass **2** som råmaterial el. utgörande det inre av ngt substance; smet o.d. mass; grötliknande, spec. trä~, pappers~ pulp; degraderad paste; mos pap; tekn., t.ex. golv~ composition; *fast (flytande) ~* firm (fluid) mass; *kemisk (mekanisk, torr) ~* chemical (mechanical, dry) pulp **3** kompakt samlad mängd, t.ex. snö~ mass; volym volume; stor ~ bulk; stort oformligt stycke äv. lump **4** folkhop crowd [of people]; pöbel mob; *massorna* el. *den stora ~n* the masses pl., the broad mass of the people; *den stora ~n* flertalet *av...* the great majority of... **5** *en [hel] ~* mängd [quite] a lot; *det finns en ~ böcker* there are a lot of...; *en ~ smörja* a load of rubbish; *det var en ~ (massor av) folk* på gatan there were lots (crowds) of people...; *ha massor med* pengar have lots (heaps, no end, any amount) of...
massafabrik *s* pulp mill
massage *s* massage
massageapparat *s* massage apparatus, vibro-massage machine; massagestav vibrator
massageinstitut *s* massage parlour (amer. parlor)
massaindustri *s* pulp industry
massaker *s* massacre, slaughter
massakrera *vb tr* massacre äv. bildl.; slaughter
massarbetslöshet *s* mass unemployment
massaved *s* pulpwood
massera *vb tr* massage
massgrav *s* mass grave
masshysteri *s* mass hysteria
massiv I *s* bergområde massif **II** *adj* solid; stadig, tung äv. massive; *~ vedergällning* massive retaliation
masskorsband *s* bulk mail
massmedium *s* mass medi|um (pl. -a)

massmord *s* wholesale (mass) murder (killings pl.)
massmöte *s* mass meeting
massproduktion *s* mass production
masspsykos *s* mass psychosis
masstillverka *vb tr* mass-produce
masstillverkning *s* mass production
massuppbåd *s* large muster [of people]; mil. general levy, levy in mass
massverkan *s* mass effect
massvis *adv*, *~ av (med)* lots (tons, heaps, loads) of...
massör *s* masseur
massös *s* masseuse
mast *s* mast; radio~ o.d. äv. pylon; flagg~ pole; fartygs samtliga *~er* äv. masting sg.
mastig *adj* vard., stadig, om pers. robust, sturdy, strapping; om mat solid; 'tung' heavy; tjock, t.ex. gröt thick; diger, om t.ex. program heavy
mastodont *s* zool. el. hist. mastodon; bildl. vanl. mammoth
masttopp *s* masthead
masturbation *s* masturbation
masturbera *vb itr* masturbate
masugn *s* blast furnace
masur *s* curly-grained wood
masurbjörk *s* masur birch
masurka *s* mus. mazurka
mat *s* food; kost äv. fare, diet; foder äv. feed; matlagning, kök cooking, cookery; kokkonst äv. cuisine; måltid meal; vivre board, keep; *en bit ~* something (a bite) to eat, a snack; *ett mål [varmt] ~* a [hot] meal; *~ och dryck* food and drink; *~ och husrum* board and lodging; 850 kr *inklusive ~en* måltider ...including meals; *~en är inte så bra där* på hotellet o.d. the cooking is not very good there; *~en* middagen (lunchen) *är klar (färdig)* vanl. dinner (lunch) is ready; *ge djuren ~* feed...; *vill du ha lite ~?* vanl. do you want something to eat?; *laga ~* cook; *efter (på) ~en* middagen after dinner; *göra skäl för ~en* be worth one's keep; *vara liten i ~en* be a poor eater; dricka vin *till ~en* ...with one's meal[s]
mata *vb tr* pers., djur el. tekn. feed; bildl., t.ex. ngn med kunskaper stuff; *~ fram* tekn. transport; *~ in* data. feed...into, input; *~ ut* data. output
matador *s* matador
matarbuss *s* feeder bus
matberedare *s* köksmaskin food processor
matbestick *s* koll. cutlery (end. sg.); *ett ~* a [set of] knife, fork and spoon
matbit *s*, *en ~* lätt måltid a bite, a snack, something to eat
matbord *s* dining-table
matbröd *s* [plain] bread
match *s* match; tävling competition; *det är en enkel ~* bildl. it is child's play, it's a piece of cake

matcha vb tr o. vb itr vard. match äv. om färger, plagg
matchboll s match point (ball)
matdags s o. adv, *det är* ~ it is time to eat; *vid* ~ when it is time to eat
matematik s mathematics (vanl. sg.); förk., vard. maths (amer. math)
matematiker s mathematician
matematisk adj mathematical
materia s matter; ämne äv. substance
material s allm. material [*till* for]; byggnads~, rå~ o.d. materials pl.; det skrivna i bok o.d. äv. matter; uppgifter data pl., body of information; *statistiskt* ~ statistical material; *byggd av bra* ~ built of good materials
materialisera vb tr o. rfl, ~ *sig* materialize
materialism s materialism
materialist s materialist
materialistisk adj materialistic
materiel s t.ex. elektrisk equipment; t.ex. skol~ äv. accessories pl.; t.ex. skriv~ materials pl.
materiell adj material; ~ *skada* [material] damage; *~a tillgångar* tangible assets
matfett s cooking fat
matfrisk adj attr. ...with a good appetite; hungrig hungry; *vara* ~ have a good appetite
matfrukt s koll. cooking fruit, cookers pl.
matförgiftning s food poisoning
mathållning s **1** kost food, fare **2** *ha* ~ *för* cater (provide meals) for
matig adj filling
matiné s matinée, afternoon performance
matjessill s kok., ung. [sweet-]pickled herring
matjord s ytskikt topsoil; jfr *mylla I*
matkorg s hamper; fylld äv. basket of provisions
matkultur s kokkonst culinary art, cuisine; *de har ingen* ~ i det landet the standard of cooking is low...
matkupong s luncheon voucher; amer. meal ticket
matkällare s food cellar
matlag s omgång sitting; *vi äter i samma* ~ äv. we have our meals together
matlagning s cooking, cookery; *vara duktig i* ~ be a good cook, be good at cooking; användes *till* ~ ...for cooking purposes
matlust s appetite; *dålig* ~ lack of appetite; *ha tappat ~en* have lost one's appetite; vard. be (go) off one's feed
matlåda s lunch (resp. sandwich) box, jfr *matsäck*
matmamma s vard. *hon är en riktig* ~ lagar god mat she is a very good cook
matmor s mistress; vard. missis
matning s feeding äv. tekn.
matnyttig adj **1** lämplig som mat ...suitable as food; närande nourishing, nutritious; ätlig edible **2** vard., t.ex. om kunskaper useful
matolja s cooking oil

matos s [unpleasant] smell of cooking (food)
matpengar s pl hushållspengar housekeeping money sg.
matplats s dining area, dinette; matvrå dining alcove
matportion s helping (serving) of food
matranson s ration [of food]
matrast s break for a meal
matrecept s recipe
matrester s pl [food] scraps, leavings, left-overs
matriarkat s matriarchy
matrikel s register, roll
matris s matr|ix (pl. -ices el. -ixes)
matro s, *ha* ~ have one's meal[s] in peace; *störa ngns* ~ disturb a p. during his (resp. her) meal[s]
matrona s matron, matronly woman
matros s seaman; i mots. t. lätt~ able (able-bodied) seaman; friare sailor
matrum s dining-room
maträtt s dish; del av meny course
matsal s dining-room; större dining-hall; i skola o.d. äv. refectory; på fabrik o.d. canteen
matsalsmöbel s möblemang dining-room suite
matsedel s menu, bill of fare
matservering se *servering 2*
matservis s dinner service (set)
matsilver s table silver
matsked s tablespoon; mått (förk. msk) äv. tablespoonful (förk. tbs[p]); *två ~ar socker* two tablespoonfuls of sugar
matsmältning s digestion
matsmältningsbesvär s indigestion
matstrejk s hunger strike
matstrejka vb itr refuse to eat [in protest]
matstrupe s gullet; med. oesophag|us (pl. -i)
matställe s restaurant, eating-place; vard. eatery
matsäck s lunch~ packed lunch, lunch packet; amer. box lunch; smörgåsar sandwiches pl.; *rätta mun[nen] efter ~en* cut one's coat according to one's cloth
matsäckskorg s för utflykt picnic hamper
1 matt adj **1** kraftlös faint [*av* t.ex. hunger with, t.ex. svält from]; svag, klen weak, feeble samtl. äv. bildl. om t.ex. försök, intresse; tam, uddlös om t.ex. tal, debatt tame, flat; livlös lifeless, lack-lustre; tråkig dull; fadd vapid; hand., flau dull, slack; *känna sig* ~ feel faint (utmattad exhausted, done-up, 'hängig' out of sorts) **2** för ögat: om t.ex. yta, guld, papper (isht foto.) matt; mattslipad, om t.ex. glas, silver frosted, ground; glanslös: om t.ex. färg dull, dead; om t.ex. hår, öga lustreless
2 matt adj o. s schack. mate, checkmate; *göra ngn* ~ mate (checkmate) a p.; *[schack och]* ~ *!* [check]mate!
1 matta s mjuk~ carpet äv. gymn. o.d. samt bildl., t.ex. av löv; mindre rug; dörr~, badrums~ o.d. mat; kork~ (linoleum~) [piece of] linoleum;

matta

mattor som handelsvara rugs and carpets; koll. carpeting sg.; **hålla sig på ~n** bildl. toe the line, know one's place
2 matta I *vb tr* göra matt (trött) make...feel weak (tired, exhausted); trötta, t.ex. ngn med prat tire, weary; **~ *[av]*** försvaga weaken, enfeeble **II** *vb itr*, **~ *av*** se *mattas*
mattas *vb itr dep*, **~ *[av]*** bli mattare (svagare) become weaker etc., jfr *1 matt;* om färg, glans o.d. fade; bildl.: om t.ex. intresse flag; om kurs weaken; om t.ex. trafik slacken [off]; om blåst abate
1 matte *s* vard., mots. t. 'husse' mistress
2 matte *s* vard., matematik maths; amer. math
Matteus bibl. Matthew; **~ *evangelium*** the Gospel according to St. Matthew
matthet *s* faintness, weakness; tröttbet äv. lassitude, enervation
mattid *s* mealtime; för djur feeding time
mattpiskare *s* sak carpet beater
mattslipad *adj* frosted; om glas äv. ground
matvanor *s pl* eating habits
matvaror *s pl* provisions, victuals, foodstuffs, eatables
matvaruaffär *s* food shop (amer. store)
matvrak *s* glutton, gormandizer
matvrå *s* dining alcove (recess)
matväg, allt som fanns **i ~** ...in the way of food
matvägrare *s* person (child) who refuses to eat
matäpple *s* cooking apple, cooker
Mauretanien republiken Mauritania
mauser *s* o. **mausergevär** *s* Mauser rifle
mausoleum *s* mausoleum (pl. -ums el. -a)
max 1 *s* vard. **till ~** to the maximum [extent], vard. to the max; **gilla ngt till ~** really dig a th., like a th. a lot **2** förled, vard., se *maximi* i sms.
maxim *s* maxim
maximal *adj* maximal; attr. maximum...; **vara ~** be at a maximum; **~ *otur*** the maximum of bad luck, awful bad luck
maximalt *adv* at most, ...as a maximum
maximera *vb tr* maximize, put an upper limit to, limit; **~d till...** limited to...at the most, with an upper limit of...
maximibelopp *s* maximum amount
maximigräns *s* highest (maximum) limit (level)
maximihastighet *s* maximum (top) speed; fartgräns speed limit
maximipris *s* maximum price, ceiling [price]
maximitemperatur *s* maximum temperature
maximum *s* **1** maxim|um (pl. vanl. -a); **nå sitt ~** reach its maximum, reach its (a) peak, culminate **2** meteor. high pressure
mazarin *s* kok. 'mazarin', small cake made of almond paste and covered with icing
Mb data. (förk. för *megabyte*) Mb
MBL se *medbestämmandelagen*

mecenat *s* patron [of the arts resp. of literature]
Mecka Mecca äv. bildl.
1 med *s* på kälke, släde o.d. runner; på gungstol, vagga rocker
2 med I *prep* **1** 'medelst', 'genom' o.d.: **a)** isht angivande redskap with; isht angivande [kommunikations]medel by; **skriva ~ *blyertspenna*** write with a pencil (jfr *2*); **betala ~ *check*** pay by cheque; **~ *järnväg*** by rail (railway); **~ *post*** by (per) post; **~ *tåg*** by train; **~ *samma (ett tidigt) tåg*** on the same (an early) train; **vad menar du ~ *det?*** what do you mean by that? **b)** angivande måttet by; **vinna ~ 2-1** win [by] 2-1
2 uttr. sätt o. beledsagande omständighet: allm. with; i vissa fall (t.ex. '~ hög röst') in; om hastighet m.m. at; **skrivet ~ *blyerts*** written in pencil; **~ *stora bokstäver*** in capital letters; **~ *fem minuters mellanrum*** at intervals of five minutes; **vara sysselsatt (upptagen) ~ *att*** inf. be engaged (occupied) in ing-form
3 tillsammans ~, gemensamt ~, i likhet ~ etc.: allm. with; i bet. 'mot' äv. against; **hon har två barn ~** sin första man she has two children by...; **tävla ~ *ngn*** compete with (against) a p.
4 uttr. förening, släktskap samt jämförelse: vanl. to; **förlovad (gift) ~** engaged (married) to; **vara jämnårig ~** be of the same age as; **lika ~** equal to; **vara släkt ~** be related to, be a relative of
5 'försedd el. utrustad ~', 'som har', 'karakteriserad av' o.d. **a)** allm. with; om klädsel ofta in, wearing; isht om psykisk egenskap of; **~ *eller utan*** handtag with or without...; **en man ~ *grå kavaj*** a man in a grey jacket **b)** 'innehållande' vanl. containing; isht i partitiv bem. of; 'bestående av' consisting of; **en korg ~ *frukt*** a basket of fruit (with fruit in it); **ett ord ~ *fem bokstäver*** a word of five letters **c)** 'på grund av', 'trots' vanl. with; **~ *alla sina fel*** är han ändå... with (in spite of) all his faults...
6 'och' and; **~ *flera*** (förk. *m.fl.*) and others; **~ *mera*** (förk. *m.m.*) etcetera (förk. etc.), and so on; staden **~ *omnejd*** ...and [its] environs
7 'inklusive' with, including, counting; **~ *dricks*** blir det ...with tips, ...tips included
8 uttr. samtidighet el. viss parallellitet (t.ex. 'stiga upp ~ solen') with; **~ *en gång*** el. **~ *ens*** [all] at once; **~ *åren*** blev han over the years..., as the years passed...
9 'i fråga om', 'beträffande' **a)** vanl. with; i vissa fall about, for; **noga ~** particular about (as to); **nöjd ~** content with; **hur har du det ~ *skor?*** how are you off for shoes? **b)** i förb. med predikatet i opers. sats: **hur går det ~** arbetet, boken*?* what about...?, how is...getting on?; **vad är det ~ *dig?*** what is the matter with you?; **det är något**

underligt ~ det there is something strange about it
10 i prep.-attr. [närmast] motsv. en genitiv e.d.: (t.ex. 'syftet ~ resan' = 'resans syfte') vanl. of; i vissa fall with, about: *felet ~ honom* the trouble with him; *fördelen ~ (nackdelen ~)* detta system the advantage of (the disadvantage of el. the drawback to)...
11 spec. fall **a)** i uttr. med verbalsubst.: ett föredrag skall hållas **~ början kl. 18** ...commencing (to commence) at 6 p.m. **b)** i vissa elliptiska uttr.: *bort (upp) ~ händerna!* hands off (up)!; *hit ~ pengarna!* give me (hand over) the money!; *adjö ~ dig!* bye-bye!, so long!; *tyst ~ dig!* be quiet!; *ut ~ er!* get out!
II *adv* **1** också too, as well, also; i vissa fall so; *ge mig dem ~* give me those, too (those as well); *det tycker jag ~* I think so too; han är trött på det *och [det är] jag ~* ...and so am I, ...and I am too **2** *kommer (blir) du ~ ?* are you coming?; se äv. beton. part. under resp. vb
medalj *s* medal [*för* for]; *~ens frånsida (baksida)* bildl. the other side of the picture
medaljong *s* medallion; smycke locket
medaljplats *s, hamna på ~* sport. win a medal, be a medallist
medaljör *s* medallist
medan *konj* while; för att beteckna motsats äv. whereas; 'just då' äv. as; du kan läsa en bok **~ jag skriver brevet färdigt** ...while I finish the letter; han läste **~ han gick** ...while [he was] walking (as he walked); **~ tid är** while there is yet time; några lever i överflöd **~ andra svälter** ...while (whereas) others are starving
medansvar *s* joint responsibility [*för* for]
medansvarig *adj, vara ~* share the responsibility, be jointly responsible [*för* i båda fallen for]
medarbeta *vb itr, ~ i* skriva artiklar o.d. i bokverk etc. contribute to; tidning äv. write for; tillhöra redaktionen be on the staff of
medarbetare *s* medhjälpare collaborator; kollega colleague; i tidning, bokverk o.d.: mera eg. co-worker, tillfällig contributor [*i* to]; redaktör editor; redaktionsmedlem member of the staff [*i* of]; *från vår utsände ~* from our special correspondent; *vara ~ i* se *medarbeta [i]*
medarvinge *s* joint heir (kvinnl. heiress)
medbestämmande *s* participation [in decision-making], co-determination
medbestämmandelagen *s* (förk. *MBL*) the law concerning right of participation in decision-making
medbestämmanderätt *s* voice, right to be consulted, right of co-determination (joint consultation, participation); i bolag o.d. äv. [right of] control
medbjuden *adj, han var ~* he was also invited
medborgare *s* isht i republik citizen; isht i monarki subject; isht boende utanför sitt eget land national; *bli svensk ~* become a Swedish subject
medborgarskap *s* citizenship; *få svenskt ~* acquire Swedish citizenship
medborgerlig *adj* civic, civil; *~ plikt* civic duty; *~a rättigheter* civil rights
medbroder *s* relig. o.d. brother (pl. vanl. brethren); kollega colleague
medbrottsling *s* accomplice; isht jur. accessory
meddela I *vb tr* **1** ge besked let a p. know; skriftligen äv. send [a p.] a message, send [a p.] word; *~ ngn ngt (ngt till ngn)* underrätta inform (hand. äv. advise) a p. of a th.; delge, t.ex. nyhet communicate a th. to a p.; isht formellt el. officiellt notify a p. of a th. (a th. to a p.); *~ ngt (att)* äv.: tillkännage announce (uppge state, inrapportera report) a th. (that); *~ adressförändring till polisen* notify the police of a change of address; *~ resultatet* kungöra announce the result; *vi ber Er ~ oss* please let us know (inform us [as to]); *jag låter ~ när...* I'll let you know..., I'll send you a message...; *han lät ~* he sent a message (sent word); *härmed ~s att* i brev this is to inform you that, we beg to inform you that; i kungörelse notice is hereby given that; *det ~s att* it is announced (learnt) that; *från London ~s (det ~s från London) att* it is reported from London that **2** ge, lämna give; bevilja grant; utfärda issue; *~ dom* give (render) a decision, pass judgement **II** *vb rfl, ~ sig* med pers. communicate [*med* with]
meddelande *s* bud[skap] message (äv. telefon~ o.d.); i högre stil, isht skriftligt communication; kort skriftligt note; hand. memorand|um (pl. äv. -a); brev letter; underrättelse information, news (båda end. sg.); tillkännagivande announcement, anslag o. [offentligt] i tidning o.d. notice; skriftligt, formellt, isht till el. från myndighet notification; hand., avi advice; uppgift, besked statement; nyhets~ o.d. i tidning, inrapportering report; kort notis notice, paragraph, item [of news]; *ett ~* en underrättelse a piece of information (news); *~n* offentliga, t.ex. i radio announcements; *~ om* adressförändring notification of...; *internt (personligt) ~* t.ex. i radio internal (personal) message; *få ~ om* be informed of, receive information about, learn (hear) about; t.ex. en utnämning be notified of; *utan föregående ~* without [previous] notice
meddelare *s* informant
meddelsam *adj* communicative, informative
meddetsamma *adv* at once, straight away; se äv. *genast*
mede *s* på släde o.d. runner; på gungstol, vagga rocker
medel *s* **1** sätt, metod means (pl. lika); utväg [ur svårighet] expedient; verktyg instrument äv.

medelbetyg 418

bildl.; bote~ remedy äv. bildl. [*mot* for (against)]; läke~ medicine, drug; preparat, t.ex. rengörings~ agent (jfr t.ex. *diskmedel*); *[nerv]lugnande* ~ sedative, tranquillizer; *försöka alla* ~ try every possible expedient, try everything; *med alla [till buds stående]* ~ with all the means at our (their etc.) disposal; *han skyr inga* ~ he sticks (stops) at nothing **2** ~ pl.: pengar means [*till* for]; money sg., funds, resources; *allmänna* ~ public funds; *egna* ~ private means; *förfoga över betydande* ~ have large resources, have ample means at one's disposal
medelbetyg *s* average (statistik. median) mark (amer. grade)
medeldistanslöpare *s* sport. middle-distance runner
medeldistansrobot *s* mil. medium-range missile
medelgod *adj, den är av* ~ *kvalité* it is of medium (middling) quality
medelhastighet *s* average speed
Medelhavet the Mediterranean [Sea]
medelhavsklimat *s* Mediterranean climate
medelhård *adj* medium hard, ...of medium hardness
medelhög *adj* ...of medium (average) height
medelinkomst *s* average (middle-range) income
medelklass *s* middle class; *~en* vanl. the middle classes pl.; folk *av* ~ *(tillhörande ~en)* middle class...
medellivslängd *s* average length of life
medellängd *s* allm. average (mean) length; persons medium (average) height
medellös *adj* ...without (destitute of) means, destitute, impecunious
medelmåtta *s* **1** över, *under ~n* ...the average **2** neds., om pers. mediocrity, second-rater
medelmåttig *adj* neds. mediocre, indifferent, middling, second-rate
medelpunkt *s* centre; bildl äv. focus, focal point; om pers. äv. central figure; *sällskapets* ~ the life [and soul] of the party
medelst *prep* by, by means of
medelstor *adj* medium[-sized], middle-sized, ...of medium size, fairly large
medelstorlek *s* medium size
medelsvensson *s* the (resp. an) average Swede
medelsvår *adj* moderately difficult, ...of medium (moderate, average) difficulty
medeltal *s* average; matem. äv. mean [*av* of; *för* for (of)]; *i* ~ on an (the) average, on average
medeltemperatur *s* mean temperature; *årlig* ~ mean annual temperature
medeltid *s* **1** hist. *~en* the Middle Ages pl. **2** astron. mean (solar) time
medeltida *adj* medieval, mediaeval
medelväg *s* middle course; *gå den gyllene ~en* strike the golden (happy) mean (a happy medium)

medelvärde *s* mean value, average [value]; matem. mean
medelålder *s* **1** *~n* middle age; *en man i ~n* el. *en ~s man* a middle aged man **2** genomsnittlig ålder average age
medfaren *adj, illa* ~ o. attr.: om t.ex. bok, bil ...that has (resp. had) been badly knocked about; utnött (om plagg) ...that is (resp. was) very much the worse for wear
medfånge *s* fellow prisoner
medfödd *adj* isht med., om t.ex. blindhet congenital [*hos* in]; friare om talang o.d. native, innate, inborn, natural
medfölja *vb tr* o. *vb itr,* ~ *[ngt]* bifogas be enclosed [with a th.]; räkning *medföljer* I (resp. we) enclose..., enclosed please find...
medföra *vb tr* **1** om pers., se *föra [med sig];* om tåg, båt o.d.: passagerare convey, take; post o.d. carry; sydvästvind *medför regn* ...brings rain **2** ha till följd, innebära involve, entail; vålla bring about; leda till lead to, result in; ha i släptåg bring...in its (resp. their) train; *detta medförde att han blev...* that led to his being...
medförfattare *s* co-author
medge *vb tr* o. **medgiva** *vb tr* **1** erkänna, tillstå admit [*för* to]; motvilligt äv. concede; *medges [, men...]* admitted [, but...], I admit (grant you) that [, but...] **2** tillåta allow, permit; *tiden medger inte att jag* går time does not allow (permit) me to inf. **3** bevilja grant, accord
medgivande *s* erkännande admission; eftergift concession; tillåtelse permission; samtycke consent; *tyst* ~ tacit consent
medgång *s* välgång prosperity, good fortune, luck; framgång success; *ha* ~ äv. prosper, be prosperous (in luck), resp. be successful; *i med- och motgång* for better or for worse, in prosperity and adversity
medgörlig *adj* resonabel reasonable, co-operative, ...easy to get on with, accommodating; foglig manageable; eftergiven compliant
medgörlighet *s* reasonableness, co-operativeness, easiness to get on with
medhjälp *s* assistance, help; jur. ~ *till brott* complicity in crime
medhjälpare *s* assistant, helper; jur. accomplice
medhåll *s* stöd support; vard. backing-up; moraliskt stöd countenance; favoriserande favouring; *få* ~ *hos (av) ngn* be supported (vard. backed up) by a p.; *han har* ~ *hos (av)* läraren he is a favourite of (with)...
medhårs *adv* with the fur; *stryka ngn* ~ bildl. rub a p. [up] the right way
medial *adj* medial
medicin *s* allm. medicine; *studera* ~ study medicine
medicinalväxt *s* medical plant (herb)

medicinare s medical student; läkare doctor; vard. medic
medicine, ~ *doktor* (förk. *med. dr*) Doctor of Medicine (förk. MD efter namnet); ~ *kandidat* (förk. *med. kand.*) ung. graduate in medicine; eng. motsv. ung. Bachelor of Medicine (förk. MB efter namnet); ~ *studerande* medical student; jfr vid. ex. under *filosofie*
medicinflaska s medicine bottle; liten phial
medicinman s medicine man äv. skämts. om läkare
medicinsk *adj* medical; ~*t bad* medicinal bath; ~ *fakultet* faculty of medicine
medicinskåp s medicine cabinet (cupboard)
medikament s medicine, medicament
medinflytande s participation, contributory influence; *ha* ~ *över* have a voice (say) in, be able to participate [actively] in
medioker *adj* mediocre
meditation s meditation
meditera *vb itr* meditate [*över* on]
medi|um s **1** kanal för informationsspridning medi|um (pl. vanl. -a) **2** fys. medi|um (pl. vanl. -a) **3** spiritistiskt medium **4** matem. mean **5** klädstorlek o.d. medium
medkämpe s comrade-in-arms (pl. comrades-in-arms), fellow combatant
medkänsla s sympathy, fellow-feeling; *ha* ~ *med* feel sympathy for, sympathize with
medla I *vb itr* mediate; mellan stridande äv. intervene; i äktenskapstvist try to bring about a reconciliation; uppträda som skiljedomare arbitrate; ~ *mellan* förlika äv. conciliate, reconcile **II** *vb tr*, ~ *fred* mediate a peace
medlare s mediator, intercessor; vard. go-between; skiljedomare arbitrator; förlikningsman conciliator
medlem s member [*i, av* of]; *bli* ~ *i* become a member of, join; *vara* ~ *i* kommitté o.d. äv. serve (sit, be) on...
medlemsavgift s membership fee; t. klubb o.d. äv. subscription; isht amer. dues pl.
medlemsförteckning s list of members
medlemskap s membership [*i* of]
medlemskort s membership card; i parti party card
medlidande s pity, compassion; medkänsla sympathy; *hysa* ~ *med* feel pity for, pity; *av* ~ *[med]* out of pity [for]
medlidsam *adj* compassionate; t.ex. om leende pitying
medling s mediation, intervention; förlikning conciliation; i äktenskapstvist attempt to bring about a reconciliation; skiljedom arbitration; uppgörelse settlement, arrangement
medlingsförslag s proposal for a settlement; konkr., vid arbetstvist draft settlement
medlingskommission s mediation (arbitration) commission
medlöpare s polit. fellow traveller, sympathizer

medmänniska s fellow creature, fellow being
medmänsklig *adj* brotherly, human
medpassagerare s fellow passenger; *samtliga* ~ *i kupén* all the [other] passengers [in the compartment]
medresenär s fellow traveller, fellow passenger; reskamrat travelling companion
medryckande *adj* fängslande captivating, fascinating; tändande stirring, exciting
medräkna se *räkna [med]*
medsamma *adv* vard. at once
medskyldig *adj* accessory [*i* to]
medsols *adv* clockwise, with the sun
medspel|are s i t.ex. tennis, kortsp. partner; teat. o.d. co-actor; i lagspel fellow player; *en av -arna* nickade bollen one of the other players...
medströms *adv* with the current (tide)
medsyster s sister; kollega colleague; förtala *sina medsystrar* ...other women
medsökande s fellow applicant; t. ämbete o.d. fellow candidate, competitor, rival [*till* i samtl. fall for]
medtagen *adj* utmattad exhausted; worn out äv. t.ex. av sorg, sjukdom; *i svårt medtaget tillstånd* utterly exhausted, in a serious condition
medtrafikant s medpassagerare fellow passenger; vägtrafikant fellow road-user
medtävlare s competitor äv. sport.; rival [*om* for]
medurs *adv* clockwise
medverka *vb itr* bidraga contribute [*i* t.ex. tidning to; *till* to (towards)]; aktivt delta take part [*i* teaterpjäs o.d. *(vid* framförande*)* in]; uppträda äv. perform [*vid* konsert o.d. at]; hjälpa till assist [*i (vid), till* in]; *detta* ~*de till det goda resultatet* this contributed to[wards]...
medverkan s bistånd assistance, help; deltagande participation; *i morgon ges en konsert under* ~ *av A.* ...a concert in which A. will take part; jur. ~ *till brott* complicity in crime
medverkande I *adj* contributory **II** *subst adj*, *de* ~ vid konsert o.d. the performers; i pjäs o.d. the actors; allm. äv. those taking part
medvetande s consciousness [*om* of]; *förlora* ~*t* lose consciousness, become unconscious; *vara vid fullt* ~ be fully conscious
medveten *adj* conscious; avsiktlig, om t.ex. lögn deliberate; självsäker self-assured; *vara* ~ *om (om att)* be conscious el. aware of (that); *vara* ~ *om ngt* inse äv. be alive to (sensible of) a th.
medvetenhet s insikt awareness, consciousness
medvetet *adv* consciously; avsiktligt deliberately
medvetslös *adj* unconscious
medvetslöshet s unconsciousness
medvind s following wind; sjö. fair wind; *jag*

hade ~ eg. the wind was (I had the wind) behind me; **segla i** ~ a) eg. sail with a fair wind (before the wind) b) bildl. be fighting a winning battle; t.ex. om politiskt parti be doing well; om företag äv. be prospering
medvurst *s* German sausage [of a salami type]
medömkan *s* pity, compassion, commiseration [*med* with (for)]; se äv. *medlidande*
megabyte *s* data. megabyte (förk. Mb)
megafon *s* megaphone
megahertz *s* megahertz
megaton *s* megaton
megawatt *s* megawatt (förk. MW)
meja *vb tr* mow; säd cut, reap; ~ *av* cut, reap; ~ *ned* bildl. mow down
mejeri *s* dairy
mejeriprodukt *s* dairy product; ~*er* äv. dairy produce sg.
mejerist *s* dairyman; föreståndare dairy manager
mejram *s* bot. el. kok. marjoram
mejsel *s* chisel; skruv~ screwdriver
mejsla *vb tr* chisel; eg. äv. cut [...with a (the) chisel]; ~*de* ansiktsdrag chiselled...; ~ *ut* chisel out äv. bildl.
meka *vb itr* vard. ~ *med* bilen do repair work on...; mixtra med tinker about with...
mekanik *s* lära mechanics sg., äv. bildl.; mekanism mechanism äv. bildl.; piano~ o.d. action
mekaniker *s* t.ex. bil~ mechanic; flyg~ aircraftman; konstruktör mechanician, engineer
mekanisera *vb tr* mechanize
mekanisk *adj* mechanical äv. bildl.; ~*a leksaker* drivna med fjäder clockwork toys; ~ *verkstad* engineering workshop
mekanism *s* mechanism; i ur o.d. äv. works pl.; anordning contrivance; sak gadget
melankoli *s* melancholy
melankolisk *adj* melancholy, sad, gloomy; vard. blue; med. melancholic
melass *s* molasses
melerad *adj* mixed, mingled, ...of mixed shades
mellan *prep* isht mellan två between; mellan flera, 'bland' among[st]; *titta fram* ~ molnen, träden peep out from behind (from among)...; *är det något* ~ *dem?* is there anything between them?; där var ~ *femtio och sextio personer* ...some fifty or (from fifty to) sixty people; *han är* ~ *femtio och sextio år* he is [somewhere] between fifty and sixty; *natten* ~ *den 5 och 6* var det... on the night of the 5th to the 6th...; *läsa* ~ *raderna* read between the lines; ~ *fyra ögon* in private
mellanakt *s* teat. interval; amer. intermission
Mellanamerika Central America
mellandag *s* day in between; t.ex. mellan två evenemang äv. off day; ~*arna* mellan jul o. nyår the days between Christmas and New Year
mellandäck *s* between-deck; passagerarklass på båt steerage
Mellaneuropa Central Europe
mellaneuropeisk *adj* Central European
mellangärde *s* anat. diaphragm, midriff
mellanhand *s* **1** medlare intermediary; hand. middleman, agent; gå genom flera *mellanhänder* ...middlemen's hands **2** kortsp. second hand; *sitta i (på)* ~ sit in between
mellanhavande *s* [ouppklarad] räkning [outstanding] account; tvist difference; ~*n* affärer dealings, transactions; allm. äv. unsettled matters; *göra upp sina* ~*n med ngn* affärer o.d. settle [up] with a p., square (balance) accounts with a p.; tvistigheter settle one's differences with a p.
mellanheat *s* sport. intermediate heat
mellankrigstiden *s* the interwar period, the period between the wars
mellanlanda *vb itr* make an intermediate landing, make a touchdown
mellanlandning *s* intermediate landing, touchdown, landing en route; *flyga utan* ~ fly non-stop
mellanled *s* **1** medlare intermediary; hand. middleman, agent **2** se *mellanlänk*
mellanliggande *adj* intermediate, intervening; *de* ~ *städerna* the towns in between
mellanläge *s* intermediate (middle) position
mellanlägg *s* tallriks~ o.d. doily, mat; tekn., i lager o.d. liner; isht väv~ interlayer; tunn skiva shim
mellanlänk *s* intermediate link, [connecting] link, interlink
mellanmjölk *s* medium-fat milk
mellanmål *s* snack [between meals]
mellanrum *s* intervall (isht tids~) interval; avstånd, t.ex. mellan ord space; mer allm. äv space [in] between, intervening space, interspace; lucka, hål gap; *med korta* ~ at short intervals; *med två timmars* ~ at intervals of two hours; *de dog med en veckas* ~ they died within a week of each other
mellanrätt *s* entremets fr. (pl. lika); side dish
mellanskillnad *s* difference; *betala 50 kr i* ~ pay an extra...
mellanslag *s* space
mellanspel *s* interlude, intermezz|o (pl. -i el. -os)
mellanstadielärare *s* intermediate-level teacher, jfr *grundskola*
mellanstadium *s* intermediate stage; *mellanstadiet* i grundskolan the intermediate level (department) of the 'grundskola'
mellanstation *s* intermediate station, station en route fr.; amer. waystation

mellanstatlig *adj* international; mellan delstater, t.ex. i USA interstate...
mellanstor *adj* medium[-sized], middle-sized
mellanstorlek *s* medium size
mellanställning *s* intermediate position
mellansvensk *adj* Central Swedish; attr. äv. ...of Central Sweden
mellantid *s* **1** sport. intermediate time **2** tidsperiod interval, intervening time; *under ~en* in the meantime, meanwhile
mellanting *s, ett ~ mellan...* something (a cross) between...
mellanvikt *s* o. **mellanviktare** *s* sport. middleweight
mellanvåg *s* radio. medium wave; jfr *kortvåg* ex.
mellanvägg *s* partition [wall]
mellanöl *s* medium-strong beer, beer with a medium alcoholic content
mellanöra *s* anat. middle ear
Mellanöstern the Middle East, amer. äv. the Mideast
mellerst *adv* in the middle
mellersta *adj* attr. middle, central; mellanliggande intermediate; *den ~* the middle one [i ålder in age]; *~ Sverige* Central (the middle parts pl. of) Sweden; *Mellersta Östern* the Middle East
melodi *s* melody; låt, sång tune [*till* of]; *sätta ~ till en dikt* set a poem to music; *den går på ~n...* it goes to the tune of...; *det är min ~* bildl., vard. that's my style
melodifestival *s, ~en i TV* the Eurovision Song Contest
melodiradio *s* ung. [the] light programme
melodisk *adj* melodious, tuneful
melodiös *adj* melodious, melodic
melodram *s* o. **melodrama** *s* melodrama
melodramatisk *adj* melodramatic
melon *s* melon
melonskiva *s* slice of melon
membran *s* anat. el. biol. membrane; tele. el. radio. o.d. el. i pump diaphragm
memoarer *s pl* memoirs
memoarförfattare *s* writer of memoirs
memorandum *s* memorand|um (pl. äv. -a); förk. memo (pl. -s)
memorera *vb tr* memorize, commit...to memory
1 men I *konj* allm. but; uttr. motsättning ('det är bara det att') äv. only; *~ ändå* yet; emellertid however; *han är bra ~ alldeles för ung* ...but (, only he is) far too young; *en liten ~ dock* märkbar skillnad a small [but] yet...; *[nej] ~ så trevligt!* how nice! **II** *s* hake snag; invändning but, objection; *inga ~!* no arguing (arguments)!; *efter många om och ~* after a lot of shilly-shallying
2 men *s* skada harm, injury; förfång detriment; *han kommer att få ~ för livet av* den brutala behandlingen ...will leave a permanent mark

on him; *han har (lider) fortfarande ~ av* olyckan he is still suffering from the [after]effects of...; *till ~ för* to the detriment of
mena *vb tr* o. *vb itr* **1** åsyfta mean; avse intend; vilja ha sagt äv. mean to say [*med* i samtl. fall by]; hänsyfta på äv. refer to; *~ med* inlägga i understand by; *~ allvar [med* ngt*]* be serious [about...]; *det var inte så illa ment (~t)* no offence was intended (meant); *vad ~r du?* vart vill du komma? what are you driving at?; *vad ~s med...?* a) vad innebär...? what is meant by...? b) vad är meningen med...? what does...mean?, what is the meaning of...?; *så ~de jag inte* I didn't mean that; det var inte avsikten that wasn't my intention; *du ~r väl ändå inte att...* you don't mean to say that... **2** anse think [*om* of]; *han ~r att...* äv. he is of the opinion (he considers) that...
menageri *s* menagerie äv. bildl.
menande I *adj* meaning, significant; om blick äv. knowing **II** *adv* meaningly, with meaning, knowingly; *se ~ på ngn* vanl. give a p. a look full of meaning
mened *s* perjury; *begå ~* commit perjury, perjure oneself
menig I *subst adj* i armén private; flyg.: i Engl. aircraft[s]man; i USA airman; i marinen [ordinary] seaman **II** *adj, ~e man* ordinary people pl.
menighet *s* kyrkl. congregation; *[den församlade] ~en* friare the assembled people pl.
mening *s* **1** uppfattning o.d. opinion; åsikt äv. view; tanke äv. idea [*om (beträffande)* i samtl. fall about, of, när det gäller sak äv. on, as to]; *bilda sig en ~ om* form an opinion of (about); *dela ngns ~* share a p.'s view[s], be of the same opinion as a p.; *~arna är delade* opinions differ; *ha en annan ~ än ngn* ofta differ from (with) a p., disagree with a p.; *jag har sagt min ~* I have given (stated) my opinion, I have said what I think; *säga sin ~ rent ut* speak one's mind; *enligt (efter) min ~* in my opinion (omdöme judgement), to my mind **2** avsikt intention; syfte purpose, object, aim, idea; *det var inte ~en (~n) att* I didn't mean to; *det är ~en* det förväntas *att jag ska göra det* I am supposed to...; *vad är ~en med det här?* a) vad är det bra för what is the idea of this?; vard. what's the big idea? b) vad vill det här säga what is all this about? **3** innebörd, idé sense; betydelse meaning, significance; *~en med livet* the meaning of life; *det är ingen ~ med att* inf. there is no sense (point) in ing-form; *ett bolag i svensk ~* ...in the Swedish sense [of the word] **4** sammanhang context **5** gram. sentence; av flera satser period
meningsbyggnad *s* språkv. sentence structure

meningsbyte *s* diskussion debate; dispyt controversy, dispute, argument
meningsfrände *s* sympathizer
meningsfull *adj* om t.ex. arbete, verksamhet meaningful, purposeful
meningslös *adj* meaningless; som saknar mening äv. unmeaning; oförnuftig senseless; svamlig nonsensical; *~a ord* äv. words devoid of meaning; *~t prat* nonsense; *det är ~t att gå* vanl. there is no sense (point) in going
meningsskiljaktighet *s* difference of opinion, disagreement [*om* about]
meningsutbyte *s* exchange of views (opinions); se vid. *meningsbyte*
menisk *s* anat. menisc|us (pl. äv. -i)
menlig *adj* injurious, prejudicial, detrimental [*för* i samtl. fall to]
menlös *adj* harmless; oskyldig äv. innocent; naiv artless; intetsägande vapid; om mat insipid
Menlösa barns dag Holy Innocents' Day
menlöshet *s* harmlessness osv., jfr *menlös*
menopaus *s* med. menopause
mens *s* [monthly] period; *ha ~* vanl. have one's period
mensskydd *s* sanitary protection
menstruation *s* menstruation
menstruationsbesvär *s* menstrual discomfort (pains pl.)
menstruationsrubbning *s* menstrual disorder
menstruera *vb tr* menstruate
mental *adj* mental
mentalitet *s* mentality
mentalsjuk *adj* mentally deranged (ill, disordered); *en ~* subst. adj. a mentally deranged person
mentalsjukdom *s* mental disease (illness, disorder, derangement)
mentalsjukhus *s* mental hospital
mental[sjuk]vård *s* mental health services pl.
mentol *s* menthol
menuett *s* mus. minuet
meny *s* menu äv. bildl. el. data.; matsedel äv. bill of fare
mer[a] *adj o. adv* more; ytterligare further, else, besides; ganska, snarare rather; *100 kr och ~* ...and more (upwards); *~ och ~* el. *allt ~ [och ~]* more and more; *~ eller mindre* more or less; *det kräver [mycket] ~ arbete* ...[much] more (a [much] greater amount of) work; *det var [mycket] ~ bilar (folk)* än vanligt there were [many] more cars (people)..., there was a [much] greater number of cars (people)...; *han är ~ konstnär än vetenskapsman* ...more of an artist than [of] a scholar; vill du ha *[lite] ~ [te]?* ...some more [tea]?; *finns det ~ [te]* is there any more [tea]; det finns *inte ~ [te]* ...no more [tea]; *den är ~ efterfrågad* ...more in demand (in greater demand); *den är ~ grön än blå* ...green rather than blue; *vara ~ känd* än be better (more widely)

known...; *någon ~ känd författare är han inte* he is not a particularly well-known author; *det är ~ ganska ovanligt* that is rather (somewhat) unusual; *säg inte ~!* say no more!, don't say any more!; *jag träffade honom inte ~ (aldrig ~)* I didn't see him any more (I never saw him again); *var det någon ~ (någon ~ än jag) som såg det?* did anybody else (anybody [else] except me) see it?; *och vad ~ är* and what is more; *vem ~ än du* var där? who [else] besides (else but) you...?; *~ än* 10 personer more than...; över upwards of (above)...; *inte mer än* 10 personer no (högst not) more than...; endast only...; inte över not above...; *det räcker mer än väl* that is more than enough; det förtjänar han *mer än väl* ...thoroughly; han vet *mer än väl...* ...perfectly (only too) well; det är *inte mer än rätt[vist]* ...only fair
merarbete *s* extra work
meridian *s* geogr. meridian
merit *s* kvalifikation qualification [*för* for]; plus recommendation; förtjänst merit; *han har mera ~er* äv. he is more qualified; *samla ~er* improve one's qualifications
meritera I *vb tr* qualify, render...qualified [*för* for]; språkkunskaper *anses ~nde* ...are considered an additional qualification; *vara föga ~nde rekommenderande för ngn* do a p. little credit **II** *vb rfl*, *~ sig* qualify [oneself] [*för* for]
meriterad *adj* qualified
meritförteckning *s* list of qualifications, personal record
meritlista *s* **1** se *meritförteckning* **2** syndaregister crime sheet
merkantil *adj* commercial
merkantilism *s*, *~en* mercantilism, the mercantile system
merkostnad *s* additional (extra, surplus, plus, excess) cost
Merkurius astron. el. mytol. Mercury
merpart *s*, *~en av...* the greater (major) part of..., the majority of...
mersmak *s*, *det ger ~* it whets the appetite
mervärde *s* surplus value
mervärdesskatt *s* value-added tax (förk. VAT)
1 mes *s* zool. tit|mouse (pl. -mice)
2 mes *s* ryggsäcks~ [rucksack] frame
3 mes *s* vard. namby-pamby, softy, wimp
mesallians *s* misalliance
mesan *s* sjö. mizzen
mesanmast *s* sjö. mizzen[mast]
mesig *adj* vard. namby-pamby, wimpish; feg faint-hearted, chicken-hearted
mesopotamisk *adj* Mesopotamian
mesost *s* whey cheese
Messias bibl. Messiah
messmör *s* soft whey cheese
mest I *adj o. subst adj* [the] most; 'mer än hälften [av]' most; attr. äv. most of; *där det*

finns ~ [med] mat where there is [the] most (the greatest amount el. quantity of)...; **där det finns ~ [med]** bilar where there are [the] most (is the greatest number of)...; det som tar ~ **tid** ...[the] most time; det upptar *[den]* **~a tiden (min ~a tid)** ...most of the (my) time; **det ~a teet** exporteras most tea...; **det ~a av** förmögenheten most (the greater part, the bulk) of...; **det ~a [av vad] som** görs most of what...; **det [allra] ~a** jag kan göra the [very] most...; han har sett **det ~a [i livet]** ...most things [in life]; **för det ~a** se *II 2*
II *adv* **1** most, the most äv. superlativbildande, jfr ex.; **~ beundrad är hon** för sin skönhet she is most admired...; **hon är ~ beundrad (den ~ beundrade)** av dem she is the most (vid jämförelse mellan två äv. the more) admired...; den är **~ efterfrågad** ...most in (in the greatest) demand; **en av våra ~ kända** författare one of our best-known (most widely known, most well-known)... **2** för det mesta mostly; huvudsakligen äv. chiefly, mainly; till största delen äv. for the most part; vanligen generally; **där var ~** turister there were mainly...; **han röker ~** pipa he mostly smokes...; **som pojkar är ~** just as boys generally are **3** så gott som practically, almost; han sover **~ hela dagen** ...practically all day
mestadels *adv* mostly; till största delen for the most part; i de flesta fall in most cases
mestis *s* mestizo (pl. -s); kvinna mestiza
meta I *vb tr* angle for, fish; **~ upp** land **II** *vb itr* angle, fish
metadon *s* med. methadone, methadon
metafor *s* metaphor
metafysik *s* metaphysics sg., äv. friare
metafysisk *adj* metaphysical
metall *s* metal; knapp *av* **~** äv. metal...
metallarbetare *s* metalworker
metallhaltig *adj* metalliferous; attr. äv. ...containing metal
metallindustri *s* metal industry
metallisk *adj* metallic
metallslöjd *s* metalwork
metallsmak *s* metallic taste
metalltråd *s* [metal] wire
metallurgi *s* metallurgy
metamorfos *s* biol. el. friare metamorfos|is (pl. -es)
metan *s* kem. methane, marsh gas
metanol *s* kem. methanol
metare *s* angler
metastas *s* med. metastas|is (pl. -es)
mete *s* metning angling, fishing
meteor *s* meteor äv. bildl.
meteorartad *adj* meteoric äv. bildl.
meteorit *s* meteorite
meteorolog *s* meteorologist, vard., t.ex. i TV weatherman, weather forecaster
meteorologi *s* meteorology

meteorologisk *adj* meteorological; **~ station** meteorological (weather) station
meteorsvärm *s* meteor swarm
meter *s* **1** längdmått (förk. *m*) metre (förk. m); amer. meter; eng. motsv. äv. yard (ung. 90 cm); **2 ~** tyg two metres of...; **två ~s höjd** a height of two metres; 80 kr **~n** ...a metre **2** versmått metre
meterlång *adj*, **en ~** stav a metre long..., a...one metre long (in length)
metersystem *s*, **~et** the metric system
metervara *s*, tyget *finns i* **~** ...is sold by the metre; **metervaror** piece goods
metervis *adv* per meter by the metre; **~ med...** metres and metres (eng. äv. ung. yards and yards) of...
metkrok *s* [fish-]hook
metmask *s* angling-worm
metning *s* angling, fishing
metod *s* allm. method; system äv. system; tillvägagångssätt äv. procedure; isht tekn. process; friare (sätt) way
metodik *s* metodlära methodology; metoder methods pl.
metodiklektor *s* lecturer in teaching methods [at a school (institute) of education]
metodisk *adj* methodical
metodist *s* relig. Methodist
metrev *s* [fishing-]line
metrik *s* litt. prosody
metrisk *adj* litt. prosodic; rytmisk metrical
metronom *s* mus. metronome
metropol *s* metropolis
metropolit *s* kyrkl. metropolitan
metspö *s* [fishing-]rod
Mexico Mexico
mexikan[are] *s* Mexican
mexikansk *adj* Mexican; **Mexikanska bukten** the Gulf of Mexico
mexikanska *s* kvinna Mexican woman
mezzosopran *s* mus. mezzo-sopran|o (pl. -i)
m.fl. (förk. för *med flera*) and others
miau *interj* miaow!
mick *s* vard., mikrofon mike
middag *s* **1** tid noon; friare midday; *kl. 12 på* **~en** adv. at noon; **god ~!** good afternoon!; *i går* **~ (på ~en)** yesterday at noon; *på lördag* **~** at noon on Saturday **2** måltid dinner; bjudning äv. dinner party; **~en är färdig** dinner is ready; **~en var mycket lyckad** the dinner [party] was quite a success; när vi hade **slutat ~en** ...finished [our] dinner; **sova ~** have (take) an afternoon nap (a siesta); **äta ~** have [one's] dinner; högtidl. dine; **äta ~ ute** borta (vanl.) dine out; **vara [borta] på ~** be invited to a dinner [party]; **äta** fisk **till ~[en]** have...for dinner
middagsbjudning *s* dinner party
middagsbord *s* dinnertable; **duka ~et** äv. lay the table for dinner; **vid ~et** at dinner

middagsgäst

middagsgäst *s, ha ~er* have guests for dinner
middagssol *s* midday sun
middagstal *s* speech during dinner; eng. motsv. after-dinner speech
midja *s* waist; markerad waistline; ha *smal ~* ...a slim waistline
midjekjol *s* underkjol waist slip
midjekort *adj, ~ jacka* waist-length jacket
midjemått *s* waist measurement
midjeväska *s* belt (vard. bum) bag, amer. fanny pack
midnatt *s* midnight; *vid ~* at midnight
midnattsmässa *s* midnight mass
midnattssolen *s* the midnight sun
midskepps *adv* amidships, midships
midsommar *s* midsummer; helg Midsummer
midsommarafton *s, ~[en]* Midsummer Eve
midsommarblomster *s* bot. crane's bill
midsommardag *s, ~[en]* Midsummer Day i Engl. 24 juni
midsommarnatt *s* Midsummer night
midsommarstång *s* maypole
midsommarvaka *s, hålla ~* celebrate Midsummer Night
midvinter *s* midwinter
mig se under *jag*
migration *s* migration
migrän *s* migraine
migränanfall *s* attack of migraine
mikrodator *s* microcomputer
mikrofilm *s* microfilm
mikrofon *s* microphone; vard. mike; på telefonlur mouthpiece; telefonlur receiver, handset; *dold ~* hidden microphone; vard. bug
mikrofotografera *vb tr* microphotograph
mikrokosmos *s* microcosm
mikroorganism *s* micro-organism
mikroskop *s* microscope
mikroskopisk *adj* microscopical; mycket liten vanl. microscopic
mikrougn *s* o. **mikrovågsugn** *s* microwave oven
mil *s, en ~* ten kilometres; eng. motsv. ung. six miles; *engelsk ~* mile; *ett par ~* some twenty or thirty kilometres; *nautisk ~* nautical mile
mila *s* kol~ [charcoal] stack (pile)
Milano Milan
mild *adj* allm. (t.ex. om förebråelse, klimat, luft, sätt, vinter) mild; ej hård (t.ex. om blick, färg, ljus, regn, svar) soft; lindrig (t.ex. om straff) light; ej sträng: t.ex. om dom, bedömning lenient [*mot* to]; t.ex. om röst, sätt gentle; *~a makter!* el. *du ~e!* Good gracious!, Gracious me!; *~ ost* mild cheese; *med milt våld* with gentle compulsion; *[så] till den ~a grad kallt* vard. so awfully cold
mildhet *s* mildness, softness, lenience, leniency, lenity, gentleness; jfr *mild*
mildra *vb tr* lindra: allm. mitigate; t.ex. smärta äv. alleviate, assuage; t.ex. straff reduce; t.ex. sorg allay; göra mildare: allm. soften; t.ex. uttryck tone down; t.ex. stöt cushion
milersättning *s* bil. mileage allowance
milis *s* militia
militant *adj* militant
militarism *s, ~[en]* militarism
militarist *s* militarist
militaristisk *adj* militarist[ic]
militär I *s* **1** soldat service man, member of the armed forces; isht i armén äv. soldier; *en hög[re] ~* a high-ranking officer **2** koll. *~en* the military pl.; armén the army; *gå in i ~en* join the armed forces **II** *adj* military; *i det ~a* mots. i det civila in military life; han är *i det ~a* ...in the army
militärattaché *s* military attaché
militärbas *s* military base
militärdiktatur *s* military dictatorship
militärflyg *s* flygväsen military aviation
militärflygplan *s* military plane
militärförläggning *s* military camp, garrison
militärisk *adj* militär- military; soldatmässig soldierly, soldier-like
militärjunta *s* military junta
militärområde *s* military command [area]; amer. military district
militärsjukhus *s* military hospital
militärtjänst[göring] *s* military service; *inkallad till ~* called up for military service
militärutbildning *s* military training
miljard *s* billion, åld. milliard; *en ~* äv. a el. one thousand million (resp. millions, jfr *miljon*); *~er* bakterier vanl. thousands of millions of...
miljardär *s* billionaire
miljon *s* million; *~er människor* millions of people; *tio ~er pund* ten million pounds, £10 m
miljonaffär *s* transaction involving (amounting to, running into) millions (resp. a million)
miljondel *s* millionth; jfr *femtedel*
miljonstad *s* town with over a million (resp. with millions of) inhabitants
miljontals *adv, ~ böcker* millions of... (subst. i pl.); *~ människor* äv. people in millions
miljonupplaga *s* edition running into millions (resp. a million)
miljonvinst *s* på lotteri o.d. prize of a million kronor (pounds etc.)
miljonär *s* millionaire
miljö *s* yttre förhållanden environment, milieu fr.; omgivning surroundings pl.; ram setting
miljöaktivist *s* environmentalist, anti-pollutionist; vard. (ofta neds.) ecofreak, doomwatcher
miljöbrott *s* environmental crime
miljödepartement *s* ministry (amer. department) of the environment; *Miljö- och naturresursdepartementet* the Ministry of the Environment and Natural Resources
miljöfara *s* environmental hazard (danger)

miljöfarlig *adj* ecologically harmful; *~t avfall* hazardous [chemical] waste
miljöfråga *s* environmental (ecological) question (issue, problem)
miljöförorening *s* o. **miljöförstöring** *s* [environmental] pollution
miljögift *s* toxic substance injurious to the environment
miljökatastrof *s* environmental disaster
miljöminister *s* Minister of the Environment
miljöombyte *s* change of environment (surroundings, scene)
miljöparti *s* polit. environmental party; *~et de gröna* the Green Party
miljöpolitik *s* environmental (ecological) policy
miljöskadad *adj* psykol. ...harmed by one's environment; missanpassad [socially] maladjusted
miljöskildring *s* litt. description of the social background (setting)
miljöskydd *s* environmental protection (control)
miljövård *s* environmental control (conservation), ecology
miljövänlig *adj* environment friendly, ecofriendly
millibar *s* millibar
milligram *s* (förk. *mg*) milligramme (förk. mg)
milliliter *s* (förk. *ml*) millilitre (förk. ml)
millimeter *s* (förk. *mm*) millimetre (förk. mm); *det stämmer på ~n* ...to a millimetre; friare ...to a hair; för sms., jfr äv. *meter-*
milslång *adj* attr.: ten-kilometre long...; *flera mil lång* ...miles and miles long
milsten *s* o. **milstolpe** *s* milestone äv. bildl.
milsvid *adj*, *~a skogar* ...extending for miles and miles; *en ~ utsikt* a view of the country for miles
milt *adv*, *~ uttryckt* to put it mildly
mim *s* mime
mima *vb itr* mime
mimik *s* facial expressions pl.
mimosa *s* bot. mimosa
mimosasallad *s* kind of mayonnaise salad with chopped vegetables and fruit
1 min (n. *mitt*, pl. *mina*) *poss pron* fören. my; självst. mine; *det är ~ bil* it is my car; *bilen är ~* the car is mine; *Mina damer och herrar!* Ladies and Gentlemen!; *jag ~ dumbom köpte det* I bought it, fool that I was; *med ~a egna ögon* äv. with these very eyes; *på ~a och ~a kollegers vägnar* on behalf of myself (me) and my colleagues; *jag har gjort mitt* I have done my part (bit); *jag sköter mitt [och du sköter ditt]* I mind my own business [and you mind yours]; *[jag och] de ~a* [I (me) and] my family (my people)
2 min *s* ansiktsuttryck expression; uppsyn air; utseende look; *med [en] bister ~* with a grim expression; *göra ~er* grimasera *[åt ngn]* make (pull) faces [at...]; *göra sura ~er* make a wry face; *vad gjorde han för ~* när han såg det? what was the expression on his face...?; *inte göra [någon] ~ av att gå* make no sign of going; *hålla god ~ i elakt spel* grin and bear it (end. i inf.), put a good (bold) face on it; *ta på sig en allvarlig ~ (en oskyldig ~)* put on a grave face (an air el. a look of innocence); *utan att [för]ändra en ~* without turning a hair (batting an eyelid)
mina *s* mil. mine; *lägga minor* lay mines; *gå på en ~* a) eg. strike a mine b) vard., råka illa ut get into trouble
minaret *s* minaret
mindervärdeskomplex *s* psykol. inferiority complex
mindervärdig *adj* inferior
mindervärdighet *s* inferiority
minderårig *adj* omyndig ...under age; efterlämna *~a barn* ...young children; *en ~* subst. adj. a minor, an infant båda isht jur.; *~a* subst. adj. vanl. juveniles
mindre I *adj* mots. t. 'större' o.d. smaller; kortare shorter; yngre younger; ringare less; attr. ibl. äv. lesser; mindre betydande minor; [ganska] liten small; obetydlig slight, insignificant; *Mindre Asien* Asia Minor; *av ~ betydelse* of less (föga little, minor) importance; *ett ~ litet fel har smugit sig in* a slight error...; *det kostar en ~ liten förmögenhet* ...a small fortune; i England och *i ~ grad i Sverige* ...to a lesser extent (and less so) in Sweden; *ingen ~ än kungen* no less a person than...; *jag har inte ~ än en hundralapp* I have no smaller change...; *vara ~ till storleken (växten)* be smaller in size (shorter el. smaller of stature)
II *subst adj* o. *adv* mots. t. 'mera' less; färre fewer; inte särdeles not very; t.ex. trafikerad not [very] much; inte så mycket not so much *[än* as*]*; *det kräver ~ arbete* ...less (a smaller el. lesser amount of) work; *där var [mycket] ~ färre bilar (folk)* än vanligt there were [far] fewer cars (people)...; göra ngt *på ~ än en timme* ...in less [time] than (in under) an hour; *ingenting ~ än* ett underverk nothing less than...; *endast nothing short of*...; *inte ~ än* tio personer no fewer (less) than...; *betala inte ~ än* 500 kr pay no less [a sum] than...; *man kan bli arg för ~* it is enough to make you (one)...; *med ~ [än att]* hela systemet *avskaffas* short of the abolition of..., unless...is abolished; han kan inte gå, *mycket (ännu) ~ springa* ...let alone run; resultatet *blev ~ gott* ...was not very satisfactory; *ett ~ lyckat försök* a not very successful...; det är *~ troligt* ...not very likely, ...rather unlikely; *~ välbetänkt* ill-advised, unadvisable; *~ av nyfikenhet än* av intresse not so much out of curiosity as...
minera I *vb tr* mine **II** *vb itr* lay mines

mineral

mineral *s* mineral
mineralfyndighet *s* mineral deposit
mineralhalt *s* mineral content; procentdel percentage of mineral[s]
mineralhaltig *adj* attr. ...containing mineral[s]
mineralog *s* mineralogist
mineralogi *s* mineralogy
mineralvatten *s* mineral water
minering *s* minerande mining; konkr. mined area
minfara *s* danger from mines
minfartyg *s* minelayer
minfält *s* minefield
miniatyr *s* miniature
miniatyrformat *s, i* ~ in miniature
miniatyrkamera *s* miniature camera; vard. minicam[era]
minibuss *s* minibus
minidator *s* minicomputer
minigolf *s* miniature golf
minikalkylator *s* minicalculator, pocket calculator
minikjol *s* miniskirt, mini
minimal *adj* extremely small, minimal; om t.ex. chanser äv. infinitesimal; pred. äv. practically non-existent; om t.ex. skillnad, värde äv. negligible; pred. äv. hardly worth mentioning
minimera *vb tr* reduce...to a minimum, minimize
minimibelopp *s* minimum amount
minimigräns *s* lowest (minimum) limit (level)
minimikrav *s* minimum demand
minimilön *s* minimum wage (salary), jfr *lön*
minimipris *s* minimum price; vid auktion reserve price
minimiålder *s* minimum age
minimum *s* **1** minim|um (pl. -a); *reducera till ett* ~ reduce to a minimum **2** meteor. depression
minior[scout] *s* pojke Cub [Scout]; flicka Brownie
miniräknare *s* minicalculator, pocket calculator
minister *s* allm. minister; jfr *civilminister* etc.
ministerium se *departement 1*
ministerpost *s* ministerial post
ministerpresident *s* om utländska förh. premier, prime minister
ministär *s* samtliga statsråd ministry; se vid. *regering*
mink *s* mink
minkpäls *s* mink coat
minn|as *vb tr dep* remember; erinra sig äv. recollect, recall; regeln ig. *lätt att* ~ ...easy to remember; *jag har svårt för att* ~ namn (vanl.) I have a bad memory for...; *jag -s att jag gjorde det* I remember doing (having done) it; *jag -s inte* (har glömt) vad hon heter äv. I forget (have forgotten)...; *jag vill* ~ *att han...* I seem to remember that he...; *om jag -s rätt (inte -s fel)* if I remember rightly,

if my memory serves me right; *såvitt jag kan* ~ as far as I can remember, to the best of my recollection
minne *s* **1** memory; data. äv. storage (memory) device, store; erinran äv. remembrance; hågkomst äv. recollection, reminiscence; ~*t av min son* the memory of my son; *ett* ~ *för livet* a memory for life; uppliva *gamla* ~*n* ...old memories; *förlora (tappa)* ~*t* lose one's memory; *ha (inte ha)* ~ *för* namn have a good (a bad) memory for...; *jag har inget* ~ *av* vad som hände vad som hände I have no remembrance (recollection) of...; *jag har inget* ~ *av att jag gjorde det* vanl. I can't remember doing (having done) it; *bevara* ngn *i tacksamt* ~ keep...in grateful memory (remembrance); *ha (hålla)* ngt *i* ~*t* keep (bear)...in mind, remember...; *lagra i* ~*t* data. store; *återkalla* ngt *i* ~*t* erinra sig recall..., recollect..., bring...back to mind; *lägga* ngt *på* ~*t* komma ihåg remember...; inprägla make a mental note of..., commit...to memory; *till* ~*[t] av* in memory (remembrance) of; *dra sig till* ~*s* remember, recollect; måla ngt *ur* ~*t* ...from memory
 2 minnessak remembrance, memento (pl. -s el. -es); souvenir souvenir, keepsake; fornminne relic; du får den *som* ~ ...as a remembrance (a souvenir)
 3 samtycke *med hans goda* ~ with his consent
minnesanteckning *s* memorand|um (pl. äv. -a)
minnesbeta *s, ge ngn en* ~ teach a p. a lesson that he (resp. she) won't forget
minnesbild *s, jag har en tydlig* ~ *av...* I have a distinct recollection of...
minnesförlust *s* loss of memory
minnesgod *adj, en* ~ *person* kom ihåg den a person with a good memory...; ~ *vän* faithful friend
minnesgudstjänst *s* memorial service
minnesgåva *s* souvenir, keepsake, memento (pl. -s el. -es); hedersgåva testimonial
minneshögtid *s* commemoration, memorial ceremony
minneslista *s* memorand|um (pl. äv. -a); för inköp shopping list
minneslucka *s* gap (lapse) in one's memory
minneslund *s* memorial grove (park)
minnesmärke *s* **1** minnesvård memorial, monument [över to] **2** relik relic, ancient monument
minnesord *s pl* minnestal commemorative words [över on]
minnesregel *s* mnemonic rule
minnesrik *adj* ...rich in memories [of the past]; oförglömlig unforgettable
minnessak *s* **1** se *minnesgåva* **2** det är *en ren* ~ ...merely a matter of memory
minnessten o. **minnesstod** se *minnesmärke 1*
minnestal *s* commemorative speech [över on]

minnestavla *s* commemorative plaque (tablet)
minnesutställning *s* commemorative exhibition
minnesvärd *adj* memorable
minoisk *adj* arkeol. Minoan
Minorca Menorca
minoritet *s* minority; *vara i* ~ be in the (a) minority
minoritetsparti *s* minority party
minoritetsregering *s* minority government
minsann I *adv* sannerligen certainly, indeed; *det är* ~ *inte lätt* äv. that isn't easy, to be sure (I can tell you) **II** *interj*, ~, där är han! ...to be sure!, well (why)...!; *jaså*, ~! oh, indeed!; oh, is that so?
minska I *vb tr* reduce [*med* by]; skära ned äv. cut down, curtail; förminska decrease, lessen, diminish; förringa detract from; sänka lower; dämpa abate; ~ ngt *till hälften* halve..., diminish...to a half **II** *vb itr* **1** ~ *på* se *I* **2** decrease, lessen, diminish; avta fall off; sjunka decline, fall, go down; dämpas, lägga sig abate; arbetslösheten *har* ~*t* ...has been reduced; folkmängden *har* ~*t [med...]* ...has decreased [by...]; intresset *har* ~*t* ...has diminished (become less); ~ *[5 kilo] i vikt* go down [...] in weight; på grund av ~*d efterfrågan* ...decreasing demand
minskas *vb itr dep* se *minska* II 2
minskning *s* reduction, decrease, diminution [*av*, *i* i samtl. fall of, in]; nedskärning cut [*av* in]
minspel *s* facial expressions pl.
minspärr *s* mil. mine barrage; över väg mine road block
minst I *adj* **1** mots. t. 'störst': allm. smallest; attr. t.ex. om antal, äv. minimum; kortast shortest; yngst youngest; ringast least; obetydligast slightest; *den* ~*a* (~*e*) *av* pojkarna the smallest (yngste youngest) of...; vid jämförelse mellan två äv. the smaller (resp. younger) of...; *jag har inte [den]* ~*a anledning att...* I haven't the least (slightest) reason to..., I have no reason whatever to...; *vid* ~*a beröring* at the slightest touch; ~ *till storleken* smallest in size **2** mots. t. 'mest' least, the least; mots. t. 'flest' fewest, the fewest; *han fick* ~ *(~ pengar)* he got [the] least ([the] least money); *där det finns* ~ *[med]* bilar where there are fewest (is the smallest number of)... **3** *det* ~*a du kan göra är att...* the least you can (could) do is to...; *om du är det* ~*a* rädd if you are the least (the least bit, at all)...; *jag begrep inte det* ~*a* I did not understand a thing; *hon är inte det* ~*a* blyg she is not a bit (the least [bit])..., she is not...in the least
II *adv* least; åtminstone at least; inte mindre än not less than; *när man [allra]* ~ väntar det when you least [of all]...; *den kostar [allra]* ~ 100 kr it costs...at [the very] least; *allra* ~ nu ...least of all; *inte* ~ not least; i synnerhet äv. especially; ~ *sagt* to say the least [of it]
minsvepare *s* minesweeper
minsvepning *s* minesweeping
minsökare *s* mine detector
mint *s* smakämne mint
mintsmak *s*, *...med* ~ ...with a mint flavour
minus I *s* matem. minus [sign]; underskott deficit, deficiency, shortage [*på* i samtl. fall of]; nackdel drawback; *termometern visar (står på)* ~ it is below zero (freezing point); *stå på* ~ be on the minus side, be in the red **II** *adv* minus; med avdrag av less; ~ *2 [grader]* el. *2 grader* ~ two degrees below zero
minusgrad *s* degree of frost (below zero); *det är* ~*er* it is below zero, there is frost
minustecken *s* minus [sign]
minut *s* **1** minute äv. del av grad; *fem* ~*ers promenad* [a] five minutes' walk, a five-minute walk; jag var borta *[i] en* ~ ...for a minute; *i* ~*en* per minute a (per) minute; varje minut every minute; komma *i sista* ~*en* ...at the last moment (minute); *på en* ~ inom en minut in a minute; med en minuts varsel at a minute's notice; *på* ~*en* strax in a minute; genast directly; *på* ~*en [klockan fem]* [at five o'clock] to the minute **2** hand. *i* ~ [by] retail; amer. [at] retail; *köpa i* ~ buy retail; *sälja* ngt *i* ~ sell...by retail, retail...
minutförsäljning *s* retail sale (minutsäljande äv. selling)
minutiös *adj* meticulous; detaljerad minute, elaborate
minutvisare *s* minute hand
mirakel *s* miracle
mirakulös *adj* miraculous
misantrop *s* misanthrope
misantropisk *adj* misanthropic[al]
miserabel *adj* miserable, wretched
miss *s* fel, bom miss; *en svår* ~ a bad miss
missa *vb tr* o. *vb itr* miss; ~ *poängen i* historien miss the point of...; ~ *tåget* äv. lose one's train
missakta *vb tr* ringakta disdain, look down upon; förakta despise
missanpassad *adj* maladjusted; han *är* ~ äv. ...is a misfit
missbedöma *vb tr* misjudge, miscalculate
missbelåten *adj* displeased [*med* with, at]; jfr *missnöjd*
missbelåtenhet *s* displeasure
missbildad *adj* malformed, misshapen
missbildning *s* malformation; lyte deformity
missbruk *s* av t.ex. frihet, förtroende, makt abuse; av alkohol, narkotika äv. addiction [*av* to]; oskick äv. evil (bad) practice; orättmätigt bruk, av t.ex. fullmakt improper (starkare wrongful, illegitimate) use; vanhelgande profanation
missbruka *vb tr* t.ex. frihet, förtroende, makt abuse; t.ex. alkohol, narkotika be addicted to;

missbrukare 428

t.ex. ngns godhet take [undue] advantage of; Guds namn take...in vain; ngns gästfrihet trespass upon; göra missbruk av put...to an improper (a wrong) use; *det kan lätt ~s* it lends itself (is open) to abuse; *~d* energi misdirected...; *detta ~de ord* this much-abused word
missbrukare *s* av alkohol, narkotika addict [*av* to]; *~ av narkotika* drug (dope) addict
missdådare *s* malefactor, evil-doer
misse *s* vard. pussy[cat], puss
missfall *s* miscarriage; *få ~* have a miscarriage
missfoster *s* eg. el. bildl. abortion; eg. äv. monster; bildl. äv. monstrosity
missfärga *vb tr* discolour
missförhållande *s* **1** *~[n]* unsatisfactory state of things (affairs) sg., bad conditions pl.; sociala *~n* ...evils **2** disproportion disproportion, disparity, incongruity
missförstå *vb tr* misunderstand; vard. get...wrong; *~dd* misskänd misunderstood, unappreciated; *det kan lätt ~s* it is apt to be misunderstood
missförstånd *s* misunderstanding; oenighet disagreement; jfr *misstag* o. *missuppfattning*
missgrepp *s* bildl. mistake, blunder, error [of judgement]
missgynna *vb tr* treat...unfairly; vara orättvis mot be unfair to; *~d av lyckan (naturen)* not favoured by fortune (nature)
missgärning *s* misdeed, outrage; stark. evil (ill) deed
misshaga *vb tr* displease; *det ~de honom* äv. he disliked it
misshaglig *adj* displeasing, objectionable [*för* to]; *en ~* person (åtgärd) an undesirable...
misshandel *s* maltreatment, ill-treatment [*av (mot)* of]; jur. assault and battery [*mot* against]; *utsätta för ~* jfr *misshandla*
misshandla *vb tr* maltreat, ill-treat, treat...badly; överfalla med hugg och slag äv. handle...roughly, maul, knock...about; isht barn, kvinnor äv. batter, manhandle; isht jur. assault; bildl.: t.ex. en melodi, språket murder; t.ex. ett piano maltreat
misshushålla *vb itr,* *~ slösa med* be uneconomical with (in the use of); förvalta dåligt mismanage
misshushållning *s* mismanagement; *~en med* arbetskraften the uneconomical use of...
misshällighet *s* discord, dissension; *~er* äv. quarrels; meningsskiljaktigheter differences
missil *s* mil. missile
mission *s* **1** [livs]uppgift, [politiskt] uppdrag mission; kall äv. vocation **2** relig. *~[en]* missions pl.; *inre (yttre) ~en* home (foreign) missions pl.
missionera *vb itr* missionize
missionshus *s* [nonconformist] chapel, mission hall
missionär *s* missionary

missklä[da] *vb tr* not suit (become), be unbecoming on
missklädsam *adj* unbecoming
misskreditera *vb tr* discredit
misskund *s* förbarmande mercy; medkänsla compassion; *av ~ med* out of compassion for
misskänna *vb tr* felbedöma misjudge; missförstå misunderstand; underskatta underrate
missköta I *vb tr* mismanage, jfr *vansköta I;* försumma, t.ex. hälsa, tjänst neglect **II** *vb rfl, ~ sig* neglect oneself (sin hälsa one's health); *~ sig [i sitt arbete]* neglect one's work (duties)
missleda *vb tr* mislead
missljud *s* eg. el. bildl. jarring (discordant) sound; mus. el. bildl. äv. discord
misslyckad *adj* som misslyckats unsuccessful; felslagen, förfelad abortive; *ett misslyckat företag* a failure; *misslyckat försök* unsuccessful (abortive) attempt; *vara ~* be a failure, have gone wrong
misslyckande *s* failure; fiasco (pl. -s); vard. flop
misslyckas *vb tr dep* fail [*i (med)* in; *i (med) att* + inf. to + inf. el. in + ing-form]; be (prove, turn out) unsuccessful [*i (med)* in]; not succeed etc., jfr *lyckas; planen misslyckades totalt* äv. ...did not work at all, ...was a dead failure (vard. a complete flop)
misslynt *adj* ill-humoured; stark. cross; *göra ngn ~* put a p. out [of humour], upset a p. (a p.'s equanimity), make a p. cross; *bli ~ över ngt* get put out at (get cross about) a th.
missminna *vb rfl, om jag inte missminner mig* if my memory is not at fault, if I remember rightly
missmod *s* downheartedness, dejection, despondency, depression [of spirits]; nedslagenhet discouragement
missmodig *adj* downhearted, dejected, despondent, depressed; nedslagen discouraged [*för (över)* i samtl. fall at]
missnöjd *adj* isht tillfälligt dissatisfied; missbelåten displeased; isht stadigvarande discontented; *vara ~ med* ogilla äv. disapprove of
missnöje *s* dissatisfaction; missbelåtenhet, misshag displeasure; djupt o. utbrett discontent; ngns otillfredsställdhet discontentment [*med* i samtl. fall with; *över* at]; ogillande disapproval [*med* of]; meddelandet *väckte allmänt ~* ...gave rise to general dissatisfaction
missnöjesparti *s* polit. party of discontent
missnöjesyttring *s* expression of dissatisfaction (discontent)
misspryda *vb tr* disfigure
missriktad *adj* misdirected
missräkna *vb rfl, ~ sig* göra en felberäkning

make a miscalculation [*på (i fråga om)* about (as to)]; ~ *sig på* t.ex. avståndet misjudge; ~ *sig* bli besviken *på ngn* be deceived (disappointed) in a p.

missräkning *s* disappointment [*för* to; *över* at]; *djup (bitter)* ~ äv. mortification

missta *vb rfl*, ~ *sig* make a mistake [*om (på)* about (as to)]; be mistaken, be wrong, be in error; *om jag inte misstar mig* if I am not mistaken; ~ *sig om vägen* take the wrong road, miss the (one's) way; ~ *sig på* (felbedöma) ngn, ngt be mistaken in..., get...wrong

misstag *s* mistake, error; förbiseende oversight, slip, blunder; *det måste vara ett* ~ there must be some mistake; *det vore ett* ~ *att tro*... it would be an error...; *av* ~ by mistake, through (owing to) an oversight

misstaga *vb rfl*, ~ *sig* se *missta*

misstanke *s* suspicion [*för (om)* ngt as to (about)...; *[om]* att + sats that + sats]; *fatta misstankar mot* begin to suspect, become suspicious of; *väcka misstankar hos ngn* arouse suspicion in a p.'s mind; *ha sina misstankar* att... suspect..., have a suspicion...

misstolka *vb tr* missförstå misconstrue; vantolka misinterpret

misstro I *vb tr* distrust, suspect, have no faith in; tvivla på doubt; betvivla discredit **II** *s* se *misstroende*

misstroende *s* distrust, mistrust, suspicion [*till (mot)* i samtl. fall of]; *hysa* ~ *till* se *misstro I*

misstroendevotum *s* vote of censure, vote of no confidence [*mot* on]; *ställa* ~ move a vote etc., se ovan

misstrogen *adj* distrustful, mistrustful, suspicious; skeptisk incredulous [*mot* i samtl. fall of]

misstrogenhet *s* distrustfulness, distrust, suspiciousness; skepticism incredulity

misströsta *vb itr* despair [*om* of]

misströstan *s* despair; svag. despondency

misstycka *vb tr* o. *vb itr*, *om du inte misstycker* if you don't mind; *misstyck inte om*... don't take it amiss..., don't be offended...

misstyda *vb tr* missförstå misconstrue; vantolka misinterpret

misstämning *s* förstämning [feeling of] depression; misshumör bad mood; spänning [feeling of] discord (disharmony), ill (strained) feeling

misstänka *vb tr* suspect [*för* of; *för att* inf. of ing-form]; förmoda äv. guess, think; ~ *ngn* äv. be suspicious of a p.; *jag misstänker att han ljuger (han är en lögnare)* I suspect him of lying (him to be a liar el. that he is a liar); ~*s för ngt (för att* inf.*)* be under suspicion of a th. (of ing-form); jfr *misstänkt*

misstänkliggöra *vb tr* throw (cast) suspicion on

misstänksam *adj* suspicious, distrustful [*mot* of]

misstänksamhet *s* suspicion; egenskap suspiciousness, distrustfulness

misstänkt *adj* **1** suspected [*för* of]; häktad *som* ~ *för* äv. ...on [the (a)] suspicion of; *vara (bli)* ~ *för ngt (för att* inf.*)* be (come) under suspicion of a th. (of ing-form); subst. adj.: *en* ~ a suspect **2** tvivelaktig, som inger misstro suspicious; *en* ~ *figur* a suspicious-looking (shady) character; *det ser* ~ *ut (verkar* ~*)* there is something suspicious (vard. fishy) about it

missunna *vb tr* grudge, begrudge; avundas envy

missunnsam *adj* grudging [*mot* towards]; avundsam envious [*mot* of]

missuppfatta *vb tr* t.ex. ngns avsikt misunderstand, mistake; t.ex. ngns yttrande äv. misapprehend; t.ex. situationen misjudge, misconceive; feltolka misread, get a false idea (notion) of

missuppfattning *s* missförstånd misunderstanding, misapprehension, mistake; felaktig uppfattning misconception, false idea

missvisande *adj* bildl. misleading, deceptive

missvisning *s* kompassens variation, declination

missväxt *s* failure of the crop[s]; man väntar ~ ...a bad harvest; *det är* ~ *på potatis* the [crops of] potatoes have failed

missämja *s* dissension, discord, disagreement

missöde *s* mishap, misadventure; *tekniskt* ~ technical hitch; *genom ett* ~ en olycklig slump by mischance; *utan* ~*n* without a hitch (any accident)

mist *s* mist; tjocka fog

mist|a *vb tr* förlora lose; undvara do without; ~ *livet* lose one's life; ~ *sin lön* be deprived of...

miste *adv* **1** orätt, galet wrong; *ta* ~ se *missta[ga]* o. *[ta] fel III* **2** *gå* ~ *om* a) bli utan miss, fail to secure; vard. miss out on b) förlora (t.ex. sin plats) lose

mistel *s* bot. mistletoe

mistlur *s* foghorn

mistral *s* meteor. mistral

misär *s* nöd extreme poverty, destitution; armod äv. penury

mitella *s* med. sling

1 mitt *pron* se under *1 min*

2 mitt I *s* middle; centrum äv. centre; *i (på, vid)* ~*en* in the middle; *i (vid)* ~*en av juni* in the middle of June, in (at) mid-June

II *adv*, käppen gick ~ *av* ...[right] in two; ~ *emellan* half-way between; han är varken ljus eller mörk utan *någonting* ~ *emellan* ...something [in] between; sanningen *ligger* ~ *emellan* ...is midway between the two; ~

emellan ögonen right between...; ~ *emot* just (straight, right, exactly) opposite [*ngt* [to] a th.]; huset (vi bor) ~ *emot* ...just opposite; på andra sidan vägen äv. ...just across the road; ~ *fram* right in front; ~ *[fram]för* just (straight, right, exactly) in front [*ngt* of a th.]; ~ *för näsan på ngn* under a p.'s very nose; 'rakt i ansiktet' in a p.'s face; ~ *för ögonen på ngn* right before a p.'s eyes, under a p.'s very eyes; ~ *i* in (vid riktning into) the [very] middle [*ngt* of a th.]; ~ *i ansiktet* full (right) in the (one's) face; ~ *i natten* right in the middle of the night; mera känslobetonat at (in the) dead of night; ~ *i* solgasset right in (vid riktning into)...; osedd ~ *i vimlet* ...amid the throng; ~ *ibland* in the midst of, among; ~ *ibland oss* in our midst; ~ *inne i* in the very (right in the) centre (middle) of; bildl. in the middle of; dela ngt ~ *itu* ...into two equal parts, ...in half; gå ~ *itu* ...[right] in two; ~ *på* in the middle (i rumsbet. äv. centre) [*ngt* of a th.]; vara ~ *[ute] på havet* ...in mid-ocean, ...right out at sea; ~ *under* lektionen in the middle of...; ~ *uppe i* i tidsbet. o. bildl. in the middle of; ~ *ute i (på)* out in the middle of, right out in; ~ *över* ngt straight (exactly) above (over)...; ~ *över* gatan straight across...
mittbena *s*, *ha* ~ have one's hair parted (have a parting) in (down) the middle
mittemellan se under *2 mitt II*
mittemot se *emot* o. *2 mitt II*
mittenparti *s* polit. centre party
mitterst *adv* in the centre (middle) [*i* of]
mittersta *adj*, *[den]* ~ kullen the middle (central)...
mittfält *s* sport. midfield
mittfältare *s* sport. midfielder
mittför se under *2 mitt II*
mittgång *s* [central] gangway; isht amer. aisle; i kyrka [centre] aisle
mittlinje *s* centre (central, median, på t.ex. fotbollsplan half-way) line
mittpunkt *s* centre
mittpå se under *2 mitt II*
mittremsa *s* på väg central reserve (reservation); amer. median strip
mittunder se under *2 mitt II*
mittuppslag *s* i tidning centrespread
mix *s* kok. mix
mixa *vb tr* vard. mix äv. radio.; ~ *in* mix in
mixer *s* kok. el. radio. mixer äv. om pers.; kok. äv. blender, liquidizer
mixtra *vb itr*, ~ *med* försöka laga o.d. tinker (fiddle) with; manipulera juggle (fingra på tamper) with
mixtur *s* mixture
mjugg, *i* ~ covertly; *le (skratta) i* ~ laugh up one's sleeve
mjuk *adj* icke hård: allm. soft; silkeslen äv. silky; sammetslen äv. velvety; t.ex. om färgton äv.

softened, mellow; t.ex. om anslag, handlag, sätt, kontur gentle; mör tender; icke stel: böjlig limp, supple; smidig lithe, lissom, limber; pliable, pliant båda äv. eftergiven; flexible äv. medgörlig; ~ som en vidja (katt) lissom (lithe)...; ~ *och behaglig* till sitt väsen suave [*mot* to[wards]]]; ~ *i ryggen* bildl. compliant, pliable; ~ (övermogen) apelsin squashy...; ~*a rörelser* graceful (lithe) movements; *bli* ~ become (grow) soft (tender m.fl.), soften; *göra* vattnet ~*t* soften...; *vara* ~ *i kroppen* have supple limbs, be lithe
mjuka *vb tr*, ~ *[upp]* göra mjuk make...soft, soften; ~ *upp* t.ex. sina muskler limber up; t.ex. läder supple; göra foglig soften up; ~ *upp sig* musklerna limber up
mjukglass *s* soft ice cream
mjukhet *s* softness etc., jfr *mjuk;* pliancy, flexibility
mjuklanda *vb itr* make a soft landing äv. bildl.
mjuklandning *s* soft landing äv. bildl.
mjukna *vb itr* soften, become (grow) soft[er] etc., jfr *mjuk*
mjukost *s* soft cheese
mjukstart *s* settling-in period; skol. introductory (reception) period
mjukvara *s* data. software
mjäkig *adj* om t.ex. melodi sloppy sentimental; om t.ex. pojke namby-pamby
1 mjäll *s* dandruff, scurf
2 mjäll *adj* **1** mör, läcker tender **2** om hy transparently (diaphanously) white
mjälte *s* anat. spleen
mjälthugg *s* stitch [in the spleen]; *få* ~ have a stitch in one's side
mjärde *s* fiske. [fish] trap, wire cage
mjöd *s* mead
mjöl *s* något söndermalet, t.ex. osiktat ~, ben~ meal; siktat ~, isht vete~ flour; pulver powder; stoft dust; *inte ha rent* ~ *i påsen* have something to hide, be up to some mischief
mjöla *vb tr* flour, sprinkle...[over] (powder...) with flour
mjölig *adj* floury; ~ potatis mealy...
mjölk *s* milk; *oskummad* ~ whole (unskimmed) milk
mjölka I *vb tr* milk; ~ *ngn på* en hemlighet (pengar), se *1 pumpa;* ~ *ur* bröstet (juvret) milk...dry **II** *vb itr* give (yield) milk; korna ~*r bra* ...are milking well; ~*nde ko* cow in milk
mjölkaffär *s* dairy
mjölkaktig *adj* milky
mjölkchoklad *s* milk chocolate
mjölke *s* **1** fisk~ milt äv. om organet; soft roe **2** bot., se *mjölkört*
mjölkerska *s* milkmaid, milker
mjölkflaska *s* av glas: tom milk bottle; fylld bottle of milk; stor kanna av plåt milk [transport] can
mjölkko *s* milch cow äv. bildl.; *en bra* ~ a good milker

mjölkkörtel *s* anat. mammary gland
mjölkning *s* milking
mjölkningsmaskin *s* milking machine
mjölkpaket *s* milk cartoon
mjölkpall *s* milking stool
mjölksocker *s* milk sugar, lactose
mjölksyra *s* lactic acid
mjölktand *s* milk tooth
mjölkört *s* bot. rose bay [willow herb]; amer. äv. fireweed
mjölnare *s* miller
mjölon *s* bot. bearberry
mjölsäck *s* floursack; säck mjöl sack of flour
m.m. (förk. för *med mera*) etc.; se vid. under *2 med I 6*
mo *s* **1** hed sandy heath [with pines] **2** sand[jord] sandy soil
moatjé *s* kavaljer, motspelare partner
mobb *s* mob
mobba *vb tr* bully, harass, gang up on; om fåglar o. djur mob
mobb[n]ing *s* bullying, harassment; bland fåglar o. djur mobbing; **~ av ngn** äv. ganging up on a p.
mobil I *adj* mobile äv. mil. **II** *s* konst. mobile
mobilisera *vb tr* o. *vb itr* mil. mobilize äv. friare
mobilisering *s* mil. mobilization äv. friare
mobiliseringsorder *s* mil. mobilization order
mobiltelefon *s* mobile telephone, cellphone; i bil car phone
moçambikier *s* Mozambiquean
moçambikisk *adj* Mozambiquean
Moçambique Mozambique
1 mocka *s* **1** kaffe[sort] mocha **2** skinnsort suède [leather]
2 mocka *vb tr* o. *vb itr*, **~ [gödsel]** clear the dung out; **~ i lagården** clear the dung out of..., clear...of dung
mockajacka *s* suède [leather] jacket
mockakopp *s* [small] coffee cup
mockasin *s* moccasin
mod *s* orädhet courage; i vissa uttr. (jfr ex.) äv. heart; kurage mettle, pluck, nerve; vard. guts pl.; hjälte~ bravery, gallantry; livs~, sinne spirits pl.; *fatta ~* el. *ta ~ till sig* take courage (heart), pluck (screw) up courage; *tappa ~et* lose heart (courage), be discouraged; *hålla ~et uppe* bear up, keep up one's courage (spirits); *inge ngn nytt ~* äv. hearten (put new heart into) a p.; *i hastigt ~* jur. without premeditation; *känna sig väl (*resp. *illa) till ~s* feel at ease (resp. feel uneasy, feel ill at ease); *vara vid gott ~* be in good heart (spirits)
modd *s* slush
moddig *adj* slushy
mode *s* fashion, vogue, style; 'fluga' rage, craze; följa **~ts växlingar** ...the changes of fashion; *det är högsta ~* it is all (quite) the fashion (vogue, rage); *komma på (komma ur) ~t* come into (get out of) fashion; *vara på ~t* be the (be in) fashion, be fashionable, be in vogue, be the craze, be all the rage
modeaffär *s* hattaffär milliner's shop; för damkläder shop for ladies' wear
modedesigner *s* fashion designer
modedocka *s* bildl. el. iron. fashion plate
modefluga *s* craze, fad
modefärg *s* fashionable colour; *blått är ~en* äv. blue is all the rage
modehus *s* fashion house
modelejon *s* fashionmonger; sprått dandy, fop
modell *s* allm. model; mönster, gjut~ pattern; typ, snitt design; isht hand. style; arbeta som ~ ...an artist's (foto~ a photographer's) model; *sitta ~ för ngn (ngt)* sit to a p. (for a th.); *stå ~* pose [as an artist's (foto~ as a photographer's) model]; litt. o.d. be the model; *teckna efter ~* ...from a model
modellbygge *s* model-making; byggd modell model
1 modellera *s* för barn plasticine
2 modellera *vb tr* o. *vb itr* eg. el. bildl. model [*efter* after, [up]on]
modellflygplan *s* model [aero]plane
modelljärnväg *s* model railway
modellklänning *s* model dress (gown)
modellplan se *modellflygplan*
modellsnickare *s* pattern maker
modem *s* data. modem
modemedveten *adj* fashion-conscious
modenyck *s* whim (vagary) of fashion; fluga fad
modeord *s* fashionable (vogue) word; vard. in-word
moder *s* allm. mother; om fyrfotadjur äv. dam; *~ jord* Mother Earth; *blivande mödrar* expectant mothers; *på ~ns sida* on the (one's) mothers side; attr. äv. maternal...; jfr *2 mor*
moderat *adj* **1** måttlig moderate; skälig reasonable **2** polit. Conservative, right-wing; *~erna* subst. adj. the Moderates (Conservatives); *Moderata Samlingspartiet* the Moderate (Swedish Conservative) Party
moderation *s* moderation, restraint
moderbolag *s* parent company
moderera *vb tr* moderate; dämpa, t.ex. sina uttalanden, äv. tone down
moderfartyg *s* mother ship
moderföretag *s* parent firm (company)
moderiktig *adj* fashionable; pred. äv. in fashion
moderiktning *s* fashion trend
moderkaka *s* anat. placenta (pl. äv. -ae)
moderland *s* mother country
moderlig *adj* omhuldande motherly; som tillkommer en mor maternal
moderlighet *s* motherliness, maternal feeling
moderlös *adj* motherless
modern *adj* nutida modern, contemporary; attr. äv. ...of today; tidsenlig up to date; på modet

modernisera

fashionable, modish; pred. äv. in fashion, in vogue; vard. all the rage; ~ *engelska* present-day (modern) English; ~ *lägenhet* flat (större o. isht amer. apartment) with modern conveniences (with mod cons); ~*a språk* modern languages; *det är inte [längre]* ~*t med blått* blue is out (has gone out) of fashion
modernisera *vb tr* modernize, bring...up to date
modernisering *s* modernization
modernist *s* modernist
modernitet *s* modernity (end. sg.); nymodig sak novelty
modersbunden *adj*, *vara* ~ have a mother fixation
modersfixering *s* psykol. mother fixation
modersinstinkt *s* maternal instinct
moderskap *s* motherhood, maternity
moderskärlek *s* maternal (a mother's) love (affection), motherly love
modersmjölk *s* mother's milk; *insupa med* ~*en* drink in with one's mother's milk
modersmål *s* mother tongue, native language; *på sitt eget* ~ äv. in one's own [native] language
modesak *s* **1** konkr. fashionable (fancy) article **2** abstr. *vara en* ~ be the vogue (fashion); vard. be the in-thing
modeskapare *s* couturier fr.; fashion designer
modest *adj* modest
modetecknare *s* fashion designer
modeteckning *s* fashion plate; fashion design (drawing) båda äv. abstr.
modetidning *s* fashion magazine (paper)
modevisning *s* fashion show (display)
modfälld *adj* discouraged, disheartened, dispirited; dämpad dejected; misströstande despondent [*över* i samtl. fall at]; *göra ngn* ~ discourage (dishearten, dispirit) a p.
modifiera *vb tr* modify; dämpa äv. moderate, temper; inskränka äv. qualify
modifikation *s* modification; inskränkning äv. qualification; *en sanning med* ~ a qualified truth
modig *adj* allm. courageous, plucky; tapper brave; djärv bold; käck spirited, gallant; *vara* ~ *[av sig]* äv. have [got] pluck (courage m.fl., jfr *mod*); *det var* ~*t gjort [av dig]* that was a plucky (courageous) thing [of you] to do
modist *s* milliner, modiste
modlös *adj* dispirited, jfr vid. *modfälld*
modlöshet *s* discouragement, dispiritedness, etc. jfr *modfälld*
modstulen *adj* downhearted, jfr vid. *modfälld*
modul *s* byggn. module
modulera *vb tr* mus. el. radio. modulate
mogen *adj* allm. ripe; friare, isht bildl. äv. mature; i bet. 'färdig' äv. ready; ~ *frukt* ripe (fullmogen mellow) fruit; *en* ~ *kvinna (skönhet)* a mature woman (ripe beauty);

[ett] moget omdöme a ripe judgement; ~ *ost* ripe cheese; personer *i* ~ *ålder* ...of mature (ripe) years; *vid* ~ *ålder* at a mature age; *efter moget övervägande* after mature (careful) deliberation; ~ *för (att* inf.*)* ripe (ready) for (for ing-form); *bli* ~ se *mogna*
mogenhet *s* ripeness; bildl. maturity
mogna *vb itr* allm. ripen; om frukt o.d. äv. grow ripe; friare o. bildl. mature, come to maturity; ligga till sig season; t.ex. om beslut, komplott, böld äv. come to a head
mognad *s* ripeness; isht bildl. maturity
mohair *s* mohair
mohikan *s*, *den siste* ~*en* the last of the Mohicans
mojna *vb itr* lull, slacken; ~ *[av]* äv. abate, die down (away), subside
mojäng *s* vard. gadget
mol *adv*, ~ *allena (ensam)* entirely (all) alone, all by oneself
mola *vb itr* småvärka ache slightly; friare äv. chafe, fret; ~*nde värk* dull pain
molekyl *s* fys. el. kem. molecule
molekylär *adj* fys. el. kem. molecular
1 moll *s* mus. minor; *gå i* ~ be in the minor key äv. bildl.
2 moll *s* tyg mull, light muslin
mollskala *s* mus. minor scale
mollskinn *s* moleskin
moln *s* cloud äv. bildl.; *gå i* ~ pass (vanish) into [the] clouds (cloud)
molnfri *adj* cloudless, ...free from clouds; unclouded äv. bildl.
molnig *adj* cloudy, overcast
molnighet *s* cloudiness; *ökad* ~ i väderleksrapport becoming cloudier
molntapp *s* wisp of cloud
molntäcke *s* cloud cover; *lättande* ~ decreasing cloud; *tjockt* ~ thick layer[s pl.] of cloud; *uppsprickande* ~ breaks pl. in the overcast, decreasing cloud
molntäckt *adj* ...clouded over
moloken *adj* vard. downhearted; pred. down; *vara* ~ äv. be down in the mouth
moltiga *vb itr* not say a word
momang *s* vard. instant, moment; *på* ~*en* instantly, on the spot
moment *s* **1** faktor element, factor; punkt point; t.ex. i studiekurs item; stadium stage, phase; ~ (förk. *mom.*) **2** i lagtext clause (förk. cl.) 2; stycke paragraph (par.) 2; *det svåraste* ~*et i* tävlingen the most difficult part (element) of...; tvättningen sker i *tre* ~ ...three operations **2** fys. el. tekn. moment
momentan *adj* momentary, instantaneous
moms *s* VAT, jfr *mervärdesskatt*
momsfri *adj* ...exempt from (zero-rated for) VAT
Monaco Monaco
monark *s* monarch
monarki *s* monarchy

monarkist s monarchist
mondän adj fashionable; societets- society...
monegask s Monacan, Monegasque
monetär adj ekon. monetary
mongol s Mongol, Mongolian
Mongoliet Mongolia
mongolisk adj Mongolian
mongolism s mongolism; med. Down's syndrome
mongoloid adj **1** om ras Mongoloid **2** med. mongoloid
monitor s radio. el. TV. monitor
monogam adj monogamous
monogami s monogamy
monografi s monograph [*över, om* on]
monogram s monogram
monokel s monocle
monolog s monologue, soliloquy
Monopol® sällskapsspel Monopoly
monopol s monopoly; *ha ~ på ngt (att* inf.*)* have [got] a monopoly of a th. (of ing-form)
monopolisera vb tr monopolize
monopolställning s monopoly position
monoteism s relig. monotheism
monoteistisk adj relig. monotheistic[al]
monoton adj monotonous
monotoni s monotony
monster s monster; om sak äv. monstrosity
monstrum se *monster*
monstruös adj monstrous
monsun s monsoon
monsunregn s monsoon rain
montage s film. montage (end. sg.)
monter s showcase, display case; på utställning o.d. exhibition case; utrymme [exhibition] stand
montera vb tr **1** sätta ihop, infatta: foto. el. sömnad. el. allm. mount; t.ex. bil, radio assemble, put together; *~ [på]* anbringa äv. fix, fit; *~ [upp]* uppföra äv. erect, set (fit) up; *~ in* fit in, fix [up], install; *~ ned* dismantle, dismount **2** garnera, t.ex. hatt trim
montering s abstr. mounting etc.; industriell assembly, assemblage; installering installation; film. äv. montage
monteringsfärdig adj prefabricated; *~a hus* prefabricated (prefab) houses, prefabs
montör s allm. fitter; elektr. äv. electrician; flyg~ äv. rigger; t.ex. bil~, radio~ assembler
monument s monument; *resa ett ~ över* erect (put up) a monument to (to the memory of)
monumental adj monumental; friare äv. stupendous, grand
moped s moped
mopp s mop
moppa vb tr mop
1 moppe s vard. *ge ngn på ~* en åthutning give a p. a telling-off; stryk give a p. a hiding
2 moppe s vard., moped moped
mops s pug[dog]
mopsig adj vard. cheeky, saucy

1 mor s hist., medlem av folkslag Moor
2 mor s allm. mother; jfr äv. *mamma* o. *moder;* *~s dag* Mother's Day; *bli ~* become a mother; *vara som en ~ för ngn* be [like] a mother to a p., mother a p.; *~ till* 4 barn the mother of...
moral s **1** etik ethics (sg. el. pl.); ~uppfattning morality (end. sg.); seder morals pl.; anda, isht bland trupper morale (end. sg.); *en ~ens väktare* a guardian of morals; *slapp ~* lax morals **2** sens moral moral [*i* of]
moralbegrepp s moral concept
moralisera vb itr moralize [*över* on]
moralisk adj moral; etisk ethical
moralist s moralist
moralkaka s o. **moralpredikan** s [moral] lecture, sermon
moras s morass, bog; kärr marsh
morbid adj morbid
morbro[de]r s [maternal] uncle; jfr *farbror*
mord s murder [*på* of]; jur. äv. homicide; lönn~ el. politiskt ~ assassination; *begå ett ~* commit a murder; *platsen för ~et* the scene of the murder
mordbrand s incendiarism; jur. arson (båda end. sg.); *en ~* an act of incendiarism
mordbrännare s incendiary; jur. arsonist
mordförsök s attempted murder; *göra ett ~ på ngn* ...an attempt on a p.'s life
mordgåta s murder mystery
mordisk adj murderous
mordkommission s, *~en* the homicide squad; vard. homicide
mordlystnad s bloodthirstiness, murderousness
mordplats s scene of the (resp. a) murder
mordutredning s murder investigation
mordvapen s murder weapon
mordängel s angel of death (destruction), destroying angel
morfader se *morfar*
morfar s [maternal] grandfather; vard. grandpa, granddad; mother's father; *~s far (mor)* great-grandfather (great-grandmother)
morfin s morphia; isht med. morphine
morfinist s morphinist, morphine addict
morföräldrar s *pl, mina ~* my grandparents [on my mother's side]
morgon s **1** mots. 'kväll' morning; gryning dawn; *god ~!* good morning!; *~en gryr* the day is dawning, it is growing light; *från ~ till kväll* from morning to night, from dawn to dusk; *i tidernas ~* at the beginning of time **2** *i ~* tomorrow; *i ~ middag* at noon tomorrow; vi reser *i ~ vid den här tiden* ...[at] this time tomorrow; *tidigt i ~* early tomorrow morning
morgonandakt s enskild morning prayers pl.; t.ex. radio morning service

morgonbön *s* morning prayers pl.; i kyrka äv. matins pl.
morgondag *s*, *~en* tomorrow; *uppskjut det inte till ~en* don't put it off to the next day
morgongymnastik *s* [early-]morning exercises pl.
morgonhumör *s*, *han har dåligt ~* he is in a bad mood in the morning[s]
morgonkaffe *s* early morning coffee; frukost breakfast
morgonkröken o. **morgonkvisten** vard. *på ~* in the early morning; *så här på ~* about this time in the morning
morgonluft *s* morning air; *[börja] vädra ~* bildl. begin to see one's chance
morgonmål *s* morning meal, breakfast
morgonmänniska *s* early riser, person who is at his (resp. her) best in the morning
morgonnyheter *s pl* i radio early [morning] news sg.
morgonpigg *adj*, *vara ~* be lively (alert) in the morning[s]; jfr *morgontidig*
morgonrock *s* dressing gown
morgonrodnad *s* red light of dawn, aurora
morgonstjärna *s* astron. morning star
morgonstund *s*, *~ har guld i mund* ordst., ung. the early bird catches the worm
morgontidig *adj*, *vara ~ [av sig]* be an early riser, be an early bird
morgontidning *s* morning paper
morisk *adj* Moorish, Moresque
morkulla *s* zool. [European] woodcock
mormoder se *mormor*
mormon *s* Mormon
mormor *s* [maternal] grandmother; vard. grandma, granny, gran; mother's mother; *~s far (mor)* great-grandfather (great-grandmother)
morna *vb rfl*, *~ sig* get oneself roused (awake)
morot *s* carrot äv. bildl.
morra *vb itr* growl, snarl [*åt* at]
morrhår *s pl* whiskers; fackspr. vibrissae
morrning *s* growl, snarl
morron se *morgon*
1 morsa *s* vard. *~[n]* mum, ma; amer. mom
2 morsa *vb itr* vard. *~ på* say hallo (amer. äv. hi) to
morsarv *s* inheritance from one's mother
morse, *i ~* this morning; *i går ~* yesterday morning
morsealfabet *s* Morse alphabet (code)
morsgris *s* vard., kelgris mother's darling; vekling milksop
morsk *adj* självsäker self-assured, cocksure; kaxig, kavat cocky, stuck-up; orädd bold; som inte ger tappt game; käck plucky
morska *vb rfl*, *~ sig* be cocky; *~ upp sig* fatta mod pluck up courage
mortel *s* mortar
mortelstöt *s* pestle
morän *s* moraine

mos *s* kok. mash; av äpplen sauce; mjuk massa pulp; röra mush; *göra ~ av* bildl. make mincemeat of
mosa I *vb tr*, *~ [sönder]* pulp, reduce...to pulp; potatis o.d. mash; tillintetgöra t.ex. motståndare crush (smash)...completely; vard. beat...to a frazzle **II** *vb rfl*, *~ sig* pulp, go into a pulp
mosaik *s* mosaic; *lägga [in med] ~* mosaic
mosaikgolv *s* mosaic floor
mosaisk *adj* relig. Mosaic; *~a* församlingen (kyrkogården) the Jewish...
mosebok, *de fem moseböckerna* vanl. the Pentateuch sg.; *Första* (resp. *Andra, Tredje, Fjärde, Femte*) *~* vanl. Genesis (resp. Exodus, Leviticus, Numbers, Deuteronomy)
mosel[vin] *s* moselle
1 mosig *adj* mosad pulpy
2 mosig *adj* vard., om ansikte red and bloated; berusad fuddled
mosippa *s* bot. pasqueflower, Pulsatilla vernalis
moské *s* mosque
moskit *s* mosquito
Moskva Moscow
mossa *s* moss; *låta det växa ~ på ngt* bildl. let a th. sink into oblivion
mosse *s* bog, moss
mossgrön *adj* moss-green
mossig *adj* mossy
moster *s* [maternal] aunt; *min fars (mors) ~* äv. my great-aunt, my grand-aunt
1 mot *s* trafikplats i flera plan interchange
2 mot I *prep* **1** i fråga om rumsförh.: **a)** i riktning mot, åt...till: allm. towards; *gränsen ~ Finland* vanl. the Finnish border; köra *~ staden* ...towards the town, ...townwards; *rusa ~ dörren* dash to the door; fönstret *vetter ~ öster* ...faces [the] east **b)** vid beröring: allm. against; ställa stolen *~ väggen* ...against (intill [close] to) the wall; stödja huvudet *~ handen* ...on (in) one's hand **2** i fråga om tidsförh. towards; *se fram ~* bättre tider look forward to... **3** i fråga om bemötande el. inställning, ofta efter adj., allm. to; gentemot äv. towards; *häftig (uppriktig) ~* hot-tempered (honest) with; det är inte *rättvist ~ henne* ...fair on her; *skeptisk ~* nya metoder sceptical about...; *sträng ~* strict with, severe (hard) on; *misstänksam ~* suspicious of; *uppföra sig ohyfsat ~ ngn* behave...towards (to) a p. **4** i fråga om förhållanden i övrigt: **a)** för att beteckna motstånd, fientlighet, motsats, motsättning: allm. against; jur. el. sport. ('kontra') äv. versus (förk. v., amer. vs.) lat.; *brott ~* en regel breach of...; *kampen ~ narkotika* the war against (on) drugs; *skydd ~* protection against (from); *åtgärder ~* spridning av smitta measures against (to prevent)...; *~ förmodan* contrary to

expectation; *det hjälper (är bra)* ~... it is good for...; *reagera* ~ ljuset react to... **b)** för att beteckna kontrast el. jämförelse vanl. against, compared to (with); se ngt ~ *bakgrunden av* bildl. ...in the light of; *hålla tio* ~ *ett* bet (lay) ten to one; priset är nu 50 kr ~ *40 förra året* ...as compared with (to) 40 last year; det är ingenting ~ *vad jag sett* ...to what I have seen **c)** för att beteckna byte el. motsvarighet for, against, on; ~ en årlig avgift on payment of...; göra ngt ~ *betalning* ...[in return (exchange)] for money; ~ *kvitto* against [a] receipt; ~ *legitimation* [up]on identification
II *adv* se *emot II*
mota *vb tr* **1** ~ spärra vägen för *ngn* bar (block) the way for a p. (a p.'s way); hindra obstruct a p.; hejda check (stop) a p.; ~ *Olle i grind* ung. nip the (a) thing in the bud **2** fösa drive; vard. shoo; ~ *bort (undan)* drive...off (...away); ~ *in* drive in; ~ *ut* drive (köra turn) out
motanfall *s* o. **motangrepp** *s* counterattack; *gå till* ~ *[mot]* counterattack
motanklagelse *s* countercharge
motarbeta *vb tr* motsätta sig oppose, go against; sätta sig upp mot set oneself [up] against; motverka counteract; bekämpa combat; söka omintetgöra, t.ex. ngns planer try (seek) to thwart; parterna ~*r varandra* ...are opposing each other
motattack *s* se *motangrepp*
motbevis *s* proof to the contrary, rebuttal
motbevisa *vb tr* refute
motbild *s* motstycke counterpart; kontrastbild contrasting picture
motbjudande *adj* som väcker motvilja repugnant, repulsive [*för* to]; vämjelig disgusting; obehaglig, frånstötande offensive
motbok *s* hand. [customer's] passbook, bankbook; hist., för köp av spritdrycker ration book [for wine and spirits]
motbud *s* hand. counterbid
motdrag *s* schack. el. friare countermove
moteld *s* **1** mil. counterfire, return-fire **2** motåtgärder countermeasures pl.; *anlägga* ~ *mot* bildl. counter
motell *s* motel
motett *s* mus. motet
motgift *s* antidote [*mot* against, for, to]
motgång *s* adversity, misfortune, bad luck (end. sg.); bakslag reverse, setback; mil. check; *ta* ~*ar med ett leende* meet misfortunes with a smile
mothugg *s* bildl. opposition, protest; *få (röna)* ~ meet with opposition
mothårs *adv* against the fur; *stryka ngn* ~ bildl. rub a p. [up] the wrong way
motig *adj* adverse, contrary; *det är* ~*t* things are not easy
motighet *s* reverse, setback, check

motion *s* **1** kroppsrörelse [physical] exercise; *få* ~ get [some] exercise **2** förslag motion; lagförslag [private, member's] bill [*i* on; *om* for; *[om]* att inf. to inf. (for ing-form)]; *väcka* ~ propose (submit) a motion, introduce a bill, move a resolution
motionera I *vb tr*, ~ t.ex. en häst give...exercise, exercise... **II** *vb itr* **1** skaffa sig motion take exercise **2** väcka förslag, se *[väcka] motion*
motionscykel *s* cycle exerciser
motionsgymnastik *s* keep-fit exercises pl.
motionsslinga *s* jogging track
motionär *s* **1** joggare jogger **2** parl. proposer of a (resp. the) motion, introducer [of a (resp. the) bill]; jfr *motion 2*
motiv *s* **1** bevekelsegrund motive [*för, till* for, of]; drivfjäder äv. incentive [*för* to]; skäl reason [*för* for]; cause [*för* of]; *vad hade han för* ~ *för att* inf. what was his motive (reason) for ing-form **2** ämne, grundtanke motif; för tavla äv. subject; mus. äv. theme [*för, till* i samtl. fall for, of]
motivation *s* motivation äv. psykol.
motivera *vb tr* **1** utgöra skäl för give cause for; rättfärdiga justify, warrant, explain; ange [sina] skäl för state [one's] reasons ([one's] motives) for **2** skapa lust el. intresse för motivate
motivering *s* **1** berättigande justification, explanation [*för* of (for)]; angivande av [sina] skäl statement of [one's] reasons ([one's] motives); t.ex. för lagförslag explanatory statement; motivation [*för* of]; *med den* ~*en att* on the ground[s] that **2** motivation motivation äv. psykol.
motkandidat *s* rival candidate
motljus *s*, *i* ~ against the light
motlut *s* ascent, upward slope; isht amer. upgrade; *i* ~ on an upward slope
motocross *s* moto-cross, scramble
motoffensiv *s* counteroffensive
motor *s* förbrännings~ engine, motor; *elektrisk* ~ electric motor; *slå av* ~*n* switch (cut, turn) off the engine (motor)
motorbränsle *s* motor fuel
motorbuller *s* noise from an engine (resp. the engine, [the] engines)
motorbåt *s* motorboat
motorcykel *s* motorcycle; vard. motorbike; *lätt (tung)* ~ light (heavy) motorcycle
motorcyklist *s* motorcyclist
motordriven *adj* motor driven; t.ex. gräsklippare power...
motorfartyg *s* motor ship (förk. M/S, MS), motor vessel (förk. MV)
motorfel *s* engine (motor) fault (krångel trouble)
motorfordon *s* motor vehicle
motorförare *s* driver, motorist
motorgräsklippare *s* power lawn mower
motorhuv *s* på bil [engine] bonnet (amer. hood); flyg. cowl, cowling

motorisera *vb tr* motorize; ~*t* jordbruk *(~d trupp)* äv. mechanized...
motorisk *adj* fysiol. motor..., motoric; ~ *inlärning* motor learning; ~*a nerver* motor nerves
motorism *s*, ~*[en]* motorism, motoring
motorkrångel *s* engine (motor) trouble
motorolja *s* motor (engine) oil
motorseglare *s* båt auxiliary-powered (motor-sailing) vessel
motorsport *s* motoring, motor sport[s pl.]
motorstopp *s* engine (motor) failure (breakdown); *jag fick* ~ bilen gick sönder the (my) car broke down; bilen tjuvstannade the (my) car stalled
motorstyrka *s* engine power
motorsåg *s* power saw
motortrafik *s* motor traffic
motortrafikled *s* main arterial road, major road
motortävling *s* motor race
motorväg *s* motorway; amer. expressway, freeway
motorvärmare *s* engine preheater
motpart *s* opponent, opposite party isht jur.; ~*en* äv. the other party (side)
motpol *s* opposite pole; bildl. antithes|is (pl. -es), opposite; *de är ~er* they are poles apart
motprestation *s* gentjänst service in return; *som* ~ erbjöd han in return...
motreplik *s* rejoinder
motrevolution *s* counter-revolution
motsats *s* opposite, contrary, reverse, antithes|is (pl. -es) [*mot (till)* i samtl. fall of]; motsättning contrast [*mot (till)* to]; *detta är raka ~en [till...]* this is the exact (very) opposite [of...], this is quite the contrary [of...]; *i ~ mot (till) mig* är han... unlike (by contrast with) me...; landet *i ~ till staden* ...as against (opposed to) the town
motsatsförhållande *s* oppositionellt förhållande state of opposition, clash of interests; fientligt antagonism; *stå i ~ mot (till)* be in opposition to
motsatt *adj* opposite, contrary äv. bildl.; omvänd reverse; *i ~ fall* in the contrary case; i annat fall otherwise; *[det] ~a könet* the opposite sex; *vara av ~ mening (åsikt)* be of an opposite (a contrary) opinion; *i ~ riktning mot* in the opposite direction to (from); *~a sidan* t.ex. av mynt the reverse side; *på ~a sidan* on the opposite side (bokuppslag page); *~a* syften conflicting...
motse *vb tr* se fram emot look forward to; förutse expect; vänta sig await; *länge ~dda* förändringar long-expected..., long-awaited...
motsols *adv* anti-clockwise, counter-clockwise
motspelare *s* **1** sport. o.d. opponent **2** teat. o.d. *vara ~ (motspelerska) till ngn* play opposite a p.

motspänstig *adj* genstravig refractory, recalcitrant [*mot* to]; ohanterlig unmanageable; halsstarrig intractable
motstridig *adj* om uppgifter o.d. conflicting, contradictory, incompatible
motsträvig *adj* se äv. *motspänstig;* motvillig reluctant; ~*t* hår intractable...
motströms *adv* against the current (stream)
motstycke *s* counterpart [*till* to, of]; *det saknar ~* it is without precedent, it is without parallel
motstå se *stå [emot]*
motstående *adj* opposite
motstånd *s* **1** motvärn, hinder allm. resistance, opposition äv. sport., jfr ex.; *följa minsta ~ets lag* take (follow, choose) the line of least resistance, take the easy way out; *ge. upp ~et* give up one's opposition; mil. äv. surrender; *göra [våldsamt] ~ mot* offer [violent] resistance to; *möta ~* meet with resistance (opposition) **2** fys. resistance; konkr. äv. resistor; reostat rheostat
motståndare *s* opponent äv. sport.; adversary, antagonist, resister; *vara ~ till ngt* be an opponent of (be opposed to, be against) a th.
motståndarlag *s* sport. opposing team
motståndarsida *s*, ~*n* våra etc. motståndare our etc. opponents pl.
motståndskraft *s* [power of] resistance, resisting power [*mot* to, against]; materials äv. resistibility; fysisk äv. stamina
motståndskraftig *adj* resistant [*mot* to, against]; ~ *mot eld* fire-proof; ~ *mot rost* rust-resisting, rust-resistant
motståndsman *s* polit. member of the resistance (underground)
motståndsrörelse *s* polit. resistance movement
motsvara *vb tr* correspond to; t.ex. beskrivningen answer [to]; uppfylla, t.ex. krav, förväntningar fulfil, come (match) up to, match; vara likvärdig med be equivalent (equal, tantamount) to, be the equivalent of; motväga [counter-]balance; jfr *svara 3; de ~r inte varandra* a) stämmer inte överens they do not correspond b) är inte jämförbara el. likvärdiga they are not equivalents; resultatet ~*r inte arbetet* ...is not proportionate to (in proportion to, commensurate with) the work; resultatet ~*r inte våra förväntningar* vanl. ...falls short of our expectations; 10 aktiebrev *~nde 100 aktier* ...representing 100 shares
motsvarande *adj* allm. corresponding; jämgod, lik äv. equivalent, analogous, similar; ~ *belopp* i svensk valuta the equivalent amount...; *i ~ grad* el. *på ~ sätt* äv. correspondingly
motsvarighet *s* överensstämmelse correspondence; full equivalence; proportionell proportionateness (samtl. end.

sg.); motstycke counterpart, opposite number; parallell analogue [*till* to, of]; ordets **närmaste** ~ the closest equivalent...; *det saknar* ~ el. *det finns ingen* ~ *till detta* it has (there is) nothing corresponding to it, it is without parallel
motsäga *vb tr* allm. contradict; ej stämma med äv. be contradictory to; strida mot äv. conflict (be inconsistent) with
motsägande *adj* contradictory, conflicting; själv~ inconsistent
motsägelse *s* allm. contradiction; oförenlighet incompatibility; *utan* ~ oemotsägligen indisputably
motsägelsefull *adj* contradictory, ...full of contradictions (inkonsekvenser inconsistencies)
motsätta *vb rfl*, ~ *sig* oppose, go against
motsättning *s* motsatsförhållande opposition; fientligt förhållande antagonism; *stå i* ~ *mot (till)* be in contrast to, contrast to; jfr *motsats*
mott *s* moth; *där* ~ *och mal icke förstöra* bibl. where moth and rust do not corrupt
motta[ga] se *ta [emot]*
mottagande *s* reception; isht hand. receipt; *få ett vänligt (gynnsamt)* ~ äv. be kindly (favourably) received; *vid ~t* hand. [up]on receipt
mottagare *s* **1** pers. receiver; av gåva o.d. äv. recipient; frakt~ äv. consignee; adressat vanl. addressee; i tennis o.d. receiver **2** apparat receiver, receiving set
mottaglig *adj* allm. susceptible; känslig sensitive [*för* to]; ~ *för* äv. a) idéer, uppslag, intryck open (responsive, receptive) to b) skäl amenable to; ~ *för förkylning[ar]* liable to catch colds; *inte* ~ *för* smittan äv. immune (resistant) to...
mottaglighet *s* susceptibility, sensitiveness etc., jfr *mottaglig;* ~ *för intryck* impressionability
mottagning *s* allm. reception äv. radio.; jfr *läkarmottagning;* sällskaplig ~ hemma at-home pl. at-homes; doktorn har ~ *varje dag* ...surgery (betr. psykiater consulting) hours every day; rektorn *har* ~ *10-12* ...receives visitors 10-12
mottagningsbevis *s* notice (advice) of delivery, receipt; post. post office receipt
mottagningskommitté *s* reception committee
mottagningsrum *s* läkares consulting-room, surgery; amer. [doctor's] office
mottagningssköterska *s* surgery (reception, hos tandläkare dental) nurse, receptionist
mottagningstid *s* visiting hours; jfr äv. *läkarmottagning 2*
motto *s* motto (pl. -s el. -es); devis legend
moturs *adv* anti-clockwise, counter-clockwise
motverka *vb tr* motarbeta counteract; hindra obstruct; med saksubj. militate against; försöka sätta stopp för counter-check; uppväga

compensate for; upphäva verkan av neutralize; ~ *sitt eget syfte* be counterproductive
motverkan *s* counteraction
motvikt *s* eg. el. bildl. counterbalance, counterweight, counterpoise [*mot* i samtl. fall to]; *bilda* ~ *mot* counterbalance, offset
motvilja *s* olust dislike [*mot* of (for)], distaste [*mot* for]; avsky antipathy, repugnance [*mot* to (against)]; vedervilja aversion [*mot* to (from, for); *mot att* inf. i samtl. fall to (of etc.) ing-form]; *få (känna)* ~ *mot* take (feel) a dislike to; jfr *motvillighet*
motvillig *adj* reluctant; stark. averse
motvillighet *s* reluctance; stark. averseness
motvilligt *adv* reluctantly
motvind *s* contrary (adverse) wind, headwind; *ha* ~ äv. have the wind [dead] against one; *segla i* ~ a) eg. sail against the wind b) bildl. be fighting an uphill (a losing) battle, be battling against odds; t.ex. om politiskt parti, företag be doing badly
motvärde *s* equivalent, countervalue
motvärn *s* resistance; *sätta sig till* ~ make (offer) resistance, fight back
motåtgärd *s* countermeasure
mousse *s* mousse fr., äv. hår~
moussera *vb itr* sparkle; skumma effervesce; vard. fizz; *~nde vin* sparkling wine
MS (förk. för *multipel skleros*) M.S., MS
muck *s* vard.: mil., ung. demob
1 mucka vard. *vb tr*, ~ *gräl* pick a quarrel [*med* with]
2 mucka *vb itr* vard.: mil. be demobbed
mudd *s* på plagg wristlet
mudderverk *s* dredger
muddra *vb tr* **1** rensa från bottenslam ~ *[upp]* dredge **2** vard. ~ *ngn* kroppsvisitera frisk a p.
muff *s* **1** av skinn o.d. muff **2** tekn. sleeve; rör~ socket; på axlar coupling-box, muff
muffins *s* queen (fairy) cake; amer. muffin
1 mugg *s* **1** kopp mug, cup; större jug; av tenn pot; *en* ~ öl a mug (jug) of...; arbeta, gå *för fulla ~ar* ...at full speed **2** sl., se *dass*
2 mugg *s* vet. med. grease (greasy) heel, grease
Muhammed Mohammed
muhammedan *s* Mohammedan
muhammedansk *adj* Mohammedan
1 mula *s* zool. mule
2 mula *vb tr* vard. ~ *ngn* rub snow over a p.'s face [for fun]
mulatt *s* mulatto (pl. -s el. -es)
mule *s* muzzle
mulen *adj* om himmel clouded over end. pred.; overcast, cloudy äv. om väder; bildl. gloomy; *det är mulet* it is cloudy
mull *s* allm. earth, jfr *mylla I;* stoft dust
mullbär *s* mulberry
mullbärsträd *s* mulberry [tree]
muller *s* rumble, roll
mullig *adj* plump
mullra *vb itr* rumble, roll

multtoa s vard. earth closet
mullvad s zool. mole äv. bildl.
mulna vb itr cloud over, become overcast, get cloudy; bildl. darken; *det ~r [på (till)]* the sky is clouding over
mul- och klövsjuka s, *~[n]* foot-and-mouth disease
multinationell adj multinational
multipel I s multiple **II** adj multiple; *~ skleros* (förk. *MS*) multiple sclerosis (förk. M.S., MS)
multiplicera vb tr multiply [*med* by]
multiplikation s matem. multiplication
multiplikationstabell s matem. multiplication table
multna vb itr moulder (rot) [away], decay
mulåsna s eg. hinny; vanl. mule
mumie s mummy äv. bildl.
mumifiera vb tr mummify
mumla vb tr o. vb itr tala (uttala) otydligt mumble; muttra mutter, murmur; *~ fram* mutter
mumma s dryck, ung. half-and-half, shandy
mummel s mumble etc.; mumlande mumbling etc., jfr *mumla*
mums vard. **I** *interj* yum-yum! **II** s, *det smakar ~* it tastes delicious (scrumptious), it's yummy
mumsa vb itr vard., *~ på (i sig) ngt* munch a th.
mun s mouth; *en ~ vatten* a mouthful of...; *dra på ~nen* smile [slightly]; *hålla ~[nen]* a) tiga keep quiet; vard., tystna äv. shut up b) inte tala om vad man vet keep one's mouth shut [*med* about]; *prata bredvid ~[nen]* let the cat out of the bag, spill the beans; jag har det *från hans egen ~* ...from himself; *ful (grov) i ~[nen]* foul-mouthed; *jag vill inte ta ordet i min ~* I couldn't possibly utter such a word; *lägga orden i ~[nen] på ngn* put the words into a p.'s mouth; påverka, t.ex. vittnes, svar prompt a p.; *tala i ~[nen] på varandra* speak at the same time (all at once); *med 'en ~* with one voice, unanimously; ta brödet *ur ~[nen] på ngn* ...out of a p.'s mouth
mundering s åld., soldats equipment; neds. get-up; hästs trappings pl.
munfull s mouthful [med of framför följ. best.]
mungiga s mus. jew's harp
mungipa s corner of one's mouth; *dra ner mungiporna* lower (droop) the corners of one's mouth
mungo s zool. mongoose (pl. -s)
munhuggas vb itr dep wrangle, bicker, bandy words
munhygien s oral hygiene
munhåla s oral (mouth) cavity
munk s **1** pers. monk; tiggar~ friar **2** bakverk doughnut, amer. donut

munkavel s o. **munkavle** s eg. gag; bildl. muzzle; *sätta ~ på ngn* gag (muzzle) a p.
munkkloster s monastery
munkkåpa s monk's frock, cowl
munklöfte s monastic (monk's) vow
munkorden s monastic order
munkorg s muzzle; *sätta ~ på* äv. bildl. muzzle; hund *med ~* muzzled...
munläder vard. *ha gott (smort) ~* have the gift of the gab
mun-mot-munmetod s mouth-to-mouth method, kiss of life
munsbit s mouthful; tugga morsel; *ta ngt i en ~* swallow a th. in one go (at a mouthful)
munskydd s mask
munspel s mouth organ
munstycke s fast: allm. mouthpiece; mus. äv. embouchure fr.; på slang nozzle; på rör, förgasare o.d. jet; löst, för cigarett etc. holder
munsår s sore on the lips; *ha ~* äv. have a sore lip
munter adj merry; glättig cheerful; uppsluppen hilarious, mirthful; *en ~ melodi* a lively tune; *en ~ stämning* a cheerful atmosphere
muntergök s vard. cheerful fellow (guy)
munterhet s merriness, cheerfulness, hilarity, mirth, jfr *munter; väcka ~* raise laughter (a laugh)
muntlig adj om t.ex. examen, tradition, översättning oral; om t.ex. meddelande verbal; *~ tentamen* univ. oral examination; *~ överenskommelse* oral (verbal) agreement
muntligen adv o. **muntligt** adv orally, viva voce; t.ex. meddela ngt verbally, by word of mouth
muntra vb tr, *~ [upp]* cheer...[up], exhilarate
muntration s amusement, entertainment; vard. jollification
munvig adj glib; slagfärdig ready-witted
munvighet s glibness; slagfärdighet ready-wittedness
mur s wall äv. bildl.; *tiga (vara tyst) som ~en* maintain a wall of silence, keep completely silent (vard. mum)
mura I vb tr bygga [av tegel (sten)] build...[of brick (stone)]; *~ igen (till)* wall (med tegel brick) up; en öppning med tegel block up...with bricks; *~ in* fälla in build (let)...into a (resp. the) wall; stänga inne immure, wall...up (in), brick...in (up); *~ upp* build, put up **II** vb itr i sten carry out (do) masons' (i tegel bricklayers') work
murare s tegel~ bricklayer; isht sten~ mason; för putsarbete plasterer
murbruk s mortar
murbräcka s battering ram äv. bildl.
murgröna s bot. ivy
murken adj decayed; stark. rotted
murkla s bot. morel
murkna vb itr decay, rot, become rotted
murmel s o. **murmeldjur** s marmot

murrig *adj* **1** om färg drab **2** knarrig gruff, grumpy
murvel *s* vard. hack journalist
murverk *s* masonry; av tegel brick work; murad[e] vägg[ar] walling, walls pl.
muräna *s* zool. moray
mus *s* **1** mouse (pl. mice) äv. data.; ***tyst som en ~*** quiet as a mouse **2** vulg., kvinnligt könsorgan pussy
museiföremål *s* museum specimen (piece äv. bildl.), exhibit
museum *s* museum; för konst äv. gallery; ***gå på ~*** visit (go to) a museum
musicera *vb itr* play [music], make music; *vi brukar ~ [litet]* we usually play [some] music
musik *s* **1** music äv. bildl.; ***levande ~*** live music; *vem har gjort ~en till...?* who wrote (has written) the music to...?; *sätta ~ till ngt* set a th. to music; marschera *till ~* ...to the sound of music; *det är som ~ i mina öron* it is music to my ears **2** orkester band
musikaffär *s* music shop
musikal *s* musical
musikalisk *adj* musical; *en ~ människa* vanl. a person who is musical; *~ akademi* academy of music
musikant *s* musician, music-maker; spelman äv. player
musikbänk *s* hi-fi (music-centre) unit
musikdirektör *s* **1** graduate of the Royal College of Music **2** mil. bandmaster
musiker *s* musician
musikestrad *s* bandstand; i konserthus concert platform, orchestra
musikfilm *s* musical [film]
musikhandel *s* music shop
musikhistoria *s* [vanl. the] history of music
musikhögskola *s* college (academy) of music
musikinstrument *s* musical instrument
musikintresserad *adj* ...interested in music
musikkapell *s* orchestra, band
musikkassett *s* musicassette
musikkonservatorium *s* academy of music, conservatoire fr.
musikkår *s* band, orchestra; *medlem av en ~* äv. bandsman
musiklektion *s* music lesson
musiklärare *s* music teacher (i skola äv. master)
musikskola *s* school of music, music school
musikstycke *s* piece of music
musikverk *s* musical composition (work)
musikvetenskap *s* musicology
musikvän *s* o. **musikälskare** *s* music lover, lover of music
musiköra *s* musical ear; *ett bra ~* vanl. a good ear for music
muskedunder *s* blunderbuss
muskel *s* muscle; *spänna musklerna* tense one's muscles

muskelbristning *s* muscle rupture, rupture of a (resp. the) muscle
muskelbyggare *s* ung. body-builder
muskelfäste *s* anat. muscular attachment
muskelförtvining *s* med. muscular atrophy
muskelknippe *s* bundle of muscles äv. pers.
muskelknutte *s* vard. muscle man
muskelkraft se *muskelstyrka*
muskelreumatism *s* muscular rheumatism
muskelsträckning *s, få en ~* get a sprained muscle, sprain a muscle
muskelstyrka *s* muscular strength, muscularity; ngns fysiska styrka äv. muscle
muskelvärk *s* muscular pain, pain in one's muscles
musketör *s* hist. musketeer
muskot *s* krydda nutmeg
muskotblomma *s* krydda mace
muskotnöt *s* bot. nutmeg
muskulatur *s* musculature, muscles pl.
muskulös *adj* muscular
musköt *s* hist. musket
muslim *s* Muslim
muslimsk *adj* Muslim
muslin *s* tyg muslin
musselskal *s* mussel shell; av hjärtmussla cockleshell
Musse Pigg seriefigur Mickey Mouse
musseron *s* bot. tricholoma lat.
mussla *s* djur tillhörande musselsläktet bivalve; isht ätlig ofta clam; [blå~ sea, målar~ freshwater] mussel; hjärt~ cockle
must *s* **1** ojäst fruktsaft: a) av druvor must b) av äpplen [apple] juice; amer. [sweet] cider **2** kraft: eg. bet. nutritive juices pl., goodness; bildl. pith; *suga ~en ur ngt* extract the essence out of a th.; *suga ~en ur ngn* take the life out of a p.
mustang *s* zool. mustang
mustasch *s* moustache; *ha (lägga sig till med) ~* wear (grow) a moustache
mustaschprydd *adj* moustached
mustig *adj* **1** kraftig, närande rich; om t.ex. soppa nourishing; om t.ex. öl full-bodied **2** bildl., om t.ex. historia racy, juicy; grov, om t.ex. uttryck coarse
1 mut|a I *s* bribe; vard. palm oil sg.; för att tysta ngn hush money sg.; *tagande av ~or* bribery, corruption, subornation; *ta -or* take bribes (a bribe) [*av* from] **II** *vb tr* besticka bribe [*med* with (by)]; polit. äv. corrupt; isht vittne suborn; *~ ngn* vard. äv. square a p., oil (grease) a p.'s palm; *han lät inte ~ sig* he was not to be bribed
2 muta *vb tr, ~ in* gruv. take out a mining-concession for; claim äv. bildl.
mutation *s* biol. mutation
mutförsök *s* attempt at bribery, attempted bribery
mutskandal *s* bribery scandal
mutter *s* till skruv [screw] nut

muttra *vb itr* mutter; ~ *för sig själv* mutter to oneself; ~ klaga *över ngt* grumble (vard. grouse) about (at) a th.
MW (förk. för *megawatt*) MW
myck|en (*-et*, vard. *-e; -na) adj o. **myck|et** (vard. *-e*) *adv* (jfr *mer[a], mest*) **1 mycken, mycket** i omedelbar anslutning till följ. sb.: a) much; framför eng. sb. i pl. many b) en hel del (isht i jak. sammanhang) a great (good) deal of, a great amount (quantity) of; framför eng. sb. i pl. a great many, a great (large) number of; fullt med plenty (vard. a [great] lot) of c) stor great; *det var -et folk* på mötet there were [a great] many (a lot of) people...; *enormt (ovanligt) -et folk* an enormous (unusual) number of...; *ganska -et* folk quite a number (lot) of...; jag har aldrig sett *så -et folk* ...so many (such a lot of) people; *så -et* folk! what a lot of...!; *-en glädje (omsorg)* much pleasure (care); *-et havre (aska)* a great deal of oats (ashes); *vara till -en nytta* be of great use; han har *-et pengar (böcker)* ...plenty (a lot) of money (books); har han *-et pengar (böcker)?* ...much money (many books)?; *-en tack* many thanks

2 mycket följt av adj. o. adv. **a)** i positiv very; framför perf. particip med tydligt verbal funktion o. framför vissa eng. pred. adj. (t.ex. 'afraid', 'alike', 'alone') [very] much; ibl., isht i samtalsspråket very; stark.: synnerligen, t.ex. användbar most; högst, t.ex. populär highly; t.ex. förvånad äv. greatly; helt, t.ex. naturlig quite; den är *-et användbar* ...very (most) useful, ...of great use; den är *-et efterfrågad* ...much in demand, ...in great demand; *jag är -et förvånad* I am very (very much, greatly, highly, most, much, quite) astonished; *den är för -et kokt (stekt)* it has boiled (fried) too long, it is overdone; det är *-et möjligt (riktigt)* ...quite possible (right) **b)** i komparativ samt i förbind. 'mycket för' = 'alltför': vanl. much; vida äv. far; en hel del äv. a great (good) deal; vard. a lot; *så -et bättre* all (so much) the better; *-et fler[a]* many (far) more; *-et färre* fel far fewer...; *-et mer* much more; *-et vackrare* much more beautiful
c) i övr. fall: allm. much; en hel del, ganska mycket (isht i jak. sammanhang) a great (good) deal; vard. a lot; många [saker] many [things]; en massa plenty; i hög grad very much; *-et som (-et av det som)* skrivs much that (much of what)...; *det finns -et (inte -et) kvar* there is plenty (not much) left; *det görs -et* för barnen much is done...; *hon är -et för* kläder she goes in a lot (is a great one) for...; *hon är inte -et för* sötsaker she is not very keen on...; *han är inte -et till jägare* he isn't much of a hunter; *det är -et ('väl -et) det!* that's a lot (a bit too much)!; *det är inte -et [mer] att tillägga* there is little [else] to be added; *det är -et för* en så liten bok that seems a lot [of money] for...; *det är -et därför som* jag går it is very much for that reason that...; *det är inte -et med honom (det)* he (it) isn't up to much; få ihop *ganska -et* ...quite a large amount (pengar äv. sum); *det förvånade mig -et* att it very much (greatly) surprised me...; *jag går -et (inte -et) på bio* I go to the cinema quite a lot (I don't go to the cinema very much); *han läser -et* he reads much (a great deal, a good deal, a lot); han är läsintresserad he is a great reader; *jag saknar dem -et* I miss them very much (badly); *i -et* i många avseenden in many respects i förb. *för (hur, lika, så) -et:* två bilar *är för -et (en för -et)* ...are too much (is one too many); *en gång för -et* once too often; *koka* ngt *för -et* boil...too long; *hur -et* fick han? how much...?; *hur -et jag än* försöker however (no matter how) much...; *lika -et* as much; *lika -et till* as much again; *så -et* fick jag inte ...as much as that (inte sådana mängder all that much); *hälften så -et* half as much; *det gör inte så -et* om han går it doesn't matter [very] much...; *så -et är säkert* this much is certain; *utan att så -et som svara* without even (so much as) answering

3 myckna, det -na arbete han lagt ned på... the amount of work he has put into...; *det -na regnandet (ståendet)* the continual rain (standing); *det -na som finns att se* the many things there (that) are to be seen
myckenhet se *mängd*
mycket *adj* o. *adv* se *mycken 1* o. *2*
mygel *s* vard. wangling, string-pulling, fiddling; amer. äv. finagling; i större skala, ofta polit. wheeling and dealing
mygg *s* koll., stickmyggor allm. mosquitoes; knott gnats (båda pl.); *sila ~ och svälja kameler* strain at a gnat and swallow a camel
mygga *s* **1** stick~ allm. mosquito (pl. -es el. -s); knott gnat **2** vard., liten mikrofon body mike
myggbett *s* mosquito bite
myggbiten *adj* ...bitten by mosquitoes (resp. a mosquito)
myggmedel *s* mosquito repellent, anti-mosquito preparation
myggnät *s* mosquito net
myggolja *s* mosquito repellent [oil]
myggstift *s* mosquito repellent [stick]
mygla *vb itr* vard. wangle, pull strings, fiddle; amer. äv. finagle; i större skala, ofta polit. wheel and deal; ~ *till sig ngt* get a th. by wangling etc. jfr *mygel*
myglare *s* vard. wangler, string-puller, fiddler; amer. äv. finagler; i större skala, ofta polit. wheeler-dealer
mykolog *s* mycologist

mylla I *s* mould, humus, earth; i mots. t. alv topsoil (samtl. end. sg.) **II** *vb tr*, ~ *ned ngt* put a th. into the ground [and cover it with earth]
myller *s* swarm, crowd, throng
myllra *vb itr* swarm, be alive [*av* with]; jfr *vimla*
München Munich
myndig *adj* **1** som har uppnått ~ ålder ...of age; ~ *ålder* majority; *bli* ~ come of age, attain one's majority, reach lawful age **2** befallande authoritative, commanding; neds. masterful, overbearing; t.ex. om stämma, ton peremptory
myndighet *s* **1** samhällsorgan [public] authority; *~erna* the authorities **2** makt [och ~], befogenhet authority, power **3** myndigt uppträdande o.d. authoritativeness etc.; uppträda *med* ~ ...with authority **4** myndig ålder majority, full age
myndighetsperson *s* person in authority
mynna *vb itr*, ~ *[ut] i* a) om flod o.d. fall (flow, debouch) into; om gata o.d. lead to, run into b) bildl. end (result, conclude) in; ~ *ut i intet* come to nothing; *var ~r* floden *ut?* where does...discharge itself?
mynning *s* mouth äv. tekn.; ingång entrance; gatu~ o.d. äv. opening; rör~ o.d. orifice; på skjutvapen muzzle
mynt *s* coin äv. koll.; pengar money; valuta currency; *gångbart* ~ legal tender, current coin; *utländskt* ~ foreign currency; *betala ngn med samma* ~ bildl. pay a p. back in his own (the same) coin, repay a p. in kind; *slå* ~ *av* bildl. make capital [out] of, cash in on
1 mynta *s* bot. mint
2 mynta *vb tr* coin, mint båda äv. bildl.
myntenhet *s* monetary unit
myntfot *s* monetary standard, standard [of coinage]
myntinkast *s* slot
myntsamling *s* collection of coins, numismatic collection
myntslag *s* o. **myntsort** *s* [species of] coin; valuta currency
myr *s* bog, swamp; geol. mire
myra *s* ant; *vara flitig som en* ~ be as busy as a bee, be an eager beaver; *sätta myror i huvudet på ngn* give a p. a headache (something to think about)
myriad *s* myriad; *~er stjärnor* myriads of stars
myrkott *s* zool. pangolin, scaly ant-eater
myrslok *s* zool. ant-eater
myrstack *s* ant-hill, ant-heap
myrsyra *s* kem. formic acid
myrten *s* bot. myrtle
mysa *vb itr* **1** belåtet smile contentedly; vänligt smile genially; strålande beam **2** vard. be enjoying oneself
mysdress *s* lounger, playsuit
myshörna *s* cosy corner

mysig *adj* vard., trivsam [nice and] cosy, snug; om pers. sweet, nice
mysk *s* musk
myskoxe *s* musk ox
mysli *s* o. **müsli** *s* koll., hälsokost muesli; amer. granola
mysteriespel *s* teat. mystery play
mysteri|um *s* mystery; *-et med de försvunna...* the mystery of...
mysticism *s* relig. mysticism
mystifiera *vb tr* mystify
mystifik *adj* vard. mysterious
mystifikation *s* mystification
mystik *s* hemlighetsfullhet mystery, mysteriousness; *skingra ~en [kring...]* clear up (solve) the mystery [surrounding (of)...]; jfr äv. ex. under *tätna*
mystiker *s* mystic
mystisk *adj* gåtfull o.d. mysterious; relig. mystic[al]
myt *s* myth [*om* of]
myteri *s* mutiny; *göra* ~ mutiny, raise (stir up) a mutiny
myteriförsök *s* attempted mutiny, attempt at mutinying
myterist *s* mutineer
mytisk *adj* mythical
mytologi *s* mythology
mytologisk *adj* mythological
mytoman *s* psykol. mythomaniac
1 må *vb itr* känna sig be, feel; jfr f.ö. ex.; *hur ~r du?* how are you?; *hur ~r du nuförtiden?* how are you getting on (doing)?; *jag ~r bra* I feel fine (quite well); *jag ~r inte riktigt bra* I'm not [feeling] (don't feel) quite well; *nu ~r njuter han [allt]* now he is happy (is in his element, is enjoying himself); ~ *så gott!* keep well!; ~ *illa* ha kväljningar feel (be) sick [amer. at (to, in) one's stomach], feel queasy
2 må *hjälpvb* i pres.: uttr. önskan samt medgivande o.d. may; uttr. uppmaning o.d. let el. omskrivning därmed; jfr vid. ex.; ett exempel ~ *anföras* ...may be cited; *man ~ besinna...* let it (bör it should) be borne in mind...; *vad som än ~ hända* whatever may happen, happen (come) what may; *det ~ jag [då] säga!* well, I never!, I [must] say!; mera vard. well, what do you know!; det var vackert ~ *du tro!* ...I can tell you!, ...believe me!; *det ~ vara hänt!* låt gå all right, then; *vem det än ~ vara* el. *vem det vara ~* whoever it may be; ~ *så vara men...* admitted (granted), but..., that may be, but..., that's all very well, but...; *ja,* ~ *han leva* på ngns födelsedag, ung. motsv. Happy Birthday to You!; jfr *måtte* o. *månde*
måbär *s* bot. alpine (mountain) currant
måfå, på ~ at random; *en gissning på* ~ a random (haphazard) guess
måg *s* son-in-law (pl. sons-in-law)
måhända *adv* maybe; jfr *kanske*

1 mål s **1** tal[förmåga], röst *har du inte ~ i mun?* haven't you got a tongue in your head?, has the cat got your tongue?; *sväva på ~et* hesitate, hum (hem) and haw; svara undvikande be evasive **2** dialekt dialect
2 mål s jur. case; isht civil~ lawsuit; *förlora ~et* lose one's case
3 mål s måltid meal; *ett [ordentligt] ~ mat* a [good square (solid)] meal
4 mål s **1 a)** vid skjutn. mark; skottavla el. mil., t.ex. för bombfällning target; *rörligt ~* moving target; *skjuta till ~s på ngt* fire (shoot) at a th. **b)** i bollspel goal äv. ~bur o.d.; *göra [ett] ~* score a goal; *stå i ~* be in goal, keep goal; *vinna med två ~ mot noll (med 2-0)* win by two goals to nil (2-0, utläses two nil el. nothing) **c)** vid kapplöpning o.d.: finish; ~linje finishing line; ~snöre [finishing] tape; isht vid hästkapplöpning [winning-]post; *komma först i ~* come in (home) first **2** bildl.: t.ex. för sina drömmar goal; slutpunkt äv. end; bestämmelseort destination; syfte[mål] aim, purpose, object; isht för mil. operationer objective; för åtlöje o.d. butt, object, target; *hans ~ i livet* his aim in life; *nå sitt ~* reach (attain) one's goal; *sätta ~et högt* bildl. aim high; *skjuta över ~et* bildl. overshoot (overreach) the mark
måla I vb tr o. vb itr paint; bildl. äv. depict; *~ efter naturen* paint from...; *~t färgat glas* stained glass; *~ av ngn* paint a p.'s portrait; *~ av ngt* paint a picture of a th.; *~ om* paint...over again, re-paint; *~ [och tapetsera] om ett rum* redecorate a room; *~ ut* skildra paint, depict; *~ över* t.ex. namnet paint out; t.ex. golvet coat...with paint, paint over **II** vb rfl, *~ sig* sminka sig make [oneself] up
målande adj om stil, skildring graphic, vivid; om t.ex. ord, gest expressive
målarbok s paint book, colouring book
målarduk s [artist's] canvas
målare s konstnär painter, artist; hantverkare [house] painter, [painter and] decorator
målarfärg s paint; *~er* konst. artist's colours
målarkonst s [art of] painting
målarmästare s master [house] painter; i förh. t. måleriarbetare house-painter employer
målarpensel s paintbrush
målarskola s **1** konkr. art school **2** konstriktning school of painters
målarskrin s paintbox, colour box
målarverkstad s [house-]painter's workshop
målbeskrivning s ped. description of aims (objectives)
målbrott s, *han är (har kommit) i ~et* his voice is breaking (is beginning to break)
målbur s sport. goal
måldomare s i ishockey o.d. referee; vid kapplöpning o.d. judge
måleri s painting
målerisk adj picturesque

målfoto s sport. photograph [of a (resp. the) finish]; *ett avgörande genom ~* a photo-finish
målföre s voice; *förlora ~t* lose the power of (be bereft of) speech
målförsök s sport. goal attempt
målgrupp s target group; reklam o.d. äv. target audience
målgörare s sport. [goal]scorer
målinriktad adj psykol. goal-directed, goal-oriented; mera generellt target-oriented; *~ forskning* applied research
målinriktning s target orientation, direction (orientation) towards a goal
mållinje s löpning o.d. finishing line (tape), tape; fotb. o.d. goal line; målöppningen goalmouth
1 mållös adj stum speechless [*av* t.ex. harm with]; *~ av häpnad* dumbfounded; *göra ~* strike dumb, make speechless
2 mållös adj sport. goalless
målmedveten adj purposeful; ihärdig single-minded, steady, stable; *vara ~* äv. have a fixed purpose
målmedvetenhet s purposefulness; ngns äv. fixity of purpose
målning s **1** målande, måleri painting **2** det målade paintwork; själva färgen paint **3** tavla painting, picture
målområde s på fotbollsplan o.d. goal area
målrelaterad adj ped. criterion-referenced, goal-referenced
målskillnad s sport. goal difference
målskytt s sport. [goal]scorer
målsman s förmyndare guardian; förälder parent
målspråk s språkv. target language
målstolpe s på fotbollsplan o.d. goalpost, upright; vid löpning winning-post
målsägande s o. **målsägare** s jur. plaintiff; i brottmål prosecutor; allm. äv. injured party
målsättning s mål aim, purpose, objective, end [in view], goal
målsökare s robot homing device, target seeker
måltavla s target äv. bildl.
måltid s meal; högtidl. repast; *en lätt ~* a light meal, a snack; *äta mellan ~erna* ...between meals
måltidsdryck s table drink
målvakt s goalkeeper; vard. goalie, keeper
1 mån s grad degree; mått measure; utsträckning extent; *i möjligaste (görligaste) ~* as far as possible, to the utmost possible extent; *i någon (viss) ~* to some (to a certain) extent, to a certain degree, in some measure, up to a point; *i vad ~* to what extent (degree); *i den ~ som* to the extent that; alltefter som [according] as; *i ~ av behov* as need arises (arose etc.); *i ~ av tillgång* as far as supplies admit (admitted etc.)
2 mån adj, *~ om* a) angelägen om anxious

(concerned, solicitous) about b) aktsam med careful of c) noga med particular about d) avundsjukt ~ om, t.ex. sina rättigheter jealous of; ~ *om att* inf.: ivrig eager to inf.; keen on ing-form; angelägen anxious (etc., se ovan) to inf.; han är ~ *om sitt rykte* ...jealous of his reputation; *vara ~ om* sitt eget bästa äv. look after...

måna *vb itr,* ~ *om* ngn watch...with loving care, nurse...; t.ex. sina rättigheter be jealous of...; t.ex. sitt eget bästa look after...

månad *s* month; jfr äv. motsv. ex. under *2 vecka; i april* ~ in [the month of] April; *hon är i femte ~en* she is in her fifth month; *en gång i ~en* once a month, monthly; 1000 kr *i ~en (per ~)* ...a (per) month; hyra *per ~* ...by the month

månadshyra *s* monthly rent

månadskort *s* biljett monthly season ticket

månadslön *s* [monthly] salary, monthly pay; *ha ~* have a monthly salary, be paid by the month

månadsskifte *s* turn of the month

månadssten *s* birthstone

månadstidning *s* o. **månadstidskrift** *s* monthly paper (magazine, journal, review), jfr *tidskrift*

månadsvis *adv* monthly, by the month

månatlig *adj* monthly

månatligen *adv* monthly

månbelyst *adj* moonlit

måndag *s* Monday; jfr *fredag* o. sms.

månde *hjälpvb* litt. *vad ~ bliva av* detta barn? what is to become of...[I wonder]?; *vem det vara ~* whoever it is (may be)

måne *s* **1** astron. moon; *det kan du titta (se) i ~n efter* vard. you can whistle for it; *det är lika svårt som att ta ner ~n* it's like crying (asking) for the moon **2** vard., flint bald patch (pate)

månfärd *s* journey (trip) to the moon

månförmörkelse *s* eclipse of the moon

många *indef pron* (jfr *mången*) självst. o. fören.: a) allm. many; v. eng. sb. i sg. much (båda isht i fråg. o. nek. sats samt föregångna av 'as', 'so', 'too' el. 'how') b) en hel del a good (great) many; fören. äv. a great (large) number of; en massa a lot (lots) [fören. of]; talrika numerous ofta i pred. ställning (samtl. oftast i jak. påståendesats); *~* anser att many (a great number of, a lot of) people...; *~ av oss* many of us; *vi var inte ~ (var ganska ~)* there were not many of us (we were fairly numerous); *hur ~* är vi? how many...?; *~ gånger* many times; ofta often; *~ goda råd (upplysningar)* much good advice (information); *för ~ [böcker]* too many [books]; *de är för ~* there are too many of them, they are too numerous (many); *ganska (rätt) ~* quite a number, quite a lot (a few), a good few, not so few; *[inte] lika ~ som* i fjol [not] as many as...; *dubbelt så ~* twice as many (the number);

så ~ brev! what a lot of...!; *väldigt ~ [böcker]* an immense number (an enormous lot) [of books]

mångahanda *adj* multifarious; attr. äv. multiple..., many kinds (sorts) of...

mångdubbel *adj,* **mångdubbla** *värdet* many times the value

mångdubbelt *adv* t.ex. öka many times over; *~ större* many times greater

mångdubbla *vb tr* multiply

mången (*månget mångt*; pl. *många* se d.o.) *indef pron* **1** fören. many a (resp. an)...; *på ~ god dag* for many a day **2** självst. **a)** om pers. many people pl.; i ordstäv o.d. many a man; ibl. many a one **b)** *i mångt och mycket* i många avseenden in many respects

mångfald *s* **1** stort antal *en ~* t.ex. plikter, städer a great number of, a [great] variety of, a multiplicity of; *en ~ bevis på* vänskap ample proof of... **2** mots. 'enhet' manifoldness **3** matem. multiple

mångfaldig *adj* mera eg. manifold, multiple, multiplex; skiftande diverse, varied; *~a* talrika multitudinous, numerous; *~a gånger* many times [over]

mångfaldiga *vb tr* mångdubbla multiply; skrift o.d. duplicate, manifold

mångfal[dig]t se *mångdubbelt*

mångfasetterad *adj* om tolkning o.d. nuanced, ...full of nuances; mångsidig many-sided, richly varied

månggifte *s* polygamy

månggudadyrkan *s* polytheism

månghörning *s* geom. polygon

månghövdad *adj* eg. many-headed; *en ~ skara* a large number of people

mångkunnig *adj* all-round, versatile, polymathic; lärd, attr. äv. ...of wide (great) learning

mångmiljonär *s* multimillionaire

mångordig *adj* verbose, wordy

mångsidig *adj* many-sided; geom. äv. polygonal; om pers. äv. versatile; om t.ex. utbildning all-round; *han är en ~ begåvning* he is a man of many gifts (a versatile and talented man)

mångsidighet *s* many-sidedness; persons äv. versatility

mångskiftande *adj* diversified, multifarious, varied

mångstämmig *adj* many-voiced

mångsysslare *s,* vara en *~* have many [and varied] occupations (pursuits)

mångt, *i ~ och mycket* in many respects

mångtydig *adj* attr. ...having (of, with) various meanings; tvetydig ambiguous

mångård *s* [lunar] halo

mångårig *adj* attr. t.ex. om erfarenhet, arbete many years'...; t.ex. om vänskap ...of long (many years') standing

månlandning *s* moon landing

månlandskap *s* lunar (moon) landscape, moonscape
månljus I *s* moonlight **II** *adj* moonlit; *en ~ natt* äv. a moonlight night
månne *adv* o. **månntro** *adv*, vad vill han mig *~?* …I wonder; *~ det?* verkligen indeed!, is that so, really?; tvivlande I wonder!
månraket *s* moon rocket
månresa *s* journey (trip) to the moon
månsken *s* moonlight; *det är ~ ikväll* there's a moon tonight, the moon is out tonight
månskära *s* crescent
månsond *s* lunar probe
månsten *s* miner. moonstone
månvarv *s* tidrymd lunar month, lunation; poet. moon
måra *s* bot. bedstraw
mård *s* zool. marten
mårdhund *s* raccoon dog
mås *s* gull
måste I (sup. *måst*) *hjälpvb, han ~* a) är (resp. blir) tvungen att he must; isht angivande 'yttre tvång' he has (resp. will have) to, he is (resp. will be) obliged to; vard. he has got to b) var tvungen att he had to, he was obliged to; vard. he had got to; i indirekt tal (ibl. utan utsatt anföringsverb) he must; för övr. bet. se ex.; *~ jag det?* must I?, do I have to?; *det ~ du inte* you don't (om framtid won't) have (need) to; vard. you haven't got to; *jag ~ göra det förr eller senare* I shall (will) have to (I must) do it sooner or later; *huset ~ repareras* the house must (imperf. had to) be repaired; *jag ~ kan* (resp. kunde) inte låta bli att *skratta* I can't (resp. could not) help laughing; *du ~* måtte *vara (ha varit)* mycket trött you must be (have been)…; *det ~ bort* that will have to go, that must be removed (taken away); *det ~ mera till än så för att* inf. it takes (you need) more than that to inf. **II** *s, det är ett ~* it's a must
mått *s* allm. measure [*på* of]; isht uppmätt storlek measurement; bildl., måttstock standard [*för* for (of); *på* of]; storlek size, dimensions pl., proportions pl.; skala scale; mängd amount; grad degree; utsträckning extent; kakmått pastry-cutter; *~et är rågat* bildl. that was the last straw!; jag har fått nog I've had enough of it!; *hålla ~et* bildl. be (come) up to the mark; motsvara förväntningarna come up to expectations; *ta ~ på ngn* till en kostym take a p.'s measurements; *vara ett ~ på* be the measure (standard, gauge) of; *vidta ~ och steg* take measures (steps); *[gjord] efter [personliga] ~* made to measure; *efter våra ~* by our standards; *i rikt ~* in ample measure
1 måtta *s* moderation; *[det ska vara] ~ i allt!* everything in moderation!, there is a limit!; *det är ingen ~ på vad han fordrar* there is no limit to his demands; *med ~* moderately, in moderation
2 måtta I *vb tr, ~ ett slag mot* aim…at **II** *vb itr* sikta take aim [*mot (åt)* at]
måttband *s* measuring-tape, tape measure
måttbeställd *adj* …made to measure; isht amer. custom-made, custom…
måtte *hjälpvb* **1** uttr. önskan *~ du aldrig* [få] ångra det may you (I hope you will) never…; *det ~ väl inte ha hänt dem något!* I [do] hope nothing has happened to them! **2** uttr. subjektiv visshet *han ~ vara sjuk* eftersom… he must be ill…; *det ~ jag väl veta!* I ought to (should) know!
måttenhet *s* unit of measurement
måttfull *adj* allm. moderate; i mat o. dryck äv. temperate; sansad, om pers. el. diskret, om stil sober
måttfullhet *s* moderation; temperance; sobriety; jfr *måttfull*
måttlig *adj* allm. moderate; i mat o. dryck äv. temperate; blygsam, om t.ex. anspråk modest; ringa little, slight; om t.ex. succé, intresse scant; *det är inte ~t* vad han begär …is out of all proportion
måttlighet *s* moderation; i mat o. dryck äv. temperance
måttlös se *omåttlig*
måtto, *i så ~* to that (such an) extent; såtillvida in so far
måttstock *s* measure; isht bildl. standard, gauge [*för (på)* i samtl. fall of]; bildl. äv. yardstick, criteri|on (pl. -a); *[mätt] efter en annan ~* by (measured by, according to) another standard
måttsystem *s* system of measurement
mähä *s* vard. milksop, namby-pamby
mäkla *vb tr* o. *vb itr* medla mediate; *~ fred* mediate a peace
mäklararvode *s* kurtage brokerage
mäklare *s* hand. broker; fond~ äv. stockbroker, jfr äv. *fastighetsmäklare*
mäklarfirma *s* firm of brokers, jfr äv. *fastighetsmäklare*
mäkta I *vb tr* o. *vb itr, ~ [göra] ngt* be capable of [doing] a th., be able to do (manage) a th.; *jag ~r inte [göra] mera* I can do no more **II** *adv* vard. mightily; isht iron. mighty
mäktig *adj* **1** kraftfull powerful; känslobeton. mighty; storartad majestic, grand, grandiose, great; väldig, stor tremendous, immense, huge; tjock, om t.ex. lager thick; *en ~ furste* a powerful sovereign **2** om föda: tung heavy; fet [o. söt] rich
mängd *s* **1** kvantum quantity, amount; antal number [samtl. med of framför följ. best.]; *en [stor] ~ (~er av, stora ~er) te har* importerats a large (great) quantity of tea has…, [large] quantities of tea have…; *en [stor] ~ (~er av, stora ~er) böcker har* förstörts a large (great) number of books have

(has)..., a great many books have...; *i [stor]* ~ *([stora]* ~*er)* in [large] quantities (antal numbers); *i riklig* ~ vanl. in abundance **2** ~*en* folket, massan the crowd, the multitude; *skilja sig från* ~*en* stand out from the rest; *försvinna bli borttappad i* ~*en* get lost in the crowd

mängdlära *s* matem. theory of sets, set theory
mängdrabatt *s* hand. quantity discount
människ|a *s* allm. man (pl. men); kvinna woman (pl. women); person person, individual; mänsklig varelse human being; poet. mortal; ~*n i* allm. bem. man; *-or* folk people; *-orna* mänskligheten mankind, the human race, man, humanity (alla sg.); *vi -or* we humans (mortals); *alla -or (varje* ~ *)* vanl. everybody, everyone (båda sg.); *ingen* ~ nobody, no one; inte en ~ not a single person, not a soul; *en gammal* ~ an old person; *gamla -or* old people; isht amer. old folks; *den moderna* ~*n* modern man; *stackars* ~*!* poor thing (soul, creature)!; *bli* ~ *[igen]* be oneself [again]; *känna sig som en ny (annan)* ~ feel a new (different) man (resp. woman); hur är han (hon) *som* ~*?* ...as a person?
människoapa *s* anthropoid ape
människobarn *s* **1** eg. [human] child **2** poet., människa human being, mortal
människofientlig *adj* misanthropic
människoföda *s* human food; *otjänlig som (till)* ~ unfit for human consumption
människoförakt *s* misanthropy
människohand *s*, t.ex. orörd *av* ~ ...by human hand; *gjord av* ~ *(människohänder)* man-made
människointresse *s*, *ha* ~ be interested in people
människokropp *s* human body
människokännare *s* judge of character (human nature)
människokännedom *s* knowledge of human nature, judgement of character
människokärlek *s* humanity, love of mankind; kristlig ~ charity; filantropi philanthropy
människoliv *s* [human] life; *en förlust av fem* ~ the loss of five lives
människomassa *s* crowd [of people]
människonatur *s*, ~*[en]* human nature
människooffer *s* human sacrifice
människosläkte *s*, ~*t* the human race, mankind
Människosonen the Son of Man
människospillra *s* human wreck, wreck [of a human being]
människosyn *s* outlook on mankind
människovän *s* humanitarian, friend of humanity; filantrop philanthropist
människovänlig *adj* humanitarian, humane; filantropisk philanthropic
människovärde *s* human dignity

människovärdig *adj* ...fit for human beings
människoätare *s* kannibal cannibal
mänsklig *adj* human; human humane; *den* ~*a faktorn* the human factor; *de* ~*a rättigheterna* human rights; *ett* ~*are samhälle* a more humane society; *allt [vad] som står i* ~ *makt* all that is humanly possible; *det är* ~*t att fela* ordst. to err is human
mänsklighet *s* **1** humanitet humaneness, humanity **2** ~*en* människosläktet mankind, humanity
mänsko- i sms., se *människo-*
märg *s* **1** ben~ marrow; anat. medulla; jfr *förlänga* **2** bot. pith, medulla **3** bildl.: det innersta marrow, core; kraft o. mod pith; *det gick genom* ~ *och ben [på mig]* ...pierced my very marrow; *frysa ända in i* ~*en* be chilled (frozen) to the marrow (to the bone, through and through)
märgben *s* marrowbone
märgpipa *s* marrowbone; bogstycke shoulder
märk|a *vb tr* **1** förse med märke mark; med etikett äv. label; med skåra, streck äv. score; med bokstäver äv. letter; med brännjärn brand; stämpla stamp; *-t med rött* marked in red; *ett ansikte -t av* sjukdom a face marked by (bearing traces of)...; *han är -t för livet* he is marked for life, he is a marked man **2** lägga märke till notice, note; isht avsiktligt observe; bli medveten om become aware of; inse perceive; känna äv. feel; på smaken taste; på lukten smell; höra hear, se see; *märk!* el. *märk väl* el. *väl att* ~ nota bene (förk. NB); *man -er inte* trötheten förrän you don't notice (become aware of)...; *man -er avsikten* hans avsikt his intention is obvious (evident); *jag -te på honom att* han var arg I noticed (could tell) by his manner that...; *väl att* ~ mind you; det vill säga that is; skillnaden *-s knappt* ...is hardly noticeable; *det -s* hörs (syns) *att* han är trött you (one) can hear (see) that... **3** ~ *ord* cavil, quibble, take up a p.'s words
märkbar *adj* iakttagbar noticeable, observable; skönjbar discernible; synbar perceivable, visible; förnimbar perceptible, appreciable; tydlig, om t.ex. förbättring marked; uppenbar obvious; *göra sig* ~ om tendens o.d. äv. manifest itself
märke *s* **1** allm. mark; tecken, symbol äv. sign; efter tryck äv. impression; fördjupning äv. dint; skåra notch, cut; spår trace; etikett label, tag; fabrikat: t.ex. bils make; t.ex. kaffes, tobaks brand; klubb~ o.d. badge; bot., pistills stigma; land~ landmark; jfr *bokmärke, sjömärke* etc.; *ha (bära)* ~*n efter* misshandel show marks (signs) of...; *sätta* ~ *för* put a mark against, mark; pricka av tick off; ett konservativt program *av svenskt* ~ ...of a Swedish brand **2** *lägga* ~ *till* notice; se äv. *märka 2*

märkesdag

märkesdag *s* red-letter day
märkesnamn *s* brand name, proprietary name
märkesvaror *s pl* proprietary (branded) products (koll. goods); *ledande* ~ brand leaders
märklig *adj* anmärkningsvärd, framstående remarkable, notable; attr. äv. signal; anmärkningsvärd äv. noteworthy; uppseendeväckande striking; betydelsefull significant; egendomlig strange, odd, peculiar; *ett ~t sammanträffande* a remarkable (striking) coincidence; *det var ~t!* how extraordinary (peculiar, odd)!, that's odd!
märkligt *adv* remarkably etc., jfr *märklig;* ~ *nog* strangely (oddly) enough, strange to say
märkning *s* marking etc., jfr *märka 1*
märkpenna *s* marker
märkvärdig *adj* egendomlig strange, curious, odd, peculiar; förunderlig wonderful; anmärkningsvärd remarkable; förträfflig marvellous; jfr vid. *märklig;* boken är *inte särskilt* ~ …nothing special; *göra sig* ~ viktig make oneself important, put on airs; *det ~a med det* the remarkable thing about it
märkvärdighet *s* egenskap strangeness etc., jfr *märkvärdig; ~er* remarkable things; sevärdheter sights
märkvärdigt se *märkligt*
märr *s* sto mare; hästkrake jade
mäsk *s* bryggeri. mash
mäss *s* mess; lokal äv. messroom
mässa I *s* **1** katol. el. mus. mass; prot. [divine] service; *gå i ~n* katol. attend (go to) Mass **2** hand. [trade] fair; utställning äv. exhibition **II** *vb tr* o. *vb itr* **1** läsa (sjunga) ~n (katol.) say (sing) Mass **2** sjunga liturgiskt (recitativartat) chant, intone; tala (läsa) entonigt chant, drone
mässbok *s* kyrkl. missal
mässfall *s* **1** inställd gudstjänst *det blev* ~ no service was held **2** inställt möte, föredrag *det blev* ~ the…was called off
mässhake *s* kyrkl. chasuble
mässhall *s* exhibition hall
mässing *s* **1** brass **2** vard. *i bara ~en* in the altogether, in one's birthday suit
mässingsbeslag *s* brass mounting
mässingsinstrument *s* brass [wind] instrument; *~en* i orkester the brass sg.
mässkrud *s* kyrkl. vestments pl.
mässling *s* [the] measles sg.; *ha ~[en]* äv. be down with [the] measles
mässpojke *s* sjö. cabin boy, messroom boy
mästarbrev *s* master craftsman's diploma (certificate)
mästare *s* allm. master; sport. el. friare champion; *svensk ~ i tennis* Swedish tennis champion; han är *en ~ i att ljuga* …a past master at lying; *han är ingen ~ i tennis (att ro)* he is a poor hand at tennis (rowing); *en ~ på fiol* a master of the violin, a great violinist
mästarhand *s, med* ~ with a masterhand
mästarinna *s* sport. [woman] champion
mästarklass *s* master class
mästarprov *s* inom skråväsen examination for the master craftsman's diploma (certificate); mästerstycke masterpiece
mästerkock *s* master cook
mästerlig *adj* masterly; lysande brilliant
mästerligt *adv* in a masterly way; lysande brilliantly
mästerskap *s* mastership; sport. championship; ~ *i simning* swimming championship
mästerskytt *s* crack shot (marksman)
mästerstycke *s* masterpiece; mästerkupp, mästerdrag masterstroke
mästerverk *s* masterpiece
mästra *vb tr* klandra criticize, find fault with; ngn äv. put…right
mäta I *vb tr* measure [*med* måttband, lod, *efter (med)* ögonmått samtl. by]; noggrannare el. bildl. äv. gauge; beräkna calculate; lantmät. survey; ~ *ngn med blicken* look a p. up and down; ~ *av* measure off; ~ *upp* a) ta mått på measure [up], take the measure[ments] (the size) of; lantmät. survey b) t.ex. mjölk measure out; t.ex. tyg measure off; ~ *ut* a) se ~ *upp* b) jur., se *utmäta 1* **II** *vb itr* hålla ett visst mått measure; *han mäter* 1.80 [i strumplästen] he stands…[in his stockings] **III** *vb rfl, kunna ~ sig med* compare favourably with; *han kan inte ~ sig med…* he cannot match (jämföras compare with)…
mätare *s* el~, gas~ o.d. meter; instrument gauge äv. bildl.
mätarfjäril *s* zool. geometrid [moth], geometer
mätarlarv *s* zool. looper, geometer
mätbar *adj* measurable; *icke ~* non-measurable
mätglas *s* graduated (measuring) glass
mätinstrument *s* measuring instrument, gauge
mätning *s* mätande measuring, gauging osv., jfr *mäta I;* measurement; *göra ~ar* take (make) measurements; lantmät. el. sjö~ make surveys
mätsticka *s* measuring-rod; olje~ dipstick
mätt *adj* attr. …who has had enough to eat (satisfied his etc. hunger); vard. full [up] end. pred.; *jag är ~, tack* I simply wouldn't eat another thing, I have had enough [to eat] thanks; *äta sig (bli)* ~ have enough to eat, satisfy one's hunger; *jag blir inte ~ av (på)* en banan …doesn't fill me; *han kunde inte se sig ~ på det* he never tired of looking at it; ~ *på* intryck sated (satiated) with…
mätta *vb tr* **1** satisfy; *det finns många munnar att ~* there are many mouths to feed; *frukt ~r inte* gör dig inte mätt fruit does not fill you **2** kem. el. hand. el. friare saturate

mättad *adj* kem. el. hand. el. friare saturated; **marknaden är ~** the market has reached saturation point
mättnad *s* kem. el. hand. el. friare saturation
mättnadskänsla *s* feeling of satisfaction
mö *s* poet., flicka maid, maiden
möbel *s* enstaka piece of furniture; koll. suite of furniture; efterled i sms. suite, jfr t.ex. *matsalsmöbel;* **möbler** bohag furniture sg.
möbelaffär *s* butik furniture store (shop)
möbelfabrik *s* furniture factory
möbelsnickare *s* cabinet-maker
möbeltyg *s* furnishing fabric
möbelvaruhus *s* furnishing store
möblemang *s* bohag furniture (end. sg.); **ett ~ a** suite of furniture
möblera *vb tr* förse med möbler furnish; ordna möblerna arrange the furniture [*[i] rummet* in the room]; **hyra ~t** rent a furnished room (våning flat, apartment); **~ om** a) flytta om möblerna rearrange the furniture [*[i] rummet* in the room] b) förse med andra möbler refurnish c) bildl., regering o.d. reshuffle, shake up
möblerbar *adj* attr. ...that can (could etc.) be furnished; **~ hall** lounge hall
möblering *s* furnishing; möblemang äv. furniture
möda *s* besvär pains pl., trouble; tungt arbete labour, toil; slit drudgery; strapats, vedermöda hardship; **göra sig ~ att** take pains (trouble) to; **ha all ~ i världen att** inf. have no end of trouble to inf. (great difficulty in ing-form); **är det ~n värt?** is it worth while (the bother)?; **ej spara någon ~** spare no pains; **endast med ~** kunde han only with difficulty...
möderne, vara släkt på ~t be related on the (one's) mother's side
mödom *s* **1** virginity **2** anat., se *mödomshinna*
mödomshinna *s* anat. hymen, maidenhead
mödosam *adj* laborious, difficult, strenuous; om t.ex. uppgift äv. arduous
mödragymnastik *s* före förlossning antenatal (efter postnatal) exercises pl.
mödrahem *s* maternity home
mödravård *s* maternity welfare; före förlossning antenatal (efter postnatal) care
mödravårdscentral *s* antenatal (prenatal) clinic
mögel *s* mould; amer. mold; på papper o.d. mildew
mögelsvamp *s* mould [fungus]
mögla *vb itr* go (get) mouldy osv., jfr *möglig*
möglig *adj* mouldy; amer. moldy; om papper o.d. mildewy; unken samt isht bildl., förlegad o.d. musty, fusty
möhippa *s* hen party [given for a bride-to-be]; isht amer. shower
möjlig *adj* possible; görlig äv. feasible, practicable; tänkbar conceivable; **alla ~a skäl (sätt)** all sorts of reasons (ways), every possible reason (way) sg.; **det är mycket ~t att han har...** it is quite possible (it may well be)...; **det är ~t att jag tar fel** I may be wrong; **är det ~t att han...?** is it possible (can it be)...?; **om ~t** if possible; **så snart som ~t** as soon as possible, as soon as I (you etc.) possibly can; **på bästa ~a sätt** in the best possible way; **högsta ~a** ränta the highest possible..., the maximum...; **med minsta ~a** besvär with the least possible..., with a minimum of...; **i ~aste mån** as far as possible, to the utmost possible extent; **snarast ~t** as soon as possible
möjligen *adv* possibly; kanhända perhaps; **~ har han** ändrat sig äv. he may have...; **kan man ~ få träffa...** I wonder if it is possible to meet...; **har du ~** en krona på dig? vanl. do you happen to have...?; **~ med undantag av...** vanl. with the possible exception of...
möjliggöra *vb tr* make (render)...possible; underlätta facilitate
möjlighet *s* possibility; chans chance; utsikt prospect [*till ngt ([till] att* inf. samtl.*)* of a th. (of ing-form)]; tillfälle äv. opportunity; utväg, medel means (sg. el. pl.) [*att* inf. of (for) ing-form]; **det finns ingen annan ~** there is no other possibility (no alternative); **om det finns någon ~** så kommer jag äv. if I possibly can...; **det fanns bara en ~ att** fly there was only one way out...; **inom ~ernas räns[er]** within the range of possibility; **~er till bad** bathing facilities
möjligtvis se *möjligen*
mönja *s* red lead, minium
mönster *s* allm. pattern; dekor, utförande äv. design; föredöme äv. model, paragon; norm standard; på bildäck tread; **rutigt ~** check pattern; **ett ~ till en klänning** a pattern for a dress; **vara ett ~ av** dygd, flit be a pattern (model, paragon) of...; **efter ~** from a pattern
mönstergill *adj* model end. attr.; ideal; om t.ex. uppförande exemplary
mönsterjordbruk *s* model farm
mönsterstickad *adj* patterned
mönstra I *vb tr* **1** förse med mönster pattern **2** granska inspect, scrutinize, take stock of; **~ ngn [med blicken]** look a p. up and down **3** inräkna, [kunna] samla muster **4** sjö. a) anställa på fartyg sign (take)...on, ship b) verkställa upprop m. call over **II** *vb itr* **1** sjö. sign on, ship **2** mil., inskrivas enrol[l] **III** med beton. partf.
~ av a) tr. pay...off b) itr. sign (be paid) off
~ på a) tr. sign (take)...on, ship b) itr. sign on
~ ut kassera reject, discard, scrap
mönstrad *adj* t.ex. om tyg patterned
mönstring *s* **1** mönster pattern[ing] **2** granskning inspection; scrutiny **3** mil., se *inskrivning*

mör *adj* **1** om kött, frukt tender; om skorpor o.d.: spröd crisp **2** bildl., foglig meek; *göra ngn ~ soften* a p. up; *känna sig ~ i hela kroppen* be aching all over
möra *vb tr, ~ kött* tenderize meat
mörbulta *vb tr* person beat...black and blue; *alldeles ~d* efter matchen aching all over...
mörda *vb tr* murder; isht polit. assassinate; utan obj. commit a murder (murders); isht bildl. kill
mördande I *adj* friare, om t.ex. eld murderous; om klimat, slag deadly; om t.ex. blick withering; *~ konkurrens* cut-throat competition; *~ kritik* devastating (crushing) criticism **II** *adv*, *~ tråkig* deadly dull
mördarcell *s* fysiol. killer cell
mördare *s* murderer; isht polit. assassin
mördeg *s* rich shortcrust pastry, flan pastry
mörderska *s* murderess
mörk *adj* dark; djup, om färg, ton äv. deep; dunkel äv. obscure; dyster sombre, gloomy; svart black äv. bildl.; *en ~ blick* a black look; *~t bröd* dark bread; *~ choklad* plain chocolate; *~ kostym* dark lounge suit; *~ min* sombre air; vredgad black looks pl.; *~a tankar* dark (sombre, black) thoughts; *det ser ~t ut* bildl. things look bad; *bli ~are* get darker, darken
mörkblond *adj* om pers. dark blond (om kvinna blonde); om hår dark blond[e], light brown
mörkblå *adj* dark blue; om plagg äv. navy blue; polit. true-blue, ultra-conservative
mörkbrun *adj* dark brown
mörk|er *s* darkness; mera konkr., mörk rymd dark; *-ret faller på* nu darkness (night) is falling; *efter -rets inbrott* after dark; *famla i -ret* grope in the dark äv. bildl.; *kunna se i ~ (-ret)* ...in the dark
mörkerkörning *s* driving in the dark, night-driving
mörkerseende *s* fysiol. twilight (fackspr. scotopic) vision
mörkertal *s* number of unrecorded cases, hidden statistics sg.
mörkhyad *adj* dark, dark-skinned, dark-complexioned, swarthy
mörkhårig *adj* dark-haired
mörklagd *adj* om pers. dark[-haired]
mörklägga *vb tr* isht mil. black out; t.ex. gm strömavbrott plunge...into darkness; hemlighålla keep...secret (dark)
mörkläggning *s* isht mil. blackout; *~en av* spionerimålet the keeping secret of...
mörkna *vb itr* get (grow, become) dark, darken; *det ~r (börjar ~)* it is getting dark, night is falling; *han ~de* då han fick se... his face darkened (became sombre)...
mörkrostad *adj*, **mörkrostat** *kaffe* dark (Continental) roast coffee
mörkrum *s* foto. o.d. dark room
mörkrädd *adj, vara ~* be afraid of the dark

mörkögd *adj* dark-eyed
mört *s* roach
mössa *s* cap
mösskärm *s* cap peak
möta *vb tr* (ibl. *vb itr*) allm. meet; *råka på [ngn]* come (run) across, chance upon; råka på samt isht röna meet with; t.ex. svårigheter encounter; stå inför face, confront; modigt ~ stand (face) up to; bemöta, t.ex. anfall meet, counter; *~ ngn i en match* meet (encounter) a p.; *~ ngn i trappan* meet (pass) a p...; *~ [ngn]* vid station o.d. meet a p.; *han mötte [oss] med bil* he came in a car to meet us; *~ förståelse* meet with sympathy; *för att kunna ~ konkurrensen* in order to meet (stand up to, cope with) competition; *~ motstånd* meet with (encounter) resistance; *~ sitt öde* meet one's fate; *förslaget möttes med gillande* ...was greeted (received) with approval; *~ upp* samlas come together, gather, assemble, muster
mötande *adj* t.ex. person attr. ...that one meets; t.ex. bil, tåg, trafik oncoming..., ...coming the other way (from the other direction); *två ~ tåg* two trains passing each other
mötas *vb itr dep* meet; passera varandra pass [each other]
möte *s* allm. meeting; isht oväntat samt i match o.d. encounter; avtalat appointment; vard., träff date; sammankomst äv. gathering, assembly; konferens conference; *avtala ett ~* arrange (fix) a meeting (an appointment, vard. date); *hålla (öppna) ett ~* hold (open) a meeting; *kalla till ett ~* call a meeting; *stämma ~ med* make an appointment with, arrange to meet (a meeting with); *jag har stämt ~ med honom* kl. 6 I have an appointment with him...; *blända av vid ~* ...when meeting other vehicles; *gå okända öden till ~s* go to meet..., be heading for...; *vi går en oviss framtid till ~s* we have...before us; *gå (komma) ngn till ~s* [come to] meet a p.; tillmötesgå meet a p. half way; *springa (vara) ngn till ~s* run (be there) to meet a p.
mötesdeltagare *s* participant [in a (resp. the) meeting (conference)]
mötesfrihet *s* freedom of assembly
möteslokal *s* mötesplats place of meeting, meeting place; samlingsrum assembly (conference) room[s pl.]
mötesplats *s* place of meeting, meeting place; isht överenskommen rendezvous (pl. lika); på väg el. järnv. o.d. passing place

N

n *s* bokstav n [utt. en]
nacka *vb tr*, **~ en höna (ngn)** chop a hen's (a p.'s) head off; **~ ngn** äv. behead a p.
nackdel *s* disadvantage, drawback; **väga fördelar och ~ar** weigh the pros and cons
nacke *s* back of the (one's) head, nape of the (one's) neck; **bryta ~n [av sig]** break one's neck; **böja ~n** bend (bow) one's neck; **vrida ~n av ngn** wring a p.'s neck; **ha ögon (klia sig) i ~n** have eyes at (scratch) the back of one's head; **ha 70 år på ~n** be [as much as] seventy years old; **ha många år på ~n** be getting on, be as old as Adam
nackskinn *s*, **ta en katt i ~et** take...by the scruff of its neck
nackspärr *s* wryneck, vetensk. torticollis
nackstöd *s* headrest; i bil äv. head restraint
nacksving *s* brottn. headlock
nafs *s* snap; hugg grab; **i ett ~** vard. in a flash (jiffy), in two ticks
nafsa *vb tr* o. *vb itr* snap [*efter* at]; **~ gräs nibble**...; **~ ngn i benet** snap at a p.'s leg; **~ till (åt) sig** snap up
nafta *s* kem. naphtha
naftalin *s* kem. naphthalene
nagel *s* **1** anat. nail; **tugga på (peta) naglarna** bite (clean) one's nails **2** bildl. **vara en ~ i ögat på ngn** be a thorn in the flesh (side) to a p.
nagelband *s* anat. cuticle
nagelborste *s* nail brush
nagelfara *vb tr* scrutinize...closely (critically)
nagelfil *s* nail file; sandpappersfil emery board
nagellack *s* nail varnish (polish, enamel)
nagellackborttagningsmedel *s* nail varnish (nail polish) remover
nagelpetare *s* nail cleaner
nagelrot *s* root of a (resp. the) nail
nagelsax *s* nail scissors pl.
nageltrång *s*, **ha ~** have an ingrown (ingrowing) toenail
nageltång *s* nail nippers pl.
nagga *vb tr* bröd prick; **~ i kanten** göra hack i notch, nick, chip; bildl., t.ex. kapital begin to nibble at, eat into; *hennes goda rykte har blivit ~t i kanten* ...has become somewhat tarnished
naggande *adv*, **liten men ~ god** there's not much of it (resp. him etc.), but what there is, is good
naiv *adj* naive, naïve; troskyldig ingenuous, unsophisticated; barnslig childish; enfaldig simple-minded
naivism *s* isht konst. naïvism
naivitet *s* naivety, naïveté, naïveness
najad *s* mytol. naiad; friare om flicka nymph

naken *adj* naked äv. bildl.; vard. ...in the altogether; isht konst. nude; om rum, träd, vägg äv. bare; om fågelunge callow, featherless; **nakna fakta** the naked (bare, hard) facts; **[den] nakna sanningen** the naked (plain) truth; **klä av sig ~** strip naked (to the skin)
nakenbad *s* badning bathing in the nude; vard. skinny-dipping; **ett ~** a bathe in the nude, a skinny-dip
nakenbadare *s* bather in the nude, naked bather; vard. skinny-dipper
nakenbild *s* nude (naked) picture; i herrtidning ofta girlie picture
nakendansös *s* nude dancer
nakenhet *s* nakedness; isht konst. nudity
nalka *vb rfl*, **~ sig** se *nalkas*
nalkas *vb dep* approach äv. om. pers.; litt. draw near; om tid äv. come on, be at hand
nalla *vb tr* vard. pinch, swipe
nalle *s* o. **nallebjörn** *s* barnspr. teddy [bear]; i barnsagor o.d. äv. bruin
Namibia Namibia
namibisk *adj* Namibian
namn *s* name [*på* of]; **hennes ~ som flicka (gift)** vanl. her maiden (married) name; **hans goda ~ och rykte** ...good name [and reputation]; **hur var ~et?** what [is your] name, please?; **byta ~** change one's name; **han fick ~et Bo** ...received the name of (was named, döptes till was christened) Bo; **skapa sig ett ~** make a name for oneself; **i Guds ~** relig. in the name of God; **hur i herrans ~...?** how on earth...?; **i sanningens ~** to be quite honest, to tell the truth; ingen **med det ~et** ...of that name; känna ngn [bara] **till ~et** ...by name; **vara känd under ~et S.** be known by (go by, go under) the name of S.; **en man vid ~ Bo** ...called (named) Bo, ...by (of) the name of Bo
namnbricka *s* identitetsbricka identity disc (amer. disk)
namnbyte *s* change of name
namne *s* namesake
namnge *vb tr* name
namngiven *adj* named; **av icke ~** konstnär by an unnamed (anonymous)...
namninsamling *s* list of signatures; petition; protestskrivelse äv. round robin
namnkunnig *adj* renowned, famous
namnlista *s* list of names, jfr äv. *namninsamling*
namnlös *adj* nameless; bildl. äv. unspeakable
namnsdag *s* name day
namnskylt *s* nameplate; på dörr doorplate; på t.ex. affär signboard
namnteckning *s* signature
namnändring *s* change of name
napalm *s* kem. napalm
1 napp *s* di~ teat, isht amer. nipple; tröst~ dummy, comforter, amer. pacifier
2 napp *s* fiske bite; svag. el. bildl. nibble [*på* at]; **få ~** have a bite (nibble), get a rise

1 nappa s skinnsort nap[p]a [leather]
2 nappa vb tr o. vb itr om fisk bite; svag. el. bildl. nibble [på at]; om hund snap; ~ *[till (åt) sig]* snatch (catch) [up (hold of)]; om hund snap up; *det ~de han på genast* he jumped at it [at once]; ~ *på kroken* bite [at the hook]; rise to (swallow) the bait äv. bildl.
nappatag s tussle, set-to båda äv. bildl.; *ta ett ~ [med]* have a tussle (brush) [with], come to grips [with]
nappflaska s feeding (baby's) bottle
naprapat s naprapath
narciss s bot. narciss|us (pl. äv. -i)
narcissistisk adj psykol. narcissistic
narig adj om hud chapped, rough
narkoman s narcotics (drug) addict; vard. junkie
narkomani s drug addiction, narcomania
narkomanvård s care (treatment) of drug (narcotics) addicts
narkos s narcos|is (pl. -es); *ge [ngn] ~* administer an anaesthetic (amer. anesthetic) [to a p.]
narkosläkare s anaesthetist; amer. anesthetist
narkossköterska s nurse anaesthetist (amer. anesthetist)
narkotika s pl narcotics, drugs; vard. dope sg., junk sg.
narkotikaberoende s drug dependence (addiction)
narkotikabrott s narcotics (drug) crimes pl.
narkotikahandel s traffic in narcotics, drug traffic (racket)
narkotikahund s sniffer dog
narkotikainnehav s possession of narcotics (drugs)
narkotikalangare s drug (dope) trafficker, drug (dope) pusher (peddler)
narkotikamissbruk s narcotics (drug) abuse
narkotikapolis s narcotics (drug) squad
narkotisk adj narcotic; *~a medel (preparat)* se *narkotika*
narr s allm. fool; hov~ äv. [court] jester; pajas clown; *göra ~ av ngn* make fun (game) of (poke fun at) a p.
narra se 2 *lura II* o. *III*
narras vb itr dep fib, tell fibs (resp. a fib)
narval s zool. narwhal, sea-unicorn
nasal I adj nasal **II** s nasal [sound]
nasalljud s nasal [sound]
nasaré s Nazarene äv. bibl.
Nasaret Nazareth
1 nasse s gris pig; liten piglet; barnspr. piggy; *Nasse* i Nalle Puh Piglet
2 nasse s vard., nazist Nazi
nate s bot. pondweed
nation s **1** folk nation **2** univ. *Kalmar ~* ung. the Kalmar students' club
nationalbudget s national budget
nationaldag s national day (holiday)

nationaldräkt s **1** för hela landet national costume **2** allmogedräkt peasant costume
nationalekonom s [political] economist
nationalekonomi s economics sg., political economy
nationalekonomisk adj economic; attr. äv. ...of political economy; *en ~ fråga* som rör landets ekonomi a matter affecting the national economy
nationalförsamling s national assembly
nationalhjälte s national hero
nationalinkomst s national income
nationalisera vb tr nationalize
nationalism s, *~[en]* nationalism
nationalist s nationalist
nationalistisk adj nationalistic
nationalitet s nationality
nationalitetsbeteckning s på bil nationality sign; på flygplan nationality mark
nationalitetsmärke s på bil nationality sign; på flygplan nationality mark
nationalkaraktär s national character
nationalmuseum s national museum (för konst gallery)
nationalpark s national park
nationalprodukt s ekon. national product
nationalromantik s litt. el. mus. national romanticism
nationalrätt s maträtt national dish
nationalsocialism s, *~[en]* National Socialism
nationalsocialist s National Socialist
nationalstat s nation state
nationalsång s national anthem
nationell adj national
nativitet s birthrate
NATO atlantpakten NATO (förk. för North Atlantic Treaty Organization)
natrium s kem. sodium
natt s night äv. bildl.; *god ~!* good night!; *arbeta ~* vard. work nights; *när ~en kom* when night came [on]; *~en till* söndagen [adv. on (under loppet av during)] the night before...; *i ~* a) förliden last night b) kommande, innevarande tonight c) denna ~, nu i ~ this night; *i går (morgon) ~* yesterday (tomorrow) night; *mot ~en* mojnar det ...towards night[fall]; *om (på) ~en (nätterna)* at (by) night, in the night[-time]; varje ~ nightly; kl. 12 *på ~en* ...at night; arbeta *till långt fram (in) på ~en* ...far into the night; 2 tabletter *till ~en* ...for the night; *stanna över ~en* stay overnight (the night)
natta vb tr vard. *~ barnen* put the children to bed, tuck the children in for the night
nattapotek s all-night pharmacy (i Engl. chemist's, i USA drugstore)
nattarbete s det att arbeta på natten night work; *ha ~* äv. work nights
nattaxa s på buss o.d. night-service fare
nattblind adj night-blind
nattblindhet s night blindness

nattbuss *s* night-service (late-night) bus
nattdjur *s* nocturnal animal
nattdräkt *s, i* ~ in nightwear
nattduksbord *s* bedside table (med skåp cabinet)
nattetid *adv* at (by) night, in the night[-time]
nattexpedition *s* på apotek o.d. night-service
nattfjäril *s* zool. moth
nattflyg *s* plan night plane
nattfrost *s* night frost
nattgäst *s* guest for the night, overnight guest
natthimmel *s* night sky
nattjour *s* night duty
nattjänst[göring] *s, ha* ~ be on night duty
nattkafé *s* all-night café
nattklocka *s* nightbell
nattklubb *s* nightclub, nightspot
nattkröken, *fram på* ~ towards the small hours [of the night]
nattkvarter se *nattlogi*
nattkärl *s* chamber pot
nattlampa *s* night lamp; i t.ex. sovrum nightlight
nattlig *adj* nocturnal; natt- äv. night-; varje natt nightly; under natten ...in the night
nattlinne *s* nightdress, nightgown; vard. nightie
nattliv *s* night life
nattlogi *s* husrum accommodation (lodging) for the night
nattläger *s* liggplats bed [for the night]; improviserat shakedown
nattmössa *s* nightcap; *prata i ~n* ung. talk drivel, talk through one's hat
nattparkering *s* [over]night parking
nattpermission *s* night leave, overnight leave
nattportier *s* night porter; amer. night clerk
nattradio *s* all-night radio
nattrafik *s* night services pl.
nattro *s* vila night's rest; lugn peace and quiet at night; *inte kunna få någon* ~ *för* värk (grannar) not get any rest at night owing to...
nattrock *s* dressing-gown
nattskift *s* nightshift
nattskjorta *s* nightshirt; vard., för barn el. dam nightie
nattskärra *s* zool. nightjar
nattsköterska *s* night nurse
nattsudd *s* late nights (bjudningar parties)
nattsvart *adj* ...[as] black as night äv. bildl.
nattsömn *s* ngns [night's] sleep; *ha god* ~ sleep well at night
nattuggla *s* bildl. night owl, nightbird
nattvak *s* late hours pl., keeping late hours; nattjänst night duty, vigil
nattvakt *s* **1** pers. night watchman, security officer **2** tjänstgöring night watch (duty)
nattvard *s* kyrkl. *~en* the Holy Communion; *begå (gå till) ~en* partake of the Communion, communicate
nattvardsgång *s* kyrkl. communion

nattvardsvin *s* kyrkl. sacramental wine
nattviol *s* bot. **1** vild butterfly orchis (orchid) **2** odlad dame's violet (rocket)
nattåg *s* night train
nattöppe|n *adj* ...open all night (round the clock); *-t kafé* all-night café
natur *s* allm. nature; läggning, kynne o.d. äv. disposition, temperament; karaktär, art äv. character; slag, sort äv. kind; geografisk beskaffenhet äv. geography; personlighet o.d., person personality, person; natursceneri o.d [natural] scenery; *~en* som skapande kraft o.d. nature; komma ut i *~en* ...the country[side]; *Sveriges* ~ nature in Sweden; *en vacker* ~ omgivning beautiful scenery, a beautiful landscape; *...har blivit hans andra* ~ ...has become second nature with him; *låta ~en ha sin gång* let nature take its course; han är *lat av ~en (till sin ~)* ...lazy by nature, ...naturally lazy; *i Guds fria* ~ in the open air; *det ligger i människans* ~ *[att* inf.*]* it is inherent in human nature [to inf.]; *det ligger i sakens* ~ *[att* man...*]* it is in the nature of things (is quite natural) [that...]; *ute i ~en* out of doors, in the open; *det strider mot min* ~ *att...* it goes against my nature (the grain for me) to...; *vara försiktig till sin* ~ *(av ~en)* be wary by nature (constitution) .
natura, *in* ~ in kind
naturaförmåner *s pl* emoluments [paid] in kind, fringe benefits, perquisites; vard. perks
naturahushållning *s* primitive (gm byteshandel barter) economy
naturalisera *vb tr* naturalize
naturalist *s* naturalist
naturalistisk *adj* naturalist[ic]
naturbarn *s* child of nature
naturbegåvning *s, ha (vara en)* ~ have (be a person resp. man osv. of) natural talents (gifts)
naturbehov *s, uträtta sina* ~ relieve oneself
naturbeskrivning *s* description of scenery (nature)
naturdyrkan *s* relig. nature worship; kärlek till naturen love of nature
naturell *adj* natural, ...au naturel fr.
naturenlig *adj* natural
naturfenomen *s* natural phenomen|on (pl. -a)
naturfolk *s* primitive people
naturfärg *s* natural colour
naturfärgad *adj* natural-coloured
naturföreteelse *s* natural phenomenon
naturgas *s* natural gas
naturhinder *s pl* dåligt väder o.d. adverse weather (climatic) conditions
naturhistoria *s* natural history
naturhistorisk *adj, ~t museum* museum of natural history
naturintresse *s* interest in [the study of] nature
naturkatastrof *s* natural disaster

naturkraft *s* natural (elemental) force; *~erna* äv. the forces of nature
naturkunskap *s* skolämne science
naturkännedom *s* knowledge of nature
naturlag *s* natural law, law of nature
naturlig *adj* allm. natural; medfödd äv. innate, native, inborn; okonstlad äv. unaffected, unsophisticated, artless; självklar äv. self-evident, obvious; *dö en ~ död* äv. jur. die from natural causes; *av ~a skäl* for natural (self-evident) reasons; *ett* porträtt *i ~ storlek* a life-size...; *~t urval* biol. natural selection; *på ~ väg* by natural means, naturally; *det ~a hade varit att gå* the natural thing (course)...
naturlighet *s* naturalness osv., jfr *naturlig*; unsophistication, self-evidence
naturligtvis *adv* of course, naturally; *~!* ja (jo) visst äv. certainly!, sure!
naturliv *s* **1** *~et* naturens liv ung. wildlife **2** *leva ~* lead an outdoor life
naturläkare *s* nature healer; mera vetensk. naturopath
naturläkemedel *s* nature-cure medicine; mera vetensk. naturopathic preparation
naturlära *s* lärobok textbook of science
naturminne *s* o. **naturminnesmärke** *s* natural monument (landmark)
naturmänniska *s* i urtillstånd child of nature (pl. children of nature); friluftsmänniska nature lover
naturnödvändig *adj* absolutely necessary
naturnödvändighet *s, med ~* with absolute necessity
naturorienterande *adj, ~ ämnen* skol. science subjects
naturprodukt *s* natural product
naturreligion *s* nature religion, nature worship
naturreservat *s* nature reserve
naturrikedom *s, ~[ar]* natural wealth sg.; jfr *naturtillgång*
naturriket *s* the natural kingdom
naturrätt *s* jur. natural law
natursceneri *s, ~[er]* natural scenery sg.
natursiden *s* real silk
naturskildring se *naturbeskrivning*
naturskyddsområde *s* conservation area
naturskön *adj* ...of great natural beauty, extremely picturesque; *det ~a* Dalarna ...with its beautiful scenery; *en ~ plats* äv. a beauty-spot
naturskönhet *s* beauty of nature, natural beauty; *berömd för sin ~* noted for [the beauty of] its scenery
naturtillgång *s* natural asset; *~ar* äv. natural resources
naturtillstånd *s* natural state
naturtrogen *adj* ...true to life, lifelike
naturvetare *s* scientist; studerande science student
naturvetenskap *s* [natural] science

naturvetenskaplig *adj* scientific; *~ linje (~t program)* skol. natural sciences pl.
naturvetenskapsman *s* scientist
naturvård *s* nature conservation, environment protection
naturvårdsområde *s* conservation area
naturvårdsverk *s,* **Statens** *~* the [Swedish] National Environment Protection Board
nautisk *adj* sjö. nautical
nav *s* hub; propeller~ boss
navel *s* anat. navel
navelskådning *s* navel-gazing
navelsträng *s* anat. navel-string; vetensk. umbilical cord
navigation *s* navigation
navigatör *s* navigator
navigera *vb tr* o. *vb itr* navigate
navigerbar *adj* navigable
navigering *s* navigation
navkapsel *s* hub-cap
nazism *s, ~[en]* Nazism
nazist *s* Nazi
nazistisk *adj* Nazi
neandertalare *s* Neanderthal man
Neapel Naples
neapolitansk *adj* Neapolitan
nebulosa *s* astron. nebul|a (pl. -ae)
necessär *s* rese~ toilet (vanity) bag (case); herr~ äv. dressing-case; finare necessaire
ned *adv* allm. down äv. nere; nedåt äv. downwards; nedför trappan downstairs; *uppifrån och ~* from top to bottom; *[längst] ~ på* sidan at the [very] bottom of...; *ända ~* right (all the way) down (to the bottom); lägga (packa) *~ ngt i* ...a th. into; *blöta (skräpa) ~* utan obj. make things all wet (make a mess)
nedan I *s* wane; *månen är i ~* the moon is on the wane **II** *adv* below; *här ~* i skrift below; *se ~!* see below (längre fram further on el. down)!
nedanför I *prep* below; t.ex. trappan, åsen at the foot of; söder om [to the] south of **II** *adv* [down] below; söder därom to the south [of it]
nedanstående *adj* nedan angiven o.d. the...[mentioned] below
nedbantad *adj, ~ budget* reduced budget
nedblodad *adj* ...covered all over with blood, bloodstained
nedbruten *adj, vara ~* bildl.: knäckt, slut be broken [down]; av t.ex. dålig hälsa be shattered; *~ av sorg* prostrate with grief
nedbrytande *adj* om idéer o.d. subversive, destructive
nedbrytbar *adj* kem. degradable, decomposable; *biologiskt ~* biodegradable
nedbrytning *s* kem. breaking down
nedbäddad, ligga ~ have been tucked up in bed
neddrag|en *adj, -na mungipor* a drooping

mouth; *med rullgardinen* ~ with the blind down (drawn, lowered)
nederbörd *s* meteor. precipitation; i väderrapport vanl.: regn rainfall, snö snowfall; *riklig* ~ heavy rain[fall] (resp. snow[fall])
nederbördsområde *s* meteor. precipitation area; vanl. i väderrapport rainfall (resp. snowfall) area
nederdel *s* lower part
nederlag *s* **1** mil. defeat äv. sport. el. friare; *lida* ~ äv. be defeated **2** hand., lager stock-in-trade; magasin warehouse, depot
nederländare *s* Netherlander, Dutchman
Nederländerna *s pl* the Netherlands
nederländsk *adj* vanl. Dutch; officiellare Netherlands...
nederländska *s* (jfr *svenska*) **1** kvinna Netherland woman, Dutchwoman **2** språk vanl. Dutch
nederst *adv* at the [very] bottom [*i, på, vid* of]; ~ *på* sidan äv. at the foot of...
nedersta *adj, [den]* ~ hyllan the lowest (bottom)...; ~ *våningen* vanl. the ground (amer. first) floor
nedfall *s, [radioaktivt]* ~ [radioactive] fallout
nedfart *s* **1** nedfärd descent, way down **2** väg entrance; skidbacke descent, ski run
nedflyttad *adj, bli* ~ be moved down äv. skol.; sport. be relegated, go down
nedfläckad *adj* ...stained all over
nedfrysning *s* refrigeration; med. äv. (total) hypothermia
nedfällbar *adj* om t.ex. sufflett, attr. ...that can be lowered (let down); ~ *sits (stol)* tip-up seat
nedfärd *s* färd ner descent; nedresa journey down
nedför I *prep* down; ~ *backen* äv. downhill; ~ *trappan* down the stairs; inomhus äv. downstairs II *adv* downward[s]; i bet. '~ backen' äv. downhill
nedförsbacke *s* downhill slope, descent; *vi hade (det var)* ~ hela vägen it (the road) was downhill [for us]...
nedgående (jfr *nedåtgående*) I *s*, solen *är i (på)* ~ ...is going down (setting) II *adj* om solen setting
nedgång *s* **1** till källare, tunnelbana o.d. way (trappa stairs pl.) down **2** om himlakroppar setting; sjunkande, tillbakagång om pris o.d.: decline äv. om kultur o.d.; fall, drop; minskning decrease; *solens* ~ sunset
nedgången *adj* **1** om sko down at heel **2** utarbetad o.d. worn out
nedgångsperiod *s* **1** ekon. depression, cris|is (pl. -es) **2** kulturell o.d. period of decline (stark. decadence) **3** persons period of depression
nedgörande *adj* om kritik scathing, slashing
nedhukad *adj, sitta* ~ *över* om bok (en blomma) sit crouched (crouching) [down] over...
nedhängande *adj* ...hanging down; fritt suspended; om ljuskrona pendent; ~ *öron* äv. lop-ears
nedifrån I *prep*, ~ *gatan* (*hamnen*) from...[down] below II *adv* from below (underneath); femte raden ~ äv. from the bottom; ~ *och ända upp* from below upwards, from the bottom right up
nedikring se *nedomkring*
nedisad *adj* överisad ...covered with ice; geol. glaciated; vingarna *var* ~*e* ...had iced up
nedisning *s* geol. glaciation; flyg. icing
nedkalla *vb tr* bildl. ~ frid (välsignelse) *över ngn* call down...on a p.
nedklottrad se *fullklottrad*
nedknarkad *adj* vard. freaked-out, ...completely under the influence of drugs
nedkomma *vb itr*, ~ *med en son* give birth to a boy, be delivered of a boy
nedkomst *s* förlossning delivery, confinement
nedkylning *s* cooling [down], chilling
nedkämpa *vb tr* motståndare outfight; mil. neutralize; t.ex. fientligt artilleri destroy; tysta äv. silence; böjelser o.d. fight down
nedlusad *adj* lousy, lice-infested; *vara* ~ *med pengar* vard. be lousy (filthy) with money
nedlåta *vb rfl*, ~ *sig* förnedra sig stoop, descend [*till* ngt to...; *till att* inf. to ing-form]; behaga condescend [*till* ett svar to give...; *till att* inf. to inf.]
nedlåtande *adj* överlägsen condescending, patronizing
nedlåtenhet *s* condescension, patronizing air
nedlägga se *lägga [ned]*
nedläggelse *s* av verksamhet discontinuation; inställelse shutting-down; stängning closing-down
nedläggning *s* **1** ~*en av en krans* the laying down of a wreath **2** se *nedläggelse*
nedläggningshotad *adj* om t.ex. fabrik ...threatened with closure (closing-down)
nedomkring I *prep* nere runtomkring round the foot (base) of; nedtill på along the base of; nere i trakten av down by II *adv* round the foot (base, t.ex. kjol bottom)
nedre (*nedra*) *adj* lower; ~ *ändan* av bordet äv. the bottom...; *i* ~ *vänstra hörnet* (på boksida o.d.) in the bottom (lower) left-hand corner
nedresa *s* journey down (söderut southwards)
nedrig *adj* gemen, simpel mean, dirty, low; *en* ~ *beskyllning* a mean (base) accusation; *vilken (en sådan)* ~ *otur!* what rotten luck!; *han var* ~ *mot mig* ...horrid (beastly) to me
nedrighet se *gemenhet*
nedringd *adj, bli [fullständigt]* ~ be showered with telephone calls
nedrusta I *vb itr* disarm, cut down (reduce) [one's] armaments II *vb tr* cut down [on], t.ex. forskningen reduce
nedrustning *s* disarmament; begränsning arms limitations (reduction)

nedrustningsförhandlingar *s pl* disarmament (begränsning arms limitation) negotiations
nedräkning *s* inför start countdown
nedrökt *adj* sotig sooty; rökfylld smoky, smoke-laden
nedsaltning *s* salting, pickling
nedsatt *adj*, *ha ~ hörsel* have reduced (svag. impaired) hearing, be hard of hearing; *ha ~ syn* have impaired vision; *till ~ taxa* at a reduced (t.ex. tele. äv. cheap) rate
nedskrivning *s* **1** nedskrivande writing down **2** ekon., t.ex. av lager write-down, writing-down; ibl. depreciation; av valuta devaluation
nedskräpning *s* littering [up]
nedskärning *s* minskning reduction [*av* of, in]; cut [*av* in]
nedslag *s* **1** på skrivmaskin stroke; *200 ~ i minuten* 200 letters... **2** mus. downbeat; fågels alighting; flygplans störtning crash; blixt~ stroke of lightning; mil., projektils [point of] impact; rymdfarkosts landning i havet splashdown; sport., vid hopp o.d. landing
nedslagen *adj* bildl. depressed, low-spirited, dejected
nedslagenhet se *nedstämdhet* o. *modlöshet*
nedsliten *adj* worn down; om maskin run-down
nedslående *adj* bildl. disheartening, depressing, discouraging; resultatet *blev ~* ...was (proved) disappointing
nedsläpp *s* i ishockey face-off; *göra ~* face off
nedsmetad *adj* besmeared; med fett äv. ...[all] covered with (in) grease (med smuts dirt)
nedsmittad, *bli ~* become infected; catch an infection [*av* ngn from...]
nedsmutsad *adj* om t.ex. händer very dirty; om plagg äv. ...dirtied (soiled) all over
nedsmutsning *s* dirtying, soiling; av t.ex. luften, luftförorening pollution, contamination
nedstigning *s* descent; nedstigande descending
nedströms *adv* downstream
nedstämd *adj* bildl. depressed, low-spirited, dejected
nedstämdhet *s* [state of] depression (dejection), low-spiritedness
nedstänkt, *bli ~* get splashed (spattered, sprinkled) all over
nedsutten *adj*, *en ~ soffa* an old sagging sofa
nedsvärtning *s*, *~ av ngn* blackening of a p.'s character
nedsättande *adj* förklenande disparaging; om yttrande o.d. depreciatory
nedsättning *s* sänkning lowering; minskning reduction; pris~, amer. äv. markdown; av hörsel o.d. impairment
nedsövd *adj* anaesthesized, ...under an anaesthetic
nedtagande *s* o. **nedtagning** *s* taking down
nedtill *adv* at the foot (bottom), down in the lower part [*på* of]; därnere [down] below

nedtoning *s* toning down, playing down; friare äv. defusing
nedtrappning *s* de-escalation; gradvis avveckling phasing out; av t.ex. konflikt defusing, playing down
nedtryckt *adj* bildl. depressed, dejected [*av* by]
nedtyngd *adj* bildl. ...weighed down, ...burdened [*av* with]
nedvikt *adj* dubbelvikt *blus med ~ krage* blouse with a turn-down collar
nedväg, *på ~en* on the (one's) way (resa journey) down (söderut southwards, down south)
nedvärdera *vb tr* **1** ekon. reduce the value of, depreciate **2** bildl. belittle, disparage, depreciate
nedåt I *prep* allm. down; längs [all] down along; *gå ~ staden* ...down towards (in the direction of) town **II** *adv* allm. downwards
nedåtgående I *s*, *vara i ~* om konjunkturer o.d. be on the downgrade **II** *adj* om pris falling; om tendens, konjunkturer downward
nedärvd *adj* hereditary; traditionell ...handed down from generation to generation, traditional
negation *s* negation; nekande ord äv. negative
negativ I *adj* negative; matem. el. elektr. äv. minus; jfr *nekande I* **II** *s* foto. negative
neger *s* black, Negro; neds. blackie, darkey, nigger
negera *vb tr* negate; *~d* sats vanl. ...containing a negative
negerande *adj* negative
negligé *s* negligee, négligé
negligera *vb tr* neglect, overlook; strunta i ignore; t.ex. varning äv. disregard
negress *s* black (Negro) woman (pl. women), Negress; *hon är ~* vanl. she is black
negroid *adj* Negroid
nej I *interj* (äv. adv.) **1** no; *~ då!* visst inte oh, [dear me,] no!; not at all!; stark. certainly not! **2** med försvagad innebörd, ibl. pleonastiskt well; uttr. förvåning o.d. oh!; *~ nu måste jag gå!* well, I must be off [now]!; *~, nu går det för långt!* this is really going too far!; *~, en sån överraskning!* oh, what a surprise!; *~ men så trevligt!* how nice!; *~, vad säger du!* you don't say [so]!
II *s* no; avslag refusal; *få ~* meet with a refusal; vid frieri be refused (turned down); *rösta ~* vote against [the proposal]; *svara ~ [på en fråga]* answer no [to...]; *säga ~ till ngt* äv. refuse (decline) a th.
nejd *s* trakt district; grannskap neighbourhood; poet. clime
nejlika *s* **1** bot., stor, driven carnation; enklare pink **2** krydda clove
nejonöga *s* zool. lamprey
nejröst *s* no, vote against, negative vote; *~erna är i majoritet* the nays (noes) have it

nejsägare *s* person who always says no to everything, no-man
neka I *vb itr* deny; säga nej o.d. *han ~de bestämt till att ha gjort det* he flatly denied having done it; jag vill inte *~ till det (att...)* ...deny it (the fact that...) **II** *vb tr* vägra refuse; *~ ngn sin hjälp* refuse to help a p.; *~ ngn tillträde* refuse a p. admittance **III** *vb rfl*, *jag kan inte ~ mig nöjet att* I cannot deny myself (forgo) the pleasure of ing-form
nekande I *adj* vanl. negative; *ett ~ svar* avslag a refusal; om svaret *blir ~* vanl. ...is in the negative **II** *adv*, *svara ~* reply (answer) in the negative **III** *s*, dömas *mot sitt ~* ...in spite of one's denial [of the charge]
nekrolog *s* obituary [notice], necrology
nektar *s* bot. el. bildl. nectar
nektarin *s* nectarine
neon *s* neon
neonljus *s* neon light
neonskylt *s* neon sign
nepotism *s* nepotism
Neptunus astron. el. mytol. Neptune
ner o. sms., se *ned* o. sms.
nere *adv* allm. down; i nedre våningen äv. downstairs; deprimerad down [in the dumps], depressed, in low spirits; *~ i* Skåne down [south] in...; *priset (temperaturen) är ~ i...* the price (temperature) is down to...; *~ på* down on (botten at); han satt *längst ~ vid bordet* ...at the very end of the table; *ligga ~* se *ligga II*
nerium *s* bot. nerium, oleander
nerts *s* zool. el. skinn mink
nerv *s* nerve; bot. äv. vein, rib; bildl.: känsla feeling; kraft vigour, spirit, drive, go; *ha dåliga ~er* have weak nerves; *han (det) går mig på ~erna* he (it) gets on my nerves
nervcell *s* nerve cell
nervcentrum *s* nerve centre
nervchock *s* nervous shock
nervgas *s* nerve gas
nervgift *s* neurotoxin
nervig *adj* **1** bot. nerved, nervate[d], veined **2** vard. highly-strung, nervy
nervimpuls *s* nerve (nervous) impulse
nervkittlande *adj* thrilling, breathtaking, hair-raising
nervklenhet *s*, *lida av ~* have weak nerves
nervknippe *s* bundle of nerves äv. bildl.
nervknut *s* anat. ganglilon (pl. äv. -a)
nervkollaps *s* nervous breakdown
nervkrig *s* war of nerves
nervlugnande *adj*, *~ medel* sedative, tranquillizer
nervositet *s* nervousness
nervpirrande se *nervkittlande*
nervpress *s* nervous strain
nervpåfrestande *adj* nerve-racking, ...[that is] a strain on the nerves
nervryckning *s* nervous spasm

nervsammanbrott *s* nervous breakdown
nervsjuk *adj* neurotic
nervsjukdom *s* nervous disorder, neuros|is (pl. -es)
nervspänning *s* nervous strain
nervsvag *adj* neurasthenic, nervous
nervsystem *s* nervous system; *centrala ~et* the central nervous system
nervtråd *s* nerve fibre
nervvrak *s* nervous wreck
nervvärk *s* neuralgia
nervös *adj* allm. nervous; tillfälligt edgy, jumpy, fidgety; rastlös restless; *~ [av sig]* highly-strung; neurotisk neurotic; vard. nervy; *bli ~* get nervous (vard. jittery); *göra ngn ~* t.ex. med närgångna frågor rattle a p.
nerz *s* mink
nesa *s* ignominy, shame
neslig *adj* vanärande ignominious; skändlig infamous
netto I *adv* net; *betala [per] ~ kontant* pay net cash **II** *s* se *nettoavkastning* m.fl.; *i rent ~* net (clear) profit
nettoavkastning *s* net yield osv., jfr *avkastning*
nettobehållning *s* net balance; jfr *behållning*
nettobelopp *s* net amount (sum)
nettoinkomst *s* net income (förtjänst profit, intäkter proceeds pl.)
nettolön *s* net wages pl.; månadslön net salary; mera allm. net pay (end. sg.); vard. takehome pay
nettopris *s* net [cost] price
nettoregisterton *s* net register ton
nettovikt *s* net weight
nettovinst *s* net (clear) gain (profit)
neuralgi *s* med. neuralgia
neurasteni *s* med. neurasthenia
neurolog *s* neurologist
neuros *s* psykol. neuros|is (pl. -es)
neurotiker *s* psykol. neurotic
neurotisk *adj* psykol. neurotic
neutral *adj* **1** allm. neutral **2** språkv. neuter
neutralisera *vb tr* neutralize
neutralitet *s* neutrality; *väpnad ~* armed neutrality
neutralitetspolitik *s* policy of neutrality
neutron *s* fys. neutron
neutronbomb *s* neutron bomb
neutrum *s* genus the neuter [gender]; ord neuter [noun]; *i ~* in the neuter
ni *pers pron* you; *er (Er), eder (Eder)* you; rfl. your|self pl. -selves; i adverbial med beton. rumsprep. vanl. you; *~ andra* the rest of you, you others; *säga ~ till ngn* address a p. as 'ni'
1 nia *vb tr*, *~ ngn* address a p. as 'ni' [instead of using the familiar word 'du']
2 nia *s* **1** siffra nine; jfr *femma* **2** vard., ansikte clock, mug, kisser
Nicaragua Nicaragua
nicaraguan *s* Nicaraguan

nicaraguansk *adj* Nicaraguan
nick *s* **1** allm. nod **2** fotb. header
nicka *vb tr* o. *vb itr* **1** allm. nod [*åt (till) ngn* at a p.]; *~ bifall* nod approval; *~ till somna* drop off [to sleep] **2** fotb. head; *~ bollen i mål (in bollen i mål)* head the ball into goal
nickel *s* **1** metall nickel **2** vard. *jag har inte ett ~* I haven't a bean (isht amer. cent el. dime)
nickning *s* **1** nod **2** fotb., nick header
nidbild *s* scurrilous (malicious) portrait
niding *s* skändlig brottsling vandal; svag. hooligan; sexual~ maniac
nidingsdåd *s* wicked (dastardly) outrage, heinous deed
nidskrift *s* lampoon, libellous pamphlet
nidvisa *s* satirical ballad (song)
niga *vb itr* curts[e]y, make (drop) a curts[e]y [*för ngn* to a p.]
Nigeria Nigeria
nigeriansk *adj* Nigerian
nigning *s* curts[e]y; nigande curts[e]ying
nihilism *s* nihilism
nihilist *s* nihilist
nikotin *s* nicotine
nikotinfri *adj* nicotine-free; befriad från nikotin denicotinized
nikotinförgiftning *s* nicotine-poisoning, nicotinism
Nilen the Nile
nimbus *s* meteor. nimbus; bildl. äv. aura; gloria äv. halo
nio *räkn* nine; jfr *fem* o. sms.
nionde *räkn* ninth; jfr *femte* o. sms.
nion[de]del *s* ninth [part]; jfr *femtedel*
nippertippa *s* ngt åld. saucy girl (wench), minx
nippran *s* vard. *få ~* go off one's nut (chump); *jag får ~* it drives me up the wall
nipprig *adj* vard. crazy; pred. äv. nuts
nirvana *s* relig. el. friare nirvana
nisch *s* niche äv. bildl.
1 nit *s* iver zeal; stark. ardour, fervour
2 nit *s* lott el. bildl. blank; *gå på en ~* vard., kamma noll draw a blank, get nowhere
3 nit *s* tekn. rivet
nita *vb tr* **1** *~ [fast]* rivet [*vid* [on]to]; *~ ihop (samman)* t.ex. två plåtar rivet...together **2** vard., slå till bash, wallop; sätta fast, gripa nab, cop, pinch
nitisk *adj* ivrig zealous; trägen assiduous; stark. ardent, fervent; *alltför ~* over-zealous
nitlott se *2 nit*
nitrat *s* kem. nitrate
nitroglycerin *s* kem. nitroglycerin[e]
nitti[o] *räkn* ninety; jfr *fem[tio]* o. sms.
nittionde *räkn* ninetieth
nitton *räkn* nineteen; jfr *fem[ton]* o. sms.
nittonde *räkn* nineteenth; jfr *femte*
nittonhundratalet *s* the twentieth century; jfr *femtonhundratalet*
nitälskan *s* nit zeal

nivellera *vb tr* level; bildl. äv. equalize, reduce...to one (a uniform) level
nivellering *s* levelling
nivå *s* level; bildl. äv. standard; *hålla sig (vara) i ~ med* keep (be) on a level with; *på samma ~* on the same level; *stå på en hög ~* be on a high standard (level); *överläggningar på högsta ~* top-level (summit) talks
nivågruppering *s* skol. ability grouping, setting, streaming
nivåskillnad *s* difference in level (altitude)
nja *interj* well[, I don't know]; yes and no
njugg *adj* knusslig parsimonious, niggardly [*med, på* with]; med (på) ord, beröm o.d. sparing, chary [*med, på* of]
njurbäcken *s* anat. renal pelvis
njure *s* kidney; *konstgjord ~* artificial kidney, kidney machine
njurinflammation *s* inflammation of the kidney[s]; vetensk. nephritis (end. sg.)
njursauté *s* kok. sautéed kidneys pl.
njursten *s* kidney stone; vetensk. renal calcul|us (pl. -i)
njurtransplantation *s* kidney transplantation; *en ~* a kidney transplant
njut|a I *vb tr* enjoy, jfr *åtnjuta* **II** *vb itr* enjoy oneself, have a wonderful time; *~ av ngt (av att resa)* enjoy a th. (travelling); stark. delight (take delight) in a th. (in travelling); *jag riktigt -er av att* höra henne it is a positive joy (delight) for me to...
njutbar *adj* enjoyable [*för* to]; smaklig palatable äv. bildl. [*för* to]
njutning *s* enjoyment, pleasure; stark. delight; *en [sann] ~ för* a [real] pleasure for; *sinnliga ~ar* sensual pleasures
njutningslysten *adj* pleasure-seeking, pleasure-loving, epicurean, hedonistic
njutningslystnad *s* love of (longing for) pleasure (enjoyment); filosofi hedonism, epicurism, epicureanism
njutningsmedel *s* stimulant; lyx luxury
NO förk., se *näringsfrihetsombudsman*
Noa[k] Noah; *~s ark* Noah's ark
nobba *vb tr* vard. say no to, reject, cold-shoulder; *~ ett anbud* turn an offer down; *~ ngn* för t.ex. dans give a p. the brush-off
nobben *s*, *få ~* vard. get the brush-off, be turned down, be cold-shouldered
nobel *adj* noble; om handling äv. generous, fine; till karaktären äv. noble-minded; om utseende äv. distinguished
nobelpris *s* Nobel Prize [*i* litteratur for...]
nobelpristagare *s* Nobel Prize winner, Nobel Laureate
nobless *s* nobility; *~en* de förnäma äv. the noblesse fr.; the upper ten [thousand] (båda pl.)

nock *s* **1** byggn. ridge **2** sjö., gaffel~ gaff-end, peak; rå~ yardarm
nog *adv* **1** (ibl. äv. *adj*), tillräckligt enough, sufficiently; *stor ~ (~ stor)* large enough, sufficiently large; *det är ~* that is enough (sufficient), that will do; *ha mer än ~* äv. ...enough and to spare; *man kan aldrig vara ~ försiktig* you (one) can't be too careful; *jag har fått ~ [av det]* orkar inte med mer I have had enough [of it]; är led på, vard. I'm fed up [with it]; *ha mat ~* hemma have enough food...; *inte ~ med att han vägrade,* han t.o.m.... not only did he refuse...; *~ om det!* enough of that! **2** med svag. bet.: ganska m.m. *konstigt (lustigt, lyckligt* osv.*) ~* kom hon curiously (funnily, fortunately osv.) enough...; *konstigt (sorgligt) ~* äv. strange (sad) to say; *naturligt (olyckligt) ~* vanl. naturally (unfortunately); *nära ~* se *nästan* **3** förmodligen probably, very likely; säkerligen no doubt, doubtless; helt säkert certainly; visserligen to be sure, it is true; *han är ~* förmodligen *snart här* äv. I expect (suppose, dare say, amer. guess) he will soon be here; *det är ~ gott och väl [, men...]* that's all very well [, but...]; *det ordnar sig ~* that (it) will be all right; *det skall jag ~ ordna!* I'll see to that [don't worry]!; *~ ser det så ut* it certainly looks like it; *det tror jag ~* I should think so; *~ för att han är* duktig men... to be sure (it is true) he is...
noga I *adv* precis o.d. precisely, exactly accurately; ingående closely; in i minsta detalj minutely; strängt strictly; omsorgsfullt carefully; *akta sig ~ för att* inf. take great (good) care not to inf.; *lägga ~ märke till...* note (mark)...carefully; *se ~ på ngt* look closely at a th., scrutinize a th. closely; *~ räknat* strictly [speaking]; *jag vet inte så ~,* hur (när)... I don't know [very (quite)] exactly... **II** *adj* omsorgsfull careful; samvetsgrann scrupulous, stark. punctilious; kinkig particular; petig meticulous; fordrande exacting [*med (om)* ngt i samtl. fall about (as to)...]; *vara ~ med att* inf. äv. make a point of ing-form; *det är inte så ~ [med det]!* it's not all that important!
noggrann *adj* omsorgsfull careful; samvetsgrann scrupulous [*med* about]; exakt accurate, exact, precise; om sak äv., stark. minute; ingående close; sträng strict
noggrannhet *s* carefulness, care, accuracy, exactitude, precision
nogräknad *adj* particular; isht moraliskt scrupulous [*med, i fråga om* about]
nogsamt *adv, han kände ~ till att...* he knew well enough (only too well)...; *det har jag ~ fått erfara* I have learnt that to my cost
nojsa *vb itr* skoja be up to fun (larks); flörta flirt

noll *räkn* (äv. adj. o. subst.) allm. nought (amer. naught); amer. vard. zilch; på instrument zero; isht i telefonnummer O [utt. əʊ]; *det är ~ grader* Celsius the thermometer is at zero (freezing-point); *vara av ~ och intet värde* be of no value what[so]ever, be quite worthless; *ett ~ till dig!* vard., jag är svarslös one up to you!, you scored there!; *leda med 30-0* i tennis lead thirty love; *segra med 3-0* i t.ex. fotboll win by three [goals to] nil (nothing); *matchen slutade 0-0* äv. the match was a goalless draw; värdet *är lika med ~* ekon. ...is equal to nil (zero)
nolla *s* eg. nought (amer. naught), cipher; *en ~ om pers.* a nobody (nonentity, cipher)
nollgradig *adj, ~t vatten* ...at freezing temperature
nollpunkt *s* zero [point]; elektr. neutral [point]; *absoluta ~en* absolute zero; *stå på ~en* äv. bildl. be at zero
nollställa *vb tr* set...to zero, reset
nollställd *adj* eg. set at (reset to) zero; opartisk impartial; likgiltig indifferent; uttryckslös expressionless
nollsummespel *s* zero-sum game
nolltaxerare *s* taxpayer who pays no income tax due to deductions that exceed tax on gross income; skattesmitare tax dodger
nolltid, *på ~* vard. in [less than] no time
nolltillväxt *s* zero growth
nolläge *s* zero (neutral) position
nomad *s* nomad
nomadfolk *s* nomadic people
nomenklatur *s* nomenclature
nominativ *s* gram. *~[en]* the nominative; *stå i ~* be in the nominative
nominell *adj* nominal; *~t värde* äv. face value
nominera *vb tr* nominate
nominering *s* nomination
nonaggressionspakt *s* non-aggression pact
nonchalans *s* nonchalance; inställning nonchalant attitude; vårdslöshet carelessness, off-handedness; försumlighet negligence; hänsynslöshet inconsiderateness [*mot* i samtl. fall towards]; likgiltighet indifference [*mot* to]; bekymmerslöshet airiness, flippancy
nonchalant *adj* nonchalant; vårdslös careless, off-hand[ed]; försumlig negligent; hänsynslös inconsiderate; likgiltig indifferent; bekymmerslös airy, flippant
nonchalera *vb tr* pay no attention to, take no notice of, ignore; regler o.d. äv. disregard; person, medvetet cold-shoulder; försumma neglect
nonfigurativ *adj* non-figurative
nonintervention *s* polit. non-intervention
nonsens *s* nonsense, rubbish, bosh
nonstop *adv* non-stop
nonstopflygning *s* non-stop flight
noppa I *s* i tyg burl, knot **II** *vb tr* tekn. burl; ögonbryn pluck; *fågeln ~r sina fjädrar* ...is

preening its feathers III *vb rfl*, ~ *sig* om tyg form burls (knots)
noppig *adj* om tyg burled, knotty
nord *s* o. *adv* north (förk. N) [*om* of]; ~ *till ost* north by east; jfr *Norden* o. *norr*
Nordafrika som enhet North Africa; norra Afrika Northern Africa
nordafrikan *s* North African
nordafrikansk *adj* North African
Nordamerika North America
nordamerikan *s* North American
nordamerikansk *adj* North American
nordan *s* o. **nordanvind** *s* north wind, northerly wind
nordbo *s* Northerner; skandinav Scandinavian
Norden Skandinavien the Scandinavian (mer officiellt Nordic) countries pl.; Scandinavia; med Finland spec. Fenno-Scandinavia
Nordeuropa the north of Europe, Northern Europe
nordeuropeisk *adj* North European
Nordirland polit. Northern Ireland; norra Irland the north of Ireland
nordisk *adj* allm. northern; skandinavisk Scandinavian; mer officiellt Nordic; med Finland spec. Fenno-Scandinavian; rasbiol. Nordic; språkv. el. mytol. o.d. Norse; *Nordiska rådet* the Nordic Council; ~*a språk* univ. Scandinavian languages
Nordkalotten the Arctic area of the Scandinavian countries and the Kola Peninsula
Nordkap the North Cape
Nordkorea North Korea
nordkust *s* north coast
nordlig *adj* från el. mot norr, om t.ex. vind, riktning, läge northerly; om vind äv. north; i norr, t.ex. boende, belägen northern; ~ *bredd* north latitude; *det blåser ~ vind* the wind is northerly (comes from the north)
nordligare I *adj* more northerly **II** *adv* farther to the north, farther north[wards]
nordligast I *adj* most northerly, northernmost **II** *adv* farthest north
nordost I *s* väderstreck the north-east (förk. NE); vind north-easter, north-east wind **II** *adv* north-east (förk. NE) [*om* of]
nordostlig *adj* north-east[ern], north-easterly, jfr *nordlig*
nordostpassagen *s* the North-East Passage
nordpol *s*, ~*en* the North Pole
nordpolsexpedition *s* expedition to the North Pole, arctic expedition
nordpolsfarare *s* arctic explorer
nordsida *s* north[ern] side; *på ~n av (om)* äv. [to the] north of
Nordsjön the North Sea
nordsvensk *adj* North Swedish, ...in (of resp. from) the north of Sweden; om hästras north-Sweden

nordtysk I *s* North German **II** *adj* North German
nordvart *adv* mot norr northward[s]
nordväst I *s* väderstreck the north-west (förk. NW); vind north-wester, north-west wind **II** *adv* north-west (förk. NW) [*om* of]
nordvästlig *adj* north-west[ern], north-westerly, jfr *nordlig*
nordvästpassagen *s* the North-West Passage
nordvästra *adj* the north-west[ern]..., jfr *norra*
nordöst se *nordost I* o. *II*
nordöstlig se *nordostlig*
nordöstra *adj* the north-east[ern]..., jfr *norra*
Norge Norway
norm *s* måttstock standard; mönster äv. model; rättesnöre norm, criteri|on (pl. -a); regel rule
normal I *adj* allm. normal äv. bildl.; genomsnittsaverage, mean; standard- standard; *under ~a förhållanden* äv. normally; *under (över) det ~a* below (above) normal **II** *s* matem. perpendicular
normalbegåvad *adj* ...of average (normal) intelligence
normalfall *s*, *i ~et* normally; *i ~* pl. in normal cases (conditions)
normalfördelning *s* statistik. normal distribution
normalisera *vb tr* normalize äv. dipl.; genomföra enhetlighet i standardize
normalisering *s* normalization äv. dipl.; standardisering standardization
normalstorlek *s* normal (standard) size; *en...av ~* äv. a normal-sized..., a standard-sized...
normalt *adv* normally; *förlöpa ~* take a (its, resp. their) normal course
normaltid *s* standard time
normand *s* hist. Norman
Normandie Normandy
normativ *adj* normative; *en ~ grammatik* a prescriptive grammar
normera *vb tr* standardize; reglera regularize, regulate
normgivande *adj* normative; *vara ~ för* äv. be a standard for
norpa *vb tr* vard. pinch
norr I *s* väderstreck the north; *rakt (längst, borta) i ~* due (farthest, out) north; *gränsa i ~ och söder till...* be bounded in the north and the south by...; *ett rum mot (åt) ~* ...to the (...facing) north; *styra åt ~* ...north (northward[s]) **II** *adv* [to the] north [*om* of]
norra *adj* t.ex. sidan the north; t.ex. delen the northern; framför landsnamn o.d. the north of, Northern; *~ halvklotet* the Northern hemisphere; *i ~* Stockholm in the north of...
norrifrån *adv* from the north
norrläge *s*, hus *med ~* ...facing north
norrländsk *adj* ...of Norrland; attr. äv. Norrland...
norrlänning *s* Norrlander

norrman *s* Norwegian
norrsken *s* aurora borealis lat.; northern lights pl.
norrut *adv* åt norr northward[s], towards [the] north; i norr in the north, out north; tåg som går ~ ...north; *resa* ~ go (travel) north
norröver se *norrut*
nors *s* zool. smelt
norsk *adj* Norwegian; hist. Norse
norska *s* **1** kvinna Norwegian woman **2** språk Norwegian
nos *s* **1** zool.: om fyrfotadjur i allm. el. vard., 'näsa' nose; om häst, nötkreatur, apa muzzle; om fisk, kräldjur snout; *blek om ~en* white about the gills **2** tekn., spets nose
nosa *vb itr* sniff, smell; *~ på ngt* sniff (smell) at a th.; bildl. *~ upp (reda på, rätt på)* nose (sniff) out; om pers. äv. find out; *~ i allting* pry (poke one's nose) into everything
noshörning *s* rhinoceros (pl. -es el. lika)
noslängd *s* sport. *med en ~* by a neck
nosring *s* nose ring
nostalgi *s* nostalgia
nostalgisk *adj* nostalgic
1 not *s* fiske. seine; *dra ~* fish with a seine, seine
2 not *s* nottecken note; anmärkning äv. annotation; polit. äv. memorand|um (pl. äv. -a); fot~ footnote; *~er* nothäfte[n] music sg.; *spela efter (utan) ~er* play from (without) music; *vara med på ~erna* understand what the thing is all about, catch on
nota *s* **1** räkning bill; isht hand. account; *kan jag få ~n?* the bill (amer. äv. the check), please! **2** lista list [*på* of]
notabel *adj* notable; attr. äv. ...of note
nota bene *adv* märk nota bene (förk. NB) lat.; det vill säga that is
notariat *s* o. **notariatavdelning** *s* i bank trust (trustee) department
notarie *s* [recording (articled)] clerk; vid domsaga äv. law clerk
notarius publicus *s* notary [public] (pl. notaries [public])
notblad *s* mus. sheet of music
notera *vb tr* anteckna note (take) down, make a note of; konstatera, lägga märke till, lägga på minnet, bemärka note; bokföra enter, book; uppge (fastställa) priset på quote [*i, till* at]; sport. el. friare, t.ex. seger record, register; t.ex. framgång, poäng score; *~de priser på* varor (värdepapper) quotations (prices quoted) for...
notering *s* noterande noting down osv.; *en ~* a note, an entry, a quotation, a record
nothäfte *s* bok music [book]; mindre sheet of music
notis *s* **1** meddelande o.d. notice; i tidning vanl. [short] paragraph; kortare [news] item; tillkännagivande announcement **2** *inte ta ~ om* take no notice (heed) of

notorisk *adj* notorious
notpapper *s* mus. music paper
notskrift *s* mus. musical notation
notställ *s* mus. music stand
nottecken *s* **1** mus. note **2** typogr. reference mark
notvärde *s* mus. time (note) value
nougat *s* soft chocolate nougat; *fransk (vit) ~* [French (white)] nougat
nova *s* astron. nov|a lat. (pl. äv. -ae)
novell *s* short story
novellförfattare *s* o. **novellist** *s* short-story writer
novellsamling *s* collection of short stories
november *s* November (förk. Nov.); jfr *april* o. *femte*
novis *s* novice
nu I *adv* **1** med tydlig tidsbet.: allm. now; vid det här laget by now, by this time; *~ gällande* priser ruling (current)...; *den ~ levande* generationen the present..., the...now living; *den ~ rådande* prisnivån the now now prevailing...; *~ då (när)* now that, now; nu medan now while; *~ för tiden* se *nuförtiden*; *~ på* söndag this [coming]...; *han är ~ snart 30 år* he is getting on [now] for thirty; *först (inte förrän) ~ har jag sett...* not until now have I seen...; *vad ~ [då]?* what's up now?; *[ända] tills ~* up till ([right] up to) now; *~ är det snart jul* Christmas will soon be here, it will soon be Christmas; *~ kommer han!* here he comes!
2 obeton., med försvagad tidsbet., som fyllnadsord ibl. utan direkt motsv. i eng. *för att ~* ta ett exempel just to...; *hur det ~ än går* however it may turn out; *om ~* detta sker now, if...; supposing now...; *om ~ saken* förhåller sig så if...; *om vi ~* tänker oss att now, if we...
II *s, ~et* the present [time (moment, resp. day)]; *i detta ~* at this moment; *leva i ~et* för dagen live for the moment (in the present)
nubb *s* tack; koll. tacks pl.
nubba *vb tr* fästa tack; *~ fast (ihop)* fasten...down resp. on (together) with tacks
nubbe *s* glas brännvin snaps (pl. lika)
nucka *s, [gammal] ~* old spinster; mera neds. old maid
nudda *vb tr* o. *vb itr, ~ [vid]* touch, brush against; skrapa lätt graze
nudel *s* kok. noodle
nudism *s* nudism
nudist *s* nudist
nuförtiden *adv* nowadays, these days, at the present time, now; *ungdomen ~ är...* the young people of today..., young people today...
nukleär *adj* fys. nuclear
nuklid *s* fys. nuclide
nuläge *s, i ~t* as things are at present, in the

numera

present situation, at the present point in time
numer[a] *adv* nu now; *ett ~ föråldrat ord* vanl. a word now obsolete
numerisk *adj* numerical; *~ analys* numerical analysis; *~ styrning* data. numerical control
numerus *s* gram. number
numerär I *s* number; partis, kårs [numerical] strength **II** *adj* numerical
nummer *s* allm. number; av tidning äv.: exemplar copy; om hela upplagan issue; sko~, handsk~ o.d. size; i samling, på program item; varieté~ turn, number, act; vid auktion lot; *~ ett* number one, No. 1; i tävling, vid målet first; *i dagens ~* in today's paper (issue); *få (ta) sig ett ~* vard., ha samlag have a bang (a quickie); *slå ett ~* tele. dial a number; *slå numret till polisen* tele. dial the police; *göra ett stort ~ av* ngt make great play (a great feature, ngn a great fuss) of...; *ha ~ 39 i skjorta (7 i handskar)* take thirty-nines in shirts (sevens in gloves)
nummerbricka *s* i garderob cloakroom ticket
nummerlapp *s* kölapp queue [number] ticket
nummerordning *s* numerical order
nummerplåt *s* bil. number (amer. vanl. license) plate
nummerskiva *s* tele. dial
nummerskylt *s* bil. number (amer. vanl. license) plate
nummerupplysning *s* tele. *~en* directory enquiries pl. (amer. assistance)
numrera *vb tr* number; paginera äv. page; *~d plats* vanl. reserved seat
numrering *s* numbering; paginering pagination
nuna *s* vard. mug, phizog
nunna *s* **1** pers. nun; *bli ~* äv. take the veil **2** fjäril nun moth
nunnekloster *s* convent, nunnery
nunneorden *s* order of nuns
nutid *s*, *~en* [the] present times pl.; *~ens krav* present-day...; människor (ungdom) äv. ...of the present day (age)
nutida *adj* ...of today, today's; modern modern; tidsenlig up to date
nutidshistoria *s* modern (contemporary) history
nutidsmänniska *s* person (pl. people) of today; *~n* people pl. of today, modern man; *vi -or* we moderns, we people [of] today
nutidsorientering *s* ung.: upplysning instruction in (kunskaper knowledge of, tävling quiz on) contemporary life and events; ämne social studies
nutria *s* zool. el. skinn nutria
nuvarande *adj* present; dagens ...of today, today's; om priser äv. ruling; *[den] ~* finansministern (regeringen) äv. the...now (at present) in office (resp. power); *i ~ stund* at the present moment
ny I *adj* new [*för* ngn to...; *för* t.ex. året for];

nutida, modern modern; hittills okänd, ovanlig, om t.ex. metod novel; förnyad, färsk, om t.ex. försök, exempel el. oanvänd, om t.ex. tallrik fresh; nyligen inträffad (utkommen) o.d., 'färsk' recent; andra, om t.ex. språk second; ytterligare, om t.ex. börda extra; om t.ex. föreskrifter further; om t.ex. fakta äv. more; handduken är smutsig, ge mig *en ~* en annan ...another [one]; en ren (clean (new) one; *ett ~tt* oskrivet *pappersark* a fresh sheet of paper; *den ~a generationen* the rising generation; *ge ngn ~a krafter* give a p. renewed (new) strength; *få ~tt mod* get fresh courage; *en ~* Hitler a second...; börja igen *med ~a tag* ...with fresh (renewed) efforts; *~tt te* fresh tea; *ingenting ~tt* nothing new; inga nya kläder äv. no new things; inga nya meddelanden o.d. no news; *det är något ~tt* (en ny erfarenhet) för mig att inf. it is a novel (a new) experience...; *vad ~tt?* what's the news?, any news?; *på ~tt* once more, [over] again, anew, afresh; *~are* böcker (forskningar) recent...; metoder novel...; *~are (~a) tiden* modern times pl.; *~are (~a) tidens historia* nutidshist. modern history; *Nya tiden* hist., tiden från omkr. år 1500- the Modern (New) Era
II *s* new moon; *månen är i ~* tilltagande the moon is waxing
Nya Guinea New Guinea
nyanlagd *adj* attr. recently (newly) built; om trädgård recently (newly) laid out; *den ~a fabriken* äv. the new factory; *den är ~* it has been recently built etc.
nyanläggning *s* konkr. new plant (establishment, building project)
nyanländ *adj* newly (recently) arrived; *den är ~* it has recently arrived
nyans *s* shade, nuance; färg~ äv. tint; bildl. äv.: skillnad slight difference; anstrykning tinge; betydelse~ shade of meaning, nice (subtle) distinction
nyansera *vb tr* bildl., t.ex. framställning vary, t.ex. spel, röst modulate; tona ner tone down
nyanserad *adj* varied, modulated; jfr *nyansera*; *en mera ~* uppfattning a less rigid..., a more balanced...
nyanskaffning *s* new purchase (acquisition)
nyanställa *vb tr, ~ 25 man* i fabrik employ 25 new hands
nyanställd *adj* newly (recently) employed; *en ~* a new employee; *han är ~* he has been newly employed
Nya Zeeland New Zealand
nybakad *adj* o. **nybakt** *adj* **1** newly baked **2** bildl., om student newly-fledged
nybearbetning *s* new adaptation; av t.ex. musik new arrangement; av t.ex. pjäs o.d. new version; av bok revised edition
nybildad *adj* recently formed; ...of recent formation; *nybildat ord* neologism, coining
nybildning *s* new formation; med.

regeneration; konkr. new growth; språkv. neologism, coining; **~en av** ord the forming (formation) of new…, the coining of…
nybliv|en *adj*, **en ~** bilägare a person who has recently (just) become a…; student a newly-fledged…; **hon är ~ mor** she has recently (just) become a mother
nybyggare *s* allm. settler; kolonist äv. colonist
nybyggd *adj* recently (newly) built; **den är ~** it has been recently etc. built
nybygge *s* **1** nybyggande **~t av** vägar the construction of new… **2** hus (fartyg) under byggnad house (ship) under construction; färdigt new building (ship) **3** koloni colony
nybörjare *s* beginner, novice [*i* at]
nybörjarkurs *s* beginners' course
nybörjartur *s* beginner's luck
nyck *s* hugskott, påfund fancy; infall: oberäkneligt whim; självsvåldigt caprice; underligt vagary; fix idé crotchet; lynneskast freak; **en ödets (naturens) ~** a freak of fate (Nature); **ha sina ~er** be capricious
nyckel *s* key; bildl. äv. (ledtråd) clue [*till* som öppnar (löser) to, tillhörande of]; till konservburk äv. opener
nyckelbarn *s* latchkey child
nyckelben *s* collar bone; vetensk. clavicle
nyckelfigur *s* key figure
nyckelharpa *s* mus., ung. hurdy-gurdy
nyckelhål *s* keyhole
nyckelindustri *s* key industry
nyckelknippa *s* bunch of keys
nyckelord *s* keyword; till korsord clue [*till* to, of]
nyckelpiga *s* ladybird; amer. vanl. ladybug
nyckelposition *s* key position
nyckelring *s* key-ring
nyckelroll *s* key role (part)
nyckfull *adj* oberäknelig erratic, capricious, unpredictable äv. om väder; ombytlig fickle; isht om barn wayward; godtycklig arbitrary
nyckfullhet *s* capriciousness, unpredictability
nydanare *s* breaker of new ground, pioneer; nyskapare innovator
nydaning *s* reorganization, regeneration
nyemission *s*, **~ av aktier** new issue of shares [for cash]
nyetablering *s*, **~en av industrier** the setting up of new industries; **en ~** a new establishment
nyfallen *adj*, **~ snö** newly-fallen snow
nyfascism *s*, **~[en]** neo-Fascism
nyfiken *adj* curious; frågvis inquisitive; neds. prying; vard. nosy; **~ i en strut!** Nosy Parker!; **~ på** ngt (hur…) curious about…, curious (ivrig eager, anxious) to hear (learn, know osv.)…; **göra ngn ~** äv. arouse a p.'s curiosity
nyfikenhet *s* curiosity; frågvishet inquisitiveness; **väcka ngns ~** arouse a p.'s curiosity; **av ren (brinna av) ~** out of sheer (be burning with) curiosity
nyfriserad *adj* attr. om hår …that has (had osv.) just been done, jfr vid. *nyklippt;* **jag är ~** I've just had my hair done
nyfångad *adj* fresh-caught, newly caught
nyfödd *adj* eg. new-born…; om hopp new; oskyldig **som ett nyfött barn** as…as a new-born babe
nyförlovad *adj*, **det ~e paret (de ~e)** the recently-engaged (newly-engaged) couple
nyförvärv *s* new (recent) acquisition (t.ex. fotbollsspelare signing)
nyförvärvad *adj* attr. newly acquired; **den är ~** it has been newly acquired osv.
nygift *adj* newly married, newly wedded; **de ~a** subst. adj. the newly married (wedded) couple, the newly-weds; **de är ~a** äv. they have just been (have been recently) married
nygrekiska *s* Modern Greek, Romaic
nygräddad *adj* freshly baked
nyhet *s* **1** underrättelse **~[er]** news sg.; i tidning news item[s]; **~er i sammandrag** news summary; **titta på ~erna i TV** watch the news on TV; **en [god (dålig)] ~** a piece of [good (bad)] news; **inga ~er är goda ~er** no news is good news; **jag kan tala om en ~** något nytt **[för dig]** I have got [some (a piece of)] news for you; **det var är en ~ för mig** that is new[s pl.] to me **2** något nytt, ny sak novelty; nytt påfund, förändring innovation; nytt drag new feature; **~er i modeväg** äv. fashion novelties; **~er på bokmarknaden** äv. new publications; **äga ~ens behag** have the charm of novelty
nyhetsbevakning *s* news coverage
nyhetsbyrå *s* news agency
nyhetsförmedling *s* news-distribution, news service
nyhetssammandrag *s* news summary (round-up); **ett ~** äv. the news in brief
nyhetssändning *s* radio. news broadcast, newscast; i TV äv. television news
nyhetsuppläsare *s* i radio o. TV newscaster
nyhetsvärde *s* news value; **ha ~** be newsworthy
nyinflyttad *adj*, **i landet ~e [personer]** persons who have (resp. had) recently moved (immigrated) into the country; **~e hyresgäster** new tenants; **vi är alldeles ~e i huset** we have only just moved into the house
nyinkommen *adj* attr. just (resently) arrived, newly arrived, …just in
nyinspelning *s* t.ex. grammofoninspelning new recording
nyklassicism *s* neoclassicism
nyklippt *adj* attr. om hår …that has (had osv.) just been cut (om gräs mown); om hår äv. newly-cut; om gräs äv. new-mown; **jag är ~** I have just had my hair cut

nykläckt *adj* newly hatched
nykokt *adj* freshly boiled
nykomling *s* allm. newcomer; nyligen anländ new (fresh) arrival; i skola o.d. äv. new boy (resp. girl)
nykommen *adj* attr. newly (recently) arrived
nykter *adj* sober; måttlig temperate; bildl. äv. sober-minded; balanserad level-headed, balanced; lidelsefri dispassionate; saklig matter-of-fact; *hålla sig ~* stay sober
nykterhet *s* allm. el. bildl. sobriety, soberness; avhållsamhet från alkohol temperance, abstemiousness
nykterhetsförening *s* för nykterhetens främjande temperance society (league)
nykterhetsrörelse *s* temperance movement
nykterist *s* teetotaller, total abstainer
nyktra *vb itr*, *~ till* become sober [again], sober up; bildl. sober down
nykärnad *adj*, *nykärnat smör* newly-churned butter
nylagad *adj* kok. freshly made
nyligen *adv* recently, newly; för kort tid sedan lately, of late; kort dessförinnan shortly before, just previously; någon tid förut some time ago; *en ~ inträffad* händelse *(genomgången* operation*)* ofta a recent...; *helt ~* quite recently, only just now
nylon *s* nylon
nylonstrump|a *s* nylon stocking; *-or* äv. nylons
nymald *adj* o. **nymalen** *adj* freshly ground
nymf *s* nymph
nymodig *adj* modern; neds. newfangled
nymodighet *s* modernity; neds. newfangledness (båda end. sg.); *en ~* nytt påfund a newfangled thing (idé idea)
nymålad *adj* freshly (newly, recently) painted; bänken *är ~* äv. ...has just been (has been recently) painted; *Nymålat!* Wet Paint
nymåne *s* new moon
nynazism *s*, *~[en]* neo-Nazism
nynna *vb tr* o. *vb itr* hum [*[på] ngt* a th.]
nyodling *s* **1** uppodling [land] reclamation **2** område reclaimed land; i skogsmark [new] clearing
nyordning *s* reorganization; polit. el. hist. new order
nyp *s* pinch
nyp|a I *s* **1** hålla ngt *i ~n (nyporna)* ...in one's hand (vard. paw); lyfta (ta) ngt *med ~n (nyporna)* ...with one's fingers (vard. paws); *ha hårda -or* vard., vara hårdhänt be tough **2** *en ~* smula t.ex. mjöl a pinch of...; frisk luft a breath (mouthful) of...; *ta ngt med en ~ salt* bildl. take a th. with a grain (pinch) of salt **II** *vb tr* **1** eg. pinch, nip, tweak [*ngn i* örat a p.'s...]; *~ av* pinch...off (itu in two); trädg. pinch out, nip off **2** knycka *~ åt sig (~ [sig])* ngt pinch..., grab...
nypas *vb itr dep* pinch other people (rpr. each other); *nyps inte!* don't pinch [me]!

nypermanentad *adj*, *nypermanentat hår* hair that has (had osv.) been newly (recently) permed; *jag är ~* I have just had a perm
nyplockad *adj* om bär o.d. freshly (newly) picked; om hönsfågel o.d. newly (freshly) plucked
nypon *s* frukt [rose] hip
nyponbuske *s* dogrose [bush]
nyponros *s* bot. dogrose; *fräsch som en ~* fresh as a daisy
nyponsoppa *s* rosehip soup
nypremiär *s* revival; film äv. rerun; *ha ~* vanl. be revived; om pjäs äv. be given a new production
nypåstigen *subst adj*, *nypåstigna?* järnv. any more tickets, please?
nyrakad *adj* newly shaved (shaven); *han är ~* äv. he has just shaved
nyrekrytera *vb tr*, *~ folk* recruit new men osv. (soldater äv. soldiers)
nyrenoverad *adj* attr. newly renovated; *den är ~* it has been newly renovated
nyreparerad *adj* attr. newly repaired; *den är ~* it has been newly repaired osv.
nyrik *subst adj*, *en ~* a nouveau riche fr; *de ~a* the nouveaurs riches, the new rich
Nürnbergprocessen *s* the Nuremberg trials pl.
nyromantik *s*, *~[en]* neoromanticism
nys *s* vard. **1** *få ~ om* get wind of **2** dumheter rubbish, piffle
nysa *vb itr*, *~ [till]* sneeze
nysilver *s* [electroplated] nickel silver (förk. EPNS), German silver; koll. (föremål) EPNS silverware, electroplate; skedar *av ~* electroplated...
nyskapande I *adj* innovative; om t.ex. fantasi creative **II** *s* innovation
nyskapare *s* innovator; *en ~ av* andliga värden a creator of new...; av ord äv. a coiner of...
nyskapelse *s* new creation; ord äv. recent coinage, neologism
nysning *s* nysande sneezing; *en ~* a sneeze
nysnö *s* newly-fallen snow
nyspulver *s* sneezing powder
nyss *adv* **1** från nu räknat: med vb i imperf. just now; för ett ögonblick sedan a moment (för en stund sedan a little while, a short time) ago; med vb i perf. [only] just; *en ~ utkommen* bok a...that has just come out (appeared), a recent...; han gick *alldeles ~* ...only a moment ago; *han är ~ 30 år fyllda* he has just turned thirty **2** från då räknat just [then], just a moment; *han hade [alldeles] ~ ätit middag, när...* he had [only] just had dinner, when...
nyssnämnd *adj*, *~a...* the...just mentioned
nysta *vb tr* wind; *~ av* unwind; *~ upp* a) från ett nystan unwind... b) avslöja unravel
nystan *s* ball
nystartad *adj* attr. recently (newly) started; firman *är ~* ...has been recently etc. started

nystruken *adj* newly ironed
nystvinda *s* yarn reel
nyteckning *s*, ~ *av aktier* subscription of new shares
nyter *adj*, *glad (pigg) och* ~ bright and cheery
nytillskott *s* tillskjutet bidrag additional (extra) contribution; tillökning new addition (acquisition); *det senaste ~et till laget* the team's latest acquisition
nytolkning *s* reinterpretation, new version
nytryck *s* reprint
nytt se *ny I*
nytta I *s* use, good; fördel advantage; varaktig ~ benefit; vinst profit; *~n med det är...* the usefulness (advantage, value) of...; *dra ~ av* ngt benefit (profit) by..., derive advantage from...; *få ~ av* ngt find...of use (useful, of service); *förena ~ med nöje* combine business with pleasure; kan jag *göra (vara till) någon ~?* ...be of [any] help?; nu måste jag *göra någon (litet) ~* ...get something done; medicinen *gör (är till) ~* ...does some good; *vara ngn till stor ~* be of great use (service, värde value, om sak äv. be very useful) to a p. **II** *vb itr, det ~r inget till [att gråta]* it's no use [your (her etc.) crying]
nyttig *adj* useful; till nytta ...of use (service) [*för* ngn to...; *till* ngt for...]; hälsosam, bra (äv. bildl.) wholesome, good [*för* for]; *det blir ~t för honom* äv. it will do him good
nyttighet *s* usefulness (end. sg.); utility äv. konkr.; hälsosamhet wholesomeness
nyttja *vb tr*, ~ *sprit* drink alcohol (spirits), se vid. *använda 1-2*
nyttjanderätt *s*, *ha ~ till* ngt have the [right of] use and enjoyment of...
nyttobetonad *adj* practical, utilitarian
nyttoföremål *s* article for everyday use, useful article
nyttolast *s* maximum load, payload
nyttotrafik *s* commercial traffic
nyttoväxt *s* utility plant
nytvättad *adj* attr. newly washed; *jag är ~ i håret* I have just washed my hair
nytändning *s* bildl., av känslor etc. rekindling, reawakening; *en ~* i äktenskapet a lease of new life...
nytänkande *s* new thinking, fresh ideas pl.; *ett ~ i fråga om* a new approach to
nyutkommen *adj*, *en ~* bok a recent..., a...that has just come out (appeared)
nyutnämnd *adj* newly appointed
nyvaknad *adj* attr. newly awakened äv. bildl.; hon (patriotismen) *är ~* ...has been newly awakened
nyval *s* new election
nyvald *adj* attr. newly (recently) elected (resp. chosen); *han är ~* he has been newly elected etc.

nyvärdesförsäkring *s* replacement value insurance
nyzeeländare *s* New Zealander
nyzeeländsk *adj* ...of New Zealand; attr. äv. New Zealand
nyår *s* new year; helg New Year
nyårsafton *s*, *~[en]* New Year's Eve
nyårsdag *s*, *~[en]* New Year's Day
nyårslöfte *s* New Year resolution
nyårsnatt *s* New Year's night
nyårsvaka *s*, *hålla ~* see the New Year in
nyårsönskan *s* o. **nyårsönskning** *s* wish for the New Year
nyöppnad *adj* newly opened äv. om butik
1 nå *interj* allm. well!; förmanande now then!; *~ ja!* [oh] well!; *~, än sen då?* iron. so what?
2 nå I *vb tr* reach äv. nå att ta el. friare; t.ex. marken, bergstoppen äv. get (come) to; uppnå attain; med viss ansträngning achieve; t.ex. resultat äv. arrive at; *~ bestämmelseorten* reach (arrive at) one's destination; när kriget *~tt sitt slut* ...had come to an end; *~ sitt syfte* achieve one's purpose (end), gain one's end; *~ mogen ålder* reach maturity; *jag kan ~s per telefon (på nummer...)* I can be reached by phone (you will find me at number...); *~ [ut till]* t.ex läsaren reach out to... **II** *vb itr* reach; *så långt ögat ~r* as far as the eye can reach; hans konst har aldrig *~tt högre* ...attained a higher level; *han ~r mig till axeln* he comes up to my shoulder; *~ fram till* reach; om pers. el. samfärdsmedel äv. get to, arrive at; *jag ~r inte upp* I can't reach [so high]; vattnet *~dde [upp] till knäna på honom* ...came up (reached) to his knees; *han ~r nästan [upp] till* taket he almost reaches [up to] (touches)...
nåd *s* **1** isht relig. grace; barmhärtighet mercy; ynnest favour; *i ~ens år 1994* in the year of grace (in the year of our Lord) 1994; *finna ~ [in]för ngn (ngns ögon)* find favour with a p. (in a p.'s eyes); *få ~* be pardoned (om dödsdömd reprieved); *låta ~ gå före rätt* err on the side of mercy, temper justice with mercy; *söka (begära) ~* sue for mercy (pardon); *en sångare av Guds ~e* a divinely gifted singer; *leva på ~er hos ngn* live on a p.'s charity; *synda på ~en* missbruka ngns förtroende take advantage of a p.'s indulgence, abuse one's privileges; *ta ngn till ~er* restore a p. to favour **2** titel *Ers ~* Your Grace
nådastöt *s* coup de grâce fr.; deathblow båda äv. bildl.; *ge ngn ~en* put a p. out of his (resp. her) misery
nådatid *s* [period of] grace, respite
nåde *vb tr* (pres. konjv.) *Gud ~ dig, om du...* God help you if you...
nådeansökan *s* o. **nådeansökning** *s* petition for mercy

nådegåva *s* gift of grace; friare bounty; *som en* ~ bildl. like (as) a gift from above
nåderik *adj* gracious
nådig *adj* gracious; isht relig. äv. (barmhärtig) merciful [*mot* to]; nedlåtande condescending; *Gud vare oss* ~*!* God be merciful to (have mercy on) us!; *han blir inte* ~ när han får veta he won't be very pleased…; *nej, min* ~*a* skämts. no, Your Ladyship
någon (*något några*) *indef pron* **1** fören. **a)** isht i satser med jak. grundmening: *någon* some, somebody, someone; *något* something **b)** isht i nek., fråg. o. villkorliga satser: *någon* any, anybody, anyone; *något* anything; *någon (något)* av två, se *någondera*; *inte* ~ jfr äv. *ingen*
Ex.: *har du inte* ~ *gång* önskat…*?* haven't you at any time (en eller annan gång at some time [or other])…?; *har du* ~ *en cigarett?* have you [got] (amer. do you have) a cigarette?; *om det skall bli (vara) till* ~ *nytta* if it is to be of any (åtminstone någon some) use; ~ *utbildning ansåg han inte nödvändig* he didn't consider any training necessary; *om* ~ *vecka* in about a week, in a week or so
2 med underförstått huvudord samt följt av [mer el. mindre] partitivt prep. attr. med 'av' (betr. skillnad i bet. jfr översikten ovan) **a)** one; *något av* 'någon del av' vanl. some of; 'något som påminner om' o.d. something of **b)** any; 'en (ett)' one
Ex.: har du någon cigarett? -Ja, jag tror *jag har* ~ *här* …I have one here; -Nej, jag tror inte *jag har* ~ *kvar* …I have any (one) left; varje kväll är det dans på *något av de större hotellen* …one [or other] of the big hotels; *inte för att han trodde på något av vad* hon sade not that he believed a thing (any, anything) of what…; det är en förklaring *så god som* ~ as good as any
3 utan underförstått huvudord el. följt av subst. adj. el självst. pron. *någon* **a)** somebody, someone **b)** anybody, anyone; *något* **a)** something **b)** anything
Ex.: *om* ~ *söker mig* if anybody (någon viss person somebody) calls; *han, om* ~*,* bör veta det he if anybody…; *han, om* ~*,* är (var) patriot he…, if ever there was one; är filmen *något att se?* …worth seeing?; han tror *han är något* …he is somebody; *jag har något viktigt* att säga I have something important (something of importance, an important thing)…; han vägrade*, något som* (vilket) *förvånade mig* …which astonished me; *om du vore något till karl* if you were a real man; *det här är något till restaurang, det!* this is some restaurant!; *han har något åt lungorna* there is something wrong with his lungs
4 *några* (betr. skillnad i bet. jfr översikten ovan)

a) some; 'några människor' vanl. some people; 'några få' a few **b)** any; 'några människor alls' vanl. any people
Ex.: *några* pengar *hade han inte* he hadn't got any…; *för några [få] dagar sedan* a few days ago; *han är några och tjugo år* he is twenty odd; *om något eller några år* in a year or so or more; han tog *några av möblerna* …some (part) of the furniture; *de, om några* bör veta det they, if any…; *de, om några* är (var) patrioter they…, if ever there were any
någondera (*någotdera*) *indef pron av två* vanl. either, se f.ö. ex.; han gick inte med på *någotdera förslaget* el. *någotdera av förslagen* …either (om flera än två any [one]) of the proposals; det har inte förekommit skottlossning från ~ *sidan* …either side; ~ *[av er]* måste ha sagt det one [or other] of you…
någonsin *adv* ever; *aldrig* ~ se under *aldrig 1*; *så mycket jag* ~ *kan* as much as ever I (as I possibly) can; *om du* ~ *skulle behöva pengar* if ever (at any time) you should want money
någonstans *adv* på (till) ett eller annat ställe somewhere [or other]; på (till) något ställe alls anywhere; *var* ~ hittade du den? where[abouts]…?; *vart* ska vi gå ~*?* where…?
någonting *indef pron* oftast something resp. anything; för ex. se ex. med *något* under *någon*; *inte* ~ jfr äv. *ingenting*
någonvart se *2 vart* ex.
någorlunda I *adv* fairly, tolerably, reasonably, moderately, pretty; ~ *[bra]* fairly etc. well; *om vädret blir* ~ *vackert* if the weather is anything like fine (is decent); ~ *återställd* pretty well restored; hur mår du? *-Jo tack,* ~*!* …Not too bad (Fairly well), thank you! **II** *adj* fairly good; *med* ~ *visshet* with a fair amount of certainty
något I *indef pron* se *någon* **II** *adv* en smula o.d. somewhat, a little, slightly; vard. a bit; känslobet. rather; blev du inte förvånad? *-Jo,* ~*!* …[Yes] rather!
någotsånär *adv* fairly osv., jfr *någorlunda*
några se *någon III*
nåja *interj,* ~*,* gör som du vill då*!* [oh] well, …!
nål *s* allm. needle; grammofon~ styl|us (pl. äv. -i); att fästa med, t.ex. knapp~ el. för prydnad pin; ~ *och tråd* a needle and thread; *sitta (stå) som på* ~*ar* be on pins and needles, be on tenterhooks, be having kittens
nåla *vb tr,* ~ *fast ngt* på (vid)… pin a th. on [to…], fasten a th. on [to…] with pins (resp. a pin); ~ *ihop* pin…together
nålbrev *s* packet of needles
nåldyna *s* pincushion
nålstick *s* o. **nålsting** *s* pinprick äv. bildl.
nålsöga *s* eye of a (resp. the) needle
nålvass *adj* …[as] sharp as a needle
nåväl *interj* na well!; då så all right!

näbb s bill; isht små- el. rovfågels beak; vetensk. äv. nib; *försvara sig med ~ar och klor* defend oneself tooth and nail
näbbdjur s zool. duckbill, duckbilled platypus
näbbgädda s **1** zool. garpike, garfish **2** bildl. saucy girl (thing), saucebox, minx
näbbig adj saucy, pert
näbbmus s zool. shrew[mouse]
1 näck s water sprite; *Näcken* 'the Neck', the evil spirit of the water
2 näck adj vard., naken naked, nude; *bada ~* äv. bathe in the altogether, skinny-dip
näckros s bot. water lily
näktergal s zool. thrush nightingale; sydnäktergal nightingale
nämligen adv **1** förklarande: ty for; eftersom since; emedan as; ju of course; ser ni you see; ska ni veta you must know; ofta utan motsv. *det är ~ så (saken är ~ den), att...* the fact [,you see,] is that...; it's like this, [you see,]... **2** framför uppräkning el. som närmare upplysning om just begagnat ord el. uttryck namely; i skrift ofta viz. (läses vanl. namely); ibl. that is to say, i.e.; *fem världsdelar, ~* Europa, Asien osv. five continents, namely (viz.)...; själva principen kvarstår, *~ att* inf. ...,namely (i.e.) to inf.; ...[namely] that of ing-form
nämna vb tr omnämna mention [*för* to]; säga say; uppge, ange state, give; *~ ngn vid namn* mention a p. by [his resp. her] name; höra sitt namn *~s* ...mentioned; *~ en sak vid dess rätta namn* call a spade a spade; *ingen nämnd och ingen glömd* all included; *nämnda* person (skäl) the...mentioned (named, referred to); *nämnda år* lämnade han [in] the said (same) year...
nämnare s matem. denominator; *minsta gemensamma ~* the lowest common denominator
nämnd s jur., ung. panel of lay assessors; utskott committee; kommission commission, board
nämndeman s jur., ung. lay assessor
nämnvärd adj, *ingen ~ (inga ~a)...* no...to speak of (worth mentioning, of any note); *utan ~* förlust äv. without [any] appreciable...; *inte något nämnvärt (i ~ grad)* se *nämnvärt*
nämnvärt adv, situationen *har inte ändrats ~* ...has not changed appreciably (to any appreciable extent); mår du bättre? *- Nej, inte ~* ...No, hardly (not really)
nännas vb itr dep have the heart to inf.; *jag nänns inte* väcka honom äv. I cannot bring myself to inf.
näpen adj nice äv. iron.; pretty, sweet; amer. äv. cute
näppeligen adv knappast hardly, scarcely; svårligen äv. not easily
näpsa vb tr tillrättavisa rebuke, censure; straffa chastise, castigate; *~ ngn* läsa lagen för ngn give a p. a lecture
näpst s rebuke; chastisement, castigation
1 när I konj **1** tempor. when osv., se *då II 1*; *~...än* whenever **2** kausal, se *då II 2* **II** adv **1** interr. when; hur dags at what time [*på dagen* of the day]; *kan du säga ~* den blir färdig? äv. can you say (tell me) how soon (by when, vilket datum at el. on el. by what date)...?; *~ då?* when? **2** *~ som helst* se under *helst 2*
2 när adv **1** eg. *[från] ~ och fjärran* [from] far and near **2** bildl. *göra ngn [något] för ~* hurt a p. (a p.'s feelings); *han gör inte ett fluga för ~* he wouldn't hurt a fly (say boo to a goose); *det gick hans ära för ~* that wounded (piqued) his pride; exakt vägt *på ett gram ~* ...within a gram[me]; *inte på långt ~* not by a long way (vard. a long chalk), nowhere near; alla klarade sig *så ~ som på en (på en ~)* ...except for one; *jag hade så ~* glömt I had all but (almost, [very] nearly)...; *något så ~* se *någotsånär*
1 nära (jfr *närmare, närmast*) **I** adj near; poet. nigh; uttr. fysisk närhet (beröring) el. större förtrolighet close; intim intimate; omedelbar immediate; *i (inom) en ~ framtid* in the near (immediate) future **II** adv (ibl. prep.) **1** near; helt nära close to (by), near (hard) by samtl. äv. prep.; t.ex. besläktad nearly, t.ex. förbunden äv. closely, intimately; *~ skjuter ingen hare* a miss is as good as a mile; hon var *~ döden* ...near [to] death; *~ förestående* se *förestående*; *~ nog* se *nästan*; *gå inte för ~!* don't go too near!; *hon har ~ till tårar[na]* har lätt för att gråta she is always ready to cry; vard. her tears are always on tap; *ha ~ till* vatten have [got]...near [at hand]; skolan *ligger ~ till för honom* ...is handy for him; *det ligger ~ till att tro att...* it seems natural to think that...; *stå ngn ~* be very near (close) to a p.; *jag var ~ att falla* el. *det var ~ att jag föll* I nearly (almost) fell; *jag var ~ att säga* allt I was on the point (verge) of telling... **2** nästan, närapå almost, nearly, close upon
2 nära vb tr **1** föda nourish, give nourishment to, feed; underhålla, försörja support; t.ex. sin fantasi äv. foster; underblåsa foment **2** se *hysa 2*; *en länge närd* t.ex. önskan (dröm) a long-cherished...
närande adj nourishing; stark. nutritious; kraftig sustaining, substantial
närbelägen adj nearby..., ...[situated] near (close) by; adjacent; neighbouring...
närbesläktad adj ...closely related (akin) [*med* to]; kindred end. attr.
närbild s close-up; Paris *i ~* a close-up [picture] of...
närbutik s neighbourhood (corner) shop; isht amer. convenience store

närgången *adj* näsvis, fräck impertinent, forward, insolent; fräckt nyfiken inquisitive; indiskret indiscreet; påflugen obtrusive, intrusive, pushing; *vara ~ mot* take liberties with; göra [sexuella] närmanden mot make a pass at; amer. äv. (vard.) be (get) fresh with
närhelst *konj* whenever
närhet *s* **1** grannskap, trakt neighbourhood, vicinity; *i ~en av* äv. near [to]; finns någon bank *här i ~en?* ...near (round about) here?, ...near by?, ...in this neighbourhood?; *en skola ~en* a neighbouring (a nearby) school **2** närbelägenhet nearness, proximity
närig *adj* snål stingy, miserly; girig grasping
näring *s* **1** föda nourishment äv. bildl.; food; nutriment äv. bot.; näringsvärde sustenance; bildl. fuel; ryktet *fick ny ~* ...got fresh support; *ge ~ åt* bildl. add fuel to, fuel; t.ex. ett rykte lend support to; rötterna *hämtar ~ ur jorden* ...derive their nourishment (nutriment) from the earth **2** utkomst *ha sin ~ av* jorden derive one's livelihood from... **3** näringsgren *~[ar]* industry sg.; *återgå till ~arna* arbetet go back to work
Näringsdepartementet the Ministry of Industry and Commerce
näringsfrihet *s* freedom of trade
näringsfrihetsombudsman *s, ~nen* (förk. *NO*) the [Swedish] Commissioner (Ombudsman) for Freedom of Commerce
näringsfysiologi *s* nutrition
näringsförbud *s* trade ban
näringsgren *s* branch of business (industry), industry
näringsidkare *s* inom industri manufacturer; inom handel businessman
näringskedja *s* biol. food chain
näringsliv *s* [trade and] industry; ofta äv. economy
näringsmedel *s* födoämne food (end. sg.), foodstuff, aliment
näringsminister *s* Minister of Industry and Commerce
näringspolitik *s* ekon. economic (commercial) policy
näringsrik *adj* nutritious, nutritional, ...of high food value
näringsvärde *s* nutritive (food) value
näringsämne *s* nutritive (nutritious) substance (matter)
närkamp *s, i ~* boxn. in infighting; fotb. o.d. in tackles (tackling); *gå i ~ med* bildl. come to grips with, tackle
närkontakt *s* close contact
närliggande *adj* **1** eg., se *närbelägen* **2** bildl. *en ~* lösning, slutsats a...that lies near at hand (that immediately suggests itself), an obvious (a natural)...; *ett mera ~ problem* a more immediate problem
närma I *vb tr* bring...nearer (closer) båda äv. bildl. [*till* to] **II** *vb rfl, ~ sig* approach; hitåt äv. come (ditåt äv. get) near[er]; högtidl. draw near; *båten ~r sig* land *(solen ~r sig horisonten)* äv. the ship (sun) is nearing...; *klockan ~r sig 10* vanl. it is getting near [to] ([on] towards) ten o'clock; *~ sig 40 år* be getting (going) on for forty; kriget *~r sig slutet* ...is drawing to[wards] an end
närmande *s, göra vänskapliga (otillbörliga) ~n* make friendly (improper) advances; *göra sexuella ~n mot ngn* make a pass at a p.; isht amer. be (get) fresh with a p.; *ett ~ mellan* partierna a rapprochement fr. (a closer association)...; ta första steget *till ett ~* ...towards closer (more intimate) relations
närmare I *adj* nearer; om väg äv.: genare more direct, kortare shorter; bildl.: om t.ex. bekantskap closer, om t.ex. anledning, immediate, om t.ex. vänskap äv. intimate, om t.ex. beskrivning detailed, om t.ex. undersökning thorough; ytterligare further; *vid ~ granskning* on [a] closer examination; *~ ingående kännedom om* an intimate knowledge of, a thorough familiarity with; *~ upplysningar hos* further (more exact) particulars (information) may be obtained from
II *adv* (i bet. *3* äv. prep.) **1** nearer; stark. closer; bildl. äv., t.ex. granska more closely (narrowly, thoroughly); t.ex. beskriva more exactly, in greater detail; *~ bestämt* more exactly (precisely), to be precise; *bli ~ bekant med* become more intimately (better) acquainted with; *gå ~ in på saken* go into [greater] detail; *komma* ngn (varandra) *~* (bli förtroligare) get closer to...; jag känner honom inte *~* ...at all well (intimately); *ta ~ reda på ngt* find out more about a th.; jag har *tänkt ~ på saken* ...thought the matter over [more carefully]; ändrat mig ...thought better of it; *undersöka en sak ~* examine a matter more closely, look closer (more closely) into a matter **2** inemot close [up]on; nästan nearly; *han är ~ femtio* he is getting (going) on for fifty; han har varit där *i ~ fem år* ...for almost (getting on, going on) five years **3** prep. (t.ex. ~ stationen, sanningen) nearer [to], closer to; *dra stolen ~ bordet* draw one's chair up (closer) to the table; *~ jul* closer [on] to Christmas
närmast I *adj* nearest; omedelbar immediate; om t.ex. vän closest, most intimate; närmast (näst) i ordningen next; två mil till *~e stad* ...the nearest town; *under de ~e (de två ~e)* dagarna during the next few (two)...; *inom den ~e [fram]tiden* in the immediate (near) future; *~e motsvarigheten till* the nearest (closest, most exact) equivalent to; *mina ~e planer* my plans for the immediate future; *hans ~e släktingar* his nearest relations (jur. next of kin); *den ~e släkten* vanl. the (resp. his el. her osv.) immediate family; *köra ~e*

vägen drive the nearest (genaste most direct, kortaste shortest) way; **mina ~e** those nearest [and dearest] to me, my people; **i det ~e** almost, nearly
 II *adv* (i bet *3* äv. prep.) **1** nearest; stark. closest; bildl., t.ex. ~ berörd most closely (intimately)...; närmast (näst) i ordningen next; den stationen **ligger (är)** ~ ...is the nearest (resp. closest); **tiden ~** omedelbart *före kriget* the time immediately before the war; **var och en är sig själv** ~ every man for himself; **~ följande (föregående) dag** the (adv. on the) very day after (before); **~ motsvarande** uttryck the...that comes closest (nearest); **den ~ sörjande** the chief mourner **2** först [och främst] first of all, in the first place (instance); främst primarily; huvudsakligen principally, chiefly; i det närmaste almost; **det är ~ en penningfråga** it is chiefly a matter of money; **hon verkade ~ road** if anything she seemed amused **3** prep. (t.ex. ~ dörren, värdinnan) nearest [to], closest (resp. next) to; bredvid next to
närmevärde *s* matem. approximate value
närmiljö *s* local environment, neighbourhood
närminne *s* psykol., ung. short-term memory
närradio *s* community radio
närsamtal *s* tele. local call
närstrid *s* mil. close combat, hand-to-hand fighting
närstående *adj* om vän close, intimate; närbesläktad ...closely akin (related); **en mig ~ [person]** one of my intimates, a person close to me; *i* regeringen **~ kretsar** in circles close (near) to...
närsynt *adj* short-sighted, near-sighted
närsynthet *s* short-sightedness, near-sightedness; optik. myopia
närtrafik *s* local services pl.
närvara *vb itr*, **~ vid** be present at; bevista, t.ex. sammanträde äv. attend; t.ex. boxningsmatch be at
närvarande *adj* **1** tillstädes present [*vid* at]; **vara ~ vid** bevista äv. attend, be at; **de ~** subst. adj. those present **2** nuvarande present; **för ~** for the present (time being), at present; amer. äv. presently
närvaro *s* presence; vid sammanträde o.d. äv. attendance [*vid* at]; **i ~ av** kungen in the presence of...; **i gästernas ~** before the guests
närvarokontroll *s* attendance check, check on attendance
närvarolista *s* attendance list
näs *s* landremsa isthmus; mindre neck of land; udde foreland, spit
näsa *s* nose äv. bildl.; **gå dit ~n pekar** vard. follow one's nose; **inte se längre än ~n räcker** not see farther than (beyond) one's nose; **ha [fin] ~ för** bildl. have a nose (flair) for; **lägga sin ~ (~n) i blöt** poke (stick, put) one's nose into other people's business; **räcka lång ~ åt** cock a snook at, thumb one's nose at; **sätta ~n i vädret** toss one's head; bildl. put on airs, be stuck-up; **vända ~n i vädret** dö turn up one's toes; **mitt för ~n på ngn** under a p.'s [very] nose; **tala i ~n** talk through one's nose, have a nasal twang; **stå där med lång ~** bli snopen be left disappointed, pull a long face; **rynka på ~n åt** ogilla turn one's nose up at; **skriva ngn ngt på ~n** blab (blurt out) a th. to a p.; **stå på ~n** ramla fall on one's face; vard. come a cropper; **dra ngn vid ~n** take a p. in, lead a p. up the garden path
näsben *s* anat. nasal bone
näsblod *s* nose bleed[ing]; **jag blöder (har) ~** my nose is bleeding
näsborr[e] *s* nostril
näsdroppar *s pl* nose drops
näsduk *s* handkerchief; fick~ äv. pocket handkerchief; vard. hanky
näshåla *s* anat. nasal cavity
näsknäpp *s* bildl. telling-off
näsrot *s* anat. root of the nose
näsrygg *s* anat. bridge of the (resp. one's) nose
nässeldjur *s* cnidarian
nässelfeber *s* nettle-rash, hives sg.; vetensk. urticaria
nässelfjäril *s* small tortoiseshell [butterfly]
nässelkål *s* kok. nettle soup
nässelutslag *s* nettle-rash (end. sg.)
nässla *s* nettle
nässpray *s* nasal spray
näst I *adv* next; **den ~ bästa (äldsta)** the second best (oldest); **det ~ bästa** vore att inf. the next best thing [to do]...; **den ~ sista (första, största)** the last (first, biggest) but one **II** *prep* after, next to
1 nästa I *adj* next; **~ dag** (fredag, gång): nu följande next..., påföljande the next (following)...; **i ~ nummer** in the next (därpå följande the following)...; **se ~ sida!** see next page! **II** *s* neighbour; **älska din ~** love your (åld. thy) neighbour
2 nästa *vb tr*, **~ fast (ihop)** stitch on (together)
nästan *adv* almost; ofta äv., isht vid måtts- el. tidsuttr. nearly; stark. all but; praktiskt taget practically; hart när well-nigh; 'nästan' + nek. adverb el. pron. uttrycks gm omskr. med 'hardly', se ex.; **~ aldrig** hardly ever; stark. beton. el. isht amer. almost never; ingen eller **~ ingen** självst. om pers. ...practically (almost) nobody; **jag kan ~ inte** tro det I can hardly...; få det **för ~ ingenting (~ gratis)** ...for almost (next to) nothing; **det är ~** 25 grader it is almost (nearly)...; **det är ~ för** mycket (varmt) it is almost too...; **~ hela** familjen (tiden) almost the whole..., almost (nearly) all...; **~ lika stora** almost equally big (equal in size); han är **~ lika gammal som jag** ...almost

näste

(nearly) as old (the same age) as I am; *jag tycker ~ att...* I almost (rather, half) think that...
näste *s* nest äv. mil.; bildl. äv. den; rovfågels aerie, aery
nästföljande *adj* nu följande next; påföljande the next (following); *[redan] ~ dag* reste han äv. the very next day...
nästgårds *adv*, stugan *ligger inte ~ precis* ...is not exactly next door
nästipp *s* tip of the (resp. one's) nose
nästkommande *adj*, *~ måndag* next Monday, [adv. on] Monday next
nästla *vb rfl*, *~ sig in hos ngn* ingratiate oneself with a p., worm (insinuate) oneself into a p.'s favour
nästäppa *s, ha ~ vara nästäppt* have one's nose blocked up
näsvinge *s* wing of the (resp. one's) nose
näsvis *adj* cheeky, saucy, impertinent; oförskämd impudent [*mot ngn* i samtl. fall to a p.]
näsvishet *s* egenskap cheekiness, sauciness, impertinence; oförskämdhet impudence
nät *s* allm. net; spindels web; metalltråds~ wire netting (end. sg.); nätverk network; tele. äv. system; elektr. mains pl.; *ett ~ av lögner* a tissue of lies; *binda (knyta) ~* make nets; *lägga ut ~* set (lay [out]) nets; *lägga ut sina ~* bildl. set (lay [out]) one's toils
nätansluten *adj* elektr. mains-operated; *~ mottagare* äv. mains receiver (set)
nätboll *s* i tennis o.d. let, netball
näthinna *s* anat. retina; *ha en bild på ~n* bildl. have...before one's eyes
nätkasse *s* string (net) bag
nätmelon *s* bot. netted melon
nätspänning *s* elektr. mains voltage
nätstrump|a *s* net stocking; *-or* strumpbyxor fishnet tights, fishnets
nätt I *adj* **1** söt pretty; isht amer. cute; fin o. nätt dainty; prydlig neat; småelegant dapper; *en ~ summa* iron. a tidy (nice little) sum, a pretty penny **2** knapp scanty **II** *adv* prettily; *~ och jämnt* t.ex. undgå barely, narrowly; t.ex. hinna med tåget only just; precis tillräckligt barely; t.ex. tillfrisknad barely, only just; se äv. *knappt*
nätverk *s* bildl. network
näve *s* fist; *en ~* sand a handful (fistful) of...; *slå ~n i bordet* bring one's fist down (bang one's fist) on the table; bildl. put one's foot down; *spotta i nävarna* spit on one's hands; bildl. roll up one's sleeves, buckle down to it
näver *s* bot. birch-bark
nöd *s* nödvändighet, nödtvång necessity; nödställd belägenhet distress, svag. trouble; motgång adversity; olycka calamity; trångmål straits pl.; trängande behov, brist need, svag. want; armod, utblottat tillstånd destitution; *~en har ingen lag* necessity knows no law; *bruka större våld än ~en kräver* employ more force than the necessity of the case demands; *när ~en är som störst är hjälpen som närmast* ung. the darkest hour is before the dawn; *det går ingen ~ på honom* he has nothing to complain of, he's sitting pretty, he's got all he wants; han har det ekonomiskt bra he's well off all right; *lida ~* be in want (stark. need); *vara av ~en* be necessary (needed); *i ~ och lust* for better [or] for worse; *i ~en prövas vännen* a friend in need is a friend indeed; *i ~ens stund* in time (the hour) of need; *han slapp undan med ~ och näppe (med knapp ~)* ha had a narrow escape (a close shave, amer. a close call); *till ~s* at a pinch
nödbedd *adj*, *vara ~* need (require) [a great deal of] pressing
nödbroms *s* emergency brake
nödd *adj*, *därtill var jag ~ och tvungen* I was forced and compelled to do so
nödfall *s, i ~* if necessary, if need arises; om det kniper at a pinch; *i yttersta ~* if the worst comes to the worst, in the last resort
nödflagg *s* sjö. *föra (hissa) ~* carry (hoist) a distress signal
nödga *vb tr* constrain; tvinga compel
nödgas *vb itr dep* be constrained (compelled, obliged) to inf.; have to inf.; *till vårt beklagande ~ vi* meddela att we regret to have to inf.
nödhamn *s, söka ~* put into a port of refuge
nödhjälpsarbete *s* relief (distress) work
nödig *adj* **1** behövlig needful, requisite, ...required; nödvändig necessary; *~a* t.ex. anvisningar äv. the...needed **2** vard. *jag är ~* I must go to the loo (amer. john), I must go somewhere
nödlanda *vb itr* make an emergency (forced) landing, force-land
nödlandning *s* emergency (forced) landing
nödlidande *adj* necessitous, distressed; utarmad destitute, needy; svältande starving; *de ~* subst. adj. those in want, the needy
nödläge *s* distress; utnyttja ngns *~* äv. ...embarrassment; *i sitt ~* sökte han äv. in his extremity...; *i nuvarande ~* in the present emergency
nödlögn *s* white lie
nödlösning *s* emergency (tillfällig temporary) solution (utväg expedient); provisorium äv. makeshift
nödmynt *s* emergency [token] coin (koll. money)
nödrim *s* metrik. halting rhyme
nödrop *s* cry (call) of distress (rop på hjälp for help); *han klarade sig med ett ~* ...by the skin of his teeth
nödsaka *vb tr*, *se sig ~d att* find oneself compelled to inf.
nödsignal *s* sjö. distress signal; per radio SOS [signal]
nödsituation *s* emergency [situation]

nödställd *adj* distressed, ...in distress; *de ~a* subst. adj. those in distress

nödtorft *s, livets ~* the bare necessities pl. of life, enough to keep body and soul together

nödtorftig *adj* scanty, meagre, barely adequate

nödtvång *s,* göra ngt *av ~* ...out of necessity, ...under compulsion

nödutgång *s* emergency exit; vid brand äv. fire escape

nödvändig *adj* allm. necessary [*för* ngn for, ngt, t.ex. hälsan to]; väsentlig essential [*för* to, for]; stark. vital [*för* to]; oumbärlig indispensable [*för* to, for]; erforderlig requisite; *det är ~t (alldeles ~t)* äv. it is a (an absolute) necessity

nödvändiggöra *vb tr* necessitate, make (render)...necessary; medföra entail

nödvändighet *s* necessity; oumbärlighet indispensability

nödvändighetsvar|a *s* essential commodity (product), necessity; *-or* äv. essential goods

nödvändigt[vis] *adv* necessarily; med nödvändighet of necessity; *han skulle (ville) ~ dansa* varje dans he would beton. (just had to) dance..., he insisted on dancing...; *måste du ~ resa?* vanl. must you really...?

nödvärn *s* self-defence; *handla i ~* act in self-defence

nödår *s* year of famine

nöja *vb rfl, ~ sig med* be satisfied (content) with, content oneself with; *han nöjde sig med* inskränkte sig till *en kort kommentar* he confined himself to a short comment; *låta ~ sig (sig ~[s]) med* be content with; foga sig i acquiesce in

nöjaktig *adj* tillfredsställande satisfactory; precis tillräcklig adequate

nöjas *vb itr dep* se *nöja*

nöjd *adj* tillfredsställd satisfied; förnöjd, mots. besviken content end. pred.; contented; belåten pleased; *vara ~ med litet* äv. be easily (soon) satisfied

nöje *s* **1** glädje pleasure; stark. delight, joy; njutning enjoyment; *ett sant (utsökt) ~* a real treat; *mycket ~!* have a good time!, enjoy yourself! båda äv. iron.; *det skall bli mig ett ~* I shall be delighted (very pleased el. glad); *finna ~ i (ha ~ av)* derive pleasure (enjoyment) from; *jag har ~t att känna* din bror *(meddela* Er att...) I have the pleasure of knowing... (informing...); *för ~s skull* for fun **2** förströelse amusement; tillställning äv. entertainment; tidsfördriv diversion, pastime

nöjesbransch *s, ~en* show business; vard. show biz

nöjesfält *s* amusement park, pleasure ground; enklare funfair; amer. carnival

nöjesliv *s* underhållning [public] entertainments (amusements) pl.; hon kastade sig in i *ett hektiskt ~* ...a hectic life of pleasure

nöjeslysten *adj* ...fond of amusement, pleasure-seeking

nöjesresa *s* pleasure trip

nöjesskatt *s* entertainment tax

1 nöt *s* bot. nut; *en hård ~ att knäcka* bildl. a hard (tough) nut to crack; *få på ~en* vard., få stryk get a hiding (beating); få en tillrättavisning get a telling-off; *ge ngn på ~en* vard., ge ngn stryk give a p. a hiding (beating); ge ngn en tillrättavisning give a p. a telling-off

2 nöt *s* **1** se *nötkreatur* **2** vard., dumbom ass, donkey, blockhead

nöta *vb tr* o. *vb itr, ~ [på]* wear; gm tummande rub; geol. abrade; kläder wear out; *~s* get worn (rubbed osv.); *tyget tål att ~ på* the cloth will stand [hard] wear; *~[s] av (bort)* wear off; ojämnheter (bildl.) rub off; *~ in* en läxa drill (drum)...into one's head; *~ ut* wear out

nötboskap *s* [neat] cattle pl.

nötbrun *adj* nut-brown, hazel

nötknäckare *s* o. **nötknäppare** *s* nutcrackers pl.; *en ~* a pair of nutcrackers

nötkreatur *s pl* [neat] cattle; *fem ~* five head of cattle

nötkråka *s* zool. nutcracker

nötkärna *s* kernel of a (resp. the) nut; *frisk som en ~* [as] fit as a fiddle

nötkött *s* beef

nötning *s* wearing; stark. wear; isht bildl. wear and tear

nötskal *s* nutshell; om båt cockleshell; *i ett ~* bildl. in a nutshell

nötskrika *s* zool. jay

nött *adj* worn; om bokband o.d. rubbed [*i at*]; om plagg (pred.) äv. the worse for wear; *~a fraser* hackneyed (trite) phrases

nötväcka *s* zool. nuthatch

O

1 o *s* bokstav o [utt. əʊ]
2 o *interj* oh!; ~ *ve!* alas!
oacceptabel *adj* unacceptable
oaktat I *prep* notwithstanding; *det[ta]* ~ äv. for all that, all the same, nevertheless **II** *konj* although, [even] though, notwithstanding (in spite of) the fact that
oaktsam *adj* careless [*med* about]
oaktsamhet *s* carelessness; *grov* ~ gross negligence
oanad *adj*, *få ~e följder* have unforeseen (unsuspected) consequences; *~e möjligheter* undreamt-of (unthought-of, unplumbed) possibilities
oangenäm *adj* unpleasant, disagreeable
oangriplig *adj* unassailable; bildl. äv. unimpeachable, unexceptionable
oanmäld *adj* unannounced
oansenlig *adj* insignificant, inconsiderable; om t.ex. lön modest; om t.ex. stuga humble, lowly; liten äv. small; om utseende plain, ordinary
oanskaffbar *adj* unobtainable
oanständig *adj* indecent; opassande äv. improper; slipprig äv. obscene; vard. dirty, smutty
oanständighet *s* indecency, impropriety; *~er* äv. indecent talk sg. (anmärkningar remarks, skämt jokes), smut sg.
oansvarig *adj* irresponsible
oantagbar *adj* unacceptable
oantastlig *adj* se *oangriplig;* okränkbar inviolable
oanträffbar *adj* unavailable; pred. äv. not available; *han har varit* ~ hela dagen I (osv.) have been unable to get hold of him...; ej hemma he has not been at home...
oanvänd *adj* unused, jfr *obegagnad;* om metod o.d. äv. unapplied; om kapital o.d. idle; rummet *står oanvänt* ...is out of use (not used, not in use)
oanvändbar *adj* useless; pred. äv. of no use; unusable; ej tillämplig inapplicable
oaptitlig *adj* unappetizing, unpalatable; bildl. äv. unsavoury, disgusting
oartig *adj* ohövlig impolite, discourteous, uncivil [*mot* i samtl. fall to]
oartikulerad *adj* otydlig inarticulate
oas *s* oasis (pl. oases) äv. bildl.
oavbruten *adj* utan avbrott continuous, uninterrupted, unbroken; oupphörlig äv. incessant, ceaseless, unceasing, continual
oavbrutet *adv* continuously, incessantly etc., se *oavbruten;* without a break
oavgjord *adj* undecided, unsettled; sport. drawn; *en ~ match* a draw

oavgjort *adv*, *sluta* ~ sport. el. friare end in a draw; *spela* ~ draw
oavhängig *adj* independent
oavhängighetsförklaring *s* declaration of independence
oavkortad *adj* eg. unshortened, ...in full; om upplaga o.d. unabridged; om lön, semester unreduced
oavkortat *adv*, *beloppet går* ~ *till* forskning the entire amount (the amount in full) will go to...
oavlåtlig *adj* unceasing, incessant, unremitting, continuous
oavlönad *adj* unpaid, unsalaried
oavsett *prep* oberoende av irrespective of; frånsett apart from; ~ *vilka de är* no matter who they are, whoever they may be; ~ *om han kommer eller inte* whether he comes or not (no); ~ *hur* no matter how; ~ *detta* apart from that
oavsiktlig *adj* unintentional; oöverlagd äv. unpremeditated
oavslutad *adj* unfinished, uncompleted
oavvislig *adj*, *ett ~t krav* a claim that cannot be refused (rejected), an imperative demand
obalans *s* unbalance, lack of balance (of equilibrium); mera abstrakt, bristande jämvikt disequilibrium, imbalance; *komma i* ~ get out of balance
obalanserad *adj* unbalanced, lacking in balance (equilibrium); obehärskad äv. uncontrolled
obanad *adj* om terräng o.d. trackless, pathless; om stig o.d. untrodden äv. bildl.
obarmhärtig *adj* merciless, pitiless, unmerciful; skoningslös relentless, ruthless [*mot* i samtl. fall to, towards]
obducent *s* postmortem examiner, pathologist, autopsist
obducera *vb tr* perform a postmortem [examination] on, perform an autopsy on
obduktion *s* postmortem [examination], autopsy
obeaktad *adj* unnoticed, unobserved, unheeded; *lämna* ~ disregard, pay no attention to, take no account (notice) of, pass by
obearbetad *adj* om råvaror raw, crude, unmanufactured
obebodd *adj* uninhabited; om hus äv. unoccupied, untenanted
obeboelig *adj* uninhabitable, ...unfit to live in, ...unfit for habitation
obebyggd *adj*, ~ *mark* ground that has not been built on; ~ *tomt* äv. vacant lot (plot)
obedd se *oombedd*
obefintlig *adj* om sak non-existent
obefläckad *adj* ren immaculate, unpolluted; om namn, rykte unsullied, spotless
obefogad *adj* oberättigad unwarranted, unjustified; grundlös unfounded, groundless

obefolkad *adj* uninhabited
obegagnad *adj* unused; pred. äv. not used
obegriplig *adj* incomprehensible; otydbar unintelligible; ofattbar inconceivable; oförklarlig inexplicable [*för* i samtl. fall to]
obegriplighet *s*, **~er** ord incomprehensible words
obegränsad *adj* allm. unlimited, unbounded; gränslös äv. limitless, boundless
obegåvad *adj* unintelligent, not very clever; utan talang untalented
obehag *s* olust discomfort, uneasiness, unpleasantness; förtret annoyance; omak, besvär trouble; olägenhet inconvenience; *få* **~** besvärligheter get into trouble; *känna* **~** feel ill at ease, feel uncomfortable
obehaglig *adj* allm. unpleasant, disagreeable [*för, mot* to]; otrevlig äv. nasty; besvärlig äv. annoying; om situation awkward; *det är* **~t *för mig att göra det*** I don't like doing it, I feel uncomfortable (stark. awful) about it; *en* **~** *överraskning* an unpleasant surprise; **~** *till mods* ill at ease, uncomfortable
obehagligt *adv* unpleasantly osv., jfr *obehaglig; han blev* **~** *berörd av det* it affected him unpleasantly
obehindrat *adv* unimpededly, without hindrance; t.ex. få gå omkring **~** ...freely; *röra sig* **~** move unhindered (freely); *tala ett språk* **~** speak a language fluently
obehärskad *adj* om språk, uppträdande o.d. uncontrolled, unrestrained; *en* **~** *människa* a person lacking in self-control
obehörig *adj* allm. unauthorized; som saknar kompetens unqualified, non-qualified; om t.ex. inblandning äv. unwarranted; om t.ex. vinst illegitimate; **~***a äga ej tillträde* no admittance [except on business]
obekant I *adj* **1** okänd unknown; om t.ex. ansikte, omgivning äv. unfamiliar; främmande äv. strange [*för* i samtl. fall to] **2** med ngn (ngt) unacquainted, unfamiliar [*med* with]; okunnig ignorant [*med* of] **II** *subst adj* **1** pers. stranger **2** matem.: **~** storhet unknown [quantity]; ekvation med *flera* **~***a* ...more than one unknown
obekräftad *adj* unconfirmed, unverified
obekväm *adj* allm. uncomfortable; oläglig inconvenient [*för* to]; besvärlig awkward, difficult äv. om pers.; **~** *arbetstid* unsocial (inconvenient) working hours; *vara (bli)* **~** *för* regeringen be an embarrassment to...
obekvämt *adv* uncomfortably osv., jfr *obekväm; man sitter* **~** *i den här stolen* this is an uncomfortable chair to sit in
obekymrad *adj* unconcerned [*om, för* about]; heedless [*om, för* of]; *vara* **~** *om (för)* äv. not care (worry) about
obelisk *s* obelisk
obelönad *adj* unrewarded
obemannad *adj* om t.ex. rymdraket unmanned, unpiloted; om flygplan äv. pilotless; om fyr, järnvägsstation, bensinstation o.d. unattended
obemedlad *adj* ...without (of limited) means
obemärkt I *adj* unnoticed, unobserved, unperceived; om vrå o.d. äv. obscure; ringa humble **II** *adv* se *oförmärkt; leva* **~** live in obscurity
obenägen *adj* ohågad disinclined, indisposed [*för* for]; ovillig unwilling, reluctant, loath end. pred. [*att* inf. i samtl. fall to inf.]; averse [*att* inf. to ing-form]; *jag är inte* **~** *att tro det* I am inclined to believe it
obenägenhet *s* disinclination; unwillingness; aversion; jfr *obenägen*
obeprövad *adj* untried
oberoende I *s* independence **II** *adj* independent [*av* of]; *vara* **~** äv. stand on one's own [two] feet (legs), be one's own master **III** *adv*, **~** *av* independent[ly] of; **~** *av om (hur)* se *oavsett* ex.
oberäknelig *adj* **1** omöjlig att förutsäga unpredictable; om pers., lynne o.d. äv. erratic, capricious **2** omöjlig att beräkna incalculable
oberättigad *adj* orättvis unjustified, unwarranted; grundlös groundless, unfounded
oberörd *adj* bildl. unmoved, unaffected [*av* by]; likgiltig indifferent, impassive [*av* to]; obekymrad unconcerned [*av* at]; *en* **~** *min* an unconcerned air; *det lämnade mig* **~** it did not affect me, it left me cold
obesatt *adj* unoccupied; ledig vacant
obesedd, *köpa ngt obesett* buy a th. without seeing (having seen) it
obesegrad *adj* unconquered; isht sport. undefeated, unbeaten
obeskrivlig *adj* indescribable, ...beyond description; outsäglig inexpressible, unspeakable
obeskrivligt *adv* beyond words (description)
obeskuren *adj* om träd unpruned, untrimmed, uncut; om utgåva unabridged, complete; om rörelsefrihet unrestricted
obeslutsam *adj* irresolute, wavering; tveksam äv. hesitating, hesitant, indecisive
obesläktad *adj* unrelated, unconnected; pred. äv. not related
obesmittad *adj* untainted, undefiled, uncontaminated [*av* i samtl. fall by]
obesprutad *adj* organically grown
obestridd *adj* unchallenged, undisputed
obestridlig *adj* indisputable, incontestable, unquestionable; om t.ex. argument unanswerable; oförneklig äv. undeniable; *ett* **~***t faktum* äv. an incontrovertible fact
obestyrkt *adj* unverified, unauthenticated, unconfirmed; om avskrift unattested
obestånd *s* insolvency; *komma på* **~** become insolvent
obeställbar *adj* post. undeliverable
obestämbar *adj* om sak indeterminable; om

obestämd

känsla o.d. indefinable, undefinable; neds. nondescript
obestämd *adj* **1** icke fastställd indefinite, indeterminate, undetermined, unspecified; oavgjord undecided; obeslutsam indecisive, irresolute; oklar vague, indefinite; om känsla undefined; *uppskjuta ngt på ~ tid* postpone a th. indefinitely; ajournera sig *på ~ tid* isht parl. o.d. ...sine die lat. **2** gram. indefinite **3** matem. indeterminate
obeständig *adj* ostadig inconstant, unstable äv. kem.; ovaraktig impermanent, transient, transitory; ombytlig changeable; *lyckan är ~ fortune is fickle*
obesvarad *adj* unanswered; om hälsning unreturned; *~ kärlek* unrequited love
obesvärad *adj* ostörd undisturbed, untroubled; av t.ex. för mycket kläder el. inskränkningar unencumbered, unhampered [*av* i samtl. fall by]; otvungen, ledig unconstrained, easy; nonchalant free and easy, offhand, nonchalant
obetalbar *adj* dråplig priceless
obetald *adj* unpaid; om räkning äv. unsettled; om skuld äv. outstanding
obetingad *adj* ovillkorlig unconditional; om lydnad, tro äv. unquestioning; oinskränkt absolute, implicit, unqualified
obetonad *adj* språkv. unstressed, unaccented
obetvinglig *adj* invincible, unconquerable; oemotståndlig irresistible; om längtan o.d. äv. uncontrollable
obetydlig *adj* allm. insignificant; om sak äv. inconsiderable; oviktig äv. unimportant; bagatellartad trifling, trivial; ringa negligible, slight; liten small; *~a detaljer* insignificant (trivial, minor) details; *en ~ skillnad* a slight (inappreciable) difference
obetydlighet *s* insignificance, unimportance (båda end. sg.); bagatell triviality, trifle, insignificant etc. matter
obetydligt *adv* insignificantly etc.; *~ använd* slightly (little) used
obetänksam *adj* tanklös thoughtless, inconsiderate; oförsiktig äv. imprudent, indiscreet, ill-advised; överilad äv. rash
obetänksamhet *s* thoughtlessness, imprudence, indiscretion; jfr *obetänksam*
obevakad *adj* unguarded, unwatched; om testamente unproved; *~ järnvägsövergång* open (unguarded) level crossing; *i ett obevakat ögonblick* in an unguarded moment
obevandrad *adj, ~ i* unconversant (unfamiliar) with, unversed in
obeveklig *adj* implacable, relentless, unrelenting, inexorable; hård äv. harsh, stern
obeväpnad *adj* unarmed; om öga naked
obildad *adj* olärd uneducated; okultiverad uncultured, unpolished, unrefined; ohyfsad ill-bred, rude
obildbar *adj* uneducable

obillig *adj* oskälig unreasonable; orättvis unfair, unjust
objekt *s* object; *direkt (indirekt) ~* gram. direct (indirect) object
objektiv I *s* vanl. (kamera~ o.d.) lens; optik. objective **II** *adj* **1** objective; opartisk äv. unbias[s]ed, detached **2** språkv. *~ genitiv* objective genitive; *~ predikatsfyllnad* objective predicate, factitive object
objektivitet *s* objectivity, detachment
objuden *adj* uninvited, unasked, unbidden; *~ gäst* äv. self-invited guest, intruder; vard. gatecrasher
oblandad *adj* eg. el. bildl. unmixed; om t.ex. glädje äv. unmingled; ren äv. pure; oförfalskad unadulterated; outspädd, om drycker neat, undiluted
oblat *s* kyrkl. [sacramental] wafer, consecration-wafer
oblekt *adj* unbleached; *~a varor* textil. grey goods
oblid *adj* ogunstig unpropitious, unfavourable; *se ngt med ~a ögon* take a stern view of a th., frown on a th.; *ett oblitt öde* a hard (an adverse) fate
oblidkelig *adv* implacable, relentless
obligation *s* hand. bond; bolags o.d. äv. debenture; *inlösa en ~* redeem a bond
obligatorisk *adj* compulsory [*för* for]; moraliskt bindande o.d. obligatory [*för* on]; *~a skolämnen* compulsory subjects
oblodig *adj* om statskupp o.d. bloodless; om offer unbloody
oblyg *adj* shameless, unashamed, unabashed; fräck äv. barefaced
oboe *s* mus. oboe
oboist *s* mus. oboist
oborstad *adj* eg. unbrushed; om skor uncleaned, unpolished; ohyfsad rough, rude, unpolished
obotbar se *obotlig*
obotfärdig *adj* impenitent, unrepentant; *de ~as förhinder* ung. just a lot of excuses
obotlig *adj* allm. incurable; om skada irreparable, irremediable; *en ~ optimist* an inveterate optimist
obrottslig *adj* om trohet, lydnad unswerving; om löfte inviolable; om tystnad, neutralitet strict
obrukad *adj* om jord untilled, waste
obrukbar *adj* unusable, unserviceable; oanvändbar äv. useless; apparaten *är ~* (i olag) ...is out of order
obruten *adj* allm. unbroken, intact; om brev, förpackning unopened; om serie uninterrupted; *med ~ kraft* with unimpaired force
obs *s* NB (pl. NB's); *ett ~* an NB, a note
obscen *adj* obscene
obscenitet *s* obscenity
observandum *s* thing (point) to be noted
observant *adj* observant

observation s observation; *lägga in ngn på ~* place a p. in hospital for observation
observatorium s observatory
observatör s observer
observera vb tr observe, note; lägga märke till notice; betrakta watch; *~!* el. *att ~* note
obskyr adj föga känd obscure; 'skum' shady, dubious
obstetrik s med. obstetrics sg.
obstinat adj obstinate, stubborn
obstruktion s polit. el. sport. obstruction [*mot* to]; amer. parl. filibustering
ob-tillägg s unsocial hours bonus (supplement)
obunden adj om bok unbound; kem. uncombined; bildl. uncommitted, unfettered [*av* by]; om pers., oberoende ...without ties, independent; fri free [*av* from]
obygd s, *~en* the wilderness (backwoods pl.); vard. the sticks pl.
obäddad adj om säng unmade
obändig adj svårhanterlig intractable; oregerlig unruly, ungovernable; motspänstig refractory; *~ kraft* colossal strength
oböjlig adj inflexible, rigid; bildl. äv. unbending, unyielding, unflinching, uncompromising; gram. indeclinable
obönhörlig adj inexorable, implacable
obönhörligen adv o. **obönhörligt** adv inexorably, implacably
ocean s ocean; bildl. äv. sea
oceanografi s oceanography
oceanångare s [ocean] liner
ocensurerad adj uncensored
och konj and; *~ dylikt* se under *dylik*; *~ så vidare* (förk. osv.) and so on, and so forth, et cetera (förk. etc.); de gick *två ~ två* ...two by two, ...in pairs; *bättre ~ bättre* better and better; *svårare ~ svårare* more and more difficult, increasingly difficult; *härifrån ~ dit* from here to there; *han satt ~ läste en bok* he was (sat) reading a book; *fortsätt ~ läs* go on reading; *försök ~ gör det* try to (and) do it; *försök ~ låt bli att...* try not to...
ociviliserad adj uncivilized
ock adv also, ...too; jfr *också*
ocker s usury; amer. vard. loan sharking; med varor profiteering; *bedriva ~* practise usury
ockerpris s exorbitant (extortionate) price
ockerränta s extortionate [rate of] interest
1 ockra s miner. ochre
2 ockra vb itr practise usury (profiteering), profiteer; *~ på* utnyttja trade on
ockrare s usurer, money-lender; amer. vard. loan shark
också adv also, ...too, ...as well; till och med even; i själva verket in fact, indeed, actually; *eller ~* or else; *om ~* even if; fastän even though; *...och det gjorde* beton. *han ~ ...*and so he did; *...och det gjorde han* beton. *~ ...*and so did he; *det var ~ en fråga!* what a question!
ockult adj occult
ockupant s occupant, occupier; *hus~* äv. squatter
ockupation s occupation; ockuperande av hus squatting; *en hus~* a sit-in
ockupationsmakt s occupying power
ockupationsstyrkor s pl occupation forces
ockupera vb tr mil. occupy; *~ hus* sit in, squat
o.d. förk., se under *dylik*
odalisk s odalisque
odaterad adj undated, ...not dated
odds s odds pl.; *~en är emot honom* the odds are against him; *mot alla ~* against the odds; *höga ~* long odds; *låga ~* short odds
ode s ode
odefinierbar adj indefinable, subtle
odelad adj eg. el. bildl. undivided; allmän universal, general; hel whole, entire; om bifall unqualified; mitt (hans) *~e förtroende* ...entire confidence; *~ uppmärksamhet* undivided (unremitting) attention
odelat adv, *inte ~* angenäm not wholly (entirely, altogether)...; *ägna sig ~ åt* ngt give one's undivided (whole) attention to...
odelbar adj indivisible
odemokratisk adj undemocratic
Oden mytol. Woden
odiplomatisk adj undiplomatic; ej välbetänkt impolitic
odisciplinerad adj undisciplined
odiskutabel adj indisputable, ...beyond dispute
odjur s monster; om person äv. beast, brute
odla vb tr bruka cultivate äv. bildl.; till; frambringa grow, raise; *~ ngns bekantskap* cultivate a p.'s acquaintance; *~ brödsäd* raise cereals; *~ rosor* grow roses; *~d jord* cultivated (tilled) land, farmland; *~de pärlor* culture[d] pearls; *~ upp ny mark* break new soil (ground)
odlare s cultivator, grower, planter
odling s odlande cultivation äv. bildl. t.ex. av själen; av jord äv. tillage; av t.ex. grönsaker growing; av t.ex. bakterier culture; av fisk, musslor o.d. breeding; område plantation
odlingsbar adj cultivable; om jord äv. arable
odlingsgräns s limit of cultivation
odogmatisk adj undogmatic
odon s bot. bog billberry
odontologi s odontology
odramatisk adj undramatic
odrickbar adj undrinkable
odryg adj uneconomical
odräglig adj olidlig unbearable, insufferable; *en ~ människa* an insufferable person; vard. a pest, a pain in the neck (amer. äv. ass)
oduglig adj inkompetent incompetent, unqualified; olämplig unfit, unfitted [*till* for]; incapable [*till* t.ex. arbete of]; oanvändbar

odygd

useless, hopeless, unusable; pred. äv. of no use; *han (den här) är* ~ äv. he (this) is no good
odygd *s* okynne, ofog mischief; isht om barn naughtiness; spratt pranks, tricks (båda pl.)
odygdig *adj* mischievous, naughty
o.dyl. förk., se under *dylik*
odyssé *s* mytol. Odyssey; bildl. wandering tour, quest, odyssey
Odysseus Ulysses, Odysseus
odåga *s* good-for-nothing, ne'er-do-well, waster
odödlig *adj* immortal; om t.ex. ära undying
odödliggöra *vb tr* immortalize
odödlighet *s* immortality
odör *s* bad (nasty) smell (odour)
oeftergivlig *adj* om krav, skyldighet imperative, irremissible; om regel inflexible, absolute
oefterhärmlig *adj* inimitable
oefterrättlig *adj* oförbätterlig incorrigible; oresonlig unreasonable; om förhållanden insufferable, chaotic
oegennytta *s* disinterest, disinterestedness, unselfishness, altruism
oegennyttig *adj* disinterested, unselfish, altruistic
oegentlig *adj* oriktig, olämplig improper, inappropriate; om t.ex. bokföring irregular; bildlig, överförd figurative, metaphorical
oegentlighet *s*, ~*er* i bokföring, förvaltning irregularities, falsifications; förskingring embezzlement sg.
oekonomisk *adj* uneconomical; slösaktig äv. wasteful, unthrifty
oeldad *adj* unheated
oemotsagd *adj* uncontradicted; obestridd unchallenged
oemotståndlig *adj* irresistible; överväldigande overwhelming
oemotsäglig *adj* irrefutable, incontestable
oemottaglig *adj* insusceptible, unsusceptible [*för* to]; för smitta, påtryckningar, smicker äv. immune [*för* against, to]; proof [*för* against]; för kritik, skäl impervious [*för* to]
oengagerad *adj* passiv uninvolved, uncommitted; likgiltig indifferent, lacking in interest
oenig *adj* divided, disunited, discordant; pred., se äv. *oense*
oenighet *s* disagreement; brist på samförstånd dissension
oense *adj*, *bli* ~ disagree; osams fall out, quarrel [*med* with]; *vara* ~ disagree, differ, be at variance [*om* i samtl. fall about]
oerfaren *adj* inexperienced; oövad unpractised [*i* in]; 'grön' callow, green
oerhörd *adj* **1** aldrig tidigare hörd unheard-of… (pred. unheard of); enastående unprecedented, unparalleled **2** allm. förstärkande enormous, tremendous, immense; vard. awful, terrific; ytterlig, om t.ex. noggrannhet extreme; isht betr. storlek, volym äv. huge, colossal; isht betr. yta äv. vast; vidunderlig[t stor] prodigious; *det ~a i det anmärkningsvärda* the remarkable thing about…; omfattningen av the enormity of…
oerhört *adv* enormt enormously osv., jfr *oerhörd;* vard. awfully, terrifically; ytterligt extremely; *det betyder ~ mycket för honom* it means an enormous (a tremendous) lot to him; *~ många* fall an enormous number of…; *~ svårt* tremendously (extremely) difficult
oersättlig *adj* irreplaceable; om förlust o.d. irreparable, irrecoverable, irretrievable; *ingen är ~* äv. nobody is indispensable
oestetisk *adj* unaesthetic
oetisk *adj* unethical
ofantlig se *oerhörd 2*
ofantligt se *oerhört*
ofarbar *adj* om väg impassable, impracticable; om farvatten unnavigable
ofarlig *adj* pred. not dangerous; om t.ex. pers. el. djur äv. harmless; om företag o.d. äv. safe; riskfri riskless; oskadlig innocuous; om tumör o.d. benign; om t.ex. kritik, nöje harmless, inoffensive
ofattbar *adj* incomprehensible, inconceivable, unimaginable [*för* i samtl. fall to]
ofelbar *adj* felfri infallible; osviklig äv. unerring, unfailing
ofelbarhet *s* infallibility, unerringness
ofelbart *adv* säkert inevitably, infallibly, without fail
offensiv I *s* offensive; *inleda (sätta igång) en* ~ launch (mount) an offensive **II** *adj* offensive, aggressive
offentlig *adj* allm. public; officiell official; *~ försvarare* jur. public defence counsel; *en ~ handling* a public (official) document; *en ~ hemlighet* an open secret; *den ~a sektorn* ekon. the public (government) sector
offentliganställd *s* public employee; statstjänsteman civil servant
offentliggöra *vb tr* announce, make…public; i tryck publish
offentlighet *s* allmän kännedom publicity; *~en* allmänheten the [general] public
offentligt *adv* publicly o.d., jfr *offentlig; uppträda* ~ vanl. appear in public
offer *s* byte, rov victim, prey; i krig, olyckshändelse victim, casualty; uppoffring sacrifice; relig., gåva sacrifice, oblation, offering; *han är ~ för* sin egen dåraktighet he is the victim of…; *falla ~ för* fall [a] victim (prey) to; *katastrofen krävde (skördade) många* ~ …claimed many victims (a heavy toll)
offerera *vb tr* hand. offer
offergåva *s* votive offering, sacrifice; hyllning tribute
offert *s* hand. offer [*på* vid försäljn. of, vid köp

for]; pris~ quotation; vid anbudsgivning tender [*på* for]; kostnadsförslag estimate [*på* kostnad of, arbetea for]; **lämna en** ~ make (submit) an offer (a tender), give an estimate
offervilja *s* spirit of self-sacrifice, generosity
offervillig *adj* self-sacrificing, generous
officer *s* o. **officerare** *s* [commissioned] officer [*i* in; *vid* ett regemente of...]; **befordras till** ~ be promoted an officer, obtain a commission
officersgrad *s* [the] rank of officer, officer's rank
officerskår *s* officers pl., body of officers
officersmäss *s* officers' mess; sjö. wardroom
officersutbildning *s* officer's training
officiell *adj* official; **~t språk** official language
officiera *vb itr* officiate
officiös *adj* semi-official
offra I *vb tr* uppoffra sacrifice; avstå från äv. give up; satsa spend; ägna devote [*på* to]; relig. sacrifice, offer [up]; slaktoffer äv. immolate; **~ sitt liv** give (lay down) one's life; **~ tid (pengar) på** spend (waste) time (money) on **II** *vb rfl*, **~ sig** sacrifice oneself [*för* for]
offset *s* typogr. offset
offsettryck *s* metod offset [printing]; **ett** ~ an offset [print]
offside *s* o. *adv* sport. offside
ofin *adj* ohyfsad ill-mannered, rude; grov coarse, se äv. *ofinkänslig;* **det verkar ~t att...** it is bad manners (form) to...
ofinkänslig *adj* taktlös tactless, indelicate, untactful; indiskret indiscreet
ofläckad *adj* unspotted; bildl. äv. unsullied, unblemished
ofodrad *adj* unlined
ofog *s* pojkstreck, bus mischief, prank, trick; oskick nuisance; **göra** ~ do (be up to) mischief
oformlig *adj* formlös formless, shapeless; vanskapt deformed; mycket fet enormously fat, bloated; regelvidrig irregular
oframkomlig *adj* om väg impassable, impracticable äv. bildl.
ofrankerad *adj* om brev unstamped, unpaid
ofreda *vb tr* antasta molest; om folkhop äv. mob
ofri *adj* ...[that is (was osv.)] unfree (not free); **på ~ grund** on non-freehold property
ofrivillig *adj* involuntary; oavsiktlig unintentional
ofrivilligt *adv* involuntarily, in spite of oneself; oavsiktligt unintentionally
ofruktbar *adj* om t.ex. jord barren, infertile, sterile äv. bildl.; fåfäng, onyttig unfruitful, unproductive, unprofitable
ofruktsam *adj* barren, sterile
ofrånkomlig *adj* oundviklig inevitable; om faktum, slutsats o.d. äv. inescapable
ofrälse I *s* commoner **II** *adj* untitled
ofta *adv* allm. often; upprepade gånger frequently; poet. oft; **~ förekommande** frequent, common; **så ~ jag ser honom** whenever (every time) I see him; **~st** in most cases, more often than not; **allt som ~st** every now and then
oftalmolog *s* med. ophthalmologist
ofullbordad *adj* unfinished, uncompleted; **~ handling** gram. incomplete action; **Schuberts ~e [symfoni]** Schubert's Unfinished [symphony]
ofullgången *adj* om foster abortive; bildl., omogen immature
ofullkomlig *adj* imperfect
ofullständig *adj* incomplete; bristfällig imperfect, defective; fragmentarisk fragmentary
ofärd *s* olycka misfortune; fördärv destruction, ruin
ofärdig *adj* **1** oavslutad unfinished **2** handikappad crippled, disabled
ofärgad *adj* om t.ex. glas uncoloured; om t.ex. tyg undyed; om t.ex. skokräm neutral
ofödd *adj* unborn
oförarglig *adj* harmless, inoffensive; om pers. äv. unoffending
oförbehållsam *adj* reservationslös unreserved; öppenhjärtig frank, open
oförberedd *adj* unprepared
oförberett *adv* without preparation, unpreparedly; oväntat unexpectedly; **tala ~** speak extempore (improviserat impromptu, vard. off the cuff)
oförblommerad *adj* oförtäckt frank, direct, undisguised; rättfram blunt; osminkad unvarnished
oförbränn[e]lig *adj* bildl. irrepressible, indefatigable, inexhaustible
oförbätterlig *adj* ohjälplig incorrigible; **en ~ optimist** äv. an incurable optimist; **en ~ ungkarl** a confirmed bachelor
ofördelaktig *adj* allm. disadvantageous, unfavourable [*för* to]; om affär unprofitable; om utseende unprepossessing; **i en ~ dager** in an unfavourable light
ofördelaktigt *adv*, **uttala sig ~ om** speak disparagingly of
ofördragsam *adj* intolerant [*mot* towards, of]
ofördröjligen *adv* without delay, immediately, promptly
ofördärvad *adj* om natur, person unspoiled, unspoilt; om t.ex. yngling, smak äv. uncorrupted, undepraved [*av* i samtl. fall by]
oförenlig *adj* incompatible, inconsistent; om t.ex. åsikter, motsatser irreconcilable [*med* i samtl. fall with]
oföretagsam *adj* unenterprising
oföretagsamhet *s* lack of enterprise (initiative), unenterprisingness
oförfalskad *adj* eg. el. bildl. unadulterated; om t.ex. glädje äv. unalloyed; ren pure; äkta genuine
oförfärad *adj* fearless, undaunted, dauntless

oförglömlig *adj* unforgettable, never to be forgotten
oförgänglig *adj* om ära, minne o.d. imperishable, everlasting; odödlig immortal
oförhappandes *adv* av en slump accidentally, by chance; oförmodat unexpectedly; oförberett unawares
oförhindrad *adj*, *vara ~ att* be free (at liberty) to inf.
oförklarlig *adj* inexplicable, unaccountable; gåtfull mysterious
oförliknelig *adj* incomparable; makalös matchless, unparalleled; enastående unique
oförlåtlig *adj* unforgivable, unpardonable, inexcusable
oförmedlad *adj* abrupt, sudden; oförberedd unprepared; oväntad unexpected
oförminskad *adj* undiminished, unreduced; om t.ex. energi, intresse äv. unabated
oförmodad *adj* unexpected, unlooked for; oförutsedd äv. unforeseen
oförmåga *s* inability [*att* inf. to inf.]; incapacity [*till* for; *att* inf. for ing-form]; incapability [*till* of; *att* inf. of ing-form]; inkompetens incompetence [*till* for]; vanmakt impotence
oförmärkt *adv* i smyg stealthily; omärkligt imperceptibly; diskret unobtrusively
oförmögen *adj* incapable [*till* of; *att* inf. of ing-form]; unable [*att* inf. to inf.]; unfit [*till* for; *att* inf. to inf.]
oförnuftig *adj* unreasonable, irrational, senseless; dåraktig foolish
oförrätt *s* orätt wrong; kränkning injury; orättvisa injustice; *begå en ~ mot ngn* äv. wrong a p.
oförrätta|d *adj*, *med -t ärende* without having achieved anything
oförsiktig *adj* ovarsam incautious; oklok imprudent; obetänksam äv. indiscreet, unwary; vårdslös careless, improvident; överilad rash
oförskräckt *adj* orädd fearless; oförfärad dauntless, undaunted; modig intrepid; djärv bold, daring
oförskylld *adj* oförtjänt undeserved
oförskyllt *adv* undeservedly; han fick *lida ~* ...suffer through no fault of his own
oförskämd *adj* allm. insolent, impudent; vard. cheeky [*mot* i samtl. fall to]; fräck äv. bold, audacious; näsvis impertinent, saucy [*mot* båda to]; skamlös shameless, barefaced
oförskämdhet *s* handling, yttrande impertinence
oförskämt *adv*, *se ~ bra ut* be undeservedly (unfairly) pretty resp. handsome
oförsonlig *adj* allm. irreconcilable, implacable, unforgiving; obeveklig unrelenting, relentless [*mot* i samtl. fall towards]
oförsonlighet *s* irreconcilability, implacability, unforgivingness etc., jfr *oförsonlig*
oförståelig se *obegriplig*
oförstående *adj* unsympathetic [*för* to, towards]; inappreciative, unappreciative [*för* of]; likgiltig indifferent; *vara (stå) ~ inför* be unable (fail) to understand (grasp)
oförstånd *s* oklokhet lack of wisdom (common sense); dumhet foolishness
oförståndig *adj* oklok unwise; dum foolish
oförställd *adj* allm. unfeigned, undisguised; uppriktig äv. sincere, frank; om förvåning äv. unaffected, genuine
oförstörbar *adj* indestructible, undestroyable
oförsvarlig *adj* indefensible, unwarrantable; oursäktlig inexcusable
oförtjänt I *adj* allm. undeserved, unmerited; om värdestegring o.d. unearned [*av* of] **II** *adv* undeservedly, without deserving (having deserved) it
oförtruten *adj* outtröttlig indefatigable, untiring, unwearied; trägen assiduous
oförtröttad o. **oförtröttlig** se *oförtruten*
oförtäckt *adj* unveiled, undisguised
oförutsedd *adj* unforeseen, unexpected, unlooked for; *~a utgifter* unforeseen expenses; *om inget oförutsett inträffar* if nothing (unless something) unforeseen (unexpected) happens, barring accidents
oförvanskad se *oförärvad* o. *oförfalskad*
oförvitlig *adj* om uppförande o.d. irreproachable, unimpeachable, blameless; t.ex. karaktär, rykte äv. unblemished
oförvägen *adj* djärv daring, bold, adventurous; våghalsig reckless
oföränderlig *adj* unchangeable, unalterable, immutable, unchanging; [be]ständig äv. invariable, constant
oförändrad *adj* unchanged, unaltered, unmodified, unvaried
ogenerad *adj* otvungen free and easy, unconstrained; nonchalant offhand, casual; oberörd unconcerned; fräck cool
ogenomförbar *adj* impracticable, unrealizable
ogenomskinlig *adj* opaque; pred. äv. not transparent
ogenomtränglig *adj* om t.ex. skog, mörker impenetrable äv. bildl.; för ljus, vätska impervious, impermeable [*för* i samtl. fall to]
ogenomtänkt *adj* ...[that is (was etc.)] not thoroughly (properly) thought out; vard. half-baked; överilad inconsiderate, rash
ogift *adj* unmarried, single; *~ kvinna* äv. (mest om äldre el. jur.) spinster
ogilla *vb tr* **1** ej tycka om disapprove of, dislike; göra invändningar mot object (take exception) to; ta avstånd från deprecate **2** jur., avslå disallow, reject; upphäva overrule; t.ex. besvär, talan dismiss
ogillande (jfr *ogilla*) **I** *s* disapproval, dislike, disapprobation, disfavour; disallowance, rejection, dismissal **II** *adj* disapproving, deprecating; *~ blick (min)* äv. frown **III** *adv* disapprovingly etc.; *se ~ på ngn (ngt)* äv. frown at a p. ([up]on a th.)

ogiltig adj allm. invalid; pred. äv. not valid, null and void; sport., om t.ex. hopp, kast disallowed; **göra ~** invalidate, nullify, render invalid; **~ röstsedel** void ballot-paper
ogiltigförklara vb tr jur. declare invalid (null and void), annul, quash; upphäva t.ex. kontrakt äv. cancel
ogin adj disobliging [mot to, towards]; ovänlig gruff
ogjord adj undone; **ogjort arbete** som återstår att göra arrears pl. of work, backlog; **vara ute i ogjort väder** bråka i onödan make a lot of fuss about nothing; förhasta sig jump to conclusions
ograverad adj jur. unencumbered; orörd intact, untouched
ogripbar adj impalpable, intangible, elusive
ogrumlad adj om t.ex. glädje, lycka unclouded
ogrundad adj allm. unfounded; grundlös äv. groundless, baseless; om förhoppningar äv. vain
ogräs s weeds pl.; bibl. tares pl.; **ett ~** a weed; **rensa ~** weed
ogräsbekämpning s weed control (killing)
ogräsmedel s weed-killer
ogudaktig adj ungodly, impious; syndig äv. wicked
ogynnsam adj unfavourable [för for]; ofördelaktig äv. adverse, disadvantageous [för to]; isht om tidpunkt o.d. unpropitious
ogärna adv motvilligt unwillingly; motsträvigt reluctantly, grudgingly; **~ göra ngt** äv. not like to do a th.; stark. be loath to do a th.
ogärning s missdåd misdeed; brott crime; illdåd outrage, atrocity
ogärningsman s evil-doer, malefactor, criminal
ogästvänlig adj inhospitable; om plats, trakt o.d. äv. forbidding
ogästvänlighet s inhospitality, inhospitableness
ogörlig adj outförbar impracticable, unfeasible; omöjlig impossible
ohanterlig adj om sak unwieldy, cumbersome; om person unmanageable
oharmonisk adj inharmonious; disharmonisk disharmonious, discordant
ohederlig adj dishonest, crooked; om metoder o.d. äv. unfair
ohejdad adj mera eg. unchecked; om känsloyttringar äv. unrestrained, uncontrolled; **av ~ vana** by force of habit
ohelig adj unholy
ohjälplig adj om person hopeless, se vid. *oförbätterlig;* om skada, förlust o.d. irremediable, irreparable, irretrievable
ohjälpligt adv hopelessly; **~ förlorad** irretrievably lost
ohjälpsam adj unhelpful [mot to]
ohm s fys. ohm
ohoj interj, **skepp ~!** ship ahoy!

ohotad adj unthreatened, isht sport. unchallenged
ohyfsad adj obelevad ill-mannered; oborstad rough, uncouth; ohövlig impolite, uncivil, rude; plump coarse; tölpaktig boorish, churlish
ohygglig adj förfärlig dreadful, frightful, appalling; hemsk ghastly, grisly, gruesome; avskyvärd atrocious, hideous, monstrous; vard., förstärkande horrible, terrible, awful
ohygglighet s atrocity; dreadfulness (end. sg.) etc., jfr *ohygglig;* t.ex. brottets monstrosity (end. sg.); **~er** äv. horrors
ohygienisk adj unhygienic, insanitary
ohyra s vermin pl., äv. bildl.
ohågad adj disinclined, unwilling, indisposed [för i samtl. fall for; att inf. to inf.]
ohållbar adj om ståndpunkt, argument o.d. untenable, indefensible; om situation intolerable; prekär precarious; ogrundad baseless, unfounded; **~ ställning** untenable position
ohälsa s ill-health
ohälsosam adj om klimat, område unhealthy, insalubrious; om föda unwholesome; om bostad insanitary
ohämmad adj om t.ex. sorg, glädje unrestrained; utan hämningar uninhibited
ohängd adj fräck impudent, shameless, graceless; drumlig loutish
ohöljd adj bildl. unconcealed, unveiled, open; oförställd äv. undisguised; oblyg unblushing
ohörbar adj inaudible
ohörsamhet s disobedience
ohövlig adj oartig impolite, discourteous, uncivil; ohyfsad rude; vanvördig disrespectful [mot i samtl. fall to]
oidipuskomplex s psykol. **~et** the Oedipus complex
oigenkännlig adj unrecognizable
oigenkännlighet s, vanställd **till ~** ...past (beyond) recognition
oinfriad adj förväntning, löfte unfulfilled, unredeemed
oinskränkt adj unrestricted; om makt, förtroende absolute, unlimited
oinspirerad adj uninspired
ointaglig adj mil. impregnable
ointelligent adj unintelligent
ointressant adj uninteresting; tråkig äv. dull
ointresse s lack of interest [för in]; likgiltighet indifference [för to]; unconcern [för for]
ointresserad adj uninterested [av in]
oinvigd adj **1** relig. unconsecrated **2** om person uninitiated [i in, into]
oj interj oh!, oh dear!; vid förvåning äv. I say!, oh my!, wow!, my word!; vid smärta ow!; **oj [oj] då!** I say!
ojust I adj oriktig incorrect; orättvis unfair **II** adv incorrectly etc., se *I;* **spela ~** sport. play dirty (rough); bryta mot reglerna commit a foul (resp. fouls)

ojämförlig *adj* incomparable, ...beyond (without) comparison
ojämn *adj* allm., om t.ex. yta, prestation, humör uneven; om fördelning, kvalitet äv. unequal; udda, om tal odd, uneven; skrovlig rough, rugged; om klimat, lynne unequable; oregelbunden irregular; växlande variable; ~ **kamp** unequal struggle; ~ **väg** bumpy (rough) road
ojämnhet *s* egenskap unevenness etc., jfr *ojämn;* inequality; ojämnt ställe: i yta o.d. irregularity, i väg bump
ojämnt *adv*, ~ *fördelade* unevenly distributed
ojävig *adj* opartisk unbias[s]ed, impartial; ~*t vittne* competent witness
OK se *okej*
ok *s* yoke äv. bildl.
okammad *adj* om hår uncombed; pers. dishevelled, unkempt; *jag är* ~ I haven't combed my hair
okamratlig *adj* disloyal; osportslig unsporting; om t.ex. anda uncomradely; *vara* ~ äv. be a bad sport
okapi *s* zool. okapi
okarina *s* mus. ocarina
okej vard. **I** *adj* OK, okay **II** *interj* OK, okay
oklanderlig *adj* allm., om uppförande o.d. irreproachable, impeccable, unexceptionable; felfri faultless; fläckfri immaculate; oförvitlig blameless
oklar *adj* **1** eg.: otydlig indistinct; grumlig turbid, muddy, cloudy; om ljus, sikt dim; disig hazy; om färg muddy, dim; suddig blurred; om ton indistinct; om röst husky **2** bildl.: otydlig unclear, indistinct, vag vague, dim, hazy; dunkel, svårfattlig obscure, abstruse; oredig muddled, confused; tvetydig ambiguous; *det är ~t om* han någonsin gjorde det it is uncertain whether... **3** sjö. foul
oklarhet *s* egenskap indistinctness etc., jfr *oklar;* obscurity; ~*er* i framställning o.d. obscurities; reda ut *några* ~*er* ...some unclear points
oklassificerad *adj* unclassified
oklok *adj* oförståndig unwise, imprudent; omdömeslös injudicious; obetänksam ill-advised, rash; ej tillrådlig inadvisable
oklädd *adj* undressed, unclothed; om möbel unupholstered
oklädsam *adj* unbecoming äv. bildl. [*för* to]
oknäppt *adj* om plagg unbuttoned; knappen *är* ~ ...is not done up; har gått upp ...is undone
okokt *adj* unboiled; rå uncooked
okomplicerad *adj* simple, uncomplicated, straightforward
okoncentrerad *adj* ...lacking in concentration, unconcentrated
okonstlad *adj* oförställd unaffected, ingenuous; enkel, naturlig artless, natural; osofistikerad unsophisticated
okontroversiell *adj* uncontroversial
okonventionell *adj* unconventional

okristlig *adj* **1** eg. unchristian **2** vard., oerhörd, ryslig awful, tremendous
okristligt *adv*, ~ *tidigt* at an ungodly hour in the morning
okritisk *adj* uncritical
okrossbar *adj* unbreakable
okryddad *adj* unseasoned
okränkbar *adj* inviolable
okrönt *adj* om kung o.d. uncrowned äv. bildl.
oktan *s* octane
oktantal *s* octane rating (number); *bensin med högt* ~ high-octane petrol
oktav *s* **1** mus. octave; *lilla (ostrukna)* ~*en* the small octave **2** bokformat octavo
oktett *s* mus. octet[te]
oktober *s* October (förk. Oct.); jfr *april* o. *femte*
okular *s* optik. eyepiece, ocular
okultiverad *adj* uncultivated, uncultured; obildad äv. uneducated; ohyfsad unpolished, unrefined, uncouth
okunnig *adj* **1** ovetande: allm. ignorant; omedveten unaware, unconscious; oupplyst uninformed [*om* i samtl. fall of; *om att...* that...] **2** obevandrad, olärd ignorant [*i* of]; pred. äv. unacquainted [*i* with]; ej utbildad unlearned, untaught, unskilled [*i* i samtl. fall in]
okunnighet *s* ignorance; *sväva i lycklig* ~ *om ngt* be blissfully ignorant (unaware) of a th.
okunskap *s* ignorance
okuvlig *adj* indomitable; om t.ex. energi irrepressible; obetvinglig äv. unconquerable
okvalificerad *adj* unqualified
okvinnlig *adj* unwomanly, unfeminine; manhaftig mannish
okväda *vb tr* litt. abuse, insult, vituperate, call...names
okvädin[g]sord *s* term (word) of abuse, insult; ~ pl. äv. abuse sg.
okynne *s* bus, ofog mischievousness, mischief; elakhet, isht om barn naughtiness; upptåg pranks pl., tricks pl.
okynnig *adj* skälmsk, busig mischievous, puckish; elak, isht om barn naughty
okysk *adj* unchaste
okänd *adj* allm. unknown; obekant unfamiliar; främmande strange [*för* i samtl. fall to]; föga känd obscure, ...[that is (was etc.)] little known; *av* ~ *anledning* for some unknown reason
okänslig *adj* allm. insensitive, insensible [*för* to]; utan känsel numb; isht själsligt callous, unfeeling; likgiltig indifferent; oemottaglig insusceptible [*för* i samtl. fall to]
okänslighet *s* insensitiveness, insensitivity, insensibility; numbness; callousness, indifference; insusceptibility; jfr *okänslig*
olag, *bringa i* ~ disorganize, upset; *komma (råka) i* ~ get out of order (gear); *hans mage är i* ~ his stomach is upset

olaga *adj* o. **olaglig** *adj* unlawful, illegal; olovlig äv. illicit; *olaga tid* om jakt, fiske close season
olat *s* vice; *~er* äv. bad habits
oldboy *s* sport. veteran
olidlig *adj* insufferable, excruciating; outhärdlig äv. intolerable, unbearable, unendurable
olidligt *adv*, *~ spännande* unbearably exciting
oligarki *s* polit. oligarchy
oligopol *s* oligopoly
olik *adj* (jfr *olika I*) ej påminnande om unlike; skiljaktig different, för konstr. se ex.; *~ ngt* different from (unlike) a th., dissimilar to a th.; *hon är ~ honom [till utseendet]* she is unlike (different from el. to) him [in appearance]; *det är ~t honom* it is unlike him
olika I *adj* (jfr *olik*) olikartad, skiljaktig different, differing; skiftande varying; växlande various; *av ~ slag* of different (various) kinds; *barn i ~ åldrar* children of different ages; *vi har ~ åsikt[er]* we have different (differ in our) views; *smaken är ~* tastes differ, there's no accounting for tastes; *det är ~* varierar it varies, it all depends **II** *adv* differently, in different ways; de är *~ stora* ...of different sizes, ...unequal in size
olikartad *adj* dissimilar, different; heterogeneous, disparate
olikfärgad *adj* ...of different (various) colours, differently (variously) coloured, multi-coloured
olikhet *s* eg. unlikeness (end. sg.); skillnad difference; i storlek, antal o.d. äv. disparity; skiljaktighet diversity, divergence; *sociala ~er* social inequalities
oliktänkande *subst adj* polit. dissident
olinjerad *adj* unlined, unruled
oliv *s* olive
olivfärgad *adj* olive-coloured, olive-green
olivgrön *adj* olive-green, olive
olivolja *s* olive oil
olivträd *s* olive, olive tree
olja I *s* oil; *gjuta ~ på vågorna* pour oil on troubled waters; *hitta ~* strike oil; *måla i ~* paint in oil[s] **II** *vb tr* oil; smörja äv. grease, lubricate; *~ in* oil [all over], lubricate
Oljeberget the Mount of Olives
oljeberoende *s* dependence on oil
oljeblandad *adj* ...mixed with oil, oil-mixed
oljeborrning *s* drilling for oil, oil-drilling
oljeborrplattform *s* oil rig
oljebyte *s* oil change
oljebälte *s* [long] oilslick
oljecistern *s* oil storage tank
oljeduk *s* oilskin, oil cloth
oljeeldning *s* oil-heating, oilfired heating
oljefat *s* oil drum
oljefläck *s* på tyg etc. oil stain; på mark, vattenyta oilslick
oljefält *s* oilfield

oljefärg *s* oil colour, oilpaint
oljekanna *s* oilcan
oljekälla *s* oil well
oljeledning *s* [oil] pipeline
oljeletning *s* oil prospecting
oljemålning *s* abstr. el. konkr. oilpainting
oljepanna *s* oil[fired] boiler
oljeraffinaderi *s* oil refinery
oljerigg *s* oilrig
oljerock *s* oilskin coat
oljesticka *s* dipstick
oljeställ *s* oilskins pl., oilskin clothes pl.
oljetank *s* oil tank
oljetanker *s* oiltanker
oljetryck *s* **1** typogr. a) metod oil printing, oleography b) bild oleograph **2** tekn. oil pressure
oljeutsläpp *s* oil spill (spillage), discharge (avsiktligt dumping) of oil [in the sea]
oljeväxt *s* oil[-yielding] plant
oljig *adj* oily; bildl. äv. unctuous; vard. smarmy
oljud *s* oväsen noise; larm äv. din, hubbub, racket, hullaballoo; *föra ~* make a noise, be noisy
olle *s* [thick] sweater
ollon *s* bot., ek~ acorn; bok~ beechnut; anat. glans (pl. glandes)
ollonborre *s* zool. cockchafer
ologisk *adj* illogical
olojal *adj* disloyal
olovandes *adv* without leave (permission)
olovlig *adj* olaglig unlawful, illicit; förbjuden forbidden, prohibited; om jakttid close; *ute i ~a ärenden* on unlawful errands
olust *s* obehag uneasiness, discomfort [*över, inför* at]; missnöje dissatisfaction; ovilja displeasure [*över, inför* with, at]; motvilja dislike, distaste
olustig *adj* ur humör out of spirits end. pred.; nedstämd low-spirited, depressed; håglös listless; illa till mods uncomfortable, uneasy; obehaglig unpleasant, disagreeable
olustkänsla *s* feeling of discomfort, uneasy feeling
olvon *s* bot. guelder-rose, snowball tree
olycka *s* **1** ofärd misfortune, ill fortune; otur bad (ill) luck; motgång adversity, trouble; bedrövelse unhappiness; elände affliction, misery; *när ~n är framme* om man har otur if things are against you, if your luck's out **2** missöde mishap, misfortune; olyckshändelse accident; katastrof disaster, calamity; *en ~ kommer sällan ensam* it never rains but it pours; *en ~ händer så lätt* accidents will happen **3** vard., om pers. wretch; skämts. rascal, devil; jfr äv. *olycksfågel*
olycklig *adj* betryckt unhappy [*över* about]; djupt distressed; eländig miserable, wretched; drabbad av olycka el. otur unfortunate, unlucky, ill-fated, hapless; beklaglig unfortunate, deplorable; dålig bad; misslyckad

unsuccessful; olycksfödd ill-starred; olämplig infelicitous; *~t misstag* fatal blunder; *ett ~t uttalande* an unfortunate statement
olyckligtvis *adv* unfortunately, unluckily
olycksalig *adj* högst olycklig unhappy, unfortunate, luckless; fördömd confounded
olycksbarn *s*, *samhällets ~* pl. social outcasts, dropouts
olycksbud *s* bad (tragic) news; *ett ~* [a piece of] bad (tragic) news
olycksbådande *adj* ominous, sinister, ill-omened
olycksfall *s* accident, casualty; *~ i arbetet* accident at work
olycksfallsförsäkring *s* accident insurance
olycksfågel *s* vard. unlucky creature (person), person dogged by ill luck; som lätt råkar ut för olyckor person who is accident-prone
olyckshändelse *s* accident; lindrigare mishap; *omkomma genom en ~* be killed in an accident
olyckskorp *s* vard. prophet of woe, Cassandra; amer. vard. calamity howler (kvinnl. Jane)
olycksplats *s*, *~en* the scene of the accident
olyckstillbud *s* near-accident
olycksöde *s* unlucky fate
olydig *adj* disobedient [*mot* to]; mot överordnad äv. insubordinate; *vara ~ mot ngn* äv. disobey a p.; om barn äv. play a p. up
olydnad *s* disobedience; mot överordnad äv. insubordination
Olympen mytol. Olympus
olympiaby *s* Olympic village
olympiad *s* mytol. el. sport. Olympiad, jfr äv. ex. under *olympisk 2*
olympiamästare *s* Olympic champion
olympier *s* **1** mytol. Olympian [god] **2** sport. Olympic competitor
olympisk *adj* **1** mytol. el. bildl. Olympian **2** sport. Olympic; *~ guldmedaljör* Olympic gold medallist; *~t rekord* Olympic record; *[de] ~a spelen* the Olympic Games, the Olympics
olåst *adj* unlocked
olåt *s* oljud noise; missljud cacophony; tjut howling; jämmer lamentation, wailing
olägenhet *s* besvär inconvenience, trouble, nuisance; nackdel drawback, disadvantage; svårighet difficulty; *vålla ngn ~* put a p. to inconvenience, cause a p. trouble
oläglig *adj* olämplig inopportune [*för* for]; malplacerad untimely, ill-timed; obekväm inconvenient [*för* to]; ovälkommen unwelcome
olägligt *adv* inopportunely, inconveniently; *komma ~* om pers. el. sak come at an inconvenient moment
olämplig *adj* ej passande unsuitable, unfit, unfitted; om sak äv. inappropriate, unfitting; oantaglig ineligible; malplacerad ill-timed, ill-placed, untimely; pred. äv. out of place;

oläglig inopportune, inconvenient; otillbörlig improper; oändamålsenlig inexpedient
oländig *adj* svårframkomlig rough, rugged; ofruktbar sterile
oläsbar *adj* o. **oläslig** *adj* om handstil o.d. illegible; om bok unreadable
olönsam *adj* unprofitable
olöslig *adj* kem. indissoluble, insoluble; om problem, uppgift o.d. insoluble, unsolvable
1 om I *konj* **1** villkorlig if; 'för den händelse att' äv. in case; 'antaget att' äv. supposing; 'förutsatt att' äv. provided [that]; *~ vädret tillåter* äv. weather permitting; *~ så är* if that is the case, if so, in that case; *~ inget oförutsett inträffar* if nothing (unless something) unexpected happens, barring accidents; *~ inte han hade varit* if it hadn't been for him; som en hjälp äv. but for him
2 jämförande *som ~* as though (if); *det förefaller som ~...* äv. it seems that...
3 medgivande *även ~* el. *~ också* even though (if)
4 vid förslag *~ vi skulle gå* på teatern? what (how) about going...?
5 frågande **a)** 'huruvida' whether, if **b)** i satsförk. hade du roligt? - *Om!* ...I should say [so]!, ...Rather!; vard. ...Not half!, ...You bet!; vill du följa med? - *Om!* ...Wouldn't I just!, ...Rather!
II *s* if; *om inte ~ hade varit* if things had been otherwise; *efter många ~ och men* after a lot of shilly-shallying (ifs and buts, trassel bother)
2 om I *prep* **1** i fråga om rum **a)** 'omkring', eg. round; isht amer. around, about; ha en halsduk *~ halsen* ...round one's neck; *falla ngn ~ halsen* fall on a p.'s neck **b)** *jag är kall ~ händerna* my hands are cold; *torka sig ~ munnen* wipe one's mouth; *låsa ~ sig (ngn)* lock oneself (a p.) in; *vara ~ sig [och kring sig]* look after (take care of) number one **c)** om läge of; *norr ~...* [to the] north of...; *till höger ~* to the right of
2 i fråga om tid **a)** 'på', 'under' *~ dagen (dagarna)* in the daytime, by day, during the day; två gånger *~ dagen* ...a day; *~ fredagarna* on Fridays; *~ julen (jularna)* at Christmas[-time]; stiga upp tidigt *~ morgnarna* ...in the morning; *~ natten (nätterna)* at (by) night; *~ sommaren* in [the] summer[time]; *förr ~ åren* in former years; *året ~* all the year round **b)** efter viss tid, *~ ett år* in a year['s time]; *i dag ~ sex veckor* six weeks [from] today
3 bildl. **a)** 'angående' o.d. about, of; *drömmen (ryktet, uppgiften) ~* the dream (rumour, report) of; *historien ~* the story about (of); *fråga (skriva) ~ ngt* ask (write) about a th.; *fråga ngn ~ vägen* ask a p. the way; *boken handlar ~* the book is about (deals with); *höra talas ~* hear of; *tala ~*

talk (speak) about (of) **b)** kring ett ämne o.d. on; *en bok ~* a book on (about); *föreläsa ~* lecture on **c)** 'för att få' for; *en begäran ~* a request for; *be (slåss, tävla) ~* ask (fight, compete) for **d)** 'beträffande' as to; 'med avseende på' äv. regarding, as regards, respecting; *anvisningar ~ hur man skall* inf. directions [as to] how to inf.; *han sade ingenting ~ när* han skulle komma he said nothing as to (nothing about) when... **e)** vid adj. *angelägen ~ att* inf. anxious to inf.; *ha gott (ont) ~* have plenty (be short) of; *medveten (rädd) ~* conscious (careful) of **4** 'på', om antal, en grupp *~ 40 personer* ...of 40 people
II *adv* (se äv. under resp. vb) **1** 'omkring' *binda ~* paket o.d. tie up...; *binda ~ ett snöre om* ett paket tie a string round...; *helt (höger) ~!* about (right) turn!; *se sig ~* look round **2** 'tillbaka' *se sig (vända) ~* look (turn) back **3** 'förbi' *gå (köra) ~ ngn* go (drive) past a p., overtake a p. **4** 'på nytt' **a)** *läsa ~ en bok* re-read...; *måla ~ en vägg* repaint..., paint...[over] again (afresh); *se ~ en film* see...again **b)** *många gånger ~* many times over **5** 'på annat sätt' *göra ~* re-make, re-do
omak *s* besvär trouble, bother; olägenhet inconvenience; *göra sig ~et att* inf. give oneself the trouble of ing-form; go to the trouble of ing-form; go out of one's way to inf.
omaka *adj* eg. odd...; bildl., om t.ex. äkta par ill-matched, ill-assorted; *~ handskar* odd gloves
Oman Oman
omanier *s* Omani
omanlig *adj* unmanly; förveklig effeminate
omansk *adj* Omani
omarbeta se *arbeta [om]*
omarbetning *s* av bok o.d. revision, alteration; för scenen, filmen adaptation, recast
ombedja *vb tr, han ombads att* o. inf. he was requested (asked, called upon) to inf.
ombesörja *vb tr* attend (see) to; behandla deal with; ta hand om take care of; göra do; ha hand om be in charge of, be responsible for
ombilda *vb tr* omskapa transform; omorganisera reorganize; t.ex. företag till bolag convert [*till* i samt. fall into]; från grunden reconstruct; *~ regeringen* reconstruct the government
ombonad *adj* om bostad o.d. [warm (nice) and] cosy, snug; skyddad sheltered
ombord *adv* on board, aboard; *~ på* m/s Mary on board the...; *gå ~* go on board (aboard), embark; på flygplan äv. emplane
ombrytning *s* av satt text making up, make-up
ombud *s* representative; ställföreträdare deputy; vid konferens o.d. delegate; affärs~ agent; *befullmäktigat ~* proxy; juridiskt ombud solicitor; *vara ~ för* äv. deputize for, act on behalf of; *genom ~* by proxy
ombudsman *s* representant representative; ibl. ombudsman; hos organisation o.d. secretary; jur.: hos bank o.d. solicitor; hos bolag äv. company lawyer
ombyggnad *s* rebuilding, reconstruction, conversion; huset *är under* ...is being rebuilt
ombyte *s* change; omväxling äv. variety; utbyte exchange; *ett ~ underkläder* a change of underwear
ombytlig *adj* changeable; om t.ex. väder äv. variable; om pers. äv. fickle, inconstant, volatile
omdana *vb tr* remodel, remould, reshape, transform, reconstruct; reformera reform; omorganisera reorganize
omdaning *s* remodelling, remoulding, reshaping (alla end. sg.), transformation, reform, reconstruction; omorganisation reorganization
omdebatterad *adj* [much] debated (discussed); omstridd controversial
omdirigera *vb tr* redirect, re-route, divert
omdiskuterad se *omdebatterad*
omdöme *s* **1** omdömesförmåga judgement; urskillning discernment, discrimination; *ha gott ~* have a sound judgement, be a good judge **2** åsikt, mening opinion, judgement, estimation; *bilda sig ett ~ om...* form an opinion of...
omdömesförmåga *s* discrimination, discernment, judgement; *en person med ~* a discerning person
omdömesgill *adj* judicious, discerning
omdömeslös *adj* om pers. ...lacking in judgement (good taste); om handling o.d. injudicious
omedelbar *adj* direkt immediate, direct; oföredröjlig äv. prompt; naturlig natural, spontaneous; *den ~a orsaken var...* the immediate (primary) cause was...
omedelbart *adv* direkt immediately, directly; genast äv. at once, promptly; *~ efter (före)* t.ex. valet on the morrow (eve) of...
omedgörlig *adj* oresonlig unreasonable; ogin disobliging; oböjlig unbending, unyielding; envis stubborn; motspänstig intractable
omedveten *adj* unconscious [*om* of]; ovetande äv. unaware end. pred. [*om* of]; ofrivillig äv. instinctive; *det omedvetna* psykol. the unconscious
omelett *s* omelet[te]; *säg ~!* vid fotografering say cheese!
omen *s* omen, augury
omfamna *vb tr* embrace, hug, clasp...in one's arms
omfamning *s* embrace, hug
omfartsled *s* o. **omfartsväg** *s* bypass [road]
omfatta *vb tr* **1** innefatta, inbegripa comprise, embrace, include, comprehend; innehålla

omfattande

contain; sträcka sig över extend (range) over; täcka cover **2** ansluta sig till, hylla, t.ex. en lära, nya idéer embrace, espouse; en teori hold
omfattande *adj* vidsträckt extensive; om t.ex. kunskaper, befogenheter wide; innehållsrik comprehensive; utbredd widespread; vittgående: om t.ex. reform far-reaching, om t.ex. förändring sweeping; i stor skala large-scale...
omfattning *s* omfång extent, scope; utsträckning range, compass; storlek proportions pl., dimensions pl., size; skala scale; *av betydande* ~ of considerable proportions; *till en* ~ *av* to the extent of
omforma *vb tr* ombilda transform, reshape [*till* into]; omgestalta remodel; elektr. convert
omformare *s* elektr. [power] converter
omformulera *vb tr* reformulate; t.ex. text reword; t.ex. kontrakt redraft; t.ex. plan reframe
omfång *s* **1** eg.: storlek size, bulk, dimensions pl.; omfattning extent; ytvidd area; volym volume; omkrets circumference, girth; rösts range, compass; *till ~et* in size (bulk, girth) **2** bildl.: räckvidd scope, range, extent, compass
omfångsberäkning *s* av böcker casting off
omfångsrik *adj* allm. extensive, voluminous, bulky; *en ~ röst* a voice with a wide range
omföderska *s* woman having her second (third etc.) baby
omfördela *vb tr* redistribute; data. reallocate
omfördelning *s* redistribution; data. reallocation
omförhandla *vb tr* renegotiate
omförhandling *s* renegotiation
omge *vb tr* surround, enclose, encircle, encompass
omgestalta *vb tr* remould, refashion, reshape, transform
omgift *adj* remarried; *han är* ~ he has remarried, he has married again
omgifte *s* remarriage
omgivning *s* t.ex. en stads surroundings pl., environs pl. (båda äv. *~ar*); trakt neighbourhood, district; miljö environment; *han är en fara för sin* ~ ...to those around him
omgjord *adj* på nytt redone..., remade...; ändrad altered...; *den är* ~ it has been redone etc.
omgruppera *vb tr* regroup
omgående I *adj*, ~ *svar* reply by return [of post]; friare prompt (immediate) reply; *per* ~ by return [of post]; friare promptly, immediately, at once **II** *adv* by return osv., se *per* ~ under *I*
omgång *s* **1** konkr.: uppsättning, sats set; hop batch; *bjuda på en* ~ *öl* stand a round of beer **2** abstr.: sport. o.d. round; kortsp. äv. rubber; skift, tur turn, spell, relay; gång time; vard., stryk beating, thrashing; *i ~ar* efter varandra by (in) turns, successively; *i ett par ~ar* har han vistats på sjukhus on two separate occasions...; betala *i två ~ar* ...in two instalments
omgärda *vb tr* eg. fence (close)...in, enclose; bildl. surround; skydda safeguard
omhulda *vb tr* t.ex. vetenskap o. konst foster; t.ex. teori cherish; pers. take good care of, make much of
omhänderta[ga] *vb tr* ta hand om take care (charge) of, look after; om polis take...into custody; *bli omhändertagen* efter olycka receive attention
omhändertagande *s*, *lagen om tillfälligt* ~ the Act by which offenders may be taken into temporary custody
omild *adj* om behandling o.d. harsh, rough, ungentle; om klimat ungenial; om kritik severe; *tåla ~ behandling* om plagg o.d. stand any amount of wear
omintetgöra *vb tr* planer, förhoppningar o.d. frustrate, thwart; planer äv. balk, foil
omisskänn[e]lig *adj* unmistakable; uppenbar äv. obvious, pronounced
omisstänksam *adj* unsuspecting, unsuspicious, confiding
omistlig *adj* oumbärlig indispensable; om rättighet o.d. inalienable; oskattbar priceless
omkastare *s* elektr. change-over switch
omkastning *s* i väderlek, lynne o.d. sudden change; i ngns känslor revulsion; i politik, åsikter reversal, volte-face fr.; i vinden veer, shift; av ordningen inversion; av bokstäver o.d. transposition
omklädd *adj* om möbel re-covered; *är du ~?* have you changed (till mörk kostym o.d. dressed)?
omklädnad *s* o. **omklädning** *s* change [of dress, of clothes]; av möbler re-covering
omklädningshytt *s* inomhus [dressing] cubicle; vid strand bathing hut
omklädningsrum *s* dressing-room, changing-room; med låsbara skåp locker room
omkomma *vb itr* be killed, die; ~ *i lågorna* perish in the flames; ~ *vid* en bilolycka be killed in...; *de omkomna* the victims, those killed
omkoppling *s* tele. reconnection; elektr. change-over, switch-over
omkostnad *s*, *~er* allm. cost[s pl.]; utgifter expense[s pl.], expenditure sg.; *allmänna ~er* general expenses, indirect (overhead) costs; *extra ~er* extras
omkrets *s* circumference; geom. äv. perimeter; 5 meter *i* ~ in circumference; *på (inom) en* ~ *av* 8 meter for...[a]round, within a radius of...
omkring I *prep* (jfr äv. *kring I 1*) **1** rum, 'kring' round, about; isht amer. around; *runt* ~ around, round about; *samlas* ~ *elden* ...about the fire **2** tid han kommer ~ *den första*

omskärelse

...[round] about the 1st; ~ *klockan två* vard. äv. twoish
II *adv* **1** cirka about; se äv. *ungefär 1* **2** eg. [a]round; hit och dit about; *gå ~ på gatorna* walk about the streets; *se sig ~* look round (around); *runt ~* all round (around); vard. all over the place; *när allt kommer ~* after all, when all is said and done; se äv. beton. part. under resp. vb
omkull *adv* down, over, se äv. beton. part. under resp. enkla vb
omkväde *s* litt. refrain, burden
omkörning *s* **1** omkörande overtaking; amer. passing; *~ förbjuden* no overtaking (amer. passing); *han gjorde en snabb ~* he overtook rapidly **2** data. rerun
omkörningsfil *s* fast (overtaking, amer. passing) lane
omkörningsförbud *s* på skylt o.d. no overtaking (amer. passing), overtaking prohibited
omlastning *s* på nytt reloading; till annat transportmedel transshipment
omljud *s* språkv. mutation, umlaut ty.; *få ~* be mutated
omlokalisera *vb tr* relocate, re-site
omlopp *s* allm. circulation; astron. revolution; *sätta i ~* pengar put...into circulation; rykten circulate, put about; blodet set...circulating; *en del rykten är i ~ att* ...are going about (are circulating) [to the effect] that
omloppsbana *s* astron. el. om satellit o.d. orbit
omlott *adv, gå ~* overlap; *lägga...~* let...overlap
omlottkjol *s* wraparound skirt
omläggning *s* **1** omändring change, alteration; t.ex. av schema, arbetstid rearrangement; t.ex. av produktion switch-over, change-over; av trafik diversion; omorganisering reorganization **2** av gata: reparation repaving; mer omfattande reconstruction **3** av sår bandaging, dressing
ommöblering *s* **1** omflyttning av möbler rearrangement of furniture; byte av möbler refurnishing **2** inom regering o.d. reshuffle, shake-up
omnejd *s* neighbourhood, surroundings pl., surrounding country; *Stockholm med ~* ...and environs
omnämna *vb tr* mention [*för ngn* to a p.]; make mention of, refer to
omnämnande *s* mention [*av* of]; reference [*av* to]
omodern *adj* ej längre på modet out of date, unfashionable; gammalmodig old-fashioned, outmoded, vard. old hat; *~ lägenhet* flat without modern conveniences (vard. mod cons), amer. cold-water flat; *bli ~* go out of fashion (vogue), become old-fashioned, date
omogen *adj* unripe; om frukt äv. green; om person, attityd o.d. immature; vard. half-baked
omoral *s* immorality, lack of morality
omoralisk *adj* immoral; oetisk unethical
omorganisation *s* reorganization
omorganisera *vb tr* reorganize
omotiverad *adj* **1** oberättigad unjustified, unwarranted; opåkallad uncalled for, gratuitous, unprovoked; ogrundad unfounded; orimlig unreasonable **2** utan motivation unmotivated
omplacera se *placera [om]*
omplacering *s* av t.ex. möbler rearrangement; av tjänsteman o.d. transfer [to another post]; av pengar reinvestment
omplantering *s* eg. el. bildl. transplanting, transplantation; eg. äv. replanting; av krukväxt repotting
ompröva *vb tr* allm. reconsider; undersöka reinvestigate, re-examine, review äv. jur.
omprövning *s* reconsideration, reappraisal; undersökning reinvestigation, review äv. jur.; examen new (fresh) examination; *ta ngt under ~* reconsider a th.
omringa *vb tr* surround, hem in, encircle, close in on
område *s* **1** eg. a) geogr. territory; mindre district, area, zone; trakt region b) inhägnat: allm. grounds pl., isht v. kyrka o.d. precincts pl.; *förbjudet ~!* no trespassing! **2** bildl.: gebit o.d. field, sphere, range, domain, province; fack branch
omräkningskurs *s* rate of exchange
omrör[n]ing *s* kok. o.d. stirring; *koka den under ~* ...stirring it [all the time]
omröstning *s* voting; parl. äv. (i Engl.) division; med röstsedlar ballot voting; *en ~* a vote; *låta en fråga gå till ~* let a matter be decided by vote; *sluten ~* secret vote; system [secret] ballot
omsider *adv* småningom by degrees; till sist at last; *sent ~* at long last, at length
omskaka *vb tr, ~s väl!* shake well before using!; se äv. *skaka [om]*
omskakad *adj* eg. shaken; stark. jolted; bildl. shocked, staggered, convulsed
omskapa se *skapa [om]* o. *omdana*
omskola I *vb tr* retrain; lära upp på nytt re-educate; omplantera transplant, replant
II *vb rfl, ~ sig till...* train [oneself] to become...
omskolning *s* retraining, re-education; omplantering transplantation, replanting
omskriva *vb tr* geom. circumscribe [*kring* round]; återge med andra ord paraphrase; *en mycket omskriven händelse* a much discussed...
omskrivning *s* förnyad skrivning rewriting; återgivande med andra ord circumlocution; förklarande paraphrase, periphras|is (pl. -es); *en förskönande ~* a euphemism
omskuren *adj* circumcised
omskära *vb tr* circumcise
omskärelse *s* circumcision; *kvinnlig ~* female circumcision (excision)

omslag

omslag *s* **1** pärm på bok cover; löst bokomslag [dust] jacket, wrapper, dust cover; för paket cover; isht post. wrapper; förband compress; skivfodral sleeve, cover **2** förändring, i väder o.d. change; i stämningen o.d. äv. reversal, reaction; i känslorna äv. revulsion [*i* i samtl. fall in (of)]
omslagsbild *s* cover picture
omslagspapper *s* wrapping (brown) paper
omslingrad *adj*, ~ *av* murgröna entwined with...; de satt tätt ~*e* ...locked in an embrace
omsluta *vb tr* gripa om clasp; omge surround; innesluta enclose, encircle
omsorg *s* **1** omvårdnad care [*om* of, om pers. äv. *for*]; ivrig solicitude [*om* for]; bekymmer o.d. anxiety [*om* for]; *slösa sina ~er på ngn* lavish one's care and attention on a p. **2** noggrannhet care, carefulness, precision, exactness; omtanke attention; samvetsgrannhet conscientiousness; överdriven meticulousness; besvär trouble, pains pl.; *lägga ned stor ~ på ngt* devote great care (pains) to a th.; *med ~* with care, carefully, meticulously, painstakingly
omsorgsfull *adj* allm. careful; noggrann äv. painstaking, precise, accurate; samvetsgrann scrupulous, conscientious; grundlig thorough; i detalj utarbetad o.d. elaborate
omspel *s* sport. replay; *det blir ~* i morgon there will be a replay..., the match will be replayed...
omspänna *vb tr* gå runt om encircle; bildl.: sträcka sig över cover, extend (stretch) over, span; omfatta embrace
omstridd *adj* disputed, ...in dispute; *en ~ fråga* äv. a controversial issue, a vexed question
omstrukturera *vb tr* restructure
omstrukturering *s* restructuring
omstående *adj*, *på ~ sida* a) av blankett o.d. on the back b) i bok overleaf
omställbar *adj* adjustable, adaptable
omställning *s* **1** ändring, omkoppling change[-over], switch-over; av t.ex. drift äv. conversion; inställning, av instrument o.d. adjustment **2** bildl., anpassning i ny miljö adaptation, adjustment
omständighet *s* **1** allm. circumstance; faktiskt förhållande äv. fact; faktor factor; *~er* äv. state of affairs sg., conditions; *bidragande ~* contributory factor; *alltefter ~erna* according to the circumstances (the facts of the case); *han befinner sig efter ~erna väl* he is well, considering [the circumstances]; *under alla ~er* at all events, at any rate, in any case; *under inga ~er* äv. on no account, by no [manner of] means **2** spec. *leva i små ~er* live in modest circumstances
omständlig *adj* utförlig circumstantial, detaljerad; långrandig long-winded äv. om pers.;

lengthy, roundabout; vidlyftig prolix; ceremoniös ceremonious
omstörta *vb tr* bildl. overthrow, subvert, upset
omstörtande *adj*, *~ verksamhet* polit. subversive activity
omsvep *s pl*, säga ngt *utan ~* ...straight out, ...in so many words, ...without beating about the bush
omsvängning *s* plötslig förändring [sudden] change, turn [of the tide]; i opinion, politik o.d. äv. swing, reversal, change-over, veer
omsvärmad *adj*, *en ~ filmstjärna* a fêted (an idolized) film star; *~ av* beundrare surrounded by a crowd (swarm) of..., besieged by...
omsätta *vb tr* **1** omvandla convert, transform, turn [*i* i samtl. fall into]; *~ i praktiken* put into practice, implement **2** hand., sälja sell, market; ha en omsättning av turn over; växel o.d. renew
omsättning *s* **1** omplantering replanting **2** typogr. resetting **3** hand., allm. business, trade; årlig affärs~, varu~ turnover, sales pl.; växels renewal; intäkter receipts pl., returns pl.; på arbetskraft turnover; *snabb (årlig) ~* quick (annual) turnover; *öka ~en* increase sales (the turnover)
omsättningsskatt *s* allmän varuskatt sales tax; på företags omsättning turnover tax
omtag *s* runt gardin tie-back
omtagning *s* upprepning repetition; film. retake; mus. repeat
omtagningstecken *s* mus. repeat mark
omtala *vb tr* meddela report; omnämna mention; *mycket ~d* much discussed (talked of); berömd famous, renowned
omtanke *s* omsorg care; omtänksamhet consideration, thought, concern [*om* i samtl. fall for]; thoughtfulness
omtapetsering *s* repapering; *målning och ~* [painting and] redecoration
omtryck *s* typogr. reprint
omtumlad *adj* dazed, ...in a daze, bewildered, dizzy
omtvistad *adj* disputed, ...in dispute; *en ~ fråga* äv. a controversial (vexed) question, a moot point
omtyckt *adj* popular [*av* with]; eftersökt äv. ...much in demand; på modet ...much in vogue (fashion); *illa ~* unpopular; *vara ~ (illa ~)* äv. be liked (disliked)
omtänksam *adj* full av omtanke considerate [*om*, *mot* towards (to)]; thoughtful [*om*, *mot* of]; förtänksam foresighted, provident
omtänksamhet *s* consideration [*om*, *mot* for], considerateness, thoughtfulness, foresight, providence; jfr *omtänksam*
omtöcknad *adj* dazed, groggy, muzzy; av sprit o.d. äv. fuddled, muddled, befogged; boxn. punch-drunk
omusikalisk *adj* unmusical

omutlig *adj* obesticklig incorruptible, unbribable; obeveklig uncompromising, inflexible
omval *s* **1** nytt val new (second) election **2** återval re-election; *ställa upp för (till)* ~ seek re-election; i Engl. äv. stand again; i Amer. äv. run again
omvandla *vb tr* omdana transform, change; omräkna convert [*till* i samtl. fall into]
omvandling *s* transformation, change; conversion, jfr *omvandla*
omvårdnad *s* care; sjukvård nursing
omväg *s* detour, roundabout (devious, circuitous) way (route); *ta (köra* osv.*) en* ~ make a detour; *på ~ar* bildl. by roundabout methods, deviously, in a roundabout way
omvälja *vb tr* re-elect
omvälvande *adj* om t.ex. plan revolutionary
omvälvning *s* revolution, upheaval
omvänd *adj* **1** omkastad inverted, reversed, inverse äv. matem.; motsatt converse, opposite, contrary; *i ~ ordning* in reverse order, inversely **2** relig. el. friare converted [*till* to]; *en* ~ subst. adj. a convert
omvända *vb tr* relig. convert; friare äv. bring...round [*till* to]; *~ sig* relig. be converted; friare come round
omvändelse *s* relig. conversion äv. friare
omvänt *adv* inversely; å andra sidan on the other hand; *och (eller)* ~ and (or) vice versa lat.
omvärdera *vb tr* revalue; amer. revaluate, reassess; ompröva reappraise
omvärdering *s* revaluation, reassessment; omprövning reappraisal
omvärld *s, ~en* el. *ens* ~ the world around [one]; jfr äv. *omgivning*
omväxla *vb itr* alternate [*med* with], follow alternately
omväxlande I *adj* **1** om t.ex. natur, program varied; ej enformig ...full of variety **2** alternerande alternate, alternating **II** *adv* alternately, by turns
omväxling *s* ombyte change; förändring variety, variation; växling alternation; *för ~s skull* for (by way of) a change, for the sake of variety
omyndig *adj* minderårig ...under age; *han är* ~ äv. he is a minor; *en* ~ subst. adj. a minor, an infant
omyndigförklarad *adj* jur. incapacitated
omålad *adj* unpainted; utan makeup ...without make-up
omåttlig *adj* isht i mat o. dryck immoderate, excessive; isht om dryckesvanor intemperate; överdriven exorbitant, inordinate; ofantlig tremendous, enormous, immense
omåttligt *adv* immoderately etc., jfr *omåttlig; to excess*
omänsklig *adj* inhuman; grym äv. barbarous
omärklig *adj* imperceptible, insensible,

unnoticeable; osynlig indiscernible; *nästan* ~ hardly perceptible
omärkligt *adv* imperceptibly etc., jfr *omärklig;* i smyg stealthily, furtively
omätbar *adj* o. **omätlig** *adj* immeasurable; gränslös äv. boundless, vast, immense
omättad *adj* kem. unsaturated
omättlig *adj* insatiable; bildl. äv. insatiate, unappeasable
omöblerad *adj* unfurnished
omöjlig *adj* impossible; ogörlig äv. unfeasible, impracticable; oduglig äv. hopeless, useless; odräglig äv. intolerable; *han brukar inte vara* ~ he is usually very reasonable; *göra sig* ~ make oneself impossible, make a complete fool of oneself; *begära det ~a* ask for impossibilities, cry for the moon
omöjligen *adv, jag kan* ~ *göra det* I cannot (can't) possibly do it
omöjliggöra *vb tr* make (render)...impossible; utesluta preclude
omöjlighet *s* impossibility; impracticability (end. sg.); *det är en* ~ it's impossible
omöjligt se *omöjligen*
omönstrad *adj* om tyg o.d. ...without a pattern, unpatterned, plain
onanera *vb itr* masturbate
onani *s* masturbation
onaturlig *adj* unnatural; konstlad äv. artificial, affected; forcerad äv. forced; onormal abnormal
ond I *adj* (jfr *värre, värst*) **1** isht i moraliskt hänseende evil; elak äv. wicked; dålig äv. bad; *~ ande* evil spirit; *~ cirkel* vicious circle; *~ dröm* bad dream; aldrig säga *ett ont ord om ngn* ...a nasty word about a p.; *av två ~a ting väljer man det minst ~a* one must choose the lesser of two evils, of two evils choose the less **2** arg angry; amer. mad [*på* with (at); *över* about (at)]; annoyed, vexed [*på* with; *över* at]; *bli* ~ get angry etc. **3** öm, om del av kroppen sore, bad
II *s. o. subst adj* **1** *den (hin) ~e* the Evil One **2** *det ~a* a) smärtorna the pain, the ache; sjukdomshärden the trouble, the complaint b) om last, omoral o.d. the evil; *ta det ~a med det goda* take the rough with the smooth **3** *ont* a) allm. *roten till allt ont* the root of all evil; *inget ont* nothing (no) evil; *ett nödvändigt ont* a necessary evil; hon fortsatte *intet ont anande* ...unsuspectingly; *göra ont värre* make matters worse; stark. add insult to injury b) plåga, värk pain, ache; *göra ont* hurt; *gör det ont i knät?* does your knee hurt?; *var gör det ont?* äv. where's the pain?; *ha ont* be in pain, suffer; *ha ont i halsen* have a sore throat; *ha [mycket] ont i huvudet* have a [bad] headache; *ha ont i magen* have a pain in the stomach, have [a] stomach-ache (vard. belly-ache) c) *ont om* knapphet på: *det är ont om* smör (i allmänhet)

...is scarce, there is a shortage of...; (vid en måltid) there is not very much...; **ha ont om...** be short of...; **ha ont om pengar** äv. be hard up for money; **ha ont om tid** be pressed (pushed) for time
ondgöra *vb rfl*, ~ *sig över ngt* take offence (be offended) at a th.
ondo, *det är inte helt av* ~ it is not altogether a bad thing; *fräls oss ifrån ~!* bibl. deliver us from evil!
ondsint *adj* illvillig malicious; elak ill-natured
ondska *s* evil; syndighet wickedness; elakhet, illvilja malice, spite
ondskefull *adj* syndig wicked; elak, illvillig spiteful, malicious, malevolent
onekligen *adv* undeniably, certainly, doubtless
onjutbar *adj* unenjoyable; illasmakande äv. unpalatable; *konserten var ~* it was impossible to enjoy...
onkel *s* uncle .
onomatopoetisk *adj* språkv. onomatopoeic, onomatopoetic
onormal *adj* abnormal; inte fullt klok äv. ...not quite right in the head; ovanlig exceptional
onsdag *s* Wednesday; jfr *fredag* o. sms.
ont se *ond II 3*
onumrerad *adj* unnumbered; *~e platser* vanl. unreserved seats
onyanserad *adj* eg. el. bildl. ...without nuances (subtlety); förenklad simplistic; ytlig, om synsätt o.d. superficial; *ge en ~ bild av ngt* äv. describe a th. in black and white
onykter *adj* se *berusad;* köra bil *i ~t tillstånd* ...when under the influence of drink (liquor)
onykterhet *s* drunkenness, insobriety
onyttig *adj* oduglig useless, ...of no use; ohälsosam unwholesome; föga givande unprofitable; gagnlös futile
onyx *s* miner. onyx
onåbar *adj* unreachable, inaccessible
onåd *s* disfavour, disgrace; *falla (råka) i ~ hos ngn* fall (get) into disfavour (disgrace) with a p., fall (get) out of favour with a p.
onämnbar *adj* unmentionable; *de ~a* skämts., byxorna the unmentionables
onödan, *i ~* unnecessarily, without [due] cause; han gör inte något *i ~* ...if he doesn't have to ..., ...unless he has (is obliged) to
onödig *adj* unnecessary, needless; obehövlig äv. unneeded, unneedful; opåkallad uncalled for; meningslös, om t.ex. grymhet, åverkan ofta wanton
onödigtvis se *[i] onödan*
oombedd *adj* unasked, uninvited; av fri vilja unsolicited; slå sig ned ~ vanl. ...without being asked
oomstridd *adj* undisputed, unchallenged, uncontested
oomtvistlig *adj* indisputable, incontestable
oordentlig *adj* **1** om pers.: slarvig careless;

vårdslös, ovårdad slovenly, untidy **2** om sak: t.ex. om skick disorderly; ostädad untidy
oordnad *adj* mera eg. unarranged; i oordning disordered, disorderly; om hår dishevelled; om förhållanden unsettled
oordning *s* allm. disorder; förvirring äv. confusion; oreda äv. disarray, muddle, mess; *i ~* in disorder, in confusion, in a muddle, in a mess; *råka i ~* become disarranged (disorganized), be upset, get out of order
oorganiserad *adj* unorganized; *~ arbetskraft* äv. non-union labour
oorganisk *adj* inorganic
opal *s* miner. opal
oparfymerad *adj* unscented, ...without perfume, fragrance free
oparlamentarisk *adj* unparliamentary
opartisk *adj* allm. impartial, non-partisan; neutral neutral; fördomsfri unprejudiced, unbias[s]ed; oegennyttig disinterested; självständig detached
opassande I *adj* allm. improper, unbecoming; otillständig äv. unseemly, indecorous; oanständig indecent; *det är ~* äv. it is bad form **II** *adv* improperly etc., jfr *I; uppföra sig ~* äv. misbehave
opasslig *adj* indisposed; pred. äv. unwell
opastöriserad *adj* unpasteurized
opatriotisk *adj* unpatriotic
OPEC (förk. för *Organization of Petroleum Exporting Countries*) OPEC
opedagogisk *adj* unpedagogic[al]
opera *s* opera; byggnad opera house; *gå på ~n* go to the opera
operachef *s* opera director
operaföreställning *s* opera performance
operahus *s* opera house
operasångare *s* o. **operasångerska** *s* opera-singer
operation *s* **1** allm. el. mil. operation; med. äv. surgical operation [*i* t.ex. magen on]; *utföra en ~* perform (carry out) an operation **2** kampanj campaign; göra ~ *dörrknackning* för insamling ...a house-to-house (door-to-door) collection; av polisen ...a house-to-house search
operationsbord *s* operating-table
operationskniv *s* operating knife
operationssal *s* operating theatre (amer. room)
operationssköterska *s* theatre nurse (sister); amer. operating-room nurse
operativsystem *s* data. operating system
operatris *s* o. **operatör** *s* operator
operera I *vb itr* allm. operate; *~ med* laborera med operate with; arbeta med employ **II** *vb tr* med. operate on [*för* for]; *bli ~d för...* äv. have an operation for...; *~ bort* remove
operett *s* klassisk operetta, light opera; humoristisk comic opera; mera modern musical comedy

operettartad *adj* comic-opera..., ...like a comic opera
opersonlig *adj* impersonal
opinion *s* [public] opinion; **den allmänna ~en** public opinion, the general feeling; **skapa (väcka) en ~ för...** rouse public opinion in favour of...
opinionsbildare *s* moulder (creator) of public opinion
opinionsbildning *s* [the] influencing (moulding, creation, formation) of public opinion
opinionsmöte *s* ung. public meeting
opinionssiffror *s pl*, **dåliga ~** poor poll ratings
opinionsundersökning *s* [public] opinion poll
opium *s* opium
oplacerad *adj* sport. **han blev ~** he failed to get placed, he was unplaced
oplockad *adj* eg. unpicked; om fågel unplucked; **ha en gås ~ med ngn** have a bone to pick with a p.
opolerad *adj* unpolished; bildl. äv. rough; unrefined
opolitisk *adj* unpolitical, non-political
opossum *s* zool. opossum äv. skinn; vard. possum
opp[e] se *upp[e]*
opponent *s* opponent
opponera I *vb itr* vid disputation o.d. act as opponent (resp. opponents) **II** *vb rfl*, **~ sig** object, raise objections [*mot* to]
opportun *adj* opportune, well-timed; lämplig äv. expedient, convenient; passande äv. appropriate; opportunistisk opportunist
opportunist *s* opportunist, timeserver
opportunistisk *adj* opportunist
opposition *s* opposition; **~en** parl. the Opposition; **i ~** in opposition
oppositionell *adj* oppositional
oppositionsledare *s* leader of the Opposition
oppositionsparti *s* opposition party
opraktisk *adj* impractical, unpractical
opressad *adj* unpressed; om byxor äv. baggy
opretentiös *adj* unpretentious
oproportionerlig *adj* disproportionate, ...out of proportion (scale)
oprövad *adj* untried; friare el. bildl. untested; bildl. äv. inexperienced
opsykologisk *adj* unpsychological, ...not psychological
optik *s* optics sg.; linssystem i kamera o.d. lens system
optiker *s* optician; affär optician's [shop]
optimal *adj* optimum..., optimal
optimera *vb tr* optimize
optimism *s* optimism
optimist *s* optimist
optimistisk *adj* optimistic
optimistjolle *s* sjö. optimist dinghy
option *s* option äv. ekon.
optionsmarknad *s* ekon. option market

optisk *adj* optic[al]; **~ fiber** optical fibre; **~t glas** optical glass; **~ läsning** optical character recognition (förk. OCR); **~ villa** optical illusion
opublicerad *adj* unpublished
opus *s* work, production; mus. opus (pl. äv. opera)
opåkallad *adj* uncalled for; omotiverad äv. gratuitous; obefogad äv. unwarranted; obehövlig äv. unnecessary
opålitlig *adj* om pers. el. sak unreliable, untrustworthy, undependable; om sak äv. unsafe; om väder äv. unsettled; om t.ex. blick shifty
opåräknad *adj* unexpected; unlooked for
opåtald *adj* oanmärkt unchallenged, unnoticed; ostraffad unpunished
opåtalt *adv* **1** det får inte *ske* **~** ...pass without a protest (unchallenged) **2** ostraffat with impunity
opåverkad *adj* uninfluenced, unaffected, unmoved [*av* i samtl. fall by]
or *s* zool. mite
oraffinerad *adj* **1** tekn. unrefined **2** enkel: om kläder inelegant; om sätt unrefined
orakad *adj* unshaved, unshaven
orakel *s* oracle; **oraklet i Delfi** the Delphic Oracle
orakelsvar *s* oracle
oral *adj* oral; **~ galvanism** tandläk. galvanic action
orange *adj* o. *s* orange, jfr *blå* o. sms. samt *blått*
orangeri *s* orangery; mindre hothouse
orangutang *s* zool. orang-outang, orang-utan
oratorium *s* mus. oratorio (pl. -s)
ord *s* word; ordstäv proverb, saying; bibelord text; löfte word, promise; **Guds ~** the Word of God, God's Word; **hårda ~** harsh words; **stora ~** big words; **tomma ~** empty (idle) words; **~et är fritt** vid möte the debate is opened, everyone is now free to speak; **...är inte rätta ~et** bildl. ...is not the word for it; **begära ~et** ask permission (request leave) to speak; **få ~et** be called [up]on to speak; parl. be given the floor; **få sista ~et** have the last word; **ge (lämna) ~et till ngn** call on a p. to speak; parl. give a p. the floor; **hålla [sitt] ~** be as good as one's word, keep one's promise (word) [*till* to]; keep faith [*till* with]; han kan inte **ett ~ latin** ...a word of Latin; **jag saknar ~!** words fail me!; **tala (växla) ett par ~ med...** have a word with...; **välja sina ~** [pick and] choose one's words; **innan jag visste ~et av** before I knew where I was; vard. before I could say knife (Jack Robinson); **~ för ~** word for word; **med andra ~** in other words; **med dessa ~** lämnade han oss with these words..., so saying...; **med egna ~** in one's own words; **med ett ~** in a (one) word; **ta ngn på ~en** take a p. at his (her etc.) word

orda *vb itr,* ~ *om* talk about, discuss
ordagrann *adj* literal; om översättning äv. word-for-word...; om referat o.d. verbatim (lat.)...
ordagrant *adv* literally, word for word, verbatim lat.
ordalag *s pl* words, terms; *i allmänna* ~ in general terms
ordalydelse *s* wording
ordbehandlare *s* maskin word processor
ordbehandling *s* data. word processing
ordbildning *s* word formation
ordblind *adj* word-blind; vetensk. dyslectic; *vara* ~ äv. be a dyslectic
ordblindhet *s* word-blindness; vetensk. dyslexia
ordbok *s* dictionary
ordböjning *s* word inflection
orden *s* samfund order; ordenstecken decoration, order
ordensband *s* ribbon
ordenssällskap *s* order
ordentlig *adj* **1** ordningsam orderly, methodical; noggrann careful, accurate [*med* i samtl. fall about, as to]; punktlig exact; regelbunden regular; välartad well-behaved; anständig decent, nice; prydlig neat; proper tidy; välskött well-kept, well-managed; ~*t uppförande* orderly behaviour **2** friare: riktig proper; rejäl real, regular; grundlig thorough, sound, good; jag har fått *en* ~ *förkylning* ...a terrible (awful) cold; *ett* ~*t mål mat* a square meal; *en* ~ *smäll* slag a nasty bang (knock); ligga *i en* ~ *säng* ...in a proper (real) bed
ordentlighet *s* orderliness etc., se *ordentlig*; reda [good] order
ordentligt *adv* in an orderly (osv.) manner, methodically etc., jfr *ordentlig*; *klä på sig* ~ varmt wrap (cover) oneself up properly (really well); det regnar *riktigt* ~ ...really hard (with a vengeance); *uppföra sig (sitta)* ~ behave (sit) properly; ~ *trött på* downright fed up with; *bli* ~ *våt* get thoroughly wet
order *s* **1** befallning order, command; instruktion instruction, direction; *få* ~ *[om] att* inf. be ordered (instructed) to inf.; *ge* ~ *om ngt* order a th.; *ha* ~ *att* inf. have (be under) orders to inf.; *lyda* ~ obey orders; *på* ~ *av* by order of **2** hand. order; *få en* ~ *på en vara* obtain (get) an order for an article; *placera en* ~ *hos* place an order with
orderbok *s* hand. order book
orderingång *s* hand. order intake
orderstock *s* hand. volume of orders
ordfläta se *korsord*
ordföljd *s*, *rak (omvänd)* ~ normal (inverted) word order; *omvänd* ~ äv. inversion
ordförande *s* vid sammanträde chairman, chairperson; kvinnlig äv. chairwoman [*vid* at (of)]; i större sammanhang el. i förening, domstol o.d. president [*i* of]; *sitta som* ~ *vid* ett möte be chairman (in the chair) at..., preside at (over)..., chair...
ordförandeklubba *s* chairman's gavel
ordförandeskap *s* chairmanship, presidency; *under* ~ *av...* with...in the chair
ordförklaring *s* definition (explanation) of a word
ordförråd *s* vocabulary
ordförståelse *s* [word] comprehension
ordhållig *adj* ...true to his (resp. her) word
ordinarie *adj* om tur o.d. regular; om tjänst permanent; om fast anställd äv. ...on the permanent staff (the establishment), established; vanlig ordinary; ~ *arbetstid* regular working-hours pl.; *till* ~ *pris* at the standard (regular) price
ordination *s* med. prescription
ordinera *vb tr* med. prescribe
ordinär *adj* vanlig ordinary, common; genomsnittlig average
ordkarg *adj* fåordig taciturn, laconic; ordknapp ...sparing of words; attr. äv. ...of few words
ordklass *s* gram. part of speech
ordlek *s* pun, play on words
ordlista *s* glossary, vocabulary, word list
ordna I *vb tr* o. *vb itr* **1** ställa...i ordning arrange; amer. äv. fix; bringa ordning i äv. put...in order, adjust, put...straight, set (put)...to rights; sina affärer settle; dokument o.d. file; sortera sort; systematisera classify; reglera regulate; t.ex. sitt liv order; i rad range; trupper, fakta o.d. marshal; städa tidy [up]; ~ *böckerna efter storleken* arrange...according to size, put...in order of size; ~ *slipsen (sin klädsel)* adjust one's tie (clothes) **2** ställa om, klara av arrange; isht amer. el. vard. fix [up]; reda upp, isht hand. settle, straighten out, put...right; skaffa get, find; ta hand om see to; ~ *[med]* t.ex. tävlingar organize; t.ex. biljetter arrange, get; ~ *arbete åt ngn* find a p. a job, fix a p. up with a job; ~ *saken* settle (fix) the matter; ~ *för ngn* t.ex. ngns framtid provide for a p.; med husrum o.d. get a p. fixed up; *han kan verkligen* ~ *det [bra] för sig!* he certainly knows how to look after himself!

II *vb rfl, det* ~*r sig nog!* it will be all right (sort itself out, straighten itself out) [don't you worry]!

III med beton. part.
~ *in* se *inordna*
~ *om* ändra arrange...differently, rearrange; se till, ombestyra arrange
~ *till* t.ex. håret el. en fest arrange
~ *upp* reda ut settle [up]; *det* ~*r nog upp sig så småningom* things will sort themselves out in the end
ordning *s* **1** reda, bruk m.m. allm. order; ordentlighet, ~ o. reda orderliness; snygghet tidiness; metod method, plan; system system; föreskrift regulations, rules (båda pl.); *[den] allmänna* ~*en* law and order; ~ *och reda*

good order; **hålla ~ i** byrålådorna keep...in [good] order (...tidy); **jag får ingen ~ på det här** I can't get this straight (bli klok på make this out); **hålla ~ på...** keep...in order (under control); **enligt naturens ~** eg. according to the laws of Nature; **för ~ens skull** to make sure; för formens skull as a matter of form; det är **helt i sin ~** ...quite in order (quite all right); vard. ...OK; **i vanlig ~** som vanligt as usual; i vederbörlig ordning in due course; **göra i ~** ngt get...ready (in order), prepare (isht amer. fix)...; städa tidy (do)...; **göra sig i ~** get ready; **...hör till ~en för dagen** ...is an everyday occurrence, ...is the order of the day; återgå **till ~en** ...to the normal state of things **2** följd order, sequence, succession; tur turn; mil., formering order; **alfabetisk ~** alphabetical order; **ta** frågorna **i ~** take...in turn (in order); **den andra i ~en** the second **3** biol. el. astron. el. arkit. order
ordningsam adj orderly, methodical
ordningsfråga s point of order
ordningsföljd s order, sequence, succession; lapparna **ligger i ~** ...are in the right (in consecutive) order
ordningsmakt s, **~en** vanl. the police pl.
ordningsman s i skolklass monitor
ordningsmänniska s methodical person
ordningspolis s, **~en** avdelning the police department in charge of law and order; polisman police officer (constable)
ordningsregler s pl regulations
ordningssinne s feeling for order
ordningsstadga s allm. regulations pl.; skol. [school]rules pl.
ordningstal s gram. ordinal [number]
ordningsvakt s t.ex. på nöjesplats, i tunnelbanan, ung. patrolman
ordonnans s mil. orderly
ordrik adj om pers. verbose, wordy; **ett ~t språk** a language with a large vocabulary
ordspråk s proverb; ordstäv äv. saying; tänkespråk äv. adage
ordstam s språkv. word stem, radical
ordstäv s [common] saying, proverbial saying
ordval s choice of words
ordväxling s argument, altercation
oreda s oordning disorder, disarray; förvirring, oklarhet confusion; röra muddle, mess, jumble, shambles (vanl. sg.); **ställa till ~ i ngt** throw a th. into disorder (confusion), make a muddle (mess) of a th.
oredig adj förvirrad confused, muddled; tilltrasslad entangled; osammanhängande incoherent; oordnad disorderly; **~ [i huvudet]** muddle-headed
oredlig adj ohederlig dishonest; bedräglig fraudulent
oregano s bot. el. kok. oregano
oregelbunden adj irregular; avvikande från det normala anomalous; oberäknelig erratic; hand. unsettled, unstable
oregelbundenhet s irregularity; anomaly; instability (end. sg.); jfr *oregelbunden*
oregerlig adj ohanterlig unmanageable; ostyrig unruly, ungovernable; bråkig wild, disorderly; motspänstig intractable; **bli ~** äv. get out of hand
oreglerad adj om t.ex. arbetstid el. vattendrag unregulated; hand. unsettled
oren adj eg. el. bildl. impure, unclean; smutsig äv. dirty; förorenad äv. polluted, contaminated; relig. äv. unholy; mus. false, ...out of tune
orenhet s impurity, uncleanness
orenlig adj uncleanly, dirty; stark. filthy
orenlighet s egenskap uncleanliness; smuts dirt; stark. filth (samtl. end. sg.)
orensad adj om trädgårdsland unweeded; om bär o.d. unpicked; om fisk ungutted
orera vb itr hold forth, speechify, spout [*om* about]
oresonlig adj omedgörlig unreasonable, ...unamenable to reason; envis stubborn, obstinate
organ s **1** kropps- el. växtdel organ **2** friare: organ [**för** of]; inom t.ex. FN äv. agency; institution institution; myndighet authority, body; språkrör mouthpiece; tidning newspaper
organisation s organization; förening äv. association
organisationsförmåga s organizing ability, flair for organization
organisatorisk adj om t.ex. förmåga organizing; om t.ex. skäl organizational
organisatör s organizer
organisera vb tr organize; ordna, inrätta äv. arrange; fest o.d. äv. get up; **~ sig** fackligt organize; bilda fackförening äv. form (ansluta sig till join) a union
organisk adj organic
organism s organism; någons hela ~ äv. system
organist s organist, organ-player
orgasm s orgasm; **få ~** have an orgasm; vard. come
orgel s organ
orgelläktare s organ loft
orgelpipa s organ pipe
orgiastisk adj orgiastic
orgie s eg. el. bildl. orgy; **fira ~r i ngt** indulge in an orgy of a th.
oriental s Oriental
orientalisk adj oriental
Orienten the Orient, the East
orientera I vb tr rikta orientate, orient; informera inform; i korthet brief **II** vb rfl, **~ sig** eg. el. bildl. orientate (orient) oneself; eg. take one's bearings [*efter* kartan by (from)...]; polit. gravitate [*mot* towards]; **~ sig i** ett ämne familiarize (orientate) oneself with..., make

oneself familiar with... III *vb itr* sport. practise orienteering
orienterare *s* sport. orienteer
orientering *s* **1** geogr. el. bildl. orientation; information information; kort genomgång briefing; införande introduction; översikt survey; inriktning: om sak trend; om pers. leanings pl.; ***tappa ~en*** bildl. äv. lose one's bearings **2** sport. orienteering
orienteringsförmåga *s* sense of locality
orienteringstavla *s* trafik. information (route) sign
orienteringsämne *s* skol. general subject
original *s* **1** sak, dokument o.d. original; maskinskrivet huvudexemplar top copy; *i ~* in the original **2** person eccentric, original; vard. character
originalitet *s* originality, eccentricity
originalmanus[kript] *s* original manuscript; egenhändigt manus holograph
originalspråk *s* original [language]; *på ~et* in the original
originalupplaga *s* first (original) edition
originell *adj* ursprunglig, självständig original; säregen eccentric, queer, odd; ovanlig ...out of the ordinary
oriktig *adj* incorrect; felaktig äv. erroneous, mistaken, inexact, inaccurate; osann äv. false, misleading; orätt, 'galen' wrong
orimlig *adj* förnuftsvidrig absurd, preposterous; motsägande incongruous; oskälig unreasonable, exorbitant; ***begära det ~a*** ask for the impossible, make unreasonable demands
orimlighet *s* det orimliga absurdity, preposterousness etc., jfr *orimlig;* exorbitance
orimmad *adj* unrhymed; *~ vers* äv. blank verse
ork *s* kraft energy; styrka strength; uthållighet stamina; ***han tappade ~en*** he ran out of steam
orka *vb tr* o. *vb itr,* jag *~r (~de)* inf. vanl. ...can (could) inf., jfr dock ex. nedan; *han ~r* arbeta ganska mycket äv. he is able to inf...., he is capable of ing-form; *nu ~r jag inte [hålla på] längre* I cannot go on any longer, I am too tired to go on; *jag ~r inte mer* t.ex. mat I cannot manage any more, I have had enough, I simply couldn't; *att du bara ~r!* how do (can) you manage?; *han ~de inte ända fram* he could not manage (make) it all the way; *jag ~r inte med* barnen ...are too much for me; *han ~r inte med* skolarbetet he cannot cope with (is not up to)...
orkan *s* hurricane
orkanstyrka *s, nå ~* reach hurricane force
orkeslös *adj* feeble; ålderdomssvag infirm, decrepit
orkester *s* orchestra; mindre äv. band
orkesterdike *s* orchestra pit
orkesterledare *s* bandleader
orkestrera *vb tr* orchestrate, score

orkestrering *s* orchestration, scoring
orkidé *s* bot. orchid
orm *s* snake; bibl. el. bildl. äv. serpent
orma *vb rfl, ~ sig* wind; om flod äv. meander
ormbett *s* snake bite
ormbiten *adj* snake-bitten
ormbo *s* **1** snake's (bildl. serpent's) nest **2** lösa sladdar tangle of wires
ormbunke *s* bot. fern
ormgift *s* snake venom
ormlik *adj* snake-like, snaky
ormmänniska *s* contortionist
ormserum *s* med. antivenin
ormskinn *s* snakeskin
ormslå *s* zool. blindworm, slowworm
ormtjusare *s* snake-charmer
ormvråk *s* zool. buzzard
ornament *s* ornament, decoration
ornamental *adj* ornamental, decorative
ornamentera *vb tr* ornament, decorate
ornamentik *s* ornamentation, decoration[s pl.]
ornitolog *s* ornithologist
ornitologi *s* ornithology
oro *s* ängslan anxiety [*för (över)* ngn, ngt about...]; uneasiness [*för (över)* ngt about...]; stark. alarm [*över* ngt at...]; bekymmer concern [*för ngn* about a p.; *för (över)* ngt for (about) a th.]; worry [*för ngn* about a p.; *för (över)* ngt about (over) a th.]; trouble; farhåga apprehension [*för* for (about)]; motsats t. lugn disquiet, disquietude; rastlöshet restlessness; nervositet nervousness; upprördhet discomposure; upphetsning excitement, agitation; isht politisk el. social unrest; uppståndelse i församling o.d. commotion; ***känna ~ [i kroppen]*** feel restless [all over]
oroa I *vb tr* göra ängslig make...anxious (uneasy), disquiet; stark. alarm; bekymra worry, trouble; störa disturb, bother; uppröra agitate; mil., fienden harass; *~nde nyheter* alarming news **II** *vb rfl, ~ sig för* be (feel) anxious about, worry about...
orolig *adj* ängslig anxious, uneasy, disquieted; stark. alarmed; bekymrad concerned, worried, troubled (för konstr. jfr *oro*); upprörd excited, agitated [*för (över)* ngt about...]; rädd apprehensive [*för ngns skull* for a p.; *för* ngt of...]; om förhållanden troubled, disturbed, unsettled, unquiet; rastlös, bråkig restless, fidgety; stormig turbulent; *~a tider* unsettled (troubled) times; havet var *~t* ...rough; *var inte ~för det!* äv. never fear!, don't worry!
orolighet *s* egenskap, se *oro; ~er* politiska el. sociala disturbances, riots, troubles, violence sg.; *~er utbröt* there was an outbreak of violence (disturbances)
oromantisk *adj* unromantic
oroselement *s* pers. troublemaker, mischief-maker; polit. agitator; källa t. oro source of unrest

oroshärd *s* trouble (danger) spot
orosmoln *s* threatening (storm) cloud
oroväckande *adj* alarming, disquieting; **på ett ~ sätt** el. **i ~ grad** alarmingly
orre *s* **1** zool. black grouse (pl. lika) **2** vard., örfil box (clip) on the ear, cuff
orrhöna *s* zool. grey (amer. gray) hen
orrspel *s* tupps: läten blackcock's calls pl.; parningslek blackcock's courting
orrtupp *s* zool. blackcock
orsak *s* cause; grund äv. ground [s pl.]; skäl äv. reason; anledning äv. occasion [*till* i samtl. fall for], (jfr dock ex.) [*[till]* att inf. to inf. el. for ing-form]; **~ och verkan** cause and effect; **ingen ~!** not at all!, don't mention it!, it is quite all right!; amer. you're welcome; **han var ~ till** olyckan he was the cause of...; **av denna ~** for that reason, on that account
orsaka *vb tr* cause, occasion
orsakssammanhang *s* causal connection (relation), causes and effects pl.
ort *s* **1** plats place; [mindre] samhälle äv. village; trakt locality, district, neighbourhood; **~ens** myndigheter äv. the local...; **på ~ och ställe** on the spot; **på högre ~** in high quarters; **han vistas på okänd ~** his whereabouts are unknown **2** gruv. drift, gallery
ortnamn *s* place name
ortodox *adj* orthodox; **den ~a kyrkan** the Orthodox Church
ortografi *s* orthography
ortoped *s* orthop[a]edist
ortopedisk *adj* orthop[a]edic
ortsbefolkning *s* local population (inhabitants pl.)
ortstidning *s* local [news]paper
orubbad *adj* oförändrad unaltered, unchanged, intact; om t.ex. förtroende unshaken; **sitta i orubbat bo** retain undivided possession of the estate
orubblig *adj* allm. immovable, unshakable; om lugn o.d. imperturbable; om beslut o.d. unyielding, unflinching; om tro o.d. unwavering; fast firm, steadfast; oböjlig inflexible
orutinerad *adj* inexperienced, unpractised
oråd *s*, **ana ~** suspect mischief; vard. smell a rat
orädd *adj* fearless; pred. äv. unafraid; oförskräckt äv. intrepid, undaunted, daring
oräknelig *adj* innumerable, countless, numberless; otalig äv. uncountable, uncounted, untold; vard. no end of...
orätt I *adj* felaktig wrong, incorrect; förkastlig, orättvis unjust, unfair [*mot* to]; **falla i ~a händer** fall into [the] wrong hands; **inse det ~a i** en handling see the unjustness (unfairness) of... **II** *adv* wrong; isht före perf. ptc. wrongly; incorrectly etc., jfr *I*; **handla ~** do wrong **III** *s* oförrätt wrong; orättvisa äv. injustice, unfairness; **göra ~** do wrong; **göra**

ngn ~ wrong a p., do an injustice to a p.; **med ~** unjustly, unfairly
orättfärdig *adj* unjust, unrighteous; stark. iniquitous
orättmätig *adj* wrongful; olaglig äv. unlawful, illegitimate
orättvis *adj* unjust, unfair [*mot* to]; om sak äv. inequitable
orättvisa *s* unfairness (end. sg.), injustice, inequity; oförrätt wrong; **en skriande ~** a glaring [piece of] injustice
orörd *adj* ej vidrörd untouched, unmolested; ej bortflyttad un[re]moved; obruten, hel intact; jungfrulig virgin...; **~ natur** unspoiled countryside
orörlig *adj* immobile; utan att röra sig äv. motionless; omöjlig att röra äv. immovable; trög, långsam sluggish, inactive; fast, om t.ex. maskin[del] stationary
OS (förk. för *Olympiska spelen*) the Olympic Games pl., the Olympics pl.
os *s* lukt [unpleasant] smell (odour); kol-~, bensin~ o.d fumes pl.; fränt äv. reek
osa *vb tr* o. *vb itr* om lampa o.d. smoke; ryka, stinka reek; **det ~r** there is a smell of smoke; **det ~r bränt** there is a smell of [something] burning
o.s.a. (förk. för *om svar anhålles*) RSVP
osagd *adj* unsaid, unspoken; **det låter jag vara osagt** I would not like to say
osaklig *adj* om t.ex. argument ...not to the point, irrelevant; **han är så ~** äv. he is not objective (does not stick to facts)
osalig *adj* unblessed; **som en ~ ande** like a lost soul
osammanhängande *adj* om tal, tankar o.d. incoherent, disconnected, rambling; utan samband unconnected
osams *adj*, **bli ~** quarrel, fall out; jfr äv. *oense*
osann *adj* untrue, false
osanning *s* untruth; lögn äv. lie, falsehood; **tala (fara med) ~** tell lies (resp. a lie)
osannolik *adj* unlikely, improbable; **det är ~t, att han har** gjort det he is unlikely to have...
oscillera *vb itr* fys. el. elektr. oscillate
osed se *oskick*
osedd *adj* unseen; **köpa ngt osett** ...that one has not seen (without having seen it)
osedlig *adj* omoralisk immoral; oanständig indecent; stark. obscene
osedvanlig *adj* unusual, uncommon, exceptional, extraordinary
osjälvisk *adj* unselfish, selfless; oegennyttig äv. disinterested
osjälvständig *adj* om pers. (attr.) ...lacking in independence, ...who lacks (lack etc.) independence; om arbete unoriginal; **han är ~** he is lacking in (lacks) independence
oskadad *adj* o. **oskadd** *adj* unhurt, unharmed, uninjured; om pers. äv. unscathed; om sak äv. undamaged, intact; **i oskadat skick** safe[ly],

oskadlig

in good (sound) condition; *han återvände ~ från...* he returned safe and sound...
oskadlig *adj* harmless, innocuous [*för* to]
oskadliggöra *vb tr* sak render...harmless (innocuous); mina disarm; fiende, kanon o.d. put...out of action; gift neutralize; förbrytare o.d. put...into safe custody
oskalad *adj* unpeeled
oskarp *adj* om kniv blunt; om t.ex. fotografi blurred, ...out of focus
oskattbar *adj* priceless, inestimable, invaluable
oskick *s* olat bad habit; osed bad practice; missbruk abuse; ofog nuisance; dåligt uppförande misbehaviour, bad behaviour (manners pl.)
oskicklig *adj* eg. unskilful; tafatt awkward; oduglig incompetent
oskiftad *adj* jur., om bo o.d. undivided
oskiljaktig *adj* inseparable; om följeslagare constant; *~a vänner* äv. bosom friends
oskodd *adj* unshod
oskolad *adj* oövad untrained, unschooled; okunnig untutored
oskriven *adj* unwritten; *han är ett oskrivet blad* he is an unknown quantity
oskuld *s* **1** egenskap innocence; skuldlöshet äv. guiltlessness, blamelessness; kyskhet chastity, virginity; renhet purity; *i all ~* in perfect innocence **2** person, jungfru virgin; oskuldsfull person innocent; om flicka äv. ingénue fr.; *en ~ från landet* vanl. a country cousin
oskuldsfull *adj* innocent
oskuldsfullhet *s* innocence
oskyddad *adj* unprotected; för t.ex. väder o. vind unsheltered; jfr vid. *skydda*
oskyldig *adj* innocent; icke skyldig äv. guiltless; pred. äv. not guilty [*till* i samtl. fall of]; oförarglig inoffensive; oskadlig harmless, ren pure
oskyldigt *adv*, *~ dömd* wrongfully convicted
oskälig *adj* **1** om djur dumb, irrational **2** obillig unreasonable, undue; om pris o.d. excessive, exorbitant, extortionate
oskön *adj* unsightly, unlovely; klumpig ungainly; ful ugly äv. om ljud
oslagbar *adj* om rekord unbeatable; om pers., lag äv. undefeatable
oslipad *adj* om ädelsten o. glas uncut; om ädelsten äv. el. bildl. unpolished; om verktyg unground; om kniv dull; *en ~ diamant* äv. a rough diamond
osläcklig *adj* inextinguishable, unquenchable
osläckt *adj* unextinguished, unquenched; *~ kalk* quicklime, unslaked lime
osmak *s, ha ~* otur, vard. be unlucky, have no luck
osmaklig *adj* eg. el. bildl. unappetizing, unsavoury, distasteful; stark. disgusting, sickening; *ett ~t skämt* a joke in bad taste
osmansk *adj* hist. Ottoman

osmidig *adj* eg. el. bildl.: klumpig clumsy; stel stiff; oelastisk inelastic, rigid; om pers. äv. unadaptable
osminkad *adj* **a)** utan smink *hon var ~* she had no make-up on **b)** bildl. unembellished; *den ~e sanningen* the unvarnished truth
osmältbar *adj* indigestible äv. bildl.; tekn. infusible
osnygg *adj* ovårdad untidy; smutsig dirty; sjaskig: om pers. slovenly; om sak shabby; gemen mean
osockrad *adj* unsweetened
osolidarisk *adj* disloyal
osorterad *adj* unsorted, unassorted
ospard *adj*, *inte lämna någon möda ~* do one's utmost, make every effort
osportslig *adj* unsporting, unsportsmanlike
OSS (förk. för *Oberoende staters samvälde*) CIS (förk. för Commonwealth of Independent States)
oss se *vi*
1 ost *s* o. *adv* sjö. east (förk. E); jfr äv. *nord* o. *norr* med ex. samt *öster*
2 ost *s* cheese; *lycklig (lyckans) ~* bildl. lucky dog (beggar, fellow); *ge ngn betalt för gammal ~* get even with a p., get one's own back on a p.
ostadig *adj* osäker unsteady, unstable; rankig rickety, wobbly; ombytlig changeable, inconstant, unstable; hand. fluctuating, unsettled; *~t väder* changeable (unsettled, variable) weather
ostbit *s* piece (större chunk, kilformig wedge) of cheese
ostbricka *s* cheese board
ostentativ *adj* ostentatious
osthyvel *s* cheese slicer (planer)
Ostindien the East Indies pl.
ostindisk *adj* East Indian; *Ostindiska Kompaniet* hist. the East India Company; *~t porslin* old Chinese porcelain
ostkaka *s* [Swedish] cheese (curd) cake [without pastry]
ostkant *s* cheese rind; *en ~* äv. a crust of cheese
ostkupa *s* cheese-dish cover
ostkust *s*, *~en* the East Coast
ostlig *adj* easterly; east; eastern; jfr *nordlig*
ostraffad *adj* unpunished; *en tidigare ~ [person]* a person without previous convictions; förstagångsförbrytare a first offender
ostraffat *adv* with impunity
ostron *s* oyster äv. bildl.
ostronbank *s* oysterbank, oysterbed
ostronodling *s* abstr. oyster-farming, oyster-breeding; konkr. oyster farm
ostruken *adj* **1** om tyg un-ironed **2** *ostrukna a* mus. A in the small octave **3** rågad heaped
ostskiva *s* slice of cheese

ostsmörgås *s* [open] cheese sandwich
ostyckad *adj* djurkropp unquartered, ...undivided into joints; jordlott undivided
ostädad *adj* om rum untidy; bildl. ill-mannered; rummet *är ostädat* äv. ...has not been tidied [up]
ostämd *adj* mus. untuned; pred. äv. out of tune
ostämplad *adj* unstamped; om frimärke uncancelled
ostörd *adj* undisturbed, untroubled; om lugn äv. unruffled; oavbruten unbroken, uninterrupted; *jag vill vara* ~ I don't want to be disturbed
ostört *adv* undisturbedly; tala ~ ...without being disturbed
osund *adj* unhealthy; om klimat äv. insalubrious; om föda unwholesome; ohygienisk insanitary; om hy sickly; om luft foul, noxious; bildl.: t.ex. om inflytande unwholesome; t.ex. om principer unsound
osv. (förk. för *och så vidare*) etc., and so on; se äv. d.o. under *och*
osvensk *adj* un-Swedish
osviklig *adj* om säkerhet o.d. unerring; ofelbar unfailing; om medel infallible; om trohet o.d. unswerving; *med ~ precision* with unerring precision
osvuren *adj, osvuret är bäst* better not be too certain; man vet aldrig you never can tell
osymmetrisk *adj* unsymmetrical
osympatisk *adj* otrevlig unpleasant, disagreeable; om utseende el. sätt äv. unprepossessing, unattractive, unsympathetic; motbjudande forbidding; frånstötande repugnant
osynlig *adj* invisible
osyrad *adj* unleavened
osystematisk *adj* unsystematic; friare unmethodical
osårbar *adj* invulnerable
osäker *adj* allm. uncertain, unsure [*på (om)* of]; otrygg insecure; riskfull unsafe, risky; ostadig unsteady, unstable, shaky; otillförlitlig unreliable; tvivelaktig doubtful; vacklande wavering, vacillating; trevande hesitant, hesitating; *med ~ röst* in an unsteady (shaky) voice; *~t uppträdande* unassured manner; *känna sig ~* bortkommen feel unsure; isen *är ~* ...is not safe; *det är ~t om han kommer* it is uncertain (doubtful) whether he'll come
osäkerhet *s* uncertainty; insecurity, unsafeness, riskiness, instability, unreliability; vacillation, hesitance, hesitation; jfr *osäker*
osäkra *vb tr* gevär cock; handgranat pull out the pin of
osäljbar *adj* unsalable, unmarketable
osällskaplig *adj* unsociable
osämja *s* discord, dissension, disagreement; stark. enmity; *leva i ~ med...* be on bad terms with...
osänkbar *adj* unsinkable
osökt I *adj* naturlig natural, spontaneous II *adv* naturally etc.; *påminna ~ om...* inevitably bring...to mind
osötad *adj* unsweetened
otack *s* ingratitude, ungratefulness; *~ är världens lön* there is no (one can't expect) gratitude in this world
otacksam *adj* isht om pers. ungrateful [*mot* to (towards)]; *en ~ uppgift* a thankless (an unrewarding) task
otacksamhet *s* ingratitude, ungratefulness
otakt *s, gå (komma, dansa) i ~* walk (get, dance) out of step; spela *i ~* ...out of time
otal *s, ett ~...* a countless (an endless) number of...; vard. no end of...
otalig se *oräknelig*
otalt *adj, ha ngt ~ med ngn* have a score to settle (a bone to pick) with a p.; *jag har inget ~ med honom* äv. I have no quarrel with him
OTC-listan *s* the OTC-list (förk. för Over-the-Counter list)
oteknisk *adj* ...without technical knowledge; *han är ~ (en ~ spelare)* sport. he hasn't much technique (technical skill)
otid *s, i tid och ~* at all (odd) times of the day
otidighet *s, ~er* abuse sg., abusive language sg.; *en ~* otidigt yttrande an abusive remark
otidsenlig *adj* old-fashioned, unfashionable, ...out of keeping with the times
otillbörlig *adj* orätt undue; olämplig inappropriate, unwarrantable, unwarranted; opassande improper, unseemly; *~ konkurrens (marknadsföring)* unfair competition (marketing practice)
otillfredsställande *adj* unsatisfactory, unsatisfying
otillfredsställd *adj* unsatisfied; om t.ex. hunger, nyfikenhet äv. unappeased; om t.ex. önskan ungratified; missnöjd dissatisfied
otillförlitlig *adj* unreliable, undependable
otillgänglig *adj* eg. el. bildl. inaccessible [*för* ngt for...; *för* ngn to...], unapproachable [*för* by]; om pers. äv. distant, reserved
otillräcklig *adj* till kvantiteten insufficient; till kvaliteten inadequate; ...not up to the mark; *ha ~t med* pengar not have enough...; *ha ~t med* varor o.d. äv. be short of...
otillräknelig *adj* ...not responsible (accountable) for one's actions, mentally deranged, non compos mentis lat.
otillåten *adj* förbjuden forbidden; mera officiellt prohibited; olovlig unlawful, illicit, illegitimate
otillåtlig *adj* inadmissible, impermissible, unallowable
otippad *adj, en ~ segrare* an unbacked winner

otjänlig *adj* olämplig unsuitable; obrukbar unserviceable; ~ *(till) som* människoföda unfit for...; *vid ~ väderlek* in unfavourable weather conditions
otjänst *s*, *göra ngn en ~* do a p. a bad turn (a disservice)
otrevlig *adj* obehaglig disagreeable, unpleasant; mera vard. bad; otäck nasty; pinsam ugly; förarglig awkward, annoying; obekväm uncomfortable; förskingringen var *en ~ historia* ...an ugly business; *en ~ situation* an awkward situation; *vara ~ mot* ngn be disagreeable to...
otrevlighet *s* egenskap disagreeableness etc., jfr *otrevlig*; *~er* disagreeable (unpleasant) things, disagreeables
otrivsam *adj* unpleasant, disagreeable; om sak äv. unhomely, uncomfortable; pred. äv. not homely
otro *s* lack (want) of faith, disbelief; bibl. unbelief
otrogen *adj* t.ex. i äktenskap unfaithful; svekfull faithless [*mot* to]; relig. unbelieving; *vara ~ mot* sina ideal not live up to...; *de otrogna* the unbelievers (infidels)
otrohet *s* unfaithfulness; i äktenskap äv. infidelity; svekfullhet faithlessness [*mot* i samtl. fall to]
otrolig *adj* eg. incredible, unbelievable; osannolik unlikely; otänkbar inconceivable; häpnadsväckande astounding, amazing; oerhörd monstrous; *~t men sant* strange but true
otrygg *adj* insecure [*för* against]; osäker äv. unsafe, precarious
otrygghet *s* insecurity, unsafeness, precariousness
otränad *adj* untrained; för tillfället ...out of training; ovan unpractised
otröstlig *adj* inconsolable [*över* at]; ...not to be comforted
otta *s*, *i ~n* early in the morning, in the early morning
ottoman *s* soffa ottoman, couch
otukt *s* isht bibl. fornication; *bedriva ~* have illicit sexual relations, fornicate; *[bedriva] ~ med minderårig* [commit] an indecent assault on a minor
otuktig *adj* [sexually] immoral; om skildring o.d. äv. obscene, lewd, pornographic
otur *s* bad luck, ill-luck, misfortune; *vilken ~!* what [a stroke of] bad luck!; *ha ~* äv. be unlucky, have no luck [*i* in (i spel at)]
oturlig *adj* o. **otursam** *adj* unlucky
otursdag *s* unlucky day
otvetydig *adj* unambiguous, unequivocal; klar plain, clear; uppenbar unmistakable
otvivelaktig *adj* undoubted, indubitable, unquestionable
otvivelaktigt *adv* undoubtedly etc., jfr *otvivelaktig*; no doubt, without [a] doubt
otvungen *adj* unconstrained, unstrained; ledig äv. [free and] easy; naturlig äv. unforced, natural; okonstlad äv. unaffected
otydlig *adj* allm. indistinct; oklar äv. unclear; om bild o.d. äv. blurred; om tal äv. inarticulate; suddig äv. dim; svag äv. faint; dunkel äv. vague, obscure
otyg *s* smörja rubbish, trash; oting nuisance; rackartyg mischief; trolldom witchcraft
otyglad *adj* om t.ex. fantasi, lidelser unbridled; hejdlös, ohämmad äv. uncontrolled, unrestrained
otymplig *adj* klumpig: t.ex. om kropp, rörelse ungainly; t.ex. om metod, översättning clumsy; åbäkig unwieldy, cumbersome, cumbrous; tafatt awkward
otålig *adj* impatient [*efter* svar for...; *på* ngn with...; *över* dröjsmål at (of)...; *över att* inf. at ing-form]; *~ att få* inf. äv. anxious (eager) to inf.
otålighet *s* impatience
otäck *adj* allm. nasty, horrid [*mot* to]; ful, elakartad äv. ugly; vidrig äv. disgusting; starkt känslobeton. om t.ex. väder foul, beastly, rotten; ryslig horrible, awful
otäcking *s* rascal; stark. devil
otämjd *adj* untamed
otänkbar *adj* inconceivable, unthinkable, unimaginable; att fortsätta *är ~t* ...is not to be thought of; *det är inte ~t* att han... it is quite conceivable (may well be)...
otät *adj* om packning o.d. ...not tight; läck leaky, leaking; dragig draughty
otörstig *adj*, *dricka sig ~* drink one's fill
oumbärlig *adj* indispensable; nödvändig äv. essential [*för* to, t.ex. ändamålet for]; absolutely necessary [*för* to, for]; *...är ~ för oss* äv. we cannot do without...
oundgänglig *adj* nödvändig necessary; oumbärlig indispensable; oavvislig absolute
oundviklig *adj* unavoidable; som ej kan undgås inevitable, inescapable
ouppfostrad *adj* badly brought-up end. om pers.; ill-bred; ohyfsad ill-mannered, bad-mannered
ouppfylld *adj* unfulfilled, unrealized
oupphörlig *adj* incessant, ceaseless; oavbruten äv. unceasing, continuous; ständig äv. continual
oupphörligen *adv* o. **oupphörligt** *adv* incessantly etc., jfr *oupphörlig*
oupppklarad *adj* om t.ex. brott unsolved; oförklarad unexplained; om affär o.d. unsettled
ouppplöslig *adj* bildl. indissoluble; ej åtskiljbar äv. inseparable
ouppmärksam *adj* inattentive [*på, mot* to]; ej aktgivande äv. unobservant [*på* of]
ouppmärksamhet *s* lack of attention, inattention, inattentiveness
ouppnåelig *adj* om t.ex. ideal, mål unattainable; om pers. unapproachable, inimitable
oursäktlig *adj* inexcusable, unpardonable

outbildad *adj* allm. uneducated; om t.ex. arbetskraft untrained, unskilled
outforskad *adj* unexplored, uninvestigated; outgrundad unfathomed
outförbar *adj* impracticable, unworkable; attr. äv. ...that can (could etc.) not be carried out; ogörlig äv. unfeasible, unrealizable
outgrundlig *adj* gåtfull inscrutable; ogenomtränglig impenetrable; ofattbar unfathomable
outhyrd *adj* unlet, vacant
outhärdlig *adj* unbearable; olidlig äv. insupportable, intolerable, unendurable
outnyttjad *adj* oanvänd unused, unutilized; om fördelar, resurser o.d. unexploited; om naturtillgångar undeveloped; om kapital idle
outplånlig *adj* om t.ex. intryck, skam, spår indelible; om t.ex. minne, förflutet ineffaceable
outredd *adj* bildl.: outforskad uninvestigated; ej uppklarad (attr.) ...that has (had etc.) not been cleared up; *av hittills ~a* orsaker for...hitherto unexplained
outrotlig *adj* allm. ineradicable; om ovana äv. inveterate
outsider *s* sport. el. bildl. outsider
outsinlig *adj* inexhaustible, unfailing
outslagen *adj* om blomma unopened
outslitlig *adj* om tyg o.d. (attr.) ...impossible to wear out, indestructible äv. bildl.; om energi o.d. inexhaustible
outspädd *adj* undiluted
outsäglig *adj* bildl. unspeakable, ...beyond words, unutterable; obeskrivlig äv. inexpressible, ineffable
outtalad *adj* unspoken, unuttered, unexpressed, tacit
outtröttlig *adj* isht om pers. indefatigable; om nit untiring; om energi o.d. tireless, unflagging
outtömlig *adj* inexhaustible, exhaustless
outvecklad *adj* undeveloped, embryonic båda äv. bildl.; om pers. (omogen) immature
ouvertyr *s* overture [*till* to] äv. mus.
oval *adj* o. *s* oval
1 ovan I *prep* above, over **II** *adv* above; *här ~* above; *se ~!* see above!; *från ~* from above
2 ovan *adj* ej van unaccustomed, unused [*vid* to; [*vid*] *att* inf. to ing-form]; oövad unpractised, inexpert, untrained; oerfaren inexperienced; om t.ex. anblick, uppgift unfamiliar
ovana *s* **1** brist på vana unaccustomedness [*vid* to]; lack (want) of practice; bristande förtrogenhet unfamiliarity [*vid* with] **2** ful vana bad (objectionable) habit
ovanför I *prep* above; t.ex. dörren at the top of; norr om [to the] north of **II** *adv* above, higher (farther el. further) up; norr därom to the north [of it]
ovanifrån *adv* from above
ovanlig *adj* unusual; sällsynt äv. uncommon, rare; pred. äv. not common; sällan förekommande infrequent; exceptionell exceptional; utomordentlig extraordinary
ovanlighet *s* unusualness etc., jfr *ovanlig;* infrequency, exceptionality, extraordinariness (samtl. end. sg.); *det hör till ~en att han gör det* it is an unusual thing for him to do it; *för ~[en]s skull* [just] for once
ovanligt *adv* unusually etc., jfr *ovanlig;* förstärkande extremely, abnormally; *~ nog* for once [in a way]
ovanläder *s* upper, vamp
ovannämnd *adj* above-mentioned, above
ovanpå I *prep* on [the] top of; om tid, efter after; han bor *~ oss* ...[in the flat] above us **II** *adv* on [the] top; i villa o.d. upstairs; efteråt after that; vem bor *~?* ...[in the flat (in the apartment, on the floor)] above?; *ligga ~ på* sängen lie on the bed (på soffan on the sofa)
ovanstående *adj, ~ lista* the above..., the...above
ovarsam *adj* vårdslös careless; oförsiktig incautious, unwary
ovation *s* ovation; *bli föremål för ~er* receive an ovation
ovationsartad *adj, ~e applåder* a burst (storm) of applause
ovederhäftig *adj* ej trovärdig untrustworthy; otillförlitlig unreliable; ansvarslös irresponsible
ovedersäglig *adj* incontrovertible; obestridlig äv. incontestable; ovederlägglig irrefutable
overall *s* arbets~ boilersuit; för småbarn zip suit; tränings~ track suit; skid~ ski suit; jogging~ jogging suit
overheadprojektor *s* overhead projector
overklig *adj* unreal; skenbar äv. illusory
overklighet *s* unreality
overksam *adj* **1** sysslolös idle; passiv passive, inactive **2** utan verkan inefficacious, ineffective
overksamhet *s* idleness, passivity, inaction, inactivity; jfr *overksam 1*
ovetande I *adj* se okunnig **II** *adv (äv. ovetandes), mig ~* without my knowledge
ovetenskaplig *adj* unscientific
ovetskap *s* ignorance [*om* of]
ovett *s* bannor scolding; vard. telling-off; otidigheter abuse; *få ~* get a scolding (a telling-off)
ovettig *adj* abusive; *vara ~ mot ngn* abuse a p.
ovidkommande *adj* irrelevant [*för* to]; *en ~ [person]* an outsider
ovig *adj* klumpig cumbersome, ungainly, clumsy; tung o. *~* heavy; otymplig unwieldy
ovigd *adj* om jord unconsecrated
oviktig *adj* unimportant, insignificant, immaterial, negligible
ovilja *s* **1** ovillighet unwillingness; obenägenhet disinclination [*mot* for; [*mot*] *att* inf. to inf.] **2** harm indignation; misshag displeasure [*mot*

at]; agg animosity, resentment [*mot* against]; motvilja repugnance [*mot* to, towards]; stark. aversion [*mot* to]
ovillig *adj* ej villig unwilling; ohågad reluctant, disinclined, loath [*att* inf. i samtl. fall to inf.]; averse [*att* inf. to ing-form]
ovillkorlig *adj* obetingad unconditional, unqualified; absolut absolute; nödvändig necessary; ofrånkomlig inevitable
ovillkorligen *adv* absolutely, necessarily, inevitably
oviss *adj* uncertain [*om ngt* of (about) a th.]; tveksam doubtful; tvivelaktig dubious, problematic[al]; vansklig precarious; obestämd indefinite; *utgången är* ~ äv. the result is in suspense
ovisshet *s* [state of] uncertainty, doubt[fulness] etc., jfr *oviss;* **hålla ngn i ~ om...** äv. keep a p. in suspense as to...
ovårdad *adj* om klädsel, hår dishevelled; om klädsel äv. neglected; om pers. unkempt, slovenly; om språk, stil substandard; friare slipshod, careless
oväder *s* storm äv. bildl.; tempest, bad (dirty) weather
ovädersmoln *s* storm cloud
ovädrad *adj* unaired, stuffy
ovälkommen *adj* unwelcome; ej önskvärd undesirable; ej önskad äv. unwanted
ovän *s* enemy; poet. foe; *vara* ~ *med ngn* be on bad terms with a p.
ovänlig *adj* ej vänskaplig unfriendly; ej snäll unkind; ej välvillig unkindly; fientlig hostile [*mot* i samtl. fall to, towards]; om t.ex. sätt, uppträdande disobliging; tvär harsh, brusque
ovänskap *s* enmity
oväntad *adj* unexpected, unlooked for; *ett oväntat besök* äv. a surprise visit
ovärderlig *adj* invaluable [*för* to]; inestimable; oskattbar äv. priceless
ovärdig *adj* allm. unworthy; skamlig shameful, disgraceful; ~ *ngns förtroende* unworthy of...
oväsen *s* oljud noise; larm din, uproar; bråk row, shindy; stoj racket; tumult hullabaloo; *föra* ~ make a noise
oväsentlig *adj* unessential, non-essential, inessential [*för* to]; oviktig äv. unimportant, immaterial
oväsentlighet *s* egenskap unimportance; *en* ~ an unessential matter (etc., jfr *oväsentlig*); *~er* äv. unessentials
oxblod[sröd] *adj* ox-blood [red]
oxbringa *s* kok. brisket of beef
oxe *s* **1** zool. ox (pl. oxen) äv. bildl.; stut bullock; kok. beef **2** astrol. *Oxen* Taurus
oxel *s* bot. Swedish whitebeam
oxeltand *s* molar [tooth], grinder
oxfilé *s* fillet of beef
oxhud *s* oxhide
oxid *s* kem. oxide
oxidera *vb tr* o. *vb itr* kem. oxidize

oxidering *s* kem. oxidization
oxkött *s* beef
oxstek *s* kok. roast beef; slakt. el. kok. joint of beef
oxsvanssoppa *s* oxtail soup
ozelot *s* zool. ocelot äv. skinn
ozon *s* kem. ozone
ozonskikt *s*, *~et* the ozone layer
oåterkallelig *adj* irrevocable, ...beyond (past) recall
oåtkomlig *adj* otillgänglig inaccessible [*för* to]; om pers. unapproachable; vard. unget-at-able [*för* by]; oanskaffbar unobtainable; *[bör] förvaras ~t för barn* påskrift to be kept out of children's reach
OÄ (förk. för *orienteringsämnen*) skol. general subjects
oäkta *adj* falsk false, spurious, counterfeit..., ...not genuine; imiterad imitation..., mock..., sham...; konstgjord artificial; tillgjord affected, artificial; ~ *barn* åld. illegitimate child
oändlig *adj* infinite äv. mat.; ändlös äv. endless, interminable; omätlig äv. measureless; gränslös äv. boundless, limitless, immense; *en ~ mängd [av]...* an endless (infinite, enormous) amount of...; och så vidare *i det ~a* ...ad infinitum lat.; ...to infinity; fortsätta *i det ~a* ...for ever [and ever], ...endlessly, ...interminably
oändligt *adv* infinitely etc., jfr *oändlig;* ~ *liten* äv. infinitesimal; ~ *mycket bättre* infinitely better; ~ *många* sandkorn an infinite number of..., innumerable..., an infinity of...; vard. no end of...; ~ *stor* infinite[ly great]
oärlig *adj* dishonest [*mot* to (towards)]; ohederlig äv. crooked; bedräglig om metod o.d. äv. underhand
oärlighet *s* dishonesty, crookedness, underhandedness, jfr *oärlig*
oätbar *adj* dåligt tillagad uneatable; onjutbar unpalatable
oätlig *adj* om t.ex. svamp inedible; jfr äv. *oätbar*
oäven *adj*, *inte [så]* ~ fairly good, quite passable, ...not [too] bad (vard. not half bad)
oöm *adj* om pers. robust, rugged; hållbar durable, hardwearing; härdig hardy
oönskad *adj* undesired; *ett oönskat barn* an unwanted child
oöppnad *adj* unopened
oöverlagd *adj* överilad rash, hasty; oövertänkt ill-considered; ej planlagd unpremeditated
oöversatt *adj* untranslated
oöverskådlig *adj* oredig confused; illa disponerad badly arranged; ofantlig immense, vast; oändlig boundless, limitless; om följder o.d. incalculable; om tid indefinite
oöverstiglig *adj* insurmountable; bildl. äv. insuperable; ~ *klyfta* äv. bildl. unbridgeable gulf
oöversättbar *adj* o. **oöversättlig** *adj* untranslatable

oöverträffad adj unsurpassed; utan like unrivalled, unequalled [i fråga om i samtl. fall for; som as]
oövervinnelig adj mera eg. invincible; om t.ex. blyghet, motvilja unconquerable; om svårighet o.d. insuperable

p s bokstav p [utt. pi:]; *sätta ~ för...* put a stop to (vard. a stopper on)...
pacemaker s med. el. sport. pacemaker
pacificera vb tr pacify
pacifism s pacifism
pacifist s pacifist
pacifistisk adj pacifist
1 pack s rabble, riff-raff; vermin pl.; *ett riktigt ~* slödder a lot of riff-raff
2 pack se *pick och pack*
packa I vb tr pack [up]; stuva stow, stuff; *~d med folk* packed (crowded, crammed) [with people]; *sitta (stå) som ~de sillar* be packed like sardines [in a tin]
 II med beton. part.
 ~ ihop a) eg. tr. pack...together b) itr. pack up äv. bildl.; **~ ihop sig** tränga ihop sig crowd [i ett litet rum into...]; jfr *II*
 ~ in pack up, put in; slå (linda) in äv. wrap (do) up
 ~ sig i väg be off; schappa make off; **~ dig i väg!** vanl. clear off (out)!
 ~ ner pack up; undan pack away
 ~ upp unpack
packad adj vard., berusad tight, loaded, sloshed
packe s package; bunt bundle
packis s pack ice
packlåda s o. **packlår** s packing-case
packning s konkr. **1** pack äv. mil.; bagage luggage; flyg. el. sjö. el. amer. baggage **2** tekn. gasket, packing; till kran o.d. washer
packåsna s pack ass
padda s toad
paddel s paddle; tvåbladig double[-bladed] paddle
paddelåra se *paddel*
paddla vb tr o. vb itr paddle [one's canoe]; **ge sig ut och ~** go [out] canoeing
paff adj dumbfounded, flabbergasted, nonplussed; *jag blev alldeles ~* äv. I was completely taken aback
page s page [*hos* to]
pagefrisyr s page-boy [style]
pagina s page
paginera vb tr paginate, page, foliate
paginering s pagination
pagod s pagoda
pain riche s French stick loaf (pl. loaves); amer. loaf of French bread
paj s pie; utan deglock tart
paja vard. **I** vb itr, **~ [ihop]** allm. break down, go to pieces; om t.ex. planering collapse; radion *har ~t* ...has conked out, ...is on the blink
 II vb tr ruin, smash, cause...to break down
pajas s clown; friare äv. buffoon; *spela ~* play the buffoon

pajdeg *s* [pie] pastry
pajform *s* pie dish
pajkastning *s* custard-pie throwing; bildl., ömsesidig kritik mudslinging
paket *s* parcel; litet packet; större el. amer. el. bildl. (t.ex. läroboks~) package; *ett ~ cigaretter* a packet (amer. a pack) of cigarettes; *skicka som ~* send by parcel post; *slå in ett ~* wrap up a parcel
paketavtal *s* enhetsavtal package deal
paketera *vb tr* packet
pakethylla *s* luggage (baggage) rack
pakethållare *s* luggage (baggage) carrier
paketinlämning *s* receiving office; post. parcel counter
paketlösning *s* package solution
paketpost *s* parcel post
paketpris *s* package (all-in) price
paketresa *s* allt-i-ett-resa package (all-inclusive) tour
paketutlämning *s* delivery office
Pakistan Pakistan
pakistanare *s* Pakistani
pakistansk *adj* Pakistani
pakt *s* pact, treaty; *ingå en ~* make (conclude) a pact (treaty)
palats *s* palace
palatsliknande *adj* palatial
palatsrevolution *s* palace (backstairs) revolution
palaver *s* palaver
paleontolog *s* palaeontologist
paleontologi *s* palaeontology
Palestina Palestine
palestinier *s* Palestinian
palestinsk *adj* Palestinian, Palestine
palett *s* konst. palette, pallet
paletå *s* [light] overcoat, topcoat, paletot
palissad *s* palisade, stockade
paljett *s* spangle; sequin; *~er* äv. tinsel sg.
1 pall *s* **1** möbel stool; fotstöd footstool **2** lastpall pallet
2 pall vard. *stå ~* cope, manage; *stå ~ för ngt* cope with (manage) a th.; stå emot stand up to a th.
3 pall *s* vard. apple
1 palla *vb tr*, *~ upp* chock [up], block up
2 palla *vb itr* vard. *~ för ngt* orka cope with (manage) a th.
3 palla *vb tr* vard. *~ äpplen (frukt)* scrump apples (fruit)
pallra *vb rfl*, *~ sig av (i väg)* toddle off, get along; *~ sig upp (opp)* ur sängen get oneself out of bed
palm *s* palm
palmblad *s* palm leaf (pl. palm leaves)
palmsöndag *s*, *~[en]* Palm Sunday
palpera *vb tr* med. palpate
palsternacka *s* parsnip
palt *s* kok., blod~, ung. blood bread; slags kroppkaka potato dumpling
paltbröd *s* blood bread
paltor *s pl* vard. rags, clobber sg.
pamflett *s* smädeskrift lampoon
pamp *s* pers. bigwig, big bug (noise), VIP (förk. för Very Important Person)
pampig *adj* magnificent, grand
Panama Panama
Panamakanalen the Panama Canal
panamerikansk *adj* Pan-American
panda *s* zool. panda
panel *s* **1** eg. panel [work], panelling (end. sg.); boasering wainscot; fot~ skirting-board **2** diskussionspanel panel
paneldebatt *s* panel debate
panelhöna *s* ngt åld. el. vard. wallflower
panera *vb tr* kok. coat...with egg and breadcrumbs, breadcrumb, bread
pang *interj* bang!, crack!, pop!
panga *vb tr* vard., slå sönder smash
pangbild *s* vard. terrific (fantastic) picture
pangbrud *s* sl. cracker, smasher, peach
pangsuccé *s* vard. roaring success, smash hit
panik *s* panic; *[det är] ingen ~!* don't panic!, take it easy!; *gripas av ~* [begin to] panic
panikartad *adj* panicky
panikslagen *adj* panic-stricken
panisk *adj* panic; *ha en ~ förskräckelse för* have a terrible dread of; vard. be scared stiff of
pank *adj* vard.; pred. broke, cleaned out, on the rocks
1 panna *s* **1** kok. pan; kaffe~ kettle **2** värme~ furnace; ång~ boiler
2 panna *s* forehead; isht poet. brow; *med rynkad ~* with a frown, frowning, se äv. *rynka II*
pannband *s* headband, fillet
pannben *s* anat. frontal bone
pannbiff *s* ung. hamburger
pannkaka *s* pancake, jfr *ugnspannkaka*; *grädda pannkakor* fry pancakes; *det blev ~ av alltihop* det gick i stöpet it fell flat, it flopped
pannlampa *s* headlamp
pannlugg *s* frisyr fringe
pannrum *s* boiler room; för centraluppvärmning äv. furnace room
pannå *s* dörrspegel el. konst. panel
panorama *s* panorama; utsikt äv. view, vista
panorera *vb tr* o. *vb itr* film. pan
pansar *s* **1** mil. armour (end. sg.) **2** zool. carapace
pansarbandvagn *s* stridsvagn tank
pansarbil *s* armoured car
pansardivision *s* armoured (tank) division
pansardörr *s* armoured (steel) door
pansarglas *s* armoured (bullet-proof) glass
pansarplåt *s* armour-plate
pansarregemente *s* armoured (tank) regiment
pansarskott *s* antitank grenade launcher
pansarvagn *s* armoured car; stridsvagn tank

pant *s* pledge äv. bildl.; pawn; i lek forfeit; *betala ~ för* t.ex. tomglas pay a deposit; *lämna...i ~* leave...as a pledge
panta *vb tr* vard. *~ flaskor* get money on return bottles; se äv. *pant*
pantalonger *s* ngt åld. trousers; amer. äv. pants
pantbank *s* pawnshop; *på ~en* at the pawnbroker's
pantbrev *s* jur. mortgage deed
panteism *s* pantheism
panteistisk *adj* pantheistic[al]
panteon *s* pantheon
panter *s* zool. panther; *svart ~* black leopard (panther)
pantkvitto *s* pawn ticket
pantlån *s* mortgage loan
pantlånekontor *s* pawnbroker's [shop], pawnshop
pantomim *s* pantomime, dumb show
pantsätta *vb tr* i pantbank pawn; pantförskriva pledge; *en pantsatt klocka a...in* pawn, a pawned...
papaya *s* träd o. frukt papaw, pawpaw, papaya
papegoja *s* parrot äv. bildl.
papegojaktig *adj* parrot-like
papegojsjuka *s* parrot fever; med. psittacosis
papier-maché *s* papier mâché
papiljott *s* curler; *lägga upp håret på ~er* put one's hair in curlers
papp *s* pasteboard; grov millboard; kartong cardboard
pappa *s* **1** father [*till* of]; vard. pa, dad; amer. papa, pop[pa]; barnspr. daddy; jfr *far* **2** zool. daddy-longlegs
pappaledig *adj, vara ~* be on paternity leave
pappaledighet *s* paternity leave
pappask *s* cardboard box
papper *s* ämne el. koll. paper; skriv~, brev~ (isht hand.) stationery; omslags~ wrapping paper; jfr *värdepapper; ett ~* a piece (scrap) of paper; *några ~ ark* some sheets of paper; *gamla ~ handlingar* ancient documents; *ha ~ på att...* have papers to prove (have it in black and white) that..., have documentary evidence that...; *det existerar bara på ~et ...only* on paper (in theory)
pappersark *s* sheet of paper
pappersavfall *s* waste paper
pappersbal *s* bale of paper
pappersbruk *s* papermill
pappersdocka *s* paper doll
pappersduk *s* paper (disposable) table cloth
pappersexercis *s* red tape
pappershandduk *s* paper towel
pappershandel *s* butik stationer's [shop]
pappersindustri *s* paper industry
pappersinsamling *s* paper collection
papperskasse *s* paper carrier [bag], amer. paper [shopping] bag
papperskniv *s* paperknife, paper-cutter

papperskorg *s* wastepaper basket; amer. wastebasket; utomhus litterbin
papperskvarn *s, ~en* the bureaucratic machinery, bureaucracy, red tape
papperslapp *s* slip (scrap) of paper
pappersmassa *s* paper (wood) pulp
pappersnäsduk *s* paper (disposable) handkerchief (tissue)
papperspåse *s* paperbag
pappersservett *s* paper napkin, paper serviette
pappersstallrik *s* paper plate
pappersstillverkning *s* paper-making, paper manufacture
pappersvaror *s pl* paper articles (goods); skrivmateriel stationery sg.
pappkartong *s* cardboard box
pappskalle *s* vard. blockhead, dimwit, nitwit
paprika *s* **1** bot. capsicum; kok. [sweet] pepper, pimiento; *grön (gul, röd) ~* green (yellow, red) pepper **2** krydda paprika
papuan *s* o. **papuansk** *adj* Papuan
papyrus *s* papyrus
papyrusrulle *s* papyr|us (pl. -i)
par *s* **1** sammanhörande pair; två stycken couple; om vilt äv. brace (pl. lika); om dragare span, team; *ett ~* handskar (byxor) a pair of...; de kostar 100 kr *~et (per ~)* ...a pair; *ett gift (ungt) ~* a married (young) couple; *ett älskande ~* a pair of lovers, a loving couple; *~ om ~* in pairs (couples), two by (and) two **2** *ett ~* några... a couple of..., two or three...; *ett ~ [tre] dagar* a couple of days, two or three days, a few days; *ett ~ hundra kronor* a hundred kronor or so, a few hundred kronor; *ett ~ ord* a word or two; *om ett ~ dagar* in a day or two, in a few (couple of) days
para I *vb tr* **1** ordna parvis *~ [ihop]* match, pair [...together] **2** djur mate, pair **3** förena combine **II** *vb rfl, ~ sig* mate, pair, copulate
parabel *s* matem. parabola
parabol[antenn] *s* parabolic aerial (amer. antenna); vard. [satellite] dish
parad *s* **1** mil. el. friare parade; *stå på ~* friare be on parade **2** fäktn. parry; boxn. block **3** paraddräkt full uniform (dress)
paradera *vb itr* parade
paradexempel *s* prime (classical) example
paradigm *s* gram. el. vetensk. paradigm
paradigmskifte *s* paradigmatic shift
paradis *s* paradise; *~ets lustgård* the Garden of Eden
paradisdräkt, *i ~* in one's birthday suit
paradisfågel *s* zool. bird of paradise
paradisisk *adj* paradisiac[al]; friare äv. heavenly, divine
paradmarsch *s* parade march
paradnummer *s* showpiece
paradox *s* paradox
paradoxal *adj* paradoxical

paraduniform

paraduniform *s* full uniform
paradvåning *s* representationsvåning state apartment
paraffin *s* [solid] paraffin, paraffin-wax
paraffinolja *s* liquid paraffin
parafras *s* paraphrase
paragraf *s* numrerat stycke section; jur. äv. paragraph; i traktat o.d. article, clause
paragrafryttare *s* bureaucrat, stickler for details (for the letter of the law)
paragraftecken *s* section mark
Paraguay Paraguay
paraguayare *s* Paraguayan
paraguaysk *adj* Paraguayan
parallell *s* o. *adj* parallel; *dra [upp] en* ~ draw a parallel, make a comparison; *~a linjer* äv. parallels
parallellfall *s* parallel case (instance)
parallellgata *s* parallel street
parallellkoppling *s* parallel coupling
parallellogram *s* geom. parallelogram
paralysera *vb tr* med. el. bildl. paralyse; amer. paralyze
paranoia *s* med. paranoia
paranoid *adj* med. paranoid, paranoi[a]c
parant *adj* elegant elegant; flott chic, stylish; iögonenfallande striking
paranöt *s* Brazil nut
paraply *s* umbrella
paraplyfodral *s* umbrella case
paraplyorganisation *s* umbrella organization (company)
paraplyställ *s* umbrella stand
parapsykologi *s* parapsychology
parasit *s* parasite; om pers. äv. hanger-on, sponger
parasitera *vb itr* sponge [*på* [up]on]
parasitisk *adj* parasitic
parasoll *s* parasol, sunshade; större trädgårds~ garden umbrella
paratyfus *s* med. paratyphoid [fever]
parbladig *adj* bot. pinnate
pardon *s* quarter; *utan* ~ without mercy, mercilessly
parentation *s*, *hålla* ~ *över...* deliver an oration to the memory of...
parentes *s* de båda ~tecknen parenthes|is (pl. -es) äv. inskott o. bildl.; brackets pl.; *sätta...inom* ~ put...in brackets (parenthesis); *inom* ~ *sagt* by the way, incidentally
parentetisk *adj* parenthetic[al]
parera *vb tr* parry; avvärja fend off
parflikig *adj* bot. partite
parfym *s* perfume; billigare scent; ~*er* koll. äv. perfumery sg.
parfymaffär *s* butik perfumery [shop]
parfymera *vb tr* perfume; med billig parfym scent
parfymeri *s* perfumery [shop]
parfymflaska *s* med parfym bottle of perfume (billigare scent)
parhus *s* semidetached house
parhäst *s* **1** *en* ~ a horse of a pair; *köra med* ~*ar* drive in a carriage and pair; *de hänger ihop som* ~*ar* they are inseparable [friends] **2** amer., vicepresidentkandidat running-mate
pari *s* ekon. *till* ~ at par; *under (över)* ~ below (above) par
paria *s* pariah; bildl. äv. outcast
parisare *s* **1** pers. Parisian **2** kok., se *parisersmörgås*
pariserhjul *s* big wheel; isht amer. Ferris wheel
parisersmörgås *s* [type of] hamburger fried on bread
parisisk *adj* Parisian
paritet *s* parity; *i* ~ *med* on a level (par) with
park *s* **1** parkanläggning park; offentlig äv. recreation grounds pl.; mindre (i stad) ibl. äv. square **2** bestånd (av fordon, maskiner o.d.) park
parkas *s* plagg parka
parkera *vb* **1** park; för kortare uppehåll wait **2** vard., placera park, dump
parkering *s* **1** parking; ~ *förbjuden* no parking **2** område, se *parkeringsplats*
parkeringsautomat *s* parking meter
parkeringsavgift *s* parking fee
parkeringsböter *s pl* parking fine sg.; *få* ~ get a parking fine
parkeringsförbud *s*, *det är* ~ parking is prohibited
parkeringshus *s* multistor[e]y car park
parkeringsljus *s* parking light[s pl.], sidelights pl.
parkeringsmätare *s* parking meter
parkeringsplats *s* parking place, parking space; område car park; amer. parking lot; ~ med parkeringsrutor parking bay; mindre parking ground
parkeringsruta *s* parking space
parkeringsvakt *s* vid parkeringsplats car-park attendant
parkett *s* **1** teat. stalls pl.; amer. parquet, orchestra [seats pl.]; *främre* ~ orchestra stalls pl.; *bakre* ~ pit; *på* ~*[en]* in the stalls; *sitta på första* ~ bildl. have a ringside seat **2** golv parquet flooring (floor)
parkettgolv *s* parquet floor
parkettplats *s* seat in the stalls (amer. parquet), stall
parklek *s* playground activities pl.
parksoffa *s* park bench
parkvakt *s* park-keeper
parlament *s* parliament; *sitta i* ~*et* be a member of parliament, be an MP
parlamentarisk *adj* parliamentary
parlamentarism *s* parliamentary government; mera abstr. parliamentarianism, parlamentarism
parlamentsbeslut *s* act (decree) of parliament
parlamentsbyggnad *s* parliament building

parlamentsledamot *s* member of parliament, MP
parlamentsval *s* parliamentary election
parlör *s* phrase book
parmesanost *s* Parmesan [cheese]
parnass *s*, *den svenska ~en* the Swedish Helicon
parning *s* mating, pairing, copulation
parningslek *s* courtship (end. sg.), mating dance
parningstid *s* mating season
parodi *s* parody, travesty [*på* of]; skit [*på* on]; *en ren ~ på...* a travesty of...
parodiera *vb tr* parody, mimic, travesty
parodisk *adj* parodic[al]
paroll *s* slagord watchword, slogan; lösenord password, countersign
part *s* **1** andel portion, share **2** jur. *~ [i målet]* party; *det är bäst för alla ~er ...*for all parties (everybody) [concerned]; *man måste höra bägge ~erna ...*both sides
parti *s* **1** del part äv. mus.; avdelning section; av bok passage **2** hand., kvantitet lot; varusändning consignment, parcel; isht sjö. äv. shipment; kvantitet quantity [alla med of framför följ. best.]; *i ~ och minut* [by] wholesale and [by] retail **3** polit. party **4** spel~ game; *ett ~ schack* a game of chess; *spela ett ~ bridge* play (have) a game (round) of bridge **5** gifte match; *göra ett gott (rikt) ~* make a good match (marry a fortune) **6** *ta ~ för ngn* el. *ta ngns ~* take a p.'s part (side), side with (stand up for) a p.
partiapparat *s* polit. party machine
partibeteckning *s* polit. party label
particip *s* gram. participle
partiell *adj* partial
partifärg *s* polit. political complexion, party colour
partihandel *s* wholesale trade
partikel *s* particle äv. språkv.; fys.
partikongress *s* polit. party conference
partiledare *s* polit. party leader (vard. boss)
partilös *adj* polit. non-party...; friare independent, neutral
partipamp *s* polit. party bigwig (boss)
partipolitik *s* party politics (sg. el. pl.)
partipolitisk *adj* party-political
partipris *s* hand. wholesale price
partiprogram *s* polit. party programme (manifesto), platform
partisan *s* partisan
partisekreterare *s* polit. party secretary, secretary of a (resp. the) party
partisk *adj* partial, bias[s]ed, one-sided
partiskhet *s* partiality, bias, one-sidedness
partitur *s* mus. score
partner *s* partner
parvel *s* vard. little fellow (chap)
parvis *adv* in pairs (couples)
paråkning *s* sport. pairs-skating

pascha *s* hist. el. skämts. pasha
1 pass *s* **1** passage pass; bergs~ äv. gorge, defile **2** legitimation passport; *falskt (förfalskat) ~* forged passport **3** jakt. el. polis. ~ (patrulleringsområde) beat; *stå på ~* allm. be on guard (on the lookout); jakt. be at (take up) one's stand (station) **4** tjänstgöring duty; skift spell; *vem har ~[et] i kväll?* who is on duty (in charge) tonight?, who has (is on for) night duty? **5** *så ~ [mycket]* tillräckligt *att* + sats [about] enough to + inf.; *så ~ mycket (nära, stor)* så [här] mycket osv. as much (near, big) as this (that); *så ~ mycket kan jag säga dig* I can tell you this much; *så ~ till den grad stor (nära, vanligt) att...* so big (near, common) that...; *komma [ngn] väl (bra) till ~* isht om konkr. ting come in handy
2 pass *interj* kortsp. pass!, none!; *säga ~* say (call) 'pass' ('no bid')
3 pass *interj*, *~ för den!* that's mine!, I want that one!, bags I that one!, amer. dibs on that!
passa I *vb tr* o. *vb itr* **1** ge akt på attend (pay attention) to; hålla ett öga på keep (have) an eye on; [av]vakta, vänta på watch for, wait (hålla utkik efter look out) for; försåtligt waylay; se efter see to, look after; se till mind, tend; sköta om take care of; betjäna wait [up]on; maskiner o.d.: sköta äv. operate; övervaka äv. watch [over]; *~ barn* se efter barn look after (take care of) children; sitta barnvakt baby-sit; *~ telefon[en]* answer the telephone; *~ tiden* vara punktlig be punctual, be (come) in time; *~ på* utnyttja tillfället take the chance (opportunity), avail oneself of the opportunity (chance); *~ tåget* be in time for the train
2 vara lagom (avpassad), lämpa sig, avpassa, anpassa fit isht om konkr. ting; suit [*efter* i båda fallen to]; vara lämplig be fit[ting] [*till* for]; be suitable [*till* for; *för* to]; duga äv. do; vara läglig, bekväm äv. be convenient [*ngn* to a p.]; *den* (t.ex. hatten, rocken) *~r mycket bra (precis)* it fits perfectly (is a perfect fit); *möbeln ~r inte här ...*is out of place here; *om det ~r er* är lägligt äv. if it is convenient to (will do for) you, if it is all right [for you]; *när det ~r henne* when it suits her; när hon har lust äv. when she chooses (likes)
med prep.-konstr.: *de ~r för varandra* they are suited to each other; *han ~r inte för platsen* he is not the man (will not do, is not suited el. cut out) for the post; *det ~r [in] i sammanhanget* it fits [into] the context; *nyckeln ~r inte i (till) låset* the key doesn't fit the lock; *en slips som ~r till* kostymen a tie that goes well with (matches)...; *han ~r bra till (att vara)* lärare, chef o.d. he is cut out el. is the right sort of man for (to be) a...

passabel

3 vara klädsam suit, become; anstå be becoming [*ngn* for a p.] osv., jfr *II 2*
4 kortsp. pass, say 'no bid'
5 sport. ~ *[bollen]* pass [the ball]
II *vb rfl*, ~ *sig* **1** lämpa sig, vara lämpligt be convenient (opportune)
2 anstå be becoming, be fitting [*för ngn* for a p.]; become, befit [*för ngn* a p.]; *det ~r sig inte* it is not proper (vard. not good form, not done); jfr äv. *passande*
3 se upp look out [*för* for]; akta sig take care of oneself; ~ *sig att inte* inf. take care not to inf.
III med beton. part.
~ **ihop a)** itr. eg. fit [together]; friare fit in; stämma tally, square [*med* with]; ~ *ihop [med varandra]* om pers. suit (be well suited to) each other, get on well together; ~ *ihop med* ngt match... **b)** tr. fit...together; tekn. joint, join...together
~ **in a)** tr. fit...in (into) **b)** itr. fit [in]; tekn. äv. gear; ~ *in i* fit (bildl. äv. dovetail) [into]; *det ~r precis in på honom* the description fits him exactly
~ **på** look (watch) out; *pass på, så att du inte ramlar!* mind you don't fall!; ~ *på medan...(att* inf.*)* take the opportunity while...(to inf.)
~ **upp a)** betjäna attend; vid bordet wait [*på* båda at (amer. on)] **b)** *pass upp!* watch out!, watch it (yourself)!
passabel *adj* passable; skaplig tolerable
passadvind *s* geogr. trade wind
passage *s* passage abstr. o. konkr. (äv. avsnitt i bok o.d. el. mus.);.astron. transit; arkad arcade; *hindra ~n* block (obstruct) the thoroughfare; *lämna fri ~* leave the way free
passagerare *s* passenger; i taxi o.d. fare
passagerar[flyg]plan *s* passenger airliner
passagerartrafik *s* passenger traffic
passande *adj* lämplig suitable; fit isht pred. i bet. 'värdig'; läglig convenient [*till* i samtl. fall for]; lämpad conformable [*för* to]; riktig, rätt appropriate, proper, correct; tillbörlig becoming, befitting; vederbörlig due; *det är inte ~ för en ung flicka att...* it is not done (the thing) for a young girl to...; *det ~* subst. adj.: det korrekta what is [right and] proper, the [proper] thing; det anständiga decorum, good form; *känsla för det ~* sense of propriety
passare *s* cirkelinstrument compasses pl.; *en ~* a pair of compasses
passbyrå *s* passport office
passbåt *s* tender, ferryboat
passera *vb tr* o. *vb itr* **1** ~ *[förbi]* pass äv. friare; pass by; överskrida cross; *det får (kan)* ~ gå för sig it will do, let it pass; *det låter jag* ~ överser jag med I am willing to overlook that (let it pass); *ett ~t stadium* a stage that has passed (gone by) **2** hända happen osv., jfr *hända I* **3** kok. strain; genom durkslag press...through a colander **4** i t.ex. tennis pass
passersedel *s* pass, permit
passform *s* om kläder o.d. fit; kjolen *har bra ~* ...is a perfect fit
passfoto[grafi] *s* passport photo[graph]
passgång *s* isht om häst amble
passgångare *s* isht om häst ambler
passion *s* lidelse, lidande passion; mani mania; käpphäst hobby
passionerad *adj* ivrig, entusiastisk keen, ardent, enthusiastic; om t.ex. talare impassioned; varmblodig, lidelsefull passionate; ~ *kärlek* passionate love
passionsfrukt *s* passion fruit
passionsspel *s* kyrkl. Passion Play
passiv I *adj* passive; ~ *delägare* sleeping partner; ~ *medlem* associate member; ~ *rökning (rökare)* passive smoking (smoker); *förhålla sig ~* remain passive (neutral), sit (stand) back **II** *s* språkv. the passive [voice]
passivera *vb tr* passivate, make...passive; språkv. turn into the passive
passivisera *vb tr* passivate, make...passive
passivitet *s* passivity, passiveness
passkontroll *s* kontrol passport examination (control); kontor passport office
passkontrollant *s* immigration officer, passport official
passning *s* **1** eftersyn attention, looking to; tillsyn tending; skötsel nursing; betjäning attendance, service, waiting-on **2** sport. pass
passopp *s* attendant; pojke page[-boy]; *vara ~ åt...* fetch and carry for...
passus *s* passage
pasta *s* **1** allm. paste **2** spaghetti o.d. pasta it.
pastej *s* pie; liten patty
pastejdeg *s* pastry
pastell *s* pastel; *måla i ~* paint in pastel
pastellfärg *s* pastel colour
pastellkrita *s* pastel [crayon]
pastellmålning *s* pastel [painting (drawing)]; tavla pastel [picture]
pastill *s* pastille, lozenge
pastisch *s* pastiche
pastor *s* i frikyrkan el. isht om utländska förh. pastor; ~ *[Bo] Ek* [the] Rev. Bo Ek
pastoral *s* o. *adj* pastoral äv. mus.
pastorat *s* kyrkl., ung. parish
pastorsexpedition *s* ung. [parish] registrar's (register) office
pastorsämbete *s* parish civil registration office
pastrami *s* kok. pastrami
pastörisera *vb tr* pasteurize
pâté *s* o. *paté* *s* pâté
patellarreflex *s* med. patellar reflex
patent *s* patent [*på* for]; ~brev letters patent pl.; *söka ~* apply for a patent
patentbrev *s* letters patent pl.

patentbyrå *s* patent agency
patentera *vb tr* patent, take out a patent for; patentskydda protect...by [a] patent
patentinnehavare *s* holder of a (resp. the) patent, patentee
patentlås *s* safety (yale®, patent) lock; smäcklås latch
patentlösning *s* cure-all, panacea, patent (ready-made) solution, instant recipe
patentmedicin *s* patentskyddad patent medicine; universalmedicin nostrum, quack medicine; bildl. cure-all, panacea, nostrum
patentregister *s* register of patents
patentskydd *s* protection by a patent (resp. by patents)
patentskyddad *adj* patented
patentsmörgås *s* fried bread with bacon and egg on it
patentstickning *s* double knitting
patentverk *s* patent office; ***Patent- och Registreringsverket*** the [Swedish] Patent and Registration Office
pater *s* priest; ~ *X* Father X
paternosterhiss *s* paternoster, continuous lift (amer. elevator)
patetisk *s* lidelsefull passionate; högstämd lofty, elevated; högtravande highflown; gripande pathetic äv. löjeväckande; ***en ~ figur*** a pathetic figure
patiens *s* patience; amer. solitaire; ***lägga ~*** play patience (solitaire)
patient *s* patient; sjukdomsfall äv. case
patina *s* patina; bildl. äv. mellowness
patolog *s* pathologist
patologi *s* pathology
patologisk *adj* pathological
patos *s* lidelse passion, devotion; t.ex. ungdomligt fervour; t.ex. deklamatoriskt, falskt pathos; ***socialt ~*** passion for social justice
patrask *s* rabble, riff-raff
patriark *s* patriarch äv. friare
patriarkalisk *adj* patriarchal
patriarkat *s* **1** kyrkl., ämbete patriarchate **2** fadersvälde patriarchy, patriarchate
patricier *s* patrician
patriot *s* patriot
patriotisk *adj* patriotic
patriotism *s* patriotism
1 patron *s* **1** godsägare [country] squire; husbonde master, principal; vard. boss **2** skydds~ patron saint
2 patron *s* för skjutvapen cartridge äv. friare (om patronliknande förpackning el. föremål); rörpost~ [dispatch] carrier; för t.ex. kulpenna refill [cartridge]; film~ [film] cartridge; ***lös (skarp) ~*** blank (ball) cartridge
patronbälte *s* cartridge (ammunition) belt
patronhylsa *s* cartridge [case]
patrull *s* patrol; ***stöta på ~*** bildl. (stöta på motstånd) meet with opposition [hos ngn from a p.]

patrullbåt *s* patrol (reconnaissance) boat, P-boat
patrullera *vb tr* o. *vb itr* patrol; itr. äv. be on patrol [duty]
patrullering *s* patrol[ling]
patrulltjänst *s* patrol service (duty)
patrullverksamhet *s* patrolling activity
patt *s* vulg. tit, boob
paus *s* **1** isht i tal pause; uppehåll, avbrott break, intermission; teat. el. radio. interval; amer. intermission; ***göra en ~*** i t.ex. tal make a pause; i arbetet have a break **2** mus. rest
pausera *vb itr* pause, stop, make a pause
paussignal *s* radio. interval signal
paustecken *s* mus. rest [sign]
paviljong *s* pavilion
peang *s* med. hemostatic forceps sg., clamp for hemostasis
pedagog *s* educationalist, educationist; lärare pedagogue
pedagogik *s* pedagogy
pedagogisk *adj* pedagogic[al]; uppfostrande educational
pedal *s* pedal
pedant *s* pedant; friare meticulous person, perfectionist; vard. nitpicker
pedanteri *s* pedantry; friare meticulousness, perfectionism; vard. nitpicking
pedantisk *adj* pedantic; friare meticulous, perfectionist; vard. nitpicking
pederast *s* pederast
pediatrik *s* paediatrics sg.; isht amer. pediatrics sg.
pediatriker *s* paediatrician; isht amer. pediatrician
pedikyr *s* pedicure, chiropody
pedikyrist *s* chiropodist
pejla *vb tr* o. *vb itr* **1** bestämma riktningen till take a bearing of; flyg., med radio locate; orientera sig take one's bearings **2** loda sound; ***~ opinionen*** sound out opinion (views) [beträffande on]
pejling *s* bearing; radio location; sounding; ***få ~ på*** sjö. get a bearing on; jfr *pejla 1 o. 2*
pejorativ *adj* isht språkv. pejorative
peka *vb itr* point [på at (to); på att... to the fact that...]; ***~ tyda på att...*** äv. indicate that...; ***gå dit näsan ~r*** follow one's nose; ***hon får allt vad hon ~r på*** her slightest wish is fulfilled, everything is hers for the asking; ***nålen ~r åt norr*** the needle points [to the] north; ***~ ut*** point out; välja ut single out; designera designate [ngn som a p. as]
pekannöt *s* pecan
pekbok *s* för småbarn [children's] picture book
pekfinger *s* forefinger, index finger
pekin[g]es *s* o. **pekin[g]eser** *s* hundras pekin[g]ese, Pekin[g]ese (båda pl. lika); vard. peke
pekoral *s* pretentious (high-flown, corny)

pekpinne 504

trash, corn (end. sg.); *ett* ~ [a piece of] pretentious etc. trash, corn
pekpinne *s* pointer; bildl. lecture; *för många pekpinnar* too much lecturing
pekuniär *adj* pecuniary, financial
pelarbord *s* pedestal table
pelare *s* pillar äv. bildl.; kolonn column
pelargon *s* o. **pelargonia** *s* bot. pelargonium; ofta geranium
pelargång *s* arkit. colonnade; kring klostergård cloister; arkad arcade
pelarsal *s* pillared hall
pelikan *s* pelican
pellet *s* pellet
pendang *s* counterpart, companion [piece, bok volume]; *bilda en* ~ *till* äv. match
pendel *s* pendulum
pendeltrafik *s* commuter traffic
pendeltåg *s* commuter (suburban) train
pendla *vb itr* **1** svänga swing [to and fro]; tekn. oscillate, pendulate; vackla vacillate **2** trafik. commute
pendlare *s* trafik. commuter
pendling *s* **1** oscillation, pendulation; swinging (end. sg.) **2** trafik. commuting
pendyl *s* ornamental (vägg~ wall, bords~ mantelpiece) clock
penetration *s* penetration
penetrera *vb tr* penetrate
peng *s* slant coin, little sum of money; jfr *pengar*
pengar *s pl* koll. money sg.; kapital capital sg., funds; till biljett fare sg.; *var är ~na?* where is the money?; *~na eller livet!* your money or your life!; *snabba* ~ easy money; amer. vard. a fast buck; *svarta* ~ black (dirty) money; *ha mycket (inte ha mycket)* ~ have a lot of (not have much) money; *ha* ~ *till* mat (det nödvändigaste) have money for...; *man kan inte få allt för* ~ money won't buy everything; *hjälpa ngn med* ~ help (assist) a p. financially; *vara utan* ~ be without any money (penniless, out of cash)
penibel *adj* pinsam painful; kinkig awkward; *vara i en* ~ *situation* be in a bit of a fix (in an awkward situation)
penicillin *s* farmakol. penicillin
penis *s* pen|is (pl. -es, vard. -ises)
penna *s* allm. pen; blyerts~ pencil; skribent writer
pennalism *s* bullying
penndrag *s* stroke of the pen
pennfodral *s* pen (för blyertspennor pencil) case
pennfäktare *s* scribbler
penning *s*, *få ngt för en billig (ringa)* ~ get a th. cheap[ly] (vard. for a song); se äv. *peng* o. *pengar*
penningbehov *s* need of money
penningbekymmer *s pl* financial (pecuniary) worries
penningbrist *s* shortage (lack) of money

penningfråga *s, det är en* ~ *för honom* it is a question (matter) of money for him
penningförsändelse *s* remittance [of money]
penninggräs *s* bot. pennycress
penninggåva *s* money gift
penninglott *s* [state] lottery ticket
penninglotteri *s* state lottery [with money prizes]
penningmarknad *s* money market
penningplacering *s* investment [of money (capital)]
penningpolitik *s* monetary policy
penningpung *s* moneybag, purse
penningstark *adj* ...in a strong financial position; attr. äv. moneyed; ~ *person* äv. financially strong (wealthy) person, man (resp. woman) of money
penningsumma *s* sum of money
penningtransaktion *s* money (financial) transaction
penningvärde *s* pengarnas köpkraft value of money, money value
penningväsen *s* myntsystem monetary system; finanser finances pl.
penningört *s* bot. pennycress
pennkniv *s* penknife; fickkniv pocketknife
pennskaft *s* eg. penholder
pennskrin *s* pencil box
pennstift *s* [loose] lead
pennstump *s* pencil stump; stubby pencil
pennteckning *s* pen-and-ink drawing
pennvässare *s* pencil-sharpener
pensé *s* bot. pansy
pensel *s* målar~ o.d. [paint]brush
penseldrag *s* stroke of the brush
penselföring *s* brushwork
pension *s* **1** underhåll pension; ålders~ äv. superannuation [benefit]; *få (avgå med)* ~ get (retire on) a pension **2** inackordering board; se äv. *pensionat* **3** flick~ girls' boarding school, finishing school
pensionat *s* inackorderingsställe boarding house; mindre hotell [private (family)] hotel; på kontinenten ofta pension
pensionera *vb tr* pension [off], grant a pension to; ~*d* pensioned; ofta retired
pensionering *s* pensioning, superannuation; *till ~en* var han... up to his retirement...
pensionsavgift *s* pension contribution
pensionsbesked *s* certificate of pension benefits
pensionsbrev *s* letter of pension
pensionsförsäkring *s* retirement annuity (pension insurance)
pensionsgrundande *adj, ~ inkomst* pensionable income
pensionsålder *s* pensionable (retirement) age
pensionär *s* pensionstagare [retirement] pensioner, senior citizen
pensionärshem *s* pensioners' home, home for aged (old, retired) people

pensla *vb tr* paint; ~ bröd *med ägg* brush...with beaten egg; ~ *på färg* apply paint
pensum *s* task, lesson, assignment
pentry *s* sjö. el. flyg. galley; kokvrå kitchenette
peppa *vb tr*, ~ *[upp]* vard. pep up
peppar *s* pepper; ~, ~! touch (amer. knock on) wood!; *jag önskar honom dit ~n växer* I wish him further
pepparkaka *s* gingerbread biscuit; *mjuk* ~ gingerbread cake
pepparkakshus *s* gingerbread house
pepparkorn *s* peppercorn
pepparkvarn *s* pepper mill
pepparmint *s* o. **pepparmynt** *s* smakämne peppermint
pepparmynta *s* bot. peppermint
pepparrot *s* horseradish
pepparstek *s* kok. pepper steak
pepparströare *s* pepper pot
peppra *vb tr* o. *vb itr* pepper [*[på] ngt* a th.]; ~ *ngn med kulor (skott)* pepper a p. with bullets
per *prep* **1** medelst by; ~ *brev (järnväg, telefon)* by letter (rail[way], telephone) **2** i distr. uttr.: ~ *månad (styck, ton)* a) varje månad osv. a (per) month (piece, ton) b) månadsvis osv. by the month (piece, ton); två gånger ~ *månad (vecka, år)* äv. ...monthly (weekly, yearly); 25 kronor ~ *styck* äv. ...each, ...apiece; ~ *år* årligen äv. annually, per annum; ~ *gång* varje gång every (each) time; åt gången at a time **3** i div. uttr. (hand.) en växel ~ *tre månader* ...at three months; ~ *den 31 mars* a) om kontoutdrag up to [and including] (as at) 31st March b) om saldo [as] at 31st March
per capita *adv* per capita
perenn *adj* bot. perennial
perfekt I *adj* perfect; *en* ~ *kock (maskinskriverska)* ofta a first-rate cook (typist); *en* ~ *äkta man* ofta a model husband **II** *adv* perfectly, to perfection **III** *s* gram. the perfect [tense]; ~ *particip* past (perfect) participle
perfektion *s* perfection
perfektionism *s* perfectionism
perfektionist *s* perfectionist
perforera *vb tr* perforate
perforering *s* perforation
pergament *s* parchment; till bokband o.d. äv. vellum
pergamentpapper *s* parchment paper
pergamentrulle *s* roll of parchment
perifer *adj* peripheral äv. anat.; data., avsides liggande äv. remote, outlying
periferi *s* **1** cirkel~ circumference **2** utkant, ytterområde periphery; *i stadens* ~ äv. on the outskirts of the town
periferisk *adj* peripheral; avsides liggande äv. remote, outlying

period *s* period äv. tele.; ämbets~ o.d. term; *en* ~ *av dåligt väder (melankoli)* a spell of bad weather (melancholy)
periodavgift *s* tele. charge for one period
periodicitet *s* periodicity
periodisk *adj* periodic; tekn. el. elektr. äv. cyclic; ~ *tidskrift* periodical; *det ~a systemet* kem. the periodic system
periodkort *s* season ticket
periodsupare *s* periodical drinker, dipsomaniac; vard. dipso
periodvis *adv* periodically
periskop *s* periscope
permanens *s* permanence
permanent I *adj* permanent; ~ *minne* data. permanent storage **II** *s* permanentning permanent waving; *en* ~ a permanent wave; vard. a perm
permanenta *vb tr* **1** allm. make...permanent **2** hår perm; *är hon ~d?* has she had her hair permed?; *[låta]* ~ *sig* have a perm **3** väg lay...with a permanent surface; *~d väg* road with a permanent surface
permission *s* mil. o.d. leave [of absence]; på längre tid furlough; *få* ~ get (be granted) leave; *ha* ~ be on leave
permissionsansökan *s* mil. o.d. application for leave
permissionsförbud *s* mil. o.d. suspension (stoppage) of leave; *ha* ~ be confined to barracks
permissionssedel *s* mil. [leave] pass
permittera *vb tr* **1** entlediga (arbetare) dismiss [temporarily], lay off; *vara ~d* be [temporarily] dismissed (laid off work) **2** mil. grant leave to
permittering *s* av arbetare temporary dismissal, lay-off
perplex *adj* perplexed; *bli* ~ *över ngt* äv. be taken aback by a th.
perrong *s* platform
persedel *s* mil. item of equipment; *persedlar* utrustning equipment, kit (båda sg.)
perser *s* Persian äv. katt
perserkatt *s* Persian cat
persianpäls *s* Persian lamb coat
Persien hist. Persia
persienn *s* Venetian blind
persika *s* peach
persilja *s* parsley
persiljesmör *s* parsley (maître d'hôtel) butter
persisk *adj* Persian; *Persiska viken* the Persian Gulf
persiska *s* språk Persian
person *s* allm. person äv. gram.; neds. äv. individual; framstående personage; *~er* a) vanl. (isht mindre formellt) people b) passagerare passengers; *en familj på fem ~er* a family of five; *en offentlig* ~ a public figure (character); *i egen hög* ~ in person,

personal 506

personally; *utan hänsyn till* ~ without respect (distinction) of persons
personal *s* staff; isht mil. el. på sjukhus, offentlig institution o.d. personnel; *ha för liten (stor)* ~ be understaffed (overstaffed), be undermanned (overmanned); *höra till ~en* be on the staff
personalavdelning *s* staff (personnel) department
personalbrist *s* shortage of staff (personnel)
personalchef *s* staff (personnel) manager; för större företag äv. personnel officer
personalfest *s* staff party, på firma o.d. office party
personalier *s pl* personal particulars, biographical data
personalingång *s* service (staff) entrance
personalmatsal *s* staff (personnel) dining room (större hall)
personalomsättning *s* staff (employee, labour) turnover
personalpolitik *s* personnel (staff) policy
personalrabatt *s* staff (personnel) discount
personalutbildning *s* staff (personnel) training
personalvård *s* staff welfare
personangrepp *s* personal attack
personbefordran *s* conveyance of passengers
personbevis *s* [copy of] birth certificate
personbil *s* private car
personbästa *s* sport. personal best
persondator *s* personal computer (förk. PC)
personhiss *s* passenger lift
personifiera *vb tr* personify; *oskulden ~d* innocence personified (incarnate)
personkemi *s* vard. [personal] chemistry
personkult *s* personality cult, cult of personality
personkännedom *s* knowledge of people
personlig *adj* allm. personal äv. intim; närgången; individuell individual; *~t* på brev private; *för min ~a del* for my [own] part; *~a frihet* personal (individual) liberty; *~a tillhörigheter (~ åsikt)* personal el. private belongings (opinion); *min ~a åsikt är...* äv. personally, I think...
personligen *adv* personally; 'i egen hög person' äv. in person; *han var ~ närvarande* äv. he was present himself; *jag inbjöd honom ~* gjorde det själv I invited him myself
personlighet *s* personality; person personage, figure; *han är en ~* he has personality; *gå (komma) in på ~er* become personal
personlighetsklyvning *s* psykol. *lida av ~* have a split (dual, multiple) personality
personnamn *s* personal name
personnummer *s* personal code number, social security number
personskada *s* försäkr. el. allm. personal injury
personsökare *s* [radio] pager, bleep[er]
persontrafik *s* passenger traffic

persontåg *s* mots. godståg passenger train; mots. snälltåg ordinary (slow) train
personundersökning *s* jur. personal case study; amer. pre-sentence investigation
perspektiv *s* konst. perspective äv. bildl.; *~en utsikterna* the prospects; *nya ~* äv. new vistas (prospects, horizons); *anlägga ett nytt ~ på problemet* adopt a new approach to the problem, see the problem from a new angle; *få ~ på ngt* get a th. into perspective; *i ett längre ~* måste vi taking the long view...; se verkligheten *ur barnets ~* ...from the (a) child's point of view, from the (a) child's angle
perspektivfönster *s* picture (vista) window
Peru Peru
peruan *s* Peruvian
peruansk *adj* Peruvian
peruk *s* **1** eg. wig **2** vard., om naturligt hår mop; stor, lurvig shock of hair
perukmakare *s* wigmaker
pervers *adj* perverted, sexually depraved; *han är ~* äv. he is a pervert
perversion *s* perversion
perversitet *s* pervertedness (end. sg.), sexual perversion
peseta *s* myntenhet peseta
pessar *s* diaphragm, pessary
pessimism *s* pessimism
pessimist *s* pessimist
pessimistisk *adj* pessimistic
pest *s* allm. plague; böldpest vanl. the [bubonic] plague; finare äv. pestilence; *sky som ~en* shun (avoid) like the plague; *välja mellan ~ och kolera* ung. choose between two evils; *måndagar är ~* vard. Mondays are murder (poison)
pesthärd *s* plague spot
peta I *vb tr* o. *vb itr* **1** allm. pick, poke; *~ hål i (på) ngt* poke a hole in (through) a th.; *~ naglarna* clean one's nails; *~ [sig i] näsan* pick one's nose; *~ [sig i] öronen* clean one's ears; *~ i maten* äv brist på aptit pick (peck) at one's food **2** bildl., utmanövrera oust; avskeda dismiss; *~ en spelare* sport. drop a player
II med beton. part.
~ av (bort) pick off (away)
~ fram eg. pull out; *~ fram* hjälpa fram *ngn* push a p. [forward]
~ in eg. el. bildl. push (poke) in[to]
~ till ngt touch a th.
~ ut avlägsna remove
petgöra *s* finicky (fiddly) job
petig *adj* smånoga, pedantisk finical, finicking, vard. nitpicking; om pers. äv. meticulous, pedantic
petit-chou *s* ung. éclair bun, cream puff (bun)
petitess *s* trifle
petition *s* petition [*om* for]
petnoga *adj* vard. fussy, pernickety
petrokemisk *adj* petrochemical

petroleum s petroleum, mineral oil
petunia s bot. petunia
p.g.a. (förk. för *på grund av*) se *1 grund 4*
pH-värde s pH value
pi s matem. pi
pianist s pianist, piano-player
piano I s piano (pl. -s); i mots. t. flygel upright piano **II** *adv* mus., styrkebeteckning piano it.
pianoackompanjemang s piano accompaniment
pianodragspel s piano accordeon
pianokonsert s musikstycke piano concerto (pl. -s); konsert piano recital
pianola s pianola, player-piano
pianolektion s piano lesson
pianomusik s piano music
pianostol s piano stool, music stool
pianostämmare s piano-tuner
pianotråd s piano wire
piccolo s page[-boy]; amer. bellboy; vard. bellhop
picka *vb tr* o. *vb itr* **1** om fågel: ~ *på ngt* peck at a th.; ~ *hål på ngt* pick a hole in a th. **2** med nål el. gaffel (t.ex. frukt) prick **3** om klocka tick; om hjärtat flutter, go pit[-a]-pat
pickels s pickles pl.
picknick s picnic
pick och pack s, *ta sitt* ~ take (gather) one's traps (goods and chattels); *han gav sig i väg med [allt] sitt* ~ he cleared out, bag and baggage
pick-up s **1** på grammofon pick-up, cartridge **2** liten lastbil pick-up [truck]
pickupnål s styl|us (pl. äv. -i)
piedestal s pedestal
pietet s reverence
pietetsfull *adj* reverent, reverential; ~ *restaurering* restoration in keeping with past tradition, pious restoration
pietism s relig. pietism
pietist s relig. pietist
pietistisk *adj* relig. pietistic
piff s zest; *sätta* ~ *på ngt* add zest (spice) to a th., add an extra touch (just that little extra) to a th.; *sätta* ~ *på maten* give a relish to the food
piffa *vb tr* vard. ~ *upp* smarten (pep, jazz) up
piffig *adj* vard.: chic, snitsig chic, smart; pikant piquant; *en* ~ *hatt* äv. a saucy hat; *en* ~ *maträtt* a tasty (spicy) dish
piga s hist. maid
1 pigg s spike; tagg quill; spets point
2 pigg *adj* **1** brisk, spry; kvick, käck spirited; vaken alert, wide-awake; *en* ~ *unge* a bright (sharp) child; ~*a ögon* lively eyes; *känna sig* ~ *i form* feel fit **2** *vara* ~ *på ngt* be keen on a th.; *är du* ~ *på* ett parti schack (en promenad) *?* do you feel like...?, how about...?
pigga *vb itr*, ~ *upp* buck up; muntra upp cheer up; stimulera stimulate; *det* ~*de upp mig* it bucked (cheered) me; ~ *upp sig* buck (cheer) up
pigghaj s spiny (piked) dogfish
piggna *vb itr*, ~ *till* come round
piggsvin s porcupine
piggvar s turbot
pigment s pigment
pigmenterad *adj* pigmented
pigmentering s pigmentation
pik s **1** vapen pike **2** bergstopp peak **3** sjö. peak **4** spydighet dig, taunt, gibe, innuendo; *jag förstår* ~*en* that was a dig at me, I get the message; *ge ngn en* ~ make a [sly] dig (a crack) at a p. **5** i simhopp pike
pika *vb tr* taunt [*ngn för ngt* a p. with a th.], have a dig at a p.
pikant *adj* piquant; kryddad äv. spicy, highly seasoned; ~*a detaljer* spicy details; *en* ~ *historia* a spicy (racy) story; *ett* ~ *utseende* an intriguing appearance
pikanteri s piquancy (end. sg.); ~*er* pikanta detaljer spicy details
piké s **1** tyg piqué **2** kortsp. piquet
piket s **1** polisstyrka riot (flying) squad **2** polisbil police van; amer. patrol wagon
1 pil s träd willow; för sms., jfr äv. *björk-*
2 pil s **1** pilbågs~ arrow; armborst~ bolt; pilkastnings~ dart; *Amors* ~*ar* Cupid's darts (shafts, arrows); *snabb som en* ~ swift as an arrow; *fara i väg som en* ~ be off like a shot **2** pilformigt tecken arrow; vägvisare fingerpost
pila *vb itr*, ~ *i väg* dart (dash) away
pilbåge s bow
pilfink s zool. tree sparrow
pilgrim s pilgrim
pilgrimsfalk s peregrine [falcon]
pilgrimsfärd s pilgrimage; *göra en* ~ go on a pilgrimage
pilgrimsmussla s zool. pilgrim's shell, pilgrim scallop; maträtt Scallop Saint-Jacques
pilkastning s spel darts sg.
pill s knåpgöra finicky job
pilla *vb itr*, ~ *med ngt* potter at a th., mess about with a th.; ~ *peta på ngt* pick (poke) at a th., finger (touch) a th.; ~ *av (bort, fram)* se *peta II*
piller s pill; *svälja det beska pillret* swallow the bitter pill
pillerburk s pillbox äv. damhatt
pillra se *pilla*
pilot s pilot
pilotstudie s pilot study
pilsk *adj* vard. randy, horny
pilsner s öl av pilsnertyp, ung. lager; äkta Pilsner [beer], Pilsener [beer]
pilspets s arrowhead
pimpel s fiske. jig
pimpinett *adj* vard. natty; om person äv. dapper, fastidious
1 pimpla *vb tr* o. *vb itr* dricka tipple
2 pimpla *vb tr* o. *vb itr* fiske. jig

pim[p]sten *s* pumice, pumice stone
pin *adj*, **på ~ kiv** out of pure (sheer) cussedness, just to tease
pina I *s* pain, torment[s pl.], suffering, anguish (end. sg.); **göra ~n kort** get it over quickly **II** *vb tr* torment, torture; **~s av oro (samvetskval)** be harassed by anxiety (compunction); **~ livet ur ngn (ihjäl ngn)** bildl. worry the life out of a p. (a p. to death); **se ~d ut** look pained (tormented)
pinal *s* sak thing, article; **~er** tillhörigheter gear sg., things
pincené *s* eyeglasses pl.; **en ~** a pair of eyeglasses
pincett *s* tweezers pl.; kir. forceps (sg. el. pl.); **en ~** a pair of tweezers (forceps)
pingis *s* vard. table tennis, ping-pong
pingla I *s* [small] bell, tinkler; vard., flicka chick, doll **II** *vb itr* tinkle, jingle
pingpong *s* ping-pong
pingst *s*, **~[en]** Whitsun; högtidl. Whitsuntide; **i ~as** last Whitsun, jfr vid. *jul*
pingstafton *s* Whitsun Eve, jfr vid. *julafton*
pingstdag *s* **1** Whitsunday, jfr vid. *juldag 1* **2 ~arna** pingsthelgen the Whitsun holiday sg.
pingsthelg *s*, **~en** Whitsun; högtidl. Whitsuntide
pingstlilja *s* [white] narcissus (pl. äv. -i)
pingströrelse *s*, **~n** the Pentecostal Movement
pingstvän *s* relig. Pentecostalist
pingvin *s* penguin
pinje *s* bot. [stone] pine; för sms., jfr äv. *björk-*
pinne *s* allm. peg; större stick; för fåglar perch; steg~ rung; **stel (styv) som en ~** [as] stiff as a poker; **trilla av pinn[en]** dö peg out; svimma pass out
pinnhål *s*, **komma ett par ~ högre** rise a step or two
pinnsoffa *s* rib-back[ed] settee
pinnstol *s* ung. Windsor-style chair
pinsam *adj* painful; besvärande, om t.ex. situation, paus äv. awkward; **vad ~t!** how awful (embarrassing)!
pinuppa *s* vard. pin-up [girl]
pion *s* bot. peony; **bli röd som en ~** i ansiktet go crimson
pionjär *s* **1** pioneer **2** mil. sapper
pionjärarbete *s* pioneer[ing] work; **göra ett ~** do pioneer work, break new ground
1 pip I *s* ljud peep, cheep; fågels äv. chirp; råttas squeak **II** *interj* peep!
2 pip *s* på kärl spout
1 pipa *vb itr* om fåglar chirp, cheep; om råttor squeak; gnälla whimper, whine, squeal; om vinden whistle; **det piper i bröstet på honom** there is a wheeze in his chest
2 pipa *s* allm. pipe; vissel~ whistle; gevärs~ barrel; skorstens~ flue; **röka ~, ta sig en ~** smoke a pipe; **dansa efter ngns ~** dance to a p.'s tune (pipe); **gå åt ~n** go to pot

pipare *s* zool. plover
pipeline *s* tekn. pipeline
pipett *s* pipette
piphuvud *s* pipebowl
pipig *adj* om röst squeaky
piplärka *s* zool. pipit
pippi *s* **1** barnspr. birdie, dickey-bird **2 få ~** go dotty; **ha ~ på...** have a 'thing' about..., have a mania (craze) for...
Pippi Långstrump sagofigur Pippi Longstocking
piprensare *s* pipecleaner
piprök *s* pipe smoke
pipskaft *s* pipestem, pipeshank
pipskägg *s* pointed beard
pipställ *s* piperack
piptobak *s* pipe tobacco
pir *s* pier; vågbrytare mole; mindre äv. jetty
pirat *s* sjörövare pirate
piratbyxor *s pl* pirate breeches
piratsändare *s* pirate transmitter, pirate [radio] station
piratupplaga *s* o. **piratutgåva** *s* pirated edition (av skivor release)
piraya *s* zool. piranha
pirog *s* **1** båt pirogue **2** pastej Russian pasty; **~er** äv. piroshki
pirra *vb itr* t.ex. i fingret tingle; **det ~r i magen [på mig]** I have (vid upprepning, t.ex. då jag ser... get) butterflies in my stomach; **en ~nde känsla** a funny feeling
pirrig *adj* jittery; enerverande nerve-racking
piruett *s* pirouette
pisk *s* stryk whipping; **få ~** be whipped
piska I *s* whip; **~n och moroten** bildl. the stick and the carrot; **han kan inte arbeta om han inte har ~n över sig** he can't work unless he is driven **II** *vb tr* o. *vb itr* eg. whip; stark. lash; prygla äv. flog; mattor, kläder beat; **katten ~de med svansen** the cat was whisking its tail; **regnet ~r mot rutan** the rain is lashing [against] the panes; **~ på** driva på **hästen** whip on the horse; **~ upp** t.ex. hatstämning stir (whip) up...
piskad *adj* vard. **vara ~** tvingad **att** inf. be driven (forced) to inf.
piskrapp *s* lash, cut with a (resp. the) whip; bildl. whiplash
pisksnärt *s* **1** på piska whiplash **2** pisksslag crack
piskställning *s* carpet-beating rack
piss *s* vulg. piss
pissa *vb itr* vulg. piss; mindre vulg. pee, piddle
pissoar *s* urinal
pist *s* **1** skidbana o. tävlingsbana för fäktning piste **2** på cirkus ring fence
pistasch *s* nöt o. träd pistachio (pl. -s)
pistill *s* bot. pistil
pistol *s* vapen pistol; friare gun
pistolhot *s*, **under ~** at gunpoint
pistolhölster *s* holster
pistolskott *s* pistol shot

pistong *s* tekn., kolv piston
pitabröd *s* pita
pitt *s* vulg. cock, prick
pittoresk *adj* picturesque
pizza *s* kok. pizza it.
pizzeria *s* pizzeria; amer. äv. pizza parlor
pizzicato *s* o. *adv* mus. pizzicato it.
pjoller *s* pladder babble, twaddle; struntprat drivel, silly talk
pjosk *s* **1** klemande coddling, pampering **2** sjåpighet namby-pambiness, mawkishness
pjoska *vb itr*, ~ **med ngn** coddle (pamper) a p.
pjoskig *adj* namby-pamby, mawkish
pjäs *s* **1** teat. play; *det hör till ~en* bildl. it is part of the game (business) **2** föremål, sak piece, thing; mil. piece [of ordnance]; kanon gun **3** schack. man (pl. men)
pjäxa *s* skid~ skiing boot
placeboeffekt *s* med. placebo effect
placera I *vb tr* **1** allm. place; förlägga, stationera: person äv. station; t.ex. hus äv. locate; gäster seat **2** ~ *pengar* invest money II *vb rfl*, ~ *sig* **a)** sätta sig seat oneself; ställa sig take one's stand **b)** sport. secure a place; ~ *sig som etta* come first; svenskarna ~*de sig inte* ...were not placed
III med beton. part.
~ **om** allm. put...in another position; möbler o.d. rearrange, shift about; tjänsteman o.d. transfer...to another post; pengar re-invest
~ **ut** sätta ut set out; t.ex. barn i fosterhem place; flyktingar resettle
placering *s* allm. placing osv., jfr *placera I 1*; om pengar investment; sport. place, jfr *placera II*
placeringskort *s* place card
placeringslista *s* seating list
plack *s* tandläk. plaque
pladask *adv, falla* ~ come down flop; *falla* ~ *för ngn* fall for a p. like a ton of bricks
pladder *s* babble, prattle, cackle, chatter
pladdra *vb itr* babble, prattle, cackle, chatter
plafondmålning *s* painted ceiling
plage *s* beach
plagg *s* garment, article of clothing
plagiat *s* plagiarism; *ett* ~ a [piece of] plagiarism, a slavish imitation
plagiera *vb tr* plagiarize
1 plakat *s* affisch, anslag bill; större placard, poster
2 plakat *adj* vard. dead drunk
plakett *s* plaque; mindre plaquette
1 plan *s* **1** öppen plats open space, piece of ground; liten, t.ex. framför hus, äv. area; boll~ o.d. ground, field; tennis~ court; *bäst på* ~ sport. man (resp. woman) of the match **2** planritning plan [*till* for, of]; planskiss äv. blueprint, draft; karta äv. map **3** planering o.d.: allm. plan [*på* for]; avsikt, förslag äv. scheme, design, project, jfr ex.; *göra upp en* ~ *för att* inf. make (form) a plan (isht i negativt bet. a

scheme) to inf.; *ha (umgås med)* ~*er på ngt (på att* inf.*)* plan (contemplate) a th. resp. plan to inf.; contemplate ing-form; *allting gick enligt* ~*erna* everything went according to plan; vard., *det finns inga* ~*er [i världen] att jag* kan hinna dit I haven't a ghost of a chance of ing-form
2 plan *s* **1** [plan] yta plane; nivå äv. level; våningsplan floor; *lutande* ~ inclined plane; *ligga på (i) samma* ~ *som* be on the same level as (on a level with); *i två* ~ in two planes; *på ett annat* ~ bildl. on another plane **2** flygplan plane, jfr äv. *flygplan*
3 plan *adj* plane, level; ~ *yta* plane surface
plana I *vb tr*, ~ *[av]* göra plan plane [down], level II *vb itr* om bil aquaplane; om båt plane; berget började ~ *av (ut)* ...level away
planekonomi *s* planned economy
planenligt *adv* as planned, according to plan
planera *vb tr* **1** planlägga plan, design, make plans for, project, arrange; ~ *att* inf. plan (intend) to inf.; ~ göra förberedelser *för* make preparations for; ~ *in* fit...into the schedule (timetable) **2** jämna mark o.d. level; släta ut metall, foto planish
planering *s* **1** planning, design, jfr *planera 1* **2** levelling etc., jfr *planera 2*
planeringskalender *s* engagement diary, planner
planeringsstadium *s, på planeringsstadiet* at the planning stage, still on the drawing-board
planet *s* planet; han fick bollen *mitt i* ~*en* vard. ...slap in the face
planetarium *s* planetarium
planetsystem *s* planetary system
planhalva *s* sport. half, half of the ground (field, pitch)
planhyvel *s* planer
plank *s* **1** koll. deals pl., planking **2** staket fence; kring bygge o.d., för affischering hoarding[s pl.]; amer. äv. billboard
planka I *s* grov plank; av furu el. gran deal; mindre batten II *vb tr* vard., plagiera crib, copy, pinch III *vb itr* vard., smita in till match o.d. gatecrash [*till* into]
plankorsning *s* level (amer. grade) crossing
plankstek *s* kok. planked steak
plankstrykare *s* vard., dålig målare dauber
plankton *s* biol. plankton
planlägga *vb tr* plan, jfr vid. *planera 1; planlagt mord* premeditated murder
planläggning *s* planning, design
planlös *adj* planless, unmethodical; utan mål aimless; om t.ex. studier, sökande random; om bebyggelse o.d. rambling; t.ex. om läsning desultory
planlösning *s* byggn. planning (end. sg.); design
planmässig *adj* methodical, systematic, regular; planenlig ...according to plan

planritning s konkr. [ground] plan; konstruktionsritning plan drawing
plansch s i bok o.d. plate, illustration; väggplansch wall chart (picture)
planschverk s volume of prints (pictures); med gravyrer o.d. collection of engravings
planskild adj, **~ korsning** fly-over [junction], motorway junction; med viadukt äv. el. amer. overpass; med tunnel äv. el. amer. underpass
planslipa vb tr grind [...level]; **~d** botten ...ground level
planta s allm. plant; uppdragen ur frö seedling; träd~ sapling
plantage s plantation; amer. äv. estate
plantageägare s plantation owner, planter
plantera vb tr plant; t.ex. häck set; **~ ...i en kruka** pot...; **~ ...med skog** afforest...; **~ in** djur, växter transplant, introduce; fiskyngel äv. put out; **~ om** eg. el. bildl. transplant; eg. äv. replant; krukväxt repot; **~ ut** a) växt plant (set) [out]; i rabatt.bed out b) fisk put out
plantering s konkr. plantation; anläggning park, garden; liten ~, i stad ofta square; abstr. planting
plantskola s nursery; **en ~ för** bildl. a nursery for; i negativ bet. a hotbed of
plask I s splash; plaskande splashing **II** interj, **~!** splash!
plaska vb itr splash, plash; med händer el. fötter äv. paddle, dabble; **~ omkring** splash about
plaskdamm s paddling pool (pond)
plaskvåt se genomvåt
plasma s fys. el. fysiol. plasma
plast s plastic; föremål **av ~** plastic...
plasta vb tr plasticize; **~ in** plasticize, enclose in plastic, coat with plastic
plastbehandlad adj plastic-coated
plastbåt s plastic boat
plastficka s plastic case
plastfolie s cling film (wrap), film wrap
plastgran s plastic Christmas tree
plasthink s plastic bucket (pail)
plastik s **1** konst. plastic art **2** med. plastic surgery (operation)
plastikkirurg s med. plastic surgeon
plastikkirurgi s med. plastic surgery
plastindustri s plastics industry
plastisk adj plastic
plastkasse s plastic carrier [bag], amer. plastic [shopping] bag
plastkort s plastic card; vard., kreditkort credit card
plastmapp s plastic file
plastpåse s plastic bag
plastvaror s pl plastic goods
platan s **1** bot. plane [tree], platan **2** virke plane wood; för sms. jfr björk-
platina s platinum
platonisk adj Platonic
plats s **1** ställe allm. place; ort äv. locality; 'ort och ställe' spot; tomt site; torg o.d. square; fri ~ open space; sittplats, mandat seat; utrymme space; tillräcklig ~ room; **~!** order t. hund [lie] down!; **allmän (offentlig) ~** public place; **en enslig (vacker) ~** a lonely (beautiful) spot; **öppen ~** open space; i skog clearing; **~en är upptagen** this seat is taken (occupied); **beställa ~** t.ex. på bilfärja book a passage; **det finns inte ~ för...** el. **...får inte ~** there is no room for...; **få ~ med** find room for; **lämna ~ för** a) bereda utrymme, väg make room (way) for b) bildl. leave room for, admit of; **lämna ~ för anteckningar** leave space; **ta stor ~** take up a great deal of space (room); **tag ~!** järnv. take your seats, please!; **veta sin ~** know one's place; **gott om ~** plenty of room; **representanten på ~en** the local agent, the agent on the spot; **på era ~er!** sport. on your marks!; **komma på första (andra) ~** come first (second); **spela på ~** hästsport make a place bet; **ställa ngt på sin ~** put a th. away (back, [back] where it belongs); **sätta ngn på ~** put a p. in his (her etc.) place, take a p. down [a peg or two]; **det vore på sin ~ om...** it would not be out of place (be amiss) if...; salen var **fylld till sista ~[en]** ...filled to capacity; återvända till **~en för mordet** ...the scene of the murder
2 anställning situation, job; befattning post, position; **lediga ~er** se ledig 2; **han fick ~en** bland många sökande he got the appointment (job, post)...; **söka en ~** apply for a post (situation)
platsa vb itr vard. **~ i laget** qualify (be good enough) for [a place in]...; **han ~r inte på det här jobbet** he is not suited for this job
platsannons s advertisement in the situations-vacant (betr. platssökande situations-wanted) column
platsansökan s application for a (resp. the) situation etc., jfr plats 2; employment application
platsbiljett s seat reservation [ticket]
platsbrist s lack of accommodation (room, brist på elevplatser places)
platschef s local (branch) manager
platssökande I adj ...in search of (seeking, looking for, on the look-out for) employment **II** subst adj som sökt en anställning applicant; som letar efter jobb job-seeker; rubrik situations wanted
platt I adj allm. flat; tillplattad äv. (pred.) flattened out; banal äv. trite, commonplace **II** adv flatly; **~ omöjligt** quite (completely) impossible; **falla ~ till marken** bildl. fall altogether flat
platt|a I s allm. plate; tunn lamin|a (pl. -ae); rund disc (amer. disk); grammofon~ record, disc; kok~ hot plate, hob; sten~ flag[stone]; golv~, vägg~ tile; flyg. apron, tarmac; **-or** gatsten äv. paving-stones; koll. paving sg. **II** vb itr, **~ till**

(ut) flatten [out]; valsa ut laminate; **~ till ngn ordentligt** bildl. squash a p. flat
plattektonik *s* geol. plate tectonics sg.
plattfisk *s* flatfish
plattform *s* platform äv. bildl.
plattfot *s* flatfoot
plattfotad *adj* flat-footed
platthet *s* bildl. platitude, commonplace
plattityd *s* platitude, commonplace
plattmask *s* flatworm
plattnäst *adj* flat-nosed
plattyska *s* Low German
platå *s* allm. plateau (pl. -x el. -s); högslätt äv. tableland
platåsko *s* platform shoe
plausibel *adj* plausible, likely
plebej *s* allm. plebeian; friare äv. commoner
plebejisk *adj* plebeian; okultiverad äv. common, vulgar, low
plektrum *s* mus. plectr|um (pl. -a)
plenum *s* plenary (full) meeting (sitting, assembly); jur. full session
pleonastisk *adj* språkv. pleonastic
plexiglas® *s* Perspex®, isht amer. Plexiglas[s]
pli *s* manners pl.; **sätta ~ på** lick...into shape
plikt *s* skyldighet duty [*mot* towards]; förpliktelse obligation; **~en framför allt** duty first; **~en kallar** duty calls; **en kär (smärtsam) ~** a pleasant (painful) duty; **göra sin ~** do one's duty
plikta *vb tr* o. *vb itr* jur. pay a fine; **~ för ngt** bildl. smart (suffer) for a th.; **han fick ~ med livet för sin djärvhet** he had to pay [the penalty] (he paid) for his boldness with his life
pliktig *adj* [in duty] bound, obliged; **ni är ~ att** inf. you are under obligation (it is your duty) to inf.
pliktkänsla *s* sense of duty
pliktskyldig *adj* dutiful; tillbörlig obligatory
pliktskyldigast *adv* dutifully, as in duty bound; vederbörligen duly
plikttrogen *adj* dutiful; faithful; lojal loyal; hängiven dedicated; samvetsgrann conscientious
plikttro[gen]het *s* dutifulness, faithfulness, dedication, loyalty; conscientiousness; jfr *plikttrogen*
plint *s* **1** byggn. plinth **2** gymn. box [horse]
plira *vb itr*, **~ [med ögonen]** peer, screw up one's eyes [*mot (på, åt)* at]
plirig *adj* peering; om ögon äv. narrowed, half-closed
plissera *vb tr* pleat; **~d kjol** pleated skirt
1 plita *vb itr*, **han lyckades ~ ihop en uppsats** he managed laboriously to put...together
2 plita *s* vard. pimple, spot
plock *s* **1** abstr. **för att ta ett ~ ur högen** to make a selection at random **2** konkr., småplock odds and ends, bits and pieces, gleanings, scraps (samtl. pl.)

plocka I *vb tr* o. *vb itr* **1** allm. pick; samla gather, se f.ö. ex.; **~ blommor, bär, svamp** pick..., gather...; **~ en fågel (ögonbrynen)** pluck a fowl (one's eyebrows); **gå och ~** pyssla potter (mess) about; **~ leta rätt på ngt** search a th. out, find a th. **2** bildl. **bli ~d på 2.000 kr** be rooked of...
II med beton. part.
~ av a) ~ av en buske dess blad strip a bush of... **b)** frukt pick [off], gather **c)** t.ex. bord clear
~ bort remove, take away (off), pick off
~ fram take out, produce
~ ihop t.ex. sina tillhörigheter gather...together, collect; sätta ihop put...together; t.ex. maskindelar assemble
~ på sig knycka pinch
~ sönder pick (take)...to pieces
~ upp pick up äv. om liftare; ur låda o.d. take out
~ ut välja pick (cull) [out]
~ åt sig grab
plockepinn *s* spel spillikins sg.
plockgodis *s* pick'n mix
plockmat *s* snacks pl.; koll. snack meal
plog *s* plough; amer. plow; **lägga...under ~en** put...under [the] plough, make...arable
ploga *vb tr* o. *vb itr* **1** **~ [vägen]** clear the road [of snow] **2** sport., bromsa med skidor stem
plogbil *s* snow plough (amer. plow)
plogbill *s* ploughshare; amer. plowshare
plogfåra *s* furrow
ploj *s* vard. ploy
plomb *s* **1** tandläk. filling **2** försegling [lead] seal
plombera *vb tr* **1** tandläk. fill **2** försegla seal [...with lead]
plommon *s* plum; gröngult, typ reine claude greengage
plommonstop *s* bowler [hat], isht amer. derby [hat]
plommonträd *s* plum tree
plotter *s* krafs, strunt trifles pl.
plottra *vb itr* måsyssla potter about; **~ bort** pengar, tid etc. fritter (trifle, fiddle) away
plottrig se *rörig*
plufsig *adj* bloated
plugg *s* **1** tapp plug, stopper; i tunna tap, bung **2** vard.: pluggande swotting, cramming, grinding; skola school; läxa homework; **i ~et** at school **3** vard., potatis spud, murphy
plugga *vb tr* o. *vb itr* **1** sätta in plugg put in a plug (plugs); **~ igen** plug up **2** skol. vard. swot [at...], grind [at (away at)...]; **jag måste ~** I've got to do some studying; **~ historia** do history; **~ på en examen** cram (swot, grind, isht amer. bone up) for...; **~ in...** swot (cram, mug, isht amer. bone) up...
plugghäst *s* vard. swot[ter], crammer; amer. grind
1 plump *adj* coarse, rude
2 plump *s* bläckfläck blot, blur

plumphet *s* plumpt sätt coarseness etc., jfr *1 plump;* *~er* coarse remarks (language sg., skämt jests)
plumpudding *s* juldessert Christmas pudding
plums **I** *s* plop, flop; plask äv. splash **II** *adv* plop, flop **III** *interj,* *~!* plop!, flop!
plumsa *vb itr* falla plop, flop, splash [*i* i samtl. fall into]
plundra *vb tr* utplundra plunder; råna rob, rifle; skövla t.ex. stad, butiker pillage, loot, sack [*på* i samtl. fall of]; ströva omkring för att *~* maraud; *~* julgranen strip...; *~* *ngn inpå bara kroppen (skinnet)* bildl. clean a p. out
plundrare *s* plunderer etc., jfr *plundra*
plundring *s* plunder[ing], robbing, rifling, pillage, looting, marauding; isht av erövrad stad sack (samtl. end. sg.), jfr *plundra* o. *plundringståg*
plundringståg *s, ge sig ut på* *~* make (go on) a foray (plundering expedition, raid)
plunta *s* hip flask
plural **I** *s* se *pluralis* **II** *adj* plural
pluralform *s* plural form
pluralis *s* gram. the plural [number]; *stå i* *~* be in the plural
pluralistisk *adj* pluralistic
pluraländelse *s* plural ending
plurr *s, ramla i* *~et* vard. fall into (land in) the water
plus **I** *s* tecken plus; fördel advantage, asset; tillskott addition; *jag står på* *~* I am on the credit side (on the plus side, in the black); *termometern står på (visar)* *~* it is above zero (freezing point) **II** *adv* plus, and; *~* 7 *[grader]* el. 7 *grader* *~* seven degrees above zero; *~* *minus noll* eg. just at freezing point; bildl. [equal to] nil
plusgrad *s* degree above zero; *det är* *~er* it is above zero
pluskonto *s* credit account
pluskvamperfekt[um] *s* gram. the pluperfect [tense]
plussa *vb itr,* *~ [på]* add
plussida *s, på* *~n* on the credit side
plustecken *s* plus [sign]
pluta *vb itr,* *~ [med munnen]* pout
Pluto astron. el. mytol. Pluto äv. seriefigur
pluton *s* mil. platoon
plutonchef *s* mil. platoon leader
plutonium *s* kem. plutonium
plutt *s* vard., barn tiny tot; småväxt pers. little shrimp
pluttig *adj* ynklig tiny, small
plym *s* plume
plysch *s* plush
plywood *s* plywood
plåga **I** *s* smärta pain; pina torment; lidande affliction; plågoris nuisance, plague; hemsökelse infliction; oro worry; han är *en* *~* *för sin omgivning* ...a plague (pest, nuisance, bother, tråkmåns bore) to those around him; *dö under svåra plågor* die in violent pain **II** *vb tr* pina torment; stark. torture; oroa, besvära worry, harass, pester, bother; stark. plague; ansätta badger; tråka ut bore; *~* *livet ur ngn* worry the life out of a p.; *det* *~r mig* att se... it hurts me...; *se* *~d ut* look pained
plågas *vb itr dep* suffer [pain]
plågoande *s* tormentor
plågoris *s* 'gissel' scourge; svagare pest, nuisance, plague
plågsam *adj* painful; *ytterst* *~* äv. excruciating
plån *s* **1** på tändsticksask striking surface **2** skrivplån tablet
plånbok *s* wallet; amer. äv. billfold; *en späckad* *~* a well-lined wallet
plåster *s* plaster; vard., efterhängsen person barnacle, hanger-on, leech; *som* *~* *på såret* to make up for it, as a consolation
plåsterlapp *s* piece of plaster
plåstra *vb itr,* *~ ihop* bildl. patch...up; *~ om* sår dress; med plåster plaster
plåt *s* **1** koll. sheet metal, metal, sheet iron; sheetings, plates båda pl.; bleck tin, tinplate **2** skiva el. foto. plate; tunn skiva sheet; bakplåt baking plate **3** vard., biljett ticket
plåta vard. **I** *vb tr* take a picture (snapshot) of, snapshot **II** *vb itr* take pictures (snapshots)
plåtburk *s* tin, can; amer. end. can
plåtsax *s* plate shears pl.
plåtskada *s* på bil damage (end. sg.) to the bodywork (coachwork)
plåtskjul *s* tin shed
plåtslagare *s* sheet-metal (tinplate, plate) worker, plater, tinsmith
plåttak *s* tin (plated) roof
pläd *s* [res]filt [travelling] rug; skotsk sjal plaid
plädera *vb itr* plead
plädering *s* appeal, plea
pläga *vb itr* se *bruka 3*
plätera *vb tr* silver-plate
plätering *s* silver-plating
plätt *s* **1** fläck, liten yta spot **2** kok. small pancake
plättlagg *s* griddle [with rings for making small pancakes]
plöja *vb tr* o. *vb itr* plough; amer. plow; *~ igenom* en bok plough [one's way] (wade) through...; *~ ned* vinsten plough back...; *~ upp* plough (turn) up; *~* *sig fram* genom mängden force (plough) one's way...
plöjning *s* ploughing; amer. plowing
plös *s* tongue [of a (resp. the) shoe]
plötslig *adj* sudden, abrupt, unexpected; *~ avresa* abrupt departure; *ta ett* *~t slut* come to a sudden (an abrupt) end
plötsligt *adv* suddenly etc., jfr *plötslig;* all of a sudden, all at once
PM *s* memo (pl. -s); jfr vid. *promemoria*
pneumatisk *adj* pneumatic
pochera *vb tr* kok. poach

pocka vb itr, **han ~r på** ngt **(på att** inf.) he insists...(on ing-form); ett problem **som ~r på sin lösning** ...which is urgently in need of a solution; frågan **~r på ett svar** ...demands an answer
pockande adj enträgen importunate; fordrande exacting; **ett ~ behov** an urgent need
pocket, i ~ in (as a) paperback
pocketbok s vanl. paperback; isht amer. äv. pocket book
podium s estrad platform, dais; t.ex. för talare rostr|um (pl. äv. -a); för dirigent o. på amfiteater o.d. podi|um (pl. äv. -a); vid modevisning catwalk
poem s poem, piece of poetry
poesi s, **~[en]** poetry
poesialbum s poetry album
poet s poet
poetik s poetics sg., poetic theory
poetisk adj poetic[al]; **~ frihet** poetic licence
pogrom s pogrom
pointer s zool. pointer
pojkaktig adj boyish; **ett ~t sätt** a boyish manner (way)
pojkaktighet s boyishness
pojkbok s, **en ~** a book for boys
pojke s allm. boy äv. om pojkvän; känslobeton. äv. lad; friare äv. fellow, chap; ibl. youngster, stripling
pojklymmel s young rascal (scamp)
pojknamn s boy's name
pojkscout s [boy] scout
pojkskola s boys' school
pojkspoling s stripling; neds. young whippersnapper
pojkstackare s poor lad
pojkstreck s boyish (schoolboy) prank, lark
pojktycke s, **ha ~** be popular with the boys
pojkvasker s vard. young shaver, mere strip (slip) of a boy; större stripling
pojkvän s boyfriend; **hennes ~** äv. her young man
pokal s isht pris cup; för dryck goblet
poker s kortsp. poker
pokeransikte s poker face, deadpan face, dead pan
pokulera vb itr tipple; **de satt och ~de** they sat tippling (drinking together)
pol s allm. pole; **~erna på** ett batteri the terminals of...
pola vb itr vard. knock about (around) [med with]
polack s Pole
polare s vard. buddy, pal, mate
polarexpedition s polar expedition; till Nordpolen (Sydpolen) äv. arctic (antarctic) expedition
polarforskare s polar explorer
polaris s polar ice
polarisation s fys. polarization
polarisera vb tr polarize äv. fys.

polaritet s polarity äv. fys.
polarnatt s polar night
polarräv s arctic (ice) fox
polarsken s polar lights pl.
polartrakt s polar region, i Nordpolen äv. arctic region, i Sydpolen äv. antarctic region
polcirkel s polar circle; **norra (södra) ~n** the Arctic (Antarctic) circle
polemik s polemic[s vanl. sg.], controversy
polemiker s polemist, controversialist
polemisera vb itr polemize, carry on a controversy [**mot** with (against); **om** about]
polemisk adj polemic[al], controversial
Polen Poland
polera vb tr allm. polish äv. bildl.; möbler äv. wax, furbish; metall äv. burnish; **~ upp** polish (rub) up
polermedel s polish
policy s policy
poliklinik s polyclinic; på sjukhus äv. out-patients' department (clinic)
polio s med. polio
polioepidemi s polio epidemic
polioskadad adj, **hon är ~** she is a polio victim
poliospruta s polio injection
poliovaccin s anti-polio vaccine
poliovaccinering s polio vaccination
polis s **1** polismyndighet el. koll. police pl., **~en** vard. the fuzz pl., the cops pl.; **kvinnlig ~** women police; **ridande ~** mounted police; **efterspanad av ~en** wanted by the police **2** polisman policeman, police officer; i Engl. äv. [police] constable; amer. vanl. patrolman; vard. cop[per]; i Engl. äv. bobby; **en kvinnlig ~** a policewoman, a woman police officer; **en ridande ~** a mounted policeman
polisanmäla vb tr report...to the police
polisanmälan s report to the police; **göra ~ om ngt** report (make a report of) a th. to the police
polisassistent s senior police constable
polisbevakning s police supervision (eskort escort); **stå under ~** be placed under police supervision
polisbil s [för trafikövervakning traffic] patrol car, police (squad) car; radiobil äv. panda (amer. prowl) car
polisbricka s police badge
polischef s chief of police, police commissioner
polisdistrikt s police district; amer. [police] precinct
poliseskort s police escort
polisförhör s police interrogation
polishund s police dog
polisingripande s police action, action by the police; **det blev ett ~** the police intervened (stepped in)
polisinspektör s police inspector (amer. lieutenant)

polisintendent *s* ung. assistant commissioner, chief superintendent
polisiär *adj* police...
poliskommissarie *s* [police] superintendent (lägre chief inspector, amer. captain, lägre lieutenant)
poliskår *s* police force, constabulary
polisman *s* policeman etc., se *polis 2*
polismyndighet *s*, **~en** el. **~erna** the police authorities pl.; **närmaste ~** the nearest police station
polismästare *s* ung. [police] commissioner, commissioner of police
polisonger *s pl* side-whiskers; vard. sideboards; amer. sideburns; långa yviga mutton-chop whiskers
polispatrull *s* police patrol
polispiket *s* polisstyrka police picket; bil police van; amer. äv. wagon; **~en** äv. the riot (flying) squad
polispådrag *s* force (muster) of police[men]; amer. äv. posse; *det blev ett stort ~* a large force (number) of police[men] were called out
polisradio *s* police radio
polisrapport *s* police[man's] report
polisrazzia *s* police raid (round-up)
polisregister *s* police records pl.
polisskydd *s* police protection
polisspärr *s* kedja police cordon; vägspärr roadblock
polisstat *s* police state
polisstation *s* police station
polisstyrka *s* police squad
polisundersökning *s* police (criminal) investigation (inquiry)
polisutredning se *polisundersökning*
politik *s* statsangelägenheter, politiskt arbete o. liv, partis åsikter politics (sg. el. pl.); politisk linje, tillvägagångssätt, beräkning policy; *det är dålig ~ att* inf. it is bad policy to inf.; *tala ~* talk politics
politiker *s* politician; ledande ~ äv. statesman; neds. politico (pl. -s)
politikerförakt *s* mistrust of (lack of faith in) politicians
politisera I *vb itr* politicize; kannstöpa talk politics **II** *vb tr* politicize
politisk *adj* political; **~ förföljelse** political persecution
politiskt *adv* politically; **~ korrekt** politically correct
polityr *s* polish; bildl. äv. surface politeness, veneer; snick. French polish
polka *s* polka; *dansa ~* dance (do) the polka
polkagris *s* [peppermint] rock, amer. rock [candy]
polkahår *s* short page-boy [hairstyle]
pollen *s* pollen
pollenallergi *s* pollen allergy

pollett *s* check, counter, token; gas~ gas meter token
pollettera *vb tr*, **~ [bagaget]** have one's luggage (baggage) registered (amer. checked)
pollettering *s* registering, registration; amer. checking
pollination *s* pollination
pollinera *vb tr* pollinate
pollinering *s* bot. pollination
pollution *s* pollution; vard. wet dream
polo *s* **1** sport. polo **2** a) ~krage polo-neck (isht amer. turtleneck) [collar] b) ~tröja polo-neck (isht amer. turtleneck) sweater
polokrage *s* polo-neck (isht amer. turtleneck) [collar]
polonäs *s* mus. polonaise
polotröja *s* polo-neck (isht amer. turtleneck) sweater
polsk *adj* Polish; **~ riksdag** vard. bear garden
polska *s* **1** kvinna Polish woman, jfr *svenska 1* **2** språk Polish, jfr *svenska 2* **3** dans, ung. reel
Polstjärnan the pole-star (North Star)
polyester *s* polyester
polyeten *s* kem. polythene
polygam *adj* polygamous
polygami *s* polygamy
polyp *s* **1** zool. polyp **2** med. polyp|us (pl. äv. -i); **~er i näsan** adenoids
polyteism *s* relig. polytheism
pomada *s* pomade, pomatum
pomadera *vb tr* pomade
pomerans *s* Seville (bitter, amer. äv. sour) orange
pommes frites *s pl* chips, chipped potatoes, French fried [potatoes]; isht amer. French fries
pomp *s* o. **pompa** *s* pomp; **~ och ståt** pomp and circumstance (splendour)
pompös *adj* ståtlig stately, magnificent, grandiose; uppblåst pompous; högtravande declamatory
pondus *s* authority, weightiness, weight, impressiveness; värdighet dignity
ponera *vb tr*, **~ att linjen dras...** suppose the line is drawn...
ponny *s* pony
ponton *s* pontoon; flygplans~ äv. float
pontonbro *s* pontoon (floating) bridge
1 pool *s* bassäng pool
2 pool *s* ekon. pool
pop *s* musik m.m. pop
popartist *s* pop artiste (resp. musician, singer)
popcorn *s* popcorn äv. koll.
popkonst *s* pop art
poplin *s* poplin
popmusik *s* pop music
poppel *s* poplar; för sms. jfr *björk-*
poppig *adj* typisk för popkulturen pop-cultural
poppis *adj* vard. with-it, trendy; *börja bli ~* äv. be on the way in
popsångare *s* pop singer

popularisera *vb tr* popularize
popularitet *s* popularity
population *s* biol. el. statistik. population
populistisk *adj* populist, populistic
populär *adj* popular [*bland* with]; *bli* ~ 'slå', äv. catch on
populärpress *s* popular press
populärvetenskap *s* popular science
populärvetenskaplig *adj* popular; ~ *tidskrift* popular science magazine
por *s* pore
porfyr *s* miner. porphyry
porig *adj* porous
porla *vb itr* murmur, ripple, purl
pormask *s* blackhead
pornografi *s* pornography
pornografisk *adj* pornographic
porr *s* vard. porn, porno
porrfilm *s* vard. porno film (movie), blue film (movie), pornoflick
porrtidning *s* vard. porno magazine
pors *s* bot. bog myrtle, sweet gale
porslin *s* materialet china: äkta ~ porcelain; koll.: hushålls~ china[ware], crockery; finare porcelain [ware]; ~ i allm. äv. pottery
porslinsblomma *s* wax plant
porslinsfabrik *s* porcelain (china, pottery) factory
porslinsmålning *s* porcelain (china, pottery) painting
porslinstallrik *s* china plate
port *s* ytterdörr streetdoor, front door; inkörs~, sluss~, slalom~ gate äv. bildl.; portgång gateway; sjö. port[hole]; *helvetets ~ar* the gates of hell; *köra (visa) ngn på ~en* turn a p. out [of doors], send a p. packing
portabel *adj* portable
portal *s* portal, [ornamental] doorway (gateway)
portalfigur *s* bildl. prominent figure
porter *s* öl stout; svagare porter
portfölj *s* av läder briefcase; dokument~ dispatch case; förvaringsfodral, förråd av värdepapper, ministerämbete portfolio (pl. -s); *minister utan* ~ minister without portfolio
portföljdator *s* laptop [computer]
portförbjuda *vb tr*, ~ *ngn* refuse a p. admittance [to the house (på restaurangen to the restaurant, vid hovet to court)]; all tråkighet *är portförbjuden* ...is banned
portgång *s* gateway, doorway
portier *s* [chief] receptionist, reception clerk; amer. äv. hotel (desk) clerk; vaktmästare hall porter
portion *s* **1** eg.: allm. portion; upplagd mat~ äv. helping; andel äv. share, lot; ranson ration; *en stor ~ [av]...* a generous helping (portion) of... **2** bildl. *en god ~ tur* a great deal of luck; *i små ~er* in small doses (instalments)
portionera *vb tr*, ~ *[ut]* portion [out]; mil. ration out

portionsförpackning *s, i* ~ in individual portions (helpings)
portionsvis *adv* in portions; litet i sänder in (by) instalments
portkod *s* entry code, security code
portmonnä *s* purse
portnyckel *s* latchkey, streetdoor (front-door) key
porto *s* postage (end. sg.); ~*sats* postage rate; *enkelt (dubbelt)* ~ single (double) postage
portofri *adj* post-free, ...free of postage
portofritt *adv* post-free, ...free of postage
portohöjning *s* increase in postal rates
portosats *s* postal rate, rate of postage
portoutlägg *s* postal expenses (outlay[s])
porträtt *s* allm. portrait; isht foto picture
porträttera *vb tr* portray; måla äv. make a portrait of; *låta ~ sig* have one's portrait painted
porträttlik *adj* lifelike; bilden var *mycket* ~ äv. ...a very good (a speaking) likeness
porträttmålare *s* portrait painter
porttelefon *s* entry phone, house telephone
Portugal Portugal
portugis *s* Portuguese (pl. lika)
portugisisk *adj* Portuguese
portugisiska *s* (jfr *svenska*) **1** kvinna Portuguese woman **2** språk Portuguese
portvakt *s* dörrvakt porter, doorkeeper, gatekeeper; isht amer. doorman; i hyreshus caretaker, concierge fr.; isht amer. janitor
portvalv *s* archway, porch
portvin *s* port [wine]; *rött* ~ tawny port
porös *adj* porous; svampaktig spongy
pose *s* pose, attitude; *inta en* ~ strike an attitude, adopt a pose (an attitude)
posera *vb itr* **1** pose; göra sig till äv. attitudinize, strike an attitude **2** naken pose [in the nude]
position *s* position, jfr äv. *ställning 1; bestämma sin* ~ sjö. determine one's position, take one's bearings; *flytta fram ~erna* move forward, gain ground; *hålla ~erna* hold one's ground, stand firm
1 positiv I *adj* allm. positive; ~ *inställning* constructive (sympathetic) attitude; ~*t svar* affirmative answer, answer in the affirmative; ~*t tal* matem. positive number (quantity), plus quantity **II s 1** gram. the positive [degree]; *i* ~ in the positive **2** foto. positive
2 positiv *s* mus., bärbart barrel organ; större gatu~ street organ
positivhalare *s* organ-grinder
possessiv *adj* possessive äv. gram.
post *s* **1** brev~ o.d. post, mail; *avgående (inkommande)* ~ outgoing el. outward (resp. incoming el. inward) post (mail, letters pl.); *har jag någon ~?* is there any post (mail) (are there any letters) for me?; *sända...med (per)* ~ post..., mail..., send...by post (mail); *med dagens* ~

posta

a) inkommande with today's letters (post etc.)
b) avgående by today's post (mail); *med första (omgående)* ~ by return [of post]; *lägga* ett brev *på* ~*en* se *posta I*
2 post[kontor] post office; *Posten* postverket the Post Office (förk. the PO); *gå på* ~*en* go to the post office; *vara [anställd] vid* ~*en* be a Post Office employee, be working at the Post Office
3 hand., i bokföring o.d. item, entry; belopp amount, sum; varuparti lot, parcel, consignment; ~ värdepapper block; betala *i* ~*er* ...by instalments
4 mil., vaktpost sentry, sentinel; poststälIe, äv. friare post, station; *stå på* ~ be on guard, stand sentry; *stanna på sin* ~ remain at one's post
5 befattning post, appointment
6 dörr~ doorframe; fönster~ [window] post; vatten~ hydrant
posta I *vb tr* post; isht amer. mail; ~ ett brev äv. drop...into a (resp. the) box **II** *vb itr* se *postera II*
postadress *s* postal (mailing) address
postanstalt *s* post office
postanvisning *s* allm. money order; i Engl. för fixerat lägre belopp postal order
postbefordran *s* sändning per post forwarding (conveyance) by post
postbox *s* post office box (förk. POB, PO Box)
postbud *s* post messenger
postbuss *s* postal (mail-carrying) bus
postdatera *vb tr* postdate
postera I *vb tr,* ~ *[ut]* post, station **II** *vb itr* be on guard, be stationed
poste restante *adv* poste restante fr.; to be called for; amer. general delivery
postering *s* picket, [out]post
postexpedition *s* [branch] post office
postexpeditör *s* post office clerk
postfack *s* ung. post office box (förk. POB, PO Box)
postförbindelse *s* postal communication (service)
postförskott *s* cash (amer. collect) on delivery (förk. COD); *ett* ~ a cash-on-delivery (COD) letter (paket parcel, packet, försändelse i allm. item); *sända ngt mot* ~ send a th. COD
postförsändelse *s* postal item (packet), piece (article) of mail; ~*r* äv. postal matter sg.
postgiro *s* postal giro [banking] service (konto account); *per* ~ by [postal] giro
postgiroblankett *s* [postal] giro form
postgirokonto *s* postal giro account
postgymnasial *adj,* ~ *utbildning* post-secondary (higher) education, jfr *gymnasium*
postgång *s* postal service
postiljon *s* sorting clerk; brevbärare postman;

amer. mailman, mailcarrier; åld. mailcoach driver
postilla *s* collection (book) of sermons
postisch *s* postiche, hairpiece
postkontor *s* post office
postkort *s* postcard; isht amer. (frankerat) postal card
postkupp *s* post office (mail) robbery
postlucka *s* post office counter
postlåda *s* letterbox, amer. mailbox
postmuseum *s* postal museum
postmästare *s* postmaster (kvinnl. postmistress)
postnatal *adj* post-natal
postnummer *s* postcode; amer. ZIP code
posto *s, fatta* ~ take one's stand, take up one's station [*vid* at]
postorder *s* mail order; *köpa på* ~ buy through a mail-order firm
postorderfirma *s* mail-order firm (company, business)
postorderkatalog *s* mail-order catalogue
postpaket *s* post[al] parcel (etc., jfr *paket*); *som* ~ by parcel post
postrån *s* på postkontor post office robbery (hold-up)
poströst *s* postal (absent) vote; amer. absentee vote
poströsta *vb itr* vote by post
postskriptum *s* postscript
poststämpel *s* postmark; Stockholm, ~*ns datum* ...date as postmark
poststämpla *vb tr* postmark
postsäck *s* mailbag, postbag
posttaxa *s* **1** postage rate **2** bok table of postage rates
posttjänsteman *s* post office employee (clerk, högre official)
posttur *s* [post] delivery; *med första* ~*en* by the first post
postum *adj* posthumous
postutbärning *s* o. **postutdelning** *s* postal (mail) delivery, delivery of post (mail)
Postverket the Post Office (Postal) Administration; i Engl. the [General] Post Office
postväsen *s* postal (postal-office) services pl. (system)
postväxel *s* ung. bank money order (draft)
posör *s* poseur fr.; vard. phoney
potatis *s* potato; vard. spud; koll. potatoes pl.; *färsk* ~ new potatoes; *en het* ~ bildl. a hot potato; *sätta (ta upp)* ~ plant (dig up) potatoes
potatisblast *s* avtagen potato haulm (växande tops pl.)
potatischips *s pl* [potato] crisps (amer. chips)
potatisgratäng *s* potatoes pl. au gratin
potatisland *s* potato field; mindre potato patch; med gröda field of potatoes
potatismjöl *s* potato flour

potatismos *s* creamed (vanl. utan tillsats mashed) potatoes pl.; potato purée
potatisnäsa *s* snub (pug) nose
potatispress *s* ricer
potatissallad *s* potato salad
potatisskal *s* potato peel (kokt skin, avskalat peelings pl.)
potatisskalare *s* redskap potato peeler
potens *s* **1** fysiol. potency, sexual power (prowess), virility **2** matem. el. friare power; kraft äv. potency
potent *adj* potent
potentat *s* potentate
potential *s* potential
potentiell *adj* potential
potpurri *s* allm. potpourri fr.; mus. äv. [musical] medley [*på* of]
pott *s* spel. pot, pool, kitty; *spela om ~en* play for the kitty; *ta hem ~en* take the pot, hit the jackpot; bildl. win [the day]
potta *s* nattkärl chamber [pot]; barnspr. pot[ty]; vard. jerry; vard., pers. wretch; *sätta ngn på ~n* bildl. put a p. in a spot, put (stick) a p. up against the wall
potträning *s* potty (toilet) training
poäng *s* **1** allm. point; skol., betygs~ mark; amer. grade; i kricket run; *en ~ till dig!* bildl. that's one up to you!; *få 20 ~* score twenty [points]; *vinna med 5 ~* win by five points; *leda (segra) på ~* lead by (win on) points **2** udd, kläm point; *fatta (missa) ~en i* en historia catch el. see (miss) the point of...
poängställning *s* score
poängtera *vb tr* emphasize, point out
poängtips *s* treble chance [pool]
p-piller *s* contraceptive (birth) pill; *ta (äta) ~* take (be on) the pill
p-plats se *parkeringsplats*
PR *s* PR, public relations pl.; reklam publicity
pracka *vb tr*, *~ på ngn ngt* fob (palm) a th. off on a p., foist a th. [off] on a p.
Prag Prague
pragmatisk *adj* pragmatic
prakt *s* splendour; storslagenhet t.ex. i klädsel, inredning magnificence; ståt pomp; glans glory; sommaren stod *i sin fulla ~* ...in its full splendour
praktband *s* luxury (de luxe) binding
praktexempel *s* perfect (classical) example
praktexemplar *s* magnificent (fine äv. iron.) specimen; den här plantan är ett *riktigt ~* ...real (perfect) beauty
praktfull *adj* splendid, magnificent; prunkande gorgeous
praktik *s* **1** övning practice, experience; *skaffa sig ~* obtain (get) practical experience; *i ~en* in practice; *tillämpa (genomföra) ngt i ~en* put a th. in[to] practice **2** yrkesutövning av läkare o.d. practice äv. lokalen; *öppna [en] egen ~* open a practice of one's own
praktikant *s* trainee, student [employee];

lärling apprentice; *arbeta som ~* do one's practical training, do trainee work
praktikantplats *s* trainee job (post)
praktiker *s* practitioner, practician
praktikplats se *praktikantplats*
praktisera *vb tr* o. *vb itr* **1** practise, jfr äv. *[arbeta som] praktikant*; *~ sina kunskaper* practise (make use of) one's knowledge; *~ tillämpa en ny metod* employ a new method **2** inom ett yrke t.ex. som läkare practise, be in practice; *allmänt ~nde läkare* general practitioner (förk. GP)
praktisk *adj* practical; rådig resourceful; metodisk business-like; användbar useful; lätthanterlig handy; *i det ~a livet* in practical life; *ha ett ~t sinne* have a practical mind, have (be of) a practical turn; *av ~a skäl* for practical reasons; *~a tips* useful hints
praktiskt *adv* practically; *~ användbar* practical, applicable; *~ genomförbar* practicable; *~ taget* practically, as good as, to all intents and purposes, in effect
praktverk *s* bok magnificent work (volume); lyxutgåva de luxe edition
pralin *s* chocolate; med krämfyllning chocolate cream
prao förk., se *arbetslivsorientering*
prassel *s* **1** rustle, rustling; av siden äv. swish **2** vard., se *vänsterprassel*
prassla *vb itr* **1** rustle; om t.ex. siden swish **2** vard. *~ med ngn* have an affair with a p.
prat *s* samspråk talk, chat; små~ chit-chat; pladder chatter; snack, strunt~ twaddle, nonsense, balderdash; skvaller gossip, tittle-tattle; *[sånt] ~!* nonsense!, rubbish!, bosh!; *inget ~ i klassen!* no talking!; *löst (tomt) ~* idle talk
prata I *vb tr* o. *vb itr* (jfr äv. *tala*) talk, chat, chatter, gossip, jfr *prat*; *du ~r!* nonsense!, rubbish!, fiddlesticks!; *folk ~r alltid [så mycket]* people will talk; *~ affärer* talk business; *~ jobb (fack)* talk shop; *~ bredvid mun[nen]* let the cat out of the bag, give the game away; *~ för sig själv* talk to oneself; *~ med ngn om ngt* talk to (with) a p. about a th.
II med beton. part.
~ bort a) tid talk (chat) away b) bortförklara explain away
~ förbi: *vi ~r förbi varandra* we are talking at cross-purposes
~ omkull ngn talk a p. down
~ på go on talking, talk away
~ ur sig (ut om ngt) get a th. off one's chest
~s vid: *låt oss ~s vid om saken* let us talk it over (have a talk about it)
pratbubbla *s* i serieruta balloon
pratig *adj* chatty; om pers. äv. talkative
pratkvarn *s* pers. chatterbox

pratmakare s [great] talker, chatterbox; vard. gasbag
pratsam adj talkative, chatty; talför, talträngd loquacious; alltför ~ garrulous
pratsamhet s talkativeness, chattiness, loquacity, garrulity, jfr *pratsam*
pratsjuk adj ...very fond of talking, garrulous
pratstund s chat; *få sig en* ~ have a chat
prattagen s pl vard. *vara i* ~ be in a talkative mood
praxis s practice; bruk custom; *det är [allmän]* ~ it is the practice [*att* sats el. inf. to inf.]; *bryta mot vedertagen* ~ depart from established practice
precis I adj t.ex. om mått, sätt precise; t.ex. om uppgift exact **II** adv exactly, precisely, just; *inte* ~ not exactly; *[just]* ~*!* exactly!; *komma* ~ be punctual; vard. come dead on time; om kläder *passa* ~ fit exactly; alla är ~ *lika stora* ...exactly the same size; kom ~ *klockan 8* ...at eight [o'clock] sharp (precisely); ~ *som förut* just as before; *han är sig* ~ *lik* he is the same as ever
precisera vb tr villkor o.d. specify; uttrycka klart define [...exactly (accurately)], clarify; *närmare* ~*t* to be [more] precise (explicit)
precision s precision, preciseness, exactitude, accuracy; punktlighet punctuality
precisionsarbete s precision work; urtillverkning *är ett verkligt* ~ ...is a work requiring great precision
predestinera vb tr predestinate, predestine äv. friare [*för (till)* to; *[till] att* inf. to inf.]
predika vb tr o. vb itr preach [*för* to; *om (över)* on]; hålla straffpredikan lecture, sermonize; ~ *återhållsamhet* preach abstinence
predikan s sermon [*över* on]; straff~ äv. lecture; *hålla* ~ preach, deliver the sermon; *hålla en* ~ *för ngn* bildl. lecture (sermonize) a p., give a p. a lecture
predikant s preacher
predikat s gram. predicate
predikatsfyllnad s complement; *objektiv (subjektiv)* ~ objective (subjective) complement
predikstol s pulpit; *gå upp i* ~*en* ascend (go up into) the pulpit
predisponera vb tr, ~ el. *göra*...~*d* predispose [*för* to]
preferens s företräde o.d. preference [*framför* over (to)]
prefix s språkv. prefix
pregnans s pregnancy, significance, pithiness, terseness, conciseness, jfr *pregnant*
pregnant adj innehållsdiger, uttycksfull ...packed with meaning, pregnant, significant; kärnfull pithy, terse; precis concise
preja vb tr sjö., anropa hail; tvinga att stanna command...to heave to; bil o.d. force...to stop
prejudicerande adj precedential; *ett* ~ *[rätts]fall* vanl. a test case; fallet *kan bli* ~ ...may form a precedent
prejudikat s precedent; *stödd på* ~ precedented
prekär adj precarious; kinkig awkward; osäker insecure
preliminär adj preliminary, provisional
preliminärskatt s preliminary tax, tax at source [of income]; jfr *källskatt*
preludi|um s mus. prelude äv. bildl.
premie s [försäkrings]avgift premium; extra utdelning bonus; export~ o.d. bounty; pris prize, reward
premielån s premium bond loan, lottery loan
premieobligation s premium (lottery) bond
premiera vb tr prisbelöna award prizes (resp. a prize) to; belöna reward; friare äv. put a premium on, encourage, foster
premiss s premise; förutsättning prerequisite, precondition
premium s **1** skol. prize; *få* ~ receive a prize; för sms. jfr *premie-* **2** bensin premium, super; *tanka* ~ fill (tank) up with premium petrol
premiär s teat. o.d. first (opening) night (performance), première (fr.)
premiärkväll s, ~*[en]* the evening of the first (opening) night (performance)
premiärminister s prime minister, premier
premiärpublik s first-night audience
prenatal adj pre-natal
prenumerant s subscriber [*på* to]
prenumeration s subscription
prenumerationsavgift s subscription [fee (rate, cost)]
prenumerera vb itr subscribe [*på* to]; ~ *på* en tidning äv. take in...
preparat s preparation; *mikroskopiska* ~ slides
preparera vb tr [för]bereda prepare; tekn. process; påverka pers. i förväg brief
preposition s preposition
presbyterian s kyrkl. Presbyterian
presenning s tarpaulin
presens s the present tense, the present (end. sg.); ~ *particip* the present participle
present s present, gift; *jag har fått den i* ~ *av honom* he gave it to me as a present
presentabel adj presentable
presentation s presentation; i vanl. umgänge introduction [*för* to]; *en* ~ *av* de båda lagen a presentation of...
presentera vb tr **1** föreställa introduce [*för (i)* to]; *får jag* ~... may I introduce..., have you met...; ~ *sig* introduce oneself **2** framlägga, förete present äv. hand.; exhibit; framvisa äv. show
presentförpackning s gift wrapping (kartong box, carton)
presentkort s gift voucher (token, i postbanken cheque)
president s allm. president [*i* of; *vid* at];

ordförande äv. chairman; i högre domstol Chief Justice
presidentkandidat *s* candidate for the presidency, presidential candidate
presidentperiod *s* presidency, period as president
presidentval *s* presidential election
presidera *vb itr* preside [*vid* at (over)], take the chair
presidium *s* ordförandeskap chairmanship, presidency; styrelse presiding committee; kommunistiskt presidium
preskribera *vb tr* jur. ~*s* el. *bli* ~*d* om fordran o.d. be (become) statute-barred (amer. äv. outlawed), fall under (be barred by) the statute of limitations; *brottet är* ~*t* the period for prosecution has expired; jfr *preskriptionstid* ex.
preskription *s* jur. limitation
preskriptionstid *s* jur. period of limitation; ~*en för* dessa brott *är 10 år* actions for...are limited to 10 years
press *s* **1** tidnings~ press; *Pressens opinionsnämnd* the [Swedish] Press Council; *få god (dålig)* ~ have a good (bad, poor) press **2** redskap o.d. press; tryck~ äv. printing-press; för citrusfrukt äv. squeezer; *gå i* ~ go to press; växterna *ligger i* ~ ...are being pressed **3** påtryckning, tryck pressure; påfrestning strain; pressning press; pressveck äv. crease [s pl.]; *utöva* ~ *på ngn* bring pressure to bear (put pressure) on a p.
pressa I *vb tr* allm. press; med strykjärn äv. iron (byxor äv. crease); mönster i metall o.d. äv. emboss; krama squeeze; ~ *ngn på pengar* extort money from a p.; ~ *ett pris* force a price down, cut a price; ~ *sin röst* force...; ~ *potatis* rice potatoes; ~ *ngt* t.ex. vin *ur...* press (olja o.d. äv. extract) a th. out of...
II *vb rfl*, ~ *sig* anstränga sig push (exert) oneself
III med beton. part.
~ **av ngn** pengar, ett löfte o.d. extort...from a p.
~ **fram** en bekännelse extort... [*ur* from]; ~ *fram* ett ljud get out...; ~ klämma *fram en tår* squeeze out a tear; ~ *sig fram* squeeze (force) one's way
~ **ihop** compress, squeeze (jam, press)...together
~ **ned** press (force) down; priser o.d. äv. cut down, reduce; ~ *ned* t.ex. kläder i en resväska cram
~ **upp** t.ex. fart, priser force (drive) up
pressande *adj* t.ex. värme oppressive; t.ex. arbete arduous; t.ex. förhör severe, persistent; t.ex. arbetsförhållanden trying
pressattaché *s* press attaché
pressbyrå *s* press agency (bureau); utrikesdepartementets press department

presscensur *s* press censorship, censorship of the press
pressfotograf *s* press photographer
pressfrihet *s* freedom (liberty) of the press
pressklipp *s* press cutting (amer. clipping)
presskonferens *s* press conference
presskort *s* press card, reporter's pass
pressläktare *s* press gallery; sport. press stand
pressning *s* pressing etc., jfr *pressa I;* press på kläder press; pressveck äv. crease
pressombudsman *s* press agent (ombudsman); dipl. information officer
presstöd *s* koll. press subsidy (subsidies pl.)
pressveck *s* crease
prestanda *s pl* prestationsförmåga performance (end. sg.); *bilens* ~ the car's performance
prestation *s* arbets~, sport~ performance; verk, bedrift, färdighet achievement; kraftprov äv. feat, effort; *efter* ~ according to ability (achievement, results)
prestationsförmåga *s* capacity äv. om pers.; performance, efficiency
prestationslön *s* incentive pay (bonus), payment by results
prestationsångest *s* psykol. performance anxiety
prestera *vb tr* utföra perform, do; åstadkomma accomplish, achieve; anskaffa, komma med produce, offer; ~ *bevis, säkerhet* furnish...
prestige *s* prestige; *mån om sin* ~ jealous of one's prestige
prestigefylld *adj* prestigious
prestigeförlust *s* loss of prestige (vard. face)
prestigesak *s* matter (question) of prestige
prestigeskäl *s pl, av* ~ for reasons of prestige
presumtiv *adj* förmodad supposed; blivande prospective; ~ *svärson (kund)* prospective son-in-law (customer)
pretendent *s* pretender [*på (till)* to]; friare aspirant, claimant
pretendera *vb itr,* ~ *på* lay claim to; ~ *på* tronen pretend to...
pretention *s* pretension [*på* to]; jfr äv. *anspråk*
pretentiös *adj* anspråksfull, förmäten pretentious; fordrande exacting
preteritum *s* språkv. preterite [tense]
preussare *s* Prussian
Preussen Prussia
preussisk *adj* Prussian
preventiv *adj* preventive
preventivmedel *s* contraceptive
preventivpiller *s* contraceptive (birth) pill; *ta (äta)* ~ take (be on) the pill
prick I *s* **1** punkt o.d. dot; fläck speck; på tyg, tärning o.d. spot; förprickning mark, tick; på måltavla bull's eye; *skjuta* ~ *på* try to hit; *träffa (skjuta) mitt i* ~ score (make) a bull['s eye]; bildl. hit the mark; *sätta* ~*en över i* eg. dot (put the dot over) the i; bildl. add the finishing touch; *på* ~*en* to a T (nicety, turn, hair), exactly **2** sport. o.d.,

pricka

minusprick penalty point **3** sjö.: flytande [spar] buoy; fast beacon **4** vard., pers. *en hyggligг* ~ a decent fellow (guy); *en konstig* ~ a queer customer **II** *adv* vard. ~ *8 (8 ~)* at 8 sharp (on the dot)
pricka I *s, till punkt och* ~ se under *punkt*
  II *vb tr* **1** t.ex. linje dot; med nål o.d. prick **2** träffa [prick] hit **3** utmärka ~ *[ut]* mark [out]; farled med sjömärken äv. buoy **4** bildl.: ge en prickning censure, reprove; brännmärka denounce
  III med beton. part.
  ~ **av** tick off
  ~ **för** mark, put a mark (tick) against, tick off; ~ *för [ngt] med rött* mark a th. in red
  ~ **in:** a) på karta o.d. dot (mark, prick, m. nålar o.d. äv. peg) in b) t.ex. ett slag i boxning put in
  ~ **ut** mark out, jfr ovan *I 3*
prickfri *adj* sport. ...without any penalty points; jfr äv. *oklanderlig*
prickig *adj* spotted; fullprickad dotted; tätt ~ spotty; ~ *korv* salami-type sausage
prickning *s* bildl. reproof, censure; brännmärkning stigma
prickskytt *s* sharpshooter; mil. äv. sniper
pricksäker se *träffsäker*
prilla *s* vard., portion snus pinch of snuff
prima I *adj* first-class, first-rate; vard. tip-top, A 1, top-notch; isht amer. äv. dandy; ~ *ballerina* prima ballerina it.; ~ *kondition* fine (first-class) condition **II** *adv, jag mår ~* vard. I feel first-rate etc., jfr *I*
primadonna *s* prima donna it.; på talscen leading lady; stjärna star
primitiv *adj* primitive
primitivism *s* primitivism
primitivitet *s* primitiveness
primtal *s* prime number, prime
primula *s* bot. primula; vanl. primrose
primus I *s* i skolklass *han är klassens ~* he is the top of the class **II** *adj*, ~ *motor* prime mover
primär *adj* primary; *~t behov* primary (basic) need
primärval *s* parl. primary [election]
primärvård *s* primary care
primör *s* early vegetable (resp. fruit), primeur fr.
princip *s* principle; *av* ~ on principle, as a matter of principle; *jag har för (som) ~ att* inf. I make it a principle (it's a principle with me) to inf.; *i* ~ håller jag med dig in principle...; det är *i* ~ *samma sak* ...fundamentally (essentially) the same thing
principbeslut *s* decision in principle; *fatta ett* ~ äv. resolve in principle
principfast *adj* firm; *en ~ man* a man of [firm] principle
principfråga *s* question (matter) of principle
principiell *adj* attr. ...of principle;

[grund]väsentlig fundamental, essential; ~ *motståndare till* opponent on principle to; *av ~a skäl* on grounds (for reasons of) of principle
principiellt *adv* in principle; ~ *oriktigt* fundamentally wrong
principlös *adj* unprincipled, ...without principle
principputtalande *s* declaration of principle
prins *s* prince; *må som en* ~ ung. have a lovely time, feel fine
prinsessa *s* princess
prinskorv *s* ung. chipolata sausage, small sausage for frying
printer *s* data., skrivare printer
prioritera *vb tr* give priority to, give precedence (preference) to, prioritize
prioriterad *adj* priority..., preferential; isht amer. preferred
prioritet *s* priority, prioritization
1 pris *s* **1** [salu]värde, kostnad allm. price, cost; belopp äv. rate [*på* i samtl. fall of]; begärt ~ äv. charge; villkor terms pl. [*på* båda for]; *höja (sänka) ~erna* raise (reduce, lower) prices; *falla (gå ned) i* ~ fall (go down) in price; *stå högt (lågt) i* ~ eg. be high (down) in price; *till [ett] lågt (billigt)* ~ cheap[ly], at a cheap rate; *till nedsatt* ~ at a reduced price; *till ~et av* bildl. at the cost of; *till ett ~ av* at the price (rate) of; *till varje* ~ at all costs (any price)
  2 belöning prize; *få (ta hem) första ~et* be awarded (carry off) the first prize; *sätta ett ~ på ngns huvud* set (put) a price [up]on a p.'s head; *ta ~et* bildl. be easily first (best); vard. take the cake (biscuit)
  3 högtidl., lov praise; ~ *ske Gud* the Lord be praised
2 pris *s* **1** sjö., byte prize **2** nypa pinch; *en ~ snus* a pinch of snuff
prisa *vb tr* **1** praise; berömma äv. extol, commend; lov- äv. glorify, laud; hålla lovtal över eulogize, sing the praises of; ~ *sin lycka (sig lycklig)* att... count oneself lucky (fortunate)... **2** se *prisbelöna*
prisbelöna *vb tr* award a prize (resp. prizes) to; *en ~d författare* ...to whom a prize has been awarded; *en prisbelönt bok* a prize-winning book; *en prisbelönt tjur* a prize bull
prisbildning *s* formation (determination) of prices, price formation
prisbomb *s* vard. *det är en riktig* ~ it is sensationally low priced
prischock *s* vard. heavy rise in price[s]
prisfall *s* fall (decline, drop) in prices (resp. the price); på börsen break
prisge *vb tr* o. **prisgiva** *vb tr* t.ex. åt fienden give...up, abandon; t.ex. åt förfallet äv. sacrifice, let...go [*åt* i samtl. fall to]; ~ *ngn (ngt) åt* löjet, offentligheten expose a p. (a th.) to...; *vara prisgiven åt* be at the mercy of

prishöjning *s* rise (increase, advance) in prices (resp. the price), price rise
prisindex *s* price index
priskartell *s* price ring (cartel)
prisklass *s* price range (class)
priskontroll *s* price control (curb)
priskrig *s* price war
prislapp *s* price label (tag, ticket)
prislista *s* hand. price list; sport. prize list
prisläge *s* price range (level); *i alla (olika) ~n* at all (different) prices; *i vilket ~?* [at] about what price?
prisma *s* optik. prism; i ljuskrona pendant, drop
prismedveten *adj* price conscious
prismärka *vb tr* price-mark, price
prisnedsättning *s* price reduction
prisnivå *s* price level
prisnotering *s* [price] quotation
prispall *s* winners' stand, rostrum
prispengar *s pl* prize money sg.
prisras *s* collapse (sudden fall) in prices
prisreglering *s* price regulation (control)
prisskillnad *s* difference in (of) price[s pl.], price difference, margin; på biljett excess fare
prisstegring se *prishöjning*
prisstopp *s* price freeze, [price] ceiling; *införa [allmänt] ~* freeze prices; *upphäva ~et* unfreeze prices
prissumma *s* prize money
prissänkning se *prisnedsättning*
prissätta *vb tr* fix the price[s pl.] of, price
prissättning *s* price-fixing, pricing
pristagare *s* prizewinner
pristävlan *s* o. **pristävling** *s* prize competition
prisuppgift *s* hand. quotation [*på* for]; *lämna ~ på* state (give) the price of
prisutdelning *s* distribution of prizes; *förrätta ~* give away the prizes
prisutveckling *s* price trend
prisvärd *adj* **1** eg. ...worth its price **2** lovvärd praiseworthy
privat I *adj* private, personal; *~ [område]* private [grounds (premises) pl.]; *~a* utgifter, förhållanden personal...; *för min ~a del* anser jag for my [own] part I (I for one)...; *i det ~a* in private life **II** *adv* privately, in private; i förtroende confidentially; *läsa ~* take private lessons [*för* with]
privatangelägenhet *s* private (personal) matter, private affair
privatanställd *adj*, *~ person* person in private employment
privatbil *s* [private] car
privatbostad *s* private residence
privatbruk *s*, *för ~* for private (personal) use
privatchaufför *s* [private] chauffeur
privatdetektiv *s* private detective; vard. private eye
privategendom *s* private property
privatisera *vb tr* överföra till privatägo privatize, put under private ownership (into private hands)
privatisering *s* privatization
privatlektion *s* private lesson; *ge ~er* äv. coach
privatliv *s* private life; *i ~et* in private life
privatläkare *s* private doctor
privatperson *s* private person; *som ~* är han in private [life] (utom tjänsten in his private capacity)...
privatpraktik *s* private practice
privatpraktiserande *adj*, *~ läkare* doctor in private practice
privatsak *s* private (personal) matter, private affair
privatsamtal *s* private conversation (i telefon call)
privatsekreterare *s* private secretary
privatskola *s* private school
privatundervisning *s* private tuition
privatägd *adj* privately-owned
privilegiera *vb tr* privilege
privilegierad *adj* privileged
privilegium *s* privilege; ensamrätt monopoly; tillstånd licence
PR-man *s* PR (public-relations) officer
probabilitet *s* probability äv. matem.
problem *s* problem; *ett kinkigt (knepigt) ~* a knotty problem, a poser; *ha ~ med magen* have trouble with one's stomach; *lösa ~* solve problems; *inga ~!* no problem!
problematik *s* problems pl., complex of problems
problematisk *adj* problematic[al], complicated; tvivelaktig doubtful, uncertain
problembarn *s* problem child
problemfri *adj* problem-free
problemlösare *s* troubleshooter
problemlösning *s* allm. troubleshooting; vara bra *på ~* ...at solving problems
problemställning *s* problem problem; uttryckssätt presentation of a (resp. the) problem, approach to a (resp. the) problem
procedur *s* tillvägagångssätt, rättegångsordning procedure; förfarande process
procent *s* 'per hundra' per cent; amer. percent (förk. p.c., ofta äv. %); procenttal percentage; *med 10 ~[s] (10%) rabatt (ränta)* at ten per cent (10%) discount (interest); *hur många ~ är det?* how much per cent is that?; *få ~ på* omsättningen get a percentage on...; *i ~* in percentages; låna *mot (till) hög ~* ...at a high percentage
procentare *s* vard. money-lender; isht amer. loan shark
procentenhet *s* percentage unit (point)
percenträkning *s* calculation of percentages
procentsats *s* rate per cent, percentage
procentuell *adj* percentage..., ...calculated (expressed) as a percentage
process *s* **1** förlopp, utvecklingsgång process, operation **2** jur. lawsuit, action, case, jfr

processa

rättegång; *börja [en]* ~ *med (mot)* el. *öppna* ~ *mot* bring an action (take proceedings, proceed) against; *förlora (vinna) en* ~ lose (win) a case; *göra ~en kort med ngn* bildl. make short work of a p., deal summarily with a p. **3** tekn. process
processa I *vb itr* jur. carry on a lawsuit (resp. lawsuits), se vid. *[föra] process; börja* ~ se *[börja] process;* ~ *[om]* äv. litigate **II** *vb tr* tekn. process
procession *s* procession; festtåg äv. pageant; *gå i* ~ walk in procession
processrätt *s* law of [legal] procedure
producent *s* producer äv. film.; radio. o.d.; odlare grower
producera *vb tr* allm. produce; tillverka äv. manufacture, turn out; odla äv. grow; spannmål, isht amer. raise; ~ *sig* framträda appear; han har inte *~t sig på flera år* om författare ...brought out anything for several years
produkt *s* product äv. matem.; fabrikat äv. manufacture, make; alster äv. production; isht jordens *~er* äv. produce (end. sg.)
produktion *s* production; tillverkningsmängd äv. output; avkastning yield; isht lantbr. produce (end. sg.); hans litterära ~ ...output, ...production[s pl.], ...work[s pl.]
produktionsapparat *s* productive apparatus, machinery of production
produktionsbortfall *s* fall (dropping off) in production
produktionsfaktor *s* factor of production
produktionsförmåga *s* productive capacity, productivity
produktionskostnad *s* cost of production
produktiv *adj* productive äv. språkv.; om t.ex. författare prolific; ~ *verksamhet* productive activity
produktivitet *s* productivity, fertility
produktutveckling *s* product development
profan *adj* profane; världslig äv. secular; hädisk äv. blasphemous; om musik secular
profanera *vb tr* profane
profession *s* profession, trade, jfr *yrke; till ~en* by profession
professionalism *s* professionalism
professionell I *adj* professional **II** *s* professional
professor *s* professor; vard. prof [*i* of; *vid* at (in)]
professorstitel *s* title of professor
professur *s* professorship, [professorial] chair; *~en i* historia vid... the chair of...
profet *s* prophet; siare äv. seer; *Profeten* Muhammed the Prophet; *de mindre ~erna* the minor (lesser) prophets
profetera *vb tr* o. *vb itr* prophesy [*[om]* ngt a th.]; spå äv. predict [*om ngt* a th.]
profetia *s* prophecy, prediction, jfr *profetera*

profetisk *adj* t.ex. gåva prophetic; t.ex. skrift prophetical
proffs *s* vard. pro (pl. pros); *bli* ~ turn pro
proffsboxare *s* professional boxer
proffsboxning *s* professional boxing
proffsig *adj* vard. professional; *mycket* ~ highly professional
profil *s* profile äv. bildl.; tekn. äv. [vertical] section; däcks profile, pattern; personlighet personality, image; *hålla en låg* ~ bildl. keep a low profile; avbilda *i* ~ ...in profile, ...side-face
profilera I *vb tr* profile; tekn. äv. shape; byggn. set up profiles (resp. a profile) of **II** *vb rfl*, ~ *sig* create a distinctive [personal] image for oneself
profit *s* profit; *dra* ~ *av* profit by; *med* ~ at a profit
profitbegär *s* love of gain (profit)
profitera *vb itr* förtjäna profit, benefit [*på* by]; utnyttja take advantage [*på* of]; gain an advantage [*på* out of]
profithungrig *adj* profit-seeking, ...on the make
profitsyfte *s*, göra ngt *i [rent]* ~ ...for the [mere] sake of profit
profitör *s* profiteer
pro forma *adv* pro forma
proformasak *s*, det är *bara en* ~ ...a mere matter of form
profylaktisk *adj* med. prophylactic; ~ *medicin* preventive medicine
profylax *s* med. prophylaxis, preventive medicine
prognos *s* isht med. prognos|is (pl. -es); friare prediction, prognostication; ekon. el. meteor. forecast; *ställa en* ~ make a prognosis etc.; prognosticate
prognoskarta *s* meteor. weather [forecast] chart
program *s* programme; amer. el. data. program; polit. äv. platform; tryckt kurs~ o.d. äv. prospectus; fastställd plan äv. plan; *stå på ~met* be on (in) the programme; *ta upp ngt på sitt* ~ include a th. in one's programme
programenlig *adj* ...according to [the] programme
programförklaring *s* policy statement, manifesto (pl. -s)
programledare *s* konferencier compère; radio. el. TV. linkman, anchorman
programmakare *s* programme-maker
programmatisk *adj* programmatic
programmera *vb tr* programme; amer. el. data. program; *~d undervisning* programmed instruction (teaching)
programmerare *s* programmer
programmering *s* programming; ~ *av datorer* computer programming
programmeringsspråk *s* data. programming language

programpunkt *s* item on (of) a (resp. the) programme
programspråk se *programmeringsspråk*
programvara *s* data. software
progression *s* progression; i beskattning äv. graduation
progressiv *adj* progressive; t.ex. beskattning äv. graduated; ~ *form* gram. progressive (continuous) form (tense)
progressivitet *s* progressiveness
projekt *s* project, plan, scheme
projektera *vb tr* project, plan, design
projektgrupp *s* project team, research group
projektil *s* projectile; friare missile
projektion *s* projection
projektionsapparat *s* [slide] projector
projektor *s* projector
projicera *vb tr* o. **projiciera** *vb tr* project
proklamation *s* proclamation
proklamera *vb tr* proclaim; ~ *strejk* call a strike
prokura *s* jur. el. hand. [power of] procuration, proxy; *teckna* firma *per* ~ sign for...by (per) procuration (förk. per pro., p.p.)
prokurist *s* jur. el. hand. managing (confidential) clerk, procuration holder
proletariat *s* proletariat; *~ets diktatur* the dictatorship of the proletariat
proletarisera *vb tr* proletarize
proletär I *adj* proletarian **II** *s* proletarian; *~er i alla länder, förenen eder!* workers of the world, unite!
proletärförfattare *s* proletarian author
prolog *s* prologue [*till* to]
promemoria *s* memorand|um (pl. -a el. -ums) [*angående* (*över*) of (on, respecting, re lat.)]
promenad *s* **1** spatsertur walk; flanerande stroll, promenade; motions~, vard. constitutional; *ta [sig] en* ~ go for a walk (a stroll, an airing) **2** ~plats promenade; isht strand~ seafront, parade, esplanade
promenaddäck *s* promenade deck
promenadkäpp *s* walking-stick; amer. äv. cane
promenadsko *s* walking-shoe
promenadväder *s, fint* ~ nice weather for a walk
promenera I *vb itr* take a walk (stroll), walk, stroll; promenade; *gå ut och* ~ go for (take) a walk; *gå ut och* ~ *med* hunden take...out for a walk; ~ *omkring* stroll [about], saunter **II** *vb tr,* ~ *hem segern* romp home, win at a canter
promille I *adv* per thousand (mille, mil) **II** *s, hög* ~ av alkohol, ung. high percentage (permillage) [of alcohol]
prominent *adj* prominent
promiskuitet *s* promiscuity
promiskuös *adj* promiscuous
promotion *s* univ. conferment of doctor's degrees (resp. a doctor's degree); ceremoni conferment [ceremony]

promotor *s* **1** sport. promotor **2** univ. conferrer of doctor's degrees
promovera *vb tr* univ. confer a doctor's degree (a doctorate) on
prompt I *adv* ofördröjligen promptly, immediately, forthwith; punktligt punctually; ovillkorligen absolutely; *han ville* ~ *att jag skulle* inf. he insisted on my ing-form **II** *adj* prompt, immediate
pronomen *s* pronoun; *förenat possessivt (demonstrativt)* ~ possessive (demonstrative) adjective (ibl. pronoun)
pronominell *adj* språkv. pronominal
prononcerad *adj* pronounced, marked; utpräglad äv. decided; tydlig äv. manifest
propaganda *s* propaganda; ibl. information; reklam publicity; *göra (bedriva)* ~ se *propagera II*
propagandasyfte *s, i* ~ for propaganda (publicity) purposes
propagandist *s* propagandist
propagera I *vb tr* propagate **II** *vb itr* make (carry on) propaganda [*för* for]
propeller *s* propeller; flyg. äv. airscrew
propellerblad *s* propeller (flyg. äv. airscrew) blade
propellerdriven *adj* propeller-driven; flyg. äv. airscrew-driven
propellerplan *s* flyg. propeller-driven aircraft
proper *adj* snygg tidy, neat; ren[lig] clean; skötsam decent, nice
proportion *s* proportion; *~er* dimensioner äv. dimensions, size sg.; *ha sinne för ~er* have a sense of proportion; *i ~en 3 till 1* in the proportion (ratio) of 3 to 1; *stå i [omvänd] ~ till* be in [inverse] proportion (ratio) to...; *stå i rimlig ~ till* be proportionate to; *inte alls stå i ~ till...* be out of all proportion to..., be disproportionate to...
proportionell *adj* proportional, proportionate [*mot* to]; *omvänt* ~ inversely proportional; *~a val* elections on the basis of proportional representation
proportionerlig *adj* proportionate; välväxt äv. shapely, well-built, well-proportioned; symmetrical
proposition *s* lagförslag government bill; *lägga [fram] en* ~ present (introduce) a bill
propp *s* **1** avpassad ~, äv. för diskho stopper; för badkar el. tvättställ, tapp plug; tuss wad; elektr., säkring fuse [plug]; av öronvax lump; öron~ t. hörapparat o.d. earpiece; *en* ~ *har gått* a fuse has blown; *dra (ta) ~en ur* en flaska remove the stopper from... **2** se *blodpropp* **3** polit., se *proposition*
proppa *vb tr,* ~*...full* cram, stuff äv. bildl.; ~ *i ngn* mat cram (stuff)...into a p. (kunskaper ...into a p.'s head); ~ *i sig* gorge (stuff, glut) oneself [*ngt* with a th.]; ~ *igen* ett hål stop (stuff) up..., plug [up]...; ~ *till* en flaska cork [up]...

proppfull *adj* pred. cram-full, chock-full [*med* of], chock-a-block [*med* with]; jfr äv. *fullpackad*
proppmätt *adj*, *äta sig* ~ gorge (glut) oneself [*på* with]; *vara* ~ be full up
propsa *vb tr* o. *vb itr*, ~ *på ngt (på att* inf.) insist [up]on a th. ([up]on ing-form)
propå *s* förslag proposal
prosa *s* prose; *på* ~ in prose
prosaberättelse *s* prose story
prosaförfattare *s* prose-writer
prosaisk *adj* prosaic; vardaglig äv. commonplace; torr unimaginative, matter-of-fact
prosaist *s* prosaist, prose writer
prosit *interj* [God] bless you!, God bless!
prosodi *s* språkv. prosody (end. sg.)
prospekt *s* reklamtryck prospectus
prospektera *vb itr* prospect [*efter* for]
prospektering *s* prospecting
prost *s* dean
prostata *s* anat. prostate [gland]
prostataförstoring *s* enlargement of the prostate gland
prostituera I *vb tr* prostitute **II** *vb rfl*, ~ *sig* prostitute oneself äv. bildl.
prostituerad I *adj* prostitute **II** *s* prostitute; vard. pro; amer. äv. hooker
prostitution *s* prostitution
protagonist *s* protagonist
protegé *s* protégé; kvinna protégée
protein *s* protein
protektion *s* beskyddarskap patronage; beskydd protection
protektionism *s* protectionism
protektionist *s* protectionist
protektionistisk *adj* protectionist
protes *s* arm, öga etc. artificial arm (resp. eye etc.); med. prostheslis (pl. -es); tandläk. denture, dental plate
protest *s* protest äv. hand.; sport. [*mot* against]; invändning objection [*mot* to]; *en skarp* ~ a strong protest; *inlägga* ~ protest, lodge (make) a protest; *under* ~*[er] (livliga* ~*er)* under protest sg. (vigorous protests); *utan* ~*er* without protest sg.
protestant *s* Protestant
protestantisk *adj* Protestant
protestantism *s*, ~*[en]* Protestantism
protestera *vb tr* o. *vb itr* protest [*mot* against], object [*mot* to]; ~ *kraftigt mot ngt* cry out (remonstrate) against a th.
protestmöte *s* protest (indignation) meeting
proteststorm *s* storm of protest (remonstrance)
protokoll *s* minutes pl., record; domstols~, riksdags~ o.d. report of the proceedings; isht dipl. protocol; kortsp. el. sport. score; *föra (sitta vid)* ~*et* keep (take) the minutes (record), act as a secretary; t.ex. i kortsp. keep the score; *ta ngt till* ~*et* enter...in the minutes, record (take down)...; *utanför* ~*et* off the record
protokollföra se *[ta till] protokoll[et]*
protokollsutdrag *s* extract from the minutes (record, report)
proton *s* fys. proton
protoplasma *s* biol. protoplasm
prototyp *s* prototype
prov *s* **1** test äv. tekn.; kem. el. kunskaps~ o.d.; tekn. o.d. äv. experiment; försök, prövning trial; examens~ examination; *muntligt (skriftligt)* ~ oral (written) test (resp. examination); *bestå* ~*et* stand (pass) the test, pass, muster; t.ex. anställa ngn, göra ngt *på* ~ ...on trial; *sätta på* ~ put to the test, test; *ta* en vara *på* ~ take...on approval (on trial); *vara anställd på* ~ be on trial (on probation) **2** bevis proof; exempel specimen; *ge ett (visa)* ~ *på* t.ex. tapperhet display, give proof of **3** konkr., isht hand., varu~ sample; av tyg, tapet etc. med mönster pattern; provexemplar, provbit specimen; ~ *utan värde* hand. sample[s pl.] of no value; *ta ett* ~ med. take a specimen; jfr äv. *blodprov* o.d.
prova *vb tr* o. *vb itr* göra prov med test; försöka, pröva [på], provköra o.d. try; grundligt try out; kläder, skor try on; ~ *av* test, try, give...a [first] trial; ost, vin o.d. sample, taste; ~ *in* sömnad. fit; ~ *ut* t.ex. glasögon, hatt try out, test
provare *s* tekn. tester
provborra *vb tr* o. *vb itr* trial-drill, test-drill
provborrning *s* exploratory (trial, test) drilling
provdocka *s* tailor's dummy, mannequin
provensalsk *adj* Provençal
provensalska *s* språk Provençal
provexemplar *s* specimen, sample; av bok specimen (sample) copy
provfilma *vb itr* have a [screen] test
provflyga *vb tr* o. *vb itr* test, test-fly
provflygare *s* test pilot
provflygning *s* test (trial) flight
provhytt *s* fitting cubicle (större room)
proviant *s* provisions, victuals, [food] supplies (samtl. pl.)
proviantera I *vb tr* provision, victual **II** *vb itr* take in (buy) supplies
provins *s* province äv. biol.; ~*en* landsorten the provinces pl.
provinsialläkare *s* district medical officer
provinsiell *adj* provincial
provision *s* agents o.d. commission; *mot fem procents* ~ against (at) a five per cent commission
provisorisk *adj* tillfällig temporary, improvised; nödfalls- makeshift, emergency båda end. attr.; ~ *regering* provisional government
provisorium *s* provisional (temporary) arrangement; nödlösning makeshift
provkarta *s* hand. sample card, pattern card

[*på* of]; **en ~ på** olika frisyrer, olika stilar a variety (medley) of...
provkollektion *s* collection of samples, samples pl.
provköra *vb tr* o. *vb itr* test; bil o.d. äv. give...a trial run
provkörning *s* av bil o.d. trial (test) run; på väg road test
provning *s* testing etc., jfr *prova;* av kläder trying on, fitting; prov äv. trial, test
provningsanstalt *s* testing laboratory (institute)
provocera *vb tr* provoke, instigate; **~nde** provocative
provokation *s* provocation
provokativ *adj* o. **provokatorisk** *adj* provocative
provokatör *s* isht polit. [agent] provocateur fr. (pl. [agents] provocateurs)
provrum *s* att prova kläder i fitting room
provräkning *s* arithmetic test; konkr. test paper [in arithmetic]
provrör *s* kem. test tube
provrörsbarn *s* test-tube child (baby)
provsjunga *vb itr* audition, have an audition [*för ngn* before a p.]
provsjungning *s* audition
provsmaka *vb tr* taste, sample
provspela I *vb tr* ett instrument try out **II** *vb itr* audition, have an audition [*för ngn* before a p.]
provspelning *s* audition
provstopp *s* för kärnvapen [nuclear] test ban
provsändning *s* **1** hand., se *provleverans* **2** radio. el. TV. trial (test) transmission
provtagning *s* med. [the] taking of specimens
provtjänstgöring *s* probationary service, [period of] probation; *två års* ~ äv. two years on probation
provtryck *s* typogr. sample print, specimen proof
provtur *s* trial trip (run)
prudentlig *adj* prim, finical
prunka *vb itr* make a fine (grand) show, be resplendent (dazzling); ~ *i alla färger* be blazing with colour; ~ *i rött* be dazzlingly red
prunkande *adj* lysande dazzling, blazing, glowing; grann gaudy, gay, showy; bildl., om stil o.d. flowery
prut *s* **1** haggling, bargaining **2** *utan* ~ without much ado
pruta *vb itr* om köpare haggle [over the price]; köpslå bargain; om säljare reduce (knock something off, beat down) the price; *[försöka]* ~ *på* en vara haggle over the price of..., try to beat down the price of...; ~ *[av]* 50 kr (om säljare) knock (take)...off [the price]; ~ *av på* (~ *ned*) sina fordringar reduce (lower, moderate, come down a little in)...

prutmån *s* margin, margin for haggling (bargaining)
prutt *s* vulg. fart
prutta *vb itr* vulg. fart, let off
pryd *adj* prudish; **en ~ person** äv. a prude
pryda *vb tr* adorn; utsmycka äv. decorate, ornament; försköna embellish *(*samtl. äv. ~ **upp***); passa, kläda become; vasen **pryder sin plats** ...is decorative [there (here)]
pryderi *s* o. **prydhet** *s* prudishness, prudery
prydlig *adj* välvårdad, snygg neat, trim; om pers. äv.: nätt o. ~ dainty, dapper; överdrivet ~ spruce, prim and proper; dekorativ decorative, ornamental; **en ~ handstil** neat handwriting; **det ser ~t ut** it looks neat (makes a fine show)
prydlighet *s* neatness etc., se *prydlig*
prydnad *s* dekoration adornment, decoration, embellishment; prydnadssak el. bildl. ornament; **vara en ~ för** t.ex. sitt yrke, sin skola grace..., adorn...
prydnadssak *s* ornament; mindre **~er** knick-knacks, fancy goods; bric-a-brac sg.
prydnadsväxt *s* ornamental plant
prygel *s* flogging, whipping; stryk thrashing, beating; **ge ngn** ~ give a p. a flogging etc.; flog a p.
prygla *vb tr* flog, whip; klå upp thrash, beat
pryl *s* **1** syl pricker; skom. awl **2** vard., sak gadget; **~ar** äv. odds and ends, bits and pieces
prylsamhälle *s*, **~t** vard. the acquisitive society
prål *s* ostentation, ostentatious display, parade, showiness; grannlåt finery; prålig utstyrsel äv. bravery
pråla *vb itr* make a big show (parade), show off; ~ *med* t.ex. sin stass, lärdom make a [big] show (display) of, parade, show off, flaunt
prålig *adj* gaudy, garish, showy
pråm *s* barge; hamn~ lighter
pråmskeppare *s* bargeman, bargee; lighterman
prång *s* [narrow] passage; gränd alley; vrå: i t.ex. hus corner, nook; bland t.ex. klippor cranny
prångla *vb itr*, ~ *ut falska pengar* utter counterfeit coin (sedlar notes)
prägel *s* avtryck impression, impress äv. bildl.; på mynt samt bildl. stamp; drag, anstrykning touch; karaktär character; ge hemmet **en personlig** ~ ...a personal touch; **sätta sin ~ på** leave (set) one's mark on
prägla *vb tr* mynta coin, mint; slå [mynt] strike; typogr. emboss; stämpla stamp äv. bildl.; t.ex. i minnet äv. impress, imprint, jfr *inprägla;* känneteckna characterize, mark; **hans stil ~s av klarhet** his style is characterized (marked) by lucidity
prägling *s* av mynt el. ord o.d. coinage; typogr. embossing; biol. imprinting
präktig *adj* utmärkt fine, good, splendid,

grand; stadig stout; tjock thick; stark strong; **en ~ *förkylning*** a proper (stark. awful) cold; **~*a skor*** stout (thick) shoes
pränt *s*, ***sätta...på*** ~ skriva ned write down...; låta skriva ned have...written down
pränta *vb tr* write...carefully; texta print; dokument o.d. engross; ~ ***in*** se *inpränta*
prärie *s* prairie
präriehund *s* prairie dog
prärievarg *s* coyote, prairie wolf
präst *s* isht prot. clergyman; isht katol. el. icke-kristen priest; grek.-katol. pope; frikyrklig el. i Skottl. minister; allm. minister of religion, isht vard. (ibl. neds.) parson; **~*erna*** prästerskapet the clergy; ***kvinnliga ~er*** women priests (ministers); ***bli*** ~ take holy orders, enter the Church
prästerlig *adj* clerical; t.ex. värdighet priestly, sacerdotal; kyrklig ecclesiastical
prästerskap *s* clergy, clergymen pl.; isht katol. priesthood, priests pl.
prästfru *s* clergyman's (frikyrklig el. i Skottland minister's, vard. parson's) wife
prästgård *s* vicarage, rectory, parsonage; katol. presbytery
prästinna *s* priestess
prästkrage *s* **1** prästs krage [Geneva] bands pl.; rundkrage clerical collar **2** bot. oxeye daisy
prästrock *s* cassock; katol., långrock soutane
prästviga *vb tr* ordain; **~*s*** el. ***låta ~ sig*** be ordained, take [holy] orders
prästvigning *s* ordination
pröjsa *vb tr* o. *vb itr* vard. pay
pröva I *vb tr* prova, försöka samt sätta på prov try; grundligt try out; göra prov med, undersöka test; sätta på prov äv. put...to the test; undersöka, granska samt tentera examine; kontrollera [ett räknetal] check; ~ ***om*** repet håller try and see if...; ~ ***lyckan (sin lycka)*** try one's luck (fortune); ~ ***något nytt*** try something new; ~ ***riktigheten av ett påstående*** test (verify) a statement
II *vb itr* tentera sit for an examination, be examined [*i* in]
III *vb rfl*, ~ ***sig fram*** feel one's way, proceed by trial and error
IV med beton. part.
~ **in** skol. sit for (undergo, take) an (the, one's) entrance examination [*i (vid)* at]; ~ *in vid teatern* have (be given) an audition
~ **på** försöka try one's hand at; erfara experience; [få] utstå suffer; *han har fått ~ på mycket* he has had to put up with (go through) a good deal
prövad *adj*, *han är hårt ~* he has had to put up with (go through) a good deal
prövande *adj* påfrestande trying; granskande searching
prövning *s* **1** prov, undersökning test, trial, examination; prövande testing; undersökning äv. inquiry [*av* into]; t.ex. av fullmakt investigation; noggrann scrutiny [*av* of]; prövningsprocedur, prövningstid probation; ***förnyad*** ~ av en fråga re-examination, reconsideration; ***skriftlig*** ~ written examination (test) **2** hemsökelse trial, affliction
prövningsnämnd *s* för taxeringar tax appeal board
prövosten *s* touchstone [*på* of]
prövotid *s* trial (experimental) period; period of probation
P.S. *s* PS
psalm *s* i psalmboken hymn; i Psaltaren psalm; ***Davids ~er*** the Book of Psalms sg.
psalmbok *s* hymn-book
psalmdiktare *s* hymn writer
psalmsång *s* hymn singing
psalmvers *s* stanza of a hymn
psaltare *s* **1** bibl., bok psalter; ***Psaltaren*** i Bibeln Psalms pl., the Book of Psalms **2** mus. psaltery
pseudohändelse *s* pseudo-event, non-event
pseudonym I *s* pseudonym, nom de plume fr.; pen name, assumed name **II** *adj* pseudonymous; om namn assumed
P-skiva *s* trafik parking disc (amer. disk)
psoriasis *s* med. psoriasis
psyka *vb tr* vard. psych [out]
psyke *s* **1** själsliv mentality, psyche; själ soul **2** vard., psykiatrisk klinik psychiatric clinic
psykedelisk *adj* psychedelic
psykiater *s* psychiatrist; vard. shrink
psykiatri *s* psychiatry
psykiatriker *s* psychiatrist; vard. shrink
psykiatrisk *adj* psychiatric; ~ ***vård*** psychiatric care
psykisk *adj* mental; psychic; ~ ***sjukdom*** mental illness (disorder, disease); ~ ***tortyr*** mental torture
psykoanalys *s* psychoanalys|is (pl. -es)
psykoanalytiker *s* psychoanalyst
psykoanalytisk *adj* psychoanalytic
psykofarmaka *s pl* psychopharmacologic[al] (psychoactive) drugs, psychodrugs
psykolog *s* psychologist
psykologi *s* psychology
psykologisk *adj* psychological; ~ ***krigföring*** psychological warfare
psykopat *s* psychopath; vard. psycho (pl. -s)
psykopati *s* psychopathy
psykopatisk *adj* psychopathic; vard. psycho
psykos *s* psychos|is (pl. -es)
psykosomatisk *adj* psychosomatic
psykoterapeut *s* psychotherapist
psykoterapi *s* psychotherapy
psykotisk *adj* psychotic; ***en ~ person*** a psychotic
ptro *interj* till häst whoa
pub *s* pub, public house
pubertet *s* puberty
publicera *vb tr* publish

publicering *s* publishing, publication
publicist *s* publicist, journalist, writer [for the press]
publicistik *s* journalism
publicistisk *adj* journalistic
publicitet *s* publicity; *ge ngt* ~ give a th. publicity
publik I *s* auditorium audience; åskådare, t.ex. sport. spectators pl.; författares ~, läsekrets äv. readers pl.; antal besökare attendance; restaurang~ o.d. guests (middagsgäster diners) pl.; people pl. present; församling assemblage; stam~ clientele; åskådarmassa crowd; TV-tittare [tele]viewers pl.; *den breda (stora) ~en* allmänheten the general public, the public at large; *inför* ~ offentligt in public; *inför en fulltalig* ~ before a full audience; *ärade ~!* ladies and gentlemen!; *nå en stor* ~ via radion, genom sina böcker etc. reach a large audience... **II** *adj* allmän public
publikation *s* publication
publikdragande *adj* popular, attractive; ~ *film* box-office film
publikfavorit *s* popular favourite (figure)
publikframgång se *publiksuccé*
publikfriande *adj* attr. ...that panders (resp. pander) to the public; attr. ...that plays (resp. play) to the gallery
publikfrieri *s* pandering to the public, playing to the gallery, showmanship
publikrekord *s* attendance record; record attendance
publiksiffra *s* attendance; isht sport. gate
publiksuccé *s* success with the public; film. el. teat. o.d. hit, success; bok best-seller
publikundersökning *s* audience research poll
puck *s* ishockey~ puck
1 puckel *s* **1** hump **2** [temporär] ökning bulge
2 puckel *s* vard., stryk bashing, walloping
puckelpist *s* sport. mogul
puckelrygg *s* hunchback, humpback
puckelryggig *adj* hunchbacked, humpbacked; *vara* ~ äv. have a hunch
puckla *vb itr*, ~ *på ngn* vard. bash (wallop) a p.; friare have a go at a p.
pudding *s* **1** kok. pudding; efterrätt äv. blancmange **2** vard., vacker flicka smasher, dish
pudel *s* poodle; *~ns kärna* the crux (heart) of the matter
puder *s* powder; kosmetiskt [face] powder, toilet powder
puderdosa *s* compact
pudersnö *s* powder snow
pudersocker *s* powdered (icing) sugar
pudervippa *s* powder puff
pudra I *vb tr* powder; med socker o.d. dust; ~ *in* powder [...over] **II** *vb rfl*, ~ *sig* powder [oneself]
puertorican *s* Puerto Rican
puertoricansk *adj* Puerto Rican

puff I *s* **1** knuff push; lätt med armbågen nudge, jfr äv. *knuff* **2** möbel pouf[fe] **3** knall pop **4** rök~ o.d. puff **II** *interj* pop
puffa I *vb tr* knuffa push; lätt med armbågen nudge, jfr äv. *knuffa* **II** *vb itr* **1** knalla pop **2** ~ *på en pipa* puff [away] at a pipe **3** göra reklam ~ *för ngt* plug (puff) a th.
puffas *vb itr dep* knuffas push
puffärm *s* puff[ed] sleeve
puk|a *s* kettle-drum; *-or* i orkester timpani (pl. el. sg.)
pukslagare *s* timpanist, kettle-drummer
pulka *s* pulka, little sledge
1 pulla *s* vard. **1** höna hen **2** smeknamn sweetie, chick
2 pulla *s* i spel pool
pullover *s* pullover
pulpa *s* anat. el. bot. pulp
pulpet *s* desk
puls *s* pulse; *ta ~en på ngn* med. feel a p.'s pulse; *ha 80 i* ~ have a pulse of 80; *känna ngn på ~en* bildl. sound a p. out
pulsa *vb itr* trudge, plod [*i* snön through...]
pulsera *vb itr* beat, throb, pulsate, pulse
pulsslag *s* anat. pulse beat
pulsåder *s* fysiol. artery
pult *s* [conductor's] desk; podium podi|um (pl. -a)
pultron *s* coward, poltroon
pulver *s* powder; *mala (stöta) till* ~ äv. pulverize
pulverform *s*, *i* ~ powdered
pulverkaffe *s* instant coffee
pulvrisera *vb tr* pulverize; bildl., krossa äv. smash
puma *s* zool. puma, cougar
pump *s* pump; *gå (åka) på ~en* vard. make a blunder
1 pumpa *vb tr* pump; ~ *däcken (cykeln)* blow up (pump up, inflate) the tyres; ~ *läns* pump...dry (empty); ~ *ngn på* en hemlighet, upplysningar pump...out of a p., draw...from a p.; ~ *in* pump in; ~ *upp* vatten, ett däck pump up; ett däck äv. blow up, inflate
2 pumpa *s* **1** bot. pumpkin, vegetable marrow **2** kaffe~ glass flask
pumps *s pl* court shoes; amer. pumps
punch *s* boxn. punch
pund *s* **1** myntenhet pound (förk. £); engelskt ~ äv. pound sterling; vard. quid (pl. lika); *fem* ~ five pounds (£5) **2** vikt pound [med of framför följ. subst.], (förk. lb., pl. lb[s].) **3** bildl. *förvalta sitt* ~ *väl* make the most of one's talents
pundhuvud *s* vard. blockhead, fathead
pundig *adj* vard. stupid; isht amer. dumb
pundsedel *s* pound note
pung *s* **1** påse, t.ex. tobaks~ pouch; t.ex. penning~, isht bibl. bag; börs purse; *lossa på ~en* loosen the purse strings **2** hos pungdjur pouch,

marsupi|um (pl. -a) **3** anat. scrot|um (pl. -a el. -ums), testicles pl.
punga *vb itr*, ~ *ut med* fork out, cough up, come across with
pungbjörn *s* koala [bear]
pungdjur *s* marsupial
pungråtta *s* zool. opossum
pungslå *vb tr*, ~ *ngn* fleece a p. [of his money], bleed a p. white
punk *s* punk
punkare *s* punk, punk rocker
punkt *s* **1** allm. point; prick äv. dot äv. mus.; skiljetecken full stop; amer. period; sak, fråga point, matter; stycke, avdelning paragraph; i kontrakt, brev o.d., 'nummer' på program, dagordning item; klausul clause; detalj, särskild ~ particular; jur., i anklagelse count; hänseende respect; ~ *och slut!* and that's that (flat)!; *död* ~ tekn. dead centre (point); bildl., dödläge deadlock; *den kritiska* ~*en* the critical (crucial) point; *hans svaga* ~ his weak point; *sätta* ~ *för ngt* bildl. bring a th. to an end; *där sätter vi* ~ *för i dag* let's stop (leave off) there for today, let's call it a day; *på denna* ~ a) på detta ställe at this point (spot) b) härvidlag on this point, in this particular, in this respect; *på alla väsentliga* ~*er* in all essentials; *låt mig tala till* ~*!* let me finish what I have to say!, let me have my say!; *till* ~ *och pricka* exactly; bokstavligt to the letter **2** typogr., mått point
punktera *vb tr* **1** bilring o.d. el. med. puncture **2** markera med punkter dot; konst. stipple; ~*d linje (not)* dotted line (note)
punktering *s* **1** på bilring o.d. el. med. puncture; *få* ~ have a puncture (vard. a flat tyre, a flat) **2** konst. stipple
punktinsats *s* selective (enstaka isolated) measure
punktlig *adj* punctual; noga äv. accurate, exact
punktlighet *s* punctuality
punktmarkering *s* sport. man-to-man marking
punktskatt *s* selective (specific) purchase tax
punktskrift *s* braille
punktstrejk *s* selective strike
puns *s* tekn. punch
punsch *s* Swedish (arrack) punch
pupill *s* anat. pupil
puppa *s* zool. pup|a (pl. -ae), chrysali|s (pl. äv. -des)
pur *adj* pure; bildl. äv. sheer; *av* ~ *förvåning* from sheer surprise
puré *s* purée; potatis~ äv. mash; soppa äv. soup
purist *s* purist
puristisk *adj* purist[ic]
puritan *s* puritan; hist. Puritan
puritansk *adj* puritan[ical]; hist. Puritan
purjo *s* o. **purjolök** *s* leek
purken *adj* vard., sur sulky, sullen, grumpy; stött huffy [*på* with]
purpur *s* o. **purpurfärg** *s* purple

purpurröd *adj* blåröd purple; högröd crimson, scarlet; *bli* ~ *av ilska* o.d. turn purple (crimson)
purra *vb tr* sjö. el. vard., väcka call, rouse
purser *s* sjö. el. flyg. purser
purung *adj* very young
1 puss *s* pöl puddle, pool
2 puss *s* kyss kiss
pussa *vb tr* kiss
pussas *vb itr dep* rpr. kiss
pussel *s* puzzle; läggspel jigsaw [puzzle]; *lägga* ~ do a jigsaw puzzle; bildl. fit [all] the pieces together
pusselbit *s* piece [eg. in a jigsaw puzzle]
pussig *adj* om ansikte bloated, puffy
pussla *vb itr* do a jig-saw puzzle; ~ *ihop* put together
pust *s* **1** vind~ breath of air (wind), puff [of wind]; stark gust **2** se *bälg*
1 pusta *s* geogr. Hungarian steppe, puszta
2 pusta *vb itr* flåsa puff [and blow], pant; stöna groan; ~ *ut* take a breather, recover one's breath
puta *vb itr*, ~ *med munnen* pout; ~ *ut* om kläder o.d. bulge, stick out; ~ *ut med magen* stick out one's stomach
1 puts *s* spratt trick, practical joke, prank
2 puts *s* **1** rappning plaster; grov roughcast **2** putsmedel polish **3** renlighet tidiness
putsa *vb tr* **1** rengöra t.ex. fönster clean; polera polish; klippa [ren] t.ex. hår, naglar, häck trim; ~ *ett rekord* better (i lopp o.d. äv. lower) a record; ~ *skor* clean (polish, vard. shine) shoes; ~*t och fint* neat and tidy; ~ *av* clean; ngt blankt polish; give...a polish; hastigt o. lätt t.ex. fönster, skor give...a wipe-over; ~ *upp* clean (ngt blankt polish) up **2** rappa plaster; med grov puts rough-cast
putslustig *adj* droll, comical, funny
putsmedel *s* polish
1 putt *s* golf. putt
2 putt *adj* vard. sulky, grumpy
putta *vb tr* o. *vb itr*, ~ *till* push, give...a push; golf. putt
putte *s* vard. little chap (fellow)
puttefnask *s* neds. [little] shrimp; barn brat; *lille* ~ smeks. little chap (fellow)
puttra *vb itr* **1** kok. simmer, cook gently; bubbla bubble **2** om motor[fordon] chug
pygmé *s* pygmy
pyjamas *s* pyjamas (amer. pajamas) pl.; *en* ~ a pair (suit) of pyjamas
pyknisk *adj* psykol. pyknic
pynt *s* grannlåt finery; t.ex. jul~ decorations pl.
pynta *vb tr* o. *vb itr* smycka decorate, deck [out]; ~ *sig* make oneself smart, dress (doll) oneself up
pyra *vb itr* smoulder; *ligga och* ~ be smouldering
pyramid *s* pyramid; i biljard pyramids pl.

pyramidal *adj* **1** t. formen pyramidal **2** vard., kolossal colossal, enormous
pyre *s* mite, tiny tot
Pyrenéerna *s pl* the Pyrenees
pyreneisk *adj* Pyrenean; *Pyreneiska halvön* the Iberian Peninsula
pyroman *s* pyromaniac
pyroteknik *s* pyrotechnics (sg. el. pl.)
pyroteknisk *adj* pyrotechnic[al]
pyrrusseger *s* Pyrrhic victory
pys *s* vard. little chap (boy)
pysa *vb itr* **1** om ngt som kokar give (let) off steam; om t.ex. ånga hiss **2** vard., ge sig iväg buzz (pop) off
pyssel *s* pottering
pyssla *vb itr* busy oneself [*med* with]; *gå och ~ [i huset]* potter about [the house]; *~ om* look after, make...comfortable
pysslig *adj* handy
pyssling *s* dvärg manikin; tomte pixie; fyrmänning third cousin
pyton I *s* zool. python **II** *adv* vard. *det luktar (smakar) ~* it smells (tastes) awful (like hell)
pytonorm *s* python
pyts *s* pot; hink bucket
pytt *s* se *pyttipanna*
pytteliten *adj* tiny, weeny..., wee
pyttipanna *s* kok. hash of fried diced meat with onions and potatoes
på I *prep* **1** i rumsbet. **a)** uttr. befintl. on; mera valt upon; 'inom' samt framför [namn på] isht större bekant ö vanl. in; 'vid' o.d. at; *~ bordet (händerna)* on the table (one's hands); *~ banken* at (in) the bank; *~ bilden* in the picture; *~ bio* at the cinema; träffa ngn *~ bussen* ...on el. in the bus; *~ gatan (Hamngatan)* in (amer. on) the street (Hamngatan); *~ Hamngatan 25* at 25 Hamngatan; *~ golvet* on the floor; *mitt ~ golvet* in the middle of the floor; *~ himlen* in the sky; *bo ~ hotell* stay at a hotel; *~ land* on land; *~ landet* in the country; *~ sid. 30* on page 30; *slå upp böckerna ~ sid. 30!* open your books at page 30!; *vad hade hon ~ sig?* what did she have on (was she wearing)?; *han hade inga pengar ~ sig* he had no money on (about) him; *~ sjön* on the lake; *till havs at sea; ~ en öde ö* on a desert island; *~ Irland* in Ireland; *~ Öland* on (at) Öland; jag är född *här ~ Öland* ...here in Öland; *göra ett besök på...* pay a visit to...; *har du varit på Öland?* have you been to Öland? **b)** framför subst. som uttr. verksamhet, tillställning o.d. vanl. at; framför subst. som uttr. sysselsättning o.d. vanl. for; *vara ~ besök* be on a visit; *vara ~ bjudning (konsert)* be at a party (a concert) **c)** 'på en sträcka av' for; inte ett träd *~ många kilometer* ...for many kilometres **d)** isht i förb. med kommunikationsmedel, vanl. by; han kom *~ cykel* ...on a (by) bike; *skicka ngt ~ posten* send...by post **e)** uttr. riktn. el. rörelse on; 'ned (upp) på' äv. on to, onto; 'i', 'ut på' äv. into; 'till' to; 'i riktn. mot' at; *gå ~ banken* go to the bank; *gå ~ bio* go to the cinema; *knacka ~ dörren* knock at the door; *lyssna (höra) ~...* listen to...; *se (titta) ~* ngn look at...; *trycka ~ knappen* press (push) the button; *falla ned ~ golvet* ...on to the floor; *stiga upp ~ tåget* get into (on to) the train; *fara [ut] ~ landet* ...into the country; *rusa ut ~ gatan* rush out into the street **f)** 'per' in; *inte en ~ hundra* not one in a hundred; *det går 100 pence ~ ett pund* there are...in a pound
2 i tidsbet., äv. friare **a)** uttr. tidpunkt at; isht vid angivande av dag (veckodag) on; framför ord som betecknar dygnets delar, årstider samt i vissa uttr. in; *~ fredag* on Friday, nästa next Friday; *~ samma gång* at the same time; *~ hösten* in [the] autumn (amer. the fall); *[klockan sju] ~ morgonen* [at seven] in the morning; *~ 2000-talet* in the 21st century **b)** 'under' vanl. on; angivande hela tidsavsnittet during; *~ fritiden* in one's leisure time **c)** 'på en tid av', 'för', 'sedan' for; resa bort *~ en vecka* ...for a week **d)** 'inom' in; det där gör du *~ en minut* ...in a minute; jag kommer *~ minuten* ...in a minute **e)** uttr. ordningsföljd after; ibl. upon; *gång ~ gång* time after time, over and over again; *kaffe ~ maten* middagen coffee after dinner
3 i prep.attribut vanl. of; 'lydande på' for; 'innehållande' containing; 'vägande' weighing; *en check (räkning) ~ 500 kr* a cheque (bill) for...; *en familj ~ fyra personer* a family of four; *en flicka ~ femton år* a girl of fifteen; *slutet ~ historien* the end of the story (affair); *den bästa tiden ~ året* the best time of the year
4 i vissa fasta förb. **a)** uttr. sätt, tillstånd m.m. vanl. in; 'föranledd av', 'baserad på' vanl. at; 'såsom' for; 'av' out of; 'med' with; *~ allvar* in earnest; styckct spelades *~ begäran (~ hans begäran)* ...by request (at his request); *~ engelska* in English; *vara ~ dåligt humör* vresig be in a bad temper; säga ngt *~ skoj (skämt)* ...for a joke; *~ detta sätt* in this way; *~ vers* in poetry **b)** uttr. exakthet to; *mäta ~ millimetern* measure to a millimetre **c)** uttr. sysselsättning med at; uttr. eftersträvande, tillkallande for; *arbeta ~ ngt* work at...; *hoppas (vänta) ~* hope (wait) for; *ringa ~ sköterskan* ring for the nurse **d)** 'med hjälp av' by; *man hör ~ henne (~ rösten) att* hon är trött one can hear (hear by her voice) that... **e)** utan motsv. i eng., *lukta (smaka) ~ ngt* smell (taste) a th.; *ändra (flytta) ~ ngt* change (move) a th.; *vi har en vecka ~ oss* we've got a week **f)** med adj. *arg (ond) ~* ngn angry with...; *arg ~* ngt angry at (about)...; *avundsjuk (svartsjuk) ~* ngn

jealous of...; **döv ~ ena örat** deaf in one ear; **rik ~** mineral rich in...; **trött ~** tired of **II** *adv*, **en burk (**resp. **burkar) med lock ~** a pot with a lid on it (resp. pots with lids on them); en burk **med locket ~** ...with the lid on; **~ med skorna!** on with your shoes!; **han rodde ~** he rowed on, he went on rowing; **är TV:n ~?** is the TV on?; se vid. beton. part. under resp. vb

påannonsera *vb tr* radio. el. TV. announce, present

påbackning *s* vard. **1 ~ på straff** extended sentence **2** av mat extra portion, second helping

påbjuda *vb tr* t.ex. tystnad command; **det påbjöds att...** it was decreed that...

påbrå *s* stock, heritage; arvsanlag hereditary disposition; **med italienskt ~** of Italian stock; **ha gott (dåligt) ~** come of good (poor) stock

påbröd *s, som ~* bildl. as an extra, in addition

påbud *s* decree

påbudsmärke *s* trafik. mandatory sign

påbyggnad *s* addition; konkr. additional storey; superstructure äv. bildl.

påbyggnadskurs *s* univ. supplementary course

påbyltad *adj* muffled up

påbörja *vb tr* begin osv., se *börja*; **ett ~t** samtal a...that has already begun

pådrag *s*, maskinen gick **med fullt ~** ...at full speed (steam); polisen arbetar **med fullt ~** ...in full force, at full capacity

pådrivare *s* prompter, promoter; anstiftare instigator

pådyvla *vb tr, ~ ngn ngt* impute a th. to a p.

påfallande *adj* striking, marked, conspicuous, remarkable

påfart *s* entrance

påflugen *adj* pushy, pushing, obtrusive; närgången forward

påfrestande *adj* trying

påfrestning *s* strain, stress; prövning trial

påfund *s* idea, invention, jfr *påhitt*; **nya ~** neds. newfangled ideas; **ett djävulens ~** the devil's own invention

påfyllning *s* påfyllande filling up, refilling; en portion till another helping; en kopp (ett glas etc.) till another cup (glass etc.); **vill du ha ~?** av mat, dryck äv. would you like some more?

påfågel *s* peacock isht tupp; höna peahen; allm. äv. peafowl

påföljande *adj* next, following, ensuing, subsequent; **~ dag** adv. [the] next day

påföljd *s* consequence; jur. sanction; **med ~ att han...** with the consequence (result) that he...

påföra *vb tr* debitera **~ ngn (ngns konto) ngt** charge a th. to a p.'s account; **~ ngn** skatt levy...on a p.

pågå *vb itr* go (be going) on; fortsätta continue; vara last; försiggå be in progress, proceed; sändning **~r** (anslag) ...in progress; **~r samtal?** tele. are you still on the line?; **försöken har ~tt** en längre tid the experiments have been carried on (pursued, made)...

pågående *adj, ~ form* progressive (continuous) form (tense); **under ~** föreställning while the...is in progress (is going on), during the...; **den [nu] ~** högkonjunkturen the present (current)...

påhitt *s* idé idea; uppfinning, knep device, invention; knep äv. dodge; spratt trick; lögn, 'dikt' invention, fabrication; **ett sådant ~!** what an idea!; **det var bara ~ alltihop** it was all an invention (a made-up story)

påhittad *adj* made up, invented; fiktiv fictitious

påhittig *adj* ingenious, ...full of ideas

påhittighet *s* ingenuity

påhopp *s* bildl. attack

påhälsning *s, göra en ~ hos* pay a visit to; **få ~ av tjuvar** be paid a visit by thieves

påhäng *s* drag, burden; pers. äv. hanger-on (pl. hangers-on); **ha ngn som ~** have a p. hanging on

påhängsvagn *s* semitrailer

påk *s* thick stick, cudgel; vard. pin, stump, peg; **rör på ~arna!** get moving!

påkalla *vb tr* kräva call for, claim, demand; **~ ngns uppmärksamhet** attract a p.'s attention; den är **av behovet ~d** ...necessary (stark. essential)

påklädd *adj* dressed

påkläderska *s* teat. dresser

påklädning *s* dressing

påkommen *adj, hastigt ~* sudden

påkostad *adj* dyrbar expensive; om t.ex. föreställning äv. lavish; om t.ex. bil, hus ...lavishly fitted out

påkänning *s* **1** påfrestning stress äv. fys.; strain **2 ha ~ar av** t.ex. reumatism be troubled by..., have twinges of...; t.ex. krisen be (get) affected by..., feel the effects of...

påkörd *adj, bli ~* om pers., av en bil be knocked down..., be hit...; om fordon be run (bumped) into; jfr *köra [på]*

påla I *vb tr* pile **II** *vb itr* drive piles

pålaga *s* skatt tax; tullavgift o.d. duty

pålandsvind *s* onshore wind

påle *s* pole, post; mindre pale, stake; byggn., t. grundläggning, bro o.d. pile; **en ~ i köttet** bibl. el. friare a thorn in the (one's) flesh (side)

pålitlig *adj* reliable, dependable; om sak äv. safe; trovärdig trustworthy; **~ vän (~t stöd** pers.) staunch friend (supporter)

pålitlighet *s* reliability, dependability; trovärdighet trustworthiness

pålkran *s* pile-driver

pålle *s* vard. gee-gee, horsey

pålverk *s* piling, pilework

pålägg *s* **1** smörgåsmat: skinka, ost m.m. ham,

cheese m.m.; **köpa** ~ buy something to put on the bread; **en smörgås med** ~ an open sandwich **2** extra avgift, tillägg extra (additional) charge, extra; höjning increase, rise; hand. markup **3** lantbr. breeding
pålägsskalv s **1** lantbr. calf kept for breeding **2** bildl., framtidsman [up-and-]coming young man, good prospect; sport. budding talent
påläst adj, bra ~ väl förberedd well prepared
påminna I vb tr o. vb itr, ~ *[ngn]* **om ngt** (resp. **om att** sats*)* a) få att minnas remind a p. of a th. (resp. [of the fact] that...) b) fästa uppmärksamheten på call [a p.'s] attention to a th. (resp. to the fact that...) c) varsko warn a p. of a th. (resp. [of the fact] that...); **han påminner om sin bror** he resembles his brother, he reminds one (you) of his brother; ~ **om ngt** föra tanken till äv. be suggestive of a th.; **behovet gör sig påmint** the need makes itself felt **II** vb rfl, ~ **sig** remember; med större ansträngning recollect, recall
påminnelse s **1** erinran reminder [om of]; **få ~ om** äv. be reminded of; **en ~ om döden** äv. a memento mori **2** anmärkning remark
pånyttfödd adj reborn; **jag känner mig** ~ I feel as if I were born again (anew)
påpassad adj, infamt ~ closely watched; **hon var mycket ~ av pressen** she was followed everywhere by the Press
påpasslig adj uppmärksam attentive; 'vaken', pigg alert, smart; färdig att ingripa prompt; vaksam vigilant; **vara ~ ej försitta tillfället** seize the opportunity, take the chance; **det var ~t gjort (av dig)** that was smart of you; där hade du ögonen med dig you had your eyes about you there
påpeka vb tr point out, call attention to, indicate; **~ för ngn att** sats point out to a p. that..., call a p.'s attention to the fact that...; **det bör ~s att** äv. it should be observed that
påpekande s anmärkning remark, comment; antydan hint, intimation; påminnelse reminder
påpetare s för barn pusher
påpälsad adj well wrapped-up, muffled up
påringning s tele. phone call
påräkna vb tr count [up]on; vänta sig expect; **vad kan han ~ i lön?** what salary can he count on (expect [to receive])?
påse s bag; mått äv. bagful; **en ~ *[med]*** frukt a bag of...; **ha påsar under ögonen** have bags el. pouches (be puffy) under the eyes; **slå sina påsar ihop** gifta sig get hitched (spliced); slå ihop join forces
påseende s granskning inspection, examination; **sända** varor, böcker **till ~** send...on approval; **vid första ~t** at the first glance; ytligt sett on the face of it; **vid närmare ~** on closer inspection
påsig adj baggy; **~a kinder** puffy cheeks
påsk s Easter; jud. Passover; **glad ~!** Happy Easter!; **han kommer i ~** ...at (denna påsk this) Easter; **i ~as** last Easter; jfr *jul* o. sms.
påskafton s Easter Eve, jfr *julafton*
påskalamm s paschal lamb
påskdag s, **~en** Easter Day (Sunday), jfr vid. *juldag 1*
påskhare s ung. Easter bunny
påskhelg s, **~en** Easter
påskina vb tr, låta ~ låta förstå, låtsas pretend, make pretence of; antyda intimate, hint; **låta ~ förstå att...** make out that...
påskkort s Easter card
påskkärring s liten flicka young girl dressed up as an Easter witch
påsklilja s daffodil
påsklov s Easter holidays pl. (vacation)
påskrift s utanskrift, t.ex. på brev superscription, address; text, t.ex. på etikett inscription, wording, text; etikett, t.ex. på flaska label; underskrift signature
påskris s se *fastlagsris*
påsksmäll[are] s pyrotekn. Easter [firework] cracker
påskvecka[n] s Easter week
påskynda vb tr hasten, speed up; t.ex. sina steg äv. quicken; t.ex. förloppet accelerate, expedite; stark. precipitate; driva på urge on; raska på med hurry on; **~ arbetet** speed (step) up the work
påskägg s Easter egg
påslag s löne~ increase, rise, increment; pris~ increase (rise) [in price]
påslakan s quilt (duvet) cover
påssjuka s mumps sg.; med. parotitis; **ha ~** have [the] mumps
påste s tepåsar teabags pl.; dryck tea made with a teabag
påstigning s trafik. boarding, entering, getting on; **endast ~** boarding only
påstridig adj obstinate, opinionated, dogmatic; envis äv. stubborn, mulish, pig-headed
påstruken adj vard. tipsy, tight
påstå vb tr säga, yttra say; uppge state; med bestämdhet declare; [vilja] göra gällande allege; hävda assert; vidhålla maintain; i dispyt äv. contend, argue; **jag vågar ~ att...** I venture to say that...; **han ~r att** jag har fel he says that..., he will have it that...; **han påstod sig ha...** vanl. he said (declared) that he had...; **han ~r sig kunna** inf. he claims he is able to inf.
påstådd adj alleged
påstående s utsaga, uppgift statement; hävdande assertion; logik. o.d. predication
påståendesats s declarative sentence (bisats el. huvudsats clause); påstående statement
påstötning s påminnelse reminder [om of]; vink hint; pådrivning urging, prompting; **ge ngn en ~** påminna **om** ngt äv. remind a p. of...

påta *vb itr, [gå och]* ~ peta, gräva poke [about]; pyssla potter about
påtaga *vb rfl,* ~ *sig* se *ta [på sig]*
påtaglig *adj* uppenbar obvious, evident, apparent, manifest; märkbar marked, palpable; gripbar, faktisk tangible; ~*t bevis* tangible proof; ~ *lögn* evident lie; förbättringen *är* ~ ...is obvious
påtala *vb tr* kritisera o.d. criticize, protest against, comment [unfavourably] on; klaga över complain of; t.ex. fel, missförhållande call attention to
påtryckning *s* pressure (end. sg.); *[upprepade] ~ar* [continual] pressure sg.; *utöva ~ar på ngn* bring pressure to bear on a p.; polit. äv. lobby
påtryckningsgrupp *s* pressure group; polit. äv. lobby
påträffa se *träffa [på]*
påträngande *adj* **1** påflugen pushy, pushing, self-assertive, forward; enträgen importunate, insistent **2** om t.ex. behov, fara urgent, instant
påtvinga *vb tr,* ~ *ngn ngt* force (inflict) a th. on a p.
påtår *s* ung. second cup; *vill du ha ~?* would you like another (a second) cup?
påtänd *adj* vard. vara ~ narkotikapåverkad be high
påtänkt *adj* contemplated; planerad äv. intended, projected
påve *s* pope äv. bildl.; *~n* Pius XVI Pope...; *tvista om ~ns skägg* quarrel about nothing, split hairs
påvedöme *s* papacy
påver *adj* poor; om t.ex. resultat äv. meagre; luggsliten threadbare
påverka *vb tr* influence, have (exert) an influence on; isht i yttre bem. t.ex. humöret, hälsan affect, have an effect on, act on; leda sway; *han är lätt att* ~ he is easily influenced
påverkad *adj* lätt berusad tipsy; av narkotika high; jfr *påverka;* ~ *av starka drycker* under the influence of (drink) liquor
påverkan *s* influence, effect
påverkbar *adj, [lätt]* ~ easily influenced, impressionable
påvestol *s, ~en* ämbete the Holy See
påvisa *vb tr* påpeka point out, indicate [*för* to]; bevisa prove, demonstrate, show; konstatera establish
påvlig *adj* papal
påökt, *få* ~ *[på lönen]* get a rise [in pay (wages resp. salary)]
päls *s* på djur fur, coat; plagg fur coat, fur; *ge ngn på ~en* stryk give a p. a hiding (ovett a telling-off, isht kritik a slating)
pälsa *vb tr,* ~ *på sig ordentligt* wrap (muffle) oneself up well
pälsateljé *s* furrier's [shop], fur dealer (amer. store)

pälsbesatt *adj* o. **pälsbrämad** *adj* fur-trimmed
pälscape *s* fur cape
pälsdjur *s* furred (fur-bearing) animal
pälsfoder *s* fur-lining
pälsfodrad *adj* fur-lined
pälsjacka *s* fur jacket
pälsjägare *s* trapper
pälskrage *s* fur collar; ...*med* ~ äv. fur-collared...
pälsmössa *s* fur cap
pälsverk *s* fur; koll. furs pl.
pälsänger *s* zool. carpet beetle
pär *s* i Engl. peer [of the realm]
pärla I *s* pearl; av glas, trä etc. som ej imiterar äkta bead; droppe, t.ex. av dagg drop; bildl., om t.ex. konstverk gem; *odlade (imiterade) pärlor* culture[d] (imitation el. artificial) pearls; *äkta pärlor* real (genuine) pearls; *hon är en riktig* ~ she is a perfect treasure (a real gem, jewel); *kasta pärlor för svin* cast [one's] pearls before swine; *ta sig en* ~ sup, vard. have a snifter **II** *vb itr, svetten ~de på hans panna* beads of perspiration stood on his forehead; ~*nde skratt* rippling laugh; ~*nde viner* sparkling wines
pärlband *s* string of pearls (resp. beads, jfr *pärla);* bildl., t.ex. av sjöar chain
pärlbroderad se *pärlstickad*
pärlcollier *s* pearl necklace
pärlemo[r] *s* mother-of-pearl
pärlemorskimrande *adj* iridescent, pearly, nacreous
pärlfiskare *s* pearl-fisher, pearl-diver
pärlgrå *adj* pearl grey
pärlhalsband *s* pearl necklace
pärlhyacint *s* grape hyacinth
pärlhöns *s* guinea fowl äv. koll.; höna äv. guinea hen
pärlmussla *s* pearl oyster; flod~ pearl mussel
pärlsocker *s* ung. crushed loaf (fackspr. nib) sugar
pärluggla *s* zool. Tengmalm's owl; amer. boreal owl
pärlvit *adj* pearl[y] white
pärm *s* bok~ cover; samlings~ file; för lösa blad [loose-leaf] binder; mapp folder; *från* ~ *till* ~ from cover to cover
päron *s* **1** träd el. frukt pear **2** virke pearwood
päronformig *adj* pear-shaped
päronträ *s* pearwood; ...*av* ~ äv. pearwood...; ...*i* ~ äv. pearwood...
päronträd *s* pear tree, pear
pärs *s* prövning ordeal, trial; *en svår* ~ äv. a severe test, a trying experience; slag a hard blow
pöbel *s* mob, riff-raff, rabble, hoi polloi
1 pöl *s* vatten~, blod~ o.d. pool; [smutsig] vatten~ puddle; ~*en* Atlanten, vard. the Pond
2 pöl *s* långkudde bolster
pölsa *s* kok. hash of offal and grain
pö om pö *adv* bit by bit

pösa *vb itr* svälla swell [up]; jäsa rise; *~ av stolthet* be puffed up (be swelling) with pride; *~ upp* swell up; jäsa rise; *~ över* koka över bubble over
pösig *adj* puffy; om t.ex. byxor baggy; om t.ex. pullover loose-fitting; om pers. äv. puffed-up, pompous
pösmunk *s* kok. fritter; bildl., pers. puffed-up person, pompous ass

Q

q *s* bokstav q [utt. kjuː]
Qatar Qatar
qatarier *s* Qatari
qatarisk *adj* Qatari
quenell *s* kok. quenelle
quiche *s* kok. quiche
quilta *vb tr* sömnad. quilt
quisling *s* quisling

R

r *s* bokstav r [utt. ɑ:]
rabalder *s* uppståndelse commotion; oväsen uproar, shindy, vard. rumpus; tumult disorder, tumult; upplopp riot; stormigt uppträde row, vard. hullabaloo; i pressen outcry
rabarber *s* bot. el. kok. rhubarb; *lägga ~ på ngt* vard. walk away (make off) with a th.
rabarberpaj *s* rhubarb pie
1 rabatt *s* blomstersäng flower bed; kant~ [flower] border, border of flowers
2 rabatt *s* hand. discount; avdrag äv. deduction; nedsättning reduction; gottgörelse för t.ex. fel på vara allowance; *lämna (ge) 20% ~ [på priset]* allow (give) a 20% discount (a discount of 20%) [off the price]
rabattera *vb tr*, *~d resa* journey at a reduced rate
rabatthäfte *s* hand. book of discount coupons
rabbi *s* o. **rabbin** *s* rabbi
rabbla *vb tr*, *~ [upp]* rattle (reel, patter) off
rabiat *adj* rabid, savage; fanatisk fanatical
rabies *s* med. rabies; hos människa vanl. hydrophobia
rabulistisk *adj* polit. rabidly radical, subversive
racer *s* racer; bil (båt osv.) äv. racing car (boat osv.)
racerbil *s* racing car, racer
racerbåt *s* speedboat, racer
racercykel *s* racing cycle, racer
racerförare *s* racing driver
1 rack *s* vard. el. sport. racket
2 rack *s* för stereoutrustning rack
racka *vb itr*, *~ ner på* ngn (ngt) vard. run...down
rackare *s* rascal; skälm rogue
rackartyg *s* mischief; *göra ~* be up to mischief; *på rent ~* out of pure mischief
rackarunge *s* young rascal, mischievous [young] imp, monkey
racket *s* racket; bordtennis~ bat
rad *s* **1** räcka, led row, line; serie series (pl. lika); följd succession; av t.ex. bilar, vagnar äv. train, file; antal number [samtl. med of framför följ. subst.]; *en ~* frågor a number of...; *en ~ [av] händelser* a succession (series) of events; *i ~* in a row; *tre dagar i ~* three days running (in succession), three consecutive days **2** i skrift line; på tipskupong column; *[börja på] ny ~* nytt stycke [start a] fresh paragraph; *skriv ett par ~er till mig* write (drop) me a line **3** teat. tier; *[på] första ~en* [in] the dress circle; *andra ~en* the upper circle; *tredje ~en* the gallery; vard. the gods
rada *vb tr*, *~ upp* ställa i rad[er] put...in a row (resp. in rows), line...up; räkna upp enumerate, cite, mention, go through; *de ~de upp sig* they lined up
radannons *s* classified advertisement (vard. ad)
radar *s* radar
radarantenn *s* radar aerial (amer. antenna)
radarkontroll *s* fartkontroll i trafiken radar speed check; konkr. radar trap (speed detector)
radarpar *s* sport. el. friare *ett ~* a couple of players (actors etc.) who work perfectly together
radarskärm *s* radar screen, radarscope, display [screen]
radavstånd *s* typogr. el. på skrivmaskin spacing
radband *s* kyrkl. rosary; kortare chaplet; beads pl., string of beads
radda *s* vard. *en hel ~ med* burkar a whole pile of...; *en hel ~ människor* lots of people
radera *vb tr* **1** ~ el. *~ bort (ut)* sudda ut erase, rub out; skrapa bort scratch out; *~ ut* utplåna, t.ex. stad, hus raze [...to the ground], wipe (blot) out **2** etsa etch
radergummi *s* [india-]rubber; amer. el. för bläck eraser
raderhuvud *s* på bandspelare erasing head
raderkniv *s* erasing knife
radhus *s* terrace[d] house; amer. row house
radialdäck *s* radial, radial tyre (amer. tire), radial-ply tyre (amer. tire)
radiator *s* radiator
radie *s* radius (pl. radii) äv. geom.
radiera *vb tr* **1** vetensk. radiate **2** [ut]sända i radio transmit; rund~ broadcast
radikal I *adj* radical; genomgripande äv. fundamental, sweeping; grundlig thorough; om t.ex. kur, medel äv. drastic **II** *s* pers. radical; reformivrare reformer; polit. äv. extremist, leftist, left-winger
radikalisera *vb tr* radicalize
radikalism *s* radicalism
radio *s* **1** telegrafi el. telefoni radio; åld. wireless; rund~ broadcasting; *Sveriges Radio* the Swedish Broadcasting Corporation; *höra ngt i ~* hear a th. on the radio; *tala i ~* broadcast, speak over (on) the radio; *sända i ~* broadcast [on (over) the radio]; *vad är det på ~ i kväll?* what is on the radio (air)...?; *höra (lyssna) på ~* listen in, listen [in] to the radio **2** radiomottagare radio [set], receiver
radioaffär *s* radio shop, radio dealer's, radio [supply] stores pl.
radioaktiv *adj* radioactive; *~ strålning* nuclear (atomic) radiation; *~t nedfall* fall-out
radioaktivitet *s* radioactivity
radioamatör *s* [shortwave] radio amateur
radioantenn *s* aerial; amer. äv. antenna
radioapparat *s* radio [set]
radiobil *s* **1** polisbil radio patrol car; amer. prowl car **2** på nöjesfält dodgem [car], bumper car

radiofyr *s* radio beacon
radiofysik *s* radio physics sg.
radioförbindelse *s* radio link
radiohus *s* broadcasting house
radiolicens *s* radio licence
radiologi *s* radiology
radiolyssnare *s* radio listener
radiolänk *s* radio relay link
radiomast *s* radio (aerial) mast, radio pylon
radiomottagare *s* radio [set], receiver
radiopejling *s* direction finding, radio location
radiopjäs *s* radio play
radioprogram *s* radio programme
radioreportage *s* direkt radio [running] commentary; bearbetat radio documentary
radiosond *s* radiosonde
radiostation *s* radio (broadcasting) station
radiostyrd *adj* radio-controlled, radio-guided
radiostörning *s* gm annan sändare jamming (end. sg.); ~*ar* från motorer o.d. interference sg.; atmosfäriska äv. atmospherics
radiosändare *s* apparat [radio] transmitter; sändarstation radio (broadcasting) station
radioteater *s* radio theatre, theatre of the air
radiotelegrafi *s* radio (åld. wireless) telegraphy
radiotelegrafist *s* radio (åld. wireless) operator
radioterapi *s* radiotherapy
radioutsändning *s* broadcast, radio transmission
radiovåg *s* radio wave
radium *s* kem. radium
radiumbehandling *s* radium treatment
radon *s* kem. radon
radskrivare *s* data. line printer
raffel *s* rafflande skildring (film) o.d. thriller
raffig *adj* vard. stunning, chic, very smart
raffinaderi *s* refinery
raffinemang *s* förfining refinement, polish; isht om klädsel o.d. studied elegance, sophistication
raffinera *vb tr* refine
raffinerad *adj* tekn. refined äv. bildl.; utsökt exquisite; om klädsel, utseende o.d. elegant, sophisticated; sinnrik ingenious
rafflande *adj* nervkittlande thrilling
rafräschissör *s* scent (perfume) spray, atomizer
rafsa *vb tr*, ~ *ihop (samman)* sina saker scramble (scrape)...together, throw (rake)...together in a heap; ~ *till (åt) sig ngt* grab (snatch) [hold of] a th.
ragata *s* bitch, cow; litt. vixen
ragg *s* shaggy hair (coat); *resa* ~ bristle up
ragga *vb itr* vard. ~ *upp* en flicka pick up...; ~ *upp* några spelare (pennor) scrape (scramble) together..., get hold of...
raggarbil *s* big, old American car driven around by 'raggare', se *raggare*
raggare *s* vard. 'raggare', member of a gang of youths who ride about in cars

raggig *adj* med ragg shaggy; grov rough, coarse; rufsig unkempt, dishevelled
raggmunk *s* kok., ung. potato pancake
raggsocka *s* ung. thick oversock (skiing-sock)
ragla *vb itr* stagger, reel
raglan[rock] *s* raglan coat
ragu *s* kok. ragout
raid se *räd*
rak *adj* straight; upprätt erect, upright; om ordföljd normal; ärlig straight, honest; *på ~ arm* bildl. offhand, straight off, off the cuff; ~*a motsatsen till* the very opposite of; ~ *ränta* flat rate; *i [tre]* ~*a set* tennis in [three] straight sets; *gå* ~*a vägen till* go straight to; *sitta* ~ sit straight (upright); *det enda* ~*a* the only right thing [to do]
1 raka I *s* redskap rake **II** *vb tr* o. *vb itr* kratsa rake
2 raka *vb itr*, ~ *i väg* dash (dart, rush, tear) off; ~ *i höjden* växa fort shoot up, rocket
3 raka *vb tr* shave, give...a shave; ~ *sig* shave; ~ *bort* shave off; ~ *av [sig]* skägget shave one's...[off]
rakapparat *s* elektrisk shaver, [electric] razor; rakhyvel safety razor
rakblad *s* razor blade
rakborste *s* shaving brush
raken, *på* ~ i följd in a row
raket *s* rocket; rymd~ o.d. missile; *fara i väg som en* ~ be off like lightning (a shot)
raketbas *s* mil. missile (rocket) base
raketdriven *adj* rocket-propelled, rocket-powered
raketgevär *s* bazooka
raketmotor *s* rocket engine
raketvapen *s* missile [weapon], rocket missile; koll., pl. missilery sg.
rakhyvel *s* safety razor; jfr *rakapparat*
rakitis *s* med. rickets sg.; vetensk. rachitis
rakkniv *s* razor
rakkräm *s* shaving cream
raklång *adj*, *falla* ~ fall flat; *ligga* ~ lie stretched out (full length)
rakna *vb itr* become (get) straight; om hår go out of curl
rakning *s* shaving; *be om* ~ ask for a shave
rakryggad *adj* eg. straight-backed, upright; om pers. äv. erect; bildl. upright
raksalong se *frisersalong*
rakspegel *s* shaving mirror
raksträcka *s* straight stretch; straight, sport. äv. stretch; amer. straightaway
rakt *adv* rätt straight, right, direct; i samband med adverbstreck due; alldeles quite, stark. absolutely; riktigt downright; rent, helt enkelt simply; totalt completely; *det gör* ~ *ingenting* it doesn't matter at all; *det gör jag då* ~ *inte* I'll do no such thing; *gå* ~ *fram* ...straight on; ~ *i ansiktet* full (right) in the (one's) face; *gå* ~ *på sak* komma till

raktvål

saken come (go) straight to the point; säga utan omsvep not beat about the bush
raktvål *s* shaving soap
rakvatten *s* aftershave aftershave lotion
raljant *adj* bantering, teasing; *en* ~ *person* a tease
raljera *vb itr* banter, tease; ~ *med ngn* tease (banter) a p.; ~ *med (över) ngt* joke about (make fun of, poke fun at) a th.
raljeri *s* banter, teasing (båda end. sg.); raillery
rall *s* zool. rail
rallare *s* navvy
rally *s* bil~ [motor] rally
rallyförare *s* sport. rally driver
1 ram *s* **1** infattning frame; bildl. äv. scope, framework; *sätta inom glas och* ~ frame; *det faller utom ~en för...* it (this) is outside (beyond) the scope of... **2** på cykel crossbar
2 ram *s* tass paw; *suga på ~arna* bildl., svälta go without food, starve
3 ram *adj*, *rena ~a* utpressningen sheer..., nothing but...; se äv. *3 ren*
rama *vb tr*, ~ *[in]* frame
ramaskri *s* outcry
ramavtal *s* general (basic) agreement
ramberättelse *s* frame story
rambudget *s* overall budget
ramla *vb itr* falla fall, tumble; störta ihop collapse, crash; ~ *över* konkr. fall over; bildl., råka på chance upon, stumble across; för övriga beton. part. se *falla III*
ramlag *s* outline (blueprint) law
ramma *vb tr* ram
ramp *s* **1** sluttande uppfart ramp **2** teat.: golv~ footlights pl.; tak~ stage lights pl. **3** uppskjutningsanordning [launching] pad
rampfeber *s* stage fright; friare the jitters pl.
rampljus *s* belysning footlights pl.; bildl. limelight; *stå (träda fram) i ~et* bildl. be (appear) in the limelight
ramponera *vb tr* skada damage; förstöra wreck
ramsa *s* av ord (namn etc.) [long] string of words (names etc.), rigmarole; barn~ jingle, nursery rhyme
ranch *s* ranch
rand *s* **1** streck o.d. stripe; upphöjd, t.ex. på sammet rib; strimma streak **2** kant edge; bård border; brädd brim; isht större ytas el. bildl. verge; bildl. äv. brink; gräns[område] border; *på gravens* ~ on the brink of the grave; *vid öknens* ~ on the border of the desert; fylla glaset *till ~en* ...to the brim
randa *vb tr* göra randig stripe; friare streak
randanmärkning *s* marginal note, note in the margin; bildl. comment
randas *vb itr dep* gry dawn, förestå come; *dagen* ~ the day is dawning (breaking); *nya tider* ~ new times are coming
randig *adj* striped; om fläsk streaky; om t.ex. manchestersammet ribbed; *det har sina ~a skäl* there are good reasons for it

randstat *s* border state
randsydd *adj* welted
rang *s* rank; företrädesrätt precedence; *ha generals* ~ hold the rank of general; vetenskapsman *av* ~ distinguished (eminent, leading)..., ...of distinction; *en konstnär av första ~[en]* an artist of the first rank, a first-rate artist
rangera *vb tr* **1** ordna ~ *in* se *inordna;* ~ *ut* se *utrangera* **2** järnv. shunt, marshal; amer. äv. switch
rangerbangård *s* shunting (marshalling) yard; amer. äv. switchyard
ranglig *adj* gänglig lanky; rankig rickety
ranglista *s* ranking list äv. sport.
rangordna *vb tr* place...in order of precedence (rank); t.ex. sökande till arbete place...in order of preference
rangordning *s* order of precedence (rank, preference), jfr *rangordna*
rangskala *s* order of rank (importance); *den sociala ~n* the social ladder
rank *adj* **1** om båt unsteady; fackspr. crank, cranky **2** om pers.: lång o. slank tall and slender
1 ranka *s* klängväxt creeper; reva tendril; stängel o.d. [pliant] stem, vine; gren branch
2 ranka *s*, *låta ett barn rida* ~ dandle a child on one's knee; *rida, rida* ~ ride a-cock-horse
3 ranka *vb tr* rangordna rank
rankig *adj* **1** om båt, se *rank 1* **2** om möbel o.d. rickety
rankningslista *s* ranking list
rannsaka *vb tr* search, ransack; undersöka examine; jur. åld. try, hear
rannsakan *s* o. **rannsakning** *s* search; examination; jur. åld. trial
ranson *s* ration
ransonera *vb tr* ration
ransonering *s* rationing
ransoneringskort *s* ration card
ranta *vb itr*, *[vara ute och]* ~ gad about; ~ *omkring [i huset]* run about [the house]
ranunkel *s* bot. crowfoot (pl. -s), buttercup
rapa *vb itr* belch; vard. burp; om barn ofta bring up wind; med. eruct, eructate
rapning *s* belch; vard. burp; med. eructation; rapande belching
1 rapp *s* **1** slag blow; snärt lash; stark. stroke; smäll rap **2** *i rödaste ~et* instantly, in next to no time, in the twinkling of an eye
2 rapp *s* häst black horse
3 rapp *adj* allm. quick, brisk, swift; flink nimble; *ett ~t svar* a prompt (ready) reply (answer)
1 rappa *vb tr* t.ex. vägg plaster
2 rappa *vb itr* skynda, vard. ~ *på* get a move on, hurry [up], look snappy
rappakalja *s* rubbish, twaddle, drivel
rapphöna *s* o. **rapphöns** *s* partridge
rappning *s* plastering; konkr. plaster

rapport s report; redogörelse account; skriftlig write-up; uppgift statement; mil. message; *avge (avlägga)* ~ *om ngt* report (make one's report) on a th.
rapportera vb tr report [*om* on]
rapportör s **1** referent o.d. *vara* ~ submit (present) reports (resp. a el. the report) [*i* ett ärende on...]; vid konferens be the rapporteur fr. **2** informationskälla informant; angivare informer; kunskapare secret agent, spy
raps s bot. rape
rapsodi s mus. el. friare rhapsody
rapsodisk adj rhapsodic[al]
rapsolja s rape oil
rar adj **1** snäll nice; vänlig kind; söt sweet, lovely; intagande delightful; förtjusande charming; behaglig pleasant; älsklig (attr.) darling, dear **2** sällsynt rare
raring s darling, love, sweetie, honey
raritet s sällsynthet rarity; isht om antikvitet curio (pl. -s), curiosity
1 ras s släkte, härkomst race; om djur vanl. breed; stam stock
2 ras s **1** av jord landslide, landslip; av byggnad collapse **2** stoj *lek och* ~ romping and playing
rasa vb itr **1** störta ~ *[ned]* fall down; om jord slide [down], give way; störta ihop collapse; störta in cave (fall) in; om t.ex. tak, mur äv. crash down; om priser o.d. tumble **2** stoja, fara fram, om t.ex. barn romp and play, gambol; stark. rampage; om vind, hav, krig o.d. rage; om pers. (vara ursinnig) äv. rave [*mot* ngn against (at)...; *över* ngt at...]
rasande I adj **1** ilsken furious [*på ngn över ngt (för* att + sats*)* with a p. about (at) a th. (for konstr. med ing-form)]; raging [*på ngn (över) ngt)* against a p. (at a th.)]; vred very angry; pred. äv. fuming; utom sig ...wild with rage (fury); vard. wild, mad, savage; [ytterst] uppbragt enraged; uppretad exasperated [*på ngn över* ngt by (at) a p.'s...]; *bli* ~ fly (get) into a rage (passion); vard. see red; förlora självbehärskningen lose one's temper; vard. fly off the handle; tappa besinningen lose one's head; *göra ngn* ~ äv. infuriate a p., drive a p. mad (to a frenzy) **2** galen mad **3** snabb furious, terrific; häftig vehement, fierce; våldsam violent, tempestuous; väldig great, tremendous, huge; *köra i* ~ *fart* drive at a furious speed **II** adv vard., rysligt awfully; hemskt terribly; kolossalt tremendously
rasbiologi s racial biology
rasblandning s mixture of races (av djur of breeds)
rasdiskriminering s racial (race) discrimination
rasera vb tr eg.: riva ned demolish, pull down; förstöra destroy; jämna med marken raze[...to the ground]; lägga i ruiner lay...in ruins; bildl., t.ex. tullmurar abolish

raseri s **1** ilska fury, frenzy; vrede rage; vredesutbrott fit of rage, outburst of passion; vredesmod anger, wrath; *råka i* ~ fly into a [towering] rage **2** våldsamhet, isht elementens fury; stormens raging **3** våldsam galenskap madness, frenzy
raseriutbrott s fit of rage; *få ett* ~ burst into a [fit of] rage
rasfördom s racial (race) prejudice (feeling)
rasförföljelse s racial (race) persecution
rashat s racial (race) hatred
rashund s pedigree dog
rashäst s thoroughbred
rasism s racism, racialism
rasist s racist, racialist
rasistisk adj racist, racialist
1 rask adj **1** snabb quick, fast; om t.ex. takt äv. rapid, swift **2** frisk ~ *och kry* om åldring hale and hearty
2 rask s, *hela* ~*et* alltsammans the whole lot (bag of tricks, caboodle)
raska vb itr, ~ *på* hurry [up]; vard. get a move on, look snappy
rasmotsättning s, ~*ar* racial antagonism (tension) sg.
rasp s **1** verktyg rasp, coarse file **2** ljud rasp; från grammofonskiva scratch; pennas äv. scrape, rasping
raspa I vb tr tekn. rasp **II** vb itr rasp, scratch, scrape; jfr *rasp 2*
raspig adj om ljud, röst rasping, grating; om grammofonskiva scratchy
raspolitik s racial (race) policy
rasren adj ...of pure breed (stock); *en* ~ *hund (ko)* a pedigree dog (cow); *en* ~ *häst* a thoroughbred [horse]
rassel s **1** skrammel rattle äv. om sand; slammer clatter; klirr jingle; om metall äv. ring[ing]; prassel rustle **2** med. råle
rassla vb itr rattle; clatter; jingle; ring; rustle; jfr *rassel 1*
rast s paus break; amer. recess; vila rest; frukost~ break [for lunch]; mil. halt
rasta I vb tr motionera exercise; hund air **II** vb itr have a break (rest), rest; mil. halt
raster s typogr. screen
rastgård s exercise yard
rastlös adj restless; ständigt i farten ...always on the move (vard. on the go)
rastlöshet s restlessness
rastplats s halting place, resting-place; vid vägen för bilister lay-by; med cafeteria pull-up; amer. emergency roadside parking; vid motorväg motsv. av service area; på skylt services
raststuga s i fjällen rest hostel
rastställe se *rastplats*
rasåtskillnad s se *rasdiskriminering*
rata vb tr reject; ej finna god nog, vard. turn up one's nose at; mat äv. (förkasta) refuse to eat; sökande (förslag), vard. turn down

ratificera *vb tr* ratify
ratificering *s* o. **ratifikation** *s* ratification
rationalisera *vb tr* rationalize
rationalisering *s* rationalization
rationalism *s* rationalism
rationalistisk *adj* rationalistic
rationell *adj* rational; vetenskaplig scientific
ratt *s* allm. wheel; bil. el. sjö. o.d. äv. steering-wheel; på radio, TV, instrument o.d. knob
ratta *vb tr* o. *vb itr* vard. drive
rattfull *adj*, **en ~ förare** a drunken driver
rattfylleri *s* drink-driving; mera officiellt driving under the influence of drink
rattfyllerist *s* drink-driver
rattlås *s* steering-lock
rattstång *s* steering-column
rattväxel *s* steering-column gear change
ravin *s* ravine
ravioli *s* kok. ravioli
rayon *s* textil. rayon
razzia *s* raid; med infångande av brottslingar m.m. roundup; **göra en ~ i...** raid...
rea I *s* se *realisation* **II** *vb tr* o. *vb itr* se *realisera*
reagens *s* kem. reagent, test [*på (för)*] i båda fallen for]
reagenspapper *s* kem. test paper
reagera *vb itr* react [*för, på* to; *inför* ofta in the face of]; **~ för** låta sig påverkas av respond to; **~ mot** vara motståndare till be against; protestera mot protest (raise protests) against
reaktion *s* allm. reaction [*för, på* to]; isht positivt om pers. response
reaktionsförmåga *s* powers pl. of reaction
reaktionär *s* o. *adj* reactionary
reaktivera *vb tr* reactivate
reaktor *s* tekn. [nuclear] reactor, atomic pile
real *adj* se *reell*
realgenus *s* gram. [the] common (non-neuter) gender
realia *s pl* skol. o.d. life and institutions, social background sg., realia
realinkomst *s* real income
realisation *s* försäljning till nedsatt pris [bargain] sale; utförsäljning clearance sale; slutförsäljning final clearance sale; **köpa på ~** buy at a sale (in the sales)
realisationsvinst *s* ekon. capital gain
realisera I *vb tr* **1** sälja till nedsatt pris sell off **2** förvandla i pengar convert...into cash **3** förverkliga realize; t.ex. plan carry out, implement, put...into practice **II** *vb itr* hold (have) sales
realism *s* realism
realist *s* allm. realist
realistisk *adj* realistic; nykter matter-of-fact, down-to-earth
realitet *s* reality; **~er** äv. facts; **i ~en** äv. in [actual (point of)] fact, actually
reallön *s* real wages pl. (pay etc., jfr *lön*)

realpolitik *s* realist politics (sg. el. pl.), realpolitik ty.
realränta *s* ekon. real rate of interest
realvärde *s* ekon. real value
reavinst *s* ekon. capital gain
reavinstskatt *s* ekon. capital gains tax
rebell *s* rebel
rebellisk *adj* rebellious; jfr *upprorisk*
rebus *s* picture puzzle, rebus
recensent *s* critic, reviewer
recensera *vb tr* review
recension *s* review; vard. write-up; kortare äv. notice
recentior *s* univ. new (first-year) student äv. kvinnlig; freshman; vard. fresher
recept *s* **1** med. prescription; **mot (på) ~** on prescription **2** kok. el. bildl. recipe; tekn. äv. formul|a (pl. äv. -ae) [*på* for]; **efter känt ~** bildl. on the same old lines, after the same old formula
receptarie *s* på apotek dispenser
receptbelagd *adj* ...available (sold, dispensed) only on prescription
receptfri *adj* ...available without [a] prescription
reception *s* **1** mottagning reception; upptagning i orden initiation **2** på hotell m.m. reception desk
receptionist *s* receptionist, reception clerk
receptiv *adj* receptive
recettföreställning *s* benefit performance
recidiv *s* relapse [*i* into]; **få ~** med. suffer (have) a recurrence (relapse)
recipiera *vb itr* be initiated [*i* into]
reciprok *adj* reciprocal
recitation *s* uppläsning: utantill recitation; från bladet reading
recitativ *s* mus. recitative
recitera *vb tr* läsa upp: utantill recite; från bladet read [aloud]
red|a I *s* ordning order; klarhet clarity; **det är ingen ~ med honom** han är slarvig he is careless (ometodisk unmethodical, opålitlig unreliable); **bringa (få) ~ i ngt** bring order into (achieve order in) a th., get (put) a th. straight (in order); **få ~ på** få veta find out, get to know, learn; få tag i find; **ha ~ på** veta *ngt* know a th.; vard. be in on a th.; **hålla ~ på** hålla uppsikt över look after; hålla i styr, hålla räkning på keep a check on; hålla ordning på, t.ex. sina tillhörigheter äv. keep...in order; hålla sig à jour med keep up with; hålla sig underrättad om, t.ex. ngns öden keep track of; **leta (söka) ~ på** [try to] find, look up; **ta ~ på** a) utforska find out b) finna find c) ta hand om see to; ta till vara make use of
 II *adj*, **~ pengar** ready money, [hard] cash
 III *vb tr* **1** ordna, t.ex. bo, måltid prepare; **~ till** se *tillreda*; **~ upp** lösa upp unravel el. bildl.; disentangle; bildl. äv., t.ex. affärer clear up, sort out, straighten out; se vid. *klara I 4 a;* **~**

ut jfr ~ *upp;* klarlägga elucidate, explain [*för ngn* to a p.]; undersöka investigate; grundligt analyse; dödsbo wind up **2** kok. ~ *[av]* thicken **IV** *vb rfl* klara sig cope, manage; *han -er sig bra* he's getting on well; *det -er sig [nog]* ordnar sig [nog] that (it) will be all right
redaktion *s* **1** lokal editorial office[s pl.] **2** personal editorial staff; editors pl. **3** redigering editing; avfattning wording; *under* ~ redigerad *av A* edited by A
redaktionell *adj* editorial
redaktionschef *s* editor-in-chief (pl. editors-in-chief), managing editor
redaktionssekreterare *s* ung. assistant editor-in-chief, sub-editor
redaktör *s* editor; isht om ansvarig för t.ex. modesida, matspalt o.d. feature editor
redan *adv* **1** allaredan already; så tidigt (långt tillbaka) som as early (far back) as; till och med even; ibl. very, jfr ex.; *är du ~ färdig?* have you finished already?; ~ *då (tidigare)* even then (earlier); ~ *då jag kom in* märkte jag... the moment I entered...; ~ *i dag* this very day; han ska i väg ~ *i morgon* ...tomorrow at the latest; det måste ske ~ *nu* ...at this very moment; ska vi göra det ~ *nu?* ...now? beton.; ~ *[så]som barn* while (when) still a child, even as a child; ~ *vid fem års ålder kunde han...* when he was only five he could... **2** enbart, bara ~ *tanken därpå* är obehaglig the mere (very) thought of that (it)...
redare *s* shipowner
redbar *adj* rättskaffens upright; ärlig honest; hederlig honourable
1 redd *s* sjö. roadstead; roads pl.; *ligga på ~en* lie (be riding) [at anchor] in the roadstead (roads)
2 redd *adj* kok. ~ *soppa* thick (cream) soup
rede *s* fågelbo nest
rederi *s* företag shipping company; ~bolag shipowners pl., firm of shipowners
redig *adj* **1** klar clear; tydlig plain; om framställning äv. lucid; *klara och ~a* anvisningar clear and precise (exact)... **2** *vara fullt ~* vid sina sinnens fulla bruk be in full possession of one's senses **3** vard., 'ordentlig' *en ~ måltid* a square meal; se äv. *rejäl 2*
redigera *vb tr* edit äv. film o.d.; avfatta write, draw up, draft; ~ *om* re-edit, revise; rewrite, reword
redlig se *redbar*
redlös *adj* **1** sjö. disabled **2** *dricka sig ~* get oneself (drink till one is) blind drunk
redlöst *adv* **1** sjö. *driva ~* drift in a disabled condition, be adrift **2** ~ *berusad* blind (dead) drunk
redning *s* kok. thickening äv. konkr.
redo *adj* färdig ready; beredd prepared; *göra sig ~* get (make oneself) ready, get prepared; *hålla sig ~* be prepared, stand by; *var ~!* scoutrörelsens lösen be prepared!

redogöra *vb itr,* ~ *för ngt* avlägga räkenskap account for (avge rapport report on) a th.; beskriva describe (give an account of, isht i skrift narrate, förklara explain) a th.; *närmare* ~ *för...* give [further] details about...; ~ *för* orsakerna state...
redogörelse *s* account [*för* of]; report [*för* on]; isht hand. statement [*för* of]
redovisa *vb tr* o. *vb itr* resultat o.d. show; ~ *[för] ngt* account for a th. osv., jfr *redogöra*
redovisning *s* allm. account; räkenskapsbesked statement of account[s]; statistik. return
reds, till ~ redo prepared; *vara (stå, ligga) till ~* be ready (in readiness)
redskap *s* **1** verktyg tool, implement; instrument instrument; isht hushålls~ utensil; gymn. [PT (PE)] appliance; koll. equipment, tackle; isht gymn. apparatus **2** bildl. tool, instrument
redskapsbod *s* tool shed (house)
redskapsgymnastik *s* apparatus gymnastics (vanl. sg.)
reducera I *vb tr* reduce äv. matem., kem. el. bildl.; förminska diminish; nedbringa, t.ex. utgifter äv. bring (cut) down; sänka: t.ex. priser äv. lower, cut [down]; t.ex. löner cut, lower; förvandla, omräkna convert **II** *vb itr,* ~ *till 4-3* sport. reduce the score (vard. pull one back) to 4-3
reducering *s* reducing; konkr. reduction, diminution, jfr *reducera*
reduceringsmål *s* sport. *få ett ~* reduce one's opponent's lead by one goal; vard. pull one back
reduktion *s* reduction, diminution; cut; conversion; jfr *reducera*
reell *adj* verklig real; faktisk äv. actual
referat *s* redogörelse account [*av* of], report [*av* of (on)]; utdrag abstract; översikt review; sammandrag summary; *[direktsänt]* ~ i radio [running] commentary
referendum *s* referend|um (pl. äv. -a)
referens *s* reference; pers. som åberopas äv. referee; *svar med -er* reply stating [the names of] references
referensbibliotek *s* reference library
referensexemplar *s* reference copy; *endast ~* reference only
referensgrupp *s* sociol. reference group; i samband med utredning consultative group, expert panel
referenslitteratur *s* works of reference, reference books (båda pl.)
referensram *s* frame of reference
referent *s* reporter; rapportör rapporteur fr.
referera I *vb tr,* ~ *ngt* report (give an account of, cover) a th.; ~ *en match* i t.ex. radio commentate on (cover) a match **II** *vb itr,* ~ *till* ngn (ngt) refer to...; *~nde till* Ert brev with reference to..., referring to...
reflektera I *vb tr* reflect äv. bildl.; throw back; bildl. äv. mirror, show **II** *vb itr* **1** fundera

reflektion

reflect; begrunda meditate [*över ngt* [up]on a th.]; tänka think [*över ngt* about a th.] **2** ~ *på* överväga *att* inf. think of (think about, consider, ha för avsikt contemplate) ing-form; ~ *på* vara intresserad av, t.ex. förslag consider, entertain, jfr *fundera*
reflektion se *reflexion*
reflektor *s* reflector
reflex *s* **1** allm. reflex äv. fysiol.; återspegling reflection, reflexion äv. bildl.; *betingad* ~ psykol. conditioned reflex **2** konkr., se *reflex|band* o. *-bricka*
reflexband *s* reflector tape
reflexbricka *s* luminous (reflector) tag
reflexhandling *s* reflex action
reflexion *s* **1** fys. reflection, reflexion; återstrålande äv. reflecting **2** begrundan reflection; betraktelse äv. meditation; anmärkning observation
reflexiv gram. **I** *adj* reflexive **II** *s* reflexive pronoun
reflexljus *s* reflected light
reflexrörelse *s* fysiol. reflex movement (action), reflex
reform *s* reform; omdaning remodelling; nydaning reorganization (båda end. sg.); förbättring improvement
reformation *s* reformation; ~*en* the Reformation
reformator *s* reformer; omdanare remodeller; nydanare reorganizer
reformera *vb tr* reform; omdana remodel; nydana reorganize; förbättra improve
reformert *adj, den* ~*a kyrkan* the Reformed Church; *en* ~ a Reformist, a Calvinist
reformistisk *adj* reformist
reformvänlig *adj* reformist, ...favourably inclined towards reform
refräng *s* mus. refrain, chorus; litt. burden; han kom med *sin gamla, vanliga* ~ bildl. ...the same old story
refug *s* o. **refuge** *s* refuge, [traffic] island
refusera *vb tr* förkasta reject, vard. turn down; avböja decline
regalier *s* regalia
regalskepp *s* hist. man-of-war (pl. men-of-war), ship of the line (pl. ships of the line)
regatta *s* sport. regatta
1 regel *s* allm. rule; rättesnöre criter|ion (pl. -ia); föreskrift regulation, precept; maxim maxim; *som* ~ generellt as a rule, generally [speaking]; *göra det till [en]* ~ *att* inf. make it a rule to inf.
2 regel *s* **1** på dörr bolt; *skjuta för* ~*n [för dörren]* bolt the door **2** byggn. joist, beam
regelbunden *adj* regular; ordnad settled
regelbundenhet *s* regularity
regelbundet *adv* regularly
regelmässig *adj* regular
regelrätt *adj* regular; enligt reglerna ...according to rule (the rules); ren, om t.ex. förfalskning downright; *en* ~ *utskällning* a proper telling-off
regemente *s* **1** mil. regiment **2** styrelse rule; regering government; välde sway, dominion; befäl command; *föra ett strängt (hårt)* ~ *med* folk rule...with severity (a rod of iron)
regementschef *s* regimental commander
regementsofficer *s* field officer
regenerera *vb tr* biol. el. bildl. regenerate
regent *s* ruler; isht ställföreträdande regent; härskare sovereign
regentlängd *s* list of monarchs
regera *vb tr* o. *vb itr* härska rule (äv. bildl.) [*över* over]; styra govern; vara kung o.d. reign [*över* over]; *den* ~*nde världsmästaren* the reigning world champion
regering *s* government; styrelse rule; monarks regeringstid reign; ~*en* the Government; ministären the Ministry; i Storbr. äv. (om den inre kretsen) the Cabinet; i USA vanl. the Administration; *bilda* ~ form a Government; *sitta i (tillhöra)* ~*en* be a member of the Government, jfr ovan
regeringsbeslut *s* government decision
regeringschef *s* head of government
regeringsform *s* **1** styrelseform form of government **2** författning constitution
regeringsförslag *s* government proposal (proposition bill)
regeringskris *s* government (cabinet) crisis
regeringsparti *s* government party, party in power
Regeringsrätten the [Swedish] Supreme Administrative Court
regeringsställning *s, vara i* ~ be in office (power)
regeringstid *s* monarks reign
regeringsår *s, under hans tredje* ~ in the third year of his reign
regi *s* **1** teat. el. TV. production; isht film. direction; Påsk *i B:s* ~ *(i* ~ *av B)* ...produced (resp. directed) by B **2** ledning *i egen (privat)* ~ under personal (private) management; *i statlig* ~ under statens beskydd under the auspices of (anordnad av staten arranged by) the Government
regim *s* regime, rule, government; ledning management; förvaltning administration; med. regimen; diet äv. prescribed diet; *ny* ~ på skylt under new management
region *s* region; område äv. district, area
regional *adj* regional
regionalpolitik *s* regional [development] policy
regionalradio *s* regional radio [service]
regionplan *s* regional plan
regionsjukhus *s* regional hospital
regissera *vb tr* teat. el. film. direct; teat. (eng.) äv. produce
regissör *s* teat. el. film. director; teat. (eng.) äv. producer

register s register äv. mus. el. språkv.; förteckning list, directory; namn~ äv. roll; alfabetisk i bok index; röstläge, tonomfång äv. range; bildl. äv. gamut, range
registerton s sjö. register ton
registrator s registrar, registry clerk
registrera vb tr allm. register; enter...in a (resp. the) register, make an entry of, record; data. key; ~ *sig* register
registrering s (jfr *registrera*) registration, registering osv.; anteckning entry, record; data. keying
registreringsbevis s för motorfordon certificate of registration; i Storbr. registration book
registreringsnummer s på motorfordon registration (plate) number
registreringsskylt s på bil number (amer. license) plate
regla vb tr med regel bolt; låsa lock
reglage s regulator, control; spak lever; kontrollinstrument controls pl.
reglemente s regulations, rules (båda pl.)
reglementsenlig adj ...in accordance with [the] regulations; ~ *klädsel* regulation dress
reglera vb tr regulate; normera regularize; avpassa, justera adjust; fastställa fix; kontrollera control; göra upp, t.ex. arbetstvist, skuld settle; *~d arbetstid* regulated working hours
reglerbar adj adjustable
reglering s **1** reglerande regulating osv.; regulation; regularization; adjustment; control; settlement; jfr *reglera* **2** menstruation menstruation
reglerteknik s automatic control engineering
regn s rain (end. sg.); skur shower båda äv. bildl.; ~ *och rusk* nasty (rough) weather; *i ~ och sol[sken]* rain or shine; *det ser ut att bli ~* it looks like rain; *efter ~ kommer solsken* bildl., ung. every cloud has a silver lining
regna vb itr rain äv. bildl.; *det ~r* it is raining; *~ bort* bli förstörd av regn be washed out [on account of rain]; *det ~r in* the rain comes in
regnblandad adj, *~ snö* sleet, rain mingled with snow
regnby s rain squall
regnbåge s **1** rainbow **2** zool. rainbow trout
regnbågshinna s anat. iris
regndis s fine drizzle, Scotch mist
regndroppe s raindrop, drop of rain
regnförsäkring s insurance against rain
regnig adj rainy, wet, showery
regnkappa s raincoat, waterproof; enklare mackintosh; vard. mac
regnkläder s pl rainwear sg., waterproof clothes
regnmoln s rain cloud; meteor. nimb|us (pl. äv. -i)
regnmängd s rainfall
regnmätare s rain gauge, pluviometer
regnområde s meteor. rain area, area of rain
regnrock se *regnkappa*

regnskog s rain forest
regnskur s shower [of rain]; häftig downpour
regnskydd s vid hållplats shelter; *söka ~* seek (take) shelter from the rain
regnställ s rainsuit
regntid s rainy season; *~en i tropikerna* the rains pl.
regntät adj raintight
regnvatten s rainwater
regnväder s rainy (wet) weather
regrediera vb itr psykol. regress, retrogress
regress s ekon. recourse; se vid. *regression*
regression s tillbakagång retrogression; baksteg step backwards, retrograde step
regressiv adj biol. el. språkv. regressive, retrogressive
reguladetri s matem. [the] rule of three
regulator s tekn. regulator; governor
reguljär adj regular; normal normal, basic; *~a trupper* regular troops, regulars; *~t arbete* regular work
reguljärflyg s koll. scheduled airline service (flights pl.)
rehabilitera I vb tr allm. rehabilitate **II** vb rfl, *~ sig* rehabilitate oneself; friare make amends
rehabilitering s rehabilitation
reinkarnation s relig. reincarnation
rejäl adj **1** pålitlig reliable, trustworthy; redbar honest; *en ~ karl* a sterling fellow, a good sort; *göra ett ~t arbete* do [a piece of] solid work **2** förstärkande *en ~ förkylning* a nasty cold; *en ~ portion* a liberal portion; *en ~ utskällning* a proper telling-off
rek s brev registered letter; påskrift to be registered
rekapitulation s recapitulation, summing-up (pl. summings-up)
rekapitulera vb tr recapitulate, sum up
reklam s advertising, publicity (båda end. sg.); konkr. advertisement[s pl.]; *~broschyrer* advertising brochures pl. (matter); *~film på TV, bio* commercials pl.; *göra ~* advertise [*för ngt* a th.]
reklamaffisch s [advertising] bill (större poster)
reklamation s **1** klagomål complaint **2** ersättningsanspråk [compensation] claim **3** post., av brev (paket) inquiry concerning a missing letter (parcel)
reklamationsnämnd s, *Allmänna ~en* the [Swedish] National Board for Consumer Complaints
reklambroschyr s advertising brochure (folder, pamphlet, vard. handout)
reklambyrå s advertising agency
reklamera vb tr **1** klaga på make a complaint about, complain about **2** begära ersättning för put in a claim for **3** efterlysa make an inquiry concerning, inquire about
reklamerbjudande s special offer

reklamfilm *s* advertising (commercial) film, commercial
reklamfinansierad *adj* ...financed (financially supported) by advertising
reklaminslag *s* commercial, plug
reklamkampanj *s* advertising (publicity) campaign (drive)
reklamman *s* publicity (advertising) expert; vard. adman
reklamskylt *s* advertising sign; i butiksfönster display (show) card
reklamtecknare *s* commercial artist
reklam-TV *s* commercial television
rekognoscera *vb tr* o. *vb itr* reconnoitre; mil. äv. scout; ~ *terrängen* explore (reconnoitre) the ground
rekommendation *s* **1** anbefallning recommendation; *på läkares* ~ on medical advice **2** post. registration
rekommendationsbrev *s* letter of introduction (recommendation)
rekommendera *vb tr* **1** anbefalla recommend **2** post. register; ~*s påskrift* to be registered; ~*t brev* registered letter; amer. certified mail
rekonstruera *vb tr* reconstruct; byggnad äv. rebuild; regering äv. reshuffle
rekonstruktion *s* reconstruction; av byggnad äv. rebuilding; av en regering äv. [Government] reshuffle
rekord *s* record äv. bildl.; *slå ~ i (på)* ngt beat (break, cut) the...record; bildl. beat the record for...; *det slår alla ~!* vard. that's the limit!, can you beat that!; *sätta [nytt]* ~ set up a [new] record
rekordartad *adj* record end. attr.; unprecedented, unparalleled
rekordfart *s* record speed
rekordförsök *s* attempt at a (resp. the) record
rekordhållare *s* record holder
rekordhög *adj*, ~*a priser* record (sky-high) prices
rekordpublik *s* record crowd (på teater o.d. audience)
rekordskörd *s* record (bumper) harvest (crop)
rekordtid *s* record time
rekreation *s* recreation; vila rest; avkoppling äv. relaxation
rekreationsområde *s* recreation area
rekreationsresa *s* recreation trip, trip (journey) for the sake of one's health
rekreera *vb rfl*, ~ *sig* seek recreation (vila rest); vila upp sig rest; hämta sig recuperate
rekryt *s* **1** pers. recruit; värnpliktig conscript **2** utbildning *göra ~en* vard. go through one's recruit training
rekrytera *vb tr* recruit äv. bildl.
rekrytering *s* recruitment, recruiting
rektangel *s* rectangle
rektangulär *adj* rectangular
rektor *s* vid skola headmaster; kvinnl. headmistress; båda äv. head [teacher]; isht amer. principal; vid institut o. fackhögskolor principal, director; vid universitet rector; eng. motsv., ung. vice-chancellor; amer., ung. president
rektorsexpedition *s* i skola headmaster's (resp. headmistress's) office (i Engl. vanl. study)
rektorsområde *s* municipal school management area under one headmaster
rekviem *s* kyrkl. el. mus. requiem
rekvirera *vb tr* beställa order; skicka efter send (write away, write off) for; begära, t.ex. hjälp ask for; mil. requisition; tvångs~ commandeer; *kan ~s från* AB äv. obtainable from...
rekvisita *s* teat. el. film. properties; vard. props (båda pl.)
rekvisition *s* beställning order; mil. requisition, commandeering; jfr *rekvirera*
rekyl *s* recoil; om gevär äv. kick
relatera *vb tr* **1** redogöra för relate, give an account of **2** ~ *till* sätta i samband med put...in relation to
relation *s* **1** redogörelse account, report **2** förhållande relation; intimare, mellan personer relationship *(äv. ~er); ~er* förbindelser äv. connections; *i ~ till* in relation to; *stå i ~ till* be related to; *sätta ngt i ~ till* relate a th. to...
relativ I *adj* relative äv. gram.; någorlunda äv. comparative; *allting är ~t* everything is relative **II** *s* gram. relative
relativitet *s* relativity äv. fys.
relativitetsteori *s* fys. theory of relativity
relativpronomen *s* gram. relative pronoun
relativsats *s* gram. relative clause; *nödvändig* ~ restrictive relative clause; *icke nödvändig* ~ non-restrictive relative clause
relativt I *adv* relatively, comparatively **II** *prep* i förhållande till in relation to
relegera *vb tr* från skola expel, send down
relegering *s* från skola expulsion
relevans *s* relevance
relevant *adj* relevant, pertinent [*för* to]; pred. äv. to the point
relief *s* relief; konst. äv. relievo (pl.-s); *ge* ~ *åt ngt* bildl. bring out a th. in full relief, enhance (set off) a th.
reliefkarta *s* relief (raised, embossed) map
religion *s* religion äv. ss skolämne; tro faith; bekännelse creed
religionsfilosofi *s* [the] philosophy of religion
religionsfrihet *s* freedom of religion
religionsförföljelse *s* religious persecution
religionshistoria *s* [the] history of religion; ofta comparative religion (study of religions)
religionskunskap *s* skol. religion
religionsstiftare *s* founder of a religion
religionsutövning *s* religious worship; *fri* ~ freedom of worship
religionsvetenskap *s* [the] science of religion
religiositet *s* religiousness, religiosity; fromhet piety

religiös *adj* religious; from pious, devout; mots. profan, om t.ex. diktning, musik sacred
relik *s* relic
relikskrin *s* reliquary, shrine
relikt *s* naturv. el. språkv. relict, relic; friare survival
reling *s* sjö. gunwale, rail
relä *s* tekn. relay
relästation *s* radio. el. TV. relay station
1 rem *s* allm. strap; smal läder~ thong; liv~ belt; ändlös ~: driv~ [transmission] belt; för godstransport conveyer [belt]; *~mar* koll. strapping sg.; *ligga som en ~ efter marken* streak along, run like a hare; vard. run hell for leather
2 rem *s* enhet för strålning rem
remarkabel *adj* remarkable
rembours *s* o. **remburs** *s* hand. letter of credit, [documentary] credit
remi I *s* draw **II** *adj* drawn; partiet *blev ~* äv. ...was a draw
reminiscens *s* reminiscence
remiss *s* **1** parl. o.d. *sända på ~ till...* refer [back] to...for consideration; vara *ute på ~ hos* ...under consideration by **2** med. referral, letter of referral (introduction) [from a doctor]
remissa *s* hand. remittance
remissdebatt *s* full-dress debate on the budget and the Government's policy
remittera *vb tr* **1** refer; parl. äv. submit **2** till läkare el. sjukhus refer, send; *~ande läkare* doctor who refers (resp. has referred) a patient **3** hand. remit
remmare *s* vinglas rummer, kind of hock glass
rem[o]uladsås *s* remoulade sauce
remsa *s* allm. strip; pappers~ äv. slip; avriven shred [alla med of framför följ. best.]; strimla ribbon; klister~, telegraf~ tape; land~ strip of land
remskiva *s* tekn. [belt] pulley
1 ren *s* åker~ headland; dikes~ ditch bank; landsvägs~ verge; amer. shoulder
2 ren *s* zool. reindeer (pl. lika)
3 ren *adj* fri från smuts clean äv. delvis bildl.; fläckfri spotless; oklanderlig immaculate; prydlig tidy; snygg neat; oblandad pure; icke legerad unalloyed; outspädd, om spritdrycker neat; om vin unwatered; oförfalskad, om matvara o.d. unadulterated, pure; äkta genuine; bildl. pure; kysk chaste; oskyldig innocent; förstärkande: 'rena rama', 'bara' o.d. mere, sheer; *en ~ bagatell* a mere trifle; *~ behållning* clear (net) profit; *~ choklad* ordinary chocolate; *en ~ förlust* a dead loss; *~ infinitiv* the simple infinitive; *~a linjer (slag)* clean lines (strokes); *~ lättja* sheer laziness, laziness pure and simple; *~t samvete* clear conscience; *~a [rama] sanningen* the plain (absolute) truth, the truth pure and simple; *av en ~ slump* by a mere chance; *~t spel* fair play; *det var ett ~t under* it was a pure (nothing short of a) miracle; *~ vinst* net (clear) profit; *göra ~[t]* se *rengöra*; *göra ~t* städa o.d. clean up; *göra ~t hus* se *hus 1*; *hålla ~t [och snyggt] omkring sig* keep things clean and tidy; *skriva ~[t]* se *renskriva*
rena *vb tr* allm. clean; metall, vätska, blod purify; metall äv. fine; vätska äv. clarify; destillera distil, rectify; sår clean; desinficera disinfect; bildl. purify; luttra purge; *~ från synd* purge (cleanse) of (from) sin
rendera *vb tr* förskaffa: t.ex. åtal bring; t.ex. öknamn give; t.ex. obehag cause
rendezvous *s* rendezvous äv. i rymden (pl. lika); kärleksmöte äv. lovers' meeting; träff date
renfana *s* bot. [common] tansy
rengöra *vb tr* clean; tvätta wash; skura: t.ex. kokkärl scour, golv scrub; putsa polish
rengöring *s* cleaning osv., jfr *rengöra*
rengöringskräm *s* för ansiktet cold (cleansing) cream
rengöringsmedel *s* cleaning agent, cleaner, cleanser, detergent
renhet *s* cleanness; om luft, vatten, äkthet el. bildl. purity; kyskhet chastity; oskuld innocence
renhjärtad *adj* pure-hearted, ...pure of heart
renhorn *s* reindeer horn äv. ss ämne
renhållning *s* cleaning; av gator äv. public cleansing, street cleaning; sophämtning refuse (amer. garbage) collection [and disposal]
renhållningsarbetare *s* refuse collector; amer. garbage (trash) collector
renhållningsverk *s* public cleansing (scavenging) department (i större städer division)
renhårig *adj* ärlig honest, fair; *han är ~* he is a brick (is a good sort)
rening *s* cleaning osv.; kem. el. bildl. purification; bildl. äv. purge; *~ av avloppsvatten* sewage treatment
reningsverk *s* för avloppsvatten sewage treatment works (pl. lika)
renlav *s* bot. reindeer moss (lichen)
renlevnad *s* clean-living; avhållsamhet continence
renlig *adj* cleanly; *hon är inte särskilt ~ av sig* she's not particularly clean
renlighet *s* cleanliness
renlärig *adj* orthodox
renodla *vb tr* naturv. cultivate; bakterier äv. isolate; förfina refine; *~d* pure; om bakterier äv. ...in a state of pure cultivation; bildl. äv. absolute, downright; om pers. äv. out-and-out
renommé *s* reputation, repute; *ha gott (dåligt) ~* have a good (bad) reputation (name), be of good (bad) repute
renommerad *adj* well-reputed [*för* for]; *en ~ forskare* a...of [good] repute
renons I *s* kortsp. blank suit, void **II** *adj*, *vara ~ i ruter* kortsp. have no diamonds; *vara*

alldeles (fullständigt) ~ **på** humor (karaktär) osv. be utterly devoid of...
renovera vb tr renovate, do up [...again]; t.ex. bokband, tavla äv. restore; reparera äv. repair
renovering s renovation; restoration; repairs pl.
renrakad adj barskrapad cleaned out; pank stony-broke (båda end. pred)
renrasig se *rasren*
rensa vb tr rengöra clean; fisk äv. gut; fågel draw; bär pick over, top [and tail]; sockerärter string; från ogräs weed; magen el. bildl. purge; ~ **luften** bildl. clear the air; ~ **bort** remove, clear away; ~ **upp** t.ex. brunn clean (clear) out; mil. mop up; ~ **upp [i]** t.ex. område, källare clean up; ~ **upp inom** partiet purge..., clean up...; ~ **ut** bildl. weed out
renskav s kok. thin slices pl. of reindeer meat
renskinn s reindeer skin
renskriva vb tr make a fair (clean) copy [ngt of a th.]; på maskin type [out]
renskrivning s making (the making of) a fair copy; på maskin copy typing
renskötare s reindeer herdsman (keeper)
renskötsel s reindeer breeding (management, keeping)
rensning s cleaning osv., jfr *rensa*
rensningsaktion s polit. o.d. purge, clean-up; mil. mopping-up operation
renstek s joint of reindeer; tillagad roast reindeer
rent adv **1** eg. cleanly; **sjunga** ~ sing in tune; **tala** ~ talk (speak) properly; jfr *3 ren* **2** alldeles quite, completely, absolutely; ~ **av** faktiskt, i själva verket actually; helt enkelt simply; till och med even; **du kanske** ~ **av** kan det utantill perhaps you even...; han blev ~ **av oförskämd** ...downright impudent; det är ~ **av en skandal** ...a downright (an absolute) scandal; **jag hade** ~ **av glömt** I had clean forgotten; ~ **ut** plainly, outright, jfr ~ *av; jag sade honom* ~ *ut* vad jag tyckte vad jag tyckte I told him plainly (outright) ...; ~ *ut sagt* to put it bluntly, to use plain language, not to mince matters
rentier s o. **rentjé** s rentier fr.; person of independent means
rentvå vb tr bildl. clear [från of], exonerate [från from], exculpate [från from]
renässans s **1** allm. renaissance, renascence, revival; **uppleva (få) en** ~ bildl. experience (have) a renaissance osv.; return to favour **2** ~**en** hist. the Renaissance, the Renascence
renässansstil s Renaissance style
rep s rope; lina cord; tross hawser; **hoppa** ~ skip; amer. jump rope
1 repa I s scratch; skära score **II** vb tr **1** rispa scratch; score; ~ **eld på en tändsticka** strike a match **2** ~ **[av]** stryka (rycka) av: löv strip off...; gräs, bär pluck handfuls of...; ~ **upp** unravel; ~ **upp vad man stickat** undo one's

knitting **3** ~ **mod** take heart, pluck up courage **III** vb rfl, ~ **sig** ta upp sig improve; tillfriskna recover [efter from], get better [efter after]
2 repa vb tr vard., repetera rehearse
reparation s repair[s pl.]; lagning mending; **lämna in bilen på** ~ hand in the car for repairs; **stängt för** ~ closed for repairs; **den är under** ~ it is under repair (being repaired)
reparationsverkstad s repair [work]shop; för bilar ofta garage
reparatör s repairer, repairman
reparera vb tr allm. repair; laga mend; vard. fix [up]; ställa till rätta äv. remedy; ~ **sin hälsa** restore one's health; ~ **ett misstag** put a blunder right
repatriera vb tr repatriate
repellera vb tr fys. repel, repulse
repertoar s repertoire äv. friare; repertory; spelplan programme; pjäsen **höll sig på** ~**en länge (i 6 månader)** ...had a long run (ran for 6 months)
repetera vb tr upprepa repeat; ta (göra) om äv. do...[over] again; gå igenom; t.ex. läxa go through...again; skol-, studie|ämne revise; teat. el. mus., öva in rehearse; pjäsen **håller på att** ~**s** ...is under rehearsal
repetition s repetition; revision; rehearsal; jfr *repetera*
repetitionskurs s refresher course
repetitionsövning s mil. [compulsory military] refresher course
repig adj scratched
replik s **1** genmäle reply, answer, rejoinder; svar på tal retort; kvickt svar repartee; **snabb i** ~**en** quick-witted, quick at repartee **2** teat. line, words pl.; längre lines pl., speech; stick~ cue; **repetera (glömma) sina** ~**er** rehearse (forget) one's lines **3** konst. replica
replikera vb tr o. vb itr reply, answer, rejoin; retort; jfr *replik 1*
repmånad s mil. **göra [sin]** ~ do one's military refresher course
reportage s i tidning o.d. report; livfullare äv. story; direktsänt: i radio [running] commentary, i TV ung. live transmission; bearbetat, i radio o. TV documentary; bevakning coverage (end. sg.); **göra** ~ **om (över)** för tidning report (write) about; cover; för radio: direktsänt be the commentator at, bearbetat make a documentary on (about)
reporter s reporter
representant s representative [för of]; parl. member, deputy, amer. congressman; vid konferens äv delegate; firmas äv. agent; handelsresande commercial traveller, amer. äv. traveling salesman
representanthuset s i USA the House of Representatives

representantskap *s* representation; samling representanter representative assembly (body)
representation *s* **1** polit. o.d. representation; konkr. äv. representatives pl. **2** urval selection, [representative] presentation **3** värdskap entertainment
representationskostnader *s pl* entertainment expenses
representativ *adj* representative; typisk typical [*för* of]; representabel distinguished[-looking]
representera I *vb tr* företräda, motsvara represent; ~ *värdfolket* do the honours [of the house] **II** *vb itr* utöva värdskap entertain; *vara ute och* ~ be out [officially] entertaining
repressalier *s pl* reprisals, acts of reprisal; *utöva* ~ *mot ngn för ngt* resort to reprisals against a p. for a th.
repressiv *adj* repressive; ~*a åtgärder* repressive measures
reprimand *s* reprimand; mindre formellt rebuke, reproof
repris *s* radio. el. TV. repeat; av pjäs revival; sport., i slowmotion action (instant) replay; mus. äv. recapitulation; *programmet ges i* ~ *nästa vecka* there will be a repeat of the programme...; *i* ~*er* omgångar in turns (bouts, etapper stages)
repristecken *s* mus. repeat [mark]
reproducera *vb tr* reproduce; efterbilda copy
reproduktion *s* konst. (konkr.) el. biol., fortplantning reproduction
repslagare *s* rope maker
repstege *s* ropeladder
reptil *s* reptile äv. bildl.
republik *s* republic
republikan *s* republican
republikansk *adj* republican
repövning *s* mil. [compulsory military] refresher course
1 res|a I *s* **1** färd: allm., isht till lands el. bildl. journey; till sjöss voyage, över~ crossing, passage; om alla slags resor, mera vard. trip; utflykt excursion, outing, kortare jaunt; rund~ tour, till sjöss cruise; med bil ride, trip; med flyg flight; forsknings~ expedition; utr. avstånd journey, om sjö~, bil~ o. tåg~ äv. run; -*or:* a) journeys osv.; ngns samtl. (ofta längre) -or el. kringflackande travels b) att resa, resande travel sg.; *Gullivers resor* Gulliver's travels; *enkel* ~ *kostar 150 kr* the single fare is...; *fri* ~ travelling expenses paid, free travel; *lycklig (trevlig)* ~*!* pleasant journey!, bon voyage! fr.; *börja en* ~ start [out] (set out, embark) on a journey osv.; hurdant väder hade ni *på* ~*n?* ...on your trip?; *ge sig iväg på en* ~ *till Rom* set out for...; *vara på* ~ be travelling, be [out] on a journey; *under* ~*n* during (on) the journey, on the way; *under* ~*ns gång* med tiden in process of time **2** jur., gång *första* ~*n* the (a, his etc.) first offence; *sju -or värre* ten times worse
  II *vb itr* färdas travel, journey; med ortsbestämning vanl. go [*till* to]; av~ leave, depart; på längre resa set out [*till* i samtl. fall for]; ~ *för en firma* travel for...; ~ *i affärer* travel on business; ~ *första klass* travel first class; *vi -er härifrån i morgon* we leave (are leaving) here tomorrow; ~ *kortaste vägen* take the shortest route; ~ *från Rom* leave...; *han -te begav sig till Rom i fjol* he went to...; ~ *över Atlanten* Atlanten cross...
  III med beton. part. (jfr äv. *2 fara II*)
  ~ **bort** go away [*från* from]; ~ *bort från* äv. leave
  ~ **komma efter** [ngn] follow a p.; ~ *efter* ngn: söka hinna ifatt go after...; för att hämta go and (to) fetch...
  ~ **förbi** go past (by), pass by; passera pass
  ~ **före** go on ahead [*ngn* of a p.]
  ~ **hit:** *res hit!* come here!
  ~ **igenom** pass through; ett land äv. cross, travel across (through)
  ~ **in i** ett land enter...; ~ *in till staden* go in (till storstad go el. run up) to town
  ~ **omkring** travel [about], get about
  ~ **tillbaka** travel (dit go, hit come) back, return
  ~ **vidare** continue one's journey, go on one's way
  ~ **över till** go over (across) to; över vatten äv. cross over to
2 res|a I *vb tr* (ibl. *vb itr*) **1** ~ *[upp]* sätta upp raise; ngn som fallit äv. lift...up; uppföra äv. erect, set up, build; ~ *en mast* step up a mast; ~ *en stege* put (set) up a ladder; ~ *ett tält* pitch a tent; ~ ngt *på kant* raise (place)...on edge; ~ *på sig* get (stand) up; *res [på] dig!* get (stand) up! **2** bildl. ~ *hinder (invändningar)* raise obstacles (objections) **3** jur. ~ *ett mål* reopen a case
  II *vb rfl,* ~ *sig* **1** räta upp sig draw oneself up, stiga upp rise [to one's feet], get (stand) up, get on one's feet; om häst o.d rear; *res dig [upp]!* get (stand) up!; ~ *sig från bordet* rise from (leave) the table; ~ *sig [upp] i sängen* sit up in bed **2** höja sig rise; stark. tower **3** om håret stand on end; *håret -te sig på hans huvud* his hair stood on end **4** göra uppror rise, revolt
resande I *s* **1** travel[ling] **2** resenär traveller; passagerare passenger; besökande visitor, tourist; jfr *handelsresande* **II** *adj,* *han är ständigt på* ~ *fot* he is always travelling [about], he is always on the move
resdamm *s,* tvätta av sig ~*et* ...the dust of one's journey
resdräkt *s* travelling costume (suit)
reseapotek *s* first-aid kit
researrangör *s* travel organizer, tour operator
resebeskrivning *s* bok travel book

resebyrå *s* travel (tourist) agency, travel bureau
resebyrå[tjänste]man *s* travel (tourist) agent
resecheck *s* traveller's cheque (amer. check)
reseda *s* bot. mignonette
reseersättning *s* travel allowance, allowance for travelling expenses
reseffekter *s pl* bagage luggage sg.; isht amer. baggage sg.; hand. travel requisites (skylt equipment sg.)
reseförbud *s* travel ban; *få* ~ be forbidden to leave one's place of residence
reseförsäkring *s* travel insurance
resehandbok *s* guide [book]
resekostnad *s*, ~*[er]* cost sg. of travelling, travelling expenses pl.
resekostnadsersättning *s* travel allowance
reseledare *s* guide, tour leader; resebyrås äv. courier
resenär *s* traveller; passagerare passenger
reseradio *s* portable radio [set], transistor
reserv *s* **1** förråd, beredskap *ha (hålla) i* ~ have (keep) in reserve **2** mil., personalgrupp i krigsmakten *kapten i* ~*en* captain in the reserve **3** sport., ersättare reserve, substitute; *sätta in en* ~ i andra halvlek i andra halvlek play (send on) a substitute…
reservant *s* dissentient
reservat *s* reserve, national [reserve] park; isht fågel~ sanctuary; isht djur~ game (wild life) preserve; för infödingar reservation
reservation *s* **1** gensaga protest **2** reservation; *med* ~ *för* prishöjningar subject to…, allowing for…, jfr vid. *förbehåll* **3** avvaktande hållning reserve, jfr *reserverad*
reservbänk *s*, *på (från)* ~*en* sport. on (from) the substitutes' bench, on (from) the sidelines
reservdel *s* spare (replacement) part
reservdunk *s* för t.ex. bensin spare (extra, reserve) tank
reservdäck *s* för bil o.d. spare tyre (amer. tire)
reservera I *vb tr* reserve; hålla i reserv keep…in reserve; lägga undan äv. put (set) aside; penningmedel äv. earmark; plats: a) förhandsbeställa book b) belägga take; ~ *plats (rum)* äv. make reservations **II** *vb rfl*, ~ *sig* make a reservation [*mot* against (to)]; t.ex. mot kollektivanslutning till ett parti opt (contract) out [*mot of*]
reserverad *adj* reserved; tillbakadragen äv. reticent, distant; vard. stand-offish; försiktig prudent; om uttryckssätt äv. guarded; *vara* ~ om pers. äv. keep aloof (oneself to oneself); inte släppa någon inpå livet keep one's distance
reservfond *s* reserve fund
reservförråd *s* reserve supply (store, stock), reserve[s pl.]
reservhjul *s* spare wheel
reservlag *s* sport. reserve team; reserves pl.
reservnyckel *s* spare (extra) key

reservoar *s* reservoir; bildl. äv. reserve; cistern cistern
reservoarpenna *s* fountain pen
reservofficer *s* officer in (of) the reserve, reservist
reservproviant *s* mil. emergency (iron) ration
reservtank *s* emergency (spare, extra) tank; i själva biltanken reserve tank
reservutgång *s* emergency exit (door)
reseräkning *s* travelling expenses account, specification of travelling expenses
reseskildring *s* bok travel book, book of travels; föredrag med ljusbilder travelogue
reseskrivmaskin *s* portable typewriter
resestipendium *s* travelling scholarship
resevaluta *s* tourist [travel] allowance
resevillkor *s pl* för t.ex. charterresa conditions of travel
resfeber *s*, *ha* ~ be nervous (jittery, excited) before a (resp. the) journey osv., se *I resa I* **1**
resgods *s* [accompanied] luggage (baggage)
resgodsexpedition *s* luggage (baggage) [delivery and booking] office
resgodsförsäkring *s* [traveller's] luggage (baggage) insurance; jfr *försäkring* med ex. o. sms.
resgodsförvaring *s* o. **resgodsinlämning** *s* lokal left-luggage office, cloakroom; amer. checkroom
residens *s* [official] residence; säte [official] seat
residensstad *s* med länsstyrelse seat of a (resp. the) county government; i Storbr., ung. county town; säte för regering (regent) seat of the government (ruler); huvudstad capital
residera *vb itr* reside
resignation *s* resignation
resignera *vb itr* foga sig resign oneself [*inför* to]; ge upp give [it] up
resignerad *adj* resigned; *med en* ~ *suck* with a sigh of resignation
resistens *s* med. resistance
resistent *adj* resistant
reskamrat *s* travelling companion, fellow traveller
reskassa *s* travelling funds pl.; *min* ~ äv. the money for my journey (trip)
reskläder *s pl* travelling wear sg.
reskontra *s* hand. [personal] ledger
reslektyr *s* reading (something to read) on a (resp. the el. one's) journey (trip)
reslig *adj* tall; lång o. ståtlig stately; om träd äv. lofty
reslust *s* wanderlust ty.; roving spirit, longing to (for) travel
reslysten *adj* …keen on (fond of) travelling
resmål *s* destination [of one's journey (trip)]; turistställe place to visit (for a holiday)
resning *s* **1** uppresande raising; uppförande äv. erection, building **2** höjd elevation; om pers. el. bildl. stature; *han har* ~ bildl. he is an

imposing personality; *en man med andlig* ~ a man of high moral stature **3** uppror rising, revolt, insurrection **4** jur. new trial; *begära* ~ petition (move) for a new trial (a rehearing of the case); *få* ~ *i målet* be granted a new trial (hearing of the case)
resolut *adj* beslutsam resolute; rask prompt; bestämd determined, decided
resolution *s* resolution [*om ngt* on a th.]; beslut äv. decision; *anta en* ~ pass (approve) a resolution
reson *s* reason; *ta* ~ listen to reason, be reasonable
resonabel *adj* reasonable, sensible
resonans *s* resonance; bildl. response; förståelse understanding, comprehension
resonansbotten *s* o. **resonanslåda** *s* mus. sounding board
resonemang *s* diskussion discussion; samtal talk, conversation; tankegång reasoning, [line of] argument; *föra ett* ~ conduct (follow) a line of argument (reasoning)
resonemangsparti *s* marriage of convenience
resonera *vb itr* diskutera discuss; samtala talk; tänka, argumentera reason, argue [*om* about]; ~ *bort ngt* explain (argue) a th. away
resonlig *adj* reasonable, sensible
respass *s* avsked dismissal; *få (ge ngn)* ~ be dismissed (dismiss a p.); vard. get (give a p.) the sack (kick, push); köras (köra) ut be sent (send a p.) packing
respekt *s* respect; aktning esteem, regard; fruktan awe; *ha* ~ *för ngn* have respect for a p., hold a p. in [great] respect; *sätta sig i* ~ *hos ngn* make a p. respect one; *med all* ~ *för...* with all [due] deference to...
respektabel *adj* respectable; anständig decent; ansenlig äv. considerable
respektera *vb tr* allm. respect; uppskatta äv. esteem
respektfull *adj* respectful
respektingivande *adj* attr. ...that commands respect; imponerande imposing, impressive; stark. awe-inspiring
respektive I *adj* respective **II** *adv* respectively; *30* ~ *40 kronor* 30 and 40 kronor respectively
respektlös *adj* disrespectful; vanvördig irreverent
respirator *s* respirator; *ligga i* ~ lie in a respirator
respit *s* respite; *begära 5 dagars* ~ äv. ask (apply) for five days of grace
resplan *s* **1** ~*er* plans pl. for a (resp. the el. one's) trip (journey) **2** resrutt itinerary
respons *s* response äv. psykol.
resrutt *s* route
ressällskap *s* **1** konkr.: a) travelling companion b) grupp [med reseledare conducted] party of tourists **2** abstr. company on a (resp. the el. one's) journey

rest *s* återstod remainder, rest; överskott surplus; lämning relic; kvarleva remnant, survival; kem. el. jur. residue; lunch på uppvärmda ~*er* ...leftovers; ~*en* det överblivna the rest; matem. the remainder; av betalning the balance; [allt] det andra äv. everything else; de andra äv. the others; *få* ~ på en tentamen, univ. be referred in..., be given a conditional pass in...; *för* ~*en* för övrigt besides; för den delen for that matter, for the matter of that; du kan *för* ~*en* få läsa brevet själv ...if you like
restaurang *s* restaurant; *gå [ut] (äta) på* ~ go to (eat at) a restaurant
restaurangbesök *s* visit to a restaurant, restaurant visit
restauranginnehavare *s* proprietor of a (resp. the) restaurant, restaurant-keeper, restaurateur fr.
restaurangkedja *s* chain of restaurants
restaurangvagn *s* dining-car, diner, restaurant car
restauratris *s* restaurangägare proprietress of a (resp. the) restaurant
restauratör I se *restauranginnehavare* **II** *s* arkit. restorer
restaurera *vb tr* restore
restaurering *s* restoration
restera *vb itr* remain; ~ *för* hyran *(med betalningen)* be behindhand (in arrears) with...
resterande *adj* remaining; *det* ~ the remainder; om belopp äv. the balance; ~ *skatter* arrears of taxes, tax arrears; ~ *skulder* debts still due [to be paid], outstanding debts
restid *s* åtgående tid travelling time
restituera *vb tr* **1** återbetala repay, reimburse, refund **2** återställa restore
restitution *s* återbetalning repayment, reimbursement, refund
restlager *s* surplus (remaining) stock
restpar *s* odd pair
restparti *s* remnant, odd lot
restplats *s* på t.ex. charterresa seat still vacant
restriktion *s* restriction
restriktiv *adj* restrictive
restskatt *s* unpaid tax arrears pl.; kvarskatt back tax (taxes pl.)
restupplaga *s* av bok remainder edition, remainders pl.
resultat *s* allm. result; matem. answer; verkan effect; [slut]följd consequence; utgång outcome, issue; slut~ upshot; utbyte return, profit; behållning proceeds pl.; sport. äv. score; *med gott* ~ with success, successfully; *leda till* ~ produce (yield) results, pay off; *det fick till* ~ *att...* the result (upshot) was that...; *utan* ~ without result, utan framgång to no effect
resultatlös *adj* fruktlös fruitless; utan effekt ineffective; fåfäng vain, futile

resultera *s* result [*i* in]; ~ *i* äv. end in
resumé *s* summary; résumé; av pjäs o.d. vanl. synops|is (pl. -es), jfr *sammandrag*
resumera *vb tr* summarize, sum up, give a summary of
resurs *s* resource; hjälpmedel, utväg expedient; penningmedel means
resvan *adj* ...accustomed (used) to travelling
resvana *s* experience of travelling
resväg *s* itinerary, route
resväska *s* suitcase; inredd ~ fitted case
resår *s* **1** spiralfjäder coil (spiral) spring **2** gummiband, se *resårband*
resårband *s* elastic; *ett* ~ a piece of elastic
resårbotten *s* sprung
resårmadrass *s* spring interior (interior sprung) mattress
resårstickning *s* ribbed knitting
reta *vb tr* **1** framkalla retning irritate; kittla tickle; stimulera stimulate; fysiol. äv. excite; egga, öka: t.ex. nyfikenhet excite; aptiten whet; ngns begär rouse, inflame; ~ *till* framkalla hosta cause, provoke **2** förarga ~ *[upp]* irritate, annoy, vex; stark. provoke, exasperate; jfr *retas;* ~ *inte djuren!* don't tease the animals!; *han blev* ~*d för sin brytning* he was teased about his accent; *det* ~*r mig* el. *jag* ~*r mig på det* I get irritated about it; vard. it gets my back up (my goat), it needles me; ~ *inte upp dig [på...]!* don't work yourself (get yourself worked) up [about...]!
retande *adj* irritating osv., jfr *reta 1*
retas *vb itr dep* tease; ~ *inte!* stop teasing!; ~ *med ngn* tease a p.; skoja med banter a p., pull a p.'s leg
retbar *adj* fysiol. excitable, irritable
retfull se *retsam*
rethosta *s* irritating (nervous, dry) cough
retirera *vb itr* retreat, give way; dra sig tillbaka retire, withdraw; ge vika yield; backa ur back down
retlig *adj* **1** lättretad irritable, fretful; lättstött touchy, over-sensitive; snar till vrede irascible; vresig peevish; isht om humör petulant **2** förarglig annoying
retlighet *s* irritability, fretfulness; touchiness, over-sensivity; irascibility; peevishness; petulance; jfr *retlig 1*
retmedel *s* irritant; stimulerande stimulant
retning *s* fysiol. irritation, excitation; psykol. el. friare stimul|us (pl. -i)
retorik *s* rhetoric, oratory
retoriker *s* orator, rhetorician
retorisk *adj* rhetorical; *en* ~ *fråga* a rhetorical question
retroaktiv *adj* om t.ex. lön, lag retroactive, retrospective, backdated; psykol. retrospective; ~ *betalning (lön)* retroactive (retrospective) payment (pay)
retrospektiv *adj* retrospective
reträtt *s* mil. el. bildl. retreat; tillflykt refuge; *slå till* ~ el. *ta till* ~*en* beat a (the) retreat, retreat; *vara på* ~ be on the retreat
reträttplats *s* bildl. retirement post
reträttväg *s* mil. el. bildl. line of retreat
retsam *adj* irritating, tantalizing; förtretlig annoying; *han är så* ~ *[av sig]* retas gärna he likes teasing; *det var* ~*t!* what a nuisance!
retsticka *s* tease
retur *s* **1** se *2 tur 2* **2** ~ *avsändaren* return to sender; *få ngt i* ~ get a th. back, have a th. returned; *skicka i* ~ return; *vara på* ~ i avtagande be decreasing, be diminishing **3** ~*er* återförsändelser, hand. returns, returned goods; böcker return copies **4** sport. **a)** se *returmatch* **b)** ~boll, ~puck return; *på* ~*en* on the rebound
returbiljett *s* return (amer. round-trip) ticket
returglas *s* flaska returnable bottle; glas till återanvändning recycling glass
returmatch *s* return match (game)
returnera *vb tr* skicka tillbaka return äv. genmäla; send back, return to sender
returpapper *s* waste paper [for recycling]
returporto *s* return (reply) postage
retusch *s* retouch; retuschering retouching; bildl. äv. touching up
retuschera *vb tr* foto. retouch; bildl. äv. touch up; *en* ~*d bild* a touched-up photograph
reumatiker *s* rheumatic
reumatisk *adj* rheumatic
reumatism *s* rheumatism, rheumatics pl.
1 rev *s* fiske. fishing-line
2 rev *s* sand~ sandbar, [sand] reef; klipp~ reef; utskjutande spit
3 rev *s* sjö., på segel reef
1 reva *s* bot., ranka tendril; utlöpare runner
2 reva *s* rämna tear, rent, rip
3 reva *vb tr* sjö. ~ *segel* take in sail
revalvera *vb tr* ekon. revalue, revaluate
revalvering *s* ekon. revaluation
revansch *s* revenge; hämnd äv. vengeance; *få* ~ sport. have (get, gain) one's revenge; *ta* ~ *på ngn för ngt* take [one's] revenge (revenge oneself, vard. get one's own back) on a p. for a th.
revanschmatch *s* return match
revben *s* rib
revbensspjäll *s* slakt. sparerib; kok. spareribs pl., ribs pl. of pork
revelj *s* mil. reveille; *blåsa (slå)* ~ sound (beat) the reveille
revers *s* **1** hand. promissory note, bond **2** fransida reverse [side]
reversibel *adj* reversible
revetera *vb tr* mur. vanl. plaster, rough-cast
revetering *s* mur.: reveterande plastering, rough-casting; konkr. plaster (rough-cast) [coating]
revidera *vb tr* revise; räkenskaper audit; förvaltning examine, scrutinize; ändra, t.ex. uppfattning äv. alter, modify; priser readjust

revir *s* **1** jaktområde preserve[s pl.]; zool. el. sociol. el. bildl. territory; *göra intrång på ngns* ~ poach on a p.'s preserves **2** skog. forestry [officer's] district
revision *s* revision; audit; examination, scrutiny; alteration, modification, readjustment; jfr *revidera*
revisionistisk *adj* polit. revisionist
revisionsberättelse *s* auditor's report
revisionsbyrå *s* firm of accountants
revisor *s* auditor; *auktoriserad* ~ chartered (certified) accountant, amer. certified public accountant
revolt *s* revolt, rising
revoltera *vb itr* revolt, rise [in revolt]; bildl. äv. kick over the traces
revoltör *s* revolter
revolution *s* revolution äv. bildl.
revolutionera *vb tr* revolutionize; *~nde* epokgörande revolutionary
revolutionär *adj* o. *s* revolutionary
revolver *s* revolver, gun
revolversvarv *s* turret lathe
revorm *s* med. ringworm
revy *s* review; teat. revue, variety (amer. vaudeville) [show]; *låta gamla minnen passera* ~ review...
revyartist *s* revue (variety) artiste
revystjärna *s* revue (variety) star
revyteater *s* revue theatre, music hall
revär *s* stripe
Rhen the Rhine
rhensk *adj* Rhenish; Rhine end. attr.
rhenvin *s* Rhine wine, hock
Rhodesia hist. Rhodesia
rhododendron *s* rhododendron
Rhodos Rhodes
ribba *s* lath, strip [of wood]; kant~ edging; sport.: i fotboll crossbar; vid höjdhopp bar
ribbad *adj* ribbed
ribbstickad *adj* rib-knitted
ribbstickning *s* ribbed knitting, ribbing
ribbstol *s* [set of] wall bars pl.
ricinolja *s* castor oil
rida I *vb tr* o. *vb itr* **1** eg. ride äv. på ngns axlar (knä); ride on horseback; ~ *i galopp* ride at a gallop; i kort galopp canter; ~ *[på] en häst* ride (be mounted on) a horse **2** bildl. ~ *på ord* quibble, cavil at words, be a quibbler; ~ *på principer* stick blindly to principles **3** sjö. ~ *för ankar* ride at anchor
II med beton. part.
~ **bort** ride away (off), leave
~ **efter** a) följa follow (förfölja pursue)...on horseback b) hämta ride and fetch
~ **in på** arenan ride into...; ~ *in* en häst dressera break [in]
~ **ut a)** itr. go out riding, take a ride; ~ *ut till* ngn ride out to... b) tr. ~ *ut stormen* ride out (bildl. äv. weather [out]) the storm

~ **över:** ~ *över ett hinder* jump (clear) a fence; ~ *över* ngn ride over...
ridande *adj* riding, mounted; ~ *polis* mounted police
ridbana *s* riding ground, riding track
ridbyxor *s pl* riding-breeches; långa jodhpurs
riddarborg *s* knight's castle
riddare *s* allm. knight; av vissa ordnar chevalier; *dubba (slå) ngn till* ~ dub a p. a knight, knight a p.
riddarhus *s*, **Riddarhuset** the House of the Nobility
riddarspel *s* tournament
riddarsporre *s* bot. delphinium, larkspur
riddartiden *s* the age of chivalry
riddarväsen *s* chivalry
ridderlig *adj* mera eg. chivalrous, knightly; poet. chivalric; bildl. gallant, courteous
ridderskap *s* knighthood
riddjur *s* animal used for riding, riding animal
riddräkt *s* riding dress; dams riding-habit
ridhjälm *s* riding helmet
ridhus *s* riding-school, manege, manège
ridhäst *s* saddle horse, riding horse, mount; kraftig cob; liten nag; enklare hack
ridkonst *s* horsemanship, equestrianism
ridlektion *s* riding lesson
ridlärare *s* riding-master
ridning *s* riding
ridskola *s* riding-school; *Spanska ~n [i Wien]* the Spanish Riding School [in Vienna]
ridsport *s* riding
ridspö *s* riding-whip, horsewhip; kort crop
ridstövel *s* riding-boot
ridtur *s* ride; *göra en* ~ go out riding, go for a ride
ridväg *s* bridle path, horse path
ridå *s* curtain äv. bildl.; applåder *för öppen* ~ ...with the curtain up; *inför öppen* ~ bildl. in the full glare of publicity
rigg *s* **1** sjö. rig[ging], tackling **2** vard., klädsel rig[-out]
rigga *vb tr* **1** sjö. rig; ~ *av* unrig, untackle, dismantle **2** friare: ~ *[upp (till)]* göra i ordning rig up, fix up; ~ *upp sig* vard. rig oneself out, doll oneself up
rigid *s* rigid, inflexible
rigorös *adj* rigorous, strict, severe
rik *adj* allm. rich; mycket förmögen äv. wealthy, opulent, affluent; kostbar äv. costly; yppig exuberant, luxuriant; om jordmån, fantasi fertile; jfr vid. *riklig; ett ~t liv* bildl. a full life; *i ~t mått* amply, abundantly; *~t urval av...* wide range (choice) of...; ~ *på* rich (abounding, fertile) in, full of; *bli* ~ get rich, become a rich man (resp. woman), make money; *bli* ~ *på* en uppfinning get rich on (out of, as a result of)...; *de ~a* the rich (wealthy)
rike *s* stat state, country, realm; kungadöme el.

relig. kingdom; kejsardöme empire; bildl. (område) realm, domain, sphere; *det romerska ~t* the Roman Empire; *Sveriges ~* the Kingdom of Sweden

rikedom *s* **1** förmögenhet wealth (end. sg.), fortune, riches pl., affluence (end. sg.) **2** abstr. richness [*på* in]; wealth [*på* of]; riklighet copiousness; ymnighet abundance; stark. profusion [*på* i samtl. fall of]; yppighet exuberance, luxuriance; om t.ex. fantasi fertility [*på* of]

rikhaltig *adj* se *riklig;* om program o.d. full and varied

riklig *adj* allm. abundant, ample; ymnig äv. plentiful, copious, bountiful; rik rich; överflödande profuse; frikostigt tilltagen liberal, generous, handsome; *en ~ skörd* a heavy (an abundant) crop; *~t med mat* plenty of…, …in abundance; *ge ~t med dricks* give a handsome (generous) tip

rikligen se *rikligt*

rikligt *adv* abundantly osv., jfr *riklig*

rikoschett *s* ricochet; projektil äv. rebounding shot

riksangelägenhet *s* matter of national concern

Riksantikvarieämbetet *s* ung. the [Swedish] Central Board of National Antiquities

riksarkiv *s* public record office; *Riksarkivet* the National Archives pl.

riksbank *s, Sveriges Riksbank* el. *Riksbanken* the Bank of Sweden

riksbekant *adj* nationally famous, …famous (svag. known, ökänd notorious) throughout the country

riksdag *s* institution riksdag; hist. äv. diet; session session of the Riksdag; friare, t.ex. idrotts~ [national] convention, [annual] congress; *Sveriges Riksdag* the Riksdag, the Swedish Parliament

riksdagsgrupp *s* parliamentary party

riksdagshus *s, ~et* the Riksdag (Parliament) building

riksdagsledamot *s* member of the [Swedish] Riksdag, member of parliament

riksdagsman se *riksdagsledamot*

riksdagsmandat *s* seat [in the Riksdag]

riksdagsmannaval *s* general election

riksdagstryck *s* Riksdag (parliamentary) publications (reports) pl.

riksdagsval *s* general election

riksförbund *s* national federation, national association, national union

riksföreståndare *s* regent

Riksförsäkringsverket the National [Swedish] Social Insurance Board

riksgräns *s* frontier, border

Riksgäldskontoret the National [Swedish] Debt Office

riksintresse *s* national interest

rikskansler *s* chancellor; i Tyskland, hist. Chancellor [of the Reich]

rikslarm *s* nationwide alert

rikslikare *s* national standard äv. bildl.

riksmöte *s* session of the Riksdag, parliamentary session

riksolycka *s* national disaster, calamity äv. skämts.

riksomfattande *adj* nation-wide, country-wide

riksplan *s, på ~et* on a national level

rikspolischef *s* national police commissioner

riksregalier *s pl* regalia

riksråd *s* hist. **1** koll. council of the realm (state) **2** pers. councillor

rikssamtal *s* national (long-distance) call; amer. äv. toll call

Riksskatteverket the National [Swedish] Tax Board

riksspråk *s* standard language

rikssvenska *s* riksspråk Standard Swedish

rikstidning *s* national daily

rikstäckande *adj, vara ~* have nation-wide coverage, cover the whole nation

riksvapen *s* national coat of arms

riksväg *s* arterial (main) road, trunk road

riksåklagare *s* myndighet *~n* the Office of the Prosecutor-General

rikta I *vb tr* vända åt visst håll: allm. direct [*mot* to[wards], i fientligt syfte against]; t.ex. blicken äv. turn [*mot* towards]; vapen o.d. aim, level, point [*mot* i samtl. fall at]; framställa, yttra äv. address [*till* to]; tekn.: räta straighten […out]; justera adjust; *~ en anmärkning (kritik) mot…* level criticism against…, pass censure on…; *~ ett slag mot…* aim (direct, deal) a blow at…; *~ in* eg.: t.ex. kikare o.d. train [*mot* [up]on]; eldvapen äv. sight [*mot* at], bring…to bear äv. bildl. [*mot* on]; justera put…in position; i linje med ngt align; bildl. direct [*på* towards], concentrate [*på* on]; *~ in sig på* se [*vara*] *inriktad* [*på*]; *~d sändning* radio. beam transmission **II** *vb rfl, ~ sig* om pers. (vända sig) address oneself [*till* to]; om bok o.d. be intended [*till* for], appeal [*till* to]; om kritik be directed [*mot* against], focus [*mot* on]

riktig *adj* (jfr äv. *3 rätt I*) rätt right, proper; felfri correct; exakt accurate, exact; passande right, fitting, proper; berättigad just, justified; välgrundad sound; sann true; verklig, äkta äv. real, genuine, regular; förstärkande: äkta real, regular; ordentlig proper; sannskyldig veritable; fullständig downright, positive; ss. efterled i sms. (t.ex. *fot~*) se resp. uppslagsord; han har *inget ~t arbete* …no real (regular) work; han är *en ~ gentleman* …quite a gentleman; *vad är en ~ klocka?* what's the right time?; *en ~ skandal* a downright (positive) scandal; *det är ~t!* that's right!; *är det ~t sant att…?* is it true that…?; *det är inte ~t mot honom* it is not fair on him; *det är på ~t* it's real; *det*

enda ~a vore att... the only proper (sensible, correct) thing would be to...
riktighet *s* rightness, propriety, correctness, accuracy, exactness, justice, soundness, truth, reality; jfr *riktig; intyga ~en av* confirm [the truth of], verify
riktigt *adv* (jfr äv. *3 rätt II 1*) korrekt rightly, correctly; efter vb ofta äv. right; vederbörligen duly, properly; förstärkande: verkligen really (vard. real), truly, downright; alldeles, ganska quite, absolutely, vard. perfectly; ordentligt properly, thoroughly; mycket very; något försvagande fairly osv., jfr *3 rätt II 2; alldeles (mycket) ~!* quite right!, quite (just) so!; *~ bra* very (quite, svag. pretty) well; *det var (är) ~ bra!* that's jolly good!; *ha det ~ bra* bekvämt be quite comfortable (ekonomiskt well off); *jag mår inte ~ bra* I am not feeling quite well (all right); *han är inte ~ klok* ...not quite right in the head, ...not all there; *han var inte ~ nöjd* ...not quite (altogether) pleased; *~ ordentligt* så det förslår with a vengeance; *jag är inte ~ övertygad* ...not fully convinced; *göra* en sak *~* do...right; *handla ~* act rightly; *jag vet inte ~* I don't exactly know
riktlinje *s* bildl. *dra upp ~rna för ngt* lay down the general el. broad outlines (the guiding principles) for a th.
riktmärke *s* **1** bildl. objective, target, aim [*för* of] **2** sjö. landmark
riktning *s* **1** eg.: håll (allm.) direction; kurs äv. course; *i nordlig ~* in a northerly direction, northwards, to the north; *i ~ mot...* in the direction of...; *ändra ~* change [one's] direction (one's course) **2** bildl.: kurs, utvecklingslinje direction, course, way; linje line[s pl.]; vändning turn; inom konst, vetenskap, politik o.d.: rörelse movement, line; skola school; tendens tendency, trend; *utvecklas i demokratisk ~* gradually become more democratic **3** av vapen sighting, aiming **4** tekn., uträtning straightening
riktnummer *s* tele., ung. dialling (amer. area) code
riktpunkt *s* mil. aiming point, point of aim; bildl. objective, aim [*för* of]
rim *s* rhyme; *utan ~ och reson* bildl. without rhyme or reason
rimfrost *s* hoarfrost, rime, white frost
rimlig *adj* skälig reasonable; rättvis äv. fair, just; måttlig äv. moderate; sannolik probable, likely; plausibel plausible; *till ~t pris* at a reasonable price; *det är inte mer än ~t* it is only reasonable (fair)
rimligen se *rimligtvis*
rimlighet *s* reasonableness, fairness, justness; probability, likelihood; plausibility; jfr *rimlig; inom ~ens gränser* within the limits of reason

rimligtvis *adv* rimligen reasonably, in reason; sannolikt quite likely, in all likelihood
1 rimma *vb tr* o. *vb itr* bilda rim rhyme [*på* with, to]; gå ihop, stämma agree, tally, fit in [*med* with]; *~ stämma illa* strike a discordant note
2 rimma *vb tr* rimsalta salt...[lightly]
rimord *s* rhyme
rimsalta *vb tr* kok. salt...[lightly]
rimsmed *s* rhymester, poetaster
ring *s* **1** eg.: allm. ring; på bil o.d. tyre, amer. tire; tekn., på axel o.d. collar; i kedja link; ngt friare: krets äv. circle, round; på djurhals collar; kring solen el. månen halo (pl. -s el. -es); slinga coil; sport. ring; dansa *i ~* ...in a ring; *ställa sig i ~* form a ring (circle) **2** skol. el. hist. (årskurs) form of the 'gymnasium', jfr *gymnasium*
1 ringa *adj* liten small, slight; obetydlig trifling, insignificant, inconsiderable; klen: om t.ex. tröst, efterfrågan poor; om t.ex. förstånd[sgåvor], utsikter slender, scanty; anspråkslös humble, lowly, modest; oansenlig mean, obscure; *inte (ej) ~...* vanl. no little...; *av ~ börd* of humble (lowly) birth; *han har inte den ~ste chans* ...the least (slightest, remotest) chance, ...an earthly [chance]; *~ förseelse* slight (trivial) offence; *av ~ intresse* of little interest; *inte den ~ste likhet* not the remotest resemblance; *~ tröst* poor consolation; *av ~ värde* of small value; *inte det ~ste adv.* not in the least, not at all
2 ring|a I *vb tr* o. *vb itr* allm. ring; klämta toll; om klockspel chime; pingla tinkle; telefonera äv. phone; *~ [till] ngn* se *~ upp ngn* under *II; ~ ett samtal* make a phone-call; *~ hem* ring (phone) home; *~ efter* en bil ring (phone) for...; *det -er [i telefonen]* the phone is ringing; *det -er i öronen på mig* my ears are ringing, there's a ringing in my ears; *det -er [på dörren]* the door-bell is ringing, there is a ring at the door; *~ på (i) klockan* ring the bell; *~ på ngn* ring for a p.
II med beton. part.
~ av ring off, hang up
~ in ngt send...by (over the) [tele]phone; *det -er in* skol. there goes the bell [for the lesson, for lessons]; *~ in det nya året* ring in the New Year
~ på hos ngn ring a p.'s door-bell
~ samman [till gudstjänst] ring for church
~ upp ngn [på telefon] ring a p. [up], phone [to] a p., give a p. a ring, call a p. up; isht amer. call a p.
~ ut ring out; *det -er ut* skol. there goes the bell [for the end of the lesson (lessons)]; *~ ut det gamla året* ring out the Old Year
3 ringa *vb tr* **1** förse med ring, ringmärka allm. ring **2** *~ in* jakt. ring...in (round, about); mil. surround, encircle, close a ring round; bildl., om t.ex. problem narrow down **3** *~ [ur]*

ringakta

sömnad. cut...low [at the neck]; se äv. *urringad*
ringakta *vb tr* pers. despise, disdain, hold...in contempt; sak make light of, disregard
ringaktning *s* contempt, disdain, disregard [*för* i samtl. fall for (of)]; *visa ~ för* äv. slight
ringblomma *s* bot. [pot] marigold
ringdans *s* ring (round) dance; *dansa ~* dance in a ring
ringdomare *s* sport. referee
ringduva *s* wood pigeon, ringdove
ringfinger *s* ring finger
ringformig *adj* ring-shaped, annular
ringförlovad *adj* officially (formally) engaged
ringhet *s* litenhet smallness, littleness; om samhällsställning: yrkes humbleness; persons humble station
ringhörna *s* sport. corner [of the (resp. a) boxing ring] äv. bildl.
ringklocka *s* allm. bell; dörrklocka doorbell; handklocka handbell
ringla *vb itr o. rfl, ~ sig* om t.ex. väg, kö wind; om hår, rök curl; om orm äv. coil; ormen *~de ihop sig* ...coiled itself up
ringlar *s pl* av hår curls; av rök vanl. wreaths
ringled *s* trafik. ring road; amer. beltway
ringledning *s* electric bell wiring (system)
ringmask *s* zool. ringed worm, annelid
ringmur *s* ring wall
ringmuskel *s* anat. sphincter
ringmärka *vb tr* ring
ringning *s* klock~ o.d. ringing osv., jfr *2 ringa I*; *ställa klockan på ~ [till]* kl. 6 set the alarm clock for...
rink *s* sport. rink
rinn|a I *vb itr* allm. run; flyta äv. flow; strömma äv. stream, pour, course; sippra trickle; läcka leak; *sinnet rann på honom* he lost his temper
II med beton. part.
~ av flow off (away); om små vätskemängder drain [off (away)]; *ilskan rann av henne* bildl. her anger simmered down
~ bort om vatten run (drain, flow) away
~ iväg om tid slip away (by)
~ till om vatten i en brunn o.d. [begin to] flow again
~ undan se *~ [bort]*
~ upp om flod o. solen rise; bildl. originate [*i* in (from)]; *~ upp i* om flod have (take) its source (rise) in
~ ur: vattnet har runnit ur badkaret the water has run (flowed) out of...
~ ut run (flow) out [*ur* of]; *floden -er ut i havet* the river flows into...; *~ ut i sanden* bildl. come to nothing, fizzle (peter) out
~ över flow (run) over, overflow
rinnande *adj* running osv., jfr *rinna I*; *kunna ngt som ett ~ vatten* know a th. [off] pat
ripa *s* zool. grouse (pl. lika); snö~ ptarmigan (pl. lika)

rips *s* tyg rep, repp, reps
1 ris *s* åld., pappersmängd ream
2 ris *s* sädesslag rice; oskalat äv. paddy
3 ris *s* **1** koll: kvistar twigs pl., brushwood; amer. slash; snår scrub, shrubs pl.; blåbärs~, lingon~ sprigs pl. **2** till aga birch[-rod], rod; *få smaka ~et* get a taste of the birch
risa *vb tr* **1** stödja med ris stick **2** strö ris strew...with twigs (greenery) **3** kritisera criticize...severely, lash; aga give...a birching
risbastu *s* birching, flogging
risfält *s* med gröda field of rice, paddy field, rice paddy
risgryn *s* koll. rice; *ett ~* a grain of rice
risgrynsgröt *s* [boiled] rice pudding
rishög *s* **1** pile (heap) of brushwood (twigs) **2** vard., förfallen bil old jalopy (jaloppy)
risig *adj* **1** snårig scrubby; med torra grenar: attr. ...with dry twigs, ...that has (had etc.) dry twigs; *vara ~* have dry twigs **2** vard., usel lousy, rotten; förfallen tumbledown, ramshackle; ovårdad, sjabbig shabby, sleazy; *känna sig ~* feel lousy
risk *s* allm. risk [*för* of]; fara äv. danger, peril; vågspel hazard; *med ~ att* inf. at the risk of ing-form; *på egen ~* at one's own risk; *innebära en ~* pose a risk (hazard)
riska *s* bot. Lactarius lat.; milk cap
riskabel *adj* risky, hazardous; vard. dicey; farlig äv. dangerous, perilous, venturesome
riskera *vb tr* allm. risk; run the risk of [*att* inf. i båda fallen ing-form]; våga äv. hazard, venture; äventyra jeopardize; *~ fängelse* risk imprisonment; *~ att förlora* risk (run the risk of) losing
riskfaktor *s* risk factor
riskfri *adj* safe, ...without [any] risk
riskfylld *adj* ...full of risks; jfr *riskabel*
riskgrupp *s* risk category
riskmoment *s* element of risk (danger)
risknippa *s* bundle of twigs (brushwood)
riskspridning *s* ekon. spreading of risks
riskvillig *adj*, *~t kapital* venture (equity, risk) capital
riskzon *s* danger zone; *vara i ~en* kortsp. be vulnerable
rismjöl *s* ground rice
risotto *s* kok. risotto
rispa I *s* allm. scratch; i tyg rent, tear **II** *vb tr* scratch; *~ sönder* tear...badly; *~ upp* tear...open; med kniv cut (slit) open **III** *vb rfl, ~ sig* om pers. scratch oneself; ett tyg *som ~r sig* ...that is apt to fray
rispapper *s* rice paper
rispig *adj* allm. scratched, ...scratched all over; om tyg frayed
1 rista *vb tr* skära carve, cut [*i* sten, trä on...]; med nål o.d. scratch; *~ in* med nål o.d. engrave äv. bildl. [*i* on]; skära in carve (cut, inscribe) [*i* in]; *~ upp* med kniv slit (rip) open
2 rista *vb tr o. vb itr* skaka shake

ristning *s* in~ engraving (end. sg.); inscription
rit *s* rite
rita *vb tr* allm. draw [*med* blyerts (krita, tusch) in...]; skissera sketch, outline; göra ritning till design; ~ *av* draw, sketch, make a drawing (sketch) of; kopiera copy; ~ *in* draw (trace) in; ~ *upp* draw, trace [out]; t.ex. tennisplan mark (chalk) out; ~ *ut* draw
ritardando mus. **I** *adv* ritardando it. **II** *s* ritardando (pl. -s) it.
ritare *s* konstruktions~ draughtsman, draftsman
ritbestick *s* set (case) of drawing instruments, drawing set
ritblock *s* drawing block, sketchblock
ritbord *s* drawing table
ritning *s* **1** abstr. drawing **2** konkr. drawing, draft, draught; byggn. äv. design, plan; [blå]kopia blueprint; det hela gick *efter (enligt)* ~*arna* bildl. ...according to plan
ritpapper *s* drawing paper, design paper
rits *s* repa o.d. scribed line (mark)
ritsa *vb tr* mark [off], scribe, trace
ritt *s* ride, riding tour
ritual *s* ritual; kyrkl. äv. order
rituell *adj* ritual
riv|a I *vb tr* **1** klösa scratch; om rovdjur claw **2** slita tear; ~ *hål på* kläder tear a hole (resp. holes) in...; t.ex. förpackning, sårskorpa tear open...; ~ *ngt i bitar* tear (pull) a th. to pieces (bits) **3** rasera, t.ex. hus demolish, pull (tear) down **4** smula sönder: med rivjärn grate; färg grind **5** riva ihjäl kill, tear...to pieces **6** ~ *[ribban]* i höjd- o. stavhopp knock the bar off **II** *vb itr* **1** rota rummage [*bland* among]; poke (rummage) about; ~ *[och slita] i ngt* tear at a th. **2** svida ~ *i halsen* om t.ex. stark kryddning rasp (burn) the throat **III** *vb rfl*, ~ *sig* **1** rispa sig ~ *sig [i handen] på en spik* scratch (stark. tear) one's hand on a nail **2** klia sig scratch [oneself] **IV** med beton. part.
~ **av** a) tear (rip, strip) off; ~ *av ett blad på* almanackan tear a leaf off... b) vard. ~ *av* en låt tear off...
~ **bort** tear (rip) away
~ **i** säga ifrån på skarpen put one's foot down
~ **itu** tear...in two
~ **lös (loss)** tear (rip) off
~ **ned** eg. tear down, jfr *I 3;* bildl. demolish
~ **omkull** knock down, upset
~ **sönder** tear a hole (resp. holes) in; ~ i bitar tear...up (to pieces); t.ex. händer scratch...all over; jfr äv. *sönderriven*
~ **upp** öppna tear (rip) open; gata o.d. take up; sår eg. reopen; beslut o.d. cancel, go back on, tear up; en gammal historia rake up; repa upp unravel
~ **ut** tear out; ~ *ut ett blad ur* en bok tear a leaf out of...
~ **åt sig** snatch, grab

rival *s* rival [*om* for]; medtävlare äv. competitor [*till* en plats for...]
rivalisera *vb itr*, ~ *med ngn om ngt* compete (vie) with a p. for a th.; ~*nde* stater etc. rival...
rivalitet *s* rivalry, competition
rivebröd *s* breadcrumbs pl.
Rivieran, på (vid) ~ on the Riviera
rivig *adj* vard. **1** med schvung i swinging, lively **2** om pers., framåt go-ahead, pushing, ...[that is] full of go
rivjärn *s* **1** redskap grater **2** vard., ragata shrew
rivning *s* rasering demolition, pulling down
rivningshus *s* building (house) to be demolished
rivningstomt *s* vacant demolition site
rivstart *s* flying start, bildl. äv. jumpstart; *göra en* ~ eg. make a tearaway start, tear off (away)
rivöppnare *s* på burk ring-opener, pop-top, pull-tab
1 ro *s* **1** vila rest; frid peace; lugn repose; stillhet stillness, quiet, calm, tranquillity; *jag får ingen* ~ *för honom* he gives me no peace; *jag tog det med* ~ I did not let it worry me; *gå till* ~ till sängs retire [to bed]; *slå sig till* ~ eg. make oneself comfortable; dra sig tillbaka till ett lugnt liv settle down [to a quiet life]; *slå sig till* ~ *med ngt* låta sig nöja be content with a th. **2** nöje *[bara] för* ~ *skull* [just] for fun
2 ro *vb tr* o. *vb itr* **1** row; med mindre åror äv. scull; isht itr. pull; ~ *i takt* pull (row) in time; ~ *på!* pull away! **2** bildl. ~ *hit med pengarna!* hand over the money!; ~ *upp sig* bli bättre get better; komma sig upp rise in the world
roa I *vb tr* allm. amuse; underhålla entertain, divert; *det ~r mig att* inf. äv. I enjoy ing-form; *det ~r mig inte att* träffa honom I don't care to inf.; *vara ~d av att dansa* like (enjoy, be fond of) dancing; *vara ~d av* astronomi be interested in... **II** *vb rfl*, ~ *sig* amuse (enjoy) oneself; vara ute på nöjen have a good time; ~ *sig med att* inf. amuse oneself by ing-form
roande *adj* amusing osv., jfr *roa I*
robot *s* maskin robot; mil. [guided] missile
robotbas *s* missile base
robotvapen *s* guided missile
robust *adj* robust, sturdy, rugged
1 rock *s* överrock coat; kavaj jacket; arbets~, skydds~ overall; *vara för kort i* ~*en* be too short; ej duga not be up to the mark (job)
2 rock *s* mus. rock, rock-'n'-roll; *dansa (spela)* ~ dance (play) rock-'n'-roll
1 rocka *s* zool. ray; isht ätlig skate
2 rocka *vb itr* mus. rock, rock-'n'-roll
rockad *s* schack. castling; *göra [en]* ~ castle
rockband *s* mus. rock band
rockficka *s* coat pocket

rockhängare *s* galge coat hanger; krok coat hook, coat peg; i rock tab
rockmusik *s* rock music
rockskört *s* delat coat-tail; odelat coat skirt
rockvaktmästare *s* cloakroom attendant
rodd *s* **1** roende rowing **2** roddtur row, pull
roddapparat *s* rowing-machine
roddare *s* oarsman, rower
roddbåt *s* rowing-boat, rowboat
roddsport *s* rowing
roddtur *s* row, pull; *göra (ta) en* ~ go for a row, go rowing
rodel *s* sport. toboggan; sportgren tobogganing
rod|er *s* sjö., roderblad rudder; hela styrinrättningen el. bildl. helm; *lyda* ~ answer [to] the helm; *lägga om -ret* shift the helm; *sitta vid -ret* be at the helm äv. bildl.
rodna *vb itr* allm. turn red, redden, colour [up]; om pers. vanl.: av blygsel o.d. blush; av t.ex. ilska flush [up] [*av* with]
rodnad *s* hos sak redness (end. sg.); hos pers. blush, flush, jfr *rodna;* av hälsa ruddiness (end. sg.), glow; på huden red spot
rododendron *s* bot. rhododendron
roffa *vb tr* rob [*ngt från ngn* a p. of a th.]; ~ *åt sig* grab
rofferi *s* robbery; utsugning extortion
rofylld *adj* peaceful, serene
rogivande *adj* soothing; vilsam restful; ~ *medel* med. sedative
rojalism *s* royalism
rojalist *s* royalist
rojalistisk *adj* royalist[ic]
rokoko *s* rococo; ~*n* the Rococo period
rolig *adj* lustig, skojig funny; komisk comical; tokrolig droll; trevlig nice, pleasant, jolly; roande amusing; underhållande entertaining; intressant interesting; konstig funny; *en* ~ *historia* a funny story; *ha* ~*t* enjoy oneself, have a good time, have fun; *ha* ~*t åt...* laugh (be amused) at...; *han tycker det är* ~*t att* inf. he likes to inf. (enjoys ing-form); *det var* ~*t att höra* I am glad to hear it; *det vore så* ~*t om...* it would be so nice if...; *så* ~*t!* how nice!; så skojigt what fun!; *nu är det* ~*a slut* that's the end of the fun
rolighet *s* kvickhet witticism, joke
rolighetsminister *s* funny man, joker, wag
1 roll *s* eg. el. bildl. part, role, rôle fr.; rolltext lines pl.; ~*erna är ombytta* the tables are turned; *ombytta* ~*er* reversed roles; *spela en stor (viktig)* ~ bildl. play a big (an important) part (role); *det spelar ingen* ~ it does not matter, it makes no difference; pengar *spelar ingen* ~ *för honom* ...is of no importance (account) to him; *det har spelat ut sin* ~ it has been played out, it has had its day
2 roll *s* flyg. roll
rolla I *vb tr* o. *vb itr* måla med roller roll [on]
II *vb itr* flyg. roll

rollator *s* walking frame [on wheels], walker
roller *s* till målning roller
rollfack *s* type of role, type part; *ha sitt speciella* ~ äv. be typecast
rollista *s* teat. cast
rollspel *s* role play; ~*ande* role-playing
Rom Rome
1 rom *s* fisk~ [hard] roe äv. ss. maträtt; spawn; *leka* ~*men av sig* sow one's wild oats
2 rom *s* dryck rum
roman *s* bok novel; i mots. t. fackbok work of fiction; äventyrs~, riddar~ romance
romanförfattare *s* novelist
romani *s* språk Romany
romanist *s* Romani[ci]st, student of (kännare expert on) Romance philology
romans *s* romance
romansk *adj* om språk, folk Romance; om folk äv. Latin; arkit. Romanesque; i Engl. vanl. Norman
romantik *s* romance; ~*en* litt. hist. Romanticism
romantiker *s* romantic; litt. hist. Romantic[ist]
romantisera *vb tr* romanticize
romantisk *adj* romantic
Romarbrevet [the Epistle to the] Romans sg.
romare *s* Roman
romarinna *s* Roman lady (woman)
romarriket *s* the Roman Empire
romb *s* geom. rhomb, rhomb|us (pl. äv. -i)
rombisk *adj* geom. rhombic
romboid *s* geom. rhomboid
romersk *adj* Roman; ~*a ringar* gymn. flying rings
romersk-katolsk *adj* Roman Catholic
romkorn *s* roe corn
rond *s* allm. round äv. boxn.; vakts äv. beat; *gå* ~*en* make one's rounds
rondell *s* trafik. roundabout; amer. rotary, [traffic] circle
rondo *s* mus. rondo (pl. -s)
rondskål *s* med. kidney dish, pus basin
rondör *s* roundness, rotundity
rop *s* **1** eg. call, cry; högre shout; ropande, skrän crying osv.; clamour[ing]; högljutt krav clamour [*på, efter* for]; på auktion bid; ~ *av fasa* cry of...; ~ *på hjälp* call (cry) for...; ~ *och skrik* uproar sg.; *utstöta ett* ~ raise (utter) a cry, cry out **2** *vara i* ~*et* be the (in) fashion (vogue), be all the rage; om pers. be [highly] popular
ropa I *vb tr* o. *vb itr* call [out], cry; högre shout; högljutt kräva clamour [*på* for]; ~ *efter ngn* call out after a p.; ~ *efter (på)* starkt behöva cry for; ~ *på ngn* call out to (tillkalla call) a p.; ~ *på ngt* på auktion bid for a th.; ~ *på hjälp (polis)* call for help (the police); ~ *till (åt) ngn* call [out] to a p.
II med beton. part.
~ **an** call; tele. call up; mil. challenge; sjö. hail

~ in kalla in call...in; en skådespelare give...a curtain-call; på auktion purchase **~ till** cry out [*av* t.ex. smärta with]; **~ ngn till sig** call a p. **~ upp** kalla upp call...up; namn read out; call over; jur. call **~ ut** varor cry; meddela call out, announce; kalla ut call...out; se äv. *utropa*
roquefort *s* o. **roquefortost** *s* Roquefort
ror *s* sjö. *sitta (stå) till ~s* be at the helm; se vid. *roder*
rorgängare *s* sjö. steersman, helmsman
rorkult *s* sjö. tiller
rorsman se *rorgängare*
1 ros *s* bot. rose; *ingen ~ utan törnen* no rose without a thorn
2 ros *s* med. erysipelas
3 ros *s* lovord commendation; **~ och ris** praise and blame
1 rosa *vb tr* commend, eulogize; *inte ha anledning att ~ marknaden* have no reason to be satisfied
2 rosa I *adj* rose, [rose] pink; jfr äv. *blå* o. sms. **II** *s* rose, [rose-]pink; jfr *blått*
rosafärgad *adj* rosy, pinkish
rosenblad *s* roseleaf
rosenbröd *s* 'rose-roll', [kind of] small round French roll with poppy seeds
rosenbuske *s* rosebush
rosendoft *s* scent of roses
rosengård *s* rose-garden
rosenkindad *adj* rosy-cheeked
rosenknopp *s* rosebud
rosenkrans *s* **1** eg. rose wreath **2** radband rosary
rosenrabatt *s* bed of roses
rosenrasande *adj* ursinnig furious, hopping mad, ...in an awful rage
rosenröd *adj* rosy, rose-red
rosenrött *s*, *se allt i ~* see everything through rose-coloured spectacles
rosensten *s* rose[-cut] diamond
rosenträ *s* rosewood
rosenvatten *s* rosewater
rosett *s* bot. el. byggn. rosette; prydnad, vanl. knuten bow; rosformig rosette; 'fluga' bow tie
rosettfönster *s* rose window
rosévin *s* rosé [wine]
rosig *adj* rosenfärgad rosy, rose-coloured
rosmarin *s* bot. rosemary
rossla *vb itr* wheeze, rattle; *det ~r i bröstet på honom* there is a wheeze (rattle) in his chest
rosslig *adj* wheezing, wheezy, rattling
rossling *s* wheeze, rattle
1 rost *s* på järn o. växter rust
2 rost *s* tekn. grate; bröd~ toaster
1 rosta *vb itr* angripas av rost rust, get (become) rusty; *gammal kärlek ~r inte* old love is not soon forgotten; *~ fast* get rusted in (up); *~ igen* get rusted up; *~ sönder* rust away; se äv. *sönderrostad*
2 rosta *vb tr* kok. roast äv. tekn.; bröd toast; *~t bröd* toast; *en ~d brödskiva* a slice of toast
rostbiff *s* roast beef
rostbrun *adj* eg. rust-brown; friare russet
rostfläck *s* på järn rust stain; på tyg äv. iron-mould [stain]
rostfri *adj* rustless, non-corrosive; *~tt stål* stainless steel
rostig *adj* rusty äv. bildl.
rostning *s* kok. el. tekn. roasting; av bröd toasting
roströd *adj* rust-red
rostskador *s pl* corrosion sg.
rostskydd *s* rust protection; medel rust preventive
rostskyddsbehandling *s* rustproofing, anticorrosive treatment
rostskyddsmedel *s* rust preventive, antirust agent
rot *s* allm. root äv. matem. el. språkv.; bildl. äv. origin; *~en till allt ont* the root of all evil; *dra ~en ur ett tal* extract the root of...; *ha sin ~ i ngt* bildl. have its origin (root) in a th., originate from (in) a th., spring (stem) from a th.; *slå ~* take (strike) root äv. bildl.; *rycka upp ngt med ~en* eg. pull up a th. by the roots; bildl. uproot (exterminate) a th., abolish a th. root and branch; *gröda (skog) på ~* standing crop (timber); *gå till ~en med ngt* get to (at) the root of a th.
1 rota *vb itr* böka root, grub, poke; leta äv. rummage [*efter* i samtl. fall for]; *~ i* en byrålåda poke (rummage) about in...; *~ i* andras angelägenheter poke one's nose into...; *~ fram* root (dig) out (up); *~ igenom* search, go through
2 rota *vb rfl*, *~ sig* root, take (strike) root alla äv. bildl.
rotad *adj*, *djupt ~* deeply rooted, deep-rooted; *fast ~* firmly rooted
rotation *s* rotation, revolution
rotationspress *s* rotary press
rotblöta *s* soaker
rotborste *s* scrubbing-brush
rote *s* mil. file; flyg. pair of planes
rotel *s* i stadsförvaltning department, division; polis. squad, division
rotera *vb itr* rotate, revolve, turn
rotfast *adj* eg. well-rooted; bildl. deep-rooted, deep-seated
rotfrukt *s* root vegetable, edible root
rotfylld *adj* tandläk. root-filled
rotfyllning *s* tandläk. root filling
rotfäste *s* roothold; *få ~* take root, get a roothold
rotknöl *s* bot. tuber, bulb
rotlös *adj* rootless äv. bildl.
rotlöshet *s* rootlessness, uprootedness; känsla sense of not belonging

rotmos *s* mashed turnips pl.
rotor *s* tekn. rotor
rotsaker *s pl* root vegetables; sopprötter potherbs
rotselleri *s* bot. celeriac
rotskott *s* bot. rootsucker
rotstock *s* bot. rootstock, rhizome
rotsystem *s* bot. root system
rottecken *s* matem. radical sign
rotting *s* material el. käpp rattan, cane
rottingstol *s* cane chair
rottråd *s* bot. root fibre, rootlet
rottweiler *s* zool. Rottweiler
rotunda *s* rotunda
rotutdragning *s* matem. extraction of roots, evolution; tandläk. root extraction
rotvälska *s* obegripligt språk double Dutch, gibberish
roué *s* rake, roué, debauchee
rouge *s* rouge
roulad *s* kok. roulade, roll; mus. roulade
roulett *s* roulette
route se *rutt*
rov *s* rovdjurs föda el. bildl. prey; röveri pillage, looting, plundering; högtidl. rapine; byte booty, spoil[s pl.], loot, plunder; *bli lågornas ~* be destroyed by fire; *ett ~ för* sinnesrörelse a prey to...
rova *s* **1** bot. turnip **2** vard., fickur turnip [watch] **3** vard. *sätta en ~* fall on one's behind
rovdjur *s* predatory animal, predator, beast of prey; bildl. wild beast
rovdrift *s* hänsynslöst utnyttjande ruthless exploitation; *~ på jorden* soil exhaustion
rovfisk *s* fish of prey
rovfiske *s* överfiskning overfishing
rovfågel *s* bird of prey
rovgirig *adj* rapacious, predatory; glupsk äv. voracious
rovlysten se *rovgirig*
royalty *s* royalty
rubank *s* verktyg trying (jointer) plane
rubb *s* vard. *~ och stubb* el. *hela ~et* the whole lot; lock, stock, and barrel
rubba *vb tr* (ibl. *vb itr*) eg.: flytta på move, dislodge; i nek. sats budge; bildl.: bringa i oordning disturb, upset, disarrange; ngns förtroende o.d. shake; ändra alter; *~ ngns planer* upset a p.'s plans; *~ [på] sina principer* modify...
rubbad *adj* förryckt crazy, crack-brained
rubbning *s* störning disturbance; i själsliga funktioner äv. samt i kroppsliga disorder; geol. el. hand. dislocation; i trafik äv. breakdown; ändring alteration
rubel *s* myntenhet rouble
rubin *s* ruby
rubinröd *adj* ruby-red, ruby
rubricera *vb tr* förse med rubrik headline, caption; beteckna characterize; inordna classify

äv. jur.; *~s som...* come (resp. comes) under the heading of...
rubrik *s* i tidning headline, caption; över hela sidan banner; t.ex. i brev el. över kapitel heading äv. jur.; titel title; nyhets*rubriker* äv. radio. el. TV. [news] headlines; *under ~en...* under the heading of...
rucka *vb tr* o. *vb itr* en klocka regulate, adjust; *~ på* en sten move...; *~ på* beslut, bestämmelser o.d. change (modify)...
ruckel *s* kyffe hovel, ramshackle house (dwelling)
ruckla *vb itr* rumla revel, be on the spree; leva utsvävande lead a dissolute life
rucklare *s* fast liver, rake, debauchee
rucklig *adj* fallfärdig ramshackle, tumbledown, dilapidated
ruckning *s* regulation, adjustment; change, modification; jfr *rucka*
ruda *s* zool. crucian [carp]
rudiment *s* rudiment
rudimentär *adj* rudimentary
ruelse *s* contrition, remorse
1 ruff *s* sjö. cabin
2 ruff *s* sport. foul; rough play (end. sg.)
ruffa *vb itr* sport. commit a foul, foul, play rough
ruffad *adj* sjö., attr. ...with a cabin
ruffel *s*, *~ och båg* vard. monkey business, hanky-panky; fiffel fiddling, wangling
ruffig *adj* **1** sport. rough, foul **2** sjaskig shabby; fallfärdig dilapidated; beryktad disreputable; 'skum' shady
rufsa *vb tr*, *~ [till] ngn i håret* ruffle (tousle) a p.'s hair
rufsig *adj* ruffled osv., jfr *rufsa*; dishevelled; *han är så ~ i håret* vanl. his hair is so untidy
rugby *s* Rugby football; vard. rugger
rugga **I** *vb tr* **1** tyg *~ [upp]* nap, raise **2** *~ fjädrarna* om fågel ruffle up its feathers **II** *vb itr* om fågel moult; amer. molt
ruggig *adj* **1** tovig matted; raggig shaggy; burrig ruffled **2** se *ruskig*
ruggning *s* **1** av tyg napping, raising **2** om fåglar moulting; amer. molting
ruin *s* **1** återstod ruin; *~er* rester äv. remains, remnants; spillror äv. debris, rubble (båda end. sg.) **2** sammanbrott ruin, destruction; *gå mot sin ~* be on the road to ruin; *på ~ens brant* on the verge of ruin
ruinera *vb tr* ruin, bring...to ruin (bankruptcy); förstöra äv. destroy, wreck
ruinerad *adj* ruined, bankrupt; vard. [stony-] broke; pred. äv. done for
ruinerande *adv*, *verka ~ på...* be ruinous to...
ruinhög *s* heap of ruins
rulad *s* kok. roulade, roll; mus. roulade
rulett *s* spel roulette
ruljangs *s* vard. *sköta ~en* run the business (show)

1 rull|a *s* mil. list; civil äv. roll, register; *stryka ngn ur -orna* mil. strike a p. off the list
2 rulla, *leva ~n* vard. be (go) on the spree (binge); föra ett utsvävande liv lead a fast life
3 rulla I *vb tr* o. *vb itr* allm. roll äv. sjö.; isht långsamt äv. trundle; vagn o.d. äv. wheel; om åska o.d. äv. rumble; *låta pengarna ~* make the money fly; *~ med ögonen* roll one's eyes
II *vb rfl, ~ sig* roll; om blad o.d. curl [up]; *~ sig i stoftet för ngn* cringe to a p.
III med beton. part.
~ **igång:** *~ igång en bil* jumpstart a car
~ **ihop** roll up; *~ ihop sig* om djur roll (coil) itself up
~ **in** vagn o.d. wheel in; *~ in* ngn (ngt) *i en filt* roll up (wrap)...in a blanket; *tåget ~de in på stationen* the train pulled in at...
~ **ned** gardin o.d. draw (pull) down; strumpa roll down
~ **på** om år roll on (by)
~ **upp** ngt hoprullat unroll; gardin draw (pull) up; kavla upp roll up; mil., t.ex. front roll up; spioneriaffär o.d. reveal, expose
~ **ut** ngt hoprullat unroll; *~ ut röda mattan* roll out the red carpet
rullager *s* roller bearing
rullbana *s* tekn. roller conveyor; flyg. runway
rullband *s* bandtransportör belt conveyor; för persontransport walkway, travelator
rullbord *s* serving (tea) trolley, dinner wagon
rullbräde *s* skateboard
rullbälte *s* inertia-reel [seat belt]
rulle *s* **1** allm. roll; vals äv. roller, cylinder; tråd~ el. film~ el. på metspö reel; spole äv. spool, bobbin; tåg~ coil; pergament~ scroll; hår~ [hair] curler **2** vard. *det är full ~* på arbetet it's going like a house on fire; på fest everyone's having a great time; *med (i) full ~* at full speed
rullfilm *s* roll film
rullgardin *s* blind; amer. [window] shade
rullkrage *s* roll collar
rullning *s* allm. rolling äv. sjö.; *en ~* a roll äv. sjö.
rullskida *s* roller ski
rullskridsko *s* roller-skate; *åka ~r* roller-skate; go roller-skating
rullsten *s* koll. boulders, cobbles, pebbles (samtl. pl.)
rullstensås *s* boulder ridge
rullstol *s* wheelchair, Bath chair
rullstolsbunden *adj* ...tied (bound) to one's wheel chair
rulltrappa *s* escalator, moving staircase (stairway)
rulltårta *s* med sylt jam (amer. jelly) Swiss roll
rulta I *vb itr* waddle **II** *s* [little] podge; *en liten ~* tulta a chubby little thing
rultig *adj* podgy, dumpy, roly-poly
1 rum *s* **1** bonings~, allm. room; uthyrnings~ lodgings; vard. digs (båda pl.); logi accommodation (end. sg.); *enskilt ~* på sjukhus private ward; *~ att hyra* rubrik äv. apartments to let; *vara på sitt ~* be in one's room **2** utrymme room; *finns det ~ för* en till? is there room for...?; *hur många får ~ i soffan?* how many people can be seated on the sofa?; *500 personer får ~ i salen* the hall will accommodate (hold)...; *få ~ med* find room for; *ge (lämna) ~ för (åt)* bildl. leave room for, admit of **3** rymd, rumsbegrepp space; *utsträckning i ~met* extension in space **4** sjö. hold **5** i spec. fraser *i främsta ~met* framför allt above all; *komma (sättas) i första ~met* come (be put) first (i första hand in the first place); *äga ~* take place; hända äv. happen; om fest o.d. be held
2 rum *adj, i ~ sjö* in the open sea
rumba *s* rumba; *dansa ~* dance (do) the rumba
rumla *vb itr, ~ [om]* be on the spree (vard. binge), revel; *vara ute och ~* have a night out
rumlare se *rucklare*
rumpa *s* svans tail; vard., stuss backside, rump, behind
rumphuggen *adj* bildl. short, abrupt, chopped about
rumsadverb *s* språkv. adverb of place
rumsarrest *s, få (ha) ~* be confined to one's room (mil. to one's own quarters)
rumsförmedling *s* konkr.: för hotellrum o.d. agency for hotel accommodation; för uthyrningsrum accommodation agency
rumskamrat *s* roommate
rumsren *adj* house-trained; isht amer. housebroken; bildl. on the level, on the up and up båda end. pred.; clean; *göra ~* house-train; amer. housebreak
rumstemperatur *s* room (indoor) temperature
rumstera *vb itr* **1** husera carry on; mycket högljutt run riot **2** *~ [om]* stöka rummage [about] [*i in*]
rumsvärme *s* temperature room (indoor) temperature
rumsväxt *s* indoor (house) plant
rum-tid *s* fys. space-time
rumän *s* Romanian
Rumänien Romania
rumänsk *adj* Romanian
rumänska *s* **1** kvinna Romanian woman **2** språk Romanian
runa *s* **1** skrivtecken rune **2** minnesruna obituary **3** finsk folkdikt rune
runalfabet *s* runic alphabet
rund I *adj* **1** allm. round; cirkel~ äv. circular, klot~ äv. spherical, globular; cylindrisk äv. cylindrical; fyllig, knubbig plump, chubby, rounded; om fet pers. äv. rotund; *~ i ansiktet* round-faced; *riddarna av ~a bordet* the knights of the Round Table; *~a ord* könsord four-letter words; *i runt (~a) tal* ungefär in round figures (numbers), roughly **2** om

runda 558

vinsmak smooth [and full] **II** s **1** *jordens ~* this earthly round **2** ring, krets ring, circle
runda I *vb tr* **1** göra rund round äv. bokb. el. fonet.; *~ av* round off; *~ av* en summa *uppåt (nedåt)* round up (down); se äv. *avrunda* **2** fara (gå, springa) runt round; sjö. äv. double **II** s round; *gå (springa) en ~ i* parken take a stroll (a run) round…
rundabordskonferens s round-table conference
rundbågestil s arkit. Romanesque style; i Engl. vanl. Norman style; *en kyrka i ~* äv. a Norman church
rundel s rund plan round (circular) space (plot), circus; rabatt round bed; cirkel circle
rundfråga s inquiry
rundfärd se *rundresa*
rundgång s **1** elektr. acoustic feedback **2** bildl., ung. vicious circle; ekon. o.d. policy of giving with one hand and taking with the other
rundhult s sjö. spars pl., set of spars
rundhänt adj open-handed, generous, liberal
rundkindad adj round-cheeked, chubby
rundkyrka s round church
rundlagd adj plump
rundlig adj, *en ~ tid* a great while; se vid. *riklig*
rundmask s zool. roundworm
rundning s rundande rounding; t.ex. av udde äv. doubling; böjning curve, bend; t.ex. jordens curvature; utbuktning swell
rundnätt adj short and plump
rundradio s broadcasting
rundresa s circular (round) tour (trip); *en ~ i* Sverige a tour of (in)…
rundskrivelse s circular [letter]
rundsmörjning s bil. lubrication
rundsnack s vard. empty talk, chatter [*om ngt* about (around) a th.]
rundsticka s circular [knitting] needle
rundtur s sightseeing (round) tour; *göra en ~ i* staden make a [sightseeing] tour of…
runforskning s runology
runga *vb itr* resound
runinskrift s runic inscription
runka *vb itr* **1** *~ på huvudet* shake one's head **2** vulg., onanera wank (jerk, toss) off
runolog s runologist
runskrift s runic characters (letters) pl.
runsten s rune stone, runic stone
runt I adv round; *~ om[kring]* se *runtom;* låta ngt gå *~* (vid bordet) pass a th. round; *gå (irra) ~ på* gatorna *(i* staden) wander about…, se äv. *gå [runt]*; *lova ~ [och hålla tunt]* promise more than one can perform; *visa ngn ~* show a p. round **II** *prep* kring o.d. round; *~ hörnet* round the corner; *resa jorden ~* go round the world; *landet ~* all over the country…, throughout the country…; *dygnet ~* [the whole] day and night; *året ~* all the year round
runtom I *adv* round about, [all] around; on all sides; *~ i husen* in the houses round about; *~ i landet* all over (up and down) the country **II** *prep* [all] round, [all] around; on all sides of
runtomkring se *runtom*
rupie s myntenhet rupee
rus s intoxication äv. bildl.; inebriation (båda end. sg. o. utan obest. art.); vard., fylla booze; *sova ~et av sig* sleep oneself sober, sleep off one's drink; vard. sleep it off; *ta (få) sig ett ~* get drunk; vard. have a booze; *gå i ett ständigt ~* be in a constant state of intoxication; *i ett ~ av glädje (lycka)* in transports (an ecstasy) of joy
1 rusa I *vb itr* allm. rush, dash; störta dart; flänga tear; skynda hurry; ila el. om motor race; om motor äv. rev [up]; *~ efter hjälp* rush (dash) off for help; priserna *~de i höjden* …shot up, hit the roof
II *vb tr, ~ en motor* race an engine
III med beton. part.
~ bort rush etc. away (off)
~ efter ngn a) för att hinna upp rush etc. after a p. b) hämta rush etc. for a p.
~ emot ngn, ngt a) i rikting mot rush etc. towards… b) anfallande rush at… c) stöta emot knock against…
~ fram rush etc. out, plunge forward; vidare rush etc. along (on); *~ fram till* rush etc. up to
~ in [i] rush etc. in[to]; *~ in i* rummet äv. burst (bounce) into…
~ iväg rush etc. off (away)
~ på vidare rush etc. along (on); *~ på ngn* go for (rush at) a p.
~ till, en massa folk *~de till* …came hurrying to the spot
~ upp start (spring) up, spring (jump) to one's feet; *~ upp ur sängen* spring (jump) out of bed
~ uppför trappan rush etc. up…
~ ut rush etc. out
2 rusa I *vb tr* berusa intoxicate, inebriate **II** *vb itr* om alkohol go to one's head
rusch se *rush*
ruschig adj dashing, …full of go (pep)
rusdryck s intoxicant, [intoxicating] liquor
rusdrycksförbud s [liquor] prohibition
rush s rush [*efter* for]; sport. run
rusig adj eg. el. bildl. intoxicated [*av* with, by]; berusad (pred.) äv. drunk; *~ av glädje* äv. flushed with joy
rusk se *ruskväder*
1 ruska s branch, bunch of twigs
2 ruska *vb tr* o. *vb itr* shake; om fordon jolt; *~ liv i ngn* rouse a p., shake up a p.; *~ ngn i* armen shake a p. by…; *~ om (upp) ngn* bildl. stir (shake) up a p.; *~ på huvudet* shake one's head; *~ på sig* shake oneself
ruskig adj om väder nasty, raw [and chilly]; om pers.: motbjudande disgusting,

repulsive[-looking]; om kvarter, bakgata o.d.: illa beryktad disreputable, skum shady, sjaskig shabby; om händelse o.d.: hemsk horrible, gruesome, kuslig uncanny; **en ~ *historia*** an ugly (a nasty) affair
ruskigt *adv* nastily etc., jfr *ruskig;* vard., väldigt awfully, terribly
ruskning *s* shaking, shake, jolt, pull, tug; jfr *2 ruska*
ruskväder *s* nasty (foul, rough) weather
rusning *s* allm. rush [*efter* for]; stark efterfrågan äv. run [*efter* on]
rusningstid *s* rush hour[s pl.]
rusningstrafik *s* rush-hour traffic
russin *s* raisin; ***plocka ~en ur kakan*** bildl. take the [best] plums
russinkärna *s* raisin seed
rusta I *vb tr* mil. arm; utrusta equip; isht fartyg fit out; **~ *[i ordning]*** ngt get...ready, put...in order
II *vb itr* göra förberedelser prepare, get ready [*till (för)* båda for]; mil. arm; **~ *till krig*** arm, prepare for war
III *vb rfl*, **~ *sig*** förbereda sig prepare [oneself]; mil. arm [oneself]
IV med beton. part.
~ av, ~ ned se *nedrusta*
~ upp a) mil., se *upprusta* b) reparera repair, do up; ge ökad kapacitet expand, improve
rustad *adj* mil. armed; förberedd prepared; utrustad equipped
rustik *adj* rustic; om pers. äv. boorish
rustkammare *s* armoury
rustning *s* **1** krigsförberedelse armament **2 *en ~*** pansardräkt a suit of armour; ***~ar*** äv. armour sg.; ***i full ~*** in full armour
rut|a I *s* **1** fyrkant square; i vägg, dörr o.d.: fält panel; romb lozenge; på TV-apparat screen; på tidningssida box **2** i fönster o.d. pane [of glass]; ***sätta -or i*** ett fönster ett fönster glaze... **II** *vb tr* chequer; ***-at papper*** squared (cross-ruled) paper; **~ *in*** eg. chequer; divide [up]...into squares; square; t.ex. sitt liv map out
1 ruter *s* kortsp., koll. diamonds pl.; ***en ~*** a (resp. one) diamond; jfr *hjärter* med sms.
2 ruter *s* go, spirit; vard. guts pl.; ***det är ingen ~ i honom*** he has no go (no guts) in him
rutig *adj* checked; attr. äv. chequered (amer. checkered); ***en ~ klänning*** a check dress
rutin *s* **1** förvärvad skicklighet experience; vana, slentrian routine; ***den dagliga ~en*** the daily run of things (affairs); ***få in ~en*** äv. get into the way of things; ***det går på ~*** it's just a matter of routine **2** procedur routine äv. data.
rutinerad *adj* experienced, practised, skilled
rutinkontroll *s* routine check (check-up)
rutinmässig *adj* routine, perfunctory; pred. a matter of routine, of a routine nature; ***~t tillvägagångssätt*** standard procedure
rutinsak *s* matter of routine
rutinundersökning *s* routine examination

rutsch *s* fart bustle, speed; hos pers. go, dash
rutscha *vb itr* slide, glide [*utför (ned)* down]
rutschbana *s* på lekplats slide, helter-skelter; tekn. chute; ***åka ~*** slide
rutschkana *s* på lekplats slide, helter-skelter; ***åka ~*** slide
rutt *s* route; trafiklinje äv. service, run
rutt|en *adj* rotten, putrid; murken äv. decayed; bildl. rotten, corrupt; **~ *lukt*** putrid smell; ***-et vatten*** putrid (foul) water
ruttna *vb itr* become rotten osv. (jfr *rutten*); rot, go bad, putrefy; murkna äv. decay; om död kropp o.d. decompose; **~ *bort*** rot away äv. bildl.
ruva *vb tr* o. *vb itr* eg. sit, brood; bildl., om mörker o.d. hang, hover; grubbla brood (ruminate) [*på* el. *över* on, over]; **~ *[på] ägg*** sit (brood) on eggs; **~ *på*** sina skatter gloat over...; **~ *på hämnd*** brood on [thoughts of] revenge
1 rya *vb itr* vard. curse and swear, bawl, shout and scream
2 rya *s* rya, [type of] long-pile rug
ryamatta *s* rya rug, long-pile rug
ryck *s* knyck jerk; dragning tug, pull; häftigt wrench; i tyngdlyftning snatch; sprittning start, twitch; bildl., anfall fit; nyck whim, freak; ***göra ett ~*** sport. put on a burst of speed; ***nu krävs det snabba ~*** vard. now we must really get a move-on (really push ahead); ***vakna med ett ~*** wake up with a start
ryck|a I *vb tr* o. *vb itr* dra pull, tug; häftigare snatch, jerk, twitch; slita tear; våldsamt wrench, wrest; **~ *i*** dörren pull at...; **~ *ngn i håret (ärmen)*** pull a p.'s hair (sleeve), pull a p. by the hair (sleeve); **~ *i*** tömmarna jerk at...; **~ *på axlarna åt ngt*** shrug one's shoulders at a th.; **~ *ngt ur händerna på ngn*** snatch a th. out of a p.'s hands
II *vb itr* **1** opers. spritta ***det -er i mitt ben*** my leg is twitching; ***det -te i mungiporna på honom*** there was a twitch round the corners of his mouth **2** tåga, komma **~ *närmare*** om t.ex. fienden close in; om tidpunkt o.d. draw closer (nearer), approach; **~ *till ngns undsättning*** rush to a p.'s help
III med beton. part.
~ an mil. advance [*mot* against, on]
~ av sönder break; itu pull...in two; bort pull (tear etc.) off; **~ *av sig*** pull (tear etc.) off
~ bort tear etc. away; om döden carry off; ***han -tes bort*** av strömmen he was carried away...
~ fram mil. advance, move (push) forward [*mot* against, towards]; **~ *fram mot*** äv. move [up]on
~ ifrån ngn ngt snatch a th. [away] from a p. äv. bildl.; wrench (wrest) a th. from a p.
~ in: itr.: mil., till tjänstgöring join up; **~ *i*** ett land el. en stad enter..., march (move) into...; **~ *in i ngns ställe*** take a p.'s place, replace

rycken

a p.; suppleanten fick ~ *in* ...step in; ~ *in och hjälpa till* step into the breach; ~ *in som vikarie åt ngn* deputize for a p.
 ~ **loss (lös)** ngt pull (jerk, wrench)...loose, dislodge...; bildl., ngt ur dess sammanhang wrench [*ur* from]; jfr *lösryckt*
 ~ **med [sig]** carry...away
 ~ **sönder** tear (pull)...to pieces
 ~ **till** start, give a start, wince; ~ *till sig* snatch, grab, seize
 ~ **undan** bort pull (snatch) away...; åt sidan pull (snatch)...aside; ~ *ngn undan* lågorna snatch a p. away from...
 ~ **upp** a) eg.: t.ex. ogräs pull up; t.ex. en dörr pull...open b) bildl.: väcka [a]rouse, shake (stir) up [*ur* from]; sätta fart på, t.ex. firma put life into; avancera advance, rise; ~ *upp i* främsta ledet move up to...; ~ *upp sig* pull oneself together, rouse oneself
 ~ **ut** a) tr. pull (tear) out b) itr., om brandkår o.d. turn out; mil.: lämna förläggningen march (move) out; hemförlovas be released
 ~ **åt sig** se ~ *till sig*
rycken *s*, *stå* ~ stå emot stand up [*mot (för)* to]; hålla stånd hold out, hold one's own [*mot* against]; tåla en påfrestning stand the strain
ryckig *adj* knyckig jerky; om stil o.d. äv. abrupt; ojämn äv. spasmodic; osammanhängande disjointed; oregelbunden irregular; om t.ex. lynne fitful; om vind choppy
ryckning *s* ryckande pulling, tugging; sprittande twitching; ryck pull, tug; sprittning twitch, wince; nervös äv. (isht ansikts~) tic; *ha ~ar i ögonlocken (kring munnen)* twitch one's eyelids (mouth); *han har nervösa ~ar* he has a nervous tic
ryckvis *adv* i ryck by jerks, by fits [and starts], fitfully; då och då intermittently; arbeta ~ ...in (by) snatches, ...in sudden bursts
rygg *s* **1** allm. back; bok~ spine; isht amer. backbone; geogr., bergskam o.d. ridge; mil. rear; ~ *mot* ~ back to back; *ha (hålla) ~en fri* keep a line of retreat open; *jag vill ha ~en fri* I won't take any responsibility, I don't want to get into trouble; *skjuta* ~ om katt arch its back; *så fort jag vänder ~en till* as soon as I turn my back; *gå bakom ~en på ngn* bildl. go (do things) behind a p.'s back; *vi hade vinden (solen) i ~en* the wind (sun) was behind us; *det rör mig inte i ~en!* I couldn't care less!; *sitta rak i ~en* sit up straight; sitta (stå) *med ~en mot ngn (ngt)* ...with one's back to a p. (a th.); *hålla ngn om ~en* bildl. support a p., back a p. up; *ligga på* ~ lie [flat] on one's back; *sträcka på ~en* square (straighten) one's shoulders; *de stod med händerna på ~en* ...behind their backs **2** ryggsim backstroke
rygga I *vb itr*, ~ *[tillbaka]* shrink (start) back; flinch, recoil [*för* i båda fallen from]; *inte* ~

för något stick at (stop short of) nothing
 II *vb tr*, ~ *en häst* back a horse
ryggbast *s* rygg back
ryggfena *s* zool. dorsal fin
ryggkota *s* anat. vertebra (pl. vertebrae)
ryggläge *s* med. supine position; *inta* ~ lie down on one's back
ryggmärg *s* anat. spinal marrow
ryggmärgsbedövning *s* med. spinal anaesthesia
ryggmärgsprov *s* med. lumbar puncture
ryggrad *s* anat. backbone, spine, spinal (vertebral) column; bildl. backbone
ryggradsdjur *s* vertebrate
ryggradslös *adj* invertebrate; bildl., om pers. spineless, ...without any backbone
ryggsim *s* backstroke; *simma* ~ do the backstroke
ryggskott *s* med. lumbago
ryggstöd *s* eg. support for the back, backrest; på stol etc. back; bildl. support; *ha väggen som* ~ lean against the wall
ryggsäck *s* rucksack; isht amer. knapsack
ryggtavla *s* back
ryggvärk *s* backache
ryggåsstuga *s* cottage open to the roof
ryk|a I *vb itr* **1** avge rök smoke; osa reek; pyra smoulder; bolma belch out smoke; ånga steam, fume; *dammet -er* the dust is flying (whirling); *det -er av soppan* the soup is steaming; *det -er ur skorstenen* the chimney is smoking **2** vard., gå förlorad *där rök* min sista tia there goes...
 II med beton. part.
 ~ **ihop** fly at (go for) each other; gräla quarrel [*om* about]; ~ *ihop [och slåss]* come to blows
 ~ **in:** *det -er in* the chimney is smoking [in here]
 ~ **på ngn** anfalla go for a p.; antasta accost a p.
rykt *s* av häst dressing, grooming, currying
rykta *vb tr* dress, groom, curry
ryktas *vb itr dep*, *det* ~ *[om] att...* it is rumoured (there is a rumour, rumour has it) that..., the story goes that...; *enligt vad som* ~ äv. according to rumours
ryktbar *adj* namnkunnig renowned; berömd famous, famed; allmänt omtalad celebrated; stark. illustrious; ökänd notorious
ryktbarhet *s* renown, fame, celebrity, notoriety; jfr *ryktbar*
ryktborste *s* horse brush
rykte *s* **1** kringlöpande nyhet rumour, report [*om* of]; hörsägen hearsay (end. sg.); *~t går att (det går ett ~ om att)...* rumour has it (it is rumoured) that...; *det kom ut ett ~ att...* word got about that...; *~t om* hans död rumour of... **2** allmänt omdöme om ngn (ngt) reputation, name; anseende äv. repute; ryktbarhet fame, renown; *ha gott (dåligt)* ~ have a good (bad) reputation (name), be

held in good (bad) repute, be well (ill) spoken of; *ha ~ om sig att* vara snål have the reputation of ing-form; be reputed to inf.
ryktessmidare *s* o. **ryktesspridare** *s* rumourmonger
ryktesspridning *s* [the] spreading of rumours
ryktesvägen *s,* jag känner honom ~ ...by repute (reputation)
ryktskrapa *s* curry-comb
rymd *s* **1** världs~ space; luft air; himmel sky; bildl., i t.ex. målning space; *~en* himlavalvet the expanse [of heaven]; *vistas i högre ~er* bildl. dwell in the upper regions; *yttre ~en* outer space **2** ~innehåll capacity; volym volume
rymddräkt *s* spacesuit
rymdfarare *s* space traveller, spaceman
rymdfarkost *s* spacecraft (pl. lika)
rymdfart *s* space travel
rymdflygning *s* spaceflight
rymdforskning *s* space research
rymdfärd *s* spaceflight, space journey (trip); *~er* äv. space travel sg.
rymdfärja *s* space shuttle
rymdkapsel *s* [space] capsule
rymdmått *s* cubic measure, measure of capacity
rymdpromenad *s* spacewalk
rymdraket *s* space rocket
rymdresa se *rymdfärd*
rymdskepp *s* spaceship
rymdsond *s* space probe
rymdstation *s* space station, satellite station
rymdvarelse *s* extraterrestial (förk. ET), alien
rymdålder *s* space age
rymlig *adj* eg. spacious, roomy; om bostad o.d. äv. commodious; om t.ex. ficka capacious; vid ample; bildl., om samvete flexible, accommodating; om t.ex. definition broad
rymling *s* fugitive, runaway, escapee
rymma I *vb itr* **1** allm., fly run away, make a getaway; om fånge o.d. escape; om kvinna med älskare elope; plötsligt ge sig i väg decamp; *~ med* kassan äv. run (make) off with...; *~ från (ur) fängelset* escape from (break) prison **2** sjö., om vinden veer aft **II** *vb tr* kunna innehålla hold; ha plats för (om t.ex. bil) äv. have room for; (om lokal) äv. accommodate, have accommodation for; ha sittplats för äv. seat; bildl.: innefatta contain; omsluta embrace; *kärlet rymmer* 10 liter the vessel holds (will hold)...; bilen (båten) *rymmer sex personer* ...can take (...has room for) six people; there is room for six people in...; *~ ut* se *utrymma*
rymmare *s, leka ~ och fasttagare* ung. play cops and robbers; se vid. *rymling*
rymmas *vb itr dep,* de *ryms i salen* there is room for...in the hall, the hall will hold (resp. seat)..., jfr *rymma II;* så liten att *den ryms i fickan* ...it goes into the pocket
rymmen, *på ~* on the run

rymning *s* ur fängelse o.d. escape
rymningsförsök *s* attempted (attempt to) escape
rymningssäker *adj* escape-proof
rynk|a I *s* i huden wrinkle, line, pucker; fåra furrow; skrynkla (på kläder) crease, wrinkle; *-or* sömnad. gathering sg., shirring sg.; *-or kring ögonen* wrinkles about the eyes, crow's-feet **II** *vb tr* o. *vb itr* **1** *~ pannan* wrinkle [up] one's forehead; ögonbrynen knit one's brows, isht ogillande frown; *~ på näsan åt* bildl. turn up one's nose at **2** sömnad. gather, shirr **III** *vb rfl, ~ sig* om tyg crease, crumple, wrinkle
rynkig *adj* **1** om hud wrinkled, wrinkly; fårad furrowed **2** skrynklig creased, crumpled, rumpled
rys|a *vb itr* av köld shiver; av fasa o.d. äv. shudder; av förtjusning o.d. thrill, be thrilled [*av* i samtl. fall with]; *det -er i mig när jag tänker på...* äv. it gives me the shudders (vard. the creeps) to inf.; det där ljudet *får mig att ~ [av obehag]* ...sets my teeth on edge; *~ till* give a shiver (shudder)
rysare *s* thriller
rysch *s* ruche, frill; koll. äv. ruching, frilling (båda sg.); *~ och pysch* frillies pl.
rysk *adj* Russian; *~ kaviar* Russian caviare; *~a posten* lek, ung. postman's knock, amer. post office; *~ vinthund* borzoi, Russian wolfhound
ryska *s* (jfr *svenska*) **1** kvinna Russian woman **2** språk Russian
ryskfientlig *adj* anti-Russian, Russophobe
ryslig *adj* förskräcklig dreadful, frightful; fasansfull horrible; förfärlig terrible; otäck horrid samtl. äv. friare; vard. äv. awful, atrocious; *hon såg ~ ut* i den där jumpern äv. she looked a real sight (fright)...
rysligt *adv* dreadfully etc., jfr *ryslig;* han är *~ tråkig* ...a dreadful bore; *tack så ~ mycket* thanks ever so much
rysning *s* shiver, shudder
ryss *s* Russian
ryssgubbe *s* bot. Bunias orientalis lat.; hill mustard
ryssja *s* fiske. hoop net, fish trap
Ryssland Russia
ryssläder *s* Russia leather, russia
rysslänsk *adj* Russian
ryssvänlig *adj* Russophil[e]
ryta *vb tr* o. *vb itr* allm. roar; om pers. äv. bellow, shout, bawl [*åt* i samtl. fall at]; om storm äv. howl; *~ sina order* roar (bark) out...; *~ till* give a roar
rytande *s* roaring (end. sg.) etc., jfr *ryta; ett ~* a roar
rytm *s* rhythm
rytmik *s* rhythmics sg.
rytmisk *adj* rhythmic[al]

ryttare *s* allm. rider, horseman; i kortsystem tab; *en häst utan* ~ a riderless horse
ryttarinna *s* horsewoman
ryttarstaty *s* equestrian statue
rytteri *s* mil. cavalry
ryttmästare *s* hist. [cavalry] captain; motsv. befattningsmässigt major
1 rå *s* sjö. yard
2 rå *s* andeväsen, ung. sprite; *skogs*~, ung. siren of the woods
3 rå *adj* **1** ej kokt el. stekt raw **2** ej bearbetad: om t.ex. hudar, silke raw; om t.ex. olja crude; om diamant, yta rough **3** om väder raw **4** bildl.: grov, om t.ex. skratt, skämt coarse; om seder äv. crude; ohyfsad äv. rude; brutal brutal; *~tt spel* sport. rough play; *~tt språk* äv. foul language; *den ~a styrkan* brute force; *en ~ typ (sälle)* a rough customer; *ett ~tt överfall* a brutal assault
4 rå I *vb itr* **1** ~ + inf. be able to inf., se vid. *orka; jag ~r inte ensam* I cannot manage it alone **2** se *råda II*
II *vb rfl*, ~ *sig själv* be one's own master (resp. mistress); *om han får ~ sig själv* ...is left to himself
III med beton. part.
~ **för:** *jag ~r inte för det* I cannot help it; *det är inte mitt fel* it's not my fault, it's none of my doing
~ **med** se *orka [med]*
~ **om** own, possess, be in possession of; *vem ~r om hunden?* äv. who does the dog belong to?; *hur länge får vi ~ om dig?* ...can we have you to ourselves?
~ **på** mera eg. be stronger than; vara övermäktig get the better of; få bukt med cope with; bemästra master; *jag ~r inte på honom* mera eg. I can't beat him; bildl. I can't manage (handle) him
råbandsknop *s* sjö. reefknot
råbarkad *adj* bildl. coarse, crude, boorish
råbiff *s* ung. scraped raw beef with a raw egg yolk, ung. steak tartare
råbock *s* zool. roebuck
råd *s* **1** advice; högtidl. counsel (båda end. sg.); *ett [gott]* ~ a piece of [good] advice, some [good] advice; *många goda* ~ much (a lot of) good advice; *ge* ~ give advice; *ge ngn ett* ~ äv. advise a p.; *lyda (följa) ngns* ~ take (follow, act on) a p.'s advice; *be ngn om* ~ el. *fråga ngn till ~s* ask (seek) a p.'s advice, consult a p. **2** medel means, expedient; utväg way [out]; hjälp resource; *det blir väl någon* ~ there will be some way out; *det blir väl ingen annan* ~ there is no [other] alternative; *han vet alltid* ~ he is never at a loss [what to do]; *finna på* ~ find a way **3** pengar, *han har* ~ *att* inf. he can afford to inf.; *jag har inte* ~ *till (med) det* I cannot afford it, it is beyond my means; *ha god* ~ have ample means **4** rådsförsamling council; nämnd o.d. board

råd|a I *vb tr* ge råd advise; högtidl. counsel; tillråda recommend; *jag -er dig att inte* inf. äv. I warn you not to inf.; ~ *till ngt* advise a th.; *vad -er du mig till?* what do you advise me to do? **II** *vb itr* **1** ha makten rule; ha övertaget prevail [*över* over]; disponera dispose [*över* of]; *om jag fick* ~ if I had my way; omständigheter *som jag inte -er över* ...over which I have no control; jfr *4 rå* **2** förhärska prevail, be prevalent; om t.ex. mörker, tystnad reign; *det -er* (är) vanl. there is (resp. are); *det -er* inget tvivel there is...
rådande *adj* allm. prevailing, existing; gängse äv. prevalent, current; förhärskande predominant; *nu* ~ ...now prevailing, present; *vara* ~ äv. prevail; *under* ~ *förhållanden* in (under) the [existing] circumstances; *den* ~ (nuvarande) regimen the present...
rådbråka *vb tr* bildl., språk murder; *på min ~de engelska* in my broken...
rådfråga *vb tr* consult [*ngn om ngt* a p. about a th.; *ngn i* en sak a p. on...]; ~ *en advokat (läkare)* äv. take legal (medical) advice
rådfrågning *s* consultation
rådgivande *adj* consultative, advisory; om ingenjör o.d. consulting
rådgivare *s* allm. adviser, guide; högtidl. counsellor
rådgivning *s* advice, guidance [*i (rörande)* on]
rådgivningsbyrå *s* advice (information) bureau, consulting firm
rådgöra *vb itr*, ~ *med ngn om ngt* consult (confer) with a p. on (about) a th.; ~ *om ngt* äv. discuss a th.
rådhus *s* stadshus town hall; i större stad el. amer. city hall; jur. [town] law-court[s pl.]; *de gifte sig på ~et* they were married before the registrar
rådig *adj* resolut resolute; fyndig resourceful
rådighet *s* resolution; fyndighet resourcefulness; sinnesnärvaro presence of mind
rådjur *s* roe deer (pl. lika), roe äv. koll.
rådjurssadel *s* kok. saddle of venison
rådjursstek *s* joint of venison; tillagad roast venison
rådlig *adj* advisable, well-advised; klok äv. wise, prudent; lämplig expedient; *inte* ~ äv. inadvisable
rådlös *adj* för tillfället perplexed, puzzled; pred. äv. at a loss [what to do]
rådlöshet *s* perplexity
rådman *s* vid tingsrätt district court judge; i vissa städer city court judge; vid länsrätt county administrative court judge
rådplägning *s* deliberation, consultation, conference

rådrum *s* frist respite; betänketid time for consideration
rådslag *s* deliberation, consultation, conference; bibl. counsel
rådslå *vb itr*, ~ *om ngt* deliberate [upon, over] a th.; ~ *med ngn om ngt* consult (confer) with a p. on (about) a th.
rådvill *adj* villrådig perplexed; pred. äv. at a loss; obeslutsam irresolute
råg *s* rye; **ha** ~ *i ryggen* vard., ung. have stamina (guts)
råga I *vb tr* heap, pile [up]; *en ~d tesked* a heaped teaspoonful; *en ~d bräddfull tallrik* a full plate; *i ~t mått* bildl. abundantly **II** *s*, *till ~ på allt* to crown (cap) it all, on top of that (it all)
rågblond *adj* om hår light-blond
rågbröd *s* rye (black) bread
råge *s* full (good) measure
råglas *s* rough plate [glass]
rågmjöl *s* rye flour
rågsikt *s* sifted rye flour
rågummi *s* raw (crude) rubber; till sko crêpe rubber
rågummisula *s* crêpe [rubber] sole
rågång *s* boundary, boundary line
råhet *s* (jfr 3 *rå*) egenskap rawness etc.; crudity, brutality; handling brutality, piece (act) of brutality; *~er* uttryck coarse expressions (anmärkningar remarks, skämt jokes etc.)
råk *s* open channel [in the ice]
1 råka *s* zool. rook
2 råka I *vb tr* träffa meet; stöta ihop med run (come) across, encounter
II *vb itr* **1** händelsevis komma att happen (chance) to; *han ~de falla* he happened to fall; *jag ~de slå sönder fönstret* äv. I broke...by accident; *nu ~de det vara så att...* it so happened (chanced) that...; *om du skulle ~ se honom* äv. if you should see him by any chance **2** komma ~ *i händerna på* fall into the hands of; bilen *~de i sladdning* ...started skidding; ~ *i svårigheter* get into trouble; ~ *i vanrykte* fall into disrepute
III med beton. part.
~ **in** i get into; bli indragen i get involved in
~ **på ngn** come (run) across a p.; den första bok jag *~de på* vanl. ...came across
~ **ut:** ~ *illa ut* get into trouble (difficulties); stark. meet with misfortune, come to grief; i t.ex. slagsmål cop it; ~ *ut för* obehag, dåligt sällskap get into...; ~ *ut för* en olycka meet with...; ~ *ut för* ett oväder o.d. be caught in...; ~ *ut för* en sjukdom contract...; man vet aldrig *vad man kan* ~ *ut för* ...what may happen to you
råkall *adj* raw [and chilly], bleak; *i den ~a morgonen* äv. in the raw of the morning
råkas *vb itr dep* meet
råkopia *s* foto. proof

råkost *s* raw (uncooked) vegetables and fruit, raw food
råkostdiet *s* raw food diet
råkostsallad *s* raw vegetable salad
råkurr *s* vard. roughhouse, punch-up
råma *vb itr* moo, low; bellow äv. bildl.
råmande *s* kos läte mooing, lowing, bellowing
råmaterial *s* raw (crude) material
råmärke *s* eg. boundary mark, landmark; *~n* bildl. bounds, boundaries; *inom lagens ~n* within the [pale of the] law
1 rån *s* bakverk wafer
2 rån *s* stöld robbery
råna *vb tr* rob; ~ *ngn på ngt* rob a p. of a th.
rånare *s* robber
rånförsök *s* attempted (attempt at) robbery; *göra ett ~ mot...* make an attempt to rob...
rånkupp *s* robbery; jfr äv. *rånöverfall*
rånmord *s* murder with robbery (with intent to rob)
rånock *s* sjö. yardarm
rånöverfall *s* assault with intent to rob; vard. hold-up
råolja *s* crude oil
råraka *s* kok., ung. [grated] potato pancake
råris *s* unpolished (rough) rice
råriv|en *adj*, *~na* morötter grated raw...
rårörd *adj*, *~a* lingon, ung. ...preserved raw
råsegel *s* sjö. square sail
råsiden *s* o. **råsilke** *s* raw silk
råskala *vb tr* potatis peel...raw; *~d kokt potatis* peeled and boiled potatoes
råskinn *s* bildl. rowdy, brute, tough, roughneck
råsocker *s* raw (unrefined) sugar
råsop *s* vard., slag sock, biff, wallop; bildl. vicious attack, broadside
råtta *s* rat; liten mouse (pl. mice)
råttbo *s* mouse (rat's) nest, se äv. *råtthål*
råttfälla *s* mousetrap, rat-trap
råttgift *s* rat poison
råttgrå *adj* mouse-coloured
råtthål *s* mousehole, rat hole; bildl. rat-trap, rat hole
råttlort *s* koll. rat (muslort mouse) droppings pl.
råttsvans *s* eg. rat's tail, rat-tail; fläta pigtail
råvara *s* raw material (product), crude material, primary product; *råvaror* äv. primary produce sg.
råvaruförsörjning *s* raw material supply
råvarutillgång *s* supply of raw materials
råöversättning *s* rough translation
räck *s* **1** rail; se vid. *räcke* **2** gymn. horizontal bar
räck|a I *s* **1** mera eg.: rad row; av hus o.d. äv. range **2** friare: av t.ex. händelser series (pl. lika), suite; av missöden o.d. äv. run, succession
II *vb tr* **1** överräcka hand, reach, pass; *vill du ~ mig saltet?* please pass [me] the salt; may I trouble you for the salt?; ~ *ngn handen*

räcke

give (offer) a p. one's hand; bildl. extend the hand of friendship to a p.; ~ *varandra handen* shake hands **2** nå reach **3** tekn. stretch

III *vb itr* **1** förslå be enough (sufficient), suffice [*för, till* for]; *få pengarna att* ~ make...do; pengarna *-er inte* ...will not last out; *det -er inte långt* that won't go far (last long); *det -er (kan ~) så länge* that's enough for now; *nu -er det* äv. that will do now; *nu -er det för i dag* that's enough for today, let's call it a day; *köp så att det -er* buy enough [to last] **2** vara, hålla på last; ~ *länge* last a long time; konferensen *kommer att ~ in i juni* ...will go on into June **3** nå reach; sträcka sig (om sak) extend, stretch; *vattnet -te mig till knäna* the water came up (reached) to my knees

IV med beton. part.

~ **fram** eg. hold (stretch) out; överräcka hand; som gåva present; ~ *fram handen* äv. extend one's hand

~ **till:** *få det att ~ till* make it do; om tillgångar äv. make both ends meet; min inkomst *-er inte till för det* ...will not run to it (is not sufficient for it); *han får aldrig tiden att ~ till* he never finds enough time; se äv. *III 1*

~ **upp:** ~ *upp handen* put (hold, stretch) up one's hand

~ **ut:** ~ *ut handen* om cyklist o.d. give a hand-signal; ~ *ut handen efter ngt* reach out [one's hand] for a th.; ~ *ut tungan åt ngn* stick (put) out one's tongue at a p.; ~ *ut tungan* hos läkaren put one's tongue out

~ **över** smörkniven pass...

räcke *s* på t.ex. balkong rail; på trappa (inomhus) banisters pl.; (utomhus) railing[s pl.]; på bro parapet, railing

räckhåll *s*, butiken *ligger inom bekvämt ~* ...is at a convenient distance; *segern var nu utom ~* victory was now beyond reach; *utom ~ för lagen* out of the reach of the law, beyond [the pale of] the law

räckvidd *s* t.ex. boxares reach; skjutvapens, radiostations o.d. range; bildl., omfattning scope, compass; betydelse importance

räd *s* raid [*mot* on]; *göra en ~ mot (in i)*... äv. raid...

räd|as *vb dep,* ~ *[för]*... fear (dread)...; ~ *för sitt liv* fear for... ...; *han -s inte för*... he is not afraid of...

rädd *adj* **1** allm. afraid end. pred. [*för* of; *att* inf. of ing-form; *för att* inf. to inf.]; förskräckt, skrämd frightened, scared [*för* of]; alarmed; bekymrad anxious [*för* about]; räddhågad timid, timorous; *bli ~* get (be) frightened etc.; *vara ~* be afraid etc.; *vara ~ av sig* timid; Är han sjuk? - *Jag är ~ för det* ...I am afraid so; *det var just det jag var ~ för* I feared as much; *vara ~ för att* säga sanningen äv. be shy of ing-form; *vara ~ [för] att* hugga i be afraid of ing-form; *ingen ~er för vargen här!* who's afraid of the Big Bad Wolf? **2** aktsam *vara ~ om* aktsam om be careful with; t.ex. sina kläder take care of; mån om be jealous of; sparsam med be sparing (economical) with; ägodelar *som man är särskilt ~ om* ...that one specially treasures (cherishes); *vara ~ om sitt rykte* be jealous (chary) of one's reputation; *var ~ om dig!* take care [of yourself]!, look after yourself!

rädda I *vb tr* allm. save; ur överhängande fara äv. rescue [*från (ur, undan)* i båda fallen from]; bärga salvage, salve; friare, bevara preserve [*åt* for]; ~ *ansiktet* save one's face; ~ *livet på ngn* save a p.'s life; ~ *ngn från att drunkna* rescue (save) a p. from drowning; hans liv (huset) *stod inte att ~* ...was beyond saving, ...was beyond recovery; komma *som en ~nde ängel* ...like an angel to the rescue; *dagen åt ~d* that's made my (our etc.) day; målvakten *~de på mållinjen* ...saved on the goal-line **II** *vb rfl,* ~ *sig* save oneself; genom flykt escape; *rädde sig den som kan!* every man for himself; ~ *sig ur* ett hus (en svårighet) manage to get out of...

Rädda Barnen [the] Save the Children Fund

räddare *s* rescuer; befriare deliverer

räddhåga *s* timidity, timorousness, fear

räddhågad *adj* timid, timorous, fearful

räddning *s* ur överhängande fara rescue; räddande saving, rescuing, jfr *rädda I*; frälsning salvation äv. t.ex. stads, företags; bärgning salvage; befrielse deliverance; utväg resort, way out; sport., målvakts save; *det blev hans ~* that was the saving of him (his salvation)

räddningsaktion *s* rescue action

räddningsarbete *s* rescue work (operations pl.)

räddningsbragd *s* daring rescue, life-saving exploit

räddningsförsök *s* attempted (attempt at) rescue

räddningskår *s* rescue (salvage) corps; bil. breakdown [recovery] service

räddningslöst *adv,* ~ *förlorad* irretrievably lost

räddningsmanskap *s* rescue party

räddningsplanka *s* bildl. last resort (hope), sheet anchor; enkelt alternativ easy option

räddningsraket *s* life rocket

Räddningsverket the National Rescue Services Board

rädisa *s* radish

rädsla *s* fear, dread [*för* of]; *av ~ för att* + sats for fear [that (lest)] + sats

räffla I *s* spår groove äv. i gevärspipa; ränna channel; i t.ex. pelare flute; t.ex. på gummisula rib **II** *vb tr* groove, channel, flute; vapen rifle; *~d* om t.ex. gummisula ribbed; *~t glas* ribbed glass; *~d kant* på mynt milled edge

räfsa I *s* rake **II** *vb tr* rake [*ihop* together]
räfst *s* hist., rättslig undersökning inquisition; **hålla ~ [och rättarting] med ngn** friare call a p. to account, bring a p. to book
räjong *s* område region; bildl. range, sphere
räka *s* liten, tång~ el. allm. shrimp; större, djuphavs~ prawn
räkel *s*, **en lång ~** a lanky fellow
räkenskap *s* **1** redogörelse **avlägga ~ för ngt** render an account of a th., account for a th.; **ställa ngn till ~** call a p. to account, bring a p. to book **2** *föra ~er* keep accounts; *göra upp ~erna [med ngn]* settle accounts [with a p.]
räkenskapsår *s* financial year
räkfiske *s* shrimping
räkna I *vb tr* o. *vb itr* **1** allm. count; företa uträkningar reckon; beräkna calculate; **~ till tio** count [up] to ten; **~ kassan** count [over] the cash; hans dagar **är ~de** ...are numbered; **~s som** omodern be regarded (reckoned) as...; **~ ngn bland** sina vänner count (reckon, number) a p. among...; *det ~s bland det bästa han gjort* it is ranked among his best works; **~ med ngt** vänta sig expect (anticipate) a th.; ta med i beräkningen allow for a th.; påräkna count (reckon, calculate) [up]on a th.; **~ (~ inte) med mig** [you can] count me in (out); *det kan du ~ med* you can reckon (count, depend) on that; **~ med hjälp av (från) ngn** count (reckon) on a p.'s help; *jag ~r med att han kommer* I count on him to come; *valarna ~s till* däggdjuren whales are counted (classed) among (come under)...; **~t i francs** in francs; *i procent ~t* on a percentage basis; **~t från [och med]...** counting [as] from (mera formellt with effect from)... **2** matem. do arithmetic (sums); **~ ett tal** do (work out) a sum; **~ med bråk** do fractions; **~ i huvudet** do mental arithmetic; vid visst tillfälle make a mental calculation **3** uppgå till number; mäta measure
II med beton. part.
~ av dra av deduct, allow for; **~ av en skuld mot en fordran** offset (compensate) a debt by a credit
~ bort dra av deduct; lämna ur räkningen leave...out of account; extrainkomster exclude
~ efter: *efter hur mycket det blir* work out how much it will be; **~ efter om det stämmer** check to see if it is right; *jag måste ~ efter* I must work it out
~ från dra av deduct; frånse leave...out of account
~ igenom kontrollera check; kassan, tvätten count [over]
~ ihop t.ex. pengar count (reckon, tally, tot) up; en summa add up
~ in t.ex. kreatur count; ngt i priset include
~ med count [in], include, take into account

~ ned addera ned add (sum) up; inför start count down
~ om count...over again, recount; ett tal do...again; **~ om tum till** centimeter convert inches into...
~ samman se **~** *ihop*
~ upp nämna i ordning enumerate; pengar count out; ekon., anslag o.d. adjust...upwards
~ ut beräkna calculate, work out; fundera ut figure out; förstå make out; tänka ut think out; ett tal do, work out...; boxn. count out; **~ ut det i huvudet** do it (work it out) in one's head
~ över sina pengar count over...; vad det kommer att kosta calculate...
räknare *s* kalkylator calculator; för strålmätning [radiation] counter
räknas *vb itr dep*, *han (det)* **~ inte** he (that) does not count (counts for nothing)
räknebok *s* isht skol., att räkna i sum book; lärobok arithmetic [book]
räknedosa *s* minicalculator, calculator
räkneexempel *s* arithmetical problem; isht skol., mera elementärt sum [to be worked out]
räknefel *s* arithmetical error, miscalculation
räknemaskin *s* calculating machine, calculator
räkneord *s* numeral
räknesticka *s* slide rule
räknesätt *s*, *de fyra ~en* the four [fundamental] rules of arithmetic
räkneuppgift *s* arithmetical problem, sum
räkneverk *s* counter
räkning *s* räknande counting; i vissa fall count äv. boxn.; beräkning, uträkning calculation, reckoning; matem. arithmetic, figures pl.; nota bill; amer. äv. check; månads~, konto account; faktura invoice; *en ~ på* 500 kr a bill for...; *~en går (är) på* 500 kr the bill amounts (runs) to...; *föra ~ över ngt* keep an account of a th.; *göra upp en ~* bildl. pay (settle) an account; *göra upp ~en utan värden* bildl. reckon without one's host; *hålla ~ på ngt* veta antalet keep count of a th.; *gå ner för ~* boxn. el. bildl. take the count; *tappa [bort] ~en* antalet lose count; *för egen ~* hand. on one's own account; behålla ngt *för egen ~* ...for oneself (one's own use); *för ngns ~* on a p.'s account (behalf); *det får stå för hans egen ~* that is just his opinion, he is only speaking for himself; platsen hålls *för hans ~* ...for him; *vara bra i ~* be good at arithmetic (mera elementärt sums, att räkna figures); *ett streck i ~en* oförutsett hinder an unforeseen obstacle; besvikelse a [great] disappointment; *det var ett streck i ~en för mig* it upset my plans; *skriva (sätta) upp ngt på ngns ~* put a th. down to a p.'s account (to a p.); *ta [ngt] på ~* buy [a th.] on credit; *han är ur ~en* he's out of the running (not in it)

räksmörgås

räksmörgås *s* [open] prawn sandwich
räls *s* rail; koll. äv. rails pl.
rälsbrott *s* rail breakage
rälsbuss *s* railbus, railcar, motorcoach
rämna I *s* i t.ex. mur el. i jorden crack; i berg äv. crevice, fissure; i glaciär crevasse; i molnen rent; i tyg äv. slit; bred gap; bildl. split **II** *vb itr* spricka crack, split; om tyg rend, be rent, tear; om molntäcke part
ränker *s pl* intriger intrigues, machinations, underhand dealings; anslag plots, schemes; *smida (spinna)* ~ intrigue, plot, scheme
ränksmidare *s* intriguer, plotter, schemer
1 ränna *s* allm. groove, furrow; transport~ shoot, chute; vid flottning o.d. flume; dike trench; avlopps~ drain; kanal channel; farled channel, fairway; liten klyfta gully
2 ränna I *vb itr* run [*efter* flickor after...; *på* bio to...]; ~ *i vädret (höjden)* växa shoot up; ~ *på grund* run aground
II *vb tr*, ~ *kniven i ngn* run one's knife into a p.
III med beton. part.
~ **in:** ~ *in ngt i*... run a th. into...; ~ *in i ngt* run (crash) into a th.
~ **iväg** run (rush) off
~ **omkring på** gatorna run (gad) about [in]...
~ **upp** *på ett grund* run aground (upon rocks)
~ **ute** om kvällarna run [out and] about..., gad about...
rännande *s* running (gadding) about
rännil *s* rill, rivulet, runnel; friare, t.ex. av svett trickle
ränning *s* varp warp
rännsnara *s* running noose
rännsten *s* gutter; *hamna i ~en* bildl. land in the gutter
rännstensunge *s* street urchin (Arab), guttersnipe
ränsel *s* knapsack, rucksack
1 ränta *s* inälvor offal
2 ränta *s* ekon. interest end. sg.; räntefot rate [of interest]; ~ *på* ~ compound interest; *effektiv* ~ true (actual) rate of interest; *fast* ~ fixed interest; *rak* ~ flat rate; *rörlig* ~ floating interest rate, fluctuating rate of interest; *upplupen* ~ accrued interest; *betala* ~ *på* ett lån pay interest on...; *ta 10% i* ~ charge 10% interest; *lånet löper med 10%* ~ the loan carries 10% interest; låna ut pengar *mot [låg]* ~ ...at [low] interest; *leva på räntor (sina räntor)* live on the interest of one's capital, live on one's private means
räntabel *adj* vinstgivande profitable, remunerative, paying; räntebärande interest-bearing; *vara* ~ äv. pay its way
räntabilitet *s* profitableness, remunerativeness
ränteavdrag *s* deduction of interest; vid självdeklaration tax relief on interest

räntebelopp *s* amount of interest
ränteberäkning *s* calculation of interest
räntefot se *räntesats*
räntefri *adj* ...free of (without) interest, interest-free
räntehöjning *s* increase in the rate of interest
ränteinkomst *s* income (end. sg.) from interest
räntekostnad *s* cost of interest, interest charge; ~*er* interest charges
ränteläge *s* interest [rate] level; *det allmänna* ~*t* the general level of interest rates
ränteräkning *s* matem. computation of interest
räntesats *s* rate of interest, interest rate
räntesubvention *s* interest subsidy
räntesänkning *s* reduction in the rate of interest
räntetak *s* ekon. interest-rate ceiling
räntetermin *s* date of payment of interest
rät *adj* rak right; om linje straight; ~ *vinkel* right angle; *2 ~a, 2 aviga* i stickbeskrivning 2 plain, 2 purl; knit 2, purl 2
räta I *s* right side, face **II** *vb tr* o. *vb itr*, ~ *[ut]* straighten [out], make...straight; ~ *[upp]* ett fartyg right...; ~ *på ryggen* straighten one's back; ~ *på (upp) sig* straighten oneself up; ~ *upp sig* om fartyg right herself; ~ *ut sig* om sak become straight [again]
rätlinjig *adj* eg. rectilinear; bildl., rättfram, ärlig open, straightforward
rätoromanska *s* språk Rhaeto-Romanic
rätsida *s* **1** right side, face; mynts o.d. obverse **2** bildl. *jag får ingen ~ på det här* I can't get this straight, I can't make head or tail of this; *försöka få [någon] ~ på sin ekonomi* try to get one's finances into [some sort of] order
rätstickning *s* plain knitting
1 rätt *s* mat~ dish; del av måltid course; *middag med tre ~er* a three-course dinner; *dagens* ~ på matsedel today's special
2 rätt *s* **1** (jfr *rätta I*) rättighet, det rätta, allm. right; rättvisa justice; ~*en till arbete* the right to work; *få* ~ prove (be) right, turn out to be right; *ge ngn* ~ admit that a p. is right, agree with a p.; *du gjorde* ~ *som vägrade* you were right to refuse; *det gjorde du* ~ *i* you did right there; han svarade inte *och det gjorde han* ~ *i* ...and [he was] quite right too; *göra* ~ *för sig* göra nytta do one's share (bit); betala för sig pay one's way; *ha* ~ *[i ngt]* be right [about a th.]; *det har du* ~ *i* you are right [there], how right you are!; vard. you are dead right; *ha ~en på sin sida* be in the right; *ha* ~ *att* inf. have a (the) right to inf.; be entitled to inf.; *ha* ~ *till ngt* have a right (be entitled) to a th.; *mera än han har* ~ *till* more than his due; *hålla (stå) på sin* ~ stand on (assert) one's rights; *komma till sin* ~ göra sig själv rättvisa do oneself justice, do justice to oneself; ta sig bra ut show (appear) to advantage; *tavlan kommer mera till sin* ~ *där* that position does the

picture more justice; **åren börjar ta ut sin ~** age is beginning to tell [on me (you etc.)]; **han är i sin fulla (goda) ~** he is perfectly (quite) within his rights; **med ~ eller orätt** rightly or wrongly; **med ~ för A. att** inf. with the right for A. to inf.; **med all (full) ~** with perfect justice, very rightly; **med vad ~?** by what right (authority)?; skilja mellan **~ och orätt** …right and wrong
2 a) rättsvetenskap, rättssystem law **b)** domstol court, court of law (justice), lawcourt; jfr *rätta I 2*; **sitta i ~en** sit in court (on the bench); **inför ~en** förklarade han in court…
3 rätt I *adj* riktig right, correct; tillbörlig proper; rättmätig rightful; sann, verklig true, real; rättvis fair, just; **~ skall vara ~** fair is fair; **om ~ skall vara ~** by rights, if we are fair, in all justice; **det är ~** that's right; **det var ~ av henne att** inf. it was right of her to inf.; she was right to inf. (in ing-form); det är **inte mer än ~** …only fair; **det är ~ åt honom!** serve[s] him right!; **göra det ~a** do what is right (the right thing); **det enda ~a** the only right thing; **den ~e** the right man; vard. Mr. Right; **den ~a** the right woman; vard. ibl. Miss Right; **i ordets ~a bemärkelse** in the proper sense of the word; **~ man på ~ plats** the right man in the right place; **~a orsaken** the real cause; **här är inte ~a platsen att** inf. this is not the [right] place to inf.; **allt på sin ~a plats** everything in its proper place; **i ~ tid** in [due] time, on time; efter ord **i ~an tid** …in season; överlämna ngt till **den ~e ägaren** …the right (rightful) owner; **i ~ ögonblick** at the right moment
II *adv* **1** korrekt rightly, correctly; efter vb ofta äv. right; **~ avskrivet intygas** True Copy, true (correct) copy certified by; **eller ~are [sagt]** or rather (more correctly); **går din klocka ~?** is your watch right?; **det kan aldrig ha gått ~ till** there must be (have been) something wrong here (there); **handla ~** act rightly; **höra ~** hear right; **räkna ~** antal count right; räknetal do it (work it out) right; bildl. be right [in one's calculations]; **stava ~** spell correctly; saken **är inte ~ skött** …is not properly handled; **träffa ~** hit the mark; bildl. hit upon the right thing
2 förstärkande: riktigt quite; något försvagande: tämligen fairly; ganska (vanl. gillande) pretty; (vanl. ogillande) rather; jfr äv. *ganska*; **jag tycker ~ bra om henne** I quite like her; filmen **är ~ [så] bra** äv. …not [too (so)] bad; **de är ~ [så] lika varandra** vanl. they are very much alike **3 ~ och slätt** simply **4 ~ som (vad) det var** plötsligt all at once, all of a sudden, suddenly; **~ som jag satt där** just as I was sitting there **5** rakt straight, direct, right, se *rakt* ex.; **~ i (åt) norr** due north; bo, gå **~ över gatan** …straight across the street **6 få (leta, skaffa, ta) ~ på** se *reda I* ex.

rätta I *s* **1 med ~** rightly, justly, with justice; **och det med ~** and rightly so; **finna sig till ~** bli van vid förhållandena settle down, find one's way about (one's legs); **nu har han funnit sig till ~** acklimatisera sig now he feels at home; **gå till ~ med ngn** tillrättavisa rebuke a p. [*för* for; *för* att-sats for ing-form]; **hjälpa ngn till ~** show a p. the way about; friare help a p., lend a p. a hand; vard. show a p. the ropes; **komma till ~** be found, turn up; **komma till ~ med** a) pers., få bukt med manage, handle; komma överens med get on (along) with b) t.ex. problem cope with, master; situation manage, handle; t.ex. svårigheter overcome, get the better of; **lägga till ~** eg. lay (put)…in order, arrange; klarlägga make…clear; utreda elucidate; beriktiga put…right; **ställa allt till ~** reda upp put (set) things right; **sätta sig till ~** settle oneself; **tala ngn till ~** bring a p. to reason, make a p. see (listen to) reason; **visa ngn till ~** eg. show a p. the way; vägleda show a p. the way about; vard. show a p. the ropes **2** jur. **inför ~** in court, before the court; **dra ngt inför ~** bring (take) a th. to court; **ställas inför ~** be put on trial
II *vb tr* o. *vb itr* **1** korrigera correct; ett fel äv. rectify; pers. äv. put…right; skol. mark; amer. grade; **~ en skrivning (en uppsats)** mark (amer. grade) a paper (a composition, an essay); **~ till** a) t.ex. klädseln, håret, ledet put…straight, adjust b) t.ex. fel put (set)…right, rectify, correct; missförhållande o.d remedy; **det ~r nog till sig så småningom** it is sure to come right in the end **2** avpassa adjust, accommodate, suit [*efter* to]
III *vb rfl*, **~ sig 1** rätta en felsägning correct oneself **2 ~ sig efter a)** om pers., t.ex. ngns önskningar comply with, follow, be guided by; instruktioner o.d. äv. conform to; beslut o.d. abide by, go by; order obey; andra människor, omständigheterna accommodate (adapt) oneself to; det enda han har **att ~ sig efter** …to go by; **det är ingenting att ~ sig efter** that is nothing to go by **b)** om sak **priserna ~r sig efter** tillgång och efterfrågan prices are dependent on (determined by)…

rättare *s* lantbr. [farm] foreman
rättegång *s* rannsakning trial; process [legal] proceedings pl.; rättsfall case; isht civilmål lawsuit, action; **~en mot X** civilmål the action against X; brottmål the trial of X; se äv. *process 2* ex.
rättegångsbalk *s* Code of Judicial Procedure, Rules of Court pl.
rättegångsbiträde *s* counsel (pl. lika)
rättegångsdag *s* allm. court day; för visst mål day (date) of trial (of the hearing)
rättegångshandling *s*, **~[ar]** allm. court

records pl.; avseende visst mål documents pl. of a (resp. the) case
rättegångskostnad *s, ~[er]* law expenses pl.; isht ådömda court (legal) costs pl.
rättegångsprotokoll *s* report of the proceedings
rätteligen *adv* med rätta by right, rightly; egentligen by rights
rättelse *s* allm. correction; i text äv. emendation; beriktigande rectification, amendment; *~r rubrik* errata, corrigenda; *vinna ~* jur. obtain redress
rättesnöre *s* guiding rule (principle), norm; *ta ngt till ~* take a th. as a guide (an example), be guided by a th.; *tjäna till ~ för ngn* serve as a guide to a p.
rättfram *adj* straightforward; uppriktig äv. frank, candid; öppenhjärtig outspoken
rättframhet *s* straightforwardness etc., jfr *rättfram*
rättfärdig *adj* just; isht bibl. äv. righteous; *en ~ sak* a just cause
rättfärdiga I *vb tr* justify; försvara äv. vindicate; motivera äv. warrant **II** *vb rfl, ~ sig* justify oneself [*inför ngn* before (to) a p.]
rättfärdiggöra *vb tr* justify
rättfärdiggörelse *s* relig. *~ genom tron* justification by faith
rättfärdighet *s* justness, justice; isht bibl. äv. righteousness
rättighet *s* right; befogenhet authority; sprit*~er* licence sg.; *de mänskliga ~erna* human rights; *ha ~ till ngt* have a right (be entitled) to a th.; *ha ~ att* inf. have a (the) right (be entitled) to inf.; *ha fullständiga sprit~er* be fully licensed
rättika *s* black radish
rättmätig *adj* om t.ex. arvinge, ägare rightful, lawful; om krav o.d. legitimate; om harm righteous, justifiable; *det ~a i* hans krav the legitimacy of...
rättning *s* **1** korrigering correcting; av skrivningar äv. marking, amer. grading **2** mil. dressing; *~ höger (vänster)!* right (left) dress!; *~ i ledet* closing the ranks äv. bildl.
rättroende *adj* o. **rättrogen** *adj* faithful; friare orthodox; *en ~* subst. adj. a [true] believer; *en ~ muslim* a [true] believer in Islam
rättrådig *adj* rättvis just; redbar upright, honest
rättsanspråk *s* legal claim [*på* to]
rättsbegrepp *s* concept (conception) of justice; *stridande mot alla ~* contrary to all ideas of right and justice
rättsfall *s* [legal] case
rättsfråga *s* issue of law
rättsförfarande *s* legal (judicial) procedure
rättshaveri *s* dogmatism, opinionatedness
rättshistoria *s* history of law; *rättshistorien* äv. legal history
rättshjälp *s* legal aid

rättsinnad *adj* o. **rättsinnig** *adj* right-minded; se äv. *rättrådig*
rättskaffens *adj* honest, upright
rättskemisk *adj, ~t laboratorium* laboratory of forensic chemistry; *~ undersökning* public analyst's investigation
rättskipning *s* [the] administration of justice
rättskrivning *s* spelling, jfr *rättstavning*
rättskrivningslära *s* orthography
rättskrivningsregel *s* spelling rule
rättskänsla *s* sense of justice; *social ~* sense of social justice
rättslig *adj* laglig legal; i domstol judicial; juridisk juridical; *medföra ~ påföljd* involve legal consequences; *vidta ~a åtgärder mot ngn* take (bring) judicial proceedings against a p.
rättsläkare *s* medico-legal expert, medical examiner
rättslös *adj* om pers. ...without legal rights (protection)
rättslöshet *s* lack of legal rights (protection)
rättsmedicin *s* forensic medicine, medical jurisprudence
rättsmedicinsk *adj* medico-legal
rättsmedvetande *s* sense of justice
rättsordning *s* jur. legal (judicial) system; *den allmänna ~en* public law (order)
rättspraxis *s* legal usage, case law
rättspsykiatrisk *adj, ~ undersökning* examination conducted by a forensic psychiatrist
rättsröta *s* ung. corrupt legal practice
rättssak *s* [legal] case; *göra ~ av ngt* bring (take) a th. before court (to court)
rättssal *s* court, courtroom
rättssamhälle *s* community governed by law, community founded on the rule of law
rättsskydd *s* legal protection, protection of the law
rättsstat *s* state governed by law
rättsstridig *adj* unlawful, illegal, ...contrary to [the] law; *~t tvång* duress
rättssäkerhet *s* law and order, rule of law, security of life and property; *den enskildes ~* the legal rights pl. of the individual
rättstavning *s* spelling, orthography
rättsvetenskap *s* jurisprudence, legal science
rättsväsen *s* judicial system, judicature
rättvis *adj* rättfärdig just [*mot* to]; skälig fair, equitable; opartisk impartial; *sträng men ~* strict but fair; *det är inte mer än ~t att...* it is only fair that...; *vad är en ~ klocka?* what is the right time?
rättvisa *s* justice, fairness, equity, impartiality, jfr *rättvis*; *~n* lag o. rätt justice, the law; *göra [full] ~ åt ngt* do [full] justice to a th.; *låta ~n ha sin gång* let justice take (have) its course; *i ~ns namn* bör tilläggas in justice ([all] fairness)...
rättvisekrav *s* demand for justice (fairness);

det är ett ~ att... justice demands that..., it is only fair that...
rättvänd *adj* allm. turned the right way round (right side up)
rättänkande *adj* right-minded, right-thinking; *en ~* subst. adj. a right-minded (right-thinking) person
rätvinklig *adj* om triangel o.d. right-angled; om figur äv. rectangular
räv *s* fox äv. bildl.; *svälta ~* kortsp. beggar-my-neighbour; *han har en ~ bakom örat* he is a sly fox (wily bird)
rävaktig *adj* bildl. foxy
rävgryt *s* fox burrow, fox earth
rävhona *s* vixen, she-fox
rävjakt *s* jagande till häst m. hundar foxhunting; m. gevär fox-shooting; jaktparti foxhunt
rävlya se *rävgryt*
rävsax *s* fox trap; *sitta i en ~* bildl. be in a tight corner (spot), be trapped
rävspel *s* **1** spel, ung. fox and geese **2** bildl. intriguing, intrigues pl., underhand games pl., hanky-panky; isht polit. gerrymandering
rävsvans *s* **1** eg. foxtail, fox brush **2** bot. a) amarantväxt love-lies-bleeding b) åkerfräken horsetail
rävunge *s* fox cub
rö *s* reed; *som ett ~ för vinden* like a reed shaken by the wind
röd *adj* red äv. polit.; om hår äv. ginger, carroty; om hy äv. florid; hög~ scarlet; *~ som blod* blood-red, crimson; *gå mot ~ gubbe* cross when the lights are red; *Röda havet* the Red Sea; *~a hund* med. rubella, German measles sg.; *~a kinder* red (rosy, ruddy) cheeks; *Röda korset* the Red Cross; *köra mot rött [ljus]* trafik. jump the [red] lights; *Röda nejlikan* the Scarlet Pimpernel äv. bildl.; *den ~a tråden* bildl. the main thread, the connecting thought; *...går som en ~ tråd genom berättelsen* ...runs all through the story; *inte ett rött öre* not a bean; amer. not a red cent; *i dag ~ i morgon död* here today, gone tomorrow; *bli ~ [i ansiktet]* turn (go) red, redden, jfr *rodna; göra (färga) ~* redden; *de ~a* polit. the Reds; *se rött [för ögonen]* see red; se äv. *blå* o. sms.
rödakorssyster *s* Red Cross nurse
rödaktig *adj* reddish, ruddy
rödbena *s* zool. redshank
rödbeta *s* [red] beetroot, amer. [red] beet
rödblommig *adj* om pers. florid; om t.ex. hy äv. rosy, ruddy
rödblond *adj* om t.ex. hår sandy
rödbok *s* bot. [common] beech
rödbrun *adj* reddish-brown, ruddy brown, russet; fuxfärgad sorrel; om häst äv. bay
rödbrusig *adj* om pers. red-faced...; om t.ex. ansikte red
rödflammig *adj* blotchy

rödfärg *s* röd färg red paint; Falu ~, ung. red ochre, ruddle, reddle
rödglödga *vb tr* bring to [a] red heat; *~d* äv. red-hot äv. bildl.
rödgråten *adj* ...red (swollen) with weeping
rödhake[sångare] *s* zool. robin [redbreast], redbreast
rödhårig *adj* red-haired; om pers. äv. red-headed, carroty-haired
röding *s* zool. char, charr
rödkantad *adj*, *~e ögon* red-rimmed eyes
rödkindad *adj* red-cheeked, rosy-cheeked, ruddy-cheeked
rödklöver *s* bot. red clover
rödkål *s* red cabbage
Rödluvan sagofigur Little Red Riding Hood
rödlätt *adj* om t.ex. hy ruddy
rödlök *s* [red] onion
rödmosig *adj* red and bloated, florid
rödmyra *s* wood ant
rödnäst *adj* red-nosed; stark. purple-nosed
rödpenna *s* red pencil
rödpeppar *s* red pepper
rödräv *s* zool. red fox
rödskinn *s* åld. el. neds. redskin
rödskäggig *adj* red-bearded
rödspotta *s* plaice (pl. lika)
rödsprit *s* förr methylated spirit[s pl.]; vard. meth[s pl.]
rödsprängd *adj* om öga bloodshot
rödspätta *s* plaice (pl. lika)
rödstjärt *s* zool. redstart
rödtunga *s* zool. witch, long flounder, pole dab
rödvin *s* allm. red wine; bordeaux claret; bourgogne burgundy
rödvinsglas *s* claret glass
rödögd *adj* red-eyed
1 röja *vb tr* förråda betray, give away; uppenbara, yppa reveal, disclose; avslöja, blotta expose [*för* i samtl. fall to]; visa, ådagalägga show, display, evince; *~ en hemlighet* give away (betray) a secret; *~ sig* give oneself away, expose oneself
2 röja I *vb tr* skog clear; hygge clear up; *~ mark* clear land; *~ rent på* skrivbordet clear...; *~ väg* eg. clear a way; *~ väg för* bildl. clear (pave) the way for; *~ ngn ur vägen* remove a p., put a p. out of the way
II med beton. part.
~ av tomt o.d. clear; *~ av bordet* clear the table
~ undan eg. o. bildl.: t.ex. hinder clear away; pers. remove; *~ undan på* bordet clear...
~ upp: ~ upp [i ett rum] tidy up [a room]; *~ upp på* olycksplatsen olycksplatsen clear up the debris (wreckage) on...
~ ur clear out
röjarskiva *s* vard. rave-up
röjdykare *s* frogman
röjning *s* av mark o.d. clearing äv. konkr.; efter t.ex. eldsvåda äv. clearance

rök *s* allm. smoke (end. sg.); av särskilt slag, t.ex. cigarrök äv. fumes pl.; *ingen ~ utan eld* no smoke without fire; *gå upp i ~* go up in smoke; bildl. äv. end [up] in smoke, vanish into thin air; sedan dess har vi inte *sett ~en av henne* ...seen a trace of her
rök|a I *vb itr* smoke, jfr *ryka I*
II *vb tr* allm. smoke; matvaror äv. smoke-cure, smoke-dry; träslag äv. fume; desinficera äv. fumigate; *~ cigarr (pipa)* smoke a cigar (a pipe)
III med beton. part.
~ in pipa break in
~ upp: ~ upp fem cigarettpaket i veckan smoke...; *~ upp* en cigarett finish...
~ ut ohyra o.d. fumigate, smoke out
IV *s* vard., cigarrer, cigaretter, koll. smokes pl.
rökare *s* **1** tobaks~ smoker; *icke ~* non-smoker **2** sport. vard.: hårt skott scorcher, bullet, thundering shot; *lägga på en ~* en spurt put on a fast spurt
rökavvänjningsklinik *s* [anti-]smoking clinic
rökbomb *s* smoke bomb
rökdykare *s* fireman [equipped with a smoke helmet]
rökelse *s* incense
rökeri *s* smokehouse, curing-house
rökfri *adj* smokeless; *~ zon* smokeless zone; på arbetsplats non-smokers' area
rökfylld *adj* smoke-filled, smoky; rökmättad smoke-laden
rökfång *s* hood, flue
rökfärgad *adj* smoke-coloured; om glasögon smoked
rökförbud *s* ban on smoking; *det är ~ (~ råder)* i tunnelbanan there is no smoking..., smoking is prohibited...
rökförgiftad *adj* asphyxiated; *bli ~* äv. be overcome by [the] smoke
rökförgiftning *s* asphyxiation
rökgång *s* flue
rökhosta *s* smoker's cough
rökig *adj* smoky, smoke-filled
rökkupé *s* smoking-compartment, smoker
röklukt *s* smell of smoke
rökning *s* allm. smoking; av matvaror äv. smoke-curing, smoke-drying; desinfektion äv. fumigation; av träslag äv. fuming; *~ förbjuden* no smoking; *~ tillåten* smoking
rökpaus *s* break for a smoke
rökpelare *s* column (pillar) of smoke
rökridå *s* smokescreen äv. bildl.; *lägga ut en ~* lay out a smokescreen
rökring *s* smoke ring
rökrock *s* smoking-jacket
rökrum *s* smoking-room
rökruta *s* skol. smoking area
rökskadad *adj* smoke-damaged
röksugen *adj, jag är ~* I feel like (stark. I'm dying for) a smoke
röksvamp *s* bot. puffball
rökverk *s* koll. something to smoke
rölleka *s* bot. yarrow, milfoil
rön *s* iakttagelse observation; upptäckt discovery; erfarenhet experience (vanl. end. sg.); pl. äv. (iakttagelser) findings; *hans ~* har visat sig varaktiga the results of his experiments (discoveries, findings)...
rön|a *vb tr* t.ex. bifall, förståelse, motstånd, ett vänligt mottagande meet with; t.ex. välvilja, kritik äv. come in for; framgång äv. have; uppmärksamhet äv. be received with, receive; uppmuntran find; *~ [livlig] efterfrågan* be in [great] demand; *~ motgång* experience (suffer) a reverse; hon borde ha *-t ett bättre öde* ...enjoyed a better fate
rönn *s* bot. mountain ash; isht Nordeng. o. Skottl. rowan; för sms. jfr äv. *björk-*
rönnbär *s* rowanberry; *surt, sa räven om ~en* ung. it's (that's) just sour grapes
röntga *vb tr* o. *vb itr* X-ray; *han ska ~s* imorgon he is to be X-rayed...
röntgen *s* **1** ~strålar X-rays pl.; ~behandling X-ray treatment **2** vard., se *röntgenavdelning* **3** (förk. *R*) fys., enhet rœntgen
röntgenapparat *s* X-ray machine (unit)
röntgenavdelning *s* radiotherapy department
röntgenbehandling *s* X-ray treatment, radiotherapy
röntgenbild *s* X-ray picture, radiograph
röntgenblick *s* X-ray vision
röntgenfotografera *vb tr* X-ray, radiograph
röntgenfotografering *s* radiography
röntgenplåt *s* X-ray plate
röntgenstrålning *s* [the] emission of X-rays
röntgenundersökning *s* X-ray [examination]
rör *s* **1** lednings~ pipe; koll. äv. piping sg.; isht vetensk. el. tekn. tube; koll. äv. tubing sg. **2** i radio el. TV valve; amer. tube **3** bot. reed; bambu~, socker~ cane **4** se *bandyrör* o. *ishockeyrör*
rör|a I *s* allm. mess äv. bildl.; hoprörd blandning äv. mishmash, hotchpotch båda äv. bildl., t.ex. tomat mixture; virrvarr äv. jumble, medley, mix-up; oreda confusion, muddle; *vilken ~!* what a mess (jumble)!; *i en [enda] ~* all in a huddle, in a jumble, all over the shop; *vara en enda ~* be all in a mess
II *vb tr* (jfr *rörd*) **1** sätta i rörelse move, stir; *inte ~ ett finger för att...* not stir a finger (lift a hand) to... **2** vidröra touch; bildl., angå concern; *han -de knappt* maten he hardly touched...; *rör mig inte!* don't touch me!; *det rör mig inte* jag bryr mig inte om det I don't care (couldn't care less); det angår inte mig it does not concern me; *vad rör det mig?* what has that got to do with me?; *se men inte ~* look but don't touch **3** bildl., framkalla rörelse hos *~ ngn till tårar* move a p. to tears
III *vb itr, ~ i gröten* stir the porridge; jag vill inte *~ i den saken* ...poke into that matter;

rör på benen! sätt fart! get a move on!; **han -de på huvudet** he moved his head; **~ på sig** eg. move; **motionera** get some exercise; se sig om i världen get about; **~ vid** eg. touch; ämne, problem touch [up]on
IV vb rfl, **~ sig 1** eg. allm. move; absol. el. i nekande uttr. äv. stir; motionera get exercise; **rör dig inte!** don't move!; **han -de sig inte ur fläcken** äv. he did not budge; inte ett löv **-de sig** ...was stirring; **~ sig fritt** move about freely; jorden **rör sig kring solen** ...turns (revolves) round the sun **2** bildl. **~ sig i** de bästa kretsar move in...; **vad som rör sig i tiden** what is going on in our time; **han har mycket pengar att ~ sig med** he has a lot of money at his disposal; **berättelsen rör sig om...** the story is about (deals with)...; **det rör sig om din framtid** it (this) concerns your future; **det rör sig om stora summor** ...are involved; **vad rör det sig om?** what is it [all] about?
V med beton. part.
~ ihop kok. o.d. mix; bildl. mix (jumble) up; **han -de ihop alltsammans** äv. he got it all muddled up
~ om [i] kok. stir; **~ om i brasan** stir (poke) up the fire; **~ om i** grytan stir...
~ till kok. prepare; smet mix; **rör inte till [det]** på skrivbordet don't mess things up...
~ upp eg. stir up; damm äv. raise; gamla tvister rake up
~ ut: ~ ut ngt i (med) vatten stir a th. into water, mix a th. with water
rörande I adj touching, moving; stark. pathetic
II prep angående concerning, regarding; vad beträffar as regards
rörd adj **1** gripen moved, touched, affected; hennes tårar **gjorde mig ~** ...moved me
2 rört smör creamed butter
rördrom s zool. bittern
rörelse s **1** mots. t. vila motion äv. fys. el. tekn.; av levande varelse äv. movement; gest gesture; liv och **~** stir, bustle; uppståndelse commotion; **en ~ med** handen a movement (motion) of...; lavinen **kom i ~** ...began to move; **sätta** fantasin **i ~** stir (excite)...; **sätta en maskin i ~** start...; **sätta sig i ~** begin to move, start off; hela staden **är i ~** ...is astir; **starka krafter är i ~ för att** inf. strong forces are at work to inf.; fientliga trupper **är i ~** ...are on the move; **vara i ständig ~** be in constant motion
2 politisk, social o.d. movement **3** affärs~ business; företag äv. enterprise, company, firm; **driva (öppna) egen ~** run (start, open) a business (firm) of one's own **4** själs~, sinnes~ emotion; oro agitation
rörelseenergi s fys. kinetic (motive) energy
rörelsefrihet s freedom of movement; bildl. äv. liberty of action
rörelseförmåga s hos levande organism locomotive power; ngns ability to move

[about]; **förlora ~n i benen** lose the use of one's legs
rörelsehindrad adj disabled; **en ~** subst. adj. a disabled person
rörelsekapital s working (floating) capital
rörformig adj tubular
rörig adj som ett virrvarr messy; oredig, virrig jumbled, jumbly, muddled, confused, mixed-up; **vad det är ~t!** what a mess (jumble)!
rörinstallation s plumbing
rörledning s piping; isht för vatten äv. conduit; större transportledning pipeline
rörlig adj flyttbar movable; föränderlig, om t.ex. anletsdrag mobile; om priser, ränta flexible; snabb, äv. psykiskt agile, nimble, alert; om intellekt äv. versatile; **~ bro** movable bridge; **~a delar** på maskin moving parts; **~a helgdagar** movable feasts; **~t kapital** working (floating, active) capital; **~a kostnader** variable costs; **~t liv** active life; **~ pensionsålder** flexible pensionable age; **~a tillgångar** current assets; **~a trupper** mil. mobile troops; **vara ~ av sig** be agile etc.
rörlighet s (jfr **rörlig**) movability, movableness, mobility, flexibility; agility, nimbleness, alertness, versatility; **~ på arbetsmarknaden** industrial mobility
rörläggare s plumber, pipe layer, pipe fitter; för gasrör äv. gas fitter
rörmokare s plumber
rörpost s pneumatic dispatch; **med ~** by tube
rörsocker s cane sugar
rörsopp s bot. bolete
rörtång s pipe wrench (tongs pl.)
röse s mound of stones; uppstaplat cairn
röst s **1** stämma, sångröst voice äv. bildl.; sångare singer; **~er höjdes för...** voices were heard urging...; **en ropandes ~ i öknen** bibl. the voice of one crying in the wilderness; **höja (sänka) ~en** raise (lower) one's voice; **höra ~er** bildl. hear voices; **med hög (låg) ~** in a loud (low) voice **2** polit. vote; **~er** votes; sammanfattande äv. vote sg.; avgivna äv. poll sg.; **antalet avgivna ~er** the number of votes cast, the [total] vote (poll); **nedlagd ~** abstention; **avge sin ~** give one's vote, vote; **få 3000 ~er** poll (get, receive) 3,000 votes; **lägga ned sin ~** abstain [from voting]; bli vald **med tio ~ers övervikt** ...by a majority of ten
rösta I vb itr vote; vid allmänt val äv. poll; **en ~nde** subst. adj. a voter; **~ för (mot) ngt** vote for (against) a th.; **~ på högern** vote Conservative (with the Conservatives); **~ om ngt** vote on a th., put a th. to the vote; **~ på ngn** vote for a p.; jfr **blankt** m.fl.
II med beton. part.
~ igenom förslag o.d. vote...through
~ in ngn i t.ex. riksdagen vote a p. into...
~ ned vote down, reject

röstapparat *s* vocal organs pl.
röstberättigad *adj* ...entitled to vote; *vara ~* äv. have a vote; *~ medlem* voting member; *en ~* subst. adj. a voter
röstetal *s* number of votes, poll; *vid lika ~* avgör lotten if the number of votes are equal..., where the voting is even...
röstfiske *s* angling for votes, vote-catching
röstkort *s* ung. voting (electoral) card
röstläge *s* [vocal] pitch
röstlängd *s* electoral register, register of electors (voters)
röstning *s* voting; vid allmänt val äv. polling
röstomfång *s* mus. compass (range) of a (resp. the) voice
röstorgan *s* mus. vocal organ
röstresurser *s pl* vocal powers
rösträkning *s* rösträknande counting of votes; *en ~* a count [of votes]
rösträtt *s* ngns right to vote (of voting); politisk, kommunal franchise; *allmän (kvinnlig) ~* universal (woman, women's) suffrage; *frånta ngn ~en* disfranchise a p.
röstsedel *s* voting paper, ballot paper
röstsiffra *s* number of votes, poll
röstskolkare *s* abstainer
röstspringa *s* anat. glottis
röststyrka *s* **1** hos pers. strength (power) of one's (the) voice **2** polit. voting strength
röstövervikt *s* majority [of votes]
1 röta I *s* rot; förruttnelse putrefaction; förmultning decay; med., kallbrand gangrene; på tänder, ben caries; bildl. corruption; *ta (angripas av) ~* begin to rot, putrefy **II** *vb tr* **1** rot **2** lin, hampa ret
2 röta *s*, *vilken ~* vard., tur what a piece (bit) of luck
rötmånad *s*, *~en* the dogdays pl.; friare dödsäsongen the silly season
rötslam *s* [digested] sludge
rött *s* red; *sätta lite ~ på läpparna* put on some lipstick; *köra mot ~* jump the [red] lights; *gå mot ~* cross against the red light; jfr *blått*
rötägg *s* eg. addled (rotten) egg; bildl. bad egg, rotter; *familjens ~* the black sheep of the family
röv *s* vulg. arse, amer. ass
röva *vb tr* rob [*ngt från ngn* a p. of a th.]; stjäla steal [*ngt från ngn* a th. from a p.]; *~ bort* run away with; isht kvinna abduct; 'kidnappa' kidnap; boskap o.d. lift
rövarband *s* band (gang) of robbers
rövare *s* **1** robber; åld. el. bibl. thief (pl. thieves); *leva ~* raise hell (Cain, the devil); *vara ute och leva ~* be on the rampage **2** *ta en ~* vard. have a go, chance it
rövarhistoria *s* cock-and-bull (tall) story
rövarkula *s* robber's den, den of thieves; bildl. thieves' den
rövarpris *s*, *det är rena rama ~et* oskäligt mycket it's daylight robbery
röveri *s* robbery, brigandage
rövslickare *s* vulg. arse licker, bumsucker; amer. ass kisser

S

s *s* bokstav s [utt. es]
Saar[land] the Saar, Saarland
sabba *vb tr* vard.: vandalisera vandalize; förstöra ruin, spoil, muck up
sabbat *s* Sabbath; *fira ~[en]* observe the Sabbath
sabbatsbrott *s* hist. breach (breaking) of the Sabbath
sabbatsår *s* year off; univ. sabbatical [year], amer. juicer; *ha ~* be on sabbatical
sabel *s* **1** sabre äv. fäktn.; rak äv. sword **2** kraftuttr. *sablar!* hang (dash) it! **1 sabla** *vb itr*, *~ ned* t.ex. fienden cut down; t.ex. bok, pjäs slash, slate, pull (tear)...to pieces, write down **2 sabla** *adj* o. *adv* vard., se *jäkla*
sabotage *s* sabotage
sabotera *vb tr* sabotage; friare ruin, spoil, muck up
sabotör *s* saboteur
sachsare *s* hist. Saxon
Sachsen Saxony
sachsisk *adj* hist. Saxon; *~t porslin* Dresden china
sacka *vb itr*, *~ [efter]* lag (drop) behind, straggle
sackarin *s* kem. saccharin
sadel *s* **1** allm. saddle äv. kok.; *stiga i ~n* get into the saddle, mount one's horse; *sitta säkert i ~n* bildl. be (sit) firmly in the saddle; *kastas ur ~n* be unseated äv. bildl. **2** på fiol nut
sadelbom *s* sadelbåge saddlebow
sadelgjord *s* [saddle] girth, cinch
sadelknapp *s* pommel
sadelmakare *s* saddler
sadelplats *s* vid kapplöpning paddock, enclosure
sadeltäcke *s* saddle blanket, saddlecloth
sadism *s* sadism
sadist *s* sadist
sadistisk *adj* sadistic
sadla I *vb tr* saddle; *~ av (på)* unsaddle (saddle [up]) **II** *vb itr*, *~ om* byta yrke change one's profession etc., jfr *yrke;* ändra åsikt change one's mind (opinion); ändra taktik shift one's ground; byta sida change sides
safari *s* safari
safaripark *s* safari park
saffran *s* saffron
saffransbröd *s* saffron[-flavoured] bread
saffransgul *adj* saffron-yellow; attr. äv. saffron...
safir *s* sapphire
safirnål *s* till skivspelare sapphire stylus
saft *s* natur~ juice; kokt med socker (för spädning) cordial; växt~, sav sap; bildl., märgfullhet pith; *ett glas ~* a fruit drink; se äv. *apelsinsaft* etc.; *pressa (krama) ~en ur* en citron squeeze [the juice out of]..., squeeze...dry
safta I *vb itr* **1** eg. make cordial **2** *~ på* vard., 'bre på' pile it on; *~ till* slå till bash **II** *vb rfl*, *~ sig* run to juice
saftig *adj* juicy äv. bildl.; om frukt, blad o.d. äv. succulent; full av sav sappy; *~a färger* rich (mellow) colours; *~ historia (humor)* racy story (humour); *~ skandal* juicy scandal
saga *s* fairy tale äv. friare; [fairy] story, tale; barn~ äv. nursery tale; folk~ folk tale; nordisk saga; myt, guda~ myth; *berätta en ~ [för mig]!* tell me a story!; *berätta sagor* äv. ljuga o.d. tell fairy tales, tell stories; *det är snart en ~ blott* it will soon be but a memory
sagd *adj* said; *~a person* the said person; se f.ö. ex. under *säga*
sagesman *s* informant; källa äv. authority, source
sagoberättare *s* story-teller
sagobok *s* book of fairy tales, story book
sagogryn *s* kok., koll. sago; pärl~ pearl sago
sagoland *s* fairyland, wonderland
sagolik *adj* fabulous; vard., underbar o.d. äv. gorgeous, fab, terrific, super; fantastisk fantastic; *en ~ röra* an incredible mess; *vilken ~ tur!* what fantastic (incredible) luck!
sagoprins *s* fairy prince
sagoslott *s* fairy castle (palace)
sagospel *s* fairy play
sagostund *s* story time
sagovärld *s* fairyland, wonderland; mytologi mythological world
Sahara the Sahara
sak *s* **1** konkr. thing äv. om pers.; föremål äv. object, article; *~er* tillhörigheter belongings; *en fin liten ~* om t.ex. konstverk, musikstycke a pretty little thing
2 abstr.: omständighet o.d. thing; angelägenhet matter, business (end. sg.), affair; fråga äv. question; *~ att kämpa för* o.d. cause, jfr *3; en ~* någonting vanl. something; *~en* det, förhållandet o.d. it, the matter; *den ~en* 'det' vanl. that; jfr ex.; *~er och ting* things; *~en är den att han...* the fact is that he..., it is like this, he...; *vad gäller ~en?* what's it about?; *det är just det ~en gäller* that's just the point; *det gör inte ~en bättre* that doesn't mend matters (make it any better); det är ingen ursäkt that is no excuse; *kunna sin ~ (sina ~er)* know one's job (vard. stuff, onions); *den ~en skall jag ordna* I'll see to that; *jag ska säga dig en ~* I tell you what; do you know what?; *det var en annan ~!* det förändrar saken that makes all the difference!, that alters things (matters)!; *det är [inte] min ~* that's [none of] my business, that's [not] my headache; *det är inte min ~ att*

döma it is not for me to judge; *det är din ~ att ta reda på det* it is up to you (is your job) to find out; *det är samma ~* it is the same thing, jfr ex. under *samma; det är en självklar ~* it is a matter of course, it stands to reason; *för den goda ~en[s skull]* for the good of the cause; *han har rätt i ~* essentially he is right; *det ligger i ~ens natur* it is in the nature of things (is quite natural); *så var det med den ~en!* and (so) that's that!, that's all there is to it!; *han är säker på sin ~* he is sure of his ground; *komma till ~en* get to the point, get down to brass tacks; *se till ~en [och ej till personen]* be objective
3 jur., rättsfall case; friare el. ngt att kämpa för cause; *göra ~ av det* take it to court; *söka ~ gräl med* try to pick a quarrel with; *ta sig an ngns ~* take up a p.'s cause; *döma i egen ~* be a judge of one's own cause
saké *s* japanskt risbrännvin saké
sakfel *s* factual error
sakfråga *s* question of fact, factual matter; *[själva] ~n* the point at issue
sakförare jur., se *advokat*
sakförhållande *s* state of things (affairs); faktum fact
sakkunnig *adj* expert, competent; *vara ~ i* be [an] expert in; *en ~* subst. adj. an expert, a specialist, an adviser; *tillkalla ~a* subst. adj. call in expert advice
sakkunskap *s* sakkännedom expert knowledge; *~en* de sakkunniga the experts pl.
saklig *adj* nykter o. torr matter-of-fact, businesslike; objektiv objective, impartial; baserad på fakta ...based (founded) on facts; *en ~ bedömning* an objective estimate; *på ~a grunder* on grounds of fact; *~t uppträdande* matter-of-fact manner
saklighet *s* matter-of-factness; objektivitet objectivity
sakläge *s* state of things
saklöst *adv* ostraffat with impunity; utan vidare just like that; *det kan ~ utgå* it can be safely omitted
sakna *vb tr* **1** inte ha, vara utan lack, be without, have no, jfr ex.; m. bibet. av behov want, be in want of; lida brist på be wanting (lacking, deficient) in; vara helt utan t ex talang, mening be devoid of; *~ anlag (medel, pengar)* lack aptitude (means, money); beskyllningen *~r grund* ...is without foundation, ...is unfounded (baseless); *huset ~r hiss* there is no lift in the house; *han ~r humor* he has no (is devoid of a) sense of humour; verbet *~r infinitiv* ...has no infinitive; *jag ~r ord för att uttrycka...* I am at a loss for (I lack) words with which to express... **2** inte [kunna] hitta *~r du något?* have you lost something? **3** märka frånvaron av miss; känna saknad efter äv. regret; *jag ~de*

inte nycklarna förrän... I didn't miss my keys until...; *jag ~r det inte* I don't miss it; jag behöver det inte I can do without it; *~ ngn [mycket]* miss a p. [badly (very much)]
saknad I *adj* (jfr *sakna* 3) missed, regretted; borta missing; *anmäld såsom ~* reported missing; förfrågningar om *~e* subst. adj. ...persons missing (missing persons) **II** *s* **1** *~ efter ngn* regret at a p.'s loss (at the loss of a p.); *~en efter honom är stor* his loss is deeply felt **2** brist want, lack
saknas *vb itr dep* vara borta be missing; *motiv ~ inte* there is no lack of motive
sakprosa *s* ordinary (factual, non-literary) prose; i mots. till skönlitteratur non-fiction
sakral *adj* sacred
sakrament *s* sacrament; *nattvardens ~* the Eucharist
sakregister *s* subject index
sakristia *s* kyrkl. vestry, sacristy
sakrosankt *adj* sacrosanct
sakrätt *s* jur. law of property
sakskäl *s* positive argument; *mottaglig för ~* amenable to reason
sakta I *adj* långsam slow; varsam gentle; dämpad soft; *över ~ eld* over a slow fire; *i ~ mak* at an easy (a leisurely) pace, at an amble **II** *adv* långsamt slowly; varsamt gently; *~ framåt!* sjö. easy ahead!; *gå ~* walk slowly (tyst softly); *gå för ~* om urverk be slow; *~ men säkert* slow but sure, slowly but steadily (surely) **III** *vb tr* o. *vb itr*, *~ [farten]* el. *~ av* slow down, slacken [the] speed; *~ av* om storm o.d. abate; *~ in* slow down **IV** *vb rfl*, klockan *~r sig* ...is losing [time]
sakteliga *adv*, *[så] ~* slowly; tyst, lätt softly, gently
saktmodig *adj* meek äv. bibl.; gentle
sakuppgift *s* factual information (end. sg.); *ett par ~er* some [pieces of] information
sakvärde *s* real value
sal *s* hall; mat~ dining-room; salong drawing-room; sjukhus~ ward; *allmän ~* public ward
salamander *s* zool. el. mytol. salamander
salami[korv] *s* salami [sausage]
saldera *vb tr* hand. balance
saldo *s* balance; *ingående ~* balance brought forward (förk. BF, b.f.); *utgående ~* balance] [to be] carried forward (förk. CF, c.f.)
salicylsyra *s* kem. salicylic acid
salig *adj* bibl. blessed; poet. blest; vard., lycklig delighted, [very] happy; avliden late...; *en ~ röra* a glorious mess; *var och en blir ~ på sin fason* everybody is happy in his own way
saliggörande *adj* saving; *den allena ~ tron* the one [and only] saving faith
salighet *s* teol. blessedness; frälsning salvation; lycka bliss, happiness; *den eviga ~en* eternal bliss (glory); *det är trångt om ~en* vard.

there isn't room to breathe (room to swing a cat) here
saliv *s* saliva
salivavsöndring *s* secretion of saliva, salivary secretion, salivation
sallad *s* **1** bot., sallat lettuce **2** maträtt salad
salladsbestick *s* salad servers pl.; *ett* ~ a pair of salad servers
salladsblad *s* lettuce leaf
salladsdressing *s* salad dressing
salladshuvud *s* lettuce, head of lettuce
salladsskål *s* salad bowl
salladssås *s* salad dressing
salmiak *s* kem. sal ammoniac, ammonium chloride
salmonella *s* ~bakterier salmonell|a (pl. -ae); sjukdomen salmonella; vetensk. salmonellosis
salong *s* **1** i hem drawing-room; amer. parlor; [stort] sällskapsrum lounge äv. på hotell, båt o.d.; mindre, på båt saloon; teater~ auditorium; järnv. open section; se äv. *frisersalong, skönhetssalong* etc.; *~en* publiken på teater o.d. the audience, the house **2** utställning exhibition, konst. äv salon
salongsberusad *adj* ung. merry
salongsfähig *adj* socially acceptable; om t.ex. uttryck ...fit for the drawing-room, decent
salongsgevär *s* saloon (small-bore) rifle
salongskommunist *s* parlour Communist
salongslejon *s* drawing-room lion, socialite
salpeter *s* kem. saltpetre, nitre; kali~ potassium nitrate
salpetersyra *s* kem. nitric acid
salt I *s* salt; kok~ [common] salt; *ta ngt med en nypa salt* bildl. take a th. with a grain (pinch) of salt; *strö ~ i såren på ngn* bildl. rub salt into a p.'s wounds **II** *adj* salt; saltsmakande äv. salty; [in]saltad äv. salted; bildl., bitande, skarp pungent
salta I *vb tr* salt; beströ m. salt äv. sprinkle...with salt; bildl., göra färgstark äv. season; *~ notan* vard. salt the bill; *en ~d räkning* a stiff bill; *~ in (ned)* salt [down]; lägga i saltlake brine **II** *vb itr*, *~ i (på)* ngt put salt in (on)...
saltfattig *adj*, *~ kost* low-salt diet
saltgurka *s* pickled gherkin
salthalt *s* salt content, salinity; procentdel percentage of salt
saltkar *s* för bordet saltcellar
saltlake *s* kok. brine, pickle
saltlösning *s* saline solution, saline, brine
saltomortal *s* somersault; *göra en ~* do (turn) a somersault, somersault; *baklänges ~* backflip
saltsill *s* salt[ed] (pickled) herring
saltsjö *s* insjö salt lake
saltsmak *s* salt[y] taste
saltströare *s* saltcellar, amer. äv. saltshaker
saltsyra *s* kem. hydrochloric acid
saltvatten *s* salt water; saltlösning brine

saltvattensfisk *s* saltwater fish (pl. lika)
salu *s*, *till ~* on (for) sale, to be sold; *ej till ~* not for sale
salubjuda *vb tr* o. **saluföra** *vb tr* offer...for sale
saluhall *s* market hall, covered market
saluki *s* zool. Saluki
salustånd *s* stall; isht på marknad booth; isht på t.ex. mässa stand
salut *s* salute; *ge (skjuta) ~* give a salute
salutera *vb tr* o. *vb itr* salute
salutorg *s* market place
saluvärde *s* market (sales) value
1 salva *s* skott~ o.d. el. bildl. volley; eg. äv. round of ammunition; om salut äv. salvo (pl. -s el. -es); *avlossa (avfyra) en ~* discharge (fire) a volley
2 salva *s* till smörjning ointment; till sårbehandling o.d. äv. salve
salvelsefull *adj* unctuous
salvia *s* bot. sage
samarbeta *vb itr* co-operate, work together; isht i litterärt arbete el. neds. el. polit. collaborate
samarbete *s* co-operation; collaboration; jfr *samarbeta; internationellt ~* international co-operation; han har skrivit boken *i ~ med A.* ...in collaboration with (together with) A.
samarbetssvårigheter *s pl* difficulty sg. in co-operating
samarbetsvilja *s* will (villighet willingness) to co-operate, co-operativeness
samarbetsvillig *adj* co-operative
samarit *s* bibl. el. bildl. Samaritan; *den barmhärtige ~en* the Good Samaritan
samba *s, dansa ~* dance (do) the samba
samband *s* connection; mil. liaison; *i ~ härmed* in this connection; *stå i ~ med* have (bear) a relation to, be related to (connected with)
sambeskatta *vb tr* jointly tax
sambeskattning *s* joint taxation
sambo I *s* samboende person live-in, common law husband (resp. wife); mera formellt cohabitee, cohabiter **II** *vb itr* live together, live in; mera formellt cohabit; *~ med* ngn, vanl. live with...
samboende I *adj* ...living together; attr. äv. ...that live (lived etc.) together; mera formellt cohabiting **II** *s* det att sammanbo living together, cohabitation, jfr vid. *sambo I*
same *s* Lapp, Laplander
samexistens *s* coexistence; *fredlig ~* peaceful coexistence
samfund *s* förening society, association; lärt äv. academy; kyrko~ communion
samfälld *adj* gemensam joint; kollektiv äv. collective; enhällig unanimous; *~ mark* jur. common land
samfällighet *s* **1** association, community **2** ngt åld., se *allmänning*
samfärdsel *s* communications pl.; inbördes äv. intercommunication; trafik traffic

samfärdsmedel *s* means (pl. lika) of transport
samförstånd *s* [mutual] understanding; enighet agreement, consensus; **hemligt ~** secret understanding; maskopi collusion; **i ~ med** partiet o.d. in agreement (accord, concert) with...; *vi skildes i bästa* **~** we parted on the best of terms; *komma till (nå)* **~** come to an understanding
samgående *s* sammanslagning fusion, merger; gemensam aktion joint action; *ett* **~** *mellan...* [close] co-operation between...
samhälle *s* **1** allm. society (äv. **~t)**; som social enhet community; ort place; by village; förstad suburb; stad town; *på* **~ts bekostnad** at [the] public expense **2** zool. colony; bi~ äv. hive
samhällelig *adj* social; **~** *plikt* public duty
samhällsanda *s* public (community) spirit; *god* **~** äv. good citizenship
samhällsbevarande *adj* conservative
samhällsdebatt *s* public debate, public discussion of social problems
samhällsekonomi *s* national (public) economy (finances pl.)
samhällsfara *s* public danger
samhällsfarlig *adj* ...dangerous to society (resp. the community); anti-social; *vara* **~** äv. be a public danger
samhällsfientlig *adj* anti-social
samhällsförbättrare *s* social reformer
samhällsgrupp *s* social group
samhällsklass *s* class [of society], social class
samhällskritik *s* criticism of society, social criticism
samhällskritiker *s* critic of society, social critic
samhällskritisk *adj* ...critical of society
samhällskunskap *s* civics sg., social studies pl.
samhällslager *s* strat|um (pl. -a) of society, social strat|um (pl. -a)
samhällsliv *s* social life
samhällsmedlem *s* member of society
samhällsnytta *s*, **~n** the public welfare
samhällsnyttig *adj* ...of advantage to society; **~t företag** [public] utility company
samhällsomstörtande *adj* subversive, revolutionary
samhällsordning *s* social order
samhällsorgan *s* public institution
samhällsorienterande *adj*, **~** *ämnen* social studies, civics sg.
samhällsplanering *s* social (community el. town and country) planning
samhällsproblem *s* social problem
samhällsskick *s* social structure, type of society
samhällsskikt se *samhällslager*
samhällsskildring *s* description of society
samhällsställning *s* social position, position in society, station
samhällstillvänd *adj* social-minded, civic-minded; engagerad, om t.ex. litteratur committed
samhällstjänst *s* community service
samhällsvetare *s* social scientist, sociologist
samhällsvetenskap *s* social science, sociology
samhörighet *s* solidarity; själsfrändskap affinity, sympathy, kinship [*med* i samtl. fall with]; *känna* **~** *med* äv. feel [intimately] allied (related, akin) to
samhörighetskänsla *s* feeling (sense) of belonging [*med* to], [feeling of] togetherness (affinity)
samisk *adj* Lapp, Lappish
samiska *s* språk Lappish
samklang *s* mus. harmony, unison äv. bildl.; enhällighet concord, unanimity; *stå i* **~** *med* bildl. be in harmony (tune, keeping) with
samkväm *s* social [gathering]; afton~ äv. social evening
samköra *vb tr* co-ordinate; **~** *dataregister* link and match computer files
samkörning *s* co-ordination; **~** *av dataregister* [the] linking and matching of computer files
samla (jfr *samlad*) **I** *vb tr* gather; isht mer planmässigt collect; isht m. personobj. äv. assemble; få ihop get together; **~** på hög amass, hoard up, accumulate; förvärva acquire; lagra store [up]; dra till sig attract; förena, ena unite, unify; **~ *många deltagare*** attract many participants; **~ *erfarenhet*** gather experience; **~ *frimärken (material)*** collect stamps (material); **~ *en förmögenhet*** amass a fortune; **~ *mod*** pluck (get) up courage; **~ *tankarna*** collect (compose) one's thoughts
II *vb itr*, **~ *på*** ngt collect...; **~ *till*** ngt a) spara save up for... b) lägga ihop club together for...
III *vb rfl*, **~ *sig*** eg., se *samlas*; bildl. collect (compose) oneself; vard. pull oneself together; koncentrera sig concentrate
IV med beton. part.
~ ihop se *samla I*; **~ *ihop ett lag (sina saker)*** get a team (one's things) together
~ in collect; t.ex. namnunderskrifter äv. get
~ på sig t.ex. en massa skräp pile up
~ upp gather up, collect; plocka upp äv. pick up
samlad *adj* collected; församlad assembled etc., jfr *samla I*; *lugn och* **~** calm and collected (composed); **~ *skoldag*** system the integrated schoolday; **Strindbergs ~e skrifter** the collected (complete) works of Strindberg; *hålla tankarna* **~e** keep one's thoughts composed; *i* **~** *trupp (tropp)* [all] in a body
samlag *s* sexual intercourse; isht med. coitus, coition (samtl. end. sg.); *ett* **~** an act of sexual intercourse; *ha* **~** have sexual intercourse; vard. have sex, make love; *avbrutet* **~** preventivmetod coitus interruptus lat.
samlare *s* collector

samlarobjekt *s* collector's item
samlarvärde *s* value to a collector, value from a collector's point of view
samlas *vb itr dep* om pers. gather, get (come) together; om t.ex. folk[massa] äv. collect; församlas assemble; träffas meet; hopas collect; ~ *kring en idé* be united by an idea; ~ *kring en ledare* rally round a leader
samlevnad *s* **a)** mellan t.ex. nationer *[fredlig]* ~ [peaceful] coexistence **b)** mellan människor social life; samliv life together; *äktenskapligt* ~ married life
samling *s* **1** abstr. gathering etc., jfr *samla I* o. *samlas;* uppslutning rallying; polit. coalition; ~ *[sker]* kl. 9 assembly (vi ska samlas we will assemble) at... **2** konkr., t.ex. av mynt, böcker collection; av pers., vanl. gathering; grupp group; vard. bunch, lot; neds. pack [samtl. med of framför följ. best.]; *en utvald* ~ a select group (gathering); *en* ~ *lögner (lögnare)* a pack of lies (liars)
samlingslokal *s* plats meeting-place; sal assembly hall, meeting-hall
samlingsnamn *s* generic (comprehensive, umbrella) term
samlingsplats *s* meeting-place; mil. el. friare rendezvous (pl. lika)
samlingspunkt *s* meeting-point, rallying point; bildl. foc|us (pl. -i el. -uses)
samlingspärm *s* file
samlingsregering *s* coalition government
samlingssal *s* assembly hall, meeting-hall
samliv *s* life together; *äktenskapligt* ~ married life
samma (*samme*) *adj* the same [*som* as]; likadan similar [*som* to], ...of the same kind (sort) [as]; ~ *dag* the (that) same day; *redan* ~ *dag* that very day; jag kom ~ *dag som du* ...[on] the same day as you [did]; ~ *dag* han for [on] the day [that]...; *en och* ~ *person* [one and] the same person; *det är en och* ~ *sak* it comes to the same thing; *[det är] sak* ~ it's all the same, it makes no difference; *sak* ~ *[var]* no matter [where]; *de är av* ~ *sort (storlek)* they are the same kind (size), they are of a kind (size); *de är i* ~ *ålder* they are [of] the same age; *på* ~ *gång* at the same time; *på* ~ *sätt* [in] the same way, similarly
sammalen *adj, sammalet mjöl* whole meal
samman *adv* together, jfr *ihop* o. *tillsammans*
sammanbiten *adj* resolute, dogged
sammanblandning *s* förväxling confusion
sammanbo *vb itr* live together, live in; mera formellt cohabit; ~ *med* ngn live with...
sammanboende se *samboende*
sammanbrott *s* collapse, breakdown; *nervöst* ~ nervous breakdown; *få ett* ~ äv. collapse, break down
sammandrabbning *s* mil. el. friare encounter; bildl., i fråga om åsikter clash, conflict; ordstrid altercation

sammandrag *s* summary, outline, résumé, digest, précis fr. (pl. lika); isht vetensk. abstract; *nyheterna i* ~ news summary, the news in brief
sammandragning *s* **1** mil. concentration **2** med. contraction
sammanfall *s* **1** sammanfallande conjunction **2** sönderfall collapse
sammanfalla *vb itr* **1** infalla samtidigt coincide; fonet. el. om betydelser äv. run (fall) together; ~ *delvis* äv. overlap **2** sönderfalla collapse
sammanfallande *adj* coincident, ...running (...falling) together
sammanfatta *vb tr* sum up, summarize
sammanfattning *s* summary, outline etc.; jfr *sammandrag;* jur., av mål summing-up (pl. summings-up)
sammanfattningsvis *adv* to sum up
sammanflöde *s* floders confluence
sammanfoga *vb tr* join, put together
sammanföra *vb tr* bring...together; ~ *presentera två personer (ngn med...)* introduce two persons to each other (a p. to...)
sammangadda se *gadda [sig samman]*
sammanhang *s* samband connection; text~ context; logiskt ~ consistency, coherence; obrutet ~, följd continuity; komplex, [sammanhängande] helt complex, [connected] whole; han fattade *hela* ~*et* ...the whole situation (thing), ...how it had all happened (come about); ordets betydelse framgår *av* ~*et* ...from the (its) context; *i detta* ~ i samband härmed in this connection; härvidlag in this [matter]; *framträda i offentliga* ~ appear in public; han är *mogen att framträda i större* ~ ...ready for greater tasks (om skådespelare roles); se saken *i ett större* ~ ...as part of a greater whole, ...in relation to the whole (to its background); se saken *i dess rätta* ~ ...in its proper context
sammanhållen *adj* coherent; *väl* ~ closely connected (held together)
sammanhållning *s* samhörighet solidarity; enighet unity; samstämmighet concord, harmony; *god* ~ i klassen good spirit (fellowship)...
sammanhängande *adj* connected; logiskt äv. coherent; utan avbrott continuous; *härmed* ~ frågor ...connected with it (this); *ett* ~ *helt* a connected (coherent) whole
sammanjämkning *s* inbördes mutual adjustment; *åstadkomma en* ~ *mellan dem (deras ståndpunkter)* bring about a compromise between them
sammankalla *vb tr* call together, assemble; ett möte o.d. äv. summon, convene
sammankallande *subst adj,* ~ *[ledamot] till* mötet var... the convener of...
sammankomst *s* meeting, gathering, vard.

sammanlagd 578

get-together; för överläggning äv. conference; större convention
sammanlagd *adj* total total, entire; *~a beloppet* the total amount (sum); *deras ~a inkomster* their combined incomes
sammanlagt *adv* in all; ~ 1000 kr äv. a total of…, …all told
sammanpressa *vb tr* compress, press (squeeze)…together
sammanräkning *s* addition; av röster count
sammansatt *adj* om t.ex. ord, tal, ränta compound; av olika beståndsdelar composite; komplicerad complicated, complex; *vara ~ av* bestå av be composed (made up) of, consist of
sammanslagning *s* uniting, union; fusion merger, fusion, amalgamation, consolidation; av kapital o.d. pooling
sammanslutning *s* förening, sällskap association, society, club; sammanslutna organisationer union, amalgamation; syndikat combine; polit. union, league, federation
sammansmältning *s* fusion; bildl. äv. amalgamation, merging
sammanstråla se *stråla [samman]*
sammanställa se *ställa [ihop]*
sammanställning *s* putting together; av t.ex. antologi, register compilation; kombinerande, t.ex. av fakta combination
sammanstötning *s* kollision collision; mindre stöt knock; kamp, strid clash; mil. encounter; konflikt conflict; t.ex. av intressen clash; av händelser concurrence, coincidence
sammansvetsad *adj* bildl. closely united (knit)
sammansvuren *subst adj* conspirator, plotter
sammansvärja *vb rfl, ~ sig* conspire, plot, form a plot [*mot* i samtl. fall against]
sammansvärjning *s* conspiracy, plot
sammansättning *s* **1** sammansättande putting together; författande composition; montering assembly etc.; jfr *sätta [ihop]* **2** det sätt varpå ngt är sammansatt composition, make-up; t.ex. riksdagens constitution; struktur structure; kombination combination **3** språkv. compound
sammanträda *vb itr* meet, assemble; hålla ett möte hold a meeting
sammanträde *s* [committee] meeting; för rådplägning äv. conference; t.ex. förenings äv. assembly; parl. o.d. sitting, session; *han sitter i (är på) ~* he is having (is at) a meeting, he is in a conference
sammanträffa *vb itr* **1** råkas meet; *~ med ngn* meet a p.; händelsevis run across a p. **2** om omständigheter coincide, concur
sammanträffande *s* **1** möte meeting **2** slump coincidence; *ett egendomligt ~* a curious (an odd) coincidence
sammanträngd *adj* compressed, condensed; om t.ex. stil äv. compact, concise
sammanvuxen *adj*, *hans ögonbryn är sammanvuxna* his eyebrows meet

samme se *samma*
sammelsurium *s* jumble, medley, hotchpotch, omnium gatherum
sammet *s* velvet
sammetsklänning *s* velvet dress
sammetslen *adj* o. **sammetsmjuk** *adj* velvety, …like (as soft as) velvet; attr. äv. velvet…
samnordisk *adj* joint Scandinavian (mer officiellt Nordic; om t.ex. språk …common to all the Scandinavian countries
samojed *s* folkslag Samoyed äv. hund
samordna *vb tr* co-ordinate
samordning *s* co-ordination
samovar *s* samovar
sampla *vb tr* statistik. sample; *~ ur* take a sample from
samproduktion *s* co-production
samregering *s* joint government (rule)
samråd *s* consultation; *i ~ med* in consultation with
samråda *vb itr* consult each other; *~ med ngn* consult (confer with) a p.
samröre *s* dealings pl., collaboration; *ha ~ med* have dealings (collaborate) with
sams *adj*, *vara ~* vänner be [good] friends, be on good terms [with each other]; *bli ~ igen* be friends again, make it up
samsas *vb itr dep* **1 a)** trivas tillsammans *~ [bra]* get on well **b)** enas agree [*om ngt* on (about) a th.] **2** dela *~ om* t.ex. utrymmet share
samskola *s* coeducational (co-ed, mixed) school
samspel *s* mus. el. teat. o.d. ensemble; sport. teamwork; bildl., t.ex. mellan faktorer interplay
samspelt *adj*, *vara ~a* play well together, have a perfect understanding äv. bildl.
samspråk *s* talk, conversation; förtroligt chat; *komma i ~ med* get into conversation with
samspråka *vb itr* talk, converse; småprata chat, have a chat
samstämd *adj* harmonierande attuned
samstämmig *adj* överensstämmande …in accord, concordant; enhällig unanimous
samstämmighet *s* accord, concordance; enhällighet unanimity, consensus
samsyn *s* consensus
samsända *vb tr* radio. el. TV. broadcast (transmit) simultaneously, simulcast
samsändning *s* radio. el. TV. joint (simultaneous) broadcast (transmission), simulcast
samt *konj* and [also]; tillsammans med [together (along)] with
samtal *s* conversation, talk; diskussion discussion; intervju interview; dialog dialogue; tele. call; *föra ett ~* converse, carry on a conversation
samtala *vb itr* talk, converse [*om* about]; *~ om* diskutera äv. discuss
samtalsavgift *s* tele. charge for a call

samtalsterapi *s* psykol. conversational therapy
samtalston *s*, *i* ~ in a conversational tone
samtalsämne *s* topic, topic (subject) of conversation (polit. o.d. discussion); *byta* ~ change the subject; *finna ett* ~ äv. find something to talk about; *allmänna ~t [i staden]* the talk of the town
samtid *s*, *~en* a) vår tid our age (time), the age in which we live (are living); den tiden that period (age, time) b) våra (hans etc.) samtida our (his etc.) contemporaries pl.
samtida *adj* contemporary; *hans* ~ subst. adj. his contemporaries
samtidig *adj* contemporaneous; isht om pers. contemporary; isht avseende längre period äv. coeval; skeende i samma ögonblick simultaneous; fackspr. synchronous; samverkande concurrent
samtidigt *adv* at the same time [*som (med)* as]; på en och samma gång äv. at once; simultaneously etc., jfr *samtidig*
samtliga *adj* attr.: fören. all the...; självst. all [of them (resp. us etc.)]; *deras (våra)* ~ tillgångar all their (our)...; ~ *närvarande* subst. adj. all those present; ~ *utgifter* the total expenditure sg.
samtycka *vb itr* consent, give one's consent, assent, agree [*till* i samtl. fall to]; foga sig acquiesce [*till* in]; *den som tiger han samtycker* silence gives consent
samtycke *s* consent; bifall assent; gillande approval, approbation, sanction; *ge sitt* ~ äv. consent; bifalla assent
samundervisning *s* coeducation
samuraj *s* samurai (pl. lika)
samvariation *s* statistik. covariance
samvaro *s* being together; tid tillsammans time together; umgänge relations pl., intercourse (end. sg.); samkväm get-together; *den dagliga ~n* daily intercourse; *tack för angenäm ~!* I (resp. we) have enjoyed your company very much!
samverka *vb itr* co-operate; samarbeta äv. work (act) together; förena sig unite; *allt ~de till att* inf. everything conspired (combined) to inf.; *allt ~r till det bästa* everything is for the best
samverkan *s* co-operation, collaboration; koordination co-ordination; gemensam aktion joint action; *i nära ~ med* in close co-operation with
samverkande *adj* t.ex. faktorer, krafter concurrent; ömsesidigt verkande interacting
samverkansgrupp *s* joint (concerted) action group
samvete *s* conscience; *ha dåligt ~ för (över) ngt* have a bad conscience about (because of) a th.; *ha ~ till [att göra] ngt* have the conscience to do a th.; *han har inget* ~ äv. he is completely unscrupulous; *lätta sitt* ~ relieve (ease) one's conscience; *genom att erkänna* make a clean breast of it; *~ts röst* the voice (promptings pl.) of conscience; *med gott* ~ with a clear conscience; *ha något på sitt* ~ have something on one's conscience
samvetsbetänkligheter *s pl* scruples, compunction sg.
samvetsfrid *s* ease of conscience (mind); *ha* ~ have a clear conscience
samvetsfråga *s* delicate question; samvetssak matter (point) of conscience
samvetsförebråelser *s pl* remorse sg.; svag. compunction sg.; *göra sig* ~ reproach oneself [*för, över* for, about]
samvetsgrann *adj* conscientious; omsorgsfull äv. painstaking, careful; ytterst noggrann scrupulous
samvetskval *s pl* pangs (qualms) of conscience, remorse sg.; *gripas av* ~ be seized with remorse
samvetslös *adj* ...without any conscience; föga nogräknad unscrupulous, unprincipled, remorseless
samvetsro se *samvetsfrid*
samvetssak *s* matter (point) of conscience
samvetsäktenskap *s* common-law marriage
samvetsöm *adj* [over-]scrupulous; ~ *[värnpliktig]* conscientious objector (förk. CO, pl. CO's); amer. draft resister (evader)
samvälde *s*, *Brittiska ~t* the British Commonwealth [of Nations], the Commonwealth
samåka *vb itr* car-pool; *vi samåker till jobbet* äv. we share one car to work
samåkning *s* car-pooling
sanatorium *s* sanatori|um (pl. äv. -a); amer. äv. sanitari|um (pl. äv. -a)
sand *s* sand; grövre, t.ex. för sandning av väg el. bildl. grit; *rinna ut i ~en* bildl. come to nothing, peter (fizzle) out
sanda *vb tr* mot halka grit
sandal *s* sandal
sandalett *s* sandalette
sandbank *s* sandbank; vid flodmynning o.d. äv. [sand]bar
sandbil *s* gritting lorry (truck), vard. gritter; amer. sandtruck
sandblästra *vb tr* sandblast
sandbotten *s* sand[y] bottom
sandelträ *s* sandalwood
sandfärgad *adj* sand-coloured; om tyg ofta drab
sandig *adj* sandy
sandjord *s* sandy soil
sandkorn *s* grain of sand
sandlåda *s* för barn att leka i sandpit; amer. sandbox; sandlår gritbin
sandning *s* mot halka gritting
sandpapper *s* sandpaper; *ett* ~ a piece of sandpaper
sandpappra *vb tr* sandpaper, sand down

sandrev

sandrev *s* o. **sandrevel** *s* sandbar, [sand] reef, long-shore bar; isht synlig vid lågvatten shoal
sandsten *s* sandstone
sandstorm *s* sandstorm
sandstrand *s* [sandy] beach
sandsäck *s* sandbag
sandtag *s* o. **sandtäkt** *s* sandpit
sandwich *s* o. **sandvikare** *s* vard., ung. canapé, Swedish sandwich
sandödla *s* zool. sand lizard
sandöken *s* sand desert
sanera *vb tr* **1** t.ex. i fastighet renovate; riva pull down; t.ex. stadsdel clear...of slums, redevelop **2** bildl. reconstruct, reorganize; rationalisera rationalize; t.ex. veckopressen clean up; finanserna o.d. put...on a sound basis **3** avlägsna a) radioaktivitet, smitta decontaminate b) olja clear[...of oil] c) giftgas degas
sanering *s* **1** t.ex. av fastighet renovation; rivning pulling-down; av stadsdel o.d. slum clearance **2** bildl. reconstruction, reorganization; rationalisering rationalization; av t.ex. veckopressen cleaning-up **3** avlägsnande av a) radioaktivitet, smitta decontamination b) olja clearing [...of oil] c) giftgas degasification
sang *s* kortsp. no trumps; *en (två)* ~ one (two) no-trumps
sangviniker *s* sanguine person
sangvinisk *adj* sanguine
sanitetsartikel *s* sanitary article
sanitetsgods *s* o. **sanitetsporslin** *s* sanitary ware
sanitetsvaror *s pl* sanitary articles
sanitär *adj* sanitary; ~ *olägenhet* private nuisance
sank I *s, borra (skjuta)...i* ~ sink; *gå i* ~ sink, founder, go down **II** *adj* sumpig, vattensjuk swampy, marshy, waterlogged
sankmark *s* marsh
sankt *adj* saint (förk. St, St., S)
sanktbernhardshund *s* St. Bernard [dog]
sanktion *s* sanction; *ekonomiska ~er* economic sanctions
sanktionera *vb tr* sanction
San Marino San Marino
sann *adj* true [*mot* to]; sannfärdig truthful, veracious; verklig real; äkta genuine; *en ~ berättelse* a true story; *ett sant nöje (en ~ njutning)* a [great] treat, a real treat (pleasure); *en ~ vän* a true (real) friend; det var en upplevelse! *-Ja, inte sant?* ...Yes, wasn't it (don't you think so)?; *det var [så] sant* jag skulle ju [oh,] I am forgetting,...; apropå by the way (that reminds me),...; *så sant som jag heter...* as sure as my name is...; *[det är] så sant som det är sagt!* [it is] quite true!, how true [that is]!
sanna *vb tr, ~ mina ord!* mark my words!, you will see!
sanndröm *s* dream that comes (resp. came) true
sannerligen *adv* verkligen indeed, really; i högre stil in truth; förvisso certainly; *det är ~ inte för tidigt* it is certainly not too soon
sannfärdig *adj* truthful, veracious
sannfärdighet *s* truthfulness, veracity
sanning *s* truth; sannfärdighet veracity; verklighet reality, fact; *~ens ögonblick (minut, stund)* the moment of truth; *eviga ~ar* eternal truths (verities); *hela ~en och ingenting annat än ~en* the whole truth and nothing but the truth; *om ~en ska fram* to tell the truth, to be quite honest; *~en att säga* var jag inte där to tell the truth...; *säga ngn ett ~ens ord* tell a p. a few home truths; *tala* ~ tell (speak) the truth; *det är dagsens* ~ it is gospel (the plain) truth; *i* ~ in truth, truly
sanningsenlig *adj* truthful, veracious; om t.ex. beskrivning äv. ...in accordance with the truth (facts); sann true; trogen faithful
sanningshalt *s* degree of truth[fulness], veracity
sanningsserum *s* truth serum (drug)
sanningssägare *s* person who believes in calling a spade a spade
sanningssökare *s* seeker after truth
sannolik *adj* probable; isht pred. äv. [very] likely
sannolikhet *s* probability äv. matem.; likelihood; *efter (med) all* ~ in all probability
sannolikt *adv* probably, very (most) likely; *han kommer ~ inte* äv. it is not likely he will come, he is not likely to come
sannsaga *s* true story
sannskyldig *adj* förstärkande veritable; verklig real; riktig regular, thorough
sannspådd *adj, han blev* ~ his prophecies (predictions) came true
sans *s* medvetande *förlora (mista) ~en* lose consciousness, become unconscious; *komma till ~ [igen]* recover one's senses, come round
sansa *vb rfl, ~ sig* lugna sig calm down, sober down
sansad *adj* besinningsfull sober[-minded], level-headed; samlad collected, composed; vettig sensible; modererad moderate; *lugn och* ~ calm and collected (composed)
sanskrit *s* Sanskrit
sanslös *adj* **1** medvetslös unconscious, senseless **2** besinningslös frantic; om pers. äv. ...driven to distraction **3** meningslös meaningless, senseless
sardell *s* anchovy
sardin *s* sardine
sardinare *s* Sardinian, Sard
sardinburk *s* tom sardine tin; burk sardiner tin of sardines

Sardinien Sardinia
sardinsk *adj* o. **sardisk** *adj* Sardinian
sardonisk *adj* sardonic
sarg *s* **1** kant border, edging; ram frame **2** ~*en* i ishockey the sideboards pl. **3** på stränginstrument rib
sarga *vb tr* skada lacerate äv. bildl.; skära cut [...badly]; såra wound; illa tilltyga mangle
sarkasm *s* sarcasm
sarkastisk *adj* sarcastic; vard. sarky; bitande äv. caustic
sarkofag *s* sarcophag|us (pl. vanl. -i)
s.a.s. förk., se under *3 så I 1*
satan *s* **1** den onde Satan, the Devil, Lucifer **2** i kraftuttr. *ett ~s oväsen* a bloody row, a (the) devil of a row; jfr *2 fan 2*
satanisk *adj* satanic; friare devilish; jfr *djävulsk*
sate *s* devil, fiend, demon; *stackars ~* poor devil
satellit *s* astron., TV. el. bildl. satellite
satellitstat *s* polit. satellite state
satellitsändning *s* TV. *en ~* a satellite broadcast
satin *s* textil. satin
satir *s* satire [*över* on (upon)]
satiriker *s* satirist
satirisera *vb itr*, *~ över* ngt satirize...
satirisk *adj* satiric[al]
satkär[r]ing *s* o. **satmara** *s* vard. bitch, cow
sats *s* **1** språkv. sentence; i specialiserad bet. (om t.ex. huvud~ el. bi~) vanl. clause **2** logik. el. matem. proposition; filos., tes thes|is (pl. -es); geom. theorem **3** ansats takeoff, run; *ta ~ take* a run **4** mus. movement **5** uppsättning set; av askar o.d. som går i varann nest [båda med of framför följ. best.] **6** kok., vid bakning o.d. batch **7** vulg., sädesvätska spunk, come **8** typogr. type
satsa I *vb tr* stake; riskera venture; investera invest; *~ 100 kr på* en häst stake (put, bet) 100 kr. on... **II** *vb itr* **1** göra insatser (i spel) make one's stake[s]; *~ på* hålla på bet on, put one's money on; t.ex. häst äv. back; lita till pin one's faith (hope) on; inrikta sig på go in for, concentrate on; försöka få make a bid for; *~ på fel häst* back the wrong horse äv. bildl. **2** ta sats take a run
satsanalys *s* språkv. [sentence] analysis, parsing
satsbyggnad *s* språkv. sentence structure, sentence construction
satsdel *s* språkv. component part of a (resp. the) sentence; äv. clause element; *ta ut ~arna [i en mening]* analyse a sentence
satslära *s* språkv. syntax
satslösning se *satsanalys*
satsmelodi *s* språkv. [sentence] intonation
satsning *s* i spel staking; inriktning concentration; försök bid; *en djärv (bred) ~* a bold venture
satsuma *s* frukt satsuma [orange]

satt *adj* undersätsig stocky, squat, thickset, square-built
sattyg *s* vard.: rackartyg mischief; elände, otyg damned nuisance (thing, business); *ha något ~ för sig* be up to mischief
satunge *s* vard. little brat (devil)
Saturnus astron. el. mytol. Saturn
satyr *s* mytol. satyr
satäng *s* textil. satin
saudiarab *s* Saudi Arabian
Saudi-Arabien Saudi Arabia
saudiarabisk *adj* Saudi Arabian
saudisk *adj* Saudi
sauna *s* sauna
sav *s* bot. sap
savann *s* savanna[h]
savarin *s* o. **savaräng** *s* kok. savarin
sax *s* **1** att klippa med scissors pl.; större, t.ex. plåt~, trädgårds~, ull~ shears pl.; *en ~ (två ~ar)* a pair (two pairs) of scissors etc.; ibl. a (two) scissors; *denna ~* el. *den här ~en* this pair of scissors, these scissors pl.; ibl. this scissors **2** att fånga med trap äv. bildl.; *sitta i ~en* bildl. be in a tight corner, be trapped **3** sport. scissors sg. **4** vard., saxofon sax
saxa *vb tr* **1** *~ ngt ur* en tidning a) klippa cut a th. out of... b) citera take a th. over from... **2** korsa cross; *~ skidorna* i uppförsbacke herringbone **3** segel wing [out]
saxofon *s* saxophone
scanna *vb tr* tekn. scan
scanner *s* tekn. scanner
scarf *s* scarf (pl. äv. scarves)
scen *s* på teater stage; del av akt el. bildl., uppträde o.d. scene; *~en* teatern the stage, the theatre; *ställa till en ~* make (create) a scene; *bakom ~en* behind the stage (the scenes äv. bildl.)
scenarbetare *s* stage hand, scene-shifter
scenario *s* teat. el. film. scenario (pl. -s) äv. bildl.
sceneri *s* teat. el. film. scenery
scenförändring *s* teat. change of scene
sceningång *s* stage door
scenisk *adj* stage...; ibl., om t.ex. framställning, verkan theatrical, scenic
scenkonst *s*, *~[en]* acting, dramatic art
scenograf *s* teat. stage (set) designer
scenografi *s* teat. stage (set) design
scenskola *s* teat. school of drama
scenvana *s* stage (acting) experience
sch *interj* tyst! sh!, [be] quiet!
schabbla *vb itr*, *~ med* trassla till mess up, make a mess of; *~ bort en chans* fluff (fritter away) a chance
schablon *s* tekn. template, templet, pattern, gauge; för målning stencil; friare pattern, model, mould, form; *gjord efter ~* made to pattern; *måla efter ~* paint from a stencil, stencil; *fri från ~er* om bok o.d. free from clichés, original, unconventional

schablonavdrag *s* i självdeklaration standard (general) deduction
schablonmässig *adj* ...made to pattern, stereotyped; friare conventional, cut-and-dried, mechanical
schabrak *s* **1** häst~ caparison **2** åbäke great big [lumping] thing, monstrosity
schack I *s* **1** spel chess **2** hot mot kungen i schack check; *stå i* ~ be in check; *hålla...i* ~ bildl. keep...in check II *interj* check!; ~ *och matt!* checkmate! III *adj*, *göra ngn* ~ *och matt* checkmate a p.
schacka *vb tr* o. *vb itr* schack. check; checkmate äv. bildl.
schackbräde *s* chessboard
schackdrag *s* move [in chess]; bildl. move
schackmatt *adj* checkmate; vard., utmattad all in, worn out
schackmönster *s* check (chequered) pattern
schackparti *s* game of chess
schackpjäs *s* chessman (pl. chessmen)
schackra *vb itr* traffic [*med* in], buy and sell; idka byteshandel barter äv. bildl.; köpslå, äv. bildl.: ~ *med (om) ngt* bargain for (with) a th.; ~ *bort* bargain (barter) away
schackrare *s* huckster; trafficker etc., jfr *schackra*
schackruta *s* chessboard square
schackrutig *adj* chequered
schackspel *s* **1** konkr. chess set, chessboard and chessmen **2** abstr. chess; ~ande playing chess
schackspelare *s* chessplayer
schackturnering *s* chess tournament
schagg *s* textil. [woollen] plush, velvet pile
schah *s* shah
schakal *s* zool. jackal
schakt *s* tekn. el. gruv. shaft; gruvhål äv. pit; bildl. depth[s pl.]
schakta *vb tr* excavate, bulldoze; t.ex. lös jord remove; *~d grop* excavation; ~ *bort* remove; t.ex. en ås cut away
schaktmassa *s* excavated material (earth)
schal o. **schalett** se *sjal* o. *sjalett*
schalottenlök *s* shallot
schaman *s* relig. shaman; friare medicine man
schampo *s* shampoo (pl. -s)
schamponera *vb tr* shampoo, give...a shampoo
schamponering *s* shampoo (pl. -s)
schanker *s* med. chancre
scharlakansfeber *s* scarlet fever, scarlatina
scharlakansröd *adj* scarlet
schas *interj* schoo!; till t.ex. barn be off!
schasa *vb tr*, ~ *[bort]* shoo [away]
schattera *vb tr* shade, nuance
schattering *s* shading; nyans shade, nuance; folk *av olika politiska ~ar* ...of different shades of political opinion
schatull *s* casket; skriv~ writing case; med matsilver canteen

schavott *s* scaffold
schavottera *vb itr* stand in the pillory, be pilloried; *låta ngn* ~ pillory a p.
schejk *s* sheik, sheikh
schema *s* t.ex. arbets~, rörelse~ schedule; t.ex. färg~, rim~ scheme; diagram diagram; skol. timetable; amer. [time] schedule; *lägga [ett]* ~ skol. make a timetable (amer. schedule)
schemabunden *adj* o. **schemalagd** *adj* timetabled; *icke* ~ ...not on the timetable, extra-curricular
schematisera *vb tr* schematize
schematisk *adj* schematic; eg. äv. diagrammatic; *en ~ framställning* an outline, a general (rough) outline
scherzo *s* mus. scherz|o (pl. -os el. -i)
schimpans *s* chimpanzee
schism *s* schism, split
schizofren psykol. I *adj* schizophrenic II *subst adj* schizophrenic; vard. schizo
schizofreni *s* psykol. schizophrenia
schizoid *adj* psykol. schizoid
schlager *s* [song] hit, hit song, popular song
schlager-EM *s* i TV the Eurovision Song Contest
schlagerfestival *s* hit-song contest (festival)
schlagersångare *s* popular singer
schnauzer *s* zool. schnauzer
schnitzel *s* kok. schnitzel
schottis *s* schottische; *dansa* ~ dance (do) the schottische
Schwarzwald the Black Forest
schwarzwaldtårta *s* Black Forest gateau
Schweiz Switzerland; *franska* ~ French-speaking Switzerland
schweizare *s* Swiss (pl. lika)
schweizerfranc *s* myntenhet Swiss franc
schweizerost *s* Swiss cheese; emmentaler Emmenthal, Emmentaler
schweizisk *adj* Swiss
schweiziska *s* kvinna Swiss woman
schvung *s* fart, kläm go, dash, pep; i litt. stil o.d. verve
schyst *adj* vard. decent; se vid. *2 just*
schäfer *s* zool. Alsatian [dog]; amer. German shepherd [dog]
schäslong *s* couch
scientologi *s* scientology
scirocko *s* meteor. sirocco (pl. -s)
scone *s* kok. scone
scoop *s* pangnyhet scoop
scout *s* scout; flick~ guide, amer. girl scout
scoutledare *s* scoutmaster
scoutlöfte *s* scout promise
scoutrörelse *s* scout movement
scratch *s*, *starta från* ~ start from scratch
scripta *s* TV. el. film. script (continuity) girl
se I *vb tr* o. *vb itr* eg. el. friare see; titta look; få syn på äv. catch sight of; märka notice, observe; uppfatta perceive; åse, bevittna witness; *~s* synas be seen, jfr *ses*; *jag ~r [att*

läsa] utan glasögon I can see [to read]...; *jo, ~r du...* well, you see...; *~ bra (illa)* see well (badly); ha bra (dålig) syn have a good (bad) eyesight; *om jag inte ~r fel* if my eyes do not deceive me; *hur man än ~r det* whatever way you look at it; *jag tål inte ~ honom* I can't stand the sight of...; *jag såg honom komma* I saw him come (honom när han kom him coming); *han sågs springa* he was seen running (to run); *få råka ~ see*; ngn, ngt äv. catch sight of; *få ~ nu* let's see now; *jag får ~ om jag kommer* I may come, I'll see; *det får vi ~* we'll see about that; *låt mig ~ tänka* let me see; *här ska du [få] ~* vad jag har köpt look here, I'll show you...; *du ska [få] ~ att han kommer* I bet he will come; he will come, you'll see; *~ [själv]!* look [for yourself]!; *~ sid.* 3 see p...; *där ~r du [själv]!* there you are!

väl (illa) ~dd popular (unpopular); *djupast ~tt* i grunden fundamentally, basically; när allt kommer omkring after all; *ekonomiskt ~tt* economically; ur ekonomisk synpunkt from an economic point of view; *i stort ~tt* på det hela on the whole; i allmänhet generally (broadly) speaking; nästan almost; *ytligt ~tt* är... if one looks at it superficially...; (vid första påseendet) on the face of it...

jag ~r av brevet I see (find, learn) from...; *jag ~r för mig* hur det ska se ut I can visualize (just see)...; *vad ~r hon hos honom?* what does she see in him?; *jag såg det i* tidningen I saw it in...; *jag ~r i* tidningen *att* I see from...that; *~ på* titta på look at; ta en titt på have a look at; flyktigt glance at; uppmärksamt watch; länge gaze (stare) at; nyfiket, misstänksamt eye; inspektera inspect, look over; *inte ~ på* inte fästa sig vid, t.ex. priset not mind; *~ på klockan* look at (consult) one's watch; *hur ~r du på* saken? what is your view of...?; *[gå och] ~ på* skor [go and] look for [some]...; *gå ut och ~ på* staden go and have a look at (go out sightseeing in)...; *~ på TV* watch (look at) TV; *~ ngn på en drink* inbjuda invite (bekosta treat) a p. to a drink; *jag ~r på dig att...* I can tell by your face (see by your looks, read in your face) that...; *han ville inte ens ~ åt mig* he wouldn't even look at me

II *vb rfl*, *~ sig* **1** känna sig, t.ex. föranlåten feel; anse sig, vara, t.ex. tvungen, besegrad find oneself, be **2** *~ sig i spegeln* look (have a look) at oneself in the mirror

III med beton. part.

~ tiden **an** wait and see; bida sin tid bide one's time; *~ framtiden an med tillförsikt* look to the future with confidence

~ bort a) eg. look away (another way) b) se *bortse*

~ efter a) ta reda på see [*om* if]; leta look; *~ efter [om det finns] i* lådan look (have a look) [for it] in... b) övervaka look after; passa mind, have an eye to, take care of

~ fram [e]mot glädja sig åt look forward to

~ sig för look out, take care; gå försiktigt watch one's step, look where one is going

~ igenom look (flyktigt run) through; granska revise; se äv. *genomsedd*

~ in i look into

~ ned look down; *~ ned på* bildl. look down on; förakta äv. despise

~ om a) se på nytt see...again b) se till look after; beställa om look to; sköta om attend to; *~ om sitt hus* bildl. set (put) one's house in order c) *~ sig om* vända sig look round; *~ sig om efter* söka look about (round, out) for d) *~ sig om (omkring) [i staden]* look (have a look) round [the town]

~ på look on; iakttaga watch; *~r man på!* överraskat well, what do you know!; jo jag tackar jag I say!, well, well!; då man får syn på ngn well, look who's here!

~ till a) see; få syn på catch sight of; *jag ~r inte till honom mycket* numera I don't see much of him... b) se *efter b* c) styra om see to; *~ till att* ngt görs see [to it] that...

~ tillbaka [i tiden] look back [into the past]

~ upp a) titta upp look up, raise one's eyes [*från* from]; *~ upp till* beundra look up to b) akta sig look (isht amer. watch) out [*för* for]; vara försiktig take care, be careful; *~ upp för* bilen, trappsteget! mind...!; *~ upp för dörrarna!* på tunnelbana mind (stand clear of) the doors!; *~ upp med ngn (ngt)* keep a watch on a p. (be on one's guard against a th.)

~ ut a) titta ut look out b) ha visst utseende look [*som* like]; *~ ut att* inf. look like ing-form; verka seem to inf.; *~ ut som om* look (verka seem) as if; *hur ~r han ut?* vad har han för utseende what does he look like?; är han ond, sjuk o.d. how does he look?; *hur ~r jag ut i håret?* how does my hair look?; *så här ~r ut!* what a state (mess) things are in here!; *det ~r så (inte bättre) ut* it looks (seems very much) like it; *det ~r ut att bli regn (bli en vacker dag)* it looks like rain (like being a fine day) c) välja *~ ut* ngt *[åt sig]* choose (pick out)...; jfr *utse*

~ över a) se igenom look over; gå över overhaul; revidera revise b) se *överse*

seans *s* sammankomst seance; sittning sitting
sebra *s* zebra
sebu *s* zool. zebu
sed *s* bruk custom; praxis practice; sedvana usage; *~er* moral morals; uppförande manners; *~er och bruk* manners and customs; *han har för ~ att* inf. it is his custom to inf.; *efter (enligt) gammal ~* according to old custom; *såsom ~ är* as the custom is; *man*

sedan

får ta ~en dit man kommer when in Rome [you must] do as the Romans do
sedan *(sen)* **I** *adv* **1** därpå then; senare later [on]; efteråt afterwards; efter det after that; *vad kommer ~?* what comes after this (that)?, what comes next?; *och ~ då?* [and] what then?; *det är ett år ~ nu* it is a year ago now **2** vard. *än sen då?* iron. so what?
II *prep* alltsedan: vid uttr. för tidpunkt since; vid uttr. för tidslängd for; från from; *~ dess* since [then]; *hon är sjuk ~ i går* she has been ill since yesterday; *hon bor utomlands ~ tio år [tillbaka]* she has been living abroad for the past (the last) ten years; *rester ~ igår* ...from yesterday
III *konj* alltsedan since; efter det att after; när when; *[ända] ~ jag kom hit (reste)* [ever] since I came here (I left)
sedel *s* banksedel banknote, note; amer. äv. bill; *sedlar* äv. paper [money] sg.
sedelautomat *s* för bensin cash-operated fuel pump
sedelförfalskning *s* forgery of banknotes
sedelpress *s* printing press for banknotes
sedelärande *adj* moral, moralizing; *en ~ berättelse* a story with a moral [to it], a cautionary tale
sedermera *adv* längre fram later on; efteråt afterwards; professorn *~ biskopen N.* ..., later Bishop N.
sedesam *adj* modest; tillgjort blyg demure; sipp prudish
sedeslös *adj* immoral; förfallen depraved
sedig *adj* om häst gentle, quiet
sediment *s* sediment äv. geol.
sedimentär *adj* sedimentary
sedlig *adj* moral; filos. ethical
sedlighetsbrott *s* jur. ngt åld. sexual offence; *~ mot minderårig* sexual offence against a minor
sedlighetspolis *s* o. **sedlighetsrotel** *s* vice squad
sedlighetssårande *adj* jur. ...offensive to public decency; oanständig indecent
sedvana *s* usage; bruk custom; praxis practice; *enligt ~n* i familjen as is (resp. was) customary...
sedvanerätt *s* ung. common law
sedvanlig *adj* customary; vanlig usual; vedertagen accepted
sedvänja *s* custom; praxis practice; *mot ~n* contrary to custom
seeda *vb tr* sport. seed; *vara ~d som etta* be No. 1 seed
seende I *s* sight, vision **II** *subst adj, en ~* a sighted person; *de ~* the sighted
seg *adj* tough; om kött äv. leathery; trögflytande viscous; trådig ropy; klibbig sticky; uthållig äv. hardy, tenacious; envis stubborn, dogged; långtråkig long-winded; *~a gubbar* slags godis, ung. jelly babies

segdra *vb itr* lumber, drag oneself [*upp[för]* up]; mötet *segdrog hela dagen* ...dragged out the whole day
segdragen *adj* long drawn-out, protracted
segel *s* **1** sail äv. koll.; *hissa ~ (seglen)* hoist sail (the sails); *sätta ~* set (gå till segels äv. make) sail; *gå (segla) för fulla ~* go with all sails set (in full sail) **2** bot. wing
segelbar *adj* navigable
segelbåt *s* sailing boat; större yacht
segelduk *s* sailcloth, canvas [for sails]
segelfartyg *s* sailing ship; mindre sailing vessel
segelflyg *s* flygning sailplaning, gliding, soaring
segelflygare *s* pers. sailplaner, glider [pilot]
segelflygplan *s* sailplane; glidplan glider
segelgarn *s* twine; grövre packthread
segelkanot *s* sailing canoe
segelled *s* fairway, [navigable] channel
segelsport *s* yachting
segelsällskap *s* yacht[ing] club
segeltur *s* sailing trip; *göra (vara ute på) en ~* äv. go (be out) for a sail
seger *s* allm. victory; sport. äv. win; besegrande conquest; isht bildl. triumph, success; *~n vid Narva* the victory of (at)...
segerdag *s* day of victory
segerherre se *segrare*
segerhuva *s, född med ~* eg. born with a caul; bildl. born to succeed
segerrik *adj* victorious, triumphant; segrande äv. conquering; sport. äv. winning
segertippad *adj* ...tipped to win
segertåg *s* triumphal procession (bildl. progress, march)
segervilja *s* determination to win
segerviss *adj* om pers. ...confident of victory; triumferande triumphant
segeryra *s* flush of victory
segflytande *adj* viscous
seghet *s* toughness; uthållighet äv. hardiness, tenacity
segla I *vb tr* o. *vb itr* sail äv. bildl.; sport äv. go (be) yachting; avsegla äv. leave; i regelbunden trafik run; båten *~r bra* ...is a good sailer; *~ gå i trafik på London* ply the London route **II** med beton. part.
~ förbi tr. o. itr. sail past, pass
~ omkring i skärgården cruise...
~ på en båt run into (collide with, fall el. run foul of)...
~ upp bildl., se *[vara under] uppsegling*
~ över havet sail across...
seglare *s* **1** pers. yachtsman **2** segelfartyg sailing vessel; *en bra ~* a good sailer
seglarskola *s* sailing school
seglats *s* segeltur sailing tour (trip); i sg. äv. sail; kryssning cruise; längre sjöresa voyage; *en dags ~* one day's sail
segling *s* **1** seglande sailing; sport~ äv. yachting

2 segeltur sailing tour osv., se *seglats;* ~ar regatta [yachting] regatta sg.
seglivad *adj* tough, hardy, tenacious; *seglivat rykte* persistent rumour; *vara* ~ *die hard*
segment *s* geom. el. zool. el. språkv. segment
segna *vb itr,* ~ *till* märken sink to...; ~ *död ned* drop down dead
segra *vb itr* allm. win; vinna seger be victorious, win (gain) the victory; isht bildl. triumph, prevail [*över* i samtl. fall over]; ~ *eller dö* conquer (do) or die; ~ *i ett slag (en tävling)* win a battle (a competition)
segrande *adj* om t.ex. här, makter conquering; om t.ex. lag, sida winning; segerrik victorious; *gå* ~ *ur striden* come out of the struggle victorious[ly]
segrare *s* victor; i tävling winner; besegrare conqueror
segrarinna *s* i tävling winner
segrarpall *s* winner's (för flera winners') stand, rostrum
segrartid *s* winning time
segregation *s* segregation
segregera *vb tr* o. *vb itr* segregate
segsliten *adj* utdragen long drawn-out, lengthy, interminable; svårlöst vexed
seismograf *s* seismograph
seismologi *s* seismology
seismologisk *adj* seismological
seismometer *s* seismometer
sej se *gråsej*
sejdel *s* tankard; utan lock mug
sejour *s* vistelse stay, sojourn
sekatör *s* pruning shears pl., secateurs pl.; *en* ~ a pair of pruning shears (secateurs)
sekel *s* century
sekelgammal *adj* **a)** hundraårig century-old..., hundred-year-old... **b)** månghundraårig centuries old
sekelskifte *s, vid* ~*t* at the turn of the century
sekondera *vb tr* second
sekret *s* fysiol. secretion
sekretariat *s* secretariat
sekreterare *s* secretary
sekretess *s* secrecy
sekretesslag *s,* ~*en* the Official Secrets Act
sekretion *s* fysiol. secretion; *inre* ~ internal secretion
sekretär *s* bureau (pl. -x), secretaire; amer. writing desk
1 sekt *s* relig. m.m. sect
2 sekt *s* vin [German] sparkling wine
sekterism *s* sectarianism
sekterist *s* sectarian
sektion *s* **1** matem. el. tekn. section **2** avdelning: allm. section; univ. branch; frontavsnitt sector
sektor *s* sector; *den statliga (offentliga)* ~*n* the public sector
sekularisera *vb tr* secularize
sekularisering *s* secularization
sekund *s* second; ögonblick äv. moment; vard.

sec; *fem meter i* ~*en* sjö. five metres per second; jag är tillbaka *på* ~*en* ...in a second (vard. a sec, half a tick)
sekunda *adj* sämre second-rate, inferior
sekundant *s* second
sekundera *vb tr* **1** biträda second; i samtal äv. support **2** mus. accompany
sekundmeter *s* metre per second (pl. metres per second)
sekundvisare *s* på klocka second-hand
sekundär *adj* secondary; *av* ~ *betydelse* äv. of subordinate importance
sekvens *s* sequence äv. mus.
sela *vb tr,* ~ *[på]* en häst harness...; ~ *av [hästen]* unharness the horse
seldon *s* harness sg.
sele *s* harness äv. i fallskärm; bärrem sling; för barn: bär~ baby (kiddy) carrier; att leda barn med reins pl.; *vara (ligga) i* ~*n* bildl. be in harness
selektiv *adj* selective
selen *s* kem. selenium
selleri *s* blek~ celery; rot~ celeriac; vild wild celery
sellerisalt *s* celery salt
semafor *s* semaphore
semantik *s* språkv. semantics sg.
semantisk *adj* språkv. semantic
semester *s* holiday[s pl.]; isht amer. vacation; *han har (är på)* ~ he is on holiday
semesterby *s* holiday camp
semesterersättning *s* holiday compensation
semesterfirare *s* holiday-maker; amer. vacationist
semesterlön *s* holiday pay
semesterort *s* holiday resort
semesterparadis *s* vard. ideal holiday resort
semesterstängning *s* holiday closing
semestra *vb itr* ha semester be on holiday (amer. vanl. vacation); tillbringa semestern spend one's holiday etc.; amer. äv. vacation
semifinal *s* semifinal; *gå till* ~*[en]* get to (go to, enter) the semifinals
semikolon *s* semicolon
seminarium *s* **1** hist.: skola training college; amer. normal school; präst~ seminary **2** undervisningsform o.d. seminar äv. personer o. lokal
semination *s* insemination
semit *s* Semite
semitisk *adj* Semitic
semla *s* cream bun with almond paste [eaten during Lent]
1 sen se *sedan*
2 sen (jfr *senare, senast*) *adj* **1** mots. tidig late; *till* ~*a kvällen* until late in the evening; *ha* ~*a vanor* keep late hours; *för* ~ *ankomst* late arrival; *det börjar bli* ~*t* it is getting late **2** senfärdig slow; *inte vara* ~ *att* inf. not be slow (vara redo always be ready) to inf.
sena *s* sinew; anat. äv. tendon; på racket string

senap *s* mustard
senapsburk *s* burk senap jar of mustard; för servering mustard pot
senapsfrö *s* bot. el. kok. mustard seed (koll. seeds)
senapsgas *s* mustard gas
senapskorn *s* mustard seed (pl. seed[s])
senapssås *s* mustard sauce
senare I *adj* mots. tidigare later; mots. förra latter; nyare [more] recent; efterföljande subsequent; kommande future; *den (det, de)* ~ självst. the latter; *av* ~ *datum* of a later (more recent) date; *den* ~ *delen (hälften) av...* the latter part (second half) of...; *det blir en* ~ *fråga* that will be a question for later on; *på* ~ *år* de här åren in the last few years; nyligen in recent years **II** *adv* later; längre fram later on; efteråt afterwards; framdeles subsequently; ~ *på* dagen later [on] in...; *en dag* ~ one day later (efteråt after, afterwards)
senarelägga *vb tr* möte o.d. hold...later (...at a later date), postpone
senast I *adj* latest; sist i ordning last; *de ~e händelserna* the latest events; *de ~e dagarnas händelser* the events of the last few days; *vid mitt ~e besök i* England England on my last visit to...; han har varit sjuk *de ~e veckorna* ...for the last (past) few weeks **II** *adv* **1** mots. tidigast latest; mots. först last; så sent som as late as, only; *jag såg honom ~ i* London the last time I saw him was in...; jag såg honom ~ *igår* ...only (as late as) yesterday **2** inte senare än at the latest; *[allra]* ~ i morgon ...at the [very] latest; jag måste ha det ~ *på måndag* ...by Monday [at the (the very) latest]
senat *s* senate
senator *s* senator
sendrag *s* cramp
senfärdig *adj* slow, tardy; sölande dilatory, laggard
senfödd *adj* late-born
sengångare *s* zool. sloth
senhinna *s* anat., i ögat sclerotic coat
senhöst *s* late autumn
senig *adj* sinewy; om pers. äv. wiry; om kött äv. stringy
senil *adj* senile
senildement *adj* ...suffering from senile dementia; *en* ~ subst. adj. a senile dement
senilitet *s* senility
senior I *s* o. *adj* ['---] senior; Bo Ek ~ (förk. *sen., s:r*) ...Senior (förk. Sen., Sr.) **II** *s* [--'-] sport. senior
sensation *s* sensation; *göra (vålla) [stor]* ~ create (cause) a [great] sensation
sensationell *adj* sensational
sensationslysten *adj* attr. ...craving for sensation, sensation-seeking; *vara* ~ be out for sensations

sensationsmakeri *s* sensationalism (end. sg.), sensation-mongering
sensibel *adj* sensitive; lättstött äv. touchy
sensibilitet *s* sensitivity äv. kem.; sensitiveness; ibl. sensibility
sensitiv *adj* sensitive
sensmoral *s* moral
sensommar *s* late summer
senstäckning *s* strain of a (resp. the) tendon; jag har *fått [en]* ~ ...strained a tendon
sensualism *s* sinnlighet sensualism
sensualitet *s* sensuality
sensuell *adj* sensual
sent *adv* late; *bättre* ~ *än aldrig* better late than never; *gå och lägga sig* ~ go to bed late; som vana keep late hours; *du kommer* ~ you are late; *komma för* ~ *till* middagen a) inte passa tiden be late for... b) gå miste om be (come) too late for...
sentens *s* maxim, sententious phrase
sentida *adj* nutida (attr.) ...of our days
sentimental *adj* sentimental; neds.: om pers. äv. mawkish, maudlin; om t.ex. tal, vard. sloppy
sentimentalitet *s* sentimentality; neds. mawkishness, sloppiness
separat I *adj* separate; särskild special **II** *adv* separately; boken sänds ~ ...under separate cover; utflykten *betalas* ~ ...is [an] extra
separatfred *s* separate peace
separation *s* separation
separationsångest *s* psykol. separation anxiety
separatist *s* polit. separatist, separationist
separatistisk *adj* polit. separatist
separatiströrelse *s* polit. separatist movement
separator *s* tekn. separator
separatutställning *s* konstnärs one-man exhibition
separera *vb tr* o. *vb itr* separate
september *s* September (förk. Sept.); jfr *april* o. *femte*
septett *s* mus. septet
seraf *s* seraph (pl. äv. -im)
serafimerorden *s* best. form the Order of the Seraphim
serafimerriddare *s* Knight of the Order of the Seraphim
seralj *s* hist. seraglio (pl. -s)
serb *s* Serb[ian]
Serbien Serbia
serbisk *adj* Serb[ian]
serbiska *s* språk Serbian
serbokroatisk *adj* Serbo-Croatian
serbokroatiska *s* språk Serbo-Croatian
serenad *s* serenade; *hålla* ~ *för* serenade
sergeant *s* ung. sergeant; befattningsmässigt motsv. warrant officer
serie *s* **1** series (pl. lika); rad äv. succession, chain; följd, svit sequence; hel följd av sammanhörande ting, t.ex. frimärken set; uppsättning range; av värdepapper issue; radio. el. TV. series; följetong serial; sport. league; *en*

~ händelser m.m. a series (succession, chain) of...; **en fullständig ~ av** en tidskrift a complete set of...; **i ~r** in series **2** *[tecknad]* ~ comic strip, cartoon; **~rna** äv. the comics (vard. funnies)
seriefigur *s* character in a comic strip
seriekoppling *s* elektr. series connection
seriekrock *s* trafik. multiple collision, pile-up
serietecknare *s* comic-strip artist, cartoonist
serieteckning *s* comic-strip drawing
serietidning *s* med tecknade serier comic [paper]
serietillverkad *adj* mass-produced
serietillverkning *s* serial (mass) production
seriös *adj* serious; högtidlig solemn
serpentin *s* pappersremsa streamer; krök, slingring meander, wind; **gå i ~er** meander, wind
serpentinväg *s* serpentine road
serum *s* med. serum (pl. äv. sera)
serva I *vb itr* sport. serve; **vem ~r?** whose serve (service) is it? **II** *vb tr* **1** sport. serve **2** vard., förse ~ **ngn med ngt** supply a p. with a th. **3** vard., reparera o.d. ~ **bilen** have the car serviced
serve *s* sport. service, serve
serveess *s* tennis ace
servegame *s* sport. service game
servegenombrott *s* sport. [service] breakthrough
servelinje *s* sport. service line
servera I *vb tr* serve; bjuda omkring hand round; hälla i pour out; lägga upp dish (serve) up; ~ **passa upp på ngn** wait on a p.; ~ **ngn** kött serve a p. with (lägga för help a p. to)...; ~ *[ngn]* kaffe pour out...[for a p.]; **middagen är ~d** el. **det är ~t** dinner is served (ready) **II** *vb itr* serve (wait) at table; amer. wait [on] table
servering *s* **1** betjäning service; uppassning waiting; utskänkning serving; **hon sköter ~en** she does the waiting **2** lokal restaurant; på järnvägsstation o.d. refreshment room, buffet; bar~ cafeteria
serveringsavgift *s* service charge (fee); dricks tip
serveringsbord *s* serving table
serveringsvagn *s* **1** järnvägsvagn, ung. catering car **2** liten vagn för mat food trolley
servett *s* [table] napkin, serviette
servettring *s* napkin (serviette) ring
servettväska *s* napkin (serviette) case
service *s* service; friare facilities pl.; **lämna bilen på ~** hand in the car to be serviced
servicebox *s* bank. night safe; amer. night depository
servicebutik *s* after-hours supermarket
servicehus *s* block of service flats (apartments) [for the elderly or disabled]
servicelägenhet *s* flat (apartment) in a block of service flats [for the elderly or disabled]

servicenäring *s* service industry
serviceyrke *s* service occupation
servil *adj* servile; fjäskande cringing
servilitet *s* servility; fjäsk cringing
servis *s* **1** porslin etc. service, set **2** se *serveringsavgift*
servitris *s* waitress
servitut *s* jur. easement; fastigheten **är belagd med ~** ...is encumbered with an easement
servitör *s* waiter
servostyrning *s* tekn. power steering
ses *vb itr dep* råkas meet, see each other; **vi ~** *[senare]!* I'll be seeing you [later]!, [I'll] see you later!
sesam *s*, **~ öppna dig!** open sesame!
sesamfrö *s* bot. el. kok. sesame seed (koll. seeds)
session *s* session; domstols äv. court; parl. äv. sitting; friare meeting
sessionssal *s* domstols session chamber; allmännare assembly hall
seså *interj* lugnande come, come!; there, there!; ogillande now then!; uppfordrande now, now!
set *s* set äv. i tennis; i bordtennis el. badminton game; **ett ~** kläder a set of...
setboll *s* tennis o.d. set point; i bordtennis el. badminton game ball
setter *s* zool. setter
sevärd *adj* ...[well] worth seeing; märklig remarkable
sevärdhet *s* konkr. thing worth seeing; **~erna i** staden vanl. the sights of...; det är **den största ~en** ...the thing most worth seeing
1 sex *räkn* six; jfr *fem* o. sms.
2 sex *s* det sexuella sex; **ha ~ med** have sex with, make love to; för sms. se äv. *sexual-* sms.
sexa *s* **1** six; jfr *femma* **2** måltid light supper
sexbomb *s* vard. sex bomb
sexcylindrig *adj* six-cylinder...; jfr *femcylindrig*
sexdagarslopp *s* sport. six-day race
sexhörning *s* hexagon
sexig *adj* vard. sexy
sexkantskruv *s* hexagonal screw
sexliv *s* sex life
sexobjekt *s* sex object
sexsymbol *s* sex symbol
sext *s* mus. sixth
sextant *s* isht sjö. sextant
sextett *s* mus. sextet
sexti[o] *räkn* sixty; jfr *fem[tio]* o. sms.
sextionde *räkn* sixtieth
sextiowattslampa *s* sixty-watt bulb
sexton *räkn* sixteen; jfr *fem[ton]* o. sms.
sextonde *räkn* sixteenth; jfr *femte*
sextondelsnot *s* mus. semiquaver; amer. sixteenth note
sexualbrott *s* sex crime
sexualdrift *s* sexual (sex) drive
sexualförbrytare *s* sex criminal; jur. sexual offender

sexualitet

sexualitet *s* sexuality
sexualliv *s* sexual (sex) life
sexualorgan *s* sexual organ
sexualsystem *s* bot. sexual system
sexualundervisning *s* sex instruction
sexualupplysning *s* information on sex[ual] matters
sexuell *adj* sexual; attr. äv. sex; *~a frågor (ting)* sexual (sex) matters; *det ~a* allm. sex
Seychellerna *s pl* the Republic of Seychelles
sfinx *s* sphinx
sfär *s* sphere
sfärisk *adj* spherical
sheriff *s* sheriff
sherry *s* sherry
shetlandsponny *s* Shetland pony
shetlandsull *s* Shetland wool
Shetlandsöarna *s pl* Shetland sg., the Shetlands, the Shetland Islands
shiamuslim *s* relig. Shiah muslim
shoppa *vb itr* shop; *gå (vara ute) och ~* go (be out) shopping
shoppingcenter *s* o. **shoppingcentrum** *s* shopping centre, mall
shoppingvagn *s* shopping trolley (cart)
shoppingväska *s* shopping bag
shorts *s pl* shorts; *ett par ~* a pair of shorts
si *adv*, det görs *än ~, än så* ...now this way, now that; *det är lite ~ och så* inte riktigt bra it is rather so-so
sia *vb tr* o. *vb itr* prophesy [*om* of]
siamesisk *adj* Siamese; *~a tvillingar* Siamese twins
siameskatt *s* Siamese (pl. lika)
siare *s* seer, prophet
sibetkatt *s* civet[-cat]
Sibirien Siberia
sibirier *s* Siberian
sibirisk *adj* Siberian
sibylla *s* sibyl
sicilian *s* o. **sicilianare** *s* Sicilian
siciliansk *adj* Sicilian
Sicilien Sicily
sicksack *s, i ~* [in a] zigzag; *gå i ~* vanl. zigzag
sicksacka *vb tr* o. *vb itr* zigzag
SIDA (förk. för *Swedish International Development Authority*) SIDA
sid|a *s* **1** allm. side; yta (t.ex. på kub) äv. face; bildl. äv.: egenskap point; aspekt aspect; håll, kant part, point of view; flank flank; riktning direction; *~ vid ~* side by side; i jämbredd abreast; *denna ~ upp!* this side up!; det är *hans starka ~* ...his strong point; *byta (välja) ~* i bollspel change ends (choose one's end); *välja ~* i t.ex. en konflikt take a stand...; *det har sina -or* är ofördelaktigt it has its drawbacks; är besvärligt it is no easy job; *se ngt från den ljusa ~n* look at the bright side of...; *visa sig från sin bästa ~* appear at one's best, show to advantage; *från*

regeringens ~ from (on the part of) the Government; *från svensk ~ har man...* the Swedes have..., Sweden has...; ha ont *i ~n* ...in one's side; *med händerna i ~n* with arms akimbo; vi är släkt *på min fars ~* ...on my father's side; *ställa sig på ngns ~* bildl. side (take sides) with a p.; nöjet är *helt på min ~* ...all mine; *stå vid ngns ~* eg. stand beside a p. (at a p.'s side); bildl. stand by (help) a p.; *vid ~n av* se bredvid I; *vid ~n av (om)* i jämförelse med beside, by the side of; han förtjänar lite *vid ~n om* ...on the side; *å ena ~n...å andra ~n* on [the] one hand...on the other [hand]; *gå åt ~n* step aside; *gå åt ~n för* ngn make room for... **2** i bok page; *se ~[n]* (förk. s., sid.) **5** see page (förk. p.) 5; *-orna* (förk. s., sid.) **5-6** pages (förk. pp.) 5-6
sidantal *s* number of pages
sidbena *s, ha ~* have one's hair parted at the side
sidbyte *s* i bollspel change of ends, change-over
siden *s* silk; blus *av ~* äv. silk...
sidenklänning *s* silk dress
sidensvans *s* zool. waxwing
sidentyg *s* silk material (fabric); *~er* äv. silks
sidfläsk *s* rökt el. saltat bacon
sidhänvisning *s* page reference
sidled, *i ~* sideways, laterally; rörelser *i ~* lateral...; besläktad *i ~* collaterally...
sidlinje *s* sport. sideline; fotb. touchline; *vara utanför ~n* be in touch; sparka bollen *över ~n* ...into touch
sidnummer *s* page number
sidoblick *s* side (sidelong) glance (look); *utan ~ar på...* bildl. without glancing at...
sidogata *s* side street, by-street
sidogren *s* av släkt collateral branch
sidolinje *s* av släkt collateral branch; släktingar *på ~n* collateral...
sidoroder *s* flyg. rudder
sidoskepp *s* i kyrka aisle
sidospår *s* järnv. sidetrack äv. bildl.; siding; *komma in på ett ~* bildl. get on to a sidetrack, get sidetracked
sidovind *s* side wind; flyg. cross wind
sidoväg *s* biväg side road, by-road
sidsteppa *vb tr* o. *vb itr* vard.: sport. el. bildl. sidestep
sidvagn *s* sidecar; *motorcykel med ~* [motorcycle] combination
sierska *s* seeress, prophetess
siesta *s* siesta; *ha (ta) ~* take a siesta
sievert *s* fys., enhet sievert (förk. Sv)
sifferbetyg *s* skol. numerical mark (amer. grade)
sifferminne *s, ha [bra] ~* have a [good] memory for figures
siffertips *s* correct score forecast
sifferuppgift *s* figure; *~er* äv. numerical data
siffra *s* allm. figure; konkr. äv. numeral; enstaka

~ **i flersiffriga tal** digit; antal number; ***romerska siffror*** Roman numerals; försäljningen visade ***dåliga siffror*** ...poor results
sifon *s* siphon
sig *rfl pron* (se äv. under rfl. vb) **1** mask. himself; fem. herself; neutr. itself; pl. themselves; bl.a. syftande på pron. 'man' (eng. 'one') oneself (samtl. äv.: ~ *själv*, jfr d.o.*)*; ***man måste försvara*** ~ one must defend oneself, you must defend yourself **2** spec. fall: **a)** i adverbial med beton. rumsprep. vanl. him, her, it, them, one, jfr *1*; ***hon hade inga pengar på*** ~ she hadn't any money about her **b)** angivande ägaren o.d. ***han tvättade*** ~ ***om händerna*** he washed his hands **c)** i ack. med inf. vanl. omskrivn. ***han*** (resp. ***hon***) ***sade (förklarade)*** ~ ***vara*** nöjd he said (declared) that he (resp. she said etc. that she) was...; ***han tror*** ~ ***vara...*** he believes himself to be... **d)** utan direkt motsv. i eng. ***föreställa (inbilla)*** ~ imagine, fancy; ***känna*** ~ ***trött*** feel tired; ***lära*** ~ learn; ***skrynkla*** ~ crease, get creased **e)** i spec. prep.-förb. ***rädd (vidskeplig) av*** ~ [inclined to be] timid (superstitious); vi får ta frågorna ***var för*** ~ ...one by one, ...separately, ...individually; han lever i en värld ***för*** ~ ...of his own; han hade ***ingenting på*** ~ ...nothing on; ***gå hem till*** ~ go home
sightseeing *s* sightseeing; tur sightseeing tour; ***vara ute på*** ~ be out sightseeing
sigill *s* seal
sigillring *s* seal ring
signal *s* signal; ringning ring; ***ge*** ~ make a signal; med signalhorn sound the horn; ***ge*** ~ ***till...*** give the signal for...; ***slå en*** ~ *[till ngn]* ringa upp give a p. a ring; ***nya*** ~***er*** bestämmelser new orders (directions); tendenser, t.ex. inom konsten new trends
signalement *s* description [*på* ngn of...]; kännetecken distinguishing mark; ***hans*** ~ the description of him (his person)
signalera I *vb tr* signal; varsko om announce **II** *vb itr* signal, make signals; med signalhorn sound the horn
signalering *s* signalling
signalflagga *s* signal flag
signalhorn *s* horn
signalist *s* mil. signaller; i flottan signalman
signallampa *s* signal lamp; kontrollampa pilot light (lamp)
signatur *s* namnteckning el. ark~ signature; namnförkortning initials pl.; författarnamn pseudonym; särmärke mark; ***~en X.*** skriver [the writer with the pseudonym] X...
signaturmelodi *s* signature tune
signatärmakt *s* signatory [power]
signera *vb tr* sign
signetring *s* signet ring
signifikant *adj* significant äv. statistik. [*för* of]

signifikativ *adj* significative; typisk typical; betydelsefull significant [*för* i samtl. fall of]
signum *s* särmärke distinguishing mark, characteristic; namnförkortning initials pl.
sik *s* zool. lavaret; vitfisk whitefish
siklöja *s* zool. vendace, pollan
1 sikt *s* såll, allm. sieve; grövre för t.ex. grus screen, riddle; för kvarnindustri bolter; för hushåll strainer
2 sikt *s* **1** möjlighet att se visibility; oskymd utsikt view; ***god*** ~ good visibility; ***ha fri*** ~ have a clear view **2** tidrymd ***på*** ~ in the long run; ***på lång*** ~ lönar det sig... in the long term..., taking a long view...; ***verkningarna på längre*** ~ the long-range (long-term) effects
1 sikta *vb tr* sålla sift, pass...through a sieve; t.ex. grus screen; i kvarn bolt; ***~t mjöl*** sifted (bolted) flour
2 sikta *vb itr* aim äv. bildl. [*på (mot, till)* at]; med vapen äv. take aim; ~ ***högt*** aim high äv. bildl.; ~ ***in sig på att*** inf. aim at ing-form; ~ ***med*** sin revolver ***på*** point...at
siktbar *adj* sjö. visible, clear
sikte *s* sight äv. på skjutvapen; synhåll äv. view; mål aim; ***ta*** ~ ***på*** ngt aim at...; bildl. äv. have...in view; ***få*** ngt *i* ~ get...in sight; ***få land i*** ~ sjö. sight (make) land; ***land i*** ~ *!* sjö. land ahoy (ho)!; arbeta ***med*** ~ ***på framtiden (på att*** inf.*)* ...with an eye to the future (with a view to ing-form); ***förlora...ur*** ~ lose sight of...
siktförbättring *s* improved visibility
siktförsämring *s* reduced visibility
siktpunkt *s* point of aim (sight)
sil *s* **1** redskap strainer; durkslag colander, cullender **2** sl., narkotikainjektion shot
sila I *vb tr* strain; ~ *av (bort, från)* strain off **II** *vb itr* om t.ex. vatten, sand trickle; om ljus filter, percolate
silduk *s* för silning straining-cloth
silhuett *s* silhouette; ***klippa*** ~***er*** make (cut out) silhouettes
silikat *s* kem. silicate
silikon *s* kem. silicone
silikonbehandlad *adj* silicone-treated
silikos *s* med. silicosis (end. sg.)
silke *s* silk; väv *av* ~ äv. silk...
silkesfjäril *s* silk moth
silkeslarv *s* silkworm
silkeslen *adj* silky; attr. äv. silken båda äv. bildl.
silkesmask *s* silkworm
silkesodling *s* **1** odlande sericulture **2** konkr. silkworm farm
silkespapper *s* tissue paper
silkessammet *s* silk velvet
silkesstrumpa *s* silk stocking
silkestråd *s* silk filament; sysilke silk thread
silkesvantar *s pl*, ***behandla ngn med*** ~ bildl. treat a p. with kid gloves
silkig *adj* vard. silky
sill *s* herring; ***inlagd (salt)*** ~ pickled (salt)

sillbulle

herring; *som packade ~ar* packed like sardines [in a tin]
sillbulle *s* kok. herring rissole
sillburk *s* burk sill tin of herrings
sillfiske *s* sillfiskande herring fishing
sillgrissla *s* zool. [common] guillemot
sillsallad *s* 'herring salad', salad of pickled herring, beetroot, and potatoes
sillstim *s* shoal of herring
silo *s* silo (pl. -s)
siluett se *silhuett*
silver *s* **1** silver; *drivet (matt)* ~ chased (frosted) silver; *gammalt (rent, äkta)* ~ old (pure, sterling) silver; ring *av* ~ äv. silver... **2** sport., andra plats silver medal
silverarmband *s* silver bracelet, jfr äv. *guld* o. sms.
silverbröllop *s* silver wedding
silverbägare *s* silver goblet
silverfat *s* silver dish (tallrik plate); bildl. silver platter
silverfisk *s* zool. silverfish
silvergran *s* bot. silver fir
silvergruva *s* silver mine
silvergrå *adj* silver-grey
silverhårig *adj* silver-haired; attr. äv. ...with silvery hair
silvermedalj *s* sport. silver medal
silvermedaljör *s* sport. silver medallist
silvermärke *s* sport. silver badge
silverpapper *s* silver paper; folie tinfoil
silverputs *s* silver polish
silverräv *s* zool. silver fox
silversked *s* silver spoon
silversmed *s* silversmith
silverstämpel *s* [silver] hallmark
silverte *s* 'silver tea', hot water with milk (cream)
silvervit *adj* om t.ex. hår silvery
simbassäng *s* swimming-pool; inomhus swimming-bath
simblåsa *s* zool. swim[ming] bladder, sound
simborgarmärke *s* sport. swimming badge [awarded for swimming 200 metres]
simbyxor *s pl* [swimming] trunks
simbälte *s* swimming belt
simdräkt *s* bathing suit, bathing costume
simdyna *s* swimming float
simfena *s* **1** zool. fin **2** i sportdykning *simfenor* diving flippers
simfot *s* **1** zool. webbed foot **2** i sportdykning *simfötter* diving flippers
simfågel *s* web-footed bird
simhall *s* [public] swimming baths (pl. lika)
simhopp *s* hoppande diving; *ett* ~ a dive
simhoppare *s* diver
simhud *s* web; *[försedd] med* ~ webbed
similismycke *s* imitation ornament
simkunnig *adj*, *han är* ~ he can swim
simlärare *s* swimming teacher (instructor)
simma *vb itr* swim; flyta (om saker) äv. float; ~ *bra* be a good swimmer; ~ *ryggsim* do the back-stroke; maten ~*r i flott* ...is swimming in fat
simmare *s* o. **simmerska** *s* swimmer
simmig *adj* thick, syrupy; om vätska äv. turbid; om t.ex. sås well-thickened; om blick hazy
simmärke *s* swimming badge
simning *s* swimming
simpa *s* zool. bullhead; sten~ miller's thumb
simpel *adj* **1** enkel simple; vanlig ordinary **2** lumpen base, common, low; grov, tarvlig vulgar
simpelt *adv* **1** lumpet basely; *det var* ~ *gjort* it was a rotten (mean) thing to do **2** *helt* ~ se *[helt] enkelt*
simsalabim *interj* hey presto, abracadabra
simskola *s* swimming school
simsport *s* swimming
simsätt *s* swimming style; *fritt* ~ free style [swimming]
simtag *s* stroke [in swimming]; *ta ett* ~ swim a stroke
simtur *s*, *ta en* ~ have a swim
simtävling *s* swimming competition
simulant *s* isht mil. malingerer
simulator *s* tekn. simulator
simulera I *vb tr* simulate äv. tekn. o.d.; sham, feign **II** *vb itr* spela sjuk sham (feign) illness; isht mil. malinger
simulering *s* simulation äv. tekn. o.d.; shamming, feigning; malingering, jfr *simulera*
simultan *adj* simultaneous
simultantolka *vb tr* interpret (translate)...simultaneously
simultantolkning *s* simultaneous interpretation (translation)
1 sin (n. *sitt*, pl. *sina*) *poss pron* **a)** fören.: då ägaren är mask., fem., resp. neutr. sg. his, her, resp. its; med syftning på flera ägare och, då individerna avses, på kollektivt subst. their; med syftning på ett utsatt el. tänkt 'man' (eng. 'one') one's **b)** självst. his, hers, its [own], theirs, one's own; *vad i all* ~ *dar* gör du här? what on earth...?; *i* ~ *förtvivlan* tillgrep han in desperation...; *på* ~*a ställen (håll)* in [some] places, here and there; *på* ~ *tid* var han in his time...; *på* ~ *tid* förr i världen formerly; *någon har glömt kvar* ~ *väska* somebody has forgotten his (vard. their) bag; *sedan gick vi var och en till sitt* hem then each of us went home (till sin syssla to our [own] business); för ex. jfr vid. *1 min*
2 sin *s*, *stå (vara) i* ~ be dry
sina *vb itr* go (om ko äv. become, om källa äv. run) dry; bildl.: om t.ex. förråd give out, run short (out); om t.ex. energi, tillgångar ebb [away], peter out; ~ *ut* dry up, run dry; *en aldrig ~nde* ström a never-ceasing...
sinekur *s* sinecure; vard. cushy (feather-bed) job
Singapore Singapore

1 singel s grus shingle, coarse gravel
2 singel s **1** sport. singles (pl. lika); match singles match; **spela ~ (en ~)** play singles (a game of singles) **2** grammofonskiva single **3** kortsp. singleton
singelolycka s one-car accident, accident involving one car only
singelskiva s grammofonskiva single
singla I vb tr kasta toss; **~ slant** toss up [a coin]; **~ slant om** ngt toss for..., decide...by a toss-up; **ska vi ~ slant?** let's toss up! **II** vb itr om t.ex. löv float; om snö dance; lövet **~de ned** ...came floating down
singularform s singular form
singular[is] s the singular; **första person ~** the first person singular; **stå i ~** be in the singular
sinka I vb tr fördröja delay, detain **II** vb itr, det **~r** tar tid it wastes time, it runs away with the time **III** vb rfl, **~ sig med ngt (med att** inf.**)** waste ing-form lose time on a th. (by el.)
sinkadus s vard. **1** lyckträff stroke of luck; slump toss-up **2** i tärningsspel five two **3** örfil box on the ear[s], wallop
sinnad adj lagd minded; inriktad disposed; hågad inclined [**för** for]; **fientligt (vänskapligt) ~ nation** hostile (friendly)...; **vara vänligt ~ mot** ngn be friendly disposed towards...
sinne s **1** fysiol. sense; **de fem ~na** the five senses; **vid sina ~ns fulla bruk** in full possession of all one's senses (faculties) **2** själ, håg mind; hjärta heart; sinnelag disposition, nature; **~t rann på honom** he lost his temper, he flew into a passion; **lätta sitt ~** relieve (unburden) one's mind; **ha ~ för** känsla för (t.ex. humor, proportioner) have a sense of; ha förståelse för (t.ex. naturen) have a feeling for (an appreciation of); ha blick för (t.ex. det sköna) have an eye for; handla **efter sitt eget ~** ...at one's [own] discretion; man vet inte vad han **har i ~t** ...is up to; jag tänkte **i mitt stilla ~** ...to myself, ...inwardly; **sätta sig i ~t att** inf. set one's mind on ing-form; **dyster till ~s** in low spirits; **vara glad (lätt) till ~s** be in a happy mood (be light at heart); **det gick honom [djupt] till ~s** he took it [very much] to heart
sinnebild s symbol, emblem [**för** of]
sinnelag s disposition, temperament; **ett kristligt (vänligt) ~** a charitable (friendly) disposition; **ett glatt ~** a cheerful temperament
sinnesfrid s peace of mind
sinnesförnimmelse s sensation
sinnesförvirrad adj mentally deranged, unhinged
sinnesförvirring s mental derangement; begå självmord **i ~** ...while of unsound mind
sinnesintryck s sensory impression

sinneslugn s tranquillity (calmness, serenity) of mind; jämvikt equanimity
sinnesnärvaro s presence of mind; **ha ~ nog att** inf. have the presence of mind to inf.
sinnesorgan s sense (sensory) organ, organ of perception
sinnesro se **sinnesfrid** o. **sinneslugn**
sinnesrubbad adj **1** mentalt sjuk mentally disordered, unhinged **2** vard. crazy, crack-brained
sinnesrubbning s mental disorder
sinnesrörelse s emotion; upphetsning mental agitation (excitement)
sinnessjuk o. sms., se **mentalsjuk** o. sms.
sinnesslö adj mentally deficient
sinnesstämning s frame (state) of mind, mood; **i glad (uppsluppen) ~** in a cheerful mood (in high spirits)
sinnessvag adj feeble-minded; dåraktig äv. idiotic, insane
sinnestillstånd s state of mind, mental condition
sinnesundersökning s mental examination
sinnevärld s, **~en** the material (external) world
sinnlig adj sensuell sensual; köttslig carnal; fysisk physical; som uppfattas med sinnena sensuous; **en ~ människa** a sensualist
sinnlighet s sensuality, sensualism
sinnrik adj ingenious
sinnrikhet s ingenuity
1 sinom pron, **i ~ tid** in due [course of] time
2 sinom, tusen ~ tusen fåglar thousands upon (and) thousands of...
sinsemellan adv between (om flera äv. among) themselves (resp. ourselves, yourselves; vid fördelning m.m. them, us etc.); de (vi) är **lika ~** ...like each other el. one another
sinuskurva s matem. sine curve
sionism s Zionism
sionistisk adj Zionist[ic]
siouxindian s Sioux (pl. lika)
sipp adj pryd prudish
sippa s bot. [wild] anemone, windflower
sippra vb itr smårinna trickle; droppvis tränga ooze; **~ fram** come oozing out, ooze forth; **~ igenom [ngt]** percolate [through a th.]; **~ ut** trickle (ooze, läcka leak) out samtl. äv. bildl.
sira vb tr pryda ornament, decorate
sirap s treacle, [golden] syrup; amer. molasses; farmakol. syrup
sirapslen adj bildl. treacly
siren s siren äv. mytol.
sirlig adj prydlig elegant; snirklad ceremonious
sirlighet s elegance; ceremoniousness
siska zool., **grön~** siskin
sist adv **1** last; i slutet at the end; **han kom [allra] ~** efterst he came last [of all]; senare än alla äv. he was the [very] last to arrive; **ligga ~ i tävling** be [the] last; **~ i boken**, kön at the end of...; **~ men inte minst** last but not

sista

least; det har hänt mycket *sedan* ~ ...since [the] last time; *till* ~ till slut finally, in the end; avslutningsvis lastly, in conclusion; slutligen ultimately, eventually; i alla fall at last; när allt kommer omkring after all; spara ngt *till* ~ ...to (till) the last; jfr äv. *senast II* **2** förra gången last time; ~ *jag var där* [the] last time I was there, when I was there last
sista (*siste*) *adj* last; bakerst äv. back; senaste latest; slutlig final; *på* ~ *bänk* i sal o.d. in the back row; *[den]* ~ *delen* the last (av två the latter) part; *för* ~ *gången* for the last time; *lägga* ~ *handen vid* ngt put (apply) the finishing touches to...; *i* ~ *hand* last, last of all; *i* ~ *minuten (stund)* at the [very] last minute (moment); precis i tid äv. only just in time; *den siste mohikanen* the last of the Mohicans; ~ *sidan* i tidning the back page; ~ *vagnen* the rear carriage; *den* ~ *[i månaden]* [adv. on] the last of the month; *jag är den* ~ *att (som skulle)* önska det I am the last [one] to...; *in i det* ~ to the very last
siste se *sista*
sistlid|en *adj* last; *-na vecka* last week
sistnämnd|a *adj* last-mentioned; *den* ~ (*-e*) *av två* äv. the latter
sistone, *på* ~ lately
sisu *s* never-say-die attitude (spirit)
sisyfosarbete *s* Sisyphean task (labour); friare never-ending task
sits *s* **1** allm. seat; på stol äv. bottom; *ha god* ~ ridn. have a good seat **2** kortsp. *kortens (spelarnas)* ~ the lie of the cards (the order of the players); *dra om ~en* draw for partners **3** situation, läge (vard.) *vi är i (har) en besvärlig* ~ we are in a real fix (spot)
sitt se *sin*
sitt|a *I vb itr* **1** om levande varelser: eg. sit; på sittplats äv. be seated; inte stå äv. be sitting; sitta ned, sätta sig sit down; vara, befinna sig be; stanna stay, remain; bo, leva live; vara tjänstgörande (om t.ex. regering) be in office; *var så god och sitt!* sit down, please!, do take a seat!; ~ *bra* bekvämt be comfortable (comfortably seated); ha bra plats (t.ex. på teatern) have a good seat (resp. good seats); ~ *hemma* be (stanna stay, hålla sig stick) at home; ~ *hårt* have a hard seat (chair); ~ *illa till* to be in a fix (in the hot seat); ~ *orörlig* (förbli remain) motionless; ~ *uppflugen* be perched; *få* ~ få sittplats get (ha sittplats have) a seat; ~ *och läsa* sit (be sitting) reading; hålla på att be reading; ~ *som* fungera som act (serve) as; vara stationerad som be stationed as; vara be; *sitt vackert!* sit up!
    med obeton. prep.: ~ *för* en konstnär sit to...; *i fängelse* be in prison; ~ *i* en kommitté be (sit) on (be a member of)...; *han -er i sammanträde (telefon)* just nu he is in conference (is engaged on the phone)...; ~ *med* ha, äga have; ha att sköta om have...on one's hands
    2 om sak: vara, befinna sig be; ha sin plats be placed; om t.ex. sjukdom be located; hänga hang; vara satt be put (anbragt fixed, fitted); kortsp., om kort lie; passa (om kläder) fit; inte lossna: om t.ex. spik, knapp hold; om t.ex. plåster keep in place, stay put; klänningen *-er bra* ...fits well (is a good fit); *den -er bra över axlarna* it sits well across the shoulders; *den -er för hårt i midjan* it is too tight round the waist; *-er min hatt riktigt?* is my hat on right?
II med beton. part.
~ **av** a) avtjäna t.ex. straff serve; ~ *av böter* undergo imprisonment for the non-payment of a fine b) ~ *av [hästen]* dismount [from the horse]
~ **emellan:** *[få]* ~ *emellan* bildl.: om pers. be the sufferer; om sak suffer
~ **fast** a) ha fastnat stick, be stuck; bildl. have got stuck [på ett problem över...]; vara fastklämd sit (om sak be) jammed (wedged) b) vara fastsatt be fixed; vara fastklibbad adhere; inte lossna (om t.ex. spik, knapp) hold
~ **i** a) bestå: om t.ex. skräck remain; om t.ex. kärlek last; om kunskaper stick in one's memory; fläcken *-er i* ...is still there (går inte ur won't come out); rummet är vädrat men *lukten -er i* ...the smell clings to it; vanor *som -er i* deep-rooted... b) se *vara [i]*
~ **ihop** inte gå sönder hold together; ha klibbat ihop have stuck [together]; vara hopsatt be put (fastenad) together [*med* with]
~ **inne** a) inomhus be (hålla sig keep, stay) indoors b) i fängelse be in prison (vard. clink, quod); vard. do time c) ~ *långt inne* dröja (om t.ex. svar) be a long time coming; vara svår att få ur ngn, t.ex. löfte be hard to get out of a p.; ~ *inne med* t.ex. kunskaper, upplysningar possess; upplysningar äv. be in possession of
~ **kvar** a) inte resa sig remain sitting (seated); inte lämna sin plats keep one's seat; *sitt kvar! don't get up!* b) vara kvar: allm. remain; om pers. äv. stay [on]; om t.ex. regering remain in office; *han -er kvar där* he is still [sitting] there; ~ *kvar tills* ngt *är slut* sit...out; vad man lärt sig *-er kvar [i minnet]* ...sticks [in one's memory]
~ **med:** ~ *med i* styrelsen be a member (resp. members) of..., be on...; ~ *med vid bordet* sit with the others at table
~ **ned (ner)** itr. sit down; *sitt ned så länge [och vänta] så kommer han* take a seat while you wait and he will come
~ **på** vara på be on; inte ramla av keep in place, stay put
~ **till** a) sluta till fit tight b) ~ *så till att*... om pers. be seated so that...; ~ *illa till* om pers.: eg. have a bad seat; bildl. be in a fix

~ upp: ~ *upp [på hästen]* mount [one's horse]; ~ *upp i* vagnen get up into...
~ uppe a) inte lägga sig sit up; ~ *uppe och vänta på* ngn sit (wait) up for... **b)** om sjuk be [sitting] up **c)** om sak: vara uppsatt be up; inte glida ner stay (keep) up; hållas uppe be kept up [*med* by]
~ vid *[sitt arbete]* stick (keep) to one's work
~ åt allm. be tight; stark. be too tight; om kläder äv. fit tight, be a tight fit; *den -er åt i midjan* it fits close to (stramar is too tight round) the waist; *det satt hårt åt innan jag fick* pengarna it was (I had) a tough job getting...
~ över a) stanna kvar stay on; arbeta över work overtime **b)** hoppa över: en dans sit out; t.ex. en måltid skip; *jag -er över* I'm sitting this one out
sittande *adj* om levande varelser sitting; på sittplats äv. seated; *middagen serverades vid ~ bord* a sit-down dinner was served; *den ~ regeringen* the Government in office; nuvarande äv. the present Government; göra ngt *i ~ ställning* ...sitting down; *bli ~* se *sitta [kvar]* o. *sitta [fast a)]*
sittbad *s* o. **sittbadkar** *s* hip bath, sitz bath
sittbrunn *s* sjö. cockpit
sittbräda *s* seat
sittning *s* för målare o.d. sitting; sammanträde meeting
sittopp *s* vard., örfil box on the ear[s]; skrapa dressing-down
sittpinne *s* perch
sittplats *s* seat; *salen har ~ för* 1000 personer the hall can seat (has seating-capacity for)...
sittplatsbiljett *s* järnv. seat reservation [ticket]; på t.ex. stadion seat ticket
sittriktig *adj* designed for sitting comfort; bekväm comfortable
sittstrejk *s* sit-down strike, sit-in
sittstrejka *vb itr, de ~r* they are on a sit-down strike
sittvagn *s* **1** järnv., ung. non-sleeper **2** för barn pushchair; amer. stroller
situation *s* situation; läge äv. position; tillfälle occasion; *~en är under kontroll* the situation is under control (well in hand); *vara ~en vuxen* be equal to the occasion; stark. rise to the occasion; *sätta sig in i ~en* make oneself acquainted with the situation; *sätt dig in i min ~!* put yourself in my place!
situationskomik *s* situation comedy
sjabbig *adj* shabby
sjakal *s* zool. jackal
sjal *s* shawl; halsduk scarf (pl. äv. scarves)
sjalett *s* kerchief; huvud- äv. head-scar|f (pl. äv. -ves)
sjapp *s* vard. café, cheap restaurant
sjappen *s, ta till ~* bolt, bunk
sjasa *vb tr, ~ [bort]* shoo [away]

sjaska *vb tr, ~ ned* ngt make...dirty, soil...; *~ ner sig* make oneself dirty
sjaskig *adj* slovenly, shabby; osnygg äv. untidy, sleazy; luggsliten äv. seedy-looking; om kläder äv. mangy; gemen mean
sjok *s* t.ex. av tyg, snö sheet; av dimma layer; friare, större mängd large chunk
sju *räkn* seven, jfr *fem* o. sms.
sjua *s* seven; jfr *femma*
sjuarmad *adj, ~ ljusstake* seven-branched candlestick
sjubb *s* raccoon; vard. coon
sjuda I *vb itr* seethe; koka äv. boil båda äv. bildl.; småkoka simmer; ~ *av vrede* seethe (boil, simmer) with anger; *~nde liv* seething life **II** *vb tr* tekn. el. kok. boil; kok. äv. [let...]simmer
sjuglasvagn *s* ung. state coach
sjuk *adj* **1** eg. ill vanl. pred.; sick vanl. attr. (amer. attr. o. pred.); dålig unwell pred.; långvarigt sjuk invalid end. attr.; krasslig ailing; om kroppsdel bad; om kropp diseased; om inre organ el. hjärna, sinne disordered; *bli ~ [i influensa]* fall (be taken) ill [with the flu]; *bli ~are* get worse; *jag blir ~ av maten* the food makes me ill (illamående sick); *~ av* avund sick with...; *~ [av längtan] efter* ngt sick [with longing] for...; *den ~a (~e)* subst. adj. the sick woman (resp. man), the sufferer; patient the patient; långvarigt sjuk the invalid; sköta *~a (de ~a)* ...sick people (the sick) **2** friare el. bildl.: osund (t.ex. fantasi) morbid; misstänkt suspicious, shady; skum fishy; *~ humor* sick humour; *ett ~t samvete* a guilty conscience
sjuka *s* **1** illness, disease; *det är hela ~n* that's the whole trouble; *engelska ~n, spanska ~n* se under *engelsk* resp. *spansk* **2** mil., sjukhus hospital
sjukanmäla *vb tr o. rfl, ~ ngn (sig)* report a p. (report) sick; *vara sjukanmäld* be (have) reported sick
sjukanmälan *s* notification of illness; *göra ~* sjukanmäla sig report sick
sjukbesök *s* av läkare visit, sick call; *gå på ~ till ngn* om läkare pay a visit to (a sick call on) a patient; om privatperson visit a p. who is ill
sjukbår *s* stretcher, litter
sjukbädd *s* sickbed; *vid ~en* at the bedside
sjukdag *s* day of illness
sjukdom *s* allm. illness; ohälsa äv. sickness; svårare, av bestämt slag disease äv. hos djur o. växter el. bildl.; isht bildl. äv. malady; i de inre organen samt mental disorder; åkomma complaint, ailment, affection; *ärftlig ~* hereditary disease; frånvarande *på grund av ~* ...owing to illness (sickness)
sjukdomsfall *s* case [of illness]; sjukdom illness
sjukdomsförlopp *s, ~et* the course of the disease (illness)

sjukdomssymptom

sjukdomssymptom *s* symptom of [a (resp. the)] disease
sjukersättning *s* sickness benefit
sjukfrånvaro *s* absence due to illness
sjukförsäkring *s* health insurance
sjukgymnast *s* physiotherapist
sjukgymnastik *s* physiotherapy, health (remedial) exercises pl.
sjukhem *s* nursing home
sjukhus *s* hospital; *ligga på* ~ be in hospital
sjukhussjuka *s* nosocomial disease
sjukhusvård *s* hospital treatment (care)
sjukintyg *s* allm. certificate of illness; utfärdat av läkare doctor's certificate
sjukjournal *s* case record (för enskild patient sheet)
sjukledig *adj, vara* ~ be on sick-leave; hon har varit ~ *en vecka* ...absent for a week owing to illness (sickness)
sjukledighet *s* sick leave
sjuklig *adj* lidande sickly, unhealthy; om pers. äv. ...poor (weak) in health etc.; invalid...; onormal, makaber morbid; *~t begär* morbid craving; ~ *fetma* pathological fatness; ~ *hy* sickly complexion
sjuklighet *s* sickliness; persons vanl. poor health; morbidity, jfr *sjuklig*
sjukling *s* sick person; patient äv. patient; sjuklig person invalid
sjukpenning *s* sickness benefit
sjukpension se *förtidspension*
sjukrum *s* sickroom
sjuksal *s* [hospital] ward
sjukskriva *vb tr* put...on the sick-list; *vara sjukskriven [en vecka]* be on the sick-list [for a week]; ~ *sig* se *sjukanmäla [sig]*
sjukskötare *s* male nurse
sjuksköterska *s* [sick] nurse; examinerad trained nurse; manlig male nurse; på sjukhus hospital nurse
sjuksköterskeelev *s* student nurse, probationer
sjukstuga *s* cottage hospital
sjuksyster se *sjuksköterska*
sjuksäng *s* sickbed
sjukvård *s* skötsel nursing, care of the sick; behandling medical treatment (attendance); organisation medical service; *allmän* ~ public medical service; *fri* ~ free medical treatment
sjukvårdare *s* mil. medical orderly
sjukvårdsaffär *s* ung. chemist's [shop]
sjukvårdsartiklar *s pl* sanitary (medical) articles, nursing requisites
sjukvårdsbiträde *s* nurse's assistant, hospital orderly
sjukvårdsminister *s* Minister of Health and Social Security
sjukvårdspersonal *s* nursing (hospital) staff (personnel)
sjumilasteg *s, gå med* ~ walk with seven-league strides

sjumilastövlar *s pl* seven-league boots
sjunde *räkn* seventh; *vara i* ~ *himlen* be in the seventh heaven; jfr *femte* o. sms.
sjundedel *s* seventh [part]; jfr *femtedel*
sjunga I *vb tr* o. *vb itr* sing; om fåglar äv. warble; sjungande recitera (t.ex. mässa) äv. chant; ~ *en sång för ngn* sing a song to a p., sing a p. a song; ~ *rent (falskt)* sing in tune (out of tune); ~ *om* besjunga sing [of]; ~ *till luta* sing to the lute; *~nde tonfall* sing-song accent
II med beton. part.
~ **in a)** öva in practise **b)** ~ *in* ngt *på band* record...on tape
~ **med** join in [the singing]; ~ *med i* refrängen join in...
~ **ut** eg. bet. sing up; bildl. speak one's mind, not mince matters
sjunk|a I *vb itr* sink; falla fall, drop; om t.ex. pris äv. decline; gå ned, gå under go down; om sol äv. set; bli lägre subside; minska decrease; sätta sig: om t.ex. mark, hus, bottensats settle; *skeppet sjönk* the ship sank; priserna *har -it* ...have fallen (gone down, declined); temperaturen *-er* ...is going down äv. om feber; ...is falling; *[vattnet i] sjön har -it* the water-level has sunk; ~ *djupt* eg. sink deep; bildl. sink low; ~ *i ngns aktning* go down (sink) in a p.'s estimation; ~ *i popularitet* trail in popularity; ~ *i pris* go down in price
II med beton. part.
~ **ihop** falla ihop collapse; krympa shrink
~ **ned:** *ned i* gyttjan sink into...; ~ *ned i* stol sink (drop, subside) into...; ~ *ned i (till)*... förfalla till lapse into (sink down to)...; ~ *ned död* drop down dead
~ **undan** om vatten sink, subside
sjunkande *adj* sinking osv., jfr *sjunka*; ~ *födelsetal* declining birthrate; ~ *tendens* downward tendency (trend)
sjunkbomb *s* depth charge (bomb)
sjunken *adj* eg. sunken; *han är djupt* ~ he has sunk very low
sjusovare *s* **1** zool. dor|mouse (pl. -mice) **2** pers. som sover länge lie-abed, late riser
sjustjärnan *s* astron. the Pleiades pl.
sjutti[o] *räkn* seventy; jfr *fem[tio]* o. sms.
sjuttionde *räkn* seventieth
sjutton *räkn* **1** seventeen; jfr *fem[ton]* o. sms. **2** i svordomar el. vissa uttryck ~ *också!* oh darn (hell)!; *fy* ~*!* Lord!, God!; *å (för)* ~*!* Good Lord!, well I never!, Heavens!; *ja, för* ~*!* yes, dash (darn) it!; javisst you bet!; *vad* ~ *skulle jag göra det för?* why on earth should I do that?; *full i* ~ vard. full of mischief
sjuttonde *räkn* seventeenth; jfr *femte*
sjuttonhundratalet *s* the eighteenth century
sjutusan *s, en* ~ *till karl* a hell of a fellow
sjyst se *schyst*
sjå *s, ett fasligt* ~ a tough (big) job; *ha fullt* ~ *[med] att* inf. have a proper job ing-form

sjåare *s* hamnarbetare docker; stuvare stevedore; isht amer. longshoreman
sjåpa *vb rfl*, ~ *sig* be namby-pamby; göra sig till be affected, put it on
sjåpig *adj* namby-pamby; tillgjord affected
själ *s* soul äv. pers.; hjärta heart; sinne mind; ande spirit; känna **~arnas sympati** ...a spiritual affinity; *inte en [levande]* ~ not a [living] soul; *två ~ar och en tanke* two minds with but one single thought; *vara ~en i* ngt be the [life and] soul (drivande kraften the moving spirit) of...; *lägga in hela sin ~ i* ngt put one's heart and soul into...; *i ~ och hjärta i själva verket* at heart; innerst inne in one's heart [of hearts]
själaglad *adj* overjoyed, delighted
själaringning *s* ringande [the] tolling of the knell; ljud knell
själasörjare *s* präst clergyman, priest; friare spiritual guide (adviser)
själavandring *s* relig. transmigration
själavård *s* relig. cure of souls, pastoral cure
själfull *adj* soulful
Själland Zealand
själlös *adj* soulless; andefattig dull, vapid; uttryckslös vacuous
själsdödande *adj* soul-destroying, deadly boring
själsfrånvaro *s* absence of mind
själsfrände *s* kindred spirit (soul), soul mate
själsgåvor *s pl* mental (intellectual) gifts
själslig *adj* mental; andlig spiritual; psykisk psychic[al]
själsliv *s* intellectual (andlig spiritual) life; känsloliv emotional life
själsstyrka *s* strength of mind, fortitude
själstillstånd *s* state of mind, mental condition
själv I *pron* **1** jag ~ myself; du ~ yourself; åld. el. bibl. thyself; han, hon ~ himself, herself; den, det ~ itself; vi, ni, de ~a ourselves, yourselves, themselves; *sig* ~ himself osv., se *sig*; *mig* ~ myself; på check [pay] self; *jag* ~ I myself; *jag gjorde det* ~ *(alldeles ~)* I did it myself (all by myself); *jag har* ~ gjort det I myself have...; *jag har* gjort det ~ I have...myself; *jag frågade honom* ~ I asked him myself; just honom I asked him (the man) himself; *han kom* ~ personligen he came in person; *du ser (hör)* ~ *hur...* you can see (hear) for yourself how ...; *hon syr sina kläder* ~ vanl. she makes her own dresses; *han är ärligheten* ~ he is the soul of honesty; *han är inte sig* ~ *i dag (längre)* he is not [quite] himself today (is not the man he was); *vara sig* ~ *nog* be self-sufficient, be sufficient to oneself; *var dig* ~ be yourself!; dumbom! - *det kan du vara* ~ *!* ...the same to (so are) you!; *du* ~ *då!* what about you (yourself)?; *tack* ~*!* thank 'you!; *av (för) sig* ~ se under resp. prep.

2 i adj. anv.: *~a arbetet* arbetet i sig the work itself; det egentliga arbetet the actual (regular) work; bo *i ~a Stockholm* ...in Stockholm itself (in the very centre of S.); *i ~a verket* in reality; faktiskt as a matter of fact, in actual fact

II *s* filos. el. psykol. self, se vid. *jag* II
självaktning *s* self-respect, self-esteem; *ingen* människa *med* ~ no self-respecting...
självantändning *s* spontaneous combustion (ignition)
självaste *adj*, ~ *kungen* the king himself; t.o.m. even the king
självbedrägeri *s* self-deception, self-delusion
självbehärskning *s* self-control, self-command, self-mastery, self-restraint; fattning self-possession
självbekännelse *s* confession
självbelåten *adj* self-satisfied; egenkär, äv. om t.ex. min complacent, smug
självbelåtenhet *s* self-satisfaction, complacency, smugness
självbestämmanderätt *s* right of self-determination
självbetjäning *s* self-service
självbevarelsedrift *s* instinct of self-preservation
självbindare *s* lantbr. [self-]binder
självbiografi *s* autobiography
självbiografisk *adj* autobiographic[al]
självdeklaration *s* income tax return; blankett income-tax return form
självdisciplin *s* self-discipline
självdö *vb itr* om djur die a natural death; bildl. die out of itself (resp. themselves)
självfall *s*, *hon har* ~ she has a natural wave in her hair
självfallen se *självklar*
självförakt *s* self-contempt
självförebråelse *s* self-reproach
självförhävelse *s* conceit
självförsvar *s* self-defence
självförsörjande *adj* self-supporting; om land self-sufficient; *hon är* ~ vanl. she earns her own living
självförtroende *s* self-confidence, self-reliance; *ha* ~ be self-confident
självförverkligande *s* self-fulfilment, self-realization
självförvållad *adj* self-inflicted, self-caused
självgod *adj* self-righteous, self-conceited, self-opinionated
självhjälp *s* self-help; *hjälp till* ~ aid to helping oneself
självhushåll *s* **1** där man tillverkar o. producerar allt själv self-subsistent household; **2** där man kan laga mat själv *lägenhet för* ~ self-catering accommodation
självhäftande *adj* adhesive, self-adhesive; attr. äv. (om t.ex. plast) stick-on
självhärskare *s* autocrat

självinstruerande *adj,* ~ *material* self-instructional material
självironi *s* irony directed at oneself, self-irony
självironisk *adj, vara* ~ be ironic at one's own expense
självisk *adj* selfish, egoistic
självishet *s* selfishness, egoism
självklar *adj* uppenbar obvious, [self-]evident, self-explanatory; naturlig natural; *det är ~t (en ~ sak)* äv. it goes without saying, it stands to reason; *ja, [det är] ~t!* yes, of course!; ta allting *för ~t* ...for granted, ...as a matter of course
självklarhet *s* självklar sak matter of course; naturlighet naturalness; *det är en ~* äv. it goes without saying, it stands to reason
självklart *adv* uppenbart obviously, evidently; naturligt naturally
självkontroll se *självbehärskning*
självkostnadspris *s* hand. cost price; *till ~* at cost [price]
självkritik *s* self-criticism
självkännedom *s* self-knowledge
självkänsla *s* self-esteem
självlockig *adj* om hår naturally curly; *hon har ~t hår* äv. her hair curls naturally
självlysande *adj* luminous, fluorescent
självlärd I *adj* self-taught **II** *subst adj* self-taught person, autodidact
självmant *adv* of one's own accord, voluntarily, spontaneously
självmedlidande *s* self-pity
självmedveten *adj* säker self-assured, self-confident
självmord *s* suicide; *begå ~* commit suicide
självmordsförsök *s* attempted suicide; *göra ett ~* attempt [to commit] suicide
självmordskandidat *s* would-be suicide
självmotsägelse *s* self-contradiction
självmål *s* sport. own goal; *göra ~* score an own goal
självplockning *s, ~ av jordgubbar* på skylt o.d. pick your own strawberries
självplågare *s* self-tormentor
självporträtt *s* self-portrait äv. i skildring; *~ av konstnären* portrait of the artist [by himself]
självprövning *s* soul-searching
självpåtag[en *adj* self-assumed; *-na plikter* self-imposed duties (tasks)
självrannsakan *s* soul-searching, self-searching, self-examination
självrespekt *s* self-respect, self-regard, self-esteem
självrisk *s* försäkr. excess; sjöförsäkr. franchise; *försäkring med ~* excess (resp. franchise) insurance
självrådig *adj* egensinnig self-willed, wilful; egenmäktig arbitrary
självservering *s* abstr. self-service; lokal self-service restaurant; cafeteria
självskriven *adj* självklar natural; *vara ~ till en* plats be just the person (the very person) for..., be the obvious candidate for...
självspricka *s* i huden, ung. chap
självstart *s* self-starter
självstudium *s* studerande på egen hand self-instruction, self-tuition; *självstudier* private (individual) studies
självstyre *s* self-government äv. skol.; autonomy
självständig *adj* independent; om t.ex. stat äv. self-governed; nyskapande, inte efterbildad äv. original; egen (attr.) ...of one's own; *~t pronomen* se under *pronomen*
självständighet *s* independence; stats äv. self-government; originality; jfr *självständig*
självsvåld *s* egenmäktighet arbitrariness, high-handedness; egensinne self-will, wilfulness; tygellöshet lack of discipline; lättsinne self-indulgence
självsvåldig *adj* egenmäktig arbitrary, high-handed; self-willed, wilful; undisciplined; self-indulgent; jfr *självsvåld*
självsvält *s* med. anorexia [nervosa]
självsäker *adj* self-assured, self-confident; alltför ~ presumptuous, cocksure
självtillit se *självförtroende*
självtillräcklig *adj* self-sufficient
självtillräcklighet *s* self-sufficiency
självtorka *vb itr* dry by itself (resp. themselves)
självuppoffrande *adj* self-sacrificing
självuppoffring *s* self-sacrifice, self-devotion
självupptagen *adj* self-centred, self-absorbed, ...wrapped up in oneself
självutlösare *s* foto. self-timer
självutnämnd *adj* self-appointed
självutplånande *adj* self-effacing
självutplåning *s* self-effacement
självvald *adj* som man själv valt self-chosen; som valt sig själv self-elected
självverkande *adj* automatic, self-acting
självägande *adj, ~ bonde* peasant proprietor, freeholder
självändamål *s* end in itself; *~* pl. ends in themselves
självöverskattning *s* overestimation of oneself (one's abilities); förmätenhet presumption
självövervinnelse *s, det kräver stor ~ [för mig] att* o. inf. it takes [me] a lot of willpower to inf.; *med mycken ~* lyckades han after a hard struggle with himself...
sjätte *räkn* sixth; *ett ~ sinne* a sixth sense; jfr *femte* o. sms.
sjättedel *s* sixth [part]; jfr *femtedel*
sjö *s* insjö lake; hav el. sjögång o.d. sea; våg äv. wave; liten vattensamling, pöl pool; *~n* Vättern Lake...; *det är grov ~* there is a rough sea; *tåla (inte tåla) ~n* om pers. be a good (bad) sailor; *hoppa i ~n* jump into the water; dränka sig drown oneself; *kasta pengarna i ~n* bildl. throw one's money away; *kasta yxan i ~n* bildl. throw up the sponge, throw

in the towel; *jag sitter inte i ~n* jag har inte bråttom I'm in no hurry; det går ingen nöd på mig I'm all right; *sätta (få)* sin båt *i ~n* launch... (get...launched); *på öppna ~n* on the open sea; *vara på ~n (till ~ss)* vara sjöman be at sea, be a sailor; *till ~ss* sjöledes by sea; på sjön at sea; *gå till ~ss* om pers. go to sea, become a sailor; *ute till ~ss* [out] on the [open] sea
sjöbefälsskola *s* school (college) of navigation
sjöbjörn *s* **1** sjöman *en [gammal] ~* an old salt **2** zool. fur seal, sea-bear
sjöbod *s* boathouse
sjöborre *s* zool. sea urchin
sjöbotten *s* i insjö *på ~* on the bottom of a (resp. the) lake; se vid. *havsbotten*
sjöduglig *adj* seaworthy
sjöfarande *adj* t.ex. om nation seafaring, maritime
sjöfarare *s* seafarer, seafaring man
sjöfart *s* navigation; verksamhet shipping; *handel[n] och ~[en]* trade and shipping; *bedriva ~* engage in shipping, carry on a shipping trade
Sjöfartsverket the National Administration of Shipping and Navigation
sjöflygplan *s* seaplane; isht amer. hydroplane
sjöfågel *s* seabird; jakt. seafowl (pl. lika); koll. seabirds resp. seafowl (båda pl.)
sjöförklaring *s* [ship's (captain's)] protest
sjöförsvar *s* naval defence
sjöförsäkring *s* marine insurance
sjögräns *s* territorial limit; mots. landgräns sea boundary
sjögräs *s* seaweed
sjögrön *adj* sea-green
sjögång *s* high (rough) sea, seaway; *det är svår (ingen) ~* there is a heavy sea (not much of a sea)
sjöhäst *s* zool. sea horse
sjöhävning *s* heave of the sea, swell
sjöjungfru *s* mermaid
sjökapten *s* [sea] captain, master [mariner]
sjökort *s* [nautical (marine)] chart
sjökrigsskola *s* naval college
sjölejon *s* zool. sea lion
sjöman *s* sailor; i mera officiellt språk seaman (pl. seamen), mariner; *bli ~* become a sailor, go to sea
sjömansblus *s* sailor's [för barn sailor] blouse
sjömanshem *s* seamen's home
sjömanskap *s* seamanship
sjömanskista *s* seaman's chest
sjömanskostym *s* för barn sailor suit
sjömanskrage *s* sailor collar
sjömanspräst *s* seamen's chaplain
sjömil *s* nautisk mil nautical mile
sjömärke *s* navigation mark, seamark
sjönöd *s* distress at sea; *i ~* in distress
sjöodjur *s* sea (i insjö lake) monster
sjöoduglig *adj* unseaworthy

sjöofficer *s* naval officer; för sms. se *officer* med sms.
sjöolycka *s* accident (större disaster) at sea
sjörapport *s* väderleksrapport weather forecast for sea areas
sjöreglering *s* lake storage-capacity regulation
sjöresa *s* [sea] voyage; överresa crossing
sjöräddning[stjänst] *s* sea rescue (coastguard) service
sjörövare *s* pirate
sjöscout *s* sea scout
sjösjuk *adj* seasick; *lätt bli ~* vanl. be a bad sailor
sjösjuka *s* seasickness
sjöskumspipa *s* meerschaum [pipe]
sjöslag *s* **1** mil. naval (sea) battle **2** vard., fest proper binge (booze-up)
sjöstjärna *s* zool. starfish
sjöstrand *s* sea (vid insjö lake) shore
sjöstridskrafter *s pl* naval forces
sjösäker *adj* om båt seaworthy
sjösätta *vb tr* launch
sjösättning *s* launching
sjötomt *s* site (bebyggd piece of ground, med trädgård garden) bordering on the sea (vid insjö on a lake)
sjötunga *s* sole
sjövatten *s* sea water; insjövatten lake water
sjövett *s* sea sense
sjövild *adj* vard., ursinnig raging mad, frantic; busig, om barn wild, rowdy
sjöväg *s* seaway; på havet äv. sea route; *~en* adv. by water; på havet äv. by sea
sjövärdig *adj* seaworthy
s.k. (förk. för *så kallad*) se ex. under *3 så I 1*
ska se *1 skola*
skabb *s* med. scabies; hos husdjur äv. mange; *hos får* scab
skabrös *adj* obscene, scabrous
skad|a I *s* **1** persons injury; saks damage (end. sg.); sjuklig förändring lesion; ont harm; lindrigare mischief; förlust loss; förfång detriment, disadvantage; *det är ingen ~ skedd* there is no harm done; vard. there are no bones broken; *få svåra -or* suffer severe injuries (om sak damage sg.), be seriously injured (hurt, om sak damaged); *stormen gjorde stor ~ på...* the storm did great damage to; *göra mycken ~ (mer ~ än nytta)* do a great deal of harm (more harm than good); *ta (lida) ~ [av]* bli lidande suffer [from]; få skador, om sak be damaged [by]; *han har inte tagit någon ~ av det* it hasn't done him any harm, he is none the worse for it; *ta ~n igen* make up for it; hämnas get one's own back; *av ~n blir man vis* once bitten, twice shy; *komma till ~* om pers. be injured (hurt); *till [stor] ~ för...* [greatly] to the detriment of **2** 'synd' *det är [stor] ~ att...* it is a [great] pity that...; för ex. se vid. under *synd 2*

skadad

II *vb tr* göra illa: pers. injure; kroppsligen äv. hurt; sak damage; vara skadlig för be bad for; vara till skada (förfång) för, ofta be detrimental to, prejudice, harm, do harm to; försämra impair; ~ *ngns* rykte damage (injure) a p.'s...; ~ *[sig i] benet* hurt (stark. injure) one's leg; ~ *sig* hurt oneself; bli skadad be (get) hurt; ~ *sig själv* bildl. harm oneself, do oneself harm; *det ~r inte att försöka* there is no harm in trying; *det skulle inte ~ med* lite regn ...would not do any harm; vi skulle behöva we could do with...

skadad *adj* om pers. el. kroppsdelar injured; pred. äv. hurt; om hörsel, syn impaired; om sak damaged; om varor äv.: felaktig faulty; med fel defective; *är han ~?* is he hurt (stark. injured)?; subst. adj.: *den ~e* the injured person; *de ~e* the injured; *en ~* an injured person

skadeanmälan *s* notification of damage (loss)
skadedjur *s* noxious animal; koll. vermin
skadeersättning *s, begära ~* claim damages (indemnification, an indemnity)
skadeförsäkring *s* insurance against damage, liability insurance
skadeglad *adj* om t.ex. min malicious; *vara ~ över* ngt take a malicious delight in...
skadeglädje *s* delight over other people's misfortunes, malicious pleasure
skadegörelse *s* damage (end. sg.) [*på* to]
skadeinsekt *s* noxious insect; *~er* äv. vermin
skadereglerare *s* försäkr. claims adjuster
skadereglering *s* försäkr. claims adjustment
skadeslös *adj, hålla* ngn ~ indemnify (gottgöra compensate)... [*för* for]
skadestånd *s* damages pl.; polit. reparations pl.; *begära ~ [av ngn]* sue [a p.] for damages; *begära ett ~ på* 1000 kr claim damages of...; *betala* 1000 kr *i ~* pay...damages
skadeståndsanspråk *s* claim for damages (indemnification, indemnity, polit. reparations)
skadeverkan *s* o. **skadeverkning** *s* skada damage (end. sg.); skadlig verkan injurious (harmful, deleterious) effect
skadlig *adj* injurious; farlig äv. harmful, deleterious; isht om djur o. naturföreteelser noxious; ohälsosam, om mat o. dryck unwholesome; menlig detrimental, prejudicial [*för* i samtl. fall to]; inte bra bad [*för* for]; *det är ~t [för hälsan] att röka* smoking is bad for (stark. is injurious to, is deleterious to) the health
skadskjuta *vb tr* wound
skaffa I *vb tr* allm. get; [in]förskaffa procure; anskaffa provide; få tag på get hold of; få ihop, finna find; uppdriva (t.ex. pengar) find, raise; köpa buy [*åt ngn* i samtl. fall for a p.]; inhämta, erhålla obtain; skicka efter send for; ~ *ngn ett arbete* get a p. a job, find (procure) a job for a p.; ~ *barn* have children, raise a family; ~ ngt *ur vägen* get...out of the way
II *vb rfl*, ~ *sig* get [oneself]; förskaffa sig procure [for oneself]; t.ex. kunskaper acquire; t.ex. vänner make; köpa sig buy oneself; inhämta, erhålla obtain; försäkra sig om, lyckas få secure; tillvinna sig gain; ådraga sig contract; förse sig med provide (supply, furnish) oneself with; ~ *sig upplysning om* obtain information about; ~ *sig vänner* make friends
III med beton. part.
~ **fram** anskaffa get; åstadkomma produce
~ **hem** köpa hem buy; beställa hem order...[to be sent home]; varor till affär get
~ **hit** bring...(låta skaffa have...brought) here
~ **undan** remove, clear away
skafferi *s* larder; större pantry
skaffning *s* måltid meal; mat food
skafföttes *adv, [ligga] ~* [lie] head to foot (tail)
skaft *s* handtag: allm., på t.ex. redskap, bestick handle; yx~ äv. helve; på t.ex. kniv äv. haft; längre: på t.ex. paraply, spjut shaft; på t.ex. kvast stick; penn~ holder; pip~ shank; munstycke stem; stövel~ o.d. leg; bot. stalk, stem; på fjäder o. pelare samt vävn. shaft; *han har huvudet på ~* vard. he has a good head on his shoulders, his head is screwed on the right way; *ingen vill hålla i ~et* bildl. nobody is willing to carry the can; *per ~* vard. per (a) head
Skagerack the Skagerrak
skaka I *vb tr* allm. shake; försätta i skakning äv. convulse äv. bildl.; uppröra (t.ex. sinnet) agitate; underrättelsen *~de henne djupt* vanl. she was deeply shaken by...
II *vb itr* allm. shake; darra äv. tremble, quiver [*av* i samtl. fall with]; om åkdon jolt, jog; vibrera vibrate; *jag fryser så jag ~r* I'm shivering with cold; *sitta och ~* på tåget be jolted up and down...; ~ *av skratt* rock (shake, split one's sides) with laughter; *han ~de i hela kroppen* he was trembling (shaking) all over, he was all of a tremble; ~ *på huvudet [åt ngt]* shake one's head [at...]; ~ *på sig* shake oneself
III med beton. part.
~ **av:** ~ *av* mattan shake..., give...a shake; ~ *av sig* ngt (ngn) shake off... äv. bildl.
~ **fram a)** tr.: eg. shake out [*ur* of]; bildl. produce, find; ~ *fram* en dikt turn (toss) off... **b)** itr. jolt (jog) along
~ **ned** ngt shake...down [*från* ett träd from (off)...]
~ **om:** ~ *om* ngt shake up..., shake...well; ~ *om ngn* eg. give a p. a shake; sätta liv i stir up a p.
~ **sönder a)** tr. shake...to pieces **b)** itr. get shaken to pieces

skakad *adj* upprörd shaken, agitated
skakande *adj* uppskakande: om t.ex. skildring harrowing; om t.ex. nyheter upsetting, distressing; ~ *av ilska* trembling (convulsed) with anger
skakel *s* skalm shaft; *hoppa över skaklarna* bildl. kick over the traces
skakig *adj* allm. shaky; om väg äv. bumpy; om vagn jolting, jogging
skakis *adj* vard. shaky; rädd äv. jittery, se vid. *skraj*
skakning *s* shaking; enstaka shake; av el. i vagn jolting; enstaka jolt; vibration vibration; med. tremor; *nervösa ~ar* nervous tremors; *med en ~ på huvudet* with a shake of the head
skal *s* hårt, på t.ex. nötter, skaldjur, ägg shell; mjukt: allm. skin; isht på citrusfrukter äv. peel (vanl. end. sg.); på t.ex. melon rind; på frö, säd hull; på t.ex. ris husk; avskalade (t.ex. potatis~) koll. peelings pl., parings pl.; bildl. shell; yta exterior; *ett tomt ~* bildl. an empty shell; *dra sig inom sitt ~* go (retire) into one's shell; kräftan *byter (ömsar) ~* ...sheds its shell
1 skala *s* i olika bet. scale; register äv. gamut, range; på radio [tuning] dial; *hela ~n av* känslor the whole gamut of...; *ritad efter ~ (i förminskad ~)* drawn to scale (to a reduced scale); affärer *i stor ~* ...on a large scale, large-scale...
2 skala *vb tr* t.ex. frukt, potatis, räkor peel; t.ex. äpplen äv. pare; ägg shell; t.ex. ris husk; t.ex. korn hull; mandel blanch; *vara lätt att ~* peel (shell) easily
skalbagge *s* beetle
skalbolag *s* shell company
skald *s* poet; fornnordisk scald, skald
skalda *vb itr* make poetry
skaldinna *s* åld. poetess
skaldjur *s* shellfish äv. koll.
skalk *s* på bröd crust; på ost rind
1 skall hjälpvb se *1 skola*
2 skall *s* barking, jfr *hundskall;* ovett o.d. i pressen outcry [*mot (på)* against]; *ge ~* bark; börja skälla start barking
1 skalla *vb itr* om trumpet o.d. blast, clang; om sång, musik ring out, peal; eka resound; *ett ~nde skratt* a roar (peal) of laughter
2 skalla *vb tr* sport. head
skallbas *s* base of the skull; *brott på ~en* fracture of the base of the skull
skalle *s* skull; vetensk. cranium (pl. äv. -a); huvud head; vard. nut, noddle; *per ~* per (a) head; *slå in ~n på ngn* dash out a p.'s brains, break a p.'s skull; jfr äv. ex. under *huvud*
skallerorm *s* rattlesnake
skallgång *s* efter bortsprungen o.d. search, hue and cry [*efter (på)* i båda fallen for]; efter förbrytare chase; drevjakt battue; *gå ~ efter* organize (institute) a search (resp. chase) for
skallig *adj* flintskallig bald, bald-headed
skallighet *s* baldheadedness, baldness
skallra I *s* rattle **II** *vb itr* rattle; *tänderna ~de på honom* his teeth chattered
skallskada *s* skull injury
skalm *s* **1** skakel shaft **2** på glasögon sidepiece, earpiece; amer. bow; på sax blade
skalmeja *s* mus. el. hist. shawm
skalp *s* scalp; *de är ute efter hans ~* bildl. they are out for his blood (scalp)
skalpell *s* kir. scalpel
skalpera *vb tr* scalp
skalpotatis *s* koll. potatoes in their skins, unpeeled potatoes (båda pl.)
skalv *s* quake
skam *s* allm. shame; vanära, skamfläck äv. disgrace [*för* to]; något skamligt dishonour; stark. ignominy; *~ den som* ger sig*!* shame on him that...!; *det är ingen ~ att vara* fattig there is no disgrace in being...; *det är stor ~ att* it is a great (downright) shame...; *nu går ~ på torra land* that's the limit, that beats everything; *känna ~ över* be ashamed of; *rodna av ~* blush with shame; *~ till sägandes* har jag glömt det to my shame I must admit that...; *för ~s skull* in common decency, [if only] for the sake of appearances; *komma ngns förhoppningar på ~* frustrate a p.'s hopes
skamfila *vb tr* **1** allm. möbeln *är ~d* ...is the worse for wear; hans anseende (rykte) *är ~t* ...is tarnished **2** sjö. chafe
skamfläck *s* stain, blot [*på (i)* on]; *han är en ~ för* sin familj he is a disgrace to...
skamgrepp *s* underhand (dirty) trick
skamkänsla *s* sense (feeling) of shame
skamlig *adj* allm. shameful; vanhedrande disgraceful, dishonourable, disreputable; skändlig infamous; friare (förstärkande) scandalous, outrageous; jfr *lumpen; komma med ~a förslag* make improper suggestions; *det är verkligen ~t* äv. it is a great (crying) shame (stark. a scandal)
skamlös *adj* shameless; oblyg unblushing; fräck impudent, barefaced, brazen
skamlöshet *s* shamelessness; fräckhet impudence end. sg.
skampåle *s* pillory; *stå vid ~n* bildl. be pilloried; *ställa ngn vid ~n* bildl. pillory a p.
skamsen *adj* ashamed (end. pred.) [*över* of]; shamefaced; *vara ~* be ashamed
skamvrå *s*, *stå i ~n* stand in the corner; *ställa ngn i ~n* put a p. in the corner
skandal *s* scandal; scen [scandalous] scene; *vilken ~!* äv. what a scandalous thing!, how scandalous!; *detta är [en] ~ (rena ~en)!* this is a disgrace (stark., ett ildåd o.d. an outrage)!; uppassningen *är rena ~en* ...is a disgrace
skandalartikel *s* scandalous article
skandalhunger *s* hunger for scandals
skandalisera *vb tr* skämma ut disgrace

skandalomsusad *adj* ...surrounded by scandal, notorious
skandaltidning *s* muckraking paper (tidskrift magazine)
skandalös *adj* scandalous; skamlig äv. disgraceful; chockerande äv. shocking; upprörande outrageous; förargelseväckande offensive
skandera *vb tr* scan
skandering *s* scansion
skandinav *s* Scandinavian
Skandinavien Scandinavia
skandinavisk *adj* Scandinavian
skank *s* på djur gaskin; **~ar** vard., ben pins
skans *s* **1** mil. redoubt, earthwork, fieldwork; fäste fortlet **2** sjö. forecastle, fo'c's'le
skap|a *vb tr* allm. create, make; grunda found; alstra äv. produce; framkalla äv. cause; t.ex. hatkänslor engender; t.ex. ord invent, coin; **~ sig ett namn** make a name for oneself; **~ sig en ställning som** establish oneself as; **~d varelse** creature; **han är som ~d (-t) till lärare** he is a born...; **de är som -ta för varandra** they were made for one another; **~ om** re-create, create...anew; **~ om sig till** transform oneself into
skapande *adj* **1** creative; ibl., om t.ex. aktivitet constructive **2** se *1 grand 2 ex.*
skapare *s* allm. creator; av t.ex. mode el. stil originator; kompositör composer; uppfinnare inventor; grundare founder; *du min ~!* God Almighty!
skaparglädje *s* creative joy (zest)
skaparkraft *s* creative force (power)
skapelse *s* creation; abstr. äv. making; **~n** världen äv. nature, the universe
skapelseberättelse *s* story of the creation
skaplig *adj* tolerable, passable; vard. pretty good, ...not [too] bad; rimlig, om t.ex. pris o. lön reasonable; hon har *en ganska ~ figur* ...rather a nice (...a pretty good) figure
skara *s* troop, band; hord tribe; [oordnad] mängd crowd, body, multitude; skaras host [alla med of framför följ. best.]; *en ~ arbetare* a gang (team) of workmen; *en utvald ~* a select group; *i stora skaror* in [large] crowds; *samla sig i skaror omkring...* flock round...
skarabé *s* zool. scarab äv. avbildning
skare *s* frozen crust [on the snow]; *det blev ~ på snön* under natten äv. the snow crusted over...
skarp I *adj* allm. sharp; om egg o. eggverktyg äv. keen; brant steep; om smak o. lukt strong; om ljud piercing, shrill; om kontur o.d. äv. distinct, clear; om ljus, färg o.d. bright, glaring; om sinnen keen, acute; vard., stilig o.d. fabulous, smashing, terrific; **~ *ammunition*** live ammunition; ställa en fråga *i ~ belysning* ...in a bright light; *en ~ bild* foto. el. TV. a sharp picture; *ett ~t brev* a sharp (stark. stiff)

letter; **~ *dager*** bright (glaring) light; **~a *drag*** äv. clear-cut features; *en ~ gräns* bildl. äv. a well-defined limit; **~ *intelligens* (*iakttagare*)** keen (acute) intelligence (observer); **~ *konkurrens*** keen competition; **~ *kontrast* (*motsats*)** sharp contrast; **~ *kritik*** severe (harsh) criticism; **~ *köld*** bitter (biting, piercing) cold; fälla *ett ~t omdöme* ...an acute (a keen) judgement; *en ~ protest* a strong protest; *ett ~t svar* äv. a cutting reply; **~ *tillrättavisning*** severe reprimand; *i ~ ton* äv. in a biting tone; *en ~ tunga* a sharp tongue **II** *s*, *säga till [ngn] på ~en* tell a p. off properly
skarpeggad *adj* sharp-edged, keen
skarpen *s*, *hugga i på ~* set about it properly, go at it hammer and tongs; *säga till [ngn] på ~* tell a p. off properly; *ta i på ~ med ngn* take a p. really in hand, crack down on a p.
skarpladdad *adj* loaded with live cartridges
skarpsili *s* sprat; koll. sprats pl.
skarpsinne *s* acumen, acuity, sharp-wittedness, acuteness [of perception]
skarpsinnig *adj* acute, penetrating, sharp-witted; om t.ex. politiker, forskare astute, shrewd
skarpskodd *adj* roughshod
skarpskuren *adj* om drag, profil o.d. clear-cut; *ett skarpskuret ansikte* äv. a hatchet-face
skarpslipa *vb tr* grind...sharp, sharpen; **~d** äv. sharp-edged
skarpsynt *adj* sharp-sighted, keen-sighted, clear-sighted alla äv. bildl.; jfr *skarpsinnig*
skarpsås *s* ung. remoulade sauce
skarpögd *adj* sharp-eyed, keen-sighted
skarsnö *s* snow with a frozen crust (a frosted surface), crusted snow; jfr *skare*
1 skarv *s* zool. cormorant
2 skarv *s* **1** fog joint; sömnad. seam; tekn., äv. t.ex. om film o. inspelningsband splice **2** förlängningsstycke lengthening-piece
skarva I *vb tr* o. *vb itr* **1** lägga till ett stycke add a piece [*ngt* to a th.]; **~ *ngt* på längden** lengthen (på bredden widen) a th. [by adding a piece] **2** hopfoga join; tekn. (äv. film o. inspelningsband) splice
II *vb itr* vard., överdriva exaggerate
III med beton. part.
~ i: *~ i en bit i* kjolen let a piece into...[to widen (resp. lengthen) it]
~ till förlänga lengthen; *~ till en bit på ngt* add a piece to lengthen a th.
skarvsladd *s* extension flex (amer. cord), extension
skata *s* **1** zool. magpie **2** neds., om kvinna bitch, hag
skatbo *s* magpie's nest
skateboard *s* skateboard
skatt *s* **1** rikedom treasure äv. bildl.; samlad, undangömd hoard; **~er** riches; wealth sg.

2 avgift o.d.: allm. tax; pålaga äv. impost; kommunalskatt (koll.) ung. local taxes pl.; i Storbr. ung. rates pl.; på vissa varor (tjänster) duty; tribut tribute; ~*[er]* [rates and] taxes pl.; *det är* ~ *på* bensin there is a tax on..., ...is taxed; ~ *på kapital* capital levy; *direkt (indirekt)* ~ direct (indirect) tax; *dra* ~ deduct tax; *kvarstående* ~ se *kvarskatt; slutlig* ~ final tax **3** se *älskling*
skatta I *vb tr* värdera, uppskatta estimate [*till* at]; ~ *högt* esteem (value) highly, prize; ~ sig *lycklig* count...fortunate (lucky) **II** *vb itr* **1** betala skatt pay taxes [*för inkomst* on an income]; *han ~r för* 130 000 kr *om året* he is assessed at...a year **2** bildl. ~ *åt förgängelsen* pay the debt of nature
skatteavdrag *s* tax deduction
skattebedrägeri se *skattefusk*
skattebetalare *s* taxpayer resp. ratepayer; jfr *skatt 2*
skattebrott *s* tax [evasion] crime
skatteexpert *s* tax expert (consultant)
skattefifflare *s* tax evader (fiddler, dodger)
skatteflykt *s* undandragande av skatt tax evasion (avoidance)
skatteflykting *s* emigrant tax exile
skattefri *adj* tax-free, ...exempt from tax[ation]; om vara duty-free
skattefusk *s* [fraudulent] tax evasion (dodging)
skatteförmåga *s* tax-paying capacity; *nedsatt* ~ reduced capacity to pay tax due
skattehöjning *s* increase in taxation
skattekort *s* preliminary tax card
skattekrona *s, skatten har fastställts till 35 kronor per* ~ (vid kommunal inkomstskatt) ung. the rate has been fixed at 35 per cent of the ratable income
skattekvitto *s* bil. car tax receipt; i Storbr. road licence
skattelättnad *s* tax relief (amer. break)
skattemedel *s pl* tax revenue sg.
skatteminister *s* minister for fiscal and financial affairs
skattemyndighet *s, ~er* tax[ation] authorities; *lokala ~en* the local tax office
skattemärke *s* för hund dog-tax plate; amer. dog tag
skattepaket *s* taxation package proposals pl.
skatteparadis *s* vard. tax haven
skatteplanera *vb itr* engage in tax avoidance [schemes]
skatteplanering *s* tax avoidance [schemes pl.]
skattepliktig *adj* om pers. ...liable to tax[ation]; om varor o.d. taxable, dutiable; ~ *inkomst* taxable (assessable) income
skattereform *s* fiscal (taxation) reform
skattesats *s* rate of tax, tax rate
skatteskolkare *s* tax evader (dodger)
skatteskuld *s* tax debt (liability)
skattesmitare *s* tax evader (dodger)

skattesänkning *s* tax reduction
skattetabell *s* tax table
skatteteknisk *adj* fiscal
skattetryck *s* pressure (burden) of taxation
skatteutjämning *s* tax equalization
skatteåterbäring *s* tax refund
skattkammare *s* treasury; bildl. äv. storehouse
skattkista *s* treasure chest
skattmas *s* vard. tax collector, taxman
skattmästare *s* treasurer; univ. bursar
skattsedel *s* ung. [income-tax] demand note, notice of assessment
skattskriva *vb tr* bibl. tax
skattskyldig *adj* ...liable to tax[ation], taxable
skattsökare *s* treasure hunter, treasure seeker
skava *vb tr* o. *vb itr* gnida, riva rub, chafe; skrapa scrape; med verktyg äv. shave; ~ *mot* gnida rub, chafe [against, on]; ~ *[hål på] huden* gall one's skin; ~ *hål på* (~ *sönder*) ett plagg wear (rub) a hole (resp. holes) in...; ~ *av (bort)* scrape [off]; hud äv. abrade
skavank *s* fel defect, fault; ofullkomlighet imperfection; skönhetsfläck flaw; kroppslyte disability; krämpa ailment; åldrings infirmity; *~er* äv.: eg. (skador på sak) damage sg.; bildl. (hos pers.) failings, weak spots; *utan ~er* äv. faultless, flawless
skavföttes se *skaffötttes*
skavsår *s* sore, chafe; jag har fått ~ *på hälen (foten)* ...sores (a sore) on my heel (foot)
ske *vb itr* hända happen; inträffa äv. occur; hända sig come about; äga rum take place; försiggå go on; göras, verkställas be done; om t.ex. anmälan be made; om betalning, transport be effected; jfr *hända I* ex.; *det får inte ~ igen* it must not happen (occur) again, you osv. must not do it again; *så fort det kan ~* as soon as possible; *låta ngt ~* let a th. happen (come about, pass); *vad som [händer och] ~r* what is going on (taking place); *det som ~r, det ~r* what is to be will be; *bäst som ~r* it's all for the best, everything turns out for the best in the end; *leverans (betalning) ~r* omedelbart delivery (payment) will be effected...; *nyligen ~dd* recent
sked *s* **1** spoon; mått spoonful (pl. spoonfuls); *en* ~ medicin a spoonful of...; *ta ~en i vacker hand* bildl. make the best of it (of a bad job) **2** vävn. reed
skedand *s* zool. shoveler
skedblad *s* bowl of a (resp. the) spoon
skede *s* tidsskede period, epoch, era; [tids]avsnitt section [of time]; fas phase; stadium stage
skeende *s* [händelse]förlopp course [of events]; fortskridande development; process process
skela *vb itr* squint äv. bildl. [*på ena ögat* with...]; vard. be cock-eyed; inåt be cross-eyed; utåt be wall-eyed; *han ~r en smula* äv. he has a slight squint (cast)

skelett

skelett *s* skeleton; bildl. (stomme) äv. framework; *han är mager som ett ~* äv. he is a mere skeleton, he is like a skeleton
skelettcancer *s* med. bone neoplasm
skelögd *adj* squint-eyed; cross-eyed; wall-eyed; jfr *skela*
skelögdhet *s* squint; svag. cast
1 sken *s* **1** ljus o.d. light; starkt el. bländande, äv. från eldsvåda glare; bildl. (skimmer) gleam; *~et från* brasan the light of... **2** [falskt] yttre o.d. semblance, show, appearance[s pl.]; mask guise; förevändning pretext, pretence; *~et bedrar* appearances are deceptive; *för att bevara (rädda) ~et* [in order] to keep up appearances (save one's face); *ge ~ av att vara* rik make a show of being..., pretend to be...; *han har ~et emot sig* appearances are against him
2 sken, *falla (råka, sätta av) i ~* se *1 skena; i fullt ~* at top speed
1 skena *vb itr* bolt; *~ [i väg]* run away äv. bildl.; *hans fantasi ~r i väg med honom* äv. his imagination runs riot; *en ~nde häst* a runaway horse
2 skena *s* järnv. el. löpskena rail; list strip; fälg rim; på skridsko blade, runner; med. splint
skenbar *adj* apparent; attr. äv. seeming; illusorisk illusory; påstådd ostensible
skenbarligen *adv* apparently, to all appearances, ostensibly
skenben *s* anat. shinbone; med. tibi|a (pl. -ae); sparka ngn på *~et* ...the shin
skenbild *s* phantom, shadow; vrångbild mockery; fys. virtual image
skendebatt *s* sham debate
skendemokrati *s* pseudo-democracy
skendöd *adj* apparently dead
skenhelig *adj* hycklande hypocritical; i ord canting; gudsnådig sanctimonious
skenhelighet *s* hypocrisy; i ord cant; sanctimoniousness, false piety
skenmanöver *s* diversion, feint
skenskarv *s* järnv. rail joint
skenvärld *s* illusory (imaginary, visionary) world
skenäktenskap *s* pro forma marriage, bogus (fake) marriage
skepnad *s* gestalt figure; form shape, guise; vålnad phantom; *i en tiggares ~* in the guise of...
skepp *s* **1** sjö.: allm. ship; fartyg äv. vessel; *bränna sina ~* bildl. burn one's boats **2** arkit. nave; sidoskepp aisle
skeppa *vb tr* ship, send...by ship; *~ in (ut, över)* se *inskeppa* osv.
skeppare *s* [ship]master; vard. skipper
skepparexamen *s* [prövning examination for the] master's certificate
skepparhistori|a *s* traveller's tale, [sailor's] yarn; *berätta -er* äv. spin a yarn
skepparkrans *s* skägg Newgate fringe (frill)
skeppning *s* shipment; skeppande äv. shipping
skeppningskostnader *s pl* shipping charges (costs)
skeppsbesättning m.fl. sms., se *fartygsbesättning* m.fl. sms.
skeppsbrott *s* [ship]wreck; *lida ~* be [ship]wrecked, suffer shipwreck; bildl. be wrecked
skeppsbruten *adj* shipwrecked; *en ~* subst. adj. a shipwrecked man (person etc.), a castaway
skeppsbyggnadskonst *s*, *~[en]* [the art of] shipbuilding, naval architecture
skeppsdocka *s* dock
skeppshandel *s* butik ship stores (pl. lika)
skeppshandlingar *s pl* ship's papers (documents)
skeppsklarerare *s* shipping agent
skeppsklocka *s* ship's bell, watch-bell
skeppskock *s* ship's cook
skeppslast *s* cargo, shipload; *en ~* vete a cargo (shipload) of...
skeppslista *s* register of shipping
skeppsläkare *s* ship's doctor
skeppsmäklare *s* shipbroker
skeppsredare *s* shipowner
skeppsrederi *s* företag shipping company, firm of shipowners
skeppsskorpa *s* ship['s] biscuit
skeppssättning *s* arkeol. ship tumul|us (pl. -i), stone ship
skeppsvarv *s* shipbuilding yard, shipyard
skepsis *s* scepticism, scepsis; amer. vanl. skepticism, skepsis; tvivel doubt
skepticism *s* scepticism; amer. vanl. skepticism
skeptiker *s* sceptic; amer. vanl. skeptic
skeptisk *adj* sceptical; amer. vanl. skeptical
sketch *s* teat. o.d. sketch
skev *adj* **1** vind warped; sned askew end. pred.; lopsided; om leende wry **2** bildl.: om t.ex. uppfattning distorted, warped; oriktig, om t.ex. förhållande, ställning false
skeva I *vb itr* be warped osv., jfr *skev* **II** *vb tr* o. *vb itr* flyg. bank
skevbent *adj* crooked-legged
skevhet *s* warpedness; lopsidedness; wryness; distortion; falseness; jfr *skev;* i förhållande imbalance
skevning *s* flyg. bank, banking
skevroder *s* flyg. aileron
skick *s* **1** tillstånd: allm. condition; isht mer beständigt ofta state; *i dåligt (gott) ~* in bad (good) condition (illa resp. väl underhållen order, isht om hus repair); *hålla i gott ~* maintain, keep up; *i oförändrat ~* unchanged, unaltered; om lagförslag o.d. äv. unamended; *sätta* gården *i ~ [igen]* put...in [proper] order [again] **2** uppförande behaviour; sätt [att skicka sig] manners pl. **3** sed *~ och bruk* custom, usage, practice
skicka I *vb tr* sända send [*med (per)* by]; expediera forward, dispatch; vid bordet pass;

hand., pengar remit; ~ **bud efter ngn** send for a p.; ~ barnen **i säng** send...(vard. bundle...off) to bed **II** *vb rfl*, ~ **sig** uppföra sig behave [oneself]
III med beton. part.
~ **bort** send away
~ **efter** send for; jfr *efterskickad*
~ **hem** send home; varor äv. deliver; t.ex. trupper disband; från utlandet repatriate
~ **hit** varor o.d. send...here, send...to me (us osv.); *vill du* ~ *hit saltet?* ~ saltet, vid bordet would you pass [me] the salt [please]?
~ **in** send in
~ **i väg** send off; sak äv. dispatch; vard., pers. äv. bundle...off; t.ex. tiggare send...packing; brev post; isht amer. mail
~ **med** ngt send...along (too); bifoga, hand. enclose...; ~ **med ngn ngt** send a th. with a p.
~ **omkring** send (vid bordet pass) round; t.ex. skrivelse äv. circulate
~ **tillbaka** return, send back
~ **ut** send out
~ **vidare** send (vid bordet pass) on
~ **över** send over
skickad *adj* lämpad suited, fitted, cut out [*för (till)* i samtl. fall for]
skickelse *s* bestämmelse dispensation, decree; *ödets* ~ ofta Fate; jfr *försyn 1 ex.*
skicklig *adj* duktig clever, skilful, able; kunnig capable; kompetent competent, expert; effektiv efficient; tränad proficient, skilled, experienced; ledigare ofta äv. good; i fingrarna deft, dexterous, adroit; *en* ~ arbetare (kokerska) a capable (good)...; *en* ~ *affärsman* a clever (slug smart) business man; *vara* ~ *i [att göra] ngt* be good (clever) at [doing] a th.
skicklighet *s* cleverness, skilfulness, ability; capability, competence, expertness; efficiency; proficiency, skill; deftness, dexterity; jfr *skicklig*
1 skida *s* **1** slida sheath, scabbard; *dra svärdet ur* ~*n* draw (unsheathe) one's sword **2** bot. siliqu|a (pl. -ae), silique; på ärter o. bönor pod
2 skid|a *s* sport. ski (pl. äv. lika); *åka* -*or* ski; mots. 'gå' o.d. go on skis; göra en skidtur go skiing
skidbacke *s* ski slope (för skidhopp jump)
skidbindning *s* ski binding (fastening)
skidbyxor *s pl* ski (skiing) trousers
skidföre *s, det är bra (dåligt)* ~ ung. the snow is good (bad) for skiing
skidglasögon *s pl* ski (skiing) goggles
skidhandske *s* ski (skiing) glove
skidlift *s* skilift
skidlöpare *s* skier
skidpjäxa *s* ski (skiing) boot
skidskytte *s* sport. biathlon
skidspår *s* ski (upplagt skiing) track, ski run
skidstav *s* ski stick (amer. äv. pole)
skidtur *s* skiing tour
skidtävling *s* skiing competition, ski race
skidutrustning *s* skiing equipment
skidvalla *s* ski wax
skidåkare *s* skier
skidåkning *s* skiing
skiffer *s* ler~, olje~ shale; tak~ slate; vetensk. schist
skifferbrott *s* slate quarry
skiffertavla *s* slate
skift *s* shift; arbetslag äv. gang; arbetstid äv. turn; arbeta *i* ~ ...in shifts
skifta I *vb itr* förändra sig, växla change, alter; isht om vind shift; omväxla med varandra alternate; ~ *i rött* be shot (tinged) with red; ~ *i regnbågens alla färger* have all the colours of the rainbow **II** *vb tr* **1** byta change; sjö. shift; ~ *gestalt* shift (change) one's [outward] form **2** jur., fördela: arv distribute; bo, mark partition
skiftande *adj* changing osv., jfr *skifta I;* ombytlig, om t.ex. vind, lynne vanl. changeable; om t.ex. vind, väder vanl. variable; om t.ex. innehåll, värde varied; om tyg o. färg shot; *med* ~ *framgång* with varying success
skiftarbete *s* shift work
skifte *s* **1** ombyte change, change-over **2** växling vicissitude; *i alla livets* ~*n* in all the vicissitudes (ups and downs) of life **3** fördelning: av arv distribution; av bo, mark partition **4** jordbit parcel
skiftesbruk *s* lantbr. rotation of crops
skiftesrik *adj* växlingsrik chequered; händelserik eventful
skiftning *s* **1** förändring change; variation variation; se vid. *nyans;* ~ *i rösten* modulation of the voice **2** fördelning: av arv distribution; av bo, mark partition
skiftnyckel *s* adjustable spanner (isht amer. wrench), monkey wrench
skikt *s* allm. layer; av färg äv. coat; på film coating, emulsion; geol. stratum (pl. strata), layer båda äv. bildl.; geol. äv. bed
skikta I *vb tr* geol. stratify **II** *vb rfl*, ~ *sig* form layers
skild *adj* **1** åtskild separated; frånskild divorced; *väg med* ~*a körbanor* dual carriageway; amer. divided highway **2** ~*a* olika different, differing, varying, various; se vid. *olika I* med ex.; *de har vitt* ~*a intressen* ...widely differing interests; *vid tre* ~*a tillfällen* on three separate occasions
skildra *vb tr* allm. describe; isht livligare depict, paint, portray; t.ex. en karaktär delineate; isht nyktrare relate, give an account of; i stora drag outline, sketch
skildring *s* description; depiction, picture; jfr *skildra*
skilj|a I *vb tr* o. *vb itr* **1** avskilja separate; våldsamt sever; ~ *kyrkan från staten* äv.

skiljaktig

disestablish the Church; **~ ngn från** hans tjänst dismiss a p. from...; **~ ifrån (av)** t.ex. kupong detach; jfr *avskilja* **2** åtskilja: allm. separate; *floden -jer* det ena landet från det andra the river divides...; *tills döden -jer oss åt* till death us do part **3** särskilja distinguish, differentiate; närmare discriminate [*från* from; *mellan (på)* between]; **~ mellan (på)** gott och ont tell the difference between...; *kunna ~ på sak och person* be able to make a distinction between person and thing **II** *vb rfl*, **~ sig 1** allm. part [*från* pers. (avlägsna sig från) from, ngt (sälja o.d.) with]; vara olik differ, be different [*från* from]; *han -jer sig från mängden* bildl. he stands out in a crowd (out from the rest) **2** ta ut skilsmässa get a divorce [*från* sin hustru from...]
skiljaktig *adj* different, jfr *olika I* med ex.; avvikande divergent, dissentient
skiljaktighet *s* difference osv., jfr *olikhet*
skiljas *vb itr dep* **1** allm. part; **~ som [de bästa] vänner** part [the best of] friends; **~ ifrån ngn** äv. leave a p.; **~ åt** part [company]; om sällskap o.d. äv. break up, separate **2** ta ut skilsmässa get a divorce
skiljedom *s* arbitration; arbitrament äv. utslag; utslag äv. award
skiljedomare *s* jur. arbitrator, referee; tillkallad tredje man umpire; i t.ex. smakfrågor judge
skiljelinje *s* dividing line
skiljemynt *s* coin, token (small) coin; koll. äv. [small] change sg.
skiljenämnd *s* arbitration board
skiljetecken *s* språkv. punctuation mark
skiljeväg *s* crossroad; *stå vid ~en* bildl. be at the crossroads
skiljevägg *s* partition, partition wall
skillnad *s* olikhet difference [*i* år (pris) in, ålder äv. of; *på (mellan)* between; *på två grader* (meter m.m.) of...]; i storlek, antal, ålder äv. disparity; åtskillnad distinction; skiljaktighet divergence, diversity; *det är ~ det!* vard., en annan sak that's quite another thing (matter)!; *det är det som gör [den stora] ~en* that's what makes all the difference [in the world]; *till ~ från henne* unlike (in contrast to) her; *känna ~ på madeira och portvin* tell madeira from port (the difference between madeira and port)
skilsmässa *s* **1** äktenskaplig divorce; *begära (söka) ~* jur. sue for a divorce, start (institute) divorce proceedings; *ta ut ~ från...* get a divorce from...; *de ligger i ~* they are seeking a divorce **2** avsked o.d. parting; *en lång ~* frånvaro a long separation; *kyrkans ~ från staten* the disestablishment of the Church
skilsmässobarn *s* child of divorced parents, child of divorce, child from a broken home
skilsmässoorsak *s* ground[s pl.] for divorce

skilsmässoprocess *s* divorce suit (proceedings pl.)
skimmel *s* zool. roan; grå dapple-grey
skimmer *s* shimmer, glimmer; månens light; brasans light, glow; se vid. *glans 1-2*; *ett romantiskt ~* a romantic light; *ett ~ av* löje (overklighet) an air of...
skimra *vb itr* shimmer, glimmer; se vid. *glänsa* o. *glimma*
skin|a *vb itr* allm. shine; stark. blaze; bländande glare; blänka äv. gleam; *avsikten -er igenom* his (her osv.) purpose is only too obvious (apparent)
skingra I *vb tr* allm. disperse; t.ex. folkmassa, fiende, fågelsvärm äv. scatter; t.ex. farhågor, tvivel dispel, dissipate; t.ex. mystiken clear up, solve [*kring* surrounding (of)]; **~ tankarna** divert one's mind (thoughts) **II** *vb rfl*, **~ sig** se *skingras*
skingras *vb itr dep* disperse, scatter
skinka *s* **1** kok. ham; *bräckt ~* fried ham; *ugnsstekt* färsk **~** roast pork **2** kroppsdel buttock
skinn *s* allm. skin; djur~ (större) äv., isht hand. hide; med päls äv. coat, fur, pelt; fäll fell; som matta o.d. skin rug; päls[verk] fur; beredd hud leather; *hon var bara ~ och ben* she was nothing but skin and bone; *kylan biter i ~et* it's bitter cold, the cold goes right through you; *byta (ömsa) ~* om orm cast (shed, slough) its skin; *hon har ~ på näsan* she has got a will (mind) of her own, she knows what she wants; *hålla sig i ~et* behärska sig control oneself; hålla sig i styr keep within bounds; uppföra sig fint behave [oneself]; *rädda sitt eget ~* save one's skin (vard. bacon)
skinna I *vb tr* skin; bildl. äv. fleece [*på* belopp of...], se vid. *klå 2* med ex. **II** *vb rfl*, **~ sig** skin [over]; om sår form a scab
skinnband *s* full leather binding; bok *i ~* leather-bound...
skinnbyxor *s pl* leather trousers (breeches)
skinnflådd *adj* abraded
skinnfodrad *adj* leather-lined
skinnfåtölj *s* leather-upholstered armchair
skinnjacka *s* läderjacka leather jacket
skinnklädd *adj* om t.ex. möbel leather-upholstered, leather-covered
skinnknutte *s* vard. rocker, leather-jacketed motorcyclist
skinnkrage *s* pälskrage fur collar
skinn- och benfri *adj*, *~ anjovis* koll. skinned and boned tinned sprats pl.
skinnsoffa *s* leather sofa
skinntorr *adj* skinny, scraggy
skipa *vb tr*, **~ rätt** administer justice; *~ rättvisa* rättvist fördela o.d. see that justice is done
skippa *vb tr* vard. skip
skir *adj* om tyg airy, light, gossamer...; om t.ex.

grönska tender; om t.ex. poesi ethereal; om honung clear
skira *vb tr* smör melt
skiss *s* sketch; friare äv. outline [*till* of]
skissartad *adj* sketchy; friare äv. ...in rough outline
skissbok *s* sketchbook
skissera *vb tr* sketch; friare sketch out, outline
skit *s* vard. **1** ekrementer shit; djurs droppings pl.; kors äv. muck **2** smuts filth; svag. dirt **3** skräp [damned] junk (trash); *han gjorde inte ett ~* he did not do a bloody (amer. goddam, vulg. fucking) thing **4** strunt *prata ~* talk tripe (crap, balls) **5** pers. rotter; vulg. shit, bastard **6** utrop *~!* hell!; stark. shit!; *[det är] ~ samma* it's all the same, it doesn't matter a hang
skit|a I *vb itr* vard. shit; *det -er jag i* I don't care a damn about that, to hell with that; vulg. bugger (fuck) that; *~ på sig* vulg. shit in one's pants **II** *vb tr* vard. *~ ner* dirty osv., se *smutsa [ned]*
skitbra *adj* vard. dead (stark. bloody, damn) good
skitig *adj* vard. filthy
skitsnack *s* vard., skitprat bullshit, crap, balls pl.; dösnack drivel, rot
skitstövel *s* vard. bastard; vulg. shit; amer. äv. asshole
skiv|a I *s* **1** platta o.d.: allm. plate; av trä o.d. board; tunn sheet, lamin|a (pl. -ae); rund disc, isht amer. disk äv. data.; grammofon~ record, disc; fyrkantig, tjockare, av sten, trä o.d. slab; bords~ top; lös leaf (pl. leaves) **2** uppskuren (av matvara): allm. slice; tjockare: av bröd el. ost äv. slab; av skinka el. bacon äv. rasher [alla med av framför följ. best.]; *i -or* in slices; *skära* kött (fisk) *i -or* cut...into steaks **3** vard., kalas party **4** data., skivminne disc (disk) storage **II** *vb tr* slice
skivad *adj* sliced, ...in slices
skivbroms *s* tekn. disc (isht amer. disk) brake
skivfodral *s* sleeve
skivinspelning *s* gramophone (amer. phonograph) recording
skivling *s* svamp agaric
skivminne *s* data. disk storage
skivpratare *s* i radio disc (disk) jockey; vard. deejay
skivspelare *s* record-player; av avancerad typ transcription turntable
skivstång *s* barbell
skivtallrik *s* turntable
skjorta *s* shirt; *det kostar ~n* vard. it costs the earth (a bomb); *spela ~n av ngn* vard. beat a p. hollow
skjortblus *s* shirtblouse; amer. shirtwaist
skjortbröst *s* shirtfront
skjortknapp *s* påsydd shirt button; lös bröstknapp shirt (finare dress) stud; lös kragknapp stud; amer. äv. collar button

skjortkrage *s* shirt collar
skjortärm *s* shirtsleeve
skjul *s* redskaps~ o.d. shed; vagns~ coach house; kyffe hovel
skjuta I *vb tr* o. *vb itr* (jfr äv. ex. med 'skjuta' under resp. subst. o. adv.) **1** med skjutvapen shoot äv. friare; ge eld, avfyra fire; *~ blixtar (gnistor)* om ögon flash, snap [*av* harm with...]; *~ efter (mot, på) ngn* shoot (fire) at a p.; *~ bollen i mål* shoot...into the goal; *~ med lös (skarp) ammunition* fire [with] blank (live) cartridges; *~ vilt omkring sig* shoot wildly (indiscriminately) all round; *~ sig* shoot oneself **2** flytta o.d.: allm. push; vårdslöst el. stark. shove; knuffa elbow; kärra, rullstol o.d. äv. wheel; köra t.ex. en kudde under ngns huvud thrust; *~ maka [på]* move; vard. shift; *~ på* uppskjuta *ngt* put off (postpone) a th.; *~ ngt åt sidan* push (resp. shove, jfr ovan)...aside; bildl. put...on one side, shelve...; något obehagligt brush aside (away) **3** *~ rygg* om katt arch its back **4** *~ [nya] skott* put forth [new] shoots, sprout
II med beton. part.
~ av skjutvapen fire, discharge, let off; pil shoot; skott äv. fire off
~ bort: *~ bort* tanken på put aside (away); något obehagligt äv. brush aside (away)
~ fram **a)** tr. *~ fram stolen till* brasan push the chair up to...; *~ fram* hakan m.m. protrude... **b)** itr.: sticka ut jut out, protrude, project; *~ fram över* äv. overhang
~ för t.ex. lucka push...to
~ ifrån: *~ ifrån sig* sak el. pers. push (resp. shove, jfr *I 2*)...away; *~ ansvaret ifrån sig* shirk one's responsibility
~ igen dörr o.d. push...to; stänga close, shut
~ ihjäl shoot...dead (amer. äv. to death)
~ ihop push (två dörrar shove, vårdslöst el. stark. slide)...together
~ in: t.ex. byrålåda push (vårdslöst shove); inflicka interpose, interject; anföringsvb äv. put in; införa: i skrift insert; ett gevär target; *~ in...i varandra* telescope...into each other
~ ned: med skjutvapen shoot...down (levande varelse äv. dead); flygplan, fågel shoot (bring)...down; vard. down; t.ex. fönster lower
~ på push [from behind]
~ till: t.ex. dörr, se *~ igen;* bidra med contribute
~ upp **a)** tr., knuffa upp, öppna, t.ex. dörr push...open; rymdraket launch **b)** tr. bildl.: uppskjuta put (något obehagligt stave) off, postpone, defer; fördröja delay; på en tid äv. suspend; ajournera äv. adjourn; isht jur. o. amer. stay; *~ upp ngt* en vecka put off a th. for...; en sak som *inte tål att ~s upp* ...does not brook delay **c)** itr.: om växter shoot [up], spring up, sprout [up]; om t.ex. periskop,

skjutbana

rockkrage stick up (out); ~ *upp ur* vattnet stick up out of...
~ **ut** itr.: om t.ex. udde jut out
~ **över**: ~ *över* ansvaret *på ngn* shift...on to a p.
skjutbana *s* shooting-range; täckt shooting-gallery; mil. rifle range
skjutdörr *s* sliding door
skjutfält *s* artilleri~ artillery range
skjutfönster *s* sliding (sash) window
skjutjärnsjournalistik *s* hard-hitting journalism
skjutklar *adj* ...ready to fire
skjutmått *s* slide calliper, vernier calliper
skjuts *s* **1** *ge ngn* ~ till staden give a p. a lift... **2** åld., ekipage [horse (resp. horses) and] carriage **3** vard., knuff shove, push, impetus; *han fick en* ~ *i karriären* he got a boost in his career
skjutsa *vb tr* köra drive, take; ~ *ngn* give a p. a lift
skjutskicklighet *s* marksmanship
skjuttävling *s* shooting competition (match)
skjutvapen *s* firearm
skjutövning *s* shooting (artilleri~ gunnery) practice
skleros *s* med. sclerosis (pl. -es)
sko I *s* **1** låg~ shoe; halvkänga bootee; känga boot **2** häst~ [horse]shoe **II** *vb tr* **1** förse med skor shoe äv. häst **2** kanta edge; med foder line; förstärka fortify; beslå fit...with metal **III** *vb rfl*, ~ *sig på ngns bekostnad* line one's pocket (feather one's nest) at a p.'s expense; ~ *sig på* ngns godtrogenhet take advantage of...
skoaffär *s* shoe (footwear) shop (isht amer. store)
skoblock *s* shoetree
skoborste *s* shoebrush, bootbrush
skock *s* skara troop; [oordnad] mängd crowd, body; [mindre] klunga group, bunch, knot; av djur herd, flock [alla med of framför följ. best.]
1 skocka *s* bot., se *kronärtskocka* o. *jordärtskocka*
2 skocka *vb rfl*, ~ *sig* se *skockas*
skockas *vb itr dep* om människor crowd (cluster, troop) [together], gather together in a crowd (mass), throng [*kring* i samtl. fall round]; om djur herd (flock) [together]; om moln mass
skodon *s pl* [boots and] shoes; hand. footwear sg.
skog *s* större forest äv. bildl.; mindre wood; ofta woods pl.; timmer~ timber; skogig trakt woodland; *fälla* ~ fell trees; *inte se ~en för bara trän* be unable to see the wood for the trees; *i* ~ *och mark* in woods and fields; *det går (barkar) åt ~en* it's going to pot, it's all going wrong (to pieces); *dra åt ~en!* go to blazes (hell)!
skogbevuxen *adj* o. **skogbeväxt** *adj* forested, wooded; *vara* ~ äv. be under timber

skogig *adj* woody, wooded
skogsarbetare *s* woodman, lumberjack
skogsarbete *s* forest[ry] work
skogsavverkning *s* felling; isht amer. cutting, logging; virkesmängd felling (isht amer. logging) volume
skogsbacke *s* wooded (woody) hillside
skogsbrand *s* forest fire
skogsbruk *s* forestry
skogsbryn *s* edge (fringe, margin) of a (resp. the) wood (större skogs forest)
skogsbygd *s* woodland, wooded district; avlägsen backwoods pl.
skogsdunge *s* grove
skogsduva *s* stock dove
skogsdöd *s*, ~*en* the death of forests (irreparable damage to forests) [owing to pollution]
skogsfågel *s* forest bird; koll.: jakt. el. kok., ung. game birds pl., grouse; spec. om orre o. tjäder black game
skogsglänta *s* clearing [in the resp. a forest], glade
skogsgräns *s* timber (tree) line
skogshare *s* zool. alpine (mountain) hare
skogshögskola *s* school (college) of forestry
skogsindustri *s* forest industry
skogsmus *s* zool., lilla ~*en* [long-tailed] field mouse, wood mouse
skogsmyra *s*, *[röd]* ~ wood ant
skogsmård *s* zool. pine marten
skogsområde *s* forest (woodland) region (area)
skogsparti *s* piece of woodland
skogsplantering *s* abstr. afforestation
skogsrå *s* mytol., ung. siren of the woods
skogssjö *s* forest (woodland) lake
skogsskötsel *s* silviculture
skogsskövling *s* devastation (destruction) of forest land
skogstomt *s* ung. woodland plot (garden, större grounds pl.); obebyggd woodland site
skogstrakt *s skogsbygd*
skogsvård *s* forestry
skogsväg *s* forest (woodland) road, road through a wood (resp. the wood[s])
skogvaktare *s* forester, forest warden, isht amer. forest ranger; spec. för jaktvård gamekeeper
skohorn *s* shoehorn
skoj I *s* **1** skämt joke, jest; upptåg frolic, lark; [pojk]streck prank; ofog mischief; drift joking; *det var bara på* ~ it was only for fun, it was only a joke (game), it wasn't meant seriously; *för ~s skull* for fun (a lark), just for the fun of it **2** bedrägeri swindle, humbug; vard. racket **II** *adj* roligt nice; *ha* ~ have a lark, have fun and games, lark about
skoja I *vb itr* skämta joke, jest; ha hyss för sig, bråka osv. lark about, have a lark, play pranks, be up to mischief, jfr *skoj I 1;* ~ driva

med ngn kid a p., take the mickey (mike) out of a p., jfr vid. *skämta* med ex. **II** *vb tr* o. *vb itr* bedra cheat, swindle [*på* out of]
skojare *s* **1** bedragare cheat, swindler, racketeer; svag. trickster; kanalje blackguard **2** skämtare joker, jester, wag; skälm, spjuver rogue; rackare rascal; om barn äv. scamp
skojfrisk *adj*, **vara** ~ om pers. be full of fun, be ready for (up to) larks
skojig *adj* lustig, konstig funny; trevlig nice; skämtsam facetious; uppsluppen frolicsome; jfr vid. *rolig*
skokräm *s* shoe polish (cream)
1 skola I *hjälpvb*, **skall (ska), skulle** ofta will (shall) resp. would (should); i ledigare stil sammandragna till 'll (t.ex. I'll) resp. 'd (t.ex. he'd); med 'not' till won't (shan't) resp. wouldn't (shouldn't). I ett visst uttr. kan 'skall' ('skulle') ofta tolkas på olika sätt, varför flera översättningar kan vara tillämpliga
1 uttr. ren framtid (äv. i indirekt tal efter vb med bet. 'tänka', 'yttra', 'hoppas', 'frukta' m.m.): *skall (ska)* i första pers. will (britt. eng. äv. shall); i övriga pers. will; *skulle* i första pers. would (britt. eng. äv. should); i övriga pers. would; ofta äv. konstr. med be going to inf. **a)** *jag ska träffa honom* i morgon I will (I shall, I'll) meet (be meeting) him..., I am going to meet him...; det går nog bra *ska ni [få] se* ...you'll see; *han ska säkert lyckas* he is sure (certain) to succeed, he will (he'll) certainly succeed; ingen vet *vad som ska ske* ...what will (is going to) happen **b)** *det skulle [komma att] kosta honom* mycket pengar (förstod han) it would (was going to) cost him...; doktorn sade *att jag snart skulle bli frisk* ...that I would (motsvaras i det direkta talet av: 'you will') el. ibl. should soon recover; *han hoppades att det skulle sluta regna* he hoped that it would stop raining; *han var rädd att de skulle väcka henne* he was afraid that they would wake her
2 om något omedelbart förestående el. avsett ('skall' = 'ska just', 'ämnar', 'tänker'): **a)** konstr. med be going to inf.; *jag ska spela tennis* i eftermiddag I'm going to play tennis...; *jag ska just [till att]* står i begrepp att *packa* I'm about (just going) to pack; *vad ska du [göra] med det?* what are you going to do with it?; vad skall du ha det till? what do you want it for?; vet du *vad han skulle [göra] med det?* ...what he was going to do with it?; *hon skulle just säga något* äv. she was on the point of saying (was about to say) something **b)** spec. vid rörelsevb (särsk. motsv. 'come', 'go', 'leave' i eng.): vanl. konstr. med be + ing-form av huvudverbet; *jag ska komma (resa)* i morgon I am coming (going el. leaving)..., I am going to come (go el. leave)...; *han ska [gå] på teatern ([fara] till stan)* he is going to the theatre (to town)

3 uttr. något som avtalats el. bestämts på förhand (el. av ödet): konstr. med be to inf.; *jag (han) ska fortsätta i* tre veckor I am (he is) to continue for...; *tåget skall (bussen skall* egentligen*) komma klockan tio* the train is due (the bus is supposed to come) at ten; *om vi skall vara där* klockan tre måste vi... if we are to be there...; *kriget skulle vara* mer än fyra år the war was to last...; *[hon frågade om] han skulle gå dit också* [she asked if] he was to go there too
4 uttr. vilja, avsikt, förslag, beslut, löfte, hot, befallning o.d. **a)** uttr. subj:s egen vilja (äv. i att-satser vanl. styrda av uttr. för vilja, avsikt o.d.): *skall (ska)* will; *skulle* would; *vi ska fråga honom* we will (we'll, friare let's) ask him; *jag ska* beton. *ta reda på saken* I will (shall) beton. find out about it; *han ska nödvändigt ha sin vilja fram* he will beton. (must) have his own way; *jag skulle ha* en anteckningsbok I want..., please; lova mig *att du inte ska upprepa det här* ...[that] you won't do this again; han lovade *att det inte skulle upprepas* ...that it would not be repeated **b)** uttr. annans vilja än subj:s, allm.: *skall (ska)* shall; *skulle* should; med bibetydelse av villrådighet, fast föresats m.m. (jfr ex.) konstr. med be to inf.; *ska jag (han) öppna fönstret?* shall I (he) open the window?; om någon kommer, *vad ska jag säga?* ...what shall I (am I to) say?; *var ska jag börja?* where shall I (am I to, do I) begin?; *du skall icke stjäla* bibl. thou shalt not steal; *skall det vara* lite mer vin? would you like...?, what about...?; *ska det här vara (föreställa)* konst? is this supposed to be...?; *han är angelägen att jag (du) skall hjälpa honom* he is anxious that I (you) should help him, jfr *12 a* ned.; *han föreslår att* avgiften *skall höjas* he suggests that...should be raised (isht amer. that...be raised); *han vet inte vad han ska göra (tro* osv.*)* he doesn't know what [stark. he is] to do (believe osv.); *han skulle* (var det meningen) *ge det* till din bror he was [supposed] to give it...; man kom överens *att vi (de) skulle fara* ...that we (they) should (were to) go; hon frågade *om hon skulle laga te åt honom* ...if she should make him some tea; *han visste inte vad han skulle säga* he didn't know what to say att-satser efter vissa viljevb återges vanl. med inf.-konstr. (alltid efter 'want', 'like' o. 'tell' i eng.): *vad vill du att jag ska göra?* what do you want me to do?; *hon ber (bad) mig att jag ska (skulle) komma genast* she asks el. tells (asked el. told) me to come immediately
c) i bet. 'bör' ('borde', 'skulle allt'), uttr. råd, lämplighet should i alla pers.; särsk. uttr. plikt, moralisk skyldighet ought to, jfr *böra 1 a* ex.; *vi (du) ska inte tala illa om någon* we (you) should not (något stark. ought not to) speak

ill of anybody; *han skulle ha varit mer försiktig* he should (ought to) have been more careful; *du skulle ha sett honom* you should have seen him; jag vet (visste) inte *vad jag ska (skulle) göra* vanl. ...what to do **d)** i bet. 'måste' samt 'får' o. 'fick' (isht med negation): *allt det här ska jag göra, innan...* I must (have [got] to) do all this before...; *han ska då jämt kritisera* he is always criticizing, he always has to (he must always) criticize
5 konditionalis (villkoret anges i villkorsbisats el. motsv. uttr. el. är underförstått): *skulle* i första pers. i allm. (utan viljebet.) would (britt. eng. äv. should); i övriga pers. would (jfr äv. ex., isht med viljebet.); *jag skulle inte bli förvånad om...* I wouldn't be surprised (shouldn't wonder) if...; *det skulle jag inte tro* I shouldn't think so; *jag skulle kunna göra det* om jag försökte I could do it..., I would (should, uttr. oviss möjlighet might) be able to do it...; *skulle det smaka med* en kopp te*?* would you like...?, what (how) about...?; *mycket få skulle vilja eller kunna göra vad de gjorde* very few men would do, or could do, what they did
6 'lär' o.d.: *skall (ska)* i bet. 'säges', 'påstås' konstr. med be said (förmodas be supposed) to inf., jfr *lär 1* ex.: *skulle* i bet. 'torde', 'skulle enligt uppgift (antagande)' o.d., se ex.; *hon ska vara mycket musikalisk* she is said (supposed) to be very musical; *skulle hon* (om jag förstått dig rätt) *vara...?* [do] you mean (are you trying) to say that she is...?; *det skulle väl vara skämt [det där]* that was meant as a joke, I suppose
7 i retoriska frågor (skenfrågor), vanl. inledda med frågeord som 'varför', 'hur': *skall (ska, skulle)* i regel should i alla pers.; *varför [i all världen] ska (skulle) jag (han)* åka dit*?* why [on earth] should I (he)...?
8 i att-satser efter uttr. f. känsla o.d. (betr. 'hoppas' o. 'frukta' jfr *I 1* o. efter subjektiva omdömen (ibl. underförstådda): *skall (ska, skulle)* should i alla pers.; *det är egendomligt (synd, tråkigt) att han ska bära sig åt så* it is strange (a pity, a nuisance) that he should behave like this; *det var verkligen tur att jag skulle möta dig* it's really lucky that I met (I should meet) you; *att det skulle gå så långt!* that it should have come to this!
9 i avsiktsbisatser: med stark. framhållande av avsikten *skall (ska)* shall, *skulle* should; mer formellt might; mycket ofta dock konstr. för ren framtid med will (would) resp. shall (should) enl. I 1 ovan; de har ringt *så att jag inte ska bli förvånad* ...so that I shan't (won't) be surprised
10 i villkorsbisatser **a)** allm.: *skall (ska)* i regel konstr. med be to inf.; *skulle* 'händelsevis

skulle' should; vid mycket osannolikt fall were to inf. i alla pers.; *om han skall räddas,* måste något göras nu if he is to be saved,...; *om du skulle träffa honom, så säg [honom]...* if you should (should you) el. in case you should) [happen to] see him, tell him...; *om* (antag att) *jag skulle vinna en miljon* kunde jag... if I were to win a million...; *skulle jag se honom* ska jag underrätta dig if I should (should I) see him... **b)** *skulle* i fristående villkorsbisats innebärande ett förslag *om vi skulle gå* på bio*!* suppose we (let's) go...!, what about going...?, what if we should (were to) go...?
11 i vissa andra (t.ex. medgivande, tids- o. jämförande) bisatser för att uttrycka något tänkt (ej faktiskt), avsikt o.d. *jag gör det, även om jag (han) skulle förlora pengarna* I'll do it even if I (he) should lose the money
12 vissa att-satser med *skall (ska, skulle)*, vanl. föregångna av prep., motsvaras av konstr. med inf. (i fallet *a* ned. äv. ing-form) av huvudverbet **a)** *de väntar på att vi ska börja* they are waiting for us to begin; *jag är säker på att han skall lyckas* I'm sure [that] he will (he'll) succeed, I'm sure of his success; *jag insisterade på att han skulle visa mig...* I insisted on his (him) showing me... **b)** efter '[allt]för' (eng. 'too') o. 'nog', 'tillräckligt[t]' m.m. (eng. 'enough', 'sufficient[ly]'): *vägen var inte nog bred för att två bilar skulle kunna mötas* ...wide enough (sufficiently wide) for two cars to pass; *det är nog för att han ska gå upp* it is sufficient (enough) for him to give in
13 speciella fall: *och det ska du säga!* **a)** det är lätt för dig that's easy for you to say! **b)** iron., du är just den rätte att säga det you are the one to talk!; *du ska veta* (du förstår) *att jag...* well, you see I...; mer påpekande well, you know [that] I...; *du skulle bara våga!* you just dare!, just you dare (try)!

II med beton. part. o. utelämnat huvudvb (som sätts ut i eng.)

~ **av:** *jag ska av här* **a)** tänker stiga av I'm getting (till konduktör I want to get) off here **b)** måste stiga av I must (have to, enligt överenskommelse am to) get off here

~ **bort (hem, upp, ut):** *jag ska (skulle) bort (hem, upp, ut)* ämnar (ämnade) gå bort (hem osv.) I'm (I was) going out (home, up, out)

~ **in:** *jag ska* tänker fara *in till stan* i morgon I'm going into town...

~ **till:** *det skall mycket till för att hon skall gråta* it takes a lot to make her cry
2 skola I *s* allm. school äv. bildl.; *~n* the school; *~n* undervisningen *börjar kl. 8.15* school begins at 8.15; är han gammal nog *för att börja ~n?* ...for (to go to) school?; *börja (komma in, skriva in sig) i en ~* enter a

school; **~n slutar (vi slutar ~n)** för terminen school breaks up (för dagen is over [for the day]); **sluta (lämna) ~n** leave school; **gå i ~[n]** be at school; **gå i (till) ~n** go to school II *vb tr* **1** utbilda train; **~d arbetskraft** skilled labour; **~ om** retrain **2** trädg. transplant, replant
skolarbete *s* schoolwork; hemuppgift homework
skolastik *s* scholasticism
skolastiker *s* scholastic
skolavslutning *s* breaking-up, jfr *avslutning 2*
skolbarn *s* [young] school child
skolbespisning *s* måltider school meals pl.; lokal dining hall
skolbetyg *s* handling [school] report; betygsgrad mark; amer. grade; jfr vid. *betyg*
skolbok *s* schoolbook; lärobok textbook
skolbuss *s* school bus
skolbyggnad *s* school; isht mindre äv. schoolhouse; isht större äv. school building
skolbänk *s* desk; *sitta på ~en* bildl. be at school
skoldag *s* schoolday; **~en är slut** school is over for today
skoldans *s* school dance (vard. hop)
skoldirektör *s* director of education
skolexempel *s* textbook case (example); *ett ~ på...* a typical (classic) example of...; om handling o.d. an object lesson in...
skolfartyg *s* training ship
skolflicka *s* schoolgirl; amer. äv. [girl] student
skolflygplan *s* training aircraft, trainer
skolföreståndare *s* head [kvinnlig äv. mistress] principal
skolgång *s* schooling; t.ex. obligatorisk ~, avbryta sin ~ ...school attendance
skolgård *s* playground; isht mindre school yard; *på ~en* in the playground
skolk *s* från skolan truancy; amer. äv. hook[e]y
skolka *vb itr*, **~ [från skolan]** play truant (amer. äv. hook[e]y), cut class; **~ från** skolan (en lektion e.d.) shirk..., skip...; **~ från arbetet** shirk (keep away from) one's work; en dag take a day off
skolkamrat *s* schoolfellow, schoolmate; vän school friend; *vi var ~er* äv. we were at school together
skolkare *s* från skolan truant
skolklass *s* school class (form)
skolleda *s* school fatigue
skollov *s* ferier [school] holidays pl. (vacation)
skollunch *s* school lunch (dinner)
skolläkare *s* school doctor
skollärare *s* schoolmaster, schoolteacher
skolmat *s*, **~[en]** food at school, school meals pl.
skolmateriel *s* school equipment (supplies pl.)
skolmatsal *s* school dining-hall (mindre dining-room)

skolminister *s* Minister for Schools and Adult Education
skolmogen *adj*, *vara ~* be ready (sufficiently mature) for school
skolmåltid *s* school meal
skolmässig *adj* school-like; passande för skolan ...suited for schools
skolmästerskap *s* idrott schools championship
skolning *s* **1** utbildning training; om t.ex. litterär (klassisk) ~ grounding **2** trädg. transplantation, replantation
skolplikt *s* compulsory school attendance
skolpojke *s* schoolboy; amer. äv. student
skolradio *s* broadcasting (program broadcast) for schools, school broadcasting; program school[s] broadcast
skolresa *s* school journey
skolsal *s* klassrum classroom
skolschema *s* [school] timetable; amer. schedule
skolsjuka *s* feigned illness, shamming, malingering
skolskjuts *s* transport school transport; konkr., bil, buss car (bus) for transporting children to school
skolsköterska *s* school nurse
skolstyrelse *s* ung. local education authority
skoltandvård *s* school dental service
skoltid *s* år i skolan schooldays pl.; lektionstid school hours pl.
skoltidning *s* school magazine (newspaper)
skoltrött *adj* ...tired of school
skoltrötthet *s* school fatigue
skol-TV *s* school[s] (classroom) television (TV); program television (TV) programme for schools
skolunderbyggnad *s* [educational] grounding, schooling
skolungdom *s*, **~[ar]** schoolchildren pl.; isht om äldre schoolboys and schoolgirls pl.
skoluniform *s* school uniform
skolupplaga *s* upplaga avsedd för skolbruk school edition
Skolverket *s* the [Swedish] Board of Education
skolväsen *s* educational system, education
skolväska *s* school bag (med axelrem satchel)
skolålder *s* school age
skolår *s* school year; pl. (skoltid) schooldays
skolämne *s* school subject; *obligatoriskt (valfritt) ~* compulsory (optional) subject
skomakare *s* shoemaker; reparatör äv. shoe-repairer
skomakeri *s* **1** yrke shoemaking **2** verkstad shoemaker's [work]shop, shoe repair shop
skona *vb tr* spare [*från ngt* a th.]; vara aktsam om take care of; **~ ngns liv** spare a p.'s life; **~ sin röst (sina ögon)** take care not to strain one's voice (eyes)
skonare *s* o. **skonert** *s* sjö. schooner
skongång *s* i tvättmaskin delicate programme

skoning *s* kant edge, på kjol false hem; kaj~, strand~ facing, revetment
skoningslös *adj* merciless, ruthless, unsparing
skonsam *adj* mild lenient, mild; hänsynsfull considerate; som ej sliter el. nöter gentle; varsam careful; ~ *för* ögonen restful to...; ~ *mot* huden kind to...; ~ *tvätt (rengöring)* mild detergence
skonsamhet *s* leniency; consideration; care; jfr *skonsam*
skonummer *s* size in shoes, shoe size
skopa I *s* scoop; för vätska ladle, dipper [alla med of framför följ. best.]; på mudderverk o.d. bucket; öskar bailer; *en* ~ *ovett* a good telling-off II *vb tr* scoop; ~ *upp* scoop up
skoputsare *s* shoeblack, shoe-cleaner; amer. äv. shoeshine [boy]
skorpa *s* **1** bakverk rusk; skepps~ biscuit **2** hårdnad yta crust; sår~ äv. scab
skorpion *s* **1** zool. scorpion **2** *Skorpionen* astrol. Scorpio
skorpmjöl *s* golden breadcrumbs pl., raspings pl.
skorra *vb itr* **1** på 'r' speak with a burr, burr **2** ljuda strävt grate, jar [*i* öronen on...]; rasp
skorrning *s* skorrande 'r' burr
skorsten *s* chimney; på fartyg o. lok funnel; fabriks~ o. fartygs~ äv. smokestack
skorstensfejare *s* chimney-sweep[er]
1 skorv *s* vard., gammalt fartyg old tub (hulk)
2 skorv *s* med. scurf
skorvig *adj* scurfy
skoskav *s* chafed (galled) feet pl.; *jag har [fått]* ~ *på höger fot* my right foot is chafed
skosnöre *s* shoelace; amer. shoestring
skosula *s* sole [of a shoe]
skot *s* sjö. sheet
skota *vb tr* sjö. ~ *[hem]* ett segel sheet...home
skoter *s* [motor]scooter
skotsk *adj* Scottish; isht i Skottl. äv. Scots; ledigare Scotch isht om skotska produkter; *Skotska högländerna (lågländerna)* the Highlands (Lowlands) [of Scotland]; ~ *terrier* Scotch (Scottish) terrier; ~ *whisky* Scotch [whisky]
skotska *s* **1** kvinna Scotswoman; i Engl. äv. Scotchwoman **2** språk Scots; i Engl. äv. Scotch
skotskrutig *adj* tartan; ~*t tyg* tartan, plaid
skott *s* **1** vid skjutning shot äv. i sport; laddning charge; knall report; signal~ gun; *löst (skarpt)* ~ blank (live) shot; *han for iväg som ett* ~ he was off like a shot **2** på växt shoot, sprout; *skjuta* ~ put forth shoots, sprout **3** sjö. bulkhead
skotta *vb tr* shovel; ~ *[snö från] taken* shovel [the] snow away from the roofs; ~ *igen* en grav shovel the earth back into..., fill in...
skottavla *s* target; *vara* ~ *för* bildl. be the butt (target) of
skottdag *s* leap day, intercalary day
skotte I *s* **1** pers. Scotsman, Scot; i Engl. äv.

Scotchman; *skottarna* som nation el. lag o.d. the Scots; i Engl. äv. the Scotch **2** hund Scotch (Scottish) terrier
skottglugg *s* loophole; *komma (hamna, råka) i* ~*en* bildl. come under fire, become the target of criticism
skotthåll *s* gunshot, range; *inom (utom)* ~ within (out of) gunshot (range) [*för* of]; *vara utom* ~ bildl. be out of harm's way
skottkärra *s* wheelbarrow
Skottland Scotland
skottlinje *s* line of fire äv. bildl.; *komma i* ~*n för* ngns kritik become the butt (target) of...; jfr *skottglugg* ex.
skottlossning *s* avfyring firing [off], discharge; skottväxling firing, shooting; man hörde ljudet *av* ~ ...of shots being fired
skottpengar *s pl* bounty sg.; *det är* ~ *på* varg there is a premium paid for the shooting of...
skotträdd *adj* gun-shy
skottsalva *s* volley of shots
skottskada *s* gunshot injury
skottspole *s*, *fara omkring som en* ~ dart about like mad
skottsäker *adj* ogenomtränglig bullet-proof
skottväxling *s* exchange of shots
skottår *s* leap year
skovel *s* **1** för snö, jord o.d. shovel; *en* ~ *jord* a shovelful of earth **2** i turbin blade
skovla *vb tr* shovel
skraj *adj* vard. *vara (bli)* ~ have got (get) the wind up; *vara* ~ *för* ngt be in a [blue] funk about; *göra ngn* ~ put the wind up a p.
skral *adj* **1** underhaltig poor; *han är* ~ *i* engelska he is poor at (skol. weak in)... **2** krasslig out of sorts, poorly, ailing (alla end. pred.) **3** om vind scant
skraltig *adj* illa medfaren rickety, ramshackle; *på* ~ *engelska* in halting (shaky) English, se vid. *skral 1-2*
skramla I *s* rattle II *vb itr* **1** om vagn, kedjor, fönsterluckor m.m. rattle; om mynt jingle; om nycklar jangle; om kokkärl o.d. clatter; ~ *med...* rattle... osv.; ~ *med* nycklar äv. chink... **2** vard., sala club together, have a whip-round [*till* for]
skrammel *s* skramlande rattling osv.; *ett* ~ a rattle osv.; jfr *skramla II 1*
skranglig *adj* **1** gänglig lanky; om pers. äv. loose-limbed **2** rankig rickety
skrank *s* railing, barrier; vid domstol bar
skrankor *s pl* barriers, limits; inskränkningar limitations, restrictions
skrap *s* **1** skrapande ljud scraping, scrape **2** något avskrapat scrapings pl.; rest remainder; avfall refuse; skräp trash
skrapa I *s* **1** redskap scraper; väg~ äv. grader; rykt~ curry-comb **2** skråma scratch **3** tillrättavisning scolding, talking-to; vard. telling-off

skripta

II *vb tr* o. *vb itr* allm. scrape; skada (kroppsdel) äv. graze; riva, krafsa, raspa scratch; ~ *med fötterna* scrape one's feet; om häst paw the ground; ~ *med foten* bildl. stand bowing and scraping (shuffling one's feet); ~ *sig på* en spik scratch oneself on...; ~ *sig på benet* graze [the skin off] one's leg
III med beton. part.
~ *av ngt* scrape off a th.; ~ *av* smutsen (snön) *från sina skor* scrape...off one's shoes
~ **bort** scrape away (off); jfr ~ *av*
~ **emot** *[grindstolpen]* graze (scrape against) [the gate-post]
~ **ihop** äv. t.ex. pengar scrape (rake) together, rake up
~ **ur** en gryta scrape...out
skrapning *s* **1** ljud, se *skrap 1* **2** med. [dilatation and] curettage (förk. D&C)
skratt *s* laughter; enstaka ~, sätt att skratta laugh; gap~ guffaw; *få sig ett gott* ~ *åt*... have a good (hearty) laugh at...; *ett gott* ~ *förlänger livet* ung. laughter is the best medicine; *jag försökte hålla mig för* ~ I tried to keep a straight face, I tried not to laugh; *brista [ut] i* ~ burst out laughing; *vara full i* ~ be ready (fit) to burst [with laughter]
skratta *vb itr* laugh [*åt* at]; gap~ guffaw; *det är ingenting att* ~ *åt* äv. it's no laughing matter; ~ *sig fördärvad* el. *hålla på att* ~ *ihjäl sig* nearly die [of] laughing; *~r bäst som ~r sist* he laughs best, who laughs last; he who laughs last laughs longest; ~ *för sig själv* laugh to oneself (up one's sleeve); ~ *till* give a laugh; ~ *ut ngn* laugh at a p., se äv. *utskrattad*
skrattgrop *s* dimple
skrattmås *s* zool. black-headed gull
skrattretande *adj* laughable, droll, comical; löjlig ridiculous, ludicrous
skrattrynka *s* wrinkle of laughter
skrattsalva *s* burst (stark. roar) of laughter
skrattspegel *s* distorting (amer. funny) mirror
skred *s* jord~ landslide äv. bildl.; snö~ avalanche
skrev *s* anat. crutch, crotch, fork
skreva I *s* klyfta cleft; spricka crevice **II** *vb itr,* ~ *[med benen]* part one's legs
skri *s* **1** människas scream, shriek, yell; rop cry; *ge till (upp) ett* ~ give a scream osv. **2** måsens scream; ugglans hoot; åsnans bray
skria *vb itr* scream, shriek, yell; cry [out]; hoot; bray; jfr *skri*
skriande *adj* förtvivlad crying, acute; om orättvisa glaring, flagrant; *ett* ~ *behov av* a crying (an acute) need for; *en* ~ *brist på* an acute shortage of
skribent *s* writer; tidnings~ journalist; skämts. scribe; artikelförfattare writer of an (resp. the) article
skrida *vb itr* eg.: gå långsamt glide, pass slowly; med långa steg stride; gravitetiskt stalk; ~ *till handling* take action; ~ *till verket* set to work; ~ *fram* om person[er] march (stride) along
skridsko *s* skate; *åka ~[r]* skate; *göra en ~tur* go skating
skridskobana *s* skating-rink, ice rink
skridskoåkare *s* skater
skridskoåkning *s* skating
skrift *s* **1** mots. tal o. tryck samt skrivkonst m.m. writing; handstil äv. handwriting, hand, script; skrivtecken characters pl.; bokstäver letters pl. **2** handling o.d. written (tryckt printed) document; tryckalster publication; mindre bok booklet; broschyr pamphlet, brochure; *den heliga* ~ the [Holy] Scriptures pl., Holy Writ; *samlade ~er* complete (collected) works
skriftlig *adj* written; *~t* besked (svar) o.d. äv. ...in writing; *ha (få) ~t på ngt* have (get) a th. down in writing (in black and white)
skriftligen *adv* o. **skriftligt** *adv* in writing; genom brev by letter
skriftlärd *adj* ...versed in the Scriptures; *en* ~ subst. adj., bibl. a scribe
skriftspråk *s, ~[et]* the written language
skriftställare *s* author, writer [of books]; litteratör äv. literary man
skriftväxling *s* notväxling exchange of notes; brevväxling correspondence
skrik *s* cry; rop shout; tjut yell; gällt, oartikulerat scream, shriek; ~ande shouting, yelling, screaming, shrieking; *ge till ett* ~ give a cry osv.; cry osv. out loud; *sista ~et* bildl. the latest fashion (craze), all the rage, the last word
skrika I *vb tr* o. *vb itr* **1** utstöta skrik cry, call (cry) out; ropa shout; vard. holler; oartikulerat scream, shriek; om småbarn squall; vråla howl, bawl; gall~ yell; väsnas clamour; ~ *som en stucken gris* vard. squeal like a [stuck] pig; ~ *av smärta* cry (roar) with pain; ~ *åt ngn* shout (roar) at a p. **2** gnissla squeak, creak, screech; *det skriker i magen på mig* vard. I'm famished **II** *s* zool. jay
skrikande I *adj* **1** shouting, yelling, screaming, shrieking **2** om färg glaring, loud **II** *s* shouting, yelling, screaming, shrieking; jfr *skrika*
skrikhals *s* högljudd pers. loudmouth; om spädbarn bawling brat; gnällmåns cry-baby
skrikig *adj* **1** om barn screaming...; om röst shrill, high-pitched; *barnet är så ~t* ...screams (cries) such a lot **2** om färg glaring, loud
skrin *s* box; schatull för smycken äv. case; för bröd bin
skrinda *s* rack wagon (cart)
skrinlägga *vb tr* uppge give up, relinquish; lägga på hyllan shelve, put...on the shelf
skripta *s* TV. el. film. script (continuity) girl, scriptgirl

skritt *s, i* ~ at a walking-pace
skriva I *vb tr* o. *vb itr* allm. write; stava äv. spell; hastigt [o. slarvigt] scribble; t.ex. kontrakt, testamente draw up; ~ *bra (dåligt)* betr. handstil write a good (bad el. poor) hand; ~ *ren[t]* copy out..., make (write) a fair copy of...; ~ *kladd (koncept) till...* draw up an outline of..., draft...in the rough; ~ *sitt namn* write (underteckna sign) one's name; ~ *svenska (matematik)* skol. have a written test in Swedish (mathematics); ~ beloppet *med bokstäver* set out...in writing; ~ *med* blyerts (tryckbokstäver) write in...; ~ *på* en roman be working at...; *skriv till henne* att... write and tell her...; *vara skriven i* Stockholm be registered in...
II med beton. part.
~ **av** kopiera copy [out], transcribe; plagiera copy; vard. crib; se äv. *avskriva*
~ **ihop** a) bokstäver o.d. join...together in writing b) bok o.d. concoct c) en förmögenhet make...by writing; ~ *ihop...i ett ord* write...in one word, write...solid
~ **in** föra in enter [up] [*i* bok o.d. in...; *på* lista on...]; föra över, t.ex. uppsats copy out [*i* skrivbok in...]; ~ *in en elev* enter a pupil; ~ *in sig* på hotell register; åmer. check in; ~ *in sig i* klubb o.d. enrol[l] oneself as a member of...; ~ *in sig vid* universitet register...at; se äv. *inskriven*
~ **ned (ner)** a) anteckna write down, set (put) down [...in writing]; efter diktamen take down b) hand., reducera write down [*till* to]; depreciate [*med* 10% by...]; devalvera devalue
~ **om** på nytt rewrite; jfr *omskriva*
~ **på** a) tr.: t.ex. lista, växel write one's name on; t.ex. check på baksidan endorse; etikett o.d. (betr. innehållet) write on b) itr.: skriva sitt namn sign; gå i borgen stand surety [*för ngn* for a p.]
~ **till** add
~ **under** sign (put) one's name to...; utan obj. sign [one's name]; ~ *under [på]...* bildl. subscribe to..., endorse...
~ **upp** a) anteckna ~ *upp ngn[s namn]* take down a p.'s name b) debitera put...down, charge [*på ngns konto* to a p.'s account] c) hand., höja värdet på write up; revalvera revalue; ~ *upp ngt på* t.ex. svarta tavlan write a th. on...
~ **ut** utfärda write out; på maskin type; skriva ren copy out; från stenogram transcribe; check, räkning äv. make out; soldater, skatter levy, raise; ~ *ut ngn* från sjukhus discharge a p...; ~ *ut recept på* medicin write out a prescription for...

skrivare *s* **1** data. printer **2** hist. scribe
skrivbiträde *s* kontorist clerk; maskinskrivare typist
skrivblock *s* writing-pad
skrivbok *s* skol. exercise book; för välskrivning copybook
skrivbord *s* [writing-]desk; större writing-table
skrivbordsalmanacka *s* desk calendar
skrivbordslampa *s* desk lamp
skrivbordslåda *s* desk drawer
skrivbordsstol *s* desk chair; svängbar ~ swivel chair
skrivbyrå *s* maskinskrivningsbyrå typewriting (typing) agency el. bureau (pl. äv. -x); med kontorsvikarier temps agency
skrivelse *s* [official] letter, [written] communication; jur. writ; *Er* ~ hand. äv. your favour
skriveri *s* writing; *det blev en massa ~er i tidningarna* there were lots of articles (was a lot [of writing]) about it etc. in the papers
skrivfel *s* slip of the pen, clerical error; på maskin typing error
skrivklåda *s, ha* ~ have an itch to write
skrivkramp *s* writer's cramp
skrivkunnig *adj* ...able to write
skrivmaskin *s* typewriter; *skriva på* ~ type
skrivmaskinspapper *s* typing paper
skrivning *s* **1** skrivande writing; formulering wording, formulation **2** skriftligt prov written test
skrivpapper *s* writing-paper; jfr *brevpapper*
skrivstil *s* handwriting, hand
skrivtecken *s* [written] character
skrivunderlägg *s* desk pad
skrivvakt *s* pers. invigilator; amer. proctor
skrock *s* superstition
skrocka *vb itr* om höns cluck; om pers. chuckle
skrockfull *adj* superstitious
skrodera *vb itr* brag [*om* about (of)], swagger, bluster [*om* i båda fallen about]
skrot *s* **1 a)** scrap; metall~ scrapmetal; järn~ scrap iron; skräp refuse, scrap, junk; *sälja bilen som* ~ sell one's car for scrap
b) skrotupplag scrapyard, yunkyard **2** bildl. *de är av samma ~ och korn* they are birds of a feather
skrota I *vb tr* förvandla till skrot ~ *[ned]* scrap; fartyg äv. break up **II** *vb itr, gå och* ~ vard. go idling (mooning) around
skrotbil *s* dilapidated car; vard. [old] jalopy (jallopy)
skrotfärdig *adj* ...fit for the scrapyard (junk-yard)
skrothandlare *s* scrap merchant, scrap dealer
skrothög *s* **1** scrap heap **2** se *skrotbil*
skrotning *s* scrapping
skrotupplag *s* scrapyard, junk yard
skrotvärde *s* scrap value
skrov *s* body; fartygs~ äv. hull; djurskelett carcass
skrovlig *adj* rough; om t.ex. klippa rugged; om röst äv. raucous; sträv harsh
skrovmål *s, få sig ett* ~ have a good tuck-in (blow-out)
skrubb *s* rum cubbyhole; skräprum lumberroom

skrubba *vb tr* skura scrub; gnida rub; skrapa scrape; skinnet (knät) äv. graze; ~ tvätta *sig* scrub oneself; ~ tvätta *sig ordentligt* äv. have a good scrub; ~ gnida *sig mot* ngt rub oneself against...; ~ *sig på benet* scrape (graze, chafe) one's leg; ~ *av* skura scrub [off]; hud scrape (graze, chafe) [off], abrade
skrubbsår *s* graze, abrasion
skrud *s* garb, apparel (båda end. sg.); kyrklig vestment; ~*ar* ofta robes
skruda I *vb tr* attire, array, deck...[out] **II** *vb rfl*, ~ *sig* attire osv. oneself
skrumpen *adj* shrivelled[-up]; rynkig äv. wrinkled; hopkrympt shrunken
skrumplever *s* med. cirrhosis of the liver
skrumpna *vb itr* shrivel [up]; shrink; become shrivelled osv.; torka bort dry up; jfr *skrumpen*
skrupel *s* scruple
skrupelfri *adj* unscrupulous
skrupulös *adj* scrupulous
skrutt *s* **1** vard., skräp *det är bara ~ med undervisningen* ...is useless **2** äppel~ core
skruttig *adj* vard., skraltig decrepit, weak, shaky
skruv *s* screw; på fiol peg; i tennis o.d. spin; *ha en ~ lös* vard. have a screw (tile) loose; *det tog ~* that did it (the trick), that went home
skruva I *vb tr* o. *vb itr* screw; boll spin; isflak swirl; ~ *[på] sig* fidget [about], squirm, wriggle
  II med beton. part.
  ~ **av** unscrew, screw off; stänga av turn off
  ~ **fast** screw (fasten)...on (tight)
  ~ **i** se ~ *in*
  ~ **igen** t.ex. burk screw up (down); stänga av turn off
  ~ **ihop** screw...together
  ~ **in** screw (skruv äv. drive) in (ända in home)
  ~ **isär** unscrew, take...apart
  ~ **ned** screw down; gas, radio o.d. turn down, lower
  ~ **på** screw...on; gas, radio o.d. turn on
  ~ **upp** screw up; pris äv. force up; gas, radio o.d. turn up
  ~ **ur** unscrew
  ~ **åt** screw...tight, tighten
skruvkork *s* screw stopper (cap)
skruvlock *s* screw cap (top); burk *med ~* screw-capped (screw-topped)...
skruvmejsel *s* screwdriver
skruvnyckel *s* spanner; isht amer. wrench
skruvstycke *s* o. **skruvstäd** *s* vice
skrymma *vb itr* take up a lot of room (space); vara stor och klumpig be bulky
skrymmande *adj* bulky
skrymsla *s* o. **skrymsle** *s* nook, corner; bildl. recess
skrymtare *s* sanctimonious person; hycklare hypocrite
skrymteri *s* sanctimoniousness; hyckleri hypocrisy; i ord cant
skrynkelfri *adj* creaseproof, crease-resisting

skrynkla I *s* crease; wrinkle äv. i huden **II** *vb tr* o. *vb itr*, ~ el. ~ *ned (till)* crease, crumple, wrinkle; ~ *ihop* crumple up
skrynklig *adj* creased, crumpled; wrinkled äv. om hud
skryt *s* skrytande boasting, bragging; *bara (tomt)* ~ an empty boast
skryta *vb itr* boast, brag [*över, med* of, about], show off; villan *kunde ~ med pool* ...boasted a swimming-pool; *[vilja] ~ med* show off, make a show of; *utan att* ~ without boasting
skrytbil *s* vard. flashy car
skrytmåns *s* vard. boaster, show-off, braggart
skrytsam *adj* om pers. boastful; om sak o. t.ex. sätt ostentatious; ~ *person* äv. braggart
skrytsamhet *s* boastfulness, bragging, vainglory
skrå *s* hist. [trade] guild, craft [guild]; friare fraternity
skråanda *s* hist. guild spirit; friare, neds. cliquishness
skrål *s* skrålande bawling, bellowing, roaring
skråla *vb itr* bawl, bellow, roar
skråma *s* scratch, slight wound
skråväsen *s* hist. guild system
skräck *s* terror; fruktan fright, dread; fasa horror [*för* i samtl. fall of]; plötslig scare, panic; *injaga ~ hos ngn* sätta ~ i ngn strike terror into a p., strike a p. with terror; han var *skolans ~* ...the terror of the school
skräckblandad *adj* ...mingled with terror
skräckexempel *s* shocking example (illustration), warning example [*på* of]
skräckfilm *s* horror film, hair-raiser, blood-curdler
skräckfylld *adj* horror-filled, ...full of horror
skräckfärd *s* nightmare journey
skräckinjagande *adj* terrifying; fasaväckande horrifying
skräckkabinett *s* chamber of horrors
skräckpropaganda *s* scaremongering [propaganda]
skräckslagen *adj* terror-struck, horror-struck, terror-stricken, horror-stricken
skräckvälde *s* reign of terror
skräcködla *s* zool. dinosaur; neds., om kvinna gorgon
skräda *vb tr* mjöl bolt; malm pick, separate; virke rough-hew; *inte ~ orden* bildl. not mince matters (one's words)
skräddare *s* **1** yrke tailor **2** zool. water strider (skipper)
skräddarsydd *adj* tailor-made äv. bildl., tailored, fackspr. bespoke; isht amer. custom-made äv. bildl.; *rollen var ~ för honom* äv. he was just cut out for the part
skrädderi *s* **1** yrke tailoring **2** butik tailor's shop (firma firm, verkstad workshop)
skräll *s* **1** crash, smash båda äv. bildl.; smäll bang; brak clash; åsk~ äv. clap; längre peal **2** vard. sensation, upset, turn-up

skrälla *vb itr* **1** om trumpet, högtalare blare; om väckarklocka jangle; om fönster rattle; om åska crash **2** vard. cause a sensation (an upset)
skrälle *s, ett* ~ *till* bil (hus osv.) a ramshackle old...
skrällig *adj* om musik o.d. blaring
skrämma *vb tr* frighten; vard. scare; oroa alarm; stark. terrify; plötsligt startle; ~ *ngn med* att + inf. scare (frighten) a p. by + ing-form; *låta* ~ *sig* [allow oneself to] be intimidated; *bli skrämd* be (get) frightened (scared), take fright; ~ *bort* frighten (scare) away (off); ~ *ihjäl* frighten (scare)...to death; ~ *upp* göra rädd frighten osv.; intimidate; driva upp start, put up
skrämsel *s* fright, alarm; jfr *skräck*
skrämselpropaganda *s* scaremongering [propaganda]
skrämseltaktik *s* intimidating tactics pl., intimidation
skrämskott *s* warning-shot; bildl.: tomt hot empty threat; falskt alarm false alarm
skrän *s* yell, howl; ogillande hoot; ~ande yelling osv.; gormande blustering
skräna *vb itr* yell, howl; ogillande hoot; gorma bluster
skränig *adj* yelling osv., jfr *skräna;* noisy, shrill
skräp *s* rubbish, trash, junk; bråte lumber; avfall litter, refuse; dumheter nonsense; *det är* ~ *med fisket här* the fishing here is worthless
skräpa *vb itr, [ligga och]* ~ i rummet etc. [lie about and] make the room etc. [look] untidy; ~ *ned* make a litter (mess); ~ *ned [i]* rummet etc. litter up...; ~ *ned i naturen* leave litter all over the countryside
skräphög *s* rubbish-heap; *kasta...på* ~*en* throw...on to the rubbish-heap äv. bildl.
skräpig *adj* untidy, littered
skräplitteratur *s* pulp literature
skräpmat *s* junk food
skräppa *s* bot. dock
skrävla *vb itr* brag, bluster, swagger
skrävlare *s* braggart, blusterer, swaggerer
skröna *s* vard. tall (cock-and-bull) story
skröplig *adj* bräcklig frail, infirm; orkeslös decrepit; svag, om hälsa weak, delicate; fallfärdig tumbledown, ramshackle; klen, om t.ex. kunskaper poor
skröplighet *s* frailty; orkeslöshet decrepitude
skubba I *vb tr* rub, chafe; ~ *sig mot* ngt rub oneself against... **II** *vb itr* vard., springa run; springa i väg be off, clear out, make oneself scarce
skuffa *vb tr* o. **skuffas** *vb itr dep* push, shove
skugga I *s* mots. ljus shade (vanl. end. sg.) äv. konst.; vålnad äv. phantom; av ett föremål el. person shadow äv. bildl.; *han är en* ~ *av* sitt forna jag he is a mere shadow of...; *inte* ~*n av en chans* not an earthly chance, not the ghost of a chance, not a snowball's chance in hell; *ingen* ~ *faller på...* bildl. this does not reflect on...; *ge (skänka)* ~ give (afford) shade; *kasta* ~ eg. cast (throw) a shadow; ligga *i* ~*n [av ett träd]* ...in the shade [of a tree]; *[få] stå i* ~*n för...* bildl. be put (thrown) into the shade by...
II *vb tr* o. *vb itr* **1** ge skugga åt shade äv. konst.; ~ *[för] ögonen med handen* shade (shield) one's eyes with one's hand **2** följa efter shadow, tail
skuggbild *s* silhuett shadow picture, silhouette
skuggboxning *s* sport. shadow-boxing
skuggig *adj* shady, shadowy
skuggliv *s* shadowy existence
skuggning *s* skuggande shading äv. konst.; bevakning shadowing, tailing
skuggregering *s* oppositionens shadow cabinet
skuggrik *adj* very shady
skuggsida *s* shady (bildl. äv. dark, seamy) side
skuggvärld *s* skenvärld shadow world; dödsrike world of shades
skuggväxt *s* shade plant
skuld *s* **1** gäld: allm. debt [*på* belopp of...; *till (hos)* ngn owing to...]; amount (sum) due (outstanding); ~*er* debts; mots. tillgångar liabilities; *ha [stora]* ~*er* äv. be [heavily] in debt; *stå i* ~ *hos (till) ngn* be in debt (indebted) to a p., be in a p.'s debt; om tacksamhet~ äv. owe a p. a debt of gratitude; *sätta sig i* ~ run (get) into debt
2 fel, förvållande fault; blame äv. ansvar; brottslighet guilt; ~*en är min* it is my fault, I am to blame; *det är hans egen* ~ it is his own fault, he has only himself to blame; *jag fick* ~*en för det* I got (had) all the blame for it; *ta på sig* ~*en för...* take the blame for..., confess oneself guilty of...; *vara* ~ *till...* be to blame for...; orsak till be the cause of...; ansvarig för be responsible for...
skuldbelopp *s* amount of debt
skuldbörda *s* burden of debt (moralisk guilt)
skuldebrev se *skuldsedel*
skulderblad *s* shoulder blade
skuldfri *adj* **1** utan skulder ...free from debt[s]; om pers. äv. ...out of debt; om egendom unencumbered **2** oskyldig guiltless, innocent, blameless
skuldfråga *s* moralisk question of guilt; ansvars- question of responsibility
skuldförbindelse se *skuldsedel*
skuldkänsla *s* feeling (sense) of guilt (end. sg.)
skuldmedveten *adj* ...conscious of [one's] guilt; om t.ex. blick guilty
skuldr|a *s* shoulder; *vara bred över -orna* be broad-shouldered; *ta* ngt *på sina* -*or* äv. bildl. shoulder...
skuldränta *s* interest on debt[s]
skuldsatt *adj* ...in debt, indebted; om egendom encumbered
skuldsedel *s* promissory note, I O U,

acknowledgement of indebtedness [in writing]
skuldsätta *vb tr* sin egendom encumber...[with debt]; ~ *sig* run (get) into debt, incur debts; jfr *skuldsatt*
skull *s*, *för din (vår)* ~ for your sake (our sake[s]), jfr *för min* ~ ned.; *för en gångs* ~ for once; *för fredens* ~ for the sake of peace; *för Guds skull!* for God's sake!; *för min* ~ for my sake; för att göra mig till viljes [just] to please me; *för min egen* ~ i eget intresse in my own interest; jag älskar honom *för hans egen* ~ ...for himself; *för skojs* ~ for fun (a lark); *för säkerhets* ~ for safety's sake, to be on the safe side
1 skulle *hjälpvb* se *1 skola*
2 skulle *s* hayloft
skulptera *vb tr* o. *vb itr* i sten el. trä carve; i lera model; isht bildl. sculpture; ~ *en staty i sten* carve (sculpture) a statue in (out of) stone
skulptris *s* sculptress
skulptur *s* sculpture
skulptör *s* sculptor
1 skum *adj* **1** mörk dark; halvmörk rather dark, darkish, dusky, obscure; friare (om ögon, blick, föreställning o.d.) dim, misty **2** suspekt shady, suspicious; om förehavande o.d. äv. fishy; illa beryktad disreputable
2 skum *s* **1** allm. foam; yrande spray; fradga froth äv. på öl; spume; lödder vanl. lather; vid kokning o. jäsning scum **2** vard., champagne champers sg., bubbly
skumbad *s* foam bath, bubble bath
skumgummi *s* foam rubber
skumma I *vb itr* foam, spume; fradga froth; om vin effervesce; ~ *av raseri* foam with rage **II** *vb tr* skim äv. bildl.; ~ *grädden av mjölken* skim the cream off (from) the milk; ~ *en tidning* skim [through] a paper, scan a paper
skummjölk *s* skim[med] milk
1 skumpa *vb itr* jog, jolt, bump, joggle
2 skumpa *s* vard., champagne champers sg., bubbly
skumpig *adj* jogging, jolting; *en* ~ *väg* a bumpy road
skumplast *s* foam plastic
skumrask *s*, *i* ~*et* dunklet in the dark
skumraskaffär *s* shady transaction
skumsläckare *s* apparat foam extinguisher
skumögd *adj* med nedsatt syn purblind, dim-sighted äv. bildl.; mots. 'klarögd' blear[y]-eyed
skunk *s* djur o. pälsverk skunk
skur *s* shower äv. bildl.; by squall; *spridda* ~*ar* scattered showers; *i ur och* ~ in all weathers
skura *vb tr* o. *vb itr* golv scrub; t.ex. kastrull äv. scour; metall o.d. polish, burnish; göra ren clean
skurborste *s* scrubbing-brush
skurhink *s* [scouring] pail (bucket)

skurk *s* scoundrel, villain; skojare rascal, blackguard
skurkaktig *adj* scoundrelly, villainous
skurkstreck *s* piece of villainy; svag. rotten (dirty) trick
skurtrasa *s* floorcloth, swab
skuta *s* mindre lastfartyg small cargo boat; vard., båt boat
skutt *s* **1** hopp leap, bound; jfr *2 hopp 1* **2** vard., danstillställning hop
skutta *vb itr* leap, bound; ~ *iväg* scamper away; ~ *omkring* scamper about
skvadron *s* mil. squadron [of cavalry]
skvala *vb itr* pour; forsa gush, rush; radion ~*r* ...pours out muzak (canned music) non-stop
skvaller *s* gossip; skol. sneaking, telling tales; förtal slander; sladder tittle-tattle
skvalleraktig *adj* gossipy, tattling; som förtalar slanderous
skvallerbytta *s* vard. gossip, gossipmonger, scandalmonger; isht skol. telltale, sneak; ~ *bingbång!* telltale tit!
skvallerkärring *s* vard. [old] gossip (gossipmonger); vard. [old] cat
skvallerspalt *s* gossip column
skvallerspegel *s* window mirror
skvallertidning *s* gossip paper (magazine)
skvallra *vb itr* sprida skvaller gossip, talk scandal; sladdra tittle-tattle; sprida ut rykten tell tales, blab; skol. sneak, snitch; ~ *om ngt* let on about a th., give a th. away; *hans utseende ~de om...* his looks betrayed...; ~ *på ngn* split (peach) on a p.
skvalmusik *s* non-stop pop [music], piped music
skvalp *s* skvalpande lapping, ripple; kluckande plash, splash
skvalpa *vb itr* om vågor lap, ripple; i kärl splash to and fro, swish about; ~ *ut (över)* a) tr. spill b) itr. splash (slop) over
1 skvatt *s*, *inte ett* ~ not a thing (bit), jfr *dugg 2*
2 skvatt *adv*, *vara* ~ *galen* be clean gone, be off one's rocker
skvimpa *vb itr* i kärl splash to and fro, se vid. *skvalpa*
skvätt *s* drop; botten~ heeltap; som skvätt ut splash; *en* ~ a drop [or two], a few drops; *en* ~ *kaffe* äv. a spot of coffee; *en* ~ *whisky (cognac)* äv. a dash (spot) of whisky (brandy); *hon grät en* ~ she wept a few tears, she had a little cry
skvätta *vb tr* o. *vb itr* stänka splash; squirt; småregna drizzle
1 sky *s* **1** moln cloud äv. bildl.; dimma, dis haze **2** himmel sky; *skrika i högan* ~ scream (cry) blue murder; *höja ngn (ngt) till* ~*arna* praise (extol)...to the skies
2 sky *s* kok.: kött~ gravy, meat juice
3 sky *vb tr* shun; undvika avoid; rygga tillbaka för shrink [back] from; *bränt barn* ~*r elden*

skydd

once bitten, twice shy; *han ~r inga medel* he sticks (stops) at nothing
skydd *s* protection [*mot (för)* against (from)]; mera konkr. shelter; värn defence, trygghet, säkerhet security [*mot* i samtl. fall against]; betäckning cover; tillflykt refuge; jfr *skyddsanordning*; *söka (ta) ~* seek protection, seek (take) shelter; gömma sig go into hiding; *söka ~ hos ngn* seek protection (take refuge) with a p.; *i ~ av mörkret* under [the] cover (cloak) of darkness
skydda I *vb tr* protect; shelter isht mera konkr.; värna (t.ex. mot lidande, förtal, obehag) shield; försvara defend; skyla, ge betäckning cover; bevaka, vaka över, trygga [safe]guard; bevara preserve; säkerställa secure [*mot* i samtl. fall vanl. against; *för* from]; *~s för väta!* keep dry!; här är vi *~de mot regnet* ...sheltered from the rain; *~t arbete* sheltered employment; *~d verkstad* sheltered workshop **II** *vb rfl, ~ sig* protect (safe-guard, mera konkr. shelter) oneself [*mot* against, from]
skyddsande *s* guardian spirit
skyddsanordning *s* safety device, guard
skyddsglasögon *s pl* eye protectors, goggles
skyddshelgon *s* patron saint
skyddshjälm *s* protective helmet
skyddsling *s* ward, protégé (kvinna protégée)
skyddsmask *s* protective mask
skyddsnät *s* protective netting, safety net
skyddsombud *s* safety representative (ombudsman)
skyddsområde *s* mil. prohibited (restricted) area
skyddsomslag *s* på bok [dust] jacket
skyddspatron *s* skyddshelgon patron saint; mecenat, beskyddare patron
skyddsrock *s* overall; läkares o.d. white coat
skyddsrum *s* [air-raid] shelter; mil. äv. dug-out
skyddsräcke *s* guard rail
skyddstillsyn *s* jur. probation; dom probational sentence
skyddstull *s* protective duty
skyddsåtgärd *s* protective (precautionary, safety) measure
skyddsängel *s* guardian (ministering) angel
skyfall *s* cloudburst
skyfallsliknande *adj, ~ regn* torrential rain
skyffel *s* **1** skovel shovel; sop~ dustpan **2** trädgårds~ [thrust] hoe, Dutch hoe
skyffla *vb tr* skotta shovel; *~ undan* shove away (aside); *~ över ansvaret på ngn annan* shove the responsibility on to someone else
skygg *adj* allm. shy [*för* of]; blyg timid; tillbakadragen reserved; försagd bashful; ängslig timorous; *en ~ blick* skrämd a frightened (förstulen furtive) glance
skygga *vb itr* **1** rygga take fright, start; om häst shy [*för* i samtl. fall at]; *~ rygga tillbaka för ngt*

be (vard. fight) shy of a th., jib at a th.; *~ till* om häst shy **2** ge skugga, *~ med handen för ögonen* shade (shield) one's eyes with one's hand
skygghet *s* shyness etc.; timidity, reserve; jfr *skygg*
skygglappar *s pl* blinkers, amer. blinders båda äv. bildl.
skyhög *adj* extremely high; friare om t.ex. priser sky-high
skyhögt *adv* sky-high
skyla *vb tr* hölja cover; dölja hide, veil; *~ över* cover up, bildl. äv. gloss over
skyldig *adj* **1** som bär skuld (till ngt) guilty [*till* of; *till att* inf. of ing-form]; *icke ~* not guilty; *erkänna sig ~* confess; jur. plead guilty; *förklara ngn ~* find a p. guilty; isht om jury return a p. guilty; *göra sig ~ till* t.ex. ett brott commit..., be guilty of...; *den ~e* subst. adj., isht jur. the guilty person (party); isht friare the culprit (offender) **2** som står i skuld (för ngt) *vara (bli) ~ ngn pengar (en förklaring)* owe a p. [some] money (an explanation); *vad (hur mycket) är (blir) jag ~?* what (how much) do I owe [you]?; vid uppgörelse how much have I got to pay [you]?; se äv. *svar 1* ex. **3** pliktig, förpliktad bound, obliged; ansvarig responsible, liable; *juridiskt ~ att* bound in law to
skyldighet *s* duty, obligation [*mot* towards]
skyldra *vb tr, ~ gevär* present arms
skylla *vb tr* o. *vb itr, ~ ngt på ngn* blame (throw el. lay el. put the blame on) a p. for a th., tax a p. with a th.; *~ på ngn* throw etc. the blame on a p.; *~ på okunnighet* plead ignorance; *skyll dig själv!* det är ditt eget fel it is your own fault!; *~ ifrån sig* skjuta skulden på någon annan throw etc. the blame on someone else
skylt *s* butiks~ o.d. sign[board]; dörr~, namn~ plate; vägvisare signpost; se äv. *skyltfönster*
skylta I *vb itr* arrangera ett skyltfönster dress a shop-window; *~ med ngt* put a th. on show, show a th.; i skyltfönster display (expose) a th.; bildl. show off (display) a th., sport (pråla med flaunt el. parade) a th. **II** *vb tr, vägarna är väl ~de* the roads are well signposted
skyltdocka *s* [tailor's] dummy; mannequin
skyltfönster *s* shopwindow, display window, show window; *[gå och] titta i skyltfönstren* go window-shopping
skyltning *s* display [of goods]; i skyltfönster window display; skyltande displaying; i skyltfönster window-dressing
skymf *s* förolämpning insult, affront [*mot* to]; grov offence; kränkning indignity; neslighet, vanära ignominy
skymfa *vb tr* insult, affront; kränka outrage
skymflig *adj* förolämpande insulting, affronting;

neslig ignominious; om t.ex. behandling outrageous

skymford *s* förolämpande insulting (smädande abusive) word; glåpord taunt, jeer

skym|ma I *vb tr* block [out]; fördunkla dim, obscure; dölja conceal, hide; ~ *sikten (utsikten)* block the view; *du -mer mig* you are in my light; ~ *bort* block [out]; dölja hide [away] **II** *vb itr* get dark; *det börjar* ~ el. *det -mer [på]* it is getting dark (dusk)

skymning *s* twilight, dusk; poet. gloaming; *när ~en faller [på]* when twilight (dusk) sets in; *i ~en* at twilight (dusk)

skymt *s* glimpse; bildl.: t.ex. av hopp gleam, glimmer, flash; spår trace; *få se en ~ av...* catch (get) a glimpse of...; solen (hans ansikte) äv. get a peep of...; *jag har inte sett en ~ av dem* på flera veckor äv. I have not seen any (the least) sign (trace) of them...; *inte ~en av en chans* not the ghost of a chance

skymta I *vb tr* få en skymt av catch (have) a glimpse of; isht bildl. (ana) glimpse, get a glimmer of **II** *vb itr* vara skönjbar: svagt o. otydligt be dimly (indistinctly) to be seen; glimtvis be observable (glimpsed) here and there (now and again); visa sig, dyka upp appear here and there (emellanåt occasionally) äv. bildl.; ~ *fram* peep out; otydligare loom; ~ *förbi* be seen flashing past (by), flash past (by)

skymundan *s, hålla sig i ~* i undangömdhet keep oneself out of the way (i bakgrunden in the background); jämlikhetsfrågan *har kommit i ~ på sistone* ...has been neglected (passed over) lately

skynda I *vb itr* ila, hasta hasten; skynda sig, raska på, se *II;* ~ *långsamt* ung. more haste, less speed
 II *vb rfl,* ~ *sig* hurry [up]; hasten, make haste, be quick; ~ *dig [på]!* hurry up!, come on!, be quick [about it]!, get a move on!, step on it!; ~ *sig hem* hurry (rush) [to get] home; ~ *sig att göra ngt* hasten osv. to do a th.
 III med beton. part.
 ~ *efter ngn* hasten (hurry) after (för att hinna i fatt äv. to catch up with)
 ~ *fram till* ngn (ngt) hasten on (along) to..., hurry to...
 ~ *på* a) tr. ~ *på ngn* hurry a p.; jfr *påskynda* b) itr. hurry; se äv. *II* ovan
 ~ *till* itr. hasten (hurry [up], come hurrying up) to the spot
 ~ *vidare* hurry on

skyndsam *adj* speedy; brådskande quick; påskyndad hurried; ofördröjlig prompt

skyndsamt *adv* speedily osv.; jfr *skyndsam; skyndsammast* with all possible speed, jfr *2 fort*

skynke *s* täckelse cover[ing]; tygstycke cloth;

dok veil; *vara (som) ett rött ~ för ngn* be like a red rag [to a bull] to a p.

skyskrapa *s* skyscraper

skytt *s* **1** shot, marksman **2** astrol. *Skytten* Sagittarius

skytte *s* shooting; med gevär rifle-shooting

skyttegrav *s* mil. trench

skyttel *s* vävn. el. i symaskin shuttle

skytteltrafik *s* shuttle service; *gå i ~* shuttle

skåda I *vb tr* behold, see; det var *hemskt att ~* ...horrible (a horrible sight) to behold **II** *vb itr* look

skådebröd *s* bildl. *det är bara ~* it is just for show

skådeplats *s* scene [of action]

skådespel *s* teat. play, drama; bildl. spectacle; anblick, scen äv. sight, scene; arrangerat show

skådespelare *s* actor

skådespeleri *s* **1** skådespelarkonst acting **2** förkonstling artificiality

skådespelerska *s* actress

skål I *s* **1** bunke bowl; flatare basin, dish; bot. cup, cupule; *en ~ [med]...* a bowl osv. of... **2** välgångs~ toast; *dricka ngns ~ (en ~ för ngn)* drink [to] a p.'s health, drink to the health of a p., drink to (toast) a p.; *föreslå (utbringa) en ~ för ngn* propose a toast to (for) a p., propose a p.'s health **II** *interj, ~!* [to] your health (till flera healths)!, here's to you!; vard. cheers!, here's how!, down the hatch!, skoal!

skåla I *vb itr* glas mot glas clink (touch) glasses; ~ *med ngn* drink a p.'s health; ~ *med varandra* drink to one another ([to] one another's health) **II** *vb tr* urholka hollow (scoop) out

skålla *vb tr* i olika bet. scald; bränna äv. burn; kok. blanch; ~ *sig (händerna)* scald (burn) oneself (one's hands); *~de mandlar* blanched almonds

skållhet *adj* scalding (boiling) hot

skålpund *s* hist., ung. pound

Skåne Skåne, Scania

skånsk *adj* Scanian; attr. äv. Skåne

skåp *s* cupboard; isht amer., särsk. för kläder, mat m.m. el. amer. closet; med lådor el. hyllor äv. cabinet; väggfast wall cupboard; låsbart, t.ex. i omklädningsrum locker; *bestämma var ~et skall stå* ung. be master in the house; om kvinna äv. wear the pants (trousers)

skåpbil *s* [delivery] van

skåpmat *s* rester remnants pl.; *[gammal] ~* bildl. a rehash of old stuff (material)

skåpsupa *vb itr* have a drop (a little drink, a tipple) on the quiet (sly)

skåpsupare *s* secret drinker

skåpäta *vb itr* have a little nibble of food now and then (on the quiet, on the sly)

skåra I *vb tr* göra skåror i cut, notch, nick **II** *s* hugg, rispa cut; av såg, yxa kerf; huggsår äv.

skädda

scotch; repa äv. scratch; inskärning incision; hack score, notch, nick; längre slit
skädda s zool. dab
skägg s beard; *ha ~* have (wear) a beard, be bearded; *låta ~et växa* lägga sig till med ~ grow a beard; *tala ur ~et* speak out (up)
skäggdopping s zool. great crested grebe
skäggig adj bearded; orakad unshaved
skägglav s bot. beard lichen (moss)
skägglös adj beardless
skäggstrå s hair, bristle
skäggstubb s [beard-]stubble
skäggväxt s growth of beard; *han har kraftig ~* his beard grows fast
skäkta I s redskap swingle, scutch[er] **II** vb tr **1** lin swingle, scutch **2** jud., slakta slaughter...in accordance with rabbinical law
1 skäl s **1** grund m.m. reason [*till* for; *att* inf. to inf. el. for ing-form]; orsak, anledning (jfr dessa ord) cause, ground[s pl.]; bevekelsegrund motive; argument argument; *det vore ~ att* inf. it would be advisable (worthwhile, well) to inf.; *anföra starka ~ för...* adduce weighty arguments for...; *ha goda ~ (alla ~) att...* have good (every) reason to...; *väga ~en för och emot* weigh the pros and cons; *av personliga ~* for personal reasons; *de är med ~ stolta över...* they have good reason to be (they are justly) proud of...; *med ~* with [good] reason; *utan giltigt ~* for no valid reason **2** *göra ~ för sig* göra nytta do one's share (bit); en mästerskytt *som [verkligen] gör ~ för namnet* ...who lives up to his name **3** reson *ta ~* listen to reason, be reasonable
2 skäl s **1** vävn. shed **2** se *vägskäl*
skälig adj rimlig reasonable; rättvis fair; berättigad legitimate; giltig adequate; *finna ~t* äv. think fit (proper)
skäligen adv **1** tämligen rather, pretty; *~ litet* precious little **2** reasonably osv., jfr *skälig*; *vara ~ misstänkt* be suspected for good reason
skäll s **1** hunds skällande bark, barking **2** vard., ovett telling-off; *få ~* get a telling-off
1 skälla s bell
2 skälla vb itr **1** om hund bark [*på* at] **2** om pers. ~ *på ngn* insult (abuse) a p.; *du -er jämt [på mig]* äv. you are always getting at me; ~ *ut (ner)* läxa upp scold, tell...off, blow...up, tear a strip off; nedgörande kritisera run (i recension o.d. cry) down
skällsord s vard. insult, ~ pl., äv. abuse sg.
skälm s spjuver rogue
skälmaktig adj roguish, mischievous; om blick, leende arch...
skälmroman s litt. picaresque novel
skälmsk se *skälmaktig*
skälva I vb itr shake; stark. quake; tremble osv., jfr *darra* **II** s, *få stora ~n* vard. get the jitters (horrors, willies)

skälvning s shaking, quaking, trembling osv., jfr *darrning* o. *darra*; rysning thrill
skäm|d adj om frukt rotten; om kött, vatten tainted, putrid; om luft bad; *ett -t ägg* a bad (rotten) egg
skäm|ma vb tr spoil, mar; vanpryda äv. disfigure; för mycket och för litet *-mer allt* ...spoils (mars) everything; ~ *bort* spoil [*med* by]; klema bort pamper, coddle [*med* with]; ~ *ut* disgrace, put...to shame; ~ *ut sig* disgrace oneself
skäm|mas vb itr dep **1** blygas be (feel) ashamed [of oneself]; *att du inte -s!* aren't you ashamed of yourself?; *fy -s!* shame on you!; ~ *ögonen ur sig* die of shame; ~ *för (över)* ngn (ngt) ngn (ngt) be ashamed of...; *han -des för (över) att han...* he felt ashamed that...; *inte ~* vara fräck nog *att* inf. be shameless enough to inf.; han (resp. den) *-des inte för sig* ...wasn't at all bad, ...did himself (resp. itself) credit **2** bli skämd become rotten osv., jfr *skämd*
skämt s joke, jest; lustighet pleasantry; nojs fun; skämtande joking; ~ *åsido!* joking apart!; *ett dåligt ~* a bad (poor) joke; smaklöst a joke in bad taste; *ett stående ~* a standing joke; *förstå [sig på] ~* be able to see a joke; *han förstår (tål) inte ~* he can't take a joke; *på ~* for a joke (lark), in jest, for (in) fun
skämta vb itr joke, jest [*med* with]; vitsa crack jokes; ~ *med ngn* driva med pull a p.'s leg; göra narr av make fun of a p.; ~ *om* ngt jest (yttra sig skämtsamt om make a joke) about...; *det är ingenting att ~ om* it is no joking (laughing) matter; ~ *bort* ngt laugh...off
skämtare s joker, jester, wag; humorist humorist
skämtartikel s [party] novelty, novelty article
skämthistoria s funny story, joke
skämtlynne s humour; sinne för humor sense of humour
skämtsam adj jocular, facetious; humoristisk äv. humorous; mots. allvarlig (om t.ex. ton) joking, jesting; lekfull playful; lustig funny; *vara ~ av sig* be full of fun
skämtserie se *serie* 2
skämttecknare s cartoonist
skämtteckning s cartoon; *~arna* äv. the funnies
skämttidning s comic (funny) paper (magazine)
skända vb tr **1** vanhelga desecrate; våldtaga violate **2** univ. ung. rag
skändlig adj vanärande (om t.ex. handling) infamous, heinous; nedrig nefarious; avskyvärd (om t.ex. brott) atrocious
skändlighet s handling infamous (nefarious) action el. act el. deed, infamy; våldsdåd atrocity
1 skänk s matsalsmöbel sideboard
2 skänk s gåva gift; *få ngt till ~s* som gåva ...as

a gift (present); gratis ...for nothing; **en ~ från ovan** a gift from above
skänka vb tr **1** give; förära present [*ngn ngt* a p. with a th.]; donera donate; bevilja grant, accord; bereda (t.ex. glädje) afford; förläna (t.ex. glans) lend; **~ ngn sin hand** gå med på giftermål give a p. one's hand; **~ bort** give away **2 ~ i [vinet]** pour the wine, fill the glasses
skänkel s **1** på t.ex. passare leg; på sax blade **2** ridn. leg
skäppa s rymdmått bushel äv. bibl.; **sätta sitt ljus under ~n** hide one's light under a bushel
1 skär s holme rocky islet, skerry; klippa rock
2 skär s **1** egg på verktyg [cutting] edge; på plog share; på borr bit; på fräs knife **2** skåra cut; inskärning på nyckelax notch **3** med skridsko, i sms., inner~, ytter~ ...edge; **ta långa ~** skate in long strides
3 skär adj ljusröd pink, light red; jfr äv. *blå* o. sms.
4 skär adj ren pure äv. bildl.; det är *ren och ~ lögn* ...a downright lie
skära I s **1** sickle **2** mån~ crescent
II vb tr o. vb itr cut; snida samt ~ för t.ex. stek carve; korsa äv. intersect; om gata äv. cross; klyva (t.ex. vågorna) cleave; kniven **skär bra** ...cuts well; **~ halsen av ngn** cut (slit) a p.'s throat; **~ en kurva** cut a curve; **~ tänder** grind (gnash, grit) one's teeth; ~ [ngt] **i trä** carve [...] in wood; **~ ngt i bitar** cut...in[to] pieces, cut up...; ~ ngt **i remsor (strimlor)** shred; ~ ngt **i skivor** cut...into slices; **det skär i öronen [på mig]** it jars (grates) upon my ears; **~ över** partigränserna cut across...
III vb rfl, **~ sig a)** såra sig cut oneself [*på* ngt on...]; **~ sig i fingret** cut one's finger **b)** kok. curdle **c)** inte gå ihop (om t.ex. åsikter, färger) clash [*mot* varandra with...]; **det skar sig mellan dem** they fell out
IV med beton. part.
~ av a) eg.: bort cut off (away); itu cut...in two; geom. intercept **b)** bildl., se *avskära I*
~ bort cut off (away, out); putsa bort trim (lop) off; med. excise
~ för: ~ *för [steken]* carve the joint
~ igenom eg. cut through; om ljud pierce
~ ihop om motor seize [up], jam
~ in a) tr.: rista in incise; **~ in ngt i ngt** incise (cut) a th. in a th., carve a th. on a th. **b)** itr. ~ tränga **in i** cut into; med. make an incision into
~ itu cut...in (into) halves
~ loss de skadade ur fordonet cut...loose
~ ned allm. cut down (back); minska äv.: t.ex. utgifter reduce, cut, pare down; plötsligt slash; gradvis whittle down; t.ex. produktion cut [back], curtail; t.ex. en artikel prune (cut) down, shorten, abridge

~ sönder i bitar cut...to pieces, cut up..., cut...into pieces
~ till a) tr. cut out **b)** itr. *det skar till* i magen på mig I felt a twinge...
~ upp a) i bitar cut up; i skivor cut up...into slices, slice; t.ex. stek äv. carve [up] **b)** öppna cut...open; med., t.ex. böld incise, open
~ ut cut out [*ur* of]; snida carve [*i* trä out of...]
skärande adj eg. cutting; geom., om linje secant; bildl.: om ljud piercing, shrill, strident, rasping; t.ex. om motsats glaring; t.ex. om dissonans jarring
skärbräda s chopping-board, cutting-board
skärbrännare s tekn. cutting blowpipe (torch)
skärböna s French (isht amer. string) bean
skärgård s archipelago (pl. -s), islands and skerries pl.; *Stockholms* ~ the Stockholm archipelago
skärm s avdelnings~ o.d. screen; data~, röntgen~ [display] screen; skuggande (t.ex. lamp~, ögon~) shade; brätte peak; teknisk skyddsanordning shield
skärma vb itr, **~ av** t.ex. ljus screen (shut) off; **~ av [sig från]** yttervärlden shut oneself off from...
skärmaskin s cutting machine; för papper äv. paper cutter, guillotine; för att skiva matvaror slicer, slicing machine
skärmbild s X-ray picture
skärmbildsundersökning s X-ray [examination]
skärmmössa s peaked cap
skärning s **1** skärande cutting äv. tekn.; i trä carving **2** korsning intersection [*mellan* linjer of...] **3** om kläder, snitt cut
skärningspunkt s geom. [point of] intersection, cut-off point
skärp s belt; långt knyt~ sash
skärpa I s **1** allm. sharpness osv., jfr *skarp I*; syn~ äv. acuity; stränghet (om t.ex. kyla, kritik) severity; fränhet (om ton) acerbity; klarhet clarity, lucidity; stringens stringency; framhålla ngt *med* ~ ...emphatically (with vigour el. energy) **2** fotos, TV-bilds vanl. definition, sharpness; *ställa in ~n [på]* focus, bring...into focus; *~n är inställd (inte inställd)* the lens is in (out of) focus
II vb tr göra skarpare sharpen äv. bildl.; stegra, öka intensify, increase; (t.ex. motsättningar) accentuate; göra strängare (t.ex. bestämmelser) tighten up, make...more stringent; förvärra (t.ex. konflikt) aggravate; **~ kraven** raise (intensify, stiffen) the (one's) demands; **~ straffet** increase the punishment (jur. sentence), make the punishment (jur. sentence) more severe; **-ta bestämmelser** more stringent (severe, rigorous) rules; **-t bevakning** close (closer) surveillance; **-t konkurrens** keener competition; **det -ta läget** the aggravated (tense) situation;

skärpeinställning

konflikten *har -ts* ...has deepened (become aggravated); ~ *tonen* sharpen (harden) one's tone

III *vb rfl*, ~ *sig* rycka upp sig wake up, pull oneself together, pull one's socks up; vara uppmärksam be on the alert

skärpeinställning *s* foto. focusing

skärpning *s* sharpening; intensification, increase; accentuation; tightening up; aggravation, jfr *skärpa II;* vard. *det måste bli en* ~ uppryckning hos oss we must pull our socks up (ourselves together); *det kommer att bli en* ~ *av reglerna (bestämmelserna)* äv. rules will be tightened up (made more stringent)

skärpt *adj, vara* ~ begåvad be bright; vaken be on the alert (on the ball); se äv. *skärpa II*

skärseld *s* purgatory; bildl. äv. ordeal; *~en* relig. purgatory

skärskåda *vb tr* undersöka examine, view; syna scrutinize, scan

skärsår *s* cut; djupt gash

skärtorsdag *s* Maundy Thursday, the Thursday before Easter; *på ~[en]* on Maundy Thursday

skärv|a *s* [broken] piece (fragment); smalare, splitter splinter; av lera: isht arkeol. potsherd; till blomkruka shard; bildl. fragment; *-or av glas (porslin)* vanl. broken glass (china) sg.

sköka *s* prostitute, scarlet woman; bibl. harlot

sköld *s* shield; mindre, rund buckler; herald. äv. escutcheon; zool. carapace; *klämmas mellan ~arna* be put in a tight corner

sköldkörtel *s* anat. thyroid gland

sköldpadd *s* tortoiseshell

sköldpadda *s* land~ el. sötvattens~ tortoise; havs~ turtle

sköl|ja I *vb tr* rinse; t.ex. kärl äv. rinse out; tvätta wash; med. douche; ~ kläder **ordentligt** äv. give...a good rinse; ~ *[sig i] munnen* rinse [out] one's mouth; *var så god och skölj!* hos tandläkaren rinse [your mouth out], please!; *vågorna -de mot klippan* the waves washed against the rock; musiken *-de i vågor* ...billowed out

II med beton. part.

~ *av* a) ~ ren: t.ex. händer wash; t.ex. tallrik rinse b) ~ bort wash off; ~ *av sig* dammet wash off...

~ **bort** wash away (off)

~ **igenom** sweep (pour) through äv. bildl.; ~ igenom håret (tvätten) *noga* rinse...carefully

~ **ned:** ~ *ned maten med* öl wash (rinse) down one's food with...

~ **upp a)** tvätta upp give...a quick wash **b)** ~ *upp* ngt *på stranden* wash...up (ashore)

~ **ur a)** ~ ren: t.ex. flaskor rinse (swill) [out]; t.ex. kläder give...a rinsing **b)** ~ *ur (ut)* ngt *ur* ngt rinse a th. out of...

sköljmedel *s* rinsing agent (fluid)

sköljning *s* konkr. rinse, wash; med. douche

skön *adj* **1** vacker beautiful; poet. beauteous; *de ~a konsterna* the [fine] arts; *det ~a* filos. the beautiful **2** angenäm: allm. nice; om t.ex. känsla äv. pleasant; härlig lovely; bekväm comfortable; vard. comfy; ombonad snug, cosy; amer. cozy; *~t!* bra fine!; uttr. lättnad oh, good!; varm *och* ~ nice and...; *det är ~t att han* har rest it is a good thing he...; *det vore ~t med* ett bad it would be nice to have... **3** iron. nice, fine, pretty

skönhet *s* beauty

skönhetsdrottning *s* beauty queen

skönhetsfel *s* o. **skönhetsfläck** *s* flaw, blemish; felaktighet i vara äv. imperfection

skönhetsideal *s* ideal of beauty

skönhetsmedel *s* kosmetik cosmetic, beauty preparation

skönhetssalong *s* beauty parlour (amer. parlor)

skönhetssinne *s* sense of beauty; smak taste

skönhetstävling *s* beauty contest (competition)

skönhetsvård *s* beauty care, beauty culture (behandling treatment)

skönja *vb tr* urskilja discern, descry; spåra, märka see, notice, perceive; ana get an inkling of; börja se (ana) begin to see; ~ *slutet* see the beginning of the end

skönjbar *adj* discernible; synbar visible; märkbar perceptible; tydlig (om t.ex. förbättring) marked

skönlitteratur *s* imaginative (pure) literature; end. på prosa fiction

skönlitterär *adj* om författare, verk o.d. (attr.) ...of imaginative (pure) literature (resp. of fiction)

skönmåla *vb tr* give a flattering (an idealized, a highly coloured) description of, depict...in flattering terms

skönskrift *s* calligraphy

skönstaxera *vb tr*, ~ *ngn* make a discretionary assessment of a p.'s income

skönstaxering *s* discretionary assessment

skönt *adv* **1** vackert beautifully **2** angenämt pleasantly; bekvämt comfortably; *ha det* ~ a) bekvämt be comfortable b) angenämt have a nice time

skör *adj* som lätt bryts (om t.ex. naglar, porslin) brittle; svag, ömtålig fragile; bildl. äv. frail

skörbjugg *s* scurvy; vetensk. scorbutus

skörd *s* allm. harvest; vin~ äv. vintage; konkr. äv. crop; avkastning yield äv. bildl.; *få in ~en* get the crops in; jorden *ger goda ~ar* ...yields good harvests; frukt *av egen* ~ home-grown..., ...of one's own growth, ...that one has grown oneself

skörda *vb tr* allm. reap; t.ex. säd äv. harvest; t.ex. frukt gather; bär pick; bildl. äv. win, gain; ~ *beröm* gain (receive) praise; *rökningen ~ar många offer varje år* smoking claims many victims every year

skördefest *s* harvest home (kyrkl. festival)
skördemaskin *s* reaping-machine, reaper
skördetid *s* harvest time
skördetröska *s* combine [harvester]
skört *s* på rock: delat tail; odelat skirt; på klänning basque
skörta *vb itr,* **~ upp** a) fästa upp tuck up b) lura overcharge, fleece; driva upp (t.ex. priser) screw (force) up, jfr äv. *uppskörtad*
sköt *s* strömmings~ herring drift net
sköt|a I *vb tr* **1** vårda: t.ex. barn nurse; t.ex. sjuka äv. tend; behandla treat; om läkare attend; vara aktsam om be careful with, look after...well; **~ sin hälsa** look after (take care of) one's health; **~ om** take care of, look after; t.ex. patient äv. attend to; t.ex. sjukdom nurse; **~ om ett sår** tend (lägga om dress) a wound; jfr *3 ned.* **2** förestå, leda manage; t.ex. hushållet, en affär run; handha conduct; hantera handle äv. bildl. (t.ex. folk); maskin o.d. work, operate; föra (t.ex. räkenskaper) keep; inneha (t.ex. en tjänst) have, hold; fullgöra (t.ex. sina plikter) discharge; ha hand om (t.ex. trädgård, ngns affärer) look after; utföra, stå för (t.ex. matlagningen) do; kunna **~ ett arbete** ...carry on a job; **~ sitt arbete** go about (attend to) one's work; **ha ett hem att ~** have a house to look after (mind); **~ korrespondensen** handle the correspondence; **det -te du bra** you did a good job there; **sköt du ditt (dina affärer)!** mind your own business! **3 ~ [om]** ombesörja attend to; ta hand om take care of, look after; behandla deal with; göra do; ha hand om be in charge of, be responsible for; **det (den saken) -er jag [om]** I'll see (attend) to that
II *vb rfl,* **~ sig a)** sköta om sig look after (take care of) oneself; om mage function **b)** uppföra sig conduct oneself; **~ sig bra (illa)** acquit oneself well (badly), give a good (bad) account of oneself, do well (badly); **hur -er** klarar **han sig i skolan?** how is he doing (getting on) at school?; **~ sig själv** take care of oneself; klara sig manage by oneself
skötare *s* keeper; jfr vid. *sjukskötare*
skötbord *s* nursing (changing) table
sköte *s* knä lap; moderliv womb; underliv pudenda pl. (lat.); mera vard. sexual parts pl.; bildl. bosom; *i familjens ~* in the bosom of the family; vad framtiden *bär i sitt ~* ...holds in store
skötebarn *s* **1** gunstling darling, pet **2** huvudintresse chief (pet) concern
sköterska *s* nurse
skötrum *s* ung. nursery room
skötsam *adj* stadgad steady; plikttrogen conscientious
skötsel *s* vård care, tending; av sjuka nursing; ledning, förvaltning management; t.ex. av hushåll running; handhavande handling, operation; tillsyn attendance, attention

skötselanvisning *s,* **~ [ar]** på plagg o.d. care instructions pl.; för t.ex. apparat maintenance, operating instructions pl.
skötselråd *s* t.ex. på plagg care instructions pl.; etikett care label
skövla *vb tr* devastate; förhärja ravage, lay waste to; utplundra sack, pillage; förstöra (t.ex. lycka) ruin, wreck
skövling *s* devastation; ravaging, sack[ing], pillage; ruining, wrecking, jfr *skövla*
slabba *vb itr* slosh (muck) about, make a mess; slaska splash; **~ ned sig** get oneself all mucky (messy)
sladd *s* **1** elektr. flex, cord; repända [rope's] end; repstump piece of rope; **dra ur ~en** unplug **2** bildl. **komma på ~en** bring up the rear **3** slirning skid; **jag fick ~ på bilen** my car skidded
sladda *vb itr* slira skid
sladdbarn *s* child born several years after the other[s] [in a (resp. the) family]; skämts. afterthought
sladder *s* **1** prat chatter **2** se *skvaller*
sladdlampa *s* hand lamp
sladdlös *adj* elektr. cordless
sladdrig *adj* **1** slapp flabby, limp; om tyg shapeless, baggy; om t.ex. siden flimsy **2** se *skvalleraktig*
slaf *s* sl., säng kip
slafsa *vb itr* sörpla gobble; **~ i sig** ngt gobble up...
slafsig *adj* slarvig sloppy; om mat mushy
1 slag *s* sort kind, sort; typ type; beskaffenhet description; art nature; isht vetensk. species (pl. lika), kategori category, class; jag äter *all ~s mat* ...all kinds (sorts) of food; *alla ~s bilar, bilar av alla [de]* ~ all kinds (sorts) of cars, cars of all kinds (sorts), cars of every description, all manner of cars; av olika slag every variety of car; *detta ~s filmer* this kind (sort, type) of film[s]; vi har *ett ~s nya (röda) blommor* ...a new (red) kind of flower; hon är *något ~s sekreterare* ...some kind of secretary, ...a secretary of some sort (of sorts); problemet *är av [ett] annat ~* ...is different (of a different type); *vad är det för ~s bil?* what kind (sort) of [a] car is it?; *den enda i sitt ~* the only one of its kind, unique
2 slag *s* **1** utdelat av person el. bildl., allm. blow; i spel stroke, hit; med handen äv.: med handflatan slap, smack; med knytnäven punch; lätt tap, pat, rap; stöt, el., knackning knock; rapp lash, cut; **ge ngn ett ~** give (deal, strike) a p. a blow; **ett hårt ~ för** ngn bildl. a hard (heavy) blow to...; **slå ett ~ för...** strike a blow for...; **det är ett ~ i ansiktet [på** ngn*]* bildl. it is a slap (smack) in the face (eye) [for...]; *ett ~ i luften* bildl. an empty gesture, a waste of effort; **göra ~ i saken** settle (clinch) the matter (deal); slå till bring matters to a head; **vara i (ur) ~** be in (be out of) form; **~ i ~ in**

slaganfall

quick (rapid) succession; *måtta (rikta) ett ~ mot* aim (direct) a blow at **2** rytmisk rörelse beat; hjärtats o. pulsens äv. throb; maskindels el. ving~ stroke; ~ pl. (slående): t.ex. vågornas, hjärtats beating sg.; hjärtats äv. throbbing sg.; pendels oscillation sg. **3** klockslag stroke; *på ~et* on the stroke; punktligt äv. punctually, on the dot **4** varv turn; tekn. revolution; porten är låst *med dubbla* ~ ...with a double turn of the key **5** tag, stund *ett ~ under* (på) en kort stund for a moment (a little while); en tid för a time; en gång [i tiden] at one time; vänta *ett ~!* ...a moment (bit, minute, sec)!, hang on! **6** mil. battle; *~et vid Lund* the battle of...; *ge ~et förlorat* give up the fight äv. bildl. **7** med. apoplexy; *få ~* vanl. have a stroke (an apoplectic stroke); vard. have a fit; *skrämma ~ på ngn* frighten the daylights out of a p., frighten a p. out of his (resp. her) wits **8** sjö.: vändning tack; sträcka board; *göra ~* make a tack, tack **9** på kavaj o.d. lapel; isht på damplagg revers (pl. lika); på byxor o. ärm turn-up; amer. cuff; på mössa flap

slaganfall *s* med. [apoplectic] stroke, fit of apoplexy
slagbjörn *s* killer bear
slagbord *s* gateleg (gatelegged) table, drop leaf table
slagdänga *s* vard. popular song; schlager äv. hit
slagen *adj* besegrad defeated, beaten; *~ av* häpnad struck by...; jfr *2 slå*
slagfält *s* battlefield, battleground
slagfärdig *adj* bildl. quick-witted, ...quick at repartee
slagg *s* av metall slag, dross; av kol o.d. clinker, cinders pl.; bildl., orenhet dross
slagghög *s* slag-heap
slaghök *s* zool. goshawk
slaginstrument *s* mus. percussion instrument; *~en* i orkester the percussion sg.
slagkraft *s* effektivitet effectiveness; t.ex. arguments äv. cogency; t.ex. vapens striking power, impetus
slagkraftig *adj* effective; om t.ex. argument äv. cogent
slagman *s* sport. batsman; i baseball vanl. batter
slagnummer *s* hit
slagord *s* slogan catchword, catchphrase, slogan; kliché cliché
slagregn *s* pelting rain
slagruta *s* eg. divining-rod, dowsing rod; *gå (leta) med ~* divine, dowse
slagsida *s* **1** sjö. list; *få ~* sjö. [begin to] heel over; *ha ~* sjö. have a list, list **2** bildl.: lutning lopsidedness; övervikt preponderance; *debatten fick en kraftig teoretisk ~* ...had a strong theoretical bias
slagskepp *s* battleship
slagskugga *s* eg. projected shadow; bildl. shadow

slagskämpe *s* fighter; deltagare i slagsmål äv. combatant; bråkmakare rowdy
slagsmål *s* fight; handgemäng äv. scuffle; bråk row; *råka i ~ med...* get into a fight with...
slagträ *s* i bollspel bat; bildl. weapon, stick
slagtålig *adj* om material impact resistant
slagvatten *s* sjö. bilge-water
slagverk *s* **1** i ur striking apparatus (mechanism) **2** mus. percussion instruments pl.; *~et* i orkester the percussion
slak *adj* inte spänd slack; om tyglar äv. loose; matt feeble, weak; *~ i knäna* wobbly at the knees
slakna *vb itr* eg. slacken
slakt *s* slaktande slaughter; av människor äv. butchery; slaughtering (samtl. end. sg.)
slakta *vb tr* djur kill, butcher; i större skala slaughter; människor slaughter, butcher, massacre; t.ex. bilar cannibalize, strip [down]; *~ ned* kill, slaughter; sjuka djur destroy
slaktare *s* butcher
slaktboskap *s* eg. cattle pl. to be killed (slaughtered), fat cattle
slakteri *s* **1** se *slakthus* **2** slakteriaffär butcher's
slakthus *s* slaughterhouse; offentligt abattoir fr.
slalom *s* slalom; lära sig att *åka ~* ...do slalom skiing
slalombacke *s* slalom slope
slalompjäxa *s* slalom-skiing boot
slalomskida *s* slalom ski
slalomtävling *s* slalom race
slalomåkare *s* slalom skiier, slalomer
slalomåkning *s* slalom skiing, slaloming
1 slam *s* kortsp. slam
2 slam *s* bottenfällning ooze; gyttja mud; sandhaltig silt; kloak~ sludge; dy slime
slamkrypare *s* **1** zool. mudskipper **2** vard., tygkänga cloth (duffel) boot **3** vard., felaktigt ställd fråga vid frågetävling wrongly put (posed) question; misstag slip
slamma *vb tr* o. *vb itr* rena: t.ex. malm wash; krita purify; *~ igen (till)* itr. get filled with mud osv.; jfr *2 slam*; gm rinnande vatten äv. silt up; *~ upp* ngt i vätska suspend
slammer *s* clatter, rattle [*av, med* of]
slammig *adj* gyttjig muddy, ...full of mud, sludgy
slampa *s* vard. slut; slarva äv. slattern; slinka äv. hussy, wench; gatflicka tart; amer. tramp
slamra *vb itr* skramla: om saker clatter, rattle; om pers. make a clattering (rattling) noise; *~ med ngt* clatter (rattle) a th.
slamsa *s* **1** slampa slut **2** av t.ex. kött rag, scrap; *hänga i slamsor* ...in rags (tatters)
1 slang *s* språkv. slang
2 slang *s*, *slå sig i ~ med* ngn take up with...; börja prata med get into conversation with...
3 slang *s* tube, tubing; grövre (t.ex. dammsugar~, brand~, vatten~) hose; cykel~, bil~ [inner] tube; 5 m ~ ...of tubing (of

hose-piping); vattna *med* ~ ...with a hose [pipe]
slangbella *s* vard., se *slangbåge*
slangbåge *s* catapult; amer. slingshot
slanglös *adj,* ~*t däck* tubeless tyre (amer. tire)
slangord *s* slang word
slank *adj* slender, slim; *hålla sig* ~ keep slim
slant *s* mynt coin; koppar~ copper; ~*ar* pengar money sg.; ge ngn *en* ~ a little sum [of money], a few kronor; förtjäna *en* ~ ...some (a bit of) money; *se (vända) på* ~*arna* spara look at every penny
slapp *adj* slak slack; om t.ex. hud loose; om t.ex. anletsdrag flabby, flaccid; kraftlös: om t.ex. hand limp; om t.ex. rörelse languid; om pers. enervated, unnerved; håglös listless; nonchalant easy-going; hållningslös spineless; löslig: om t.ex. moral lax; om t.ex. stil sloppy; ~ *hållning* eg. slack posture; ~ *muskel* slack (flabby, flaccid) muscle
slappa I *vb tr* avspänna relax **II** *vb itr* vard., slöa take it easy, relax
slappas *vb itr dep,* ~ *[av]* om t.ex. intresse relax, weaken, abate, flag; om t.ex. moral grow lax; om t.ex. kontroll slacken
slapphet *s* slackness, limpness; sloppiness, jfr *slapp;* nonchalans easy-goingness
slappna *vb itr* om t.ex. muskler slacken; om t.ex. grepp loosen; jfr vid. *slappas;* ~ *av* relax
slarv *s* carelessness; försumlighet negligence; oreda disorder
slarva I *s* careless woman (girl); slampa slattern **II** *vb itr* **1** be careless (negligent osv., jfr *slarvig*); ~ *med ngt* vara slarvig med be careless osv. about a th.; försumma neglect a th.; fuska med scamp (make a mess of) a th.; ~ *bort* förlägga [go and] lose; slösa bort fritter away; ~ *ifrån sig ngt* scamp (scramble through) a th., do a th. by halves **2** *vara ute och* ~ festa be on the spree (binge)
slarver *s* careless fellow; odåga good-for-nothing
slarvfel *s* careless mistake, slip
slarvig *adj* careless, negligent; hafsig slipshod, slovenly; ovarsam heedless; osnygg untidy; försumlig remiss; hon har gjort *ett* ~*t arbete* ...a slipshod piece of work
slarvmaja se *slarva I*
slashas *s* vard. idler, slacker
1 slask *s* **1** gatsmuts slush; slaskväder slushy weather **2** blask dishwater; ~vatten slops pl. **3** slaskande dabbling, splashing
2 slask *s* vask sink
slaska I *vb tr* splash; ~ *ned* golvet splash...; ~ *ned* i badrummet make things all wet... **II** *vb itr* **1** blaska dabble (splash) about **2** *det* ~*r* it is slushy weather; det töar it is thawing
slaskhink *s* slop pail
slaskig *adj* om väder el. väglag slushy; slabbig wet
slaskspalt *s* i tidning light column

slasktratt *s* sink
slaskvatten *s* slops pl.
slaskväder *s* slushy weather
1 slav *s* medlem av folkslag Slav
2 slav *s* träl slave äv. bildl.; *vara* ~ *under ngt (ngn)* be a slave to a th. (be the slave of a p.)
slava *vb itr* slave; friare äv. drudge
slavdrivare *s* slave-driver äv. bildl.
slaveri *s* slavery; ~*et under* modet slavery to...
slavgöra *s* bildl. slavery, drudgery
slavhandel *s* slave trade, slave traffic; *vit* ~ white-slave traffic
1 slavisk *adj* Slavonic; om t.ex. folk äv. Slavic
2 slavisk *adj* osjälvständig slavish; om t.ex. lydnad äv. servile
slavist *s* Slavist, Slavonic philologist
slavstation *s* o. **slavsändare** *s* radio. el. TV. slave (satellite) station
slejf *s* sko~ strap; ärm~ tab; rygg~ half-belt
slem *s* i t.ex. luftrören phlegm; avsöndring: anat. mucus; på djur äv. slime; på växter mucilage
slemhinna *s* anat. mucous membrane
slemlösande *adj* expectorant; ~ *medel* expectorant
slemmig *adj* slimy äv. bildl.; slemhaltig mucous; bot. mucilaginous; klibbig viscous
slentrian *s* routine; *bli* ~ become a routine; *bryta* ~*en* get out of a rut (the beaten track); *fastna i* ~ get into a rut (a groove)
slentrianmässig *adj* routine-like; attr. äv. routine
slev *s* sopp~ o.d. ladle; mur~ trowel; *få en släng av* ~*en* bildl. get (om ngt obehagligt come in for) one's share
sleva *vb itr,* ~ *i sig* ngt shovel down...; helt o. hållet put away...
slicka I *vb tr* lick; ~ *sig om munnen [efter ngt]* lick (bildl. äv. smack) one's lips (chops) [in anticipation of...]
II *vb itr,* ~ *på* lick
III med beton. part.
~ *av* tallriken lick...clean; ~ *av* ngt *[från ngt]* lick...off [a th.]
~ *i sig* ngt lick up...; om t.ex. katt samt bildl. (t.ex. beröm) lap up...
~ **upp** lick up
~ **ur** skålen lick...clean
slickepinne *s* lolly, lollipop
slickepott *s* **1** degskrapa spatula **2** vard., pekfinger first finger
slida *s* sheath äv. bot.; anat. vagin|a (pl. äv. -ae)
slidkniv *s* sheath knife
slinga *s* **1** hoprullat el. t.ex. rör~ coil; av rök o.d. wisp, wreath, trail; ögla loop äv. data.; hår~ lock, rak strand; av växt tendril **2** motions~ jogging track
slingerväxt *s* trailer, trailing plant, clinging vine
slingra I *vb tr* wind, twine **II** *vb itr* **1** se *slingra III* **2** sjö. roll **III** *vb rfl,* ~ *sig* om t.ex. väg wind; om flod äv. meander; åla sig wriggle; om växt

slingrande

trail; om t.ex. rök wreathe; bildl., om pers. try to get round things, be evasive (devious); *han bara ~de sig* bildl. he tried to get round things all the time; *~ sig om (runt)* ngt twine (twist, om orm äv. coil [itself], wreathe itself) round…; *~ sig om varandra* intertwine, intertwist
  IV med beton. part.
  ~ sig ifrån ngt (bildl.) wriggle out of…, dodge (evade, shirk)…
  ~ sig igenom thread one's (om orm wriggle its) way through
  ~ sig undan a) itr.: eg. wriggle (friare slip) away; bildl. get (dodge) out of it (things) b) tr., se *~ sig ifrån*
  ~ sig ur ngt wriggle out of…; bildl. äv. get (dodge) out of…
slingrande adj o. **slingrig** adj winding; om t.ex. väg äv. tortuous, sinuous, twisty; attr. äv. serpentine; om flod äv. meandering; ålande wriggling; om växter trailing; bildl. tortuous, twisty
1 slinka s hussy, wench, se vid. *slampa*
2 slinka vb itr **1** hänga lös dangle, hang loose; slinta slide **2** kila slip; smyga slink, steal; *~ in på* en bar slip (nip, pop) into…; ett fel *hade slunkit med [i texten]*…had slipped in[to the text]; *~ ned* om mat go down; *det slank ur mig* it slipped out of me [att… that…]
slint adv, *slå ~* misslyckas misfire, backfire, go wrong (amiss)
slinta vb itr slip; glida, om skidor glide, slide; *han slant med foten* his foot slipped
slip s sjö. slips pl.; bana äv. slipway; bädd äv. stocks pl.
slipa vb tr allm. grind; vässa äv. sharpen; bryna whet; glätta polish äv. bildl.; glas el. ädelstenar cut; med sandpapper sandpaper; *~ av (bort)* ngt grind…off; bildl. (t.ex. kantigheter) rub off…; *~ av* jämna grind (nöta, om t.ex. vågor wear)…smooth; *~ ned* en tand grind down…; *~ till* en lins grind…
slipad adj **1** eg. ground osv., jfr *slipa;* *~ diamant* cut diamond **2** bildl.: knivig smart, slick, shrewd; utstuderad cunning, artful
slipare s grinder; glas~ osv. cutter, jfr *slipa*
sliper s järnv. sleeper; amer. crosstie, tie
slipmaskin s grinding machine; för glasslipning cutting machine
slipmassa s mechanical wood pulp
slipover s slipover
slippa I vb tr o. vb itr **1 a)** befrias från be excused from, be let off; undgå escape; undvika avoid; förskonas från be spared [*ngt (att inf.)* i samtl. fall a th. (ing-form)]; bli kvitt get rid of **b)** inte behöva not have to, not need [to], jfr ex.; *du slipper [göra det]* you needn't (don't need to el. have to) [do it]; jag (vi) låter dig slippa I (we) will let you off [doing it]; *slipper jag gå?* may I be let off (be excused from) going?; *hon slapp betala* she didn't have to pay, she was let off paying; *för att ~* besväret to save (avoid)…; *han bad att få ~ [gå]* he asked to be excused [from going]; *låt mig ~ höra* eländet I don't want to have to listen to…; *slipp* låt bli *då!* don't then! **2** släppas *~ över* bron be allowed to pass…; *ingen slipper härifrån* nobody is allowed to leave [here]
  II med beton. part.
  ~ fram komma igenom get (släppas igenom be let) through; släppas förbi be allowed to pass
  ~ förbi [ngn] get (slinka slip) past […]
  ~ ifrån: du slipper inte ifrån [att göra] det you can't get away from (you can't get out of) [doing] it
  ~ igenom get (släppas be let, slinka, äv. om sak slip) through
  ~ in get in; släppas in be let in, be admitted
  ~ lös get (break) loose; bli släppt, ur fängelse o.d. be set free; om eld break out
  ~ undan a) tr. escape, se vid. *I 1 a)* o. *~ ifrån* b) itr. get (be let) off, escape [med en varning with…]; *~ lindrigt undan* get (be let) off lightly; den här gången *slipper du inte undan* you won't get out of it…
  ~ ur: det slapp ur mig it slipped out of me [*att… that…*]
  ~ ut get (släppas be let, slinka slip) out [*ur* of]; sippra ut leak out äv. bildl.; bli frigiven be released; rymma escape [*ur* fängelse from…]; *ingen slipper ut ur* rummet nobody is allowed to leave…
slipprig adj slippery; bildl. indecent, obscene
slips s tie
slipshållare s tie clip, tie holder
slipsten s grindstone; *han vet hur en ~ ska dras* he knows how to do things
slira vb itr om bil o.d. skid; spinna (om hjul) spin; om koppling o.d. slip; *~ på kopplingen* slip the clutch
slirig adj slippery
slirning s slirande skidding osv., se *slira;* sladd skid
slisk s snask sweet stuff
sliskig adj **1** sickly-sweet, sweet and sickly; sirapslen sugary, treacly **2** om person oily, smarmy
slit s arbete toil, drudgery; vard. grind, fag; sjå job; *~ och släp* toil and moil
slita I vb tr o. vb itr **1** nöta *~ [på]* t.ex. kläder wear out; *~ hål på strumporna* wear one's socks into holes; *det sliter på nerverna* it tells (is a strain) on one's nerves; *slit den med hälsan!* you're welcome [to it]!, it's all yours! **2** riva tear; rycka pull; avslita: t.ex. band sever, break; förtöjningar part (break) [from…]; *~ sina ögon från* take…off; *~ ngt i stycken* tear (pull)…to pieces; *~ i* ngt tear at…
3 knoga toil, work [hard], drudge; *~ med* ngt toil (slave away) at…; *~ ont (hund)* have a

rough time of it, rough it **4** ~ en tvist settle (decide)...
II *vb rfl*, ~ *sig* om t.ex. djur break (get, om sak work) loose; om båt break adrift; ~ *sig [loss (lös)] från...* om pers. tear oneself (break) away from... äv. bildl.; göra sig ledig get away
III med beton. part.
~ *av* sönder break; itu pull...in two; ~ *bort* tear off; ~ *av ngn (sig) kläderna* tear off a p.'s (one's) clothes
~ *bort* nöta bort wear off; rycka bort tear away (off)
~ *ifrån ngn ngt* tear a th. from a p.
~ *ihjäl sig* work oneself to death
~ *loss (lös)* tear off (loose)
~ *ned* nöta ned wear down
~ *sönder* tear [*på* en spik on...]; riva i bitar tear...up (to pieces)
~ *upp* öppna tear open
~ *ut* nöta ut wear out; trötta ut wear...out; ~ *ut sig* wear oneself out, work oneself to death; se vid. *utsliten*
slitage *s* wear [and tear]
slitas *vb itr dep*, ~ *mellan* olika känslor be torn between...
sliten *adj* allm. worn; om saker (äv. pred.) the worse for wear; luggsliten shabby; om kläder äv. threadbare; om t.ex. fras hackneyed, stereotyped
slitning *s* **1** slitage wear **2** osämja discord, friction (båda end. sg.); dissension; samarbete *utan ~ar* frictionless (smooth)...
slit-och-slängsamhället *s* ung. the consumer society
slits *s* skåra slit; på kläder äv. vent
slitsad *adj*, ~ *kjol* slit skirt
slitsam *adj* strenuous, laborious; om t.ex. liv äv. hard, tough
slitstark *adj* hard-wearing; hållbar durable
slitstyrka *s* wearing qualities pl.; hållbarhet durability
slockna *vb itr* go out; om vulkan become extinct; bildl.: ta slut die down; somna drop off
slogan *s* slogan
sloka *vb itr* droop, flag; ~ *med svansen* drag one's tail; ~ *med vingarna (öronen)* droop one's wings (ears)
slokhatt *s* slouch hat, floppy hat
slopa *vb tr* avskaffa abolish; t.ex. system äv. scrap, reject, discard; ge upp abandon, give up; utelämna leave out, omit, skip; sluta med discontinue; inställa cancel, call off; stryka delete
slott *s* palace; befäst castle; större herrgård manor house
slottsherre *s*, ~*n* godsherren lord of the manor
slottslik[nande] *adj* palatial
slottsruin *s* ruined castle
slottsvin *s* château wine
Slovakien Slovakia

slovakisk *adj* Slovakian; attr. äv. om t.ex. språk Slovak
slovakiska *s* **1** kvinna Slovakian woman **2** språk Slovak
sloven *s* Slovene
Slovenien Slovenia
slovensk *adj* Slovenian; attr. äv. om t.ex. språk Slovene
slovenska *s* **1** kvinna Slovenian woman **2** språk Slovene
sluddra *vb itr* slur one's words; om berusad speak (talk) thickly
sluddrig *adj* slurred; om berusad thick
slug *adj* shrewd, astute; listig sly, cunning, artful; vard. deep; förslagen smart, crafty; klipsk clever
sluka *vb tr* eg.: swallow; hastigt bolt; glupskt wolf [down]; hungrigt devour; bildl.: kosta, äta upp swallow (eat) up; förbruka consume; sträckläsa devour; ~ *ngn med ögonen* devour a p. with one's eyes
slum *s* slum; ~*men* the slums pl.
slumkvarter *s* slum [district (area)]
slummer *s* slumber; lur doze, nap
slump *s* **1** tillfällighet chance; sinkadus äv. toss-up; tur äv. luck, hazard; *en lycklig* ~ a lucky chance (coincidence), good luck; ~*en gjorde (ville) att* vi träffades it so happened that...; *av en [ren]* ~ by [mere] chance (accident); *lämna ngt åt* ~*en* leave a th. to chance, trust to luck; *på en* ~ at random, at haphazard **2** rest remnant
slumpa I *vb tr*, ~ *[bort]* sell off...[in lots], sell...at a loss; vard. sell...dirt cheap; *hela lagret* ~*s bort!* anslag clearance sale! **II** *vb rfl*, ~ *sig* happen, chance; *det* ~*de sig så att...* it so happened (chanced) that...
slumpartad *adj* o. **slumpmässig** *adj* random, haphazard; attr. äv. chance
slumpvis *adv* at random
slumra *vb itr* slumber; halvsova doze; bildl. be (lie) dormant; ~ *in* somna fall asleep; somna till doze off [to sleep]; ~ *till* doze off
slumrande *adj* slumbering; bildl.: om t.ex. anlag dormant; om t.ex. rikedomar unexploited, undeveloped
slunga I *s* sling **II** *vb tr* **1** sling; kasta äv. throw; häftigt fling, hurl; ~ *ngt i ansiktet på ngn* bildl. fling a th. at a p., throw a th. into a p.'s face; ~ *ut* bildl. launch, rap out **2** honung extract
slup *s* sjö.: prakt~ barge; skeppsbåt el. ång~ launch; segelfartyg sloop
slurk *s* skvätt spot, drop; klunk swig; *en* ~ kaffe a spot (a few drops pl.) of...
slusk *s* shabby[-looking] fellow; buse ruffian
sluskig *adj* shabby
sluss *s* passage lock; dammlucka el. bildl. sluice, floodgate
slussa *vb tr* o. *vb itr* eg.: passera (låta...passera) genom en sluss pass (pass...) through a lock; ~

slussport

folk *förbi (in, ut)* bildl. pass...one by one (one at the time); ~ *in (ut)* eg. lock [...] in (out)
slussport *s* lock gate
slussvakt *s* lock-keeper, locksman
slut I *s* allm. end; upphörande äv. close; avslutning äv. termination, conclusion, wind-up; utgång: t.ex. lyckligt ending; resultat äv. upshot, issue, result; nedersta del äv. bottom [*av, på* i samtl. fall of]; *~et gott, allting gott* all's well that ends well; *~et [på det hela] blev att han* reste the end (upshot) of it [all] was that he...; till sist he...in the end; *få ett* ~ come to an end; historien *fick ett lyckligt* ~ ...had a happy ending; *få (göra)* ~ *på* stoppa put an end (a stop) to, do away with; få färdigt get to the end of, get...finished; *göra* ~ *på* förbruka finish [up]; t.ex. pengar run through; *de har gjort* ~ they have broken it off [with each other]; *han har gjort* ~ *med henne* he has broken it off with her (finished with her); *lida mot sitt* ~ draw to an end (a close); *sälja* ~ *[på]* ngt sell out...; *ta* ~ upphöra end; tryta give out; om t.ex. förråd äv. run out; smöret *börjar (håller på att) ta* ~ ...is running short; smöret *har tagit* ~ el. *vi har slut på* smöret we have run (sålt slut we are sold) out of...; *den andre (femte) från* ~*et* the last but one (four); *i (vid)* ~*et av (på)* at the end of; *i* ~*et av maj (nittiotalet)* äv. late in May (in the late nineties); *på* ~*et* in (at) the end; *till* ~ till sist finally, in the end; äntligen at last; avslutningsvis lastly, to wind up; *ända till* ~*et* to the last, to the very end

II *adj* avslutad over, at an end, finished; förbrukad used up, [all] gone; om t.ex. maträtt på restaurang äv. off; slutsåld sold out, out of stock; utgången (om bok) out of print; utmattad [all] done up, dead beat, whacked; utsliten done for; *pengarna är* ~ there is no money left, the money has run out; *det är* ~ *på* ngt ...is over osv., se ovan; *och därmed är programmet* ~ *(är det* ~ *på* programmet) and that is the end of...; *det är* ~ *med att* inf. there will be no more ing-form; *det är* ~ *med friden* there will be no more peace; *det är* ~ *med honom* he is done for, it is all up with him; *det är* ~ *mellan oss* it is all over between us, we're washed up, we're through; *han är* ~ *som politiker* äv. he is through as a politician; jfr äv. ex. under *I*
slut|a I (-*ade* el. *slöt -at) vb tr* o. *vb itr* avsluta[s] end, finish; ge (få) en avslutning äv. wind up, conclude, terminate, close; göra färdig finish [off]; göra slut på bring...(come) to an end (a close); avbryta leave off; upphöra [med] stop, cease; ge upp give up; lämna leave; amer. äv. quit; *hur ska det* ~*?* how will it end?, what is the end going to be?; boken ~*r sorgligt* ...has a sad ending; *vi* ~*r [arbetet]* kl. 3 we

knock off (stop) [work]...; ~ *sina dagar* end one's days; *det har* ~*t [att] regna* it has stopped (left off) raining; ~ *röka* give up smoking; *han har* ~*t [hos oss (på firman)]* he has left [us (the firm)]; *han* ~*de som miljonär* he ended up [as] a millionaire; ~ upphöra *med ngt (att göra ngt)* stop a th. (stop doing a th.); ~ *med* piller stop taking...; *det* ~*de med att* han blev sjuk the end of it was that...; *räkningen* ~*r på* 300 kr the bill amounts (comes up) to...; ~ *[med det där]!* stop it!, pack it up!; ~ *upp med* se ovan ~ *[med]*

II (*slöt -it*) *vb tr* **1** tillsluta close; ~ *en cirkel* close (bilda form) a circle; *cirkeln är sluten* bildl. the wheel has come full circle; ~ ngn *i sina armar (till sitt bröst)* clasp (fold)...in one's arms (to one's bosom) **2** komma överens om conclude; t.ex. fred äv. make; t.ex. förbund enter into; ~ *vänskap med* form a friendship with **3** dra slutsats ~ *av* ngt *att* conclude (infer, döma judge) from...that

III *vb rfl,* ~ *sig* **a)** stänga sig: om t.ex. dörr shut; om t.ex. mussla, blomma close; bildl. shut up; ~ *sig inne* shut oneself up; ~ *sig inom sig själv (sitt skal)* retire into oneself (one's shell) **b)** ansluta sig ~ *sig till* ngn attach oneself to...; förena sig med join...; hålla med side with...; ~ *sig samman* join together [*till* en klubb into...]; unite, combine **c)** dra slutsats ~ *sig till* ngt conclude (infer)... [*av from]*

IV med. beton. part.
~ *till* sitta åt fit tight[ly]; stängas shut tight; tr., stänga till close, shut
~ *upp* **a)** samlas come together, gather [together]; ~ *upp kring ngn* rally round a p.; bildl. rally to the support of a p. **b)** mil. form [up]
slutackord *s* mus. final chord
slutare *s* foto. shutter
slutas *vb itr dep* upphöra end, conclude, come to an end (a close)
slutbehandla *vb tr* slutgiltigt behandla (t.ex. fråga) finally settle, finalize
slutbetyg *s* skol. final (avgångsbetyg leaving) certificate; betygsgrad final mark (amer. grade); omdöme final verdict
sluten *adj* **1** stängd closed; friare äv. close; förseglad (om t.ex. försändelse) sealed; privat (om t.ex. sällskap) private; isolerad (om t.ex. värld) secluded; ~ *omröstning* secret ballot; *ett slutet sällskap* a private party; ~ *vokal* close vowel; ~ *vård* se under 2 *vård* **2** inbunden uncommunicative, reserved; inåtvänd introvert
slutenhet *s* inbundenhet uncommunicativeness, reserve, introversion
slutföra *vb tr* fullfölja complete, finish, finalize, carry (bring)...to a conclusion

slutförvaring *s* av t.ex. kärnbränsle terminal storage
slutgiltig *adj* final, definitive; om t.ex. resultat conclusive
slutkapitel *s* last (final, concluding) chapter
slutkläm *s* slutpoäng final point; sammanfattning summing-up
slutkurs *s* på börs closing rate, jfr *kurs 2*
slutkörd *adj* bildl. *vara ~* be worn out (done up, whacked)
slutledning *s* inference, conclusion; deduktion deduction; logik. syllogism; *dra (göra) ~ar* draw conclusions (inferences)
slutledningsförmåga *s* power of deduction
slutlig *adj* final; ytterst ultimate; slutgiltig definite; *~ skatt* final tax
slutligen *adv* finally; till sist in the end, ultimately, eventually; äntligen at last (length); när allt kommer omkring after all
slutlikvid *s* slutbetalning final payment (settlement), payment of balance; *som ~* in full settlement
slutlön *s* final wages pl. (resp. salary, jfr *lön*)
slutomdöme *s* final verdict
slutord *s* **1** sista ord i t.ex. versrad last word, end-word **2** pl., avslutningsord concluding (closing) words
slutplädering *s* jur. concluding speech
slutprodukt *s* finished (final, av t.ex. kemisk process end) product
slutpunkt *s* terminal (extreme) point
slutresultat *s* final (ultimate) result (outcome)
slutrim *s* end rhyme
slutsats *s* conclusion, inference; *dra en ~ av* ngt draw a conclusion from..., conclude (infer) from...; *dra förhastade ~er* jump to conclusions
slutscen *s* final (closing) scene
slutsignal *s* sport. final whistle
slutskattesedel *s* ung. final [income tax] notice of assessment
slutskede *s* final stage (fas phase)
slutspel *s* sport. final tournament; i vissa sporter play-off; i schack endgame
slutspurt *s* sport. final spurt äv. bildl.; finish; *~en inför* valet the run-up to...
slutstation *s* termin|us (pl. -i el. -uses), terminal, terminal station
slutsträcka *s* sport. final stretch
slutsumma *s* [sum] total, total amount
slutsåld *adj*, *vara ~* be sold out, be out of stock; utgången, om bok be out of print
slutta *vb itr* slope, slant; nedåt äv. decline, incline, descend; långsamt äv. shelve; marken *~r* ...is sloping downwards; *~ brant (sakta) ned mot...* slope abruptly (gently) down to...
sluttande *adj* allm. sloping; om t.ex. tak äv. slanting; om plan inclined
sluttning *s* konkr. slope; backe äv. hillside

slutvinjett *s* typogr. tailpiece; bildl., slutscen conclusion, rounding off, closing scene
sly *s* koll. brushwood (end. sg.)
slyna *s* bitch, minx, hussy
slyngel *s* young rascal; svag. scamp
1 slå *s* **1** tvärslå [cross]bar, slat; horisontal äv. rail; stegpinne step **2** på kläder stripe
2 slå I *vb tr* o. *vb itr* a) tilldela flera slag el. besegra beat; träffa med (ge) ett slag strike, hit; piska lash; stöta, smälla knock, bang; tr. äv.: med flata handen smack, slap; lätt tap, rap; göra illa hurt, bump; besegra äv. defeat; t.ex. pjäs i schack take, capture; döda (om djur) kill b) i mera speciella bet.: meja mow; t.ex. gräs äv. cut; kasta (i tärningsspel) throw; hälla pour, throw; göra: t.ex. knut tie, make; t.ex. bro throw, build; tele., ett nummer dial; *~ besegra ett lag med 2-1* beat a team two one; *~ fienden* beat (defeat) the enemy; *~ ett nummer* dial a number; *klockan ~r två* the clock is striking two; *det slog mig* föll mig in it crossed my mind; frapperade mig it struck me; *~ efter* ett ord look for...; *~ ngn i ansiktet* strike (hit, med handen äv. slap, smack) a p. in the face; *~ ngn i huvudet* knock (bang) a p. on the head; *~ ngt i bitar* smash (knock, break, dash)...to pieces; *~ vin i glasen* pour out wine in the glasses, fill the glasses with wine; *~ ngt i golvet* knock (kasta throw, fling)...on to the floor; *~ en boll i nät* hit (sparka kick)...into the net; *~ näven i bordet* bring down...on [to] the table with a bang; bildl. put one's foot down; *jag slog huvudet i* när jag föll I hurt (bumped) my head...; *~ huvudet i (mot)* en sten bump (knock) one's head on (against)...; *~ i dörrarna* slam (bang) the doors; *~ i lexikon* consult (look a th. up in) a dictionary; *~ armarna om* ngn throw (put) one's arms round...; *~ svepa ngt om...* wrap a th. round...; *~ ett rep om...* pass (tie) a rope round...; *~ ngn till marken* knock a p. down

II *vb itr* **1** vara i rörelse beat; om hjärta äv., häftigt throb, pound; om vågor äv. lap; om dörr be banging; om fisk be splashing about; fladdra (om t.ex. segel) flap; dörren *står och ~r* ...keeps banging; fågeln *~r med vingarna* ...beats (flaps) its wings; *regnet ~r mot* fönstret the rain is beating against... **2** drilla warble **3** slå an be a [great] hit, catch on

III *vb rfl*, *~ sig* **a)** skada sig hurt oneself; *~ sig fördärvad* be seriously injured (hurt); *~ sig i huvudet (på knät)* hurt (bump) one's head (knee) **b)** klappa sig, *~ sig på knäna* slap one's knees; *~ sig för bröstet* stoltsera thump one's chest; *~ sig för pannan* i förvåning o.d. strike one's forehead **c)** *~ sig på* angripa attack, affect; t.ex. lungorna äv. settle on **d)** bågna warp, cast

IV med beton. part.
~ an a) tr.: ton, tangent strike; sträng äv. touch

slå

b) itr. catch on, become popular [*på* publiken with…]; **~ an på ngn** catch (take) a p.'s fancy, make a favourable impression on a p.; imponera på impress a p.

~ av a) hugga av knock off; bryta itu break…in two; meja av, gräs mow, cut; **~ av askan på** en cigarr knock (flick, flip) the ash off… **b)** koppla ur o.d. switch off **c) ~ av** 50 kr *[på priset]* pruta knock off…[from the price]; **~ av på** takten, kraven etc. reduce…, go easy on…

~ bort a) hälla pour (kasta throw) away; vifta etc. whisk (flick) away (off) **b)** bildl. drive (chase) away; skaka av sig äv. shake off; bagatellisera make light of; **~ bort tanken på ngt** äv. dismiss the thought of a th.; **~ bort** ngt *med ett skämt* pass…off with a joke

~ emot: ~ emot [ngt] strike a th., strike (knock, bump) against a th.; en doft *slog emot mig* I was met by…

~ fast bildl., se *fastslå*

~ fel se *fel III*

~ sig fram eg. fight one's way through; lyckas make one's way, get on

~ i a) t.ex. spik drive (knock, hammer)…in **b) ~** plugga *i sig ngt* cram (drum) a th. into one's head **c) ~** (lura) *i ngn ngt* talk a p. into believing a th.

~ ifrån a) koppla från switch off; t.ex. motor äv. cut out **b) ~ ifrån sig** försvara sig defend oneself **c) ~ ifrån sig** ngt: avvisa reject…; skaka av sig shake off…; tankar äv. dismiss…; tyget **~r ifrån sig smuts** …doesn't absorb [the] dirt, …is dirt-resisting

~ igen a) stänga: t.ex. bok, låda close (shut)…[with a bang]; t.ex. dörr äv. slam…to (shut), bang; t.ex. lock bang (snap)…down; **~ igen [butiken]** bildl. shut up [shop], close down **b)** stängas shut of itself [with a bang]

~ igenom bli populär (gängse) catch on; göra succé: om pers. make a name for oneself; om sak be a success (hit)

~ ihjäl: ~ ihjäl ngn kill…; litt. slay…; *han slog ihjäl sig* vanl. he was killed; **~ ihjäl tiden** kill time

~ ihop a) slå mot varandra: händer clap; klackar click…[together] **b)** slå igen (t.ex. bok) close; fälla ihop: t.ex. fällstol fold [up]; paraply put down, close **c)** slå samman put…together, make…into one; förena join, combine, unite, fuse [*till* ngt into…]; hand. merge [*till* into], amalgamate; lägga ihop put…together; t.ex. tillgångar äv. pool; **~ sig ihop** inbördes join together (forces), combine, unite; om de **~r sina kloka huvuden ihop** …lay (put) their heads together; **~ sig ihop [om** en present*]* club together [to buy…]; **~ sig ihop med** ngn join [forces] (associate oneself, amer. tie up) with…

~ in a) hamra in drive (knock, hammer) in **b)** slå sönder: t.ex. fönster smash; t.ex. dörr batter…down, smash (bash) in; **~ in öppna dörrar** bildl. batter at an open door **c) ~ in** ngt *[i papper (ett paket)]* wrap up…[in paper (into a parcel)], se äv. *inslagen* **d)** gå i uppfyllelse come true; **~ in** stämma *på* fit **e) ~ in på** en väg take…, turn into…; **~ in på en bana (en väg)** bildl. enter upon a career (a course)

~ sig lös roa sig enjoy oneself, have a fling; släppa sig lös let oneself go, let one's hair down

~ ned a) slå omkull (till marken) knock…down, bowl…over; driva ned (t.ex. påle) drive (hammer)…down [*i* marken into…]; febertermometer shake [down]; *regnet ~r ned* säden the rain flattens… **b)** fälla ned: t.ex. sufflett put down; paraply äv. close; krage turn down; sina ögon cast down **c)** kuva: t.ex. uppror put down, crush; bildl.: göra modfälld discourage; göra nedslagen depress, cast down **d)** komma ned: om fallande kropp fall, drop; på marken äv. hit the ground; om fågel alight; *blixten (åskan) slog ned i trädet* the tree was struck by lightning; **~ ned på** om rovfågel el. bildl. swoop down (pounce) [up]on; bildl. äv. crack (clamp) down on **e)** minska, se **~ av f) ~ sig ned** sätta sig sit (settle) down; om t.ex. fågel settle; bosätta sig settle [down]; **~ dig ned!** sit down!, take a seat (vard. pew)!

~ om a) förändras change äv. om väder; om vind chop about (round); sadla om, polit. turn one's coat; **~ om [till lärare]** change one's profession [and become a teacher] **b)** kasta om (t.ex. omkopplare) turn over, reverse **c) ~ om** ett papper *[om ngt]* put (wrap)…round [a th.]

~ omkull a) tr. knock…down (over) **b)** itr. fall over

~ på a) koppla på (t.ex. motor) switch (turn) on; **~ på** hälla på pour on **b) ~ sig på** ägna sig åt *golf* take up (go in for) golf

~ runt a) om t.ex. bil overturn **b)** festa have a fling, paint the town red

~ samman se **~** *ihop*

~ sönder break…[to pieces]; krossa äv. smash; **~…sönder och samman** smash (batter)…to pieces; jfr äv. *sönderslagen*

~ till a) ge…ett slag strike, hit; ngn äv. hit…a blow; med flata handen slap, smack; stöta till knock (bump) into **b) ~ till** i t.ex. en affär clinch (settle) the deal **c) ~ till mot** t.ex. ett land intervene against; t.ex. brottslingar crack down on

~ tillbaka t.ex. anfall beat off, repel

~ upp a) sätta upp put up; tält äv. pitch, strike up; anslag o.d. äv. post [up], stick up **b)** fälla upp: t.ex. paraply, sufflett put up; krage turn up **c)** öppna open; t.ex. dörr throw (fling)…open; **~ upp** sidan 10 *[i en bok]* open [a book] at…; se på turn to…[in a

book]; ~ **upp ett ord i** ett lexikon look up a word in...; ~ **upp ngt i** en katalog look a th. up in... **d)** bryta (förlovning) break off; *de har slagit upp* their engagement is off **e)** komma upp (om lågor) flare up; öppnas (om t.ex. dörr) fly open
~ **ut** (jfr äv. *utslagen*) **a)** avlägsna knock out; krossa (t.ex. fönsterruta) break, smash; hamra ut (t.ex. buckla) flatten [out]; ~ *ut en boll* i tennis hit a ball out of [the] court (i bordtennis off the table); *han har slagit ut en tand* he has knocked out a tooth **b)** breda ut: t.ex. vingar spread; hår take down; ~ *ut med armarna* throw (fling) one's arms about; ~ *ut kostnaderna på* a) flera år spread the costs over... b) flera personer distribute the costs among... **c)** besegra: sport. knock out; konkurrera ut: pers. cut out; sak supersede **d)** spricka ut: om blomma come out; öppna sig open; om träd put out leaves, burst into leaf (med blommor into blossom) **e)** ~ *väl ut* turn out well **f)** ~ *ut* hälla ut pour out; spilla spill [out]
~ **över** itr.: elektr. flash over; om röst break; slå runt turn (tumble) over; bildl.: överdriva overdo it; ~ *över* övergå *i* change (turn) into
slående *adj* allm. striking; *ett ~ bevis* convincing (eloquent) proof; *en ~ likhet* a striking likeness
slån *s* bot. sloe, blackthorn
slånbär *s* sloe
slånbärsbuske *s* sloe [bush], blackthorn [bush]
slåss *vb itr dep* fight [*för* ngt for...]; delta i slagsmål äv. scuffle; ~ *han?* brukar han slå dig? does he hit you?; ~ *med* ngn fight [with]...; ~ *om ngt* eg. fight over a th.; bildl. fight (scramble) for a th.
slåtter *s* hay-making
slåttermaskin *s* mower, mowing-machine
1 släcka *vb tr* o. *vb itr* sjö. ~ *[på]* slacken, pay out, ease [off]
2 släcka *vb tr* allm. put out; t.ex. eld äv. extinguish; t.ex. gas äv. turn off; t.ex. elektriskt ljus äv. switch off; bildl. (t.ex. törst) quench, slake; ~ *[i* ett rum*]* put out the light[s] [in...]; *ljuset (det) är släckt* the light is out
släckning *s* extinction
släckningsarbete *s* fire-extinction (vid skogsbrand fire-fighting) [operations pl.]
släde *s* fordon sleigh; mindre (t.ex. hund~) sledge, sled; *åka ~* sleigh, go sleighing, sledge, sled
slädfärd *s* sleigh (sledge) ride; jfr *släde*
slägga *s* **1** sledge[hammer] **2** sport. **a)** redskap hammer; *kasta ~* throw the hammer **b)** se *släggkastning*
släggkastning *s* sport. hammer throw, throwing the hammer ss. tävlingsgren
släkt I *s* **1** ätt family; *~en* Vasa the house of...; *det ligger i ~en* it runs in the family
2 släktingar relations pl., relatives pl.; bjuda hem ~ *och vänner (hela ~en)* ...one's friends and relations (all one's relations); *~en är värst* ung. those nearest to you are often your worst enemies; *ha stor ~* have many relations (a large family); *han hör till ~en* he is one of the family **II** *adj* related [*med* to]; bildl. (om t.ex. språk) cognate [*med* with]; jfr vid. *besläktad; vi är [nära] ~* we are [closely] related ([near] relations); ~ *på långt håll* distantly related; *han är ~ med mig* vanl. he is a relative of mine
släktdrag *s* family trait (characteristic)
släkte *s* generation generation; ras, stam race; slag species (pl. lika); naturv. gen|us (pl. -era); zool. äv. family; *det manliga ~t* the male species; *det uppväxande ~t* the rising generation; de är *ett ~ för sig* ...a race apart
släktfejd *s* family feud
släktforskare *s* genealogist
släktforskning *s* genealogical research; genealogi äv. genealogy
släkting *s* relation, relative; avlägsen, friare cousin; amer. folks pl.; *mina ~ar* äv. my kindred (kinsfolk, vard. people); *en ~ till mig* a relation osv. of mine
släktklenod *s* [family] heirloom
släktkär *adj*, *vara ~* have a strong family feeling
släktled *s* generation generation; släktskapsled degree of relationship
släktmöte *s* family gathering
släktnamn *s* **1** family name, surname **2** naturv. generic name
släktporträtt *s* family portrait
släktskap *s* relationship, kinship; blodsband consanguinity; bildl. kinship, affinity; andlig äv. congeniality
släkttavla *s* genealogical table, pedigree
släkttycke *s* family likeness [*med* to]; bildl. affinity [*med* to]
1 slända *s* zool.: troll~ dragonfly; dag~ mayfly
2 slända *s* redskap distaff
släng *s* **1 a)** sväng swerve; knyck jerk, toss [*med huvudet* of one's head] **b)** slag lash, cut, fling; gliring sneer; *få en ~ av sleven* bildl. get (om ngt obehagligt come in for) one's share **c)** lindrigt anfall touch; av t.ex. influensa äv. bout [*av* i båda fallen of] **d)** snirkel flourish
2 slående banging
slänga I *vb tr* throw; vard. chuck, sling; vårdslöst toss; häftigt fling; kasta bort throw (chuck) away; ~ ngt *i väggen* throw (fling)...at (dash...against) the wall
II *vb itr* svänga swing; dingla dangle; ~ *med armarna* fling (wave) one's arms about
III *vb rfl*, ~ *sig* allm. fling (throw) oneself [*på* marken on...]; ~ *sig i en bil (på en cykel)* jump (hop) into a car (on [to] a bike); *släng*

slängd

dig i väggen! vard. take a running jump at yourself!
IV med beton. part. (se äv. *kasta IV*)
~ *av sig* rocken throw off...
~ *fram* t.ex. mat plank (plonk) down... [*på bordet on to*...]
~ *i sig maten* gobble (gulp) down one's food
~ *på luren* slam down the receiver
~ *till ngn ngt* chuck a th. to a p.
~ *ur sig* t.ex. svordom come out with; obetänksamt blurt out
slängd *adj*, ~ *i* ngt clever (good) at..., [well] up (versed) in...
slängkappa *s* [Spanish] cloak
slängkyss *s*, *ge ngn en* ~ blow a p. a kiss
slänt *s* sluttning slope; backsluttning hillside; tekn. embankment side
släp *s* **1** på klänning train **2** släpvagn trailer **3** *ha (ta) på* ~ bogsera have (take)...in tow **4** se *slit*
släpa I *vb tr* dra drag; med möda el. våld äv. haul; längs marken äv. trail [*ngt efter sig* a th. behind (after) one]; isht bära lug; ~ *fötterna efter sig* drag one's feet
II *vb itr* **1** ~ *i* [*i* marken*]* om kläder trail [on...]
2 ~ *på* bära på lug...along; dra på drag...along **3** uttr. långsamhet, *gå med ~nde steg* have a shuffling gait, shuffle [along] **4** knoga toil, drudge
III *vb rfl*, ~ *sig* drag oneself; hasa crawl
IV med beton. part.
~ *efter* lag [behind]
~ *sig fram* drag oneself along; om t.ex. tid drag [on]
~ *med sig* ngt drag (lug)...about with one
~ *ut sig* wear oneself out, se vid. *utsläpad*
släpig *adj* om t.ex. gång shuffling; om t.ex. röst drawling; om t.ex. tempo slow
släplift *s* sport. ski-tow, T-bar lift
släpp|a I *vb tr* inte hålla fast a) ngt leave hold of, let go [of] b) ngn let...go; ~ lös let...loose; frige set...free, release; tappa let...fall, drop [*i* golvet on [to]...]; lämna leave; ge upp give up, abandon, relinquish; fälla cast, shed; lossna från come off; *släpp mig!* let me go!; *släpp [min hand]!* let go [of my hand]!; *jag ~er dig inte förrän*... I won't let you go until...; ~ *taget* release (let go, lose) one's hold, bildl. loosen one's grip; ~ *ngn inpå livet* let a p. get closer to one; *inte* ~ ngn *med ögonen* not take one's eyes off... **II** *vb itr* **1** lossna: om t.ex. färg, skal come off; om t.ex. skruv get (work) loose; inte klibba fast unstick; ~ *i sömmarna* come unsewn **2** ge vika: om t.ex. värk pass off; om spänning relax **3** sjö., dragga come home **III** *vb rfl*, ~ *sig* vard., fjärta let off
IV med beton. part.
~ *av* sätta av put down (off); vard. drop
~ *efter* koppla av relax; vara efterlåten give in;

~ *efter på* t.ex. ett rep slacken, loosen; t.ex. disciplinen relax; t.ex. fordringar reduce
~ *fram*: ~ *fram ngn* tele., koppla put a p. through; ~ *fram ngn [till ngt]* let a p. (allow a p. to) pass [along (on) to ...]
~ *fri* se *frige*
~ *förbi* let...pass, make way for...[to pass]
~ *ifrån sig* let...go; avhända sig part with; avstå från give up, relinquish
~ *igenom* let...through, allow...to pass through; t.ex. ljus, ljud äv. transmit; godkänna pass
~ *in*: ~ *in* luft let in...; ~ *in ngn [i...]* let a p. in[to...], admit a p. [into...]; ~ *in ett mål* concede (om målvakt let in) a goal
~ *lös* t.ex. fånge set...free, release; djur let (turn)...loose; t.ex. passioner give full rein to; ~ *sig lös* let oneself go, let one's hair down
~ *ned* dra (lägga) ned let down; fälla ned (t.ex. bom) lower; kasta ned (t.ex. flygblad) drop
~ *på* vatten, ström turn on; ström äv. switch on
~ *till* stå för supply, find; tillskjuta, t.ex. pengar contribute; ställa till förfogande make...available; *[få]* ~ *till livet* lose one's life
~ *upp* t.ex. ballong send up; drake fly; t.ex. pedal let...up (rise); en sängliggande allow...to get up; ~ *upp kopplingen* på bil let (slip) in the clutch
~ *ut* a) allm. let...out [*ur* of]; fånge äv. release; patient från sjukhus dismiss, discharge; ånga let (blow) off; ~ *ut* djur *[på bete]* turn...out [to grass]; ~ *ut luft ur* en bilring äv. deflate... b) sätta i omlopp: t.ex. aktier, sedlar issue; t.ex. vara put (bring) out, launch; ~ *ut* ngt *i marknaden* put...on (bring...into) the market c) sömnad. let out
släpphänt *adj* **1** eg. butter-fingered **2** bildl. easy-going [*med, mot* with], indulgent [*med, mot* towards]; om t.ex. disciplin lax
släptåg *s*, *ha ngt i* ~ have a th. in tow; *i ngns* ~ in the wake of a p., in a p. wake; *ha ngn i* ~ tag around with a p.
släpvagn *s* trailer; för spårväg trailer coach
slät *adj* **1** jämn, allm. (om t.ex. haka, hy, hår, yta) smooth; plan level, plane; om yta äv. even; om mark äv. flat; enkel, osmyckad (om t.ex. ring) plain; *en* ~ *kopp kaffe* ung. just a cup of coffee [without anything] **2** skral poor; slätstruken indifferent; *göra en* ~ *figur* cut a poor figure
släta *vb itr*, ~ *till* smooth [down]; plana flatten; ~ *ut* ngt smooth out...; ~ *ut* vecken *[i]* smooth down (away)..., iron out...[from]; ~ *över* ngt bildl. smooth (gloss) over..., cover up...
släthårig *adj* om hund smooth-haired
slätlopp *s* sport. flat race
slätrakad *adj* clean-shaven, close-shaven

slätstickad *adj* stocking-stitched; amer. stockinette-stitched
slätstruken *adj* bildl. mediocre, indifferent
1 slätt *s* allm. plain; slättland flat land
2 slätt *adv*, **rätt och ~** [quite] simply; **stå sig ~ i** konkurrensen do (come off) badly in...; **jag hade stått mig ~** utan hjälp I would have been badly off...
slättbygd *s* o. **slättland** *s* flat (level) country
slätvar *s* zool. brill
slö *adj* **1** eg. blunt, dull **2** bildl. indolent, dull; slapp slack; trög slow, sluggish; dåsig drowsy; håglös listless, apathetic
slöa *vb itr* idle, laze; lata sig have a lazy time; **sitta och ~** loaf (lounge, mope) around, be dawdling (dåsa drowsing); **~ bort** tiden idle (laze) away...; **~ till** somna doze off; **jag ~de till** så jag hörde inte I didn't pay attention...; **~ till [i sitt arbete]** get slack
slödder *s* mob, riff-raff, rabble
slöfock *s* lazybones (pl. lika), sleepyhead
slöja *s* veil äv. bildl.; foto. fog; **dra (kasta) en ~ över...** bildl. draw (throw) a veil over...; **slita ~n från ngns ögon** bildl. tear away the veil from a p.'s eyes
slöjd *s* handicraft äv. skol.; trä~ woodwork
slöjda I *vb itr* do handicraft (i trä woodwork) **II** *vb tr* make; snida äv. carve
slöjdlärare *s* handicraft (i träslöjd woodwork) teacher
slör *s* sjö. free (large) wind
slöra *vb itr* sjö. sail free (large)
slösa I *vb tr* waste, squander; vara frikostig med, t.ex. beröm lavish [*på* i samtl. fall on]; **~ bort** waste, squander; **~ bort tiden** waste time, fritter (idle) away one's time **II** *vb itr* be wasteful; **~ med** slösa bort waste; vara frikostig med be lavish with (t.ex. beröm of); t.ex. pengar spend...lavishly
slösaktig *adj* oekonomisk wasteful, extravagant; frikostig lavish [*med* i samtl. fall with]
slösaktighet *s* wastefulness, extravagance; lavishness, jfr *slösaktig*
slösare *s* spendthrift, squanderer
slöseri *s* wastefulness, extravagance; misshushållning waste [*med* of]
smacka *vb itr*, **~ [när man äter]** eat noisily; **~ med läpparna** smack one's lips; **~ med tungan** click one's tongue; **~ åt** en häst gee up...
smak *s* allm. taste; hos ngt äv.: viss utmärkande flavour; angenäm relish; bismak savour äv. bildl.; smaksinne äv. sense of taste; tycke äv. liking, fancy; stil style; mode fashion; **~en är olika** tastes differ; **få ~ för** ngt acquire a taste for..., take a liking to...; **det ger ~ åt (sätter ~ på)** soppan it gives a flavour (relish) to...; **han har god (säker) ~** he has good (an unerring) taste; maten **har god ~** ...has a nice (pleasant) taste, tastes good; **jag har**

ingen ~ (har förlorat ~en) I can't taste anything; **ha (ta) ~ av** ngt have a (take on the) taste of...; krydda **efter ~** ...to taste; **det är en bok i min ~** that's a book for (to suit) me; **falla ngn i ~en** strike (take) a p.'s fancy, appeal to a p.; om mat be to a p.'s taste; **den är mild i ~en** it has a mild taste, it tastes mild; en man **med ~** ...of taste; klä sig **med ~** ...with (in good) taste; jfr äv. *tycke [och smak]*
smaka I *vb* o. *vb itr* allm. taste; pröva äv. try; bildl. äv. experience; **får jag ~ [på det]?** let me have a taste [of it]!, let me taste (try) it!; **~ bra** taste nice (good), have a nice taste; **~r det bra?** tycker du om det do you like it?; **det ~r citron** it tastes (har en svag smak av smacks) of...; it has a taste (flavour) of...; **det ~r ingenting (konstigt)** it has no (a queer) taste; **hur ~r det?** what does it taste (is it) like?; vad tycker du om det how du you like it?; **det ska ~ [gott] med** lite te I could do with (I feel like)..., ...will be very welcome; **~ mer** be (taste) moreish; **~ på** ngt taste (prova try)...; **~r det så kostar det** you can't get something (quality) for nothing, quality costs money
 II med beton. part.
~ av taste; **~ av** såsen **med senap (vin)** flavour...with mustard (add wine to...)
~ på, try, experience
smakbit *s* bit (piece) to taste; prov sample
smakfråga *s* matter (question) of taste
smakfull *adj* tasteful, ...in good taste; elegant stylish
smaklig *adj* **1** välsmakande savoury, delicate, palatable; läcker tasty; aptitlig appetizing; **~ måltid!** enjoy your meal!, have a nice meal! **2** tilltalande pleasing; **föga ~** rather unpleasant, ...not in good taste
smaklök *s* anat. taste bud
smaklös *adj* tasteless; eg. äv. insipid; bildl. äv. ...in bad taste
smaklöshet *s* egenskap tastelessness; eg. äv. insipidity, insipidness; bildl. äv. bad taste; handling, yttrande osv. piece of bad taste; **~er** tarvligheter vulgarity sg.
smakorgan *s* fysiol. organ of taste, gustatory organ
smakprov *s* taste; bildl. sample
smakriktning *s* trend in taste; smak taste
smakråd *s* anvisning [piece of] advice [in matters of taste]; pers. adviser [in matters of taste]
smaksak *s* matter of taste
smaksinne *s* [sense of] taste
smaksätta *vb tr* flavour; isht med kryddor season
smakämne *s* flavouring
smal *adj* ej bred: om t.ex. band, väg el. bildl. narrow; tunn: om t.ex. ben, ansikte, läppar thin; slank: om t.ex. hand, finger, stjälk slender; om t.ex. midja äv. slim; **lång och ~** om pers. tall

smalben

and slim; **en ~ *författare*** bildl. an exclusive author; **det är en ~ *sak för honom*** it's a cinch (piece of cake) for him; **hålla sig ~** keep slim; **vara ~ om *höfterna (midjan)*** have narrow hips (a slim el. slender waist)
smalben *s* ung. [lower part of the] shin, the small of the leg
smalfilm *s* substandard film, cine-film; *16 mm ~* 16 mm film
smalfilmskamera *s* cinecamera
smalmat *s* slimming food
smalna *vb itr* become (get) narrower (tunnare, magrare thin[ner]); banta slim; **~ *[av]*** narrow, tail away [till into]; **~ *[av] till*** en spets taper [off] to...
smalspårig *adj* **1** järnv. narrow-gauge **2** bildl. narrow-minded
smaragd *s* emerald
smart *adj* smart; slug sly, sharp
smasha *vb tr* o. *vb itr* sport. smash
smaska *vb itr* slurp, champ one's food
smaskens *adj* vard. yummy, scrumptious; **~!** äv. yum-yum!
smaskig *adj* vard.: om mat yummy, scrumptious; om t.ex. bilder spicy, juicy
smatter *s* clatter; rattle, patter; blare, jfr *smattra*
smattra *vb itr* om skrivmaskin o.d. clatter; om gevär o. regn rattle; om regn äv. patter; om trumpeter, ung. blare
smed *s* smith; grov~ blacksmith
smedja *s* smithy, forge, blacksmith's workshop
smek *s* caressing; kel fondling; smekningar caresses pl.
smeka *vb tr* caress; stryka stroke [gently]; kela med fondle; bildl.: t.ex. ögat please; örat äv. caress; t.ex. ngns fåfänga tickle, flatter; **~ *ngn över håret*** stroke a p.'s hair
smekas *vb itr dep* caress each other; **han vill ~** he wants to caress (fondle) you (me etc.)
smekmånad *s* honeymoon äv. bildl.
smeknamn *s* pet name
smekning *s* ömhetsbetygelse caress, endearment; strykning gentle stroke
smeksam *adj* caressing; om tonfall bland
smet *s* blandning, äv. kak~ mixture; pannkaks~ o.d. batter; grötlik massa sticky mass (stuff), goo; sörja sludge
smeta I *vb tr* daub; något kladdigt smear; smör spread [på i samtl. fall on]
II *vb itr* **1** kladda mess about **2** se **~ *av sig***
III med beton. part.
~ *av sig* make (leave) smears [på on]; om färg come off
~ *fast ngt* paste (stick) a th. [på ngt on to]...
~ *igen* fylla fill (stop) up [med with]
~ *ned* ngt daub (smear)...[all over]; **~ *ned***

sig make oneself all messy, get oneself in (into) a mess
~ *på* ngt daub (smear, spread)...on [på to]
smetig *adj* smeary; klibbig sticky; degig doughy; nedsmetad äv. besmeared
smicker *s* flattery; smickrande ord äv. flatteries pl.; vard. soft soap; inställsamhet blandishment[s pl.], blarney; kryperi adulation
smickra I *vb tr* allm. flatter; ngn, äv. vard. butter...up; ngns fåfänga äv. tickle; **~ *in sig hos*** ngn ingratiate oneself with... **II** *vb rfl*, **~ *sig*** flatter oneself [med att ha gjort ngt on (upon) having...]
smickrande *adj* allm. flattering [för to]; om t.ex. ord äv. complimentary; **föga *(mindre)* ~** hardly (not very) flattering, [rather] unflattering (uncomplimentary)
smickrare *s* flatterer
smida *vb tr* forge; järn äv. smith; hamra ut hammer out; bildl. (t.ex. planer) devise; **~ *medan järnet är varmt*** strike while the iron is hot; bildl. äv. make hay while the sun shines
smide *s* **1** smideri forging, smithery, smithwork **2** konkr. **~*n*** av järn wrought-iron goods
smidesjärn *s* till smidning malleable iron; stångjärn forge iron; smitt wrought iron
smidig *adj* böjlig, spänstig flexible; om t.ex. system äv. elastic; om t.ex. lemmar äv. supple; om material pliable, pliant; vig, rörlig lithe; mjuk: om t.ex. övergång, ngns sätt smooth and easy; slug: om t.ex. diplomat adroit, smart; anpasslig, om pers. adaptable; **ett *~t sätt att*** inf. a neat way of ing-form
smidighet *s* böjlighet, spänstighet flexibility; vighet litheness; mjukhet smoothness; **hans ~ *i*** umgänget his smooth and easy manners (ways) pl....
smil *s* leende smile; självbelåtet smirk; flin grin; lismande fawning
smila *vb itr* smile, smirk, grin; fawn, jfr *smil;* **~ *in sig hos*** ingratiate oneself with
smilfink *s* vard. smarmy type (customer)
smilgrop *s* dimple
smink *s* make-up; sminkmedel paint; rött rouge; teat. greasepaint
sminka *vb tr* make...up äv. teat.; **~ *sig*** make (make oneself) up; **~ *av [sig]*** remove one's make-up, take the paint off [one's face]; **vara hårt *~d*** be heavily made up
sminkning *s* eg. making-up; konkr. make-up
sminkväska *s* cosmetic (vanity, make-up) bag
sminkör *s* make-up artist, make-up man
sminkös *s* make-up artist, make-up woman
smisk se *smäll* 4
smita *vb itr* **1** ge sig i väg run away [från ngn from...], clear out [från en plats of...]; försvinna make off, make oneself scarce; vard. do a bunk; **~ *från notan*** leave without paying; **~ *från olycksplatsen*** leave the scene

of the accident, hit and run; ~ *från* äv.: t.ex. tillställning slip away from; undandra sig: t.ex. arbete shirk, fight shy of; t.ex. betalning, skatter evade, dodge; ~ *ifrån ngn* give a p. the slip; ~ *in i* ett rum steal (sneak, slip, slink) into... **2** om kläder ~ *åt* fit tight, be a tight fit
smitare *s* bil~ hit-and-run driver
smitning *s* trafik. han är åtalad för ~ *[från trafikolycksplats]* ...leaving the scene of the accident [he has caused]; *fall av* ~ hit-and-run case
smitta I *s* infection; isht gm beröring contagion båda äv. bildl. **II** *vb tr* infect äv. bildl.; eg. äv. give (pass on, communicate) [the] infection to; *han ~de mig* el. *jag blev ~d av honom* vanl. I caught it from him, he gave it to me; *bli ~d [av ngn]* catch an (resp. the) infection [from...]; *bli ~d [av en sjukdom]* be infected [with...]; ~ *ned* infect **III** *vb itr* be infectious äv. bildl.; gm beröring el. om pers. be contagious äv. bildl.; om sjukdom äv. be catching; ~ *av sig på* bildl. rub off on, infect
smittbärare *s* disease carrier, carrier
smittkoppor *s pl* smallpox sg.
smittsam *adj* allm. infectious; bildl. äv. el. gm beröring contagious, catching
smittämne *s* infectious matter, contagion; virus virus
smocka vard. **I** *s* wallop, sock, biff; *~n hängde i luften* they were almost coming to blows **II** *vb itr*, ~ *till ngn* wallop (sock, biff) a p.
smoking *s* dinner jacket; amer. tuxedo (pl. -s), vard. tux; vard. el. på bjudningskort black tie
smokingskjorta *s* dress shirt
smolk *s* ung. particle of dirt (damm dust); *det har kommit* ~ *i glädjebägaren* bildl. there is a fly in the ointment
smord *adj* **1** greased, oiled, jfr *smörja II* **2** bildl. *det går som smort* it is going swimmingly (like clockwork, like a house on fire)
smuggelgods *s* smuggled goods pl., contraband [goods pl.]
smuggla I *vb tr* smuggle; isht spritvaror i större skala bootleg; ~ *in ngt* smuggle a th. in [*in i* into]; ~ *ut ngt* smuggle a th. out [*ur* of] **II** *vb itr* smuggle
smugglare *s* smuggler
smuggling *s* smugglande smuggling
smula I *s* **1** isht bröd~ crumb äv. bildl.; allmännare bit, scrap **2** lite, *en* ~ a little; framför adj. o. adv. äv. a bit; en aning a trifle; liten bit a little bit; några droppar a spot, a few drops pl.; *en [liten]* ~ *bröd (salt)* [just] a little bit of bread (a little salt); *med en* ~ *humor (vänlighet)* with a little humour (a little bit of kindness); *en* ~ trött a little (a bit)...; *det finns inte en* ~ *att äta* there is nothing at all (not a scrap, not the least [little] bit) to eat; för ex. jfr äv. *litet 2* **II** *vb tr* crumble; ~ *sönder* eg. äv. crumble (krossa

crush)...[i bitar to bits]; bildl. tear...to pieces, make mincemeat of **III** *vb rfl*, ~ *sig* crumble
smulig *adj* som smular sig crumbly, friable; full med smulor ...full of crumbs
smultron *s* skogs~ wild (wood) strawberry
smultronställe *s* bildl. favourite [little] spot (haunt)
smussel *s* hanky-panky, monkey business; fiffel cheating
smussla I *vb itr* practise underhand tricks; fiffla cheat; ~ *med ngt* pilla med fiddle about with a th. on the sly **II** *vb tr*, ~ ngt *till ngn (~ till ngn* ngt*)* slip (pass)...to a p. on the sly (quiet); ~ *bort (undan)* gömma hide (spirit) away; ~ *in (ut)* ngt slip...in (out) on the sly (quiet); smuggla smuggle...in (out)
smuts *s* dirt; stark. filth båda äv. bildl.; gat~ o.d. mud; smutslager, isht på kroppen grime; orenhet (t.ex. i vatten) impurities pl.; *dra ned (släpa) ngt i ~en* bildl. drag...into the dirt (drag el. trail...through the mud. mire)
smutsa *vb tr* o. *vb itr* dirty, soil; bildl. sully; ~ *[ned]* äv. make...dirty; smörja ned äv. muck up; fläcka stain; ~ *ned [i* ett rum*]* make things all dirty [in...], make a mess [in...]; ~ *ned sig* get dirty; ~ *ned sig om händerna* make one's hands [all] dirty
smutsfläck *s* spot (speck) of dirt, smudge
smutsgris *s* om barn dirty [little] pig
smutsig *adj* allm. dirty; stark. filthy båda äv. bildl.; nedsmutsad (om t.ex. kläder) soiled; lerig muddy; smutstäckt: om t.ex. ansikte grimy; om t.ex. händer grubby; inte ren, använd: om t.ex. skjorta (pred.) not clean; sjabbig sordid äv. bildl.; osnygg (om t.ex. rum) dingy; som smutsar äv. (om t.ex. arbete) messy; bildl. äv. foul, nasty; oanständig smutty; *bli* ~ get dirty; *det är ~t på* gatorna ...are dirty (muddy); *han är ~ i ansiktet (om händerna)* his face is (his hands are) dirty
smutskasta *vb tr* throw (fling) mud at; svärta ner smear; baktala malign; förtala defame; ~ *ngns person (namn och rykte)* drag a p.'s name through the mud, smear a p.'s reputation
smutskläder *s pl* dirty linen sg.
smutstvätt *s* dirty washing (linen)
smutsvatten *s* slops pl.
smutta *vb itr* sip; ~ *på* a) dryck sip [at]... b) glas take sips (a sip) from...
smycka *vb tr* allm. adorn äv. bildl.; pryda ornament; dekorera decorate; försköna embellish; ~ *sig* adorn oneself; ~ *ut* = *smycka*
smycke *s* piece of jewellery (amer. jewelry); enklare trinket; med juveler o.d. jewel; prydnad ornament äv. bildl.; *~n* vanl. jewellery sg., jewels
smyckeskrin *s* jewel case (box)
smyg *s* **1** vrå corner, nook; jfr äv. *fönstersmyg* **2** *i* ~ olovandes on the sly, on the quiet (vard.

smyga QT), surreptitiously; förstulet furtively; i hemlighet secretly; *en blick i* ~ a furtive glance; *skratta i* ~ laugh up one's sleeve
smyga I *vb tr* slip; ~ *ngt i handen på ngn* slip...into a p.'s hand **II** *vb itr* steal; slinka slink, sneak; smita slip; gå tyst creep [*bort (förbi* m.m.*)* i samtl. fall away el. off (past m.m.)]; ~ *på tå* creep on tiptoe, tiptoe **III** *vb rfl*, ~ *sig* steal osv., se *II*; ~ *sig efter* bildl.: följa nära closely follow; om kläder cling to; *ett fel har smugit sig in (in i texten)* an error has slipped (crept) in (into the text); ~ *sig intill* ngn nestle against..., snuggle up to...; ~ *sig på* ngn steal upon...; bildl. (om t.ex. sömnen) come creeping upon...
smygande *adj* om t.ex. gång stealthy, sneaking; bildl.: om t.ex. förtal, sjukdom insidious; om t.ex. misstanke lurking
smyghandel *s* illicit trade (traffic)
smygreklam *s* insidious advertising, hidden persuasion
smygröka *vb tr* o. *vb itr*, ~ [cigaretter] smoke [...] on the sly (quiet)
smygväg *s, på ~ar* by underhand means, in a roundabout way
små se *liten*
småaktig *adj* trångsynt petty; om pers. äv. small-minded; futtig mean; petnoga niggling, fussy; kitslig, om t.ex. kritik carping
småaktighet *s* pettiness osv.; niggling; carping; jfr *småaktig*
småannons *s* classified (small) advertisement
småbarn *s* small (little) child; spädbarn baby, infant
småbarnsförälder *s* parent of a small child (flera of small children)
småbil *s* small car; mycket liten minicar
småbildskamera *s* minicamera; vard. minicam
småbitar *s pl* small pieces (bits); *spränga i* ~ blow (smash)...to smithereens
småbladig *adj* small-leaved
småblommig *adj* attr.: bot. ...with small flowers; om mönster ...with a small floral pattern
småborgare *s* member of the [lower] middle-class, [petty] bourgeois fr.
småborgerlig *adj* [lower] middle-class
småbruk *s* small-scale farming; konkr. smallholding
småbrukare *s* smallholder, small farmer
småbröd *s* koll. fancy biscuits pl.; amer. cookies pl.
småbåtshamn *s* marina
smådjur *s pl* small animals
småflickor *s pl* little girls
småfolk *s* enkelt folk humble folk, ordinary people pl.; vard. small fry pl.; koll. *~[et]* a) se *småungar* b) älvor, tomtar o.d. little people pl.
småfranska *s* [French] roll
småfrysa *vb itr* feel a bit chilly
småfåglar *s pl* small birds

småföretag *s* small[-scale] business (firm, enterprise)
småföretagare *s* small businessman (enterpriser, trader); ekon. small entrepreneur
småagata *s* side street
smågräla *vb itr* tvista have a bit of a (have a little) quarrel, have a tiff; gnabbas bicker; ~ *på ngn (över ngt)* scold a p. a little (grumble a little about a th.)
småhus *s* small [self-contained] house
småindustri *s* small[-scale] industry
småkaka *s* [fancy] biscuit; amer. cookie
småkoka *vb itr* simmer
småkrafs *s* odds and ends pl.
småle *vb itr* smile [*mot, åt* at]
småleende I *adj* smiling **II** *s* [faint] smile
småningom *adv, [så]* ~ efter hand gradually, by degrees, little by little; med tiden by and by; till sist eventually, at last; vad det lider sooner or later; längre fram later [on]
smånätt *adj* prettyish
småpaket *s* post. small packet
småpengar *s pl* small coins; växel [small] change sg., loose cash sg.
småplanet *s* astron. minor planet, planetoid
småpojkar *s pl* little boys
småprat *s* chat; kallprat small talk
småprata *vb itr* chat [*med* with]; för sig själv mumble [to oneself]
småprickig *adj* attr. ...with small dots (spots); *den är* ~ it has small dots (spots)
småpåve *s* neds. local bigwig
småregna *vb itr* drizzle
småretas *vb itr dep* tease [gently], chip
smårolig *adj* ...amusing (kvick witty) in a quiet way, droll
smårutig *adj* mönstrad small-checked; attr. äv. ...with small checks; *den är* ~ äv. it has small checks
smårätter *s pl* kok., ung. fancy dishes
småsak *s* liten sak little (small) thing; bagatell trifle, small matter; *~er* plock odds and ends; *det är en ~ för honom* it is a trifle (a trifling matter) for him; bli arg för *minsta* ~ ...the merest (least) trifle
småsint *adj* petty; om pers. äv. small-minded
småsjunga *vb itr* sing softly; gnola hum
småskalig *adj* small-scale...
småskog *s* brushwood, spinney, copse
småskola *s* hist. junior school
småskratta *vb itr* chuckle
småskuren *adj* bildl., se *småsint*
småsmulor *s pl* bildl. trifles; *det är inga* ~ it's no trifle (quite a lot)
småsnål *adj* niggardly, cheese-paring
småsparare *s* small saver (depositor)
småspik *s* koll. eg. small nails pl.; *det regnar* ~ it's raining cats and dogs
småspringa *vb itr* jog along

småstad s small town; landsortsstad provincial (country) town
småstadsaktig adj ngt neds. provincial, parochial
småstadshåla s neds. hole, one-horse town
småstat s small (minor) state
småsten s koll. pebbles pl.
småstuga s cottage
småsummor s pl small (struntsummor trifling) sums
småsyskon s pl younger (small) sister and brother (sisters, resp. brothers), younger (small) sisters and brothers
småtimmarna s pl, *[fram] på* ~ in the small hours [of the morning]
småtrevlig adj om pers. el. t.ex. kväll pleasant; om sak [nice and] cosy
smått I adj small osv., jfr *liten I* **II** s, *[allt möjligt]* ~ *och gott* all sorts (a great variety) of [nice little] things; litet av varje a little of everything **III** adv en smula [just] a little, a bit, slightly, somewhat; nästan rather, almost; i liten skala in a small way; *så* ~ sakta och försiktigt slowly, gradually, little by little
småttingar s pl vard. little kids, kiddies; mycket små tiny tots
småungar s pl little children (kids)
småvarmt s ung. small hot dishes pl.
småvilt s koll. small game
småvuxen adj kort short; (pred.), om pers. äv. short of stature; liten small; om växt low
småvägar s pl bypaths
småväxt se *småvuxen*
smäcka vb tr, ~ *ihop (upp)* knock up (together)
smäcker adj slender
smäda vb tr abuse, revile; okväda rail at; förtala defame; häda, t.ex. Gud blaspheme
smädedikt s libellous poem, lampoon
smädelse s abuse, invective; förtal defamation (samtl. end. sg.); hädelse blasphemy; *~r* defamatory words, abuse sg.; i skrift äv. libel sg.
smäktande adj om t.ex. blickar languishing; om t.ex. röst melting; om toner äv. languorous
smäll s **1** knall: av dörr o.d. bang, slam; svag. ljud av ngt som stängs el. bräcks snap; av piska o.d. crack; av kork pop; av eldvapen report; vid kollision smash; vid explosion detonation **2** slag: med handen smack, slap; lättare rap; med piska lash; stöt blow, knock, bang; *få en* ~ *på käften* get a smack (punch) in the mouth **3** vard., bakslag blow, setback; *åka på en* ~ vard. catch (get) a packet, get it in the eye **4** smisk smacking, spanking; *få* ~ *på fingrarna (stjärten)* get a rap over the knuckles (a smack on one's bottom) **5** *vara på ~en* sl. have a bun in the oven
smäll|a I vb tr **1** slå, dänga bang, knock, jfr *2 slå I* **2** smiska smack, give...a smacking; på stjärten äv. spank, give...aspanking; *~ ngn på fingrarna (stjärten)* rap a p. over the knuckles (smack a p.'s bottom)
  II vb itr om dörr o.d. bang, slam; om piska, gevär crack; om kork pop; om segel o.d. flap; gå av, om skott go off; klappra clatter; ~ *i* dörrarna bang (slam)...; ~ *med* piska crack...; *i kväll -er det* blir det slag i saken tonight things will happen (come to a head); *det -er lika högt* it makes no difference (odds), it is all the same; *det -er högre* it is worth (it counts) more (is more valuable)
  III med beton. part. (jfr äv. under *2 slå IV*)
  ~ *av* **a)** ett skott fire off... **b)** vard. freak out
  ~ *i sig* vard.: proppa i sig gorge (cram) oneself *[ngt* with a th.*]*; plugga i sig cram
  ~ *ihop* **a)** stänga (t.ex. bok) close...with a snap **b)** krocka (om t.ex. bilar) smash (crash) into each other; ~ *ihop med...* smash (crash) into... **c)** sätta ihop: t.ex. hus knock up (together); t.ex. historia make up
  ~ *till* **a)** ngn slap, smack, give...a rap **b)** vard. ~ *till* och gifta sig go ahead...
  ~ *upp* t.ex. hus knock up (together)
smällare s cracker; *[rysk]* ~ banger
smällfet adj enormously fat
smällkall adj vard. bitingly (bitter) cold
smällkaramell s cracker
smällkyss s smack [på mun on the lips]
smält|a I s tekn. melt **II** vb tr o. vb itr **1** eg. bet.: allm. melt; isht *[om]* metaller fuse; *[om]* malm äv. smelt *[till* i samtl. fall into*]*; lösa *[sig]* äv. dissolve; till vätska liquefy; bildl. (t.ex. *[om]* hjärta) melt, soften; *päronet -er i munnen* the pear melts in the (one's) mouth; *smält smör* melted (drawn) butter; *smält stål* molten steel **2** fysiol. el. i bet. tillgodogöra sig (bildl.) digest; bildl. äv.: svälja stomach, pocket, put up with; komma över get over; ~ *maten* digest one's food
  III med beton. part.
  ~ *bort* **a)** tr. melt **b)** itr. melt away äv. bildl.
  ~ *ihop* **a)** förena: eg. melt (fuse)...together; bildl. fuse, amalgamate **b)** förenas coalesce; om t.ex. raser interfuse, become fused *[till* i samtl. fall into*]*; om t.ex. färger: gå i varandra melt (merge) into each other; harmoniera blend; ~ *ihop med* förenas med coalesce (be fused) with; gå upp i merge into **c)** minskas (om t.ex. förmögenhet) dwindle [down]
  ~ *in i* omgivningen go well (om sak äv. harmonize) with...
  ~ *ned* melt down (amer. äv. up)
  ~ *samman* se ~ *ihop*
smältdegel s melting-pot äv. bildl.; crucible
smältning s (jfr *smälta II*) **1** melting osv.; fusion; liquefaction **2** digestion
smältost s processed cheese
smältpunkt s melting-point; isht metallers fusing-point
smälttugn s smelting (melting) furnace
smältvatten s meltwater; geol. glacier water

smältverk *s* smelting plant, smeltery
smärgel *s* emery
smärgelduk *s* emery cloth
smärre *adj*, *några ~ fel (justeringar)* some minor errors (adjustments)
smärt *adj* slender, slim; *hålla sig ~* keep slim
smärt|a I *s* allm. pain; häftig o. kortvarig pang, twinge [of pain]; lidande suffering; sorg grief; bedrövelse affliction, distress; *ha -or (svåra -or) i* huvudet have pains (have a severe pain) in...; *det ger häftiga -or* it causes acute pain **II** *vb tr* bedröva grieve, pain, give...pain; *det ~r mig djupt* it grieves me deeply **III** *vb itr* värka ache, be painful
smärtfri *adj* eg. painless; smidig smooth
smärtförnimmelse *s* sensation of pain
smärtgräns *s* pain threshold äv. bildl.
smärting *s* tyg canvas
smärtlindring *s* alleviation of the (one's etc.) pain
smärtsam *adj* allm. painful; sorglig äv. sad, distressing; stark. afflicting, grievous
smärtstillande *adj* pain-relieving, analgesic; *~ medel* pain-killer, analgesic
smör *s* butter; *~ och bröd* bread and butter; *bre[da] ~ på...* butter..., spread butter on...; *gå åt som ~ [i solsken]* sell like hot cakes (like wildfire); *vara uppe (ha kommit upp) i ~et* ha det bra be comfortably off, be in clover; stå i gunst be in high favour
smöra I *vb tr* butter **II** *vb itr* vard. *~ för ngn* butter a p. up
smörask *s* butter dish
smörblomma *s* buttercup
smörboll *s* bot. globeflower
smördeg *s* puff pastry
smörgås *s* **1** eg. **a)** *en ~* utan pålägg a slice (piece) of bread and butter; med pålägg an open sandwich **b)** *~[ar]* koll. m.m. bread and butter sg.; med pålägg [open] sandwiches pl. **2** *kasta ~* lek play ducks and drakes, skip (skim) stones [across the water]
smörgåsbord *s* smörgåsbord (äv. smorgasbord), large mixed hors d'œuvre
smörgåsmat se *pålägg*
smörgåstårta *s* savoury 'sandwich layer-cake'
smörj *s* vard., se *stryk*
smörja I *s* **1** fett grease; smörjmedel äv. lubricant; sko~ äv. cream; salva ointment **2** skräp: allm. rubbish, muck; bildl. äv. trash; struntprat äv. nonsense, rot **3** smuts muck **II** *vb tr* **1** *~* ngt *[med fett (olja)]* grease (oil)...; rund~ lubricate; bestryka smear, daub [med with; *på* on]; *~ [in] ansiktet (huden) med* kräm rub one's face with... (rub...into the skin) **2** *~ ngn* muta grease (oil) a p.'s palm; smickra butter a p. up
smörjare *s* greaser, oiler
smörjelse *s* relig.: konkr. ointment; abstr. unction; *sista ~n* extreme unction
smörjkanna *s* oilcan
smörjmedel *s* tekn. lubricant
smörjning *s* tekn. lubrication, greasing
smörjolja *s* lubricating oil
smörklick *s* pat (mindre dab) of butter
smörkniv *s* butter knife
smörkräm *s* butter cream (icing)
smörkärna *s* churn
smörpapper *s* greaseproof paper
smörsopp *s* bot. Boletus luteus lat.
smörstekt *adj* ...fried in butter
smörsyra *s* kem. butyric acid
smörsås *s* melted butter sauce
snabb *adj* om t.ex. framsteg, ström, växt rapid; om t.ex. blick, rörelse quick, swift; om t.ex. uppgörelse, tillfrisknande speedy; om t.ex. tåg, löpare fast; om t.ex. affär, hjälp prompt; *~ i* vändningarna nimble, alert; *~t beslut* speedy (rapid) decision; *med ~a steg* at a rapid pace; *~t svar* prompt (speedy, quick) answer; *i ~ takt* at a rapid (quick) pace; *ha ~ uppfattning* be quick on the uptake
snabba I *vb tr*, *~ på (upp)* speed up **II** *vb itr*, *~ på* o. *vb rfl*, *~ sig* hurry up, look lively (snappy)
snabbfrysa *vb tr* quick-freeze
snabbförband *s* plåster sticking-plaster, adhesive plaster
snabbgående *adj* fast; attr. äv. high-speed
snabbhet *s* rapidity, quickness, swiftness, speediness, promptness, jfr *snabb;* fart speed
snabbkaffe *s* instant coffee
snabbkassa *s* ung. fast check-out counter
snabbkurs *s* crash (rapid) course
snabbköp[sbutik] *s* self-service [shop (store)]; större supermarket
snabblagad *adj*, *~ mat* food that is quickly cooked, fast (convenience, instant) food
snabblunch *s* quick lunch
snabbmat *s* fast (convenience, instant) food
snabbtelefon *s* intercom
snabbtåg *s* fast (express) train
snabbtänkt *adj* quick-witted, ready-witted
snabbuss *s* express bus (coach)
snabel *s* elefants trunk
snack *s* vard. *ta ett ~ med ngn* have a chat with a p.; *det är inget ~ om saken* there's no question about it, that's that (flat); jfr vid. *prat*
snacka se *prata*
snagga *vb tr* cut (crop)...short; hår äv. crop, clip...short; *han är ~d* äv. he has a crew cut
snaggning *s* frisyr crew cut
snappa *vb tr* o. *vb itr* snatch [*efter* at]; *~ till (åt) sig* snatch, grab; *~ upp* en nyhet o.d. snatch (pick) up; ett ord o.d. catch, overhear; ett brev o.d. intercept
snapphane *s* ung. guerrilla [who fought on the Danish side after the Swedish conquest of Scania]
snaps *s* [glas] brännvin schnapps (pl. lika), dram
snapsvisa *s* drinking-song

snar (jfr *snarare, snarast, snart*) *adj* skyndsam, snabb speedy; omedelbar prompt (hand. äv. early); nära förestående near, immediate; ~ *att* inf. quick (prompt, benägen ready) to inf.
snara I *s* [rep]slinga snare äv. bildl.; fågel~ äv. springe; rännsnara noose; giller gin; fälla trap äv. bildl.; *fastna i ~n* fall into the trap **II** *vb tr* snare, trap
snarare *adv* **1** om tid sooner **2** förr, hellre rather; fastmer, närmast if anything; ~ *rik än fattig* rich rather than poor; *det var* ~ 20 än 10 it was nearer...; *jag tror ~ att...* I am more inclined to think that...; vinden har ~ *tilltagit [än avtagit]* ..., if anything, increased
snarast I *adj, med det ~e* se följ. **II** *adv,* ~ *möjligt* as soon as possible, at the earliest possible date (opportunity)
snarka *vb itr* snore
snarkning *s,* ~*[ar]* snarkande snoring sg.; *en* ~ a snore, snoring
snarlik *adj* rather like; *vara ~a* be rather (somewhat) like each other; ~ *i* färg, form o.d. of much the same..., much alike in...; *ett ~t fall* a similar (an almost analogous) case
snarstucken *adj* retlig, ömtålig touchy; pred. äv. quick to take offence; lättretad short-tempered
snart *adv* soon; inom kort shortly, before long; *så ~ [som]* konj. a) så fort as soon as; genast directly b) så ofta whenever; *så ~ som möjligt* se *snarast [möjligt];* ~ *nog* **a)** alltför ~ only too soon **b)** ganska ~ fairly (pretty) soon, by and by **c)** tillräckligt ~ soon enough; ~ *sagt* almost (etc., se *nästan*); not far from, pretty well; *han fick ~ i gång bilen* he was not long in starting the car; *det är ~ fort gjort* it will soon be done, it will be done in next to no time; en vecka *går ~* ...will pass in no time; *jag kommer ~ tillbaka* I'll soon be back; så har det varit *i ~ tio år* ...for nearly ten years
snask *s* sötsaker sweets pl.; amer. candy
snaska *vb tr* o. *vb itr* **1** äta sötsaker eat (munch) sweets; ~ *[på] ngt* munch (chew) a th.; ~ *i sig* munch; glupskt scoff **2** äta snaskigt be messy
snaskig *adj* kladdig, smutsig, bildl., snuskig smutty, indecent
snatta *vb tr* o. *vb itr* pilfer; vard. pinch [things]; i butik shoplift
snattare *s* pilferer; i butik shoplifter
snatter *s* t.ex. ankas quack[ing]; pladder gabble, chatter[ing], jabber[ing]
snatteri *s* pilfering; i butik shoplifting
snattra *vb itr* om t.ex. anka quack; pladdra gabble, chatter, jabber
snava *vb itr* stumble, trip; jfr *snubbla*
sned I *adj* **1** eg.: t.ex. om linje, stråle, vinkel oblique; lutande slanting; sluttande sloping, inclined; skev warped; som väger ojämnt lopsided; krokig, vind crooked, wry; på snedden diagonal; tekn., snedskuren bevelled, chamfered; pred. äv. askew, awry; *kasta ~a blickar på...* look askance at...; *ha ~ rygg* have a crooked back; *~a ögon* slanting eyes; *han är ~ i ansiktet* his face is (looks) lopsided **2** vard. a) berusad tipsy b) irriterad irritated, peeved
II *s, på* ~ obliquely, aslant, on the slant, slantingly, slopingly, askew, awry, jfr *sned I 1;* på tvären sideways; *lägga huvudet på* ~ put one's head on one side; *gå på* ~ bildl. go wrong; t.ex. om plan äv. go awry; *komma på* ~ *i livet* go astray
snedda **I** *vb tr,* ~ *[av]* t.ex. hörn cut...off obliquely **II** *vb tr* o. *vb itr.* *vb itr,* ~ *[över]* gatan slant across..., cross...
snedden, *på* ~ obliquely, diagonally; klippa tyg *på* ~ ...on the bias, ...on the cross (slant)
snedficka *s* slit (cross) pocket
snedfördelning *s* uneven distribution, imbalance
snedgången *adj,* ~ *sko* shoe worn down on one side
snedhet *s* obliquity, obliqueness; om persons växt lopsidedness
snedparkering *s* angle-parking
snedrekrytering *s* uneven recruitment
snedsegel *s* fore-and-aft sail
snedslå *s* bias [band]
snedsprång *s* bildl. escapade; 'historia' affair
snedsteg *s* eg. sidestep; bildl., se *snedsprång*
snedstreck *s* slanting line, [slanting] stroke; typogr. slash, solidus
snedtak *s* sloping roof
snedvriden *adj* bildl. twisted, distorted, warped
snedögd *adj* slant-eyed
snegla *vb itr,* ~ *[på]* ogle; ~ *på* ngn (ngt) förstulet glance furtively (misstänksamt look askance, lömskt leer) at...; vilja ha have one's eye on...
snett *adv* obliquely; slantingly, aslant; askew, awry; diagonally; jfr vid. *sned I 1* o. *II; gå* ~ vard., bli fel go wrong; hålla kameran ~ ...at an angle; tavlan *hänger* ~ ...is slanting (lopsided); bo ~ *emot (över gatan* etc.*)* ...almost opposite; *gå* ~ *över* gatan cross...diagonally, slant across...; *se* ~ *på* ngn (ngt) look askance at...
snibb *s* hörn corner; spets point; tipp, ände tip; ör~ lobe; tre~ triangular cloth; blöja tie pants pl.; vika *i* ~ ...into a triangle
snickarbyxor *s pl* [bib-and-brace] overalls, dungarees
snickarbänk *s* carpenter's bench
snickare *s* isht inrednings~ joiner; timmerman carpenter; finare möbel~ cabinet-maker
snickarglädje *s* byggn. gingerbread work
snickarverkstad *s* joiner's (cabinet-maker's) workshop; jfr *snickare*

snickeri

snickeri *s* abstr. el. koll. joinery (carpentry) [work], joiner's (carpenter's) work; möbel~ cabinet work; abstr. äv. cabinet-making, jfr *snickare*; konkr., se *snickarverkstad*
snickra I *vb itr* do joinery (carpentry) [work]; slöjda i trä do woodwork **II** *vb tr*, *~ [ihop]* möbel o.d. make; bildl. put (patch) together
snida *vb tr* carve
snideri *s* carving; konkr. äv. carved work
sniffa *vb tr* o. *vb itr* sniff [*på* at]; *~ thinner* sniff...; *~ narkotika* snort...
snigel *s* slug; med snäcka snail
snigelfart *s*, *med ~* at a snail's pace
sniken *adj* girig avaricious; lysten greedy [*efter* for, of]; covetous [*efter* of]; han är **mycket** *~* äv. ...very grasping
snikenhet *s* greediness, greed, cupidity
snille *s* genius; **han har (är ett)** *~* he has (is a man of) genius
snilleblixt *s* brainwave; stark. flash of genius
snilledrag *s* stroke of genius; svag. masterstroke
snillrik *adj* brilliant; **en** *~* **man** äv. a man of genius
snip *s* t.ex. på kanna lip
snipa *s* båt ung. gig
snirk|el *s* spirallinje, arabesk scroll, heli|x (pl. äv. -ces); arkit. äv. volute; på bokstav flourish; *-lar* a) arkit. gingerbread work sg., ornamentation sg. b) i poesi o.d. embellishments, frills
snirklad *adj* scrolled, flourished, jfr *snirkel*; bildl. florid, ornate
snits *s* style; **sätta** *~ på ngt* give a th. style
snitsa *vb itr* vard. *~ till (ihop)* t.ex. en middag knock up, fix; ett tal put together; piffa upp smarten up
snitsig *adj* vard. stylish, chic
snitsla *vb tr*, *~ en bana* mark...with paper-strips
snitt *s* **1** cut äv. modell; skärning äv. pattern; isht kir. incision; preparat section; boksnitt edge; *gyllene ~et* geom. the golden section; *rött ~* bokb. red edges pl. **2** tvärsnitt section; genomsnitt cross-section; matem. intersection; *i ~* on [the] average **3** sort type, sort, kind
snittblomma *s* cutting (avskuren cut) flower
snittyta *s* section surface
sno I *vb tr* **1** hoptvinna twist; vira twine, wind; snurra twirl, turn **2** vard., stjäla pinch
  II *vb itr* fara och flänga scamper, run
  III *vb rfl*, *~ sig* **1** linda sig twist, twine [*om* round]; trassla ihop sig get twisted (entangled), kink **2** bildl., slingra sig dodge **3** vard., skynda sig get cracking (moving), jfr äv. *skynda II*; *~ dig [på]!* make it snappy!, get a move on!
  IV med beton. part.
  ~ ihop eg. twist together; *~ ihop* t.ex. måltid, sockerkaka knock up
  ~ in: *~ trassla in sig i ngt* get [oneself] entangled in a th.

~ omkring fara omkring run (rush, bustle, go bustling) around, scamper about
~ på se ovan III 3
~ upp untwist, untwine
~ åt sig vard. grab hold of, pinch
snobb *s* allm. snob; kläd~ dandy, fop, tailor's dummy; amer. äv. dude; intelligens~, kultur~ highbrow
snobba *vb itr*, *~ med* t.ex. hatt sport; t.ex. kunskaper show off, swank about; t.ex. fina bekantskaper brag (swank) about
snobberi *s* snobbery, snobbishness; kläddsnobberi dandyism, foppishness
snobbig *adj* snobbish; dandified, foppish; jfr *snobb*
snobbighet o. **snobbism** se *snobberi*
snodd *s* att dra el. knyta cord, string; t. garnering braid, lace; av gummi band
snofsig *adj* vard. smart, natty
snok *s* zool. grass snake
snoka *vb itr* poke, ferret [about], pry; vard. snoop; *gå och ~* go prying (vard. snooping) about; *~ i* t.ex. ngns privatliv pry (poke [one's nose], spy) into; *~ upp (reda på, rätt på)* hunt up, ferret out
snopen *adj* besviken disappointed; obehagligt överraskad disconcerted; flat blank; slokörad crestfallen; *det känns lite snopet* it is rather disappointing; *se ~ ut* äv. look foolish
snopp *s* vard., penis thing, willie
snoppa *vb tr* ljus snuff; krusbär o.d. top and tail; bönor string; *~ [av]* cigarr cut (snip) [off]; *~ av ngn* bildl. snub a p., take a p. down [a peg or two]
snor *s* vard. snot
snora *vb itr* have a running nose; *hosta och ~* cough and sniffle
snorig *adj* snotty[-nosed]; attr. äv. ...with a running nose
snorkel *s* snorkel, schnorkel
snorkig *adj* snooty, snotty
snorunge *s* o. **snorvalp** *s* vard., småbarn little kid; neds. snotty-nosed kid; som är uppkäftig saucy (cheeky) brat
snubbla *vb itr* vara nära att falla stumble; snava över något äv. trip; *vara ~nde nära att* inf. be very close to ing-form; *~ fram* stumble (stappla stagger) along; *~ på (över)* orden stumble (trip) over...; *~ på (över)* en lösning stumble [up]on...; *~ över* sina egna fötter trip over...
snudd *s* eg. touch; det är *~ på skandal* ...little short of a scandal; *ha ~ på* seger be on the verge of...
snudda *vb tr* o. *vb itr*, *~ [vid]* a) eg.: komma i beröring med brush [against]; skrapa lätt graze; om pers. äv. touch...lightly, just touch b) bildl.: omtala flyktigt touch [up]on; *låta blicken el. tanken ~ vid ngt* allow...to rest [up]on a th. for a moment
snurr|a I *s* **1** leksak top; vind~ windmill,

pinwheel; tärnings~ teetotum **2** sjö., se *aktersnurra* **II** *vb tr* o. *vb itr,* ~ *[runt]* spin, twirl; svänga, virvla whirl [*omkring* i samtl. fall round]; kring axel el. punkt turn [*omkring* on]; rotate, revolve [*omkring* round el. about]; *allting -ar runt för mig* my head is in a whirl

snurrig *adj* vard., yr giddy, dizzy; tokig crazy; pred. äv. nuts, cuckoo; *bli* ~ vimsig äv. go haywire

snus *s* luktsnus snuff; 'svenskt' moist snuff (båda end. sg.)

snusa I *vb itr* **1** tobak take snuff **2** nosa, vädra sniff; bildl., se *snoka;* sova sleep **II** *vb tr* sniff up

snusbrun *adj* snuff-coloured

snusdosa *s* snuffbox

snusen *s* vard. *[lite] på* ~ [a bit] tipsy, tiddly, woozy, [slightly] fuddled

snusförnuftig *adj* förnumstig would-be wise; know-all end. attr.; sententious, platitudinous; lillgammal old-fashioned

snusk *s* eg. el. bildl. dirt[iness], filth[iness]; eg. äv. uncleanness, squalor; bildl. äv. smuttiness, obscenity

snuskhummer *s* vard. dirty old man

snuskig *adj* eg. el. bildl. dirty, filthy, sleazy; eg. äv. squalid; bildl. äv. smutty; ~ *fantasi* dirty (filthy) imagination

snusnäsduk *s* bandanna

snustorr *adj* eg. el. bildl. dry-as-dust... (pred. as dry as dust); eg. äv. bone-dry

snut *s* vard. **1** polis cop, copper; *~en* koll. the cops pl., the fuzz **2** ansikte mug; trut snout

snutt *s* vard. bit, snippet; av t.ex. melodi snatch

snuttifiering *s* breaking up into small snippets

1 snuva *s* [head] cold; med. nasal catarrh; *få (ha)* ~ catch (have [got]) a cold [in the head]

2 snuva *vb tr* vard., lura cheat, trick, swindle [*ngn på ngt* a p. out of a th.]

snuvig *adj, bli (vara)* ~ se *[få* resp. *ha] snuva; jag är lite* ~ I have got a bit of a (got a slight) cold

snyfta *vb itr* sob; ~ *fram* sob out; ~ *till* give a sob

snyftning *s* sob; *under ~ar* berättade hon... sobbing...

snygg *adj* prydlig tidy, neat; ren clean; vard., vacker o.d. pretty, nice, fine samtl. äv. bildl. el. iron.; om en man handsome, good-looking, nice-looking; *det var just ~t!* iron. this is a fine (nice) thing!

snygga *vb tr* o. *vb itr,* ~ *till (upp) sig* make oneself [look] tidy (presentable), tidy oneself up; piffa upp sig smarten (spruce) oneself up; göra make up put some make-up on; ~ *upp* tr. o. itr.: städa tidy up; tr.: ordna till, renovera do up

snygging *s* smasher

snylta *vb itr* be a parasite; om pers. äv. sponge, cadge [*på* [up]on]

snyltgäst *s* parasite äv. biol.; pers. äv. sponger, freeloader, cadger, hanger-on (pl. hangers-on)

snyta *vb rfl* o. *tr,* ~ *sig (ett barn)* blow one's nose (a child's nose)

snytning *s* blowing [of the (resp. one's) nose]

snål *adj* **1** allm. stingy, mean [*mot* towards; *om (på, med)* with]; gnidig tight-fisted, cheese-paring, parsimonious; sniken greedy; njugg, överdrivet sparsam niggardly, miserly; knapp skimpy, scanty; ~ *portion* meagre (skimpy) portion; *vara ~ på beröm* be chary (sparing) of praise; ~ *på* sol very lacking in... **2** om vind biting, cutting, searching

snåla *vb itr* vara snål be stingy (mean) [*på (med)* with], save and economize; nödgas leva snålt stint oneself; hushålla economize; ~ *in på* spara save on; knappa in skimp

snålblåst *s* cutting (biting) wind

snålhet *s* stinginess etc., jfr *snål 1;* cheeseparing; greed; *låta ~en bedra visheten* be penny-wise and pound-foolish

snåljåp *s* vard. skinflint, miser, Scrooge; isht amer. cheapskate

snålskjuts *s, åka* ~ eg. get a lift; bildl. get a free ride, take advantage [*på* of], profit [*på* from]

snår *s* thicket, brush

snårig *adj* **1** eg. brushy, ...covered with brushwood **2** bildl., komplicerad tricky, complicated

snårskog *s* brushwood, thicket; bildl. forest

snäcka *s* **1** skal shell; snäckdjur mollusc; trädgårds~ heli|x (pl. -ces, äv. -xes) **2** ornament scroll äv. på fiol **3** i öra cochlea (pl. -e) **4** tekn. worm, endless screw; i ur fusee

snäckformig *adj* spiral, helical

snäckskal *s* shell

snäll *adj* hjälpsam el. mots. t. stygg good; vänlig kind; ~ och rar nice [*mot* i samtl. fall to]; godhjärtad kind-hearted; foglig good-natured; väluppfostrad well-behaved; hygglig decent; hänsynsfull considerate; *~a Bo,* får jag följa med? please Bo,...?; *~a du* gör det *(*gör det *[så] är du ~, var* ~ *och* gör det*)* ...[please], will (would) you?, please...; isht t. barn ...there's a good boy (resp. girl); *men ~a du,* hur...! but my dear [fellow resp. girl etc.],...; *var nu ~!* t. barn be a good boy (resp. girl) now! etc.; *det vore ~t av dig om du ville komma* it would be very kind of you to come

snälltåg *s* fast train, express [train]

snäpp *s* vard., liten bit [wee] bit

snärj *s* **1** *ha ett fasligt* ~ knog have a tremendous job (jäkt a hectic time) **2** snår thicket, entanglement

snärja I *vb tr* [en]snare, entangle, trap; ~ *ngn i sina garn* bildl. ensnare a p. in one's toils; *försöka* ~ *ngn* med frågor try to trap a p. (catch a p. out); ~ *in sig* get entangled

snärjig

(enmeshed, caught) **II** *s* bot., slingerväxt dodder, strangleweed, love vine
snärjig *adj* eg. tangled; bildl.: arbetsam laborious; jäktig hectic; komplicerad tricky, intricate
snärjigt *adv*, **ha det ~** arbetsamt have a proper job (jäktigt a hectic time of it)
snärt *s* **1** piskända lash, thong **2** lätt slag flick; rapp lash; bildl.: stickord gibe, jibe, taunt; vard. crack, dig **3** kläm, sprätt sting, bite, go, zip; *sätta ~ på ngt* put sting into a th.
snärta *s* **I** *s* chit [of a girl] **II** *vb tr, ~ [till] ngn* eg. flick (lash) a p.; bildl. gibe at (taunt, vard. make a crack at, dig at) a p.
snärtig *adj* om slag sharp; attr. äv. ...with force (a sting) in it; om replik o.d.: bitande cutting; sarkastisk caustic
snäsa I *s* avsnäsning snub[bing], rebuff; skrapa rating; vard. telling-off **II** *vb tr* o. *vb itr, ~ [till] ngn* snap at a p.; åthuta tell a p. off; *~ av ngn* snap a p.'s head off, snub (rebuff) a p.
snäsig *adj* brysk, ovänlig abrupt, brusque [*mot* to]; retlig irritable, peevish, gruff [*mot* towards]
snäv *adj* **1** stramande tight, close; trång, knapp narrow; *~a gränser* narrow limits; *~ kjol* close-fitting skirt; *en ~ krets* a limited circle **2** kort, ovänlig abrupt, brusque; onådig ungracious; *ett ~t svar* a curt answer
snö *s* snow; *det som göms i ~ kommer upp i tö* ordspr., ung. everything comes out sooner or later; murder will out
snöa *vb itr* snow; *det ~r* it is snowing; vägen *har ~t igen* ...has been blocked (obstructed) by snow, ...has been snowed over, jfr äv. *igensnöad*
snöblandad *adj*, **snöblandat regn** rain mixed with snow, sleet
snöblind *adj* snowblind
snöboll *s* snowball; *kasta ~ på* throw snowballs at, snowball
snöbollskrig *s* snowball fight
snöby *s* snow shower (stark. squall)
snöbär *s* snowberry
snöd *adj* sordid, vile
snödjup *s* depth of snow
snödriva *s* snowdrift
snödroppe *s* bot. snowdrop
snöfall *s* snowfall, fall of snow
snöfattig *adj* attr. ...with [very] little snow
snöflinga *s* snowflake
snöfästning *s* snow castle
snöglopp *s* sleet; *det är ~* it is sleeting
snögräns *s* snowline
snögubbe *s* snowman
snöig *adj* snowy
snökanon *s* snow cannon
snökedja *s* tyre chain
snöklädd se *snötäckt*
snölykta *s* lantern made of snowballs
snöpa se *kastrera*

snöplig *adj* om t.ex. reträtt, sorti, nederlag ignominious, inglorious; om t.ex. resultat disappointing; stark. deplorable, lamentable; *få (ta) ett ~t slut* come to a sorry (sad) end; *det var ~t!* se *[så] förarglig[t]*
snöplog *s* snowplough; amer. snowplow
snöra *vb tr* lace [up]; *~ av* avskilja eg. tie off; bildl. cut off; *~ av sig (~ upp) skorna* unlace one's shoes; *~ igen (ihop, till)* lace (friare tie) up, jfr äv. *~ åt; ~ på sig* pjäxörna put (ränseln strap) on...; strupen *-des samman* ...was constricted (compressed); *~ åt* dra åt draw...together, tighten, truss...up
snöre *s* string; grövre *~*, gardin~ o.d. cord; segelgarns~ twine; för garnering braid; för snörning lace; mål~ tape; *ett ~* a piece of string (etc., se ovan); *slå [ett] ~ om ett paket* tie (do) a parcel up with string; *trä [upp] ngt på ~n (ett ~)* string a th.
snörhål *s* eyelet [hole], lace hole
snörik *adj*, *~ trakt* ...with (that has) plenty of snow; *en ~ vinter* a snowy winter; vintern var *~* ...one with plenty of snow
snöripa *s* zool. ptarmigan, snow grouse (båda lika i pl.)
snörliv *s* stays pl.; korsett corset; *ett ~* a pair of stays
snörning *s* abstr. lacing
snörpa *vb tr* o. *vb itr* pucker, purse [*ihop* up]; *~ på munnen* purse one's lips
snörrät *adj* ...as straight as an arrow
snörsko *s* laced (lace-up) shoe (känga boot)
snörvla *vb itr* snuffle; tala i näsan speak in a snuffle, speak through one's (resp. the) nose
snöröjning *s* snow clearance
snöskata *s* zool. fieldfare
snösko *s* snowshoe
snöskoter *s* snowmobile; amer. snowcat
snöskottare *s* snow shoveller (clearer)
snöskottning *s* clearing (shovelling) away [the] snow
snöskred *s* avalanche, snowslide
snöskyffel *s* snowshovel
snöslask *s* glopp sleet, [fall of] wet snow; sörja slush
snöslunga *s* snow-blower
snösmältning *s* melting away of [the] snow
snösparv *s* zool. snow bunting
snöstaket *s* snow fence
snöstorm *s* snowstorm; våldsam blizzard
snösväng *s* vard., snöröjning snow clearance; arbetsstyrka snow-clearance force
snösörja *s* slush, melting snow
snötillgång *s*, *~en* är tillräcklig the depth of snow...
snötäcke *s* covering (blanket) of snow; det vita *~t* ...sheet of snow; *~ts tjocklek* the depth of snow
snötäckt *adj* snow-covered, ...covered with snow, snowy; om fjälltopp äv. snow-capped; poet. snow-clad

snövessla s fordon weasel
snövit adj snowy, snow-white, ...as white as snow; *S~* i sagan Snow White
snöyra s snowstorm
so s sugga sow
soaré s soirée fr.; friare evening entertainment; musikalisk etc. ~ ...evening
sobel s zool. sable äv. pälsverk
sobelpäls s sable coat
sober adj allm. sober; om färg äv. subdued
social adj social; *~ linje* skol. general studies pl.; *~a problem* social problems; *~ service* social (public) services pl.; *~ servicelinje* skol. community care; *~ status* social status
socialarbetare s social (welfare) worker
socialassistent se *socialsekreterare*
socialbidrag s social allowance, supplementary benefit
socialbyrå s social welfare office
socialdemokrat s social democrat; *~erna* the Social Democrats
socialdemokrati s, *~[n]* social democracy
socialdemokratisk adj social democratic
Socialdepartementet the Ministry of Health and Social Affairs
socialfall s vard. social welfare case; utslagen drop-out
socialförsäkring s social (national) insurance
socialgrupp s social group (class); *~ I (II* resp. *III)* äv. [the] upper (middle resp. working) class
socialhjälp s ngt åld. public (social) assistance; i Engl. national assistance; amer. [public] relief
socialisera vb tr socialize; isht förstatliga nationalize
socialisering s socialization; isht förstatligande nationalization
socialism s, *~[en]* socialism
socialist s socialist
socialistisk adj socialistic
socialkunskap s social studies pl.
sociallagstiftning s social (amer. äv. security) legislation
socialminister s Minister of Health and Social Affairs
socialpolitik s social policy
socialsekreterare s ung. social welfare secretary
socialstyrelsen s the National Board of Health and Welfare
socialtjänst s, *~en* social services pl.
socialvård s social welfare; *~en* äv. social services pl.
socialvårdare s social worker
societet s society; *~en* Society; *högre ~en* High Society
sociolog s sociologist
sociologi s sociology
sociologisk adj sociological

socionom s graduate from a School of Social Studies, trained social worker
socka s sock
sockel s base; byggn., på möbel, skulptur o.d. äv. plinth, pedestal; arkit. äv. socle; lampfattning socket
socken s parish
socker s **1** sugar **2** vard., sockersjuka diabetes
sockerbeta s sugar beet
sockerbit s lump of sugar; *två ~ar* two lumps of sugar
sockerdricka s lemonade; *fem ~* five lemonades
sockerfri adj sugarless; t.ex. tuggummi sugar-free
sockerhalt s sugar content; procentdel percentage of sugar
sockerkaka s sponge cake
sockerlag s syrup [of sugar]
sockerpiller s med. placebo (pl. -s)
sockerplantage s [sugar]cane plantation
sockerrör s sugar cane
sockersjuk adj med. diabetic; *en ~* subst. adj. a diabetic
sockersjuka s med. diabetes
sockerskål s sugar basin (bowl)
sockerströare s sugar castor (sifter, shaker)
sockertång s sugar tongs pl.; *en ~* a pair of sugar tongs
sockervadd s candy floss, amer. cotton candy
sockerärt s bot. sugar pea
sockra I vb tr sugar äv. bildl.; söta sweeten [...with sugar], put sugar in (on) **II** vb itr, *~ i (på) ngt* sugar a th. **III** vb rfl, *~ sig* crystallize
soda s soda
sodavatten s soda [water]; *fem ~* five sodas (soda waters)
sodomi s sodomy
soffa s sofa; mindre el. pinn~ settee; vil~ couch samtl. äv. bäddbara; isht amer., bädd~ davenport; t.ex. i järnvägsvagn el. park~ seat
soffbord s coffee (sofa) table
soffgrupp s group of sofa and armchairs; enhetligt möblemang lounge (three-piece) suite
soffhörn s med soffa sofa corner; i soffa corner of a (resp. the) sofa
soffkudde s sofa cushion
soffliggare s latmask idler; valskolkare abstainer, stay-at-home
sofflock s seat, top; *ligga på ~et* bildl. take things easy, rest; valskolka abstain
sofist s sophist
sofistikerad adj sophisticated
sofistisk adj sophistic[al]
soignerad adj om herre well-groomed; om dams klädsel o.d. soigné fr.; om dam soignée fr.; friare careful
soja s sås soya (soy) sauce, soy
sojaböna s soya [bean], soybean
1 sol s sun äv. bildl.; *~en är framme (skiner)* the sun is out (shining); *det var ~ igår* it

sol 642

was sunny yesterday; *gå upp som en ~ och ned som en pannkaka* ung. start well, but fizzle out; *sitta i ~en* sit in the sun; *en plats i ~en* bildl. a place in the sun; *stå i (skymma) ~en för ngn* be in a p.'s light
2 sol *s* mus. so[h]
sola I *vb tr* expose...to the sun **II** *vb rfl*, *~ sig* sunbathe, sun oneself äv. bildl.; bask in the sun[shine]; bildl. bask; *ligga och ~ [sig]* solbada lie sun-bathing
solarium *s* solarium äv. lokal
solarplexus *s* anat. solar plexus
solbad *s* sunbath
solbada *vb itr* sunbathe, take a sun-bath
solbatteri *s* tekn. solar battery
solbelyst *adj* sunlit, sunny
solblekt *adj* sun-bleached
solblind *adj* sun-blind, ...blinded by the sun
solbränd *adj* brun sunburnt, sunburned, tanned; förtorkad parched; *bli ~* get sunburnt, tan
solbränna *s* sunburn, tan
solcell *s* tekn. solar cell
soldat *s* soldier; menig äv. private; *den okände ~en* the Unknown Soldier (Warrior)
soldis *s* heat haze
soldyrkan *s* sun-worship
soldyrkare *s* sun-worshipper
soldäck *s* sjö. sun deck
soleksem *s* sunrash; vetensk. solar dermatitis (end. sg.)
solenergi *s* solar energy, sunpower
solenn *adj* solemn, ceremonious
solfattig *adj* attr. ...with very little sun[shine]; pred. not very sunny, lacking in sunshine
solfjäder *s* fan; *fläkta sig med en ~* fan oneself
solfjäder[s]formig *adj* fan-shaped
solfläck *s* sunspot
solfångare *s* tekn. sun panel
solförmörkelse *s* solar eclipse, eclipse of the sun; *total ~* total solar eclipse
solgass *s* blazing hot sunshine; *i ~et* äv. in the hot sun
solglasögon *s pl* sunglasses
solglimt *s* glimpse of the sun
solgud *s* sun god
solhatt *s* sun hat (för t.ex. barn bonnet)
solhöjd *s* altitude of the sun
solid *adj* allm. solid; stark. äv. strong; om hus, måltid äv. substantial; bildl. äv. sound; *~ ekonomi* sound economy; *~ firma* solid (well-established, respectable) firm; *~a kunskaper i* ett ämne a sound (thorough) knowledge of...; *~ vänskap* staunch friendship
solidarisera *vb rfl*, *~ sig* fully identify oneself [*med* with]; *~ sig med ngn* äv. make common cause with a p., be loyal to a p., show solidarity with a p.
solidarisk *adj* loyal; jur. joint and several; *känna sig ~ med ngn* have a feeling of solidarity with a p.; *vara ~ med (visa sig ~ mot) ngn* be loyal to a p., be on a p.'s side, back a p. up; *föra en ~ lönepolitik* pursue a wage policy which shows solidarity with low-paid workers
solidaritet *s* solidarity
soliditet *s* allm. solidity; bildl. äv. stability; isht ekon. äv. soundness, solvency
solig *adj* sunny äv. bildl.
solist *s* soloist
solistkonsert *s* recital
solka *vb tr*, *~ [ned]* soil
solkatt *s* reflection of the sun; *sätta ~[er] på ngn* dazzle a p. with a mirror
solkig *adj* soiled
solklar *adj* uppenbar ...as clear as daylight, ...as plain as a pikestaff, [self-]evident, obvious; *ett ~t fall* an open-and-shut case; *en ~ straff* sport. a clear (an obvious) penalty
solklänning *s* sun dress
solkräm *s* sun (suntan) lotion
solljus I *s* sunlight **II** *adj* sunny, bright
solmogen *adj* sunripe
solnedgång *s* sunset, sundown; *i (vid) ~en* äv. at the setting of the sun
solo I *adj* o. *adv* solo; helt ensam alone, by oneself **II** *s* solo (pl. -s, mus. äv. soli)
solochvåra *vb tr*, *~ ngn* trick a p. out of money by false promises of marriage
solochvårare *s* confidence trickster [who obtains money from a woman (resp. women) by false promises of marriage], lonely-hearts racketeer
solodansör *s* o. **solodansös** *s* solo dancer, soloist
sololja *s* suntan oil (lotion)
solonummer *s* solo (pl. -s, mus. äv. soli)
solostämma *s* mus. solo part
solosång *s* solo singing
solosångare *s* o. **solosångerska** *s* solo singer, soloist
solros *s* bot. sunflower
solsida *s* sunny side äv. bildl.
solsken *s* sunshine äv. bildl.; *det är ~* vanl. the sun is shining; *sitta i ~et* sit in the sun; *hon var idel ~* she was all smiles
solskydd *s* i bil sunshield; amer. sun visor
solskyddsfaktor *s* hos solskyddsmedel sun factor
solskyddsmedel *s* sun (suntan) lotion
solstift *s* mot solbränna sunstick
solsting *s* sunstroke; *få ~* have a sunstroke
solstol *s* sun chair
solstrimma *s* streak of sunshine
solstråle *s* sunbeam; ray of sunshine äv. om pers.
solsystem *s* solar system
soltak *s* sun shelter; på bil sunshine roof, sunroof
soltorka *vb tr* o. *vb itr*, *~ [ngt]* dry [a th.] in the sun

soluppgång *s* sunrise; vard. sunup; *i (vid) ~en* äv. at the rising of the sun
solur *s* sundial
solution *s* lösning solution
solva *vb tr* vävn. heddle
solvarm *adj* om t.ex. sand ...warmed by the sun
solvarv *s* **1** dygn day [and night] **2** år year **3** solcykel solar cycle
solvens *s* solvency
solvent *adj* solvent; *vara ~* vard. äv. be in the black
solvärme *s* warmth (stark. heat) of the sun; ibl. sunshine; vetensk. solar heat
solår *s* solar year
som I *rel pron* **1** med syftning på pers. allm. who (objektsform whom, vard. who; efter prep. whom); med syftning på djur el. sak allm. which; i nödvändig rel.-sats ofta that; efter 'such' o. oftast efter 'the same' as; se f.ö. ex.; *allt (litet, mycket, ingenting* etc.*) ~* all (little, much, nothing etc.) that; *det (vad) ~ en gång var* ett fint hus what was once...; *den ~ läser detta kommer att...* anyone who reads (anyone reading, those who read) this will...; *han bäddade själv, något ~* inte hände varje dag he made his own bed, [a thing] which...; *en regering ~ är...* a government which is (that is el. are, who are)...; *han var den förste (ende) ~ kom* he was the first (the only one) to come (that el. who came); han är den störste statsman *~ någonsin levat* ...that (who) ever lived; *jag var dum ~ trodde honom* I was a fool to believe him; platsen *[~] han bor på* ...where (in which) he is living, ...[that] he is living in; det var här (då, på det sättet) *[~] jag mötte honom* ...that I met him; *det är en herre ~ söker dig* there is a gentleman who el. that wants to see you; *det är någon ~ knackar på dörren* there is someone knocking (there is a knock) at the door; *vem var det [~] du talade med?* who was that (beton.) you spoke to?
2 specialfall **a)** jag vet inte *vem ~ har (vad ~ är) rätt* ...who (what) is right **b)** i allm. rel. pron. *vem ~ än* whoever; *vilken[dera] ~ än* whichever; *vad ~ än* whatever
II *konj* **1** samordnande *såväl A. ~ B.* A. as well as B.; *gammal ~ ung* old and young alike
2 jämförande: 'såsom [varande]', 'i egenskap av' el. inledande fullst. el. förk. jämförelsebisats as; 'i likhet med', 'på samma sätt som' (vanl. end. framför subst. ord) like; jfr äv. *liksom* o. *såsom; A ~ i Anders* A as in Andrew; *vilda djur, ~* lejon och tigrar wild animals, such as (, like)...; *en [sådan] ~ han* a man like him; han är *lika (inte så) lång ~ du* ...as (not so el. as) tall as you are; varför gör du inte *~ jag?* ...as (vard. like) I do?, ...like me?; *om jag vore ~ du* if I were you (in your place); *~ pojke simmade han ~ en fisk* as a boy he used to swim like a fish; *gör ~ du vill* do as you like, have it your own way; *återvända från kriget ~ krympling* return a cripple...; *~ lärare* var han tvungen att... as (being) a teacher...; de älskade honom *~ en son* ...as [they would] a son, ...like a son; överlämna en blomma *~ ursäkt* ...by way of apology; *~ sagt* as I (you etc.) said before; *~ tur var,* vann han luckily,...
3 villkorligt *han lever ~ [om]* han vore miljonär he lives as if (though)...
4 angivande tid *[bäst (just)] ~* when, [just] as, at the very moment [when]
5 angivande orsak: eftersom as, since; *rik ~ han var...* being wealthy...
III *adv* framför superlativ: när vattnet står *~ högst* ...at its highest; *när* festen *pågick ~ bäst* right in the middle of...; när man är *~ mest (minst) förberedd* ...most (least) prepared
Somalia Somalia, the Somali Democratic Republik
somalier *s* Somali, Somalian
somalisk *adj* Somali, Somalian
somlig *pron,* *~[t]* el. *~a* fören. some; *~t (somt)* självst. some things pl.; *~a* självst. some, some (certain) people
sommar *s* summer; *i somras* last summer; för ex. jfr äv. *höst*
sommarbostad *s* summer place (finare residence)
sommardag *s* summer day, day in [the] summer; *en vacker ~* [adv. on] a fine summer day
sommardäck *s* ordinary (regular) tyre (amer. tire)
sommargäst *s* holiday (summer) visitor (guest)
sommarjobb *s* vard. summer job
sommarkläder *s pl* summer clothes (vard. things)
sommarklänning *s* summer dress
sommarkväll *s* summer evening; *en ~* [adv. on] a summer evening
sommarland *s* holiday recreation centre
sommarlik *adj* summery; summer-like
sommarlov *s* summer holidays pl. (isht amer. vacation)
sommarmorgon *s* summer morning; *en ~* [adv. on] a summer morning
sommarmånad *s* summer month
sommarnatt *s* summer night
sommarolympiaden *s* o. **sommar-OS** *s* the Olympic Summer Games pl., the summer Olympics pl.
sommarrock *s* summer (lightweight) coat
sommarsemester *s* summer holiday[s pl.] (isht amer. vacation)
sommarsjuka *s* summer diarrhoea
sommarsolstånd *s* summer solstice
sommarstuga *s* summer (weekend) cottage

sommarställe

sommarställe *s* place in the country, summer cottage (större house)
sommartid *s* **1** årstid summer[time]; *~[en]* (adv.) om sommaren in summer[time] **2** framflyttad tid summer time
sommarväder *s* summer (sommarlikt summery) weather
sommarvärme *s* summer heat (temperature); *det är riktig ~* it's just like (as hot as) summer
somna *vb itr* fall asleep äv. bildl.; go [off] (drop off, lätt dose off) to sleep; jfr äv. *domna;* **ha svårt att ~** have difficulty in falling asleep (getting to sleep); *~ ifrån* t.ex. bok go (etc., se ovan) to sleep over…; *~ in* a) = *somna* b) dö, se *avsomna;* *~ in djupt* fall fast asleep; *~ om* fall asleep again, go back to sleep again; *~ till* = *somna*
son *s* son [*till* of]
sona *vb tr* t.ex. brott, synder atone for, expiate; t.ex. misstag redeem, make amends for
sonat *s* mus. sonata
sonatform *s* mus. sonata form
sond *s* probe äv. rymd~; med. äv. sound; rörformig tube; ballong sounding balloon
sondera *vb tr* probe, sound äv. med.; *~ möjligheterna* explore…; *~ ngn*, stämningen sound…, feel out…; *~ terrängen* reconnoitre [the ground]; bildl. see how the land lies
sondering *s* probe, sounding; reconnoitring; jfr *sondera*
sondotter *s* granddaughter, jfr f.ö. *dotterdotter*
sonett *s* litt. sonnet
sonhustru *s* daughter-in-law (pl. daughters-in-law)
sonika *adv*, *helt ~* helt enkelt simply; utan vidare äv. without further ado, without ceremony
sonlig *adj* filial; *~ kärlek* filial affection
sonor *adj* sonorous
sonson *s* grandson, jfr f.ö. *dotterson*
sopa I *s* vard., se *sopor* II *vb tr* o. *vb itr* sweep; *~ ett golv* sweep…; *~ golvet med ngn* vard. wipe the floor with a p.; *~ [i]* ett rum sweep [out]…; *~ ngt rent från…* äv. bildl. sweep a th. clear of…; *~ rent framför sin egen dörr* put one's own house in order; *~ ngt under mattan* bildl. sweep a th. under the carpet; *~ av* sweep; *~ bort* sweep (friare clear) away; *~ igen spåren efter sig* eg. el. bildl. cover up one's tracks; *~ ihop (upp)* sweep up; *~ undan ngt* sweep a th. aside (out of the way)
sopbil *s* refuse [collection] lorry; amer. garbage [removal] truck, sanitation truck; här kommer *~en* vard. …the dustman (amer. garbage man)
sopborste *s* [dust] brush; med längre skaft broom
sopförbränning *s* incineration

sophink *s* refuse bucket (bin); amer. garbage can
sophämtare *s* refuse collector; vard. dustman; amer. garbage collector
sophämtning *s* refuse (amer. garbage) collection (removal)
sophög *s* dustheap, refuse (rubbish, amer. garbage) heap
sopkvast *s* broom; av ris besom
sopnedkast *s* refuse (rubbish, amer. garbage) chute
sopor *s pl* avfall refuse; amer. vanl. garbage; skräp rubbish, waste (samtl. sg.); som sopats ihop sweepings, offscourings
sopp *s* bot. boletus, bolete
soppa *s* **1** soup; köttbuljong äv. broth **2** vard., se *röra* I
sopprot *s* vard., dumbom chump, nitwit
soppskål *s* [soup] tureen
soppslev *s* [soup] ladle
sopptallrik *s* soup plate
soppåse *s* bin-liner, amer. trash bag
sopran *s* mus.: pers. el. röst soprano (pl. -s); pers. äv. soprano singer; ~stämma äv. treble
sopranstämma *s* mus. soprano [voice]; parti soprano [part]
sopskyffel *s* dustpan
sopstation *s* förbränningsstation central refuse (amer. garbage) disposal plant; se äv. *soptipp*
sopsäck *s* i soptunna o.d. bin (amer. trash) bag
soptipp *s* [refuse (amer. garbage)] dump, refuse tip
soptunna *s* dustbin, refuse bin; amer. trash (ash, garbage) can
sopåkare se *sophämtare*
sorbet *s* sorbet, sherbet
sordin *s* sordino (pl. sordini), mute; i piano ofta damper; *lägga ~ på* glädjen put a damper on…; spela t.ex. fiol, trumpet *med ~* …with the mute on
sorg *s* **1** bedrövelse sorrow [*över* for]; djup smärta distress (end. sg.); grief [*över* for]; *~ som drabbat en* affliction; ledsnad regret (end. sg.) [*över* for (at); *över att* inf. at ing-form]; bekymmer trouble, worry; *den dagen den ~en* no use going to meet trouble halfway, let's not cross that bridge till we come to it; *bereda (göra) ngn ~* cause a p. sorrow (etc., se ovan); om sak äv. grieve (distress) a p.; sonen har *vållat dem stor ~* äv. …been a great grief to them; *med (till min) ~ har jag hört…* I hear with sorrow (regret)…; *till min [stora] ~* måste jag to my [great] ([much] to my) regret… **2** efter avliden: sörjande o. ~dräkt mourning [*efter* for]; förlust genom dödsfall bereavement; *beklaga ~en* express one's condolences; *anlägga ~* go into mourning; *bära ~* wear (be in) mourning; *få ~* have a bereavement
sorgband *s* mourning band, black band, crape [band]

sorgdräkt *s* mourning; änkas äv. widow's weeds pl.
sorgebarn *s* problembarn problem child äv. friare; svart får black sheep
sorgebud *s* mournful (sad) news (tidings pl.); om ngns död, se *dödsbud*
sorgedag *s* day of mourning (friare sorrow); friare äv. black day
sorgehus *s* house of mourning
sorgemusik *s* funeral music
sorgflor *s* [mourning] crape
sorgfri *adj* bekymmerfri carefree, ...free from care; ekonomiskt tryggad ...free from want
sorgfällig *adj* careful; stark. conscientious, studious; ytterst noggrann scrupulous
sorgkant *s* black edge (border), mourning border; brev **med ~er** black-edged...; **ha ~er på naglarna** vard. have black fingernails
sorgklädd *adj* ...in (wearing) mourning
sorgkläder *s pl* mourning [attire] sg.
sorglig *adj* ledsam, beklaglig sad; dyster melancholy; sorgesam mournful; tragisk tragic; bedrövlig deplorable, sorry; ömklig woeful, pitiful, miserable; **ett ~t faktum** a melancholy fact; det var en **~ syn** ...sad (pitiful, sorry) sight (spectacle); det är **~t men sant** ...sad but unfortunately true
sorgligt *adv* sadly etc., jfr *sorglig;* **~ nog** unfortunately, worse luck
sorglustig *adj* tragi-comic[al]
sorglös *adj* **1** se *sorgfri* **2** obekymrad unconcerned; tanklös unthinking, thoughtless; glad light-hearted; lättsinnig happy-go-lucky
sorgmarsch *s* funeral (ibl. dead) march
sorgmodig *adj* melancholy, heavy-hearted
sorgmusik *s* funeral music
sorgsen *adj* sad; bedrövad äv. sorrowful, sorrow-stricken; end. pred. grieved; sorgmodig melancholy, mournful; nedslagen woeful, rueful [*över* i samtl. fall at]
sorgslöja *s* mourning veil
sork *s* zool. vole, fieldmouse (pl. fieldmice)
sorl *s* murmur, murmuring; av röster äv. hum, buzz; **bäckens ~** the murmur (ripple, rippling, purl[ing]) of the brook; **ett ~ av** bifall a buzz of...; **~et bland** publiken the murmur of...
sorla *vb itr* murmur, hum, buzz; ripple, purl, jfr *sorl*
sort *s* **1** slag sort, kind; typ type; kvalitet quality, grade; märke brand; jfr äv. *1 slag* med ex.; **en ~s egendomliga insekter** a peculiar kind of insect sg.; framställa **en ny ~s vete** ...a new strain (variety) of wheat; **sju ~ers** kakor seven sorts of...; **tre ~ers vin** serverades three sorts of wine (different wines)...; **den här ~en** blommar tidigt this type (variety)...
2 matem. denomination
sortera I *vb tr* sort, assort; efter kvalitet o. storlek äv. grade, classify [*efter* according to]; **~ efter**

storlek äv. size; **~ in ngt i...** sort a th. into...; **~ upp** materialet sort out (over, through)...; **~ ut** gallra ut sort (winnow) out, screen [out]
II *vb itr,* **~ under** a) lyda under be subordinate to, be (come) under the supervision of b) höra under belong (come, fall) under
sorterad *adj* assorted; jfr *välsorterad*
sortering *s* **1** sorterande sorting etc., jfr *sortera I;* classification; **vara [av] andra ~** be substandard **2** se *sortiment*
sorti *s* teat. el. friare exit [*från, ur* from]; **göra ~** make one's exit
sortiment *s* assortment, range, selection; samling collection; **ett rikt ~ av...** a wide range (selection) of..., a good assortment (selection) of...
SOS *s, ett* **~** an SOS
sosse *s* vard. socialist, social democrat
sot *s* **1** soot; i motor carbon; smuts grime **2** på säd smut, blight
1 sota I *vb tr* **1** skorsten o.d. sweep; motor decarbonize **2** svärta black[en]; med bränd kork cork; **~ [ned]** smutsa soot, cover...with soot, make...sooty (grimy) **II** *vb itr* alstra sot smoke, give off soot
2 sota *vb itr, få ~ för ngt* pay (smart, suffer) for a th.
sotare *s* **1** pers. chimney-sweep **2** kok. grilled Baltic herring
soteld *s* chimney fire
sothöna *s* zool. coot
sotig *adj* allm. sooty; om skorsten äv. ...full of soot; smutsig grimy; sotfläckad smutty äv. om säd
sotning *s* [chimney-]sweeping etc., jfr *1 sota I*
souschef *s* deputy (vice) chief; jfr äv. *avdelningschef*
souterränghus *s* split level [house]
souvenir *s* souvenir, keepsake
sov|a I *vb itr* eg. el. bildl. sleep; vara försänkt i sömn be asleep; ta en lur have a nap (sleep); **~ bra** sleep well, be a good (sound) sleeper; **~ gott** djupt sleep soundly, be sound (fast) asleep; **sov gott!** sleep well (tight)!, sweet (pleasant) dreams!; **har du -it gott** i natt? did you sleep well (have a good night)?; **han -er oroligt** he is restless in his sleep; som vana he sleeps restlessly; **han sov oroligt i natt** he had a restless (bad) night; benet *-er* ...has gone to sleep (is asleep); **försöka ~ lite** try to get some sleep; **gå och ~** bildl. go about dreaming; **jag skall ~ på saken** I shall have to sleep on it
II med beton. part.
~ av sig t.ex. rus, ilska sleep off...
~ bort a) tid sleep away... b) t.ex. smärta sleep off...
~ ut sova länge have a good sleep; sova tillräckligt länge have enough sleep, jfr äv. *utsövd*
~ över: *över [hos ngn]* stay the night [at

a p.'s place]; **~ över [tiden]** oversleep, oversleep oneself
sovalkov *s* bedstead recess
Sovjet se *Sovjetunionen;* **Högsta ~** hist. the Supreme Soviet
sovjetrepublik *s* hist. Soviet Republic
sovjetrysk *adj* hist. Soviet [Russian]
Sovjetunionen hist. the Soviet Union, the Union of Soviet Socialist Republics (förk. USSR)
sovkupé *s* sleeping-compartment
sovmorgon *s,* **ha en skön ~** have a nice lie-in; **ha ~** i morgon have a late morning…
sovplats *s* sleeping-place; järnv. el. sjö. [sleeping] berth; järnv. äv. (vard.) sleeper
sovplatsbiljett *s* sleeping-berth ticket
sovra *vb tr* t.ex. material sift, sort out; t.ex. stil prune; malm dress; **~ bort** sort (winnow) out, eliminate
sovrum *s* bedroom
sovsal *s* dormitory
sovstad *s* dormitory [suburb]; amer. äv. bedroom town
sovsäck *s* sleeping-bag
sovvagn *s* sleeping-car; vard. sleeper
sovvagnsbiljett *s* sleeping-berth ticket
spackel *s* **1** verktyg putty knife, spatula **2** ~färg putty
spackla *vb tr* putty; **~ igen** ett hål putty up…
spad *s* allm. liquid, water, liquor; för soppor o. såser stock; kött~ ofta broth; grönsaks~ ibl. juice; skinkan får **ligga kvar i ~et** …remain in the water
spade *s* spade; **en ~ jord** a spadeful of earth
1 spader *s* kortsp., koll. spades pl.; **en ~ a** (resp. one) spade, jfr *hjärter* med sms.
2 spader *s* vard. **få ~** do one's nut, go mad (crazy)
spadtag *s* cut (dig) with a (resp. the) spade; *ta det första ~et till…* cut (turn) the first sod for…
spaghetti *s* koll. spaghetti sg.
1 spak *s* lever; sjö. handspike; flyg. [control] stick, control column; *vid ~arna* flyg. at the controls
2 spak *adj* lätthanterlig tractable, manageable; foglig docile; ödmjuk submissive, subdued; *få (göra) ngn ~* make a p. docile (etc., se ovan), break a p.'s spirit
spaljé *s* för växt trellis, espalier
spaljéträd *s* trained (trellised) [fruit] tree, espalier
spalt *s* **1** typogr. column; *komma i ~erna* get into the papers **2** spaltat skinn split **3** tekn., springa slit
spalta *vb tr* **1** typogr. put…into columns **2** klyva o. dela upp **~ [upp]** split [up], divide **3** kem. decompose
spaltfyllnad *s* padding
spaltkorrektur *s* galley (slip) proof
spana *vb itr* med blicken gaze, look out; intensivt watch, spy out; speja scout; mil. el. flyg. äv. reconnoitre; om polis investigate; **~ söka efter…** be on the look-out (search, hunt) for…; **~ in** vard. have a look (peep, dekko) at, get an eyeful of
spanare *s* spejare scout; mil. el. flyg. observer; polis investigator, detective
spaniel *s* spaniel
Spanien Spain
spaning *s* **1** search; polis~ äv. investigation, search for wanted persons (resp. a wanted person); mil. el. flyg. reconnaissance; *vara på ~ efter ngt* bildl. be on the look-out (the search) for a th.; *sätta i gång ~ar efter* start a search (hunt) for, raise a hue and cry after **2** spanande searching; scouting, reconnoitring; jfr *spana*
spaningsflygplan *s* reconnaissance (scouting) plane, scout
spaningsledning *s* investigation headquarters
spaningspatrull *s* search party; mil. reconnaissance patrol
spanjor *s* Spaniard; **~erna** som nation el. lag o.d. the Spaniards, the Spanish
spanjorska *s* Spanish woman (lady etc.); jfr *svenska 1*
spankulera *vb itr* stroll, saunter
1 spann *s* **1** bro~ span **2** skid~ arching of a (resp. the) ski
2 spann *s* dragdjur team; med oxar äv. yoke (pl. lika); jfr äv. *fyrspann*
3 spann se *hink*
spannmål *s* corn; isht amer. grain; brödsäd cereals pl.
spannmålsmagasin *s* granary, grain store (elevator); silo silo
spansk *adj* eg. Spanish; **~ peppar** se *paprika;* **~a sjukan** the Spanish flu
spanska *s* språk Spanish, jfr *svenska 2*
spanskamerikansk *adj* Spanish-American
spant *s* sjö.: allm. frame; av trä äv. timber, rib
spara I *vb tr* o. *vb itr* **1** samla, gömma save; sätta av sv. save (lay) up, put (lay) by; f. senare tillfälle äv. keep, reserve [*till* i samtl. fall for]; uppskjuta put off [*till* to, till]; *spar* kvittot*!* save (keep)…!; *det är ingenting att ~ på* it is not worth saving (keeping); **~ till en bil** save up for a car; *ha en ~d slant* have some money saved (put by, laid by) [for a rainy day], have a nest-egg **2** inbespara save; **~ arbete (plats, tid, utgifter)** save labour (space, time, expense) **3** vara sparsam practise economy, be economical (saving), save; inskränka sig retrench, cut down one's expenses; snåla, se *4; den som spar han har* waste not, want not **4** hushålla med economize [*på* on]; snåla be sparing [*på* of]; hålla inne med keep…to oneself; skona, t.ex. sin hälsa spare; **~ sina krafter (på krafterna)** husband (save) one's strength; *inte ~ på krafterna* not spare (be unsparing of) one's

strength; ~ **sina ögon** take care not to strain one's eyes **5** se *bespara*
II *vb rfl*, ~ **sig** spare oneself äv. bespara sig; husband one's strength; hålla igen not go all out; sport. äv. hold [oneself] back; ~ **sig** för större uppgifter save oneself...
III med beton. part.
~ **ihop** save (lay) up, put (lay) by [*till* i samtl. fall for]; hopa accumulate; jfr *hopsparad*
~ **in** save; ~ *in* dra in *på ngt* economize (cut down) on a th.
sparare *s* saver
sparbank *s* savings bank
sparbanksbok *s* savings [bank] book (passbook)
sparbössa *s* money box, savings box
spargris *s* pig[gy] bank
spark *s* **1** kick; *få ~en* vard. get the sack (the push), be (get) fired; *ge ngn ~en* vard. give a p. the sack (the push), fire a p. **2** åkdon kick-sled
sparka I *vb tr* kick; ~ *boll* vard. kick a ball about, play football; ~ *ngn på smalbenen* kick (hack) a p.'s shins; ~ *ngn i ändan* kick a p. (give a p. a kick) in the pants; *bli ~d (~ ngn)* från jobbet, se *[få* etc.*] spark[en]*
II *vb itr*, ~ *[omkring sig]* kick about
III med beton. part.
~ **av** knäcka av kick and break; ~ *av sig [täcket]* kick off one's bedclothes
~ **bort** se ~ *undan*
~ **igen** dörren kick...shut
~ **i gång** en verksamhet vard. kick off...
~ **ihjäl** ngn kick a p. to death
~ **in** dörren kick...in
~ **omkull** kick...over
~ **till** ngn, ngt give...a kick
~ **undan** kick...away (out of the way)
~ **upp** a) t.ex. damm kick up b) t.ex. dörr kick...open
~ **ut** ngn kick (boot) a p. out; avskeda, se *[ge ngn] spark[en]*
sparkapital *s* saved (savings) capital; *ett (hans)* ~ vanl. some (his) savings pl.
sparkassa *s* savings association
sparkbyxor *s pl* rompers
sparkcykel *s* scooter
sparkdräkt *s* romper suit, rompers pl.
sparkstötting *s* kick-sled
sparlåga *s* **1** gas~ low jets pl.; grytan *står på* ~ ...is kept on low heat **2** bildl. *gå på* ~ take it easy, not exert oneself too much
sparlån *s* 'savings loan', bank loan that may be obtained after a period of saving
sparmedel *s pl* savings capital sg.; *hans* ~ his savings
sparobligation *s* savings bond
sparpaket *s* polit. austerity package
sparpengar *s pl* savings
sparra *vb tr* o. *vb itr*, ~ *[mot] ngn* spar with a p., be a p.'s sparring-partner

sparring *s* **1** abstr. sparring **2** pers. sparring-partner äv. friare
sparringpartner *s* sparring-partner äv. friare
sparris *s* koll. asparagus (vanl. sg.); *en* ~ a stalk (spear) of asparagus
sparrisknopp *s* asparagus tip
sparsam *adj* **1** ekonomisk economical [*med* with]; thrifty [*med* with]; snål parsimonious; *vara ~ med* bränslet economize on... **2** friare o. bildl.: njugg, återhållsam sparing, chary; gles sparse; knapp scanty; sällsynt rare, infrequent; ~ *med (på)* t.ex. beröm, ord sparing (chary) of
sparsamhet *s* economy, thrift
sparsamhetsskäl *s*, *av* ~ for reasons of economy
sparsmakad *adj* fastidious, particular; omdömesgill discriminating; om inredning austere, sober
spartan *s* Spartan
spartansk *adj* Spartan
sparv *s* sparrow
sparvhök *s* sparrow hawk
sparvuggla *s* pygmy owl
spasm *s* spasm
spasmodisk *adj* spasmodic
spastiker *s* spastic; han är ~ ...a spastic
spastisk *adj* spastic
spat *s* miner. spar
spatel *s* spatula
spatiös *adj* spacious; bostad äv. roomy; typogr. widely spaced
spatsera *vb itr* walk; som en tupp strut, jfr vid. *promenera*
spatsertur *s* walk
spatt *s* hos häst spavin; *jag tror jag får ~!* vard. I'll go crazy (mad) in a minute!
spattig *adj* om häst spavined; om pers., stelbent stiff, ...stiff in the joints
spe *s* förlöjligande derision, ridicule, mockery; hån taunt[s pl.], gibe[s pl.]
speaker *s* utropare, hallåman announcer; konferencier compère; eng. el. amer. parl. Speaker
speceriaffär *s* grocer's (grocery) [shop (amer. store)]
specerier *s pl* groceries
specialdesignad *adj* specially designed
specialerbjudande *s* special offer
specialfall *s* special case
specialgjord *adj* specially made
specialisera *vb tr* o. *rfl*, ~ *sig* specialize [*på, i* in]
specialisering *s* specialization
specialist *s* specialist [*på* in]; expert expert [*på* on (in)]; *han är* ~ *på* försäkringsfrågor he is an expert on (in)...
specialitet *s* speciality; fack, produkt äv. specialty
specialklass *s* skol. remedial class
specialkunskap *s* specialist knowledge (end. sg.)

speciallärare *s* remedial teacher
specialslalom *s* slalom proper
specialstål *s* special (alloy) steel
specialundervisning *s* remedial teaching (instruction)
specialuppdrag *s* special task (commission, mission mission)
specialutbildad *adj* specially trained
specialändamål *s* special purpose
speciell *adj* special, especial, particular, jfr äv. *särskild*
speciellt *adv* specially, especially, particularly, jfr äv. *särskilt; detta gäller ~ om...* this is true about...in particular
specificera *vb tr* specify; räkning itemize; *nedan ~de varor* the articles specified below
specifik *adj* specific
specifikation *s* specification [*över* of], detailed description [*över* of]
spedition *s* hand., spedierande forwarding, dispatch, shipping
speditionsfirma *s* forwarding (shipping) agency (agents pl.)
speditör *s* forwarding (shipping) agent[s pl.]
speedway *s* speedway [racing]
spefull *adj* hånfull mocking, taunting, derisive; gäcksam quizzical
spegel *s* **1** mirror, looking glass; hand~ [hand] mirror; *sjön ligger som en ~* the lake is as smooth as a mirror **2** tekn., ving~ specul|um (pl. -a); fält på dörr, matta o.d. panel
spegelbild *s* reflection äv. bildl.; vetensk. mirror (reflected) image
spegelblank *adj* om t.ex. is, sjö glassy, ...as smooth (bright) as a mirror; om t.ex. golv, metall shiny
spegelglas *s* mirror (tjockt, slipat plate) glass
spegelreflexkamera *s* reflex camera
spegelvägg *s* mirror wall
spegelvänd *adj* reversed, inverted
spegla I *vb tr* reflect, mirror; litteraturen *~r samtiden* ...reflects the age **II** *vb rfl, ~ sig* be reflected (mirrored); om pers. look [at oneself] in a mirror (a glass); *~ sig* i ett butiksfönster have a look at oneself...
speglosa *s* gibe, jeer, sneer, scoff
speja *vb itr* spy [about] [*efter* for], jfr vid. *spana*
speja *vb itr* watch closely; *~ efter* look out (spy about) for
spejare *s* mil. [reconnaissance] scout; spion spy
spektakel *s* bråk, oväsen row, shindy; förarglighet bit of a bother, proper business; elände nuisance; uppträde scene; skandal scandal
spektakulär *adj* spectacular; sensationell sensational; uppseendeväckande striking
spektralanalys *s* spectral (spectrum) analys|is (pl. -es)
spektroskop *s* spectroscope
spektrum *s* fys. spectr|um (pl. -a) äv. bildl.

spekulant *s* **1** *[hugad]* ~ intending (prospective, would-be) buyer (purchaser); på auktion äv. bidder **2** börs~ speculator, operator; neds. jobber
spekulation *s* allm. speculation; hand. äv. venture; börs~ äv. operation; *på ~* on (as a) speculation; vard. on spec
spekulativ *adj* speculative; hand. äv. venturous
spekulera *vb itr* **1** fundera speculate [*över* about (on)]; ponder, cogitate [*över* on (over)]; *det ~s över* orsaken people are wondering (making guesses) about... **2** göra osäkra affärer speculate; på börs äv. operate, play the market; neds. gamble; *~ i aktier* speculate in shares; *~ i* våld och sex speculate (gamble) in ...
spel *s* **1** mus. playing; spelsätt äv. execution, performance **2** teat., spelsätt acting; teaterstycke play **3** sällskaps~, kort~, idrotts~ game äv. bildl.; match match; spelande playing; spelsätt vanl. play; hasard~ gambling; stick i kort~ trick; *~ spel* play games; *~ om pengar* playing for money; *~et var långsamt* i matchens början play was slow...; *bollen är i (ur)* ~ the ball is in (out of) play; förlora (vinna) *på ~* ...by gambling; kortsp. ...at cards **4** orr~ o.d. [mating] call **5** tekn.: gruv~ winder; vinsch o.d. windlass; ankar~ äv. capstan; spelrum clearance, play, allowance **6** spec., isht bildl. uttr.: *musklernas ~* the play of the muscles; *~et är förlorat* the game is up; *ha fritt ~* have free (full) scope (play äv. eg.); *rent (inte rent) ~* fair (foul) play; *ta hem ~et* win the game; *följa ~ets regler* play the game, follow the rule book; *stå på ~* be at stake (riskeras in jeopardy, at risk); *sätta ngt på ~* risk (stake, jeopardize) a th., put a th. at stake; *[för]sätta* ngn, ngt *ur ~* put...out of the running, eliminate...; *vara ur ~et* bildl. be out of it (the running)
spela I *vb tr o. vb itr* **1** allm. play äv. bildl., om t.ex. ljus; mus. äv. execute, perform; om skådespelare äv. act; visa [film] show; *~* hasard gamble; låtsas vara pretend, feign; utspelas be laid; *~ apa* play the ape, monkey about; *~ piano (gitarr)* play the piano (guitar); vard. äv. play piano (guitar); *~ första (andra) fiolen* bildl. play first (second) fiddle; *låta fantasin ~* draw on one's imagination; *~* rollen **Hamlet** play (act) [the part of] H.; *~ hjälte* act the hero; *~ [ett parti] kort* play [a game of] cards; *~ skalor* practise scales; *~ sjuk* pretend to be ill, sham (feign) illness; *~ defensivt (hårt)* sport. play a defensive (a rough) game; *~ högt* med hög insats play high (for high stakes); *~ för ngn* a) inför ngn play to a p. b) ta lektioner för ngn take music (resp. piano etc.) lessons from a p.; *~ mot ngn* i sport play a p.; i pjäs play opposite a p., co-star a p.; *~ schack mot ngn* play a p. at chess; *~ om pengar* play for money; *~ på*

börsen speculate on the stock exchange; ~ *på* en häst bet on...; ~ *på ngns känslor* play on a p.'s feelings; ~ *på lotteri* take part in a lottery (lotteries pl.); *det är som att* ~ *på lotteri* it's a lottery **2** om orre o.d. call, utter the mating call; om lärka o.d. sing **3** (tr.), vinscha hoist, winch
II med beton. part.
~ **av:** ~ *av ngn* pengar win...off a p.
~ **bort** gamble away
~ **fram** a) film, kassettband play forward b) i fotboll etc. play (make) a through pass
~ **igenom** ett musikstycke play...over (through)
~ **in a)** (tr.) ~ *in en film* make (produce) a film; ~ *in ngt [på band]* tape a th., record a th. [on tape] **b)** (itr.) inverka come into play
~ **med** join in the game; kortsp. take a hand; ~ *med i* film o.d. appear in...
~ **om** mus. el. sport. o.d. replay, play...again; en scen take...[over] again
~ **upp a)** spelläxa play [*för* to] **b)** t.ex. en vals strike up; ~ *upp till dans* strike up for dancing **c)** ljudband play back **d)** kortsp. lead
~ **ut a)** ett kort lead, play **b)** ~ slut finish; se äv. *utspelas;* ~ *ut ngn mot ngn* play off a p. against a p.; kyrkan *har ~t ut sin roll* ...has had its day **c)** sport. outplay
~ **över a)** övningsspela practise **b)** överdriva overdo it; om skådespelare overact **c)** ~ *över ett* ljud*band* re-record (radera erase) a tape
spelare *s* allm. player; hasard~ gambler; vadhållare better, punter
spelautomat *s* [automatic] gaming (gambling) machine; vard., med spak one-armed bandit; av fortunatyp pintable
spelbord *s* **1** för kortspel card table; för hasardspel gambling (gaming) table **2** mus. console
speldjävul *s*, *han har gripits av ~en* ung. he has caught the gambling fever, he is a compulsive gambler
speldosa *s* music[al] box
spelfilm *s* feature film
spelgalen *adj* ...[who is (are osv.)] gambling mad
spelhall *s* amusement hall (arcade)
spelhåla *s* gambling-den, gambling-house; isht amer. gambling-joint
spelkort *s* playing-card
spellektion *s* mus. music lesson
spelman *s* [folk] musician; fiolspelare fiddler
spelmark *s* counter
spelregel *s* rule [of the game]
spelrum *s* bildl. scope, play; *ge fritt* ~ *åt* sina känslor give free rein (give free play) to...; *ha fritt* ~ have free (full) scope
spelskuld *s* gambling debt
spelsätt *s* sport. way of playing, technique äv. kortsp.; mus. el. mus. äv. execution; teat. [way of] acting

speltid *s* för film screen (running) time; för musikkassett, videokassett playing time
speluppläggare *s* sport. playmaker
spelår *s* teat. theatrical year
spelöppning *s* schack. el. bildl. [opening] gambit; friare, t.ex. sport. opening
spenat *s* spinach
spendera *vb tr* spend
spendersam *adj* generous, liberal, ...liberal with one's money
spene *s* teat, nipple; isht kos äv. dug
spenslig *adj* slender; om figur äv. slight; spröd delicate; smärt slim
spenvarm *adj* om mjölk ...warm from the cow
sperma *s* sperm
spermagivare *s* sperm donor
spermie *s* sperm
spetig *adj* **1** spretande straggling **2** mager skinny, ...[as] thin (lean) as a rake; *~a ben* spindly legs
1 spets *s* udd point äv. bildl.; på reservoarpenna nib; ände t.ex. på cigarr, finger, rot, tunga tip; [smal]ända [narrow] end; topp apex (pl. äv. apices) äv. geom.; top; berg~ äv. peak; blad~ el. vetensk. cusp; se f.ö. ex.; *sluta i en* ~ end in a point; *gå i ~en för ngt* walk at the head of a th., head (lead the way for) a th. äv. bildl.; *stå för. ställa sig) i ~en för ngt* be (resp. put oneself) at the head of a th., head a th.; *ställa ngt på sin* ~ bring a th. to a head; *driva saken till sin* ~ carry (drive) matters to an extreme (to extremes)
2 spets *s* trådarbete *~[ar]* lace (end. sg.); *en* ~ a piece of lace
3 spets *s* hund spitz; dvärg~ Pomeranian
spetsa *vb tr* **1** göra spetsig, ~ till sharpen, point; ~ *öronen* prick (cock) up one's ears äv. bildl.; ~ *till* bildl.: t.ex. situation bring...to a head (a critical stage), render...critical; t.ex. formulering make...[more] incisive; ~ *till sig* bildl. become critical (acute), reach an acute stage, come to a head **2** genomborra pierce; t.ex. insekt transfix; fastspetsa: på bajonett bayonet; på spjut spear; på nål pin **3** t.ex. mat, dryck lace
Spetsbergen Spitsbergen
spetsbåge *s* pointed (Gothic) arch, ogive
spetsfundig *adj* subtle; neds. quibbling, sophistic[al], hair-splitting
spetsfundighet *s* subtlety, quibble; konkr. äv. subtle point, sophism; *komma med ~er* split hairs, chop logic
spetsgardin *s* lace curtain
spetsig *adj* allm. pointed; vass sharp; båda äv. bildl., avsmalnande tapering; om vinkel o.d. acute; vetensk.: t.ex. tand cuspidate; t.ex. blad äv. acuminate; bildl. äv. caustic, sarcastic, cutting; *~t berg* peaked mountain; ~ *kniv* sharp-pointed knife; ~ *penna* blyerts sharp pencil; bildl. caustic pen; ~ *tunga* bildl. sharp tongue

spetsighet *s* pointedness, sharpness båda äv. bildl.; acuteness; causticity; jfr *spetsig*
spetskrage *s* lace collar
spett *s* **1** stek~ spit; grill~ skewer **2** järn~ [pointed] iron-bar lever
spetälsk *adj* leprous; **en ~** *subst. adj.* a leper
spetälska *s* leprosy
spex *s* student~ students' farce (burlesque)
spexa *vb itr* skämta clown [about], horse around
spexhumör *s* playful (rollicking) mood
spexig *adj* funny, comical
spigg *s* zool. stickleback
1 spik *adv*, **~ nykter (rak, säker)** se *spiknykter* etc.
2 spik *s* nail; stift, nubb tack; räls~, brodd spike; **slå (träffa) huvudet på ~en** bildl. hit the nail on the head; om kritik o.d. äv. strike home
spika I *vb tr* o. *vb itr* nail; med nubb o.d. tack; bildl. fix, peg, jfr ex.; virket är för hårt **att ~ i** ...to drive (hammer) a nail into; **~ en dag för** sammanträde, vard. fix...; **~d** vard., se *fullsatt*
  II med beton. part.
  ~ fast fasten...with a nail (resp. nails pl.); nail [*vid* on to]
  ~ för: **~ för [brädor för]** en öppning nail boards over (in front of)..., board up..., cover...with boards
  ~ igen lock o.d. nail...down (dörr o.d. up)
  ~ upp nail...[up]; anslag äv. placard
spikhuvud *s* head of a (resp. the) nail, nail head
spikhål *s* nail hole
spiknykter *adj* vard. ...as sober as a judge
spikpiano *s* honky-tonk piano
spikrak *adj* dead straight, ...as straight as an arrow (a poker)
spiksko *s* sport. spiked (track) shoe
spill *s* **1** waste, wastage, loss; isht av vätska spillage; radioaktivt fallout **2** data. overflow
spill|a I *vb tr* o. *vb itr* **1** eg. bet. spill, drop; *spill inte!* take care you don't spill a drop!, don't spill it!; *det är inte värt att gråta över -d mjölk* it is no use crying over spilt milk **2** bildl. waste, lose; **~ ord (tid) på ngt** waste words on (time on el. over) a th., waste one's breath on a th.; **-d möda** labour thrown away, labour wasted
  II med beton. part.
  ~ bort sin tid på struntsaker fritter away...
  ~ ned duken make a mess on...; med kaffe etc. äv. spill coffee etc. all over...
  ~ på sig spill something (kaffe etc. some coffee) on one's clothes (over oneself)
  ~ ut vinet spill...[out], slop...
spillkråka *s* zool. black woodpecker
spillning *s* droppings pl.; gödsel dung
spillo *s*, *gå till* **~** se *tillspillo*
spillolja *s* waste oil
spillr|a *s* skärva splinter; friare el. bildl. remnant, remains pl.; fragment fragment; **-or** a) av t.ex. flygplan, hus wreckage, debris (båda end. sg.) b) av t.ex. förmögenhet, armé scattered remnants, wreck (end. sg.) [*av* of]; *falla i* **-or** fall to pieces, be shattered; eg. äv. break into splinters; **slå ngt i -or** lay a th. in ruins, shatter a th.
spilltid *s* bortkastad tid time wasted (lost); extra tid time left over
spillvatten *s* utspillt vatten spilt water; överloppsvatten waste water; avloppsvatten foul water
spilta *s* stall; lös ~ [loose] box
1 spindel *s* zool. spider; *sitta som ~n i nätet* be the spider in the web
2 spindel *s* tekn. spindle
spindelnät *s* cobweb; spider['s] web; *täckt med ~* äv. cobwebbed
spindelväv se *spindelnät*
spindelvävstunn *adj* gossamer-like; attr. äv. gossamer...
spinett *s* mus. spinet
spinkig *adj* [very] thin, spindly, slender; **~a ben** spindly legs
1 spinn *s* **1** flyg. spin, spinning dive; *råka i ~* go down in (get into) a spin **2** fys. spin
2 spinn *s* se *spinnfiske; ta en gädda på ~* spin a pike
spinna *vb tr* o. *vb itr* **1** eg. el. friare spin; tvinna äv. twist; rotera äv. spin round, twirl; **~ vidare på tråden** bildl. develop (elaborate, pursue) the idea **2** om katt, motor, pers. purr; **~ av belåtenhet** purr with content
spinnaker *s* sjö. spinnaker
spinnare *s* **1** fiske. spinner **2** spinnarfjäril bombycid
spinneri *s* spinning mill
spinnfiske *s* spinning; amer. äv. bait casting
spinnrock *s* spinning wheel
spinnspö *s* spinning (casting) rod
spion *s* spy; hemlig agent secret (undercover) agent; vard. snooper
spionaffär *s* spying (spy) affair
spionage *s* espionage; spionerande spying
spionera *vb itr* spy [*på* on]; carry on espionage [*åt i* båda fallen for]; vard. snoop [about]
spioneri *s* spying; spionage espionage (båda end. sg.)
spionliga *s* spy ring
spira I *s* **1** topp spire **2** trä~ spar äv. sjö.; rundhult pole **3** härskarstav sceptre **4** vard., kvinnoben gam **II** *vb itr* om frö el. bildl. germinate; skjuta skott sprout [up (forth)], shoot [forth] [*ur* out of]; **~nde kärlek** incipient love; **~nde liv** budding (growing) life
spiral *s* **1** spiral, helix (pl. äv. -ces); vindling äv. whorl, convolution; *gå i ~* turn (wind) spirally (in a spiral) **2** preventivmedel intra-uterine contraceptive device (förk. IU[C]D), loop, coil
spiralblock *s* spiral[-bound] writing-pad

spiralfjäder s coil (spiral) spring
spiralformig adj spiral, helical; snäckformig whorled; med vindlingar convoluted; isht biol. convolute
spiraltrappa s spiral (winding, newel) staircase
spirea s bot. spiraea
spiritism s, ~*[en]* spiritualism
spiritist s spiritualist
spiritualism s, ~*[en]* spiritualism
spiritualitet s elegans brilliance; fyndighet wit; kvickhet esprit (samtl. end. sg.)
spirituell adj witty, ...full of wit
spirituosa s spirits pl.; alcoholic liquors pl.
1 spis s allm. stove; köks~ vanl. [kitchen] range; elektrisk, gas~ cooker; **öppen** ~ fireplace; **stå vid (i)** ~**en** be busy cooking, stand over the stove etc. (vedspis äv. fire)
2 spis s, **andlig** ~ spiritual nourishment
spisa vb tr o. vb itr **1** eat, jfr **äta 2** vard. listen; ~ **jazz** listen to jazz
spiselkrans s mantelpiece, chimneypiece
spisfläkt s cooker hood ventilator (fan)
spiskupa s o. **spiskåpa** s hood
spisning s, **utan vidare** ~ bildl. without further ado
spisplatta s hot plate, hob
spjut s spear; kast~, äv. sport. javelin; kort dart; pik pike; **kasta** ~ throw the javelin
spjutkastare s sport. javelin thrower
spjutkastning s sport. javelin throw, [throwing the] javelin ss. tävlingsgren
spjutspets s spearhead äv. bildl.
spjuver s rogue
spjäla I s lath; på säng o.d. bar; i jalusi vanl. slat; i staket pale; långt spån sliver; med. splint **II** vb tr med. splint, put...into splints
spjälka vb tr **1** klyva, äv. bildl. el. kem. split [i into]; bryta ned break down, decompose **2** med. splint
spjäll s i eldstad damper; regulator äv. register; i maskin throttle valve; förgasarventil vanl. throttle
spjälstaket s paling, pale (picket) fence
spjälsäng s för barn cot [with bars]; isht amer. crib
spjärn s, **ta** ~ *[med fötterna]* **mot ngt** put one's feet against a th.
spjärna vb itr, ~ **emot** streta emot offer resistance, dig one's heels in, resist
spleen s spleen
splint s **1** ytved sapwood, sap, alburnum **2** flisor splinters pl.; tändsticks~ splints pl.
1 split s discord, dissension; **så** ~ sow [the seeds of] dissension, make mischief
2 split s ekon. share splitting
splits s splice
splitsa vb tr splice [up] *[ihop* together*]*
splitter s splinter
splitterfri adj shatterproof, splinterproof; ~**tt glas** äv. safety (laminated) glass

splitterny adj brand-new
splitterskydd s splinter-protecting cover, splinterproof äv. mil.
splittr|a I s splinter; **-or** äv. shivers **II** vb tr shatter, splinter, break...into splinters, shiver; klyva split; bildl. divide [up], t.ex. tid, krafter split [up]; partiet **har ~ts** ...has split up; meningarna [inom partiet] var ~**de** ...divided; **han är** ~**d** he is disharmonious, he dissipates his energies; **ett ~t land** a country divided against itself **III** vb rfl, ~ **sig** bildl. dissipate (divide, squander) one's energies, vard. spread oneself thin
splittring s brist på enhet lack of conformity, disunion; söndring disruption, disintegration; tvedräkt division, split, schism
1 spola vb tr o. vb itr **1** ~ ren med vatten o.d. flush, swill [down], sluice; skölja rinse, wash äv. om våg; skridskobana flood; med. syringe; ~ **vatten** i badkaret let the water run...; ~ *[på wc]* flush the pan; ~ **ngt i land** wash a th. ashore; ~ **av** a) t.ex. bilen wash down, flush b) t.ex. disken rinse, swill c) t.ex. smutsen swill off; ~ **ned ngt på toaletten** flush a th. down the toilet (lavatory [pan]); ~ *[in]* **över** wash **2** vard., förkasta chuck up, scrap; ~ **kröken** go on the [water] wagon
2 spola vb tr o. vb itr vinda upp på spole wind, spool, reel äv. film; ~ **av** wind off, unspool; ~ **om (tillbaka)** band, film rewind
spolarvätska s windscreen (amer. windshield) washer fluid
spole s **1** symaskins~ bobbin; amer. spool; för film, [färg]band, silke o.d. spool; rulle reel; hår~ curler, roller; i maskin, för väv o.d. allm. bobbin; för vävskyttel äv. quill **2** elektr. el. radio. coil **3** fjäder~ quill
spolformig adj spool-shaped, bobbin-shaped; naturv. fusiform
spoliera vb tr spoil, wreck; ödelägga ruin
spoling s stripling; neds. whippersnapper
spolmask s roundworm; med. ascarid
sponsor s sponsor
sponsra vb tr sponsor
sponsring s sponsoring
spont s snick. tongue
spontad adj, ~**e bräder** match-boards, tongue-and-groove boards, match[ed] boards
spontan adj spontaneous; ~ **abort** spontaneous abortion; vard. miscarriage
spontanitet s spontaneity, spontaneousness
spor s bot. spore
sporadisk adj sporadic; enstaka isolated, occasional, stray; spridd scattered
sporra vb tr eg. el. bildl., allm. spur *[framåt* on]; bildl. äv. stimulate, incite; stark. goad; deg cut, jag; ~ **ngn att göra ngt** goad a p. into doing a th.; ~ **hästen** spur the horse, jfr äv. *sporre* ex.
sporre s spur; bildl. äv. stimul|us (pl. -i),

incentive; stark. goad; deg~ pastry (wheel) cutter, jagger, jagging-wheel; på hund dewclaw; flyg. [tail] skid
sport *s* sport; flera slags ~er sports pl.; boll~ game[s pl.]; *det har blivit en* ~ it has become a regular sport (pastime)
sporta *vb itr* go in for sports (games)
sportaffär *s* sports shop (outfitter)
sportartiklar *s pl* sports equipment sg. (articles, goods)
sportbil *s* sports car
sportdykare *s* skindiver
sportdykning *s* skindiving
sportfiskare *s* angler
sportfiske *s* angling
sportflygplan *s* private (sports) plane
sportfåne *s* vard. sports freak
sporthall *s* sports centre (hall)
sportig *adj* sporty; om pers. äv. ...keen on sport[s]; om dräkt o.d. äv. ...for sports wear
sportjacka *s* leisure (casual) jacket
sportjournalist *s* sports writer
sportklädd *adj* ...in sports clothes
sportkläder *s pl* sports clothes; sportswear sg.
sportlov *s* [winter] sports holiday[s pl.]
sportnyheter *s pl* o. **sportnytt** *s* sports news sg., sportscast sg.
sportredaktör *s* sports editor
sportsida *s* sports page
sportslig *adj* sporting, sports...; *en* ~ *chans* a sporting chance
sportstuga *s* ung. [weekend] cottage; av timmer log cabin
spotsk *adj* föraktfull, hånfull contemptuous, scornful; övermodig arrogant, haughty; stursk impudent
1 spott *s* saliv spittle, saliva
2 spott *s*, ~ *och spe* scorn and derision
spotta *vb tr* o. *vb itr* spit; isht med. expectorate; ~ *ngn i ansiktet* spit in a p.'s face; *han* ~*r inte i glaset* he is fond of the bottle; ~ *fram*
a) ge ifrån sig rap out; t.ex. en order äv. snap [out]; t.ex. en tidningsartikel churn out
b) tillverka pour out (forth); ~ *upp sig* pluck up courage; vard. pull one's socks up; ~ *ut* spit out; vard., klämma fram med äv. cough up
spottkopp *s* spittoon; amer. äv. cuspidor
spottkörtel *s* salivary gland
spottstyver *s*, köpa ngt *för en* ~ ...for a song, ...for a paltry sum
spov *s* zool.: stor~ curlew; små~ whimbrel
spraka *vb itr* knastra crackle; gnistra sparkle äv. bildl.; send out [crackling] sparks; ~*nde färger* blazing colours
sprallig *adj* lively, bouncy, frisky, frolicsome
spratt *s* trick; skämt hoax, prank, practical joke; *spela ngn ett* ~ play a trick (practical joke) on a p., trick (hoax) a p.
sprattelgubbe *s* jumping jack; sprallig person jack-in-the-box
sprattla *vb itr* hoppa, spritta flounder; för att komma loss struggle; om småbarn kick about; om dansös o.d. do a lot of high-kicking
spray *s* o. **sprej** *s* spray; apparat äv. atomizer
spreja *vb tr* spray
sprejburk *s* spray can
sprejflaska *s* [aerosol] spray, atomizer
spreta *vb itr* om ben, bokstäver sprawl; ~ *[ut]* stick (stand) out; ~ *[ut] med* fingrarna spread (expand, splay, t.ex. lillfingret extend)...
spretig *adj* straggling, straggly; ~ *handstil* sprawling hand
spricka I *s* allm. crack; i ben äv. fracture; bräcka i gods äv. flaw; i hud chap; jfr äv. *rämna I;* bildl.: t.ex. i vänskap rift, breach; t.ex. inom parti split; koppen *har en* ~ ...is cracked **II** *vb itr* crack; om hud chap; brista break; sprängas sönder burst; rämna split, jfr äv. *rämna II;* äta tills man är *nära att* ~ ...ready to burst; ~ *av* avund (ilska, nyfikenhet, skratt) burst with...; förlovningen *sprack* ...was broken off; förhandlingarna *har spruckit* vard. ...have broken down; *sprucken röst* cracked voice; *molntäcket började* ~ *upp* the layer[s] of cloud began to break up (disperse); ~ *ut* om löv o.d., se *slå [ut]*
sprickfärdig *adj* pred. ready to burst [*av* from]
sprida I *vb tr* allm. spread; t.ex. doft, ljus, vetande, värme äv. diffuse; utså, t.ex. läror, idéer, frön äv. disseminate; utbreda, t.ex. en åsikt, ett mode äv. propagate; skrifter äv. distribute; ~ *ut* skingra disperse äv. om prisma; scatter; ~ *semestrarna* stagger the annual holidays; ~ *kostnaderna* spread [out] the cost; ~ *ljus över ngt* bildl. shed light upon a th.; ~ *en dålig lukt av...* give out a smell of...; ~ *riskerna* spread the risk; ~ *ett rykte* spread (circulate) a rumour; sätta i omlopp set a rumour afloat; ~ *skräck* spread fear
II *vb rfl,* ~ *sig* spread, diffuse, disperse, scatter, jfr I; om strålar o.d. diverge; utbreda sig, bildl. propagate oneself; elden *spred sig snabbt* ...spread rapidly; sjukdomen *har spritt sig till Europa* ...has reached Europe
III med beton. part.
~ **omkring** scatter...about
~ **ut** eg. spread out; friare spread [about (...abroad)], circulate, propagate, jfr äv. *sprida I*
spridd *adj* utbredd spread; enstaka isolated, stray, sporadic; gles sparse; kring~ scattered, dispersed; ~*a anmärkningar* stray remarks; ~*a applåder* sporadic applause sg.; ~ *bebyggelse* scattered houses; ~*a drag* scattered traits; *några få* ~*a fall* some (a) few rare cases; *några* ~*a hus* a few stray (straggling) houses; ~*a ord* isolated words, a few words here and there; ~*a skurar* scattered showers; *på* ~*a ställen* here and there, in isolated spots (places); *arten är mycket* ~ the species is widely dispersed (spread)

spridning *s* (jfr *sprida*) spreading [out] etc.; t.ex. av idéer, kunskaper, missnöje, sjukdom el. statistik. spread; diffusion; dissemination, propagation; distribution; dispersion; circulation; tidningar *med stor* ~ ...with a wide circulation, widely-read...; genom blåsten *fick elden större* ~ ...the fire became more widely spread; *ge* ~ *åt* se *sprida I*
spridningsområde *s* range; biol. äv. area of distribution (för gas of diffusion)
spring *s* springande running [about]; *det är ett* ~ *[av folk]* dagen i ända there is a stream of people popping (running) in and out (people coming and going)...
1 springa *s* [narrow] opening; t.ex. dörr~ chink; smal ~, t.ex. i brevlåda slit; för mynt o.d., brevinkast i dörr slot
2 springa I *vb itr* **1** löpa, ränna run; rusa dash, dart; kila, isht med små steg scamper; vard. pop; 'sticka' be off; ta till flykten run away; hoppa jump, spring; *vi måste* ~, annars blir vi våta we must run for it...; ~ *benen av sig* run oneself off one's legs, run like mad; ~ *lös* om hund run off the lead; ~ *100 meter* delta i tävling run in the 100 metres; ~ *sin väg (kos)* run away; fly äv. turn and run; 'sticka' make off; vard. cut and run, beat it; ~ *efter ngn* vara efterhängsen run (be) after a p.; *hon har sprungit hos* läkare hela hösten she has kept running to consult...; ~ *i affärer* go shopping; ~ *på bio (toaletten)* keep running to the cinema (lavatory) **2** om källa o.d., se ~ *fram* **3** brista burst; gå av snap, break [in two]; om tross o.d. äv. part; om trä äv. spring; ~ *i luften* explode, be blown up
II med beton. part.
~ **bort** run away (off), escape; se äv. bortsprungen
~ **efter** hämta run for, [run and] fetch
~ **emot** a) till mötes run to meet... b) stöta emot run into (against)..., jfr ex. under *emot II*
~ **fatt ngn** catch a p. up, catch up with a p.; v. förföljande äv. run down a p.
~ **fram** a) eg. rusa (rush) forward (up) *[för att* inf. to inf.]; t.ex. ur gömställe spring (dart) out [*ur* from] b) friare: om flöde, idé o.d. spring [forth] [*ur* out of]; om källa o.d. äv. spout (gush, well) out [*ur* of]
~ **förbi** run past, pass
~ **före** a) framför run in front, run ahead [*ngn* of a p.] b) i förväg run on in front (in advance, ahead)
~ **ifatt** se ~ *fatt*
~ **ifrån** ngn (ngt) run away from..., leave...
~ **in**: ~ *in [i huset]* run into the house, run indoors; vard. pop in; ~ *in* genom dörren run [in]...
~ **ned** run down (nedför trappan downstairs); ~ *ned* och handla, vard. pop down...
~ **om** ngn (ngt) overtake (outrun)...

~ **omkring** run about (around); ~ *omkring i butiker* run in and out of the shops
~ **omkull** ngn (ngt) run into...and knock him (it etc.) over (down)
~ **på** fortsätta ~ go on running; ~ *på ngn* rusa fram till rush (anfalla fly) at a p.; jfr ~ *emot b)*
~ **undan** åt sidan run to one side, run out of the way [*för* to], avoid; skyggt run away [*för* from]
~ **upp a)** löpa run up (uppför trappan upstairs); bildl., om pris jump up, soar **b)** rinna upp spring up **c)** öppna sig fly open, open all of a sudden
~ **ut** run out
~ **ute** run out [of doors]; ~ *ute på* gatorna run about [in]...
~ **över** gata o.d. run across; ~ *över till ngn* run (omf. pop) over to (för att hälsa på to see el. and see) a p.
springande *adj*, *den* ~ *punkten* the vital (crucial) point
springare *s* **1** häst steed, courser **2** schack. knight
springbrunn *s* fountain
springflicka *s* errand girl
springflod *s* spring tide
springpojke *s* errand (messenger, delivery) boy, messenger; *vara* ~ passopp *åt ngn* fetch and carry for a p.
sprinkler *s* sprinkler
sprint *s* key, cotter; dubb pin, peg
sprinter *s* sport. sprinter
sprinterlopp *s* sport. sprint; isht amer. dash
sprit *s* alkohol alcohol; industriell spirit[s pl.]; dryck spirits pl.; stark~ [hard] liquor, alcoholic (hard) drink; amer. *denaturerad* ~ denatured (röd~ methylated) spirits
sprita *vb tr* ärter o.d. shell, pod, hull; fjäder strip
spritdryck *s* alcoholic liquor (drink); ~*er* vanl. spirits
spritförbud *s* prohibition of the sale of liquor
sprithaltig *adj* spirituous, alcoholic
spritkök *s* spirit stove (heater)
spritlampa *s* spirit lamp
spritlangare *s* vard. bootlegger
spritmissbruk *s* abuse of (addiction to) alcohol (liquor)
spritpenna *s* marker [pen]
spritpåverkad *adj* ...under the influence of drink (liquor, alcohol), intoxicated; vard. tipsy, ...under the influence
spritranson *s* allowance of spirits
spritrestriktioner *s pl* restrictions on spirits (alcohol)
spriträttigheter *s pl*, *ha* ~ be [fully] licensed
sprits *s* strutformig forcing (pastry) bag [and tube (nozzle)]; spruta squirt; munstycke piping (forcing) tube, pipe, nozzle
spritsa *vb tr* t.ex. grädde, deg pipe
spritsmugglare *s* liquor smuggler, bootlegger

spritt adv, ~ *[språngande] galen* raving (stark staring) mad; ~ *[språngande] naken* stark naked; vard. starkers; ~ *ny* brand new
spritta vb itr hoppa, t.ex. av glädje jump, bound [*av* for]; darra, t.ex. av lust, oro quiver; t.ex. av otålighet, spänning tremble [*av* with]; ~ *av liv* bubble with life; ~ *till (upp)* give a start, start
sprittermometer s spirit thermometer
sprittning s darrning quiver; ryckning twitch
spritärter s pl shelling (kok. green) peas
sprudla vb itr bubble; spruta gush; ~ *av liv* bubble over with high spirits (with life); ~ *av kvickhet* sparkle with wit
sprudlande I adj om t.ex. fantasi, humör exuberant; om humör äv. effervescent; om kvickhet sparkling **II** adv, *vara ~ glad* bubble over with high spirits
sprund s på kläder slit, opening; på laggkärl bung[hole]
spruta I s injektion injection; för injektion el. hand~ syringe äv. med.; liten squirt; för besprutning, målning o.d. sprayer; rafräschissör spray, atomizer; brand~ fire engine; *få en ~ [morfin]* get an injection (vard. a shot) [of morphine]
II vb tr o. vb itr spurt, spirt; med fin stråle squirt; ~ ut med stor kraft, äv. om val o.d. spout; bespruta sprinkle; med slang hose; isht färg el. mot ohyra spray; stänka splash, spatter; *blodet ~de ur såret* the blood gushed from the wound; ~ *eld* spit (isht om vulkan äv. belch forth, emit, om drake breathe) fire; hans ögon *~de eld (gnistor)* ...flashed (shot forth) fire; ~ *vatten på ngt* throw (spray) water on (spola flush, hose) a th.
III med beton. part.
~ *fram* spurt [forth]; plötsligt äv. gush
~ *in* inject äv. med.; syringe [*i* into]
~ *upp* spurt up (out)
~ *ut* spurt [out], spout; eld, rök, lava (tr.) eject, emit, belch out
sprutlackera vb tr spray, spray-paint
sprutlackering s abstr. spraying, spray painting (finishing)
sprutmåla vb tr spray, spray-paint
sprutpistol s spray gun
språk s allm. language; isht litterärt uttryckssätt style, diction; talspråk speech; sätt att tala äv. manner of speaking; idiom idiom; *juridiskt (militärt)* ~ legal (military) parlance; siffrorna *talar sitt tydliga ~* ...speak for themselves; uttrycker mer än ord ...speak (express) volumes; *ha svårt (lätt) för ~* find languages difficult (easy), have no gift (a gift) for languages, be a poor (good) linguist; lärare *i ~* ...of languages; *ut med ~et!* speak up (out)!, out with it!; isht amer. quit stalling!
språka vb itr talk, speak [*om* about]
språkbegåvad adj attr. ...with a gift for languages; *han är ~* he has a gift for languages, he is a good linguist
språkbegåvning s egenskap gift for languages, linguistic ability; *han är en ~* se *språkbegåvad*
språkbehandling s diction, style
språkbruk s [linguistic] usage
språkfamilj s family of languages
språkfel s linguistic error, solecism; grövre blunder
språkforskare s linguistic researcher; filolog philologist; lingvist linguist
språkforskning s linguistic research; filologi philology; lingvistik linguistics sg.
språkfärdighet s language (linguistic) proficiency
språkförbistring s confusion of languages (tongues)
språkgeni s, *han är ett ~* he has a genius for languages (is a linguistic genius)
språkhistoria s [the] history of language; *engelsk ~* the history of the English language
språkkunnig adj, *en ~ flicka* a girl with a good knowledge of foreign languages
språkkunskap s, *allmän ~* general linguistics sg.; *~er* knowledge sg. of languages
språkkurs s language course
språkkänsla s feeling for language, linguistic instinct
språklaboratorium s language laboratory
språklektion s language lesson
språklig adj linguistic; filologisk philological
språklära s grammar
språklärare s language teacher; i flera språk teacher of languages
språkmelodi s intonation
språkområde s speech area; *det engelska ~t* the English-speaking area
språkresa s kurs utomlands language course abroad
språkriktig adj idiomatically (grammatiskt grammatically) correct
språkriktighet s linguistic (grammatical) correctness
språkrör s mouthpiece [*för* of]
språksinne s talent for languages; jfr *språkkänsla*
språkstrid s language dispute (controversy)
språkstudier s pl language (linguistic) study
språksvårigheter s pl difficulty sg. in speaking and understanding [a (resp. the) language]
språkundervisning s language teaching
språkvetare vard., se *språkforskare*
språkvetenskap s filologi philology; lingvistik linguistics sg.
språkvård s preservation of the purity of the language
språkvårdare s purist, person who is concerned with the preservation of the purity of the language

språköra *s*, *ha gott* ~ have a good ear for languages; jfr *språkkänsla*
språng *s* allm. jump äv. bildl.; leap, jfr *2 hopp 1;* springande run, running; *våga ~et* bildl. take the plunge; *i ett [enda]* ~ at one [single] bound; *vara på* ~ i farten be running about
språngbräda *s* springboard äv. bildl.
språngmarsch *s* run; *~!* mil. double up!; *i* ~ at a run
språngsegel *s* brandsegel jumping sheet (net); isht amer. life net
språngvis *adv* by jumps äv. bildl.; by leaps; ojämnt at [irregular] intervals
spräcka *vb tr* allm. crack äv. röst; plan spoil, ruin; tarm burst; trumhinna split; t.ex. kostnadsramar go far beyond, overstep
spräcklig *adj* prickig speckled, spotted; marmorerad mottled; om ko o.d. äv. brindled
spräng|a I *vb tr* allm. burst; med sprängämne blast; ~ i luften blow up; slå sönder, t.ex. dörr break (force)…open; skingra scatter; upplösa: t.ex. politiskt parti split up; koalition break up; ~ *banken* i spel break the bank; ~ *en häst* ride a horse to death, override a horse; *polisen har -t ligan* the police have busted the gang; ~ *målsnöret* breast the tape; ~ *i luften* blow up
II *vb itr* **1** galoppera gallop **2** värka ache; jfr *sprängvärka*
III med beton. part.
~ *bort* a) tr.: med sprängämne blast away b) itr.: på häst gallop off
~ *fram* ridande gallop along
~ *in:* ~ *in ett skyddsrum i* berg blast a shelter into…
~ *sönder* burst (med sprängämne blast) [i flera delar …to pieces]
sprängbomb *s* high-explosive bomb; splitterbomb splinter bomb, fragmentation bomb
sprängdeg *s* plastic explosive, explosive paste
sprängkraft *s* explosive force, blast effect
sprängladdning *s* explosive (bursting) charge
spränglista *s* vid val ung. splinter list
spränglärd *adj* erudite, very learned
sprängmedel *s* explosive
sprängskott *s* blast, blasting-discharge
sprängstoff *s* bildl. dynamite
sprängverkan *s* explosive (blast) effect
sprängvärk|a *vb itr, det -er i huvudet* my head is splitting; *det -er i tummen* my thumb is throbbing with pain
sprängämne *s* explosive
sprätt *s* **1** snobb dandy, fop; amer. äv. dude **2** fart, rotation *sätta* ~ *på* vard. put life into; *han satte* ~ *på pengarna* he ran through (had a good time with) the money
1 sprätta *vb tr* o. *vb itr* **1** knäppa flick, flip [*på ngn at*…] **2** stänka spatter **3** om höns scratch
2 sprätta *vb itr* vara sprättig *gå och* ~ strut [about], play the dandy

3 sprätta *vb tr* sömnad. ~ *bort* rip off (out); ~ *sönder* unpick; ~ *upp* söm rip up; plagg äv. unstitch; bok cut; kuvert slit open (up); ~ *ur* se ~ *bort*
sprätthöns *s* koll. free-range hens pl.
sprättig *adj* dandified, foppish; amer. äv. dudish
sprättkniv *s* sömnad. seam-picker
sprättägg *s* koll. free-range eggs pl.
spröd *adj* allm. brittle; om t.ex. sallad crisp; ömtålig fragile; om pers. äv. frail; om hud delicate; om röst frail; om klang tinny, thin
spröjs *s* i fönster [window] bar; vågrät transom; lodrät mullion
spröt *s* **1** zool. antenn|a (pl. -ae), feeler **2** paraplyspröt rib
spurt *s* spurt; *göra en* ~ make a spurt; *lägga in ~en* put on a spurt
spurta *vb itr* spurt, put on (make) a spurt
sputnik *s* sputnik
spy *vb tr* o. *vb itr* vomit; vard. throw up, spew; ~ *[ut]* eld (rök) belch forth (out)…; jfr *kräkas*
spydig *adj* malicious, snide; ironisk sarcastic; svag. ironical; om anmärkning äv. biting; om tunga sharp
spydighet *s* (jfr *spydig*) egenskap malice, sarcasm, irony; *en* ~ a piece of malice osv.; *~er* malicious osv. remarks, sarcasms
spyfluga *s* zool. bluebottle, blowfly
spygatt *s* sjö. scupper
spå *vb tr* o. *vb itr* **1** utöva spådom tell fortunes; ~ *ngn [i kort (i handen)]* tell a p. his fortune [by the cards (by the lines of the hand)] **2** förutsäga predict, foretell, prophesy [*ngn ngt* i samtl. fall a th. for a p.]
spådom *s* förutsägelse prediction, prophecy
spågubbe *s* o. **spågumma** *s* vard. [old] fortune-teller
spåman *s* fortune-teller; siare prophet
spån *s* flisa chip; takspån shingle; koll.: filspån filings pl.; hyvelspån shavings pl.; hon är *dum som ett* ~ …as stupid as they make them
spåna *vb itr* vard., improvisera ad-lib
spång *s* footbridge, plank
spånkorg *s* chip basket
spånplatta *s* particle board, chipboard
spånskiva *s* material particle board, chipboard; *en* ~ a sheet of particle board (chipboard)
spåntak *s* shingled roof
spår *s* **1** märke **a)** allm. mark; friare el. svag. trace äv. lämning [*av, efter* i samtl. fall of]; *bära* ~ *av* bear (show) traces (signs, bildl. äv. vestiges) of; *utan ett* ~ *av* without a (any) trace of; *sopa igen ~en efter sig* cover up one's tracks äv. bildl.; *åren har satt sina* ~ the years have left their mark; *sätta djupa* ~ *i* bildl. make (set) a deep mark on, make a lasting impression on **b)** se *fotspår;* **följa ngn** *i ~en* be fast on the heels of a p.; bildl. follow in a p.'s footsteps **c)** i linje: skid~ el. efter t.ex. vagn, djur track [*av, efter* of]; bildl. el. friare

spåra

vara inne på fel ~ be on the wrong track, be barking up the wrong tree; *allt gick i de gamla ~en* everything was in the same groove (rut); *det är raka ~et* raka vägen it is straight ahead (on); ingen svårighet it is plain sailing; *komma ngn (ngt) på ~en* get on the track of a p. (a th.) **d)** jakt.: fotavtryck print; i rad trail; lukt~ scent; friare track [*av, efter* i samtl. fall of]; *få upp ett ~* pick up a trail (resp. a scent) **2** ledtråd, vid brott clue; *följa [upp] ett ~* follow up a clue, pursue a line of inquiry; *polisen har inga ~ efter brottslingarna* ...cannot track down (...have no clues as to) the criminals **3** järnv. o.d. track[s pl.]; rails pl., line **4** på grammofonskiva groove; på inspelningsband track **5** på skruv slot **6** tillstymmelse, aning trace, vestige

spåra I *vb tr* följa spåren av track, follow the trail of, trace; jakt. äv. scent; friare el. i bet. 'märka' trace; *~ upp* track down, trace (ferret) out; friare el. bildl. hunt out; upptäcka discover, spot **II** *vb itr* **1** skidsport. make a track **2** *~ ur* om tåg o.d. leave (go off) the rails, leave the track, be derailed; bildl. go off the rails, go astray (adrift); om t.ex. diskussion äv. get off the right track; *festen ~de ur* the party got out of hand

spårbunden *adj* trackbound, railbound
spårhund *s* tracker [dog]; sleuth-hound, bloodhound båda äv. bildl.
spårlöst *adv, han försvann ~* he vanished without a trace (vanished into thin air); *det gick honom ~ förbi* it made no impression on him at all
spårvagn *s* tram, tramcar; amer. streetcar, trolley [car]; *åka ~* go by tram
spårvagnslinje *s* tramline; amer. streetcar line
spårvidd *s* gauge, width of track; motorfordons [wheel] track; *normal ~* standard gauge
spårväg *s* tramway; amer. streetcar line
spårämne *s* **1** fys. tracer [element] **2** biol. trace element
spä *vb tr, ~ [ut]* dilute; med vatten äv. water down, thin down; blanda mix; *~ soppan* thin down...; *~ på med* add äv. bildl.; mix in; bildl. äv. fill in
späck *s* **1** fettvävnad hos djur fat; hos val blubber **2** kok. bacon fat, larding bacon
späcka *vb tr* med späck lard; fylla stuff; bildl. [inter]lard, stud
späckad *adj* larded osv., jfr *späcka*; *en ~ plånbok* a bulging (fat, well-lined) wallet; ett tal *späckat med citat* ...studded with quotations
späd *adj* om t.ex. växt, ålder tender; om t.ex. gestalt slender; ovanligt liten tiny; bot. äv. young; ömtålig delicate; *~ röst* feeble (weak) voice
späda se *spä*
spädbarn *s* infant, baby

spädbarnsdöd *s, plötslig ~* sudden infant death syndrome; vard. cot (amer. crib) death
spädbarnsdödlighet *s* infant mortality
spädbarnsvård *s* care of infants
spädgris *s* sucking-pig
spädkalv *s* sucking-calf
spädning *s* spädande diluting osv., jfr *spä;* konkr. dilution
späka *vb rfl, ~ sig* mortify the flesh
späkning *s* mortification
spänd *adj* (jfr *spänna I*) eg.: [ut]sträckt stretched osv.; om rep, muskel taut; om rep äv. tight, tense; bildl., nervös tensed up, tense, nervy; vard. uptight; nyfiken curious; ivrig [att få veta] anxious to know; *~ båge* drawn bow; *ett spänt förhållande* strained relations pl.; *~ förväntan* eager (tense, breathless) expectation; *spänt intresse* intense interest; *ett spänt läge* a tense situation, a state of tension; *~a nerver* tense (highly-strung, taut) nerves; *~ spiralfjäder* coiled spring; lyssna med *~ uppmärksamhet* ...strained attention; *i ~ [för]väntan* on tenterhooks; *vara ~ på att få veta* be curious (resp. anxious) to know

1 spänn *s* spänt tillstånd *vara (sitta) på ~* om pers. be in suspense (on tenterhooks); vard. be uptight
2 spänn *s* vard., krona krona (pl. kronor)
spänna (jfr *spänd*) **I** *vb tr* sträcka [ut] o.d., t.ex. snöre, vingar stretch; dra åt, t.ex. rep tighten; muskler stretch; anstränga, t.ex. krafter, nerver, röst strain; jfr *båge* ex.; *~ en fjäder* tighten a spring; *~ hanen på ett gevär* cock a gun; *~ all sin kraft* el. *~ sina krafter [till det yttersta]* strain every nerve [to the utmost] äv. bildl.; muster up [all] one's strength; *~ ögonen i ngn* fasten (rivet) one's eyes on a p.; *~ öronen* lyssna spänt cock (prick up) one's ears

II *vb itr* **1** kännas trång, om plagg be [too] tight [*över* bröstet across...] **2** *~ över* omspänna: sträcka sig över cover, extend over; omfatta embrace

III *vb rfl, ~ sig* **a)** eg. tense oneself **b)** anstränga sig strain (brace) oneself; *spänn dig inte!* äv. relax! **c)** vard., spela tuff put on a show, put on the dog

IV med beton. part.
~ av **a)** *~ av [sig]* unfasten; med rem unstrap; med spänne unbuckle, unclasp; ta av [sig] take off, undo **b)** vard. *spänn av!* relax!, take it easy!
~ fast fasten (med rem strap, med spänne buckle)...on [*vid* to]; *~ fast* säkerhetsbältet fasten...
~ från: ~ från [hästen] unharness (unhitch) the horse
~ för: ~ för [hästen] harness (hitch) the horse
~ på [sig] skidor (skridskor) put on; sabel

buckle (gird) on; ryggsäck strap on; säkerhetsbälte fasten
   ~ upp a) lossa: allm. undo, unfasten; med rem unstrap; med spänne unclasp, unbuckle b) paraply, tält, lina put up
   ~ ut sträcka stretch; **~ ut** bröstet expand...; **~ ut** magen distend...
   ~ åt tighten, pull (draw)...tight[er]; **~ åt** bältet *ett hål till* tighten...up one hole more
spännande *adj* fylld av spänning exciting, thrilling; stark. breathtaking; fängslande enthralling; *det skall bli ~ att få se (veta)* it will be very interesting to see (know)
spänne *s* allm. clasp; på skärp buckle; för håret slide
spänning *s* allm. el. elektr. tension; uttryckt i volt voltage; tekn. strain, stress; bildl.: allm. excitement; iver eagerness; oro suspense; *vänta med ~* wait eagerly
spännram *s* **1** mål. stretcher **2** vävn. tenter
spännvidd *s* byggn. el. flyg. span; omfattning . extent, scope
spänst *s* kroppslig vigour, physical fitness; elasticitet, svikt springiness; t.ex. fjäders el. bildl. elasticity, resilience; vitalitet vitality
spänsta *vb itr* motionera take exercise to keep fit
spänstig *adj* om pers. fit, vigorous; om gång springy; elastic, resilient; vital, vivacious; jfr *spänst*; *hålla sig ~* keep fit, keep in [good (physical)] form (trim)
spänta *vb tr*, *~ stickor* split wood
spärr *s* **1** tekn. catch, stop, lock; jfr *spärranordning* o. *spärrhake* **2** vid in- o. utgång barrier; järnv. äv. el. vid flygplats gate **3** hinder: allm. barrier; barrikad barricade; polisspärr på väg roadblock; hand., för export (import) embargo; psykol. barrier
spärra I *vb tr* **1** allm. block, block up, bar; stänga för trafik äv. close [*för* to]; hindra obstruct, block; telefon put...out of service; konto o.d. block, freeze; *~ en check* stop [payment of] a cheque; *~ en gräns* close a frontier; *~t* konto blocked..., frozen...; *~d utbildning* course of study with restricted intake (with limited admission) **2** typogr. space out, interspace; *med ~d stil* in spaced-out letters
   II med beton. part.
   ~ av gata (väg) close; med t.ex. bockar block; med rep rope off; med poliskordong cordon off; med taggtråd wire off; isolera isolate, shut off; jfr *I 1* ovan
   ~ in allm. shut (låsa lock)...up; *~ in ngn i fängelse* äv. confine a p. to gaol, imprison a p.; se äv. *inspärrad*
   ~ upp: *upp munnen (ögonen)* open one's mouth (eyes) wide; se äv. *uppspärrad*
   ~ ut fingrar (klor) spread out...; jfr äv. *utspärra*
spärranordning *s* locking (blocking) device

spärrballong *s* mil. barrage (anti-aircraft) balloon
spärreld *s* mil. barrage
spärrhake *s* pawl, ratchet; i t.ex. fönster, dörr catch; i urverk click
spärrkonto *s* blocked (frozen) account
spärrlinje *s* trafik. solid line
spärrlista *s* allm. ung. black list; t.ex. för konton list of blocked accounts
spärrvakt *s* ticket collector
spätta *s* **1** zool. plaice (pl. lika) **2** vard., flicka rocker girl, girl who rides on the pillion of a motorbike with a rocker
spö *s* kvist twig; metspö [fishing-]rod; ridspö horsewhip; smal käpp switch; *regnet står som ~n i backen* it's pouring [down]; *få ~* get a licking äv. bli besegrad
spöa *vb tr*, *~ [upp]* vard. whip, lash, flog; besegra beat; se äv. *klå 1*
spöka I *vb itr* om en avliden haunt a (resp. the) place, walk; *det ~r här (i huset)* this place (house) is haunted; *det är nog kabelfelet som ~r igen* ligger bakom it is probably...that is behind it (ställer till trassel is causing trouble) again
   II med beton. part.
   ~ till (ut) sig make a fright (guy) of oneself, jfr äv. *utspökad*
spökdjur *s* zool. tarsier
spöke *s* **1** vålnad ghost, spectre; vard. spook; skräckbild bugbear; frightening picture; *se ~n på ljusa dagen* conjure up imaginary terrors **2** bildl.: utspökad pers. scarecrow
spökeri *s* ghosts pl.; spökande haunting; *~er* [the] appearance sg. of ghosts
spökhistoria *s* ghost story
spökhus *s* haunted house
spöklik *adj* **1** eg. ghostlike, ghostly, spectral; vard. spooky **2** kuslig, hemsk uncanny, weird
spökrädd *adj* ...afraid of ghosts
spökskepp *s* phantom ship
spökskrivare *s* ghost writer
spökstad *s* ghost town
spöktimme *s* ghostly (witching, midnight) hour
spöregn *s* pouring rain
spöregna *vb itr*, *det ~r* it's pouring [down], it's coming down in buckets
spörsmål *s* question; jfr *fråga I*; *juridiska ~* legal matters
1 squash *s* sport. squash, squash rackets sg.
2 squash *s* bot. squash
st. (förk. för *stycken*) pcs.
stab *s* allm. staff; jfr *personal*
stabbig *adj* **1** om pers. stocky äv. om ben; vard. spooky **2** kuslig om mat stodgy
stabil *adj* i jämvikt stable; stadig, säker solid; om pers. steady; *en ~ firma* a sound firm
stabilisator *s* sjö. el. flyg. stabilizer; flyg. äv. tailplane
stabilisera *vb rfl*, *~ sig* stabilize; arbetslösheten

stabilitet

håller på att ~ sig äv. ...is levelling off; *läget har ~t sig* äv. ...has settled down
stabilitet *s* stability
stabschef *s* mil. chief of staff
stack *s* halmstack, höstack stack, rick; hög heap; av t.ex. ved pile; myrstack ant-hill
stacka *vb tr* t.ex. hö stack äv. flyg.; rick
stackare *s* allm. poor creature (stark. devil); eländig varelse [poor] wretch; krake weakling; ynkrygg weak-kneed creature, coward; *den ~n!* poor thing (devil)!; *en klen (usel, svag) ~* äv. a wretched (pitiable) creature
stackars *adj* poor; *~ du (dig)!* poor you!, you poor thing!; *~ hon (henne), han (honom)!* poor thing!; *~ jävel!* poor devil (stark. bugger)!; *~ liten!* poor little thing!
stackato mus. el. friare **I** *s* staccat|o (pl. -os el. -i) it. **II** *adv* staccato it.
stackmoln *s* meteor. cumulus (pl. cumuli) [cloud]
stackmyra *s* wood ant
stad *s* allm. town; större äv., i Engl. isht med katedral city; i administrativt avseende borough; *~en New York* New York City; *Stockholms ~*, *~en Stockholm* the town (city) of Stockholm; *gamla ~en (stan)* the old part of the town; *det talar hela stan om* the whole (all the) town is talking about it, it's the talk of the town; *bo i ~en (stan)* live in town; *han är [inne] i stan* he is in town; *mot centrum av (nere i) ~en (stan)* towards (in) the centre of town; amer. downtown; *gå ut på stan* go into town; *över hela stan* all over [the] town
stadd *adj*, *vara ~ i utveckling* be developing; *vara ~ på resa* be [out] travelling; *vara (inte vara) ~ vid kassa* be in (out of) cash
stadfästa *vb tr* **1** dom confirm; lag establish; förordning sanction; fördrag ratify **2** relig., befästa establish [*i tron* in...]
stadga I *s* **1** stadighet steadiness, firmness, stability; stadgad karaktär firmness of character **2** förordning regulation[s pl.], rule, statute; lag law; t.ex. Förenta Nationernas charter **II** *vb tr* (jfr *stadgad*) **1** göra stadig steady; bildl. consolidate **2** förordna direct, enact, prescribe; påbjuda decree **III** *vb rfl*, *~ sig* om väder, språkbruk el. pers. become settled; om pers. äv. settle down, become steady
stadgad *adj* **1** om pers. steady, staid; om karaktär firm; om rykte settled **2** föreskriven: vanl. prescribed
stadig *adj* säker: allm. steady; fast firm äv. bildl.; stabil stable; jfr *stadgad 1;* kraftig: om t.ex. käpp, sko, tyg stout; om tyg äv. el. om t.ex. mur strong; om mat o. måltid substantial, solid; till konsistensen (om mat) compact; grov o. stark, om pers. sturdy; varaktig permanent, durable; *ha ~t arbete* have regular work; *~ blick* steady gaze (look); *~ fast kund* regular client;

ha ~t sällskap go steady; *~ vind* steady wind; *~t väder* settled weather; *gå med ~a steg* walk with a firm step; *vara ~ på hand* have a steady hand; *inte vara ~ på benen* be unsteady (wobbly) on one's legs
stadigvarande *adj* permanent; ständig constant
stadion *s* stadium
stadium *s* allm. stage; med. äv. stadium; skede phase, period; grad degree; vid skola department, jfr äv. hög- o. låg- o. mellan|stadium
stadkant *s* sömnad. list, selvage, selvedge
stadsarkitekt *s* town (i större stad city, i stadskommun municipal) architect
stadsarkiv *s* town (city, municipal) archives pl.; jfr *stadsarkitekt*
stadsbarn *s* town child; i större stad city child
stadsbefolkning *s* urban (town) population
stadsbibliotek *s* town (city, municipal) library
stadsbo *s* town-dweller; borgare citizen
stadsbud *s* bärare porter; amer. äv. redcap
stadsdel *s* quarter of a (resp. the) town, district
stadsfullmäktig *subst adj* hist. town (i större stad city) councillor; amer. councilman; *~e* the town (resp. city) council
stadshotell *s* principal hotel in a (resp. the) town
stadshus *s* town (i större stad el. amer. city) hall
stadskörning *s* med bil etc. town driving, driving in town
stadsliv *s* town (i större stad city) life
stadsmur *s* town (i större stad city) wall
stadsmänniska *s* town (i större stad city) dweller
stadsområde *s* town (om större stad city, urban, om storstad metropolitan) area
stadsplan *s* town (för större stad city) plan
stadsplanering *s* town planning; i större stad city planning
stadsport *s* town (i större stad city) gate
stadsteater *s* municipal (i större stad city) theatre
stadsvapen *s* city arms pl.
stafett *s* sport. **1** pinne baton **2** gren o.d. relay; jfr *stafettlöpning*
stafettlöpare *s* relay runner
stafettlöpning *s* relay race (stafettlöpande racing)
stafettväxling *s* sport. change-over, baton-changing
staffage *s* konst. staffage, figure[s pl.] in a (resp. the) landscape; utsmyckning ornamental detail[s pl.]; teat. décor fr.
staffli *s* konst. easel
stafylokock *s* bakterie staphylococc|us (pl. -i)
stag *s* lina o.d.: sjö. el. flyg. stay; flyg. äv. bracing-wire; till tält guy; till tennisnät o.d. cord; stång av trä el. metall strut; *gå över ~* sjö. go about, tack

stagnation *s* stagnation, stagnancy; stockning stoppage, standstill
stagnera *vb itr* stagnate, become stagnant
staka I *vb tr* **1** båt punt, pole **2** t.ex. väg mark; ~ **ut** t.ex. tomt stake out (off); [järn]väg lay out; markera gränser för mark out, delimit; bestämma determine; föreskriva prescribe; jfr äv. *utstakad* **II** *vb itr* på skidor use one's [ski] sticks **III** *vb rfl* **1** ~ *sig fram* a) i båt punt [oneself] along b) på skidor push oneself along with one's [ski] sticks **2** ~ *sig* komma av sig stumble [*på* over]; hesitate
stake *s* **1** stör stake; att staka båt med pole **2** ljusstake candlestick **3** vard., framåtanda go, drive **4** vulg., penis prick, tool
staket *s* vanl. av trä fence; av metall railing, paling; spjälstaket trellis; av ståltråd wire fence
stalagmit *s* geol. stalagmite
stalaktit *s* geol. stalactite
stall *s* **1** byggnad stable; amer. ofta äv. barn; för cykel shed **2** uppsättning hästar stable, stud; grupp racerförare o.d. stable **3** på stråkinstrument bridge
stalla I *vb tr* sätta in i stall put...into a (resp. the) stable, stable **II** *vb itr* kasta vatten (om hästar) stale
stallbroder *s* companion, comrade; neds. crony
stalldräng *s* stableman, groom
stallgödsel *s* farmyard manure
stalltips *s, ett [säkert]* ~ a tip straight from the horse's mouth, a straight (hot) tip
stam *s* **1** bot. el. språkv. stem; trädstam trunk; fälld log **2** ätt family, lineage; folkstam tribe; djurstam strain; en man *av gamla ~men* ...of the old stock (friare school)
stamaktie *s* ordinary share
stamanställd *adj* mil. regular
stambana *s* järnv. trunk (main) line
stambok *s* lantbr.: för hästar studbook; för boskap herdbook
stambokförd *adj* lantbr. pedigree[d]; ~ *besättning* pedigree[d] stock; ~ *boskap* pedigree[d] cattle
stambord *s* regular table [at the (resp. a) restaurant]
stamfa[de]r *s* progenitor, [earliest (first)] ancestor
stamgäst *s* regular [frequenter], habitué
stamkrog *s* favourite restaurant
stamkund *s* regular customer (client) [*i, på* at]
1 stamma se *härstamma*
2 stamma *vb tr* o. *vb itr* i tal stammer, stutter; t.ex. av osäkerhet falter; ~ *fram* stammer (falter) out
stammoder *s* [first] ancestress
stamning *s* stammering, stuttering; *lida av* ~ suffer from a stammer
stamort *s* place of origin; *frihetens* ~ *[på jorden]* litt. the abode of freedom, freedom's home [upon earth]
1 stampa I *vb tr* o. *vb itr* **1** med fötterna stamp; ~ *[med foten] i golvet* stamp [one's foot] on the floor; ~ *i marken* om häst paw the ground; ~ *med fötterna* stamp one's feet; *stå och* ~ *på samma fläck* bildl. be still on the same old spot, mark time; inte komma någon vart be getting nowhere, be making no progress; ~ *takten* beat time with one's foot (resp. feet) **2** sjö. pitch
II med beton. part.
~ **av** *[sig]* smutsen (snön) stamp...off one's feet
~ **sönder** ngt stamp a th. to pieces, crush a th. by stamping on it
~ **till** a) tr., t.ex. jord trample (med redskap ram)...down b) itr. stamp [*med foten* one's foot]
2 stampa *vb tr* o. *vb itr* vard., pantsätta ~ *[på] ngt* pop a th., put a th. up the spout
stampen *s* vard. pantbanken, min klocka *är på* ~ ...is at [my] uncle's, ...is in pop
stamtavla *s* genealogical table; pedigree äv. djurs
stamträd *s* genealogical (family) tree
stan *s* (vard. för staden), se under *1 stad*
standar *s* standard; friare banner
standard *s* norm standard, standards pl.; nivå äv. level; *ha (hålla) en hög* ~ be on (maintain) a high standard; *höja (sänka)* *~en* raise (lower) the standard (level), raise (lower) standards
standardavvikelse *s* statistik. standard deviation
standardbrev *s* form letter
standardformat *s* standard size
standardfras *s* standard (stock) phrase
standardhöjning *s* rise in the standard (resp. in standards); standardhöjande raising of the standard (resp. of standards), jfr *standard;* om levnadsstandard rise in the standard of living
standardisera *vb tr* standardize
standardisering *s* standardization; standardiserande standardizing
standardmått *s* standard (stock) size; likare standard [measure]
standardprov *s* skol. standardized achievement test
standardsänkning *s* lowering of the standard (resp. of standards) [*om levnadsstandard* of living], jfr *standard*
standardtyp *s, av* ~ of the standard type
standardutrustning *s* standard equipment
standardverk *s* standard work
stank *s* stench, offensive smell; vard. stink
stanna I *vb itr* **1** bli kvar stay; jfr ~ *kvar* ned.; *den har kommit för att* ~ it has come (is here) to stay; *det ~r oss emellan* this is between you and me, it will go no further; ~ *hemma* stay at home, stay in; ~ *hos ngn*

stanniol

stay with a p.; ~ *till middagen* stay for (to) dinner; ~ *över natten* stay (vard. stop) the (over) night **2** bli stående o.d., sluta röra sig: allm. stop; om bil, tåg o.d. äv. halt, come to a halt; med el. om fordon (avsiktligt) pull up; om arbete äv. come to a halt; om hjärta äv. cease to beat; ~ *tvärt* stop short, stop dead; klockan *har ~t* ...has stopped; *tåget ~de* vid stationen äv. the train pulled (drew) up...; ~ (bestämma sig) *för* den blå duken settle on..., decide in favour of...; ~ *i växten* stop growing; ~ *mitt i* talet break off in the middle of...; *det ~de vid hotelser* it got no (they etc. did not get) further than threats **3** om vätska stop running; kok. set
II *vb tr* hejda stop; bromsa (t.ex. fordon) äv. bring...to a standstill; ~ *motorn* shut (turn) off the engine
III med beton. part.
~ **av** allm. stop, cease; om t.ex. arbete, trafik äv. come to a standstill; om samtal o.d. die down, flag
~ **borta** stay (remain) away
~ **hemma** stay (remain) at home
~ **kvar** stanna remain; om pers. äv. stay; där man är remain where one is, jfr *ligga [kvar]* o. *sitta [kvar];* som rest be left, remain; längre än de andra stay on (behind), remain behind; ~ *kvar efter* de andra stay on after..., stay longer than..., outstay...
~ **till,** ~ **upp** stop etc., se *I* 2 ovan
~ **uppe** *sent* stay (amer. stop) up late
~ **ute:** ~ *ute i det fria* stay [out] in the open, stay out of doors
~ **över** se *ligga [över]* o. *sitta [över]*
stanniol *s* tinfoil, silver paper
stans *s* tekn. punch
stansa *vb tr,* ~ *[ut]* punch
stansoperatris *s* keypunch operator
stapel *s* **1** hög pile; av ved stack; jfr *klockstapel* **2** sjö. stocks pl.; *gå (löpa) av ~n* sjö. leave the stocks, be launched; *gå av ~n* bildl. come off, take place **3** fys. pile **4** på bokstav stem; understapel downstroke; överstapel upstroke **5** i diagram column
stapelbar *adj,* ~*a stolar* stacking (nesting) chairs
stapelbädd *s* sjö. slipway, building berth
stapeldiagram *s* bar chart (graph)
stapelplats *s* entrepot, trading centre; hist. staple
stapelvara *s* staple [commodity]
stapla I *vb tr,* ~ *[upp]* pile [...up]; ~ *ved* stack wood **II** *vb rfl,* ~ *sig* pile up
stappla *vb itr* **1** gå ostadigt totter, stumble [*fram* along]; vackla stagger; *gå med ~nde steg* walk with a tottering (osv., se ovan) gait; *ta de första ~nde stegen* take one's first stumbling steps äv. bildl. **2** staka sig falter, stumble; *på ~nde franska* in halting (stumbling) French

stare *s* zool. starling
stark *adj* allm. strong äv. gram.; kraftig powerful; fast, om t.ex. hand, karaktär, tro firm; slitstark, om t.ex. kläder, möbler solid, durable, lasting; om krydda äv. hot; berusande, om dryck äv. heady, inebriating; verksam, om läkemedel äv. powerful, potent; frisk healthy; friare el. bildl.: stor great; allvarlig severe; intensiv, om t.ex. köld, ljus, längtan intense; om t.ex. önskan violent, keen; om ljud el. röst loud; utpräglad, om t.ex. motvilja pronounced; jfr *kraftig* med ex.; ~ *betoning* heavy emphasis (språkv. stress); ~ *färg* bright (vivid) colour; kortsp. strong suit; *en bacill i* ~ *förstoring* a greatly enlarged (magnified)...; *~t intryck* äv. deep impression; ~ *köld* bitter (intense) cold; *det ~a könet* the sterner sex; *~a misstankar* äv. grave suspicions; *en* ~ *personlighet* äv. a forceful (dynamic) personality; ~ *sjögång* heavy sea; *~a skäl* äv. good (powerful) reasons; ~ *storm* severe (hard) gale; ~ *ström* om vatten äv. rapid current; ~ *tillströmning* av studerande large influx...; ~ *trafik* heavy traffic; *en 50 man ~ trupp* a troop of fifty men; ~ *värme* intense heat; *vara* ~ *i armarna* have strong arms; när stormen var *som ~ast* ...at its height
starksprit *s* [strong] spirits pl.; amer. hard liquor
starkström *s* elektr. power (heavy, high-tension) current
starkströmsledning *s* elektr. power line
starkt *adv* strongly osv., jfr *stark;* ~ *kryddad* med många kryddor highly seasoned; med stark smak hot; ~ *sminkad* heavily made up; *jag misstänker* ~ *att...* I very much suspect (have a strong suspicion) that...; *min tid är* ~ *begränsad* ...is strictly limited
starkvaror *s pl* spirits
starkvin *s* dessert wine, fortified wine, wine with a high alcohol content
starköl *s* strong beer
starr *s* med. *[grå]* ~ cataract; *grön* ~ glaucoma
start *s* start; avfärd äv. departure; flyg. takeoff; startande starting; av raket o.d. launching; *flygande (stående)* ~ sport. flying (standing) start; vi måste *vara med från ~en* ...be in on it from the beginning, ...get in on the ground floor
starta I *vb itr* start; flyg. take off; ge sig av äv. set out (off) **II** *vb tr* start [up] äv. bil, motor o. friare; sätta i gång (äv. friare) set...going, get...afloat; affärsföretag o.d. äv. launch; butik äv. set up; tidning äv. found; ~ *eget* start out [in business] on one's own; ~ *en kampanj* launch a campaign
startanordning *s* starting device, starter; flyg. o.d. launching device
startavgift *s* entrance stake

startbana s flyg. runway; mindre landing-strip; för raket launcher, launching-pad
startbatteri s starter battery
startblock s sport. starting-block
startfält s sport. line-up
startförbud s flyg., i dag *råder ~ (har ~ utfärdats)* ...all planes are grounded
startgrop s, *ligga i ~arna* bildl. be ready to start [at any minute], be waiting for the signal to start
startkabel s bil. jump lead, jumper lead (cable); *starta med startkablar* jumpstart
startkapital s initial capital
startklar adj ...ready to start; flyg. ...ready to take off (for take-off); vard. ...all set to go
startknapp s starter [button]
startlinje s starting line
startmotor s starter, self-starter
startnyckel s bil. ignition key
startpistol s starter's gun (pistol)
startraket s booster [rocket]
startsignal s starting signal
startskott s starting shot; *~et gick* vanl. the pistol went off
startsträcka s flyg. starting (take-off) run
stass s finery; vard. glad rags pl.
stat s **1** polit. state; *~en* the State; statsmakten the Government; i konungadöme, isht jur. the Crown; *[Förenta] Staterna* the [United] States sg.; *en ~ i ~en* a State within the State; *i ~ens tjänst* in the service of the State, in public service; *på ~ens bekostnad* at the public expense, at the expense of the State (Government); *Statens Institut för...* the National [Swedish] Institute of (for)...; *Statens Järnvägar* the Swedish State railways; *Statens Kärnkraftsinspektion* the [Swedish] Nuclear-Power Inspectorate; *Statens Pris- och Konkurrensverk* the National Price and Competition Office; i Storbr. the Office of Fair Trading (förk. OFT); *Statens Provningsanstalt* the National Testing Institute **2** ämbetsmannakår staff **3** budget budget; underhålls~ för tjänstemän establishment
statare s förr agricultural labourer receiving allowance (payment) in kind
station s allm. station; järnvägs~ el. buss~, amer. äv. depot; tele. exchange
stationera vb tr station
stationshus s station building
stationsinspektor s stationmaster
stationssamhälle s village around a [railway] station
stationsvagn s bil estate car; isht amer. station wagon; ibl. [shooting] brake
stationär adj stationary
statisk adj static; *~ elektricitet* static [electricity]
statist s teat. walker-on (pl. walkers-on), supernumerary; vard. super; isht film. extra

statistik s statistics pl.; ibl. figures pl.; läroämne statistics sg.; *föra ~ över ngt* keep statistics of (relating to) a th.
statistiker s statistician
statistisk adj statistical; *Statistiska centralbyrån* the National Statistics Office of Sweden; *ett ~t samband* a statistical connection; *~a uppgifter* statistical data, statistics
statistroll s walk-on, walking-on part
stativ s stand; med tre ben äv. tripod
statlig adj (jfr äv. sms. med *stats-*) statens o.d. vanl. State...; statsägd, om t.ex. företag äv. State-owned, Government-owned; förstatligad nationalized; i statlig regi, om t.ex. kommitté, verk Government...; isht mots. kommunal, om t.ex. inkomstskatt national; isht mots. privat, om t.ex. befattning public; *~ institution* Government (State) institution; *~t [bostads]lån* Government [housing] loan; *~a myndigheter* Government authorities
statsangelägenhet s affair of State
statsanslag s Government (State, public) grant (appropriation)
statsanställd I adj ...employed in Government (State, public) service, ...in the Civil Service **II** subst adj Government (State, public) employee, civil servant
statsbesök s state visit
statsbidrag s State (Government) subsidy (grant); se vid. ex. under *statsunderstöd*
statsbudget s budget; förslag, riksstat estimates pl.
statschef s head of State
statsdepartement s department of State, Government department
statsegendom s State (Government, national) property
statsfientlig adj ...hostile to the State; samhällsfientlig subversive; *~ verksamhet* subversive activities pl.
statsfinanser s pl Government finances, finances of the State
statsform s form of government, polity
statsfru s lady of the bedchamber (pl. ladies of the bedchamber), lady-in-waiting (pl. ladies-in-waiting) [*hos* to]
statsförbund s association of States; federation [con]federation; allians alliance; union union
statsförfattning s Constitution
statsförvaltning s public (State) administration
statshemlighet s State (official) secret
statshushållning s public (national) economy (finance)
statsingripande s State (Government) interference (intervention)
statsinkomster s pl [national (State)] revenue sg.

statsinstitution

statsinstitution *s* Government (State) institution
statskassa *s* public treasury (exchequer); *avgifter till ~n* State dues
statskunskap *s* political science
statskupp *s* coup d'état (pl. coups d'état) fr.
statskyrka *s* established (State, national) church
statslån *s* Government loan
statslös *adj* stateless
statsmakt *s* **1** stats makt power of a (resp. the) State, State authority **2** *~erna* the Government sg., the Government authorities; *tredje ~en* pressen the fourth estate
statsman *s* statesman; politiker politician
statsmannablick *s* political foresight
statsmedel *s pl* Government funds
statsminister *s* prime minister; *biträdande (ställföreträdande) ~* deputy prime minister
statsobligation *s* Government bond
statsreligion *s* State (established) religion
statsråd *s* minister cabinet minister, member of the cabinet
statsrätt *s* constitutional law
statssekreterare *s* undersecretary of State
statsskick *s* form of government, constitution
statsskuld *s* national (public) debt
statstjänst *s* Government (public) service
statstjänsteman *s* civil (public) servant; amer. äv. office holder
statsunderstöd *s* statsbidrag State (Government) subsidy (grant); statshjälp State aid; skola *med ~* State-aided...; *en teater med ~* a subsidized theatre
statsunderstödd *adj* State-aided, subsidized
statsutskott *s* standing committee of supply
statsvetare *s* political scientist, expert on political science
statsvetenskap *s* political science
statsägd *adj* State-owned, Government-owned
statsöverhuvud *s* head of State
statuera *vb tr, för att ~ ett exempel* as a lesson (warning) to others
status *s* status; ställning äv. standing; *återgå till ~ quo* revert to the status quo
statuspryl *s* status symbol
statussymbol *s* status symbol
staty *s* statue; *han står ~ i parken* there is a statue of him [erected] in the park
statyett *s* statuette, figurine
stav *s* **1** käpp o.d. staff; vid stavhopp pole; skid~ ski stick (amer. äv. pole); kommando~ baton; troll~ wand **2** se *stavhopp* **3** anat., syncell rod
stava *vb tr* o. *vb itr* spell; *han ~r bra (dåligt)* he is a good (bad) speller; *~ fel* göra ett stavfel make a spelling mistake; *~ fel på* ett ord spell...wrong, misspell...; *hur ~s det?* how

do you spell it?, how is it spelt?; *~ sig igenom* spell out
stavelse *s* syllable; *sluten ~* fonet. checked (closed) syllable; *öppen ~* fonet. free (open) syllable
stavfel *s* spelling mistake, misspelling
stavformig *adj* staff-shaped
stavhopp *s* pole vault; *hoppa ~* pole-vault
stavhoppare *s* pole-vaulter
stavkyrka *s* stave church
stavning *s* spelling; rättstavning äv. orthography
stearin *s* candle-grease; fackspr. stearin
stearinljus *s* candle
steg *s* step äv. bildl.; ljud o. spår av steg äv. footstep; steglängd äv. pace; trappsteg på fordon äv. footboard; på bil running-board; kliv (äv. bildl.) stride; utvecklingsstadium el. raket~ stage; *~ för ~* se *stegvis I*; *med lätta ~* with a light step; *gå med tunga ~* walk with heavy steps (tungt with a heavy tread); *följa ngn på några ~s avstånd* follow...a few paces behind; *sakta ~en* slacken one's pace; *ta första ~et* take the first step; bildl. äv. take the initiative; *ta första ~et till* försoning make the first move towards...; *ta ~et fullt ut* bildl. go the whole way (hog); *ta ut ~en* gå fortare step out [better]
stega I *vb tr, ~ [upp]* en sträcka pace (step) [out]...; amer. walk off... **II** *vb itr* stride; *~ in (ut)* stride (march) in (out)
stege *s* ladder äv. bildl.; trapp~ stepladder
steglös *adj* tekn. variable, continuous
1 stegra *vb tr* öka: t.ex. priser, produktion increase, raise; t.ex. nyfikenhet, oro heighten; förstärka intensify; förvärra aggravate; nyfikenheten (spänningen) *~des* steg äv. ...rose
2 stegra *vb rfl, ~ sig* rear; bildl. rebel, revolt; sätta sig till motvärn show fight, offer resistance; opponera sig object
1 stegring *s* ökning increase, rise; pris~ äv. advance; heightening; intensification; aggravation; jfr *1 stegra*
2 stegring *s* hästs rearing
stegvis I *adv* steg för steg step by step; gradvis äv. gradually, by degrees **II** *adj* gradual, step-by-step...
stek *s* allm., isht slakt. joint; tillagad vanl. roast, joint of roast meat; *ösa ~en* baste the joint; jfr *lammstek* m.fl.
stek|a I *vb tr* vid öppen eld, i stekgryta samt (isht kött) i ugn roast; i ugn äv. (t.ex. fisk, äpplen) bake; i stekpanna med fett fry; halstra grill, broil; bräsera braise; *-t* gås (anka o.d.) roast...; *-t* potatis (ägg o.d.) fried...; *den är [väl] -t* genomstekt it is [well] done; *den är lagom -t* it is done to a turn; *den är för litet (mycket) -t* it is underdone (overdone); *~ värma upp* mat fry up..., warm up...in the frying pan **II** *vb itr* **1** eg., köttet *-er (får ~)* ...is left to roast (resp. fry) **2** om solen be broiling

(scorching) **III** *vb rfl*, ~ **sig i solen** be broiling (baking) in the sun
stekfat *s* meat dish (platter)
stekfläsk *s* frying bacon
stekgryta *s* [meat] roaster, stewpan
stekhet *adj* scorching (broiling) [hot]
stekning *s* roasting osv., jfr *steka* **I**
stekos *s* [unpleasant] smell of frying
stekpanna *s* frying pan, frypan
steksky *s* gravy
stekspade *s* slice, spatula
stekspett *s* spit
stektermometer *s* meat thermometer
stekugn *s* roasting-oven
stekyta *s* kok. **för att få en fin** ~ to obtain an even browning (a browned outside)
stel *adj* stiff äv. bildl.; styv rigid; av köld äv. numb; kylig, om t.ex. sätt frigid, strict, formal, starchy; kall, känslolös stony; i hållning äv. wooden; om språk, umgänge formal; om t.ex. leende, ansiktsuttryck fixed; ansträngd äv. forced; ~ **som en pinne** [as] stiff as a poker (a ramrod); **han är mycket** ~ **[och sluten]** he is very reserved (distant); ~ **av** fasa paralysed with...; **jag är** ~ **i fingrarna** I have stiff fingers, my fingers are stiff
stelbent *adj* **1** eg. stiff-legged; attr. äv. ...with stiff legs **2** bildl. formal, rigid; om språk stilted
stelfrusen *adj* om pers. numb, ...stiff with cold, ...frozen stiff
stelhet *s* stiffness; rigidity; numbness; frigidity, strictness, formality, starchiness; bildl. äv. constraint; jfr *stel*
stelkramp *s* tetanus; vard. lockjaw
stelna *vb itr* **1** om kroppsdel o.d. stiffen, get stiff, become rigid; av köld be numbed; av fasa be paralysed, become petrified (motionless); ~ **till** eg. get stiff; **han ~de till** när han såg henne he stiffened up... **2** om vätska congeal, coagulate, solidify; om blod äv. clot; kok. set; **det kom hans blod att** ~ bildl. it made his blood run cold
sten *s* stone; amer. äv. rock; med. äv. calcul|us (pl. -i); koll. stones pl.; amer. äv. rocks pl.; liten pebble; stor boulder, rock; **det är mycket ~ här** there are many stones (amer. äv. rocks) here; **en ~ har fallit från mitt bröst** it (that) was a load (weight) off my mind; **kasta ~ på...** throw stones (amer. ofta rocks) at...; **huset är av** ~ the house is stone-built
stena *vb tr* stone, lapidate
stenansikte *s* bildl. stony (expressionless) face (countenance)
stenbelagd *adj* paved
stenbit *s* zool. lumpfish, lumpsucker
stenblock *s* stone block; naturligt äv. boulder
stenbock *s* **1** zool. ibex, steinbock **2** astrol. *Stenbocken* Capricorn
stenborr *s* tekn. rock drill
stenbrott *s* quarry, stonepit
stencil *s* stencil; som delas ut handout

stencilera *vb tr* stencil
stendöd *adj* stone-dead, ...[as] dead as a door-nail (as mutton)
stendöv *adj* stone-deaf
stenfrukt *s* stone fruit, drupe
stenget *s* zool. chamois
stengods *s* stoneware; kruka **av** ~ stone..., stoneware...
stengärdsgård *s* stone fence
stenhuggare *s* stonemason; enklare stone-cutter
stenhuggeri *s* stonemasonry
stenhus *s* stone (av tegel brick) house
stenhård *adj* ...[as] hard as a brick; isht bildl. stony; omedgörlig adamant end. pred.; ...[as] hard as nails; ~ **konkurrens** very tough competition
stenhäll *s* **1** platta stone slab, flagstone; i öppen spis hearthstone **2** berghäll flat rock
stenhög *s* heap (röse mound) of stones
stenig *adj* stony; om bergssluttning rocky
stenkaka *s* vard., 78-varvs grammofonskiva old 78 record
stenkast *s* avstånd stone's throw (pl. stonethrows); **ett ~ från** within a stone's throw of, a stone's throw from
stenkastning *s* stone-throwing
stenkista *s* under bro o.d. stone caisson
stenkol *s* [pit] coal; till prydnad jet
stenkolsperioden *s* geol. the Carboniferous period
stenkross *s* stone crusher (breaker)
stenkula *s* leksak [stone] marble
stenlunga *s* med. silicosis
stenlägga *vb tr* pave
stenläggare *s* paver
stenläggning *s* konkr. pavement
stenmur *s* stone wall
stenograf *s* allm. shorthand writer; isht amer. stenographer (vard. steno)
stenografera **I** *vb tr* take down...(...down) in shorthand **II** *vb itr* write shorthand
stenografi *s* shorthand, stenography
stenparti *s* trädg. rock garden, rockery
stenplatta *s* slab of stone, flagstone; isht till stenläggning paving-stone
stenrik *adj* bildl. ...made of money, ...rolling in money
stenröse *s* mound of stones; stenkummel cairn
stenskott *s*, **ett** ~ a stone flying up from the road
stenskvätta *s* zool. wheatear
stenstil *s* lapidary style
stensättning *s* arkeol. stone circle (skeppssättning ship)
stensöta *s* bot. wall fern, polypody
stentavla *s* bibl. stone tablet
stentorsröst *s* stentorian voice
stentrappa *s* stone stairs (isht utomhus steps) pl., jfr vid. *trappa*
stentvättad *adj* stone-washed

stenyxa *s* stone axe
stenåldern *s* the Stone Age; *yngre* ~ the Neolithic (New Stone) Age; *äldre* ~ the Palaeolithic (Old Stone) Age
stenåldersmänniska *s* Stone-Age man
stenöken *s* stony desert; om t.ex. storstad concrete jungle
stepp *s* dans tap-dance, step dance; steppande tap-dancing
steppa *vb itr* tap-dance, do tap-dancing
sterbhus *s* dödsbo estate [of a (resp. the) deceased person]; arvingar heirs pl. to the estate [osv.], surviving relatives pl.
stereo *s* **1** teknik stereo **2** se *stereoanläggning*
stereoanläggning *s, en* ~ stereo equipment, a stereo
stereofonisk *adj* stereophonic
stereotyp I *adj* bildl. stereotyped **II** *s* typogr. el. sociol. o.d. stereotype
steril *adj* allm. sterile; ofruktbar, ofruktsam äv. barren; bakteriefri äv. sterilized
sterilisera *vb tr* sterilize
sterilisering *s* sterilization
steriliseringsapparat *s* sterilizer
sterilitet *s* sterility; barrenness; jfr *steril*
sterling, *pund* ~ pound sterling
steroid *s* steroid
stetoskop *s* med. stethoscope
steward *s* sjö. el. flyg. steward
stewardess *s* sjö. el. flyg. stewardess
stia *s* svin~ [pig]sty
stick I *s* **1** av nål o.d. prick; av t.ex. bi sting; av mygga bite; av vapen stab, thrust; jfr vid. under *sting 1* **2** kortsp. trick; *få ett* ~ take (win) a trick **3** konst. engraving, jfr *kopparstick* **4** foto. discoloration **5** *lämna ngn i ~et* leave a p. in the lurch **II** *adv,* ~ *i stäv mot...* directly (completely) contrary (counter) to...; *handla* ~ *i stäv mot ngt* äv. act in direct contravention of a th.
stick|a I *s* **1** flisa splinter; pinne stick; *få en* ~ *i fingret* get a splinter in...; *mager som en* ~ [as] thin as a rake **2** strump~ [knitting-]needle; jfr äv. *räknesticka* m.fl.
II *vb tr* **1 a)** ge ett stick, med nål o.d. vanl. prick; stinga: om t.ex. bi sting, om mygga bite; bildl., såra sting, nettle; slakta (gris) stick **b)** köra, stöta stick; ~ *hål i (hål på)* prick (make) a hole (på flera ställen holes) in; t.ex. ballong, böld puncture, prick; böld (äv. med.) lance; ~ *en kniv i ngn* stick...into a p., stab a p. with...; ~ *en nål i (igenom) ngt* run...into (through) a th.; ~ *sig* prick oneself [*på* on]; ~ *sig i fingret* prick one's finger [*på* with]
2 stoppa: put, stick; 'köra' thrust; låta glida slip; ~ *fötterna i* tofflorna slip (thrust) one's feet into...; ~ *nyckeln i* låset put (insert) the key in[to]...
3 sömnad. **a)** med stickor knit äv. utan obj.; ~*t* el. ~*de plagg* knitwear sg. **b)** vaddera quilt

III *vb itr* **1** ofta opers. *det -er i benet [på mig]* I have twinges of pain in my leg (all over my body); röken *-er i ögonen på mig* ...makes my eyes smart; den röda färgen *-er i ögonen* ...strikes (catches) the eye
2 ~ *under stol med* se ex. under *stol*
3 vard., kila [sin väg] push off; ge sig (resa) iväg go off; smita run off [*med* with], run away; *stick!* hop it!, scram!; *jag -er (måste ~)* nu I'm (I must be) off...; ~ *[iväg] hem* pop [off] home
4 ~ *till sjöss* avsegla put out to sea
IV med beton. part.
~ *av mot (från)* stand out against, contrast to; om färger äv. clash with
~ **emellan a)** tr., eg. put...between **b)** itr., avbryta interrupt, butt in; ~ *emellan med* ett par ord put in...
~ **fram a)** tr. put (stretch, stick) out **b)** itr. stick out; skjuta fram protrude, project; titta fram peep out
~ **ihjäl** *ngn* stab a p. to death
~ **in a)** tr. put (stick, 'köra' thrust)...in **b)** itr. (kila in) pop (nip) in
~ **ned** med vapen stab
~ **till a)** tr. ~ *till ngn* en tia slip...in[to] a p.'s hand **b)** itr. *det stack till i mig* bildl. I felt a pang; *det stack till i ögat på mig* there was a sudden pain in my eye
~ **upp a)** stoppa upp put (stick, 'köra' thrust, hastigt äv. bob) up **b)** skjuta upp, synas: allm. stick up (out); om växt shoot [up], spring up **c)** kila upp pop up **d)** vara uppnosig be cheeky
~ **ut a)** tr. ~ *ut ögonen på ngn* poke out a p.'s eyes **b)** itr., skjuta ut stick (stand, jut) out, protrude; kila ut pop out; ~ *ut till sjöss* put out to sea
~ **åt** se ~ *till a)*
stickande *adj* **1** om känsla pricking; smärtande shooting, stabbing, svag. tingling; om lukt, smak pungent; om blick, ögon piercing, ferrety, gimlet...; om ljus dazzling; om sol, hetta blazing, scorching; ~ *lukt* pungent smell; ~ *smak* äv. biting (sharp) taste; ~ *svar* biting reply **2** *komma* ~ *med ngt* come up with a th.
stickas *vb itr dep* om bi sting; om mygga bite; rivas, om t.ex. ylleplagg be prickly
stickgarn *s* knitting-yarn
stickig *adj* som sticks: eg. prickly; bildl., om t.ex. känsla, se *stickande 1*
stickkontakt *s* elektr.: stickpropp plug; vägguttag point; propp o. uttag plug-and-socket connection
stickling *s* trädg. cutting; *sätta ~ar* strike cuttings
stickmaskin *s* knitting-machine
stickning *s* **1** stickande känsla pricking osv. sensation, jfr *stickande 1* **2** sömnad. knitting; täck~ quilting; *en* ~ a piece of knitting
stickord *s* **1** gliring taunt, cutting (snide)

remark; **ge ngn ~** taunt a p. **2** uppslagsord headword, entry
stickpropp *s* elektr. plug
stickprov *s* spot test (check); konkr. random sample
stickreplik *s* teat. cue
stickspår *s* järnv. dead end [siding], anslutningsspår private siding; bildl. side issue; **komma in på ett ~** bildl. get on to a sidetrack
1 stift *s* kyrkl. diocese, bishopric, episcopate
2 stift *s* **1** att fästa med: sprint o.d. pin; spik utan huvud brad, tunnare sprig; häft~ drawing-pin, amer. thumbtack; trä~ plug; skomakar~ tack, nail **2** att skriva med: blyerts~ lead; reserv~ lead refill; på reservoarpenna nib **3** tekn.: i tändare flint; tänd~ plug; grammofon~ (förr) needle, se vid. **nål 4** bot. style
stifta *vb tr* **1** grunda: allm. found; t.ex. firma, fond äv. establish; lagar make, institute, anta pass; förbund, förening form **2** åstadkomma, göra **~ bekantskap med** become (get) acquainted with, get to know; pers. äv. make the acquaintance of; **~ fred** conclude (make) peace
stiftare *s* grundare founder; skapare creator; av t.ex. stipendium donor
stiftelse *s* foundation; establishment; institution
stiftsstad *s* cathedral city, diocesan capital
stifttand *s* pivot tooth
stig *s* path; upptrampad track båda äv. bildl.
stig|**a** I *vb itr* **1** gå step, walk; trampa tread; **~ åt sidan** stand (step) aside **2** stiga uppåt, höja sig: om t.ex. rök rise, ascend, go up; om flygplan climb, gain height; om t.ex. humör rise; om terräng climb; om barometer rise, go up; **~ i graderna** rise in rank; **~ (~ ngn) åt huvudet** go to the (to a p.'s) head; om vin äv. be heady; **vattnet steg över den normala nivån** the water rose above the normal level **3** öka, växa: allm. rise; om t.ex. priser äv. go up, increase; om t.ex. efterfrågan, inflytande grow; **hans aktier -er** bildl. his stock is rising; **brödet har -it [i pris]** bread has gone up [in price]; **~ i antal** increase in number
II med beton. part.
~ av gå av get off (out); från buss o.d. äv. alight; från cykel äv. dismount; **~ av** bussen, tåget get off (out of)..., alight from...; lämna leave; **~ av** cykeln get off ..., dismount [from]...
~ fram step forward; **~ fram till...** step (walk) up to...; **~ fram ur** mörkret emerge from (out of)...
~ in step (walk) in; **stig kom in!** vid knackning come in!; **~ in [i** bil o.d.**]** get in[to...]; **~ in i rummet** enter the room
~ ned (ner) step down; **~ ned från** en stege, ett träd climb down...
~ på a) se **~ in** b) gå på get on; **~ på** bussen,

tåget board..., get on (into)..., enter...; **~ på** cykeln get on..., mount...
~ undan step out of the way
~ upp rise; resa sig äv. get up; kliva upp get out [*ur* vattnet of...]; **stig upp!** get up!; **jag -er upp** tidigt I get up...; röken **-er rakt upp** the smoke is rising (curling) straight up; **solen -er upp** the sun rises; **~ upp från bordet** rise (get up) from [the] table, leave the table; **~ upp på** en stege get up on..., mount...; **~ upp** höja sig **ur havet** emerge (rise) from the sea; **~ upp [ur sängen]** get out of bed
stigande *adj* rising; om terräng äv. ascending, climbing; om priser äv. increasing; om ålder advancing; om t.ex. glädje, vrede mounting; om t.ex. betydelse, missnöje, sympati growing; **~ efterfrågan** growing demand; **med ~ intresse** with increasing (deepening, mounting) interest; **~ skala** ascending (progressive) scale; **~ tendens** rising (upward) tendency (trend)
stigbygel *s* stirrup; anat. stirrup bone
stigförmåga *s* flyg. climbing capacity
stighöjd *s* flyg. ceiling
stigma *s* stigma (pl. -ta)
stigmatisera *vb tr* stigmatize
stigmatisering *s* stigmatization
stigning *s* rise; i terräng el. flyg. ascent, climb; backe rise, upward slope; ökning increase; **en backe med långsam ~** a gently ascending (climbing) slope (gradient); **stark ~** steep slope (gradient)
stil *s* **1** framställning el. friare style; författares äv. touch; bildhuggares, målares äv. manner; **i stor ~** i stor skala on a large scale; vräkigt in [grand] style; han uppträdde **i sin vanliga ~** ...in his usual way; något **i den ~en** ...like that (in that line); **och annat i samma ~** and more of the same kind; **något i ~ med** Taube something like (in the same style as)...; **gå i ~ med** be in keeping with; passa ihop med match; den rocken **är just din ~** ...is just your mark (just you); **det är dålig ~** opassande it's a poor show, it's bad form; **hon är inte min ~** she is not my cup of tea (my type); **det är ~ på henne** she has style (distinction) **2** hand~ [hand]writing; **ha driven ~** have a flowing hand **3** typogr. type, stilsats fount, font; tryck~ print, characters pl.; **kursiv[erad] ~** italics pl.; **[tryckt] med liten (stor) ~** [printed] in small (large) type, in small (large) print **4** skol., förr: översättningsuppgift text for translation; översatt translation
stila *vb itr* vard. **~ med** sina kunskaper show off...; **~ till sig** smarten (spruce) oneself up
stilart *s* style; genre genre; språklig stilnivå level of usage
stilbildande *adj* attr. ...providing a pattern

stilblandning

(model); *om mode o.d.* trendsetting; *om t.ex. konst, poesi, idéer* germinal
stilblandning *s* mixture of styles
stilbrott *s* breach of style
stilenlig *adj* ...in accordance with the particular style; tidstrogen ...in accordance with the style of the period; *passande* fitting
stilett *s* stiletto (pl. -s); spring~ flick (switch-blade) knife
stilettklack *s* spike (stiletto) heel
stilfull *adj* stylish; smakfull tasteful, ...in good taste; *elegant* elegant
stilig *adj* stilfull stylish; elegant elegant, smart, chic; vacker handsome; *om t.ex. karaktär* fine
stilisera *vb tr* **1** *konst. o.d.* stylize, conventionalize, formalize **2** avfatta word, compose; *jfr formulera*
stilist *s* stylist; **god** ~ master of style, elegant writer
stilistik *s* stylistics (vanl. sg.)
stilistisk *adj* stylistic; *attr. äv.* ...concerning style; *i* ~**t avseende** as regards style
stilkänsla *s* artistic sense (smak taste), feeling for style
still *se stilla I 2*
stilla I *adj o. adv* **1** *attr. adj.:* ej upprörd calm; stillsam, lugn quiet; rofylld tranquil; orörlig immovable; fridfull peaceful, peaceable, serene; svag gentle; tyst silent; *som man ej yppar: om t.ex. förhoppning* secret, *om t.ex. tvivel* private; **Stilla havet** the Pacific [Ocean]; **föra ett** ~ **liv** lead a quiet (tranquil) life **2** *pred. adj.* (*äv. adv.*) **stå** ~**!** rör dig inte keep still!, don't move (stir)!; håll dig tyst el. lugn quiet!, be (keep) quiet!; **avlida** ~ die peacefully (in quiet); *floden* **flyter** ~ ...flows quietly; **hålla kameran** ~ hold the camera steady; **ligga (sitta** *osv.*) ~ lie (sit *osv.*) still; hålla sig ~ keep still (lugn el. tyst quiet); inte röra sig not move (stir); **stå** ~ inte flytta sig stand still, not move (stir); *om t.ex. fabrik, maskin* stand (be) idle; *om vatten* be stagnant; **det står** ~ **i huvudet på mig** my mind is a blank, I just can't think [any more]; **tiden står** ~ time stands still

II *vb tr t.ex. begär, hunger, nyfikenhet, vrede* satisfy, appease; kuva, *t.ex. passion* subdue; lindra, *t.ex. lidande, smärta* alleviate, allay, soothe; lugna quiet; ~ **blodflödet** staunch the bleeding; ~ **törsten** slake (quench) one's thirst; ~ **upproret** suppress (put down) the insurrection
stillasittande I *adj om t.ex. arbete, liv* sedentary **II** *s* orörlighet sitting still
stillastående I *adj om t.ex. fordon, luft* stationary; *om vatten el. bildl.,* *om t.ex* affärer, liv stagnant; *om maskin* idle; orörlig immobile; utan utveckling unprogressive **II** *s* orörlighet standing still; *bildl.* stagnation; *t.ex. i affärslivet äv.* standstill
stillatigande I *adj* silent, quiet; *om*
instämmande* implicit; *om medgivande* tacit
II *adv* silently; ~ åse ngt ...in silence
stillbild *s* film. still
stilleben *s* konst. still life (pl. still lifes)
stillestånd *s* **1** hand., stagnation stagnation, standstill **2** vapen~ armistice; vapenvila truce *äv. bildl.*
stillhet *s* stillness, calm; quiet[ness]; tranquillity; peace, serenity; silence, jfr *stilla I*; *det skedde* **i all** ~ ...quietly (in silence); **hålla sig i** ~ keep still, not move obaout; **leva i** ~ lead a quiet life, live in retirement (privacy); begravningen **sker i** ~ ...will be [strictly] private
stillna *vb itr,* ~ *[av]* om storm o.d. calm down, abate; *om t.ex. trafik* slacken
stillsam *adj* quiet; rofylld tranquil
stillsamhet *s* quietness; rofylldhet tranquillity
stillös *adj* ...without (lacking in) style; smaklös tasteless
stilmöbel *s* möblemang suite of period furniture; **stilmöbler** period furniture sg.
stilnivå *s* språklig stylistic level, level of usage
stilren *adj* stylistically pure (correct)
stilsort *s* typogr. type
stiltje *s* **1** vindstilla calm **2** bildl. period of calm, lull; stillestånd stagnation
stiltrogen *adj* tidstrogen ...true to the style of the period (miljöriktig of the rest)
stilvidrig *adj* ej tidstrogen ...out of keeping with the style of the period; ej harmonierande ...clashing with the style [of the rest]
stim *s* **1** fisk~ shoal, school **2** oväsen noise
stimma *vb itr* **1** *om fisk* shoal **2** föra oväsen make a noise, be noisy
stimmig *adj* noisy
stimulans *s* stimulering stimulation, stimul|us (pl. -i); medel stimulant
stimulantia *s pl* stimulants, stimuli
stimulera *vb tr* stimulate, give a stimulus to; **bli** ~**d av** *äv. (vard.)* get a big kick out of
stimulerande *adj* stimulating, stimulative; ~ **medel** stimulant
sting *s* **1** stick: av t.ex. bi sting; av mygga bite; av nål o.d. prick; av vapen stab, thrust; bildl. pang; häftig smärta *äv.* twinge; **jag kände ett** ~ **i hjärtat** bildl. I felt a pang **2** fart och kläm go; snärt sting, bite; **han har tappat** ~**et** he has lost drive (his zest), he has gone soft
stinga *vb tr* prick osv., jfr *sticka II 1 a)*
stingslig *adj* snarstucken touchy, irritable
stink|a *vb itr* stink, have a nasty smell; ~ **av ngt** stink (reek) of a th.; **det -er här** this place stinks
stinkbomb *s* stink bomb, stinker
stinkdjur *s* zool. skunk
stinn *adj* **1** övermätt gorged, stuffed [**av** with] **2** överfull: om t.ex. plånbok bulging; om mage, juver distended
stins *s* stationmaster

stint *adv*, *se* ~ *på ngn* look hard at a p.; *se ngn* ~ *i ögonen* look a p. straight in the eye
stipendiat *s* isht studie~ holder of a scholarship
stipendieansökan *s* application for a scholarship (bidrag a grant, an award)
stipendium *s* isht studie~ scholarship; bidrag grant, award; *söka ett* ~ apply for a scholarship (resp. a grant, an award)
stipulera *vb tr* stipulate
stirra I *vb itr* stare; isht drömmande gaze; elakt glower [*på* i samtl. fall at]; *han ~de rakt framför sig* he stared straight in front of him; ~ *se spänt på...* fix (rivet) one's eyes upon...; ~ *ut i luften* stare into space **II** *vb rfl*, ~ *sig blind på ngt* bildl. let oneself be hypnotized by a th.
stirrande *adj* staring; ~ *blick* stare, fixed look; tom vacant look
stirrig *adj* **1** virrig confused **2** stirrande staring, glassy-eyed
stjäla I *vb tr* o. *vb itr* steal äv. bildl.; snatta pilfer, tr. äv. (vard.) pinch; idéer o.d. crib, tr. äv. lift; kortsp. tr. trump; ~ *ngt från ngn* äv. rob a p. of a th.; ~ *föreställningen* steal the show **II** *vb rfl*, *försöka ~ sig till* en stunds vila try to get (snatch)...
stjälk *s* bot. stem; tjockare stalk
stjälpa I *vb tr* o. *vb itr* **1** välta omkull overturn, upset, tip...over; slå omkull knock...over; vända upp och ned på turn...upside down; omintetgöra upset **2** hälla pour, tip, turn **II** med beton. part.
~ *av* tip, dump; isht sopor shoot
~ *i sig* gulp down, toss off
~ *omkull* se *I 1* ovan
~ *upp* kok.: kaka turn out; gelé äv. unmould
~ *ur (ut)* innehåll pour (tip) out; spilla spill; tömma empty
stjärn|a *s* allm. star äv. bildl.; mil., gradbeteckning pip; typogr., asterisk asterisk; *hans ~ är i dalande* his star is on the decline; *tacka sin lyckliga ~ [för] att...* thank one's [lucky] stars that...; *en uppåtgående ~* eg. el. bildl. a rising star; bildl. äv. a new hope; *bli en ~* bildl. äv. rise to stardom; *vara ~ på ngt* be an ace at a th.; *det står skrivet i -orna* it is written in the stars; *sikta mot -orna* reach for the stars, hitch one's wag[g]on to a star; född *under en lycklig ~* ...under a lucky star
stjärnbaneret *s* the Star-Spangled Banner; the Stars and Stripes
stjärnbeströdd *adj* om himmel ...studded with stars, starred, starry; poet. star-spangled
stjärnbild *s* astron. constellation; *~erna i djurkretsen* the signs of the Zodiac
stjärnblomma *s* bot. stitchwort, starwort
stjärnfall *s* astron. shooting (falling) star
stjärnformig *adj* star-shaped, star-like
stjärngosse *s* 'star-boy', boy attendant on Lucia [dressed in a long white shirt and pointed cap]

stjärnhimmel *s* starry sky (firmament)
stjärnkarta *s* astron. star chart
stjärnkikare *s* [astronomical] telescope
stjärnklar *adj* starry, starlit; *det är ~t* it is a starry night, the stars are out
stjärnmejsel *s* Phillips® screwdriver
stjärnskott se *stjärnfall*
stjärntecken *s* astrol. sign [of the Zodiac]
stjärntydare *s* astrologer
stjärt *s* tail äv. bildl.; på människa bottom; bak behind, backside äv. på djur
stjärtfena *s* tail fin; flyg. äv. fin
stjärtfjäder *s* tail feather
stjärtmes *s* zool. long-tailed tit
stjärtparti *s* flyg. tail unit
sto *s* mare; ungt filly
stock *s* **1** stam log; friare block; *sova som en ~* sleep like a log (top); färden *gick över ~ och sten* ...was rough going **2** gevärs~ stock; hattmakar~ [hat]block, hatter's stock (form) **3** bot.: banan~ stem; vin~ vine **4** se *aktiestock* o. *orderstock*
stocka I *vb rfl*, ~ *sig* stagnate; om trafik get (be) held up; om vätska äv. clog; *det (orden) ~de sig i halsen på honom* he felt a lump (the words stuck) in his throat **II** *vb tr*, ~ *[ut]* hatt block
stockeld *s* log fire
stockfisk *s* stockfish
stockholmare *s* Stockholmer, inhabitant (infödd native) of Stockholm; ~ pl. äv. Stockholm people
stockholmska *s* **1** kvinna Stockholm woman (flicka girl) **2** dialekt the Stockholm dialect
stockkonservativ *adj* ultra-conservative; vard. true-blue; *en ~* subst. adj. äv. a die-hard conservative
stockning *s* avbrott stoppage; stillastående standstill, stagnation; deadlock äv. bildl.; av blod congestion; ~ *i trafiken* traffic jam, [traffic] hold-up
stockros *s* bot. hollyhock
stoff *s* **1** abstr.: material material [*till* for]; innehåll, i bok o.d. [subject] matter; materia stuff **2** konkr.: rå~ materials pl.; färg~ matter; tyg material
stoffera *vb tr* sömnad. hem up; ~ *ut* trick out (up); berättelse o.d. pad out
stofil *s*, *en [gammal] ~* an old fogey (fossil)
stoft *s* **1** damm o.d. dust; fint pulver äv. powder; på fjärilsvingar scales pl.; *kräla i ~et för ngn* bildl. crawl in the dust (grovel) before a p.; *bli till ~* crumble to dust **2** avlidens: lik [mortal] remains; aska ashes (båda pl.)
stofthydda *s* mortal frame (högt. clay)
stoftpartikel *s* dust particle
stoicism *s* filos. stoicism
stoiker *s* filos. stoic
stoisk *adj* stoic; om lugn äv. stoical
stoj *s* oljud noise; larm uproar, hubbub; jfr *oväsen*

stoja *vb itr* make a noise, be noisy; leka romp
stojande *adj* o. **stojig** *adj* noisy, boisterous
stol *s* chair äv. läro~; utan ryggstöd stool; sittplats seat; *den heliga (påvliga) ~en* the Holy (Papal) See; *sätta sig mellan två ~ar* fall between two stools; *sticka under ~ med ngt* conceal a th., keep a th. back; *inte sticka under ~ med sin mening* äv. speak one's mind, not mince matters
stola *s* präst~, päls~ stole
stolgång *s* **1** avföring stools pl., motion **2** anat. anus
stolle *s* fool, crazy fellow
stollift *s* chair lift
stollig *adj* crazy, cracked, mad
stolpe *s* säng~, grind~, lykt~, mål- post; lednings~, telefon~ o.d. pole; i plank o.d. standard, upright; stöd prop; i virkning treble; *stolpar* disposition, för uppsats o.d. main points, skeleton outline sg.; *några stolpar* för tal o.d. some main (important) points; *skjuta i ~n* hit the post
stolpiller *s* med. suppository
stolpskott *s*, det var ett ~ ...shot that hit the post (upright)
stolsben *s* chair leg, leg of a (resp. the) chair
stolsdyna *s* chair cushion
stolskarm *s* armstöd elbow-rest, arm of a (resp. the) chair
stolsrygg *s* back of a (resp. the) chair
stolssits *s* seat (bottom) of a (resp. the) chair
stolsöverdrag *s* chair cover, dust sheet
stolt *adj* allm. proud [*över* of]; högdragen äv. haughty, arrogant, lofty; överlägsen supercilious; ädel, om t.ex. byggnad, själ noble; ärofull glorious; *hans ~a gång* his manly stride; *ett ~ namn* a noble (a glorious, an illustrious) name
stolthet *s* allm. pride [*över* in]; haughtiness, arrogance, loftiness; superciliousness; nobility; jfr *stolt;* ngt man är stolt över äv. glory, boast; han har **ingen** ~ äv. ...no self-respect; *känna ~ över* take [a] pride in
stoltsera *vb itr* boast, brag [*med (över)* of]; pride oneself [*med (över)* [up]on]; *gå och ~* swagger about; jfr *skryta*
stomme *s* frame[work] äv. bildl.; byggnads~ äv. shell, carcass; utkast skeleton; till hatt body; till klänning underdress; fastsydd lining
stop *s* **1** kärl stoup: kanna tankard **2** mått ung. quart
1 stopp I *s* (ibl. oböjl. subst. el. pred. a.) tilltäppning stoppage; trafik~ äv. hold-up; stagnation stagnation; *det är ~ i röret (i trafiken)* äv. the pipe (traffic) is blocked up; *sätta ~ för ngt* put a stop (an end) to a th.; *säg ~!* vid påfyllning av glas o.d. say when!
II *interj* stop!, halt!
2 stopp *s* **1** sömnad., stoppat ställe darn **2** pip~ fill [of tobacco]
1 stoppa I *vb tr* stanna, hejda; allm. stop; t.ex. flöde äv. stem; bromsa, t.ex. fordon äv. bring...to a standstill; hålla tillbaka, hindra äv. check, arrest, hold up; upphöra med äv. discontinue; sätta stopp för put a stop (an end) to **II** *vb itr* **1** stanna stop, come to a standstill **2** verka förstoppande be constipating **3** stå rycken: stå emot stand up [*för* to]; tåla en påfrestning stand the strain [*för* ngt of...]; hålla last **4** förslå *det ~r inte med* 1000 kr ...isn't enough, ...won't suffice

2 stoppa I *vb tr* **1** laga strumpor o.d. darn, mend **2** fylla bild; proppa cram; ~ full stuff; möbler upholster; vaddera wad; ~ fickorna *fulla* fill (cram)...; ~ *korv* stuff (make) sausages; ~ *sin pipa* fill one's pipe **3** instoppa o.d.: allm. put; 'köra' thrust; 'sticka' stick; gömma o. svepa tuck; ~ *ngt i (under)*... put osv. a th. in[to] (under)...
II med beton. part.
~ **i sig** äta put away...; proppa sig full med stuff (cram) oneself with...
~ **in** put (resp. thrust el. stick) in, insert; stoppa undan tuck (stuff) away [*i* ngt in[to]...]
~ **ned** put (tuck) down; ~ *ned* handskarna *i fickan* put (resp. thrust)...into one's pocket
~ **om a)** möbler re-upholster; madrass re-stuff **b)** ett barn tuck...up [in bed], tuck...in
~ **på sig ngt** put a th. into one's pocket (resp. pockets); tillkansa sig pocket a th.
~ **till** fylla igen, t.ex. ett hål stop (med propp plug) [up], fill up; täppa till, t.ex. rör choke, block up, clog [up]
~ **undan** stow (vard. stash) away
~ **upp** djur o.d. stuff
stoppboll *s* tennis o.d. drop shot
stoppförbud *s* trafik., på skylt no waiting; *det är ~* äv. waiting is prohibited; *väg med ~* clearway
stoppgarn *s* av ull darning (mending) wool; av bomull darning cotton
stoppgräns *s* stopping limit
stopplikt *s* trafik. obligation to stop; *det är ~* vanl. drivers must stop [and give way]
stoppljus *s* trafikljus traffic lights sg.; på bil brake light, stop light
stoppmärke *s* trafikmärke stop sign
stoppning *s* **1** lagning darning, mending **2** fyllning stuffing; möbel~ upholstery båda äv. konkr.
stoppnål *s* darning-needle
stoppsignal *s* trafik. stop signal
stoppskylt *s* trafik. stop sign
stopptecken *s* trafik. stop (halt) signal
stoppur *s* stopwatch
stor (jfr *större, störst*) *adj* **1** allm. a) isht om konkr. subst. large (särskilt i bet. rymlig, vidsträckt samt talrik, i stor skala); i ledigare stil vanl. big; vard., starkt känslobeton. äv. great [big]...; lång tall b) isht om abstr. subst. el. i bet. framstående, betydande o.d. great; storartad grand c) i vissa fall much; vid eng. subst. i pl.

many; se ex.; **Peter den ~e** Peter the Great; *[ett]* **~t antal** a large (great) number; **~t avstånd** a great distance; **~ beställning** large order; **en ~ beundrare av...** a great admirer of...; **en ~ del av** eleverna var sjuka a large (great) number of...; **en ~ del av tiden** a good (great) deal of the time; **till ~ del** largely, to a large extent; **i ~a drag** in broad outline, broadly; *[en]* **~ familj** a large (big) family; **det ~a flertalet** the great majority; **~a förluster** heavy losses; **till min ~a förvåning** much to my (to my great) surprise; **vara till ~ hjälp** be a (of) great help, be very helpful; **en ~ hund** a big (large) dog; **en ~, ~ hund** vard. a great big dog; **ett ~t hus** a big (large, large-sized) house; **~t inflytande** great influence; **~a ingången** the main entrance; **en ~ karl** a big (lång tall) man (fellow); **en ~ konstnär** a great artist; **en ~ lögnare** a great [big] liar; **ett ~t namn** a great (vard. big) name; **~ näsa** big nose; **det är mig ett ~t nöje att** inf. I have much pleasure in ing-form; **~a ord** big words; **det är ~a pengar** that's a lot of money; **~ publik** a large (big) audience; **~a sedlar** i höga valörer large notes; **i ~ stil** vräkigt in [grand] style; **~ summa [pengar]** large (great, big) sum [of money]; **du ~e [tid]** vad jag ser ut! oh, dear (goodness) [me]...!; **uträtta ~a ting** achieve great things; **~ ökning** a great (large, big) increase; **hur ~ är den?** how big (resp. large) is it?, what size is it?; **dubbelt så ~ som** twice as big (resp. large) as, double the size of; **de är lika ~a** they are just as big (resp. large), they are the same size; **han är ~ för sin ålder** he is big for his age; **vara ~ i maten** be a big eater; **vara ~ i orden** talk big; **vara ~ till växten** be tall of stature

i subst. anv.: **i ~t sett (i det ~a hela)** on the whole, generally (broadly) speaking, by and large; beskriva läget **i ~t** ...in broad outline; man måste **se det i ~t** ...take a broad view of it; **slå på ~t** do the thing in style, make a splash

2 vuxen (attr.) grown-up; **~a damen** vard. quite a [little] lady; **bli ~** grow up; **när jag blir ~** when I grow up; vard. when I am big **3** ~ **bokstav** versal capital letter, capital; **skriva ett ord med ~ bokstav** äv. capitalize a word

storartad *adj* grand, magnificent, splendid, superb; **en ~ insats** a great achievement, great work
storasyster *s* big sister
storbedragare *s* swindler on a large scale, big swindler
storbelåten *adj* highly satisfied
storbladig *adj* bot. large-leaved
storblommig *adj* attr.: bot. ...with large flowers; om mönster ...with a large floral pattern; **den är ~** it has large flowers (resp. a large floral pattern)
storbonde *s* farmer with large holdings, well-to-do farmer
Storbritannien Great Britain; isht polit. Britain
stordator *s* mainframe computer
stordia *s* overhead transparency
stordrift *s* large-scale production
stordåd *s* great (grand) achievement, great exploit
storebror *s* big brother; **Storebror ser dig!** Big Brother is watching you!
storfamilj *s* extended family
storfinans *s*, **~en** high finance; neds. big business; **~en och arbetarna** Capital and Labour
storfrämmande *s* distinguished guests pl.
storfurste se *storhertig*
storföretag *s* large-scale (large, big) enterprise
storgråta *vb itr* cry loudly; isht om barn äv. howl, boo-hoo; **börja ~** burst into a flood of tears; **sitta och ~** be crying one's eyes out
storhertig *s* grand duke
storhertigdöme *s* grand duchy; **Storhertigdömet Luxemburg** the Grand Duchy of Luxemburg
storhet *s* **1** egenskap greatness, grandeur **2** matem. quantity, magnitude; **obekant ~** unknown [quantity] **3** person great man (personage); berömdhet celebrity, notability; **en okänd ~** iron. an unknown celebrity
storhetstid *s* period of greatness, days pl. of glory; glanstid palmy days pl.
storhetsvansinne *s* megalomania, delusions pl. of grandeur; **ha ~** vard. have a big head
storhjärnan *s* anat. the cerebrum
storindustri *s* large-scale (big) industry
stork *s* stork
storkna *vb itr* choke, suffocate; **vara nära att ~ av skratt** äv. split one's sides with laughter
storkommun *s* stadskommun large municipal (urban) district; landskommun large rural district
storkornig *adj* om säd large-grained
storkovan *s* vard. **vinna ~** win a fortune
storkök *s* institutional (large-scale) kitchen (catering department)
storlek *s* size; mått äv. dimensions pl.; isht vetensk. magnitude; **upplagans ~** the number of copies printed; **stora (större) ~ar** i konfektion o.d. outsizes, large sizes; **jag har ~ 7 i handskar** I take sevens (size 7) in gloves; handskar **i alla ~ar** ...in all sizes, all sizes of...; **skor i ~ 5** size five shoes; **vilken har (drar) ni?** what's your size?; porträtt **i naturlig ~** life-size...; **till ~en** in size
storleksförhållande *s* proportion
storleksordning *s* storlek size, magnitude; belopp **av denna ~** ...of this size (order); en kostnad **av (i) ~en 10 miljoner kronor** ...of

about (...in the region of, ...in the order of) 10 million kronor
storligen *adv* greatly, very much
storlom *s* zool. black-throated diver; amer. Pacific loon
storm *s* **1** hård vind gale; stark. (isht med oväder) el. friare el. bildl. storm, ibl. tempest; **halv** ~ vindstyrka 9 strong gale; *[full]* ~ vindstyrka 10 whole gale; **svår** ~ vindstyrka 11 storm; *det blåste (var)* ~ a gale was blowing; *en* ~ *i ett vattenglas* a storm in a teacup; amer. a tempest in a teapot **2** mil. storm, assault; *ta...med* ~ take...by storm äv. bildl.; *gå till ~s mot* make an assault upon; bildl. äv. tilt at **3** vard., hög hatt topper
storma I *vb itr* **1** *det ~r* a gale is blowing, it is blowing a gale; stark. a storm is raging, it is storming; *när det ~r* äv. in a gale (stark. a storm) **2** bildl., rasa storm, rage; rusa rush, dash, tear; ~ *an (fram)* rush (dash, isht t. häst charge) forward; ~ *an (fram) mot* mil. assault, make an onset on, charge [at]; friare rush at **II** *vb tr* mil. el. friare storm; mil. äv. assault
stormakt *s* great (big) power
stormaktspolitik *s* power politics pl.
stormande *adj* eg. el. bildl. stormy, tempestuous; ~ *bifall* a storm of applause; ~ *hänförelse* wild enthusiasm; *göra* ~ *succé* be a roaring (tremendous) success, bring down the house
stormarknad *s* hypermarket, superstore; amer. discount house, cash-and-carry warehouse
stormast *s* sjö. main mast
stormby *s* [heavy] squall
stormflod *s* flood[s pl.] [caused by a storm]
stormfågel *s* zool. fulmar
stormförtjust *adj* absolutely delighted; pred. äv. tickled (thrilled) to bits (death); *jag är* ~ *i...* I'm mad about...
stormhatt *s* **1** bot. monkshood, aconite, wolf's-bane **2** vard., hög hatt topper, top hat
stormig *adj* eg. el. bildl. stormy, tempestuous, turbulent; bildl. äv. tumultuous, uproarious; *ett ~t hav* äv. a rough sea
stormklocka *s*, *ringa i ~n* sound the warning bells (tocsin)
stormlykta *s* hurricane lamp (lantern)
stormning *s* assault; stormande storming, taking by assault
stormplugga *vb itr* swot (grind, cram, isht amer. bone) hard [*i* at]
stormrik *adj* immensely (vard. stinking) rich, ...rolling in money
stormsteg *s* bildl. *med* ~ by leaps and bounds
stormstyrka *s* gale force
stormsvala *s* zool. storm petrel
stormtrivas se *storttrivas*
stormtrupp *s* mil. storming (assault) party, storm troop

stormvarning *s*, *det är* ~ there is a gale warning
stormvind *s* gale [of wind], storm; stormby squall, gust of wind
stormvirvel *s* violent whirlwind, tornado
stormästare *s* i ordenssällskap, schack o.d. grand master
stormöte *s* general meeting
storordig *adj* magniloquent; skrytsam äv. boastful, bragging
storpamp *s* big shot (cheese), bigwig, VIP
storpolitik *s* top-level (international) politics sg.
storpolitisk *adj*, *~a frågor* top-level political issues, [political] issues of international importance; *~t möte* top-level meeting
storrengöring se *storstädning*
storrutig *adj* large-checked; attr. äv. ...with large checks; *den är* ~ äv. it has large checks
storrökare *s* heavy (big) smoker
storsegel *s* sjö. main sail
storsinnad *adj* o. **storsint** *adj* magnanimous, generous, large-minded, high-minded
storsinthet *s* magnanimity, generosity
storskalig *adj* large-scale...
storskarv *s* zool. cormorant
storskojare *s* big swindler (racketeer)
storskratta *vb itr* roar with laughter, guffaw, laugh outright
storskrävlare *s* big braggart, swaggerer
storslagen *adj* grand, grandiose, magnificent
storslagenhet *s* grandeur, splendour, magnificence
storslalom *s* sport. giant slalom
storslam *s* kortsp. grand slam; *göra* ~ make a grand slam
storslägga *s*, *ta till ~n* bildl. take (resort to) strong measures
storsmugglare *s* big (large-scale) smuggler
storspov *s* zool. curlew
storstad *s* big city (town); världsstad äv. metropolis
storstadsbo *s* inhabitant of a big city (town), big-city dweller; *vara* ~ äv. be living in a big city (town)
storstadsdjungel *s* vard. asphalt (concrete) jungle
storstilad *adj* grand, grandiose; om t.ex. karaktär fine
Stor-Stockholm Greater Stockholm
storstrejk *s* general strike
storstuga *s* ung. large living room
storstädning *s* thorough [house-]cleaning; ofta (vårstädning samt allm.) spring-cleaning; bildl. *en* ~ inom polisen a thorough clean-up...
storsäljare *s* best-seller
stort *adv* greatly, largely; i nekande sats vanl. much; jfr äv. ex.; ~ *anlagd* t.ex. kampanj ...on a large scale; *gäspa* ~ yawn wide; *se (titta)* ~ *på* open one's eyes wide at, stare at; *tänka* ~ think big (in big terms); *segra (vinna)* ~

win hands down, win easily; *tala* ~ vitt och brett *om ngt* talk at great length about a th.; *öka* ~ greatly increase; *det hjälpte inte* ~ it did not help much; *inte* ~ *mer än* ett barn little (not much) more than...

storting *s*, *~et* the Norwegian parliament, the Storting, the Storthing

stortjuta *vb itr* vard., se *storgråta*

stortjuv *s* master thief

stortrivas *vb itr dep* om pers. get on very (stark. wonderfully) well, be (feel) very happy; ha trevligt have a wonderful time

stortvätt *s* big wash; *ha* ~ have one's washing-day

stortå *s* big toe

storverk *s* bedrift great achievement; konkr. arbete monumental work

storvilt *s* big game

storvulen *adj* grand, grandiose

storvuxen *adj* big; om pers., träd äv. tall, ...tall of stature

storätare *s* big (heavy) eater, gourmand, glutton

storögd *adj* large-eyed, big-eyed, wide-eyed; t.ex. av förvåning round-eyed; *med ~ förvåning* in open-eyed wonder

straff *s* **1** påföljd allm. punishment; isht jur.: vite penalty; böter fine; dom sentence; *ett strängt ~* a severe punishment; genom dom a severe (alltför strängt harsh) sentence; *lagens strängaste ~* the maximum penalty; *tidsbestämt ~* fixed term [of imprisonment]; *villkorligt ~* dom conditional (suspended) sentence; *avtjäna ett ~* serve a sentence, serve (do) time; *få sitt ~* be punished; *han får nog sitt ~* friare he will suffer for it, he will pay the penalty [for it]; *gå fri från ~* escape punishment; *till ~* as a (by way of) punishment **2** kortsp. el. sport. penalty; jfr äv. *straffspark*

straffa *vb tr* punish; *bli ~d för ngt* be punished for a th.; *han har varit ~d två gånger tidigare* he has two previous convictions; *tidigare ej ~d* i formulär no previous convictions

straffarbete *s* [imprisonment with] hard labour; minst 5 år penal servitude; *livstids ~* penal servitude for life; *två års ~* two years' hard labour

straffbar *adj* punishable, stark. penal, brottslig criminal; straffmyndig ...of the age of criminal responsibility; *det är ~t att* inf. it is an offence (a penal el. punishable offence) to inf.

straffbelägga *vb tr* penalize

straffdom *s* bildl. judgement [*över* on]

straffkast *s* sport. penalty throw

strafflag *s* criminal (penal) code (rätt law)

strafflindring *s* jur. mitigation of sentence; av ådömt straff reduction (commutation) of [the] sentence

straffområde *s* sport. penalty area; *~et* vard. the box

straffpredikan *s* sermon; friare äv. [severe] lecture, dressing-down; *hålla en ~ för ngn* give a p. a lecture (dressing-down)

straffregist|er *s* criminal (police) records pl. (register); *utdrag ur -ret* record of previous convictions; *han finns i -ret* vanl. he has a criminal record

straffränta *s* penal interest, interest on overdue payments (på kvarskatt on arrears)

straffrätt *s* lag criminal (penal) law

straffspark *s* sport. penalty [kick]; *lägga en ~* take a penalty; *döma ~* award (give) a penalty

straffsparksläggning *s* fotb. penalty shoot-out

strafftid *s* term [of punishment]; *under hans ~ var...* while he was undergoing his sentence...

straffånge *s* convict

stram *adj* spänd, snäv tight äv. bildl.; isht sjö. taut; friare: om stil el. litt. o.d., sträng severe, austere, knapp terse; om pers., reserverad distant, reserved, stel stiff, 'mallig' cocky; *[en] ~ hållning* a) kroppshållning an upright (erect) posture b) inställning a reserved (severe) attitude; *en ~ livsföring* an austere way of life; *~ penningpolitik* restrictive (austere) monetary policy; *hålla ngn i ~a tyglar* keep a tight rein on a p.

strama I *vb itr* om kläder o.d. be [too] tight[-fitting] [*över* bröstet across...]; *det ~r i huden* the (my etc.) skin feels tight **II** *vb tr* tighten; *~ upp sig* inta givaktställning come to attention; rycka upp sig pull oneself together; *~ åt (till)* tr. tighten äv. bildl.; draw...tight; *krediten ~s åt* credit is contracting, credit is being tightened [up] (squeezed)

stramalj *s* canvas [for needlework]

strand *s* shore; havs~ äv. seashore; isht bad~, sand~ beach; flod~ bank; poet.: havs~, sjö~ strand; *på bad~en* on the beach; staden ligger *på (vid) Mälarens södra ~* ...on the south shore of Lake Mälar; *[nere] vid ~en* äv. [down] by the waterside

stranda I *vb itr* om fartyg run ashore (aground), be stranded; bildl., misslyckas, gå i stöpet fail, miscarry, break down; *det ~de på hans* motstånd it failed owing to...; *förhandlingarna har ~t* the negotiations have broken (bogged, become bogged) down **II** *vb tr*, *~ förhandlingarna* abandon (cause a breakdown in) the negotiations

strandbad *s* konkr. bathing beach

strandfynd *s* o. **strandgods** *s* ilandflutet gods, koll. [flotsam and] jetsam

strandhugg *s*, *göra ~* t.ex. om sjörövare descend [*i* [up]on], raid, foray; t.ex. om seglare go ashore

strandkant *s* strand[brädd] beach, waterside; vattenbryn edge (margin, brink) of the water

strandlinje s shoreline, seaboard
strandning s fartygs stranding, med förlisning wreck; bildl., misslyckande failure, t.ex. förhandlingars breakdown
strandpipare s zool. ringed plover
strandpromenad s konkr. promenade; vid havet äv. [sea] front
strandremsa s strip of shore (beach, riverbank)
strandsatt se *strandsätta*
strand|sätta vb tr, ~ *ngn* bildl. put a p. in an awkward situation, let a p. down, leave a p. in the lurch; *vara -satt* be stranded; på pengar be hard up
strandtomt se *sjötomt*
strapats s, ~*er* hardships; *utstå* ~*er* experience hardships; vard. rough it, have a rough time
strapatsfylld adj o. **strapatsrik** adj adventurous, ...full of hardships
strass s paste, strass
strateg s strategist
strategi s strategy; mil. äv. strategics sg.
strategisk adj strategic[al]; ~*a vapen* strategic weapons (koll. weaponry)
stratosfär s meteor. stratosphere
strax o. **straxt** adv **1** om tid: om en kort stund directly, in a minute (moment); snart presently; [nu] genast at once, straight (right) away; ibl. just; jfr ex.; ~ *därpå (därefter)* shortly after[wards]; ~ *efter* midnatt äv. close [up]on...; ~ *innan* han for just before...; Är du klar? - *[Jag] kommer* ~*!* ...[I'm] coming in a minute (moment)!, ...I'll come right away!; *jag kommer* ~ *tillbaka* I'll be back in a minute (moment), I'll be right back; *klockan är* ~ *2* it is close on two o'clock **2** om rum ~ *bredvid (intill)* close by; ~ *efter (bakom)* close [up]on
streber s climber, pusher, careerist, eager beaver
streck s **1** penn~, penseldrag o.d. stroke; linje el. skilje~ line; strimma streak äv. miner.; tank~ el. i telegrafi dash; tvär~ cross; takt~ bar; på skala mark; kompass~ point; vid markering score; *dra (stryka) ett* ~ *över* draw a line through; *låt oss dra (stryka) ett* ~ *över det* bildl. let's forget it, let's wipe the slate clean; *smal som ett* ~ om pers. as thin as a rake **2** rep cord, line; för tvätt [clothes] line **3** spratt trick, prank; *ett fult* ~ a dirty trick **4** *hålla* ~ bildl. hold good, be true
strecka vb tr, ~ *en linje* draw a broken (dashed) line; ~*d linje* broken (dashed) line; vägen var ~*d med vita linjer* ...marked with white lines; ~ *för* mark
streckgubbe s stick figure (drawing)
streckkod s bar code
strejk s strike; *vild* ~ unofficial (wildcat) strike; *gå i* ~ go on strike
strejka vb itr **1** gå i strejk go on strike, strike, come out on strike; vara i strejk be [out] on strike **2** friare: bilen (magen) ~*r* krånglar ...is out of order; bromsarna ~*r* ...don't work (function)
strejkaktion s strike (industrial) action
strejkande adj striking; ~ *hamnarbetare* dock strikers; *de* ~ the strikers, those on strike
strejkbrytare s strikebreaker; neds. blackleg, scab
strejkhot s hot om strejk threat of a strike, strike threat
strejkkassa s strike fund
strejkledare s strikeleader
strejkrätt s, *ha* ~ have the right to strike
strejkunderstöd s strike pay (benefit)
strejkvakt s, ~*[er]* picket sg.
strejkvarsel s strike notice; *utfärda* ~ give notice of a strike
streptokock s med. streptococc|us (pl. -i)
stress s stress, strain, [nervous] tension; jäkt rushing and tearing about
stressa I vb itr rush [and tear], bustle about; ~ *inte!* don't rush [and tear]!, take it easy!; ~ *av* relax **II** vb tr stress isht psykol.; ~ *ngn* ofta äv. put a p. under stress (pressure); ~ *mig inte!* don't rush me!
stressad adj ...suffering from stress, ...under stress; friare overstrained
stressande adj stressful; *det är* ~ *[att...]* it causes stress [to...]
stressig se *stressande*
streta vb itr **1** arbeta hårt, knoga work hard, toil; ihärdigt plod; med studier o.d. grind away [*med ngt* i samtl. fall at a th.]; mödosamt förflytta sig struggle, litt. strive; hunden ~*de [och drog] i kopplet* ...strained (tugged) at the leash; ~ *emot* resist, struggle; ~ *uppför backen* struggle up the hill **2** spreta, t.ex. om hår straggle
1 strid adj om ström o.d. swift, rapid; om vattendrag äv. torrential; *gråta* ~*a tårar* weep copiously (bitterly)
2 strid s kamp fight äv. bildl.; fighting (end. sg.); mera valt combat; isht hård o. långvarig struggle; isht mellan tävlande contest; slag, drabbning battle; stridshandling action; oenighet, stridighet[er] contention, strife, discord (samtl. end. sg.); konflikt conflict; dispyt dispute, quarrel; isht hård controversy, jfr äv. *tvist;* ~*erna fortsätter* längs hela frontlinjen fighting continues...; ~*en om makten* the struggle for power; *en* ~ *på kniven* a war to the knife; *en* ~ *på liv och död* a life-and-death struggle; *inre* ~ inward struggle; *politiska (religiösa)* ~*er* political (religious) conflicts (strife sg., contention sg.); *börja (öppna)* ~*en* mil. come into action, join (open) battle [*mot* with]; *ge upp* ~*en* give up the struggle (om tävlande the contest); *utkämpa en* ~ fight [out] a battle; *falla i* ~*[en]* be killed in

action; *i ~ens hetta* in the heat of the debate (gräl quarrel); *i ~ med (mot)* tvärtemot contrary (in opposition) to (against); *i ~ mot* regler, förordningar o.d. in violation (contravention) of...; *det står i ~ med (mot)* avtalet o.d. äv. it goes against..., it conflicts with..., it contravenes...; *ge sig utan ~* ...without a struggle
strida *vb itr* **1** kämpa fight [*för* for; *mot (med)* against (with); *om* for]; litt., isht inbördes el. bildl. contend; friare el. bildl. äv. struggle, strive, battle; tvista dispute, quarrel; *~ med (mot)* en fiende äv. fight... **2** *det strider mot* sunt förnuft, våra intressen etc. it is contrary to (is against, conflicts with)...
stridande *adj* **1** fighting etc., jfr *strida I;* mil. äv. combatant; *de ~ parterna* the contending parties; *de ~* eg. those fighting, the fighters; mil. äv. the combatants **2** *~ mot* oförenlig med contrary to, incompatible with
stridbar *adj* **1** stridsduglig ...fit for active service; krigisk warlike; *i ~t skick* in fighting trim; *försätta...ur ~t skick* put...out of action **2** om karaktär, temperament pugnacious, aggressive; debattlysten argumentative; om t.ex. politiker (attr.) ...with plenty of fighting spirit
stridig *adj* motstridande conflicting, contending; om t.ex. intressen äv. clashing; *ett rov för ~a känslor* a prey to conflicting emotions; *göra ngn rangen ~* challenge a p.['s position]
stridigheter *s pl* conflicts; splittring differences, controversies, disputes
stridsanda *s* fighting spirit
stridsberedskap *s* readiness for action
stridsduglig *adj* om manskap effective, ...fit for active service; *~a trupper* äv. effectives; *i ~t skick* in fighting trim
stridsflygare *s* jaktflygare fighter pilot
stridsflygplan *s* jaktflygplan fighter [aircraft]
stridsfråga *s* controversial question (issue); *[själva] ~n* the issue, the point (matter) at issue
stridsgas *s* war gas
stridshandske *s* bildl. gauntlet
stridshumör *s, på ~* in a fighting mood
stridshäst *s* warhorse, charger
stridskrafter *s pl* [military] forces, armed forces
stridsledning *s, ~en* the supreme command
stridslinje *s* battle line; *i främsta ~n* in the forefront of the battle
stridslysten *adj* eg. ...eager to fight; krigisk warlike; isht friare o. bildl. aggressive, pugnacious; debattlysten o.d. äv. argumentative, contentious, disputatious; grälsjuk quarrelsome
stridsmedel *s pl, konventionella ~* conventional weapons

stridsoduglig *adj* disabled, ...unfit for active service
stridsrobot *s* guided missile with warhead
stridsrop *s* war cry, battle cry
stridsskrift *s* controversial (polemical) pamphlet
stridsspets *s* warhead
stridsställning *s* battle position
stridstupp *s* game cock; bildl. fire-eater
stridsvagn *s* [caterpillar] tank
stridsvagnsförband *s* armoured unit
stridsyxa *s* battle-axe; *gräva ned ~n* bury the hatchet (amer. äv. tomahawk).
stridsåtgärd *s* [offensive] action; *på arbetsmarknad* strike (lockout lockout) action
stridsäpple *s* apple of discord, bone of contention
stridsövning *s* tactical exercise, manœuvre
strigla *vb tr* strop
strikt I *adj* **1** sträng, noga strict, rigid; *~a regler* strict (stringent) rules **2** *~ och korrekt* i klädsel, uppträdande sober and correct **II** *adv* **1** noga strictly **2** *~ klädd* soberly dressed
stril *s* **1** på vattenkanna o.d. nozzle, rose, sprinkler **2** fin stråle thin jet
strila *s pl* sprinkle; *~nde regn* gentle (steady) rain; *regnet ~de ned* the rain came down steadily
strimla I *s* strip, shred **II** *vb tr* kok. shred
strimma I *s* streak; rand äv. stripe; på huden (märke efter slag) weal; *en ~ av hopp* a gleam (ray) of hope **II** *vb tr* göra randig streak, stripe
strimmig *adj* streaked, striped; vetensk. äv. striated; om hud wealed
stringens *s* i bevisning o.d. cogency, stringency; jfr äv. *stringent*
stringent *adj* om bevisning o.d. cogent, stringent; om pers. o framställningssätt ...logical and to the point
stripa *s* av hår wisp [of hair]
stripig *adj* lank, straggling
strippa I *s* vard., pers. stripper **II** *vb itr* vard. strip, do a strip
striptease *s* striptease
striptör *s* male stripper
strit *s* zool. cicada
strof *s* i dikt stanza; friare verse
stropp *s* **1** allm. strap; på stövel o.d. loop; lyft~ sling; sjö. strop **2** vard., om pers. stuck-up (snooty) devil, conceited ass
stroppig *adj* vard. stuck-up, pompous
strosa *vb itr, gå och ~ (~ omkring) [på gatorna]* flanera be strolling about the streets
struken *adj, en ~ tesked [socker]* a level teaspoonful [of sugar]
struktur *s* structure; isht textil. texture
strukturell *adj* structural
strukturera *vb tr* structure
strukturrationalisering *s* structural rationalization

strul *s* vard., krångel muddle; besvär trouble, bother, fuss
strula vard. I *vb itr* muck things up II *vb tr*, ~ *till ngt* make a mess (muck-up) of a th.; ~ *till det för sig* make things difficult for oneself
strulig *adj* vard., krånglig trying, difficult, bothersome
struma *s* med. goitre, struma
strumpa *s* **1** stocking; socka, herr~ sock; klänning sweater dress; *strumpor* koll. äv. hose pl., hosiery sg. **2** glöd~ mantle
strumpbyxor *s pl* pair of [stretch] tights, isht amer. pantyhose
strumpeband *s* suspender; ringformigt (utan hållare) el. amer. garter
strumpebandshållare *s* suspender (amer. garter) belt
strumpebandsorden *s* best. form the Order of the Garter
strumpläst *s*, gå omkring *i ~en* ...in one's stockinged (stocking) feet; *han mäter* 1,80 *i ~en* he stands...in his stockings
strumpsticka *s* knitting needle
strunt *s* **1** skräp rubbish, trash; struntprat nonsense, rubbish; *prata* ~ talk nonsense (rubbish); jfr äv. *strunta* **2** odugling good-for-nothing; nolla nobody; mes milksop
strunta *vb itr*, ~ *i* ej bry sig om not bother about; ej ta någon notis om äv. ignore; *jag ~r i att gå dit* I won't bother about going (bother to go) there; *jag ~r i* t.ex. läxorna*!* äv. hang (stark. blow)...!; *det ~r jag [blankt] i!* I don't care a hang [about that]!, I couldn't care less!; *strunt[a] i det!* never mind!, forget (skip) it!
struntförnäm *adj* stuck-up, snooty, hoity-toity
struntprat *s* o. *interj* nonsense, rubbish
struntsak *s* bagatell trifle, trifling matter
struntsumma *s* trifle, trifling sum
strupe *s* allm. throat, jfr *luftstrupe* o. *matstrupe*; *läska sin* ~ vard. wet one's whistle; *klara ~n* clear one's throat; *jag fick det i fel (galen)* ~ it went down the wrong way
struphuvud *s* anat. laryn|x (pl. vanl. -ges)
strupljud *s* guttural [sound]
struplock *s* anat. epiglottis
struptag, *ta* ~ *på ngn* seize a p. by the throat, throttle a p.
strut *s* glass~ o.d. cone; mindre cornet; pappers~ cornet, screw (twist) [of paper]; *en* ~ karameller vanl. a screw of...
struts *s* ostrich
strutspolitik *s* ostrich[-like] policy; *bedriva* ~ äv. bury one's head in the sand
strutsägg *s* ostrich egg
strutta *vb itr* strut; trippa trip, mince
struva *s* kok. 'rosette', kind of fried pastry
stryk *s* beating, thrashing, hiding; vard. licking; *få* ~ a) eg. get a beating etc.; be beaten (thrashed); vard. get licked b) sport., förlora be beaten, take a beating; vard. get a licking; *få* ~ i golf be beaten at...; *ge ngn* ~ give a p. a beating etc.; beat (vard. lick) a p.; *ful som* ~ [as] ugly as sin
stryka I *vb tr* **1** fara över med handen, smeka stroke; gnida rub; ~ *ngn över* håret vanl. pass one's hand over (isht flera ggr stroke) a p.'s...; ~ *eld på en tändsticka* strike a match **2** med strykjärn o.d. iron; utan obj. äv. do some (the) ironing **3** bestryka, lägga på **a)** med färg o.d. coat; måla vanl. paint; ~ *en vägg* paint a wall; ~ väggen *en gång till* give...another coating (coat of paint); ~ golvet *med fernissa* äv. varnish... **b)** breda på spread; ~ salva *på såret* spread...on (apply...to, rikligt smear...on [to]) the wound **4** utesluta, stryka ut (över) cancel, cut out äv. bildl.; t.ex. ord äv. cross (strike) out, delete; ~ *ett namn på en lista* strike a name off a list; ~ *alla onödiga utgifter* cut out all unnecessary expenditure **5** avlägsna o.d. ~ *håret (svetten)* ur pannan brush one's hair [back] (wipe the perspiration) from...; se äv. ~ *bort* ned. **6** sjö. ~ *segel (flagg)* strike sail (one's colours el. one's flag)

II *vb itr* **1** ~ *med handen* etc. *över* pass one's hand etc. over; smeka äv. stroke, jfr *I 1 2* dra [fram], svepa o.d., planet *strök [lågt] över hustaken* ...swept [low] over the roofs; ~ *kring* huset, knuten prowl round about...; jfr äv. ~ *omkring* ned. **3** 'backa' ~ *på foten [för]* bildl. give in [to]

III *vb rfl* **1** ~ *sig mot* rub against; ~ *sig om hakan (skägget)* stroke one's chin (one's beard); ~ *sig om* munnen *(över* pannan, håret*)* pass one's hand over one's... **2** ~ *sig* från en lista, lämna återbud scratch (strike out) one's name

IV med beton. part.
~ *av* torka av wipe; ~ *av [sig]* t.ex. handskarna, mössan pull off...
~ *bort* t.ex. en hårslinga, en tår brush away; torka bort wipe off; gnida bort rub out; ta bort äv. remove
~ *för ngt [med rött]* mark a th. [in red]
~ *med* vard. **a)** gå åt, om mat o.d. be finished (polished) off; om pengar be used up **b)** dö die, perish
~ *ned* förkorta cut down
~ *omkring* i skogarna, om rovdjur, rövare o.d. prowl...; ~ *omkring på gatorna* t.ex. om ligor prowl (roam) the streets
~ *på* t.ex. salva spread, apply; se äv. *I 3 ovan*
~ *under* underline; bildl. äv.: betona emphasize, stress; påpeka point out
~ *ut* dra streck över cross out, cancel; sudda ut erase, rub out
~ *över* t.ex. ett ord cross (strike) out, cancel, delete
strykande *adj*, *ha* ~ *aptit* have a ravenous appetite; *ha* ~ *åtgång* om vara have a rapid

sale; böckerna, varorna *hade ~ åtgång* vard.
...went like hot cakes
strykbräda *s* ironing-board
strykfri *adj* non-iron, drip-dry
strykjärn *s* iron, flat-iron
strykklass *s, sätta...i ~* discriminate against..., victimize...
strykmangel *s* o. **strykmaskin** *s* ironing machine, rotary ironer
stryknin *s* kem. strychnine
strykning *s* **1** med handen o.d. stroke, stroking; gnidning rub, rubbing **2** med strykjärn ironing **3** med färg (tjära etc.) coating; konkr. coat [of paint (tar etc.)] **4** uteslutning, överstrykning cancellation, cancelling; av ord äv. crossing-out, deletion; nedskärning cut
strykrum *s* ironing-room
strykrädd *adj* ...afraid of being beaten
stryktips *s* results pool
stryktålig *adj* om pers. tough, hardy; om sak, plagg durable, hardwearing
strypa *vb tr* **1** strangle, throttle **2** tekn. throttle, choke
strypning *s* strangulation, strangling; throttling, choking
strypventil *s* tekn. throttle valve
strå *s* straw äv. koll.; hår~ hair; gräs~ blade of grass; *dra det kortaste ~et* get the worst of it; *dra sitt ~ till stacken* do one's share (bit); *inte lägga två ~n i kors* not lift a finger [*för att* inf. to, inf.], not do a stroke [of work]; den här är *ett ~ vassare* ...just that bit better
tråhatt *s* straw hat
stråk *s* **1** [livligt trafikerad] gata, väg etc. thoroughfare; om landsväg el. friare highway; väg i allm. äv. passage; affärsgata shopping street; flanör~ o.d., se *strög* **2** band, strimma (t.ex. dim~) band; malm~ vein, zone
stråkdrag *s* mus. stroke of the bow
stråke *s* mus. bow; *stråkar* i orkester strings
stråkinstrument *s* stringed (bow) instrument; *~en* i orkester the strings, the string section
stråkkvartett *s* string quartet
stråkkvintett *s* string quintet
stråkorkester *s* string band
stråla I *vb itr* beam, shine [*av* with]; bildl. äv. be radiant; *~ av* lycka etc. äv. radiate...
II *vb tr* **1** se *bestråla* **2** vard., strålbehandla apply radiation treatment to
III med beton. part.
~ samman a) eg. converge b) bildl.; träffas meet
~ ut a) itr. radiate b) tr., se *utstråla II*
strålande *adj* radiant; lysande brilliant båda äv. bildl.; beaming etc., jfr *stråla; ~ av* hälsa etc. radiant (bursting) with; glädje etc. äv. beaming with; *en ~ framgång (idé)* a brilliant success (idea); hon är *en ~ skönhet* ...a dazzling (radiant) beauty; *~ sol[sken]* brilliant sunshine; *~ väder* glorious weather;

vara på ett ~ humör be in a wonderful mood (in excellent spirits, in fine feather)
strålbehandla *vb tr* med. apply radiation treatment to
strålbehandling *s* med. radiation treatment, radiotherapy
strålblomma *s* bot. ray flower
stråldos *s* radiation dose, dose of radiation
stråle *s* **1** ray; av ljus äv. beam, shaft; *en ~ av hopp* a gleam of hope; *utsända strålar* fys. emit rays, radiate **2** av vätska, gas o.d. jet; mkt fin squirt
strålformig *adj* radiate[d]
strålglans *s* radiance, refulgence
strålkastarbelysning *s* fasadbelysning o.d. floodlighting, floodlights pl.; hus, plats *i ~* floodlit...
strålkastare *s* rörlig: isht sjö., mil. etc. searchlight; fasadbelysning o.d. floodlight [projector]; teat. spotlight; på bil o.d. headlight; *blända av strålkastarna* på bil o.d. dim (dip) the [head]lights; *belysa* plats o.d. *med ~* floodlight...
strålning *s* radiation
strålningsmätare *s* radiometer, radiacmeter
strålningsrisk *s* radiation hazard (risk)
strålsjuka *s* radiation sickness
strålskada *s* injury, på sak damage end. sg.
strålskydd *s* protection against radiation
strålskyddsinstitut *s, Statens ~* the National Institute of Radiation Protection
strålvärme *s* radiant (radiation) heat
stråt *s* väg, kosa way, course; stig, spår path, track
stråtrövare *s* highwayman, brigand
sträck *s* **1** *i [ett] ~* t.ex. arbeta flera timmar at a stretch, without a break; t.ex. köra tio mil, läsa hela dagen without stopping; t.ex. läsa hela boken at one (a) sitting; flera timmar (dagar, veckor etc.) *i ~* äv. ...on end; flera dagar, veckor etc. *i ~* äv. ...running **2** om fåglar: flykt flight; sträckväg track; *ett ~* vildgäss a flight of... **3** med. *ligga med benet i ~* have one's leg in traction
sträcka I *s* allm. stretch; avstånd samt väg~ distance; del~ äv. sport., ban~ section; *tillryggalägga en ~ [på* 5 km*]* cover a distance [of...]; *tillryggalagd ~* distance covered (run); vi fick gå *en del av ~n* ...part of the way; tjälskador *på en ~ av 5 km* ...for [a stretch of] 5 km
II *vb tr* **1** räcka ut, spänna, tänja stretch; ut~ äv. extend; *~...hårt (ordentligt)* stretch...tight; *armar uppåt sträck!* arms upwards stretch!; *~ kölen [till en båt]* lay [down] the keel [of a vessel]; *~ en lina* sjö. stretch a rope; *~ sin omsorg till...* extend one's care to... **2** med. *~ en muskel (sena)* pull (stretch, strain) a muscle (a tendon) **3** *~ vapen* lay down one's arms, capitulate
III *vb itr* **1** *~ på benen* äv. i bet. röra på sig

sträckbänk

stretch one's legs; **~ på halsen** stretch one's neck, crane one's neck; **~ på sig** tänja och sträcka stretch [oneself], give a stretch; röra på sig stretch one's legs; räta på sig straighten oneself up; bildl., av stolthet be proud of oneself; ***sträck på dig!*** sitt (stå) rak!, vanl. sit up (stand) straight! **2** om flyttfåglar migrate **IV** *vb rfl*, **~ sig 1** tänja och sträcka stretch [oneself]; **~ sig efter ngt** reach [out] for a th. **2** friare: ha viss utsträckning stretch, range; isht bildl. extend; bildl. äv. go; ha viss riktning äv. trend; löpa run; bergskedjan ***sträcker sig från A till B*** ...stretches (ranges) from A to B; ***jag kan ~ mig till*** 1000 kr I can go as far as...; gårdens historia ***sträcker sig till 1100-talet*** ...goes back to the 12th century; anteckningarna ***sträcker sig över fem år*** ...extend over a period of five years; ***våra förbindelser sträcker sig över hela landet*** our connections extend over (cover) the whole country
V med beton. part.
~ fram t.ex. handen put (hold, reach, tänja stretch) out
~ upp t.ex. handen put (hold, tänja stretch) up, raise; **~ upp sig** snygga upp sig smarten (spruce) oneself up; klä sig fin put on one's best clothes; jfr äv. *uppsträckt*
~ ut a) tr. räcka ut put (hold, reach, tänja stretch) out; dra ut, spänna stretch; bildl., förlänga extend; isht i tid äv. prolong; **~ ut sig *[i* gräset etc.*]*** stretch oneself out (lie down full length) [on...]; jfr äv. *utsträckt* **b)** itr. ta ut stegen step out; om häst gallop at full speed; ***låta hästen ~ ut*** give one's horse its head (the reins)
sträckbänk *s* rack; ***ligga på ~en*** äv. bildl. be on the rack; ***hålla ngn på ~en*** i spänning, ovetskap keep a p. on tenterhooks, keep a p. dangling (guessing)
sträckförband *s* med. stretch (elastic) bandage
sträckläsa *vb tr* read...at a stretch, read...at one (a) sitting
sträckning *s* sträckande stretching etc., jfr *sträcka;* med., behandling traction; ut~ extension; riktning direction; lopp o.d., t.ex. flods running; t.ex. dalgångs lie; ***få (ådra sig) en muskel~*** pull (stretch, strain) a muscle
1 sträng *adj* hård, omild etc. severe, mer vard. hard; stark. rigorous; bestämd, principfast, noga strict, rigid; fordrande exacting; bister, allvarlig stern, austere; ***hålla ~ diet*** be on a strict diet; **~ *disciplin*** rigorous discipline; **~*t klimat*** a severe (hard, rigorous) climate; **~ *kontroll*** strict (rigorous) control; **~ *kritik*** severe (hard) criticism; ***en ~ min*** a stern look; **~*a regler*** strict (stringent) rules; **~*t straff*** severe punishment; ***lagens ~aste straff*** the maximum penalty; ***vara ~ mot*** be severe (mot barn strict) with
2 sträng *s* **1** mus. el. båg~, racket~ string; poet. (t.ex. harp~) el. bildl. äv. chord; ***ha flera ~ar på sin lyra*** have many strings to one's bow **2** klock~ bell pull, bell cord; ***dra i ~en*** pull the bell **3** rep~ strand **4** bot., ståndar~ filament **5** hö~ o.d. windrow, row, swath
stränga *vb tr* string; **~ *om*** t.ex. racket, gitarr restring
stränghet *s* severity; rigour; strictness, rigidity; sternness, austerity; jfr *1 sträng*
stränginstrument *s* string[ed] instrument
strängt *adv* severely, rigorously, strictly etc., jfr *1 sträng;* **~ *bevakad*** closely guarded; **~ *förbjudet*** strictly prohibited; ***hålla ~ på*** reglerna observe...rigorously, insist (lay stress) on...; **~ *hållna (uppfostrade)*** barn ...that have been brought up strictly; **~ *taget*** strictly (properly) speaking; **~ *upptagen*** fully occupied
sträv *adj* rough; om smak el. bildl. om sätt äv. harsh; bildl. äv. rugged, gruff, stern; om ljud, ton, röst harsh, grating, rasping; om röst äv. raucous; naturv. scabrous; **~ *hud*** rough skin; **~*t sätt*** rough (gruff) manners; **~*t vin*** harsh (rough, very dry) wine; ***under en ~ yta*** under a rough (rugged) surface
1 sträva *s* arkit. strut, brace
2 sträva *vb itr* strive, endeavour; kämpa struggle; **~ *efter att*** inf. endeavour (strive) to inf.; **~ *efter*** makt strive for (after)...; klarhet, effekt aim at...; fullkomlighet seek...; **~ *högt*** aim high; **~ *mot ett mål*** strive towards (to reach) a goal; **~ *emot*** a) bjuda motstånd resist, offer resistance b) bekämpa oppose; **~ *uppåt*** eg. soar; bildl. aim high, have ambitious schemes; **~ *vidare*** struggle along; vard. carry on
strävan *s* åstundan striving, aspiration [*efter* båda for (after)]; ambition; mål aim; bemödande endeavour, effort[s pl.]; tendens tendency [*mot* towards]; ***misslyckas i sin ~*** fail in one's efforts
strävhet *s* roughness, harshness etc., jfr *sträv*
strävhårig *adj* om hund wire-haired
strävpelare *s* arkit. buttress
strävsam *adj* arbetsam industrious, hardworking; mödosam laborious, strenuous; ***ett ~*t liv*** a strenuous life
strävsamhet *s* arbetsamhet industry, hard work
strö I *s* lantbr. litter, bedding **II** *vb tr* sprinkle, strew, scatter; skräp äv. litter; **~ *kvickheter omkring sig*** crack jokes; **~ *rosor på ngns väg*** bildl. strew a p.'s path with roses; **~ *goda råd omkring sig*** scatter good advice about; **~ *salt på*** maten sprinkle salt on (over)..., sprinkle...with salt, salt...; **~ *omkring*** scatter [about]; jfr äv. *kringströdd;* **~ *pengar omkring sig*** splash [one's] money about; **~ *ut*** strew, scatter; **~ *ut...för vinden*** scatter...to the winds
ströare *s* castor, caster

ströbröd s brown dried [bread]crumbs pl., raspings pl.
strödd adj [ut]spridd scattered; ~*a anmärkningar* casual (stray) remarks
strög s huvudgata, flanörstråk main [fashionable] street; affärsgata main shopping street
strögäst s chance (casual) guest
ströjobb s odd (casual) job
strökund s chance (stray) customer
ström I adj, ~*t vatten* rapid-flowing water; *här är mycket* ~*t* there is a strong current here **II** s **1** strömning current; vattendrag, ~fåra stream båda äv. bildl.; flod, å äv. river; *kalla (varma)* ~*mar* cold (warm) currents; *driva (följa) med* ~*men* drift [with the current]; bildl. go (swim) with the stream (tide); *gå mot* ~*men* bildl. go (swim) against the stream **2** flöde, äv. bildl. stream, flow; stark. flood; häftig torrent; *en* ~ *av bilar (blod, ord)* a stream of cars (blood, words); *en* ~ *av ord* äv. a flow (flood, torrent) of words; *en* ~ *av tårar* a flood of tears; *i en jämn* ~ in a constant stream **3** elektr. current; elkraft power; *bryta* ~*men* break (switch off) the current, break off the circuit; *koppla (slå) på* ~*men* switch (turn) on the current
strömavbrott s elektr. power failure (cut)
strömbrytare s elektr. switch; för motorer etc. äv. [circuit-]breaker
strömdrag s current; häftigt äv. race
strömfåra s stream
strömförande adj elektr. live; pred. äv. alive
strömförbrukning s elektr. power (current) consumption
strömhopp s, *hoppa* ~ jump one after the other [in rapid succession]
strömkrets s elektr. circuit
strömledare s elektr. conductor
strömlinjeformad adj streamlined
strömlös adj elektr. dead; *det är* ~*t* strömavbrott there is a power failure (cut)
strömma I vb itr stream; flyta, flöda äv. flow, run; stark. pour, come pouring; *folk* ~*de till byn* äv. people flocked to...; *regnet* ~*de* the rain was pouring down, it was pouring [with rain]; *tårarna* ~*de [ur hennes ögon]* her eyes were streaming with tears
II med beton. part.
~ **emot ngn** om intryck, minnen etc. crowd in on a p.
~ **fram** pour out; flyta fram flow along
~ **igenom** flow (run) through; om känslor o.d. pervade, run through
~ **in** om vatten o.d. rush in, flow in; om t.ex. folk, brev stream (pour, roll) in
~ **till** om vatten o.d. [begin to] flow; om folk[skaror] come flocking, flock together, collect
~ **ut** stream (flow, pour, well) out; om gas, vätska äv. escape, issue; om folk[skaror] stream (pour) out
~ **över** overflow
strömming s Baltic (small) herring
strömmingsflundra s kok. two fillets of Baltic herring [stuffed with dill or parsley]
strömning s current; *litterära (politiska)* ~*ar* literary (political) currents
strömriktning s elektr. el. sjö. direction of the current
strömslutare s elektr. circuit closer, connector
strömstare s zool. dipper
strömstyrka s elektr. current [intensity], amperage
strömställare s elektr. switch
strömsättning s sjö. current, set (drift) of [the] current; fartygs förflyttande drift
strömvirvel s eddy, whirl[pool]
strösocker s granulated sugar; finare castor (caster) sugar
strössel s hundreds and thousands pl., amer. sprinkles pl.
ströva vb itr, ~ *[omkring]* roam, rove, ramble, stroll, walk about, wander; ~ *omkring i skogarna* rove the woods; ~ *omkring i* staden *(på* gatorna*)* stroll (ramble, walk, wander) about...
strövområde s area for country walks (rambles), public recreation area
strövtåg s ramble; excursion äv. bildl.; pl. äv. wanderings; *ge sig ut (gå) på* ~ *i naturen* go on a ramble (an excursion)...
stubb s åker~, skägg~ stubble; skägg~ äv. bristles pl.
stubba vb tr, ~ *[av]* hår, hästsvans, öron crop; hundsvans o.d. dock
1 stubbe s stump
2 stubbe s vard. *på* ~*n* se *[på] stubin[en]*
stubbåker s stubble-field
stubin s fuse; *ha kort* ~ vard., om pers. be short-tempered, be quick-tempered, have a short fuse; han gjorde det *på* ~*en* vard., genast ...on the spot, ...like a shot
stuck s stucco (pl. -s el. -es)
stuckatör s stucco worker
stucken adj bildl., sårad offended, hurt, huffed [*över* samtl. at]
student s **1** studerande student; i Engl. äv. undergraduate **2** *ta* ~*en* take one's A-levels, jfr *studentexamen*
studentbetyg s dokument higher [school] certificate; eng. motsv. ung. General Certificate of Education (förk. GCE) at Advanced (A) level
studentbostad s **1** se *studenthem* **2** rum student's room; lägenhet student's lodgings pl.
studentexamen s higher [school] certificate [själva prövningen examination]; eng. motsv. ung. [examination for the] General Certificate of Education (förk. GCE) at

studentförening

Advanced (A) level; vard. A-levels pl.; jfr äv. *examen*
studentförening *s* students' association
studenthem *s* [students'] hostel, hall of residence; amer. äv. dormitory
studentikos *adj* skojfrisk o.d. jaunty, high-spirited
studentkamrat *s* fellow student
studentkår *s* students' union
studentliv *s*, **~et** t.ex. i Stockholm student life...; t.ex. är krävande the life of a student..., a student's life...
studentmössa *s* student's cap
studentska *s* [woman] student; i Engl. äv. undergraduate
studentspex *s* students' farce (burlesque)
studentsångare *s* member of a students' choral society
studenttid *s*, **under min ~** in my student (i Engl. äv. undergraduate) days; when I was at [the] university
studera *vb tr* o. *vb itr* study; läsa äv. read; granska, t.ex. ett förslag, ngns ansikte äv. scan, scrutinize; **~ en karta** study a map; **var (vid vilket universitet) ~r han?** what university is he [studying] at?; **~ historia** study (read) history, be a student of history; **~ medicin** el. **~ till läkare** study medicine, be a medical student; **~ in** en roll study...
studerande I *adj*, **~ ungdom** young students pl.; skolungdom schoolboys and schoolgirls pl.; **de ~** the students **II** *s* **1** skolpojke resp. skolflicka schoolboy resp. schoolgirl; isht amer. student **2** univ. [university] student; **~ vid teknisk högskola** student of technology (engineering); jfr äv. *filosofie, juris* m.fl.
studeranderabatt *s* student['s] discount
studie *s* study äv. konst. el. teat. o.d. [*över* of]; litt. äv. essay [*över* on]
studiebesök *s* visit [for the purposes of study], educational (study) visit; studieresa study tour, field trip
studiebidrag *s* study grant
studiecirkel *s* study circle
studiedag *s* för lärare teachers' seminar
studieförbund *s* [adult] educational association
studiehandbok *s* ung. students' guide, university handbook
studiehjälp *s* ekonomisk financial aid to those studying at the 'gymnasium' level
studiekamrat *s* fellow student
studielån *s* study loan
studiemedel *s pl* ekonomiskt stöd study allowances (bidrag grants)
studieplan *s* för visst ämne syllabus, curricul|um (pl. äv. -a); t.ex. univ. course of study
studierektor *s* director of studies
studieresa *s* study tour; **göra en ~ till England** go to England to study (for the purposes of study)

studierådgivning *s* student counselling (guidance)
studieskuld *s* study-loan debt
studiestöd *s* study allowances pl.; bidrag study grants pl.
studiesyfte, **i ~** for the purposes pl. of study, for study purposes
studieteknik *s* [the] technique of studying, study technique; **lära sig ~** äv. learn how to study
studietid *s* time (period) of study; jfr äv. *studenttid*
studievägledare *s* study counsellor (adviser)
studio *s* studio (pl. -s)
studi|um *s* study [*av (i)* of]; **-er** äv. study sg.; **vetenskapliga -er** scientific studies; **börja (avsluta) sina -er** begin (finish) one's studies; **efter avslutade -er for han...** after finishing (on the completion of) his studies...; **bedriva -er** study
studs *s* bounce; återstudsning äv. rebound; **bollen har ~** ...bounces well
studsa I *vb tr* bounce **II** *vb itr* **1** om boll bounce; om gevärskula o.d. ricochet; **~ tillbaka** rebound, bounce back **2** om pers. **~ [till]** av förvåning start, be startled, be taken aback
studsmatta *s* trampoline, till motion rebounder
studsning *s* studs bounce; åter~ äv. rebound; gevärskulas o.d. ricochet
stuga *s* cottage, [small] house; koja cabin
stugby *s* 'holiday village', group of leisure (summer) cottages for hire
stugknut *s* cottage corner; **bakom ~en** bildl. round the corner
stugsittare *s* homebird, stay-at-home
stuka *vb tr* **1** skada sprain; **~ [sig i] handleden** sprain one's wrist **2 ~ [till]** platta till, t.ex. hatt batter, knock...out of shape; **~ till ngn** bildl. crush (humiliate) a p., take a p. down a peg [or two], cut a p. down to size
stukning *s* **1** skada spraining; **en ~** a sprain **2** tillplattning battering, knocking out of shape; bildl. crushing, humiliation **3** tekn. upsetting, flattening
stum *adj* **1** dumb; mållös äv. mute, speechless; **~ av** förvåning etc. dumb (mute, speechless) with...; **~ av beundran** lost in admiration; **bli ~** be struck dumb; **i ~ förvåning** in mute amazement; **~t ljud** utan resonans dead sound **2** om bokstav: ej uttalad mute, silent **3** hård rigid; oelastisk unresilient, unelastic; dikt, tät tight, close
stumfilm *s* silent [film]
stumhet *s* (jfr *stum 1*) dumbness, muteness, mustism; med. alalia
stump *s* **1** rest stump; t.ex. av penna, cigarr, cigarett äv. stub, end **2** melodi~ tune
stumpa *s* liten flicka tiny tot; **min lilla ~!** my pet!

stund *s* kort tidrymd while (end. sg.); d:o samt tidpunkt, ögonblick moment, ibl. hour, jfr ex. ned.; **stanna en ~** stay for a while; **kan ni vänta en ~?** can (could) you wait a moment (a few minutes)?; **en kort ~** a short while, a moment, a few minutes; **det dröjer bara en liten ~** it will only be a moment, it won't be long; **ljusa ~er** bright moments; för patient lucid intervals; **inte en lugn ~** not a moment's peace; **han trodde att hans sista ~ var kommen** he thought that his last hour had come; **[allti]från den ~en** from that [very] moment; **från [allra] första ~** from the [very] first moment (minute); **leva blott för ~en** ...for the moment; **hjälp för ~en** temporary relief; **för en ~ sedan** a [little] while ago, a few minutes ago; **i denna ~** at this [very] moment; **i farans (nödens) ~** in the hour of danger (of need); **i en lycklig ~** in a happy hour; **i samma ~** at the same moment; **i sista ~** at the last moment; precis just in time; **i skrivande ~** at the time of writing; **om en [liten] ~** in a [little] while, in a moment, presently, before long; **på lediga ~er** in one's spare (leisure) time (moments), at odd moments; **hej på en ~!** so long!
stunda *vb itr* approach, draw near, be at hand; **det ~r till val** elections are approaching
stundande *adj* coming; **~ säsong** äv. the approaching season
stundom *adv* at times, now and then, sometimes; **glad ~ ledsen** sometimes...sometimes...
stundtals *adv* at times, now and then, sometimes
stuntman *s* film. stunt man
1 stup *s* brant precipice, steep slope (descent)
2 stup *adv*, **~ i ett** all the time, non-stop; **fråga ~ i ett** keep [on] asking
stupa *vb itr* **1** luta brant descend abruptly, fall steeply, incline sharply **2** falla fall, drop [down]; **nära att ~ [av trötthet]** ready to drop [with fatigue]; **~ i säng** tumble (go straight) into bed; **hästen ~de under honom** his horse went down under him **3** bildl., misslyckas **han ~de på** t.ex. matematiken he failed in...; t.ex. uppgiften he did not manage... **4** dö i strid be killed [in action], fall [in battle]; **de ~de** subst. adj. those killed in the war
stupande *adj* brant steep, precipitous
stupfull *adj* vard. dead (blind) drunk
stupid *adj* stupid, idiotic
stupränna *s* vard. (hängränna) [rain]gutter
stuprör *s* drainpipe, downpipe, amer. downspout
stupstock *s* block, scaffold
stursk *adj* näsvis cheeky, saucy, impertinent; fräck insolent, impudent, brazen; mallig uppish, stuck-up, bumptious, arrogant

stuss *s* seat; vard. bottom, behind
stut *s* oxe bullock, steer
stuteri *s* studfarm, stud
stuv *s* remnant [of cloth]; **~ar** äv. oddments
1 stuva *vb tr* packa, lasta stow; **~ in** stow in; **~ in folk i** en kupé pack (cram) people into...; **~ in sig i** baksätet bundle into...; **~ om** restow; **~ undan** stow away
2 stuva *vb tr* kok., grönsaker o.d. cook...in white sauce; **~de champinjoner** mushrooms cooked in cream; **~d potatis** potatoes in white sauce; **~d spenat** creamed spinach
stuvare se *stuveriarbetare*
stuvbit *s* remnant
stuveriarbetare *s* stevedore; isht amer. longshoreman
stuvning *s* vit sås white sauce; t.ex. kött~ stew; **~ med räkor** prawns in white sauce (cream); jfr äv. *2 stuva*
stybb *s* koldamm coal dust; för löparbanor o.d. cinders pl.
styck *s*, tio kronor **[per] ~** ...each, ...apiece; **pris per ~** price each (per unit), unit price; **sälja per ~** ...by the piece
stycka *vb tr* **1** kött o.d. cut up; sönderdela i leder äv. disjoint, quarter, divide into joints; **~ sönder** cut...into pieces **2** jord, mark parcel out; t.ex. egendom äv. break up; till tomter äv. divide...into lots (plots, allotments); **~ av** mindre egendom från större carve out
stycke *s* **1** del, avsnitt o.d. **a)** bit piece; del äv. part, portion; litet äv. bit, scrap; avskuren skiva äv. slice; brott~ äv. fragment [samtl. med of framför följ. best.]; **ett ~ land (mark)** a piece of land; **ett ~ av steken** a slice (a cut) off the joint; **jag har hunnit ett gott ~** om arbete I have done a good bit; **[allt] i ett ~** all in a piece; **i ~n sönder** in pieces, broken; **slå i ~n** knock...to pieces, smash **b)** om väg, vi fick gå **ett ~ [av vägen]** ...part of the way; **ett gott (bra) ~** härifrån a fair (considerable) distance..., some distance..., quite a long way...; bilen gick bara **ett litet ~** ...a little (short) way **c)** om tid **ett gott ~ in på** 1900-talet well [on] into... **d)** text~ passage; del av sida där ny rad börjar, moment paragraph; sidan 10, **andra ~t** ...the second paragraph; **nytt ~** fresh (new) paragraph; **valda ~n** selected passages, selections
2 exemplar, enhet **a)** **~n** (förk. *st.*) isht efter räkneord ofta oöversatt, hand. ibl. pieces; **fem ~n [apelsiner]** five [oranges]; vi har beställt **1000 st. flaskor** hand. ...1,000 bottles; vi har beställt **1000 st.** hand. ...1,000, ...1,000 pieces (förk. pcs.); **fem ~n nötkreatur** five head of cattle; **[så där] en 5-6 ~n** some five or six; **får jag fem ~n** give me five [of them]; **vi var fem ~n** there were five of us; **några ~n** some, a few; **vi är några ~n** som tycker att there are some of us... **b)** tio kronor **~t** ...each, ...apiece

styckegods 680

3 om konstnärlig verksamhet: musik~ piece [of music]; teater~ play; *ett ~ av Bach* a piece (something) by Bach; *ett ~ av Strindberg* a play by Strindberg **4** *i många ~n* in many respects; *vara ense i många ~n* agree on many points **5** neds., om kvinna *ett lättfärdigt ~* a slut (trollop, amer. äv. tramp)
styckegods *s* koll.: sjö. general (mixed, miscellaneous) cargo; järnv. single consignments pl.
styckepris *s* price each, unit price, price per unit
styckevis *adv* **1** per styck by the piece; *en efter en piece* by piece, piecemeal **2** delvis partially, in part
styckning *s* av kött o.d. cutting-up; av mark parcelling [out], division
styckverk *s* patchwork
stygg *adj* olydig, isht om barn naughty; elak, ovänlig nasty [*mot* to]; ond bad, wicked; otäck, om t.ex. sår ugly
styggelse *s* abomination [*för* to]
stygn *s* sömnad. stitch
stylt|a *s* stilt; *gå på -or* walk on stilts
stympa *vb tr* mutilate, maim; förkorta t.ex. text abridge, curtail, cut [down]
stympning *s* mutilation, maiming; curtailment, cutting-down; jfr *stympa*
1 styng *s* sömnad. stitch
2 styng *s* stick, se *sting 1*
3 styng *s* insekt gadfly; häst~ horse botfly
styr *s* **1** *hålla...i ~, hålla ~ på* keep...in check (in order), control; t.ex. sina känslor govern, restrain; t.ex. sin tunga curb; *hålla sig i ~* control (restrain) oneself **2** se *[gå] överstyr*
styra I *vb tr* **1** fordon, fartyg o.d. steer; manövrera äv. manœuvre; leda, rikta [loppet av] guide äv. bildl.; direct; *~ allt till det bästa* see that everything turns out for the best, see things through; *~ kurs mot (på)* steer for, jfr *kurs 1*; *~ sina steg hemåt* direct one's steps towards home, make for home; *låta sig ~s av* förnuftet be guided by... **2** regera govern, rule, be the ruler of; leda direct; stå i spetsen för be at the head of **3** behärska, t.ex. sina känslor control, command, restrain, govern; *~ sin tunga* curb one's tongue
II *vb itr* **1** sjö. o.d. steer; navigera äv. navigate; stå vid rodret äv. be at the helm; *~ efter* stjärnorna steer by...; *~ mot* Hull steer (head, make) for...; *~ mot land* stand in [towards land]; *~ rakt (ned) mot* bear down on; *~ åt höger* keep (bear) to the right **2** regera govern, rule; friare be at the head of affairs, be at the helm **3** ordna *ha mycket att ~ [och ställa] med* have many things to attend to; *~ och ställa i ett hus* manage a house
III *vb rfl, ~ sig* control oneself, contain (restrain) oneself; *han kunde inte ~ sig av glädje* he couldn't contain himself for joy **IV** med beton. part.
~ om ordna see to, arrange, manage; *~ om att...* see to it that...
~ ut **a)** tr., klä ut dress up, vard. rig out; garnera o.d., t.ex. hatt trim; *~ ut sig* dress up; vard. rig oneself out **b)** itr. *~ ut från land* stand off [shore]; *~ ut till sjöss* make for the open sea
styrande *adj* governing; *de ~ [i samhället]* those in authority (power); vard. the powers that be; *~ organ (myndighet)* governing body
styrbord sjö. **I** *s* starboard; *på ~s sida* on the starboard side **II** *adv*, *hålla dikt ~* steer hard astarboard; *~ med rodret!* starboard the helm!
styre *s* **1** cykel~ handlebars pl. **2** styrelse rule; *sitta vid ~t* be in power, be at the helm; *under brittiskt ~* under British rule
styrelse *s* **1** abstr. government, rule; förvaltning administration; ledning management **2** konkr.: bolags~ board [of directors], directors pl.; företagsledning management; bolags~ board [of directors], directors pl.; *sitta [med] i ~n* be on the board (resp. the committee)
styrelseform *s* form of government, polity
styrelseledamot *s* i bolag director, member of the (resp. a) board; i förening o.d. member of the committee, officer; *han är ~ i bolaget* he is on the board [of directors]
styrelseordförande *s* i bolaget chairman of the board [of directors] (i föreningen o.d. of the committee)
styrelsesammanträde *s* board (i förening committee) meeting
styrelseskick se *styrelseform*
styresman *s* director; *stadens styresmän* the local authorities
styrfart *s* sjö. steerageway
styrinrättning *s* steering-gear
styrk|a I *s* **1** fysisk o. andlig strength; kraft power, force; spänst vigour; hållfasthet strength, solidity, stability; intensitet, t.ex. känslans, ljudets intensity; styrkegrad, om t.ex. motor, magnet power, om ljus äv. strength; om dryck, lösning strength; om t.ex. drog potency; *vindens ~* the force of the wind; *andlig ~* strength of mind; *den råa ~n* brute force; *ha stor ~ i armarna* have strong arms; *ha ~ att* motstå frestelser have the strength to...; *hämta ~* gain strength; *det är hans ~* starka sida that is his strong point (his strength, his forte); *förlora i ~* lose [in] strength (om t.ex. argument [in] force); *hävda med ~* ...with force, ...vigorously **2** trupp force; arbets~ [working] staff, number of hands; antal, numerär strength; *den normala ~n uppgår till* 5000 man the normal strength is (numbers)...; *väpnade styrkor* armed

forces; brandkåren ryckte ut *med full* ~ …in full force
II *vb tr* **1** göra starkare, befästa strengthen, confirm; ge kraft, mod fortify, invigorate, refresh; forskningsresultaten *-er denna teori* …strengthen (confirm) this theory; *känna sig styrkt* be fortified **2** bevisa prove; med vittnen attest, verify; ~ *sin identitet* prove one's identity; ~ *äktheten hos* ett dokument äv. authenticate; *styrkt avskrift* attested (certified) copy
III *vb rfl*, ~ *sig* t.ex. med ett glas fortify (refresh) oneself; ~ *sig med en kopp te* äv. have a refreshing cup of tea
styrkedemonstration *s* show of force (strength); *militär* ~ display of military power
styrketräning *s* med vikter weight training
styrketår *s* vard. pick-me-up, bracer, stiffener
styrman *s* sjö. **1** tjänstetitel mate; *förste* ~ first (chief) mate (på större fartyg officer); *andre* ~ second mate (på större fartyg officer) **2** vid kapprodd coxswain **3** rorgängare helmsman, steersman
styrmedel *s* means of control
styrning *s* **1** styrande steering etc., jfr *styra I 1*; *automatisk* ~ automatic control **2** styrinrättning steering-gear
styrsel *s* stadga, fasthet firmness, steadiness; bildl. äv. stability; 'ryggrad' backbone; *utan* ~ vinglig wobbly; slapp, ryggradslös flabby, loose
styrspak *s* flyg. control column
styrstång *s* på cykel handlebars pl.
styv *adj* **1** allm. stiff; hård, oelastisk äv. rigid; ~ *i lederna* stiff in the joints; ~ *bris* fresh breeze; ~ *fjäder* rigid spring; ~ *krage* stiff collar; ~ *lina* tight rope; *visa sig på* ~*a linan* bildl. show off; ~ *papp* stiff cardboard; ~ *plast* rigid plastic; *bli (göra)* ~ become (make…) stiff, stiffen **2** ~ *i korken* vard. stuck-up, cocky, snooty **3** duktig, skicklig ~ *i* matematik etc. good (clever) at…; ~ i matlagning a good (a dab) hand at…; *ett* ~*t arbete* duktigt a fine (an excellent) piece of work
styvbarn *s* stepchild
styvbror *s* stepbrother
styvdotter *s* stepdaughter
styver *s* hist. stiver; eng. motsv. ung. farthing; amer. dime
styvfar *s* stepfather
styvföräldrar *s pl* step-parents
styvhet *s* (jfr *styv 1*) stiffness, rigidity
styvmoderligt *adv*, *vara* ~ *behandlad* be unfairly treated, be a Cinderella
styvmor *s* stepmother
styvmorsviol *s* bot. wild pansy
styvna *vb itr* stiffen, become stiff
styvnackad *adj* stiff-necked, obstinate
styvsint *adj* stubborn, obstinate, headstrong, stiff-necked

styvson *s* stepson
styvsyskon *s pl* stepbrother[s pl.] and (resp. or) stepsister[s pl.]
styvsyster *s* stepsister
styvt *adv* **1** stiffly, rigidly, jfr *styv 1*; *hålla* ~ *på* insist on, make a point of **2** duktigt *det var* ~ *gjort!* well done!
stå I *vb itr* **1** stand; inte sitta äv. stand up; vara äv. be; äga bestånd last, remain, exist; vara placerad, t.ex. i bokstavsordning be placed (arranged); förvaras be kept; *han fick* ~ hela tiden he had to stand…; ~ *orörlig* stand (förbli remain) motionless; dörren ~*r öppen* …is (stands) open; *hur* ~*r det (spelet)?* what's the score?; *det* ~*r 2-1* it (the score) is two one; *låta* ngt ~ inte flytta leave…[where it is]; inte röra leave…alone; mat leave…untouched; inte ta bort, t.ex. ord leave…in, keep (retain)…; ~ *och hänga* hang around; teet ~*r och kallnar* …is getting cold; ~ *som förstenad av* skräck be petrified with…; ~ *som segrare* be the winner; ~ *som subjekt i* en sats function (act) as the subject of…; hans liv *stod inte att rädda* …couldn't be saved, …was beyond recovery med obeton. prep. ~ *efter ngt* aspire to a th.; *det är ingenting att* ~ *efter* att ha it's not worth having; att vara angelägen om it's not worth while; ~ *för* ansvara för be responsible for, answer for; leda, ha hand om be at the head (in charge) of; understödja sponsor; betala pay; t.ex. kostnader äv. bear, defray; släppa till find; gå i god för vouch for; innebära, representera stand for, represent; ~ *för betalningen* pay; ~ *för följderna* take (be responsible for) the consequences; ~ *för vad man säger* stand by what one has said; jag är rojalist *och det* ~*r jag för* …and I don't mind admitting it; *den åsikten får* ~ *för honom* that is [just] his opinion, he is only speaking for himself; ~ *i* akusativ be in the…; ~ *i affär* work in a shop; ~ *i kontakt med…* be in touch with…; *solen* ~*r i söder* the sun is in the south; *jag* ~*r i tur att…* it's my turn to…; *aktierna* ~*r i* 100 kr the shares are (stand) at…; *vad* ~*r dollarn i?* what's the dollar worth?; *ha mycket att* ~ *i* have many things to attend to, have plenty to do; ~ *inför* se ex. under *inför; det* ~*r och faller med honom* it all depends on him; *valet* ~*r mellan…* the choice lies between…; ~ *[vänd] mot…* face…; ~ *på benen* stand on one's legs; ~ upp stand [up]; ~ *på listan* be on the list; ~ *på* en sockel stand (vila rest) on…; *barometern (visaren)* ~*r på…* the barometer (hand) points to…; *termometern* ~*r på* noll the thermometer is at (registers)…; *vårt hopp* ~*r till…* our hope (trust) is in…, I set my hopes on…; ~ *till ansvar* be held responsible; ~ *vid* vad man

stå

sagt stand by..., keep (stick) to...; ~ *vid sitt ord* be as good as one's word
2 ha stannat, om klocka have stopped; hålla, om tåg o.d. stop, wait; inte vara i gång: om maskiner o.d. be (stand) idle, om t.ex. fabrik be at (have come to) a standstill
3 äga rum take place; om bröllop äv. be [held]; om slag be fought; *när ska bröllopet ~?* when is the wedding to be?; bröllopet *stod i dagarna tre* ...went on for (lasted) three days
4 finnas skriven be [written]; *vad ~r det på skylten?* what does it say on the sign?; *läsa vad som ~r om...* read what is written (i tidning what they say) about...; *var ~r det citatet?* where is...to be found?; *det ~r i boken it is in...; det ~r i boken (Bibeln) att...* the book (Bible) says that..., it says in the book (Bible) that...; *det ~r [en artikel] om honom i* tidningen there is an article about him in...

II *vb tr*, **~ sitt kast** take the consequences, face the music

III *vb rfl*, **~ sig** hävda sig hold one's own (ground) [*i* konkurrensen in...]; hålla sig, om mat o.d. keep; inte slitas wear [well], last; fortfarande gälla, om teori o.d. hold good (true), stand; klara sig manage; bestå last, om väder äv. hold; **~** klara *sig bra* do (get on) well, manage all right; *jag ~r mig på* den frukosten ...will keep me going; **~ *på sig*** se under *IV*
IV med beton. part.

~ bakom ngt, bildl. be behind, stötta support, ekonomiskt sponsor; vara orsak till be at the bottom of...

~ bi förslå hold out, last; stå rycken stand the strain

~ efter bildl. **~ efter** vara underlägsen *ngn* be inferior to a p.; *inte ~ någon efter* äv. be second to (yield to) none

~ emot tr. resist, withstand; tåla stand; om saker äv., t.ex. slitning stand up to; inte skadas av, t.ex. eld be proof against; *jag kan inte ~ emot när...* I can't resist when...

~ fast om pers., inte ge vika be firm, stand pat; om t.ex. anbud be firm, stand (hold) good; *det ~r fast att...* it is certain that...; ~ *fast vid* t.ex. anbud stand (abide) by, hold to; t.ex. löfte äv. keep to; t.ex. åsikt stick to; t.ex. krav insist on; *~ fast vid att* + sats maintain (insist) that...

~ framme till användning o.d. be out (ready); till påseende be displayed; skräpa be left about; *maten ~r framme* the meal is on the table; *låt inte* skorna *~ framme* don't leave...about

~ i arbeta work hard, be at it; *arbeta och ~ i* hela dagen be busy working...

~ inne a) om tåg o.d. be in **b)** om pengar ~ *inne [på banken]* be deposited in the bank; *låta* pengarna ~ *inne* leave...on deposit, jfr vid. *innestående*

~ kvar om pers.: förbli stående remain (keep) standing; stanna remain, stay [on]; *han ~r kvar där* he is still [standing] there; ~ stanna *kvar!* stay (remain) where you are!; jfr vid. under *kvar*

~ på a) vara påkopplad be on **b)** *vad ~r på?* hur är det fatt what's the matter?; vard. what's up?; vad händer äv. what's going on? **c)** dröja *det stod inte länge på innan...* it was not long before... **d)** sjö. fartyget *~r [hårt] på* ...is [fast] aground **e)** ~ *på sig* stick to one's guns; inte ge vika äv. be firm; hävda sig hold one's own (one's ground); **~** *på dig!* don't give in! **f)** ~ *på!* vard., kör fort step on it!

~ till: *hur ~r det till [med dig]?* hur mår du how are you?; hur är det fatt what's the matter [with you]?; *hur ~r det till hemma (med familjen)?* how is your family?; *det ~r bra (illa) till* things are (getting on) all right, things are in a bad way; *så ~r det till med den saken* that is how matters stand (things are); *det ~r inte rätt till* there is something wrong (something the matter)

~ tillbaka: *få ~ tillbaka för* ställas i skuggan be pushed into the background by...; offras have to be sacrificed for ...

~ upp stiga upp, höja sig rise

~ ut härda ut *jag ~r inte ut längre* I can't stand (bear, put up with) it any longer; ~ *ut med* stand, bear, endure, put up with

~ över a) ~ *över ngn* vara överordnad be a p.'s superior; vara överlägsen be superior to a p.; ~ *över* ngn *i rang* be above... [in rank], rank above...; ~ *över* ngt: vara höjd över be above...; vara oberoende av, t.ex. partipolitik, äv. be independent of... **b)** uppskjutas lie (stand) over; *jag ~r över till...* I'll wait till...; ~ *över [sin tur]* i spel pass, miss one's turn

V *s*, *gå i ~* köra fast mark time, be at a standstill

stående I *adj* standing; upprättstående äv. erect; lodrätt, tekn. vertical; stillastående, om t.ex. parkerad bil el. fys. stationary; bildl. äv.: fast, om t.ex. teater permanent; oförändrelig, om t.ex. svar invariable; om t.ex. samtalsämne constant; ~ *armé* standing (regular) army; ~ *fras* set phrase; ~ *rätt* maträtt standing dish; ~ *skämt* standing (utjatat stock) joke; *i ~ ställning* in a standing (an erect) posture (position); göra ngt *i ~ ställning* ...standing [up]; *högt ~* utvecklad highly developed; *bli ~* **a)** inte sätta sig remain standing **b)** stanna stop; om pers. äv. pause; om sak äv. come to a standstill **c)** bli kvarlämnad be left; *ha* ngt ~ i ett skåp have (förvara keep) a th.... **II** *s* standing; stående ställning standing position

ståhej *s* hullabaloo, fuss, to-do, brouhaha [*kring* i samtl. fall about]

stål *s* steel; *härdat (rostfritt)* ~ hardened (stainless) steel; tåla *kallt ~* ...cold steel; *nerver av ~* nerves of steel (iron)

stålbad s acid test
stålblå adj steel (electric) blue
stålborste s wire brush
stålfjäder s steel spring
stålgrå adj steel-grey
stålindustri s steel industry
stålkant s steel edge
stålman s, **Stålmannen** Superman
stålpenna s steel nib
stålrör s steel tube; koll. steel tubing
stålrörsmöbler s pl [steel] tubular furniture sg.
stålsätta vb tr bildl. harden, steel; ~ **sig mot...** steel (harden) oneself against...
ståltråd s [steel] wire
ståltrådsnät s wire netting
stålull s steel wool
stålverk s steelworks (pl. lika)
stånd s **1** civil~ [civil] status; **ingå i det äkta ~et** enter into [holy] matrimony **2** samhällsklass [social] class; **gifta sig under sitt ~** marry beneath one (below one's station) **3** hist., riks~ estate; **de fyra ~en** the four estates; **rikets ständer** the estates of the realm **4** salu~ stall; isht marknads~ booth; isht på t.ex. mässa stand **5** växt plant **6** fysiol. erection **7** nivå height; vattens äv. level **8** ställning o.d. **hålla ~** hold one's ground (own), hold out [*mot* fienden against...]; **hålla ~ mot** frestelser resist... **9** jakt., villebråds uppehållsort lair, covert **10** skick o.d. condition, state; **hålla** ngt **i [gott] ~** keep...in [good] repair, maintain...; **vara i ~ [till] att** inf. be able to inf.; be capable of ing-form; **få till ~** bring about; t.ex. uppgörelse effect; upprätta establish; **komma till ~** come (be brought) about; äga rum come off, take place; förverkligas be realized, materialize; **sätta** ngt **ur ~** bringa i olag put (throw)...out of gear; skada damage; **vara ur ~ att** inf. be incapable of ing-form; be unable to inf.
ståndaktig adj karaktärsfast firm; orubblig steadfast, constant, stout; uthållig persevering; **förbli ~** hålla ut persevere
ståndaktighet s firmness; steadfastness, constancy; perseverance; jfr *ståndaktig*
ståndare s bot. stamen
ståndpunkt s bildl. standpoint; inställning äv. position, attitude; synpunkt äv. point of view; stadium state, stage; nivå level; **välja ~** choose (adopt) an attitude; **ändra ~** take up another attitude; **från min ~ [sett]** from my point of view
ståndrätt s mil. court martial (pl. courts martial, court martials)
ståndsmässig adj ...consistent (in accordance) with one's station; förnäm high-class, elegant
ståndsperson s person of rank
stång s **1** pole; flagg~ äv. staff; tunnare, för t.ex. gardiner äv. rod; horisontal samt i galler o.d. bar; räcke, äv. för kläder rail; tvär~, t.ex. på herrcykel crossbar; **hålla ngn ~en** bildl. hold one's own against a p.; flaggan är **på halv (hel) ~** ...at half (full) mast **2** längd: av t.ex. kanel, lack, smink stick; av vanilj pod
stånga vb tr buffa butt; såra med hornen gore; **~ ihjäl** ngn gore...to death
stångas vb itr dep butt; med varandra butt each other
stånghammare s tilthammer
stångjärn s bar iron
stångjärnshammare s tilthammer
stångkorv s [kind of] sausage made of meat, lungs and barley
stångpiska s frisyr queue
1 stånka s tankard
2 stånka vb itr flåsa puff and blow, breathe heavily; stöna groan [*av* with]
ståplats s biljett standing ticket; **~[er]** ståplatsutrymme standing room sg.
ståplatsbiljett s standing ticket
ståplatsläktare s stand with standing accommodation only, the terraces sg.
stät s pomp; festligheter äv. festivities pl.; prakt splendour, magnificence; prål show, ostentation, display; stass finery
ståta vb itr, **~ i** fina kläder make a display of oneself in...; **~ med** parade, show off, make a display (show, parade) of
ståthållare s på kungl. slott governor
ståtlig adj storslagen grand, magnificent, splendid, fine; imponerande: om t.ex. pers. imposing, om t.ex. byggnad stately, impressive; stilig, om pers. fine-looking, handsome; reslig tall
stäcka vb tr t.ex. ngns planer äv. thwart; t.ex. ngns bana put a stop to, cut short
städ s anvil; anat. äv. incu|s (pl. -des) lat.
städa I vb tr rengöra clean; vard. do; snygga upp i tidy [up]; plocka i ordning i (på) put...straight (in order)
 II vb itr ha rengöring clean up; snygga upp tidy up, put things straight (in order); **ha [det] ~t i** sitt rum keep...tidy
 III med beton. part.
 ~ av ett rum tidy up...
 ~ bort ngt remove...when tidying up
 ~ undan ngt clear (put) away...
 ~ upp [i] ett rum tidy (straighten) up...
städad adj bildl.: anständig decent; om pers. äv. well-behaved; om t.ex. uppträdande proper, decorous; vårdad tidy
städare s cleaner
städbolag s cleaning services pl., cleaning company (firm)
städdag s house-cleaning day
städdille s vard. mania for cleaning
städerska s cleaner; på hotell [chamber]maid; på båt stewardess
städfirma s cleaning firm
städhjälp s städerska charwoman, homehelp; vard. char

städning *s* tidying up; cleaning äv. yrkesmässigt; städhjälp charring [work]
städrock *s* overall
städskrubb *s* o. **städskåp** *s* broom cupboard (amer. closet)
städsla *vb tr* ngt åld. hire, engage
ställ *s* **1** ställning stand; för disk, flaskor, pipor o.d. rack **2** omgång set; av segel suit [båda med of framför följ. best.]
ställ|a I *vb tr* **1** placera: allm. put, place; sätta äv. set; i upprätt ställning äv. stand; mots. lägga put...up, place...upright; ordna t.ex. i storleksordning place, arrange; låta stå, förvara keep; lämna leave; ~ *ngn inför* en svårighet confront a p. with...; ~ *ngn (vara -d, ~s) inför valet mellan...* make a p. (have to) choose between...; *man -s ofta inför den frågan* one is often faced with that question; ~ ngt *till förfogande* make...available; ~ ngt *under debatt* bring...up for discussion, make...the subject of a debate
2 ställa in set; ~ *sin armbandsklocka* set one's watch [*efter* tidsignalen by...], put one's watch right; ~ *på [ringning] kl. 6* set...for six o'clock
3 rikta, t.ex. sina steg direct; t.ex. brev, ord äv. address; låta sända (post) order...to be sent; ~ *en fråga till* ngn ask...a question, put a question to ...
4 (äv. itr.) inrätta, ordna arrange; ~ *allt till det bästa* act for the best; *han har det bra -t* ekonomiskt he is well off; *ha det bra (dåligt) -t med* kläder be well (badly) off for..., be well (poorly) supplied with...; *det är illa -t med* landet ...is in a bad way
5 framställa: t.ex. problem set, pose, t.ex. frågor ask, put; uppställa, t.ex. krav, villkor make; lämna: t.ex. garanti give, furnish, t.ex. säkerhet äv. put up; frågan är *felaktigt -d* ...is wrongly put

II *vb rfl*, ~ *sig* **1** placera sig place oneself, take one's stand, station oneself [*bredvid* ngn at a p.'s side]; *[kom och] ställ dig här!* [come and] stand here!; ~ *sig och diska* start (set about) washing up; ~ *sig i kö (rad)* queue (line) up; ~ *sig i* kön take one's place in...; ~ *sig i vägen för* ngn put oneself in a p.'s way; ~ *sig på* en stol get up on...; ~ *sig upp* stand up, rise
2 bete (förhålla) sig behave, act; vara be; jag vet inte *hur jag skall* ~ *mig* a) tycka ...what attitude (view) to take b) handla ...what line (course) to take; *det kommer att* ~ *sig dyrt* it will be (come) expensive
3 låtsas pretend; ~ *sig ovetande* pretend ignorance (to know nothing)

III med beton. part.
~ *av* koppla av switch off; maskin stop; reservera put aside; ~ *av bilen* avregistrera deregister the car temporarily
~ **fram** se *sätta [fram]*
~ **för** en skärm put (place)...in front
~ **ifrån sig** put...down; undan put away (aside); glömma leave [...behind]
~ **in a)** eg. put...in (inomhus inside); lämna till förvaring deposit; ~ *in ngt i* ett skåp put a th. in[to]...; ~ *in bilen [i garaget]* put the car in the garage **b)** kikare adjust; t.ex. avståndsmätare set, bring...into focus; anpassa accommodate [*efter* to]; ~ *in [radion] på program 1* tune in to the first programme **c)** se *inställa I* **d)** ~ *in sig på ngt* bereda sig på prepare [oneself] for a th.; räkna med count on (expect) a th. **e)** ~ *sig in hos* ngn ingratiate oneself (curry favour) with...; krypa, fjäska för äv. cringe to..., fawn on...; vard. suck up to...
~ **om a)** placera om rearrange; produktion convert, change (switch) over; ~ *om sig efter* nya förhållanden adapt (adjust) oneself to... **b)** ombesörja: skaffa get, find; ordna med arrange, manage; ~ *om att...* arrange (manage) it so that...; se till see [to it] that...
~ **samman** samla, utarbeta compile
~ **till a)** ~ *till [med]* anordna arrange, organize, get up; sätta i gång med start; t.ex. bråk make, vard. kick up; t.ex. kravaller, oroligheter create; vålla cause; t.ex. skada äv. do; t.ex. olycka bring about; ~ *till [med] bröllop* arrange a wedding; ~ *till [med] fest* get up (give, vard. throw) a party; *vad har du nu -t till [med]?* what have you been up to (gjort done) now?; ~ *till det illa för sig* get [oneself] into a mess **b)** ~ *till* stöka till, smutsa ned make a mess [*i (på)* in (on)]
~ **tillbaka a)** på sin plats put...back, replace **b)** klocka put (set)...back [*en timme* an hour]; ~ *tillbaka* en visare *på noll* reset...at zero
~ **undan** ställa bort el. reservera put aside; plocka undan put away
~ **upp a)** placera put...up; t.ex. schackpjäser set up, lay out; ordna, t.ex. i grupper place, arrange; parkera park; ~ *upp ngt på* en hylla put a th. up (place a th.) on... **b)** uppbåda, t.ex. en armé set up, raise; ~ *upp [med] ett starkt lag (sitt bästa lag)* t.ex. i fotboll field (put up) a team (one's best team) **c)** göra upp, t.ex. lista make [out]; ekvation form, set up; disponera arrange, organize **d)** framställa, t.ex. teori put forward, advance, t.ex. problem propound, pose, t.ex. villkor make; fastställa, t.ex. regel lay down; ~ *upp* ngn *som sitt ideal (mål)* set...up as one's ideal (make...one's goal) **e)** deltaga take part, join in; kandidera offer oneself as a candidate; ~ *upp i ett lopp* anmäla sig som deltagande enter for a race; deltaga compete in a race; ~ *upp mot...* i tävling meet..., take on...; *han -er upp till omval* he is seeking re-election; polit. äv. he

stämma

is standing (amer. running) again; ~ *upp som presidentkandidat* run for the presidency **f)** hjälpa till, stödja *han -er alltid upp för sina vänner* he always stands by his friends; *man måste försöka ~ upp!* one must try to do one's bit (help out, show willing)! **g)** *~ upp sig* placera sig take one's stand; om flera äv. form up; mil. draw up; arrangera sig get into position; *~ upp sig på led (i rad)* line up, stand in a line ~ **ut a)** placera put...out (utanför outside, utomhus outdoors); vaktpost post, station **b)** utfärda: allm. make out; pass o.d. äv. issue; *~ ut en check på ngn* make a cheque payable to a p.; *~ ut en växel på* 10.000 kr. draw a draft for... **c)** visa exhibit, show; varor i t.ex. skyltfönster äv. display, expose; *konstnären -er ut i Paris* just nu the artist is holding an exhibition (is exhibiting) in Paris...
ställbar *adj* adjustable
ställd *adj* bildl.: svarslös nonplussed; bragt ur fattningen put out, embarrassed, disconcerted; *bli (vara)* ~ inte begripa vad man skall säga, göra osv. äv. be at a loss for (not know) what to say (resp. to do osv.); *han var ~ mot väggen* he had his back to the wall; *frågan gjorde mig helt ~* the question cornered me
ställe *s* **1** allm. place; plats, fläck äv. spot; hus äv. house; matställe äv. restaurant; passus i skrift o.d. passage; *det ömma ~t* the sore spot (place); *på ~t* genast on the spot; just nu äv. here and now; just då äv. there and then; *göra på ~t marsch* mil. mark time äv. bildl.; *här på ~t* platsen here, at this place; *på ett (något) annat ~* in (at) some other place, somewhere else; skratta *på rätt ~* ...in the right place; *på en del (sina) ~n* in [some] places, here and there; *gå på ett visst ~* toaletten go somewhere, spend a penny **2** *i ~t* instead of; i gengäld in return, in exchange; å andra sidan on the other hand; *[om jag vore] i ditt ~ skulle jag...* in your place (if I were you) I should...; *komma i ngns ~* come instead of a p., come in a p.'s place (stead); ersätta ngn take a p.'s place, replace a p.; *vara i mors ~ för ngn* be [like] a mother to a p.; *i ~t för* instead of [att gå going]; som ersättning in [the] place (in lieu) of
ställföreträdande *adj* attr. deputy; bildl. om t.ex. lidande vicarious
ställföreträdare *s* deputy; ersättare substitute; representant representative; ombud proxy
ställning *s* **1** allm. position äv. mil.; kropps~ äv. posture; pose pose; situation, läge äv. situation; polit. el. jur. state; plats place; samhälls~ el. affärs~ äv. standing, status; levnads~ äv. state, station in life; inställning äv. attitude; poäng~ score; *firmans ekonomiska ~* the financial position (status) of the firm; *hur är ~en?* i spel what's the score?; *hålla ~arna* isht mil. stand one's ground, hold one's position (one's own); bildl. äv. hold the fort; *skapa sig en ~* gain (obtain) a standing, work one's way up to a good position; *ta ~* **a)** ha egen uppfattning take up a definite position, take one's stand **b)** bestämma sig make up one's mind [*i fråga om* ngt about...]; decide [*till* ngt on...] **c)** binda sig commit oneself; *ta ~ emot (för)...* take sides against (with)...; *utnyttja sin ~* use one's position [to obtain advantages]; *i ansvarig ~* in a responsible position; *en kvinna i ledande ~* a woman in a leading position **2** konkr.: ställ stand; stomme frame; byggnads~ scaffold[ing]; upphöjd platform
ställningskrig *s* positional war (krigföring warfare); skyttegravskrig trench warfare
ställningstagande *s* ståndpunkt standpoint [*i* en fråga on...]; inställning position [*till* on]; undvika *ett ~* ...taking up a stand
ställverk *s* **1** järnv. signal box; amer. signal (switch) tower **2** elektr. distribution plant, relay interlocking plant
stämband *s* anat. vocal cord
stämd *adj, välvilligt (vänligt) ~ mot...* favourably disposed (inclined) towards...
stämgaffel *s* mus. tuning-fork
stämjärn *s* [wood] chisel, mortise chisel
1 stämma *I s* röst voice; mus. part, i fuga voice, i orgel stop, *första (andra) ~* first (second) part; *göra sin ~ hörd* make one's voice heard; *sjunga i -or* sing in parts
II *vb tr* **1** mus. tune [*efter, till* to]; *~...en halv ton högre (lägre)* pitch...a semitone higher (lower); *~ ett piano* tune a piano; pianot *är inte stämt* ...is out of tune **2** *det -er [sinnet] till eftertanke* it makes you think, it gives you food for thought; *~ ngn till vrede* make a p. angry
III *vb itr* gå ihop, överensstämma correspond, tally, agree [*med* with]; kassan *-er* ...balances; *räkningen -er* the account is correct; *det -er!* vard. that's correct (right, it)!, quite right!, quite so!; *det -er inte* el. *det är något som inte -er* there's something wrong somewhere, it doesn't make sence (add up); *~ med originalet* be in accordance (be consistent) with...
IV med beton. part.
~ av: ~ av ngt mot en lista tick...off on a list, check...against a list; *~ av med ngn* check with a p.
~ i börja sjunga begin (start) to sing; orkestern *stämde i [med en melodi]* ...struck up [a tune]
~ in **a)** falla in *alla stämde in i sången* everyone joined (chimed) in the song **b)** passa in apply, be applicable [*på* to]; *~ in på* om signalement square with, fit
~ ned **a)** *~ ned tonen* bildl. come down a

stämma

peg [or two], climb down **b)** göra förstämd depress
~ upp en sång break into; ett skri set up, raise; orkestern *stämde upp [en melodi]* ...struck up [a tune]
~ överens agree, tally, correspond [*med* with]; **inte ~ överens** disagree, fail to tally, fail to correspond [*med* with]
2 stämma *vb tr* o. *vb itr* hejda stem, check äv. bildl.; **~ blod** äv. staunch blood; *det är bättre att ~ i bäcken än i ån* prevention is better than cure, a stitch in time saves nine
3 stämma I *s* sammanträde meeting, assembly, reunion **II** *vb tr* **1** jur. summons [*inför domstol* to appear in court]; **~ ngn för** ärekränkning sue a p. for...; **~ in ngn som vittne** summon a p. as a witness **2 ~ möte med** se under *möte*
1 stämning *s* **1** mus. tune; *hålla ~en* keep in tune **2** sinnes~ mood, temper, frame of mind; atmosfär atmosphere, feeling; *tavlans ~* the tone of the picture; *~en var hög* everybody was in high spirits; *~en var tryckt* there was a feeling of depression; *bryta (förstöra) ~en* spoil (put a damper on) the atmosphere; *hålla ~en uppe* keep up the high spirits; *vara (komma) i ~ (den rätta ~en) för...* be in (get into) the right mood for...
2 stämning *s* jur. [writ of] summons; *delgiva ngn ~* serve a writ (process) [up]on a p.; *ta ut ~ mot (på) ngn* cause a summons (writ) to be issued against a p.
stämningsansökan *s* jur. plaint, application for a summons
stämningsfull *adj* ...full of (instinct with) feeling, poetic, lyrical; gripande impressive, moving; högtidlig solemn
stämningsmänniska *s* temperamental (impulsive, emotional) person
stämpel *s* **1** verktyg stamp; gummi~ rubber stamp; för mynt die **2** avtryck stamp; på guld, silver hallmark båda äv. bildl.; post~ postmark; på varor o.d. brand, mark; bildl.: etikett, beteckning label, stamp, status cachet; *han har fått en ~ på sig som...* he has been branded (labelled) as...
stämpelavgift *s* stamp duty
stämpeldyna *s* [self-inking] stamp pad, ink pad
stämpelklocka *s* time clock
stämpelkort *s* clocking-in card
stämpelur *s* time clock
stämpla I *vb tr* med stämpel stamp; mark; med brännjärn brand äv. bildl.; frimärke cancel; guld, silver hallmark; bildl., beteckna stamp, characterize, label [*som* as]; *brevet är ~t* (avstämplat) den 3 maj the letter is postmarked...; **~ ngn som bedragare** stamp (brand, stigmatize) a p. as an impostor (a swindler); *ett ~t* använt *frimärke* a used (cancelled) stamp; **~ in (ut)** på stämpelur clock in (out), check in (out); **~ in** belopp

register **II** *vb itr*, *[gå och]* ~ vara arbetslös be on the dole
stämpling *s* av brev o.d. stamping osv., jfr *1 stämpla I*
stämsväng *s* sport. stemturn
ständig *adj* oavbruten constant, continuous; stadigvarande permanent; aldrig sinande incessant; oupphörlig continual; evig perpetual; **~ oro** constant anxiety (worry); **~ sekreterare** permanent secretary; *ett ~t upprepande av...* äv. a never-ceasing (never-ending) repetition of...; *~t utskott* standing committee
ständigt *adv* constantly osv., jfr *ständig;* always; jämt och ~ constantly, all the time; **~ göra ngt** keep on doing a th., keep doing a th. all the time (constantly); *det värker ~* it never leaves off aching; jag har alltid ont äv. I have a continual ache
stänga I *vb tr* o. *vb itr* tillsluta *(*äv. **~ igen)** shut; slå igen, upphöra close; med lås lock; med regel bolt; med bom o.d. bar, obstruct, block; se äv. ~ *av* o. ~ *till* ned.; **~ butiken** för dagen el. för alltid äv. shut up shop; **~ [dörren] efter sig** shut (close) the door after (behind) one; **~ dörren för** vidare förhandlingar shut the door on...; posten *är -d* ...is closed; *[det är] -t mellan 12 och 1* closed between 12 and 1; *dörren -er sig själv* the door shuts by (of) itself
II med beton. part.
~ av allm. shut off äv. bildl.; med stängsel fence off; inhägna fence in, enclose; gata, väg close; spärra av bar, block [up]; med rep rope off; vatten, gas shut (vrida av turn) off; elström, radio, TV switch off; huvudledning samt telef. cut off; tillförsel stop; från tjänst o.d. suspend; från tävling bar
~ för med regel osv., se *I* ovan
~ igen tillsluta, se *I* ovan; t.ex. sommarvilla shut up; **~ igen om** ngn (sig) shut (lock)...in, turn the key on...
~ in (inne) låsa in shut (lock)...up; confine; inhägna hedge (hem)...in; **~ in sig** shut (lock) oneself up, keep indoors
~ till close, shut; t.ex. kassaskåp lock [up]; t.ex. vattenkran turn off; **~ till om...** shut (lock)...in
~ ute eg. shut (lock)...out; hålla borta keep...out
stängel *s* bot., stjälk stalk, stem; lång, bladlös scape
stängning *s* shutting osv., jfr *stänga;* sport. obstruction, blocking
stängningsdags *s* o. *adv* closing-time; *det är ~ dags* att stänga äv. it is time to close; till kund o.d. äv. we are closing now; *vid ~* at (about) closing-time
stängningstid se *stängningsdags*
stängsel *s* fence, fencing; räcke rail[ing], enclosure; friare el. bildl. bar, barrier

stänk *s* splash; droppe [tiny] drop; isht av gatsmuts splash, spatter; från vattenfall o.d. spray; från våg äv. spindrift; *ett* ~ *regn*~ a drop (sprinkle) of rain; *ett* ~ *angostura* a dash of...; *ett* ~ *av vemod* a touch of melancholy; *han har gråa* ~ *i håret* he has [got] a touch (sprinkling) of grey in his hair
stänka I *vb tr* bestänka splash, spatter, dash; svag. sprinkle äv. stryktvätt; ~ *smuts på ngn* spatter a p. with mud II *vb itr* skvätta splash; *det stänker* småregnar it is spitting III med beton. part.
~ **ned** [be]spatter; bilen *stänkte ned honom* äv. ...splashed him all over
~ **upp** splash [up]
~ **över** splash over
stänkflaska *s* sprinkler bottle
stänkskydd *s* på bil mudflap; amer. äv. splash guard
stänkskärm *s* på bil (flygel) wing; mudguard äv. på cykel; amer. fender
stäpp *s* steppe
stäppvarg *s* zool. coyote
stärbhus *s* se *sterbhus*
stärka *vb tr* **1** göra starkare strengthen; t.ex. kroppen, ngn i hans tro äv. fortify; isht kroppsligt invigorate; brace äv. nerverna; bekräfta confirm; ~ *ngn i hans beslut (uppfattning)* confirm a p.'s resolution (opinion); *det stärkte hans misstankar* it increased (confirmed) his suspicions; ~ *ngns mod* put fresh courage into a p.; ~ *moralen* boost morale; *det stärkte hans ställning* it consolidated his position; ~ *sig* strengthen oneself, brace oneself [up]; känna sig (vakna) *stärkt* ...fortified, ...refreshed **2** med stärkelse starch
stärkande *adj* strengthening osv., jfr *stärka 1;* om t.ex. klimat, luft bracing; ~ *medel* tonic, restorative
stärkelse *s* starch; kem. farina
stärkelserik *adj* ...rich in starch
stärkkrage *s* starched collar
stärkskjorta *s* starched shirt; frack~ dress shirt
stätta *s* stile
1 stäv *s* sjö.: för~ stem; akter~ sternpost
2 stäv se *ordstäv*
stäva *vb itr* sjö. el. friare head; ~ *mot...* bear towards...; jfr *styra II 1*
stävja *vb tr* hejda, stoppa check; undertrycka suppress, keep...down (under); tygla restrain; jfr äv. *hejda*
stöd *s* support; tekn. äv.: stötta prop, isht stag stay (båda äv. bildl.); fot~, arm~ o.d. rest; underlag bearer; understöd backing, endorsement; i reklamsyfte sponsoring; *moraliskt* ~ moral support; *statligt* ~ a Government grant (subsidy); *det finns inget* ~ *i lagen för* en sådan åtgärd there is no legal authority for...; *få* ~ *av (i)...* i dispyt o.d. be backed up by..., have the backing of;

ekonomiskt be supported (sponsored, subsidized) by; *detta ger* ~ *åt* teorin this supports (confirms)...; *ge ngn sitt* ~ äv. back a p. up; *ha* ~ *för* sitt påstående have support (good grounds, authority) for...; *ta* ~ *mot* väggen support oneself against..., se äv. *stödja III; vara ett* ~ *för* sina föräldrar be the support (prop) of...; *med* ~ *av* i kraft av by (in) virtue of; *till (som)* ~ *för* påstående o.d. in support (confirmation) of; minnet as an aid to; *gå utan* ~ walk without support
stöda se *stödja*
stödbehå *s* uplift bra
stöddig *adj* **1** kraftig: om pers. sturdy, robust; om måltid substantial **2** vard., självsäker self-important, cocksure; *vara* ~ *[av sig]* äv. throw one's weight about
stödförband *s* med spjäla emergency splint; med mitella sling
stödja I *vb tr* support; eg.: stötta äv. prop [up], shore up, steady; luta rest, lean; bistå, understödja äv. back [up], endorse; med statsunderstöd o.d. subsidize; konst el. vetenskap promote; sponsra sponsor; grunda base, found [på on]; ~ *ngn* i hans uppfattning o.d. bear a p. out; ~ *armbågarna mot bordet* rest one's elbows on the table; ~ *huvudet mot handen* rest one's head against one's hand; ~ *en plan* äv. endorse a plan II *vb itr*, *han kunde inte* ~ *på foten* he could not support himself on his foot III *vb rfl*, ~ *sig* support oneself; luta sig, vila lean, rest [*mot* against; *på* on]; ~ *sig mot ngn* lita till ngn lean on a p.; ~ *sig på* t.ex. auktoritet, kontrakt, princip take one's stand on...; t.ex. erfarenheten, faktum base one's opinion on...; ~ *sig på ngn* åberopa cite a p. as one's authority; ~ *sig på armbågen (en käpp)* lean on one's elbow (a stick); mina uttalanden *stödjer sig på fakta* ...are based [up]on facts
stödjepelare *s* arkit. buttress; bildl. pillar, mainstay
stödjepunkt *s* allm. point of support; mil. base; för hävstång fulcrum
stödköp *s* pegging (supporting) purchase
stödmedlem *s* sustaining member
stödområde *s* special (distressed, development) area
stödstrumpor *s pl* surgical stockings; strumpbyxor support tights
stödundervisning *s* remedial instruction (teaching)
stök *s* städning cleaning; fläng bustle; före jul o.d. preparations pl.
stöka I *vb itr* städa clean up; pyssla potter about; rumstera rummage (poke) about; *gå och* ~ *[i huset]* potter about, potter about (in) the house
II med beton. part.
~ **till** make a mess [of it]; ~ *till i rummet* litter up the room

stökig

~ undan ngt get a th. out of the way (off one's hands)
stökig *adj* ostädad untidy, messy; bråkig noisy, rowdy; rummet *är ~t* äv. ...is in a mess
stöld *s* theft, thieving (end. sg.); inbrotts~ burglary; **begå [en]** ~ commit a theft, steal; inbrott commit burglary
stöldförsäkring *s* theft insurance, insurance against theft (inbrott burglary)
stöldgods *s* stolen goods pl.; byte loot
stöldkupp *s* raid by thieves, burglary
stöldrisk *s* theft risk, risk of theft
stöldsäker *adj* theft-proof; inbrottssäker burglar-proof
stön *s* groan; svag. moan
stöna *vb itr* groan; svag. moan; ~ *till* fetch (give) a groan (moan)
stönande se *stön*
stöp *s*, **gå i *~et*** come to nothing (naught), come unstuck, fizzle out
stöpa gjuta cast, mould; **~ ljus** make (dip) candles; **de är stöpta i samma form** bildl. they are cast in the same mould; **~ om** recast, remould; bildl. äv. reshape, remodel
stöpslev *s* casting-ladle; **vara (ligga) i *~en*** bildl. be in the melting-pot
1 stör *s* zool. sturgeon
2 stör *s* **1** stång pole, stake; stöd för växt äv. stick **2** lång pers. lamppost
störa *vb tr* o. *vb itr* **1** allm. disturb; litt. derange; avbryta interrupt; fördärva spoil, mar; om t.ex. ordning, balans äv. disrupt; **~ ngn** äv. intrude on a p.; **~ ngn i hans arbete** äv. interfere with a p.'s work; **~ tystnaden** break the silence; **förlåt att jag stör** excuse me for (excuse my) disturbing you; **får jag ~ ett ögonblick?** could you spare me a minute?; **låt inte mig ~!** don't let me disturb you!, don't mind me!; **inte så [att] det stör** nothing worth mentioning; inte alls not so that you'd notice; tanken på...**störde honom** ...bothered him; **störd ro (sömn)** broken rest (sleep); **psykiskt (känslomässigt) störd** mentally (emotionally) disturbed (deranged) **2** radio. interfere; med störningssändare jam
störande I *adj* disturbing; bullersam boisterous, rowdy; besvärande troublesome, annoying, bothersome, inconvenient; **~ uppträdande** disorderly conduct **II** *adv*, **uppträda ~** create a disturbance; offentligt äv. disturb the peace
störning *s* **1** allm. disturbance; avbrott interruption; i drift, trafik o.d. äv. disruption; rubbning: astron. perturbation, isht med. disorder, derangement; **psykisk (motorisk) ~** mental (motor) disturbance (derangement) **2** radio. interference sg.; gm annan sändare jamming (end. sg.); **atmosfäriska *~ar*** atmospherics, atmospheric disturbances
störningsskydd *s* radio. [noise] suppressor

störningssändare *s* radio. jamming station
större *adj* larger (bigger; greater etc.) [*än* than]; äv. major, more, se ex.; relativt stor large etc.; **bli ~** äv. increase; **desto ~ anledning att komma** all the more reason for coming; **när barnen blir ~** when the children grow up; **~ delen av** eleverna most of..., the [great] majority of...; **~ delen av** klassen most (the major el. greater part) of...; t.ex. befolkningen, importen äv. the bulk of...; **till ~ delen** for the most part, mostly; **en ~ summa** relativt stor a big (large, considerable) sum; **utan ~ svårighet** without much difficulty; **han är ingen ~ talare** he is no great (not much of a) speaker
störst *adj* largest (biggest, greatest etc., jfr *stor*); **~ i världen** biggest in the world; **[den] *~a* delen av...** se *större [delen av...]*; **till *~a* delen** for the most part, mostly; **i *~a* fara** in the utmost danger; göra ngt **i *~a* hast** ...in great haste, ...post-haste; **med *~a* sannolikhet** in all probability; **i *~a* möjliga utsträckning** to the greatest (utmost) possible extent
stört *adv*, **~ omöjligt** absolutely (utterly, downright) impossible
störta I *vb tr* eg.: kasta ned precipitate, throw, slunga hurl, fling; stjälpa, tippa (t.ex. kol) tip, shoot; bildl.: beröva makten overthrow, bring about the fall of; **~ ngn från tronen** dethrone a p.; **~ ngn i fördärvet** reduce a p. to misery, bring about a p.'s ruin, ruin a p.
II *vb tr* **1** falla fall (tumble, topple) [down] [*ned i* into]; om flygplan crash; om häst fall; med häst äv. have a fall; **~ i havet** plunge into the sea; **~ till marken** drop to the ground **2** rusa rush, dash, dart; flänga tear; skynda hurry
III *vb rfl*, **~ sig** vard., kasta sig throw (hurl) oneself; rusa rush (dash) [headlong] [*i* i samtl. fall into]; **~ sig in i** plunge oneself into, launch into; **~ sig i fördärvet** ruin oneself, bring disaster upon oneself; **~ sig på huvudet i** vattnet plunge headlong into...; **~ sig över** t.ex. pers. throw oneself on; anfalla äv. rush at; isht byte pounce on (äv. bildl.); mat pitch into; arbete, uppgift throw oneself into; bok plunge into
IV med beton. part.
~ efter: a) rusa efter ngn rush (dash, tear) after b) för att hämta ngt rush (dash) for
~ fram rush (dash, tear) along (on); välla ut ur rush etc. out [*ur (från)* of (from)]; **~ fram mot** rush etc. towards; anfalla rush at; **~ fram till** rush etc. up to
~ in: a) rusa rush (dash) in; **~ in i rummet** rush (burst) into the room b) rasa (om tak o.d.) fall (cave) in, come down
~ iväg rush (dash, dart) off (away)
~ ned falla fall (tumble) down; rasa come down; regnet **~de ned** ...was pelting down; **~**

stötande

(falla) **ned i** djupet fall down...; **~ ned över** fall down on
~ nedför: a) rusa nedför t.ex. trappa rush (dash, dart) down... b) falla nedför t.ex. trappa, stup fall headlong down...
~ omkull falla fall (tumble) down
~ samman collapse äv. bildl.; om byggnad äv. come down
~ ut rush (dart, dash) out; **~ ut ur rummet** äv. fling out of the room
~ utför se **~** *nedför*
störtdyka *vb itr* dive steeply
störtdykning *s* nose (vertical) dive
störtflod *s* torrent; bildl. äv. deluge
störthjälm *s* crash helmet
störtlopp *s* skidsport downhill race; tävlingsgren downhill [racing]
störtregn *s* torrential rain, downpour
störtregna *vb itr, det ~r* it's pouring (pelting) down
störtsjö *s* heavy sea; bildl. torrent
störtskur *s* downpour, drencher; bildl. torrent
stöt *s* **1** slag, törn o.d. a) med ngt thrust; med ngt spetsigt äv. stab, prod; med t.ex. armbågen jab, poke; hugg äv. stroke; slag blow äv. bildl., hit, knock, thump, med knytnäven punch; knuff push äv. bildl., shove; knyck jerk; fäktn. thrust, pass; i biljard stroke; i kulstötning put; i tyngdlyftning jerk; i trumpet o.d. blast b) vid kroppars sammanstötning shock äv. elektr. el. bildl.; fys. impact; törn, duns bump; rekyl o.d. kick, recoil c) skakning hos fordon o.d. jolt, shake; vid jordbävning shock, tremor; vind~ gust; *sätta in en avgörande ~ mot...* make a decisive thrust against... äv. bildl.; *få en elektrisk ~* get an electric shock; *ta [emot] första ~en* take the first impact, bear the [main] brunt; *aktas för ~ar!* handle with care! **2** mortel~ pestle **3** fonet. glottal stop **4** inbrott, vard. job **5** vard., stofil bloke, josser, geezer; isht amer. guy
stöta I *vb tr* **1** eg.: med ngt spetsigt thrust, prod; med vapen äv. stab, plunge; med t.ex. armbågen jab, poke; hugga strike; slå knock, bang, bump, hit, strike; knuffa push, shove; frukt bruise; **~ *foten (huvudet) mot*** en sten knock (bang) one's foot (head) against...; **~ *ett glas i barken*** chip a glass [at the edge]; **~ *huvudet i*** taket bang one's head against...; **~ *käppen i*** golvet bang (mindre hårt tap) one's stick on...; **~ *ngn i sidan*** poke (dig) a p. in the ribs; för att påkalla uppmärksamhet nudge a p. **2** krossa pound; i mortel äv. pestle, bray **3** bildl.: väcka anstöt offend, give offence to, stark. shock; *såra hurt*; *det stöter ögat* it offends the eye; **~ *och blöta*** ett problem thrash (mull) over... **4** i biljard play, strike; i kulstötning put; i tyngdlyftning jerk
II *vb itr* **1** knock, bump, hit, strike [*mot* ngn (ngt) against..., into...]; huvudet *stötte i taket* ...knocked etc. against the ceiling; **~ *på***

motstånd, svårigheter meet with..., encounter..., come (run) up against...; **~ *på ngn*** vard., göra närmanden make a pass at a p.; **~ *på grund*** run aground **2** fäktn. thrust, lunge **3** om fordon jolt, bump; om skjutvapen kick, recoil **4 ~ *i trumpet*** blow (sound) the trumpet
III *vb rfl,* **~ *sig* 1** göra sig illa hurt (bruise) oneself; **~ *sig i huvudet*** hurt (bruise, knock) one's head; **~ *sig mot*** bordskanten bump against... **2** bildl. **~ *sig med ngn*** get on the wrong side of a p.; **~ *sig på ngt*** take offence at a th., take exception to a th.
IV med beton. part.
~ bort eg. push away, thrust aside; bildl. repel; vänner alienate; ur gemenskap expel
~ emot [ngt] knock (bump) against (into) a th., strike (hit) against a th., collide with a th., för konstr. se under *emot*
~ fram a) tr.: ljud emit; ord utter, jerk out b) itr.: mil. advance, push forward
~ ifrån sig eg. push (thrust)...back (away); bildl.: t.ex. förslag reject; människor repel
~ ihop kollidera knock (bump, stark. dash, crash) against (into) each other; om fordon äv. collide, come into collision, run into each other; om fartyg äv. run foul of each other; råkas run across each other, run into each other, bump into each other; bildl.: om intressen o.d. clash; om evenemang o.d. äv. coincide
~ ned: **~ *ned ngt*** knock a th. down; **~ *ned ngt från bordet*** knock a th. off the table
~ omkull knock...down (over); sak äv. upset, overturn
~ på: a) händelsevis träffa come across, run across (into); finna (sak) come across, chance upon, stumble on, light [up]on; t.ex. fiende, svårighet meet with, encounter; problem stumble (come up) against; påminna remind a p. [*om* of]; *stöt på* om jag skulle glömma det remind me...; om du behöver något *så stöt bara på [mig]* ...just let me know b) sjö.: t.ex. sandbank, mina strike; **~ *på grund*** run aground
~ samman se **~** *ihop*
~ sönder krossa pound
~ till: a) tr.: knuffa till knock (bump) against, ansluta sig till join; **~ *till dörren*** stänga push the door to (shut) b) itr. **~ *till med*** svärdet lunge with...; *han stötte till* under resan (anslöt sig till oss) he joined us (till de övriga rest of the company etc.)...; tillkomma, hända, se *tillstöta*
~ upp dörr o.d. thrust (push)...open; jakt. start, rouse, fasan flush
~ ut expel äv. bildl.; drive out [*ur* from]
stötande *adj* anstötlig offensive; svag. objectionable [*för* to]; stark. shocking; *hon fann det ~* äv. she took offence at (resented) it; stark. it shocked her

stötdämpare *s* tekn. shock absorber
stötesten *s* stumbling-block [*för* to]
stötfångare *s* bil. bumper
stötsäker *adj* shockproof
stött *adj* **1** om frukt bruised **2** bildl. offended [*över* at (by); *på* with]; *bli ~ över ngt* äv. take offence at a th., resent a th.; *bli (vara) ~ på ngn för* att-sats äv. get (be) angry with a p. for ing-form
stött|a I *s* allm. prop, support, stay; stolpe stanchion; mot fartyg i docka, vägg o.d. shore; byggn. strut; *sätta -or under* prop (stay, shore) [up] **II** *vb tr*, *~ [upp]* tekn. allm. prop (stay, shore) [up] äv. bildl.; friare äv. support; sjö. (t.ex. båten, rodret) steady; *~ under* t.ex. hus äv. underpin, underprop
stöttepelare *s* bildl. *hon är avdelningens ~* she is the mainstay of the department; *samhällets ~* [the] pillar of society
stötvis I *adv* med mellanrum at intervals; ojämnt intermittently; ryckvis by fits [and starts], by jerks, jerkily **II** *adj* intermittent, jerky
stövare *s* zool. Swedish Foxhound
stövel *s* high boot; amer. boot; som går ovanför knäet jackboot äv. bildl.; *stövlar* isht av gummi äv. wellingtons
stövelknekt *s* bootjack
stövelskaft *s* bootleg
stövla *vb itr* trudge; *~ in* trudge in; *~ på* trudge on
subjekt *s* subject äv. gram.
subjektiv *adj* **1** partisk subjective; friare personal **2** gram. subjective
subjektivitet *s* subjectivity, subjectiveness
subkultur *s* sociol. el. med. subculture
sublim *adj* sublime
sublimera *vb tr* sublimate
sublimering *s* sublimation
submarin *adj* submarine
subordination *s* isht mil. subordination
subordinera *vb tr* subordinate
subsidier *s pl* subsidy sg., subsidies; *ge ~ åt ngn* äv. subsidize a p.
subskribera *vb itr* subscribe [*på* for (to)]; *~d middag* subscription (subscribed) dinner
subskription *s* subscription
substans *s* substance, matter
substanslös *adj* ...without (lacking in) substance
substantiell *adj* substantial
substantiv *s* noun, substantive
substantivera *vb tr* språkv. substantivize; *~t adjektiv* äv. adjective used as a noun
substituera *vb tr* substitute äv. kem. el. matem.
substitut *s* substitute
substrat *s* substrat|um (pl. -a) äv. språkv.; för bakterieodling culture medium
subtil *adj* subtle
subtilitet *s* subtlety
subtrahera *vb tr* matem. subtract
subtraktion *s* matem. subtraction

subtropisk *adj* subtropical; *~a trakter* subtropical regions, subtropics
subvention *s* subsidy, subvention
subventionera *vb tr* subsidize; *~d* äv. state-aided
subversiv *adj* subversive
succé *s* success; om bok, pjäs o.d. äv. hit; *göra ~* meet with (be a) success, score a success; om pjäs o.d. äv. have a long run
successionsordning *s* order of succession
successiv *adj* stegvis gradual; om förändringar äv. successive
successivt *adv* gradually, by gradual stages
suck *s* sigh; *dra en djup ~* fetch (breathe, heave) a deep sigh; *dra (utandas) sin sista ~* breathe one's last
sucka *vb itr* sigh [*av* with; *efter* for; *över* over, at]; "vilken otur" *~de hon* äv. ...she said with a sigh
suckat *s* kok. candied peel
Sudan [the] Sudan
sudanesisk *adj* Sudanese
sudd *s* **1** tuss wad; tavel- duster **2** ngt suddigt blur **3** vard., se *nattsudd*
sudda I *vb tr*, *~ bort (ut)* radera rub out, erase; *~ ut på* svarta tavlan rub (wipe)...clean; *hon kunde inte ~ ut* minnet av olyckan she couldn't wipe out... **II** *vb itr* rumla *vara ute och ~* be out on the spree (vard. binge)
suddgummi *s* vard. [india] rubber; amer. el. för bläck eraser
suddig *adj* otydlig blurred, indistinct, vague, fuzzy; oredig confused; om minne, blick o.d. hazy, dim; om uttal slurred; foto. fogged, foggy
suffix *s* språkv. suffix
sufflé *s* kok. soufflé fr.
sufflera teat. el. friare **I** *vb tr* prompt **II** *vb itr* prompt, do the prompting
sufflett *s* hood; amer. top
sufflör *s* teat. prompter
sufflös *s* teat. [female] prompter
suffragett *s* hist. suffragette
sug *s* **1** sugande suction; en person *med ~ i blicken* ...with a come-hither look; *känna ~ efter* en cigarett have a craving for... **2** apparat suction apparatus **3** *tappa ~en* lose heart, give up
suga I *vb tr* o. *vb itr* suck; damm~ vacuum-clean; *sjön suger* the sea air gives you an appetite; *det suger i magen på mig* jag är så hungrig I have a hollow (sinking) feeling in my stomach; *~ på en pipa* suck at a pipe; *~ på tummen (en karamell)* suck one's thumb (a sweet)
  II med beton. part.
  ~ av ngn vulg. give a p. a blow-job, give a p. head
  ~ sig fast stick fast, cling, adhere [*vid* i samtl. fall to]; *~ sig fast som en igel* stick like a limpet, cling like a leech

~ **i** hugga i go at it; ~ **tag i ngn** grab a p.; ~ **i sig** eg. suck [up]; bildl. drink in, imbibe
~ **in** eg. suck in; luft äv. inhale; bildl. drink in, imbibe
~ **upp** suck up; om läskpapper o.d. äv. soak up, absorb; med en svamp äv. sponge up
~ **ur** t.ex. frukt el. med apparat suck
~ **ut** eg. suck out; exploatera, utnyttja exploit, suck...dry, bleed...white; t.ex. arbetare äv. sweat; ~ **ut jorden** impoverish the soil
~ **åt sig** absorb äv. bildl.; suck up
sugande adj allm. sucking; **ha en ~ känsla i magen** av t.ex. hunger have a hollow (sinking) feeling in the (one's) stomach; av nervositet have butterflies in one's stomach; **känna en ~ längtan efter...** yearn for...
sugen adj, **känna sig ~** hungrig feel peckish; **jag är ~ på** en kopp kaffe (lite äventyr) I feel like..., stark. I am dying for...
sugga s sow; neds., om kvinna cow
suggerera vb tr påverka influence [...by suggestion]; friare hypnotize [*till* i båda fallen into; *[till] att* inf. into ing-form]; induce [*[till] att* inf. to inf.]; ~ **fram** call forth, stimulate
suggestion s suggestion
suggestiv adj suggestive
sugmärke s love bite, amer. hickey
sugning s sucking, suction; **känna en ~ i maggropen** vid flygning o.d. have a sinking feeling
sugpump s suction pump
sugrör s till saft etc. straw; tekn. suction pipe; zool. sucker
sugskål s zool. sucking-disc, sucker
sukta vard. **I** vb tr, ~ **ngn** [try to] tempt a p.
II vb itr, ~ **efter ngt** long [in vain] for a th.
sula I s på sko sole **II** vb tr sole
sulfa s o. **sulfapreparat** s sulpha (amer. sulfa) drug
sulfat s kem. sulphate, amer. sulfate
sulfit s kem. sulphite, amer. sulfite
sulky s **1** sport. sulky **2** se *sittvagn 2*
sulning s soling
sultan s sultan
sumer s medlem av ett folkslag Sumerian
sumerisk adj Sumerian
summa s sum äv. bildl.; slut~ äv. [sum] total; belopp äv. amount; ~ 100 kr. a total of...; ~ *summarum* allt som allt ...all-told, ...[all] in all; tillsammans the grand total is...
summarisk adj summary; kortfattad äv. concise, succinct, brief; **en ~ rättegång** summary proceedings pl.
summer s buzzer
summera vb tr, ~ **[ihop, ned]** sum up äv. bildl.; add (vard. tot) up
summering s eg. summation; bildl. summary, summing-up (pl. summings-up)
summerton s buzzer (buzzing) tone
sumo[brottning] s sumo
sump s **1** kaffe~ grounds pl. **2** fisk~ corf

sumpa vb tr vard. ~ **ngt** tappa lose a th.; ~ **chansen (tillfället)** miss (pass up) the opportunity, blow one's chance, blow it
sumpgas s marsh gas, methane
sumpig adj swampy, marshy
sumpmark s swamp, marsh
sumptrakt s swampy (marshy) tract, marshland
1 sund s sound, strait[s pl.]; ibl. channel
2 sund adj frisk sound, healthy; om föda o.d. wholesome; om vanor healthy; om klimat äv. salubrious; bildl. (om t.ex. omdöme, åsikt) sound; **vara ~ till kropp och själ** be of sound mind and body
sundhet s soundness, healthiness, health, wholesomeness, salubrity, jfr *2 sund*
sunnan s o. **sunnanvind** s south wind, southerly wind
sup s dram, snifter, nip
supa vb tr o. vb itr drink; stark. booze, tipple; **börja ~** hit the bottle; ~ **ngn full** make a p. drunk; ~ **sig full** get drunk; ~ **ngn under bordet** drink a p. under the table; ~ **ihjäl sig** drink oneself to death; ~ **upp** pengar drink...away
supbroder s drinking-companion
supé s supper äv. bjudning; evening meal; för ex. jfr *middag 2*
supera vb itr have supper
superb adj superb, first-rate
superellips s super-ellipse
superi s boozing, tippling; **ett ständigt ~** constant boozing (tippling)
superlativ I s superlative äv. bildl.; **i ~** in the superlative **II** adj superlative
supermakt s superpower
supernova s astron. supernova
supertanker s sjö. supertanker
supfest s drinking-bout, booze[-up]
supinum s eg. the supine; motsv. i eng. past (perfect) participle
suppleant s deputy, substitute; i styrelse äv. deputy member
supplement s supplement [*till* to]; adjunct [*till* of]
supporter s supporter
supraledare s fys. superconductor
suput s vard. drunkard, boozer, tippler
sur adj **1** mots. t. söt sour äv. bildl.; syrlig acid äv. kem.; skämd (pred.) off; bildl. äv.: butter surly, morose, tjurig sulky; **göra livet ~t för ngn** lead a p. a dog's life; **mjölken har blivit ~** the milk has turned [sour]; **~t regn** acid rain; ~ **uppstötning** ung. heartburn; med. eructation; **bita i det ~a äpplet** swallow the bitter pill; **det kommer ~t efter** one (you, he etc.) has (resp. have) to pay for it afterwards; **se ~ ut** look sour (surly etc.); **han är ~ på mig för att jag har...** he is cross (angry) with me for having...; **vara ~ över ngt** be sore about a th.

sura

2 blöt wet; om mark waterlogged; om pipa foul; om ved green; om ögon bleary
sura *vb itr*, *gå (sitta* etc.*) och* ~ sulk
surdeg *s* leaven
surfa *vb itr* sport. go surfing, surf; vindsurfa go windsurfing, windsurf
surfare *s* sport. surfer, vindsurfare windsurfer
surfing *s* sport. surf-riding, surfing; med segel windsurfing
surfingbräda *s* sport. surfboard; med segel sailboard, windsurfing board
surhet *s* sourness, acidity; surliness etc., jfr *sur*
surkart *s* eg., se *kart;* om pers. surly person; vard. sourpuss
surkål *s* sauerkraut ty.
surmjölk *s* sour[ed] milk
surmulen *adj* sullen, surly, morose
surna *vb itr* sour, turn [sour], become (go) sour; värmen *får mjölken att* ~ ...sours (turns) the milk
surpuppa *s* sourpuss
surr *s* ljud hum, buzz; av insekter, maskin äv. drone; vinande whir
1 surra *vb itr* hum, buzz, drone, whir, jfr *surr;* det *~r i huvudet på mig* my head hums; *det ~r en mängd rykten om...* a lot of rumours are buzzing about...
2 surra *vb tr* med rep o.d. lash [*vid* to]; ~ *[fast]* lash...down, make...fast, tie, secure; ~ *ihop* lash (tie)...together
surrealism *s* surrealism
surrealist *s* surrealist
surrealistisk *adj* surrealist[ic]
surrogat *s* substitute, makeshift; mera litt. surrogate
surströmming *s* fermented Baltic herring
surt *adv* sourly, acidly; surlily, morosely, sulkily, jfr *sur; smaka (lukta)* ~ taste (smell) sour; ~ *förvärvad* hard-earned; *reagera* ~ kem. give an acid reaction; bildl. react in a sour manner [*på* to]
sus *s* **1** vindens whistling, singing; svag. sough[ing], whisper, sighing, murmur; *det gick ett* ~ *genom rummet* a murmur (buzz) went through the room **2** *leva i* ~ *och dus* lead a wild life
susa *vb itr* **1** om vinden whistle; svag. sough, whisper, sigh, murmur; *det ~r i träden* the wind is sighing (soughing) in the trees; *det ~r i öronen på mig* my ears are buzzing (singing) **2** om kula o.d. whistle, whiz[z]; om fordon o.d. rush, tear; ~ *fram* whistle (rush, tear) along; ~ *förbi* whistle (rush, tear, shoot) by, whiz[z] past; om bil äv. swish by; ~ *i väg* rush (tear, whistle, whiz[z]) off
susen *s* vard. *göra* ~ ge resultat do the trick, clinch the matter, settle it; *det gjorde* ~ äv. that did it; lite vin *i såsen gjorde* ~ ...gave an extra touch to the sauce
susning *s* se *sus 1;* ~*ar i öronen* buzzing sg. in the ears

suspekt *adj* suspicious, ...suspect
suspendera *vb tr* suspend
suspension *s* suspension
suspensoar *s* jockstrap
sussa *vb itr* vard., sova sleep
sutare *s* zool. tench
sutenör *s* souteneur fr.; pimp, ponce
sutur *s* med. suture
suverän I *s* sovereign **II** *adj* självständig, enväldig sovereign, supreme; överlägsen äv. superb, excellent; vard. terrific
suveränitet *s* sovereignty, supremacy; bildl. supremacy, excellence
svabb *s* swab
svabba *vb tr* swab [*av* down]
svacka I *s* hollow, depression; t.ex. ekonomisk decline, falling-off, downswing; sport., se *formsvacka* **II** *vb itr* decline
svada *s* talförhet volubility; ordflöde torrent of words; *ha en väldig* ~ vanl. have the gift of the gab
svag *adj* allm. weak; medlidsamt el. klandrande feeble; klen äv. delicate; bräcklig äv. frail; kraftlös, utmattad faint; lätt, om t.ex. cigarr, vin, öl light; liten, ringa faint, slight, slender; otydlig, om ljud faint, soft; om ljus äv. dim, feeble; skral poor; *ha en* ~ *aning om ngt* have a faint (vague) idea of a th.; ~ *färg* faint colour; ~ *hälsa* delicate health; *en* ~ *känsla* a slight feeling; *det ~a könet* the weaker sex; *ett ~t minne* a faint memory; *en* ~ *misstanke* a faint (vague) suspicion; ~*a nerver* weak nerves; ~ *puls* feeble pulse; *en* ~ *skiftning* a faint tinge; ~ *tillbakagång* mild recession; ~ *uppförsbacke (nedförsbacke)* gentle climb (slope); ~*t verb* weak verb; ~ *vind* light breeze; ~ *värme* kok. low heat; *i ett ~t ögonblick* äv. in a moment of weakness; *vara* ~ *för...* have a weakness for (be fond of)...; *han är* ~ *för sin sekreterare* äv. he is soft on...; *bli* ~ *i knäna* become weak in the knees; *han är* ~ *i engelska* he is weak at (in)...; ~ *till hälsan* delicate in health; *det är ~t att du inte gör det* it's a poor show...
svagdricka *s* small beer
svaghet *s* weakness; kraftlöshet äv. feebleness, debility; svag hälsa delicate constitution, frailty; ålderdoms~ infirmity; brist, fel weakness, shortcoming, fault, failing; svag sida äv. weak point (spot), foible; böjelse weakness [*för* for]; indulgence [*för* in]; fondness [*för* for]
svaghetstecken *s* sign of weakness
svagpresterande *adj* skol. ~ *[elev]* underachiever
svagsint *adj* feeble-minded
svagsinthet *s* feeble-mindedness
svagström *s* low[-voltage] current, low voltage
swahili *s* språk Swahili

svaj *s* **1** *ligga på* ~ sjö. swing at anchor; *ha hatten på* ~ wear one's hat at a jaunty angle **2** radio. o.d. fading; långsamt wow; snabbt flutter
svaja *vb itr* **1** sjö. swing; vaja om flagga o.d. float **2** radio. o.d. fade; långsamt wow; snabbt flutter
svajmast *s* high pole; bildl., om pers. lamppost
sval I *adj* cool äv. bildl.; frisk äv. fresh **II** *s* svalskåp chiller [cupboard]
svala *s* swallow; *en* ~ *gör ingen sommar* one swallow doesn't make a summer
svalbo *s* swallow's nest; kok. bird's nest
svalg *s* **1** anat. throat; vetensk. pharynx (pl. pharynges) **2** avgrund, klyfta gulf, chasm, abyss samtl. äv. bildl.
svalgång *s* arkit. [external] gallery
svalka I *s* coolness, freshness **II** *vb tr* cool; uppfriska äv. freshen, refresh **III** *vb rfl*, ~ *[av] sig* cool [oneself] off (down); förfriska sig refresh oneself
svall *s* av vågor surge, surging; dyning swell; . bildl.: av känslor flush, gush, av ord spate, torrent; av lockar flow
svalla *vb itr* om vågor surge, swell; om hav äv. heave; bildl.: om blod boil, om känslor o.d. run high; om hår flow; ~ *över* overflow; bildl. boil over
svallning *s* surging etc., jfr *svalla; hans blod är i* ~ his blood is up (is boiling); *känslorna råkade i* ~ feelings ran high
svallvåg *s* brottsjö surge; efter fartyg el. bildl. [back]wash (end. sg.)
svalna *vb itr*, ~ *[av]* cool [down], cool off, become (get) cool[er] äv. bildl.; *deras entusiasm* ~*de* their enthusiasm cooled (slackened)
svalskåp *s* chiller [cupboard]
svalört *s* bot. lesser celandine, pilewort
svamla *vb itr* prata el. skriva smörja drivel, twaddle [*om* about]; prata el. skriva utan sammanhang ramble [*om* on]
svammel *s* drivel, twaddle, rambling, jfr *svamla*
svamp *s* **1** bot.: allm. fung|us (pl. -i el. -uses) äv. med.; isht ätlig mushroom; oätlig el. giftig äv. toadstool; trä~ dry rot; *giftiga* ~*ar* poisonous fungi (mushrooms); *plocka* ~ pick (gather) mushrooms; *gå ut och plocka* ~ go mushrooming; *växa upp som* ~*ar ur jorden* spring up like mushrooms **2** tvättsvamp sponge; *dricka som en* ~ drink like a fish; *tvätta (torka) ngt med* ~ sponge a th. [down]
svampaktig *adj* mjuk, porös spongy; bot. fungous
svampdjur *s* sponge
svampförgiftning *s* mushroom (fungus) poisoning
svampgummi *s* sponge rubber
svampig *adj* mjuk, porös spongy
svampkarta *s* mushroom chart
svampkännare *s* expert on mushrooms; vetensk. mycologist
svampplockning *s* mushrooming, picking mushrooms
svampsjukdom *s* med. fungus disease
svampstuvning *s* creamed mushrooms pl.
svan *s* zool. swan
svanesång *s* swan song
svang *s, en mängd rykten kom i* ~ a lot of rumours were put about; falska sedlar var *i* ~ ...in circulation
svanhopp *s* sport. swallow (amer. swan) dive (hoppning diving)
svanka *vb itr* ha svankrygg be swaybacked; ~ *[med ryggen]* curve one's back inwards
svankrygg *s* sway-back
svankryggig *adj* sway-backed
svans *s* tail äv. bildl.; rävs äv. brush; hares, kanins äv. scut; av komet äv. trail; följe äv. train; *sticka* ~*en mellan benen* put one's tail between one's legs; fly äv. turn tail
svansa *vb itr*, ~ *för ngn* krypa fawn on (cringe to) a p.; ~ fjanta *omkring* fuss about
svanskota *s* anat. caudal vertebra
svar *s* **1** answer, reply; genmäle rejoinder; skarpt retort; kvickt repartee; gensvar response äv. kyrkl.; reaktion äv. reaction [*på* i samtl. fall to]; *skriftligt* ~ written answer (reply); *aldrig bli* ~*et skyldig* never be at a loss for an answer; *han blev inte* ~*et skyldig* he was ready with an answer; *få* ~ receive (get) an answer (a reply); *ge [ngn]* ~ *på tal* give [a p.] tit for tat; hon kan minsann *ge* ~ *på tal* ...give as good as she gets; *som* ~ *på* Ert brev in reply (answer) to...; han nickade *till* ~ ...by way of an answer; utan ett ord *till* ~ ...in reply; *få till* ~ *att...* receive (get) the answer that... **2** *stå till* ~*s* till ansvar *för ngt* be held responsible (accountable) for a th., have to answer for a th.; *ställa ngn till* ~*s för ngt* make (hold) a p. responsible (call a p. to account) for a th.
svara *vb tr* o. *vb itr* **1** answer; reply; genmäla rejoin, högtidl. respond [*på* i samtl. fall to]; jfr dock ex.; skarpt el. kvickt retort; ohövligt el. näsvist answer back; reagera respond [*med* with; *på* to]; med motåtgärd counter [*med* with; *med att* inf. by ing form]; skriftligen äv. write back [*att...* [to say] that...]; *han* ~*de ingenting (inte)* he gave (made) no answer (reply), he did not answer (reply); jag ringde men *det* ~*de inte* ...there was no answer; *[gå och]* ~ *i telefonen* answer the telephone; ~ *på* in fråga (ett brev, en annons) answer...; ~ *på en hälsning* return a greeting; ~ *på* en skål (vädjan) respond to...; *det kan jag inte* ~ *på* I can't say; ~ *på färg* kortsp. follow suit **2** ~ *för* a) ansvara för answer for (be responsible) for; garantera vouch for, guarantee; *jag* ~*r för att* det blir riktigt gjort I'll guarantee that...; *jag* ~*r inte för* följderna

svarande

I won't answer (won't be answerable) for...; **~ för sig [själv]** answer for oneself; **~ för** arrangemanget a) stå bakom sponsor... b) ordna be responsible for...; **~ för** kostnaderna stand... b) *Sverige ~r för* 6 % av produktionen Sweden accounts for... **3 ~ mot** motsvara correspond to, jfr äv. *motsvara;* passa fit, suit, agree with, match; fylla, tillfredsställa (behov o.d.) satisfy, meet, be adequate to, answer
svarande *s* jur. defendant; isht i skilsmässomål respondent
svaromål *s* jur. defence, answer [to a charge], [defendant's] plea; *ingå i ~* äv. friare reply to a (resp. the) charge, defend oneself
svarsblankett *s* reply form
svarskupong *s* [postal] reply coupon
svarskuvert *s* addressed (return, reply) envelope
svarslös *adj, vara (stå) ~* be nonplussed, be at a loss for an answer, not know what to reply; vard. be stuck for an answer; *aldrig vara ~* never be at a loss for an answer; *göra ngn ~* nonplus (dumbfound) a p.
svarsporto *s* return (reply) postage
svarsskrivelse *s* reply
svarston *s* tele. dialling tone
svarsvisit *s* return visit (call)
svart I *adj* black äv. bildl.; dyster dark; ~ *arbetskraft* bildl. black workers pl.; *[på] ~a börsen* [on] the black market; *familjens ~a får* the black sheep of the family; *Svarta havet* the Black Sea; *~ humor* black humour; *~ hål* astron. black hole; *stå på ~a listan* be on the black list, be blacklisted; *~a lådan* färdskrivare the black box; *~ magi* black magic; *~a pengar* äv. dirty money; *~e Petter* kortsp. ung. Old Maid; *~a tavlan* skol. the blackboard; gatan var *~ av människor* ...black with people; *~ som natten* black as midnight; *de ~a* the blacks
 II *adv* olagligt illegally, illicitly, on the black market; *arbeta ~* work on the side (moonlight) [without paying tax]
 III *s* färg black äv. i schack; *få (begära) ~ på vitt på...* have (demand)...in black and white (on paper, in writing); *måla* skildra...*i ~* paint...in black colours; *se allting i ~* look on the dark (gloomy) side of things, be a pessimist; jfr äv. *blått* samt *blå* o. sms.
svartabörsaffär *s* black-market transaction (operation)
svartabörshaj *s* black-marketeer
svartabörshandel *s* black-marketeering, black-market transactions pl.
svartabörsjobbare *s* black-marketeer
svartblå *adj* blackish blue, blue-black; om hy livid
svartbygge *s* house (building) constructed without a building permit
svartgrå *adj* iron (blackish) grey

svarthyad *adj* black-skinned, swarthy
svarthårig *adj* black-haired
svartklädd *adj* ...[dressed] in black
svartkonst *s* magi black art, necromancy; vard. black magic
svartkonstnär *s* magiker necromancer, sorcerer, magician
svartlista *vb tr* blacklist; av fackförening black
svartmes *s* zool. coal tit
svartmuskig *adj* swarthy
svartmåla *vb tr* paint...black (bildl. äv. in black colours)
svartmålning *s* bildl.: svartmålande blackening; mörk bild pessimistic description [*av* of]
svartna *vb itr* blacken, become (turn, go) black; *det ~de för ögonen på mig* everything went black before my eyes
svartpeppar *s* black pepper
svartrock *s* vard., präst black-coat
svartrot *s* bot. viper's grass
svartsjuk *adj* jealous [*på* of]
svartsjuka *s* jealousy
svartsjukedrama *s* crime passionnel fr.
svartskäggig *adj* black-bearded
svartsyn *s* pessimism, pessimistic outlook [*på* on]
svartvit *adj* black and white
svartögd *adj* black-eyed, dark-eyed
svarv *s* [turning] lathe
svarva *vb tr* o. *vb itr* turn; *~ ihop (till)* historia o.d. devise, concoct, invent; *~ till* eg. turn
svarvare *s* turner
svarvbänk *s* [turning] lathe
svassa *vb itr, ~ [omkring]* strut (swagger) about
svassande *adj* om gång strutting, swaggering; svulstig grandiloquent, highflown, high-falutin
svastika *s* swastika
svavel *s* sulphur, amer. sulfur
svaveldioxid *s* sulphur (amer. sulfur) dioxide
svavelhalt *s* sulphurous (sulphur, amer. sulfurous el. sulfur) content
svavelhaltig *adj* sulphurous, amer. sulfurous; attr. äv. ...containing sulphur (amer. sulfur)
svavelregn *s* sulphur (amer. sulfur) shower (rain)
svavelsyra *s* sulphuric (amer. sulfuric) acid
svavelväte *s* hydrogen sulphide (amer. sulfide)
Swaziland Swaziland
sweater *s* sweater
1 sveda *s* smarting pain, smart; *ersättning för ~ och värk* compensation for pain and suffering
2 sveda *vb tr* allm. el. tekn. singe; förbränna scorch, burn; om solen äv. parch; om frost nip; *~ av (bort)* singe (scorch, burn) off, parch, nip
svek *s* förräderi treachery, perfidy [*mot* to]; trolöshet deceit, guile (end. sg.); jur. fraud

svekfull *adj* treacherous, perfidious; deceitful, guileful; fraudulent, jfr *svek*
svekfullhet *s* treacherousness etc., jfr *svekfull;* jur. fraudulence
svendom *s* [male] chastity
svengelska *s* Swenglish
svensexa *s* stag party
svensk I *adj* Swedish; *Svenska institutet* the Swedish Institute; *Svenska kyrkan* the Church of Sweden **II** *s* Swede
svenska *s* **1** kvinna Swedish woman (dam lady, flicka girl); *hon är* ~ vanl. she is Swedish (a Swede) **2** språk Swedish; *på* ~ in Swedish; *vad heter...på* ~*?* what is the Swedish for...?, what is...in Swedish?; *på ren* ~ in plain language (Swedish)
svenskamerikan *s* Swedish-American
svenskamerikansk *adj* Swedish-American
svenskbygd *s* Swedish settlement (community)
svensk-engelsk *adj* t.ex. ordbok Swedish-English; t.ex. förening Anglo-Swedish, Swedish-British
svenskfödd *adj* Swedish-born; *vara* ~ vanl. be Swedish by birth
svensklärare *s* teacher of Swedish, Swedish teacher
svenskspråkig *adj* **1** se *svensktalande;* ~ författare ...writing (who writes) in Swedish **2** avfattad på svenska Swedish, ...in Swedish; ~ *tidning* Swedish-language newspaper **3** där svenska talas, attr. ...where Swedish is spoken
svensktalande *adj* Swedish-speaking...; *vara* ~ speak Swedish
svensktillverkad *adj* ...made in Sweden, Swedish-made
svenskundervisning *s,* ~*[en]* the teaching of Swedish
svep *s* allm. sweep; razzia raid; *göra ett* ~ *med* strålkastarna let...sweep; *i ett* ~ at (in) one sweep; friare äv. at one go
svep|a I *vb tr* allm. wrap [up]; minor: röja sweep, söka sweep for; tömma (glas o.d.), vard. knock back; ~ *ett barn i en filt* wrap a baby [up] in a blanket; ~ *en sjal om[kring] axlarna* wrap a shawl round one's shoulders; ~ *ett lik* shroud a corpse **II** *vb itr* om t.ex. vind sweep; en våg av harm *-te över landet* ...swept [over] the country **III** med beton. part.
~ *fram* om t.ex. vind sweep along; snöstormen *-te fram över landet* ...swept over the country
~ **förbi** sweep by (past)
~ **i sig** tömma, vard. knock back
~ **in a)** tr. wrap [up] [*i* in]; ~ *in sig* wrap [oneself] up **b)** itr. sweep in; *hon -te in i rummet* she swept into the room
~ **med sig** *ngt* om t.ex. vind, våg sweep a th. along (away) with it
~ **om:** ~ *om papper om ngt* wrap paper

round a th.; *han -te rocken [tätare] om sig* he wrapped himself up [more tightly] in his coat
svepning *s* **1** konkr.: kläder grave clothes pl., cerements pl.; lakan winding sheet, shroud **2** minsvepning minesweeping
svepskäl *s* pretext, subterfuge, excuse, pretence; *komma med* ~ make excuses
Sverige Sweden; ~*s...* ofta the Swedish...
svets *s* fog weld; apparat welding set (unit); svetsande welding
svetsa *vb tr* weld; ~ *fast* weld; ~ *ihop (samman)* weld [om två delar ...together] äv. bildl.; livet *har* ~*t samman dem* ...has united them closely together
svetsare *s* welder, welding operator
svetsfog *s* welding seam, weld[ed] joint, weld
svetsloppa *s* welding spark
svetslåga *s* welding flame
svetsning *s* welding
svett *s* sweat, perspiration; han arbetade *så att* ~*en lackade (rann)* ...so much that he was dripping with sweat (perspiration); *badande i* ~ bathed in (all of) a sweat
svettas *vb dep* sweat, perspire; *jag* ~ *om händerna* my hands are sweaty; ~ *ut en förkylning* sweat out a cold; ~ *över* svåra läxor sweat over...
svettdrivande *adj* sudorific; ~ *medel* vanl. sudorific
svettdroppe *s* drop (bead) of perspiration
svettdrypande *adj* ...dripping with sweat
svettig *adj* sweaty, sweating, perspiring; ~*t arbete* sweaty work; *det var* ~*t* it was sweaty work (a bit of a sweat); *vara alldeles* ~ be all in a sweat
svettkörtel *s* sweatgland
svettlukt *s* [the] smell of perspiration (sweat)
svettning *s* sweating, perspiration
svettrem *s* sweatband
1 svida *vb itr* smart, sting; göra ont äv. ache, hurt; *det svider i halsen [på mig]* av t.ex. peppar my throat is burning; vid förkylning I have a sore throat; *det svider i ögonen [på mig] av rök* my eyes are smarting with smoke; *peppar svider på tungan* pepper bites (is hot on) the tongue
2 svida *vb itr* vard., klä ~ *om* change; ~ *upp sig* dress up
svidande *adj* eg. smarting etc., jfr *1 svida;* ~ *kritik* devastating (blistering) criticism; *med* ~ *hjärta* with an aching heart; *ett* ~ *nederlag* a crushing defeat
svik|a I *vb tr* överge fail, desert; lämna i sticket äv. let...down, leave...in the lurch, vard. rat on; i kärlek jilt; bedra deceive; förråda betray; ~ *ngns förtroende* betray a p.'s confidence, let a p. down; ~ *ngns förväntningar* disappoint (fall short of) a p.'s expectations; ~ *sina ideal* betray one's ideals; ~ *sitt löfte (ord)* break (go back on) one's promise

svikande

(word), fail to keep one's promise; ~ *sin plikt* fail in one's duty; *krafterna (rösten) svek honom* his strength (voice) failed him; mitt minne *börjar* ~ ...begins to falter (fail me); *modet svek mig* my courage failed (deserted) me **II** *vb itr* allm. fail; om t.ex. publik, anhängare fall off (away); utebli fail to come (appear)

svikande *adj, [med] aldrig ~...* [with] never-failing (unfailing, unflagging, umremitting)...

svikare *s* vard. quitter, ratter, deserter

sviklig *adj* fraudulent

svikt *s* **1** fjädring springiness; spänst elasticity, resilience; böjlighet flexibility **2** hoppredskap springboard

svikta *vb itr* eg.: böja sig bend; ge efter sag, yield; svaja under ngns steg sway up and down; ge svikt, om t.ex. mark, golv, sula be springy (resilient); vackla totter; gunga quake, shake, rock; bildl.: om t.ex. tro waver, om t.ex. krafter, motstånd give way, yield

svikthopp *s* simhopp springboard diving; *göra ett* ~ do a springboard dive

svimfärdig *adj* ...ready to faint; *känna sig* ~ *av hunger* feel faint with hunger

svimma *vb itr* faint, swoon, pass out; ~ *av hunger* faint with hunger; ~ '*av* faint [away]

svimning *s* faint, swoon

svimningsanfall *s* fainting-fit

svin *s* pig; swine (pl. lika); i sg. numera vanl. bara ss. skällsord; göd~ hog, porker

svina *vb tr* o. *vb itr*, ~ *ner (till) i* rummet make a mess in..., leave...like a pigsty; ~ *ner sig* get oneself in[to] a mess

svinaherde *s* swineherd

svinaktig *adj* om t.ex. uppförande swinish, rotten; oanständig filthy; om t.ex. pris outrageous

svinaktighet *s* uppförande swinish behaviour; egenskap swinishness; ~*[er]* oanständighet[er] filth sg.

svinaktigt *adv, det var* ~ *gjort* that was a dirty rotten trick; ~ *höga priser* outrageous prices; *uppföra sig* ~ behave like a swine (rotter)

svinavel *s* pig breeding

svinborst *s* pig's bristle

svindel *s* **1** yrsel dizziness, giddiness; isht med. vertigo; *få* ~ become (turn, feel) dizzy (giddy) **2** bedrägeri swindle

svindla I *vb itr* få yrsel *det* ~*r för ögonen [på mig]* my head is going round (is swimming, is in a whirl), I feel dizzy (giddy); *tanken* ~*r inför...* the mind (brain) boggles at the idea (thought) of... **II** *vb tr* bedra swindle, cheat

svindlande *adj* om t.ex. höjd dizzy, giddy, vertiginous; om pris, summa, lycka o.d. enormous, tremendous, prodigious; *i* ~ *fart* vanl. at [a] breakneck speed

svindlare *s* swindler, cheat, racketeer

svindleri *s* swindle

svindyr *adj* vard. terribly expensive

svineri *s* snuskighet filth[iness], dirtiness; snuskig vana filthy (dirty) habit (practice)

sving *s* swing

svinga I *vb tr* t.ex. klubba swing; svärd o.d. brandish, flourish, wield; hatt o.d. wave **II** *vb itr* swing **III** *vb rfl,* ~ *sig* swing [oneself]; ~ *sig upp i sadeln* äv. vault into the saddle; ~ *sig över ett staket* vault [over] a fence

svinhugg *s,* ~ *går igen* ung. [that's] tit for tat, the biter bit

svinhus *s* pigsty

svinkall *adj, det är* ~*t* it's freezing

svinkoppor *s pl* vard. impetigo sg.

svinkött *s* pork

svinläder *s* pigskin

svinmat *s* pigswill, hogwash

svinmålla *s* bot. goosefoot (pl. -foots)

svinn *s* waste, wastage, loss

svinotta *s, i* ~*n* ung. very early in the morning

svinpäls *s* vard. swine, dirty dog (rotter)

svinskötsel *s* pig breeding

svinstia *s* pigsty

svira *vb itr* rumla be on the spree

svischa *vb itr* swish

sviskon *s* prune

svit *s* **1** följe suite, retinue; av rum suite; rad, serie succession; kortsp. sequence; mus. suite **2** efterverkning aftereffect; följdsjukdom complication; med. sequel|a (pl. -ae)

svordom *s* svärord swearword; förbannelse curse, oath; ~*ar* koll. swearing sg.

svullen *adj* swollen; genom inflammation o.d. tumid, tumefied; *vara* ~ *i ansiktet* have a swollen face

svullna *vb itr,* ~ *[upp]* swell [up], become swollen; genom inflammation o.d. tumefy; ~ *igen* swell up

svullnad *s* swelling

svulst *s* swelling; med. tumour, tumefaction

svulstig *adj* inflated, turgid; högtravande äv. bombastic, pompous; svassande grandiloquent

svulstighet *s* inflatedness, turgidity, bombast, pomposity, grandiloquence; jfr *svulstig;* ~*er* bombast sg.

svulten *adj* mycket hungrig starving [*på* for]; utsvulten starved [*på* of]; famished

svunnen *adj, längesedan svunna tider* times long past (gone by); ~ *storhet* departed glory

svuren *adj* sworn

svåger *s* brother-in-law (pl. brothers-in-law, vard. brother-in-laws)

svågerpolitik *s* nepotism

svål *s* fläsk~ [bacon] rind; huvud~ scalp

svångrem *s* belt; *dra åt* ~*men* tighten one's belt äv. bildl.

svångremspolitik *s* policy of tightening one's belt, belt-tightening policy

svår *adj* att förstå, utföra o.d. difficult, hard; att uthärda o.d. hard; mödosam heavy, stiff, vard. tough; påfrestande trying; brydsam awkward; farlig, allvarlig grave, serious, severe; tekn.: tung, grov heavy
    ett ~t fall a difficult case; *ett ~t fall av lunginflammation* a serious case of...; *ett ~t fel* misstag a serious (grave) error (mistake); *en ~ frestelse* a sore temptation; *en ~ fråga* a difficult (hard) question; *~a[re] följder* grave (serious) consequences; *en ~ förbrytelse* a serious crime; *~a förhållanden* äv. trying conditions; *en ~ förkylning* a bad (severe) cold; *en ~ förlust* a heavy (severe) loss; *~ köld* severe cold; *en ~ olycka* a great misfortune; olyckshändelse a serious accident; *ha ~a plågor* be in great pain; *en ~ situation* a difficult (allvarlig serious) situation; *en ~ sjukdom (skada)* a serious (severe, stark. grave) illness (injury); *ett ~t slag* bildl. a sad blow; fartyget har *~ slagsida* ...a heavy list; *~ terräng* rough country; *ett ~t val* dilemma a difficult (hard) choice; *~ värk* severe pain
    göra det ~t för ngn make things difficult for a p.; *ha det ~t* lida suffer greatly; slita ont have a rough (tough) time of it; ekonomiskt be badly off; *han har ~t för sig* nothing comes easy to him; *ha ~t för* engelska find...difficult; *ha ~t [för] att* inf. find it difficult (hard) to inf.; have [some] difficulty in ing-form; *han är ~ att ha att göra med* he is difficult to get on with; *backen är ~ att ta sig upp för* the hill is hard to climb; *han är ~ på fruntimmer* he is always running after women

svårantändlig *adj* ...difficult to set fire to, non-inflammable
svårartad *adj* om sjukdom malignant, serious, grave
svårbegriplig *adj* ...difficult (hard) to understand
svårflirtad *adj* o. **svårflörtad** *adj*, *vara ~* bildl. be hard (difficult) to get round (approach), sexuellt play hard to get; svår att entusiasmera be hard to please
svårframkomlig *adj* om väg o.d. almost impassable; om terräng difficult, rough
svårförklarlig *adj* ...difficult (hard) to explain
svårhanterlig *adj* ...difficult (hard) to handle (manage); om pers. äv. intractable; bångstyrig recalcitrant; om sak äv. (otymplig) unwieldy
svårighet *s* difficulty [*att* inf. in (ibl. of) ing-form]; möda hardship; trångmål straits pl.; besvär trouble; olägenhet inconvenience; hinder obstacle; *jag har inga ~er att...* I have no difficulty in...; *däri ligger ~en* that is the difficult point, that is where the difficulty comes in, there's the rub; *stöta på ~er* come up against (meet with) difficulties (hinder obstacles); *med (utan) ~* with (without) difficulty

svårighetsgrad *s* degree of difficulty
svårligen *adv* hardly, scarcely
svårläkt *adj* slow-healing; såret *är ~* ...heals slowly, ...is slow in healing
svårläslig *adj* om handstil hardly legible, crabbed
svårlöst *adj* om problem m.m. difficult (hard) to solve
svårmod *s* melancholy; dysterhet gloom; sorgsenhet sadness
svårmodig *adj* melancholy, gloomy, sad, jfr *svårmod*
svårskött *adj* ...difficult (hard) to handle (om barn, maskin o.d. äv. to manage, om patient to nurse)
svårsmält *adj* ...difficult (hard) to digest, indigestible; om bok o.d. äv. ...difficult (hard) to read
svårstartad *adj* ...difficult (hard) to start
svårsåld *adj* ...difficult (hard) to sell; varan *är ~* äv.; ...sells slowly
svårt *adv*, *~ drabbad* hard-stricken; om pers. äv. grievously afflicted [*av* i båda fallen with]; *~ sjuk* seriously ill; *~ skadad (sårad)* badly (seriously) injured (wounded)
svårtillgänglig *adj* om plats ...difficult of access (approach); om t.ex. en dikt ...difficult (hard) to understand; om pers. distant, reserved, stand-offish
svårtolkad *adj* ...difficult (hard) to interpret
svårtydd se *svårtolkad*
svåröverskådlig *adj* ...difficult (hard) to grasp, badly-arranged
svägerska *s* sister-in-law (pl. sisters-in-law, vard. sister-in-laws)
svälja I *vb tr* swallow äv. bildl.; *~ förtreten (vreden)* swallow one's annoyance (anger); *~ sin stolthet* pocket one's pride; *~ gråten (tårarna)* gulp down (choke back) one's sobs (tears); *~ 'ned* swallow down **II** *vb itr* swallow, gulp
svälla I *vb itr* swell äv. bildl.; om segel äv. fill; om deg rise; utvidga sig expand äv. bildl.; hans hjärta *svällde av stolthet* ...swelled with pride; floden *svällde över sina bräddar* ...overflowed [its banks]
    II med beton. part.
    ~ igen swell up
    ~ upp swell [up], become swollen (swelled)
    ~ ut swell [out]; bildl. om t.ex. utgifter äv. grow
svällande *adj* allm. swelling; uppblåst puffed-up; om barm full, ample; om plånbok o.d. bulging
svält *s* starvation; hungersnöd famine; *dö av ~* die of starvation (famine)
svält|a I *vb itr* starve; stark. famish; *~ ihjäl* starve to death **II** *vb tr* starve; *~ sig* starve oneself; *~ ut* starve out

svältdöd *s* death from starvation; *dö ~en* starve to death
svältfödd *adj* underfed, undernourished; *vara ~ på* t.ex. kärlek be starved of...
svältgräns *s* hunger line; *leva på ~en* live on the hunger line
svältkost *s* starvation diet; *sätta ngn på ~* put a p. on a starvation diet
svältkur *s* starvation cure
svältlön *s* starvation wages pl.
svämma *vb itr*, *~ över* spill over; *floden ~de över [sina bräddar]* the river overflowed [its banks]; *~ över alla bräddar* friare exceed all bounds
sväng *s* krök turn, bend; kurva curve; svepande rörelse sweep; vägen *gör en [tvär] ~* ...takes a [sharp] turn, ...turns [sharply]; *göra (ta) en ~ tur till stationen* till fots take a stroll (med bil go for a drive) to the station; *vara med i ~en* be out and about a great deal; *ta ut ~arna* vard., bildl. go the whole hog, festa live it up
svänga I *vb tr* sätta i hastig kretsrörelse swing; vifta med wave, isht vapen o.d. brandish, flourish; vända turn; [som] på en tapp swivel
 II *vb itr* **1** fram o. tillbaka swing [to and fro]; svaja sway; fys., som en pendel oscillate; vibrera vibrate; *~ med armarna (benen)* swing one's arms (legs); *~ på höfterna* sway one's hips **2** göra en sväng (vändning) turn; i båge swing, curve, sweep; [som] på en tapp swivel; om vind change; *~ om hörnet* turn (swing round) the corner; *~ omkring en axel* turn (rotate) round an axis; *~ åt höger* turn to the right; *opinionen har svängt* public opinion has shifted (veered, swung round)
 III *vb rfl*, *~ sig* **1** göra undanflykter shuffle, prevaricate **2** *~ sig med* latinska citat lard one's speech with (flaunt)...
 IV med beton. part.
 ~ av åt vänster turn off to the left; *~ av från* vägen turn off...
 ~ ihop t.ex. en måltid knock up; historia o.d. knock off
 ~ in på en gata turn (swing) into...
 ~ om turn round; om vind veer round äv. bildl.; i dans swing round; *~ om i* sina åsikter change (shift)...; *~ om på klacken* turn on one's heel
 ~ runt turn (swing) round; hastigt spin round
 ~ till se *~ ihop*
 ~ upp: *bilen svängde upp på bron (gården)* the car swung up on the bridge (up into the courtyard)
 ~ ut med armen swing out one's arm; *bilen svängde ut från trottoaren* the car pulled (swung) out...
svängbro *s* swing (pivot) bridge
svängd *adj* böjd curved, bent; välvd arched

svängdörr *s* swing[ing] door; roterande revolving door
svänghjul *s* flywheel
svängig *adj*, *~ musik* vard. music that is full of go
svängning *s* svängande swinging; svajande swaying; svängningsrörelse swing, oscillation; vibrering vibration; viftning wave; kring-rotation, revolution; riktningsförändring turn; variation fluctuation; *opinionens ~[ar]* the sudden changes (shifts) of opinion, the swings of the pendulum
svängningstal *s* fys. frequency
svängom *s*, *ta [sig] en ~* dansa shake a leg
svängrum *s* space, elbowroom
svära *vb tr o. vb itr* **1** gå ed swear [*på* to; *vid* by]; lova äv. vow; *~ ngn trohet* swear fidelity to a p.; *han svor att aldrig glömma oförrätten* he vowed that he would...; *det kan jag inte ~ på* vanl. I won't swear to it; *~ sig fri från ngt (från att ha...)* friare deny a th. (having...) **2** begagna svordomar swear, curse; vard. cuss [*över (åt)* at]
svärd *s* sword
svärdfisk *s* zool. swordfish
svärdotter *s* daughter-in-law (pl. daughters-in-law, vard. daughter-in-laws)
svärdslilja *s* iris; *gul ~* yellow flag
svärdsslukare *s* sword-swallower
svärfar *s* father-in-law (pl. fathers-in-law, vard. father-in-laws)
svärföräldrar *s pl* parents-in-law
svärja *vb tr o. vb itr* se *svära*
svärm *s* t.ex. av bin, människor swarm; av insekter äv. cluster; av människor äv. crowd; av fåglar flight, pack; av frågor host [alla med of framför följ. best.]
svärma *vb itr* **1** eg. swarm [*omkring* round, around] **2** bildl. *de satt och ~de* i månskenet they sat necking (spooning)...; *~ för ngn* have a crush on a p., be gone on a p.; *~ för ngt* have a passion for (be passionately fond of) a th.
svärmare *s* **1** drömmare dreamer, visionary; fanatiker zealot, fanatic **2** svärmarfjäril hawk (sphinx) moth
svärmeri *s* **1** entusiasm enthusiasm; fanatism fanaticism **2** förälskelse infatuation; stark. passion **3** pers. sweetheart, flame
svärmisk *adj* drömmande dreamy, visionary; romantisk romantic, fanciful; fanatisk fanatical
svärmor *s* mother-in-law (pl. mothers-in-law, vard. mother-in-laws); *~s tunga* bot. mother-in-law's tongue
svärord *s* vard. swearword
svärson *s* son-in-law (pl. sons-in-law, vard. son-in-laws)
svärta I *s* **1** svarthet blackness; färgämne blacking **2** zool. velvet scoter; amer. white-winged scoter **II** *vb tr* black[en], make (dye)...black; *~ ned ngn* bildl. blacken

(smear) a p.'s character, run a p. down [*inför* ngn to...] **III** *vb itr*, tyget *~r av sig* the black colour comes off...

sväva *vb itr* eg. float, be suspended; om fågel (högt uppe) soar; kretsa hover; hänga fritt hang; gå lätt o. ljudlöst glide; *~ i fara* be in danger; *~ i ovisshet om ngt* be in a state of uncertainty as to a th.; *~ mellan liv och död* hover between life and death; *~ fram* röra sig svävande flit along; *~ ut* i tal, skrift stray (deviate) from one's subject, make digressions

svävande *adj* floating osv., jfr *sväva;* obestämd vague, evasive

svävare *s* o. **svävfarkost** *s* hovercraft (pl. lika)

sy I *vb tr* o. *vb itr* sew; t.ex. kläder vanl. make; utföra sömnadsarbete äv. do sewing (needlework); som yrke be a dressmaker (seamstress); med. sew (stitch) up, suture; *~ korsstygn* make cross-stitches; *~ för hand* sew by hand; *~ på maskin* sew on the machine
 II med beton. part.
 ~ fast t.ex. knapp sew on [*vid* to]; t.ex. ficka som lossnat i kanten sew up; *~ fast en knapp i rocken* sew a button on...
 ~ i se *~ fast*
 ~ ihop reva o.d. sew up; t.ex. två tyglappar sew (stitch) together; sår sew (stitch) up
 ~ in a) minska take in b) vard., sätta i fängelse put...away, put...in quod (...in clink)
 ~ om remake, alter
 ~ upp låta sy have...made; korta shorten

syateljé *s* dressmaker's [workshop]
sybaritisk *adj* sybaritic
sybehör *s pl* sewing materials; hand. haberdashery sg.
sybehörsaffär *s* haberdasher's [shop]
sybord *s* worktable
syd *s* o. *adv* south (förk. S); jfr äv. *nord* o. *norr* med ex. o. sms.
Sydafrika som enhet South (södra Afrika Southern) Africa
sydafrikan *s* South African
sydafrikansk *adj* South African
Sydamerika South America
sydamerikan *s* South American
sydamerikansk *adj* South American
Sydkorea South Korea
sydlig *adj* southerly; south; southern; jfr *nordlig*
sydligare m.fl., jfr *nordligare* m.fl.
sydländsk *adj* southern äv. om utseende o.d.; ...of the South
sydlänning *s* southerner
sydost I *s* väderstreck the south-east (förk. SE); vind south-easter, south-east wind **II** *adv* south-east (förk. SE) [*om* of]
sydpol *s*, *~en* the South Pole
sydsken *s* southern lights pl., aurora australis lat.

sydstaterna *s pl* the Southern (under amerikanska inbördeskriget Confederate) States; the South sg.
sydväst I *s* **1** väderstreck the south-west (förk. SW); vind south-wester, sou'-wester, south-west wind **2** huvudbonad sou'-wester **II** *adv* south-west (förk. SW) [*om* of]
syetui *s* sewing-case
syfilis *s* med. syphilis
syfilitisk *adj* med. syphilitic
syfta *vb itr* sikta, eftersträva aim [*till* at; *till att* inf. at ing-form]; vid mätning äv. level; *~ på* anspela på allude to, hint at; avse have...in view; mena mean; *~r du på mig?* are you referring to me?; *vad ~r du på?* what are you driving at (talking about)?; *vad ~r försöken till?* äv. what is the purpose of...?; *~ tillbaka på ngt* refer [back] to a th.
syfte *s* ändamål purpose, end; mål aim, object; *~t med* hans resa the purpose of...; *fylla sitt ~* answer (serve) its purpose; *i detta ~* with this in view; *i förebyggande ~* as a preventive measure; *i vilket ~?* to what end?, for what purpose?; *i (med) ~ att* inf. with a view (an eye) to ing-form; for (with) the purpose (with the aim) of ing-form; *med ~ på* with regard (a view) to; *föreningen har till ~ att...* the object of the society is to...
syftning *s* **1** hän~ allusion [*på* to], hint [*på* at] **2** med högre *~* syftemål with higher aims pl.
syförening *s* o. **syjunta** *s* sewing circle
sykorg *s* work basket
syl *s* skom. awl; allm. pricker; *inte få en ~ i vädret* not get a word in edgeways
sylf *s* o. **sylfid** *s* mytol. sylph
syll *s* järnv. sleeper, amer. crosstie, tie; byggn. sill
sylt *s* jam, preserves pl.
sylta I *s* **1** kok. brawn; amer. headcheese **2** vard., sämre krog [third-rate] eating-house **II** *vb tr* o. *vb itr* **1** eg. preserve; göra sylt [av] äv. make jam [of]; *~ [in]* t.ex. gurkor äv. pickle; *~t apelsinskal* candied orange-peel **2** bildl. *~ in sig* trassla in sig get [oneself] involved (mixed up) [*i* in; *med* with]
syltburk *s* tom jam-jar, jam-pot; med innehåll jar (pot) of jam
syltlök *s* pickling onion; syltad lök pickled onions pl.
syltning *s* preserving, jam-making (båda end. sg.)
sylvass *adj* eg. ...[as] sharp as an awl; bildl. piercing
symaskin *s* sewing-machine
symbios *s* biol. symbiosis
symbiotisk *adj* symbiotic
symbol *s* symbol; *vara en ~ för* be a symbol (be symbolic) of, symbolize
symbolik *s* symbolism
symbolisera *vb tr* symbolize

symbolisk *adj* symbolic[al]; om betalning, motstånd äv. token (end. attr.); teol., om böcker symbolical
symfoni *s* symphony
symfoniker *s* symphonist
symfoniorkester *s* symphony orchestra
symfonisk *adj* symphonic
symmetri *s* symmetry
symmetrisk *adj* symmetric[al]
sympati *s* medkänsla o.d. sympathy [*för* for]; uppskattning appreciation; se f.ö. ex.; **~er och antipatier** likes and dislikes; **socialistiska ~er** Socialist sympathies (leanings); **fatta ~ för ngn** take to a p.; **känna (hysa) ~ för ngn** tycke feel drawn to a p.; medkänsla feel sympathy for a p.
sympatisera *vb itr* sympathize, be in sympathy [*med* with]; **~ med** friare (tycka om) like
sympatisk *adj* **1** trevlig nice, pleasant, likable, sympathetic; tilltalande attractive **2** anat. el. med. sympathetic
sympatistrejk *s* sympathy (sympathetic) strike
sympatistrejka *vb itr* go out on (stage) a sympathy strike, strike in sympathy
sympatisör *s* sympathizer
symposium *s* symposi|um (pl. äv. -a)
symtom *s* symptom [*på* of]; tecken äv. sign, indication [*på* of]
symtomatisk *adj* symptomatic [*för* of]
syn *s* **1** synsinne [eye]sight; synförmåga vision; **ha dålig (god, bra) ~** have a bad (good) eyesight; **ha normal ~** have normal vision (sight); **få ~ på...** catch (get) sight of...; **komma till ~es** appear **2** synsätt, åskådning view [*på* of]; views pl., outlook [*på* i båda fallen on]; approach [*på* to]; åsikt äv. opinion, idea [*på* i båda fallen of]; **ha en annan ~ på** take a different view of; **det är min ~ på saken** äv. that's how I look at it **3** anblick sight, spectacle; **en ståtlig ~** vanl. a fine spectacle **4** vision vision; spökbild apparition; **se (ha) ~er** have visions; **se i ~e** se fel be mistaken; **se syner** have visions; **jag trodde jag såg i ~e** äv. I thought my eyes were deceiving me **5** vard., ansikte face; **bli lång i ~en** pull a long face, jfr *ansikte* ex. **6** utseende, sken **för ~s skull** for the sake of appearances, for appearance['s] sake; för att briljera for show; **till ~es** se *tillsynes* **7** besiktning inspection, survey
syna *vb tr* **1** besiktiga inspect, survey; granska examine, scrutinize; friare look over; **~ ngt i sömmarna** scrutinize..., examine...closely; affär o.d. look thoroughly into...; **~ ngn i sömmarna** look thoroughly into a p.'s affairs; **~ av** inspect [and certify] **2** kortsp. see
synagoga *s* synagogue
synas *vb itr dep* **1** vara synlig be seen, be visible, be in evidence; visa sig appear, show; **fläcken syns inte** the spot does not show;

huset syns inte härifrån the house can't be seen from here, you can't see the house from here; **knopparna syns redan** the buds are already showing; **det syns lång väg** it stands (sticks) out a mile; **det syns [tydligt] att** de är släkt it is obvious (evident) that..., it is plain to see that...; **det syns på honom att han...** one (you) can tell by looking at him that he...; **ingen människa syntes till** nobody was to (could) be seen **2** framgå appear; **som synes av rapporten** as appears (is evident) from the report **3** tyckas **det kan ~** onödigt it may appear (seem) [to be]...
synbar *adj* synlig visible [*för* to]; märkbar apparent; uppenbar obvious, evident
synbarligen *adv* uppenbart obviously, evidently; av allt att döma apparently
synbild *s* visual picture
syncell *s* anat. visual cell
synd *s* **1** försyndelse sin; överträdelse transgression; **det är ingen ~ att dansa** there is no harm (sin) in dancing; **envis som ~en** as stubborn as a mule; **för mina ~er (~ers skull)** for my sins; **leva i ~** live in sin **2** skada, orätt **så (vad) ~!** what a pity (shame)!; **det är ~ att** han inte kan komma it's a pity [that]...; **det är ~ och skam** it's a great (wicked) shame; **~ bara att** det är så långt the pity is that...; **det är ~ om honom** one cannot help feeling sorry for him, I feel sorry for him; vard. it's hard lines on him; **tycka ~ om** ömka pity; hysa medkänsla feel sorry for; **det är ~ på så rara ärter** what a waste [of talent]
synda *vb itr* sin; transgress [*mot* against]; **~ mot en regel** offend against a rule
syndabekännelse *s* confession [of sin]; friare confession of one's sins
syndabock *s* scapegoat, whipping-boy
syndaflod *s* flood, deluge; **~en** bibl. the Flood
syndaförlåtelse *s* remission (forgiveness) of sins; isht kyrkl. absolution
syndapengar *s pl* orätt vunna ill-gotten money sg.
syndare *s* relig. sinner; friare offender
syndaregister *s* bildl. list (catalogue) of one's sins (crimes)
syndastraff *s* eg. punishment for [one's] sin[s]; bot penance; bildl. torture, torment
synderska se *syndare*
syndfri *adj* sinless, ...free from sin
syndfull *adj* sinful, ...full of sin
syndig *adj* sinful; stark. wicked, evil; **det vore ~t att...** äv. it would be a sin to...; **~t leverne** äv. life of sin
syndikalism *s* polit. syndicalism
syndikalist *s* polit. syndicalist
syndikalistisk *adj* polit. syndicalist[ic]
syndikat *s* syndicate, combine
syndrom *s* med. syndrome äv. friare
synergism *s* synergy äv. med.

synfel *s* defect of vision, visual defect
synfält *s* field of vision, visual field; bildl., se *synkrets*
synförmåga *s* [faculty of] vision, [eye]sight
synhåll *s, inom (utom)* ~ within (in, out of) sight [*för* of]; *komma inom* ~ äv. come into sight (view); *försvinna ur* ~ pass from (go out of) sight
synintryck *s* visual impression
synkop *s* mus. syncope
synkopera *vb tr* mus. el. språkv. syncopate
synkrets *s* synfält field of vision, visual field; horisont horizon äv. bildl.; *vidga sin* ~ bildl. widen one's horizon, broaden one's mind
synkron *adj* fys. synchronous; språkv. synchronic båda äv. bildl.
synkronisera *vb tr* synchronize; *~d växellåda* synchromesh gear-box
synkronisering *s* synchronization
synlig *adj* som kan ses visible [*för* to]; märkbar perceptible, noticeable; *vara fullt* ~ äv. be in full view [*för* of]; *[lätt]* ~ el. ~ *vida omkring* conspicuous; *~t bevis* ocular evidence (proof, demonstration); *bli* ~ komma i sikte come into sight (view); *vara* ~ i pressen appear...; *hon har inte varit* ~ på hela veckan I (resp. we) have not seen her...
synminne *s* visual memory
synnerhet *s, i [all]* ~ särskilt [more] particularly (especially), in particular; framför allt above all; *i [all]* ~ *som...* äv. all the more [so] as (since)...
synnerligen *adv* ytterst extremely, exceedingly, most; mycket very; ovanligt extraordinarily; särskilt particularly, specially, especially
synnerv *s* optic (visual) nerve
synonym I *adj* synonymous [*med* with] **II** *s* synonym [*till* of]
synops *s* o. **synopsis** *s* för t.ex. film synops|is (pl. -es)
synorgan *s* organ of sight (vision), visual organ
synpunkt *s* point of view, viewpoint; ståndpunkt standpoint, attitude; åsikt view, idea; *från (ur) juridisk* ~ from a legal point of view; *betrakta ngt från (ur) alla ~er* consider a th. from all sides (from every angle)
synrubbning *s* visual disorder (disturbance)
synsinne *s* eyesight, sight, [faculty of] vision; uppfatta *med ~t* vanl. ...visually
synsk *adj* second-sighted, clairvoyant; *vara* ~ äv. have second sight
synskadad *adj* visually handicapped; synsvag partially-sighted
synskärpa *s* keenness (acuteness) of vision; med. visual acuity
synt *s* mus. vard. synth
syntaktisk *adj* språkv. syntactic[al]
syntax *s* syntax
syntes *s* synthes|is (pl. -es)

syntetfiber *s* synthetic (man-made) fibre
syntetisk *adj* synthetic
syntetmaterial *s* synthetic material, synthetic
synthesizer *s* mus. synthesizer
synvidd *s* range of vision äv. bildl.; visual range; siktbarhet visibility
synvilla *s* optical illusion
synvinkel *s* eg. visual (optic) angle; bildl. angle, aspect; synpunkt point of view, viewpoint; *se ngt ur (från) en ny* ~ get a new angle (slant) on a th.
synål *s* [sewing] needle
syo *s* skol. (förk. för *studie- o. yrkesorientering*) study and vocational guidance
syokonsulent *s* skol., ung. study and careers adviser (counsellor)
syra I *s* **1** kem. acid **2** syrlig smak acidity, sourness **3** bot. dock, sorrel **II** *vb tr* sour, make...sour; bröd leaven
syrabeständig *adj* o. **syrafast** *adj* acid-proof, acid-resisting
syre *s* oxygen
syrebrist *s* lack of oxygen
syrefattig *adj* ...deficient in oxygen
syreförbrukning *s* consumption of oxygen
syren *s* lilac
syrendoft *s* scent of lilac
syrgas *s* oxygen
syrgasapparat *s* oxygen apparatus
syrgasmask *s* oxygen mask
Syrien Syria
syrier *s* Syrian
syrisk *adj* Syrian
syriska *s* **1** kvinna Syrian woman **2** språk Syrian
syrlig *adj* eg. sourish, acidulous, somewhat sour (acid); bildl.: om t.ex leende, ton, kritik acid, om min sour; *~a karameller* acid drops
syrlighet *s* egenskap sourness, acidity; jfr *syrlig*; yttrande m.m. acid remark m.m.
syrra *s* vard. sister; ibl. sis
syrsa *s* zool. cricket
syrsätta *vb tr* oxygenate
syskon *s* brother[s pl.] and sister[s pl.]; formellt sibling[s pl.]; *har du några ~?* have you any brothers and (or) sisters?; *det yngsta av fem* ~ äv. the youngest of five children (of a family of five)
syskonbarn *s* pojke nephew; flicka niece
syskonkärlek *s* love (affection) for one's (resp. between) brother and sister osv., jfr *syskon*
syskrin *s* workbox
sysselsatt *adj* upptagen occupied [*med* with; *med att* inf. [in] ing-form]; engaged [*med* in; *med att* inf. in ing-form]; strängt upptagen [very] busy [*med* with (over); *med att* inf. [with] ing-form]; anställd employed [*vid* bygge o.d. on]; *antalet ~a inom* jordbruket the number of people employed in...
sysselsätta I *vb tr* **1** ge arbete åt employ; upptaga occupy, keep...busy; fabriken

sysselsätter 100 personer ...employs 100 people **2** friare: problemet **sysselsatte ständigt hans tankar** ...constantly occupied his mind
II *vb rfl*, **~ sig** occupy oneself [*med* with; *med att* inf. with ing-form]; busy oneself [*med* with (about); *med att* inf. [with] ing-form]; fördriva tiden devote one's time [*med* to; *med att* inf. to ing-form]
sysselsättning *s* **1** arbete occupation, employment, work; *full (minskad)* **~** ekon. full (reduced) employment **2** friare something to do; *ha full ~ [med ngt]* have one's hands full [with a th.]; *sakna (inte ha någon)* **~** be idle, have nothing to do
syssla I *s* **1** göromål business, work båda utan pl.; i hushåll o.d. duty, chore; sysselsättning occupation; *sköta sina sysslor* go about one's business (work) **2** tjänst, befattning: högre office, lägre occupation, employment, job **II** *vb itr* vara sysselsatt busy oneself, be busy [*med* with; *med att* inf. [with] ing-form]; occupy oneself [*med* with; *med att* inf. with ing-form]; be occupied [*med* with; *med att* inf. [in] ing-form]; *han ~r pysslar med att* inf. he is pottering about ing-form; jag har *litet att ~ med* ...a few things to do (to attend to); *vad ~r du med?* just nu what are you doing?; yrkesmässigt what do you do [for a living]?
syssling *s* second cousin
sysslolös *adj* allm. idle; overksam äv. inactive
sysslolöshet *s* idleness; overksamhet inactivity
system *s* **1** allm. system; friare method, plan; nät (av t.ex. kanaler) network; vid tippning permutation; vard. perm; *sätta ngt i ~* make a system of a th.; arbeta *utan ~* ...without system **2** *~et* the State liquor shop etc., jfr *systembutik*
systemanalys *s* data. systems analysis (engineering)
systematik *s* systematics sg.; friare classification
systematisera *vb tr* systematize, reduce...to a system
systematisk *adj* systematic, orderly; friare methodical
systembolag *s* **1** bolag state-controlled company for the sale of wines and spirits **2** se *systembutik*
systembutik *s* State liquor shop (amer. store), state retail shop (store) selling wines and spirits
systemerare *s* data. systems engineer (analyst)
systemman *s* data. systems engineer (analyst)
systemskifte *s* change of system
systemtips *s* spel. permutation; vard. perm
syster *s* sister äv. om nunna; om sjuksköterska vanl. nurse; *systrarna Brontë* the Brontë sisters
systerdotter *s* niece; ibl. sister's daughter
systerfartyg *s* sister ship

systerskap *s* sisterhood
systerson *s* nephew; ibl. sister's son
sytråd *s* sewing-thread
syvende *räkn*, *till ~ och sist* finally; när allt kommer omkring when all is said and done
1 så *s* tub
2 så *vb tr* o. *vb itr* sow äv. bildl.; *~ om* sow...again; *~ ut* sow; bildl. äv. disseminate; *som man ~r får man skörda* ordspr. as a man sows, so shall he reap
3 så *I adv* (ibl. konj.) **1** uttr. sätt so, sålunda äv. thus; på så sätt äv. like this (that); *hur ~?* varför why?; *~ där (här)* like that (this), in that (this) way el. manner; *~ går det när man...* that is what happens...; Beethovens sjätte symfoni, *den ~ kallade* (förk. *s.k.*) *Pastoralsymfonin* ...or the Pastoral Symphony, as it is called, ..., known as the Pastoral Symphony; *detta är ett exempel på det (den) ~ kallade...* this is an example of what is called...; *denne ~ kallade* greve that so-called (would-be, self-styled)...; *min ~ kallade vän* this so-called friend of mine; *är det ~ du menar?* is that what you mean?; *den är placerad ~ att* man når den it is placed in such a manner (way) that...; *skrik inte ~!* don't shout like that (shout so)!; *~ att säga* (förk. *s.a.s.*) so to speak (say), as it were; *~ sade han* so he said; those were his words; *han bara säger ~* he only says that; *om jag ~ får säga* if I may say so; *~ är det* that's how it is, det är rätt that's it, that's right; *det är ~? is that so?*; *det är ~ att...* the thing (fact) is [that]...; *~ är (var) det med det (den saken)!* so that's that!; *~ är det med mig också* it's the same with me; *är det bra ~?* is it (that) all right?; tillräckligt is that enough?; *om ~ är* if so, in that case; *även om ~ vore (skulle vara)* even if that is (be) the case; *om du ~ vill* if you wish (like)
  2 uttr. grad so; framför attr. adj. oftast such; framför adj. el. adv. vard. äv. that; vid jämförelse as; *aldrig har ~ många haft ~ få att tacka för ~ mycket* citat never was so much owed by so many to so few; *~ där omkring kl. 7* round about seven, seven or thereabouts, sevenish; *filmen var ~ där* halvbra ...was not all that good; *~ här varmt är det sällan* i mars it is seldom as warm as this (vard. this warm)...; han är klokare *än ~* ...than that; *~* (beton.) *dum är han inte* he is not as (so) stupid as [all] that (vard. that stupid); *~ långt var (är) allt väl* so far so good; jag har aldrig förr träffat *~ snälla människor* ...such kind people; *hon var ~ arg att (så [att])* hon darrade she was so (vard. that) angry that...; *han är inte ~ dum att han tror det* he is not so silly as to believe it; hon är *inte ~ gammal som du* ...not so (as) old as you
  3 i utrop ofta how, what, jfr ex.; *~ roligt!* how nice!; *~ synd (tråkigt)!* what a pity!; *~*

länge han dröjer*!* what a long time...*!*; ~ *[vackert] hon sjunger!* how [beautifully] she sings*!*; ~ *många tavlor!* what a lot of pictures*!*; ~ *du ser ut!* what a sight you are*!*; ~ *ja!* lugnande there*!* there*!*, there now*!*; uppmuntrande come*!* come*!*; ~ *[där] ja* nu är det klart well, that's that; ~ *där [ja], nu kan vi gå* well, now we can go; ~ *det ~!* och därmed basta so (and) that's that*!*, so there*!*; jfr *III*
4 sedan, därpå, då o.d. then; efter sats som uttr. uppmaning o.d. ofta and; i vissa fall utan motsv. i eng., jfr ex.; *gå först till höger,* ~ *till vänster* first turn to the right, then to the left; *gå till höger,* ~ *ser du...* turn to the right and you will see...; *om du inte vill* ~ *slipper du* if you don't want to do it, [then] you needn't; *...men* ~ *är han också rik* ...but then he is rich
5 alltså, ~ *du vill inte, att han skall göra det?* so you don't want him to do it?
6 även, *om det* ~ *ösregnar, så kommer jag* I'll come even if it's raining cats and dogs
II *konj* o. den konj. förb. 'så att' **1** uttr. avsikt ~ *[att]* so that, in order that; so as to med inf.-konstr. i eng., jfr ex.; han talade högt, ~ *att de skulle höra honom* ...so that (in order that) they might (should, could) hear him; *skynda dig,* ~ *[att] du inte kommer för sent* vanl. hurry up or you will be late
2 uttr. följd ~ *[att]* so that; och därför [and] so; *han var inte där,* ~ *vi gick* he was not there, so we left; *sitta* ~ *att man blir stel* become stiff with (from) sitting; *det är* ~ *[att] man kan bli tokig* it is enough to drive one mad (up the wall)
III *interj* uttr. lättnad there now; tröstande there[, there]*!*; jaså oh [indeed (really)]?; ~*, du kom i alla fall!* so you came after all*!*; ~*, ~ ta det lugnt!* come, come...*!*; se *seså*
IV *pron, i* ~ *fall* in that case, if so; *på* ~ *sätt* in that way, so; i utrop I see!

sådan (vard. *sån*) *pron* **1** fören. such; i utrop vanl. what; se vid. ex.; *en* ~ *bok* such a book; *en* ~ *[där (här)] bok* a book like that (this); *~a böcker* such books; *en* ~ *bok (~a böcker)* av det slaget a book (books) of the (that) sort; *en* ~ *vacker bok!* what (ibl. such) a...book*!*; jag går inte ut *i ett ~t väder* ...in such weather; *[ett] ~t väder!* what (ibl. such) weather!
2 självst.: i vissa ställningar (bl.a. ofta i förb. 'sådan att') such; se vid. ex.; ~ *är han* that's how he is; *~t är livet* such is life; *~a är männen!* that's the way men are*!*, that's men all over*!*, men are like that!; *ser jag* ~ *ut?* do I look like that?; *vädret var ~t att vi...* the weather was such that we...; *arbetet som ~t* the work as such; *skalder ~a som* Eliot poets like (such as)...; *~a som*

vi people like ourselves (us); *en* ~ *som han* a man like him; jag vill ha *en* ~ *[där (här)]* a) liknande ...one like that (this); av det slaget ...one of that sort b) av de där (här) ...one of those (these); jag hälsar inte på *en* ~ *där* neds. ...a person like that; *någon* ~ *(några ~a) har jag aldrig haft* I never had one (any) [like that etc.]; *~t* tillåts inte things like that..., such things...; *~t händer* these (such) things will happen, it's just one of those things; *~t gör man inte* it's [just] not done; *det är ~t som händer* varje dag that sort of thing happens...; han sade *ingenting ~t* ...nothing of the kind (sort), ...no such thing, ...nothing like that
sådd *s* sående sowing; brodd new (tender) crop
såg *s* **1** verktyg saw **2** se *sågverk*
såga I *vb tr* o. *vb itr* saw; *~t virke* sawn timber
II med beton. part.
~ **av** saw off; itu saw...in two; ~ *av den gren man själv sitter på* ung. cut off one's nose to spite one's face, make it difficult for oneself; jfr äv. *avsågad*
~ **bort** saw away
~ **itu** saw...in two
~ **till** saw
~ **upp** i bitar saw up
~ **ut** saw out
sågblad *s* sawblade
sågbock *s* sawhorse, sawbuck
sågfisk *s* zool. sawfish
sågklinga *s* sawblade
sågspån *s* koll. sawdust
sågtand *s* sawtooth
sågtandad *adj* serrated
sågverk *s* sawmill
såld *adj* **1** sold osv., jfr *sälja* **2** *han är* ~ vard., förlorad he's done for, he's a goner **3** *vara* ~ *på* vard., förtjust i be sold on
således *adv* **1** följaktligen consequently, accordingly; ~ *är vi* överens we are then..., thus we are...; *jag hade* ~ ingen möjlighet so [you see] I had... **2** på så sätt thus
såll *s* sieve; grövre riddle; för t.ex. grus screen
sålla *vb tr* eg. sift, riddle, screen, jfr *såll*; bildl. sift; kandidater o.d. screen; ~ *fram* bevis sift out...; ~ *ifrån* sift etc. off (out)
sålunda *adv* thus; på detta sätt äv. in this manner (way, fashion); jfr *således*
sång *s* **1** sjungande singing äv. ss. skolämne, song; fåglars äv. warble, warbling; syrsas chirping; mässande chanting; *ta lektioner i* ~ take singing lessons **2** sångstycke song; kväde lay; dikt poem; avdelning av större dikt canto
sångare *s* **1** allm. singer; jazz~ o.d. äv. vocalist; diktare poet, singer **2** zool. warbler; jfr *sångfågel*
sångbar *adj* singable
sångbok *s* songbook
sångerska *s* [female] singer; jazz~ o.d. äv. vocalist

sångfågel

sångfågel *s* **1** zool. songbird, songster **2** vard., pers. singer
sångförening *s* choral society; isht amer. äv. glee club
sånggudinna *s* muse
sångkör *s* choir
sånglektion *s* singing lesson
sånglärare *s* singing teacher; i skola äv. singing-master; kvinnl. singing-mistress
sånglärka *s* zool. lark, skylark
sångröst *s* singing-voice
sångstämma *s* vocal part
sångsvan *s* zool. whooper [swan]
sångtext *s* words pl. [of a (resp. the) song], lyrics pl.
sångundervisning *s* [the] teaching of singing; lektioner singing lessons pl.
såningsmaskin *s* sowing machine
såpa I *s* soft soap; kem. soap **II** *vb tr*, *~ [in]* soap
såpbubbla *s* soapbubble; *blåsa såpbubblor* blow bubbles
såphal *adj* slippery, greasy
såplödder *s* [soap]suds pl., lather
såpopera *s* neds. soap opera
sår *s* allm. isht hugg~, stick~ wound äv. bildl.; hugg~, skär~ äv. cut; inflammerat, varigt sore; röt~ äv. ulcer; bränn~ burn; *ett gapande ~ a gash*, a gaping wound; *tiden läker alla ~* time heals all wounds, Time [is] the great Healer; *riva upp gamla ~* bildl. reopen old wounds (sores); *slicka sina ~* lick one's wounds äv. bildl.
såra *vb tr* **1** eg. wound, injure; subst. adj.: *en ~d* a wounded person; *de ~de* the wounded **2** kränka hurt, wound; förorätta injure; stöta offend; stark. outrage; *för att inte ~ någon* not to hurt (wound) anybody's feelings; *~d fåfänga* wounded vanity, pique; *~d stolthet* wounded (injured) pride; *känna sig ~d* feel hurt (offended)
sårande *adj* wounding [*för* to]; kränkande äv. offensive; om t.ex. behandling insulting
sårbar *adj* vulnerable; *en ~ punkt* äv. a sore (weak) spot
sårbarhet *s* vulnerability
sårig *adj* betäckt med sår ...covered with wounds etc., jfr *sår;* varig ulcered, ulcerous; bildl. wounded
sårnad *s* sore, ulcer[ation]
sårsalva *s* ointment, salve
sårskorpa *s* crust [of a (resp. the) wound], scab
sås *s* sauce; tunn kött~ äv. gravy
såsa I *vb tr* **1** tobak sauce **2** *~ ned duken* get sauce (köttsås gravy) over the tablecloth **II** *vb itr, [gå och] ~* vard., söla dawdle, loiter
såsig *adj* **1** täckt av sås ...covered with sauce (köttsås gravy) **2** vard., sölig loitering, dilatory, slow

såskopp *s* **1** se *såsskål* **2** vard., sölare dawdler, slowcoach
såsom *konj* as; *'på samma sätt som'*, *'i likhet med'* (vanl. end. framför subst. ord) like, jfr *som II 2; ~ straff* as (by way of) punishment; *ett klimat ~ vårt* a climate like ours; *de gjorde ~ de hade blivit tillsagda* they did as...; *~ du redan vet* as you know already; *stora fiskar, ~* (till exempel) *lax och gädda* big fish, such as (, like)...
såssked *s* gravy spoon
såsskål *s* sauceboat, gravy boat
såt *adj, ~a vänner* intimate (bosom) friends; vard. great pals (buddies)
såtillvida *adv* i så måtto so far, thus far; *~ som* in so far as; isht amer. insofar as
såvida *konj* if, in case; förutsatt att provided [that], inasmuch as; *~...inte* vanl. unless
såvitt I *adv* så långt as (so) far as; *~ jag vet* as far as I know, to the best of my knowledge; *~ möjligt* as (so) far as possible, if possible **II** *konj* se *såvida*
såväl *konj, ~ A som B* A as well as B; *~ i tal som i skrift* both in the spoken and the written language
säck *s* sack; mindre bag; bot. el. zool. sac; *en ~ potatis* a sack of...; *bädda ~* make an apple-pie bed; *mörkt som i en ~* pitch-dark; *i ~ och aska* in sackcloth and ashes
säcka *vb itr* sag; om kläder be baggy; *~ ihop* collapse, break down
säckig *adj* baggy
säcklöpning *s* sack race; säcklöpande sack racing
säckpipa *s* mus. bagpipe; ofta bagpipes pl.; *blåsa (spela) ~* play the bagpipes
säckpip[s]blåsare *s* piper, bagpiper
säckväv *s* sacking, sackcloth
säd *s* **1** växande el. uttröskad corn, isht amer. grain; utsäde seed, grain; gröda crops pl.; skörd crop **2** fysiol. seed, semen **3** bibl., avkomma seed
sädesax *s* ear of corn (pl. ears of corn)
sädescell *s* fysiol. sperm
sädesfält *s* med gröda field of corn (pl. fields of corn)
sädeskorn *s* grain of corn (pl. grains of corn)
sädesledare *s* anat. spermatic duct
sädesslag *s* kind of corn, cereal
sädesvätska *s* fysiol. seminal fluid
sädesärla *s* zool. wagtail
säg|a I *vb tr* yttra say; tala 'om, berätta, tillsäga tell; betyda mean, convey; kortsp.: bjuda bid; se äv. ex.: *~ ngt till (åt) ngn* say a th. to a p., tell a p. a th.; *han sade* (sade 'till mig) *att jag skulle komma* he told me to come; *han sade* (talade om för mig) *att han skulle komma* he told me (said) [that] he would come
var snäll och säg mig... please tell me...;
säg stopp! säg till när jag ska sluta say when!

~ sanningen tell the truth; **så att ~** so to speak (say), as it were; han är sparsam *för att inte ~ snål* ..., not to say stingy; *om jag får ~ det själv* though I say it myself; *får jag ~* (använda förnamnet) *Anna?* may I call you Anna?; *det kan jag inte ~* I can't (couldn't) tell (say); *man kan inte ~ annat än att...* there is no denying that...; *om, låt oss ~,* tre dagar in, [let's] say,...; kom snart, *ska vi ~ i morgon?* ...[shall we] say tomorrow?; *det vill ~* (förk. d.v.s.) that is [to say] (förk. i.e.); *vad vill det här ~?* what does this mean?, what is the meaning of this?; *det vill inte ~ så lite* that is saying a good deal (quite a lot); *~ vad man vill, men hon...* I'll say this for her, she...; say what you like (will), but she...
jag -er då det! well, I never!; well, well!; well, I must say!; *säg det!* vem vet? who knows?, search me!; *säg inte det!* det är inte säkert I wouldn't say that; *jag bara -er som det är* I am merely stating facts; *var det inte det jag sa?* I told you so!, what did I say (tell you)?; *då -er vi det!* that's settled, then!; all right, then!; OK, then!; *-er du det?* really?, you don't say [so]?; *vad -er du om förslaget?* vanl. what do you think about...?; *tänk på vad du -er* var försiktig mind your P's and Q's; *det -er inte så mycket* that is not saying much; *det -er en hel del om* hans förmåga that tells us quite a lot about...; *vem har sagt det?* who said that (so)?; *vad -er lagen?* what does the law say?; *namnet -er mig ingenting* the name conveys nothing to me; *som ordspråket -er* as the saying goes (is)
jag har hört ~s att... I have heard [it said] (have been told) that...; *det -s att han är rik* äv. it is said (they say, people say) that he is rich
sagt och gjort no sooner said than done; *det är lättare sagt än gjort* it is easier said than done; *det är för mycket sagt* that is saying too much; *därmed [är] inte sagt att...* it does not follow that..., that is not to say that...; *som sagt [var]* as I said before, as I told you; *oss emellan sagt* between ourselves (you and me)
II vb rfl, *hon -er sig vara lycklig* she says she is happy; *det -er sig självt* it goes without saying, it stands to reason; *det låter ~ sig* förefaller rimligt that's quite plausible
III med beton. part.
~ efter: *säg efter mig!* say (repeat) this after me!
~ emot contradict; isht i nekande o. frågande satser gainsay
~ ifrån: *säg ifrån när* du blir trött tell me (him etc.) when..., let me etc. know when...; *det sades ifrån från början att...* it was made clear from the beginning that...; *han sade bestämt ifrån att han inte ville göra det* he flatly refused to do it, he firmly declared that he would not do it; *~ ifrån sig* se *frånsäga*

~ om: upprepa say...again, repeat; *det kan man inte ~ något om* invända något mot no one can say anything about that (can object to that)

~ till befalla tell, order; *~ till [ngn]* ge [ngn] besked tell a p., let a p. know; *~ till om ngt* beställa order (be om ask for) a th.; om ni önskar bara *så säg till!* ..., just say so!, ...just say the word!; *säg till [när det räcker]!* say when!; *han har ingenting att ~ till om* he has no say (influence)

~ upp anställd vanl. give...notice; hyresgäst vanl. give... notice to quit; avtal, abonnemang o.d. cancel; kontrakt äv. give notice of termination of; fordran, inteckning, lån call in; *~ upp bekantskapen med ngn* break off relations (one's friendship) with a p.; *~ upp sig (sin anställning)* give notice

~ åt: *~ åt ngn att* göra ngt tell (stark. order) a p. to inf.; *jag har sagt åt honom att* du tänker flytta I have told him that...

sägen s legend, myth

säker adj förvissad, övertygad sure, certain äv. viss; otvivelaktig [*på (om)* of (about)]; alldeles ~, vid påstående o.d. positive [*på* about]; full av tillförsikt confident [*på* of]; helt utom fara, riskfri, fullt pålitlig safe [*för* t.ex. anfall from]; trygg, inte utsatt för (utan känsla av) fara secure [*för* t.ex. anfall from, against]; tillförlitlig safe, reliable, sure; stadig steady; betryggad assured; osviklig unerring, infallible; se äv. ex.; efterled i sms. [-]proof, jfr *stöldsäker, stötsäker* m.fl.; *~t bevis* certain (sure, positive) proof; *ha ~ blick för ngt* have a sure (an unerring) eye for a th.; *en ~ chaufför (bilförare)* a safe driver; *i ~t förvar* in safe keeping; *ett ~t [göm]ställe* a safe [hiding-]place; *med ~ hand* with a sure (steady) hand; *en ~ [kapital]placering* a safe investment; *från ~ källa* on good authority, from a reliable source (quarter); *säkra papper* hand. good securities; gå mot *en ~ seger* ...a sure (secure) victory; *vara på den säkra sidan* be on the safe side, play safe; *en ~ skytt* a sure shot; *det säkraste sättet att* inf. the surest way of ing-form; *ett ~t tecken* a sure sign; *säkra uppgifter* reliable information sg.; *[ett] ~t uppträdande* assured manners pl., poise; *det är [alldeles] ~t* otvivelaktigt it is [quite] certain, there is no doubt about it; *så mycket är ~t att...* so (this) much is certain that...; *det är säkrast att du tar paraply* you had better take an umbrella to be on the safe side; *var inte för ~!* don't be too sure (confident)!; *isen är ~* the ice is safe; *känna sig ~* feel secure (safe); *han är ~ i* engelska he is good at...; *vara ~ på handen* have a

säkerhet

sure (steady) hand; **är du ~ [på det]?** are you sure (certain, positive) [about that]?; **det kan du vara ~ på (var så ~)** you may be certain (sure); vard. [you] bet your life, you bet, make no mistake; **jag är ~ på att** hon kommer I am certain (sure, positive) that...; **det är bäst** (för mig) **att ta det säkra för det osäkra** I had better be on the safe side (take no chances, play safe)
säkerhet *s* **1** visshet certainty; trygghet safety, security; i uppträdande assurance, self-assurance, [self-]confidence, poise; duktighet skill [*i* in], mastery [*i* of]; **den allmänna ~en** public safety; **för ~s skull** for safety's sake, as a [matter of] precaution, to be on the safe side; **sätta sig i ~** save oneself; **vara i ~** be safe, be in safety; **med all ~** säkerligen certainly, without doubt; **han kommer med ~ att göra det** he is sure (certain) to (will certainly) do it; **veta med ~** know for certain (for a certainty, for a fact) **2** hand. security; **lämna (ställa) ~ för** ett lån give (leave) security for...; **låna ut pengar mot ~** lend money on security
säkerhetsanordning *s* safety device
säkerhetsbestämmelse *s* security (safety) regulation (provision)
säkerhetsbälte *s* isht i bil, flygplan seat belt; safety belt äv. ss. säkerhetsanordning
säkerhetskedja *s* på dörr doorchain; på smycke safety chain
säkerhetslina *s* livlina lifeline; dykares signalling line
säkerhetsman *s* security man (officer)
säkerhetsmarginal *s* safety margin
säkerhetsnål *s* safety pin
säkerhetspolis *s* security police
säkerhetspolitik *s* security policy
säkerhetsrisk *s* security risk
säkerhetsråd *s*, **~et** i FN the Security Council
säkerhetsskäl *s pl*, **av ~** for reasons of security, for security reasons
säkerhetssynpunkt *s*, **från ~** from a security (safety) point of view
säkerhetstjänst *s* mot spioneri o.d. counterintelligence, security service
säkerhetsständsticka *s* safety match
säkerhetsventil *s* safety valve äv. bildl.
säkerhetsåtgärd *s* förebyggande precautionary measure, [measure of] precaution; mot spioneri security measure
säkerligen *adv* certainly, no doubt, doubtless, jfr *säkert*
säkerställa *vb tr* guarantee, secure, jfr *säkra*
säkert *adv* med visshet certainly, undoubtedly, without [any] doubt, no doubt; [högst] sannolikt very (most) likely, probably; i dessa bet. ofta omskr. i eng., jfr ex.; tryggt safely; stadigt securely, firmly, steadily; **[ja] ~!** certainly!, undoubtedly!, no doubt!; isht amer. sure!; **han hittar den ~** äv. he is certain (sure) to find it; **du känner henne ~** äv. I am sure you know her; **uppträda ~** behave with complete [self-]assurance; **det vet jag [alldeles] ~** I know that for certain (for a certainty, for a fact); **jag vet inte ~ om...** I am not quite sure (certain) whether...; **hon är ~** nog ganska ung she is probably rather young; **han träffas säkrast** mellan 9 och 10 the surest time to get hold of him is...
säkra I *vb tr* **1** säkerställa, skaffa secure; trygga äv. guarantee; t.ex. freden safeguard; sin ställning äv. consolidate; **en ~d framtid** a secure future **2** skjutvapen put...at safety, half-cock; låsa fasten, secure **II** *vb rfl*, **~ sig** skydda sig protect (secure) oneself [*mot* against]
säkring *s* **1** elektr. fuse; **en ~ har gått** a fuse has blown **2** på vapen safety catch, safety bolt
säl *s* zool. seal
sälg *s* bot. sallow; för sms. jfr äv. **björk-**
sälja (jfr *såld*) *vb tr* o. *vb itr* sell äv. bildl.; marknadsföra market; avyttra dispose of; jur.: salubjuda vend; **~ ngt för** 1000 kr sell a th. for...; hans böcker **säljer bra** ...sell well; **~ sig** sell oneself; varan **säljer sig själv** ...sells easily; **~ ut** sell out, jfr *utsåld*
säljare *s* seller; jur. äv. vendor; försäljare salesman
säljbar *adj* salable, marketable
säljkampanj *s* sales drive (promotion campaign)
säljkurs *s* för värdepapper asked price (quotation); för valutor selling rate
säll *adj* litt., lycklig blissful; happy
sälla *vb rfl*, **~ sig till** join
sällan *adv* **1** seldom, rarely, infrequently; **endast ~** vanl. only on rare occasions; **högst ~** very seldom etc.; **inte [så] ~** not infrequently, rather often, more often than not; **han gör det ~** äv. it is rare (a rare thing) for him to do it **2** vard., visst inte certainly not!, not at all!, not likely!
sälle *s* fellow; **en liderlig ~** a proper rake; **en rå ~** a rough customer
sällhet *s* felicity, bliss, happiness
sällsam *adj* strange, peculiar, singular
sällsamhet *s* egenskap strangeness; **~er** sällsamma ting strange (etc., jfr *sällsam*) things
sällskap *s* umgänge company, society, companionship; tillfällig samling personer party, company; följeslagare companion; förening society, association, club; teater~ company; omskrivs ofta i vissa förb., jfr ex.; **ett slutet ~** krets a private party; **vi var ett stort ~** många we were a large party; **du får (kommer att vara i) gott ~** you will be in good company; **göra ~ med ngn till stationen** go with (accompany) a p. to the station; **gör ni ~ med oss?** are you coming along (with us)?; **jag hade (fick) ~ med henne** dit she and I (we) walked (reste

travelled) together…; **ha (gå i)** ~ 'hålla ihop' **med** en flicka be going out with…; **de har** ~ 'håller ihop' they are going out together; **hålla ngn** ~ keep a p. company; **söka ngns** ~ seek a p.'s company; **för ~s skull** for company; **komma (råka) i dåligt** ~ get into bad company; **i** ~ **med** together (in company) with

sällskapa *vb itr* **1** ~ **med ngn** hålla ngn sällskap keep a p. company **2** 'hålla ihop' be going out together; **han ~de med henne** några månader he went out with her…

sällskaplig *adj* sällskaps- social; road av sällskap sociable, companionable; sällskapskär gregarious

sällskapsdam *s* [lady's] companion [*hos* to]

sällskapsdjur *s* t.ex. hund pet

sällskapslek *s* party (parlour) game

sällskapsliv *s* umgängesliv social life; societetsliv society [life]; **delta i ~et** move in society

sällskapsmänniska *s* sociable person; **han är en god** ~ äv. he is good company (a good mixer)

sällskapsresa *s* conducted tour

sällskapsrum *s* på hotell o.d. lounge, assembly room; privat drawing-room

sällskapssjuk *adj*, **han är** ~ he needs (loves, tillfälligt is longing for) company

sällskapsspel *s* party (parlour) game

sällsynt I *adj* rare, uncommon, unusual; **en** ~ **gäst** an infrequent (a rare) visitor; vi hade **en** ~ **otur** …unusual bad luck; soliga dagar **är ~a** …are scarce (few and far between) **II** *adv* exceptionally; **i** ~ **hög grad** to an exceptional degree

sällsynthet *s* egenskap rarity, rareness; händelse rare event; sak rarity, rare thing; **det hör till ~erna [att hon går ut]** it is a rare thing [for her to go out]

sälskinn *s* sealskin

sälta *s* saltness, salinity; bildl. salt

sälunge *s* zool. young seal, seal pup

sämja *s* harmony, concord, unity; **i bästa** ~ in complete harmony

sämjas *vb itr dep* enas agree [*om ngt* on (about) a th.]; jfr *samsas*

sämre I *adj* worse; 'skralare' äv. poorer; underlägsen inferior [*än* to]; absol.: om varor inferior, om nöjeslokal o.d. disreputable; **bli** ~ become (get, grow) worse; om situation el. vädret äv. deteriorate, worsen; **bli allt** ~ **[och ~]** get worse and worse, go from bad to worse; **han ville inte vara** ~ he wouldn't be outdone **II** *adv* worse; ~ **kan man få det** things might be worse

sämskskinn *s* chamois [leather], shammy [leather], wash leather

sämst I *adj* worst; **i ~a fall** if the worst comes to the worst, at [the] worst; **det ~a [av alltsammans] var att…** the worst [part] of it was… **II** *adv* worst; **de** ~ **avlönade** grupperna i samhället the most poorly paid…; **de** ~ **ställda** those who are worst off; **tycka** ~ **om** dislike…most

sända I *vb tr* **1** send [*med, per* by]; försända (hand.) äv. forward, dispatch; isht med järnväg, fartyg consign, ship; pengar remit; ~ **bud efter** ngn send for…; ~ **hem** t.ex. barn från skolan send…home; varor deliver…to one's home **2** radio. broadcast, tekn. transmit; i TV vanl. televise, ibl. telecast; konserten **~s i radio och TV** …will be broadcast and televised **II** med beton. part. (för här ej upptagna part. se *skicka III*)
~ **upp** eg. send up; rymdfarkost äv. launch
~ **ut** send out; ljus, värme o.d. äv. emit; radio. el. tekn. transmit, isht program broadcast; ~ **ut en konsert i radio** broadcast…; ~ **ut en match i TV** televise (telecast)…; jfr äv. *utsänd*

sändare *s* allm. sender; radio. el. TV. transmitter

sändarstation *s* transmitting (broadcasting) station

sändebud *s* **1** ambassadör ambassador; envoyé envoy **2** budbärare messenger, emissary

sänder, i ~ i taget at a time; en efter en one by one; **två eller tre i** ~ äv. by twos or threes; **lite i** ~ little by little, by instalments

sändning *s* (jfr *sända I*) **1** sändande sending, forwarding, dispatching etc.; ofta äv. dispatch, consignment, shipment, remittance, transmission **2** varuparti consignment, shipment; med fartyg äv. cargo; leverans delivery **3** i radio o. TV broadcast; tekn. transmission, i TV ibl. telecast; ~ **pågår** här i studion we are on the air

sändningstid *s* radio. broadcasting time, air time; **på bästa** ~ i TV during peak viewing hours (prime television time)

säng *s* **1** bed; utan sängkläder o.d. bedstead; barn~ cot, isht amer. crib; **hålla sig i ~en** stay in (keep to one's) bed; **gå i** ~ **med ngn** go to bed with a p.; **komma i** ~ get to bed; **få kaffe på ~en** have [one's] coffee in bed; **ta ngn på ~en** överraska take a p. by surprise; överrumpla catch a p. napping; **gå till ~s** go to bed; vid sjukdom take to one's bed; **ligga till ~s** be (lie) in bed; om sjuk äv. be ill in bed; **stiga ur ~en** get out of bed; **sitta vid ngns** ~ …at (by) a p.'s bedside **2** trädgårds~ bed

sängbord *s* bedside table

sängbotten *s* bottom of a (resp. the) bed[stead]

sängdags *s* o. *adv*, **det är** ~ it is time for bed (bedtime); **vid** ~ at bedtime

sängfösare *s* nightcap

sänggavel *s* end of a (resp. the) bed (bedstead)

sänghalm *s* bedstraw; **krypa ur ~en** crawl out of bed

sänghimmel *s* canopy

sängkammare *s* bedroom

sängkant

sängkant *s* edge of a (resp. the) bed; *vid ~en friare* at the bedside
sängkläder *s pl* bedclothes, bedding sg.
sänglampa *s* bedside lamp
sängliggande *adj, vara ~* be confined to [one's] bed, be ill in bed; *sedan länge be bedridden; bli ~* tvingas inta sängen have to take to one's bed
sänglinne *s* bed linen
sängläge, *tvingas inta ~* have to take to one's bed
sängmatta *s* bedside rug
sängplats *s* säng bed; *~er* på hotell o.d. äv. sleeping accommodation (end. sg.)
sängrökare *s, vara ~* smoke in bed
sängrökning *s* smoking in bed
sängtäcke *s* quilt
sängvätare *s* bed-wetter
sängvätning *s* bed-wetting
sängöverkast *s* bedspread, counterpane, coverlet
sänk|a I *s* **1** fördjupning depression, hollow; dal valley **2** med. sedimentation rate; *ta -an* carry out a sedimentation test *[på ngn* on a p.] **II** *vb tr* **1** minska, göra (placera) lägre lower äv. mus.; priser, skatter o.d. äv. reduce; priser, lön äv. cut; rösten äv. drop; jfr äv. *~ ned; ~ ngns betyg* i ett ämne lower a p.'s mark (amer. grade); *~ farten* slow down, reduce speed; *~ huvudet (geväret)* lower one's head (gun); *~ sina krav* lower one's demands; *med sänkt blick* with downcast eyes **2** *~ ett fartyg* sink a ship **III** *vb rfl, ~ sig* descend; om mark äv. sink, slope down [*mot* to]; om mörker, tystnad äv. fall [*över* on]; bildl. om pers. äv. lower oneself [*till* to]; *skymningen -er sig* twilight is falling; *solen -te sig i havet* the sun sank (dipped) into the sea **IV** med beton. part. *~ ned* sink; i vätska äv. immerse, submerge [*i* into]; fira ned lower; jfr äv. *II 1* ovan; *~ sig ned* descend; fira sig ned lower oneself; *~ sig ned till* ngns ståndpunkt descend (lower oneself) to...
sänke *s* fiske. sinker
sänkning *s* **1** abstr.: sänkande lowering osv., jfr *sänka II;* av pris äv. reduction, abatement; av fartyg sinking; geol. subsidence **2** konkr.: minskning av pris o.d. reduction; av pris, lön äv. cut; i terrängen depression, hollow; sluttning downward slope, declivity, dip
sära *vb tr, ~ [på]* skilja [från varandra] separate, part; *~ på benen* part one's legs
särart *s* distinctive character
särartad *adj* peculiar, singular
särbehandling *s* special treatment
särbeskattning *s* individual (separate) taxation (assessment)
särdeles I *adv* synnerligen extremely, exceedingly, most; i synnerhet particularly; *han är inte ~ försiktig* he is not particularly (none too) careful **II** *adj* förträfflig excellent,

splendid; *den här tårtan är något alldeles ~* ...is something very special
särdrag *s* characteristic, distinctive feature; egenhet peculiarity
säregen *adj* egendomlig strange, odd, peculiar, singular
säregenhet *s* strangeness, oddness (båda end. sg.), peculiarity, singularity
särfall *s* special case
särintresse *s* special interest
särk *s* chemise, shift; *hon stod i bara ~en* ...in her shift
särklass *s, stå i ~* be in a class by oneself, be outstanding; *den i ~ bästa prestationen* the most outstanding performance
särla *adv* poet. late
särling *s* odd (eccentric) person, eccentric, odd man out
särprägel *s* distinctive character
särpräglad *adj* individual, distinctive; attr. äv. ...with a character of one's own; *han är en ~ personlighet* he is a striking personality
särskild *adj* speciell special, particular, especial; bestämd äv. specific; avskild separate, egen ...of one's own; egenartad peculiar, specific; *varje särskilt fall* each separate case; *~a omständigheter* special circumstances; *jag har mina ~a skäl* I have my own particular reasons; *för ett särskilt bestämt ändamål* for a specific purpose; *jag märkte ingenting särskilt* I did not notice anything particular; *jag tänkte inte på någon ~* I was not thinking of anybody in particular; *jag har inte något särskilt för mig ikväll* I'm not doing anything special (particular) tonight
särskilja *vb tr* frånskilja separate, keep...separate; åtskilja distinguish [between]; urskilja discern
särskilt *adv* speciellt particularly, specially; i synnerhet äv. in particular, especially; *jag ber att ~ få fästa er uppmärksamhet på...* I beg to call your special attention to...; *vara ~ utbildad* specialutbildad *i...* be specially trained in...; *jag brydde mig inte ~ mycket om det* I did not bother too much (overmuch) about it; *~ som* han hade lovat especially (specially) as (since)...
särskola *s* special school [for mentally retarded children]
särskriva *vb tr* skriva i två ord write...in two words
särställning *s, inta en ~* isht om pers. hold (be in) an exceptional (a unique) position; isht om sak äv. occupy a place apart
särtryck *s* offprint
säsong *s* season; *det är ~ för* jordgubbar *nu* vanl. ...are in season now
säsongarbete *s* seasonal employment (work)
säsongvar|a *s* seasonal commodity; *-or* äv. seasonal goods

säte s **1** seat äv. i fordon; högkvarter äv. headquarters (sg. el. pl.); residens äv. residence [*för* i samtl. fall of]; stolsits äv. bottom; *ha sitt ~ i* residera reside in; finnas be established (located) in **2** persons bakdel seat
säter s saeter, mountain pasture
säteri s ung. manor [farm]
1 sätt s **1** vis: vanl. way, i ngt högre stil manner, isht om sätt utmärkande för viss person e.d. fashion (end. sg.); tillvägagångssätt äv. method; med avseende på den yttre formen mode; stil style; medel means (pl. lika); *det billigaste ~et att resa* the cheapest way of travelling; *finns det något ~ att komma dit?* vanl. is there any means of getting there?; *hans ~ att undervisa är...* the way he teaches..., his method of teaching...; *det var då också ett ~!* indignerat well, I never!; what a way to carry on!; *på ~ och vis* i viss mån in a way; i viss mening in a sense; *på alla [möjliga] ~* el. *på alla (allt) ~ och vis* in every [possible] way; i alla avseenden in all respects; *på annat ~* in another (in a different) way; med andra metoder by other means; *på bästa [möjliga] ~* in the best [possible] way; *på det ~et* in that (this) way (manner), like that (this); *[jaså,] på det ~et som svar* [Oh,] I see; *det var på det ~et som han...* that was how he...; om du fortsätter *på det ~et* ...at this rate (like this); *på ett eller annat ~* somehow [or other], [in] one way or (and) another; *på ett ~ har han rätt* in a way he is right; *på följande ~* as follows, in the following way (manner); *på intet ~* in no way, by no means; jag vill göra det *på mitt eget ~* ...my way, ...[in] my own way; *på många ~* avseenden in many ways (respects); reda sig *på något ~* ...somehow; om jag kan hjälpa till *på något ~* ...in any (some) way; göra ngt *på rätt ~* in the right way; *på sitt ~* a) in his (her osv.) [own] way b) på ~ och vis in a way; *var och en på sitt ~* each one after his own fashion; *på så ~* in that way, so; i utrop I see; *på vad (vilket) ~?* how?, in what way?
2 uppträdande manner, way, behaviour; umgängessätt manners pl.; *hon har ett trevligt ~* she has nice (agreeable) manners; *det är [bara] hans ~* it's [only] his way; *vad är det för ett ~?* what do you mean by behaving like that?, where are your manners?, that's no way to behave
2 sätt s omgång, uppsättning set; tåg~ train
sätta I vb tr **1** placera: allm. put, place, set; i sittande ställning seat; fästa, sticka stick; sätta stadigt plant, settle; ordna (t.ex. i bokstavsordning) place, arrange; anbringa fit, fix; göra, t.ex. fläckar make; lämna leave; iordningställa (t.ex. deg) prepare; *var skall vi ~ placera det?* where shall we put (place) it?; *~ friheten högt (högre än...)* value freedom highly (more than...); *~ ngn att göra ngt* set a p. to do a th.; ge i uppdrag charge a p. with the task of doing a th.; *~ märke för* put a mark against, mark; pricka av tick off; *~ en blomma i knapphålet (vatten)* stick...in[to] one's buttonhole (put...in[to] water); *~ frimärken på* ngt put stamps on..., stamp...; *~ nummer på* ngt number...; ge ett nummer give a number to...; *~ polisen på* ngn set the police on...; *~ smak på* smaksätta flavour; ge smak åt give a flavour to; *~ [oskyldiga] barn till världen* bring [innocent] children into the world; *~ musik till en dikt* set a poem to music
2 satsa stake; investera invest; *~ 100 kr på en häst* stake (put)...on a horse; *jag sätter en hundring på att han vinner* I bet you...[that] he will win
3 plantera set; t.ex. potatis plant
4 typogr. compose, set [up]; *~ ngt för hand* set...by hand; manuskriptet *är satt* ...has been set up
II vb itr, *~ i sken* bolt; *komma sättande[s]* come running (dashing)
III vb rfl, *~ sig* **1** sitta ned sit down; ta plats seat oneself, take a seat; placera sig place oneself; ramla fall; slå sig ned, om fåglar settle, perch; *~ sig [bekvämt] till rätta* settle oneself [comfortably]; *sätt dig här!* [come and] sit here!; *~ sig [upp] i* sängen sit up in...; *~ sig i bilen (på cykeln)* get into the car (get on the bicycle); *~ sig [upp] på* cykeln mount...; *~ sig vid ratten* take the wheel; *~ sig att* arbeta sit down to..., sätta i gång med att set oneself to...
2 bildl., om pers. put oneself [*i* en situation in...]; *~ sig i förbindelse med...* get in touch with...; *~ sig i respekt* make oneself respected; *~ sig på* spela översittare mot *ngn* bully (domineer over) a p.
3 om konkr. o. abstr. subst.: sjunka, om t.ex. hus, mark, vätska settle, om t.ex. hus el. mark äv. subside, om bottensats settle to the bottom; fastna stick [*i* halsen in...]; värken *sätter sig i lederna* ...settles in (gets into) the joints
IV med beton. part. (jfr äv. under *ställa III*)
~ **av** a) släppa av put down (off); vard. drop b) reservera set aside; pengar äv. set apart; *~ av* anslå *pengar (tid) till...* äv. earmark money for (devote time to)... c) *~ av i full fart* set off at full speed
~ **bort** ifrån sig put down (aside); undan put away; förlägga mislay
~ **dit** fast *ngn* put a p. away, run a p. in
~ **efter** ngn run after..., chase...; börja jaga äv. start (set out) in pursuit of...
~ **sig emot** ngn (ngt) opponera sig oppose...; ngt äv. set one's face against...
~ **fast** a) fästa fix, fasten; *~ fast ngt med en nål* fasten a th. [on] with a pin, pin a th. on b) komma att fastna get...stuck; *~ sig fast* fastna stick, get stuck; *det sätter sig fast i*

sätta

(på) ngt it clings (klibbar adheres) to... **c)** ~ *fast ngn* put a p. away, run a p. in
~ **fram a)** ta fram put out; till beskådande display; duka fram, t.ex. mat put...on the table; flytta fram, t.ex. stolar draw up; ~ *fram stolar åt* gästerna bring up (place) chairs for... **b)** klocka put (set)...forward [*en timme* an hour]
~ **för** en skärm put (place)...in front
~ **i a)** allm. put in; fälla in: t.ex. ett tygstycke let in, t.ex. en lapp insert; sy i, t.ex. knapp sew...on; anbringa, sätta dit: t.ex. ett häftstift apply, t.ex. tändstift fit in; installera install; ~ *i en kontakt (ett strykjärn)* put in a plug (plug in an iron); ~ *i sig* mat put away... **b)** börja, om t.ex. värk set in, begin
~ **ihop** allm. put...together; skarva ihop join [...together]; kombinera combine; författa, komponera compose; t.ex. ett program draw up; en artikel turn out; dikta ihop fabricate, make up, concoct; ~ foga *ihop ngt med* ngt annat join a th. on to...
~ **in** (jfr *insatt*): **a)** allm. put...in (inomhus inside); införa insert; installera install; bura in lock...up; ~ *in en annons* put in an advertisement, advertise; ~ *in bilen [i garaget]* put the car in the garage; ~ *in [i pärm]* file; ~ *in* satsa *pengar i...* invest money in...; ~ *in* pengar *[på banken]* put in...[in the bank], deposit..., bank...; ~ *in pengar på* ett konto pay money into... **b)** koppla in, t.ex. extra vagnar put on; t.ex. extra personal put...on; ~ *in* trupper, mil. put in..., engage..., bring...into action; ~ *in alla krafter på* ngt apply all one's energies to...; helt inrikta sig på concentrate on... **c)** orientera o.d., ~ *ngn (sig) in i* ngt acquaint a p. (oneself) with..., make a p. (oneself) acquainted with...; föreställa sig imagine...; leva sig in i, t.ex. någons känslor enter into...; inse realize... **d)** börja, om t.ex. kyla el. värk set in
~ **iväg** set (dash, run) off [*till* to]
~ **ned a)** eg.: sätta ifrån sig put (set) down; plantera plant, set; placera lägre put...lower [down] **b)** minska: allm. reduce; sänka, t.ex. anspråk lower; försämra, t.ex. hörsel impair; försvaga, t.ex. krafter weaken; ~ *ned priset [på...]* reduce (lower, cut) the price [of...]; ~ *ned [priset på]* en vara reduce...[in price], mark down...
~ **om a)** ~ *om* ett rep *[om ngt]* put...round [a th.] **b)** placera om rearrange; plantera om replant, transplant **c)** en växel refuse
~ **på a)** allm. put on; montera på fit on; ~ *på ngt på* ngt put a th. on...; montera på fit a th. on to...; ~ *på [sig]* ngt put on...; säkerhetsbälte fasten...; ~ *på kaffet (vatten)* put the coffee-kettle on (put water on to boil) **b)** sätta i gång: t.ex. motor switch on; t.ex. radio turn on; t.ex. band[spelare] put on **c)** vulg. ~ *på ngn* lay (screw) a p.
~ **samman** se ~ *ihop* o. *sammansatt*
~ **till a)** tillfoga el. kok. add [*i, till* to] **b)** satsa, offra, t.ex. tid devote, spend; förlora lose; ~ *till alla krafter* do one's utmost; *[få]* ~ *livet till* lose (sacrifice) one's life **c)** börja, om t.ex. värk set in, begin, come on **d)** se *tillsätta 2*
~ **upp a)** placera o.d., allm. put...up; resa, hänga upp, t.ex. tavla hang; placera högre put...higher [up]; ordna t.ex. i bokstavsordning place, arrange; montera mount; ~ *upp farten* increase (put on) speed, speed up; ~ *upp gardiner* hang (put up) curtains; ~ *upp håret* put up one's hair; ~ *upp ngn på* en lista put a p. [down] on...; ~ *upp på ngn (ngns räkning)* put...down to a p. (to a p.'s account) **b)** upprätta, t.ex. kontrakt draw up; göra upp, t.ex. lista make [out (up)] **c)** teat., iscensätta stage, mount **d)** etablera, starta: t.ex. tidning start; t.ex. affär äv. set up, open; ~ *upp* ett fotbollslag get together... **e)** typogr. set up **f)** uppvigla, ~ *upp ngn emot* ngn stir a p. up against...; ~ *sig upp mot* ngn set oneself up against..., rebel (rise) against...
~ **ut a)** ställa ut put...out (utanför outside, utomhus outdoors); till beskådande display; anbringa: t.ex. fälla set, vaktpost post, station; plantera ut plant (set) [...out] **b)** skriva ut: t.ex. datum put down, t.ex. komma put; ange: t.ex. ort på karta mark, show, t.ex. namn give
~ **åt a)** spänna åt tighten **b)** ansätta pester, worry [*med* with]; klämma åt clamp down on; *när hungern sätter åt* when you get (start feeling) hungry
~ **sig över** ignore, take no notice of; inte respektera äv. disregard

sättare *s* typogr. compositor, typesetter
sätteri *s* typogr. composing room
sättmaskin *s* typogr. typesetting (composing) machine, typesetter
sättning *s* **1** plantering setting [out]; av t.ex. potatis planting **2** hopsjunkning i hus o.d. settlement, subsidence **3** typogr. composing, composition **4** mus. arrangement
sättpotatis *s* koll. seed potatoes pl.
sättsadverb *s* språkv. adverb of manner
säv *s* bot. rush
sävlig *adj* slow; maklig äv. leisurely
söckendag *s* weekday; arbetsdag äv. workday
söder I *s* väderstreck the south; *Södern* the South **II** *adv* [to the] south [*om* of]; jfr *norr*
Söderhavet the South Pacific, the South Sea[s pl.]
Söderhavsöarna *s pl* the South Sea Islands
söderifrån *adv* from the south
södersol *s*, ett rum med ~ ...sun[shine] from the south
söderut *adv* åt söder southward[s], towards [the] south; i söder in the south, out south;

tåg som går ~ ...south; *resa* ~ go (travel) south
södra *adj* the south; the southern; jfr *norra;* *Södra korset* the Southern Cross
söka I *vb tr* o. *vb itr* **1** eftersträva (t.ex. lyckan) seek; önska få (t.ex. upplysningar) want; försöka få try to get; leta look; ~ *[efter]* leta efter look (ihärdigt search, ivrigt hunt) for; vara på jakt efter be on the look-out for, be in search of; se sig om efter look about for; försöka hitta try to find; försöka komma på cast about for; för ex. se äv. under *leta; för att* ~ *[efter]* äv. in search (quest) of; ~ *hamn* put into port; ~ *lyckan* seek one's fortune; ~ *[läkare] för* ngt see (consult) a doctor about...; ~ *sanningen* seek the truth, seek (search) after the truth; ~ *skydd* seek (ta take) shelter; ~ tröst *hos ngn* turn to a p. for...; ~ *ngns blick* try to catch a p.'s eye; *sekreterare sökes* (i annons) secretary wanted; ~ *i fickorna* rummage one's pockets **2** vilja träffa want to see; försöka träffa try to get hold of; genom besök äv. call on; *vem söks (vem söker ni)?* who[m] do you want to see?; *det är en herre som söker dig* there is a gentleman to see you; *jag sökte dig* hela dagen I tried to get hold of (get in touch with) you... **3** ansöka om, t.ex. anställning, licens apply for; anställning äv. put in for; stipendium try (compete) for; *han sökte inte platsen* he didn't apply for...; ~ *till en skola* try to get into... **4** lag~ ~ *ngn [för* en fordran*]* sue a p. [for...] **5** försöka ~ inf. try (sträva efter att attempt, endeavour) to inf. **6** jakt. track...by scent
II *vb rfl*, ~ *sig fram* [try to] find (pröva sig feel) one's way; ~ *sig till* bege sig till [try to] go to; uppsöka (t.ex. skugga) seek; avsa på väg till, dras till make for; ta sin tillflykt till resort to; ~ *sig till ngn* seek a p. (ngns sällskap a p.'s company); *folk söker sig till* storstäderna people make for..., tend to move to...
III med beton. part. (jfr. äv. under *II* samt *leta III)*
~ **sig bort från** en stad try to get away from...; söka nytt arbete try to get a job somewhere else than in...
~ **in i (vid)** en skola apply for admission in (entrance into)...
~ **upp** leta upp search out, hunt up; hitta find; ~ *upp* ngn look...up, call on..., go (resp. come) to see...; söka reda på seek out...; jfr äv. *uppsökande*
~ **ut** utvälja choose, select, pick up; ta reda på åt sig find oneself; ~ *sig ut* om t.ex. rök escape
sökande I *adj* om blick searching; om t.ex. konstnär, själ inquiring II *s* aspirant applicant, candidate [*till* en plats for...]; *stå som* ~ *till* en plats äv. stand for...
sökare *s* **1** foto. view-finder **2** person som söker, filosof ~ *efter sanningen* seeker after truth

sökarljus *s* searchlight; på t.ex. bil äv. spotlight
sökt *adj* långsökt far-fetched; tillgjord affected, artificial; ansträngt laboured
söl *s* **1** senfärdighet dawdling, loitering; dröjsmål delay **2** kladd mess, muck
söla I *vb itr* gå och masa dawdle, loiter; dra ut på tiden waste time; ~ *bort* tiden dawdle away...; ~ *med* sitt arbete dawdle over... II *vb tr*, ~ *ned* smutsa soil, dirty, make...[all] grimy (grubby); kladda make...[all] messy (mucky)
sölig *adj* **1** långsam dawdling, slow, dilatory **2** kladdig messy, mucky
sölkorv *s* vard. dawdler, slowcoach
söm *s* **1** sömnad. o.d. seam; med. äv. suture; fog äv. joint; *gå upp i* ~*marna* come apart (rip) at the seams; sömnad. äv. come unsewn **2** hästskospik horse[shoe] nail
sömlös *adj* seamless, seamfree
sömmerska *s* kläd~ dressmaker; linne~ o.d. seamstress, sempstress; fabriks~ sewer
sömmersketips *s* vard. *göra ett* ~ ung. fill in a pools coupon blindfold (with a pin)
sömn *s* sleep; *ha god* ~ be a good (sound) sleeper, sleep well; *falla i* ~ fall asleep, go to sleep; *falla i [en] djup* ~ fall into a deep (profound) sleep; *gå i* ~*en* walk in one's sleep; vara sömngångare be a sleepwalker; *tala i* ~*en* talk in one's sleep; väcka ngn *ur* ~*en* ...from his (her etc.) sleep; gråta sig *till* ~*s* ...to sleep
sömnad *s* sewing; konkr. äv. needlework (båda end. sg.); *en* ~ a piece of needlework; lägga ifrån sig ~*en* ...one's sewing (needlework)
sömnbehov *s* need of sleep
sömndrucken *adj* ...heavy (drowsy) with sleep
sömngångaraktig *adj* somnambulistic, somnambular; *med* ~ *säkerhet* with unerring sureness
sömngångare *s* sleepwalker, somnambulist
sömnig *adj* sleepy äv. bildl.; dåsig drowsy; slö indolent
sömnighet *s* sleepiness; drowsiness; indolence; jfr *sömnig*
sömnlös *adj* utan sömn sleepless; vaken äv. wakeful; lidande av sömnlöshet (attr.) ...suffering from insomnia; *en* ~ *natt* a sleepless night; *ligga* ~ en natt lie sleepless (wakeful)...
sömnlöshet *s* sleeplessness; med. insomnia; *lida av* ~ suffer from insomnia
sömnmedel *s* med. hypnotic; vard. sleeping-pill
sömnpill|er *s* sleeping-pill; *boken är rena rama -ret* the book sends you to sleep
sömnsjuka *s* vanl. i Afrika sleeping sickness
sömntablett *s* sleeping-tablet, sleeping-pill
sömntuta *s* vard. great sleeper, sleepyhead
sömsmån *s* seam allowance
söndag *s* Sunday; *på sön- och helgdagar* on Sundays and holidays; jfr *fredag* o. sms.
söndagsbarn *s, han är [ett]* ~ he was born on

söndagsbilaga

a Sunday, bildl. he was born under a lucky star
söndagsbilaga *s* Sunday supplement
söndagsbilist *s* Sunday driver, weekend motorist
söndagsfrid *s* Sunday peace (calm)
söndagsklädd *adj* ...[dressed up] in one's Sunday clothes (Sunday best)
söndagsseglare *s* Sunday (weekend) sailor
söndagsskola *s* Sunday school
söndagsutflykt *s* Sunday excursion
sönder *adj* o. *adv* **1** sönderslagen, bruten, av o.d. broken; i bitar [all] in pieces, adv. to (into) pieces; itu in two pieces, adv. in two; sönderriven torn; söndernött worn through, [all] in holes; jfr äv. ex.; *gå ~* brista o.d. break [itu in two]; krossas äv. smash; gå av äv. snap [itu in two]; gå i bitar go (come, bildl. fall) to pieces; spricka burst; rivas sönder (om t.ex. papper) tear; *ha* slå (bryta etc.) *~* break...[i flera delar to pieces (bits), itu in two]; krossa smash; klämma *~* crush; mosa mash; t.ex. skära i bitar cut...up, cut...into pieces; riva ~ tear [...to pieces]; *slå ngn ~ och samman* smash (batter) a p. to pieces, knock a p. into a cocked hat; *ta ~* ta isär take...to pieces (apart, asunder); t.ex. maskin äv. disassemble, dismount **2** i olag out of order; slut (om t.ex. glödlampa) gone; hissen *är ~* äv. ...doesn't work (function); klockan *är ~* äv. ...doesn't go; *gå ~* go (get) out of order; stanna, strejka break down; *ha ~* damage; stark. destroy, ruin
sönderbruten *adj* broken; pred. äv.: itu broken in two, i bitar in pieces (bits)
sönderbränd *adj* ...burnt through; *vara ~ av solen* be badly burnt by the sun
sönderdela *vb tr* dela i bitar divide...into pieces (parts); stycka cut (break) up; kem. decompose
sönderdelning *s* kem. decomposition
sönderfall *s* bildl. el. fys. disintegration; kem. decomposition
sönderfalla *vb itr* falla i bitar fall to pieces; bildl. el. fys. disintegrate; kem. decompose
sönderläst *adj* om bok battered, tattered
sönderriven *adj* torn; *den är ~* äv. it is (has been) torn to pieces (bits)
sönderrostad *adj*, bilen *är ~* ...has rusted away (been eaten away by rust)
sönderslagen *adj* om sak broken
sönderstrasad *adj* tattered [and torn]
söndra *vb tr* dela divide; splittra disunite, cause disunion in; t.ex. land, parti disrupt, break up; *~ och härska* divide and rule; *ett ~t folk* a divided people
söndring *s* splittring division, disunion (end. sg.); oenighet dissension, discord; schism schism, split; *djup och varaktig ~* ung. fundamental incompatibility

1 sörja *s* modd, slask slush; smuts mud; smörja sludge; oreda mess
2 sörja I *vb tr*, *~ ngn* en avliden mourn [for] (stark. lament [for]) a p.; sakna regret (grieve for, mourn, stark. lament) the loss of a p.; bära sorgdräkt efter wear (be in) mourning of a p.; *~ ngt* t.ex. sin förlorade ungdom regret the loss of a th.; *~ ngns bortgång* mourn [over] (grieve over) a p.'s death; *han sörjes av* alla he is mourned by...; *han sörjes närmast av maka och barn* the chief mourners are his wife and children
II *vb itr* **1** mourn, grieve; *~ över* grieve for (over); sakna, beklaga regret; vara ledsen över be sorry about, grieve (be grieved) at; bekymra sig över worry about **2** *~ för* se till see to; sköta om take care of, look after; ta hand om care for; dra försorg om, ordna för provide for, make provision for; ordna med provide; skaffa äv. get, find; göra do; *~ för ngns behov* supply a p.'s wants; *~ för* framtiden make provision for...; *det (den saken) sörjer jag för* I'll see (attend) to that; *~ för att* ngt görs see [to it] that...; *det är väl sörjt för honom* he is well provided for
sörjande *adj* mourning; *de [närmast] ~* isht vid begravningen the [chief] mourners
sörpla I *vb tr*, *~ i sig* ngt drink (soppa o.d. guzzle) down...noisily **II** *vb itr* slurp, drink (eat) noisily
söt *adj* allm. sweet; iron. el. rar, näpen äv. nice; förtjusande äv. lovely; vacker äv. pretty, amer. äv. cute; intagande charming, attractive; insmickrande: om t.ex. ord sugared, om t.ex. musik sugary, om t.ex. färger pretty-pretty; färsk (om t.ex. mjölk) fresh; *en ~ flicka* a pretty (charming, lovely) girl; *en ~ klänning* a sweet (pretty, nice, lovely) dress; *~ lukt (smak)* sweet smell (taste); *~t vatten* i insjö fresh water
söta *vb tr* sweeten
sötaktig *adj* sweetish; sliskig sickly-sweet
sötebrödsdagar *s pl* halcyon days; *ha ~* have an easy time [of it]
sötma *s* sweetness; bildl. äv. sweets pl.; *segerns ~* the sweets of victory
sötmandel *s* sweet almond (koll. almonds pl.)
sötningsmedel *s* sweetening agent, sweetener
sötnos *s* vard. sweetie [pie], poppet, honey; amer. cutie
sötsaker *s pl* sweets; amer. äv. candy sg.; *tycka om ~* äv. have a sweet tooth
sötsliskig *adj* sickly-sweet, sweet and sickly; inställsam: om pers. oily, om t.ex. leende sugary
sötsur *adj* **1** kok. sweet-sour, sweet and sour **2** bildl., om t.ex. leende forced
sött *adv* rart o.d. sweetly, in a sweet manner; *det smakar ~* it tastes sweet, it has a sweet taste; *sova ~* sleep peacefully (soundly)
sötvatten *s* fresh water
sötvattensfisk *s* freshwater fish

söva *vb tr* **1** put (send, vagga lull)…to sleep; bildl.: sitt samvete silence; insöva lull; **~nde musik** sleepy music; suset *är ~nde* …makes you sleepy (drowsy) **2** med. **~ [ned]** anaesthesize, administer an anaesthetic to

T

t *s* bokstav t [utt. ti:]
ta (*taga;* jfr *tagen* o. *tas*) **I** *vb tr* o. *vb itr* take äv. friare el. bildl.; ta [med sig] hit, komma med bring; ta [med sig] bort, gå [dit] med take; fånga, ta fast catch; lägga beslag på seize, lay hands upon; få tag i, skaffa [fram] find; ta sig (t.ex. en kopp kaffe, en tupplur) vanl. have; tillsätta (t.ex. socker på gröten) put, kok. add; ta betalt, debitera charge; träffa hit; göra verkan take (have some) effect, om kniv, såg o.d. bite; **~ [en] bil (taxi)** take a taxi; **~ bollen** catch the ball; **~ lite choklad!** have some chocolate!; **~ ett lån** raise a loan; **~ några stygn** make a few stitches; **han tog det (det tog honom) hårt** it affected him deeply (hit him hard); **~ det inte så noga** don't be so very particular (fussy) about it; **det tog** gjorde verkan it went home; **bromsen ~r inte** the brake doesn't work

vem ~r ni mig för? who (what) do you take me for?, who (what) do you think I am?; **han tog** 50 kronor **för den** he charged [me]…for it; **~ i** vidröra *ngt* touch a th.; **var skall vi ~ pengar ifrån?** where are we to find money (to get money from)?; **~ på** vidröra *ngt* touch a th.; **det ~r på krafterna** it tells on one's (your) strength, it takes a great deal out of one (you); **jag skall ~ och kila dit** I'll just pop over [there]

II *vb rfl*, **~ sig a)** skaffa sig, företa, t.ex. en ledig dag, ett bad, en promenad take; t.ex. en bit mat, en cigarett, ett glas öl vanl. have **b)** [lyckas] komma, bana sig väg get; **kan du ~ dig hit?** can you find your way here?; **~ sig över gränsen** [manage to] cross the border **c)** förkovra sig improve, make progress; bli bättre get better; om planta [begin to] grow; om eld [begin to] burn up

III med beton. part.
~ sig an ngn (ngt) take care of
~ av a) tr.: allm. take off, remove **b)** itr.: vika av turn [off]
~ bort avlägsna take away, remove
~ efter ngn (ngt) imitate (copy) a p. (a th.)
~ emot mottaga receive; lämna tillträde till, släppa in äv. admit [*i* into]; ta [hand om]: för annans räkning, t.ex. brev, beställning, samtal take; **~ emot [besök]** receive (see, admit) visitors (callers); **~ emot ngn med öppna armar** give a p. a warm welcome; **det ~r emot att** gå dit I am reluctant to…; **det är något som ~r emot** there is something in the way

~ fast [in]fånga catch; få fast get hold of; **~ fast tjuven!** stop thief!
~ fram ngt eg. take out a th.; **~ fram** för att

visa upp (t.ex. biljett, pass) äv. produce [*ur* out of]; dra fram pull out; **~ *sig fram*** bana sig väg make (force) one's way, get through; klara sig [ekonomiskt] get on (along); hitta find one's way, get there (resp. here)
 ~ för sig servera sig help oneself [*av ngt* to a th.]; **~ *sig för*** göra do; gripa sig an med set about [*att skriva* writing]
 ~ hit bring...here
 ~ i itr: hugga i put one's back into it, go at it; hjälpa till lend (bear) a hand; **~ *inte i så där!*** el. ***vad du ~r i!*** ta det lugnt, säg inte så don't go on like that!, take it easy!; ***det är väl att ~ i!*** överdriva now you're overdoing it!
 ~ ifrån ngn ngt eg. take...away from a p.; beröva deprive (rob) a p. of...
 ~ igen tillbaka take...back [again]; något försummat recover, make good; **~ *igen förlorad tid*** make up for lost time; **~ *igen sig*** återhämta sig recover; pusta ut recover one's breath.
 ~ in a) tr. take (resp. bring) in; station i radio o.d.: ställa in tune in to, få in pick up, get; låta ingå (t.ex. artikel el. annons i tidning) put in [*i* in]; publicera publish, print; sömnad. take in; **~ *in ngn*** ge tillträde admit a p. [*i* t.ex. förening, skola, *på* t.ex. sjukhus [in]to]; **~ *in ett segel*** take in (down) a sail; **~ *in vatten*** läcka let in water **b)** itr.: **~ *in på hotell (hos ngn)*** put up at a (an) hotel (at a p.'s house); ***var har ni ~git in?*** where are you staying? **c)** rfl.: **~ *sig in*** get in
 ~ isär take...to pieces, disassemble, dismantle
 ~ itu med: ~ *itu med ngt* set about (set to work at) a th.
 ~ loss (lös) detach; ta bort take off (away); koppla bort disconnect
 ~ med medföra (äv. **~ *med sig*):** föra hit, ha med sig bring..., bring along (with one), have...with one; föra bort take (bära carry)...[along] with one, take...along; inbegripa include; **~ *med ngn på*** en lista include a p. in...
 ~ ned (ner) take (från hylla o.d. äv. reach) down; hämta ned (t.ex. från vinden) fetch (bring) down; **~ *ned ett segel*** take in (down) a sail; **~ *ned ett tält*** strike a tent
 ~ om omfamna embrace, hug; upprepa take (säga, läsa resp. sjunga om osv. say, read resp. sing osv.)...[over] again; isht mus. el. teat. äv. repeat; **~ *om av*** soppan take another helping of...
 ~ på: ~ *på [sig]* t.ex. byxor, skor, glasögon put on; **~ *på sig*** klä sig, se *klä II;* **~ *på sig ett stort ansvar*** take a great responsibility; **~ *på sig skulden*** take the blame; **~ *på sig*** åtaga sig *för mycket* take on too much
 ~ sig samman pull oneself together
 ~ till börja använda take to; begagna sig av use; tillgripa resort to; överdriva exaggerate

[things]; **~ *sig till*** göra do; börja med start; gripa sig an med set about; ***vad skall jag ~ mig till?*** what am I to do?, what shall I do?; ***vad ~r du dig till?*** klandrande what are you up to?
 ~ upp (jfr äv. *uppta[ga]*) **a)** take up äv. bildl. (t.ex. en fråga, kampen); hämta upp bring up; från marken, ur vattnet pick up äv. ~ upp [tillfälliga] passagerare o.d.; ur ficka, låda, kappsäck o.d. take (plocka upp fish) out [*ur* of]; samla (plocka) upp gather up; insamla, uppbära (avgifter o.d.) collect; diskutera discuss; föra upp äv. put down [*på* räkning, konto, lista on], enter [up] [*på* konto in, lista on]; uppföra (teat. o.d.) äv. give (sätta upp put on) [på nytt again]; **~ *upp beställningar (order)*** take orders; **~ *upp [stor] plats*** take up [a lot of] room; **~ *upp tid[en] för ngn*** take up a p.'s time; **~ *upp tävlan med...*** enter into competition with...; **~ *upp ngt [på band]*** record a th.; **~ *upp ngt på sitt program*** include a th. in one's programme; **~ *upp ngt till diskussion*** bring a th. up for discussion; **~ *väl (illa) upp*** i fråga om ngt take...in good (bad) part, se äv. ex. under *illa;* ***han tog upp sig*** mot slutet av matchen he improved... **b)** öppna (t.ex. ett paket, en konservburk) open; **~ *upp*** lösa upp ***en knut*** undo a knot; **~ *upp en vak*** make a hole in the ice
 ~ ur take out; tömma empty; avlägsna (t.ex. kärnor, en fläck) remove; rensa: fågel, hare draw, fisk clean, gut
 ~ ut a) mera eg. take (resp. bring) out; bära (flytta) ut äv. carry (move) out; t.ex. en kula, en spik äv. extract; få ut get out; **~ *sig ut*** [manage to] get out, find (make) one's way out [*ur* of] **b)** friare: anskaffa, hämta ut t.ex. pengar på bank o.d. withdraw (draw); **~ *ut sina sista krafter*** use up all one's strength **c)** spec. bet.: lösa, problem o.d. solve; lösa rebus make out; **~ *ut kurvan*** take a (resp. the) corner (curve) wide; **~ *ut en melodi på*** ett instrument pick out a tune on...; **~ *ut*** förlänga *stegen* take longer strides; ***de ~r ut varandra*** they cancel each other out; **~ *sig ut*** te sig look; **~ *sig bra ut*** äv. show up to one's advantage; **~ *ut sig*** tire oneself out
 ~ vid börja begin, start; fortsätta, följa follow [on]; om pers. äv. step in; **~ *[illa] vid sig*** be upset (put out) [*av (över)* about]
 ~ åt sig a) känna sig träffad feel guilty; **~ *inte åt dig av kritiken*** don't let the criticism get to you; **~ *äran åt sig*** take the credit **b)** dra till sig, t.ex. smuts attract; fukt absorb, soak up **c)** ***vad ~r det åt dig?*** what's the matter with you?
 ~ över överta ledningen, efterträda take over
tabbe *s* vard. blunder, bloomer, howler
tabell *s* table [*över* of]
tabellarisk *adj* tabular, tabulated

tablett *s* **1** farmakol. tablet, pill; pastill pastille, lozenge **2** liten duk table mat
tablettmissbruk *s* addiction to pills, compulsive pill-taking
tabloid *s* tabloid
tablå *s* **1** teat. tableau (pl. -x) **2** översikt schedule, table, chart [*över* of] **3** *~!* you can just imagine (picture) the rest!; ibl. curtain!, tableau!
tabu I *s* taboo (pl. -s); *belägga med ~* taboo **II** *adj* taboo
tabulator *s* tabulator
tabuord *s* taboo word
taburett *s* **1** eg. stool; antik tabouret **2** bildl., statsrådsämbete ministerial post
tack *s* thanks pl.; barnspr. el. vard. ta; som interjektion äv. thank you; *ja ~!* a) som svar på: Vill du ha...? yes, please! b) som svar på: Har du fått...? yes, thanks (thank you)!; *nej ~!* no, thank you (thanks)!; när man erbjuds andra gången no more, thank you!; *jo ~ [bra]!* thank you[, fine]!; *tusen ~!* thanks a lot (awfully)!; högtidl. a thousand thanks!; *~ själv!* thank 'you!; *~ så mycket* el. *~ skall du ha* many thanks!, thank you very much!; *Gud vare ~!* el. *~ och lov!* thank God (Heavens)!; *säga ~* say thank you; *~ för i dag!* vi har haft det trevligt tillsammans we've had a nice (pleasant) time together; *~ för i går (senast* el. *sist)!* motsvaras ofta av we had a nice (wonderful) time yesterday (the other day, evening etc.); *~ för maten!* I did enjoy the meal!, what a nice meal!; *det är hans ~ för* vad jag gjort that is how he rewards me for...; *~ för att du kom!* thanks for coming!, nice of you to come!; *med ~ på förhand* thanking you in advance; *till ~ för* hjälpen in acknowledgement for..., by way of thanks for...; *~ vare* hans hjälp thanks (owing) to...; *~ vare att* det upptäcktes i tid thanks to the fact that...
1 tacka *vb tr* o. *vb itr* thank; hur mår du? *- ~r bra!* ...very (quite) well, thank you!; *~r, ~r!* thanks a lot!; *~ ja (nej) till ngt* accept (decline) a th. [with many thanks]; *~ för maten* a) ung. say 'thank you' after a meal (ej brukligt i eng.) b) hålla tacktal, ung. give a speech of thanks, return formal thanks [on behalf of the guests]; *~ [ngn] för senast (sist)* bjudning, ung. thank a p. for his (resp. her) hospitality; *vi kan ~ honom för att...* we are indebted to him for the fact that..., we owe it to him that...; *aldrig har så många haft så få att ~ för så mycket* never did so many owe so much to so few; *ingenting att ~ för!* don't mention it!, not at all!, that's all right!; *~ för det!* naturligtvis of course!; det fattas bara annat I should think so!; *~ vet jag...* give me...[any day]; jfr äv. ex. under *tack*
2 tacka *s* fårhona ewe

3 tacka *s* av järn, bly pig; av guld, silver bar, ingot; av stål billet
tackbrev *s* letter of thanks; vard., för visad gästfrihet bread-and-butter letter
tackel *s* tackle; *~ och tåg* ung. the rigging sg.
tackjärn *s* pig iron
tackkort *s, ett ~* a thank-you card
tackla I *vb tr* **1** sjö. rig **2** sport. el. bildl. tackle **II** *vb itr, ~ av* **a)** sjö. unrig **b)** bli sämre, magra fall away; *han ~r av* he is breaking up; jfr äv. *avtacklad*
tackling *s* **1** sjö., rigg rigging **2** sport. tackle; tacklande tackling
tacksam *adj* grateful [*mot* to]; stark. el. t.ex. mot försynen o.d. thankful [*för, över* for]; pred. (isht formellare) äv. obliged; *visa sig ~* show that one is grateful
tacksamhet *s* gratitude [*mot* to]; *visa [ngn] sin ~ [för...]* show [a p.] one's gratitude [for...]
tacksamhetsbevis *s* mark (token) of gratitude
tacksamhetsskuld *s, stå i ~ till ngn* owe a debt of gratitude to a p., be under an obligation to a p.
tacksamt *adv* gratefully; thankfully; jfr *tacksam;* i hövlighetsfraser o.d. vanl. with thanks; *~ avböja* regretfully decline; *vi har ~ mottagit* Ert brev we have received...with thanks, we thank you for...
tacksägelse *s* thanksgiving, thanks pl.
tacksägelsedag *s, ~en* i USA Thanksgiving [Day]
tacktal *s* speech of thanks; *han höll ~et* returned formal thanks [on behalf of the guests]
tadel *s* blame, censure
tadelfri *adj* oförvitlig blameless
1 tafatt *s* lek tag; *leka ~* play tag
2 tafatt *adj* awkward, clumsy; om pers. äv. gawky
tafatthet *s* awkwardness, clumsiness, gawkiness; jfr *2 tafatt*
taffel *s* **1** *[den kungliga] ~n* bordet the [Royal] table **2** piano square piano
tafs *s* fiske. snell, snood
tafsa *vb itr* vard., *~ fingra på ngt* fiddle [about] (tamper) with a th.; *~ på* en kvinna paw...about, grope...
taft *s* tyg taffeta
tag *s* **1** grepp grip, grasp [*om[kring]* round]; hold äv. bildl. [*i, om* of]; rörelse: sim~, år~, stråkdrag stroke, ryck pull; *det blev hårda ~ för* oss, ung. we had a tough struggle; *inga hårda ~!* no rough stuff!; *släppa ~et* let go; *inte släppa ~et* retain one's hold; bildl. not give up (in); *ta nya ~* make a new try; *fatta (gripa, hugga, ta) ~ i* catch (clutch, seize, take) [hold of]; *få ~ i (på)* get hold of; hitta find; komma över pick up
2 gång, stund, slag *stopp ett ~!* hold it!; jag

taga 716

glömmer det inte *i första ~et* ...in a hurry; *lite i ~et* a little at a time; *två i ~et* two at a time; *ett ~* verkade det som om at one time..., for a while...; *det var ett ~ sen* vi sågs sist it's quite a time since...
taga se *ta*
tagel *s* horsehair
tagelskjorta *s* hair shirt
tagen *adj* medtagen tired out, vard. done up; gripen, rörd touched, moved, affected (samtl. end. pred.), stark. thrilled; upprörd excited
tagetes *s* bot. Tagetes, French (större African) marigold
1 tagg *s* **1** allm. prickle; skarp spets jag; pigg spike; biol., oftast spine; törn~ thorn; på taggtråd barb; på hjort- o. älghorn tine; *vända ~arna utåt* bildl. show one's claws **2** sl., cigarett fag
2 tagg *s* på bagage tag, luggage (baggage) tag
taggad *adj* med taggar serrated; ojämnt jagged
taggig *adj* prickly; spiny; spinous; thorny; jfr *tagg*
taggsvamp *s* bot. hedgehog mushroom
taggtråd *s* barb[ed] wire
tagning *s* foto., exponering exposure; film. filming, taking, shooting, enstaka take, shot; tystnad, *~!* ofta camera!
Taiwan Taiwan
tajma *vb tr* vard. time äv. sport.
tajt *adj* vard. tight
tak *s* ytter~ roof (äv. om dess undersida, då ett särsk. innertak saknas, t.ex. i kyrka, vindsvåning, vagn); inner~ ceiling äv. bildl.; utsidan på vagn, bil o.d. äv. top; *inte ha (stå utan) ~ över huvudet* have no (be without a) roof over one's head; *det är högt i ~* the ceiling is high; han höll på att *gå i ~* vard. ...hit the roof; *lägga ~ på...* put (lay) a roof on..., roof...; *sätta ett ~ för* begränsa fix a ceiling for; *vara under ~* be under cover
takbelysning *s* belysning från taket ceiling lighting; armatur ceiling [light] fitting; taklampor ceiling lamps pl.
takbjälke *s* beam of a (resp. the) roof; bindbjälke tie beam
takdropp *s* utomhus eavesdrop, eavesdroppings pl.; i rum dropping from the ceiling (resp. roof)
takfot *s* base of a (resp. the) roof
takfönster *s* skylight [window]
takhöjd *s* ceiling height
takkrona *s* chandelier
taklagsfest *s* o. **taklagsöl** *s* ung. topping-out party
taklampa *s* ceiling lamp; i bil interior (dome, roof) light
taklist *s* cornice
taklucka *s* roof hatch
takmålning *s* konst. ceiling painting (picture)
taknock *s* roofridge
takpanna *s* [roofing] tile

takräck[e] *s* på bil roofrack
takränna *s* gutter
takstol *s* roof truss
takt *s* **1** tempo: mus. time; fart pace, rate; *hålla ~en* keep pace (mus. time); *slå ~en* beat time; *öka ~en* increase the pace (speed); *gå i ~* keep (walk) in step; *i hastig ~* at a hurried pace; mus. in quick time; *slå av på ~en* slow down, decrease the pace **2** rytmisk enhet bar; versfot foot; motor. stroke **3** finkänslighet tact[fulness]; grannlagenhet delicacy, discretion
taktart *s* time
taktdel *s* beat
taktegel *s* koll. [roofing] tiles pl.
takterrass *s* roof terrace, flat roof; restaurang roof restaurant
taktfast I *adj* om steg measured; rytmisk rhythmic[al] **II** *adv*, marschera *~* ...in perfect time
taktfull *adj* tactful; discreet; jfr *takt 3*
taktfullhet *s* tactfulness; discretion; jfr *takt 3*
taktik *s* tactics pl.; *en ny ~* metod a new tactic
taktiker *s* mil. el. bildl. tactician
taktisk *adj* tactical
taktkänsla *s* **1** taktfullhet sense of tact, tactfulness **2** mus. sense of rhythm
taktlös *adj* tactless
taktlöshet *s* tactlessness, want of tact (båda end. sg.); *en ~* a piece of tactlessness; t.ex. anmärkning a tactless remark
taktpinne *s* mus. [conductor's] baton
taktstreck *s* mus. bar line
taktäckare *s* roofer
takvåning *s* elegant penthouse, jfr vid. *vindsvåning*
takås *s* [roof]ridge, ridge of a (resp. the) roof
tal *s* **1** antal, siffertal number; räkneuppgift sum; *hela ~* whole numbers, integers; *få ut ett ~* make a sum come out; *räkna ett ~* do (work out) a sum
2 talande, anförande speech; anförande högt. äv. oration; samtal conversation; *~ets gåva* the gift of speech; *indirekt ~* språkv. indirect (reported) speech; *det kan inte bli ~ om det* there can be no talk (question) of that; *det har aldrig varit ~ om det (om att* inf.*)* kommit i fråga there has never been any question of that (of ing-form); *hålla [ett] ~* make (give, deliver) a speech [*för ngn* for (in honour of) a p.]; *i ~ och skrift* verbally and in writing; *falla ngn i ~et* interrupt (break in on) a p.; *på ~ om...* speaking (talking) of...; *på ~ om det* apropå äv. by the way; *föra (bringa) saken på ~* take (bring) the matter up [for discussion]; *komma på ~* come (crop) up
tala I *vb tr* o. *vb itr* allm. speak; prata, konversera talk; jur., plädera plead; jfr *[hålla] tal*; *~ affärer (politik)* talk business (politics); *~ allvar* have a serious talk; *~ bra* vara en god

talare äv. be a good speaker; ~ *engelska* speak English; ~ *sanning* speak (tell) the truth; *allvarligt (bildligt)* ~*t* seriously (figuratively) speaking
  med prep.: ~ *emot* ett förslag speak against...; allting ~*r emot hans teori* ...tells against his theory; ~ *för* a) tala (hålla tal) till speak to (inför äv. before) b) tyda på point towards, indicate c) tala till förmån för speak for, speak (tell, argue) in favour of; *det är mycket som* ~*r för att han har*... there is a lot that points towards his having (that indicates that he has)...; ~ *för sig själv* om pers. a) utan åhörare talk to oneself b) å egna vägnar speak for oneself; saken ~*r för sig själv* ...speaks for (anbefaller recommends) itself; ~ *med ngn* speak (talk) to (i fråga om längre o. viktigare samtal with) a p.; ofta äv. have a talk with a p.; *kan jag få* ~ *med*... äv. can I see (have a word with)...; *vi* ~*r inte längre med varandra* är osams we are not on speaking terms; *vem* ~*r jag med?* i telefon vanl. who's speaking?; *det är någon som vill* ~ *med dig i telefon* you are wanted on the [tele]phone; ~ *mot* se ~ *emot;* ~ *om* a) samtala om speak (talk) of (isht mera ingående about) b) dryfta discuss, talk...over c) nämna mention d) hålla föredrag o.d. om (över) speak on (about); ~ *om* kläder, musik osv. talk about...; ~ *om att vara rik!* vard. talk about rich!, I'll say rich!; *så (då)* ~*r vi inte mer om det!* we'll say no more about it!; det är avgjort that settles it (that's settled), then!; *han* ~*de om att* resa bort he spoke of ing-form; det är ingen snö *att* ~ *om* ...worth mentioning, ...to speak of; *det är ingenting att* ~ *om!* avböjande don't mention it!, not at all!; *för att inte* ~ *om*... to say nothing of..., not to mention...; *han har låtit* ~ *mycket om sig* there has been a lot of talk about him; *höra* ~*s om* se *höra I b;* ~ *till* speak (talk) to; högtidl. address
  II *vb rfl,* ~ *sig hes* talk oneself hoarse; ~ *sig varm [för saken]* warm up to one's subject
  III med beton. part.
  ~ *emot* se under *I* ovan
  ~ *igenom* problemet thrash...out
  ~ *in...[på band]* record...
  ~ *om* tell [*ngt för ngn* a p. a th. el. a th. to a p.]; berätta utförligare relate; omnämna mention [*ngt för ngn* a th. to a p. i båda fallen]; ~ *inte om det [för någon]!* don't tell anybody!, don't breathe a word about it!
  ~ *ut* så att det hörs speak up; rent ut speak one's mind; ~ *ut [med ngn] om ngt* have (thrash) a th. out [with a p.]
talan *s* **1** jur.: allm. suit, kärandes claim, svarandes plea; *föra ngns* ~ plead a p.'s cause; bildl. be a p.'s spokesman, represent a p.; *föra sin egen* ~ plead one's own case, defend oneself båda äv. jur. **2** bildl. *han har ingen* ~ he has no say in the matter

talande *adj* uttrycksfull expressive; om blick significant, meaning; om siffror o.d. telling, striking; *den* ~ subst. adj. the speaker
talang *s* talent, [natural] gift; ~*er* äv.: medfödda endowments; förvärvade accomplishments, acquirements; *han är en [verklig]* ~ he is a [really] talented (gifted) person, he is a man of [real] talent; *unga* ~*er* young talents
talangfull *adj* talented, gifted
talangjakt *s* talent hunt, hunt for talent
talanglös *adj* untalented
talangscout *s* talent scout (spotter)
talare *s* speaker; väl~ orator; *jag är inte någon* ~ I am not much of a speaker
talarstol *s* rostr|um (pl. äv. -a); vid möte o.d. ofta platform; univ. lectern
talas *vb itr dep, vi får* ~ *vid om saken* we must have a talk about it (talk the matter over)
talbok *s* talking (cassette) book
talesman *s* spokesman [*för* of (for)]
talesätt *s* locution, set el. stock (ordspråksliknande proverbial) phrase
talfel *s* speech defect (impediment)
talför *adj* talkative, loquacious, voluble
talförhet *s* talkativeness, loquacity, volubility
talförmåga *s* faculty (power) of speech; *tappa* ~*n* lose one's speech
talg *s* tallow; njur~ suet
talgdank *s, nu gick det upp en* ~ *[för mig]!* vard. now a light has dawned on me!
talgig *adj* tallowy; bildl. (om ögon) bleary
talgkörtel *s* anat. sebaceous gland
talgljus *s* tallow candle
talgoxe *s* zool. great tit, great tit|mouse (pl. -mice)
talisman *s* talisman
talja *s* sjö. tackle
talk *s* miner. talc; puder talcum [powder]
talka *vb tr* powder...with talcum, talc
talkör *s* massdeklamation choral speech; *en* ~ a speech choir
tall *s* träd pine [tree], Scotch pine (fir)
tallbarr *s* pine needle
tallkotte *s* pine cone
tallkott[s]körtel *s* pineal gland (body)
tallrik *s* plate; *en* ~ *soppa* a plate[ful] of soup
tallriksunderlägg *s* [table] mat
tallskog *s* pinewood[s pl.]; större pine forest
talltita *s* zool. willow tit
tallört *s* bot. pinesap
tallös *adj* numberless; jfr *oräknelig*
talman *s* parl. speaker; *vice* ~ deputy speaker; *Herr* ~*!* Mr. Speaker!
talmud *s* relig. the Talmud
talmystik *s* [the] mystical interpretation of numbers
talong *s* på biljetthäfte o.d. counterfoil, amer. stub; bunt counterfoils (resp. stubs) pl.; kortsp. stock, talon

talorgan *s* speech organ, organ of speech
talpedagog *s* speech trainer; logoped speech therapist
talrik *adj* numerous; **~a** vänner äv. many..., a great number of...
talrikt *adv* numerously; in large (great) numbers; **~ besökt** well-attended; **~ representerad** heavily represented
talrubbning *s* speech disturbance (disorder)
talscen *s* dramatic theatre
talserie *s* series (sequence) of numbers (figures)
talskiva *s* grammofonskiva speech record
talspråk *s* spoken language; vardagligt språk colloquial language; **det engelska ~et** spoken (colloquial) English
talspråksuttryck *s* colloquial expression
talsymbolik *s* symbolism of numbers
talteknik *s* skol. speech training, voice production
taltidning *s* talking (cassette) magazine
taltrast *s* zool. song thrush
talträngd *adj* talkative, garrulous, loquacious
talövning *s*, **~[ar]** oral (konversation conversation) practice sg.
tam *adj* tame äv. bildl.; **~a djur** husdjur domestic animals
tamarind *s* bot. tamarind, Indian date
tamboskap *s* koll. domestic cattle pl.
tambur *s* förstuga hall, amer. hallway; kapprum cloakroom
tamburdörr *s* halldoor
tamburin *s* mus. tambourine
tamburmajor *s* drum major
tamdjur *s* husdjur domestic[ated] animal
tamhet *s* tameness
tamkatt *s* domestic[ated] cat
tamp *s* rope's end; piece of rope
tampas *vb itr dep*, **~ [med varandra]** tussle
tampong *s* tampon
tand *s* tooth (pl. teeth) äv. på kam, såg m.m.; tekn. cog; **tidens ~** the ravages (pl.) of time; **borsta tänderna** clean (brush, do) one's teeth; **få tänder** be teething, cut [one's] teeth; **visa tänderna** bildl. el. om djur bare (show) one's teeth; **försedd med tänder** toothed
tanda *vb tr* tooth, indent; t.ex. hjul äv. cog; frimärke perforate
tandad *adj* toothed osv., jfr *tanda*; sågtandad serrated; bot. dentate
tandagnisslan *s*, **gråt och ~** weeping and gnashing of teeth
tandben *s* tooth bone, dentine
tandborste *s* toothbrush
tandborstglas *s* toothbrush glass
tandborstning *s* teeth-brushing
tandbro *s* o. **tandbrygga** *s* [dental] bridge
tandem *s* cykel tandem
tandemalj *s* dental enamel
tandemcykel *s* tandem [bicycle]

tandfyllning *s* filling
tandgarnityr *s* tänder set of teeth; protes denture
tandhals *s* neck of a (resp. the) tooth
tandhygien *s* dental hygiene
tandhygienist *s* dental hygienist
tandklinik *s* dental clinic
tandkrona *s* crown of a (resp. the) tooth
tandkräm *s* toothpaste
tandkrämstub *s* med innehåll tube of toothpaste
tandkött *s* gums pl.
tandlossning *s* loosening of the teeth
tandläkarborr *s* dentist's drill; fackspr. burr
tandläkare *s* dentist, dental surgeon
tandlös *adj* toothless äv. bildl.
tandning *s* tekn. toothing, [in]dentation; på frimärke perforation
tandpetare *s* toothpick
tandprotes *s* denture, dental plate
tandrad *s* row of teeth
tandreglering *s* correction of irregularities of the teeth; tandläk. orthodontics sg.
tandrot *s* root of a (resp. the) tooth
tandröta *s* [dental] caries
tandskydd *s* boxn. o.d. gumshield, mouthpiece
tandsköterska *s* dental nurse (assistant)
tandsprickning *s* teething; tandläk. dentition
tandsten *s* tartar
tandställning *s* för tandreglering brace[s pl.]
tandtekniker *s* dental technician
tandtråd *s* dental floss
tandutdragning *s* tooth-extraction
tandval *s* zool. toothed whale, odontocete
tandvård *s* personlig dental care (hygiene), care of the teeth
tandvärk *s*, **ha ~** have [a] toothache
tanga *s* o. **tangatrosa** *s* tanga [brief]
tangent *s* **1** mus. el. på skrivmaskin key **2** matem. tangent
tangentbord *s* på skrivmaskin o.d. keyboard
tangera *vb tr* mat. touch, be tangent to; bildl. touch [up]on, deal superficially with; **~ världsrekordet** equal (touch) the world record
tangeringspunkt *s* point of contact äv. bildl.; tangential point
tango *s* tango (pl. -s); **dansa ~** dance (do) the tango
tangorabatt *s* vard. thin black moustache
tanig *adj* mager thin
tank *s* **1** behållare tank; **full ~, tack!** fill her up, please! **2** stridsvagn tank
tanka *vb tr* o. *vb itr* bil fill (vard. tank) up; itr., om fartyg, flygplan refuel; **~** 50 liter bensin put...in [the tank]; **~ för 100 kronor** put 100 kronors' worth in the tank; **jag måste ~** äv. I must get some petrol (amer. gas)
tankbil *s* tank lorry (isht amer. gasoline truck), tanker
tankbåt *s* tanker

tank|e *s* thought; idé, föreställning äv. idea [*om, på* of]; åsikt äv. opinion [*om* about]; *snabb[t] som ~n* [as] quick as thought; *det är en händelse som ser ut som en ~* this looks like more than just a coincidence, there is someting behind this; *det är min ~ avsikt att* inf. I intend to inf.; *ha låga -ar om...* have a poor opinion (idea) of..., think poorly of...; *ha höga -ar om...* think highly of...; *jag har inte en ~ på att* inf. a) ämnar inte I don't intend to inf. b) skulle inte drömma om I wouldn't dream of ing-form; *jag hade inte en ~ på att* inf. it never occurred to me (crossed my mind) to inf.; *det för (leder) ~n till...* it makes one think of...; påminner om it reminds one of...; *läsa ngns -ar* read a p.'s thoughts (mind); *samla -arna (sina -ar)* collect one's thoughts; *släppa ~n på att...* put away all ideas of...; *sända ngn en ~* think of a p.; *utbyta -ar [med varandra]* exchange ideas; *inte ägna en ~ åt...* not give a thought to...
   föregånget av prep.: *gå i (vara försjunken i) -ar* be lost (deep, wrapped up) in thought; *han gjorde det i ~* avsikt *att* inf. ...with the idea (intention) of ing-form; *ha ngt i -arna* have a th. in mind; *med ~ på...* a) med hänsyn till considering..., seeing that... b) i syfte att with a view (an eye) to...; *med ~ på honom* bearing him in mind; *komma (få ngn) på andra -ar* change one's mind (make a p. change his resp. her mind); *komma (få ngn) på bättre -ar* think (make a p. think) better of it; *hur kunde du komma på den ~n?* förebrående what put that into your head?; *slå ngt ur -arna* put a th. out of one's mind; *slå det ur -arna!* put that out of your head!; *utan ~ på* without a thought of, mindless of
tankearbete *s* brain work; tänkande thought; *låt mig sköta ~t!* let me do the thinking!
tankeexperiment *s* intellectual experiment, hypothes|is (pl. -es), supposition; *som ett ~* äv. for the sake of argument
tankefel *s* error in thinking, logical error
tankefrihet *s* freedom (liberty) of thought
tankeförmåga *s* capacity for thinking (thought), reasoning power
tankegymnastik *s* mental gymnastics pl.
tankegång *s* tankebana train (line) of thought; sätt att tänka way of thinking, mode (process) of thought, reasoning
tankeläsare *s* thought-reader, mind-reader
tankeläsning *s* thought-reading, mind-reading
tanker *s* tanker
tankeskärpa *s* acuteness of thought, mental acumen
tankeställare *s* eye-opener; *vi fick [oss] (det gav oss) en ~* äv. that gave us something to think about

tankeutbyte *s* exchange of ideas (thoughts, views)
tankeverksamhet *s* mental activity
tankeväckande *adj* thought-provoking; attr. äv. ...providing food for thought
tankeöverföring *s* telepathy, thought transference
tankfartyg *s* tanker
tankfull *adj* thoughtful, pensive, meditative; drömmande musing, wistful
tanklös *adj* thoughtless, jfr *obetänksam*
tanklöshet *s* thoughtlessness
tankning *s* sjö. el. flyg. refuelling; av bil filling-up [with petrol (amer. gas)], putting petrol (amer. gas) in
tankomat *s* automatic petrol (amer. gasoline) pump
tankspridd *adj* absent-minded
tankspriddhet *s* absent-mindedness
tankstreck *s* dash
tant *s* aunt, vard. el. barnspr. auntie; friare [nice] lady; *~ Klara* Aunt Klara; *~ Johansson* Mrs. Johansson; *~en* frugan the (my) missis (old woman); *vad är det för en ~?* barnspr. who is that (this) lady?; jfr äv. *farbror* motsv. ex.
tantig *adj* old-maidish, old-womanish; isht om sätt att klä sig frumpish
Tanzania Tanzania
tanzanier *s* Tanzanian
tanzanisk *adj* Tanzanian
taoism *s*, *~[en]* Taoism
tapet *s* wallpaper; vävnad tapestry; rummet behöver *nya ~er* ...new wallpaper sg.; *sätta upp ~er i ett rum* hang wallpaper in a room, paper a room; *vara på ~en* bildl. be on the carpet, be under discussion; om t.ex. projekt be in the pipeline
tapetklister *s* [paperhanger's] paste
tapetrulle *s* roll of wallpaper
tapetsera *vb tr* paper; med väv o.d. [hang with] tapestry; *~ om* repaper
tapetserare *s* upholsterer
tapetsering *s* paperhanging
tapioka *s* tapioca
tapir *s* zool. tapir
tapisseri *s* vävnad tapestry; stramaljbroderi needlepoint
tapp *s* **1** i tunna o.d. tap; i badkar plug **2** till hopfästning peg, pin; snick. tenon **3** tott, tuss wisp **4** anat., syncell cone
1 tappa I *vb tr* tömma, hälla tap off, draw [off]; jfr *II*; *~ vin på buteljer* draw...off into bottles, bottle...; *~ ngn på blod* bleed..., draw blood from...
   II med beton. part.
   ~ av vätska draw (run) off
   ~ i: *~ i vattnet [i badkaret]* let (run) the water into the bath; jfr äv. *~ på*
   ~ på: *~ på vatten* run... [*i* into]
   ~ upp: *~ upp ett bad* run a bath

~ ur draw (run) off; tömma behållare o.d. äv. empty
2 tappa *vb tr* **1** låta falla drop, let...fall [*i* t.ex. golvet on (on to), t.ex. vattnet into] **2** förlora lose äv. bildl.; **~ *håret (en tand)*** lose one's hair (a tooth); **~ *huvudet*** bildl. lose one's head; **~ *intresset*** lose interest; **~ *räkningen*** lose count [*på* of]; **~ *bort*** lose; *vi ~de bort varandra* i trängseln we lost each other...; **~ *bort sig*** lose oneself; gå vilse lose one's way, go astray; i tal o.d. lose track of where one is (resp. was), get off the track, lose the place
tapper *adj* brave, courageous; i högre stil valiant; vard. plucky
tapperhet *s* bravery, courage, valour; vard. pluckiness; **~ *i fält*** bravery in the field
tapperhetsmedalj *s* medal for valour (bravery)
tappkran *s* tapping-cock, tap, drain cock; isht amer. faucet
tappning *s* avtappning tapping; på flaska bottling; årgång vintage; *i ny ~* bildl. in a new version
tappt, *ge ~* give in
tapto *s* mil. tattoo (pl. -s); *blåsa ~* beat (sound) the tattoo
tarantel *s* zool. tarantula
tarantella *s* dans tarantella
tariff *s* tariff; över avgifter, taxor osv. äv. schedule (list) of rates, rates pl.
tariffbestämmelse *s* tariff regulation
tariffsats *s* tariff rate
tarm *s* **1** anat. intestine; *~arna* äv. the bowels; vard. the guts **2** bildl. strip [of road (cloth) etc.]
tarmblödning *s* med. intestinal haemorrhage
tarmcancer *s* med. intestinal cancer
tarminnehåll *s* visceral contents pl.
tarmkanal *s* anat. intestinal canal
tarmkatarr *s* med. intestinal catarrh
tarmkäx *s* anat. mesentery
tarmludd *s* anat. intestinal villi pl.
tarmsaft *s* intestinal juice
tarmsår *s* med. ulcer (ulceration) of the bowel, intestinal ulcer
tarmvred *s* med. ileus
tartarsås *s* kok. tartare sauce
tartelett *s* kok. tartlet, [small] tart
tarva *vb tr* require, call for
tarvlig *adj* simpel vulgar, common; lumpen shabby; billig poor, cheap; enkel homely, humble, frugal
tarvligt *adv* vulgarly osv.; jfr *tarvlig*; *bära sig ~ åt* behave shabbily [*mot* to]; *det var ~ gjort av honom* ...a shabby thing of him to do
tas (*tagas*) *vb itr dep* strida dispute, wrangle [*med* with; *om* about]; *han är inte god att ~ med* he is not easy (an easy customer) to deal with
taskig *adj* vard. rotten, nasty, lousy [*mot* to]
taskspelare *s* juggler, conjurer

taskspelarkonst *s* juggling (conjuring) trick; *~er* neds. cheap (mean) tricks
tass *s* paw äv. (vard.) om hand; *ge (räcka) vacker ~* om hund put out a (its) paw [nicely]; *vacker ~!* shake a paw!; *bort med ~arna!* äv. hands off!
tassa *vb itr* patter, pad; smyga sneak [*förbi* i samtl. fall by; *omkring* about]
tassel se *tissel*
tatar *s* Tatar, Tartar
tattare *s* vagrant; oeg. gipsy
tatuera *vb tr* tattoo
tatuering *s* tatuerande tattooing; *en ~* a tattoo
tautologi *s* tautology
tavelgalleri *s* picture gallery
tavelsudd *s* [blackboard] duster
tavelutställning *s* picture exhibition, exhibition of paintings
taverna *s* tavern
tavla *s* **1** picture äv. bildl.; målning painting; grafiskt blad print **2** anslags~ el. skol. board; för inskrift tablet; skott~ target; ur~ face **3** vard. *göra en ~* put one's foot in it, make a blunder (bloomer)
tax *s* zool. dachshund ty.
1 taxa *vb itr* flyg. taxi
2 taxa *s* rate, charge; tabell list (table) of rates, tariff; avgift, t.ex. för körning fare, t.ex. för telefonering fee; *enhetlig (nedsatt) ~* standard (reduced) rate; bussbolaget *har höjt ~n* ...has raised the fares pl.
taxameter *s* [taxi]meter, fare meter
taxera *vb tr* **1** för beskattning assess...[for taxes] [*till* at]; *vara ~d* (äv. itr. *~) för...* be assessed at (for)...; *~d förmögenhet* taxed property (assets pl.) **2** uppskatta rate, estimate [*till* at]
taxering *s* av myndighet för skatt assessing [of taxes], tax assessment
taxeringskalender *s* ung. taxpayers' directory
taxeringsmyndighet *s* assessment authority
taxeringsnämnd *s* assessment committee (board)
taxeringsvärde *s* ratable value
taxi *s* taxi[cab], cab; rörelse taxi service
taxichaufför *s* taxi (cab) driver
taxiflyg *s* flygplan taxiplane; rörelse taxiplane service
taxistation *s* taxi rank, cab rank; amer. taxistand, cabstand
tazett *s* bot. French daffodil
T-bana se *tunnelbana*
tbc *s* med. TB; jfr *tuberkulos* med sms.
Tchad Chad
tchadier *s* Chadian
tchadisk *adj* Chadian
TCO förk., s. ex. under *tjänsteman*
1 te *s* tea äv. måltid; vard. char; *dricka ~* have tea; vard. have a cuppa; *koka ~* make tea; *sätta på ~* tevatten put the water on for tea, put the kettle on

2 te *vb rfl,* **~ sig** förefalla appear, seem; ta sig (se) ut look [like]; efter vad som skett **~r sig saken annorlunda** ...the matter appears in a different light
teak *s* virke teak [wood]; möbler *av* ~ äv. teak[-wood]...; för sms. jfr *björk-*
teakträd *s* teak [tree]
team *s* team
teater *s* theatre; **spela ~** act; deltaga i ett uppförande take part in a play; *han bara spelar* ~ bildl. he is merely play-acting (putting on an act); *gå på ~n* go to the theatre; *gå in (vara) vid ~n* go (be) on the stage
teateraffisch *s* playbill
teateranmälan *s* theatrical review
teaterbesök *s, ett* ~ a visit to the theatre
teaterbesökare *s* theatregoer, playgoer
teaterbiljett *s* theatre ticket; *beställa ~er* äv. book seats
teaterbiten *adj* förtjust i att gå på teatern ...mad about the theatre; *vara* ~ vilja bli skådespelare be stage-struck
teaterdekor[ation] *s* piece of scenery; *~er* äv. [stage] scenery sg.
teaterdirektör *s* theatre (theatrical) manager
teaterföreställning *s* theatrical performance; lättare show
teatergrupp *s* theatre (drama) group; *fri* ~ independent theatre group
teaterkikare *s* opera glasses pl.; *en* ~ a pair of opera glasses
teaterkritik *s* dramatic (theatrical) criticism
teaterkritiker *s* dramatic (theatre) critic
teaterpjäs *s* [stage] play; *uppföra en* ~ present (perform, put on, produce) a play
teaterpublik *s* allm. audience; *~en* i salongen the house; *~en* de som går på teater the theatregoing public, theatregoers pl.
teaterrecensent *s* dramatic (theatre) critic
teatersalong *s* auditorium; *en glest besatt* ~ a sparsely-filled house
teaterscen *s* [theatrical] stage
teaterskola *s* dramatic school, school of drama
teaterstycke *s* [stage] play
teatersällskap *s* theatrical (theatre) company
teatersäsong *s* theatrical (theatre) season
teatralisk *adj* theatrical
tebjudning *s* tea party
teblad *s* tea leaf
teburk *s* tea caddy, tea canister
tebuske *s* tea plant, tea shrub
tecken *s* sign [*på, till* of]; känne~, bevis mark, högtidl. token; symtom symptom [*på* i samtl. fall of]; sinnebild, symbol emblem; symbol äv. matem.; kem. [*för* i båda fallen of]; signal signal [*till* for]; skriv~ character; emblem badge; *alla ~ tyder på att...* there is every indication that...; *det är ett gott (dåligt)* ~ it is a good sign (a bad sign el. omen); hunden har *vita ~ på huvudet* ...white marks on its head; *det är ett ~ på* hälsa it is a sign (mark) of...; *det är ett* ~ förebud *på att...* it is an indication (a sign) that...; *ge* ~ trafik. give a signal, signal; *göra (ge) [ett]* ~ *till ngn* make a sign to (motion) a p.; *inte visa ett (något)* ~ *till (på)* illamående not show any signs (symptoms) of..., show no signs (symptoms) of...; *han är född i* Skyttens ~ he is born under [the sign of]..., his sign is...; *på (vid) ett givet* ~ at a given signal (sign); *till* ~ *på att* as a sign that; *till (som)* ~ *på* min kärlek in token (as a mark) of...
teckenförklaring *s, ~[ar]* key to the signs (symbols), table of signs (symbols)
teckenspråk *s* sign language
teckentydare *s* interpreter of signs; augur augur
teckna I *vb tr* o. *vb itr* **1** avbilda draw; skissera sketch, outline; bildl. (skildra) describe, delineate, depict; ~ *efter* modell (naturen) draw from...; ~ *av* draw, sketch, make a drawing (a sketch) of **2** skriva [under (på)] sign, jfr äv. *underteckna;* endossera endorse; ~ *[ett] abonnemang på ngt* subscribe to a th.; ~ *aktier* subscribe [for] (apply for) shares; ~ *en försäkring* take out..., effect..., jfr äv. *försäkring* **3** ~ *ner* se *uppteckna* **4** ge tecken make a sign [*till, åt* to]
II *vb rfl,* ~ *sig för* ngn på en lista put down one's name (oneself) for...; ~ *sig för en försäkring* take out (effect) an insurance [policy]
tecknad *adj* om film animated, se äv. *film 1* o. *serie 2; skarpt ~e drag* sharp-cut (clear-cut) features
tecknare *s* **1** artist drawer, draughtsman **2** av aktier o.d. subscriber
teckning *s* **1** avbildning drawing; skiss sketch; skol. art, art education; på djur, växter markings, lines (båda pl.); bildl. (skildring) description, delineation, depiction **2** av aktier o.d. subscription
teckningslektion *s* drawing-lesson
teckningslista *s* subscription list
teckningslärare *s* drawing teacher
teckningsrätt *s* hand. subscription right, pre-emption, pre-emptive right
tedags *adv* o. *s, vid* ~ at (about) teatime
tedans *s* tea dance, thé dansant fr.
teddy *s* **1** tyg fur (pile) [fabric] **2** damplagg teddy
teddybjörn *s* teddy [bear] äv. om pers.
tefat *s* saucer; *flygande* ~ flying saucer
teg *s* åkerlapp [field] allotment, patch [of tilled ground]
tegel *s* mur~ brick äv. ss. ämne; koll. vanl. bricks pl.; tak~ tile, koll. tiles pl.; *lägga* ~ *på ett tak* tile a roof
tegelbruk *s* brickworks (pl. lika), brickyard; tileworks (pl. lika), tilery

tegelpanna s [roofing] tile
tegelröd adj brick-red
tegelsten s brick; koll. vanl. bricks pl.
tegelstensroman s great thick novel
tegeltak s tile[d] (pantile) roof
tegelugn s brick (resp. tile) kiln
tehuv s tea cosy
teism s filos. theism
tejp s [adhesive (sticky)] tape
tejpa 1 vb tr laga med tejp mend...with tape **2** ~ *fast (igen)* tape up; ~ *ihop* patch up (together)...with tape
teka vb itr ishockey face off
tekaka s teacake
tekanna s teapot
teknik s metod samt konstfärdighet technique; ingenjörskonst engineering, vetenskap äv. technology, technics sg.; *~ens framsteg* technological advances
tekniker s technician; ingenjör engineer; radio~ programme engineer
teknisk adj technical; *~t bistånd* technical assistance; ~ *högskola* institute (university) of technology; ~ *linje* skol. engineering; *han är en ~ spelare* sport. he has a fine technique, he has great technical skill
teknokrat s technocrat
teknolog s student student of technology
teknologi s technology
teknologisk adj technological
tekoindustri s vard. textile and clothing industry
tekopp s teacup; kopp te cup of tea; mått teacupful
tekula s tea-maker, isht amer. tea ball
telefax s tele. facsimile transmission, vard. fax
telefon s telephone; vard. phone; *det är ~ till dig* el. *du har ~* you are wanted on the [tele]phone, there is a call for you; *sitta i ~* be engaged on the [tele]phone; *sitta (hänga) i ~ hela dagen* be on the [tele]phone all day; *svara i ~* answer the [tele]phone; *tala i ~* talk (speak) on (over) the [tele]phone; *vänta kvar i ~* hold the line, hold on; *underrätta ngn per (på) ~* ...by (over the) [tele]phone
telefonabonnemang s telephone subscription
telefonabonnent s telephone subscriber
telefonautomat s payphone, slot (coin-operated) telephone; amer. pay station
telefonavgift s för abonnemang telephone charge (rental); för samtal call fee
telefonavlyssning s telephone (wire) tapping
telefonera vb tr o. vb itr telephone; vard. phone; ~ *till ngn* [tele]phone a p., call (ring) a p. up; isht amer. call a p.
telefonförbindelse s telephone connection; *~r* telecommunications
telefonhytt s callbox, phone box
telefonist s [telephone] operator
telefonkabel s telephone cable

telefonkatalog s telephone directory (book)
telefonkiosk s [public] callbox, phone box (booth), telephone kiosk (booth); amer. pay station
telefonkö s ung. telephone queue [service]
telefonledning s telephone line (wire)
telefonlur s [telephone] receiver, handset
telefonnummer s telephone number
telefonnät s telephone network (system)
telefonpåringning s [tele]phone call
telefonräkning s telephone bill (account)
telefonsamtal s påringning [tele]phone call; *vi hade ett långt ~* we had a long conversation over the telephone
telefonstation s telephone exchange (call office, isht amer. [central] office)
telefonstolpe s telephone pole
telefonsvarare s answering [recording] machine, answerphone
telefonterror s, *utsättas för ~* be subjected to a series of anonymous (malicious) telephone calls
telefontid s telephone hours pl.
telefontråd s telephone wire
telefonvakt s [telephone] answering service
telefonväckning s, *beställa ~* order an alarm call
telefonväxel s abonnentväxel private branch exchange; konkr. switchboard; central telephone exchange
telefoto s foto. telephoto[graph]
telegraf s telegraph; ~station telegraph office
telegrafera vb tr o. vb itr telegraph; vard. wire, cable [*till ngn (London)* [to] a p. (London); *efter ngn (ngt)* for a p. (a th.)]
telegrafering s o. **telegrafi** s telegraphy; *trådlös ~* wireless telegraphy
telegrafisk adj telegraphic
telegrafist s telegraphist, telegraph (radio~ wireless) operator; sjö. radio officer
telegrafkabel s telegraph cable
telegrafledning s telegraph wire
telegrafstation s telegraph office
telegram s telegram; vard. wire, cable; radio~ radio[tele]gram; *få ~ att...* receive a telegram etc. saying that...; *per ~* by telegram etc.
telegramadress s telegraphic address
telegramavgift s charge for a (resp. the) telegram
telegramblankett s telegram form (amer. blank)
telegrambud s pers. telegraph messenger (boy)
telegrambyrå s nyhetsbyrå news agency; *tidningarnas ~* (förk. *TT*) the Swedish Central News Agency
telegramkod s telegraphic code
telegramstil s telegraphic style; vard. telegraphese
telegramtaxa s telegram rate (charge); bok, tabell telegram tariff, table of telegraph rates

telekommunikation *s* telecommunication
telemarksväng *s* i skidåkning telemark
teleobjektiv *s* foto. telephoto lens
telepati *s* telepathy
teleprinter *s* teleprinter, teletypewriter
telesatellit *s* rymd. communications satellite
teleskop *s* telescope
teleskopfjädring *s* telescopic suspension
teleskopisk *adj* telescopic
teleskopöga *s* zool. telescopic eye
telestation *s* telephone and telegraph office
teleteknik *s* telecommunication[s pl.]
teletekniker *s* telecommunication expert
Televerket the [Swedish] Telecommunications Administration; vard. Swedish Telecom
television *s* television; för ex. o. sms. jfr *TV* o. sms.
telex *s* telex
telexa *vb tr* o. *vb itr* telex
telexnät *s* telex network (system)
telning *s* **1** skott sapling **2** vard., barn kid
tema *s* **1** ämne theme äv. mus.; subject, topic **2** skol., översättningsuppgift text for translation [into a (resp. the) foreign language] **3** gram. *säga ~ på ett verb* give the principal parts of a verb
temanummer *s* av tidskrift special feature issue
temp se *temperatur*
tempel *s* temple
tempelherre *s* Knight Templar (pl. Knights Templar[s])
tempera *s* konst. tempera
temperament *s* temperament; *ha ~* be temperamental; *han har ett lugnt (häftigt) ~* äv. he is good-tempered (bad-tempered); *en kvinna med ~* a woman of temperament
temperamentsfull *adj* temperamental
temperamentsutbrott *s* fit of temper
temperatur *s* temperature äv. bildl.; *ta ~en* take one's temperature; *ta ~en på ngn* take a p.'s temperature
temperaturfall *s* fall (drop) in temperature
temperaturförhöjning *s* increase (rise) in temperature
temperaturkurva *s* temperature curve
temperatursvängning *s* o. **temperaturväxling** *s* fluctuation (variation) of (in) temperature
temperera *vb tr* temper äv. mus.; *~ ett vin* bring a wine to the proper temperature
tempererad *adj* tempered; om klimat, zon temperate
tempo *s* fart pace, speed, rate; takt temp|o (pl. -os, mus. vanl. -i)
tempoarbetare *s* unskilled (semi-skilled) worker [employed in assembly-line production]
tempoarbete *s* ung. serial (på löpande band assembly-line) production
tempobeteckning *s* mus. tempo marking
temporär *adj* temporary

tempostegring *s* mus. increase of speed, acceleration
tempus *s* tense
Temsen the [River] Thames
ten *s* [metal] rod
tendens *s* tendency; isht om priser, idéer trend; *ha (visa) ~ att* inf. ...a tendency (disposition) to inf. (towards ing-form)
tendensroman *s* novel with a purpose
tendentiös *adj* tendentious; friare (ensidig) bias[s]ed
tendera *vb itr* tend [*mot (åt)*, *till* towards; *[till] att* inf. to inf.]
tenn *s* tin; legering för tennföremål pewter äv. koll. om själva föremålen; lödmetall solder; föremål *av ~* pewter...
tennfat *s* pewter dish
tenngruva *s* tin mine, stannary
tennhalt *s* tin content; procentdel percentage of tin
tennhaltig *adj* stanniferous; attr. äv. ...containing tin
tennis *s* tennis
tennisarm *s* med. tennis elbow (arm)
tennisbana *s* tennis court
tennisboll *s* tennis ball
tennishall *s* covered tennis court[s pl.], tennis hall
tennisracket *s* tennis racket
tennisspelare *s* tennis player
tennistimme *s* hour booked for tennis; lektion tennis lesson
tennistävling *s* tennis tournament
tennsoldat *s* tin soldier
tenor *s* mus.: pers., röst el. stämma tenor
tenorsaxofon *s* tenor saxophone (vard. sax)
tenorstämma *s* tenor [voice]; parti tenor [part]
tenta vard. **I** *s* [preliminary] exam **II** *vb itr* se *tentera*
tentakel *s* zool. el. bildl. tentacle, feeler
tentamen *s* [preliminary] examination; *muntlig ~* oral examination
tentamensbetyg *s* examination (vard. exam) mark
tentamensfeber *s* exam nerves pl.
tentamensläsa *vb itr* study (vard. cram) for an examination
tentamensperiod *s* examination period
tentand *s* examinee, candidate [for examination]
tentator *s* examiner
tentera I *vb tr*, *~ ngn* examine a p. [*i* in; *på* on] **II** *vb itr* prövas be examined [*för ngn* by a p.]
teokrati *s* theocracy
teolog *s* theologian
teologi *s* theology, divinity
teologisk *adj* theological
teorem *s* matem. theorem
teoretiker *s* theorist
teoretisera *vb itr* theorize [*om* about]

teoretisk *adj* theoretic[al]; **~ fysik (matematik)** äv. pure physics (mathematics)
teori *s* theory; *i ~n* in theory
teosof *s* theosophist
teosofi *s* theosophy
teplantage *s* tea plantation
tepåse *s* tea bag
terapeut *s* therapist
terapeutisk *adj* therapeutic[al]
terapi *s* therapy
term *s* term äv. mat.
termik *s* uppvindar thermals pl.
termin *s* **1** univ. el. skol., ung. term, amer. äv. semester **2** tidpunkt stated (fixed) time, term; förfallotid due date; period period
terminal *s* terminal äv. data
terminalvård *s* med. terminal care
terminologi *s* terminology
terminsavgift *s* term fee
terminsbetyg *s* handling end of term (amer. end of semester) report; betygsgrad term mark, amer. semester grade
termisk *adj* thermal
termit *s* zool. termite, white ant
termodynamik *s* thermodynamics (vanl. sg.)
termometer *s* thermometer; **~n står på (visar)...** the thermometer stands at (is at, registers)...
termos *s* ®Thermos
termosflaska *s* vacuum (Thermos®) flask
termoskanna *s* vacuum (Thermos®) jug
termostat *s* thermostat
teros *s* bot. tea rose
terpentin *s* kem. turpentine
terrakotta *s* terracotta
terrarium *s* vivarium; mindre terrarium
terrass *s* terrace
terrasserad *adj* o. **terrassformig** *adj* terraced
terrier *s* zool. terrier
terrin *s* tureen
territorialgräns *s* limit of territorial waters
territorialvatten *s* territorial waters pl.; *på svenskt ~* in Swedish territorial waters
territoriell *adj* territorial
territorium *s* territory
terror *s* terror
terrorbalans *s* balance of terror, terror balance
terrordåd *s* act of terror
terrorisera *vb tr* terrorize [over]
terrorism *s* terrorism
terrorist *s* terrorist
terräng *s* **1** område, mark ground, country (båda end. sg.); isht mil. terrain; *kuperad ~* hilly country; *i svår ~* over difficult terrain; *förlora (vinna) ~* lose (gain) ground; *sondera ~en* reconnoitre; bildl. äv. see how the land lies; springa omkring *i ~en* ...in the woods (the countryside) **2** sport. *löpa (springa) ~* go cross-country running
terrängbil *s* cross-country truck; jeep jeep

terrängcykel *s* mountainbike
terrängförhållanden *s pl* nature sg. of the ground (terrain)
terränglöpning *s* cross-country running (tävling run, race)
terrängritt *s* ridtur cross-country (point-to-point) ride
ters *s* **1** mus. third; *liten (stor) ~* minor (major) third **2** tredje snapsen third glass [of schnapps] **3** fäktn. tierce
tertiär *adj* geol. tertiary
tertiärperioden *s* o. **tertiärtiden** *s* geol. the Tertiary period
tes *s* thes|is (pl. -es)
teservis *s* tea set, tea service
tesil *s* tea-strainer
tesked *s* teaspoon; måttt (förk. *tsk*) teaspoonful; *två ~ar salt* two teaspoonfuls of salt
tesort *s* [kind of] tea
1 test *s* hår~ wisp [of hair]
2 test *s* prov test
testa *vb tr* test
testamente *s* will, last will and testament; *Gamla (Nya) Testamentet* the Old (New) Testament; *inbördes ~* joint (conjoint) will; *göra (upprätta) sitt ~* make (draw up) a (one's) will
testamentera *vb tr*, *~ ngt till ngn* bequeath a th. to a p., leave a p. a th. (a th. to a p.); *~ bort* will (bequeath) away
testamentsexekutor *s* jur. executor [under a (resp. the) will]
testare *s* tester
testbild *s* TV. test pattern
testcykel *s* exercise bicycle
testflygare *s* test pilot
testig *adj* tufted, tufty
testikel *s* anat. testicle
testmetod *s* testing method
testning *s* testing
testvärde *s* test value
tête-à-tête *s* tête-à-tête fr.
tetra *s* zool. tetra
tetraeder *s* geom. tetrahedron
tevagn *s* tea trolley, tea waggon
tevatten *s* water for the tea; *sätta på ~* put the water on for tea, put the kettle on
teve med sms., se *TV* med sms.
t.ex. förk., se under *[till] exempel*
text *s* allm. text; bild~ caption; förklarande [bild]~ äv. legend; film~ vanl. subtitles pl.; sång~ lyrics pl.; libretto librett|o (pl. -os el. -i) [till i samtl. fall of]; mots. illustration äv. letterpress; *sång~en är av...* the words...; *dagens ~* bibelställe the text for the day; ibl. the lesson; *gå vidare i ~en* go on; *lägga ut ~en* bildl., vidlyftigt förklara ngt go into great detail [*om* about], expand [*om* on]; *en fransk film med svensk ~* ...with Swedish subtitles (captions)
texta *vb tr* o. *vb itr* **1** med tryckbokstäver

tid

write...in block letters; pränta engross **2** uttala tydligt articulate [the words] **3** förse film med (t.ex. svensk) text subtitle
textbehandling *s* study of a text; data. text processing
textförfattare *s* allm. author of the text (the words); till libretto librettist; till annonstext copywriter
textil *adj* textile
textilarbetare *s* textile worker
textilier *s pl* textiles
textilindustri *s* textile industry
textillärare *s* teacher of textile handicraft
textilslöjd *s* textile handicraft
textkritik *s* textual criticism
texttrogen *adj* ...in conformity with the text
text-TV *s* teletext
Thailand Thailand
thailändsk *adj* Thai; attr. äv. Thailand
thaisiden *s* tyg Thai silk
Thalia Thalia
Themsen the [River] Thames
thinner *s* thinner
thoraxklinik *s* thoracic clinic
thriller *s* thriller
tia *s* ten; sedel (förr) ten-krona note; mynt ten-krona piece; jfr *femma*
tiara *s* tiara
tibast *s* bot. mezereon, daphne
Tibern the Tiber
Tibet Tibet
tibetan *s* Tibetan
tibetansk *adj* Tibetan
1 ticka *s* svamp polypor|us (pl. äv. -i), shelf (bracket) fung|us (pl. -i el. -uses)
2 ticka *vb itr* tick
ticktack I *s* tick-tack; större urs tick-tock; tickande äv. ticking **II** *interj* tick-tack; större urs tick-tock
tid *s* **1** allm. time; nuvarande, dåvarande ofta times pl., day[s pl.], jfr ex.; [bestämd] tidrymd, [kortvarig] period, tidevarv, tidsålder äv. period; tidrymd äv. space of time (end. sg.); isht tjänste~, straffperiod term; period äv. season, kort spell, intervall interval; tidsskede o.d. äv. epoch, age; bestämd (lämplig) tidpunkt äv.: ögonblick moment, timme hour, datum date; årstid äv. season; disponibel ~ äv. leisure; kontors~ o.d. hours pl.; avtalad ~, t.ex. hos läkare appointment; tillfälle opportunity
en ~ kommer, när... a time will come...; stanna *en (någon) ~* ...for a (some) time; *~ tid* brukade han... at one time...; *lokal ~* local time; *medan ~ är* while there is [still] time; *långa ~er* kunde han... for long periods...; *en (någon) ~s vila* a period of rest, a rest for a time (short period); *~s nog* får du veta det ...soon (early) enough; *beställa ~ hos* läkare o.d., vanl. make an appointment with...; när jag *får ~* ...get (find) time (tillfälle an opportunity); *ha (få) ~ med (för)...* have time for...; *jag har inte ~* I haven't [got] time; *har du ~ för mig ett slag?* can you spare me a moment?, have you [got] a moment to spare?; *när du har ~* when you can find time (can spare a moment); *ha (få) god ~ [på sig]* have plenty of (ample) time; *det är gott om ~* there is plenty of time; *ta ~ på* tävlande time...; *ta ~en* sport. take the time; *ta god ~ på sig* take one's time [*med* ngt *(med att* inf.*)* over... (over ing-form)]; *hur lång ~ kommer det att ta dig?* how long (much time) will it take you?; *det var andra ~er då* times were different then; *det var ~er det* när man kunde... those were the days...; *~ är pengar* time is money
2 i best. form: *~en* allm. time; den nu- resp. dåvarande the times pl.; t.ex. är knapp [the] time; t.ex. för ngns vistelse the time [*för* of]; *~en* tidpunkten *för avresan* the time (moment) of departure; *~[en] och rum[met]* time and space; *~en går* it (time) is getting on; *få ~en att gå* kill time; *~en läker alla sår* time heals all wounds; *~en är ute!* time's up!; jag var sjuk *första ~en* dagarna (veckorna etc.) ...during the first few days (weeks etc.); *gamla ~en* ancient times pl.; *den gamla goda ~en* the good old times (days) pl.; *[den] nya ~en* hist. the Modern Age; *den nya ~en* friare modern times pl.; *den gustavianska ~en* the Gustavian period; *~erna var* dåliga times...; *~ens gång* the course (march) of times
3 efter prep.: han är *tidens barn av sin ~* ...a child of his time; *efter en (någon) ~* allm. after some (a) time, after a while; syftande på spec. händelse some time afterwards; *vara efter sin ~* be behind the times; *för en (någon) ~* for some (a) time; *för en kort ~* for a short time; *för en ~ av* fem år for a period (space) of...; *för en ~ sedan* some time ago; *nu för ~en* se *nuförtiden; vara före sin ~* be ahead of one's time[s]; *i ~* in time [*för, till* for; *att* inf. to inf.; *för att* inf. for ing-form]; *i ~ och evighet* for all time, for ever and ever; *i gamla ~er* in days (times) of old (yore); *i god ~* in good time [*till* for]; vara bortrest *i en veckas (månads) ~* ...for a week (month); *i vår ~* in our times (day[s]); *i alla ~er* hittills from time immemorial; alltid at all times; för all framtid for all time [to come]; för evigt for ever; *det låg i ~en att* inf. it was characteristic (part) of the age to inf.; it was typical of those days (times) that...; friare the trend was to inf.; *inom den närmaste ~en* in the immediate (near) future; *med ~en* in [course of] time, as time goes (resp. went) on; det blir nog bra *med ~en* ...in time; *följa (vara) med sin ~* keep up with the times, be (keep) up to date; springa *på ~* ...against time; *det är på ~en att gå* it is about time to leave; *på avtalad ~* at the

tidelag

appointed (fixed) time; *på hans* ~ in his day[s]; *på sin* ~ var han... in his time (day)...; förr i världen formerly...; *den på sin* ~ kände arkitekten the once (at one time)...; *på (under) Gustav III:s* ~ livstid in Gustavus III's time (dagar day[s]); period in (during) the times of Gustavus III; resa bort *på en (någon)* ~ ...for a (some) time; *på den ~en* at that time (period), in those days; *på den ~en då...* at the time when...; *på senare* ~ el. *på senaste (sista) ~en* recently, of late, lately; *under ~en* [in the] meantime, meanwhile; *under ~en* 1-15 maj between...; *under ~en närmast efter* jul immediately after...; inte stanna *under någon längre* ~ ...for a long (any great length of) time; *gå ur ~en* depart this life; *vid ~en för* t.ex. sammanbrottet at the time of; *vid den här ~en* a) (nu) borde du ligga ...by now (this time) b) brukar jag... at this time...; *vid en ~ då...* at a time when...; några dagar *över ~en* ...beyond (past) the proper time
tidelag *s* bestiality, sexual intercourse with animals (resp. an animal)
tideräkning *s* kronologi chronology; kalender calendar; epok era
tidevarv *s* period, epoch, age
tidig *adj* early; *för* ~ förtidig premature; *vara av sig* be up (about) early, keep early hours; *en ~ morgon* adv. early one morning; *från ~t 1800-tal* from the early part (beginning) of the 19th century; *~are* föregående äv. previous, former
tidigarelägga *vb tr* möte o.d. hold...earlier, bring forward
tidigt *adv* early; *~ [nog]* äv. in good time; *för* ~ eg. äv. too soon; i förtid prematurely; *vara ~ ute* vara där i god tid be there in good time (early); *vara ~ utvecklad* om t.ex. barn be precocious; *~ på morgonen [den 3 maj]* [on May 3rd] early in the morning; *tidigare* allm. earlier [on]; at an earlier hour (time o.d.); förr äv. sooner; förut äv. previously, formerly; hon kommer *tidigast i morgon* ...tomorrow at the earliest
tidkort *s* **1** stämpelkort clocking-in card **2** för läkartid o.d. appointment card
tidlås *s* time lock
tidlön *s* time wages pl.
tidlös *adj* timeless, ageless
tidlösa *s* bot. colchicum
tidning *s* newspaper, vard. paper; vecko~ magazine; *det står i ~en* it is in the paper; *det står i ~en* att... it says in the paper...; *~en för i fredags* last Friday's paper
tidningsanka *s* canard fr.
tidningsartikel *s* newspaper article
tidningsbilaga *s* supplement to a (resp. the) paper
tidningsbud *s* [news]paper woman (resp. man, boy, girl)

tidningsförsäljare *s* newsvendor; på gatan vanl. newspaper man
tidningskiosk *s* newsstand; större bookstall
tidningskorrespondent *s* newspaper correspondent
tidningsläsare *s* newspaper reader
tidningsnotis *s* news[paper] item
tidningspress *s*, *~en* samtl. tidningar the Press
tidningsredaktion *s* lokalen newspaper office
tidningsrubrik *s* [newspaper] headline
tidningsurklipp *s* press cutting; amer. clipping
tidpunkt *s* point [of time], moment; *vid denna* ~ at this moment (isht kritisk juncture); *vid ~en för...* at the time of...
tidrymd *s* period, space of time (end. sg.) [*av* of]; geologisk o.d. epoch, era
tidsadverb *s* språkv. adverb of time
tidsanda *s*, *~n* the spirit of the time[s]
tidsaxel *s* time axis
tidsbegränsa *vb tr* impose a time-limit on
tidsbegränsning *s* time limit
tidsbesparande *adj* time-saving
tidsbesparing *s* sparande av tid [the] saving of time; sparad tid time saved; *göra stora ~ar* save a lot of time
tidsbeställning *s* appointment
tidsbrist *s* lack of time
tidsbunden *adj* time-bound, ...conditioned by the period (time)
tidsenhet *s* unit of time
tidsenlig *adj* nutida up to date; modern modern
tidsform *s* språkv. tense
tidsfrist se *frist*
tidsfråga *s*, det är bara *en* ~ ...a matter of time
tidsfärg *s* contemporary colour
tidsföljd *s* chronological order
tidsfördriv *s* pastime; *som (till)* ~ as a pastime
tidsförlust *s* loss of time
tidsindelning *s* division of time
tidsinställd *adj*, *~ bomb* time-bomb, delayed-action bomb
tidsinställning *s* **1** foto. [the] timing of the exposure; tid inställning of exposure; värde shutter setting **2** mil., tempering timing
tidskrift *s* periodical; isht teknisk o. vetenskaplig journal; isht litterär review; lättare magazine
tidskrävande *adj* time-consuming; *det är* ~ äv. it takes a lot of time
tidsnöd *s* shortage of time; *vara i* ~ be pressed for (short of) time
tidsperiod *s* period
tidsplan *s* **1** tidsschema timetable, schedule **2** avsnitt av tiden time plane
tidspress *s*, *arbeta under* ~ work under pressure (against the clock), be pressed for time in one's work
tidsprägel *s*, *bära* ~ bear the impress of the (those) times
tidsrymd se *tidrymd*
tidsschema *s* timetable, schedule

tidssignal *s* i radio time signal
tidsskildring *s* picture of the time (age)
tidsskillnad *s* difference in (of) time
tidsspillan *s* waste of time
tidsstudieman se *arbetsstudieman*
tidstecken *s* sign of the times
tidstrogen *adj*, *en ~ bild* a picture that is true to the period, a faithful picture of the period
tidstypisk *adj* ...characteristic (typical) of the period
tidsvinst *s*, *~[er]* saving sg. of time, gain sg. in time
tidsålder *s* age, era
tidsödande *adj* time-wasting, time-consuming
tidsöverdrag *s* running over the time [*på* 5 min. by...]
tidtabell *s* timetable; amer. ofta äv. schedule
tidtagare *s* timekeeper; sport. vanl. timing official
tidtagarur *s* stopwatch
tidtagning *s* timekeeping; *elektronisk ~* electronic timing
tidur *s* timer
tidvatten *s* tide
tidvis *adv* ibland at times; med mellanrum periodically; långa tider for periods together
tig|a *vb itr* be (remain) silent [*med* about]; keep silent; *~ med* ngt äv. keep...to oneself; *tig!* be quiet!, hold your tongue!; vard. shut (dry) up!; *ge honom så han -er!* let him have it!; *där fick han så han teg!* that put him straight!, that settled him!, that made him shut up!; *hon -er och lider* she suffers (is suffering) in silence; *affären tegs ihjäl i pressen* the matter was hushed up in the Press, there was a conspiracy of silence about the matter in the Press
tiger *s* tiger
tigerhjärta *s*, *tröst för ett ~* a poor consolation
tigerhona *s* female tiger
tigerkaka *s* kok. marble cake
tigersprång *s* tiger leap
tigerunge *s* tiger cub, young tiger
tigga *vb tr* o. *vb itr* beg [*av* ngn of (av förbigående from)...]; *~ [om]* beg for; *gå och ~* go begging; *han tiggde och bad men...* he begged and begged...; *~ och be ngn om* ngt beg a p. for..., implore a p. for...; *~ sig fram* beg one's way along; *~ ihop...* collect... (get...together) by begging; *~ sig till* ngt *[av ngn]* get...by begging [of a p.]; *han tigger stryk* he's asking for a thrashing (svag. for trouble)
tiggarbrev *s* begging letter
tiggare *s* beggar
tiggarmunk *s* relig. mendicant friar
tiggeri *s* begging; isht yrkesmässigt mendicancy (båda end. sg.); hans *~[er]* ...begging [appeals pl.]
tigrerad *adj* om katt striped [tabby]

tigrinna *s* tigress
tik *s* bitch, she-dog
tilja *s* board; *~n* teatern the boards pl.
till I *prep* **1** uttr. rumsförh., äv. friare **a)** allm. to; in i, ut på into; mot towards; [ned] på on; ända till äv. to the very, [right] up (down) to, as far as [to]; uttr. läge äv. on, at; *falla ~ marken* fall to the ground; dricka vin *~ middagen* ...with one's dinner; *få soppa ~ middag* have soup for dinner; *färdas ~ fots (lands, sjöss)* travel (go) on foot (by land, by sea); *komma ~ makten* come into power; *sitta (sätta sig) ~ bords* sit at table (sit down to dinner resp. lunch etc.); ta första steget *~ försoning* ...towards a reconciliation; *ta av ~ höger* turn to the right; *det går tåg ~ S.* varje timme there is a train to S... **b)** i förb. med 'ankomma', 'ankomst' o.d. at; betr. land o. större stad el. ö in; *anlända ~* staden (bergets topp) arrive at resp. in... (on...), get to...; *komma ~* ett resultat arrive at... **c)** i förb. med vissa uttr. med bet. 'avresa', 'avgå', 'vara destinerad' med tanke på syftet med rörelsen for; *tåget (båten) ~ S.* the train (boat) for S.; *lösa biljett ~ S.* take (buy) a (resp. one's) ticket for S., book to (for) S.; *fara hem ~* påsken (bröllopet) go home for...
2 uttr. tidsförh.: **a)** som svar på frågan 'hur länge' till, until; ända till to, up (down) to (till); med bibet. av ändamål, avsikt o.d., uttr. att ngt är bestämt (avsett) till en viss tid for; *från 9 - 12* from 9 to 12; *från morgon ~ kväll* from morning to (till) evening; dansa *~ långt in på natten* ...until (till) far on into the night **b)** som svar på frågan 'när': när tiden ifråga är inne at, in, senast by; uttr. att ngt är bestämt (avsett) till en viss tid for; före before, preceding; vigseln är bestämd *~ den 15:e* ...for the 15th; du ska vara hemma *~ klockan 4* ...by 4 o'clock; han gav mig presenter *~ jul och ~ födelsedagen* ...at Christmas and on my birthday; reser du hem *~ jul?* ...for Christmas?; *natten ~* tisdagen the night before (preceding)...; två tabletter *~ natten* ...for the night; *läxorna ~ torsdag* the homework for Thursday, Thursday's homework; *~ dess (den tiden)* hade alla kommit by then..., by that time...
3 uttr. dativförh. o. friare bet.: åt to; avsedd för for; uttr. föremålet för en känsla, strävan, ett försök o.d. to, in, on, for, of, jfr ex.; *två biljetter ~* Hamlet (nioföreställningen) two tickets for...; här är ett brev *~ dig* ...for you; *kärlek (hat) ~ ngt* love (hatred) of a th.; *kärlek ~ ngn* love for a p.; hans längtan *~ hemmet* ...for home; *ha tid ~ ngt* have time for a th.; *ge ngt ~ var och en* give a th. to each [of them], give each of them a th.; sjunga *~ gitarr* ...to [the accompaniment of] the guitar; *skriva ~ ngn* varje vecka write to a p...; *han sade det ~ mig* he said it to me, he told [it] me

till

4 uttr. tillhörighet, förhållande, förbindelse o.d.: vanl. of, ibl. to; *han är son* ~ en läkare he is the son of...; *dörren* ~ huset the door of...; författaren ~ *boken* ...of the book; *en källa* ~ glädje a source of...; hon är *mor* ~ *fyra barn* ...the mother of four children; *nyckeln* ~ skåpet the key to (som tillhör of)...; *min inställning* ~ förslaget my attitude to (towards)...; en vän ~ *mig (min bror)* ...of mine (my brother's); *ägaren* ~ huset the owner of...
5 uttr. ändamål, lämplighet el. avsikt: allm. for; såsom as, by way of, jfr ex.; ~ *förklaring av...* as an explanation of..., to explain...; köpa ngt ~ *julklapp åt ngn* ...as a Christmas present for a p.; *ha X.* ~ *lärare* have X. as a teacher; *ha (sakna) pengar* ~ mat have (lack) money for...; ha ngn ~ *vän* ...as (for) a (resp. one's) friend
6 uttr. verkan el. resultat to; ~ *min* fasa (förvåning, skräck) to my...; ~ *skada för...* to the detriment of...; *vara skyldig* ~ ngt be guilty of...
7 uttr. övergång into, to, for; *förvandla* ~ transform (change, turn) into; *en förändring* ~ *det sämre* a change for the worse; *tvinga ngn* ~ *reträtt* force a p. to beat (into beating) a retreat; *växa upp* ~ stora starka karlar grow up into (to become)...; *översätta* ~ engelska translate into...
8 vid predf., oftast utan motsv. i eng. *...är döpt* ~ *N.* ...was christened N.; *detta gjorde honom* ~ en berömd man this made him...; *hans utnämning* ~ chef his appointment as...
9 i fråga om in; genom by; ~ *antalet (kvaliteten, namnet, utseendet)* in number (quality, name, looks); känna ngn ~ *namnet (utseendet)* ...by name (sight); liten (stor) ~ *växten* ...in (of) stature; ~ *yrket* by profession; ~ *det yttre* in external appearance, externally
10 uttr. jämförelse betr. egenskap of; *en jätte (tusan)* ~ *karl* a giant (devil) of a fellow
11 uttr. gräns m.m. *köpa ngt* ~ *ett pris av* 50 kr kilot buy a th. at [the price of]...; *3* ~ *4 dagar (personer)* 3 or (to) 4 days (people); *10* ~ *15 droppar* [from] 10 to 15 drops; *svag* ~ *måttlig vind* light to moderate winds pl.
12 i vissa förb.: **a)** ~ *att* inf. to inf.; for ing-form; ~ *att börja med* var det svårt to begin with... **b)** ~ *och med* (förk. *t.o.m.)* up to (om datum äv. until) [and including]; från 1979 ~ *och med 1989* äv. ...to 1989 inclusive

II *adv* **1** ytterligare more; *en dag (vecka)* ~ one day (week) more (longer), another day (week); en kopp te (en tia) ~ another...; *lika mycket* ~ as much again; *lite* ~ a little more
2 inkopplad, på instrumenttavla o.d. on
3 tillhörande to it (resp. them); en regnkappa *med kapuschong* ~ ...with a hood to it (attached); jacka *med kjol och byxor* ~ ...with skirt and trousers to match
4 i vissa förb. *vi skulle just [~ att] gå* we were just on the point of leaving; *och jag* ~ *att springa (gråta)!* and did I start running (weeping)!; ~ *och från* då och då off and on; *gå* ~ *och från* come and go; *det gör varken* ~ *eller från (från eller ~)* it makes no difference, it is all the same (all one); ~ *och med* even, jfr *I 12 b*; *det är* ~ *och med bättre* it is even better; *åt byn* ~ towards the village
5 som beton. part. vid vb, se resp. vb

III i konj. förb. ~ *dess [att]* till, until
tillaga se *2 laga I 1*
tillagning *s* allm. making; gm stekning o.d. äv. cooking osv., se *2 laga I 1;* av t.ex. måltid preparation; ~ *av mat* cooking
tillbaka *adv* allm. back; bakåt backward[s]; jfr äv. beton. part. under resp. vb; *så långt* ~ *som på* tjugotalet as far back as..., way back in...; *sedan lång tid* ~ *är han...* for a long time past (back) he has been...; *känna ngn sedan* tre år ~ have known a p. for the last (past)...; *det ligger långt* ~ *[i tiden]* it is a long way back in time, it is long ago; *jag vill* ~ *[till* Rom*]* I want to go back [to...]
tillbakabildas *vb itr dep* biol. regress
tillbakablick *s* retrospect (end. sg.) [*på* of]; i film o.d. flashback [*på* to]
tillbakadragande *s* polit. el. mil. withdrawal; av trupper äv. pull-out
tillbakadragen *adj* bildl.: försynt retiring, unobtrusive; reserverad reserved; om liv o.d. retired
tillbakadraget *adv, leva* ~ live in retirement (seclusion)
tillbakagång *s* bildl. retrogression; nedgång äv. decline [*i* of]; ~ återgående *till...* return to...; *vara på* ~ be on the decline, be on the wane, be declining (falling off)
tillbakalutad *adj* om pers. ...leaning back, reclining
tillbakavisa *vb tr* avvisa o.d.: t.ex. förslag reject, turn down; anbud äv. refuse; beskyllning repudiate; angrepp repel, repulse
tillbaks vard., se *tillbaka*
tillbe[dja] *vb tr* isht relig. worship; älska, dyrka äv. adore
tillbedjan *s* worship; dyrkan adoration
tillbedjare *s* beundrare o.d. admirer, adorer, stark. worshipper
tillbehör *s,* ~ pl.: till bil, dammsugare, kamera o.d. accessories; friare appurtenances; för inredning el. maskiner fittings, fasta fixtures; kok. accompaniments, garnering trimmings; en sallad *som* ~ ...as a side dish; *...är ett nödvändigt* ~ ...is a necessary adjunct (om t.ex. verktyg piece of equipment); *ett* ~ en tillsats *till...* an attachment to...

tillblivelse *s* allm. coming into being (existence); ursprung origin; skapelse creation, världens äv. genesis; institutions, företags inception; av idé o.d. vanl. birth
tillbringa *vb tr* spend [*med att* inf. [in] ing-form]; **~ natten på** ett hotell äv. stay the night at...
tillbringare *s* jug; amer. pitcher
tillbucklad *adj* bucklig dented; friare knocked about, mauled
tillbud *s* olycks~ near-accident; *det var ett allvarligt ~* there might have been a serious accident
tillbyggnad *s* addition; konkr. äv. extension; annex annex[e]
tillbörlig *adj* due; lämplig fitting, appropriate; vederbörlig proper; *på ~t* säkert *avstånd* at a safe distance
tilldela *vb tr,* **~ *ngn ngt*** allot (assign) a th. to a p.; utmärkelse confer (bestow) a th. on a p.; pris award a p. a th. (a th. to a p.); **~ *ngn*** ett slag (en tillrättavisning) o.d. administer...to a p.; ett slag äv. deal a p....; ett straff (slag) äv. inflict...upon a p.
tilldelning *s* ranson allowance, ration; ransonerande allocation, rationing
tilldra[ga] *vb rfl,* **~ *sig*** **a)** ske happen, occur; utspelas take place; *det tilldrog sig i...* the scene was laid in... **b)** attrahera attract
tilldragande *adj* attractive; om sätt, leende engaging
tilldragelse *s* allm. occurrence; viktigare event; obetydligare incident; **lycklig ~** barnafödsel happy event
tilldöma *vb tr* jur. **~ *ngn ngt*** adjudge a th. to a p., award a p. a th.
tillfalla *vb itr,* **~ *ngn*** allm. go (ss. ngns rätt accrue) to a p.; oväntat äv. fall to a p.['s lot]; 1000 kr *tillföll mig* ...fell to my share; gm lottdragning ...went to me
tillfart *s* konkr. o. **tillfartsväg** *s* approach (access) road; **~*en till*** staden the road leading [in]to...
tillflykt *s* refuge [*mot, undan* from]; tillflyksort haven [of refuge]; fristad (äv. om bostad) retreat; tillfällig, isht för rekreation resort; medel, utväg resort, resource; *ta sin* **~ *till:*** en stad, ett land o.d. take refuge in, en pers. take refuge with, go to...for refuge; t.ex. list, sömnmedel resort to
tillflyktsort *s* place (haven) of refuge (tillfällig resort) [*undan* from]; jfr *tillflykt*
tillflöde *s* abstr. inflow, influx båda äv. bildl.; konkr. feeder stream; biflod tributary [river (stream)]
tillfoga *vb tr* **1** tillägga add; bifoga affix, append **2** vålla **~ *ngn ngt*** t.ex. smärta, förlust; allm. inflict a th. [up]on a p.; cause a p. a th. äv. lidande; **~** ngn *ett nederlag* äv. defeat...
tillfreds *adv* satisfied; känna sig (vara) *väl* **~**

med ...very satisfied (very well contented) with
tillfredsställa *vb tr* satisfy äv. sexuellt; pers. äv. content; göra till lags suit, please; behov, efterfrågan, krav äv. meet; nyck indulge; hunger, törst äv. appease; nyck äv. gratify; lust, nyfikenhet gratify; **~ *sig själv*** onanera masturbate, satisfy oneself
tillfredsställande *adj* satisfactory [*för* ngn to, för visst ändamål for]; glädjande gratifying [*för* to]; tillräcklig sufficient
tillfredsställd *adj* satisfied osv.; content end. pred., jfr *tillfredsställa*
tillfredsställelse *s* känsla av glädje satisfaction; gratification [*för* i båda fallen to; *över, med* at]; uppskattning appreciation [*över* of]; *till stor ~ för...* to the great satisfaction of...
tillfriskna *vb itr* recover [*efter, från* from]; *han har ~t* äv. he has got well (vard. better) again
tillfrisknande *s* recovery [to health]
tillfrusen *adj* frozen over
tillfråga *vb tr* ask; rådfråga consult [*om* i båda fallen about, as to]
tillfångata[ga] se *fånga I*
tillfälle *s* när ngt inträffar occasion; kritisk tidpunkt juncture; lägligt (gynnsamt) ~ opportunity, opening, slumpartat chance [*[till] att* inf. to inf. el. of (~ som lämpar sig till for) ing-form]; **~*t gör tjuven*** ordspr. opportunity makes the thief; *det finns ~n då...* there are times (occasions) when...; **bereda (ge) ngn ~** *att* inf. furnish (provide) a p. with (give a p.) an (the) opportunity of ing-form; **få ~ *[till] att fiska*** find el. get an opportunity of fishing (to fish); **gripa ~t** el. **ta ~t i akt** seize (take) the opportunity; **för *~t*** för det särskilda ~t for the occasion; tills vidare, för ögonblicket for the time being; för närvarande at present; chefen är ute **för *~t*** ...just now, ...[just] at the moment; **vid ~** vanl. when an opportunity arises (occurs); vid lägligt ~ when [it is] convenient; när ni får ~ at your convenience; **vid ~ ska jag...** some time (some day) or other..., when I get a chance...; **vid det *~t (~t i fråga)*** on that occasion; vid den tidpunkten at the time; **vid första [bästa] ~** at the first (an early) opportunity
tillfällig *adj* då och då förekommande occasional; händelsevis förekommande, slumpartad accidental; om t.ex. upptäckt chance...; om t.ex. inkomst, kostnad incidental; kortvarig, provisorisk temporary; händelsevis tillkommen el. kortvarig casual; tempörär, övergående momentary; **~ *adress*** temporary address; **~*t arbete*** casual work; odd jobs pl.; **~ *bekantskap*** chance acquaintance; **en ~** besökare (kund) a casual (enstaka stray)...; **en ~ *händelse*** an accidental (a chance) occurrence
tillfällighet *s* tillfällig händelse (omständighet)

accidental occurrence (circumstance); slump chance; slumpartat sammanträffande coincidence; **~en gjorde att...** chance (resp. coincidence) brought it about...; **av en [ren] ~** by pure chance, by sheer accident, quite accidentally

tillfälligt *adv* för kort tid temporarily; för ögonblicket [just] for the time being

tillfälligtvis *adv* **1** händelsevis accidentally, by accident; av en slump by chance; apropå casually; oförutsett incidentally **2** se *tillfälligt*

tillföra *vb tr*, **~** skaffa ngt till... supply (provide)...with a th.; **~ debatten nya idéer** bring new ideas into...; **~ bolaget nytt kapital** put fresh capital into...

tillförlitlig *adj* reliable, ...to be relied on; om uppgift äv. authentic

tillförlitlighet *s* reliability; uppgifts äv. authenticity

tillförordna *vb tr* appoint (isht mil. commission)...temporarily (provisionally)

tillförordnad *adj*, **~** (förk. *t.f.*) professor acting..., ...pro tempore

tillförsel *s* tillförande supplying (av t.ex. frisk luft supply) [*av [...till]* of [...to]]

tillförsikt *s* confidence, assurance

tillförsäkra *vb tr*, **~ sig** ngt secure (make sure of)...

tillgiven *adj* **1** allm. attached; gällande nära släkting affectionate, loving; trogen devoted; om djur faithful **2** i brevunderskrift **Din [varmt] tillgivne...** vanl. Yours [very] sincerely (till nära släkting el. vän affectionately),...

tillgivenhet *s* attachment; hängivenhet devotion, devotedness [*för* to]; kärlek affection [*för* for]

tillgjord *adj* affected; konstlad artificial

tillgjordhet *s* affectation; affected (resp. artificial) manner

tillgodo *adv* se *[till] godo*

tillgodogöra *vb rfl*, **~ sig** assimilate äv. bildl.; t.ex. undervisningen profit by

tillgodohavande *s* för sålda varor o.d. outstanding account [owing to one]; i bank o.d. [credit] balance [*hos, i* with]; **vårt ~ hos Er** the balance in our favour with you

tillgodokvitto *s* hand. credit note

tillgodoräkna *vb rfl*, **~ sig** **a)** medräkna count [in], include **b)** räkna sig till godo *för...~r vi oss ett arvode av kr. 20 000:-* the fee for...is 20,000 kr.

tillgodose *vb tr* krav, önskemål o.d. meet, satisfy; behov supply, provide for; **~ ngns intressen** look after a p.'s interests

tillgrepp *s* stöld theft

tillgripa *vb tr* **1** stjäla take...unlawfully, appropriate...for one's own use; snatta thieve, purloin; försnilla misappropriate **2** bildl.: åtgärd, utväg resort (have recourse) to;

~ alla medel för att go to any lengths..., use any means available...

tillgå *vb tr, det finns (är) att ~* till förfogande it is to be had (is obtainable) [*hos* from]

tillgång *s* **1** tillträde access [*till* to]; **ge ngn ~ till** sitt bibliotek allow a p. the use of...; **ha ~ till telefon** have the use of the (resp. a) telephone; **ha ~ till vatten** (läkare) have...at hand (within easy reach); **med ~ till kök** with the use of kitchen, with kitchen facilities **2** förråd supply [*på* of]; **~ och efterfrågan** supply and demand **3** tillgångspost asset; **~ar** penningmedel means; resurser resources; **~ar och skulder** assets and liabilities; **leva över sina ~ar** live beyond one's means; **hon är en stor ~ för** firman she is a great asset to...

tillgänglig *adj* **1** om sak: som man har tillträde till accessible [*för* to]; lätt~ easy of access end. pred. [*för* for]; lättfattlig, t.ex. om bok, text accessible, comprehensible; som finns att tillgå (om t.ex. sittplats, resurser) available [*för* for]; som kan erhållas (t.ex. i butik) obtainable; öppen (om lokal el. friare t.ex. om kurs) open [*för* to]; **samlingen hålls ~ i** visningssalen the collection is [kept] on view in...; **med alla ~a medel** vanl. by every available means **2** om pers.: lätt att komma till tals med ...easy to approach, vard. get-at-able; sällskaplig sociable; älskvärd affable

tillhanda *adv* på kuvert by hand, amer. hand deliver[y]

tillhandahåll|a *vb tr*, **~ [ngn]** ngt: hålla i beredskap have...in readiness [for a p.]; ställa till förfogande place...at a p.'s disposal; förse med supply (furnish) [a p. with]...; saluföra offer...for sale [to a p.]; **tidningen -[e]s** i alla kiosker the paper is obtainable (to be had el. bought, on sale)...

tillhands *adv* se *till hands* under *hand*

tillhygge *s* eg. weapon; bildl. äv. argument

tillhåll *s* haunt [*för* of]; tillflyktsort retreat, refuge [*för* for]; **ha sitt ~ på** ett kafé frequent...

tillhållarlås *s* chubb [lock]

tillhöra 1 om ägande el. medlemskap belong to, se vid. *höra II* **2** se *tillkomma* 2

tillhörande *adj* som hör till det (dem) ...belonging to it (them); förbunden med det (dem) ...adherent (om abstr. subst. incident) to it (them); därtill passande ...to match; låda **med ~ lock** ...with (and) the lid belonging to it; papper **med ~ kuvert** ...and envelopes to match

tillhörig *adj*, **en bil ~ X** a car belonging to X

tillhörighet *s* ägodel possession; [private] property (end. sg.); mina (dina osv.) **~er** äv. ...belongings; **politisk ~** political affiliation

tillika *adv* also, ...too; dessutom besides, moreover; **~ med** together with

tillintetgjord *adj* bildl.: nedbruten o.d. broken

[down] end. pred.; förkrossad [quite] crushed [*av* blygsel with...]
tillintetgöra *vb tr* nedgöra defeat...completely; förstöra destroy, ruin; förinta annihilate; krossa (äv. bildl.) crush; bildl.: planer frustrate, förhoppningar äv. shatter
tillintetgörande *adj* destroying osv., jfr *tillintetgöra;* destructive; om blick withering; *rikta ett ~ slag mot...* aim a crushing (shattering) blow at...
tillintetgörelse *s* defeat; destruction, ruin; annihilation; crushing; frustration, shattering; jfr *tillintetgöra*
tillit *s* trust, confidence [*till* in]; förlitan äv. reliance [*till* [up]on]; *sätta [sin] ~ till* put [one's] confidence in, place [one's] reliance [up]on (in)
tillitsfull *adj* förtröstansfull confident, ...full of confidence; ~ mot andra confiding, trusting, trustful
tillkalla *vb tr* send for; ~ hjälp (en specialist) äv. summon (call in)...
tillknycklad *adj* crumpled [up]
tillknäppt *adj* bildl. reserved, standoffish
tillkomma *vb itr* **1** se *2 komma [till]* **2** ~ tillhöra *ngn:* vara ngns rättighet be a p.'s due, belong to a p.; vara ngns plikt be a p.'s duty; åligga ngn devolve [up]on a p.; anstå ngn be fit (fitting, right) for a p.; komma på ngns lott be due to a p.; *det tillkommer inte mig att* döma it is not for me to inf.
tillkommande *adj* future; *hennes ~* subst. adj. her husband to-be
tillkomst *s* uppkomst origin; födelse birth; tillblivelse coming into being, creation; världens äv. genesis; om stat, politisk rörelse o.d. rise; *~en av* denna nya industri the coming into being of...
tillkorkad *adj* corked; bildl., t.ex. om väg jammed, blocked up
tillkrånglad *adj* complicated, intricate, entangled; rörig muddled
tillkänna *adv* se *tillkännage* o. *känna I*
tillkännage *vb tr* meddela o.d. make...known, notify, announce; t.ex. avsikt signify; mer antydande intimate; mer öppet (bestämt) declare, proclaim [*för* i samtl. fall to]; ~ sitt missnöje make...felt [*för* by]; *härmed ~s* att vi this is to give notice..., we hereby announce...
tillkännagivande *s* kungörelse notification, announcement, declaration; anslag notice
tillmäle *s* skällsord word of abuse; *~n* abuse sg.; *grova ~n* äv. invectives
tillmäta *vb tr* tillerkänna, tillskriva *~ ngt stor betydelse* attach great importance to a th.
tillmätt *adj* utmätt, beräknad apportioned
tillmötes *adv* se *till mötes* under *möte*
tillmötesgå *vb tr* pers. oblige; begäran o.d. comply with; *~ ngns önskan* meet a p.'s wishes

tillmötesgående I *adj* obliging; om pers. äv. accommodating, complaisant [*mot* to[wards]]; vard. forthcoming **II** *s* förbindlighet o.d. obligingness, complaisance, compliance; välvilja courtesy; *ett ~ av* ngns önskningar a compliance with...; *genom ~ från* herr A. by [the] courtesy (tillåtelse kind permission) of...
tillnamn *s* surname, family name; binamn byname
tillnyktring *s* sobering up; bildl. sobering down, coming to one's senses
tillnärmelsevis *adv* approximately; *inte ~ så (lika) stor som...* nothing like (nowhere near) as big as...
tillopp *s* allm. influx; tillflöde äv. inflow; konkr. feeder stream; tillströmning äv. concourse; av kunder o.d. run, rush
tillplattad *adj* ...squashed flat, flattened; bildl. squashed
tillra *vb itr* run; om tårar äv. trickle
tillreda *vb tr* bereda prepare; t.ex. sallad med dressing dress; göra i ordning get...ready
tillrop *s* call, shout; *glada ~* joyous acclamation[s pl.]
tillrufsad *adj,* *vara ~ i håret* have one's hair all ruffled (tousled)
tillryggalägga *vb tr* cover, do [*på* in]; ~ sträckan *till fots* äv. walk...
tillråda *vb tr* råda advise; rekommendera recommend; högtidl. counsel; varnande caution; jfr äv. *råda I*
tillrådan *s, på min (ngns) ~* on my (a p.'s) advice
tillrådlig *adj* advisable osv., jfr *rådlig*
tillräcklig *adj* allm. sufficient; nog enough; jfr ex.; ~ för ändamålet, om t.ex. kunskaper, ventilation adequate; jfr *nog 1* ex.; *ett ~t antal* a sufficient (an adequate, a sufficently large) number; *~t med* tid, mat sufficient (enough, mycket plenty of)...; *ha ~t med...* have enough... (...enough); ngt konkr. äv. have a sufficient supply of...; *vara ~ för* ngns behov äv. suffice for...
tillräckligt *adv* sufficiently, enough; ~ stor (tung, ofta osv.) sufficiently..., ...enough; *~ många...* a sufficient number of..., quite enough...; *ha ~ mycket* mod have sufficient (enough)..., have...enough
tillräkna se *tillskriva 2*
tillräknelig *adj* om pers. responsible for one's actions end. pred.; sane; *icke ~* äv. non compos mentis lat.
tillrätta *adv* se *rätta I 1*
tillrättalägga se *rätta I 1*
tillrättaläggande *s* clarification, elucidation [*av* of]
tillrättavisa *vb tr* rebuke, reprove, censure; vard. tell...off; stark. reprimand [*ngn för* ngt i samtl. fall a p. for...]
tillrättavisning *s* reprimand rebuke, reproof; vard. telling-off; stark. reprimand; skrapa

scolding, talking-to; *ge ngn en* ~ administer a rebuke (osv.) to a p.
tills I *konj* till dess att till, until (äv. *ända* ~); du måste vara färdig ~ *han kommer tillbaka* ...by the time he comes back **II** *prep* till, until; [ända] till up (down) to; ~ *vidare* se *vidare 2;* ~ *för* några veckor *sedan* until (down el. up to)...ago; ~ *i morgon (på torsdag)* until (till, senast by) tomorrow (Thursday); jag har tre läxor ~ *på torsdag* ...for Thursday; det hela skall vara klart ~ *1998* ...by 1998
tillsammans *adv* together; inalles altogether; föregånget av sifferuppgift i eng. in all; gemensamt jointly; *alla* ~ all together; *det blir* ~ 100 kr it will be...altogether, it adds up to...; ~ *har vi* 100 kr we have...between (om fler än två among) us; ~ *med* i sällskap med äv. with; *vara* ~ be together, jfr *umgås; vara* ~ *med ngn* be [together] with a p., be in a p.'s company; sällskapa be going out with a p.; *äta middag* ~ *med ngn* dine with a p.
tillsats *s* **1** tillsättande addition, adding **2 a)** ngt inblandat added ingredient; admixture äv. bildl.; kem. additive; liten ~ av sprit o.d. dash; av kryddor seasoning; smak~ flavouring; *utan främmande* ~*er* without additives (skadliga adulterants) **b)** apparat o.d. attachment [unit]
tillse se *se [till]*
tillskansa *vb rfl,* ~ *sig* [unfairly] appropriate...[to oneself]; ~ *sig makten* usurp power
tillskott *s* tillskjutet bidrag [additional (extra)] contribution; tillökning addition äv. om pers.
tillskriva *vb tr* **1** eg. ~ *ngn* write to a p. **2** tillerkänna, tillräkna ~ *ngn* en dikt (egenskap) ascribe (attribute)...to a p.; en uppgift (upptäckt) äv. credit a p. with...; ~ *sig äran* take the credit to oneself; *olyckan tillskrivs* den mänskliga faktorn the disaster is ascribed (attributed, put down) to...
tillskyndan *s, på* ~ *av* on the initiative of, by direction of; *genom ngns* ~ förvållande at the instigation of a p.; *det skedde utan min* ~ it was none of my doing
tillskärare *s* [tailor's] cutter
tillskärning *s* cutting out
tillslag *s* **1** sport.: i fotboll o.d. shot; i tennis o.d. äv. stroke **2** *göra ett [nytt]* ~ bildl., slå till make a [new] move, step in [once more (again)]
tillspetsad *adj, en* ~ *formulering* an incisive wording; läget *är tillspetsat* ...has become critical (acute), ...has reached an acute stage
tillspillo *adv, gå* ~ get (be) lost, be wasted, go (run) to waste
tillströmning *s* av vatten inflow; av människor influx, stream; rusning rush
tillstukad *adj, bli* ~ bildl. be crushed, be humiliated
tillstymmelse *s* ansats suggestion; suspicion (end. sg.) [*till* i båda fallen of]; *inte en* ~ *till* sanning, bevis not a shred (vestige) of...
tillstyrka *vb tr* support, recommend; *tillstyrkes!* approved
tillstå *vb tr* bekänna confess [*för* ngn to...]; medge admit, acknowledge; förseelse o.d. äv. own [*att man har*... that one has (to having)...]
1 tillstånd *s* tillåtelse permission, leave; godkännande sanction; bifall consent; bemyndigande authorization, authority; skriftligt permit; tillståndsbevis licence; *ha* ~ *att* inf. have [been granted] permission (have been authorized resp. licensed) to inf.; be permitted (resp. licensed) to inf.; *med benäget* ~ *av...* by kind permission of..., by courtesy of...
2 tillstånd *s* skick state, state (condition) of things; läge condition; *i dåligt* ~ in bad condition (illa underhållen, isht om hus repair); *i fast (flytande)* ~ in solid (fluid) form; *i medtaget* ~ in an exhausted state (condition); *i upphetsat* ~ in a state of excitement (agitation); jfr *hälsotillstånd*
tillståndsbevis *s* licence, permit
tillställning *s* sammankomst, bjudning entertainment; fest party, vard. do
tillstöta *vb itr* **1** ansluta sig, se *stöta [till]* **2** tillkomma, hända occur, supervene; om sjukdom set in
tillsvidare *adv* se *vidare 2*
tillsvidareanställning *s* o.
tillsvidareförordnande *s* post with conditional tenure
tillsyn *s* supervision, superintendence, oversight; *ha* ~ *över* supervise, superintend; barn look after; *utan* ~ without supervision, unattended
tillsynes *adv* som det ser ut apparently, to all appearance[s]; skenbart seemingly; ~ *utan orsak* vanl. for no apparent reason
tillsynslärare *s* ung. assistant headmaster (resp. headmistress)
tillsägelse *s* **1** befallning order[s pl.] [*om* for]; kallelse summons [*om* to]; anmälan notice, notification [*om* as to, of]; begäran demand [*om* for]; '*en* ~ borde räcka för honom telling him once...; *efter (vid)* ~ *hos...* on application to...; *utan* ~ without being told **2** tillrättavisning *få en* ~ be given a rebuke (stark. reprimand)
tillsätta *vb tr* **1** se *sätta [till]* **2** förordna, utnämna appoint; kommitté äv. set up; besätta (befattning, plats) fill, appoint somebody to; platsen *är (har blivit) tillsatt* ...is (has been) filled; *platsen tillsätts av...* the appointment [to the post] is made by...
tillsättande *s* **1** iblandning adding; tillsats äv. addition **2** utnämning osv. appointing, appointment; setting up; filling; jfr *tillsätta 2;* ~*t av* platsen the filling of...; *vid* ~*t av*

platsen blev han förbigången when the appointment to the post was made...
tillsättning *s* **1** se *tillsats* **2** se *tillsättande*
tillta se *tilltaga*
tilltag *s* streck prank, trick; *ett djärvt* ~ a bold venture; *ett oförskämt* ~ *av honom* a shameless thing of him to do; *ett sådant* ~*!* äv. what a thing to do!
tillta[ga] *vb itr* allm. increase [*i* in]; om köld äv. get more intense; om t.ex. inflytande grow; utbreda sig spread; om månen wax; dagarna *tilltar [i längd]* äv. ...are growing (getting) longer
tilltagande (jfr *tilltaga*) **I** *adj* increasing osv.; om månen äv. crescent; ~ *storm* gathering storm; ~ *pessimism* increasing (deepening) pessimism **II** *s* increasing osv.; increase; growth; *vara i* ~ be on the increase, be increasing osv.
tilltagen *adj*, siffran *är för högt (lågt)* ~ ...is on the high (low) side, ...is too high (low); *vara knappt* ~ om tyg, material o.d. not be quite enough; om mat o.d. äv. be scanty in quantity, be meagre; *vara knappt (stort)* ~ om t.ex. plagg, hus be on the small (large) side; *vara knappt (rikligt)* ~ om t.ex. lön be meagre (ample); tiden *är för knappt* ~ ...is too restricted, ...has been cut too fine; *vara rikligt* ~ om t.ex. mat[portion] be ample in quantity; *tillräckligt [stort]* ~ vid beräkning o.d. amply sufficient; *vara väl* ~ om konkr. föremål be a good (fair) size
tilltagsen *adj* företagsam enterprising; dristig bold, daring; småfräck impudent, cheeky
tilltal *s* address; *svara på* ~ answer when [one is] spoken to (addressed)
tilltala *vb tr* **1** eg. address, speak to; *den* ~*de* subst. adj. the person addressed (spoken to); jur. vanl. the defendant **2** behaga: isht om sak appeal to; om pers. o. sak attract, please; boken (flickan) ~*r mig mycket* äv. I like...very much
tilltalande *adj* attractive, pleasing, pleasant; om t.ex. förslag acceptable [*för* i samtl. fall to]
tilltalsnamn *s* first (given) name; ~*et understrykes* please underline the most commonly used first (given) name
tilltalsord *s* form (term) of address
tilltrasslad *adj*, *en* ~ *situation* a complicated situation
tilltro I *s* tro credit, credence; förtroende, tillit confidence [*till* in]; *sätta* ~ *till* rykten o.d. give credit (credence) to...; *vinna* ~ om rykte o.d. be believed (credited) [*hos* by]; gain credence [*hos* with] **II** *vb tr*, ~ *ngn ngt (att* inf.*)* believe a p. capable of a th. ing-form; give a p. credit for ing-form; credit a p. with a th. ing-form; ~ *sig ngt (att* inf.*)* believe (fancy) oneself capable of a th. (ing-form)
tillträda *vb tr* egendom o.d. take over, take possession of; ~ *tjänsten* enter [up]on one's duties; ~ *sitt ämbete* take office
tillträde *s* **1** inträde o.d. entrance, admission [*till* to]; tillåtelse att gå in admittance; ~ *förbjudet* No Admittance; *ha* ~ *till* ngt have admission to; sammanträde o.d. have the right to attend...; *obehöriga äga ej* ~ No Admittance [Except on Business] **2** tillträdande: av egendom entry [*av* into possession of]; taking possession, taking over [*av* i båda fallen of]; ~ (av anställning) *snarast möjligt* duties to begin as soon as possible; *vid* ~*t av tjänsten* blev han on taking up his duties...
tillträdesdag *s* för egendom day of taking possession; uppgift om *tidigaste* ~ för tjänst (i annons) ...the earliest day on which duties can begin
tilltugg *s*, ett glas vin *med* ~ ...with something to eat with it (with snacks)
tilltvinga *vb rfl*, ~ *sig* se *tvinga [sig till]*
tilltyga *vb tr*, ~...*[illa]* treat (handle)...roughly, knock...about; isht levande varelse äv. manhandle, maul; isht sak äv. batter; *han var så [illa]* ~*d* att... he had been so badly knocked about (manhandled)...
tilltänkt *adj* contemplated, proposed; tillämnad intended; planerad projected; blivande future, ...to be; vanl. neds. el. iron. would be; *hans* ~*a* his wife to be; *den* ~*a resan* the journey contemplated
tillval *s* choice; se äv. *tillvalsämne*
tillvalsämne *s* skol. optional (amer. elective) subject
tillvarata[ga] *vb tr* ta hand om take care (charge) of; t.ex. mat[rester] make use of; hitta find; ngns intressen: bevaka look after, skydda safeguard; utnyttja, t.ex. möjligheter take advantage of, utilize; alla matrester bör ~*s* ...be kept and put to some use; *tillvarataget* rubrik Found; *tillvaratagna effekter* järnv. o.d. [passengers'] lost property sg.
tillvaratagande *s*, ~*t av...* the taking care (charge) of...; jfr f.ö. *tillvarata[ga]*
tillvaro *s* existence; friare: liv life; *en bekymmerslös* ~ a carefree existence (life), a life of ease; *en dräglig* ~ a tolerable existence; *en skyddad* ~ a sheltered life (existence)
tillverka *vb tr* manufacture; friare äv. make [*av* out of]; framställa produce [*av* from]; om maskin el. fabrik turn out
tillverkare *s* manufacturer; friare maker; framställare producer
tillverkning *s* fabrikation manufacture, manufacturing; friare making; produktion production; per år o.d. output, turnout; fabrikat manufacture, make, product; *[den är av] svensk* ~ [it is] made in Sweden

tillverkningskostnad *s* cost[s pl.] of production (manufacture)
tillverkningsmetod *s* manufacturing process
tillväga *adv* se *till väga* under *väg*
tillvägagångssätt *s* [mode of] procedure, course (line) of action
tillvänjning *s* accustoming [*vid ngt* to a th.]; beroende, t.ex. av narkotika dependence, habituation [*till* on]
tillväxt *s* growth äv. bildl.; ökning increase [*i* i båda fallen in]; skog. increment, accretion; **stadens hastiga ~** the rapid growth (expansion) of the town; **han får stå på ~** bildl. he is not [quite] ready yet
tillväxthormon *s* growth hormone
tillväxttakt *s* growth rate
tillåt|a I *vb tr* allm. allow; uttryckligt permit; ej hindra, finna sig i suffer; gå med på consent to; med saksubj. admit (allow) of; jfr *medge 2* ex.; *-er ni att jag röker?* do you mind if I smoke?, may I smoke?; *om ni -er* if you will allow (permit) me; min hälsa (kassa) *-er det inte* ...doesn't (won't) allow it; *han -er ingen inblandning* he won't tolerate (brook) any interference; *om vädret -er* weather permitting **II** *vb rfl*, **~ sig** permit (allow) oneself; unna sig [att njuta av] indulge in [the luxury of]; **~ sig** ta sig friheten *att* inf. take the liberty to inf. (of ing-form), make bold (so bold as) to inf.; **~ sig** ett glas vin indulge in [the luxury of]...
tillåtelse *s* uttrycklig permission; isht om självtagen leave; jfr *1 tillstånd;* **be om ~ att** inf. ask permission (leave) to inf.; ask (beg) to be allowed to inf.; *få ~ att* inf. receive (be given) permission to inf.; be allowed (permitted) to inf.
tillåten *adj* allowed, permitted; laglig lawful; jfr äv. *tillåtlig;* **~ för** tyngre fordon o.d. open for...; *högsta tillåtna hastighet är...* the speed-limit is...; *rökning är inte ~ här* smoking is not allowed here; *i krig och kärlek är allt tillåtet* all is fair in love and war; *överskrida gränserna för det tillåtna* overstep the limit[s] of what is permissible, overstep the mark
tillåtlig *adj* allowable, permissible, admissible
tillägg *s* allm. addition; till handling el. avtal äv. additional paragraph; till testamente äv. codicil; till brev postscript; tillagd (skriftlig) anmärkning addend|um (pl. -a); förbättring i lagförslag m.m. amendment; supplement supplement; pris~ extra (additional) charge, extra; järnv. excess (extra) fare [*till* i samtl. fall to]; löne~ (ökning) increase (rise) [*till* of], increment; *med ~ för frakt* blir summan... with freight added [on]...
tillägga *vb tr* tillfoga add [*till* to]
tilläggsavgift *s* surcharge, additional charge, extra fee, extra; **~ för övervikt** excess luggage (baggage) charge (fee)

tilläggspension *s, allmän ~* (förk. *ATP*) supplementary pension
tilläggsplats *s* sjö. landing-place; förtöjningsplats berthing place
tilläggsporto *s* surcharge, excess postage (end. sg.)
tillägna I *vb tr*, **~ ngn** en bok o.d. dedicate...to a p. **II** *vb rfl*, **~ sig a)** förvärva, kunskaper o.d. acquire; med lätthet pick up; tillgodogöra sig, t.ex. vad man läser assimilate, take in **b)** lägga sig till med: med orätt appropriate; med våld seize [upon]
tillägnan *s* dedication
tillämpa *vb tr* apply [*på* to]; t.ex. sin erfarenhet bring...to bear [*på* [up]on]; praktiskt ~, t.ex. sina kunskaper, en regel put...into practice; regeln *kan ~s* äv. ...is applicable [*på* to]; *~d matematik (kemi* etc.*)* applied mathematics (chemistry etc.)
tillämplig *adj* applicable [*på* to]; *vara ~ på...* om regel o.d. äv. apply to...; paragrafen gäller *i ~a delar* ...where applicable; sätt kryss *i ~ ruta* ...in the appropriate square (box); *stryk det ej ~a* strike out words (parts osv.) not applicable
tillämpning *s* application [*på* to]; *ha (äga) [sin] ~* be applicable [*på* to]
tillämpningsövning *s* practice exercise, exercise in the application of the rules
tilläventyrs *adv* perchance, peradventure
tillökning *s* tillökande increasing; förstorande enlarging; enlargement äv. konkr. [*av*, *i* of]; påökning increase [*av* of]; tillskott, isht konkr. addition [*av*, *i*, *till* to]; *vänta ~ [i familjen]* be expecting an addition to the family
tillönska *vb tr* wish [*ngn ngt* a p. a th.]; *god jul ~s av...* wishing you a Merry Xmas, [from]...
tillönskan *s* o. **tillönskning** *s* wish; *med ~ om lycklig resa* o.d. best wishes for...
tillövers se [*till*] *övers*
tima *vb itr* åld., hända happen, occur
timarvode *s* fee paid by the hour
timbal *s* **1** mus. kettledrum **2** kok. timbale fr.
timbre *s* mus. timbre
timförtjänst *s* hourly earnings pl.
timglas *s* hourglass, sandglass
timid *adj* timid
timjan *s* bot. el. kok. thyme
timlig *adj* temporal; **~ lycka** earthly joys pl.; *~a ägodelar* earthly possessions
timlärare *s* non-permanent teacher [paid on an hourly basis]
timlön *s* hourly wage[s pl.], wages pl. [paid] by the (per) hour; *få (ha) ~* be paid by the hour; *ha låg ~* have a low rate of pay per hour
timma *s* o. **timme** *s* hour äv. bildl.; lektion äv. lesson; skol. (i undervisningsplan) period; jfr äv. motsv. ex. under *minut 1;* **~n T** zero hour, H-hour; *en ~s (fyra timmars) resa* an

hour's (a four hours', a four-hour) journey; **ha 40 timmars arbetsvecka** have a 40-hour [working] week; **vi har två timmar tyska** we have two lessons in German; ~ **efter (för)** ~ hour after (by) hour; bli sämre *för var* ~ *[som går]* ...every hour, ...hourly; 90 km *i* ~*n (*85 kr *[i]* ~*n)* ...an hour; vänta *i [flera] timmar* ...for [several] hours, ...for hours and hours; *om en* ~*[s tid]* in an hour['s time]; betala ngn *per* ~ ...per (by the) hour; 85 kr *per* ~ ...an hour
timmer *s* timber; amer. lumber
timmeravverkning *s* [timber] felling; amer. äv. lumbering
timmerflottning *s* log-driving
timmerhuggare *s* [timber] feller, lumberjack, lumberman
timmerman *s* **1** pers. carpenter **2** zool. timber beetle
timmerstock *s* log; *dra* ~*ar* snarka be driving one's hogs to market
timotej *s* bot. timothy [grass], herd's grass
timpenning se *timlön*
timplan *s* timetable, schedule
timra I *vb tr,* ~ *[ihop (upp)]* eg. build (construct) [...of logs (out of timber)]; bildl. construct; *en* ~*d* stuga a timbered... **II** *vb itr* carpenter, do carpentry
timslång *adj* hour-long; attr. äv. ...lasting an hour
timtals *adv* i timmar for hours [together], for hours and hours
timvis se *timtals*
timvisare *s* hour (small) hand
1 tina *s* **1** laggkärl tub **2** fiske~ creel, pot
2 tina *vb tr* o. *vb itr,* ~ *[upp]* thaw [out] äv. om djupfrysta varor el. bildl.; smälta melt; *hon* ~*de upp* blev mer tillgänglig she became less reserved (more sociable)
tindra *vb itr* twinkle; gnistra sparkle, scintillate
1 ting *s* **1** domstolssammanträde [district-court] sessions pl.; *sitta* ~ ha tingstjänstgöring som utbildning be on duty (serve) at a (resp. the) district court **2** hist. thing
2 ting *s* sak thing; föremål äv. object; ärende äv. matter; *en del saker och* ~ a number of things
tinga *vb tr,* ~ *[på]* order [...in advance], bespeak; reservera reserve, book; pers. engage; ~ *tid hos...* make (fix) an appointment with...
tingeltangel *s* koll., pynt gewgaws pl., knick-knacks pl.
tingest *s* thing; föremål object; manick contraption, gadget
tingord *s* språkv. substantive, noun
tingshus *s* [district] court house
tingsrätt *s* jur. district court; i Stockholm, Göteborg, Malmö city court
tinktur *s* tincture

tinne *s* pinnacle; bergs~ äv. summit; **tinnar och torn** towers and pinnacles
tinning *s* temple
tinningben *s* anat. temporal bone
tio *räkn* ten; jfr *fem;* ~ *i topp* [the] top ten
tiodubbel *adj* tenfold; jfr *femdubbel*
tiokamp *s* sport. decathlon
tiokrona *s* ten-krona piece
tionde I *räkn* tenth; jfr *femte* o. sms. **II** *s* tithes pl.; *ge* ~ pay [one's] tithes
tion[de]del *s* tenth [part]; jfr *femtedel*
tiotal *s* ten; ~ *och hundratal* tens and hundreds; *ett par* ~ some twenty or thirty; *några* ~ ung. a few dozen; jfr f.ö. *femti[o]tal*
tiotusentals *adv,* ~ människor tens of thousands of... (subst. i pl.)
1 tipp *s* spets tip [*av (på)* of]
2 tipp *s* **1** avstjälpningsplats dump, refuse (amer. garbage) dump **2** avstjälpningsanordning tipping device; *lastbil med* ~ tipper, tipping lorry; amer. dump[ing] truck
1 tippa I *vb tr* stjälpa (äv. ~ *ut)* tip, dump **II** *vb itr (*äv. ~ *över)* tip (tilt) [over]
2 tippa *vb tr* o. *vb itr* **1** förutsäga tip; *jag* ~*r att han (den hästen) vinner* I tip him (that horse) to win (as the winner) **2** med tipskupong do the [football] pools; fylla i en kupong fill in a [football] pools coupon; ~ *tretton rätt* forecast (get) thirteen correct results
tippare *s* fotbolls~ punter
1 tippning *s* avstjälpning tipping, dumping
2 tippning *s* fotbolls~ doing the [football] pools; filling in [football] pools coupons; jfr *2 tippa 2*
tips *s* **1** upplysning tip, tip-off [*om* about, as to]; förslag suggestion; *ge ngn ett (några)* ~ give a p. a tip **2** *vinna på* ~ *[et]* win on the [football] pools; *mot alla* ~ blev han utnämnd against all odds...
tipsa *vb tr* vard. ~ *ngn om ngt* tip a p. [off] about a th., give a p. a tip (tip-off) about a th., put a p. on to a th.
tipskupong *s* [football] pools coupon
tipspromenad *s* [kind of] combined open-air walking and quiz competition
tipsrad *s* line on a (resp. the) [football] pools coupon
tipsresultat *s* results pl. of the [football] pools matches, football pools results pl.
tirad *s* tirade
tisdag *s* Tuesday; jfr *fredag* o. sms.
tissel *s,* ~ *och tassel* viskande whispering; hemlighetsmakeri hush-hush; skvaller tittle-tattle
tissla *vb itr,* ~ *och tassla* viska whisper; *det* ~*s och tasslas så mycket om att...* there is a lot of whispering (skvallras tittle-tattle) going on that...
tistel *s* bot. thistle
titan *s* **1** jätte Titan **2** kem. titanium

titel *s* person~, bok~ o.d. title; ekon. heading; *~n professor* the title of professor; *~n på boken* the title of the book; *inneha ~n* sport. hold the title; *lägga bort (slänga) titlarna* dispense with (drop the) titles; *en bok med ~n...* a book entitled...
titelblad *s* title page
titelförsvarare *s* sport. title defender, defender of the (resp. a) title
titelhållare *s* o. **titelinnehavare** *s* sport. titleholder
titelmatch *s* sport. title (championship) match
titelroll *s* title role, name part
titelsida *s* title page
titelsjuka *s* fondness (stark. mania) for titles
1 titt *adv,* ~ *och tätt (ofta)* frequently, repeatedly, time and again
2 titt *s* **1** blick look; hastig glance, squint; i smyg peep; *ta [sig] en ~ på...* have (take) a look osv. at... **2** kort besök call [*hos ngn* on a p.]; *tack för ~en!* ung. it was kind of you to look me up!
titta I *vb itr* look; ta en titt have a look; kika peep, peek; flyktigt glance; oavvänt gaze, stare [*på* i samtl. fall at]; ~ *[själv]!* look [for yourself]!, för tillämpliga ex. se vid. *se*
II med beton. part.
~ **efter** *se [efter]*
~ **fram** kika fram peep out (forth); synas show; solen *~r fram mellan molnen* ...peeps out from behind the clouds; när solen *~r fram* ...comes out (peeps forth)
~ **hit:** ~ *inte hit!* don't look this way!; avsnäsande what are you looking at?; ~ *hit [till oss]* kom hit come round; hälsa på come and see us; *vill du ~ komma hit* ett tag would you [please] come over here...
~ **igenom** look (flyktigt glance) through
~ **in** komma in [och hälsa på] look (drop) in [*till* ngn on...], come round and see...; gå in call in [*till* t.ex. en familj, i affär o.d. at]
~ **till** se *se [efter]* under *se III*
~ **ut** se äv. ~ *fram;* ~ *ut ngn* närgånget glo på ngn stare a p. up and down; *titt ut!* cuckoo!, bo[o]!, peekaboo!, peep-bo!; I see you!
~ **över** *till oss* någon gång come (call) round [and see us]...
tittare *s* TV-tittare viewer; fönster~ peeping Tom, voyeur fr.
tittarstorm *s* TV. storm of protest[s] from televiewers (TV viewers)
tittglugg *s* spy hole
titthål *s* peep hole
titthålsoperation *s* laparoscopy
tittut *s, leka ~* play peekaboo (peep-bo); *titt ut!* se *titta ut*
titulera *vb tr* style, call; ~ *ngn* professor äv. address a p. as...; *hur ~s han?* how is he to be addressed (styled)?
tivoli *s* amusement park, amer. äv. carnival; isht om mera tillfälligt äv. funfair
tja *interj* well!

tjack *s* **1** vulg., kvinna bird, som könsobjekt lay **2** sl., narkotika junk
tjafs *s* prat drivel, twaddle, tommy rot; strunt, smörja rubbish; fjant fuss
tjafsa *vb itr* prata talk drivel (tommy rot); fjanta fuss
tjalla *vb itr* skvallra tell tales; om angivare squeal, snitch, shop [*på ngn* on a p.]
tjallare *s* angivare squealer, snitcher
tjat *s* nagging [*om* about]; continual (persistent) asking [*om* for]; harping [*om* on]; jfr *tjata*
tjata *vb itr* gnata nag [*på ngn* [at] a p.; *om ngt* about a th.]; ~ *på ngn om ngt* ständigt (envist) be el. tigga om [att få] ngt continually (persistently) ask a p. for a th., worry a p. [to death] for a th.; *han ~r jämt om samma sak* he is always going on about the same thing; ~ *sig till ngt* get a th. by continually (persistently) asking for it
tjatig *adj* **1** gnatig nagging; *hon är så ~* she is always nagging (going on) **2** långtråkig boring, tedious
tjattra *vb itr* jabber, chatter
tjeck *s* Czech
tjeckisk *adj* Czech
tjeckiska *s* **1** kvinna Czech woman **2** språk Czech
Tjeckoslovakien hist. Czechoslovakia
tjeckoslovakisk *adj* hist. Czechoslovak[ian]
tjej *s* vard. girl, mera vard. chick, bird
tjock *adj* thick ej om pers.; om pers. samt om sak i bet. 'kraftig' stout, fet fat, knubbig chubby; tät, t.ex. skog, rök dense; ~ *och fet* stout, fat; *kort och ~* ofta stocky, squat, stumpy; ~ *grädde* thick cream, whipping cream; *ha ~ hud* have a thick skin äv. bildl.; *~a kläder* vanl. heavy clothes; *hela ~a släkten* all the relations; skämts. the whole clan; *hon fick (kände) något ~t i halsen* bildl. she felt a lump in her throat; *luften var ~ av rök* the air was thick with smoke; *det var ~t med folk på gatan* the street was packed with people
tjocka *s* fog
tjockflytande *adj* viscous, viscid, thick; om olja äv. heavy
tjockhudad *adj* thick-skinned äv. bildl.
tjockis *s* fatty
tjocklek *s* thickness; *...av två tums ~* ...two inches thick (in thickness)
tjockna *vb itr* get (grow, become) thick, thicken; ~ *till* om pers., bli fetare get fatter (stouter)
tjockolja *s* heavy (viscous) oil
tjockskalle *s* vard. fathead, numskull
tjockskallig *adj* vard. thick-headed, thick-skulled; friare dense
tjocktarm *s* large intestine
tjocktarmscancer *s* med. cancer of the large intestine

tjog *s* score; *fem* ~ ägg five score [of]...; *några* ~ kräftor a few score [of]..., some scores of...
tjogtals *adv*, ~ *[med] ägg* scores of... (subst. i pl.)
tjudra *vb tr* tether; ~ *fast* tether up [*vid* to]
tjugo *räkn* twenty; jfr *fem[tio]* o. sms.
tjugohundratalet *s* the twenty-first century; jfr *femtonhundratalet*
tjugokronorssedel *s* twenty-krona note
tjugonde *räkn* twentieth; jfr *femte*
tjugon[de]dag *s*, ~*en* el. ~ *jul* Hilarymas [Day]; jfr *juldag 1*
tjugon[de]del *s* twentieth [part]; jfr *femtedel*
tjur *s* zool. bull; *ta* ~*en vid hornen* bildl. take the bull by the horns
tjura *vb itr* sulk, have the sulks, be in a sulk
tjurfäktare *s* bullfighter
tjurfäktning *s* tjurfäktande bullfighting; *en* ~ a bullfight
tjurig *adj* sulky; *vara* ~ äv. have the sulks, be in a sulk
tjurkalv *s* bull calf
tjurskalle *s* vard. obstinate (pig-headed) person, mule
tjurskallig *adj* pig-headed
tjusa *s* poet. charm, enchant; friare fascinate, captivate
tjusig *adj* charming, lovely; om sak äv. gorgeous
tjuskraft *s* charm, power to charm
tjusning *s* charm, enchantment; fascination; *fartens* ~ the fascination of speed
tjut *s* tjutande howling; vrålande roaring; *ett* ~ a howl, a roar
tjuta *vb itr* howl; vråla roar; om mistlur hoot; gråta cry; ~ *av skratt* howl (shriek) with laughter
tjuv *s* thie|f (pl. -ves); inbrottstjuv burglar, isht på dagen housebreaker; *som en* ~ *om natten* like a thief in the night
tjuvaktig *adj* thieving..., thievish...; *han är* ~ he is inclined to thieve (steal)
tjuvfiska I *vb tr* poach [for] **II** *vb itr* poach fish
tjuvfiske *s* fish poaching, illicit (unlawful) fishing
tjuvgods *s* koll. stolen property (goods pl.)
tjuv[gods]gömma *s* där tjuvgods skall gömmas place for harbouring stolen property; där tjuvgods har gömts place where stolen property has been harboured
tjuvhålla *vb itr*, ~ *på* ett äss, på information hold (keep) back...
tjuvknep *s* bildl. dirty trick
tjuvkoppla *vb tr* bil. jumper; vard. hot-wire
tjuvlarm *s* burglar alarm
tjuvliga *s* gang of thieves
tjuvlyssna *vb itr* eavesdrop, listen in
tjuvläsa *vb tr* o. *vb itr*, ~ *[en tidning]* read [a paper] on the sly

tjuvnyp *s*, *ge ngn ett* ~ bildl. have a [sly] dig at a p.
tjuvpojke *s* [young] rogue, [young] rascal, scapegrace
tjuvpojksglimt *s*, han hade *en* ~ *i ögat* ...a roguish glint in his eye
tjuvskytt *s* [game] poacher
tjuvskytte *s* [game] poaching
tjuvstart *s* sport. false start
tjuvstarta *vb itr* sport. make a false start; friare jump the gun
tjuvtitta *vb itr*, ~ *i* en bok (tidning) take a look into (have a peep at)...on the sly
tjuvtjockt *adv*, *jag mår* ~ I feel rotten
tjuvträna *vb itr* train on the quiet
tjuvåka *vb itr* steal a ride; på t.ex. tunnelbanan dodge paying one's fare
tjuvåkning *s* stealing a ride; på t.ex. tunnelbanan fare dodging
tjäder *s* capercaillie, capercailzie, great (wood) grouse
tjäderhöna *s* female (hen) capercaillie
tjäderspel *s* tupps läten [cock] capercaillie's calls pl. (parningslek courting)
tjädertupp *s* male (cock) capercaillie; levande äv. cock of the wood
tjäle *s* frost in the ground, ground frost
tjällossning *s* [the] breaking up of the frost in the ground, [the] thawing of the frozen soil (ground); *i* ~*en* when the ground is thawing
tjälskada *s* trafik. frost damage (end. sg.); ~ *(tjälskador)* på vägskylt frost-damaged surface
tjälskott *s* hål o.d. pot-hole [due to frost]; ~ pl. upphöjningar frost heave sg.
tjäna I *vb tr* o. *vb itr* **1** förtjäna: isht gm arbete earn; mera allm. make; *han* ~*r bra* he earns (makes) a lot [of money]; *hon* ~*r 15 000 i månaden* she makes (earns) 15,000 a month; ~ *på* a) itr. ~ *pengar på* t.ex. affären make a profit on...; utnyttja, slå mynt av cash in on: *han skulle* ~ *på* ha fördel av *att* lära sig franska he would gain (profit) by... **b)** ~ spara in *vi* ~*de en timme på att ta bilen* we gained (saved) an hour by taking the car **2** göra tjänst [åt] serve; ~ *som (till)*... betr. abstr. ting (t.ex. förebild, ursäkt) serve as...; betr. mera konkr. ting (t.ex. bostad, föda) do duty as (i stället for)...; den kommer att ~ *sitt syfte* ...serve its purpose; *det* ~*r ingenting till att du går dit* it's no use (there's no point in) your (vard. you) going there; att göra det *skulle inte* ~ *någonting till* ...would be no use (no good, to no purpose); *vad* ~*r det till?* what's the use (good, point) of that?, what's that for?
II med beton. part.
~ *av* se *avtjäna*
~ *ihop* en summa save up...out of one's earnings
~ *in*: ~ *in sina utlägg* recover (clear) one's

expenses; *vi ~de in fem minuter på att ta taxi* we gained five minutes by taking a taxi **~ ut:** den här rocken *har ~t ut* ...has seen its best days, ...has done good service; se äv. *uttjänad* o. *uttjänt*
tjänare I *s* allm. servant **II** *interj* hej! hallo!, amer. hi [there]!; hej då! bye-bye!, cheerio!, be seeing you!
tjänarinna *s* åld. [maid] servant
tjänlig *adj* passande, lämplig suitable; användbar serviceable [*till* i båda fallen for]; *inte ~ som människoföda* äv. not fit for (unfit for) human food; *vid ~ väderlek* when (utifall in case) the weather is suitable
tjänst *s* allm. service; plats, anställning place, situation; befattning post; isht stats~ appointment; ämbete office; prästerlig charge, ministry; jfr *tjänstgöring;* medalj för *lång och trogen ~* ...long and faithful service; *erbjuda ngn sina ~er* offer one's services to a p.; *göra ngn en ~* do (render) a p. a favour (service), do a p. a good turn; *du skulle göra mig en ~ genom att* inf. äv. you would oblige me by ing-form; *lämna sin ~* befattning resign one's appointment; *sköta sin ~* attend to (fullgöra äv. discharge) one's duty (duties); *i aktiv ~* mil. on active service, on the active list; *inträda i ~* enter upon one's duty, take up one's duty; *ta ngn i sin ~* engage (take on, employ) a p.; *vara i ~* be on duty; *inte vara i ~* be off duty; vara *i statens ~* vanl. ...in the State service; *vara i ~ hos ngn* be in a p.'s employ (service), be employed by a p.; *i ~en* under tjänstgöringstid when on duty; *be ngn om en ~* ask a p. a favour, ask a favour of a p.; *stå till ngns (ngn till) ~* be at a p.'s service (disposal); *vad kan jag stå till ~ med?* what can I do for you?; *till ~ för* nybörjare for [the use of]...; *utom ~en* adv. when off duty; han är där *å (på) ~ens vägnar* ...on official business
tjänstaktig se *tjänstvillig*
tjänstebil *s* official car, car for official use; bolags, firmas etc. company (firm's etc.) car; *han har ~* äv. he has a car on the firm
tjänstebostad *s* våning flat (apartment, hus house) attached to one's post (job); högre ämbetsmans official residence
tjänstebrev *s* post. official matter (mail), amer. äv. penalty mail (samtl. end. sg.); mots. privatbrev official letter
tjänstebruk *s, för ~* for official use
tjänstefel *s* breach of duty, [official] misconduct; mil. service irregularity; ämbetsbrott malpractice, malfeasance
tjänsteflicka *s* servant [girl], maid; amer. äv. hired girl
tjänstefolk *s* servants pl.
tjänsteförrättande *adj* ...in charge; attr. äv. acting, officiating

tjänsteman *s* statlig civil servant, official; i enskild tjänst [salaried] employee; kontorist clerk; *Tjänstemännens Centralorganisation* (förk. *TCO*) The Swedish Central Organization of Salaried Employees
tjänstepension *s* occupational (service) pension
tjänstepistol *s* service pistol
tjänsteplikt *s* **1** plikt i tjänsten official duty **2** plikt att göra tjänst compulsory [national] service
tjänsteresa *s* i statstjänst official journey; affärsresa business journey (trip), journey (trip) on official business
tjänsterum *s* office
tjänsteställning *s* office; mil. official standing
tjänstetid *s* **1** anställningstid period of service **2** *under (på) ~* during hours of duty (kontorstid office hours)
tjänsteutövning *s,* våld mot polisman *i hans ~* ...during the exercise of his duties; *under ~* bör man... in the course of one's duties..., when discharging one's official duties...
tjänsteväg *s,* man (ärendet) måste gå *~en* ...through official channels
tjänsteår *s* year of service
tjänsteärende *s* official matter (business end. sg.); *vara ute på ~* be on official business
tjänstgöra *vb itr* allm. serve, do duty [*som* as, i stället för for; *på, vid* at (resp. in)]; om pers. äv. act [*som* tolk as...]; isht kyrkl. el. sport. officiera; vara i tjänst be on duty; *han tjänstgjorde* många år som... he worked (isht mil. o.d. served)...
tjänstgörande *adj* ...on duty isht mil. o.d.; ...in charge
tjänstgöring *s* duty; arbete work (end. sg.); *~en* omfattar... äv. the duties (pl.)...; *anmäla sig till ~* report for duty; *ha ~* be on duty; *inte ha ~* be off duty; *efter 5 års ~ som lärare* after five years' service as a teacher; *under sin ~ som lärare...* during the period he was a teacher...
tjänstgöringsbetyg *s* testimonial, se vid. *betyg 1*
tjänstgöringsskyldighet *s* official duties pl., lärares teaching duties pl.
tjänstgöringstid *s* **1** [daglig] arbetstid hours pl. of duty **2** anställningstid period of service
tjänstledig *adj, vara ~* be on leave [of absence]; *ta ~t* take leave
tjänstledighet *s* leave of absence
tjänstvillig *adj* obliging, willing, helpful; pred. äv. willing to help
tjära I *s* tar; *bränna ~* boil (distil) tar **II** *vb tr* tar, give...a coating of tar
tjärblomster *s* bot. German catchfly
tjärn *s* small lake, mere
tjärpapp *s* takpapp tar paper, [tarred] roofing felt

T-knut o. **T-korsning** trafik. T-junction
toa s vard. **gå på ~** go to the lav (loo, isht amer. john); se äv. *toalett 1*
toalett s **1** ~rum lavatory, amer. ofta bathroom; wc toilet, WC; på restaurang o.d. cloakroom, amer. washroom; isht dam~ rest room; offentlig public convenience, amer. comfort station; **gå på ~en** go to the lavatory etc.; se ovan **2** klädsel dress, toilet; **göra ~** dress, make one's toilet; *i stor ~* in full dress
toalettartikel s toilet requisite; *toalettartiklar* äv. toiletries
toalettbord s dressing (toilet) table; amer. dresser
toaletthandduk s face towel
toalettpapper s toilet paper
toalettrum s lavatory; jfr *toalett 1*
toalettsaker s pl toilet requisites, toiletries
toalettstol s toilet, lavatory, water closet
toalettvål s toilet soap; **en ~** a piece of toilet soap
toalettväska s toilet (vanity) bag (case); herr äv. dressing-case; finare nécessaire fr.
tobak s tobacco äv. bot.; vard. baccy; *finskuren (grovskuren) ~* fine-cut el. shredded (coarse[-cut]) tobacco; *ta sig en pipa ~* have (take) a pipe
tobakist s tobacconist
tobaksaffär s butik tobacconist's [shop]; amer. äv. cigarstore
tobakshandlare s detaljist tobacconist
tobaksrök s tobacco smoke
tobakssort s type (sort, kind) of tobacco; *~er* äv. tobaccos
tobaksvaror s pl tobacco sg.; koll. tobacco goods
toddy s toddy
toffel s slipper; klacklös äv. mule; *i tofflor* el. *med tofflor på fötterna* in slippers; **stå under ~n** be [regularly] henpecked
toffelblomma s slipperwort
toffeldjur s slipper animalcule
toffelhjälte s henpecked husband
toffelvälde s petticoat government
tofs s tuft, bunch; på djur äv. crest; på möbler, kläder o.d. tassel
tofslärka s zool. crested lark
tofomos s zool. crested tit (titmouse (pl. titmice))
tofsvipa s zool. lapwing, peewit
toft s sjö. thwart
toga s toga
tok s **1** pers. fool, idiot, crazy fellow **2** **gå (vara) på ~** galet go (be) wrong [*för, med* with]; *det är på ~* alldeles *för många* there are far too many
toka s fool of a woman (resp. girl), silly woman (resp. girl)
tokajer s Tokay [wine]
tokeri s dumhet, galenskap nonsense, folly (äv. *~er*)

tokig adj mad osv., jfr *galen* med ex.; dum, enfaldig foolish, silly; löjlig ridiculous; tokrolig funny, comic[al]; *inte så ~* not [too] bad, pretty good
tokigt adv **1** madly osv., jfr *tokig* **2** se *galet*
tokrolig adj funny, comic[al]
tokrolighet s funniness, comicalness
tokstolle s galenpanna madcap; *din ~!* [you] silly!
tolerans s tolerance äv. tekn. el. med. [*mot* towards]
tolerant adj tolerant [*mot* towards]
tolerera vb tr tolerate, put up with
tolfte räkn twelfth; jfr *femte*
tolftedel s twelfth [part]; jfr *femtedel*
tolk s **1** pers. interpreter; **göra sig till ~ för** uttrycka (t.ex. känslor) voice, give voice to; förfäkta (t.ex. en åsikt) advocate **2** tekn. gauge
1 tolka vb itr sport. go ski-joring
2 tolka vb tr som tolk, tolkare interpret; tyda, t.ex. text, lag äv. construe; handskrift äv. decipher; återge, t.ex. musik render; översätta translate; uttrycka, t.ex. känslor express, give expression to, voice, give voice to; talet *~des på svenska* ...was rendered (translated) into Swedish; *hur ska man ~* uppfatta *det?* äv. what is to be understood by that?, how is one to take that?; *~ in ngt i...* read a th. into...
1 tolkning s sport. skijoring
2 tolkning s tolkande interpreting osv., jfr *2 tolka;* interpretation, construction, decipherment, rendering, translation; version version
tolkningsfråga s question of interpretation
tolv räkn twelve; *klockan ~ på dagen (natten)* vanl. at noon (midnight); jfr *fem[ton]* o. sms.
tolva s twelve; jfr f.ö. *femma*
tolvfingertarm s anat. duodenum; *sår på ~en* duodenal ulcer
tolvtiden, vid ~ about twelve etc., jfr *femtiden;* about noon; om natten about midnight
tolvtonsmusik s twelve-tone (dodecaphonic) music
tom adj allm. empty äv. bildl. (om t.ex. löften, fraser) [*på* of]; meningslös, om t.ex. prat, hot idle, *~ma kalorier* empty calories, *~ma ord* empty (idle) words; vard. hot air; *~ma sidor* blank pages; *en ~ stol* a vacant chair; *~ma väggar* bare walls; därinne var det *tyst och ~t* avfolkat ...silent and deserted; *jag är alldeles ~ i huvudet* my mind is a complete blank; *känna sig ~ i magen* feel empty inside; *~ på idéer* o.d. vanl. devoid of...
t.o.m. förk., se *till I 12 b*
tomat s tomato
tomatjuice s tomato juice
tomatketchup s tomato ketchup
tomatpuré s tomato paste (purée)
tomatsås s tomato sauce

tombola *s* tombola
tombutelj *s* o. **tomflaska** *s* empty bottle
tomglas *s* tombutelj empty bottle (koll. bottles pl.)
tomgång *s* motor. idling; bilen *går på* ~ ...is idling (ticking over); arbetet *går på* ~ ...is ticking over; *ändra [på] ~en* change the idle (idling) speed
tomhet *s* emptiness osv., jfr *tom;* vacancy, vacuity
tomhänt *adj* empty-handed
tomografi *s* röntgenteknik tomography
tomrum *s* ej utfylld plats vacant space (mera avgränsat place); tomhet o.d. void, vacuity; mellanrum, lucka gap; t.ex. på en blankett blank space; fys. vacuum; han har lämnat *ett stort ~ efter sig* ...a great blank (a void) behind him
tomt *s* obebyggd building site, site [for building], piece of land (ground), mindre plot [of land], isht amer. lot; kring villa o.d. garden, större grounds pl.
tomte *s* **1** hustomte ung. brownie, puck; *ha tomtar på loftet* bildl. have [got] bats in the belfry **2** se *jultomte*
tomtebloss *s* sparkler
tomtegubbe *s* brownie, goblin
tomtemask *s* Father Christmas (Santa Claus) mask
tomtgräns *s* boundary [of a (resp. the) building site osv., jfr *tomt*]
tomtjobbare *s* land speculator, property developer
tomträtt *s* site-leasehold (leaseholder) right
1 ton *s* vikt metric ton; eng. motsv. (1016 kg) ton; *1000 ~ kol* 1,000 [metric] tons of coal[s]; *ett fartyg på (om) 5000 ~* a ship of 5,000 tons
2 ton *s* mus. m.m. tone äv. bildl.; om viss ton el. bildl. äv. note; färgton äv. hue, shade; fonet.: *~vikt*, tryck stress, *~höjd* pitch [of the (one's) voice]; *~erna av en vals* the strains of a waltz; *en ~ av vemod* a note of sadness; *höga (låga) ~er* high (low) notes; *rena (klara) ~er* pure (clear) tones; *ange ~en* mus. give the pitch (the right note); bildl. set the tone; *ge ~en* mus. give the pitch; *hålla ~en* keep in tune; *ta sig ~ mot ngn* try to domineer a p., speak in a domineering tone [of voice] to a p.; *tala i (använda) en annan ~* el. *ändra ~[en]* change one's tune; *tala inte i den ~en till (använd inte den ~en mot) mig!* el. *slå ner (sänk) ~en!* don't take that tone [of voice] with me!; *i befallande (vänlig) ~* in a tone of command (in a gentle tone); *gå ~ i ~* harmonize; *det hör till god ~* it is good form (manners)
tona I *vb itr* ljuda sound, ring; *~ bort* förklinga die away; *~ fram* framträda tydligare emerge, loom båda äv. bildl.; se äv. *framtona*; *~ över i* övergå i fade into **II** *vb tr* ge färgton åt tone; håret tint; *~ bort* ljud, bild (i radio o. TV) fade out; *~ in* film. el. radio. el. TV. fade in; *~ ner* bildl. tone (play) down, defuse; *~ över ngt i ngt* film. el. radio. el. TV. fade a th. into a th.
tonal *adj* mus. tonal
tonande *adj* ljudande sounding, ringing; fonet. voiced
tonarm *s* pickup arm
tonart *s* mus. key
tondöv *adj* tone-deaf
tonfall *s* intonation
tonfisk *s* tuna fish
tongivande *adj* bildl. vara ~ set the tone (fashion); *i ~ kretsar* in leading quarters, in [the] leading circles
tongång *s* mus. progression, succession of notes (tones); *kända ~ar* familiar strains äv. bildl.
tonhuvud *s* på bandspelare tape head
tonhöjd *s* mus. [musical] pitch
tonika *s* mus. tonic
toning *s* toning; av hår tinting; preparat för hårtoning rinse
tonkonst *s* [art of] music
tonläge *s* tonhöjd pitch
tonlös *adj* fonet. voiceless, unvoiced, breathed; *hennes röst var trött och ~* ...tired and flat
tonnage *s* tonnage i olika bet.; konkr. (koll.) äv. shipping
tonsill *s* anat. tonsil
tonsteg *s* tone, step (degree) [of a scale]; *halvt ~* semitone
tonstyrka *s* intensity (volym volume) [of sound]
tonsur *s* tonsure
tonsäker *adj*, vara ~ have an infallible sense of pitch
tonsätta *vb tr* set...to music
tonsättare *s* composer
tonvikt *s* stress; bildl. vanl. emphasis; *lägga ~[en] på* stress, put [the] stress on, emphasize äv. bildl.; *med ~ på...* bildl. with the accent (focus) on...
tonåren *s pl*, en flicka *i ~* ...in her teens
tonårig *adj* teenage...; *hon är ~* she is a teenager
tonåring *s* teenager
topas *s* miner. topaz
topless *adj* topless
topografi *s* topography
1 topp *interj* done!, agreed!, it's a bargain!
2 topp I *s* **1** allm. top; krön, övre kant crest; bergs- äv. summit; spets pinnacle, peak, apex (pl. äv. apices); tillhöra *samhällets ~ar* ...the high-ups of (in) society; *~arna inom politiken*, societeten the leading (top-ranking) figures in...; vard. the bigwigs of...; *~en!* vard. great!, super!, goody!; *den här boken är ~en!* this book's great (super, the tops)!; *jag mår ~en* I feel great (on top of the world); *från ~ till tå* from top to toe; *beväpnad från ~ till tå* armed from head to

foot; *mönstra ngn från* ~ *till tå* look a p. up and down; vard. give a p. the once-over; *hissa flaggan i* ~ run up the flag [sjö. to the masthead]; *med flaggan i* ~ with the flag aloft (sjö. at the masthead); bildl. with all flags flying; *[de] tio i* ~ the top ten; *stämningen var på* ~ the atmosphere was perfect; *vara (stå) på* ~*en av sin kraft (ryktbarhet)* be at the summit of one's power (at the pinnacle of one's fame) **2** plagg top **II** *adv* vard. ~ *tunnor rasande* mad with rage, raving mad (furious)
toppa *vb tr* **1** ta av toppen på top; träd äv. lop **2** stå överst på (t.ex. lista) top, head; ~ *ett lag* sport. send in one's best players
toppfart *s* top speed
toppform *s, vara i* ~ be in top form, be fighting fit
topphastighet *s* top speed
topphemlig *adj, vara* ~ be top secret
toppig *adj* spetsig pointed; konisk conical
toppklass *s, en* tennisspelare *i* ~ a...in the top class; skor *i* ~ topgrade (first-rate)...
toppkonferens *s* summit (top-level) conference
toppkraft *s* person person of top calibre (of great ability)
topplanterna *s* sjö. masthead (top) light
toppluva *s* knitted (woollen) cap
topplån *s* last mortgage loan
toppmatad *adj* ...loaded from above (the top); ~ *tvättmaskin* äv. top-loader
toppmodern *adj* ultramodern; tidsenlig extremely up-to-date; på modet very fashionable
toppmurkla *s* bot. [edible] morel
toppmöte *s* summit (top-level) meeting
toppnotering *s* **1** toppkurs top (peak) rate **2** toppris top price
topprestation *s* top (record) performance, record achievement
topprida *vb tr* bully; svag. come it over
toppsegel *s* sjö. topsail
toppspelare *s* fotb. o.d. crack player
toppventil *s* motor. overhead valve
Tor mytol. Thor
tordas *vb itr* se *töras*
torde *hjälpvb* **1** uttr uppmaning will, hövligare will please; *ni* ~ *observera* you will (behagade will please el. will kindly, anmodas are requested to, bör should) observe **2** uttr. förmodan: uttryckes vanl. genom konstr. med probably; jfr ex.; *det* ~ *finnas* många som... there are probably...; *slottet* ~ *ha byggts* på 1600-talet the castle was probably (synes would seem to have been) built...
tordmule *s* zool. razorbill, razor-billed auk
tordyvel *s* zool. dor[-beetle], dung beetle
tordön *s* thunder
tordönsröst *s* thunderous voice
toreador *s* toreador

torftig *adj* enkel plain; fattig poor; t.ex. om omständigheter needy, indigent; ynklig, t.ex. om argument threadbare; knapp, skral scanty, meagre; luggsliten shabby; ~*a kunskaper* scanty knowledge sg.; *ett* ~*t program* a poor (meagre) programme; hennes hem *såg ganska* ~*t* (sparsamt möblerat) *ut* ...looked rather bare
torg *s* **1** salu~ market place, market, jfr ex.; *gå på (till)* ~*et* för att handla go to [the] market; *gå till* ~*et* t.ex. för att titta på det go (walk) to the market place; träffa ngn *på* ~*et* ...in the market place (market); *föra till* ~*s* bildl. trot out, bring forward **2** öppen plats i stad square
torgföra *vb tr* **1** saluföra offer...for sale [in the market] **2** bildl. trot out, bring forward
torggumma *s* market woman
torghandel *s* market trade, marketing
torgskräck *s* psykol. agoraphobia, dread of open spaces
torgstånd *s* market stall
tork *s* **1** apparat drier, dryer **2** *hänga [ut] på (till)* ~ hang...out to dry (to get dry); *vara uthängd på (till)* ~ have been hung out to dry (to get dry)
torka I *s* [spell of] drought, dry spell (weather); bildl., brist på något drought, shortage
II *vb tr* **1** göra torr: allm. dry; få...torr äv. get...dry; låta...torka äv. let...dry; virke äv. season; luft~ air[-dry]; sol~ sun-dry; genom t.ex. gnidning äv. wipe; [liksom] med en sudd o.d. mop; ~ *ansiktet* dry (wipe, mop) one's face; ~ *disk[en]* dry (wipe) the dishes; om du diskar, så *skall jag* ~ ...I'll do the drying-up; ~*d frukt* dried (desiccated) fruit; ~ *fötterna* på dörrmattan wipe one's feet...; ~ *fötterna!* på anslag vanl. use the door-mat!; ~ *händerna (munnen, näsan)* dry (wipe) one's hands (mouth, nose) **2** torka (stryka) bort ~ *dammet av (från) bordet* wipe the dust off (damma dust) the table; ~ *svetten ur pannan* mop [the sweat off] one's forehead (brow); ~ *sina tårar (tårarna ur ögonen)* wipe away one's tears, dry [the tears out of] one's eyes
III *vb itr* bli torr dry, get dry (om mark äv. parched); om växt äv. wither away, dry up
IV *vb rfl*, ~ *sig* dry oneself; torka av sig wipe oneself [dry]; ~ *sig i ansiktet (om händerna)* se ~ *ansiktet*, ~ *händerna* etc. under *II 1*; ~ *dig om munnen!* använd servetten! use your napkin!
V med beton. part.
~ **av a)** wipe; glasögon äv. clean; damma av, bord o.d. dust **b)** ~ bort: damm wipe off; ~ *av dammet på (från) ngt* wipe the dust off a th.
~ **bort a)** tr. (fläck o.d.) wipe (gnida rub) off; ~ *bort en tår* dry (brush) away a tear **b)** itr.

torkarblad

get dried up; om vätska äv. dry up; vissna wilt, wither
 ~ **fast** dry and get stuck [*vid* to]
 ~ **ihop** krympa ihop shrink [in drying]
 ~ **in** itr. a) om färg o.d. dry (get dried) up b) bildl., vard. come to nothing, not come off, be washed out; jfr *intorkad*
 ~ **upp** a) tr. wipe (mop) up b) itr. dry up, get dry [again]
 ~ **ut** a) itr., om t.ex. flod dry up, run dry b) tr. dry; jfr *uttorkad*
torkarblad *s* bil. wiper blade
torkhandduk *s* kökshandduk tea towel, tea cloth
torkhuv *s* hood hair drier
torkning *s* drying osv., jfr *torka II*
torkrum *s* drying room (chamber)
torkskåp *s* för tvätt drying (airing) cupboard; kem. desiccator [cabinet]
torkställ *s* för disk plate rack; foto. drying frame
torktumlare *s* tumble-drier, tumbler-drier
torkvinda *s* outdoor airer
1 torn *s* bot. spine, thorn
2 torn *s* tower; spetsigt kyrk~ steeple; klock~ belfry; mil. turret; schack. rook, castle
torna *vb itr*, ~ **upp** pile up; ~ **upp sig** pile up, loom large; bildl. äv. tower aloft
tornado *s* tornado (pl. -es el. -s)
tornering *s* o. **tornerspel** *s* hist. tournament, tourney, joust
tornfalk *s* zool. kestrel
tornister *s* foderpåse feed bag, nosebag
tornspira *s* spire; spetsigt kyrktorn steeple
tornsvala *s* zool. [common] swift
tornuggla *s* zool. barn owl
tornur *s* tower clock
torp *s* crofter's holding (*torpstuga* cottage), croft; sommar~ little summer cottage (house)
torpare *s* crofter
torped *s* torpedo; *avskjuta en* ~ launch a torpedo
torpedbåt *s* torpedo boat (förk. TB)
torpedera *vb tr* torpedo äv. bildl.
torr *adj* allm. dry äv. bildl. samt om vin; om jord: uttorkad parched, ofruktbar arid; om klimat torrid; om växter, löv o.d. vanl. withered, dead; bildl. (tråkig) äv. dull, boring; *~a fakta* äv. plain facts; *en liten* ~ *gubbe* a wizened little old man; ~ *humor* dry (wry) humour; *på ~a land* on dry land; *~t virke* seasoned wood; *den ~a årstiden* the drought season; *han är mycket* ~ tråkig he is very dry (is a dry stick); *han är inte* ~ *bakom öronen* he is wet behind the ears, he is very green; *vara i halsen* törstig feel like a drink; *ha sitt på det ~a* be comfortably off
torrboll *s* vard. dry stick, bore
torrdocka *s* dry dock
torrfoder *s* dry fodder (till t.ex. fiskar, katter
torrhosta *s* dry [and racking] cough

torrjäst *s* dry yeast
torrklosett *s* earth closet
torrlägga *vb tr* drain; för att utvinna ny mark reclaim; bildl., vard. make...dry
torrläggning *s* drainage; reclamation
torrmjölk *s* powdered (dried) milk, milk powder
torrnålsgravyr *s* dry point [engraving]
torrsim *s*, *öva* ~ practise swimming strokes out of the water
torrskaffning *s* cold food
torrskodd *adj* dry-shod
torrt *adv* drily; *förvaras* ~ vanl. to be stored in a dry place; *koka* ~ boil dry
torsdag *s* Thursday; jfr *fredag* o. sms.
1 torsk *s* med. thrush
2 torsk *s* **1** cod (pl. lika), codfish **2** sl., kund hos prostituerad John
torska *vb itr* vard., åka fast be (get) nailed; sport. lose
torso *s* torso (pl. -s)
tortera *vb tr* torture
tortyr *s* torture äv. friare [*för* to]; *undergå* ~ be tortured, be put to the torture
tortyrredskap *s* implement (instrument) of torture
torv *s* **1** geol. peat; *ta upp* ~ dig [out] peat[s] **2** grästorv sod, turf
torva *s* **1** grästorva [piece (sod) of] turf **2** bildl. *den egna ~n* one's own plot of land
torvbrikett *s* peat briquette
torvbrytning *s* peat-digging, peat-harvesting
torvmosse *s* peat moss (bog)
torvströ *s* peat litter
torvtak *s* turf roof
torvtäckt *adj* sodded, turfed
torvtäkt *s* peat cutting; konkr. turbary
tota *vb itr* vard. ~ *ihop (till)* (knåpa ihop) t.ex. ett brev patch (put) together [some sort of]...
total *adj* total; fullständig äv. entire, complete; ytterlig (t.ex. okunnighet) äv. utter
totalförbjuda *vb tr* totally prohibit
totalförbud *s* total prohibition
totalförmörkelse *s* astron. total eclipse
totalförstöra *vb tr* wreck...completely
totalförsvar *s* total (overall) defence
totalintryck *s* total (allmänt intryck general) impression
totalisator *s* totalizator
totalitär *adj* totalitarian
totalkvadda *vb tr* smash...up completely, wreck; *~d* completely smashed up (wrecked)
totalvikt *s* total weight
totalvägra *vb itr* att göra militärtjänst refuse unconditionally (strictly) to do military service
totalvägrare *s* unconditional (strict) conscientious objector
totempåle *s* totem [pole]
toto *s* **1** vard., totalisator tote **2** barnspr., häst gee-gee

totospelare *s* tote better (isht amer. bettor)
tott *s* av hår, hö tuft; av lin head [båda med of framför följ. best.]
touche *s* **1** beröring tap; anstrykning samt mus. (anslag), konst. el. fäktn. touch **2** mus., fanfar flourish
toupé *s* liten peruk toupee
tournedos *s* kok. tournedos (pl. lika) fr.
tova I *s* twisted (tangled) knot [med of framför följ. best.] **II** *vb rfl*, **~ [ihop] sig** become tangled
tovig *adj* tangled, matted, snarled
toxikolog *s* toxicologist
toxin *s* toxin
trad *s* o. **trade** *s* route, shipping (sea) route
tradig *adj* vard., långtråkig boring, tedious
tradition *s* tradition; *enligt gammal* **~** by (in accordance with) [an] ancient tradition
traditionell *adj* traditional
traditionsbunden *adj* tradition-bound; *vara* **~** äv. be bound by (be the slave of) tradition
tradjazz *s* mus. vard. trad [jazz]
trafik *s* traffic äv. friare ([olaga] hantering); som bedrivs av trafikföretag, visst fartyg o.d. service; *den olagliga ~en med narkotika* the unlawful traffic in narcotics; *tung* **~** tunga fordon heavy vehicles pl.; *tät* **~** dense (a great deal of) traffic; *upprätthålla ~en* keep the traffic (resp. the service[s]) going; *mitt i värsta ~en* in the very thick of the traffic; *många barn dör i ~en* varje år many children die on the roads (in road accidents)…; *fartyget går i ~ på* östersjöhamnar the vessel runs to…; *fartyget går i [regelbunden] ~ mellan...* the vessel runs regularly (plies) between…; *sätta i* **~** put into service; *ta ur (i)* **~** take out of (put into) service; *Ej i* **~** på skylt Depot Only
trafikant *s* vägtrafikant road-user; passagerare passenger
trafikdelare *s* pelare traffic pillar; refuge traffic island
trafikdöd *s*, *~en* death on the roads (in road accidents)
trafikera *vb tr* en bana, rutt o.d.: om resande use, frequent; om trafikföretag work, operate; om buss o.d. run on, ply; *en livligt (starkt, hårt) ~d gata* a busy street, a street crowded with traffic
trafikfara *s* danger to [other] traffic (on the roads)
trafikfarlig *adj* attr. …that is a danger to traffic
trafikflyg *s* flygväsen civil aviation; flygtrafik air services pl.
trafikflygare *s* airline (commercial) pilot
trafikflygplan *s* passenger plane; större air liner
trafikfälla *s* [traffic] danger spot
trafikförordning se *vägtrafikförordning*
trafikförseelse *s* traffic offence
trafikförsäkring *s* third party [liability] insurance

trafikhinder *s* traffic obstacle; *på grund av* **~** owing to a stoppage (a hold-up) in the traffic
trafikkaos *s* chaos on the roads; *det var* **~** there was a snarl-up
trafikkort *s* heavy-vehicle licence
trafikled *s* traffic route
trafikledare *s* flyg. air-traffic controller (control officer)
trafikledartorn *s* flyg. air control tower
trafikljus *s* traffic lights pl.
trafikmärke *s* road (traffic) sign
trafikolycka *s* traffic accident; på landsväg äv. road accident
trafikpolis *s* avdelning traffic police; polisman traffic policeman
trafikregel *s* traffic regulation, rule of the road
trafiksignal *s* traffic signal (light)
trafikskola se *bilskola*
trafikstockning *s* traffic jam, congestion of the traffic
trafikstopp *s* stoppage (hold-up) in the traffic
Trafiksäkerhetsverket *s* the National Road Safety Office
trafikvakt *s* traffic warden
trafikvett *s* traffic sense; *ha* **~** äv. be road-minded
trafikövervakare *s* traffic warden
trafikövervakning *s* traffic control
tragedi *s* tragedy äv. litt.
traggla *vb itr* vard. **1** tjata go on [*om* about] **2** knoga, plugga **~** *med ngn* cram a p.; **~** *igenom* plod through; **~** *om* go through…again
tragik *s* **1** tragisk händelse o.d. tragedy; *krigets* **~** the tragic nature of war; *~en i flyktingarnas situation* the tragic situation that the refugees are in **2** konstart *~en* tragic art
tragikomisk *adj* tragicomic[al]
tragisk *adj* tragic; friare äv. tragical
trailer *s* släpvagn el. film. trailer
trakassera *vb tr* ansätta, plåga harass, pester, badger; förfölja persecute
trakasseri *s*, *~[er]* harassment, pestering, badgering, persecution (samtl. sg.)
traké *s* zool. el. bot. trache|a (pl. -ae)
trakt *s* område district, area; region region; grannskap neighbourhood, *i ~en av Siljan (hjärtat)* in the neighbourhood of Siljan (the region of the heart); *i den här ~en* el. *här i ~en* äv. in these parts, round about here, hereabouts; *i vissa ~er* äv. in certain parts; på vissa ställen in some localities; *i våra ~er* har ingen sett till… vanl. …in our parts (neighbourhood)
trakta *vb itr*, **~** *efter…* aspire to (åtrå covet, set one's heart [up]on)…
traktamente *s* allowance for expenses, subsistence allowance
traktat *s* fördrag treaty; skrift tract
traktera *vb tr* **1** förpläga treat [*med* to]; eg. el.

traktor

friare äv. regale [*med* with]; *inte vara vidare ~d av...* not be particularly pleased by... **2** spela på (instrument o.d.): play; blåsa blow
traktor *s* tractor; bandtraktor caterpillar
traktörpanna *s* kok. sauté pan
1 trall *s* spjälgaller duckboards pl.
2 trall *s* mus. tune, melody; *den gamla [vanliga] ~en* bildl. the same old routine
1 tralla *s* trolley
2 tralla *vb tr* o. *vb itr* mus. warble, troll; sjunga sing
trampa I *vb tr* o. *vb itr* kliva omkring tramp; gå walk; trycka ned (med foten) tread; ivrigt o. upprepat trample äv. bildl.; stampa stamp; om fågel, para sig med tread; *~ sin cykel* uppför backen pedal one's cycle...; *~ orgel* blow the organ; *~ vatten* tread water; *~ vin* tread grapes [for wine]; *~ i ngns spår* tread in a p.'s footsteps; *[råka] ~ i smutsen* step into the dirt; *~ ngt i smutsen (under fötterna)* bildl. trample...in the dirt (under foot); *~ inte på* blommorna! don't tramp (tread) on...!; *~ på gaspedalen* el. *~ gasen i botten* vard. step on the accelerator (vard. the gas); *~ ngn på tårna* tread on a p.'s toes äv. bildl.
II med beton. part.
~ igenom den tunna isskorpan tread through...
~ ihjäl trample...to death
~ in i trample (tread) into
~ ned gräs o.d. trample [down]...; *~ ned skorna* tread down one's shoes at the heels
~ sönder i bitar tread...to pieces
~ till (t.ex. jorden) tread down...[and make it firm]
~ upp en stig i gräset tread..., wear...; se äv. *upptrampad*
~ ur motor. declutch, disengage the clutch
~ ut skor stretch...
~ över sport. overstep the take-off (the mark äv. bildl.)
III *s* cykel~ o.d. pedal; vävstols~, symaskins~ o.d. treadle
trampbil *s* för barn pedal car
trampdyna *s* pad, matri|x (pl. äv. -ces)
trampolin *s* fast hoppställning för simhopp highboard, diving-board; gymn. springboard
trams *s* nonsense, rubbish, drivel, rot; *inget ~ nu!* no nonsense!
tramsa *vb itr* vard. be silly, fool around; prata strunt talk drivel
tramsig *adj* vard. silly, sloppy
tran *s* train oil; valfisk~ äv. whale-oil
trana *s* zool. crane
tranbär *s* cranberry
tranchera *vb tr* carve
trans *s* trance; *försätta...i (sig i) ~* send...into (go into) a trance
transaktion *s* transaction
transatlantisk *adj* transatlantic

transcendens *s* transcendence
transcendental *adj* transcendent[al]
transfer *s* transfer äv. hand.
transferera *vb tr* transfer äv. hand.
transformator *s* transformer
transformera *vb tr* transform äv. matem.; *~ ner (upp)* elektr. step down (up)
transfusion *s* blod~ blood transfusion
transistor *s* transistor; vard., ~radio tranny
transistorradio *s* transistor radio; vard. tranny
transit *s* transit
transitera *vb tr* pass...in transit
transithall *s* flyg. transit (departure) hall
transitiv *adj* språkv. transitive
transkribera *vb tr* transcribe
transkription *s* transcription
translator *s* translator
transmission *s* tekn. el. data. transmission; meteor. äv. transmittance
transparang *s* transparency
transparent *adj* transparent
transpiration *s* perspiration; bot. transpiration
transpirera *vb itr* perspire; bot. transpire
transplantat *s* med. transplant, transplantate
transplantation *s* transplantation; enstaka transplant; av hud grafting; enstaka graft
transplantera *vb tr* transplant; hud graft
transponera *vb tr* mus. transpose
transponering *s* mus. transposition; transponerande äv. transposing
transport *s* **1** frakt transport, isht amer. transportation; conveyance, carriage, haulage, freight; shipment äv. konkr. (försändelse, last); jfr *transportera 1;* konvoj convoy; *under ~en* äv. in [course of] transit **2** hand., överlåtelse transfer [*på* to] **3** hand., från föreg. (resp. till nästa) sida el. kolumn [amount] brought (resp. [amount] carried) forward
transportabel *adj* transportable; flyttbar movable; bärbar portable
transportarbetare *s* transport worker
transportband *s* conveyor belt
transportera *vb tr* **1** frakta transport, gods äv. convey, carry, till sjöss el. isht amer. freight, ship; på landsväg el. järnv. äv. haul; sända forward; flytta move **2** hand., överlåta transfer [*på* to] **3** hand., belopp (vid bokföring) bring (resp. carry, jfr *transport 3*)...forward
transportfartyg *s* transport vessel, transport ship; mil. troop-carrier, troopship
transportflygplan *s* transport plane, carrier (freighter) [plane]; mil. troop-carrier [plane]
transportföretag *s* firm of haulage, contractors (of hauliers) pl.
transportkostnad *s* cost[s pl.] of transportation, transport charges pl., carriage (end. sg.)
transportmedel *s* means (pl. lika) of transport
transportsträcka *s* **1** eg. distance; *~ för* en vara

tredje

distance for...to be transported **2** bildl. preliminary
transsexuell *adj* transsexual
transsibirisk *adj* trans-Siberian
transvestism *s* transvestism
transvestit *s* transvestite
trapets *s* **1** gymn. trapeze **2** geom. trapezi|um (pl. -ums el. -a); amer. trapezoid
trappa I *s* stairs; isht utomhus steps (båda pl.); inomhus: längre äv. staircase, bredare el. isht amer. stairway; utanför ingången äv. doorstep[s pl.]; *en* ~ a flight (el. om två halvtrappor a pair) of stairs (resp. steps); bo *en* ~ *upp* ...on the first (amer. second) floor; gå ~ *upp och* ~ *ned* ...up and down [the many flights of] stairs (resp. steps); möta ngn *i* ~*n* vanl. ...on the stairs; *nedför* ~*n (trapporna)* down the stairs (resp. steps); inomhus äv. downstairs
II *vb itr*, ~ *ned* de-escalate, phase out; t.ex. konflikt äv. defuse, play down; ~ *upp* escalate; t.ex. konflikt äv. intensify
trappavsats *s* inomhus landing
trappformig *adj* attr. ...rising in steps; stepped
trappgavel *s* arkit. stepped gable, corbie gable
trapphus *s* stairwell
trappljus *s* o. **trapplyse** *s* staircase lighting (konkr. light)
trappräcke *s* [staircase] banisters pl.
trappsteg *s* step äv. bildl.
trappstege *s* stepladder
trappstegsvis *adv* by (in) steps
trappuppgång *s* staircase, stairs pl.; *i* ~*en* on the stairs
tras|a I *s* **1** tygstycke rag äv. vard. om plagg; remsa shred; *i -or* sönderriven, äv. torn to rags; *gå [klädd] i -or* go about in rags; *känna sig som en* ~ vanl. feel washed out **2** se *dammtrasa* o. *skurtrasa* **II** *vb itr*, ~ *sönder* tear...[in]to rags (shreds äv. bildl.); se äv. *söndertrasad*
trasdocka *s* rag doll
trashank *s* ragamuffin, tatterdemalion
trasig *adj* **1** söndertrasad ragged äv. bildl.; tattered; sönderriven torn; fransig frayed; *gå med* ~*a strumpor* go about with holes in one's stockings **2** sönderbruten broken; *vara* ~ *i bitar* be in pieces (itu in two) **3** *i* olag, ur funktion ...out of order; *ha* ~*a nerver* have frayed nerves
traska *vb itr* lunka trot, jog [*omkring* around]; mödosamt trudge, plod
trasmatta *s* rag-mat; större rag-rug
trassel *s* **1** bomulls~ cotton waste **2** oreda tangle äv. mera konkr., muddle; förvirring confusion; besvär trouble, bother; komplikationer complications pl.; *ställa till* ~ make a muddle, cause a confusion (resp. a lot of trouble resp. complications); bråka kick up a fuss
trasselsudd *s* ball of cotton waste
trassera *vb tr* hand. draw

trassla I *vb itr* se *[ställa till]* trassel
II *vb rfl*, ~ *sig* om t.ex. tråd get entangled
III med beton. part.
~ **sig fram** (t.ex. genom trafiken) make one's way along with difficulty; bildl. muddle along
~ **ihop sig:** garnet *har* ~*t ihop sig* ...has got all tangled [up]
~ *in sig* get oneself entangled; bildl. äv. entangle oneself, get oneself mixed up (involved); se äv. *intrasslad*
~ **till** get...into a tangle, entangle; bildl. muddle, muck up; se äv. *tilltrasslad*; ~ *till sina affärer* get one's finances into a mess (muddle); *det bara* ~*r till saken att* inf. it just confuses the issue to inf.; ~ *inte till saker och ting!* don't make things more complicated than they are!
trasslig *adj* tangled; eg. äv. entangled; friare muddled, confused; *han har* ~*a affärer* his finances are [rather] shaky
trast *s* zool. thrush
tratt *s* funnel; tekn. äv. hopper; på gammaldags grammofon horn
tratta *vb itr*, ~ *i ngn ngt* stuff a p. with a th.
trattformig *adj* funnel-shaped, funnelled
trattkantarell *s* bot. 'funnel' chanterelle, Craterellus tubiformis lat.
trattskivling *s* bot. Clitocybe lat.
trauma *s* psykol. trauma (pl. -ta el. -s)
traumatisk *adj* psykol. traumatic
trav *s* trot; travande el. travsport trotting, harness racing; rida *i* ~ ...at a trot; *falla i* ~ fall into a trot; *sätta av i* ~ set off at a trot; *hjälpa ngn på* ~*en* put a p. on the right track, give a p. a start
1 trava *vb tr* stapla ~ *[upp]* pile (stack) up
2 trava *vb itr* trot; *komma* ~*nde* vard. come trotting (traipsing) along; ~ *in* vard. trot (traipse) in
travare *s* trotter, trotting horse
travbana *s* trotting track (course)
trave *s* pile, stack; *en* ~ *böcker* a pile (stack) of books
travers *s* overhead [travelling] crane
travestera *vb tr* travesty, burlesque
travesti *s* travesty, burlesque
travhäst *s* trotter, trotting horse
travsport *s* trotting, harness racing
travtävling *s* trotting race
tre *räkn* three; *ett par* ~ *stycken* two or three; *alla goda ting är* ~ all good things are three in number; jfr *trekvart* o. *fem*
tre- i sms. jfr äv. *fem-*
trea *s* **1** three; ~*n[s växel]* third, [the] third gear; jfr *femma* **2** vard. *en* ~*a* trerumslägenhet a three-room flat (apartment)
tredagarsfeber *s* med. roseola [infantum]
tredimensionell *adj* three-dimensional
tredje *räkn* third (förk. 3rd); *den* ~ *från slutet* the last but two; *för det* ~ in the third place; vid uppräkning thirdly; ~ *graden* the third

tredjedag

degree äv. förhörsmetod; **~ man** a) jur. el. friare [a] third party b) kortsp. [the] third hand; **~ världen** the Third World; jfr *femte* o. *andra med sms.*
tredjedag *s*, **~ jul** the day after Boxing Day; jfr *juldag 1*
tredjedel *s* third [part]; jfr *femtedel*
tredskas *vb itr dep* be refractory
tredubbel *adj* tre gånger så stor o.d. vanl. treble; i tre skikt o.d. vanl. triple; trefaldig threefold; **~ mästare** triple champion; **betala tredubbla priset (det tredubbla)** pay treble (three times) the price (amount)
tredubbla *vb tr* treble, triple; **~s** treble
treenighet *s*, **~en** teol. the Trinity
trefaldighet *s* **1** trinity **2** helgdag Trinity Sunday
trefas[ig] *adj* three-phase...
trefilig *adj* three-laned, three-lane...; **den är ~** it has three lanes
trefjärdedelstakt *s* mus. three-four time
trefot *s* tripod; för kokkärl äv. trivet
trefärgad *adj* three-coloured, three-colour...
treglasfönster *s* triple-glazed window
trehjuling *s* three-wheeler; cykel tricycle; bil tricar
trehövdad *adj* three-headed; om t.ex. vidunder äv. triple-headed
trekant *s* triangle
trekantig *adj* triangular
treklang *s* mus. triad
treklöver *s* three-leaf clover; bildl. trio (pl. -s)
trekvart *s* **1** three quarters pl.; **~[s timme]** three quarters of an hour; **~s kilo** three quarters of a kilo **2 vara på ~** vard. be half seas over; **med hatten på ~** vard. with one's hat cocked on one side (hat all askew)
trekvartsstrumpa *s* knee-sock
treledad *adj* **1** språkv., attr. ...having three elements; **vara ~** have three elements **2** matem. trinomial
trema *s* diaeres|is (pl. -es)
tremilsgräns *s* three-mile limit
tremulera *vb itr* sing with a tremolo, quaver
trenchcoat *s* trench coat
trend *s* trend; **bryta ~en** break the trend
trendig *adj* vard. trendy
trendsättare *s* trend-setter
trepanera *vb tr* med. trepan, trephine
trepunktsbälte *s* i bil lap-diagonal belt
trerummare *s* o. **trerumslägenhet** *s* three-room[ed] flat (apartment)
treskiftsarbete *s* work in three shifts
trestegshopp *s* sport. triple jump; förr hop, skip (step), and jump
trestegsraket *s* three-stage rocket
trestjärnig *adj* three-star...
trestämmig *adj* mus. ...for three voices, ...in three parts; attr. äv. three-voice, three-part
tretakt *s* mus. triple time
tretal *s*, **ett ~** grupp om tre a triad; jfr f.ö. *femtal*

tretti[o] *räkn* thirty; jfr *fem[tio]* o. sms.
trettionde *räkn* thirtieth; jfr *femte*
trettioårig *adj*, **~a kriget** the Thirty Years' War; jfr äv. *femårig*
tretton *räkn* thirteen; **~ rätt** på tips thirteen correct results; **det går ~ på dussinet** they are ten (two) a penny; jfr äv. *fem[ton]* o. sms.
trettondagen *s* [the] Epiphany, Twelfth Day
trettondagsafton *s*, **~[en]** the Eve of Epiphany, Twelfth Night
trettonde *räkn* thirteenth; jfr *femte*
treudd *s* trident
treva I *vb itr* grope [about] [*efter* for]; **~ [omkring] i** mörkret go groping about (around) in..., be groping in... **II** *vb rfl*, **~ sig fram** grope (fumble) one's way [along]
trevande *adj*, **~ försök** fumbling (tentative) effort
trevare *s* feeler; **göra (skicka ut) en ~** throw out a feeler
trevlig *adj* nice; glad o. munter jolly; angenäm pleasant, agreeable; rolig enjoyable; sympatisk attractive; vänlig, fryntlig genial; **en ~ flicka** a nice [sort of] girl; **~ resa!** a pleasant journey!; **det var (vi hade) mycket ~t** we had a very nice (jolly) time [of it]; **det var just ~t (en ~ historia)!** a nice story (business) [and no mistake]!
trevnad *s* comfort [and well-being]; trivsamhet cosy atmosphere; **sprida ~ omkring sig** put people in a good humour, create a cosy atmosphere
triangel *s* triangle äv. mus.
triangeldrama *s* eternal triangle drama; bildl. domestic triangle
triangulär *adj* triangular, triangulate
triasperioden *s* geol. the Triassic period
1 tribun *s* estrad o.d. platform, tribune
2 tribun *s* hist., ämbetsman tribune
tribunal *s* tribunal
tribut *s* tribute
1 trick *s* kortsp. odd trick
2 trick *s* knep trick, stunt; jfr *knep*
trickfilm *s* trick film
trift *s* bot. thrift
trigonometri *s* trigonometry
trikin *s* zool. trichin|a (pl. -ae)
trikolor *s*, **~en** franska flaggan the Tricolour
trikå *s* **1** tyg tricot fr.; stockinet **2 ~er** plagg tights; hudfärgade äv. fleshings
trikåvaror *s pl* hosiery sg., knitted goods, knitwear sg.
triljon *s* trillion; amer. quintillion
trilla I *s* **1** vagn, hist. surrey **2** leksak toy handcart **II** *vb itr* rulla roll; om tårar äv. trickle; ramla tumble; falla fall; för beton. part., se *falla III*; **~ dit** land (get) into trouble **III** *vb tr*, **~ piller** make pills
trilling *s* triplet
trilobit *s* geol. trilobite
trilogi *s* litt. trilogy

trilsk *adj* enveten wilful, contrary; omedgörlig cussed, intractable; motsträvig stubborn; tredsk refractory
trilskas *vb itr dep* vara trilsk be wilful etc., jfr *trilsk*
trim *s* trim; *vara (hålla sig) i god* ~ be (keep) in good (proper) trim
trimma *vb tr* sjö. el. om putsning av hund trim; träna get...into trim, train; ~ *in* den nya organisationen get...into shape; ~ *[upp] en motor* tune (vard. soup) up an engine
trimning *s* trim; trimmande trimming etc., jfr *trimma*
trind *adj* round[-shaped], roundish; knubbig chubby, tubby, plump
Trinidad [och Tobago] Trinidad [and Tobago]
trio *s* trio (pl. -s) äv. mus.
triol *s* mus. triplet
1 tripp *s* **1** kortare resa [short] trip; *ta sig (göra) en ~ till...* go for a trip to... **2** vard., narkotikarus trip
2 tripp *interj*, ~ *trapp trull* ung. one, two, three [going down in height]
trippa *vb itr* trip (go tripping) along; affekterat walk along with mincing steps
trippel *s* **1** miner. tripoli **2** vard., tredubbel seger treble
trippelvaccin *s* triple vaccine; vaccine against diphtheria, tetanus and whooping cough
trippmätare *s* bil. o.d. trip [distance] meter (recorder), trip mileage counter
trissa I *s* allm. trundle; tekn. pulley; på möbel castor, caster **II** *vb itr*, ~ *upp priset* force up the price
trist *adj* dyster gloomy, dismal, melancholy; om förhållanden o.d. dreary; glädjelös cheerless; sorglig, sorgsen sad
tristess *s* gloominess etc., jfr *trist;* melancholy
triumf *s* triumph; *fira ~er* win (achieve) triumphs
triumfbåge *s* triumphal arch
triumfera *vb itr* triumph; jubla exult
triumferande *adj* triumphant; jublande exultant; skadeglad gloating
triumftåg *s* triumphal procession (bildl. march)
triumvirat *s* triumvirate; skämts. äv. trio
trivjas *vb itr dep* känna sig lycklig be (feel) happy; känna sig som hemma feel at home; ha det bra get on well (jfr ex.); frodas thrive; om växter äv. do well; blomstra flourish, prosper; *jag -s alldeles utmärkt här* I'm having such a wonderful time here, I like it so very much here; *han -s inte i* Sverige he isn't happy (is unhappy) in..., he doesn't like [being (living) in]...; *jag -s med mitt arbete* my job suits me, I like my job; *vi -s med varandra (ihop)* we get on (resp. are getting on) [well] (we like being) with one another

trivial *adj* trivial; utsliten, utnött (om uttryck o.d.) commonplace, trite
trivialitet *s* triviality; ~*er* (yttranden) vanl. commonplaces
trivsam *adj* pleasant äv. om pers.; om plats, ställe äv. comfortable, congenial, cosy, snug
trivsel *s* trivsamhet cosy atmosphere, se äv. *trevnad;* ~ *i (med) arbetet* job satisfaction
tro I *s* allm. belief [*på* in]; åsikt opinion; tilltro, tillit el. relig. faith (äv. ~*n*) [*på* in] ~, *hopp och kärlek* faith, hope, and charity; ~*n kan försätta berg* faith removes mountains; *sätta ~ till* ngt trust, believe, give credit (credence) to; *svag i ~n* of little faith; *i den ~n att* thinking (believing, in the belief) that; *leva (vara) i den ~n att* be convinced that, think that; *handla i god* ~ act in good faith
II *vb tr* o. *vb itr* allm. believe *(*äv. ~ *på* jfr ex.*);* anse, förmoda äv. think, suppose, vard. reckon, isht amer. guess; föreställa sig fancy, imagine, amer. äv. figure
utan prep.-best.: har han kommit? -*Ja, jag ~r det* ...Yes, I think (believe) so, ...Yes, I think (believe) he has; *det ~r jag* beton. *det!* rather!, vard. I should say so!, not half!; *det var.det jag ~dde* [that is] just what I thought, I thought as much; *det ~r jag också (*vard. *med)* that's what I think (vard. reckon)!, I think (vard. reckon) so, too!; *jag ~r honom inte* I don't believe him; ~ *mig,* han kommer att... take my word for it (believe me)...; ~ *sina [egna] ögon* believe (trust) one's [own] eyes; ~ *nu inte att...* don't think (imagine) that...; *jag kan (kunde [just])* ~ *det!* I dare say!, I am not surprised!; *du kan aldrig ~,* hur (så)... ...you can't possibly think (imagine)...; det var roligt, *må du ~!* ...,I can tell you!; ...you may be sure!; you bet...!; *vad skall man ~?* what is one to believe (to make of it)?
med prep.-best. ~ *ngn om* ngt believe...of a p.; ~ *alla [människor] om gott* think well of everybody; *det hade jag inte ~tt om dig* det hade jag inte trott dig kapabel till I didn't think you had it in you; det hade jag inte väntat mig av dig I had not (I wouldn't have) expected that from you, I didn't expect it of you; ~ *ngn om att kunna göra ngt* believe a p. capable of doing a th.; ~ *på* ngn (ngt): allm. believe in; förlita sig på trust, have faith (confidence) in; sätta tro till believe, credit, give credit (credence) to; *jag ~r inte på honom* det han säger I don't believe him; *han ~r inte på det* ~r inte det är sant; vard. äv. he won't buy it
III *vb rfl,* ~ *sig vara...* think (believe) that one is..., believe (imagine) oneself to be...; ~ *sig ha (veta* o.d.*)* believe (osv., jfr *II*) that one has (knows o.d.); ~ *sig om* ngt think (believe) oneself (that one is) capable of...

troende *adj* believing; *en* ~ subst. adj. a believer
trofast *adj* om kärlek faithful; om vänskap loyal
trofasthet *s* faithfulness, loyalty
trofé *s* trophy
trogen *adj* allm., äv. verklighets~ faithful; lojal, pålitlig loyal; *vara (förbli) ngn (ngt)* ~ *(*äv. ~ *mot ngn* resp. *ngt)* be (remain) faithful (true) to a p. (a th.); *förbli* sitt löfte o.d. ~ äv. stick (hold) [loyally] to...
trohet *s* allm. fidelity; trofasthet faithfulness, loyalty (jfr *trogen*) [*mot* i samtl. fall to]
trohetsed *s* oath of allegiance
trohjärtad *adj* true-hearted; tillitsfull äv. confident, confiding; öppenhjärtig äv. frank, ingenuous, artless; naiv, oskuldsfull naive, innocent
trojansk *adj* Trojan
trojka *s* troika äv. om pers.
troké *s* metrik. trochee
trolig *adj* sannolik probable, likely; rimlig plausible; trovärdig credible, believable; *det är ~t att han kommer* vanl. he will probably (very likely, most likely) come; *det var föga (knappast) ~t att han hörde* dem (äv.) he was scarcely likely (he was unlikely) to have heard...; *hålla [det] för ~t* att think (consider) it likely...; *han försöker göra ~t* få oss (folk) att tro *att...* he tries to make us (people) believe that...
troligen *adv* o. **troligtvis** *adv* very (most) likely, [very] probably; *han kommer ~ inte* äv. he is not likely to come
troll *s* troll, elf (pl. elves); elakt hobgoblin, goblin; jätte, 'odjur' ogre; kvinnligt ogress; häxa witch; *ditt lilla ~!* smeksamt you little bundle of charm!, you little charmer!; han är *rik som ett ~* ...rolling in money; *det har gått ~ i* ngt there seems to be a jinx on...; *när man talar om ~en [så står de i farstun]* talk of the devil [and he's sure to appear]
trolla *vb itr* eg. practise witchcraft, conjure; göra trollkonster do (perform) conjuring tricks; *jag kan inte ~* bildl. I am not a magician, I can't work miracles; *~ bort* spirit (conjure) away; *~ fram* om t.ex. illusionist conjure forth, produce...by magic; *~ fram en kanin ur en hatt* conjure a rabbit out of a hat; *~ fram* en supé produce...as if by magic (...from nowhere)
trollbunden *adj* bildl. spellbound
trolldeg *s* ung. play dough
trolldom *s* witchcraft, sorcery, wizardry; *bruka ~* practise witchcraft
trolldryck *s* magic potion, philtre
trolleri *s*, *~[er]* magic, enchantment; *som genom [ett] ~* as if by [a stroke of] magic
Trollflöjten opera the Magic Flute
trollformel *s* magic formula, charm, spell; besvärjelse äv. incantation
trollkarl *s* eg. magician, wizard, sorcerer samtl. äv. bildl.; trollkonstnär [professional] conjurer; taskspelare juggler
trollkonst *s* trollkonstnärs o. friare conjuring trick; *~er* magi magic sg.
trollkonstnär *s* [professional] conjurer, magician
trollkunnig *adj* ...skilled in magic
trollmakt *s* magic power
trollslag *s*, *som genom ett ~* as if by [a stroke of] magic
trollslända *s* zool. dragonfly
trollspö *s* o. **trollstav** *s* magic (magician's) wand
trolovad *adj* betrothed; *hans (hennes) ~e* subst. adj. his (her) betrothed; *de ~e* subst. adj. the betrothed (affianced) couple (pair)
trolovning *s* betrothal
trolsk *adj* magic[al]; tjusande bewitching; mystisk, hemsk weird
trolös *adj* svekfull faithless, unfaithful, disloyal [*mot* to]; förrädisk treacherous, perfidious [*mot* to[wards]]
trolöshet *s* faithlessness, disloyalty; breach of faith; handling äv. act of disloyalty; *~ mot huvudman* jur. breach of trust
1 tromb *s* meteor. tornado (pl. -s el. -es)
2 tromb *s* med. thromb|us (pl. -i)
trombon *s* trombone
trombos *s* med. thrombos|is (pl. -es)
tron *s* throne; *avsäga sig ~en* abdicate; *bestiga ~en* ascend the throne; *störta ngn från ~en* dethrone a p.; *på ~en* on the throne äv. friare
trona *vb itr* be enthroned; friare sit in state
tronarvinge *s* heir to the (resp. a) throne
tronföljare *s* successor to the (resp. a) throne
tronföljd *s* [order of] succession to the throne; *kvinnlig ~* female succession to the throne
tronpretendent *s* pretender (claimant) to a (resp. the) throne
tronskifte *s* accession of a new monarch
trontal *s* speech from the throne
tropikerna *s pl* the tropics, the tropic (torrid) zone sg.
tropikhjälm *s* sunhelmet, topee, topi
tropisk *adj* tropical; isht geogr. tropic
troposfär *s* meteor. troposphere
tropp *s* mil., infanteri~ section; gymn. squad; friare troop
troppa *vb itr*, *~ av* go (move) off; skingras drift away
trosa *s*, *en ~* el. *ett par trosor* a pair of briefs
trosartikel *s* article of faith; friare äv. creed, doctrine; *trosartiklarna* the Creed sg.
trosbekännelse *s* som avlägges profession (confession) of [one's] faith; lära confession; tro creed
trosfrihet *s* religious liberty (tolerance)
trosfrände *s* co-religionist; friare fellow believer; *en politisk ~* a fellow-partisan
troskyldig *se trohjärtad*

1 tross *s* mil. baggage
2 tross *s* rep hawser
trossak *s* matter of faith
trossamfund *s* [religious] community
trossats *s* dogm dogma; jfr *trosartikel*
trossbotten *s* byggn. double floor[ing]
trosviss *adj* ...full of implicit faith
trosvisshet *s* certainty of belief, assured faith
trotjänare *s* o. **trotjänarinna** *s, [gammal]* ~ faithful old servant (retainer)
trots I *s* motspänstighet obstinacy [*mot* to[wards]]; motstånd defiance [*mot* of]; övermod bravado; spotskhet scorn [*mot* of]; göra ngt *på* ~ ...out of sheer bravado, ...in (out of) defiance; *detta till* ~ in spite of this **II** *prep* in spite of, despite; oaktat äv. notwithstanding; ~ *allt* äv. after all [is said and done], all the same, for all that; ~ *att*... though..., in spite of the fact that...
trotsa I *vb tr* defy, bid defiance to; djärvt möta (t.ex. stormen, döden) brave; föraktfullt negligera (t.ex. någons råd) flout; sätta sig över (t.ex. lagar) set...at defiance; uthärda stand up to; hålla stånd emot hold one's own against; *det ~r all beskrivning* it is beyond (it beggars) description **II** *vb itr* vara trotsig be defiant (obstinate etc., jfr *trotsig*)
trotsig *adj* utmanande defiant; motspänstig obstinate [*mot* i båda fallen to[wards]]; uppstudsig refractory, recalcitrant; spotsk scornful
trotsighet *s* defiance, obstinacy; refractoriness, recalcitrance; scornfulness, jfr *trotsig; hans* ~ mera konkr. his defiant osv. attitude
trotsålder *s, vara i ~n* be at a defiant (rebellious) age
trottoar *s* pavement; amer. sidewalk
trottoarkant *s* kerb; amer. curb
trottoarservering *s* konkr. pavement (amer. sidewalk) restaurant (café)
trovärdig *adj* credible; om pers. trustworthy; tillförlitlig (om pers. o. sak) reliable
trovärdighet *s* credibility; trustworthiness; reliability; jfr *trovärdig*
trubadur *s* troubadour; hist. äv. minstrel; *Trubaduren* opera Il Trovatore it.
trubba *vb itr,* ~ *av* blunt äv. bildl.; eg. äv. make...blunt; t.ex. känslor deaden, dull
trubbel *s* vard. trouble
trubbig *adj* oskarp blunt; avtrubbad eg. äv. blunted; *en* ~ *näsa* a snub nose; bred o. platt a pug-nose; *en* ~ *vinkel* an obtuse angle
trubbnos *s* o. **trubbnäsa** *s* snub nose; bred o. platt pug-nose
truck *s* truck
truga *vb tr,* ~ *ngn [att* inf.*]* press a p. [to inf.]; ~ *ngn att äta* äv. press food [up]on a p., ply a p. with food; *låta sig ~s* wait to be pressed; *låta sig ~s* övertalas *att...* [let oneself] be persuaded to...; ~ *i ngn ngt* få ngn att äta press a p. to eat a th.; ~ *på ngn ngt* press (force, push) a th. [up]on a p., coax a p. into taking a th.; ~ *sig på ngn* force (obtrude) oneself [up]on a p.
truism *s* truism
trumbroms *s* tekn. drum brake
trumeld *s, en* ~ *av frågor* a running fire of questions
trumf *s* trump; *hjärter är* ~ hearts are trumps; *ha (sitta med)* ~ *på hand* hold trumps (bildl. äv. the winning cards); *ta* ett kort *med* ~ trump..., take...with a trump; *spela ut sin sista* ~ play one's last trump (trumpcard); bildl. play one's last card (trumpcard)
trumfa I *vb itr* kortsp., spela trumf play a trump (resp. trumps); ~ *med...* trump with... **II** med beton. part.
~ slå **i ngn ngt** drum (din, pound) a th. into a p.['s head]
~ driva **igenom** force...through
~ **över** kortsp. overtrump
trumfess *s* ace of trumps
trumfkort *s* trump card äv. bildl.
trumhinna *s* anat. eardrum; vetensk. tympanic membrane
trumma I *s* **1** mus. drum; afrikansk ~ o.d. tomtom; *spela* ~ *(trummor)* play the drum (drums); *slå på ~n* beat the drum; *slå på stora ~n* bildl. bang the big drum; *slå på* ~ *för ngt* boost a th.; *slå på* ~ *för sig själv* blow one's own trumpet **2** tekn.: ledning, rör duct, conduit; kulvert (t.ex. under väg) culvert; cylinder drum äv. data, barrel; för hiss shaft; jfr *avloppstrumma* m.fl. **II** *vb tr* o. *vb itr* drum äv. bildl.; med fingrarna äv. tap; om t.ex. regn beat; ~ *ihop* vänner och bekanta drum...together, drum up...
trummis *s* vard. drummer
trumpen *adj* sullen, sulky, glum; ~ *[av sig]* morose, moody
trumpet *s* trumpet; *blåsa [i]* ~ play (som signal sound) the trumpet
trumpeta *vb tr* o. *vb itr* trumpet äv. om elefant
trumpetare *s* trumpeter
trumpetstöt *s* trumpet blast
trumpetsvamp *s* bot. horn of plenty (pl. horns of plenty)
trumpinne *s* drumstick
trumskinn *s* drumhead
trumslagare *s* drummer
trumvirvel *s* drumroll
trunk *s* resväska suitcase; koffert trunk
trupp *s* allm. troop; friare äv. body, band; mil., avdelning contingent, detachment; lag: gymn. el. sport. team, fotb. squad; teat. troupe; *~er* styrkor äv. forces
truppförband *s* enhet military unit
truppslag *s* branch of the army, arm
truppstyrka *s* [military] force
trust *s* ekon. trust

trut

1 trut *s* zool. gull
2 trut *s* vard., mun mouth; *hålla ~en* hold one's jaw; tystna shut up; jfr vid. ex. under *käft 1* o. *mun*
truta *vb itr,* ~ *med munnen* pout one's lips
tryck *s* **1** allm. pressure; tonvikt stress [*på* i båda fallen on]; påfrestning strain; känna liksom *ett ~ över bröstet* ...a weight on one's chest; *utöva ~ på ngn* bildl. put (exert) pressure on a p., bring pressure to bear on a p. **2** typogr. el. på tyg o.d.: konkr. print; tryckning printing; tryckstil äv. type; tryckalster publication; koll. (trycksaker) printed matter sg.; *ge ut i ~* print, publish; låta trycka have...printed; *låta gå i ~* send...to the printers (to press); *komma ut i ~ (av ~et)* appear (come out) in print; *se* ngt *i ~* see...in print **3** vard., hög stämning go, life; *vilket ~ det var* om t.ex. fest there was plenty of go (life), the atmosphere was terrific
trycka I *vb tr* o. *vb itr* **1** press [*mot* t.ex. väggen against]; krama, klämma squeeze; tynga weigh...down, oppress, press [heavily] upon; kännas tung be (weigh) heavy; vara trång be too tight, om skor äv. pinch; *~ ngns hand* shake (hjärtligare clasp el. press) a p.'s hand; *är det något som trycker dig?* have you got anything (something) on your mind?; *skon trycker över tårna* mina tår the shoe presses (pinches, feels tight over) my toes; *~ en kyss på* ngns läppar imprint a kiss on...; *~ ngn till sitt bröst* press (mera känslobetonat clasp) a p. to one's bosom; *~ på en fjäder* touch a spring; *~ på en knapp* press (push) a button; *~ på en öm punkt* touch a tender spot; *tryckt* bildl. el. hand. depressed
2 *~ på ngt* framhäva, betona emphasize a th.
3 jakt. el. friare (dölja sig): om djur squat; *[ligga och] ~* om pers. lie low ([in] hiding)
4 typogr. el. på tyg o.d. print; boken *håller på att ~s* ...is being printed (in the press); *tryckt hos...* printed by...
II *vb rfl, ~ sig tätt intill ngn* a) kelande cuddle (om barn nestle) up to a p. b) ängsligt press close against a p.; *~ sig mot* en vägg press (tätt intill flatten) oneself against...
III med beton. part.
~ av a) avbilda genom intryckning impress b) typogr. print (kopiera copy) [off]; trycka om reprint c) avfyra fire; itr. äv. pull the trigger
~ fast press...[securely] on [*på* to]
~ i sig vard., äta put (tuck) away
~ igen dörr o.d. push...to
~ ihop flera föremål press (klämma squeeze)...together; packa compress; platta till flatten
~ in press (klämma squeeze) in
~ ned (ner) press down; friare el. bildl. depress, oppress; *~ ned hissen* [press the button to] send (ned till sig bring el. get) the lift down; *~ ner ngn i skorna* make a p. feel small
~ om bok o.d. reprint
~ på utöva tryck exert pressure
~ till ge ngt en tryckning press...hard; trycka igen: dörr o.d. push...to; lock press...down; platta till flatten; t.ex. jord press down
~ upp allm. press up; *~ upp en dörr* force a door open; *~ upp hissen* [press the button to] send (upp till sig bring el. get) the lift up
~ ut press (klämma squeeze) out
tryckalster *s* publication; ~ pl. (trycksaker) printed matter sg.
tryckande *adj* bildl. oppressive; om väder, luft äv. sultry, close; betungande (t.ex. skatter) äv. heavy, burdensome; besvärande (t.ex. tystnad) äv. awkward
tryckare *s* **1** typogr. printer **2** vard., dans cheek-to-cheek dance
tryckark *s* typogr. printed sheet
tryckbokstav *s* block letter; skriva *med tryckbokstäver* ...in block letters
tryckeri *s* printing works (pl. lika), printing office; större äv. printing house; mots. sätteri press-room
tryckfel *s* misprint, printer's error
tryckfelsnisse *s* printer's gremlin
tryckfrihet *s* freedom (liberty) of the press
tryckfrihetsförordning *s* jur., ung. press law
tryckförband *s* pressure bandage
tryckkabin *s* flyg. pressurized cabin
tryckknapp *s* **1** för knäppning press stud; isht amer. snap [fastener] **2** strömbrytare push-button
tryckkokare *s* pressure-cooker
tryckluft *s* compressed air
tryckluftsborr *s* pneumatic drill
tryckning *s* **1** allm. pressure; tryckande äv. pressing; med fingret o.d. press; på knapp o.d. äv. push **2** typogr. printing; *godkännes till ~* påskrift på korrektur ready for press; *skicka...till ~* send...to the printers (to press); *boken är under ~* the book is being printed (is in the press)
tryckort *s* place of publication; uppgift på tryckalster [printer's] imprint
tryckpress *s* printing press; rotationspress äv. printing machine
trycksak *s* piece of printed matter, printed paper; *~er* äv. printed matter sg.; *skicka ngt som ~* send a th. by printed paper post (as printed matter, amer. by second resp. third class mail)
tryckstark *adj* språkv. stressed, accented, strong
trycksvag *adj* språkv. unstressed, unaccented, weak
trycksvärta *s* printer's (printing) ink
tryckt *adj* **1** nedstämd depressed, low-spirited **2** typogr. el. om tyg o.d. printed; *~ krets* elektr. printed circuit

tryckår *s* year of publication; *utan* ~ without (i bokkatalog o.d. no) date

tryffel *s* bot. el. choklad[massa] truffle; kok. truffles pl.

tryffera *vb tr* kok.: garnera garnish (smaksätta flavour)...with truffles; *~d* äv. truffled

trygg *adj* säker secure; utom fara safe [*för* from]; full av självtillit confident, assured; *känna sig lugn och* ~ feel safe and secure; ej vara orolig be easy in one's mind

trygga *vb tr* make...secure (safe) [*för, emot* from]; ~ *sin framtid (ålderdom)* provide for one's future (old age); ~ *freden* säkra safeguard (rädda save, upprätthålla maintain, garantera guarantee) the peace; ~ *sin ställning* safeguard one's position; *en ~d framtid (ålderdom)* a secure future (old age)

trygghet *s* security; utom fara safety; lugn självtillit confidence; självmedvetenhet assurance

tryggt *adv* safely, with safety; utan känsla av fara securely; förtroendefullt confidently; *man kan ~ säga...* one can safely (confidently) say..., it is safe to say...

tryne *s* på svin snout; vard., näsa snout, conk, ansikte mug

tryta *vb itr* give out; om förråd o.d. äv. run short (out); *börja* ~ om förråd äv. begin to get low (om kroppskrafter to ebb); *om* pengarna (idéerna) *tryter för oss* if we run short (out) of...; till slut *tröt hans tålamod* ...his patience gave out

tråckla I *vb tr* **1** sömnad. tack, baste; ~ *fast* tack on [*på* to]; ~ *ihop* tack...together; i hast förfärdiga run up **2** bildl. ~ *sig fram* genom folkmassan weave one's way... **II** *vb itr* sport. weave about (around)

tråd *s* thread äv. bildl.; grövre äv. yarn; bomulls~ cotton, cotton-thread; sy~ sewing-thread; för marionetter string; metall~ wire; i glödlampa filament; fiber fibre; *den röda ~en* se *röd*; *han har inte en ~ (en torr ~) på kroppen* he has not a stitch (a dry stitch) on him (on his body); *dra i ~arna* dirigera pull the strings; *hålla i ~arna* vara ansvarig be in charge, be in authority; ha makten be in power; *tappa ~en* bildl. lose the thread; *hans liv hänger på en [skör]* ~ his life hangs by (on) a [single] thread; *få (ha) ngn på ~en* i telefonen get (have) a p. on the line

trådback *s* förvaringskorg wire basket

trådbuss *s* trolley bus

trådig *adj* thready; om struktur o.d. filamentous, fibrous; *~t kött* stringy (ropy) meat

trådlös *adj* wireless; utan sladd unplugged

trådrulle *s* med tråd reel of cotton, amer. spool of thread; tom cotton reel, amer. spool

trådsliten *adj* threadbare

trådsmal *adj* ...[as] thin as a thread

trådspik *s* wire tack, wire-nail

tråg *s* kärl trough, flatare tray; för murbruk hod

tråka *vb tr* **1** ~ *ihjäl (ut) ngn* bore a p. to death, bore a p. stiff **2** trakassera annoy, pester; retas med tease [*för* about]

tråkig *adj* långtråkig boring, tedious; trist drab, dreary; ointressant, enformig uninteresting, dull; obehaglig disagreeable, unpleasant; förarglig awkward, annoying, vexatious; besvärlig tiresome; beklaglig unfortunate; sorglig sad; *~a följder* obehagliga unpleasant (icke önskvärda undesirable) consequences; *en* ~ obehaglig *historia* vanl. a nasty business (affair); *torr och* ~ äv. dry; *det var ganska ~t på festen hos B.* vanl. B.'s party was rather dull (boring); *det är ~t att* han inte kan komma it is a pity (a shame, too bad) [that]...; jag är ledsen I am sorry...; *så ~t* ledsamt! what a pity (shame)!, that's too bad!; *det ~a* besvärliga *är att...* the trouble (nuisance) is that...

tråkighet *s* långtråkighet boredom, tediousness; tristhet drabness, dreariness; *~er* besvär, obehag trouble sg., bother sg., inconvenience sg.; svårigheter difficulties; förtret annoyance sg., vexation sg.; prövningar hardships

tråkigt *adv* boringly, tediously osv., jfr *tråkig*; ~ *nog måste jag* gå unfortunately (I'm sorry to say) I must...; *ha* ~ be bored; mera långvarigt have a boring (dull) time

tråkmåns *s* bore; *en riktig* ~ a crashing bore

tråI *s* trawl

trålare *s* trawler

tråna *vb itr* yearn, pine, languish [*efter* i samtl. fall for]

trånad *s* yearning, pining, languishing [*efter* i samtl. fall for]

trånande *adj* om pers. yearning, pining; om blick, öga languishing

trång *adj* narrow äv. bildl.; om t.ex. byxor tight-fitting; om skor tight; begränsad limited; *~a* lägenheter ...which are too small; klänningen *är* ~ *i halsen (över ryggen)* ...tight round the neck (across the back); *det är ~t i rummet* a) ont om utrymme there is little space in the room b) överfullt the room is crowded (packed)

trångbodd *adj, vara* ~ ha liten bostad be cramped (restricted, limited, confined) for space [in one's home]; vara många live in overcrowded conditions

trångbröstad *adj* inskränkt narrow-minded; fördomsfull bias[s]ed; intolerant intolerant, bigott bigoted

trångmål *s* isht ekonomiskt embarrassment, friare äv. straits pl.; nöd[läge] distress; *råka (vara) i* ~ get into (be in) straits (vard. a tight corner)

trångsynt *adj* narrow-minded

trångsynthet *s* trångsyn narrow outlook;

trångt

trångsinthet narrow-mindedness, narrowness, bias, intolerance, bigotry; jfr *trångbröstad*
trångt *adv, bo* ~ se *[vara] trångbodd; vi har* ~ *[om plats] här* we are rather cramped (restricted, limited, confined) for space (room) here; *sitta* ~ eg. be cramped; om flera pers. äv. sit (be sitting) close together; om plagg fit too tight; bildl. (ekonomiskt) be hard up, be in a tight corner
trånsjuk *adj* ...full of yearning; se vid. *trånande*
1 trä *(träda) vb tr, trä* på (upp) thread [*på* on]; t.ex. halsband äv. string; sticka: t.ex. armen genom rockärmen pass, slip; t.ex. en nål (ett band) genom ngt run; *hon trädde ringen på fingret* she slipped the ring on to her finger; ~ *[en tråd på] en nål* thread a needle [with a piece of cotton]; ~ *på* handske, strumpa etc. pull (slip) on; ~ *på en nål* thread a needle; ~ *upp* pärlor *på ett band* thread...on a string, string...
2 trä *s* **1** ämne wood; virke timber, isht amer. lumber; stolar *av* ~ äv. wooden...; *ta i* ~*!* touch (amer. knock on) wood! **2** vedträ log (billet) [of wood]
träaktig *adj* eg. wood-like; bildl.: torr, smaklös o.d. woody; livlös, stel o.d. wooden
träben *s* wooden leg
träbit *s* piece (bit) of wood
träblåsare *s* musiker wood[wind] player; *träblåsarna* i en orkester the woodwind (sg. el. pl.), the woodwind section sg.
träbock *s* **1** ställning wooden trestle **2** pers. dry stick, bore
träbänk *s* wooden bench osv., jfr *bänk*
träck *s* excrement, faeces pl.; djurs dung
träd *s* tree; *sitta i ett* ~ sit on (in) a tree; bra chefer (idéer) *växer inte på* ~ ...don't grow on trees, ...are not found every day
1 träda *s* **1** mark fallow field, lay land **2** *ligga (lägga) i* ~ lie (lay) fallow äv. bildl.
2 träda *vb tr* se *1 trä*
3 träda I *vb itr* stiga step; gå go; trampa tread; ~ *i dagen* come to light äv. bildl.; ~ *i ngns fotspår* bildl. follow in a p.'s footsteps; ~ *i förbindelse med ngn* enter into communication with a p.; ~ *i kraft* come into force (effect), take effect; ~ *i ngns ställe* ersätta ngn replace a p.; mera tillfälligt take a p.'s place, act as a deputy for a p.; efterfölja ngn succeed a p.; ~ *ur kraft* be annulled
II med beton. part.
~ **emellan** step (go) between; ingripa äv. step in
~ **fram** eg. step (go, komma come) forward; plötsligt, oväntat come forth, emerge [*ur* i båda fallen out of]; ~ *fram till* step osv. up to; jfr *framträda 1* o. *2*
~ **in** eg. step (go, komma come) in, enter; ~ *in i* ett rum enter...; jfr *inträda 2* o. *3*

~ **till** itr. (överta ansvaret) take charge; jfr *tillträda*
~ **tillbaka** bildl. withdraw, retire, step down; om regering o.d. resign [*för* i samtl. fall in favour of]
~ **ut** step (go, komma come) out [*ur* of]; plötsligt, oväntat emerge [*ur* from]; jfr *utträda*
trädgräns *s*, ~*en* the timberline, the tree line (limit)
trädgård *s* garden, amer. äv. yard; större o. isht offentlig (t.ex. botanisk) gardens pl.
trädgårdsarkitekt *s* landscape gardener
trädgårdsgång *s* garden walk (path)
trädgårdsland *s* garden plot, patch of garden
trädgårdsmästare *s* gardener
trädgårds|möbel *s* möblemang suite of garden furniture; *-möbler* äv. garden furniture sg.
trädgårdsodling *s* horticulture, gardening
trädgårdsredskap *s* garden tool
trädgårdssax *s* sekatör pruning shears pl., secateurs pl.
trädgårdsskötsel *s* gardening, horticulture
trädgårdssångare *s* zool. garden warbler
trädgårdstäppa *s* little garden, garden patch
trädkramare *s* tree-hugger
trädkrona *s* crown (head) of a (resp. the) tree
trädkrypare *s* zool. tree creeper
trädslag *s* variety (type) of tree
trädstam *s* [tree] trunk
trädtopp *s* tree-top
träff *s* **1** hit; slag blow; *skjuta* ~ score a hit **2** vard. date; sammankomst get-together, gathering; *stämma* ~ *med* arrange a meeting with; vard. make a date with
träffa *vb tr* **1** möta, råka meet; händelsevis run across; finna find; få tag i get hold of; *jag skall* ~ *honom* i morgon I'll see (be seeing) him...; *någon önskar (vill)* ~ *er* someone wishes to see (tala med speak to) you; *jag skall* ~ *någon (en person)* har stämt möte I have an appointment [with someone]; ~*s direktör B?* can I see Mr. B?, is Mr. B in?; i telefon can I speak to Mr. B.?; *han* ~*s på sitt kontor* you can see (i telefon get, reach) him at his office; *han* ~*s mellan 9 och 10* he is available between 9 and 10; *han* ~*s inte i dag* he is not available today; han tar inte emot he can't see anybody today; ~ *på* möta, råka [på] meet with; mera händelsevis: med pers.-obj. run across, med sakobj. come across, hit on, chance upon; finna find; upptäcka discover; ~ *samman* se *sammanträffa* **2** isht mots. missa hit; isht slå till (träffa se ex.); utan obj.: om saksubj. (nå sitt mål, ta) go home äv. bildl.; kulan ~*de [målet (honom)]* ...hit the target (him); *inte* ~ äv. miss; ~ *ngns ömmaste punkt* touch a p.'s most sensitive spot, touch a p. to the quick; ~ *den rätta tonen* get (hit) the right note äv. bildl.; skottet ~*de mig i benet* ...hit me in the leg; *han* ~*des av blixten* he was struck by lightning **3** göra, vidtaga (t.ex. ett

val, anstalter) make; ~ *[ett] avtal* komma överens om come to (ingå enter [up]on) an agreement

träffad *adj*, *känna sig ~ [på den ömma punkten]* be touched on the raw, feel stung; *hon kände sig ~ av hans antydningar* she took his insinuations personally; *[som] ~ av blixten* [as if] struck by lightning

träffande I *adj* bildl. (om anmärkning, svar o.d.): välfunnen apposite, apt; passande, adekvat pertinent; talande telling; *vara ~ på kornet* be to the point **II** *adv* aptly, tellingly

träffas *vb itr dep* meet; händelsevis chance (happen) to meet; jfr *ses* samt *träffa 1*

träffpunkt *s* mötesplats rendezvous, meeting-place

träffsäker *adj* eg.: om pers. ...good at hitting the mark, ...sure of aim; om vapen accurate; bildl. (t.ex. i omdömesförmåga) sure; *en ~ skildring* an unerring description; *en ~ skytt* vanl. a good marksman

träffsäkerhet *s* eg.: persons sureness (accuracy) of aim; vapens accuracy in firing

träfiberplatta *s* [wood] fibreboard

träflis *s* koll. wooden chips pl.

träfri *adj*, *~tt papper* wood-free (pure) paper

trägen *adj* persevering, assiduous, sedulous; *trägna besök* persistent (frequent) calls; *~ vinner* ordst. perseverance does it, it's dogged [as] does it

trägolv *s* wooden floor

trähus *s* wooden house

trähäst *s* wooden horse äv. grek. myt.

träig *adj* torr, smaklös o.d. woody; livlös, stel o.d. wooden

träindustri *s* wood industry; virkesindustri timber (isht amer. lumber) industry

träkarl *s* kortsp. dummy

träkloss *s* wooden block (chock)

träklubba *s* golf. wood

träkol *s* charcoal

träl *s* hist. bond[s]man, thrall; bildl. slave

träla *vb itr* toil [like a slave (resp. slaves)], slave [*med* i båda fallen at]; drudge

träldom *s* bondage; isht bildl. slavery, servitude

trämask *s* woodworm

trämassa *s* wood pulp

träna I *vb tr* o. *vb itr* train; öva sig [i] vanl. practise; tr. (om instruktör) äv. coach; *börja ~* itr. go into training; *~ löpning* practise running; *~ till en match* train for a match; *~ bort* t.ex. fel remove (get rid of)...by (through) practice; *~ öva in* train in resp. practise, jfr ovan; *~ upp ngn till ngt* train a p. to be a th.; *~ upp sin förmåga att...* develop (perfect) one's ability to...; *~ upp sig i* engelska brush up one's... **II** *vb rfl*, *~ sig* se *öva II*

tränare *s* trainer; instruktör coach

träng *s* mil., se *trängtrupper*

tränga I *vb tr* driva, pressa, trycka drive, press; skjuta push, jostle; tvinga force; folkmassan *trängde oss från alla håll* ...pressed in [up]on us on every side **II** *vb itr* **1** vara trång be (feel) too tight; om sko äv. pinch **2** [våldsamt] bana sig väg o.d. force one's way; ofta penetrate; jfr vid. under *III*
III med beton. part.
~ bort psykol. repress
~ fram ~ in, ~ igenom o.d. penetrate; rycka fram advance; *~ fram till* äv. reach; *~ fram ur* äv. emerge (come out el. forth) from; *~ sig fram* t.ex. genom folkmassan push one's way forward
~ sig före i kön push oneself forward in (jump) the queue
~ igenom penetrate, permeate; genomborra äv. pierce samtl. äv. bildl.; ta sig igenom find (stark. force, thrust) one's way through; hans idéer *har trängt igenom* ...are now generally accepted, ...have prevailed
~ ihop t.ex. en massa människor crowd (pack)...together; *~ ihop sig* om flera pers. crowd together; ni måste *~ ihop er* äv. ...get (stående stand, sittande sit) closer together
~ in **a)** tr.: *~ in ngn i ett hörn* press (osv., jfr *I*) a p. into a corner **b)** itr. o. rfl.: *~ (~ sig) in [i...]* force one's way in[to...]; bryta sig in break in[to...]; *kulan trängde in i* kroppen the bullet penetrated into...; *~ in i* i ngt penetrate [into] a th., fördjupa sig i äv. immerse oneself in a th.
~ ner permeate [*i* t.ex. jorden through]; informationen *hade inte trängt ner i partiet* ...had not penetrated the party
~ på: ~ sig på ngn vara påträngande thrust oneself (obtrude, butt in) on a p.; *förlåt att jag tränger mig på* stör pardon my intrusion
~ tillbaka: *poliserna trängde tillbaka* de nyfikna the policemen pressed (thrust)...back
~ undan: *~ undan ngn* push a p. aside (out of his resp. her place)
~ ut t.ex. folkhop crowd out; *~ ut ngn i* gatan force a p. out...; *gasen trängde ut* genom dörrspringan the gas was escaping (leaking out)...; *~ sig ut* genom dörren force one's way out...

trängande *adj* urgent; isht attr. äv. pressing

trängas *vb itr dep* samlas, skockas crowd, press, throng; knuffas jostle one another; *man behövde inte ~* vanl. there was no crowding; *vi fick ~ i bussen* we were packed together...; *folk trängdes för att komma in på* teatern people were jostling to get into...

trängd *adj*, *vara ~* hårt ansatt be hard pressed (in a tight spot)

trängsel *s* crowding; människomassa crowd, crush, throng; *i ~n* in the crowd (crush, throng)

trängta *vb itr* yearn, pine [*efter* for; *efter att* inf. to inf.]

trängtan *s* yearning, pining
trängtrupper *s pl* service forces (corps); amer. maintenance and supply troops
träning *s* training; practice; coaching; jfr *träna*; *ligga (lägga sig) i ~ för...* be (go into) training for...
träningsläger *s* training camp
träningsoverall *s* track (training, sweat) suit
träningspass *s* training session
träningsvärk *s*, *ha ~* be stiff (full of aches) [after training (exercise)]
träns *s* **1** *~[bett]* ridn. snaffle **2** snodd braid, cord **3** sömnad., hank loop
träpanel *s* wood[en] panelling; *en ~* a wooden panel
träsk *s* **1** kärr fen, marsh, swamp **2** bildl. slough, squalor and corruption
träskalle *s* vard. blockhead, fathead, numskull
träsked *s* wooden spoon
träsko *s* clog, wooden shoe
träslag *s* sort (kind) of wood; *~* pl. äv. woods
träslev *s* wooden ladle
träslöjd *s* woodwork äv. skol., carpentry; konst. wood handicraft
träsmak *s* **1** ömmande känsla feeling of soreness [from sitting on a hard seat] **2** torrhet flat taste **3** smak av trä woody taste
träsnidare *s* träskulptör wood-carver
träsnitt *s* woodcut, wood-engraving; alster äv. xylograph
träsprit *s* wood alcohol, methanol
träta I *s* quarrel; jfr *tvist* **II** *vb itr* quarrel; svag. bicker [*om* i båda fallen about]; *det är inte ens fel att två träter* it takes two to make a quarrel; *~ på ngn* scold a p.
trätobroder *s* adversary, opponent; mera vard. sparring partner
träull *s* wood-wool; isht amer. äv. excelsior
trävaruhandlare *s* virkeshandlare timber merchant; detaljist timber dealer
trävirke se *virke*
trävit *adj* whitewood...; stolen *är ~* ...is made of whitewood
T-röd *s* methylated spirit[s pl.]; vard. meth[s pl.]
trög *adj* sluggish; långsam slow, slack [*i* at]; fys. el. om pers. (overksam) inert; flegmatisk phlegmatic, languid; slö dull; senfärdig tardy; som går trögt stiff; *marknaden är ~* the market is sluggish (dull); *vara ~ i magen* be constipated
trögbedd *adj*, *vara ~* require [a great deal of] pressing
trögdjur *s* zool. sloth
trögfattad *adj* vard. ...slow on the uptake
trögflytande *adj* tjockflytande viscous; om vattendrag sluggish
tröghet *s* sluggishness etc.; inertia; phlegm; tardiness; jfr *trög*
tröghetslagen *s* fys. the law of inertia
trögtänkt *adj* slow-witted

tröja *s* olle sweater; jumper jumper; t.ex. fotbolls~ shirt, jersey; kortärmad T-shirt; under~ vest, singlet, amer. undershirt
tröska lantbr. **I** *vb tr* thresh; *~ igenom ngt* bildl. plough through (thresh out) a th. **II** *s* thresher, threshing machine, combine [harvester]
tröskel *s* threshold äv. bildl. [*till* of]; dörr~ äv. doorstep; damm~, dock~ el. på bil sill; *medvetandets ~* psykol. the limen (threshold) of consciousness
tröskelvärde *s* psykol. liminal (threshold) value; fys. threshold value
tröskverk *s* threshing machine, thresher
tröst *s* **1** hjälp, lindring comfort, consolation; i högre stil solace [*för* i samtl. fall to]; *en klen (dålig) ~* a poor consolation; *ett ~ens ord* a word of consolation (comfort); *söka ~ i glaset* seek consolation in the bottle **2** se *tröstnapp*
trösta I *vb tr* comfort, console; i högre stil solace **II** *vb rfl*, *~ sig* console oneself [*med* by]; hon vill inte *låta sig ~s* ...be comforted
trösterik *adj* consoling, ...full of consolation
tröstlös *adj* disconsolate, inconsolable; hopplös, förtvivlad hopeless, desperate; trist, dyster dreary, drab
tröstnapp *s* comforter, dummy; amer. pacifier
tröstpris *s* consolation prize
tröstäta *vb itr* console oneself by eating
trött *adj* tired; uttröttad wearied, fatigued; vard. fagged; i högre stil weary [*av* i samtl. fall with, by; *av att* inf. with (from) ing-form; *på* of; *på att* inf. of ing-form]; *ett ~ leende* a weary smile; *arbeta (dansa) sig ~* work (dance) till one is tired [out], tire oneself out by working (dancing); *jag blir ~ av* värmen ...makes me tired; *jag är (blir, känner mig) ~ i armarna* vanl. my arms are (get, feel) tired; *~* utled *på* tired of; stark. äv. sick of, fed up with; *jag är ~ på honom* äv. I've had enough of him; *jag är ~ på hela historien* I'm tired of osv. the whole thing
trötta *vb tr* tire, fatigue; tråka ut weary; *~ sina ögon med att läsa* vanl. strain one's eyes reading; *det ~r [en] ganska mycket* it tires you a good deal, it is rather tiring; *~ ut ngn (sig)* tire a p. (oneself) out; jfr *uttröttad*
trötthet *s* tiredness, weariness [*i* in (of)]; fatigue; *falla ihop av ~* ...with fatigue
tröttkörd *adj* utarbetad overworked, jaded; *vara ~* äv. be fagged [out]
tröttna *vb itr* become (get, grow) tired [*på [att göra] ngt* of [doing] a th.]; *~ på...* äv. tire (weary) of...
tröttsam *adj* tiring, fatiguing; om pers. äv. tiresome, wearisome
tsar *s* tsar, czar
tsarinna *s* tsarina, czarina
T-shirt *s* T-shirt
T-sprit se *T-röd*

TT (förk. för *Tidningarnas Telegrambyrå*) the Swedish Central News Agency
T-tröja *s* T-shirt
tu *räkn* two; *ett ~ tre* plötsligt all of a sudden; *de unga ~* the young couple; *det är inte ~ tal om den saken* there is no question about that; *på ~ man hand* in private, privately
tub *s* **1** färg~ o.d. el. tekn. tube **2** kikare telescope
tuba *s* mus. tuba
tubba *vb tr*, *~ ngn till [att göra] ngt* entice a p. into doing a th.; *~ ngn till [att begå] mened* induce a p. to commit perjury
tuberkel *s* med. tubercle
tuberkulin *s* med. tuberculin
tuberkulos *s* med. tuberculosis [*i* of]
tuberkulös *adj* tuberculous; *~a förändringar* tubercular changes
tudela *vb tr* divide...into two [parts]; *~d se tvådelad*
tudelning *s* division (tudelande dividing) into two [parts]
1 tuff *s* miner. tuff; kalk~ tufa
2 tuff *adj* vard. tough, hard; snygg, på modet smart, with-it, trendy; *~a tag* rough stuff sg.
1 tuffa *vb itr* om tåg puff; om bil el. motorbåt chug
2 tuffa I *vb itr*, *~ till* t.ex. till sitt yttre smarten up **II** *vb rfl*, *~ till sig* become tougher, toughen up
tuffing *s* vard. tough customer (nut, guy); *han är en riktig ~* äv. he's as tough as they make them
tufsa *vb itr* **1** *~ till ngn i håret* tousle (ruffle) a p.'s hair **2** bildl. *~ till* illa tilltyga *ngn* handle a p. roughly
tugg *s* **1** vard., prat talk, chit-chat **2** träavfall wood chippings pl.
tugga I *s* munfull bite; vad som tuggas chew **II** *vb tr* o. *vb itr* chew; mat äv. masticate; isht om hästar champ; *~ på* en kaka chew (mumsa munch)...; *~ på* en tändsticka chew at...; *~ om samma sak* bildl., ung. keep harping on the same string; *~ sönder* bite...to bits
tuggbuss *s* quid [of tobacco]
tuggmuskel *s* masticatory muscle
tuggtobak *s* chewing-tobacco
tuggummi *s* chewing-gum, a piece of (paket a packet of) chewing-gum
tuggyta *s* masticating surface
tuja *s* bot. arbor vitae lat.; thuja
tukt *s* discipline
tukta *vb tr* **1** hålla i tukt o. lydnad chastise, discipline, castigate; bestraffa äv. punish; kväsa tame **2** forma (t.ex. träd, häck) prune; träd äv. lop
tull *s* **1** avgift [customs] duty, vard. customs pl.; ~sats customs tariff, [rate of] duty; *vad (hur hög) är ~en på...?* what is the duty on...?; *belägga...med tull ~ put* (impose, levy) a high (heavy) duty on...; *lyxartiklar är belagda med ~* ...are liable to customs duty; *betala* 100 kronor *i ~* pay a duty of... **2** tullmyndighet, tullverk Customs pl.; tullhus custom house; tullpersonal customs officers (people) pl.; *passera [genom] ~en* get through (pass [through]) the Customs **3** kvarn~ o.d. toll; *bo utanför ~arna* ung. live outside the (out of [the]) town
tulla *vb itr* **1** betala tull *~ för* ngt pay duty on (for)... **2** vard., ta *~ av (på)* cigarrerna take (pinch) some of...
tullavgift *s* [customs] duty
tullbehandla *vb tr* clear [...through the Customs]; resgods examine [...for customs purposes]
tullbevakning *s* customs supervision (surveillance); tulltjänstemän customs officers pl.
tulldeklaration *s* customs declaration
tullfri *adj* duty-free, ...free of duty
tullfritt *adv* duty-free, free of duty
tullhus *s* custom house
tullklarering *s* customs clearance
tullkontroll *s* customs check
tullmur *s* tariff wall (barrier)
tullpliktig *adj* dutiable, ...liable (subject) to duty
tullskydd *s* tariff protection; system protectionism
tullstation *s* customs station, custom house
tulltaxa *s* customs tariff
tulltjänsteman *s* customs officer (official)
tullunion *s* customs (tariff) union
tullverk *s* Customs [and Excise] Department
tullvisitation *s* av resgods customs examination; kroppsvisitation personal search [by the Customs]; av fartyg o.d. search [by the Customs]
tulpan *s* tulip
tulpanlök *s* tulip bulb
tulta I *s* [little] toddler **II** *vb itr*, *~ omkring* toddle about (around)
tum *s* inch; *han är en gentleman i varje ~* ...every inch a gentleman; *inte vika en ~* not budge (yield) an inch
tumla I *vb itr* falla fall, tumble; leka o. rasa romp; vältra sig roll **II** *vb tr* torka tvätt tumble-dry **III** *vb rfl*, *~ sig* vältra sig roll over and over
IV med beton. part.
~ av hästen tumble (roll) off one's horse
~ om romp about; tankarna *~de om i hennes huvud* ...kept revolving in her mind; *~ om varandra* tumble (roll) over one another
~ omkull tumble (topple, roll) over (down)
tumlare *s* **1** zool. [common] porpoise **2** glas tumbler **3** tork~ tumbler
tumma *vb itr* o. *vb tr* **1** *~ på ngt* fingra på ngt finger a th.; nöta på ngt thumb a th.; *~de sedlar (böcker)* well-thumbed [bank-]notes (books) **2** *~ på ngt* a) komma överens om

tumme

shake hands (agree) on a th. b) rucka på tamper with a th., make modifications in a th.; *det ~r vi på!* let's shake hands on that!; *~ på sin övertygelse* budge from one's convictions
tumme *s* thumb äv. på handske o.d.; *ha ~n i ögat på ngn* hålla i styr keep a tight hand on a p.; noga bevaka keep a [careful] check on a p.; *ha ~ med ngn* bildl. be [well] in with a p.; *ha ~n mitt i handen* vard. be all fingers and thumbs; *hålla tummarna (~n) [för ngn]* keep one's fingers crossed [for a p.]; *rulla (sno, snurra) tummarna* twiddle (twirl) one's thumbs äv. bildl.; *åka på ~n* vard., lifta thumb one's way, thumb a ride (lift); *~n upp (ned)!* thumbs up (down)!
tummeliten *s, en ~* a hop-o'-my-thumb; *Tummeliten* sagofigur Tom Thumb
tummelplats *s* bildl., arena för stridigheter battlefield, arena; plats för nöjen, idéer m.m. playground *[för* ngn for...; *för* ngt of...*]*
tumregel *s* rule of thumb
tumsbredd *s, en ~* the breadth of an (one) inch
tumskruv *s* thumbscrew; *sätta ~ar (dra åt ~arna) på ngn* bildl. put the screws on a p.
tumstock *s* folding rule
tumult *s* tumult, vard. hullabaloo; rabalder, villervalla uproar; oreda turmoil äv. bildl.; bråk row, vard. rumpus; upplopp disturbance, riot
tumvante *s* [woollen (resp. leather, fabric)] mitten
tumör *s* med. tumour; *godartad (elakartad) ~* benign (malignant) tumour
tumörcell *s* med. tumour cell
tundra *s* geogr. tundra
tung *adj* heavy äv. bildl.; svår hard m.fl., jfr ex. under *svår;* åbäkig cumbersome; isht bildl., om t.ex. stil, arkitektur ponderous, cumbrous; viktig important, major; *~ som bly* as heavy as lead, like a lump of lead; *ett ~t ansvar* a heavy (grave) responsibility; *en ~ börda* a heavy burden; *en ~ doft* a heavy (heady) scent; det är *~t före* ...heavy going; *~ industri* heavy industry; *~ narkotika* hard (heavy) drugs; *en ~ plikt* a heavy duty; *en ~ suck* a deep sigh; *ha ~ sömn* be a heavy sleeper; *~t vatten (väte)* heavy water (hydrogen); *det känns ~t* att behöva it feels hard...; *jag känner mig (är) ~ i huvudet* my head feels heavy; *vara ~ till sinnes* be heavy-hearted (sad at heart); *luften var ~ av väldoft* the air was heavy with scent
tunga *s* **1** anat. el. friare tongue; på våg äv. needle, pointer; på flagga tail; mus.: i orgel, klarinett o.d. reed; *onda (elaka) tungor påstår att...* a malicious rumour has it that...; *vara ~n på vågen* hold the balance, tip the scale; *ha en giftig (vass) ~* have [got] a malicious (quick) tongue; *hålla ~n rätt i mun[nen]* tänka sig för mind one's P's

and Q's; vara försiktig watch one's step; *tala i tungor* speak with (in) tongues; *ha* ordet (det) *på ~n* have...on the tip of one's tongue **2** zool., fisk sole
tungfotad *adj* heavy-footed
tunghäfta *s* tongue-tiedness; *ha (få) ~* be (get) tongue-tied; *inte lida av ~* vara pratsam, vard. have the gift of the gab
tungomål *s* språk language, tongue
tungrodd *adj* bildl.: trög heavy; osmidig, om t.ex. organisation unwieldy
tungrot *s* anat. root of the tongue
tungrygg *s* anat. dorsum, upper surface of the tongue
tungsinne *s* melancholy, gloom
tungsint *adj* melancholy, gloomy
tungspene *s* uvul|a (pl. -ae)
tungspets *s* tip (fonet. äv. point) of the tongue
tungspetsljud *s* fonet. apical [sound]
tungt *adv* heavily; äv. heavy se ex.; *~ beväpnad* heavily armed; *~ lastad* heavily loaded (laden); attr. äv. heavy-laden; *andas ~* breathe heavily (with difficulty); ansvaret *föll (vilade) ~ på honom* ...fell (weighed) heavy upon him; *gå ~* have a heavy tread; om maskin, vagn o.d. run heavily (heavy); *hans ord väger ~ hos...* his words carry weight (authority) with...; *~ vägande skäl* weighty reasons
tungvattenreaktor *s* heavy-water reactor
tungvikt *s* heavyweight; *lätt ~* light heavyweight, cruiser-weight
tungviktare *s* sport. el. bildl. heavyweight; bildl. äv. heavy (pl. heavies); motorcykel heavyweight [motorcycle]
tunik *s* o. **tunika** *s* tunic
Tunisien Tunisia
tunisier *s* Tunisian
tunisisk *adj* Tunisian
tunn *adj* allm. thin; svag, om t.ex. te, kaffe weak; utspädd, vattnig äv. diluted, watery; innehållslös äv. jejune; mager äv. meagre, vard., om pers. skinny; om rock o.d. äv. light; *en ~ bok* äv. a slender book; *~ luft* äv. rarefied (rare) air; *~ tråd* äv. fine (slender) thread; *tunt tyg* äv. flimsy (skirt sheer) material
1 tunna *s* barrel; mindre cask; *hoppa i galen ~* do the wrong thing, make a blunder; *tomma tunnor skramlar mest* empty vessels make the greatest noise (sound); *topp tunnor rasande* raging mad
2 tunna **I** *vb tr, ~ ut (ur)* göra tunnare make...thinner; gallra äv. thin [out (down)]; späda äv. dilute; göra innehållslös bildl. water down **II** *vb itr, ~ av (ut)* grow (get) thinner; glesna thin; minska decrease (diminish) in number[s]
tunnbladig *adj* **1** bot. thin-leaved **2** om verktyg thin-bladed
tunnbröd *s* ung. thin flat unleavened bread
tunnel *s* tunnel; gångtunnel äv. subway, amer.

underpass; **göra en ~ på en spelare** sport. nutmeg a player
tunnelbana *s* underground [railway], eng. vard. tube; amer. subway, vard. sub
tunnelbaneförare *s* underground (amer. subway) driver
tunnelbanestation *s* underground (amer. subway) station
tunnflytande *adj* thin, very liquid
tunnhårig *adj* thin-haired
tunnklädd *adj* thinly dressed (clad)
tunnland *s* ung. acre
tunnpannkaka *s* [thin] pancake
tunnskalig *adj* om t.ex. nöt, ägg thin-shelled; om t.ex. potatis, äpple thin-skinned, thin-peeled
tunnsådd *adj* thinly sown, thin-sown; framgångarna **var ~a** bildl. ...were few and far between
tunntarm *s* anat. small intestine
tupé *s* liten peruk toupee
tupera *vb tr* hår backcomb
tupp *s* cock, amer. rooster; som efterled i sms. ofta framförställt i eng., jfr *fasantupp*; **få en ~ i halsen** get a frog in one's throat; **uppe med ~en** up with the lark
tuppa *vb itr*, **~ av** svimma pass out, flake out; kollapsa collapse; slumra till nod off
tuppkam *s* cockscomb, crest
tuppkyckling *s* eg. cockerel; bildl. cocky young devil
tupplur *s* [little (short)] nap; vard. catnap; **ta sig en ~** take (have) a nap (catnap), have forty winks
1 tur *s* lycka luck; öde fortune; **~en har vänt sig** there has been a turn of fortune; **föra ~ med sig** bring luck; **ha ~** have luck, be lucky; **ha ~ hos damerna** vanl. be a favourite with the ladies; **ha ~ i [kort]spel (kärlek)** be lucky at cards (in love); **ha ~ med** vädret be lucky with...; **ha ~ med sig (~en på sin sida)** be lucky, have fortune on one's side, be favoured by fortune; **ha ~en att** vinna have the luck to..., be lucky (fortunate) enough to...; **det var rena ~en att han vann** he won by pure luck (by a fluke); **det är ~ i oturen** it's a stroke of luck in the circumstances, it is a blessing in disguise; **det är ~ att...** it's lucky (fortunate) that..., it's a good thing (vard. job) that...; **som ~ var** luckily, as luck would have it; **vilken (en sån) ~!** what [a piece (stroke) of] luck!; **mera ~ än skicklighet** more good luck than skill
2 tur *s* **1** ordning, omgång turn; **han i sin ~** å sin sida he on his part; **och detta, i sin ~, betyder...** and this in [its] turn means...; **i ~ och ordning** in turn, by (in) turns, by (in) rotation, in proper order; **jag står (är) i ~** it's my turn (go), I'm next **2** resa, utflykt trip, tour, kortare äv. round, vard. spin; utflykt äv. excursion; på cykel, till häst o.d. äv. ride; i bil o.d. äv. drive; till fots turn; spatser~ stroll, walk; båten **gör fyra ~er dagligen...** runs four times daily; **ta [sig] en ~** take (go for) a trip osv.; biljetten kostar 150 kr **~ och retur** ...return (there and back); **[en] ~ och retur** se *tur och returbiljett* **3** i dans figure; bildl. **de många ~erna** i kärnkraftsfrågan the many turnabouts (chops and changes)...; **efter många ~er** kunde de återförenas after many vicissitudes (ups and downs)...
turas *vb tr dep*, **~ om [med varandra] att** inf. take it in turn[s] to inf.; take turns in (at) ing-form; **~ om med** ngn take turns with (spells at)...
turban *s* turban
turbin *s* turbine
turbojetmotor *s* turbo-jet [engine]
turbomotor *s* turbo motor
turbulens *s* turbulence
turism *s*, **~[en]** tourism, the tourist trade
turist *s* tourist
turista *vb itr* vard. tour, go touring
turistbuss *s* touring (long-distance) coach
turistbyrå *s* travel (tourist) agency, travel bureau (pl. -x)
turistinformation *s* lokal tourist [information] office; abstr. information for tourists
turistklass *s* tourist class
turistnäring *s*, **~en** the tourist trade, tourism
turistort *s* tourist resort
turistsäng *s* folding bed
turistsäsong *s* tourist season
turk *s* **1** pers. Turk **2** bad Turkish bath
Turkiet Turkey
turkisk *adj* Turkish; **~ matta** äv. Turkey carpet
turkiska *s* **1** språk Turkish **2** kvinna Turkish woman; jfr *svenska*
turkos I *s* miner. turquoise **II** *adj* turquoise
turlista *s* tidtabell timetable; för båtar äv. list of sailings
turné *s* rundresa tour; **göra en ~** go on (make) a tour; **vara [ute] på ~** be [out] on tour (vard. on the road)
turnera I *vb itr* tour; **~ i landsorten** tour [in] the provinces **II** *vb tr* formulera turn
turnering *s* tournament
turnummer *s* **1** könummer queue number **2** lyckotal lucky number
tur och returbiljett *s* return (amer. round-trip) ticket [*till* to]
turordning *s* priority, order of priority
tursam *adj* lucky, fortunate
turturduva *s* turtle dove
turtäthet *s* frequency of train (bus etc.) services; tågen går med en **~ av 10 minuter** ...at 10 minute intervals
turvis *adv* by (in) turns, in turn (rotation)
tusan *s*, **för ~!** hang it!; jfr *2 fan 2* o. *sjutton 2*
1 tusch se *touche*

2 tusch *s* färg Indian ink
tuscha *vb tr* rita med tusch draw (måla paint)...in Indian ink
tuschpenna *s* filtpenna felt (felt-tip) pen
tusen *räkn* (jfr äv. ex. under *hundra*) thousand; *[ett]* ~ a (one) thousand; *vasen gick i ~ bitar* vanl. the vase was smashed to smithereens (atoms); *Tusen och en natt* titel vanl. the Arabian Nights; vara hungrig *till ~* vard. ...like hell; *gilla ngn (ngt) till ~* like a p. (a th.) no end (vard. a hell of a lot)
tusende I *s* thousand II *räkn* thousandth; jfr ex. under *femte*
tusen[de]del *s* thousandth [part]; jfr *hundra[de]del*
tusenfaldigt *adv* o. **tusenfalt** *adv* a thousandfold
tusenfoting *s* centipede, millepede
tusenkonstnär *s* Jack-of-all-trades (pl. Jacks-of-all-trades)
tusenkronorssedel *s* o. **tusenlapp** *s* one-thousand-krona note
tusensköna *s* [common] daisy
tusental *s* thousand; *[på] ~et* år 1000-1100 [in] the eleventh century; jfr vid. ex. under *hundratal*
tusentals *adv*, ~ böcker thousands of... (subst. i pl.)
tusenårig *adj*, *det ~a riket* relig. the millennium; jfr f.ö. i tillämpliga delar *hundraårig* o. *femårig*
tuskaft *s* vävn. plain weave
tuss *s* av bomull, tråd, tyg o.d. wad; av damm, ludd o.d. piece of fluff; hopknycklad boll av t.ex. papper ball
tussa *vb tr*, ~ *en hund på ngn* set a dog on to a p.; ~ *ihop de båda rivalerna* set the rivals at each other
tussilago *s* bot. coltsfoot (pl. -s)
tut *interj* toot!
1 tuta *s* fingerstall; för tumme thumbstall
2 tuta I *vb tr* o. *vb itr* mus. toot, tootle *[i ett horn* [on] a horn]; med signalhorn på bil, ångvissla o.d. hoot; ~ *och köra* bildl. go [straight] ahead; *det ~r upptaget* i telefon there's an engaged (amer. busy) tone; ~ *'i ngn* ngt put...into a p.'s head II *s* signalhorn horn, hooter
tutta *vb tr*, ~ *[eld] på ngt* vard. set fire to a th., set a th. on fire
tuva *s* gräs~ tuft (clump) [of grass], tussock; större grassy hillock; *liten ~ välter ofta stort lass* ung. little strokes fell great oaks
tuvstarr *s* bot. tussock (hassock) grass
TV *s* television, TV (pl. TVs), vard. telly samtl. äv. apparat; *se (titta) på ~* watch television (TV, vard. the telly); *se ngt på ~* see (look at) a th. on television (vard. the box, amer. the tube); *sända ngt i ~* televise (isht amer. telecast) a th., broadcast (isht tekn. transmit)

a th. on television; *vad är det på ~* i kväll? what is on television (osv.)...?
TV-antenn *s* television (TV) aerial (amer. äv. antenna)
TV-apparat *s* television (TV) set (receiver); vard. telly
TV-bild *s* television (TV) picture
tweed *s* tweed
tveeggad *adj* two-edged; bildl. äv. double-edged
tvegifte *s* bigamy; *leva i ~* be bigamous
tvehågsen *adj* doubtful, uncertain [*om* about]
tveka *vb itr* hesitate; vara obeslutsam äv. be in doubt, be doubtful, be in two minds, be diffident [*om* ngt i samtl. fall about...]; *utan att ~* without hesitating (hesitation)
tvekamp *s* duel äv. bildl.; envig äv. single combat
tvekan *s* hesitation, hesitance; obeslutsamhet äv. uncertainty, irresolution, indecision; tvivel doubt; *det råder ingen ~ om det* there is no doubt (question) about it; *med [viss] ~* with some hesitation; *utan ~* without hesitation, utan tvivel without [a] doubt; avgjort certainly
tveklöst *adv* doubtless, without a doubt
tveksam *adj* tvekande hesitant; osäker doubtful, uncertain; obeslutsam irresolute, undecided [*om* ngt i samtl. fall about...]; *i ~ma fall* bör man... in doubtful cases (when in doubt)...
tveksamhet *s* hesitation, hesitance, doubtfulness; jfr *tvekan*
tvestjärt *s* zool. earwig
tvetydig *adj* eg. ambiguous, equivocal; ekivok, oanständig risky, risqué fr.; improper, indecent; skum shady, fishy
tvetydighet *s* ambiguousness (end. sg.), ambiguity; oanständighet indecency
tvi *interj*, ~ *[vale]!* ugh!
tvilling *s* 1 pers. twin 2 *Tvillingarna* astrol. Gemini
tvillingbror *s* twin brother
tvillingstjärna *s* astron. twin star
tvillingsyster *s* twin sister
tvina *vb itr*, ~ *[bort]* languish [away]
tving *s* tekn. clamp, cramp
tvinga I *vb tr* force, compel; stark. el. isht genom maktmedel coerce; vard. twist a p.'s arm; högtidl. constrain; för konstr. se ex.; ~ *ngn [till] att göra* ngt force a p. to do (into doing)..., compel a p. to do..., coerce a p. into doing...; svag., förmå make a p. do...; *han hade ~ts nödgats [att]* nödlanda he had been forced (obliged) to...; ~ *ngn på knä* bildl. bring a p. to his knees; ~ *ngn till reträtt* force a p. to retreat (into retreating), force (compel) a p. to make a retreat; jfr *tvungen* II *vb rfl*, ~ *sig* force oneself [*[till] att* inf. to inf., into ing-form]; högtidl. constrain oneself

tvålflingor

[*[till] att* inf. to inf.]; ~ *sig fram* genom folkmassan force one's way...
III med beton. part.
~ **av** se *avtvinga*
~ **fram:** ~ *fram ett avgörande (ett leende)* force a decision (a smile); ~ *fram en kris* force (bring on) a crisis; läget *har ~t fram inskränkningar* ...has enforced restrictions
~ **i:** ~ *i ngn ngt* få ngn att äta force a p. to eat (dricka to drink) a th.; ~ *i sig* maten force down...
~ **på:** ~ *på ngn ngt* force (truga push) a th. on a p. (vard. down a p.'s throat); ~ *sig på ngn* force (impose) oneself on a p.
~ **till sig (sig till)** *ngt* obtain (secure) a th. by force
~ **ur** *ngn ngt* extort a th. from a p., wring a th. out of a p.
tvingande *adj* oavvislig imperative; trängande urgent; *en* ~ *nödvändighet* an imperative necessity; *ej utan* ~ *skäl* not without urgent (compelling) reasons
tvinna *vb tr* twine, twist; silke throw; ~ *upp* untwine, untwist
tvist *s* kontrovers dispute, controversy; gräl quarrel [*om* i samtl. fall about]; *avgöra (bilägga, slita) en* ~ decide (settle) a dispute osv.; *det är en* ~ *om påvens skägg* it is a quarrel about nothing
tvista *vb itr* dispute, wrangle; gräla quarrel [*om* about]; *därom* ~ *de lärde* on that point the learned disagree (doctors disagree)
tvistefråga se *stridsfråga*
tvistemål *s* jur. civil case (suit)
tvisteämne *s* subject of contention
tvivel *s* doubt [*om* about]; *det är (råder) inget* ~ *om det* there is no doubt [at all] (no question) about it; *det är inget* ~ *om att...* there is no doubt (question) that...; *utan* ~ otvivelaktigt no doubt, without any doubt, undoubtedly
tvivelaktig *adj* doubtful; diskutabel äv. dubious, questionable; misstänkt suspicious; skum shady, fishy; *en* ~ *figur* a character of doubtful reputation; *en* ~ *framgång (ära)* a dubious success (honour)
tvivelsmål *s* doubt; *sväva (vara) i* ~ have doubts [in one's mind] [*om* about]
tvivelsutan se [*utan*] *tvivel*
tvivla *vb itr* doubt, be sceptical; ~ *på* betvivla doubt; misstro (t.ex. sina krafter) mistrust, have no faith in; ifrågasätta call...in question; *jag ~r på att han kommer* I doubt if (whether) he will come
tvivlande *adj* klentrogen incredulous; skeptisk sceptical; *ställa sig* ~ *till...* take up an attitude of doubt (scepticism) towards..., feel dubious about...
tvivlare *s* doubter; relig. el. filos. o.d. äv. sceptic
TV-kamera *s* television (TV) camera, telecamera

TV-kanal *s* television (TV) channel
TV-nyheter *s pl* television (TV) news sg.
TV-pjäs *s* television (TV) play
TV-program *s* television (TV) programme
TV-reklam *s* reklam i TV television (TV) advertising (reklaminslag commercial)
TV-ruta *s* [viewing] screen, telescreen
TV-spel *s* video game
TV-sändare *s* television (TV) transmitter
TV-tittare *s* televiewer
tvungen *adj* **1** nödd forced; *bli (vara)* ~ *att...* be forced (compelled) to...; stark. be constrained to...; isht av inre tvång be obliged (bound) to...; svag., 'måste' have to; *jag är* ~ *att göra det* äv. I have got to (I must) do it; *vara så illa* ~ be just forced to, have no other choice; *jag var (blev)* ~ *till det* I was forced into [doing] it (forced to do it); *det är tvunget att...* it is necessary to... **2** stel forced; om leende o.d. äv. constrained, wry; om ställning strained, cramped
1 två *vb tr, jag ~r mina händer* bildl. I wash my hands of it
2 två *räkn* two; *båda* ~ both, se vid. under *2 båda; de* ~ *andra barnen* the other two (two other) children; ~ *gånger* twice; *det ska vi bli* ~ *om!* we'll see about that!, I've also got a say in the matter!; *äta (arbeta) för* ~ eat (work) as much as two people; jfr *fem* o. sms.
två- för sms. jfr äv. *fem-*
tvåa *s* **1** two; i spel äv. deuce; *~n[s växel]* the second gear (speed); *komma in som god* ~ sport. come in a close second (runner-up); jfr *femma* **2** vard. *en* ~ tvårumslägenhet a two-room flat (apartment)
tvåbent *adj* two-footed, two-legged
tvåbyggare *s* bot. dioecious plant
tvådelad *adj,* ~ *baddräkt* two-piece bathing-suit; *den är* ~ ...is in two pieces
tvåfamiljshus *s* two-family (i samma plan äv. semi-detached) house
tvåfilig *adj* two-laned, two-lane...; *den är* ~ it has two lanes
tvåfjärdedelstakt *s* mus. two-four time
tvåfärgad *adj* two-coloured, two-colour...
tvåhjuling *s* vagn two-wheeler; cykel bicycle
tvåkammarsystem *s* parl. two-chamber (bicameral) system
tvåkönad *adj* biol. bisexual, hermaphrodite
tvål *s* ämnesnamn el. koll. soap; *en* ~ a piece (tablet, bar, cake) of soap
tvåla *vb itr,* ~ *in* soap, rub...over with soap; haka, skägg äv. lather; ~ *till ngn* knock a p. about; tillrättavisa tell a p. off
tvålask *s* att förvara tvål i soap container
tvålbit *s* piece of soap
tvåledad *adj* språkv.: attr. ...having two elements; *vara* ~ have two elements
tvålfager *adj, vara* ~ vard. be good-looking in a slick way, be pretty-pretty
tvålflingor *s pl* soapflakes

tvålkopp *s* soapdish
tvållödder *s* soap lather
tvålopera *s* vard. soap opera
tvåmanstält *s* tent for two [persons]
tvåmotorig *adj* twin-engined, twin-engine...
tvång *s* allm. compulsion, stark. coercion; återhållande, 'band' constraint, restraint; våld force; nödvändighet necessity; **olaga ~** duress[e]; **det är inte något ~** there's no absolute necessity; göra ngt **av ~** ...under compulsion (constraint); **genom (med) ~** by compulsion (coercion, force)
tvångsarbete *s* forced labour
tvångsevakuera *vb tr* evacuate...forcibly
tvångsföreställning *s* psykol. obsession
tvångsförflyttning *s* av t.ex. tjänsteman compulsory transfer [to another post]; av t.ex. folkgrupp compulsory transfer [of population]
tvångshandling *s* psykol. compulsive act
tvångsintagen *adj*, **vara ~ för** vård be committed to...
tvångsintagning *s* commitment, committal
tvångsmata *vb tr* force-feed äv. bildl.; feed...forcibly
tvångsmatning *s* force-feeding äv. bildl.; forced feeding
tvångsmässig *adj* compulsory, forced; psykol. compulsive
tvångstanke *s* psykol. obsession
tvångströja *s* straitjacket äv. bildl.
tvångsåtgärd *s* coercive measure
tvåplansvilla *s* two-storeyed house
tvåpucklig *adj* zool. two-humped, double-humped
tvåradig *adj* dubbelknäppt double-breasted; jfr f.ö. *femradig*
tvårummare *s* o. **tvårumslägenhet** *s* two-room[ed] flat (apartment)
tvåsidig *adj* two-sided, bilateral
tvåskiftsarbete *s* work in two shifts
tvåspråkig *adj* bilingual
tvåspråkighet *s* bilingualism
tvåstavig *adj* two-syllabled, dissyllabic; attr. äv. two-syllable, ...of two syllables; **~t ord** äv. dissyllable
tvåstämmig *adj* mus. ...for two voices, ...in two parts, two-voice..., two-part...
tvåtaktare *s* o. **tvåtaktsmotor** *s* two-stroke engine
tvåtusentalet *s* årtusende **på ~** in the twenty-first century
tvåårig *adj* om växt biennial; jfr f.ö. *femårig*
tvååggstvilling *s* fraternal twin
tvär I *s*, t.ex. ligga (skära ngt) **på ~en** ...crosswise, ...across; **sätta sig på ~en** eg., om föremål get stuck crossways; bildl., om pers. become awkward (cussed); **sätta sig på ~en mot ngt** oppose a th. **II** *adj* ~t avskuren square; brant sheer, steep; skarp, oförmodad, om t.ex. krök, övergång, vändning abrupt, sharp; plötslig sudden; kort, ogin blunt, brusque, abrupt, isht om svar curt; sur, vresig surly
tvära *vb tr* o. *vb itr*, **~ [över] en gata** cross (go, springa run across) a street
tvärarg *adj*, **bli ~** fly into a rage
tvärbalk *s* o. **tvärbjälke** *s* crossbeam, transverse beam
tvärbrant I *adj* precipitous, sheer, steep **II** *adv* precipitously, sheer, steeply **III** *s* sheer slope; stup precipice
tvärbromsa I *vb itr* brake suddenly, jam (slam) on the brakes **II** *vb tr* brake...suddenly
tvärbromsning *s* sudden braking [*med bilen* of the car]; **göra en ~** se *tvärbromsa I*
tvärdrag *s* korsdrag draught; amer. draft
tvärflöjt *s* transverse flute
tvärgata *s* crossroad, cross-street; **nästa ~ till höger** the next turning on the right
tvärhand *s*, **en ~** a (one) hand's breadth (handbreadth)
tvärnit *s* vard. sudden braking
tvärnita *vb itr* vard. jam (slam) on the brakes
tvärpolitisk *adj* attr. ...cutting across party lines
tvärrandig *adj* cross-striped, horizontally striped
tvärs *adv* **1** se äv. ex. under *härs* o. *kors*; **~ igenom (över)** right (straight) through (across); **gå ~ över** gatan, äv. cross (walk across)...; **bo ~ över** gatan live just across (on the opposite side of...) **2** sjö. abeam
tvärsigenom se under *tvärs 1*
tvärskepp *s* byggn. transept
tvärslå *s* crossbar; mellan stolsben o.d. äv. stretcher; isht sömnad. crosspiece; regel bolt
tvärsnitt *s* cross section äv. bildl.; transverse section; **visa ngt i ~** äv. show a cross section of a th.
tvärstanna *vb itr* stop dead (short); om fordon äv. come to a dead stop, pull up short
tvärstopp *s* dead stop, sudden halt
tvärsäker *adj* absolutely sure (certain), positive; vard. dead certain (samtl. end. pred.); självsäker cocksure; **det är ~t** it's a dead cert
tvärsäkerhet *s* självsäkerhet cocksureness
tvärsöver se under *tvärs 1*
tvärt *adv* squarely; sheer, steeply osv., jfr *tvär II*; genast at once, immediately, directly; t.ex. svara äv. straight off (away); plötsligt all at once; t.ex. stanna dead, directly; t.ex. avbryta [sig] abruptly, suddenly; **vägra ~** el. **svara ~ nej** refuse flatly (bluntly), give a flat (point-blank) refusal; **käppen gick ~ av** ...broke right off (itu in two); jfr *tvärtemot* o. *tvärtom*
tvärtemot I *prep* quite contrary to; **handla ~** order o.d. act exactly contrary to...; **han gör ~ vad jag säger** he does exactly the opposite (reverse) of... **II** *adv* just the opposite; jfr *tvärtom*
tvärtom *adv* on the contrary; långtifrån quite

the reverse; i stället instead [of that]; ~! on the contrary!, far from it!; **göra [alldeles]** ~ do [just (exactly)] the opposite (contrary, reverse) [*mot* of]; *det förhåller sig [alldeles]* ~ it is [just] the other way round (about); ...*och (eller)* ~ ...and (or) vice versa lat. (the reverse); *nej, snarare* ~ no, rather (mera troligt more likely) [just] the opposite (contrary, reverse)
tvärvetenskaplig *adj* interdisciplinary
tvärvändning *s*, **göra en** ~ make a sharp turn
tvätt *s* washing, wash; tvättinrättning laundry, samtl. äv. tvättkläder; *kemisk* ~ dry cleaning; tvättinrättning dry-cleaners; *en stor* ~ a large wash; *räkna* ~ count the wash[ing]; tyget krymper *i ~en* ...in the wash; duken *är i ~en* ...is in the wash (laundry); fläcken *går bort i ~en* ...will wash off, ...will come (go) out in the wash; duken *är på ~[en]* ...is at the laundry (wash)
tvätta I *vb tr* o. *vb itr* allm. wash; med svamp sponge[...down]; kemiskt dry-clean; bildl., svarta pengar launder; ~ *[och stryka]* launder; ~ *bilen* wash [down] the car; ~ *fönstren* clean (do) the windows; ~ *golvet* wash the floor; ~ *händerna (håret)* wash one's hands (hair); ~ *ett manuskript* clean up a manuscript; ~...*ordentligt* give...a good wash; ~ *åt ngn* do a p.'s washing; ~ *sin smutsiga byk offentligt* wash one's dirty linen in public
II *vb rfl*, ~ *sig* wash; have a wash; ~ *sig i ansiktet* wash one's face; *gå och* ~ *dig!* go and wash [yourself] (and have a wash)!
III med beton. part.
~ **av** t.ex. smutsen wash off; med tvättsvamp sponge [off]; ~ *av* bilen wash down..., give...a wash-down; ~ *av* händerna o.d. se *I*; ~ *av smutsen (sminket) från* stövlarna (ansiktet) wash the dirt (make-up) off...; ~ *av sig* wash, get washed; amer. wash up
~ **bort** wash off (away); bildl. wipe off
~ **upp** give...a quick wash, wash out
~ **ur** wash out
tvättanvisningar *s pl* washing instructions
tvättbar *adj* washable
tvättbjörn *s* zool. raccoon; vard. coon
tvättbräde *s* washboard
tvätterska *s* ~ [o. strykerska] laundress; 'tvättgumma' washerwoman, amer. vanl. wash woman
tvättfat *s* washbasin, hand basin; amer. äv. washbowl
tvätthall *s* för bilar car-wash [hall]
tvättinrättning *s* laundry; på skylt äv. launderers
tvättkläder *s pl* wash[ing], laundry (båda sg.), clothes to be washed (som just tvättats that have been washed)
tvättklämma *s* clothes peg; amer. clothespin
tvättkorg *s* clothes basket, laundry basket

tvättlapp *s* face flannel, face cloth; isht amer. washcloth, washrag
tvättlina *s* clothes line
tvättmaskin *s* washing machine
tvättmedel *s* [washing] detergent; i pulverform äv. washing powder; *syntetiskt* ~ [synthetic] detergent
tvättmärkning *s* care label
tvättning *s* washing, laundering; cleaning (äv. kemisk); *en* ~ skulle göra susen a wash...; lämna plagg *till* ~ ...to be washed (to the wash)
tvättomat *s* launderette®, laundrette®; isht amer. washeteria, laundromat®
tvättprogram *s* washing programme
tvättpåse *s* laundry bag
tvättrum *s* toalettrum lavatory, jfr äv. *toalett 1*
tvättråd *s pl* washing instructions
tvättstuga *s* laundry room
tvättställ *s* väggfast washbasin; kommod washstand
tvättsvamp *s* sponge; badsvamp bath sponge
tvättäkta *adj* om tyg washproof; om färg äv. fast; bildl.: sann true, genuin genuine, authentic, inbiten out-and-out..., dyed-in-the-wool...
1 ty *konj* for; därför att, emedan because
2 ty *vb rfl*, ~ *sig till ngn (ngt)* have recourse to a p. (a th.); stark. cling to a p. (a th.); söka skydd hos turn to...[for protection]
tyck|a I *vb tr* o. *vb itr* **1** allm. think; anse äv. be of the opinion, jfr *anse 1* med ex.; inbilla sig äv. fancy, imagine; *jag -er [att]...* äv. it seems (appears) to me [that]...; *jag -er [att] hon är* vacker (äv.) to my mind she is..., I find her...; *jag har alltid -t att...* I've always been of the opinion that...; *jag -te jag hörde någon* I thought I heard someone; *folk -er så mycket nu för tiden* vard. everybody has got to have an opinion nowadays; *hon -te det var bäst att vänta* she thought (judged) it best to wait; *-er du inte?* don't you agree (think so)?; *det -er jag* that's what I think, I beton. think so; *det -er jag inte* I don't think so, I disagree; *det -er inte jag* I beton. don't think so; *jaså, du -er det?* oh, you think so, do you?; *vad -er du om* boken? How do you like...?; vad är din åsikt om what do you think (is your opinion) of...?; *vad -er du (skulle du ~) om det?* äv. how do you feel about that?, how's that?; han säger *vad han -er* a) sin mening ...what he thinks b) vad som faller honom in ...just what (anything that) comes into his head, ...just what[ever] he pleases (chooses); du får *göra [precis] som du -er!* ...do just as you think [best] (as you feel inclined, as you like)!; *som du -er!* svar på fråga just as you please (like)!; *du -er väl inte (-er du) illa vara om jag säger...* I hope you won't mind my saying...; *vad -s?* se under *tyckas*; ~ *till* give one's [own] opinion

tyckare

2 gilla, uppskatta o.d. (jfr äv. *omtyckt*), ~ *[bra] om* like; vara förtjust i, hålla av äv. be fond of, care for, stark. love; finna nöje i enjoy, appreciate; *ha smak för* have a taste (fancy, liking) for; vara svag för be partial to; isht i fråg. el. nek. sats äv. approve of; ~ *illa om* äv. dislike, disapprove of [*att* inf. i båda fallen ing-form]; barnen *-te genast om henne* vanl. ...took to her at once; *vad -er du om honom?* how do you like him?; ~ *mycket om* ngt like osv....very much, be very fond of...; *hon -er inte illa om...* she doesn't dislike..., she rather likes...; ~ *bättre (mer) om...än* like...better than, prefer...to; *jag -er bättre (mer) om honom än...* äv. I am fonder of (care more for) him than...; *...skulle jag ~ bäst (mest) om att få* I should like to have...best (most) of all **II** *vb rfl*, ~ *sig höra (se)...* think (fancy, imagine) that one hears (sees)..., seem to hear (see)...; ~ *sig kunna allt* think one knows everything (can do anything)

tyckare *s* neds. pundit

tyck|as *vb itr dep* seem; *jag -s inte kunna göra det* I don't seem to be able to do it, I can't seem to do it; *det kan (kunde) ~ så* it may (might) seem so (look like that); *vad -s, ska vi gå på bio?* what do you think (say), ...?; *vad -s om* min nya kostym? how do you like (what do you think of)...?

tycke *s* **1** åsikt opinion; *i mitt ~* in my opinion, to my [way of] thinking (my mind) **2** smak fancy, liking; *om ~ och smak ska man inte diskutera (disputera)* there is no accounting for tastes; *det beror på (är en fråga om) ~ och smak* it is [all] a matter (question) of taste (opinion); du får ta *efter eget ~* ...at your own discretion, ...just as you please (like); *efter (i) mitt ~* according to my taste (liking) **3** böjelse fancy, inclination [*för* for]; *fatta ~ för* ngn (ngt) take a fancy (liking) to... **4** likhet likeness, resemblance

tyda I *vb tr* tolka interpret; dechiffrera decipher; uttyda make (work) out; uppfatta take; förklara explain; lösa solve; ~ *allt till det bästa (värsta)* put the best (worst) construction on everything **II** *vb itr*, ~ *på* allm. indicate; friare point to; *allt tyder på en tidig vår (på att han har fel, på att han har stulit boken)* everything points to an early spring (to his being wrong, to the fact that he has stolen the book); *allt tyder på att...* everything seems to indicate (show) that..., there is every indication (sign) that...

tydlig *adj* allm.: lätt att se, inse, förstå plain; klar, om t.ex. kontur, mening clear; om t.ex. foto äv. sharp; lätt att urskilja, om t.ex. fotspår, stil, uttal distinct; markerad marked; läslig legible; om abstr. subst.: uppenbar obvious, manifest; synbar evident; påtaglig palpable; uttrycklig

express; i formulering explicit; *klara och ~a bevis på* hans skuld clear and distinct proofs of...; *ha ett ~t minne av att* ha sett (hört) ...have a distinct recollection of ing-form; *i ~a ordalag* in plain (resp. explicit) terms; *en ~ vink* an unmistakable (a broad) hint; *det är ~t [av* vad han säger, att...*]* it is plain (clear, obvious, manifest, evident) [from...]

tydligen *adv* evidently, obviously, manifestly; *jag har ~ glömt det* I seem (appear) to have forgotten it; *han kan ~ inte* he can't, it seems

tydlighet *s* plainness osv., jfr *tydlig;* clarity; legibility; *för ~ens skull* for the sake of clarity; *det sades med all önskvärd ~* it was said so as to leave no room for doubt

tydligt *adv* t.ex. skriva, tala, avteckna sig plainly, distinctly; t.ex. synas, uttrycka sig clearly; *jag minns ~* I distinctly remember; *jag minns [det] inte ~* I have no distinct recollection of it; *skriva ~* läsligt write legibly; *synas ~* appear distinctly; *framgå tydligt* be evident; *uttrycka sig ~* äv. make oneself clear (clearly understood), express oneself explicitly (in clear terms), be explicit; *som ~ framgår av...* as is plain (clear) from...

tyfon *s* **1** storm typhoon **2** signal siren

tyfus *s* med. **1** typhoid [fever] **2** fläcktyfus typhus [fever]

tyg *s* **1** allm. material [*till* en kjol for...]; stuff; vävnad, isht hand. [textile] fabric, äv. (isht ylle~) cloth; *~er* textile fabrics (goods), textiles, cloths **2** *allt vad ~en håller* for all one is worth; t.ex. springa äv. for one's life

tyga *vb itr,* ~ *till* se *tilltyga*

tygel *s* rein äv. bildl.; bildl. äv. check; *ge ngn fria tyglar* give a p. a free rein (hand), give a p. plenty of rope, give a p. his (her osv.) head; *lösa tyglar* slack reins; *dra (strama) åt tyglarna* tighten the reins äv. bildl.; *gripa tyglarna* bildl. take over the reins; *hålla* ngn *i ~n (strama tyglar)* keep a tight rein (close check) on..., hold (keep)...in check; *släppa efter på tyglarna* slacken the reins äv. bildl.; *leda* en häst *vid ~n* lead...by the bridle

tygellös *adj* bildl.: otyglad unrestrained, unbridled; friare, om t.ex. levnadssätt äv. wild; utsvävande, om pers., liv o.d. dissolute, licentious

tygklädsel *s* i t.ex. bil cloth upholstery

tygla *vb tr* eg. rein [in]; bildl.: lidelser o.d. bridle, curb; sin otålighet, sitt begär restrain, keep...in check

tyglapp *s* piece of cloth (material), snippet

tygremsa *s* strip of cloth (material)

tygsko *s* cloth (textile) shoe

tygstycke *s* tygbit piece (längre length, tygrulle roll) of cloth (material)

tygtryck *s* textile (cloth, fabric) printing (konkr. print)

tyll *s* silkestyll o.d. tulle; isht bomullstyll bobbinet

tyna *vb itr*, ~ **bort** languish [away], waste away; isht om pers. äv. pine (fade) away; om växt wither, fade away
tynande *adj*, *föra en* ~ *tillvaro* lead a languishing life, linger out one's days
tynga I *vb itr* vara tung (om börda) weigh [*på* [up]on], stark. weigh heavy, weigh heavily; trycka press [*på* [up]on]; kännas tung be (feel) heavy [*på* to]; öka tyngden add to the weight; *detta tynger [hårt] på* mitt samvete this lies heavy (weighs, preys) [up]on... **II** *vb tr* belasta, t.ex. minnet burden, load; sorgen (ovissheten) *tynger [ned] henne* ...weighs her down (oppresses her); *det är något som tynger dig* you've got something (something is preying) on your mind; *tyngd av* bekymmer borne down under [the weight of]..., loaded (burdened) with...; *tyngd av* skulder weighed down (encumbered) by...
tyngd *s* allm. weight, end. abstr. heaviness, weightiness, tungt föremål o.d. load, alla äv. bildl.; isht fys. gravity; *årens* ~ vanl. the burden of the (one's) years; *en* ~ *har fallit från mitt bröst* a weight (load) has been lifted off my mind, that's a weight off my mind; *lägga* ~ *bakom orden* lend (give) weight (substance) to one's words
tyngdkraft *s*, ~*[en]* fys. [the force of] gravity (gravitation)
tyngdlagen *s* fys. the law of gravity (gravitation)
tyngdlyftare *s* sport. weightlifter
tyngdlyftning *s* sport. weightlifting
tyngdlös *adj* weightless
tyngdlöshet *s* weightlessness
tyngdpunkt *s* fys. centre of gravity; bildl. main focus; tonvikt main emphasis (stress); ~*en* i resonemanget the central (main) point (feature)...
typ *s* **1** sort, slag type [*av* of]; urtyp äv. model; *han är inte min* ~ he's not my type (vard. cup of tea); *en hamnstad* ~ Göteborg a port of the...type, a port of the type represented by... **2** otrevlig figur type, character; *han är en underlig* ~ vard. he is a queer fish (customer) **3** typogr. type
typexempel *s* typical (standardexempel stock) example [*på* of]; *ett* ~ äv. a case in point
typisk *adj* typical, representative [*för* of]; karakteristisk peculiar [*för* to]; ~ *för* äv. proper to; *det är* ~*t att det måste regna just nu!* it had beton. to rain just now, [that's typical]!; *det är så* ~*t han ([för] honom)* that's typical of (just like) him, that's him all over
typograf *s* typographer; vard. typo (pl. -s), printer; sättare compositor
typografi *s* typography
typsnitt *s* o. **typsort** *s* typogr. typeface
tyrann *s* tyrant
tyranni *s* tyranny

tyrannisera *vb tr* tyrannize [over]; friare domineer over
tyrannisk *adj* tyrannical, tyrannous; friare domineering
tyrolare *s* Tyrolese (pl. lika), Tyrolean
Tyrolen [the] Tyrol (Tirol)
tyrolerhatt *s* Tyrolean (Tyrolese) hat
tysk I *adj* German **II** *s* German
tyska *s* (jfr *svenska*) **1** kvinna German woman **2** språk German
tyskfientlig *adj* anti-German, Germanophobe
Tyskland Germany
tysktalande *adj* German-speaking...; *vara* ~ speak German
tyskvänlig *adj* pro-German, Germanophil[e]
tyst I *adj* allm. silent; fåordig äv. taciturn, jfr *tystlåten*; ~ *och stilla*, lugn, om t.ex. gata, pers. quiet; ljudlös noiseless; stum mute; stillatigande, om t.ex. samtycke tacit; ~ *förbehåll* mental reservation; *den* ~*a majoriteten* the silent majority; *en* ~ *minut* a minute's silence; ~*a steg* noiseless (soft) footsteps; ~ *överenskommelse* tacit understanding; plötsligt *blev det* ~ *i rummet* ...there was silence (it was quiet) in the room, ...a silence came over the room; *bli* ~ tystna become (fall) silent; vard. dry up; *det har blivit* ~ *om saken* nobody talks about it any more, there is no more talk about it (the matter); *få* ~ *på ngn* get a p. to be silent (vard. to shut up); vard. shut a p. up; *hålla sig* ~ a) alldeles ~ keep [perfectly] silent b) lugn o.d. keep quiet c) inte yttra sig remain silent, hold one's peace; *var* ~*[a]!* be quiet!, silence!; göra gott *i det* ~*a* ...on the quiet, ...in a quiet way, ...privately **II** *adv* allm. silently, quietly osv., jfr *I;* t.ex. åse ngt in silence; t.ex. gå, tala softly, quietly; *håll* ~*!* keep quiet!; *hålla* ~ *med ngt* keep a th. quiet (to oneself), keep quiet (vard. mum) about a th., not let a th. [come (leak)] out; *läsa* ~ read silently; *tala* ~ speak low (in a low voice); *det skall vi tala* ~ *om* we had better say nothing about that, we will pass that over in silence; *tala* ~*are* speak softer (lower) **III** *interj* hush!; ~ *nu!* quiet (silence, hush) [now]!
tysta *vb tr* allm. silence; ~ *[munnen på] ngn* stop a p.'s mouth, make a p. hold his (resp. her) tongue; ~ *ned* ngn reduce...to silence, silence..., vard. shut...up; ngt (bildl.) suppress..., hush...up; samvetets röst, ett rykte äv. stifle...
tystgående *adj* om maskin o.d. silent[-running], noiseless
tysthet *s* tystnad silence; tystlåtenhet quietness; *i [all]* ~ i hemlighet in secrecy, secretly, privately; vard. on the quiet; i stillhet quietly, in silence
tysthetslöfte *s* promise of secrecy
tystlåten *adj* fåordig taciturn, silent [*om*

tystna

about]; tyst av sig quiet; ej meddelsam uncommunicative; förtegen reticent; diskret äv. discreet
tystna *vb itr* allm. become (fall) silent; om pers. äv. stop speaking; om musikinstrument stop [playing]; upphöra cease; dö bort die away
tystnad *s* silence; ~! äv. hush!; *förväntansfull* ~ a hush of expectation; *förbigå ngt med* ~ pass a th. over in silence; *med (under)* ~ in silence
tystnadsplikt *s* läkares o.d. professional secrecy
tyvärr *adv* unfortunately; ~ *kan jag inte komma* äv. I'm sorry to say (I'm afraid) I can't...; Har han kommit? - *Tyvärr inte* äv. ...- I'm afraid not; *jag får* ~ erkänna att... I'm afraid I must...; *vi måste* ~ *meddela Er...* we regret to inform you...
tå *s* allm. toe; anat. el. zool. äv. digit; på sko äv. tip; skorna är för trånga *i ~n* ...at the toes; *gå på* ~ walk on one's toes (on tiptoe), tiptoe; *stå på* ~ stand on tiptoe; *ställa sig på* ~ rise (raise oneself) on tiptoe; *trampa ngn på ~rna* äv. bildl. tread on a p.'s toes (corns)
1 tåg *s* bot. rush; koll. äv. rushes pl.
2 tåg *s* rep rope; grövre cable; tross hawser
3 tåg *s* **1** järnv. train; spårv. tram; *åka* ~ go by train; *byta* ~ change trains; *det går flera* ~ bildl. there's always another train; *~et har gått* det är för sent we've missed the boat, the last chance has gone; skicka *med ~[et]* ...by train; *hinna med ~et* catch the train; äta middag *på ~et* ...on the train; *ta ~[et] till...* take the train to...; *komma för sent till ~et* vanl. miss one's (the) train **2** marsch *~et över Bält* hist. the March across (the Crossing of) the Belts
1 tåga *s* **1** lintåga o.d. filament, fibre **2** bildl. *det är* ~ *i honom* he is made of the right stuff; *det är ingen* ~ *i honom* there's no stamina (go) in him
2 tåga *vb itr* march; vid festlighet o.d. walk (march) in procession, parade; friare walk, i rad file; ~ *bort* march away (off); ~ *in i staden i triumf* enter...in triumph; ~ *ut ur staden* march out of..., leave..., depart from...
tågbiljett *s* train ticket; *betala ~en* pay one's railway fare
tågbyte *s* change of trains
tågförare *s* train driver
tågförbindelse *s* train service, train connection
tågförsening *s* train delay
tågklarerare *s* [train] dispatcher, inspector
tågluffa *vb itr* interrail, go on an Interrail card
tågluffare *s* interrailer, person who travels on an Interrail card
tågolycka *s* railway accident (stark. disaster)
tågordning *s* bildl. ung. procedure; *det måste gå i vanlig* ~ it has got to go through the usual channels

tågresa *s* journey by train, train journey; *tågresor* äv. travelling sg. by train
tågsätt *s* järnv. *ett ~ på* 10 vagnar a train of...
tågtid *s* avgångstid time of departure (ankomsttid arrival) of a (resp. the) train; *~erna* the times of the trains
tågtidtabell *s* railway (train, amer. railroad) timetable (amer. ofta schedule); i bokform railway guide
tågurspår[n]ing *s* derailment [of a (resp. the) train]
tågverk *s* o. **tågvirke** *s* cordage; ropes pl.
tågända *s* sjö. rope's end (pl. rope-ends); repstump piece of rope; *en* ~ eg. the end of a rope
tåhätta *s* toecap; *[försedd] med* ~ äv. toe-capped
tåla I *vb tr* uthärda, fördraga bear; endure (end. med personsubj.); stå ut med, inte skada av, tillåta stand; finna sig i suffer, put up with, tolerate; *jag tål det* (honom) *inte* I can't bear (stand, put up with)...; *inte* ~ *drag* be very susceptible to draughts (amer. drafts); *han tål en hel del [sprit]* he can hold his (has a good head for) liquor; ~ *[en] jämförelse med* bear (stand) comparison with; *han tål inte mycket* a) är klen he is delicate b) blir lätt berusad he gets easily intoxicated, he cannot hold his liquor c) blir lätt arg he is quick-tempered; *han har fått så mycket han tål* a) starka drycker he has had as much as he can stand (carry) b) stryk, ovett o.d. he has had all he can bear; ~ *påfrestningar[na]* bildl. stand the strain; *han tål inte skämt* he can't take a joke; ~ *att slita på* stand [up to hard] wear; *de tål inte varandra* they can't stand each other, there is no love lost between them; ~ förtjäna *att diskuteras* merit discussion; *det tål att tänka på* it needs thinking about (over); förtjänar att beaktas it is worth considering; sådant *bör inte ~s* ...ought not to be tolerated (put up with); *jag tål inte [vid] att äta fet mat* vanl. ...disagrees with (upsets, doesn't suit) me
II *vb rfl*, ~ *sig* vard. have patience, be patient
tålamod *s* patience; fördrag forbearance; *ha en ängels* ~ have the patience of Job (of a Saint), have angelic patience; *mitt* ~ *är slut* my patience is exhausted; *ha* ~ äv. be patient; *ha* ~ *med* ngn äv. bear with...; *förlora ~et* lose [one's] patience; *ha förlorat ~et med* ngn be out of patience with...; *beväpna sig med* ~ arm oneself with patience; *med* ~ äv. patiently
tålamodsprövande *adj* trying; *vara* ~ be trying [to one's patience]
tåled *s* anat. toe joint
tålig *adj* tålmodig patient; långmodig long-suffering; härdig, om t.ex. växt hardy; slitstark durable

tålighet s patience; long-suffering; hardiness; durability; jfr *tålig*
tålmodig adj patient; långmodig long-suffering
tålmodighet se *tålamod*
tåls s, *ge sig till* ~ have patience, be patient
tånagel s toenail
1 tång s verktyg allm. tongs pl.; om spec. tänger nippers, pliers, pincers (alla pl.); stans punch, jfr *avbitartång, hovtång, kniptång* m.fl.; med. forceps (sg. el. pl.); *en* ~ *(två tänger)* a pair (two pairs) of tongs osv.; *jag skulle inte vilja ta i honom (det) med* ~ I wouldn't touch him (it) with a bargepole (with a pair of tongs)
2 tång s bot. seaweed, tang
tångförlossning s med. forceps delivery
tångruska s tuft (bunch) of seaweed (tang)
tångräka s zool. shrimp
tår s **1** eg. tear, tear drop; *hon fick ~ar i ögonen* tears came into her eyes, it brought tears to her eyes; han skrattade *så att han fick ~ar i ögonen (~arna rann)* äv. ...till the tears came; *fälla ~ar* shed tears; *le genom ~ar[na]* smile through one's tears; *brista i ~ar* burst into tears; *med ~ar i ögonen* äv. with eyes brimming [over] with tears; *hon har inte långt till ~arna* she is easily moved to tears; *rörd till ~ar* moved to tears; hon lovade *under ~ar* ..., with tears streaming down her cheeks **2** skvätt drop, spot [båda med of framför följ. best.]; *en* ~ *kaffe* a few drops (a mouthful) of coffee
tårad adj, *~e* ögon ...filled (fuktiga moist) with tears
tåras vb itr dep fill with tears; av blåst o.d. äv. run [with tears], water
tårdrypande adj tearful, tear-jerking; ~ *bok (film, pjäs* m.m.*)* äv. tear-jerker
tårdränkt adj om blick tearful
tårfylld adj om ögon ...filled with tears; om t.ex. blick, röst tearful
tårgas s tear gas; fackspr. lachrymator
tårgasbomb s tear[-gas] bomb
tårkanal s anat. lachrymal (tear) duct
tårkörtel s anat. lachrymal (tear) gland
tårpil s bot. weeping willow
tårsäck s anat. lachrymal sac
tårta s allm. cake; isht med grädde el. kräm gâteau (pl. -x) fr.; av mördeg el. smördeg med fruktfyllning vanl. tart; *det är* ~ *på* ~ vard. it's the same thing twice over (saying the same thing twice)
tårtbit s piece of cake (gâteau etc., jfr *tårta*)
tårtbotten s ung. flan case
tårtkartong s cake carton
tårtspade s cake slice
tårögd adj, *vara* ~ have tears in one's eyes, have one's eyes filled (brimming) with tears
tåspets s tip of the (one's) toe; jfr *tå med ex.*
tåspetsdans s toe dance; dansande, danskonst toe-dancing

tåt s, *dra i ~arna* vard. pull the strings
täck adj, *det ~a könet* the fair sex
täcka vb tr cover äv. sport. el. bildl.; i form av [skyddande] lager coat; trädg. cover over (up); skydda protect äv. mil.; fylla, t.ex. ett behov äv. supply; fylla t.ex. en tidsperiod fill up; isht hand. meet; t.ex. en kostnad cover, meet, defray; jfr *täckande* med ex.; ~ *bollen* sport. shield the ball; ~ *återtåget* cover the retreat; ~ *av* ngt take the cover (resp. covers) off...; ~ *för* ett hål (fönster) o.d. cover [over (up)]; ~ *[in]* bildl., få 'med, omspänna cover; ~ *till* cover up; ~ *över* cover [over]; bildl. cover up
täckande I s, *till* ~ *av* kostnaderna to cover (meet, defray)..., in defrayment of... **II** adj, ~ *färg* opaque colour (målarfärg paint)
täckdikning s pipe draining, underdrainage
täcke s allm. cover, covering; lager äv. coating; sängtäcke quilt, amer. äv. comforter; duntäcke down (continental) quilt; *spela under ~t med ngn* bildl. be (act) in collusion with a p., have underhand dealings with a p.
täckelse s, *låta ~t falla från* en staty unveil...
täckfjäder s zool. wing covert
täckfärg s mål. top (finishing) coat
täckglas s cover glass
täckjacka s quilted jacket
täckmantel s allm. cover; *arbeta under* ~ work under cover; *under religionens (vänskapens)* ~ under the cloak (guise, mask, semblance) of religion (friendship)
täcknamn s cover (assumed) name
täckning s allm. covering; hand. cover, coverage; *ha* ~ hand. be covered; påståendet *saknar* ~ ...cannot be supported (borne out, lacks support); *till* ~ *av* kostnaderna se *täckande* ex.; *check utan* ~ uncovered (vard. dud) cheque; amer. rubber check
täckorganisation s cover (front) organization
täckt adj covered; överdragen coated [over]; ~ *bil* closed car
tälja vb itr skära ~ *[på ngt]* cut [a th.]; t.ex. barkbit whittle [at...]; snida carve
täljare s matem. numerator
täljkniv s sheath knife; isht amer. (större) bowie knife
täljsten s miner. soapstone, steatite
tält s tent; större, för cirkus, vid fest o.d. marquee, t.ex. tennistält air hall, amer. air structure, bubble; *slå [upp ett]* ~ pitch (put up) one's tent; *bo i* ~ se *tälta*
tälta vb itr bo i tält: campa camp [out], live under canvas; om nomader live in tents (resp. a tent)
tältare s tenter
tältduk s canvas
tältlina s tent rope, tent cord
tältmöte s relig. o.d. camp meeting
tältpinne s tent peg
tältplats s camping ground, camp (camping) site

tältstol *s* camp stool; med ryggstöd camp chair
tältsäng *s* camp bed
tämja *vb tr* tame, break; göra till husdjur äv. domesticate; bildl. äv. curb; kontrollera, t.ex. naturkraft harness
tämligen *adv* fairly, moderately, tolerably, pretty; ofta känslobet. rather; ~ *gammal* äv. oldish
tänd *adj* vard. *vara (bli)* ~ *på* be (get) sold (hooked) on...; *hon är* ~ *på honom* he turns her on
tända I *vb tr* få att brinna light; tekn., se *antända;* elljus turn (switch, put) on; det är dags att ~ *[belysningen (ljuset)]* ...put (turn) on the light[s]; ~ *eld* make a fire; ~ *en tändsticka* äv. strike a match (light); *ljuset (det) är tänt* the light is on; ~ *eld på...* set fire to...
II *vb itr* **1** fatta eld catch fire; om tändsticka ignite; *motorn tänder inte* there is something wrong with the ignition [of the engine] **2** vard., brusa upp flare up; få erotiska känslor, bli entusiastisk be (get) turned on, turn on; jfr *tänd*
III med beton. part.
~ *av* vard., efter narkotikarus come down
~ *på* a) se ~ *[eld på]* b) vard., använda narkotika: vid enstaka tillfälle get high, som vana turn on
tändande *adj, den* ~ *gnistan* bildl. the spark that set[s] it all off, the igniting spark
tändare *s* cigarettändare o.d. lighter
tändhatt *s* percussion cap, detonator
tändning *s* **1** tändande lighting osv., jfr *tända I;* tekn. igniting **2** tekn. ignition; *höja (sänka)* ~*en* advance (retard) the ignition
tänd[nings]nyckel *s* i t.ex. bil ignition key
tändrör *s* mil. [blasting] fuse
tändsats *s* mil. el. tekn. detonating (exploding) composition; på tändsticka [match]head
tändsticka *s* match
tändsticksask *s* matchbox; ask tändstickor box of matches
tändstift *s* motor. sparking (spark) plug; på eldvapen firing-pin
tändvätska *s* fire-lighting (barbecue) fluid
tänja I *vb tr* stretch; ~ *på* bestämmelserna, krediten stretch...; ~ *ut* eg. stretch; bildl., t.ex. berättelse draw out, prolong, t.ex. en paus äv. drag out **II** *vb rfl*, ~ *[ut] sig* stretch
tänjbar *adj* elastic äv. bildl., om tyg o.d. äv. stretchable
tänk|a I *vb tr* o. *vb itr* (jfr äv. *II*) allm. think [*på* of] (jfr dock ex. ned.); fundera äv. reflect [*på* on], jfr *fundera* med ex. o. ~ *efter* ned. *IV;* använda sin tankeförmåga, resonera reason; förmoda suppose; vänta sig expect; föreställa sig imagine, jfr *III* ned. ex.; anse äv. consider; tro äv. believe; *tänk, att hon är* så rik*!* to think that she is...!; *tänk bara!* just think (fancy, imagine)!; *tänk själv!* använd hjärnan think

for yourself!; *tänk själv* om (vad)... just think (imagine)...; *tänk så roligt!* how nice!, what fun!; *[nej (ja)] tänk!* [oh] I say!; *tänk om du skulle* träffa honom (behöva pengar) supposing (what if, imagine if) you were to...; ~ *för sig själv* inom sig think to oneself; *han -er långsamt (snabbt)* he is a slow (quick, rapid) thinker; *säga vad man -er* vanl. speak one's mind; han säger aldrig *vad han -er* menar ...what he means (thinks); *var det inte det jag -te!* el. *jag -te väl det!* just as I thought!, I thought as much!; *det var inte så det var -t* that is not how it was meant [to be]; *det var inte så dumt -t* that was not such a bad idea
tänk på...! a) t.ex. följderna [just] think of...!
b) t.ex. vad du gör consider (ge akt på mind)...!
c) t.ex. din hälsa äv. bear...in mind; *tänk på saken!* think it over; tills i morgon sleep on it; ~ *på* (låta tankarna dröja vid) ngn (ngt) think about...; ~ *på att* inf. think of (resp. about) ing-form; *gå och* ~ fundera *på ngt* have a th. on one's mind, be thinking of (resp. about) a th., be pondering a th.; ~ *mycket (närmare) på* ngt give...a great deal of thought (consideration), give...closer consideration; *det tål att* ~ *på* that's [a thing] worth considering (thinking about); *kommer det dig att* ~ *på något?* äv. does that ring a bell?; *[säg,] vad -er du på?* a penny for your thoughts!; *när jag -er [rätt] på saken,* så är jag on second thoughts, I...
II *vb tr* ämna, avse att be going (intend, mean, propose, amer. äv. aim) to inf.; fundera på att be thinking of ing-form; *-er du stanna* hela kvällen*?* are you going (intending) to stay...?, do you intend (mean) to stay...?; jag borde *ha gjort som jag först -te* ...have done (handlat acted) as I first intended [to] (meant to); *jag hade -t* att du skulle diska my idea was...; *boken var -t att vara (som)* ett debattinlägg the book was meant to be (as)...
III *vb rfl*, ~ *sig* **a)** föreställa sig imagine; ~ ut t.ex. en annan möjlighet conceive; *[kan man]* ~ *sig!* just think (imagine, fancy)!; vilken olycka! well, I never!; *resten kan man lätt* ~ *sig* the rest can (may) easily be imagined; *kan ni* ~ *er* vad hon har hänt*?* can you imagine...?; i bet. 'skulle ni kunna tro' would you believe...?; *jag kunde just* ~ *mig det!* just as I might have imagined!; jag kunde just tro det I might have known that (as much)!; det är det klokaste *man kan* ~ *sig* ...you can think of (imagine), ...imaginable, ...conceivable; *man kan knappt* ~ *sig* (fatta) att han... you would hardly believe (conceive)...; *kan du* ~ *dig Bo som* ordförande*?* can you imagine (picture) Bo as...; *jag har -t mig, att* vi skulle (vanl.) my idea is that...; *jag har -t mig, att man kunde tillägga...* I thought that one might add (thought of adding)...; ~

sig [väl] för think carefully (twice) **b)** ämna [bege] sig *vart har du -t dig [resa]?* where have you thought (did you think) of going [to]?
IV med beton. part.
~ **efter** think, reflect, consider; *tänk efter!* try to remember!; *låt mig ~ efter* äv. let me see; *när man -er efter* äv. when one comes to think of it; *tänk noga efter...!* a) innan du svarar think [the matter (it) over] carefully...! b) hur du skall gå till väga consider carefully...!
~ **igenom** en sak think...out (isht amer. through); jfr *genomtänkt*
~ **sig in i** sätta sig in i, t.ex. ett ämne get into; föreställa sig imagine; leva sig in i, t.ex. ngns känslor enter into; inse realize
~ **om** do a bit of rethinking, reconsider matters (resp. the matter)
~ **till** vard., se ~ *efter*
~ **tillbaka** *på* let one's thoughts go back to, recall; ~ *tillbaka på gamla tider* think of the old times (days)
~ **ut** fundera ut think (work) out; hitta på think of, hit [up]on; t.ex. ett botemedel (en plan) äv. conceive, devise; uppfinna invent; dikta upp make up; planlägga plan; ~ *ut* presentera åt ngn think of (up)...
~ **över** think over, consider
tänkande I *s* thinking osv., jfr *tänka I;* begrundan meditation, cogitation, reflection; filosofi o.d. thought; *det mänskliga ~t* human thought **II** *adj* thinking osv., jfr *tänka I; en ~ människa* vanl. a thoughtful (reflecting) person; människan är *en ~ varelse* ...a rational (thinking) being
tänkare *s* thinker
tänkbar *adj* conceivable, imaginable, thinkable; möjlig possible; *den enda ~a* lösningen the only conceivable (thinkable)...; *den bästa ~a...* the best possible...
tänkvärd *adj* ...worth considering; minnesvärd memorable; beaktansvärd remarkable
tänkvärdhet *s,* boken innehåller *många ~er* ...many ideas that are worth thinking about
täppa I *s* patch; trädgårdstäppa garden patch
II *vb itr,* ~ *till (igen)* stop (choke) up, obstruct; ~ *till munnen på ngn* bildl. shut a p.'s mouth (a p. up); *jag är täppt i näsan* vanl. my nose is (feels) stopped (bunged) up
tära *vb tr* o. *vb itr* förtära consume; ~ *på* t.ex. ngns krafter tax...; t.ex. ett kapital break (eat) into..., make inroads [up]on...; ~ *på reserverna* draw on the reserves; sjukdomen *tär på henne* ...is taxing her health; *en ~nde sjukdom* a wasting disease
tärd *adj* worn out; *ett tärt ansikte* a haggard (emaciated) face
1 tärna *s* zool. tern, sea swallow
2 tärna *s* brudtärna bridesmaid
3 tärna *vb tr* kok. dice, cut...into cubes
tärning *s* speltärning dice pl., vard. bones pl.; kok. cube; *en* spel~ one of the dice; *kasta (spela)* ~ throw (play) dice, roll the bones; *~en är kastad* the die is cast
tärningskast *s* throw [of the dice]
tärningsspel *s* game of dice; spelande dice-playing, playing [at] dice, gambling with dice
1 tät *s* head; *~en drog ifrån* sport. the leaders drew away from the rest; *gå i ~en för...* head..., walk (march) at the head of...; *gå (lägga sig) i ~en* take the lead; *ligga i ~en* lead
2 tät *adj* **1** eg., t.ex. om tyg, skrivrader close; svårgenomtränglig, om t.ex. skog, dimma thick; om skog o. dimma äv. samt om t.ex. bladverk, befolkning, bebyggelse el. fys. dense; ogenomtränglig för t.ex. luft, vatten (i sms.) tight, jfr *lufttät* o. *vattentät;* icke porös el. ihålig massive, compact; om snöfall el. trafik heavy; *en ~ match* a tight match; *~t mörker* impenetrable darkness; *~a ögonbryn* bushy (heavy) eyebrows; åskådarna *stod i ~a led* ...were closely packed together **2** ofta förekommande frequent; upprepad repeated **3** vard., förmögen well-to-do, well-lined
täta *vb tr* täppa till stop up; läcka stop; göra...lufttät (vattentät) make...airtight (watertight); sjö. caulk; tekn. pack, seal; fönster (dörrar) make...draughtproof
tätatät *s* tête-à-tête fr.
täthet *s* closeness osv., jfr *2 tät 1-2;* density; compactness; impenetrability; frequency
tätmaskig *adj* closely meshed
tätna *vb itr* become (get, grow) dense[r] ([more] compact, thick[er]); om t.ex. rök, dimma äv. thicken; om mörker become [more] impenetrable; *mystiken ~r* the plot thickens
tätningslist *s* sealing jointing; för fönster, dörrar draught excluder, strip
tätort *s* tätbebyggd ort densely built-up (tätbefolkad ort populated) area, population centre
tätstrid *s* struggle among the leaders; *laget är borta ur ~en* the team is out of the running for the championship
tätt *adv* closely osv.; thick[ly]; jfr *2 tät 1* o. *2;* se äv. ex. under *1 titt;* snön *faller ~* ...is falling thick; bladen (slagen) *föll ~* ...fell thick and fast; bussarna *går ~* ...runs frequently; ~ *hoppackade* tightly packed; pred. äv. ...packed tightly together; om pers. äv. ...squeezed (crowded) together; *hålla ~* om båt, kärl be watertight, hold water; *han höll ~ tyst [med saken]* he kept close [about the whole thing]; ~ *liggande* ...lying closely together; *locket sluter ~* the lid fits tight; *stå ~* om träd stand closely together; om t.ex. säd be (stand) thick; ~ *åtsittande* close-fitting, tight-fitting; ~ *efter* close behind; ~ *i hälarna på ngn* close [up]on a p.'s heels; ~

tättbebyggd

intill (invid) adv. close up (by); prep. close [up] to...
tättbebyggd adj densely built-up...; *området är tättbebyggt* ...has been densely built up
tättbefolkad adj densely populated
tätting s zool. passerine; *springa som en ~ bustle (hop) about like mad*
tättsittande adj om t.ex. ögon close set
tättskriven adj closely written
tätört s bot. steepgrass, butterwort
tävla vb itr compete [*med* with; *om* for]; *~ [med varandra] i artighet* vie with (emulate) each other in...; *~ med ngn i kunskaper* rival a p. in...; *~ i löpning (simning)* run (swim) a race
tävlan s allm. competition [*om* for]; jfr *tävling;* tävlande, medtävlan rivalry, emulation; *delta utom ~* take part without competing
tävlande I adj competing; rivaliserande rival **II** s, *en ~* a competitor (resp. a rival)
tävling s allm. competition äv. pristävling; contest äv. sport.; t.ex. i löpning race; vanl. mellan två lag match; turnering tournament; programpunkt event; *en öppen ~* an open (all-comers) event; *utlysa en ~ om...* announce a competition for...
tävlingsbana s löparbana racetrack; hästtävlingsbana racecourse
tävlingsbidrag s [competition] entry; lösning av tävlingsuppgift solution, answer
tävlingsbil s racing car
tävlingscyklist s racing cyclist
tävlingsdomare s allm. adjudicator, judge; sport., se *domare 2*
tävlingsförare s racing driver
tävlingsgren s sport. event
tävlingsjury s jury
tävlingsledning s leaders (organizers) (båda pl.) of a (resp. the) competition
tävlingslöpare s racer, runner in racing competitions
tävlingsregler s pl competition rules
tävlingsuppgift s problem[s pl.] [to be solved by the competitors]; vid frågesporttävling question[s pl.] [to be answered by the competitors]
tö s thaw; *det är ~* i dag it is thawing...
töa vb itr thaw; *~ bort* thaw [away]; *~ upp* thaw äv. bildl.; smälta melt
töcken s dimma mist; dis haze båda äv. bildl.
töja vb tr o. rfl, *~ sig* stretch
töjbar adj stretchable; elastic äv. bildl.
töjbarhet s stretchability; elasticity äv. bildl.
tölp s boor; bondtölp äv. yokel, clodhopper; drummel äv. lout
tölpaktig adj boorish, clodhopping, loutish
töm s rein; jfr *tygel*
töm|ma vb tr **1** göra tom, dricka ur empty; låda, skåp äv. clear (turn) out; brevlåda clear; sitt glas äv. drain; *brevlådan -mes 4 ggr dagligen* there are four collections daily (a day); *~ tarmen (blåsan)* relieve oneself; *salen -des* the hall emptied; *~ ngt på* dess innehåll empty a th. of...; *~ till sista droppen* drink (drain) to the dregs; *~ ut* empty [out]; hälla ut pour out **2** *~* tappa *på flaskor* pour into bottles
tömning s emptying osv., jfr *tömma 1;* post. collection
tönt s vard. drip, wet, jerk
töntig adj vard., om t.ex. skämt, underhållning corny; fånig sloppy; insnöad square; ynklig pathetic; *var inte så ~!* äv. don't be such a drip (wet, jerk)!
tör|as vb itr dep **1** våga dare [to]; *gör det om du -s* do it if you dare, I dare (defy) you to do it, jfr *2 våga* **2** få lov att *-s man sätta sig här?* may I (is it all right to) sit down here?; *hur mycket* kostar den, *om jag -s fråga?* may I ask how much...?, how much...if I may [be allowed to] ask?
törn s **1** stöt blow äv. bildl.; bump; bildl. äv. shock; *ta ~* sjö. bear off, fend [her] off **2** sjö., arbetsskift watch; tur turn
törna vb itr, *~ emot* ngt bump (knock) into (against)...; stark. crash into...; jfr *[stöta] emot; ~ ihop* collide; *~ in (ut)* sjö. turn in (out)
törnbeströdd adj thorny
törnbuske s vild brier [bush]
törne s **1** tagg thorn; mindre prickle **2** se *törnrosbuske*
törnekrona s crown of thorns
törnros se *törnrosbuske*
Törnrosa the Sleeping Beauty
törnrosbuske s vild brier [bush]
törnskata s zool. redbacked shrike
törnsnår s thorn-brake, thorny thicket
törntagg s thorn; mindre prickle
törs se *töras*
törst s thirst; bildl. äv. longing [*efter* for; *efter att* inf. to inf.]; *känna ~* feel (be) thirsty
törsta vb itr thirst äv. bildl. [*efter* for]; *~ ihjäl* die of thirst
törstig adj thirsty
tös s vard. girl, lass; poet. maid
tövalla s ski wax for thawing conditions
töväder s thaw äv. bildl.; *det är (har blivit) ~* a thaw has set in; *det blir ~* there'll be a thaw

U

u *s* bokstav u [utt. ju:]
ubåt *s* submarine; vard. sub
ubåtsjakt *s* submarine chase; bekämpning antisubmarine operations pl.
UD förk., se *utrikesdepartementet*
udd *s* point äv. bildl.; på gaffel o.d. prong, tine; tand tooth (pl. teeth); bildl. äv.: t.ex. satirens, dödens sting; t.ex. replikens pungency, bite; *bryta (ta) ~en av* ett angrepp take the sting out of...
udda *adj* allm. odd; originell, ovanlig unusual, out-of-the-way, original; *~ eller jämnt* odd or even; *~ tal* odd (uneven) number; *en ~ person* särling an odd person (character); *en ~ sko* an odd shoe; *jag skall låta ~ vara jämnt för denna gång* I'll let it pass this time
udde *s* hög, bergig cape, promontory, head[land]; låg el. smal point [of land]; landtunga spit, tongue of land
uddig *adj* pointed äv. bildl. om t.ex. anmärkning; om t.ex. kritik, svar pungent, biting
uddlös *adj* pointless; bildl. äv. without sting
ufo *s* (förk. för *unidentified flying object*) UFO (pl. -s)
Uganda Uganda
ugandier *s* Ugandan
ugandisk *adj* Ugandan
uggl|a I *s* owl; *det är (jag anar) -or i mossen* there is something in the wind, there is mischief (something) brewing; *friare* I smell a rat II *vb itr* vard. *sitta uppe och ~* sit up late
ugn *s* oven; brännugn (f. keramik o.d.) kiln; stor smältugn furnace
ugnsbaka *vb tr* bake; *~d potatis* baked potatoes
ugns[eld]fast *adj* ovenproof; *~ glas (gods)* äv. oven glassware, ovenware
ugnslucka *s* oven door
ugnspannkaka *s* ung. batter pudding
ugnssteka *vb tr* roast; isht potatis, fisk bake
ugnsvärme *s* oven heat; *sätt ~n på 200°* set the oven temperature at 200°
u-hjälp se *u-landshjälp*
Ukraina [the] Ukraine
ukrainare *s* Ukrainian
ukrainsk *adj* Ukrainian
ukulele *s* mus. ukulele
u-land *s* developing country
u-landsbistånd *s* o. **u-landshjälp** *s* aid to developing countries
ull *s* wool; ullbeklädnad fleece; *...av ~ ...*[made] of wool, woollen...
ullgarn *s* wool[len] yarn, wool
ullig *adj* woolly, fleecy; *~a moln* fleecy clouds
ullsax *s* sheep shears pl.

ullspinneri *s* [wool-]spinning mill
ullstrump|a *s* eg., se *yllestrumpa; gå på i -orna* envetet fortsätta go on and on; inte ge upp keep at it
ulltapp *s* o. **ulltott** *s* tuft (flock) of wool; moln fleecy cloud
ulster *s* ulster
ultimatum *s* ultimat|um (pl. -ums el. -a); *ställa ~ till ngn* present a p. with an ultimatum
ultrakonservativ *adj* ultraconservative
ultrakortvåg *s* (förk. *UKV*) radio. ultrashort waves pl., very high frequency (förk. VHF)
ultraljud *s* ultrasound
ultramarin *adj* o. *s* ultramarine
ultraradikal *adj* ultraradical
ultrarapid I *s, i ~* in slow motion II *adj, ~ film (bild)* slow motion picture
ultraviolett *adj* ultraviolet; *~ strålning* ultraviolet radiation
ulv *s* wolf (pl. wolves); *tjuta med ~arna* run with the pack
umbärande *s* försakelse privation; strapats, möda hardship
umbärlig *adj* dispensable, expendable
umgås *vb itr dep* **1** med varandra see each other, be together; formellt be on visiting terms; se vid. ex.; *de ~ jämt* they are always together, they see each other all the time; *ha lätt att ~ med folk* find it easy to get on with people, be a good mixer; *~ i fina kretsar* move (mix) in good society **2** *~ med* handskas med handle; behandla deal with; *~ försiktigt med vapen* handle weapons with care **3** *~ med en plan* be nursing a scheme
umgänge *s* förbindelse relations pl., dealings pl.; socialt social intercourse (end. sg.); sällskap company, society; vänkrets friends pl., circle of friends; *dåligt ~* bad (low) company; *intimt (sexuellt) ~* sexual intercourse; *ha sexuellt ~* äv. have sex, make love; *ha stort ~* have a great many friends (a large circle of friends); ofta ha gäster entertain a great deal
umgängeskrets *s* friends [and acquaintances] pl., circle of friends [and acquaintances]
umgängesliv *s* social life
umgängesrätt *s* jur., efter skilsmässa right of access [to one's child (resp. children)]
undan (se äv. under resp. huvudord) I *adv* **1** bort, iväg away; ur vägen out of the way; åt sidan aside; *~ [ur vägen]!* [get] out of the way!, make way!; *fly ~ för* run away from, flee; *gå ~* (jfr 2) väja get out of the way, stand clear [för of]; gå åt sidan äv. step aside; *komma ~* get off, escape; *han slapp lindrigt ~* he got off lightly **2** fort, raskt fast, rapidly; *det går ~ med arbetet* the work is getting on fine (is proceeding el. progressing fast); *låt det gå ~!* make haste!, push on! **3** *~ för ~* little by little, bit by bit, by degrees, gradually; en i taget one by one II *prep* from; ut ur out of; *fly ~ sina förföljare* escape (run away) from...;

försöka slingra sig ~ sina plikter try to get out of one's duties; *klara sig ~ stormen* get [safely] out of the storm; *söka skydd ~ regnet* take shelter from the rain
undanbe[dja] I *vb rfl,* ~ *sig* t.ex. återval decline...; *jag undanber mig sådana uttryck* I will thank you not to use..., I won't have... **II** *vb tr, blommor undanbedes* no flowers by request; *rökning undanbedes* please refrain from smoking, no smoking
undandra[ga] *vb rfl,* ~ *sig* t.ex. sina plikter shirk, evade; t.ex. analys elude; huruvida detta är riktigt *undandrar sig min bedömning* ...is beyond my power to judge
undanflykt *s* undvikande svar evasive answer, evasion; svepskäl subterfuge; *göra (komma med) ~er* be evasive, make excuses, prevaricate, shuffle; *inga ~er!* vard. (isht amer.) quit stalling!
undangömd *adj* ...hidden (put) away (out of sight); isht om plats secluded, retired, out-of-the-way..., remote
undanhålla I *vb tr* dölja ~ *ngn ngt* withhold a th. (keep a th. back) from a p. **II** *vb rfl,* ~ *sig* jur. fail to appear
undanmanöver *s* evasive manœuvre (amer. maneuver); *göra en* ~ äv. take evasive action
undanröja *vb tr* **1** jur., t.ex. dom set aside **2** hinder o.d., se *2 röja [undan]*
undanskymd *adj* dold hidden away; i skymundan out of the way (jfr *undangömd*); *[instoppad] på en ~ plats* t.ex. i tidningen tucked away in a (an odd) corner; *i en ~ vrå* in a remote corner
undanstökad *adj,* få en sak ~ ...done (ready) [i förväg beforehand (in advance)]
undanta se *undantaga*
undantag *s* **1** avvikelse exception; *ett ~ från regeln* an exception to the rule; *göra ~ för* make an exception for; *med ~ av (för)* with the exception of, except, ...excepted, litt. save; *det hör till ~en att han* gör så it is quite exceptional for him to...; *utan ~* without exception; *ingen regel utan ~* there is no rule without exceptions **2** *sitta (vara satt) på ~* försummas be set aside, be neglected
undantaga *vb tr* utesluta except, exclude; fritaga exempt
undantagsfall *s* exceptional case; *i ~ in* exceptional cases
undantagslag *s* emergency powers act
undantagslöst *adv* without exception, invariably
undantagstillstånd *s, proklamera ~* proclaim a state of emergency
undantagsvis *adv* in exceptional cases, as an exception, by way of exception
1 under *s* wonder, marvel; underverk äv. miracle, prodigy; *den moderna teknikens ~* the wonders (marvels) of modern science; *apparaten är ett ~ av sinnrikhet* ...a miracle of ingenuity; *han är ett ~ av lärdom* he is a marvel (prodigy) of learning; *göra ~* friare work (do) wonders, work miracles äv. relig.; *han räddades som genom ett ~* ...as [if] by a miracle

2 under I *prep* **1** i rumsbet. under äv. friare el. bildl. (för att beteckna underlydande ställning o.d.); nedanför, lägre än below äv. bildl.; litt. el. i vissa fall beneath; gömma sig (ligga) ~ *ngt* ...under a th.; krypa (titta) fram ~ *ngt* ...from under a th.; *sortera ~ ngt* belong under a th.; *stå ~ ngn* i rang be (rank) below a p.; *sätta sitt namn ~* skrivelse sign..., put one's name to...; *underkastelse ~* submission to; *ta ngn ~ armen* take a p.'s arm; ~ *ngns befäl (beskydd)* under a p.'s command (protection); *ett slag ~ bältet* bildl. a blow below the belt; ~ *havet (havsytan)* below sea level; ~ *inköpspriset* below cost price; ~ *all kritik* beneath contempt; ~ *falskt namn* under an assumed name; *vara känd ~ namnet...* be known by (go by el. under) the name of...; 5 grader ~ *noll* ...below freezing-point (zero); ~ *rubriken...* under the heading of...; *simma ~ vattnet* swim under the water; *det är ~ min värdighet* it is beneath me (my dignity)
2 i tidsbet. **a)** under loppet av during, ibl. in, in the course of; svarande på frågan 'hur länge' for; äv. andra övers., jfr ex.; ~ *dagen (sommaren)* during the day ([the] summer); det regnade oavbrutet ~ *fem dagar* ...for five days; *hela kriget (året)* äv. (för att särskilt framhäva hela förloppet) throughout...; vi förlorade den ~ *flyttningen* ...when we moved, ...while we were moving; ~ *hans regering[stid]* infördes during (in) his reign...; *stängt ~ reparationen* closed during repairs; ~ *en resa* skall man while (when) travelling..., on a journey...; ~ *samtalet[s gång]* kom det fram att in the course of the conversation...; ~ *tiden* in the meantime; ~ *vägen* on the way **b)** ~ *det att han talade* betraktade han while [he was] speaking...; jfr *medan*
3 mindre än under, less than, below; ~ *50 kronor (kilo, år)* under fifty...; ~ *hälften [av]* under (less than) half [of]; ~ *medellängd* under (below) average height; *barn ~ femton år* children under (below) the age of fifteen (fifteen years of age)
4 övriga fall: ~ *allmänt bifall* amid general applause; en ny fabrik *är ~ byggnad (~ uppförande)* ...is being built, ...is under construction; ~ *dessa förhållanden (omständigheter)* in (under) these circumstances; ~ *förutsättning att* on condition that; ~ *tystnad* såg de hur silently...
II *adv* underneath; nedanför below; litt. samt i vissa fall beneath; en platta med filt ~ ...under it, ...underneath [it]; *lägga ~* en platta

[under ngt] put...underneath [a th.], put...under a th.; *de som bor [i våningen]* ~ the people [in the flat (apartment)] below; *skriv ~ här!* sign (put your name) here!; se äv. beton. part. under resp. vb
underarm *s* forearm
underart *s* subspecies (pl. lika)
underavdelning *s* subdivision; i klassificeringssystem äv. subsection, subclass, subgroup; vid typindelning subtype; i lagparagraf o.d. subsection; filial sub-branch; *dela upp i ~ar* subdivide
underbalansera *vb tr* ekon. *~d budget* unbalanced budget, budget that shows a deficit
underbar *adj* wonderful, marvellous; poet. o.d. äv. wondrous; övernaturlig miraculous; *så ~t att vara hemma igen!* how wonderful (marvellous) it is to be home again!; *det vore väl ~t om...* äv. it would be (wouldn't it be) grand (great) if...
underbarn *s* infant prodigy (phenomenon), wonder child
underbefolkad *adj* underpopulated
underbefäl förr, se *gruppbefäl*
underbemannad *adj* undermanned, short-handed, understaffed; *vara ~* äv. be below strength
underben *s* lower [part of the] leg
underbetala *vb tr* underpay
underbett *s* underbite; friare protruding jaw; vet. med. undershot (underhung) jaw
underbetyg *s* mark below the pass standard; *det är ett klart ~ åt systemet* it is clear evidence of the failure of...
underbinda *vb* med. ligate, ligature
underblåsa *vb tr* öka: misstankar, missämja, svartsjuka heighten, hat, missnöje foment, kindle, stir up
underbygg|a *vb tr* bildl. support, substantiate; *en väl (illa) -d teori* a well-founded (an ill-founded) theory
underbyggnad *s* eg. el. bildl. foundation; byggn. äv. substructure; utbildning grounding; skolunderbyggnad äv. schooling
underbyxor *s pl* herr~ [under]pants; i trosmodell briefs; dam~ knickers, panties; trosor briefs
underdel *s* lower part; nedersta del bottom; fot foot; bas base
underdånig *adj* ödmjuk humble; lydaktig obedient; servil subservient, obsequious; *Ers Majestäts ~e tjänare*...[humble and] obedient servant
underexponera *vb tr* foto. underexpose
underfund *adv, komma ~ med* ta reda på, lista ut find out; förstå, fatta understand, make out; vard. figure out, get the hang of; inse äv. realize; *jag kan inte komma ~ med honom (det)* I can't make him (it) out
underfundig *adj* illmarig sly, crafty; *~ humor* subtle humour; *ett ~t leende* an arch smile

underförstå *vb tr*, subjektet *är ~tt* ...is understood; *detta ~s (är ~tt)* i avtalet this is implied...; *ett ~tt hot* an implicit (a tacit) threat
underförsäkra *vb tr* under-insure
undergiven *adj* submissive, yielding, obedient [*ngn (ngt)* to a p. (a th.)]; ödmjuk humble; *~ sitt öde (det oundvikliga)* resigned to...
undergivenhet *s* submissiveness
undergräva *vb tr* undermine; bildl. äv. sap
undergå *vb tr* undergo; *~ examen (ett prov)* undergo examination (a test); *~ förändring* undergo (suffer) a change
undergång *s* **1** fall ruin, fall; förstörelse destruction; utdöende extinction; fartygs wreck; *romarrikets ~* the fall of the Roman Empire; *världens ~* the end of the world; *det blir hans ~* it will be the ruin of him; *gå sin ~ till mötes* be heading for disaster (ruin), be riding for a fall (end. om pers.); be on the [high] road to ruin (destruction); *dömd till ~* doomed [to destruction] **2** se *gångtunnel*
undergångsstämning *s* sense of doom
undergörande *adj* om t.ex. medicin miraculous; relig. o.d. wonder-working; *~ medicin* äv. wonder drug
undergörare *s* wonderworker, miracle worker; neds. miracle-monger
underhaltig *adj* ...below (not up to) standard (friare the mark); friare äv. inferior, ...of inferior quality; bristande deficient
underhand se *[under] hand*
underhandla *vb itr* negotiate [*om* for]
underhandling *s* negotiation [*om* for]; *inleda ~ar med* open (enter into) negotiations with; *ligga i ~ar med* be negotiating with, be in negotiation (treaty) with, carry on negotiations with
underhandsbesked *s* confidential communication
underhandslöfte *s* informal (confidential) promise
underhud *s* anat. dermis, corium
underhudsfett *s* subcutaneous fat
underhuggare *s* underling, subordinate, minor official
underhuset *s* i Engl. the House of Commons
underhåll *s* **1** understöd maintenance äv. frånskilds; jur. äv. alimony; t.ex. årligt allowance **2** skötsel maintenance, upkeep
underhåll|a *vb tr* **1** försörja support, maintain **2** sköta, hålla i stånd maintain; keep up äv. friare, t.ex. kunskaper; byggnad o.d. äv. keep...in repair; *bra (väl) -en* byggnad ...in good repair; *illa -en* byggnad ...in poor repair, ...in a state of disrepair (unrepair), ...in disrepair **3** roa, förströ entertain, amuse, keep...amused
underhållande *adj* roande entertaining, amusing
underhållare *s* entertainer

underhållning

underhållning *s* entertainment; *stå för ~en* give an entertainment; *av gäster* entertain the company
underhållningsmusik *s* light music
underhållningsprogram *s* i radio, TV light (entertainment) programme
underhållningsvåld *s* warnography
underhållsbidrag *s* jur. alimony, maintenance
underhållsfri *adj* attr. ...requiring no maintenance; om t.ex. vägbeläggning äv. permanent
underhållsplikt *s* maintenance obligation[s pl.]; *~ för barn* duty to support...
underifrån *adv* from below (underneath); *serva ~* serve underarm (i t.ex. kricket och baseball underhand)
underjorden *s* **1** mytol. the lower (nether, infernal) regions pl., the underworld; i grek. mytologi Hades **2** friare: *komma upp ur ~* ...from underground (below the ground)
underjordisk *adj* underground...; subterranean; mytol. infernal; *en ~ rörelse (organisation)* polit. an underground movement (organization)
underkant *s*, *[tilltagen] i ~* [rather] on the small (resp. short, om t.ex. pris low) side, too small etc. if anything; *ta till i ~* cut it fine
underkasta I *vb tr*, *~ ngn* t.ex. prov, straff, tortyr subject a p. to...; t.ex. förhör äv. put a p. through...; *~d statlig kontroll* under (subject to) Government control **II** *vb rfl*, *~ sig* foga (finna) sig i submit to; t.ex. sitt öde äv. resign oneself to; ngns beslut o.d. äv. defer to; kapitulera, ge sig surrender
underkastelse *s* submission, subjection; t.ex. *under ödet* resignation [*under* i samtl. fall to]; kapitulation surrender
underkjol *s* waist slip, underskirt; isht vid med volanger o.d. petticoat
underklass *s* lower class; *~en* the lower classes (orders) pl.
underkläder *s pl* underclothes, undergarments; underclothing sg.; hand. underwear sg.; vard., isht damunderkläder undies
underklänning *s* slip
underkropp *s* lower part of the body
underkur *s* miraculous cure, miracle cure
underkuva *vb tr* subdue, subjugate; *~d* förtryckt oppressed
underkyl|d *adj*, *-t regn* supercooled (freezing) rain
underkäke *s* lower jaw; vetensk. mandible
underkäksben *s* lower jawbone
underkänna *vb tr* avvisa reject; ej godtaga not accept; ogilla not approve of; *~ ngn* skol. fail a p.
underkänt *s*, *få ~* fail, be failed [*i* in]
underlag *s* grund[val] foundation; isht bildl. äv. bas|is (pl. -es); tekn. el. geol. o.d. bed; byggn. äv. bedding; statistik. o.d. basic data pl.; *bilda ~*

för bildl. form the basis of; *det forskningsarbete som är ~et för denna bok* ...on which this book is based
underlakan *s* bottom sheet
underleverantör *s* subcontractor
underlig *adj* strange, curious; svag. odd, queer; neds. peculiar; vard. funny; *han har alltid varit en smula ~* ...a bit peculiar (strange, odd, eccentric); *det är inte [så] ~t* förvånande it is not to be wondered at, it is no wonder; *det ~a var att...* the funny thing was that...
underliggande *adj* om t.ex. lagar, motiv underlying
underligt *adv* strangely etc., jfr *underlig*; *~ nog* t.ex. skedde en förbättring strange to say,...; t.ex. stötte jag på honom i London oddly (curiously, strangely) enough,...
underliv *s* [nedre del av] buk [lower] abdomen, belly; könsdelar genitals pl.
underlydande I *adj*, *~ myndigheter* lower... **II** *subst adj* underordnad subordinate; tjänare man (pl. men), dependant; *hans ~* pl. äv. those under him
underlåta *vb tr* omit, fail; försumma äv. neglect; avhålla sig från äv. forbear [*att* inf. i samtl. fall to inf.]; *han underlät att* meddela oss he failed to inf.
underlåtenhet *s* omission; att rösta, att betala etc. failure
underläge *s* weak (disadvantageous) position; *vara i ~* äv. be at a disadvantage, labour under a disadvantage; sport.: t.ex. boxn. be getting the worst of it; under t.ex. fotbollsmatch be doing badly, be trailing behind; *den som är i ~* den svagare parten the underdog
underlägg *s* t.ex. karott~, tallriks~ mat; för glas coaster; för ölglas beer mat; skriv~ [writing] pad
underlägsen *adj* inferior [*ngn* to a p.]; *jag är honom ~* äv. I am his inferior; *~ till antalet* inferior in numbers, numerically inferior, outnumbered
underlägsenhet *s* inferiority; *känsla av ~* feeling of inferiority
underläkare *s* assistant physician (kirurg surgeon)
underläpp *s* lower lip, underlip
underlätta *vb tr* facilitate; göra lätt äv. make...easy (lättare easier)
undermedel *s* o. **undermedicin** *s* miraculous (wonder) remedy, wonder drug
undermedvet|en *adj* subconscious; psykol. vanl. unconscious; *det -na* subst. adj. the subconscious; psykol. vanl. the unconscious; *i hans -na* in his subconscious [mind]; friare at the back of his mind
undermening *s* hidden meaning; antydning implication
underminera *vb tr* undermine; bildl. äv. sap
undermålig *adj* dålig inferior, poor; otillräcklig

deficient; **~a varor** goods of inferior (poor) quality
undernärd *adj* underfed, undernourished, badly nourished
undernäring *s* undernourishment; isht gm felaktigt sammansatt kost malnutrition
underordna I *vb tr* subordinate [*ngt [under] ngt* a th. to a th.] **II** *vb rfl*, **~ sig** subordinate oneself [*ngn (ngt)* to a p. (a th.)]
underordnad I *adj* subordinate [*ngn (ngt)* to a p. (a th.)]; **~ tjänsteman** äv. minor official; det är *av* **~** *betydelse* ...of secondary (minor) importance **II** *subst adj* subordinate
underplagg *s* undergarment; ~ pl., se *underkläder*
underplats *s* i sovkupé, hytt lower berth (brits bunk)
underpris *s* losing price; *sälja* ngt *till* ~ sell...at a loss, sell...below cost [price]
underrede *s* [under]frame; på bil chassis (pl. lika)
underredsbehandling *s* abstr. undersealing; konkr. underseal, underbody seal
underrepresenterad *adj* underrepresented
underrubrik *s* subheading
underrätta I *vb tr*, **~ ngn om ngt** inform (hand. äv. advise, isht formellt el. officiellt äv. notify, litt. apprise) a p. of a th; **~ ngn** ge besked let a p. know; skriftspr. äv. send a p. word; jfr äv. ex. under *meddela I* **1 II** *vb rfl*, **~ sig** inform oneself, procure information [*om ngt* of (as to) a th.]
underrättad *adj* informed; *vara väl (illa)* **~** be well (badly) informed; *hålla ngn* **~** *om* keep a p. informed (hand. äv. advised) about (on), keep a p. posted on (up to date on, in touch with)
underrättelse *s*, **~[r]** information [*om* about, on]; isht mil. o.d. intelligence [*om* of]; nyhet[er] news [*om* of] (samtl. end. sg.); jfr äv. *meddelande*; *få* **~** *om att* be informed that, learn that; *inhämta (skaffa sig)* **~r** *om* inform oneself of (as to), procure information about (of, as to); *vid* **~n** *om hans död* at the news of his death
underrättelsetjänst *s* mil. intelligence [service]; polit. intelligence agency, secret service
underrättelseverksamhet *s*, *olovlig* ~ jur. unlawful spying activities pl., undercover activities pl.
undersida *s* under side, underside; *från* **~n** *av ngt* from under (beneath, below) a th.; *på* **~n** underneath
underskatta *vb tr* underrate, underestimate, undervalue; förringa [värdet av] minimize [the value of], understate
underskattning *s* underrating etc., jfr *underskatta;* underestimate; minimization, understatement
underskott *s* deficit; förlust loss [*på* t.ex. 1000 kr of...]; brist deficiency [*på* t.ex. syre of...]; ~ *på arbetskraft* shortage of labour
underskrida *vb tr* be (go, fall) below, be lower (less) than; ~ *rekordet med* två sekunder go under the record by...
underskrift *s* namnteckning signature; *utan* ~ äv. unsigned
underskruv *s* i tennis o.d. backspin, underspin
underskåp *s* bottom (lower) cupboard
underskön *adj* wonderfully beautiful, ...of wonderful (exquisite) beauty
undersköterska *s* assistant nurse
underst *adv* at the bottom [*i* lådan etc. of...]; lägst lowest
understa *adj*, *[den]* **~** lådan etc. the lowest (av två the lower)..., the bottom...; **~ delen** el. *det* **~** the lowest (resp. lower) part, the bottom [part]
understiga *vb tr* be below (under, less than); fall (go) below, fall short of; summa, pris äv. not come up to; **~nde** vanl. below, under, less than
understimulerad *adj* understimulated
understreckare *s* feature article
understryka *vb tr* betona emphasize, stress; påpeka point out
understrykning *s* av ord o.d. underlining; *många* **~ar** i texten many words (resp. sentences) underlined...
underström *s* undercurrent, groundswell båda äv. bildl.
understyrd *adj* om t.ex. bil understeered
understå *vb rfl*, **~ sig att** o. inf. dare [to] inf.; have the cheek to inf.
underställa *vb tr*, **~ ngn** ett förslag o.d. submit...to a p., place (put)...before a p.; **~ ngt** t.ex. ngns beslut submit a th. to...; t.ex. en domstol refer (report) a th. to...; *underställd* (underordnad) ngn (ngt) placed under..., subordinate[d] to...
understämma *s* mus. lower part
understöd *s* till behövande relief [payment]; bidrag, ersättning benefit; periodiskt (isht av privatpers.) allowance; anslag subsidy, grant; bildl. support; *leva på* ~ socialhjälp live on public (social) assistance; amer. be on welfare
understödja *vb tr* support; t.ex. förslag äv. second; hjälpa äv. assist, aid, help; med anslag subsidize
undersysselsatt *adj* not fully occupied; om arbetstagare underemployed
undersåte *s* subject
undersätsig *adj* stocky, thickset, squat
undersöka *vb tr* examine äv. med.; granska, gå igenom äv. go over, inspect; ingående granska äv. scrutinize; genomsöka search; efterforska, [söka] utröna inquire (look) into; isht systematiskt investigate; vetenskapligt äv. make researches into; analysera analyse; pröva, testa test; jag måste *låta* **~** *mig* ...get myself examined; **~** *möjligheterna till* explore

undersökande

(study, investigate) the possibilities of; **~ om man kan inquire whether**…, [try to] find out whether…; **~ saken närmare** go more closely into the matter
undersökande *adj*, **~ journalistik** investigative reporting (journalism)
undersökning *s* examination, inspection; scrutiny, jfr *undersöka;* genomsökning search; efterforskning, utforskning inquiry; isht systematisk investigation; opinions~ poll; studium study; analys analys|is (pl. -es); prov test[ing]; **medicinsk ~** medical examination; **rättslig ~** judicial (legal) inquiry; **statistisk ~** statistical survey; **vetenskapliga ~ar** [scientific] research[es]; **det är föremål för ~** it is being inquired into; **vid närmare ~ fann han** on [making] a closer examination (investigation)…, on inspection…
undersökningsmetod *s* method of investigation (inquiry)
undersökningsrum *s* på sjukhus examination room; på läkarmottagning surgery
underteckna *vb tr* sign, subscribe; **~d (**resp. **~de)** intygar härmed I, the undersigned (resp. [we,] the undersigned)…; han sade till **~d** (mig) skämts. …yours truly; **~t** Bo Ek signed…
undertecknare *s* signer; av traktat o.d. signatory
undertitel *s* subtitle
underton *s* bildl. undertone
undertryck *s* fys. underpressure, low pressure; under atmosfärtrycket pressure below that of the atmosphere
undertrycka *vb tr* suppress; hålla tillbaka äv. repress, restrain; slå ned, kväsa äv. put down, quell, crush; kväva äv. stifle; underkuva subdue, oppress
undertröja *s* vest; amer. undershirt
underutvecklad *adj* underdeveloped
undervattensbåt *s* submarine; vard. sub
undervattenskabel *s* submarine cable
undervattensläge *s* ubåts undersurface (submerged) condition (position)
undervegetation *s* undergrowth
underverk *s* miracle, wonder; **världens sju ~** the seven wonders of the world; **göra ~** friare work (do) wonders; work miracles äv. eg. (t.ex. bibl.)
undervikt *s* underweight; isht hand. short weight
underviktig *adj* underweight
undervisa *vb tr* o. *vb itr* ge undervisning teach [*i ett ämne* a subject]; handleda instruct [*i* in]; **han ~r i engelska** he teaches (ger lektioner i gives lessons in) English; **han är bra på att ~** vanl. he is a good teacher; i vissa skolor **~s i ryska** …Russian is taught
undervisning *s* undervisnings-, lärarverksamhet teaching; i visst ämne instruction; isht individuell tuition; lektioner äv. lessons pl.; utbildning education; **elementär ~** elementary instruction (resp. education);

högre ~ i gymnasieskola o.d. ung. secondary (vid universitet o.d. higher) education; **privat ~** private tuition (lessons pl.); **få ~ i** engelska be taught…; **ge (meddela) ~ i** teach, give instruction in; isht privat give lessons in
undervisningsanstalt se *läroanstalt*
undervisningsmetod *s* teaching (pedagogical) method
undervisningsväsen *s* educational system, education
undervåning *s* lower floor (storey, amer. vanl. story), floor below
undervärdera se *underskatta*
undervärme *s* kok. heat from below
underårig *adj* …under age; **vara ~** äv. be a minor
undfalla *vb itr*, **låta ~ sig** en anmärkning o.d. let slip…
undfallande *adj* eftergiven compliant, yielding
undfly *vb tr* undvika, sky avoid, keep away from, shun; t.ex. faran escape
undfägna *vb tr* treat, entertain; **~ ngn med** en god middag treat a p. to…
undgå *vb tr* slippa undan escape; skickligt el. listigt äv. elude, evade; undvika avoid; **~ straff** escape punishment; **~ uppmärksamhet (att bli sedd)** escape (elude) observation; **ingenting ~r honom** nothing escapes him, he misses nothing; **det har ~tt mig (min uppmärksamhet)** it has escaped me (my notice); **man kan inte ~ att** bli påverkad you can't fail to inf.; **jag kunde inte ~ att** t.ex. höra det I couldn't avoid (help) ing-form
undkomma I *vb itr* escape; i ledigare stil äv. get away, get off **II** *vb tr* t.ex. sina förföljare escape from, elude
undra *vb tr* o. *vb itr* wonder [*över ngt* at a th.]; fråga äv. ask; **det ~r jag** I wonder; **man börjar ~** one starts wondering, it makes you think; **jag ~r vad han menade** I wonder what he meant; **han ~de om** jag varit sjuk he wondered (asked) if…; har du varit sjuk? **~de han** …he asked; han vägrade **och det är inte att ~ på** vanl. …and no wonder; **~ på det!** no wonder!
undran *s* wonder [*över* at]
undre *adj* lower; **~** t.ex. lådan äv. the bottom…; **[den] ~ världen** the underworld
undslippa *vb tr* o. *vb itr* escape, jfr *undgå*; ett glädjerop **undslapp honom** el. **han lät ~ sig** ett glädjerop …escaped his lips
undsätta *vb tr* isht mil. relieve; rädda rescue
undsättning *s* relief; rescue; succour; jfr *undsätta;* **komma till ngns ~ (ngn till ~)** come to a p.'s rescue (succour)
undsättningsexpedition *s* relief expedition; räddningspatrull rescue party
undulat *s* budgerigar; vard. budgie
undvara *vb tr* do without, dispense with; avvara spare; hans hjälp **kan inte ~s** …cannot be dispensed with, …is indispensable

undvika *vb tr* avoid; hålla sig borta från äv. keep away from; sky, söka ~ äv. shun; svårigheter o.d. äv. steer clear of; jfr äv. *undgå;* ~ *att* göra ngt avoid ing-form; utgifterna *kan inte* ~*s* ...cannot be avoided, ...are unavoidable
undvikande I *s* avoiding, avoidance; *för* ~ *av* missförstånd in order to avoid... **II** *adj* om t.ex. svar evasive **III** *adv* evasively
ung *adj* (jfr *yngre, yngst*) young; ungdomlig äv. youthful; *en* ~ *man* a young man, a youth; *som* ~ var han as a young man (a youth)..., when [he was] young...; *känna sig* ~ *på nytt* feel young again; *han är (verkar)* ~ *för sin ålder* he is young for his age; *dö vid* ~*a år* die young (at an early age); ~ *och gammal* el. ~*a och gamla* young and old; *de* ~*a* i allmänhet the young, young people; t.ex. i ett sällskap the young people; ~*a talanger* young (youthful) talents
ungdom *s* **1** abstr. youth; ungdomstid äv. young days pl.; uppväxttid adolescence; *evig* ~ eternal youth; *den tidiga (första)* ~*en* early youth, adolescence; *i min* ~ in my youth (young days), when I was young **2** pers. young people pl. (äv. ~*ar)*, youth; *en* ~ a young person; ung man äv. a young man, a youth; ung flicka äv. a young girl; *några (fem)* ~*ar* some (five) young people; *dagens (nutida)* ~ [the] young people of today; *den studerande* ~*en* young students, se äv. *skolungdom; hon är ingen* ~ *längre* she is not so young as she used to be; vard. she's no [spring] chicken
ungdomlig *adj* youthful; *ha ett* ~*t utseende* look young
ungdomlighet *s* youthfulness, youth
ungdomsarbetslöshet *s*, ~*[en]* unemployment among the young, juvenile unemployment
ungdomsbrottslighet *s*, ~*[en]* juvenile delinquency (crime)
ungdomsbrottsling *s* young (juvenile) offender, juvenile delinquent
ungdomsförbund *s* youth association (polit. league)
ungdomsgård *s* youth centre
ungdomskärlek *s* abstr. early (young) love; pers. sweetheart (love) of one's youth
ungdomsminne *s* memory of (from) one's youth
ungdomsvård *s* youth welfare
ungdomsvårdsskola *s* ung. community home; amer. reformatory
ungdomsvän *s, en* ~ *[till mig]* a friend of my youth; *vi är* ~*ner* we have been friends from our youth
ungdomsår *s pl* early years; ungdom äv. youth sg.
unge *s* **1** av djur: allm. *ungar* young, little ones; spec.: katt~ kitten; björn~, lejon~, räv~, varg~ m.fl. cub; fågel~ young bird; ss. efterled i sms., se t.ex.

ankunge m.fl.; fågelmamman (björnhonan) med sina *ungar* ...young [ones]; katten ska *få ungar* ...get (have) kittens; *föda levande ungar* fackspr. be viviparous **2** vard., barn kid; neds. brat
ungefär I *adv* about; vid räkneord äv. approximately, some, roughly, in the neighbourhood of; i vissa fall äv. [pretty el. very] much, more or less, something like; jfr ex.; ~ *klockan två* around two [o'clock], twoish; han är ~ *femtio (i min ålder)* ...about fifty (my age); *det var* ~ *här* it was somewhere about here; *det är* ~ *samma sak* that's about ([pretty el. very] much) the same thing; *han sa* ~ *så här* he said something like this **II** *s, på ett* ~ approximately, roughly
ungefärlig *adj* approximate; *vid en* ~ *beräkning* äv. at a rough estimate
Ungern Hungary
ungersk *adj* Hungarian
ungerska *s* **1** kvinna Hungarian woman **2** språk Hungarian
unghäst *s* young horse, colt
ungkarl *s* bachelor
ungkarlshotell *s* o. **ungkarlshärbärge** *s* working men's hotel, common lodging house
ungkarlsliv *s* bachelor life; ungkarlsstånd bachelorhood; *leva* ~ lead a bachelor life (the life of a bachelor)
ungkarlslya *s* bachelor's den (lair)
ungmö *s* maid, maiden; *gammal* ~ old maid, spinster; *förbli* ~ remain single (unmarried)
ungrare *s* Hungarian
ungtupp *s* young cock, cockerel; ung man whippersnapper
uniform I *s* uniform; jfr äv. *fältuniform* **II** *adj* uniform
uniformitet *s* uniformity
uniformsmössa *s* military (dress) cap
uniformsrock *s* tunic
unik *adj* unique
union *s* union
unionsstat *s* member (state) of a (resp. the) union; förbundsstat federal (confederate) state
unison *adj* unison äv. friare
unisont *adv* in unison äv. friare
universal *adj* universal
universallösningsmedel *s* kem. universal solvent
universalmedel *s* panacea; vard. cure-all båda äv. bildl.
universell *adj* universal; ~ *testamentstagare* residuary legatee
universitet *s* university; *ligga vid* ~*et* be at [the] (amer. at the) university; *Uppsala* ~ *(*~*et i Uppsala)* Uppsala University, the University of Uppsala
universitetsbibliotek *s* university library
universitetslektor se *högskolelektor*

universitetsstad *s* university town
universitetsstuderande *s* student; i Engl. äv. undergraduate
universitetsstudier *s pl* university (i Engl. äv. undergraduate) studies
universum *s* universe; världsalltet the Universe
unken *adj* musty, fusty, frowzy; om lukt, smak äv. stale
unna I *vb tr*, ~ *ngn* ngt (ej missunna) not [be]grudge a p...; önska wish a p...; *inte* ~ *ngn ngt* [be]grudge a p. a th.; *jag ~r honom* t.ex. de där pengarna I don't [be]grudge him...; t.ex. allt gott I wish him...; *det är dig väl unt!* you certainly deserve it! **II** *vb rfl*, ~ *sig ngt* allow oneself a th.; *han ~r sig ibland* lite lyx äv. he sometimes indulges in...
uns *s* vikt ounce; friare *inte ett* ~ *[sanning]* not a scrap [of truth]
upp *adv* (se äv. beton. part. under resp. vb) **1** allm. up; uppåt äv. upward[s]; uppför trappan upstairs; *denna sida ~!* this side up; *hit ~* up here; *högt ~* high up; *högst ~* at the top; *längst ~ på* sidan at the [very] top of...; *~ och ned* än högre, än lägre up and down; uppochnedvänd upside-down äv. bildl.; [with] the wrong side up[wards]; *gata ~ och gata ned* up one street and down another; *sida ~ och sida ned* i bok page after page; *det går ~ och ned för honom* bildl. he has his ups and downs; *gå (stiga) ~* allm. rise; om t.ex. ballong ascend; *hoppa ~ på* bordet jump [up] on to...; *~ och hoppa!* vakna wakey, wakey!, up you get!; *hålla ~ ngt* hold up a th.; mycket högt hold a th. high; *kliva ~ på* en stol get on...; *klättra ~ i* ett träd climb [up]...; *resa ~ till* Åre go up to...; *vända ngt ~ och ned (~ och ned på* ngt) turn...upside-down (bildl. äv. ...topsy-turvy); *~ och nedvänd* se *uppochnedvänd;* ~ *emot* se *uppemot;* ~ *med dig!* ur sängen o.d. get up!; uppför stegen o.d. up you go!; *~ med händerna!* hands up!, put them (mera vard. stick'em) up!; *temperaturer [på] ~ till* 80° temperatures [ranging] up to..., temperatures as high [up] as...
2 *hälla ~* teet pour [out]; *~ ur* vattnet out of...; *~ ur sängarna!* out of your beds!
3 uttr. mots. till det enkla verbets bet. un-, jfr ex.; *knyta ~* untie; *låsa ~* unlock; *packa ~* unpack
4 uttr. eg. öppnande open; *få (slå) ~* t.ex. dörr get (throw)...open, open...; *få ~* t.ex. lock get...off; kork get...out
5 andra fall *skölja ~* tvätta ~ give...a quick wash; *snygga ~* tidy up
uppamma *vb tr* bildl.: uppväcka nurse, foster; underblåsa foment
upparbetning *s* av använt kärnbränsle reprocessing
upparbetningsanläggning *s* reprocessing plant

uppassare *s* servitör waiter; på båt o. flyg steward
uppasserska *s* servitris waitress; på båt o. flyg stewardess; på hotell chambermaid
uppassning *s* vid bordet waiting; kräva *mycken* ~ ...a lot of attendance (waiting-on)
uppbjuda *vb tr*, ~ *alla [sina] krafter* summon (muster, mobilize) all one's strength; ~ *hela sin energi* use (exert) all one's energy
uppbjuden *adj*, *bli ~ till* dans be asked to dance
uppblandad *adj* mixed, mingled [*med* with]; svenska ~ *med engelska ord* äv. ...interspersed with English words
uppblomstring *s* prosperity; t.ex. stads äv. rise
uppblossande *adj* ...flaring up osv., jfr *blossa [upp]*
uppblåsbar *adj* inflatable
uppblåst *adj* **1** luftfylld blown up, inflated; *magen känns ~* my stomach feels bloated **2** bildl. conceited; vard. stuck-up
uppblött *adj* soaked, soggy, sodden
uppbragt *adj* indignant; arg angry; förbittrad furious [*på* ngn *(över* ngt*)* i samtl. fall with... (at...)]; stark. exasperated [*över* ngt at...]; *bli ~* äv. fly into a passion; *göra* ngn ~ äv. anger..., exasperate..., put...into a passion
uppbringa *vb tr* **1** kapa capture, seize **2** skaffa procure; pengar äv. raise
uppbrott *s* allm. breaking up; från sällskap o.d. äv. leaving; från bordet rising; avresa departure; mil. decampment, striking camp; *göra ~* break up; från t.ex. bjudning take leave, break up the party; mil. strike (break) camp; *ge signal till ~* avresa give the word for departure
uppbrottsstämning *s, det rådde ~* there was a mood (an atmosphere) of leave-taking
uppbränd *adj*, ~ *[av solen]* scorched
uppbunden *adj* förpliktigad bound [*av* by]; i beroendeställning dependent [*av* on]
uppburen *adj* uppskattad esteemed; firad celebrated; omsvärmad lionized
uppbygglig *adj* edifying
uppbåd *s* mängd crowd; skara o.d. troop, band [samtl. med. of framför följ. best.]; *ett stort ~ av poliser* a strong force (posse) of policemen
uppbåda *vb tr* **1** folk, se *1 båda 2* **2** t.ex. hjälp, krafter mobilize, se vid. *uppbjuda*
uppbära *vb tr* **1** erhålla, t.ex. lön, pension, ränta draw; inkassera collect; skatt äv. levy **2** se *bära [upp]*
uppbörd *s* inkassering collection; av skatt äv. levy
uppbördstermin *s* tax collection period
uppdaga *vb tr* upptäcka discover; avslöja reveal; bringa i dagen bring...to light; röja betray, expose; *det ~des senare att...* äv. it was found out later on that...
uppdatera *vb tr* update, bring...up to date
uppdela se *dela [upp]*
uppdelning *s* indelning division; fördelning

distribution; uppdelande dividing up osv.; jfr *dela [upp]*
uppdiktad *adj* invented, made up; fiktiv fictitious; **~ *historia*** äv. fabrication, invention
uppdra *vb tr*, **~ *åt ngn att*** inf. commission a p. to inf.
uppdrag *s* allm. commission; anförtrott äv. charge; uppgift task; amer. äv. assignment; åliggande el. hand. order; jur. mandate; isht polit. mission; ***offentligt*** **~** public function; vi ombesörjer ***alla*** **~** ***som*** ...any commission (order, business) which; ***enligt*** **~** ***[av]*** by direction (order) [of]; ***få (ha) i*** **~** be commissioned (instructed) [*att* inf. to inf.], be charged with [*att* inf. motsv. av ing-form]; ***ge ngn i*** **~** ***att*** inf. commission (instruct) a p. to inf.; ***med*** **~** ***att*** inf. with orders (instructions) to inf.; being commissioned to inf.; ***på*** **~** ***av*** en vän at the request of...; ***på*** **~** ***av*** styrelsen o.d. by order of...; å...vägnar on behalf of...
uppdragsgivare *s* **1** arbetsgivare employer **2** hand. principal; vid remburs o.d. äv. assigner; klient client
uppdriv|en *adj* intensiv intense, intensified; ***högt -na förväntningar*** high expectations
uppdämd *adj* dammed up; bildl. (om t.ex. vrede) pent-up
uppe *adv* (se äv. beton. part. under resp. vb) **1** allm. up; i övre våningen upstairs; upptill at the top [*på* of], above; **~ *i landet*** norrut up [in the] country; **~ *i luften* (*Norrland*)** up in the air (in Norrland); ***priset (temperaturen) är*** **~** ***i...*** the price (temperature) is up to...; **~ *på taket*** [up] on the roof; ***han är*** **~** uppstigen he is up (out of bed); efter sjukdom he is up [and about]; månen (solen) ***är*** **~** ...is up, ...has risen; han är ***tidigt*** **~** ***på morgonen*** ...up early in the morning; som vana ...an early riser (vard. bird); ***vara*** **~** hela natten sit (stay) up...; ***vi var*** **~** ***i*** 120 km we were doing [as much as]... **2** öppen open **3** särskilda fall: frågan ***är fortfarande*** **~** ...is still being discussed
uppehåll *s* **1** avbrott, paus break, intermission; avbrott äv. interruption; paus (isht i tal) pause; jfr vid. *paus*; järnv., flyg. o.d. stop, halt, wait; ***göra [ett]*** **~** allm. stop, halt; järnv. o.d. äv. wait; anlöpa (om båt), stanna (om tåg) call; t.ex. i arbete (förhandlingar) make a break; isht i tal pause, break off, make a pause; ***göra [ett]*** **~** ***i läsningen*** interrupt one's reading; ***tåget gör 10 minuters*** **~** ***i*** Laxå the train stops (halts, waits) [for] 10 minutes in (at)...; ***utan*** **~** without cessation (stopping, a break, a stop), without pausing (a pause), jfr *oavbrutet* **2** meteor., se *uppehållsväder* **3** vistelse sojourn; kortare stay
uppehåll|a I *vb tr* **1** hindra hinder; fördröja detain, delay, keep; låta ngn vänta keep...waiting; ***jag blev -en*** i stan I was detained (delayed)...; ***förlåt att jag har -it er*** I'm sorry I've kept you (taken up your time) **2** vidmakthålla, underhålla, t.ex. bekantskap, goda förbindelser, vänskap keep up, maintain; **~ *livet*** support (sustain) life, sustain oneself, subsist **3** befattning o.d. **~ *ngns tjänst*** act for a p., fill a p.'s post **II** *vb rfl*, **~ *sig* a)** vistas: tillfälligt stay, stop [*hos* with]; bo live; ha sin hemvist reside **b)** bildl. **~ *sig*** dröja ***vid småsaker*** dwell [up]on trifles
uppehållsort *s* fast [permanent (place of)] residence; jur. domicile; tillfällig place of sojourn; whereabouts (sg. el. pl.)
uppehållstillstånd *s* residence permit
uppehållsväder *s*, *[mest]* **~** [mainly] dry (fair)
uppehälle *s* living, subsistence; ***fritt*** **~** free board and lodging; ***förtjäna sitt*** **~** earn one's living (livelihood)
uppemot *prep* close on, nearly, almost
uppenbar *adj* obvious, manifest; [själv]klar evident
uppenbara I *vb tr* manifest, make...evident; röja reveal; yppa disclose **II** *vb rfl*, **~ *sig*** reveal oneself [*för* to] äv. relig.; visa sig appear, make one's appearance
uppenbarelse *s* **1** relig. revelation; drömsyn vision **2** varelse creature
Uppenbarelseboken [the] Revelation [of St. John the Divine], Revelations sg., the Apocalypse
uppenbarligen *adv* obviously osv., jfr *uppenbar*
uppfart 1 se *uppfärd* **2** se *uppfartsväg*
uppfartsväg *s* drive, approach; sluttande uppfartsramp approach ramp, ramp
uppfatta *vb tr* apprehend; med sinnena äv. perceive; höra catch; begripa understand, grasp; betrakta look on, regard, conceive [*som* as]; tolka interpret, construe [*som* as]; ***klart*** **~** faran clearly see...; **~ *ngt riktigt*** bildl. get a clear idea (picture) of a th.; ***jag kunde inte*** **~** vad han sade I could not catch (make out, gather)...; ***hans ord kan*** **~*s*** på olika sätt his words may be interpreted (taken)...; *[är det]* **~*t?*** do I make myself clear?, do you get me?
uppfattning *s* apprehension; med sinnena äv. perception; förstående understanding; begrepp conception, idea, notion [*om, av* of]; tolkning interpretation; åsikt, föreställning opinion [*om* ngn of, ngt about]; conception, idea [*om, av* of]; isht om (av) livet el. världen view [*om, av* of], outlook [*om, av* on]; ***bilda (göra) sig en*** **~** ***om ngt*** form an opinion (idea) of a th.; ***jag delar din*** **~** I share your opinion, I am of your mind; ***ha den -en att...*** be of the opinion that...; ***enligt min*** **~** in my opinion, to my mind
uppfattningsförmåga *s* apprehension, comprehension; psykol. [ap]perception

uppfinna *vb tr* invent äv. hitta på; t.ex. metod, system devise, contrive
uppfinnare *s* inventor
uppfinning *s* invention; *ny* ~ äv. innovation; jfr *påhitt*
uppfinningsförmåga *s* egenskap inventiveness; fyndighet ingenuity
uppfinningsrik *adj* inventive; fyndig ingenious; fantasirik imaginative
uppflammande *adj*, ~ *vrede* rising anger; *hastigt* ~ övergående transient; *en hastigt* ~ *känsla* a sudden surge of emotion
uppflugen *adj* perched [*i, på* on]
uppflyttad, *bli* ~ sport. be promoted, go up; skol. be moved up
uppflyttning *s* sport. promotion; skol. moving up
uppfordra *vb tr* **1** gruv. haul, hoist; vatten draw **2** uppmana call [up]on; befallande summon; enträget urge
uppfordran *s* call; summons; [urgent] request; jfr *uppfordra 2; på min enträgna* ~ at my urgent request
uppfostra *vb tr* bring up [*till att* inf. to inf.]; amer. äv. raise; utbilda educate; öva upp train [*till att* inf. to inf.]
uppfostrad *adj* brought up, raised osv., jfr *uppfostra*; *illa* ~ badly brought up, ill-bred; *väl* ~ well brought up, well-bred
uppfostran *s* upbringing; utbildning o.d. education; övning training; *få [en] god* ~ get (have) a good education; *ha fått [en] god* ~ äv. be well brought up (well-bred); *inte ha någon* ~ levnadsvett o.d. have no manners (breeding)
uppfostrande *adj* educating; pedagogisk educative; *i* ~ *syfte* for educational purposes
uppfriskande *adj* refreshing; *en* ~ *promenad* a bracing walk
uppfyll\|a *vb tr* **1** bildl.: genomsyra, behärska fill; *bli (vara) -d av beundran* be filled with (full of) admiration; *-d av* en känsla av... possessed with...; *-d av* krigsrykten rife with... **2** fullgöra, tillfredsställa: allm. fulfil, plikt äv. perform, löfte äv. carry out, ngns förväntningar äv. come up to; ngns önskningar comply with, meet; begäran, bön grant, comply with; ~ *sina förpliktelser* fulfil (acquit oneself of) one's obligations, meet one's engagements
uppfyllelse *s* uppfyllande filling osv.; fulfilment; performance; compliance; satisfaction; jfr *uppfylla*; *gå i* ~ be fulfilled; om önskan, dröm, spådom äv. come true
uppfånga *vb tr* eg. catch äv. en glimt, ngns ord; signaler, [radio]meddelanden pick up; komma i vägen för, t.ex. ljus, ljud intercept
uppfällbar *adj* attr. om t.ex. säng, klaff ...that can be raised; om sits, stol tip-up
uppfärd *s* färd upp ascent; uppresa journey up
uppföda se *föda [upp]*

uppfödare *s* breeder
uppfödd *adj*, *han är* ~ *på landet* he has grown up...; *han är* ~ *i lyx (~ på mjölk)* he was bred in luxury (brought up on milk)
uppfödning *s* av djur breeding, rearing; amer. raising
uppföljning *s* follow-up
uppför I *prep* up; ~ *backen* uphill; ~ *trappan* up the stairs; inomhus äv. upstairs; *gå* ~ *trappan* äv. ascend the stairs; *klättra* ~ en stege, ett berg climb **II** *adv* uphill
uppföra I *vb tr* **1** se *föra [upp]* **2** bygga build; hastigt run up; t.ex. monument erect **3** framföra: pjäs, opera perform, present **II** *vb rfl*, ~ *sig* sköta sig behave [oneself] [*mot* towards, to]; uppträda (isht från moralisk synpunkt) conduct oneself; ~ *sig som* en gentleman behave (act) like...; ~ *sig illa* behave (resp. conduct oneself) badly (improperly); svag. misbehave; vara ouppfostrad be ill-mannered, have bad manners; ~ *sig väl* behave [well] resp. conduct oneself well; vara väluppfostrad be well-behaved (well-mannered), have good manners
uppförande *s* **1** byggande building, erection, construction; *huset är under* ~ ...is being built, ...is under construction **2** framförande: teat. el. mus. performance; teat. äv. production **3** beteende behaviour [*mot* towards, to]; uppträdande conduct äv. skolbetyg; hållning demeanour; *[ett] dåligt* ~ bad behaviour (resp. conduct), misbehaviour resp. misconduct
uppförsbacke *s* uphill slope, ascent, hill; *vi hade (det var)* ~ hela vägen it (the road) was uphill...
upp\|ge *vb tr* **1** ange: allm. state; t.ex. namn och adress give; påstå declare; säga say; tala om tell; nämna mention; rapportera, t.ex. ngn som död report; anföra, t.ex. skäl assign; t.ex. sin förmögenhet declare, make a declaration of; *noga* ~ specify, detail; *han -gav sig heta...* he stated (said) that his name was (he gave himself out to be [one])...; ~ *sig vara...* state (say) that one is...; *han -gav sig vara...* äv. he declared himself to be..., he gave himself out as (to be)...; ~ *[namnet på]* name; ~ *falskt namn* give a false name; ~ *ett pris* state (hand. quote) a price; ~ *sin ålder till...* state one's age to be... **2** se *ge [upp]*
uppgift *s* **1** upplysning information (end. sg.) [*om, på* about, on; *angående, beträffande* as to]; påstående statement [*över* as to]; förteckning list; detaljerad specification [*på* of]; officiell report [*om, på* on]; ~*er* siffror figures; data data; *falska (oriktiga)* ~*er* äv. misstatements, misrepresentations; ~ *om tid meddelas senare* the time[s] will be given later; ~ *står mot* ~ one statement contradicts the other; i diskussion etc. it is his

(her etc.) word against mine etc.; **lämna ~ om (på)**... supply (give) information (particulars) as to...; uppge state...; **enligt ~** according to reports, from (according to) information received; **enligt ~ är hon** pålitlig äv. she is said to be...; **enligt hans ~** according to him; **med ~ om...** äv. stating..., mentioning... **2** åliggande task, duty, business (end. sg.); amer. assignment; kall mission; mål aim, purpose; t.ex. i livet object; problem problem; skol. o.d. exercise; enstaka fråga (i prov o.d.) question; matematik~ problem; **få i ~ att göra ngt** be given (assigned) the task of doing a th.; **han har till ~ att** inf. it is his task (business, vard. job) to inf.; ventilen **har till ~ att** inf. the purpose of...is to inf.
uppgiva se *uppge*
uppgiven adj resignerad resigned; modfälld dejected; **~ av** trötthet overcome by (with)...; **en ~ gest** a gesture of resignation
uppgjord adj, **~ i förväg** prearranged, preconcerted; **matchen var ~ [på förhand]** the match was fixed
uppgå vb itr **1 ~** belöpa sig **till** amount (come, run [up]) to, total **2 ~ i** se *gå [upp i]*
uppgång s **1** väg upp way (trappa stairs pl.) up; ingång entrance; trappuppgång staircase **2** himlakroppars rise, rising; prisers o.d. rise äv. kulturs o.d.; ökning increase; stark. boom
uppgörelse s **1** avtal agreement; överenskommelse äv. arrangement, settlement; affär transaction; **träffa en ~** come to (make) an agreement; **~ i godo** amicable arrangement **2** avräkning settlement [of accounts]; **ha en ~ med ngn** settle up (get even) with a p. äv. bildl. **3** meningsutbyte controversy, dispute; scen scene, showdown; **det kom till en häftig ~ mellan dem** matters came to a real head between them
upphandla vb tr buy in, purchase
upphandling s buying, purchasing
upphetsad adj excited
upphetsande adj exciting; om agitators tal inflammatory; **[sexuellt] ~** sexually exciting
upphetsning s excitement; oro agitation; irritation irritation
upphetta se *hetta [upp]*
upphittad adj found
upphittare s finder
upphov s origin; källa source; orsak cause; början beginning; uppslag idea [till i samtl. fall of]; om pers., se *upphovsman;* **ge ~ till** ovilja give rise (birth) to...; en diskussion start..., give rise to...; **ha sitt ~ i...** äv. originate in..., emanate from...; **vara ~ till...** be the cause (source, origin) of...
upphovsman s originator, author; anstiftare instigator [till i samtl. fall of]
upphovs[manna]rätt s copyright
upphållning s, ngt **är på ~en** ...is on the decline (wane); t.ex. hans ork ...is ebbing

(sinking); t.ex. vårt förråd ...is running low (short)
upphängning s det att hänga upp hanging [up]; konkr. suspension äv. tekn.
upphängningsanordning s suspension device
upphäva vb tr **1** låta höra: se *häva [upp]* **2** avskaffa abolish, do away with; förklara (göra)...ogiltig declare...null and void, nullify, invalidate; annullera annul; t.ex. kontrakt äv. cancel; lag äv. abrogate, repeal; lag, beslut äv. rescind; dom reverse; återkalla, t.ex. rättighet, order revoke; tillfälligt suspend; avbryta, t.ex. belägring, blockad raise; kvarstad lift, raise, take off; **~ varandra** naturv. el. friare neutralize each other
upphöja vb tr allm. raise; befordra advance; i rang, makt äv. exalt; **~** befordra **ngn till kapten** promote a p. captain; **~ till lag** give the force of law äv. bildl.; **~ i kvadrat** raise to the second power, square; **x upphöjt till 2 (3)** matem. x squared (cubed), x raised to the second (third) power
upphöjd adj **1** ädel, sublim: om pers. el. tänkesätt elevated, om t.ex. ideal, sinne lofty, om t.ex. känsla el. om sinne äv. noble, om t.ex. tänkesätt äv. sublime, om t.ex. värdighet exalted; **med upphöjt lugn** with serene calm **2** om hantverksarbete, bokstäver raised
upphöjelse s advancement, exaltation; promotion; jfr *upphöja*
upphöjning s **1** upphöjande raising äv. mat., jfr *upphöjelse* **2** konkr. elevation [i marken of...]; rise [i in]; ojämnhet boss; bula o.d. bump
upphöra vb itr allm. cease, stop; ta slut äv. come to an end, end; avbrytas be discontinued; **~ att gälla** expire; om t.ex. tidning cease to appear; om t.ex. förening be dissolved; **~ [med] att** inf. cease ing-form; cease to inf.; stop ing-form; låta bli leave off ing-form; isht betr. vana give up ing-form; **~ med** ngt stop..., discontinue...; **~ att arbeta** stop (cease) work[ing]; strejka strike; **~ att betala (med betalningarna)** cease (discontinue, tillfälligt suspend) payment; firman **har upphört** ...has closed down, ...no longer exists; krisen (ovädret) **har upphört** ...is over; **jag har för länge sedan upphört att** bry mig om... I have given (I gave) up long ago ing-form
uppifrån I prep [down] from **II** adv from above; **~ och ned** from top to bottom, from the top downwards; femte raden **~** äv. ...from the top
uppiggande I adj stärkande bracing; stimulerande stimulating; uppfriskande refreshing, reviving; hans sällskap **är ~ [för mig]** ...cheers me up **II** adv, verka **~** have a bracing (osv., jfr *I*) effect
uppjagad adj upprörd upset; **en ~ stämning** a heated atmosphere
uppkalla vb tr benämna name, call [ngn (ngt) efter... a p. (a th.) after...]

uppkastning

uppkastning *s, ~ar* konkr. vomit (end. sg.); *få (ha) ~ar* vomit, be sick; vard. throw up
uppkavlad *adj* rolled (tucked) up
uppklarnande *adj, tidvis ~* i väderleksrapport bright intervals (spells)
uppklädd *adj* ...all dressed up
uppknäppt *adj* om t.ex. blus unbuttoned; bildl. relaxed, free and easy; *med ~ överrock* äv. with one's overcoat open
uppkok *s, ge* såsen *ett hastigt ~* bring...to a quick boil; *artikeln är ett ~ på* gamla saker the article is a rehash of...
uppkomling *s* upstart, parvenu fr.
uppkomma *vb itr* arise [*av* from]; se vid. *uppstå 1*
uppkomst *s* ursprung origin; vetensk. genesis; *~en av problem* the emergence of problems
uppkopplad *adj* connected [*till* with]
uppkrupen *adj* ...huddled (curled) up
uppkäftig *adj* vard. cheeky, saucy
uppköp *s* inköp purchase; upphandling i stora partier bulk purchase; jfr *inköp*
uppköpare *s* buyer, purchaser; spekulant buyer-up (pl. buyers-up)
uppkörd *adj* **1** om väg som förstörts cut up, ...full of ruts **2** däst bloated **3** uppskörtad fleeced, swindled
uppkörning *s* driving test; *vid första (andra) ~en* råkade han... on taking his first (second) driving test...
uppladdning *s* elektr. recharging; mil. concentration of forces; sport. el. friare final preparations pl., final workout
uppladdningsbar *adj* elektr. rechargeable
upplag *s* förråd stock, store; lagerlokal storehouse; magasin warehouse
upplaga *s* edition; tidnings o.d. (spridning) circulation; *gå ut i många upplagor* be published in numerous editions; *begränsad ~* limited edition
upplagd *adj* **1** hågad inclined, disposed; *jag känner mig inte ~ för att* inf. I'm not (I don't feel) in the mood for el. I don't feel like (up to) ing-form; *inte vara ~ för skämt* not be in the mood for joking **2** *det är upplagt för bråk* things are shaping up for a row
upplagring *s* storing, storage, accumulation, stockpiling; warehousing
uppleva *vb tr* erfara experience, know; t.ex. äventyr meet with; delta i take part in; genomleva live (go) through; bevittna witness, see; tillbringa spend; känna feel; reagera inför react to; *han fick ~ att hans son blev* en stor man he lived to see his son become...; den lyckligaste tid *jag har upplevt* ...I have [ever] had (spent); *han har upplevt mycket* äv. he has had many experiences (been through quite a lot)
upplevelse *s* erfarenhet experience; äventyr adventure; *det var en stor ~* äv. ...really something to remember
uppliva *vb tr* **1** se *återuppliva* **2** se *liva [upp]*
upplivad *adj* upprymd exhilarated, ...in high spirits
upplivningsförsök *s* attempt at resuscitation
upplopp *s* **1** tumult riot, tumult **2** sport. finish
upploppssida *s* sport. straight
uppluckra *vb tr* t.ex. jord loosen [up], break up; *~de normer* lax (laxer) standards
upplupen *adj, ~ ränta* accrued interest
upplyftande *adj* elevating; uppbygglig edifying
upplysa *vb tr* **1** eg., se *lysa [upp]* **2** *~ ngn om ngt*: klargöra make...clear to a p., underrätta inform a p. of, ge besked tell a p, meddela let a p. know, isht nyhet o.d. communicate (mer formellt el. officiellt notify)...to a p., ge upplysning give a p. a piece of information on (about)...; *~ ngn om hans (hennes) misstag* point out a p.'s mistake
upplysande *adj* informative, enlightening; lärorik instructive; illustrerande, om t.ex. exempel illustrative; förklarande explanatory
upplysning *s* **1** eg.: belysning lighting; fest-, fasadbelysning illumination **2** underrättelse information (end. sg.); förklaring explanation [*om* of]; instruktion instructions pl. [*hur*... as to how...]; *en ~* a piece (an item, a bit) of el. some information; soliditets*~[ar]* credit report (information) sg.; *~ar* information sg., items of information; isht i skrift explanatory notes; de kan ge er *många (alla) ~ar* ...a good el. great deal of (any) information; *närmare ~ar [fås] hos...* further particulars (information) may be obtained from..., for particulars apply to...; *jag har fått den ~en att...* I have been informed that..., I [have been given to] understand that...; *till er ~* kan jag meddela, se *upplysningsvis* **3** *~en* filosofisk o. litterär riktning the Enlightenment
upplysningstiden *s* the Age of Enlightenment
upplysningsvis *adv* by way of information; till Er upplysning äv. for your guidance (orientation)
upplyst *adj* **1** eg. *en väl ~ gata* a well-lit street **2** bildl. enlightened, educated
upplåning *s* ekon. borrowing, borrowing transactions pl.
upplåta *vb tr* öppna open äv. sin mun; hyra ut let; *~ ngt åt ngn* ställa till ngns förfogande put a th. at a p.'s disposal, grant a p. the use of a th.
uppläggning *s* **1** bildl. arrangement, disposition; kursen *har följande ~* ...is organized as follows **2** av båt laying up
uppläsning *s* reading äv. offentlig; recitation recitation
uppläxning *s* sermon; vard. telling-off, talking-to
upplösa *vb tr* **1** se *lösa I 1* o. *2* o. *3* **2** komma att upphöra dissolve **3** skingra: t.ex. familj, hem

break up, t.ex. möte disperse, trupp, äv. teat. disband **4** bryta ned: t.ex. moral, disciplin subvert **5** hon var **upplöst i tårar** ...dissolved (bathed) in tears; **~s** el. **~ sig** allm. dissolve; kem. resolve [*i* into]; sönderfalla decompose; upphöra be dissolved; skingras: om t.ex. möte, skyar disperse; om trupp disband
upplösning *s* **1** allm. dissolution, sönderfall decomposition, disintegration äv. samhälls~ **2** av sällskap dissolution, disbanding **3** dramas denouement, unravelling **4** kem. el. optik. samt mus. resolution **5** matem. solution
upplösningstillstånd *s* state of decomposition (dissolution); *vara i* ~ bildl. be on the verge of a breakdown (a collapse)
uppmana *vb tr* exhort; hövligt invite; uppmuntrande encourage; ivrigt, enträget urge, request [urgently]; de resande **~s att** inf. ...are recommended ([urgently] requested) to inf.
uppmaning *s* exhortation; invitation; urgent request, summons sg., call; förslag suggestion; vädjan appeal; jfr *uppmana; på ~ av* at the request of; hövlig on the invitation of; inrådan on the recommendation of
uppmarsch *s* mil.: strategisk concentration, taktisk deployment
uppmuntra *vb tr* allm. encourage; stimulera äv. stimulate [*till* to; *att* inf. to inf.]; sporra äv. spur [*till* on to; *att* inf. to inf.]; isht till ngt ont äv. incite [*till* to; *att* inf. to inf.]
uppmuntran *s* encouragement [*till* to], stimulation; spur; incitement
uppmuntrande *adj* encouraging; *föga* ~ anything but encouraging, discouraging
uppmärksam *adj* attentive äv. artigt tillmötesgående [*på, mot* to]; vaksam watchful, heedful [*på* of]; iakttagande observant [*på* of]; *[spänt]* ~ intent [*på* [up]on]; *göra ngn* ~ *på ngt* draw (call) a p.'s attention to..., point...out to a p.; varnande warn a p. of...
uppmärksamhet *s* attention äv. visad artighet; vaksamhet watchfulness; iakttagelseförmåga observation; *bristande* ~ want (lack) of attention, inattention; *fästa (rikta) ngns ~ på* ngt draw (call, direct) a p.'s attention to...; *visa ngn stor* ~ show (pay) marked attention to a p.; *väcka* ~ se *[väcka] uppseende*
uppmärksamma *vb tr* lägga märke till: allm. notice, observe; ha sin uppmärksamhet riktad på pay attention to, attend to; *en ~d bok* a book that [has (resp. had)] attracted much attention; *hon blev mycket ~d* she had a great deal of attention paid to her, she was in the centre of attention
uppnosig *adj* cheeky, saucy
uppnå *vb tr* reach; lyckas nå (åstadkomma) attain; med viss ansträngning achieve; vinna obtain; t.ex. resultat äv. arrive at
uppnäsa *s* snub (turned-up) nose
uppnäst *adj* snub-nosed

uppochned[vänd] *adj* eg. el. bildl. ...[turned] upside-down; eg. äv. inverted, reversed; bildl. ofta äv. topsy-turvy
uppodla *vb tr* cultivate; bildl. äv.: utveckla develop, fördjupa deepen
uppoffra I *vb tr* sacrifice; avstå från give up, forgo; jfr *offra I* **II** *vb rfl*, ~ *sig* sacrifice oneself [*för* for]; hänge sig devote oneself, give oneself up [*för* ngt to...]; ~ *sig för* sitt barn äv. make sacrifices for...
uppoffrande *adj* self-sacrificing; ~ *kärlek* äv. devotion
uppoffring *s* sacrifice [*av ngn* från ngns sida on a p.'s part]; *om det inte är för stor ~ för dig* äv. if that is not asking too much of you
uppradad *adj, de stod ~e* they were lined up [in a row]
upprensning *s* cleaning out; av t.ex. avlopp, hamn clearing out; jfr följ.
upprensningsaktion *s* polit. o.d. purge, clean-up; mil. mopping-up operation
upprepa I *vb tr* repeat; gång på gång ~ reiterate; mekaniskt ~ andras ord o.d. echo; förnya, t.ex. begäran renew **II** *vb rfl*, ~ *sig* om sak repeat itself, happen again; återkomma äv. recur; om pers. repeat oneself
upprepande *s* o. **upprepning** *s* repetition; reiteration; renewal; recurrence; jfr *upprepa*
uppretad *adj* irritated (osv., jfr *reta 2*) [*över* ngt at...; *på* ngn with...]; *en ~ tjur* an enraged bull; han är ~ äv. ...in a passion (rage)
uppriktig *adj* sincere; öppenhjärtig frank, candid, open; ärlig honest; rättfram straightforward [*mot* i samtl. fall with]; om t.ex. vän, vänskap true, genuine; om känsla äv. hearty, heartfelt; allvarlig, om t.ex. önskan earnest; *mitt ~a tack* my heartfelt thanks; *säga ngn sin ~a mening* give a p. one's honest opinion; *för att (om jag ska) vara ~* måste jag säga to be honest (frank)..., honestly...
uppriktighet *s* sincerity; öppenhjärtighet frankness, candour, openness; ärlighet honesty
uppriktigt *adv* sincerely osv., jfr *uppriktig*; *säg mig ~...!* vanl. tell me honestly...!; ~ *sagt* [quite] frankly, honestly, to be [quite] frank (honest)
uppringning *s* [telephone] call
upprinnelse *s* origin [*till* of]; jfr *ursprung*
upprivande *adj* om t.ex. scen, skildring harrowing, agonizing
uppriven *adj* om pers., ur balans shaken, harrowed, ...in a very nervous state; ~ *av* sorg broken down with...; jfr äv. *riva [upp]*
upprop *s* **1** skol., mil. o.d. rollcall, call-over; uppropande calling over [of names]; *förrätta* ~ call the roll [*med* of] **2** vädjan appeal; tillkännagivande proclamation
uppror *s* **1** resning o.d. rebellion, uprising, insurrection; isht mindre rising, revolt; mil. el.

upprorisk

sjö. äv. mutiny [*mot* i samtl. fall against]; *göra* ~ rise [in rebellion]; revolt; mutiny; rebel äv. mot t.ex. föräldrar **2** bildl.: upphetsning excitement; känslornas agitation; elementens äv. commotion, tumult, jfr ex.; *i fullt* ~ seething with excitement; *råka i* ~ get agitated osv., jfr *upprörd;* om känslor flare up; om pers. äv. fly into a passion; *vara i* ~ om t.ex. stad be in a commotion (an uproar); om sinne be in a tumult
upprorisk *adj* rebellious äv. bildl.; mil. el. sjö. mutinous; om t.ex. provins ...in revolt; svag., om t.ex. folkhop riotous; isht om tal, stämplingar seditious; uppstudsig äv. insubordinate; *de ~a* subst. adj. the insurgents (rebels)
upprorsmakare *s* instigator (fomenter) of rebellion; vid myteri el. i bet. bråkmakare ringleader; friare el. svag. troublemaker
upprusta *vb tr* o. *vb itr* mil. rearm, increase [one's] armaments; reparera repair; förbättra improve; utrusta re-equip
upprustning *s* mil. rearmament; reparation repair (end. sg.); för ökad kapacitet improvement (end. sg.); utrustande re-equipment; *moralisk* ~ moral rearmament
uppryckande *adj* bildl. rousing, stimulating
uppryckning *s* bildl. shake-up, shaking-up; *ge* firman *en* ~ äv. put new life into...
upprymd *adj* elated, exhilarated, ...in high spirits; lätt berusad tipsy
uppräkning *s* i ordning enumeration; av pengar (visst belopp) counting out; ekon., justering uppåt adjustment (adjusting) upwards
upprätt I *adj* upright, erect **II** *adv* upright, erect
upprätta *vb tr* **1** inrätta establish; grunda, t.ex. skola äv. found, set up; t.ex. fond, befattning create; t.ex. system institute; t.ex. organisation form **2** avfatta, t.ex. kontrakt, protokoll draw up; testamente äv. make; lista make [up (out)]; karta, plan draw **3** åstadkomma, t.ex. förbindelse, ordning establish **4** rehabilitera rehabilitate; ~ *ngn* **(***ngns rykte)* restore a p.'s reputation
upprättelse *s* gottgörelse redress, satisfaction; rehabilitering rehabilitation; *ge ngn* ~ redress a p.'s wrongs; rehabilitera ngn rehabilitate a p.; *få* ~ obtain redress (satisfaction); bli rehabiliterad be rehabilitated
upprätthålla *vb tr* t.ex. vänskapliga förbindelser maintain, keep up; t.ex. disciplin, standard äv. uphold; t.ex. fred, neutralitet äv. preserve; t.ex. intresse äv. sustain; ~ *en tjänst som* hold a post (fill an office) as
upprättstående *adj* upright, erect
uppröjning *s* clearing; efter t.ex. eldsvåda äv. clearance; bildl. clean-up
uppröra *vb tr* väcka avsky hos revolt, rouse...to indignation; chockera shock, upset; reta upp irritate; ~ *sinnena* stir up people's minds; jfr vid. *upprörd*

upprörande *adj* revolting; shocking; om t.ex. behandling outrageous; *det är* ~ äv. it's a crying shame, it's outrageous; *finna ngt* ~ be shocked at a th.
upprörd *adj* harmsen indignant; uppretad irritated; skakad agitated; uppskakad upset; upphetsad excited; chockerad shocked [*över* i samtl. fall about]
uppsagd *adj*, *vara* ~ have had notice [to quit]; om hyresgäst äv. be under notice to quit; *bli* ~ get notice, get notice to quit; jfr *säga* [upp]
uppsamling *s* uppsamlande gathering, collecting; upplockande äv. picking up; uppfångande catching
uppsamlingsheat *s* run-off-race
uppsamlingsläger *s* reception (refugee) camp
uppsamlingsplats *s* collecting depot; mil. assembly point
uppsats *s* skol. [written] composition; mer avancerad essay; univ. äv. paper; i tidskrift o.d. article; större, litterär essay [*om* i samtl. fall on]
uppsatsämne *s* skol. subject [set] for composition (resp. for an essay), essay topic
uppsatt *adj*, *högt* ~ highly placed; *en högt* ~ *person* äv. a person of high station; vard., pamp a bigwig (high-up)
uppseende *s* uppmärksamhet attention; sensation sensation; uppståndelse stir; *väcka* ~ vanl. attract attention (notice), create a sensation, make (create) a stir; gm påfallande klädsel äv. make oneself conspicuous; friare make people stare (talk); det *väckte inget* ~ äv. ...passed [almost] unnoticed
uppseendeväckande *adj* sensational; om t.ex. upptäckt, nyheter äv. startling; iögonfallande conspicuous
uppsegling *s*, *vara under* ~ bildl. be under way, be brewing, be in the offing; *en konflikt är under* ~ äv. a conflict is threatening
uppsikt *s* bevakning supervision, superintendence, control [*över* of]; överblick view; *ha* ~ *över* have (be in) charge of, watch over; arbete, inrättning supervise, superintend; *hålla* ~ *över* supervise; *hålla noggrann* ~ *över* vanl. keep a strict watch over (a sharp eye on); *stå under* ~ be under supervision osv.; *ställa* ngn (ngt) *under ngns* ~ put...under a p.'s charge
uppsittning *s* ridn. mounting
uppsjö *s*, *en* ~ *av* an abundance of, a wealth of
uppskakad *adj* upset; stark. shocked, shaken [to the core]
uppskakande *adj* upsetting; stark. shocking
uppskatta *vb tr* **1** beräkna o.d. estimate; värdera äv. value, rate, assess; utvärdera evaluate [*till* i samtl. fall at]; ~ ngt *för lågt* underestimate (underrate)... **2** sätta värde på appreciate, esteem; sak äv. set store by

uppskattning s **1** beräkning estimate; värdering valuation, rating, assessment **2** gillande appreciation; *visa ngn sin* ~ show one's appreciation of a p.
uppskattningsvis adv approximately, at a rough estimate
uppskjuta se *skjuta [upp]*
uppskjutning s av rymdraket launching
uppskov s uppskjutande postponement, delay, deferment [*med* of]; anstånd respite [*med* betalningen for...]; hand. äv. prolongation [*med* of]; *begära* ~ demand (apply for) a postponement (an adjournment), ask for a respite; *bevilja ngn en månads* ~ grant (allow) a p. a respite (prolongation) of one month; *få* ~ *med [att fullgöra]* värnplikten get a respite from...; *ge ngn* ~ *med betalningen av* ett belopp allow a p. to postpone the payment of...; *utan* ~ without delay, promptly
uppskruvad adj konstlad affected; ~ *glädje* forced gaiety; ~*e* stegrade *priser* screwed-up (exorbitant) prices; ~*e förväntningar* high expectations
uppskrämd adj rädd frightened osv., jfr *skrämma [upp]*
uppskärrad adj, *vara* ~ uppskakad, uppjagad be [all] wrought up, be [all] on edge (uptight); nervös be jumpy (jittery)
uppskörtad adj, *bli* ~ be overcharged (fleeced); vard. have to pay through the nose
uppslag s **1** på byxa turn-up; amer. cuff; på ärm cuff **2** motstående sidor: i bok opening; i tidning o.d. spread **3** idé idea [*till* for]; plan plan; impuls impulse; förslag suggestion; projekt project; en bok innehållande många *nya* ~ ...fresh suggestions (new ideas)
uppslagen adj, *en* ~ *förlovning* a broken engagement; jfr vid. *slå [upp]*
uppslagsbok s reference book, book of reference; encyklopedi encyclopedia
uppslagsord s headword, [main] entry
uppslagsrik adj ...full of suggestions, ingenious; friare inventive
uppslagsverk se *uppslagsbok*
uppslitande adj psykiskt påfrestande trying; hjärtskärande heart-rending
uppslitsad adj split open; ~ *kjol* slit skirt
uppsluka vb tr bildl. engulf, swallow up; fängsla, engagera absorb, engross; *som ~d av jorden* as if swallowed up by the earth
uppsluppen adj på glatt humör exhilarated, ...in high spirits; munter merry, jolly
uppslutning s anslutning support; tillströmning influx; *det var god* (resp. *dålig*) ~ *på mötet* many (not very many) people attended the meeting
uppspelning s **1** för lärare performance [before a (resp. the, one's) teacher] **2** av ngt inspelat playback
uppspelt se *uppsluppen*

uppsprickande adj, ~ *molntäcke* breaks pl. in the overcast, decreasing cloud
uppspärrad adj wide open; *med* ~*e ögon* äv. wide-eyed
uppstigande adj rising; om himlakropp äv. ascending; ur ngt äv. emergent
uppstigen adj uppe *han är inte* ~ *[ur sängen]* he has not got (is not) up
uppstigning s rise, rising; ur sängen getting up; flyg. el. på berg ascent; ur havet emersion; *vid* ~*en [ur sängen]* when rising [from bed]
uppstoppad adj om djur stuffed
uppsträckning s bildl.: stark. reprimand, svag. talking-to, vard. telling-off
uppsträckt adj **1** som sträckts upp *med* ~*a händer* with raised hands (hands up) **2** finklädd [all] dressed up, strictly (formally) dressed
uppstudsig adj refractory, recalcitrant, insubordinate; motspänstig obstinate
uppstyltad adj stilted, affected; svulstig bombastic, turgid
uppstå vb itr **1** uppkomma arise, come up [*av* i båda fallen from]; originate [*ur* in (from)]; börja begin, start, come into existence; om t.ex. mode, bruk appear; plötsligt spring (start) up; inträda set in; som resultat av ngt result, ensue [*av* from]; bryta ut break out; om rykte spread, get abroad; *hur har elden uppstått?* how did the fire start (break out, come about)?; *det uppstod en paus* there was a pause, a pause ensued; *den vinst som kan* ~ the profit that may accrue **2** bibl. ~ *från de döda* rise from the dead
uppstående adj **1** ~ *krage* stand-up collar **2** uppkommande arising osv., jfr *uppstå 1*
uppståndelse s **1** oro excitement, stir; vard. fuss, to-do; *väcka [stor]* ~ make a [great] stir (commotion) **2** bibl. resurrection
uppställa se *ställa [upp]*
uppställning s **1** uppställande putting up osv., jfr *ställa [upp]*; anordning arrangement, disposition **2** mil. formation **3** sport. line-up
uppstötning s belch; med. eructation; *få en* ~ *(ha ~ar)* belch; *sura ~ar* heartburn sg.; med. pyrosis sg.
uppsvensk adj [northern and (resp. or)] central Swedish
uppsving s advance, rise, upswing; hand. boom; efter nedgång recovery
uppsvullen adj o. **uppsvälld** adj swollen; pussig bloated
uppsyn s **1** ansiktsuttryck [facial] expression, countenance; min air; utseende look **2** se *uppsikt*
uppsyningsman s overseer, supervisor; i offentlig byggnad caretaker; i park [park-]keeper
uppsåt s isht jur. intent; avsikt intention; föresats äv. purpose; *i (med)* ~ *att döda* with intent to kill; *med* ~ intentionally, wilfully,

uppsåtlig

purposely, deliberately; *utan ont* ~ äv. without malice, unintentionally
uppsåtlig *adj* intentional, deliberate, wilful
uppsägning *s* allm. notice; av anställd el. hyresgäst notice to quit; av kontrakt notice of termination; av avtal cancellation; av lån calling in; *en månads (sex månaders)* ~ one month's (three months') notice
uppsägningstid *s* term (period) of notice; *med en månads (tre månaders)* ~ with one month's (three months') notice
uppsättning *s* **1** uppsättande putting up osv., jfr *sätta [upp]* **2** teat. production **3** sats, omgång set; *en* ~ *kläder* a set of clothes
uppsöka se *söka [upp]*
uppsökande *adj*, ~ *verksamhet* visiting work (activities pl.)
uppta[ga] *vb tr* **1** antaga: ~ *ngn i* en förening admit a p. into...; ~ *ngn till medlem av...* vanl. receive a p. as a member of... **2** ta i anspråk, fylla (utrymme, tid) take up; ~ *ngns tid* äv. occupy a p.'s time; *det upptog hans tankar* it occupied (engaged) his thoughts, it engrossed him; ~ *ngns uppmärksamhet* o.d. *helt och hållet* ofta absorb... **3** uppfatta take **4** tillgodogöra sig ~ *föda* assimilate (absorb) food **5** se *ta [upp]*
upptagen *adj* **1** sysselsatt busy [*med att arbeta* working]; occupied, engaged; *jag är* ~ i kväll: bortbjuden o.d. I am engaged..., I have an engagement for..., av arbete I shall be busy...; *en strängt* ~ *man* a very busy man; ~ *av tanken på* preoccupied by the thought of; ~ *på annat håll* otherwise engaged **2** besatt occupied; reserverad booked; *platsen stolen är* ~ the seat is taken el. occupied (reserverad has been engaged el. booked); toaletten (apparaten, hytten) *är* ~ ...is occupied, somebody is using...; *[det är] upptaget!* tele. [number] engaged!; amer. [line] busy!
upptagetton *s* engaged (amer. busy) tone
upptagning *s* **1** i förening o.d. reception [*i* into], admission [*i* to] **2** film. filming, taking, shooting; på skiva (band) recording **3** flyg., av plan efter dykning flattening out
upptakt *s* **1** mus. upbeat **2** bildl. beginning [*till* of]; introduction, prelude [*till* to]
upptaxera *vb tr*, *bli ~d till 200 000 kronors inkomst* have (get) the assessment of one's income raised (put up) to 200,000 kronor
uppteckna *vb tr* take down, record; om krönikör o.d. chronicle
upptill *adv* at the top [*på* of]
upptinad *adj* thawed äv. om djupfrysta varor; jfr vid. *tina [upp]*
upptrampad *adj*, *en* ~ *stig* a beaten track, a well-worn path
upptrappning *s* intensifiering escalation; av t.ex. konflikt intensification
uppträda *vb itr* **1** framträda appear; make one's appearance; om skådespelare äv. act, perform; om teatertrupp give performances (resp. a performance); ~ *offentligt* appear in public; ~ *som...* i ngns roll take the part of..., play..., act...; ge sig ut för att vara pretend (give oneself out) to be..., pose as...; ~ *med fasthet* display firmness **2** uppföra sig behave [ibl. oneself]; på visst sätt, t.ex. energiskt, bestämt act; ~ *bestämt mot...* act firmly against... **3** fungera act [*som, i egenskap av* as] **4** förekomma occur
uppträdande I *subst adj*, *de* ~ the performers; skådespelarna the actors **II** *s* framträdande appearance; offentligt äv. performance; uppförande behaviour, conduct; sätt manner; hållning bearing; handlande, fungerande action; förekomst occurrence
uppträde *s* scene; bullersamt disturbance; vard. shindy; *ställa till ett [häftigt]* ~ make a [terrible] scene
upptuktelse *s*, *ta ngn i* ~ take a p. to task, give a p. a lecture (talking-to)
upptåg *s* trick, prank; spratt practical joke; muntert lark, frolic
upptågsmakare *s* practical joker, prankster
upptäcka *vb tr* allm. discover; komma på (isht ngt svårupptäckt), ertappa (ngn) detect; hitta, finna find; få reda på find out; uppspåra track down; få syn på catch sight of; urskilja discern, descry; avslöja disclose; *man kunde inte ~ något spår* there was no trace to be found (seen)
upptäckare *s* discoverer; finder, detector; jfr *upptäcka;* upptäcktsresande explorer
upptäckt *s* discovery
upptäcktsfärd *s* o. **upptäcktsresa** *s* expedition; sjöledes voyage of discovery; *göra en* ~ *i...* explore...
upptäcktsresande *s* explorer
upptända *vb tr* bildl.: hat kindle, excite, kärlek inspire
upptänklig *adj* imaginable, conceivable; *på alla ~a sätt* äv. in every possible way
uppvaknande *s* awakening äv. bildl.
uppvakta *vb tr* **1** göra...sin kur court; hylla: gratulera congratulate, hedra honour, pay one's respects to; ~ *ngn flitigt* be assiduous in one's attentions to a p.; efterhängset dance attendance [up]on a p.; ~ *ngn med...* a) besöka o. överlämna call on a p. and give him resp. her (and present him resp. her with)...; skicka send...to a p. b) som beundrare skänka keep giving (skicka sending) a p....; *vi ~de honom på hans födelsedag* we congratulated (came to congratulate) him on his birthday; *bli ~d* gratuleras *av* sina vänner receive a lot of congratulations from... **2** avlägga besök hos myndighet o.d. call on
uppvaktning *s* **1** visit [gratulations~ congratulatory (hövlighets~ complimentary)] call [*för, hos* on]; hovtjänstgöring attendance [*hos* upon]; *han fick stor ~ på sin*

födelsedag many people congratulated (came to congratulate) him on his birthday **2** följe attendants pl.; *prins C. med ~* ...with his suite
uppvigla *vb tr* stir up; *~ besättningen till myteri* stir...to mutiny
uppviglare *s* agitator agitator, instigator of rebellion
uppvigling *s* agitation, instigation of rebellion
uppviglingsförsök *s* attempt to instigate rebellion
uppvind *s* meteor. el. flyg. upwind
uppvisa *vb tr* **1** se *visa [upp]* **2** påvisa show; bevisa prove **3** visa prov på present; vara behäftad med be marred (impaired) by; ståta med boast of
uppvisning *s* **1** exhibition; t.ex. flyg~ show; mannekäng~ parade; t.ex. gymnastik~ display; *en bländande ~ friare* a brilliant display **2** framförande av t.ex. hästar presentation
uppvisningsmatch *s* exhibition match
uppvispad *adj* whipped, whisked; om ägg o.d. beaten
uppvuxen *adj*, *han är ~ i staden (på landet)* he has grown up in the town (country), he is town-bred (country-bred)
uppväcka *vb tr* bildl.: framkalla awaken osv., se *väcka 2*; t.ex. vrede provoke; bibl. raise *[från de döda* from the dead]
uppväg *s, på ~en* on the (one's) way (resa journey) up (norrut northwards, up north)
uppväga *vb tr* bildl. counterbalance; neutralisera neutralize; ersätta compensate (make up) for; *mer än ~* outweigh, outbalance; *hans fel uppvägs av...* his faults are redeemed by...; *det ena uppväger det andra* one makes up for the other
uppvärmd *adj* heated; svag. warmed; *~ mat* reheated food, food that has been reheated
uppvärmning *s* heating; svag. warming; *elektrisk ~* electric heating
uppväxande *adj* growing [up]; *det ~ släktet* the rising generation
uppväxt *s* growth; se äv. *uppväxttid*
uppväxttid *s* o. **uppväxtår** *s pl* persons [childhood and] adolescence sg.
uppåt I *prep* up to[wards]; längs [all] up along; om pris o.d. up to, as much as; gå *~ berget [till]* ...up to[wards] the mountain; *~ floden* up the river; *~ landet* från havet up country; *det behövs regn ~ landet* norrut ...in the north of the country **II** *adv* upwards; 1000 kr. *och ~* ...and above, upwards of...; upptill ...towards the (its) upper end (the top); *här ~* i våra trakter up here...; *gå ~* stiga ascend, rise; *gå gatan ~* go (walk) up the street; *armar ~ sträck!* gymn. arms upwards stretch!; *vända ngt ~* turn...up **III** *adj, vara ~* glad be in high spirits
uppåtgående I *s, vara i (på) ~* om priser o.d. be on the upgrade, have an upward trend (tendency) **II** *adj* om pris rising; om tendens, konjunktur, rörelse upward; om tåg north-bound
uppåtsträvande *adj* bildl. ambitious, driving, pushing
1 ur *s* klocka: fick~, armbands~ watch; vägg~ o.d. clock; *Fröken Ur* the speaking clock
2 ur *s, i ~ och skur* in all weathers, rain or (and) shine
3 ur I *prep* allm. out of; inifrån from within (inside); *få ngn ~ balans* throw a p. off [his resp. her] balance; komma (vara) *~ bruk* ...out of use; *~ hand i hand* from hand to hand; måla ngt *~ minnet* ...from memory; *~ den synpunkten* from that point of view; *[fram (ut)] ~ skogen* from out of the wood; *gå ut ~ rummet* leave (go el. walk out of)...; se äv. under resp. subst. o. vb **II** *adv* out; *ta ~ ngt ur...* take a th. out of...; se vid. beton. part. under resp. vb
uraktlåtenhet *s* omission, failure
Uralbergen *s pl* the Ural Mountains, the Urals
uran *s* kem. uranium
uranfyndighet *s* uranium deposit
uranhalt *s* uranium content
uranhaltig *adj* uraniferous; attr. äv. ...containing uranium
Uranus astron. Uranus
urarta *vb itr* degenerera degenerate [*till* into]; om pers. äv. become depraved
urban *adj* **1** stads- urban **2** belevad urbane
urbanisera *vb tr* urbanize
urbanisering *s* urbanization
urbefolkning *s* original population; *~en* äv. the aborigines pl.
urberg *s* primary (primitive) rock[s pl.]
urbild *s* archetype, prototype [*för* of]
urblekt *adj* faded äv. bildl.; discoloured; gm tvätt äv. washed out
urblåst *adj* **1** eg. blown out; gm bombning gutted; gm eld ...gutted by fire **2** vard., dum stupid, daft
urbota *I adj* ohjälplig hopeless; om pers. äv. incorrigible **II** *adv*, *~ dum (tråkig)* hopelessly stupid (boring)
urdjur *s* protozo protozo|on (pl. -a)
urfånig *adj* vard. very silly (stupid), idiotic
urgammal *adj* extremely old; om sak äv. ancient; forntida ancient
urgermansk *adj* språkv. Proto-Germanic, Primitive Germanic
urgröpt *adj* hollowed (scooped) out; om kinder hollow
urholka *vb tr* bildl., underminera undermine; göra sämre impair, weaken; jfr vid. *holka [ur]*
urholkad *adj* eg. hollow, concave; jfr vid. *holka [ur]* o. *urholka*
urholkning *s* fördjupning hollow, excavation, cavity
urin *s* urine; kreaturs äv. stale
urinblåsa *s* anat. [urinary] bladder

urindrivande *adj* med. diuretic; ~ *medel* diuretic
urinera *vb itr* urinate, discharge (pass) urine
urinförgiftning *s* med. uraemia; amer. uremia
urinledare *s* anat. ureter
urinnevånare *s* aboriginal (original) inhabitant, aboriginal; **urinnevånarna** äv. the aborigines
urinoar *s* urinal
urinprov *s* specimen of urine
urinrör *s* anat. urethra
urinstinkt *s* primitive instinct
urinsyra *s* uric acid
urinvånare se *urinnevånare*
urinvägsinfektion *s* med. infection of the urinary tract, urinary infection
urklipp *s* [press] cutting, clipping
urkokt *adj* overboiled
urkraft *s* primitive (primordial) force; bildl. immense power
urkristendom *s*, ~*[en]* primitive Christianity
urkund *s* document, record; jur. äv. deed; officiell roll; ~*er* jur. äv. muniments
urkundsförfalskning *s* jur. forgery (falsification) of documents (resp. a document), forgery
urkälla *s* bildl. fountainhead, original source [*till, för* of]
urladdning *s* eg. discharge; molns äv. explosion, burst båda äv. bildl.; bildl. äv. outburst
urlakad *adj* tekn. leached; urvattnad soaked; utmattad exhausted, jaded, washed out
urlastning *s* unloading
urmakare *s* [clock and] watchmaker
urmakeri *s* **1** yrke [clock and] watchmaking **2** verkstad watchmaker's [work]shop
urminnes *adj*, **sedan** ~ **tid[er]** from time immemorial
urmoder *s* first mother
urmodig *adj* out of date; gammaldags old-fashioned, outmoded
urmänniska *s*, ~*[n]* primitive man
urna *s* urn
urnordisk *adj* Primitive Scandinavian (isht om språk Norse)
urolog *s* **1** läkare urologist **2** ~*en* avdelning på sjukhus the department of urology
uroxe *s* zool. el. hist. aurochs, urus
urpremiär *s* [very] first performance (films showing); se äv. *premiär* ex.
urringad *adj* low-cut, décolleté fr.; *djupt* ~ om plagg very low-cut (décolleté)
urringning *s* décolletage fr.; *djup* ~ plunging neckline
ursinne *s* raseri fury, frenzy; förbittring, vrede rage; *driva ngn till* ~ drive a p. frantic
ursinnig *adj* allm. furious [*på ngn över ngt (för* att-sats*)* with a p. about a th. (for konstr. med ing-form)]; om pers. äv. raging mad; jfr vid. *rasande I* **1** med ex.; *göra ngn* ~ äv. enrage (infuriate) a p.

urskilja *vb tr* **1** med synen discern, distinguish; märka, förnimma perceive; med hörseln catch; en ny tendens *kan* ~*s* ...can be seen (perceived) **2** bildl., särskilja distinguish, discriminate
urskiljbar *adj* discernible; perceivable; distinguishable; jfr *urskilja*
urskillning *s* insikt discrimination, discernment; omdömesförmåga judgement
urskillningsförmåga *s* discrimination, discernment, judgement; jfr *urskillning;* **en person med** ~ a discerning person
urskillningslös *adj* indiscriminate
urskog *s* primeval (virgin) forest; amer. äv. backwoods pl.; i Afrika o. Australien bush (end. sg.); djungel jungle
urskulda I *vb tr* excuse, exculpate **II** *vb rfl*, ~ *sig* excuse oneself
ursprung *s* origin; uppkomst rise; källa source; orsak cause [*till* i samtl. fall of]; härkomst extraction; saks ursprungsort äv. provenance; *leda sitt* ~ *från* derive (trace) one's origin from, be derived (derive) from äv. språkv.; om släkt be descended from; *det har sitt* ~ *i* äv. it springs (originates) from; hon var *av enkelt* ~ ...of simple birth (origin); *till sitt* ~ in (by) origin
ursprunglig *adj* **1** ursprungs- original; först [i sitt slag] äv. primitive, primordial; medfödd innate; *den* ~*a anledningen* the primary cause; ~ *text* original, original text **2** naturlig natural, simple, ingenuous; primitiv pristine
ursprungligen *adv* originally
ursprunglighet *s* originality; primitiveness, primordiality; simplicity; jfr *ursprunglig*
ursprungsland *s* country of origin
urspårning *s* derailment
ursäkt *s* allm. excuse äv. i bet. försvar; erkännande av fel el. försumlighet apology; förevändning äv. pretext; *en dålig* ~ a poor (flimsy) excuse; *framföra sina (ngns)* ~*er* make one's (convey a p.'s) excuses; *komma med* ~*er* urskuldanden offer excuses; *be om* ~ apologize, make [one's] apologies, beg to be excused; *be ngn om* ~ ask (beg) a p.'s pardon (forgiveness), apologize to a p.
ursäkta I *vb tr* excuse; förlåta forgive, pardon [*ngn ngt* a p. for a th.; *ngn [för]* att-sats a p. for ing-form]; ~ *[mig]* som hövlig inledning excuse me!; förlåt I'm sorry!, pardon me!; ~ *att jag...* excuse me for (excuse my) ing-form; *det kan inte* ~*s* äv. it is inexcusable (unpardonable) **II** *vb rfl*, ~ *sig* excuse oneself [*för* att-sats for ing-form]; ~ *sig med* sjukdom plead (allege)...[as an excuse]; ~ *sig med att* tåget var försenat excuse oneself on the grounds (score, som förevändning pretext) that...
ursäktlig *adj* pardonable, excusable
urtag *s* elektr. o.d., se *uttag 2*
urtavla *s* dial; clockface, jfr *1 ur*

urtiden *s* prehistoric (the earliest) times pl.
urtidsdjur *s* prehistoric animal
urtidsmänniska *s*, ~*[n]* primitive man
urtillstånd *s* original (primitive, om naturens el. världens primeval) state
urtima *adj*, ~ **riksdag** extraordinary session of the Riksdag
urtråkig *adj* vard. deadly dull (boring); pred. äv. a real bore
urtvättad *adj* washed out
Uruguay Uruguay
uruguayare *s* Uruguayan
uruguaysk *adj* Uruguayan
uruppförande *s* first performance
urusel *adj* vard. lousy, rotten, putrid
urval *s* choice; konkr. äv. selection; hand. äv. assortment; **det naturliga ~et** natural selection; **göra ett ~** make a choice (selection), choose; **dikter i ~** selected poems
urvattnad *adj* eg.: ursaltad soaked, om fisk freshened; bildl. watered down; fadd insipid, wishy-washy; om färg watery
urverk *s* works pl. of a (resp. the) watch (clock, jfr *1 ur*); **som ett ~** like clockwork
urvuxen *adj* o. **urväxt** *adj*, **min kostym är ~** I have grown out of this suit, my suit has got too small
uråldrig *adj* extremely old, ancient
USA [the] US sg., [the] USA sg.
usch *interj* ooh, ugh; ~ **då!** ugh!
usel *adj* allm., t.ex. om varelse, bostad, mat, väder wretched; eländig äv. miserable; om pers. äv. worthless; tarvlig, gemen vile, base, mean; klen, dålig [very] poor, bad; ~ **betalning** paltry payment
usling *s* wretch; skurk villain
usurpera *vb tr* usurp
U-sväng *s* trafik. U-turn
ut *adv* out; fram o.d. äv. forth; Hamlet ~ teat. exit (pl. exeunt)... lat.; ~ **[med dig]!** out [you go]!, vard. get (clear) out!; från gömställe come out [of there]!; ~ **livet** ~ throughout (to the end of) one's life; **stanna veckan ~** stay the week out (to the end of the week); **gå ~** go out; utomhus go outside; gå ~ **och in** ...in and out; **dag (år) ~ och dag (år) in** day (year) in day (year) out; **vända ~ och in på ngt** turn a th. inside out; **komma ~ genom porten** come out through...; ~ **i skogen** out into...; **jag måste ~ med en massa pengar nästa vecka** I'll have to pay (vard. fork out)...; **gå ~ på gatan (åkrarna, isen)** go out into the street (into the fields, on to the ice); **gå ~ på restaurang** go to a restaurant; **resa ~ i världen** go abroad, go out into the world; **resa ~ på (till)** landet go to (into, out to)...; ~ **ur** out of; inifrån from within (inside)
utagera *vb tr* **1 saken är ~d** the matter is (has been) settled, it is over and done with **2** psykol. act out

utan I *prep* without; helt berövad destitute (deprived) of; se f.ö. ex. nedan o. under resp. huvudord; ~ **arbete** out of work; ~ **avgift** vanl. free of charge; vi åt ~ **honom** ...without him; ~ **honom skulle jag** aldrig klarat det but (were it not) for him I should...; ~ **humor** without any (devoid of) humour; ~ **jämförelse** without (beyond) comparison; ~ **något på sig** without anything (with nothing) on; ~ **vänner** without [any] friends; mer känslobeton. friendless; ~ **värde** without any value, of no value; **bli ~** go (be) without [*ngt* a th.], get nothing; **han blev heller inte ~** he got something too; he, too, had his share; **vara ~** ngt be (go) without...; sakna have no..., lack...; **det är inte ~ att...** as a matter of fact..., it cannot be denied (there is no use denying) that...; det går inte en dag ~ **att han kommer hit** ...without him coming (but he comes) here; ~ **att han märker (märkte) det** without him (his) noticing it
II *adv* outside; ~ **och innan** inside and out (outside), outside and in (inside) båda äv. bildl.
III *konj* but; **hon var inte stött, ~ smickrad** she was not offended, [on the contrary] she was flattered; she was flattered, not offended; **inte bara...~ även** not only...but [also]; det gick inte ~ **han fick ge upp** ...so he had to give it up
utandas *vb tr* dep, ~ **sin sista suck** breathe one's last
utandning *s* exhalation, expiration
utanför I *prep* outside; framför t.ex. port äv. before, in front of; sjö., angivande position off; jfr äv. **utom 1;** det ligger ~ **hans område** bildl. ...outside his province (sphere); **det ligger ~ ämnet** it is outside (extraneous to) the subject; **stå (vara) ~ saken** have (take) no part in it **II** *adv* outside; **känna sig ~** feel out of it; **lämna (håll) mig ~!** bildl. leave (keep) me out of it!; bilen **står ~ [och väntar]** ...is [waiting] at the door
utannonsera *vb tr* advertise; **tjänsten har nyligen ~ts** the post has been recently advertised
utanordna *vb tr* ekon. ~ **ett belopp** order a sum [of money] to be paid, give directions for the payment of a sum [of money]
utanpå I *prep* outside, on the outside of; över on [the] top of, above, over; **gå ~** vard., överträffa surpass **II** *adv* [on the] outside; ovanpå on [the] top, above; förgylld ~ **och inuti** ...outside and inside; huset är vackert ~ äv. the exterior (outside) of...; **vara lugn ~** be outwardly calm
utanpåskjorta *s* tunic shirt
utanskrift *s*, **det syns på ~en** att han är präst you can see by his appearance...
utantill *adv* by heart; **lära sig ngt ~** learn a th. [off] by heart (by rote), commit a th. to

memory; **det där kan jag ~!** äv. I know that backwards!; jag är trött på att höra det I have heard that till I am sick and tired of it!
utanverk s bildl. façade; **det är bara ett ~** äv. it is just empty show, it lacks real content
utarbeta vb tr t.ex. karta, rapport, svar prepare; t.ex. förslag, program, schema draw up; t.ex. tal, skrift compose; i detalj work out; noggrant elaborate; sammanställa, t.ex. ordbok compile
utarbetad adj **1** överansträngd ...worn out [with hard work], overwrought, overworked **2** prepared etc., se *utarbeta*
utarbetande s preparation, drawing up, composition, working out, elaboration, compilation, jfr *utarbeta*; den är **under ~** ...in [course of] preparation, ...being prepared (drawn up etc., jfr *utarbeta*)
utarma vb tr impoverish äv. jord; reduce...to poverty; uttömma, förbruka deplete; **~d** äv. destitute
utav se *av*
utbe[dja] vb rfl, **~ sig** request; ivrigt solicit [ngt av ngn a th. of a p.]
utbetala vb tr pay, pay out (down), disburse
utbetalning s payment, disbursement
utbetalningskort s post. postal cheque [paying-out form]
utbilda vb tr allm. educate; i visst syfte train; undervisa instruct; utveckla develop; **~ ngn (sig) till sångare** train a p. (train [oneself]) to become a singer; **~ sig för läkaryrket** study (qualify [oneself]) for the medical profession; **~ sig till** sekreterare äv. qualify as a...; hon är **~d sjuksköterska** ...a trained (qualified) nurse
utbildning s education; training; instruction; jfr *utbilda*; **akademisk ~** university education; **få sin ~** vid... äv. be educated (trained)...
utbildningsbidrag s training (education) grant (allowance)
Utbildningsdepartementet the Ministry of Education and Science
utbildningslinje s univ. study programme
utbildningsminister s Minister of Education [i Sverige and Cultural Science]
utbildningstid s period of training
utbjuda vb tr offer, jfr *bjuda [ut]*
utblick s eg. view; bildl.: översikt survey; överblick prospect
utblommad adj, rosen **är ~** ...has ceased flowering
utblottad adj destitute [på of]
utbombad adj bombed out
utbreda I vb tr spread; religion äv. propagate; utsträcka extend **II** vb rfl, **~ sig** spread
utbredd adj spread etc., jfr *utbreda* o. *breda [ut]*; **[allmänt (vida)] ~** widely spread, widespread; om t.ex. bruk äv. prevailing, general; om t.ex. åsikt äv. prevalent; **med ~ armar** with open (outspread) arms; **den mest ~a** sjukdomen the...most widely spread (diffused, disseminated); **en över hela området ~ företeelse** a phenomenon [to be found] prevailing over the whole area
utbredning s spreading, propagation; extension; jfr *utbreda;* åsikts, seds prevalence; se vid. *spridning;* **växten har stor ~** i Norrland this plant has a wide distribution...; idéerna har **vunnit ~** ...spread (gained ground)
utbredningsområde s area of distribution, range
utbringa se ex. under *leve* o. *skål I 2*
utbrista vb itr **1** häftigt yttra exclaim, cry, burst out **2 ~ i** gråt (skratt) burst into...
utbrott s av t.ex. krig outbreak [av of]; vulkans eruption; av känslor outburst, burst, fit; häftigt explosion
utbryta se *bryta [ut]*
utbrytare s isht polit. secessionist, separatist; oliktänkande dissident
utbränd adj eg. el. bildl. burnt out; om hus äv. gutted; **bli ~** burn out
utbuad adj booed
utbud s **1** erbjudande offer; **~et av varor har ökat** the offering of...for sale has increased **2** tillgång på t.ex. varor, arbetskraft supply **3** urval choice
utbuktning s bulge, protuberance, convexity
utbyggnad s **1** tillbyggnad (konkr.) extension, external erection; hus annex[e], addition; utskjutande del projection **2** utvidgning enlargement, extension, expansion; ytterligare förbättring development
utbyta vb tr t.ex. artigheter, tankar, åsikter exchange; mellan två äv. interchange; **~ erfarenheter** compare notes; **~ meddelanden** communicate [with each other]
utbytbar adj replaceable, exchangeable [mot for]; som kan förnyas äv. renewable; **delar ~a mot varandra** ...interchangeable with each other
utbyte s **1** utbytande, utväxling exchange; ömsesidigt äv. interchange; **~ av** gamla delar **mot nya** replacement of...by new ones; **göra ett ~ av ngt** change a th.; **i ~ mot** in exchange for (against) **2** vinst profit[s pl.], return[s pl.]; avkastning yield, proceeds pl.; resultat result, outcome; bildl.: behållning, valuta profit, benefit; **ge gott ~** yield a good profit; en språkresa **ger stort ~** ...is very worthwhile; **~t av** expeditionen **blev gott** ...gave good results; **ha ~ av** bildl. profit (benefit) by, derive benefit (nöje pleasure) from; **vi hade inte mycket ~ av...** we didn't get much [benefit] out of...
utbytesstudent s exchange student
utbär[n]ing s carrying out; distribution; av post delivery
utböling s outsider, stranger
utdata s pl data. output [data] sg.

utdebitera *vb tr* avgift, skatt impose
utdela se *dela [ut]*
utdelning *s* **1** utdelande distribution; av post delivery **2** på t.ex. aktie el. tips dividend; *extra* ~ hand. äv. bonus; *~en bestämdes till* 8% a dividend of...was declared
utdikning *s* ditching, draining
utdrag *s* direkt ur text extract, excerpt; referat abstract [*ur* i samtl. fall from]; *i [kort]* ~ äv. in abridgement
utdragbar *adj* möjlig att förlänga extensible; *~t bord* extension table
utdragen *adj* drawn out; långvarig long [drawn-out]; långrandig lengthy
utdragsskiva *s* [sliding] leaf, extension; mindre äv. pull-out slide
utdragssoffa *s* ung. sofa bed
utdriva se *driva [ut]*
utdrivning *s* driving out; isht med. expulsion äv. vid förlossning; av ond ande exorcism
utdunstning *s* exhalation, evaporation, transpiration; lukt [unpleasant] odour (smell); från bl.a. pers. äv. [smell of] perspiration (end. sg.)
utdöd *adj* utslocknad extinct; om t.ex. sed, ord äv. obsolete; folktom deserted; helt övergiven dead
utdöende I *adj* dying, ...[that is (resp. was)] dying out **II** *s* dying out, extinction; arten *befinner sig i* ~ ...is dying out, ...is on the point of extinction
utdöma *vb tr* **1** straff impose; ~ *böter till ngn* impose a fine on a p.; sport., se *döma* 2 **2** förklara oduglig condemn; förkasta reject
ute I *adv* **1** rumsbet.: allm. out; utomhus äv. out of doors, outdoors, in the open; utanför äv. outside; inte hemma äv. not in (at home); utomlands abroad; *där* ~ t.ex. på isen out there; utanför outside; korna *går* ~ ...are out; *vara* ~ ur fängelset be out; *det är kallt* ~ it is cold out [of doors]; *han är aldrig* ~ *bland folk* he never mixes with people; *han är mycket* ~ *[i sällskapslivet]* he goes out (about) a great deal; *vara* ~ *på havet (landet)* be [out] at sea (in the country); *vara* ~ *på en resa* be out travelling, be on a journey; *han har varit* ~ *och rest* en hel del he has travelled (got about)...; *han är* ~ *och promenerar* he is out (has gone) for a walk; *äta* ~ som vana eat out; *äta [middag (*resp. *lunch)]* ~ tillfälligtvis dine (resp. have lunch) out (i det fria out of doors)
2 tidsbet.: slut *allt hopp är* ~ all hope is at an end (is gone); *tiden är* ~ [the] time is up; isht sport. el. parl. time!; *det är* ~ *med honom* it is all up with him; vard. he is [quite] done for
3 bildl. *vara illa* ~ i knipa be in trouble (a bad fix); vard. be in a spot (a jam); *vara [för] sent (tidigt)* ~ be [too] late (early); *vara* ~ *efter* ngn (ngt) be after...; *vara* ~ *efter* eftertrakta *ngt* be out for a th.; mer uttänkt have designs on a th.; historien är ~ *(~ i hela stan)* ...out (...all over the town)
II *adj* vard.: omodern *det är* ~ it's out, its not with-it
utebli[va] *vb itr* om pers. fail to come (appear, turn up, arrive), not come, stay away; jur. default, fail to appear in court; om sak not be forthcoming; ej bli av not (fail to) come off, not take place, not occur; *belöningen uteblev* no reward was forthcoming; den väntande demonstrationen *uteblev* ...did not come off; ~ *från ngt* fail to attend a th., be absent from a th.
utedass *s* outside lavatory (toilet), privy; amer. outhouse
uteffekt *s* radio. output [power]; högtalares äv. power handling capacity
utefter *prep* [all] along
utegrill *s* outdoor grill, barbecue
utegångsförbud *s* under viss tid curfew; *han fick* ~ *av sin far* his father didn't allow him (forbade him) to go out
uteliggare *s* down-and-out, dosser; amer. hobo
uteliv *s* **1** friluftsliv outdoor life **2** nattliv night life; *leva* ~ go out and about
utelåst *adj*, *han är* ~ he has been locked (har låst sig ute has locked himself) out
utelämna *vb tr* leave out, omit; förbigå pass over; för att förkorta cut
utemöbel *s* enstaka piece of outdoor furniture; *utemöbler* koll. outdoor furniture sg.
uteplats *s* ung. patio (pl. -s)
uterum *s* uteplats patio (pl. -s); veranda veranda[h]; atrium atrium
uteservering *s* open-air café (restaurang restaurant); trottoarservering äv. pavement café; i park o.d. äv. tea garden; ölservering beer garden
utesluta *vb tr* allm. exclude; ur förening o.d. äv. expel [*ur* from]; isht vetensk. äv. eliminate; ta undan äv. except; utelämna (jfr vid. d.o.) äv. leave out; t.ex. missförstånd, möjlighet, tvivel äv. preclude; *det -er* hindrar *inte att han gör det* this does not prevent his (him from) doing it; *det ena -er inte det andra* the one does not exclude the other; *det är -et* it is out of the question, it is impossible; *det är inte -et* it is just a possibility, it is not impossible
uteslutande I *adj* exclusive, sole **II** *adv* solely, exclusively; ~ *för din skull* solely for your sake **III** *s* se *uteslutning*
uteslutning *s* exclusion; expulsion; disbarment, jfr *utesluta*; ~ *ur kyrkan* excommunication; *[slutledning genom]* ~ elimination; *med* ~ *av* to the exclusion of, excluding
utestående *adj* bildl. outstanding; ~ *fordringar* outstanding debts (accounts), outstandings; ~ *ränta* outstanding interest; *jag har pengar* ~ I have money owing to me

utestänga se *stänga [ute]*
utexaminera *vb tr*, *skolan ~r* 50 ingenjörer per år the school turns out...; 50 ingenjörer *~des från skolan* ...passed their final examination at the school; amer. ...graduated from the school; *han är ~d från* handelshögskolan he is a graduate of...; *~d* [fully] certificerad; om t.ex. sjuksköterska äv. qualified, trained; amer. graduate; om t.ex. lots chartered
uteätare *s* diner-out (pl. diners-out)
utfall *s* **1** fäktn. lunge; mil. sortie, sally (äv. bildl.); bildl. attack; häftigt diatribe; *göra ett ~* make a lunge etc.; *göra ett ~ mot ngn* bildl. launch an attack on (a diatribe against) a p. **2** slutresultat result, outcome, issue; *~et av* löneförhandlingarna the outcome (result) of...
utfalla *vb itr* **1** om vinst go [*på* nummer to...]; förfalla till betalning fall (become) due; *lotten utföll med vinst* it was a winning ticket, the ticket gave a prize; *lotten utföll med högsta vinsten* ...won the first prize **2** få en viss utgång turn out, jfr äv. *avlöpa; ~ väl (illa)* turn out well (badly); *skörden har utfallit bra* the harvest is (has been) good; jämförelsen *utföll till hans fördel* ...was favourable to him; beslutet *utföll till hans förmån* ...was (went) in his favour
utfart *s* väg ut exit, way (vattenled passage) out, ur stad o.d. main road [out of the town]
utfartsväg *s* exit [road (way)]
utfattig *adj* miserably poor; utblottad [quite] destitute; utan pengar [absolutely] penniless; *vara ~* vard. äv. be stony-broke (amer. stone-broke)
utfiskad *adj*, en *~* sjö. ...depleted of fish
utflaggning *s* sjö. registration [of a ship (resp. ships)] under a flag of convenience
utflugen *adj*, ungarna *är utflugna* ...have left their nest[s]; om barn ...have left home
utflykt *s* utfärd excursion, outing, trip; med matkorg picnic; *~ i bil* trip (excursion) by car; *~ i båt* äv. boating excursion etc.; *göra en ~* make (go on) an excursion (a trip), go for an outing; have (go for) a picnic, go picnicking
utflöde *s* utlopp flowing out, outflow, discharge; bildl. emanation; *~ av valuta* ekon. drain of foreign exchange
utfodra *vb tr* feed; djur äv. fodder; *~s med...* be fed (ensidigt kept) on...
utforma *vb tr* ge form åt design, shape, model, give final shape to; utarbeta work out, frame, i detalj work out...in detail, elaborate; formulera draw up, formulate
utformning *s* design, shaping etc.; formulation; jfr *utforma;* avfattning äv. wording
utforska *vb tr* ta reda på find out; undersöka search into, investigate; noga pröva t.ex fakta äv. sift [out]; isht land explore; söka utröna ascertain
utfrusen *adj*, bli (vara) *~* be frozen out, be sent to Coventry

utfråga se *fråga [ut]*
utfrågning *s* interrogation, questioning; korsförhör cross-examination
utfyllnad *s* **1** utfyllande filling [up (in)] **2** material filling; tillägg supplement; extra stoff i program o.d. äv. padding
utfällbar *adj* som kan fällas ut (attr.) folding; skivan *är ~* ...can be pulled out (opened out)
utfällning *s* kem., utfällande precipitation; det som utfällts precipitate; geol. deposit, sediment
utfärd *s* **1** se *utflykt 1* **2** se *utresa*
utfärda *vb tr* allm. issue; lag, påbud äv. promulgate; t.ex. kontrakt, handling draw up, execute; t.ex. revers make out; *~ en fullmakt* issue (execute, make out) a power of attorney; *~ förbud mot ngt* vanl. prohibit a th.; *~ en kommuniké* publish (issue) a communiqué; *stormvarning har ~ts för...* a gale warning has been issued for...; *~ strejkvarsel* give notice of a strike
utfästa I *vb tr* t.ex. belöning offer **II** *vb rfl, ~ sig att göra ngt* undertake (pledge) to do a th.
utfästelse *s* löfte promise, stark. pledge; åtagande engagement, commitment, undertaking
utför I *prep* t.ex. berget, floden, trappan down; *~ backen* downhill **II** *adv* down, downward[s]; *det bär (sluttar) ~* it is (slopes) downhill; *färden ~* en sluttning the journey (way) down, the descent; *färdas (gå, ge sig) ~* descend; *det går ~ med honom* ekonomiskt el. fysiskt he is going downhill
utföra *vb tr* **1** se *föra [ut]* **2** allm. perform, execute; ombesörja, sätta i verket äv. carry out; göra äv. do, make; uträtta, lyckas *~* achieve, accomplish; *~ ett arbete* do (perform, execute) a piece of work; *~ ngns befallning* execute a p.'s command; *~ en beställning* execute (carry out, hand. äv. fill) an order; *~ en plan* realize (carry out, execute) a plan; *~ ett uppdrag* perform (execute) a task (commission) [*åt ngn* for a p.]; *...som går (inte går) att ~* se *utförbar* resp. *outförbar; ett väl utfört arbete* a good piece of workmanship
utförande *s* **1** utförsel av varor exportation; av t.ex. pengar ur landet taking...out of the country; bokf. entering **2** (jfr *utföra*) verkställande, framförande o.d. performance, execution isht konst.; carrying out, achievement, accomplishment; arbete workmanship; modell, stil design, style; framföringssätt delivery; *bästa ~* finest workmanship; *varan finns i flera ~n* several designs of the article are available; *vara under ~* be in [process of] execution
utförbar *adj* practicable, workable; möjlig äv. feasible; görlig äv. performable, executable, realizable
utförlig *adj* detailed; fullständig full;

uttömmande exhaustive; omständlig circumstantial
utförlighet *s* fullness (completeness) [of detail]
utförligt *adv* in [full] detail, fully, exhaustively, at length (large); **mera** ~ in greater (more) detail; **mycket** ~ at great length, very fully, in great detail; **redogöra ~ för ngt** give a full (detailed) account of a th.
utförsbacke *s* (se äv. *nedförsbacke*), **vara i ~n** bildl. be on the decline (downgrade), be going downhill
utförsel med sms., se *export* med sms.
utförslöpa *s* sport. downhill track[s pl.]
utförsåkare *s* downhill skier
utförsåkning *s* sport. downhill skiing
utförsäkrad *adj*, **han har blivit** ~ från arbetslöshetskassa his period of unemployment benefit has expired
utförsälja *vb tr* sell out (off)
utförsäljning *s* sale, clearance (slutförsäljning äv. closing-down) sale; amer. äv. closeout
utgallring *s* (se äv. *gallring*) bildl. elimination
utge *vb tr o. rfl,* ~ **sig** se *ge [ut];* bibl. give; ~ **sig (ngn) för [att vara]...** give oneself (a p.) out as (as being)...
utgift *s* expense; ~**[er]** mera abstr. expenditure sg.
utgiftsbudget *s* estimate of expenditure, expenditure estimate
utgiftspost *s* item of expenditure
utgivare *s* av bok o.d. publisher; som sammanställer utgåva o.d. editor; han är **ansvarig ~ [för tidskriften]** ...legally responsible [for the publication of the periodical]
utgivning *s* publication; av sedlar o.d. issue, emission; **boken är under ~** ...in course of publication, ...in preparation
utgivningsår *s* year (date) of publication
utgjuta I *vb tr* pour out äv. bildl.; blod, tårar shed; vrede vent, discharge [*över* upon] **II** *vb rfl,* ~ **sig** sina känslor pour out (vent) one's feelings; utbreda sig i tal el. skrift dilate; klandrande animadvert [*över* [up]on]
utgjutelse *s* **1** av blod, tårar shedding, effusion **2** bildl. effusion; ~**r** äv. outpourings
utgjutning *s* med. extravasation, suffusion, serös exudation
utgrävning *s* excavation äv. arkeol.; digging; utgrävande äv. unearthing, disinterment
utgå *vb itr* **1** om buss, tåg o.d. start out [*från* from] **2** komma, härstamma come, issue, proceed, emanate [*från, ur* from]; **låta ett upprop ~** issue... **3** ~ **från** förutsätta assume, presuppose, take...for granted; **jag ~r från att du vet** I assume (take it) that you know; ~ **från en oriktig förutsättning** start from (act on) a wrong assumption **4** [ut]betalas, erläggas be paid, be payable; **lönen ~r med...** the salary payable (to be paid) is [fixed at]...

5 uteslutas be excluded (utelämnas left out, omitted); strykas be cancelled (cut out, struck out); **varorna har ~tt ur sortimentet** ...are no longer in stock; **detta stycke ~r ur** texten äv. this paragraph is to be deleted (expunged) from...; ~ **ur tävlingen** pull out of the competition **6** utlöpa [om tidsfrist] run out, expire
utgående I *adj* **1** om t.ex. post, telefonsamtal outgoing; sjö. äv. outward-bound; ~ **last** outward cargo; ~ **saldo** se *saldo* **2** 50% lämnas på **dessa ~ varor** ...these discontinued lines **II** *s*, **vara på ~** om pers. be about to leave, be on one's way out; om fartyg be leaving port, be outward-bound; **vid ~t [från...]** when leaving[...]
utgång *s* **1** utgående going out, egress **2** väg ut exit, way out; **huset har flera ~ar** ...exits (doors); **med ~ till trädgården...** opening [out] on to the garden **3** slut [på tidsfrist] end, close; expiration; **vid ansökningstidens ~** on the expiration (expiry) of the time for applications **4** slut[resultat] result, outcome, issue; **sjukdomen fick dödlig ~** ...proved fatal; ~**en av** förhandlingarna the outcome (result) of... **5** kortsp. game; **få (göra) ~** win the game
utgången *adj* se *utsåld*
utgångshastighet *s* initial (skjutvapens äv. muzzle) velocity
utgångsläge *s* starting (initial) position, starting-point
utgångspunkt *s* allm. starting-point, point of departure [*för* for]; bildl. äv. bas|is (pl. -es) [*för* of]; **ta ngt till ~** äv. start (set out) from a th.
utgångsställning *s* starting (initial) position, starting point
utgåva *s* edition
utgöra *vb tr* bilda: allm. constitute, make; t.ex. miljö, ram ofta provide; tillsammans make up, form, compose; representera represent; belöpa sig till amount to; ofta be; **det utgör ett bevis för...** it is a proof of...; ~ **ett hot mot** pose (present, constitute) a threat to; ~ **ett värde av...** represent a value of...; ~**s av** consist (be composed, be made up) of
uthopp *s* med fallskärm jump; med skidor takeoff
uthungrad *adj* famished, starving; **jag är alldeles ~** vard. I'm simply starving
uthus *s* outhouse
uthusbyggnad *s* outbuilding
uthyrning *s* letting etc., jfr *hyra [ut]; till ~* om t.ex. båt for hire; om t.ex. rum to let; amer., i båda fallen for rent
uthyrningsrum *s* lodging[s pl.]; **han bor i [ett] ~** ...in lodgings (vard. digs)
uthållig *adj* fysiskt (attr.) ...with (that has resp. had) [good] staying power; ståndaktig persevering, persistent; tålig patient; seg wiry
uthållighet *s* staying power, stamina, [power

of] endurance; perseverance; patience; wiriness, jfr *uthållig*
uthärda I *vb tr* stand, bear, endure, put up with; motstå, t.ex. belägring, tryck withstand, sustain; rida ut weather; ~ **smärta (åsynen av...)** stand (bear, endure) pain (the sight of...); *omöjlig att* ~ se *outhärdlig* **II** *vb itr* se *härda [ut]*
uthärdlig *adj* bearable, endurable
uti se *2 i*
utifrån I *prep* from; ~ *gatan* from the street [outside] **II** *adv* från outside; från utlandet from abroad; dörren kan låsas ~ äv. ...from the outside; kylan tränger in ~ ...from out of doors; *hjälp* ~ outside help; *impulser* ~ outside (external) influence sg.; *sedd* ~ bildl. as seen from without
utilitarism *s* utilitarianism
utilitaristisk *adj* utilitarian
utjämna *vb tr* **1** skillnad level out, level; göra lika equalize äv. sport.; justera, dämpa adjust äv. matem.; neutralisera neutralize, counterbalance; compensate äv. fys. **2** hand., konto balance, settle, square; skuld pay, settle **3** t.ex. meningsskiljaktigheter straighten out; t.ex. stridigheter settle; t.ex. svårigheter smooth out (away, down) **4** eg.; se *jämna [ut]*
utjämnande *s* o. **utjämning** *s* levelling out, levelling etc.; equalization; adjustment; neutralization; compensation [*av* for]; jfr *utjämna*
utkant *s* av t.ex. skog fringe[s pl.]; av t.ex. fält border; av t.ex. stad outskirts pl.; *i ~en av...* on the fringe[s] osv. of...; *i lagens ~er* bildl. on the fringe[s] of the law
utkast *s* **1** sport. throw **2** bildl.: koncept [rough] draft; stomme skeleton; skiss sketch [*till* i samtl. fall of]; outline, plan; isht konst. design [*till* i samtl. fall for]; ~ *till PM* draft memorandum; *göra ett* ~ *till...* äv. draft (design, trace out)..., trace...[in outline]
utkastare *s* **1** vakt chucker-out, bouncer **2** tekn. ejector
utkik *s* pers. lookout [man]; utkiksplats lookout; *hålla* ~ keep a lookout [*efter* for]
utkikstorn *s* lookout [tower (på byggnad turret)], observation tower
utklarera *vb tr* ett fartyg, en last clear...outwards
utklassa *vb tr* outclass; friare äv. put...in the shade
utklassning *s* outclassing; *det var rena ~en* it was a proper walkover
utklipp se *urklipp*
utklädd *adj* dressed up; vard. rigged out; förklädd disguised [*till* i samtl. fall as]
utkommen *adj*, *en nyligen* ~ *bok* a book that has recently appeared ([that has been] recently published)
utkomst *s* uppehälle living, livelihood, subsistence [*av* from]; *ha (få) sin* ~ earn (gain) a (resp. one's) living (livelihood), make a living
utkonkurrera *vb tr* drive...out of competition (ekonomiskt business)
utkora *vb tr* choose, elect; ~ *ngn till...* elect a p...; t.ex. bäste fotbollspelare vote a p....
utkristallisera *vb rfl*, ~ *sig* crystallize
utkräva *vb tr* call for, claim; ~ *hämnd* take (wreak) vengeance [*på* [up]on]
utkyld *adj*, rummet *är utkylt* ...has become quite cold
utkämpa *vb tr* fight äv. bildl.; kämpa t. slut fight out
utkörd *adj* utkastad ...turned out [of doors]; trött ...worn out; vard. ...done up, ...fagged out
utkörning *s* av varor delivery
utlandet *s* (jfr äv. *utländsk*) foreign (overseas) countries pl.; *från* ~ from abroad; utländsk äv. foreign...; *i* ~ abroad, in foreign (overseas) countries; *handel med (på)* ~ foreign (overseas) trade; *till* ~ utomlands abroad; avsedd för ~ for abroad
utlandskorrespondent *s* journalist foreign correspondent; sekreterare foreign correspondence secretary (clerk)
utlandsresa *s* journey abroad; *utlandsresor* äv. travel sg. abroad, foreign travel sg.
utlandsskuld *s* foreign (external) debt
utlandssvensk *s* expatriate Swede, Swede [living] abroad
utlandsvistelse *s* stay abroad
utled[sen] *adj* thoroughly tired etc., jfr *3 led 1*
utlevad *adj* decrepit; genom utsvävningar debauched, degenerate
utlevelse *s*, ~ *av* känslor och drifter kan vara... giving full expression (giving way) to...
utlokalisera *vb tr* relocate
utlopp *s* utflöde outflow, discharge; avlopp el. bildl. outlet; sjön har *inget* ~ ...no outlet; *få* ~ *för* energi, känslor get an outlet for...; *ge* ~ *åt* sin vrede give vent ([free] rein) to...; *ha sitt* ~ *i* Atlanten discharge itself into...
utlottning *s* av vinst raffle [*av* for]; av obligation drawing; för inlösen redemption
utlova *vb tr* promise; offer; *hittelön ~s* i annons o.d. reward offered; *på ~d tid* at (inom within) the time promised
utlysa *vb tr* give notice (publish notice[s pl.]) of, advertise, proclaim; ~ (kalla till) ett möte call (summon, genom annons advertise)...; ~ en tävling announce...; *mötet är utlyst till den 4:e* the meeting has been fixed for the fourth; ~ *nyval* parl., vanl. appeal to the country; ~ *ledigförklara en tjänst* advertise a post
utlånad *adj*, *boken är* ~ ...has been lent to somebody, från biblioteket ...is out [on loan]
utlåning *s* utlånande lending; konkr. loans pl.
utlåningsränta *s* interest on a loan (resp. the loan, loans); räntefot lending rate

utlåtande *s* [stated] opinion; sakkunnigas [formal] report, verdict; *avge ett* ~ express (deliver, render) an opinion, give one's (a statement of [one's]) opinion [*om* on, about]
utlägg *s* outlay, expenses pl., disbursement[s pl.]; *kontanta* ~ out-of-pocket expenses; *få igen sina* ~ be reimbursed [for one's expenses]
utläggning *s* tolkning o.d. exposition, interpretation; tolkande expounding
utlämna *vb tr* (se äv. *lämna [ut]*) överlämna give up, surrender, deliver; t. annan stat extradite; *känna sig ~d* ensam feel deserted (blottställd exposed, sårbar vulnerable); *vara ~d åt ngn (ngt)* be at a p.'s mercy (the mercy of a th.)
utlämnande *s* o. **utlämning** *s* handing out etc.; delivery äv. av post; issue, distribution; surrender; extradition; jfr *lämna [ut]* o. *utlämna*
utländsk *adj* foreign; från andra sidan havet overseas...; främmande exotic
utlänning *s* foreigner; isht jur. alien
utlänningshat *s* hatred of foreigners
utlärd *adj* skilled..., trained...; *vara* ~ eg. have served one's apprenticeship
utläsa se *läsa [ut]*
utlöpa se *löpa [ut]*
utlöpare *s* allm. offshoot, offset båda äv. bildl.; bot. äv. runner; rotskott sucker; bergs äv. spur
utlösa *vb tr* **1** frigöra: tekn. release äv. bildl.; fjäder trip; sätta igång start, trigger [off] båda äv. bildl.; bildl. äv.: framkalla provoke, väcka arouse, give rise to; ~ *en kedjereaktion* start (trigger off) a chain reaction; ~ en reflex produce...; ~ *ett världskrig* start (unleash) a world war **2** se *lösa [ut]*
utlösare *s* foto. release, trip gear
utlösning *s* **1** releasing etc., jfr *utlösa 1* **2** sexuell orgasm **3** redeeming etc.; release, redemption; ransom, jfr *lösa [ut]*
utmana *vb tr* challenge; trotsa defy; ~ *ngn på duell (på pistol)* challenge a p. to a duel (a duel with pistols); ~ *ödet* tempt (court) Fate, stark. court disaster; *det är att* ~ *ödet* vard. äv. that's asking for trouble
utmanande *adj* challenging...; trotsigt defiant; om uppträdande, klädsel provocative; eggande äv. alluring
utmanare *s* challenger
utmaning *s* challenge
utmanövrera *vb tr* outmanœuvre; amer. outmaneuver; ~ manövrera bort (ut) *ngn* get rid of a p. by manœuvring (amer. maneuvering)
utmatta *vb tr* fatigue äv. tekn.; exhaust, tire out; stark. prostrate; försvaga weaken; *~d* äv. worn out; vard. fagged out, done up
utmattning *s* fatigue äv. tekn.; exhaustion; stark. prostration
utmed *prep* [all] along; sjö., ~ sidan av alongside; *segla* ~ *kusten [av...]* coast [along...]
utmynna se *mynna [ut]*
utmåla *vb tr* paint, depict [*för* to; *som* as]
utmärglad *adj* avtärd emaciated; härjad gaunt, haggard
utmärka **I** *vb tr* **1** ge hedersbevisning honour; *[särskilt]* ~ treat...with (single...out for) distinction **2** känneteckna characterize, distinguish, mark **3** märka ut mark [out]; ange, beteckna denote; utvisa designate, indicate; ~ *med grönt* mark (indicate) in green **II** *vb rfl*, ~ *sig* hedra sig distinguish oneself äv. iron. [*genom* by]; ~ *sig framför andra* excel..., show one's superiority to...
utmärkande *adj* characteristic [*för* of]; ~ *egenskap* characteristic, distinguishing quality
utmärkelse *s* distinction, honour; *ge ngn en* ~ confer a distinction [up]on a p.
utmärkelsetecken *s* [mark of] distinction, honour
utmärkt **I** *adj* allm. excellent; beundransvärd admirable; utomordentlig eminent; ypperlig superb, first-rate; vard. splendid; ~ *kvalitet* superior (excellent) quality; *i* ~ *skick* in perfect (excellent) condition; *[det är]* ~*!* [that's] excellent (fine, splendid)! **II** *adv* excellently etc., jfr *I*; *må* ~ *[bra]* feel fine (first-rate)
utmäta *vb tr* **1** jur., utföra utmätning av distrain [up]on, levy [a] distress (levy execution) on, seize **2** ~ *straff* jur. impose a sentence
utmätning *s* jur. distraint, distress, execution, seizure; *göra* ~ distrain [*av, hos* [up]on; *för* for]; levy execution [*av, hos* on]
utmönstra se *mönstra [ut]*
utnyttja *vb tr* tillgodogöra sig utilize, make use of, turn...to account, make the most of; exploatera (äv. orättmätigt) exploit; t.ex. vattenkraft äv. develop; jfr äv. *[dra] fördel [av]*; ~ *ngt på bästa sätt* turn a th. to the best [possible] account, make the best use of a th.; ~ ngns okunnighet trade upon...; ~ *sin position* use one's position; *känna sig ~d* feel that one is being used; *väl ~d tid* time well spent
utnämna *vb tr* appoint [*till chef* m.m. [to be]...]; ~ *ngn till* bäste fotbollsspelare vote a p...
utnämning *s* appointment
utnötning *s* wearing out (down); isht bildl. attrition
utnött *adj* worn out; well-worn, threadbare båda isht bildl.; jfr äv. *utsliten*
utochinvänd *adj* ...turned inside out
utom *prep* **1** utanför outside, out of; utöver, bortom beyond; jfr äv. ex. under *utanför I*; jag har inte *varit* ~ *dörren* ...been out of doors (been out), ...left the house; ~ *[all] fara* out of danger; ~ *sin lön* har han dricks ...over and

above his wages; **~ allt tvivel** beyond any doubt; **bli ~ sig** be beside oneself; stark. go frantic [*av* with]; **göra ngn ~ sig** drive a p. frantic; av vrede äv. drive a p. mad, madden (exasperate) a p.
2 med undantag av except, with the exception of; litt. save, but; oberäknat not counting, not including; excluding, exclusive of; förutom besides, apart from, in addition to; **alla ~ han** all except (with the exception of) him..., all but he...; alla visste om det **~ han** ...but him; **ingen ~ jag** no one but (except) me; där var fyra gäster **~ jag** ...besides (apart from) me; hela landet **~ Stockholm** ...excluding (exclusive of) Stockholm; vara allt ~ tilltalande be anything but..., be far from...; **det var ingenting att göra ~ att lyda** there was nothing for it (nothing to do) but to obey; jag vet inget **~ att...** ...except that...; **~ när...** except when...
utombordare *s* motor outboard [motor (engine)]; båt outboard [motorboat]
utombords *adv* outboard, outside
utombordsmotor *s* outboard [motor (engine)]
utomeuropeisk *adj* non-European
utomhus *adv* outdoors, out of doors
utomhusantenn *s* outdoor aerial (amer. antenna)
utomhusarbete *s* outdoor (open-air) work
utomhusbana *s* för tennis outdoor court; för ishockey outdoor rink
utomhusbruk *s* outdoor use
utomhusgrill *s* barbecue
utomhusidrott *s* outdoor sports pl. (friidrott athletics pl.)
utomkvedshavandeskap *s* extrauterine pregnancy
utomlands *adv* abroad
utomordentlig *adj* allm. extraordinary; förträfflig excellent; förnämlig eminent; osedvanligt god exceptionally good; ovanlig exceptional; enastående outstanding; anmärkningsvärd remarkable; ofantlig extreme, enormous; oändlig infinite; fråga **av ~ vikt** ...of extreme (outstanding) importance
utomordentligt *adv* extraordinarily etc., jfr *utomordentlig;* i hög grad äv. exceedingly
utomskärs *adv* beyond (outside, off) the islands (skerries)
utomstående *subst adj,* **en ~** an outsider; obegripligt *för [en]* **~** äv. ...to the unitiated
utomäktenskaplig *adj* om barn illegitimate; **~a förbindelser** extra-marital relations
utopi *s* utopia; utopisk idé utopian scheme (idea); **det är en ~** att tro på en evig fred it is utopian...
utopisk *adj* utopian
utpeka *vb tr,* **~ ngn som** gärningsman point a p. out (identify a p.) as...; **~s som skyldig** be singled out as the guilty person; **~s som favorit** be tipped as the favourite; **känna sig ~d** feel accused; **den ~de** brottslingen the alleged...
utplåna *vb tr* allm. obliterate [*ur, från* from]; efface, blot (wipe) out; stryka ut ord o.d. äv. delete, erase, expunge [*i* from]; förinta annihilate, extinguish; utrota exterminate; **~ ngt ur minnet** obliterate (blot out) the memory of a th.; hela byn **~des** ...was wiped out; **~d** bleknad **skrift** faded (avlägsnad obliterated) writing
utpost *s* outpost; förpost advanced post
utpressare *s* blackmailer; utsugare extortioner
utpressning *s* blackmail; utsugning extortion
utprova *vb tr* try out, test
utprovning *s* konkr. try-out, test; abstr. trying out, testing out
utpräglad *adj* bildl. marked, pronounced; typisk typical, decided; **en ~ lust för...** äv. a strong liking for...
utpumpad *adj* eg. pumped out; vard., utmattad fagged out, done up, whacked
utradera se *radera*
utrangera *vb tr* discard, scrap
utreda *vb tr* undersöka investigate; grundligt analyse
utredare *s* investigator, person in charge of an (resp. the) investigation (inquiry)
utredning *s* **1 a)** uppklarande unravelling, disentanglement, clearing up; klargörande elucidation, explanation **b)** undersökning investigation, inquiry, analys|is (pl. -es); betänkande report, detailed statement, exposition; **offentliga ~ar** official reports; **under (för vidare) ~** äv. under (for further) consideration (deliberation); ärendet **är under ~** äv. ...is being investigated
2 kommitté o.d. commission [of inquiry], committee **3** av dödsbo winding-up, administration; av konkurs liquidation
utrensning *s* utrensande weeding out; bildl., isht polit. purge
utrensningsaktion *s* purge
utresa *s* outward journey (sjö. voyage, passage); flyg. outbound flight; ur ett land exit, departure; **på ~n ur landet** äv. on my (his etc.) journey out of the country
utreseförbud *s, få ~* ung. be forbidden to leave the country
utresetillstånd *s* permission to leave the (resp. a) country; konkr. exit permit
utresevisum *s* exit visa
utrikes I *adj* foreign; **ett ~ brev** till utlandet a letter for abroad; jfr äv. sms. **II** *adv* abroad; **resa ~** go abroad; **~ ifrån** from abroad
Utrikesdepartementet the Ministry for Foreign Affairs; i Storbr. the Foreign and Commonwealth Office, ofta the Foreign Office; i USA the Department of State, ofta the State Department
utrikesflyg *s* international aviation; **~et**

flygbolagen international airlines pl. (flygningarna flights pl.)
utrikeshandel *s* foreign (external) trade
utrikeshandelsminister *s* Minister for Foreign Trade
utrikeskorrespondent se *utlandskorrespondent*
utrikesminister *s* Minister for Foreign Affairs, Foreign Minister; *~n* i Storbr. the Secretary of State for Foreign and Commonwealth Affairs, ofta the Foreign Secretary; i USA the Secretary of State
utrikespolitik *s* foreign (external) politics pl. (politisk linje, tillvägagångssätt policy)
utrikespolitisk *adj*, *en ~ debatt* a debate on foreign policy; *det ~a läget* a) läget utomlands the political situation abroad b) vårt *~a* läge our relationship to foreign powers; *~* expert ...on foreign affairs
utrikesterminal *s* flyg. international terminal
utrop *s* **1** rop cry; känsloyttring exclamation; ivrigt ejaculation; *ge till ett ~* cry out [*av*... with...]; *ge till ett ~ av glädje* äv. give (utter) a cry of delight **2** vid auktion cry
utropa *vb tr* (jfr äv. *ropa [ut]*) **1** ropa högt exclaim, ejaculate, cry (call) out; *nej! ~de han* no! he exclaimed etc. **2** offentligt förkunna proclaim [*ngn till kung* a p....]
utropare *s* vid auktion crier; på cirkus, marknad o.d. barker
utropstecken *s* exclamation mark, mark of exclamation
utrota *vb tr* root out; t.ex. missbruk, sjukdom eradicate; t.ex. brottslighet wipe out; t.ex. social orättvisa extirpate; t.ex. ett folk, råttor exterminate
utrotning *s* rooting out etc., jfr *utrota;* eradication, extirpation, extermination
utrotningshotad *adj* ...under threat of extermination (extinction)
utrusta *vb tr* equip; isht fartyg fit out; beväpna arm; förse furnish; begåva endow
utrustning *s* equipment, outfit; grejor kit; utrustade fitting out
utryckning *s* **1** efter alarm turn-out; utmarsch march out, decampment, departure; *göra flera ~ar* turn out several times **2** mil. discharge (release) from active service, demobilization
utrymma *vb tr* **1** lämna: isht mil. evacuate; överge abandon; t.ex. hus vanl. vacate, clear out of **2** röja ur clear out
utrymme *s* plats space, room; spelrum äv. scope; *det finns [inget] ~ för* there is [no] room for...; *gott om ~* plenty of space; *fordra mycket ~* take up a great deal of room (space); om sak äv. be bulky; *ge fritt ~ för* spekulationer allow free scope for...; *i mån av ~* as far as space allows (allowed etc.)
utrymning *s* (jfr *utrymma*) **1** evacuation, abandonment **2** clearing

uträkning *s* working (reckoning etc., jfr *räkna [ut]*) out; beräkning calculation; computation; avsikt plan, design; *vad har han för ~ (vad är ~en) med det?* what can he hope to gain by that?, what is his idea in doing that?; gjort *med ~* ...with forethought
uträtta *vb tr* allm. do; t.ex. uppdrag perform, carry out; åstadkomma accomplish, achieve; *vad har du ~t idag?* ...done (...been doing) today?
utröna *vb tr* ascertain, find out [*om* whether]
utsaga *s* o. **utsago** *s* statement; jur. äv. evidence, testimony; påstående assertion; *enligt [egen] ~* har han according to him (to what he says)..., his version is that..., on his own statement...
utsatt *adj* **1** blottställd: allm. exposed [*för* to], sårbar vulnerable; *~ läge (ställning)* exposed position; *vara ~ för...* föremål för be subjected to, be [made] the subject of...; t.ex. angrepp i pressen äv. be the object of...; mottaglig för be liable to...; *vara ~ för kritik* be a target of criticism **2** bestämd fixed, appointed; *~ pris* marked price; *på ~ tid* at the time fixed (appointed time), on time; *bröllopet är ~ till* den 1 mars the wedding has been fixed for... **3** utplacerad o.d. put out etc., jfr *sätta [ut]*
utschasad *adj* dead-tired, dog-tired, ...worn (fagged) out
utse *vb tr* välja: t.ex. ledare choose, elect; t.ex. sin efterträdare designate [*till* ledare etc. i samtl. fall as (to be)...; *till* en post for...]; se ut pick out; utnämna appoint [*ngn till* ordförande, chef a p...]; förutbestämma destine, intend; *~ ngn till ett arbete* put a p. on to (pick a p. for) a job; *~ ngn att* föra protokollet charge (commission) a p. to...
utseende *s* yttre appearance; saks äv. look; persons vanl. looks pl.; friare äv. air, face, exterior; uppsyn aspect; yttre sken vanl. appearances pl.; *ändra ~* change [one's appearance]; *han har ~t emot sig* his appearance is against him; *av (efter) ~t att döma* är det (han)... to judge by (from) appearances..., by (from) the look of it (him)...; *de liknar varandra till ~t* they resemble one another in appearance; *känna ngn till ~t* know a p. by sight (appearance)
utsida *s* outside; fasad façade; yta surface äv. bildl.; exterior isht bildl.; *från ~n* äv. from without
utsikt *s* **1** överblick view; utblick äv. outlook; fri sikt äv. vista; vidsträckt prospect; *fri ~* an unobstructed view; *beundra [den härliga] ~en* admire the [magnificent] view (end. sg. scenery landskapet äv.); rummet *har ~ mot (över) parken* ...looks (opens) on [to] (...overlooks) the park; *~ över* hamnen view over (på t.ex. vykort of)...; rum *med ~* ...with a view **2** bildl. prospect; chans äv. chance;

framtidsutsikter äv. outlook (end. sg.); **han har goda ~er att** inf. his prospects of ing-form are good, he stands an odds-on chance of ing-form; planen **har goda ~er (ingen som helst ~) att lyckas** ...stands a good (doesn't stand an earthly) chance of succeeding; **har han några ~er att få** platsen? is there any chance of his getting...?; **~er för** de närmaste dagarna (meteor.) the forecast (outlook) for...; **det är goda ~er för skörden** i år the harvest prospects are good...; **ställa i ~** se under *ställa I 1*
utsiktsberg *s* hill with a [fine] view
utsiktslös *adj* ...without any prospect of success; friare hopeless, futile
utsiktstorn *s* outlook tower, belvedere
utsirad *adj* ornamented, decorated; skönt ~ äv. ornate; om t.ex. bokstav ornamental; om skrift flourished
utsirning *s* ornament; utsmyckande ornamentation (end. sg.)
utsjasad se *utschasad*
utskeppa *vb tr* ship [out]; till utlandet äv. export[...by sea]; **~ ngt ur landet** ship a th. out of the country
utskick *s* sending out, dispatch; **göra ett ~ av** ngt send out...
utskjutande *adj* projecting; om t.ex. tak, klipputsprång overhanging; om t.ex. käke, udde jutting; om käke äv. protrusive; om t.ex. vinkel salient
utskott *s* **1** arbetsgrupp committee; **sitta i ett ~** be (sit) on a committee **2** se *utväxt* **3** sämre vara, se *utskottsvara*
utskottsvara *s* skadad damaged (felaktig defective, smutsad [shop-]soiled) article
utskrattad, talaren **blev ~** ...was laughed down
utskrift *s* transcription; data~ print-out; **göra en ~ av ngt** på maskin type out a th.; på dators skrivare print out a th.
utskuren *adj* cut out; **~ biff** [beef]steak
utskåpning *s* vard. pasting, licking
utskällning *s* vard. telling-off, blowing-up, scolding; **få en ~** get a telling-off, be blown up
utskänkning *s* [the] serving of wine, spirits and beer on the premises
utskärgård *s* outer islands and skerries pl.
utslag *s* **1** hud~ rash, [skin] eruption; **få ~ över hela kroppen** break out in a rash..., come (break) out in spots...; **ha ~** have a rash (spots) **2** på våg turn of the scale; av visare o.d. deflection; av magnetnål äv. deviation; **ge ~** om instrument give response (visst värde a reading); **vågen ger ~ för** ett milligram the scale is sensitive to... **3** avgörande decision, resolution; dom judgement etc., jfr *3 dom;* skiljenämnds award; **avkunna (fälla) ~** give a decision (verdict); jur. pronounce (pass) judgement; **juryns ~ lydde på skyldig** the jury found (brought in) a verdict of guilty; **detta fällde ~et** bildl. this decided the matter, this tipped (turned) the scale **4** yttring manifestation; exempel instance; bevis evidence; resultat result, effect; symptom symptom

utslagen *adj* (jfr äv. *2 slå [ut]*) **1** om t.ex. blomma full-blown, ...out (in bloom); om träd: med löv ...in leaf; med blommor ...in blossom; hon har **utslaget hår** ...her hair [hanging] down; 3,5 miljarder **utslaget på tre år** ...spread over three years **2** sport. eliminated; boxn. knocked out **3** socialt **en ~** subst. adj. a dropout, an outcast; **vara ~ från** arbetsmarknaden be excluded (cut out)...
utslagning *s* **1** sport. elimination; boxn. knock-out **2** social missanpassning social maladjustment
utslagsfråga *s* tiebreaker, tiebreaking question
utslagsgivande *adj* decisive; **bli (vara) ~ för** ngt be of decisive importance to...
utslagsplats *s* golf. tee
utslagsröst *s*, **ha ~** have the casting vote
utslagstävling *s* sport. elimination (knock-out) competition
utsliten *adj* allm. worn out; utarbetad äv. jaded; om t.ex. argument, skämt, talesätt threadbare, hackneyed, stale, trite; **~ fras** hackneyed (trite) phrase, cliché
utslocknad *adj* om vulkan, ätt extinct
utsläpad *adj* bildl. worn out; utarbetad äv. jaded
utsläpp *s* **1** avlopp, utgång outlet **2** utsläppande, uttömning letting out, discharging; dumpning, tippning dumping; **ett ~ av** t.ex. olja a discharge (av industriföroreningar an effluent); **göra ett ~ i** en söm let out...
utsmyckning *s* adornment; ornament end. konkr.; ornamentation (end. sg.), decoration, embellishment, jfr *smycka*
utspark *s* sport. goalkick
utspekulerad *adj* raffinerat uttänkt studied; listig artful, crafty, cunning
utspel *s* **1** bildl.: åtgärd move, action, measures pl.; initiativ initiative; förslag proposals pl.; manöver manœuvre; amer. maneuver **2** teat. [way of] acting **3** kortsp. lead, leading hand; **du har ~et!** [it is] your lead!
utspelas *vb itr dep* take place; be enacted; **scenen ~ på** ett värdshus äv. the scene is laid in...
utspinna *vb rfl*, **~ sig** uppstå arise, ensue, come about; föras be carried on
utspisa *vb tr* feed
utspisning *s* utspisande feeding; **kollektiv ~** konkr. communal kitchen
utspridd *adj* scattered; **soldaterna var ~a över** landet the soldiers were dispersed...; **det är utspritt i hela stan** om rykte o.d. it is all over the town; jfr äv. *sprida I* o. *sprida [ut]*

utsprång s **1** utskjutande del projection; klipp~ äv. jut [på of] **2** se *uthopp*
utspädd adj diluted
utspädning s dilution
utspärra vb tr univ. exclude, bar, debar
utspökad adj ...dressed (dolled) up
utstakad adj attr. ...that has (resp. had) been staked out etc.; delimited; determined, jfr *staka [ut]*
utstråla I vb itr radiate; utströmma emanate **II** vb tr radiate äv. bildl. m. avs. på hälsa, energi, lycka; send out; t.ex. ljus, värme emit; värme äv. give out; t.ex. lycka, vänlighet beam forth
utstrålning s **1** eg. radiation, emanation **2** persons charisma, personal charm
utsträcka se *sträcka [ut]*
utsträckning s **1** utsträckande extension; i tid prolongation **2** dimension, omfång, vidd extent äv. bildl.; extension; i längd äv. length; en punkt har *ingen* ~ ...no dimensions pl.; *i stor* ~ to a great (large) extent; *använda ngt i stor* ~ make extensive use of a th., use a th. extensively; *i större eller mindre* ~ to a greater or less extent; *i största möjliga* ~ to the greatest possible extent, as extensively as possible; *i viss* ~ to some extent
utsträckt adj eg. outstretched; friare extended; *ligga* ~ lie stretched out (at full length), be (lie) flat out; spretande sprawling; framstupa prostrated
utstuderad adj raffinerad studied, consummate; listig artful, cunning; inpiskad thorough-paced..., out-and-out...
utstyrd adj dressed up etc., jfr *styra [ut]*
utstyrsel s utrustning outfit; bruds äv. trousseau (pl. äv. -x); babys äv. layette; utsmyckning, t.ex. boks get-up äv. vard., om klädsel; hand., förpackning package; inredning fittings pl.; klädsel, vard. rig-out
utstå vb tr stå ut med endure; genomgå, drabbas av suffer, undergo; genomlida go through; ~ *smärta* endure (suffer) pain
utstående adj om t.ex. tänder, ögon, öron protruding; om t.ex. kindknotor prominent; utskjutande (äv. om ögonbryn) projecting; utbuktande (äv. om ögon) protuberant, bulging; om t.ex. vinkel salient; *rakt* ~ ...standing (sticking) straight out
utställa se *ställa [ut]*
utställare s **1** på utställning exhibitor **2** av värdehandling drawer; ~ *av check* drawer of a cheque
utställd adj (jfr äv. *ställa [ut]*) **1** förevisad *vara* ~ be exhibited (on show) etc. **2** checken *är* ~ *på honom* ...is drawn on him, ...is in his name
utställning s allm. exhibition; av t.ex. blommor, hundar (vanl.) show; visning display
utställningsföremål s exhibit
utställningslokal s exhibition room, showroom; konst. gallery

utställningsmonter s exhibition case (stand)
utstöta vb tr ljud utter; suck äv. give; ~ *ett skri* äv. cry [out]; se f.ö. *stöta [ut]*
utstött adj, *vara* ~ ur t.ex. kamratkretsen be kept out (rejected); *vara* ~ *ur samhället* be an outcast of society
utsuga se *suga [ut]*
utsugare s polit. sweater; penning~ extortioner
utsugning s polit. sweating; av t.ex. arbetare äv. exploitation
utsvulten adj undernärd starved, famished; svältande starving
utsvängd adj ...curved (bent) out[wards]; om kjol, byxor flared; ~*a byxor* äv. bell-bottom[ed] trousers
utsvävande adj liderlig debauched, dissolute, dissipated
utsvävningar s pl **1** levnadssätt debauchery, dissipation (båda end. sg.), excesses **2** avvikelser från ämnet digressions; överdrifter äv. extravagances
utsål|d adj sold out; om bok äv. ...out of print; om vara äv. ...out of stock; *-t [hus]* i annons o.d. full house, no more seats; pjäsen *går för* ~*a hus* ...fills the house, ...draws a packed house; *det var -t till matchen* all tickets for the match were sold, the match was a sell-out
utsäde s **1** sådd sowing **2** frö, koll. seed [corn], seed for sowing
utsänd adj, *vår* ~*e medarbetare* our special correspondent; jfr f.ö. *sända [ut]*
utsändning s sending out etc., jfr *sända [ut];* radio. el. TV. transmission, broadcast; TV. äv. telecast
utsätta I vb tr **1** blottställa expose; underkasta subject [*för* to]; ~ *ngn för kritik* subject a p. (hold a p. up) to criticism, jfr *utsatt 1* **2** bestämma fix, appoint, set; utfästa, t.ex. belöning offer; jfr äv. *utsatt 2* **3** se *sätta [ut]* **II** vb rfl, ~ *sig för* expose oneself to; t.ex. kritik, prat äv. lay oneself open to; ådraga sig incur; ~ *sig för kritik* äv. make oneself the target for criticism; ~ *sig för obehag* vard. stick one's neck out; ~ *sig för [risken] att* inf. run the risk of (render oneself liable to) ing-form; ~ *sig för risker* incur risks; *det vill jag inte* ~ *mig för* äv. I don't want to run that risk
utsökt I adj exquisite, choice...; utvald select **II** adv exquisitely; ~ *fin* äv. very choice
utsöndra vb tr fysiol. secrete
utsöndring s fysiol. secretion äv. konkr.
utsövd adj thoroughly rested; *jag är inte* ~ I haven't had enough sleep
uttag s **1** utskärning, hack notch, indentation **2** elektr. [wall] socket, point; amer. outlet, wall socket **3** penning~ withdrawal
uttagning s av pengar withdrawal; sport. selection, se äv. *uttagningstävling;* för specialuppdrag el. isht mil. draft[ing]

uttagningstävling *s* sport. trial [game], trials pl.
uttagsautomat se *bankomat*
uttal *s* pronunciation [*av* of]; persons sätt att tala accent; artikulation articulation; **ha bra engelskt** ~ äv. have a good English accent
uttala I *vb tr* **1** ord o.d. pronounce; artikulera articulate; ~ **ett ord** *fel* mispronounce... **2** uttrycka, t.ex. önskan express, give expression to; t.ex. ogillande give utterance to **3** t.ex. dom pronounce, pass **II** *vb rfl*, ~ *sig* express oneself, comment, give (state, pass, offer, express) an (one's) opinion, give (pass) one's verdict [*om* on]; ministern vägrade ~ *sig i saken* äv. ...to comment on the matter; ~ *sig för* ngt pronounce (declare) oneself in favour of..., opt for...; ~ *sig mot* ngt pronounce (declare [oneself]) against...
uttalad *adj* tydlig, markerad marked, pronounced; uttrycklig explicit
uttalande *s* yttrande utterance; förklaring statement, declaration, pronouncement; ministern kommer att *göra ett* ~ ...make a statement; *göra ett skarpt* ~ *om* ngt *(i* en fråga*)*... express oneself strongly on...; jfr äv. *uttala [sig]*
uttalsbeteckning *s* phonetic notation
uttaxera *vb tr* isht skatter levy; friare äv. impose
uttaxering *s* levying, levy äv. konkr.; statlig skatt tax[es pl.]; kommunalskatt rates pl.
utter *s* zool., skinn, fiskeredskap otter
uttjatad *adj* hackneyed, trite
uttjänad *adj* o. **uttjänt** *adj* om sak (attr.) ...which has served its time; utsliten worn out
uttolka se *2 tolka*
uttorkad *adj* dry; om damm dried up; om mark parched; vetensk. desiccated; med. dehydrated
uttryck *s* allm. expression äv. matem.; talesätt äv. phrase; isht idiomatiskt locution; ord äv. word; tecken äv. mark; bevis äv. token; yttring av känsla el. friare manifestation; term term; *stående* ~ set (fixed, stock) expression (phrase); *ge* ~ *åt*... give expression (i ord äv. utterance) to...; t.ex. häpnad, missnöje give vent to...; *sakna* ~ lack expression; *sakna* ~ *för*... have no expression for...; *ta sig (komma till)* ~ *i*... find expression (om känsla vent) in..., show (manifest) itself in..., be manifested (avspeglas reflected) in...; *det var ett* ~ *för* t.ex. missnöje, förakt, nationalism it was a manifestation of...
uttrycka I *vb tr* ge uttryck åt: allm. express; om t.ex. blick, gest äv. show, manifest, be expressive of; t.ex. tankar, känslor i ord äv. put...into words, give utterance to; någots inre väsen äv. represent, reflect; t.ex. den allmänna meningen voice; formulera put, phrase; ~ *en önskan* express (utter) a wish; jag vet inte *hur jag skall* ~ *det* äv. ...how to put it **II** *vb rfl*, ~ *sig* express oneself; speak; ~ *sig klart* express oneself clearly, make oneself clear; *för att* ~ *sig kort* to be brief
uttrycklig *adj* om t.ex. order, önskan express...; klar, tydlig explicit, definite
uttryckligen *adv* expressly etc., jfr *uttrycklig;* **beordra ngn** ~ att... order a p. in so many words (in express terms)...
uttrycksfull *adj* expressive, ...full of expression; full av mening, om t.ex. blick, ord significant
uttryckslös *adj* expressionless; om blick, min äv. vacant
uttrycksmedel *s* means (pl. lika) of expression
uttryckssätt *s* way of expressing oneself, mode (turn) of expression; författarens stil diction, style; fras phrase
uttråkad *adj* bored; pred. äv. bored to death
utträda *vb itr* avgå ~ *ur* leave, withdraw (retire) from; förening äv. resign one's membership of (in); se f.ö. *3 träda [ut]*
utträde *s* avgång withdrawal, retirement; försäkr. exit; *anmäla sitt* ~ *ur* föreningen announce one's resignation from...
uttröttad *adj* weary, tired out [*av* with]; utmattad exhausted
uttunnad *adj* thinned [out], thinned down; utspädd diluted
uttyda se *tyda I*
uttåg *s* march out, departure; isht bibl. exodus (end. sg.)
uttänjd *adj* extended, stretched [out]; uttöjd baggy, sagging
uttöm|ma *vb tr* **1** se *tömma [ut]* **2** bildl. exhaust, spend, use up; deras entusiasm *var -d* ...had expended (spent) itself; *hans krafter var -da* he was exhausted (worn out), his strength failed him; *ha -t alla resurser (möjligheter)* be at the end of one's resources (tether)
uttömmande I *adj* om t.ex. behandling exhaustive; om t.ex. redogörelse very thorough, complete, comprehensive **II** *adv* utförligt exhaustively; grundligt thoroughly
utvakad *adj* ...tired (worn) out through lack of sleep (by a sleepless night, av vak with watching)
utval|d *adj* chosen, selected, picked; select; choice...; attr. ...elect; *slumpvis* ~ randomly selected, randomized; ~ *kvalitet* choice quality; *ett -t sällskap* a select company (group); subst. adj.: *de ~a* äv. relig. the elect (chosen); *den ~e* the one chosen (chosen one); *hans ~a* the object (bride) of his choice, his bride-elect; *några få ~a* a chosen few, a few chosen ones, a select[ed] few
utvandra *vb itr* ur landet emigrate; flytta migrate
utvandrare *s* emigrant
utvandring *s* emigration; friare migration
utveckla I *vb tr* friare el. bildl.: allm. develop, framlägga set out (forth), unfold, evolve,

klargöra expound, prestera display, show, manifest; t.ex. elektricitet, värme generate, t.ex. gas äv. disengage, t.ex. rök emit, give off; **motorn ~r** 100 hästkrafter the engine develops...; **~ förbättra en metod** improve (elaborate) a method; **~ en plan närmare** enlarge [up]on a plan; **~ saken (det) närmare** go into detail[s pl.] [about it]; **det är ~nde att resa** travel improves (develops, broadens) one's mind; **tidigt ~d** brådmogen precocious; **väl ~d...** well-developed...
II *vb rfl*, **~ sig** develop; växa äv. grow [*till* into; *från* out of, from]; öka äv. increase; bli bättre improve; breda ut sig unfold; kem. be disengaged; **händelserna ~de sig snabbt** events moved rapidly
utvecklas se *utveckla II*
utveckling *s* framåtskridande development; långsammare förändring el. isht vetensk. evolution; framsteg progress; växande growth; alstring production, generation; framställning display, exposition; **forskning och ~** se under *forskning*; **civilisationens ~** the march of civilization; **följa** bevaka **~en** watch over developments; **avvakta den vidare ~en** await (watch over) further developments; **undergå en våldsam ~** ...a violent process of change
utvecklingsland *s* developing country
utvecklingslära *s* theory (doctrine) of evolution
utvecklingsstadium *s* stage of development; isht vetensk. evolutionary stage
utvecklingsstörd *adj*, *[psykiskt]* **~** [mentally] retarded
utverka *vb tr* få obtain, procure, secure, effect [*åt* for]
utvidga I *vb tr* göra bredare widen; friare el. bildl.: t.ex. sitt företag, sitt inflytande extend, t.ex. marknaden expand; t.ex. hål, lokal, kunskaper enlarge; öka amplify; tänja ut el. fys. dilate, distend **II** *vb itr*, företaget **vill ~** ...wishes to expand **III** *vb rfl*, **~ sig** breda ut sig widen [out], broaden [out]; expandera expand; bli större enlarge; tänjas ut stretch; spännas ut distend; bli öppnare dilate
utvidgas *vb itr dep* se *utvidga III*
utvidgning *s* widening etc.; extension, expansion; enlargement; amplification; dilation, distension; jfr *utvidga*
utvikning *s* avvikelse deviation; från ämne digression
utvikningsbild *s* gatefold pin-up [picture]
utvilad *adj* [thoroughly] rested
utvinna *vb tr* extract; ur gruva el. malm äv. win [*ur* from]
utvinning *s* extraction; ur gruva el. malm äv. winning
utvisa *vb tr* **1** visa ut a) allm. point (send)...out [*ur* of] b) fotb. o.d. send (order)...off [*från planen* the field]; i ishockey send...to the penalty box c) ur landet order...to leave (quit) [the country]; utlänning äv. expel; driva i landsflykt äv. exile; åld. banish; deportera deport **2** visa show; utmärka indicate; **det får framtiden ~** time must (will) show
utvisning *s* utvisande ordering out etc., jfr *utvisa 1*; förvisning banishment, expulsion; deportering deportation; i ishockey penalty; **det blev två ~ar** fotb. there were two players ordered off
utvisningsbås *s* i ishockey penalty box; vard. sin bin
utvisslad, bli ~ get the bird (the raspberry, amer. the Bronx cheer)
utväg *s* **1** bildl. expedient, means (pl. lika), way, way out, resource; **~ar** äv. ways and means; **jag ser ingen annan ~** I [can] see no alternative (other way out) [*än att* inf. but to inf.]; **som en sista ~** möjlighet as a last resource; räddning as a (in the) last resort; **hitta på en ~ att** inf. find a way (means) of ing-form **2** väg ut way out
utvändig *adj* om t.ex. mått external, outside; om t.ex. målning exterior
utvändigt *adv* externally, [on the] outside, outwardly, on the exterior; jfr *utvändig*; **in- och ~** inside and outside, within and without
utvärdera *vb tr* evaluate
utvärdering *s* evaluation
utvärtes I *adj* external, outward; **för ~ bruk** for external use (application) **II** *adv* externally, outwardly
utväxla *vb tr* t.ex. fångar, noter, artigheter exchange
utväxling *s* **1** utbyte exchange **2** tekn. gear; kraftöverföring transmission; utväxlande gearing; **liten (stor) ~** low (high) gear; **ha liten ~** be low-geared; **ha stor ~** be high-geared
utväxt *s* allm. outgrowth; knöl protuberance; vanprydande excrescence äv. bildl.; skadlig growth äv. bildl.; naturligt utskott process
utåt I *prep* uttr. riktn. [out] towards; t.ex. landet out into; ett rum **~ gatan** ...facing the street **II** *adv* outward[s]; **längre ~** further out; *[han är]* **partiets ansikte ~** [he represents] the party image; han visade ingenting av sin oro **~** ...outwardly; dörren **går ~** ...opens outwards; **gå ~ med tårna (fötterna)** turn one's toes out[wards] when walking; fult och överdrivet have splayed feet
utåtriktad *adj* eg. out-turned, ...turned (directed) outward[s]; psykol. extrovert, outgoing
utåtvänd *adj* eg. out-turned, ...turned (directed) outward[s]; psykol. extrovert, outgoing
utöka *vb tr* increase, enlarge; dryga ut eke out; **~d upplaga** enlarged edition
utöva *vb tr* t.ex. funktion, makt, en rätt exercise; t.ex. välgörenhet, hobby, religion, yrke practise;

t.ex. hantverk, [affärs]verksamhet carry on; t.ex. inflytande, press, tryck exert; t.ex. mildhet, tvång use; **~ makt** exercise (wield) power; **~ sitt ämbete** discharge one's official duties; jfr äv. ex. under *våld* m.fl. subst.
utövande I *s* exercising etc.; exercise, practice; exertion; discharge, jfr *utöva* **II** *adj* practising; verkställande executive; **~ konstnär** creative artist
utövare *s* practiser; av konst, yrke practician
utöver *prep* utom over and above, besides, in addition to; utanför beyond; mer än in excess of; han har ingenting **~ pensionen** ...beyond his pension; **något ~ det vanliga** something out of the ordinary
uv *s* zool. great horned owl, eagle owl; han är **en gammal ~** bildl. ...an old character
uvertyr se *ouvertyr*

v *s* **1** bokstav v [utt. vi:]; **dubbelt ~ (w)** double-u [utt. 'dʌblju(:)]; **V** (förk. för *volt*) V **2 W** (förk. för *watt*) W
vaccin *s* vaccine
vaccination *s* vaccination, inoculation; ibl. immunization [*mot* i samtl. fall against]
vaccinera *vb tr* vaccinate, inoculate; ibl. immunize [*mot* i samtl. fall against]; **låta ~ sig** get vaccinated
vacker *adj* **1** skön o.d. beautiful; förtjusande lovely; om pers. äv. good-looking, nice-looking; stilig, ståtlig handsome; söt, 'snygg', intagande pretty äv. iron.; amer. (isht om pers. el. plagg) vard. cute; storslagen, fin, grann fine äv. iron.; tilltalande, trevlig, om t.ex. klänning, dag, bruk nice äv. iron.; **vackra ben** beautiful legs; **en ~ byggnad** a beautiful (handsome) building; **en ~ dag** se *dag 1 a)* ex.; **~ som en dag** om kvinna [as] pretty as a picture, really lovely (beautiful); **ett ~t leende** a beautiful (lovely) smile; **vackra lovord** high praise sg., encomiums; **vackra tomma löften** fair promises; **en ~ röst** a beautiful (sångröst äv. fine) voice; **vackra saker** pretty things; **säga ngn vackra saker** say nice things to...; italienskan är **ett ~t språk** ...a beautiful language; **~t [väder]** beautiful (lovely, fine) weather, jfr vid. *väder 1* ex.; **hon blir vackrare för varje dag** she gets more beautiful (prettier) every day; **barometern står på ~t** the glass stands at Fair **2** ansenlig, om t.ex. summa considerable, good, handsome; om inkomst respectable; det kostar **en vacker slant** vard. ...a pretty penny, ...a fine lot of money; **det är ~t så!** [it is] pretty good at that!
vackert *adv* **1** beautifully; prettily; finely; nicely; jfr *vacker 1*; **be ~ om...** ask nicely (properly) for...; **huset ligger ~** the house has a beautiful (fine) situation (is prettily el. nicely situated); **sitta ~** om hund sit up [and beg]; **sjunga ~** sing well; **han skriver ~** har en god handstil he has a good handwriting, he writes a good hand; **det var ~ gjort [av honom]** en ädel handling it was a fine (noble) thing [of him] to do that, it was a noble action on his part; **~ klädd** handsomely (beautifully) dressed; **ett ~ möblerat rum** a handsomely-furnished room; **som det så ~ heter** iron. as they so prettily put it **2** varligt carefully; **ta det ~!** take it easy! **3** vard., i befallningar **du stannar ~ hemma!** just you stay [quietly] at home! **4 ~!** vard., bra gjort well done!; 'fint' fine!
vackla *vb itr* totter äv. om sak; ragla reel, stagger; göra en överhalning lurch; isht bildl.,

t.ex. i sin tro falter, waver; vara obestämd vacillate; vara obeslutsam äv. shilly-shally; skifta, t.ex. om priser fluctuate; hans hälsa *började* ~ ...began to give way; *regeringen ~de* the Government was tottering; *komma ngn att* ~ i sitt beslut cause a p. to waver..., shake (unsettle) a p.; *han ~r fram* he is staggering (lurching) along; ~ *mellan* två möjligheter vacillate between...
vacklan *s* bildl. wavering, vacillation; tottering; obeslutsamhet irresolution, indecision
vacklande *adj* tottering osv., jfr *vackla;* obeslutsam unsettled; jfr äv. *ostadig;* om hälsa uncertain, failing, precarious
vacuum *s* vacu|um (vetensk., pl. -a)
1 vad *s* anat. calf (pl. calves)
2 vad *s* fiske. seine; *fiska med* ~ seine
3 vad *s* vadhållning bet, wager; *hålla (slå)* ~ bet, wager, make a bet, lay (make) a wager; *skall vi slå* ~*?* shall we bet on it (that)?; *jag slår* ~ *om* att han kommer för sent I bet you...; *jag slår* ~ *om* femtio kronor *[med dig]* I'll bet (wager) you...
4 vad *s* vadställe ford
5 vad I *pron* **1** interr. what; ~ *(va)?* hur sa what?; artigare [I] beg your pardon?, pardon?; ~ *då?* hur sa, vad för något what?; ~ *för* + subst.*?* what...?; ~ *för en (ett, ena, några)* fören. el. självst. what; avseende urval which; självst. äv. which one pl. ones; ~ *för något?* what?, what did you say?; ~ *är* ˈ*det för något?* what's ˈthat?; ~ *tänker du bli [för något]?* what do you intend to do for a living?; t. barn what are you going to be?; ~ *gråter du för?* why are you crying?, what are you crying for (about)?; ~ *har du för anledning att* inf.*?* what reason have you (is your reason) for ing-form?; ~ *är det för dag i dag?* what day is it today?; ~ *nytt?* any (what's the) news?; ~ *gör det?* what does that matter?; jag vet inte ~ *jag skall göra* ...what to do; ~ *heter hon?* what's her name?; ~ *säger du?* what do you say?; *nej,* ~ *säger du!* really!, you don't say!, well, I never!; *vet du* ~*!* I tell you what!; ~ *vill du?* what is it?, what do you want?; ~ ˈ*är det?* se *[vad är det] fråga [om?]*; ~ *är klockan?* what time is it?, what's the time?; jag vet inte ~ *som hände* ...what happened
 2 rel.: det som what; ~ *värre är* what is [still] worse; man säger inte *allt* ~ *man tänker* ...all [that] one thinks; *göra* ~ *man vill* do what one likes; få sin vilja fram have one's own way; ~ *du än gör* whatever you do; *[efter]* ~ *jag vet* as (so) far as I know; ~ *helst* whatever; ~ *som helst* se *helst 2*
 II *adv* how; ~ *du är lycklig!* how happy you are!; ~ *tiden går fort!* how quickly time flies!; ~ *blåsigt det är!* isn't it windy!
vada *vb itr* wade; ~ *över en flod* wade

[across] a river, ford a river; ~ *i pengar* bildl. be wallowing (rolling) in money
vadare *s* wading bird, wader
vadarfågel *s* wading bird, wader
vadben *s* anat. fibul|a (pl. äv. -ae)
vadd *s* bomulls~ vanl. cotton wool, amer. absorbent cotton; ~stoppning wadding; t. täcke batting; t. fönster, plagg o.d. padding, stopping (samtl. end. sg.); ~*ar* pads
vaddera *vb tr* pad [out], wad; täcke, morgonrock o.d. quilt; ~*de axlar* padded shoulders; ~*d jacka* quilted jacket
vaddering *s* padding, wadding osv., jfr *vaddera*
vaddtäcke *s* quilt
vadhållning *s* betting, wagering, making (laying) [of] bets (resp. a bet)
vadmal *s* ung. frieze, rough homespun
vadslagning se *vadhållning*
vadställe *s* ford, fordable place
vag *adj* vague; obestämd undefined; dimmig hazy
vagabond *s* vagabond; landstrykare tramp; lösdrivare vagrant
vagel *s* med. sty, stye
vagga I *s* cradle äv. bildl.; *hans* ~ *stod i* Lund ...was his cradle (the place of his birth, his birthplace); *från* ~*n till graven* from the cradle to the grave **II** *vb tr* rock; svänga, vicka sway, swing; ~*...i sömn* rock...to sleep **III** *vb itr* rock [*med kroppen* oneself]; gå vaggande waddle; ~ *med höfterna* sway (swing) one's hips; ~*nde gång* rocking (waddling) gait
vaggvisa *s* cradle song, lullaby
vagina *s* anat. vagina
vagn *s* carriage äv. på skrivmaskin; åkdon vehicle; större, isht för passagerare, äv. coach; last~ o.d. wag[g]on, truck; tvåhjulig kärra cart; bil car; jfr äv. *barnvagn, järnvägsvagn, spårvagn* m.fl.
vagnhall *s* för spårvagnar o.d. depot
vagnpark *s* **1** bilar total number of vehicles (cars); ett företags äv. fleet of cars (lastbilar lorries, trucks) **2** järnv. rolling-stock
vagnskadeförsäkring *s* insurance against damage [to a (resp. the) motor vehicle]
vagnslast *s* carriage load, wa[g]onload osv., jfr *vagn*
1 vaja *vb itr* om t.ex. flagga fly, float; om sädesfält wave, billow; om t.ex. träd sway; fladdra flutter, stream, flap
2 vaja *s* zool., renko reindeer cow (doe)
vajer *s* cable; tunnare wire
1 vak *s* is~ hole in the ice
2 vak *s* vakande watching, keeping vigil; jfr vid. *vaka* o. *nattvak*
vaka I *s* natt~ vigil, night watch **II** *vb itr* hålla vaka sit up; ha nattjänst be on night duty; ~ *hos* en patient watch by...; ~ *över* övervaka *ngn (ngt)* watch (keep watch) over a p. (a th.); jfr *övervaka;* ~ *in det nya året* see the New Year in

vakande

vakande *adj* watching; *hålla ett ~ öga på...* watch...closely, keep a close (sharp) eye on...
vakans *s* vacancy
vakant *adj* vacant
vaken *adj* **1** ej sovande awake end. pred.; waking..., jfr ex.; *vakna drömmar* daydreams; *få ngn ~* [manage to] wake a p. up; *ligga ~* lie awake; *i vaket tillstånd* when awake, in the waking state **2** mottaglig för intryck, om t.ex. sinne alert, keen; pigg bright; vard. all there end. pred.; uppmärksam wide-awake; iakttagande observant; jfr *vaksam*
vakenhet *s* wakefulness; bildl. alertness, wide-awakeness
vakna *vb itr, ~ [upp]* wake [up]; isht bildl. awake; bildl. äv. stir; *plötsligt ~ [ur sömnen]* äv. start out of one's sleep; *mitt samvete ~de* my conscience began to stir; *~ på fel sida* get out of bed on the wrong side; *~ till medvetande* sans regain consciousness, come round (to)
vaknatt *s* wakeful night; hos sjuk night watch
vaksam *adj* vigilant, watchful; pred. äv. on the alert, jfr *vakande*
vaksamhet *s* vigilance, watchfulness
vakt *s* **1** vakthållning watch äv. sjö.; watching; isht mil. guard; ~tjänstgöring äv. duty; *ha ~[en]* be on duty (mil. äv. guard); sjö. have the watch; på skrivning invigilate; *ha ~en* ansvaret be in charge; *hålla ~* keep watch (guard), watch; *slå ~ om* friheten stand up for (up in defence of)..., safeguard...; *gå på ~* mil. be on guard, be on duty; sjö. be on watch; *vara på sin ~* bildl.: vara försiktig be on one's guard; se upp keep a good lookout **2** pers.: som bevakar guard; som utövar tillsyn attendant; på skrivning invigilator; vaktpost sentry, sentinel; jfr *nattvakt, strejkvakt* m.fl.; manskap [men pl. on] guard; sjö. watch; jfr *livvakt;* *avlösa ~en* relieve the guard (sjö. the watch)
vakta *vb tr* o. *vb itr* watch; t.ex. får äv. herd, tend; bevaka guard; övervaka watch over, supervise; t.ex. barn look after; hålla vakt keep guard (watch); på skrivning invigilate; *~ på ett tillfälle* watch one's opportunity; jfr *avvakta*
vaktare *s* pers. som bevakar watcher; beskyddare guardian; boskaps~ herdsman, tender; får~ äv. shepherd; vakt, djurvårdare keeper; fång~ warder
vaktavlösning *s* relief of the guard (sjö. the watch); utanför palatsbyggnad o.d. changing of the guard
vaktbolag *s* security company
vaktel *s* zool. quail
vakthavande *adj, ~ officer* officer on duty
vakthund *s* watchdog
vakthållning *s* bevakning watch; mil., vakttjänst guard (sjö. watch) duty
vaktkur *s* sentry box
vaktmästare *s* på kontor, i ämbetsverk messenger; skol. el. univ. porter, beadle; uppsyningsman caretaker; dörrvakt doorman, porter, commissionaire, isht amer. janitor; i kyrka verger; i museum attendant; på bio o. teater attendant, usher; i rättssal usher; kypare waiter
vaktombyte *s* mil. changing of the guard (sjö. watch), guard-mounting; avlösning relief
vaktparad *s* mil., parad parade of soldiers mounting the guard, guard-mounting parade; *~en* styrkan the guard
vaktpost *s* sentry, sentinel
vakttjänst *s* guard duty
vakttorn *s* watchtower
vakuum *s* vacu|um (vetensk. pl. -a)
vakuumförpackad *adj* vacuum-packed
vakuumförpackning *s* vacuum packaging (konkr. pack, package)
vakuumtorka *vb tr* vacuum-dry
1 val *s* zool. whale; *~ar* valdjur cetaceans
2 val *s* **1** choice; utväljande äv. selection; eget *~*, gottfinnande option; isht mellan två saker alternative; *det finns inget annat ~* there is no alternative; *göra (träffa) sitt ~* make one's choice; *ha fritt ~* have liberty of (have a free) choice; *inte ha annat ~ än att...* have no other choice (alternative) but to...; *vara i ~et och kvalet* be on the horns of a dilemma, be faced with a difficult choice (decision); *vara i ~et och kvalet [om man skall]* gå el. inte*]* be in two minds [whether to...] **2** gm omröstning election; själva röstandet voting, polling; det blir *allmänna ~* ...a general election; *direkt (indirekt) ~* direct (indirect) voting (polit. election); *hemliga ~* secret voting, a [secret] ballot; *förrätta ~* hold an election (elections); *tillsatt genom ~* elective; *gå (skrida) till ~* allmänna ~ go to the polls; *skrida till ~ av* ordförande o.d. elect...
valack *s* zool. gelding
valaffisch *s* election poster
valarbetare *s* election worker (canvasser)
valbar *adj* eligible [*till* for]; *icke ~* ineligible
valbarhet *s* eligibility
valberedning *s* election (nominating) committee
valberättigad *adj* ...entitled to vote; subst. adj.: *en ~* an elector; *de ~e* äv. the electorate sg.
valborg *s* o. **valborgsmässoafton** *s* the eve of May Day, Walpurgis night
valbyrå *s* election office [of a party]
vald *adj* chosen osv., jfr *välja; valt ord* literary word; *några väl ~a ord* a few well-chosen words; *Tegnérs ~a skrifter* the selected works of Tegnér
valdag *s* polling (election) day; *~en blir* den 16 september polling is to take place on...
valdeltagande *s* participation in the (resp. an) election, turnout, poll; *~t var stort (litet)*

polling was heavy (low, small), there was a large (small) turnout
valdistrikt *s* electoral (voting) area (district, amer. precinct); för kommunala val äv. ward
valens *s* kem. el. språkv. valency; amer. valence
valeriana *s* bot. el. farmakol. valerian
walesare *s* Welshman; *walesarna* som nation el. lag o.d. the Welsh
walesisk *adj* Welsh
walesiska *s* **1** kvinna Welshwoman **2** språk Welsh
valfisk *s* whale
valfläsk *s* vard. election promises pl., bid for votes, vote-catching, pie-in-the-sky
valfri *adj* optional; amer. äv. elective; frivillig äv. facultative; *~tt ämne* skol. optional subject; amer. äv. elective, elective subject
valfrihet *s* persons freedom (liberty) of choice
valfusk *s* electoral (ballot) rigging; *begå (bedriva)* ~ rig an election
valfångare *s* whaler; fartyg äv. whaling boat
valfångst *s* fångande whaling, whale-fishing
valförrättare *s* presider at a (resp. the) poll (an resp. the election)
valhänt *adj* klumpig, om t.ex. försök clumsy, awkward; om t.ex. ursäkt lame; *han är* ~ äv. his fingers are all thumbs
valk *s* **1** i huden callus, callosity; av fett roll **2** hår~ pad
valkampanj *s* election (electoral) campaign (end. sg.); electioneering
valkig *adj* i huden callous; om händer äv. horny
valkrets *s* constituency
valkuvert *s* ballot envelope
valkyria *s* mytol. Valkyrie
1 vall *s* **1** upphöjning bank; bank embankment; fästnings~ rampart, earthwork; skydds~ vid hav dike, dyke, sea wall **2** i biljard cushion
2 vall *s* betes~ grazing-ground, pastureground, field
1 valla *vb tr* låta beta graze; vakta tend, watch; visa runt take (show)...round; lotsa guide; *~ barn* take children [out] for a walk; *~ hunden* walk the dog, take the dog for a walk; *den misstänkte ~des [på brottsplatsen]* the suspect was taken over the scene of the crime
2 valla I *s* skid~ skiwax **II** *vb tr*, *~ skidor* wax skis
vallfart *s* pilgrimage
vallfartsort *s* place of pilgrimage, [holy] shrine; bildl. Mecca
vallfärd *s* pilgrimage
vallfärda *vb itr* go on (make) a pilgrimage äv. bildl.
vallgrav *s* moat, fosse
vallhund *s* shepherd's dog
vallmo *s* poppy
vallmofrö *s* poppy seed äv. koll.
vallokal *s* polling-station, voting station; amer. polling place

vallon *s* Walloon
vallonsk *adj* Walloon
vallöfte *s* electoral pledge (promise)
valmanskår *s* electorate
valmöte *s* election meeting
valnederlag *s* election defeat
valnämnd *s* election (electoral) committee
valnöt *s* walnut äv. virke; bord *av* ~ äv. walnut...
valnötsträd *s* walnut tree
valp *s* pup[py], whelp båda äv. bildl.; pojke äv. cub; tik *med sina ~ar* äv. ...with her young
valpa *vb itr* whelp
valpaktig *adj* puppyish; om pers., omogen callow
valplats *s* field [of battle], battlefield, friare äv. scene of the battle
valpsjuka *s* zool. distemper
valrav *s* zool. spermaceti
valresultat *s* election result
valross *s* walrus
valrörelse se *valkampanj*
1 vals *s* **1** dans waltz; *dansa* ~ dance (do) a waltz **2** vard., lögn yarn, fib; *den ~en går jag inte på* I won't buy that [one]; *dra en* ~ tell a fib (stark. whopper)
2 vals *s* tekn.: i kvarn o.d. roller; i valsverk roll; på skrivmaskin cylinder, platen
1 valsa *vb itr* waltz
2 valsa *vb tr* tekn. ~ *[ut]* roll [out]
valsedel *s* voting paper, ballotpaper, ballot
valseger *s* election victory, victory at the polls
valskvarn *s* roller mill
valspråk *s* motto (pl. -s el. -es), device
valsverk *s* tekn.: verk rolling-mill; maskin laminating (för papper pressing) rollers pl.
valtaktik *s* election tactics pl.
valtal *s* election speech (address)
valtala *vb itr* make an election speech; amer. vard. barnstorm
valtalare *s* election speaker
valthorn *s* mus. French horn
valthornist *s* mus. French-horn player
valurna *s* ballot box
valuta *s* **1** myntslag currency; utländsk ~ [foreign] exchange; *hård (mjuk)* ~ hard (soft) currency **2** värde, vederlag value; *få [god]* ~ *för pengarna* get [good] value for one's money
valutabrott *s* violation of currency regulations, currency offence
valutahandel *s* [foreign] exchange dealings pl. (transactions pl.)
valutakorg *s* ekon. basket of currencies
valutakurs *s* rate of exchange, exchange rate
valutamarknad *s* [foreign] exchange market
valutapolitik *s* [foreign] exchange (currency) policy
valutareform *s* currency reform
valutareserv *s* [foreign] exchange (currency) reserve[s pl.]

valutasmuggling *s* currency smuggling
valutautflöde *s* drain of foreign exchange
valv *s* allm. vault; ~båge arch; kassa~ äv. strong room
valvaka *s*, *de höll* ~ ung. they sat up waiting for the election results to come in
valvbåge *s* arch
valår *s* election year
valör *s* value; på sedel o.d. denomination; färgton äv. tint, [colour] tone
vamp *s* seductive woman, vamp
vampyr *s* vampire äv. bildl.
van *adj* övad practised, experienced, trained; skicklig skilled, expert; förtrogen, van *vara ~ vid ngt* be used (accustomed) to a th.; *vara ~ vid att* inf. be used (accustomed) to ing-form; invand äv. habituated [*vid* ngt to...]; härdad, t.ex. vid kyla inured [*vid* to]; *med ~ hand* with a deft (skilled, practised) hand; *vara ~ att gå* be used to walking; *bara man blir lite[t] ~...* once you get used to it..., once you get into the knack of it...; *gör som du är ~* do as you usually do
vana *s* isht omedveten habit; isht medveten practice; sed[vana] custom; vedertaget bruk usage; erfarenhet experience; färdighet practice; förtrogenhet, rutin accustomedness [*vid* to]; *~ns makt* the force of habit (resp. custom el. long usage); *dyrbara vanor* expensive habits (tastes); *inrotad ~* inveterate habit; *sin ~ trogen* true to one's [usual] habit, as is (resp. was) one's custom (wont); *bli i ~* grow into (become) a habit, grow (become) habitual [*hos* with]; *det får inte bli en ~* don't make a habit of it; *få (skaffa sig) en ~* acquire (contract, get into) a habit; *han har ~n inne* he is used to it; *ha stor ~ [vid] att* inf. be quite used to ing-form; *han har stor ~ att undervisa* he has great experience of (in) teaching; *det är en ~ hos honom* it is a habit of his (his wont); *av gammal ~* by [force of] habit; *ha för ~ att* inf. be in the habit of ing-form; *gå ifrån sina vanor* give up one's habits; *med någon ~ i* livsmedelsbranschen with some experience of (in)...; *göra det till en (ta för) ~ att* inf. make a practice of ing-form
vanartig *adj* vicious, bad
vandal *s* hist. Vandal; bildl., förstörare vandal
vandalisera *vb tr* vandalize, destroy
vandalism *s* vandalism
vandel *s* [mode of] life; conduct, morals pl.
vandra I *vb itr (vb tr)* walk äv. bildl.; isht fot~ ramble; vard. hike; traska, med trötta steg tramp; om t.ex. luffare trudge along; ströva utan mål wander, roam, rove, stroll; om djur, folk migrate äv. kem.; friare el. bildl. go; bildl., om t.ex. blick, tankar travel; *vara ute och ~* be out walking (resp. hiking); *denna sägen har ~t från land till land* this legend has passed...
II med beton. part.
~ in [i...] eg. walk (ströva utan mål wander) in [to...]
~ i väg på långtur set off on...
~ omkring walk (osv., jfr *I*) about [*i* in]; *~ omkring* fram o. tillbaka *i* rummet pace...; *~ omkring på* gatorna wander (roam) about...
vandrande *adj* walking osv., jfr *vandra;* om djur, folk migratory; kring~ itinerant, ambulatory; *~ blad* zool. leaf insect; *~ jude* bot. wandering Jew; *den ~ juden* the Wandering Jew; *~ njure* med. floating (wandering) kidney; *~ pinne* zool. stick insect
vandrare *s* wanderer; fot~ walker, rambler; vard. hiker; resande traveller
vandrarhem *s* youth hostel
vandring *s* wandering; utflykt walking-tour; fot~ ramble; vard. hike, jfr *fotvandring;* zool. migration äv. folk~; *på vår ~ genom livet* on our way (pilgrimage) through life; *ge sig ut på ~* go on a walking-tour (hike); *under sina ~ar* during his (her osv.) wanderings
vandringsfolk *s* nomad[ic] people
vandringslust *s* wanderlust ty.
vandringspris *s* challenge trophy
vandringsutställning *s* travelling exhibition
vanebildande *adj* habit-forming, addictive
vaneförbrytare *s* habitual criminal, persistent (old) offender; återfallsförbrytare recidivist
vanemänniska *s* creature of habit, slave of routine (habit)
vanemässig *adj* habitual; rutinmässig routine...
vanesak *s* matter of habit
vanföreställning *s* fallacy, delusion, false notion
vanheder *s* disgrace, dishonour, infamy; skam shame
vanhedra *vb tr* disgrace, dishonour, bring disgrace (shame) upon
vanhedrande *adj* disgraceful, dishonourable, infamous, ignominious; ovärdig shameful
vanhelga *vb tr* profane, desecrate
vanhelgande I *s* profanation, desecration; av kyrkor o.d. äv. sacrilege **II** *adj* profanatory, sacrilegious
vanilj *s* vanilla
vaniljglass *s* vanilla ice cream; *en ~* äv. a vanilla ice
vaniljsocker *s* vanilla sugar
vaniljstång *s* vanilla pod
vaniljsås *s* custard sauce, vanilla custard
vanka *vb itr, [gå och] ~* saunter, wander [*omkring* about]
vankas *vb itr dep, det vankades* bullar (för oss) we were treated to...
vankelmod *s* obeslutsamhet irresolution, indecision; tvekan hesitation; vacklan vacillation; ombytlighet inconstancy; nyckfullhet fickleness
vankelmodig *adj* obeslutsam irresolute, unsettled [in one's mind]; vacklande

wavering, vacillating; ombytlig inconstant, fickle
vanlig *adj* a) bruklig usual [*hos* with; *bland* among]; 'gammal', invand äv. accustomed, habitual; sed~ customary [*hos* with; *bland* among] b) vanligen förekommande, vardaglig, mots. märkvärdig, speciell o.d. ordinary; gemensam för många, isht mots. sällsynt common; allmän general; ofta förekommande frequent; förhärskande prevalent, in general use; jfr *alldaglig;* genomsnitts-, om t.ex. människa average; *en helt ~ (~ enkel)* affärsman, händelse, växt a common [or garden]...; *mindre ~* less (not very) common; *en ~ dödlig* an ordinary mortal; *i ~a fall* vanligen in ordinary cases, as a rule; *den gamla ~a historien* the [same] old story; *~a människor* ordinary people; *på sin ~a plats* in its (their osv.) usual place; *hans ~a sysselsättning* his usual (customary) occupation; *på ~t sätt* in the ordinary (usual) manner (way); *~t vatten* plain (tap) water; *den ~a åsikten bland...* the usual opinion among..., the opinion generally held by...; *det blir mer och mer ~t* it is becoming more and more common (frequent); *som ~t* as usual; *som ~t [är]* bland pojkar as is usual...; vara bättre *än ~t* ...than usual; *det är det ~a* that's the usual thing [att man gör så to do]
vanligen *adv* generally, usually; ordinarily, commonly; för det mesta in general; i regel as a rule
vanligtvis se *vanligen*
vanlottad *adj* badly (unfairly) treated; fattig, pred. badly off [*i fråga om* as regards]; *vara ~ [av ödet]* have been ill-treated by Fortune
vanmakt *s* maktlöshet powerlessness; impotence
vanmäktig *adj* powerless, impotent; vain; *han gjorde ett ~t försök* att rädda... he made a vain attempt...; *en ~ vrede* an impotent rage
vanpryda *vb tr* disfigure, spoil the look of; bildl., missklä äv. be inappropriate (unbecoming) for, be a blot on; *~nde* disfiguring, unsightly
vanrykte *s* disrepute, bad repute; *bringa (råka) i ~* bring (fall) into disrepute
vansinne *s* insanity, lunacy; galenskap madness; dårskap folly; *det vore rena ~t att* inf. it would be insane (sheer madness, the height of folly) to inf.; *driva ngn till ~* drive a p. mad (crazy); vard. send a p. up the wall (round the bend); *älska ngn till ~* love a p. to distraction
vansinnig *adj* mad, insane; tokig crazy; mentalt sjuk insane, deranged, demented; utom sig frantic [*av* with]; *~ fart* breakneck (frantic) speed; *ett ~t pris* a preposterous price; *bli ~* go mad, become insane (demented); *har du blivit ~?* are you out of your mind?; *det*

vore ~t att... it would be insane (sheer madness) to inf.; *han gör mig ~* he drives me mad (crazy, to desperation)
vansinnigt *adv* madly, crazily; insanely; vilt frantically; vard., end. förstärkande awfully, terribly, frightfully; *vi hade ~ bråttom* we were in an awful (a terrible, a frightful) hurry; *~ dyr* awfully osv. expensive; *vara ~ förälskad i ngn* be madly in love with a p.
vanskapt *adj* deformed, malformed, misshapen; oformlig monstrous
vansklig *adj* svår difficult, hard; riskabel hazardous, risky; brydsam awkward; delikat delicate, ticklish; osäker insecure; tvivelaktig doubtful
vansköta I *vb tr* mismanage; försumma neglect, not look after...properly; parken *är vanskött* ...is badly looked after **II** *vb rfl*, *~ sig* neglect oneself (sin hälsa one's health) badly; *~ sig [i sitt arbete]* completely neglect one's work (duty)
vanskötsel *s* mismanagement, negligence, neglect; *av ~* from (for) want of proper care
vansläktas *vb itr dep* degenerate
vanstyre *s* persons misrule; regerings o.d. misgovernment
vanställa *vb tr* disfigure; eg. äv. deform, deface; friare spoil [the look of], mar; förvrida distort; förvränga misrepresent, garble; *hon var alldeles vanställd [i ansiktet]* her face was quite disfigured
vant *s* sjö. shroud
vante *s* tum~ vanl. mitten; bomulls~ cotton glove; *lägga vantarna på...* vard. lay hands [up]on...
vantrivas *vb itr dep* be (feel) uncomfortable (ill at ease); not feel at home [*på en plats* at a place]; get on [very] badly (poorly) [*med ngn* with a p.]; om djur, växter not thrive, thrive badly; *jag vantrivs med arbetet* I am not at all happy in my job
vantrivsel *s* oförmåga att trivas inability to get on [i sin miljö in one's surroundings]; otrevnad [feeling of] unhappiness (discomfort), dissatisfaction
vantro *s* vanföreställning, irrlära false belief, misbelief; skrock superstition; otro unbelief; misstro disbelief, scepticism
vanvett *s* insanity; besatthet mania; galenskap madness; se vid. *vansinne* med ex.
vanvettig *adj* insane, mad; vild raving; om t.ex. påhitt absurd, wild
vanvård se *vanskötsel*
vanvårda se *vansköta*
vanvördig *adj* disrespectful; mot heliga ting irreverent [*mot* to]
vanära I *s* disgrace, dishonour; skam ignominy, shame; *dra ~ över* sin familj bring disgrace (dishonour, shame) on... **II** *vb tr* disgrace, dishonour
vapen *s* **1** redskap weapon; i pl.

(sammanfattande) vanl. arms pl.; koll. weaponry; *hemligt* ~ secret weapon; *konventionella* ~ conventional weapons; *bära (föra)* ~ bear (carry) arms; *nedlägga vapnen (sträcka ~)* lay down [one's] arms, surrender [*för ngn* to a p.]; *med ~ i hand* by force of arms, by armed force; *slå ngn med hans egna* ~ beat a p. at his own game (with his own weapons); *gripa (kalla...) till* ~ take up (call...to) arms **2** vapenslag arm [of the service], branch of the fighting services **3** herald. coat of arms, arms pl.; ätts äv. crest

vapenbroder *s* brother-in-arms (pl. brothers-in-arms)

vapendragare *s* armour-bearer; bildl. supporter, partisan

vapenfri *adj,* ~ *tjänst* mil. non-combatant service, military service as a conscientious objector

vapenför *adj* ...fit for military service, ...capable of bearing arms; *ej* ~ äv. unfit for military service

vapengömma *s* arms cache

vapenhus *s* [church] porch

vapeninnehav *s, olaga* ~ illegal possession of a weapon (resp. weapons)

vapenlicens *s* licence to carry a gun, firearms permit

vapenmakt *s, med* ~ by force of arms

vapenrock *s* tunic; amer. blouse

vapenskrammel *s* bildl. sabre-rattling

vapensköld *s* herald. coat of arms, escutcheon

vapenslag *s* arm [of the service], branch of the fighting services, service branch

vapensmedja *s* armourer's workshop

vapenstillestånd *s* armistice; vapenvila truce, cessation of hostilities

vapenvila *s* truce, cessation of hostilities; tillfällig cease-fire

vapenvård *s* [the] care of arms, weapon cleaning

vapenvägrare *s* conscientious objector; förk. CO (pl. CO's); vard. conchy; amer. draft resister (evader)

1 var *s* med. pus, matter

2 var *s* överdrag case, slip

3 var (*vart*) *pron* **1** allm. **a)** fören. each; varenda every, jfr *varje 1*; före räkneord every; ~ *dag* every (each) day; vi träffas ~ *och varannan dag* ...practically (pretty well) every day; ~ *femte dag* every fifth day, every five days **b)** självst., se ~ *och en* ned.; ge dem *ett äpple* ~ ...an apple each; *vi har väl lite[t]* ~... pretty well every one of us has..., pretty well all of us have...
2 ~ *och en* **a)** fören., se *varje 1* **b)** självst.: var och en för sig each [om flera än två äv. one]; varenda en, alla (om pers.) everyone, everybody, every man (person); ~ *och en av...* each [resp. one] of (alla every one of)...;
vi betalar ~ *och en för sig* each [resp. one] of us will pay for himself (om kvinnor herself)
3 ~ *sin: vi fick* ~ *sitt äpple* we got an apple each, we each got an apple; *vi betalade* ~ *sin gång* we took it in turns to pay, we took turns in (at) paying; de gick *åt* ~ *sitt håll* ...in different directions, ...their separate ways; de stod *på* ~ *sin sida av gatan* ...on either side of the street

4 var *adv* **1** fråg. where; ~ *då (någonstans)?* where?; ~ *ungefär* hittade du den?; whereabouts...?; ~ *i all världen* har du varit? where on earth (where in the world, wherever)...? **2** andra fall *här och* ~ here and there; ~ *som helst* se *helst 2*; ~ *än (helst)* wherever; ~ *du vill* wherever (where) you like

1 vara I *vb itr* be; existera, finnas till äv. exist; *att* ~ *eller icke* ~ to be or not to be; *hans sätt att* ~ his way of behaving; *för att* ~ *så ung är du...* considering [that] you are (you're) so young you are (you're)...; *jag är lärare* I am (I'm) a teacher; *vi är fem [stycken]* there are five of us; *det är som det är* things are as they are; *för att säga som det är* to tell you the truth, to put it bluntly; *det är Eva* sagt i telefon [this is] Eva speaking, Eva here; *är det fru A?* direkt tilltal are you Mrs. A?; i telefon is that Mrs. A speaking?; *det var bra att du kom* nu it's fine (a good thing) you came...; under *veckan som var (varit)* ...the last (past) week; *om jag vore (var)* rik if I were (was)...; *om jag vore (var)* rik *ändå!* I wish I were (was)...!; *om det så vore (hade varit)* min bror even if it were (had been)...; *var* försiktig! be...!; *var inte dum!* don't be...!; *ära vare Gud* glory be to God

får du ~ *en kopp te?* would you like (may I offer you)...?; *det får* ~ *[för mig]* jag vill inte I would rather not; jag gitter inte I can't be bothered; om du inte vill *får det* ~ **a)** slipper du ...don't **b)** låter vi bli ...we won't; *hon är och handlar* she is out (har gått för att handla has gone [out]) shopping; *hon var och mötte mig* she was there (had come) to meet me; *han är och förblir* en skurk he always has been...and always will be
~ *från* England **a)** om pers. be from... **b)** om produkter come from...; *jag var hos* hälsade på *honom* I went to see him; *jag var hos honom en timme* I stayed with him for an hour, I spent an hour with him; *hur är det med...?* hur mår how is (resp. are)...?; hur förhåller det sig med how (what) about...?; *vad är det med ljuset?* what has happened to...?, what's the matter with...?; *det är inte mycket med mig (den)* längre I am (it is) not up to much...; *jag var på (var och såg)* Hamlet I saw (gick på went to see)...; *vad är*

den här (ska den här ~) till? what is this [meant] for?

II *hjälpvb* **1** i förb. med perf. particip: a) isht uttr. varaktighet o. resultat be b) passivbildande (= ha blivit) vanl. have been; *när (var) är han född?* when (where) was he born?; *bilen är köpt i Frankrike* the car was bought in France; *jag är inbjuden (ombedd) att...* I have been invited (asked) to...; *bilen är (var) stulen* the car has (had) been stolen **2** i förb. med perf. particip av itr. rörelsevb o.d. vanl. have; *han är (var) bortrest* he has (had) gone away; *han sägs ~ bortrest* he is said to have gone away; *han är bortrest sedan en vecka* he has been away for a week; *han är utgången* he has gone out; friare he is out

III med beton. part.

~ av: ~ *av med* ha förlorat have lost; vara kvitt have got (be) rid of; klara sig utan do (manage) without; hur länge *har du varit av med den?* har den varit borta ...has it been missing?; har du varit utan den ...have you been without it?

~ borta be away osv., se *borta*

~ efter a) förfölja ~ *efter ngn* be after a p., be on a p.'s tracks b) vara på efterkälken ~ *efter i (med)* ngt be behind in (behind[hand] with)...

~ före: ~ *före [ngn]* be ahead [of a p.]; bildl. äv. be in advance of a p.; i tid o. ordning be before (in front of) a p.

~ i: *kontakten är i* the plug is in (connected); *korken (nyckeln) är i* the cork is in the bottle (the key is in the lock)

~ kvar stanna remain, stay [on]

~ med a) deltaga take part; närvara be present *[på (vid)* at]; finnas med, vara medräknad be included; *är böckerna med?* har vi fått med have we got...?; hade du med did you bring...?; *är du med?* förstår du mig do you follow [me]?, do you get what I mean?; *får jag ~ med?* may I join in (göra er sällskap join you, make one of the party)?; *jag var med [när det hände]* I was there (present) [when it happened]; ~ *med i (på)* bevista attend; *jag är med i* en förening I am a member of...; *han var med i* kriget he served (was) in...; ~ *med i sällskapslivet* mix in society b) ~ *med om (på)* samtycka till agree (consent) to; gilla approve of; vara villig till be ready (game) for; bidraga till contribute to c) ~ *med om* bevittna see, witness; deltaga i take part in; t.ex. kupp äv. be a party to; uppleva experience; genomgå go (be, live) through; råka ut för meet with; han berättade *allt han varit med om* ...all that had happened to him, ...all his experiences d) *hur är det med henne?* hur mår hon how is she?, how does she feel?; *vad är det med henne?* what's the matter (what's wrong) with her?; har hänt henne? what has happened to her?

~ om sig look after one's own interests, look after number one; vara närig be on the make

~ på a) allm. be on b) bildl.: ~ *på ngn* ligga efter be on at a p.; slå ner på be down on a p.

~ till exist, be; *den är till för att* inf. it is there to inf.; *den är till för det* that's what it is there (avsedd meant) for; ~ *till sig* be beside oneself

~ ur: *knappen är ur* the button has come off; *kontakten är ur* the plug is out (disconnected)

IV *s* filos. ~*[t]* existence

2 vara *vb itr* räcka last; pågå go on; fortsätta continue; hålla i sig hold; i högre stil endure; hålla, om kläder o.d. äv. wear 2; ~ hålla *länge* äv. be durable (lasting); ~ *längre än* äv. outlast; ~ *över vintern* last the winter [out]; *anfallen ~de* hela natten the attacks went on (persisted)...; *pjäsen (filmen) ~r två timmar* the play lasts (the film runs for, the film lasts) two hours

3 vara *s* artikel article; specialartikel, varuslag line; produkt product; *varor* koll. äv. goods; handelsvaror merchandise sg.

4 vara *s*, *ta ~ på* ta hand om take care of, look after; utnyttja make the most of, make use of, exploit; *ta [väl] ~ på tiden* make good use (make the most) of one's time; *ta ~ på tillfället* take (make the most of, avail oneself of) the opportunity; *ta...till ~* se *tillvarata[ga]*; *ta sig till ~* vara försiktig be careful

5 vara *vb rfl,* ~ *sig* om sår o.d. fester, suppurate

varaktig *adj* långvarig, om t.ex. fred, intryck, vänskap lasting, enduring; om t.ex. popularitet, tillgivenhet abiding; hållbar durable; om färg fast; beständig, om t.ex. bostad, plats permanent

varaktighet *s* fortvaro duration; hållbarhet durability; beständighet permanence, permanency; *av kort ~* of short duration

varandra (vard. *varann*) *pron* each other, one another; *de lånade ~s böcker* they borrowed each other's (one another's) books; *bredvid ~* äv. side by side; de kom *efter ~* ...one after the other, ...after one another; de träffades *tre dagar efter ~* ...on three days running, ...on three successive (consecutive) days; *tätt efter ~* close upon each other; *byta* hattar *med ~* exchange...; jfr *varannan II*

varannan (*vartannat*) **I** *räkn* every other (second); en gång ~ *dag* äv. ...every two days; ~ *gång* äv. alternately; ~ *vecka* äv. every (once a) fortnight **II** *pron, om vartannat* omväxlande by turns; huller om buller all over the place; godtyckligt indiscriminately

varav *adv* of which (etc.); vi såg tio bilar, ~ *tre*

varbildning 808

skåpbilar ...three of them (three of which were, of which three were) vans
varbildning *s* purulence, suppuration (båda end. sg.); konkr. abscess
varböld *s* boil; svårare abscess
vardag *s* weekday; arbetsdag äv. workday; *~ens mödor* the...of everyday life; *om (på) ~arna* el. *till ~s* on weekdays; friare on ordinary days; *till ~s* vardagsbruk for everyday use (om kläder wear)
vardaglig *adj* everyday...; vanlig äv. ordinary; banal commonplace, trivial; om utseende plain; enformig monotonous, humdrum; informell informal
vardagsklädd *adj* ...dressed in everyday (ordinary) clothes (in casual wear)
vardagskläder *s pl* everyday (ordinary) clothes
vardagslag *s, i ~* om vardagarna on weekdays; vanligtvis usually; till vardagsbruk for everyday use (om kläder wear)
vardagsliv *s* everyday (ordinary) life
vardagsmat *s* everyday (ordinary) food (fare); *det är ~* förekommer ofta it happens every day, there's nothing special about it; *för honom var det ~ att...* he thought nothing of...
vardagsrum *s* living room, sitting room; amer. äv. parlor
vardagsspråk *s* everyday (colloquial) language (talat speech), vernacular
vardera *s* each; per person äv. per head; *på ~ sidan [av* floden*]* on either side [of...]
varefter *adv* i tidsbet. ('varpå') after (on) which, whereupon
varelse *s* väsen being; person person; *en levande ~* äv. a living creature; *en söt liten ~* a sweet little thing äv. om djur; *en vacker ~* a beautiful creature
varenda *s* every [single]; *~[ste] en* el. *vartendaste ett* every (each) [single] one; alla [one (each)] and] all; *~ dag* every day; dagligen äv. daily
vare sig *konj* **1** either; *jag känner inte ~ honom eller hans bror* I don't know either him or his brother **2** antingen whether; han måste gå *~ han vill eller inte* ...whether he wants to or not
vareviga *s* every single; *~ en* every single (mortal, blessed) one, every mother's son
varfågel *s* zool. great grey shrike
varför *adv* **1** frågande why; av vilket skäl äv. for what reason; vard. what...for; *~ det (då)? why?; ~ gjorde du det?* why did you do that?, what did you do that for?; *~ tror du det?* vanl. what makes you believe that?; *jag vet inte ~* I don't know [the reason] why **2** rel. **a)** och fördenskull [and] so, and therefore; och följaktligen and consequently; av vilken anledning for which reason; och av den anledningen and for that reason; formellt wherefore; jag var förkyld, *~ jag stannade*

hemma ...[and] so (and therefore, and consequently, and that's why) I stayed at home **b)** *orsaken ~ jag reste dit* the reason [why] I went there
varg *s* wolf (pl. wolves) äv. bildl.; *en ensam ~* a lone wolf; *jag är hungrig som en ~* I could eat a horse, I'm ravenous; *tjuta med ~arna* bildl. run with the pack; *kasta åt ~arna* bildl. throw (cast) to the wolves
vargavinter *s* extremely (bitterly) cold winter
varghona *s* o. **varginna** *s* she-wolf, bitch wolf
vargskinnspäls *s* wolfskin coat
vargtimmen *s* 'the hour of the wolf', the hour before dawn [when people have nightmares, crises etc.]
vargunge *s* **1** wolf cub **2** förr: scout wolf cub; amer. cub scout
varhelst *adv, ~ [än]* wherever
varhärd *s* pus focus
vari *adv* **1** frågande what, where **2** rel. in which, where
variabel I *s* matem. el. statistik. variable; *beroende (oberoende) ~* dependent (independent) variable **II** *adj* variable, changeable
variant *s* variant; biol. äv. el. friare variation; läsart variant [reading]
variation *s* variation äv. mus.
varibland *adv* bland vilka, rel.: om personer among whom; om saker among which
variera I *vb itr* vary; vara ostadig fluctuate; *priser som ~r mellan 80 och 100 kr* prices varying (ranging) between 80 and 100 kr (from 80 to 100 kr) **II** *vb tr* vary; ge omväxling åt äv. diversify
varierande *adj* varying; om t.ex. priser äv. fluctuating; om t.ex. humör, väder variable
varieté *s* föreställning variety, variety show (entertainment), music hall performance; amer. äv. burlesque, vaudeville [show]
varietet *s* variety
varifrån *adv* **1** frågande from where; var...ifrån where...from; från vilken plats äv. from what place; *~ har du [fått]* hört *det?* where did you get that from?; vem har sagt det? who says so?; hur vet du det? how do you know? **2** rel., från vilken plats from where, from which place; *~ 20% skall avgå* from which must be deducted...
varig *adj* om t.ex. sår festering, purulent, suppurating
varigenom *adv* through which (etc.); interr.: på vilket sätt in what way; genom vilka medel by what means; och till följd av detta as a result of which, formellt whereby
varje *pron* **1** fören.: varje särskild, var och en för sig each; varenda every, jfr *3 var 1;* vardera av endast två vanl. either; vilken som helst any; *mellan ~ blad* between each leaf, between every two leaves; *i ~ fall* in any case, at all events **2** självst. *lite[t] av ~* a little of

everything; allt möjligt all sorts of things; han samlade frimärken, stenar **och lite[t] av** ~ äv. ...and what not; **han har varit med om** fått känna på **litet av** ~ he has knocked about a great deal, he has been through quite a lot in his time; fem påsar med två kilo **i** ~ ...in each
varken *konj*, ~ **eller** neither...nor; ~ **han eller hon** får priset ibl. äv. neither of them...; **han** ~ **kunde eller ville** läsa he neither could nor would..., he could not and would not...; stycket är ~ **bättre eller sämre än...** no better nor worse than...; **han kom [inte,]** ~ **i går eller i dag** he came neither yesterday nor today, he did not come either yesterday or today
varlig se *varsam*
varm *adj* warm; stark., 'het', om t.ex. mat, bad hot; bildl., om t.ex. vänskap warm; hjärtlig, om t.ex. hälsning hearty; glödande fervent, ardent; **tre grader ~t** three degrees above zero (above freezing-point); **~t bifall** hearty (cordial) applause; **en ~ dag** a hot day; **~t deltagande** warm sympathy; **~a färger** warm colours; **med ~ hand** gärna gladly; **~t hjärta** warm (generous) heart; **ett ~t klimat** a warm (hot, torrid) climate; **~ korv** hot dog; **~a källor** hot (thermal) springs; **mina ~aste lyckönskningar!** heartiest congratulations!; rum med **~t och kallt vatten** ...hot and cold water; **under den ~a[ste] årstiden** during the hot season; **min ~aste önskan** my most ardent (fervent) wish; **bli ~ i kläderna** bildl. begin to find one's feet; **gå ~** tekn. get over-heated, run hot; **vara ~ om fötterna (händerna)** have warm feet (hands)
varmbad *s* hot bath
varmblod *s* häst thoroughbred, blood horse
varmblodig *adj* warm-blooded; bildl. äv. hot-blooded, passionate
varmed *adv* **1** rel. with which (etc.) **2** frågande ~ **kan jag stå till tjänst?** what can I do for you?
varmfront *s* meteor. warm front
varmgång *s* tekn. overheating
varmhjärtad *adj* warm-hearted, generous
varmköra *vb tr* warm up
varmluft *s* hot air
varmluftsballong *s* hot-air balloon
varmluftsugn *s* circotherm oven
varmrätt *s* huvudrätt main dish (course)
varmvatten *s* hot water
varmvattenberedare *s* geyser, water heater
varna *vb tr* warn [*för* ngn against a p.; *för* ngt of (against, about) a th.; *för att göra ngt* not to do a th., against doing a th.]; mana att vara försiktig äv. caution [*för att göra ngt* not to do a th., against doing a th.]; på förhand forewarn, alert; förmana admonish; sport. caution [*för* for]; **han ~de oss för det** he warned us against it

varnande *adj* warning; manande till försiktighet äv. cautionary; på förhand, om t.ex. tecken äv. premonitory; **en ~ blick** a warning glance; **några ~ ord** a few words of warning; **höja en ~ röst** sound a note of warning; **det har höjts ~ röster mot...** voices have been raised in warning against...
varning *s* warning; caution äv. varningsord; vink hint; på förhand premonition; förmaning admonition; **~ för hunden (ficktjuvar)!** beware of the dog (of pickpockets)!; **~ för svag is!** danger! thin ice; **han fick en ~ av** domaren sport. he was cautioned by...; han blev uppskriven he was booked by...; **låt detta bli en ~!** let this be a warning to you (serve you as a lesson)!; **ta ~ av** take warning from
varningslampa *s* warning lamp (light)
varningsmärke *s* t.ex. trafik warning sign
varningsrop *s* warning cry
varningssignal *s* warning signal
varningsskylt se *varningsmärke*
varningstriangel *s* bil. warning (reflecting) triangle
varp *s* **1** i väv warp äv. bildl. **2** gruv. waste rock **3** a) not~ haul b) tross warp
varpa I *s* sport. a) kaststen 'varpa', stone (metal) disc b) kastspel throwing the 'varpa' **II** *vb tr* **1** vävn. warp **2** sjö. kedge, warp
varpå *adv* rel. i tidsbet. after (on) which, whereupon
1 vars *pron* **1** rel. whose; om djur o. saker äv. of which **2** obest. **~ och ens** se *3 var 2*
2 vars *adv, ja (jo)* ~ någorlunda not [too] bad; har du lust att ta en promenad? **-Ja ~** ...Perhaps, ...Maybe, ...I wouldn't mind
varsam *adj* aktsam careful [*med* with]; förtänksam cautious, prudent; vaksam wary; grannlaga, finkänslig tactful, gentle; **med ~ hand** with a cautious hand, cautiously, gingerly
varsamhet *s* care[fulness], caution, prudence, wariness etc., jfr *varsam*
varse *adj, bli* ~ märka notice, observe, see; upptäcka discover, catch sight of; skönja discern; förnimma perceive
varseblivning *s* psykol. perception
varsel *s* **1** förebud premonition, premonitory sign; **det är ett ~ om** t.ex. kommande olycka this portends (etc., se *varsla 1*)... **2** förvarning notice; **med kort ~** at short notice
varselljus *s* bil. day-notice (side, day-running) lights pl.
varsko *vb tr* underrätta inform; förvarna warn [*ngn*] *om* ngt of a th.]
varsla *vb tr o. vb itr* **1** förebåda **~ [om]** portend, forebode, presage, augur, be ominous of; **det ~r inte gott** that presages (augurs) no good **2** förvarna **~ om strejk** give (serve) notice of a strike
varstans *adv* vard. det ligger papper *lite* ~ ...here, there, and everywhere

Warszawa Warsaw
varsågod se *god I 1*
1 vart *adv* where; ~ *än (helst)* wherever; ~ *vill du komma?* vad syftar du på? what are you driving at?; jag vet inte ~ *jag skall gå* ...where to go; ~ *som helst* se *helst 2*
2 vart *s*, *jag kommer inte någon (ingen)* ~ I am getting nowhere, I am not getting anywhere; bildl. äv. I am making no headway (progress) [whatever]; *du kommer ingen ~ med* sådana metoder ...will get you nowhere
vartannat se *varannan*
vartefter *konj* efter hand som as
varthelst *adv* wherever, wheresoever
vartill *adv* rel. to (for el. annan prep., jfr *till*) which (etc.); ~ *kommer att...* in addition to which...
vartsomhelst se *helst 2*
varubeteckning *s* description of goods, trade description
varubil *s* delivery van
varubörs *s* commodity (för lantbruksvaror produce) exchange
varudeklaration *s* description of goods, trade description; intyg om kvalitet informative label; rubrik på varuförpackning: innehåll contents; ingredienser ingredients used
varuhiss *s* goods lift (amer. elevator)
varuhus *s* department store
varuhuskedja *s* multiple (chain) stores group
varuintag *s* goods reception (unloading) bay
varulager *s* **1** lager av varor stock[-in-trade] **2** magasin warehouse
varulv *s* werewolf (pl. werewolves)
varumagasin *s* lager warehouse
varumärke *s* trademark, proprietary name; *inregistrerat* ~ registered trademark
varuprov *s* sample, jfr *prov 3*; påskrift på kuvert by sample-post
varur *adv* rel. out of which (etc.); from which
varuslag *s* type of goods (article, commodity), line [of goods]
varutöver *adv* over and above which (etc.)
1 varv *s* skepps~ shipyard, shipbuilding yard; flottans naval [dock]yard; amer. naval shipyard, navy yard; *på ~et* in the shipbuilding yard osv., se ovan
2 varv *s* **1** [om]gång turn, round; sport., ban~ lap; tekn. el. astron. revolution; tekn. vard. rev; konstgjord satellits orbit; vid stickning och virkning row; 1000 ~ *i minuten* ...revolutions (vard. revs) per minute; *gå ett (flera)* ~ *runt* kvarteret take a turn (several turns) round..., go once (several times) round...; *gå ett* ~ i trädgården (göra en vända) take a turn...; *linda ett band två* ~ *[runt]* wind...twice round (about); *gå ned i* ~ ease off (up), take it easier; *när han hade kommit upp i* ~ when he had really got going; *vara uppe i* ~ bildl. be all geared (revved) up, be in full swing, be really going strong; *mellan ~en* during the breaks; *gå på högsta* ~ be at top rev; bildl. äv. give all one's got **2** lager, skikt layer
varva I *vb tr* **1** lägga i skikt put...in layers; ~ *studier och (med) praktik* bildl. sandwich study and practical work **2** sport. lap **II** *vb itr*, ~ *ned* om motor move into a lower gear; bildl. move into low gear, ease off (up) take it easier; ~ *upp* om motor move into a higher gear; bildl. move into high gear
varvid *adv* rel. at which (etc.); om tid, när when; *en olycka* ~ *två personer dödades* ...in which two people were killed
varvräknare *s* tekn. revolution (vard. rev) counter
varvsarbetare *s* shipyard worker, dockyard hand
varvsindustri *s* shipbuilding industry; *den svenska ~n* äv. the Swedish shipbuilding yards (shipyards) pl.
varvtal *s* number of revolutions; *komma upp i högre* ~ a) eg. pick up b) bildl. move into high gear, really get going
vas *s* vase
vasall *s* vassal
vaselin *s* vaseline, petroleum jelly; amer. äv. petrolatum
vask *s* avlopp sink
vaska *vb tr* tvätta wash; ~ *guld* wash (pan) gold; ~ *av* vard., tvätta wash; diska wash up; ~ *fram* bildl., locka fram fish out; sålla ut sort out; ~ *ut* wash (pan) out
1 vass *adj* sharp; om egg äv. keen; spetsig pointed; udd~ sharp-pointed, ...as sharp as a needle; om verktyg sharp-edged; stickande, om t.ex. blick, ljud, vind piercing; sarkastisk, bitande, om t.ex. ton caustic, mordant, cutting; ~ *näsa* pointed (sharp) nose; ~ *penna* pointed (bildl. äv. caustic) pen; *ha en* ~ *tunga* have a sharp (biting) tongue; *göra* ~ sharpen; *kniven är* ~ äv. ...has a sharp edge
2 vass *s* bot. [common] reed; koll. reeds pl.; *en* ~ se *vassrugge*; *i ~en* among the reeds
vassbevuxen *adj* reedy, reeded
vassla I *s* whey **II** *vb rfl*, ~ *sig* go (get) wheyey (wheyish)
vasspipa *s* reed
vassrugge *s* clump of reeds
vassrör *s* o. **vasstrå** *s* reed
Vatikanen the Vatican
watt (förk. *W*) *s* elektr. watt (förk. W)
vatt|en *s* **1** water; vichy~, soda~ soda [water]; *hårt (mjukt)* ~ hard (soft) water; *högt* ~ high water, jfr *flod 2*; *lågt* ~ low water, jfr *ebb*; *ett stort* ~ a vast stretch of water; ~ *och avlopp* drainage and water supply; ~ *och bröd* bread and water; *han fick* ~ *på sin kvarn* this (that) strengthened his argument (case), he got support for his argument (case); *ta in* ~ läcka take in water; *ta sig* ~ *över huvudet* take on more than one can manage, bite off more than one can chew;

lägga...i ~ put...in water; för ursaltning av matvaror äv. put...in soak; **gå ned på -net** flyg. surface, alight on water; *vara ute (ge sig ut) på djupt* ~ bildl. be in (get into) deep water[s]; simma *under -net* ...below the surface; *stå under* ~ be under water; vara översvämmad äv. be flooded (submerged); *sätta...under* ~ flood..., submerge... **2** vätska ~ *i knät* water on the knee; *~ i lungsäcken* wet pleurisy **3** urin *kasta [sitt]* ~ pass (make) water, urinate; om hästar o.d. stale
vattenavhärdare s water-softener
vattenavstötande adj water-repellent
vattenbad s kok. water-bath
vattenbehållare s water tank; större reservoir; f. varmvatten boiler
vattenbrist s shortage (scarcity) of water; i jorden deficiency of water
vattenbryn s, *i ~et* i strandkanten at the water's edge; vid vattenytan at (on) the surface of the water
vattencykel s pedal boat
vattendelare s geogr. watershed, divide
vattendjur s i havet marine animal; i insjö lacustrine animal; hon är *ett riktigt* ~ ...a fish in the water
vattendomstol s water-rights court
vattendrag s watercourse, stream
vattendrivande adj med. diuretic; ~ *medel* diuretic
vattendroppe s drop of water, water drop
vattenfall s waterfall; isht mindre cascade; större falls pl.
vattenfast adj waterproof, water-resistant
vattenfågel s waterfowl (pl. lika)
vattenfärg s watercolour
vattenförorening s water pollution
vattenförsörjning s water supply
vattenglas s **1** dricksglas [drinking-]glass; utan fot äv. tumbler; glas vatten glass of water **2** kem. water glass
vattengrav s sport. water jump; vallgrav moat
vattenhalt s water content; procentdel percentage of water
vattenhink s water bucket
vattenhål s waterhole
vattenkanna s water jug (amer. water pitcher); större äv. ewer; för vattning watering-can; amer. sprinkling can; f. andra ändamål, t.ex. på bensinstation watercan
vattenkanon s water cannon (pl. lika)
vattenklosett s water closet (förk. WC), toilet
vattenkraft s water power, hydroelectric power
vattenkraftverk s hydroelectric power station
vattenkran s [water] tap; amer. faucet
vattenkrasse s bot. watercress
vattenkvarn s watermill
vattenkyld adj om motor water-cooled
vattenkylning s av motor water-cooling

vattenledning s rör waterpipe; huvudledning water main, [water] conduit; akvedukt aqueduct; *det finns* ~ i huset there is water laid on
vattenledningsrör s waterpipe; huvudrör water main
vattenledningsvatten s tap water
vattenledningsverk s waterworks (pl. lika)
vattenlinje s sjö. waterline
vattenloppa s zool. waterflea
vattenlås s tekn. [water] trap, water seal
vattenmelon s watermelon
vattenmätare s water gauge, water meter
vattenpass s tekn. water level
vattenpistol s water pistol, squirt [gun]
vattenplaning s trafik. aquaplaning; *råka ut för (få)* ~ aquaplane
vattenpolo s water polo
vattenpost s brand. hydrant
vattenpump s bil. water pump
vattenpuss s o. **vattenpöl** s puddle, pool [of water]
vattenreningsverk s water purification plant (works pl. lika)
vattenrutschbana s waterchute
vattensamling s pool [of water]
vattensjuk adj vattendränkt waterlogged; sank boggy, fenny, marshy
vattenskada s water damage, damage by water (båda end. sg.)
vattenskalle s med. water on the brain; vetensk. hydrocephalus
vattenskida s water-ski; *åka vattenskidor* water-ski
vattenslang s [water] hose
vattenspegel s mirror (surface) of the water
vattenspridare s [water] sprinkler
vattenstånd s water level; om tidvatten äv. height of tide; *högsta ~et* high-water level
vattenstämpel s watermark
vattensäng s waterbed
vattentillförsel s o. **vattentillgång** s water supply
vattentorn s water tower
vattentunna s waterbutt
vattentäkt s **1** anläggning water catchment **2** vattentillgång source of water supply
vattentät adj waterproof; om kärl, fartyg el. bildl. watertight; *vara* ~ äv. hold water; *ett ~t alibi* a cast-iron (an airtight) alibi; *~t armbandsur* waterproof watch; *~t skott* watertight bulkhead; bildl. sharp dividing line; *göra* tyg *~t* waterproof...
vattenverk se *vattenreningsverk*
vattenvård s water conservation
vattenväg s waterway; *komma ~en* come by water
vattenväxt s aquatic (water) plant
vattenyta s surface of water; *på ~n* on the surface of the water
vattenånga s steam

vattenödla *s* newt
vattkoppor *s pl* med. chickenpox
vattna *vb tr* water äv. djur; åkerfält med kanaler o.d. äv. irrigate; gräsmattor, gator äv. sprinkle; med slang hose; **~ ur** salta ur soak, steep
vattnas *vb itr dep*, *det ~ i munnen på mig* när jag it makes my mouth water...
vattnig *adj* watery
vattrad *adj* watered, moiré
Vattumannen astrol. Aquarius
vattusot *s* med. dropsy
vax *s* wax; *han är som [ett] ~ i hennes händer* he is [like] wax (clay)...
vaxa *vb tr* wax
vaxartad *adj* waxlike
vaxblek *adj* waxen, pallid, waxy
vaxböna *s* wax bean, butter bean
vaxdocka *s* wax doll (modell model)
vaxduk *s* vävnad oilcloth, American cloth äv. duk
vaxkabinett *s* waxworks (pl. lika), waxworks museum (show)
vaxkaka *s* honeycomb
vaxljus *s* wax candle (smalt taper)
vaxpropp *s* i örat plug of wax
wc *s* WC, toilet, lavatory
VD (förk. för *verkställande direktör*) se under *verkställande*
ve litt. **I** *s*, ngns *väl och ~* se *väl I*; *svära ~ och förbannelse över ngn* call down curses on [the head of] a p. **II** *interj*, *~ dig [, om...]!* woe betide you [, if...]!; *~ och fasa!* damnation!, blast!, God help us!
veck *s* löst fallande fold; i sömnad pleat; invikning tuck; byx~ o.d. samt oavsiktligt crease äv. på papper; i ansiktet wrinkle, pucker; *bilda ~ fold*; *lägga ett tyg i ~* pleat...; i lösa veck fold...; *lägga pannan i ~* pucker [up] one's brow
1 vecka I *vb tr* ett tyg o.d. pleat, fold; pannan pucker; jfr *veck;* ~**d** geol. folded **II** *vb rfl*, ~ *sig* fold; crease; isht om papper crumple, crinkle; jfr *veck*
2 vecka *s* week; ~*n ut* to the end of the week; *varje ~* every week; adv. äv. weekly; *i (under) en ~s tid* for a week or so; *fem veckors semester* five weeks' holiday (weeks off); *i dag för en ~ sedan* a week ago today; *i ~n* nu i ~n this week, in the course of the week; utkomma *en gång i ~n* ...once a week, ...weekly; *[i] förra ~n* last week; *om en ~* in a week['s time]; *i dag om en ~* this day week, a week from today; 1500 kr *per ~ (i ~n)* ...a (per) week; hyra *per ~* ...by the week; resa bort *på en ~* ...for a week; *på en ~* hinner man mycket in a week...; *på mindre än en ~* in less than (inside of) a week; *under ~n* during (in the course of) the week; på vardagarna on weekdays
veckig *adj* creased; skrynklig crumpled; isht om papper äv. crinkled

veckla *vb tr* vira wind; svepa wrap; *~ ihop* fold...up (together); *~ in ngt i ngt* wrap a th. [up] in a th.; *~ om* se *linda [om]*; *~ upp (ut)* unfold; t.ex. paket undo; t.ex. karta open out; *~ ut* flagga, segel unfurl; *~ ut sig* unfurl
vecklare *s* zool. tortricid
veckning *s* geol. folding
veckodag *s* day of the week
veckohelg *s* weekend
veckolön *s* weekly wages pl.
veckopeng *s*, ~*[ar]* weekly pocket money (allowance) sg.
veckopress *s* weekly [publication] press; ~*en* äv. the weeklies pl.
veckoslut *s* weekend
veckotidning *s* weekly publication (magazine), weekly
veckotimm|e *s* skol. *fem -ar* five periods a week
ved *s* wood; bränsle äv. firewood
vedartad *adj* woody; bot. ligneous
vedbod *s* woodshed
vederbörande I *adj* the...concerned; ifrågavarande the...in question; behörig, om t.ex. myndighet the proper (competent, appropriate)... **II** *s* the person (jur. party) concerned; pl. those concerned, the persons (resp. parties) concerned; återges ibl. med pers. pron. he (him osv.); *[höga] ~* the authorities pl.
vederbörlig *adj* due, proper; passande äv. suitable; *på ~t* säkert *avstånd* at a safe distance; *i ~ form (ordning)* in due form; *med ~t tillstånd* with due permission
vederbörligen *adv* duly, properly, ...in due form
vedergälla *vb tr* repay [*ngn ngt* a th. to a p. (a p. for a th.)]; gengälda return, requite; löna reward, recompense; hämnas retaliate, avenge; *~ ont med gott* return good for evil
vedergällning *s* retribution äv. teol.; lön requital; gottgörelse recompense, reward; hämnd retaliation, revenge; *massiv ~* mil. massive retaliation
vedergällningsaktion *s* act of reprisal (retaliation)
vederhäftig *adj* **1** tillförlitlig reliable, trustworthy **2** ekon., solid solvent, financially responsible; *icke ~* insolvent
vederhäftighet *s* **1** reliability, trustworthiness **2** ekon. solvency, financial responsibility
vederkvicka I *vb tr* uppfriska refresh; stärka invigorate **II** *vb rfl*, *~ sig med ngt* refresh (stärka invigorate) oneself with a th.
vederlag *s* ersättning compensation osv., jfr *ersättning 1*; *skäligt ~* adequate indemnification; göra ngt *mot ~* ...for a consideration; *utan ~* free of charge, gratuitously
vederlägga *vb tr* confute; bevisa felaktigheten hos refute; dementera, t.ex. ett påstående

contradict, deny, disprove; tillbakavisa, t.ex. en beskyllning rebut; *...kan ej ~s* äv. ...is irrefutable
vederläggning *s* confutation; refutation; disproof; rebuttal; jfr *vederlägga*
vedermöda *s* hardship[s pl.]
vederstygglig *adj* abominable; vedervärdig execrable; ful hideous
vedertagen *adj* erkänd accepted, recognized; om t.ex. sed established; om t.ex. uppfattning conventional; *vedertaget språkbruk* accepted usage
vedervärdig *adj* repulsive, repugnant; avskyvärd disgusting, loathsome; äcklig nauseous; jfr *vederstygglig*
vedettbåt *s* örlog. picket boat
vedhuggare *s* wood cutter (chopper), woodman
vedkap *s* cirkelsåg circular saw
vedlass *s* [cart]load of [fire]wood
vedlår *s* firewood bin
vedspis *s* [fire]wood stove
vedtrave *s* woodpile, stack of [fire]wood (logs)
vedträ *s* log (stort billet) of wood
weekend *s* weekend
vegetabilier *s pl* vegetables
vegetabilisk *adj* vegetable
vegetarian *s* vegetarian
vegetarisk *adj* vegetarian
vegetation *s* vegetation
vegetativ *adj* vegetative
vegetera *vb itr* vegetate; bildl. äv. lead a dull life
vek *adj* böjlig pliable, yielding alla äv. bildl.; svag weak, feeble; mjuk, lättrörd soft; känslig gentle, tender; eftergiven indulgent; *~a livet* midriff, diaphragm; *bli ~* soften, grow soft; *bli ~ om hjärtat* feel one's heart soften, grow tender; *göra ~* soften
veke *s* wick
vekhet *s* weakness osv.; pliancy; jfr *vek*
veklig *adj* soft; omanlig effeminate; slapp nerveless, pithless; svag weak[ly]; klemig coddled, delicate
vekling *s* weakling, effeminate man (boy osv.); vard. milksop
vekna *vb itr* soften, grow soft (tender); ge vika relent; låta beveka sig be moved to pity
vektor *s* matem. el. fys. vector
vela *vb itr, [gå och] ~* el. *~ hit och dit* vacillate, shilly-shally
velar fonet. **I** *adj* velar **II** *s* velar [sound]
velig *adj* obeslutsam vacillating...; vard. shilly-shally; *han är så ~* he vacillates
wellpapp *s* corrugated paper (tjockare cardboard)
velodrom *s* velodrome
velour[s] *s* velour[s]
weltervikt *s* sport. welterweight
welterviktare *s* sport. welterweight

vem *pron* **1** interr. who; objektsform who[m], efter prep. whom; vilkendera which [of them]; *~ där?* who is (mil. goes) there?; *~ av er...?* which of you...?; *~ får jag hälsa [i]från?* what name, please?, se vid. ex. under 2 *hälsa* 3; *~ tar du mig för?* who (what) do you take me for?, who (what) do you think I am?; jag vet inte *~ som kom* ...who came; *~s är det?* whose is it?, who[m] does it belong to?; *~s är felet?* el. *~s fel är det?* whose fault is it?, who is to blame? **2** i rel. satser *~ det än är (vara må)* whoever it may be; *ge det till ~ du vill* give it to who[m]ever you like; hon kan välja *~ hon vill* ...whoever she wants; *~ som helst* se *helst* 2
vemod *s* [tender] sadness, [pensive] melancholy
vemodig *adj* sad, melancholy
ven *s* åder vein
vendetta *s* vendetta
Venedig Venice
venerisk *adj* venereal; *~ sjukdom* venereal disease (förk. VD)
venetian *s* o. **venetianare** *s* Venetian
venetiansk *adj* Venetian
Venezuela Venezuela
venezuelan *s* Venezuelan
venezuelansk *adj* Venezuelan
ventil *s* **1** till luftväxling ventilator, air-regulator; sjö., i hytt porthole **2** i maskin, säkerhets~ o.d. valve; på fartyg, lucka scuttle; på blåsinstrument valve
ventilation *s* luftväxling ventilation
ventilationstrumma *s* ventilation shaft
ventilera *vb tr* **1** ventilate; vädra air **2** dryfta ventilate, debate, discuss
ventilgummi *s* valve rubber
ventrikel *s* anat. ventricle; magsäck stomach
Venus astron. el. mytol. Venus
venös *adj* anat. venous, venose
veranda *s* veranda[h]; amer. äv. porch
verb *s* verb
verbal *adj* **1** verbal äv. gram. **2** ordagrann word-for-word, literal
verbalisera *vb tr o. rfl, ~ sig* verbalize
verbalsubstantiv *s* verbal noun
verbböjning *s* conjugation (inflection) of a verb (resp. of verbs)
verbform *s* verbal form
verbändelse *s* verb (verbal) ending
verifiera *vb tr* verify; bestyrka attest; bekräfta confirm; intyga certify; gm dokument support...with documents
verifikation *s* verification osv., jfr *verifiera;* kvitto receipt, voucher
veritabel *adj* veritable, true
verk *s* **1** arbete work äv. konstnärligt; abstr. el. i högre stil äv. labour; dåd äv. deed; prestation achievement; skapelse creation; *allt detta är hans ~* all this is his handiwork (work, isht neds. doing); *samlade ~* pl. collected works;

verka 814

i själva ~et in reality, actually; faktiskt as a matter of fact, in actual fact; *sätta...i ~et* carry out, put...into execution (effect), put...into (in) practice; förverkliga realize; *gå (skrida) till ~et* go (set) about it (the thing el. the work osv.) **2** ämbetsverk [civil service] department **3** fabrik works (pl. lika); om t.ex. såg~ mill **4** tekn., t.ex. i ur works pl.; mekanism mechanism
verka I *vb itr* **1** handla, arbeta work, act; *~ för...* work for..., devote oneself to..., interest oneself in... **2** göra verkan work, act; *detta ~de* that had [an] effect; medicinen *~de inte* ...had no effect; *~ avslappnande* have a relaxing effect; vi får väl se *hur det ~r* ...the effect, ...how it works; *~ på...* work (act, operate) [up]on...; t.ex. fantasin influence... **3** förefalla seem, appear; *det ~r* äkta äv. it strikes one as [being]..., it looks...; *~ sympatisk* make an agreeable (a pleasing) impression [on (upon) one]; *det ~r att bli vackert väder* it looks as if the weather is going to be nice **II** *vb tr*, *~ gott* do good
verkan *s* effekt effect; följd consequence; kem. el. astron. action; av t.ex. medicin äv. operation; verkningskraft efficacy; intryck impression; *orsak och ~* cause and effect; *förta ~ av...* take away (obliterate) the effect[s pl.] of..., render...ineffective; neutralisera neutralize...; *göra ~* have an effect, be effective; om t.ex. kritik go home; *inte göra [någon] ~* have no effect; vard. fall flat; *med omedelbar ~* with immediate effect; som har omedelbar ~ to take effect immediately; *bli utan (inte ha avsedd) ~* be without (of no) effect, prove (be) ineffective, fail in its effect
verklig *adj* real; sann, äkta true, genuine; riktig regular, förstärkande veritable; egentlig proper; faktisk, om t.ex. antal, förhållande, inkomst actual; om t.ex. vinst positive; reell virtual; hon är *en ~ dam* ...quite a lady; *[det] ~a förhållandet* the real (actual) state of the case, the [real] facts pl.; ofta the truth; *[det] ~a förloppet* the actual course of events; *~ händelse* [actual] fact; *den ~e ledaren* the virtual leader; *i ~a livet* in real life; *ett ~t nöje* a true (real) pleasure; *en ~ träkmåns* a proper (regular) bore
verkligen *adv* really; faktiskt actually, indeed; förvisso certainly; återges i jak. påståendesats ofta gm omskrivn. av huvudverbet med do, jfr ex.; *~?* äv. you don't say [so]?; isht amer. is that so?; *nej ~?* really?; gjorde du det *~?* äv. did you [really]? osv.; *jag hoppas ~ att...* äv. I do beton. hope...; *~ försöka* really try, try hard; han lovade komma *och han kom ~* ...and he did beton. come; *jag är ~ glad* I am beton. glad (delighted)
verklighet *s* reality (äv. *~en);* faktum fact[s pl.], actuality; sanning truth; *virtuell ~* virtual reality; *bli ~* become a reality, be realized,

materialize, come (prove) true; *i ~en* i verkliga livet in real life; i själva verket in reality; faktiskt as a matter of fact; *hålla sig till ~en* vanl. stick to facts; *återvända till ~en* return to reality
verklighetsflykt *s* escape [from reality]; som idé escapism
verklighetsfrämmande *adj* ...divorced from reality, unrealistic; vard. airy-fairy
verklighetstrogen *adj* realistic, ...true to [real] life; om porträtt lifelike; om beskrivning faithful
verklighetsunderlag *s*, boken *har ~* ...is founded on fact
verkmästare *s* foreman, supervisor; vid bygge äv. overseer; i fabrik o.d. äv. master mechanic
verkningsfull *adj* effective; effektfull telling, impressive
verkningsgrad *s* efficiency
verkningslös *adj* ineffective
verksam *adj* active; driftig energetic; arbetsam industrious, busy; om t.ex. läkemedel effective, efficacious; kraftig powerful; *ta ~ del i* ngt take an active part in...; *vara ~ som...* work as...
verksamhet *s* aktivitet activity; rörelse action äv. vetensk.; maskins operation; arbete, sysselsättning work; fabriks~ o.d. enterprise; affärs~ business; *politisk ~* political activities pl.; firman *började sin ~ i fjol* ...started up (in business) last year; *i sin ~ [som lärare]* in his work [as a teacher]; *lägga ned ~en* close down; *sätta...i ~* set...working; *träda i ~* om sak come into action (operation); *vara i full ~* om pers. be in full activity (om sak swing, operation); *under min ~ som lärare har jag...* during my career...
verksamhetsberättelse *s* årsberättelse annual (chairman's) report
verksamhetsfält *s* sphere (field) of activities (action)
verksamhetsgren *s* line [of business (trade)]
verksamhetslust[a] *s* thirst for activity
verksamhetsår *s* year of activity; hand. financial year
verksläkare *s* staff medical officer
verkstad *s* workshop; för reparationer repair shop; bil~ garage; friare el. bildl. laboratory
verkstadsarbetare *s* [engine] fitter, mechanic
verkstadsgolv *s* shopfloor; *arbetarna på ~et* the [workers on the] shopfloor
verkstadsindustri *s* engineering (manufacturing) industry
verkställa *vb tr* utföra carry out, carry into effect, perform; fullborda accomplish; order execute, effect; dom execute, enforce; t.ex. inspektion, utbetalning make; göra, t.ex. en översättning do
verkställande I *adj* executive; *~ direktör* managing director; amer. president; *vice ~ direktör* deputy (assistant) managing

director; amer. vice-president; *den ~ myndigheten* the executive **II** *s* carrying out osv.; performance; accomplishment; execution, enforcement; jfr *verkställa*
verkställighet *s* execution; *gå i ~* be put into effect, be carried out (into effect)
verktyg *s* tool; instrument instrument; redskap implement samtl. äv. bildl.; bildl. äv. means (pl. lika), agent
verktygslåda *s* toolbox
vermouth *s* vermouth
vernissage *s* öppnande opening of an (resp. the) exhibition; ibl. vernissage
vers *s* verse; strof äv. stanza, strophe; i Bibeln äv. passage; dikt poem; koll. äv. poetry; *på ~* in verse (poetry); *en...på ~* a versified (verse)..., a poetic version of...; *sätta...på ~* put...into verse, turn...into poetry; *sjunga på sista ~en* vard. be on one's last legs; vara på upphällningen be on the way out
versal *s* typogr. capital, capital letter; vard. cap; mera tekn. upper-case [letter]
versdrama *s* verse (metrical) drama
verserad *adj* belevad well-mannered
versform *s* metrical form
versfot *s* [metrical] foot
versifiera *vb tr* put...into verse, versify
version *s* version; läsart äv. reading
verslära *s* metrics (sg. el. pl.), prosody
versmått *s* metre
versrad *s* line of poetry
vertebrat *s* zool. vertebrate
vertikal I *adj* vertical **II** *s* vertical
vertikalplan *s* vertical plane
vertikalvinkel *s* vertical angle
vesir *s* islamisk ämbetsman vizier
vespa *s* skoter ®Vespa
vesper *s* kyrkl. vespers pl.
vessla *s* **1** zool. weasel, ferret; *kvick som en ~* quick as a flash **2** fordon snowmobile; amer. äv. snowcat, weasel
western *s* västernfilm western
vestibul *s* vestibule, entrance hall; i hotell ofta lounge, lobby, foyer
veta I *vb tr* allm. know äv. känna till, ha insikter i; ha vetskap [om...] äv. be aware [of...]; *nu vet jag!* äv. I have it!; *[ja,] inte vet jag* I don't know [, I'm sure], I wouldn't know, how do I know?; vard. search me; *såvitt (vad) jag vet* as far as I know, to my knowledge, as far as I am aware; *inte såvitt (inte vad) jag vet* äv. not that I know; det är dumt, *vet du* ...,you know; *vem vet?* who knows (can tell)?; *man vet aldrig* there's no telling; *man vet vad man har men inte vad man får* better the devil you know than the devil you don't know; *ingen vet* nobody knows, it is anybody's guess; *vad vet jag?* how should I know?; han kanske är bortrest, *vad vet jag?* ...for all I know; *vet du vad,* jag har hittat det! do you know what, ...!, I say...!; *vet du vad*

[vi gör], vi går på bio! I tell you what, let's...!; *nej, vet ni vad!* förebrående really now, that's a bit much (going too far)!; *~* förstå *att* inf. know (understand) how to inf.; *ni vet väl att...* I suppose (isht amer. guess) you know (are aware of the fact) that...; *Gud vet, om* han kommer tillbaka God knows if...; *Gud vet, om* han inte har rätt I wonder if (whether)...; *få ~* få reda på find out, get to know, learn; få höra hear [of (about)], be told [of]; bli upplyst om be informed of; *jag fick inte ~ det* förrän det var för sent I didn't know (höra hear about it)...; *hur fick du ~ det?* how did you [come to] hear that (of it)?; *man kan aldrig ~* you never know (can tell), one never knows (can tell); *låta ngn [få] ~...* let a p. know...; det är inte lätt, *ska du ~* ...I can tell you, ...mind you; *~ varken ut eller in* be at a loss what to do
II med beton. part.
~ av att... know that...; *~ av* ngt know of..., be aware of..., be acquainted with...; *honom vill jag inte ~ av* I won't have anything to do with him; *några dumheter vill jag inte ~ av* I won't have (stark. put up with) any nonsense, I'll stand no nonsense
~ med sig be conscious (aware) [*att man är* of being (that one is)]
~ om se *~ av* ovan
~ till sig: inte ~ till sig av glädje be beside oneself with...
vetande I *adj* knowing; *väl ~ att* knowing [quite] well that; högtidl. with (in) the certain knowledge that; *mindre ~* feeble-minded, soft-headed **II** *s* knowledge; kunskap äv. learning; *mot bättre ~* against one's better judgement
vete *s* wheat
vetebröd *s* wheat[en] bread; i Engl. vanl. white bread; kaffebröd, koll. ung. buns pl.
vetebulle *s* [slät plain] bun
vetegrodd *s* wheat germ
vetekli *s* wheat bran
vetekross *s* crushed wheat
vetelängd *s* flat long-shaped bun
vetemjöl *s* wheatflour
vetenskap *s* allm. science (äv. *~en*); gren: inom naturvetenskapen [branch of] science, inom humaniora branch of scholarship, i båda fallen äv. discipline; *humanistisk ~* the humanities, the arts (båda pl.)
vetenskaplig *adj* scientific; humanistisk vanl. scholarly
vetenskapligt *adv* scientifically; in a scholarly manner (way); jfr *vetenskaplig*
vetenskapsakademi *s* academy of sciences
vetenskapsman *s* allm. el. isht natur~ scientist; isht humanist scholar
veteran *s* veteran
veteranbil *s* veteran (isht från 1919-1930 vintage) car

veterinär *s* veterinary surgeon, veterinary, amer. veterinarian; vard. vet
veterligen *adv* o. **veterligt** *adv* as far as is known; *mig* ~ to my knowledge, as (in so) far as I know
veteåker *s* med gröda field of wheat
vetgirig *adj* ...eager to learn (of an inquiring mind); *vara* ~ äv. have an inquiring mind
vetgirighet *s* inquiring mind; kunskapstörst thirst (hunger) for knowledge
veto *s* veto; *inlägga* ~ *mot* ngt put (place, interpose) a veto on..., veto...
vetorätt *s* [right of] veto
vetskap *s* knowledge; kännedom äv. cognizance; *få* ~ *om* get to know, learn about, get knowledge of; *komma till ngns* ~ come to a p.'s knowledge
vett *s* **1** förstånd sense, savoir-faire fr.; *ha* ~ *att*... have the [good] sense (t.ex. att tiga have sense enough) to...; *vara från ~et* galen be out of one's senses (wits); *skrämma ngn från ~et* frighten (scare) a p. out of his wits (senses), scare the daylights out of a p. **2** levnadsvett good breeding, savoir-vivre fr.
vetta *vb itr*, ~ *mot (åt)* face [on to (on)]; ~ *åt* gatan äv. open on to...; ~ *åt norr* face the north
vettig *adj* sensible, reasonable; omdömesgill judicious; *ingen* ~ *människa* äv. no man in his senses, nobody in their senses; han är *inte riktigt* ~ ...not all there
vettlös *adj* oförståndig senseless, unreasonable; om t.ex. påhitt äv. absurd, wild
vettskrämd *adj* ...frightened (scared) out of one's senses (wits); pred. äv. scared stiff
vettvilling *s* madman
vev *s* crank, handle, winch; *dra ~en* turn the crank (handle)
veva I *s*, *i den ~n* el. *i samma* ~ [just] at that (the same) moment (time) **II** *vb itr* (ibl. *vb tr*) dra veven turn the crank (handle) [*på ngt* of a th.]
III med beton. part.
~ **fram** *en melodi* grind out a tune
~ **i gång** motor crank up...
~ **på** grind away
~ **hissa upp** wind up
vevaxel *s* crankshaft
vevstake *s* tekn. [connecting] rod
whisky *s* whisky; amer. o. irländsk whiskey; *skotsk* ~ äv. Scotch
whiskygrogg *s* whisky and soda; amer. [whiskey] highball
whist *s* kortsp. whist
vi *pers pron* we; *oss* us; rfl. ourselves (vid pluralis majestatis ourself; i adverbial med beton. rumsprep. vanl. us); ~ *andra* äv. the rest of us; ~ *systrar* we sisters; *oss emellan sagt* between ourselves, för ex. jfr äv. *jag*
via *prep* om resrutt o.d. via, by [way of]; genom, medelst through, by way of

viadukt *s* viaduct
vibration *s* vibration, oscillation; *~er* utstrålning etc. vibrations; vard. vibes
vibrato *s* mus. vibrato (pl. -s)
vibrera *vb tr* o. *vb itr* vibrate, oscillate
vice *adj* attr. vice-, deputy; ~ *ordförande* vice-chairman osv., jfr *ordförande;* ~ *talman* deputy speaker
vice versa *adv* vice versa lat.
vicevärd *s* landlord's agent, deputy landlord
vichyvatten *s* vanl. soda [water]; eg. Vichy [water]
vicka *vb itr* vara ostadig wobble, be unsteady; gunga rock, sway; ~ *med tårna* wiggle one's toes; ~ *skaka på ngt* shake a th., set a th. rocking; ~ *på foten* wag one's foot; ~ *på höfterna* sway (waggle) one's hips; *sitta och* ~ *på stolen* sit tilting (swinging on) one's chair; ~ *till* itr. tip up; om båt äv. give a lurch
vicker *s* bot. vetch; koll. vetches pl.
vickning *s* måltid efter kalas ung. late light supper [after a (resp. the) party]
1 vid *adj* wide äv. bildl.; vidsträckt äv. vast, extensive; bildl., om t.ex. bemärkelse äv. broad; om kläder äv.: ej åtsittande loosely-fitting; ledig loose; med mycken vidd full; om t.ex. veck äv. ample; ~ *kjol* wide (veckrik o.d. full) skirt; ~ *klänning* m. vid kjol full-skirted (ledig loose) dress; *~a världen* the wide world; klänningen är *för* ~ *i halsen (i ryggen)* ...too wide round the neck (too full across the back)
2 vid I *prep* **1** i rumsbgt. el. friare **a)** at; bredvid by; nära near; utefter, t.ex. vattendrag, väg, kust el. gränslinje on; inom, t.ex. gata in; mot, mitt för against; tillsammans med with; i prep.-attr. vanl. of; *bil* ~ *bil* bredvid varandra car by car; efter varandra car after car; *sitta* ~ *ett bord* sit at (bredvid by) a table; *röka* ~ *bordet* smoke at table; ställa sin cykel ~ *dörren* (~ mot *ett träd*) ...by the door (against a tree); *sitta och meta* ~ *floden* sit angling by (on the bank of) the river; *bo* ~ *gränsen* live on the border; han stoppades ~ *gränsen* ...at the frontier; *staden (ön) ligger* ~ *kusten* the town stands on (the island lies off) the coast; sätta ett kors ~ *ett ord* ...against a word; artikel används ~ *vissa ord* ...with certain words; de besegrades ~ *(i slaget ~) Poltava* ...at (at el. in the battle of) Poltava; *hon satt* ~ *min sida (sjuksäng)* she sat at (by) my side (bedside); *sida* ~ *sida* side by side; tåget stannar ~ *stationen* ...at the station; *vi bor* ~ *(alldeles ~) stationen* we live near (close to) the station; *bo* ~ *ett torg* ...in a square; en liten gata ~ *torget* ...off (near) the square; bo ~ *en väg* ...by (near) a road; han stod ~ *vägen* ...on (by) the roadside; bordet står ~ *väggen* ...by (against) the wall
b) uttr. anställning o.d.: inom in; på at; medlem av kår äv. on [the staff of]; uttr. ett genitivförhållande of; *vara [anställd]* ~ en

firma be employed in (at)...; **han är ~ marinen (polisen)** he is in the Navy (the police); **undervisa (vara lärare) ~ en skola** teach at (be a teacher at el. in) a school; **komma in ~ vid en skola** get into (be admitted to)...; han är professor **~ universitetet i Lund** ...at (in) the university of Lund; **vara (gå in) ~ teatern** be (go) on the stage

c) 'över', sysselsatt med over; **sitta och prata (träffas) ~ ett glas vin** sit talking (meet) over...; **sitta ~ sina böcker** hela dagen sit over one's books; **sitta ~ rodret** be at the helm; **sätta sig ~ rodret** take the helm

d) vid ord som betecknar fastgörande to; **binda [fast] ngt ~...** tie a th. [on] to...; **den är fäst (sitter) ~ en stång** it is fastened (attached) to...

e) medelst, med hjälp av by; **leda (ta) ngn ~ handen** lead (take) a p. by the hand

2 i tidsbet. el. friare at; vid tiden för äv. at the time of; angivande tid omedelbart efter samt följd on; i, under in; under äv. during; omkring about; senast vid by; i samband med in connection with; för for; i händelse av in case of; prep.-uttr. med 'vid' angivande pågående handling resp. omedelbar följd el. villkor omskrives ofta med when, in resp. on el. if + sats el. satsförkortning, jfr ex. ned.; sluta skolan **~ arton [år]** ...at [the age of] eighteen; vara försiktig **~ användningen av den** ...when (in) using it; **~ avtäckningen** ceremonin at (during) the unveiling ceremony; **~ besök i E.** bör man ...when on (when paying) a visit to E..., when visiting E...; **redan ~ första besöket** at the very first visit; **~ fullmåne** when there is (resp. was) a full moon, at full moon; **~ förkylning** bör man... when one has [got] a cold...; **~ närmare granskning** fann han... on [making a] closer examination...; **~ halka** när (om) det är halt when (if) it is slippery; **~ jul (påsk, middagen)** at Christmas (Easter, dinner); **~ kaffet** när vi drack kaffe when we were having coffee; **~ krigsutbrottet** when the war broke out; efter, till följd av on the outbreak of the war; de betalas **~ leverans** ...on delivery; **~ midnatt** at (omkring about, inte senare än by) midnight; blända av **~ möte** ...when meeting other vehicles; ingen var närvarande **~ olyckan** ...at the [scene of the] accident; han dödades **~ en olycka** ...in an accident; **~ klar sikt** when (om m är det är if) visibility is clear; **~ sjukdom** när (om) man är sjuk when (if) one is ill; i händelse av in case of illness; smälta **~ hög temperatur** ...at a high temperature; **~ dåligt väder** in bad weather; när (om) vädret är dåligt when (if) the weather is bad

3 övriga fall: **~ Gud** by God; **vara ~ god hälsa** be in good health; **vara ~ liv** be alive; **vara ~ sans** be conscious; **röra ~** touch; **tala ~** talk (speak) to; **van ~** used (accustomed) to

II adv beton. part. **den klibbar ~ [överallt]** it sticks to everything; se vid. beton. part. under resp. vb

vida adv **1** i vida kretsar widely; **~ omkring** far and wide, wide around **2** i hög grad: vid komp. far, much; ...by far; **~ bättre** far (much, a good deal) better, better by far; **det överträffar ~...** it surpasses by far...

vidare adj o. adv **1** ytterligare further; mera more; adv. äv.: dessutom further[more], moreover, also; igen again; längre: i rum farther, further; i tid longer; **varje ~ försök** every further (additional)...; **ni ska få ~ besked** senare you will hear more [about it]...; **~ meddelas att...** it is further[more] reported that...; **se ~** sid. 5 see also...

2 och så ~ se under **och; tills ~** så länge for the present, for the time being; tills annat besked ges until further notice; en tid framåt for a time; tillfälligt temporarily; provisoriskt provisionally; museet är stängt **tills ~** ...until further notice; **utan ~** resolut straight off; genast at once; helt enkelt [quite] simply; utan svårighet quite easily; gladeligen gladly, willingly; på stående fot off-hand, out of hand; utan varsel without further notice; du kan inte försvinna **så där utan ~** ...just like that; **ja, utan ~** naturligtvis yes of course

3 ingen (inte någon) ~ + subst. a) ingen nämnvärd no...to speak of b) ingen särskilt bra not (resp. not a) very good...; **inte ~** särskilt... not very (too, particularly)...; han är **ingen ~ lärare** ...not much of a (not a very good) teacher; **jag är inte ~ förtjust i...** I'm not very (particularly) fond of..., I'm not over-fond of...

4 'vidare' + vb i bet. 'fortsätta att' + vb återges ofta med go on (continue) + ing-form el. continue to + inf. av verbet, jfr ex.; **flyga ~** fly on [till London to...]; **läsa ~** read on [till sid. 5 to (till)...], go on reading, continue reading (to read); fortsätta studera continue one's studies; **~ [i texten]!** go on!

vidarebefordra vb tr forward, send on; föra vidare, t.ex. rykte pass on

vidarebefordran s forwarding; **för ~ [till]** to be forwarded (sent on) [to]

vidareutbilda vb rfl, **~ sig** continue one's education (training)

vidareutbildning s further education (training)

vidareutveckla vb tr develop (elaborate)...further; t.ex. teori äv. treat...at greater length

vidbränd adj, gröten **är ~** ...has got burnt

vidd s **1** omfång width; i fråga om kläder äv. fullness; ledighet looseness; isht vetensk. amplitude; **~ kring midjan** width (mått size) round the waist **2** bildl.: omfattning extent,

scope; räckvidd range; **~en av** olyckan the extent of...; **~en av** en plan the scope of... **3** vidsträckt yta, **~er** vast expanses, wide open spaces
vide s av busktyp osier; av trädtyp willow
video s apparat el. system video; ***spela in på ~*** video-record
videoband s video tape
videobandspelare s videocasette recorder (förk. VCR)
videoinspelning s video recording
videokamera s video camera, camcorder
videokassett s videocassette
videoskiva s videodisc
videospel s video game
videoteknik s video technology (engineering)
videovåld s video nasties pl.
videsnår s osiery
vidfilm s wide-screen film; visas *i ~* ...on wide screen
vidga I vb tr widen äv. bildl.; göra större enlarge; t.ex. metall expand; spänna ut, t.ex. näsborrar dilate; ***~ sin horisont (sina vyer)*** broaden (open) one's mind; ***~ ut*** se *utvidga* **II** vb rfl, **~ sig** widen äv. bildl.; enlarge, expand, dilate, jfr *I*; **här ~r sig** dalen here...widens (opens) out
vidgå vb tr own; bekänna confess; **han ~r att han gjort det** he owns to having done it
vidhålla vb tr hold (keep, adhere, stick) to; t.ex. åsikt äv. persist in; t.ex. krav insist on; **~ att...** maintain (insist) that...
vidhäftande adj adhesive
vidhängande adj, lås **med ~ nyckel** ...with key attached, ...and key
vidimera vb tr attest, certify; **~d avskrift** attested (certified) copy; **~s** A. Alm signed in the presence of...
vidimering s attestation
vidja s osier; **hon är smal som en ~** she has a willowy figure
vidkommande s, **för mitt ~** tänker jag... as far as I am concerned..., as (speaking) for myself..., for my part...
vidkännas vb tr dep **1** se *kännas* [vid] **2** bära, lida ***få ~*** kostnaderna have to bear...; ***få ~*** förluster have to suffer (sustain)...
vidlyftig adj **1** utförlig circumstantial, detailed; mångordig wordy, verbose, prolix; långrandig lengthy; långvarig protracted **2** se *omfattande* **3** tvivelaktig, om t.ex. affär shady, questionable; lättfärdig fast, loose; om pers. äv. loose-living
vidlyftighet s **1** i tal o. skrift circumstantiality; wordiness, verbosity, prolixity; jfr *vidlyftig 1* **2 ~er** affärer shady transactions; eskapader escapades
vidmakthålla vb tr maintain, keep up; upprätthålla äv. uphold
vidmakthållande s maintenance, keeping up, upholding
vidrig adj **1** vedervärdig disgusting, repulsive; avskyvärd loathsome; om pers. äv. hateful;

förhatlig obnoxious, odious; otäck nasty, horrid **2** ogynnsam adverse
vidräkning s, **~ med** kritik mot [severe] criticism on; angrepp på attack on
vidröra vb tr touch; omnämna touch [up]on; **föremålen får ej ~s!** you are requested not to touch the exhibits, do not touch [the exhibits]!
vidskepelse s superstition
vidskeplig adj superstitious
vidskeplighet s superstition; egenskap äv. superstitiousness
vidsträckt adj allm. extensive, wide, far-flung äv. bildl.; stor large; eg. bet. äv.: mycket **~** vast; utbredd, om t.ex. sjö expansive; utsträckt, om t.ex. område extended; ***~a befogenheter*** extensive (wide) powers; *i* **~ *bemärkelse*** in a wide (a broad, an extended) sense; ***göra ~ bruk av...*** make an extensive (ample) use of..., use...extensively; **~ *inflytande*** wide (far-reaching) influence
vidstående adj, **~ sida** the adjoining...
vidsynt adj tolerant liberal, broad-minded
vidsynthet s tolerans liberalism, broad-mindedness
vidta[ga] I vb tr t.ex. åtgärder take; göra, t.ex. förändringar make **II** vb itr se *ta* [vid]
vidtala vb tr, **~ ngn** underrätta inform a p.; komma överens med make an arrangement with a p. [om about; att inf. to inf.]; be ask a p. [att inf. to inf.]
vidunder s **1** monster monster [av ondska of...]; om sak äv. monstrosity **2** underverk marvel
vidunderlig adj fantastisk fantastic, marvellous; ohygglig monstrous
vidvinkelobjektiv s foto. wide-angle lens
vidöppen adj wide open; **med vidöppna ögon** with wide (wide-open) eyes
Wien Vienna
wienare s Viennese (pl. lika)
wienerbröd s Danish pastry, vard. Danish båda äv. koll.
wienerkorv s frankfurter; isht amer. wienerwurst; vard. wiener, wienie
wienerlängd s ung. [long] bun plait
wienerschnitzel s Wiener schnitzel ty.
wienervals s Viennese waltz
Vietnam Vietnam
vietnames s Vietnamese (pl. lika)
vietnamesisk adj Vietnamese
vietnamesiska s **1** kvinna Vietnamese (pl. lika) **2** språk Vietnamese
vift s, **vara ute på ~** be out and about, be on the loose
vifta vb tr o. vb itr allm. wave; **~ *med hatten (näsduken)*** wave one's hat (handkerchief); **~ på svansen** om hund wag its tail; **~ av ngn** vid tåget wave goodbye to a p...; **~ *bort*** flugor whisk away...; **~ *bort*** ngns förklaring ngns förklaring wave aside...

viftning *s* wave [of the (one's) hand]; av svans wag [of the tail]
vig *adj* smidig lithe; rörlig agile, nimble
viga *vb tr* **1** helga, in~ consecrate; ~ *ngn till präst* ordain a p.; ~ *ngn till* den eviga vilan commit a p. to...; ~ *sitt liv åt* vetenskapen äv. dedicate (devote) one's life to... **2** samman~ marry; ~*s vid ngn* be married to a p., marry a p.; *Vigda* rubrik Marriages
1 vigg *s* åsk~ thunderbolt
2 vigg *s* zool. tufted duck
vigsel *s* marriage; isht ceremonin wedding; *borgerlig* ~ civil marriage; eng. motsv. marriage before a registrar; *kyrklig* ~ church marriage (wedding), marriage before a minister of religion; *förrätta en* ~ officiate at a wedding (marriage)
vigselakt *s* marriage (högtidlig wedding) ceremony, marriage service
vigselannons *s* marriage advertisement
vigselbevis *s* marriage certificate, marriage lines pl.
vigselring *s* wedding ring
vigvatten *s* holy water
vigvattenskvast *s* holy-water sprinkler
vigör *s* vigour; *vid full* ~ in full vigour; vard. full of life (beans); han är ännu *vid god* ~ ...hale and hearty
vik *s* vid bay; större, havs~ gulf; mindre creek, inlet, cove
vik|a I *vb tr* **1** eg. fold, bend äv. tekn.; i två lika delar äv. double; ~ *servetter* fold napkins; ~ *en fåll* turn in a hem; *får ej* ~*s* på brev do not bend **2** reservera o.d. ~ *en kväll* för ett sammanträde set aside an evening...; ~ *en plats* reserve (markera mark, hålla keep) a seat; ordförandeposten *är -t för honom* ...is earmarked for him
II *vb itr* ge vika yield, give way (in) [*för* i samtl. fall to]; isht mil. retreat, give ground, fall back [*för* i samtl. fall before]; hand. recede; *han vek inte från* platsen (sin ståndpunkt) he refused to budge from...; *han vek inte från* hennes sida he did not budge from..., he hardly left...; ~ *om hörnet* turn [round] the corner; ~ *åt sidan* turn (stiga step, stand) aside
III *vb rfl,* ~ *sig* böja sig bend; ~ *sig dubbel av skratt (smärta)* double up with laughter (pain); *benen vek sig under henne* her legs gave way under her
IV med beton. part.
~ *av [från vägen]* turn (branch) off [from the road]; ~ *av till höger* turn [to the] right
~ **ihop** fold up; *den går att* ~ *ihop* it can be folded, it folds
~ **in a)** tr. turn (fold) in **b)** itr. ~ *in på* en sidogata turn into (down)...
~ **ned** t.ex. krage turn down
~ **tillbaka a)** tr. fold back **b)** itr. retreat; om pers. äv. fall back [*för* i båda fallen before]

~ **undan a)** tr. fold (turn) back **b)** itr. give way [*för* to], stand aside
~ **upp** turn up
~ **ut** veckla ut unfold, spread out; ~ *ut sig* vard. appear in a pin-up magazine (paper)
V *adv*, **ge** ~ give way (in); böja sig äv. yield, submit [*för* i samtl. fall to]; falla ihop collapse
vikande *adj* t.ex. priser receding; ~ *konjunkturer* recession sg.; *aldrig* ~ ständig incessant; outtröttlig indefatigable
vikariat *s* anställning temporary post (job), deputyship; som lärare post (job) as a supply teacher; *ta* ~ på olika skolor do supply work...
vikarie *s* för t.ex. lärare substitute, stand-in; ställföreträdare äv. deputy; för lärare äv. supply (relief) teacher
vikariera *vb itr,* ~ *för ngn* substitute (deputize) for a p., act as a substitute (a deputy) for a p., stand in for a p., act as locum tenens for a p., jfr *vikarie*
vikarierande *adj* deputy; om t.ex. rektor acting
viking *s* Viking
vikingaskepp *s* Viking ship
vikingatiden *s* the Viking Age
vikingatåg *s* Viking raid
vikt *s* **1** allm. weight; *död* ~ dead weight; *specifik* ~ åld. specific gravity; *mått och* ~ weights and measures pl.; sälja *efter* ~ ...by weight; *gå ned (upp) i* ~ lose (put on) weight; *hålla* ~*en* keep one's weight down **2** betydelse importance, weight, significance; *fästa (lägga) stor* ~ *vid ngt* attach great importance (weight) to a th., lay stress on a th.; *ingenting av* ~ har inträffat nothing of importance...
viktförlust *s* loss of weight
viktig *adj* **1** betydelsefull important, ...of importance; stark. momentous; väsentlig essential; angelägen, om t.ex. affär urgent; [tungt] vägande, om t.ex. skäl weighty; *en ytterst* ~ fråga äv. a vital...; ~ *roll* vital (important) part (role); *de* ~*are städerna* äv. the major cities; *de* ~*aste vägarna* vanl. the main (principal) roads; *det* ~*aste* är att... the main (most important) thing... **2** högfärdig self-important; mallig stuck-up, cocky; *göra sig* ~ give oneself (put on) airs, put on side
viktighet *s* högfärdighet self-importance, cockiness
viktigpetter *s* vard. pompous (conceited) ass (fool)
viktklass *s* sport. class, weight
viktminskning *s* decrease (reduction) in weight
viktökning *s* increase in weight
vila I *s* rest; ro äv. repose; uppehåll pause, interval; *en stunds* ~ a little rest; *det är en* ~ *för* nerverna it is restful to...; *i* ~ at rest; *gå till* ~ go (retire) to rest

vilande

II *vb tr* rest; ~ **benen** rest one's legs, take the weight off one's feet
III *vb itr* rest äv. vara stödd [*mot* against; *på* on]; högtidl. repose; om verksamhet, arbete be suspended, be at a standstill; **lägga sig och ~** have a lie-down, lie down and have a rest (for a rest); **saken får ~ tills vidare** the matter must rest there for the moment; **här ~r...** here lies...; **~ i frid!** rest in peace!; **ansvaret ~r på honom** the responsibility rests on him; **påståendet ~r på** lösa antaganden the statement is based (founded) on...; **~ på årorna** rest on one's oars; **~ tungt på** weigh (press) heavily [up]on; **~ ut** take (have) a good rest
IV *vb rfl*, **~ sig** rest, take a rest; **~ sig litet** pusta ut take a short breather; **~ upp sig** take (have) a good rest

vilande *adj* resting, reposing, quiescent; **~ aktiebolag** ekon. dormant company (amer. corporation); **~ konto** bank. dormant account (balance); **~ lagförslag** dormant bill; **~ last** tekn. dead load

vild *adj* wild; ociviliserad, otämd äv. savage, uncivilized, untamed; oregerlig äv. unruly; om längtan o.d. furious; **~a blommor (djur)** wild flowers (animals); **~ förtjusning (förtvivlan)** wild delight (despair); *i ~ glädje* frantic with joy; **föra ett vilt liv** lead a wild life; **~a planer** wild schemes; *i vilt raseri* in a frantic rage, in a frenzy of rage; **~a rykten** wild rumours; **~ strejk** wildcat strike; *i vilt tillstånd* in the wild state, when wild; **Vilda Västern** the Wild West; **bli ~** ursinnig become (get) furious; **~ av glädje (raseri)** wild (mad, frantic) with joy (rage)

vildand *s* wild duck
vildapel *s* crab apple, wilding
vildavästernfilm *s* Wild West film; isht amer. Western; vard. el. amer. horse opera
vildbasare *s* madcap, harum-scarum
vilddjur *s* wild beast; **rasa som ett ~** rage like a caged animal
vilde *s* savage; polit. independent; amer. äv. maverick
vildhavre *s*, **så sin ~** bildl. sow one's wild oats
vildhet *s* wildness, savagery; tillstånd äv. wild (savage) state; vildsinthet ferocity, fierceness
vildhjärna *s* madcap
vildkatt *s* wild cat äv. bildl.
vildmark *s* wilderness, wild region (country); obygd wilds pl.; ödemark waste
vildros *s* wild rose
vildsint *adj* fierce, ferocious
vildsvin *s* wild boar
vildvin *s* bot. Virginia creeper
vildvuxen *adj* ...that has (had etc.) run wild
Vilhelm kunganamn William; namn på tyska kejsare äv. Wilhelm; **~ Erövraren** William the Conqueror

vilja I *s* will; filos. el. gram. äv. volition; önskan wish, desire; avsikt intention; **den fria ~n** free will; visa sin **goda ~** ...good will; **min sista ~** testamente my last will and testament; **stridiga -or** contending wills; **få sin ~ fram** have (get) one's own way; **av [egen] fri ~** of one's own free will, of one's own volition; **rätta sig efter ngns ~** äv. conform to a p.'s wishes; göra ngt **med ~** med flit ...wilfully; **med bästa ~ i världen går det inte** with the best will in the world it is not possible; det går nog **med lite god ~** ...with a little good will; jag gjorde det **mot min ~** ...against (contrary to) my will (wishes); **han måste skratta mot sin ~** he had to laugh in spite of himself; **till -es** se under *vilje*

II *vb tr* o. *vb itr* o. hjälpvb önska want, svag. wish, högtidl. desire; ha lust, tycka om like; ha lust, vara benägen care; finna för gott choose; behaga please; mena, ämna mean; vara villig be willing [samtl. med to framför följ. inf., vanl. äv. då inf. är underförstådd]; **vill** (resp. **ville**) isht i fråg., nek. o. villkorliga satser will (resp. would); **~ ha** ofta want äv. i betyd. åtrå; **vill du vara snäll och (skulle du ~)** inf. [will you] please inf.; would you mind ing-form; **jag vill att du skall göra (gör) det** önskar I want (wish, desire, ser gärna would el. should like) you to do it; **jag vill inte att du gör det** I won't have you doing it; **vill du ha** lite mera te? — **Ja, det vill jag** (resp. **Nej, det vill jag inte**) would you like...? - Yes, I would el. - Yes, please (resp. No, I wouldn't el. No, thank you); **om du vill** göra det, måste du... if you want (ämnar mean) to...; **om du ville** göra det, vore jag tacksam if you would...
Ex.: **a)** med att-sats: **vad vill du [ctt] han skall göra?** what do you want (wish) him to do?, what would you like him to do?; han kan ju ändå inte göra något what do you expect him to do?; **du kanske hellre skulle ~ att** han följde med? perhaps you would prefer it if...?
b) övriga fall: **att ~ är ett, att kunna ett annat** to be willing is one thing...; **att ~ och att önska är** inte detsamma willing and wishing are...; **jag både vill och inte vill** I am in two minds about it; **jag vill inte gärna** vill helst slippa I would rather not; gick du dit? - **Nej, jag ville inte...** No, I didn't want (hade inte lust care) to; du måste göra det **antingen du vill eller inte** ...whether you want to (tycker om det like to, like it) or not; **kom när du vill** come when[ever] you like (please, wish); **du kan om du bara vill** you can if only you want to; **gör som du vill** do as you like (please, wish), please (suit) yourself; **om Gud vill** ...God willing, ...please God
vill du ta en promenad med mig? - **Ja, det vill jag gärna** ...Yes, I would (should) like to; om du vill kan vi gå dit? - **Vill du det?** ...Would you like to (that)?
vet du **vad jag skulle ~?** ...what I would

(should) like to do?; *vad vill du?* what do you want?; vad är det? what is it?; *vad vill du mig?* what do you want [from me]?; *gör vad du vill* do as you like (please, wish); *han får allt vad han vill* he gets everything he wants; han må säga *vad han vill* ...what[ever] he wants [to] (likes); *han vet vad han vill* he knows what he wants, he knows his own mind
jag vill bara ditt bästa I only want what's best for you, I only wish your good
jag vill [fara] till Stockholm I want to go to...; *jag vill inte [fara] till S.* I don't want to (har inte lust att I don't care to, är inte villig att I am not willing to, I won't, stark., vägrar I refuse to) go to S.; *jag vill gärna (skulle gärna ~)* följa med I would (should) [very much] like to..., I'd love to...; *jag vill gärna* hjälpa dig, men... I would (should) be glad to..., I would (should) willingly...; *jag skulle inte ~ (hade inte velat) göra det* för aldrig det I would not do (have done) it...; *jag skulle ~ ha...* I would (should) like [to have]...; *jag vill inte ha* ta emot *den* I don't want (stark. I won't have) it; *det vill jag hoppas* I do hope so; *vi vill meddela att...* i brev we would (wish to) inform you that...; *jag vill minnas* att... I seem to remember...; *...vill jag minnas* ...if I remember rightly; *jag skulle ~ råda dig att* inf. I would (should) advise you to inf.; *vill du inte ha* lite mer te? won't you have...?; *vad vill du ha [betalt] för den?* what do you want (ask) for it?; *du vill väl inte påstå att...* you surely don't mean (you are not trying) to say that...; *vill du (skulle du ~) räcka mig* den där boken? will (would) you pass me (mind passing me)...?; *han vill gärna* skylla ifrån sig he is apt (inclined) to..., he tends to...; *boken vill* ge en presentation av... the purpose of this book is to...; *motorn ville inte starta* the engine would not start; arbetet *vill aldrig ta slut* ...seems never to end
III *vb rfl*, *det ville sig inte riktigt för mig* things just didn't go my way, I just couldn't manage it; *om det vill sig väl* if all goes well; se äv. *illa* ex.
IV med beton. part. o. utelämnat huvudvb (som sätts ut i eng.)
~ **fram:** *jag vill* önskar komma *fram* I want to get through; *han ville inte* var inte villig komma *fram med sanningen* he would not come out with the truth
~ **hem:** *jag vill* önskar gå *hem* I want to go home
~ **till:** *det vill till att du skyndar dig* you will have to hurry up; *det vill mycket till innan han ger upp* it takes a lot to make him give up
~ **ut:** *jag vill ut härifrån* I want to get out of here; *jag vill ut och gå* I want to go out for a walk
~ **åt:** ~ *åt* skada *ngn* want to get at a p.; *han vill åt dina pengar* he wants to get hold of (has designs on) your money

vilje *s* åld. el. bibl., för *vilja I* se d.o.; *göra ngn till ~s* do as a p. wants (wishes), humour a p.
viljeakt *s* act of volition (will)
viljekraft *s* willpower
viljelös *adj* ...who has no will of his (resp. her) own, ...who lacks will-power; stark. apathetic; *ett ~t redskap* a passive tool
viljelöshet *s* lack of willpower; stark. apathy
viljestark *adj* strong-willed
viljestyrka *s* willpower
viljesvag *adj* weak-willed
viljeyttring *s* expression of one's will, manifestation of the (one's) will
vilk|en (*-et*, *-a*) *pron* **1** rel. a) självst.: med syftning på pers. who (objektsform whom, mera vard. who, efter prep. whom); med syftning på djur el. sak which; med syftning på pers., djur el. sak i nödvändig rel.-sats ofta that; jfr *som I* o. ex. nedan b) fören. which; *-ens, -ets, -as* whose, jfr *1 vars 1*; *dessa pojkar, -a alla (-a båda, av -a tre)* är bosatta i... these boys, all (both, three) of whom...; *dessa böcker, -a alla är...* these books, all of which are...; *i -et fall* han måste in which case... **2** interr. a) i obegränsad bet. what; självst. om pers. who (objektsform who[m], efter prep. whom) b) avseende urval, med utsatt eller underförstått 'av', självst. äv. which one (pl. ones); *-ens, -as* whose; *-a böcker* har du läst? what (av ett begränsat antal which) books...?; *~ är* Sveriges största stad? what is...?; *-a är* Sveriges fyra största städer? what are...?; *-et är ditt (-a är dina) skäl?* what is your reason (are your reasons)?; titta i den där boken! - **Vilken då?** ...Which one?; ~ *av dem* **menar du?** which [one] do you mean?; *-a är* de där pojkarna? who are...?; han frågade *-et land jag kom från* ...what country I came from; jag vet inte ~ *av dem som kom först* ...which of them came first; har du hört ~ *otur de har haft?* ...what bad luck they have had?
3 specialfall **a)** i rel. satser o. likn. uttr. ~ *som helst* se *helst 2;* hon är inte **en tjej** ~ *som helst* ...just any (an ordinary) girl; *kan man säga -et som helst* (vard. *-et som?)* av två saker can you say either?; res ~ *dag du vill* ...any day you like; *gör -et du vill* do as (what) you like; *-a åtgärder han än må vidta* whatever steps he may take; *-t av de två alternativen du än väljer* whichever of the two alternatives you choose **b)** i utrop ~ *dag!* what a day!; ~ *otur!* what bad luck!; *-et väder!* what weather!; *-a höga berg!* what high mountains!
vilkendera (*vilketdera*) *pron* which, whichever
1 villa I *s* villfarelse illusion, delusion **II** *vb tr*, ~

bort ngn confound a p.; ~ **bort sig** gå vilse lose one's way (oneself)
2 villa *s* hus [private] house, detached house; amer. äv. home; isht på kontinenten villa; enplans~ ofta bungalow; på landet ibl. cottage
villaområde *s* residential district
villasamhälle *s* o. **villastad** *s* residential district, garden suburb
villaägare *s* house-owner
villebråd *s* game (end. sg.); förföljt el. nedlagt quarry (vanl. end. sg.); *ett* ~ enstaka a head of game; *lovligt* ~ fair game äv. bildl.
villervalla *s* confusion, chaos
villfara *vb tr* comply with
villfarelse *s* error, mistake, delusion; *sväva i den ~n att...* be under the delusion that...; *ta ngn ur hans* ~ undeceive a p., open a p.'s eyes
villig *adj* willing; inviterande, om t.ex. flicka, äv. easily persuaded; redo äv. ready; *vara* ~ *att* inf. äv. be prepared (disposed) to inf.; ~ *att lyssna* till förslag äv. open (amenable) to...
villighet *s* willingness, readiness
villkor *s* betingelse condition; pl. (avtalade ~, köpe~ o.d.) ofta terms; i kontrakt o.d. stipulation; förbehåll provision; *ställa* ~ make demands, lay down conditions, dictate one's terms; *ställa [upp] som* ~ *att...* make it a condition that...; *på* ~ *att...* on condition that..., provided [that]...; *på ett* ~ on one condition; *vi kan på inga* ~ acceptera erbjudandet we can on no account (condition)...; *på vissa* ~ on certain conditions; kapitulera *utan* ~ ...unconditionally
villkorlig *adj* conditional; *de fick* ~ *dom* they were given a conditional (suspended, probational) sentence; eng. motsv. ung. they were placed on probation (were bound over); ~ *frigivning* conditional release; eng. motsv. ung. release on probation; ~ *reflex* conditioned reflex
villkorsbisats *s* gram. conditional clause
villkorslös *adj* unconditional
villolära se *irrlära*
villospår *s*, *leda (föra) ngn på* ~ throw a p. off the track (scent); *vara på* ~ be on the wrong track (scent)
villoväg *s*, *leda (föra) ngn på* ~*ar* isht bildl. lead a p. astray; *råka (komma) på* ~*ar* go astray
villrådig *adj* obeslutsam irresolute [*om* as to]; *vara* ~ *om vad man skall göra* be at a loss what to do
villrådighet *s* irresolution [*om* as to]
vilodag *s* day of rest
vilohem *s* rest home
viloläge *s* position of rest; tekn. state of rest; *i* ~ at rest
vilopaus *s* break, rest
vilsam *adj* restful [*för* to]

vilse *adv*, *gå (köra, flyga* osv.*)* ~ lose one's way, get lost, go wrong; *gå (komma, råka)* ~ äv. go astray äv. bildl.; *föra ngn* ~ lead a p. astray; bildl. äv. mislead a p.
vilsegången *adj* o. **vilsekommen** *adj* lost; attr. äv. stray
vilseleda *vb tr* mislead, lead...astray; lura deceive
vilseledande *adj* misleading
vilsen *adj* lost; attr. äv. stray
vilstol *s* lounge chair, reclining chair; utomhus deckchair
vilt I *adv* **1** eg. wildly, savagely, furiously; jfr *vild;* vildsint fiercely, ferociously; *växa* ~ grow wild **2** 'helt' ~ *främmande* quite (perfectly) strange; *en* ~ *främmande människa* an utter (absolute, entire) stranger **II** *s* game
viltreservat *s* game reserve (preserve)
viltsmak *s* gamy (high) flavour
viltstråk *s* game trail
viltvård *s* game preservation
vimla *vb itr* swarm [*av* with]; överflöda abound [*av* in (with)], teem [*av* with]; tidningen ~*r av tryckfel* ...is bristling (teeming) with misprints; *det* ~*r av folk på gatorna* the streets are swarming (teeming, thronged) with people
vimmel *s* folk~ throng, [swarming] crowd [of people]; gatu~ crowd[s pl.] in the street[s]; *i vimlet [på gatan]* among the crowds [in the streets]
vimmelkantig *adj* yr giddy, dizzy; förvirrad dazed, confused, bewildered
vimpel *s* streamer; banderoll banderole; isht mil. el. sjö. pennant, pennon
vimsa *vb itr* vard. ~ *[omkring]* fiddle (muddle, muck) about
vimsig *adj* vard. scatterbrained; ombytlig flighty, volatile
1 vin *s* **1** dryck wine; billigt, enkelt (vard.) plonk, vino; *en flaska (ett glas)* ~ a bottle (glass) of wine; ~ *av årets skörd* this year's vintage **2** växt vine
2 vin *s* vinande whine; pils o.d. whiz[z], whistle; vinds äv. howl, whining, whizzing osv.
vina *vb itr* whine; om pil o.d. whiz[z], whistle; om vind äv. howl
vinare *s* vard. bottle of wine
vinberedning *s* preparation of wine, vinification
vinberg *s* hill planted with vines, vine hill
vinbergssnäcka *s* zool. edible (vineyard) snail
vinbutelj se *vinflaska*
vinbär *s* currant; *röda* ~ redcurrants; *svarta* ~ blackcurrants
vinbärsbuske *s* currant bush; röd redcurrant (svart blackcurrant, vit whitecurrant) bush
1 vind *s* blåst wind; lätt ~ breeze; ~*en har vänt sig* the wind has shifted (veered) äv. bildl.; *driva* ~ *för våg* drift aimlessly, be adrift;

låta ngt gå ~ för våg leave a th. to take care of itself; *få ~ i seglen* catch the wind (breeze); bildl. [start to] do well; *ha ~ i seglen* sail with a fair wind; bildl. be riding on the crest of the wave, be on the high road to success, be successful; *gå upp i ~en* sjö., lova luff [the helm], sail to the wind; *borta med ~en* gone with the wind; *fara med ~ens hastighet* go like the wind; *rakt mot ~en* in the teeth of the wind
2 vind *s* i byggnad attic; enklare loft; vindsrum äv. garret; *på ~en* in the attic
3 vind *adj* warped; skev askew end. pred.; *~a trädstammar* twisted (crooked) tree trunks
1 vinda se *skela*
2 vinda I *vb tr* linda wind; *~ upp* wind up, hoist; t.ex. ankare äv. heave [up], windlass **II** *s* bot. bindweed
vindbrygga *s* drawbridge
vinddriven *adj* weather-driven; bildl. rootless; *vinddrivna existenser* society's castaways
vindel *s* whorl; spiral spiral
vindfläkt *s* breath (puff) of air (wind), [light] breeze
vindflöjel *s* [weather]vane, weathercock; pers. weathercock, turncoat, trimmer
vindfång *s* yta surface exposed to the wind; *seglet har stort (litet) ~* ...catches a great deal of (very little) wind
vindil *s* breeze
vindkantring *s* change (shift) of wind äv. bildl.
vindkraft *s* wind power
vindkraftverk *s* wind power station
vindla *vb itr* om flod, väg o.d., slingra [sig] wind, meander
vindling *s* winding, meandering; anat. convolution; i snäckskal o.d. whorl
vindmätare *s* meteor. anemometer, wind gauge
vindpinad *adj* windswept, windblown
vindpust *s* breath (puff) of air (wind)
vindriktning *s* direction of the wind, wind direction
vindruta *s* på bil windscreen; amer. windshield
vindrutespolare *s* windscreen (amer. windshield) washer
vindrutetorkare *s* windscreen (amer. windshield) wiper
vindruva *s* grape
vindruvsklase *s* bunch (på vinstock cluster) of grapes
vindskammare *s* attic [room], garret
vindskontor *s* lumberroom (box-room) [in the attic]; vard., förstånd upper storey
vindskupa se *vindskammare*
vindspel *s* sjö. windlass, winch; stående capstan
vindsröjning *s* removal of lumber from the attic; städning clearing up [of] the attic; *ha ~* clear (turn) out the attic
vindstilla I *adj* calm, becalmed, windless **II** *s* stiltje [dead] calm
vindstyrka *s* wind-force

vindstöt *s* gust [of wind], blast
vindsurfa *vb itr* sport. windsurf
vindsurfare *s* sport. windsurfer
vindsvåning *s* attic [storey]; lägenhet attic flat; ateljévåning penthouse
vindtygsjacka *s* windproof (isht vattenfrånstötande weatherproof) jacket, windcheater; amer. äv. windbreaker
vindtät *adj* windproof
vindögd se *skelögd*
vinexpert *s* wine expert
vinfat *s* för jäsning vat; för lagring äv. [wine] barrel, [wine] cask
vinflaska *s* tom wine bottle; flaska vin bottle of wine
vingbredd *s* wingspan; fågels äv. wing-spread
vingbruten *adj* eg. broken-winged; jakt. äv. winged
ving|e *s* wing; på väderkvarn o.d. vane, sail; *pröva -arna* spread (try) one's wings; *ta ngn under sina -ars skugga* take a p. under one's wing
vingklippa *vb tr, ~ en fågel (ngn)* clip a bird's (a p.'s) wings
vingla *vb itr* gå ostadigt stagger, reel; stå ostadigt sway; om t.ex. möbler wobble; bildl. vacillate, waver, not know one's own mind
vinglas *s* wineglass; glas vin glass of wine
vinglig *adj* staggering, reeling; om möbler wobbly, rickety, unsteady; bildl. vacillating, wavering
vinglögg se *glögg*
vingmutter *s* tekn. wing nut
vingpenna *s* [wing] quill, pinion
vingskjuta *vb tr* shoot...in the wing; jakt. wing
vingslag *s* wing stroke, wing beat
vingspets *s* wing tip, tip of a (resp. the) wing båda äv. flyg.; pinion
vingård *s* vineyard
vingårdsarbetare *s* vine-dresser
vinjett *s* vignette
vink *s* med handen wave; tecken [att göra ngt] sign, motion; antydan hint, intimation; vard. tip [-off]; *en fin ~* äv. a gentle reminder; *en tydlig ~* a broad hint; *få en fin ~ om ngt (att* + sats*)* be gently reminded of a th. (reminded that...); *förstå ~en* take the hint; vard. get the message; *ge ngn en ~* drop (give) a p. a hint, hint to a p.; *lyda ngns minsta ~* obey a p.'s slightest wish, be at a p.'s beck and call
vinka *vb tr* o. *vb itr* **1** beckon; motion [åt to]; vifta wave; *~ med handen (hatten)* wave one's hand (wave with one's hat); *~ på kyparen* signal to the waiter; *~ ngn till sig* beckon a p. to come up to one (to approach, to come near[er]); *~ adjö åt ngn* wave goodbye to a p., wave a p. goodbye; *~ av ngn* wave a p. off; *~ bort ngn* dismiss a p. with a wave of the (one's) hand **2** *inte ha*

vinkel

någon tid att ~ på till förfogande have no time to spare
vink|el *s* matem. angle; hörn corner; vrå nook; *rät (spetsig, trubbig)* ~ right (acute, obtuse) angle; *bilda 30° ~ (en ~ på 30°) mot* ytan form an angle of 30° with...; *byggd i* ~ built L-shaped; *alla -lar och vrår* all the nooks and corners (crannies), every nook and corner (cranny)
vinkelben *s* geom. side of an angle
vinkelformig *adj* angular
vinkelhake *s* tekn. set square, triangle
vinkelhöjd *s* angular height
vinkeljärn *s* angle iron, angle [bar]
vinkellinjal *s* T-square, square
vinkelrät *adj* perpendicular [*mot* to]; *~ mot...* äv. at right angles to...
vinkelspets *s* geom. vert|ex (pl. -ices el. -exes) [of an angle]; triangels äv. ap|ex (pl. -ices el. -exes)
vinkla *vb tr* slant, angle båda äv. bildl.
vinklad *adj* slanted, angled; bildl. äv. biassed
vinkling *s* t.ex. av ett reportage slant, bias
vinkällare *s* förvaringsutrymme wine cellar, wine vault; vinlager cellar
vinkännare *s* connoisseur (good judge) of wine, wine expert
vinlista *s* winelist, wine card
vinn *s, lägga sig ~ om ngt* se *vinnlägga*
vinna *vb tr* o. *vb itr* i strid, tävlan, spel win; erhålla äv. obtain; [lyckas] förskaffa sig, t.ex. erfarenhet, tid, terräng gain; t.ex. inflytande äv. acquire; t.ex. rikedom äv. procure, achieve [*genom (med, på)* by]; uppnå attain; ha vinst profit [*på* by]; [för]tjäna earn [*på* on]; ha nytta benefit [*på* from]; ~ *med 3-0* t.ex. i fotboll win 3-0 (utläses three 0 el. nil); ~ *tid* gain time; *försöka ~ tid* play for time; ~ *ett pris* win (i lotteri äv. draw) a prize; ~ *[i] tävlingen* win the competition; ~ *på* en affär profit (benefit) from (by)...; tjäna pengar make money on (out of)...; ~ *på* ta in på *ngn* gain on a p.; ~ *på spel* win (make) money by gambling; ~ *över ngn* i tävlan win over a p., gain (win, score) a victory over a p., beat (defeat) a p.
vinnande *adj* winning; intagande äv. attractive, engaging; stark. captivating; tilltalande appealing; pleasant; ~ *sätt* äv. endearing manner (ways pl.)
vinnare *s* winner; segrare äv. victor
vinning *s* gain; profit; *för snöd ~s skull* out of [sheer] greed, for [the sake of] filthy lucre
vinningslysten *adj* greedy, grasping, covetous, avid, mercenary
vinnlägga *vb rfl,* ~ *sig om ngt* strive after a th.; ~ *sig om att* inf. take [great] pains to inf.; jfr *bemöda sig*
vinodlare *s* wine-grower, viniculturist, viticulturist

vinodling *s* abstr. wine-growing, viniculture, viticulture; konkr. vineyard
vinpress *s* winepress
vinprovare *s* wine-taster
vinprovning *s* wine-tasting
vinranka *s* [grape]vine, tendril of a vine; gren stem of a vine
vinrättigheter *s pl, ha* ~ be licensed to serve wine; *ha vin- och spriträttigheter* be fully licensed
vinröd *adj* wine-coloured, wine-red
vinsch *s* winch
vinscha *vb tr,* ~ *[upp]* hoist, winch
vinskörd *s* vinskördande grape harvesting; konkr. grape (wine) harvest; årgång vintage
vinst *s* allm. gain; hand. profit[s pl.]; neds. lucre; avkastning yield, return[s pl.]; behållning proceeds pl.; förtjänst earnings pl.; utdelning dividend; på spel winnings pl.; i lotteri o.d [lottery] prize; fördel advantage, benefit; *högsta ~en* the first prize; *ren* ~ net profits (proceeds) pl.; *det blir en ren ~ på* 1000 kr there will be a net profit of...; *dela ~en* share the profits; *ge* ~ yield (bring in) a profit; äv. turn out well; *gå med* ~ om företag äv. be a paying concern; *sälja...med* ~ sell...at a profit; *på ~ och förlust* at a venture, on speculation
vinstandel *s* share of (in) the profits, profit share; utdelning dividend
vinstgivande *adj* profitable, remunerative, paying; stark. lucrative
vinstlista *s* lottery [prize] list
vinstlott *s* winning ticket
vinstmarginal *s* margin of profit, profit margin
vinstnummer *s* winning number
vinstock *s* [grape]vine
vinsyra *s* tartaric acid
vinter *s* winter; för ex. jfr *höst*
vinterbonad *adj* ...fit for winter habitation, ...fit for living in during the winter
vinterdag *s* winter day, day in [the] winter; *en kall* ~ [adv. on] a cold winter['s] day
vinterdvala *s* winter sleep, hibernation; *ligga i* ~ hibernate
vinterdäck *s* snow (winter) tyre (amer. tire)
vintergata *s* astron. galaxy; *Vintergatan* the Milky Way, the Galaxy
vinterkläder *s pl* winter clothes (vard. things)
vinterkyla *s* winter cold, cold of winter
vinterkörning *s* med bil winter driving, driving in the winter
vinterolympiaden *s* o. **vinter-OS** *s* the Winter Olympic Games pl., the Winter Olympics pl.
vintersolstånd *s* winter solstice
vintersport *s* winter sport
vintersportort *s* winter-sports resort
vintertid *s* årstid winter[time]; *~[en]* (adv.) om vintern in winter[time]
vinterväder *s* winter (vinterlikt wintry) weather

vinthund *s* greyhound
vinyl *s* kem. vinyl
vinylacetat *s* kem. vinyl acetate
vinäger *s* wine vinegar
vinägrettsås *s* vinaigrette [sauce]
viol *s* violet; odlad äv. viola
viola *s* altfiol viola
violett I *s* violet; för ex. jfr *blått* **II** *adj* violet
violin *s* violin; vard. fiddle; *spela ~* play the violin
violinist *s* violinist
violoncell *s* [violon]cello (pl. -s)
violoncellist *s* [violon]cellist
VIP *s* VIP (förk. för *very important person*)
vipa *s* zool. lapwing, peewit
vipp *s, vara på ~en att* inf. be on the point of (be within an ace of, come very near to, be on the verge of) ing-form
vippa I *s* **1** puder~ puff; damm~ feather duster **2** bot. panicle **II** *vb itr* swing up and down; gunga seesaw; amer. teeter; guppa bob; t.ex.,om plym wave; *~ på stjärten* wag one's tail; *~ på stolen* tilt the (one's) chair
vips *interj* swish!, flip!, zip!; *~ var han borta* hey presto, he was gone; he was off like a shot
vira *vb tr* wind; t.ex. för prydnad wreathe; *~ in* m.fl. beton. part., se *linda III*
wire *s* cable; tunnare wire
viril *adj* virile; manlig äv. manly
virka *vb tr* o. *vb itr* crochet
virke *s* **1** trä wood, timber; isht amer. lumber; byggnads~ building timber **2** bildl. stuff; *det är gott ~ i honom* he is made of the right stuff
virkning *s* crocheting, crochet work; *en ~* a piece of crochet work
virknål *s* crochet hook
virra *vb itr, ~ omkring (runt)* meander (gad) about (around) [aimlessly]
virrig *adj* om pers. muddle-headed, scatterbrained; oredig, oklar confused; muddled äv. om t.ex. framställning; om idé äv. hazy; osammanhängande disconnected
virrvarr *s* förvirring confusion; villervalla muddle; röra jumble; oreda mess, tangle; stark. chaos
virtuell *adj, ~ verklighet* data. virtual reality
virtuos I *s* virtuos|o (pl. -i el. -os) **II** *adj* masterly, brilliant; attr. äv. virtuoso
virtuositet *s* virtuosity
virulent *adj* virulent
virus *s* med. virus
virvel *s* **1** whirl äv. bildl.; swirl; ström~ whirlpool; mindre eddy; vetensk. el. bildl. vort|ex (pl. -ices el. -exes); hår~ crown, vert|ex (pl. -ices) **2** trum~ roll
virvelvind *s* whirlwind
virvla *vb itr* whirl, swirl, eddy; *~ omkring (runt)* whirl round; *~ upp* tr. o. itr. whirl up
1 vis *s* way, manner, fashion; jfr *1 sätt 1* med ex.; *jaså, är det på det ~et?* so that's how (so that's the way) it is, is it?; *på franskt (amerikanskt) ~* in the French (American) way; om maträtt French (American) style
2 vis *adj* wise; sage; *en ~ [man]* äv. a sage; *de tre ~e männen* the three wise men, the Magi
1 visa *s* allm. song; folk~ ballad; kort, enkel ~ äv. ditty; låt äv. tune, melody, air; *Höga Visan, Salomos höga ~* the Song of Songs, the Song of Solomon; *det är alltid samma ~* it is always the same old story; *det har blivit [till] en ~ i hela stan* it has become the talk of the town
2 visa I *vb tr* (ibl. *vb itr*) show; peka point [*på* out (to)]; förete äv. present; visa tecken på exhibit, display, evince, demonstrate; upp~, se *~ upp* ned.; bevisa äv. prove; avslöja disclose, reveal; *kyrkklockan ~r rätt tid (~de 12.15)* the church clock tells the right time (pointed to 12.15); *detta ~r att han är...* äv. this shows him to be...; *~ ngn aktning* pay respect to a p.; *~ ett svagt livstecken* give a feeble sign of life; *~ en tendens till* show (manifest, evince) a tendency to; *~ ngn på dörren* show a p. the door; *termometern ~r [på] 20 grader* äv. the thermometer says (registers) 20°; *~ ngn till rätta* eg. show a p. the way; vägleda show a p. the way about, vard. show a p. the ropes; jfr vid. ex. under *artighet* m.fl.
II *vb rfl, ~ sig* show oneself; framträda appear; om pers. äv. make one's appearance; bli tydlig become apparent; synas äv. be seen; om sak äv. manifest itself; löven *började ~ sig* ...began to show; *hans talang ~de sig* redan vid första försöket his talent was evidenced (showed itself)...; *det ~de sig att* beräkningarna var... it turned out (appeared) that...; *det kommer att ~ sig om...* it will be seen whether...; uppgiften *~de sig vara felaktig* ...proved (turned out) to be erroneous (misleading); *~ sig från sin bästa (sämsta) sida* appear at one's best (worst), show to best advantage (to disadvantage)
III med beton. part.
~ **fram** förete show; lägga fram [till beskådande] exhibit, display
~ **ifrån sig:** *~ ngn (ngt) ifrån sig* av~ dismiss (reject) a p. (a th.)
~ **in:** *~ in ngn i ett rum* show a p. into a room
~ **omkring:** *~ ngn i fabriken* show a p. round the factory
~ **tillbaka** avvisa o.d., se *tillbakavisa*
~ **upp** fram, t.ex. pass show; ta fram produce; resultat show; t.ex. ett bokslut äv. produce; *~ ngn upp* t.ex. till övervåning show a p. up (upstairs)
~ **ut ngn** order (send) a p. out
visare *s* på ur hand; på instrument pointer, indicator, needle; på skala äv. index

visavi I *s* vis-à-vis (pl. lika); man (resp. woman) opposite II *prep* mitt emot opposite; ibl. vis-à-vis; beträffande regarding III *adv* vis-à-vis
vischan *s*, *på* ~ out in the wilds (sticks, amer. boondocks)
visdom *s* wisdom; klokhet äv. prudence; lärdom learning
visdomsord *s* word of wisdom
visdomstand *s* wisdom tooth
vise *s* bidrottning queen bee
visent *s* zool. European bison
visera *vb tr* pass visa
visering *s* visaing; visum visa
vishet *s* wisdom
vision *s* vision
visionär I *adj* visionary II *s* visionary
1 visir *s* ämbetsman vizier
2 visir *s* hjälmgaller visor
visit *s* call, visit; *avlägga* ~ *hos ngn* pay a p. a visit, call (pay a call) on a p., visit a p.
visitation *s* examination; kropps~ search; sjö. visitation, [visit and] search; [besök för] granskning, besiktning inspection
visitera *vb tr* examine; search; visit; inspect; jfr *visitation*
visitkort *s* [visiting-]card; amer. calling card; i affärssammanhang business card
1 viska *s* whisk
2 viska *vb tr* o. *vb itr* whisper; ~ *till ngn* skol., i hjälpande syfte prompt a p.
viskning *s* whisper; prompt, jfr *2 viska*
viskos *s* textil. viscose
viskositet *s* viscosity
vismut *s* kem. bismuth
visning *s* showing; demonstration demonstration; före~ exhibition, display, show; *det är två ~ar om dagen på slottet* visitors are shown over (conducted round) the castle twice a day
visp *s* whisk; mekanisk äv. beater; av ståltråd äv. whip; elektrisk [hand]mixer
vispa *vb tr* whip, whisk; ägg o.d. beat; t.ex. ingredienser till en kaka cream; ~ *ner mjölken i smeten* beat the milk into the mixture (batter, jfr *smet*)
vispgrädde *s* whipped (till vispning whipping) cream
viss *adj* **1** vanl. pred.: säker certain [*om (på)* of]; sure [*om (på)* of (about)]; förvissad assured, övertygad äv. positive, convinced **2** attr.: särskild certain; bestämd a) om tidpunkt äv. given b) om summa fixed; *en* ~ a) t.ex. hr Andersson a certain... b) t.ex. skicklighet a certain degree of...; t.ex. tvekan some [degree of]...; *i* ~ *mån* to a certain (some) extent, in a certain (some) degree; *i* ~*a avseenden* in some respects (ways); *hon har något* ~*t* odefinierbart she has [got] a certain something
visselpipa *s* whistle
vissen *adj* faded äv. bildl.; förtorkad withered, wilted; om blad äv. dry; död dead; *känna sig* ~ ur form feel out of sorts; 'nere' feel off colour, feel rotten
visserligen *adv* [it is] true, certainly, to be sure, indeed, jfr ex.; *han är* ~ *duktig, men...* it is true that he is clever, but...; certainly (to be sure) he is clever, but...
visshet *s* certainty; tillförsikt assurance; *få* ~ *om...* find out...[for certain]
vissla I *s* whistle II *vb tr* o. *vb itr* whistle; vina äv. whiz[z]; ~ *på hunden* whistle to the dog
vissling *s* whistle; vinande whiz[z]
vissna *vb itr* fade, wither, wilt; ~ *bort* wither [away]; bildl., om pers. fade away; ~ *ned* wither [away]
visso *s*, *för* ~ se *förvisso*; *till yttermera* ~ se *yttermera*
visst *adv* säkert certainly, to be sure; utan tvivel no doubt; sannolikt probably; ~ *[skall du göra det]!* äv. [you should do it (so)] by all means!; *vi har* ~ *träffats förr* I am sure we [must] have met before; *du tänkte* ~ överraska oss you wanted to..., didn't you?; *du tror* ~ *att...* you seem to believe that...; *ja* ~*!* certainly!, of course!, yes, indeed!; *ja* ~ *ja* yes, of course[, that's true]; *jo* ~, *men... * that is (quite) so, but...; ~ *inte!* certainly not!, not at all!, by no means!, not by any means!; *han har* ~ *rest* he has probably left; he has left, I think
vistas *vb itr dep* stay; bo längre tid reside, live; litt. sojourn; friare äv. be; ~ *inomhus* äv. keep indoors
vistelse *s* stay; officiellt el. litt. sojourn; boende residence
vistelseort *s* [place of] residence, permanent residence; jur. domicile
visthus[bod] *s* pantry, larder; större storehouse
visualisera *vb tr* visualize
visuell *adj* visual; ~*a hjälpmedel* visual aids
visum *s* visa
vit I *adj* white; ~*t brus* elektr. white noise; ~*a duken* filmduken the screen; ~ *fläck* på kartan unexplored region; *Vita havet* the White Sea; *Vita huset* the White House; *vita kläder* äv. whites; *[den] ~a mössan* ung. the [Swedish student's] white cap; ~ *vecka* alkoholfri 'white week', week in which one abstains from alcohol; *bli* ~ *[i ansiktet] av ängslan* turn white with...; *göra* ~, whiten, make...white; *en* ~ a white [man]; neds. a whitey; *de* ~*a* the whites; jfr äv. *blå* o. sms. II *s* schack. white
vita *s* ägg~, ögon~ white [*i* of]; *två vitor* the whites of two eggs
vital *adj* vital; livskraftig äv. vigorous; viktig äv. ...of vital importance, momentous
vitalisera *vb tr* vitalize
vitalitet *s* vitality; livskraft äv. vigour
vitamin *s* vitamin
vitaminbrist *s* vitamin deficiency

vitaminfattig *adj* ...deficient (poor) in vitamins, vitamin-deficient
vitaminisera *vb tr* add vitamins to, vitaminize
vitaminrik *adj* ...rich in vitamins
1 vitbok *s* bot. hornbeam
2 vitbok *s* polit. white book; mindre white paper
vite *s* jur. fine, penalty; *vid ~ av* under penalty of a fine of; *tillträde vid ~ förbjudet* ung. trespassers will be prosecuted
vitglödande *adj* white-hot, incandescent
vitguld *s* white gold
vithårig *adj* white-haired; om pers. äv. white-headed, hoary; *bli ~* turn white
vitkalka *vb tr* whitewash
vitklöver *s* white (Dutch) clover
vitkål *s* [white] cabbage
vitlimma *vb tr* whitewash
vitling *s* zool. whiting
vitlök *s* garlic
vitlöksklyfta *s* clove of garlic
vitlökssalt *s* garlic salt
vitmena *vb tr* whitewash
vitmossa *s* **1** torv~ bog moss **2** renlav reindeer moss
vitna *vb itr* whiten, turn (grow, go) white
vitpeppar *s* white pepper
vitrinskåp *s* [glass] showcase (display case)
vitriol *s* åld. vitriol äv. bildl.
vitrysk *adj* Byelorussian, Belorussian, White Russian
vitryss *s* Byelorussian, Belorussian, White Russian
Vitryssland Byelorussia, Belorussia
vits *s* ordlek pun; kvickhet joke, jest; neds. witticism; *det är det som är ~en med det hela* that's just the point of it; *det är ingen ~ med det* there's no point in it
vitsa *vb itr* make puns (resp. a pun); skämta joke, crack jokes (resp. a joke)
vitsig *adj* kvick witty
vitsippa *s* wood anemone
vitsord *s* skriftligt betyg testimonial; skol. mark; amer. grade; *~ i tjänsten* service record; *ge ngn goda ~* recommend a p. thoroughly
vitsorda *vb tr* intyga testify to, certify; *~ att ngn är...* certify that a p. is...; stark. vouch for a p.'s being...
1 vitt *s* white; jfr *blått* o. se ex. under *svart III*
2 vitt *adv* widely; *~ och brett* far and wide; *med ~ uppspärrade ögon* with wide open eyes, with one's eyes wide open; *prata ~ och brett om...* talk (speak) at great length about..., expatiate upon...; *vara ~ skild från* differ greatly from...; *vara ~ utbredd* be widespread; *så ~* se *såvitt*; *för så ~* provided that; *för så ~ inte* ofta unless
vittberest *adj*, *vara ~* have travelled a great deal, be a travelled person (man resp. woman)
vittberömd *adj* renowned, illustrious

vitterhet *s* skönlitteratur belles-lettres pl.
vittförgrenad *adj* attr. ...with many ramifications
vittgående *adj* far-reaching; *~ reformer* äv. extensive reforms
vittja *vb tr*, *~ näten* search (go through) and empty the [fishing-]nets; *~ ngns fickor* pick a p.'s pockets
vittna *vb itr* witness; intyga testify [*om* to]; vid domstol äv. give evidence, depose; *~ mot (för) ngn* give evidence against (in favour of) a p.; *~ om* ngt bildl. show..., indicate..., denote...; give evidence of..., bear witness to...
vittne *s* witness; *vara ~ till ngt* be a witness of a th., witness a th.; *i ~ns närvaro* before (in the presence of) witnesses; *höra ~n* äv. take evidence; hos polisen take statements; *jag tar dig till ~ på att jag...* äv. you are my witness that I...
vittnesbås *s* witness box (amer. stand)
vittnesbörd *s* testimony, evidence; *bära ~ om ngt* testify to a th.
vittnesmål *s* evidence, testimony; isht skriftl. deposition; *avlägga ~* give evidence (testimony)
vittomfattande *adj* far-reaching, extensive; t.ex. studier comprehensive; t.ex. intressen wide
vittra *vb itr* geol. weather, decompose; falla sönder moulder, crumble [away]; vetensk. effloresce; *~ bort* crumble away; *~ sönder* moulder (crumble) [away]
vittring *s* jakt. scent
vittsvävande *adj*, *~ planer* ambitious (vast) plans
vittvätt *s* tvättande [the] washing of white laundry (linen); tvättgods white laundry (linen), whites pl.; amer. white goods pl.
vitval *s* zool. white whale, beluga
vitvaror *s pl* textilier el. hushållsmaskiner white goods
vitöga *s*, *[modigt] se döden i ~t* face death [bravely (courageously)]
vivisektion *s* vivisection
vivre *s* board and lodging, keep; *fritt ~* free board and lodging
vodka *s* vodka
Vogeserna *s pl* the Vosges
vojlock *s* saddle blanket, horse-rug
wok *s* wok
woka *vb tr* wok
vokabulär *s* ordförråd vocabulary; ordlista äv. glossary
vokal I *s* vowel **II** *adj* vocal
vokalisera *vb tr* mus. el. språkv. vocalize
vokalisk *adj* fonet. vocalic; attr. äv. vowel
vokalism *s* språkv. vocalism
vokalist *s* mus. vocalist
vokalmusik *s* vocal music, singing
volang *s* flounce; smalare, t.ex. på damplagg frill
volauvent *s* kok. vol-au-vent

volfram *s* tungsten; ibl. wolfram
volley *s* sport. volley; *ta (slå) en boll på* ~ take (hit) a ball on the volley, volley a ball
volleyboll *s* bollspel volleyball
volm *s* haycock
volma *vb tr* cock
volontär *s* åld. volunteer äv. mil.; hand. unsalaried clerk
1 volt *s* (förk. *V*) elektr. volt (förk. V)
2 volt *s* **1** gymn. somersault; *göra (slå) en* ~ gymn. turn a somersault, turn head over heels; *slå ~er* äv. tumble **2** ridn. volt[e]
volta *vb itr* slå runt, välta overturn, turn turtle
voluminös *adj* voluminous äv. om röst
volym *s* **1** volume äv. om röst; om mått äv. cubic capacity **2** bok[band] volume; större tome
volymkontroll *s* volume control
vom *s* zool. first stomach, paunch
votera *vb tr* o. *vb itr* vote; jfr *rösta*
votering *s* voting; *utan* ~ by acclamation, without a division; *vid en* ~ on a vote being taken; jfr vid. *omröstning*
vov *interj*, ~ ~*!* bow-wow!
vovve *s* barnspr. bow-wow
voyeur *s* voyeur, peeping Tom
vrak *s* wreck äv. bildl.; *~et av en bil* a wrecked car; *sjukdomen hade gjort honom till ett* ~ the illness had left him a wreck
vraka *vb tr* **1** förkasta reject **2** ~ *bort* sälja till vrakpris sell...at a bargain price (etc.), jfr *vrakpris*)
vrakdel *s* av flygplan etc. part of a (resp. the) wrecked plane etc.
vrakgods *s* wreckage; wrecked goods pl.
vrakplundrare *s* wrecker
vrakpris *s* bargain (giveaway, throwaway) price; *rena ~et* a dead bargain; *till* ~ at a bargain etc. price; at bargain prices
vrakspillra *s* piece of wreckage (flotsam [and jetsam]); *vrakspillror* pieces of wreckage; äv. wreckage sg., flotsam and jetsam sg.
1 vred *s* handle; runt äv. knob
2 vred *adj* wrathful, irate; ond angry; stark. furious
vrede *s* wrath; harm anger; ursinne fury, rage; *låta sin* ~ *gå ut (utösa sin ~) över ngn* vent one's anger on a p.
vredesmod *s*, *i* ~ in wrath (anger)
vredesutbrott *s* [out]burst of fury, fit of rage, spate of anger
vredgad *adj* angry; stark. furious, incensed
vredgas *vb itr dep* be angry; bli vred get angry, become incensed [*på ngn över (för) ngt* with a p. about (at) a th.]
vresig *adj* **1** om pers. peevish, cross, sullen, surly, cross-grained **2** om träd gnarled, cross-grained
vresighet *s* peevishness osv., jfr *vresig 1*
vricka *vb tr* o. *vb itr* **1** stuka sprain; rycka ur led dislocate; *jag har ~t foten* I have sprained (twisted, ricked) my ankle **2** sjö. scull

vrickad *adj* vard., tokig crazy, cracked, nuts, not all there samtl. end. pred.; *alldeles (helt)* ~ äv. ...off one's rocker (chump)
vrickning *s* stukning sprain; dislocation; jfr *vricka 1*
vrida I *vb tr* o. *vb itr* turn; sno twist, wind; ~ *händerna* wring one's hands; ~ *armen ur led* put (twist) one's arm out of joint, dislocate one's arm; ~ *halsen av ngn* wring a p.'s neck; ~ *på huvudet* turn one's head; ~ *och vränga på ngt* twist and turn a th.; ~ *och vända på ett problem* turn a problem over in one's mind [again and again]
II *vb rfl*, ~ *sig* turn; ~ *sig av smärta (i plågor)* writhe in pain; ~ *sig som en mask* wriggle (wiggle, squirm) like a worm; ~ *sig kring sin axel* turn (revolve) round one's [own] axis
III med beton. part.
~ *av* twist (wrench) off; t.ex. kranen, radion turn off
~ *bort* *huvudet* turn one's head away
~ *fram* *klockan* put (set) the clock forward
~ *loss* twist (wrench) off (loose); ~ *sig loss* wriggle oneself free
~ *om:* *han vred om armen på mig* he gave my arm a twist, he twisted my arm; ~ *om* nyckeln turn...
~ *på* t.ex. kranen turn on; t.ex. radion äv. switch on
~ *till* *kranen* turn off the tap
~ *tillbaka:* ~ *tillbaka klockan* put (set) the clock back; *vi kan inte* ~ *tiden tillbaka* we can't undo the past, we can't put the clock back
~ *upp* *klockan* wind up the clock
~ *ur* t.ex. en trasa wring out; ~ *ur vattnet ur* wring out the water from
vridbar *adj* turnable; attr. äv. ...that can be turned, revolving
vriden *adj* **1** snodd twisted, contorted **2** tokig crazy, cracked; *han är en smula* ~ he is not quite all there
vridmoment *s* tekn. torque
vridscen *s* teat. revolving stage
vrist *s* instep; ankel ankle
vrå *s* corner, nook, cranny; *en lugn* ~ a sheltered spot
vråk *s* zool. buzzard
vrål *s* roar, bawl, bellow
vråla *vb itr* roar, bawl, bellow
vrålapa *s* howler [monkey]; bildl. bawler
vrålåk *s* vard., om bil posh high-powered car
vrång *adj* allm. perverse, cussed; ogin disobliging; krånglig: om pers. contrary; om häst restive; orättvis wrong, unjust
vrångbild *s* distorted picture
vrångstrupe *s*, *jag fick det i ~n* it went down the wrong way, I choked on it
vräk|a I *vb tr* **1** eg. heave; kasta toss, throw **2** jur., avhysa evict, eject

II *vb itr*, *regnet -er ned* it's (the rain is) pouring (teeming) down; *snön -er ned* the snow is coming down heavily
III *vb rfl*, *sitta och ~ sig* lounge (loll) about; *~ sig i* lyx roll (wallow) in...
IV med beton. part.
~ bort throw away; sälja billigt sell at greatly reduced prices
~ i sig mat guzzle down
~ omkull throw...over; pers. send...sprawling
~ ur sig skällsord o.d. let fly..., blurt out..., come out with...
~ ut heave...out; t.ex. pengar spend... like water
~ över ansvaret *på ngn* saddle a p. with...
vräkig *adj* ostentatious; flott flashy, showy; stoltserande flaunting; dryg arrogant; slösaktig extravagant
vräkning *s* avhysning eviction, ejection
vränga *vb tr* vända ut o. in på turn...inside out; framställa el. återge oriktigt distort, twist; misstyda misrepresent; *~ lagen* pervert (twist) the law
vulgaritet *s* vulgarity; vulgärt yttrande äv. vulgarism
vulgär *adj* vulgar, common
vulkan *s* vulcano (pl. -s)
vulkanisera *vb tr* vulcanize
vulkanisk *adj* volcanic
vulkanutbrott *s* volcanic eruption
vulkanö *s* volcanic island
vulva *s* anat. vulva
vurm *s* passion, craze, mania, fad [*för (på)* i samtl. fall for]
vurma *vb itr*, *~ för ngt* have a passion (craze, mania, yen) for a th.
vurpa I *s* somersault; *göra en ~* se *II* **II** *vb itr* turn a somersault, overturn; *han ~de med bilen* his car overturned
vuxen *adj* full~ adult; attr. äv. grown-up; *de vuxna* grown-ups, adults; *han är ~* he is an adult (is grown up); *visa att du är ~!* be (act) your age!; *vara situationen ~* be equal to the occasion; vid ett visst tillfälle rise to the occasion; jfr ex. under *växa*
vuxenstuderande *s* adult student
vuxenundervisning *s* o. **vuxenutbildning** *s* adult education
vy *s* **1** view; utsikt äv. sight, prospect; *ha trånga (vida) ~er* have a narrow (broad) outlook [on life] **2** se *vykort*
vykort *s* [picture] postcard
vyss[j]a *vb tr* lull; *~...i sömn (till sömns)* lull (hush)...to sleep
våd *s* kjol~ gore; tyg~ width; tapet~ length
våda *s* fara danger, peril; risk risk; *av ~ by* misadventure; jur. accidentally
vådaskott *s* accidental shot
vådlig *adj* farlig dangerous; förskräcklig dreadful; förfärlig terrible; vard. awful

våffeljärn *s* waffle iron
våffla *s* waffle
1 våg *s* **1** för vägning scale[s pl.]; större weighing-machine; med skål[ar] balance; *en ~* a scale, a pair of scales **2** *Vågen* astrol. Libra
2 våg *s* wave äv. fys.; bildl. äv. surge; dyning roller; *~orna går höga* the sea runs high, there is a heavy sea [running]; *diskussionens ~or gick höga* ung. there was a heated discussion; *gå i ~or* undulate; bilda våglinje äv. go in waves; *lägga håret i ~or* set one's hair in waves
1 våga *vb tr*, *~ håret* wave one's hair
2 våga I *vb tr* o. *vb itr* ha mod att dare (för konstr. jfr ex.); våga sig på o. riskera venture; riskera äv. hazard, risk; satsa stake; slå vad om bet; *jag (han) ~r* gå I dare (he dares) to...; *~r jag (han)* gå? dare I (he)...?, do I (does he) dare to...?; *~r jag be om...?* dare (får jag may, might) I ask for...?; *~ ta risken att göra ngt* risk (take the risk of) doing a th.; *jag ~r påstå att...* I venture to assert (say) that..., I can confidently (tar mig friheten I make so bold as to) say that...; *~ försöket (risken)* take the risk (the chance); *~ livet* venture (risk, hazard, jeopardize, som insats stake) one's life; *du skulle bara ~!* you just dare!, just you dare (try)! **II** *vb rfl* (för konstr. av 'dare' jfr *I*) *~ sig dit (hit)* venture el. dare to go there (to come here); *~ sig fram [ur gömstället]* venture [to come] out [of...]; *~ sig på ngn* angripa dare to tackle (attack) a p.; tilltala o.d. venture to approach a p.; *~ sig på att...* venture (dare) to...; *ska man ~ sig på det?* should one chance it [or not]?; *~ sig ut i kylan* venture [to go] out in the cold; trotsa kylan brave the cold
vågad *adj* djärv daring, bold; riskfylld risky, hazardous; oanständig risqué fr.; indecent
vågarm *s* arm of a (resp. the) balance, lever arm
vågbrytare *s* breakwater
vågdal *s* eg. trough of the sea (the waves); *komma in i en ~* bildl. get into a down period
vågformig *adj*, *~ rörelse* wave-like (undulating) movement
våghals *s* daredevil
våghalsig *adj* reckless, foolhardy, rash
vågig *adj* wavy; om t.ex. linje äv. undulating; vågformig äv. wave-like
vågkam *s* crest of a (resp. the) wave
våglängd *s* radio. wavelength äv. bildl.
vågmästarroll *s*, *ha ~en* hold the balance [of power]
vågrät *adj* horizontal; plan level; *~a [nyckel]ord* i korsord clues across
vågrörelse *s* undulation; fys. wave motion (propagation)
vågsam *adj* risky, hazardous; djärv daring, bold

vågskål *s* scale (pan) [of a (resp. the) balance]
vågspel *s* o. **vågstycke** *s* vågsamt företag bold (daring) venture, risky (daring, hazardous) undertaking; vågsam handling daring act (deed)
vågsvall *s* surging sea, surging (beating) of the waves
våld *s* makt, välde power; besittning possession; tvång force, compulsion; våldsamhet violence; övervåld outrage; bildl. äv. (kränkning) violation; **yttre** ~ violence; **bruka (öva)** ~ använda use force el. violence [*mot* against]; ta till resort to violence; dömas *för* ~ *mot polis* ...for assaulting a policeman; *göra* ~ *på* sanningen violate...; en text do violence to..., distort the meaning of...; *göra* ~ *på sig (sina känslor)* restrain oneself (one's feelings), do violence to one's feelings; *vara i ngns* ~ be in a p.'s power, be at a p.'s mercy; *med* ~ eg. by force; med maktmedel forcibly; *med milt* ~ with gentle compulsion; *bryta upp (öppna)...med* ~ force...open
våldföra *vb rfl*, ~ *sig på en kvinna* begå våldtäkt rape a woman
våldgästa *vb tr* o. *vb itr*, *[komma och]* ~ *[hos]* ngn descend [up]on...; vard. gatecrash on...
våldsam *adj* allm. violent; häftig (om t.ex. känsla) äv. vehement; intensiv intense; stark.: om t.ex. applåd tremendous, om hunger ravenous; vild, om t.ex. strid furious; oerhörd terrible; *~ma ansträngningar* furious (intense) efforts; *få en* ~ *död* die a violent death; *ha ett ~t humör* have a violent (fiery) temper; *i* ~ *fart* at a furious (terrific) speed
våldsamhet *s* violence, vehemence; intensity; fury (samtl. end. sg.), jfr *våldsam; ~er* acts of violence, violence sg.
våldsbrott *s* crime of violence
våldsdåd se *våldsgärning*
våldsfilm *s* film containing violence
våldsgärning *s* act of violence, violent deed; illgärning outrage
våldsrotel *s* polis. homicide and crimes of violence department
våldsverkare *s* perpetrator of an (resp. the) outrage, assailant
våldta[ga] *vb tr* rape
våldtäkt *s* rape
våldtäktsförsök *s* rape attempt, attempted rape, [case of] indecent assault
våldtäktsman *s* rapist
valla *vb tr* förorsaka cause, occasion; vara skuld till be the cause of; åstadkomma äv. bring about; ge upphov till give rise to; framkalla provoke; frambringa produce; ~ bereda *ngn...* cause (give) a p...; ~ ngn *smärta* cause...pain (suffering), make...suffer
vållande *s*, ~ *till annans död* manslaughter
vålm o. **vålma** se *volm* o. *volma*

vålnad *s* ghost, phantom, phantasm
våm se *vom*
vånda *s* agony, torture; ångest anguish; kval torment
våndas *vb itr dep* suffer agony (agonies), be in agony (anguish); ~ *inför ngt* dread a th.; ~ *över* slita med *ngt* go through agonies over a th.
våning *s* **1** lägenhet flat; isht större el. amer. apartment; *en* ~ *på tre rum* a three-roomed flat, a flat of three rooms **2** etage storey (amer. vanl. story); våningsplan floor; *ett sex ~ar högt hus* a six-storeyed (six-storied) house, a house of six storeys (stories); *bygga till en* ~ *på* huset add a storey to...; *på (i) andra ~en* en trappa upp on the first (amer. second) floor
våningsbyte *s* exchange of flats (apartments)
våningsplan *s* floor
våningssäng *s* bunk bed
våp *s* goose (pl. geese), silly
1 vår *poss pron* fören. our; självst. ours; *de ~a* our people; våra spelare our players; vårt lag our team sg.; för ex. jfr vid. *1 min*
2 vår *s* spring; ibl. springtime; poet. springtide alla äv. bildl.; *~en kommer sent i år* [the] spring is late this year, it is a late spring this year; *en flicka på 17 ~ar* ...of seventeen summers; för ex. jfr vid. *höst*
våras *vb itr dep, det* ~ [the] spring is coming (is on the way); *det ~ för...* bildl. ...is (resp. are) doing well (flourishing, thriving)
vårbruk *s* lantbr. spring tillage (cultivation)
1 vård *s* minnes~ memorial, monument
2 vård *s* omvårdnad care [*om* of]; uppsikt äv. charge; jur. custody; förvar keeping; skötsel äv. nursing; behandling treatment; bevarande preservation, conservation; *sluten* ~ institutional care; på sjukhus care (behandling treatment) of in-patients, hospital treatment; *öppen* ~ non-institutional care; sjukvård care (behandling treatment) of out-patients; *få god* ~ be well looked after, be well cared for; *ha ~[en] om...* el. *ha...i sin* ~ have charge ([the] care) of..., have...in (under) one's care; *lämna...i ngns* ~ leave...in a p.'s care (förvar keeping)
vårda *vb tr* take care of, pay attention to; se till look after; sköta tend; sjuka äv. nurse; bevara preserve; *han ~s på sjukhus* he is [being treated] in hospital; ~ *sitt språk* pay attention to one's use of language
vårdad *adj* välskött well-kept; om pers. o. yttre well-groomed; om yttre äv. neat, trim; om t.ex. språk, stil polished, refined; om t.ex. handstil neat
vårdag *s* spring day, day in [the] spring; *en vacker* ~ [adv. on] a fine spring day
vårdagjämning *s* vernal (spring) equinox
vårdare *s* keeper; sjuk~ male nurse
vårdbidrag *s* care allowance

vårdcentral *s* care centre
vårdhem *s* sjukhem nursing home
vårdlinje *s* skol. ~*[n]* nursing
vårdnad *s* custody [*om (av)* of]
vårdnadsbidrag *s* child-care allowance
vårdnadshavare *s* förmyndare guardian; *vara ~ efter skilsmässa* have custody [of a child resp. of children]
vårdpersonal *s* på sjukhus nursing staff
vårdplats *s* på sjukhus bed
vårdslös *adj* careless [*med* with (about)], negligent [*med* about]; slarvig slovenly, slipshod; försumlig neglectful [*med* of]; om t.ex. uppförande äv. nonchalant; om t.ex. tal äv. reckless; *vara ~ med pengar* squander (fritter away) one's money
vårdslöshet *s* carelessness, negligence; recklessness; jfr *vårdslös;* ~ *i trafik* dangerous (reckless) driving
vårdsökande I *adj* attr. ...seeking care **II** *s* person seeking care
vårdtecken *s, som ett ~* i vigselformulär as a token
vårdyrke *s* ung. social service (sjukvårdande nursing) occupation
vårflod *s* spring flood
vårgrönska *s* greenness (verdure) of spring
vårkänsla *s, få vårkänslor* get the spring feeling
vårlig *adj* attr. spring, ...of spring; se äv. *vårlik*
vårlik *adj* spring-like, vernal; *det är ~t* i dag it is quite like spring...
vårlök *s* bot. gagea, yellow star-of-Bethlehem
vårrulle *s* kok. spring roll
vårstädning *s* spring-cleaning
vårsådd *s* lantbr. spring sowing
vårsäd *s* spring-sown corn (grain)
vårta *s* **1** wart; vetensk. äv. verruc|a (pl. -ae) **2** bröst~ nipple
vårtbitare *s* zool. green grasshopper, katydid
vårtecken *s* sign of spring
vårtermin *s* i Sverige spring term [which ends early in June]
vårtrötthet *s* spring fatigue (tiredness)
vårväder *s* spring (vårlikt springlike) weather
våt *adj* wet; fuktig damp, moist; vetensk. äv. humid; flytande fluid, liquid; *~ av svett* wet with perspiration; *bli ~ om fötterna* get one's feet wet; *han är ~ om fötterna* he has wet feet, his feet are wet; *en ~ kväll* med mycket spritförtäring a wet night; *hålla ihop i ~t och torrt* stick together through thick and thin
våtarv *s* bot. chickweed
våtdräkt *s* wet suit
våtmarker *s* wetlands
våtservett *s* wet wipe
våtutrymme *s* byggn. wet room
våtvaror *s pl* liquids, wet goods äv. starkvaror
våtvärmande *adj, ~ omslag* fomentation

väck *adv* vard. *[puts]* ~ gone [completely]; ~ *med det!* away with it!
väcka *vb tr* **1** göra vaken wake [...up]; med saksubj. äv. awake; på beställning (isht vid visst klockslag) vanl. call; mera häftigt samt bildl. (rycka upp) rouse; ljud som kan ~ *de döda* ...raise (wake, awaken) the dead; *~s av bullret* be woken up (roused, awakened) by...; ~ *ngn till besinning* call a p. to his (resp. her) senses; ~ *ngn till liv* bring (call) a p. back to life; ur svimning revive a p.; ~ *ngn till medvetande om...* make a p. conscious (aware) of...
2 framkalla arouse; uppväcka, t.ex. känslor, äv. awaken; vålla: t.ex. förvåning cause; t.ex. sensation äv. create; ge upphov till: t.ex. beundran excite; t.ex. missnöje stir up; åstadkomma, t.ex. uppståndelse make; tilldra sig, t.ex. uppmärksamhet attract; *~ avund [hos ngn]* excite (arouse) [a p.'s] envy; *~ förvåning* cause (arouse) astonishment; *~ minnen [till liv]* awaken (arouse, call up) memories
3 framlägga, t.ex. fråga raise, bring up; se vid. ex. under *2 förslag 1* o. *motion 2* o. *åtal*
väckarklocka *s* alarm [clock]
väckelse *s, religiös ~* [religious] revival
väckelsemöte *s* revival meeting
väckelserörelse *s* revivalism, revivalist movement
väckning *s, beställa ~* book an alarm call; *får jag be om ~ till kl.* 7 will you call me at 7, please; I'd like to be called at 7
väder *s* **1** väderlek weather; *~ och vind* wind and weather; *prata om ~ och vind* kallprata talk about nothing in particular; *Fröken Väder* ung. the telephone weather service; *bra* rätt sorts *~* just the [right sort of] weather...; *vi hade [ett] förfärligt ~* we had terrible weather; *det är dåligt (vackert) ~* the weather is bad (lovely, fine); *vad är det för ~ i dag?* what's the weather like today?, what sort of day is it?; *trotsa vädrets makter* brave the weather (stark. the [fury of the] elements); *i alla ~* in all weathers; *följa ngn i alla ~* bildl. stick to a p. through thick and thin; *lita på ngn i alla ~* rely on a p. no matter what happens; *skydda sig mot ~ och vind* keep out the weather **2** luft air; vind wind; *släppa ~* en fjärt break wind; *gå (stiga) till ~s* go up in the air
väderbeständig *adj* weatherproof
väderbiten *adj* weather-beaten
väderkarta *s* weather chart (map)
väderkorn *s, ha gott ~* have a keen scent (om pers. a sharp nose)
väderkvarn *s* windmill
väderlek *s* weather
väderleksrapport *s* weather bulletin (forecast, report)
väderlekstjänst se *vädertjänst*

väderleksutsikter

väderleksutsikter *s pl* rapport weather forecast sg.
väderprognos *s* weather forecast
väderrapport *s* weather bulletin (forecast, report)
vädersatellit *s* weather satellite
väderstreck *s* point of the compass; *de fyra ~en* äv. the [four] cardinal points; *från vilket ~* blåser det? from which quarter...?
vädertjänst *s* meteorological (weather forecast) service; byrå meteorological office, weather bureau
vädja *vb itr* appeal äv. jur. [*till* to]; *han ~de till mig om hjälp* he appealed to me for help, he pleaded with me for help; *en ~nde blick* a look of appeal
vädjan *s* appeal äv. jur.; entreaty
vädra *vb tr* o. *vb itr* **1** lufta (t.ex. kläder) air, give...an airing; *~ [i] ett rum* air a room; *~ ut röken* let the smoke out **2** få väderkorn på scent äv. bildl.; *~ ngt* få nys om get wind of a th.
vädring *s* luftning airing; *hänga ut* kläder *till ~* hang...out to air
vädur *s* **1** bagge ram **2** *Väduren* astrol. Aries
väg *s* anlagd road; isht mera abstr. o. bildl., vanl. way; rutt äv. route; sträcka, avstånd äv. distance; stig, bana path; obanad äv. track; lopp course samtl. äv. bildl.; färd~: resa journey; gång~ walk; åk~ drive, ride; *dygdens ~* the path of virtue; *en timmes ~ [att gå (köra)] härifrån* one hour's walk (drive, ride) from here; *~en till* lycka och framgång the way (road) to...; *allmän ~* public road; *förbjuden ~* körväg no thoroughfare; genomgång no passage; *det är lång ~ till...* it is a long way...; *det märks lång ~ (långa ~ar)* it stands out a mile; bildl. äv. you can see it a mile away; *gå den långa ~en* come up (rise to a position, do it) the hard way; *är det här rätta ~en till...?* is this the right way to...?, is this right for...?, am I (resp. are we etc.) right for...?; *bana ~ för* clear (bildl. pave) the way [*för* for]; *bryta nya ~ar* bildl. break new ground, strike out new paths; *gå (resa) sin ~* go away, leave; *gå din ~!* go away!, clear (push) off!, make yourself scarce!; *gå sin egen ~ (sina egna ~ar)* go one's own way, take one's own line; *går (skall) du samma ~ som jag?* are you going my way?; *gå ~en rakt fram* go (walk) right on, follow the road (resp. path); *allt gick ~en för mig* everything was going my way; *det gick ~en!* vard., det lyckades it worked (clicked)!; *om ni har era ~ hitåt* if you happen to be coming this way (in this direction); *jag hade ~arna (mina ~ar) förbi* I was [just] passing by; *ta ~en förbi* affären pass by...; *spärra ~en för ngn* bar (block) a p.'s way; *vart ska du ta ~en?* where are you going (off to)?; *vart har hon (boken) tagit ~en?* where has she (the book) gone (got to)?, what's become of her (the book)?; *visa ngn ~en* show a p. the way; *visa ~en* show (lead) the way äv. bildl. med föreg. prep.: *i ~* adv. off; *ge sig i ~* se *ge [sig av]*; *komma i ~* m.fl., se *2 komma [i väg]* m.fl.; *det kom något i ~en [för mig]* bildl. something happened [to prevent me]; *stå (vara) i ~en för ngn* stand (be) in a p.'s way äv. bildl.; skymma stand in a p.'s light; *något i den ~en* something like that (it), something of the sort, something in that line; *vara på ~ till...* be on one's way to...; om fartyg äv. (vara destinerad till) be bound for...; *följa ngn en bit på ~[en]* accompany a p. part (a bit) of the way; *på ~[en] till S.* finns det... on the way to S...; *på* under *~en såg vi...* on the (our) way (under färden as we walked along) we saw...; *på den ~en är det* vard., så förhåller det sig that's how (the way) it is; *stanna (mötas* äv. bildl.*) på halva ~en* stop (meet) halfway; *fortsätta på den inslagna ~en* continue on the career (course) that one has entered upon; *vara på [god] ~ att* inf. be on the way (in a fair way) to inf. el. ing-form; *jag var [just] på ~ att säga det* I was about (was just going) to say it; var nära att I was on the point of saying it; *vara på ~ uppåt* bildl. be on the way up, be doing well; *priserna är på ~ uppåt* prices are on the increase; *vara på ~ utför* bildl. be on the way down, be going downhill; få veta ngt *på privat ~* ...from a private source, ...privately; *vara [inne] på rätt ~* be on the right track äv. eg.; *inte på långa ~ar* not by a long way (vard. chalk); hur ska man *gå till ~a?* ...set (go) about it?; *gå försiktigt till ~a* act (proceed) carefully; *gå ur ~en för ngn* go (get) out of a p.'s way, keep clear of a p.; *ur ~en!* get out of the way!, stand aside!; *vid ~en* vägkanten on (by) the roadside
väg|a I *vb tr* weigh äv. bildl.; *~ sina ord* weigh one's words, choose one's words carefully; *~ skälen för och emot* weigh (consider) the pros and cons
II *vb itr* weigh; hans ord *-er tungt* ...carry [great] weight; *sitta och ~ på stolen* sit balancing on one's chair; *det står och -er [mellan...]* bildl. it's in the balance between; *det -er jämnt* se under *jämnt*
III med beton. part.
~ in sport. weigh in; bildl., vard., ta med i beräkningen take into account
~ ned weigh (weight) down
~ om weigh again, re-weigh
~ upp a) vid vägning weigh, weigh out b) bildl., se *uppväga*
~ ut sport., om jockey weigh out
vägande *adj, [tungt] ~ skäl* [very] weighty (important) reasons
vägarbetare *s* roadworker, road-mender

vägarbete *s*, *~[n]* roadworks pl., road repairs pl.; *~ [pågår]* på skylt Road Up, Road under Repair
vägbana *s* roadway
vägbeläggning *s* konkr. road surface
vägbom *s* [road] barrier
vägegenskaper *s pl* motor. roadholding qualities, roadability sg.
vägg *s* wall äv. anat.; tunn mellan~ partition; *bo ~ i ~ med ngn* i rummet intill occupy the room next to a p.; i lägenheten intill live next door to a p.; *köra huvudet i ~en* bildl. run one's head against a [brick (stone)] wall; *ställa ngn mot ~en* bildl. put (stand) a p. up against a (the) wall; *det är som att tala till en ~* it's like talking to a brick wall; *det är uppåt ~arna [galet]* it's all wrong (all cockeyed), it's up the creek
väggalmanacka *s* wall calendar
väggarmatur *s* koll. electric wall fittings pl.
väggfast *adj* ...fixed to the wall; *~a inventarier* fixtures
väggkontakt *s* se *vägguttag;* strömbrytare wall switch
vägglampa *s* wall lamp
vägglus *s* bug, bedbug
väggmålning *s* mural (wall) painting, mural
väggrepp *s* hos bil el. bildäck grip
väggtidning *s* t.ex. i Kina wall newspaper
väggur *s* wall clock
vägguttag *s* elektr. [wall] socket, point; amer. outlet, wall socket
väghyvel *s* [road] grader
väghållning *s* **1** motor., ~sförmåga roadholding [ability] **2** vägunderhåll road maintenance
vägkant *s* roadside, wayside; mera konkr. (vägren) verge; isht amer. shoulder; dikeskant edge [of a (resp. the) ditch]; *lösa ~er* soft sides (amer. shoulders); *vid ~en* on (by) the roadside
vägkarta *s* road map
vägkorsning *s* crossroads (pl. lika), crossing, intersection
vägkrök *s* bend [of (in) the road]
väglag *s* state of the road[s]; *det är dåligt (torrt) ~* the roads are in a bad state (are dry)
vägleda *vb tr* guide; t.ex. i studier supervise, instruct, tutor; t.ex. i forskningsarbete direct
vägledande *adj*, *en ~ princip* a guiding principle; *vara ~* be a guide, serve as guidance
vägledning *s* **1** abstr. guidance, supervision, instruction, direction; *till ~ för ngn* for the guidance of a p. **2** handbok a) t.ex. för turister guide[book] *[för* for] b) t.ex. i trädgårdsskötsel introduction [*i* to]
väglängd *s* distance
vägmärke *s* road (traffic) sign; vägvisare signpost; enklare fingerpost

vägmätare *s* mileage recorder, mileometer; amer. odometer
vägnar *s pl*, *[på] ngns ~* on behalf of a p., on a p.'s behalf; i ngns namn in the name of a p.; för ngns räkning for a p.; *på mina och min frus ~* for (on behalf of) my wife and myself; *på (å) ämbetets (tjänstens) ~* a) t.ex. göra ngt ...by virtue of one's office, ...officially, ...ex officio lat. b) i officiell underskrift, utan motsv. i eng.
vägning *s* weighing
vägnät *s* road network (system), network of roads
väg- och vattenbyggnad *s* road and canal construction, civil engineering
vägra *vb tr* o. *vb itr* refuse [*ngn ngt* a p. a th.]; avböja decline; neka deny [*ngn ngt* a th. to a p.]; *han ~des att* inf. he was refused permission to inf.
vägran *s* refusal, declining; jfr *vägra*
vägren *s* vägkant verge
vägsalt *s* road salt
vägskrapa *s* grader, [road] scraper
vägskylt *s* road sign; enklare signpost
vägskäl *s* fork [in the road]; *vid ~et* vanl. at the crossroads
vägspärr *s* road block
vägsträcka *s* distance
vägtrafikant *s* road-user
vägtrafikförordning *s* road traffic regulations pl.
vägtrafikskatt *s* ung. road tax
Vägverket *s* the [Swedish] National Road Administration
vägvett *s* road sense
vägvisare *s* **1** pers. guide **2** vägskylt signpost; enklare fingerpost **3** bok, vägledning o.d. guide[book]
vägöverfart *s* o. **vägövergång** *s* över annan led viaduct, flyover; amer. overpass
väja *vb itr*, *~ [undan]* make way [*för* for]; give way [*för* to]; *~ för* t.ex. svårigheter flinch, fight shy of; *~ undan för* t.ex. slag dodge; *~ åt höger* move to the right
väjningsplikt *s* trafik. el. sjö. *det råder ~* one has (has a duty) to give way
väktare *s* allm. watchman; nattvakt security officer; *lagens ~* pl. the guardians of the law (of law and order)
väl I *s*, *~ [och ve]* welfare, well-being; *det allmännas ~* the public welfare (weal); *det gäller hans ~ eller ve* his whole welfare is at stake
II *adv* **1** beton. **a)** bra well; omsorgsfullt carefully, jfr *noga I* ex; jfr äv. ex. med 'väl' under resp. huvudord; *allt ~!* everything is all right!; *så ~ [då]!* what a good thing (sån tur, vard. good job)!; *hon är ~ bibehållen* she does not look her age (is well preserved); *det gick honom ~* i livet he got on well...; *det går aldrig ~* det kan sluta illa that will never end

up well; *om allt går (vill sig)* ~ if everything goes (if things go) well (according to plan), if nothing untoward happens; *hålla sig* ~ *med ngn* keep in with a p.; *lev* ~*!* farewell!; *slå* ~ *ut* turn out well; *tala* ~ *om...* speak well of...; jag kom i tid *som* ~ *är (var)* ..., thank goodness (Heaven[s], ...fortunately; *det vore* ~ *om...* it would be a good thing if...; *jag vet mycket* ~ *att...* I know very well that..., I'm quite (perfectly) aware that...; *vilja ngn* ~ wish a p. well
b) uttr. grad. *hon är* ~ något för *ung* she is rather too young; *[gott och]* ~ drygt *en timme* well over one hour
c) andra bet. *jag önskar det* ~ bara *vore över* I only wish it were over; *när han* ~ *somnat* var han... once he had fallen asleep...
2 obeton. **a)** uttr. den talandes förmodan el. förhoppning: förmodligen probably osv., jfr *nog 3* med ex.; *du är* ~ *inte* sjuk? you are not..., are you? (förmodar jag...I suppose, hoppas jag...I hope, högtidl...,I trust); *det borde du* ~ *veta* [surely] you ought to (should) know that; *han får* ~ vänta he will have to...; *det går* ~ *över* it will pass, you'll see; *det kan* ~ *hända att boken är tråkig men...* the book may be boring, but...; *han tänker* ~ *inte* göra det! surely he is not going to...?; *det är* ~ *det bästa* that is the best thing [, I suppose]; *han är* ~ *framme nu* he must (will) be there by now; *det är* ~ *inte möjligt!* surely it is not (it can't be) possible!; *här är det* ~ *underbart!* it's wonderful here [you must admit]!; *det hade* ~ *varit* bättre att...? wouldn't it have been...?; *du vet* ~ *att...* I suppose you know..., you must know...
b) fyllnadsord i frågor, vanl. oöversatt *vem skulle* ~ *ha trott...?* who would have believed...?; *vad är* ~ en dröm*?* what is...[after all]?
välanpassad *adj* om pers. well-adjusted; om företeelse well-adapted
välartad *adj* väluppfostrad well-behaved; lovande promising
välbefinnande *s* well-being, comfort; känsla av ~ sense of well-being; god hälsa health
välbehag *s* pleasure, delight; tillfredsställelse satisfaction
välbehållen *adj* om pers. ...safe and sound; om sak ...in good condition; om varor äv. intact; *komma* ~ *fram* om pers. äv. arrive safely
välbehövlig *adj* badly needed
välbekant *adj* attr. well-known; pred. well known; *mer (mest)* ~ vanl.: attr. better-known (best-known); pred. better (best) known
välbelägen *adj* well-situated, nicely situated
välbeprövad *adj* well-tried, thoroughly tested
välbeställd *adj* välbemedlad well-to-do, wealthy

välbesökt *adj* well-attended; om t.ex. badort much frequented
välbetald *adj* well-paid; om arbete äv. lucrative
välbetänkt *adj* well-advised, judicious; välövervägd deliberate; *mindre* ~ ill-advised, injudicious
välbyggd *adj* well-built
välbärgad *adj* well-to-do, affluent; om pers. äv. (pred.) well off
välde *s* **1** rike empire; *det romerska* ~*t* the Roman Empire **2** makt [o. myndighet] domination osv., jfr *herravälde*
väldig *adj* mäktig mighty; enorm enormous, huge; stark. tremendous; vard. awful, terrible, terrific, colossal; kraftig powerful; vidsträckt vast, immense
väldigt *adv* enormously, tremendously, awfully etc., jfr *väldig*
väldoftande *adj* fragrant
välfylld *adj* well-filled
välfärd *s* welfare
välfärdssamhälle *s* o. **välfärdsstat** *s* welfare state
välfödd *adj* well-fed; korpulent plump, stout
välförrättad *adj, efter välförrättat värv* gick han having satisfactorily performed his duties (task)..., [after] having completed what he set out to do...
välförsedd *adj* well-stocked; well-supplied äv. om pers.
välförtjänt *adj* om t.ex. vila well-earned; om belöning (beröm) well-merited; om t.ex. popularitet well-deserved; om t.ex. kritik (straff) rightly-deserved
välgjord *adj* well-made
välgrundad *adj* well-founded; befogad äv. good
välgång *s* framgång prosperity, success
välgångsönskningar *s pl* good wishes; *bästa* ~*!* best wishes!
välgärning *s* kind (charitable) deed (action)
välgödd *adj* om djur [well-]fattened, fat; om pers. well-nourished, well-fed
välgörande *adj* barmhärtig charitable, benevolent; om sak beneficial; hälsosam salutary; om t.ex. klimat salubrious; uppfriskande refreshing; ~ *verkan* salutary (wholesome) effect; *behållningen går till* ~ *ändamål* vanl. the proceeds will be given (devoted) to charity (charities); *vara [mycket]* ~ *för* halsen be [very] good for..., do...[a great deal (a lot) of] good
välgörare *s* benefactor
välgörenhet *s* charity
välgörenhetsinrättning *s* charitable institution
välhängd *adj* kok. well-hung
välinformerad *adj* well-informed
välja (jfr *vald*) *vb tr* o. *vb itr* **1** choose [*bland* from among (out of); *mellan (på)* between; *till* as (for)], jfr ex. noga select; ~ *ut* pick out [*bland* from]; bestämma sig för a) sak fix [up]on b) yrke adopt, take up; *välj!* take your

choice!; **~ och vraka** pick and choose; **låta ngn ~** give a p. a free choice; **välj dina ord!** mind what you say!; **~ sina ord med omsorg** be careful about one's choice of words; **~ bort** skolämne drop...; **~ till** skolämne take an additional (extra)...; **~ ut** select, pick out; jfr *utvald* **2** gm röstning utse elect; till riksdag o.d. (om valkrets) return; **~ ngn till** ordförande (president) elect a p...; **~ in ngn i** akademien (styrelsen) elect a p. to ([a] member of)...; **~ om** re-elect
väljare *s* vid allm. val vanl. voter; ibl. elector
väljarkår *s* polit. electorate
välkammad *adj* well-groomed äv. bildl.
välklingande se *välljudande*
välklädd *adj* well-dressed; prydlig spruce, smart
välkommen *adj* welcome [*till (i)* to]; läglig äv. opportune; isht om gåva äv. acceptable; **ett välkommet bidrag** a welcome contribution, grist to the mill; **~ hem!** welcome home [again]!; **~ [tillbaka** vid återseende*]!* [I am (resp. we are)] glad to see you [here again]!; **~ tillbaka!** vid avsked ung. I am (resp. we are) always glad to see you!, you are always welcome!, you must come again!; **hälsa ngn ~** welcome a p., wish (bid) a p. welcome; **det var mycket välkommet [för mig]** kom väl till pass it came just at the right moment, that is (was) just what I wanted
välkomna *vb tr* welcome; pers. äv. wish (bid)...welcome
välkomsthälsning *s* welcome
välkomstskål *s* toast of welcome
välkänd *adj* **1** well-known **2** ansedd (attr.) ...of good repute
väll|a I *vb itr*, **~ [fram]** well (strömma stream, pour, flow, våldsamt gush, rush) forth; **rök -er fram ur** skorstenen smoke is pouring forth (out of)..., smoke is billowing out of... **II** *vb tr* svetsa weld
vällagrad *adj* om ost ripe
vällevnad *s* luxurious (gracious, high) living, life of luxury
välling *s* på mjöl, ung. gruel
välljud *s* euphony; harmoni harmony, melody, melodiousness
välljudande *adj* euphonious; melodisk harmonious, melodious äv. om röst; om instrument (attr.) ...with a beautiful tone (sound)
vällukt *s* fragrance, sweet smell (scent), perfume
vällust *s* sensual pleasure, voluptuousness
vällustig *adj* sensual, voluptuous
vällusting *s* sensualist, voluptuary; rucklare debauchee, roué, rake
välmatad *adj* om skaldjur meaty; om sädesax full
välmenande *adj* **1** om pers. well-meaning **2** om råd well-meant, friendly

välmening *s* good intention; *i all (bästa)* **~** with the best of intentions
välment *adj* well-meant, well-intentioned; om t.ex. råd äv. friendly; **det var ~** äv. the intention was good; **det är lite men ~!** ung. it's not very much but I hope you'll like it
välmående *adj* **1** vid god hälsa healthy; blomstrande flourishing; frodig well-fed **2** välbärgad prosperous; förmögen wealthy, well-to-do; **vara ~** äv. be well off
välmåga *s* **1** hälsa good health, well-being; **leva i högönsklig ~** be in the best of health **2** se *välstånd*
välorganiserad *adj* well-organized
välpressad *adj* well-pressed; om byxor äv. well-creased
välrakad *adj* close-shaven
välrenommerad *adj* well-reputed, ...of good repute
välriktad *adj* well-aimed, well-directed
välsedd *adj* welcome; omtyckt popular; **han är inte ~** äv. he is frowned [up]on
välsigna *vb tr* bless
välsignad *adj* blessed; förbaskad äv. confounded, cursed; *i välsignat tillstånd* in the family way
välsignelse *s* **1** eg. blessing; uttalad benediction **2** glädje **ha ~ med sig** bring a blessing [in its osv. train]
välsignelsebringande *adj* blessed, ...that brings (brought osv.) blessings
välsittande *adj* well-fitting
välsituerad *adj* well-to-do; amer. äv. well-fixed; well off end. pred.
välskapad *adj* well-made; *~e ben* osv. shapely legs osv.; **ett välskapt** gossebarn a fine healthy...; **hon är ~** vanl. she has a good figure
välskött *adj* well-managed; om t.ex. hushåll well-run; om t.ex. händer well-kept; om t.ex. naglar (tänder) well-cared-for; om t.ex. yttre (hår) well-groomed; om barn (attr. o. pred.) well-looked-after
välsmakande *adj* ...pleasant to the taste, palatable; om rätt savoury; läcker tasty; stark. delicious
välsorterad *adj* well-assorted, well-stocked; **den här affären är ~** ...stocks a large assortment (a wide range) of goods
välstekt *adj* well-done, well-cooked
välstånd *s* prosperity; rikedom wealth, opulence
vält *s* roller
1 välta I *vb tr* lantbr. roll **II** *s* timmer~ log pile, stack of logs
2 vält|a *vb tr* o. *vb itr* se *stjälpa*; **jag -e med cykeln** my bike overturned
vältalare *s* eloquent speaker (orator)
vältalig *adj* eloquent; vard., om pers. (attr.) ...who has the gift of the gab
vältalighet *s* eloquence, fluency, ability to

vältra

express oneself well, oratory; vard. gift of the gab
vältra I *vb tr* roll; ~ *[över] skulden på ngn* lay (throw, shift) the blame [up]on a p. **II** *vb itr* välla pour, stream [*fram* out]; om rök billow, pour [*ut* out] **III** *vb rfl*, ~ *sig i* gräset *(på* marken*)* roll [over] in... (on...); ~ *sig i* pengar (lyx) be rolling in...; ~ *sig i* smutsen (synd) wallow in...
vältränad *adj* well-trained, trim
välunderrätta|d *adj* well-informed; *från -t håll* from well-informed sources
väluppfostrad *adj* well-bred, well-mannered
välutbildad *adj* well-educated; i visst syfte well-trained, very qualified
välvd *adj* arched, vaulted; sedd utifrån dome-shaped; om panna domed; om hålfot arched
välvilja *s* benevolence, goodwill; *tack vare hans* ~ thanks to his kindness; *visa* ~ *mot ngn (visa ngn ~)* be kind (show kindness) to a p.; som beskyddare take an interest in (be well disposed to) a p.; *göra ngt av ren* ~ do a th. out of sheer kindness; förslaget *mottogs med* ~ ...was favourably received
välvillig *adj* benevolent; vänlig äv. kind[ly]; överseende indulgent; *ha en* ~ *syn på (inställning till)* take a benevolent view of (have a benevolent el. an approving el. a sympathetic attitude to); *ställa sig* ~ *till* ett förslag be favourably disposed to...; *han visade sig* ~ *mot* mina planer he was well disposed towards...
välvårdad *adj* well-kept osv., jfr *välskött*
välväxt *adj* shapely, well-built; *vara* ~ have a fine figure
vämjas *vb itr dep*, ~ *vid ngt* be disgusted (nauseated) by a th.
vämjelig *adj* disgusting, nauseating, repugnant
vämjelse *s* disgust, loathing, nausea, repugnance
1 vän *adj* fager fair
2 vän *s* friend; vard. pal, mate; isht amer. buddy; *~nen (din ~)* Bo (brevunderskrift) Yours...; *[min] lilla* ~ till barn [my] dear (darling); förmanande my little (young) friend; *gamle ~!* vard. old fellow (chap)!; *en god* nära ~ a great (close) friend [*till* of]; *en [god]* ~ *till min bror (till mig)* a friend of my brother's (a friend of mine, one of my friends); *släkt och ~ner* friends and relations; *bli [god]* ~ *med...* make friends with...; *bli [goda] ~ner igen* be (make) friends again, make (vard. patch) it up; de är *mycket goda ~ner* ...great friends (vard. pals); vard. äv. ...as thick as thieves; *vara* ~ *med...* be friends with...
vänd|a I *vb tr* o. *vb itr* turn; rikta äv. direct; hö turn over, toss; ~ om (tillbaka) turn back; åter~ return; sjö. a) tr. bring...about b) itr. go (put) about, veer äv. om vind; *[var god] vänd !* (förk. *v.g.v.*) please turn over (förk. PTO); amer. äv. over; ~ *sina steg* hemåt turn (direct) one's steps...; ~ *genom vinden* go about, tack; ~ *[med]* bilen turn...round, reverse...; *med ansiktet vänt mot* solen facing..., with one's face to...; ~ *om hörnet* turn [round] the corner, round the corner; ~ *på* ngt turn...; ~ *på sig* turn round; ~ *[på]* bladet turn [over]...; ~ *på huvudet* turn one's head [round]; ~ *[på]* patienten turn...over; ~ *på steken* bildl. turn (take) it the other way round; ~ *[och vrida] på* ett problem turn (revolve)...over in one's mind [again and again]
II *vb rfl*, ~ *sig* turn; kring en axel äv. revolve; om vind shift, veer; ~ *sig [om]* se under *III* ned.; *[det är så att] det -er sig i magen på mig* it makes my stomach turn (makes my gorge rise); ~ *sig i sängen* turn over in the (one's) bed; upprepade gånger toss and turn in bed; ~ *sig ifrån* turn away from; överge desert; ~ *sig mot ngn* a) vända sig om mot ngn turn to[wards] a p. b) attackera ngn turn on a p. c) bli fientlig mot ngn turn against a p. d) om misstanke fall upon a p.; ~ *sig mot* förslag o.d. object to; ~ *sig till ngn* a) vända sig om mot ngn turn to[wards] a p. b) rikta sig till ngn address [oneself to] a p.; med en fråga o.d. äv. approach a p.; för att få ngt apply to a p.; vädja till ngn appeal to a p.; *inte veta vart man skall* ~ *sig* not know where (which way, till vem to whom) to turn
III med beton. part.
~ bort: ~ *bort ansiktet från ngt* turn away one's face from a th.; ~ *bort blicken från ngt* avert one's gaze from a th.; ~ *sig bort* turn aside (away)
~ om a) itr. ~ tillbaka turn back; åter~ return **b)** tr., t.ex. ett blad turn [over]...; ~ *sig om* turn [about], turn (plötsligt swing) round; ~ *sig om efter ngn* turn [round] to look at a p.
~ **tillbaka** återvända return
~ **upp och ned på** ngt turn...upside-down; bringa i oordning turn...topsy-turvy; t.ex. ngns planer mess up...
~ **ut och in på** vränga turn...inside out; fickor turn out...
~ **åter** se *återvända*
IV *s* **1** sväng *gå en [liten]* ~ take a [little] turn **2** omgång *i två -or* in two goes (shifts)
vändbar *adj* om t.ex. plagg reversible; vridbar turnable; attr. ...that can be turned
vände[l]rot *s* bot. valerian
vändkors *s* turnstile
vändkrets *s* tropic, tropical circle; *Kräftans (Stenbockens)* ~ the Tropic of Cancer (Capricorn)
vändning *s* turn; förändring change; uttryckssätt: fras phrase; uttryck expression; talesätt

locution; vändande turning osv., jfr *vända I; en ~ till det bättre* a change for the better; *ta en ny (en allvarlig) ~* take a new (a serious) turn; *vara kvick (rask, snabb) i ~arna* be alert (nimble), be a fast worker, be quick on the trigger; *vara långsam i ~arna* drag (be slow on) one's feet, be a slowcoach
vändplats *s* turning space
vändpunkt *s* turning-point äv. bildl.; kris cris|is (pl. -es)
vändradie *s* bils turning circle
vändstekt *adj* ...fried on both sides
vänfast *adj* ...attached to one's friends
väninna *s* girlfriend; kvinna äv. woman friend; *en (min) ~* vanl. a (my) friend
vänj|a I *vb tr* accustom, habituate; härda harden, inure [*vid* i samtl. fall to]; öva train a p. to inf.; *~ ngn vid* förhållandena acclimatize a p. to...; *~ av* spädbarn, rökare, se *avvänja; ~ ngn av med att* inf. break a p. of the habit of ing-form; *~ in* ett barn *på dagis* settle...in at the day nursery **II** *vb rfl, ~ sig* accustom (habituate) oneself; bli van grow (get) accustomed, get used; härda sig harden (inure) oneself [*vid* ngt *(vid att* inf.*)* i samtl. fall to...(to ing-form)]; *~ sig vid* ta för vana *att* inf. get into the habit of ing-form; *man -er sig snart* you soon get accustomed (used) to it; *man -er sig vid allt* one gets used to everything; *~ sig vid klimatet* get used to the climate, get acclimatized; *~ sig av med att* inf. break oneself (get out) of the habit of ing-form
vänkrets *s* circle of friends; *hans ~* his friends pl.; *i min ~* among my friends
vänlig *adj* kind [*mot* to]; vänskaplig, om t.ex. känslor, leende, råd friendly [*mot* to[wards]]; godhjärtad o.d. äv. kindly; älskvärd amiable; tjänstvillig obliging; jfr *välvillig* ex.; efterled i sms. ibl. pro-, jfr t.ex. *engelskvänlig;* se äv. t.ex. *barnvänlig, miljövänlig* m.fl.; *ett ~t mottagande* a kind (av t.ex. bok a favourable) reception, a friendly welcome; *så ~t av dig!* how kind of you!; *var ~a [och]* stäng dörren*!* ..., please!; *vill ni vara ~ och...?* will you kindly (be so kind as to)...?
vänlighet *s* kindness; egenskap äv. kindliness osv., jfr *vänlig;* amiability; *säga en ~* say something kind (friendly, nice); *visa ngn en ~* do a p. a kindness (a friendly turn)
vänligt *adv* kindly, in a friendly (kindly) manner (way); amicably, amiably; obligingly, jfr *vänlig; ~ sinnad* kindly disposed; de talade till honom *~ men bestämt* ...kindly but firmly
vänort *s* twin town
vänskap *s* friendship; *för gammal ~s skull* for old friendship's sake, for the sake of old times; *fatta ~ för ngn* become attached to a p.
vänskaplig *adj* friendly; om sätt, förhållande o.d.

amicable; *stå på ~ fot med ngn* be on friendly terms with a p.
vänskapsband *s* bond (tie) of friendship
vänskapsmatch *s* sport. friendly [match]
vänskapspris *s, för ~* at a special price
vänslas *vb itr dep* smekas [o. kyssas] cuddle [and kiss] [*med ngn (med varann)* a p. (each other)]
vänster I *adj* o. *adv* left; attr. äv. left-hand; jfr *höger I* motsv. ex.; göra ngt *med ~ hand* bildl.: vid sidan om ...on the side; okoncentrerat ...off-handedly **II** *s* **a)** polit. *~n* allm. the Left **b)** boxn. *en [rak] ~* a [straight] left
vänsteranhängare *s* polit. left-wing supporter, leftist, left-winger
vänsterback *s* sport. left back
vänsterhänt *adj* left-handed
vänsterkvinna *s* left-wing woman
vänsterman *s* member of the Left, leftist
vänsterorienterad *adj* attr. left-wing; om pers. äv. ...with left-wing (leftist) sympathies; *vara ~* be left-wing, be a left-wing sympathizer
vänsterparti *s* left-wing party
vänsterprassel *s* vard. *ett ~* an affair on the side
vänsterradikal I *adj* left-wing radical, left-wing **II** *s* left-wing radical, left-winger; vard. el. neds. leftie
vänstersväng *s* left[-hand] turn; *förbjuden ~* no left turn
vänstertrafik *s* left-hand traffic; *det är ~ i...* vanl. in...you keep to (drive on) the right
vänstervriden *adj* polit. vard. left-wing
vänstervridning *s* polit. vard. left-wing views pl. (tendencies pl.)
vänta I *vb tr* o. *vb itr* sitta (gå osv.) o. vänta, dröja wait [*på* for]; invänta, emotse ankomsten av el. (om sak) förestå await; förvänta sig expect [*av* of (from)]; förutse anticipate; *~ bara!* **a)** hotande just you wait [and see]! **b)** tills jag hinner... wait a minute...!; *~ litet (ett slag)!* wait a minute (moment) [, please]!, hang (hold) on!; *var god och ~* i telefon hold the line, please; vard. hang on; *gå (stå) och ~* be waiting; *sitta uppe och ~ på ngn* äv. wait up for a p.; *maten ~r* dinner (lunch osv.) is waiting (is on the table); inte veta *vad som ~r en* ...what may be in store for one; *jag ~r dem* i morgon I am expecting them...; *~ sig* **a)** hjälp av ngn look for... **b)** mycket nöje av ngt look forward to...; *det hade jag inte ~t [mig] av honom* I didn't expect that from (of) him; *det är att ~* it is to be expected; *~ att ngn skall komma* wait for (resp. expect) a p. to come; *~ med [att göra] ngt* put off (postpone, defer) [doing] a th.; *låt oss ~ med det* let us wait, it had better wait; *~ på att* ngn (ngt) *skall* inf. wait for...to inf.; *jag ~r på* (avvaktar) ditt besked **I** await...; *den som ~r på något gott ~r aldrig för länge*

väntan

everything comes to those who wait; **~ på sin tur** wait one's turn; **få ~** have to wait; **låta [ngn] ~ på sig** isht om pers. keep a p. waiting; svaret (han) *lät (lät inte) ~ på sig* ...was long (not long) in coming
II *vb rfl*, **~ sig** se ex. under *I*
III med beton. part.
~ in: *tåget ~s in* kl. 10 the train is due [in (to arrive)]...
~ ngn tillbaka expect a p. back
~ ut ngn tills ngn kommer wait for a p. to come (tills ngn går to go)
väntan *s* väntande waiting; förväntan expectation; orolig ~, spänning suspense; *en lång ~* a long wait; *i ~ på...* medan man väntar på while waiting for...; avvaktande awaiting...; *i spänd ~* on tenterhooks
väntelista *s* waiting list
väntetid *s* wait, waiting time, time (period) of waiting; *under ~en kan du...* while [you are] waiting (you wait) you may...; *det är långa ~er där* there you [will] have to wait long
vänthall *s* på flygplats o.d. ankomsthall: arrival hall; avgångshall departure hall; transithall transit hall; väntsal waiting room
väntjänst *s* friendly turn, act of friendship; *göra ngn en ~* do a p. a good turn
väntrum *s* på läkarmottagning waiting room
väntsal *s* på station waiting room
väpna *vb tr* arm; *~d neutralitet* armed neutrality; *~t rån* armed robbery; vard. hold-up; *~de styrkor* armed forces
väppling *s* bot. trefoil, clover
1 värd *s* host äv. bildl.; hyres~ o.d. landlord; värdshus~ äv. innkeeper; restaurang~ proprietor; hotell~ äv. hotel-keeper; *han var ~ vid festen* he did the honours...; stod för arrangemangen he acted as [their etc.] host...
2 vär|d *adj* worth; värdig (förtjänt av) worthy of; *han är ~ allt beröm* he deserves the highest praise; *han är ~ en medalj* he is worthy of...; pjäsen *är ~ att ses* ...is worth seeing; *inte vara något ~* bildl. äv. be good for nothing; *redan det är mycket -t* that's a great point gained; *det är inte mödan -t* it is not worth while; *det är inte -t att* inf. it is not worth [your etc.] while ing-form; *det är inte -t att gå dit* a) är inte lönt it is not worth [while] (is no use) going there b) är inte tillrådligt it is not advisable to (för dig äv. you had better not) go there
värdcell *s* o. **värddjur** *s* biol. host
värde *s* value; isht rent (personligt) ~ worth; förtjänst merit; *det har stort ~* it is of great value; *känna ngns (sitt eget) ~* know a p.'s (one's) worth; *~n för miljontals kronor* property worth millions of...; *sätta [stort] ~ på ngt* attach [great] value (importance) to a th., place a high value on a th.; friare set [great] store by a th.; *sätta [stort] ~ på ngn*

838

value a p. [very] highly, think a lot of a p.; *han förstår inte att sätta ~ på det* he does not know how to appreciate it (that); *falla (minska, sjunka) i ~* drop el. fall (decrease) in value; ekon. äv. depreciate; *stiga (gå upp) i ~* rise in value; ekon. äv. appreciate; *till ett ~ av...* to the value of...; uppskattas *till sitt fulla ~* ...at its (his osv.) full value (worth)
värdebeständig *adj* stable, in value; inflationsfri inflation-proof; indexbunden index-tied
värdebrev *s* post.: rek. registered (ass. insured) letter
värdefull *adj* valuable, ...of [great (considerable)] value; dyrbar precious
värdeföremål se *värdesak*
värdeförsändelse *s* post. a) assurerat paket insured parcel b) se *värdebrev*
värdehandling *s* valuable document
värdelös *adj* worthless, valueless, ...of no (without) value
värdeminskning *s* decrease (fall) in value, depreciation
värdemätare *s* standard (measure) of value
värdeomdöme *s* subjective opinion; *komma med ~n* vanl. be subjective
värdepapper *s* ekon. security; obligation bond; aktie share; amer. stock; friare valuable paper
värdera *vb tr* **1** beräkna, taxera, fastställa värdet på value, estimate [the value of]; på uppdrag appraise; om myndighet assess, rate [*till* i samtl. fall at]; *~ för högt (lågt)* overestimate (underestimate) **2** uppskatta value; sätta värde på appreciate; högakta esteem; *...kan inte ~s högt nog* ...cannot be too highly praised
värdering *s* **1** valuation; estimation; appraisement, appraisal; assessment; jfr *värdera 1* **2** *~ar* normer values; han har *andra ~ar* ...a different set of values
värderingsman *s* [official] valuer
värdesak *s* article (object) of value; *~er* äv. valuables
värdestegring *s* increase (rise) in value, appreciation
värdesäkra *vb tr* make...stable; indexreglera index-tie
värdesätta se *värdera*
värdeökning se *värdestegring*
värdfamilj *s* host family
värdfolk *s* vid bjudning host and hostess pl.
värdig *adj* **1** jämbördig worthy; förtjänt av o.d. worthy of; *visa sig ~ förtroendet* prove to be trustworthy **2** korrekt [till det yttre], med värdighet dignified; *~ hållning* dignified bearing, dignity
värdighet *s* **1** egenskap dignity [*i* of]; värdigt sätt dignified manner; *han ansåg det vara under sin ~ att* inf. he considered it [to be] beneath (below) him (his dignity) to inf.
2 ämbete o.d. office, position; rang rank

värdigt *adv* with dignity, in a dignified manner
värdinna *s* hostess; hyres~, pensionats~ o.d. landlady; restaurang~, hotell~ proprietress; i TV-program programme hostess; i reception receptionist; privat husföreståndarinna ung. housekeeper; jfr *flygvärdinna* o. *markvärdinna*
värdland *s* host country
värdshus *s* gästgivargård inn; restaurang restaurant
värdshusvärd *s* innkeeper, landlord
värdskap *s*, *sköta (utöva) ~et* act as host (om dam hostess, om värdfolk host and hostess), do the honours; *vid bordet äv.* preside at table
värja I *vb tr* försvara defend II *vb rfl*, ~ *sig* defend oneself [*mot* against]; *jag kunde inte ~ mig för misstanken att...* I could not help suspecting that... III *s* rapier; fäktn. épée fr.
värk *s* ache, pain; ~*ar* födslovärkar [labour] pains, labour sg.; *reumatisk ~* rheumatic pains pl.; *ha ~ar* be in labour; *jag har ~ i armen* I have a pain in...
värk|a *vb itr* ache; *fingret -er (det -er i fingret [på mig])* my finger aches (is aching, hurts me); *det -er i hela kroppen* I am aching all over
värkbruten *adj* av reumatism ...crippled with rheumatism (av gikt gout)
värktablett *s* painkiller
värld *s* world; jorden earth; *~en* universum, se *världsalltet;* leva i *en annan ~* ...a world apart; *den fina (förnäma) ~en* high society, the world of fashion (fashionable world); *gamla (nya) ~en* geogr. the Old (New) World; *tredje ~en* polit. the Third World; *hela ~en* the whole world; alla all the world, everybody; *det är väl inte hela ~en* vard. it's not the end of the world, it is not all that important, it doesn't matter all that much; *djurens ~* the animal world; *drömmens ~* the world of dreams; *fantasins ~* the realm of the imagination, the realms of fancy; *det här är ~ens chans* vard. it's the chance of a lifetime; *denna ~ens goda* worldly goods; *all ~ens rikedom[ar]* all the riches of the world; *ha gått all ~ens väg* be gone (gått sönder broken); vara död have gone the way of all flesh; *så länge ~en står* till the end of the world, for ever; *[vad] ~en är liten!* it's a small world!; *en dam (man) av ~* a woman (man) of fashion (the world); maten *är inte av denna ~en* vard. ...is out of this world; *folk från hela ~en* people from all over the world; hon, den *ser inte mycket ut för ~en* ...isn't much to look at; *det är den enklaste sak i ~en* it's the easiest thing in the world; *för allt i ~en gör inte det!* for goodness' sake don't do that!, don't on any account do that!, whatever you do don't do that!; *vad i all ~en har hänt?* what on earth...?; *vem i all ~en...?* who on earth...?, who ever...?; *i hela ~en* all over the world; *komma till ~en* come into the world, first see the light; *nu är det ur ~en!* now that is over and done with!, that's the end of the matter!, that disposes of that!; *vi måste få saken ur ~en* let's have done with it; *~en över* all over the world
världsalltet *s* the universe, the cosmos
världsatlas *s* atlas of the world
Världsbanken the World Bank
världsbekant *adj* ...known all over the world, universally known
världsberömd *adj* world-famous
världsbild *s* world picture, conception (picture) of the world
världsbäst *adj*, *vara ~* be the best in the world
världsdam *s* med världsvana woman of the world; elegant klädd woman of fashion
världsdel *s* part of the world, continent
världsetta *s* first (number one) in the world
världsfred *s* world (universal) peace
världsfrånvänd *adj* detached, unworldly; attr. äv. ...who is aloof from the world; världsföraktande misanthropic
världsfrämmande *adj* ...ignorant of the world, unworldly; om t.ex. attityd, åsikter unrealistic
världsförbättrare *s* [social] reformer
världshandel *s* world (international) trade (commerce)
världshav *s* ocean; *de sju ~en* the Seven Seas; *herraväldet över ~en* the command of the seas
världsherravälde *s* world dominion (hegemony); *eftersträva ~t* seek to dominate the world
världshistoria *s* world (universal) history; *världshistorien* äv. the history of the world
världshistorisk *adj*, av ~ betydelse historic, ...of historic (world) importance
Världshälsoorganisationen the World Health Organisation (förk. WHO)
världshändelse *s* historic event, event of world importance
världskarta *s* map of the world
världskrig *s* world war; *första (andra) ~et* World War I (World War II), the First (Second) World War
världskris *s* world cris|is (pl. -es)
världslig *adj* i mots. till andlig worldly; världsligt sinnad worldly-minded; jordisk earthly; av denna världen, om t.ex. nöjen mundane; icke kyrklig, om t.ex. domstol secular; om t.ex. makt äv. temporal; profan, om t.ex. konst profane
världslighet *s* worldliness etc., jfr *världslig;* secularity, profanity
världslitteratur *s*, ~*[en]* world literature
världsläge *s*, ~*t* the world situation, the situation in the world
världsmakt *s* stormakt world power

världsman *s* med världsvana man of the world; elegant klädd man of fashion
världsmarknad *s* world market
världsmedborgare *s* citizen of the world
världsmästare *s* o. **världsmästarinna** *s* world champion, champion of the world äv. friare
världsmästerskap *s* world championship
Världsnaturfonden the World Wildlife Fund (förk. WWF)
världsomfattande *adj* world-wide
världsomsegling *s* circumnavigation of the earth (world); seglats sailing trip round the world
världspolitisk *adj*, *en ~ angelägenhet* a political matter of world importance
världsrekord *s* world record
världsrykte *s* world (world-wide) fame
världsrymden *s* outer space, the cosmos, the universe
världssamfund *s*, *~et* the international community
världssamvete *s* conscience of the world
världsspråk *s* allmänt språk universal (mycket utbrett språk world) language
världsstad *s* vanl. metropolis
världsutställning *s* world exhibition (fair)
världsvan *adj* urbane, ...experienced in the ways of the world; sällskapsvan familiar with the ways of society
världsvana *s* urbanity, familiarity with (knowledge of, experience in) the ways of the world (of society)
världsåskådning *s* outlook on (view of) life, world view, Weltanschauung ty.; *den mekanistiska ~en* the mechanistic theory
värm|a I *vb tr* göra varm warm; ljumma take the chill off...; göra het heat; *~ på* el. *upp maten* warm (heat) up the food; *~ upp* huset heat, warm up, get...warm **II** *vb itr* ge värme give off heat; kaminen *-er bra* ...gives off good heat; solen *-er redan* ...is already warm; vinet *-er* ...makes you warm **III** *vb rfl*, *~ sig* warm oneself, get warm, have (get) a warm; *~ upp sig* sport. warm up, jfr *uppvärmd*
värme *s* warmth; fys. el. hög heat; eldning heating; bildl. äv. fervour; hjärtlighet äv. cordiality; *~n i* hans hälsning the warmth (cordiality) of...; hur mår du *i ~n?* ...in this heat?; *vid 30°~* at 30 degrees above zero (freezing point)
värmealstrande *adj* heat-producing, calorific
värmebehandling *s* med. heat treatment äv. tekn.; thermotherapy
värmebeständig *adj* heatproof, heat resistant, thermostable
värmebölja *s* heatwave
värmedyna *s* electric pad
värmeelement *s* radiator; elektriskt electric heater
värmefilt *s* electric blanket
värmeflaska *s* hot-water bottle
värmefotografering *s* thermography
värmekamera *s* thermocamera
värmekraftverk *s* thermal power station
värmelampa *s* medicinsk infrared lamp
värmeledande *adj* heat-conducting
värmeledning *s* **1** fys. conduction of heat; heat (thermal) conduction **2** anläggning, vanl. [central] heating
värmepanna *s* boiler
värmeplatta *s* hotplate, hob
värmepump *s* heat pump
värmeskåp *s* warming cupboard, heating cabinet
värmeslag *s* med. heat stroke
värmestuga *s* warm shelter
värmeväxlare *s* heat exchanger
värn *s* försvar defence; beskydd protection; skydd safeguard, shield [*mot* i samtl. fall against]; försvarsanläggning bulwark
värna *vb tr* o. *vb itr*, *~ [om]* defend, protect, safeguard [*mot* against]; shield [*mot* from]; jfr *värn*; *~ om sitt rykte* guard one's reputation; *~ om gamla traditioner* uphold old traditions
värnlös *adj* defenceless
värnplikt *s* national service; *allmän ~* compulsory military service; *göra ~en (sin ~)* do one's military service
värnpliktig *adj* ...liable for military service, conscript...; *en ~* subst. adj. a military (national) serviceman, a conscript; amer. a draftee; *~t befäl* conscript officers pl.
värnpliktsarmé *s* conscript army
värnpliktsvägrare *s* conscientious objector (förk. CO, pl. CO's); vard. conchy; amer. draft resister (evader)
värnskatt *s* [national] defence tax (levy, contribution)
värp|a I *vb tr* lay **II** *vb itr* lay [eggs]; hönan *-er bra* vanl. ...is a good layer
värphöna *s* laying hen, layer
värpning *s* laying
värre *adj* o. *adv* worse; vi har löst *~ problem* ...harder problems; *dess ~* tyvärr unfortunately; *så mycket ~ för dig* so much the worse for you; *det blir bara ~ och ~* things are (it's) going from bad to worse; *det gör bara saken ~* it (that) only makes matters worse; svårare it (that) makes things more difficult; *det skulle bli ännu ~ (~ ändå)* worse was to come (follow); *hotellet har blivit fint ~* the hotel has become really fine; *det är inte ~ än att det kan rättas till* it's not so bad that it cannot be put right; *det var ~ det* det var tråkigt what a nuisance, that's [too] bad; *det går [nog] inte* that's not so easy; *var det inte ~!* var det allt? is that all?
värst I *adj* worst; *i ~a fall* if the worst (if it) comes to the worst; *den ~a lögn jag [någonsin] har hört* the biggest lie I (I've) ever heard; *som den ~a* tjuv just like a...;

mitt under ~a rusningen right in the middle of...; *när det var som ~* when things were at their worst; när stormen *rasade som ~* ... was at its height; *det var ~ vad du* klätt dig fin*!* I say, you have...!; *han skall alltid vara ~* he's always trying to be one up [on you]; *det var det ~a!* that's the limit!; *det var det ~a jag har hört* I never heard anything like it!, well, I never!; *så oförskämt* what cheek!; *det är det ~a jag vet* it's a thing I can't stand; I hate it; *nu är det ~a över* now the worst is over; *det ~a var att...* the worst of it was that...; *göra undan det ~a av arbetet* break the back (neck) of the work
II *adv* [the] worst, [the] most; *han blev ~ skadad* he got injured [the] worst; filmen var *inte så ~ [bra]* ...not very (not all that) good, ...none too good, ...not up to much; hur mår du? *- Inte så ~* ...Not very well, ...Not so good; *det är jag inte så ~ glad åt* it does not make me any too happy

värsting *s* ungdomsbrottsling bad boy, hardened juvenile offender

värv *s* uppdrag task; commission, mission; uppgift äv. part; yrke profession; åliggande duty, function; *~* pl., sysselsättningar pursuits, work sg.; *efter väl förrättat ~* se *välförrättat*

värva *vb tr* rekrytera recruit; mil. äv. enlist båda äv. friare; sport. sign [on (up)]; *~ ngn för en sak* enlist a p. in a cause; *~ anhängare* recruit (get) adherents; *~ röster* solicit (get, secure) votes; gm personlig bearbetning canvass [for votes]

värvning *s* recruiting; canvassing; signing; mil. recruitment, enlistment; jfr *värva*; *ta ~* enlist [*vid* in]; join up, join the army (the Forces), sign on

väsa *vb itr* hiss; *~ fram* orden hiss [out]...

väsen *s* **1** väsende **a)** [någots innersta] natur essence; beskaffenhet nature; läggning, sinnelag character, disposition; sätt manner[s pl.]; person[lighet] being; *han är till hela sitt ~ en fredlig man* he is an essentially peaceful man **b)** varelse being; filos. äv. entity; ande~ geni|us (pl. äv. -i), spirit; *det högsta ~det* the Supreme Being; *ett övernaturligt ~* a supernatural being (creature) **c)** efterled i sms. vanl. system, service, jfr *postväsen*, *skolväsen* m.fl.
2 oväsen noise, row; jfr *oväsen* o. *liv 6*; *göra [stort] ~ av ngt* make a [great] fuss (song and dance) about a th., make a big business out of a th.; *göra litet ~ av* make little of, not make much of; *mycket ~ för ingenting* a lot of fuss (much ado) about nothing; *han gör inte mycket ~ av sig* he is rather quiet (retiring)

väsensskild *adj* essentially (completely) different

väsentlig *adj* essential; betydande äv. considerable, substantial, material; huvudsaklig äv. principal, main, chief; viktig äv. important; *det ~a i* the essential thing about, the essentials pl. of; *en ~ del av* ngt a considerable (an essential) part of...; *~a förbättringar* considerable improvements; *på flera ~a punkter* in several important respects; *i allt ~t* in all essentials, in substance, substantially

väsentlighet *s* något väsentligt essential (important) thing (matter); *~er* essentials

väska *s* bag; hand~ handbag; res~, portfölj, fodral case; se äv. *portfölj* o. *resväska* o. *skolväska*

väskryckare *s* [hand]bag snatcher

väsnas *vb itr dep* make a noise (fuss), be noisy; jfr *liv 6*

väsning *s* väsande hissing; *en ~* a hiss, a hissing sound

vässa *vb tr* sharpen äv. bildl.; bryna whet

1 väst *s* plagg waistcoat; amer. vest

2 väst *s* o. *adv* west (förk. W); se äv. *väster* o. jfr *nord*, *norr* med ex. o. sms.; inflationen (korrespondenter) *i ~* ...in the West, Western...

västan *s* se *västanvind*

västanvind *s* west wind, westerly wind

västblocket *s* hist. the Western bloc

väster (jfr *norr* med ex.) **I** *s* väderstreck the west; *Västern* the West; ibl. the Occident **II** *adv* [to the] west [*om* of]

västerifrån *adv* from the west

Västerlandet the West; ibl. the Occident

västerländsk *adj* western, occidental

västerlänning *s* Westerner, Occidental

västerut *adv* åt väster westward[s], towards [the] west; i väster in the west, out west; *tåg* pl. *som går ~* trains going west, westbound trains; *resa ~* go (travel) west

Västeuropa Western Europe

västfront *s*, *~en* the Western front

Västindien the West Indies pl.

västklänning *s* pinafore dress

västkust *s* west coast

västlig *adj* westerly; west; western; jfr *nordlig*

västligare m.fl., jfr *nordligare* m.fl.

västmakterna *s pl* the Western Powers

västra *adj* the west; the western, jfr *norra*

västtysk *adj* o. *s* hist. West-German

Västtyskland hist. West Germany

västvärlden *s* the Western World

väta I *s* wet, moisture, damp[ness]; *aktas för ~!* ung. keep (to be kept) dry, keep in a dry place **II** *vb tr* o. *vb itr* wet; fukta moisten, damp; *~ i sängen* wet the bed; *~ ned sig* i kläderna wet oneself, get [oneself] wet

väte *s* kem. hydrogen

vätebomb *s* hydrogen bomb, H-bomb, fusion (thermonuclear) bomb

väteklorid *s* kem. hydrogen chloride

väteperoxid *s* o. **vätesuperoxid** *s* kem. hydrogen peroxide; vard. peroxide

vätsk|a I *s* liquid; kropps~ body fluid; sår~

väv

discharge, serum; *vara vid sunda -or* be in good form **II** *vb itr o. rfl*, såret *~r [sig]* ...is running (discharging)
väv *s* t.ex. i en vävstol el. spindel~ el. bildl. web; som material [woven] fabric; tyg äv. cloth; vävnadssätt weave; *mönstrad* ~ figured fabric; *tät (gles)* ~ tight (loose) weave; *sätta upp en* ~ set up the piece, loom a web
väva *vb tr* weave äv. bildl.
vävare *s* weaver äv. zool.
vävarfågel *s* weaverbird
vävbom *s* beam [of a loom]
vävd *adj* woven
väveri *s* weaving (textile) mill; fabrik textile factory
vävnad *s* **1** vävning weaving **2** konkr. woven fabric; tissue äv. biol. el. bildl.; t.ex. bonad hanging, tapestry; *~er* äv. textiles
vävnadsdöd *s* med. *lokal* ~ necrosis
vävnadsindustri *s* textile industry
vävning *s* weaving
vävplast *s* [plastic-]coated fabric
vävsked *s* [weaver's] reed
vävstol *s* loom; hand~ äv. handloom; maskin~ äv. power loom
vävtapet *s* wall covering
väx|a I *vb itr* grow; om t.ex. företag äv. expand; om t.ex. befolkning, skulder äv. increase; ha sin växtplats, förekomma äv. occur; *vad du har vuxit!* how you have grown!; *skuldorna -te till* enorma belopp the debts accumulated into...; ~ *i höjden* grow taller (om sak äv. higher); stormen *-er till orkan* ...is turning into a hurricane; ~ *ngn över huvudet* a) eg. outgrow a p. b) bildl. get beyond a p.'s control, become too much for a p.
II med beton. part.
~ **bort**: *det -er bort* med tiden it (this) will disappear (om ovana he etc. will grow out of it)
~ **fast** take [firm] root; bildl. äv. get firmly rooted, jfr *fastvuxen*; ~ *fast vid ngt* grow on to a th.
~ **fram** grow (come) up; bildl. äv. develop
~ **i** ngt grow into...
~ **ifrån** ngt grow out of..., outgrow...
~ **igen** om sår heal [up]; om stig become overgrown with weeds; om t.ex. dike o.d. fill up [with weeds], get choked with weeds; stigen *har vuxit igen* ...is overgrown with weeds
~ **ihop** grow together
~ **in** grow in; ~ *in i* a) eg. grow into... b) bildl., t.ex. sitt arbete grow familiar with...
~ **om** ngn outgrow...; eg. äv. shoot ahead of... [in height]
~ **till** grow; t.ex. i antal increase [*i* in]; ~ *till sig* bli vackrare improve in looks; *flickan har vuxit till sig* she has grown into a fine girl
~ **upp** grow up, grow; *han har vuxit upp i staden (på landet)* he is town-bred (country-bred); jfr *uppväxande*
~ **ur** sina kläder grow out of..., outgrow...
~ **ut** a) fram, om t.ex. gren grow out b) utvidgas, t.ex. på bredden spread; utvecklas develop [*till* into]
~ **över** overgrow; gräset *har växt över stigen* ...has grown over the path; the path is overgrown with...; jfr äv. *övervuxen*
växande I *adj* growing; ökande increasing **II** *s* growing, growth; ökning increase; utveckling development
väx|el *s* **1** bank~ bill [of exchange] (förk. B/E); dragen ~, tratta äv. draft; accept äv. acceptance; *dra en* ~ *på ngn* draw [a bill] on a p., make a draft on a p.; *dra -lar på...* bildl. take advantage of...; *dra -lar på framtiden* count too much on the future **2** växelpengar [small] change; *kan du ge* ~ *tillbaka (har du ~) på* en hundralapp? can you change...?; *jag har ingen* ~ *på mig* I have no [small] change on (about) me **3** på bil gear, gearshift; *lägga in ettans* ~ put the (resp. a) car in first gear, engage the first gear; *köra på tvåans* ~ drive in second gear **4** spår~ points pl., switches pl.; *lägga om ~n* reverse the points (switches) **5** tele. exchange; ~bord switchboard; *~n!* operator!; *sitta i ~n* be at the switchboard
växelbruk *s* lantbr. rotation (alternation, shift) of crops, crop rotation, convertible husbandry
växelkassa *s* small-change cash, float
växelkontor *s* exchange office (bureau)
växelkurs *s* exchange rate, rate [of exchange]
växellåda *s* gear box, transmission
växelmynt *s* coin, token (small) coin; koll. äv. [small] change
växelpengar *s pl* [small] change sg.
växelspak *s* gear lever, gearchange lever, gear shift
växelspel *s* interplay, interaction
växelström *s* alternating current (förk. AC)
växeltelefonist *s* switchboard operator
växelverkan *s* interaction, reciprocal action; samspel interplay
växelvis *adv* alternately; i tur och ordning in turn, by turns, in rotation
växla I *vb tr* **1** t.ex. pengar, färg change; utbyta, t.ex. ord, ringar exchange; äv. artigheter äv. interchange; ~ *ett par ord med ngn* exchange a few remarks (ha ett samtal med have a word) with a p., pass the time of day with a p.; *kan du* ~ 100 kr *[åt mig]?* äv. can you give me (have you) change for...?; ~ *en sedel i mynt* cash a note **2** järnv. shunt, switch, jfr ~ *in a*)
II *vb itr* **1** skifta vary; ändra sig change; i stafett change over, pass the baton; priserna *~r* a) för samma vara på olika orter ...vary b) höjs el. sänks oregelbundet ...fluctuate; *tiderna ~r* times

vary **2** bil. change (isht amer. shift) gear[s]; ~ *till lägre växel* change to a lower gear **3** om tåg shunt
III med beton. part.
~ **in** a) ~ *in ett tåg på ett sidospår* shunt a train on to (switch a train into) a siding b) ~ *in pengar* change (cash) [some] money
~ **ner** bil. change (gear) down
~ **om** alternate
~ **till sig** *enkronor* change one's money into one-krona pieces
~ **upp** bil. change (gear) up
~ **ut** exchange
växlande *adj* varying, changing; om t.ex. vindar variable; om t.ex. natur, program varied; *med ~ framgång* with varying success; *~ tryck* variable (alternating) pressure
växling *s* växlande changing; ombyte change; förändring variation, variety; utväxling exchange; regelbunden succession; rotation; järnv. shunting; i stafettlopp changeover, takeover, baton-changing; *marknadens ~ar* the fluctuations of the market; *ödets ~ar* the vicissitudes (turns) of fortune
växlingsrik *adj* varying, changing; ...full of changes (variety)
växt *s* **1** tillväxt growth; utveckling development; ökning increase, expansion; kroppsbyggnad build, figure, shape; längd height, stature; *hämmad i ~en* stunted; *stanna i ~en* stop growing; *han är liten (stor) till ~en* he is short (tall) in (of) stature **2 a)** planta plant; mots. djur vegetable; ört herb; *samla ~er* collect herbs (wild flowers) **b)** svulst growth; tumör tumour; ut~ äv. excrescence
växtfamilj *s* plant family
växtfärg *s* vegetable dye
växtförädling *s* plant breeding (improvement)
växtgift *s* **1** i växt vegetable poison **2** för t.ex. ogräsbekämpning weedkiller
växthus *s* greenhouse, glasshouse; uppvärmt hothouse
växthuseffekt *s* greenhouse effect
växtkraft *s* growing power
växtlighet *s* vegetation; *en rik ~* äv. a rich (luxuriant) flora (plant life)
växtliv *s* plant (vegetable) life; vegetation vegetation, flora
växtplats *s* habitat, locality [of a (resp. the) plant]
växtpress *s* plant press
växtriket *s* the vegetable kingdom
växtsaft *s* [vegetable] sap
växtskyddsmedel *s* pesticide
växtvärk *s* growing pains pl.
växtämne *s* grodd germ
växtätande *adj* zool. herbivorous
växtätare *s* zool. herbivore
vörda *vb tr* revere, reverence; stark. venerate; högakta respect; hedra, ära honour

vördig *adj* venerable
vördnad *s* reverence, veneration; aktning respect; hänsyn deference; *betyga ngn sin ~* pay reverence (one's respects) to a p.; *inge ngn [skräckfylld] ~* inspire a p. with awe
vördnadsbetygelse *s* token (mark) of respect (reverence)
vördnadsbjudande *adj* venerable; stark. awe-inspiring; friare imposing
vördnadsfull *adj* reverent; aktningsfull respectful, deferential; stark. awestruck
vördsam *adj* respectful
vördsamt *adv* respectfully; brevslut Yours respectfully
vört *s* [brewer's] wort
vörtbröd *s* rye bread flavoured with [brewer's] wort

X

x *s* bokstav x [utt. eks] äv. matem.; *en herr X* a certain Mr. X
x-a *vb tr* vard. ~ *[över]* ett ord cross a word out, cancel a word
x-axel *s* matem. x-axis
X-krok *s* X-hook, [angle pin] picture hook
X-kromosom *s* biol. X-chromosome
xylofon *s* mus. xylophone
xylofonist *s* mus. xylophonist
xylograf *s* xylographer
xylografi *s* xylography
xylografisk *adj* xylographic

Y

y *s* bokstav y [utt. waɪ] äv. matem.
yacht *s* yacht
yalelås *s* ® Yale lock
yankee *s* Yankee; vard. Yank
y-axel *s* matem. y-axis
Yemen Yemen
yemenit *s* Yemeni
yemenitisk *adj* Yemeni
Y-kromosom *s* biol. Y-chromosome
yla *vb itr* howl
ylande *s* howling; *ett* ~ a howl
ylle *s* wool; filt *av* ~ äv. woollen...
yllefilt *s* woollen blanket
yllegarn se *ullgarn*
yllekläder *s pl* woollen clothes; vard. woollies
ylleklänning *s* woollen dress
yllestrumpa *s* woollen stocking (socka sock)
ylletröja *s* jersey, sweater
ylletyg *s* woollen cloth (fabric)
yllevaror *s pl* woollens, woollen goods
ymnig *adj* riklig abundant; om tårar copious; överflödande profuse; *[ett]* ~*t snöfall* heavy snow; ~ *växtlighet* luxuriant growth; *i* ~*t mått* in abundance, abundantly
ymnighet *s* abundance, plentifulness etc., jfr *ymnig;* profusion
ymnighetshorn *s* horn of plenty, cornucopia
ymnigt *adv* abundantly etc., jfr *ymnig;* *blöda* ~ bleed profusely; *förekomma* ~ abound, be abundant (plentiful)
ympa *vb tr* **1** trädg. ~ *[in]* graft, engraft [*på* [up]on, into] **2** med. inoculate; vaccinera äv. vaccinate [*ngn mot ngt* a p. against a th.]
ympkvist *s* trädg. graft, scion
ympning *s* **1** trädg. grafting, graft **2** med. inoculation; vaccinering äv. vaccination
yngel *s* **1** koll. fry (vanl. pl.); jfr *grodyngel* **2** neds., om barn brat; avföda, koll. brood
yngla *vb itr* om t.ex. groda spawn; ~ *av sig* breed; ~ *av sig [som kaniner]* neds., om människor breed like rabbits
yngling *s* youth, young man, adolescent
yngre *adj* younger; senare later; nyare more recent; i tjänsten junior; *av* ~ *datum* of a later (a more recent) date; *en* ~ rätt ung *herre* a youngish (fairly young) gentleman; Sten Sture *den* ~ ...the Younger; *hon ser* ~ *ut än hon är* äv. she does not look her age
yngst *adj* youngest; senast latest; nyast most recent; *den* ~*e (*~*a) i* familjen the youngest [member] of...; ett program för *de allra* ~*a* ...the very young; *vem är* ~*?* who is the youngest (av två äv. the younger)?
1 ynka *vb tr* se *ömka I*
2 ynka *adj* insignificant; *en* ~ *liten kopp*

kaffe a miserable (pitiful) little cup of coffee; **någon ~ gång** once in a while
ynkedom s pitiableness etc., jfr *ynklig; det är en ~* om ngns uppträdande o.d. it is a miserable (pitiable) performance, it is miserable (pitiable)
ynklig adj ömklig pitiable, pitiful; eländig poor, miserable, wretched; jämmerlig piteous; futtig paltry, footling; liten puny; *göra en ~ figur* cut a poor (sorry) figure; *med ~ röst* in a piteous voice; *en ~ ursäkt* a paltry (lame) excuse
ynkrygg s feg pers. coward, funk; mes milksop; stackare wretch
ynnest s litt. favour; *visa mig den ~en* do me the favour [*att* inf. of ing-form]
ynnestbevis s [mark of] favour
yoga s filos. yoga
yoghurt s yoghurt, yogurt
yppa I *vb tr* röja reveal; uppenbara äv. disclose; hemlighet o.d. äv. divulge, let out [*för* i samtl. fall to] II *vb rfl*, *~ sig* erbjuda sig present itself; uppstå, om svårighet o.d. arise, crop up; *om tillfälle ~r sig* if the (an) opportunity arises (presents itself)
yppas *vb itr dep* se *yppa II*
ypperlig adj utmärkt excellent, superb; präktig splendid; utsökt choice; förstklassig first-rate..., prime, capital
ypperst adj förnämst finest, best, most outstanding; om t.ex. vin choicest; *av ~a kvalitet* äv. of the very best quality; *räknas bland de ~a* rank among the best
yppig adj om växtlighet o.d. luxuriant, exuberant, lush; stark. rank; fyllig buxom; om figur, kroppsdel full, ample; vard., om kvinna busty
yppighet s luxuriance, exuberance, lushness etc., jfr *yppig*
yr adj **1** i huvudet dizzy, giddy [*av* t.ex. glädje with, t.ex. buller from]; *bli (vara) ~* get (feel, be) dizzy (giddy); *~ i mössan* vard. flurried, flustered, bewildered, in a flurry (fluster); *som ~a höns* like giddy geese **2** yster romping; vild wild
yra I s **1** vild framfart frenzy; glädje~ delirium [of joy]; *i segerns ~* in the flush of victory **2** snö~ snowstorm **3** feber~ delirium II *vb itr* **1** om febersjuk be delirious; svamla rave [*om ngt* about a th.; *om att* inf. about ing-form] **2** om snö, sand whirl (drift) about; om damm, skum, gnistor fly; *snön yr* the snow is whirling etc. about; *dammet yr i* luften the dust is rising into..., there are clouds of dust in...; *dammet yr på* vägarna the dust is rising from...; *~ igen* om väg o.d. get blocked with [drifting] snow (resp. sand); *~ omkring* whirl (drift) about (around)
yrhätta s tomboy, madcap
yrka *vb tr* o. *vb itr*, *~ [på]* begära, fordra demand; resa krav på call for; som rättighet claim; kräva insist [up]on, stand out for; ihärdigt urge, press for; parl. o.d., t.ex. avslag move; *~ bifall till...* support..., speak in support of...; *~ på att ngn skall* inf. äv. insist [up]on a p.'s ing-form; urge a p. to inf.
yrkande s begäran demand; claim äv. jur.; parl. motion; *~ om avdrag (på ersättning)* claim for deduction (compensation); *kärandens ~* the plaintiff's case; *på ~ av* at the instance of
yrke s lärt, konstnärligt, militärt profession; t.ex. inom hantverk o. handel trade; hantverk (i högre stil) äv. craft; sysselsättning occupation; arbete job, work (end. sg.); *fria ~n* [liberal] professions; *han kan sitt ~* he knows his job; *utöva ett ~* practise a profession, resp. carry on a trade; *välja ~* choose one's profession (trade, occupation); *han är advokat (skräddare) till ~t* he is a lawyer by profession (a tailor by trade)
yrkesarbetande se *förvärvsarbetande*
yrkesarbetare s skilled worker
yrkesbroder s [professional] colleague
yrkeserfarenhet s professional experience
yrkesfiskare s professional fisherman
yrkesförbud s exclusion from a civil service profession (resp. civil service professions)
yrkesgren s occupational branch
yrkesgrupp s occupational group
yrkeshemlighet s trade secret
yrkeshygien s industrial (occupational) hygiene
yrkesinriktad adj vocational, occupationally-oriented
yrkesinspektion s factory (industrial) inspection; *Yrkesinspektionen* the Labour Inspectorate
yrkeskunnig adj skilled
yrkeskvinna s career (professional) woman
yrkesliv s working (professional) life
yrkeslärare s vocational teacher
yrkesman s fackman professional; sakkunnig expert; hantverkare craftsman
yrkesmässig adj t.ex. om förfarande professional; t.ex. om försäljning, trafik commercial
yrkesorienterande se *arbetslivsorientering*
yrkesregister s tele. [classified] directory of trades and professions; vard. yellow pages
yrkesrådgivning se *yrkesvägledning*
yrkessjukdom s occupational disease; skämts. professional disease
yrkesskada s occupational (inom industrin industrial) injury
yrkesskicklig adj skilled, ...skilled in one's trade (inom hantverk äv. craft)
yrkesskicklighet s professional skill, skill in one's trade (inom hantverk äv. craft), craftsmanship
yrkesskola s vocational school
yrkestrafik s commercial traffic; *bilar som går i ~* commercial vehicles

yrkesutbildad *adj* skilled, trained
yrkesutbildning *s* vocational training (education)
yrkesutövare *s* person practising a profession (isht inom hantverk o. handel carrying on a trade)
yrkesval *s* choice of a vocation, choice of a profession (resp. trade, jfr *yrke*)
yrkesvalslärare *s* careers teacher
yrkesvan *adj* professionally experienced
yrkesvana *s* professional experience, experience in one's trade
yrkesvägledare *s* careers officer; amer. career counselor
yrkesvägledning *s* vocational (careers) guidance (amer. counseling)
yrkesöversättare *s* professional translator
yrsel *s* **1** svindel dizziness, giddiness; *jag greps av ~* I suddenly felt dizzy (giddy) **2** feberyra delirium
yrsnö *s* drift snow, whirls pl. of snow
yrvaken *adj* ...dazed (drowsy) [with sleep], ...startled out of one's sleep
yrväder *s* snowstorm, blizzard; *som ett ~* like a whirlwind
ysta I *vb tr* mjölk curdle; ost make **II** *vb itr* make cheese **III** *vb rfl*, *~ sig* curdle
yster *adj* livlig frisky; stojande romping; uppsluppen rollicking, boisterous; om häst äv. mettlesome
yta *s* ngts yttre surface äv. bildl.; areal area; utrymme space; *en ~ av* 15 kvm an area of...; utplåna ngt *från jordens ~* ...from the face of the earth; *på ~n* on the surface; *skrapa på ~n* scratch the surface; *se endast till ~n* look only superficially at things; *under ~n* below the surface äv. bildl.
ytbehandla *vb tr* tekn. finish
ytbeklädnad *s* facing
ytlager *s* surface (top) layer, geol. äv. superstrat|um (pl. -a)
ytlig *adj* allm. superficial; om pers. äv. shallow; flyktig, om t.ex. undersökning cursory; om t.ex. bekantskap passing, nodding; *~a kunskaper* superficial (shallow) knowledge; *ett ~t sår* a superficial wound
ytlighet *s* superficiality, shallowness
ytmått *s* square measure
ytskikt se *ytlager*
ytspänning *s* fys. surface tension
ytter *s* sport. winger; *spela på ~n* play on the wing
ytterbana *s* outside track
ytterdörr *s* outer door; mot gata front (street) door
ytterficka *s* outside pocket
ytterfil *s* trafik. outer lane
ytterkant *s* outer (outside) edge; på väg edge
ytterkläder *s pl* outdoor clothes
ytterkurva *s* outside [of a (resp. the)] curve

ytterlig *adj* extrem extreme; överdriven excessive; fullständig utter
ytterligare I *adj* vidare further; därtill kommande additional; mera more; *ett ~* tillägg äv. another... **II** *adv* vidare further; i ännu högre grad additionally; ännu mera still more; *~ två månader* another (a further) two months; *~ 100 kr* an additional 100 kronor, 100 kronor more; *~ ett* exempel one more..., [yet] another...
ytterlighet *s* extreme; ytterlighetsåtgärd extremity; *~erna berör varandra* extremes meet; *driva ngt till ~* drive a th. to extremes; *gå till ~er* go to extremes
ytterlighetsparti *s* extremist party
ytterlighetsåtgärd *s* extreme measure; *tillgripa ~er* äv. resort to extremities
ytterligt se *ytterst*
yttermera *adv*, *till ~ visso* to make doubly sure; dessutom what is more, into the bargain
ytterområde *s* fringe area; förort suburban area, suburb
ytterrock *s* overcoat
yttersida *s* outer side; utsida outside, exterior
ytterskär *s* i skridskoåkning *åka ~* do the outside edge
ytterst *adv* **1** längst ut farthest out (off, away); på den yttre sittplatsen on the outside; i bortre ändan at the farthest end; *~ i raden* at the [very] end of the row; *stå ~* i rad o.d. äv. stand at the end; *stå ~ i* en klunga stand at the edge of...; *~ till vänster* farthest to the left, at the extreme left **2** i högsta grad extremely, exceedingly, most; *~ försiktigt* äv. very carefully, with extreme care; *~ sällan* very seldom indeed; *~ viktig* äv. vitally (highly) important **3** i sista hand ultimately, in the last resort
yttersta *adj* **1** eg.: längst ut belägen outermost, längst bort belägen farthest, remotest; friare utmost; *den ~ gränsen* the utmost (extreme) limit; *den ~ högern* the extreme Right **2** sist last; om t.ex. orsak, syfte ultimate; *på den ~ dagen* at (in) the last day; *~ domen* the last judgement; *ligga på sitt ~* be dying, be at death's door **3** störst, högst utmost, extreme; *med ~ försiktighet* with extreme (the utmost) care; *i ~ nöd (okunnighet)* in utter destitution (ignorance); *av ~ vikt* of vital (the utmost) importance; *göra sitt ~* do one's utmost; *anstränga sig till det ~* exert oneself to the utmost, go all out
yttertak *s* roof
yttertrappa *s* front door steps pl., flight of steps; farstutrappa doorstep[s pl.]; amer. äv. stoop
yttervägg *s* outer (exterior, external) wall
yttervärld *s*, *~en* the outer (surrounding, outside) world
ytteröra *s* anat. external ear; vetensk. auricle

yttra I *vb tr* uttala utter; säga say; t.ex. en önskan, sin mening express; *inte ~ ett ord* äv. not breathe a word; *han ~de som* sin åsikt att... he stated (declared) it as...
II *vb rfl*, **~ sig 1** uttala sig express (deliver, give) an (one's) opinion [*om* about (on)]; ta till orda speak; jag vill inte **~ mig i denna fråga** vanl. ...comment on this matter; *han ~de sig* i samma anda he expressed himself...; *~ sig gynnsamt om ngn* speak favourably of a p.; *~ sig över* ett förslag express one's opinion on... **2** visa sig show (manifest) itself [*i* in]; *hur ~r sig* sjukdomen? vanl. what are the symptoms of...?
yttrande *s* uttalande remark, utterance; anmärkning observation, comment; anförande statement; utlåtande av myndighet, remissinstans o.d. [expert] opinion [*över, i* on]; av t.ex. styrelse över motion o.d. report [*över* on]
yttrandefrihet *s* freedom of speech (expression)
yttranderätt *s* right of free speech, right to express an opinion
yttre I *adj* **1** längre ut belägen outer; utanför el. utanpå varande äv. exterior, external, outward, outside; jfr ex.; *~ diameter* exterior diameter; *~ fiender* external enemies; *~ likhet* outward (external) resemblance; *~ mått* outside measurement; *~ planeter* outer planets; *~ skada* external injury (damage); *bevara det ~ skenet* keep up appearances; *~ skönhet* outward beauty; *~ tecken* external sign **2** utifrån kommande o.d., om t.ex. omständigheter, orsak, tvång external; *~ våld* physical violence
II *subst adj* exterior; ngns äv. [external] appearance; ngts äv. outside; hon har *ett tilldragande ~* ...an attractive appearance; *hans ~* his outward appearance; *döma efter det ~* judge by appearances (externals); *till sitt ~* är han mycket oansenlig to look at,...; *vad det ~ beträffar* as far as externals go
yttring *s* manifestation, expression [*av* of]
ytvidd *s* area
yucca[palm] *s* bot. yucca
yuppie *s* yuppie
yvas *vb itr dep*, *~ över ngt* pride (plume) oneself on a th., be proud of a th.
yvig *adj* om hår, skägg, svans bushy; tät äv. thick; om gest sweeping; om stil turgid, inflated
yxa I *s* axe; isht amer. ax; med kort skaft hatchet; *kasta ~n i sjön* bildl. throw up the sponge, throw in the towel; *låta ~n gå* bildl. apply the axe **II** *vb tr*, *~ till* rough[-hew], adze
yxhugg *s* blow (stroke) of an (resp. the) axe
yxskaft *s* axe handle, axehelve; *goddag ~!* that's a non sequitur, what has that got to do with what I asked (to do with it)?

Z

z *s* bokstav z [utt. zed; amer. zi:]
Zaire Zaire
zairier *s* Zairian, Zairean
zairisk *adj* Zairian, Zairean
Zambia Zambia
zambier *s* Zambian
zambisk *adj* Zambian
zebra *s* zebra
zenbuddism *s* relig. Zen Buddhism
zenit *s* astron. zenith; *stå i ~* be at the zenith äv. bildl.
zeppelinare *s* flyg. Zeppelin
zigenare *s* gypsy, gipsy, Romani; ungersk zigane
zigenarliv *s* gipsy life
zigenarmusik *s* gypsy (gipsy) music, ungersk zigane music
zigenerska *s* gypsy (gipsy, Romani) [woman]
zigensk *adj* gypsy, gipsy, Romani
Zimbabwe Zimbabwe
zimbabwier *s* Zimbabwean
zimbabwisk *adj* Zimbabwean
zink *s* zinc
zinkhaltig *adj* zinciferous
zinkplåt *s* material zinc plate
zinksalva *s* zinc ointment
zinkvitt *s* zinc white (oxide)
zloty *s* myntenhet zloty
zodiaken *s* astrol. the zodiac
zodiaktecken *s* astrol. sign of the zodiac
zombie *s* levande död zombi[e]
zon *s* zone; friare area
zongräns *s* zonal boundary; trafik. fare stage
zontariff *s* o. **zontaxa** *s* som system zone fare system; avgift zone tariff
zonterapeut *s* zone therapist
zonterapi *s* zone therapy
zoo *s* zoologisk affär pet shop; zoologisk trädgård zoo
zoolog *s* zoologist
zoologi *s* zoology
zoologisk *adj* zoological; *~ affär* pet shop; *~ trädgård* zoological gardens pl., Zoo
zoom *s* foto. zoom
zooma *vb itr*, *~ in (ut)* zoom in (out)
zucchini *s* bot. el. kok. courgette; isht amer. zucchini (pl. lika el. -s)
zulu *s* språk o. medlem av folkslag Zulu
zygot *s* biol. zygote

Å

1 å *s* bokstav the letter å, 'a' with a circle
2 å *s* [small] river, stream; amer. äv. creek; *gå över ~n efter vatten* ung. give oneself (take) a lot of unnecessary trouble
3 å *prep*, *~ andra sidan* on the other hand, se f.ö. *på* samt ex. under resp. subst.
4 å *interj* oh!; amer. gee!; *~ tusan (fan)!* well, I'll be damned!; se äv. *åja* o. *åjo* o. *ånej*
åberopa *vb tr* o. *rfl*, *~ [sig på] ngn (ngt)* hänvisa till refer to (cite, quote) a p. (a th.); *~ ngt till sitt försvar* plead a th.; lagparagraf o.d. invoke a th.; anföra adduce a th.
åberopande *s*, *under ~ av* with reference to, referring to, citing, quoting; jur. pleading, on the plea of; jfr *åberopa*
åbäke *s* vard., om sak great big [lumping] thing, monstrosity; *ditt ~!* you big lump!
åbäkig *adj* vard. unwieldy, clumsy
åda *s* zool. female eider [duck]
ådagalägga *vb tr* lägga i dagen manifest; visa show, display; visa prov på evince
åder *s* blod~, malm~, käll~ vein; puls~ artery
åderbråck *s* med. varicose vein[s pl.]
åderförkalkad *adj* med. ...suffering from hardening of the arteries (vetensk. arteriosclerosis, friare senile decay); *han börjar bli ~* vanl. he is getting senile
åderförkalkning *s* med. hardening of the arteries; vetensk. arteriosclerosis, friare senile decay
åderlåta *vb tr* bleed äv. bildl.; friare äv. drain, deplete [*på* i samtl. fall of]; *landet blev starkt åderlåtet genom kriget* the country was bled white...
åderlåtning *s* bleeding äv. bildl.; blood-letting; friare äv. drain, depletion
1 ådra I *s* vein äv. bildl.; *ha en poetisk ~* have a poetic vein (a gift for writing poetry) **II** *vb tr* vein; tekn. (sten, trä) äv. grain
2 ådra se *ådraga*
ådraga I *vb tr* cause **II** *vb rfl*, *~ sig* sjukdom contract; förkylning catch; skada suffer; utsätta sig för: t.ex. kritik, straff, ngns misshag incur, bring down...on oneself (one's head); uppmärksamhet attract; *~ sig skulder* incur (contract) debts
ådrig *adj* allm. veined; om trä äv. grained
ådring *s* veining, graining; konkr. venation äv. bot.; grain; jfr *1 ådra II*
åh se *4 å*
åhej *interj* ooh!; vid tungt arbete heave ho!, hey-ho!
åhå *interj* aha! oh!, oho!, I see!
åhöra *vb tr* listen to, hear; föreläsning attend
åhörare *s* listener; *~ pl.* äv. audience sg.; *det var 100 ~ i salen* there was an audience of 100...; *bli ~ till* ett gräl happen to hear...; *ärade ~!* ladies and gentlemen!
åhörarläktare *s* t.ex. i parlament public (strangers') gallery
åhörarplatser *s pl* [public] seats; på teater o.d. auditorium sg.
åhörarskara *s* audience
åja *interj* **1** tämligen bra, så där not too bad **2** upprört el. varnande now, now!, now then!; *~, så märkvärdigt är det väl inte well,...*
åjo *interj* **1** se *åja* **2** uppmuntrande come on!; jo då oh yes!
åk *s* **1** vard., om åkdon vehicle; om bil car **2** sport. run
åk|a I *vb tr* o. *vb itr* **1** fara go; som passagerare äv. ride; köra drive; färdas på [motor]cykel o.d. ride; vara på resa travel; bil, buss etc. go by car (bus etc.); *vi skall ~ nu* ge oss i väg we are leaving (going) now; *~ bil* go by car; bila äv. motor; *~ buss (tåg)* go (travel) by bus (train); *~ båt* go by boat; isht med mindre båt boat; göra en båttur go boating; *~ en annan väg* take (go el. travel by) a different route; *~ gratis* travel free [of charge]; *~ hiss* go by lift (amer. elevator); *~ motorcykel* ride a motor cycle; *~ bakpå* på motorcykel ride pillion; *vi -te [längs] Nygatan* we went (drove resp. rode) along...; *~ efter häst* go by carriage; *jag fick ~ med honom till stationen* he gave me a lift to...; *han ska ~ till England* he will go to...; *han -er till England i morgon* he will leave for...; se vid. under resp. subst. o. jfr äv. *2 fara I 1* **2** glida, halka slip, slide, glide; *~ i golvet* fall on the floor; *~ kana* slide; se vid. under resp. subst.
II med beton. part. (jfr äv. *2 fara II*)
~ av halka av slip etc. off
~ bort resa go away
~ dit vard., bli fast be (get) caught, get nailed; sport., förlora lose; jfr äv. *~ fast*
~ efter a) itr. go (köra drive, som passagerare ride) behind b) tr. *~ efter* hämta *ngn* go and (to) fetch a p.
~ fast be (get) caught [*för* for]; *~ fast för fusk* be caught cheating; *~ fast för rattfylleri* be run in for drunken driving
~ fram glida fram slip etc. forward
~ förbi go etc. past (by); passera pass
~ hit och dit halka slide (glide) about
~ ifrån ngn bort från ao etc. away from a p., leave a p. [behind]; genom överlägsen hastighet drive (som passagerare ride) ahead of a p.
~ in i fängelse get into (be sent to) prison; glida in slip etc. in
~ med: låta ngn [få] ~ med give a p. a lift; *får jag ~ med?* may I have a lift?; *ska du ~ med?* are you coming (resp. going) with us (me etc.)?
~ om ngn overtake..., pass...
~ omkull [på cykel] fall [from one's bicycle]

~ på a) itr.: vidare drive (som passagerare ride) on **b)** tr. **~ på ngn** kollidera med run (drive resp. ride) into a p. **c)** tr. **~ på** vard., råka ut för: **~ på en förkylning** catch [a] cold; **~ på en smäll (snytning)** catch (cop) a packet **~ ur** come (slip) out; **~ ur division 1** sport. be relegated from the first division **~ ut a)** eg. go (köra drive) out; **~ ut på (till) landet** go into the country **b)** bildl., bli utkörd be turned (kicked, thrown) out
åkalla *vb tr* invoke
åkallan *s* invocation
åkarbrasa *s*, **ta sig (slå) en ~** buffet (slap) one's arms [to keep warm]
åkare *s* **1** åkeriägare haulage contractor, haulier **2** sport.: tävlingsförare driver; skidåkare skier; skridskoåkare skater
åker *s* åkerjord arable (tilled) land; åkerfält field; *ute på ~n* out in the field[s pl.]
åkerbruk *s* agriculture, farming
åkerbär *s* bot. 'arctic' raspberry
åkeri *s* [firm of] haulage contractors, road carriers pl.
åkerjord se *åker*
åkerlapp *s* patch [of arable land]
åkersenap *s* bot. field (wild) mustard, charlock
åkersork *s* zool. field vole
åkervinda *s* bot. [field] bindweed
åklagare *s* prosecutor; *allmän ~* public prosecutor; amer. prosecuting (district) attorney
åklagarmyndighet *s* ämbete office of the public prosecutor
åkomma *s* complaint [*i* in], affection [*i* of]
åkpåse *s* i barnvagn toes muff
åksjuk *adj* travel-sick
åksjuka *s* travel (motion) sickness
åktur *s* drive, ride; jfr *åka I 1; göra en ~* go for a drive (a ride, med bil äv. a run in the car)
ål *s* fisk eel; havs~ conger [eel]
åla *vb itr o. rfl*, **~ sig** crawl [on one's knees and elbows]
Åland the Åland Islands pl.; *Ålands hav* the Åland Sea
åld|er *s* age äv. epok; om sak äv. antiquity; *ha ~n inne* be old enough [*för att* to]; vara myndig be of age; *uppnå en hög ~* live to (reach) a great age, live to be very old; *böjd av ~* bent with age; personer *av (i) alla -rar* ...of all ages; *efter ~* according to age; i tjänsten according to seniority; hon är lång *för sin ~* ...for her age; *i en ~ av 70 år* at the age of 70, at 70 years of age; barnet är *i den besvärliga ~n* ...at a difficult age; *han är i min ~* he is my age; barn *i ~n 10-15 år* ...between 10 and 15 years of age, ...aged between 10 and 15; *på (i) sin ~s höst* in the autumn of his (resp. her) life; *i (vid) mogen ~* se *mogen*; *med ~ns rätt* with the authority of age; *vid min ~* at my age (time of life); *vid 15 års ~* vanl. at the age of 15
ålderdom *s* old age, age; *långt in i ~en* el. *in i sena ~en* well into one's old age; *på ~en* in one's old age
ålderdomlig *adj* gammal old; gammaldags old-fashioned, old-time..., old-world...; om språk o.d. archaic
ålderdomshem *s* old people's home, home for old people
ålderdomssvag *adj* infirm, old and weak, decrepit
ålderdomssvaghet *s* infirmity, weakness due to old age, decrepitude
åldersdemens *s* med. senile dementia
åldersdiskriminering *s* ageism
åldersforskning *s* gerontology
åldersgrupp *s* age group (range)
åldersgräns *s* age limit
åldersklass *s* age class (group)
ålderskrämpa *s* infirmity of (ailment due to) old age
ålderspension *s* retirement (vard. old-age) pension
åldersskillnad *s* difference in (of) age
åldersskäl *s*, *av ~* for age reasons, for reasons of age
åldersstreck *s*, *falla för ~et* nå pensionsåldern reach retiring age
ålderstecken *s* mark (sign) of old age
ålderstigen *adj* old äv. om sak; åldrad aged; han är *ganska ~* ...fairly advanced in years, ...stricken in years
ålderstillägg *s* ung. seniority (age) allowance (bonus, increment)
åldrad *adj* aged; **~** *i förtid* old before one's time
åldrande I *adj* aging **II** *s* aging, growing old
åldras *vb itr dep* age, grow old[er]
åldrig *adj* aged, old
åldring *s* pers. old man (resp. lady el. woman); geriatric; **~ar** äv. old people
åldringsvård *s* geriatric care; amer. äv. eldercare
åligg|a *vb itr* om t.ex. plikt, kostnader fall on; *det -er honom att* inf. it is incumbent [up]on him to inf.; it is his duty to inf.
åliggande *s* plikt duty; skyldighet obligation; uppgift task; ämbets~ function
ålägga *vb tr* anbefalla enjoin; pålägga, t.ex. en uppgift impose [*ngn ngt* i båda fallen a th. on a p.]; **~** *ngn* ett ansvar lay...on a p.; **~** *ngn att* inf. enjoin (beordra order, instruct, förplikta bind, ådöma charge) a p. to inf.
åläggande *s* injunction, order
åländsk *adj* of Åland; attr. äv. Åland...
ålänning *s* Ålander, inhabitant of Åland
åma *vb rfl*, **~ sig** vard., göra sig till show off; sjåpa sig put it on
åminnelse *s* commemoration; minne memory;

hågkomst remembrance; *till ~ av* in commemoration osv. of
ånej *interj* nej då oh no!; uttr. förvåning well, I never!
ånga I *s* allm. steam (end. sg.); dunst vapour (end. sg.); utdunstning exhalation; *ångor* dunster fumes; *få upp ~n* get (pick) up steam äv. bildl.; *ha ~n uppe* have steam up; bildl. be in full swing
 II *vb tr* o. *vb itr* steam; itr., ryka smoke; *~ av* svett steam with…; *det ~r av* soppan …is steaming; *komma ~nde* vard. come along at full tilt, come rushing along; *~ upp* ett brev steam open…
ångare *s* steamer, steamship
ångbad *s* vapour bath
ångbåt *s* steamboat; större steamer; *fara med ~* go by steamer
ångbåtsbrygga *s* [steamer] landing-stage, jetty
ångbåtstrafik *s* steamship traffic
ånger *s* regret [*över* at], repentance [*över* for]; samvetskval remorse [*över* for]; botfärdighet penitence [*över* for], contrition; ledsnad regret [*över* at]
ångerfull *adj* regretful, repentant [*över* of]; remorseful; penitent [*över* about]; contrite; jfr *ånger*
ångervecka *s* cooling-off period, week [after date of purchase] in which one has the right to cancel a hire-purchase agreement
ångest *s* [state of] anxiety; vånda anguish, agony; fasa dread, terror; fruktan fear; *få ~* get into a state of anxiety
ångestdämpande *adj, ~ medicin* ataractic drug
ångestfylld *adj* anxiety-ridden, …filled with anguish (agony), agonized, anguished
ångfartyg *s* steamship (förk. S/S, SS)
ångkoka *vb tr* kok. steam
ångkraft *s* steam power; maskinen *drivs med ~* …is driven by steam
ångkraftverk *s* steam power station
ånglok *s* steam engine
ångmaskin *s* steam engine
ångpanna *s* [steam-]boiler
ångra I *vb tr* regret, be sorry for, repent; *jag ~r att jag gjorde det* I regret (repent) doing it; *jag ~r ingenting* I have no regrets; *det här skall du få ~* you'll be sorry for this; *~ den dag då…* rue the day that… **II** *vb rfl, ~ sig* känna ånger regret it, be sorry, repent it; komma på andra tankar change one's mind
ångslup *s* steam launch
ångstrykjärn *s* steam iron
ångturbin *s* steam turbine
ångvissla *s* steam whistle
ångvält *s* steamroller
ånyo *adv* åter afresh, anew; än en gång [once] again
år *s* year; *~ 1997* the year 1997, som adv. in 1997, in the year 1997; *förra ~et* last year; *ett halvt ~* vanl. six months; *ett och ett halvt ~* vanl. eighteen months; *vart fjärde ~* every four years, every fourth year; *hon fyller femtio ~ i ~* she will be fifty this year; *han är tjugo ~ gammal* he is twenty years old (years of age); *~et för* hans födelse the year of…; *~et efter* the year after, the following year; *~et om (runt)* all the year round; *~ ut och ~ in* year in, year out; hon skall stanna här *~et ut* …till the end of the year; *så här ~s* at this time of [the] year; *ett två ~s (två ~ gammalt) barn* a two-year-old child, a child of two; *1870 ~s krig* the war of 1870; *1995 ~s modeller* the 1995 models; *tre ~s fängelse* three years' imprisonment; *~ets skörd* this year's harvest
 med föreg. prep.: *~ efter ~* year after year; *~ från (för) ~* year by year; sista gången *för ~et ([för] i ~)* …this year; *för tio ~ sedan* ten years ago; *i ~* this year; *i alla ~* through all the years; de har bott utomlands *i två ~* …[for] two (the last two) years; *i många ~* for many years [om framtid to come]; *en man i sina bästa ~* a man in the prime of life (in his prime, in his best years); *med ~en* over the years, as the years go (resp. went) by; *om ett ~* in a year['s time], this time next year; *i dag om ett ~* this day next year; några dagar *om ~et* …every (a) year; två gånger *om ~et* …a year; hyra ut *per ~* …by the year, se äv. *per 2;* jag har inte sett honom *på många ~* …for (in) many years; *på (under) senare ~* in recent years, of late years; *längre fram på ~et* later [on] in the year; jag har inte sett henne *på ~ och dag* …for years [and years]; *han börjar bli till ~en* he is getting on (old); *under ~ens lopp* in the course of time, over the years; *vid mina ~* at my age, at my time of life; *dö vid unga ~* die young
åra *s* oar; mindre scull; paddel~ paddle
åratal *s, i (på) ~* for years [and years]
årblad *s* blade of an (resp. the) oar
årgång *s* **1** av tidskrift [annual] volume; *1991 års ~ av* tidningen the 1991 issue of…
 2 åldersklass o.d.: studenter *av ~ 1992* 1992…; *min ~* people (those) born in my year **3** av vin vintage
årgångsvin *s* vintage wine
århundrade *s* century
årklyka *s* rowlock; amer. oarlock
årlig *adj* annual, yearly; *10% ~ ränta* äv. 10% per annum interest
årligen *adv* annually, yearly, every year; *två gånger ~* twice a year; *~ återkommande* annual
årsavgift *s* allm. annual charge; i förening o.d. annual subscription
årsberättelse *s* annual report
årsbok *s* yearbook, annual; ekon. annual accounts book

årsbästa *subst adj* sport. **hans** ~ his best time (result etc.) this year
årsdag *s* anniversary [*av* of]
årsgammal *adj* one year old
årsinkomst *s* annual (yearly) income (förtjänst profit)
årsklass *s* age class (group)
årskontrakt *s* contract by the year
årskort *s* annual (yearly) season ticket; medlemskort annual membership card
årskull *s* age group; t.ex. studenter batch [med of framför följ. subst.]
årskurs *s* skol. form; amer. grade; läroplan curricul|um (pl. äv. -a)
årslång *adj*, ~**a** fleråriga **förberedelser** [many] years of preparations; **en** ~ ettårig **kamp** a year-long struggle
årslön *s* annual (yearly) salary; **ha** 140 000 kr **i** ~ have an annual income of...
årsmodell *s*, **en bil av senaste** ~ a car of the latest model
årsmöte *s* annual meeting
årsring *s* bot. annual ring
årsskifte *s* turn of the year
årsskrift *s* annual, yearbook
årsslut *s* end of the year
årstid *s* season, time of the year
årtag *s* stroke, pull of an (the) oar (the oars)
årtal *s* date, year
årtionde *s* decade
årtull *s* rowlock; amer. oarlock
årtusen[de] *s* millenni|um (pl. äv. -a); **ett** ~ vanl. a thousand years; **årtusenden** vanl. thousands of years
ås *s* geol. el. byggn. ridge
åsamka *vb tr* cause, se äv. *ådraga* II
åse *vb tr* betrakta watch; bevittna witness
åsido *adv* on one side, aside; **skämt** ~**!** joking apart!
åsidosatt *adj*, **känna sig** ~ feel slighted; jfr äv. *åsidosätta*
åsidosätta *vb tr* inte beakta disregard, set aside; försumma neglect, ignore
åsikt *s* view, opinion [*om* of, about, om sak äv. on]; ~**erna är delade** opinions differ, opinions are divided; **de har olika** ~**er** they are of different opinions, they hold different views; **vara av den** ~**en att** äv. hold that..., take the view that...; **hans** ~ **i saken** his view of the matter
åsiktsfrihet *s* freedom of opinion
åsiktsförföljelse *s* o. **åsiktsförtryck** *s* [the] suppression of [free] opinion
åsiktsregistrering *s* polit. registration of political opinions (affiliations)
åsiktsutbyte *s* exchange of views (opinions)
åska I *s* thunder äv. bildl.; åskväder thunderstorm; ~**n går** it is thundering, there is a thunderstorm, there is thunder [and lightning]; ~**n har slagit ned i** trädet the lightning has struck...; **det är** ~ **i luften** there is thunder in the air äv. bildl. II *vb itr*, **det** ~**r** it is thundering
åskby *s* thundershower, thundersquall
åskfront *s* meteor. thundery front
åskknall *s* thunderclap
åskledare *s* lightning conductor
åskmoln *s* thundercloud; **han var som ett** ~ he had a face like (as black as) thunder
åsknedslag *s* stroke of lightning
åskregn *s* thundery rain
åskrädd *adj* ...afraid of thunderstorms
åskrädsla *s* fear of thunderstorms
åskskur *s* thundershower
åskväder *s* thunderstorm
åskådare *s* spectator; mera passiv onlooker, looker-on (pl. lookers-on); mera tillfällig bystander; **åskådarna** publiken: på teater o.d. the audience; vid idrottstävling vanl. the crowd (båda sg.); **bli** ~ **till ngt** witness a th.
åskådarläktare *s* på idrottsplats o.d. [grand]stand
åskådlig *adj* klar clear, lucid; målande, om t.ex. skildring graphic; tydlig perspicuous
åskådliggöra *vb tr* make...clear; belysa illustrate [*med* by]
åskådlighet *s* clarity, lucidity, graphicness, perspicuity; jfr *åskådlig*
åskådning *s* sätt att se outlook; uppfattning opinions pl., views pl.; ståndpunkt attitude; friare way of thinking
åsna *s* donkey, ass (båda äv. neds. om pers.); **envis som en** ~ stubborn as a mule; **som en** ~ **mellan två hötappar** like Buridan's ass, like a donkey between two bundles of hay
åsneaktig *adj* ass-like, asinine äv. bildl.
åsneföl *s* ass's (donkey's) foal (colt)
åsnesto *s* o. **åsninna** *s* she-ass
åstad *adv* iväg off; **bege sig** ~ go away (off), set out (off), leave; **gå** ~ **och...** go [off] and...
åstadkomma *vb tr* få till stånd bring about; förorsaka cause, make; frambringa produce; prestera achieve, accomplish; uppnå attain, effect; skaffa procure; ~ **buller (stor skada)** make a noise (make great havoc); ~ **underverk** work wonders
åsyfta *vb tr* allm. aim at [*att hjälpa* helping]; ha till mål äv. have...in view; avse, mena äv. intend, mean [*med* by]; hänsyfta på äv. refer (allude) to; **det är jag som** ~**s** it is I (me) that is meant; jfr äv. *åsyftad*
åsyftad *adj*, **ha** ~ **verkan** have (produce) the desired effect; **det** ~**e ändamålet** the end in view
åsyn *s* sight; **i allas** ~ in full view of all (everybody); **bort (försvinn) ur min** ~**!** get out of my sight!; **vid** ~**en av...** at the sight of...
åsyna *adj*, ~**a vittne till** eyewitness of
åt I *prep* **1** om rumsförh. **a)** eg.: till to; [i riktning] mot towards, in the direction of; **han tog sig**

åtaga

~ *huvudet* his hand went to his head; ~ *alla håll* in all directions; ~ *höger* to the right; rummet *ligger* ~ *norr* ...faces north; segla ~ *norr* ...north (northward[s]); *gå* ~ *sidan* step aside; ~ *staden till* riktning towards the town **b)** friare, angivande [före]målet för en åtbörd, [sinnes]rörelse o.d. at, to; *nicka* ~ *ngn* nod at (to) a p.; *ropa* ~ *ngn* call out to a p.; *skratta* ~ laugh at; *skrik inte* ~ *mig!* don't shout at me!
2 uttr. dativförh. vanl. to; för ngn[s räkning] vanl. for; *ge ngt* ~ *ngn* give a th. to a p., give a p. a th.; *göra (skaffa) ngt* ~ *ngn* do (get) a th. for a p.; *hänge sig* ~ *ngt* indulge in a th.; *köpa ngt* ~ *ngn* buy a th. for a p., buy a p. a th.; *jag skall laga rocken* ~ *dig* I'll mend your coat [for you]; *säga ngt* ~ *ngn* say a th. to a p., tell a p. a th.; *det är rätt* ~ *honom* [it] serves him right; *ägna sig* ~ *ngt* (~ *att* inf.) devote oneself to a th. (to ing-form)
3 han jämrade sig *så det var hemskt* ~ *det* it was terrible the way...
4 *två* ~ *gången* two at a time
II *adv* hårt tight; *skruva* etc. ~ screw etc....tight, tighten; se äv. beton. part. under resp. vb

åta[ga] *vb rfl*, ~ *sig* ta på sig undertake, take [up]on oneself [*att* inf. to inf.]; ansvar o.d. äv. take on, assume; ~ *sig* en ansvarsfull post accept (take on)...; ~ *sig ett uppdrag* undertake a task

åtagande *s* undertaking; förpliktelse äv. commitment, engagement

åtal *s* av åklagare prosecution, indictment; av målsägare [legal] action; *allmänt* ~ public prosecution; *enskilt* ~ private action; *väcka (anställa)* ~ take (start) [legal] proceedings; om åklagare äv. start a prosecution, bring in an indictment; om målsägare äv. bring an action [*mot ngn för ngt* i samtl. fall against a p. for a th.]

åtala *vb tr* om åklagare prosecute, indict; om målsägare bring an action against; *bli ~d för stöld* be prosecuted for theft; *den ~de* subst. adj., vanl. the defendant; *frikänna den ~de* acquit the accused

åtalbar *adj* jur. indictable, actionable

åtalseftergift *s* jur., vanl. ung. nolle prosequi lat.; *han beviljades* ~ vanl. the charges against him were dropped

åtanke *s*, *ha ngn (ngt) i* ~ remember a p. (a th.), bear a p. (a th.) in mind; *komma i* ~ be considered [*för* for]; *den som närmast kommer i* ~ the one who most readily comes to mind, the likeliest person

åtbörd *s* gesture, motion; *göra ~er* gesticulate, gesture

åter *adv* **1** tillbaka back [again]; *fram och* ~ *dit och* ~ there and back; av och an to and fro
2 ånyo, igen again, once more; uttrycks vid många vb med prefixet re-; jfr ex. nedan; *nej och* ~ *nej* no, and no again!; no, a thousand times, no!; *tusen och* ~ *tusen fåglar* thousands upon thousands of birds; *skolan öppnas* ~ vanl. school reopens (will be reopened) **3** däremot again; å andra sidan on the other hand

återanpassa I *vb tr* rehabilitera rehabilitate
II *vb rfl*, ~ *sig* readjust oneself [*till* to]

återanpassning *s* rehabilitation

återanskaffningsvärde *s* försäkr. replacement value

återanställa *vb tr* re-engage, re-employ

återanvända *vb tr* use...again, re-use, re-utilize; tekn., t.ex. skrot recycle

återanvändning *s* re-use, re-utilization; tekn., t.ex. av skrot recycling

återberätta *vb tr* retell; i ord återge relate

återbesätta *vb tr* tjänst o.d. refill

återbesök *s* nästa besök (hos läkare) next visit (appointment); *göra ett* ~ make another visit

återbetala *vb tr* repay, pay back; pengar, lån äv. refund; gottgöra [ngn] reimburse; *lånet skall ~s efter fem år* vanl. the loan is repayable...

återbetalning *s* repayment, refund, reimbursement; jfr *återbetala*

återblick *s* retrospect (end. sg.) [*på* of]; i bok, film o.d. flashback [*på* to]; *göra (kasta) en* ~ *på* det förflutna look back [up]on..., review...in retrospect

återbruk se *återanvändning*

återbud *s* till inbjudan excuse; avbeställning cancellation; se äv. ex.; *ge (skicka)* ~ a) om inbjuden send word (ringa ~ phone) to say that one cannot come, send an excuse, cry off; om köpare o.d. send a cancellation; om deltagare i idrottstävling drop out, scratch [one's name] b) om en som ger middag, bjudning etc. cancel a (resp. the) dinner (party etc.); *ge* ~ *till tandläkaren* cancel one's appointment with the dentist

återbäring *s* allm. refund; hand. rebate; försäkr. dividend, bonus

återbörda *vb tr* restore [*till* to]

återerövra *vb tr* recapture, reconquer, win back

återerövring *s* recapture, reconquest

återfall *s* allm. relapse [*i* into]; i t.ex. sjukdom, missbruk o.d. äv. recurrence; *få* ~ have a relapse

återfall|a *vb itr* **1** i missbruk, till brottslighet o.d. relapse [*i (till)* into] **2** falla tillbaka, skulden *-er på honom* ...recoils upon him

återfallsförbrytare *s* recidivist, relapsed criminal

återfinna *vb tr* find...again; återfå recover; isht ngt förlorat retrieve; citatet *återfinns på sid. 27* ...is to be found on page 27

återfå *vb tr* allm. get...back; t.ex. hälsa, medvetande recover, regain; aptiten äv. pick

up; ~ **krafterna** regain one's strength, recuperate; ~ **sin ungdom** renew one's youth; **plånboken ~s mot beskrivning** the wallet will be returned...
återfärd *s* journey back; **på (under) ~en** on one's (the) way back
återföra *vb tr* eg. bring...back; ~ **till makten** restore to power
återförena *vb tr* reunite; ~ **sig med...** rejoin...
återförening *s* reunion; **Tysklands ~** the reunification of Germany
återföring *s* tekn. return, resetting; data. el. friare feedback
återförsäkra *vb tr* reinsure; ~ **sig mot ngt** bildl. reinsure against a th.
återförsäljare *s* detaljist retailer, retail dealer; **pris för ~** trade price
återge *vb tr* o. **återgiva** *vb tr* **1** tolka render; framställa äv. reproduce; äv. om ljud o.d. represent; uttrycka äv. express; skildra depict; ~ **i tryck** reproduce a th. in print; ~ en berättelse **på svenska** render...in[to] Swedish **2** ge tillbaka ~ **ngn friheten** restore a p. to liberty; ~ **ngn hälsan** restore (bring back) a p.'s health, restore (bring back) a p. to health
återgivande *s* o. **återgivning** *s* (jfr *återge 1*) rendering, reproduction, representation, depiction; ljud~ o.d. reproduction
återgå *vb itr* **1** återvända go back, return; till sitt ursprungliga tillstånd äv. revert [*till* i samtl. fall to] **2** hand., gå tillbaka (om varuparti o.d.) be returned; ~ *i ngns ägo* revert to a p. **3** upphävas be cancelled (annulled); **låta ett köp ~** cancel a purchase
återgång *s* **1** återvändande return **2** jur.: av egendom reversion; av köp cancellation, annulment; ~ **av äktenskap** nullity of marriage **3** bildl., se *tillbakagång*
återgälda *vb tr* återbetala repay; gengälda äv. return, reciprocate; ~ **ont med gott** return good for evil
återhållen *adj*, **med ~ rörelse (vrede)** with suppressed emotion (anger)
återhållsam *adj* behärskad restrained; måttfull moderate, temperate; i mat o. dryck äv. abstemious
återhållsamhet *s* restraint; moderation, temperance; jfr *återhållsam*
återhämta I *vb tr* hand. recover **II** *vb rfl*, ~ **sig** recover [*efter, från* from]; ~ **sig snabbt** make a quick recovery
återhämtning *s* recovery, revival
återigen *adv* again; å andra sidan on the other hand
återinföra *vb tr* allm. reintroduce; varor reimport
återinsätta *vb tr* reinstate [*i* t.ex. ett ämbete in, t.ex. rättigheter to]
återinträda *vb itr*, ~ **i tjänst** resume one's duties

återinträde *s* re-entry [*i* into]; resumption [*i* of]; return [*i* to]
återkalla *vb tr* **1** kalla tillbaka call...back; t.ex. ett sändebud recall; ~ **ngn till livet (verkligheten)** bring a p. back to life (reality); ~ **ngn till medvetande** restore a p. to consciousness **2** ställa in cancel; t.ex. befallning, tillstånd äv. revoke; erbjudande, ansökan withdraw
återkasta *vb tr* fys.: ljus reflect; ljud re-echo; ~*s* **från...** om ljud resound from...
återklang *s* bildl. echo [*av* of]
återknyta *vb tr* förbindelser re-establish; vänskap renew; umgänge resume; ~ **till** vad man tidigare sagt refer (go back) to...
återkomma *vb itr* return äv. bildl.; come back; jfr *2 komma [tillbaka];* ett sådant tillfälle **återkommer aldrig** äv. ...will never come back; **vi ber att få ~** höra av oss you will hear from us again, we will contact you later on
återkommande *adj* regelbundet recurrent; *ofta* ~ frequent; **dessa så ofta ~ händelser** these incidents, which recur so often
återkomst *s* return; **Kristi ~** the Second Advent (Coming)
återkoppling *s* tekn. el. elektr. el. bildl. feedback
återkräva *vb tr* reclaim; lån call in
återköp *s* repurchase
återlämna se *lämna [tillbaka]*
återlösa *vb tr* teol. redeem
återmarsch *s* march back; återtåg retreat
återremittera *vb tr* refer...back, recommit, remit...for reconsideration
återresa *s* journey back; **på ~n** on one's (the) way back
återse *vb tr* see (träffa meet)...again
återseende *s* reunion; **på ~!** be seeing you!
återsken *s* reflection; **kasta ett ~ på** bildl. be reflected in
återspegla *vb tr* reflect, mirror båda äv. bildl.
återspegling *s* reflection
återstod *s* rest, remainder; hand. el. amer. äv. balance; lämning remnant, remains pl.; ~*en av* förmögenheten vanl. the residue of...
återstå *vb itr* remain; vara kvar äv. be left [over]; **det ~r att bevisa** it remains to be proved; **det ~r för mig endast att tacka er** it only remains for me to thank you; **det ~r ännu** tio minuter there are still...left (to go); **det ~r** tio lådor **att leverera** there remain[s]...to be delivered; **det värsta ~r ännu** the worst is still to come; att göra the worst still remains to be done (att säga to be said)
återstående *adj* remaining; **hans ~ dagar** the rest (remainder) of his days (life)
återställa *vb tr* **1** försätta i sitt förra tillstånd restore; återupprätta re-establish; iståndsätta repair; ~ **ngt i dess tidigare (forna) skick** restore a th. to its former condition; ~ **jämvikten** redress the balance; ~ **ordningen**

återställare

restore [public] order; jfr äv. *återställd* **2** återlämna restore, return
återställare *s* vard. pick-me-up, bracer; *han tog [sig] en* ~ äv. he took a hair of the dog that bit him
återställd *adj, han är [fullt]* ~ *efter* sin sjukdom he is [quite] restored after…, he has [quite] recovered from…
återställningstecken *s* mus. natural
återsända *vb tr* send back, return
återta[ga] *vb tr* **1** eg. take back; återerövra recapture; återvinna recover **2** återuppta, återgå till resume; *hon återtog sitt flicknamn* she reassumed her maiden name **3** återkalla withdraw, cancel; löfte, bekännelse retract **4** åter ta till orda resume
återtåg *s* mil. retreat; *vara stadd på* ~ be in (on the) retreat äv. bildl.
återuppbygga *vb tr* rebuild, reconstruct
återuppföra se *återuppbygga*
återuppleva *vb tr,* ~ *sitt liv* live one's life over again
återuppliva *vb tr* allm. bring…back to life, revive; bekantskap renew; ~ *minnet av ngt* recall a th. [to mind]; ~ *gamla minnen* revive (bring back) old memories
återupplivningsförsök *s* attempt (effort) at resuscitation; *göra* ~ *på ngn* make an attempt to bring a p. back to life
återupprepa *vb tr* repeat […again], reiterate
återupprätta *vb tr* på nytt upprätta re-establish, restore; ge upprättelse åt rehabilitate
återupprättelse *s* rehabilitation
återuppstå *vb itr* rise again, be resurrected; friare be revived, emerge again; ~ *från de döda* rise from the dead
återuppståndelse *s* resurrection
återuppta[ga] *vb tr* resume, take up…again; ~ *arbetet* resume (recommence) [one's] work; ~ *ngt till behandling* vanl. reconsider a th.
återupptäcka *vb tr* rediscover
återuppväcka *vb tr* reawaken, revive; ~ *ngn från de döda* raise a p. from the dead
återval *s* re-election
återverka *vb itr* react, have repercussions [*på* on]
återverkan *s* o. **återverkning** *s* repercussion, effect [*på* on]
återvinna *vb tr* eg. win back; återfå recover, regain; ngt förlorat äv. retrieve; avfall, mark reclaim; t.ex. aluminium från ölburkar recycle
återvinning *s* av avfall, mark reclamation; av t.ex. aluminium från ölburkar recycling
återväg *s* way back; *på ~en* blev jag… on my (the) way back…
återvälja *vb tr* re-elect
återvända *vb itr* return äv. friare; turn (go, come) back; ~ *till* ett ämne äv. revert to…
återvändo *s, det finns (ges) ingen* ~ there is no turning (going) back, we are at the point of no return; *utan* ~ oåterkallelig irrevocable
återvändsgata *s* cul-de-sac fr.; dead end street
återvändsgränd *s* blind alley, cul-de-sac fr.; bildl. impasse, deadlock; *råka in i en* ~ bildl. reach an impasse (a deadlock), come to a dead end
återväxt *s* **1** eg. regrowth, fresh (new) growth **2** bildl. coming (young) generation; *sörja för ~en inom* teatern provide…with young (fresh) talent
åtfölja *vb tr* [be]ledsaga accompany; som uppvaktande attend äv. friare; följa efter follow; vara bifogad till be enclosed in
åtföljande *adj* accompanying; bifogad enclosed
åtföljd *adj* accompanied, attended [*av* by, bildl. äv. with]; followed [*av* by]
åtgång *s* förbrukning consumption; avsättning sale; *ha stor (liten)* ~ sell well (badly); jfr *strykande*
åtgången *adj, illa* ~ o. attr. …that has (had osv.) been roughly treated, …that has (had osv.) been roughly handled (badly knocked about); *pjäsen blev illa* ~ *av* recensenterna the play was cut to pieces (slashed) by…
åtgärd *s* measure; [mått o.] steg step, move; *vidta ~er* take measures (steps, action); *vidta lagliga (laga) ~er* take legal proceedings (action), proceed [*mot* against]
åtgärda *vb tr* attend to, take care of; *det måste vi* ~ göra något åt we must do something about it
åthutning *s* reprimand; *ge ngn en [ordentlig]* ~ äv. give a p. a good dressing-down
åthävor *s pl* behaviour sg., manners; *utan* ~ without a lot of fuss
åtkomlig *adj* som kan nås …within reach [*för* of]; jfr äv. *tillgänglig 1; lätt* ~ se *lättåtkomlig*
åtlyda *vb tr* lyda obey; efterleva, t.ex. föreskrift observe; rätta sig efter conform to; *bli åtlydd* be obeyed
åtlydnad *s* obedience
åtlöje *s* löje ridicule, derision; föremål för löje laughing-stock, object of ridicule (derision); *göra ngn till ett* ~ make a p. a laughing-stock, hold a p. up (expose a p.) to ridicule; *göra sig till ett* ~ make a laughing-stock (a fool) of oneself, make oneself ridiculous
åtminstone *adv* allm. at least; minst äv. …at the least; i varje fall äv. at any rate, at all events
åtnjuta *vb tr* allm. enjoy; respekt, sympati äv. possess; uppbära, t.ex. understöd äv. receive, be in receipt of; ~ *gott anseende* äv. have a good reputation; ~ *gästfrihet* receive hospitality; ~ *stor popularitet* be very popular, have a great vogue
åtnjutande *s* enjoyment, possession; *han är (har kommit) i* ~ *av* särskilda förmåner he receives (has received)…

åtrå I *s* desire, craving; isht sexuell äv. lust, appetite [*efter* i samtl. fall for] **II** *vb tr* desire, crave [for]; trakta efter covet
åtråvärd *adj* desirable
åtsittande *adj* tight[-fitting]; om kläder äv. clinging
åtskild *adj* separate, separated; *ligga ~a* lie apart; *de är helt ~a* bildl. they are quite distinct; *hålla könen (raserna) ~a* keep the sexes (races) apart, segregate the sexes (races)
åtskiljas se *skiljas [åt]*
åtskillig *adj* **1** *~[t]* fören. a great (good) deal of, considerable, not a little; självst. a great (good) deal; *~t skulle kunna tilläggas* äv. several things might be added; *det finns ~t nytt* there are a number of new things, there is a great (good) deal that is new **2** *~a* fören. el. självst.: flera several; några some; fören. äv.: många quite a number of, a great (good) many; olika various; *det finns ~a som anser det* there are several [people]...
åtskilligt *adv* a good deal; *~ bättre* äv. considerably better; *~ över* en miljon kr well over...
åtskillnad *s*, *göra ~ mellan* make a distinction between, distinguish (differentiate) between; *utan ~* without distinction; utan särbehandling without discrimination, indiscriminately
åtsmitande se *åtsittande*
åtstramning *s* **1** eg. contraction **2** av kredit o.d. squeeze; av t.ex. ekonomin tightening[-up] (end. sg.); på börsen stiffening (end. sg.)
åtstramningspaket *s* polit. austerity package
åtstramningspolitik *s* policy of austerity (restraint)
åtta I *räkn* eight; *~ dagar* vanl. a week; *~ dagars ledighet* a week's holiday; *i dag [om] ~ dagar* this day week, a week today, this day [next] week; jfr *fem* o. sms. **II** *s* eight äv. roddsport o. skridskofigur; jfr *femma*
åttahörning *s* octagon
åttasidig *adj* eight-sided, octagonal; jfr *fyrsidig 2*
åttatimmarsdag *s* eight-hour [working-]day
åtti[o] *räkn* eighty; litt. åld. fourscore; jfr *fem[tio]* o. sms.
åttionde *räkn* eightieth
åttkantig *adj* octagonal, eight-edged
åttonde *räkn* eighth; *var ~ dag* every (once a) week; jfr *femte* o. sms.
åttondedel *s* eighth [part]; jfr *femtedel*
åttondel o. sms., se *åttondedel* o. sms.
åttondelsnot *s* mus. quaver, amer. eighth note
åverkan *s* damage [*på* to]; *göra ~ på ngt* cause (do) damage to a th.
åvila *vb tr* lie with, rest with

1 ä *s* bokstav the letter ä, 'a' with two dots
2 ä *interj* oh!, ah!; avvisande äv. pooh!; förargat äv. dash it!
äckel *s* **1** disgust, repugnance, loathing; *känna ~ för (över) ngt* feel sick (nauseated) at a th., loathe a th., have (feel) a loathing for a th. **2** äcklig person disgusting creature, creep, horror
äckla *vb tr* **1** nauseate, sicken; friare disgust; *det ~r mig* äv. it makes me sick, it turns my stomach; jfr *äckel 1* ex. **2** vard., göra avundsjuk tantalize
äcklas *vb itr dep* be disgusted (nauseated) [*vid* åsynen (lukten) av by (at)...; *av att* inf. by ing-form]
äcklig *adj* eg. nauseating; om t.ex. smak, lukt, känsla äv. sickly, sickening; vard. yucky; motbjudande repulsive; vidrig disgusting, revolting
ädel *adj* allm. noble; om t.ex. börd, riddare äv. gentle; av *~ ras* thoroughbred; om metall, träslag, stenar precious; ädelmodig generous; upphöjd till sinnet elevated, magnanimous, high-minded; hög lofty, sublime; *av ~ börd* of noble birth; *ädlare delar [i kroppen]* vital parts, vitals
ädelfisk *s* koll. game fish
ädelgas *s* kem. inert (noble, rare) gas
ädelgran *s* silvergran silver fir
ädelmetall *s* precious metal
ädelmod *s* generosity, noble-mindedness; storsinthet magnanimity
ädelmodig *adj* generous, noble-minded; storsint magnanimous
ädelost *s* blue (blue-veined) cheese
ädelsten *s* precious stone; juvel gem, jewel
ädelträ *s* high-grade wood (timber); ibl. hardwood
ädling *s* noble[man], man of noble birth
äga I *s*, *-or* grounds; estate, property (båda sg.); se äv. *ägo*
II *vb tr* ha i sin ägo, besitta possess; ha have (båda äv. med abstr. subst. som obj.); rå om, vara verklig (rätt) ägare till own, be the owner (resp. proprietor, jfr *ägare*) of; vara i besittning av be possessed (in possession) of; åtnjuta, t.ex. *~ förtroende* enjoy; inneha, t.ex. makten hold; *~ ngt gemensamt (tillsammans)* share a th., own a th. in common; *allt vad jag -er [och har]* all [that] I possess (have), all my worldly possessions; *vem -er hunden?* whose dog is that?; *mitt ~ndes hus* vard. my own house **2** friare *~ frihet att* inf. be at liberty (be free) to inf.; *det -er sitt intresse* vanl. it is not without interest; *~ rum* take

äganderätt

place; **~ rätt att** inf. have a (the) right (be entitled) to inf.
äganderätt s ownership, proprietorship [*till* of]; jfr *ägare;* besittningsrätt right of possession; upphovsrätt copyright
ägare s owner; isht till restaurang, firma etc. proprietor; innehavare (äv. tillfällig) possessor [*av, till* i samtl. fall of]; *byta* ~ äv. change hands
ägarinna s owner, proprietress, possessor; jfr *ägare*
ägg s egg; vetensk. ovum (pl. ova); *ruva (ligga) på* ~ sit on eggs, brood
äggcell s anat. ovum (pl. ova)
äggformig adj egg-shaped
äggklocka s [egg] timer
äggkläckningsmaskin s hatcher
äggkopp s egg cup
äggledare s anat. Fallopian tube, salpin|x (pl. -ges) lat.; oviduct
äggledarinflammation s med. salpingitis (end. sg.)
ägglossning s fysiol. ovulation
äggpulver s egg powder
äggrätt s egg dish
äggröra s scrambled eggs pl.
äggsjuk adj, *gå omkring som en ~ höna* go around in a tizzy (a flap)
äggskal s eggshell
äggsked s egg spoon
äggstanning s kok. baked egg
äggstock s anat. ovary
äggstocksinflammation s med. ovaritis, oophoritis (båda end. sg.)
äggtoddy s egg nog, egg flip
äggula s [egg] yolk; *en ~* vanl. the yolk of an egg
äggvita s **1** vitan i ett ägg egg white; *en ~* vanl. the white of an egg **2** ämne albumin; i ägg albumen, white of egg **3** vard., sjukdomssymtom albuminuria
äggviteämne s protein; enkelt albumin
ägna I vb tr devote; högtidl. dedicate [*åt* to; *åt att* inf. to ing-form]; skänka, t.ex. beundran, omsorg bestow [*åt* on]; *~ intresse åt* take an interest in; *inte ~ en tanke åt...* not give...a thought; *~ sin tid åt...* devote (give) one's time to...; *~ ngt sin uppmärksamhet* give one's attention to a th. **II** vb rfl, *~ sig åt* devote oneself to [*att göra ngt* doing a th.]; give oneself up to; viga sig åt dedicate oneself to; utöva: ett yrke follow; ett kall pursue; slå sig på, t.ex. en hobby, affärer take up, go in for; syssla med, t.ex. affärer be engaged in; *~ sig åt sina studier* apply oneself (one's mind) to...
ägnad adj lämplig suitable, fit; med fallenhet suited, fitted, cut out [*för* i samtl. fall for]; *~ att väcka oro* calculated (apt, liable, likely) to cause alarm
ägo s, *ha i sin ~* possess, jfr *äga II 1; komma i ngns ~* come into a p.'s hands; *vara i ngns ~* be in a p.'s possession, belong to a p.; *vara i privat ~* be private property (privately-owned); om konstverk be in a private collection
ägodelar s pl property sg., possessions, belongings; *jordiska ~* worldly goods
äkta I adj **1** mots. falsk: allm. genuine; autentisk authentic; om konstverk äv. original...; om t.ex. porslin, silver, stenar real; om silver äv. sterling...; ren, om t.ex. guld pure, solid; uppriktig sincere; sann, verklig, om t.ex. poet, vänskap true; sannskyldig, om t.ex. skojare veritable; *det här är en ~* Picasso this is a genuin (an original)...; *det här är ~ vara* this is the real thing (the genuine article, vard. the goods) **2** om börd, äktenskap *~ barn (börd)* åld. legitimate child (birth); *~ hälft* vard. better half; *~ maka (make)* [högtidl. wedded (lawful)] wife (husband); *~ makar* husband (man) and wife, married people; *det ~ ståndet* se *stånd 1; ~ säng* marriage bed
 II adv genuinely; *så ~ svenskt!* how very Swedish!; *det låter ~* it sounds genuine, it rings true
 III s, *ta ngn till ~* se *IV*
 IV vb tr högtidl. wed, espouse
äktenskap s marriage; jur. äv. el. poet. wedlock; *~et* jur. äv. el. högtidl. matrimony; *efter tio års ~* after ten years of married life; *ingå ~ med* marry; mer formellt contract a marriage (an alliance) with; *leva i ett lyckligt ~* lead (have) a happy married life; *född inom (utom) ~et* born in (out of) wedlock; *till ~ ledig* free, unengaged; *ett barn utom ~et* an illegitimate child; jur. a child born out of wedlock
äktenskaplig adj matrimonial; om t.ex. plikt, rättigheter conjugal, marital; om t.ex. lycka married, connubial; *~t samliv* married life
äktenskapsannons s matrimonial advertisement
äktenskapsbrott s adultery
äktenskapsförmedling s matrimonial agency
äktenskapsförord s jur. premarital (marriage) settlement
äktenskapshinder s jur. impediment to marriage
äktenskapslöfte s promise of marriage; *brutet ~* breach of promise
äktenskapsmäklare s o.
äktenskapsmäklerska s vard. matchmaker
äktenskapsrådgivning s marriage guidance (counselling)
äktenskapsskillnad s jur. divorce
äkthet s genuineness, authenticity, realness, sterlingness, purity, solidity, sincerity; jfr *äkta I 1*
äldre adj older [*än* than]; om familjemedlemmar elder; amer. vanl. older; i tjänst o.d. senior [*än* to]; tidigare earlier; prior, anterior [*än* to];

ursprungligare more primitive; Sten Sture *den* ~ ...the Elder; *på* ~ *dagar (dar) var han...* as an old man (in his old age) he was...; *av* ~ *datum* of an earlier (of more ancient, rätt gammalt of ancient) date; *en* ~ rätt gammal *herre* an elderly gentleman; *Englands* ~ gamla *historia* the early history of England; ~ *[människor]* ~ än andra older (rätt gamla old, elderly) people; *i* ~ *tider* in older (more ancient, rätt gamla ancient) times; litt. in olden times, in times of old; ~ *årgång* av t.ex. tidskrift old (back) volume; *vara* ~ *i tjänsten* be senior [in office]; *de som är* ~ *än jag* my elders [and betters], my seniors, those older than myself
äldreomsorg *s* [the] care of old people, geriatric care; isht amer. eldercare
äldst *adj* oldest; om familjemedlemmar ofta eldest; amer. vanl. oldest; av två äv. older resp. elder; i tjänst o.d. senior; tidigast earliest; *vem är* ~ *av oss?* which of us is the oldest (resp. eldest, av två äv. older resp. elder)?; *de ~a* subst. adj. the oldest; i t.ex. en församling the Elders
älg *s* elk; amer. moose (pl. lika)
älggräs *s* bot. meadowsweet, queen of the meadow
älgjakt *s* jagande elk-hunting; amer. moose-hunting; expedition elk-hunt; amer. moose-hunt; *gå på* ~ go elk-hunting
älgkalv *s* elk (amer. moose) calf
älgko *s* cow (female) elk (amer. moose)
älgstek *s* maträtt roast elk (amer. moose)
älgtjur *s* bull (male) elk (amer. moose)
älska *vb tr* o. *vb itr* love; tycka om like, be [very] fond of; dyrka adore; ~ *med ngn* make love to a p., have sex with a p.; *han ~r att dansa* he loves (is [very] fond of) dancing
älskad *adj* beloved; pred. äv. loved; *hans ~e böcker* his beloved (precious) books; *~e John!* ...darling!; i brev my dear...,; *göra sig* ~ *av ngn* endear oneself to a p., win the love of a p.; *hennes ~e* subst. adj. her beloved (darling, älskare lover); *min ~e* subst. adj. my beloved (darling); i tilltal äv. my love!, sweetheart!
älskande *adj* kärleksfull loving; *en* ~ *förälskad kvinna* a woman in love; *de* ~ subst. adj. the lovers
älskare *s* lover [*till* of]; *förste* ~ teat. juvenile lead, [romantic] lover; *en* ~ *av god litteratur* a lover of...; *inte vara någon* ~ *av fisk* not be fond of...
älskarinna *s* mistress [*till* of]
älsklig *adj* intagande lovable; behaglig charming, sweet
älsklighet *s* lovableness, lovable character; charm, sweetness; jfr *älsklig*
älskling *s* darling; i tilltal äv. love, sweetheart, sweetie; isht amer. honey; kärasta sweetheart; favorit pet

älsklingsbarn *s* favourite child; *familjens* ~ the pet of the family
älsklingsrätt *s* favourite dish
älskog *s* litt. love-making
älskogskrank *adj* litt. lovesick
älskvärd *adj* vänlig kind, amiable; förtjusande charming; förbindlig complaisant
älskvärdhet *s* egenskap kindness, amiability; charm; complaisance; jfr *älskvärd*
älta *vb tr* knåda knead; lera äv. puddle, pug; bildl., upprepa go over...again and again, dwell on; ~ *samma sak* vanl. be harping on the same string
älv *s* river
älva *s* fairy, elf (pl. elves); poet. fay
älvdans *s* fairy dance
älvdrottning *s* fairy queen
älvkung *s* fairy king
älvmynning *s* mouth of a (resp. the) river
ämabel *adj* litt. kind, amiable; jfr *älskvärd*
ämbar *s* pail, bucket
ämbete *s* office; *inneha ett offentligt* ~ hold an official position (an office); *i kraft av sitt* ~ by (in) virtue of [one's] office; i egenskap av ämbetsutövare in one's official capacity
ämbetsbroder *s* colleague; om präst fellow clergyman; om officer fellow officer
ämbetsman *s* public (Government) official, official
ämbetsrum *s* office
ämbetsverk *s* civil service department
ämna I *vb tr* ha för avsikt intend, mean, plan, propose; amer. äv. aim [samtl. med of framför följ. inf.]; jfr vid. *tänka* II samt *ämnad* II *vb rfl*, *vart ~r du dig?* where are you going (you off to)?
ämna|d *adj* avsedd intended, meant; förutbestämd destined [*till* for]; glåpordet *var -t åt mig* ...was aimed at me
ämne *s* 1 material material; tekn., metallstycke till mynt, nycklar o.d. blank; *det finns* ~ *till* en stor författare *hos honom* he has the makings of (is cut out to be)... 2 stoff, materia matter; t.ex. organiskt substance, stuff; *enkelt* ~ element; *fasta ~n* solids; *flytande ~n* liquids; *sammansatt* ~ compound 3 tema, samtals~, skol~ o.d. subject; samtals~ äv. topic; för muntlig el. skriftl. framställning äv. theme; *frivilligt* ~ skol. optional subject; amer. elective [subject]; *obligatoriskt* ~ skol. compulsory subject; *byta* samtals~ change the subject; *gå ifrån ~t* wander from the subject (point), digress; litteraturen *i ~t* ...on this subject; *i religiösa ~n* in religious matters; *hålla sig till ~t* keep to the subject (point, matter in question); *det hör inte till ~t* it is irrelevant to the subject
ämneslärare *s* o. **ämneslärarinna** *s* specialist teacher, teacher of a special subject
ämnesnamn *s* språkv. material noun
ämnesområde *s* subject field

ämnesomsättning

ämnesomsättning *s* fysiol. el. kem. metabolism
ämnesval *s* choice of subject
än I *adv* **1** se *ännu 1* o. *2* o. *3*
  2 också *om* ~ even if; fastän, ehuru (vanl.) [even] though; *ett rum om* ~ *aldrig så litet* ...however small [it may be], ...no matter how small; litt. ...be it ever so small; *hur...~* vanl. however...; likgiltigt hur äv. no matter how...; *hur mycket jag* ~ *tycker om honom* however much I like him, much as I [may] like him; *när (var) jag* ~... whenever (wherever) I...; likgiltigt när (var) äv. no matter when (where) I...; *vad (vem) som* ~... whatever (whoever)...; likgiltigt vad (vem) äv. no matter what (who)...; *vem han* ~ *må vara* whoever he may be
  3 ~ *sen då?* vad är det med det då? well, what of it?; vard. so what?; ~ *du då?* vad tycker du what about you?
  4 *...~... ibland...ibland...* sometimes..., sometimes...; now..., now...; *ena minuten...andra minuten...* one moment..., the next moment...; *bli* ~ *varm* ~ *kall* go hot and cold by turns
  II *prep* o. *konj* **1** efter komp. than; *äldre* ~ older than; se äv. under *mer[a]* o. *mindre*
  2 *annan* osv. ~ se under *annan 3*
ända I *s* **1** end; yttersta del äv. extremity; spetsig ~ tip; stump bit, piece; sjö., tåg~ [bit of] rope; *nedre (övre) ~n av (på)* ngt the bottom (top) of...; *allting har en* ~ there is an end to everything; *ta en* ~ *med förskräckelse* come to a sad (disastrous) end, end in disaster; *det är ingen* ~ *på hans klagomål* there is no end to his complaints, he is for ever complaining; *resa till världens ände* ...the ends of the earth; *börja i fel (galen)* ~ begin (start) at the wrong end; *börja i rätt* ~ begin (start) at the right end; på rätt sätt set about it [in] the right way; *[hela] dagen i* ~ all [the] day long; *stå på* ~ upprätt stand on end; om hår äv. bristle; *gå till* ~ come to an end, run out, expire; *vara till* ~ be at an end; *falla över* ~ tumble (topple) over; *kasta över* ~ throw...over **2** vard., persons bakdel behind, bottom; *få ~n ur vagnen* get on with it, pull one's finger out; *ge ngn en spark i ~n* give a p. a kick on the behind (in the pants); *sätta sig på ~n* ramla fall on one's behind (bottom) **3** syfte *till den ~n* to that (this) end
  II *vb tr* o. *vb itr* end
  III *adv* längst, helt o.d. right; så långt som as far as; hela vägen all the way; jfr ex. ned.; ~ *[bort] till...* fram till right to..., så långt som till as far as...; hela vägen till all the way to...; *han bor* ~ *bort[a]* i... he lives as far away as...; den räcker ~ *dit [ned (upp)]* ...right down (up) there; ~ *fram till* dörren, jul right up to...; ~ *[i]från början* right from the (from the very) beginning; *han har kommit* ~ *[i]från* Rom he has come all the way from...; ~ *[i]från medeltiden* har man... ever since...; ~ *in i minsta detalj* down to the [very] last detail; ~ *in i* vår tid right (even) up el. down to...; ~ *[ned] till botten* right down to the bottom, down to the very bottom; ~ *sedan dess* ever since then; ~ *till* jul until (till)...; fram till right up to...; resa ~ *till London* ...as far as (all the way to) London; *räkna* ~ *till tio* count up to ten; dollarkursen sjönk ~ *till 6,12* ...as low as 6.12; ~ *till[s] nu* until (till) now; hela tiden all the time till now; fram till [right] up to now; till våra dagar down to the present [time]; ~ *[upp] till toppen* right up to the top, to the very top; ~ *ut i fingerspetsarna* to the (his osv.) very finger-tips
ändalykt *s* **1** vard., stuss posterior **2** åld., slut *en sorglig* ~ a tragic end
ändamål *s* purpose; end, jfr ex.; syfte äv. object; avsikt aim, design; *~et med* resan the purpose (object) of...; *~et helgar medlen* the end justifies the means; *vad har det för* ~ what purpose does it serve?, what is the object of it?, what is it for?; *det fyller sitt* ~ it serves its purpose; *för detta* ~ for this purpose, to this end; *för välgörande* ~ for charitable (benevolent) purposes; *ha* ngt *till* ~ have...as an end; *utan* ~ se *ändamålslös*
ändamålsenlig *adj* ...[well] adapted (suited, fitted) to its purpose, suitable; lämplig expedient, appropriate; praktisk practical; *den är mycket* ~ it is very much to the purpose, it answers (serves) its purpose very well [indeed]
ändamålslös *adj* purposeless; objectless; aimless; gagnlös useless; olämplig inappropriate
ändas *vb itr dep* end, terminate [*på* in, with]
ände *s* end; *resa till världens* ~ ...to the ends of the world; *vara vid vägs* ~ be at the end of the road; se äv. *ända I*
ändelse *s* språkv. ending, suffix, termination
ändhållplats *s* termin|us (pl. äv. -i)
ändlig *adj* finite, limited; förgänglig transient
ändlös *adj* endless; som aldrig tar slut interminable; matem. infinite
ändlöshet *s* endlessness osv., jfr *ändlös*
ändock se *ändå 1*
ändpunkt *s* terminal (extreme) point, end; järnv. o.d. termin|us (pl. äv. -i)
ändra I *vb tr* o. *vb itr* allm. alter [*till* to]; mera genomgripande change [*till* into]; byta, t.ex. ståndpunkt, ställning shift; rätta correct; förbättra, t.ex. lagen amend; delvis ~ modify; revidera, t.ex. prislista revise; förvandla transform; *det ~r ingenting i sak* it makes no difference in substance; ~ *en klänning* alter a dress; ~ *[på]* ngt ngt alter...; mera genomgripande change...; *Obs! ~d tid!* Note that the time has been changed (altered); ~ *om* ngt alter...; ~ *om* ngt *[till]* change

(förvandla convert, transform)...[into]; ~ *om [lite]* i... make [a few] alterations...
II *vb rfl,* ~ *sig* förändras alter, change; rätta sig correct oneself; besluta sig annorlunda change one's mind; ändra åsikt äv. change one's opinion; komma på bättre tankar think better of it; jag tänkte gå *men ~de mig* ...but I changed my mind

ändring *s* alteration äv. av kläder; change; shift; correction; amendment; modification; revision; transformation; jfr *ändra I*; *en ~ till det bättre* a change for the better

ändringsförslag *s* proposed alteration; betr. lag o.d. amendment

ändstation *s* järnv. termin|us (pl. äv. -i), terminal, terminal station

ändtarm *s* anat. rectum

ändå *adv* **1** likväl yet, still; icke desto mindre nevertheless; trots allt all the same, for all that; när allt kommer omkring after all; i vilket fall som helst anyway, anyhow; *medan du ~ håller på* while you're about (at) it; *men ~ är han* en trevlig karl vanl. but he is...all the same (for all that); *hon är ~ bara ett barn* she is after all only a child; *det är ~ något* that's always something, that's something anyway; *det är ~ bra (väl ~) synd att* han... but surely it's a pity (it's a pity, isn't it,) that...; *jag har ~ i alla fall redan mycket att göra* I have got a lot to do anyway (anyhow el. as it is) **2** vid komp. still, even; *~ bättre* still (even) better **3** i önskesats only; *om du ~ vore här!* if only you were here!, [how] I do wish you were here!

äng *s* meadow; poet. mead

ängel *s* angel äv. bildl.; isht konst. cherub (pl. äv. -im); *ha en ~s tålamod* have the patience of Job (of a saint)

änglalik *adj* angelic, angelical; *han har ett ~t tålamod* he has the patience of Job (of a saint)

änglavakt *s, ha ~* have a guardian angel

ängsblomma *s* meadow flower

ängsla I *vb tr* alarm, cause...alarm (anxiety), make...anxious (very uneasy); plåga torment
II *vb rfl,* ~ *sig* be (feel) anxious (alarmed) [*för* ngn (*över* ngt) about...]; oroa sig worry [*för* ngn about...; *för* (*över*) ngt about (over)...]; alarm (distress) oneself [*över* ngt about...]; tremble [*över* ngt for...]

ängslan *s* anxiety; stark. apprehension, fright; oro alarm, uneasiness, nervousness

ängslas *vb itr dep* se *ängsla II*

ängslig *adj* **1** rädd, orolig anxious, uneasy [*för* (*över*) ngt about...]; nervös nervous, upset; oroande worrying, upsetting; *göra ngn ~* se *ängsla I; vara ~* se *ängsla II; vara ~ av sig* be timid (shy, timorous) [by nature]; *var inte ~!* don't worry!, don't be afraid!; *jag är ~ för att något kan ha hänt honom* I am afraid (I fear) something may have happened to him; *vara ~ för* följderna fear (stark. dread)... **2** ytterst noggrann scrupulous, precise, exact; *med ~* pinsam *noggrannhet* with [over-]scrupulousness **3** vard., riskabel risky

ängsmark *s* meadowland; *~er* äv. meadows

ängspiplärka *s* zool. meadow pipit

ängsull *s* bot. cotton grass

änka *s* widow; jur. relict; *hon blev tidigt ~* she was early left a widow; *hon är ~ efter...* she is [the] widow of...

änkedrottning *s* queen dowager (regents moder mother)

änkefru *s* widow; *~ A.* Mrs. A., widow of the late Mr. A.

änkeman *s* widower

änkepension *s* widow's pension

änkestånd *s* widowhood

änkestöt *s* törn mot armbågen knock on the funny-bone

änkling *s* widower

ännu *adv* **1** temporalt: isht om ngt ej inträffat yet; fortfarande still; hittills [as] yet, so far; så sent som only, as late as; *är han här ~?* har han kommit is he here yet?; är han kvar is he still here?; *~ har jag inte (jag har ~ inte)* fått boken I have not yet...; fortfarande inte I still have not...; *innan jag ~...* before I even...; redan innan even before I...; *medan jag ~ var (~ medan jag var)*... while I was still...; *medan det ~ är tid* while there is still (yet) time, while the going is good; *det har ~ aldrig hänt* it has never happened so far (as yet); *~ i dag är det...* it is still...today; till och med nuförtiden even today it is...; intill denna dag [up] to this very day it is...; *~ så länge* hittills so far, up to now; för närvarande for the present; *~ så sent som i år* as recently as (late[ly]) as this year, only this year **2** ytterligare more; *~ en* one more, [yet] another; det tar *~ en dag (ett par dagar)* ...one day more el. another day (a few days more el. another few days); *~ en gång* once more (again); återigen again **3** framför komp. still, even; ibl. (stark.) yet; *~ bättre* even better, better still

äntligen *adv* om tid: till slut at last, finally; omsider äv. at length

äntra sjö. el. allm. **I** *vb tr* board **II** *vb itr* climb

äppelblom *s* koll. apple blossom[s pl.]

äppelkaka *s* apple cake

äppelkart *s* green (unripe) apple (koll. apples pl.)

äppelmos *s* mashed apples pl., apple sauce

äppelmust *s* apple juice (amer. cider)

äppelpaj *s* apple pie

äppelskrott *s* apple core

äppelträd *s* apple [tree]

äppelvin *s* ung. cider

äpple *s* apple; herald. pomey; *~t faller inte*

ära

långt från trädet like father, like son; he (resp. she) is a chip of the old block
ära I *s* honour; beröm credit; berömmelse glory, renown; *~ vare Gud!* glory be to God!; *det är en [stor] ~ för mig att* inf. it is a great honour for me to inf.; *ge ngn ~n för* ngt give a p. the credit for..., credit a p. with...; *det gick hans ~ för när* that wounded (piqued) his pride; *ha ~n att* inf. have the honour (pleasure) of ing-form; *[jag] har den ~n [att gratulera]!* congratulations!, allow me to congratulate you!; på en födelsedag many happy returns [of the day]!; isht amer. happy birthday!; *sätta en (sin) ~ i att* inf. make a point of ing-form; *ta åt sig ~n* take the credit; *vinna ~* gain (acquire) honour, gain credit; de bor *bortom all ~ och redlighet* ...miles from anywhere (civilization), ...at the back of beyond; uppslagsböcker *i all ~* with all due deference to...; klara sig *med den ~n* ...with credit; *dagen till ~* in honour of the day; en fest *till ngns ~* ...in a p.'s honour
II *vb tr* honour, do (pay) honour to; vörda venerate, respect; *~[s] den som ~s bör* honour where (to whom) honour is due
ärad *adj* honoured; aktad, om t.ex. kund el. korrespondent esteemed; *~e kollega!* i brev Dear Colleague, *~e åhörare!* ladies and gentlemen!
ärbar *adj* decent, modest
ärbarhet *s* decency, modesty; *i all ~* in all decency
ärebetygelse se *hedersbetygelse*
äregirig *adj* ambitious, aspiring
ärekränkande *adj* defamatory; isht i skrift libellous
ärekränkning *s* defamation; isht i skrift libel
ärelysten *adj* ambitious, aspiring
ärelös *adj* infamous
äreminne *s* litt. panegyric [*över* [up]on]
ärende *s* **1** uträttning errand; uppdrag commission; budskap message; *vad är ert ~?* is there anything I can do for you?, what brings you here?; *gå (springa) ~n* om bud run errands [*åt* for]; *gå ngns ~n* bildl. run a p.'s errands; neds. be a p.'s tool; *jag ska gå (uträtta) ~n* I have some (a few) things to do; för inköp I must go (do some) shopping; *hon har gått ett ~ till banken* she has some business to do at the bank; *göra sig ett ~ till* ngn find an excuse (a pretext) for going to...; *ha ett ~ till ngn* have got to see a p. about something; *ha ett ~ till stan* have business in town; *skicka ngn [i] ett ~* send a p. on an errand; resa till stan *i annat ~* ...on other business; *många är ute i samma ~* many people are after the same thing **2** fråga matter; fall case; *nästa ~ [på föredragningslistan]* the next item [on the agenda]; offentliga (utrikes) *~n* ...affairs
ärenpris *s* bot. speedwell, veronica

äreport *s* triumphal arch
ärerörig *adj* defamatory, calumnious, slanderous; *~t förtal* defamation, calumny
ärevarv *s* sport. lap of honour (pl. laps of honour)
ärevördig *adj* venerable; stark. reverend
ärftlig *adj* hereditary; som går i arv, om t.ex. titel inheritable; *det är ~t* vanl. it runs in the family
ärftlighet *s* biol. heredity; om t.ex. sjukdom hereditariness
ärftlighetslära *s* theory of heredity, genetics sg.
ärg *s* verdigris; isht konst. patina
ärga *vb itr o. rfl*, *~ sig* bli ärgig become coated with verdigris, become (get) verdigrised (isht konst. patinated); *~ av (ifrån) sig* give off verdigris
ärggrön *adj* verdigris green
ärgig *adj* verdigrised; isht konst. patinated
ärkebiskop *s* archbishop
ärkefiende *s* arch-enemy
ärkehertig *s* archduke
ärkenöt *s* vard. utter fool, nitwit, prize idiot
ärkestift *s* archbishop's diocese, archdiocese, archbishopric
ärkeängel *s* archangel
ärla *s* zool. wagtail
ärlig *adj* honest; vard. straight, above-board; rättfram straightforward; redbar, om t.ex. karaktär upright; hederlig, om t.ex. avsikt honourable; om t.ex. blick frank; uppriktig sincere; rättvis fair; *om jag skall vara ~* tror jag honestly (to be honest)...; *en ~ och bra karl* a good honest [sort of] fellow; *~t spel* fair play; *ett ~t svar* an honest (a straight) answer
ärligen *adv* honestly osv., jfr *ärlig;* med rätta justly; *han har ~ förtjänat* sin befordran he has fairly earned..., he thoroughly deserves...
ärlighet *s* honesty, straightforwardness osv., jfr *ärlig;* *~ varar längst* honesty is the best policy; han är *~en själv* ...the soul of honesty, ...as honest as the day is long; *i ~ens namn* måste jag... to be quite honest...
ärligt *adv* (se äv. *ärligen*); *~ talat* to tell the truth, to be honest, honestly; *se till att det går ~ till* see that there is fair play, see that everything is above-board (vard. on the level)
ärm *s* sleeve; klänning *utan ~ar* vanl. sleeveless...
ärmbräda *s* sleeveboard
ärmhål *s* armhole
ärmlinning *s* wristband
ärmlös *adj* sleeveless
ärofull *adj* glorious, famous; om t.ex. reträtt honourable
ärorik *adj* glorious; om pers. illustrious
ärr *s* scar äv. bot.; isht vetensk. cicatrice; kopp~ pockmark; rispa scratch

ärra *vb rfl*, ~ **sig** scar; isht vetensk. cicatrize
ärras *vb itr dep* scar; isht vetensk. cicatrize
ärrbildning *s* scar formation
ärrig *adj* scarred; kopp~ pockmarked
ärt *s* o. **ärta** *s* pea; *ärter och fläsk* soppa [yellow split] pea soup with pork
ärtbalja *s* [pea] pod; utan ärtor [pea] shell
ärtig *adj* vard. smart, chic; modern with-it
ärtskida se *ärtbalja*
ärtsoppa *s* pea soup; jfr *ärt* ex.
ärtväxt *s* leguminous plant
ärva *vb tr* o. *vb itr*, *[få]* ~ inherit [*av, efter* from]; en tron succeed to...; ~ *ngn* be a p.'s heir (resp. heirs); ~ *kläder av ngn* take over a p.'s clothes, have clothes handed down to one by a p.; *jag har fått* ~ *[pengar]* I've come into money, I've been left some money
ärvd *adj* inherited; medfödd hereditary
ärvdabalk *s* jur. hist. inheritance code, laws pl. of inheritance
äsch *interj* oh!, ah!; avvisande äv. pooh!; tusan också bother!, dash it!; ~, det spelar ingen roll! oh well,...!; ~, sjåpa dig inte! get on with you!, come on!
äska *vb tr* anslag, medel o.d. apply for, ask for, demand; ~ *tystnad* call for silence
äsping *s* zool. viper
äss *s* kortsp., tennis el. bildl. om pers. ace
ässja *s* forge
ät|a I *vb tr* o. *vb itr* eat; inta (t.ex. frukost osv. el. enstaka maträtt) vanl. have; bruka inta sina måltider, vanl. have (take) one's meals; vara inackorderad i maten äv. board; mil. (itr.) mess; om djur (livnära sig på) feed on; ta (t.ex. piller, medicin) take; *vi -er [frukost (lunch* etc.*)]* kl.... we have (eat) [our] breakfast (lunch etc.)...; ~ *lunch* have lunch; ~ *middag* have dinner, dine; *jag har inte -it [någonting]* på hela dagen I haven't eaten (had) anything (any food)...; *jag -er inte* skaldjur I don't (I never) eat...; ~ *glupskt* eat greedily, devour one's food, guzzle, gobble; ~ *gott* el. *bra (dåligt)* få god (dålig) mat get good (poor) food; *tycka om att* ~ *gott* be fond of good food (good things to eat); ~ *litet* el. *dåligt (mycket)* vara liten (stor) i maten be a poor (big, hearty) eater; *ät lite* nu! have some food (a bite)!; ~ *på* ngt eat (munch)...; *vad skall vi* ~ *till* middag what shall we have for...?; ~ *ute* på restaurang dine (eat) out, se vid. *ute I 1*
II *vb rfl*, ~ *sig mätt* have enough to eat, satisfy one's hunger
III med beton. part.
~ **ihjäl sig** gorge oneself to death
~ **sig in i...** om djur eat into...; om stickor o. dyl. (i kroppen) bore into..., penetrate...
~ **upp** eat [up], consume; *jag har -it upp [maten]* I have finished my food; ~ *upp på tallriken* clean up one's plate; *det skall han få* ~ *upp!* bildl. he'll have that back [with interest]!, I'll make him eat his words!, he hasn't heard the last of that yet!
ätbar *adj* njutbar eatable; ej giftig, se *ätlig*
ätlig *adj* edible, ...fit for food (to eat); vetensk. esculent
ätt *s* family; kunglig dynasty; den siste *av sin* ~ ...of his line
ättartavla *s* genealogy, genealogical table
ättelägg *s* åld. el. skämts. scion
ättestupa *s* hist., ung. [suicidal] precipice
ättika *s* vinegar; kem. acetum; *lägga in i* ~ pickle
ättiksgurka *s* sour pickled gherkin
ättiksprit *s* vinegar essence
ättiksur *adj* ...[as] sour as vinegar, vinegarish; isht bildl. vinegary
ättiksyra *s* kem. acetic acid
ättling *s* descendant; offspring (pl. lika) [*till* i båda fallen of]
även *adv* också also, ...too; likaledes ...likewise, ...as well; till och med even; ~ *om* even if; fastän even though; *inte blott...utan* ~... not only...but also...; ~ *du!* you too!
ävenledes *adv* also, ...likewise
ävensom *konj* as well as
ävenså *adv* also, ...likewise
äventyr *s* **1** allm. adventure; missöde misadventure, mishap; *gå ut på* ~ go [out] in search of adventure **2** kärleksaffär love affair, romance **3** vågsamt företag hazardous venture (enterprise) **4** *till* ~*s* perchance, peradventure
äventyra *vb tr* sätta på spel risk, hazard, jeopardize; utsätta för fara endanger, imperil
äventyrare *s* adventurer, soldier of fortune; skojare äv. swindler
äventyrerska *s* adventuress
äventyrlig *adj* adventurous; riskabel venturesome, risky, hazardous; lättsinnig loose
äventyrlighet *s* adventurousness etc., jfr *äventyrlig*; *inlåta sig på* ~*er* enter [up]on risky (hazardous) undertakings
äventyrslust[a] *s* love of adventure
äventyrslysten *adj* adventure-loving, ...fond of adventure
äventyrsroman *s* story of adventure, adventure story; klassisk romance
ävja *s* mire
ävlan *s* litt., strävan striving[s pl.]

1 ö *s* bokstav the letter ö, o with two dots
2 ö *s* island; poet. el. vissa önamn isle; *bo på en ~* live in (liten on) an island
öbo *s* islander
öda *vb tr*, *~ [bort]* waste osv., se *slösa [bort]*
1 öde *s* fate; bestämmelse, isht i större sammanhang destiny; lott, äv. lot; *~t som personifikation* Fate, Destiny; lyckan Fortune; *~n* destinies; levnadsöden fortunes; *men ~t ville annorlunda* but fate decided otherwise; *~t ville att han...* äv. ha was fated to...; *ett grymt ~* a cruel (hard) fate; *ett sorgligt ~* a tragic fate, a sad lot; *dela ngns ~* share a p.'s fate (lot); de beslöt *att förena sina ~n* ...join fortunes; leva tillsammans ...go through life together; *möta sitt ~* [go to] meet one's fate; *utmana ~t* tempt Fate; stark. court disaster; *finna sig i sitt ~* resign oneself to one's fate (lot); friare make the best of things, take things as they come; *vilket ~* vilken otur! what bad luck!
2 öde *adj* desert, waste; enslig solitary, lonely; ödslig desolate; obebodd uninhabited, om hus äv. unoccupied; övergiven deserted; tom empty, vacant; *ligga ~* om t.ex. gata be deserted; *lägga ~* se *ödelägga*
ödelägga *vb tr* lägga öde lay...waste; förhärja ravage, devastate, desolate; förstöra ruin, destroy
ödeläggelse *s* ödeläggande laying waste; resultat waste; härjning devastation, desolation; förstörelse ruin, destruction
ödem *s* med. oedema; isht amer. edema (pl. äv. -ta)
ödemark *s* waste, desert; obygd wilds pl., amer. backwoods pl.; vildmark äv. wilderness
ödesbestämd *adj* fated, ...decreed by Fate
ödesdiger *adj* ödesmättad fateful, ...fraught with momentous consequences; avgörande äv. decisive; katastrofal fatal; olycksbringande disastrous, ill-fated
ödesdrama *s* tragedy of fate; friare fateful tragedy
ödesgudinn|a *s* mytol. *-orna* the Fates, the Weird Sisters
ödesmättad *adj* fateful, fatal
ödestimma *s* fateful hour, hour of destiny
ödla *s* lizard
ödmjuk *adj* allm. humble; undergiven submissive, meek; vördnadsfull respectful, reverent
ödmjuka *vb rfl*, *~ sig* humble oneself [*inför* before]
ödmjukhet *s* humility, humbleness osv.; submission; jfr *ödmjuk*; *i all ~* in all humility
ödsla *vb tr* o. *vb itr*, *~ med* waste, squander, be wasteful with; *~ med pengar* spend one's money freely, be lavish with one's money, fritter away one's money; *~ bort* waste, squander
ödslig *adj* desolate; övergiven deserted; dyster dreary
ödslighet *s* desolation, desolateness
ög|a *s* **1** allm. eye äv. nåls~ o.d.; *så långt ~t når* as far as the eye can reach; *få upp -onen för...* have one's eyes opened to..., become alive to...; inse realize; *ge ngn -on* make eyes at a p., give a p. the glad eye; *göra stora -on* open one's eyes wide, look wide-eyed, stare; *ha ~ för...* have an eye for...; *han har -onen med sig* he keeps his eyes open, he is observant, he has his eyes about him; *ha (hålla) ett ~ (-onen) på...* keep an eye on..., jfr *vaksam* ex.; *ha ett gott ~ till...* have one's eye on...; vara svag för have a soft spot for...; *hålla -onen öppna* keep one's eyes open; *kasta ett [snabbt] ~ på* have (take) a [quick] look (glance) at; *~ för ~* an eye for an eye; *mitt för -onen på* sina vänner before the very eyes of..., in full view of...; *i lagens -on* in the eyes of the law; *i mina (folks) -on* in my (people's) eyes (opinion, view); *det faller i -onen* it hits you in the eye, it sticks out [a mile]; om idé o.d. it is obvious; *jag har* ljuset (solen) *i -onen* ...is in my eyes; *se ngn rakt i -onen* look a p. straight in the face (between the eyes); *inför allas -on* in sight (before the eyes) of everybody, in full view of everybody; öppet openly; *med blotta ~t* with the naked eye; *se med egna -on* see with one's own eyes (for oneself); *ett samtal mellan fyra -on* a private talk, a tête-à-tête; *stå ~ mot ~ med...* stand face to face with...; *det var nära ~t!* vard. that was a narrow (close) shave (a narrow escape, a narrow squeak)!; jag ser det *på dina -on* ...in (by) your eyes; *blind på ena ~t* blind in one eye **2** på tärning o. kort pip **3** på potatis eye **4** sjö., ögla eyelet, loop **5** mittpunkt i cyklon o.d.
ögla *s* loop; *slå (göra) en ~ på* tråden loop...
ögna *vb itr*, *~ i ngt* have a glance (look) at a th., glance at a th.; *~ igenom* ett brev glance (skim) through (over)..., scan...hastily
ögonblick *s* moment; *ett ~!* one moment [please]!, just a moment (minute, second)!; *[dröj (vänta)] ett ~!* äv. hold on!, hang on!; *har du tid ett ~?* can you spare a moment (minute)?, can you give me a minute or two?; *det tror jag inte ett ~* I don't believe that for a (one single) moment; *det är ett ~s verk* it's done in a moment (minute), it is the work of an instant; *vilket ~ som helst* adv. [at] any moment; *för ~et* för tillfället for the moment (time [being]); just nu at present, at the moment, just now; *i ett*

obevakat ~ in an unguarded moment; *i nästa* ~ [the] next moment; *i rätta ~et (rätt ~)* at the right moment; *i samma ~ [som]* jag såg honom the moment (instant, minute)...; *om ett* ~ el. *på ~et* in a moment, in an instant; *på ett* ~ in a moment, in an instant; vard. in the twinkling of an eye, in a jiffy
ögonblicklig *adj* instantaneous; omedelbar instant, immediate
ögonblickligen *adv* instantaneously; omedelbart instantly, immediately; genast at once, directly, right now
ögonblicksbild *s* skildring on-the-spot account
ögonbryn *s* eyebrow; *rynka (höja [på]) ~en* knit (raise) one's [eye]brows; *rynka ~en åt* frown at
ögondroppar *s pl* eye drops
ögonfrans *s* [eye]lash
ögonglob *s* eyeball
ögonhåla *s* [eye] socket, orbit
ögonhår *s* [eye]lash
ögonhöjd *s, i* ~ at eye-level
ögonkast *s* glance; ge ngn *smäktande* ~ ...languishing looks; *kärlek vid första ~et* love at first sight
ögonkontakt *s* eye contact
ögonlock *s* eyelid
ögonläkare *s* eye specialist, oculist
ögonmått *s, ha gott* ~ have a sure eye; *efter* ~ by eye; mäta upp t.ex. en kvantitet *efter* ~ ...by rule of thumb
ögonmärke *s* aiming (sighting) point; *ta* ~ sikte *på*... aim at...
ögonrörelse *s* eye movement
ögonsjukdom *s* eye (ophthalmic) disease
ögonskugga *s* kosmetisk eyeshadow
ögonsten *s* bildl. *ngns* ~ the apple of a p.'s eye; om favorit o.d. äv. a p.'s darling (pet)
ögontjänare *s* timeserver, fawner
ögontröst *s* bot. eyebright, euphrasy
ögonvatten *s* eye lotion, eyewash
ögonvita *s* white of the eye (pl. whites of the eyes)
ögonvittne *s* eyewitness
ögonvrå *s* corner of the (one's) eye
ögrupp *s* group (cluster) of islands
öka I *vb tr* allm., t.ex. pris, fodringar, ansträngningar increase [*med* by]; förstärka augment; till~, ut~, bidraga till, t.ex. ngns bekymmer (nöje) add to; utvidga enlarge; förhöja (med saksubj.), t.ex. nöjet, värdet av enhance; ~ *farten (hastigheten)* speed up, pick up speed; ~...*till det dubbla (tredubbla)* vanl. double (treble)...; ~ *på* increase osv., jfr ovan; ~ *ut* se utöka **II** *vb itr* increase; utvidga augment; om sjö el. vind äv. rise, get up; brottsligheten *~r* ...is on the increase; ~ *2 kilo [i vikt]* gain two kilos
ökad *adj* increased, större greater; *~e utgifter* äv. increasing (additional) expenditure sg.

ökas *vb itr dep* se öka *II*
öken *s* desert; högtidl. el. bildl. waste; bibl. el. bildl. wilderness
ökenartad *adj* desert-like
ökenfolk *s* desert people
ökenrätta *s* zool. desert rat äv. om soldat
ökenräv *s* zool. fennec
ökenvind *s* desert wind
öknamn *s* nickname, sobriquet; *ge...[ett]* ~ nickname...
ökning *s* increase [*i* of]; augmentation, addition [*till* to]; enlargement, enhancement; jfr öka; ~ *av farten (hastigheten)* acceleration of [the] speed; ~ *av lön* (priserna) increase (rise) in...
ökänd *adj* notorious; *vara* ~ om pers. äv. be a notorious character
öl *s* beer; *[ljust]* ~ äv. pale ale; *mörkt* ~ stout
ölback *s* beer crate
ölburk *s* tom beer can; med innehåll can of beer
ölflaska *s* tom beer bottle; full bottle of beer
ölglas *s* tomt beer glass; glas öl glass of beer
ölgubbe *s* vard., ung. [old] boozer
öljäst *s* brewer's yeast
ölkafé *s* ung. beerhouse
ölsejdel *s* tom beer mug; med lock tankard; sejdel öl mug (pint) of beer osv., jfr *öl*
ölsinne *s, ha gott (dåligt)* ~ be able (unable) to hold one's liquor, carry one's liquor well (badly)
ölstuga *s* beerhouse
ölunderlägg *s* beer mat
ölutkörare *s* drayman
ölöppnare *s* bottle opener
öm *adj* **1** ömtålig tender; känslig sensitive; som vållar smärta äv. sore, aching; hudlös raw; *röra vid ngns ~ma punkt* bildl. touch a tender (sore) spot, touch a p. on the raw; *jag är ~ i fötterna* I have tender (sore) feet, my feet are tender (sore), I am footsore; *jag är ~ i hela kroppen* I feel (am) sore (aching) all over **2** kärleksfull tender; isht om pers. äv. affectionate, loving, fond; ~ *omtanke* solicitude; ~ *och kärleksfull omvårdnad* tender loving care; *hysa ~ma känslor för* ngn have (entertain) tender feelings for..., feel tenderly towards...
ömhet *s* **1** smärta o.d. tenderness, soreness **2** kärleksfullhet tenderness, [tender] affection, love
ömhetsbehov *s* need (craving) for affection
ömhetsbetygelse *s* o. **ömhetsbevis** *s* proof (token, mark) of affection, endearment
ömhjärtad *adj* vek tender-hearted; deltagande sympathetic, sympathizing
ömka I *vb tr* commiserate, pity **II** *vb rfl,* ~ *sig över* ngn: hysa medkänsla med feel sorry for...; tycka synd om pity...; förbarma sig över take pity on...
ömkan *s* pity, compassion

ömkansvärd *adj* pitiable, pitiful; stackars poor, wretched; jfr *ömklig*
ömklig *adj* bedrövlig deplorable, lamentable; se äv. *ynklig*; **en ~ min (ett ~t tillstånd)** a piteous air (state); **ett ~t slut** a sad end; **en ~ syn** a sad (pitiful, sorry) sight (spectacle)
ömma *vb itr* **1** göra ont be (feel) tender (sore); **mitt finger ~r** ...aches (is sore) **2 ~ för** hysa medlidande med feel [compassion] for, sympathize with
ömmande *adj* **1** se *öm 1* **2** behjärtansvärd **ett ~ fall** a distressing (om pers. deserving) case
ömsa *vb tr* change; ormen **~de skinn** ...sloughed (cast, shed) its skin; barnet **~r tänder** ...is cutting its second teeth
ömse *adj*, **på ~ håll (sidor)** on both sides, on each (either) side
ömsesidig *adj* mutual, reciprocal; det var **till ~ belåtenhet [för oss]** ...to our mutual satisfaction; **~t beroende** interdependence
ömsesidighet *s* reciprocity, mutuality
ömsevis *adv* alternately; i tur och ordning by turns
ömsint *adj* ömhjärtad tender[-hearted]
ömsinthet *s* tenderness of heart
ömsom *adv*, **~...~...** sometimes..., sometimes...; ...and...alternately
ömt *adv* tenderly osv., jfr *öm*; **älska ~** love dearly; **~ vårda** äv. fondly cherish
ömtålig *adj* a) mer eg., om föremål: som lätt tar skada easily damaged; om t.ex. tyg flimsy; skör fragile, brittle; lättförstörd, om matvara perishable b) friare: klen (om t.ex. mage), bräcklig (om hälsa), kinkig (om t.ex. fråga) delicate; känslig sensitive; mottaglig susceptible [för to]; lättretlig irritable, touchy; **en ~ blomma** a delicate flower; **...är ~ för regn (stötar)** ...won't stand rain (knocks, being knocked about)
ömtålighet *s* liability to damage; flimsiness, fragility, brittleness; perishableness; susceptibility; irritability; jfr *ömtålig*
önska *vb tr* wish äv. tillönska; **~ sig** vanl. wish for; åstunda desire; livligt ~ be desirous [*ngt* of a th.; *att* inf. to inf.]; behöva, begära require; gärna vilja, vilja ha want; **~ att något skall hända** wish [for] something to happen; **jag ~r (skulle ~) att han ville göra det** I [do] wish he would (I should like him to) do it; **jag skulle ~** att det stod i min makt I wish...; ha **allt vad man kan ~ [sig]** ...all that one can wish for (desire); **jag ~r tala med...** I wish (want) to speak to...; **jag ~r ingenting hellre (högre)** there is nothing I should like better (I desire more); **~ ngn allt gott** wish a p. every happiness (a p. well); **~ ngn gott nytt år** wish a p. A Happy New Year; **~ ngn välkommen** welcome a p.; **~ ngn hjärtligt välkommen** give a p. a hearty welcome; **~ [sig] ngt i julklapp (till födelsedagen)** want (wish for) a th. for Christmas (one's birthday); **icke ~d** ...not wanted, unwanted; **om så ~s** if desired, if one so desires; **vad ~s?** i butik what can I do for you[, Sir resp. Madam]?; **Önskas hyra (köpa)** rubrik Wanted; **~ sig bort** wish oneself (wish one were) far away
önskan *s* wish; desire; begäran request; jfr *önska*; **efter ~** according to one's wishes; som man önskar (resp. önskade) as one desires el. wishes (resp. desired el. wished); **enligt ~** according to your (his osv.) wish (desire); **med ~ om en god jul och ett gott nytt år** with the compliments of the season; **mot min ~** against (contrary to) my wishes; **hon fick sin ~ uppfylld** she got her wish, her wish came true
önskebarn *s*, **hon fick ~et** she got the child she had wished for
önskedröm *s* dream, cherished (wishful) dream; det är **bara en ~** ...just a pipedream
önskekonsert *s* request concert (i radio programme)
önskelista *s* list of presents one would like [inför födelsedag (jul) for one's birthday (for Christmas)]
önskemål *s* wish, desire, desiderat|um (pl. -a); **var det några ~?** is there anything else you would like?; **särskilda ~** special requirements; **det är ett ~ att...** it is [stark. most] desirable that...
önskeprogram *s* i radio o. TV request programme
önsketänkande *s* wishful thinking
önskeväder *s* ideal weather
önsklig se *önskvärd*
önskning *s*, **få sina ~ar uppfyllda** get one's desires; se vid. *önskan*
önskvärd *adj* desirable, ...to be desired; lämplig eligible; **icke ~** undesirable; **icke ~ person** dipl. persona non grata lat. pl. personae non gratae
öpp|en *adj* (jfr äv. med 'öppen' under resp. huvudord) open äv. språkv.; vid, om t.ex. utsikt free; offentlig, om t.ex. plats public; uppriktig äv. frank, candid; om t.ex. uppsyn ingenuous; ärlig above-board end. pred.; oförtäckt, om t.ex. språk undisguised, plain; mottaglig susceptible [*för* to]; **~ anstalt** open institution; **~ frimodig blick** candid (ingenuous) look; **det är en ~ fråga** it is an open question; **hålla -et hus** keep open house; **på -et köp** se under *köp;* **~ omröstning** open voting; **ute på -na sjön** out on the open sea; **~ tävlan** public (open) competition; **-et universitet** open university; **~ vård** se under *2 vård;* **med -na ögon** with one's eyes open; **hålla -et (vara ~)** om butik o.d. keep open; **-et dygnet runt** open night and day, open all round the clock; **lämna dörren ~** t.ex. för fortsatta förhandlingar leave the door open [*för* for]; **lämna [det] -et** leave it open (undecided); **dörren står ~** ...is

open; *platsen står ~ för honom (hans räkning)* the post is reserved for him; *vara ~ för nya idéer* be open to new ideas, have an open mind; *vara ~ mot ngn* be open (frank, candid) with a p.
öppenhet *s* openness; uppriktighet frankness, candour, sincerity; mottaglighet susceptibility
öppenhjärtig *adj* open-hearted, frank, unreserved; *vara ~* äv. wear one's heart on one's sleeve
öppenvård se *2 vård*
öppethållande se *öppettid*
öppettid *s, ~er* opening hours pl., opening and closing times (hours) pl.
öppna I *vb tr* open; låsa upp unlock; slå upp, t.ex. tunna broach; veckla ut open out, expand; inviga äv. inaugurate; *~ för ngn* open the door for..., let...in; *~ förhandlingar* enter [up]on negotiations; *~ kranen* turn on the tap; *~ ngns ögon för* open a p.'s eyes to, undeceive a p. as to; *~s här!* to be opened here; de hörde *dörren ~s* ...the door open[ing]; fönstren *~s inåt* ...open inwards; *vägen ~s för trafik* i maj the road will be opened to traffic... **II** *vb rfl, ~ sig* open; visa sig äv. open up; slå ut äv. expand; vidga sig open out; *måtte en utväg ~ sig!* let's hope there will be some way out!
öppnande *s* opening osv., jfr *öppna I;* invigning äv. inauguration
öppning *s* **1** allm. opening äv. schack.; mynning orifice; hål aperture, hole; för luft vent; springa chink, crack; för mynt slot; i mur o.d. äv. gap, break; ingång inlet; i skog glade **2** avföring motion
öppningsbud *s* opening bid
ör|a *s* **1** anat. ear äv. bildl.; *dra -onen åt sig* get cold feet, become wary; *ha ~ (fint ~) för musik* have an ear (a good ear) for music; *ha ngns ~* have a p.'s ear; *hålla för -onen* hold one's hands over one's ears, stop one's ears; *han trodde inte sina -on* he could not believe his ears; *klia sig bakom ~t* scratch one's head; *det ringer (susar) i -onen på mig* my ears are ringing (buzzing); *dra ngn i ~t* pull (tweak) a p.'s ear; *ta ngn i ~t* bildl. give a p. a telling-off (talking-to); *höra dåligt (vara döv) på högra ~t* hear badly with (be deaf in) one's right ear; *vara på ~t* vard. be tipsy; *vara kär (resp. skuldsatt) upp över -onen* be head over heels (be over head and ears) in love (resp. in debt) **2** handtag på kopp, tillbringare handle; på tillbringare äv. ear, lug
öre *s* öre; *inte ha ett ~* not have a penny [to bless oneself with], be penniless; *inte värd ett rött ~* not worth a brass farthing (tuppence, amer. [red] cent); *betala till sista ~t* ...to the last penny
Öresund the Sound

öresutjämning *s* rounding off to the nearest krona
örfil *s* box on the ear[s]; *ge ngn en ~* give a p. a box on the ear[s], se äv. *örfila*
örfila *vb tr, ~ [upp] ngn* box a p.'s ears, smack a p.'s face, clout a p.
örhänge *s* **1** smycke earring; isht långt eardrop; öronclips earclip **2** schlager hit
örike *s* island (insular) state (country); *det brittiska ~t* Britain, the British Isles pl.
öring *s* zool. salmon trout (pl. lika)
örlogsbas *s* naval base
örlogsfartyg *s* warship, man-of-war (pl. men-of-war)
örlogsflotta *s* navy; samling fartyg battle fleet
örlogskapten *s* lieutenant commander
örlogsvarv *s* naval [dock]yard; amer. naval shipyard, navy yard
örn *s* eagle
örnbräken *s* bot. bracken, brake
örngott *s* pillow case (slip)
örnnäsa *s* aquiline (hook) nose
örnnäste *s* aerie, aery, eagle's nest
örnunge *s* eaglet, young eagle
öronbedövande *adj* ear-splitting, deafening
öronclips *s* earclip
öroninflammation *s* inflammation of the ear (ears); vetensk. otitis (end. sg.)
öronlapp *s* **1** på mössa earflap **2** på fåtölj wing, headrest
öronlappsfåtölj *s* wing chair
öronläkare *s* ear specialist, aurist, otologist; *öron-, näs- och halsläkare* ear, nose, and throat specialist
öronmussla *s* anat. ear conch, concha
öronmärka *vb tr* earmark
öronpropp *s* **1** vaxpropp plug of wax **2** skyddspropp earplug **3** radio, hörpropp earphone
öronskydd *s, ett ~* a pair of earmuffs
öronsusning *s, ~[ar]* buzzing (singing) sg. in one's ears
örontrumpet *s* anat. auditory (Eustachian) tube
öronvax *s* earwax; med. cerumen
örring *s* earring
örsnibb *s* anat. [ear] lobe, lobe of the ear
örsprång *s* earache; med. otalgia
ört *s* herb, plant; *~er* äv. herbaceous plants
örtagård *s* herb garden; bildl. garden
örtkrydda *s* herb
örtte *s* herb tea
ösa I *vb tr* scoop; sleva ladle; isht tekn. lade; hälla pour; *~ en båt [läns]* bale (bail) [out] a boat; *~ en stek* baste a joint; *~ gåvor över ngn* shower (heap) a p. with...; *~ på ngn* arbete overburden (overwhelm) a p. with...; *~ upp* scoop up; soppa ladle out; *~ ur sig otidigheter* come out with a lot of abuse; *~ ut pengar* throw [one's] money around, waste (squander) one's money **II** *vb itr, det*

öser ned nu it's pouring (pelting) down; vard. it's raining cats and dogs
öskar *s* bailer
ösregn *s* pouring rain, downpour
ösregna *vb itr* pour; *det ~r* it's pouring (pelting) down, it's coming down in buckets
öst *s* o. *adv* east (förk. E); se äv. *öster* o. jfr *nord* o. *norr* med ex.; spänningen mellan *~ och väst* ...East and West
östan *s* o. **östanvind** *s* east wind, easterly wind
östasiatisk *adj* East Asiatic
Östasien Eastern Asia
östblocket *s* hist. the Eastern bloc
öster I *s* väderstreck the east; **Östern** the East, the Orient **II** *adv* [to the] east [*om* of], jfr *norr*
österifrån *adv* from the east
Österlandet the East, the Orient
österled *s*, *i ~* in the east
österländsk *adj* oriental, eastern
österlänning *s* Oriental
österrikare *s* Austrian
Österrike Austria
österrikisk *adj* Austrian
östersjöfiske *s* fisheries pl. in the Baltic
östersjöhamn *s* Baltic port
Östersjön the Baltic [Sea]
österut *adv* åt öster eastward[s], towards [the] east; i öster in the east, out east; *tåg pl. som går ~* trains going east, eastbound trains; *resa ~* go (travel) east
Östeuropa Eastern Europe
östlig *adj* easterly; east; eastern; jfr *nordlig*
östligare m.fl., jfr *nordligare* m.fl.
östra *adj* the east; the eastern; jfr *norra*
östrogen *s* fysiol. oestrogen
öststat *s* **1** hist., i östblocket Eastern European [bloc] state **2** i USA *~erna* the eastern (East coast) states
östtysk *adj* o. *s* hist. East-German
Östtyskland hist. East-Germany
öva I *vb tr* **1** träna train [*ngn i ngt (i att* inf.*)* a p. in a th. (to inf.)]; soldater äv. exercise; *~ skalor* mus. practise scales; *~ in* lära in practise; roll, pjäs rehearse; lära upp train; *~ upp* train, exercise; utveckla develop; *~ upp sig i* engelska brush up one's... **2** utöva *~ utpressning* blackmail; *~ våld* use violence **II** *vb rfl*, *~ sig* practise; *~ sig i att* inf. practise ing-form; *~ sig i engelska* practise English; *~ sig i tålamod* learn (train oneself) to be patient; *~ sig på pianot* practise the piano
över I *prep* **1** i rumsbet., äv. friare **a)** allm. over; ovanför, högre än above; tvärsöver across; ned över, ned på [up]on; utöver, bortom beyond vanl. bildl.; se äv. ex.; hon hade kappan *~ axlarna* ...over her shoulders; *bred ~ axlarna* broad across the shoulders; *~ all beskrivning* beyond description; *~ bord* m.fl., se *överbord* m.fl.; 1000 m *~ havet (havsytan)* ...above sea level; *~ hela* jorden all over..., throughout...; utspridda *~ hela*

golvet ...all over the floor; *högt ~ våra huvuden* high above our heads; 5 grader *~ noll* ...above freezing-point (zero); *bron ~ älven* the bridge across (over) the river; *bo ~ gården* live across the [court]yard; *gå ~ gatan* walk across the street; vanl. cross the street; *gå ~ gränsen* eg. cross the frontier; *det går ~ min förmåga (min horisont)* it is beyond me (above my head); *hoppa ~ ett dike* jump over a ditch; *kasta sig ~* ngn fall [up]on...; *leva ~ sina tillgångar* live beyond one's means; *snava ~ en sten* stumble over a stone; *sträcka sig ~ bordet* stretch across (over) the table; *plötsligt var ovädret ~ oss* suddenly the storm was (came) upon us; *nu är vi ~ det värsta* now we are over (have got through) the worst part; *han är inte ~ sig* t.ex. nöjd, lycklig he's none too...; t.ex. rik, begåvad he's not all that... **b)** via via; ibl. by [way of]; tåg till *London ~ Ostende* ...London via Ostend **c)** för att beteckna överhöghet o.d. vanl. over; i fråga om rang above; *makt (seger) ~* power (victory) over; *överhöghet ~* supremacy over; *överlägsenhet ~* superiority to; *bestämma ~...* avgöra decide...; dominera, leda dominate...; *föra befäl ~* be in command of; *härska ~* ett rike rule over...; *stå ~ ngn* i rang be (rank) above a p. **d)** i prep.attr. uttr. genitivförh. of; *en karta ~ Sverige* a map of Sweden
2 i tidsbet. **a)** uttr. tidrymd over; resa bort, bortrest *~ julen (sommaren)* ...over Christmas (the summer) **b)** *klockan är ~ fem* it is past (isht amer. äv. after) five; *klockan är fem ~ [fem]* it is five past (amer. äv. after) [five]
3 mer än over, more than, upward[s] of, above; *~ 50 kronor* (kilo, år) over fifty...; *~ medellängd* over (above) average height; *dra [5 minuter] ~ tiden* om radioprogram o.d. run over the time [by five minutes]
4 i förb. med vissa adj. o. vb, se äv. dessa **a)** med anledning av o.d., oftast at; ibl. of; *förtjust ~* delighted at; *lycklig (bekymrad) ~* happy (worried) about; *rörd ~* touched by; *skryta ~* boast about (of); *stolt ~* proud of; *svära ~* swear at; *undra ~* wonder at **b)** om, angående [up]on; *föreläsa ~* ett ämne lecture on...; *grubbla ~* ponder over (on)
II *adv* **1** over; above; across (för betydelseskillnaderna se ovan o. för konstr. se ex. nedan); en säng *med en filt ~* ...with a blanket over it; *de som bor [i våningen] ~* the people in the flat above; *håll* paraplyet *~* (över den) hold...over it; *resa ~ till England* go over to England; *jag har varit ~ hos dem* I've been round to their place
2 slut over; förbi äv. past; *faran är ~* the danger is over (past)
3 kvar left, [left] over (jfr *kvar*); till förfogande

to spare; **jag har** 50 kronor ~ I have…left [over]; **det som blev** ~ what was left [over], the remainder; **när jag har tid** ~ when I have time to spare

överallt *adv* everywhere, in all places; var som helst anywhere; ~ **där** det finns (vanl.) wherever…; ~ **på (i)…** äv. all over…

överambitiös *adj* over-ambitious

överanstränga I *vb tr* t.ex. hjärtat, ögonen overstrain, overexert **II** *vb rfl*, ~ **sig** fysiskt overstrain (overexert) oneself, strain (exert) oneself too much; psykiskt o.d. overwork [oneself], work too hard

överansträngd *adj* rent fysiskt overstrained; utarbetad overworked; stark. overwrought

överansträngning *s* t.ex. av hjärtat overstrain, overexertion; p.g.a. för mycket arbete overwork

överantvarda *vb tr* litt. entrust [*åt* to]

överarbeta *vb tr* **1** bearbeta alltför noggrant overelaborate **2** bearbeta på nytt revise

överarm *s* upper [part of the] arm

överbalans *s*, **ta ~en** lose one's balance, overbalance, topple over

överbefolkad *adj* overpopulated

överbefolkning *s* abstr. overpopulation

överbefäl *s* **1** abstr. supreme (chief) command **2** koll. [commissioned] officers pl.

överbefälhavare *s* supreme commander, commander-in-chief; **Överbefälhavaren** (förk. *ÖB*) the Supreme Commander of the [Swedish] Armed Forces

överbelagd *adj* om t.ex. hotell overbooked; om t.ex. sjukhus overcrowded

överbelasta *vb tr* overload; elektr. äv. overcharge; bildl. overtax, overstrain

överbelastning *s* overloading; elektr. äv. overcharging; bildl. overtaxing, overstraining

överbetona *vb tr* over-emphasize, lay too much stress on

överbett *s* overbite; friare protruding teeth pl.; vet. med. overshot jaw

överbetyg *s* mark above the pass standard

överbevisa *vb tr* jur. convict [*ngn om* ett brott a p. of…]; friare convince [*ngn om* motsatsen a p. of…]

överbevisning *s* jur. conviction

överbjuda *vb tr* **1** eg. outbid äv. kortsp. **2** bildl. [try to] outdo, rival; **de överbjöd varandra i** älskvärdhet they tried to outdo one another in…

överblick *s* survey, general view [*över* of]; **ta en ~ över läget** äv. survey the situation

överblicka *vb tr* survey; bilda sig en uppfattning om take in, take stock of; förutse foresee; vi behöver mer tid för att ~ **hela situationen** …take in the whole situation

överbliv|en *adj* remaining, left; ~ **mat** food that has been left over; rester leftovers pl.

överboka *vb tr* overbook

överbord *adv*, **falla (lämpa, spolas)** ~ fall (heave, be washed) overboard; **man ~!** man overboard!

överbringa *vb tr* budskap o.d. deliver, convey

överbrygga *vb tr* bridge [over] äv. bildl.; ~ **motsättningar** overcome (reconcile) differences

överbud *s* higher bid, overbid

överbyggd *adj*, ~ **gård** covered yard

överbyggnad *s* superstructure äv. bildl.

överbädd *s* upper bed (i sovkupé, hytt berth)

överdel *s* top äv. plagg; top (upper) part

överdirektör *s* i ämbetsverk director general; souschef deputy director general

överdos *s* overdose; vard. OD [*av* sömnmedel o.d. of…]

överdra *vb tr* **1** med [färg]hinna, choklad etc. coat **2** konto overdraw

överdrag *s* **1** hölje, skynke o.d. cover[ing]; på möbel loose cover; [kudd]var o.d. [pillow]case; lager av färg o.d. coat[ing] **2** se *tidsöverdrag* **3** på konto overdraft **4** tele. repeater, amplifier

överdragsbyxor *s pl* pull-on trousers

överdragskläder *s pl* overalls

överdrift *s* exaggeration; om påstående äv. overstatement; ytterlighet excess; **gå till** ~ go too far, go to extremes; om pers. äv. carry things too far (to [an] excess), overdo it; **man kan utan** ~ **säga att…** it is no exaggeration to say that…

överdriva *vb tr* o. *vb itr* exaggerate; förstora äv. magnify; påstående, uppgift overstate; skildring äv. overcolour; t.ex. en roll overdo, overact; itr. (t.ex. driva skämt för långt, spela över) overdo it, se äv. *[gå till] överdrift; nu överdriver du allt!* i berättelse o.d. now you're exaggerating!, you're laying it on thick!

överdriven *adj* exaggerated; till ytterlighet gående, om t.ex. anspråk excessive, extravagant, exorbitant; **överdrivet bruk** excessive use [*av* of]; ~ **känslighet** äv. hypersensitiveness; **överdrivet påstående** äv. overstatement; **han är [så]** ~ **i allt han gör** he overdoes everything

överdrivet *adv* exaggeratedly; excessively; jfr *överdriven*; ~ noga, artig etc. too…, over-…; ~ **frikostig (försiktig)** over-generous (over-cautious), generous (cautious) to a fault; ~ **kritisk** hypercritical, over-critical; ~ **nitisk (samvetsgrann)** over-zealous (over-scrupulous); **inte** ~ över sig **vänlig** none too friendly, not over-friendly

överdåd *s* **1** slöseri extravagance; lyx luxury **2** dumdristighet foolhardiness, rashness

överdådig *adj* **1** slösande extravagant; lyxig, dyrbar luxurious, sumptuous **2** utmärkt, utsökt, se *ypperlig* **3** dumdristig foolhardy, rash

överdängare *s* vard. past master [*i* in (at)]; **han är en** ~ **i** t.ex. matematik, tennis he is terrifically good at…

överens *adv*, **vara** ~ ense be agreed (in agreement, in accord), agree [*om* on];

överenskomma

komma ~ *om ngt* agree (come to an agreement) on (about) a th.; träffa en uppgörelse om come to terms about a th.; fastställa arrange (settle) a th.; *komma* ~ *om att träffas* agree to meet, arrange a meeting, make an appointment; *komma [bra]* ~ *med ngn* get on well with a p.; *de kommer bra* ~ they get on well [together]; *stämma* ~ agree, accord, be in accordance; passa ihop äv. tally, correspond [*med* i samtl. fall with]; *inte stämma* ~ äv. disagree

överenskom|ma *vb itr, de -na villkoren (den -na tiden)* the conditions (the time) agreed [up]on (fixed); *som -met* as agreed; *såvida inte annat -mits* unless otherwise agreed upon

överenskommelse *s* agreement; arrangement, settlement; *tyst* ~ tacit understanding; *träffa [en]* ~ reach (come to, arrive at) an agreement, agree; *enligt* ~ by (according to, hand. äv. as per) agreement, as agreed (arranged)

överensstämma se *[stämma] överens*

överensstämmelse *s* agreement; t.ex. i vittnesmål concordance; likhet conformity; motsvarighet correspondence; *~r* points of agreement (of correspondence); *bristande (brist på)* ~ discrepancy; *i* ~ *med* enligt in accordance (accord, compliance, conformity) with, according to; i samstämmighet med in agreement (keeping) with

överexponera *vb tr* foto. overexpose

överexponering *s* foto. overexposure

överfall *s* angrepp assault, attack

överfalla *vb tr* angripa assault, attack; ~ *[och plundra]* hold up; mörkret *överföll oss* we were overtaken by..., ...came over us

överfart *s* **1** överresa crossing; med båt äv. passage; *stormig* ~ stormy crossing (passage) **2** viadukt overpass

överflygla *vb tr* mil. outflank; bildl., överträffa surpass, exceed, [out]distance

överflygning *s* overflight; *upprepade ~ar av svenskt territorium* repeated flights over...; *förhindra ~ar av svenskt territorium* prevent foreign aircraft from flying over...

överflöd *s* ymnighet abundance; stark. profusion; rikedom affluence; övermått superabundance, superfluity; på t.ex. arbetskraft redundance [*på (av)*] i samtl. fall of]; *ha* ~ *på* mat el. *ha* mat *i* ~ have an abundance of..., have plenty of..., have...in plenty; *finnas i* ~ be abundant, abound; om t.ex. blommor be in profusion; *mat finns i* ~ there is food in plenty (in abundance); *leva i* ~ live in [the lap of] luxury, be in clover

överflöda *vb itr* abound [*av, på* in (with)]; *~nde* riklig abundant, profuse, affluent; yppig, frodig luxuriant, exuberant; slösande lavish; *~nde fantasi* exuberant imagination

överflödig *adj* superfluous, redundant; onödig äv. unnecessary, needless; ~ *arbetskraft* redundant labour; *göra* ~ render superfluous, make unnecessary; *känna sig* ~ feel unwanted; *det är ~t att säga att vi...* vanl. needless to say, we...; *stryk det ~a* i formulär vanl. strike out the words that do not apply

överflödssamhälle *s*, *~t* the Affluent Society

överfull *adj* overfull; pred. äv. too full; packad crammed; bräddfull brimful; om lokal, tåg o.d. overcrowded, crammed

överfyllnad *s* repletion; på marknaden glut; jfr äv. *övermättnad*

överfärd se *överfart 1*

överföra *vb tr* **1** eg., se *föra [över]* **2** överflytta, sprida transfer, transmit; ~ *blod* transfuse blood; ~ *en sjukdom* transmit a disease; ~ *en sjukdom till ngn* give a p. a disease; *i överförd bemärkelse* in a transferred (a figurative) sense **3** översätta translate (turn) [*till* into]

överförfriskad *adj* tipsy

överföring *s* överflyttning transfer äv. t.ex. av pengar; transference äv. tekn.; t.ex. av varor, trupper conveyance, transport[ation]; t.ex. av elkraft transmission; med., av blod transfusion; radio. transmission

överförmyndare *s* chief guardian

överförtjust *adj* delighted; overjoyed, in raptures båda end. pred.

överge *vb tr* o. **övergiva** *vb tr* abandon; svika äv. desert, throw...over, run (walk) out on; lämna äv. leave, forsake; ge upp äv. give up; ~ *sin familj* vanl. leave (desert) one's family; ~ *en teori* abandon (give up) a theory

övergiven *adj* abandoned, deserted; forsaken; *[ensam och]* ~ forlorn

övergjuta *vb tr* **1** täcka cover, coat **2** bildl. suffuse

överglänsa *vb tr* bildl. outshine, eclipse; jfr äv. *överträffa*

övergrepp *s* övervåld outrage; oförrätt wrong, unfair treatment, injustice; intrång encroachment [on a person's rights], se äv. *kränkning*; ~ pl., grymheter excesses, acts of cruelty

övergripande *adj* overall; allomfattande all-embracing, comprehensive; ~ *planering* overall planning

övergå *vb tr* o. *vb itr, det ~r mitt förstånd* it passes (is above) my comprehension, it is beyond me; *det har ~tt till vana* it has grown into (become) a habit

övergående *adj* som [snart] går över passing; tillfällig äv. temporary; kortvarig äv. ...of short duration, transient, transitory; *av* ~ *natur* of a temporary nature; ~ *stadium* passing (transitory) stage

övergång *s* **1** abstr.: eg. crossing [*över* of], jfr *gå [över]*; bildl.: omställning, skifte changeover;

från ett tillstånd till ett annat transition; mellantillstånd intermediate (transition[al]) stage; förändring change; omvändelse conversion äv. polit.; ~ *till* t.ex. högertrafik change-over to; t.ex. fienden, annat parti going over to, jfr *gå [över till]; bilda ~ mellan...* form a link between...; ~ *förbjuden!* do not cross!; *allting har en ~* ordst. everything passes (will pass) **2** övergångsställe: vid järnväg o.d. crossing; för fotgängare [pedestrian] crossing; eng. äv. zebra crossing; amer. äv. crosswalk

övergångsbestämmelse *s* provisional (temporary) regulation

övergångsbiljett *s* transfer [ticket]

övergångsperiod *s* transitional period

övergångsskede *s* o. **övergångsstadium** *s* transition[al] (transitory) stage, intermediate stage

övergångsställe *s* vid järnväg o.d. crossing; för fotgängare [pedestrian] crossing; i Engl. äv. zebra crossing; amer. äv. crosswalk

övergångstid *s* transition[al] period, period (time) of transition

övergångsålder *s* klimakterium change of life, menopause, climacteric; pubertet years pl. of puberty, puberty

överhalning *s* **1** fartygs krängning lurch; *göra en ~* lurch äv. om pers.; give a lurch **2** översyn el. reparation av fartyg overhaul **3** utskällning *ge ngn en ~* give a p. a good rating

överhand *s, få (ta) ~en:* a) få övertaget get the upper hand [*över* of]; prevail [*över* over]; get out of control, get out of hand b) sprida sig, om t.ex. ogräs, epidemi, idéer be (become) rampant; *få (ta) ~en [över ngn]* om t.ex. rädsla, nyfikenhet get the better of a p.; elden *tog ~* ...got out of control (out of hand)

överhet *s, ~en* the powers pl. that be, the authorities pl.

överhetsperson *s* person in authority; ämbetsman public officer

överhetta *vb tr* overheat äv. ekon.; superheat

överhettning *s* overheating äv. ekon.; superheating

överhopa *vb tr, ~ ngn med* t.ex. ynnestbevis heap (shower)...[up]on a p., heap (load) a p. with...; *~d med arbete* overburdened with work; vard. up to the eyes (the ears) in work; *~d med skulder* loaded with debts; vard. over head and ears in debt

överhoppad *adj, bli ~* a) om ord o.d. be omitted (left out, missed out) b) vid befordran o.d. be passed over

överhud *s* anat. epidermis

överhuset *s* i Storbr. the House of Lords

1 överhuvud *s* head; ledare chief

2 överhuvud *adv* se *överhuvudtaget*

överhuvudtaget *adv* i jakande sats, allm. on the whole; i nekande, frågande el. villkorlig sats at all; *det är ~ svårt att* avgöra om on the whole it is difficult to...; *om han ~ kommer* if he comes at all; *om det ~ är möjligt* if [it is] at all possible

överhäng *s* overhang äv. sjö.; ekon.

överhängande *adj* **1** nära förestående, hotande impending; isht om fara äv. imminent, immediate; *vid ~ fara* in an (in case of) emergency **2** brådskande, pressande urgent

överhöghet *s* supremacy, sovereignty

överhölja *vb tr* bildl. *~ ngn med* t.ex. beröm heap (shower)...[up]on a p., heap a p. with...

överila *vb rfl, ~ sig* förhasta sig act rashly (without thinking, precipitately), be hasty (rash); förivra sig be carried away

överilad *adj* förhastad rash, hasty, precipitate; *gör inget överilat!* don't do anything rash!, don't be overhasty!

överilning *s* rashness, precipitation (båda end. sg.); *vi måste akta oss för ~ar* we must not do anything rash; *handla i ~* act rashly (overhastily)

överingenjör *s* chief engineer

överinlärning *s* ped. overlearning

överinseende *s* supervision, superintendence

överjag *s* psykol. superego

överjordisk *adj* himmelsk unearthly, celestial; översinnlig ethereal; gudomlig divine; *~ skönhet* divine (ethereal) beauty

överkant *s* eg. upper edge (side); *[tilltagen] i ~* för stor rather on the large (resp. big, för lång long, för hög, äv. om t.ex. siffra, pris high) side, too large etc. if anything; *ta till i ~* överdriva overstate the (one's) case, stretch a point

överkast *s* säng- bedspread, coverlet, counterpane

överklaga *vb tr* beslut, dom[slut] appeal against; tävlingsjuryns beslut *kan ej ~s* ...is final

överklagande *s* appeal [*av* dom o.d. against...]

överklass *s* upper class; *~en* the upper classes pl.; vard. the upper crust

överklassig *adj* upper class; vard., flott swell

överkomlig *adj* om hinder surmountable; om pris reasonable, moderate

överkommando se *överbefäl*

överkorsad *adj* attr. crossed-out; *den är ~* it has been crossed out

överkropp *s* upper part of the body; *med naken ~* stripped to the waist

överkucku *s* vard. top dog

överkultiverad *adj* over-refined

överkurs *s* **1** hand. premium; *till ~* at a premium **2** skol., ung. extra (supplementary) study

överkvalificerad *adj* overqualified, too qualified

överkäke *s* upper jaw

överkäksben *s* upper jawbone

överkänslig *adj* hypersensitive, oversensitive; allergisk allergic [*för* to]

överkör|d *adj* **1** eg. *bli ~* be (get) run over; *få*

överlagd

benet -t have one's leg run over **2** bildl. **han blev ~ i diskussionen** he was steamrollered (brushed aside, completely disregarded)...
överlagd adj uppsåtlig premeditated; **överlagt mord** premeditated (wilful) murder; **noga ~** övertänkt well considered
överlakan s top sheet
överlappa vb tr o. vb itr overlap
överlappning s overlapping
överlasta I vb tr overload, overburden **II** vb rfl, **~ sig** berusa sig get intoxicated (drunk), intoxicate oneself
överlastad adj overloaded etc., jfr *överlasta*; **~ med arbete** overburdened (overwhelmed) with work; **ett överlastat** alltför utsmyckat **rum** a room overburdened with ornaments
överlev|a vb tr o. vb itr survive; tr. äv. outlive; **han kommer inte att ~ natten** he won't live through the night; **~ sig själv** om sak (bli passé) outlive its day, become out of date (antiquated).
överlevande adj surviving; **de ~ [från jordbävningen]** the survivors [of the earthquake], those that survived [the earthquake]
överlevare s survivor
överlevnad s survival
överlevnadsinstinkt s instinct for survival
överliggare s univ. perpetual student
överlista vb tr outwit, dupe; **han ~de mig** äv. he was too sharp for me
överljudshastighet s supersonic speed
överljudsplan s supersonic aircraft
överloppsenergi s surplus energy
överloppsgärning s isht teol. work of supererogation
överlupen adj **1 ~ av** besökare overrun (swamped) with...; jfr äv. ex. under *överhopa* **2** övervuxen **~ av (med)** mossa overgrown (covered) with...
överlycklig adj extremely happy, overjoyed end. pred.; ...over the moon
överlåta vb tr **1** överföra transfer, make over; delegera delegate [*ngt till (åt, på) ngn* a th. to a p.]; jur.: egendom äv. convey, assign; egendom el. rättighet release; **skriftligen ~** sign over; **biljetten får ej ~s** the ticket is not transferable **2** hänskjuta leave [*ngt åt ngn* a th. in a p.'s hands]; **jag överlåter åt dig att** inf. I leave it to you (to your discretion) to inf.
överlåtelse s transfer, delegation [*på (till)* to]; jur. äv. conveyance, assignment, release
överlåtelsehandling s deed (instrument) of transfer (conveyance, assignment)
överläge s bildl. advantage, superior (advantageous) position; **vara i ~** be in a strong (an advantageous) position, be getting the best of it (the upper hand); sport. be doing well
överlägga vb itr confer [*med* ngn *om* with...on (about)]; deliberate; **~ om** diskutera äv.

discuss, debate; jfr *1 överväga*; **~ med sig själv** debate with oneself (in one's mind)
överläggning s deliberation; övervägande äv. consideration; diskussion äv. discussion, debate; **~ar** samtal talks; **~ar på högsta nivå** top-level (summit) talks; **efter mogen ~** after due deliberation, after careful deliberation (consideration)
överlägsen adj superior [*ngn* to a p.]; utmärkt äv. excellent, superb, eminent; högdragen, om min, sätt vanl. supercilious; **han är mig ~** äv. he is my superior; **denna metod är ~** de flesta andra this method is superior to...; **~ kvalitet** superior (excellent) quality; **~ seger** easy (runaway) victory; **svara i ~ ton** answer in a superior tone
överlägsenhet s superiority [*över* to]; ledarställning äv. supremacy [*över* over]; förträfflighet excellence; högdragenhet superciliousness; **numerär ~** numerical superiority, superiority in numbers; **känsla av ~** feeling of superiority
överläkare s avdelningschef chief (senior) physician (kirurg surgeon); ibl. consultant; sjukhuschef medical superintendent; hos myndighet o.d. chief medical officer
överlämna I vb tr avlämna deliver [up (over)]; framlämna hand...over; räcka pass[...over]; skänka, förära present; friare äv. give; ge upp, t.ex. ett fort deliver [up], surrender, give...up; hänskjuta, överlåta leave; jfr ex.; **~ ett brev (ett meddelande)** deliver a letter (a message) [*till ngn* to a p.]; **~ en gåva,** blommor **till ngn** present...to a p., present a p. with...; **~ ngn (ngt) i ngns vård** leave...in (commit...to) a p.'s charge, entrust...to a p. (a p. with...); **den saken ~r jag åt dig** I leave that to you; **jag ~r åt dig att** inf. I leave it to you to inf.; **~ ngt åt slumpen** leave a th. to chance **II** vb rfl, **~ sig till (åt) fienden** surrender (give oneself up) to the enemy
överlämnande s vanl. delivery; t.ex. av en gåva presentation; uppgivande surrender; delivering etc., jfr *överlämna*
överläpp s upper lip
överlöpare s deserter; polit. defector, renegade; vard. rat
övermaga adj förmäten presumptuous
övermakt s överlägsenhet superiority; i antal superior numbers pl.; i stridskrafter superiority in forces, superior force; övertag, övervikt predominance; vreden **fick ~ över honom** ...got the better of him; **ha ~en** i fråga om antal be superior in numbers; **kämpa mot ~en** fight against [heavy (great)] odds
överman s superior; **finna sin ~** meet (find) one's match
övermanna vb tr overpower; **trötthet ~de honom** äv. he was overcome by fatigue
övermod s förmätenhet presumption,

overweening (insolent) pride, arrogance; hybris hubris; våghalsighet recklessness
övermodig *adj* förmäten presumptuous, overbearing, arrogant; våghalsig reckless
övermogen *adj* overripe
övermorgon *s, i* ~ the day after tomorrow
övermått *s* bildl. excess; överflöd äv. exuberance, superfluity; *ett* ~ *av* kraft an excess of...; *till* ~ to excess
övermåttan *adv* t.ex. rolig extremely; t.ex. arg äv. ...beyond measure; t.ex. äta, dricka ...excessively; *roa sig* ~ amuse oneself no end, have a wonderful time
övermäktig *adj* om t.ex. motståndare superior; smärtan *blev henne* ~ ...became too much for her; *sorgen (rörelsen) blev henne* ~ she was overcome by grief (emotion)
övermänniska *s* superman
övermänsklig *adj* superhuman
övermätt *adj* surfeited, satiated [*på* i båda fallen with]
övermätta *vb tr* surfeit, satiate; kem. supersaturate
övermättnad *s* surfeit; leda satiety
övernationell *adj* supranational
övernatta *vb itr* stay overnight, stay the night, put up for the night; på t.ex. hotell äv. spend the night...
övernattning *s* nattlogi [sleeping] accommodation
övernaturlig *adj* supernatural; *i* ~ *storlek* larger than life
övernog *adv* more than enough; *nog och* ~ enough and to spare
överord *s pl* överdrift exaggeration; skryt boasting, bragging (samtl. end. sg.); *det är inga* ~ that's no exaggeration, that's an understatement
överordnad I *adj* superior [*ngn (ngt)* to a p. (a th.)]; *i* ~ (ansvarig) *ställning* in a superior (responsible) position; ~*e tjänstemän* senior (head) officials **II** *subst adj* superior; *han är min* ~*e* äv. he is above me, he's my boss; *hans* ~*e* pl. his superiors, those above him
överplats *s* i sovkupé, hytt upper berth (brits bunk)
överpris *s* excessive (exorbitant) price; *vi fick betala* ~ *för* äggen we were overcharged for...; *sälja* ngt *till* ~ overcharge for..., sell...above value
överproduktion *s* overproduction
överraska *vb tr* surprise; överrumpla äv. take...unawares (by surprise); obehagligt startle; ~ *ngn [i färd] med att* stjäla surprise (catch) a p. in the act of...; ~ *ngn med* blommor, en present give a p....as a surprise, surprise a p. with...; ~ *[ngn] med ett besök* el. *komma och* ~ *[ngn]* pay a surprise visit [to a p.]; ~*s av regnet* be caught in the rain
överraskande I *adj* surprising; oväntad äv. unexpected, sudden; ~ *besök* surprise visit **II** *adv* surprisingly etc., jfr *I*
överraskning *s* surprise; *glad (obehaglig)* ~ pleasant (unpleasant) surprise; *det kom som en* ~ *för mig* it came as (was) a surprise to me, it took me by surprise; *till min stora* ~ much to my surprise (astonishment), to my great surprise
överreagera *vb itr* overreact
överreklamerad *adj* överskattad overrated
överrepresenterad *adj* overrepresented
överresa *s* crossing; med båt äv. voyage, passage
överretad *adj* over-excited
överrock *s* overcoat
överrumpla *vb tr* surprise, take...by surprise båda äv. mil.; ~ *ngn* äv. take a p. unawares, catch a p. napping (off his guard); *låta sig* ~*[s]* [let oneself] be caught napping, be off one's guard
överrumpling *s* surprise; mil. äv. surprise attack
överräcka *vb tr* hand [over]; skänka, förära present; jfr äv. *överlämna*
överrätt *s* jur. superior (higher) court [of justice]
överrösta *vb tr*, oväsendet ~*de honom (musiken)* ...drowned his voice (the music); *han* ~*de* oväsendet he made himself heard above..., he (his voice) was heard above...; ~ *ngn* skrika högre än shout a p. down, shout (cry) louder than a p.
övers *s, ha tid (pengar) till* ~ have spare time (money); *har du* en tia *till* ~*?* have you [got]...to spare?, could you lend me...?; *jag har ingenting till* ~ *för* sådana människor (böcker) I've got no time for..., I can't be bothered with...
överse *vb itr,* ~ *med* ngt overlook...; se genom fingrarna med wink (connive) at...; ~ *med ngn* excuse a p.['s behaviour]; se äv. *[ha] överseende [med]*
överseende I *adj* indulgent [*mot* towards] **II** *s* indulgence [*med* with]; *ha* ~ *med* ngn, ngt be indulgent towards (lenient with)..., overlook...
översida *s* top side, upper side
översiggiven *adj, vara [alldeles]* ~ be in utter despair [*över (för)* ngt about (at) a th.]
översikt *s* survey; sammanfattning outline, summary [*över (av)* i samtl. fall of]; *en* ~ *över* svensk historia an outline of...
översiktlig se *överskådlig*
översiktskarta *s* key map, general map
översinnlig *adj* supersensual, transcendental; andlig spiritual
översittare *s* bully; *spela* ~ bully, play the bully; *spela* ~ *mot ngn* bully (hector, browbeat) a p.
översittarfasoner *s pl* bullying (overbearing) attitude sg. (manner sg., ways)

översitteri *s* bullying; överlägset sätt bullying (overbearing) manner
överskatta *vb tr* overrate, overestimate; ibl. think too much (highly) of; *man kan inte ~ värdet av* ...exaggerate the value of
överskattning *s* overrating, overestimation; exaggeration; jfr *överskatta*
överskjutande *adj* **1** ytterligare *~ belopp* surplus (excess) amount, surplus, excess; *för varje ~ dag* for every additional day; *~ vikt* excess weight, excess of weight **2** utskjutande, om t.ex. del, klippa projecting
överskott *s* surplus; överskjutande mängd äv. excess; hand., vinst äv. profit
överskottslager *s* surplus stock
överskrida *vb tr* eg., t.ex. gräns cross; bildl.: t.ex. sina befogenheter exceed, overstep, go beyond; t.ex. anständighetens gränser äv. transgress; konto overdraw; *~ tiden* run over the time; *~ sina tillgångar* exceed (live above) one's means
överskrift *s* till artikel o.d. heading, caption; till dikt o.d. title; i brev [form of] address
överskruv *s* i tennis o.d. topspin, overspin
överskugga *vb tr* overshadow äv. bildl.; *det allt ~nde problemet är...* the overriding problem is...
överskyla *vb tr* cover [up]; dölja disguise, conceal; mildra, släta över gloss over, palliate
överskådlig *adj* klar och redig clear, lucid; lättfattlig ...easy to grasp; väldisponerad well-arranged; *inom ~ framtid* in the foreseeable future
överskådlighet *s* t.ex. framställningens clearness, lucidity
överslaf *s* vard. upper bed (i sovkupé, hytt berth)
överslag *s* **1** förhandsberäkning [rough] estimate, [rough] calculation [*över* of]; *göra ett ~ över* kostnaderna äv. estimate (calculate)...[roughly]; *efter ett ungefärligt ~* on a rough estimate, roughly estimated **2** elektr. flash-over
överslätande *adj* palliatory, extenuating; om pers., ung. tactful; *vara ~* försöka släta över try to smooth things over; *säga något ~* say something to smooth things (gloss the matter) over, be conciliatory
översnöad *adj* ...snowed over, ...covered with snow
överspelad *adj* sport. outplayed; *det är överspelat* bildl. it's a thing of the past, it's had its day
överspänd *adj* ytterst spänd overstrung, highly-strung...; excentrisk eccentric; romantisk romantic
överspändhet *s* spänt tillstånd overstrung state; eccentricity, romanticism; jfr *överspänd*
överst *adv* uppermost; on top; *~ på sidan (vid bordet)* at the top of the page (of the table); *stå ~ på listan* head (be at the head of) the list; *ta skjortan som ligger ~ [i byrålådan]* ...at the top [of the drawer]
översta *adj*, *[den] ~* hyllan, klassen, våningen the top...; av två the upper...; *de ~* grenarna, klasserna, luftlagren the upper...; *den allra ~* grenen, hyllan the topmost (uppermost)...
överstatlig *adj* supranational
överste *s* colonel; inom eng. flygvapnet group captain; högre (av första graden): inom armén brigadier; inom flyget air commodore; amer. i båda fallen brigadier general
överstelöjtnant *s* lieutenant colonel; inom flygvapnet ung. wing commander; ibl. motsv. *överste*
överstepräst *s* high (chief) priest
överstig|a *vb tr* exceed, go (be) beyond (above); *tillgången -er efterfrågan* [the] supply exceeds [the] demand; *det -er mina krafter* it is beyond my powers; *ett belopp ej ~nde 500 kronor* ...not exceeding (not above) 500 kronor
överstimulerad *adj* overstimulated
överstrykning *s* cancellation, crossing out, deletion
överstycke *s* allm. top, top (upper) piece; dörr~, fönster~ lintel
överstyr *adv*, *gå ~* om t.ex. vagn overturn, topple over; om t.ex. firma go on the rocks, go to rack and ruin; om t.ex. planer come to nothing, go by the board
överstyrd *adj* om t.ex. bil oversteered
överstyrelse *s* [national] board
överstånd|en *adj*, *efter [lyckligt] ~ examen* åkte han having passed his examination...; *-na faror* surmounted dangers; *en ~ operation* a completed operation; *ett -et stadium* a thing of the past; *det värsta är -et* the worst is over; *det gäller bara att få det -et* ...get it over [with], ...get through it, ...have done with it
överstämma *s* mus. upper part
överstämplad *adj* om frimärke o.d. overprinted
överstökad *adj* ...over (and done with)
översvallande *adj* om t.ex. beröm exuberant; om pers., överdrivet älskvärd effusive, gushing; *~ entusiasm* unbounded (overwhelming) enthusiasm; *~ glädje* transports pl. of joy, rapturous delight; *~ tacksamhet* profuse gratitude; *~ vänlighet* overflowing kindness
översvämma *vb tr* flood, inundate båda äv. bildl.; sätta under vatten äv. submerge; *~ marknaden* flood (glut) the market; *stora områden är ~de (har ~ts)* ...are flooded (have been flooded)
översvämning *s* flood; översvämmande flooding, inundation, submersion
översyn *s* overhaul; *ge bilen en ~* give...an overhaul, overhaul...
översynt *adj* long-sighted; vetensk. hypermetropic
översålla *vb tr* strew, cover [*med* with]; *~d* äv.

studded; med ngt glittrande äv. spangled; med t.ex. blommor äv. starred
översåt|e *s* iron. *-ar* authorities
översända *vb tr* sända send; pengar o.d. (per post) remit; jfr vid. *sända I*
översäng se *överbädd*
översätta *vb tr* translate [*från* from; *till* into]; återge render
översättare *s* translator
översättning *s* translation [*från* from; *till* into]; något översatt, version äv. version; återgivning rendering; *göra en trogen* ~ make a close (faithful) translation; *i* ~ *av* N.N. translated by...
översättningsbyrå *s* translation agency
översättningslån *s* språkv. loan translation, calque
överta se *övertaga*
övertag *s* bildl. advantage [*över* over]; *få ~et över ngn* get the better of a p.; *ha ~et* i t.ex. debatt, strid äv. have the best of it; se äv. *överhand*
övertaga *vb tr* take over; t.ex. ansvaret, befälet äv. take; ~ efter ngn, t.ex. praktik, affär succeed to; ~ *ledningen [av]* take charge (command) [of]; ~ *makten* come into power, take control, take over
övertagande *s* takeover, taking over; ~ *av* regerings*makten* äv. assumption of power
övertala *vb tr* persuade; förmå äv. prevail upon, induce [*ngn att* inf. a p. to inf.]; ~ *ngn att* inf. äv. persuade (talk) a p. into ing-form; *låta* ~ *sig att* inf. [let oneself] be talked into ing-form; be persuaded into ing-form
övertalig *adj* ...too many in number; överbemannad ...above strength; överflödig supernumerary, redundant; *~a exemplar* spare (surplus, extra) copies
övertalning *s* persuasion; *efter många ~ar* after much persuasion
övertalningsförmåga *s* persuasive powers pl., powers pl. of persuasion, persuasiveness
övertalningsförsök *s* attempt at persuasion
överteckning *s* av t.ex. lån, lista oversubscription
övertid *s* overtime; *arbeta på* ~ work overtime
övertidsarbete *s* overtime work
övertidsblockad *s* förbud overtime ban
övertidsersättning *s* overtime pay (payment, compensation)
övertolka *vb tr* over-interpret
överton *s* mus. el. bildl. overtone
övertramp *s* bildl. violation, contravention, infringement; *göra* ~ sport. overstep the takeoff (the mark äv. bildl.); bildl.: bryta mot reglerna (lagen) violate (contravene) the rules (the law)
övertrassera *vb tr* bank. overdraw
övertrassering *s* bank. overdraft
övertro *s* vidskepelse superstition; blind tro blind faith [*på* in]; ~ *på* den egna förmågan, penningens makt overconfidence in...
övertrumfa *vb tr* kortsp. overtrump; bildl. go one better than, outdo
övertryck *s* **1** fys. overpressure, excess pressure; över atmosfärtrycket pressure above that of the atmosphere **2** påtryck, överstämpling overprint
överträda *vb tr* transgress; bryta emot äv. break, infringe; kränka violate
överträdelse *s* transgression; breach, infringement, violation; jfr *överträda;* trespass äv. teol.; ~ *beivras (åtalas)* offenders (vid förbud att beträda område trespassers) will be prosecuted
överträffa *vb tr* surpass, exceed; ngn äv. excel; vara överlägsen äv. be superior [*ngn* to a p.]; besegra outdo; vard. beat; ~ *ngn i ngt* surpass (excel) a p. in a th.; ~ *sig själv* surpass (excel) oneself
övertydlig *adj* over-explicit
övertyga *vb tr* convince [*ngn om ngt* a p. of a th.]; ~ *ngn om att han har...* convince (med ord äv. persuade) a p. that he has...; *svaret ~r inte* the answer is not convincing (does not convince me); ~ *sig om ngt* make sure of a th., ascertain a th., satisfy oneself of a th.
övertygad *adj* **1** säker *vara* ~ *om att* sats *(om ngt)* be sure (convinced) that sats (of a th.); *ni kan vara* ~ *om att...* you may rest assured that... **2** trosviss *en* ~ *socialist* a convinced (dedicated) socialist; *en* ~ *katolik* a devout Catholic
övertygande *adj* convincing; med ord äv. persuasive; bindande äv. cogent; *verka* ~ äv. carry conviction
övertygelse *s* conviction; *av* ~ by conviction; *tala av* ~ speak from conviction; *handla efter sin* ~ act up to one's convictions; *i den [fasta] ~n att* in the [full (firm)] conviction that, [firmly] convinced that
övertäckt *adj* allm. covered; försedd med tak äv. roofed; om båt decked-in
övertänd *adj*, byggnaden *var [helt]* ~ ...was [all] in flames
övertänkt *adj*, *ett väl* ~ *svar* a well-considered answer
överuppsikt *s* superintendence
övervaka *vb tr* ha tillsyn (uppsikt) över supervise, superintend; bevaka watch over; ~ se till *att...* see [to it] that..., take care that...; den frigivne skall tills vidare *~s* ...be put on probation
övervakare *s* supervisor; jur. probation officer
övervakning *s* supervision, superintendence; jur. probation; *stå (ställas) under* ~ be (be put) on probation
övervara *vb tr* attend, be present at
övervikt *s* **1** eg. overweight; bagage~ äv. excess luggage (baggage); *betala* ~ pay [an] excess

luggage charge; *det är* ~ *på* bagaget …is overweight; patienten *har* ~ …is overweight **2** bildl. predominance, preponderance, advantage; *ha (få)* ~*[en]* äv. predominate, preponderate; *med tio rösters* ~ with (by) a majority of ten

övervinna *vb tr* overcome; besegra äv. conquer, vanquish, get the better of; komma över äv. surmount, get over; ~ *sina betänkligheter (fienden)* overcome one's scruples (the enemy); ~ *sin fruktan (sig själv)* get the better of one's fear (of oneself)

övervintra *vb itr* winter, pass the winter; ligga i ide hibernate

övervunnen *adj, det är en* ~ *ståndpunkt (ett övervunnet stadium)* that is a thing of the past, I (we etc.) have got over (beyond) that sort of thing (that stage); om teori äv. that is an exploded theory (idea); se äv. *övervinna*

övervuxen *adj* overgrown; ~ *med* t.ex. ogräs äv. overrun with…

övervåld *s* outrage; jur. assault; *bli utsatt för* ~ be assaulted

övervåning *s* upper floor (storey, amer. vanl. story), floor above

1 överväga *vb tr* betänka, ta i betraktande consider; begrunda reflect [up]on, ponder over ([up]on); överlägga med sig själv om deliberate, turn…over in one's mind; ha planer på contemplate; *han överväger att emigrera* he is contemplating (considering) ing-form

2 överväga *vb tr o. vb itr*, ja-röster *överväger* …are in the majority; *fördelarna överväger [nackdelarna]* the advantages outweigh the disadvantages

1 övervägande *s* consideration; *efter moget* ~ after careful consideration (inre överläggning äv. long deliberation); *ta ngt i (under)* ~ take a th. into consideration, consider a th.; *vid närmare* ~ on [further] consideration, on reflection, on second thoughts, on thinking it over

2 övervägande I *adj* förhärskande predominant; *den* ~ *delen av* the greater part of; flertalet the [great] majority of; *frågan är med* ~ *ja besvarad* the ayes have it (are in a decided majority); *till* ~ *del* mainly, chiefly **II** *adv* huvudsakligen mainly, chiefly; ~ *vackert* i väderrapport mainly (mostly) fair

överväldiga *vb tr* overwhelm, overpower båda äv. bildl.; ~*d av sömn (trötthet)* overcome by sleep (fatigue); ~*d av tacksamhet* overwhelmed by gratitude; *jag är* ~*d!* I am overwhelmed!, it is too much [for me]!

överväldigande *adj* overwhelming; *en* ~ *majoritet* an overwhelming (a crushing) majority

övervärdera se *överskatta*

övervärme *s* kok. top heat, heat from above

överväxel *s* bil. overdrive

överårig *adj* över pensionsålder superannuated; friare äv. too old; över en viss maximiålder over age, …above the age limit (prescribed age)

överända *adv, falla* ~ tumble (topple) over

överösa *vb tr,* ~ *ngn med* t.ex. gåvor, ovett shower (heap)…[up]on a p.

övlig *adj* litt. el. iron., bruklig usual, customary; *på* ~*t vis* in the usual manner

övning *s* **1** utövande o. praktik, vana practice; träning training; ~ *i att* dansa, räkna practice in ing-form; ~ *ger färdighet* practice makes perfect; *jag saknar* ~ I am out of (have no) practice **2** enstaka ~, uppgift exercise

övningsbil *s* driving-school car; eng. motsv. learner['s] car; på skylt Learner (förk. L)

övningsbok *s* exercise book

övningsexempel *s* uppgift exercise; matem. o.d. problem

övningsförare *s* bil. learner driver

övningshäfte *s* exercise book

övningskörning *s* driving practice, driving a learner['s] car; på skylt Learner (förk. L)

övningslärare *s* skol. teacher in a practical subject

övningsuppgift *s* exercise

övningsämne *s* skol. practical subject

övre *adj* upper; översta äv. top end. attr.; *i* ~ *vänstra hörnet* (på boksida o.d.) in the top (upper) left-hand corner; ~ *ändan* av bordet äv. the head…

övrig *adj* återstående remaining end. attr.; annan other; *allt* ~*t* everything else; *de* ~*a* subst. adj. the others, the rest (remainder) sg.; *de* ~*a fyra* the other (the remaining) four, the four others; *det* ~*a* subst. adj. the rest (remainder), what is left; *det* ~*a Europa* the rest of Europe; hans uppförande *lämnar mycket (intet)* ~*t att önska* …leaves a great deal (nothing) to be desired; *för* ~*t* a) dessutom besides, moreover b) i förbigående sagt incidentally, by the way c) annars otherwise; i andra avseenden in other respects; vad det ~*a* angår as to (for) the rest; *han var för* ~*t här i går* he was here yesterday, by the way (incidentally); lite trött, *men för* ~*t vid god hälsa* …but otherwise quite well; *se för* ~*t* sid. 2 see further…; *i* ~*t* har jag inget att tillägga as to (for) the rest…; *vad* ~*t är, är tystnad* the rest is silence

övärld *s* arkipelag, skärgård archipelago (pl. -s); poet. island world

APPENDIX

Brev

Inledning och datering

Hur man *öppnar* och inleder beror på om – och hur väl – man känner den man skriver till:

till någon vars namn man inte vet	Dear Sir,
	Dear Madam,
till en man	Dear Mr Jones,
till en gift kvinna	Dear Mrs Jones,
till en ogift kvinna	Dear Miss Jones,
till en gift/ogift kvinna	Dear Ms Jones,
till någon man känner väl	Dear Sarah,
till ett företag	Dear Sirs,
	(US) Gentlemen:

Olika sätt att skriva datum:

– brittiskt bruk:	15.2.1995 (dag-månad-år)
– amerikanskt bruk:	2.15.1995 (månad-dag-år)
– svenskt bruk:	1991-02-15 (år-månad-dag)
Säkrast är att skriva ut	15 February 1995 eller
månader med bokstäver:	15 Feb. 1995
	Feb. 15. 1995

Avslutning

Hur man avslutar beror på hur man inlett.

Brev:

Dear Sirs,/Sir./Madam,	Yours faithfully (truly),
Dear Mr/Mrs/Miss/Ms Jones,	Yours sincerely,
Dear Sarah,	Best wishes,
	Yours,

Övrigt:

Hälsningar	Regards,
Vänliga hälsningar	Kind regards,
Bästa hälsningar	Best regards,
Med vänlig hälsning	Kindest (With kindest) regards,

Telefonsamtal

Ringa upp

Jag skulle vilja tala med ... tack.	I'd like to speak to Mr Schmidt, please.
Jag undrar om ... är inne?	I wonder if Mr Salter is available, please?
God middag. Kan Ni koppla mig till ...	Good afternoon. Can you put me through to ...

Svara och lämna meddelande:

Han sa tyvärr inte exakt när han skulle vara tillbaka.	I'm afraid he didn't say exactly when he would be back.
Hon är tyvärr inte anträffbar idag.	She's not available today, I'm afraid.
Han är tyvärr inte hemma.	I'm afraid he's not at home.
Ska jag be henne ringa upp?	Shall I ask her to call you?
Är det något jag kan framföra?	Can I take a message?
Vem får jag hälsa från?	Who is speaking, please? Who shall I say called?
Jag ska meddela henne att Ni har ringt.	I'll tell her you called.
Skulle Ni kunna återkomma senare, eller ska jag be Mrs S. ringa er?	Would it be possible for you to call later, or shall I get Mrs Smith to phone you?
Nej tack. Jag återkommer imorgon.	No, thank you. I'll call back tomorrow.
Ja tack. Skulle ni kunna meddela henne att P.D. har ringt?	Yes, please. Would you let her know that Paula Davenport called?
Var vänlig se till att han får meddelandet så fort han kommer in.	Please make sure that he gets the message as soon as he comes in.

Telefonsamtal

Problem att uppfatta

Ursäkta, fel nummer.	Sorry, wrong number.
Vem är det jag talar med?	Who's that speaking, please?
Det här verkar vara en dålig linje.	This is a bad line, I'm afraid.
Jag lägger på och ringer tillbaka.	I'll hang up and phone you back.
Vi blev avbrutna.	Our call was cut off.
Jag är ledsen, men jag uppfattade inte namnet.	I'm sorry, but I didn't get your name.
Skulle Ni kunna bokstavera namnet igen?	Would you spell the name again, please?

Bokstaveringsalfabet

British telephone alphabet:

A – Alfred
B – Benjamin
C – Charles
D – David
E – Edward
F – Frederick
G – George
H – Harry
I – Isaac
J – Jack
K – King
L – London
M – Mary
N – Nellie
O – Oliver
P – Peter
Q – Queen
R – Robert
S – Samuel
T – Tommy
U – Uncle
V – Victor
W – William
X – X-ray
Y – Yellow
Z – Zebra

The international spelling analogy:

A – Amsterdam
B – Baltimore
C – Casablanca
D – Denmark
E – Edison
F – Florida
G – Gallipoli
H – Havana
I – Italy
J – Jerusalem
K – Kilogram
L – Liverpool
M – Madagascar
N – New York
O – Oslo
P – Paris
Q – Quebec
R – Roma
S – Santiago
T – Tripoli
U – Upsala
V – Valencia
W – Washington
X – Xantippe
Y – Yokohama
Z – Zürich

Swedish letters å, ä, ö:

Å – a with a circle
Ä – a with two dots
Ö – o with two dots

Ange sitt ärende

Jag skulle vilja tala med någon på försäljningsavdelningen, tack.	I'd like to speak to someone in the sales department, please.
Jag ringer från B angående en faktura.	I'm calling from Britco about an invoice.
Kan Ni koppla mig till någon som har hand om ..., tack?	Could you put me through to someone in charge of ... please?
Jag ringer om biljettpriser till New York.	I'm phoning about fares to New York.
Finns det någon där som kan förklara ...?	Is there anyone who can explain ..., please?
Jag undrar om Ni skulle kunna hjälpa mig att ...	I wonder if you could help me to ...?
Tror Ni att Ni skulle kunna skicka oss ...?	Do you think you could send us ...?
Jag har en förfrågan angående ...	I have an inquiry about ...
Anledningen till att jag ringer är att ta reda på ...	The reason I'm calling is to find out ...
Jag har några frågor om ...	I have some questions about ...
När jag ändå är på tråden skulle jag kunna få ...	While I'm on the line, do you think I could have ...?
Förresten, vet du möjligtvis priset på ...?	By the way, do you happen to know the price of ...?

Engelska oregelbundna verb

(English irregular verbs)

INFINITIV	IMPERFEKT	PERFEKT PARTICIP
abide	abode, abided	abode, abided
arise	arose	arisen
awake	awoke, awaked	awoken, awaked
be (I am; you are; he, she, it is; *pl.* are)	was (*pl.* were)	been
bear	bore	borne; born (*'född'*)
beat	beat	beaten (*ibl.* beat)
become	became	become
befall	befell	befallen
beget	begot	begotten
begin	began	begun
behold	beheld	beheld
bend	bent	bent
bereave	bereft, bereaved	bereft, bereaved
beseech	besought, beseeched	besought, beseeched
beset	beset	beset
bet	bet, betted	bet, betted
bid (*'bjuda'*, *'befalla'*)	bade, bid	bidden, bid, bade
bid (*'bjuda på auktion'*)	bid	bid
bind	bound	bound
bite	bit	bitten
bleed	bled	bled
blow	blew	blown
break	broke	broken
breed	bred	bred
bring	brought	brought
broadcast	broadcast, broadcasted	broadcast, broadcasted
build	built	built
burn	burnt, burned	burnt, burned
burst	burst	burst
buy	bought	bought
cast	cast	cast
catch	caught	caught
choose	chose	chosen
cleave	cleft, cleaved, clove	cleft, cleaved, cloven
cling	clung	clung

Engelska oregelbundna verb

INFINITIV	IMPERFEKT	PERFEKT PARTICIP
clothe	clothed (*poet.* clad)	clothed (*poet.* clad)
come	came	come
cost	cost	cost
creep	crept	crept
crow	crowed, crew	crowed
cut	cut	cut
deal	dealt	dealt
dig	dug	dug
dive	dived (*amer. äv.* dove)	dived
do (he, she, it does)	did	done
draw	drew	drawn
dream	dreamt, dreamed	dreamt, dreamed
drink	drank	drunk
drive	drove	driven
dwell	dwelt, dwelled	dwelt, dwelled
eat	ate	eaten
fall	fell	fallen
feed	fed	fed
feel	felt	felt
fight	fought	fought
find	found	found
flee	fled	fled
fling	flung	flung
fly	flew	flown
forbear	forbore	forborne
forbid	forbade	forbidden
forecast	forecast, forecasted	forecast, forecasted
foresee	foresaw	foreseen
foretell	foretold	foretold
forget	forgot	forgotten (*ibl.* forgot)
forgive	forgave	forgiven
forsake	forsook	forsaken
freeze	froze	frozen
get	got	got (*amer. äv.* gotten i vissa bet., t.ex. 'fått', 'kommit')
give	gave	given
go (he, she, it goes)	went	gone
grind	ground	ground
grow	grew	grown

Engelska oregelbundna verb

INFINITIV	IMPERFEKT	PERFEKT PARTICIP
hang (*i bet. 'avliva genom hängning' vanl. regelbundet*)	hung	hung
have (he, she, it has)	had	had
hear	heard	heard
hew	hewed	hewed, hewn
hide	hid	hidden, hid
hit	hit	hit
hold	held	held
hurt	hurt	hurt
keep	kept	kept
kneel	knelt, kneeled	knelt, kneeled
knit	knitted, knit	knitted, knit
know	knew	known
lade	laded	laden, laded
lay	laid	laid
lead	led	led
lean	leaned, leant	leaned, leant
leap	leapt, leaped	leapt, leaped
learn	learnt, learned	learnt, learned
leave	left	left
lend	lent	lent
let	let	let
lie (*'ligga'*)	lay	lain
light	lit, lighted	lit, lighted
lose	lost	lost
make	made	made
mean	meant	meant
meet	met	met
miscast	miscast	miscast
mishear	misheard	misheard
mislay	mislaid	mislaid
mislead	misled	misled
misspell	misspelt, misspelled	misspelt, misspelled
mistake	mistook	mistaken
misunderstand	misunderstood	misunderstood
mow	mowed	mown, mowed
outbid	outbid	outbid (*ibl.* outbidden)
outdo	outdid	outdone
outfight	outfought	outfought

Engelska oregelbundna verb

INFINITIV	IMPERFEKT	PERFEKT PARTICIP
outgrow	outgrew	outgrown
outrun	outran	outrun
outshine	outshone	outshone
overcome	overcame	overcome
overdo	overdid	overdone
overeat	overate	overeaten
override	overrode	overridden
overrun	overran	overrun
overtake	overtook	overtaken
overthrow	overthrew	overthrown
pay	paid	paid
put	put	put
quit	quitted, quit	quitted, quit
read	read	read
rebuild	rebuilt	rebuilt
redo	redid	redone
remake	remade	remade
retell	retold	retold
rewrite	rewrote	rewritten
rid	rid	rid
ride	rode	ridden
ring	rang	rung
rise	rose	risen
run	ran	run
saw	sawed	sawn, sawed
say	said	said
see	saw	seen
seek	sought	sought
sell	sold	sold
send	sent	sent
set	set	set
sew	sewed	sewn, sewed
shake	shook	shaken
shear	sheared	shorn, sheared
shed	shed	shed
shine	shone	shone
shit	shit, shat	shit
shoe	shoed, shoed	shod, shoed
shoot	shot	shot
show	showed	shown

Engelska oregelbundna verb

INFINITIV	IMPERFEKT	PERFEKT PARTICIP
shrink	shrank	shrunk
shrive	shrived, shrove	shrived, shriven
shut	shut	shut
sing	sang	sung
sink	sank	sunk
sit	sat	sat
slay	slew	slain
sleep	slept	slept
slide	slid	slid
sling	slung	slung
slink	slunk	slunk
slit	slit	slit
smell	smelt, smelled	smelt, smelled
smite	smote	smitten
sow	sowed	sown, sowed
speak	spoke	spoken
speed (*'skynda'*, *'ila'*)	sped	sped
spell	spelt, spelled	spelt, spelled
spend	spent	spent
spill	spilt, spilled	spilt, spilled
spin	spun	spun
spit	spat	spat
split	split	split
spoil	spoilt, spoiled	spoilt, spoiled
spread	spread	spread
spring	sprang	sprung
stand	stood	stood
steal	stole	stolen
stick	stuck	stuck
sting	stung	stung
stink	stank, stunk	stunk
strew	strewed	strewn, strewed
stride	strode	stridden
strike	struck	struck
string	strung	strung
strive	strove, strived	striven, strived
swear	swore	sworn
sweat	sweat, sweated	sweat, sweated
sweep	swept	swept
swell	swelled	swollen, swelled

Engelska oregelbundna verb

INFINITIV	IMPERFEKT	PERFEKT PARTICIP
swim	swam	swum
swing	swung	swung
take	took	taken
teach	taught	taught
tear	tore	torn
tell	told	told
think	thought	thought
thrive	thrived, throve	thrived, thriven
throw	threw	thrown
thrust	thrust	thrust
tread	trod	trodden
underbid	underbid	underbid
undergo	underwent	undergone
understand	understood	understood
undertake	undertook	undertaken
undo	undid	undone
unmake	unmade	unmade
unwind	unwound	unwound
uphold	upheld	upheld
upset	upset	upset
wake	woke, waked	woken, waked
wear	wore	worn
weave	wove	woven
wed	wedded, wed	wedded, wed
weep	wept	wept
wet	wetted, wet	wetted, wet
win	won	won
wind	wound	wound
withdraw	withdrew	withdrawn
withhold	withheld	withheld
withstand	withstood	withstood
wring	wrung	wrung
write	wrote	written

Mått och vikt i Storbritannien och USA

Det internationella metersystemet används också, i synnerhet i Storbritannien

Längdmått

inch (in.)	0.083 foot	2,54 cm
foot (ft.)	12 inches	30,48 cm
yard (yd.)	3 feet	0,914 m
mile (m.)	1760 yards	1609 m

Ytmått

square inch (sq. in.)		6,45 cm^2
square foot (sq. ft.)	144 sq. inches	9,29 dm^2
square yard (sq. yd.)	9 sq. feet	0,84 m^2
acre	4840 sq. yards	40,47 a
square mile (sq. m.)	640 acres	259 ha (2,6 km^2)

Rymdmått

cubic inch (cu. in.)		16,387 cm^3
cubic foot (cu. ft.)	1728 cu. inches	0,028 m^3
cubic yard (cu. yd.)	27 cu. feet	0,765 m^3
register ton (tonnagemått)	100 cu. feet	2,83 m^3

För våta varor

pint (pt.)		0,568 l (amer. 0,473 l)
quart (qt.)	2 pints	1,136 l (amer. 0,946 l)
gallon (gal.)	4 quarts	4,546 l (amer. 3,785 l)

Matlagningsmått

1 teaspoonful 6 ml (amer. 5 ml)	1 tesked 5 ml
1 tablespoonful 18 ml (amer. 15 ml)	1 matsked 15 ml
1 cupful 284 ml (amer. 237 ml)	1 kopp
	(Obs! 1 kaffekopp 150 ml)

Viktmått

ounce (oz.)		28,35 g
pound (lb.)	16 ounces	0,454 kg
stone (st.)	14 pounds	6,35 kg
quarter (qr.)	28 pounds	12,7 kg
	(amer. 25 pounds)	(amer. 11,3 kg)
hundredweight (cwt.)	112 pounds	50,8 kg
	(amer. 100 pounds)	(amer. 45,4 kg)
ton (short, amer.)	2 000 pounds	907,2 kg
ton (long)	2 240 pounds	1 016 kg

Motsvarande värden för några svenska mått- och viktenheter

1 cm = 0.394 inch   1 cm^2 = 0.155 square inch   1 cm^3 = 0.061 cubic inch
1 m = 1.094 yards   1 m^2 = 1.196 square yards   1 m^3 = 1.308 cubic yards
1 km = 0.621 mile   1 a = 119.6 square yards
1 mil = 6.21 miles   1 ha = 2.471 acres
                       1 km^2 = 0.386 square mile

1 l = 1.76 pints   1 g = 0.035 ounce
1 dl = 0.176 pints   1 hg = 3.5 ounces
                       1 kg = 2.2 pounds
                       1 ton = 1.1 short tons (0.984 long ton)

Delstater i USA

Alabama (*Ala.*)
Alaska
Arizona (*Ariz.*)
Arkansas (*Ark.*)
California (*Calif.*)
Colorado (*Colo.*)
Connecticut (*Conn.*)
Delaware (*Del.*)
District of Columbia (*D. C.*)
Florida (*Fla.*)
Georgia (*Ga.*)
Hawaii
Idaho (*Ida.*)
Illinois (*Ill.*)
Indiana (*Ind.*)
Iowa (*Ia.*)
Kansas (*Kans.*).
Kentucky (*Ken.* el. *Ky.*)
Louisiana (*La.*)
Maine (*Me.*)
Maryland (*Md.*)
Massachusetts (*Mass.*)
Michigan (*Mich.*)
Minnesota (*Minn.*)
Mississippi (*Miss.*)
Missouri (*Mo.*)

Montana (*Mont.*)
Nebraska (*Nebr.* el. *Neb.*)
Nevada (*Nev.*)
New Hampshire (*N. H.*)
New Jersey (*N. J.*)
New Mexico (*N. Mex.* el. *N. M.*)
New York (*N. Y.*[1])
North Carolina (*N. C.*)
North Dakota (*N. Dak.* el. *N. D.*)
Ohio (*O.*)
Oklahoma (*Okla.*)
Oregon (*Ore.* el. *Oreg.*)
Pennsylvania (*Penn.* el. *Pa.*)
Rhode Island (*R. I.*)
South Carolina (*S. C.*)
South Dakota (*S. Dak.* el. *S. D.*)
Tennessee (*Tenn.*)
Texas (*Tex.*)
Utah (*Ut.*)
Vermont (*Vt.*)
Virginia (*Va.*)
Washington (*Wash.*)
West Virginia (*W. Va.*)
Wisconsin (*Wis.*)
Wyoming (*Wyo.*)

[1] *Jfr N. Y. C.*, New York City.

Aktuella ordböcker från Sveriges ledande ordboksförlag

Stora ordböcker
För avancerade användare (översättning, universitetsstudier, arbete etc)

Mellanstora ordböcker
För arbete, privatbruk, gymnasiestudier etc

Små ordböcker
För arbete, resor, skolan
(åldrarna 9–16 år) etc

⊘ finns på cd-rom

DANSKA

Norstedts dansk-svenska ordbok
50 000 ord och fraser

ENGELSKA

Norstedts stora engelsk-svenska ordbok. Andra upplagan
129 000 ord och fraser 1993

Norstedts stora svensk-engelska ordbok. Andra upplagan
129 000 ord och fraser 1993

Norstedts stora engelska ordbok ⊘
En-sv/Sv-en (box). Andra upplagan
258 000 ord och fraser

Norstedts engelska ordbok ⊘
En-sv/Sv-en
152 000 ord och fraser 1994

Norstedts lilla engelska ordbok
En-sv/Sv-en Tredje upplagan
70 000 ord och fraser 1998

Norstedts första engelska ordbok
En-sv/Sv-en
33 000 ord och fraser 1996

Norstedts engelska fickordbok
En-sv/Sv-en
32 000 ord och fraser 1996

Norstedts amerikanska fickordbok
Am-sv/Sv-am
32 000 ord och fraser 1996

FINSKA

Norstedts finsk-svenska ordbok 1995
46 000 ord och fraser

Norstedts svensk-finska ordbok 1995
62 000 ord och fraser

FRANSKA

Norstedts stora fransk-svenska ordbok
74 000 ord och fraser 1998

Norstedts stora svensk-franska ordbok
67 000 ord och fraser 1998

Norstedts stora franska ordbok
Fr-sv/Sv-fr (box)
141 000 ord och fraser 1998

Norstedts franska ordbok
Fr-sv/Sv-fr
81 000 ord och fraser 1989

Norstedts lilla franska ordbok
Fr-sv/Sv-fr
63 000 ord och fraser 1993

Norstedts franska fickordbok
Fr-sv/Sv-fr
32 000 ord och fraser 1996